D XII 5 t Bibl.

BV-Nr. 136/12

Ausgesondert siehe
Beleg-Nr. 5/2024

Knittel
SGB IX Kommentar

Bernhard Knittel

SGB IX Kommentar

Kommentar zum Sozialgesetzbuch IX – Rehabilitation und Teilhabe behinderter Menschen – und Allgemeinen Gleichbehandlungsgesetz (AGG)

Prof. Dr. Bernhard Knittel
Vorsitzender Richter in einem Zivilsenat des Oberlandesgerichts München, davor Leitender Ministerialrat im Bayerischen Justizministerium, Honorarprofessor an der Technischen Universität München

6. Auflage
Stand: Januar 2012

Zitiervorschlag: Knittel SGB IX Kommentar, 6. Aufl., § ... Rdnr. ...

6. Auflage

Bibliografische Information der Deutschen Nationalbibliothek
Die Deutsche Nationalbibliothek verzeichnet diese Publikation
in der Deutschen Nationalbibliografie; detaillierte bibliografische Daten sind im Internet
über http://dnb.d-nb.de abrufbar

ISBN 978-3-472-08323-8

www.wolterskluwer.de
www.luchterhand-fachverlag.de
www.behinderungundarbeit.de

Alle Rechte vorbehalten
© Wolters Kluwer Deutschland GmbH
Luxemburger Straße 449, 50939 Köln.
Luchterhand – eine Marke von Wolters Kluwer Deutschland GmbH

Das Werk einschließlich aller seiner Teile ist urheberrechtlich geschützt. Jede Verwertung außerhalb der engen Grenzen des Urheberrechtsgesetzes ist ohne Zustimmung des Verlages unzulässig und strafbar. Das gilt insbesondere für Vervielfältigungen, Übersetzungen, Mikroverfilmungen und die Einspeicherung und Verarbeitung in elektronischen Systemen.

Verlag und Autor übernehmen keine Haftung für inhaltliche oder drucktechnische Fehler.

Umschlaggestaltung: Martina Busch, Grafikdesignerin, Fürstenfeldbruck
Satz: paginamedia, Hemsbach
Druck: LegoPrint S.p.A., Lavis (Italien)

Gedruckt auf säurefreiem, alterungsbeständigem und chlorfreiem Papier.

Hinweise zur Benutzung

Im **SGB IX Kommentar** werden Teil 1 und 2 des **Sozialgesetzbuch (SGB) Neuntes Buch (IX) Rehabilitation und Teilhabe behinderter Menschen** sowie das **Allgemeine Gleichbehandlungsgesetz (AGG)** in deren aktueller Fassung kommentiert. Der Stand der vorliegenden Kommentierung ist **Januar 2012**. Neben den Hinweisen auf die aktuelle **Literatur** werden bei einigen Kommentierungen jeweils ergänzend wichtige **Richtlinien, Verordnungen** und **Rundschreiben** etc. im Anhang abgebildet.

Die in der Kommentierung zitierten Urteile ⚖ können Sie im Volltext in der von uns empfohlenen und **kompatiblen Online-Datenbank** unter www.behinderungundarbeit.de recherchieren. Dort finden Sie **über 40.000 Urteile** im Volltext zum Sozial- und speziell zum Schwerbehindertenrecht. Durch die permanente Aktualisierung des Online-Kommentars recherchieren Sie dort immer auf dem neuesten Stand in Sachen Recht – mit Links auf zitierte Entscheidungen, Normen und Arbeitshilfen.

SGB IX Kommentar ist ein ideales Nachschlagewerk für den Praxisalltag. Wenn Sie noch umfangreicher und aktueller informiert sein wollen sowie komplexe Informationen zeitsparend recherchieren wollen, empfehlen wir Ihnen zusätzlich den **SGB IX Online-Kommentar**.

Mehr Informationen finden Sie auf unserem Online-Portal unter **www.behinderungundarbeit.de**.

Vorwort

Seit 1. 7. 2001 ist mit dem Neunten Buch des Sozialgesetzbuchs (SGB IX) eine eigenständige Regelung der für behinderte Menschen geltenden Rechtsansprüche und besonderen Verfahrensnormen zu ihrer Durchsetzung in Kraft. Für schwerbehinderte Menschen und ihnen Gleichgestellte wurden, unter teilweiser Erweiterung in wesentlichen Punkten, die bewährten Regelungen des Schwerbehindertengesetzes in das neue Recht übertragen.

Wenngleich schlagartige Verbesserungen der Lage behinderter Menschen allein durch eine gesetzliche Kodifikation nicht bewirkt und auch nicht erwartet werden konnten, sind doch seither vielfache Fortschritte durch Strukturen, Verfahrensabläufe und Anspruchsgrundlagen ermöglicht worden. Nur wenige Stichworte wie Arbeitsassistenz, Gemeinsame Servicestellen, Integrationsvereinbarungen, Integrationsfachdienste, Persönliches Budget oder beschleunigte Zuständigkeitsklärungen mögen dies erhellen.

Auch nach dem Meilenstein des Inkrafttretens des neuen Behindertenrechts blieb die Rechtsentwicklung keineswegs stehen: Bereits wiederholt hat der Gesetzgeber Vorschriften des SGB IX geändert und erweitert, aber auch durch flankierende Regelungen ergänzt, wie z. B. durch das Behindertengleichstellungsgesetz (BGG) im Jahr 2002 und das Allgemeine Gleichbehandlungsgesetz (AGG) im Jahr 2006.

Auch die Rechtsprechung insbesondere der Arbeits-, Sozial- und Verwaltungsgerichte hat diesen Teil des Sozialgesetzbuchs seither ausgefüllt und weiterentwickelt. Allein bis Anfang 2012 sind in juristischen Datenbanken bereits über 9.600 Entscheidungen oder Beiträge der Fachliteratur verzeichnet, welche Bestimmungen des SGB IX oder des AGG auslegen oder in Bezug nehmen. Betroffene und ihre Berater, Schwerbehindertenvertretungen, Betriebs- und Personalräte, Arbeitgeber sowie Entscheidungsträger in Verwaltung und Rechtsprechung sind auf aktuelle Information und fundierte, praxisnahe Erläuterung angewiesen. Dieses Ziel verfolgt der bereits im Juli 2001 zeitgleich mit dem Inkrafttreten des neuen Rechts erschienene Kommentar, der seither laufend fortgeschrieben und auf den jeweils neuesten Stand gebracht wurde.

Die nun seit fünf Jahren angebotene Online-Version – in Kombination mit einem Kommentar in Buchform – ist ein wichtiger Schritt zu noch größerer Aktualität und erweitertem Zugang für einen größeren Benutzerkreis. Seit 2010 wird der „SGB IX Kommentar" auch als eigenständiges Print-Produkt angeboten. Verlag und Autor hoffen durch ein inhaltlich überzeugendes Angebot den Erwartungen und Bedürfnissen der Nutzer entsprechen zu können. Hierbei sind Anregungen und Hinweise zur weiteren Fortentwicklung des Werkes jederzeit willkommen.

München, im März 2012   Bernhard Knittel

Abkürzungsverzeichnis mit Literaturangaben

a. A.	anderer Ansicht
a. a. O.	am angegebenen Ort
Abl./ABL:	Amtsblatt
Abs.	Absatz
Adomeit / Mohr	Adomeit / Mohr: Allgemeines Gleichbehandlungsgesetz (AGG), Kommentar zum AGG und zu anderen Diskriminierungsverboten, 2. Aufl. 2011
Abschn.	Abschnitt
ADVD	Antidiskriminierungsverband Deutschland
a. F.	alte Fassung
AFG	Arbeitsförderungsgesetz
AG	Amtsgericht
AGB	Allgemeine Geschäftsbedingungen
AGG	Allgemeines Gleichbehandlungsgesetz
AHP	Anhaltspunkte für ärztliche Gutachtertätigkeit
AiB	Arbeitsrecht im Betrieb
ALG	Gesetz über die Alterssicherung der Landwirte
Alg I	Arbeitslosengeld I
Alg II	Arbeitslosengeld II
a. M.	anderer Meinung
Anh.	Anhang
Anm.	Anmerkung
AP	Nachschlagewerk des Bundesarbeitsgerichts (seit 1945, vorher: Arbeitsrechtliche Praxis)
A / P / S / *Bearbeiter*	Ascheid / Preis / Schmidt,: Kündigungsrecht, 3. Aufl. 2007
ArbG	Arbeitsgericht
ArbGG	Arbeitsgerichtsgesetz
ArbPlSchG	Arbeitsplatzschutzgesetz
ArbRB	Der Arbeits-Rechts-Berater
ArbuR	Arbeit und Recht (Zeitschrift)
ArbZG	Arbeitszeitgesetz
ArEV	Arbeitsentgeltverordnung
ARGE	Arbeitsgemeinschaft
ARST	Arbeitsrecht in Stichworten
Art.	Artikel
ASiG	Arbeitssicherheitsgesetz
AuA	Arbeit und Arbeitsrecht (Zeitschrift)

AuB	Arbeit und Beruf
Aufl.	Auflage
AÜG	Arbeitnehmerüberlassungsgesetz
AuslG	Ausländergesetz
AU-Zeiten	Zeiten der Arbeitsunfähigkeit
AVG	Angestelltenversicherungsgesetz
Az.	Aktenzeichen
AZO	Arbeitszeitordnung
AZV	Arbeitszeitverordnung
BA	Bundesagentur für Arbeit
BAföG	Bundesgesetz über individuelle Förderung der Ausbildung (Ausbildungsförderungsgesetz)
BAG	Bundesarbeitsgericht
BAGE	Bundesarbeitsgerichtsentscheidung
BAG UB e.V.	Bundesarbeitsgemeinschaft für Unterstützte Beschäftigung e.V.
BAnz	Bundesanzeiger
BAR	Bundesarbeitsgemeinschaft für Rehabilitation
BAT	Bundesangestelltentarifvertrag
Bauer / Göpfert / Krieger	Bauer / Göpfert / Krieger: AGG, Allgemeines Gleichbehandlungsgesetz, Kommentar, 2. Aufl. 2008
bayer.	bayerisch
BayLSG	Bayerisches Landessozialgericht
BayPVG	Bayerisches Personalvertretungsgesetz
BayVGH	Bayerischer Verwaltungsgerichtshof
BB	Der Betriebsberater
BBG	Bundesbeamtengesetz
BBiG	Berufsbildungsgesetz
Bd.	Band
BDO	Bundesdisziplinarordnung
BDSG	Bundesdatenschutzgesetz
BeamtVG	Gesetz über die Versorgung der Beamten und Richter in Bund und Ländern
BehindertenR	Behindertenrecht
BEM	Betriebliches Eingliederungsmanagement
BerBiFG	Berufsbildungsförderungsgesetz
BErzGG	Bundeserziehungsgesetz
BeschFG	Beschäftigungsförderungsgesetz

BetrVG	Betriebsverfassungsgesetz
BfA	Bundesversicherungsanstalt für Angestellte
B / F / K / L	Bihr / Fuchs / Krauskopf / Lewering (Hrsg.): SGB IX – Rehabilitation und Teilhabe behinderter Menschen, Kommentar, St. Augustin, 1. Aufl. 2006
BG	Die Berufsgenossenschaft
BGB	Bürgerliches Gesetzbuch
BGBl.	Bundesgesetzblatt
BG-Drucks.	Berufsgenosschenschaftsdrucksache
BGG	Gesetz zur Gleichstellung behinderter Menschen
BGH	Bundesgerichtshof
BGHZ	Bundesgerichtshof in Zivilsachen
BIH	Bundesarbeitsgemeinschaft der Integrationsämter und Hauptfürsorgestellen
BKGG	Bundeskindergeldgesetz
BKK	Zeitschrift der Betrieblichen Krankenkassen
BkV	Berufskrankheitenverordnung
BliGG	Blindengeldgesetz
BlWohlfPfl	Blätter der Wohlfahrtspflege
BMA	Bundesminister(ium) für Arbeit und Sozialordnung
BMGS	Bundesministerium für Gesundheit und Soziale Sicherung
BPersVG	Bundespersonalvertretungsgesetz
BR	Bundesrat
Breithaupt	Breithaupt – Sammlungen von Entscheidungen aus dem Sozialrecht
BRkG	Bundesreisekostengesetz
BRRG	Rahmengesetz zur Vereinheitlichung des Beamtenrechts
BSG	Bundessozialgericht
BSGE	Bundessozialgerichtsentscheidung
BSHG	Bundessozialhilfegesetz
BT	Bundestag
BT-Drucks.	Bundestagsdrucksache
BtG	Gesetz zur Reform des Rechts der Vormundschaft und Pflegschaft für Volljährige (Betreuungsgesetz)
BudgetV	Budgetverordnung
BUrlG	Bundesurlaubsgesetz
BVerfG	Bundesverfassungsgericht
BVerwG	Bundesverwaltungsgericht
BVerwGE	Entscheidungen des Bundesverwaltungsgerichts

BVFG	Gesetz über die Angelegenheiten der Vertriebenen und Flüchtlinge
BVG	Gesetz über die Versorgung der Opfer des Krieges
BvR	bernische Verwaltungsrechtsprechung (Zeitschrift)
bzw.	beziehungsweise
Cramer	Cramer: Schwerbehindertengesetz
Cramer, WfbM-Komm	Cramer, Horst H.: Werkstätten für behinderte Menschen, Kommentar, 5. Aufl. 2009
Cramer u. a. / *Bearbeiter*	Cramer / Fuchs / Hirsch / Ritz:SGB IX – Kommentar zum Recht schwerbehinderter Menschen und Erläuterungen zum AGG und BGG, 6. Aufl. 2011 Bis zur 5. Aufl. erschienen u. d. T.: Schwerbehindertengesetz
Dalichau / Grüner	Dalichau / Grüner: SGB VI – Rentenversicherung, Kommentar
DAngV	Die Angestellten Versicherung
DAR	Deutsches Autorenrecht
DAVorm	Der Amtsvormund
DB	Der Betrieb
Deinert / Neumann / *Bearbeiter*	Rehabilitation und Teilhabe behinderter Menschen – Handbuch SGB IX, 2. Aufl., 2009
ders.	derselbe
DGB	Deutscher Gewerkschaftsbund
d. h.	das heißt
DIJuF	Deutsches Institut für Jugendhilfe und Familienrecht
DIMDI	Deutsches Institut für Medizinische Dokumentation und Information
DM	Deutsche Mark
DÖD	Der Öffentliche Dienst
DÖV	Die öffentliche Verwaltung
DRiG	Deutsches Richtergesetz
DRV	Deutsche Rentenversicherung
DStR	Deutsche Steuer-Rundschau / Deutsches Steuerrecht
DVBl	Deutsches Verwaltungsblatt
EFZG	Entgeltfortzahlungsgesetz
EGBGB	Einführungsgesetz zum Bürgerlichen Gesetzbuch
EGV/EGVtr	Vertrag zur Gründung der Europäischen Gemeinschaft
EinglHVO	Eingliederungshilfe-Verordnung
ErfK / *Bearbeiter*	Erfurter Kommentar zum Arbeitsrecht, Hrsg.: Müller-Glöge / Preis / Schmidt, 11. Aufl., 2011

Erg-Bd	Ergänzungs-Band
ErgoMed	Zeitschrift für angewandte Arbeitsmedizin, Arbeitshygiene und Umweltmedizin
Erl.	Erläuterungen
Ernst / Adlhoch / Seel / *Bearbeiter*	Ernst / Adlhoch / Seel (Hrsg.): Sozialgesetzbuch IX, Loseblatt-Kommentar, Stand: März 2011
ErsK	Die Ersatzkasse
EStDV	Einkommensteuer Durchführungsverordnung
EStG	Einkommensteuergesetz
ESVGH	Entscheidungssammlung des Hessischen Verwaltungsgerichtshof und des Verwaltungsgerichtshofs Baden-Württemberg
EU	Europäische Union
EuG	Gericht erster Instanz der Europäischen Gemeinschaften
EuGH	Gerichtshof der Europäischen Gemeinschaften
EUrlV	Verordnung über den Erholungsurlaub der Beamtinnen und Beamten, Richterinnen und Richter des Bundes
e. V.	eingetragener Verein
evtl.	eventuell
EWG	Europäische Wirtschaftsgemeinschaft
EWGV	Vertrag zur Gründung der europäischen Wirtschaftsgemeinschaft
EWiR	Entscheidungen zum Wirtschaftsrecht (Zeitschrift)
EzA	Entscheidungen zum Arbeitsrecht
f.	folgende(r)
FA	Fachanwalt Arbeitsrecht (Zeitschrift)
FamRZ	Zeitschrift für das gesamte Familienrecht
Feldes u. a. / *Bearbeiter*	Feldes / Kohte / Stevens-Bartol (Hrsg.): SGB IX, Sozialgesetzbuch Neuntes Buch, 2. Aufl. 2011
FEVS	Fürsorgerechtliche Entscheidungen der Verwaltungs- und Sozialgerichte
ff.	fortfolgende
Flohr / Ring / *Bearbeiter*	Flohr / Ring (Hrsg.): Das neue Gleichbehandlungsgesetz, 2006
Fn.	Fußnote
Frankfurt/M.	Frankfurt am Main
FrühV	Frühförderungsverordnung
GBl.	Gesetzblatt
GdB	Grad der Behinderung
gem.	gemäß

GewO	Gewerbeordnung
GEZ	Gebühreneinzugszentrale
GEzZ	Gemeinsame Empfehlungen zur Zuständigkeitserklärung
GG	Grundgesetz
ggf.	gegebenenfalls
GK-SchwbG / *Bearbeiter*	Großmann / Schimanski u. a.,: Gemeinschaftskommentar zum Schwerbehindertengesetz
GK-SGB IX / *Bearbeiter*	Großmann / Schimanski / Löschau (Hrsg.): Gemeinschaftskommentar zum Sozialgesetzbuch IX, Stand: Dezember 2011
GmbH	Gesellschaft mit beschränkter Haftung
GOÄ	Gebührenordnung für Ärzte
Gregor / Thüsing	Gregor / Thüsing: Arbeitsrechtlicher Diskriminierungsschutz – Das neue Allgemeine Gleichbehandlungsgesetz und andere arbeitsrechtliche Diskriminierungsverbote, 2007
GVBl.	Gesetz- und Verordnungsblatt
GVG	Gerichtsverfassungsgesetz
Halbs.	Halbsatz
HmbGVBl.	Hamburgisches Gesetz- und Verordnungsblatt
Hauck / Noftz / *Bearbeiter*	Hauck / Noftz (Hrsg.): SGB IX, Kommentar, Loseblattwerk, Stand 2011
Hess. VGH	Hessischer Verwaltungsgerichtshof
HessVGRspr	Rechtsprechung der Hessischen Verwaltungsgerichte
Hey / *Bearbeiter*	Thomas Hey (Hrsg.): Kommentar zum AGG, 2009
HHG	Häftlingshilfegesetz
Hinw.	Hinweis
HK-SGB IX / *Bearbeiter*	Lachwitz / Schellhorn / Welti (Hrsg.): Handkommentar zum Sozialgesetzbuch IX
HRG	Hochschulrahmengesetz
Hrsg.	Herausgeber
hrsg.	herausgegeben
HwO	Handwerksordnung
HVBG	Hauptverband der gewerblichen Berufsgenossenschaften
ICD	International Classification of Diseases and Related Health Problems
ICF	International Classification of Functioning, Disability and Health
ICIDH	International Classification of Impairments Disabilities and Handicaps
IHK	Industrie- und Handelskammer

i. S.	im Sinne
i. S. d.	im Sinne des
i. S. v.	im Sinne von
InfAuslR	Informationsbrief Ausländerrecht
IÖD	Internationale der Öffentlichen Dienste
IQ	Intelligenzquotient
ISG	Institut für Sozialforschung und Gesellschaftspolitik
i. V. m.	in Verbindung mit
JAmt	Das Jugendamt (Zeitschrift)
JArbSchG	Jugendarbeitsschutzgesetz
JB	Jahresbericht
JbArbR	Jahrbuch des Arbeitsrechts
Kater / Leube SGB VII	Kater / Leube: Gesetzliche Unfallversicherung SGB VII, Kommentar
Kfz	Kraftfahrzeug
KfzHV	Kraftfahrzeughilfe-Verordnung
KG	Kommanditgesellschaft
KHV	Kommunikationshilfeverordnung
KJHG	Kinder- und Jugendhilfegesetz
km	Kilometer
km/h	Kilometer pro Stunde
Kossens u. a. / *Bearbeiter*	Kossens / von der Heide / Maaß (Hrsg.): Praxiskommentar zum Behindertenrecht (SGB IX), Rehabilitation und Teilhabe behinderter Menschen, 3. Aufl. 2009
KR / *Bearbeiter*	KR – Gemeinschaftskommentar zum Kündigungsschutzgesetz und zu sonstigen kündigungsschutzrechtlichen Vorschriften, 9. Aufl. 2009
KraftStG 2002	Kraftfahrzeugsteuergesetz 2002
krit.	kritisch
KrV	Die Krankenversicherung
KschG	Kündigungsschutzgesetz
KSVG	Künstlersozialversicherungsgesetz
KVLG	Gesetz über die Krankenversicherung der Landwirte
LAG	Landesarbeitsgericht
LAGE	Entscheidungen der Landesarbeitsgerichte
LArbG	Landesarbeitsgericht
LG	Landgericht
LPK-AGG / *Bearbeiter*	Allgemeines Gleichbehandlungsgesetz, Handkommerntar, Hrsg.: Däubler / Bertzbach, 2. Aufl. 2008

LPK-SGB IX / *Bearbeiter*	Dau / Düwell / Haines (Hrsg.): Lehr- und Praxiskommentar SGB IX 3. Aufl. 2011
LPK-SGB XI	Klie / Krahmer (Hrsg.): Soziale Pflegeversicherung, Lehr- und Praxiskommentar (LPK-SGB XI)
Ls	Leitsatz
LSG	Landessozialgericht
Luthe / *Bearbeiter*	Rehabiliationsrecht, hrsg. v. Prof. Dr. Ernst-Wilhel Luthe, 2009
m	Meter
m.	mit
MBl.	Ministerialblatt
MEDSACH	Der medizinische Sachverständige
MdE	Minderung der Erwerbsfähigkeit
MDR	Monatsschrift für deutsches Recht
Meinel / Heyn / Herms	Meinel / Heyn / Herms: Allgemeines Gleichbehandlungsgesetz, Arbeitsrechtlicher Kommentar, 2. Aufl. 2010
MedR	Medizinrecht
Merkzeichen „aG"	außergewöhnlich gehbehindert
Merkzeichen „B"	ständige Begleitung notwendig
Merkzeichen „Bl"	blind
Merkzeichen „G"	erheblich gehbehindert
Merkzeichen „Gl"	gehörlos
Merkzeichen „H"	hilflos
Merkzeichen „1. Kl."	Benutzung der 1. Wagenklasse mit Fahrausweis 2. Klasse
Merkzeichen „RF"	Befreiung von der Rundfunkgebührenpflicht
Mio.	Millionen
Mrozynski	Mrozynski: Rehabilitationsrecht
Mrozynski	Mrozynski: SGB IX Teil 1, Kommentar
Mrozynski / Jabben	Mrozynski / Jabben: SGB IX, Teil 1, Kommentar, 2. Aufl. 2011
Müller-Wenner / Schorn	Müller-Wenner / Schorn: SGB IX Teil 2, Besondere Regelungen zur Teilhabe schwerbehinderter Menschen (Schwerbehindertenrecht), Kommentar, 1. Aufl.
MuSchG	Mutterschutzgesetz
m. w. Nachw.	mit weiteren Nachweisen
m. zust. Anm.	mit zustimmender Anmerkung
NATO	North Atlantic Treaty Organisation
ND MBl.	Niedersächisches Ministerialblatt
n. F.	neue Fassung

Neumann [Hrsg.] HB-SGB IX	Neumann (Hrsg.): Rehabilitation und Teilhabe behinderter Menschen. Handbuch SGB IX
Neumann u. a. / *Bearbeiter*	Neumann / Pahlen / Majerski-Pahlen / Wilrodt (Hrsg): Sozialgesetzbuch IX. Rehabilitation und Teilhabe behinderter Menschen, 12. Aufl. 2010
NJW	Neue Juristische Wochenschrift
NordÖR	Zeitschrift für Öffentliches Recht in Norddeutschland
Nr(n).	Nummer(n)
NRW	Nordrhein-Westfalen
NVwZ	Neue Zeitschrift für Verwaltungsrecht
NVwZ-RR	Neue Zeitschrift für Verwaltungsrecht – Rechtsprechungsreport
NZA	Neue Zeitschrift für Arbeitsrecht
NZA-RR	NZA-Rechtsprechungs-Report Arbeitsrecht
NZS	Neue Zeitschrift für Sozialrecht
NZWehrR	Neue Zeitschrift für Wehrrecht
o. a.	oder anders
o. ä.	oder ähnliches
ö D.	öffentlicher Dienst
OEG	Gesetz über die Entschädigung von Opfern von Gewalttaten
oHG	Offene Handelsgesellschaft
OLG	Oberlandesgericht
OWiG	Gesetz über Ordnungswidrigkeiten
OVG	Oberverwaltungsgericht
PersR	Personalrat
PersV	Die Pesonalvertretung
PesVG	Personalvertretungsgesetz
PKR	Pflege- und Krankenhausrecht
Pkw	Personenkraftwagen
RBerG	Rechtsberatungsgesetz
RdA	Recht der Arbeit (Zeitschrift)
RdErl	Runderlass
RdLH	Rechtsdienst der Lebenshilfe (Zeitschrift)
Rdnr(n).	Randnummer(n)
REFA	Verband für Arbeitsgestaltung, Betriebsorganisation und Unternehmensentwicklung
RegE	Regierungsentwurf
RehaAnglG	Rehabilitationsangleichungsgesetz

RGBl.	Reichsgesetzblatt
RiA	Das Recht im Amt (Zeitschrift)
RL	Richtlinie
RPK	Rehabilitation psychisch Kranker
Rspr.	Rechtsprechung
Rühl / Schmidt / Viethen	Rühl / Schmidt / Viethen: Allgemeines Gleichbehandlungsgesetz (AGG), 2006
RuP	Recht und Politik (Zeitschrift)
Rust/ Falke / *Bearbeiter*	Rust / Falke (Hrsg.): AGG Allgemeines Gleichbehandlungsgesetz mit weiterführenden Vorschriften, Kommentar, 2007
RV	Die Rentenversicherung
RVO	Reichsversicherungsordnung
s.	siehe
S.	Seite
S / S / V / *Bearbeiter*	Schleusener / Suckow / Voigt: AGG, Kommentar zum Allgemeinen Gleichbehandlungsgesetz, 2007
Schellhorn / Schellhorn	Schellhorn / Schellhorn: BSHG – Kommentar zum Bundessozialhilfegesetz
Schiek / *Bearbeiter*	Dagmar Schiek (Hrsg.), Allgemeines Gleichbehandlungsgesetz (AGG), ein Kommentar aus europäischer Perspektive, 2007
Schrader / Schubert	Schrader / Schubert, Das neue AGG, das Gleichbehandlungsrecht in der anwaltlichen Praxis, 2006
SchwAG	Gesetz zur Bekämpfung der Arbeitslosigkeit Schwerbehinderter
Schwb-ArbR	Schwerbehinderten-Arbeitsrecht
SchhwbAV	Schwerbehinderten-Ausgleichsabgabeverordnung
SchwbBAG	Gesetz zur Bekämpfung der Arbeitslosigkeit Schwerbehinderter
SchwbG	Schwerbehindertengesetz
SchwbNV	Nahverkehrszügeverordnung
SchwbVWO	Wahlordnung-Schwerbehindertenvertretungen
SG	Sozialgericht
SGb	Sozialgerichtsbarkeit
SGB I–XII	Sozialgesetzbuch – I Allgemeiner Teil, III Arbeitsförderung, IV Gemeinsame Vorschriften für die Sozialversicherung, V Gesetzliche Krankenversicherung, VI Gesetzliche Rentenversicherung, VII Gesetzliche Unfallversicherung, VIII Kinder- und Jugendhilfe, X Verwaltungsverfahren, XI Soziale Pflegeversicherung, XII Sozialhilfe
SGG	Sozialgerichtsgesetz

SMART	Spezifisch, Messbar, Akzeptabel, Realistisch, Terminiert
sog.	sogenannt / e / er / es
SozR	Sozialrecht
SozSich	Soziale Sicherheit
SozVers	Sozialversicherung
st.	ständige
StPO	Strafprozessordnung
str.	streitig
st. Rspr.	ständige Rechtsprechung
StVG	Straßenverkehrsgesetz
StVO	Straßenverkehrsordnung
SuP	Sozialrecht und Praxis
TVG	Tarifvertragsgesetz
TzBfG	Gesetz über Teilzeitarbeit und befristete Arbeitsverträge
u.	und
u. a.	unter anderem
u. a. m.	und anderes mehr
UBG	Unterbringungsgesetz
UKlaG	Unterlassungsklagegesetz
UrlVO	Urlaubsverordnung
Urt.	Urteil
usw.	und so weiter
UV	Unfallversicherung
UVG	Gesetz zur Sicherung des Unterhalts von Kindern allein stehender Mütter und Väter durch Unterhaltsvorschüsse oder -ausfallleistungen (Unterhaltsvorschussgesetz)
UWG	Gesetz gegen den unlauteren Wettbewerb
v.	vom
VA	Versorgungsausgleich
Var.	Variante
VersorgVerw	Versorgungsverwaltung
Vfg-KOV	Gesetz über das Verwaltungsverfahren der Kriegsopferversorgung
VG	Verwaltungsgericht
VGH	Verwaltungsgerichtshof
VGHBW	VGH Baden-Württemberg
vgl.	vergleiche
VO	Verordnung

von Wulffen	von Wulffen: SGB X – Sozialverwaltungsverfahren und Sozialdatenschutz, Kommentar
VV	Verwaltungsvorschrift
VwGO	Verwaltungsgerichtsordnung
VwVfG	Verwaltungsverfahrensgesetz
VwV-StVO	Allgemeine Verwaltungsvorschrift zur Straßenverkehrsordnung
VwZG	Verwaltungs-Zustellgesetz
WE/BAGüS	Werkstattempfehlungen
WfbM	Werkstätten für behinderte Menschen
WHO	World Health Organization
WMVO	Werkstätten-Mitwirkungsverordnung
WVO	Werkstättenverordnung
WzS	Wege zur Sozialversicherung (Zeitschrift)
z. B.	zum Beispiel
ZBVR	Zeitschrift für Betriebsverfassungsrecht
ZDG	Zivildienstgesetz
ZfA	Zeitschrift für Arbeitsrecht
ZfJ	Zentralblatt für Jugendrecht
ZfPR	Zeitschrift für Personalvertretungsrecht
ZfS	Zeitschrift für Soziologie
ZfSH/SGB	Zeitschrift für Sozialhilfe und Sozialgesetzbuch
ZinsO	Zeitschrift für das gesamte Insolvenzrecht
zit.	zitiert
ZKJ	Zeitschrift für Kinderrecht und Jugendhilfe
ZMV	Zeitschrift für die Praxis der Mitarbeitervertretung
ZPO	Zivilprozessordnung
ZTR	Zeitschrift für Tarifrecht
zzgl.	zuzüglich

Vorbemerkung

Aus der Begründung der Bundesregierung zum Entwurf des SGB IX (BT-Drucks.14/5074 vom 16. 1. 2001) – Allgemeiner Teil

I. Notwendigkeit und Ziele des Gesetzes

1. Mit dem vorliegenden Gesetzentwurf kommt die Bundesregierung einer seit langem bestehenden Forderung nach, das Recht der Rehabilitation behinderter Menschen weiterzuentwickeln und im Sozialgesetzbuch als weiteres Buch zusammenzufassen. Diese Forderung hat auch der Deutsche Bundestag am 19. Mai 2000 durch die einstimmige Annahme des interfraktionellen Entschließungsantrags „Die Integration von Menschen mit Behinderungen ist eine dringliche politische und gesellschaftliche Aufgabe (Drucksache 14/2913)" noch einmal bekräftigt. In ihm wird die Bundesregierung unter anderem aufgefordert, das Recht der Rehabilitation von Menschen mit Behinderungen möglichst umgehend in einem Sozialgesetzbuch IX zusammenzufassen und weiterzuentwickeln und damit die Umsetzung des Benachteiligungsverbotes des Artikel 3 Abs. 3 Satz 2 GG im Bereich der Sozialpolitik zu gewährleisten. Die Entschließung des Deutschen Bundestages begründet die Notwendigkeit des Gesetzes u. a. mit der tiefgreifenden Wandlung des Selbstverständnisses von behinderten Menschen und der Grundlagen der Behindertenpolitik: Im Mittelpunkt der politischen Anstrengungen stehen nicht mehr die Fürsorge und die Versorgung von behinderten Menschen, sondern ihre selbstbestimmte Teilhabe am gesellschaftlichen Leben und die Beseitigung der Hindernisse, die ihrer Chancengleichheit entgegenstehen.

Durch die Ergänzung des Artikel 3 Abs. 3 GG um den Satz 2 im Jahr 1994 habe der Deutsche Bundestag auch eine Verpflichtung für Politik und Gesellschaft geschaffen, sich aktiv um die Integration von Menschen mit Behinderungen in die Familie, in den Beruf und in das tägliche Leben zu bemühen. Diese Verpflichtung einzulösen, ist eine dringliche politische und gesetzgeberische Aufgabe, nicht zuletzt vor dem ethischen Hintergrund der historischen Erfahrungen in Deutschland. Die Entschließung sieht einen Bedarf an einer Gesetzgebung, die den Anspruch von Menschen mit Behinderung auf Unterstützung und Solidarität als Teil selbstverständlicher und universeller Bürgerrechte erfüllt als Voraussetzung für das Ziel, Menschen mit Behinderung ein selbstbestimmtes Leben zu ermöglichen.

Mit einem Sozialgesetzbuch IX soll anstelle von Divergenz und Unübersichtlichkeit im bestehenden Rehabilitationsrecht Bürgernähe und verbesserte Effizienz auf der Basis eines gemeinsamen Rechts und einer einheitlichen Praxis der Rehabilitation und der Behindertenpolitik gesetzt werden. Mit dem Neunten Buch Sozialgesetzbuch wird zudem der Koalitionsvereinbarung der Regierungsparteien vom 20. Oktober 1998 für die laufende Legislaturperiode entsprochen, die vorsieht, dass die Bundesregierung alle Anstrengungen unternehmen wird, um die Selbstbestimmung und gleichberechtigte gesellschaftliche Teilhabe von Menschen mit Behinderungen zu fördern und dem im Grundgesetz verankerten Benachteiligungsverbot für behinderte Menschen Geltung zu verschaffen. Als einen behindertenpolitischen Schwerpunkt nennt die Koalitionsvereinbarung: Das Recht der Rehabilitation wird in einem Sozialgesetzbuch IX zusammengefasst und weiterentwickelt. In Konkretisierung der Vorgaben der Koalitionsvereinbarung hat die Koalitionsarbeitsgruppe Behindertenpolitik im Oktober 1999 die Eckpunkte zum Sozialgesetzbuch IX vorgelegt, die von den Koalitionsfraktionen im Deutschen Bundestag einstimmig gebilligt worden sind. Danach sollen die Regelungen des Rechts der Rehabilitation und der Eingliederung behinderter Menschen in einem Neunten Buch Sozialgesetzbuch unter folgenden Grundsätzen geschehen:

– Das SGB IX setzt das Benachteiligungsverbot des Artikels 3 Abs. 3 Satz 2 des GG im Bereich der Sozialpolitik um.
– Das SGB IX beendet die Divergenz und Unübersichtlichkeit des bestehenden Rehabilitationsrechtes. Es wird angestrebt, dass Regelungen, die für mehrere Sozialleistungsbereiche einheitlich sein können, nur an einer Stelle getroffen,

Vorbemerkung

- Vorschriften, die unterschiedlich sein müssen, nach denselben Gesichtspunkten angeordnet und Begriffe und Abgrenzungskriterien aller einschlägigen Regelungen unabhängig von ihrem Standort vereinheitlicht werden.
- Das SGB IX errichtet eine gemeinsame Plattform, auf der durch Koordination, Kooperation und Konvergenz ein gemeinsames Recht und eine einheitliche Praxis der Rehabilitation und der Behindertenpolitik errichtet werden können.
- Das SGB IX organisiert bürgernah den Zugang und die Erbringung von Leistungen, errichtet Strukturen für die Zusammenarbeit von Leistungsträgern, Leistungserbringern und Leistungsempfängern und steuert die Leistungen der Rehabilitation und der Eingliederung behinderter Menschen unter Sicherung von Qualität und Effizienz.
- Das SGB IX passt die Regelungen des Rehabilitations- und Schwerbehindertenrechts mit dem Ziel einer Aktualisierung und Verbesserung den zeitgemäßen Anforderungen an. Leistungsausweitungen und Neuregelungen stehen unter dem Vorbehalt der Finanzierbarkeit und sind in erster Linie durch Effizienzsteigerungen, Vereinfachungen und Kosteneinsparungen im bestehenden System zu realisieren.

2. In ihrem Vierten Bericht über die Lage der Behinderten und die Entwicklung der Rehabilitation vom 18. Dezember 1997 hat die Bundesregierung festgehalten, dass die Hilfen zur Eingliederung behinderter und von Behinderung bedrohter Menschen ins Arbeitsleben und in die Gesellschaft insgesamt in den letzten Jahren zu einem durchgängigen, in sich aber recht differenzierten System sozialrechtlicher und anderer Vorschriften ausgestaltet wurden (Bundestags-Drucksache 13/9514, Textziffer 15.5).

Dieses in der Sache durchgängige System von Leistungen und sonstigen Hilfen hat bisher keinen angemessenen Ausdruck in der rechtlichen Ausgestaltung gefunden. Vielmehr bestehen neben dem Rehabilitations-Angleichungsgesetz, dem Schwerbehindertengesetz und dem Bundessozialhilfegesetz eine Vielzahl weiterer Vorschriften in anderen Gesetzen und Verordnungen. Dies hat zur Folge, dass selbst innerhalb des Sozialrechts Leistungen und Hilfen zur Eingliederung behinderter Menschen zwar parallel und in der Sache gleichförmig und nach gleichen Kriterien erbracht werden (z. B. Hilfsmittel, Leistungen zur Eingliederung ins Arbeitsleben), die einschlägigen Vorschriften jedoch unterschiedlich gefasst sind, an den Nahtstellen der verschiedenen Leistungsbereiche und -zuständigkeiten nicht überall sachgerechte Abgrenzungs- und Verknüpfungsregelungen bestehen und die Zersplitterung der einschlägigen Rechtsvorschriften bei den einzelnen beteiligten Trägern und Stellen die Tendenz zu isolierter Betrachtung von Teilproblemen und Teillösungen fördert, während für behinderte oder von Behinderung bedrohte Menschen die Leistungen und sonstigen Hilfen zur Eingliederung vor allem in ihrem Zusammenwirken von Bedeutung sind.

Rechtsauslegung, Rechtsanwendung und Nutzung der Vorschriften durch die Betroffenen, insbesondere für die behinderten und von Behinderung bedrohten Menschen sind damit erschwert. Die Ursachen für diese Schwierigkeiten liegen einmal darin, dass die Rehabilitation verstanden als die Eingliederung der behinderten Menschen in Arbeit, Beruf und Gesellschaft sich als eine ohnehin komplexe Aufgabe darstellt, die medizinische, schulische, berufliche und soziale Maßnahmen und Hilfen zum Inhalt hat. Hinzu kommt in Deutschland, dass die Aufgabe der Eingliederung der behinderten Menschen nicht einem eigenständigen Zweig unseres Systems der sozialen Sicherung zugeordnet ist. Die Leistungen zur Rehabilitation sind vielmehr als Teil-Aufgaben eingebettet in alle Bereiche des gegliederten Systems unserer sozialen Sicherung, also in die verschiedenen Zweige der Sozialversicherung mit

- Krankenversicherung,
- Unfallversicherung,
- Rentenversicherung,
- Arbeitslosenversicherung,

ferner in das System des Versorgungs- und Entschädigungsrechts und in das Recht der Fürsorge, der Jugendhilfe und der Sozialhilfe. Bei zielgerichteter Zusammenarbeit der zuständigen Träger auf der Grundlage harmonisierter Rechtsvorschriften schafft und sichert ein gegliedertes System den behinderten und von Behinderung bedrohten Menschen weitergehende und wirkungsvollere Möglichkeiten der Eingliederung, als jede derzeit denkbare andere organisatorische Lösung dies könnte.

3. Die Zusammenfassung und Weiterentwicklung des Rechts zur Eingliederung behinderter Menschen kann allerdings nicht das gesamte Recht der Rehabilitation und Eingliederung behinderter Menschen erfassen. Sie muss sich zum einen auf das Bundesrecht beschränken; alle landesrechtlichen Vorschriften, z. B. das Recht der Sonderschulen, das Bauordnungsrecht, die Ausführungsgesetze zum Bundessozialhilfegesetz, die Landesblindengesetze, die Verordnungen über die Befreiungen von der Rundfunkgebührenpflicht usw. können nicht berücksichtigt werden; dasselbe gilt für alle kommunalrechtlichen Vorschriften. Das Vorhaben befasst sich außerdem nur mit den Regelungen, die gezielt auf die Rehabilitation und Eingliederung behinderter und von Behinderung bedrohter Menschen in die Gesellschaft ausgerichtet sind. Behinderte und von Behinderung bedrohte Menschen können selbstverständlich darüber hinaus die gleichen Sozialleistungen und sonstigen Hilfen wie andere Bürger in Anspruch nehmen; soweit dies geschieht, ist die volle Eingliederung behinderter Menschen in das Sozialleistungsrecht bereits vollzogen, und die einschlägigen Leistungen brauchen nicht Gegenstand des vorliegenden Gesetzgebungsvorhabens zu werden.

Nicht einbezogen werden ferner Vorschriften, die sich in anderweitigen größeren Sachzusammenhängen als spezielle Regelungen für behinderte Menschen darstellen, da eine Herauslösung aus diesen Sachzusammenhängen eher zu Verständnisschwierigkeiten führen als Transparenz fördern würde. Dies gilt beispielsweise für steuerliche Vergünstigungen in den verschiedenen Steuergesetzen, berufsrechtliche Sonderregelungen in den Gesetzen über die Berufsausbildung oder die Ausbildungsförderung oder Sonderregelungen im Wohngeldrecht. Die Einordnung des Rehabilitationsrechts muss sich somit auf die Vorschriften konzentrieren, die für die einzelnen Rehabilitationsträger gelten und entweder Rehabilitationsleistungen oder das Rehabilitationsverfahren zum Inhalt haben. Hierzu gehört auch die Eingliederungshilfe der Sozial- und Jugendhilfe, da sie in der Sache auch Rehabilitationsträger sind.

4. Der Bund hat u. a. für die öffentliche Fürsorge, die Sozialversicherung einschließlich der Arbeitslosenversicherung sowie für die Kriegsopferversorgung die Gesetzgebungszuständigkeit in dem Bereich der konkurrierenden Gesetzgebung (Artikel 74 Abs. 1 Nr. 7, Nr. 10 und Nr. 12 GG). Dem Bund steht das Gesetzgebungsrecht für diesen Bereich zu, wenn und soweit die Herstellung gleichwertiger Lebensverhältnisse im Bundesgebiet oder die Wahrung der Rechts- oder Wirtschaftseinheit im gesamtstaatlichen Interesse eine bundesgesetzliche Regelung erforderlich macht (Artikel 72 Abs. 2 GG). Die vorliegenden Neuregelungen sollen unter anderem unterschiedliches Bundesrecht, das sich mit der Eingliederung behinderter Menschen befasst, harmonisieren und eine möglichst einheitliche Leistungserbringung aller Rehabilitationsträger für das gesamte Bundesgebiet gewährleisten, um Ungleichbehandlungen der Betroffenen zu vermeiden. Damit ist zur Herstellung gleichwertiger Lebensverhältnisse im Bundesgebiet sowie zur Wahrung der Rechtseinheit im gesamtstaatlichen Interesse eine bundesgesetzliche Regelung erforderlich.

II. Inhaltliche Schwerpunkte des Gesetzes
1. Teilhabe an der Gesellschaft

Im Mittelpunkt des Gesetzgebungsvorhabens steht die Ermöglichung eines selbstbestimmten Lebens für behinderte und von Behinderung bedrohte Menschen. Ziel der Sozialleistungen soll in Anlehnung an das „Partizipationsmodell", das der im Rahmen der Weltgesundheitsorganisation (WHO) stattfindenden internationalen Diskussion um eine Weiterentwicklung der ICIDH-1 zur ICIDH-2 zugrunde liegt, die Förderung der Teilhabe der behinderten oder von Behinderung bedrohten Menschen an der Gesellschaft, insbesondere am Arbeitsleben, sein. Dieses Ziel soll mit medizinischen, beruflichen und sozialen

Vorbemerkung

Leistungen schnell, wirkungsvoll, wirtschaftlich und auf Dauer erreicht werden. Entsprechend der Zielsetzung werden diese Leistungen als Leistungen zur Teilhabe zusammengefasst.

2. Unmittelbar geltendes Recht

Durch die Zusammenfassung der Rechtsvorschriften zur Rehabilitation und Eingliederung behinderter Menschen, die für mehrere Sozialleistungsbereiche einheitlich gelten, sowie des Schwerbehindertenrechts entsprechend den Ordnungsprinzipien des Sozialgesetzbuches wird das Neunte Buch des Sozialgesetzbuches in ähnlicher Weise bereichsübergreifend wirksam wie bereits bisher die Regelungen des Ersten, des Vierten und des Zehnten Buches des Sozialgesetzbuches. Nach dem bisherigen Rehabilitations-Angleichungsgesetz (§ 9 Abs. 1) stellen dessen leistungsrechtliche Regelungen in §§ 10 bis 20 lediglich Grundsätze dar, während sich Voraussetzungen, Art und Umfang der Leistungen der Rehabilitationsträger im Einzelnen nach den für sie jeweils geltenden besonderen Rechtsvorschriften richten. § 7 des vorliegenden Gesetzentwurfs sieht vor, dass der generelle Vorrang dieser besonderen Rechtsvorschriften weiterhin hinsichtlich der Zuständigkeit und der Leistungsvoraussetzungen gilt, da sich diese bei Beibehaltung des gegliederten Systems und der Einbindung der Leistungen zur Rehabilitation und Eingliederung behinderter Menschen in das Leistungsrecht und die Leistungspraxis der einzelnen Rehabilitationsträger nicht einheitlich regeln lassen. Im Übrigen stellt § 7 klar, dass die Vorschriften des Neunten Buches unmittelbar und originär für die Rehabilitationsträger Anwendung finden, soweit nicht in den jeweils geltenden Leistungsgesetzen Abweichendes bestimmt ist.

Damit besteht zwar auch weiterhin die Möglichkeit, für jeden Träger spezifische Bestimmungen auch hinsichtlich Gegenstand, Umfang und Ausführung der Leistungen zu treffen; sind oder werden solche besonderen Bestimmungen aber nicht getroffen oder entsprechend Artikel 2 bis 55 des Gesetzentwurfs beseitigt, gelten die allgemeinen Regelungen des Neunten Buches. Im Neunten Buch sind somit alle Regelungen zusammengefasst, die für die in § 6 genannten Rehabilitationsträger einheitlich gelten. Die ersten drei Kapitel des Ersten Teils enthalten dabei Regelungen, die für alle Rehabilitationsträger maßgebend sind, nämlich allgemeine Regelungen, Regelungen zur Ausführung von Leistungen zur Teilhabe und zu Servicestellen. In Kapitel 4 bis 7 werden die Leistungen bestimmt, die einheitlich von den jeweils zuständigen Rehabilitationsträgern als Leistungen zur medizinischen Rehabilitation, zur Teilhabe am Arbeitsleben, als unterhaltssichernde und andere ergänzende Leistungen sowie als Leistungen zur Teilhabe am Leben in der Gemeinschaft erbracht werden. Entsprechend werden durch die Artikel 2 ff. die für die Rehabilitationsträger maßgebenden Leistungsgesetze geändert, so dass diese nur noch Regelungen enthalten, die allein für die jeweiligen Rehabilitationsträger gelten. Art, Gegenstand, Umfang, Qualität und Ausführung der Leistungen richten sich damit nach dem Neunten Buch, soweit die Leistungsgesetze der Rehabilitationsträger nicht darüber hinausgehend Besonderheiten regeln.

3. Einbeziehung der Träger der Sozialhilfe und der Träger der Jugendhilfe

Unter Berücksichtigung der grundsätzlichen Unterschiede der Leistungen der Sozialhilfe und der Leistungen der übrigen Leistungsträger werden neben den Trägern der Jugendhilfe die Träger der Sozialhilfe in den Kreis der Rehabilitationsträger einbezogen. Damit wird zugleich klargestellt, dass zu einer vollen Teilhabe am Leben in der Gesellschaft neben medizinischen und beruflichen Leistungen zur Rehabilitation in vielen Fällen weitere Leistungen gehören. Insbesondere die Einbeziehung dieser Träger in die für alle Rehabilitationsträger geltenden Verfahrens- und Abstimmungsvorschriften ermöglicht eine enge Zusammenarbeit im Interesse der behinderten Menschen, die zu ihrer Teilhabe am Leben in der Gesellschaft Leistungen und sonstige Hilfen mehrerer Träger benötigen.

Als soziale Leistungen werden in das Neunte Buch Sozialgesetzbuch Leistungen zur Teilhabe am Leben in der Gemeinschaft aufgenommen, für die die Träger der Sozialhilfe zuständig bleiben, soweit keine Zuständigkeit der Träger der Unfallversicherung, Kriegsopferfürsorge oder Jugendhilfe gegeben ist. Eingliederungshilfe nach dem Bundessozialhilfegesetz umfasst die von der Sozialhilfe zu erbringenden Leistungen zur medizinischen Rehabilitation und zur Teilhabe am Arbeitsleben, da unterschiedliche Chancen in der Rehabilitation von den Organisationen der Betroffenen als einer der wichtigsten Mängel des geltenden Rechts herausgestellt werden. Bei diesen Leistungen der Sozialhilfeträger einschließlich der Leistungen im Arbeitsbereich anerkannter Werkstätten für behinderte Menschen entfällt die Bedürftigkeitsprüfung. Die Sozialhilfeträger sind weiterhin nicht leistungsverpflichtet, wenn ein anderer Rehabilitationsträger Leistungen zu erbringen hat.

4. Wunsch- und Wahlrecht der Leistungsberechtigten, Persönliches Budget

Um die Eigenverantwortlichkeit der Betroffenen zu stärken und ihnen bei der Ausführung der Leistungen möglichst weitgehenden Raum zu eigenverantwortlicher Gestaltung ihrer Lebensumstände zu belassen, erhalten die Betroffenen erweiterte Wunsch- und Wahlrechte. So ist bei der Entscheidung über die Leistungen berechtigten Wünschen der Betroffenen zu entsprechen. Dazu gehört auch, dass die Leistungsberechtigten eine eigentliche Sachleistung, wenn sie nicht in einer Rehabilitationseinrichtung ausgeführt werden muss, in der Form der Geldleistung wählen können, wenn die Geldleistung in der Wirksamkeit der Sachleistung entspricht und zumindest gleich wirtschaftlich ist. Dem Anspruch behinderter Menschen auf selbstbestimmte und eigenverantwortliche Gestaltung ihrer Lebensumstände wird zudem dadurch Rechnung getragen, dass die Rehabilitationsträger ihre Leistungen in geeigneten Fällen auch in Form eines persönlichen Budgets erbringen können. Aufgrund der geringen Erfahrung mit der Leistungsform des persönlichen Budgets in Deutschland ist vorgesehen, dass die Rehabilitationsträger diese in Modellvorhaben erproben.

5. Rasche Zuständigkeitsklärung

Streitigkeiten über die Zuständigkeitsfrage einschließlich der vorläufigen Leistungserbringung bei ungeklärter Zuständigkeit oder bei Eilbedürftigkeit sollen nicht mehr zu Lasten der behinderten Menschen bzw. der Schnelligkeit und Qualität der Leistungserbringung gehen. Das Instrument der vorläufigen Leistungserbringung nach § 6 Abs. 2 Rehabilitations-Angleichungsgesetz konnte diesen Anspruch nicht erfüllen. Grundsätzlich bleibt die Zuständigkeit der einzelnen Zweige der sozialen Sicherheit für Rehabilitationsleistungen unberührt. Jedoch soll das Verwaltungsverfahren durch eine rasche Zuständigkeitsklärung deutlich verkürzt werden, damit die Berechtigten die erforderlichen Leistungen schnellstmöglich erhalten.

6. Koordination der Leistungen und Kooperation der Leistungsträger

Ein Hauptanliegen des Gesetzgebungsvorhabens ist es, die Koordination der Leistungen und die Kooperation der Leistungsträger durch wirksame Instrumente sicherzustellen. Zum einen wird dies durch die Einordnung des gesamten einschlägigen Rechts entsprechend den Einordnungsgrundsätzen des Sozialgesetzbuches erleichtert und verbessert. Darüber hinaus dienen diesem Zweck

– bezogen auf die einzelnen behinderten und von Behinderung bedrohten Menschen die funktionsbezogene Festlegung der im Einzelfall erforderlichen Leistungen, § 10 des Entwurfs,

– die Fortentwicklung der bisher in § 3 Abs. 2 Rehabilitations-Angleichungsgesetz geregelten Auskunft und Beratung durch die Verpflichtung der Rehabilitationsträger zur Einrichtung von gemeinsamen Servicestellen auf Kreisebene, mit umfassenden Beratungs- und Unterstützungsaufgaben bis hin zur umfassenden Vorbereitung einer unverzüglichen Entscheidung des jeweiligen Rehabilitationsträgers,

Vorbemerkung

- die Sicherstellung der Beratungs- und Unterstützungskompetenz von Behindertenorganisationen und Selbsthilfegruppen einschließlich von Interessenvertretungen behinderter Frauen durch deren Beteiligung an den Servicestellen und / oder an der Beratung,
- regional die Verbesserung der Regelungen über Bildung und Arbeit von Arbeitsgemeinschaften in § 12 Abs. 2 und § 19 Abs. 5 des Entwurfs und die Aufhebung des unpraktikablen § 94 des Zehnten Buches Sozialgesetzbuch, generell die gesetzliche Festlegung zu gemeinsamem Handeln und von Koordinierungsaufgaben mit Ermächtigung an die Bundesregierung, die Koordinierung durch Verordnung im Einzelnen zu regeln, wenn die Träger dies nicht in angemessener Frist selbst tun, in § 13 i. V. m. § 16 sowie § 23 des Entwurfs sowie
- die Möglichkeit, auf Ebene der Bundesarbeitsgemeinschaft für Rehabilitation gemeinsame Empfehlungen nach § 13 des Entwurfs zu vereinbaren.

7. Besondere Bedürfnisse und Probleme behinderter Frauen und Kinder

In dem Gesetzentwurf werden geschlechtstypische Belastungssituationen für behinderte und von Behinderung bedrohter Frauen abgefangen, indem ihre besonderen Bedürfnisse und Probleme Berücksichtigung finden; entsprechendes gilt auch für die besonderen Bedürfnisse und Probleme behinderter und von Behinderung bedrohter Kinder (entsprechend Artikel 1 der UN-Kinderrechtskonvention bis zur Vollendung des achtzehnten Lebensjahres), insbesondere durch

- die Berücksichtigung der besonderen Bedürfnisse behinderter und von Behinderung bedrohter Frauen und Kinder bereits in der Zielbestimmung des Gesetzes,
- Ausgestaltung der Früherkennung und Frühförderung behinderter und von Behinderung bedrohter Kinder als Komplexleistung, § 30 und § 56,
- die Berücksichtigung von berechtigten Wünschen der Betroffenen und Rücksichtnahme auf die persönliche Lebenssituation und die Familie bei der Leistungsbewilligung nach § 9 Abs. 1
- das Wahlrecht auf Geldleistung nach § 9 Abs. 2,
- die eigenverantwortliche Gestaltung der Lebensumstände der Betroffenen,
- der Vorrang von ambulanten und teilstationären Leistungen bei vergleichbarer Wirksamkeit unter Berücksichtigung der persönlichen Umstände nach §19 Abs. ,
- die Möglichkeit der Übernahme von Reisekosten für Kinder, die an den Rehabilitationsort mitgenommen werden,
- die Möglichkeit für alle Rehabilitationsträger, Kinderbetreuungskosten zu übernehmen,
- die umfassende Beteiligung von Selbsthilfegruppen und Interessenvertretungen behinderter Frauen z. B. bei der Vereinbarung gemeinsamer Empfehlungen der Rehabilitationsträger nach § 13 Abs. 6, bei der Einrichtung der Servicestellen sowie an der Beratung nach § 22 Abs. 1 und an der Berichtserstellung nach § 24,
- der Zusicherung von Chancengleichheit behinderter Frauen im Erwerbsleben, § 33 Abs. 2 sowie
- die Erweiterung des Rehabilitationssports um Übungen für behinderte und von Behinderung bedrohte Frauen und Mädchen, die der Stärkung des Selbstbewusstseins dienen.

Darüber hinaus bleiben durch die Einordnung des Schwerbehindertengesetzes in das Neunte Buch Sozialgesetzbuch die bereits mit dem Gesetz zur Bekämpfung der Arbeitslosigkeit Schwerbehinderter geschaffenen besonderen Regelungen für behinderte Frauen wirksam.

8. Trägerübergreifende Qualitätssicherung

Um ein effizientes und effektives gemeinsames Handeln der Rehabilitationsträger zu gewährleisten und um die erforderlichen Leistungen in der gebotenen Qualität sicherzustellen, vereinbaren die Rehabilitationsträger gemeinsame Empfehlungen zur Sicherung und Weiterentwicklung der Qualität der Leistungen sowie für die Durchführung vergleichender Qualitätsanalysen als Grundlage für ein effektives Qualitätsmanagement. Diese Empfehlungen werden durch die Bundesarbeitsgemeinschaft für Rehabilitation unter Beteiligung der Verbände und Selbsthilfegruppen behinderter Menschen vorbereitet. Die Leistungserbringer führen zur Gewährleistung der Qualität der Versorgung einrichtungsintern ein Qualitätsmanagement ein.

9. Vorrang von Leistungen zur Teilhabe, psychologische und pädagogische Hilfen, stufenweise Wiedereingliederung

In Fortentwicklung des § 7 Rehabilitations-Angleichungsgesetz wird in § 8 des Entwurfs klargestellt, dass nicht nur bei Renten- und Pflegeleistungen, sondern bei allen Sozialleistungen wegen einer Behinderung alle Möglichkeiten zu positiven Entwicklungsprozessen zu nutzen sind. Dass die Leistungen zur medizinischen Rehabilitation und zur Teilhabe am Arbeitsleben auch psychologische und pädagogische Hilfen umfassen, soweit diese Leistungen im Einzelfall zum Erreichen oder zur Sicherung des Erfolgs der Leistungen zur Teilhabe erforderlich sind, wird in § 26 Abs. 3 und § 33 Abs. 6 des Entwurfs sichergestellt. Um arbeitsunfähigen Leistungsberechtigten eine schrittweise Wiederaufnahme ihrer Tätigkeit zu ermöglichen, stellt § 28 klar, dass die bisher ausdrücklich nur für die gesetzliche Krankenversicherung vorgesehene Möglichkeit der stufenweisen Wiedereingliederung auch für andere Bereiche der medizinischen Rehabilitation Bedeutung hat.

10. Ambulant vor stationär

Eine Flexibilisierung der Rehabilitation gewinnt immer stärker an Bedeutung. Deshalb wird unter Berücksichtigung der persönlichen Umstände und der Wirksamkeit der Leistungen ausdrücklich geregelt, dass ambulante und teilstationäre Leistungen grundsätzlich zu bevorzugen sind. Allerdings gibt es keine strikte Festlegung eines Grundsatzes ambulant vor stationär, da ein solcher Grundsatz für die Verwirklichung einer erfolgreichen Rehabilitation im Einzelfall zu unflexibel ist. Zum einen gibt es durchaus Fälle, in denen auch bei gleicher Wirksamkeit der Leistungen die stationäre Form vorzuziehen ist, z. B. bei Leistungen für Mütter, die bei einer ambulanten Leistung nicht genügend Abstand vom Alltag erreichen können. Zum anderen sollen bei der Entscheidung über die Form der Leistung alle Umstände des Einzelfalls und die Interessen der Betroffenen, insbesondere auch die persönliche und berufliche Situation von Frauen, berücksichtigt werden. Hierdurch kann vor allem Frauen mit Familienpflichten, aber generell auch bei teilzeitbeschäftigten behinderten Menschen, die Inanspruchnahme von Leistungen vor allem zur medizinischen Rehabilitation erheblich verbessert werden. Die Entscheidung über eine ambulante Leistungserbringung hat auch Einfluss darauf, ob die Leistung wohnortnah erbracht wird, denn ambulant kann eine Leistung in aller Regel nur erbracht werden, wenn die Einrichtung wohnortnah liegt.

11. Arbeitsassistenz

Als Hilfe zur Erlangung eines Arbeitsplatzes wird für schwerbehinderte Menschen ergänzend zu dem mit dem Gesetz zur Bekämpfung der Arbeitslosigkeit Schwerbehinderter gegenüber der Hauptfürsorgestelle und finanziert aus Mitteln der Ausgleichsabgabe eingeführten Anspruch auf eine notwendige Arbeitsassistenz nach § 33 des Entwurfs auch ein entsprechender Anspruch gegenüber den Rehabilitationsträgern begründet. Die Regelung stellt sicher, dass schwerbehinderte Menschen die notwendigen Leistungen, die ihnen die Teilnahme am Arbeitsleben ermöglichen, im erforderlichen Umfang erhalten und führt zu einer angemessenen Verteilung der hierdurch entstehenden Kosten zwischen Rehabilitationsträgern und Hauptfürsorgestellen.

12. Gebärdensprache

Für die Integration der Gehörlosen ist es von großer Bedeutung, in beiden Sprachen – der Lautsprache und der Gebärdensprache – je nach den Erfordernissen der konkreten Situation, kommunizieren zu können. Für den Sozialbereich wird es den hörbehinderten Menschen ermöglicht, im Verkehr mit öffentlichen Einrichtungen die Gebärdensprache zu verwenden. Dies soll nicht nur im Verfahren der Sozialverwaltung, sondern auch bei der Ausführung aller Sozialleistungen gelten. Für die Verständigung in anderen Fällen werden die erforderlichen Hilfen oder die Erstattung der notwendigen Aufwendungen hierfür als Leistungen zur Teilhabe am Leben in der Gemeinschaft erbracht. Entsprechende Leistungen der Sozialhilfe setzen wie bisher die Bedürftigkeit des Betroffenen voraus. Weitere erforderliche Regelungen zur Anerkennung der Gebärdensprache im Verfahrensrecht außerhalb des Sozialbereichs sollen in einem zivilrechtlichen Antidiskriminierungsgesetz getroffen werden.

13. Einbeziehung des Schwerbehindertenrechts

Das Schwerbehindertengesetz, das nach § 1 Artikel II des Ersten Buches Sozialgesetzbuch bis zu seiner Einordnung in das Sozialgesetzbuch als dessen besonderer Teil gilt und ebenfalls auf die Eingliederung behinderter Menschen in Arbeit, Beruf und Gesellschaft abzielt, wird als Teil 2 des Neunten Buches Sozialgesetzbuch eingeordnet. Die Regelungen entsprechen im Wesentlichen inhaltsgleich dem bisherigen Schwerbehindertengesetz in der Ausgestaltung durch das Gesetz zur Bekämpfung der Arbeitslosigkeit Schwerbehinderter vom 29. September 2000 (BGBl. I S. 1394), enthalten jedoch neben den sprachlichen Anpassungen auch einige notwendige Änderungen, von denen insbesondere das Verbot der Benachteiligung schwerbehinderter Menschen im Arbeits- oder sonstigen Beschäftigungsverhältnis sowie eine Entschädigungspflicht bei Verstoß gegen dieses Verbot hervorzuheben ist. Hierdurch wird dem Benachteiligungsverbot des Artikels 3 Abs. 3 Satz 2 des Grundgesetzes weiter Rechnung getragen. Im Übrigen werden bei der Einordnung des Schwerbehindertenrechts in das Neunte Buch Sozialgesetzbuch unter anderem eine Vereinfachung des Anzeigeverfahrens der Arbeitgeber, eine Erweiterung der Zuständigkeit der Schwerbehindertenvertretung und eine Klarstellung der Beauftragung der Integrationsfachdienste durch die Hauptfürsorgestellen vorgesehen.

III. Im Einzelnen gliedert sich der Gesetzentwurf wie folgt:

Artikel 1 enthält die Einordnung des Rehabilitations- und Schwerbehindertenrechts ins Sozialgesetzbuch, und zwar in Form eines eigenen, Neunten Buches.

Teil 1

Teil 1 enthält allgemein geltende Vorschriften für behinderte und von Behinderung bedrohte Menschen:

Kapitel 1 „Allgemeine Regelungen" verbindet die Übersicht über und die Einführung in die Leistungen, die zur Teilhabe behinderter und von Behinderung bedrohter Menschen erbracht werden, mit einer allgemeinen Zielbestimmung der Leistungen zur Teilhabe sowie der Übernahme der allgemeinen und bereichsübergreifenden Regelungen des Schwerbehindertengesetzes und anderer Gesetze (z. B. über die Zusammenarbeit der Rehabilitationsträger und die Abstimmung verschiedener Hilfen) sowie einer zeitgerechten Fortentwicklung dieser Regelungen, wie sie auch aufgrund der Einbeziehung der Sozial- und der Jugendhilfe erforderlich ist.

Kapitel 2 fasst die Regelungen über die „Ausführung von Leistungen zur Teilhabe" (auch durch Rehabilitationsdienste und -einrichtungen) zusammen, soweit dies bereichsübergreifend möglich ist.

Kapitel 3 beschreibt die „Aufgaben und die Einrichtung der Servicestellen."

Kapitel 4 „Leistungen zur medizinischen Rehabilitation" führt in die einschlägigen Leistungen ein und regelt und harmonisiert diese Leistungen, soweit zu Gegenstand, Umfang und Ausführung bereichsübergreifende Vorschriften möglich und erforderlich sind.

Kapitel 5 regelt „Leistungen zur Teilhabe am Arbeitsleben" nach Gegenstand, Umfang und Ausführung inhaltlich und abschließend, während Bestimmungen über die Leistungsvoraussetzungen und damit über die Zuständigkeit der verschiedenen Trägergruppen in den Vorschriften für die einzelnen Leistungsbereiche verbleiben.

Kapitel 6 „Unterhaltssichernde und andere ergänzende Leistungen" gibt eine Übersicht über die einschlägigen Leistungen, die in der Kranken-, Unfall- und Rentenversicherung, nach dem Recht der sozialen Entschädigung bei Gesundheitsschäden sowie bei der Bundesagentur für Arbeit ergänzend zu Leistungen zur medizinischen Rehabilitation und zu Leistungen zur Teilhabe am Arbeitsleben erbracht werden. Soweit zu den rehabilitationsspezifischen unter diesen Leistungen, insbesondere dem Übergangsgeld, bereichsübergreifende Regelungen möglich sind, werden sie ebenfalls in diesem Kapitel getroffen.

Kapitel 7 gibt einen Überblick über die „Leistungen zur Teilhabe am Leben in der Gemeinschaft", die für eine volle Teilhabe an der Gesellschaft neben den Leistungen zur medizinischen Rehabilitation und den Leistungen zur Teilhabe am Arbeitsleben erforderlich sein können.

Kapitel 8 „Sicherung und Koordinierung der Teilhabe" enthält neben dem mit § 63 neu eingeführten Klagerecht für Verbände behinderter Menschen Regelungen, die bisher im Bundessozialhilfegesetz und im Schwerbehindertengesetz verankert waren.

Teil 2

Teil 2 des Artikels 1 Besondere Regelungen zur Teilhabe schwerbehinderter Menschen (Schwerbehindertenrecht) ordnet in vierzehn Kapiteln das bisherige Schwerbehindertengesetz in das Sozialgesetzbuch ein und enthält Vorschriften für schwerbehinderte und diesen gleichgestellte behinderte Menschen.

Kapitel 1 „Geschützter Personenkreis" enthält die grundlegenden Regelungen über den Geltungsbereich sowie die Feststellung von Behinderung oder Schwerbehinderung und des Verfahrens über die Gleichstellung behinderter mit schwerbehinderten Menschen.

Kapitel 2 „Beschäftigungspflicht der Arbeitgeber" enthält die Regelungen über die Pflichtquoten und die ihrer Ermittlung zugrundeliegenden Arbeitsplätze, die Anrechnung beschäftigter schwerbehinderter Menschen sowie die Ausgleichsabgabe.

Kapitel 3 „Sonstige Pflichten der Arbeitgeber, Rechte der schwerbehinderten Menschen" regelt das Zusammenwirken von Arbeitgebern, Bundesanstalt für Arbeit und Hauptfürsorgestellen sowie die Verpflichtungen der privaten und öffentlichen Arbeitgeber und die Rechte schwerbehinderter Menschen bei der Teilhabe am Arbeitsleben.

Kapitel 4 „Kündigungsschutz" regelt die besonderen Modalitäten bei der Beendigung des Arbeitsverhältnisses eines schwerbehinderten Menschen.

Kapitel 5 „Betriebs-, Personal-, Richter-, Staatsanwalts- und Präsidialrat, Schwerbehindertenvertretung, Beauftragter des Arbeitgebers" enthält die Regelungen über die institutionelle Berücksichtigung der Interessen schwerbehinderter Menschen in Betrieben und Dienststellen.

Kapitel 6 „Durchführung der besonderen Regelungen zur Teilhabe schwerbehinderter Menschen" enthält die Vorschriften über die Zusammenarbeit und das Verfahren der Bundesanstalt für Arbeit, der Hauptfürsorgestellen sowie der bei ihnen gebildeten Gremien.

Kapitel 7 „Integrationsfachdienste" enthält die Regelungen über die Dienste, die bei der Vermittlung besonders betroffener schwerbehinderter Menschen auf Arbeitsplätze des allgemeinen Arbeitsmarktes tätig werden.

Vorbemerkung

Kapitel 8 „Beendigung der Anwendung der besonderen Regelungen zur Teilhabe schwerbehinderter und gleichgestellter behinderter Menschen" enthält die Voraussetzungen, unter denen die besonderen Regelungen für schwerbehinderte Menschen nicht mehr angewendet werden.

Kapitel 9 „Widerspruchsverfahren" regelt die Besonderheiten der Entscheidungen der Widerspruchsausschüsse.

Kapitel 10 „Sonstige Vorschriften" enthält die besonderen Regelungen, die insbesondere in Bezug auf Urlaub, Mehr- und Heimarbeit schwerbehinderter Menschen gelten.

Kapitel 11 „Integrationsprojekte" enthält die Regelungen über Betriebe und andere Arbeitseinheiten, in denen besonders betroffenen schwerbehinderten Menschen die Teilhabe am allgemeinen Arbeitsmarkt ermöglicht werden soll.

Kapitel 12 „Werkstätten für behinderte Menschen" enthält die Regelungen für die im Berufsbildungsbereich und Arbeitsbereich der Werkstätten tätigen schwerbehinderten Menschen sowie deren Mitwirkung und die Berücksichtigung der den Werkstätten erteilten Aufträge bei der Ausgleichsabgabe.

Kapitel 13 „Unentgeltliche Beförderung schwerbehinderter Menschen im öffentlichen Personenverkehr" regelt diesen Nachteilsausgleich sowie die Erstattung der hierdurch entstehenden Kosten.

Kapitel 14 „Straf-, Bußgeld- und Schlussvorschriften" enthält die Regelungen für Sanktionen bei Verstößen gegen Verpflichtungen in Zusammenhang mit der Durchführung der besonderen Regelungen für schwerbehinderte Menschen.

Artikel 2 bis 60 des Entwurfs enthalten die aufgrund der Einordnung erforderlichen Änderungen von Gesetzen sowie Übergangs- und Schlussvorschriften. In diesen Gesetzen werden auch die notwendigen sprachlichen Anpassungen an Bezeichnungen vorgenommen. In anderen Gesetzen sollen solche Änderungen bei passender Gelegenheit erfolgen.

TEIL 1
Regelungen für behinderte und von Behinderung bedrohte Menschen

KAPITEL 1
Allgemeine Regelungen

§ 1
Selbstbestimmung und Teilhabe am Leben in der Gesellschaft

¹Behinderte oder von Behinderung bedrohte Menschen erhalten Leistungen nach diesem Buch und den für die Rehabilitationsträger geltenden Leistungsgesetzen, um ihre Selbstbestimmung und gleichberechtigte Teilhabe am Leben in der Gesellschaft zu fördern, Benachteiligungen zu vermeiden oder ihnen entgegenzuwirken. ²Dabei wird den besonderen Bedürfnissen behinderter und von Behinderung bedrohter Frauen und Kinder Rechnung getragen.

ERLÄUTERUNGEN

I. Bedeutung der Vorschrift

Die Bestimmung legt fest, mit welchen Zielen behinderten oder von Behinderung bedrohten Menschen Sozialleistungen zu gewähren sind. Hierbei werden die besonderen Bedürfnisse behinderter und von Behinderung bedrohter Frauen und Kinder mit dem in Satz 2 formulierten Gebot ausdrücklich hervorgehoben. **1**

II. Fassung

Die Vorschrift wurde unverändert aus dem Regierungsentwurf (BT-Drucks. 14/5531 i. V. m. 14/5074) übernommen. **2**

Nicht vollständig aufgegriffen wurde ein Vorschlag des **Bundesrates**, in **Satz 2** die Worte „und Kinder" zu streichen und einen eigenen Absatz über die Leistungserbringung an Kinder anzufügen. Der Bundesrat hat dieses Verlangen wie folgt begründet (BT-Drucks. 14/5531 S. 6):

„Die besondere Betroffenheit von Frauen und Kindern in einem Zusammenhang zu erwähnen, erscheint frauenpolitisch bedenklich und wird der besonderen Situation der Kinder und Jugendlichen nicht gerecht. Während für erwachsene Behinderte der Anspruch auf Selbstbestimmung plausibel ist, ist er für Kinder zunächst unsinnig und durch Rechtspositionen der Sorgeberechtigten zu ergänzen. Die Standards des SGB VIII sollten als Gestaltungsauftrag auch für das SGB IX genannt werden."

Die Bundesregierung hat in ihrer Gegenäußerung erklärt, sie unterstütze das Anliegen, der besonderen Situation behinderter Kinder und Jugendlicher noch besser gerecht zu werden und werde geeignete Möglichkeiten im weiteren Gesetzgebungsverfahren prüfen (BT-Drucks. 14/5639 S. 2). Schließlich wurde dem Vorschlag, die Standards des SGB VIII auch als Gestaltungsauftrag in das SGB IX zu übernehmen, durch Neufassung des § 4 Abs. 3 SGB IX entsprochen. **3**

III. Begründung

In dem Regierungsentwurf (BT-Drucks. 14/5074, S. 98) wird zu der Vorschrift ausgeführt: „Die Vorschrift formuliert die Ziele des Neunten Buches im Rahmen des Sozialgesetzbuches. Vorangestellt und hervorgehoben wird das Ziel, Selbstbestimmung und gleichberechtigte Teilhabe behinderter und von Behinderung bedrohter Menschen durch besondere Sozialleistungen (Leistungen zur Teilhabe) zu fördern. Der in seiner Zielsetzung umfassende An- **4** satz bezieht alle Lebensumstände behinderter und von Behinderung bedrohter Menschen ein, insbesondere auch ihre Einbettung in ihre Familie, die für viele Betroffene den unmittelbarsten und wichtigsten Bezugsrahmen bilden. **Satz 2** stellt klar, dass dabei den Bedürfnissen behinderter und von Behinderung bedrohter Frauen, beispielsweise aufgrund von Erziehungsaufgaben und anderen Familienpflichten, in besonderer Weise Rechnung zu tragen ist; entsprechendes gilt auch für die besonderen Bedürfnisse von Kindern.Leistungen zur Teilhabe können nur Angebote und Chancen sein, die von behinderten und von Behinderung bedrohten Menschen aktiv genutzt werden müssen, um das Ziel dieser Leistungen – die Teilhabe am Leben der Gesellschaft – zu erreichen. Die Vorschrift zielt also – ebenso wie alle Vorschriften des Neunten Buches – darauf ab, so weitgehend wie immer möglich die eigenen Fähigkeiten zur Selbstbestimmung – und damit auch zur Selbsthilfe – zu stärken, zu unterstützen und eine möglichst selbständige Lebensführung zu ermöglichen."

§ 2
Behinderung

(1) ¹**Menschen sind behindert, wenn ihre körperliche Funktion, geistige Fähigkeit oder seelische Gesundheit mit hoher Wahrscheinlichkeit länger als sechs Monate von dem für das Lebensalter typischen Zustand abweichen und daher ihre Teilhabe am Leben in der Gesellschaft beeinträchtigt ist.** ²**Sie sind von Behinderung bedroht, wenn die Beeinträchtigung zu erwarten ist.**

(2) **Menschen sind im Sinne des Teils 2 schwerbehindert, wenn bei ihnen ein Grad der Behinderung von wenigstens 50 vorliegt und sie ihren Wohnsitz, ihren gewöhnlichen Aufenthalt oder ihre Beschäftigung auf einem Arbeitsplatz im Sinne des § 73 rechtmäßig im Geltungsbereich dieses Gesetzbuches haben.**

(3) **Schwerbehinderten Menschen gleichgestellt werden sollen behinderte Menschen mit einem Grad der Behinderung von weniger als 50, aber wenigstens 30, bei denen die übrigen Voraussetzungen des Absatzes 2 vorliegen, wenn sie infolge ihrer Behinderung ohne die Gleichstellung einen geeigneten Arbeitsplatz im Sinne des § 73 nicht erlangen oder nicht behalten können (gleichgestellte behinderte Menschen).**

ERLÄUTERUNGEN

ÜBERSICHT

I. Bedeutung der Vorschrift (Rdnr. 1)
II. Fassung (Rdnr. 2)
III. Begründung (Rdnrn. 3–7)
IV. Anmerkungen (Rdnrn. 8–200)
    A) zu Abs. 1
       1. Begriff der Behinderung
          a) Geltungsbereich (Rdnrn. 8–10)
          b) Allgemeine Begriffsmerkmale (Rdnrn. 11–13)
          c) Bezug zur Klassifikation der WHO (Rdnrn. 14–29)
              aa) Das ICIDH von 1980 (Rdnrn. 14–15)
              bb) Die ICF von 2001 (Rdnrn. 16–25)
       2. Merkmale der Abweichung (Rdnr. 30–43)
          a) Körperliche Funktion (Rdnrn. 31–33)
          b) Geistige Fähigkeit (Rdnrn. 34–36)
          c) Seelische Gesundheit (Rdnr. 37)
          d) Abweichung von dem für das Lebensalter typischen Zustand (Rdnrn. 38–40)

e) Länger als sechs Monate (Rdnrn. 41–43)
  3. Beeinträchtigungen der Teilhabe (Rdnrn. 44–48)
  4. Drohende Behinderung (Rdnrn. 49–50)
B) zu Abs. 2
  1. Schwerbehinderung (Rdnrn. 51–55)
  2. Grad der Behinderung (Rdnrn. 56–86)
    a) Anhaltspunkte für die ärztliche Gutachtertätigkeit als Maßstab (Rdnrn. 56–78)
    b) Bindungswirkung und Aktualisierung der Versorgungsmedizinischen Grundsätze (Rdnrn. 79–86)
  3. Berechtigung (Rdnrn. 87–104)
    a) Wohnsitz (Rdnr. 96)
    b) Gewöhnlicher Aufenthalt (Rdnrn. 97–98)
    c) Beschäftigung auf einem Arbeitsplatz im Sinne des § 73 SGB IX (Rdnrn. 99–100)
    d) Rechtmäßigkeit von Wohnsitz, Aufenthalt oder Beschäftigung (Rdnrn. 101–104)
C) zu Abs. 3
  1. Begriff und Zweck der Gleichstellung (Rdnrn. 105–113)
  2. Arbeitsplatzerhaltung und -verschaffung (Rdnrn. 114–116)
    a) Arbeitsplatz (Rdnrn. 118–119)
    b) Eignung (Rdnrn. 120–124)
    c) Zielsetzungen der Gleichstellung (Rdnrn. 125–126)
  3. Hauptfallgruppen der Gleichstellung (Rdnrn. 127–165)
    a) Arbeitslose bzw. ausbildungsstellensuchende behinderte Menschen (Rdnrn. 128–139)
    b) Beschäftigte behinderte Menschen (Rdnrn. 140–165)
  4. Besondere Personengruppen (Rdnrn. 166–185)
    a) Beamte und Richter (Rdnrn. 166–183)
    b) Soldaten (Rdnr. 183)
    c) Leiharbeitnehmer (Rdnr. 184)
    d) Zivile Bedienstete der Bundeswehr / NATO-Streitkräfte (Rdnr. 185)
  5. Verfahren der Gleichstellung (Rdnr. 186)
  6. Wirkung der Gleichstellung (Rdnrn. 187–200)
    a) Zeitlich (Rdnrn. 187–190)
    b) Sachlich (Rdnrn. 191–200)

I. Bedeutung der Vorschrift

In der Vorschrift wird der in § 1 SGB IX angesprochene Normadressatenkreis begrifflich bestimmt: **Abs. 1 Satz 1** legt die Voraussetzungen fest, unter denen Menschen behindert bzw. von Behinderung bedroht sind. In **Abs. 2** wird definiert, wann Menschen im Sinne der Regelungen des Teils 2 (§§ 68–160 SGB IX) als „schwerbehindert" gelten. In **Abs. 3** wird festgelegt, welche Menschen Schwerbehinderten gleichzustellen sind.

II. Fassung

Die Vorschrift wurde unverändert aus dem Regierungsentwurf (BT-Drucks. 14/5531 i. V. m. 14/5074) übernommen.

III. Begründung

In dem Regierungsentwurf (BT-Drucks. 14/5074, S. 98) wird zu der Vorschrift ausgeführt:

„Die Vorschrift grenzt mit Begriffsbestimmungen den Personenkreis ab, für den die in § 1 umschriebenen Ziele und damit die Regelungen des Neunten Buches insgesamt von Bedeutung sind. Diese Begriffsbestimmungen umfassen auch von chronischen Krankheiten Betroffene, soweit bei ihnen die jeweiligen Voraussetzungen gegeben sind. Ob bei Vorliegen einer Behinderung auch die für den Rehabilitationsträger jeweils geltenden Leistungsvoraussetzungen erfüllt sind, richtet sich entsprechend § 7 nach dem für den Rehabilitationsträger geltenden Leistungsgesetz.

4 **Abs. 1 Satz 1** legt die im Rahmen der Weltgesundheitsorganisation (WHO) stattfindende internationale Diskussion um eine Weiterentwicklung der Internationalen Klassifikation (ICIDH-1) zur „Internationalen Klassifikation der Funktionsfähigkeit und Behinderung" (ICIDH-2) zugrunde, die nicht mehr die Orientierung an wirklichen oder vermeintlichen Defiziten, sondern das Ziel der Teilhabe an den verschiedenen Lebensbereichen (Partizipation) in den Vordergrund gerückt hat. Unter dem für „das jeweilige Lebensalter untypischen Zustand" ist der Verlust oder die Beeinträchtigung von normalerweise vorhandenen körperlichen Funktionen, geistigen Fähigkeiten oder seelischer Gesundheit zu verstehen. Wirkt sich diese Beeinträchtigung in einem oder mehreren Lebensbereichen aus, dann liegt die Behinderung – ähnlich wie nach der in § 3 Abs. 1 Satz 1 des bisherigen Schwerbehindertengesetzes enthaltenen Definition – in der Auswirkung der Beeinträchtigung. Die voraussichtliche Dauer der Beeinträchtigung von sechs Monaten entspricht dem bisher in § 4 der Eingliederungshilfeverordnung als „nicht nur vorübergehend" festgelegten Zeitraum. Sie schließt zwar vorübergehende Störungen aus, nicht jedoch Rehabilitationsleistungen so früh wie im Einzelfall geboten. Dies gilt insbesondere, wenn bei Kindern Störungen eingetreten sind. Ist in diesen Fällen eine entsprechende Beeinträchtigung zu erwarten, ist von einer drohenden Behinderung auszugehen, die nach dem in § 3 festgelegten Grundsatz durch geeignete Maßnahmen vermieden werden soll. Die Beurteilung, ob die Beeinträchtigung zu erwarten ist, setzt Fachkenntnisse voraus.

5 **Abs. 1 Satz 2** enthält eine Bestimmung des Kreises der Personen, die nach dem Neunten Buch als „von Behinderung bedroht" anzusehen sind. Eine generelle Gleichstellung der von Behinderung bedrohten mit den behinderten Menschen in § 1 Abs. 2 Rehabilitations-Angleichungsgesetz ist im Rahmen des Neunten Buches nicht möglich, da eine Reihe von Leistungen und sonstigen Hilfen nur bei eingetretener Behinderung erbracht werden; durch die Fassung der einschlägigen Leistungsvorschriften ist sichergestellt, dass sich hierdurch die Rechtsposition der von Behinderung bedrohten Menschen nicht ändert.

6 Ob eine Behinderung oder drohende Behinderung vorliegt, wird individuell und in gleicher Weise wie andere Anspruchsvoraussetzungen bei der Entscheidung über die Leistungen und sonstigen Hilfen, die aufgrund der (drohenden) Behinderung erbracht werden durch den zuständigen Rehabilitationsträger festgestellt. Einbezogen sind damit auch chronisch kranke sowie suchtkranke Menschen, soweit bei ihnen die jeweiligen Voraussetzungen gegeben sind. Soweit für einzelne Bereiche gesonderte Regelungen bei den Leistungsvoraussetzungen erforderlich sind (zum Beispiel in § 39 BSHG), bauen sie auf § 2 auf.

7 Eine förmliche Feststellung der Behinderung und ihres Grades nach § 69 ist nur für die besonderen Hilfen zur Teilhabe Schwerbehinderter am Arbeitsleben und für die Nachteilsausgleiche nach Teil 2 des Neunten Buches von Bedeutung, wenn die Schwerbehinderung nicht offensichtlich ist. Die begriffliche Abgrenzung der schwerbehinderten Menschen in **Abs. 2** baut auf Abs. 1 auf, stellt jedoch zusätzlich auf eine erhebliche Schwere der Behinderung ab. Die Abs. 2 und 3 übertragen inhaltsgleich die bisherigen Regelungen der §§ 1 und 2 Abs. 1 des SchwbG. Infolgedessen bleiben die Feststellungsbescheide der für die Durchführung des Bundesversorgungsgesetzes zuständigen Behörden unbeschadet terminologischer Änderungen (anstelle „Schwerbehinderter", „schwerbehinderter Menschen") weiterhin wirksam. Es bleibt auch bei der Klarstellung der Rechtsprechung, dass gewöhnlicher Aufenthalt im Sinne des Abs. 2 auch bei Asylbewerbern und geduldeten Ausländern vorliegt, wenn besondere Umstände ergeben, dass sie sich auf unbestimmte Zeit in Deutschland aufhalten werden."

IV. Anmerkungen

A) zu Abs. 1

1. Begriff der Behinderung

a) Geltungsbereich

Die Vorschrift enthält erstmals eine für das gesamte Rehabilitationsrecht maßgebende **Legaldefinition** des Begriffs der „Behinderung". Sie gilt **für das SGB IX und das Recht der Rehabilitationsträger**. Wenn beispielsweise § 33 Abs. 1 Satz 1 SGB V Leistungen der gesetzlichen Krankenversicherung von einer „Behinderung" abhängig macht, ist hierfür die Begriffsdefinition in § 2 Abs. 1 SGB IX maßgebend. 8

Zwar wären insoweit nach § 7 Satz 1 SGB IX **abweichende Regelungen** in den einzelnen Leistungsgesetzen zulässig. Solche wurden aber nicht getroffen. Insbesondere enthalten § 19 Abs. 3 SGB III sowie § 53 Abs. 1 SGB XII keine eigenständige Definition der Behinderung, wie sich nicht zuletzt aus der jeweiligen Bezugnahme auf § 2 Abs. 1 SGB IX ergibt. Diese Vorschriften treffen jeweils nur eine bereichsspezifische Bestimmung der persönlichen Leistungsvoraussetzungen (HK-SGB IX / *Welti* Rdnr. 8 f.). 9

Für alle Gesetze außerhalb des SGB IX und des Rechts der Rehabilitationsträger ist § 2 Abs. 1 als sachnächste Regelung eine geeignete **Auslegungshilfe** für einen dort enthaltenen Behinderungsbegriff, soweit er nicht ohnehin – wie in § 3 BGG – wortgleich aus dieser Vorschrift übernommen wurde (*Luthe* in jurisPK-SGB IX Rdnr. 26 ff.; vgl. zum Ganzen auch HK-SGB IX / *Welti* Rdnrn. 11 ff.). Das trifft namentlich zu für 10

– das Benachteiligungsverbot wegen Behinderungen in Art. 3 Abs. 3 Satz 2 GG sowie in §§ 1 ff. AGG (vgl. hierzu ⚖ OLG Karlsruhe Urteil vom 27. Mai 2010 – 9 U 156/09 = NJW 2010, 2668),
– §§ 10 und 29 SGB I sowie für die Einweisungsvorschriften für die Rehabilitationsträger im SGB I,
– die Auslegung des Begriffs der Behinderung in § 14 Abs. 1 und 2 SGB XI und die als Teilhabe zu verstehenden Verrichtungen gem. § 14 Abs. 4 SGB XI,
– das Kindergeldrecht und den steuerrechtlichen Familienlastenausgleich in § 2 Abs. 2 Nr. 3 BKGG und § 32 Abs. 4 Nr. 3 EStG,
– die Berücksichtigung einer Behinderung als außergewöhnliche Belastung außerhalb des Pauschbetrages nach § 33 EStG,
– die Ausbildungsförderung über die Höchstdauer hinaus, wenn diese infolge einer Behinderung überschritten wird (§ 15 Abs. 3 Nr. 5 BAföG),
– das landesrechtliche Schulrecht, zumal im Hinblick auf die Frühförderung und Früherkennung (vgl. § 30 Abs. 3 Satz 2 SGB IX) und das in § 4 Abs. 3 SGB IX ebenso wie in den Schulgesetzen vorgesehene Prinzip der Integration behinderter und nicht behinderter Schüler.

b) Allgemeine Begriffsmerkmale

Menschen sind nach **Abs. 1 Satz 1** behindert, 11

– wenn ihre körperliche Funktion, geistige Fähigkeit oder seelische Gesundheit mit hoher Wahrscheinlichkeit länger als sechs Monate von dem für das Lebensalter typischen Zustand abweichen und
– daher ihre Teilhabe am Leben in der Gemeinschaft beeinträchtigt ist.

Die Definition bezieht körperliche, geistige und seelische Abweichungen von dem für das Lebensalter typischen Zustand **gleichgewichtig** ein. Sie stellt damit klar, dass dem gesetzlichen Behinderungsbegriff kein rein körperlicher Gesundheitszustand zugrunde zu legen ist. Eine Abgrenzung zwischen den drei genannten Dimensionen dürfte auch vielfach nicht eindeutig möglich sein, da sich die Gesundheitsstörungen gegenseitig beeinflussen können. 12

13 **Art und Ursache** der Behinderung sind **ohne Bedeutung** (OLG Karlsruhe Urteil vom 27. Mai 2010 – 9 U 156/09 = NJW 2010, 2668 m. w. Nachw.). Es kommt vor allem nicht darauf an, ob der behinderte Mensch die Schädigung zu vertreten oder gar selbst herbeigeführt hat, etwa durch eine Selbstverstümmelung oder einen Selbsttötungsversuch (Neumann u. a. / *Neumann* Rdnr. 12).

c) Bezug zur Klassifikation der WHO

aa) Das ICIDH von 1980

14 Die Regelung ist vor dem Hintergrund der weltweiten Diskussion um eine umfassende Beschreibung der Behinderung zu sehen. Das internationale Verständnis der Behinderung orientierte sich zunächst grundsätzlich an dem von der Weltgesundheitsorganisation (**WHO**) seit 1980 eingeführten **Klassifikationsschema (ICIDH-1)**. Es unterscheidet zwischen drei Ebenen: Ein **Gesundheitsschaden (impairment)** kann auf körperlicher, geistiger oder seelischer Ebene bestehen. Hieraus folgt gegebenenfalls eine **funktionelle Einschränkung (disability)**, z. B. der Mobilität, der Denk- und Lernfähigkeit usw. Diese wirkt sich wiederum als **soziale Beeinträchtigung (handicap)** in verschiedenen Lebensbereichen wie Arbeit, Beruf, Gesellschaft aus. Nach diesem Konzept wurde Behinderung also als Krankheitsfolge verstanden und die Behinderung als persönliche Eigenschaft gesehen.

15 Diese Klassifikation war jedoch umstritten, weil die verwendeten Begriffe als negativ besetzt („schadens- oder defizitorientiert") empfunden wurden. Auch wurde in der praktischen Beurteilung einzelner Behinderungen zumeist das Schwergewicht auf die Schädigung gelegt und weniger deren Auswirkung gewürdigt.

bb) Die ICF von 2001

16 In einem längeren Diskussionsprozess wurde daher das erste Klassifikationsschema durch das ICIDH-2 und schließlich durch die im Mai 2001 von der Vollversammlung der WHO verabschiedete **ICF** (= International Classification of Functioning, Disability and Health) abgelöst. Die deutschsprachige Fassung (Stand Oktober 2005) wurde vom Deutschen Institut für Med. Dokumentation und Information – DIMDI – herausgegeben und ist über dessen Internetportal www.dimdi.de Klassifikationen aufzurufen. Sie stellt auf die Begriffe der Schädigung von Körperfunktionen und -strukturen („impairment"), Aktivität („activity") und Teilhabe („participation") ab (zur Bedeutung der ICF für die Rehabilitation *Schuntermann* MEDSACH 2003, 94 und MEDSACH 2008, 6; zur ICF als trägerübergreifendes Bezugssystem aus Sicht der BAR *Cibis* MEDSACH 2008, 10; zur Bedeutung der ICF für die sozialmedizinische Beurteilung der gesetzlichen Rentenversicherung *Timner* MEDSACH 2008, 15; zur Bedeutung der ICF für den ärztlichen Dienst der Bundesagentur für Arbeit *Wallrabenstein / Berg / Heipertz* MEDSACH 2008, 18; zur Bedeutung der ICF für den medizinischen Dienst der gesetzlichen Krankenversicherung *Grotkamp / Viol* MEDSACH 2008, 21).

17 Entwickelt wurde die ICF als Mehrzweck-Klassifikation für verschiedene Disziplinen und Anwendungsbereiche. Ihre **wesentlichen Ziele** sind (vgl. *Cibis* a. a. O.)
– eine wissenschaftliche Grundlage für das Verstehen und Studium der mit der Gesundheit zusammenhängenden Zustände zu liefern,
– eine gemeinsame Sprache für die Beschreibung der mit der Gesundheit zusammenhängenden Zustände zur Verfügung zu stellen,
– Datenvergleiche zwischen Ländern, Disziplinen im Gesundheitswesen, Gesundheitsdiensten sowie im Zeitablauf zu ermöglichen und
– ein systematisches Verschlüsselungssystem für Gesundheitsinformationssysteme bereitzustellen.

Die ICF ist somit ein **Ordnungssystem**, das zwar **in enger Beziehung zur ICD** (International Classification of Diseases and Related Health Problems) steht, aber Krankheiten und verwandte Gesundheitsprobleme nicht selbst abbildet, sondern **krankheitsunabhängig klassifiziert** (*Cibis* a. a. O.)

Zur Begrifflichkeit der ICF im Einzelnen: 18

Körperfunktionen sind physische oder psychische Funktionen von Körpersystemen. Körperstrukturen sind anatomische Teile des Körpers wie Organe, Gliedmaßen und ihre Bestandteile. Von einer **Schädigung** ist bei einer Beeinträchtigung einer Körperfunktion oder -struktur im Sinne einer wesentlichen Abweichung oder eines Verlusts zu sprechen.

Mit **Aktivität** ist die Ausführung einer Aufgabe oder einer Tätigkeit (Aktion) durch eine Person in allen Bereichen menschlichen Lebens gemeint. Sie wird beeinträchtigt, wenn es einer Person schwierig oder unmöglich ist, die Aktivität durchzuführen. 19

Partizipation bedeutet die Teilnahme oder Teilhabe einer Person in einem Lebensbereich bzw. einer Lebenssituation vor dem Hintergrund ihrer körperlichen und geistig / seelischen Verfassung, ihrer Körperfunktionen und -strukturen und ihrer Kontextfaktoren. Unter **Kontextfaktoren** versteht man den gesamten Lebenshintergrund einer Person. Hierbei sind **Umweltfaktoren** zu beachten, die sich auf drei Aspekte beziehen können, 20
– den Aspekt des Individuums, also die unmittelbare persönliche Umwelt einer Person (z. B. Wohnumfeld, Familie, Arbeitsplatz, Schule, persönliche Kontakte),
– den Aspekt der Einrichtungen und Leistungen auf örtlicher Ebene,
– den Aspekt des Systems, welches die Rahmenbedingungen für das Individuum und das Niveau der Leistungen bestimmt (z. B. Gesetze und sonstige formale Regelungen wie auch informelle Regelungen, Einstellungen und Ideologien).

Weiterhin sind **personenbezogene Faktoren** zu beachten, die den individuellen Hintergrund des Lebens einer Person darstellen, wie Alter, Geschlecht, Bildung und Ausbildung, Persönlichkeit und Charakter, Fitness, Lebensstil, Gewohnheiten usw. Personenbezogene Faktoren werden in der ICF nicht klassifiziert (vgl. zum Ganzen auch Kossens u. a. / *Schäfer* Rdnrn. 7 ff.). 21

Mit der ICF sollen mögliche Beeinträchtigungen in den Bereichen der Funktionen und Strukturen des menschlichen Organismus, der Aktivitäten einer Person und ihrer Teilhabe an Lebensbereichen vor dem Hintergrund ihrer sozialen und physikalischen Umwelt abgebildet werden, um die funktionale Gesundheit einer Person zu beschreiben. Damit rückt der **soziale Aspekt** stärker in den Vordergrund. Eine Behinderung liegt danach vor, wenn Schädigungen und Fähigkeitsstörungen zusammen mit Umweltfaktoren die **Teilhabe in der Gesellschaft beeinträchtigen**. So stellt z. B. bei einer Gehörlosigkeit das Kommunikationsdefizit mit der Folge von erschwertem und verzögertem Kenntniserwerb, einer lebenslang verlangsamten Weiterentwicklung und bleibender Fremdheit in der Gesellschaft der Hörenden die eigentliche Behinderung dar (GK-SGB IX / *Schimanski* Rdnr. 34). **Behinderung** ist damit **keine der Person anhaftende Eigenschaft**, sondern ihr **aktueller Zustand in der Gesellschaft** (Kossens u. a. / *Schäfer* Rdnr. 5). 22

Das Gesundheitsproblem kann dabei im Rahmen der Internationalen Klassifikation der Krankheiten (ICD) eingeordnet werden. Bei den Funktionsstörungen werden **acht grundlegende Körperfunktionen** unterschieden: mentale Funktionen, sensorische Funktionen, Stimm- und Sprechfunktionen, Funktionen des kardiovaskulären, des hämatologischen, des immunologischen und des Atmungssystems, Funktionen des Verdauungs-, des Stoffwechsel- und des endokrinen Systems, Urogenital- und Reproduktionsfunktionen. 23

Die **Behinderung** wird hingegen als **soziales Verhältnis zwischen behindertem Menschen und Umwelt** aufgefasst. Es ist nicht durch eine starre, vom Körperschaden ausgehende Kausalbeziehung, sondern durch eine prozesshafte Wechselwirkung seiner Faktoren geprägt. Der Behinderungsbegriff der ICF wird dementsprechend als **bio-psycho-sozial** beschrieben (vgl. zum Ganzen auch HK-SGB IX / *Welti* Rdnrn. 18 ff. m. w. Nachw.). 24

25 Das **SGB IX** und insbesondere § 2 Abs. 1 Satz 1 haben **wesentliche Elemente der ICF übernommen**, freilich unter Berücksichtigung der in Deutschland historisch gewachsenen und anerkannten Besonderheiten (vgl. RegE S. 98, oben Rdnr. 4, wo die ICF noch als ICIDH-2 bezeichnet wird). Das kommt auch in § 10 Abs. 1 Satz 1 SGB IX zum Ausdruck, wonach die Rehabilitationsträger die nach dem individuellen Bedarf voraussichtlich erforderlichen Leistungen „funktionsbezogen" festzustellen haben. Damit wird die Klassifikation der ICF dem Grundsatz nach in das deutsche Leistungsrecht übernommen (B / F / K / R / *Fuchs* Rdnr. 4 und § 10 Rdnr. 9 f., HK-SGB IX / *Welti* Rdnr. 20; Feldes u. a. / *Stevens-Bartol* Rdnr. 9; Kossens u. a. / *Götz* Rdnr. 9; krit. zur Umsetzung aber *Luthe* in jurisPK-SGB IX Rdnr. 61 ff.).

26 Die Wiederherstellung oder wesentliche Besserung der **Funktionsfähigkeit mit dem Ziel** der Sicherung und Wiederherstellung **der Teilhabe** an Lebensbereichen der betroffenen Person ist damit eine **zentrale Aufgabe der Rehabilitation**. Die ICF ist deshalb bei der Feststellung des Reha-Bedarfs, bei der funktionalen Diagnostik, dem Reha-Management, der Interventionsplanung, dem Monitoring und der Evaluation rehabilitativer Maßnahmen nutzbar (vgl. *Schuntermann* MEDSACH 2003, 94 [96]). Sie stellt durch das Konzept der funktionalen Gesundheit ein umfassendes biopsychosoziales Interdependenzmodell zur Verfügung, das **Behinderung als gestörte Wechselbeziehung** zwischen der Gesundheitsstörung einer Person und den konkret vorhandenen externen und personenbezogenen Kontextfaktoren definiert (*Wallrabenstein / Berg / Heipertz* MEDSACH 2008, 18 m. w. Nachw.).

27 In ihrem Bericht über die Lage behinderter Menschen und die Entwicklung ihrer Teilhabe (BT-Drucks. 15/4575 vom 16. Dezember 2004) führt die Bundesregierung aus: „Für Gutachten ermöglicht die Internationale Klassifikation der Funktionsfähigkeit, Behinderung und Gesundheit (ICF) eine **ganzheitliche Betrachtungsweise aller sozialmedizinisch relevanten Aspekte einer Person in ihrem jeweiligen Umfeld**. Auf dieser Grundlage können und müssen auch in den Fällen, in denen mehrere Rehabilitationsträger beteiligt sind oder Zuständigkeiten wechseln, erneute Begutachtungen vermieden werden".

28 Das bedeutet nicht zuletzt, dass die Feststellung einer **Behinderung keine rein medizinische Frage** ist und deshalb auch **nicht anhand ausschließlich medizinischer Fragestellungen und Erkenntnisse zu beurteilen** ist. (VG Göttingen Urteil vom 6. Februar 2007 – 2 A 508/05, zit. nach JURIS; HK-SGB IX / Welti Rdnr. 22 m. w. Nachw.). Behinderung wird danach nicht als Eigenschaft oder persönliches Merkmal eines Menschen betrachtet, sondern als ein Begriff definiert, der „die negativen Aspekte der Interaktion zwischen einer Person (mit einem Gesundheitsproblem) und ihren Kontextfaktoren (Umwelt- und personenbezogene Faktoren)" bezeichnet (Hess. LSG Beschluss vom 7. Mai 2007 – L 9 SO 54/06 ER, zit nach JURIS, unter Hinw. auf LPK-SGB XII / *Bieritz-Harder* 7. Aufl. § 53 Rdnr. 5). Daraus folgt, dass **nicht nur danach zu fragen ist, welche Fähigkeitsbeeinträchtigungen** vorliegen, sondern ebenso danach, ob und in welcher Weise es einer Person **mit ihrer konkreten Leistungsfähigkeit gelingt, an den wichtigen Lebensbereichen zu partizipieren** (vgl. LPK-SGB XII / *Bieritz-Harder* a. a. O.). In diesem Sinne verlangt auch § 2 Abs. 1 Satz 1 SGB IX für die Feststellung einer Behinderung, dass eine vorhandene Funktions- oder Fähigkeitsstörung zu einer Beeinträchtigung der Teilhabe am Leben in der Gesellschaft führt. Für die Frage, **welche Lebensbereiche** auf mögliche **Teilhabebeeinträchtigungen** hin untersucht werden sollten, kann die **ICF als Orientierung** dienen. Hier werden insbesondere die Lebensbereiche Kommunikation, Mobilität, Selbstversorgung, häusliches Leben und Hilfe für andere, interpersonelle Interaktionen, Bildung, Arbeit und Beschäftigung, wirtschaftliche Sicherheit, Gemeinschafts-, soziales und staatsbürgerliches Leben genannt (Hess. LSG Beschluss vom 7. Mai 2007 a. a. O.).

29 Zwar hat die **ICF** die sozialmedizinische Forschung und die Reha-Wissenschaften deutlich gefördert. Jedoch werden in der Literatur auch einige **Unzulänglichkeiten und Besonderheiten** genannt (vgl. *Cibis* MEDSACH 2008, 10 [13]). Zunächst sind die für die Rehabilitation wichtigen personengebundenen Faktoren nicht klassifiziert. Auch stellt die **ICF selbst**

kein **Assessment** zur Feststellung von Gesundheitszuständen dar. Ihre Begriffe richten sich an Sachverständige und sind nicht sämtlich intuitiv fassbar, sodass sie insbesondere **von den Leistungsberechtigten nicht immer leicht verstanden** werden dürften. Weiterhin ist der Begriff der Behinderung in der ICF umfassend und persönlich; hingegen wird er in § 2 SGB IX eingeschränkt auf die Auswirkungen auf die Teilhabe verwendet. Ferner umfasst der **ICF-Begriff „Leistungsfähigkeit"** nicht die sozialmedizinische „Leistungsfähigkeit im Erwerbsleben", die im Zusammenhang mit dem juristischen Begriff der Erwerbsfähigkeit den zentralen sozialmedizinischen Ansatzpunkt für die Begutachtung im Reha- und Rentenverfahren der DRV darstellt. Die **krankheitsbedingten Gefährdungs- und Belastungsfaktoren** werden von der ICF nicht berücksichtigt. Auch wird der wichtige prognostische Aspekt durch die ICF bei der Feststellung der Leistung oder Leistungsfähigkeit im Sinne einer Momentaufnahme nicht erfasst. Eine **Klassifikation nach ICF** kann als solche **nicht als sozialmedizinisches Gutachten** gedeutet werden.

2. Merkmale der Abweichung

Der gesetzlich vorgegebene **Begriff** der Behinderung ist **zweistufig**. Seine erste Komponente besteht in der längerfristigen Abweichung vom alterstypischen Zustand eines Menschen in Bezug auf körperliche Funktion, geistige Fähigkeit oder seelische Gesundheit. 30

a) Körperliche Funktion

Die körperliche Funktionsfähigkeit kann regelwidrig beeinträchtigt sein, z. B. bei 31
– Einschränkungen der Bewegungsfähigkeit durch Beeinträchtigungen des Stütz- oder Bewegungssystems;
– Verminderung des körperlichen Leistungsvermögens infolge Erkrankung, Schädigung oder Fehlfunktion eines inneren Organs oder der Haut;
– erheblichen Spaltbildungen des Gesichts oder des Rumpfes oder bei abstoßend wirkenden Entstellungen, vor allem des Gesichts (vgl. Neumann u. a. / *Neumann* Rdnr. 9);
– krankheitsbedingter dauerhafter Kahlköpfigkeit bei Frauen (BSG Urteil vom 23. Juli 2002 – B 3 KR 66/01 R = SozR 3-2500 § 33 Nr. 45 = SuP 2003, 45 = Breithaupt 2003, 6);
– Diabetes mellitus Typ I (VG Gelsenkirchen Urteil vom 12. März 2008 – 1 K 6980/03, zit. nach JURIS). Die körperliche Funktion, Kohlenhydrate verarbeiten zu können, ist grundsätzlich auf Dauer – lebenslang und unumkehrbar – ausgeschlossen, weil die Bauchspeicheldrüse kein Insulin mehr produziert. Dieses für den Stoffwechsel bei Kohlenhydraten erforderliche Hormon wird bei Diabetikern durch Insulin-Spritzen oder Insulin-Pumpen dem Körper von außen zugeführt. Die Teilhabe am Leben ist abgesehen von der Abhängigkeit von diesem Medikament insbesondere deshalb beeinträchtigt, weil ein Mindestmaß an Diät einzuhalten ist und nicht selten mit Über- und Unterzuckerungen zu rechnen ist, die bis zur Bewusstlosigkeit führen können (vgl. zur Problematik der Einstufung von Diabetes als Behinderung auch unten Rdnr. 75).

Die **körperliche Funktion** ist aber in einem **umfassenden Sinn** zu verstehen, also nicht nur organisch oder orthopädisch. Sie schließt erhebliche Störungen der Sinne (etwa des Sehvermögens, des Hörvermögens, des Geruchs-, Geschmacks- und Tastsinnes) ebenso ein wie Empfindungen (der Temperatur, Empfindlichkeiten gegenüber anderen Reizen, Schmerz). Auch Personen mit erheblichen Stimmstörungen oder stark stammelnde, stotternde Personen sind in diesem Sinne körperlich behindert. Eine Dauerausscheidung von Salmonellen gilt ebenfalls als Behinderung (BSG Urteil vom 9. Oktober 1987 – 9a RVs 5/86 = BSGE 62, 209 = BehindertenR 1988, 17 = SozR 3870 § 3 Nr. 26 = Breithaupt 1988, 580). 32

Außer Betracht bleiben aber Beeinträchtigungen der Körperstruktur, die sich nicht auf Körperfunktionen auswirken. 33

b) Geistige Fähigkeit

34   Hiermit sind vor allem intellektuelle und kognitive Fähigkeiten gemeint wie Wahrnehmung, Erkennen, Denken, Vorstellen, Erinnern und Urteilen, aber auch Bewusstsein. Beeinträchtigungen der geistigen Fähigkeit sind grundsätzlich messbar, z. B. durch IQ-Tests.

35   Der Begriff der „**geistigen Behinderung**" ist zivilrechtlich im Rahmen des Betreuungsrechts gemäß §§ 1896 ff. BGB von Bedeutung. Er bezeichnet „angeborene oder frühzeitig erworbene Intelligenzdefekte verschiedener Schweregrade" (BT-Drucks. 11/4528 S. 116).

Die Intelligenzdefinition ist problematisch und kann am ehesten als „angeborene Fähigkeit zu geistiger Leistung und damit Bewältigung von praktischen und theoretischen Aufgaben" verstanden werden (Arolt / Reimer / Dilling, Basiswissen Psychiatrie und Psychotherapie, 6. Aufl. S. 251), wobei seit 1979 folgende internationale Klassifizierung üblich ist (in Klammern die früher verwendeten Bezeichnungen):
– leichte Intelligenzminderung bei einem IQ von 50 bis 69,
– mittelgradige bei einem IQ von 35 bis 49 („Debilität"),
– schwere bei einem IQ von 20 bis 34 („Imbezillität"),
– schwerste bei einem IQ von 0 bis 19 („Idiotie").

Demgegenüber liegt der Durchschnittsintelligenzquotient bei 100 (Streubreite der Norm 90 bis 110).

Allerdings ist die Einteilung ausschließlich nach dem Intelligenzquotienten problematisch. Dieser verändert sich im Lebensverlauf nicht unerheblich. Außerdem ergibt die Messung jeweils nur eine Momentaufnahme einer Auswahl einzelner Intelligenzleistungen. Deshalb sollte stets auch die Lebensbewährung und soziale Tüchtigkeit des geistig behinderten Menschen berücksichtigt werden (Knittel BtG § 1896 Rdnr. 77 m. w. Nachw.).

36   Als häufige **Entstehungsbedingungen** werden neben vorgeburtlichen Schädigungen (Chromosomopathien) auch Geburtsschädigungen (Fehlleiden, mechanische Einwirkungen, Sauerstoffmangel u. a. sowie nachgeburtliche Schädigungen (Blutgruppenunverträglichkeit, Meningitis, Enzephalitis, schwere Ernährungsstörungen, Krampfleiden, Gehirnverletzungen u. a.) genannt.

c) Seelische Gesundheit

37   Der Begriff bezieht sich nicht nur auf Krankheiten, sondern schließt auch psychisch-funktionale Fähigkeiten wie Persönlichkeit (Selbstsicherheit und -vertrauen), Antrieb, Belastbarkeit und Emotionen, Psychomotorik und psychische Energie mit ein (LPK-SGB XII/ *Joussen* Rdnr. 8). Seelische Störungen sind im Gegensatz zu geistigen Schwächen nicht messbar.

d) Abweichung von dem für das Lebensalter typischen Zustand

38   Als Behinderung soll nach den Vorstellungen des Gesetzgebers nur ein regelwidriger körperlicher, geistiger oder seelischer Zustand gelten. Dieser wird durch die Abweichung von dem für das Lebensalter typischen Zustand beschrieben. **Typische Alterserscheinungen** sollen ebenso **nicht als „Behinderung"** gelten wie **Entwicklungserscheinungen typischer Art bei Kindern oder Jugendlichen.** Handelt es sich bei dem Behinderten um ein Kind, kann als regelwidrig nur der Zustand gelten, der vom Zustand gleichaltriger nichtbehinderter Kinder abweicht (LSG Rheinland-Pfalz Urt. vom 5. Oktober 1995 – L Vs 6/95, zit. nach JURIS).

39   Trotz des Wegfalls des Kausalitätsprinzips wird nunmehr bei bestimmten Gesundheitsstörungen nach dem Alter gefragt. Was dem jeweiligen Alter entspricht, ist keine Behinderung. Damit haben insbesondere **altersbedingte Verschleißerscheinungen** außer Betracht zu bleiben. Das gilt namentlich dann, wenn sie sich als subjektiv empfundene Beschwerdezunahme, vor allem nach körperlicher Belastung äußern (SG Dortmund Urteil vom 30. Oktober 2002 – S 7 SB 197/00, zit. nach JURIS).

Behinderung § 2

Das Abstellen auf den **für das Lebensalter typischen Zustand** kann erhebliche **Feststellungsprobleme** aufwerfen, insbesondere bei Kindern und Jugendlichen. Ein für das Lebensalter typischer Entwicklungsstand lässt sich häufig nicht ohne Weiteres erkennen. Aber auch bei sehr alten Menschen führt der Rückgriff auf den für dieses Lebensalter typischen Zustand nicht unbedingt weiter. Hierbei ist auch zu berücksichtigen, dass das **kalendarische Alter oft mit dem biologischen nicht übereinstimmt** (GK-SGB IX / *Schimanski* Rdnr. 50). Zumindest erscheint es problematisch, bei bestimmten alterstypischen Gesundheitsstörungen mögliche Teilhabe zu verweigern (Hauck / Noftz / *Götze* Rdnr. 12). 40

e) Länger als sechs Monate

Das zeitliche Merkmal der voraussichtlichen Abweichung von sechs Monaten schränkt die im Übrigen sachlich zugrunde gelegte Begriffsdefinition des ICF ein. Das entspricht aber dem bereits bisher in § 3 Abs. 1 Satz 2 SchwbG a. F. und § 4 Eingliederungshilfeverordnung als „nicht nur vorübergehend" festgelegten Zeitraum. Dieser ist eher willkürlich gewählt, jedenfalls nicht gesundheitswissenschaftlich verankert. 41

Damit sind **vorübergehende Störungen** nicht als leistungsauslösende Behinderung zu werten, etwa ein komplizierter Schienbeinbruch, wenn die damit verbundene Funktionsbeeinträchtigung nicht länger als sechs Monate andauert (vgl. ⌧ OVG Münster Urteil vom 13. Dezember 1989 – 16 A 1908/89 = DÖV 1990, 665). **In Schüben auftretende Anfallsleiden** fallen allerdings nicht unter diese Begrenzung, selbst wenn der einzelne Anfall jeweils nur kürzere Zeit dauert (Neumann u. a. / *Neumann* Rdnr. 13). Es kommt darauf an, ob nach der **Prognose** eine **Behinderung voraussichtlich mindestens sechs Monate** anhalten wird, selbst wenn sie grundsätzlich aufhebbar ist. Sie fällt dann von Anfang an unter das SGB IX. 42

Durch die Begrenzung wird nicht ausgeschlossen, Leistungen zur Teilhabe **so früh** zu erbringen, **wie** dies **im konkreten Einzelfall geboten** ist, insbesondere wenn Störungen bei Kindern aufgetreten sind. Gegebenenfalls ist eine *drohende* Behinderung im Sinne von Abs. 1 Satz 2 anzunehmen, die nach dem in § 3 SGB IX festgelegten Grundsatz des **Vorrangs der Prävention** durch geeignete Maßnahmen vermieden werden soll (ebenso HK-SGB IX / *Welti* Rdnr. 27). 43

3. Beeinträchtigungen der Teilhabe

Die zweite Komponente des Behinderungsbegriffs sind die durch die Abweichungen vom alterstypischen Zustand bewirkten Beeinträchtigungen der Teilhabe am Leben in der Gesellschaft. Damit lehnt sich die Definition des Gesetzgebers an die Betrachtungsweise der ICF an. 44

Diese unterscheidet neun **Bereiche der Teilhabe:** Beteiligung am persönlichen Unterhalt, Teilnahme an der Mobilität, Teilnahme am Informationsaustausch, Einbindung in soziale Beziehungen, Teilnahme am häuslichen Leben und an der Hilfe für andere, Beteiligung am Bildungs- und Ausbildungswesen, Beteiligung an Arbeit und Beschäftigung, Teilnahme am Wirtschaftsleben und Einbindung in die Gemeinschaft, das soziale und staatsbürgerliche Leben. 45

Ausschlaggebend sind also nicht wirkliche oder vermeintliche Defizite. Zu fragen ist vielmehr danach, ob der betroffene Mensch das Ziel der Teilhabe an allen Lebensbereichen („Partizipation") erreichen kann. Ein Beispiel aus der höchstrichterlichen Rechtsprechung zeigt die **Reichweite des Teilhabebegriffs** auf: Eine **krankheitsbedingte Kahlköpfigkeit** einer Frau erschwert es ihr oder macht es ihr unmöglich, sich frei und unbefangen unter den Mitmenschen zu bewegen, weil sie zum Objekt der Neugier werden kann. Dies hat in aller Regel zur Folge, dass sich die Betroffene sozial zurückzieht und zu vereinsamen droht. Ihre Teilhabe am Leben in der Gemeinschaft ist beeinträchtigt (⌧ BSG Urteil vom 23. Juli 2002 – 46

B 3 KR 66/01 R = SozR 3-2500 § 33 Nr. 45 = SuP 2003, 45 = Breithaupt 2003, 6 zum Anspruch gegen die Krankenkasse auf Versorgung mit einer Perücke).

Hingegen soll die „sozialübliche" Beeinträchtigung des Aussehens erwachsener Männer durch den krankheitsbedingten Verlust ihres Haupthaares anders als bei Frauen allein keine Behinderung darstellen, die durch Versorgung mit Haarersatz zulasten der Gesetzlichen Krankenversicherung auszugleichen wäre (so ⌘ LSG Rheinland-Pfalz Urteil vom 5. April 2007 – L 5 KR 151/0 = MedR 2007, 406 [Ls.]; ⌘ SG Dresden Urteil vom 30. Juni 2005 – S 18 KR 1380/04, zit, nach JURIS), Die unterschiedliche Versorgung von Männern mit Haarersatz wegen des krankheitsbedingten Verlustes ihres Haupthaares soll nach Ansicht des LSG Rheinland-Pfalz und des SG Dresden a. a. O. auch nicht gegen Art. 3 Abs. 2 Satz 2 und Art. 3 Abs. 3 Satz 1 GG verstoßen (a. A. ⌘ BVerwG Urteil vom 31. Januar 2002 – 2 C 1/01 = NJW 2002, 2045 zur Regelung in der Beihilfe für Beamte).

47 Besteht eine Teilhabestörung, muss allerdings ein **Ursachenzusammenhang** mit einer körperlichen oder geistig-seelischen Beeinträchtigung gegeben oder zumindest wahrscheinlich sein (Teilhabehindernisse können schließlich auch z. B. auf Sprachschwierigkeiten, Herkommen und Erziehung, religiösen Überzeugungen und sonstigen kulturellen Hintergründen beruhen). Eine naturwissenschaftliche Genauigkeit des Nachweises eines Zusammenhangs wird freilich nicht verlangt werden können, zumal dies insbesondere bei seelischen Störungen auch häufig kaum möglich wäre (Neumann u. a. / *Neumann* Rdnr. 20).

48 **Behinderung** wird damit nicht mehr als generell, statisch und substanziell, sondern als **individuell** sowie **situations- und kontextabhängig** verstanden (LPK-SGB IX / *Joussen* Rdnr. 11). Die Beurteilung einer Teilhabestörung wird zunächst anhand der Einschätzung der betroffenen Person selbst vorzunehmen sein; wird professioneller Sachverstand benötigt, kann über medizinische Gutachten hinaus **auch sozialwissenschaftliches, pädagogisches, arbeitswissenschaftliches oder pflegewissenschaftliches Fachwissen** gefragt sein (HK-SGB IX / *Welti* Rdnr. 31).

4. Drohende Behinderung

49 Menschen sind nach **Abs. 1 Satz 2** von Behinderung bedroht, wenn eine **Beeinträchtigung zu erwarten** ist. Ihnen stehen dann nach § 1 Abs. 1 SGB IX ebenfalls Leistungen zu. Dies folgt aus dem in § 3 SGB IX festgelegten **Vorrang der Prävention**. Mit diesem Prinzip sowie einem effektiven und effizienten Rehabilitationssystem wäre es nicht vereinbar, mit möglichen Hilfen und Interventionen bis zum Eintritt einer Behinderung zu warten (HK-SGB IX / *Welti* Rdnr. 32). Allerdings bedeutet dies – im Gegensatz zur früheren Rechtslage nach § 1 Abs. 2 RehaAnglG – keine allgemeine Gleichstellung der von Behinderung bedrohten mit den behinderten Menschen (vgl. RegE S. 98, oben Rdnr. 5). Denn eine Reihe von Leistungen und Hilfen – insbesondere im Teil 2 des SGB IX – wird nur bei eingetretener Behinderung erbracht. Durch die Fassung der einzelnen Leistungsvorschriften soll aber sichergestellt sein, dass sich die Rechtsposition der von Behinderung bedrohten Menschen im Vergleich zum früheren Recht nicht geändert habe.

50 Das Gesetz nennt nicht den **Grad der Wahrscheinlichkeit,** mit dem die drohende Behinderung zu erwarten sein muss. Das Merkmal der **„hohen" Wahrscheinlichkeit** bezieht sich ausdrücklich nur auf die Prognose der zeitlichen Dauer der Behinderung in Abs. 1 Satz 1. Es sollte aber **auch für die Beurteilung einer drohenden Behinderung** herangezogen werden (so auch Kossens u. a. / *Schäfer* Rdnr. 15). Schon in der Gesetzesbegründung zu § 1 Abs. 2 Reha-AnglG (BT-Drucks. 7/1237 S. 54) wurde ausgeführt, dass die Behinderung unmittelbar drohen müsse, d. h., es müsse der Eintritt der Behinderung nach ärztlicher Erkenntnis mit hoher Wahrscheinlichkeit zu erwarten sein. Auch in § 53 Abs. 2 Satz 1 SGB XII wird festgeschrieben, dass von einer Behinderung bedroht im Sinne des SGB XII nur Personen seien, bei denen der Eintritt der Behinderung „nach fachlicher Erkenntnis mit hoher Wahrscheinlichkeit zu erwarten" sei. Es ist kein Grund ersichtlich, § 2 Abs. 1 Satz 2 SGB IX dahingehend auszulegen, dass ein niedrigerer Grad an Wahrscheinlichkeit ausreichen solle

(anders aber Luthe / *ders.* Kap. 2 Teil A Rdnr. 26: Für einen derartig strengen Maßstab sei die gesetzliche Formulierung zu schwach. Ausreichend sei ein überwiegender Grad an Wahrscheinlichkeit, d. h. mehr als 50%. Zudem seien die an die Prognose geknüpften Anforderungen umso geringer, je schwerer die drohende Beeinträchtigung wiege; ebenso zum letztgenannten Gesichtspunkt HK-SGB IX / *Welti* Rdnr. 36).

B) zu Abs. 2

1. Schwerbehinderung

Das Gesetz schützt in seinem Teil 2 eine Gruppe von Menschen, deren Behinderung nach ihrer Schwere einen festgelegten Grenzwert überschreitet und die darum **Anspruch auf Teilhabe in erweitertem Umfang** haben sollen. Das betrifft in erster Linie eine grundsätzliche Beschäftigungspflicht privater und öffentlicher Arbeitgeber (§§ 71 ff. SGB IX), bestimmte Benachteiligungsverbote (§ 81 SGB IX), einen erweiterten Kündigungsschutz (§§ 85 ff. SGB IX), spezielle Vertretungsorgane im betrieblichen Bereich (§§ 93 ff. SGB IX), Freistellung von Mehrarbeit auf Verlangen (§ 124 SGB IX) sowie den Anspruch auf Zusatzurlaub (§ 125 SGB IX).

51

Darüber hinaus sollen schwerbehinderten Menschen im Bedarfsfall bestimmte Einrichtungen wie Integrationsfachdienste (§§ 109 ff. SGB IX), Integrationsprojekte (§§ 132 ff. SGB IX) oder auch Werkstätten für behinderte Menschen (§§ 136 ff. SGB IX) zugutekommen. Schließlich haben die Betroffenen grundsätzlich ein Recht auf unentgeltliche Beförderung im öffentlichen Personennahverkehr (§§ 145 ff. SGB IX).

52

Auf diese spezifischen Rechte, Nachteilsausgleiche und Leistungen haben **schwerbehinderte Menschen** im Sinne des § 2 Abs. 2 SGB IX **unmittelbaren Anspruch,** ohne dass es einer konstitutiven Rechtsbegründung in Form einer Anerkennung bedarf. Die Schwerbehinderteneigenschaft folgt unmittelbar aus dem Gesetz.

53

Zwar beginnt der Status als schwerbehinderter Mensch grundsätzlich mit dem Vorliegen der gesetzlichen Voraussetzungen (vgl. BSG Urteil vom 7. November 2001 – B 9 SB 3/01 R = BSGE 89, 79 [81] = SozR 3-3870 § 59 Nr. 1 S. 3). Zum **Nachweis dieser Eigenschaft** ist jedoch bei nicht offenkundigen Beeinträchtigungen eine **behördliche Feststellung** erforderlich. Dementsprechend stellen die zuständigen Behörden auf Antrag des behinderten Menschen das Vorliegen einer Behinderung und den GdB fest (vgl. § 69 Abs. 1 Satz 1 SGB IX und hierzu BSG Urteil vom 7. April 2011 – B 9 SB 3/10 R = BehindertenR 2011, 182 = SozR 4-3250 § 69 Nr. 13).

Im Unterschied hierzu werden minderschwer behinderte Menschen unter bestimmten, in Abs. 3 festgelegten Voraussetzungen den Schwerbehinderten in einem förmlichen Prüfungsverfahren durch Verwaltungsakt **gleichgestellt** und erhalten hierdurch ebenfalls die in Teil 2 des Gesetzes festgeschriebenen Rechte (mit Ausnahme des Anspruchs auf Zusatzurlaub und auf unentgeltliche Beförderung).

54

In beiden Fallgestaltungen tritt der gesetzliche Schutz nicht ohne Weiteres ein, sondern muss **von dem (schwer)behinderten Menschen in Anspruch genommen** werden. Die allein dem Betroffenen zuerkannte Befugnis, das Feststellungsverfahren in Gang zu setzen, dient dem Schutz seines **Persönlichkeitsrechts**, das den Status als Schwerbehinderter oder einem Schwerbehinderten Gleichgestellter umfasst. Dem Schutzbedürftigen, der den ihm zustehenden Schutz – aus welchen Gründen auch immer – nicht in Anspruch nehmen will, ist aus diesem Grund der Schutz **nicht aus Fürsorgegründen „aufzudrängen"** (BVerwG Urteil vom 15. Dezember 1988 – BVerwG 5 C 67.85 = BVerwGE 81, 84 [86 f.] = Buchholz 436.61 Nr. 18 SchwbG Nr. 2 m. w. Nachw.; BVerwG Beschluss vom 7. April 2011 – 2 B 79/10, zit. nach JURIS Rdnr. 5).

55

2. Grad der Behinderung

a) Versorgungsmedizinische Grundsätze als Maßstab

56 Die Definition des schwerbehinderten Menschen in Abs. 2 knüpft an den Behinderungsbegriff des Abs. 1 an, stellt jedoch zusätzlich auf eine erhebliche Schwere der Behinderung ab: **Ab einem Grad der Behinderung von 50** wird ein bestimmter **Bedarf an Hilfen und Schutzrechten unwiderlegbar vermutet.**

57 Die Auswirkungen auf die Teilhabe am Leben in der Gesellschaft werden als **Grad der Behinderung (GdB)** in Zehnergraden abgestuft festgestellt. Allerdings ist eine solche Feststellung nur zu treffen, wenn der GdB mindestens 20 beträgt (§ 69 Abs. 1 Satz 3 und 5 SGB IX). Die Feststellung wurde bis zum 31. Dezember 2008 regelmäßig anhand der vom zuständigen Bundesministerium (zuletzt: Bundesministerium für Arbeit und Soziales) herausgegebenen „**Anhaltspunkte für die ärztliche Gutachtertätigkeit** im sozialen Entschädigungsrecht und nach dem Schwerbehindertengesetz" (**AHP**) getroffen. Die AHP beruhen auf Gutachtenrichtlinien für die Kriegsopferversorgung und hatten zunächst die Funktion der Anleitung für die militärärztliche Beurteilung von Kriegsbeschädigungen nach dem Ende des Ersten Weltkriegs. Sie wurden 1916 nach Beratung des wissenschaftlichen Senats der Kaiser-Wilhelm-Akademie verfasst und anschließend laufend verändert. Seit 1974 gelten sie auch für das Schwerbehindertenrecht (vgl. zum Ganzen *Knickrehm* SGb 2008, 220 [224] m. w. Nachw.). Ab 1983 erschienen die gemeinsamen „Anhaltspunkte für die ärztliche Gutachtertätigkeit im Sozialen Entschädigungsrecht und nach dem Schwerbehindertenrecht (Teil 2 SGB IX)".

58 Die AHP sind **weder formelle Rechtsnormen noch allgemeine Verwaltungsvorschriften** des Bundes. Sie wurden vielmehr als Ergebnis eines Konsultationsverfahrens zwischen den für das soziale Entschädigungsrecht und für das Schwerbehindertenrecht zuständigen Ministerien, den Verbänden, Arbeitsgemeinschaften und Selbsthilfegruppen der Betroffenen ohne gesetzliche Ermächtigungsgrundlage (zuletzt) vom Bundesministerium für Arbeit und Soziales herausgegeben und veröffentlicht (vgl. *Rösner* Die Versorgungsverwaltung 1997, 4).

59 Unbeschadet ihrer fehlenden Rechtsnormqualität sind die AHP aber nicht nur als unverbindliche Richtlinien für medizinische Sachverständige zur Bewertung von Sachverhalten aufgefasst worden. Vielmehr handelt sich nach ständiger Rechtsprechung des BSG, die vom BVerfG bestätigt wurde, um ein **antizipiertes Sachverständigengutachten**, das den aktuellen Wissens- und Erkenntnisstand der herrschenden medizinischen Lehrmeinung, der sog. Schulmedizin, wiedergibt (BVerfG Beschluss vom 6. März 1995 – 1 BvR 60/95 = NJW 1995, 3049 = SozR 3-3870 § 3 Nr. 6 = BehindertenR 1995, 153; BSG Urteil vom 18. September 2003 – B 9 SB 3/02 R = BSGE 91, 205 = SozR 4-3250 § 69 Nr. 2 = SGb 2004, 378).

60 **Gerichte** sind **ohne konkrete Hinweise nicht verpflichtet**, breit gestreut die sozialmedizinischen **Grundlagen der AHP im Einzelnen zu erfragen** und dann – ungezielt – nach etwa widersprechenden neueren Erkenntnissen der medizinischen Wissenschaft zu suchen. Sie können vielmehr davon ausgehen, dass der Ärztliche Sachverständigenbeirat – Sektion Versorgungsmedizin – regelmäßig die ihm gestellte Aufgabe erfüllt und bei jeder Ausgabe der AHP sowie danach durch laufende Überarbeitung „neue Erkenntnisse und Fortschritte in der medizinischen Wissenschaft über die Auswirkungen ... von Gesundheitsstörungen" berücksichtigt (BSG Urteil vom 18. September 2003 – B 9 SB 3/02 R a. a. O.).

61 Etwas anderes wurde nur angenommen in Fällen, in denen **Zweifel an der Aktualität der AHP** bestehen, etwa weil eine ernst zu nehmende Stimme eine abweichende Auffassung vertritt. Solchen Zweifeln haben die Gerichte nachzugehen und sie auszuräumen oder zu bestätigen. In diesem Fall ist dann ggf. auch der Ärztliche Sachverständigenbeirat (bzw. für diesen die Versorgungsverwaltung) verpflichtet, im jeweiligen Verfahren die seiner Beurteilung zugrunde liegenden Erwägungen und wissenschaftlichen Erkenntnisse vollständig offenzulegen. Nur so wird sich feststellen lassen, ob dem in der einschlägigen AHP-Regel

liegenden „antizipierten Sachverständigengutachten" – weiterhin – zu folgen ist (BSG Urteil vom 18. September 2003 a. a. O.).

Als einleuchtendes, abgewogenes und in sich geschlossenes Beurteilungsgefüge ermöglichten die AHP der Versorgungsverwaltung und den Gerichten, bei der Entscheidungsfindung unter Wahrung des allgemeinen Gleichheitssatzes den zutreffenden GdB/MdE-Grad für eine Schädigungsfolge oder Behinderung zu bestimmen. 62

Im Interesse der **nach Art. 3 GG gebotenen gleichmäßigen Behandlung der Betroffenen**, insbesondere einer gleichmäßigen Auslegung der unbestimmten Rechtsbegriffe im sozialen Entschädigungs- und Schwerbehindertenrecht, entfalteten die AHP in der Verwaltungspraxis **normähnliche Wirkung** und waren von den Gerichten **wie untergesetzliche Normen anzuwenden** (BVerfG Beschluss vom 6. März 1995 a. a. O.; BSG Urteil vom 18. September 2003 a. a. O. und BSG Urteil vom 29. August 1990 = BSGE 67, 204 = SozR 3-3870 § 4 Nr. 1). 63

Allerdings war die normähnliche Wirkung der AHP **auf die rechtliche Bewertung medizinischer Sachverhalte beschränkt**, d. h. vor allem die GdB/MdE-Bewertung von Gesundheitsstörungen, die Kausalitätsbeurteilung oder die gesundheitlichen Voraussetzungen der Inanspruchnahme von Nachteilsausgleichen. Für die Auslegung sonstiger im sozialen Entschädigungsrecht und Schwerbehindertenrecht verwendeter Begriffe wie z. B. Pflegezulagenstufen, Vorschaden, Nachschaden wurde eine normähnliche Wirkung verneint (⌘ BSG Urteil vom 15. August 2000 – B 9 V 4/00 R = BSGE 87, 63 = SozR 3-3100 § 35 Nr. 10 = Breithaupt 2000, 1046 = FEVS 52, 106). 64

Die höchstrichterliche Rechtsprechung hat eingeräumt, dass gegen die Annahme der normähnlichen Wirkung der AHP erhebliche **verfassungsrechtliche Bedenken** bestehen, namentlich im Hinblick auf die Gewaltenteilung, die fehlende demokratische Legitimation, den verfassungsrechtlichen Vorbehalt des Gesetzes sowie die gesetzliche Regelung des § 31 SGB I. Es fehle nicht nur an einer erforderlichen **Ermächtigungsnorm** und **klaren gesetzlichen Vorgaben**. Es ermangele auch der parlamentarischen Verantwortung hinsichtlich der Besetzung des die AHP erlassenden Gremiums sowie einer für Normen maßgeblichen Veröffentlichung. Das BVerfG und das BSG haben deshalb wiederholt die Schaffung einer Ermächtigungsgrundlage für die Anhaltspunkte angemahnt. Allerdings hat die Rechtsprechung auch betont, dass weiterhin die **vorläufige Beachtlichkeit der AHP** und die damit verbundene **normähnliche Wirkung** zugrunde gelegt werden müsse, weil dies infolge des Fehlens entsprechender Rechtsnormen im sozialen Entschädigungsrecht und Schwerbehindertenrecht **im Interesse der Gleichbehandlung der Betroffenen** bei der Bewertung von konkreten Sachverhalten geboten sei (BVerfG Beschluss vom 6. März 1995 a. a. O.; ⌘ BSG Urteil vom 23. Juni 1993 – 9/9 a RVs 1/91 = BSGE 72, 285 = SozR 3-3870 § 4 Nr. 6 = NZS 1993, 512 = BehindertenR 1994, 101 = Breithaupt 1994, 323; BSG Urteil vom 18. September 2003 a. a. O.). 65

Wesentliche Neufassungen der AHP stammten aus den Jahren **1996** und **2004**. Die AHP wurden im Zusammenwirken mit den Mitgliedern der Sektion „Versorgungsmedizin" des **Ärztlichen Sachverständigenbeirats beim BMAS** bis zum Jahr 2008 weiter fortgeschrieben. 66

Im Hinblick auf die verbreitet erhobenen rechtsstaatlichen Bedenken gegen die normähnliche Wirkung der AHP hat das Gesetz zur Änderung des Bundesversorgungsgesetzes vom 13. Dezember 2007 mit **§ 30 Abs. 17 BVG** die geforderte **Ermächtigungsgrundlage** wie folgt geschaffen: „Das Bundesministerium für Arbeit und Soziales wird ermächtigt, im Einvernehmen mit dem Bundesministerium der Verteidigung und mit Zustimmung des Bundesrates durch Rechtsverordnung die **Grundsätze aufzustellen**, die **für die medizinische Bewertung von Schädigungsfolgen und die Feststellung des Grades der Schädigungsfolgen** im Sinne des Absatzes 1 maßgebend sind, sowie die für die Anerkennung einer Gesundheitsstörung nach § 1 Abs. 3 maßgebenden Grundsätze und die Kriterien für die Bewertung der Hilflosigkeit und der Stufen der Pflegezulage nach § 35 Abs. 1 aufzustellen und das Verfahren für deren Ermittlung und Fortentwicklung zu regeln." 67

68 Dies wurde durch die **Versorgungsmedizin-Verordnung (VersMedV)** vom 10. Dezember 2008 (BGBl. I S. 2412) konkretisiert. Die VersMedV trat am 1. Januar 2009 in Kraft und hat in weitem Umfang die „Anhaltspunkte" abgelöst.

Die **Nrn. 53 bis 143 der Ausgabe 2008 der AHP** behalten auch nach Inkrafttreten der Versorgungsmedizin-Verordnung **weiterhin zumindest Gültigkeit als antizipiertes Sachverständigengutachten** (BR-Drs. 767/08). Das entbindet indes nicht von der Prüfung, ob die aufgeführten Wertungsvorgaben noch dem aktuellen Stand der Wissenschaft entsprechen. Zu beachten ist nämlich, dass die AHP insoweit **nicht mehr fortgeschrieben** werden und damit nicht mehr dem bei den Bewertungen im Einzelfall zugrunde zu legenden aktuellen herrschenden Stand der medizinisch-wissenschaftlichen Lehrmeinung entsprechen müssen.

In die Anlage zu § 2 „Versorgungsmedizinische Grundsätze" wurden die in den Anhaltspunkten niedergelegten **Grundsätze und Kriterien übernommen** und an die bisherigen Bewertungsgrundsätze und Verfahrensabläufe angeknüpft.

Die „Versorgungsmedizinischen Grundsätze" werden auf Grundlage des aktuellen Stands der medizinischen Wissenschaft unter Anwendung der Grundsätze der evidenzbasierten Medizin fortentwickelt. Grundlage hierfür sind die **Beschlüsse des unabhängigen „Ärztlichen Sachverständigenbeirats Versorgungsmedizin"**, der das Bundesministerium für Arbeit und Soziales zu allen versorgungsärztlichen Angelegenheiten berät und die Fortentwicklung vorbereitet. Die Umsetzung geschieht durch Verordnungen zur Änderung der VersMedV.

69 Ferner wurden die für Feststellungsverfahren nach dem SGB IX **zuständigen Behörden an diese Maßstäbe gebunden.** § 69 Abs. 1 Satz 5 SGB IX wurde wie folgt gefasst:

„Die Maßstäbe des § 30 Abs. 1 des Bundesversorgungsgesetzes und der aufgrund des § 30 Abs. 17 des Bundesversorgungsgesetzes erlassenen Rechtsverordnung gelten entsprechend."

70 Der Gesetzgeber hat in diesem Zusammenhang zwar zahlreiche Änderungen im Bereich des Versorgungs- und auch des Schwerbehindertenrechts vorgenommen. Inhaltlich sind diese aber eher gering und beschränken sich im Wesentlichen auf eine sprachliche Aktualisierung. So wurde im Sozialen Entschädigungsrecht die **Bezeichnung „Minderung der Erwerbsfähigkeit" (MdE) durch „Grad der Schädigungsfolgen" (GdS) ersetzt**. Dies soll der Klarstellung dienen, dass nicht schädigungsbedingte Gesundheitsstörungen auch nicht entschädigt werden. Demgegenüber hatten die AHP den Begriff der MdE bei der Bewertung von Schädigungsfolgen bis Ende 2008 weiter benutzt.

71 Als **Schädigungsfolge** wird im sozialen Entschädigungsrecht jede Gesundheitsstörung bezeichnet, die in ursächlichem Zusammenhang mit einer Schädigung steht, die nach dem entsprechenden Gesetz zu berücksichtigen ist. Die Auswirkungen der Schädigungsfolge werden mit dem Grad der Schädigungsfolgen (GdS) bemessen. Zu den Schädigungsfolgen gehören auch Abweichungen vom Gesundheitszustand, die keinen GdS bedingen, z. B. funktionell bedeutungslose Narben, Verlust von Zähnen (vgl. Teil A: 1. „Schädigungsfolgen" der Versorgungsmedizinischen Grundsätze 2009).

72 Die Versorgungsmedizinischen Grundsätze bewerten – wie zuvor die AHP – Gesundheitsstörungen und enthalten Vorgaben zur Kausalitätsbeurteilung von Krankheitszuständen. Ihr Kernstück ist die **GdS-Tabelle**. Sie bezeichnet den Grad der Schädigungsfolgen, gilt aber **gleichermaßen für den Grad der Behinderung (GdB)**. In Teil A „Allgemeine Grundsätze" der Anlage zu § 2 VersMedV wird hierzu klargestellt, dass GdS und GdB nach gleichen Grundsätzen bemessen werden. Beide Begriffe unterscheiden sich lediglich dadurch, dass der **GdS** nur auf die Schädigungsfolgen (also kausal) und der **GdB** auf alle Gesundheitsstörungen unabhängig von ihrer Ursache (also final) bezogen ist.

Beide Begriffe haben die Auswirkungen von **Funktionsbeeinträchtigungen in allen Lebensbereichen** und nicht nur die Einschränkungen im allgemeinen Erwerbsleben zum Inhalt. GdS und GdB sind ein Maß für die körperlichen, geistigen, seelischen und sozialen Auswirkungen einer Funktionsbeeinträchtigung aufgrund eines Gesundheitsschadens.

Wenn mit dem Grad der Behinderung und dem Grad der Schädigungsfolgen das Maß für die Beeinträchtigung der Teilhabe am Leben in der Gemeinschaft gemeint ist, wird (im Text der VMG) einheitlich die Abkürzung GdS benutzt.

Die GdS-Tabelle enthält **für** eine **Vielzahl** nach Art und Ausmaß verschiedener **Gesundheitsstörungen** Anhaltswerte zur GdS-Beurteilung und damit auch zur Beurteilung des Grades der entsprechenden Behinderungen. Diese Anhaltswerte sind aus langer Erfahrung gewonnen und stellen alters- und trainingsunabhängige Mittelwerte dar. 73

In der Vorbemerkung der Tabelle wird allerdings ausdrücklich klargestellt, dass die nachstehend genannten GdS **Anhaltswerte** sind. Es ist unerlässlich, **alle die Teilhabe beeinträchtigenden körperlichen, geistigen und seelischen Störungen im Einzelfall zu berücksichtigen**. Die Beurteilungsspannen tragen den Besonderheiten des Einzelfalles Rechnung.

Allerdings liegt den dort niedergelegten Maßstäben grundsätzlich ein medizinisch-pathologisches Verständnis von Behinderung zugrunde. Der Vergleichsmaßstab der äußeren Körperschäden ist weder zeitgemäß noch auf Teilhabe ausgerichtet (insoweit kritisch auch SG Stuttgart Urteil vom 29. Januar 2009 – S 6 SB 6729/06, zit. nach JURIS). Gleichwohl waren die AHP und nunmehr die Versorgungsmedizinischen Grundsätze längst darüber hinausgewachsen und bilden unabhängig von den Vorgaben des § 69 SGB IX ein **in sich geschlossenes System zur Bewertung der Behinderungen,** das sich in erster Linie an den **Auswirkungen der Funktionseinschränkung durch die Gesundheitsstörung** orientiert (vgl. *Knickrehm* SGb 2008, 20 [27]). 74

Überdies war bereits im Vorwort der AHP 2008 eine **systematische Überarbeitung angekündigt** worden. Diese wird sich vor allem dem **Problem** zu stellen haben, inwieweit das **Ausmaß des Therapieaufwandes** bei der Einstufung des GdB zu berücksichtigen ist. Strittig geworden ist dies vor allem anhand der Bewertung von **Diabetes mellitus**: Während die Deutsche Diabetesgesellschaft seit Langem fordert, den GdB durch den Therapieaufwand zu bestimmen, sollen nach anderer Auffassung Einstellbarkeit sowie Art und Ausmaß von Komplikationen entscheidend sein (vgl. hierzu *Knickrehm* a. a. O. S. 226 m. w. Nachw.; zur medizinischen Diskussion auch *Rösner / Schmidt / Klug* MEDSACH 2004, 27). Jedoch hat das BSG inzwischen erkannt, dass maßgeblich für den Grad der Behinderung insbesondere die erreichte Stoffwechsellage und der dabei erfolgende Therapieaufwand sei (Urteil vom 24. April 2008 – B 9/9a SB 10/06 R = SozR 4-3250 § 69 Nr. 9 = SGb 2009, 168 m. zust. Anm. *Kaiser*; vgl. auch BSG Urteil vom 23. April 2009 – B 9 SB 3/08 R zur Nichtanwendbarkeit der „Versorgungsmedizinischen Grundsätze" hierzu; zum aktuellen Diskussionsstand ferner Lorenz u. a. MEDSACH 2010, 187). 75

Inzwischen sind die Versorgungsmedizinischen Grundsätze entprechend angepasst worden: Ein GdB von 50 ist nach Teil B Ziffer 15.1 erst für an Diabetes erkrankte Menschen gerechtfertigt, die eine Insulintherapie mit täglich mindestens vier Insulininjektionen durchführen, wobei die Insulindosis in Abhängigkeit vom aktuellen Blutzucker, von der folgenden Mahlzeit und der körperlichen Belastung selbstständig variiert werden muss. Die Betroffenen erleiden auf Grund dieses Therapieaufwandes eine ausgeprägte Teilhabebeeinträchtigung. Die Blutzuckerselbstmessung und die Insulindosen (bzw. Insulingaben und die Insulinpumpe) müssen dokumentiert sein (vgl. LSG Rheinland-Pfalz Urteil vom 25. Juli 2011 – L 4 SB 182/10, zit. nach JURIS). 76

Die Tabelle enthält teilweise **feste GdS/GdB-Werte** (z. B. GdS 30 bei Versteifung eines Kniegelenks in günstiger Stellung – Beugestellung von 10–15), aber auch **Beurteilungsspannen** (z. B. GdS 40–60 bei Versteifung eines Kniegelenks in ungünstiger Stellung, vgl. jeweils Nr. 18.14), die den Besonderheiten des Einzelfalls Rechnung tragen sollen. Auch von festen Tabellenwerten kann je nach der besonderen Lage des Einzelfalles **abgewichen** werden (vgl. hierzu bereits Nr. 18 Abs. 3 AHP). Allerdings bedarf dies einer die besonderen Gegebenhei- 77 ten darstellenden **Begründung**. Die Abweichung darf auch nicht bloß mit der persönlichen Meinung des Gutachters begründet werden, dass der entsprechende Anhaltspunkt in der Tabelle generell zu hoch oder zu niedrig angesetzt sei.

Gesundheitsstörungen, die in der Tabelle nicht aufgeführt sind, müssen in **Analogie** zu vergleichbaren tabellarisch erfassten Gesundheitsstörungen beurteilt werden (Nr. 26.1 Abs. 2 AHP).

78 Die Tabelle der AHP enthält fast nur **Zehnerwerte**. Denn sie stellen ihrer Natur nach nur Annäherungswerte dar. Eine stärkere Differenzierung würde eine Genauigkeit der Beurteilungsmöglichkeit nahelegen, die tatsächlich nicht erreichbar ist angesichts der Vielzahl von Faktoren, die eine GdS/GdB-Beurteilung beeinflussen können. Die wenigen in der Tabelle noch enthaltenen **Fünfergrade** sind auf eng umschriebene Gesundheitsstörungen bezogen, etwa bei der Beurteilung von Sehbehinderungen und Schwerhörigkeit.

Da aber nach § 2 Abs. 2 SGB IX der GdB nach Zehnergraden abgestuft festzustellen ist, muss ein solcher **auch dann** angesetzt werden, wenn für die einzige vorliegende Behinderung **in der GdS-Tabelle ein Fünfergrad** angegeben ist. Hierbei enthielt Nr. 18 Abs. 4 AHP eine ausdrückliche Vorgabe: Ist die Gesundheitsstörung auch nur geringfügig günstiger als in der Tabelle beschrieben, muss der Zehnergrad unter dem Fünfergrad angesetzt werden. Entspricht sie hingegen genau der beschriebenen oder ist sie etwas ungünstiger, muss der Zehnergrad oberhalb des einschlägigen Fünfergrades herangezogen werden.

b) Bindungswirkung und Aktualisierng der Versorgungsmedizinischen Grundsätze

79 Bereits die normähnliche Wirkung der AHP führte dazu, dass ihre **generelle Richtigkeit nicht durch ein Einzelfallgutachten widerlegt** werden konnte (BSG Urteil vom 9. April 1997 – 9 RVs 4/95 = SozR 3-3870 § 4 Nr. 19 = ZfS 1998, 54 = Breithaupt 1998, 210 = SozSich 1998, 157). Außerhalb des in sich geschlossenen Systems der Anhaltspunkte existierte kein Maßstab, an dem ihre „Richtigkeit" gemessen werden könnte. Die AHP unterlagen deshalb nur einer **eingeschränkten Kontrolle durch die Gerichte**. Wie bei sonstigen untergesetzlichen Normen beschränkte sich die Rechtskontrolle auf die Vereinbarkeit der AHP mit höherrangigen Gesetzen und dem Gleichbehandlungsgebot (BSG Urteil vom 23. Juni 1993 a. a. O.). Dies gilt erst recht für die nunmehr durch Rechtsverordnung festgelegten „Versorgungsmedizinischen Grundsätze".

80 **Zweifel am Inhalt der AHP oder der Anlage zu § 2 VersMedV**, die durch besondere, vor allem medizinische Sachkunde bestimmt sind, müssen vorrangig durch **Nachfrage** bei dem verantwortlichen Urheber, hier also beim Ärztlichen Sachverständigenbeirat Versorgungsmedizin bzw. bei dem für diesen geschäftsführend tätigen BMAS geklärt werden (vgl. dazu BSG Urteil vom 24. April 2008 – B 9/9a SB 6/06 R; Urteil vom 2. Dezember 2010 – B 9 SB 4/10, jeweils zit. nach JURIS).

81 Im Übrigen sind AHP und VersMedV auf **inhaltliche Verstöße gegen höherrangige Rechtsnormen** – insbesondere § 69 SGB IX – zu überprüfen (BSG Urteil vom 23. April 2009 – B 9 SB 3/08 R –, SozialVerw 2009, 59 [62] m. w. Nachw.). Dabei sind sie im Lichte des § 69 SGB IX auszulegen. Bei nach entsprechender Auslegung verbleibenden Verstößen gegen § 69 SGB IX sind diese Rechtsquellen nicht anzuwenden (BSG Urteil vom 23. April 2009 a. a. O. zu den ursprünglichen Bewertungsvorgaben der VmG zum Diabetes mellitus; Urteil vom 2. Dezember 2010 a. a. O.).

82 In ähnlicher Weise ist bereits zuvor die Unzulässigkeit der Differenzierung zwischen den in Nr. 11 Abs. 1 Satz 2 der Verwaltungsvorschrift zu § 46 StVO einzeln aufgeführten Personenkreisen angenommen worden (BSG Urteil vom 17. Dezember 1997 – 9 RVs 16/96 = SozR 3-3870 § 4 Nr. 22 = Breithaupt 1998, 610).

83 Wie bei der normähnlichen Anwendung der AHP können auch im Rahmen der VersMedV die Beurteilungskriterien durch die Gerichte im Sinne einer Lückenfüllung durch **Analogie** ergänzt werden, sofern eine planwidrige Lücke feststellbar ist. Dies hat z. B. das BSG zum

Nachteilsausgleich „H" bei taubstummen Jugendlichen bis zum Abschluss der ersten Berufsausbildung, unabhängig vom Lebensalter, angenommen (BSG Urteil vom 23. Juni 1993 – 9/9 a RVs 1/91 = BSGE 72, 285 = SozR 3-3870 § 4 Nr. 6 = NZS 1993, 512).

In § 3 Abs. 1 VersMedV ist ausdrücklich geregelt, dass beim Bundesministerium für Arbeit und Soziales ein **unabhängiger „Ärztlicher Sachverständigenbeirat Versorgungsmedizin"** (Beirat) gebildet wird, der das BMAS zu allen versorgungsärztlichen Angelegenheiten berät und die Fortentwicklung der Versorgungsmedizinischen Grundsätze entsprechend dem aktuellen Stand der medizinischen Wissenschaft und versorgungsmedizinischer Erfordernisse vorbereitet. Die Zusammensetzung des Beirats die Rahmenbedingungen seiner Tätigkeit sind in Abs. 2 bis 5 der Vorschrift normiert. 84

Die VersMedV wurde inzwischen wiederholt angepasst, nämlich durch Änderungsverordnungen vom 1. März 2010 (BGBl. I S. 249), vom 14. Juli 2010 (BGBl. I S. 928) sowie zuletzt vom 28. Oktober 2011 (BGBl. I S. 2153). 85

Für eine **Änderung der AHP** waren nach höchstrichterlicher Auffassung **nicht** die Grundsätze anzuwenden, die für die **Rückwirkung von Gesetzen** gelten. Es komme darauf an, welche zeitliche Geltung der Herausgeber – seinerzeit der Bundesminister für Arbeit und Sozialordnung – den Anhaltspunkten zumessen wollte (BSG Urteil vom 1. September 1999 – B 9 V 25/98 R = SozR 3-3100 § 30 Nr. 22). Dasselbe dürfte nunmehr für eine Änderung von Beurteilungskriterien im Rahmen der VersMedV gelten. 86

3. Berechtigung

Der nach dem 2. Teil des SGB IX berechtigte Personenkreis umfasst alle schwerbehinderten Menschen, die rechtmäßig in Deutschland ihren **Wohnsitz, gewöhnlichen Aufenthalt** oder ihren **Arbeitsplatz im Sinne des § 73 SGB IX** haben. 87

Die **Staatsangehörigkeit** spielt keine unmittelbare Rolle. Eine anderslautende Regelung wäre im EU-Bereich auch mit dem Diskriminierungsverbot des Art. 7 EWG-VO Nr. 1612/68 unvereinbar (vgl. EuGH Urteil vom 13. Dezember 1972 – Rs 44/72 = AP Nr. 4 zu Art. 177 EWGV = DVBl. 74, 479). Mittelbar kommt es insoweit auf die Staatsangehörigkeit an, als sie ausschlaggebend für die Rechtmäßigkeit von Aufenthalt oder Arbeitsplatz sein kann (vgl. unten Rdnrn. 89 ff.). 88

Die Anknüpfung an Wohnsitz bzw. gewöhnlichen Aufenthalt oder Beschäftigung als Arbeitnehmer in Deutschland unterstreicht aber den erforderlichen **Inlandsbezug der Stellung als schwerbehinderter Mensch („Territorialitätsprinzip")**. Wer ausschließlich im Ausland wohnt und arbeitet, kann nicht als solcher anerkannt werden, auch wenn vertraglich die Anwendbarkeit deutschen Arbeitsrechts vereinbart wurde (BAG Urteil vom 30. April 1997 – 2 AZR 192/86 = BAGE 55, 236 = NJW 1987, 2766 = NZA 1988, 135 = BehindertenR 1987, 137). 89

Ein im Ausland wohnender behinderter Mensch kann das Feststellungsverfahren nach § 69 SGB IX **nur zur Ermöglichung konkreter inländischer Rechtsvorteile** in Anspruch nehmen. Geht es nur um den Nachweis einer Behinderung gegenüber ausländischen Stellen, kann der behinderte Mensch auf die Möglichkeit entsprechender Feststellungen durch die für seinen Wohnort im Ausland zuständigen Stellen verwiesen werden (BSG Urteil vom 5. Juli 2007 – B 9/9 a SB 2/06 R, zit. nach JURIS; SG Lüneburg Gerichtsbescheid vom 9. April 2008 – S 15 SB 105/05, zit. nach JURIS). Insoweit reicht auch eine abstrakte, also rein theoretische Möglichkeit der Inanspruchnahme rechtlicher Vorteile im Inland nicht aus. Vielmehr lässt sich eine Durchbrechung des Territorialitätsprinzips nur dann rechtfertigen, wenn dem behinderten Menschen trotz seines ausländischen Wohnsitzes aus der Feststellung seines GdB in Deutschland konkrete Vorteile erwachsen können (BSG Urteil vom 5. Juli 2007 a. a. O.; SG Lüneburg Gerichtsbescheid vom 9. April 2008 a. a. O.) 90

Als entsprechender Vorteil ist jedenfalls die **Inanspruchnahme der gesetzlichen Altersrente** für schwerbehinderte Menschen anerkannt (LSG NRW Urteil vom 8. Juni 2011 – L 10 SB 91

74/10, zit. nach JURIS, m. w. Nachw.). Ist der Betroffene unbeschränkt einkommensteuerpflichtig im Sinne des deutschen Steuerrechts (§ 1 EStG), kann er etwaige Vorteile aus einer Inanspruchnahme des in seiner Höhe vom GdB abhängigen **„Schwerbehindertenpauschbetrages"** nach § 33b EStG erzielen.

Mit der Feststellung der Schwerbehinderung sowie des **Nachteilsausgleichs „G"** sind schließlich finanzielle Vergünstigungen im deutschen öffentlichen Personennahverkehr zu erhalten. Dies setzt aber einen Wohnsitz bzw. gewöhnlichen Aufenthalt oder Arbeitsplatz im Inland voraus (vgl. § 145 SGB IX für den Nachteilsausgleich „G").

92 Diese Grundsätze verstoßen auch **nicht gegen übergeordnetes Europäisches Gemeinschaftsrecht**. So hat der EuGH in einer Entscheidung vom 1. Oktober 2009 (C-103/08 = ZESAR 2010, 344) eine im wesentlichen inhaltsgleiche österreichische Regelung zur kostenlosen Zurverfügungstellung einer sogenannten Jahresvignette zur Benutzung österreichischer Mautstraßen durch Behinderte gebilligt.

Eine etwaige sog. verdeckte Diskriminierung aufgrund der Staatsangehörigkeit durch das Territorialitätsprinzip des deutschen Schwerbehindertenrechts verstößt jedenfalls deshalb nicht gegen das Diskriminierungsverbot (jetzt Art. 18 des Vertrages über die Arbeitsweise der europäische Union – AEUV –), weil sie durch objektive Erwägungen gerechtfertigt ist, die von der Staatsangehörigkeit unabhängig sind und in einem angemessenen Verhältnis zu dem mit dem nationalen Recht legitimerweise verfolgten Zweck stehen.

93 Als solche objektive Erwägungen hat der EuGH die auch im deutschen Schwerbehindertenrecht angestrebte **Förderung der Mobilität und Integration von Behinderten, die eine gewisse Verbindung zur Gesellschaft Deutschlands haben**, anerkannt (vgl. Urteil des EuGH vom 1. Oktober 2009, a. a. O.). Insoweit ist es zulässig, die Inanspruchnahme von Vorteilen des Schwerbehindertenrechts an den Nachweis des Wohnsitzes oder gewöhnlichen Aufenthalts zu knüpfen, wenn jedenfalls auch andere verbindende Faktoren zum Inland genügen. Art. 18 AEUV steht damit dem Territorialprinzip des deutschen Schwerbehindertenrechts dann nicht entgegen, wenn dieses seine Vergünstigungen nicht allein und ausschließlich an den Wohnort bzw. gewöhnlichen Aufenthalt im Inland knüpft, sondern **auch diejenigen einschließt, die sich aus beruflichen oder persönlichen Gründen regelmäßig hier aufhalten** (s. Leitsätze des genannten Urteils des EuGH vom 1. Oktober 2009 a. a. O.). Diese Voraussetzung erfüllt § 2 Abs. 2 SGB IX, indem die Vorschrift den Schutz des Schwerbehindertenrechts auch Personen zugutekommen lässt, die ihre Beschäftigung auf einem Inlandsarbeitsplatz haben; damit wird insbesondere der Personenkreis der Grenzgänger in den Schutzbereich des Gesetzes einbezogen (s. hierzu Urteil des BSG vom 5. Juli 2007 – B 9/9 a SB 2/06 R, zit. nach JURIS Rdnr. 21).

94 Das **Gemeinschaftsrecht gebietet es nicht**, im Ausland lebenden behinderten Menschen einen Schwerbehindertenausweis zu erteilen und sie unentgeltlich oder vergünstigt im ÖPNV zu befördern, wenn sie **keine Beschäftigung auf einem Arbeitsplatz im Inland haben** und sich hier aus persönlichen Gründen auch nicht regelmäßig aufhalten (a. A. offenbar *Dau* in: jurisPR-SozR 9/2010 Anm. 6). Für einen solchen regelmäßigen Aufenthalt im Inland aus persönlichen Gründen genügt jedenfalls der sporadische Besuch naher Angehöriger oder gar der unregelmäßige Einkauf in deutschen Geschäften oder Apotheken nicht (LSG NRW Urteil vom 8. Juni 2011 a. a. O.).

95 Anders ist dies, wenn Arbeitnehmer im Rahmen eines in der Bundesrepublik Deutschland bestehenden Beschäftigungsverhältnisses **ins Ausland entsandt** werden, sofern die Entsendung infolge der Eigenart der Beschäftigung oder vertraglich im Voraus zeitlich begrenzt ist. Denn nach dem **„Ausstrahlungsprinzip" des § 4 SGB IV** gelten auch für diesen Personenkreis die inländischen sozialrechtlichen Vorschriften (vgl. z. B. BSG Urteil vom 4. Juli 1962 – 3 RK 53/58 = BSGE 17, 173 = NJW 1962, 2124 = SozR Nr 33 zu § 165 RVO). Bei Rückkehrwillen des Arbeitnehmers wird eine Befristung von bis zu fünf Jahren regelmäßig

anzuerkennen sein. Diese Grundsätze sind auch auf das Schwerbehindertenrecht anzuwenden (GK-SGB IX / *Schimanski* Rdnr. 157).

a) Wohnsitz

Einen Wohnsitz hat jemand dort, wo er eine Wohnung unter Umständen innehat, die darauf schließen lassen, dass er die **Wohnung beibehalten und benutzen wird (§ 30 Abs. 3 Satz 1 SGB I)**. Abweichend von der zivilrechtlichen Regelung in §§ 7, 8 BGB bestimmt sich damit der Wohnsitz im Wesentlichen **nach objektiven Merkmalen**. Allein der Wille, an einem bestimmten Ort länger wohnen zu wollen, ist nicht maßgebend. Aber auch der Umstand, dass jemand an einem Ort längere Zeit wohnt, reicht allein nicht aus. Vielmehr muss sich der Wille, an einem Ort länger wohnen zu wollen, **nach außen manifestieren;** hierfür kann allerdings ein längerer Aufenthalt sprechen. Jedenfalls muss der Betroffene zeigen, dass er eine **Wohnung zum Mittelpunkt seiner Lebensbeziehungen** nimmt (LPK-SGB I / *Timme* Rdnr. 6). Hierzu muss die Wohnung zu längerfristigem Aufenthalt geeignet und die Ausstattung auf eine längere Bewohnung schließen lassen. Das Innehaben **zweier Wohnsitze** ist nicht ausgeschlossen, sofern die Beziehungen zu den Wohnorten jeweils gleichwertig sind (BSG Urteil vom 24. Juni 1998 – B 14 KG 2/98 R = SozR 3-5870 § 2 Nr. 40 = NZA-RR 1999, 650). Eine **polizeiliche Anmeldung** ist wegen der objektiven wirtschaftlichen Betrachtungsweise **ohne Bedeutung** (BSG Urteil vom 17. Dezember 1981 – 10 RKg 12/81 = BSGE 53, 49 [52] = SozR 5870 § 2 Nr. 25).

96

b) Gewöhnlicher Aufenthalt

Den gewöhnlichen Aufenthalt hat jemand dort, wo er sich unter Umständen aufhält, die erkennen lassen, dass an diesem Ort oder in diesem Gebiet nicht **nur vorübergehend verweilt (§ 30 Abs. 3 Satz 2 SGB I)**. Auch der Aufenthalt ist damit überwiegend **anhand von tatsächlichen Merkmalen zu bestimmen** (BSG Urteil vom 28. Juli 1967 – 4 RJ 411/66 = BSGE 27, 88 [89] = SozR Nr. 5 zu § 13 RVO). Für die Beurteilung ist dabei eine Vorausschau erforderlich, wobei ein bisheriger längerer Aufenthalt ein Indiz für einen gewöhnlichen Aufenthalt sein kann (BSG Urteil vom 28. Juli 1967 a. a. O.).

97

Das BSG hatte zunächst die Ansicht vertreten: Ein **Ausländer** hält sich regelmäßig nicht gewöhnlich in Deutschland auf, wenn sein Aufenthalt hier **nur gestattet oder geduldet ist** (BSG Urteil vom 18. Februar 1998 – B 5 RJ 12/97 R = BSGE 82, 23 [25] = SozR 3-2500 § 26 Nr. 11). Anders kann dies sein, wenn sich aus anderen Umständen ergibt, dass er sich auf unbestimmte Zeit in Deutschland aufhalten werde, z. B. wenn ein **Asylbewerber** auch bei endgültiger Ablehnung seines Antrags nicht mit Abschiebung zu rechnen braucht (BSG Urteil vom 23. Februar 1988 – 10 RKg 17/87 = BSGE 63, 47 = SozR 5870 § 1 Nr. 14) oder bei nicht vom Betroffenen zu vertretenden **Abschiebungshindernissen**, etwa einer fehlenden notwendigen medizinischen Versorgung im Heimatstaat (BSG Urteil vom 1. September 1999 – B 9 SB 1/99 R = BSGE 84, 253 = SozR 3-3870 § 1 Nr. 1 = BehindertenR 2000, 27). Nach neuerer Rechtsprechung (BSG Urteil vom 29. April 2010 – B 9 SB 2/09 = BSGE 106, 101) genügt es, dass der aufenthaltsrechtlich geduldete Ausländer sich voraussichtlich nach sechs Monate in Deutschland aufhalten wird (vgl. Erl. zu § 69 SGB IX).

98

c) Beschäftigung auf einem Arbeitsplatz im Sinne des § 73 SGB IX

Arbeitsplätze im Sinne der Vorschrift sind alle Stellen, auf denen Arbeitnehmer und Arbeitnehmerinnen, Beamte und Beamtinnen, Richter und Richterinnen sowie Auszubildende und andere zu ihrer beruflichen Bildung Eingestellte beschäftigt werden (**§ 73 Abs. 1 SGB IX**). Die Ausnahmen zu dieser Definition sind in § 73 Abs. 2 und 3 abschließend aufgezählt.

99

Da ein Arbeitsplatz gegebenenfalls auch ohne Wohnsitz oder gewöhnlichen Aufenthalt in Deutschland ausreicht, können auch **Grenzgänger** aus benachbarten Staaten in den Schwerbehindertenschutz einbezogen werden.

100

d) Rechtmäßigkeit von Wohnsitz, Aufenthalt oder Beschäftigung

101 Ob ein Wohnsitz oder gewöhnlicher Aufenthalt in Deutschland rechtmäßig begründet oder eine Beschäftigung rechtmäßig ausgeübt wird, richtet sich grundsätzlich nach dem Aufenthaltsrecht und den Vorschriften über die Beschäftigung von Ausländern.

102 Einen **rechtmäßigen Aufenthalt in Deutschland** haben demnach
– deutsche Staatsangehörige,
– Deutsche im Sinne des Art. 116 Abs. 1 GG,
– Heimatlose Ausländer im Sinne des Gesetzes vom 25. April 1951 (BGBl. I S. 269),
– EU-Bürger, soweit sie erwerbstätig sind oder über ausreichenden Krankenversicherungsschutz und ausreichende Existenzmittel verfügen bzw. sich seit fünf Jahren berechtigt im Bundesgebiet aufhalten (vgl. das Gesetz über die allgemeine Freizügigkeit von Unionsbürgern – Freizügigkeitsgesetz/EU),
– sonstige Ausländer im Besitz eines Aufenthaltstitels (z. B. Aufenthaltserlaubnis, -bewilligung oder -befugnis im Sinne des AuslG). Das Schwerbehindertenrecht schützt Ausländer aber auch dann, wenn sie sich nur geduldet seit Jahren in Deutschland aufhalten, ein Ende dieses Aufenthaltes unabsehbar ist und die Ausländerbehörde gleichwohl keine Aufenthaltsbefugnis erteilt (BSG Urteil vom 1. September 1999 – B 9 SB 1/99 R = BSGE 84, 253 = SozR 3-3870 § 1 Nr. 1 = BehindertenR 2000, 27). Das gilt jedenfalls dann, wenn der Ausländer eine Aufenthaltserlaubnis nach § 25 Abs. 5 AufenthG beantragt hat, der Antrag aber noch nicht rechtskräftig abgelehnt wurde (Hess. LSG Urteil vom 23. September 2009 – L 4 SB 57/0 = BehindertenR 2010, 84). Die Gerichte der Sozialgerichtsbarkeit und die Versorgungsverwaltung haben die Voraussetzungen der Erteilung der Aufenthaltserlaubnis nach § 25 Abs. 5 AufenthG in diesen Fällen nicht zu prüfen (Hess. LSG Urteil vom 23. September 2009 a. a. O.).

In der zitierten Entscheidung hat das BSG allerdings auch ausgeführt, dass der Schutz des Schwerbehindertenrechts **erst nach einer bestimmten Anzahl von Jahren des Aufenthalts** greift. Auch wenn es letztlich die Frage nach der genauen Anzahl von Jahren offengelassen hat, spricht alles dafür, diese Frist in entsprechender Anwendung des § 1 Abs. 5 Satz 1 Nr. 1 Opferentschädigungsgesetz (OEG) mit **drei Jahren** zu bemessen (BSG Urteil vom 1. September 1999 a. a. O.; LSG Berlin-Brandenburg Beschluss vom 2. Juni 2009 – L 11 SB 88/09 B PKH; LSG NRW Urteil vom 28. Oktober 2009 – L 10 SB 45/08, jeweils zit. nach JURIS; kritisch zur Länge dieser Frist im Hinblick auf die UN-Behindertenkonvention *Dau* jurisPR-SozR 5/2010 Anm. 5 m. w. Nachw.).

103 Da bereits ein rechtmäßiger Aufenthalt in Deutschland ausreicht, um die Eigenschaft als schwerbehinderter Mensch geltend zu machen, ist die **Voraussetzung eines rechtmäßigen Arbeitsplatzes lediglich für Grenzgänger von Bedeutung**. Sie bedarf dann aber nur bei nicht deutschen Erwerbstätigen genauerer Prüfung. Denn deutsche Staatsangehörige bzw. Deutsche im Sinne des Art. 116 Abs. 1 GG arbeiten stets rechtmäßig im Inland, weil ihnen das Recht auf freie Berufsausübung nach Art. 12 Abs. 1 GG zusteht. Heimatlose Ausländer gem. dem Gesetz vom 25. April 1951 (BGBl. I S. 269) kommen als Grenzgänger nicht in Betracht, da ihre Rechtsstellung nach §§ 1, 2 des Gesetzes einen inländischen Wohnsitz oder dauernden Aufenthalt voraussetzt.

104 Grenzgänger als **Angehörige von EU-Staaten** sind nach Art. 48 EWG-Vertrag und § 7 VO 1612/68 wie Deutsche zu behandeln und bedürfen daher ebenfalls keiner Arbeitserlaubnis. Hingegen benötigen Grenzgänger, die einem Nicht-EU-Staat angehören, eine Arbeitserlaubnis nach §§ 285 ff. SGB III.

C) zu Abs. 3

1. Begriff und Zweck der Gleichstellung

Behinderte Menschen mit einem Grad der Behinderung zwischen 30 und 50 sollen nach Abs. 3 unter den Voraussetzungen des Abs. 2 schwerbehinderten Menschen gleichgestellt werden, wenn sie infolge ihrer Behinderung ohne die Gleichstellung einen geeigneten Arbeitsplatz im Sinne des § 73 SGB IX nicht erlangen oder nicht behalten können. Im Regelfall („sollen") besteht danach ein **Rechtsanspruch des behinderten Menschen auf Gleichstellung** mit einem schwerbehinderten Menschen, wenn die tatbestandlichen Voraussetzungen des Abs. 3 gegeben sind (⚖ BSG Urteil vom 2. März 2000 – B 7 AL 46/99 R = BSGE 86, 10 = SozR 3-3870 § 2 Nr 1 = BehindertenR 2001, 167; ⚖ Urteil vom 1. März 2011 – B 7 AL 6/10 R = SozR 4-3250 § 2 Nr. 4 = NJW 2011, 3117; ⚖ LSG Berlin-Brandenburg Urteil vom 29. November 2006 – L 16 AL 213/06, zit. nach JURIS).   **105**

Mit der Formulierung „soll" in § 2 Abs. 3 SGB IX hat der Gesetzgeber – wie auch in anderen vergleichbaren Fällen – der Bundesagentur für Arbeit ein **gebundenes Ermessen** zugestanden. Die Sollvorschrift gibt der Arbeitsagentur nur dann die Möglichkeit zu einer anderen Entscheidung als der Gleichstellung, wenn außergewöhnliche Umstände dies rechtfertigen, also ein **atypischer Fall** vorliegt (BSG Urteil vom 1. März 2011 a. a. O), etwa wenn der behinderte Arbeitnehmer bereits eine **Altersrente** bezieht. Die Sollvorschrift kann dann aber auch im Einzelfall zur Ablehnung einer Gleichstellung zwingen, etwa wenn ein Behinderter überhaupt **nicht an der Erlangung eines geeigneten Arbeitsplatzes interessiert** ist (BSG Urteil vom 2. März 2000 a. a. O. m. w. Nachw.). Jedoch hat das BSG im Urteil vom 1. März 2011 a. a. O. schon den Antrag, einem Schwerbehinderten gleichgestellt zu werden, als Beleg für einen Vermittlungswunsch gewertet. Ihm könne insoweit indizielle Bedeutung beigemessen werden, ohne dass es einer ausdrücklichen Erklärung oder einer Glaubhaftmachung des Vermittlungswunsches bedürfe.   **106**

Ist ein **GdB von wenigstens 30 festgestellt,** so sind für die Gleichstellung **sämtliche im** Zeitpunkt der Entscheidung vorliegenden **Behinderungen / gesundheitlichen Leiden** mit den daraus für das Arbeitsleben folgenden Einschränkungen zu berücksichtigen, auch wenn sie in dem Feststellungsbescheid des Versorgungsamts nicht aufgeführt sind. Die Feststellung eines GdB von 30 oder 40 ist eine „**Einstiegsvoraussetzung**" zur Prüfung des Gleichstellungsantrags (vgl. *Überall* u. a. Fragen S. 9). Hierbei wird zugunsten des Antragstellers unterstellt, dass alle Leistungsminderungen auch im Zusammenhang mit den festgestellten Behinderungen zu sehen sind.   **107**

Allerdings setzt die Gleichstellung voraus, dass die betroffenen Personen   **108**
– in Deutschland rechtmäßig wohnen, sich aufhalten oder arbeiten und
– einen geeigneten Arbeitsplatz nicht finden oder behalten können.

Die Gleichstellung knüpft daher an die **Teilhabe am Arbeitsleben** an. Während schwerbehinderte Menschen ab einem GdB von 50 allgemein für schutz- und förderungsbedürftig gehalten werden, verlangt das Gesetz in der Gruppe der Behinderten mit einem GdB zwischen 30 und 50 die Feststellung eines **im Einzelfall bestehenden Arbeitsplatzrisikos**. Die Betroffenen sollen vor den besonderen Gefahren, denen sie wegen ihrer Beeinträchtigung auf dem allgemeinen Arbeitsmarkt ausgesetzt sind, bewahrt werden und gegenüber gesunden Arbeitnehmern nicht ins Hintertreffen geraten (GK-SGB IX / *Schimanski* Rdnr. 207 m. w. Nachw.).   **109**

Die Möglichkeit der Gleichstellung behinderter Menschen mit einem Grad der Behinderung zwischen 30 und 50 mit schwerbehinderten Menschen gemäß § 2 Abs. 3 SGB IX ist damit ein **Korrektiv zur** kritikwürdigen **Pauschalierung** bei der Bestimmung der Beeinträchtigungen in der Gesellschaft **beim Verfahren zur Feststellung der Schwerbehinderung** (⚖ VG München Urteil vom 20. November 2007 – M 5 K 06.2977, zit. nach JURIS). Bei der Gleichstellung wird darauf abgestellt, dass trotz des geringeren Grades der Behinderung die **konkrete Beeinträchtigung** für diese Personen darin liegt, **einen geeigneten Arbeitsplatz nicht**   **110**

finden oder behalten zu können. Damit knüpft das Instrument der Gleichstellung an den Schwerpunkt des Schwerbehindertenrechts bei der Teilhabe am Arbeitsleben an. Ob die Teilhabe am Arbeitsleben so gestört ist, dass ein geeigneter Arbeitsplatz nicht erlangt oder nicht behalten werden kann, ist **anhand der konkreten Verhältnisse der betroffenen Personen** festzustellen und zu prognostizieren. Dabei muss etwa eine Arbeitsplatzgefährdung nicht akut sein. Es genügt, wenn das Risiko deutlich erhöht ist, den Arbeitsplatz zu verlieren, da ansonsten der Zweck der Gleichstellung vielfach nicht erreicht werden könnte (VG München Urteil vom 20. November 2007 a. a. O.).

111 Deshalb muss die **Behinderung wesentliche** – wenngleich nicht die alleinige – **Ursache der Teilhabestörung oder -gefährdung am Arbeitsmarkt** sein, wie das Merkmal „infolge ihrer Behinderung" betont (GK-SGB IX / *Schimanski* Rdnrn. 224 und 274 ff.; *Neumann* BehindertenR 2005, 89 [93]). Daher können allein allgemeine betriebliche Veränderungen oder Probleme (Produktionsänderungen, Teilstilllegungen, Betriebseinstellungen, Auftragsmangel, Rationalisierungsmaßnahmen usw.), von denen Nichtbehinderte gleichermaßen betroffen sind, eine Gleichstellung ebenso wenig begründen wie fortgeschrittenes Alter, mangelnde Qualifikation oder eine allgemein ungünstige Arbeitsmarktsituation. Ob die Behinderung eine wesentliche Ursache ist, die zur Gleichstellung führen kann, unterliegt einer **wertenden Entscheidung der Arbeitsverwaltung**. Sie hat alle für die Beurteilung des Kausalzusammenhangs erheblichen Umstände zu berücksichtigen und zu gewichten. Liegen auch andere Beendigungsgründe oder Einstellungshemmnisse vor als nur die Behinderung, ist auf die **vordringliche Ursache** abzustellen (*Neumann* a. a. O.).

112 Die diesbezüglichen Feststellungen zur Ursächlichkeit der Behinderung lassen sich tatsächlich oft nur schwer treffen. Die allgemeinen Vermittlungshemmnisse auf dem Arbeitsmarkt wie Alter, mangelnde Qualifikation – die nicht zeitnah und vermittlungsrelevant nachgeholt oder trainiert werden kann –, Langzeitarbeitslosigkeit und fehlende offene Stellen können die behinderungsbedingten Aspekte bei Weitem überlagern. Die vorgenannten **Hemmnisse** müssen also **bei der notwendigen Vergleichsbetrachtung außer Betracht** bleiben. Die Vergleichsbetrachtung kann nur den Ausgangspunkt von der Behinderung des Antragstellers nehmen. Dabei ist so lange eine Kausalität zu unterstellen, bis andere überwiegende Hemmnisse (z. B. fehlende Deutschkenntnisse, entzogener Führerschein, Erscheinungsbild, Alkoholabhängigkeit etc.) erkennbar sind oder von den zuständigen Vermittlungsfachkräften benannt werden. Hierbei ist auch zu bedenken, dass die ausgeklammerten Hemmnisse von dem behinderten Menschen nicht beeinflusst werden können und auch nach einer Gleichstellung fortwirken.

113 Eine Behinderung, die sich **beruflich nicht negativ bemerkbar** macht, kann selbst dann **nicht zur Gleichstellung führen,** wenn sie sich auf die Teilhabe am gesellschaftlichen Leben störend auswirkt. Auch die behinderungsbedingte **Unzumutbarkeit der Wegstrecke zum Arbeitsplatz,** wenn dieser etwa nur oder gar nicht mit öffentlichen Verkehrsmitteln erreichbar ist, kann kein Grund für eine Gleichstellung sein (*Neumann* a. a. O. S. 90). Die **Gleichstellung ist restriktiv auszulegen**, weil sie eine ausnahmebedingte Erweiterung der Schwerbehindertenbestimmungen darstellt, die ihrerseits bereits eine zweck- und ursachenverknüpfte Vergünstigung gegenüber dem arbeitsrechtlichen Gleichbehandlungsgrundsatz darstellen. Deshalb können in die Beurteilung nur Begleitumstände einfließen, die **mit dem Arbeitsplatz im eigentlichen Sinn untrennbar verbunden** sind (*Neumann* a. a. O.).

2. Arbeitsplatzerhaltung und -verschaffung

114 Die Gleichstellung kann dazu dienen, dem behinderten Menschen einen geeigneten Arbeitsplatz zu verschaffen oder zu erhalten.

Das Gesetz unterscheidet somit zwischen **zwei Alternativen**, nämlich der Gleichstellung zum Erhalt des Arbeitsplatzes (Alternative 2) sowie der Gleichstellung zur Erlangung eines geeigneten Arbeitsplatzes i. S. des § 73 SGB IX (Alternative 1), die kumulativ, aber auch nur alternativ vorliegen können (BSG Urteil vom 2. März 2000 – B 7 AL 46/99 R = BSGE 86,

10, 14 f. = SozR 3-3870 § 2 Nr. 1 S. 6 f.; 🏛 Urteil vom 1. März 2011 – B 7 AL 6/10 R = SozR 4-3250 § 2 Nr. 4 = NJW 2011, 3117; vgl. auch unten Rdnr. 125).

Mit einem Gleichstellungsbescheid wird ein behinderter Mensch **allgemein** einem schwerbehinderten Menschen **gleichgestellt, nicht etwa nur im Hinblick auf eine bestimmte Beschäftigung**. Dies ist entsprechend auch der Inhalt des Anspruchs des behinderten Menschen auf Gleichstellung, der ebenfalls nicht auf eine konkrete, innegehabte Stelle beschränkt ist (🏛 LSG Baden-Württemberg Urteil vom 9. November 2011 – L 3 AL 1949/11, zit. nach JURIS). Dass eine Gleichstellung einen solchen **umfassenden, rein personenbezogenen Inhalt** hat, folgt bereits aus dem Wortlaut des § 2 Abs. 3 SGB IX, der – auch in der zweiten Variante des Anspruchs – voraussetzt, dass der behinderte Mensch „einen" geeigneten Arbeitsplatz nicht behalten kann. Nicht etwa wird hier auf „den" innegehabten Arbeitsplatz abgestellt. Dieser nur abstrakte Bezug zum Arbeitsplatz ergibt sich auch aus der Formulierung, die Gleichstellung müsse dem Erhalt eines „geeigneten" Arbeitsplatzes dienen. Hieraus wird geschlossen, dass nicht etwa ein bestimmter Arbeitsplatz geschützt ist (LSG Baden-Württemberg Urteil vom 9. November 2011 a. a. O.; *Luthe*, in: jurisPK SGB IX, § 2 Rdnr. 102). 115

Es wäre weiterhin mit der **Systematik der Norm** nicht vereinbar, wenn bei der ersten Variante – einen geeigneten Arbeitsplatz nicht erlangen zu können – auf den allgemeinen Arbeitsmarkt abgestellt würde, bei der anderen Variante aber nur auf den konkreten Arbeitsplatz. Auch der historische Gesetzgeber hat die Regelung in § 2 Abs. 3 Var. 2 SGB IX **nicht auf den konkreten Arbeitsplatz beschränken** wollen. Unter der Geltung des ursprünglichen Schwerbehindertengesetzes (SchwbG) war die Gleichstellung (§ 2 Abs. 1 SchwbG a. F.) erst ab der Bekanntgabe des Gleichstellungsbescheids wirksam geworden. Durch das Erste Gesetz zur Änderung des SchwbG vom 26. August 1986 (BGBl. I S. 1421) wurde dann in § 2 Abs. 1 Satz 2 SchwbG n. F. die – heute in § 68 Abs. 2 Satz 2 SGB IX enthaltene – Rückwirkung der Gleichstellung auf den Tag des Antrags eingefügt. Hierdurch sollte der Schutz behinderter Menschen erweitert werden, es sollte der Erhalt des bereits innegehabten Arbeitsplatzes gestärkt werden. Daraus lässt sich nicht entnehmen, dass künftige Arbeitsplätze nicht zumindest gleichermaßen geschützt werden sollten (vgl. zu allem LSG Baden-Württemberg Urteil vom 9. November 2011 a. a. O. unter Hinweis auf BT-Drs. 10/3138 S. 16). 116

In einem **Gleichstellungsverfahren** müssen deshalb zunächst die Bundesagentur für Arbeit und sodann die mit der Sache befassten Sozialgerichte **alle Zeiten ab Antragstellung berücksichtigen** und hierbei überprüfen, ob jeder der in dieser Zeit innegehabten Arbeitsplätze ohne Gleichstellung nicht erhalten werden konnte (also behinderungsbedingt konkret gefährdet war) und ob – in Zeiten der Arbeitslosigkeit – ein geeigneter Arbeitsplatz ohne Gleichstellung nicht gefunden werden konnte. Es kann durchaus sein, dass gerade bei einem längeren Antrags-, Vor- und Gerichtsverfahren **Gleichstellungsansprüche nur für abgeschlossene Zeiträume** bestanden haben, etwa bezogen auf einen von mehreren innegehabten Arbeitsplätzen. In diesem Fall ist die **Gleichstellung entsprechend – auch rückwirkend bis zum Tag des Antrags – zu befristen** (LSG Baden-Württemberg Urteil vom 9. November 2011 a. a. O.; *Luthe*, a. a. O. Rdnr. 96). Das 🏛 BSG (Urteil vom 2. März 2000 – B 7 AL 46/99 R = BSGE 86, 10 = BehindertenR 2001, 167, JURIS Rdnr. 16) führt hierzu aus, es sei zu entscheiden, „ob und ggfs. bis wann" der Arbeitsplatz gefährdet gewesen sei. 117

a) Arbeitsplatz

Die Gleichstellung kommt nur für das Erlangen oder Erhalten eines **Arbeitsplatzes im Sinne von § 73 Abs. 1 SGB IX** in Betracht, also nicht bezüglich Arbeitsplätzen im Sinne von § 73 Abs. 2 oder 3 SGB IX. Mit der Blankettverweisung auf § 73 SGB IX in § 2 Abs. 3 SGB IX hat der Gesetzgeber bewusst auf die in § 73 Abs. 3 SGB IX vorgesehene 18-Stunden-Grenze abgestellt. Gegen die Regelung bestehen keine verfassungsrechtlichen Bedenken (🏛 LSG NRW Urteil vom 2. September 2008 – L 1 AL 35/07, zit. nach JURIS). 118

Hinsichtlich der **Mindeststundenzahl von 18 Stunden** wöchentlich, unter der eine Stelle nicht als Arbeitsplatz gilt (vgl. § 73 Abs. 3 SGB IX), kommt es zwar auf die Stundenzahl nach dem Arbeitsvertrag / Dienstvertrag an und nicht auf die Zeit, die der Antragsteller pro Woche arbeitsfähig ist. Wenn allerdings der Antragsteller **weniger als 15 Stunden wöchentlich arbeitsfähig** ist, liegt Arbeitsunfähigkeit vor (vgl. § 8 Abs. 1 SGB II), sodass es an der Eignung des Arbeitsplatzes gemäß § 2 Abs. 3 SGB IX fehlt (vgl. *Überall* u. a. Fragen S. 8).

119 Auch **ausgelagerte Arbeitsplätze** (z. B. Telearbeitsplätze) können Arbeitsplätze im Sinne von § 73 Abs. 1 SGB IX sein, sodass eine Gleichstellung daher grundsätzlich möglich ist. Hingegen sind in Heimarbeit Beschäftigte, also **Heimarbeiter** im Sinne des § 1 Abs. 1 und 2 des Heimarbeitsgesetzes, keine Arbeitnehmer. Stellen, auf denen Heimarbeiter beschäftigt werden, sind folglich keine Arbeitsplätze im Sinne des § 73 Abs. 1 SGB IX. Eine Gleichstellung kommt insoweit nicht in Betracht.

b) Eignung

120 Die **Eignung des Arbeitsplatzes** ist **Voraussetzung für die Gleichstellung**. Die andernfalls möglicherweise eintretende Arbeitslosigkeit ist unerheblich. Niemand darf mit der Gleichstellung auf einem Arbeitsplatz fixiert werden, den er nicht ausüben kann, ohne seine Gesundheit zu gefährden. **Geeignet** ist ein Arbeitsplatz, wenn der **behinderte Mensch** unter Berücksichtigung von Art und Schwere seiner Behinderung die **Tätigkeit auf diesem Arbeitsplatz auf Dauer ausüben** kann. Geringfügige behinderungsbedingte Beeinträchtigungen oder Einschränkungen der Aktionsfähigkeit am Arbeitsplatz schließen die Eignung des Arbeitsplatzes nicht aus (*Neumann* BehindertenR 2005, 89 [90]).

121 Könnte ein ungeeigneter Arbeitsplatz nach einer im Übrigen rechtmäßigen Gleichstellung **behinderungsgerecht zu einem geeigneten Arbeitsplatz umgerüstet** werden, ist die Gleichstellung auszusprechen. Denn hierdurch wird das Arbeitsverhältnis aufrechterhalten. Dasselbe gilt für eine **Umsetzung** des Antragstellers auf einen geeigneten Arbeitsplatz im Betrieb des Arbeitgebers. In diesen Fällen ist eine **Befristung der Gleichstellung auf 2 Jahre empfehlenswert,** da eine Umrüstung Zeit in Anspruch nimmt und mit Umrüstung bzw. Umsetzung die Eignung des Arbeitsplatzes vorliegt. Für den Fall einer **vom Integrationsamt ausgesprochenen Zweckbindungsauflage** spricht allerdings viel für eine unbefristete Gleichstellung (vgl. *Überall* u. a. Fragen S. 7).

122 Bei der **Erlangens-Alternative** hat die Prüfung sich darauf zu erstrecken, ob überhaupt **auf dem Arbeitsmarkt geeignete Tätigkeiten** für den Behinderten **vorhanden** sind. Unerheblich ist, welche Tätigkeit dann nach Ausspruch der Gleichstellung aufgenommen wird. Es kommt nicht darauf an, ob der Gleichgestellte tatsächlich eine (und ggf. welche) Arbeitsstelle bekommt. Das gilt auch für die Zusicherung (vgl. dazu unten Rdnr. 129).

123 Falls eine **Gleichstellung in Bezug auf einen konkreten Arbeitsplatz** in Rede steht – was nicht zwingende Voraussetzung ist, vgl. oben Rdnr. 115 f. –, ist zu beachten: Der behinderte Mensch muss die **erforderlichen beruflichen Kenntnisse und Fertigkeiten** haben, um diesen Arbeitsplatz ausfüllen zu können (BVerwG Urteil vom 16. Dezember 1959 – V C 40.58 = FEVS 6, 286) und er darf auch **gesundheitlich** durch diese Arbeit **nicht überfordert** werden. Daher kann die Gleichstellung abgelehnt werden, wenn die Eignung des Antragstellers für die angestrebte Tätigkeit oder den Arbeitsplatz verneint oder mit überzeugenden Gründen bezweifelt wird (Neumann u. a. / *Neumann* Rdnr. 50). Allerdings sind die beruflichen Rehabilitationsverpflichtungen der Träger der gesetzlichen Renten-, Unfall- und Arbeitslosenversicherung gem. § 16 SGB VI, § 35 SGB VII und § 33 SGB IX bei Vorliegen der versicherungsrechtlichen Voraussetzungen ebenso zu berücksichtigen wie die besonderen Verpflichtungen des Arbeitgebers aus § 81 Abs. 3 SGB IX. Dieser hat durch entsprechende technische und organisatorische Maßnahmen sicherzustellen, dass die konkrete Behinderung des Arbeitnehmers am Arbeitsplatz möglichst ausgeglichen und eine akzeptable – nach Möglichkeit sogar vollwertige – Arbeitsleistung erzielt werden kann (GK-SGB IX / *Schimanski* Rdnr. 248).

Behinderung § 2

Nicht geeignet ist ein Arbeitsplatz immer auch dann, wenn bei einer **Weiterbeschäftigung** 124
die **Behinderung sich zu verschlechtern droht** und sich selbst durch eine technische Umgestaltung des Arbeitsplatzes bzw. des Arbeitsumfeldes eine Verbesserung der Arbeitssituation für den behinderten Menschen nicht ergäbe (vgl. Runderlass 13/2002 vom 16. April 2002 der Bundesagentur für Arbeit – im Folgenden: „RdErl" – III Nr. 1.6, abgedruckt im Anhang zu § 68 SGB IX).

c) Zielsetzungen der Gleichstellung

Zwar nennt § 2 Abs. 3 SGB IX **alternativ zwei arbeitsmarktbezogene Situationen** bzw. 125
Voraussetzungen, unter denen eine Gleichstellung in Betracht kommt (nämlich **Behalten** oder **Erlangen eines Arbeitsplatzes**). Gleichwohl ist bei Nicht-Vorliegen einer Voraussetzung immer zu prüfen, ob die andere Voraussetzung erfüllt ist. Denn beide sind Elemente einer einheitlichen Entscheidung. Sollte im Laufe eines Gleichstellungsverfahrens der innegehabte Arbeitsplatz entfallen und deshalb ein bestehendes Arbeitsverhältnis mit der Gleichstellung nicht mehr geschützt werden können, muss regelmäßig geprüft werden: Ist die Gleichstellung zur Erlangung eines neuen anderen geeigneten Arbeitsplatzes – beim selben oder bei einem anderen Arbeitgeber – erforderlich?

Die Gleichstellung verfolgt deshalb grundsätzlich **zwei miteinander verbundene Ziele:** 126
- **Stärkung der Wettbewerbsfähigkeit arbeitsuchender,** insbesondere arbeitsloser **behinderter Menschen** in der Konkurrenz um freie Arbeitsplätze, namentlich durch Einbeziehung in den der Beschäftigungspflicht nach § 71 SGB IX unterfallenden Personenkreis und das Eröffnen besonderer Förderleistungen. Die Anrechnung der gleichgestellten behinderten Menschen auf die Pflichtplatzquote des Arbeitgebers kann insoweit ein besonderer Beschäftigungsanreiz sein.
- **Stärkung bzw. Festigung bestehender Arbeitsverhältnisse;** dabei reicht die Bandbreite der Zielrichtung von Einbeziehung in den besonderen Kündigungsschutz bei der konkreten Gefährdung eines Beschäftigungsverhältnisses bis hin zum Eröffnen von geeigneten Maßnahmen der begleitenden Hilfe im Arbeits- und Berufsleben zur dauerhaften Sicherung behinderungsbedingt (latent) gefährdeter Beschäftigungsverhältnisse (vgl. RdErl. Nr. 4).

3. Hauptfallgruppen der Gleichstellung

Dementsprechend kommt die Gleichstellung für folgende beiden Hauptfallgruppen in Betracht: 127

a) Arbeitslose bzw. ausbildungsstellensuchende behinderte Menschen

Diese sollen schwerbehinderten Menschen gleichgestellt werden, wenn sie **infolge ihrer Be-** 128
hinderung zu ihrer beruflichen Eingliederung der Hilfen des Schwerbehindertenrechts bedürfen. Hierfür ist die Gleichstellung nur möglich, wenn erst durch sie ein leidensgerechter Arbeitsplatz gefunden werden kann. Die Gleichstellung wäre also **abzulehnen**, wenn ein **anderer Arbeitsplatz erlangt werden kann** und dieser andere Arbeitsplatz **leidensgerecht** ist. Das beurteilt sich nach der Zusammenschau von geistiger, seelischer und körperlicher Behinderung und der individuellen Eignung für den möglichen neuen Arbeitsplatz nach Kenntnissen und Fähigkeiten. Dabei kommt es nicht auf die bislang ausgeübte Tätigkeit an; ein **Branchenschutz** ist also **nicht gewährleistet** (*Neumann* BehindertenR 2003, 89 [91] unter Hinweis auf BSGE Urteil vom 2. März 2000 – B 7 AL 46/99 R = BSGE 86, 10 = SozR 3-3870 § 2 Nr. 1 = AuB 2000, 212 = Breithaupt 2000, 857 = BehindertenR 2001, 167 a. E.). Hierbei können allgemeine Darlegungen und Hinweise das Bedürfnis nach Gleichstellung nicht belegen. Notwendig ist vielmehr auch insoweit das Vorliegen **konkreter Anhaltspunkte**. Diese können sich insbesondere aus bisher **behinderungsbedingt erfolglosen Vermittlungsbemühungen** ergeben, also aus der Erkenntnis, dass die Behinderung wesentliche Ursache dafür ist, dass eine berufliche Eingliederung bisher nicht erreicht werden konnte.

129 In diesem Zusammenhang kommt dem **Instrument der Zusicherung einer Gleichstellung** gem. § 34 SGB X besondere Bedeutung zu. Häufig machen Arbeitgeber gegenüber Vermittlungsbemühungen bzw. der Eigensuche eine Einstellung konkret von der Gleichstellung abhängig. Für diesen Fall kann dem behinderten Menschen die Gleichstellung **für den Fall einer Einstellung** zugesichert werden (vgl. auch *Neumann* BehindertenR 2003, 89 [91]). Der Runderlass (Nr. III 2.1.2) empfiehlt insoweit eine „besonders marktnahe und flexible Vorgehensweise" für Fälle, in denen die Anhaltspunkte für behinderungsbedingte Eingliederungsprobleme „vergleichsweise schwach ausgeprägt sind".

130 Nach Auffassung des Hess. LSG (Beschluss vom 11. Juli 2007 – L 7 AL 61/06, zit. nach JURIS) kann es bei Vorliegen der persönlichen und sachlichen Voraussetzungen für eine Gleichstellung nach § 2 Abs 3 SGB IX sogar **pflichtgemäßem Ermessen** der Behörde entsprechen, **nicht eine sofortige Gleichstellung auszusprechen,** sondern eine entsprechende **Zusicherung abzugeben.** Eine solche Vorgehensweise entspreche jedenfalls dann dem Zweck der gesetzlichen Ermächtigung, wenn der Antragsteller aktuell keinen Arbeitsplatz im Sinne des § 73 SGB IX innehabe und nach der Beurteilung der Bundesagentur für Arbeit ein Teil der Arbeitgeber einer Einstellung von schwerbehinderten Menschen bzw. ihnen gleichgestellten Personen abgeneigt gegenübersteht. In diesem Fall werde dem Arbeitsuchenden durch die Zusicherung die **Option offengehalten, sich auch auf diese Arbeitsplätze zu bewerben.** Die Nachteile, die dem Antragsteller durch diese Verfahrensweise erwachsen, seien angesichts der durch die Zusicherung erreichten Verbesserung seiner Wettbewerbssituation zu vernachlässigen.

131 Vor einer Zusicherung ist die **Stellungnahme der Arbeitsvermittlung nicht notwendig,** da die Zusicherung auch erteilt werden kann, wenn der Aspekt der Behinderung vergleichsweise schwach ist für die Beeinträchtigung der Wettbewerbsfähigkeit oder für die Zeit der Arbeitssuche unterstellt werden kann, dass ein behinderungsbedingter Wettbewerbsnachteil gegeben ist (vgl. *Überall* u. a. Fragen S. 11).

132 Wird dem Antragsteller **im Widerspruchsverfahren** die **Zusicherung der Gleichstellung** gewährt, hat er aber bereits vor dieser Entscheidung, also im laufenden Widerspruchsverfahren, einen **Arbeitsplatz gefunden,** kann die Gleichstellung aus der Zusicherung nicht erteilt werden. Denn die Bedingung, dass ein Arbeitgeber die Einstellung von der Gleichstellung abhängig macht, konnte nicht eintreten. Der neue Arbeitgeber hat den Antragsteller nämlich vor der Erteilung der Zusicherung und damit unabhängig von einer etwaigen Gleichstellung eingestellt. Damit hat sich die mit dem Widerspruchsbescheid gewährte **Zusicherung erledigt.**

133 Die Zusicherung braucht dann auch **nicht deshalb ausgesprochen** werden, weil der **Antragsteller erneut arbeitslos werden kann** und dann die Zusicherung nutzen könnte. Zum einen ist eine erneute Arbeitslosigkeit ungewiss, zum anderen würde damit ein neuer Sachverhalt vorliegen. Es müsste also streng genommen ein neuer Antrag gestellt werden und die Voraussetzungen erneut geprüft werden. Möglicherweise haben sich nämlich zwischenzeitlich, insbesondere durch die Berufstätigkeit, Änderungen in Bezug auf die Konkurrenzfähigkeit des Antragstellers ergeben.

Allerdings ist empfehlenswert, die Zusicherung im Falle einer zeitnah erneuten Arbeitslosigkeit auf der Grundlage des Widerspruchsbescheids ohne erneutes Verfahren zu bestätigen. Im Übrigen gilt eine **Zusicherung grundsätzlich zeitlich unbegrenzt,** sofern sie nicht ausdrücklich befristet wird (*Überall* u. a., Fragen S. 6).

134 Die Gleichstellung nach der 1. Alt. der Vorschrift setzt allerdings **kein konkretes Arbeitsplatzangebot** für den behinderten Menschen voraus (BSG Urteil vom 2. März 2000 – B 7 AL 46/99 R = BSGE 86, 10 = SozR 3-3870 § 2 Nr. 1 = AuB 2000, 212 = Breithaupt 2000, 857 = SozSich 2001, 243 = BehindertenR 2001, 167). Eine andere Auslegung ist nicht durch den Wortlaut der Norm geboten und verstieße im Übrigen gegen ihren Sinn und Zweck unter Berücksichtigung ihrer historischen Entwicklung und systematischen Stellung im

Schwerbehindertenrecht (BSG Urteil vom 2. März 2000 a. a. O.). Sie würde dazu führen, dass ein arbeitsloser Behinderter mit einem GdB von weniger als 50 selbst dann nicht einem schwerbehinderten Menschen gleichgestellt werden könnte, wenn ihm gerade wegen der Behinderung kein konkreter Arbeitsplatz angeboten werden kann. Agentur für Arbeit bzw. Gericht haben **lediglich wertend** zu prüfen, ob der behinderte Mensch in seiner **Wettbewerbsfähigkeit gegenüber Nichtbehinderten** in besonderer Weise **beeinträchtigt und deshalb nur schwer vermittelbar** ist. Wird die behinderungsbedingt mangelnde Konkurrenzfähigkeit auf dem für den Antragsteller erreichbaren Arbeitsmarkt bejaht, ist die Gleichstellung zur Erlangung eines geeigneten Arbeitsplatzes gerechtfertigt (BSG Urteil vom 2. März 2000 a. a. O.).

Während einer noch bestehenden **ärztlich bescheinigten Arbeitsunfähigkeit** kann einem **Antrag auf Gleichstellung nicht entsprochen** werden. Der Antragsteller steht in diesem Zeitraum dem Arbeitsmarkt nicht zur Verfügung. Auch steht noch nicht fest, mit welcher Leistungsfähigkeit und Qualifikation er sich auf dem Arbeitsmarkt bewerben will. Eine Zusicherung ist aus den gleichen Gründen nicht möglich. **135**

Erst recht gilt das, wenn der Antragsteller die **Erklärung nach § 428 Abs. 2 SGB III** (Antrag auf Altersrente bei Bezug von ALG nach dem 58. Lebensjahr) abgegeben hat, sich aber trotzdem weiter um einen Arbeitsplatz bemüht. Denn mit der Erklärung nach § 428 SGB III hat der Antragsteller zum Ausdruck gebracht, dass er nicht mehr arbeitsbereit ist und dem allgemeinen Arbeitsmarkt nicht mehr zur Verfügung steht. Ist er aber an einem Arbeitsplatz nicht mehr interessiert, kann die Gleichstellung auch nicht mehr der Erlangung eines Arbeitsplatzes dienen und ginge daher rechtlich ins Leere. Die behinderungsbedingt fehlende Konkurrenzfähigkeit kann nicht mehr geprüft werden (vgl. *Überall* u. a. Fragen S. 11). **136**

War der Antragsteller **sehr lange Zeit** (z. B. zehn Jahre) **in dem erlernten Beruf nicht mehr tätig**, wird seine berufliche Qualifikation auf dem Arbeitsmarkt nicht mehr nachgefragt. Die Frage der Vermittelbarkeit hängt eng mit der Bewertung der Berufsqualifikation auf dem Arbeitsmarkt zusammen. In der Regel ist eine **mehr als zehn Jahre zurückliegende Berufsausbildung wertlos**. **137**

Die veraltete fachliche Qualifikation ist dabei wie die mangelnde Qualifikation als **allgemeines Vermittlungshemmnis** einzustufen, da der Antragsteller aufgrund der lang zurückliegenden Beschäftigung wieder als ungelernt eingestuft wird (als Regel kann gelten: Beruf doppelte Zeit der Ausbildungszeit nicht ausgeübt, vgl. zum Ganzen *Überall* u. a. Fragen S. 11).

Die Gleichstellung bzw. Zusicherung zur Erlangung eines Arbeitsplatzes kann grundsätzlich auch dann ausgesprochen werden, wenn der **Antragsteller derzeit noch beschäftigt** ist. Das gilt namentlich dann, wenn das Arbeitsverhältnis **bereits gekündigt** und der Antragsteller **arbeitsuchend gemeldet** ist. Allerdings kann das *gekündigte* Arbeitsverhältnis mit der Gleichstellung zur *Erlangung* eines Arbeitsplatzes nicht mehr gesichert werden. Die Gleichstellung kann nur unter der Voraussetzung gewährt werden, dass das derzeitige Arbeitsverhältnis ausgenommen ist. Dies ist dann ausdrücklich in den Bescheid aufzunehmen. **138**

Ist der Antragsteller **bereits auf einem leidensgerechten Arbeitsplatz beschäftigt** und sucht eine neue Beschäftigung, ist eine Gleichstellung bzw. Zusicherung nicht möglich. **139**

Nach dem Wortlaut der Bestimmung ist der **Arbeitsplatzwechsel oder die schlichte Chancenverbesserung dafür nicht erfasst** (*Neumann* BehindertenR 2005, 89 [90]).

b) Beschäftigte behinderte Menschen

Beantragen beschäftigte behinderte Menschen die Gleichstellung, ist zu prüfen, ob die Schwierigkeiten des behinderten Menschen an dem Arbeitsplatz, insbesondere konkrete Befürchtungen, ihn zu verlieren, maßgeblich auf die **Auswirkungen der gesundheitlichen Einschränkungen** zurückzuführen sind. Hierbei reichen allgemeine Darlegungen, dass sich das Leiden verschlimmern könnte und deshalb in Zukunft Leistungseinschränkungen am **140**

Arbeitsplatz erwartet werden, nicht aus. Denn die **Gleichstellung** kann **nicht** gewährt werden, um **schon einer abstrakten Gefährdung vorzubeugen.** Vielmehr müssen Tatsachen vorliegen, die den Rückschluss zulassen, dass der Arbeitsplatz wegen der Behinderung konkret gefährdet ist (⚖ LSG NRW Urteil vom 12. April 2010 – L 19 AL 51/09, zit. nach JURIS Rdnr. 27; ⚖ LSG Baden-Württemberg Urteil vom 18. Januar 2011 – L 13 AL 3853/10, zit. nach JURIS). Solange der Arbeitsplatz behindertengerecht ausgestattet ist, fehlen Anhaltspunkte für dessen Gefährdung (LSG NRW Urteil vom 12. April 2010 a. a. O.).

141 Auch kann die Gleichstellung nicht mit der Begründung zuerkannt werden, dass ein psychischer Zusammenbruch aus Sorge um Arbeitsplatz und Existenz bei Ablehnung der Gleichstellung zu erwarten sei. Insoweit läge nur eine Befürchtung vor, sodass damit die Voraussetzungen für eine Gefährdung nicht begründet werden können (vgl. auch *Überall* u. a., Fragen S. 411).

142 **Nicht ausreichend** sind insbesondere

– allein der **Wunsch nach einer behindertengerechten Arbeitsplatzumrüstung:** Diese ist eine Wirkung der Gleichstellung, die wiederum nur gewährt werden kann, wenn deren gesetzliche Voraussetzungen erfüllt sind. Die Gleichstellung ist eine statusbegründende Entscheidung. Hieraus ergeben sich vielfältige Wirkungen; die Umrüstung des Arbeitsplatzes ist nur eine davon, die naturgemäß wesentlich zur Sicherung des Arbeitsplatzes beiträgt. **Allein mit der günstigen Rechtsfolge** kann aber **nicht die Notwendigkeit einer Entscheidung begründet** werden (ebenso LSG NRW Urteil vom 12. April 2010 – L 19 AL 51/09, zit. nach JURIS, Rdnr. 27). Das gilt auch dann, wenn der Arbeitnehmer geltend macht, die Wartezeit auf entsprechende Maßnahmen des zuständigen Reha-Trägers sei ihm nicht zumutbar.

Es ist zudem fraglich, ob das Integrationsamt eine Leistung erbringen würde, sofern ein anderer Leistungsträger vorrangig leistungsverpflichtet ist. Die vorrangige Zuständigkeit des Rehabilitationsträgers vor dem Integrationsamt ergibt sich aus § 102 Abs. 5 SGB IX, wodurch Leistungen der Rehabilitationsträger nicht versagt werden dürfen, weil nach den besonderen Regelungen für schwerbehinderte Menschen entsprechende Leistungen vorgesehen sind. Die behindertengerechte Ausstattung eines Arbeitsplatzes ist aber vorrangig **Aufgabe der Rehabilitationsträger** als Leistung zur Teilhabe am Arbeitsleben nach § 33 Abs. 8 SGB IX oder als Leistung der medizinischen Rehabilitation nach § 26 SGB IX. Die Erbringung dieser Leistungen **hängt nicht ab von dem Status** als schwerbehinderter Mensch oder als Gleichgestellter i. S. v. § 2 Abs. 3 SGB IX (LSG NRW Urteil vom 12. April 2010 a. a. O.; LSG Baden-Württemberg Urteil vom 18. Januar 2011 – L 13 AL 3853/10, zit. nach JURIS).

143 Im Übrigen ist zum **Verhältnis von Reha-Leistung und Gleichstellung** zu bemerken: Ein Reha-Antrag ist bei dem Wunsch nach behinderungsgerechter Ausstattung sinnvoll. Allerdings besteht für den behinderten Menschen keine Verpflichtung, einen solchen Antrag zu stellen. Wenn die behinderungsbedingte Gefährdung bejaht wird, muss die Gleichstellung unabhängig von einem Reha-Verfahren ausgesprochen werden.

Hat ein Gleichgestellter erfolgreich einen Reha-Antrag gestellt, ist für die Ausrüstung allein der Träger zuständig (vgl. § 102 Abs. 5 SGB IX). Andernfalls ist das Integrationsamt für die Ausstattung zuständig. Im Unterschied zum Reha-Träger erbringt das Integrationsamt nur anteilige Leistungen zu der Verpflichtung des Arbeitgebers aus § 81 Abs. 4 Nr. 4 und 5 SGB IX.

144 Sind die **notwendigen Arbeitsplatzumrüstungen** bzw. -ausstattungen **vor der Entscheidung** über den Gleichstellungsantrag tatsächlich vorgenommen worden, kann dies die **behinderungsbedingte Gefährdung entfallen** lassen;

145 – die behauptete Notwendigkeit einer **Umsetzung.** Auch hier gilt, dass das Ziel der Gleichstellung nicht zur Begründung ihrer gesetzlichen Voraussetzung herangezogen werden darf;

– **Umstrukturierungen und Personalabbau beim Arbeitgeber.** 146
Dass mit allgemeinen Umstrukturierungsplänen sich das Aufgabengebiet des Betroffenen ändern kann, ist in diesem Sinne keine Gefährdung des Arbeitsplatzes, der mit einer Gleichstellung vorgebeugt werden könnte (⌘ LSG NRW Urteil vom 4. Juni 2008 – L 12 AL 64/07, zit. nach JURIS).

Im Übrigen treffen derartige Maßnahmen zum einen gleichermaßen sowohl behinderte als auch nicht behinderte Arbeitnehmer; zum anderen fehlt dabei aber der im Gesetz vorausgesetzte ursächliche Zusammenhang zwischen Gefährdung des Arbeitsplatzes und Behinderung. Liegt allerdings **neben dem Personalabbau** auch eine **behinderungsbedingte Gefährdung** des Arbeitsplatzes vor, wird bei einer anstehenden Rationalisierungsmaßnahme wahrscheinlich der Antragsteller für eine Kündigung in die engere Auswahl genommen werden. Denn der Arbeitgeber wird regelmäßig eher daran interessiert sein, die leistungsstärkeren Mitarbeiter weiter zu beschäftigen. Die Rationalisierungsmaßnahmen **verstärken dann also die behinderungsbedingte Gefährdung**. Betriebsbedingte Kündigungen stehen somit einer tatsächlich vorliegenden behinderungsbedingten Gefährdung nicht entgegen, auch wenn davon alle Mitarbeiter betroffen sind (in diesem Sinne auch ⌘ LSG NRW Urteil vom 11. Januar 2006 – 12 AL 31/05, zit. nach JURIS);

– die Behauptung, der Antragsteller werde an seinem Arbeitsplatz gemobbt. Denn **Mobbing** ist im Betriebsklima oder Führungsverhalten begründet und liegt höchstwahrscheinlich nicht in seiner Behinderung. Jedenfalls wird eine Gleichstellung mit einem schwerbehinderten Menschen nicht gerechtfertigt durch Missverständnisse, ungeklärte Zuständigkeiten, einen unfreundlicher Umgang miteinander, unklare Arbeitsanweisungen, fachliche Defizite und fehlendes Verständnis für die jeweilige Situation des anderen oder auch persönliche Schwierigkeiten im Verhältnis von behindertem Menschen und Vorgesetzten, die nicht auf einer Behinderung beruhen (⌘ LSG Baden-Württemberg Urteil vom 18. Januar 2011 – L 13 AL 3853/10, zit. nach JURIS). 147

Es handelt sich in diesem Fall um eine **arbeitsrechtliche Problematik**, die im Rahmen der Vertragsbeziehungen zum Arbeitgeber zu klären ist. Mithilfe der Gleichstellung kann in diesem Punkt keine Abhilfe herbeigeführt werden. Liegt allerdings der **Grund für das Mobbing auch in der Behinderung**, kommt eine Gleichstellung in Betracht;

– auftretende Schwierigkeiten nur bei **Arbeiten, die über den vertraglich geschuldeten Rahmen hinausgehen**. Die Voraussetzungen für die Gleichstellung sind nur bezogen auf die geschuldeten Leistungen zu berücksichtigen. Im Rahmen der Fürsorgepflicht darf der Arbeitgeber keine nicht geschuldete und ungeeignete Arbeit abverlangen. Dies ist ggf. im Rahmen der **Vertragsbeziehungen zum Arbeitgeber zu klären**. Es gehört zur Fürsorgepflicht des Arbeitgebers, den Antragsteller nicht für ungeeignete Arbeiten einzusetzen. Mithilfe der Gleichstellung kann in diesem Punkt keine Abhilfe bewirkt werden. Anders kann dies nur sein, wenn der Arbeitgeber offensichtlich nicht geschuldete Arbeiten als vertraglich geschuldet betrachtet. In diesem Fall kann auch aus der nicht geschuldeten Leistung die Gefährdung abgeleitet werden. 148

Keinesfalls ausreichend ist der bloße Hinweis, dass mit der Gleichstellung das bestehende Beschäftigungsverhältnis oder allgemein die Integration ins Arbeitsleben leichter zu sichern seien. Auch allgemeine Hinweise, man benötige die Gleichstellung, um Wettbewerbsnachteile gegenüber Nichtbehinderten auszugleichen, begründen keine Gleichstellung (RdErl III Nr. 2.2.1). Andererseits ist aber auch **nicht erforderlich,** dass der **Verlust des Arbeitsplatzes konkret droht** (vgl. ⌘ BSG Urteil vom 2. März 2000 a. a. O.). 149

Die Gleichstellung mit den Schwerbehinderten ist gerechtfertigt, wenn bei krankhafter Disposition des Arbeitnehmers eine **Störung des Arbeitsverhältnisses und eine Gefährdung des Arbeitsplatzes voraussehbar** ist. Das gilt insbesondere, wenn das bisherige Arbeitgeberverhalten nicht durch die gebotene Rücksichtnahme auf Arbeitnehmer mit gesundheitlichen Einschränkungen gekennzeichnet ist (⌘ LSG Niedersachsen-Bremen Beschluss vom 27. Februar 2007 – L 7 AL 333/03 = BehindertenR 2008, 117). 150

151 **Anhaltspunkte für eine behinderungsbedingte Gefährdung** eines Arbeitsplatzes können u. a. sein:
- wiederholte bzw. häufige behinderungsbedingte Fehlzeiten;
- verminderte Arbeitsleistung, auch bei behinderungsgerecht ausgestattetem Arbeitsplatz;
- dauernde verminderte Belastbarkeit;
- Abmahnungen oder Abfindungsangebote im Zusammenhang mit behinderungsbedingt verminderter Leistungsfähigkeit;
- auf Dauer notwendige Hilfeleistungen anderer Mitarbeiter;
- eingeschränkte berufliche und / oder regionale Mobilität aufgrund der Behinderung.

152 Liegen solche oder ähnliche Anhaltspunkte vor, ist – auch wenn eine akute Gefährdung des Arbeitsplatzes nicht ersichtlich ist – **zu prüfen, inwieweit sie den Arbeitsplatz** des behinderten Menschen im Vergleich zu Nicht-Behinderten dennoch **nachvollziehbar unsicherer machen**. Das ist jedenfalls dann anzunehmen, wenn bereits eine **erkennbare Reaktion des Arbeitgebers** auf die behinderungsbedingt veränderte Arbeitsleistung vorliegt, z. B. kritische Äußerungen des Arbeitgebers bzw. von Kollegen, Einschaltung der Personalvertretungen, Abmahnungen, Personalgespräche, Einschaltung des Betriebsarztes, Kündigungsandrohung oder gar Kündigung.

153 Bei **unterschiedlichen Angaben von Antragsteller, Mitarbeitervertretungen und Arbeitgeber** muss eine „Beweiswürdigung" stattfinden und in der Akte dokumentiert werden. Haben z. B. die Mitarbeitervertretungen die Gefährdung bejaht, aber nicht konkret dargelegt, und hat der Arbeitgeber als Einziger die Gefährdung verneint, so kann ihm gleichwohl gefolgt werden, wenn er bisher trotz der hohen Fehlzeiten weder eine mündliche Ermahnung noch eine schriftliche Abmahnung ausgesprochen hat. Hat einer der Befragten in seiner Stellungnahme nur allgemeine Äußerungen ohne konkreten Bezug zum Sachverhalt abgegeben, so ist den Aussagen in den anderen Stellungnahmen umso mehr Gewicht beizumessen.

154 Eine **Erklärung des Arbeitgebers,** den behinderten Menschen **auch ohne Gleichstellung nicht zu entlassen,** spricht **nicht grundsätzlich gegen eine Gleichstellung.** Betriebliche Umstände und Absichten können sich kurzfristig ändern. Die Gleichstellung kann ihren Schutzzweck im Sinne einer Prävention aber nur dann erfüllen, wenn sie rechtzeitig gewährt wird (RdErl III Nr. 2.3).

155 Bei einer **angekündigten Versetzung** auf einen **anderen, leidensgerechten Arbeitsplatz** kommt eine Gleichstellung nicht in Betracht. Denn sie kann nur dem Erhalt eines geeigneten, **nicht aber eines bestimmten Arbeitsplatzes** dienen (*Neumann* BehindertenR 2003, 89 [91]). Bietet der Arbeitgeber allerdings dem Antragsteller eine **andere Stelle** an, bei der das **Gehalt aber niedriger** liegt, ist eine Gleichstellung möglich, sofern die Gefährdung des bisherigen Arbeitsplatzes bejaht werden kann. Durch das Angebot eines geringer entlohnten Arbeitsplatzes entfällt die Gefährdung nicht. Die Gleichstellung soll **auch einen drohenden sozialen Abstieg verhindern**. Deshalb lässt umgekehrt ein gleichwertiger Arbeitsplatz die Gefährdung entfallen.

156 Zu den **Auswirkungen von Kündigungsschutz auf das Gleichstellungsbegehren** ist zu unterscheiden (vgl. auch *Überall* u. a. Fragen S. 3 f.):
- Bei **ordentlicher Unkündbarkeit** kann sich **aus der Gleichstellung kein weiterer Kündigungsschutz** ergeben, da die Wirkung der behinderungsbedingten Gefährdung mitgeschützt ist. Damit dürfte es regelmäßig an der Kausalität zwischen Behinderung und Gefährdung fehlen, soweit nicht **ausnahmsweise besondere Umstände** geltend gemacht werden können. Solche Gründe wären insbesondere eine drohende **Um- bzw. Versetzung** auf einen anderen, nicht gleichwertigen oder der Behinderung nicht angemessenen Arbeitsplatz (*Neumann* BehindertenR 2005, 89 [91]).

- Eine Ausnahme besteht bei der **außerordentlichen Kündigung,** die **aufgrund langer Fehlzeiten** ausgesprochen werden kann. Die Fehlzeiten werden wohl auch auf der Behinderung beruhen. Jedoch ist zu prüfen, ob weitere Gründe der Gleichstellung entgegenstehen. Diese sind auch in den Bescheid aufzunehmen, um dem Antragsteller die Beurteilung der Erfolgschancen eines Widerspruchs zu ermöglichen.
- Bei **ordentlichen Betriebsratsmitgliedern** sind nicht nur die Amtszeit, sondern auch Nachwirkungszeiten relevant. Gemäß **§ 15 KSchG** ist die Kündigung eines Mitglieds des Betriebsrates ohne wichtigen Grund unzulässig. Nach Beendigung der Amtszeit ist die Kündigung innerhalb eines Jahres, jeweils vom Zeitpunkt der Beendigung der Amtszeit an gerechnet, ohne wichtigen Grund ebenfalls unzulässig. 157
- Vertritt ein **stellvertretendes Betriebsratsmitglied** ein verhindertes Betriebsratsmitglied, genießt es ab diesem Zeitpunkt den gleichen Schutz wie ein ordentliches Betriebsratsmitglied. Dafür reicht die Teilnahme an einer einzigen Sitzung aus. Endet die Vertretung des ordentlichen Betriebsratsmitgliedes, genießt das Ersatzmitglied den **nachwirkenden Kündigungsschutz** nach § 15 Abs. 1 S. 2 KSchG. Dieser besteht unabhängig von der Dauer der Vertretung jeweils für ein Jahr. 158
- Gemäß § 15 Abs. 3 KSchG ist die ordentliche Kündigung eines **Wahlbewerbers** zu Betriebsratswahlen usw. vom Zeitpunkt der Aufstellung des Wahlvorschlages bis sechs Monate nach Bekanntgabe des Wahlergebnisses unzulässig. 159
- Die **Vertrauenspersonen** haben gegenüber dem Arbeitgeber die gleiche Rechtsstellung, insbesondere den gleichen Kündigungs-, Versetzungs- und Abordnungsschutz wie Mitglieder des Betriebsrats (§ 96 Abs. 3 SGB IX). 160

Maßgeblicher Zeitpunkt für die Beurteilung der Voraussetzungen einer Gleichstellung ist grundsätzlich der **Zeitpunkt der Antragstellung** (BSG Urteil vom 2. März 2000 – B 7 AL 46/99 R = BSGE 86, 10 = SozR 3-3870 § 2 Nr 1 = BehindertenR 2001, 167). Das Ziel, den Kündigungsschutz für gleichgestellte behinderte Menschen nicht erst mit der Bekanntgabe der positiven Entscheidung zu gewähren, setzt ein Abstellen auf die Sach- und Rechtslage vor Erlass des Bescheids voraus. **Ausnahmsweise ist ein späterer Zeitpunkt** als die Antragstellung maßgebend, wenn die **Voraussetzungen der Gleichstellung seinerzeit noch nicht vorlagen oder zwischenzeitlich entfallen** sind (BSG Urteil vom 2. März 2000 a. a. O.). Der **Wegfall des Arbeitsplatzes**, dessen damalige Gefährdung Anlass zur Antragstellung war, schließt die Gleichstellung nicht aus bzw. zwingt nicht zu ihrer Beendigung, wenn der Betroffene **zugleich infolge der Behinderung keinen geeigneten Arbeitsplatz erlangen** kann. 161

Grundsätzlich muss auch der **erforderliche GdB von mindestens 30 v. H.** bereits bei **Antragstellung festgestellt** sein. Andernfalls ist der Antrag abzulehnen. Ergeht der Bescheid des Versorgungsamtes nach § 69 SGB IX zwar nach Antragstellung, wird aber der GdB von weniger als 50, mindestens aber 30 v. H. **rückwirkend** für einen Zeitpunkt vor Antragstellung festgestellt, ist dies ausreichend, wenn die Rückwirkung vor der Entscheidung über den Gleichstellungsantrag bekannt wird. 162

Wurde der GdB des Antragstellers von **50 auf 30 herabgestuft,** und ist hiergegen eine **Klage anhängig,** liegen die persönlichen Voraussetzungen für die Gleichstellung nicht vor. Nach § 116 Abs. 1 SGB IX werden die Regelungen für schwerbehinderte Menschen bei einer Herabstufung des GdB auf weniger als 50 erst am Ende des dritten Kalendermonats nach Eintritt der Unanfechtbarkeit des die Verringerung feststellenden Bescheides nicht mehr angewandt. Wurde die Klage abgewiesen, darf der Antrag erst drei Monate nach Unanfechtbarkeit des Urteils gestellt werden (vgl. *Überall* u. a. Fragen S. 5 f.).

Eine Gleichstellung *zur Erhaltung des Arbeitsplatzes* kann auch ausgesprochen werden, wenn **bereits eine Kündigung des Arbeitgebers erklärt** wurde. Allerdings setzt das voraus, dass der Antrag auf Gleichstellung **mindestens drei Wochen vor dem Zugang der Kündigung** gestellt wurde (vgl. hierzu unten Rdnr. 175) und die Kündigung noch nicht endgültig ist. 163

Endgültig ist die Kündigung, wenn sie durch ein rechtskräftiges Urteil bestätigt worden ist oder der Antragsteller keine Kündigungsschutzklage erhoben hat und die Frist hierzu – 3 Wochen nach Zugang der Kündigung – abgelaufen ist.

164 Ist der **Antrag nach Kündigung gestellt** worden, kann eine Gleichstellung nicht bewilligt werden, da eine Rückwirkung auf einen Zeitpunkt vor der Antragstellung ausgeschlossen ist. Zu prüfen ist dann die Erlangens-Alternative.

165 Eine **Gleichstellung** kann **nicht zum Zweck der Beförderung** ausgesprochen werden. Sie hat nicht zum Ziel, einen beruflichen Aufstieg zu unterstützen, wenn ein angemessener Arbeitsplatz vorhanden ist. Für die Behaltens-Alternative fehlt es an der Gefährdung; die Erlangens-Alternative scheitert daran, dass der Antragsteller bereits auf einem geeigneten Arbeitsplatz tätig ist.

4. Besondere Personengruppen

a) Beamte und Richter

166 Die Gleichstellung Beamter (oder anderer unkündbarer Arbeitnehmer) scheidet **zwar nicht generell wegen deren Unkündbarkeit aus**. Dies zeigt schon der Wortlaut des § 2 Abs. 3 SGB IX in seiner Bezugnahme auf § 73 SGB IX, der den Begriff des Arbeitsplatzes als Stelle definiert, auf der Arbeitnehmer und Arbeitnehmerinnen, Beamte und Beamtinnen, Richter und Richterinnen sowie Auszubildende und andere zu ihrer beruflichen Bildung Eingestellte beschäftigt werden. Auch Sinn und Zweck der Gleichstellung lassen nicht den Schluss zu, dass Beamte nicht dem Anwendungsbereich des § 2 Abs. 3 SGB IX unterfallen (BSG Urteil vom 1. März 2011 – B 7 AL 6/10 R = SozR 4-3250 § 2 Nr. 4 = NJW 2011, 3117).

Behinderte Beamte und Richter auf Lebenszeit sowie unkündbare Arbeiter und Angestellte im öffentlichen Dienst **benötigen aber im Regelfall keine Gleichstellung,** weil sie der vom Gesetz vorausgesetzten Konkurrenzsituation auf dem allgemeinen Arbeitsmarkt grundsätzlich nicht ausgesetzt sind (LSG NRW Urteil vom 23. Mai 2002 – L 9 AL 241/01; VG München Urteil vom 20. November 2007 – M 5 K 062977, jeweils zit. nach JURIS).

167 Es bedarf deshalb einer **besonderen Begründung**, warum trotz Kündigungsschutz der Arbeitsplatz nachvollziehbar unsicherer ist als bei einem nichtbehinderten Kollegen (BSG Urteil vom 1. März 2011 a. a. O). Dies ist bei einem Beamten beispielsweise der Fall, wenn **behinderungsbedingt** die **Versetzung in den Ruhestand** droht (LSG NRW Urteil vom 23. Mai 2002 a. a. O.; LSG Rheinland-Pfalz Urteil vom 10. November 1995 – L 6 AR 159/94 = ZfS 1996, 375 ff.; *Luthe* in jurisPraxiskommentar Rdnr. 102) oder die behinderungsbedingte Versetzung oder Umsetzung auf einen anderen nicht gleichwertigen Arbeitsplatz (BSG Urteil vom 1. März 2011 a. a. O.; *Luthe* a. a. O.).

168 Jedenfalls ist **auch bei Unkündbarkeit** des behinderten Menschen zu prüfen, ob wegen der **besonderen Umstände des Einzelfalls** die Voraussetzungen der 1. Alternative des Abs. 3 (Gleichstellung zur Erlangung eines geeigneten Arbeitsplatzes) vorliegen. Das kann vor allem dann zutreffen, wenn der ursprüngliche Arbeitsplatz eines Beamten nicht mehr existiert, sei es, weil die **Behörde aufgelöst** wurde, sei es aus anderen Gründen, und der Beamte in eine **andere Beschäftigung oder Tätigkeit** vermittelt werden soll und selbst eine solche Vermittlung – unabhängig von der Frage eines Anspruchs auf eine amtsangemessene Beschäftigung – wünscht. Ob der Beamtenstatus hinreichend gegen (widerrechtliche) Versetzungen und den Verlust eines amtsangemessenen Arbeitsplatzes schützt, ist dabei ohne Bedeutung. Die Freiheit, **auch als Beamter ein neues Tätigkeitsfeld zu suchen,** kann nämlich nicht dadurch eingeschränkt werden, dass ein Beamter gegenüber anderen behinderten Arbeitnehmern bei der Arbeitssuche schlechtergestellt wird (BSG Urteil vom 1. März 2011 a. a. O.).

169 Eine Ausnahme besteht nur z. B. **bei behinderungsbedingten Mobilitätsproblemen**. Dann ist auch der **konkrete Arbeitsplatz** für die Feststellung der Gefährdung beachtlich. Die

Gleichstellung kann deshalb unter dieser Voraussetzung gewährt werden, wenn es dem Antragsteller darum geht, seinen **Arbeitsplatz an einem bestimmten Standort** zu sichern.

Sofern kein behinderungsbedingtes Mobilitätsproblem vorliegt, fehlt es an der **behinderungsbedingten Gefährdung**. Mit den Wirkungen der Gleichstellung können die gesetzlichen Voraussetzungen für die Gleichstellung nicht begründet werden. Organisatorische Entscheidungen sind nie behinderungsbedingt. 170

Beamte haben bereits aus dem Dienstverhältnis einen **Anspruch auf Fürsorgeleistungen durch den Dienstherrn.** Daraus folgt, dass der Schutzzweck der Gleichstellung anders gelagert ist. Im Vordergrund steht die Wahrung von Rahmenbedingungen bei der Erfüllung der Fürsorgepflicht, bei der Zahlung des Gehalts, bei Verlagerungen des Dienstortes, bei dem Anspruch auf adäquate Beschäftigung, bei vorzeitiger Beendigung des Dienstverhältnisses usw. (vgl. auch *Überall* u. a. Fragen S. 12 f.). 171

Eine Gleichstellung ist daher wie bei Arbeitnehmern möglich, wenn der behinderte Beamte **besondere Umstände** vorträgt, 172

z. B.

– drohende **Versetzung** eines Beamten bei **Auflösung** seiner **Dienststelle** in ein anderes Amt derselben oder bei einer gleichwertigen Laufbahn mit geringerem Endgrundgehalt (§ 26 BBG), wenn dadurch der bisherige Status erhalten werden kann und die übrigen Voraussetzungen für eine Gleichstellung vorliegen;

– drohende **Versetzung aus behinderungsbedingten Gründen** auf einen anderen nicht gleichwertigen oder der Behinderung entsprechenden Arbeitsplatz. Es wäre unzulässig, die Gleichstellung unter Verweis auf eine **geringerwertige Beschäftigung** abzulehnen (*Neumann* BehindertenR 2005, 89 [91]; *Schmidt* BehindertenR 2002, 14 [143]), zumal eine unterschiedliche Behandlung von Beamten und sozialversicherungspflichtig Beschäftigten unter diesem Gesichtspunkt nicht zu rechtfertigen wäre (vgl. dazu unten Rdnr. 178).

Der Dienstherr muss auf behinderungsbedingt verminderte Dienstleistung reagieren und die **Reaktion muss erkennbar sein,** z. B. Ankündigung der Beauftragung des Amtsarztes zur Prüfung der Dienstfähigkeit. Ist ein **Beamter auf einem ungeeigneten Arbeitsplatz** tätig und hat der Dienstherr deshalb den Amtsarzt mit der Prüfung der Dienstunfähigkeit beauftragt, gilt: Bei der Prüfung der Dienstunfähigkeit wird auf die **jeweils aktuellen Dienstpflichten** des Beamten abgestellt. Maßgeblich ist also der **konkrete Arbeitsplatz** und nicht das Dienstverhältnis. Bei Nichteignung des Arbeitsplatzes liegt daher sehr wahrscheinlich auch Dienstunfähigkeit vor. Ist der Beamte unstrittig auf einem ungeeigneten Arbeitsplatz tätig und wird deshalb die Dienstfähigkeit überprüft, ist eine Gleichstellung nicht möglich. Anders ist das, wenn die **Dienstfähigkeit bzw. Eignung des Arbeitsplatzes** strittig ist. Hier kommt eine befristete Gleichstellung in Betracht bis zu einem Zeitpunkt, zu dem geklärt ist, ob der Beamte dienstunfähig ist, wenngleich sich die Wirkung der Gleichstellung nur begrenzt auswirken kann. Im Falle der Dienstunfähigkeit / Nichteignung scheitert die Gleichstellung dann an einem fehlenden geeigneten Arbeitsplatz, bei Dienstfähigkeit / Eignung ist die Gefahr einer Zurruhesetzung beseitigt (vgl. *Überall* u. a. Fragen S. 15). 173

Eine Gefährdung ist auch dann als dokumentiert anzusehen, wenn der Dienstherr bzw. Arbeitgeber eine **vorab vereinbarte Fürsorgeleistung** ohne erkennbaren sachlichen Grund **nicht erbringt**. Damit konkretisiert sich die allgemeine Fürsorgepflicht zu einer Pflicht, Nachteile auszugleichen, die aus einer gesundheitlichen Beeinträchtigung oder Behinderung resultieren. Dadurch wirken sich die gesundheitlichen bzw. behinderungsbedingten Beeinträchtigungen auf Dauer nachteilig auf das Dienst- oder Arbeitsverhältnis aus. Die **Nichtbefolgung** führt damit zu einer **behinderungsbedingten Gefährdung**. 174

Ein Dienstherr kann sich **nicht darauf berufen,** dass er **wegen fehlender Haushaltsmittel keine Arbeitsplatzhilfen** oder Ähnliches zur Verfügung stellen könne. Ihn trifft bereits aus dem Dienstverhältnis eine **besondere Fürsorgeverpflichtung,** den Arbeitsplatz so zu gestal- 175 ten, dass der Beamte nicht gezwungen ist, auf Kosten seiner Gesundheit zu arbeiten. Eine angespannte Haushaltslage kann den Dienstherrn aus dieser Verpflichtung nicht entlassen. Die Verpflichtung des Dienstherrn besteht weiterhin fort. Durch den Hinweis auf fehlende Mittel bringt der Dienstherr zum Ausdruck, dass er seiner Verpflichtung nicht nicht nachkommen will. Damit setzt er einen **Gefährdungstatbestand**, der eine **Gleichstellung rechtfertigt**.

176 Der bloße Hinweis auf fehlende Haushaltsmittel kann jedoch **nicht automatisch zur Gleichstellung** führen. Erforderlich ist nach wie vor eine konkrete Darlegung der Gefährdung. So muss das begehrte Hilfsmittel bzw. die angestrebte Arbeitsplatzausrüstung vor der Äußerung des Dienstherren **benannt und beantragt** worden sein. Weiterhin sind Ausführungen des Antragstellers dazu erforderlich, inwieweit die Ablehnung der Fürsorgeleistungen durch den Dienstherren sich negativ auf die Gesundheit des Beamten auswirken kann.

177 Der **Anspruch gegen den Dienstherrn aus der Fürsorgeverpflichtung** auf Arbeitsplatzausstattung bleibt **von der Gleichstellung unberührt**. Diesen Anspruch muss der Beamte selbst – auch im Fall der Gleichstellung – durchsetzen, notfalls im Wege der Klage. **Als Gleichgestellter** ist die **Position des Beamten** gegenüber seinem Dienstherrn allerdings **gestärkt**. Neben dem günstigeren Status als Gleichgestellter steht ihm im Regelfall auch eine Vertrauensperson der Schwerbehinderten als Unterstützung zur Seite (vgl. zum Ganzen auch *Überall* u. a. Fragen S. 14).

Verfolgt ein behinderter Beamter mit dem Antrag auf Gleichstellung den Zweck, eine **dienstliche Beurteilung** seiner Leistung zu beeinflussen, weil hierbei die Minderung der Arbeits- und Verwendungsfähigkeit durch die Behinderung zu berücksichtigen ist (vgl. § 13 Abs. 2 der Verordnung über die Laufbahnen der bayerischen Beamtinnen und Beamten – Laufbahnverordnung – LbV vom 1. April 2009), ist dies nicht durch den Wortlaut des § 2 Abs. 3 SGB IX und seine Auslegung durch die h. M. gedeckt. Die Norm rechtfertigt nicht die Gleichstellung für Zwecke des § 13 der Laufbahnverordnung (⊞ BayLSG Urteil vom 12. August 2010 – L 8 AL 180/08, zit. nach JURIS).

178 Auch **Arbeitnehmer**, die **infolge tarifrechtlicher Regelungen** (z. B. Lebensalter, lange Beschäftigungszeit oder Mitgliedschaft in Mitarbeitervertretungen) einen **besonderen Kündigungsschutz** genießen, können der Hilfe der **Gleichstellung für das Erhalten des Arbeitsplatzes bedürfen**. Sofern eine **außerordentliche Kündigung** aufgrund wiederholter / häufiger behinderungsbedingter Fehlzeiten droht, kann für das Erlangen des Arbeitsplatzes eine Gleichstellung angezeigt sein. Dasselbe gilt bei unkündbaren Angestellten, wenn der Arbeitgeber das Beschäftigungsverhältnis **aus behinderungsbedingten Gründen zum Zwecke der Herabgruppierung kündigen** will (Änderungskündigung – z. B. § 55 BAT oder bei Arbeitern des Bundes nach § 60 MTV).

Die Herabgruppierung ist insbesondere auch dann möglich, wenn der **Angestellte dauernd außer Stande** ist, diejenigen **Arbeitsleistungen zu erfüllen**, für die er eingestellt ist und die Voraussetzung für seine Eingruppierung in die bisherige Vergütungsgruppe bilden, und ihm **andere Arbeiten**, die die Tätigkeitsmerkmale seiner bisherigen Vergütungsgruppe erfüllen, **nicht übertragen** werden können (§ 55 Abs. 2 BAT). Hierbei wird die Behinderung offenkundig in den Mittelpunkt der Änderungskündigung gestellt. Denn auch das Vermeiden einer sozialen Herabwürdigung ist zumindest punktuell als Gleichstellungsgrund anerkannt worden (vgl. *Neumann* BehindertenR 2005, 89 [91] unter Hinweis auf ⊞ SG Düsseldorf unv. Urteil vom 4. Juni 1997 – S 1 9 Ar 114/96), sodass auch hier eine Gleichstellung in Betracht kommt.

179 Hingegen ist eine **Gleichstellung nicht möglich**, um statt einer Anstellung als Arbeitnehmer eine **Verbeamtung zu erreichen**. Die Voraussetzungen der Gleichstellung werden nicht durch eventuell beabsichtigte Nachteilsausgleiche bestimmt, sondern durch das Vorliegen der gesetzlichen Voraussetzungen, insbesondere der Gefährdung des Arbeitsplatzes. Eine **Gefährdung** kann **nicht angenommen** werden, wenn eine **unbefristete Anstellung** besteht.

Darüber hinaus kann eine Gleichstellung für die vorgenannten Personengruppen notwendig werden, wenn durch den Arbeitgeber bzw. den Dienstherrn **besondere Arbeitserleichterungen** für schwerbehinderte / gleichgestellte behinderte Menschen vorgehalten werden, die **behinderungsbedingt für die Erhaltung des Arbeitsplatzes als notwendig anzusehen** sind (Beispiel: Befreiung einer gehbehinderten Lehrkraft von der Pausenaufsicht), um eine Verschlechterung des Gesundheitszustandes zu vermeiden. Allerdings kann der betreffende Beamte darauf verwiesen werden, entsprechende Maßnahmen im Rahmen der Fürsorgepflicht **vom Dienstherrn einzufordern** und ggf. verwaltungsgerichtlich durchzusetzen, **bevor** er eine **Gleichstellung** betreiben darf (LSG NRW Urteil vom 23. Mai 2002 – L 9 AL 241/01, zit. nach JURIS). 180

Behinderte Beamte auf Widerruf oder auf Probe sowie noch nicht unkündbare Arbeiter und Angestellte im öffentlichen Dienst können bei Vorliegen der behinderungsbedingten und sonstigen Voraussetzungen gleichgestellt werden; die Gleichstellung ist jedoch bedarfsorientiert zu befristen (nämlich bis zur Verleihung der Eigenschaft eines Beamten auf Lebenszeit bzw. Eintritt der Unkündbarkeit). 181

Referendare können während des Referendardienstes **nicht gleichgestellt** werden. Dem Erhalt des Referendardienstverhältnisses kann die Gleichstellung nicht dienen, da das **Dienstverhältnis befristet** ist und mit Bestehen der Abschlussprüfung enden wird. Eine Gefährdung des befristeten Dienstverhältnisses ist nicht möglich, da ein Rechtsanspruch auf Ableistung des Referendardienstes besteht. Bezüglich der Erlangung einer Anstellung nach dem Ende des Referendariats muss zunächst das Referendariat beendet werden und Arbeitslosigkeit eintreten. 182

b) Soldaten

Stellen von Soldaten sind keine Arbeitsplätze im Sinne des § 73 Abs. 1 SGB IX. Die Gleichstellung eines behinderten Soldaten kommt nur im Hinblick auf eine Beschäftigung auf einem Arbeitsplatz gem. dieser Vorschrift nach Ausscheiden aus dem Dienstverhältnis als Soldat in Betracht. Sie kann daher grundsätzlich nur mit Wirkung ab dem Ausscheiden aus dem Dienstverhältnis ausgesprochen werden. 183

c) Leiharbeitnehmer

Leiharbeitnehmer sind nach § 14 Abs. 1 AÜG auch während der Zeit der Arbeitsleistung bei einem Entleiher Mitarbeiter des Verleihers. Bei behinderten Leiharbeitnehmern ist daher zu prüfen, ob die Voraussetzungen für eine Gleichstellung aufgrund eines behinderungsbedingten Wettbewerbsnachteils, bezogen auf ihre berufliche Verwendbarkeit, vorliegen. 184

d) Zivile Bedienstete der Bundeswehr / NATO-Streitkräfte

Für alle **zivilen Bediensteten der Bundeswehr** und der NATO-Streitkräfte gilt das Schwerbehindertenrecht des Teil II des SGB IX wie für andere öffentliche Bedienstete. Eine Gleichstellung ist daher grundsätzlich möglich. 185

5. Verfahren der Gleichstellung

Die Gleichstellung wird gem. § 68 Abs. 2 Satz 1 SGB IX auf Antrag des behinderten Menschen **durch rechtsbegründenden Verwaltungsakt der zuständigen Arbeitsagentur** ausgesprochen; vgl. zu den Einzelheiten Rdnrn. 6 ff. zu § 68 SGB IX. 186

6. Wirkung der Gleichstellung

a) Zeitlich

Die durch Verwaltungsakt gewährte Gleichstellung wirkt **auf den Zeitpunkt der Antragstellung zurück** (§ 68 Abs. 2 Satz 2 SGB IX). Bedeutung hat dies vor allem für den erweiterten **Kündigungsschutz nach §§ 85 ff. SGB IX**, sodass eine **nach Antragstellung ausgesproche-** 187 ne **Kündigung** des Arbeitgebers ohne Zustimmung des Integrationsamtes grundsätzlich **rechtsunwirksam** ist. Das gilt allerdings nur, wenn der **Gleichstellungsantrag mindestens drei Wochen vor Ausspruch der Kündigung gestellt** wurde, weil die Vorschrift des § 90 Abs. 2 a SGB IX auch für gleichgestellte behinderte Arbeitnehmer gilt (BAG Urteil vom 1. März 2007 – 2 AZR 217/06 = NZA 2008, 302 = BehindertenR 2007, 166 = AP Nr 2 zu § 90 SGB IX). Das entspricht der gesetzgeberischen Zielsetzung, dem **Missbrauch des Kündigungsschutzes** in den Fällen **entgegenzuwirken**, in denen Arbeitnehmer ein von vornherein aussichtsloses Feststellungs- oder Gleichstellungsverfahren nur mit dem Ziel in die Wege leiten, die Regelungen über den Kündigungsschutz für die Zeit des Verfahrens in Anspruch zu nehmen (BR-Drucks. 746/2/03 S. 23; vgl. zum Ganzen eingehend die Erl. zu § 90 SGB IX Rdnrn. 43 ff.).

188 Voraussetzung für den Kündigungsschutz Gleichgestellter ist allerdings, dass der behinderte Mensch dem **Betrieb oder der Dienststelle mindestens sechs Monate ununterbrochen angehört** (§ 90 Abs. 1 Nr. 1 SGB IX).

189 Die Gleichstellung kann **befristet** werden (§ 68 Abs. 2 Satz 2 SGB IX). Sie endet dann mit Ablauf der Frist automatisch ohne zusätzliche Schonfrist. Eine solche zeitliche Beschränkung ist aber in der Praxis eher unüblich, weil ein Wegfall der Gleichstellungsvoraussetzungen in aller Regel nicht absehbar ist und im Übrigen bei unveränderten Verhältnissen der Betroffene erneut Anspruch auf Gleichstellung hätte. Ein möglicher Anlass zu einer Befristung kann die absehbare Anstellung auf Lebenszeit im Beamtenverhältnis sein, da dann die entsprechende Sicherung gegeben ist (Neumann u. a. / *Neumann* § 68 Rdnr. 15; vgl. aber auch oben Rdnr. 167). Die Gleichstellung kann **nicht befristet für ein bestimmtes Arbeitsverhältnis** ausgesprochen werden. Eine solche Beschränkung auf einen bestimmten Betrieb bzw. Arbeitgeber würde die berufliche Beweglichkeit des Gleichgestellten zu sehr einschränken.

190 Entfallen nachträglich die Voraussetzungen der Gleichstellung – z. B. durch eine Neufestsetzung des GdB des behinderten Menschen unter den Wert von 30 –, ist sie von der Agentur für Arbeit zu widerrufen (§ 116 Abs. 2 Satz 2 SGB IX). Der **Widerruf** wird erst nach einer Schonfrist am Ende des dritten Kalendermonats nach Eintritt seiner Unanfechtbarkeit wirksam (§ 116 Abs. 2 Satz 3 SGB IX). War die Gleichstellung von Anfang an rechtswidrig, ist sie gem. § 45 SGB X zurückzunehmen. Die **Rücknahme** wird ex nunc, d. h. mit Wirkung für die Zukunft ausgesprochen, wenn der Rechtsfehler nicht von dem Begünstigten zu vertreten war. Hatte dieser hingegen die Gleichstellung erschlichen, kommt auch eine rückwirkende (ex tunc) Rücknahme in Betracht (§ 45 Abs. 4 i. V. m. Abs. 2 Satz 3 Nr. 2 SGB X).

b) Sachlich

191 Die Gleichstellung verleiht dem behinderten Menschen **keinen Status;** er wird hierdurch nicht zu einem Schwerbehinderten, hat aber **nahezu dieselbe Rechtsstellung** (mit Ausnahme des Anspruchs auf Zusatzurlaub nach § 125 SGB IX und der Freifahrtberechtigung in öffentlichen Verkehrsmitteln nach §§ 145 ff. SGB IX). Vor allem ist er auf die **Pflichtplatzquote** des Arbeitgebers gem. § 71 SGB IX anzurechnen.

192 Ferner hat der Gleichgestellte Anspruch gegenüber der Schwerbehindertenvertretung auf Vertretung, Beratung und Hilfe nach § 95 Abs. 1 SGB IX. Diese muss darüber wachen, dass auch der gleichgestellte Arbeitnehmer nach den Regelungen des Schwerbehindertenrechts behandelt wird (vgl. § 95 Abs. 1 Nr. 1 SGB IX).

193 Die Gleichstellung bezieht sich im Übrigen **nur auf die Regelungen nach dem SGB IX**. Bei den in anderen Gesetzen oder sonstigen Vorschriften getroffenen Regelungen ist jeweils darauf zu achten, für welchen Personenkreis sie gelten. Oft sind dort nur die schwerbehinderten Menschen im Sinne des § 2 Abs. 2 SGB IX genannt (z. B. besondere Antragsaltersgrenze für Rente bzw. Pension, Renten- bzw. Versorgungsabschlag, Altersteilzeit). So gilt z. B. die Möglichkeit der **Verkürzung der regelmäßigen Wochenarbeitszeit** von 41 auf 40 Stunden nach § 3 Abs. 1 Satz 2 AZVO nur für schwerbehinderte, nicht aber für die gem. § 2 Abs. 2

SGB IX gleichgestellten behinderten Beamten (BVerwG Urteil vom 29. Juli 2010 – 2 C 17/09 = BehindertenR 2011, 86 = ZBR 2011, 169).

Nach früher h. M. musste der behinderte Mensch im **Einstellungsgespräch** die **Frage nach seiner Gleichstellung oder Antragstellung** in jedem Fall wahrheitsgemäß beantworten; andernfalls konnte der Arbeitgeber den Arbeitsvertrag wegen arglistiger Täuschung gem. § 123 Abs. 1 BGB anfechten (⚖ BAG Urteil vom 5. Oktober 1994 – 2 AZR 923/94 = BAGE 81, 120 = AP Nr. 40 zu § 123 BGB = NJW 1996, 2323 = BehindertenR 1996, 121). Jedenfalls hatte der Arbeitgeber uneingeschränkt das Recht, einen Bewerber nach dem Vorliegen einer Schwerbehinderteneigenschaft oder einer Gleichstellung zu fragen (⚖ BAG Urteil vom 1. August 1985 – 2 AZR 101/83 = BAGE 49, 214 = NZA 1986, 635 = NJW 1987, 398 = DB 1986, 2238 = AP Nr. 30 zu § 123 BGB). Das ⚖ BAG (Urteil vom 5. Oktober 1995 – 2 AZR 923/94 = BAGE 81, 120 = AP Nr 40 zu § 123 BGB = BehindertenR 1996, 121) hat die Frage des Arbeitgebers nach der Schwerbehinderteneigenschaft des Stellenbewerbers sogar dann für zulässig gehalten, wenn die Behinderung, auf der die Anerkennung beruht, tätigkeitsneutral ist. 194

Hingegen ist **nach neuerer Rechtslage ein generelles Fragerecht des Arbeitgebers nach der Schwerbehinderung** bzw. der Schwerbehinderteneigenschaft und **damit auch einer Gleichstellung abzulehnen** (so auch ⚖ LAG Hamm Urteil vom 19. Oktober 2006 – 15 Sa 740/0, ⚖ Hess. LAG Teilurteil vom 24. März 2010 – 6/7 Sa 1373/09, jeweils zit. nach JURIS; LPK-SGB IX / *Düwell* § 85 SGB IX Rdnr. 16 f., 20; *Düwell* BB 2001, 1527 [1529] und BB 2006, 1741 [1743]; KR / *Etzel* §§ 85 – 90 SGB IX Rdnr. 32; *Messingschlager* NZA 2003, 301 [303]; Nollert-Borasio / Perreng AGG 2. Aufl. § 2 Rdnr. 17 f.; ErfK / *Preis* § 611 BGB Rdnr. 272 [274]; *Rolfs / Paschke* BB 2002, 1260 [1261]; *Thüsing / Lambrich* BB 2002, 1046 [1049]; *Wisskirchen / Bissels* NZA 2007, 169 [173]; a. A. *Schaub* NZA 2003, 299 [300]; *Bayreuther* NZA 2010, 679; differenzierend *Joussen* NZA 2007, 174 [176 ff.]; offen gelassen in ⚖ BAG Urteil vom 7. Juli 2011 – 2 AZR 396/10 = BB 2011, 1779 = BehindertenR 2011, 157). 195

Denn nach **§ 81 Abs. 2 Satz 1 SGB IX** dürfen Arbeitgeber schwerbehinderte Beschäftigte nicht wegen ihrer Behinderung benachteiligen. Die Vorschrift legt in Satz 2 durch Verweisung auf das AGG zudem ausdrücklich fest, dass ein schwerbehinderter Mensch u. a. bei der Begründung des Arbeits- oder sonstigen Beschäftigungsverhältnisses sowie beim beruflichen Aufstieg, **nicht wegen seiner Behinderung benachteiligt werden darf**. Die wahrheitsgemäße Beantwortung der Frage nach der Schwerbehinderung bzw. Schwerbehinderteneigenschaft und damit letztlich die Frage selbst kann aber zu einer Benachteiligung des schwerbehinderten Menschen führen, wenn der Arbeitgeber den Bewerber nicht einstellen würde, sofern er von dessen Schwerbehinderung Kenntnis hätte. 196

Eine **Ausnahme** gilt nur dann, wenn das Fehlen der Behinderung eine wesentliche und entscheidende **berufliche Anforderung für die Tätigkeit** ist. Der Arbeitgeber darf also Fragen stellen, die sich auf das Vorliegen einer Erkrankung bzw. Schwerbehinderung beziehen, welche den betrieblichen Arbeitsablauf beeinträchtigen oder dazu führen können, dass der Bewerber die vorgesehene Arbeit nicht oder nur eingeschränkt ausüben kann (so schon ⚖ ArbG Siegburg Urteil vom 22. März 1994 – 1 Ca 3454/93 = NZA 1995, 942; *Großmann* NZA 1989, 702 [703]; *Joussen* a. a. O. m. w. Nachw.; *Braun* MDR 2004, 64). Dass insoweit **keine unzulässige Diskriminierung** vorliegt, ergibt sich bereits aus der gesetzlichen Regelung in § 81 Abs. 2 Satz 2 SGB IX i. V. m. § 8 Abs. 1 AGG: Denn eine unterschiedliche Behandlung ist trotz des allgemeinen Diskriminierungsverbots im Hinblick auf die in § 1 AGG genannten Gründe zulässig, wenn dieser Grund **wegen der Art der auszuübenden Tätigkeit** oder der Bedingungen ihrer Ausübung eine wesentliche und entscheidende **berufliche Anforderung** darstellt, sofern der Zweck **rechtmäßig** und die Anforderung **angemessen** ist. 197

Dementsprechend **darf der Arbeitgeber** danach **fragen**, ob der Stellenbewerber an gesundheitlichen, seelischen oder ähnlichen **Beeinträchtigungen** leidet, durch die er **zur Verrichtung der beabsichtigten vertraglichen Tätigkeit ungeeignet** ist (vgl. ⚖ BAG Urteil vom 5. Oktober 1995 a. a. O.; *Schaub* NZA 2003, 299 [301]; ErfK-*Rolfs*, § 81 SGB IX Rdnrn. 4 ff.). 198

Ist diese **Voraussetzung nicht gegeben**, so ist die **Frage nach** der **Schwerbehinderung bzw. Schwerbehinderteneigenschaft** als **unzulässig** anzusehen, weil sie unmittelbar und direkt an die von § 81 Abs. 2 SGB IX geschützte Eigenschaft „Schwerbehinderung" anknüpft und damit eine unmittelbare Diskriminierung darstellt (🕮 LAG Hamm Urteil vom 19. Oktober 2006 a. a. O.; ErfK-*Rolfs*, a. a. O. Rdnr. 6; *Joussen*, NJW 2003, 2857 [2860]; *Messingschläger*, NZA 2003 301 [303]; vgl. auch *Schaub* NZA 2003, 299 [300 f.]).

199 Hingegen ist der Arbeitnehmer bei den Verhandlungen über den Abschluss eines Arbeitsvertrages dann **von sich aus verpflichtet**, eine Schwerbehinderteneigenschaft oder eine Gleichstellung **zu offenbaren**, wenn er **erkennen muss,** dass er wegen der zugrunde liegenden Behinderung die **vorgesehene Arbeit nicht zu leisten** vermag oder eine deswegen beschränkte Leistungsfähigkeit **für den vorgesehenen Arbeitsplatz von ausschlaggebender Bedeutung** ist (🕮 BAG Urteil vom 1. August 1985 a. a. O.; 🕮 BAG Urteil vom 25. März 1976 – 2 AZR 136/75 = AP Nr. 19 zu § 123 BGB = BB 76, 1128; vgl. zum Ganzen auch eingehend die Erl. zu § 68 SGB IX Rdnrn. 37 ff.).

200 In einem **bestehenden Arbeitsverhältnis** ist die Frage nach der Schwerbehinderung **nicht generell unzulässig**. Dient sie ausschließlich dazu, den Arbeitgeber im Hinblick auf bevorstehende Kündigungen über das Eingreifen von Schutzvorschriften zugunsten des schwerbehinderten Arbeitnehmers zu informieren, wie etwa der Zustimmung des Integrationsamtes, ist es dem Arbeitnehmer wegen widersprüchlichen Verhaltens verwehrt, sich bei einer im Übrigen wirksam ausgesprochenen Kündigung auf die fehlende Zustimmung des Integrationsamts zu berufen, wenn er die zuvor an ihn gestellte Frage wissentlich falsch beantwortet und das Integrationsamt einer nachfolgenden Kündigung des Arbeitsverhältnisses zugestimmt hat (🕮 LAG Hamm Urteil vom 30. Juni 2010 – 2 Sa 49/10, zit. nach JURIS; Revision zum BAG eingelegt unter dem Az. 6 AZR 553/10).

V. Literatur

BAR (Hrsg.), ICF-Praxisleitfaden 2; Trägerübergreifende Informationen und Anregungen für die praktische Nutzung des ICF in med. Rehabilitationseinrichtungen, aufzurufen unter http://www.degemed.de/pdf/BAR_ICF_Praxisleitfaden2_Feb_08.pdf

Bayreuther, Frank, Einstellungsuntersuchungen, Fragerecht und geplantes Beschäftigtendatenschutzgesetz, NZA 2010, 679

Benz, Manfred, Der Grad der Behinderung (GdB) im Schwerbehindertenrecht bei Mehrfachbehinderungen, SGb 2011, 625

Cibis, Wolfgang, Die ICF als trägerübergreifendes Bezugssystem aus Sicht der Bundesarbeitsgemeinschaft für Rehabilitation, MEDSACH 2008, 10

Cibis, Wolfgang, Der Begriff „Funktionale Gesundheit" in der deutschsprachigen Fassung der ICF – Kritik an der Definition und Vorschlag zur Änderung, GesundWes 2009, 429

Ertl, Nikolaus / **Marburger,** Horst, Wie bekomme ich einen Schwerbehindertenausweis? Den Antrag richtig formulieren & Ansprüche durchsetzen, 6. Aufl. 2007

Friedrich, Günter, Mehr Rechte – aber nur auf Antrag! Der Gleichstellungsantrag nach dem SGB IX, dbr 2008, Nr. 5, 28

Grotkamp, S. / **Viol** M., Die Bedeutung der ICF für den medizinischen Dienst der gesetzlichen Krankenversicherung, MEDSACH 2008, 21

Heinz, Dirk, Der neue Behinderungsbegriff des Neunten Buches des Sozialgesetzbuchs – Neue Aufgabenstellung für Soziale Arbeit mit behinderten Menschen, SozArb 2009, 181

Heinz, Dirk, Die Bestimmung des Grades der Schädigungsfolgen im sozialen Entschädigungsrecht unter Berücksichtigung unbestimmter Rechtsbegriffe, WzS 2010, 326

Heinz, Dirk, Über Teilhabebeeinträchtigungen im Sinne der Regelung des § 2 Abs. 1 SGB IX und die Bedeutung von Grundrechten für die Bestimmung deren Ausmaßes, WzS 2011, 12

Heipertz, Walter, Begutachtungen nach dem SGB IX – Der veränderte Behinderungsbegriff des SGB IX und seine Auswirkungen auf die Begutachtung, MEDSACH 2007, 77

Knickrehm, Sabine, Die Feststellungen nach § 69 SGB IX im Lichte des „modernen" Behinderungsbegriffs, SGb 2008, 227

Luthe, Ernst-Wilhelm, Die Behinderung nach § 2 Abs. 1 SGB IX, ihr Gesellschaftsbegriff und die ICF, SGb 2009, 569

Neumann, Olaf, Einzelheiten zur Gleichstellung nach § 68 SGB IX, BehindertenR 2005, 89

Neumann, Volker, Der verfassungsrechtliche Begriff der Behinderung, NVwZ 2003, 897

Ockenga, Edzard, Demokratiedefizit des SGB IX und antizipiertes Sachverständigengutachten, ZfSH/SGB 2004, 587

Pitschas, Rainer, Integration behinderter Menschen als Teilhabekonzept. Zur Neuordnung des deutschen Rehabilitationsrechts in vergleichender Perspektive, SGb 2003, 65

Schmidt, Jürgen, Zur Gleichstellung mit schwerbehinderten Menschen, BehindertenR 2002, 140

Schuntermann, Michael F., Die Bedeutung der Internationalen Klassifikation der Funktionsfähigkeit, Behinderung und Gesundheit (ICF) für die Rehabilitation, MEDSACH 2003, 94

Schuntermann, Michael F., Grundzüge der internationalen Klassifikation der Funktionsfähigkeit, Behinderung und Gesundheit, MEDSACH 2008, 6

Seyd, Wolfgang / **Sperling,** Michael, Anwendung der ICF in der beruflichen Rehabilitation, Berufliche Rehabilitation 2009, 127

Timner, K., Die Bedeutung der ICF für die sozialmedizinische Beurteilung in der gesetzlichen Rentenversicherung, MEDSACH 2008, 15

Überall, Tanja / **Fuß,** Wolfgang / **Schilson,** Heinz-Dieter (in BA-RD NRW), Fragen zur Gleichstellung, 5. Fassung Stand: 8. 1. 2007, www.sbv-nrw.de/texteaktuell/vortraege/gleichstellung_fragen_antworten (zit. als Überall u. a. Fragen)

Überall, Tanja / **Fuß,** Wolfgang / **Schilson,** Heinz-Dieter (in BA-RD NRW), Fälle zur Gleichstellung, 5. Fassung, Stand: 8. 1. 2007, www.sbv-nrw.de/texteaktuell/vortraege/gleichstellung_faelle (zit. als Überall u. a. Fälle)

Wallrabenstein H. / **Berg** A. F. / **Heipertz,** W., Die Bedeutung der ICF für den ärztlichen Dienst der Bundesagentur für Arbeit, MEDSACH 2008, 18

Welti, Felix, Das AGG – Behinderungsbegriff und praktische Konsequenzen für das Sozialrecht, Sozialrecht aktuell 2007, 161

Welti, Felix, Diskussionsbeitrag zu § 2 SGB IX Behinderungsbegriff, in: Beauftragte der Bundesregierung für die Belange behinderter Menschen, SGB IX Umsetzen, www.sgb-ix-umsetzen.de/index.php/nav/tpc/nid/aid/159

§ 3
Vorrang von Prävention

Die Rehabilitationsträger wirken darauf hin, dass der Eintritt einer Behinderung einschließlich einer chronischen Krankheit vermieden wird.

ERLÄUTERUNGEN

I. Bedeutung der Vorschrift

1 In Anknüpfung an die in § 1 genannten Ziele verdeutlicht die Vorschrift, dass – soweit möglich – der Eintritt von Behinderungen einschließlich chronischer Krankheiten vermieden werden muss und dass alle Rehabilitationsträger im Rahmen ihrer Aufgabenstellung hierauf hinzuwirken haben.

II. Fassung

2 Die Vorschrift wurde mit folgender Änderung aus dem Regierungsentwurf (BT-Drucks. 14/5531 i. V. m. 14/5074) übernommen:

Der BT-Ausschuss für Arbeit und Sozialordnung hat „zur Klarstellung des Gewollten" die Worte „einschließlich einer chronischen Krankheit" eingefügt (BT-Drucks. 14/5800 S. 30).

§ 4
Leistungen zur Teilhabe

(1) Die Leistungen zur Teilhabe umfassen die notwendigen Sozialleistungen, um unabhängig von der Ursache der Behinderung
1. die Behinderung abzuwenden, zu beseitigen, zu mindern, ihre Verschlimmerung zu verhüten oder ihre Folgen zu mildern,
2. Einschränkungen der Erwerbsfähigkeit oder Pflegebedürftigkeit zu vermeiden, zu überwinden, zu mindern oder eine Verschlimmerung zu verhüten sowie den vorzeitigen Bezug anderer Sozialleistungen zu vermeiden oder laufende Sozialleistungen zu mindern,
3. die Teilhabe am Arbeitsleben entsprechend den Neigungen und Fähigkeiten dauerhaft zu sichern oder
4. die persönliche Entwicklung ganzheitlich zu fördern und die Teilhabe am Leben in der Gesellschaft sowie eine möglichst selbstständige und selbstbestimmte Lebensführung zu ermöglichen oder zu erleichtern.

(2) ¹Die Leistungen zur Teilhabe werden zur Erreichung der in Absatz 1 genannten Ziele nach Maßgabe dieses Buches und der für die zuständigen Leistungsträger geltenden besonderen Vorschriften neben anderen Sozialleistungen erbracht. ²Die Leistungsträger erbringen die Leistungen im Rahmen der für sie geltenden Rechtsvorschriften nach Lage des Einzelfalls so vollständig, umfassend und in gleicher Qualität, dass Leistungen eines anderen Trägers möglichst nicht erforderlich werden.

(3) ¹Leistungen für behinderte oder von Behinderung bedrohte Kinder werden so geplant und gestaltet, dass nach Möglichkeit Kinder nicht von ihrem sozialen Umfeld getrennt und gemeinsam mit nicht behinderten Kindern betreut werden können. ²Dabei werden behinderte Kinder alters- und entwicklungsentsprechend an der Planung und Ausgestaltung der einzelnen Hilfen beteiligt und ihre Sorgeberechtigten intensiv in Planung und Gestaltung der Hilfen einbezogen.

ERLÄUTERUNGEN

I. Bedeutung der Vorschrift

Sie legt in **Abs. 1** vier sozialpolitischen Ziele der notwendigen Sozialleistungen als Leistungen zur Teilhabe fest. Diese Ziele umfassen die Prävention bzw. Beseitigung oder Minderung der Behinderung und ihrer Folgen (**Nr. 1**), die Vermeidung, Überwindung oder Minderung von Einschränkungen der Erwerbsfähigkeit oder Pflegebedürftigkeit (**Nr. 2**), die dauerhafte Sicherung der Teilhabe am Arbeitsleben (**Nr. 3**) sowie die ganzheitliche Förderung der persönlichen Entwicklung und der Teilhabe am Leben in der Gesellschaft einschließlich einer möglichst selbstständigen und selbstbestimmten Lebensführung (**Nr. 4**).

In **Abs. 2 Satz 1** wird klargestellt, dass behinderte und von Behinderung bedrohte Menschen Anspruch auf Sozialleistungen wie jeder andere Bürger auch haben. Die Leistungen zur Teilhabe sind demgegenüber gezielt für den Adressatenkreis des SGB IX zu erbringen und daher nur insoweit einzusetzen, als die Ziele des Gesetzes durch die allgemeinen Sozialleistungen nicht voll erreicht werden können. Durch **Abs. 2 Satz 2** werden die Leistungsträger zu einer jeweils vollständigen und umfassenden Leistungsgewährung verpflichtet, so dass Leistungen eines anderen Trägers möglichst nicht erforderlich werden.

Abs. 3 regelt spezifische Anforderungen an Leistungen zur Teilhabe für behinderte Kinder.

II. Fassung

Die Vorschrift wurde mit folgenden Änderungen aus dem Regierungsentwurf (BT-Drucks.14/5531 i. V. m. 14/5074) übernommen:

a) In **Abs. 1 Nr. 2** hat der BT-Ausschuss für Arbeit und Sozialordnung zur Klarstellung des Gewollten die Formulierung „Bezug von Sozialleistungen zu vermeiden" ersetzt durch „Bezug anderer Sozialleistungen zu vermeiden".

b) In **Abs. 2** wurden die Worte „Zur Erreichung dieser Ziele" eingefügt und dies wie folgt begründet (BT-Drucks. 14/5800 S. 30): „Klarstellung, dass mit den besonderen Leistungen behinderungsbedingte Benachteiligungen vermieden, ausgeglichen oder überwunden werden sollen. Damit wird zugleich verdeutlicht, dass es für behinderte Menschen einen besonderen Bedarf gibt und die vorgesehenen Leistungen das Mittel sind, mit dem die in § 1 und in Abs. 1 genannten Ziele erreicht werden sollen."

c) **Abs. 3** lautete in der Fassung des Regierungsentwurfs: „Leistungen für Behinderte oder von einer Behinderung bedrohte Kinder sollen auf deren besondere Bedürfnisse ausgerichtet sein und deren Entwicklung fördern."

Mit der jetzigen Fassung griff der Ausschuss für Arbeit und Sozialordnung einen Vorschlag des Bundesrates auf, die Standards des SGB VIII als Gestaltungsauftrag in das SGB IX zu übernehmen (vgl. Erl.Rdnr. 2 f. zu § 1 SGB IX).

III. Begründung

In dem Regierungsentwurf (BT-Drucks. 14/5074, S. 99) wird zu der Vorschrift ausgeführt:

„Die Vorschrift verknüpft das soziale Recht behinderter Menschen auf Sozialleistungen zur Teilhabe am Leben in der Gesellschaft, wie es in § 10 des Ersten Buches enthalten ist, mit den Ansprüchen, die in diesem Buch sowie in den für die einzelnen Rehabilitationsträger geltenden besonderen Vorschriften geregelt sind. Sie macht deutlich, dass die Einzelregelungen zur Teilhabe behinderter und von Behinderung bedrohter Menschen, wie sie im Neunten Buch und den sonstigen Vorschriften für die einzelnen Rehabilitationsträger enthalten sind, ein gewachsenes und in sich sehr differenziertes, jedoch – auch bei unterschiedlichen Zuständigkeiten und Leistungsvoraussetzungen – in der Sache und insbesondere auch für betroffene Menschen durchgängiges System zur Verwirklichung der in Nummer 1 bis 4 genannten sozialpolitischen Ziele bilden sollen. Wie bei § 1 ist auch bei den hier genannten Zielen zu beachten, dass der oft wichtigste Bezugsrahmen und Lebensraum der Betroffenen ihre Familie ist. Leistungen zur Teilhabe sind unabhängig von der Ursache der Behinderung zu erbringen und umfassen auch Maßnahmen der Familienentlastung und Stützung des familiären Umfelds.

8   In Ergänzung der bereits in § 10 des Ersten Buches angesprochenen Ziele wurden als eigenständige Zielsetzungen der Sozialleistungen zur Teilhabe auch aufgenommen, Einschränkungen der Erwerbsfähigkeit, Pflegebedürftigkeit zu vermeiden, zu überwinden, zu mindern oder eine Verschlimmerung zu verhüten und vorzeitigen Bezug laufender Sozialleistungen zu vermeiden oder laufende Sozialleistungen zu mindern. Eine möglichst weitgehende Unabhängigkeit und eine weitgehend selbstständige Lebensführung zu ermöglichen, entspricht den Grundsätzen Rehabilitation vor Rente, Pflege und anderen Sozialleistungen nach denen diese Sozialleistungen nicht etwa trotz Bedarfs versagt, sondern nach Möglichkeit entbehrlich gemacht werden sollen. Außerdem gehört es zu den Aufgaben der Leistungen und sonstigen Hilfen des Sozialgesetzbuches, die Entwicklung von behinderten und von Behinderung bedrohten Menschen – insbesondere in der Kindheit – ganzheitlich zu fördern und behinderungsbedingten Benachteiligungen entgegenzuwirken. Die Leistungen zur Teilhabe für Kinder umfassen auch die notwendigen Leistungen zur Betreuung, Bildung und Erziehung.

9   Entsprechend der heute üblichen, schon im Rehabilitations-Angleichungsgesetz, im Schwerbehindertengesetz und im Bundessozialhilfegesetz verwendeten Ausdrucksweise wird das Ziel in der Teilhabe am Leben in der ‚Gesellschaft' gesehen; zum Ausschluss von Missverständnissen wird auch § 10 des Ersten Buches entsprechend gefasst.

10   **Abs. 2** stellt in **Satz 1** klar, dass behinderte und von Behinderung bedrohte Menschen zunächst die gleichen Sozialleistungen und sonstigen Hilfen wie jeder andere Bürger in Anspruch nehmen können; die einschlägigen Vorschriften gelten grundsätzlich in gleicher Weise für diesen Personenkreis. Die Leistungen zur Teilhabe sind demgegenüber Sozialleistungen, die gezielt auf die Teilhabe behinderter und von Behinderung bedrohter Menschen gerichtet sind und die daher nur insoweit eingesetzt werden müssen, als die Ziele durch die allgemeinen Sozialleistungen nicht voll erreicht werden können. **Satz 2** übernimmt in fortentwickelter Fassung § 5 Abs. 2 Rehabilitations-Angleichungsgesetz.

11   **Abs. 3** regelt spezifische Anforderungen an Leistungen zur Teilhabe für behinderte Kinder bis zur Vollendung des achtzehnten Lebensjahres (vgl. Art. 1 UN-Kinderrechtskonvention). Für diesen Personenkreis dienen die Leistungen nicht der Rehabilitation im eigentlichen Sinne, das heißt, sie sollen die Entwicklung von Kindern und ihre Integration in die Gesellschaft unterstützen. Dabei ist insbesondere darauf zu achten, dass die Zuordnung von Kindern zur Gruppe der behinderten Menschen nicht zu spezialisierten Versorgungssystemen und damit zur Ausgrenzung dieses Personenkreises aus ihrem Lebensumfeld führt. Vielmehr sind sowohl im Interesse behinderter wie nichtbehinderter Kinder notwendige Hilfen möglichst integrativ zu erbringen. Im Hinblick auf die erhöhten Anforderungen bei der Wahrnehmung der Erziehungsverantwortung sind die Eltern in die Planung und Gestaltung der Leistungen einzubeziehen. Kinder sind je nach Alter und Entwicklungsstand daran zu beteiligen."

§ 5
Leistungsgruppen

Zur Teilhabe werden erbracht
1. **Leistungen zur medizinischen Rehabilitation,**
2. **Leistungen zur Teilhabe am Arbeitsleben,**
3. **unterhaltssichernde und andere ergänzende Leistungen,**
4. **Leistungen zur Teilhabe am Leben in der Gemeinschaft.**

Rehabilitationsträger § 6

ERLÄUTERUNGEN

I. Bedeutung der Vorschrift

Die Bestimmung gibt einen Überblick über die verschiedenen Leistungsgruppen zur Teilhabe behinderter und von Behinderung bedrohter Menschen, die im Rahmen der in § 4 angesprochenen notwendigen Sozialleistungen nach dem Sozialgesetzbuch erbracht werden. **1**

II. Fassung

Die Vorschrift wurde unverändert aus dem Regierungsentwurf (BT-Drucks. 14/5531 i. V. m. 14/5074) übernommen. **2**

§ 6
Rehabilitationsträger

(1) Träger der Leistungen zur Teilhabe (Rehabilitationsträger) können sein
1. die gesetzlichen Krankenkassen für Leistungen nach § 5 Nr. 1 und 3,
2. die Bundesagentur für Arbeit für Leistungen nach § 5 Nr. 2 und 3,
3. die Träger der gesetzlichen Unfallversicherung für Leistungen nach § 5 Nr. 1 bis 4,
4. die Träger der gesetzlichen Rentenversicherung für Leistungen nach § 5 Nr. 1 bis 3, die Träger der Alterssicherung der Landwirte für Leistungen nach § 5 Nr. 1 und 3,
5. die Träger der Kriegsopferversorgung und die Träger der Kriegsopferfürsorge im Rahmen des Rechts der sozialen Entschädigung bei Gesundheitsschäden für Leistungen nach § 5 Nr. 1 bis 4,
6. die Träger der öffentlichen Jugendhilfe für Leistungen nach § 5 Nr. 1, 2 und 4,
7. die Träger der Sozialhilfe für Leistungen nach § 5 Nr. 1, 2 und 4.

(2) Die Rehabilitationsträger nehmen ihre Aufgaben selbstständig und eigenverantwortlich wahr.

ERLÄUTERUNGEN

ÜBERSICHT

I. Bedeutung der Vorschrift (Rdnr. 1)
II. Fassung (Rdnr. 2)
III. Begründung (Rdnrn. 3–4)
IV. Anmerkungen
  A) Gegliedertes System (Rdnrn. 5–9)
  B) Gesetzliche Krankenkassen (Rdnrn. 10–20)
   1. Träger (Rdnr. 10)
   2. Leistungsziel (Rdnr. 11)
   3. Anspruchsberechtigung (Rdnr. 12)
   4. Leistungen (Rdnr. 13)
     a) Leistungen zur Verhütung und Früherkennung von Krankheiten (Rdnr. 14)
     b) Leistungen zur medizinischen Rehabilitation (Rdnrn. 15–16)
     c) Früherkennung und Frühförderung (Rdnrn. 17–18)
     d) Unterhaltssichernde und andere ergänzende Leistungen (Rdnr. 19)
   5. Verfahren (Rdnr. 20)
  C) Bundesagentur für Arbeit (Rdnrn. 21–42)
   1. Träger (Rdnr. 21)
   2. Leistungsziel (Rdnrn. 22–23)

3. Anspruchsberechtigung (Rdnrn. 24–27)
   4. Leistungen (Rdnr. 28)
      a) Leistungen zur Teilhabe am Arbeitsleben (Rdnrn. 29–37)
      b) Ergänzende Leistungen zur Teilhabe am Arbeitsleben (Rdnr. 38)
   5. Leistungsauswahl und -dauer (Rdnrn. 39–41)
   6. Verfahren (Rdnr. 42)
D) Begleitende Hilfe im Arbeitsleben (Rdnrn. 43–55)
   1. Träger (Rdnr. 43)
   2. Leistungsziel (Rdnrn. 44–45)
   3. Anspruchsberechtigung (Rdnrn. 46–47)
   4. Leistungen
      a) an „schwerbehinderte Menschen" (Rdnrn. 48–50)
      b) an Arbeitgeber (Rdnrn. 51–52)
      c) Sonstige Leistungen (Rdnr. 53)
   5. Verfahren (Rdnrn. 54–55)
E) Träger der gesetzlichen Unfallversicherung (Rdnrn. 56–83)
   1. Träger (Rdnr. 56)
   2. Leistungsziel (Rdnrn. 57–58)
   3. Anspruchsberechtigung (Rdnrn. 59–62)
   4. Leistungen (Rdnr. 63)
      a) Leistungen zur medizinischen Rehabilitation (Rdnrn. 64–66)
      b) Leistungen zur Teilhabe am Arbeitsleben (Rdnrn. 67–74)
      c) Leistungen zur Teilhabe am Leben in der Gemeinschaft (Rdnrn. 75–76)
      d) Ergänzende Leistungen (Rdnr. 77)
      e) Leistungen bei Pflegebedürftigkeit (Rdnr. 78)
   5. Verfahren (Rdnrn. 79–83)
F) Träger der gesetzlichen Rentenversicherung einschließlich Alterssicherung der Landwirte (Rdnrn. 84–111)
   1. Träger (Rdnrn. 84–85)
   2. Leistungsziel (Rdnrn. 86–87)
   3. Anspruchsberechtigung (Rdnr. 88)
      a) Versicherungsrechtliche Voraussetzungen für Leistungen zur medizinischen Rehabilitation (Rdnr. 89)
      b) Versicherungsrechtliche Voraussetzungen für Leistungen zur Teilhabe am Arbeitsleben (Rdnr. 90–92)
      c) Persönliche (medizinische) Voraussetzungen (§ 10 SGB VI) (Rdnr. 93)
   4. Leistungen
      a) Leistungen zur medizinischen Rehabilitation (Rdnrn. 94–97)
      b) Leistungen zur Teilhabe am Arbeitsleben (Rdnrn. 98–105)
      c) Ergänzende Leistungen (Rdnrn. 106–107)
   5. Besonderheiten in der Alterssicherung für Landwirte (§§ 7–10 ALG) (Rdnrn. 108–110)
   6. Verfahren (Rdnr. 111)
G) Träger der Kriegsopferversorgung und Kriegsopferfürsorge (Rdnrn. 112–125)
   1. Träger (Rdnr. 112)
   2. Leistungsziel (Rdnrn. 113–114)
   3. Anspruchsberechtigung (Rdnrn. 115–116)
   4. Leistungen (Rdnr. 117)
      a) Leistungen zur medizinischen Rehabilitation (Rdnrn. 118–120)
      b) Ergänzende Leistungen zur medizinischen Rehabilitation (Rdnr. 121)

c) Leistungen zur Teilhabe am Arbeitsleben (Rdnr. 122)
   d) Ergänzende Leistungen zur Teilhabe am Arbeitsleben (Rdnr. 123)
  5. Verfahren (Rdnrn. 124–125)
 H) Öffentliche Jugendhilfe (Rdnrn. 126–149)
  1. Träger (Rdnr. 126)
  2. Leistungsziel (Rdnr. 127)
  3. Anspruchsberechtigung (Rdnrn. 128–131)
  4. Leistungen (Rdnrn. 132–148)
  5. Verfahren (Rdnr. 149)
 I) Träger der Sozialhilfe (Rdnrn. 150–183)
  1. Träger (Rdnrn. 150–153)
  2. Leistungsziel (Rdnr. 154)
  3. Anspruchsberechtigung (Rdnrn. 155–165)
  4. Leistungen (Rdnr. 166)
   a) Teilhabeleistungen der Eingliederungshilfe, die nach den Vorschriften des SGB IX erbracht werden (Rdnrn. 167–171)
   b) Leistungen der Eingliederungshilfe, die nach dem BSHG erbracht werden (Rdnrn. 172–178)
  5. Sonderregelung für behinderte Menschen in Einrichtungen (Rdnr. 179)
  6. Weitere Leistungen im Rahmen der Sozialhilfe (Rdnrn. 180–182)
  7. Verfahren (Rdnr. 183)
V. Literatur

I. Bedeutung der Vorschrift

Die Bestimmung nennt in **Abs. 1** die für Leistungen zur Teilhabe zuständigen Träger und definiert sie als „Rehabilitationsträger". Diesen werden unterschiedlichen Leistungsgruppen zugeordnet. In **Abs. 2** wird die Selbstständigkeit und Eigenverantwortlichkeit der Rehabilitationsträger bei ihrer jeweiligen Aufgabenwahrnehmung klargestellt.

II. Fassung

Die Vorschrift wurde unverändert aus dem Regierungsentwurf (BT-Drucks. 5531 i. V. m. 14/5074) übernommen.

III. Begründung

In dem Regierungsentwurf (BT-Drucks. 14/5074, S. 99) wird zu der Vorschrift ausgeführt:

„Aufbauend auf der Darstellung der Leistungsgruppen in § 5 und entsprechend § 2 Abs. 1 Satz 1 und Abs. 2 Rehabilitations-Angleichungsgesetz, jedoch unter Berücksichtigung der nunmehr einbezogenen Träger der Sozial- und der öffentlichen Jugendhilfe werden zusammenfassend die für die Leistungen zur Teilhabe zuständigen Leistungsträger genannt und entsprechend der bisherigen Terminologie als Rehabilitationsträger definiert. Zugleich wird durch die Zuordnung unterschiedlicher Leistungsgruppen zu teilweise unterschiedlichen Trägergruppen klargestellt, dass das so genannte gegliederte System im Grundsatz beibehalten werden soll, in dem die einschlägigen Sozialleistungen durch verschiedene Sozialleistungsträger erbracht werden und in deren spezifische Systemzusammenhänge eingebunden sind. Änderungen hinsichtlich der sich nach dem Achten Buch Sozialgesetzbuch richtenden sachlichen und örtlichen Zuständigkeiten der Träger der Jugendhilfe werden nicht vorgenommen.

Die Rehabilitationsträger nehmen ihre Aufgaben eigenverantwortlich wahr. Aus der Aufzählung von Zuständigkeiten ergeben sich deshalb keine Mitplanungs-, Mitverwaltungs- und Mitentscheidungsbefugnisse für andere Rehabilitationsträger und sonstige Stellen. Insbesondere wird mit dieser Regelung keine gemeinsame Aufgabenwahrnehmung eingeführt.

Die Entscheidung über die Leistung und ihre Ausführung obliegt dem jeweiligen Rehabilitationsträger. Abs. 2 enthält die notwendige Klarstellung."

IV. Anmerkungen

A) Gegliedertes System

5 Das SGB IX hat das gegliederte System der Rehabilitation beibehalten. Seine Besonderheit besteht darin, dass Leistungen **von mehreren Trägern nach den jeweils für sie geltenden Leistungsgesetzen** erbracht werden. Die Leistungen zur Rehabilitation werden im Wesentlichen demjenigen Träger zugeordnet, mit dessen Hauptaufgaben sie in einem engen Zusammenhang stehen. Jeder Träger hat danach die Möglichkeit, die von ihm zu tragenden Versorgungsrisiken mit geeigneten Leistungen abzuwenden. Dieses System folgt dem Gedanken der Risikozuordnung, wonach jeder Träger das Risiko des Scheiterns derjenigen Maßnahmen trägt, für die er zuständig ist (Rische, DAngVers. 2001, 273/276).

6 Im Recht der Rehabilitation waren früher einzelne Leistungen zum Teil in verschiedenen Gesetzen unterschiedlich geregelt. Der Umfang der Leistung und ihre Voraussetzungen richteten sich danach, welcher Rehabilitationsträger für die Hauptleistung zuständig war. Außerdem war das Leistungsspektrum insgesamt nicht einheitlich. Nunmehr hat der Gesetzgeber **im SGB IX einheitliche Regelungen** geschaffen für bestimmte Leistungen, die von mehreren Sozialleistungsträgern erbracht werden können. Die Zusammenfassung der Rechtsvorschriften zur Rehabilitation und zur Eingliederung behinderter Menschen, die für mehrere Sozialleistungsträger einheitlich gelten, soll damit eine ähnlich bereichsübergreifende Wirkung entfalten wie schon bisher die Regelungen des SGB I, SGB IV und SGB X.

7 Allerdings betont § 6 Abs. 2 SGB IX, dass die Rehabilitationsträger ihre Aufgaben selbstständig und eigenverantwortlich wahrnehmen. Insbesondere obliegt die Entscheidung über die Leistungen sowie ihre Durchführung nach wie vor dem jeweiligen Rehabilitationsträger. Dieser hat neben dem SGB IX sein eigenes Leistungsrecht zu beachten.

Denn **§ 7 SGB IX** schreibt einen **Vorbehalt der Regelungen der einzelnen Leistungsgesetze** vor. Die Zuständigkeit und die Tatbestandsvoraussetzungen für die Gewährung einzelner Leistungen unterschiedlicher Träger bleiben damit in den jeweiligen Leistungsgesetzen geregelt. Grundsätzlich ergeben sich deshalb auch für die Leistungsträger keine Leistungsausweitungen.

8 Die Vorschrift des § 6 Abs. 1 legt zunächst fest, wer Rehabilitationsträger im Sinne des SGB IX ist und ordnet zugleich den einzelnen Trägern bestimmte Leistungen zur Teilhabe zu.

Neben den "klassischen" Rehabilitationsträgern in Abs. 1 Nr. 1 – 5 werden durch die Neuregelung die Träger der öffentlichen **Jugendhilfe** einbezogen, soweit sie Eingliederungshilfe für seelisch behinderte oder von einer solchen Behinderung bedrohte junge Menschen nach § 35a SGB VIII leisten (Nr. 6). Neu aufgenommen sind ferner die Träger der **Sozialhilfe**, soweit sie Leistungen zur Teilhabe am Leben in der Gemeinschaft erbringen (Nr. 7).

Diese Erweiterung mit der Folge, dass die Träger der Sozial- und Jugendhilfe auch insoweit in die für alle Rehabilitationsträger geltenden Verfahrens- und Abstimmungsvorschriften einbezogen werden, ermöglicht eine enge Zusammenarbeit im Interesse behinderter Menschen, die zur Integration Leistungen verschiedener Träger benötigen. Gerade der bisherige Ausschluss der Sozialhilfe aus dem Kreis der Rehabilitationsträger war kritisch als ein wesentlicher Grund dafür gewertet worden, dass das Rehabilitationsangleichungsgesetz 1974 nicht die erwartete praktische Wirksamkeit entfalten konnte (Mrozynski, Rehabilitationsrecht, 3. Aufl. 1992, Rdnr. 24).

9 Nicht in den Katalog der Rehabilitationsträger des SGB IX einbezogen ist die gesetzliche **Pflegeversicherung.** Das erscheint aber inkonsequent, weil das SGB XI ebenfalls den Vor-

rang der Rehabilitation vor der Pflege festlegt (§ 5 SGB XI und § 8 Abs. 3 SGB IX; vgl. auch Welti / Sulek S. 43).

Es ist mitunter schwirig, Rehabilitationsleistungen nach dem SGB XI von Leistungen anderer Träger, insbesondere der Eingliederungshilfe, abzugrenzen. Derartige Probleme sind wohl auch nicht ausschließlich über Kollisionsnormen (vgl. § 13 Abs. 3 Satz 3, § 71 Abs. 4 SGB XI) zu lösen. Vielmehr müssen gemeinsame Begriffe entwickelt werden. Durch die Einbeziehung der Pflegekassen bei drohender oder bestehender Pflegebedürftigkeit in die Arbeit der gemeinsamen Servicestellen (§ 22 Abs. 1 Satz 4 SGB IX) ist aber bereits ein erster Schritt hin zu ihrer Integration in das System der Rehabilitation getan worden (Welti / Sulek a. a. O.).

B) Gesetzliche Krankenkassen

1. Träger

Die gesetzlichen Krankenkassen sind rechtsfähige Körperschaften des öffentlichen Rechts mit Selbstverwaltung (§ 4 Abs. 1 SGB V). Sie sind in sieben Kassenarten gegliedert, nämlich Allgemeine Ortskrankenkassen, Betriebskrankenkassen, Innungskrankenkassen, die See-Krankenkasse, Landwirtschaftliche Krankenkassen, die Bundesknappschaft als Träger der knappschaftlichen Krankenversicherung sowie die Ersatzkassen (§ 4 Abs. 2 SGB V). 10

2. Leistungsziel

Die gesetzliche Krankenversicherung richtet ihre Leistungen darauf aus, Behinderungen einschließlich chronischer Krankheiten oder Pflegebedürftigkeit abzuwenden, zu beseitigen, zu mindern, auszugleichen, ihre Verschlimmerung zu verhüten oder ihre Folgen zu mildern (§ 4 Abs. 1 Nr. 1, § 26 Abs. 1 Nr. 1 SGB IX). 11

3. Anspruchsberechtigung

Anspruchsberechtigte sind: Versicherte und ihre in der Familienversicherung versicherten Angehörigen (§§ 5, 9, 10, 192, 193 SGB V, §§ 2, 6, 7, 23, 28 KVLG 1989, §§ 1, 2, 6 KSVG). 12

4. Leistungen

Die gesetzlichen Krankenkassen erbringen im Sinne des Präventionsgedanken Leistungen zur Verhütung und Früherkennung von Krankheiten. Bei eingetretenen Erkrankungen gewähren sie Leistungen zur medizinischen Rehabilitation sowie unterhaltssichernde und ergänzende Leistungen. 13

Für stationäre Rehabilitationsmaßnahmen sind die Krankenkassen – insbesondere gegenüber der gesetzlichen Rentenversicherung – nur nachrangig zuständig (§ 40 Abs. 4 SGB V).

Für Kinder, die behindert oder von Behinderung bedroht sind, haben sie Leistungen zur Früherkennung und Frühförderung zu erbringen.

a) Leistungen zur Verhütung und Früherkennung von Krankheiten

Als präventive Leistungen der gesetzlichen Krankenkassen kommen in Betracht: 14
– medizinische Vorsorgeleistungen (§ 23 SGB V, § 8 Abs. 1 KVLG 1989),
– Vorsorgeleistungen für Mütter (§ 24 SGB V, § 8 Abs. 1 KVLG 1989),
– Gesundheitsuntersuchungen (§ 25 SGB V, § 8 Abs. 1 KVLG 1989),
– Kinderuntersuchung (§ 26 SGB V, § 8 Abs. 1 KVLG 1989).

b) Leistungen zur medizinischen Rehabilitation

15 Die Leistungen zur medizinischen Rehabilitation nach § 26 SGB IX umfassen insbesondere:
– Behandlung durch Ärzte, Zahnärzte (einschließlich der Versorgung mit Zahnersatz) und Angehörige anderer Heilberufe, soweit deren Leistungen unter ärztlicher Aufsicht oder auf ärztliche Anordnung ausgeführt werden einschließlich der Anleitung, eigene Heilungskräfte zu entwickeln (§ 26 Abs. 2 Nr. 1, § 30 SGB IX, § 27 Abs. 1 Satz 2 Nr. 1 und 2, § 30 SGB V),
– Versorgung mit Arznei-, Verband- und Heilmitteln einschließlich physikalischer, Sprach- und Beschäftigungstherapie (§ 26 Abs. 2 Nr. 3 SGB IX , §§ 27 Abs. 1 Satz 2 Nr. 3, 31, 32, 34, 35 SGB V, § 8 Abs. 1 KVLG 1989),
– Versorgung mit Seh- und Hörhilfen, Körperersatzstücken, orthopädischen und anderen Hilfsmitteln (§ 26 Abs. 2 Nr. 6 SGB IX, § 27 Abs. 1 Satz 2 Nr. 3, §§ 33, 34, 36, 128 SGB V, § 8 Abs. 1 KVLG 1989); im Rahmen der Hilfsmittelgewährung ist die Möglichkeit der (Wieder-) Herstellung und Erhaltung der Arbeitskraft zu berücksichtigen (BSG FEVS 41, 437 = SozR 2200 § 182b Nr. 36 = BKK 1989, 366 = BehindertenR 1989, 91). Deshalb ist ein orthopädischer **Sitzschalenstuhl** ein notwendiges Hilfsmittel der gesetzlichen Krankenversicherung, wenn es der Behinderte benötigt, um überhaupt eine sinnvolle Tätigkeit ausüben zu können; ebenso die orthopädische Herrichtung von **Arbeitssicherheitsschuhen** (LSG NRW Breith. 1994, 863 [str]). Keine von der gesetzlichen Krankenversicherung zu leistende Hilfsmittel sind hingegen die **behindertengerechte Ausstattung eines Kraftfahrzeugs** (BSG FEVS 49, 380 = Breith. 1999, 408 = SozR 3-2500 § 33 Nr. 29); technische Hilfen (hier: **Treppenlift**), die fest mit einem Gebäude verbunden sind oder sonst der Anpassung des individuellen Wohnumfeldes an die Bedürfnisse des Behinderten dienen (BSG Breith. 1999, 580 = SozR 3-2500 § 33 Nr. 30 = SozSich 1999, 135); ein **Bildschirmschreibsystem** ohne behindertengerechte Veränderungen (Thür. LSG, SozVers 1996, 244).
– Psychotherapie als ärztliche und psychotherapeutische Behandlung (§ 26 Abs. 2 Nr. 5 SGB IX, § 27 Abs. 1 SGB V),
– häusliche Krankenpflege und Haushaltshilfe (§ 27 Abs. 1 Satz 2 Nr. 4, §§ 37, 38 SGB V, § 8 Abs. 1 KVLG 1989),
– Krankenhausbehandlung einschließlich Frührehabilitation (§ 27 Abs. 1 Satz 2 Nr. 5, § 39, 107, 108 SGB V, § 8 Abs. 1 KVLG 1989),

16 – ambulante Leistungen zur medizinischen Rehabilitation in wohnortnahen Einrichtungen (§ 27 Abs. 1 Satz 2 Nr. 6, § 40 SGB V, § 8 Abs. 1 KVLG 1989),
– stationäre Behandlung in einer Rehabilitationseinrichtung (§ 27 Abs. 1 Satz 2 Nr. 6, §§ 40, 41, 111 SGB V, § 8 Abs. 1 KVLG 1989); die Behandlung in einer Kur- oder Spezialeinrichtung (hier: Drogenentwöhnung) begründet eine Leistungspflicht der Krankenkasse nur dann, wenn sie **unter ärztlicher Aufsicht** und Verantwortung steht (BSGE 68, 17 = FEVS 43, 83 = Breith. 1991, 448 = NJW 1991, 2374 = SozR 3-2200 § 184a Nr. 1). Das bedeutet, dass zwar nicht die Einrichtung selbst ärztlich geleitet sein muss, jedoch eine ärztliche Überwachung und Betreuung der in der Einrichtung lebenden Rehabilitanden erforderlich ist. Dabei können auf ärztliche Verordnung auch Nichtärzte tätig werden, deren Leistungen zwar nicht dem Einzelnen aber doch allgemein ihrer Art nach vom Arzt zu bestimmen sind (BSG, SozSich 1995, 276).

Ambulante und stationäre Leistungen in Rehabilitationseinrichtungen werden allerdings von der Krankenversicherung nur erbracht, wenn nach den für andere Träger der Sozialversicherung geltenden Vorschriften – mit Ausnahme des § 31 SGB VI – solche Leistungen nicht gewährt werden können (§ 40 Abs. 4 SGB V).
– medizinische Rehabilitation für Mütter (§ 41 SGB V, § 8 Abs. 1 KVLG 1989),
– Belastungserprobung und Arbeitstherapie (§ 26 Abs. 2 Nr. 7 SGB IX),
– medizinische, psychologische und pädagogische Hilfen (§ 26 Abs. 3 SGB IX),

– stufenweise Wiedereingliederung (§ 28 SGB IX, § 74 SGB V),
– Förderung der Selbsthilfe (§ 29 SGB IX).

c) Früherkennung und Frühförderung

Die medizinischen Leistungen zur Früherkennung und Frühförderung behinderter und von Behinderung bedrohter Kinder nach § 26 Abs. 2 Nr. 2, § 30 SGB IX umfassen auch nichtärztliche sozialpädiatrische, psychologische, heilpädagogische, psychosoziale Leistungen und die Beratung der Erziehungsberechtigten, auch in fachübergreifend arbeitenden Diensten und Einrichtungen, wenn sie unter ärztlicher Verantwortung erbracht werden und erforderlich sind, um eine drohende oder bereits eingetretene Behinderung zum frühestmöglichen Zeitpunkt zu erkennen und einen individuellen Behandlungsplan aufzustellen. 17

Die Leistungen werden als **Komplexleistungen** in Verbindung mit heilpädagogischen Leistungen erbracht (§ 56 SGB IX). 18

Mithilfe der "Komplexleistung" sollen die unterschiedlichen Rehabilitationsträger, die bislang nur Anteile der Frühförderleistungen auf der Grundlage der für sie maßgebenden Leistungsgesetze (z. B. SGB V, BSHG) übernahmen, verpflichtet werden, sich um ein (Finanzierungs-)Konzept zu bemühen, das alle Leistungen erfasst und es dem Leistungsberechtigten ermöglicht, die für ihn erforderlichen Frühförderleistungen zu erhalten, ohne mit unterschiedlichen Leistungsträgern einzelne (Teil-)Leistungen der Frühförderung abrechnen zu müssen.

d) Unterhaltssichernde und andere ergänzende Leistungen

Zum Zweck der Unterhaltssicherung oder in sonstiger Ergänzung der Leistungen werden von den gesetzlichen Krankenkassen erbracht: 19
– Krankengeld (§ 44 SGB IX i. V. m. §§ 44, 46–51 SGB V, §§ 12, 13 KVLG 1989),
– Beiträge und Beitragszuschüsse zur gesetzlichen Unfall- und Rentenversicherung, zur Bundesagentur für Arbeit sowie zur gesetzlichen Pflegeversicherung (§ 44 SGB IX i. V. m. §§ 3, 170 SGB VI, §§ 2, 150 SGB VII, §§ 26, 347 SGB III, §§ 20, 59 SGB XI),
– ärztlich verordneter Rehabilitationssport in Gruppen unter ärztlicher Betreuung und Überwachung einschließlich Übungen für behinderte oder von Behinderung bedrohte Frauen und Mädchen, die der Stärkung des Selbstbewusstseins dienen (§ 44 Abs. 1 Nr. 3 SGB IX),
– ärztlich verordnetes Funktionstraining in Gruppen unter fachkundiger Anleitung und Überwachung (§ 44 Abs. 1 Nr. 4 SGB IX),
– Fahr- und andere Reisekosten (§ 53 SGB IX, §§ 60, 61, 62 SGB V, § 8 Abs. 1 KVLG 1989),
– Haushaltshilfe, Kinderbetreuungskosten (§ 54 SGB IX, § 38 SGB V),
– Betriebs- und Haushaltshilfe in der Krankenversicherung der Landwirte (§ 54 Abs. 4 SGB IX, §§ 9, 10 KVLG 1989).

5. Verfahren

Anträge auf Leistungen sind grundsätzlich bei der zuständigen Krankenkasse zu stellen. Sie können aber auch bei anderen Sozialleistungsträgern, bei Gemeinden oder bei einer Servicestelle für Rehabilitation gestellt werden. 20

C) Bundesagentur für Arbeit

1. Träger

Träger der Maßnahmen zur beruflichen Rehabilitation im Rahmen der Arbeitsförderung ist die **Bundesagentur für Arbeit** als rechtsfähige bundesunmittelbare Körperschaft des öffentlichen Rechts mit Selbstverwaltung (§ 367 SGB III). Sie gliedert sich in die **Arbeitsämter** 21 mit ihren Geschäftsstellen auf der örtlichen Verwaltungsebene, die Landesarbeitsämter auf der mittleren Verwaltungsebene sowie die Hauptstelle mit Sitz in Nürnberg auf der oberen Verwaltungsebene (§§ 368 Abs. 1, 369 Abs. 1 SGB III).

2. Leistungsziel

22 Die Leistungen zur Teilhabe am Arbeitsleben sind bei behinderten oder von einer Behinderung bedrohten Menschen, die auf dem allgemeinen Arbeitsmarkt tätig werden können, darauf gerichtet, ihre Erwerbsfähigkeit entsprechend ihren Neigungen und ihrer Leistungsfähigkeit zu erhalten, zu verbessern, herzustellen oder wieder herzustellen und ihre Teilhabe am Arbeitsleben möglichst auf Dauer zu sichern (§§ 4 Abs. 1 Nr. 3 und 33 Abs. 1 SGB IX i. V. m. § 97 Abs. 1 SGB III). Behinderten Frauen sind dabei im Erwerbsleben gleiche Chancen zu sichern (§ 33 Abs. 2 SGB IX).

23 Bei behinderten Menschen, die wegen Art oder Schwere ihrer Behinderung nicht, noch nicht oder noch nicht wieder auf dem allgemeinen Arbeitsmarkt beschäftigt werden können (§ 136 Abs. 1 SGB IX) und die deshalb Leistungen in einer Werkstatt für behinderte Menschen benötigen, sind die Leistungen darauf gerichtet, die Leistungsfähigkeit so weit wie möglich zu entwickeln, zu verbessern oder wiederherzustellen und dadurch – nach der Teilnahme am Berufsbildungsbereich der Werkstatt für behinderte Menschen – wenigstens ein Mindestmaß an wirtschaftlich verwertbarer Arbeitsleistung zu erzielen (§ 40 Abs. 1 Nr. 2 SGB IX).

Der allgemeine Grundsatz, dass die Bundesagentur für Arbeit nur für die berufliche Bildung und nicht auch für die soziale Betreuung und Persönlichkeitsbildung von behinderten Menschen zuständig ist, gilt auch für eine Ferienfreizeitmaßnahme, deren Ziele auf soziale Betreuung und Entwicklung der behinderten Teilnehmer ausgerichtet sind. Eine solche Ferienfreizeitmaßnahme ist nicht dem Berufsbildungsbereich zuzuordnen, sondern vielmehr als Eingliederungshilfe im Sinne des § 39 Abs. 3 Satz 1 und 3 BSHG anzusehen (LSG Mainz, ZfS 1998, 25 = BehindertenR 1998, 46).

3. Anspruchsberechtigung

24 Leistungen zur Teilhabe am Arbeitsleben erhalten behinderte Menschen einschließlich lernbehinderter Menschen i.S.d. § 19 SGB III, bei denen Aussicht besteht, am Arbeitsleben teilzuhaben oder weiter teilzuhaben.

25 Leistungen zur Teilhabe am Arbeitsleben erhalten auch behinderte Menschen, die wegen Art oder Schwere ihrer Behinderung nicht, noch nicht oder noch nicht wieder auf dem allgemeinen Arbeitsmarkt beschäftigt werden können und deshalb am Eingangsverfahren bzw. am Berufsbildungsbereich einer Werkstatt für behinderte Menschen teilnehmen (§ 136 i. V. m. § 40 SGB IX, § 102 Abs. 2 SGB III).

26 Die besonderen Leistungen zur Teilhabe am Arbeitsleben werden nur erbracht, soweit die Teilhabe nicht bereits durch die allgemeinen Leistungen erreicht werden kann (§ 98 SGB III). Diese umfassen Hilfen, wie sie für behinderte Menschen mit behindertenspezifischen Problemen benötigt werden (z. B. Trainingsmaßnahmen, Mobilitätshilfen einschließlich Umzugs- und Trennungskostenerstattung sowie die Lehrgangskosten für Ausbildungs- und Weiterbildungsmaßnahmen einschließlich finanzielle Hilfen für Kinderbetreuung und Kosten einer auswärtigen Unterbringung und Verpflegung).

27 Die Arbeitsämter dürfen grundsätzlich Leistungen zur Teilhabe am Arbeitsleben erbringen, sofern **nicht ein anderer Träger zuständig** ist (§ 22 Abs. 2 Satz 1 SGB III).

4. Leistungen

28 Die Bundesagentur für Arbeit erbringt Leistungen zur Teilhabe am Arbeitsleben sowie ergänzende Leistungen (§§ 33–42 SGB IX i. V. m. §§ 102 ff. SGB III).

a) Leistungen zur Teilhabe am Arbeitsleben

Die Leistungen zur Teilhabe am Arbeitsleben umfassen insbesondere 29
- Hilfen zur Erhaltung oder Erlangung eines Arbeitsplatzes einschließlich Leistungen zur Beratung und Vermittlung, Trainingsmaßnahmen und Mobilitätshilfen (§ 33 Abs. 3 Nr. 1 SGB IX),
- Berufsvorbereitung einschließlich einer wegen der Behinderung erforderlichen Grundausbildung (§ 33 Abs. 3 Nr. 2 SGB IX), z. B. ein blindenspezifischer Vorkurs, der dem behinderten Menschen die erfolgreiche Teilnahme an einer danach beginnenden Berufsausbildung ermöglicht,
- berufliche Anpassung und Weiterbildung, auch soweit die Leistungen einen zur Teilnahme erforderlichen schulischen Abschluss einschließen (§ 33 Abs. 3 Nr. 3 SGB IX),
- berufliche Ausbildung, auch soweit die Leistungen in einem zeitlich nicht überwiegenden Abschnitt schulisch durchgeführt werden (§ 33 Abs. 3 Nr. 4 SGB IX),
- Überbrückungsgeld gemäß § 57 SGB III (§ 33 Abs. 3 Nr. 5 SGB IX),
- sonstige Hilfen zur Förderung der Teilhabe am Arbeitsleben (§ 33 Abs. 3 Nr. 6 SGB IX).

Bestandteil der Leistungen sind auch **medizinische, psychologische und pädagogische Hilfen**, soweit diese Leistungen im Einzelfall erforderlich sind, um die Ziele der Leistungen zur Teilhabe zu erreichen oder zu sichern und Krankheitsfolgen zu vermeiden, zu überwinden, zu mindern oder ihre Verschlimmerung zu verhüten (§ 33 Abs. 6 SGB IX). Die Vorschrift führt beispielhaft acht Hilfearten auf, zu denen auch die Beteiligung von Integrationsfachdiensten im Rahmen ihrer Aufgabenstellung (§ 110 SGB IX) gehört. 30

Zu den Leistungen gehören ferner die erforderlichen Kosten für **Unterkunft und Verpflegung** bei stationärer Ausführung sowie Lehrgangskosten, Prüfungsgebühren, Lernmittel, Arbeitskleidung und Arbeitsgerät (§ 33 Abs. 7 Nr. 1 und 2 SGB IX). 31

Die vorgenannten Leistungen umfassen nach § 33 Abs. 8 Nr. 1–6 SGB IX auch 32
- die Kraftfahrzeughilfe nach der Kraftfahrzeughilfe-VO,
- den Ausgleich unvermeidbaren Verdienstausfalls des behinderten Menschen oder einer erforderlichen Begleitperson wegen Fahrten der An- und Abreise zu einer Bildungsmaßnahme und zur Vorstellung bei einem Arbeitgeber, einem Träger oder einer Einrichtung für behinderte Menschen,
- die Kosten einer notwendigen Arbeitsassistenz,
- die Kosten für Hilfsmittel, die wegen Art oder Schwere der Behinderung zur Berufsausübung, zur Teilnahme an einer Leistung zur Teilhabe am Arbeitsleben oder zur Erhöhung der Sicherheit auf dem Weg vom und zum Arbeitsplatz und am Arbeitsplatz erforderlich sind,
- die Kosten technischer Arbeitshilfen,
- die Kosten der Beschaffung, der Ausstattung und der Erhaltung einer behindertengerechten Wohnung in angemessenem Umfang.

Zur Teilhabe am Arbeitsleben können **Leistungen an Arbeitgeber** – gegebenenfalls unter Bedingungen und Auflagen – erbracht werden, insbesondere als 33
- Ausbildungszuschüsse zur betrieblichen Ausführung von Bildungsleistungen (§ 34 SGB IX i. V. m. § 236 SGB III),
- Eingliederungszuschüsse (§ 34 SGB IX i. V. m. §§ 217 ff. SGB III),
- Zuschüsse für Arbeitshilfen im Betrieb (§ 34 SGB IX i. V. m. § 237 SGB III),
- teilweise oder volle Kostenerstattung für eine befristete Probebeschäftigung (§ 34 SGB IX i. V. m. § 238 SGB III).

Leistungen werden durch **Berufsbildungswerke**, Berufsförderungswerke und vergleichbare Einrichtungen der beruflichen Rehabilitation ausgeführt, soweit Art oder Schwere der Be- 34 hinderung oder die Sicherung des Erfolges die besonderen Hilfen dieser Einrichtungen erforderlich machen (§ 35 SGB IX).

35 Leistungen in anerkannten **Werkstätten für behinderte Menschen** (§ 136 SGB IX) werden erbracht, um die Leistungs- oder Erwerbsfähigkeit der behinderten Menschen zu erhalten, zu entwickeln, zu verbessern oder wiederherzustellen und ihre Beschäftigung zu ermöglichen oder zu sichern (§ 39 SGB IX).

36 Leistungen im Eingangsverfahren und im Berufsbildungsbereich einer anerkannten Werkstatt für behinderte Menschen erhalten behinderte Menschen
- im **Eingangsverfahren** zur Feststellung, ob die Werkstatt die geeignete Einrichtung für die Teilhabe des behinderten Menschen am Arbeitsleben ist. Die Leistungen können im Einzelfall bis zu drei Monaten erbracht werden. Sie werden bis zu vier Wochen erbracht, wenn die notwendigen Feststellungen in dieser Zeit getroffen werden können (§ 40 Abs. 1 Nr. 1 SGB IX),
- im **Berufsbildungsbereich**, wenn die Leistungen erforderlich sind, um die Leistungs- oder Erwerbsfähigkeit des behinderten Menschen soweit wie möglich zu entwickeln, zu verbessern oder wiederherzustellen und erwartet werden kann, dass der behinderte Mensch nach Teilnahme an diesen Leistungen in der Lage ist, wenigstens ein Mindestmaß wirtschaftlich verwertbarer Arbeitsleistungen zu erbringen (§ 40 Abs. 1 Nr. 2 SGB IX). Die Leistungen werden für **zwei Jahre** erbracht. Sie werden in der Regel für ein Jahr bewilligt und sodann für ein weiteres Jahr, wenn die Leistungsfähigkeit des behinderten Menschen weiterentwickelt oder wiedergewonnen werden kann (§ 40 Abs. 3 SGB IX).

37 Die Leistungen im Eingangsverfahren und im Berufsbildungsbereich erbringt die Bundesagentur für Arbeit, soweit nicht ein anderer Träger zuständig ist (§ 42 Abs. 1 Nr. 1 SGB IX).

Für die Kosten einer daneben erforderlichen **Heimunterbringung** ist deren Zweck dafür entscheidend, ob sie von der Bundesagentur für Arbeit oder einem anderen Rehabilitationsträger getragen werden müssen: Sind die mit der Heimunterbringung des Behinderten verfolgten Ziele der allgemeinen Rehabilitation denen der beruflichen Rehabilitation nicht nur nicht gleichwertig, sondern wesentlich übergeordnet, handelt es sich um eine nicht mehr in den Aufgaben- und damit Zuständigkeitsbereich der Bundesagentur für Arbeit fallende Rehabilitationsmaßnahme (BSG, SozR 4100 § 56 Nr. 14). Das während einer beruflichen Bildungsmaßnahme in einer WfbM von der Bundesagentur für Arbeit zu zahlende Ausbildungsgeld ist nicht so zu bemessen, dass es auch die Kosten einer ohnedies erforderlichen Heimunterbringung deckt (BSG, FEVS 41, 468 = SozR 3-4100 § 58 Nr. 1). Deshalb hat die Bundesagentur für die Dauer einer berufsfördernden Maßnahme, an der ein Behinderter teilnimmt, der wegen seiner Behinderung auch unabhängig von der Rehabilitationsmaßnahme dauernd in einem Heim untergebracht leben muss, keine Kosten für Unterkunft und Verpflegung zu gewähren. Insoweit verbleibt es bei der Zuständigkeit des jeweiligen Sozialhilfeträgers. Die Bundesagentur hat diese Kosten nur dann zu übernehmen, wenn der Zweck der Heimunterbringung darin besteht, den behinderten Menschen die Teilnahme an der berufsfördernden Maßnahme erst zu eröffnen (LSG Berlin, Urteil vom 22. März 1985 – L 4 Ar 92/54). Auch hat die Bundesaagentur während der von ihr geförderten Maßnahme eines Behinderten im Eingangsverfahren und Berufsbildungsbereich einer WfbM nicht die Kosten für Verpflegung (Mittagsmahlzeit) zu übernehmen, wenn der Behinderte im Wohnheim bzw. bei einer Wohnfamilie untergebracht ist und diese Unterbringung unabhängig von der Maßnahme dauernd erforderlich ist (LSG NRW, Urteil vom 9. Januar 1992 – L 9 Ar 188/89). Dies gilt nicht bei täglichem Pendeln zwischen Wohnung und Bildungsstätte (LSG NRW a. a. O.; [str]).

Hingegen erbringt die Bundesagentur keine Leistungen im **Arbeitsbereich** der Werkstätten i.S.v. § 41 SGB IX. Diese obliegen dem Träger der **Sozialhilfe**, sofern nicht ein anderer Träger zuständig ist (§ 42 Abs. 2 Nr. 4 SGB IX).

b) Ergänzende Leistungen zur Teilhabe am Arbeitsleben

Als ergänzende Leistungen zur beruflichen Rehabilitation kann die Bundesagentur für Arbeit gewähren:
- Übergangsgeld oder Ausbildungsgeld (§ 44 SGB IX i. V. m. §§ 160 ff. SGB III),
- Beiträge und Beitragszuschüsse zur Kranken-, Unfall-, Renten- und Pflegeversicherung (§ 44 SGB IX i. V. m. §§ 5, 192, 251 SGB V, §§ 20, 59 SGB XI, §§ 3, 170 SGB VI, §§ 2, 150 SGB VII),
- Reisekosten (§ 53 SGB IX i. V. m. § 109 SGB III),
- Betriebs- oder Haushaltshilfe und Kinderbetreuungskosten (§ 54 SGB IX i. V. m. § 109 SGB III).

38

5. Leistungsauswahl und -dauer

Bei der **Auswahl der Leistungen** der Bundesagentur werden Eignung, Neigung, bisherige Tätigkeit sowie Lage und Entwicklung auf dem Arbeitsmarkt angemessen berücksichtigt. Soweit erforderlich wird die berufliche Eignung abgeklärt bzw. eine Arbeitserprobung durchgeführt.

39

Leistungen werden für die **Zeit** erbracht, die vorgeschrieben oder allgemein üblich ist, um das angestrebte Teilhabeziel zu erreichen; Leistungen zur beruflichen Weiterbildung sollen in der Regel bei ganztägigem Unterricht nicht länger als zwei Jahre dauern, es sei denn, dass das Teilhabeziel nur über eine länger dauernde Leistung erreicht werden kann oder die Eingliederungsaussichten nur durch eine länger dauernde Leistung wesentlich verbessert werden können (§ 37 SGB IX). Die Kosten einer notwendigen **Arbeitsassistenz** werden für die Dauer von bis zu drei Jahren übernommen und von dem zuständigen Integrationsamt verauslagt (§ 33 Abs. 8 Satz 2 SGB IX).

40

Seit Inkrafttreten des SGB IX am 1. Juli 2001 wird **Vollzeit-Übergangsgeld** auch dann gezahlt, wenn der behinderte Mensch an einer Teilzeitmaßnahme teilnimmt (§ 45 Abs. 2 Nr. 3 SGB IX i. V. m. §§ 160–162 SGB III).

41

6. Verfahren

Leistungen zur Teilhabe am Arbeitsleben werden von den Arbeitsämtern grundsätzlich **nur auf Antrag** erbracht (§ 323 Abs. 1 SGB III). Anträge auf Leistungen sind bei dem zuständigen Arbeitsamt zu stellen. Sie können aber auch bei anderen Sozialleistungsträgern, bei Gemeinden oder bei einer Servicestelle für Rehabilitation gestellt werden.

42

D) Begleitende Hilfe im Arbeitsleben

1. Träger

Die begleitende Hilfe im Arbeitsleben wird nach § 102 Abs. 1 Nr. 3 SGB IX durch die Integrationsämter und gegebenenfalls die örtlichen Fürsorgestellen erbracht (zur Rechtsform der Integrationsämter vgl. Rdnrn 5ff. zu § 101 SGB IX; zu örtlichen Fürsorgestellen Rdnr. 6 zu § 107 SGB IX). Sie ist in enger Zusammenarbeit mit der Bundesagentur für Arbeit und den übrigen Trägern der Rehabilitation zu leisten (§ 102 Abs. 2 Satz 1 SGB IX).

43

2. Leistungsziel

Die begleitende Hilfe im Arbeitsleben hat das Ziel, die Eingliederung schwerbehinderter Menschen auf behindertengerechte Arbeitsplätze zu fördern und die Arbeitsplätze der Beschäftigten zu sichern.

44

Sie soll darauf hinwirken, dass die schwerbehinderten Menschen in ihrer sozialen Stellung nicht absinken, auf Arbeitsplätzen beschäftigt werden, auf denen sie ihre Fähigkeiten und Kenntnisse voll (behinderungs- und persönlichkeitsgerecht) verwerten und weiterentwickeln können, sowie durch Leistungen der Integrationsämter und der Rehabilitationsträger und Maßnahmen der Arbeitgeber befähigt werden, sich am Arbeitsplatz und im Wettbewerb mit Nichtbehinderten zu behaupten (§ 102 Abs. 2 Satz 2 SGB IX).

45 Zu diesem Zweck führen die Integrationsämter (und gegebenenfalls örtlichen Fürsorgestellen) regelmäßig oder aus Anlass des Einzelfalles Betriebsbesuche durch, um die Verhältnisse an Ort und Stelle zu überprüfen, Schwierigkeiten bei der Beschäftigung von schwerbehinderten Menschen möglichst frühzeitig zu erkennen und Lösungen anzubieten.

3. Anspruchsberechtigung

46 Anspruchsberechtigt sind schwerbehinderte Menschen und solche Personen, die den schwerbehinderten Menschen gleichgestellt sind, sowie deren Arbeitgeber.

Schwerbehinderte Menschen sind körperlich, geistig oder seelisch behinderte Personen mit einem Grad der Behinderung von wenigstens 50 (§ 2 Abs. 2 SGB IX).

Den schwerbehinderten Menschen sollen Personen mit einem Grad der Behinderung von weniger als 50, aber wenigstens 30 gleichgestellt werden, wenn sie infolge ihrer Behinderung ohne die Gleichstellung einen geeigneten Arbeitsplatz nicht erlangen oder nicht behalten können (§ 2 Abs. 3 SGB IX).

47 Begleitende Hilfe im Arbeitsleben kann erbracht werden, wenn der behinderte Mensch zur Erlangung oder Sicherung eines angemessenen Platzes im Arbeitsleben auf dem allgemeinen Arbeitsmarkt, unter Berücksichtigung von Art und Schwere der Behinderung, besonderer Unterstützung bedarf. Die begleitende Hilfe setzt nicht voraus, dass ein Rehabilitationsverfahren durchgeführt ist.

4. Leistungen

a) an schwerbehinderte Menschen

48 Die Hilfen an schwerbehinderte Menschen zur Eingliederung in das Arbeitsleben sowie zur Sicherung dieser Eingliederung haben ihre Rechtsgrundlagen in § 102 Abs. 2–4 SGB IX in Verbindung mit der Schwerbehinderten-Ausgleichsabgabeverordnung -SchwbAV-.

49 Zu diesen Hilfen gehört zunächst **Beratung** in allen Fragen des Arbeitslebens, insbesondere bei persönlichen Schwierigkeiten, bei Arbeitsplatzproblemen, bei Umsetzungen, bei Fragen im Zusammenhang mit der Schwerbehinderteneigenschaft, bei Konflikten mit Kollegen, Vorgesetzten und dem Arbeitgeber bis hin zur psychosozialen Betreuung zur Lösung schwer wiegender Konflikte (§102 Abs. 2 Satz 4 SGB IX).

50 Daneben können aber dem schwerbehinderten Arbeitnehmer auch **finanzielle Hilfen** gewährt werden, insbesondere für technische Arbeitshilfen, zum Erreichen des Arbeitsplatzes, zur Gründung und Erhaltung einer selbstständigen beruflichen Existenz, zur Beschaffung, Ausstattung und Erhaltung einer behindertengerechten Wohnung, zur Teilnahme an Maßnahmen zur Erhaltung und Erweiterung beruflicher Kenntnisse und Fertigkeiten sowie in besonderen behinderungsbedingten Lebenslagen (§ 102 Abs. 3 Satz 1 Nr. 1 SGB IX). Das Integrationsamt trägt auch vorläufig die Kosten für eine notwendige Arbeitsassistenz nach § 33 Abs. 8 Nr. 3 SGB IX. Diese ist aber nur in Abstimmung mit dem nach § 6 Abs. 1 Nr. 1 bis 5 SGB IX zuständigen Rehabilitationsträger zu gewähren, welcher dem Integrationsamt auch die entsprechenden Aufwendungen erstattet (§ 33 Abs. 8 Satz 2 SGB IX).

b) an Arbeitgeber

51 Ferner sind **Hilfen an Arbeitgeber** möglich. Diese umfassen wiederum Beratung bei der Auswahl des geeigneten Arbeitsplatzes für schwerbehinderte Menschen, bei der Einrichtung und Ausgestaltung von Arbeitsplätzen, bei Problemen im Zusammenhang mit der Beschäftigung von schwerbehinderten Menschen, psychosoziale Beratung zur Beseitigung von besonderen Problemen, Information über Lösungsmöglichkeiten.

Schließlich können aber auch dem Arbeitgeber **Geldleistungen** gewährt werden, namentlich zur Schaffung neuer und behinderungsgerechter Einrichtungen und Gestaltung vorhandener Arbeitsplätze für schwerbehinderte Menschen sowie für außergewöhnliche Belastungen, die mit der Beschäftigung besonders betroffener schwerbehinderter Menschen verbunden sind (§ 102 Abs. 3 Satz 1 Nr. 2 SGB IX). 52

c) Sonstige Leistungen

Als **sonstige Leistungen** der begleitenden Hilfe kommen vor allem in Betracht: 53

Leistungen zur Unterstützung der betrieblichen Interessenvertretungen (Schwerbehindertenvertretung, Beauftragter des Arbeitgebers, Betriebs-/Personalrat): Aufklärungs-, Schulungs- und Bildungsmaßnahmen (§ 102 Abs. 3 Satz 2 SGB IX); Beratungen im Einzelfall, Mithilfe bei der Lösung von Konflikten; Geldleistungen an freie gemeinnützige Einrichtungen und Organisationen, wenn diese im Rahmen der psychosozialen Betreuung schwerbehinderter Menschen beteiligt werden, an Träger von Integrationsunternehmen sowie für Integrationsbetriebe und Integrationsabteilungen öffentlicher Arbeitgeber (§ 102 Abs. 3 Satz 1 Nr. 3 SGB IX).

5. Verfahren

Anträge auf begleitende Hilfe im Arbeitsleben können schwerbehinderte Menschen, Arbeitgeber, Schwerbehindertenvertretungen und Betriebs-/Personalräte stellen. Anträge sind grundsätzlich an die örtlich zuständigen Integrationsämter zu richten. Sie können aber auch bei anderen Sozialleistungsträgern, bei Gemeinden oder bei einer Servicestelle für Rehabilitation gestellt werden. 54

Die Leistungen der Integrationsämter für begleitende Hilfe im Arbeitsleben sind **nachrangig** gegenüber Verpflichtungen anderer Stellen. Das gilt insbesondere für Leistungen der Rehabilitationsträger (außer Jugend- und Sozialhilfe). Diese dürfen nicht deshalb versagt werden, weil begleitende Hilfe durch das Integrationsamt erbracht werden könnte. Das Integrationsamt darf auch nicht die Hilfen anderer durch eigene Leistungen aufstocken (§ 102 Abs. 5 SGB IX). 55

E) Träger der gesetzlichen Unfallversicherung
1. Träger

Unfallversicherungsträger sind die gewerblichen und landwirtschaftlichen Berufsgenossenschaften, der Bund, die Eisenbahn-Unfallkasse, die Unfallkasse Post und Telekom, die Unfallkassen der Länder, die Gemeinde-Unfallversicherungsverbände und Unfallkassen der Gemeinden, die Feuerwehr-Unfallkassen sowie die gemeinsamen Unfallkassen für den Landes- und den kommunalen Bereich (§ 114 Abs. 1 SGB VII). 56

2. Leistungsziel

Nach einem Versicherungsfall (Arbeitsunfall, Berufskrankheit) haben Versicherte Anspruch auf Heilbehandlung einschließlich Leistungen zur medizinischen Rehabilitation, auf Leistungen zur Teilhabe am Arbeitsleben und am Leben in der Gemeinschaft, auf ergänzende Leistungen, auf Leistungen bei Pflegebedürftigkeit sowie auf Geldleistungen (§ 26 Abs. 1 SGB VII). Im Einzelnen haben die Unfallversicherungsträger nach § 26 Abs. 2 Nr. 1–5 SGB VII 57

– mit allen geeigneten Mitteln den durch den Versicherungsfall verursachten Gesundheitsschaden zu beseitigen oder zu bessern, seine Verschlimmerung zu verhüten und seine Folgen zu mildern,
– unfallverletzten Kindern und Jugendlichen eine ihren Fähigkeiten entsprechende allgemeine Schulbildung zu ermöglichen,

- den Versicherten einen ihren Neigungen und Fähigkeiten entsprechenden Platz im Arbeitsleben zu sichern,
- Hilfen zur Bewältigung der Anforderungen des täglichen Lebens und zur Teilhabe am Leben in der Gemeinschaft sowie zur Führung eines möglichst selbstständigen Lebens unter Berücksichtigung von Art und Schwere des Gesundheitsschadens bereitzustellen,
- ergänzende Leistungen zur Heilbehandlung und zur Teilhabe am Arbeitsleben und am Leben in der Gemeinschaft zu erbringen,
- Leistungen bei Pflegebedürftigkeit zu erbringen.

58 Besteht für einen Versicherten die Gefahr, dass eine Berufskrankheit entsteht, wiederauflebt oder sich verschlimmert, hat der Unfallversicherungsträger mit allen geeigneten Mitteln dieser Gefahr entgegenzuwirken und den Versicherten zur Unterlassung der gefährdenden Tätigkeit aufzufordern, wenn die Gefahr nicht anders zu beseitigen ist (§ 3 BKV).

3. Anspruchsberechtigung

59 Leistungen zur Teilhabe aus der gesetzlichen Unfallversicherung können zunächst **Versicherte kraft Gesetzes** (§ 2 SGB VII) erhalten. Hierzu gehören – außer Beschäftigten – u. a. auch
- bestimmte Gruppen von Selbstständigen, z. B. landwirtschaftliche Unternehmer, Hausgewerbetreibende, Küstenfischer, Küstenschiffer (Abs. 1 Nr. 5–7),
- Studierende, Schüler und Kinder in Tageseinrichtungen (Abs. 1 Nr. 8),
- Personen, die in einem Hilfeleistungsunternehmen unentgeltlich tätig werden (Abs. 1 Nr. 12) oder einem Einzelnen Hilfe leisten, z. B. als Lebensretter, Blutspender (Abs. 1 Nr. 13),
- Personen, die für Körperschaften, Anstalten oder Stiftungen des öffentlichen Rechts oder deren Verbände oder Arbeitsgemeinschaften ehrenamtlich tätig sind oder an Ausbildungsveranstaltungen für diese Tätigkeit teilnehmen (Abs. 1 Nr. 10),
- Teilnehmer an Rehabilitationsmaßnahmen (Abs. 1 Nr. 15a),
- Pflegepersonen (Abs. 1 Nr. 17),
- Entwicklungshelfer (Abs. 3 Nr. 2).

60 Anspruchsberechtigt sind ferner **Pflichtversicherte kraft Satzung** (§ 3 SGB VII). Unternehmer und ihre im Unternehmen mitarbeitenden Ehegatten oder Lebenspartner können kraft Satzung des Unfallversicherungsträgers in den Versicherungsschutz einbezogen werden (§ 3 Abs. 1 Nr. 1 SGB VII), ebenso Personen, die sich auf der Unternehmensstätte aufhalten (§ 3 Abs. 1 Nr. 2 SGB VII).

61 Anspruch auf Leistungen haben schließlich freiwillig Versicherte (§ 6 SGB VII). Soweit nicht schon kraft Gesetzes oder kraft Satzung Versicherungsschutz besteht, können sich Unternehmer und ihre im Unternehmen mitarbeitenden Ehegatten freiwillig versichern.

Voraussetzung für die Leistungserbringung ist

62
- ein Arbeitsunfall (§§ 8, 10, 11, 12 SGB VII) einschließlich eines Unfalls auf dem Weg von und zum Unternehmen,
- eine Berufskrankheit (§ 9 SGB VII),
- eine drohende Berufskrankheit (§ 3 BKV).

Sowohl zwischen der versicherten Tätigkeit und dem Unfall als auch zwischen dem Unfall und dem Gesundheitsschaden muss ein ursächlicher Zusammenhang bestehen, oder es muss sich um eine Krankheit im Sinne der Anlage zur BKV handeln, die sich der Versicherte bei einer versicherten Tätigkeit zugezogen hat bzw. die er sich dabei zuzuziehen droht.

4. Leistungen

Die gesetzliche Unfallversicherung erbringt nach § 26 Abs. 1 SGB VII Leistungen zur medizinischen Rehabilitation, zur Teilhabe am Arbeitsleben, zur Teilhabe am Leben in der Gemeinschaft sowie ergänzende Leistungen. Zusätzlich kommen auch Leistungen bei Pflegebedürftigkeit in Betracht. Die Leistungen zur Teilhabe haben Vorrang vor Rentenleistungen (§ 26 Abs. 3 SGB VII). **63**

a) Leistungen zur medizinischen Rehabilitation

Die Leistungen zur medizinischen Rehabilitation umfassen nach §§ 26–31 SGB IX i. V. m. §§ 26, 27 SGB VII insbesondere **64**

- Behandlung durch Ärzte, Zahnärzte und Angehörige anderer Heilberufe, soweit deren Leistungen unter ärztlicher Aufsicht oder auf ärztliche Anordnung ausgeführt werden, einschließlich der Anleitung, eigene Heilungskräfte zu entwickeln,
- Arznei- und Verbandmittel,
- Heilmittel einschließlich physikalischer, Sprach- und Beschäftigungstherapie,
- Psychotherapie als ärztliche und psychotherapeutische Behandlung,
- Hilfsmittel (Körperersatzstücke sowie orthopädische und andere Hilfsmittel),
- Belastungserprobung und Arbeitstherapie,
- stufenweise Wiedereingliederung,
- Förderung der Selbsthilfe.

Bestandteil der Leistungen sind auch **medizinische, psychologische und pädagogische Hilfen**, soweit diese Leistungen im Einzelfall erforderlich sind, um die Ziele der Leistungen zur Teilhabe zu erreichen oder zu sichern und Krankheitsfolgen zu vermeiden, zu überwinden, zu mindern oder ihre Verschlimmerung zu verhüten (§ 26 Abs. 3 SGB IX). **65**

Die Leistungen zur medizinischen Rehabilitation werden entweder ambulant erbracht oder stationär in Krankenhäusern oder Rehabilitationseinrichtungen einschließlich der erforderlichen Unterkunft und Verpflegung (§ 33 Abs. 1 SGB VII). **66**

b) Leistungen zur Teilhabe am Arbeitsleben

Als Leistungen der gesetzlichen Unfallversicherung zur beruflichen Rehabilitation kommen nach §§ 33–38, 40, 41 SGB IX i. V. m. § 35 SGB VII in Betracht: **67**

- Hilfen zur Erhaltung oder Erlangung eines Arbeitsplatzes einschließlich Leistungen zur Beratung und Vermittlung, Trainingsmaßnahmen und Mobilitätshilfen,
- Berufsvorbereitung einschließlich einer wegen der Behinderung erforderlichen Grundausbildung,
- berufliche Anpassung und Weiterbildung, auch soweit die Leistungen einen zur Teilnahme erforderlichen schulischen Abschluss einschließen,
- berufliche Ausbildung, auch soweit die Leistungen in einem zeitlich nicht überwiegenden Abschnitt schulisch durchgeführt werden,
- Überbrückungsgeld,
- sonstige Hilfen zur Förderung der Teilhabe am Arbeitsleben.

Die Leistungen zur Teilhabe am Arbeitsleben umfassen auch Hilfen zu einer angemessenen **Schulbildung** einschließlich der Vorbereitung hierzu oder zur Entwicklung der geistigen und körperlichen Fähigkeiten vor Beginn der Schulpflicht (§ 35 Abs. 2 SGB VII). **68**

Bestandteil der Leistungen sind auch **medizinische, psychologische und pädagogische Hilfen**, soweit diese Leistungen im Einzelfall erforderlich sind, um die Ziele der Leistungen zur Teilhabe zu erreichen oder zu sichern und Krankheitsfolgen zu vermeiden, zu überwinden, zu mindern oder ihre Verschlimmerung zu verhüten. Hierzu gehören die in § 33 Abs. 6 **69**

SGB IX beispielhaft genannten Leistungen, also auch die Beteiligung von Integrationsfachdiensten im Rahmen ihrer Aufgabenstellung (§ 110 SGB IX).

70 Zu den Leistungen gehören auch die erforderlichen Kosten für Unterkunft und Verpflegung bei stationärer Ausführung sowie Lehrgangskosten, Prüfungsgebühren, Lernmittel, Arbeitskleidung und Arbeitsgerät (§ 33 Abs. 7 SGB IX).

71 Die Leistungen zur Teilhabe am Arbeitsleben schließen nach § 33 Abs. 8 SGB IX ferner ein
- die Kraftfahrzeughilfe,
- den Ausgleich unvermeidbaren Verdienstausfalls des behinderten Menschen oder einer erforderlichen Begleitperson wegen Fahrten der An- und Abreise zu einer Bildungsmaßnahme und zur Vorstellung bei einem Arbeitgeber, einem Träger oder einer Einrichtung für behinderte Menschen,
- die Kosten einer notwendigen Arbeitsassistenz, die Kosten für Hilfsmittel, die wegen Art oder Schwere der Behinderung zur Berufsausübung, zur Teilnahme an einer Leistung zur Teilhabe am Arbeitsleben oder zur Erhöhung der Sicherheit auf dem Weg vom und zum Arbeitsplatz und am Arbeitsplatz erforderlich sind,
- die Kosten technischer Arbeitshilfen,
- die Kosten der Beschaffung, der Ausstattung und der Erhaltung einer behindertengerechten Wohnung in angemessenem Umfang.

72 Zur Teilhabe am Arbeitsleben können **Leistungen an Arbeitgeber** (§ 34 SGB IX i. V. m. § 35 SGB VII) gegebenenfalls unter Bedingungen und Auflagen erbracht werden, insbesondere als Ausbildungszuschüsse zur betrieblichen Ausführung von Bildungsleistungen, Eingliederungszuschüsse, Zuschüsse für Arbeitshilfen im Betrieb, teilweise oder volle Kostenerstattung für eine befristete Probebeschäftigung.

73 Die Leistungen zur Teilhabe werden in **Berufsbildungswerken,** Berufsförderungswerken und vergleichbaren Einrichtungen der beruflichen Rehabilitation ausgeführt, soweit Art oder Schwere der Behinderung oder die Sicherung des Erfolges die besonderen Hilfen dieser Einrichtungen erforderlich machen (§ 35 SGB IX). Die Leistungen werden für die Zeit erbracht, die vorgeschrieben oder allgemein üblich ist, um das angestrebte Teilhabeziel zu erreichen. Leistungen zur beruflichen Weiterbildung sollen in der Regel bei ganztägigem Unterricht nicht länger als zwei Jahre dauern, es sei denn, dass das Teilhabeziel nur über eine länger dauernde Leistung erreicht oder die Eingliederungsaussichten nur durch eine länger dauernde Leistung wesentlich verbessert werden können (§ 37 SGB IX).

74 Leistungen im Eingangsverfahren, im Berufsbildungsbereich und im Arbeitsbereich anerkannter **Werkstätten für behinderte Menschen** nach § 136 SGB IX einschließlich der Zahlung von Arbeitsförderungsgeld (§ 43 SGB IX) erhalten behinderte Menschen mit der in § 39 SGB IX umschriebenen Zielrichtung
- im **Eingangsverfahren** zur Feststellung, ob die Werkstatt die geeignete Einrichtung für die Teilhabe des behinderten Menschen am Arbeitsleben ist (§ 40 Abs. 1 Nr. 1 SGB IX). Die Leistungen können im Einzelfall bis zu drei Monaten erbracht werden. Sie werden bis zu vier Wochen erbracht, wenn die notwendigen Feststellungen in dieser Zeit getroffen werden können (§ 40 Abs. 2 SGB IX);
- im **Berufsbildungsbereich,** wenn die Leistungen erforderlich sind, um die Leistungs- oder Erwerbsfähigkeit des behinderten Menschen so weit wie möglich zu entwickeln, zu verbessern oder wiederherzustellen und erwartet werden kann, dass der behinderte Mensch nach Teilnahme an diesen Leistungen in der Lage ist, wenigstens ein Mindestmaß wirtschaftlich verwertbarer Arbeitsleistungen zu erbringen (§ 40 Abs. 1 Nr. 2 SGB IX). Die Leistungen werden im Berufsbildungsbereich für zwei Jahre erbracht. Sie werden in der Regel für ein Jahr bewilligt und für ein weiteres Jahr, wenn die Leistungsfähigkeit des behinderten Menschen weiterentwickelt oder wiedergewonnen werden kann (§ 40 Abs. 3 SGB IX).

– Im **Arbeitsbereich** einer anerkannten Werkstatt für behinderte Menschen erbringen die Träger der gesetzlichen Unfallversicherung Leistungen, wenn eine Beschäftigung auf dem allgemeinen Arbeitsmarkt oder Berufsvorbereitung, berufliche Anpassung und Weiterbildung oder berufliche Ausbildung (§ 33 Abs. 3 Nr. 2 bis 4) wegen Art und Schwere der Behinderung nicht, noch nicht oder noch nicht wieder in Betracht kommen und die Leistungsempfänger in der Lage sind, wenigstens ein Mindestmaß an wirtschaftlich verwertbarer Arbeitsleistung zu erbringen (§§ 41, 42 Abs. 2 Nr. 1 SGB IX). Zu den gegebenenfalls zu erbringenden Leistungen gehört auch das Arbeitsförderungsgeld nach § 43 SGB IX.

c) Leistungen zur Teilhabe am Leben in der Gemeinschaft

Als Leistungen zur Teilhabe am Leben in der Gemeinschaft werden nach §§ 55–58 SGB IX i. V. m. §§ 26, 39 SGB VII von der gesetzlichen Unfallversicherung die Leistungen erbracht, die den behinderten Menschen die Teilhabe am Leben in der Gesellschaft ermöglichen oder sichern oder sie so weit wie möglich unabhängig von Pflege machen und die weder durch Leistungen zur medizinischen Rehabilitation noch zur Teilhabe am Arbeitsleben erbracht werden. Es sind gem. § 55 Abs. 2 SGB IX insbesondere   75

– die Versorgung mit anderen als den in § 31 SGB IX genannten Hilfsmitteln oder den in § 33 SGB IX genannten Hilfen,
– heilpädagogische Leistungen für Kinder, die noch nicht eingeschult sind,
– Hilfen zum Erwerb praktischer Kenntnisse und Fähigkeiten, die erforderlich und geeignet sind, behinderten Menschen die für sie erreichbare Teilnahme am Leben in der Gemeinschaft zu ermöglichen,
– Hilfen für die Förderung der Verständigung mit der Umwelt,
– Hilfen bei der Beschaffung, Ausstattung und Erhaltung einer Wohnung, die den besonderen Bedürfnissen der behinderten Menschen entspricht,
– Hilfen zu selbstbestimmtem Leben in betreuten Wohnmöglichkeiten,
– Hilfen zur Teilhabe am gemeinschaftlichen und kulturellen Leben.

Zum Ausgleich besonderer Härten können Versicherte oder deren Angehörige eine **besondere Unterstützung** erhalten (§ 39 Abs. 2 SGB VII). Diese kann in der Erhöhung oder Ergänzung vorgesehener Regelleistungen bestehen. Möglich ist aber auch die Gewährung von Regelleistungen trotz Fehlens einer einzelnen Anspruchsvoraussetzung.   76

d) Ergänzende Leistungen

Als ergänzende Leistungen nach §§ 44 ff. SGB IX bzw. aufgrund von Sonderregelungen des SGB VII kann die gesetzliche Unfallversicherung gewähren: 77

– Verletztengeld während der Heilbehandlung oder der Leistungen zur medizinischen Rehabilitation (§§ 45–48, 52 SGB VII),
– Kinderpflege-Verletztengeld (§ 45 Abs. 4 SGB VII),
– Übergangsgeld bei Leistungen zur Teilhabe am Arbeitsleben (§§ 49, 50 SGB VII),
– Beiträge und Beitragszuschüsse zur gesetzlichen Kranken-, Pflege- und Rentenversicherung sowie zur Arbeitsförderung (§ 44 SGB IX i. V. m. §§ 5, 192, 251 SGB V, §§ 20, 59 SGB XI, §§ 3, 170 SGB VI, §§ 26, 347 SGB III),
– ärztlich verordneten Rehabilitationssport in Gruppen unter ärztlicher Betreuung und Überwachung, einschließlich Übungen für behinderte oder von Behinderung bedrohte Frauen und Mädchen, die der Stärkung des Selbstbewusstseins dienen (§ 44 Abs. 1 Nr. 3 SGB IX),
– ärztlich verordnetes Funktionstraining in Gruppen unter fachkundiger Anleitung und Überwachung (§ 44 Abs. 1 Nr. 4 SGB IX),
– Reisekosten (§ 53 SGB IX, § 43 SGB VII),

- Betriebs- oder Haushaltshilfe und Kinderbetreuungskosten (§ 54 SGB IX, § 42 SGB VII),
- Betriebs- und Haushaltshilfe in der landwirtschaftlichen Berufsgenossenschaft (§ 54 SGB VII),
- Kraftfahrzeughilfe (§ 39 Abs. 1 Nr. 1 SGB VII),
- sonstige Leistungen zur Erreichung und zur Sicherstellung des Erfolges der Leistungen zur medizinischen Rehabilitation und zur Teilhabe (§ 39 Abs. 1 Nr. 2 SGB VII). Hierzu können z. B. gehören: Erholungsaufenthalte für Schwerverletzte; die Übernahme von Hilfe im Haushalt bei Fehlen der sonstigen allgemeinen Voraussetzungen; nachgehende Betreuung durch Gespräche mit dem Arbeitgeber u.a.m.

e) Leistungen bei Pflegebedürftigkeit

78 Solange Versicherte infolge des Versicherungsfalls so hilflos sind, dass sie für die gewöhnlichen und regelmäßig wiederkehrenden Verrichtungen im Ablauf des täglichen Lebens in erheblichem Umfang der Hilfe bedürfen, wird nach § 44 Abs. 1 SGB VII Pflegegeld gezahlt, eine Pflegekraft gestellt oder Heimpflege erbracht.

5. Verfahren

79 Der Unternehmer hat binnen drei Tagen, nachdem er von dem Arbeitsunfall Kenntnis erhalten hat, dem zuständigen Unfallversicherungsträger **anzuzeigen**: jeden Unfall, durch den ein Versicherter getötet oder so verletzt worden ist, dass er für mehr als drei Tage arbeitsunfähig wird (§ 193 SGB VII).

80 Entsprechendes gilt für Unfälle von Versicherten, deren Versicherung weder eine Beschäftigung noch eine selbstständige Tätigkeit voraussetzt (z. B. Kinder, Schüler, Studierende, Teilnehmer an Rehabilitationsmaßnahmen). Die Anzeigepflicht trifft dann z. B. den Schulträger oder die Einrichtung.

81 Verletzte, die arbeitsunfähig sind oder bei denen eine Behandlungsbedürftigkeit von voraussichtlich mehr als einer Woche vorliegt, sind gehalten, sofort nach dem Unfall einen vom Unfallversicherungsträger bezeichneten **Facharzt** (regelmäßig Durchgangsarzt) **aufzusuchen**, der über Art und Weise der Behandlung entscheidet.

Beim Vorliegen bestimmter schwerer Verletzungen ist sichergestellt, dass der Verletzte unverzüglich in ein von den Unfallversicherungsträgern ausgewähltes Krankenhaus eingewiesen wird.

82 Der Verdacht auf das Vorliegen einer **Berufskrankheit** ist anzuzeigen entweder von der Krankenkasse (§ 20 Abs. 2 Satz 3 SGB V) oder vom Unternehmer (§ 193 Abs. 2 und 4 SGB VII) oder vom Arzt bzw. Zahnarzt (§ 202 SGB VII).

83 Die Leistungen werden von Amts wegen festgestellt (§ 19 Satz 2 SGB IV, § 20 SGB X).

F) Träger der gesetzlichen Rentenversicherung einschließlich Alterssicherung der Landwirte

1. Träger

84 Träger der gesetzlichen Rentenversicherung sind in der Rentenversicherung der Arbeiter die Landesversicherungsanstalten, die Bahnversicherungsanstalt und die Seekasse. Weitere Träger sind die Bundesversicherungsanstalt für Angestellte sowie in der knappschaftlichen Rentenversicherung die Bundesknappschaft (§ 125 SGB VI).

85 Die Aufgaben der Alterssicherung der Landwirte werden nach § 49 ALG von den bei allen landwirtschaftlichen Berufsgenossenschaften errichteten landwirtschaftlichen Alterskassen wahrgenommen. Sie bilden eine Verwaltungsgemeinschaft zusammen mit den landwirtschaftlichen Berufsgenossenschaften, den landwirtschaftlichen Krankenkassen und den bei ihnen errichteten landwirtschaftlichen Pflegekassen.

2. Leistungsziel

Die Rentenversicherung erbringt nach § 9 Abs. 1 Satz 1 SGB VI Leistungen zur medizinischen Rehabilitation, Leistungen zur Teilhabe am Arbeitsleben sowie ergänzende Leistungen, um

– den Auswirkungen einer Krankheit oder einer körperlichen, geistigen oder seelischen auf die Erwerbsfähigkeit der Versicherten entgegenzuwirken oder sie zu überwinden und

– dadurch Beeinträchtigungen der Erwerbsfähigkeit der Versicherten oder ihr vorzeitiges Ausscheiden aus dem Erwerbsleben zu verhindern oder sie möglichst dauerhaft in das Erwerbsleben wiedereinzugliedern.

86

Der Rentenversicherungsträger hat Rehabilitationsmaßnahmen nur dann zu gewähren, wenn sich die **Prognose** stellen lässt, die **Erwerbsfähigkeit** des Versicherten lasse sich herstellen oder bessern (BSGE 68, 167 = FEVS 42, 83 = SozR 3-2900 § 1237 Nr. 1 = Breith. 1992, 47). Deshalb scheiden Leistungen eines Rentenversicherungsträgers zur Rehabilitation von vornherein als nicht zweckgerecht aus, wenn diese lediglich dazu dienen sollen, den Versicherten vor weiterem Abgleiten im Beruf zu bewahren, ohne dass Aussicht besteht, der Versicherungsfall der Erwerbsunfähigkeit könne beseitigt werden (BSG RegNr. 22472 [SG-Intern]). Es widerspricht dem Zweck der Rehabilitation im Rahmen der gesetzlichen Rentenversicherung, sogenannte Raubbauarbeit, welche die Gesundheit schädigt, durch Leistungen zu ermöglichen oder zu fördern (BSG a. a. O.).

86a

Im **Verhältnis zu den Krankenkassen** sind die Träger der gesetzlichen Rentenversicherung lediglich subsidiär zur Leistung verpflichtet. Das schließt jedoch die Gewährung medizinischer Leistungen zur Rehabilitation durch den Rentenversicherungsträger nur dann im vollen Umfang aus, wenn der Krankenversicherungsträger die gebotene Heilbehandlung uneingeschränkt und vollständig gewährt. Ist das nicht der Fall, so ist angesichts der finalen Zielsetzung der Rehabilitation für eine – ergänzende – Leistung des Rentenversicherungsträgers Raum (BSG, SozSich 1980, 311). Im Übrigen haben die Rentenversicherungsträger und die Spitzenverbände der Krankenkassen eine **Vereinbarung zur Leistungsabgrenzung** nach § 13 Abs. 4 SGB VI vom 21. Januar 1993 (ErsK 1993, 172) getroffen.

86b

Anspruch auf Gewährung einer **stationären Drogentherapie** gegen den Rentenversicherungsträger hat ein versicherter Heroinabhängiger, wenn er die allgemeine rentenrechtliche Wartezeit erfüllt und in absehbarer Zeit vermindert erwerbsfähig zu werden droht. Eine verminderte Erwerbsfähigkeit ist jedenfalls dann zu erwarten, wenn der Heroinabhängige sich in der letzten Phase seiner Suchtentwicklung befindet (LSG Niedersachsen, E-LSG RJ – 066). Nicht erstatten muss der Rentenversicherungsträger die Kosten für eine während der Drogentherapie durchgeführte **Entgiftungsbehandlung**, wenn sich der Heroinabhängige schon vor Beginn der Therapie in einer "Phase akuter Behandlungsbedürftigkeit" befand (LSG Niedersachsen a. a. O.). Dies gilt auch dann, wenn der Suchtkranke nicht krankenversichert ist; bei bestehender Bedürftigkeit wird nach Maßgabe des BSHG der **Sozialhilfeträger** leistungspflichtig (BSGE 82, 143 = FEVS 49, 519 = Breith. 1999, 331 = SozR 3–2600 § 13 Nr. 1).

86c

Tritt während medizinischer Leistungen zur Rehabilitation eine **akute Behandlungsbedürftigkeit** des Versicherten ein, so hat der Rentenversicherungsträger diesem bei fehlendem Krankenversicherungsschutz auch Krankenhausbehandlung zu erbringen (BSG, FEVS 51, 22 = NZS 1999, 556 = SozR 3-2600 § 13 Nr. 2 = DRV 2000, 94).

86d

Versicherte, die in einer WfbM tätig sind und die Voraussetzungen für die Gewährung von Rente wegen Erwerbsunfähigkeit nach § 44 Abs. 3 SGB VI erfüllt haben, können vom Rentenversicherungsträger keine medizinischen Leistungen zur Rehabilitation beanspruchen, um lediglich ihr **Leistungsvermögen für die Tätigkeit in einer** solchen **Werkstatt** zu erhalten oder wiederherzustellen (BSGE 85, 298 = FEVS 52, 55 = SozR 3-2600 § 10 Nr. 2). Es ist nicht verfassungswidrig, wenn medizinische Rehabilitationsleistungen an derartige Versi-

86e

87 Die Leistungen zur Teilhabe haben Vorrang vor Rentenleistungen, die bei erfolgreichen Leistungen zur Teilhabe nicht oder voraussichtlich erst zu einem späteren Zeitpunkt zu erbringen sind (§ 9 Abs. 1 Satz 2 SGB VI).

3. Anspruchsberechtigung

88 Leistungen zur Teilhabe können erbracht werden, wenn die persönlichen und versicherungsrechtlichen Voraussetzungen dafür erfüllt sind.

a) Versicherungsrechtliche Voraussetzungen für Leistungen zur medizinischen Rehabilitation

89 Leistungen erhalten gemäß § 11 SGB VI Personen, die bei Antragstellung die Wartezeit von 15 Jahren erfüllt haben oder
– eine Rente wegen verminderter Erwerbsfähigkeit beziehen oder
– in den letzten zwei Jahren vor der Antragstellung sechs Kalendermonate mit Pflichtbeiträgen für eine versicherte Beschäftigung oder Tätigkeit haben oder
– innerhalb von zwei Jahren nach Beendigung einer Ausbildung eine versicherte Beschäftigung oder selbstständige Tätigkeit aufgenommen und bis zum Antrag ausgeübt haben oder nach einer solchen Beschäftigung oder Tätigkeit bis zum Antrag arbeitsunfähig oder arbeitslos gewesen sind oder
– vermindert erwerbsfähig sind oder bei denen dies in absehbarer Zeit zu erwarten ist, wenn sie die allgemeine Wartezeit erfüllt haben oder
– als überlebende Ehegatten Anspruch auf große Witwen- oder Witwerrente wegen verminderter Erwerbsfähigkeit haben.

b) Versicherungsrechtliche Voraussetzungen für Leistungen zur Teilhabe am Arbeitsleben

90 Leistungen zur Teilhabe am Arbeitsleben erhalten nach § 11 SGB VI Personen, die
– bei Antragstellung die Wartezeit von 15 Jahren erfüllt haben,
– eine Rente wegen verminderter Erwerbsfähigkeit beziehen oder
– als überlebende Ehegatten Anspruch auf große Witwen- oder Witwerrente wegen verminderter Erwerbsfähigkeit haben.

91 Außerdem erbringt die Rentenversicherung Leistungen zur Teilhabe am Arbeitsleben auch dann, wenn Versicherte die geforderten 15 Jahre Wartezeit noch nicht erfüllt haben. Voraussetzung hierfür ist, dass
– ohne diese Leistungen zur Teilhabe am Arbeitsleben Rente wegen verminderter Erwerbsfähigkeit zu leisten wäre oder
– für eine erfolgreiche Rehabilitation im unmittelbaren Anschluss an Leistungen zur medizinischen Rehabilitation der Rentenversicherungsträger Leistungen zur Teilhabe erforderlich sind (§ 11 SGB VI).

92 Leistungen zur Teilhabe werden **nicht für Versicherte erbracht**, die
– wegen eines Arbeitsunfalls, einer Berufskrankheit oder einer Schädigung im Sinne des sozialen Entschädigungsrechts gleichartige Leistungen eines anderen Rehabilitationsträgers erhalten können,
– eine Rente wegen Alters von wenigstens zwei Dritteln der Vollrente beziehen oder beantragt haben,
– eine Beschäftigung ausüben, aus der ihnen nach beamtenrechtlichen oder entsprechenden Vorschriften Anwartschaft auf Versorgung gewährleistet ist,

- eine Leistung beziehen, die regelmäßig bis zum Beginn einer Rente wegen Alters gezahlt wird,
- sich in Untersuchungshaft oder im Vollzug einer Freiheitsstrafe oder freiheitsentziehenden Maßregel der Besserung und Sicherung befinden oder einstweilig nach § 126a Abs. 1 StPO untergebracht sind. Dies gilt nicht für Versicherte im erleichterten Strafvollzug bei Leistungen zur Teilhabe am Arbeitsleben (§ 12 Abs. 1 Nr. 1–5 SGB VI).

c) Persönliche (medizinische) Voraussetzungen (§ 10 SGB VI)

Leistungen zur Teilhabe können einem Versicherten oder Bezieher einer Erwerbsminderungsrente gewährt werden, wenn eine Krankheit oder Behinderung vorliegt und dadurch bedingt eine erhebliche Gefährdung oder eine Minderung der Erwerbsfähigkeit besteht und zu erwarten ist, dass durch Leistungen des in den §§ 15, 16 SGB VI bestimmten Umfangs
- die erhebliche Gefährdung oder eine Minderung der Erwerbsfähigkeit durch Leistungen zur medizinischen Rehabilitation oder Leistungen zur Teilhabe am Arbeitsleben abgewendet werden kann oder
- die bereits geminderte Erwerbsfähigkeit durch Leistungen zur medizinischen Rehabilitation oder Leistungen zur Teilhabe am Arbeitsleben wesentlich gebessert oder wiederhergestellt oder hierdurch deren wesentliche Verschlechterung abgewendet werden kann oder
- bei teilweiser Erwerbsminderung ohne Aussicht auf eine wesentliche Besserung der Erwerbsfähigkeit der Arbeitsplatz durch Leistungen zur Teilhabe am Arbeitsleben erhalten werden kann.

93

4. Leistungen

a) Leistungen zur medizinischen Rehabilitation

Die Leistungen der gesetzlichen Rentenversicherung zur medizinischen Rehabilitation nach §§ 26–31 SGB IX i. V. m. § 15 SGB VI umfassen insbesondere
- Behandlung durch Ärzte, Zahnärzte und Angehörige anderer Heilberufe, soweit deren Leistungen unter ärztlicher Aufsicht oder auf ärztliche Anordnung ausgeführt werden, einschließlich der Anleitung, eigene Heilkräfte zu entwickeln; für eine **zahnärztliche Behandlung** und Zahnersatz ist der **Krankenversicherungsträger** vor dem Träger der Rentenversicherung leistungspflichtig (BSGE 55, 120 = SozR 2200 § 1237 Nr. 19). Hat die gesetzliche Krankenkasse einen Zuschuss zu den Kosten für Zahnersatz und Zahnkronen in voller Höhe der Vertragssätze erbracht, bleibt für den Rentenversicherungsträger kein Raum für eine weitere Kostenbeteiligung (BSG a. a. O.).
- Arznei- und Verbandmittel,
- Heilmittel einschließlich physikalischer, Sprach- und Beschäftigungstherapie,
- Psychotherapie als ärztliche und psychotherapeutische Behandlung,
- Hilfsmittel (Körperersatzstücke sowie orthopädische und andere Hilfsmittel),
- Belastungserprobung und Arbeitstherapie,
- stufenweise Wiedereingliederung,
- Förderung der Selbsthilfe.

94

Bestandteil der Leistungen nach § 26 SGB IX i. V. m. § 15 SGB VI sind auch **medizinische, psychologische und pädagogische Hilfen**, soweit diese Leistungen im Einzelfall erforderlich sind, um die Ziele der Leistungen zur Teilhabe zu erreichen oder zu sichern und Krankheitsfolgen zu vermeiden, zu überwinden, zu mindern oder ihre Verschlimmerung zu verhüten. In § 26 Abs. 3 werden beispielhaft sieben derartige Leistungen aufgeführt.

95

Die Leistungen zur medizinischen Rehabilitation werden entweder ambulant (teilstationär) oder stationär in Rehabilitationseinrichtungen einschließlich der erforderlichen Unterkunft und Verpflegung erbracht. Medizinische Leistungen zur Rehabilitation im Sinne des Renten-

96

versicherungsrechts setzen – anders als im Recht der Krankenversicherung – **nicht die Mitwirkung eines Arztes voraus** (BSGE 66, 84 [86] BSG SozSich 1995, 276). Deshalb ist auch ohne Mitwirkung eines Arztes die Nachsorgebehandlung in einem Therapiezentrum, das zur Förderung oder Betreuung chronisch Alkohol- oder Medikamentenabhängiger psycho- und soziotherapeutische sowie berufspädagogische Maßnahmen unter Anleitung erfahrener Kräfte mit dem Ziel einsetzt, eine dauernde Suchtmittelabstinenz zu erreichen, eine medizinische Rehabilitationsmaßnahme im Sinne des Rentenversicherungsrechts (BSGE 68, 167 = Breith. 1992, 47 = FEVS 42, 83).

97 **Zahnärztliche Behandlung** einschließlich der Versorgung mit Zahnersatz erbringt die gesetzliche Rentenversicherung nur, wenn sie unmittelbar und gezielt zur wesentlichen Besserung oder Wiederherstellung der Erwerbsfähigkeit, insbesondere zur Ausübung des bisherigen Berufs erforderlich ist und soweit sie nicht als Leistung der Krankenversicherung oder als Hilfe nach dem BSHG zu erbringen ist (§ 15 Abs. 1 SGB VI).

b) Leistungen zur Teilhabe am Arbeitsleben

98 Zu den Leistungen der gesetzlichen Rentenversicherung zur Teilhabe am Arbeitsleben gemäß §§ 33–38, 40 SGB IX i. V. m. § 16 SGB VI gehören insbesondere
- Hilfen zur Erhaltung oder Erlangung eines Arbeitsplatzes einschließlich Leistungen zur Beratung und Vermittlung, Trainingsmaßnahmen und Mobilitätshilfen,
- Berufsvorbereitung einschließlich einer wegen der Behinderung erforderlichen Grundausbildung,
- berufliche Anpassung und Weiterbildung, auch soweit die Leistungen einen zur Teilnahme erforderlichen schulischen Abschluss einschließen,
- berufliche Ausbildung, auch soweit die Leistungen in einem zeitlich nicht überwiegenden Abschnitt schulisch durchgeführt werden,
- Überbrückungsgeld,
- sonstige Hilfen zur Förderung der Teilhabe am Arbeitsleben, um behinderten Menschen eine angemessene und geeignete Beschäftigung oder eine selbstständige Tätigkeit zu ermöglichen und zu erhalten.

99 Bestandteil der Leistungen sind auch **medizinische, psychologische und pädagogische Hilfen**, soweit diese Leistungen im Einzelfall erforderlich sind, um die Ziele der Leistungen zur Teilhabe zu erreichen oder zu sichern und Krankheitsfolgen zu vermeiden, zu überwinden, zu mindern oder ihre Verschlimmerung zu verhüten. Hierzu gehören die in § 33 Abs. 6 SGB IX beispielhaft genannten acht Leistungen einschließlich der Beteiligung von Integrationsfachdiensten im Rahmen ihrer Aufgabenstellung (§ 110 SGB IX).

100 Zu den Leistungen gehören nach § 33 Abs. 7 SGB IX auch
- die erforderlichen Kosten für Unterkunft und Verpflegung bei stationärer Ausführung
- die erforderlichen Kosten, die mit der Ausführung einer Leistung in unmittelbarem Zusammenhang stehen, insbesondere für Lehrgangskosten, Prüfungsgebühren, Lernmittel, Arbeitskleidung und Arbeitsgerät.

101 Die Leistungen zur Teilhabe am Arbeitsleben umfassen nach § 33 Abs. 8 SGB IX auch
- Kraftfahrzeughilfe,
- den Ausgleich unvermeidbaren Verdienstausfalls des behinderten Menschen oder einer erforderlichen Begleitperson wegen Fahrten der An- und Abreise zu einer Bildungsmaßnahme oder zur Vorstellung bei einem Arbeitgeber, einem Träger oder einer Einrichtung für behinderte Menschen,
- die Kosten einer notwendigen Arbeitsassistenz für schwerbehinderte Menschen als Hilfe zur Erlangung eines Arbeitsplatzes,

- Kosten für Hilfsmittel, die wegen Art und Schwere der Behinderung zur Berufsausübung, zur Teilnahme an einer Leistung zur Teilhabe am Arbeitsleben oder zur Erhöhung der Sicherheit auf dem Weg vom und zum Arbeitsplatz und am Arbeitsplatz erforderlich sind, es sei denn, dass eine Verpflichtung des Arbeitgebers besteht oder solche Leistungen als medizinische Leistung erbracht werden können,
- Kosten technischer Arbeitshilfen, die wegen Art oder Schwere der Behinderung zur Berufsausübung erforderlich sind,
- Kosten der Beschaffung, der Ausstattung und der Erhaltung einer behindertengerechten Wohnung in angemessenem Umfang.

Zur Teilhabe am Arbeitsleben können **Leistungen an Arbeitgeber** – gegebenenfalls unter Bedingungen und Auflagen – erbracht werden, insbesondere als   102
- Ausbildungszuschüsse zur betrieblichen Ausführung von Bildungsleistungen,
- Eingliederungszuschüsse,
- Zuschüsse für Arbeitshilfen im Betrieb,
- teilweise oder volle Kostenerstattung für eine befristete Probebeschäftigung.

Die Leistungen zur Teilhabe werden in **Berufsförderungswerken** und vergleichbaren Einrichtungen der beruflichen Rehabilitation ausgeführt, soweit Art oder Schwere der Behinderung oder die Sicherung des Erfolges die besonderen Hilfen dieser Einrichtungen erforderlich machen (§ 35 SGB IX).   103

Leistungen im Eingangsverfahren und im Berufsbildungsbereich einer **anerkannten Werkstatt für behinderte Menschen** i. S. v. § 136 SGB IX erhalten behinderte Menschen   104
- im **Eingangsverfahren** zur Feststellung, ob die Werkstatt die geeignete Einrichtung für die Teilhabe des behinderten Menschen am Arbeitsleben ist. Die Leistungen können im Einzelfall bis zu drei Monaten erbracht werden. Sie werden bis zu vier Wochen erbracht, wenn die notwendigen Feststellungen in dieser Zeit getroffen werden können (§ 40 Abs. 1 Nr. 1, Abs. 2 SGB IX),
- im **Berufsbildungsbereich**, wenn die Leistungen erforderlich sind, um die Leistungs- oder Erwerbsfähigkeit des behinderten Menschen so weit wie möglich zu entwickeln, zu verbessern oder wiederherzustellen und erwartet werden kann, dass der behinderte Mensch nach Teilnahme an diesen Leistungen in der Lage ist, wenigstens ein Mindestmaß wirtschaftlich verwertbarer Arbeitsleistungen zu erbringen (§ 40 Abs. 1 Nr. 2 SGB IX). Diese Leistungen werden für **zwei Jahre** erbracht. Sie werden in der Regel für ein Jahr bewilligt und für ein weiteres Jahr, wenn die Leistungsfähigkeit des behinderten Menschen weiterentwickelt oder wiedergewonnen werden kann (§ 40 Abs. 3 SGB IX).   105

Bei der Auswahl berufsfördernder Leistungen zur Rehabilitation durch die gesetzliche Rentenversicherung verlangt § 16 Abs. 2 Satz 1 SGB VI lediglich eine **„angemessene" Berücksichtigung von Eignung und Neigung**. Die Neigung als subjektiver Berufswunsch ist kein entscheidendes Kriterium für die Leistungspflicht des Rentenversicherungsträgers; auch ist der Rentenversicherungsträger nicht gehalten, der Neigung des Versicherten schlechthin zu folgen, wie es ebenso wenig Sache des Rentenversicherungsträger ist, den Versicherten das Arbeitsmarktrisiko in vollem Umfang abzunehmen. Deshalb ist ein zum REFA-Techniker umgeschulter Maschinenbautechniker im Rahmen eines weiteren Umschulungsbegehrens auf die Tätigkeit des REFA-Technikers zu verweisen, auch wenn er diese Tätigkeit nach Ende der Umschulung nie ausgeübt hat (Bayer. LSG, Urt. vom 12. März 1998, E-LSG RA – 090).   105a

c) Ergänzende Leistungen

Als ergänzende Leistungen der gesetzlichen Rentenversicherung werden gewährt: 106
- Übergangsgeld (§§ 45–52 SGB IX i. V. m. §§ 20, 21 SGB VI),

- Beiträge und Beitragszuschüsse zur gesetzlichen Kranken-, Pflege-, Renten- und Unfallversicherung sowie zur Arbeitsförderung (§ 44 Abs. 1 Nr. 2 SGB IX i. V. m. §§ 5, 192, 251 SGB V, §§ 20, 59 SGB XI, §§ 2, 150 SGB VII, §§ 26, 347 SGB III),
- ärztlich verordneter Rehabilitationssport in Gruppen unter ärztlicher Betreuung und Überwachung, einschließlich Übungen für behinderte oder von Behinderung bedrohte Frauen und Mädchen, die der Stärkung des Selbstbewusstseins dienen (§ 44 Abs. 1 Nr. 4 SGB IX),
- ärztlich verordnetes Funktionstraining in Gruppen unter fachkundiger Anleitung und Überwachung (§ 44 SGB IX),
- Reisekosten (§ 53 SGB IX),
- Betriebs- oder Haushaltshilfe und Kinderbetreuungskosten (§ 54 SGB IX),

107 - sonstige Leistungen (§ 31 SGB VI), insbesondere
  - nachgehende Leistungen zur Sicherung des Erfolges der Leistungen zur Teilhabe (Abs. 1 Nr. 1)
  - stationäre medizinische Leistungen zur Sicherung der Erwerbsfähigkeit für Versicherte, die eine besonders gesundheitsgefährdende Beschäftigung ausüben (Abs. 1 Nr. 2),
  - Nach- und Festigungskuren wegen Geschwulsterkrankungen für Versicherte, Bezieher einer Rente sowie deren Angehörige (Abs. 1 Nr. 3),
  - stationäre Heilbehandlung für Kinder von Versicherten und Rentenbeziehern (Abs. 1 Nr. 4),
  - Zuwendungen für Einrichtungen der Rehabilitationsforschung und -förderung (Abs. 1 Nr. 5)

5. Besonderheiten in der Alterssicherung der Landwirte (§§ 7–10 ALG)

108 Die landwirtschaftlichen Alterskassen als Träger der Alterssicherung der Landwirte führen für ihre versicherten Landwirte und deren versicherte mithelfende Familienangehörige Leistungen zur medizinischen Rehabilitation unter den gleichen Voraussetzungen wie die Rentenversicherung durch. Sind die versicherungsrechtlichen Voraussetzungen sowohl in der Alterssicherung der Landwirte als auch in der Rentenversicherung erfüllt, ist der Sozialleistungsbereich zuständig, bei dem zuerst der Antrag gestellt wurde.

109 Medizinische und sonstige Leistungen zur Teilhabe werden wie in der Rentenversicherung erbracht. Leistungen zur Teilhabe am Arbeitsleben sieht die Alterssicherung für Landwirte nicht vor.

110 Abweichend von der Rentenversicherung erbringen die Träger der Alterssicherung der Landwirte als ergänzende Leistung Betriebs- oder Haushaltshilfe nach den besonderen leistungsrechtlichen Vorschriften der Alterssicherung der Landwirte (§ 54 Abs. 4 SGB IX).

6. Verfahren

111 Anträge auf Leistungen sind grundsätzlich beim zuständigen Rentenversicherungsträger oder bei der zuständigen Alterskasse zu stellen. Sie können aber auch bei anderen Sozialleistungsträgern, bei Gemeinden oder bei einer Servicestelle für Rehabilitation gestellt werden.

G) Träger der Kriegsopferversorgung und Kriegsopferfürsorge

1. Träger

112 Rechtsgrundlage für die Versorgung und Fürsorge sind das Bundesversorgungsgesetz (BVG) sowie weitere Gesetze, die das BVG für anwendbar erklären, z. B. das Opferentschädigungsgesetz (OEG). Zuständig für die Ausführung dieser Gesetze sind grundsätzlich die Versorgungsämter (§ 2 des Gesetzes über das Verwaltungsverfahren der Kriegsopferversorgung). Leistungen zur Teilhabe am Arbeitsleben werden von den Integrationsämtern erbracht.

2. Leistungsziel

Medizinische Leistungen zur Rehabilitation (Heilbehandlung) werden Beschädigten von den Versorgungsämtern und Landesversorgungsämtern erbracht, um anerkannte Gesundheitsstörungen oder die durch sie bewirkte Beeinträchtigung der Berufs- oder Erwerbsfähigkeit zu beseitigen oder zu bessern, eine Zunahme des Leidens zu verhüten, körperliche Beschwerden zu beheben, die Folgen der Schädigung (Gesundheitsstörung) zu erleichtern oder um den Beschädigten entsprechend den in § 4 Abs. 1 SGB IX genannten Zielen eine möglichst umfassende Teilhabe am Leben in der Gesellschaft zu ermöglichen (§ 10 Abs. 1 Satz 1 BVG). Sie werden Beschädigten, deren Minderung der Erwerbsfähigkeit (MdE) wenigstens 50 v.H. beträgt, auch für Gesundheitsstörungen erbracht, die nicht als Folge einer Schädigung anerkannt sind (§ 10 Abs. 2 BVG, sofern keine Ausschlussgründe nach § 10 Abs. 7 BVG vorliegen). 113

Leistungen zur Teilhabe am Arbeitsleben werden von den Integrationsämtern erbracht, um die Folgen der erlittenen Schädigung angemessen auszugleichen oder zu mildern. Sie sollen dazu beitragen, das Streben des Beschädigten wirksam zu unterstützen, eine angemessene Lebensstellung zu erlangen und sich zu erhalten sowie insbesondere die Erwerbsfähigkeit entsprechend der Leistungsfähigkeit zu erhalten, zu bessern, herzustellen oder wiederherzustellen und den Beschädigten hierdurch möglichst auf Dauer beruflich einzugliedern (§ 26 Abs. 1 BVG). 114

3. Anspruchsberechtigung

Versorgungsberechtigt sind grundsätzlich

- Deutsche, deutsche Volkszugehörige oder in deutschen Diensten Stehende bei gesundheitlichen Schäden, insbesondere durch militärische oder militärähnliche Dienstverrichtungen, durch Kriegseinwirkung, Kriegsgefangenschaft oder Internierung (§§ 1–8 BVG), und deren Hinterbliebene (§§ 38 ff. BVG), Soldaten und ehemalige Soldaten der Bundeswehr bei gesundheitlichen Schädigungen in Ausübung des Wehrdienstes (Wehrdienstbeschädigung) und deren Hinterbliebene (§§ 80, 81, 82 Abs. 1 BVG), 115
- Zivildienstleistende bei Zivildienstbeschädigung und deren Hinterbliebene (§§ 47, 48 Abs. 1 ZDG),
- ehemals aus politischen Gründen in den Ostgebieten inhaftierte deutsche Staatsangehörige und Personen deutscher Volkszugehörigkeit, deren Angehörige und deren Hinterbliebene (§ 1 Abs. 2 Nr. 3 BVFG, § 1 HHG),
- Impfgeschädigte und deren Hinterbliebene (§ 60 ISG),
- Ehefrauen und die sonstigen unterhaltsberechtigten Angehörigen eines Kriegsgefangenen (§ 1 UBG),
- Personen, die in der Bundesrepublik Deutschland, auf einem deutschen Schiff oder Luftfahrzeug infolge eines vorsätzlichen, rechtswidrigen tätlichen Angriffs eine gesundheitliche Schädigung erlitten haben oder die Hinterbliebenen eines Geschädigten (§ 1 OEG). Ausländer haben nach besonderen Vorschriften Anspruch auf Entschädigung.

Daneben ist ein weiterer Kreis von Personen zu bestimmten Leistungen nach dem BVG berechtigt:
- Der Schwerbeschädigte erhält für seine Angehörigen (§ 10 Abs. 4 Satz 1 Buchst. a BVG) oder der Empfänger einer Pflegezulage für seine ständige unentgeltliche Pflegeperson (§ 10 Abs. 4 Satz 1 Buchst. b BVG) Leistungen zur medizinischen Rehabilitation und Krankenbehandlung nach § 10 Abs. 4 BVG, wenn nach § 10 Abs. 7 BVG keine Ausschlussgründe vorliegen. 116
- Witwen, Waisen und versorgungsberechtigten Eltern wird medizinische Rehabilitation (Krankenbehandlung) erbracht, um Gesundheitsstörungen oder die durch sie bewirkte Beeinträchtigung der Berufs- oder Erwerbsfähigkeit zu beseitigen oder zu bessern, eine Zunahme des Leidens zu verhüten, körperliche Beschwerden zu beheben oder die Folgen

der Behinderung zu erleichtern (§ 10 Abs. 4 Satz 1 BVG) und ihnen entsprechend den in § 4 Abs. 1 SGB IX genannten Zielen eine möglichst umfassende Teilhabe am Leben in der Gesellschaft zu ermöglichen (§ 10 Abs. 4 Satz 2 BVG), wenn der Anspruch auf Krankenbehandlung nicht nach § 10 Abs. 7 BVG ausgeschlossen ist.

4. Leistungen

117 Gewährt werden können Leistungen zur medizinischen Rehabilitation sowie ergänzende Leistungen hierzu.
Ferner kommen in Betracht Leistungen zur Teilhabe am Arbeitsleben und ebenfalls ergänzende Leistungen zu diesen.

a) Leistungen zur medizinischen Rehabilitation

118 Die Heil- und Krankenbehandlung umfasst nach §§ 11, 12, 13 BVG
 – ambulante ärztliche und zahnärztliche Behandlung,
 – Versorgung mit Arznei- und Verbandmitteln,
 – Versorgung mit Heilmitteln einschließlich Brillen und Kontaktlinsen,
 – Krankengymnastik, Bewegungstherapie, Sprachtherapie und Beschäftigungstherapie,
 – Versorgung mit Zahnersatz (bei Krankenbehandlung Zuschüsse),
 – stationäre Behandlung in einem Krankenhaus (Krankenhausbehandlung),
 – stationäre Behandlung in einer Rehabilitationseinrichtung,
 – häusliche Krankenpflege,
 – Ausstattung mit Körperersatzstücken, orthopädischen und anderen Hilfsmitteln, Blindenführhunde sowie die Ausbildung im Gebrauch von Hilfsmitteln (§ 11 Abs. 1 Satz 1 Nr. 8, § 13 BVG und Orthopädieverordnung),

119 – Psychotherapie als ärztliche und psychotherapeutische Behandlung und Soziotherapie (§ 11 Abs. 1 Satz 1 Nr. 11 BVG),
 – Ersatzleistungen als Ergänzung zur orthopädischen Versorgung, nicht bei Krankenbehandlung (§ 11 Abs. 3 BVG i. V. m. Orthopädieverordnung),
 – Belastungserprobung und Arbeitstherapie,
 – nichtärztliche sozialpädiatrische Leistungen,
 – stationäre Behandlung in einer Kureinrichtung – Badekuren – nur für Beschädigte (§ 11 Abs. 2 BVG) und Ehegatten, Eltern und unentgeltliche Pflegepersonen von Pflegezulageempfängern (§ 12 Abs. 3 BVG),
 – ambulante und stationäre Vorsorge- und Rehabilitationskuren für Krankenbehandlungsbedürftige (§ 12 Abs. 1, 4 BVG),
 – heilpädagogische Behandlung und heilgymnastische Übungen für Impfgeschädigte (§ 62 ISG).

120 Die bei einer **Krankenkasse** versicherten Personen erhalten die Leistungen zur medizinischen Rehabilitation im Allgemeinen von ihrer Krankenkasse. Ausnahmen bestehen z. B. bei Zahnersatz, Hilfsmitteln, Badekuren.

b) Ergänzende Leistungen zur medizinischen Rehabilitation

121 Als ergänzende Leistungen zur medizinischen Rehabilitation werden gewährt:
 – Versorgungskrankengeld (§§ 16–16h BVG),
 – Beiträge zur gesetzlichen Rentenversicherung und zur Arbeitsförderung (§ 22 BVG),
 – Reisekosten, auch für Familienheimfahrten und Kosten für eine wegen der Verletzung erforderliche Begleitperson sowie des erforderlichen Gepäcktransports, ebenfalls bei Krankenbehandlung (§ 24 BVG),

– Versehrtenleibesübungen als Gruppenbehandlung unter ärztlicher Überwachung (§ 11a BVG),
– Haushaltshilfe und Leistungen bei Schwerpflegebedürftigkeit, auch bei Krankenbehandlung (§ 11 Abs. 4, § 12 Abs. 5 BVG),
– finanzielle Hilfe für Blinde zum Unterhalt eines Führhundes oder als Beihilfe zu den Aufwendungen für fremde Führung (§ 14 BVG),
– Pauschbetrag für außergewöhnlichen Verschleiß an Kleidung und Wäsche (§ 15 BVG, Durchführungsverordnung zu § 15 BVG),
– Beihilfe bei Heilbehandlung wegen erheblicher Beeinträchtigung der Erwerbsgrundlage (§ 17 BVG).

c) Leistungen zur Teilhabe am Arbeitsleben

Beschädigte erhalten nach § 26 Abs. 1–3 BVG Leistungen zur Teilhabe am Arbeitsleben **122**
– nach den **§§ 33–38 SGB IX** sowie im Eingangsverfahren und im Berufsbildungsbereich der **Werkstätten für behinderte Menschen** (§ 40 SGB IX).
   Im **Arbeitsbereich** einer anerkannten Werkstatt für behinderte Menschen sind unter den Voraussetzungen des § 27d Abs. 1 Nr 6 BVG Leistungen zu erbringen für behinderte Menschen, bei denen eine Beschäftigung auf dem allgemeinen Arbeitsmarkt oder Berufsvorbereitung, berufliche Anpassung und Weiterbildung oder berufliche Ausbildung (§ 33 Abs. 3 Nr. 2 bis 4) wegen Art und Schwere der Behinderung nicht, noch nicht oder noch nicht wieder in Betracht kommen und die in der Lage sind, wenigstens ein Mindestmaß an wirtschaftlich verwertbarer Arbeitsleistung zu erbringen (§§ 41, 42 Abs. 2 Nr. 6 SGB IX). Zu den gegebenenfalls zu erbringenden Leistungen gehört auch das Arbeitsförderungsgeld nach § 43 SGB IX.
– bei Unterbringung in einer Einrichtung der beruflichen Rehabilitation. Die dort entstehenden Aufwendungen werden vom Träger der Kriegsopferfürsorge als Sachleistungen getragen.
– als Hilfen zur Gründung und Erhaltung einer selbstständigen Existenz, regelmäßig als Darlehen.

d) Ergänzende Leistungen zur Teilhabe am Arbeitsleben

Als ergänzende Leistungen zur beruflichen Rehabilitation werden nach § 26 Abs. 4 BVG gewährt: **123**
– Übergangsgeld und Unterhaltsbeihilfen (§ 26a BVG),
– Beiträge zur gesetzlichen Rentenversicherung,
– Haushaltshilfe (§ 54 SGB IX),
– sonstige Leistungen, um das Ziel der Rehabilitation zu erreichen oder zu sichern,
– Reisekosten (§ 53 SGB IX).

5. Verfahren

Bei Leistungen zur **medizinischen Rehabilitation**: **124**

Anträge sind an die Krankenkasse, an das für den Wohnsitz des Antragstellers zuständige Amt für Versorgung und Soziales (Versorgungsamt), an das Landesversorgungsamt oder an die Orthopädische Versorgungsstelle zu richten. Sie können aber auch bei anderen Sozialleistungsträgern, bei Gemeinden oder bei einer Servicestelle für Rehabilitation gestellt werden.

Bei Leistungen zur **Teilhabe am Arbeitsleben**: **125**

Anträge auf Leistungen sind grundsätzlich an die für den Wohnsitz zuständige örtliche Fürsorgestelle des Kreises bzw. der Gemeinde oder an das Integrationsamt zu richten. Sie können aber auch bei anderen Sozialleistungsträgern, bei Gemeinden oder bei einer Servicestelle für Rehabilitation gestellt werden.

H) Öffentliche Jugendhilfe

1. Träger

126 Örtliche Träger der öffentlichen Jugendhilfe sind die Kreise und kreisfreien Städte (§ 69 Abs. 1 Satz 1 SGB VIII). Die überörtlichen Träger werden durch das jeweilige Landesrecht bestimmt (§ 69 Abs. 1 Satz 2 SGB VIII).

Mit Inkrafttreten des SGB IX sind die Träger der öffentlichen Jugendhilfe erstmals Rehabilitationsträger geworden. Hierbei wurde nur eine sog. "kleine Lösung" verwirklicht, nämlich die Verantwortung der öffentlichen Jugendhilfe für die Eingliederung seelisch behinderter junger Menschen nach § 35a SGB VIII fortgeschrieben.

Abgelehnt wurde eine große Lösung, die der Jugendhilfe die Eingliederungshilfe für alle behinderten Kinder und Jugendlichen zugewiesen hätte (Wiesner ZfJ 2001, 281/285).

2. Leistungsziel

127 Die Eingliederungshilfe für seelisch behinderte Kinder und Jugendliche hat zum Ziel, eine drohende Behinderung zu verhüten oder eine Behinderung oder deren Folgen zu beseitigen oder zu mildern und die behinderten jungen Menschen in die Gesellschaft einzugliedern. Hierzu gehört vor allem, den behinderten Menschen die Teilhabe am Leben in der Gemeinschaft zu ermöglichen oder zu erleichtern, ihnen die Ausübung eines angemessenen Berufs oder einer sonstigen angemessenen Tätigkeit zu ermöglichen oder sie soweit wie möglich unabhängig von Pflege zu machen (§ 35a Abs. 3 SGB VIII i. V. m. § 39 Abs. 3 BSHG).

3. Anspruchsberechtigung

128 Anspruch auf Eingliederungshilfe durch die öffentliche Jugendhilfe haben **Kinder** oder **Jugendliche**, wenn ihre seelische Gesundheit mit hoher Wahrscheinlichkeit länger als sechs Monate von dem für ihr Lebensalter typischen Zustand abweicht und daher ihre Teilhabe am Leben in der Gesellschaft beeinträchtigt ist oder eine solche Beeinträchtigung zu erwarten ist (§ 35a Abs. 1 SGB VIII). Zwischen kinderspezifischen und jugendspezifischen Entwicklungsstörungen und seelischen Behinderungen besteht ein enger Zusammenhang, der sich entsprechend der Entwicklung ändern kann. Deshalb sieht das Gesetz von den – in BSHG und in der Eingliederungshilfe VO enthaltenen – Einschränkungen einer "wesentlichen" und "nicht nur vorübergehenden" seelischen Behinderung ab, die sich an Kriterien der Erwachsenenpsychiatrie orientieren (VGH Kassel, ZfJ 1997, 435 = DAVorm 1997, 930 [Ls]).

Diese Art der Hilfe kann auch **jungen Volljährigen** – in der Regel bis zur Vollendung des 21. Lebensjahres – gewährt werden. Die Hilfe nach § 41 SGB VIII setzt nicht voraus, dass der junge Volljährige seine Verselbständigung bis zur Vollendung des 21. Lebensjahres erreichen wird (BVerwGE 109. 325 = ZfJ 2000, 191 = FEVS 51, 337 = DVBl 2000, 1208 = DÖV 2000, 734 = ZfSH/SGB 2000, 629 = NJW 2000, 2688). In begründeten Einzelfällen soll sie für einen begrenzten Zeitraum darüber hinaus fortgesetzt werden (§ 41 Abs. 1 SGB VIII). Dieser "**begrenzte Zeitraum**" kann insbesondere bei Eingliederungshilfe wegen seelischer Behinderung auch bis zur Vollendung des 27. Lebensjahres dauern (UVG Lüneburg, FEVS 52, 7). Bei Kindern und Jugendlichen ist unmittelbar anspruchsberechtigt der Personensorgeberechtigte (§ 27 Abs. 1 SGB VIII). Der Rechtsanspruch auf Eingliederungshilfe nach § 35a SGB VIII steht aber nicht den Personensorgeberechtigten, sondern dem seelisch behinderten oder von einer solchen Behinderung bedrohten Kind oder Jugendlichen selbst zu (VGH Mannheim, VGHBW-Ls 1999, Beilage 9, BG = DöV 2000, 83 [Ls]). Jungen Volljährigen steht der Anspruch in eigener Person zu (§ 41 Abs. 2 SGB VIII).

Vor der Gewährung von Eingliederungshilfe nach § 35a SGB VIII soll bei der Aufstellung **129**
und Änderung des Hilfeplans sowie bei der Durchführung der Hilfe ein Arzt beteiligt werden, der über besondere Erfahrungen in der Hilfe für behinderte Menschen verfügt (§ 36 Abs. 3 Satz 1 SGB VIII). Vor Maßnahmen der beruflichen Eingliederung soll auch die Bundesagentur für Arbeit beteiligt werden (§ 36 Abs. 3 Satz 2 SGB VIII).

Wegen des allgemeinen **Nachrangs der Jugendhilfe** nach § 10 Abs. 1 SGB VIII greift die **130**
Eingliederungshilfe des Jugendamtes aber nur ein, wenn nicht der behinderungsbedingte Bedarf bereits von einem anderen (Sozial-)Leistungsträger gedeckt werden muss. Vorrangig zuständig sind die Krankenkassen dann, wenn eine behandlungsbedürftige Krankheit mit der grundsätzlichen Möglichkeit einer Heilung vorliegt (Vondung in LPK-SGB VIII § 35a Rdnr. 10)

Abgrenzungsprobleme zu den Leistungen der Krankenkassen ergeben sich vor allem, weil **131**
diese nicht nur medizinische Leistungen nach § 27 Nr. 1 SGB V, sondern auch rehabilitative Leistungen nach § 43 Nr. 2 SGB V, nichtärztliche sozialpädiatrische Leistungen nach § 43a SGB V und Leistungen in Frühförderstellen und sozialpädiatrischen Zentren nach § 119 SGB V anbieten. Allerdings obliegt der gesetzlichen Krankenversicherung vor allem die Diagnose und die typische ambulante psychotherapeutische Behandlung einer akuten seelischen Störung. Hingegen ist sie für stationäre Maßnahmen der medizinischen Rehabilitation nur nachrangig zuständig (§ 40 Abs. 4 SGB V). Das gilt insbesondere gegenüber der Rentenversicherung (§ 15 Abs. 2 SGB VI). Die Rentenversicherung ist wiederum für psychisch erkrankte junge Menschen nur im Rahmen des § 1 Satz 1 Nr. 2a, b und Nr. 3 SGB VI zuständig. Deshalb können stationäre Maßnahmen der medizinischen Rehabilitation letztlich Aufgabe des Jugendhilfeträgers sein (Vondung a. a. O. m. w. Nachw.).

4. Leistungen

Für die Art der von der öffentlichen Jugendhilfe zu gewährenden Eingliederungshilfe bei **132**
seelischer Behinderung verweist § 35a Abs. 3 SGB VIII auf den § 53 Abs. 3 Satz 3 und Abs. 4 Satz 1 sowie §§ 54, 56 und 57 SGB XII, allerdings mit der Einschränkung: "soweit diese Bestimmungen auch auf seelisch behinderte oder von einer solchen Behinderung bedrohte Personen Anwendung finden."

In Betracht kommen demnach

– Leistungen zur **medizinischen Rehabilitation** (§ 53 Abs. 4 Satz 1 SGB XII entsprechend). **133**
  Hierzu können auch Maßnahmen zur Früherkennung und Frühförderung i. S. v. § 26 Abs. 2 Nr. 2, § 30 SGB IX gehören. Damit können z. B. heilpädagogische Maßnahmen für noch nicht schulpflichtige Kinder gewährt werden (etwa Spiel- oder Musiktherapie, Frühförderprogramme, Unterbringung in Sonderkindergärten, integrative Förderung in allgemeinen Kindergärten). Auch ein notwendiges Elterntraining kann zum Leistungsumfang einer heilpädagogischen Maßnahme gehören (OVG Bremen FEVS 41, 49; OVG Lüneburg FEVS 42, 22). Die Unterbringung in einer Pflegefamilie mit heilpädagogischen Fachkenntnissen kann ebenfalls hierzu zu rechnen sein (Wiesner, SGB VIII § 35a Rdnr. 87).

– Hervorzuheben ist ferner Psychotherapie als ärztliche und psychotherapeutische Behandlung (§ 26 Abs. 2 Nr. 5 SGB IX). **134**
  Allerdings sind für rein medizinische Maßnahmen grundätzlich die Krankenkassen vorrangig zuständig. Sofern der Krankheitsbegriff des SGB V nicht erfüllt ist, können psychiatrische oder psychologische ärztliche Maßnahmen als Eingliederungshilfe vom Jugendamt gewährt werden. Dies trifft vor allem zu bei der Unterbringung in Einrichtungen wie Internaten für seelisch behinderte Menschen, Therapieeinrichtungen für Drogenabhängige usw. Als ärztlich verordnete Maßnahme im Sinne des Gesetzes gilt auch Verhaltenstherapie durch einen Diplompsychologen (BVerwG FEVS 34, 181; OVG Berlin ZfSH 1979,

344); hingegen nicht Psychotherapie durch Heilpraktiker (VGH Kassel ZfSH/SGB 1984, 185/186).

135 – Leistungen zur **Teilhabe am Arbeitsleben** nach § 33 SGB IX sowie sonstige Hilfen zur Erlangung eines geeigneten Platzes im Arbeitsleben (§ 53 Abs. 4 Satz 1 SGB XII entsprechend). Diese Maßnahmen werden vor allem für junge Menschen nach Erreichen der Volljährigkeit in Betracht kommen. Der mögliche Leistungsumfang entspricht dem der Bundesagentur für Arbeit (§ 54 Abs. 1 Satz 2 SGB XII entsprechend). Für die Zielgruppe seelisch behinderter junger Menschen von besonderem Interesse dürften sein persönliche Hilfen, aber auch Arbeitstherapien, berufsfördernde Leistungen, Übernahme von Umzugskosten usw. Der Jugendhilfeträger hat aber nur zu leisten, wenn nicht vorrangig die Bundesagentur für Arbeit nach §§ 97 ff. SGB III zuständig ist. Nun sieht § 22 Abs. 2 SGB III für allgemeine und besondere Leistungen zur Teilhabe am Arbeitsleben einen Nachrang der Bundesagentur für Arbeit vor gegenüber anderen Rehabilitationsträgern im Sinne des SGB IX. Nachdem nunmehr auch die öffentlichen Jugendhilfeträger in den Kreis der Rehabilitationsträger einbezogen sind, gehen ihre Leistungen nach § 35a SGB VIII gleichartigen Leistungen nach dem SGB III vor.

136 – Hilfen zu einer **angemessenen Schulausbildung** (§ 54 Abs. 1 Satz 1 Nr. 1 SGB XII entsprechend). Allerdings ist der Jugendhilfeträger zu Leistungen nur verpflichtet, wenn die vorrangige Zuständigkeit der Schule entfällt (z. B. wenn deren Leistungen nicht ausreichen oder aber der junge Behinderte von der Schulpflicht befreit ist). Die Hilfe nach dieser Bestimmung umfasst gem. § 12 EinglHVO auch

– heilpädagogische sowie sonstige Maßnahmen zugunsten behinderter Kinder und Jugendlicher, wenn die Maßnahmen erforderlich und geeignet sind, dem behinderten Menschen den Schulbesuch im Rahmen der allgemeinen Schulpflicht zu ermöglichen oder zu erleichtern, etwa durch begleitende psychotherapeutische Maßnahmen oder durch schulbegleitende Maßnahmen (z. B. die Bereitstellung sozialpädagogischen Personals in Regelkindergarten oder Regelschule),

– Maßnahmen der Schulbildung zugunsten behinderter Kinder und Jugendlicher, die erforderlich und geeignet sind, dem jungen Menschen eine im Rahmen der allgemeinen Schulpflicht üblicherweise erreichbare Bildung zu ermöglichen, z. B. durch Nachhilfeunterricht (BVerwG NDV 1986, 291) oder Hausunterricht selbst über das Ende der allgemeinen Schulpflicht hinaus (BVerwG NDV 1992, 339),

– Hilfe zum Besuch einer Realschule, eines Gymnasiums, einer Fachoberschule oder einer gleichgestellten Ausbildungsstätte; soweit dies im Einzelfall nicht zumutbar ist, kann auch sonstige Hilfe zur Vermittlung einer entsprechenden Schulbildung gewährt werden (etwa Hauslehrer, Internatsunterbringung). Voraussetzung für diese Hilfe ist allerdings die auf die Fähigkeiten und Leistungen des behinderten Menschen gestützte Erwartung, dass er das Bildungsziel erreichen wird (§ 12 Nr. 3 Halbs. 2 EinglHVO).

137 – Hilfe zur **schulischen Ausbildung für einen angemessenen Beruf** einschließlich des Besuchs einer Hochschule (§ 54 Abs. 1 Satz 1 Nr. 2 SGB XII entsprechend). Die einzelnen Hilfearten sind in § 13 Abs. 1 EinglHVO beispielhaft aufgeführt. Förderungsfähig sind insbesondere die Ausbildung an einer Berufsfachschule, Berufsaufbauschule, Fachschule oder höheren Fachschule, Hochschule oder Akademie sowie der Besuch sonstiger öffentlicher bzw. staatlich anerkannter oder genehmigter Ausbildungsstätten. Aber auch vorgeschriebene ausbildungs- oder berufsbezogene Praktika, Fernunterricht oder sonstige Maßnahmen zur Vorbereitung der schulischen Ausbildung für einen angemessenen Beruf können im Rahmen dieser Hilfe finanziert werden.

Allerdings wird die Hilfe nur unter den Voraussetzungen des § 13 Abs. 2 EinglHVO gewährt: Erfolgsaussicht und Erforderlichkeit der Ausbildung sowie die Erwartung, dass der Beruf oder die Tätigkeit voraussichtlich eine ausreichende Lebensgrundlage bieten oder – falls dies behinderungsbedingt nicht möglich ist – zur Lebensgrundlage in angemessenem Umfang beitragen wird.

- Hilfe zur **Ausbildung für eine sonstige angemessene Tätigkeit** (§ 54 Abs. 1 Satz 1 Nr. 3 SGB XII entsprechend). Diese kommt vor allem dann in Betracht, wenn die Ausbildung für einen Beruf wegen der Schwere der Behinderung nicht möglich ist.

- Leistungen zur **Teilhabe am Leben in der Gemeinschaft** nach § 55 SGB IX (§ 53 Abs. 4 Satz 1 SGB XII entsprechend). Hiermit kann die soziale Eingliederung seelisch behinderter junger Menschen gefördert werden. Als Maßnahmen kommen z. B. Begegnungen mit nicht behinderten Jugendlichen infrage, etwa durch gemeinsame Freizeitgestaltung oder den Aufenthalt in einem Ferienlager (OVG Münster FEVS 29, 149). Aber auch Hilfen zu selbstbestimmtem Leben in betreuten Wohnmöglichkeiten (§ 55 Abs. 2 Nr. 6) oder bei der Beschaffung einer behinderungsgerechten Wohnung (§ 55 Abs. 2 Nr. 5 SGB IX) können hier einschlägig sein.

- **Nachgehende Hilfe** zur Sicherung der Wirksamkeit der ärztlichen und ärztlich verordneten Maßnahmen und zur Sicherung der Teilhabe am Arbeitsleben (§ 54 Abs. 1 Satz 1 Nr. 5 SGB XII entsprechend).

138

139

140

Die Maßnahmen nach § 54 Abs. 1 SGB XII schließen sich nicht gegenseitig aus, sondern können im Einzelfall bei Vorliegen der Voraussetzungen **auch kumulativ** gewährt werden (vgl. Vondung in LPK-SGB VIII § 35a Rdnr. 15). 141

Grundsätzlich ist die Durchführung der Hilfe auch im **Ausland** möglich, wenn dies im Interesse der Eingliederung des behinderten Menschen geboten ist, die Dauer der Eingliederungsmaßnahmen durch den Auslandsaufenthalt nicht wesentlich verlängert wird und keine unvertretbaren Mehrkosten entstehen (vgl. § 23 EinglHVO). Dies kann insbesondere für im Ausland durchgeführte Maßnahmen der Erlebnispädagogik bedeutsam sein. 142

Die Gewährung von **Beihilfen zu Besuchsfahrten** entsprechend § 54 Abs. 2 SGB XII i. V. m. § 35a SGB VIII steht im Ermessen des Jugendhilfeträgers. Stellt sich die Reise allerdings selbst als Maßnahme der Eingliederungshilfe dar – z. B. die Heimreise eines im Internat untergebrachten Schülers –, besteht ein Rechtsanspruch des Hilfeempfängers auf die Leistung. In allen anderen Fällen können die Kosten der Reise selbst dann übernommen werden, wenn die Besuchsreise für die Erreichung des Eingliederungsziels zwar nicht zweifelsfrei notwendig, aber zumindest nützlich ist (BVerwGE 35, 99). 143

Seelisch behinderte junge Menschen haben gegebenenfalls Anspruch auf Leistungen der öffentlichen Jugendhilfe in einer anerkannten **Werkstatt für behinderte Menschen** nach § 41 SGB IX oder in vergleichbaren sonstigen Beschäftigungsstätten nach § 41 BSHG (§ 56 SGB XII entsprechend). Diese werden erbracht, um die Leistungs- oder Erwerbsfähigkeit der behinderten Menschen zu erhalten, zu entwickeln, zu verbessern oder wiederherzustellen und ihre Beschäftigung zu ermöglichen oder zu sichern (§ 39 SGB IX). 144

Leistungen im Eingangsverfahren und im Berufsbildungsbereich einer anerkannten Werkstatt für behinderte Menschen erhalten behinderte Menschen 145

- im **Eingangsverfahren** nach § 40 Abs. 1 Nr. 1 SGB IX zur Feststellung, ob die Werkstatt die geeignete Einrichtung für die Teilhabe des behinderten Menschen am Arbeitsleben ist. Die Leistungen können im Einzelfall bis zu drei Monaten erbracht werden. Sie werden bis zu vier Wochen erbracht, wenn die notwendigen Feststellungen in dieser Zeit getroffen werden können (§ 40 Abs. 2 SGB IX),

- im **Berufsbildungsbereich**, wenn die Leistungen erforderlich sind, um die Leistungs- oder Erwerbsfähigkeit des behinderten Menschen so weit wie möglich zu entwickeln, zu verbessern oder wiederherzustellen und erwartet werden kann, dass der behinderte Mensch nach Teilnahme an diesen Leistungen in der Lage ist, wenigstens ein Mindestmaß wirtschaftlich verwertbarer Arbeitsleistungen zu erbringen (§ 40 Abs. 1 Nr. 2 SGB IX). Diese Leistungen werden für zwei Jahre erbracht. Sie werden in der Regel für ein Jahr bewilligt und sodann für ein weiteres Jahr, wenn die Leistungsfähigkeit des behinderten Menschen weiterentwickelt oder wiedergewonnen werden kann (§ 40 Abs. 3 SGB IX).

146 Im **Arbeitsbereich** einer anerkannten Werkstatt für behinderte Menschen erbringen die Träger der öffentlichen Jugendhilfe Leistungen für seelisch behinderte junge Menschen, bei denen eine Beschäftigung auf dem allgemeinen Arbeitsmarkt oder Berufsvorbereitung, berufliche Anpassung und Weiterbildung oder berufliche Ausbildung (§ 33 Abs. 3 Nr. 2 bis 4 SGB IX) wegen Art und Schwere der Behinderung nicht, noch nicht oder noch nicht wieder in Betracht kommen und die in der Lage sind, wenigstens ein Mindestmaß an wirtschaftlich verwertbarer Arbeitsleistung zu erbringen (§§ 41, 42 Abs. 2 Nr. 3 SGB IX). Zu den gegebenenfalls zu erbringenden Leistungen gehört auch das Arbeitsförderungsgeld nach § 43 SGB IX.

147 Die Eingliederungsmaßnahmen für seelisch behinderte junge Menschen können nach § 35a Abs. 2 SGB VIII in **vier Grundformen** geleistet werden, nämlich ambulant, in Tageseinrichtungen oder teilstationär, durch geeignete Pflegepersonen und schließlich in Einrichtungen über Tag und Nacht sowie sonstigen Wohnformen.

Ist gleichzeitig Hilfe zur Erziehung zu leisten, sollen Einrichtungen, Dienste und Personen in Anspruch genommen werden, die geeignet sind, sowohl die Aufgaben der Eingliederungshilfe zu erfüllen als auch den erzieherischen Bedarf zu decken (§ 35a Abs. 4 Satz 1 SGB VIII). Heilpädagogische Maßnahmen in Tageseinrichtungen für Kinder im Vorschulalter sollen nach Maßgabe des Hilfebedarfs in Einrichtungen gewährt werden, in denen behinderte und nicht behinderte Kinder gemeinsam betreut werden (§ 35a Abs. 4 Satz 2 SGB VIII).

148 Bei Eingliederungshilfe für seelisch behinderte junge Menschen durch Pflegepersonen bzw. in stationären Einrichtungen sowie sonstigen Wohnformen ist auch **Krankenhilfe** zu leisten (§ 40 Satz 1 SGB VIII). Diese umfasst in entsprechender Anwendung von Bestimmungen des SGB XII auch vorübergehende Gesundheitshilfe (§ 47 SGB XII), Hilfe bei Krankheit (§ 48 SGB XII), Hilfe zur Familienplanung (§ 49 SGB XII), Hilfe bei Schwangerschaft und Mutterschaft (§ 50 SGB XII) und Hilfe bei Sterilisation (§ 51 SGB XII). Die Einzelheiten der Leistungserbringung und Vergütung richten sich nach § 52 SGB XII entsprechend.

In geeigneten Fällen kann das Jugendamt auch angemessene Beiträge für eine freiwillige Krankenversicherung übernehmen (§ 40 Satz 2 SGB VIII).

5. Verfahren

149 Eingliederungshilfe nach § 35a SGB VIII wird auf Antrag des Berechtigten vom Jugendamt gewährt. (Ob der Antrag lediglich verfahrenseinleitende Funktion oder auch materiellrechtliche Bedeutung hat, ist strittig, vgl. Kunkel in LPK-SGB VIII § 36 Rdnr. 1 m. w. Nachw. Jedenfalls darf Hilfe nicht ohne Zustimmung des Personensorgeberechtigten oder jungen Volljährigen geleistet werden.) Die Bewilligung setzt regelmäßig einen Hilfeplan unter ärztlicher Beteiligung gem. § 36 SGB VIII voraus.

I) Träger der Sozialhilfe

1. Träger

150 Sozialhilfe wird von örtlichen und überörtlichen Trägern gewährt (§ 3 Abs. 1 SGB XII). Örtliche Träger sind regelmäßig die kreisfreien Städte und Landkreise (§ 3 Abs. 2 Satz 1 SGB XII). Die überörtlichen Träger werden von den Ländern bestimmt (§ 3 Abs. 3 SGB XII). Die örtliche und sachliche Zuständigkeit ist in §§ 92, 97 Abs. 1 und § 98 SGB XII festgelegt.

151 Mit Inkrafttreten des SGB IX sind die Träger der Sozialhilfe in den Kreis der Rehabilitationsträger einbezogen. Im Rahmen ihrer Zuständigkeit erbringen sie nach § 6 Abs. 1 Nr. 7 SGB IX

– Leistungen zur medizinischen Rehabilitation,
– Leistungen zur Teilhabe am Arbeitsleben,
– Leistungen zur Teilhabe am Leben in der Gemeinschaft.

Neben diesen Teilhabeleistungen erbringen die Sozialhilfeträger weitere Leistungen der Eingliederungshilfe für behinderte Menschen nach dem SGB XII. 152

Für die Leistungen zur Teilhabe gelten die Vorschriften des SGB IX, soweit sich aus dem SGB XII und den dazu erlassenen Rechtsverordnungen nichts Abweichendes ergibt. 153

Die Zuständigkeit und die Voraussetzungen für diese Leistungen zur Teilhabe richten sich nach dem SGB XII (vgl. § 53 Abs. 4 Satz 1 SGB XII).

2. Leistungsziel

Aufgabe der Teilhabeleistungen/Eingliederungshilfe ist es, eine drohende Behinderung zu verhüten oder eine Behinderung oder deren Folgen zu beseitigen oder zu mildern und die behinderten Menschen in die Gesellschaft einzugliedern. Hierzu gehört vor allem, den behinderten Menschen die Teilhabe am Leben in der Gemeinschaft zu ermöglichen oder zu erleichtern, ihnen die Ausübung eines angemessenen Berufs oder einer sonstigen angemessenen Tätigkeit zu ermöglichen oder sie so weit wie möglich unabhängig von Pflege zu machen (§ 53 Abs. 3 SGB XII). 154

3. Anspruchsberechtigung

Personen, die durch eine Behinderung im Sinne von § 2 Abs. 1 Satz 1 SGB IX i. V. m. § 53 Abs. 1 SGB XII wesentlich in ihrer **Fähigkeit, an der Gesellschaft teilzuhaben, eingeschränkt** oder von einer solchen wesentlichen Behinderung bedroht sind, sind Teilhabeleistungen/Eingliederungshilfe zu gewähren, wenn und solange nach der Besonderheit des Einzelfalles, vor allem nach Art oder Schwere der Behinderung, Aussicht besteht, dass die Aufgabe der Eingliederungshilfe erfüllt werden kann. Personen mit einer anderen körperlichen, geistigen oder seelischen Behinderung können – also ohne Rechtsanspruch! – Teilhabeleistungen bzw. Eingliederungshilfe gewährt werden (§ 53 Abs. 1 Satz 2 SGB XII). 155

Von einer Behinderung bedroht im Sinne dieses Gesetzes sind Personen, bei denen der Eintritt der Behinderung nach fachlicher Erkenntnis mit hoher Wahrscheinlichkeit zu erwarten ist (§ 53 Abs. 2 Satz 1 SGB XII). Dies gilt für Personen, für die Hilfe bei Krankheit und vorbeugende Gesundheitshilfe nach § 47 und 48 SGB XII erforderlich ist, nur, wenn auch bei Durchführung dieser Leistungen eine Behinderung einzutreten droht (§ 53 Abs. 2 Satz 2 SGB XII). 156

(einstweilen frei) 157

Sozialhilfe erhält nicht, wer sich selbst helfen kann oder die erforderliche Hilfe von anderen, besonders Angehörigen oder von Trägern anderer Sozialleistungen erhält (§ 2 Abs. 1 SGB XII). 158

Verpflichtungen anderer, besonders Unterhaltspflichtiger oder der Träger anderer Sozialleistungen werden durch das BSHG nicht berührt. Auf Rechtsvorschriften beruhende Leistungen anderer, auf die jedoch kein Anspruch besteht, dürfen nicht deshalb versagt werden, weil nach diesem Gesetz entsprechende Leistungen vorgesehen sind (§ 2 Abs. 2 BSHG). 159

Sozialhilfe als Hilfe in gegenwärtiger Not greift in dem gegliederten Sozialleistungssystem grundsätzlich als **letzte soziale Sicherung**. Ihre Garantiefunktion tritt zurück, wenn der Hilfebedürftige die im Einzelfall erforderliche Hilfe von einem Träger vorrangiger Sozialleistungen erhält. Dabei kommt es auf Einzelheiten in der Ausgestaltung der bedarfsdeckenden Hilfe in den beiden Sozialleistungssystemen auch dann nicht entscheidend an, wenn die Sozialhilfe in einzelnen Beziehungen günstiger ausgestaltet sein sollte. Maßgeblich ist vielmehr, dass die Hilfeleistung nach dem Recht des Trägers der vorrangigen Sozialleistung im Ganzen so ausgestaltet ist, dass der **Bedarf des Hilfebedürftigen angemessen** (§ 9 SGB I: "ausreichend") **abgedeckt** ist und deshalb für ein Eingreifen der Sozialhilfe kein Raum ist (BVerwGE 100, 50 = NVwZ-RR 1996, 508 = ZfSH/SGB 1996, 306 = DVBl 1996, 863 = FEVS 46, 397 = BehindertenR 1997, 21). Ein Wahlrecht des Hilfebedürftigen zwischen diesen beiden Sozialleistungen besteht nicht. Denn der Nachranggrundsatz steht nicht zur Disposition des Hilfebedürftigen. Das "Wunschrecht" des § 3 Abs. 2 BSHG betrifft das "wie" der Hilfeleistung durch einen Träger der Sozialhilfe; es setzt Alternativen der Bedarfsdeckung innerhalb dieses Sozialleistungssystems voraus und begründet keine Befugnis, zwischen den Hilfen unterschiedlicher Sozialleistungssysteme zu wählen (BVerwG a. a. O.).

160 Die Leistungen zur Teilhabe/Eingliederungshilfe nach dem SGB XII für **junge Menschen**, die körperlich oder geistig behindert oder von einer solchen Behinderung bedroht sind, gehen Leistungen zur Teilhabe/Eingliederungshilfe nach dem SGB VIII/KJHG vor (§ 10 Abs. 2 SGB VIII). Hierdurch werden allerdings **andere Leistungen der Jugendhilfe**, z. B. durch Unterbringung in einer Pflegefamilie oder in einem Heim nicht ausgeschlossen (OVG Lüneburg, DAVorm 1998, 143 = FEVS 48, 281; BayVGH, FEVS 52, 471). Das bedeutet zugleich, dass Leistungen zur Teilhabe/Eingliederungshilfe für seelisch behinderte oder von einer seelischen Behinderung bedrohte Kinder und Jugendliche von den Trägern der öffentlichen Jugendhilfe zu erbringen sind (§ 35a SGB VIII). Die Vor- und Nachrangregelung in dieser Vorschrift stellt bei **Mehrfachbehinderung** nicht auf einen Schwerpunkt in Bezug auf eine der beiden Hilfeleistungen ab, sondern allein auf die Art der miteinander konkurrierenden Leistungen. Konkurrieren Jugendhilfeleistungen mit den in Satz 2 genannten Maßnahmen der Eingliederungshilfe, so ist nach Satz 2 die Sozialhilfe zuständig. Konkurrieren Jugendhilfeleistungen mit anderen (als den in Satz 2 genannten) Sozialhilfeleistungen, so ist nach Satz 2 die Jugendhilfe vorrangig (BVerwGE 109, 325 = ZfJ 2000, 191 = FEVS 51, 337 = DVBl. 2000, 1208 = DÖV 2000, 734 = NJW 2000, 2688 = ZfSH/SGB 2000, 620). Für Eingliederungshilfe zur **schulischen Integration** eines seelisch-geistig mehrfachbehinderten Kindes ist der Träger der Sozialhilfe zuständig (VG Leipzig, LkV 2001, 382). Besucht ein behindertes Kind eine integrative Kindertagesstätte, an deren Kosten sich der überörtliche Träger der Sozialhilfe und der Jugendhilfeträger durch Übernahme aller erforderlichen Aufwendungen zur Förderung und Betreuung der behinderten Kinder beteiligt, so besteht kein sozialhilferechtlicher Anspruch auf Übernahme der nach den maßgeblichen Landesrecht von allen Eltern in gleicher Weise für die verbleibenden Betriebskosten der Einrichtung und Verpflegungskosten erhobenen Elternbeiträge durch den überörtlichen Träger der Sozialhilfe (BVerwG, FEVS 501, 6 = DVBl 1999, 1130 = ZfSH/SGB 1999, 548 = NVwZ-RR 1999, 762).

161 Leistungen der Sozialhilfe werden nur im Rahmen der Vorschriften über den **Einsatz von Einkommen und Vermögen** erbracht. Jedoch ist dieser Grundsatz durch **die Sonderregelung des § 92 Abs. 2 SGB XII für Leistungen der Eingliederungshilfe** weitgehend aufgehoben. Eine Bedürftigkeitsprüfung findet also für die in § 19 Abs. 3 SGB XII genannten Personen nicht statt. Diesen ist danach die Aufbringung der Mittel nur für die Kosten des Lebensunterhalts zuzumuten, und zwar

162 gem. § 92 Abs. 2 Satz 1 Nr. 1–6 SGB XII in der Höhe der **ersparten Aufwendungen** für den häuslichen Lebensunterhalt bei

– heilpädagogischen Maßnahmen für Kinder, die noch nicht eingeschult sind,
– der Hilfe zu einer angemessenen Schulbildung einschließlich der Vorbereitung hierzu,
– der Hilfe, die dem behinderten noch nicht eingeschulten Menschen die für ihn erreichbare Teilnahme am Leben in der Gemeinschaft ermöglichen soll,
– der Hilfe zur schulischen Ausbildung für einen angemessenen Beruf oder zur Ausbildung für eine sonstige angemessene Tätigkeit, wenn die hierzu erforderlichen Leistungen in besonderen Einrichtungen für behinderte Menschen erbracht werden,
– Leistungen zur medizinischen Rehabilitation (§ 26 SGB IX),
– Leistungen zur Teilhabe am Arbeitsleben (§ 33 SGB IX),

163 gem. § 92 Abs. 2 Satz Nr. 7 und 8 in Höhe eines Beitrags zu dem in der Einrichtung gewährten **Mittagessen**

- bei Leistungen in anerkannten Werkstätten für behinderte Menschen oder in vergleichbaren sonstigen Beschäftigungsstätten,
- bei Hilfen zum Erwerb praktischer Kenntnisse und Fähigkeiten, die erforderlich und geeignet sind, behinderten Menschen die für sie erreichbare Teilhabe am Arbeitsleben zu ermöglichen, soweit diese Hilfen in besonderen teilstationären Einrichtungen für behinderte Menschen erbracht werden.

Die Aufbringung der Mittel nach § 92 Abs. 2 Satz 1 Nr. 7 und 8 SGB XII (also für das Mittagessen) ist aus dem Einkommen nicht zumutbar, wenn das Einkommen des behinderten Menschen insgesamt einen Betrag in Höhe des zweifachen Regelsatzes nicht übersteigt (§ 92 Abs. 2 Satz 4 SGB XII). **164**

Der **Unterhaltsrückgriff** auf Eltern von Beziehern von Eingliederungshilfe und Hilfe zur Pflege bei vollstationärer Unterbringung volljähriger behinderter Kinder ist seit 1. 1. 2002 begrenzt. Der Anspruch des Sozialhilfeträgers gegen die Eltern wird auf einen einheitlichen monatlichen Pauschalbetrag von 26 bzw. 20 Euro beschränkt (§ 94 Abs. 2 Satz 1 SGB XII). Eine Bedürftigkeitsprüfung sowie die damit verbundenen Härtefallregelungen unterbleiben also. Der Anspruchsübergang ist darüber hinaus ausgeschlossen, wenn er eine nachteilige Härte bedeuten würde. **165**

4. Leistungen

Zu unterscheiden ist zwischen Leistungen, die als Teilhabeleistungen der Eingliederungshilfe nach dem SGB IX erbracht werden, und Leistungen der Eingliederungshilfe nach dem SGB XII. **166**

a) Teilhabeleistungen der Eingliederungshilfe, die nach den Vorschriften des SGB IX erbracht werden

Hierzu gehören namentlich: **167**
- Leistungen zur **medizinischen Rehabilitation** nach § 26 Abs. 2 und 3 SGB IX; diese kommen grundsätzlich nur für Personen in Betracht, die **nicht Mitglied der gesetzlichen Krankenversicherung** sind (OVG Hamburg, FEVS 39, 399 = NVwZ-RR 1990, 567). Denn die Krankenversorgung von Mitgliedern der gesetzlichen Krankenversicherung ist umfassend und abschließend sozialversicherungsrechtlich geregelt, sodass regelmäßig kein Raum für ein Eingreifen der Sozialhilfe bleibt.

  Für die Krankenhauspflege (**Entgiftung**) **eines Alkoholabhängigen**, der keinen Anspruch auf die entsprechenden Sachleistungen der gesetzlichen Krankenversicherung hat, muss der Sozialhilfeträger aufkommen. In keinem Fall hat dafür der Rentenversicherungsträger einzustehen, weil Krankenhausbehandlungen, insbesondere dann, wenn der Versicherte zudem nicht rehabilitationsfähig ist, nicht in den Zuständigkeitsbereich der Rentenversicherung fallen (LSG NRW, Urteil vom 4. Dezember 1984, Amtl. Mitl. VA Rheinpr. 1985, 371 = Meso B 310/70).
- Leistungen zur **Teilhabe am Arbeitsleben** nach § 33 SGB IX i. V. m. § 54 Abs. 1 Nr. 5 SGB XII,
- Leistungen in anerkannten **Werkstätten für behinderte Menschen** und vergleichbaren sonstigen Beschäftigungsstätten nach § 41 SGB IX i. V. m. § 54 Abs. 1 SGB XII.

  Im **Arbeitsbereich** einer anerkannten Werkstatt für behinderte Menschen erbringen die Träger der Sozialhilfe Leistungen für behinderte Menschen, bei denen eine Beschäftigung auf dem allgemeinen Arbeitsmarkt oder Berufsvorbereitung, berufliche Anpassung und Weiterbildung oder berufliche Ausbildung (§ 33 Abs. 3 Nr. 2 bis 4 SGB IX) wegen Art und Schwere der Behinderung nicht, noch nicht oder noch nicht wieder in Betracht kommen und die in der Lage sind, wenigstens ein Mindestmaß an wirtschaftlich verwertbarer Arbeitsleistung zu erbringen (§§ 41, 42 Abs. 2 Nr. 4 SGB IX). Zu den gegebenenfalls zu erbringenden Leistungen gehört auch das Arbeitsförderungsgeld nach § 43 SGB IX. **168**

169 Die Leistungen zur medizinischen Rehabilitation und zur Teilhabe am Arbeitsleben einschließlich der Leistungen in anerkannten Werkstätten für behinderte Menschen entsprechen jeweils den Rehabilitationsleistungen der gesetzlichen Krankenversicherung oder der Bundesagentur für Arbeit (§ 54 Abs. 1 Satz 1 SGB XII). Gegenüber der Bundesagentur besteht allerdings insoweit eine weitergehende Leistungspflicht, als auch die zuletzt genannten Leistungen im Arbeitsbereich der Werkstätten von der Sozialhilfe zu erbringen sind, soweit nicht gesetzliche Unfallversicherung, Träger der Kriegsopferfürsorge oder Jugendhilfeträger vorrangig zuständig sind (§ 42 Abs. 2 SGB IX).

170 – Leistungen zur **Teilhabe am Leben in der Gemeinschaft** nach § 55 SGB IX i. V. m. § 54 Abs. 1 SGB XII.

Hierzu zählen nach § 55 Abs. 2 Nr. 1–7 SGB IX:

– Versorgung mit anderen als den in § 31 SGB IX genannten Hilfsmitteln oder den in § 33 SGB IX genannten Hilfen,

– heilpädagogische Leistungen für Kinder, die noch nicht eingeschult sind. Heilpädagogische Leistungen nach § 55 Abs. 2 Nr. 2 SGB IX werden erbracht, wenn nach fachlicher Erkenntnis zu erwarten ist, dass hierdurch eine drohende Behinderung abgewendet oder der fortschreitende Verlauf einer Behinderung verlangsamt oder die Folgen einer Behinderung beseitigt oder gemildert werden können. Sie werden immer an schwerstbehinderte und schwerstmehrfachbehinderte Kinder, die noch nicht eingeschult sind, erbracht.

In Verbindung mit diesen Maßnahmen werden Leistungen der Früherkennung und Frühförderung (§ 30 SGB IX) und schulvorbereitende Maßnahmen der Schulträger als Komplexleistung erbracht (§ 56 SGB IX).

– Hilfen zum Erwerb praktischer Kenntnisse und Fähigkeiten, die erforderlich und geeignet sind, behinderte Menschen die für sie erreichbare Teilnahme am Leben in der Gemeinschaft zu ermöglichen,

– Hilfen zur Förderung der Verständigung mit der Umwelt. Bedürfen schwerbehinderte Menschen oder behinderte Menschen mit besonders starker Beeinträchtigung der Sprachfähigkeit aufgrund ihrer Behinderung zur Verständigung mit der Umwelt aus besonderem Anlass der Hilfe anderer, werden ihnen die erforderlichen Hilfen zur Verfügung gestellt oder angemessene Aufwendungen hierfür erstattet (§ 57 SGB IX),

– Hilfen bei der Beschaffung, Ausstattung und Erhaltung einer Wohnung, die den besonderen Bedürfnissen der behinderten Menschen entspricht,

– Hilfen zu selbstbestimmtem Leben in betreuten Wohnmöglichkeiten,

171 – Hilfen zur Teilhabe am gesellschaftlichen und kulturellen Leben. Diese umfassen vor allem

– Hilfen zur Förderung der Begegnung und des Umgangs mit nicht behinderten Menschen,

– Hilfen zum Besuch von Veranstaltungen oder Einrichtungen, die der Geselligkeit, der Unterhaltung oder kulturellen Zwecken dienen,

– die Bereitstellung von Hilfsmitteln, die der Unterrichtung über das Zeitgeschehen oder über kulturelle Ereignisse dienen, wenn wegen Art oder Schwere der Behinderung anders eine Teilhabe am Leben in der Gemeinschaft nicht oder nur unzureichend möglich ist (§ 58 SGB IX).

b) Leistungen der Eingliederungshilfe, die nach dem BSHG erbracht werden:

172 Folgende Leistungen haben ihre Rechtsgrundlage ausschließlich in § 54 Abs. 1 SGB XII:

– Hilfe zu einer angemessenen **Schulbildung**, vor allem im Rahmen der allgemeinen Schulpflicht und zum Besuch weiterführender Schulen einschließlich der Vorbereitung hierzu; die Bestimmungen über die Ermöglichung der Schulbildung im Rahmen der allgemeinen Schulpflicht bleiben unberührt (§ 54 Abs. 1 Satz 1 SGB XII, § 12 EinglHVO).

– Hilfe zur **schulischen Ausbildung für einen angemessenen Beruf einschließlich des Besuches einer Hochschule** (§ 54 Abs. 1 Satz 2 SGB XII). Die förderungsfähigen Ausbildungsgänge sind in § 13 Abs. 1 EinglHVO aufgezählt. Hierzu gehört neben Berufsfachschulen und Berufsaufbauschulen auch die Ausbildung an einer Hochschule oder Akademie, die Ableistung eines einschlägigen Praktikums sowie Fernunterricht. Die Hilfe wird gewährt, wenn zu erwarten ist, dass das Ziel der Ausbildung oder der Vorbereitungsmaßnahmen erreicht wird, der beabsichtigte Ausbildungsweg erforderlich ist, der Beruf oder die Tätigkeit voraussichtlich eine ausreichende Lebensgrundlage bieten oder, falls dies wegen Art und Schwere der Behinderung nicht möglich ist, zur Lebensgrundlage in angemessenem Umfang beitragen wird (§ 13 Abs. 2 EinglHVO). 173

Führen **betriebliche und schulische Ausbildung zu gleichwertigen berufsqualifizierenden Abschlüssen** für denselben Beruf (hier: Bürokaufmann/Bürokauffrau) muss sich der behinderte Hilfsbedürftige nach § 2 Abs. 1 SGB XII grundsätzlich auf die Inanspruchnahme berufsfördernder Leistungen zur Rehabilitation durch die für betriebliche Ausbildungen zuständige Arbeitsverwaltung verweisen lassen. Ausnahmsweise kann sozialhilferechtliche Eingliederungshilfe für eine schulische Ausbildung in Anspruch genommen werden, wenn eine **betriebliche Ausbildung** dem behinderten Menschen mit Blick auf seine Behinderung **nicht zumutbar** ist. Das kann der Fall sein, wenn er wegen seiner Behinderung gerade auf eine schulische Ausbildung angewiesen ist oder aber die konkret in Betracht kommenden, von der Arbeitsverwaltung förderbaren betrieblichen oder überbetrieblichen Ausbildungsstätten dem Behinderten nicht unter zumutbaren Bedingungen zugänglich sind oder aber keine behinderungsgerechten Ausbildungsbedingungen aufweisen (BVerwGE 100, 50 = NVwZ-RR 1996, 508 = ZfSH/SGB 1996, 306 = DVBl. 1996, 863 = FEVS 46, 397 = BehindertenR 1997, 21).

– Hilfe zur **Ausbildung für eine sonstige angemessene Tätigkeit** (§ 54 Abs. 1 Satz 1 Nr. 3 SGB XII) wird insbesondere gewährt, wenn die Ausbildung für einen Beruf aus besonderen Gründen, vor allem wegen Art und Schwere der Behinderung, unterbleibt. Die in § 13 Abs. 2 EinglHVO genannten Leistungsvoraussetzungen gelten entsprechend (§ 13a EinglHVO).

– **Nachgehende Hilfe** zur Sicherung der Wirksamkeit der ärztlichen und ärztlich verordneten Maßnahmen und zur Sicherung der Teilhabe behinderter Menschen am Arbeitsleben (§ 54 Abs. 1 Satz 1 Nr. 5 SGB XII, § 17 Abs. 1 EinglHVO).

Soweit es im Einzelfall gerechtfertigt ist, können Beihilfen an den behinderten oder von einer Behinderung bedrohten Menschen oder an seine Angehörigen zum Besuch während der Durchführung der Leistungen der Eingliederungshilfe in einer Anstalt, einem Heim oder einer gleichartigen Einrichtung gewährt werden (§ 54 Abs. 2 SGB XII). Die **Besuchsbeihilfen** sollen dem behinderten Menschen die Kontakte zu Angehörigen und sozialem Umfeld während einer auswärtigen Unterbringung erhalten. 174

Zu den Maßnahmen der Eingliederungshilfe für behinderte Menschen gehören nach § 17 EinglHVO auch Kurse und Lehrgänge zu einer **allgemeinen Ausbildung**, namentlich 175
– die blindentechnische Grundausbildung,
– Kurse und ähnliche Leistungen zugunsten schwer hör- und sprachbehinderter Menschen (§ 1 Nr. 5 und 6 EinglHVO), wenn die Leistung erforderlich und geeignet ist, die Verständigung mit anderen Personen zu ermöglichen oder zu erleichtern,
– hauswirtschaftliche Lehrgänge, die erforderlich und geeignet sind, dem behinderten Menschen die Besorgung des Haushalts ganz oder teilweise zu ermöglichen,
– Lehrgänge und ähnliche Leistungen, die erforderlich und geeignet sind, den behinderten Menschen zu befähigen, sich ohne fremde Hilfe sicher im Verkehr zu bewegen.

Bedarf ein behinderter Mensch wegen der Schwere der Behinderung in erheblichem Umfang der **Betreuung**, so gehört zu den Leistungen der Eingliederungshilfe auch die **Anleitung von Personen**, denen die Betreuung obliegt. Sie sollen mit den durch Art und Schwere der 176

Behinderung bedingten Besonderheiten der Betreuung vertraut gemacht werden können (§ 20 EinglHVO).

177 Erfordern die Leistungen der Eingliederungshilfe die **Begleitung** des behinderten Menschen, so gehören zu seinem Bedarf nach § 22 EinglHVO auch
- die notwendigen Fahrkosten und die sonstigen mit der Fahrt verbundenen notwendigen Auslagen der Begleitperson,
- weitere Kosten der Begleitperson, soweit sie nach den Besonderheiten des Einzelfalles notwendig sind.

178 Leistungen der Eingliederungshilfe für behinderte Menschen können **auch im Ausland** erbracht werden, wenn dies im Interesse der Eingliederung des behinderten Menschen geboten ist, die Dauer der Eingliederungsleistung durch den Auslandsaufenthalt nicht wesentlich verlängert wird und keine unvertretbaren Mehrkosten entstehen (§ 23 EinglHVO).

5. Sonderregelung für behinderte Menschen in Einrichtungen

179 Wird Eingliederungshilfe in einer vollstationären Einrichtung der Behindertenhilfe im Sinne des § 43a SGB XI erbracht, umfasst die Hilfe auch die in der Einrichtung gewährten Pflegeleistungen. Stellt der Träger der Einrichtung fest, dass der behinderte Mensch so pflegebedürftig ist, dass die Pflege in der Einrichtung nicht sichergestellt werden kann, vereinbaren der Träger der Sozialhilfe und die zuständige Pflegekasse mit dem Einrichtungsträger, dass die Hilfe in einer anderen Einrichtung erbracht wird; dabei ist angemessen Wünschen des behinderten Menschen Rechnung zu tragen (§ 55 SGB XII).

6. Weitere Leistungen im Rahmen der Sozialhilfe

180 Blinden ist zum Ausgleich der durch die Blindheit bedingten Mehraufwendungen **Blindenhilfe** nach dem Grundsatz der Nachrangigkeit (Vorrang anderer Sozialleistungsträger) zu erbringen (§ 72 SGB XII).

Allerdings ist zu beachten, dass gleichartige Leistungen nach den Landesblindengesetzen der Länder Vorrang haben vor Blindenhilfe nach dem SGB XII. Diese Landesgesetze sehen teilweise höhere Leistungen und höhere Einkommens- und Vermögensgrenzen vor oder die Leistungen werden ohne Einsatz von Einkommen und Vermögen erbracht.

181 Personen, die wegen einer körperlichen, geistigen oder seelischen Krankheit oder Behinderung für die gewöhnlichen und regelmäßig wiederkehrenden Verrichtungen im Ablauf des täglichen Lebens auf Dauer, voraussichtlich für mindestens sechs Monate, in erheblichem oder höherem Maße der Hilfe bedürfen, ist **Hilfe zur Pflege** zu leisten (§ 61 Abs. 1 Satz 1 SGB XII).

Die Hilfe zur Pflege umfasst häusliche Pflege, Hilfsmittel, teilstationäre Pflege, Kurzzeitpflege und vollstationäre Pflege. Der Inhalt der Hilfen bestimmt sich nach den Regelungen der Pflegeversicherung für die in § 28 Abs. 1 Nr. 1, 5 bis 8 des SGB XI aufgeführten Leistungen. § 28 Abs. 4 SGB XI gilt entsprechend (§ 61 Abs. 2 Satz 2 SGB XII). Der Personenkreis nach § 61 Abs. 1 Satz 1 SGB XII ist identisch mit dem des § 14 Abs. 1 SGB XI. Zudem ist nach § 62 SGB XII der Sozialhilfeträger an die Entscheidung der Pflegekasse über das Ausmaß der Pflegebedürftigkeit gebunden.

182 Der Sozialhilfeträger hat jedoch Leistungen der Hilfe zur Pflege nach dem SGB XII nur für die pflegebedürftigen Personen zu erbringen, die keinen Anspruch auf Leistungen nach dem SGB XI haben (z. B. Pflegebedürftigkeit unterhalb Pflegestufe I), bei denen die Leistungen der Pflegeversicherung im Einzelfall den nachgewiesenen Bedarf nicht abdecken oder die der Hilfe für andere Verrichtungen als nach § 61 Abs. 5 SGB XII bedürfen. Auch insoweit besteht ein **Nachrang der Sozialhilfe**.

7. Verfahren

Für die Gewährung von Sozialhilfe ist kein Antrag erforderlich. Die Sozialhilfe setzt ein, sobald dem Träger der Sozialhilfe oder von ihm beauftragten Stellen bekannt wird, dass die Voraussetzungen für die Gewährung vorliegen (§ 18 SGB XII). **183**

In der Regel wird dem Sozialamt die Hilfebedürftigkeit jedoch durch einen schriftlichen oder mündlichen Antrag des Hilfesuchenden oder eines Angehörigen bekannt. Ein solcher Antrag ist an keine Voraussetzungen gebunden.

Ein Antrag kann beim Sozialamt, aber auch bei anderen Sozialleistungsträgern, bei Gemeinden oder bei einer Servicestelle für Rehabilitation gestellt werden.

V. Literatur

Benz, Manfred, Die Neuregelung des Rechts der beruflichen (Teilhabe am Arbeitsleben) und sozialen (Teilhabe am Leben in der Gemeinschaft) Rehabilitation durch das SGB IX, Die Berufsgenossenschaft 2001, 551

Braun, Stefan, Die Neuregelung des Behindertenrechts durch das SGB IX, Recht im Amt, 2001, 217

Breitkopf, Helmut, SGB IX – Stärkung der Selbsthilfe chronisch kranker und behinderter Menschen, Theorie und Praxis der sozialen Arbeit 2001, 347

Dahm, Dirk, SGB IX – Die Vorstellung eines neuen Gesetzes unter besonderer Berücksichtigung seiner Änderungen des sozialen Entschädigungsrechts und des SGB VII, Die Sozialversicherung 2001, 312

Fuchs, Harry, Reform von historischer Bedeutung – SGB IX: Die Folgen für die medizinische Rehabilitation, Soziale Sicherheit 2001, 150

Glombik, Manfred, Ausführungen zum SGB IX aus der Sicht der Rentenversicherung, RV 2001, 226

Glombik, Manfred, Rehabilitation und Teilhabe behinderter Menschen, RV 2001, 146

Haines, Hartmut, Behinderte Menschen als Partner, Bundesarbeitsblatt 2001, 42

Langguth, Hermann, Das neue Behindertenrecht, Ein Überblick über das Recht der Rehabilitation und Teilhabe behinderter Menschen im SGB IX vom 19. Juni 2001, DStR 2001, 1351

Liebig, Olaf, Individuelle Wunschrechte gestärkt, Bundesarbeitsblatt 2001, 12

Marburger, Dietmar, SGB IX: Beziehungen zwischen Renten- und Krankenversicherung, RV 2001, 181

Mehrhoff, Friedrich, Neues Rehabilitationsrecht im SGB IX, Die Berufsgenossenschaft 2001, 540

Mrozynski, Peter, Rehabilitationsleistungen – Integrierte Versorgung im gegliederten System, Überlegungen zum SGB IX, Die Sozialgerichtsbarkeit 2001, 277

Niemann, Frank, Die Kodifizierung des Behinderten- und Rehabilitationsrechts im SGB IX – Recht der Rehabilitation und Teilhabe behinderter Menschen, NZS 2001, 583

Rische, Herbert, SGB IX – Paradigmenwechsel vollzogen? – Das SGB IX aus der Sicht der gesetzlichen Rentenversicherung

Spereiter, Carsten, SGB IX als Leistungsgesetz, Bundesarbeitsblatt 2001, 18

Steinmeyer, Horst, Änderungen des SGB III durch das SGB IX, Info also 2001, 135

Waldeyer-Jeebel, Reinhild, Rehabilitation: Mehr Service für behinderte Menschen, Gesundheit und Gesellschaft, 2001, 14

Welti, Felix/**Sulek**, Constanze, Die Ordnungsfunktion des SGB IX für das Recht der Rehabilitation und Teilnahme, RdsE Bd. 42, 40

Welti, Felix, Chance und Verpflichtung, Das neue Recht der Teilhabe und Rehabilitation (SGB IX), Soziale Sicherheit 2001, 146

Wendt, Sabine, Neustrukturierung des Sonderarbeitsmarkts für Menschen mit Behinderung durch die Reform des Reha-Rechts – Folgen für die Werkstatt für Behinderte, Rehabilitation 2001, 92

Wiesner Reinhard, Die Bedeutung des Neunten Buches Sozialgesetzbuch – Rehabilitation- und Teilhabe behinderter Menschen – für die Kinder- und Jugendhilfe, ZfJ 2001, 281.

§ 6a
Rehabilitationsträger für Leistungen zur Teilhabe am Arbeitsleben nach dem Zweiten Buch

[1]Die Bundesagentur für Arbeit ist auch Rehabilitationsträger für die Leistungen zur Teilhabe am Arbeitsleben für behinderte erwerbsfähige Hilfebedürftige im Sinne des Zweiten Buches, sofern nicht ein anderer Rehabilitationsträger zuständig ist. [2]Die Zuständigkeit der Arbeitsgemeinschaft oder des zugelassenen kommunalen Trägers für die Leistungen zur beruflichen Teilhabe behinderter Menschen nach § 16 Abs. 1 des Zweiten Buches bleibt unberührt. [3]Die Bundesagentur für Arbeit unterrichtet die zuständige Arbeitsgemeinschaft oder den zugelassenen kommunalen Träger und den Hilfebedürftigen schriftlich über den festgestellten Rehabilitationsbedarf und ihren Eingliederungsvorschlag. [4]Die Arbeitsgemeinschaft oder der zuständige kommunale Träger entscheidet unter Berücksichtigung des Eingliederungsvorschlages innerhalb von drei Wochen über die Leistungen zur beruflichen Teilhabe.

ERLÄUTERUNGEN

ÜBERSICHT

I. Bedeutung der Vorschrift (Rdnrn. 1–5)
II. Fassung (Rdnrn. 6–11)

I. Bedeutung der Vorschrift

1 Soweit hilfebedürftige behinderte Menschen als Arbeitssuchende oder deren Angehörige **Leistungen nach dem SGB II** erhalten, sind **Träger** hierfür zwar die **Bundesagentur für Arbeit** (§ 6 Abs. 1 Nr. 1 SGB II) und die **kreisfreien Städte und Kreise** für die in Nr. 2 jener Vorschrift genannten Leistungen, soweit diesbezüglich durch Landesrecht nichts anderes bestimmt ist. Unter den Voraussetzungen der „Experimentierklausel" des § 6a SGB II konnten auch bis zu 69 kommunale Träger als sog. **Optionskommunen** befristet dafür zugelassen werden, anstelle der BA fast alle Aufgaben der Grundsicherung für Arbeitssuchende wahrzunehmen.

2 Im Regelfall werden aber diese Aufgaben **örtlich durch eine Arbeitsgemeinschaft** („ARGE", „Job-Center") unter Beteiligung der Agentur für Arbeit und des kommunalen Trägers erfüllt (§ 44b SGB II). Ihr obliegt insoweit die Leistungszuständigkeit und Entscheidungskompetenz. Die Vorschrift stellt in **Satz 1** klar, dass diese Rechtskonstruktion nichts an der rechtlichen **Verantwortung der Bundesagentur für Arbeit als Rehabilitationsträger** für Leistungen zur Teilhabe am Arbeitsleben ändert. Arbeitsgemeinschaften bzw. Optionskommunen sind also keine Rehabilitationsträger im Sinne des SGB II.

3 Allerdings bleibt nach **Satz 2** die **Zuständigkeit der Arbeitsgemeinschaft oder des zugelassenen kommunalen Trägers** für die Leistungen zur beruflichen Teilhabe behinderter Men-

schen nach § 16 Abs. 1 SGB II **unberührt**. Dies soll klarstellen, dass ungeachtet der Rehabilitationsträgerschaft der Bundesagentur für Arbeit weiterhin die ARGE bzw. die Optionskommune für die Erbringung der Leistungen zur beruflichen Teilhabe nach der genannten Regelung zuständig bleiben. Jedenfalls für die zugelassenen kommunalen Träger führt dies zu einem nicht unbedenklichen **Auseinanderfallen von Handlungsverantwortung und Finanzverantwortung** (hierzu näher GK SGB IX / Löschau Rdnr. 14).

Die im SGB II vorgesehene örtliche Zuständigkeit für die Leistungsbewilligung und Ausführung soll sich auch nicht **nachteilig für die Betroffenen auswirken**: Deshalb hat die **Bundesagentur für Arbeit** zunächst nach Maßgabe des § 14 SGB IX den individuellen Rehabilitationsbedarf festzustellen und unter Berücksichtigung der Wunsch- und Wahlrechte des behinderten Menschen gemäß § 9 SGB IX einen **Eingliederungsvorschlag** zu erstellen. Soweit die BA nicht selbst zuständiger Leistungsträger nach dem SGB II ist, muss sie die **ARGE oder die Optionskommune schriftlich hierüber informieren (Satz 3)**. Diese hat sodann unter Berücksichtigung des Vorschlags innerhalb von drei Wochen zu entscheiden **(Satz 4)**. Der Vorschlag kann konkrete Maßnahmen umfassen, ggf. aber auch die erforderliche Weiterleitung an einen anderen zuständigen Träger (vgl. § 14 Abs. 6 SGB IX).

4

„Berücksichtigung" bedeutet keine strikte Bindung der ARGE bzw. Kommune an den Vorschlag. Ihm wird aber regelmäßig zu folgen sein, falls keine schwerwiegenden Gründe hiergegen sprechen (ebenso GK SGB X / Löschau Rdnr. 19). ARGE oder Optionskommune müssen jedenfalls innerhalb der **Dreiwochenfrist** entscheiden, die der allgemein für Rehabilitationsträger geltenden Frist nach § 14 Abs. 2 Sätze 2 und 3 SGB IX entspricht. Sie beginnt mit dem Eingang des Eingliederungsvorschlags der Bundesagentur für Arbeit.

5

II. Fassung

Die Regelung wurde eingefügt durch Art. 5 Nr. 2 des Gesetzes zur Fortentwicklung der Grundsicherung für Arbeitssuchende vom 20. Juli 2006 (BGBl. I S. 1706) mit Wirkung vom 1. Januar 2005.

6

Der **Gesetzentwurf der Fraktionen von CDU/CSU und SPD** vom 9. Mai 2006 (**BT-Drucks. 16/1410**) hatte ursprünglich nur den Satz 1 der geltenden Vorschrift vorgesehen. Dies war auf S. 33 wie folgt begründet worden:

7

„Die Regelung stellt klar, dass die Bundesagentur für Arbeit auch für den Personenkreis der behinderten hilfebedürftigen Personen nach dem Zweiten Buch Rehabilitationsträger für die Leistungen zur Teilhabe am Arbeitsleben im Sinne des § 6 Abs. 1 Satz 1 Nr. 2 dieses Buches ist, sofern kein anderer Rehabilitationsträger zuständig ist. Dies gilt sowohl für die bei den Arbeitsgemeinschaften als auch bei den zugelassenen kommunalen Trägern nach dem SGB II gemeldete, behinderte Hilfebedürftige. Damit ist sichergestellt, dass die Fachkompetenz der Bundesagentur für Arbeit als Rehabilitationsträger auch für erwerbsfähige behinderte Hilfebedürftige erhalten bleibt. Die Rehabilitationsträgerschaft der Bundesagentur für Arbeit im Bereich des SGB II hat auch zur Folge, dass die Bundesagentur für Arbeit damit verbundene, gesetzliche Aufgaben nach diesem Buch wahrnimmt. Hierzu gehören beispielsweise die Klärung der Zuständigkeiten und des Rehabilitationsbedarfs nach § 14 einschließlich eines Eingliederungsvorschlages. Dieser kann beispielsweise den Vorschlag einer konkreten, allgemeinen oder spezifischen Maßnahme oder eines Eingliederungszuschusses beinhalten. Davon unberührt bleibt die grundsätzliche Leistungsverantwortung und Entscheidungskompetenz der Arbeitsgemeinschaften und zugelassenen kommunalen Träger über die Leistungen zur beruflichen Teilhabe behinderter Menschen nach § 16 Abs. 1 SGB II. Nach § 1 Abs. 1 Satz 4 Nr. 5 SGB II sind die Leistungen der Grundsicherung insbesondere darauf auszurichten, dass behindertenspezifische Nachteile überwunden werden. Im Interesse einer raschen beruflichen Eingliederung hilfebedürftiger, behinderter Menschen sollen daher die zugelassenen kommunalen Träger und die Arbeitsgemeinschaften eng mit der Bundesagentur für Arbeit als Rehabilitationsträger zusammenarbeiten".

8 In der Beschlussempfehlung und dem Bericht des **BT-Ausschusses für Arbeit und Soziales** vom 31. Mai 2006 (**Drucks. 16/1696**) wurden die **Sätze 2 bis 4 angefügt** und zur **Begründung** dargelegt (a. a. O. S. 32):

Die in Artikel 5 (§ 6a) des Gesetzentwurfs bereits vorgesehene klarstellende Regelung zur Rehabilitationsträgerschaft der Bundesagentur für Arbeit auch für den Personenkreis der behinderten, hilfebedürftigen Menschen nach dem Zweiten Buch Sozialgesetzbuch wird ergänzt. Ziel ist es, das Verfahren zur beruflichen Eingliederung behinderter Menschen zu beschleunigen und das notwendige Zusammenwirken der Bundesagentur als Rehabilitationsträger mit den Arbeitsgemeinschaften und den zugelassenen kommunalen Trägern im Interesse hilfebedürftiger, behinderter Menschen klarer zu regeln.

9 Satz 1 entspricht der bereits im Gesetzentwurf enthaltenen klarstellenden Regelung zur Rehabilitationsträgerschaft der Bundesagentur für Arbeit. Damit ist verbunden, dass die Bundesagentur für Arbeit bei Leistungen zur Teilhabe am Arbeitsleben, die aufgrundlage des Zweiten Buches erbracht werden, immer die sich aus dem Neunten Buch ergebenden Aufgaben eines Rehabilitationsträgers wahrnimmt, und zwar auch dann, wenn die Entscheidungskompetenz für die Leistungen nach § 16 Abs. 1 SGB II nicht bei ihr, sondern bei den Arbeitsgemeinschaften oder bei den zugelassenen kommunalen Trägern liegt, die nicht in den Kreis der Rehabilitationsträger nach § 6 SGB IX einbezogen sind. Der neu eingefügte **Satz 2** greift diese Aufgabenverteilung auf und stellt klar, dass Arbeitsgemeinschaften und zugelassene kommunale Träger ungeachtet der Rehabilitationsträgerschaft der Bundesagentur für Arbeit für die Erbringung der Leistungen zur beruflichen Teilhabe nach § 16 Abs. 1 SGB II zuständig bleiben.

10 Die Ergänzung durch **Satz 3** soll sicherstellen, dass insbesondere der betroffene, hilfebedüftige Behinderte über den von der Bundesagentur für Arbeit festgestellten Rehabilitationsbedarf einschließlich des Eingliederungsvorschlages in schriftlicher Form unterrichtet wird.

11 Der neu angefügte **Satz 4** stellt sicher, dass die Arbeitsgemeinschaften und die zugelassenen kommunalen Träger ihre Entscheidung über die zur beruflichen Eingliederung notwendigen Leistungen auf der Grundlage des von der Bundesagentur für Arbeit nach § 14 SGB IX festgestellten Rehabilitationsbedarfs treffen. Die Feststellung des Rehabilitationsbedarfs mündet in einen unter Berücksichtigung der Wunsch- und Wahlrechte nach § 9 SGB IX individuell erarbeiteten Eingliederungsvorschlag. Soweit Leistungen verschiedener Leistungsgruppen nach § 5 SGB IX oder mehrerer Rehabilitationsträger erforderlich sind, umfasst die Feststellung des Bedarfs die Koordinierung der Leistungen nach § 10 SGB IX und damit auch die erforderliche Weiterleitung nach § 14 Abs. 6 SGB IX. Die Dreiwochenfrist zur Entscheidung über die Leistung entspricht der bei Leistungen zur Teilhabe allgemein geltenden Entscheidungsfrist nach § 14 Abs. 2 Satz 3 SGB IX. Damit wird sichergestellt, dass über die zur beruflichen Eingliederung notwendigen Leistungen für behinderte, hilfebedürftige Menschen entsprechend den Grundsätzen des Neunten Buches zügig entschieden wird. Die Feststellung des Rehabilitationsbedarfs durch die Bundesagentur für Arbeit ermöglicht den Arbeitsgemeinschaften und zugelassenen kommunalen Trägern, die Kompetenz der Bundesagentur für Arbeit bei der Erbringung von Leistungen zur Teilhabe am Arbeitsleben zu nutzen, ohne dass diese von ihrer Eingliederungsverantwortung gegenüber den Hilfebedürftigen entbunden werden. Sie sind deshalb an die Auffassung der Bundesagentur für Arbeit grundsätzlich nicht gebunden, sollen aber bei der Entscheidung über den Leistungsantrag des Hilfebedürftigen deren Eingliederungsvorschlag berücksichtigen.

§ 7
Vorbehalt abweichender Regelungen

¹**Die Vorschriften dieses Buches gelten für die Leistungen zur Teilhabe, soweit sich aus den für den jeweiligen Rehabilitationsträger geltenden Leistungsgesetzen nichts Abweichendes ergibt.** ²**Die Zuständigkeit und die Voraussetzungen für die Leistungen zur**

Teilhabe richten sich nach den für den jeweiligen Rehabilitationsträger geltenden Leistungsgesetzen.

ERLÄUTERUNGEN

I. Bedeutung der Vorschrift

In **Satz 1** wird festgelegt, dass die Vorschriften des SGB IX unmittelbar anzuwendendes Recht sind, soweit nicht ausnahmsweise die für den jeweiligen Rehabilitationsträger geltenden Leistungsgesetze abweichende Vorschriften enthalten. Hingegen richten sich nach Satz 2 die Zuständigkeit und die Voraussetzungen der Leistungen nach den besonderen Regelungen für die einzelnen Rehabilitationsträger. 1

II. Fassung

Die Vorschrift wurde unverändert aus dem Regierungsentwurf (BT-Drucks. 14/5531 i. V. m. 14/5074) übernommen. 2

III. Begründung

In dem Regierungsentwurf (BT-Drucks. 14/5074, S. 100) wird zu der Vorschrift ausgeführt: 3

„Die Vorschrift trägt einerseits den Gegebenheiten des so genannten gegliederten Systems Rechnung, in dem die einschlägigen Sozialleistungen durch verschiedene Sozialleistungsträger erbracht werden, in deren spezifische Systemzusammenhänge sie eingebunden sind; so kann beispielsweise Leistungen der Rentenversicherung grundsätzlich nur erwarten, wer dort versichert ist, und Leistungen der Sozialhilfe, wer deren Voraussetzungen erfüllt. Andererseits wird – entsprechend den Grundregeln des Sozialgesetzbuches – angestrebt, dass Regelungen, die für mehrere Sozialleistungsbereiche einheitlich sein können, nur an einer Stelle getroffen werden; dies gilt für viele Regelungen zu Inhalt und Zielsetzung der einschlägigen Sozialleistungen. Diese Regelungen sollen im Interesse der Betroffenen im Neunten Buch so weit wie möglich vereinheitlicht werden, auch um zu verdeutlichen, dass das gemeinsame Ziel – möglichst weitgehende Teilhabe behinderter und von Behinderung bedrohter Menschen am Leben der Gesellschaft – bei allen zuständigen Trägern in grundsätzlich gleicher Weise verfolgt wird."

Dementsprechend bestimmt **Satz 1,** dass die Vorschriften des Neunten Buches – abweichend vom Rehabilitations-Angleichungsgesetz – nicht nur als Grundsatz geregelt sind, sondern unmittelbar anzuwenden sind, soweit in den besonderen Regelungen für die einzelnen Leistungsbereiche nichts Abweichendes bestimmt ist. Dies gilt insbesondere auch für das in § 9 geregelte Wunsch- und Wahlrecht der Leistungsberechtigten, das bei Anwendung der jeweiligen Leistungsgesetze, also auch bei Bestimmung der Rehabilitationseinrichtungen und ganz grundsätzlich bei der Ermessensausübung zu berücksichtigen ist. Aufgrund des Vorbehalts bleiben spezielle Regelungen der Rehabilitationsträger – beispielsweise des Sozialhilferechts oder institutionelle Vorgaben wie das Kassenarztrecht in der gesetzlichen Krankenversicherung – weiterhin vorrangig gegenüber den Regelungen des Neunten Buches. Unberührt bleiben die Besonderheiten in der gesetzlichen Unfallversicherung, die auf dem Prinzip des zivilrechtlichen Schadenersatzes (Arbeitsunfälle, Berufskrankheiten) beruhen. 4

Satz 2 stellt – anknüpfend an die Darstellungen der Leistungsgruppen in § 5 sowie der beteiligten Träger oder Trägergruppen in § 6 Abs. 1 – klar, dass die Zuständigkeit und die Voraussetzungen der Leistungen sich nach den besonderen Regelungen für die einzelnen Rehabilitationsträger richten, die im Neunten Buch weder zusammengefasst noch inhaltlich neu gestaltet werden. So bleiben beispielsweise im Sozialhilfebereich die Regelungen zu §§ 93 ff. Bundessozialhilfegesetz unberührt. 5

§ 8
Vorrang von Leistungen zur Teilhabe

(1) Werden bei einem Rehabilitationsträger Sozialleistungen wegen oder unter Berücksichtigung einer Behinderung oder einer drohenden Behinderung beantragt oder erbracht, prüft dieser unabhängig von der Entscheidung über diese Leistungen, ob Leistungen zur Teilhabe voraussichtlich erfolgreich sind.

(2) ¹Leistungen zur Teilhabe haben Vorrang vor Rentenleistungen, die bei erfolgreichen Leistungen zur Teilhabe nicht oder voraussichtlich erst zu einem späteren Zeitpunkt zu erbringen wären. ²Dies gilt während des Bezuges einer Rente entsprechend.

(3) Absatz 1 ist auch anzuwenden, um durch Leistungen zur Teilhabe Pflegebedürftigkeit zu vermeiden, zu überwinden, zu mindern oder eine Verschlimmerung zu verhüten.

ERLÄUTERUNGEN

I. Bedeutung der Vorschrift

1 Entsprechend dem in § 3 festgelegten Vorrang der Prävention sowie der in § 4 enthaltenen Zielvorgaben stellt die Vorschrift klar, dass bei allen Sozialleistungen wegen einer Behinderung alle Möglichkeiten zu positiven Entwicklungsprozessen zu nutzen sind (**Abs. 1**).

2 Diese generelle Regelung wird in **Abs. 2** für Rentenleistungen konkretisiert. Auch während des Rentenbezugs ist gegebenenfalls mit Nachuntersuchungen zu prüfen, ob die weitere Rentenzahlung durch Leistungen zur Teilhabe vermieden oder verringert werden kann. Nicht ausgeschlossen durch diese Regelung wird der Anspruch aufgrundrente nach dem BVG. § 29 BVG bleibt unberührt. Jedenfalls ergibt sich aus der Vorschrift auch, dass Leistungen zur Teilhabe nicht dadurch ausgeschlossen werden, dass bereits rentenbegründende Umstände vorliegen.

3 In **Abs. 3** wird der Grundsatz des Abs. 1 für Pflegeleistungen ergänzt: Leistungen zur Teilhabe sind auch dann zu erbringen, wenn die Pflegebedürftigkeit bereits eingetreten ist.

II. Fassung

4 Die Vorschrift wurde unverändert aus dem Regierungsentwurf (BT-Drucks. 14/5531 i. V. m. 14/5074) übernommen.

§ 9
Wunsch- und Wahlrecht der Leistungsberechtigten

(1) ¹Bei der Entscheidung über die Leistungen und bei der Ausführung der Leistungen zur Teilhabe wird berechtigten Wünschen der Leistungsberechtigten entsprochen. ²Dabei wird auch auf die persönliche Lebenssituation, das Alter, das Geschlecht, die Familie sowie die religiösen und weltanschaulichen Bedürfnisse der Leistungsberechtigten Rücksicht genommen; im Übrigen gilt § 33 des Ersten Buches. ³Den besonderen Bedürfnissen behinderter Mütter und Väter bei der Erfüllung ihres Erziehungsauftrages sowie den besonderen Bedürfnissen behinderter Kinder wird Rechnung getragen.

(2) ¹Sachleistungen zur Teilhabe, die nicht in Rehabilitationseinrichtungen auszuführen sind, können auf Antrag der Leistungsberechtigten als Geldleistungen erbracht werden, wenn die Leistungen hierdurch voraussichtlich bei gleicher Wirksamkeit wirtschaftlich zumindest gleichwertig ausgeführt werden können. ²Für die Beurteilung der Wirksamkeit stellen die Leistungsberechtigten dem Rehabilitationsträger geeignete Unterlagen zur Verfügung. ³Der Rehabilitationsträger begründet durch Bescheid, wenn er den Wünschen des Leistungsberechtigten nach den Absätzen 1 und 2 nicht entspricht.

(3) Leistungen, Dienste und Einrichtungen lassen den Leistungsberechtigten möglichst viel Raum zu eigenverantwortlicher Gestaltung ihrer Lebensumstände und fördern ihre Selbstbestimmung.

(4) Die Leistungen zur Teilhabe bedürfen der Zustimmung der Leistungsberechtigten.

ERLÄUTERUNGEN

ÜBERSICHT

I. Bedeutung der Vorschrift (Rdnrn. 1–3)
II. Fassung (Rdnr. 4)
III. Begründung (Rdnrn. 5–7)
IV. Anmerkungen (Rdnrn. 8–58)
   A) zu Abs. 1
      1. Reichweite des Wunsch- und Wahlrechts (Rdnrn. 8–10)
      2. Wünsche (Rdnrn. 11–13)
      3. Berechtigung von Wünschen (Rdnrn. 14–23)
      4. Rücksichtnahme auf Lebenssituation und Bedürfnisse der Betroffenen (Rdnrn. 24–27)
      5. Bedürfnisse behinderter Eltern (Rdnr. 28)
      6. Bedürfnisse behinderter Kinder (Rdnrn. 29–30)
   B) zu Abs. 2
      1. Sachleistungen als Geldleistungen (Rdnrn. 31–41)
      2. Antrag und Mitwirkungspflicht (Rdnrn. 42–43)
      3. Verfahren bei ablehnender Entscheidung (Rdnrn. 44–47)
   C) zu Abs. 3
      1. Eigenverantwortliche Gestaltung und Selbstbestimmung (Rdnrn. 48–49)
   D) zu Abs. 4
      1. Zustimmungsbedürftigkeit der Leistungen (Rdnrn. 50–53)
      2. Mitwirkungspflichten (Rdnrn. 54–56)
      3. Folgen unberechtigter Weigerung des Leistungsberechtigten (Rdnrn. 57–58)

I. Bedeutung der Vorschrift

Die Bestimmung verpflichtet in **Abs. 1** die Rehabilitationsträger, berechtigten Vorstellungen der Leistungsberechtigten zu entsprechen und auf deren persönliche und familiäre Bedürfnisse und Gegebenheiten Rücksicht zu nehmen. Besonders hervorgehoben werden die besonderen Bedürfnisse behinderter Elternteile bei der Erfüllung ihres Erziehungsauftrages.   **1**

Abs. 2 ermöglicht, Sachleistungen zur Teilhabe, die nicht in Rehabilitationseinrichtungen auszuführen sind, auf Antrag als Geldleistungen zu erbringen, wenn voraussichtlich gleiche Wirksamkeit und wirtschaftlich gleichwertige Ausführung gewährleistet sind.   **2**

Der Anspruch der Leistungsberechtigten auf möglichst weit gehende eigenverantwortliche Gestaltung ihrer Lebensumstände und Forderung ihrer Selbstbestimmung wird in Abs. 3 hervorgehoben. Abs. 4 stellt ein Zustimmungserfordernis für die Leistungen zur Teilhabe auf.   **3**

II. Fassung

Die Vorschrift wurde unverändert aus dem Regierungsentwurf (BT-Drucks. 14/5531 i. V. m. 14/5074) übernommen.   **4**

III. Begründung

In dem Regierungsentwurf (BT-Drucks. 14/5074 S. 100) wird zu der Vorschrift ausgeführt:

5 „**Abs. 1** stellt sicher, dass bei Auswahl und Ausführung der Leistungen zur Teilhabe berechtigten Vorstellungen entsprochen sowie auf persönliche und familiäre Bedürfnisse und Gegebenheiten Rücksicht genommen wird. Dies gilt unmittelbar für alle behinderten, also auch für psychisch behinderte Menschen und entspricht nicht nur dem Anspruch auf Selbstbestimmung und dem Selbstverständnis der behinderten und von Behinderung bedrohten Menschen; die Motivation der Betroffenen und Tragfähigkeit familiärer Bindungen können darüber hinaus wirksam zu erfolgreicher Teilhabe behinderter Menschen beitragen. Die in der gesetzlichen Unfallversicherung entwickelten Möglichkeiten der aktiven Intervention, um Gesundheit und Arbeitskraft der Leistungsberechtigten rasch und komplikationslos wiederherzustellen, bei der die Wünsche der Unfallversicherten berücksichtigt werden, bleiben unberührt. Außerdem wird klargestellt, dass auf religiöse und weltanschauliche Bedürfnisse der Leistungsberechtigten Rücksicht zu nehmen und besonderen Bedürfnissen behinderter Eltern bei ihren Erziehungsaufgaben Rechnung zu tragen ist. Von berechtigten Wünschen, die sich auch auf die Auswahl der Rehabilitationsdienste und -einrichtungen und damit auch auf den Leistungsort erstrecken können, kann nur ausgegangen werden, wenn sie sich im Rahmen des Leistungsrechts, der mit ihm – beispielsweise zur Teilhabe am Arbeitsleben – verfolgten Zielsetzungen und sonstiger Vorgaben wie etwa der Pflicht, Leistungen nur in Einrichtungen zu erbringen, mit denen ein Vertrag nach § 21 besteht, halten. Sie sind dann auch angemessen.

6 Wenn Sachleistungen zur Teilhabe bei gleicher Wirksamkeit gleich wirtschaftlich oder wirtschaftlicher erbracht werden können und nicht in Rehabilitationseinrichtungen ausgeführt werden müssen, ermöglicht **Abs. 2,** sie auf Antrag der Leistungsberechtigten als Geldleistungen auszuführen. Die Entscheidung, ob diese Voraussetzungen vorliegen, trifft der Rehabilitationsträger. Um ihm diese Entscheidung zu ermöglichen, sind ihm vom Berechtigten geeignete Unterlagen zur Verfügung zu stellen.

7 **Abs. 3** stellt klar, dass den Leistungsberechtigten Selbstbestimmung und Raum zur eigenverantwortlichen Gestaltung nicht nur bei der Auswahl der Leistungen, sondern auch innerhalb der Leistungen und der zu ihrer Ausführung tätigen Dienste und Einrichtungen einzuräumen ist.

Nach **Abs. 4** bedürfen die Leistungen der Zustimmung der Berechtigten."

IV. Anmerkungen

A) zu Abs. 1

1. Reichweite des Wunsch- und Wahlrechts

8 Die Rehabilitationsträger haben berechtigten Wünschen der Leistungsberechtigten zu entsprechen. Das betrifft sowohl die **Entscheidung über Leistungen** zur Teilhabe als auch die anschließende **Ausführung (Abs. 1 Satz 1)**. Derartige Wünsche können sich auf die Art der Leistung oder die Auswahl der Rehabilitationsdienste und Einrichtungen ebenso beziehen wie auf den Leistungsort oder die Leistungszeit, ggf. auch die Auswahl unter mehreren geeigneten Hilfsmitteln.

9 Hierdurch wird nicht nur dem Anspruch auf **Selbstbestimmung** der Betroffenen Rechnung getragen, sondern auch ihre **Eigenverantwortlichkeit** gestärkt. Dies kann wirksam zur erfolgreichen Rehabilitation behinderter Menschen beitragen.

10 Voraussetzung ist aber eine **Leistungsberechtigung**. Fehlt diese oder lehnt der Rehabilitationsträger bei Ausübung pflichtgemäßen Ermessens eine Leistung ab, ist kein Raum für zu berücksichtigende Wünsche des Betroffenen.

2. Wünsche

Wünsche sind grundsätzlich **alle Vorstellungen**, welche die Leistungsberechtigten **in Bezug auf die Teilhabeleistung** ausdrücklich äußern oder anderweitig deutlich machen. Sie erfordern nicht eine rechtsgeschäftliche Willenserklärung. Deshalb setzt die Äußerung eines zu beachtenden Wunsches weder Geschäftsfähigkeit nach §§ 104 ff. BGB noch sozialrechtliche Handlungsfähigkeit im Sinne von § 36 Abs. 1 SGB I voraus. 11

Auch **Kinder** können entsprechende Wünsche vorbringen. Dasselbe gilt für psychisch kranke oder geistig / seelisch behinderte Menschen unbeschadet einer etwaigen Geschäftsunfähigkeit. Ist ihnen ein rechtlicher **Betreuer** gem. §§ 1896 ff. BGB bestellt worden, gehört es zu dessen Pflichten im Rahmen von § 1901 Abs. 3 BGB, die Vorstellungen des Betroffenen bezüglich einer Teilhabeleistung zu erforschen, zu besprechen und zur Geltung zu bringen. 12

Leistungsberechtigte sind auf ihr Wunsch- und Wahlrecht **hinzuweisen**. Das ist zwar nur in § 5 Abs. 2 SGB VIII ausdrücklich bestimmt. Es ergibt sich aber bereits aus allgemeinen Regelungen: Den Rehabilitationsträgern und Servicestellen obliegt gem. § 20 SGB X die Amtsermittlung aller erheblichen Tatsachen sowie die Auskunft und Beratung gegenüber den Betroffenen (vgl. §§ 14, 15 SGB I, § 22 Abs. 1 Nrn. 1–3, 5 und Abs. 2 SGB IX). Diese Pflichten erstrecken sich angesichts der hohen Bedeutung, die das Gesetz der Beachtung der Wünsche der Betroffenen zumisst, auch auf deren mögliche Erforschung (HK-SGB IX / *Welti* Rdnr. 14 m. w. Nachw.). 13

3. Berechtigung von Wünschen

Berechtigte Wünsche sollen grundsätzlich bereits nach **§ 33 SGB I** als „**angemessene Wünsche**" berücksichtigt werden. Denn jeder berechtigte Wunsch ist auch angemessen. Allerdings steht es nach dieser Vorschrift im Ermessen des Trägers, ob einem solchen Wunsch zu entsprechen ist. 14

Die Vorschrift des § 9 Abs. 1 Satz 1 SGB IX erweitert und verschärft diese Regelung in eine **Pflicht, derartigen Wünschen zu entsprechen.** Es handelt sich um eine rechtlich gebundene Entscheidung, die freilich auf unbestimmten Rechtsbegriffen mit beträchtlichen Beurteilungsspielräumen beruht. Sie ist gerichtlich voll überprüfbar.

Allerdings sind „berechtigt" nur solche Wünsche, die sich **innerhalb des Leistungsrechts und anderer einschlägiger gesetzlicher Vorschriften** halten (LSG Baden-Württemberg Urteil vom 1. August 2007 – L 4 KR 2071/05 unter Hinw. auf BT-Drucks. 12/5054 S. 100; LPK-SGB IX / *Haines* Rdnr. 6; Mrozynski Rdnr. 6). Leistungen, die nach dem Leistungsrecht nicht gewährt werden dürfen, können mithilfe der Wunsch- und Wahlrechte nicht geltend gemacht werden (Hess. LSG Urteil vom 25. Oktober 2004 – L 12 RJ 1157/03; SG Kassel Urteil vom 10. November 2006 – S 2 RA 2243/04, jeweils zit. nach JURIS). 15

Das betrifft etwa die Vorgabe, Leistungen grundsätzlich **nur in Einrichtungen** zu erbringen, mit denen ein **Vertrag** i. S. von § 21 SGB IX abgeschlossen wurde. So ist Voraussetzung der Berücksichtigung einer vom Leistungsberechtigten gewünschten Klinik, dass diese als Rehabilitationseinrichtung zugelassen ist (Hess. LSG Urteil vom 28. August 2008 – L 1 KR 2/05, zit. nach JURIS; vgl. insoweit auch § 40 Abs. 2 SGB V, wonach die Krankenkasse stationäre Rehabilitation mit Unterkunft und Verpflegung in einer Rehabilitationseinrichtung erbringen kann, mit der ein Vertrag **nach § 111 SGB V** besteht. Allerdings kann nach § 5 Abs. 2 Satz 2 SGB VIII und § 75 Abs. 4 SGB XII im Bereich der Jugend- und Sozialhilfe auch auf eine Vereinbarung verzichtet werden). 16

Soweit nicht auf eine Geldleistung nach § 9 Abs. 2 oder ein persönliches Budget gem. § 17 Abs. 1 Nr. 4 SGB IX ausgewichen werden kann, muss freilich geprüft werden, ob mit der konkret gewünschten Einrichtung zu Recht – etwa wegen mangelnder fachlicher Eignung gem. § 21 Abs. 3 SGB IX – bisher kein Vertrag geschlossen wurde; **ggf. kann aufgrund des Wunsches ein Vertrag zu schließen** sein (BMA, Fragen und Antworten Nr. 12; *Welti* SGb 2003, 379 [385]; a. A. LSG Rheinland-Pfalz Urteil vom 12. Januar 2004 – L 2 RI 160/03, 16a zit. nach JURIS: Eine solche Pflicht könne im Regelfall nicht aus dem Begehren eines einzelnen Versicherten hergeleitet werden, weil sonst der Versicherungsträger „mit einer Unzahl von Einrichtungen" Verträge abschließen müsste, obwohl das entsprechende Leistungsangebot voll durch andere Einrichtungen abgedeckt sei. Für eine derart weit gehende Einschränkung der Vertragsfreiheit des Rehabilitationsträgers ergäben sich aus dem SGB IX keine Anhaltspunkte).

17 Hingegen kann das Wunsch- und Wahlrecht **nicht durch Verwaltungsregelungen eingeschränkt** werden: Zwar ist es beispielsweise sinnvoll, für eine Einrichtung ein Versorgungs- oder Einzugsgebiet festzulegen (vgl. § 8 Abs. 3 WVO). Leistungsberechtigte können dann aber nicht ausschließlich auf diese Einrichtung verwiesen werden (Mrozynski a. a. O.).

18 Dem Wunsch nach einer **ungeeigneten Leistung**, mit der das Rehabilitationsziel nicht erreicht werden kann, muss nicht entsprochen werden (HK-SGB IX / *Welti* Rdnr. 17). Zu denken ist etwa an den Wunsch eines drogenabhängigen Leistungsberechtigten nach Therapie in einer bestimmten Einrichtung, die aber nicht die Gewähr für eine erfolgreiche Entwöhnungsbehandlung bieten kann (vgl. BSG Urteil vom 17. Juli 1985 – 1 RA 11/84 = BSGE 58, 263 = FEVS 36, 157 = ZfSH/SGB 1986, 222; BSG Urteil vom 15. November 1983 – 1 RA 33/83 = SozR 2200 § 1236 Nr. 43 = FEVS 35, 114 = ZfSH/SGB 1984, 267). Dasselbe gilt für **praktisch nicht realisierbare Wünsche**; jedoch kann es hierbei nicht allein um „Verwaltungspraktikabilität" gehen (HK-SGB IX / *Welti* a. a. O.).

19 Allerdings darf geäußerten Wünschen des Leistungsberechtigten nicht das für alle Rehabilitationsträger geltende Gebot der **Wirtschaftlichkeit und Sparsamkeit** (§ 69 Abs. 2 SGB IV) entgegenstehen. Das ist herkömmlich schon im Rahmen der „Angemessenheit" von Wünschen gem. § 33 Satz 2 SGB I anerkannt (vgl. z. B. BVerwG Urteil vom 16. Januar 1986 – 5 C 72/84 = BVerwGE 72, 354 = ZfSH/SGB 1986, 322 = FEVS 35, 271) und muss auch bei § 9 Abs. 1 SGB IX entsprechend beachtet werden, zumal diese Vorschrift „im Übrigen gilt", wie § 9 Abs. 1 Satz 2 Halbs. 2 SGB IX betont. „Berechtigt" sind Wünsche deshalb nur, wenn sie nicht mit **unverhältnismäßigen Mehrkosten** bezogen auf die vom Rehabilitationsträger üblicherweise bei gleichwertiger Qualität und Wirksamkeit in vergleichbaren Fällen aufzubringenden Durchschnittskosten verbunden sind (ebenso B / F / K / R / *Fuchs* Rdnr. 6; ähnlich GK-SGB IX / *Löschau* Rdnr. 15: mit „nennenswerten" Mehrkosten).

20 Dies ist in § 9 Abs. 2 Satz 3 SGB XII für den Bereich der Sozialhilfe und in § 5 Abs. 2 Satz 1 SGB VIII für Jugendhilfeleistungen ausdrücklich geregelt.

Nach a. A. HK-SGB IX / *Welti* Rdnr. 18 soll die „Berechtigung" eines Wunsches gem. § 9 Abs. 1 SGB IX zunächst vorweg geprüft werden, wenn er sich „im gesetzlichen Rahmen nach Leistungsgesetz und SGB IX" hält. Die „wirtschaftliche und sparsame Erfüllung des Leistungsanspruchs (u. a. § 69 Abs. 2 SGB IV)" soll danach die dritte und letzte Prüfkategorie sein. Dies dürfte allerdings im Wesentlichen zu identischen Ergebnissen führen, obwohl es näher liegt, die Frage unverhältnismäßiger Mehrkosten bereits im Rahmen der Berechtigung des Wunsches zu thematisieren.

21 Wiederum mit anderem Ansatz sieht Mrozynski (Rdnr. 11) in Satz 2 Halbs. 1 einen „systematisch an falscher Stelle" geregelten Hinweis darauf, dass das gesamte Wunsch- und Wahlrecht nur nach Maßgabe des durch die Besonderen Teile des SGB nicht veränderbaren § 33 SGB I ausgeübt werden könne. Die Frage der Mehrkosten sei grundsätzlich in den Besonderen Teilen zu prüfen (hiergegen zu Recht kritisch HK-SGB IX / *Welti* Rdnr. 18: § 9 Abs. 1 Satz 1 ist die speziellere Regelung; § 33 SGB I gilt nur „im Übrigen", also für den in § 9 nicht ausdrücklich geregelten Bereich).

22 Problematisch ist der **Kostenvergleich**: Mit welchen Kosten ist der Aufwand für die gewünschte Leistung zu vergleichen, damit ggf. unverhältnismäßige Mehrkosten festgestellt werden können?

22a Bei **stationären Maßnahmen zur medizinischen Rehabilitation** gilt als Grundsatz: Nach dem von den Krankenkassen stets zu beachtenden Wirtschaftlichkeitsgebot (§ 2 Abs. 4, § 12

Abs. 1 SGB V) ist bei der Auswahl zwischen zwei oder mehr in gleicher Weise geeigneten, das gleiche Leistungsangebot bereithaltenden Einrichtungen grundsätzlich diejenige mit der Durchführung zu beauftragen, welche die **günstigsten Vergütungssätze** anbietet (vgl. ⚖ BSG Urteil vom 23. Juli 2002 – B 3 KR 63/01 R = BSGE 89, 294 [303] = SozR 3-2500 § 111 Nr. 3; ⚖ LSG Baden-Württemberg Urteil vom 1. August 2007 – L 4 KR 2071/05, zit. nach JURIS). Insoweit ergibt sich das Gebot der Wirtschaftlichkeit auch aus § 69 Abs. 2 SGB IV).

Soweit eine Krankenkasse im Rahmen ihrer Ermessensentscheidung angesichts einer mit einer **Klinik** ausgehandelten **Fallpauschale** (für eine Behandlungsdauer von 19 bis 28 Tagen) – unter zusätzlicher Berücksichtigung der Übernahme der Transportkosten durch die Klinik – wegen einer Kostenersparnis von ca. 466 Euro, d. h. ungefähr ein **Fünftel der Gesamtkosten**, die Gewährung der Maßnahme in einer anderen Einrichtung ablehnt, ist dies auch nach dem Maßstab des § 9 SGB IX nicht von vornherein ermessensfehlerhaft. Der genannte **Einsparungsbeitrag** ist **nicht geringfügig**, und zwar auch nicht bei einer länger als 18 Tage andauernden Kur (⚖ LSG Baden-Württemberg Urteil vom 1. August 2007 a. a. O.).

22b

Verlangt ein behinderter Mensch die Finanzierung der Kosten einer **Arbeitsassistenz** seitens einer bestimmten Einrichtung durch das Integrationsamt (§ 102 Abs. 4 SGB IX), muss diesem spezifischen Wunsch nicht entsprochen werden, wenn eine **andere Institution eine preisgünstigere Alternative** für die Stellung einer Arbeitsassistenz bietet (⚖ VG Mainz Urteil vom 23. März 2006 – 1 K 269/05.MZ).

22c

Im Übrigen sind jedenfalls alle Ausgaben einzubeziehen, die dem Leistungsträger entstanden sind, damit überhaupt ein Angebot vorgehalten werden kann, z. B. Zuschüsse aus öffentlichen Mitteln an freie Träger (vgl. § 74 SGB VIII, 5 Abs. 2 SGB XII, § 19 Abs. 5 SGB IX), aber auch Kosten für das Schaffen von Einrichtungen in eigener Regie. Das Interesse eines Leistungsträgers, **vorrangig eigene Einrichtungen auszulasten**, kann hingegen kein vergleichsrelevanter Kostenfaktor sein (Mrozynski Rdnr. 9; B/F/K/R – Fuchs Rdnr. 7; ausdrücklich a. A. ⚖ BayLSG Urteil vom 26. November 2003 – L 16 RJ 263/03; ⚖ SG Konstanz Urteil vom 30. November 2004 – S 2 KR 608/03, jeweils zit. nach JURIS; vgl. aber auch nachgehend ⚖ LSG Baden-Württemberg Urteil vom 1. August 2007 a. a. O.: Der Gesichtspunkt, dass die Krankenkasse mit einer Klinik die günstigere Vollpauschale ausgehandelt habe und deswegen daran interessiert sei, diese Klinik auch tatsächlich zu belegen, um höhere Kosten zu vermeiden, stehe einem Anspruch auf Kostenerstattung in Höhe von „Sowiesokosten" – hierzu Erl. zu § 15 SGB IX Rdnr. 33 – nicht entgegen).

22d

Erheblich sind auch nur **Kosten**, die der **Sozialleistungsträger selbst aufzuwenden hätte**, nicht aber gesamtgesellschaftlich finanzierte Einrichtungen der Daseinsvorsorge, die jedermann zugänglich sind (etwa beim Wunsch eines behinderten Kindes nach Besuch einer privaten Sonderschule als Eingliederungshilfe nach §§ 53 f. SGB XII: Hier ist beim Kostenvergleich zugrunde zu legen, dass der Sozialhilfeträger beim Besuch einer öffentlichen Sonderschule überhaupt keine Kosten aufwenden müsste (vgl. ⚖ BVerwG Urteil vom 22. Januar 1987 – 5 C 10/85 = BVerwGE 75, 343 [350] = FEVS 36, 353 = ZfSH/SGB 1987, 435 [Ls]).

23

Besondere Bedeutung hat der Kostenvergleich auch für **Sozialhilfeleistungen im Rahmen von § 13 Abs. 1 Satz 4 SGB XII**. Danach gilt der Vorrang der ambulanten Leistung dann nicht, wenn eine Leistung für eine geeignete stationäre Einrichtung zumutbar und eine ambulante Leistung mit unverhältnismäßigen Mehrkosten verbunden ist. Zur Bestimmung der Unverhältnismäßigkeit solcher Mehrkosten müssen verglichen werden die Kosten, welche die vom Hilfebedürftigen gewünschte ambulante Pflege verursacht, und die Kosten, die bei seiner Unterbringung in einem – geeigneten – Wohnheim entstehen würden (vgl. ⚖ BVerwG Urteil vom 22. Januar 1987 a. a. O.). Dabei können in diesem Zusammenhang **nur die Kosten berücksichtigt** werden, die **zum Zeitpunkt der Entscheidung** für die ambulante bzw. stationäre Betreuung des Hilfebedürftigen **tatsächlich anfallen**. Vermutungen hinsichtlich der zukünftigen Entwicklung des betroffenen Behinderten bzw. seines Umfeldes können bei

23a

§ 9 Wunsch- und Wahlrecht der Leistungsberechtigten

der Erstellung des Kostenvergleiches nicht einbezogen werden (SG Oldenburg Beschluss vom 15. Juni 2007 – S 2 SO 22/07 ER, zit. nach JURIS).

23b Die **Mehrkosten** im Sinne des **§ 13 Abs. 1 Satz 4 SGB XII** sind dann „**unverhältnismäßig**", wenn die hieraus folgende Mehrbelastung des Sozialhilfehaushaltes nicht mehr im rechten Verhältnis steht zum Gewicht der vom Hilfebedürftigen angeführten Gründe für die von ihm getroffene Wahl der Hilfemaßnahme. Bei der Frage nach der (Un-)Verhältnismäßigkeit wunschbedingter Mehrkosten ist **nicht** auf einen **rein rechnerischen Kostenvergleich** abzustellen, sondern eine wertende Betrachtungsweise vorzunehmen (BVerwG Urteil vom 17. November 1994 – 5 C 13/92 = BVerwGE 97, 103 = FEVS 45, 408). Mithin kann auch für die Frage, ob unverhältnismäßige Kosten im Sinne des § 13 Abs. 1 Satz 4 SGB XII vorliegen, keine starre Kostengrenze im Sinne einer Prozentzahl oder eines absoluten Betrages genannt werden. Vorzunehmen ist immer eine **Einzelfallprüfung**, die sich außer an den zu vergleichenden konkreten Kosten auch an der konkreten Situation des betroffenen Behinderten zu orientieren hat (SG Oldenburg Beschluss vom 15. Juni 2007 a. a. O.).

23c Bei einer vom Leistungsberechtigten gewünschten **Haushaltshilfe** gem. § 39 bzw. § 42 SGB VII darf eine ausdrücklich angebotene und schon vorher freiwillig tatsächlich durchgeführte **unentgeltliche, fachgerechte Pflege durch die Ehefrau** nicht unberücksichtigt bleiben. Denn es ist weder angemessen noch erforderlich, eine Haushaltshilfe unter Verweis auf die gleich geeignete, aber teurere Möglichkeit der Pflege durch ausgebildetes Pflegepersonal zu verweigern, wenn die kostengünstigere Kombination aus Pflegekräften und Haushaltshilfen den medizinischen Betreuungsbedarf in gleicher Weise abdeckt und diese Kombination zugleich dem ausdrücklichen, nach Abs. 1 Satz 1 und § 33 Satz 2 SGB I zu berücksichtigenden Wunsch des Pflegebedürftigen entspricht (SG Dresden Gerichtsbescheid vom 15. April 2005 – S 7 U 157/02, zit. nach JURIS).

4. Rücksichtnahme auf Lebenssituation und Bedürfnisse der Betroffenen

24 Die Vorschrift des **Abs. 1 Satz 2** verlangt, „dabei" auf die persönliche Lebenssituation, das Alter, das Geschlecht, die Familie sowie die religiösen und weltanschaulichen Bedürfnisse des Betroffenen Rücksicht zu nehmen. Die „Berechtigung" eines Wunsches wird also gestärkt, wenn er mit persönlichen und familiären Bedürfnissen oder Gegebenheiten der genannten Art begründet wird. Das gilt umso mehr, als diese teilweise aufgrundrechte des Leistungsberechtigten gestützt sind, wie Art. 3 Abs. 2 und 3 GG bezüglich des Geschlechts, Art. 6 GG hinsichtlich der Familie und Art. 4 Abs. 1 GG im Hinblick auf religiöse und weltanschauliche Bedürfnisse (HK-SGB IX / *Welti* Rdnr. 23). Auch könnte die Vorschrift als Gebot zu deuten sein, von Amts wegen entsprechende Wünsche zu erforschen.

25 Die genannten Merkmale sind insbesondere **bei der Ausführung von Leistungen bedeutsam** (z. B. bei der wunschgemäßen Zusammenstellung von Therapiegruppen, auch im sportlichen Bereich und beim Funktionstraining; beim Wunsch nach zusätzlicher Unterbringung des Ehegatten oder von Kindern in der Einrichtung – soweit räumlich möglich –, ggf. auch bei Gewährung einer Haushaltshilfe; bei dem Ersuchen um wohnortnahe oder auch in Teilzeit nutzbare Angebote im Hinblick auf persönliche und familiäre Umstände; vgl. auch GK-SGB IX / *Löschau* Rdnr. 24; einschränkend aber LSG Baden-Württemberg Urteil vom 1. August 2007 – L 4 KR 2071/05, zit. nach JURIS: Zwar könnten die Motivation der Betroffenen und die Tragfähigkeit familiärer Bindungen wirksam zu erfolgreicher Teilhabe beitragen, vgl. BT-Drucks. 14/5054 S. 100. Bei stationären Anschlussrehabilitationen – insbesondere auf orthopädischem Gebiet – sei aber die Therapiedichte sehr hoch und könne durch tägliche Besuche der Rehabilitationserfolg sogar gestört werden; deshalb sei die Durchführung in einer möglichst wohnortnahen Einrichtung nicht zwingend geboten, abgesehen davon, dass durch eine Entfernung von ungefähr 100 km die Besuchsmöglichkeit für Familienangehörige nicht unzumutbar erschwert werde).

Terminliche Wünsche, z. B. wegen einer geplanten Reise oder aus familiären Gründen (Hochzeitsfeier von Angehörigen), werden bei Maßnahmen zur medizinischen Rehabilitation in der Regel zu berücksichtigen sein, da zumeist in kurzen Zeitabständen Ersatztermine zur Verfügung stehen. Bei Leistungen zur Teilhabe am Arbeitsleben sind Terminverschiebungen schwieriger, weil manche Kurse nur in bestimmten Zeitintervallen beginnen und eine entsprechend lange Verzögerung den Erfolg der Maßnahme gefährden könnte (GK-SGB IX / *Löschau* Rdnr. 22).

Ein Beispiel für die Berücksichtigung besonderer persönlicher Lebenssituationen kann die Rücksichtnahme auf seit Jahren extrem abweichende Schlafgewohnheiten von Schichtdienstleistenden sein (B / F / K / R / *Fuchs* Rdnr. 9). **26**

Die Rücksichtnahme auf **religiöse und weltanschauliche Bedürfnisse** kann sich z. B. bei der Speiseversorgung auswirken. Sie soll insbesondere die Möglichkeit einschließen, durch **Pauschbeträge** anstelle von Sachleistungen die Inanspruchnahme geeigneter Einrichtungen zu ermöglichen (Hauck / Noftz / *Götze* Rdnr. 6 unter Hinw. auf BT-Drucks. 14/5800 S. 25). **27**

5. Bedürfnisse behinderter Eltern

In Abs. 1 Satz 3 werden die besonderen Bedürfnisse behinderter Elternteile bei der Erfüllung ihres Erziehungsauftrags hervorgehoben. Diese sind nicht nur bei geäußerten Wünschen, sondern **stets von Amts wegen zu berücksichtigen**. Das gebietet schon die **grundgesetzliche Gewährleistung** des Elternrechts (Art. 6 Abs. 2 GG) und insbesondere der Anspruch jeder Mutter auf Schutz und Fürsorge durch die Gemeinschaft (Art. 6 Abs. 4 GG). Behinderte Mütter und Väter sollen durch Unterstützung ihren Erziehungsauftrag möglichst benachteiligungsfrei erfüllen können. **28**

Das bedeutet vor allem: Längere Trennungen von Eltern und Kindern wegen Teilhabeleistungen sind im Hinblick auf Art. 6 Abs. 3 GG so weit wie möglich zu vermeiden (HK-SGB IX / *Welti* Rdnr. 24). Gegebenenfalls muss die Möglichkeit eingeräumt werden, Kinder bei der Durchführung von Leistungen zur Teilhabe mitzunehmen (Feldes u. a. / *Stevens-Bartol* Rdnr. 10).

6. Bedürfnisse behinderter Kinder

Die besonderen Bedürfnisse behinderter Kinder sind schon in der allgemeinen Zielsetzung des Gesetzes nach § 1 Satz 2 und § 4 Abs. 3 betont. Insbesondere sollen sie bei der Ausführung von Leistungen möglichst **nicht von ihrem sozialen Umfeld getrennt** und auch – im Sinne der **Integration** – gemeinsam mit nicht behinderten Kindern betreut werden. Damit soll der Gefahr ihrer Isolation vorgebeugt werden; behinderte Kinder sollen möglichst frühzeitig ein selbstverständlicher Teil der Gesellschaft und der sie tragenden Institutionen sein. Aber auch Nichtbehinderte sollen bereits vom frühen Kindesalter an lernen, mit behinderten Mitmenschen umzugehen (Kossens u. a. / *Schäfer* Rdnr. 6). Im Übrigen ist aber auch darauf zu achten, dass behinderte Kinder die Leistungen zur Teilhabe **in altersgemäßer Weise und altersangemessener Umgebung** erhalten (Feldes u. a. / *Stevens-Bartol* Rdnr. 11). **29**

In Abs. 1 Satz 3 wird das **Gebot der Berücksichtigung** der besonderen Bedürfnisse nochmals unterstrichen. Auch diesen ist nicht nur auf ausdrücklichen Wunsch, sondern stets **von Amts wegen** Rechnung zu tragen. **30**

B) zu Abs. 2

1. Sachleistungen als Geldleistungen

Die Vorschrift räumt in **Satz 1** den Leistungsberechtigten eine spezielle Wahlmöglichkeit ein: Bei Anspruch auf eine Sachleistung, die nicht in einer Rehabilitationseinrichtung auszuführen ist, können sie stattdessen unter weiteren Voraussetzungen die Ausführung als Geldleistung beantragen. Allerdings besteht im Gegensatz zu Abs. 1 ein **Auswahlermessen des Rehabilitationsträgers**. **31**

32 Gemeint sind hiermit sämtliche **Sachleistungen** im Sinne des Rehabilitations- und Teilhaberechts. **Nicht** durch die Regelung erfasst sind **Dienstleistungen**, die nach § 11 SGB I eine besondere Leistungsart darstellen (z. B. Wart und Pflege im Heim, ärztliche oder therapeutische Behandlung; bei gemischten Leistungen – etwa einer stationären Behandlung – kommt es auf den Schwerpunkt an). Das entspricht der ganz h. M. (B / F / K / R / *Fuchs* Rdnr. 11; Mrozynski Rdnr. 9; Hauck / Noftz / *Brodkorb* § 18 Rdnr. 3; a. A. HK-SGB IX / *Welti* Rdnr. 29 und § 18 Rdnr. 1: Der Begriff der Sachleistung sei ein Oberbegriff, der auch Dienstleistungen umfasse).

33 In Betracht kommen sowohl Leistungen zur **medizinischen Rehabilitation** nach §§ 26 ff. SGB IX als auch zur **Teilhabe am Arbeitsleben** gem. §§ 33 ff. SGB IX. Diese werden grundsätzlich als Sachleistungen erbracht. Allerdings sind bei der medizinischen Rehabilitation von vornherein **vom Wahlrecht ausgenommen** sämtliche – stationären oder ambulanten – **Leistungen in Einrichtungen**, welche von einem Rehabilitationsträger getragen werden oder mit einem solchen einen entsprechenden Vertrag geschlossen haben (vgl. §§ 19–21 SGB IX). Bei der Teilhabe am Arbeitsleben scheiden Geldleistungen statt Sachleistungen aus, wenn diese in Einrichtungen im Sinne von § 35 SGB IX erbracht werden, also insbesondere in Berufsbildungswerken, Berufsförderungswerken und vergleichbaren Einrichtungen.

34 Der **Zweck dieser Einschränkung** ist nicht eindeutig. Teilweise wird die Ansicht vertreten, hiermit solle verhindert werden, dass trotz hoher Vorhaltekosten Geldleistungen erbracht werden, die dann trotz vorhandener Infrastruktur an anderen Orten zur Bedarfsdeckung eingesetzt werden (Mrozynski Rdnr. 18). Nach anderer und wohl zutreffender Auslegung soll „die komplexe und intensive Form der Leistungserbringung in Einrichtungen" in jedem Fall der vertraglichen Qualitäts-, Wirksamkeits- und Wirtschaftlichkeitskontrolle der Rehabilitationsträger bedürfen, die nicht durch das in § 9 Abs. 2 Satz 2 SGB IX vorgesehene Verfahren zu ersetzen sei (HK-SGB IX / *Welti* Rdnr. 29).

35 Damit konzentriert sich die **Bedeutung des Wahlrechts insbesondere** auf
– ambulante medizinische Rehabilitationsträger,
– Hilfsmittel bei medizinischer wie beruflicher Rehabilitation,
– Leistungen zur Teilhabe am Arbeitsleben in freien Einrichtungen (ohne den Status gem. § 35 SGB IX), sowie in schulischen Einrichtungen, soweit darin ausnahmsweise Leistungen zur beruflichen Rehabilitation erbracht werden,
– ergänzende Leistungen i. S. von §§ 44 ff. SGB IX wie Rehabilitationssport und Funktionstraining, Haushaltshilfe und Betriebshilfe sowie Reisekosten.

36 Bei der Geldleistung handelt es sich aber nicht um eine finanzielle Abfindung für nicht in Anspruch genommene Sachleistungen, sondern um eine **zweckgebundene Kostenerstattung** einer vom oder für den Leistungsberechtigten beschafften Sachleistung. Diese kann **auch vorab** nach entsprechender Klärung mit dem Leistungsberechtigten ausbezahlt werden (a. A. HK-SGB IX / *Welti* Rdnr. 28: Zur Vermeidung missbräuchlicher Verwendung komme nur eine nachträgliche Auszahlung aufgrund von Belegen über verauslagte Kosten oder eine Direktzahlung an den Leistungserbringer in Betracht).

37 Diese Form der Kostenerstattung ist **nicht identisch mit dem persönlichen Budget** nach § 17 Abs. 1 Nr. 4 SGB IX. Sie bezieht sich regelmäßig eher auf einzelne Teilhabeleistungen, während das persönliche Budget vorwiegend zur Abdeckung eines weiter gefassten Hilfebedarfs gedacht ist. Die Vorschriften in § 9 Abs. 2 und § 17 Abs. 1 Nr. 4 SGB IX können ggf. auch nebeneinander angewandt werden (krit. zur unzureichenden Abstimmung der Vorschriften zueinander Mrozynski Rdnr. 19 und § 17 Rdnr. 32).

38 Weitere Voraussetzung für die Erbringung einer Geld- statt einer Sachleistung ist eine **doppelte Prognose**: Die in Rede stehenden Teilhabeleistungen müssen **gleich wirksam** sein und **wirtschaftlich zumindest gleichwertig ausgeführt** werden können.

Zunächst muss also stets die vorausschauende Annahme **gleicher Wirksamkeit** begründet werden. Die Leistung muss – auch unter Berücksichtigung der in §§ 1, 3 und § 4 Abs. 1 SGB IX vorgegebenen übergeordneten Ziele – gleiche Ergebnisse im Hinblick auf ihre spezielle Zielsetzung erwarten lassen. Bei geringerer Wirksamkeit, aber anderen Vorzügen einer Geldleistung wäre diese ausgeschlossen (LPK-SGB IX / *Haines* Rdnr. 11). 39

Die wirtschaftlich zumindest gleichwertige Ausführung setzt einen **Kostenvergleich** voraus. In diesen müssen allerdings alle Kosten aller beteiligten Rehabilitationsträger einbezogen werden, also auch unterhaltssichernde Leistungen anderer Träger in Wartezeiten (LPK-SGB IX / *Haines* Rdnr. 12; HK-SGB IX / *Welti* Rdnr. 37). 40

Bei **höherer Wirksamkeit** einer im Kostenvergleich unterlegenen Leistung sollte dem Leistungsberechtigten dennoch ihre Inanspruchnahme möglich sein, wenn er die Mehrkosten selbst trägt. Dies entspricht dem in § 31 Abs. 3 SGB IX für aufwändigere Hilfsmittel normierten Rechtsgedanken (ebenso HK-SGB IX / *Welti* Rdnr. a. a. O.). 41

2. Antrag und Mitwirkungspflicht

Eine Geldleistung anstelle einer Sachleistung setzt nicht nur einen entsprechenden Antrag des Leistungsberechtigten voraus. Diesen trifft auch eine **Mitwirkungspflicht** dahingehend, dass er dem Rehabilitationsträger ggf. „geeignete Unterlagen für die Beurteilung der **Wirksamkeit**" der beantragten Alternativleistung zur Verfügung zu stellen hat. Dies kann z. B. ein Therapiekonzept sein. Dem Leistungsberechtigten obliegt insoweit **keine Beweislast** (Kossens u. a. / *Schäfer* Rdnr. 7). Andererseits hat der Rehabilitationsträger ohne eine entsprechende Mitwirkung des Betroffenen oft keine Möglichkeit, sich über die Wirksamkeit der gewünschten Alternativleistung zu informieren. 42

Nachweise über die **Wirtschaftlichkeit** hat der Leistungsberechtigte nicht beizubringen. Diese Beurteilung hat der Rehabilitationsträger aufgrund seiner Sachkunde vorzunehmen. Gleichwohl kann der Leistungsberechtigte auch hierzu beitragen, etwa durch einen von ihm beschafften Kostenvoranschlag oder durch Hinweise auf die Vereinbarkeit einer Leistung mit einer beruflichen Tätigkeit oder die Vermeidung von Wartezeiten (LPK-SGB IX / *Haines* Rdnr. 14). 43

3. Verfahren bei ablehnender Entscheidung

Lehnt der Rehabilitationsträger einen Wunsch des Leistungsberechtigten nach Abs. 1 oder einen Antrag nach Abs. 2 Satz 1 auf Geldleistung ab, muss er dies durch **schriftlichen Bescheid** begründen (**Abs. 2 Satz 3**). Es handelt sich insoweit um einen anfechtbaren Verwaltungsakt im Sinne von § 31 SGB X. 44

Eine **vorherige Anhörung des Betroffenen** ist **nicht** nach § 24 SGB X **geboten**, weil die Ablehnung eines behaupteten Rechts kein Eingriff im Sinne dieser Vorschrift ist (von Wulffen / *ders.* SGB X § 24 Rdnr. 3 m. w. Nachw.; a. A. B / F / K / R / *Fuchs* Rdnr. 16). 45

Die **Begründung** muss den Anforderungen des § 35 Abs. 1 Satz 2 und 3 SGB X entsprechen: Sie hat die wesentlichen tatsächlichen und rechtlichen Gründe mitzuteilen, die den Rehabilitationsträger zu seiner Entscheidung bewogen haben; bei Ermessensentscheidungen müssen auch die Gesichtspunkte erkennbar sein, von denen er bei seiner Ermessensausübung ausgegangen ist. 46

Der Verwaltungsakt muss gem. § 36 SGB X eine **Rechtsbehelfsbelehrung** enthalten und dem Betroffenen bekannt gegeben werden (§ 37 Abs. 1 SGB X). Die **Anfechtung** ist mit kostenfreiem Widerspruch (vgl. § 62 SGB X, § 84 SGG, § 68 VwGO) und ggf. anschließender Klage möglich. 47

C) zu Abs. 3
1. Eigenverantwortliche Gestaltung und Selbstbestimmung

48 Die Vorschrift will die **Autonomie behinderter Menschen** auch bei der Ausführung von Leistungen **in Diensten und Einrichtungen sichern**: Den Leistungsberechtigten soll möglichst viel Raum zu eigenverantwortlicher Gestaltung ihrer Lebensumstände eingeräumt und zugleich soll ihre Selbstbestimmung gefördert werden. Auch an dieser Stelle unterstreicht das Gesetz: Es geht nicht nur darum, im Sinne des Fürsorgegedankens Einschränkungen der Betroffenen in ihren Lebensmöglichkeiten auszugleichen. Vielmehr sollen ihnen selbstbestimmte Handlungsmöglichkeiten innerhalb der Gesellschaft entsprechend der Zielsetzung des § 1 SGB IX eröffnet werden. Dabei ist die Selbstbestimmung nicht nur das Ziel der Leistungen zur Teilhabe, sondern bereits Maßstab für eine wertorientierte Erbringung dieser Leistungen (vgl. auch Feldes u. a. / *Stevens-Bartol* Rdnr. 15).

49 Durch die Einschränkung „**möglichst viel**" gesteht der Gesetzgeber zu, dass die Ausführung von Teilhabeleistungen kaum möglich ist ohne Einschränkungen der eigenverantwortlichen Gestaltung der Lebensverhältnisse. Dies wird schon an den Mitwirkungspflichten nach §§ 60 ff. SGB I deutlich. Jedoch müssen diese Einschränkungen auf das unvermeidbare Maß beschränkt bleiben, um den Geboten aus § 1 und § 4 Abs. 1 SGB IX zu genügen (B / F / K / R / *Fuchs* Rdnr. 17). Ob Einrichtungen diese Vorgabe erfüllen, muss im Rahmen ihrer **Eignung** gem. § 19 Abs. 4 SGB IX überprüft werden (Mrozynski Rdnr. 29). Auch kann diese Pflicht in den Verträgen mit den Leistungsempfängern konkretisiert werden (vgl. § 21 Abs. 1 Nr. 1 und 3 SGB IX). Sie beruht aber auf Gesetz und besteht deshalb unabhängig von ihrer vertraglichen Umsetzung (HK-SGB IX / *Welti* Rdnr. 42).

D) zu Abs. 4
1. Zustimmungsbedürftigkeit der Leistungen

50 Leistungen zur Teilhabe bedürfen jedenfalls der Zustimmung des Leistungsberechtigten. Dieser Grundsatz war bereits im früheren Recht festgelegt (§ 4 Abs. 1 RehaAnglG). Die Zustimmung muss vor Beginn vorliegen und sich auf eine hinreichend konkret absehbare Leistung beziehen. Werden nacheinander mehrere Teilhabeleistungen notwendig, ist die Zustimmung zu jeder dieser Leistungen erforderlich.

51 Als einseitige empfangsbedürftige Willenserklärung setzt die Zustimmung grundsätzlich **Geschäftsfähigkeit** gem. §§ 104 ff. BGB voraus. (vgl. § 11 Abs. 1 Nr. 1 und 2 SGB X). Aber auch die sozialrechtliche **Handlungsfähigkeit** nach § 36 Abs. 1 Satz 1 SGB I genügt. Deshalb kann auch ein – nicht im Sinne von § 104 Nr. 2 BGB geschäftsunfähiger – Minderjähriger nach Vollendung des 15. Lebensjahres wirksam Anträge stellen und folglich auch einer Leistung zustimmen.

52 Die Antragstellung enthält noch nicht in jedem Fall die Zustimmung zum erst noch zu konkretisierenden Leistungsangebot des Rehabilitationsträgers. Allerdings bedarf es nach einem Bewilligungsbescheid nicht einer förmlichen Erklärung. Die Zustimmung kann auch durch **schlüssiges Verhalten** zum Ausdruck gebracht werden, indem der Leistungsberechtigte die Heilbehandlung oder die Weiterbildungsmaßnahme antritt (GK-SGB IX / *Löschau* Rdnr. 36).

53 Die Zustimmung kann auch nur grundsätzlich erteilt, im Übrigen aber, etwa hinsichtlich des Leistungsortes oder -zeitraums, eingeschränkt werden. Insoweit berechtigten Wünschen des Betroffenen ist dann nach Maßgabe des Abs. 1 Satz 1 zu entsprechen.

53a Diese Grundsätze sind auch für die Frage zu beachten, ob durch die Bewilligung von Leistungen zur Teilhabe am Arbeitsleben ein **Rentenanspruch ausgeschlossen** wird. Denn wenn durch Rehabilitationsleistungen die Erwerbsfähigkeit wiederhergestellt bzw. der Eintritt von Erwerbsunfähigkeit abgewendet werden kann, sind geeignete Leistungen i. S. des **§ 9 Abs. 1 SGB VI** geboten. In Satz 2 dieser Vorschrift ist ausdrücklich festgelegt, dass Leistungen zur

Rehabilitation Vorrang vor Rentenleistungen haben, die bei erfolgreicher Rehabilitation nicht oder erst zu einem späteren Zeitpunkt zu erbringen sind (vgl. insoweit auch § 8 Abs. 2 SGB IX).

Nach **früherer Rechtsprechung** galt: Ein **Rentenversicherungsträger** kann ein **Angebots** zur Bewilligung von Leistungen zur Teilhabe am Arbeitsleben **unabhängig davon** abgeben, **ob der Versicherte zustimmt**. Zwar ist die Bewilligung dieser Leistungen nach § 9 Abs. 4 SGB IX von der Zustimmung des Versicherten abhängig (vgl. auch § 115 Abs. 4 SGB VI), jedoch bedurfte es nach der Rechtsprechung des BSG keiner Bewilligung, sondern lediglich eines – von der Zustimmung des Versicherten unabhängigen – hinreichend konkreten Angebots einer Leistung zur Teilhabe am Arbeitsleben, um den Rentenanspruch zu verhindern (BSG Urteil vom 19. November 1997 – 5 RJ 16/97 = NZS 1998, 383 = SozR 3-2600 § 44 Nr. 10; vgl. auch Sächs. LSG Urteil vom 31. August 2004 – L 6 RJ 111/04, zit. nach JURIS).

53b

Hiervon ist das **BSG** in einem späteren Urteil vom 21. März 2006 (B 5 RJ 51/04 R = SozR 4-2600 § 43 Nr. 8 = Breithaupt 2007, 42) ausdrücklich **teilweise abgerückt**, indem es die **Voraussetzungen an eine verbindliche Bewilligung** deutlich verschärfte: „Die von der Beklagten erklärte ‚Bereitschaft', der Klägerin zu den Kosten für die Erreichung eines Arbeitsplatzes oder für die Wahrnehmung von Vorstellungsgesprächen einen Zuschuss zu gewähren, erfüllt diese Bedingung schon deshalb nicht, weil die Beklagte eine verbindliche Bewilligung nicht ausgesprochen, die Gewährung der Leistung vielmehr einer noch zu treffenden Ermessensentscheidung vorbehalten hat (‚es kann ... ein Zuschuss für Ihre Beförderung ... geleistet werden, wenn ...'), die überdies von verschiedenen bisher nicht geklärten Fragen – z. B. Wirtschaftlichkeit und Zumutbarkeit im Vergleich zur Kfz-Hilfe – abhängt. Zudem ist nicht erkennbar, in welcher Höhe die Beförderungskosten bezuschusst bzw. in welchem Umfang Beförderungsdienste geleistet werden sollen. Eine solche **vage Aussicht von Zuschüssen unter unklaren Bedingungen und in unbekannter Höhe** erlaubt es der Klägerin nicht in gleichem Maße wie einem Versicherten mit eigenem Kfz, Arbeitsverhältnisse vorzubereiten oder einzugehen".

53c

Bis zur weiteren Klärung durch die Rechtsprechung muss freilich offenbleiben, ob damit der Rentenversicherungsträger **durch eine ausreichend konkrete „Bewilligung"** einer Rehabilitationsleistung den **Rentenanspruch** des Versicherten auch dann **verhindern** kann, wenn dieser der **Leistung nicht zustimmt**. Für diese Auslegung spricht wohl das Argument, dass andernfalls der Grundsatz „Rehabilitation vor Rente" entgegen der Absicht des Gesetzgebers von der Bereitschaft des Versicherten zur Inanspruchnahme der angebotenen Teilhabeleistung abhinge. Insoweit besteht jedenfalls ein offensichtlicher Konflikt zwischen den Rechtsgrundsätzen in § 8 Abs. 2 und § 9 Abs. 4 SGB IX, der nur unter Berücksichtigung der Mitwirkungspflichten des behinderten Menschen zu lösen ist (vgl. dazu unten Rdnr. 54 ff.). Um eine Rentenleistung rechtswirksam versagen zu können, muss in jedem Einzelfall dem Versicherten zuvor ein konkretes Rehabilitationsangebot durch Verwaltungsakt unterbreitet werden, das unter Beachtung der Bestimmungen der §§ 60 ff. SGB I zu ergehen hat (LSG Rheinland-Pfalz Urteil vom 17. März 2003 – L 2 RI 230/02 = NZS 2004, 47).

53d

2. Mitwirkungspflichten

Denn die Teilnahme an notwendigen Leistungen zur medizinischen oder beruflichen Rehabilitation steht nicht im freien Belieben des Leistungsberechtigten. Seine grundsätzlichen **Mitwirkungspflichten** sind in §§ 63, 64 SGB I festgelegt: Wer wegen Krankheit oder Behinderung Sozialleistungen beantragt oder erhält, soll sich auf Verlangen des zuständigen Sozialleistungsträgers einer **Heilbehandlung** unterziehen, wenn zu erwarten ist, dass sie eine Besserung seines Gesundheitszustands herbeiführen oder eine Verschlechterung verhindern wird (§ 63 SGB I).

54

Eine entsprechende Mitwirkungspflicht gilt nach § 64 SGB I für **berufsfördernde Maßnahmen**: Wer wegen Minderung der Erwerbsfähigkeit oder wegen Arbeitslosigkeit Sozialleistungen beantragt oder erhält, soll auf Verlangen des zuständigen Leistungsträgers hieran teil-

55

nehmen. Voraussetzung ist „bei angemessener Berücksichtigung seiner beruflichen Neigung und seiner Leistungsfähigkeit" die Erwartung, dass die Maßnahmen seine Erwerbs- oder Vermittlungsfähigkeit auf Dauer fördern oder erhalten werden.

56 Die **Grenzen der Mitwirkungspflicht** sind in § 65 SGB I gezogen. Bedeutsam in diesem Zusammenhang ist insbesondere die Möglichkeit der Ablehnung von Behandlungen oder Untersuchungen, die mit **erheblichen Schmerzen** verbunden sind (§ 65 Abs. 2 Nr. 2 SGB I). Allerdings können nur beträchtliche, nachhaltige Reizungen des Schmerzempfindens die Ablehnung rechtfertigen. Hierbei kommt es auf deren Ausmaß und Dauer, aber auch auf die persönliche Schmerzempfindlichkeit an. Nach dem Grundsatz der Verhältnismäßigkeit sind überdies die zu erwartenden Schmerzen abzuwägen mit dem Nutzen der Untersuchung oder Heilbehandlung im Hinblick auf die beantragte oder in Anspruch genommene Sozialleistung (*Hauck/Haines* SGB I § 65 Rdnr. 13).

3. Folgen unberechtigter Weigerung des Leistungsberechtigten

57 Bei nicht gerechtfertigter Weigerung zur Teilnahme an einer Rehabilitationsmaßnahme kann der Rehabilitationsträger gem. § 66 Abs. 2 SGB I **andere Leistungen versagen oder entziehen**. Allerdings muss der Leistungsberechtigte auf diese Folge schriftlich hingewiesen worden sein und seiner Mitwirkungspflicht nicht innerhalb einer ihm gesetzten angemessenen Frist nachgekommen sein (§ 66 Abs. 3 SGB I).

58 Auch besteht in einigen Fällen ein ausdrückliches **gesetzliches Rangverhältnis**: So ruht der Anspruch auf Arbeitslosengeld, wenn der Arbeitslose einer Aufforderung der Agentur für Arbeit nicht nachkommt, Leistungen zur medizinischen Rehabilitation oder Teilnahme am Arbeitsleben zu beantragen (§ 125 Abs. 2 SGB III). Der Anspruch auf Krankengeld entfällt gem. § 51 Abs. 1 und 3 SGB V, wenn Versicherte einer entsprechenden Aufforderung der Krankenkasse nicht Folge leisten.

§ 10
Koordinierung der Leistungen

(1) ¹Soweit Leistungen verschiedener Leistungsgruppen oder mehrerer Rehabilitationsträger erforderlich sind, ist der nach § 14 leistende Rehabilitationsträger dafür verantwortlich, dass die beteiligten Rehabilitationsträger im Benehmen miteinander und in Abstimmung mit den Leistungsberechtigten die nach dem individuellen Bedarf voraussichtlich erforderlichen Leistungen funktionsbezogen feststellen und schriftlich so zusammenstellen, dass sie nahtlos ineinander greifen. ²Die Leistungen werden entsprechend dem Verlauf der Rehabilitation angepasst und darauf ausgerichtet, den Leistungsberechtigten unter Berücksichtigung der Besonderheiten des Einzelfalls die den Zielen der §§ 1 und 4 Abs. 1 entsprechende umfassende Teilhabe am Leben in der Gesellschaft zügig, wirksam, wirtschaftlich und auf Dauer zu ermöglichen. ³Dabei sichern die Rehabilitationsträger durchgehend das Verfahren entsprechend dem jeweiligen Bedarf und gewährleisten, dass die wirksame und wirtschaftliche Ausführung der Leistungen nach gleichen Maßstäben und Grundsätzen erfolgt.

(2) Absatz 1 gilt entsprechend auch für die Integrationsämter in Bezug auf Leistungen und sonstige Hilfen für schwerbehinderte Menschen nach Teil 2.

(3) Den besonderen Bedürfnissen seelisch behinderter oder von einer solchen Behinderung bedrohter Menschen wird Rechnung getragen.

(4) Die datenschutzrechtlichen Regelungen dieses Gesetzbuchs bleiben unberührt.

ERLÄUTERUNGEN

ÜBERSICHT

I. Bedeutung der Vorschrift (Rdnrn. 1–4)
II. Fassung (Rdnrn. 5–6)
III. Begründung (Rdnrn. 7–19)
IV. Anmerkungen (Rdnrn. 11–43)
    A) zu Abs. 1
        1. Leistungskoordinierung als Managementaufgabe (Rdnr. 11)
        2. Notwendige Abklärung von Leistungen und Zuständigkeiten (Rdnr. 12)
        3. Verantwortlichkeit eines Rehabilitationsträgers (Rdnrn. 13–22)
            a) Bei ausschließlich eigener Zuständigkeit (Rdnrn. 14–17)
                aa) Abstimmung mit dem Leistungsberechtigten (Rdnrn. 15–16)
                bb) Funktionsbezogene Feststellung (Rdnr. 17)
            b) Bei Zuständigkeit mehrerer Rehabilitationsträger (Rdnrn. 18–22)
                aa) Koordination zwischen den Rehabilitationsträgern (Rdnr. 19)
                bb) Fortbestehende Entscheidungskompetenz der beteiligten Rehabilitationsträger (Rdnrn. 20–22)
        4. Schriftliche Zusammenstellung der Leistungen (Rdnrn. 23–31)
            a) Teilhabeplan (Rdnrn. 24–28)
            b) Nahtloses Ineinandergreifen (Rdnrn. 29–31)
        5. Leistungsziel der umfassenden Teilhabe am Leben in der Gesellschaft (Rdnrn. 32–35)
        6. Bedarfsentsprechende Sicherung des Verfahrens nach gleichen Maßstäben (Rdnrn. 36–37)
    B) zu Abs. 2
        1. Entsprechende Geltung für die Integrationsämter (Rdnr. 38)
    C) zu Abs. 3
        1. Besondere Bedürfnisse seelisch behinderter Menschen (Rdnrn. 39–40)
    D) zu Abs. 4
        1. Datenschutz (Rdnrn. 41–43)

I. Bedeutung der Vorschrift

In **Abs. 1** werden Grundsätze für eine funktionsbezogene, effiziente und koordinierte Leistungsgewährung durch die Rehabilitationsträger aufgestellt. Diese haben im Benehmen miteinander und in Abstimmung mit den Leistungsberechtigten die bedarfsgerechte und lückenlose Gewährung der Leistungen sicherzustellen und diese dem Verlauf der Rehabilitation anzupassen. Das Ziel einer umfassenden Teilhabe am Leben in der Gesellschaft nach Maßgabe der §§ 1 und 4 Abs. 1 SGB IX wird wieder betont. Auch wird eine wirksame und wirtschaftliche Ausführung der Leistungen durch die Rehabilitationsträger nach gleichen Maßstäben und Grundsätzen als Zielsetzung unterstrichen. 1

Abs. 2 erstreckt die in Abs. 1 festgelegten Anforderungen auch auf die Integrationsämter in Bezug auf Leistungen und sonstige Hilfen für schwerbehinderte Menschen nach Teil 2 des SGB IX. 2

In **Abs. 3** wird verdeutlicht, dass den besonderen Bedürfnissen seelisch behinderter oder von einer solchen Behinderung bedrohter Menschen Rechnung zu tragen ist. 3

Schließlich stellt **Abs. 4** klar, dass die allgemeinen datenschutzrechtlichen Regelungen des SGB X und die jeweils für die Rehabilitationsträger geltenden bereichsspezifischen Datenschutzvorschriften unberührt bleiben. 4

II. Fassung

Die Vorschrift wurde mit folgenden Änderungen aus dem Regierungsentwurf (BT-Drucks. 14/5531 i. V. m. 14/5074) übernommen:

5 a) Abs. 1 Satz 1 i. d. F. des RegE hatte nur vorgesehen, dass der nach § 14 SGB IX leistende Rehabilitationsträger auf die Koordinierung der Leistungen „hinwirkt". Zur Klarstellung des Gewollten hat der Ausschuss für Arbeit und Sozialordnung dies dahingehend verschärft, dass dieser Träger dafür „verantwortlich ist" (BT-Drucks. 14/5800 S. 30).

6 b) In Abs. 2 wurde der Begriff der „Hauptfürsorgestelle" durch den neuen und die Aufgabenstellung besser kennzeichnenden Namen „Integrationsamt" ersetzt. Dies geht auf ein Verlangen des Bundesrates zurück, welches dieser wie folgt begründet hatte (BT-Drucks. 14/5531 S. 6): „Die Namensänderung ist wegen der historischen Überlebtheit des Begriffs und seinem geringen Informationsgehalt hinsichtlich der tatsächlichen Aufgaben der Hauptfürsorgestellen angezeigt. Zum mit dem SchwbBAG eingeleiteten Paradigmenwechsel der Behindertenpolitik verhält sich der Begriff Hauptfürsorgestelle eher kontraproduktiv. Die Erfahrung zeigt, dass selbst in anderen Bereichen der Behindertenhilfe und dem Bereich der Wirtschaft der Begriff nicht mehr geeignet ist, den Leistungskanon der Hauptfürsorgestellen hinreichend zu kommunizieren."

Nachdem die Bundesregierung in ihrer Gegenäußerung die Prüfung des Anliegens angekündigt hatte (BT-Drucks. 14/5639 S. 2), wurde nunmehr im SGB IX die Bezeichnung „Integrationsamt" eingeführt und erstmals in § 10 Abs. 2 verwendet.

III. Begründung

7 In dem Regierungsentwurf (BT-Drucks. 14/5074 S. 101) wird zu der Vorschrift ausgeführt:

„Zur Sicherung eines umfassenden Rehabilitations-, Eingliederungs- oder Teilhabemanagements und der durchgehenden Sicherung des Verfahrens bestimmt **Abs. 1,** dass die Rehabilitationsträger, gemeinsam und in Abstimmung mit den Leistungsberechtigten, die individuell erforderlichen Leistungen funktionsbezogen festlegen, zusammenstellen und entsprechend dem Verlauf der Rehabilitation anpassen sollen; die Leistungsberechtigten können dabei ihre Betreuer oder Vertrauenspersonen einbeziehen. Damit werden die Regelungen der § 4 Abs. 2 und § 5 Abs. 1 Rehabilitations-Angleichungsgesetz fortentwickelt und die allgemeinen Regelungen des Ersten Buches (insbesondere §§ 16 und 17) und des Zehnten Buches (insbesondere § 86) ergänzt, soweit dies durch Besonderheiten bei der Teilhabe behinderter und von Behinderung bedrohter Menschen geboten ist. Soweit notwendig sollen die Rehabilitationsträger die im Einzelfall notwendigen Rehabilitationsziele und -leistungen trägerübergreifend so bestimmen, dass die insgesamt erforderlichen Leistungen aus der Sicht der leistungsberechtigten Bürgerinnen und Bürger wie aus einer Hand erscheinen und das Verfahren bei Bedarf durchgehend sichern. Die Vorschrift ergänzt damit die sich aus § 4 für den einzelnen Rehabilitationsträger ergebende Verpflichtung, die erforderlichen Leistungen so frühzeitig wie möglich festzustellen und festzulegen, wie sie sich z. B. aus § 46 des Bundessozialhilfegesetzes ergibt.

8 Hierbei handelt es sich um eine interne Koordination; eine gemeinsame Bescheidung oder gar eine inhaltliche Modifizierung der Einzelansprüche ist hiermit nicht vorgesehen. Bei der zügigen, umfassenden und durchgehenden Ausführung der zur Erreichung der Ziele erforderlichen Leistungen haben die Rehabilitationsträger die wirksame und wirtschaftliche Leistungsausführung zu gewährleisten. Dies entspricht der sich für den Versicherungsträger aus § 69 Abs. 2 des Vierten Buches und für die übrigen Rehabilitationsträger aus haushaltsrechtlichen Regelungen ergebenden Verpflichtung, die obliegenden Aufgaben unter Berücksichtigung der Grundsätze der Wirtschaftlichkeit und Sparsamkeit zu erfüllen. Zugleich muss gewährleistet werden, dass diese Leistungsausführung nach gleichen Maßstäben und Grundsätzen erfolgt. Sind diese vereinbart und sollen sie geändert werden, hat der Rehabilitationsträger entsprechend dem in § 13 Abs. 3 geregelten Verfahren die übrigen Partner zu beteiligen.

§ 10 Koordinierung der Leistungen

Nach **Abs. 2** sind in die Abstimmungsaufgaben nach Abs. 1 auch die Integrationsämter einzubeziehen, soweit Leistungen und sonstige Hilfen für schwerbehinderte Menschen nach Teil 2 des Neunten Buches in Betracht kommen.

Abs. 3 stellt klar, dass die datenschutzrechtlichen Regelungen des Zehnten Buches und die für die Rehabilitationsträger jeweils geltenden bereichsspezifischen datenschutzrechtlichen Regelungen unberührt bleiben. Im Neunten Buch werden keine neuen Befugnisse zur Erhebung, Verarbeitung und Nutzung personenbezogener Daten begründet."

IV. Anmerkungen
A) zu Abs. 1
1. Leistungskoordinierung als Managementaufgabe

Aus der Zuständigkeitsverteilung im gegliederten Rehabilitationssystem ergeben sich im Einzelfall vielfach Schnittstellen, sowohl zwischen den Leistungsgruppen als auch zwischen den Trägergruppen. Die hierdurch auftretenden Probleme sollen durch ein umfassendes **Rehabilitations-, Eingliederungs- und Teilhabemanagement** überwunden werden. Die Rehabilitationsträger sollen die für den betroffenen Menschen jeweils anzustrebenden Rehabilitationsziele und die hierfür erforderlichen Leistungen trägerübergreifend so bestimmen und ihre Durchführung so sichern, dass sie aus der Sicht des Leistungsberechtigten „wie aus einer Hand erscheinen"; (Kossens u. a. / *Schäfer* Rdnr. 3). Die bei der Gestaltung dieser Leistungen zu bewältigende Managementaufgabe ist ein Prozess aus Problemanalyse, Leistungsplanung und Leistungsdurchführung. Sie schließt auch die Notwendigkeit einer Kontrolle ein, welche sich auf eine zeitnahe Bewertung der Zielerreichung und der Wirtschaftlichkeit der jeweiligen Maßnahmen erstreckt (LPK-SGB IX / *Haines* Rdnr. 12). Verantwortlich hierfür ist der zuständige Rehabilitationsträger, der hierzu grundsätzlich eigene Fachkräfte einsetzen wird, sich aber auch externer Beratung bedienen kann.

2. Notwendige Abklärung von Leistungen und Zuständigkeiten

Die Vorschrift setzt nach **Abs. 1 Satz 1** voraus, dass Leistungen verschiedener Leistungsgruppen oder mehrerer Rehabilitationsträger erforderlich sind. Daher steht zu Beginn eine Abklärung,
- ob unter Würdigung der Ziele der Leistungen zur Teilhabe überhaupt Leistungen notwendig sind (hierbei nimmt Satz 2 auf die übergeordneten Zielbestimmungen in § 1 und § 4 Abs. 1 SGB IX Bezug),
- Leistungen welcher Leistungsgruppen zur möglichst weitgehenden Umsetzung dieser Ziele in Betracht kommen, und
- welche Rehabilitationsträger für diese Leistungsgruppen im konkreten Einzelfall zuständig sein können.

3. Verantwortlichkeit eines Rehabilitationsträgers

Für diese Abklärung und die bei festgestelltem Leistungsbedarf weitere Anwendung der Vorschrift ist ein **einziger Rehabilitationsträger zuständig**. Es ist derjenige, der nach der Regelung des § 14 SGB IX zur Leistung verpflichtet ist. Er hat hierbei auch das in § 4 Abs. 2 Satz 2 SGB IX festgelegte Gebot zu beachten, Leistungen im Rahmen der für ihn geltenden Rechtsvorschriften nach Lage des Einzelfalles so vollständig, umfassend und in gleicher Qualität zu erbringen, dass Leistungen eines anderen Trägers möglichst nicht erforderlich werden.

a) Bei ausschließlich eigener Zuständigkeit

Hat dieser Rehabilitationsträger alle voraussichtlich erforderlichen Leistungen selbst zu erbringen, sind aber Leistungen **mehrerer Leistungsgruppen** im Sinne des § 5 Nr. 1 bis 4

SGB IX erforderlich, müssen diese zunächst in Abstimmung mit dem Leistungsberechtigten funktionsbezogen festgestellt und schriftlich so zusammengestellt werden, dass sie **nahtlos ineinander greifen.**

aa) Abstimmung mit dem Leistungsberechtigten

15 Ob die Rehabilitation erfolgreich ist, hängt wesentlich auch von der Motivation und Mitwirkung des Betroffenen ab. Deshalb schreibt das Gesetz die Abstimmung mit den Leistungsberechtigten über die voraussichtlich erforderlichen Leistungen und deren Koordinierung vor. Das Gebot der „Abstimmung mit dem Leistungsberechtigten"; geht weiter als das Recht auf Anhörung bei Eingriffen in Rechte eines Beteiligten im Verwaltungsverfahren (§ 24 SGB X). Es setzt jedenfalls eine **Information** der Leistungsberechtigten voraus, denen auch die Gelegenheit zu abweichenden Vorschlägen zu geben ist; diese sollten nach Möglichkeit berücksichtigt werden, um den **Wunsch- und Wahlrechten** nach § 9 SGB IX Rechnung zu tragen. In diese Abstimmung können die Betroffenen auch ihre Betreuer oder Vertrauenspersonen einbeziehen (LPK-SGB IX / *Haines* Rdnr. 13); das gilt auch für behandelnde Ärzte.

16 Die Beteiligung der Leistungsberechtigten bei der Planung und Koordinierung des gesamten Rehabilitationsverfahrens entspricht dem Ziel, ihre Selbstbestimmung und gleichberechtigte Teilhabe am Leben in der Gesellschaft zu fördern (§ 1 SGB IX). Das hieraus folgende Abstimmungsgebot gilt im Übrigen nicht nur im Zusammenhang mit verschiedenen Teilhabeleistungen, sondern – über den Wortlaut des § 10 SGB IX hinaus – auch bei Einzelleistungen zur Teilhabe (GK-SGB IX / *Löschau* Rdnr. 21).

bb) Funktionsbezogene Feststellung

17 Die Feststellung der Leistungen unter Bezug auf ihre Funktion bedeutet ein **Verbot pauschaler Leistungsumschreibungen**; vielmehr sind die Leistungen entsprechend dem individuellen Bedarf und orientiert an den im Einzelfall anzustrebenden Teilhabezielen zu erbringen (LPK-SGB IX / *Haines* Rdnr. 7).

b) Bei Zuständigkeit mehrerer Rehabilitationsträger

18 Sind mehrere Rehabilitationsträger zuständig, besteht die Koordinierungsaufgabe des verantwortlichen Trägers darin, die beteiligten Rehabilitationsträger **im Benehmen miteinander** und **in Abstimmung mit dem Leistungsberechtigten** die voraussichtlich für diesen erforderlichen Leistungen funktionsbezogen feststellen zu lassen. Diese sind im Ergebnis schriftlich so zusammenzustellen, dass sie nahtlos ineinander greifen.

aa) Interne Koordination zwischen den Rehabilitationsträgern

19 Die Verpflichtung zur Feststellung der verschiedenen Leistungen zur Teilhabe im Benehmen der Rehabilitationsträger erfordert eine **interne Koordination**. Sie beginnt zunächst mit einer Unterrichtung des anderen Rehabilitationsträgers durch den zuständigen Träger über den Verfahrensstand, vor allem über Anträge oder sonstige Willensäußerungen des Leistungsberechtigten und über vorliegende Gutachten. Ferner hat der zuständige Rehabilitationsträger die von ihm beabsichtigten Leistungen mitzuteilen sowie diejenigen Leistungen vorzuschlagen, die nach seiner Einschätzung durch den anderen Träger zu erbringen sind (LPK-SGB IX / *Haines* Rdnr. 16). In dieses Abstimmungsverfahren sind nach Abs. 2 auch die **Integrationsämter einzubeziehen**, soweit Leistungen und sonstige Hilfen für schwerbehinderte Menschen in Betracht kommen (Kossens u. a. / *Schäfer* Rdnr. 4).

bb) Fortbestehende Entscheidungskompetenz der beteiligten Rehabilitationsträger

20 Hierdurch wird aber nicht in die Entscheidungsbefugnisse der beteiligten Rehabilitationsträger eingegriffen. Die Entscheidung, welche Leistungen zu erbringen sind, trifft jeder Träger ausschließlich für die von ihm selbst zu erbringenden Leistungen. So ist etwa eine Kranken-

kasse, die Leistungen zur medizinischen Rehabilitation ausführen will, nicht befugt, über anschließend erforderliche Leistungen zur Teilhabe am Arbeitsleben zu entscheiden.

Das Gebot, „im **Benehmen** miteinander"; zu handeln, bedeutet gegenseitige Information und Gelegenheit zur Stellungnahme, gegebenenfalls auch die Auseinandersetzung mit den Inhalten vorliegender Äußerungen oder Gutachten. Aufgetretene Meinungsverschiedenheiten sollten nach Möglichkeit im beiderseitigen Einvernehmen, erforderlichenfalls in gemeinsamer Beratung, bereinigt werden (Neumann [Hrsg.] HB-SGB IX / *Castendiek* § 8 Rdnr. 15). Jedoch besteht keine Notwendigkeit, tatsächliche Übereinstimmung herzustellen. Verbleiben unterschiedliche Ansichten, darf die zuständige Stelle nach erfolglosem Verständigungsversuch nach ihrer eigenen Auffassung handeln (Neumann [Hrsg.] HB-SGB IX / *Castendiek* m. w. Nachw. in Fn. 30). Im Übrigen handelt es sich um **verwaltungsinterne Abstimmungsprozesse**. Weder ergeht ein gemeinsamer Bescheid noch ist eine inhaltliche Modifizierung der rechtlich eigenständigen Einzelansprüche vorgesehen (LPK-SGB IX / *Haines* Rdnr. 17). Gleichwohl kann und wird die vollständige und frühzeitige Kenntnis von Bedarfsfeststellungen und Leistungen oder Leistungsabsichten eines anderen Trägers jedoch nach § 33 Satz 1 SGB IX die eigene Entscheidung darüber beeinflussen, wie sein Leistungsrahmen im Einzelfall auszufüllen ist, um den Zielen nach § 1, § 4 Abs. 1 SGB IX wirksam und wirtschaftlich gerecht zu werden (Lachwitz u. a. [HK-SGB IX] / *Welti* Rdnr. 8).

21

Wird eine Entscheidung ohne die notwendige Herstellung des Benehmens der beteiligten Träger getroffen, ist dies **verfahrensfehlerhaft** (vgl. BSGE 74, 240 = SozR 3-5090 § 5 Nr. 2 zum früheren Recht, nämlich dem Einigungsverfahren nach § 5 Abs. 5 RehaAnglG). Bei Ermessensentscheidungen – das sind die Rehabilitationsleistungen der Rentenversicherungsträger nach § 13 Abs. 1 SGB VI und die medizinischen Rehabilitationsmaßnahmen der Krankenkassen nach § 40 SGB V – kann eine Aufhebung im Rechtsbehelfsverfahren jedenfalls dann in Betracht kommen, wenn der zuständige Träger das Benehmen nicht hergestellt hat und nachträglich bekannt wird, dass ein übergangener Träger eine abweichende Meinung vertrat oder dass dort vorliegende entscheidungserhebliche Erkenntnisse nicht berücksichtigt wurden. Wird etwa eine Leistung zur Teilhabe am Arbeitsleben wegen angeblich schlechten Gesundheitszustands des Betroffenen abgelehnt, der auch durch Leistungen zur medizinischen Rehabilitation nicht mehr zu verbessern sei, und beruht diese Einschätzung auf einem Abstimmungsmangel zwischen zwei Trägern oder innerhalb eines Trägers, so ist die Entscheidung rechtswidrig (vgl. Lachwitz u. a. [HK-SGB IX] / *Welti* Rdnr. 10 unter Hinweis auf BSG SozR 3-1200 § 14 Nr. 19).

22

4. Schriftliche Zusammenstellung der Leistungen

Sowohl bei alleiniger Zuständigkeit eines Rehabilitationsträgers für verschiedene Leistungsgruppen als auch bei der Koordination unterschiedlicher Leistungsträger sind die betreffenden Leistungen in funktionsbezogener Weise schriftlich so festzustellen, dass sie nahtlos ineinander greifen.

23

a) Teilhabeplan

Die schriftliche Feststellung der am individuellen Bedarf orientierten Leistungen in einem Teilhabeplan soll bei verschiedenen aufeinander folgenden Teilhabeleistungen deren zügigen Ablauf besser gewährleisten. Er dient vor allem als **fachliche Grundlage für die Steuerung des Rehabilitationsprozesses** und unterrichtet die beteiligten Träger sowie den Leistungsberechtigten über dessen planmäßigen Ablauf.

24

Für die Aufstellung des Teilhabeplans als schriftliche Zusammenstellung der Leistungen der unterschiedlichen Träger ist der **nach § 14 SGB IX verpflichtete Rehabilitationsträger verantwortlich**. Soweit er nicht selbst Leistungen zu erbringen hat, übernimmt er hierfür die Beiträge der für die jeweilige Einzelleistung zuständigen Träger über ihre Leistungserbringung.

25

26 Der so erstellte Teilhabeplan ist **nicht bereits selbst ein Verwaltungsakt**, der alle dort enthaltenen Leistungen verbindlich regelt. Es handelt sich vielmehr zunächst um eine **Absichtserklärung**, gegebenenfalls auch um einen Teil der Begründung eines Verwaltungsaktes, der seinerseits eine bestimmte konkrete Leistungsgewährung regelt (Mrozynski Rdnr. 15). Hingegen werden die einzelnen Leistungen durch gesonderte Verwaltungsakte der jeweils für ihre Erbringung zuständigen Träger bewilligt. Der Teilhabeplan modifiziert die Leistungsansprüche des Berechtigten weder inhaltlich noch im Hinblick auf die Leistungszuständigkeit (Neumann [Hrsg.] HB-SGB IX / *Castendiek* Rdnr. 15). Sofern Leistungen zur Rehabilitation und Teilhabe in Form eines Persönlichen Budgets erbracht werden, wird die Zielvereinbarung nach § 4 BudgetV in den Teilhabeplan aufgenommen.

27 Bei **Änderungsbedarf** ist der Teilhabeplan durch den verantwortlichen Träger unverzüglich **anzupassen**. Das entspricht dem in Abs. 1 Satz 2 festgelegten und selbstverständlichen Gebot, die Leistungen entsprechend dem Verlauf der Rehabilitation anzupassen. Dies kann auf Anregungen aller Beteiligten wie Rehabilitationsträger, Leistungsberechtigte und auch Dritter beruhen, etwa eingeschalteter Rehabilitationdienste und -einrichtungen.

28 Nähere Einzelheiten zu Zweck, Inhalt und Verfahren eines Teilhabeplans enthält die Gemeinsame Empfehlung nach § 13 Abs. 2 Nr. 3 SGB IX, in welchen Fällen und in welcher Weise die Klärung der im Einzelfall anzustrebenden Ziele und des Bedarfs an Leistungen schriftlich festzuhalten ist (Gemeinsame Empfehlung „Teilhabeplan";) vom 16. Dezember 2004 (vgl. Anhang „Teilhabeplan"; zu dieser Kommentierung). Der Teilhabeplan ist ferner angesprochen in § 4 der Gemeinsamen Empfehlung Einheitlichkeit / Nahtlosigkeit vom 22. März 2004 (vgl. Anhang „Einheitlichkeit / Nahtlosigkeit" der Kommentierung des § 12 SGB IX).

b) Nahtloses Ineinandergreifen

29 Das Gebot eines nahtlosen Ineinandergreifens gilt **bei zeitlicher Abfolge** etwa für berufsfördernde Leistungen im Anschluss an zunächst gewährte medizinische Leistungen. Nahtlosigkeit bedeutet bei wörtlichem Verständnis grundsätzlich, dass zwischen zwei Sachverhalten **keine zeitliche Lücke** von einem oder mehreren Tagen liegen darf (soweit es sich nicht um Sonnabende, Sonn- oder Feiertage handelt, vgl. § 26 Abs. 3 SGB X, § 193 BGB). Jedoch liegt es auf der Hand, dass eine solche Forderung häufig nicht eingehalten werden kann, etwa wenn nach einer Leistung zur medizinischen Rehabilitation eine weitere Leistung zur Teilhabe am Arbeitsleben, z. B. eine Weiterbildungsmaßnahme, folgen soll. Es ist vielfach nicht möglich, einen entsprechenden Kurs unmittelbar im Anschluss an eine medizinische Rehabilitationsleistung zu besuchen; manchmal sind mehrmonatige Zwischenräume zu überbrücken. Insoweit handelt es sich wohl um eine **„idealisierte Zielbestimmung";** des Gesetzgebers, die durch Beifügung der Einschränkung **„möglichst";** wirklichkeitsnah ausgelegt und eher im Sinne eines **Gebotes der Zügigkeit**, das heißt einer entsprechend schnellen Leistungserbringung, verstanden werden sollte (GK – SGB IX / *Löschau* Rdnr. 27 ff. unter vergleichendem Hinweis auf die sog. Anschlussrehabilitation, also die Leistung zur medizinischen Rehabilitation im unmittelbaren Anschluss an die Krankenhausbehandlung. Diese gilt nach § 32 SGB VI grundsätzlich als „unmittelbar";, wenn die Teilhabeleistung innerhalb von 14 Tagen nach dem Ende des Krankenhausaufenthalts beginnt). Eine Leistungserbringung ohne vermeidbare Verzögerung entspricht schließlich auch der vom Gesetz verlangten Ausrichtung der Leistungen an dem Ziel, dem Betroffenen eine umfassende Teilhabe am Leben in der Gesellschaft u. a. „zügig"; zu ermöglichen (Abs. 1 Satz 2); vgl. im Übrigen zu den Anforderungen an eine zügige Leistungserbringung § 6 der Gemeinsamen Empfehlung „Einheitlichkeit / Nahtlosigkeit"; vom 22. März 2004 (Anhang „Einheitlichkeit / Nahtlosigkeit"; zum Kommentar zu § 12 SGB IX).

30 Die Rehabilitationsträger haben sich deshalb auf die **unbedingt notwendigen Verfahrensschritte** zu beschränken. Bei der **Auswahl zwischen verschiedenen Verfahren bzw. Leistungen** sind diejenigen zu bevorzugen, die schneller und in kürzerer Zeit zum Ziel führen.

Bei der Befolgung des so verstandenen Zügigkeitsgebots dürfen aber weder zwingende Vorschriften noch gebotene Sorgfaltspflichten verletzt werden (GK – SGB IX / *Löschau* Rdnr. 28).

Die Verpflichtung zur Nahtlosigkeit ist **in sachlicher Hinsicht** aber auch dann zu beachten – und zwar ohne die vorgenannte Einschränkung –, wenn einerseits Leistungen zur medizinischen Rehabilitation oder zur Teilnahme am Arbeitsleben erbracht werden und auf der anderen Seite unterhaltssichernde oder ergänzende Leistungen bzw. Leistungen zur Teilhabe am Leben in der Gemeinschaft (LPK-SGB IX / *Haines* Rdnr. 11). Hier ist gegebenenfalls **das Leistungsspektrum im erforderlichen Umfang auszuschöpfen**, ohne dass Lücken zum Nachteil des Leistungsberechtigten entstehen; vgl. im Übrigen § 6 der Gemeinsamen Empfehlung „Einheitlichkeit / Nahtlosigkeit"; vom 22. März 2004 (Anhang „Einheitlichkeit / Nahtlosigkeit"; zum Kommentar zu § 12 SGB IX). 31

5. Leistungsziel der umfassenden Teilhabe am Leben in der Gesellschaft

In **Abs. 1 Satz 2** wird nochmals betont: Die Leistungen sind darauf auszurichten, den Leistungsberechtigten unter Berücksichtigung der Besonderheiten des Einzelfalles eine umfassende Teilhabe am Leben in der Gesellschaft zu ermöglichen, die den Zielen der § 1 und § 4 Abs. 1 SGB IX entspricht. 32

Dies hat **zügig, wirksam, wirtschaftlich und auf Dauer** zu geschehen. Damit ist zunächst die **effektive und effiziente Leistung und Leistungserbringung** gefordert. Die §§ 10 bis 14 SGB IX und die gemeinsamen Servicestellen (§§ 22 bis 25 SGB IX) sollen die Voraussetzungen dafür schaffen, dass die Leistungsziele zügig erreicht werden, insbesondere unter Ausnutzung aller Möglichkeiten der Verfahrensbeschleunigung. Dies entspricht im Übrigen dem allgemeinen Zügigkeitsgebot, welches für das sozialrechtliche Verwaltungsverfahren vorgeschrieben ist. Es hat im Rehabilitationsrecht besondere Bedeutung, weil schnell ausgeführte Teilhabeleistungen den Rehabilitationsverlauf günstig beeinflussen können. 33

Ferner müssen die Leistungen in hoher und gesicherter **Qualität** (vgl. § 20 SGB IX) erbracht werden, wozu nicht zuletzt eine entsprechende Auswahl der Dienste und Einrichtungen im Sinne von § 19 Abs. 4 SGB IX gehört. Die **nachhaltige Wirksamkeit** einer Leistung für den jeweilgen Leistungsberechtigten muss vorausschauend einerseits anhand von allgemeinen Erfahrungswerten und andererseits anhand der möglichst vollständigen Erfassung der persönlichen Faktoren nach den Maßstäben in § 33 SGB I, § 9 SGB IX beurteilt werden (Lachwitz u. a. [HK-SGB IX] / *Welti* Rdnr. 15). 34

Schließlich erinnern die gesetzlich geforderten Leistungsmodalitäten durch das Merkmal „wirtschaftlich"; an die Verpflichtung der Leistungsträger, die ihnen obliegenden Aufgaben unter Berücksichtigung der **Grundsätze der Wirtschaftlichkeit und Sparsamkeit** zu erfüllen. Für Träger der Sozialversicherung folgt dies bereits aus § 69 Abs. 2 SGB IX, für die übrigen Rehabilitationsträger aus haushaltsrechtlichen Regelungen (LPK-SGB IX / *Haines* Rdnr. 9). Wirtschaftliche Ausführung bedeutet, dass die nachhaltig wirksame Leistung mit möglichst geringem Ressourceneinsatz erbracht wird. Jedenfalls müssen finanzieller Aufwand und das Teilhabeziel in einem angemessenen Verhältnis zueinander stehen. Allerdings kann dies nicht ausschließlich über den Preis definiert werden (GK – SGB IX / *Löschau* Rdnr. 33). Der Grundsatz der Sparsamkeit bedeutet ganz allgemein, bei der Auswahl unter mehreren für den Teilhabeerfolg gleichwertigen Leistungen die weniger kostenintensivere Möglichkeit zu wählen. 35

6. Bedarfsentsprechende Sicherung des Verfahrens nach gleichen Maßstäben

Die Rehabilitationsträger sind nach Abs. 1 Satz 3 verpflichtet, bei Anwendung der Sätze 1 und 2 durchgehend das Verfahren entsprechend dem jeweiligen Bedarf zu sichern. Das bedeutet, nicht nur ein bloßes Ineinandergreifen bestimmter Einzelleistungen zu gewährleisten, sondern darüber hinaus auch ein zielortorientiertes inhaltliches Zusammenfügen im 36

Sinne eines umfassenden Rehabilitations-, Eingliederungs- und Teilhabemanagements (vgl. oben Rdnr. 11).

37 Hierbei soll die wirksame und wirtschaftliche Ausführung der Leistungen nach gleichen Maßstäbe und Grundsätzen erfolgen. Die in §§ 12 und 13 SGB IX allgemein festgelegten Verpflichtungen der Rehabilitationsträger zur Vereinbarung einheitlicher Grundsätze und gemeinsamer Empfehlungen werden damit auch zum Maßstab der individuellen Leistungserbringung erhoben.

B) zu Abs. 2

1. Entsprechende Geltung für die Integrationsämter

38 Die Regelungen des Absatzes 1 gelten entsprechend auch für die Integrationsämter, soweit sie Leistungen und sonstige Hilfen für schwerbehinderte Menschen nach Teil 2 des SGB IX erbringen (**Abs. 2**). Sie haben somit die gleichen Rechte und Pflichten, wie sie für Rehabilitationsträger festgelegt sind. Erkennt etwa ein Integrationsamt bei der Bearbeitung eines Antrags auf Zustimmung zur Kündigung eines schwerbehinderten Menschen nach § 87 SGB IX einen Bedarf an Leistungen zur Teilhabe, muss das Integrationsamt das nach Abs. 1 gebotene Abstimmungsverfahren einleiten und gegebenenfalls durchführen (LPK-SGB IX / *Haines* Rdnr. 25).

C) zu Abs. 3

1. Besondere Bedürfnisse seelisch behinderter Menschen

39 Unter seelisch behinderten Menschen sind vor allem chronisch psychisch kranke Menschen zu verstehen, z. B. nach schizophrenen Psychosen oder nach hirnorganischen Erkrankungen (Kossens u. a. / *Schäfer* Rdnr. 6 unter Hinweis auf die Psychiatrie-Enquete [BT-Drucks. 7/4200 und 7/4201]). In **Abs. 3** wird vorgeschrieben, dass den besonderen Bedürfnissen dieser Menschen – und ebenso den von seelischer Behinderung bedrohten Menschen – Rechnung zu tragen ist. Das gilt in allen Leistungsgruppen des SGB IX. Es bedeutet zum einen, dass angesichts der besonderen Schwierigkeiten der Teilhabeleistungen für seelisch behinderte Menschen und der hierfür nicht immer ausreichenden Leistungsangebote besondere Sorgfalt bei der Koordination der Leistungen und Zusammenarbeit der Träger geboten ist, um den Bedürfnissen des Einzelfalles gerecht zu werden (Lachwitz u. a. [HK-SGB IX] / *Welti* Rdnr. 19). Das schließt vor allem aber auch ein, die Selbstbestimmung der betroffenen Menschen und ihrer Angehörigen zu achten und ihre Versorgung „kundenorientiert"; auszurichten.

40 Diesem Ziel dient auch die Empfehlungsvereinbarung für die Zusammenarbeit der Krankenversicherungsträger und der Rentenversicherer sowie der Bundesagentur für Arbeit bei der Gewährung von Rehabilitationsmaßnahmen in Rehabilitationseinrichtungen für psychisch Kranke und Behinderte (Empfehlungsvereinbarung RPK vom 17. November 1986, vgl. Anhang „Empfehlungsvereinbarung RPK"; eine Neufassung wird derzeit unter den beteiligten Rehabilitationsträgern abgestimmt).

D) zu Abs. 4

1. Datenschutz

41 Durch **Abs. 4** wird klargestellt, dass das SGB IX keine neuen Regelungen über die Erhebung, Verarbeitung und Nutzung personenbezogener Daten einführt. Vielmehr sind die Aufgaben der Rehabilitationsträger nach dem SGB IX mit den Daten zu erfüllen, welche sie nach den bestehenden Bestimmungen rechtmäßig erheben können.

42 Das sind namentlich § 35a SGB I, §§ 67 bis 85a SGB X. Soweit ein Träger nach § 10 Abs. 1 Satz 1 SGB IX verpflichtet ist, den gesamten Rehabilitationsbedarf eines Leistungsberechtigten schriftlich zusammenzustellen, hat er nach § 67a SGB I auch entsprechende Befugnisse zur Erhebung von Sozialdaten. Die Übermittlung zwischen den Trägern ist in §§ 69, 75 SGB X geregelt.

Weiterhin gelten spezifische Datenschutzregelungen
- für die Bundesagentur für Arbeit in §§ 282a, 402, 403 SGB III,
- für die Krankenkassen in §§ 284 bis 305 SGB V,
- für die Rentenversicherungsträger in §§ 147 bis 152 SGB VI,
- für die Träger der Unfallversicherung in §§ 199 bis 208 SGB VII,
- für die Jugendhilfeträger in §§ 61 bis 68 SGB VIII,
- für die Pflegeversicherung in §§ 93 bis 109 SGB XII sowie
- für die Sozialhilfeträger in §§ 117, 125, 126 SGB XII.

Gemeinsame Empfehlung nach § 13 Abs. 2 Nr. 3 SGB IX, in welchen Fällen und in welcher Weise die Klärung der im Einzelfall anzustrebenden Ziele und des Bedarfs an Leistungen schriftlich festzuhalten ist (Gemeinsame Empfehlung „Teilhabeplan")

Vom 16. Dezember 2004

Nach §§ 10 bis 13 SGB IX sind die Rehabilitationsträger im Rahmen der durch Gesetz, Rechtsverordnung oder allgemeine Verwaltungsvorschrift getroffenen Regelungen verantwortlich, dass die im Einzelfall erforderlichen Leistungen zur Rehabilitation und Teilhabe für behinderte oder von Behinderung bedrohte Menschen nahtlos, zügig sowie nach Gegenstand, Umfang und Ausführung einheitlich – „wie aus einer Hand" – erbracht werden.
Mit dieser Zielsetzung vereinbaren
- die gesetzlichen Krankenkassen,
- die Bundesagentur für Arbeit,
- die Träger der gesetzlichen Unfallversicherung,
- die Träger der gesetzlichen Rentenversicherung,
- die Träger der Alterssicherung der Landwirte,
- die Integrationsämter in Bezug auf Leistungen und sonstige Hilfen für schwerbehinderte Menschen,
- die Träger der Kriegsopferversorgung und die Träger der Kriegsopferfürsorge im Rahmen des Rechts der sozialen Entschädigung bei Gesundheitsschäden

die nachfolgende Gemeinsame Empfehlung „Teilhabeplan" nach § 13 Abs. 2 Nr. 3 SGB IX. Grundlage sind dabei auch insbesondere die Gemeinsame Empfehlung „Einheitlichkeit / Nahtlosigkeit", die Gemeinsame Empfehlung zur Zuständigkeitsklärung sowie die Gemeinsame Empfehlung zur Verbesserung der gegenseitigen Information und Kooperation.

§ 1 Aufgabe und Zielsetzung des Teilhabeplans. (1) Ein wesentliches Mittel zur Erreichung einer einheitlichen Praxis der Feststellung und Durchführung der einzelnen Leistungen innerhalb des gegliederten Systems der Rehabilitation und Teilhabe ist die Erstellung eines individuellen Teilhabeplans. Dieser dient insbesondere auch dem Ziel einer besseren Leistungsverzahnung im Wege einer entsprechenden Koordination der Leistungen und Kooperation der Rehabilitationsträger. Die Feststellungen sind bei Bedarf anzupassen und der Teilhabeplan ggf. fortzuschreiben.

(2) Die behinderten und von Behinderung bedrohten Menschen werden unter Berücksichtigung der individuellen kommunikativen Erfordernisse bei der Erstellung, Anpassung und Fortschreibung des Teilhabeplans aktiv einbezogen. Damit wird eine wichtige Bedingung für ihre Partizipation im gesamten Geschehen von Rehabilitation und Teilhabe erfüllt.

(3) Der Teilhabeplan ist bei sämtlichen Entscheidungen über Leistungen zur Rehabilitation und Teilhabe heranzuziehen. Er dient vor allem als eine fachliche Grundlage für die Steuerung des Rehabilitationsprozesses. Der Teilhabeplan ersetzt keinen Antrag.

§ 2 Inhalt und Form. (1) Der individuell zu erstellende Teilhabeplan enthält Angaben vor allem zu
- den Schädigungen,
- den Beeinträchtigungen der Aktivitäten und / oder Teilhabe,
- den vorhandenen Ressourcen,
- den person- und umweltbezogenen Kontextfaktoren (vgl. hierzu die Gemeinsame Empfehlung „Begutachtung"),
- den zu berücksichtigenden besonderen Bedürfnissen behinderter und von Behinderung bedrohter Frauen und Kinder,
- den leistungsbezogenen Zielen und Wünschen des betroffenen Menschen,
- den Gründen für die Erforderlichkeit der Leistungen,
- Ziel, Art, Umfang und inhaltlicher Ausgestaltung der vorgesehenen Leistungen,
- voraussichtlichem Beginn, Dauer der vorgesehenen Leistungen und Ort ihrer Durchführung,
- Sicherstellung der organisatorischen und zeitlichen Abläufe (insbesondere bei verzahnten und sich überschneidenden Leistungen zur Rehabilitation und Teilhabe),
- den beteiligten Rehabilitationsträgern und sonst noch zu Beteiligenden.

Sofern Leistungen zur Rehabilitation und Teilhabe in Form eines Persönlichen Budgets erbracht werden, wird die Zielvereinbarung nach § 4 Budgetverordnung (BudgetV) in den Teilhabeplan aufgenommen.

(2) Der Teilhabeplan wird erstellt und erforderlichenfalls angepasst unter Berücksichtigung sämtlicher bereits vorhandener Erkenntnisse zum Bedarf an Leistungen zur Rehabilitation und Teilhabe (aufgrundlage z. B. sozialmedizinischer Gutachten, von Befundberichten, Verordnungen sowie Erfahrungen des behinderten oder von Behinderung bedrohten Menschen) einschließlich vorliegender Ergebnisse ggf. bereits durchgeführter Leistungen zur Rehabilitation und Teilhabe (z. B. Entlassungs- / Abschlussberichte sowie Rückmeldungen und Anregungen des betroffenen Menschen).

(3) Der Teilhabeplan einschließlich seiner Anpassung bedarf der Schriftform. Er ist in allgemein verständlicher und barrierefreier Form unter Benennung der leistungsbezogenen Rechtsnormen abzufassen. Dabei ist der spezifischen Behinderung Rechnung zu tragen.

§ 3 Erstellung. (1) Ein Teilhabeplan ist unverzüglich zu erstellen, wenn Anlass zur Annahme besteht, dass im jeweilgen konkreten Einzelfall mehrere gleichzeitig durchzuführende oder aufeinander folgende Leistungen zur Rehabilitation und Teilhabe (verschiedener Leistungsgruppen) oder mehrerer Rehabilitationsträger erforderlich werden.

(2) Der nach § 14 SGB IX leistende Rehabilitationsträger erstellt den Teilhabeplan nach einheitlichen Vorgaben (z. B. in Form eines Vordrucks) gemäß den vorangehenden Regelungen. Er ist — bis zu einem etwaigen Wechsel der Trägerzuständigkeit, möglichst bis zum Beginn der Leistung des nachfolgenden Rehabilitationsträgers – dafür verantwortlich, dass nach seiner Feststellung des Teilhabebedarfs die beteiligten Rehabilitationsträger unverzüglich in Abstimmung miteinander und mit dem betroffenen Menschen die voraussichtlich erforderlichen Leistungen funktionsbezogen feststellen und in einem Teilhabeplan so zusammenfassen, dass sie nahtlos ineinander greifen können. Die Leistungen sind so aufeinander auszurichten, dass das gesamte Verfahren bis zur möglichst vollständigen und dauerhaften Eingliederung des behinderten oder von Behinderung bedrohten Menschen nahtlos, zügig, wirksam und wirtschaftlich abläuft.

Bei der Erfüllung dieser Koordinationsaufgabe können die gemeinsamen Servicestellen im Rahmen der Vermittlung örtlicher Ansprechpartner und trägerübergreifender Beratung unterstützend herangezogen werden.

§ 4 Fortschreibung und Anpassung. (1) Der Teilhabeplan und auf dieser Grundlage die Leistungen werden vom jeweils leistenden Rehabilitationsträger während und entsprechend dem Verlauf der Leistungen zur Rehabilitation und Teilhabe bzw. in Anpassung an veränderte Umstände überprüft und in Abstimmung mit dem betroffenen Menschen sowie unter Beteiligung des bzw. der Leistungserbringer/s (z. B. des Rehabilitationsteams der Einrichtung) angepasst.

(2) Der Teilhabeplan ist unverzüglich anzupassen, wenn
– sich im Verlauf der Rehabilitation veränderte bzw. neue Teilhabeziele und andere Leistungsarten und / oder -formen ergeben,
– sich die persönlichen Lebensumstände des behinderten oder von Behinderung bedrohten Menschen geändert haben,
– neue, für die Rehabilitation und Teilhabe wesentliche Vorgaben und Entwicklungen eingetreten sind.

(3) Die Fortschreibung bzw. Anpassung des Teilhabeplanes erfolgt durch den nach § 3 Abs. 2 verantwortlichen Rehabilitationsträger.

§ 5 Beratung und Mitwirkung. (1) Bei der Erstellung, Fortschreibung bzw. Anpassung des Teilhabeplanes ist der behinderte oder von Behinderung bedrohte Mensch über
– die Möglichkeiten der Rehabilitation und Teilhabe unter Einschluss der zu diesem Zeitpunkt maßgeblichen Angaben aus § 2 Abs. 1,
– die aufgrund der Schädigungen und Beeinträchtigungen voraussichtlich in Betracht kommenden Leistungen zur Rehabilitation und Teilhabe, insbesondere Hilfen im Arbeitsleben einschließlich ihrer Voraussetzungen und
– die Verwaltungsabläufe

zu beraten. Insbesondere ist ihm aufzuzeigen, welche Leistungen unter Berücksichtigung seiner individuellen Beeinträchtigungen der Aktivitäten und / oder Teilhabe für ihn in Betracht kommen und welcher Rehabilitationsträger hierfür zuständig ist.

(2) Erstellung, Fortschreibung und Anpassung des Teilhabeplanes erfolgen über die Beratung nach Absatz 1 hinaus unter Einbindung und Mitwirkung des behinderten oder von Behinderung bedrohten Menschen und ggf. seiner Bezugsperson bzw. Person seines Vertrauens. Den berechtigten Wünschen des betroffenen Menschen wird bei der Erstellung, Fortschreibung und Anpassung entsprochen.

(3) Auf berechtigten Wunsch des behinderten oder von Behinderung bedrohten Menschen ist den behandelnden Ärzten und ggf. auch weiteren Sachverständigen die Möglichkeit der Mitwirkung bei der Erstellung und Anpassung des Teilhabeplanes einzuräumen.

(4) Empfehlungen der behandelnden Ärzte (z. B. im Befundbericht oder in Unterlagen, die der betroffene Mensch selbst beibringt), der Beratungsdienste (z. B. Sozialbericht), der Leistungserbringer sowie von Sachverständigen im Begutachtungsverfahren sind angemessen zu berücksichtigen.

§ 6 Verfahren bei der Erstellung, Fortschreibung und Anpassung. (1) Der nach § 3 Abs. 2 verantwortliche Rehabilitationsträger unterrichtet die anderen und voraussichtlich weiteren beteiligten Träger über die Absicht, einen Teilhabeplan zu erstellen oder einen vorhandenen Teilhabeplan fortzuschreiben bzw. anzupassen. Im Rahmen der Abstimmung teilt er den beteiligten Rehabilitationsträgern seine Vorstellungen über die geplanten Leistungen zur Rehabilitation und Teilhabe mit und macht die für deren Mitwirkung notwendigen Angaben.

(2) Die Beteiligten nach Absatz 1 und nach § 5 Abs. 3 und 4 teilen ihre Vorstellungen über die durchzuführenden Leistungen zur Rehabilitation und Teilhabe unverzüglich dem verantwortlichen Rehabilitationsträger mit. Dieser berücksichtigt sie bei der Erstellung, Fortschreibung bzw. Anpassung des Teilhabeplanes. Der verantwortliche Rehabilitationsträger wirkt darauf hin, dass die beteiligten Rehabilitationsträger ihrer Verpflichtung nach Satz 1 nachkommen sowie die Leistungen im Einvernehmen mit den weiteren beteiligten Rehabilitationsträgern koordiniert und verzahnt entsprechend den Festlegungen im Teilhabeplan erbracht werden. Sofern die Koordination nicht entsprechend diesen Vorgaben erfolgt, ist der behinderte oder von Behinderung bedrohte Mensch über die Gründe hierfür unverzüglich zu unterrichten und auf seine rechtlichen Möglichkeiten hinzuweisen.

(3) Der verantwortliche Rehabilitationsträger stellt den Teilhabeplan allen bei der Erstellung, Fortschreibung bzw. Anpassung des Teilhabeplanes beteiligten Rehabilitationsträgern und Leistungserbringern sowie dem betroffenen Menschen, ggf. auch dem/der behandelnden Arzt/Ärztin, zur Verfügung.

(4) Nimmt die Bundesagentur für Arbeit gemäß § 38 SGB IX auf Anforderung eines anderen Rehabilitationsträgers zu Notwendigkeit, Art und Umfang von Leistungen zur Rehabilitation und Teilhabe am Arbeitsleben unter Berücksichtigung arbeitsmarktlicher Zweckmäßigkeit gutachterlich Stellung, fließen die entsprechenden Informationen in den Teilhabeplan mit ein.

(5) Der Teilhabeplan ist bei erforderlichen Leistungen zur Eingliederung in Arbeit mit der Eingliederungsvereinbarung nach § 15 SGB II, bei erforderlicher Eingliederungshilfe für behinderte Menschen nach §§ 53 ff. SGB XII mit dem Gesamtplan nach § 58 SGB XII und bei erforderlicher Hilfe zur Erziehung (§§ 27 ff. SGB VIII) oder Eingliederungshilfe für seelisch behinderte Kinder und Jugendliche (§ 35a SGB VIII) mit dem Hilfeplan nach § 36 SGB VIII abzustimmen. Hierzu treffen die beteiligten Leistungsträger, erforderlichenfalls unter Beteiligung der in § 13 Abs. 6 SGB IX genannten Organisationen, nähere Verfahrensabsprachen mit dem Ziel einer abgestimmten, koordinierten und einheitlichen Planung des Rehabilitationsprozesses im Rahmen des übergreifenden Teilhabeplans.

(6) Werden Leistungen zur Rehabilitation und Teilhabe in Form eines Persönlichen Budgets erbracht, ist der Teilhabeplan mit der Zielvereinbarung nach § 4 BudgetV abzustimmen.

§ 7 Verfahren bei Wechsel des zuständigen Trägers. Der nach § 3 Abs. 2 verantwortliche Rehabilitationsträger unterrichtet den nachfolgend zuständigen Rehabilitationsträger so rechtzeitig vor Beendigung seiner Leistungen zur Rehabilitation und Teilhabe über den bevorstehenden Wechsel der Leistungszuständigkeit, dass der nahtlose Übergang zu den weiteren erforderlichen Leistungen sichergestellt ist, und übersendet ihm mit Zustimmung des behinderten oder von Behinderung bedrohten Menschen die zur Fortführung des Teilhabeplanes maßgeblichen Unterlagen.

Ferner unterrichtet der verantwortliche Rehabilitationsträger die anderen beteiligten Rehabilitationsträger über den Fortgang des Teilhabeverfahrens.

§ 8 Datenschutz. Bei der Bereitstellung des Teilhabeplans und Weitergabe der Daten durch den nach § 3 Abs. 2 verantwortlichen Rehabilitationsträger gegenüber den weiteren beteiligten Rehabilitationsträgern und den jeweiligen Leistungserbringern gemäß § 6 ist der Datenschutz zu wahren. Insbesondere sind das Einwilligungserfordernis und der Grundsatz der Erforderlichkeit der Datenerhebung und -übermittlung zu beachten.

§ 9 Inkrafttreten. (1) Diese Gemeinsame Empfehlung tritt am 1. Dezember 2004 in Kraft.

(2) Die Vereinbarungspartner und die anderen Rehabilitationsträger werden auf der Ebene der Bundesarbeitsgemeinschaft für Rehabilitation in angemessenen Zeitabständen unter Einbeziehung der Verbände behinderter Menschen einschließlich der Verbände der freien Wohlfahrtspflege, der Selbsthilfegruppen und der Interessenvertretungen behinderter Frauen sowie der für die Wahrnehmung der Interessen der ambulanten und stationären Rehabilitationseinrichtungen auf Bundesebene maßgeblichen Spitzenverbände prüfen, ob die Vereinbarung aufgrund zwischenzeitlich gewonnener Erfahrungen verbessert oder wesentlich veränderten Verhältnissen angepasst werden muss. Für diesen Fall erklären die Vereinbarungspartner ihre Bereitschaft, unverzüglich an der Überarbeitung einer entsprechend zu ändernden Gemeinsamen Empfehlung mitzuwirken.

RPK-Empfehlungsvereinbarung über die Zusammenarbeit der Krankenversicherungsträger und der Rentenversicherungsträger sowie der Bundesagentur für Arbeit bei der Gewährung von Leistungen zur Teilhabe in Rehabilitationseinrichtungen für psychisch kranke und behinderte Menschen

Vom 29. September 2005

Präambel

Rehabilitationseinrichtungen für psychisch kranke und behinderte Menschen (RPK) bieten Leistungen zur Teilhabe an, für die die Zuständigkeit mehrerer Leistungsträger in Betracht kommt. Sie sind möglichst wohnortnahe Einrichtungen mit einem spezifischen therapeutischen Milieu, die Leistungen zur medizinischen Rehabilitation und zur Teilhabe am Arbeitsleben im Rahmen einer integrierten Komplexleistung durch ein multiprofessionelles Rehabilitationsteam unter ärztlicher Leitung und Verantwortung vorhalten.

Als Grundlage für den Ausbau einer gemeinsam zu nutzenden bedarfsgerechten Rehabilitationsstruktur und zur Gewährleistung einer an einheitlichen Grundsätzen ausgerichteten und zielorientierten Leistungsgewährung geben
der AOK-Bundesverband, Bonn,
der Bundesverband der Betriebskrankenkassen, Essen,
der IKK-Bundesverband, Bergisch-Gladbach,
die See-Krankenkasse, Hamburg,
die Knappschaft, Bochum,
der Bundesverband der landwirtschaftlichen Krankenkassen, Kassel,
der Verband der Angestellten-Krankenkassen e. V., Siegburg,
der AEV – Arbeiter-Ersatzkassen-Verband e. V., Siegburg,
die Deutsche Rentenversicherung Bund, Berlin,
der Gesamtverband der landwirtschaftlichen Alterskassen, Kassel,
die Bundesagentur für Arbeit, Nürnberg,
nach Beratungen auf der Ebene der Bundesarbeitsgemeinschaft für Rehabilitation unter Mitwirkung des Medizinischen Dienstes der Spitzenverbände der Krankenkassen die folgenden Empfehlungen[1]).

Die RPK-Empfehlungsvereinbarung schreibt die Empfehlungsvereinbarung über die Zusammenarbeit der Krankenversicherungsträger und der Rentenversicherungsträger sowie der Bundesagentur für Arbeit bei der Gewährung von Rehabilitationsmaßnahmen in Rehabilitationseinrichtungen für psychisch kranke und behinderte Menschen (– RPK-Empfehlungsvereinbarung –) vom 17. November 1986 fort.

Sie greift damit die zwischenzeitlich gewonnenen Erfahrungen und veränderten Verhältnisse auf, in dem bei Erhalt der grundlegenden Konzeption die strukturellen Gegebenheiten modifiziert und flexibilisiert werden. Hiermit können Leistungen zur medizinischen Rehabilita-

---

[1]) Besondere Regelungen der Unfallversicherung bleiben unberührt.

tion und Leistungen zur Teilhabe am Arbeitsleben in ambulanter[1]) und stationärer Form bedarfsgerecht zur gezielten Anwendung kommen. Dabei wird den besonderen Bedürfnissen seelisch behinderter oder von einer solchen Behinderung bedrohter Menschen Rechnung getragen (§ 10 Abs. 3 SGB IX).

1 Grundsätze

1.1 Konzeptionelles Bezugssystem

Die ICF[2]) (Internationale Klassifikation der Funktionsfähigkeit, Behinderung und Gesundheit) ist das konzeptionelle Bezugssystem zur Rehabilitation und Teilhabe.

```
                    Gesundheitsproblem
              (Gesundheitsstörung oder Krankheit)
                            │
         ┌──────────────────┼──────────────────┐
         ▼                  ▼                  ▼
   Körperfunktionen  ◄──► Aktivitäten ◄──►  Teilhabe
   und -strukturen                         (Partizipation)
         ▲                  ▲                  ▲
         │                  │                  │
              ▼                         ▼
         Umwelt-                   personbezogene
         faktoren                   Faktoren
```

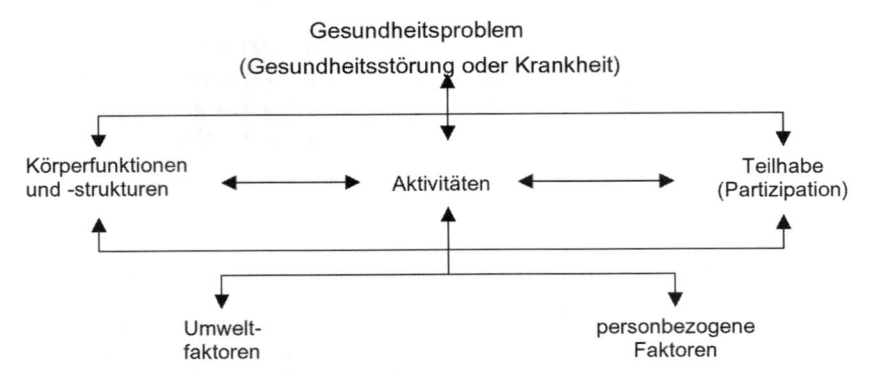

Abbildung: Das bio-psycho-soziale Modell der Komponenten der Gesundheit.

Die wichtigste Grundlage der ICF ist die funktionale Gesundheit. Eine Person ist funktional gesund, wenn – vor ihrem gesamten Lebenshintergrund (Konzept der Kontextfaktoren: Umweltfaktoren und personbezogene Faktoren) –

1. ihre körperlichen Funktionen (einschließlich des mentalen Bereiches) und Körperstrukturen allgemein anerkannten (statistischen) Normen entsprechen (Konzepte der Körperfunktionen und Körperstrukturen)
2. sie all das tun kann, was von einem Menschen ohne Gesundheitsprobleme (im Sinn der ICD)[3]) erwartet wird (Konzept der Aktivitäten)
3. sie ihr Dasein in allen Lebensbereichen, die ihr wichtig sind, in der Weise und dem Umfang entfalten kann, wie es von einem Menschen ohne Beeinträchtigung der Körperfunktionen oder Körperstrukturen oder der Aktivitäten erwartet wird (Konzept der Teilhabe an Lebensbereichen).

Die Rehabilitation ist darauf gerichtet, dem psychisch kranken und behinderten Menschen ein möglichst eigenständiges Leben mit Teilhabe am Arbeitsleben und am Leben in der Gesellschaft zu ermöglichen[4]).

---

[1]) Der Begriff ambulante Rehabilitation umfasst auch teilstationäre Rehabilitation.
[2]) Vgl. Internationale Klassifikation der Funktionsfähigkeit, Behinderung und Gesundheit. Deutsches Institut für medizinische Dokumentation und Information (DIMDI), 2002. www.dimdi.de Die ICF wurde im Mai 2001 von der WHO als Nachfolgerin der ICIDH verabschiedet.
[3]) Vgl. Internationale Klassifikation der Krankheiten und verwandter Gesundheitsprobleme. 10. Revision, Version 2.0. Deutsches Institut für medizinische Dokumentation und Information (DIMDI), 2000.
[4]) Siehe auch Arbeitshilfe für die Rehabilitation und Teilhabe psychisch kranker und behinderter Menschen, Schriftenreihe der Bundesarbeitsgemeinschaft für Rehabilitation, Heft 9, Frankfurt am Main 2003; insbesondere Kapitel 2.3.

1.2 Rehabilitationsansatz

Die Rehabilitationseinrichtung erbringt Leistungen zur medizinischen Rehabilitation und Leistungen zur Teilhabe am Arbeitsleben für psychisch kranke und behinderte Menschen.

Die übergreifend ausgerichtete Rehabilitation

- integriert Leistungen der medizinischen Rehabilitation mit Leistungen zur Teilhabe am Arbeitsleben
- erfolgt ambulant oder stationär
- bezieht das berufliche sowie persönliche Lebensfeld handlungsorientiert ein
- arbeitet vernetzt mit Facharzt / Hausarzt des Rehabilitanden, Therapeuten, wichtigen Helfergruppen im Betrieb sowie Diensten zur Bewältigung psychosozialer Problemlagen.

Für den Erfolg der Rehabilitation ist es von entscheidender Bedeutung, früh von der RPK aus im betrieblichen und persönlichen sozialen Feld zu therapieren und die Kontinuität der therapeutischen Beziehungen über Leistungsabschnitte und Leistungsträgerwechsel hinweg zu ermöglichen.

1.3 Merkmale der RPK-Einrichtung

Die Rehabilitationseinrichtung für psychisch kranke und behinderte Menschen ist eine im regionalen Versorgungssystem eigenständige Organisationseinheit. Durch diesen Einrichtungstypus soll eine sinnvolle Perspektive eröffnet werden, Leistungen zur medizinischen Rehabilitation und Leistungen zur Teilhabe am Arbeitsleben unter einem Dach miteinander zu verknüpfen und in einem Guss zu gestalten. Die RPK soll die Leistungen ambulant oder ambulant und stationär erbringen. Das Angebot sollte möglichst wohnortnah und vernetzt realisiert werden. Die strukturelle Einbindung dieses Einrichtungstypus in die regionale Versorgung ist dabei sicherzustellen.

Die Rehabilitationseinrichtung steht unter ständiger fachärztlicher Leitung und Verantwortung. Die Leistungen zur Rehabilitation werden als Komplexleistung bedarfs- und lebensfeldbezogen realisiert. Die Leistungen des interdisziplinären Rehabilitationsteams werden sowohl in der Rehabilitationseinrichtung erbracht (z. B. Psychotherapie oder soziales Kompetenztraining) als auch von der Rehabilitationseinrichtung aus in den Lebensfeldern der Rehabilitanden (z. B. Training der Fähigkeiten zur selbstbestimmten Lebensführung).

Leistungen zur Teilhabe am Arbeitsleben sollen in Kooperation mit Betrieben und Einrichtungen in der Region stattfinden, wobei die rehabilitationsspezifische Betreuung des Rehabilitanden und seiner Bezugspersonen am Arbeits- und Ausbildungsplatz durch das Fachpersonal der Rehabilitationseinrichtung erfolgt.

2 Indikationsstellung

Die sozialmedizinische Indikation zu einer Rehabilitation hat **nicht allein eine medizinische Diagnose zur Voraussetzung**, sondern ergibt sich vor allem aus der zusammenfassenden Analyse und Bewertung von Schädigungen (einschließlich psychischer Funktionen) und daraus resultierenden Beeinträchtigungen der Aktivitäten und der Teilhabe sowie der Kontextfaktoren des Rehabilitanden.

Damit unterscheidet sich die Rehabilitation psychisch kranker Menschen in der RPK von der kurativen Versorgung und den Leistungen zur Teilhabe am Leben in der Gemeinschaft.

2.1 Diagnosen nach ICD-10

Hinsichtlich der Diagnosen stehen im Vordergrund
- Schizophrenie, schizotype und wahnhafte Störungen
- affektive Störungen
- schwere Persönlichkeits- und Verhaltensstörungen

Weiterhin kommen im Einzelfall in Frage
- sonstige psychische Störungen aufgrund einer Schädigung oder Funktionsstörung des Gehirns
- Persönlichkeits- und Verhaltensstörungen aufgrund einer Krankheit, Schädigung oder Funktionsstörung des Gehirns
- neurotische Störungen.

Intelligenzminderung und Entwicklungsstörungen sind primär kein Anlass für Rehabilitation, müssen jedoch ggf. im Zusammenhang mit anderen Diagnosen als komplizierende Faktoren berücksichtigt werden.

Bei primär durch psychotrope Substanzen entstandene Störungen sei verwiesen auf die Vereinbarung „Abhängigkeitserkrankungen" vom 4. Mai 2001. Schädlicher Gebrauch sowie Abhängigkeit, jedoch gegenwärtig abstinent, sind ggf. bei sonst vorliegender Indikation als komplizierende Faktoren (Komorbidität) zu berücksichtigen. Sofern eine RPK Rehabilitationsangebote für diese Zielgruppe anbietet, hat sie dies in der Rehabilitationskonzeption zu berücksichtigen.

Leistungen zur medizinischen Rehabilitation und Teilhabe am Arbeitsleben kommen vor allem für Menschen mit schweren psychischen Erkrankungen / Störungen mit ausgeprägten Schädigungen (einschließlich psychischer Funktionen) und daraus resultierenden Beeinträchtigungen der Aktivitäten und der Teilhabe in Betracht. Hieraus ergibt sich die Abgrenzung zu den Rahmenempfehlungen zur ambulanten Rehabilitation bei psychischen und psychosomatischen Erkrankungen vom 22. Januar 2004. In Bezug auf die Diagnosen kann teilweise eine Überschneidung gegeben sein.

2.2 Rehabilitationsspezifische Befunde

Für die Rehabilitation psychisch kranker Menschen sind **Schädigungen (einschließlich psychischer Funktionen)** insbesondere in folgenden Bereichen von Bedeutung
- Dimensionen der Persönlichkeit (z. B. mangelnde psychische Stabilität, gestörtes Vertrauen)
- emotionale Funktionen (z. B. Störung der affektiven Kontrolle, depressive Verstimmung)
- Funktionen der psychischen Energie und des Antriebs (z. B. Antriebsmangel)
- Funktionen der Selbst- und Fremdwahrnehmung (z. B. Störung des Körperbilds, mangelnde Selbsteinschätzung)
- höhere kognitive Leistungen (z. B. Störung des Einsichtsvermögens, Störung des Zeitmanagements, Interpretation der Realität)
- Denkfunktionen (z. B. Urteilsfähigkeit, Aufmerksamkeitsfunktionen, Konzentrationsstörungen, Zwangsdenken, wahnhaftes Erleben)
- Körperfunktionen (z. B. als Somatisierungsstörung, gestörte Wahrnehmung der eigenen Körperfunktionen)
- Schlaffunktionen (z. B. gestörter Tag / Nacht-Rhythmus)
- psychomotorische Funktionen.

Infolge der o. g. Schädigungen (einschließlich psychischer Funktionen) können **Beeinträchtigungen der Aktivitäten** auftreten. Diese betreffen insbesondere folgende Bereiche
- alltägliches Verhalten (z. B. in Familie, Beruf, Freizeit)
- psychische Belastbarkeit (z. B. Schwierigkeiten beim Umgang mit Anforderungen des Alltags)
- interpersonelle Beziehungen und Interaktionen (z. B. Störungen bei der Aufnahme und Aufrechterhaltung von Beziehungen, Wahrnehmung sozialer Rollen: Eltern, Ehepartner, Arbeitnehmer usw.)
- Problemlösefähigkeit und Entscheidungsfindung

- Umstellung (z. B. auf neue Berufssituation)
- Krankheitsbewältigung.

Infolge der o. g. Schädigungen (einschließlich psychischer Funktionen) und / oder Beeinträchtigungen der Aktivitäten können **Beeinträchtigungen der Teilhabe** insbesondere in folgenden Bereichen auftreten
- der physischen Unabhängigkeit
- der psychischen Unabhängigkeit
- der sozialen Integration / Reintegration
- der wirtschaftlichen Eigenständigkeit.

Die zuvor beschriebenen Ebenen sind nicht unabhängig voneinander, sondern stehen entsprechend dem bio-psycho-sozialen Krankheitsmodell in einer komplexen Wechselbeziehung. Dabei hängen Art und Ausmaß der aus den Schädigungen der Körperfunktionen und Körperstrukturen (einschließlich psychischer Funktionen) resultierenden Beeinträchtigungen der Aktivitäten auch vom Verarbeitungsprozess ab. Dieser wiederum wird durch unterschiedlich wirkende Kontextfaktoren beeinflusst.

Diese umfassen alle Umweltfaktoren und personbezogenen Faktoren. Letztere beziehen sich u. a. auf Eigenschaften einer Person wie Alter, Geschlecht, Bildung, Persönlichkeit und Lebensereignisse, körperliche und psychische Belastbarkeit, Gesundheitsprobleme, Bewältigungsstile, berufliche Erfahrungen.

Als **relevante Kontextfaktoren** bei psychischen Erkrankungen sind u. a. zu nennen
- persönliche Unterstützung und tragfähige Beziehungen (z. B. Familienmitglieder, Freunde, Bekannte, Kollegen, Hilfs- und Pflegepersonen, professionelle Helfer, Selbsthilfegruppen, Tiere)
- individuelle Arbeitssituation
- persönliche Umwelt (z. B. Gestaltung der Wohnung)
- Zugang und Nutzung sozialer Einrichtungen, soziale Absicherung
- soziokulturelle Strukturen (z. B. Familie, Verwandtschaft, Gemeinschaften)
- natürliche Umwelt (z. B. Geografie, Klima, Licht, Lärm, Luftqualität)
- Einstellungen und Wertesysteme (z. B. Religiosität).

Kontextfaktoren können einerseits einen positiven, fördernden Einfluss (Förderfaktoren) auf alle Komponenten der Funktionsfähigkeit haben. Daher gilt es, diese möglichst früh zu erkennen und ihre rehabilitationsfördernde Wirkung zu nutzen (Ressourcenkonzept der Rehabilitation).

Sie können andererseits aber auch einen negativen, hemmenden Einfluss (Barrieren) auf alle Komponenten der Funktionsfähigkeit haben. Einige solcher negativ wirkenden Kontextfaktoren bedeuten sogar Gesundheits- bzw. Krankheitsrisiken, wobei die Wirkungsmechanismen nicht immer hinreichend geklärt sind. Vor diesem Hintergrund ist auch das in der Rehabilitationsmedizin etablierte Risikofaktorenkonzept (z. B. Rauchen, Übergewicht, Alkohol) zu sehen.

Die individuelle Lebenssituation, die Bewältigungsstile und Ressourcen der Rehabilitanden sowie das soziale Netzwerk sind also als Kontextfaktoren bei der sozialmedizinischen Beurteilung zur Indikationsstellung für Leistungen zur Rehabilitation und Teilhabe zu berücksichtigen.

Beispielhaft sind folgende Konstellationen denkbar, die auf einen Bedarf an Leistungen zur Teilhabe schließen lassen.

Hierbei handelt es sich um psychisch kranke und behinderte Menschen,
- die nach klinischer Behandlung zur Stabilisierung und Anpassung an die Anforderungen des Alltags noch Leistungen zur medizinischen Rehabilitation sowie zur Teilhabe am Arbeitsleben bedürfen
- die durch ihre Krankheit oder Behinderung rehabilitative Angebote brauchen, welche die Selbstversorgungsfähigkeiten und soziale Kompetenzen stärken, Versagensängste abbauen, Selbstvertrauen fördern und die Motivation zur Eingliederung in Gesellschaft, Arbeit und Beruf aufbauen
- die nach mehreren psychiatrischen Krankenhausaufenthalten zwar zunächst wieder an den Arbeitsplatz zurückkehren, aber wegen Überforderung Rückfälle erleiden und bei denen beruflicher Abstieg oder Berufs- bzw. Erwerbsunfähigkeit drohen oder eingetreten sind
- die vor Leistungen zur Teilhabe am Arbeitsleben einer Stabilisierung des Leistungsvermögens bedürfen
- die während der Schul- oder Berufsausbildung durch psychische Erkrankungen gescheitert sind, unregelmäßig gearbeitet haben und somit keinen Standort im Berufsleben gefunden haben
- die als Folge ihrer psychischen Krankheit oder Behinderung nicht zu einem möglichst selbstständigen Leben gekommen sind, notwendige tragfähige Beziehungen zu Verwandten, Freunden, Partnern und Kollegen nicht aufbauen konnten und daher von Isolation, verbunden mit erhöhtem Rückfallrisiko, bedroht sind
- bei denen durch gezielte Leistungen zur medizinischen Rehabilitation Pflegebedürftigkeit vorgebeugt, nach Eintritt beseitigt, gebessert oder eine Verschlimmerung verhütet werden kann.

2.3 Sozialmedizinische Voraussetzungen

Zur Klärung der Notwendigkeit und der Zielsetzung von Leistungen zur medizinischen Rehabilitation sind folgende Voraussetzungen sozialmedizinisch zu prüfen:

Rehabilitationsbedürftigkeit

Rehabilitationsbedürftigkeit bezieht sich auf eine gesundheitlich bedingte drohende oder bereits manifeste Beeinträchtigung der Teilhabe, die über die kurative Versorgung hinaus den mehrdimensionalen und interdisziplinären Ansatz der medizinischen Rehabilitation erforderlich macht.

Dabei bezieht sich das gesundheitliche Problem auf die Schädigungen (einschließlich psychischer Funktionen) und die Beeinträchtigung der Aktivitäten unter Berücksichtigung der Kontextfaktoren.

Rehabilitationsfähigkeit

Der Begriff der Rehabilitationsfähigkeit bezieht sich auf die somatische und psychische Verfassung des Rehabilitanden (z. B. Motivation bzw. Motivierbarkeit und Belastbarkeit) für die Teilnahme an einer geeigneten Rehabilitation.

Rehabilitationsprognose

Die Rehabilitationsprognose ist eine medizinisch begründete Wahrscheinlichkeitsaussage für den Erfolg der Rehabilitation
- auf der Basis der Erkrankung, des bisherigen Verlaufs, des Kompensationspotenzials / der Rückbildungsfähigkeit unter Beachtung und Förderung individueller Ressourcen (Rehabilitationspotenzial einschließlich psychosozialer Faktoren)
- über die Erreichbarkeit eines festgelegten Rehabilitationsziels
- durch eine geeignete Rehabilitationsmaßnahme

– in einem notwendigen Zeitraum
– bei Berücksichtigung der individuellen Ausgangssituation (vgl. Ziffer 2.2).

Die Erfolgsprognose ist auf die allgemeinen und trägerspezifischen Rehabilitationsziele zu beziehen (vgl. Ziffern 3.1 und 3.2).

Leistungen zur Teilhabe am Arbeitsleben sind indiziert, wenn Leistungen zur medizinischen Rehabilitation nicht ausreichen, eine erhebliche Gefährdung oder Minderung der Erwerbsfähigkeit zu beseitigen und durch die Leistungen zur Teilhabe am Arbeitsleben voraussichtlich eine dauerhafte berufliche Eingliederung zu erreichen ist. Voraussetzung für die jeweilige Leistung ist die Eignung, Neigung und eine ausreichende Vermittlungschance.

Für Leistungen zur Teilhabe am Arbeitsleben durch die Bundesagentur für Arbeit muss die Belastbarkeit zur Ausübung einer Beschäftigung im Sinne des § 119 Abs. 5 Nr. 1 SGB III vorliegen.

Diese Grundvoraussetzungen hängen ab von
– konstitutionellen Eigenschaften
– Fähigkeiten, die durch Ausbildung, Training und Erfahrung erworben wurden
– Beeinträchtigung körperlicher, geistiger und seelischer Funktionen durch Krankheit und Behinderung
   – qualitative Einschränkung:
     Können eingeschränkte oder aufgehobene Funktionen kompensiert werden?
   – quantitative Einschränkung:
     In welchem zeitlichen Umfang kann noch eine berufliche Tätigkeit täglich ausgeführt werden?

Die sozialmedizinische Beurteilung der Rehabilitationsbedürftigkeit für Leistungen zur Teilhabe am Arbeitsleben und das Votum hinsichtlich ihrer Art setzt eine komplexe Betrachtung der psychischen Erkrankung und ihrer Auswirkungen sowie ihres voraussichtlichen Verlaufes und des aktuellen oder zukünftigen Belastungsprofils voraus. Der wesentliche Aspekt der Prognose in der medizinischen Einschätzung ist besonders schwierig zu operationalisieren und beinhaltet einen hohen Grad an Individualität je nach spezifischem Störungsbild, persönlichen und therapeutischen Bedingungen. Der Zeitraum, der mit hinreichender Sicherheit zu beurteilen ist, kann bis zu 24 Monate umfassen.

Es sind im Wesentlichen folgende komplexe Sachverhalte zu bewerten
– Minderung des Leistungsvermögens aufgrund bestehender Funktionseinschränkungen, die sich auf branchenübliche Belastungen aktuell und auf Dauer auswirken
– Krankheitsbedingte erhebliche Gefährdungen des Leistungsvermögens, die unter branchenüblichen Belastungen das Fortschreiten der Erkrankung begünstigen oder akute Krankheitsschübe provozieren
– Berufliche Anforderungen nach den einschlägigen berufskundlichen und arbeitsmedizinischen Standards.

Ferner müssen hinsichtlich der Aussagen zur Art der in Frage kommenden Leistungen zur Teilhabe am Arbeitsleben berücksichtigt werden
– das Alter und die verbleibende Zeit im Erwerbsleben
– die Schulungsfähigkeit
– persönliche und regionale Bedingungen.

2.4 Differenzialindikation: ambulant – stationär

Sofern Leistungen zur medizinischen Rehabilitation und / oder zur Teilhabe am Arbeitsleben zu erbringen sind, sollen die folgenden Kriterien in die Entscheidungsfindung, ob eine ambulante oder stationäre Maßnahme angezeigt ist, einbezogen werden. Diese Entscheidung setzt ausreichende Informationen über den Rehabilitanden, den aktuellen physischen und psychischen Zustand, den Verlauf der Erkrankung, seine Motivation und seine soziale Situation voraus.

a) Eine **ambulante** medizinische Rehabilitation bzw. ambulante Leistungen zur Teilhabe am Arbeitsleben kommen insbesondere in Betracht, wenn folgende Kriterien zutreffen:
   - Die Schädigungen (einschließlich psychischer Funktionen), Beeinträchtigungen der Aktivitäten und Teilhabe liegen in einem Grad der Ausprägung vor, dass eine ambulante Rehabilitation Erfolg versprechend ist und eine stationäre Rehabilitation nicht oder nicht mehr erforderlich ist.
   - Das soziale Umfeld des Rehabilitanden hat (noch) stabilisierende / unterstützende Funktion. Soweit Belastungsfaktoren bestehen, müssen diese durch bedarfsgerechte therapeutische Leistungen aufgearbeitet werden.
   - Die Herausnahme aus dem sozialen Umfeld ist nicht oder nicht mehr erforderlich, da hiervon keine maßgeblichen negativen Einflüsse auf den therapeutischen Prozess zu erwarten sind.
   - Der Rehabilitand ist beruflich (noch) ausreichend integriert. Jedoch schließen Arbeitslosigkeit, fehlende Erwerbstätigkeit oder Langzeitarbeitsunfähigkeit ambulante Maßnahmen nicht aus. Die sich abzeichnende Notwendigkeit zur Reintegration in das Erwerbsleben wird durch eine wohnortnahe Rehabilitation unterstützt.
   - Eine stabile Wohnsituation ist vorhanden.
   - Es ist erkennbar, dass die Fähigkeit
     - zur aktiven Mitarbeit
     - zur regelmäßigen Teilnahme und
     - zur Einhaltung des Therapieplans
     in Bezug auf die Anforderungen einer ambulanten Rehabilitation vorhanden sind.
   - Der Rehabilitand ist bereit und in der Lage, am ambulanten Therapieprogramm regelmäßig teilzunehmen.
   - Ausreichende Mobilität ist vorhanden, d. h. die tägliche An- und Abfahrt z. B. mit öffentlichen Verkehrsmitteln ist möglich. Der Rehabilitand muss in der Lage sein, innerhalb einer angemessenen Zeit (maximal 60 Minuten) die Einrichtung zu erreichen bzw. nach Hause zurückzukehren. In der Phase der beruflichen Rehabilitation gelten grundsätzlich die Anhaltswerte des § 121 SGB III. Abweichungen hiervon bedürfen einer medizinischen Begründung.

b) Eine **stationäre** medizinische Rehabilitation bzw. stationäre Leistungen zur Teilhabe am Arbeitsleben kommen insbesondere in Betracht, wenn eines oder mehrere der folgenden Kriterien zutreffen:
   - Es bestehen ausgeprägte Schädigungen (einschließlich psychischer Funktionen), Beeinträchtigungen der Aktivitäten und Teilhabe, die eine erfolgreiche ambulante Rehabilitation in Frage stellen.
   - Die Herausnahme aus einem pathogenen sozialen Umfeld (z. B. bei massiven familiären Konflikten oder destruktiven Partnerbeziehungen) ist erforderlich, um den Rehabilitationserfolg zu sichern.
   - Das soziale Umfeld des Rehabilitanden hat keine unterstützende Funktion.
   - Der Rehabilitand ist beruflich nicht integriert und bedarf infolgedessen spezifischer Leistungen zur Vorbereitung einer beruflichen Wiedereingliederung, die ambulant nicht erbracht werden können.
   - Eine stabile Wohnsituation ist nicht vorhanden.
   - Es ist erkennbar, dass die Fähigkeiten
     - zur aktiven Mitarbeit
     - zur regelmäßigen Teilnahme oder

– zur Einhaltung des Therapieplans

in Bezug auf die Anforderungen einer ambulanten Rehabilitation nicht ausreichend vorhanden sind.

Bei fluktuierendem Rehabilitationsverlauf können ambulante und stationäre Phasen flexibel wechseln bei Konstanz der wichtigen therapeutischen Bezugsperson (Case Management).

2.5 Ausschlusskriterien

Folgende Kriterien sprechen gegen eine Empfehlung zur Rehabilitation:
– Eine ambulante kurative Behandlung (z. B. ärztliche Versorgung, Heilmittelversorgung, Psychotherapie, Soziotherapie) reicht aus.
– Krankenhausbehandlung ist erforderlich.
– Eine ausschließliche Störung, hervorgerufen durch den fortgesetzten Gebrauch psychotroper Substanzen oder eine geistige Behinderung liegt vor.
– Pflegebedürftigkeit, es sei denn, dass sie durch Leistungen zur Rehabilitation vermieden, beseitigt, gebessert oder eine Verschlimmerung verhütet werden kann.

3 Rehabilitationsziele

3.1 Allgemeine Rehabilitationsziele

Ziel der Rehabilitation ist, die drohenden oder bereits manifesten Beeinträchtigungen der Teilhabe am beruflichen und gesellschaftlichen Leben durch frühzeitige Einleitung von Rehabilitationsmaßnahmen abzuwenden, zu beseitigen, zu bessern oder eine Verschlimmerung zu verhüten. Der Rehabilitand soll durch die Rehabilitation (wieder) befähigt werden, eine Erwerbstätigkeit oder bestimmte Aktivitäten des täglichen Lebens möglichst in der Art und in dem Ausmaß auszuüben, die für diesen Menschen als „normal" (für seinen persönlichen Lebenskontext typisch) erachtet werden.

Dieses Ziel soll erreicht werden durch die
– vollständige oder größtmögliche Wiederherstellung der ursprünglichen Struktur und Funktion bzw. der Aktivitäten und der Teilhabe
– Entwicklung von „Ersatzstrategien" bzw. Nutzung verbliebener Funktionen bzw. Aktivitäten (Kompensation)
– Anpassung der Umweltbedingungen (z. B. der Anforderungen und Erwartungen der Bezugspersonen) an die Beeinträchtigung der Aktivitäten bzw. der Teilhabe des Rehabilitanden (Adaptation).

Damit soll insbesondere die Handlungsfähigkeit des Rehabilitanden in seinen Alltagsbezügen im beruflichen und privaten Bereich verbessert werden.

Die Rehabilitation soll insbesondere beitragen zur
– Aktivierung, körperlichen und psychischen Stabilisierung
– selbstständigen Lebensführung und der (Re)Integration in das Wohnumfeld
– Aktivierung des Selbsthilfepotenzials des Rehabilitanden und seines sozialen Umfeldes
– Abklärung der beruflichen Neigung und Eignung
– Überleitung in weiterführende Leistungen zur Teilhabe am Arbeitsleben
– Vermittlung von Kenntnissen und Fertigkeiten zur beruflichen Anpassung
– Verkürzung von Arbeitsunfähigkeit (z. B. durch gleichzeitige stufenweise Wiedereingliederung in den Arbeitsprozess)
– Förderung der beruflichen Wiedereingliederung durch Kontaktaufnahme zum Betrieb zwecks frühzeitiger Einleitung innerbetrieblicher Maßnahmen (Anpassung von Fähigkeiten und Erwartungen am Arbeitsplatz)

- verbesserten Kooperation in der Nachsorge (z. B. Kontaktanbahnung zu Selbsthilfegruppen, Kooperation mit niedergelassenen Ärzten)
- Überleitung in weiterführende Leistungen zur Teilhabe am Leben in der Gemeinschaft
- Nutzung eingliederungsfördernder Ressourcen eines vorhandenen komplementären sozialen Netzwerkes von Hilfen (z. B. Betreutes Wohnen, Integrationsfachdienste).

3.2 Trägerspezifische Rehabilitationsziele

In der **Krankenversicherung** zielen Leistungen zur medizinischen Rehabilitation darauf, eine Behinderung oder Pflegebedürftigkeit abzuwenden, zu beseitigen, zu mindern, auszugleichen, ihre Verschlimmerung zu verhüten oder ihre Folgen zu mildern.

In der **Rentenversicherung** zielen Leistungen zur medizinischen Rehabilitation und Leistungen zur Teilhabe am Arbeitsleben darauf, den Auswirkungen einer Krankheit oder einer körperlichen, geistigen oder seelischen Behinderung auf die Erwerbsfähigkeit der Versicherten entgegenzuwirken oder sie zu überwinden und dadurch Beeinträchtigungen der Erwerbsfähigkeit der Versicherten oder ihr vorzeitiges Ausscheiden aus dem Erwerbsleben zu verhindern oder sie möglichst dauerhaft in das Erwerbsleben wiedereinzugliedern.

Leistungen der Agentur für Arbeit zur Förderung der Teilhabe am Arbeitsleben zielen darauf ab, die Erwerbsfähigkeit behinderter und von Behinderung bedrohter Menschen zu erhalten, zu bessern, herzustellen oder wiederherzustellen und ihre Teilhabe am Arbeitsleben zu sichern.

4 Behandlungsfrequenz und Rehabilitationsdauer

Je nach Schweregrad der Schädigungen (einschließlich psychischer Funktionen), Beeinträchtigungen der Aktivitäten sowie der Teilhabe und den sich daraus ergebenden Rehabilitationszielen gestalten sich die individuell erforderliche Rehabilitationsdauer und Therapiedichte. Im Rahmen eines interdisziplinären Behandlungssettings sind in der Regel täglich mindestens vier bis acht Stunden Therapiezeit an fünf bis sechs Tagen in der Woche einzuhalten. Der Rehabilitand sollte Gelegenheit haben einen vollschichtigen Arbeitstag zu erproben. Neben der individuellen Belastbarkeit des Rehabilitanden ist auch auf angemessene Ruhepausen zu achten.

Mit jedem Rehabilitanden wird ein Rehabilitations-, Förder- und Integrationsplan erarbeitet (personenzentrierte Therapie- und Hilfeplanung). Dabei ist dem individuellen Hilfebedarf sowie den flexiblen Behandlungsformen Rechnung zu tragen (z. B. Orientierungsphase, gestuftes Vorgehen, Behandlungseinheiten). Dieser Plan wird regelmäßig auf seine Wirksamkeit überprüft, fortgeschrieben und bei Bedarf modifiziert.

Sowohl bei den Leistungen zur medizinischen Rehabilitation als auch bei Leistungen zur Teilhabe am Arbeitsleben handelt es sich um längerfristig angelegte, meist mehrmonatige Maßnahmen, bei denen die Verlängerung entsprechend der individuellen Konstellation gewährleistet sein muss, um das trägerspezifische Rehabilitationsziel erreichen zu können. Je nach Lage des Einzelfalls kann die medizinische Rehabilitation zwischen drei bis maximal 12 Monaten dauern. Beginn und Dauer der Leistungen zur Teilhabe am Arbeitsleben werden von dem hierfür zuständigen Rehabilitationsträger in Abstimmung mit dem für die Leistungen zur medizinischen Rehabilitation zuständigen Rehabilitationsträger festgelegt.

Die Leistungen zur Teilhabe am Arbeitsleben werden in der Regel in Kooperation mit anderen Rehabilitationseinrichtungen oder mit Betrieben durchgeführt. Es kommen insbesondere folgende Leistungen in Betracht:

a) **Eignungsabklärung und Arbeitserprobung** – Die Dauer einer Eignungsabklärung und Arbeitserprobung beträgt in der Regel vier bis sechs Wochen.

Belastungserprobungen, die im Einzelfall zur Feststellung der gesundheitlichen Belastbarkeit für eine spätere berufliche Bildungsmaßnahme oder Arbeitnehmertätigkeit durchgeführt werden, sind keine Leistung der Arbeitserprobung und Eignungsabklärung. Sie sind ebenso wie die Arbeitstherapie und die Beschäftigungstherapie den Leistungen der medizinischen Rehabilitation zuzuordnen.

b) **Berufsvorbereitung** – Die Dauer der Berufsvorbereitung beträgt in der Regel bis zu sechs Monaten. Zur Förderung von Maßnahmen der Berufsvorbereitung (BvB) durch die Bundesagentur für Arbeit gelten die Regelungen des Fachkonzepts BvB der Bundesagentur für Arbeit.

c) **Berufliche Anpassung** – Die Dauer der Leistung beträgt in der Regel bis zu 9 Monaten.

d) **Leistungen im Eingangsverfahren und im Berufsbildungsbereich in anerkannten Werkstätten für behinderte Menschen** – Der Rehabilitand ist so zu fördern, dass er spätestens nach Teilnahme an Leistungen des Berufsbildungsbereichs in der Lage ist, wenigstens ein Mindestmaß wirtschaftlich verwertbarer Arbeitsleistung im Sinne des § 136 Abs. 2 SGB IX zu erbringen. Die Dauer der Leistungen beträgt in der Regel im Eingangsverfahren drei Monate und im Berufsbildungsbereich zwei Jahre (§ 40 Abs. 2 und 3 SGB IX).

Im Sinne einer Flexibilisierung sollte die ambulante Rehabilitation bei psychischen Erkrankungen in geeigneten Fällen mit einer reduzierten oder abgestuften täglichen Dauer durchgeführt werden können, z. B. zum Ende der Rehabilitationsleistung im Sinne eines Ausschleichens oder bei berufsbegleitenden Leistungen (z. B. bei arbeitsfähigen Teilzeitbeschäftigten, stufenweise Wiedereingliederung). Eine weitere Möglichkeit der Flexibilisierung ist auch die Intervallbehandlung, bei der die Behandlung auf mehrere Behandlungsabschnitte verteilt ist.

5 Anforderungen an die Rehabilitationseinrichtung

5.1 Rehabilitationskonzept

Die Rehabilitationseinrichtung erstellt ein strukturiertes Rehabilitationskonzept auf der Grundlage aktueller wissenschaftlicher Erkenntnisse. Dies beschreibt das Rehabilitationsverständnis, die angebotene rehabilitative Diagnostik und Behandlung sowie die personelle, räumliche und apparative Ausstattung der Einrichtung und enthält Angaben zur durchschnittlichen Behandlungsdauer.

Neben den funktionsbezogenen Therapieansätzen ist im Konzept der Einrichtung darauf hinzuwirken dem psychisch kranken und behinderten Menschen eine möglichst selbstständige Lebensführung mit der Teilhabe am Arbeitsleben und am Leben in der Gesellschaft zu ermöglichen. Darüber hinaus ist auf die Probleme der Krankheitsverarbeitung sowie der Stress- und Risikofaktoren einzugehen. Dabei ist den regionalen Gegebenheiten zur ambulanten und stationären Behandlung und psychosozialen Unterstützung ebenso Rechnung zu tragen wie den konkreten Möglichkeiten des regionalen Arbeitsmarktes.

Die Rehabilitation erstreckt sich auf Leistungen zur medizinischen Rehabilitation und Leistungen zur Teilhabe am Arbeitsleben. Diese greifen ineinander und wirken funktional im Rahmen einer Komplexleistung zusammen, wobei die einzelnen Leistungen flexibel kombiniert, entsprechend dem individuellen Bedarf des Rehabilitanden stufenweise aufgebaut und ggf. wiederholt, in der Einrichtung und durch sie möglichst im privaten und beruflichen Leben realisiert werden. Die Leistungserbringung erfolgt nicht additiv durch verschiedene nicht oder nicht eng zusammenarbeitende Einzelleistungserbringer, sondern integriert durch ein multiprofessionelles Rehabilitationsteam. Bei der erforderlichen leistungsrechtlichen Zuordnung zu Leistungen zur medizinischen Rehabilitation oder zu Leistungen zur Teilhabe am Arbeitsleben sind die jeweiligen Schwerpunkte zu berücksichtigen.

Konzeptionell von besonderer Bedeutung für die Rehabilitation bei psychischen Erkrankungen ist deshalb

- die Schaffung eines therapeutischen Milieus in der Einrichtung und eines fördernden Milieus im privaten und beruflichen Lebensfeld, in denen die Rehabilitation geübt und ihre Ergebnisse langfristig genutzt werden
- die enge Kooperation mit den vorher und nachher behandelnden Fach- und Hausärzten sowie Therapeuten und betreuenden sozialen Diensten.

5.2 Ärztliche Leitung und Verantwortung

Die Einrichtung steht unter ständiger Leitung und Verantwortung eines Arztes / einer Ärztin[1]) mit der Gebietsbezeichnung Psychiatrie und Psychotherapie (alternativ Arzt für Psychiatrie oder Nervenarzt).

Der leitende Arzt muss über mindestens zweijährige vollzeitige (bei Teilzeit entsprechende) rehabilitative und sozialmedizinische Erfahrungen verfügen und die Zusatzbezeichnung Sozialmedizin und / oder Rehabilitationswesen erworben haben. Der leitende Arzt hat neben der eigenen gebietsbezogenen und sozialmedizinischen Fortbildung auch die ständige Fortbildung seiner Mitarbeiter zu gewährleisten.

Sind im Ausnahmefall die formalen Voraussetzungen nicht erfüllt, beurteilen die Leistungsträger die für die Einrichtung notwendigen fachgebietsspezifischen und rehabilitativen Kompetenzen anhand der nachgewiesenen Weiterbildungszeiten und -inhalte. Reichen diese nicht aus, können die Leistungsträger ein entsprechend qualifiziertes Leitungsteam als ärztliche Leitung im Sinne des vorstehenden Absatzes anerkennen.

Der leitende Arzt ist für die Umsetzung des umfassenden Rehabilitationskonzepts im Rahmen der Vorgaben der Leistungsträger bezogen auf den einzelnen Rehabilitanden verantwortlich. Dabei ist den o. g. Krankheitsdimensionen, den darauf bezogenen Rehabilitationszielen sowie der langfristigen Rehabilitationsprognose und den nach der Rehabilitation ggf. einzuleitenden Maßnahmen Rechnung zu tragen. Er leitet das interdisziplinäre Rehabilitationsteam, stellt regelmäßige (mindestens einmal pro Woche) Teambesprechungen sicher und verantwortet den Entlassungsbericht, insbesondere die sozialmedizinische Beurteilung.

Der leitende Arzt oder sein benannter ständiger Vertreter müssen während der Öffnungszeiten der Einrichtung präsent und verfügbar sein. Der Vertreter des leitenden Arztes muss über eine vergleichbare Qualifikation verfügen wie der leitende Arzt der Einrichtung.

Aufgaben des leitenden Arztes sind insbesondere
- Leitung des Rehabilitationsteams
- Koordination und Abstimmung der Rehabilitationsplanung
- Durchführung von regelmäßigen (mindestens einmal pro Woche) patientenbezogenen Teambesprechungen
- Kooperation mit vor- und nachbehandelnden Ärzten, Konsiliarärzten und Konsiliardiensten
- Durchführung von Zwischenuntersuchungen und Anpassung des Rehabilitationsplans
- Abschlussuntersuchung
- Entlassungsbericht mit sozialmedizinischer Beurteilung und Hinweisen für weiterführende Maßnahmen im Rahmen der Nachsorge.

Darüber hinaus beteiligt sich der leitende Arzt an der Erbringung therapeutischer Leistungen (z. B. Durchführung indikationsbezogener Gruppen, Einzelgespräche).

5.3 Rehabilitationsdiagnostik

Rehabilitationsdiagnostik muss unter Berücksichtigung der Krankheitsdiagnose vor allem die persönlichen, beruflichen und sozialen Auswirkungen der Erkrankung konkret beschrei-

---

[1]) Im Folgenden wird auf die weibliche Form der Berufsbezeichnung verzichtet.

ben. Die mehrdimensionale Diagnostik auf der Grundlage von ICF erfasst die Beeinträchtigungen und Ressourcen auf den Ebenen: Funktion – Aktivität – Teilhabe mit ihren Wechselwirkungen und berücksichtigt dabei auch personbezogene und umweltbedingte Kontextfaktoren. Zentrale Bedeutung haben das Selbstbild, die Biografie und die sozialen Bezüge des Rehabilitanden sowie die Erwartungen und Anforderungen ihrer Bezugspersonen im privaten und beruflichen Lebensbereich.

Während es eine Reihe von prognostischen Kriterien gibt (z. B. Dauer der Erkrankung, Ausmaß und Grad von Beeinträchtigungen), vor deren Hintergrund eine statistische Prognose möglich ist, kann die individuelle Diagnostik und Zielbestimmung nur erfolgen für einen jeweils überschaubaren Zeitraum und mit Einbeziehung praktischer Erprobungen – im eigenen Lebensfeld und im Betrieb. Dies setzt im Einzelfall die Ausschöpfung der verfügbaren rehabilitativen Hilfen und angemessene Erprobungszeiträume unter möglichst realitätsnahen Bedingungen voraus.

5.4 Rehabilitationsplan

Auf der Grundlage der Ergebnisse der Rehabilitationsdiagnostik wird unter Beteiligung des Rehabilitanden ein individueller Rehabilitationsplan erstellt und das individuelle Rehabilitationsziel bzw. -teilziel definiert.

Zu jeder Therapiemaßnahme gehört die Überprüfung, ob die geplanten (Zwischen-)Ziele erreicht wurden. Diese Ergebnisüberprüfung ist zugleich die diagnostische Ausgangsbasis für die nächste Planungsphase.

Regelmäßige Besprechungen des Rehabilitationsteams geben Auskunft über den individuellen Verlauf der Rehabilitation. Der Rehabilitationsplan ist dem jeweiligen Rehabilitationsverlauf anzupassen. Änderungen im Bereich der Schädigungen der Körperfunktionen und Körperstrukturen (einschließlich psychischer Funktionen), Beeinträchtigungen der Aktivitäten und Teilhabe sind in regelmäßigen Abständen unter Nutzung der relevanten Untersuchungsmethoden zu dokumentieren.

5.5 Behandlungselemente

Die wesentlichen Behandlungselemente der Rehabilitation bei psychischen Erkrankungen sind im Rahmen der

Leistungen zur medizinischen Rehabilitation
- Behandlung durch Arzt für Psychiatrie und Psychotherapie (Arzt für Psychiatrie oder Nervenarzt), ggf. einschließlich der Psychopharmakotherapie
- Psychotherapie durch ärztliche und / oder psychologische Psychotherapeuten, einzeln
- und in Gruppen
- indikative Gruppen: mit Angehörigenbezug, in Bezug auf Arbeit, Krankheitsbewältigung und Therapieverständnis (Psychoedukation)
- Ergotherapie, Arbeitstherapie und Belastungserprobung
- Psychiatrische Krankenpflege
- Physiotherapie / Sport- und Bewegungstherapie
- Psychosoziale Hilfen (psychosoziale Betreuung und Rehabilitationsberatung – auch in Fragen der Leistungen zur Teilhabe am Arbeitsleben)
- Gesundheitsbildung.

Teilhabe am Arbeitsleben
- Leistungen zur Abklärung der beruflichen Eignung und Arbeitserprobung
- Trainingsmaßnahmen
- Berufsvorbereitung
- berufliche Anpassung

- psychosoziale Hilfen begleitend zu den Leistungen zur Teilhabe am Arbeitsleben
- Leistungen im Eingangsverfahren und im Berufsbildungsbereich in anerkannten Werkstätten für behinderte Menschen.

Der frühen Kooperation mit Betrieben und dem Integrationsfachdienst kommt hohe Bedeutung zu.

Die Rehabilitationseinrichtung stellt sicher, dass der Bezugstherapeut dem Rehabilitanden als persönlicher Ansprechpartner während der ganzen Rehabilitationszeit zur Verfügung steht. Dabei koordiniert er die verschiedenen Behandlungsmodule und bereitet gemeinsam mit dem Rehabilitanden wichtige Weichenstellungen vor.

6 Strukturelle Anforderungen

6.1 Rehabilitationsteam und Qualifikation

Dem interdisziplinären Rehabilitationsteam gehören folgende Berufsgruppen an, die eine qualifizierte Ausbildung besitzen und mehrheitlich über Berufserfahrung in der Rehabilitation verfügen. Mindestens einer der Ärzte bzw. Diplom-Psychologen muss über eine abgeschlossene psychotherapeutische Aus- bzw. Weiterbildung in einem anerkannten Verfahren verfügen.

Arzt
- Hinsichtlich des leitenden Arztes und seines Stellvertreters wird auf Ziffer 5.2 verwiesen.
- Die weiteren Ärzte müssen über die mit der Gebietsbezeichnung festgelegte Qualifikation bzw. klinische Erfahrung verfügen.

Diplom-Psychologe
- möglichst Approbation als Psychologischer Psychotherapeut
- zwei Jahre vollzeitige Berufserfahrung[1] im Bereich der Rehabilitation
- mit neuropsychologischer Basiskompetenz
- wünschenswert: Anerkennung als klinischer Neuropsychologe durch die Fachgesellschaften.

Sozialarbeiter / Sozialpädagoge
- Diplom/staatliche Anerkennung als Sozialarbeiter bzw. Sozialpädagoge mit mindestens zwei Jahren vollzeitiger Berufserfahrung[1].

Ergotherapeut / ergänzend auch Arbeitserzieher
- Staatliche Anerkennung als Ergotherapeut bzw. staatlich anerkannte Berufsausbildung
- Grundlagenkenntnis in arbeitsrehabilitativen Maßnahmen, Ergonomie, Arbeitsplatzanpassung
- Beratung zur Belastungserprobung und einschlägige Erfahrungen in der berufsorientierten Arbeitstherapie und
- mindestens zwei Jahre vollzeitige Berufserfahrung[1] als Ergotherapeut im Bereich der Rehabilitation.

Fachkräfte in der beruflichen Rehabilitation und betriebliche Fachanleiter
- abgeschlossene Berufsausbildung
- zusätzliche pädagogische Qualifikation.

Gesundheits- und Krankenpfleger
- staatliche Ausbildung
- Berufserfahrung in der Psychiatrie

---

[1] Bei Teilzeitkräften verlängert sich der Zeitraum der erforderlichen Berufserfahrung entsprechend.

– möglichst abgeschlossene Weiterbildung in der Fachkrankenpflege Psychiatrie, ersatzweise abgeschlossene Sozialpsychiatrische Zusatzausbildung (SPZA).

Physiotherapeut und sporttherapeutische Kompetenz
– staatliche Anerkennung als Physiotherapeut.

6.2 Personalbemessung

Für eine Rehabilitationseinrichtung mit 20 Rehabilitanden mit ganztägiger Rehabilitation wird folgender Personalschlüssel empfohlen:

Arzt	1:20[1])
Diplom-Psychologe	1:20[1])
Sozialarbeiter / Sozialpädagoge	1:10–1:15
Ergotherapeut / Arbeitserzieher	1:10–1:20
Fachkräfte für die berufliche Rehabilitation und betriebliche Fachanleiter	1:10
Gesundheits- und Krankenpfleger	1:10–1:20
Physiotherapeut und sporttherapeutische Kompetenz	1:40–1:60

Zusätzlicher Personalbedarf an Gesundheits- und Krankenpflegern (mindestens drei Mitarbeiter) besteht für stationäre Rehabilitationseinrichtungen in den Abend- und Nachtstunden.

Eine unterschiedliche Gewichtung zwischen den Berufsgruppen ist möglich. Die Teilnahme der Mitarbeiter an Teambesprechungen ist sicherzustellen.

Zusätzlich sind Verwaltungsaufgaben, Urlaubs- und Krankheitsvertretung zu gewährleisten.

6.3 Räumliche und apparative Ausstattung

Die **räumliche** Ausstattung der Rehabilitationseinrichtung muss so bemessen und beschaffen sein, dass das jeweilige indikationsspezifische Rehabilitationskonzept umgesetzt werden kann.

Es sollten angemessene Räumlichkeiten vorhanden sein
– für Gruppentherapie
– für Einzeltherapie
– für Bewegungstherapie
– für Ergotherapie
– interne oder externe Plätze für berufliche Trainingsangebote
– Notfallversorgung und spezielle Diagnostik
– medizinisches Untersuchungszimmer
– Sanitärbereich (in ausreichender Anzahl barrierefrei gestaltet) und Umkleideräume für Damen und Herren mit abschließbaren Schrankfächern
– Küche (auch extern, bei guter Erreichbarkeit und organisatorischer Gewährleistung)
– Empfangs- und Wartebereich
– Ruhe-, Entspannungs-, Regenerationsbereich
– Aufenthalts- und Versorgungsbereich
– externe Bewegungsmöglichkeiten durch Einbeziehung von Freigelände

---

[1]) Die Relation beider Berufsgruppen zu den Rehabilitanden soll zusammengenommen 1 zu 10 nicht unterschreiten. Beide Berufsgruppen sollten in etwa zu gleichen Anteilen vertreten sein.

- Personalaufenthaltsraum
- für Verwaltungsaufgaben.

Die Räume müssen barrierefrei zugänglich sein.

Die **apparative** Ausstattung muss die Diagnostik und Therapie der speziellen Funktionsstörungen nach aktuellem Wissensstand sowie die Notfallversorgung gewährleisten, z. B.
- Notfallausrüstung
- Ausstattung für psychologische Testdiagnostik und Übungen (inkl. PC gestützt)
- Ergotherapeutische Ausstattung incl. Bürotrainingsplätze
- Ausstattung für Physio- und Bewegungstherapie.

6.4 Regionale Einbindung / Verbundstrukturen / Rehabilitandenbezogene Kooperation

Durch zweckmäßige Organisations- und Kooperationsformen ist sicherzustellen, dass die Rehabilitation als integraler Bestandteil der regionalen Versorgungsstruktur zur möglichst raschen und dauerhaften Eingliederung der Rehabilitanden beiträgt. Die RPK kooperiert rehabilitandenbezogen mit Einrichtungen und Diensten in dessen Wohnort.

Als eigenständige Einrichtung vernetzt sich die RPK mit den niedergelassenen Fachärzten / Psychotherapeuten und Kliniken, den Diensten und Einrichtungen zur beruflichen Rehabilitation sowie den betrieblichen und psychosozialen Diensten in der Region und kooperiert mit den Selbsthilfegruppen. Sie beteiligt sich ggf. am Gemeindepsychiatrischen Verbund.

7 Zuständigkeit der Rehabilitationsträger

Für **Leistungen zur medizinischen Rehabilitation** in der RPK ist bei Erfüllung der jeweiligen versicherungsrechtlichen Voraussetzungen zuständig

a) der Rentenversicherungsträger, wenn zu erwarten ist, dass durch die Leistung
- die erheblich gefährdete oder bereits geminderte Erwerbsfähigkeit des psychisch kranken oder behinderten Menschen wesentlich gebessert oder wiederhergestellt werden kann

oder
- bei einer bereits geminderten Erwerbsfähigkeit des psychisch kranken oder behinderten Menschen deren wesentliche Verschlechterung abgewendet werden kann.

b) der Krankenversicherungsträger, wenn die Voraussetzungen zur Durchführung der medizinischen Rehabilitationsleistungen durch den Rentenversicherungsträger nicht erfüllt sind, die Leistung aber erforderlich ist, um eine Behinderung oder Pflegebedürftigkeit abzuwenden, zu beseitigen, zu mindern, auszugleichen, ihre Verschlimmerung zu verhüten oder ihre Folgen zu mindern.

Für **Leistungen zur Teilhabe am Arbeitsleben** ist bei Erfüllung der versicherungsrechtlichen Voraussetzungen der gesetzlichen Rentenversicherung der Rentenversicherungsträger zuständig. In den übrigen Fällen ist dies im Regelfall die Bundesagentur für Arbeit (Agentur für Arbeit), sofern nicht ein anderer Rehabilitationsträger nach § 6 SGB IX zuständig ist. Daneben können im Einzelfall z. B. die Beihilfe, private Versicherungen auch die Kosten übernehmen.

8 Verfahren bei Leistungen zur medizinischen Rehabilitation

8.1 Verfahren bei Einleitung der Leistungen zur medizinischen Rehabilitation

Der Antrag ist vor Einleitung der beabsichtigten medizinischen Rehabilitationsleistung bei dem voraussichtlich zuständigen Rehabilitationsträger zu stellen. Es gilt das Verfahren nach § 14 SGB IX.

Dem Antrag sind beizufügen
- Gutachten / Stellungnahmen[1]) des bisher behandelnden psychiatrischen Krankenhauses oder der bisher behandelnden psychiatrischen Abteilung eines Allgemeinkrankenhauses oder des bisher behandelnden Facharztes[2])
- sonstige vorliegende ärztliche Gutachten und Befundberichte
- Gutachten / Stellungnahmen der voraussichtlich aufnehmenden RPK nach persönlicher Vorstellung

über die medizinische Notwendigkeit der Durchführung der Leistung in einer RPK einschließlich der Prognose auch bezüglich der Erwerbsfähigkeit (vgl. Ziffer 2.3).

Um eine ausreichende sozialmedizinische Qualität zu gewährleisten, müssen Gliederung und Anforderungsprofil der Gutachten / Stellungnahmen den gängigen Standards[3]) entsprechen. Darin wird in Bezug auf die ICF zu folgenden Bereichen Stellung genommen
- psychiatrische Diagnose nach ICD 10-GM
- Beschreibung der Schädigungen sowie der Beeinträchtigungen der Aktivitäten und Teilhabe
- Krankheitsvorgeschichte
- schulische und berufliche Vorgeschichte
- aktueller psychopathologischer Befund
- Motivation und Lebensplanung
- Indikation.

Daraus abgeleitet werden Angaben zur Rehabilitationsfähigkeit, -prognose und zu Rehabilitationszielen.

Fachärztliche psychiatrische Gutachten / Stellungnahmen werden mit dem Rehabilitationsantrag des Betroffenen dem zuständigen Leistungsträger zur Entscheidung vorgelegt.

8.2 Zwischenbericht

Die RPK erstellt jeweils nach Ablauf von drei Monaten, jedoch spätestens zwei Wochen vor Ablauf des Bewilligungszeitraums, bei besonderer Aufforderung auch früher, einen Zwischenbericht über die bisher durchgeführten Maßnahmen und deren Ergebnisse, der eine ausführliche Stellungnahme über die Rehabilitationsfähigkeit des Rehabilitanden sowie insbesondere eine Prognose über den weiteren Rehabilitationsverlauf und die Erwerbsfähigkeit enthält.

Mit dem Zwischenbericht ist von der RPK zugleich ein Vorschlag zur Frage der Verlängerung der Leistungen zur medizinischen Rehabilitation und ggf. auch ein Vorschlag zur Frage der Einleitung von Leistungen zur Teilhabe am Arbeitsleben zu unterbreiten. Die nach der Lage des Einzelfalls erforderlich gehaltenen Leistungen zur Teilhabe am Arbeitsleben sind in dem Vorschlag genau zu begründen.

8.3 Weiteres Verfahren in den Fällen der Einleitung der Leistungen zur medizinischen Rehabilitation durch den Krankenversicherungsträger

Nach Vorliegen des Zwischenberichts überprüft der Krankenversicherungsträger nach Einholung eines Gutachtens des Medizinischen Dienstes seine Leistungszuständigkeit. Hält er die gesetzlichen Leistungsvoraussetzungen der Rentenversicherung für gegeben, leitet er den

---
[1]) Die trägerspezifischen Verfahren sind zu berücksichtigen.
[2]) Hierbei sind insbesondere die in der gesetzlichen Krankenversicherung geltenden Rehabilitations-Richtlinien zu beachten.
[3]) Vgl. Empfehlungen für die sozialmedizinische Beurteilung psychischer Störungen – Hinweise zur Begutachtung, DRV-Schrift Band 30, Oktober 2001; Leitfaden zur Begutachtung von Psychisch Kranken / Behinderten für die Aufnahme in Rehabilitationseinrichtungen für psychisch Kranke und Behinderte (RPK).

Antrag mit allen Gutachten umgehend an den zuständigen Rentenversicherungsträger weiter und macht einen Erstattungsanspruch nach § 105 SGB X ab dem Datum des Zwischenberichtes geltend.

Der Rentenversicherungsträger entscheidet innerhalb von zwei Wochen darüber, ob die Voraussetzungen der §§ 10 und 11 SGB VI erfüllt sind und teilt dieses dem Krankenversicherungsträger mit. Liegen die Voraussetzungen der §§ 10 und 11 SGB VI nicht vor, entscheidet der Krankenversicherungsträger darüber, ob die Leistung zur medizinischen Rehabilitation unter den Voraussetzungen der §§ 11 SGB V i. V. m. 40 SGB V weitergeführt werden können. Der Rentenversicherungsträger entscheidet ggf. über die Umdeutung des Rehabilitationsantrages in einen Rentenantrag gem. § 116 SGB VI.

8.4 Weiteres Verfahren in den Fällen der Einleitung der Leistungen zur medizinischen Rehabilitation durch den Rentenversicherungsträger

Nach Vorliegen des Zwischenberichts überprüft der Rentenversicherungsträger – ggf. nach Einholung weiterer Gutachten – seine Leistungszuständigkeit. Hält er die gesetzlichen Leistungsvoraussetzungen der Rentenversicherung weiter für gegeben, führt er die Leistung fort. Sind die gesetzlichen Leistungsvoraussetzungen nicht mehr gegeben, leitet er den Antrag mit allen Gutachten umgehend an den zuständigen Krankenversicherungsträger weiter und macht einen Erstattungsanspruch nach § 105 SGB X ab dem Datum des Zwischenberichtes geltend. Der Rentenversicherungsträger entscheidet ggf. über die Umdeutung des Rehabilitationsantrages in einen Rentenantrag gem. § 116 SGB VI.

Der Krankenversicherungsträger entscheidet innerhalb von zwei Wochen, ob die Voraussetzungen der §§ 11 SGB V i. V. m. 40 SGB V erfüllt sind, und unterrichtet innerhalb dieser Frist den Rentenversicherungsträger über seine Entscheidung.

Teilt der Krankenversicherungsträger mit, dass die Voraussetzungen der §§ 11 SGB V i. V. m. 40 SGB V nicht erfüllt sind, beendet der Rentenversicherungsträger die Leistung.

8.5 Abschluss der medizinischen Rehabilitation

Am Ende der Leistung erstellt die Rehabilitationseinrichtung unter Berücksichtigung der trägerspezifischen Anforderungen[1]) spätestens innerhalb von zwei Wochen einen Bericht über den Verlauf der Leistung.

Schwerpunkte sind
– rehabilitationsbegründete Diagnosen
– Rehabilitationsergebnis mit Empfehlungen für weitere Leistungen
– sozialmedizinische Beurteilung und Prognose für die Durchführung von Leistungen zur Teilhabe am Arbeitsleben
– durchgeführte rehabilitativ-therapeutische Leistungen.

Wenn Leistungen zur Teilhabe am Arbeitsleben notwendig sind, wird so rechtzeitig vor Ablauf der Leistung zur medizinischen Rehabilitation ein Antrag bei dem zuständigen Leistungsträger gestellt, dass diese sich nahtlos anfügen können.

9 Verfahren bei Leistungen zur Teilhabe am Arbeitsleben

9.1 Verfahren bei Einleitung der Leistungen zur Teilhabe am Arbeitsleben

Auf der Basis der Ergebnisse der medizinischen Rehabilitation wird mit Beginn der Leistungen zur Teilhabe am Arbeitsleben von der Rehabilitationseinrichtung gemeinsam mit dem Rehabilitanden der individuelle Rehabilitationsplan fortgeschrieben und um einen indivi-

---

[1]) Vgl. „Der ärztliche Reha-Entlassungsbericht – Leitfaden zum einheitlichen Entlassungsbericht in der medizinischen Rehabilitation der gesetzlichen Rentenversicherung", BfA, 2001 bzw. Rehabilitations-Richtlinien der gesetzlichen Krankenversicherung.

duellen beruflichen Förderplan ergänzt, der vom zuständigen Rehabilitationsträger zu genehmigen ist. Dieser wird laufend fortgeschrieben.

Bei der Beantragung von Leistungen zur Teilhabe am Arbeitsleben in der RPK werden im Sinne einer größtmöglichen Transparenz die Rehabilitanden auf die Zusammenarbeit von Einrichtung, Rentenversicherungsträger und Agentur für Arbeit in ihren unterschiedlichen Formen wie Berichten und Fachausschusssitzungen hingewiesen.

Zur Klärung der Motivation und Mitwirkung der Rehabilitanden sollte schon bei der Erstellung des Förderplans eine Zielvereinbarung, nach Möglichkeit auch schriftlich, abgeschlossen werden.

Die RPK legt dem Träger der medizinischen Rehabilitation in der Regel spätestens sechs Wochen vor Beendigung der medizinischen Leistung einen Befundbericht mit Aussagen zur Belastbarkeit vor, aus dem sich ergibt, ob und ggf. welche Leistungen zur Teilhabe am Arbeitsleben nach Abschluss der medizinischen Leistung angeregt werden.

Führt der Rentenversicherungsträger die medizinische Leistung in der RPK durch, sind grundsätzlich auch die versicherungsrechtlichen Voraussetzungen für die Durchführung von Leistungen zur Teilhabe am Arbeitsleben gem. § 11 Abs. 2a Nr. 2 SGB VI erfüllt. Er prüft daher – ggf. unter Hinziehung weiterer Gutachten –, ob und wann die Einleitung von Leistungen zur Teilhabe am Arbeitsleben in Betracht kommt und erteilt dem Rehabilitanden einen förmlichen Bescheid.

Führt der Krankenversicherungsträger die medizinische Leistung in der RPK durch und werden Leistungen zur Teilhabe am Arbeitsleben angeregt, unterrichtet er unverzüglich den voraussichtlich zuständigen Träger der Leistungen zur Teilhabe am Arbeitsleben unter Beifügung der vorhandenen Unterlagen.

Sofern die versicherungsrechtlichen Voraussetzungen des § 11 SGB VI für die Leistung zur medizinischen Rehabilitation zwar erfüllt waren, aber die persönlichen Voraussetzungen des § 10 SGB VI zum Zeitpunkt der Beantragung verneint wurden und nunmehr eine positive Prognose hinsichtlich der Erwerbsfähigkeit vorliegt (Erstattungsfall gemäß Ziffer 8.3), oder eine Rente wegen Erwerbsminderung bezogen wird, ist der Rentenversicherungsträger für Leistungen zur Teilhabe am Arbeitsleben zuständig. In diesen Fällen leitet der Krankenversicherungsträger den entsprechenden Befundbericht an den Rentenversicherungsträger weiter.

9.2 Abschluss der Leistungen zur Teilhabe am Arbeitsleben

Am Ende der Leistungen zur Teilhabe am Arbeitsleben erstellt die Rehabilitationseinrichtung innerhalb von zwei Wochen nach Abschluss der Leistung einen Bericht über den Verlauf und das Ergebnis.

Einen Schwerpunkt bilden sozialmedizinische Aussagen zur Erwerbsfähigkeit, zu Voraussetzungen einer möglichst langfristig erfolgreichen beruflichen Eingliederung und zu dem tatsächlichen Stand der beruflichen und sozialen Integration.

Wesentliche Bestandteile des Abschlussberichts sind weiterhin Aussagen, inwieweit weiterführende Qualifikationsmaßnahmen wie Ausbildung, Umschulung oder Fortbildungen angeschlossen werden sollen. Dies kann z. B. der Fall sein, wenn der Ursprungsberuf krankheits- bzw. behinderungsbedingt nicht mehr ausgeübt werden kann, bisher kein Berufsabschluss erreicht werden konnte und bei Vorliegen einer weiteren Rehabilitationsnotwendigkeit infolge der psychischen Erkrankung eine weiterführende Qualifizierung für eine langfristige Integration auf dem allgemeinen Arbeitsmarkt erfolgversprechend erscheint.

Sofern keine nahtlose Arbeitsaufnahme zu erwarten ist, wird zum Zwecke einer erfolgversprechenden anschließenden Arbeits- und Ausbildungsvermittlung die Bundesagentur für

Arbeit ebenfalls über das Ergebnis informiert. Hierzu ist das Einverständnis des Rehabilitanden erforderlich.

10 Beendigung der Leistungen zur Teilhabe

Die Leistungen sind zu beenden, wenn sich erst während der Leistungen zur Teilhabe die unter Ziffer 2.5 genannten Ausschlusskriterien zeigen, oder wenn das Rehabilitationsziel erreicht ist, oder die medizinischen bzw. beruflichen Voraussetzungen nicht mehr vorliegen. Dies gilt auch, wenn sich herausstellt, dass das Rehabilitationsziel nicht erreicht werden kann.

11 Dokumentation und Qualitätssicherung

11.1 Dokumentation

Für jeden Rehabilitanden ist eine Dokumentation anzulegen, aus der alle rehabilitationsrelevanten Diagnosen, Befunde sowie die durchgeführten / geplanten Therapieformen entnommen werden können, um den Rehabilitationsprozess transparent und vergleichbar zu machen. Die Dokumentation muss insbesondere umfassen

– den individuellen Rehabilitationsplan des Rehabilitanden betreffend Art, Häufigkeit und Intensität der Behandlungselemente
– die Teilnahmedokumentation des Rehabilitanden in einem Behandlungsheft / Rehabilitationstagebuch
– sämtliche erhobene anamnestische Daten, klinische Befunde und deren Interpretation
– das definierte Rehabilitationsziel und die Bewertung des Rehabilitationserfolges durch Zwischenuntersuchungen in bestimmten Zeitabständen sowie die Abschlussuntersuchung / -befundung
– die Angaben zu den Visiten und Teambesprechungen / Fallkonferenzen
– den Entlassungsbericht.

11.2 Qualitätssicherung

Die Qualitätssicherung bezogen auf RPK-Einrichtungen orientiert sich an der „Gemeinsamen Empfehlung Qualitätssicherung nach § 20 Abs. 1 SGB IX", die am 1. Juli 2003 in Kraft getreten ist. Zur Beurteilung der Strukturqualität beschreibt die Rehabilitationseinrichtung neben ihren Ressourcen das personelle, fachliche, methodische und organisatorische medizinische und berufliche Konzept zur Rehabilitation.

Zur Beurteilung der Prozessqualität wird der Rehabilitationsprozess in den Verlaufsberichten und Abschlussberichten der medizinischen und beruflichen Rehabilitation dokumentiert.

Zur Beurteilung der Ergebnisqualität werden die Prozessergebnisse, das erreichte individuelle Leistungsprofil, die sozialmedizinische Leistungsbeurteilung und die entsprechenden Empfehlungen der Einrichtung individuell im Abschlussbericht der Leistungen zur Teilhabe ausgewertet und an den zuständigen Leistungsträger weitergegeben.

12 Anerkennung als RPK

Die zuständigen Stellen der Vereinbarungspartner verständigen sich darauf, welche Einrichtungen die sich aus dieser RPK-Empfehlungsvereinbarung ergebenden Anforderungen erfüllen.

Hierzu muss sich jede Einrichtung zur Einhaltung der durch die RPK-Empfehlungsvereinbarung und die ergänzenden Regelungen ergebenden Verpflichtungen schriftlich verpflichten, die entsprechenden Vereinbarungen zur Dokumentation und Qualitätssicherung zu erfüllen.

Die Verständigung nach Satz 1 gilt bezüglich der Ausführung von Leistungen zur Teilhabe am Arbeitsleben auch als einvernehmliche Bewertung dieser Einrichtungen als vergleichbare Einrichtungen der beruflichen Rehabilitation im Sinne des § 35 SGB IX.

13 Überprüfung

Die Partner der Vereinbarung werden auf der Ebene der Bundesarbeitsgemeinschaft für Rehabilitation nach Ablauf von drei Jahren oder auf Antrag eines Vereinbarungspartners auch vorher prüfen, ob die Vereinbarung aufgrund zwischenzeitlich gewonnener Erfahrungen verbessert oder wesentlich veränderten Verhältnissen angepasst werden muss.

14 Inkrafttreten und Kündigung

Diese Vereinbarung tritt am 1. Juli 2006 in Kraft.

Die Vereinbarung kann von jedem Vereinbarungspartner jeweils bis zum 30. September eines Kalenderjahres gekündigt werden.

§ 11
Zusammenwirken der Leistungen

(1) ¹Soweit es im Einzelfall geboten ist, prüft der zuständige Rehabilitationsträger gleichzeitig mit der Einleitung einer Leistung zur medizinischen Rehabilitation, während ihrer Ausführung und nach ihrem Abschluss, ob durch geeignete Leistungen zur Teilhabe am Arbeitsleben die Erwerbsfähigkeit des behinderten oder von Behinderung bedrohten Menschen erhalten, gebessert oder wiederhergestellt werden kann. ²Er beteiligt die Bundesagentur für Arbeit nach § 38.

(2) Wird während einer Leistung zur medizinischen Rehabilitation erkennbar, dass der bisherige Arbeitsplatz gefährdet ist, wird mit den Betroffenen sowie dem zuständigen Rehabilitationsträger unverzüglich geklärt, ob Leistungen zur Teilhabe am Arbeitsleben erforderlich sind.

(3) Bei der Prüfung nach den Absätzen 1 und 2 wird zur Klärung eines Hilfebedarfs nach Teil 2 auch das Integrationsamt beteiligt.

ERLÄUTERUNGEN

I. Bedeutung der Vorschrift

In **Abs. 1** wird dem für Leistungen zur medizinischen Rehabilitation zuständigen Träger selbst nach Abschluss dieser Leistung die Pflicht zur Prüfung auferlegt, ob die Erwerbsfähigkeit des Leistungsberechtigten durch geeignete Leistungen zur Teilhabe am Arbeitsleben erhalten, gebessert oder wiedergestellt werden kann. Hierbei ist – über die bisherige Regelung des § 4 Abs. 3 Rehabilitations-Angleichungsgesetz hinaus – auch die Bundesagentur für Arbeit zu beteiligen. 1

Abs. 2 regelt mit dem Ziel eines zügigen und Kosten sparenden Verfahrens für den Fall, dass der bisherige Arbeitsplatz während einer Leistung zur medizinischen Rehabilitation gefährdet ist: Mit dem Leistungsempfänger sowie dem zuständigen Rehabilitationsträger ist unverzüglich zu klären, ob Leistungen zur Teilhabe am Arbeitsleben erforderlich sind. 2

Abs. 3 stellt sicher, dass zur Klärung eines Hilfebedarfs für schwerbehinderte Menschen im Arbeitsleben auch die Integrationsämter – früher: Hauptfürsorgestellen – beteiligt werden. 3

II. Fassung

4 Die Vorschrift wurde im Wesentlichen unverändert aus dem Regierungsentwurf (BT-Drucks. 14/5531 i. V. m 14/5074) übernommen. In **Abs. 3** wird aufgrund der geänderten Benennung der früheren Hauptfürsorgestellen der Begriff „das Integrationsamt" verwendet (vgl. hierzu Erl. Rdnr. 6 zu § 10 SGB IX).

§ 12
Zusammenarbeit der Rehabilitationsträger

(1) Im Rahmen der durch Gesetz, Rechtsverordnung oder allgemeine Verwaltungsvorschrift getroffenen Regelungen sind die Rehabilitationsträger verantwortlich, dass
1. die im Einzelfall erforderlichen Leistungen zur Teilhabe nahtlos, zügig sowie nach Gegenstand, Umfang und Ausführung einheitlich erbracht werden,
2. Abgrenzungsfragen einvernehmlich geklärt werden,
3. Beratung entsprechend den in §§ 1 und 4 genannten Zielen geleistet wird,
4. Begutachtungen möglichst nach einheitlichen Grundsätzen durchgeführt werden sowie
5. Prävention entsprechend dem in § 3 genannten Ziel geleistet wird.

(2) ¹Die Rehabilitationsträger und ihre Verbände sollen zur gemeinsamen Wahrnehmung von Aufgaben zur Teilhabe behinderter Menschen insbesondere regionale Arbeitsgemeinschaften bilden. ²§ 88 Abs. 1 Satz 1 und Abs. 2 des Zehnten Buches gilt entsprechend.

ERLÄUTERUNGEN

ÜBERSICHT

I. Bedeutung der Vorschrift (Rdnrn. 1–2)
II. Fassung (Rdnr. 3)
III. Begründung (Rdnrn. 4–6)
IV. Anmerkungen (Rdnrn. 7–34)
   A) zu Abs. 1
      1. Gemeinsame Verantwortung der Rehabilitationsträger (Rdnrn. 7–8)
      2. Gegenstandsbereiche (Rdnrn. 9–26)
         a) Nahtlose und zügige Leistungserbringung nach einheitlichen Grundsätzen (Rdnrn. 10–13)
         b) Einvernehmliche Klärung von Abgrenzungsfragen (Rdnrn. 14–15)
         c) Beratung entsprechend den in §§ 1 und 4 genannten Zielen (Rdnrn. 16–18)
         d) Durchführung von Begutachtung nach einheitlichen Grundsätzen (Rdnrn. 19–21)
         e) Erfüllung des Präventionsauftrags (Rdnrn. 22–26)
   B) zu Abs. 2
      1. Bildung regionaler Arbeitsgemeinschaften (Rdnrn. 27–29)
      2. Organisation der Arbeitsgemeinschaften (Rdnrn. 30–31)
      3. Beauftragung anderer Leistungsträger (Rdnrn. 32–34)

I. Bedeutung der Vorschrift

1 In **Abs. 1** werden die Pflichten der zuständigen Rehabilitationsträger zur Zusammenarbeit konkretisiert. Danach sind Leistungen zur Teilhabe nahtlos, zügig sowie einheitlich zu erbringen (**Nr. 1**), Abgrenzungsfragen einvernehmlich zu klären (**Nr. 2**), Beratung entsprechend den grundlegenden Zielen gem. §§ 1 und 4 zu leisten (**Nr. 3**), Begutachtungen nach einheitlichen Grundsätzen durchzusetzen (**Nr. 4**) sowie der Vorrang von Prävention zu beachten (**Nr. 5**).

In **Abs. 2** wird die Möglichkeit der Bildung von regionalen Arbeitsgemeinschaften der Rehabilitationsträger und ihrer Verbände zum Zweck der Zusammenarbeit und gegenseitigen Abstimmung betont.

II. Fassung

Die Vorschrift wurde – abgesehen von sprachlichen Umstellungen – mit folgender wesentlicher Änderung aus dem Regierungsentwurf (BT-Drucks. 14/5531 i. V. m. 14/5074) übernommen:

Bereits der Bundesrat hatte gefordert, in **Abs. 2 Satz 1** das Wort „können" durch „sollen" zu ersetzen und dies wie folgt begründet (BT-Drucks. 14/5531 S. 7): „In der Begründung zu § 12 Abs. 2 heißt es, dass die Rehabilitationsträger miteinander und mit anderen Stellen regionale Arbeitsgemeinschaften bilden sollen, um dem gemeinsamen Handeln der am Rehabilitationsgeschehen Beteiligten einen stabilen Rahmen zu geben. Zur Klarstellung des Gewollten ist der Gesetzestext entsprechend der in der Begründung zum Ausdruck gebrachten Verpflichtung der Rehabilitationsträger zur Bildung von regionalen Arbeitsgemeinschaften zu ändern."

III. Begründung

In dem Regierungsentwurf (BT-Drucks. 14/5074 S. 101) wird zu der Bestimmung ausgeführt:

„Die Vorschrift konkretisiert die Pflicht zur Zusammenarbeit der zuständigen Träger nach § 86 des Zehnten Buches. Die Vorschrift geht über § 5 Abs. 5 Rehabilitations-Angleichungsgesetz hinaus, indem neben dem Gegenstand der im Einzelfall erforderlichen Leistungen zur Teilhabe auch Umfang und Ausführung einheitlich zu erbringen sind und die Instrumente zur Umsetzung dieser Zielsetzung verstärkt werden.

Abs. 1 bezieht in die Abstimmungspflicht ausdrücklich auch Fragen der Abgrenzung zwischen einzelnen Leistungen (und damit auch Zuständigkeiten verschiedener Rehabilitationsträger) ein, die in der Vergangenheit häufig nur über Rechtsstreitigkeiten geklärt werden konnten, ferner Beratung, die Durchführung von Begutachtungen nach einheitlichen Grundsätzen sowie Prävention.

Um dem gemeinsamen Handeln der am Rehabilitationsgeschehen Beteiligten einen stabilen Rahmen zu geben, sollen die Rehabilitationsträger nach **Abs. 2** miteinander und mit anderen Stellen insbesondere regionale Arbeitsgemeinschaften mit kooperativem und konsultativem Charakter bilden. Die starre zusätzliche Aufsichtsregelung, die eine Nutzung der bisher in § 94 des Zehnten Buches vorgesehenen Möglichkeiten verhindert hat, wird nicht übernommen; vielmehr erfolgt die übliche Aufsicht über die beteiligten Rehabilitationsträger."

IV. Anmerkungen

A) zu Abs. 1

1. Gemeinsame Verantwortung der Rehabilitationsträger

Wie bereits die Überschrift erkennen lässt, betont die Regelung die gemeinsame Verantwortung der Rehabilitationsträger in den in der Vorschrift genannten Gegenstandsbereichen. Die **Einzelverantwortung** des jeweils zuständigen Rehabilitationsträgers folgt aus § 17 SGB I und § 4 Abs. 2 SGB IX. Hingegen verpflichtet die Vorschrift sämtliche Rehabilitationsträger zur **Zusammenarbeit bei der gemeinsamen Wahrnehmung ihrer Aufgaben** mit dem Ziel, die Teilhabe behinderter Menschen am Leben in der Gesellschaft zu ermöglichen bzw. zu verbessern.

8   Diese notwendige enge Zusammenarbeit ist vorgeschrieben „im Rahmen der durch Gesetz, Rechtsverordnung oder allgemeine Verwaltungsvorschrift getroffenen Regelungen". Der einzelne Rehabilitationsträger muss deshalb auch Erweiterungen oder Einschränkungen beachten, die in den für ihn geltenden speziellen Leistungsgesetzen gegenüber dem SGB IX vorgesehen sind (vgl. den Vorbehalt abweichender Regelungen nach § 7 SGB IX). Besondere Bedeutung für die Konkretisierung der Zusammenarbeit haben **gemeinsame Empfehlungen** der Rehabilitationsträger, denen in **§ 13 Abs. 1 SGB IX** die Pflicht zum Abschluss solcher Vereinbarungen für die in § 12 Abs. 1 SGB IX genannten Regelungsbereiche auferlegt ist. Darüber hinaus gebietet § 13 Abs. 2 SGB IX die Vereinbarung gemeinsamer Empfehlungen für zehn konkret benannte Aufgaben bzw. Problemfelder, die sich teilweise mit den Gegenstandsbereichen nach § 12 Abs. 1 i. V. mit § 13 Abs. 1 SGB IX überschneiden.

2. Gegenstandsbereiche

9   Besonders genannt sind in Abs. 1 fünf spezielle Bereiche der Zusammenarbeit, und zwar die

a) Nahtlose und zügige Leistungserbringung nach einheitlichen Grundsätzen

10 Die Rehabilitationsträger sind dafür verantwortlich, dass die im Einzelfall erforderlichen Leistungen zur Teilhabe nahtlos, zügig sowie nach Gegenstand, Umfang und Ausführung einheitlich erbracht werden (**Abs. 1 Nr. 1**). Das gilt **für sämtliche Leistungsgruppen** und verpflichtet demnach auch **alle Rehabilitationsträger** zu entsprechenden Zusammenarbeit.

11 Zum Begriff der Nahtlosigkeit und dem Gebot der Zügigkeit vgl. Erl. zu § 10 Rdnr. 29.

12 Die Pflicht zu **einheitlicher Leistungserbringung** gilt sowohl im Innenverhältnis eines einzelnen Rehabilitationsträgers als auch im Vergleich der verschiedenen Träger. Denn die Zufälligkeit der Zuständigkeit bzw. Leistungspflicht nach § 14 SGB IX darf nicht dazu führen, dass die Teilhabeleistung unterschiedlich ausgeführt wird, je nachdem welcher Rehabilitationsträger hierfür verantwortlich ist (vgl. GK-SGB IX *Löschau* Rdnr. 31). Das gilt vor allem im Hinblick auf den **Ermessensspielraum**, der den einzelnen Rehabilitationsträgern vielfach bezüglich des Gegenstandes, Umfangs und der Ausführung von Leistungen eingeräumt ist.

13 Die hierbei zu beachtenden Grundsätze sind in der gemeinsamen Empfehlung über die nahtlose, zügige und einheitliche Erbringung von Leistungen zur Teilhabe (**GE „Einheitlichkeit / Nahtlosigkeit"**) vom 22. März 2004 geregelt (vgl. Anhang GE Einheitlichkeit / Nahtlosigkeit zu § 12).

b) Einvernehmliche Klärung von Abgrenzungsfragen

14 Die Rehabilitationsträger sind für eine einvernehmliche Klärung von Abgrenzungsfragen verantwortlich (**Abs. 1 Nr. 2**). Das betrifft vor allem **ungeklärte Zuständigkeiten oder missverständliche Zuständigkeitszuweisungen**. Besonderer Abstimmungsbedarf besteht im Zusammenhang mit der seit 1. Juli 2001 zur Beschleunigung des Rehabilitationsverfahrens vorgeschriebenen Zuständigkeitsklärung nach § 14 SGB IX. Denn die Vorschrift sieht in bestimmten Fällen eine Leistungspflicht auch bei konkret nicht bestehender Zuständigkeit vor und wirft zudem Fragen hinsichtlich der Erstattungspflicht auf.

15 Hierzu ist die seit 1. Mai 2003 geltende **gemeinsame Empfehlung zur Zuständigkeitsklärung** – nunmehr in der Fassung vom 22. März 2004 – vereinbart worden (vgl. **GE Anhang Zuständigkeitsklärung zu § 14**).

c) Beratung entsprechend den in §§ 1 und 4 genannten Zielen

16 Die Rehabilitationsträger sind dafür verantwortlich, dass die Beratung entsprechend den in §§ 1 und 4 SGB IX genannten Zielen geleistet wird (**Abs. 1 Nr. 3**). Die Beratung kann auch in gewissem Umfang **Unterstützung** einschließen. Sie bezieht sich in erster Linie auf behinderte und von Behinderung bedrohte Menschen. Jedoch gilt das Recht auf Beratung ein-

schließlich der Unterstützung auch für deren **Vertrauenspersonen** und **Personensorgeberechtigte**.

Beratung und Unterstützung in diesem Sinne muss vor allem umfassen (vgl. GK-SGB IX / *Löschau* Rdnr. 44): 17

- **Informationen** über Leistungsvoraussetzungen, Leistungen der Rehabilitationsträger, besondere Hilfen im Arbeitsleben und über Verwaltungsabläufe,
- **Hilfen** bei der Klärung des Rehabilitationsbedarfs, der Inanspruchnahme von Leistungen zur Teilhabe, der besonderen Hilfen im Arbeitsleben und der Erfüllung der Mitwirkungspflichten,
- **Klärung der Zuständigkeit**, Hinwirken auf klare, sachdienliche Anträge und Weiterleitung der Anträge an den zuständigen Rehabilitationsträger,
- **unterstützende Begleitung** des behinderten Menschen bis zur Entscheidung oder der Leistung des Rehabilitationsträgers.

Einer trägerübergreifenden Beratung, die zudem wohnortnah sein soll, dienen vor allem die **Gemeinsamen Servicestellen** der Rehabilitationsträger gemäß §§ 22 ff. SGB IX, die neben weiteren Aufgaben die vorstehenden Beratungs- und Unterstützungspflichten zu erfüllen haben. 18

d) Durchführung von Begutachtung nach einheitlichen Grundsätzen

Die Rehabilitationsträger sind dafür verantwortlich, dass Begutachtungen bei der Prüfung der Voraussetzungen medizinischer und beruflicher Teilhabeleistungen möglichst nach einheitlichen Grundsätzen durchgeführt werden (**Abs. 1 Nr. 4**). Die hierdurch gebotene Zusammenarbeit bezieht sich nicht nur auf Verfahren, äußere Umstände und formale Kriterien der Begutachtung, sondern auch auf inhaltliche Fragen (LPK-SGB IX / *Haines* Rdnr. 9). 19

Das dient zunächst einer **objektiven Vergleichbarkeit** der Ausführungen der Sachverständigen. Außerdem **beschleunigt** es das **Verwaltungsverfahren**, weil im Fall eines Wechsels der Zuständigkeit nach vorheriger Begutachtung regelmäßig keine erneute Begutachtung nach anderen Kriterien veranlasst werden muss. Schließlich werden den betroffenen behinderten Menschen in derartigen Fällen auch die mit der Erstellung eines Gutachtens verbundenen **Belastungen erspart**. 20

Deshalb haben die Rehabilitationsträger – mit Ausnahme der Jugendhilfe- und Sozialhilfeträger – sowie die Integrationsämter die „Gemeinsame Empfehlung nach § 13 Abs. 1 i. V. m. § 12 Abs. 1 Nr. 4 SGB IX für die Durchführung von Begutachtungen möglichst nach einheitlichen Grundsätzen (**GE Begutachtung**)" vom **22. März 2004** vereinbart (vgl. **GE Anhang Begutachtung**). Sie legt u. a. Gliederung und Anforderungsprofil der Gutachten fest in Bezug auf Anamnese, Untersuchungsbefunde, Diagnosen, Epikrise und sozialmedizinische Beurteilung. Der Begutachtung wird zugrunde gelegt der bio-psycho-soziale Ansatz des Konzepts der funktionalen Gesundheit und Behinderung der „International Classification of Functioning, Disability and Health" (**ICF**) der Weltgesundheitsorganisation (WHO). Hierbei werden die Komponenten der Funktionsfähigkeit bzw. Behinderung in ihrer Wechselwirkung unter besonderer Beachtung des gesamten Lebenshintergrundes des behinderten Menschen beschrieben. Die gemeinsame Empfehlung nutzt somit die **ICF** als gemeinsame **Sprache** für die **Beschreibung trägerübergreifender Grundsätze** (GK-SGB IX / *Löschau* Rdnr. 47). 21

e) Erfüllung des Präventionsauftrags

Die Rehabilitationsträger sind schließlich dafür verantwortlich, dass Prävention entsprechend dem in § 3 genannten Ziel geleistet wird (**Abs. 1 Nr. 5**). Sie haben deshalb darauf hinzuwirken, den Eintritt einer Behinderung einschließlich einer chronischen Krankheit zu vermeiden. Präventive Leistungen kommen in Betracht, wenn Behinderung oder eine 22 chronische Krankheit droht, das heißt, die Beeinträchtigung zu erwarten ist und ihr mit Vorbeugung begegnet werden kann.

23   Zu beachten ist allerdings, dass die **präventiven Aufgaben der Rehabilitationsträger** sehr unterschiedlich sind bzw. für einige überhaupt nicht bestehen. Nennenswerte Präventionsaufgaben haben die Träger der **Krankenversicherung**, die teilweise auf die Förderung einer gesunden Lebensweise (§ 20 SGB V), zum Teil aber auch auf die Verhütung konkreter Erkrankungen (§§ 22, 25, 26 SGB V) ausgerichtet sind. Die präventiven Aufgaben der gesetzlichen **Unfallversicherung** erstrecken sich auch auf die Verhütung arbeitsbedingter Gesundheitsgefahren (vgl. § 14 SGB VII). Insoweit bestehen Überschneidungen mit den Aufgaben der Krankenversicherung gemäß § 20 Abs. 2 SGB V. Hingegen gibt es keine gesetzlichen Präventionsaufgaben in der sozialen Entschädigung und in der Rentenversicherung, allenfalls in Ansätzen. In der Sozialhilfe wird in §15 Abs. 1 SGB XII nur eine sehr allgemein formulierte vorbeugende Hilfe vorgeschrieben (vgl. Mrozynski Rdnr. 15). Allerdings schreibt § 14 Abs. 1 SGB XII den Vorrang von Prävention zum Erreichen der Ziele des SGB IX fest und gebietet den Trägern der Sozialhilfe, die zuständigen Rehabilitationsträger und die Integrationsämter zu unterrichten, wenn im Einzelfall Leistungen zur Prävention oder Rehabilitation geboten erscheinen.

24   Einer wirksamen Zusammenarbeit der in § 6 Abs. 1 Nr. 1 bis 5 genannten Rehabilitationsträger dienen die in § 13 Abs. 2 Nr. 1 SGB IX vorgeschriebenen gemeinsamen Empfehlungen darüber, welche Maßnahmen geeignet sind, um den Eintritt der Behinderung zu vermeiden. In diese Empfehlungen ist die statistische Erfassung der Anzahl, des Umfangs und der Wirkungen dieser Maßnahme einzubeziehen.

25   Diese Empfehlungen sind inzwischen vereinbart worden (vgl. **Anhang zu § 13 GE Information und Kooperation**).

26   Allerdings regeln die speziellen Leistungsgesetze für die einzelnen Rehabilitationsträger, welche ausschließlich präventiven Leistungen von diesen erbracht werden können (vgl. § 4 Abs. 2 und § 7 Satz 2 SGB IX).

B) zu Abs. 2
1. Bildung regionaler Arbeitsgemeinschaften

27   Zur gemeinsamen Wahrnehmung von Aufgaben zur Teilhabe behinderter Menschen am Leben der Gesellschaft sollen die Rehabilitationsträger und ihre Verbände Arbeitsgemeinschaften insbesondere auf regionaler Ebene bilden (**Abs. 2 Satz 1**).

28   Die Bildung von Arbeitsgemeinschaften ist bereits in **§ 94 SGB X** vorgesehen, dort allerdings als Kann-Vorschrift. Dass demgegenüber Abs. 2 Satz 1 **Soll-Vorschrift** ist, bedeutet, dass im Regelfall Arbeitsgemeinschaften gegründet werden müssen (Mrozynski Rdnr. 16).

29   Die Arbeitsgemeinschaften haben **kooperativen und konsultativen Charakter** und sollen dem gemeinsamen Handeln der am Rehabilitationsgeschehen Beteiligten einen stabilen Rahmen geben (vgl. BT-Drucks. 14/5074, 101). Sie stellen im Wesentlichen ein Gesprächsforum dar. Die Rehabilitationsträger können sich dabei durch ihre Verbände vertreten lassen. Das gilt vor allem für die Krankenkassen (§§ 207 bis 219 SGB V).

2. Organisation der Arbeitsgemeinschaften

30   Für die organisatorische Gestaltung der Arbeitsgemeinschaft, namentlich ihrer Rechtsform, Geschäftsführung und internen Willensbildung, besteht ein weiter Ermessensspielraum der Mitglieder der Arbeitsgemeinschaft. Arbeitsgemeinschaften sind privatrechtlich organisiert, zumeist als BGB-Gesellschaft oder als eingetragener Verein; sie können aber auch als Stiftungen geführt werden. Sie sind weder Behörden noch beliehene Unternehmer und können auch keine Verwaltungsakte erlassen (zum Ganzen Mrozynski Rdnr. 20)

31   Alle Arbeitsgemeinschaften stehen unter staatlicher Aufsicht (§ 94 Abs. 2 SGB X).

3. Beauftragung anderer Leistungsträger

In **Abs. 2 Satz 2** wird die entsprechende Geltung des § 88 Abs. 1 Satz 1 und Satz 2 SGB X angeordnet. Die in dieser Vorschrift aufgestellten Regeln zur Beauftragung anderer Leistungsträger gelten somit auch für die Arbeitsgemeinschaften. Die Rehabilitationsträger und ihre Verbände als Auftraggeber können also grundsätzlich ihnen obliegende Aufgaben durch die Arbeitsgemeinschaften wahrnehmen lassen. Die betreffenden Arbeitsgemeinschaften haben dann die Rechtsstellung von Beauftragten. 32

Allerdings ist ein solches Auftragsverhältnis nur zulässig, wenn die Aufgabenübertragung zweckmäßig ist. Das ist nach § 88 Abs. 1 SGB X der Fall, wenn ein sachlicher Zusammenhang der Aufgaben des Rehabilitationsträgers bzw. seines Verbandes und der Arbeitsgemeinschaft besteht, die Übertragung der Durchführung dieser Aufgaben dient und im wohlverstandenen Interesse des Betroffenen liegt. 33

Aus der entsprechenden Anwendung des § 88 Abs. 2 SGB X folgt: Der Auftrag kann für Einzelfälle sowie für gleichartige Fälle erteilt werden. Ein wesentlicher Teil des gesamten Aufgabenbereichs muss aber beim Auftraggeber verbleiben. Weder die Erteilung des Auftrags noch die Bildung einer Arbeitsgemeinschaft dürfen somit zur Verschiebung der sachlichen Zuständigkeiten führen. Die Letztverantwortung muss bei dem sachlich zuständigen Rehabilitationsträger bleiben (Mrozynski Rdnr. 19 m. w. Nachw.). Der Auftraggeber ist auch befugt, dem Auftragnehmer Weisungen zu erteilen (BSG SozR 2200 § 1241 Nr. 16). 34

Gemeinsame Empfehlung nach § 13 Abs. 1 i. V. m. § 12 Abs. 1 Nr. 4 SGB IX für die Durchführung von Begutachtungen möglichst nach einheitlichen Grundsätzen (Gemeinsame Empfehlung „Begutachtung")

Vom 22. März 2004

Für alle Rehabilitationsträger sind eine umfassende sozialmedizinische und bei Bedarf auch psychologische Begutachtung[1]) über die Gesundheitsprobleme[2]) von behinderten oder von Behinderung bedrohten Menschen und die mögliche Prognose einschließlich beruflicher Perspektive wichtig, um den betroffenen Menschen entsprechende Leistungen zur Teilhabe anbieten zu können.

Da vermeidbare Begutachtungen die betroffenen Menschen unnötig belasten, sollen Gutachten grundsätzlich so gestaltet sein, dass die erhobenen Befunde und Beurteilungen möglichst auch bei der Prüfung der Voraussetzungen für Leistungen anderer Rehabilitationsträger verwendet werden können.

Mit der Gemeinsamen Empfehlung werden vorrangig trägerübergreifende Grundsätze für Begutachtungen vereinbart. Die sozialrechtlichen Rahmenbedingungen und damit verbundenen Verfahren ergeben sich insbesondere aus dem SGB IX bzw. den weiteren vereinbarten Gemeinsamen Empfehlungen; sie sind nicht Gegenstand dieser Gemeinsamen Empfehlung. Mit der ICF als Grundlage für ein bio-psycho-soziales Verständnis bei Begutachtungen gelingt über den biomedizinischen Ansatz hinaus eine ganzheitliche Betrachtungsweise aller sozialmedizinisch relevanten Aspekte einer Person in ihrem jeweiligen Umfeld. Unter Berücksichtigung des Begutachtungsauftrages und weiterer trägerspezifischer Anforderungen folgen daraus eine flexible Anwendung und Übertragung der entwickelten Grundsätze auf die jeweilige Begutachtungssituation.

Zu diesem Zweck vereinbaren

– die gesetzlichen Krankenkassen,
– die Bundesagentur für Arbeit,

---

[1]) Im Weiteren unter sozialmedizinische Gutachten subsumiert.
[2]) Die Gemeinsame Empfehlung nutzt die ICF (Internationale Klassifikation der Funktionsfähigkeit, Behinderung und Gesundheit) als gemeinsame Sprache für die Beschreibung trägerübergreifender Grundsätze.

- die Träger der gesetzlichen Unfallversicherung,
- die Träger der gesetzlichen Rentenversicherung,
- die Träger der Alterssicherung der Landwirte,
- die Träger der Kriegsopferversorgung und die Träger der Kriegsopferfürsorge im Rahmen des Rechts der sozialen Entschädigung bei Gesundheitsschäden sowie
- die Integrationsämter in Bezug auf Leistungen und sonstige Hilfen für schwerbehinderte Menschen

die nachfolgende Gemeinsame Empfehlung. Im Rahmen der Zusammenarbeit der Rehabilitationsträger sollen Begutachtungen möglichst nach einheitlichen Grundsätzen durchgeführt werden. Die Gemeinsame Empfehlung sieht für die sozialmedizinischen Gutachten eine einheitliche Gliederung vor und beschreibt ein in Abhängigkeit von der Fragestellung grundsätzlich mögliches Anforderungsprofil bzw. die trägerübergreifenden Aspekte eines Gutachtens für die jeweiligen Rehabilitationsträger.

1 Allgemeiner Zweck der Begutachtung für die Rehabilitationsträger

Das Gutachten des / der Sachverständigen[1] soll einen bestimmten entscheidungserheblichen sozialmedizinischen Sachverhalt klären und dem Rehabilitationsträger als eine Grundlage für die Entscheidung über die Leistungen zur Teilhabe dienen.

2 Erstattung des Gutachtens

2.1 Grundsätzlich lässt sich das Gutachten im Sinne dieser Empfehlung definieren als die Anwendung medizinischer Erkenntnisse und Erfahrungen auf einen Einzelfall im Hinblick auf eine aus rechtlichen Gründen notwendige Fragestellung. Wesentliches Merkmal eines Gutachtens ist, dass es eine wissenschaftlich begründbare Schlussfolgerung enthält, sodass es auch überprüft und nachvollzogen werden kann. Soweit der Gutachter eine weitere Sachaufklärung (z. B. in einem anderen Fachgebiet) für erforderlich hält, weist er in seinem Gutachten darauf hin.

2.2 Gutachten können auch ohne aktuelle persönliche Untersuchung und Befragung durch den Gutachter, also nach Aktenlage auf der Grundlage der vorhandenen Unterlagen erstellt werden, wenn bereits daraus die für die Schlussfolgerungen notwendigen Angaben und Befunde ermittelt werden können. Die qualitativen Anforderungen an beide Begutachtungsformen sind gleich.

2.3 Das Gutachten muss für seinen Bestimmungszweck geeignet sein und die Fragen des Auftraggebers umfassend beantworten. Besondere Qualitätskriterien des Gutachtens sind sachliche Richtigkeit, Verständlichkeit, Nachvollziehbarkeit, Transparenz und die Erstellung durch einen fachlich unabhängigen und unparteilichen Gutachter.

2.4 Im Gutachten sind die maßgeblichen Beurteilungsgrundlagen und die nachfolgend dargestellten trägerübergreifenden sozialmedizinischen Aspekte mitsamt den eigenen Erhebungen und Untersuchungsergebnissen abzuhandeln. Das Gutachten soll grundsätzlich nach der unter Punkt 4 vereinbarten Gliederung aufgebaut sein.

3 Allgemeine inhaltliche Grundsätze für die Gutachtenerstellung

3.1 Inhaltlich gehen Gutachten auf die Frage ein, inwieweit und wie die in § 4 Abs. 1 Nr. 1 bis 4 SGB IX angesprochenen Ziele für behinderte oder von Behinderung bedrohte Menschen im Einzelfall verwirklicht werden können. Hierfür ist das Teilhabepotenzial individuell zu ermitteln, und zwar mit einer Prognose der Entwicklung, die bei einer bestmöglichen Förderung und Nutzung aller Ressourcen und Kompetenzen der Betroffenen erreichbar wäre. Notwendig sind Leistungen zur Teilhabe, wenn sie zum Erreichen

---

[1] Aus Gründen der besseren Lesbarkeit wird nachfolgend nur jeweils die männliche Form verwendet.

der in § 4 Abs. 1 Nr. 1 bis 4 SGB IX angesprochenen Ziele geeignet sind und kein anderer, sinnvoller Weg, diese Ziele zu erreichen, gegeben ist.

3.2 Der Begutachtung wird der bio-psycho-soziale Ansatz des Konzepts der funktionalen Gesundheit und Behinderung der „International Classification of Functioning, Disability and Health" (ICF) der Weltgesundheitsorganisation (WHO) zugrunde gelegt. Hierbei werden die Komponenten der Funktionsfähigkeit bzw. Behinderung in ihrer Wechselwirkung unter besonderer Beachtung des gesamten Lebenshintergrundes des behinderten Menschen beschrieben.[1] Integrativ sind Krankheiten (im Sinne der ICD) und krankheitsbedingte Gefährdungs- und Belastungsfaktoren zu berücksichtigen.

3.3 Um einen bestmöglichen Erfolg im Sinne der Teilhabe am gesellschaftlichen, insbesondere beruflichen, Leben zu erreichen, umfassen Leistungen zur Teilhabe einen ganzheitlichen Ansatz, der über das Erkennen, Behandeln und Heilen einer Krankheit hinaus die wechselseitigen Beziehungen zwischen den Gesundheitsproblemen einer Person – beschrieben in Form von Schädigungen der Körperfunktionen und Körperstrukturen, Beeinträchtigungen der Aktivität sowie der Teilhabe – und ihren Kontextfaktoren berücksichtigt. Dies erfordert insbesondere die umfassende Berücksichtigung der Kontextfaktoren in Bezug auf Person und Umwelt als Voraussetzung für den angestrebten Rehabilitationserfolg.

3.4 Im Rahmen der gutachterlichen Klärung der Notwendigkeit und der Zielsetzung einer Leistung zur Teilhabe sind u. a. folgende Kriterien sozialmedizinisch zu prüfen:
Rehabilitationsbedürftigkeit im trägerübergreifenden Sinn
Rehabilitationsbedürftigkeit bezieht sich auf eine gesundheitlich bedingte drohende oder bereits manifeste Beeinträchtigung der Teilhabe, die über die kurative Versorgung hinaus den mehrdimensionalen und interdisziplinären Ansatz der Rehabilitation erforderlich macht.

3.5 Dabei bezieht sich das gesundheitliche Problem auf die Schädigungen der Körperfunktionen und Körperstrukturen und die Beeinträchtigungen der Aktivitäten unter Berücksichtigung der Kontextfaktoren.
Rehabilitationsfähigkeit im trägerübergreifenden Sinn
Der Begriff der „Rehabilitationsfähigkeit" bezieht sich auf die somatische und psychische Verfassung des behinderten oder von Behinderung bedrohten Menschen (z. B. Motivation bzw. Motivierbarkeit und Belastbarkeit) für die Inanspruchnahme einer geeigneten Leistung zur Teilhabe.
Rehabilitationsprognose im trägerübergreifenden Sinn
Die Rehabilitationsprognose ist eine sozialmedizinisch begründete Wahrscheinlichkeitsaussage für den Erfolg der Leistung zur Teilhabe
– auf der Basis der Erkrankung, des bisherigen Verlaufs, des Kompensationspotenzials / der Rückbildungsfähigkeit unter Beachtung und Förderung individueller Ressourcen (Rehabilitationspotenzial einschließlich psychosozialer Faktoren),
– über die Erreichbarkeit des festgelegten Teilhabeziels,
– durch eine geeignete Leistung zur Teilhabe,
– in einem notwendigen Zeitraum.

3.6 Trägerspezifische Aufgaben zur Erreichung der Teilhabeziele
Leistungen zur Teilhabe zielen vorrangig
– in der **Krankenversicherung** darauf, eine Behinderung oder Pflegebedürftigkeit abzuwenden, zu beseitigen, zu mindern, auszugleichen, ihre Verschlimmerung zu verhüten oder ihre Folgen zu mildern,
– in der **Rentenversicherung** einschließlich der **Alterssicherung der Landwirte** darauf, den Auswirkungen einer Krankheit oder einer körperlichen, geistigen oder seelischen

---

[1] Siehe ausführlicher Anhang.

Behinderung auf die Erwerbsfähigkeit der Versicherten entgegenzuwirken oder sie zu überwinden und dadurch Beeinträchtigungen der Erwerbsfähigkeit der Versicherten oder ihr vorzeitiges Ausscheiden aus dem Erwerbsleben zu verhindern oder sie möglichst dauerhaft in das Erwerbsleben wiedereinzugliedern,

– in der **Unfallversicherung** darauf, den durch einen Arbeitsunfall oder eine Berufskrankheit verursachten Gesundheitsschaden zu beseitigen, zu bessern, seine Verschlimmerung zu verhüten oder seine Folgen zu mildern, den Versicherten auch dadurch möglichst auf Dauer beruflich und sozial einzugliedern,

– in der **Arbeitsförderung** darauf, die wegen Art oder Schwere der Behinderung erforderlichen Leistungen zur Förderung der Teilhabe am Arbeitsleben zu erbringen, um die Erwerbsfähigkeit behinderter Menschen zu erhalten, zu bessern, herzustellen oder wiederherzustellen und ihre Teilhabe am Arbeitsleben zu sichern,

– in der **Sozial- und Jugendhilfe** darauf, eine drohende Behinderung zu verhüten oder eine Behinderung oder deren Folgen zu beseitigen oder zu mildern und die von einer wesentlichen Behinderung bedrohten behinderten Menschen in die Gesellschaft einzugliedern. Hierzu gehört vor allem, den behinderten Menschen die Teilnahme am Leben in der Gemeinschaft zu ermöglichen oder zu erleichtern, ihnen die Ausübung eines angemessenen Berufs oder einer sonstigen Tätigkeit zu ermöglichen oder sie so weit wie möglich unabhängig von Pflege zu machen,

– im **Recht der sozialen Entschädigung bei Gesundheitsschäden** darauf, anerkannte Gesundheitsstörungen oder die durch sie bewirkte Beeinträchtigung der Berufs- oder Erwerbsfähigkeit durch medizinische Leistungen zur Rehabilitation zu beseitigen oder zu bessern, eine Zunahme des Leidens zu verhüten, Pflegebedürftigkeit zu vermeiden, zu überwinden, zu mindern oder ihre Verschlimmerung zu verhüten, körperliche Beschwerden zu beheben, die Folgen der Schädigung (Gesundheitsstörung) zu erleichtern oder um den betroffenen Menschen eine möglichst umfassende Teilhabe am Leben in der Gesellschaft zu ermöglichen. Leistungen zur Teilhabe am Arbeitsleben werden erbracht, um die Folgen der erlittenen Schädigung angemessen auszugleichen oder zu mildern, insbesondere die Erwerbsfähigkeit entsprechend der Leistungsfähigkeit zu bessern, herzustellen, wiederherzustellen und den betroffenen Menschen hierdurch möglichst auf Dauer beruflich einzugliedern und

– im **Schwerbehindertenrecht** darauf, die wegen Art und Schwere der Behinderung erforderlichen Leistungen der begleitenden Hilfe im Arbeitsleben erbringen zu können, damit schwerbehinderte Menschen auf für sie geeigneten Arbeitsplätzen beschäftigt werden und sich im Erwerbsleben behaupten können. Auch zur Einleitung arbeitsplatzerhaltender präventiver Maßnahmen und für die Wirksamkeit des besonderen Kündigungsschutzes kann es auf sozialmedizinisch zu beurteilende behinderungsbedingte Zusammenhänge ankommen.

4 Gliederung und Anforderungsprofil des Gutachtens

In den folgenden Abschnitten 1 bis 5 werden alle wesentlichen Aspekte genannt, die in Bezug auf
– Anamnese,
– Untersuchungsbefunde,
– Diagnosen,
– Epikrise
– und sozialmedizinische Beurteilung

einschließlich der Darstellung der Körperfunktionen und Körperstrukturen, Aktivitäten und Teilhabe sowie deren Beeinträchtigungen, der Kontextfaktoren, der Prognose und der Interventionsmöglichkeiten in einem Gutachten generell erwartet werden. Je nach Fragestellung und Fallgestaltung sind bei der Erstellung des Gutachtens Schwerpunkte zu setzen.

Dabei ist zu berücksichtigen, dass sozialmedizinisch relevante Aspekte, die im Rahmen des weiteren Verlaufs und der weiteren Befassung unterschiedlicher Rehabilitationsträger von Bedeutung sein können, erfasst bzw. dokumentiert werden müssen.

4.1 Anamnese

    Die Anamnese gliedert sich in:

4.1.1 Allgemeine Anamnese

4.1.1.1 Familienanamnese

    Nur wesentliche Angaben zur familiären Belastung, z. B. Herz-Kreislauf-, Stoffwechsel-, Lungenerkrankungen, psychische und bösartige Erkrankungen, sind erforderlich.

4.1.1.2 Eigenanamnese

    Aufzuführen sind: Kinderkrankheiten mit Folgeschäden, prä-, peri- und postnatale Auffälligkeiten, Entwicklung bis Schulbeginn, schwere Akuterkrankungen, Operationen, Beginn und Verlauf chronischer Erkrankungen, Krankenhausbehandlungen und Leistungen zur medizinischen Rehabilitation, Unfälle einschließlich Arbeitsunfälle und Berufskrankheiten, allergische Dispositionen und Manifestationen (z. B. Milchschorf, Neurodermitis, Heuschnupfen, Arbeitsstoffe, Tierhaare), Angaben zu Risikofaktoren, Ernährung (z. B. Diät), Gebrauch von Genussmitteln (z. B. Alltagsdrogen) und Suchtstoffen. Ggf. zeitliche Angaben zum Auftreten und Verlauf.

Organbezogene / vegetative Anamnese:

Herz- / Kreislaufsystem, Lungen und Atemwege, gastrointestinales System, Stütz- und Bewegungsapparat, Haut und -anhangsgebilde, Nieren und ableitende Harnwege, endokrinologisches System, zentrales und peripheres Nervensystem, Sinnesorgane, Psyche, gynäkologische Anamnese, Vita sexualis, Angaben zu Appetit, Durst, Speiseunverträglichkeit, Gewichtsverhalten, Stuhlgang, Miktion / Nykturie, Inkontinenz, Husten, Auswurf, Schlaf.

Jetzige Beschwerden:

Die Schilderung der Beschwerden und der Beeinträchtigungen des Befindens muss aus Sicht des betroffenen Menschen dokumentiert werden. Die Beschwerden sind ihren Symptomkomplexen zugeordnet, also strukturiert, aufzuzeichnen (z. B. Druckgefühl in der Brust bei gleichzeitigem Schmerz in den Kiefergelenken und im linken Arm). Wichtig sind der Beschwerdeverlauf und dessen Folgen für Beruf und Alltagsleben. Der Gutachter fragt gezielt nach typischen Symptomen im Hinblick auf spezielle Erkrankungen und stellt differenzialdiagnostische Erwägungen an, insbesondere bei vermeintlichen Widersprüchen zwischen vorliegenden medizinischen Unterlagen und Angaben des betroffenen Menschen. Er klärt das subjektive Krankheitsverständnis.

Therapie:

Angaben zur Therapie – möglichst die letzten zwölf Monate überspannend mit Beschreibung von:

Medikation: Dauer- / Bedarfsmedikation, seit welcher Zeit, in welcher Dosis, mit welchem Erfolg / Misserfolg, Nebenwirkungen von Therapien? Evtl. Hinweis auf weitere Therapien, deren Art und Häufigkeit / Dosierung, auch geplante Therapien.

Hilfsmittel: u. a. welche vorhanden sind und genutzt werden?

Heilmittel: z. B. Logopädie, Ergotherapie, Physiotherapie

Weitere Therapien: z. B. Psychotherapie, Soziotherapie

Behandelnde Ärzte / Psychologen / Psychologische Psychotherapeuten:

Angabe der Behandler, deren Fachrichtung und Anschrift.

4.1.2 Biografische Anamnese (bei psychiatrischen Gutachten)

Diese sollte die ausführliche Erhebung der Lebensgeschichte des betroffenen Menschen enthalten, Besonderheiten der frühkindlichen Entwicklung, der sozialen Herkunft, des späteren Lebensweges im Hinblick auf Familie, Partnerschaft und Beruf, sodass Zusammenhänge von Lebensgeschichte und Erkrankungsbeginn, -verlauf und -art zu erkennen sind.

4.1.3 Arbeits- und Sozialanamnese

4.1.3.1 Schulausbildung / Schulabschluss

Neben den erreichten Abschlüssen ist auch anlassbezogen nach Schwierigkeiten in der Schulausbildung zu fragen.

4.1.3.2 Berufs- und Arbeitsanamnese

Berufliche Zielvorstellungen bzw. Ausbildungsabsichten, Berufsausbildung mit / ohne Abschluss, Arbeitsbiografie: Art und Dauer bisheriger Tätigkeiten, berufliche Belastungen, Gründe für evtl. Berufs- / Tätigkeitswechsel, Weiterbildungsmaßnahmen, jetzige Tätigkeit mit Beschreibung des Arbeitsplatzes und der -atmosphäre, besondere psychische und physische Belastungen am Arbeitsplatz, betriebsärztliche Betreuung, vorhandene und verwendete Hilfsmittel und Schutzmaßnahmen am Arbeitsplatz, Möglichkeiten der Arbeitsplatzanpassung oder -umsetzung, Weg zur Arbeitsstelle. Derzeit arbeitslos, arbeitsunfähig, gekündigt (mit zeitlichem Ablauf und Gründen)?

4.1.3.3 Umstände der Antragstellung, bisherige Sozialleistungen (sofern Daten nicht bereits vorliegen)

- Angabe, warum und ggf. durch wen Aufforderung zur Antragstellung erfolgte.
- Arbeitsunfähigkeitsverläufe (z. B. Dauer, Häufigkeit und Ursachen vor allem der letzten drei Jahre, erste AU wegen des zum Antrag führenden Leidens?).
- Frühere, laufende und beantragte Sozialleistungen (evtl. auch im Herkunftsland): z. B. medizinische Vorsorge- und / oder Rehabilitationsleistungen sowie Leistungen zur Teilhabe am Arbeitsleben und am Leben in der Gemeinschaft, ambulant und / oder stationär, Renten (RV, UV o. a.), Kranken- bzw. Verletztengeld, Arbeitslosengeld oder -hilfe, Sozialhilfe, Leistungen der Pflegeversicherung, Leistungen durch das Gesundheitsamt und die Träger der sozialen Entschädigung, z. B. Versorgungsverwaltung, Angaben zum GdB (mit Merkzeichen), MdE, Pflegestufe, ggf. Rechtsmittelverfahren.

4.1.3.4 Sozialanamnese und Aktivitäten des täglichen Lebens

Soziales Umfeld, Angaben zu vorhandenen Fähigkeiten, Schwierigkeiten und Kompensationspotenzialen bei den Aktivitäten des täglichen Lebens (z. B. Beruf, Familie, Kommunikation, Freizeit mit Sport und Hobbys, kulturelle Aktivitäten, Ehrenämter, häusliche Situation, Garten, zu pflegende Angehörige, Finanzsituation, Haustiere). Ggf. Angaben zur jetzigen Versorgungs- und Betreuungssituation, wenn sie für die Feststellung der Leistungsfähigkeit oder eine Rehabilitationsleistung von Bedeutung sind.

4.2 Untersuchungsbefunde

Die klinische Untersuchung muss die Informationen aus der Anamneseerhebung und Auswertung früher erstellter Befunde und sonstiger Unterlagen berücksichtigen. Grundlage der gutachterlichen Beurteilung des Leistungsvermögens ist die präzise Beschreibung der Funktionen bzw. Funktionseinschränkungen, möglichst mit Maßangaben, zumal zwischen morphologischem Befund (z. B. Röntgenbild der Wirbelsäule) und Funktion nicht zwangsläufig eine Korrelation bestehen muss. Die medizinisch-technische Zusatzdiagnostik sollte der Objektivierung von Funktionseinbußen und -fähigkeiten dienen. Sie ist bei Bedarf um eine arbeitsplatz- und / oder alltagsbezogene Funktionsdiagnostik zu ergänzen.

4.2.1 Klinischer Untersuchungsbefund

Der behinderte oder von Behinderung bedrohte Mensch muss – sofern es die Fragestellung erfordert – vollständig untersucht und das Untersuchungsergebnis in seiner Gesamtheit dokumentiert und übersichtlich gegliedert werden. Auch bei Fachgutachten wird ein orientierender klinischer Gesamtstatus erwartet. Dies ist besonders wichtig, wenn fachgebietsbezogene Symptome / Befunde (z. B. Sehstörungen oder Tinnitus) an einen Zusammenhang mit anderen Erkrankungen (z. B. arterielle Hypertonie) denken lassen. Außerdem sollten klinische Hinweise auf Erkrankungen, die außerhalb des jeweiligen Fachgebietes liegen, dokumentiert werden (z. B. äußerlich sichtbare Veränderungen wie Zyanose oder Ikterus). Messbare Untersuchungsbefunde sollten unter Angabe ihrer Messgröße (z. B. Neutral-0-Methode, vergleichende Umfangsmessungen in cm u. a. m.), ggf. mit Einbeziehung von Messblättern, aufgezeigt werden. Die pauschale Zusammenfassung des Befundes in „unauffällig" oder „o. B." ist nicht ausreichend.

Normalbefunde sind aufzuführen, insbesondere wenn

- Beschwerden vorgetragen werden,
- pathologische Vorbefunde vorliegen,
- das Krankheitsbild korrelierende pathologische Befunde erwarten lässt (z. B. Hodgkin-Lymphom, bei dem Milzgröße und Lymphknotenstatus unauffällig sind),
- die Untersuchung im symptomfreien Intervall einer typischerweise in Schüben bzw. klinisch sehr wechselhaft (z. B. mit Exazerbationen) verlaufenden Krankheit (z. B. Asthma bronchiale, rheumatoide Arthritis) erfolgt.

Eine orientierende Prüfung der Sinnesorgane, der Lese- und Schreibfähigkeit sowie des Sprachvermögens ist erforderlich.

Eine neurologische Untersuchung ist in ihrem Umfang aufzuzeigen (z. B. Angabe, ob die Sensomotorik geprüft wurde und Angabe der Händigkeit).

Beschreibungen des Bewegungsablaufes (z. B. Stand, Gang, Sitzen, Bewegungen beim Aus- und Ankleiden, Aufrichten von der Untersuchungsliege, Nutzung von Hilfsmitteln, Gebrauchszustand der Hilfsmittel) sind weitere wichtige Informationen, auf die hingewiesen werden sollte. Unabhängig vom jeweiligen Fachgebiet müssen psychische Auffälligkeiten beachtet und mitgeteilt werden. Vor allem bei einer Diskrepanz zwischen „Befund" und „Befindlichkeit" müssen mögliche Zusammenhänge mit psychischen Störungen in die differenzialdiagnostischen Überlegungen einbezogen werden.

Der psychische Befund wird mit Beschreibung u. a. von Stimmungslage und ggf. bestehenden Auffälligkeiten auch hinsichtlich der Konzentrationsfähigkeit dokumentiert.

4.2.2 Medizinisch-technische Untersuchungen

Medizinisch-technische Diagnostik ist gezielt einzusetzen und sollte sich individuell nach dem Krankheitsbild richten.

Sie ist nicht erforderlich, wenn

- aus mitgereichten medizinischen Unterlagen der Umfang der Funktionsdefizite bereits erkennbar ist,
- die Beurteilung der Leistungsfähigkeit[1]) schon durch den klinischen Befund erfolgen kann,
- keinerlei Hinweise auf eine organbezogene Leistungseinschränkung bestehen.

---

[1]) Der Terminus „Leistungsfähigkeit" in diesem Kontext ist nicht identisch mit dem Begriff „Leistungsfähigkeit" der ICF (s. Anhang „Der bio-psycho-soziale Ansatz in der Begutachtung").

Die Diagnostik muss angemessen und zumutbar sein; ein Routineprogramm ist abzulehnen. Die Wirtschaftlichkeit muss beachtet werden. Entsprechend der Röntgenverordnung sind bereits erstellte Röntgenbilder beizuziehen. Röntgenaufnahmen, die in ein anderes Fachgebiet gehören, sind grundsätzlich nicht zu erstellen. Zur funktionsanalytischen Stufendiagnostik in den verschiedenen Fachgebieten wird auf die Fachliteratur verwiesen.

4.3 Diagnosen

Diagnosen sind stets gesondert aufzulisten mit klinisch relevanten Angaben. Sie sind nach ihrer sozialmedizinischen Bedeutung zu ordnen.

Sozialmedizinisch relevante chronische Erkrankungen, die zurzeit erscheinungsfrei sind, sollen mit diesem Zusatz beschrieben werden. Das Aufzeigen sozialmedizinisch bedeutungsloser Diagnosen ist nicht erforderlich (z. B. Cholezystektomie 1988), ggf. erfolgt ein Hinweis in der Epikrise. Die Formulierung „Zustand nach" ist wenig aussagekräftig. Sie enthält keine Information über zwischenzeitliche Abheilung oder fortbestehende Funktionseinbußen.

Die Diagnosen werden nach der jeweils gültigen ICD verschlüsselt.

4.4 Epikrise

Die Epikrise ist die zusammenfassende Darstellung der Erkrankungen (ihrer Lokalisation, ihres Schweregrades, ihres Verlaufs). Die Epikrise ist damit die Grundlage für die nachfolgende sozialmedizinische Beurteilung. Dabei sind wichtige Vorbefunde (Krankenhaus- und Reha-Entlassungsberichte, mitgereichte Untersuchungsergebnisse, Gutachten anderer Rehabilitationsträger), differenzialdiagnostische Überlegungen, besondere Probleme bei der Begutachtung oder Widersprüche zwischen Beschwerden und Befunden (einschließlich Beobachtungen außerhalb des Untersuchungsvorganges) sowie Angaben aus strukturierten Selbstauskünften zu berücksichtigen. Bei vorgelegten Befunden ist die aktuelle Verwertbarkeit zu prüfen.

4.5 Sozialmedizinische Beurteilung

Unter Berücksichtigung der ICF wird die sozialmedizinische Beurteilung in die nachfolgenden Abschnitte gegliedert:

Die Gesundheitsprobleme sind gekennzeichnet durch den aktuellen Status von Körperfunktionen und Körperstrukturen, Aktivitäten und Teilhabe sowie deren Beeinträchtigungen. Strukturen und Funktionen sind zu überprüfen und zu beschreiben in Bezug auf: mentale Funktionen,[1] Sinnesfunktionen, Schmerzempfindungen, Stimm- und Sprechfunktionen, kardiopulmonale Funktionen, Funktionen des hämatologischen und immunologischen Systems, Funktionen des Verdauungssystems, des Stoffwechsels und des endokrinen Systems, Funktionen des Urogenitalsystems, des Stütz- und Bewegungsapparats sowie der Haut und Hautanhangsgebilde. Aktivitäten und Teilhabe sind in folgenden Bereichen zu überprüfen und zu beschreiben: Lernen und Wissensanwendung, Bewältigung allgemeiner Aufgaben und Anforderungen, Kommunikation und Mobilität einschließlich Tragen, Bewegen und Handhaben von Gegenständen, Selbstversorgung, häusliches Leben, interpersonelle Interaktionen und Beziehungen, Arbeit, Beschäftigung und Bildung, Gemeinschafts-, soziales und staatsbürgerliches Leben.

Hinsichtlich Kontextfaktoren sind insbesondere sich auf die Teilhabe günstig oder ungünstig auswirkende Einflüsse folgender Bereiche zu überprüfen und zu beschreiben: Produkte, Ausrüstungen und Technologien, natürliche Umwelt einschließlich klimatischer Faktoren, vom Menschen beeinflusste Umweltfaktoren wie beispielsweise Lärm und Luftqualität, psychosozialer Bereich der Unterstützung und Beziehungen, Einstellungen einzelner Personen oder Personengruppen einschließlich gesellschaftlicher Einstellungen, Auswirkungen und Ansatzmöglichkeiten vorhande-

---

[1] Gemäß ICF umfassen mentale auch die psychischen Funktionen.

ner Dienste und Systeme einschließlich gesetzlicher Grundlagen, Regeln und Konventionen (insbesondere auch Möglichkeiten des Gesundheitswesens und unterstützende Einrichtungen). Auch wenn für personbezogene Faktoren in der ICF keine Kodierungsmöglichkeiten vorgesehen sind, müssen diese im Einzelfall davon unabhängig erfasst werden.

In der Prognosebeurteilung wird der weitere Verlauf der geschilderten Gesundheitsprobleme unter Berücksichtigung der kurativ-medizinischen Versorgung eingeschätzt. Dabei sind die Kontextfaktoren zu berücksichtigen.

Als Interventionsmöglichkeiten werden medizinische, berufliche, gesellschaftliche, private und speziell auf die Kontextfaktoren abzielende Interventionen aufgeführt, die geeignet erscheinen, die Prognose zu verbessern. Insbesondere sind hier Möglichkeiten der Prävention, der Kuration, der Versorgung mit Heil- und Hilfsmitteln, der unterschiedlichen Leistungsgruppen zur Teilhabe behinderter Menschen, der Pflege und den Möglichkeiten des Engagements in Selbsthilfegruppen zu berücksichtigen.

Zusammenfassend bilden die Epikrise und die sozialmedizinische Beurteilung auch die Grundlage für die Beantwortung der trägerspezifischen Fragestellungen (z. B. zur Rehabilitationsbedürftigkeit, Rehabilitationsfähigkeit und Rehabilitationsprognose). Der Sachverständige kann den betroffenen Menschen über die Ergebnisse seiner Untersuchung informieren. Der Auftraggeber soll informiert werden, welche Begutachtungsergebnisse bereits an den betroffenen Menschen mitgeteilt wurden. Mitteilungen dürfen keine Leistungen des zuständigen Rehabilitationsträgers präjudizieren.

5 Selbstauskunft

Ziele von strukturierten Selbstauskünften sind z. B. eine verstärkte Orientierung am behinderten oder von Behinderung bedrohten Menschen, eine Verbesserung des Informationsflusses, eine Erleichterung der Begutachtung oder in Verbindung mit sozialmedizinischen Unterlagen eine Vermeidung einer Begutachtung mit persönlicher Untersuchung, eine Optimierung der Auswahl der Leistung, eine Selbsteinschätzung der Leistungsfähigkeit einschließlich der Kontextfaktoren und eine Unterstützung des Verfahrens. Darüber hinaus dienen sie dem betroffenen Menschen zur besseren Vorbereitung auf und Einbindung in die Begutachtung.

Der Einsatz von Selbstauskunftsbögen wird gegenwärtig in verschiedenen Arbeitsgruppen trägerspezifisch und trägerübergreifend diskutiert. Die Erarbeitung eines einheitlichen Selbstauskunftsbogens für alle Rehabilitationsträger wird angestrebt.

6 Inkrafttreten

6.1 Diese Gemeinsame Empfehlung tritt am 1. Juli 2004 in Kraft.

6.2 Die Vereinbarungspartner und die anderen Rehabilitationsträger werden auf der Ebene der Bundesarbeitsgemeinschaft für Rehabilitation in angemessenen Zeitabständen unter Einbeziehung der Verbände behinderter Menschen einschließlich der Verbände der freien Wohlfahrtspflege, der Selbsthilfegruppen und der Interessenvertretungen behinderter Frauen sowie der für die Wahrnehmung der Interessen der ambulanten und stationären Rehabilitationseinrichtungen auf Bundesebene maßgeblichen Spitzenverbände prüfen, ob die Vereinbarung aufgrund zwischenzeitlich gewonnener Erfahrungen verbessert oder wesentlich veränderten Verhältnissen angepasst werden muss. Für diesen Fall erklären die Vereinbarungspartner ihre Bereitschaft, unverzüglich an der Überarbeitung einer entsprechenden zu ändernden gemeinsamen Empfehlung mitzuwirken.

Anhang Der bio-psycho-soziale Ansatz in der Begutachtung
(Stand: 19. Februar 2004)

Das Konzept der Funktionalen Gesundheit der ICF[1])

Für die sozialmedizinische Beurteilung steht mit der „International Classification of Functioning, Disability and Health"[2]) (ICF) ein von der Weltgesundheitsorganisation (WHO) entwickeltes Klassifikationssystem zur Verfügung, mit dem die „funktionale Gesundheit" und deren Beeinträchtigungen abgebildet werden kann. Anhand der ICF, die eine Weiterentwicklung der ICIDH[3]) von 1980 darstellt, können Folgeerscheinungen von Krankheiten klassifiziert werden. Mit der Einbeziehung von umwelt- und personbezogenen Faktoren kann nunmehr der gesamte Lebenshintergrund einer Person berücksichtigt werden. Im SGB IX wurden bereits wesentliche Aspekte der ICF unter Berücksichtigung der in Deutschland anerkannten Besonderheiten aufgenommen.

Dabei ist zu berücksichtigen, dass die Zuordnung einiger sozialmedizinisch geläufiger Begriffe zu den Kategorien der ICF noch Gegenstand der Fachdiskussion ist.

Die ICF ist eine Klassifikation wichtiger Aspekte der funktionalen Gesundheit. Danach gilt eine Person als funktional gesund, wenn – vor ihrem gesamten Lebenshintergrund –
– ihre körperlichen Funktionen (einschließlich des mentalen Bereichs) und Körperstrukturen denen eines gesunden Menschen entsprechen,
– sie all das tut oder tun kann, was von einem Menschen ohne Gesundheitsproblem erwartet wird und
– sie ihr Dasein in allen Lebensbereichen, die ihr wichtig sind, in der Weise und dem Umfang entfalten kann, wie es von einem Menschen ohne Beeinträchtigungen der Körperfunktionen und Körperstrukturen oder der Aktivitäten erwartet wird.

Alle modernen Definitionen des Begriffs der Rehabilitation basieren auf der ICIDH bzw. der ICF. Danach hat die Rehabilitation allgemein die Sicherung, Wiederherstellung oder Verbesserung der funktionalen Gesundheit bei gefährdeter oder beeinträchtigter Teilhabe an den verschiedenen Bereichen des Lebens in der Gesellschaft zum Gegenstand. Rehabilitation und Teilhabe umfasst einen ganzheitlichen Ansatz, der über das Erkennen, Behandeln und Heilen einer Krankheit hinaus die wechselseitigen Beziehungen zwischen den Gesundheitsproblemen einer Person – beschrieben in Form von Schädigungen der Körperfunktionen und Körperstrukturen, Beeinträchtigungen der Aktivitäten sowie der Teilhabe und ihren Kontextfaktoren – berücksichtigt, um den angestrebten Rehabilitationserfolg im Sinne der Teilhabe an Gesellschaft, Arbeit und Beruf zu erreichen.

Ein wichtiges Ziel der ICF ist, gemeinsame Begriffe für die Beschreibung der funktionalen Gesundheit und deren Beeinträchtigung zur Verfügung zu stellen, um die Kommunikation zwischen Fachleuten im Gesundheits- und Sozialwesen sowie den Menschen mit Beeinträchtigungen ihrer Funktionsfähigkeit zu verbessern.

Die ICF kann in Bezug auf Körperfunktionen und Körperstrukturen, Aktivitäten und Teilhabe sowohl defizit- als auch ressourcenorientiert verwendet werden. Dies ist für die sozialmedizinische Begutachtung wichtig.

---

[1]) – Schuntermann, M. F.: Grundsatzpapier der Rentenversicherung zur Internationalen Klassifikation der Funktionsfähigkeit, Behinderung und Gesundheit (ICF) der Weltgesundheitsorganisation (WHO). In: DRV (Deutsche Rentenversicherung), Hrsg.: Verband Deutscher Rentenversicherungsträger, Frankfurt/Main, Heft 1–2/2003, S. 52–59,
– Schuntermann, M. F.: Ausbildungsmaterialien zur ICF. Internetausgabe.www.vdr.de, Rubrik Rehabilitation, ICF (ICIDH-2).
[2]) Internationale Klassifikation der Funktionsfähigkeit, Behinderung und Gesundheit.
[3]) International Classification of Impairments, Disabilities and Handicaps (Internationale Klassifikation der Schädigungen, Fähigkeitsstörungen und Beeinträchtigungen).

Mithilfe der ICF können unter Berücksichtigung der Kontextfaktoren
- die Körperfunktionen und Körperstrukturen,
- die Aktivitäten unter den Aspekten der Leistung (Art und Umfang der Durchführung einer Aktivität unter den gegenwärtigen Umweltbedingungen der betrachteten Person) oder der Leistungsfähigkeit (Art und Umfang der Durchführung einer Aktivität unter Test-, Standard- oder Optimalbedingungen der betrachteten Person) und
- die Teilhabe

und deren Beeinträchtigungen beschrieben werden.

Die Teilhabe an Lebensbereichen kann durch Umweltfaktoren (z. B. Einstellungen, Werte und Überzeugungen von Menschen, politisches und Rechtssystem eines Landes, Art des Gesundheits- und Bildungswesens und der zur Verfügung stehenden Güter und Technologien) beeinträchtigt (Barrieren, z. B. fehlende Teilzeitarbeitsplätze) oder unterstützt (Förderfaktoren, z. B. soziale Unterstützung) werden. Neben den Umweltfaktoren sind personenbezogene Faktoren die zweite Komponente der Kontextfaktoren. Sie sind zwar wegen der großen soziokulturellen Unterschiedlichkeit in der ICF nicht klassifiziert, müssen jedoch im Gutachten berücksichtigt werden.

Eine Beeinträchtigung der funktionalen Gesundheit wird in der Regel durch eine – oft chronische – Krankheit hervorgerufen. Eine funktionale Problematik ist jedoch nicht gleichzusetzen mit Krankheit. Die betreffende Person muss nicht im engeren Sinn krank sein, kann aber andererseits funktional erheblich schwer wiegender beeinträchtigt sein, als es die zugrunde liegende Krankheit erwarten lässt. In Abhängigkeit von der jeweiligen individuellen Situation besteht dann Interventionsbedarf. Als Beeinträchtigung der funktionalen Gesundheit (= „Behinderung") wird nach der ICF die negative Wechselwirkung zwischen einer Person mit einem Gesundheitsproblem und ihren Kontextfaktoren auf ihre Körperfunktionen und Körperstrukturen, Aktivitäten oder Teilhabe bezeichnet. Dieser Behinderungsbegriff ist erheblich weiter gefasst als der des SGB IX.

Das in der folgenden Abbildung skizzierte Modell bietet eine Grundlage für die sozialmedizinische Begutachtung in den Teilbereichen des Gesundheitswesens und der sozialen Sicherung. Hierauf bauen die trägerspezifischen Besonderheiten in der Begutachtung auf.

Gesundheitsproblem einer Person

Krankheit (ICD-10)
Funktionale Problematik
(Funktionen / Strukturen, Aktivitäten, Teilhabe an Lebensbereichen)
Kontextfaktoren
(Umweltfaktoren und personbezogene Faktoren als Barrieren oder Förderfaktoren)
Prognose
(unter Berücksichtigung des Krankheitsbildes auf allen drei Ebenen und der medizinischen Versorgung)
Interventionsmöglichkeiten
(vorhanden, nicht vorhanden, wenn vorhanden: schlechte, mittlere, gute Erfolgsprognose)

Zur *funktionalen Problematik*: Hier werden die funktionalen Befunde und Symptome auf den Ebenen der Körperfunktionen und Körperstrukturen, der Aktivitäten und der Teilhabe sowie deren Beeinträchtigungen angegeben.

Zu den **Kontextfaktoren**: Die Kontextfaktoren haben praktisch immer einen Einfluss auf die funktionale Gesundheit einer Person. In der Begutachtung werden sie in Form von Faktoren, die sich negativ bzw. positiv auf die funktionale Gesundheit auswirken, berücksichtigt. Hierbei steht die Teilhabe im Vordergrund.

Zur **Prognose**: Prognostische Aussagen sind erforderlich zu einer fachlich begründeten Einschätzung über den Verlauf der funktionalen Problematik vor dem Hintergrund der Dynamik des Gesundheitsproblems. Hierbei sind die Kontextfaktoren, die Wechselwirkungen zwischen Gesundheitsproblem und funktionaler Problematik und mögliche Sekundärprozesse (z. B. Entstehung neuer Krankheiten infolge der funktionalen Problematik) zu berücksichtigen. In der Reha-Begutachtung ist es insbesondere erforderlich, sich den Verlauf zu vergegenwärtigen, der eintreten würde, wenn die weitere medizinische Versorgung auf kurative Maßnahmen beschränkt bliebe. Hieraus leitet sich ein Interventionsbedarf ab bzw. die Notwendigkeit zur Überprüfung der Interventionsmöglichkeiten.

Zu **Interventionsmöglichkeiten**: Unter Interventionsmöglichkeiten werden im Grundsatz Interventionen aller Art (medizinische, berufliche, gesellschaftliche, private, kontextbezogene) verstanden. Dabei ist vorrangig die Frage zu klären, ob es für die jeweilige funktionale Problematik vor dem Hintergrund der Prognose überhaupt Interventionsmöglichkeiten gibt oder nicht. Wenn es sie gibt, dann kann eventuell eine allgemeine Erfolgsprognose für die Intervention angegeben werden.

Rehabilitationsbedürftigkeit besteht demnach, wenn bei einer gesundheitlich bedingten drohenden oder bereits manifesten Beeinträchtigung der Teilhabe über die kurative Versorgung hinaus der mehrdimensionale und interdisziplinäre Ansatz der medizinischen Rehabilitation erforderlich ist.

Dabei bezieht sich das gesundheitliche Problem auf die Schädigungen der Körperfunktionen und Körperstrukturen und die Beeinträchtigungen der Aktivitäten unter Berücksichtigung der Kontextfaktoren.

Gemeinsame Empfehlung über die nahtlose, zügige und einheitliche Erbringung von Leistungen zur Teilhabe nach § 12 Abs. 1 Nr. 1 bis 3 i. V .m. § 13 Abs. 1, Abs. 2 Nr. 5 SGB IX (Gemeinsame Empfehlung „Einheitlichkeit/Nahtlosigkeit")

Vom 22. März 2004

Nach §§ 10 bis 13 SGB IX sind die Rehabilitationsträger im Rahmen der durch Gesetz, Rechtsverordnung oder allgemeine Verwaltungsvorschrift getroffenen Regelungen verantwortlich, dass die im Einzelfall erforderlichen Leistungen zur Teilhabe nahtlos, zügig sowie nach Gegenstand, Umfang und Ausführung einheitlich – „wie aus einer Hand" – erbracht werden.
Eine umfassende, nahtlose, zügige sowie nach Gegenstand, Umfang und Ausführung einheitliche Erbringung der im Einzelfall erforderlichen Leistungen zur Teilhabe liegt sowohl im Interesse der behinderten und von Behinderung bedrohten Menschen als auch der zuständigen Rehabilitationsträger. Sie tragen hierfür gemeinsam die Verantwortung, um eine größtmögliche Wirksamkeit und nach wirtschaftlichen Grundsätzen ausgeführte Leistung zu erzielen.
Durch die Koordination der Leistungen und die Kooperation der Rehabilitationsträger stellen diese eine einheitliche Praxis innerhalb des gegliederten Systems der Rehabilitation und Teilhabe sicher. Hierzu sind Rahmenbedingungen zu schaffen, die den Anspruch behinderter und von Behinderung bedrohter Menschen auf die Verwirklichung von Chancengleichheit gewährleisten, ihnen eine weitestgehend selbstbestimmte Lebensführung ermöglichen sowie unter der umfassenden Zielsetzung des § 4 SGB IX die Teilhabe am Leben in der Gesellschaft, insbesondere die Teilhabe am Arbeitsleben sichern.
Die Rehabilitationsträger bekennen sich unter Berücksichtigung der Regelungen der Zuständigkeit und der Voraussetzungen für die Teilhabeleistungen in den für den jeweiligen Träger

geltenden Leistungsgesetzen zu ihrer gemeinsamen Verantwortung, Lösungen zur Beseitigung von Schnittstellen und zur Klärung von Abgrenzungsfragen zu entwickeln.
Mit dieser Zielsetzung vereinbaren

die gesetzlichen Krankenkassen,

die Bundesanstalt (Bundesagentur) für Arbeit,

die Träger der gesetzlichen Unfallversicherung,

die Träger der gesetzlichen Rentenversicherung,

die Träger der Alterssicherung der Landwirte,

die Integrationsämter in Bezug auf Leistungen und sonstige Hilfen für schwerbehinderte Menschen,

die Träger der Kriegsopferversorgung und die Träger der Kriegsopferfürsorge im Rahmen des Rechts der sozialen Entschädigung bei Gesundheitsschäden

die nachfolgende Gemeinsame Empfehlung zur Nahtlosigkeit, Zügigkeit und Einheitlichkeit zu erbringender Leistungen zur Teilhabe.
Diese Gemeinsame Empfehlung zeigt den übergreifenden Rahmen für die abzuschließenden gemeinsamen Empfehlungen nach dem SGB IX mit unmittelbarem Bezug zu den Regelungen dieser Gemeinsamen Empfehlung sowie für bestehende und zu vereinbarende Verfahrensabsprachen zwischen Rehabilitationsträgern auf. An diesen Empfehlungen und Verfahrensabsprachen werden die in § 13 Abs. 6 SGB IX genannten Organisationen erforderlichenfalls beteiligt.

§ 1 Regelungsgegenstand. In der Gemeinsamen Empfehlung werden die Nahtlosigkeit, Zügigkeit und Einheitlichkeit der Erbringung der Leistungen zur Teilhabe sowie die einvernehmliche Klärung von Abgrenzungsfragen geregelt. Am Rehabilitationsprozess orientiert werden nachfolgend weitere Aspekte wie Auskunft und Beratung, Fallidentifikation, Teilhabeplan und Erforderlichkeit von Leistungen sowie alle weiteren Formen der Leistungskoordinierung und der Zusammenarbeit nach den §§ 10 bis 12 SGB IX mit erfasst.

§ 2 Auskunft und Beratung. (1) Zur Sicherung eines bürgernahen Zugangs zu Leistungen bieten die Rehabilitationsträger den betroffenen Menschen ein umfassendes, barrierefreies Auskunfts-, Beratungs- und Unterstützungsangebot über gemeinsame örtliche Servicestellen nach §§ 22, 23 SGB IX sowie über die Auskunfts- und Beratungsstellen der Träger. In den gemeinsamen Servicestellen erfolgt eine umfassende Beratung und Unterstützung in allen Angelegenheiten der Teilhabe. Bereits bei der Auskunft und Beratung ist auf mögliche Rechte (z. B. Wunsch- und Wahlrechte) und Pflichten (z. B. Mitwirkungspflichten) der betroffenen Menschen nach dem Sozialgesetzbuch hinzuweisen.

(2) Die gemeinsame Servicestelle arbeitet im Rahmen ihrer Aufgaben mit anderen Stellen öffentlichen und privaten Rechts, die sich mit Rehabilitation und Teilhabe befassen, eng zusammen, insbesondere mit Verbänden behinderter Menschen sowie Verbänden der Freien Wohlfahrtspflege, Fachverbänden, Selbsthilfegruppen und Interessenvertretungen behinderter Frauen. Näheres zu den gemeinsamen Servicestellen über die gesetzlichen Bestimmungen hinaus ergibt sich aus der „Rahmenempfehlung zur Einrichtung trägerübergreifender Servicestellen für Rehabilitation" vom 24. 4. 2001.

Die Aufgaben spezifischer Beratungsangebote (z. B. Suchtberatungsstellen, Krebsberatungsstellen) bleiben hiervon unberührt.

§ 3 Fallidentifikation. (1) Die Rehabilitationsträger stellen durch entsprechende interne Verfahrensabläufe für ihren jeweiligen Bereich sicher, dass bei der Betreuung und Begleitung der Betroffenen frühzeitig und gezielt auf Indizien für einen Rehabilitationsbedarf geachtet wird. Dies kann z. B. durch ein Fallmanagement insbesondere in Arbeitsunfähigkeits- und Krankenhausfällen geschehen oder durch gezielte Auswertung von Entlassungsberichten.

Dem Vorrang von Leistungen zur Teilhabe gemäß § 8 SGB IX ist darüber hinaus bei Beantragung und Erbringung von Sozialleistungen, die keine Leistungen zur Teilhabe im Sinne des SGB IX sind, Rechnung zu tragen.

(2) Die Rehabilitationsträger verpflichten sich, untereinander und zusammen mit weiteren Beteiligten (z. B. niedergelassenen Ärzten, ambulanten und stationären Einrichtungen, Verbänden behinderter Menschen, Fachverbänden etc.) verbindliche Strukturen zu entwickeln, die ein regelhaftes und verlässliches System zum Informationsaustausch und zur Zusammenarbeit sicherstellen, das der möglichst frühzeitigen Erkennung und Feststellung eines Rehabilitationsbedarfs und Einleitung von Leistungen zur Teilhabe dient.

Zur Erreichung dieses Ziels wird in einer gesonderten gemeinsamen Empfehlung nach § 13 Abs. 2 Nr. 8 und 9 SGB IX festgelegt, in welchen Fällen und in welcher Weise der behandelnde Hausarzt oder Facharzt und der Betriebs- oder Werksarzt in die Einleitung und Ausführung von Leistungen zur Teilhabe einzubinden sind. Darüber hinaus wird darin geregelt, wie ein Informationsaustausch mit behinderten Beschäftigten, mit Arbeitgebern und den in § 83 SGB IX genannten Vertretungen zur möglichst frühzeitigen Erkennung des individuellen Bedarfs voraussichtlich erforderlicher Leistungen zur Teilhabe zu erfolgen hat.

(3) Bei der Fallidentifikation wie bei den hiermit verbundenen Formen des Informationsaustausches und der Zusammenarbeit mit weiteren Beteiligten werden die Belange zur Wahrung der Persönlichkeitsrechte sowie des informationellen Selbstbestimmungsrechts der betroffenen Menschen beachtet.

§ 4 Teilhabeplan. (1) Soweit Leistungen verschiedener Leistungsgruppen oder mehrerer Rehabilitationsträger erforderlich sind, ist der nach § 14 SGB IX jeweils leistende Rehabilitationsträger bis zu einem Wechsel der Trägerzuständigkeit dafür verantwortlich, dass nach seiner Feststellung des Teilhabebedarfs die beteiligten Rehabilitationsträger im Benehmen miteinander und in Abstimmung mit den Leistungsberechtigten die nach dem individuellen Bedarf voraussichtlich erforderlichen Leistungen funktionsbezogen feststellen und schriftlich in einem Teilhabeplan so zusammenfassen, dass sie nahtlos ineinander greifen können. Die Benehmensherstellung und Abstimmung untereinander erfolgen unverzüglich, ggf. auf telefonischem Wege, nach erfolgter Feststellung eines Bedarfs für Leistungen zur Teilhabe.

Der Teilhabeplan wird – unter Beachtung des Datenschutzes (insbesondere des Einwilligungserfordernisses) – dem / der Betroffenen und den beteiligten Rehabilitationsträgern sowie weiteren Beteiligten (z. B. behandelndem Arzt) zur Kenntnis gegeben.

(2) Die Leistungen werden erbracht auf der Grundlage des schriftlich zu fassenden individuellen Teilhabeplans mit Angaben insbesondere zu den Auswirkungen der Funktionsstörungen und zu den Gründen für die Notwendigkeit der Leistungen, zum Ziel und zur Art der vorgesehenen Leistungen, zu voraussichtlichem Beginn, Dauer der vorgesehenen Leistungen und Ort ihrer Durchführung, zu den beteiligten Rehabilitationsträgern und sonst noch zu Beteiligenden (insbesondere behandelnder Arzt auf Wunsch des / der Betroffenen).

Der Teilhabeplan und auf dieser Grundlage die Leistungen werden vom jeweils leistenden Rehabilitationsträger während und entsprechend dem Verlauf der Rehabilitation bzw. in Anpassung an veränderte Umstände überprüft und in Abstimmung mit dem / der Betroffenen und erforderlichenfalls unter Beteiligung des bzw. der Leistungserbringer/s (z. B. des Rehabilitationsteams der Einrichtung) angepasst.

(3) Nähere Regelungen, in welchen Fällen und in welcher Weise die Klärung der im Einzelfall anzustrebenden Ziele und des Bedarfs an Leistungen schriftlich festzuhalten sowie eine Abstimmung z. B. mit Gesamtplan (§ 46 BSHG) und Hilfeplan (§ 36 SGB VIII) vorzunehmen ist, erfolgt in einer noch gesondert zu vereinbarenden gemeinsamen Empfehlung nach § 13 Abs. 2 Nr. 3 SGB IX.

§ 5 Erforderlichkeit der Leistungen. (1) Erforderlich sind diejenigen Leistungen zur Teilhabe, die unter Beachtung der Ziele des § 4 SGB IX auf den konkreten Einzelfall bezogen bedarfsgerecht sind.

(2) Bei erkennbarem Bedarf hinsichtlich Leistungen zur Teilhabe wirken die Rehabilitationsträger, sofern sie nicht von Amts wegen zur Leistungserbringung verpflichtet sind, auf eine entsprechende Antragstellung hin, insbesondere darauf, dass unverzüglich klare und sachdienliche Anträge gestellt und unvollständige Angaben ergänzt werden (§ 16 Abs. 3 SGB I). Die individuelle Lebenssituation des betroffenen Menschen und seine berechtigten Wünsche (§§ 1 Satz 2, 4 Abs. 3, 9 Abs. 1, 10 Abs. 3 SGB IX) sind zu berücksichtigen. Auf Barrierefreiheit in räumlicher und kommunikativer Hinsicht ist zu achten.

(3) Die betroffenen Menschen werden in die Bedarfsprüfung, z. B. im Rahmen eines Beratungsgesprächs, sowie in die Durchführung der Leistungen aktiv einbezogen. Die Rehabilitationsträger stellen sicher, dass die erforderlichen Leistungen zur Teilhabe zugeschnitten auf die individuelle Lebenssituation des betroffenen Menschen und unter Berücksichtigung seiner berechtigten Wünsche (§§ 1 Satz 2, 4 Abs. 3, 9 Abs. 1, 10 Abs. 3 SGB IX) im Austausch mit diesem bzw. mit seinen Angehörigen / gesetzlichen VertreterInnen zum frühestmöglichen Zeitpunkt erbracht werden.

§ 6 Zügige Leistungserbringung. (1) Die Rehabilitationsträger erbringen ihre Leistungen so, dass jede/r Berechtigte die ihr / ihm zustehenden Leistungen in zeitgemäßer Weise, umfassend und zügig erhält (§ 17 SGB I) und entsprechend der Zielsetzung des § 4 Abs. 2 Satz 2 SGB IX Leistungen anderer Sozialleistungsträger möglichst nicht erforderlich sind. Sie stellen durch die Gemeinsame Empfehlung über die Ausgestaltung des in § 14 SGB IX bestimmten Verfahrens (Gemeinsame Empfehlung „Zuständigkeitsklärung") sicher, dass die Zuständigkeitsklärung unverzüglich erfolgt.

(2) Im Interesse einer zügigen Leistungserbringung ist der Zugang der betroffenen Menschen zu den im Einzelfall erforderlichen Leistungen zur Teilhabe möglichst einfach zu gestalten (§ 17 SGB I). Das Verwaltungsverfahren ist einfach, zweckmäßig und zügig durchzuführen sowie barrierefrei zu gestalten. Soweit zur zügigen, nahtlosen und einheitlichen Leistungserbringung erforderlich sollten Formulare vereinheitlicht werden.

(3) Zur Sicherstellung einer zügigen Leistungserbringung verpflichten sich die Rehabilitationsträger, dass Leistungen zur Teilhabe in ausreichendem Maße barrierefrei (Zugang und Kommunikation) zur Verfügung stehen. Auf die Gleichstellungsgesetze des Bundes und der Länder sowie sonstige gesetzliche und untergesetzliche Normierungen wird insoweit verwiesen. §§ 17 Abs. 1 und 2 SGB I, 19 Abs. 1 SGB X finden Anwendung.

(4) Die Rehabilitationsträger stellen sich bei Erkennen eines konkret bestehenden Hilfebedarfs bzw. zur Ermöglichung der frühzeitigen Erkennung eines Behandlungs- / Rehabilitationsbedarfs unter Beachtung der einschlägigen gesetzlichen Bestimmungen, insbesondere auch des Sozialdatenschutzes (v. a. §§ 67b Abs. 1, 69 und 76 SGB X), vorhandene Gutachten und weitere Informationen (medizinische, psychologische, technische) unverzüglich unter Nutzung moderner technischer Möglichkeiten gegenseitig zur Verfügung. Zudem greifen sie auf bereits bestehende bewährte Verfahren zurück, so auf die Verfahren der Kranken- und Rentenversicherung zur Durchführung von Anschlussheilbehandlungen / Anschlussrehabilitationen und Eilverfahren / Eileinweisungsregelungen, insbesondere bei bestehender und voraussichtlich länger andauernder Arbeitsunfähigkeit (vgl. AU-Fallmanagement im Bereich der Krankenversicherung), besonderer Schwere der Erkrankung oder nach Krankenhausaufenthalt des betroffenen Menschen. Die jeweiligen Verfahren entwickeln die Rehabilitationsträger erforderlichenfalls unter Beteiligung u. a. der Leistungserbringer in zeitgemäßer Weise fort.

(5) Im Interesse einer zügigen Leistungserbringung sind Begutachtungen möglichst nach einheitlichen Grundsätzen vorzunehmen. Hierzu sind entsprechende Regelungen in einer noch

zu vereinbarenden gemeinsamen Empfehlung nach § 12 Abs. 1 Nr. 4 SGB IX zu treffen. Bis einheitliche Begutachtungsgrundsätze formuliert sind, sind in die Begutachtungen die jeweils übergreifenden Aspekte der relevanten Sozialleistungsbereiche einzubeziehen.

Die Rehabilitationsträger stellen zudem sicher, dass die von ihnen veranlassten (z. B. ärztlichen oder psychologischen) Untersuchungen zur Feststellung der jeweiligen Leistungsvoraussetzungen in der Art und Weise vorgenommen und deren Ergebnisse so festgehalten werden, dass sie auch bei der Prüfung der Voraussetzungen anderer Sozialleistungen verwendet werden können.

Bei der Entscheidungsfindung des jeweiligen Trägers über die Bewilligung und Durchführung von Leistungen sind zur Vermeidung von Mehrfachbegutachtungen alle vorliegenden Gutachten anderer Träger – soweit den konkreten Anspruch betreffend – mit zu berücksichtigen.

§ 7 Nahtlosigkeit der Leistungen. (1) Nahtlosigkeit der Leistungen ist gegeben, wenn der oder die Rehabilitationsträger die im Einzelfall erforderlichen Leistungen „wie aus einer Hand" unverzüglich, d. h. ohne schuldhaftes Zögern, und unmittelbar aufeinander folgend erbringt bzw. erbringen. Organisatorische und verfahrensmäßige Mechanismen sind daran auszurichten.

(2) Sofern mehrere Leistungen erforderlich oder am Teilhabeverfahren mehrere Rehabilitationsträger oder andere Träger bzw. Stellen beteiligt sind, sind die Leistungen so aufeinander abzustimmen, dass sie nahtlos ineinander greifen sowie orientiert an den Zielen von §§ 1 und 4 SGB IX nach einheitlichen Grundsätzen koordiniert sowie wirksam und wirtschaftlich erbracht werden (§§ 10, 11 SGB IX). Wenn Leistungen eines anderen Rehabilitationsträgers erforderlich werden, wirkt der nach § 14 SGB IX leistende Träger darauf hin, dass eine frühzeitige Antragstellung auf Leistungen und Aufstellung bzw. Fortschreibung des Teilhabeplans (§ 4) erfolgen. § 14 Abs. 6 SGB IX bleibt unberührt.

Die nahtlose und zügige Leistungserbringung für die behinderten und von Behinderung bedrohten Menschen ist somit auch bei offenen Zuständigkeitsfragen sichergestellt, insbesondere beim Übergang von Leistungen zur medizinischen Rehabilitation zu Leistungen zur Teilhabe am Arbeitsleben nach § 11 Abs. 2 SGB IX. Soweit erforderlich wird zur Klärung eines Hilfebedarfs auch das Integrationsamt beteiligt.

(3) Kann das Ziel der möglichst vollständigen und dauerhaften Eingliederung in das Leben in der Gesellschaft, insbesondere in das Arbeitsleben, nur durch mehrere Leistungen zur Teilhabe erreicht werden, sind diese so aufeinander abzustimmen, dass das Teilhabeverfahren nahtlos und zügig abläuft (§§ 10, 11 SGB IX), so z. B. nach der „Empfehlungsvereinbarung über die Zusammenarbeit der Krankenversicherungsträger und der Rentenversicherungsträger sowie der Bundesanstalt für Arbeit bei der Gewährung von Rehabilitationsmaßnahmen in Rehabilitationseinrichtungen für psychisch Kranke und Behinderte (Empfehlungsvereinbarung RPK)" und nach der Verwaltungsabsprache der Deutschen Rentenversicherung, der Bundesanstalt (Bundesagentur) für Arbeit, der gesetzlichen Unfallversicherung und der Bundesarbeitsgemeinschaft der Integrationsämter und Hauptfürsorgestellen (BIH) „über die Gewährung von Leistungen der Begleitenden Hilfen im Arbeitsleben nach dem Zweiten Teil des SGB IX im Verhältnis zu den Leistungen zur Teilhabe am Arbeitsleben gemäß Teil 1 des SGB IX".

(4) Wird für einen Rehabilitationsträger erkennbar, dass für eine erfolgreiche Wiedereingliederung in das Erwerbsleben voraussichtlich Leistungen zur Teilhabe am Arbeitsleben erforderlich sind, hat er den behinderten oder von einer Behinderung bedrohten Menschen im Rahmen seiner Verpflichtung zur umfassenden Auskunft und Beratung hierüber zu unterrichten und auf eine entsprechende Antragstellung bei dem seiner Auffassung nach zuständigen Rehabilitationsträger hinzuwirken bzw. den Rehabilitationsantrag gemäß § 14 SGB IX an diesen weiterzuleiten. So haben die Träger von Leistungen zur medizinischen Rehabilitation

sicherzustellen, dass arbeits- und berufsbezogene Fragestellungen bereits während der Leistungen zur medizinischen Rehabilitation mit dem Ziel behandelt werden, dem für die Leistungen zur Teilhabe am Arbeitsleben zuständigen Rehabilitationsträger Informationen bezüglich des Erfordernisses der Einleitung entsprechender Maßnahmen zu liefern.

Zu den frühestmöglich einzuleitenden arbeits- und berufsbezogenen Elementen im Rahmen der medizinischen Rehabilitation sind insbesondere Arbeitsplatzanalyse und -beratung, arbeitsbezogene Leistungsdiagnostik, berufsspezifische Belastungserprobung und ggf. Arbeitstherapie, arbeits- bzw. arbeitsplatzbezogene Trainingstherapie, Beratung hinsichtlich beruflicher Fragestellungen, Kontaktaufnahme – unter Berücksichtigung der diesbezüglichen Belange des Datenschutzes (z. B. Einwilligung des / der Betroffenen) – mit dem beruflichen Umfeld (Arbeitgeber, Betriebsarzt etc.), z. B. zur Vorbereitung der Einleitung und Unterstützung einer Arbeitsplatzanpassung oder betrieblichen Umsetzung, zu rechnen.

Auf Basis dieser Informationen beginnt unter Einbindung des betroffenen Menschen unverzüglich die Prüfung der Erforderlichkeit von Leistungen zur Teilhabe am Arbeitsleben, ggf. wird ein Teilhabeplan erstellt bzw. fortgeschrieben. Der Träger der Leistungen zur Teilhabe am Arbeitsleben leitet – soweit erforderlich – bereits im Rahmen einer Leistung zur medizinischen Rehabilitation (§ 11 Abs. 2 SGB IX) unter Einbindung des betroffenen Menschen unverzüglich eine Abklärung durch den jeweiligen (Reha-)Beratungsdienst ein. Dabei muss vorrangiges Ziel die Integration auf dem bisherigen Arbeitsplatz sein; Unterbrechungen im Rehabilitationsprozess sind zu vermeiden.

Ist eine berufliche Umorientierung erforderlich, hat der für Leistungen zur Teilhabe am Arbeitsleben zuständige Rehabilitationsträger unverzüglich eine geeignete Leistung anzubieten bzw. zu ermöglichen sowie auf einen kurzfristigen Beginn der Leistung hinzuwirken.

(5) Die Rehabilitationsträger entwickeln gemeinsam Verfahren, erforderlichenfalls unter Beteiligung der in § 13 Abs. 3 und 6 SGB IX genannten Verbände und Organisationen, die ein möglichst frühzeitiges Tätigwerden anderer Leistungsträger ermöglichen (z. B. bei längeren Arbeitsunfähigkeitszeiten).

§ 8 Einheitlichkeit der Leistungen. (1) Die Rehabilitationsträger erbringen die Leistungen nach Gegenstand, Umfang und Ausführung einheitlich, soweit sich aus den für den jeweiligen Rehabilitationsträger geltenden Leistungsgesetzen nichts Abweichendes ergibt (§ 7 SGB IX). Grundlage für eine qualitätsgesicherte Leistungserbringung nach einheitlichen Grundsätzen bildet die Gemeinsame Empfehlung „Qualitätssicherung" nach § 20 Abs. 1 SGB IX.

Im Interesse einer einheitlichen Leistungserbringung für die betroffenen Menschen überprüfen die Rehabilitationsträger vor diesem Hintergrund regelmäßig ihre bestehenden Verfahrensabsprachen und entwickeln diese in zeitgemäßer Weise fort.

Soweit möglich verständigen sich die Rehabilitationsträger auf gemeinsame Rehabilitationskonzepte, Rahmenvereinbarungen / -empfehlungen (z. B. für die ambulante medizinische Rehabilitation) oder vergleichbare Regelungen, erforderlichenfalls unter Beteiligung der in § 13 Abs. 3 und 6 SGB IX genannten Verbände und Organisationen.

(2) Die Rehabilitationsträger streben einheitliche Festlegungen z. B. hinsichtlich der Erstattung von Reisekosten für Fälle mit gleich gelagertem Sachverhalt sowie hinsichtlich der Zuzahlungsregelungen an.

§ 9 Klärung von Abgrenzungsfragen. (1) Die Rehabilitationsträger stellen insbesondere durch entsprechende Verfahren und Absprachen sicher, dass auch künftig auftretende ungelöste Abgrenzungs- und Finanzierungsfragen nicht zulasten der betroffenen Menschen gehen.

(2) Zur einvernehmlichen Klärung von Abgrenzungsfragen im Einzelfall nehmen die Rehabilitationsträger unverzüglich Kontakt miteinander auf mit dem Ziel einer raschen ergebnisorientierten Abstimmung.

(3) Zur Klärung grundsätzlicher Fragestellungen sind bestehende Strukturen zu nutzen, z. B. über den Weg trägerübergreifender Besprechungen.

§ 10 Inkrafttreten. (1) Diese Gemeinsame Empfehlung tritt am 1. April 2004 in Kraft.

(2) Die Vereinbarungspartner und die anderen Rehabilitationsträger werden auf der Ebene der Bundesarbeitsgemeinschaft für Rehabilitation in angemessenen Zeitabständen unter Einbeziehung der Verbände behinderter Menschen einschließlich der Verbände der freien Wohlfahrtspflege, der Selbsthilfegruppen und der Interessenvertretungen behinderter Frauen sowie der für die Wahrnehmung der Interessen der ambulanten und stationären Rehabilitationseinrichtungen auf Bundesebene maßgeblichen Spitzenverbände prüfen, ob die Vereinbarung aufgrund zwischenzeitlich gewonnener Erfahrungen verbessert oder wesentlich veränderten Verhältnissen angepasst werden muss. Für diesen Fall erklären die Vereinbarungspartner ihre Bereitschaft, unverzüglich an der Überarbeitung einer entsprechenden zu ändernden gemeinsamen Empfehlung mitzuwirken.

Gemeinsame Empfehlung nach §§ 12 Abs. 1 Nr. 5, 13 Abs. 2 Nr. 1 SGB IX, dass Prävention entsprechend dem in § 3 SGB IX genannten Ziel erbracht wird (Gemeinsame Empfehlung „Prävention nach § 3 SGB IX")

Vom 16. Dezember 2004

Die Rehabilitationsträger sind verantwortlich, dass Prävention entsprechend dem in § 3 SGB IX genannten Ziel geleistet wird, indem sie darauf hinwirken, dass der Eintritt einer Behinderung einschließlich einer chronischen Krankheit vermieden wird. Dieses Ziel erfordert ein abgestimmtes Vorgehen und die Zusammenarbeit der Rehabilitationsträger.

Die Rehabilitationsträger vereinbaren geeignete Maßnahmen nach § 3 SGB IX, um den Eintritt einer Behinderung zu vermeiden, sowie Regelungen zur statistischen Erfassung der Anzahl, des Umfangs und der Wirkungen dieser Maßnahmen.

Zu diesem Zweck vereinbaren
– die gesetzlichen Krankenkassen,
– die Bundesagentur für Arbeit,
– die Träger der gesetzlichen Unfallversicherung,
– die Träger der gesetzlichen Rentenversicherung,
– die Träger der Alterssicherung der Landwirte,
– die Träger der Kriegsopferversorgung und die Träger der Kriegsopferfürsorge im Rahmen des Rechts der sozialen Entschädigung bei Gesundheitsschäden sowie
– die Integrationsämter in Bezug auf die Leistungen und sonstige Hilfen für schwerbehinderte Menschen

die nachfolgende Gemeinsame Empfehlung.

Allgemeiner Teil:
Prävention nach § 3 SGB IX

§ 1 Konzeptioneller Bezugsrahmen der ICF. (1) Der Prävention im Sinne des SGB IX liegt das Denkmodell der ICF (Internationale Klassifikation der Funktionsfähigkeit, Behinderung und Gesundheit) zugrunde. Im Sinne der ICF ist Behinderung vor allem eine Beeinträchtigung der Teilhabe, nicht mehr nur ein personbezogenes Merkmal, sondern entsteht aus dem ungünstigen Zusammenwirken von gesundheitlichen Problemen einer Person und ihrem Lebensumfeld. Mit der ICF besteht die Möglichkeit, Krankheitsfolgen und Behinderung nicht nur unter dem Aspekt der damit verbundenen Defizite zu beschreiben, sondern auch die (noch) vorhandenen Ressourcen einer Person einzubeziehen.

(2) Gesundheitsgefahren können von allen Lebensbedingungen als auch von den individuellen Verhaltensweisen jedes Einzelnen ausgehen. Dabei können je nach Lebensphase (Kindheit und Jugend, Erwachsenenalter, Alter) unterschiedliche Lebensrisiken im Vordergrund stehen.

(3) Eine besondere Bedeutung kommt in diesem Zusammenhang den Kontextfaktoren zu. Kontextfaktoren stellen den gesamten Lebenshintergrund einer Person dar und umfassen alle Umweltfaktoren und personbezogenen Faktoren, die für die Gesundheit einer Person von Bedeutung sind, und in Wechselwirkung mit allen Komponenten der ICF stehen (Körperfunktionen und Körperstrukturen, Aktivitäten und Teilhabe).

(4) In Bezug auf Beeinträchtigungen der Teilhabe ist unter Prävention auch die möglichst frühzeitige Anpassung von Kontextfaktoren zur Erhaltung der Teilhabe, insbesondere des Arbeitsplatzes oder des häuslichen Umfeldes zu sehen (z. B. Erfassung und Stärkung von Hilfepotenzialen, stufenweise Wiedereingliederung, Umgestaltung der Arbeitsbedingungen oder der Wohnung).

§ 2 Prävention im Sinne des SGB IX. (1) Nach § 3 SGB IX ist Prävention ein Grundprinzip, das im Zusammenhang mit allen Leistungen zur Teilhabe zu beachten ist. § 3 SGB IX verpflichtet demnach die Rehabilitationsträger im Rahmen ihrer Aufgabenstellung, darauf hinzuwirken, dass der Eintritt einer Behinderung einschließlich chronischer Krankheiten vermieden wird bzw. dass eine Verschlimmerung einer bereits bestehenden Behinderung verhindert wird.

(2) Prävention nach dem SGB IX steht somit in einem konkreten Bezug zu Behinderungen einschließlich chronischer Krankheiten. Nach dem Grundsatz der möglichst frühzeitigen Intervention (§ 4 Abs. 1 SGB IX) soll Prävention im Sinne von § 3 SGB IX bewirken, nicht nur den Eintritt einer Behinderung, sondern auch die Chronifizierung von Krankheiten als eine mögliche Vorstufe von Behinderungen zu vermeiden.

(3) Prävention soll dazu beitragen, bereits im Frühstadium sich abzeichnende Beeinträchtigungen der Aktivitäten und Teilhabe zu erkennen. Sie hat zum Ziel, das Fortschreiten gesundheitsbeeinträchtigender Prozesse, die zu Chronifizierung und Behinderung führen können, zu verringern, aufzuhalten bzw. zu verhindern sowie gesundheitsgefährdende Belastungen abzubauen und Ressourcen zu stärken.

(4) In diesem Sinne sind auch Maßnahmen nach § 84 Abs. 2 SGB IX sowie nach §§ 55 ff. SGB IX und für minderjährige bzw. nicht voll geschäftsfähige Personen nach § 60 SGB IX gemeint.

§ 3 Zielgruppen. (1) Prävention im Sinne des SGB IX schließt alle Lebensbereiche und Altersgruppen ein. Die Gemeinsame Empfehlung „Prävention" zielt dabei auf besondere Risikogruppen wie z. B. Erwerbspersonen mit gesundheitlichen Beeinträchtigungen oder besonders belastenden Arbeitsbedingungen, nicht erwerbstätige Frauen und Männer, Kinder oder ältere Menschen mit gesundheitlichen Beeinträchtigungen oder ungünstigen sozialen Kontextfaktoren, die den Eintritt einer Behinderung oder die Chronifizierung einer Krankheit begünstigen können.

(2) Um diese Risikogruppen mit besonderer gesundheitlicher Gefährdung mit geeigneten Maßnahmen zu erreichen, wird der Setting-Ansatz[1]) gewählt. Dieser ist geeignet, um den einzelnen betroffenen Menschen in dem Lebensbereich, in dem er einen wesentlichen Teil

---

[1]) Nach dem Setting-Ansatz werden Menschen in ihren jeweiligen Lebensumfeldern angesprochen (z. B. Schule, Familie, Betrieb).

seines Tages verbringt, zu einem gesundheitsförderlichen Verhalten zu motivieren und zugleich gesundheitsgefährdende Lebensbedingungen zu begrenzen.

(3) Je nach Setting werden unterschiedliche Lebensbereiche durch gezielte Maßnahmen angesprochen. Im Vordergrund stehen dabei Bereiche, von denen spezifische gesundheitliche Risiken ausgehen, die zu Beeinträchtigungen der Aktivitäten und Teilhabe führen können.

(4) Im Rahmen dieser Gemeinsamen Empfehlung „Prävention" wird unter trägerübergreifenden Gesichtspunkten der Schwerpunkt zunächst auf Erwerbspersonen und ihre gesundheitlichen Risiken gelegt, die insbesondere im betrieblichen Kontext als Setting zu Beeinträchtigungen der Aktivitäten und Teilhabe führen können.

(5) Die Rehabilitationsträger verpflichten sich im Rahmen der Gemeinsamen Empfehlung „Prävention nach § 3 SGB IX", in besonderen Teilen zu unterschiedlichen Settings analoge Konzeptionen zu entwickeln, in denen auf die jeweiligen spezifischen Risiken und Präventionspotenziale Bezug genommen wird, soweit dem nicht gesetzliche Regelungen entgegenstehen.

Besonderer Teil:

Prävention im Erwerbsleben

§ 4 Identifikation des Präventionsbedarfs in der Arbeitswelt. (1) Beeinträchtigungen der Körperfunktionen und Körperstrukturen (einschließlich psychischer Funktionen), der Aktivitäten und der Teilhabe sowie besondere Gefährdungen durch Arbeitsbedingungen und verhaltensbedingte Risiken sind frühzeitig zu identifizieren.

(2) Die Rehabilitationsträger unterstützen in Abstimmung untereinander und mit den anderen Beteiligten die Fortentwicklung, Verbreitung und Nutzung bestehender Instrumente und Frühwarnsysteme, die Prognosen über die Entstehung und den Verlauf chronischer Erkrankungen und Behinderungen ermöglichen, z. B.

- Screening-Verfahren (z. B. Fragebögen),
- Work Ability Index (WAI)[1],
- Gefährdungsbeurteilung,
- Gesundheitsberichte,
- Assessment-Instrumente,
- arbeitsmedizinische Vorsorgeuntersuchungen,
- Sozialversicherungsdaten,
- Integrationsvereinbarungen gem. § 83 SGB IX.

(3) Dabei sind geschlechtsspezifische Unterschiede in der Häufigkeitsverteilung sowie frühe Symptome von Krankheiten zu berücksichtigen.

(4) Die Rehabilitationsträger und Integrationsämter unterstützen die Betriebe, mithilfe der vorgenannten Instrumente gesundheitliche Risiken, Risikofaktoren und Gesundheitspotenziale der Beschäftigten zu ermitteln.

§ 5 Präventionskonzept und -maßnahmen. (1) Präventionsmaßnahmen zielen zum einen auf eine Verhältnismodifikation, indem durch die Veränderung der gesellschaftlichen Rahmenbedingungen Gesundheitsrisiken, die von den Lebens- und Arbeitsbedingungen ausgehen und im arbeitsweltlichen Kontext manifest werden, vermindert bzw. beseitigt werden.

(2) Zum anderen zielen Präventionsmaßnahmen auf eine Verhaltensmodifikation und Verbesserung der gesundheitlichen Situation, die bei einzelnen Erwerbspersonen bzw. Gruppen von Erwerbspersonen ansetzt, die besondere gesundheitliche Problemlagen aufweisen.

---

[1] Weitere Informationen zum WAI über die Bundesanstalt für Arbeitsschutz und Arbeitsmedizin (www.baua.de www.baua.de).

(3) Die Rehabilitationsträger verpflichten sich, Präventionskonzepte und Präventionsmaßnahmen gemeinsam unter Einbeziehung der Erfahrungen behinderter und chronisch kranker Menschen zu entwickeln und einzusetzen, die sowohl auf eine Verhältnismodifikation als auch auf eine Verhaltensmodifikation abzielen. Bereits bestehende und geplante Präventionskonzepte sollen zusammengetragen und untereinander ausgetauscht werden. „Goodpractice"-Ansätze sollen nach trägerübergreifender Abstimmung verallgemeinert werden.

(4) Auf der Basis der Ergebnisse der Analyse nach § 4 entwickeln die Rehabilitationsträger und Integrationsämter in Zusammenarbeit mit den weiteren Beteiligten ein Vorgehenskonzept, das gezielte Präventionsmaßnahmen im Sinne des SGB IX beinhaltet und Zuständigkeiten für die Umsetzung der Maßnahmen festlegt.

§ 6 Koordination und Vernetzung. (1) Rehabilitationsträger werden aktiv, wenn sie Anhaltspunkte über die Erfordernis möglicher Präventionsmaßnahmen im Sinne des SGB IX haben. Durch Absprachen zwischen Rehabilitationsträgern und betriebsinternen und -externen Partnern (z. B. Arbeitgeber, Betriebs- und Personalräte, Schwerbehindertenvertretung, Betriebs-, Haus- oder Fachärzte, arbeitsmedizinische und sicherheitstechnische Dienste, Sozialdienste, Betroffenenverbände und andere Beteiligte) wird geklärt, welche Vorgehenskonzepte und konkreten Maßnahmen geeignet sind, Behinderungen und drohende Chronifizierungen zu vermeiden.

(2) Um die jeweiligen Maßnahmen der Prävention für bestimmte Risikogruppen von Erwerbspersonen zielgerichtet, unverzüglich und ohne Zugangshemmnisse erbringen zu können, bedarf es eines umfassenden Informations- und Kooperationsnetzes aller Beteiligten. Austauschmöglichkeiten und Koordinierungsgremien sollen genutzt werden, z. B. regional, branchen- oder betriebsbezogen.

§ 7 Betriebliches Eingliederungsmanagement. (1) Die Arbeitgeber sind nach § 84 Abs. 2 SGB IX verpflichtet, ein betriebliches Eingliederungsmanagement einzuführen, um Beschäftigten, die länger als sechs Wochen im Jahr arbeitsunfähig sind, Möglichkeiten zu eröffnen, wie die Arbeitsunfähigkeit möglichst überwunden werden und mit welchen Leistungen oder Hilfen erneuter Arbeitsunfähigkeit vorgebeugt oder der Arbeitsplatz erhalten werden kann.

(2) Kommen Leistungen zur Teilhabe oder begleitende Hilfen im Arbeitsleben in Betracht, werden vom Arbeitgeber die örtlichen Gemeinsamen Servicestellen oder bei schwerbehinderten Beschäftigten das Integrationsamt hinzugezogen. Die Rehabilitationsträger bzw. die Integrationsämter wirken darauf hin, dass die erforderlichen Leistungen unverzüglich beantragt werden, und stellen sicher, dass hierüber innerhalb der Frist des § 14 Abs. 2 Satz 2 SGB IX entschieden wird.

(3) Die Rehabilitationsträger und Integrationsämter unterstützen die Arbeitgeber bei dem betrieblichen Eingliederungsmanagement. Die Vorgehenskonzepte nach § 6 können Bestandteil des betrieblichen Eingliederungsmanagements sein.

(4) Die Rehabilitationsträger und die Integrationsämter prüfen – auch unter Berücksichtigung der zur Verfügung stehenden Finanzmittel –, ob durch Prämien oder einen Bonus Arbeitgeber gefördert werden können, die ein betriebliches Eingliederungsmanagement einführen (§ 84 Abs. 4 SGB IX). Hierzu stimmen sie sich gemeinsam über Voraussetzungen sowie Art und Umfang der Förderung ab.

§ 8 Serviceangebote. (1) Die Rehabilitationsträger wirken darauf hin, dass durch entsprechende Serviceangebote insbesondere die Arbeitgeber über Möglichkeiten der Prävention nach dem SGB IX informiert werden und zur Umsetzung in ihren Betrieben angeregt werden.

(2) Die Rehabilitationsträger als Serviceanbieter entwickeln abgestimmte Strategien, um Arbeitgeber und Arbeitnehmer gezielt anzusprechen. Hierzu zählen z. B.

- die Rolle des Impulsgebers und Initiators,
- Konzeptentwicklung und Beratungsfunktion,
- Moderation von Projektgruppen und Arbeitskreisen,
- Projektmanagement,
- Durchführung einzelner Bausteine innerhalb eines komplexen Programms,
- Dokumentation und Bewertung,
- Information der Beschäftigten.

(3) Diese Service-Angebote können die Rehabilitationsträger direkt oder durch ihre örtlichen Gemeinsamen Servicestellen erbringen.

(4) Die Integrationsämter unterstützen Arbeitgeber und Arbeitnehmer z. B. über die von ihnen beauftragten Integrationsfachdienste.

§ 9 Motivierung der Erwerbspersonen. (1) Für den längerfristigen Erfolg von Präventionsmaßnahmen spielt die Motivation der beteiligten Erwerbspersonen, gesund und arbeitsfähig zu bleiben / zu werden, eine zentrale Rolle. Gezielte Ansprachen durch die Rehabilitationsträger und Integrationsämter sowie durch betriebsinterne und -externe Partner nach § 6 Abs. 1 sollen gerade die Erwerbspersonen mit hohen gesundheitlichen Risiken motivieren.

(2) Die Erwerbspersonen sind in die Planung von Präventionsmaßnahmen aktiv einzubeziehen und ihre Eigenverantwortung ist zu fördern. Dabei können auch Selbsthilfegruppen und Selbsthilfeorganisationen chronisch kranker und behinderter Menschen sowie Selbsthilfekontaktstellen eine wichtige unterstützende Funktion ausüben.

§ 10 Qualitätssicherung und Dokumentation. (1) Die Rehabilitationsträger verpflichten sich, unter Beteiligung der Leistungserbringer und Betroffenenverbände Ziele und Qualitätsstandards für Präventionsmaßnahmen festzulegen und im Rahmen der Qualitätssicherung nach § 20 Abs. 1 SGB IX zu überprüfen.

(2) Leistungserbringer von Präventionsmaßnahmen sind in Planung, Koordination und Kooperation einzubeziehen und werden verpflichtet, adäquate Qualitätsstandards vorzuhalten, umzusetzen und gegenüber den Rehabilitationsträgern zu dokumentieren.

(3) Auf der Grundlage dieser Dokumentation erstellen die Rehabilitationsträger und Integrationsämter nach gemeinsamen Kriterien Statistiken über die Anzahl, den Umfang und die Wirkungen der jeweiligen Präventionsmaßnahmen. Diese Statistiken können für eine zentrale Auswertung zur Verfügung gestellt werden.

(4) Die Rehabilitationsträger und Integrationsämter evaluieren die auf der Grundlage dieser Gemeinsamen Empfehlung eingesetzten Präventionskonzepte im Hinblick auf ihre Wirkung, ihren Nutzen für die Leistungsberechtigten sowie hinsichtlich ihrer Kosten. Sie fördern die Forschung auf diesem Gebiet und unterstützen die Weiterentwicklung von Präventionsmaßnahmen durch wissenschaftliche Begleitforschungen.

§ 11 Datenschutz. Der Schutz der personenbezogenen Daten einschließlich der Sozialdaten ist zu gewährleisten.

§ 12 Inkrafttreten. (1) Diese Gemeinsame Empfehlung tritt am 1. April 2005 in Kraft.

(2) Die Vereinbarungspartner und die anderen Rehabilitationsträger werden auf der Ebene der Bundesarbeitsgemeinschaft für Rehabilitation in angemessenen Zeitabständen unter Einbeziehung der Verbände behinderter Menschen einschließlich der Verbände der freien Wohlfahrtspflege, der Selbsthilfegruppen und der Interessenvertretungen behinderter Frauen sowie der für die Wahrnehmung der Interessen der ambulanten und stationären Rehabilitationseinrichtungen auf Bundesebene maßgeblichen Spitzenverbände prüfen, ob diese Empfehlung aufgrund zwischenzeitlich gewonnener Erfahrungen und eingetretener

Entwicklungen verbessert oder wesentlich veränderten Verhältnissen angepasst werden muss. Für diesen Fall erklären die Vereinbarungspartner ihre Bereitschaft, unverzüglich an der Überarbeitung einer entsprechend zu ändernden gemeinsamen Empfehlung mitzuwirken.

§ 13
Gemeinsame Empfehlungen

(1) Die Rehabilitationsträger nach § 6 Abs. 1 Nr. 1 bis 5 vereinbaren zur Sicherung der Zusammenarbeit nach § 12 Abs. 1 gemeinsame Empfehlungen.

(2) Die Rehabilitationsträger nach § 6 Abs. 1 Nr. 1 bis 5 vereinbaren darüber hinaus gemeinsame Empfehlungen,

1. welche Maßnahmen nach § 3 geeignet sind, um den Eintritt einer Behinderung zu vermeiden, sowie über die statistische Erfassung der Anzahl, des Umfangs und der Wirkungen dieser Maßnahmen,
2. in welchen Fällen und in welcher Weise rehabilitationsbedürftigen Menschen notwendige Leistungen zur Teilhabe angeboten werden, insbesondere um eine durch eine Chronifizierung von Erkrankungen bedingte Behinderung zu verhindern,
3. in welchen Fällen und in welcher Weise die Klärung der im Einzelfall anzustrebenden Ziele und des Bedarfs an Leistungen schriftlich festzuhalten ist sowie über die Ausgestaltung des in § 14 bestimmten Verfahrens,
4. in welcher Weise die Bundesagentur für Arbeit von den übrigen Rehabilitationsträgern nach § 38 zu beteiligen ist,
5. wie Leistungen zur Teilhabe zwischen verschiedenen Trägern koordiniert werden,
6. in welcher Weise und in welchem Umfang Selbsthilfegruppen, -organisationen und -kontaktstellen, die sich die Prävention, Rehabilitation, Früherkennung und Bewältigung von Krankheiten und Behinderungen zum Ziel gesetzt haben, gefördert werden,
7. *(gestrichen)*,
8. in welchen Fällen und in welcher Weise der behandelnde Hausarzt oder Facharzt und der Betriebs- oder Werksarzt in die Einleitung und Ausführung von Leistungen zur Teilhabe einzubinden sind,
9. zu einem Informationsaustausch mit behinderten Beschäftigten, Arbeitgebern und den in § 83 genannten Vertretungen zur möglichst frühzeitigen Erkennung des individuellen Bedarfs voraussichtlich erforderlicher Leistungen zur Teilhabe sowie
10. über ihre Zusammenarbeit mit Sozialdiensten und vergleichbaren Stellen.

(3) Bestehen für einen Rehabilitationsträger Rahmenempfehlungen aufgrund gesetzlicher Vorschriften und soll bei den gemeinsamen Empfehlungen von diesen abgewichen werden oder sollen die gemeinsamen Empfehlungen Gegenstände betreffen, die nach den gesetzlichen Vorschriften Gegenstand solcher Rahmenempfehlungen werden sollen, stellt der Rehabilitationsträger das Einvernehmen mit den jeweiligen Partnern der Rahmenempfehlungen sicher.

(4) Die Träger der Renten-, Kranken- und Unfallversicherung sowie der Alterssicherung der Landwirte können sich bei der Vereinbarung der gemeinsamen Empfehlungen durch ihre Spitzenverbände vertreten lassen.

(5) [1]An der Vorbereitung der gemeinsamen Empfehlungen werden die Träger der Sozialhilfe und der öffentlichen Jugendhilfe über die Bundesvereinigung der Kommunalen Spitzenverbände, die Bundesarbeitsgemeinschaft der überörtlichen Träger der Sozialhilfe, die Bundesarbeitsgemeinschaft der Landesjugendämter sowie die Integrationsämter in Bezug auf Leistungen und sonstige Hilfen für schwerbehinderte Menschen nach dem Zweiten Teil über die Bundesarbeitsgemeinschaft der Integrationsämter und Hauptfürsorgestellen, beteiligt. [2]Die Träger der Sozialhilfe und der öffentlichen Jugendhilfe orien-

tieren sich bei der Wahrnehmung ihrer Aufgaben nach diesem Buch an den vereinbarten Empfehlungen oder können diesen beitreten.

(6) ¹Die Verbände behinderter Menschen einschließlich der Verbände der Freien Wohlfahrtspflege, der Selbsthilfegruppen und der Interessenvertretungen behinderter Frauen sowie die für die Wahrnehmung der Interessen der ambulanten und stationären Rehabilitationseinrichtungen auf Bundesebene maßgeblichen Spitzenverbände werden an der Vorbereitung der gemeinsamen Empfehlungen beteiligt. ²Ihren Anliegen wird bei der Ausgestaltung der Empfehlungen nach Möglichkeit Rechnung getragen. ³Die Empfehlungen berücksichtigen auch die besonderen Bedürfnisse behinderter oder von Behinderung bedrohter Frauen und Kinder.

(7) ¹Die beteiligten Rehabilitationsträger vereinbaren die gemeinsamen Empfehlungen im Rahmen der Bundesarbeitsgemeinschaft für Rehabilitation im Benehmen mit dem Bundesministerium für Arbeit und Soziales und den Ländern auf der Grundlage eines von ihnen innerhalb der Bundesarbeitsgemeinschaft vorbereiteten Vorschlags. ²Der Bundesbeauftragte für den Datenschutz wird beteiligt. ³Hat das Bundesministerium für Arbeit und Soziales zu einem Vorschlag aufgefordert, legt die Bundesarbeitsgemeinschaft für Rehabilitation den Vorschlag innerhalb von sechs Monaten vor. ⁴Dem Vorschlag wird gefolgt, wenn ihm berechtigte Interessen eines Rehabilitationsträgers nicht entgegenstehen. ⁵Einwände nach Satz 4 sind innerhalb von vier Wochen nach Vorlage des Vorschlags auszuräumen.

(8) ¹Die Rehabilitationsträger teilen der Bundesarbeitsgemeinschaft für Rehabilitation alle zwei Jahre ihre Erfahrungen mit den gemeinsamen Empfehlungen mit, die Träger der Renten-, Kranken- und Unfallversicherung sowie der Alterssicherung der Landwirte über ihre Spitzenverbände. ²Die Bundesarbeitsgemeinschaft für Rehabilitation stellt dem Bundesministerium für Arbeit und Soziales und den Ländern eine Zusammenfassung zur Verfügung.

(9) Die gemeinsamen Empfehlungen können durch die regional zuständigen Rehabilitationsträger konkretisiert werden.

ERLÄUTERUNGEN

I. Bedeutung der Vorschrift

1 Durch **Abs. 1** werden die Rehabilitationsträger (ohne die öffentlichen Jugendhilfeträger und Sozialhilfeträger) zu gemeinsamen Empfehlungen zur Sicherung der Zusammenarbeit nach § 12 verpflichtet.

2 In **Abs. 2** werden weitere gemeinsame Empfehlungen zu insgesamt sieben Fragestellungen (Eignung von Präventionsmaßnahmen, Typisierung des Angebots an Leistungen zur Teilhabe, Typisierung des schriftlichen Festhaltens der Ziele und des Leistungsbedarfs im Einzelfall sowie die Ausgestaltung des Verfahrens zur Zuständigkeitserklärung, Beteiligung der Bundesagentur für Arbeit, Koordinierung der Leistungen zur Teilhabe, Typisierung der Förderung von einschlägigen Selbsthilfeeinrichtungen, Abgrenzung von ambulanten Leistungen zur Teilhabe von Leistungen zum Lebensunterhalt und anderen Entgeltersatzleistungen).

3 In **Abs. 3** wird festgelegt, wie bei dem beabsichtigen Abweichen gemeinsamer Empfehlungen von bestehenden Rahmenempfehlungen für einen Rehabilitationsträger verfahren werden soll. Das Gebot des Einvernehmens mit den jeweiligen Partnern der Rahmenempfehlungen gilt auch für Gegenstände, die nach gesetzlichen Vorschriften künftig in solchen Rahmenempfehlungen behandelt werden sollen.

4 Bei der Vereinbarung gemeinsamer Empfehlungen können sich die Träger der Sozialversicherung durch ihre Spitzenverbände vertreten lassen (**Abs. 4**).

In **Abs. 5** wird die Beteiligung der Träger der Sozial- und öffentlichen Jugendhilfe sowie der Hauptfürsorgestellen bei den gemeinsamen Empfehlungen geregelt. 5

An gemeinsamen Empfehlungen sind die in **Abs. 6** genannten Verbände behinderter Menschen einschließlich der Verbände der freien Wohlfahrtspflege, der Selbsthilfegruppen und der Interessengruppen behinderter Frauen zu beteiligen. 6

In **Abs. 7** werden Verfahrensregeln für die Aufstellung gemeinsamer Empfehlungen im Rahmen der Bundesarbeitsgemeinschaft für Rehabilitation erstellt. 7

In **Abs. 8** wird eine jährliche Berichterstattung der Rehabilitationsträger gegenüber der Bundesarbeitsgemeinschaft für Rehabilitation über Erfahrungen mit den gemeinsamen Empfehlungen festgelegt. Die Erfahrungsberichte sind dem Bundesministerium für Arbeit und Sozialordnung in Zusammenfassung zur Verfügung zu stellen. 8

II. Fassung

Die Vorschrift wurde unverändert aus dem Regierungsentwurf (BT-Drucks. 14/5531 i. V. m. 14/5074) übernommen. 9

III. Begründung

In dem Regierungsentwurf (BT-Drucks. 14/5074 S. 101) wird zu der Vorschrift ausgeführt:

„**Abs. 1** verpflichtet die Rehabilitationsträger nach § 6 Abs. 1 Nr. 1 bis 5, in Ergänzung der gesetzlichen Regelungen gemeinsame Empfehlungen über die für eine reibungslose und koordinierte Zusammenarbeit wichtigen Fragen zu vereinbaren. Hiermit und mit den gemeinsamen Empfehlungen nach Absatz 2 wird eines der Hauptanliegen des Neunten Buches verfolgt, nämlich die Koordination der Leistungen und die Kooperation der Rehabilitationsträger durch wirksame Instrumente sicherzustellen; hierbei sollen Selbstverwaltungslösungen Vorrang haben. Dabei geht es nicht darum, Voraussetzungen und Inhalte von Leistungen neu zu bestimmen, sondern im Rahmen des geltenden Rechts eine einheitliche und – bei Leistungen unterschiedlicher Rehabilitationsträger – eine koordinierte Leistungserbringung zu bewirken; dies soll dazu beitragen, dass die insgesamt erforderlichen Leistungen aus der Sicht der leistungsberechtigten Bürgerinnen und Bürger wie aus einer Hand erscheinen, auch wenn sie von rechtlich selbstständigen Rehabilitationsträgern eigenverantwortlich erbracht werden. Die Empfehlungen richten sich – mit Sonderregelungen in Abs. 5 – nur an die an ihnen beteiligten Rehabilitationsträger und lassen die Rechtsansprüche leistungsberechtigter Bürgerinnen und Bürger unberührt. 10

Abs. 2 zählt weitere Regelungsgegenstände, insbesondere der Prävention, der Koordinierung von Leistungen zur Teilhabe, Vermeidung einer Chronifizierung von Erkrankungen, der Förderung von Selbsthilfegruppen, -organisationen und -kontaktstellen, sowie die Abgrenzung beim Zusammentreffen von mehreren Entgeltersatzleistungen auf. Bei den gemeinsamen Empfehlungen nach Abs. 2 Nr. 6 gilt für die gesetzlichen Krankenkassen und ihre Spitzenverbände § 20 Abs. 4 Fünftes Buch, insbesondere Satz 5. 11

Abs. 3 stellt sicher, dass die gemeinsamen Empfehlungen auch mit den Rahmenempfehlungen, wie z. B. Rahmenempfehlungen über Rehabilitationsmaßnahmen nach § 111a Fünftes Buch, in Einklang gebracht werden, die aufgrund gesetzlicher Vorschriften bereits abgegeben worden sind. Der Rehabilitationsträger, für den solche Rahmenempfehlungen abgegeben worden sind, hat deshalb sicherzustellen, dass über den Inhalt der gemeinsamen Empfehlungen mit den übrigen Partnern der Rahmenempfehlungen Einvernehmen hergestellt wird, wenn abweichende Empfehlungen vorgesehen werden sollen. Damit wird gewährleistet, dass eine Auseinanderentwicklung zwischen den gemeinsamen Empfehlungen und den Rahmenempfehlungen nicht erfolgen kann. Gleiches gilt für Regelungsinhalte künftiger Rahmenempfehlungen, zum Beispiel aufgrund neuer gesetzlicher Regelungen. Insoweit wird den Partnern der Rahmenempfehlungen eine Zukunftsoption gesichert. 12

§ 13　Gemeinsame Empfehlung „Verbesserung der gegenseitigen Information"

13　Nach **Abs. 4** können sich die Träger der Sozialversicherung bei der Vereinbarung der gemeinsamen Empfehlungen durch ihre Spitzenverbände vertreten lassen.

14　**Abs. 5** sichert einerseits die Beteiligung der Träger der Sozial- und öffentlichen Jugendhilfe sowie der Hauptfürsorgestellen bei den gemeinsamen Empfehlungen, andererseits die Berücksichtigung besonderer Grundsätze bei diesen Trägern.

15　**Abs. 6** stellt sicher, dass die Kompetenz von Verbänden behinderter Menschen einschließlich der Verbände der Freien Wohlfahrtspflege, der Selbsthilfegruppen und Interessenvertretungen behinderter Frauen durch ihre Beteiligung genutzt wird. Zu den Verbänden behinderter Menschen gehören auch die Verbände ihrer Angehörigen.

16　Nach den **Abs. 7 und 8** soll die Bundesarbeitsgemeinschaft für Rehabilitation den organisatorischen Rahmen für die notwendigen Vorbereitungs- und Abstimmungsprozesse der jeweils beteiligten Rehabilitationsträger und sonstigen Beteiligten bilden und erhält Initiativ-, Steuerungs- und Berichtsaufgaben. Diese berücksichtigen sowohl den Vorrang von Regelungen der Selbstverwaltungen und sollen zugleich gewährleisten, dass die erforderlichen Regelungen zügig getroffen werden. Bei der Ausarbeitung der Vorschläge für gemeinsame Empfehlungen ist auf die Besonderheiten der gesetzlichen Unfallversicherung Rücksicht zu nehmen.

Gemeinsame Empfehlung zur Verbesserung der gegenseitigen Information und Kooperation aller beteiligten Akteure nach § 13 Abs. 2 Nr. 8 und 9 SGB IX

Vom 22. März 2004

Diese Empfehlung soll einerseits die Grundlage dafür schaffen, dass die Rehabilitationsträger, behandelnde Ärzte / Ärztinnen, Betriebs- und Werksärzte / -ärztinnen ihre Zusammenarbeit bei der Einleitung und Ausführung von Leistungen zur Teilhabe intensivieren. Andererseits soll sie einen Informationsaustausch der Rehabilitationsträger mit behinderten Beschäftigten, betrieblichen Arbeitnehmervertretungen, Arbeitgeber(n) / -innen, Integrationsämtern, Beratungsdiensten, gemeinsamen Servicestellen, Einrichtungen der Rehabilitation und Teilhabe sowie Interessenverbänden der behinderten und von Behinderung bedrohten Menschen einschließlich der Interessenvertretungen behinderter Frauen und Selbsthilfegruppen gewährleisten. Vorrangiges Ziel ist es, den Beschäftigten den Arbeitsplatz zu erhalten. Die Kompetenzen der betroffenen Menschen und ihre Selbstbestimmung sind zu fördern. Der Kooperations- und Kommunikationsprozess zwischen den betroffenen Menschen und Beteiligten ist barrierefrei zu gestalten. Die Bestimmungen des Datenschutzes sind zu beachten.

Zu diesem Zweck vereinbaren

　die gesetzlichen Krankenkassen,

　die Bundesagentur für Arbeit,

　die Träger der gesetzlichen Unfallversicherung,

　die Träger der gesetzlichen Rentenversicherung,

　die Träger der Alterssicherung der Landwirte,

　die Träger der Kriegsopferversorgung und die Träger der Kriegsopferfürsorge im Rahmen des Rechts der sozialen Entschädigung bei Gesundheitsschäden sowie die Integrationsämter

die nachstehende Gemeinsame Empfehlung gemäß § 13 Abs. 2 Nr. 8 und 9 SGB IX mit dem Ziel, die systematische, gegenseitige Information und Kooperation aller Akteure in einem kontinuierlichen Entwicklungsprozess sicherzustellen.

Eine ergebnisorientierte Zusammenarbeit erfordert eine den Beteiligten problemlos zugängliche Informations- und Kommunikationsplattform, die Wege und Ansprechpartner aufzeigt und sicherstellt, dass alle Beteiligten – mit Zustimmung des betroffenen Menschen – Rückmeldungen über den weiteren Verlauf des Verfahrens erhalten. Ziel ist die Weiterent-

wicklung einer Träger und Leistungserbringer übergreifenden „Kultur" der frühzeitigen Rehabilitation, in der die wechselseitige Zusammenarbeit nicht nur von bestehenden Verfahrensvereinbarungen abhängt, sondern Ausdruck der kooperativen und kreativen Nutzung der vorhandenen Möglichkeiten durch alle Beteiligten ist.
Die Schaffung, Erhaltung und das Bekanntmachen einer solchen Plattform ist Aufgabe der Rehabilitationsträger. Dabei kann an die bereits existierenden gemeinsamen Servicestellen angeknüpft werden.
Die nachstehenden Regelungen gelten in der landwirtschaftlichen Sozialversicherung unter Berücksichtigung der besonderen Betriebs- und Versichertenstrukturen.

§ 1 Leistungen. Leistungen zur Teilhabe im Sinne dieser Gemeinsamen Empfehlung sind die notwendigen Leistungen

- zur medizinischen Rehabilitation nach § 26 SGB IX,
- zur Teilhabe am Arbeitsleben nach den §§ 33 und 34 SGB IX sowie
- nach § 102 Abs. 1 Nr. 3 SGB IX als begleitende Hilfen im Arbeitsleben.

§ 2 Einbindung aller Beteiligten / Transparenz / Zugänglichkeit. (1) Die Rehabilitationsträger nach § 6 Abs. 1 Nr. 1–5 SGB IX verpflichten sich, die Haus-, Fach-, Betriebs- und Werksärzte / -ärztinnen sowohl bei der Einleitung als auch bei der Durchführung von Leistungen zur Teilhabe zu beteiligen. Hierzu ist es erforderlich, in Zusammenarbeit mit den entsprechenden Organisationen, z. B. Ärztekammer, Kassenärztliche Vereinigung, Berufsverbände der Ärzte etc., verbindliche Formen der Einbindung zu entwickeln.

(2) Darüber hinaus sind geeignete Verfahren und Strukturen zur Sicherstellung eines kontinuierlichen und verlässlichen Informationsaustauschs mit den in § 13 Abs. 2 Nr. 9 SGB IX genannten behinderten Beschäftigten, Arbeitgeber / -innen sowie den in § 83 SGB IX genannten betrieblichen Vertretungen der Arbeitnehmer / -innen zu etablieren.

(3) Mithilfe zweckentsprechender Instrumentarien ist die Abstimmung unter allen in § 13 Abs. 2 Nr. 8 und 9 SGB IX benannten Akteuren und ein reibungsloser Informationsfluss untereinander sicherzustellen.

Bestehende gesetzliche Regelungen einer Anzeigepflicht nach SGB VII, IX u. a. bleiben davon unberührt.

(4) Bei den nach Abs. 1 und 2 zu entwickelnden Verfahren sind selbstverständlich die Belange der betroffenen Menschen zu berücksichtigen. In allen Phasen der Verfahren sind die Prinzipien der Selbstbestimmung, Vertraulichkeit und Verschwiegenheit zu wahren. Der zuständige Rehabilitationsträger ist dafür verantwortlich, dass die betroffenen Menschen einen / eine Ansprechpartner / -partnerin für die Phasen der Einleitung und Durchführung von Maßnahmen zur Teilhabe und bei der Nachsorge haben, der / die sie berät, unterstützt und begleitet.

(5) Den spezifischen Belangen von betroffenen Frauen ist Rechnung zu tragen.

§ 3 Zugangswege. Leistungen zur Teilhabe können durch unterschiedliche Personengruppen unter Berücksichtigung des informationellen Selbstbestimmungsrechts und der datenschutzrechtlichen Bestimmungen angeregt werden, wobei auch die betriebliche Ebene eingebunden ist:

- Betroffene wenden sich an ihre Ärzte / Ärztinnen, Rehabilitationsträger oder die gemeinsame Servicestelle, Integrationsfachdienste und ggf. an ihre Schwerbehindertenvertretungen sowie Betriebs- / Werksärzte / -ärztinnen ihres Betriebes,
- Werks- und Betriebsärzte / -ärztinnen regen die Einleitung von Teilhabeleistungen an und unterstützen die betroffenen Menschen bei der Antragstellung,
- Ärzte / Ärztinnen, Psychotherapeuten / -therapeutinnen, Psychologen / Psychologinnen geben entsprechende Informationen an den für die Teilhabeleistung zuständigen Rehabili-

tationsträger, im Zweifelsfall an eine gemeinsame Servicestelle in der Region und im Bedarfsfall an die Werks- oder Betriebsärzte / -ärztinnen weiter,
- Angehörige von Gesundheitsberufen informieren den / die behandelnden / verordnenden Arzt / Ärztin,
- Beratungsdienste / -stellen von Einrichtungen, Behindertenverbänden etc. informieren den nach ihrer Meinung zuständigen Rehabilitationsträger oder die gemeinsame Servicestelle.

§ 4 Einleitung und Ausführung von Maßnahmen zur Teilhabe durch einen Rehabilitationsträger. (1) Ergeben sich bei einem Rehabilitationsträger Anhaltspunkte für einen möglichen Teilhabebedarf, führt dieser umgehend eine entsprechende Prüfung im konkreten Fall durch. Ist daraufhin Teilhabebedarf anzunehmen, erfolgt in Abstimmung mit dem betroffenen Menschen und unter Beteiligung des / der behandelnden / verordnenden Arztes / Ärztin und / oder Betriebs- / Werksarzt / -ärztin und ggf. Suchtberatungsstellen die Abklärung des Teilhabebedarfs auch unter Berücksichtigung des arbeits- und berufsbezogenen Umfeldes. In diesen Fällen wird das Verfahren durch einen Antrag des / der Versicherten und einen durch den / die Betriebs- / Werksarzt / -ärztin bzw. behandelnden / verordnenden Arzt / Ärztin erstellten Befundbericht, ggf. mit Sozialbericht, eingeleitet.

Verfahren von Amts wegen werden entsprechend den Regelungen der jeweiligen Rehabilitationsträger veranlasst.

Die Rehabilitationsträger stellen durch geeignete Verfahren bzw. Vereinbarungen sicher, dass die Rehabilitationseinrichtungen im Bedarfsfall während der medizinischen Rehabilitation Kontakt zum/zur behandelnden Arzt / Ärztin und zuständigen Betriebs- / WerksärztIn und ggf. zu anderen Beteiligten aufnehmen, um die Teilhabe am Arbeitsleben zu sichern und zu fördern. Für die Prüfung eines weitergehenden Bedarfs an Leistungen zur Teilhabe am Arbeitsleben und ggf. die Einleitung von geeigneten Leistungen stehen die Beratungsdienste der Leistungsträger bereits während der medizinischen Rehabilitationsleistung zur Verfügung.

Nach Beendigung der medizinischen Rehabilitation wird der / die behandelnde / verordnende Arzt / Ärztin und der / die Betriebs- / Werksarzt / -ärztin sowie beteiligte Rehabilitationsträger mit Einverständnis des betroffenen Menschen über das Ergebnis informiert.

(2) Sofern eine **gesetzliche Krankenkasse** Rehabilitationsträger ist, finden für das weitere Verfahren die Rehabilitations-Richtlinien nach § 92 Abs. 1 Satz 2 Nr. 8 SGB V Anwendung. Der/die verordnende Arzt / Ärztin ist nach Beendigung der Leistungen zur medizinischen Rehabilitation über das Ergebnis zu informieren und wirkt in Zusammenarbeit mit der Krankenkasse darauf hin, dass Empfehlungen für weitergehende Leistungen zur Sicherung des Rehabilitationserfolges umgesetzt werden. Hält die Krankenkasse weitere Leistungen zur Teilhabe für erforderlich, die sie nicht selbst erbringen kann, findet § 14 Abs. 6 SGB IX Anwendung. Ist erkennbar, dass weitergehende Leistungen zur Sicherung des Arbeitsplatzes erforderlich werden, ohne dass es sich dabei um Leistungen zur Teilhabe handelt, informiert die Krankenkasse hierüber den / die Betriebs- oder Werksarzt / -ärztin. Diese(r) bereitet in Zusammenarbeit mit der Krankenkasse und unter Beteiligung des / der Arztes / Ärztin die betriebliche Wiedereingliederung unter Berücksichtigung der Leistungsfähigkeit des betroffenen Menschen vor.

(3) Ist die **gesetzliche Rentenversicherung** Rehabilitationsträger, erhält im Anschluss an die Leistungen zur medizinischen Rehabilitation der / die behandelnde Arzt / Ärztin und zuständige Betriebs- / Werksarzt / -ärztin, mit Einverständnis der Versicherten, eine Durchschrift des Entlassungsberichts.

Die Prüfung eines Bedarfs auf Leistungen zur Teilhabe am Arbeitsleben und ggf. eine Einleitung von geeigneten Leistungen wird grundsätzlich durch einen Antrag des / der Leistungsberechtigten ausgelöst.

Daneben wirkt der Rehabilitationsberatungsdienst der Rentenversicherung anlässlich seiner Betriebskontakte und Besuchstermine in den Rehabilitationseinrichtungen sowie im Rahmen der Beratungs- und Auskunftsangebote auf ein Erkennen notwendiger Leistungen zur Teilhabe und deren zielführende Umsetzung hin. Er führt grundsätzlich die Ermittlungen zur Einleitung und Durchführung von Leistungen zur Teilhabe am Arbeitsleben durch und koordiniert die Zusammenarbeit mit anderen Rehabilitationsträgern. Unter Beachtung der datenschutzrechtlichen Bestimmungen werden die am Prozess Beteiligten über den Verlauf und das Ergebnis der Leistungen zur Teilhabe unterrichtet.

Lässt sich bereits im Antragsverfahren auf Leistungen zur medizinischen Rehabilitation ein Bedarf für Leistungen zur Teilhabe am Arbeitsleben ermitteln, sollen die Leistungen in geeigneten Einrichtungen durchgeführt werden, die diagnosetaugliche Vorfeldmaßnahmen in Bezug auf berufsbezogene Belastungsmerkmale zulassen.

Ergibt sich die Notwendigkeit erst während der Leistungen zur medizinischen Rehabilitation, haben die durchführenden Rehabilitationseinrichtungen eigenverantwortlich oder in Kooperation mit Einrichtungen der beruflichen Rehabilitation entsprechende Feststellungen zu treffen. Durch die frühzeitige Berücksichtigung der konkreten beruflichen Situation der Leistungsberechtigten wird eine bedarfsorientierte Empfehlung für Leistungen zur Teilhabe am Arbeitsleben aus der medizinischen Einrichtung heraus erreicht. In diesem Verzahnungsbereich von Leistungen zur medizinischen Rehabilitation und Leistungen zur Teilhabe am Arbeitsleben kommt dem Rehabilitationsberatungsdienst der Rentenversicherung eine prozesssteuernde Funktion zu.

(4) Bei Vorliegen der gesetzlichen Voraussetzungen hat der zuständige Träger der **gesetzlichen Unfallversicherung** von Amts wegen (§ 19 Satz 2 SGB IV) festzustellen, ob ein Rehabilitations- bzw. Teilhabebedarf vorliegt.

Die gesetzlichen Anzeigepflichten gemäß §§ 193, 202 SGB VII, die Vorstellungspflicht Arbeitsunfallverletzter beim Durchgangsarzt und dessen durchgängige „Lotsenfunktion" gewährleisten eine effiziente Versorgung und frühzeitige Maßnahmen zur Rehabilitation und Teilhabe.

In ärztlichen Berichten und Gutachten sowie im Rahmen des Rehabilitationsmanagements der Unfallversicherungsträger findet eine ganzheitliche Beurteilung des Gesundheitszustandes der Versicherten statt. Damit soll festgestellt werden, ob neben Arbeitsunfall- und Berufskrankheitenfolgen weitere Funktionsstörungen vorliegen, die sich auf Art und Ausmaß der Rehabilitationsleistungen auswirken können und gegebenenfalls die Beteiligung eines anderen Rehabilitationsträgers erfordern.

Die Unfallversicherungsträger legen besonderen Wert darauf, mit Einverständnis der Versicherten oder deren gesetzlichen Vertreter Schulen und Arbeitgeber sowie Betriebs- und Werksärzte / -ärztinnen über das Leistungsvermögen der Versicherten zu informieren, um eine dauerhafte Eingliederung in den Bildungs- und Arbeitsprozess zu erreichen und später auftretende Sekundärfolgen zu vermeiden.

Für arbeitsbedingte Gesundheitsgefahren und Berufskrankheiten wurden die Grundlagen für eine intensive Zusammenarbeit mit den Betriebs- und Werksärzten / -ärztinnen gelegt.[1])

(5) Ergeben sich bei der **Arbeitsverwaltung** in Beratungsgesprächen mit Arbeitnehmern / Arbeitnehmerinnen Hinweise auf gesundheitliche Einschränkungen, die Auswirkungen auf die weitere Berufsausübung haben können, werden unverzüglich die notwendigen Abklärungen durch den ärztlichen Dienst der Bundesagentur für Arbeit veranlasst. Dabei ist auch in Kooperation mit den behandelnden Ärzten / Ärztinnen, ggf. auch mit psychosozialen

---

[1]) Empfehlung der Spitzenverbände der Unfallversicherungsträger, des Verbandes Deutscher Betriebs- und Werksärzte und der Deutschen Gesellschaft für Arbeitsmedizin und Umweltmedizin über die Zusammenarbeit in Verfahren zur Feststellung einer Berufskrankheit einschließlich von Maßnahmen nach § 3 BKV vom 28. 2. 2002.

Beratungsstellen, sonstigen Leistungserbringern sowie – in Fällen mit noch gegebenem Arbeits- und Beschäftigungsverhältnis – mit dem / der zuständigen Betriebs- oder Werksarzt / -ärztin festzustellen, ob Leistungen zur medizinischen Rehabilitation und / oder zur Teilhabe am Arbeitsleben erforderlich sind.

Eine Möglichkeit zur frühzeitigen Erkennung eines Bedarfs an Leistungen zur Teilhabe ist auch durch die Verpflichtung zur frühzeitigen Arbeitssuche gemäß § 37b SGB III gegeben.

(6) Ergeben sich im Rahmen der begleitenden Hilfe im Arbeitsleben Anhaltspunkte für einen gesundheitlichen oder beruflichen Teilhabebedarf von schwerbehinderten Beschäftigten, wirken die Integrationsämter auf Leistungen der Rehabilitationsträger hin.

§ 5 Verfahren zur Bedarfserkennung von Leistungen zur Teilhabe auf der betrieblichen Ebene. (1) Die Rehabilitationsträger stellen den kontinuierlichen Informationsaustausch nach § 13 Abs. 2 Nr. 9 SGB IX mit Betrieben jeder Größenordnung sicher. Ziel dieser Zusammenarbeit ist das gemeinsame Bestreben, möglichst frühzeitig den voraussichtlichen Bedarf für Leistungen zur Teilhabe zu erkennen, den Rehabilitationsbedarf dann zu bestimmen und ggf. die notwendigen Maßnahmen umgehend einzuleiten und dadurch den Erhalt der funktionalen Gesundheit und damit den Erhalt des Arbeitsplatzes zu unterstützen. Die für diese Früherkennung erforderlichen trägerübergreifenden Maßstäbe und Standards müssen aus der Praxis heraus entwickelt bzw. durch die Anpassung und Vereinheitlichung bereits vorhandener Instrumente und Richtlinien präzisiert werden.

Es ist dafür Sorge zu tragen, dass diese gemeinsame Vorgehensweise nicht zu einer Gefährdung des Arbeitsverhältnisses führt. Vertraulichkeit und niedrigschwellige Zugangswege sind zu gewährleisten.

(2) Die Rehabilitationsträger stellen sicher, dass die Informationen über Kriterien zur Feststellung eines möglichen Rehabilitationsbedarfs, über zuständige Ansprechpartner und Verfahrenswege an Arbeitnehmer / -innen und Arbeitgeber / -innen gelangen. Dies kann durch Informationsblätter, Aushänge in Betrieben, Informationsveranstaltungen etc. geschehen. Diese Angaben beinhalten auch Hinweise auf Servicestellen und einschlägige Internetadressen.

Für behandelnde Haus- und Fachärzte / -ärztinnen sowie Betriebs- und Werksärzte / -ärztinnen sind gezielte Informationsmaterialien zu entwickeln. Zur adressatenspezifischen Aufklärung von Beteiligten über die mögliche Feststellung eines Rehabilitationsbedarfs sind regionale Strukturen zu nutzen (z. B. Innungen, Handwerkskammern, Qualitätszirkel der Hausärzte / -ärztinnen, Unternehmensverbände, Gewerkschaften).

(3) Die Rehabilitationsträger stellen sicher, dass ihre jeweiligen Rehabilitationsberater / Berufshelfer / Rehabilitationsmanager auf Anforderung Betriebe aufsuchen, um in Beratungsgesprächen Wege zur Abklärung des Rehabilitationsbedarfs und mögliche Leistungen zur Teilhabe aufzuzeigen. Sie leisten Unterstützung bei der Antragsstellung.

Bei der Abklärung und Einleitung von Maßnahmen arbeiten sie eng mit den in den Betrieben Beteiligten von Arbeitgeberseite und den Arbeitnehmervertretungen sowie den Betriebs- und Werksärzten / -ärztinnen entsprechend § 13 Abs. 2 Nr. 8 und 9 bzw. § 84 SGB IX zusammen.

(4) Als betriebliche Entscheidungshilfe für das Erkennen eines Rehabilitationsbedarfs dienen u. a. systematisch ausgewertete Ergebnisse allgemeiner und spezieller arbeitsmedizinischer Vorsorgeuntersuchungen sowie Ergebnisse von betrieblichen Gefährdungsbeurteilungen. Ein weiterer Indikator für möglichen Rehabilitationsbedarf kann die wiederholte Arbeitsunfähigkeit oder eine Arbeitsunfähigkeit von mehr als 6 Wochen Dauer sein. Handlungsbedarf besteht immer dann, wenn bei einem Abgleich von betrieblichen Anforderungen und individuellem Gesundheitszustand eine Diskrepanz auftritt, die nicht durch innerbetriebliche Maßnahmen wie Modifizierung der Arbeitsanforderungen bzw. Umsetzung an einen anderen Arbeitsplatz oder eine Optimierung der bisherigen Therapie gelöst werden kann.

(5) Soweit vorhanden knüpfen Rehabilitationsträger an bereits in den Betrieben und Regionen vorhandenen Organisationsstrukturen des betrieblichen Arbeits- und Gesundheitsschutzes und des betrieblichen Gesundheitswesens an und unterstützen die (Weiter-)Entwicklung von Strukturen und Instrumenten zur frühzeitigen Feststellung eines Rehabilitationsbedarfs sowie Einleitung von Leistungen zur Teilhabe in Kooperation mit allen in den Betrieben Beteiligten.

(6) Die Rehabilitationsträger stellen mit Einverständnis des betroffenen Menschen sicher, dass in Mittel- und Großbetrieben insbesondere die Schwerbehindertenvertretung, der Werksärztliche Dienst bzw. der / die Betriebsarzt / -ärztin und der Sozialdienst frühzeitig über das Antragsverfahren sowie alle Leistungen zur medizinischen Rehabilitation und zur Teilhabe am Arbeitsleben sowohl im Planungsstadium als auch in der Umsetzungsphase informiert und einbezogen werden, um möglichst frühzeitig ein betriebliches Teilhabemanagement zu ermöglichen. Der / die Betriebsarzt / -ärztin bindet dazu bestehende Organisationsstrukturen wie betriebliche Rehabilitationsteams, Gesundheitsbeauftragte oder Ombudsleute ein.

(7) In Kleinbetrieben sind Strukturen i. S. des vorstehenden Absatzes 6 meist nicht vorhanden, deshalb kommt hier der Kooperation zwischen Hausärzten / -ärztinnen und Betriebsärzten / -ärztinnen bei der Einleitung von Maßnahmen zur medizinischen Rehabilitation sowie zur Teilhabe am Arbeitsleben eine besondere Bedeutung zu. Die Rehabilitationsträger erfassen im Rahmen des Antragsverfahrens über die betroffene Person und den Arbeitgeber den zuständigen Betriebsarzt / Arbeitsmedizinischen Dienstleister und stellen bei Bedarf mit Zustimmung des betroffenen Menschen den Informationsweg zwischen behandelndem Arzt / Ärztin und dem / der Betriebsarzt / -ärztin her.

Um den Zugang der Beschäftigten in Kleinbetrieben zu Leistungen zur Teilhabe zu verbessern, entwickeln die Rehabilitationsträger und die Integrationsämter Strukturen für den Informationsaustausch mit regionalen Organisationen, insbesondere Kreishandwerkerschaften sowie Handwerks-, Industrie- und Handelskammern.

(8) Vorstehende Regelungen gelten für die Integrationsämter entsprechend.

§ 6 Datenschutz. Der Schutz der personenbezogenen Daten, insbesondere der Sozialdaten, ist zu wahren, das Recht auf informationelle Selbstbestimmung ist zu gewährleisten.

§ 7 Inkrafttreten. (1) Diese Gemeinsame Empfehlung tritt am 1. April 2004 in Kraft.

(2) Die Vereinbarungspartner und die anderen Rehabilitationsträger werden auf der Ebene der Bundesarbeitsgemeinschaft für Rehabilitation in angemessenen Zeitabständen unter Einbeziehung der Verbände behinderter Menschen einschließlich der Verbände der freien Wohlfahrtspflege, der Selbsthilfegruppen und der Interessenvertretungen behinderter Frauen sowie der für die Wahrnehmung der Interessen der ambulanten und stationären Rehabilitationseinrichtungen auf Bundesebene maßgeblichen Spitzenverbände prüfen, ob diese Empfehlung aufgrund zwischenzeitlich gewonnener Erfahrungen und eingetretener Entwicklungen verbessert oder wesentlich veränderten Verhältnissen angepasst werden muss. Für diesen Fall erklären die Vereinbarungspartner ihre Bereitschaft, unverzüglich an der Überarbeitung einer entsprechenden zu ändernden gemeinsamen Empfehlung mitzuwirken.

§ 14
Zuständigkeitsklärung

(1) [1]Werden Leistungen zur Teilhabe beantragt, stellt der Rehabilitationsträger innerhalb von zwei Wochen nach Eingang des Antrages bei ihm fest, ob er nach dem für ihn geltenden Leistungsgesetz für die Leistung zuständig ist; bei den Krankenkassen umfasst die Prüfung auch die Leistungspflicht nach § 40 Abs. 4 des Fünften Buches. [2]Stellt er

bei der Prüfung fest, dass er für die Leistung nicht zuständig ist, leitet er den Antrag unverzüglich dem nach seiner Auffassung zuständigen Rehabilitationsträger zu. ³Muss für eine solche Feststellung die Ursache der Behinderung geklärt werden und ist diese Klärung in der Frist nach Satz 1 nicht möglich, wird der Antrag unverzüglich dem Rehabilitationsträger zugeleitet, der die Leistung ohne Rücksicht auf die Ursache erbringt. ⁴Wird der Antrag bei der Bundesagentur für Arbeit gestellt, werden bei der Prüfung nach den Sätzen 1 und 2 Feststellungen nach § 11 Abs. 2a Nr. 1 des Sechsten Buches und § 22 Abs. 2 des Dritten Buches nicht getroffen.

(2) ¹Wird der Antrag nicht weitergeleitet, stellt der Rehabilitationsträger den Rehabilitationsbedarf unverzüglich fest. ²Muss für diese Feststellung ein Gutachten nicht eingeholt werden, entscheidet der Rehabilitationsträger innerhalb von drei Wochen nach Antragseingang. ³Wird der Antrag weitergeleitet, gelten Satz 1 und 2 für den Rehabilitationsträger, an den der Antrag weitergeleitet worden ist, entsprechend; die in Satz 2 genannte Frist beginnt mit dem Eingang bei diesem Rehabilitationsträger. ⁴Ist für die Feststellung des Rehabilitationsbedarfs ein Gutachten erforderlich, wird die Entscheidung innerhalb von zwei Wochen nach Vorliegen des Gutachtens getroffen. ⁵Kann der Rehabilitationsträger, an den der Antrag weitergeleitet worden ist, für die beantragte Leistung nicht Rehabilitationsträger nach § 6 Abs. 1 sein, klärt er unverzüglich mit dem nach seiner Auffassung zuständigen Rehabilitationsträger, von wem und in welcher Weise über den Antrag innerhalb der Fristen nach den Sätzen 2 und 4 entschieden wird und unterrichtet hierüber den Antragsteller.

(3) ¹Die Absätze 1 und 2 gelten sinngemäß, wenn der Rehabilitationsträger Leistungen von Amts wegen erbringt. ²Dabei tritt an die Stelle des Tages der Antragstellung der Tag der Kenntnis des voraussichtlichen Rehabilitationsbedarfs.

(4) ¹Wird nach Bewilligung der Leistung durch einen Rehabilitationsträger nach Absatz 1 Satz 2 bis 4 festgestellt, dass ein anderer Rehabilitationsträger für die Leistung zuständig ist, erstattet dieser dem Rehabilitationsträger, der die Leistung erbracht hat, dessen Aufwendungen nach den für diesen geltenden Rechtsvorschriften. ²Die Bundesagentur für Arbeit leitet für die Klärung nach Satz 1 Anträge auf Leistungen zur Teilhabe am Arbeitsleben zur Feststellung nach § 11 Abs. 2a Nr. 1 des Sechsten Buches an die Träger der Rentenversicherung nur weiter, wenn sie konkrete Anhaltspunkte dafür hat, dass der Träger der Rentenversicherung zur Leistung einer Rente unabhängig von der jeweiligen Arbeitsmarktlage verpflichtet sein könnte. ³Für unzuständige Rehabilitationsträger, die eine Leistung nach Absatz 2 Satz 1 und 2 erbracht haben, ist § 105 des Zehnten Buches nicht anzuwenden, es sei denn, die Rehabilitationsträger vereinbaren Abweichendes.

(5) ¹Der Rehabilitationsträger stellt sicher, dass er Sachverständige beauftragen kann, bei denen Zugangsbarrieren nicht bestehen. ²Ist für die Feststellung des Rehabilitationsbedarfs ein Gutachten erforderlich, beauftragt der Rehabilitationsträger unverzüglich einen geeigneten Sachverständigen. ³Er benennt den Leistungsberechtigten in der Regel drei möglichst wohnortnahe Sachverständige unter Berücksichtigung bestehender sozialmedizinischer Dienste. ⁴Haben sich Leistungsberechtigte für einen benannten Sachverständigen entschieden, wird dem Wunsch Rechnung getragen. ⁵Der Sachverständige nimmt eine umfassende sozialmedizinische, bei Bedarf auch psychologische Begutachtung vor und erstellt das Gutachten innerhalb von zwei Wochen nach Auftragserteilung. ⁶Die in dem Gutachten getroffenen Feststellungen zum Rehabilitationsbedarf werden den Entscheidungen der Rehabilitationsträger zugrunde gelegt. ⁷Die gesetzlichen Aufgaben der Gesundheitsämter bleiben unberührt.

(6) ¹Hält der leistende Rehabilitationsträger weitere Leistungen zur Teilhabe für erforderlich und kann er für diese Leistungen nicht Rehabilitationsträger nach § 6 Abs. 1 sein, wird Absatz 1 Satz 2 entsprechend angewendet. ²Die Leistungsberechtigten werden hierüber unterrichtet.

Zuständigkeitsklärung　§ 14

ERLÄUTERUNGEN

ÜBERSICHT

I. Bedeutung der Vorschrift (Rdnrn. 1–9)
II. Fassung (Rdnrn. 10–15)
   A) durch das SGB IX vom 19. Juni 2001 (BGBl. I S. 1046) mit Wirkung vom 1. Juli 2001 (Rdnrn. 10–11)
   B) durch das Dritte Gesetz für moderne Dienstleistungen am Arbeitsmarkt vom 23. Dezember 2003 (BGBl. I S. 2848) mit Wirkung vom 1. Januar 2004 (Rdnr. 12)
   C) durch das Gesetz zur Förderung der Ausbildung und Beschäftigung schwerbehinderter Menschen vom 23. April 2004 (BGBl. I S. 606) mit Wirkung vom 1. Mai 2004 (Rdnrn. 13–15)
III. Begründung (Rdnrn. 16–26)
   A) durch das SGB IX vom 19. Juni 2001 (BGBl. I S. 1046) mit Wirkung vom 1. Juli 2001 (Rdnrn. 16–25)
   B) durch das Gesetz zur Förderung der Ausbildung und Beschäftigung schwerbehinderter Menschen vom 23. April 2004 (BGBl. I S. 606) mit Wirkung vom 1. Mai 2004 (Rdnr. 26)
IV. Anmerkungen (Rdnrn. 27–182)
   A) zu Abs. 1
      1. Zuständigkeitsprüfung (Rdnrn. 27–64)
         a) Ziel (Rdnrn. 27–31)
         b) Reichweite (Rdnrn. 32–37)
         c) Fristbeginn mit Antragseingang (Rdnrn. 38–52)
         d) Prüfung des erstangegangenen Trägers (Rdnrn. 53–64)
      2. Weiterleitung (Rdnrn. 65–87)
   B) zu Abs. 2
      1. Feststellung des Rehabilitationsbedarfs (Rdnrn. 88–115)
         a) Bei Nichtweiterleitung (Rdnrn. 88–104)
         b) Bei Weiterleitung (Rdnrn. 105–115)
      2. Keine wiederholte Weiterleitung (Rdnrn. 116–123)
   C) zu Abs. 3
      1. Leistungen von Amts wegen (Rdnrn. 124–126)
   D) zu Abs. 4
      1. Erstattungsansprüche des zweitangegangenen Trägers (Rdnrn. 127–138)
         a) Grundsatz bei Unzuständigkeit (Rdnrn. 127–134)
         b) Sonderregelung für Zuständigkeitskollision zwischen BA und Rentenversicherungsträger bei Erwerbsminderung (Rdnr. 135)
         c) Weitere Rechtsfragen bei der Erstattung an den zweitangegangenen Träger (Rdnrn. 136–138)
            aa) Vermeidung von Doppelleistungen (Rdnr. 136)
            bb) Ausschlussfrist nach § 111 SGB X (Rdnr. 137)
            cc) Verjährung (Rdnr. 138)
      2. Erstattungsanspruch des erstangegangenen Trägers bei Nichtweiterleitung (Rdnrn. 139–154)
         a) Grundsatz (Rdnrn. 139–141)
         b) Unterscheidung nach Gründen der Nichtweiterleitung (Rdnrn. 142–154)
            aa) Nichtweiterleitung trotz erkannter eigener Unzuständigkeit (Rdnr. 143)
            bb) Nichtweiterleitung bei irrtümlich angenommener eigener Zuständigkeit (Rdnrn. 144–146)

cc) Nichtweiterleitung bei komplizierter Rechtslage im Beschleunigungsinteresse (Rdnrn. 147–151)
dd) Nichtweiterleitung und späterer Wegfall einer ursprünglich gegebenen Zuständigkeit (Rdnrn. 152–154)
E) zu Abs. 5
1. Beauftragung von Sachverständigen (Rdnrn. 155–175)
F) zu Abs. 6
1. Weiterleitung bei Erforderlichkeit weiterer Leistungen (Rdnrn. 176–178)
G) Rechtspolitische Bewertung der Vorschrift und ihrer Effekte (Rdnrn. 179–182)
V. Literatur
Anhang: Gemeinsame Empfehlung über die Ausgestaltung des in § 14 SGB IX bestimmten Verfahrens (Gemeinsame Empfehlung zur Zuständigkeitsklärung)

I. Bedeutung der Vorschrift

1 Für Leistungen zur Teilhabe behinderter Menschen können verschiedene Rehabilitationsträger zuständig sein (§ 6 SGB IX; § 29 SGB I). Damit Unklarheit und Streit über die Zuständigkeit nicht zulasten einer zügigen Gewährung der Leistungsansprüche gehen, hat der Gesetzgeber in § 14 SGB IX **Regeln zur raschen Zuständigkeitsklärung und Bedarfsfeststellung** geschaffen. Damit werden abschließende Spezialregelungen über die Zuständigkeit und Leistungserbringung getroffen mit dem Ziel, durch eine beschleunigte Zuständigkeitserklärung die möglichst schnelle Leistungserbringung zu sichern.

Die Vorschrift sieht **im Grundsatz lediglich zwei Zuständigkeiten** vor, die des erstangegangenen oder des im Wege der Weiterleitung zweitangegangenen Rehabilitationsträgers.

1a Werden Leistungen zur Teilhabe beantragt, stellt der Rehabilitationsträger gemäß **Abs. 1 Satz 1 innerhalb von zwei Wochen** nach Eingang des Antrags bei ihm fest, ob er nach den für ihn geltenden Leistungsgesetzen zuständig ist. Ergibt die Prüfung, dass er für die Leistung **nicht zuständig** ist, **leitet** er den Antrag nach **Abs. 1 Satz 2** unverzüglich **dem** seiner Auffassung nach **zuständigen Rehabilitationsträger** zu.

1b Wird der **Antrag nicht weitergeleitet**, stellt der Rehabilitationsträger gemäß **Abs. 2 Satz 1** den Rehabilitationsbedarf unverzüglich fest. Im Fall der **Nichtweiterleitung** des Antrags ist danach der **erstangegangene Rehabilitationsträger zuständig.** Dies bedeutet, dass auch die Pflichten des zuständigen Trägers im Verfahren zur frühzeitigen und umfassenden Bedarfserkennung und Feststellung (§ 8, § 10 Abs. 1, § 14 Abs. 5 SGB IX) in vollem Umfang auf den leistenden Rehabilitationsträger übergehen. Wer sich an einen Rehabilitationsträger wendet, muss behandelt werden, als hätte er sich an alle Rehabilitationsträger gewandt (*Welti* jurisPR-SozR 5/2009 Anm. 1).

1c Wird der **Antrag weitergeleitet**, gelten gemäß **Abs. 2 Satz 3** die Sätze 1 und 2 entsprechend für den Rehabilitationsträger, an den der Antrag weitergeleitet worden ist. In diesem Fall hat dieser den **Rehabilitationsbedarf festzustellen** und ist **gegenüber dem behinderten Menschen zuständig.** Ein erneutes Weiterleitungsrecht oder ein Rückgaberecht besteht für ihn nicht, selbst wenn er nach den Leistungsgesetzen „eigentlich" nicht zuständig ist.

1d Die Zuständigkeit nach Abs. 1 und 2 gegenüber dem behinderten Menschen ist eine **ausschließliche Zuständigkeit.** § 14 SGB IX zielt darauf, zwischen den Leistungsberechtigten und den Rehabilitationsträgern die Zuständigkeit schnell und dauerhaft zu klären. Die Vorschrift trägt hierdurch dem Bedürfnis Rechnung, im Interesse behinderter und von Behinderung bedrohter Menschen den **Nachteilen des gegliederten Systems entgegenzuwirken** (vgl. zum Ganzen z. B. BSG Urteil vom 20. Oktober 2009 – B 5 R 5/07 R = NJW 2010, 2236 = SozR 4-3250 § 14 Nr. 8 m. w. Nachw.).

Zuständigkeitsklärung § 14

In **Abs. 2** und **Abs. 3** wird der Grundsatz der unverzüglichen Leistungsgewährung durch bestimmte Fristen konkretisiert, je nachdem ob ein Gutachten über den Rehabilitationsbedarf erforderlich ist oder nicht. 2

In **Abs. 4** wird die **Kostenerstattung** für den Fall geregelt, dass ein nach den allgemeinen Regelungen nicht zuständiger Rehabilitationsträger Leistungen erbracht hat. Für die Bundesagentur für Arbeit gilt im Verhältnis zu den Trägern der Rentenversicherung eine einschränkende Sonderregelung. 3

Abs. 4 schließt die Anwendung des § 104 SGB X nicht aus. Vielmehr lässt er grundsätzlich die Erstattungsregelungen der §§ 102 ff. SGB X unberührt, verdrängt sie nur teilweise und begründet im Zusammenspiel mit § 14 Abs. 1 und 2 SGB IX eine im internen Verhältnis der beteiligten Träger nachrangige Zuständigkeit (BSG Urteil vom 26. Juni 2007 – B 1 KR 34/06 R = BSGE 98, 267 = BehindertenR 2008, 11; Urteil vom 17. Februar 2010 – B 1 KR 23/09 R = BSGE 105, 271 = NZS 2010, 681).

In **Abs. 5** werden Regelungen für die Einschaltung geeigneter Sachverständiger durch die Rehabilitationsträger getroffen und zugleich deren Pflichten sowie die Verbindlichkeit ihrer Gutachten festgelegt. 4

Das Zuständigkeitserklärungsverfahren gilt auch für Leistungen, die ein Rehabilitationsträger für erforderlich hält, aber nicht selbst erbringen kann (**Abs. 6**). 5

Die Vorschrift regelt die Zuständigkeitsklärung zwischen **verschiedenen Rehabilitationsträgern**. Die Bezeichnung „Träger" macht dabei deutlich, dass es sich um unterschiedliche juristische Personen des öffentlichen Rechts handeln muss, damit von einem Zuständigkeitskonflikt im Sinne der Vorschrift die Rede sein kann. Denn der Begriff „Träger" wird im Verwaltungsrecht allgemein im Sinne einer rechtsfähigen juristischen Person verstanden. Deshalb ist § 14 nicht anwendbar, wenn der Antragsgegner sowohl der zuständige Jugendhilfe- als auch Sozialhilfeträger ist (VG Oldenburg Beschluss vom 16. April 2007 – 13 B 152/07, = JAmt 2007, 262; LSG NRW Urteil vom 26. Juli 2010 – L 20 SO 38/09 ZVW, zit. nach JURIS Rdnr. 89). 6

§ 14 SGB IX gilt nur für Rehabilitationsträger, also nicht für die Träger der **öffentlichen Jugendhilfe**, wenn es um die Hilfe zu einer angemessenen Schulbildung gem. § 35a SGB VIII i. V. m. § 54 Abs. 1 Nr. 1 SGB XII geht (BVerwG Urteil vom 11. August 2005 – 5 C 18/04 = BVerwGE 124, 83 = NVwZ 2006, 697 = FEVS 57, 481; BayVGH Beschluss vom 11. Mai 2007 – 12 C 07.593, zit. nach JURIS). Eine „Hilfeleistung im Internat" ist nur ein unselbstständiger Teil der Hilfe zu einer angemessenen Schulbildung und kann daher nicht als eigenständige Hilfe zur Eingliederung in das Leben in der Gemeinschaft finanziert werden (BayVGH Beschluss vom 11. Mai 2007 a. a. O.). 7

Soweit es um die Gewährung von **Eingliederungshilfe** in Form der Leistungen zur Teilhabe am Leben in der Gemeinschaft geht, zählen gemäß § 6 Abs. 1 Nr. 6 SGB IX auch die Jugendämter zu den Rehabilitationsträgern, so dass § 14 SGB IX auch für sie gilt (vgl. VG Arnsberg Urteil vom 5. September 2006 – 11 K 2444/05, zit. nach JURIS). Zur Abgrenzung zwischen Bedarf an spezifisch sozialpädagogischen Leistungen an junge Volljährige (Jugendhilfe) und bloßem Bedarf an materiellen Hilfen bzw. Unterkunft, Verpflegung und hauswirtschaftlicher Versorgung (Sozialhilfe / Eingliederungshilfe) für einen körperlich behinderten jungen volljährigen Menschen vgl. im Übrigen VG Würzburg Urteil vom 7. Oktober 2010 – W 3 K 10.1077 u. a., zit. nach JURIS. 8

Die Vorschrift ist weder unmittelbar noch entsprechend anwendbar auf **Anträge nicht behinderter bzw. nicht von Behinderung bedrohter Mensch**en auf Sozialleistungen, z. B. auf Unterbringung und Betreuung in einer Mutter-Kind-Einrichtung im Sinn des § 19 SGB VIII (BayVGH Beschluss vom 8. August 2007 – 12 CE 07.1443, zit. nach JURIS). 9

II. Fassung

A) durch das SGB IX vom 19. Juni 2001 (BGBl. I S. 1046) mit Wirkung vom 1. Juli 2001

10 Die Vorschrift wurde mit folgenden **Änderungen** aus dem Regierungsentwurf (BT-Drucks. 14/5531 i. V. m. 14/5074) übernommen.

a) In Abs. 1 Satz 4 wurde der Hinweis auf § 22 Abs. 2 SGB III aufgenommen.

b) An Abs. 4 Satz 2 wurde der neue Satz 3 angefügt.

c) In Abs. 5 Satz 1 wurden die Worte „und Kommunikationsbarrieren" eingefügt.

d) In Abs. 5 Satz 2 wurde das Wort „wenigstens" durch „in der Regel" ersetzt und nach „Sachverständige" die Worte „unter Berücksichtigung bestehender sozialmedizinischer Dienste" angefügt.

e) In Abs. 5 Satz 5 wurden nach dem Wort „sozialmedizinische" die Worte „bei Bedarf auch psychologische" eingefügt.

11 Der Ausschuss für Arbeit und Sozialordnung (BT-Drucks. 14/5800 S. 7) hat sämtliche Änderungen mit „Klarstellung des Gewollten" begründet und zu d) 2. Alt. auf einen entsprechenden Vorschlag des Bundesrates verwiesen. Dieser hatte daran erinnert, dass viele Rehabilitationsträger eigene medizinische Dienste oder sonstige Fachdienste unterhielten. Es sei „nicht zumutbar, diese nicht mehr vorrangig mit der Begutachtung beauftragen zu können, vorausgesetzt die Wohnortnähe ist gegeben" (BT-Drucks. 14/5531 S. 8).

B) durch das Dritte Gesetz für moderne Dienstleistungen am Arbeitsmarkt vom 23. Dezember 2003 (BGBl. I S. 2848) mit Wirkung vom 1. Januar 2004

12 Durch dieses Gesetz wurde in der Vorschrift die Bezeichnung „Bundesanstalt für Arbeit" durch „Bundesagentur für Arbeit" ersetzt.

C) durch das Gesetz zur Förderung der Ausbildung und Beschäftigung schwerbehinderter Menschen vom 23. April 2004 (BGBl. I S. 606) mit Wirkung vom 1. Mai 2004

13 a) Dem **Absatz 2** wurde folgender Satz angefügt:

„Kann der Rehabilitationsträger, an den der Antrag weitergeleitet worden ist, für die beantragte Leistung nicht Rehabilitationsträger nach § 6 Abs. 1 sein, klärt er unverzüglich mit dem nach seiner Auffassung zuständigen Rehabilitationsträger, von wem und in welcher Weise über den Antrag innerhalb der Fristen nach den Sätzen 2 und 4 entschieden wird und unterrichtet hierüber den Antragsteller."

Diese Fassung weicht in folgendem Punkt von dem Gesetzentwurf der Fraktionen SPD und Bündnis 90/DIE GRÜNEN (BT-Drucks. 15/1783 S. 3) ab:

Die ursprüngliche Fassung enthielt nach dem Wort „Rehabilitationsträger" die Worte: *„und in Abstimmung mit dem Antragsteller"*.

Der Bundesrat hatte in seiner Gegenäußerung (BT-Drucks. 15/2318 S. 13) die Streichung dieser Worte verlangt mit folgender Begründung:

„Die Abstimmung mit dem Antragsteller in den Fällen, in denen die zweitangegangene Stelle die beantragte Leistung nicht erbringen kann, verzögert das Verfahren erheblich und bringt dadurch Schwierigkeiten mit der Einhaltung der Fristen des § 14 Abs. 2 SGB IX.

Darüber hinaus zwingt ein solches Verfahren die Stelle unter Umständen zu einer ablehnenden Entscheidung, wenn der Antragsteller mit der Weitergabe nicht einverstanden ist."

Der BT-Ausschuss für Gesundheit und Soziale Sicherung hat diesem Anliegen Rechnung getragen, allerdings unter gleichzeitiger Einführung einer Unterrichtungspflicht des Rehabilitationsträgers gegenüber dem Antragsteller (vgl. BT-Drucks. 15/2357 S. 23).

b) In **Abs. 4 Satz 3** wurden nach dem Wort „anzuwenden" die Worte „es sei denn, die Rehabilitationsträger vereinbaren Abweichendes" eingefügt.

c) In **Abs. 5 Satz 5** wurden nach dem Wort „Wochen" die Worte „nach Auftragserteilung" angefügt.

Beide Änderungen wurden unverändert aus dem Gesetzentwurf der Fraktionen SPD und Bündnis 90/DIE GRÜNEN (BT-Drucks. 15/1783) übernommen.

III. Begründung

A) durch das SGB IX vom 19. Juni 2001 (BGBl. I S. 1046) mit Wirkung vom 1. Juli 2001

In dem Regierungsentwurf (BT-Drucks. 14/5074 S. 102) wird zu der Vorschrift ausgeführt:

„Die Vorschrift trägt dem Bedürfnis Rechnung, im Interesse behinderter und von Behinderung bedrohter Menschen durch rasche Klärung von Zuständigkeiten Nachteilen des gegliederten Systems entgegenzuwirken. Sie enthält für Leistungen zur Teilhabe behinderter Menschen eine für die Rehabilitationsträger abschließende Regelung, die den allgemeinen Regelungen zur vorläufigen Zuständigkeit oder Leistungserbringung im Ersten Buch und den Leistungsgesetzen der Rehabilitationsträger vorgeht und alle Fälle der Feststellung der Leistungszuständigkeit erfasst, also auch bei Sucht- oder chronischen Erkrankungen und für Personen gilt, deren Bleiberecht noch nicht endgültig ist. Ihr Ziel ist es, durch ein auf Beschleunigung gerichtetes Zuständigkeitsklärungsverfahren die möglichst schnelle Leistungserbringung zu sichern. Die zeitgerechte, zügige Erbringung von Leistungen zur Teilhabe liegt im Interesse der Leistungsberechtigten, aber auch der zuständigen Rehabilitationsträger.

Nach **Abs. 1** soll grundsätzlich der zuerst angegangene Rehabilitationsträger die Leistungen erbringen. Er wird deshalb verpflichtet, kurzfristig festzustellen, ob er für die Leistung zuständig sein kann und unter Berücksichtigung vorrangiger Leistungszuständigkeiten anderer Rehabilitationsträger hierfür auch zuständig ist. Bei negativem Ergebnis hat er den Antrag unverzüglich dem Rehabilitationsträger zuzuleiten, den er nach dem Ergebnis seiner Prüfung für zuständig hält; damit wird eine vorläufige Zuständigkeit gesetzlich bestimmt.

Anderenfalls stellt er nach **Abs. 2 Satz 1** den Rehabilitationsbedarf unverzüglich fest und entscheidet über die Leistung innerhalb von drei Wochen nach Antragseingang, wenn der Rehabilitationsbedarf ohne ein Gutachten festgestellt werden kann. Für die Träger der Sozialhilfe hat die Vorschrift in aller Regel wegen der Nachrangigkeit gegenüber den anderen Rehabilitationsträgern keine Bedeutung.

Kann – wie in der gesetzlichen Unfallversicherung insbesondere bei Berufskrankheiten – die berufliche Verursachung erst nach längeren Ermittlungen festgestellt werden, ist auch eine voraussichtliche Zuständigkeitsfeststellung innerhalb der Frist von Abs. 1 Satz 1 nicht möglich. Für diese Fälle wird deshalb in **Abs. 1 Satz 3** geregelt, dass der Antrag dem Rehabilitationsträger zugeleitet wird, der Leistungen zur medizinischen Rehabilitation oder zur Teilhabe am Arbeitsleben erbringt, ohne dass die berufliche Verursachung hierfür Leistungsvoraussetzung ist. Die Regelung in **Abs. 1 Satz 4** gewährleistet eine Verfahrensbeschleunigung bei der Bundesagentur für Arbeit, weil künftig nicht mehr zunächst durch die Rentenversicherungsträger festgestellt werden muss, ob ohne die Leistungen Rente wegen verminderter Erwerbsfähigkeit zu leisten wäre. Diese Feststellungen sollen vielmehr erst in dem Verfahren nach Abs. 4 getroffen werden.

Ist eine positive Sachentscheidung innerhalb der in **Abs. 2 Satz 2** gesetzten Frist nicht möglich, weil für die Feststellung des Rehabilitationsbedarfs ein Gutachten erforderlich ist, hat der Rehabilitationsträger nach **Abs. 2 Satz 4** seine Entscheidung innerhalb von zwei Wochen nach Vorliegen des Gutachtens zu treffen. **Abs. 2 Satz 3** stellt klar, dass auch ein anderer, zur Leistung verpflichteter Rehabilitationsträger an die in dem Zuständigkeitsklärungsverfahren

§ 14 Zuständigkeitsklärung

nach Abs. 1 getroffene Entscheidung zunächst gebunden ist und sich nicht darauf berufen kann, dass er eine andere Entscheidung getroffen hätte. Damit können notwendige Leistungen zur Teilhabe auch dann zeitgerecht anlaufen, wenn eine abschließende Klärung erst später möglich ist.

21 **Abs. 3** stellt sicher, dass die Fristen nach Abs. 1 und 2 auch in den Fällen gelten, bei denen Leistungen zur Teilhabe nicht auf Antrag, sondern von Amts wegen erbracht werden, weil die Rehabilitationsträger von sich aus Leistungen zur Teilhabe einleiten.

22 Bei nachträglicher Feststellung der Unzuständigkeit eines Rehabilitationsträgers, der aufgrund der Regelung in Abs. 1 Satz 2 bis 4 geleistet hat, werden zwischen den Rehabilitationsträgern Kosten nach **Abs. 4** erstattet. In diesem Verfahren soll auch die Zuständigkeit zwischen der Bundesagentur für Arbeit und der Rentenversicherung in den Fällen des § 11 Abs. 2a Nr. 1 Sechstes Buch geklärt werden. Um den Verwaltungsaufwand bei der Rentenversicherung auf ein Minimum zu beschränken, sollen nur solche Anträge von der Bundesagentur für Arbeit an die Rentenversicherungsträger weitergeleitet werden, bei denen nach den eigenen Feststellungen der Bundesagentur für Arbeit eine Rentenzahlung aus gesundheitlichen Gründen möglich sein könnte.

23 Die **Beauftragung von Sachverständigen** wird in **Abs. 5** geregelt. Danach hat der Rehabilitationsträger unverzüglich mindestens drei geeignete Sachverständige zu benennen, die möglichst wohnortnah erreichbar und gegebenenfalls barrierefrei zugänglich sind. Damit wird den Leistungsberechtigten ermöglicht, unter mehreren geeigneten Sachverständigen auszuwählen. Hat er eine entsprechende Auswahl getroffen, ist dieser Rechnung zu tragen; entsprechend der zu § 200 des Siebten Buches entwickelten Praxis können auf Antrag der Leistungsberechtigten auch andere geeignete Sachverständige herangezogen werden. Die Sachverständigen sind unverzüglich mit dem Gutachten zu beauftragen und haben ihrerseits das Gutachten unter Berücksichtigung aller sozialmedizinischen Aspekte innerhalb von zwei Wochen dem Rehabilitationsträger zu erstatten. Dies bedeutet, dass der Rehabilitationsträger mit einer ausreichenden Anzahl von Sachverständigen vertragliche Beziehungen unterhalten muss, damit diese das Gutachten fristgerecht erstellen. Mehrkosten sind damit nicht verbunden, weil diese entsprechenden Gutachten in jedem Fall zu erstatten wären. Die in dem Gutachten getroffenen Feststellungen werden der Entscheidung der Rehabilitationsträger zugrunde gelegt, soweit sie für deren Entscheidung (noch) Relevanz haben. Dies kann insbesondere bei einem später hinzutretenden zusätzlichen Bedarf nicht oder nicht mehr der Fall sein. Damit werden verfahrensverzögernde und für die Betroffenen belastende Mehrbegutachtungen durch verschiedene Rehabilitationsträger soweit wie möglich ausgeschlossen.

24 **Abs. 6** erstreckt das Zuständigkeitserklärungsverfahren auf Leistungen, die ein Rehabilitationsträger für erforderlich hält, aber selbst nicht erbringen kann.

25 Zu den **finanziellen Auswirkungen** bemerkt der Regierungsentwurf (BT-Drucks. 14/5074 S. 133): „Durch den Wegfall der Zuständigkeitsprüfung seitens der Träger der Rentenversicherung im vorläufigen Zuständigkeitsklärungsverfahren ist von einer Verkürzung der Laufzeit im Rehabilitationsverfahren der Bundesagentur für Arbeit um sechs Wochen auszugehen. Die Bundesagentur für Arbeit wird hierdurch bei der Zahlung von Alg/Alhi um brutto 300 Mio. DM/Jahr entlastet. Bei Wiedereintritt der Maßnahmeteilnehmer in den Alg/Alhi-Bezug nach Abschluss der Maßnahmen ist mit einer Belastung der Bundesagentur für Arbeit von 30 bis 50 Mio. DM/Jahr zu rechnen mit der Folge, dass die Nettoentlastung bei 250 bis 270 Mio. DM/Jahr liegt."

B) durch das Gesetz zur Förderung der Ausbildung und Beschäftigung schwerbehinderter Menschen vom 23. April 2004 (BGBl. I S. 606) mit Wirkung vom 1. Mai 2004

Die Neuregelung wurde im Gesetzentwurf der Fraktionen SPD und Bündnis 90/DIE GRÜNEN (BT-Drucks. 15/1783 S. 3) wie folgt begründet: 26

Zu Buchstabe a (Anfügung des Satzes 5 in Abs. 2)

„Mit dieser Regelung wird klargestellt, dass der Rehabilitationsträger, an den der Antrag auf Leistungen zur Teilhabe weitergeleitet wurde, ihn nicht ein zweites Mal weiterleiten darf, sondern einen Bescheid erteilen muss. Eine nochmalige Weiterleitung soll grundsätzlich auch dann ausgeschlossen sein, wenn der Träger für die Leistung nicht Rehabilitationsträger nach § 6 Abs. 1 ist. Um im Sinne der Leistungsberechtigten gleichwohl zu einer sachgerechten Leistungsentscheidung zu kommen, soll der Rehabilitationsträger in diesen Fällen das weitere Vorgehen mit dem voraussichtlich zuständigen Rehabilitationsträger und dem Antragsteller klären; die Fristen zur Entscheidung über den Antrag nach den Sätzen 2 und 4 sind auch in diesen Fällen einzuhalten".

Zu Buchstabe b (Einfügung in Abs. 4 Satz 3)

„§ 14 Abs. 4 enthält als Spezialregelung zu §§ 102 bis 105 SGB X keine Erstattungsregelung für die Fälle, in denen erstangegangene Rehabilitationsträger trotz fehlender Zuständigkeit eine Leistung erbringen. Zur Abfederung von Härten, die sich aus dem Erstattungsausschluss ergeben können, soll die Änderung den Rehabilitationsträgern es ermöglichen, eine hiervon abweichende Vereinbarung treffen zu können."

Zu Buchstabe c (Anfügung in Abs. 5 Satz 5)

„Mit dieser Regelung wird klargestellt, dass die Frist von zwei Wochen für die Erstellung des Gutachtens durch den Sachverständigen bereits mit der Auftragserteilung und nicht erst nach der Begutachtung beginnt".

IV. Anmerkungen

A) zu Abs. 1

1. Zuständigkeitsprüfung

a) Ziel

Ziel der Regelung ist, im Interesse von Leistungsberechtigten und Rehabilitationsträgern die Zuständigkeit **beschleunigt zu klären**, damit die **Leistung möglichst schnell erbracht** werden kann (BT-Drucks. 14/5074 S. 102, oben Rdnr. 16, vgl. auch BSG Urteil vom 26. Oktober 2004 – B 7 AL 16/04 R = BSGE 93, 283 = SozR 4-3250 § 14 Nr. 1 = BehindertenR 2005, 82; Urteil vom 26. Juni 2007 – B 1 KR 34/06 R = BSGE 98, 267–277 = SozR 4-3250 § 14 Nr. 4 = BehindertenR 2008, 11). 27

Streitigkeiten über die Zuständigkeitsfrage sollen nicht mehr zulasten der behinderten Menschen gehen. § 14 SGB IX enthält daher eine **für Rehabilitationsträger abschließende Regelung**, die **den allgemeinen Regelungen** zur vorläufigen Zuständigkeit oder Leistungserbringung im SGB I und den Leistungsgesetzen der Rehabilitationsträger **vorgeht** und alle Fehler der Feststellung der Leistungszuständigkeit erfasst (BT-Drucks. a. a. O.; BSG Urteil vom 26. Oktober 2004 und vom 26. Juni 2007 a. a. O.).

Diese Regelung darf auch **nicht unterlaufen werden,** indem beispielsweise ein zuständig gewordener Träger einen Bewilligungsbescheid mit Dauerwirkung zurücknimmt und den Leistungsberechtigten auffordert, einen Antrag auf Kostenübernahme bei einem anderen Träger zu stellen (vgl. VG Braunschweig Beschluss vom 15. Januar 2003 – 3 B 150/03, zit. nach JURIS) oder indem ein zweitangegangener und damit zuständig gewordener Träger den Antrag auf Leistungen zur Teilhabe in zeitlicher Hinsicht aufspaltet und insoweit einen 28

„neuen" Antrag an den zuerst angegangenen Rehabilitationsträger zurückleitet (BayVGH Beschluss vom 17. September 2002 – 12 CE 02.688 = FEVS 54, 264).

29 Könnte ein wegen Versäumung der Frist des § 14 Abs. 1 SGB IX endgültig zuständig gewordener erstangegangener Rehabilitationsträger dadurch, dass er auf den Erstantrag hin seine sachliche und örtliche Zuständigkeit bzw. seine Leistungspflicht gegenüber dem Hilfeempfänger **nur für einen befristeten Zeitraum anerkennt**, bewirken, dass bei jedem dann gestellten Folgeantrag des Hilfeempfängers trotz unveränderter Sachlage, insbesondere also dem fortbestehenden Rehabilitationsbedarf, jeweils wieder neu die Frist des § 14 Abs. 1 SGB IX in Gang gesetzt würde, so würde die genannte Fristbestimmung im Ergebnis leerlaufen. Sie könnte ihren vom Gesetzgeber verfolgten Zweck nicht hinreichend erfüllen. Die einmal begründete sachliche und örtliche Zuständigkeit eines Trägers wegen Versäumung der Frist gemäß § 14 Abs. 1 SGB IX bleibt daher, wenn sich keine wesentlichen Änderungen des Hilfebedarfs ergeben haben, **trotz der Weiterleitung des Verlängerungsantrags** an einen anderen **bestehen** (VG Würzburg Urteil vom 21. Februar 2011 – W 3 K 10.736, zit. nach JURIS).

30 Ob bei einer **erneuten Antragstellung** der Erstantrag für die Rechtsfolgen des § 14 maßgebend bleibt, richtet sich z. B. danach, ob
- für **besondere Leistungen** (hier: weitere Leistungen nach § 16 Abs. 2 SGB II) ein **gesondertes Antragserfordernis** besteht, soweit sie nicht bereits von Amts wegen erbracht werden. Dann ist ggf. der neue Antrag maßgebend (LSG Sachsen-Anhalt Beschluss vom 23. März 2007 – L 8 B 41/06 SO ER = RdLH 2007, Nr. 3, 29).
- für eine **Verlängerungsentscheidung** deswegen keine Antragstellung erforderlich ist, weil hierüber **von Amts wegen** befunden werden muss (wie etwa die Förderung für ein weiteres – zweites – Jahr im Berufsbildungsbereich einer WfbM. In diesem Fall ist ein „Verlängerungsantrag" nicht wie ein Erstantrag zu behandeln (Hess. LSG Urteil vom 26. September 2006 – L 2 R 307/05, RdLH 2007, Nr. 1, 31; vgl. zu Verlängerungsentscheidungen in der medizinischen Rehabilitation auch unten Rdnr. 50).

31 Dem Gesetzgeber war bewusst, dass die Regelung des § 14 SGB IX einer weitergehenden Umsetzung und Konkretisierung durch die Rehabilitationsträger bedurfte. Deshalb forderte er in § 13 Abs. 2 Nr. 3 SGB IX von diesen die Vereinbarung einer gemeinsamen Empfehlung über die Ausgestaltung des in der Vorschrift bestimmten Verfahrens. Hierauf haben sich die Träger – ohne öffentliche Jugend- und Sozialhilfe – auf der Ebene der Bundesarbeitsgemeinschaft für Rehabilitation (BAR) mit der **Gemeinsamen Empfehlung zur Zuständigkeitsklärung** (GEzZ) verständigt, die zum 1. Mai 2003 in Kraft getreten ist (abgebildet im Anhang in der Fassung vom 28. September 2010).

b) Reichweite

32 Die Vorschrift des **§ 14 verdrängt als Spezialregelung** die Bestimmung über die Vorleistungspflicht in **§ 43 SGB I** (LSG Schleswig-Holstein Beschluss vom 9. November 2005 – L 9 B 268/05 SO ER = BehindertenR 2006, 142 m. Anm. *Gagel / Schian* = FEVS 57, 237 unter Hinweis auf BSG Urteil vom 26. Oktober 2004 – B 7 AL 16/04 R = BSGE 93, 283 = BehindertenR 2005, 82; LSG Niedersachsen-Bremen Beschluss vom 21. Juni 2007 – L 13 SO 5/07 ER, zit. nach JURIS; LSG Sachsen-Anhalt Beschluss vom 23. März 2007 – L 8 B 41/06 SO ER, zit. nach JURIS; BayVGH Beschluss vom 6. Dezember 2006 – 12 CE 06.27 = JAmt 2007, 494; OVG NRW Beschluss vom 31. Juli 2008 – 12 B 852/08, zit. nach JURIS; Kossens u. a. / *Götz* Rdnr. 3; *Kern* ZFSH/SGB 2010, 389 [390]). Denn **§ 43 SGB I** setzt einen **Streit** zwischen den Leistungsträgern über die Frage der Leistungsverpflichtung voraus. Ein solcher Streit ist aber **bei Beachtung** der Regelung **des § 14 ausgeschlossen** (Kossens u. a. / *Götz* a. a. O.).

Zuständigkeitsklärung § 14

33 Das ist jedenfalls unstrittig insoweit, als bei gleichzeitigem **Vorliegen der Voraussetzungen des § 14 SGB IX und des § 43 SGB I** das Verfahren der Zuständigkeitsklärung nach dem **SGB IX vorgeht** (vgl. *Oberscheven* DRV 2005, 140 [142]).

34 Nach einer verbreiteten Auffassung soll allerdings der Vorrang der Zuständigkeitsklärung nach § 14 SGB IX die Anwendung des § 43 SGB I in den Fällen nicht ausschließen, in denen die **Zuständigkeitsklärung nach § 14 Abs. 1 Satz 1 SGB IX nicht zum Erfolg geführt** hat, weil die in Betracht kommenden Rehabilitationsträger – z. B. Agentur für Arbeit, Träger der Jugendhilfe und der Sozialhilfe – ihre Leistungspflicht bestreiten und der zuerst angegangene Träger seine Zuständigkeit trotz ordnungsgemäßer Sachaufklärung nicht innerhalb der Zweiwochenfrist klären kann und weitere Ermittlungen zu einer unzumutbaren Leistungsverzögerung führen würden (so OVG Hamburg Beschluss vom 4. Oktober 2003 – 4 Bs 458/03 = ZFSH/SGB 2004, 364 = FEVS 55, 365; Hess.VGH Beschluss vom 21. September 2004 – 10 TG 2293/04 = FEVS 56, 328; Niedersächs. OVG Beschluss vom 23. Juli 2003 – 12 ME 297/03 = FEVS 55, 384 = RdLH 2003, 111; VG Oldenburg Beschluss vom 5. Dezember 2003 – 13 B 4419/03 = BehindertenR 2005, 29; LSG Niedersachsen-Bremen Beschluss vom 21. Juni 2007 – L 13 SO 5/07 ER, zit. nach JURIS; SG Oldenburg Beschluss vom 19. Dezember 2005 – S 2 SO 256/05 ER = ZfF 2007, 17 ; Hauck / Noftz / *Götze* Rdnr. 19; HK-SGB IX / *Welti* Rdnr. 4; *Ulrich* SGb 2008, 452 [455]). Auch die strittigen Fälle einer **zu spät**, das heißt nach Ablauf der Zweiwochenfrist des § 14 Abs. 1 Satz 2 SGB IX **vorgenommenen Weiterleitung** sollen im Wege des § 43 SGB I gelöst werden können (so Neumann [Hrsg.] HB-SGB IX / *Castendiek* § 8 Rdnr. 54 f.).

35 Jedoch spricht die insoweit **eindeutige Gesetzesbegründung** dafür, dass der Gesetzgeber die strittigen Fälle im Sinne des § 43 SGB I **ausnahmslos durch die Anwendung der §§ 14 und 15 SGB IX klären** lassen wollte, soweit es sich um Leistungen zur Teilhabe handelt (LSG Schleswig-Holstein Beschluss vom 9. November 2005 a. a. O.; *Oberscheven* DRV 2005, 140 [142]). Würde bei einem Zuständigkeitsstreit zwischen den angegangenen Leistungsträgern wieder die Vorschrift des § 43 SGB I Anwendung finden, wäre der Anwendungsbereich des § 14 Abs. 1 Satz 2 SGB IX für den Betroffenen auf die Fälle verkürzt, in denen der zweitangegangene Leistungsträger in Anwendung dieser Vorschrift tatsächlich leistet und tätig wird. Überdies ließe die in § 43 Abs. 1 Satz 2, 2. Halbs. SGB I vorgesehene Monatsfrist, die nach Eingang des Antrags auf vorläufige Leistungen beginnt, dem Rehabilitationsträger einen längeren Zeitraum für den Beginn der Hilfeleistung als § 14 SGB IX für erforderliche Rehabilitationsleistungen.

36 Die Vorschrift ist auch anwendbar, wenn die **Zuständigkeit zwischen zwei Rehabilitationsträgern gleicher Art** umstritten ist, also auch etwa zwischen örtlichem und überörtlichem Sozialhilfeträger oder zwischen zwei Krankenkassen bzw. Rentenversicherungsträgern (BSG Urteil vom 20. April 2010 – B 1/3 KR 6/09 R = NZS 2011, 137 = SozR 4-3250 § 14 Nr. 12; Urteil vom 22. Juni 2010 – B 1 KR 33/09 R, zit. nach JURIS; vgl. auch unten Rdnr. 54). Denn § 14 SGB IX stellt nach seinem Wortlaut auf den einzelnen Reha-Träger ab („der" Rehabilitationsträger); in § 6 SGB IX werden die Reha-Träger aufgezählt, zu denen „die" (einzelnen) Träger der jeweiligen Sozialversicherungszweige gehören. Die Träger eines Sozialversicherungszweiges als einen einheitlichen Träger zu behandeln, widerspräche zudem dem Regelungszweck des § 14 SGB IX, zu einer schnellen Zuständigkeitsklärung gegenüber dem behinderten Menschen zu kommen (ebenso HK-SGB IX / *Welti* Rdnr. 3; *Oberscheven* DRV 2005, 140 [145, 148 f.] *Kern* ZFSH/SGB 2010, 389 [401]; a. A. *Benz* SGb 2001, 611 [615 re. Sp.]).).

37 § 14 ist auf Teilhabeleistungen beschränkt, erfasst also **nicht** die Heilbehandlung (**Akutbehandlung**) i. w. S. des § 26 SGB VII (hierzu *Benz* SGb 2001, 611 [613]; vgl. auch *Schreiber* BG 2001, 547; zu einem Fall der Abgrenzung bei Fahrtkosten zu medizinischer Behandlung vgl. LSG Sachsen-Anhalt Urteil vom 17. Juni 2010 – L 10 KR 1/09, zit. nach JURIS). Hingegen ist § 14 auch in den Fällen anzuwenden, in denen die Zuständigkeit deshalb umstritten ist, weil unklar bleibt, ob Teilhabeleistungen vorliegen oder nicht, also z. B. bei der

Abgrenzung von Akutbehandlungen und Vorsorgemaßnahmen und medizinischer Rehabilitation oder zwischen Teilhabe- und Pflegeleistungen (*Oberscheven* DRV 2005, 140 [143]; HK-SGB IX / *Welti* Rdnr. 2; a. A. Mrozynski Rdnr. 14).

Ebenfalls nicht unter § 14 fallen Leistungen zur Vorsorge und Pflege. Bei allen nicht von der Vorschrift umfassten Leistungen **gilt § 43 SGB I** (HK-SGB IX / *Welti* Rdnr. 23).

c) Fristbeginn mit Antragseingang

38 Grundsätzlich soll der **mit einem Antrag zuerst angegangene Rehabilitationsträger** die Leistungen erbringen (BT-Drucks. 14/5074 S. 102; vgl. oben Rdnr. 17). Er hat deshalb in einer mit zwei Wochen knapp bemessenen Frist zu prüfen, ob er sich für zuständig hält (**Abs. 1 Satz 1**). Maßgebend für den Fristbeginn ist der Zeitpunkt des Antragseingangs bei ihm.

39 Nach Sinn und Zweck des § 16 SGB I sind als Antrag **alle Begehren um Leistungen** zu verstehen (Kasseler Kommentar / *Seewald* § 16 SGB I Rdnr. 3). Ein Antrag ist jede einseitige empfangsbedürftige Willenserklärung des öffentlichen Rechts, mit welcher der Antragsteller dem Antragsgegner gegenüber zum Ausdruck bringt, eine Sozialleistung in Anspruch nehmen zu wollen (Hauck / Noftz / *Klattenhoff* SGB I, K § 16 Rdnr. 5 m. w. Nachw.).

40 Bei einem Antrag nach § 14 SGB IX sind **keine besonderen Formvorschriften** zu beachten. Antragsberechtigt sind nach § 36 Abs. 1 Satz 1 SGB I Personen ab dem 16. Lebensjahr. Der Antrag kann nach den allgemeinen Vertretungsregelungen der §§ 164 ff. BGB auch durch einen **Vertreter** gestellt werden (LSG LBerlin-Brandenburg Urteil vom 25. November 2010 – L 31 R 37/10, zit. nach JURIS, für die Versorgungsanzeige eines Hörgeräteakustikers an die Krankenkasse).

41 Zu Auslegungsfragen kann auf die allgemeinen Bestimmungen des BGB über Willenserklärungen abgestellt werden (BayLSG Beschluss vom 27. September 2006 – L 11 B 342/06 SO ER = FEVS 58, 379). Jede Äußerung, die bei pflichtgemäßer Anstrengung für die Behörde als Begehren auf bestimmte Teilhabeleistungen verstanden werden kann, ist auch ein „Antrag" (HK-SGB IX / *Welti* Rdnr. 13 m. w. Nachw.). Auch in einem **Telefonanruf** kann ein solcher Antrag und nicht nur eine bloße Anfrage gesehen werden, wenn darin konkret um **Kostenübernahme** für eine Rehabilitationsmaßnahme **gebeten** wird (BayLSG Beschluss vom 27. September 2006 a. a. O.). Auch bei einer gesprächsweise geäußerten Bitte des Betroffenen um Hilfe und einem später eingegangenen „Gutachten" einer Einrichtung, das einen konkreten Hilfebedarf bejaht, kann ab Eingang dieser Stellungnahme ein Antrag im Sinne des Abs. 1 vorliegen (VG Oldenburg Beschluss vom 30. Juni 2006 – 13 B 2727/04, zit. nach JURIS).

42 Erkennt der angegangene Träger z. B. aus der **Übersendung einer Akte mit ärztlicher Empfehlung einer bestimmten Maßnahme** klar und unmissverständlich, dass derartige Leistungen begehrt werden, hat er auch ohne förmlichen Antrag seine Zuständigkeit zu prüfen und ggf. den Vorgang fristgerecht an den für zuständig gehaltenen Träger weiterzugeben (VG Ansbach Beschluss vom 9. Juni 2005 – AN 14 E 05.01257, zit. nach JURIS). Er kann dann nicht damit gehört werden, dass es sich um einen „Irrläufer" gehandelt habe (VG Ansbach Beschluss vom 9. Juni 2005 a. a. O.).

43 Als Voraussetzung einer fristauslösenden Antragstellung wird man allerdings verlangen müssen, dass die **Unterlagen, die eine Beurteilung der Zuständigkeit ermöglichen,** vorliegen. Insbesondere die Identität und das Leistungsbegehren des Antragstellers bzw. der Antragstellerin muss erkennbar sein (so ausdrücklich § 1 Abs. 1 Satz 3 GEzZ). Es muss zumindest **ersichtlich** sein, **welche Leistungen zur Teilhabe begehrt** werden (BayVGH Beschluss vom 1. Dezember 2003 – 12 CE 03.2683 = BehindertenR 2004, 87 = FEVS 56, 188). Ein konkreter Antrag liegt deshalb noch nicht vor, wenn ein Betroffener zunächst nur allgemein seine Probleme beschreibt und um Hilfe bittet (VG Oldenburg Beschluss vom 30. Juni 2004 – 13 B 2727/04, zit. nach JURIS; *Benz* SGb 2001, 611 [613]; a. A. HK-SGB IX /

Welti Rdnr. 15). Denn vielfach ist eine **Prüfung der Zuständigkeit ohne Feststellung der Leistungsvoraussetzungen nicht möglich** (Mrozynski Rdnr. 2). Bei einem Antrag auf medizinische Leistungen zur Rehabilitation werden auch die standardmäßig eingeforderten **medizinischen Unterlagen** vorliegen müssen (Kossens u. a. / *Götz* Rdnr. 7). Zur Beurteilung der Zuständigkeit der Krankenkassen oder der Rentenversicherung sind nämlich im Regelfall der Befundbericht und andere medizinische Unterlagen sowie bei Entwöhnungsbehandlungen auch der Sozialbericht erforderlich (*Oberscheven* DRV 2005, 140 [146]).

Allerdings muss der Rehabilitationsträger gemäß § 16 Abs. 3 SGB IX **auf die Stellung sachlicher Anträge hinwirken** (vgl. VG Oldenburg Beschluss vom 30. Juni 2004 a. a. O.; *Fuchs* in Cramer / Fuchs Rdnr. 8). Kommt dennoch ein Antragsteller seiner **Mitwirkungspflicht** bei der Sachverhaltsermittlung nach § 21 Abs. 2 SGB X, §§ 60 bis 64 SGB I nicht nach und erschwert dies die Prüfung der Zuständigkeit – ggf. bis hin zur Unmöglichkeit –, so verlängert sich die zum Schutz des Antragstellers geschaffene Frist um die Zeit, die seiner Pflichtverletzung zuzurechnen ist (HK-SGB IX / *Welti* Rdnr. 16).   44

Nicht erforderlich ist, dass für Teilhabeleistungen in Betracht kommende **Einrichtungen konkret benannt** werden (VG Oldenburg Beschluss vom 30. Juni 2004 a. a. O.). Hängt allerdings die Zuständigkeit des Rehabilitationsträgers für alternativ in Betracht kommende Maßnahmen von der Wahl des Antragstellers ab, so stellt eine Änderung der begehrten Leistung einen weiteren Antrag dar, der das Prüfungsverfahren erneut in Gang setzt (BayVGH Beschluss vom 1. Dezember 2003 – 12 CE 03.2683 = BehindertenR 2004, 87 = FEVS 56, 188).   45

Ferner setzt ein „**Eingang des Antrages**" im Sinne von Abs. 1 Satz 1 voraus, dass er auch im Verfügungsbereich des gemeinten Rehabilitationsträgers eingegangen ist. Nach **§ 16 Abs. 1 Satz 2 SGB I** werden Anträge auf Sozialleistungen von allen anderen Leistungsträgern, von allen Gemeinden und – ggf. – auch von den amtlichen Vertretungen der Bundesrepublik Deutschland im Ausland aufgenommen. Sie sind dann unverzüglich an den zuständigen Leistungsträger weiterzuleiten (§ 16 Abs. 2 Satz 1 SGB I). Der Antrag gilt zu dem Zeitpunkt als gestellt, in dem er bei der in Abs. 1 genannten Stelle eingegangen ist. Gleichwohl **geht § 14 SGB IX nach allgemeinen Auslegungsgrundsätzen als Spezialregelung vor,** weil Abs. 1 Satz 1 den „Eingang des Antrags bei ihm" voraussetzt. Maßgebend für die Zuständigkeitsklärung ist also der **Eingang des Antrags bei dem erstangegangenen Rehabilitationsträger,** nicht einem sonstigen Leistungsträger, einer Gemeinde oder einer deutschen Auslandsvertretung (Mrozynski Rdnr. 4; a. A. Neumann u. a. / *Majerski-Pahlen* Rdnr. 6).   46

Der Tag des Eingangs ist der **Tag des wirklichen Zugangs** (vgl. § 130 Abs. 3 BGB). Der Antrag muss also zu Geschäftszeiten in den Organisationsbereich des Rehabilitationsträgers gelangt sein; der Nachweis wird durch den Datumsstempel der Posteingangsstelle geführt (*Benz* SGb 2001, 611 [613]). Nicht erforderlich ist der Eingang bei dem für die Prüfung zuständigen Sachbearbeiter (*Oberscheven* DRV 2005, 140 [144]).

Wird ein **Antrag bei einer Gemeinsamen Servicestelle** nach § 22 SGB IX gestellt, beginnt die Zwei-Wochen-Frist zur Klärung der Zuständigkeit am Folgetag der Antragsaufnahme bzw. des Antragseingangs mit Wirkung für den **Träger, dem die Gemeinsame Servicestelle organisatorisch angehört**. Dieser gilt dann als **erstangegangener Träger**. Hierauf haben sich die Rehabilitationsträger in § 1 Abs. 3 GEzZ verständigt. Der Entwurf der Empfehlung sah hingegen noch vor, dass die Entgegennahme des Antrags bei einer Gemeinsamen Servicestelle keine Fristen im Sinne des § 14 auslösen solle. Eine solche Handhabung würde aber der Beschleunigungsfunktion des § 14 SGB IX nicht gerecht, zumal die Gemeinsamen Servicestellen jeweils einem Rehabilitationsträger organisatorisch zugeordnet sind und trägerübergreifend sowie dienstleistungsorientiert die betroffenen Leistungsberechtigten unterstützen sollen.   47

Hingegen wird im Schrifttum auch die Auffassung vertreten, dass der Eingang bei einer Gemeinsamen Servicestelle dem **von dieser für zuständig gehaltenen** Rehabilitationsträger   48 zuzurechnen sei (Neumann u. a. / *Majerski-Pahlen* Rdnr. 7; wohl auch HK-SGB IX / *Welti* Rdnr. 22). Damit würde aber im Ergebnis womöglich ein unzuständiger Rehabilitationsträger, an den die Servicestelle den Antrag weiterleitet, für eine etwaige schuldhafte Fristversäumnis bereits in der Servicestelle einzustehen haben, ohne hierauf organisatorisch Einfluss nehmen zu können (so zutreffend *Oberscheven* DRV 2005, 140 [146]).

49 In bestimmten Fällen ist gesetzlich vorgesehen, dass die Krankenkasse nach § 51 SGB V oder die Agentur für Arbeit nach § 125 SGB III den behinderten Menschen **auffordert,** einen **Antrag auf Teilhabeleistungen bei einem anderen Rehabilitationsträger** zu stellen (z. B. fordert die Krankenkasse einen Versicherten auf, einen Antrag auf Teilhabeleistungen bei der Rentenversicherungsanstalt zu stellen). In diesem Fall ist nicht der auffordernde Träger, sondern der **Adressat des Antrags als erstangegangener Träger** zu betrachten: in dem genannten Beispiel also der Rentenversicherungsträger (vgl. § 2 Abs. 5 GEzZ).

50 Wird bei medizinischen Rehabilitationsmaßnahmen ein **Verlängerungsantrag** gestellt, ist dieser nicht als Antrag im Sinne von § 14 Abs. 1 Satz 1 SGB IX zu werten mit der Folge, dass etwa das Zuständigkeitsklärungsverfahren von Neuem beginnt. Vielmehr handelt sich um einen **einheitlichen Leistungsfall,** der nach dem Rechtsgedanken des § 4 Abs. 2 Satz 2 SGB IX und dem Grundsatz der Leistungserbringung „aus einer Hand" von dem zunächst leistenden Träger zu Ende zu führen ist (*Oberscheven* DRV 2005, 140 [147]).

51 Wird die Weitergewährung einer Eingliederungshilfe für junge Volljährige vom Jugendhilfeträger abgelehnt, kann das im **Widerspruch** hiergegen enthaltene Begehren nur dahingehend verstanden werden, dass eine **Weitergewährung der Hilfe beantragt** wird. In diesem Widerspruch ist daher gleichzeitig ein die Frist des § 14 Abs. 1 SGB IX auslösender Antrag auf weitere Übernahme der Unterbringungskosten zu sehen (VG Würzburg Beschluss vom 12. August 2010 – W 3 E 10.728, zit. nach JURIS).

52 Für die **Berechnung der Frist** gilt § 26 Abs. 1 SGB X. Die Frist beginnt mit dem Folgetag des Antragseingangs und läuft demnach an dem Wochentag der übernächsten Woche ab, welcher dem Wochentag des Antragseingangs entspricht (vgl. § 188 Abs. 2 BGB). Geht der Antrag z. B. an einem Donnerstag ein, läuft die Frist am übernächsten Donnerstag ab. Fällt das Fristende auf einen Sonnabend, Sonntag oder gesetzlichen Feiertag, endet die Frist am nächsten Werktag (§ 26 Abs. 3 SGB X).

d) Prüfung des erstangegangenen Trägers

53 Die Prüfung erstreckt sich darauf, ob der **Rehabilitationsträger nach dem für ihn geltenden Leistungsgesetz zuständig sein kann** (zum Leistungsspektrum der einzelnen Rehabilitationsträger vgl. Anm. zu § 6 Rdnrn. 10 ff.). Weiterhin ist festzustellen, ob er unter Berücksichtigung vorrangiger Leistungspflichten anderer Rehabilitationsträger tatsächlich – örtlich und sachlich – zuständig ist (LPK-SGB IX / *Joussen* Rdnr. 5).

54 Die Prüfung nach Abs. 1 Satz 1 bezieht sich nicht nur auf die Klärung der sachlichen Zuständigkeit zwischen verschiedenen Rehabilitationsträgern bzw. verschiedenen Sozialleistungszweigen, sondern **auch auf die Zuständigkeit verschiedener Rehabilitationsträger desselben Sozialleistungszweigs.** Denn nach Wortlaut und Sinn der §§ 6 und 10 kann unter „Rehabilitationsträger" nur der einzelne Sozialleistungsträger und nicht der gesamte Sozialleistungszweig gemeint sein (Kossens u. a. / *Götz* Rdnr. 8; *Oberscheven* DRV 2005, 140 [148]). Deshalb ist es sachgerecht, eine Weiterleitung innerhalb desselben Sozialleistungsbereichs zuzulassen (vgl. auch oben Rdnr. 36).

55 Die Ermittlung der **örtlichen Zuständigkeit** ist in der Sozialversicherung zumeist unproblematisch. Schwierigkeiten kann sie bei der Sozialhilfe bereiten, soweit nicht auf den grundsätzlich leicht feststellbaren tatsächlichen Aufenthalt abzustellen ist. Für Hilfen in einer Einrichtung ist nach § 98 Abs. 2 SGB XII maßgebend der gewöhnliche Aufenthalt (§ 30 Abs. 3 SGB I; vgl. auch Anm. zu § 2 Rdnr. 72 f.) im Zeitpunkt der Aufnahme oder in den letzten zwei Monaten davor. Allerdings ist wiederum auf den tatsächlichen Aufenthalt abzustellen,

wenn der gewöhnliche Aufenthalt nicht innerhalb von vier Wochen feststeht oder wenn ein Eilfall gegeben ist (§ 98 Abs. 2 Satz 3 SGB XII). Wegen der in § 14 Abs. 2 SGB IX vorgeschriebenen Entscheidung innerhalb von zwei Wochen dürfte die **Rehabilitation stets als Eilfall zu behandeln** sein (Mrozynski Rdnr. 19).

Bei der Prüfung der **sachlichen Zuständigkeit in der medizinischen Rehabilitation** wird im Allgemeinen unproblematisch eine „Krankheit oder Behinderung" feststellbar sein. Unter beiden Voraussetzungen leisten die Träger der Rentenversicherung (§ 9 Abs. 1 Nr. 1 SGB VI), der Krankenversicherung (§§ 11, 40 SGB V) und der Unfallversicherung (§ 26 Abs. 2 SGB VII). Jedoch leistet der Träger der Krankenversicherung gem. § 40 Abs. 4 SGB V nur, wenn – mit Ausnahme des § 31 SGB VI – kein anderer Träger der Sozialversicherung zuständig ist. Damit wird das **Verhältnis von Kranken- und Rentenversicherung** zum **Hauptproblem der Zuständigkeitsklärung** (Mrozynski Rdnr. 12). 56

Bei den **gesetzlichen Krankenkassen** hebt das Gesetz in **Abs. 1 Satz 1 Halbs. 2** hervor, dass die Prüfung auch die Leistungspflicht nach § 40 Abs. 4 SGB V umfasse. Diese Vorschrift legt eine **nur nachrangige Leistungspflicht** der gesetzlichen Krankenversicherung **bei ambulanten Rehabilitationsleistungen** in entsprechenden Einrichtungen sowie **bei stationärer Rehabilitation fest**. Diese haben die gesetzlichen Krankenkassen nur zu erbringen, wenn nach den für andere Träger der Sozialversicherung geltenden Vorschriften mit Ausnahme des § 31 SGB VI solche Leistungen nicht erbracht werden können. Insbesondere bei möglicher Leistungspflicht der gesetzlichen Rentenversicherung kann die **Krankenkasse ihren eigenen Nachrang** bereits bei der Prüfung der Zuständigkeit **berücksichtigen**. 57

Diese Prüfung im **Verhältnis zwischen Kranken- und Rentenversicherung** schließt sowohl die Klärung der versicherungsrechtlichen als auch der persönlichen Voraussetzungen ein. Hierbei ist die Feststellung der versicherungsrechtlichen Voraussetzungen des § 11 SGB VI häufig unschwierig: Sind behinderte Ehepartner oder Kinder in die Familienversicherung der gesetzlichen Krankenkasse gem. § 10 SGB V einbezogen, werden andererseits zumeist die Voraussetzungen des § 11 SGB VI nicht erfüllt sein und wird deshalb keine Zuständigkeit der Rentenversicherung bestehen. Allerdings bedarf dies im Einzelfall näherer Prüfung. 58

Besteht Versicherungsschutz sowohl in der Kranken- als auch der Rentenversicherung, wird **im Allgemeinen der Rentenversicherungsträger** wegen § 40 Abs. 4 SGB V **zuständig** sein. **Ausnahmsweise** kann dies in folgenden Fällen **anders** sein: 59

– Die Krankenkasse stellt fest, dass Versicherungsschutz in der Rentenversicherung besteht, aber die **Rehabilitation nicht der Verbesserung der Erwerbsfähigkeit** dient, sondern einem der in § 11 Abs. 2 SGB V genannten Ziele. Dann ist **nur die Krankenkasse zuständig**, weil der Träger der Rentenversicherung seine Leistungen zur Sicherung der Erwerbsfähigkeit erbringt (§§ 9, 10 SGB VI).

– Durch eine **Behinderung** ist zwar die **Erwerbsfähigkeit gemindert,** es besteht aber **keine Aussicht auf ihre Verbesserung** (§ 10 SGB VI). In diesen Fällen ist der **Träger der Rentenversicherung bereits für Leistungen zur medizinischen Rehabilitation nicht zuständig** (Mrozynski Rdnr. 14). Dann muss die Krankenkasse ebenfalls ihre eigene Zuständigkeit bejahen, weil eine ungünstige Prognose im Rahmen des § 10 SGB VI gesundheitsfördernde oder die Pflegebedürftigkeit mindernde Leistungen nach § 11 SGB V nicht ausschließt.

– Der Träger der **Rentenversicherung** leistet trotz der Notwendigkeit einer medizinischen Rehabilitation zur Sicherung der Erwerbsfähigkeit grundsätzlich **nicht** in der Phase der **akuten Behandlungsbedürftigkeit** (vgl. § 13 Abs. 1 Nr. 6 SGB VI). Besteht **kein Krankenversicherungsschutz,** ist für die Akutbehandlung der Träger der **Sozialhilfe** nach § 53 SGB XII zuständig.

Bei den **Leistungen zur Teilhabe am Arbeitsleben** muss im Rahmen der Zuständigkeitsklärung zunächst allgemein festgestellt werden, ob infolge einer Behinderung die **Sicherung der Erwerbsfähigkeit erforderlich** ist. In der Arbeitsförderung gehört dazu nach § 19 Abs. 1 60

SGB III auch die Lernbehinderung. Der **Rentenversicherungsträger** hat vor entsprechenden Leistungen zu prüfen, ob die Versicherungszeiten nach § 11 Abs. 1 SGB VI erfüllt sind oder die Voraussetzungen des § 11 Abs. 2a SGB VI vorliegen. Ist dies nicht der Fall, wird zumeist die Bundesagentur für Arbeit nach § 22 Abs. 2, §§ 97 ff. SGB III zuständig sein (Mrozynski Rdnr. 15).

61 Probleme bei der Zuständigkeitsprüfung können sich auch aus dem **Zusammenwirken** von Leistungen zur **medizinischen Rehabilitation und anderen Leistungen** zur Teilhabe ergeben sowie aus den jeweiligen Übergängen zu den Leistungen zur Teilhabe in der Gemeinschaft (vgl. Mrozynski Rdnr. 11 m. w. Nachw.).

62 Im Bereich der **Jugend- und Sozialhilfe** sind insbesondere folgende Zuständigkeitsprobleme zu lösen:
– Bei **Leistungen für behinderte junge Menschen** kommt eine sachliche Zuständigkeit des Trägers der öffentlichen Jugendhilfe nach § 35a SGB VIII in Betracht. Für die Abgrenzung zur Sozialhilfe ist § 10 Abs. 4 Satz 2 SGB VIII zu beachten. Im Allgemeinen ist zwar nach Satz 1 der Vorschrift eine **Zuständigkeit des Jugendhilfeträgers vorrangig gegeben**. Allerdings ist der **Sozialhilfeträger zuständig,** wenn an junge Menschen **Leistungen wegen einer geistigen oder körperlichen Behinderung** erbracht werden.
– Bei **Zweifeln am Bestehen einer geistigen Behinderung** und damit an der Zuständigkeit des Sozialhilfeträgers liegt es nahe, im Rahmen des Untersuchungsgrundsatzes gemäß § 20 SGB X ein umfassendes **Gutachten** einzuholen; unterlässt der Sozialhilfeträger dies, so kann er sich nicht im Nachhinein darauf berufen, seinerzeit habe eine seelische Behinderung gedroht, zu deren Therapie Eingliederungshilfe durch den Jugendhilfeträger erforderlich gewesen sei (SG Aachen Urteil vom 8. Mai 2007 – S 20 SO 2/07 = JAmt 2007, 441). Die **Zuständigkeit des Jugendhilfeträgers beschränkt** sich damit auf Leistungen zur Teilhabe an **seelisch behinderte junge Menschen**.

63 Das Gesetz enthält keine Aussage zum Vorrangverhältnis, wenn zugleich eine geistige und seelische Behinderung (sog. **Mehrfachbehinderung**) vorliegt. Das BVerwG (Urteil vom 23. September 1999 – 5 C 26/98 = BVerwGE 109, 325 = NJW 2000, 2688 = ZFSH/SGB 2000, 620) hat das **Abgrenzungsproblem abstrakt gelöst**: Solange Leistungen der Jugendhilfe mit Maßnahmen der Eingliederungshilfe nach dem BSHG (jetzt §§ 53 ff. SGB XII) konkurrieren müssen, ist der Sozialhilfeträger zur Leistung verpflichtet. Im Falle der Konkurrenz mit anderen Sozialhilfeleistungen bleibe die Jugendhilfe vorrangig leistungspflichtig (ebenso BayVGH Beschluss vom 1. Dezember 2003 – 12 CE 03.2683 = BehindertenR 2004, 87 = FEVS 56, 188; Hess. LSG Urteil vom 18. Februar 2008 – L 9 SO 44/07 = JAmt 2009, 615; SG Aachen Urteil vom 8. Mai 2007 a. a. O. und vom 1. März 2011 – S 20 (19) SO 139/09 = ZFSH/SGB 2011, 294; zur Problematik eingehend *Münder* ZfJ 2001, 121; *Kunkel / Haas* ZKJ 2006, 148; *Gerlach / Hinrichs* ZFSH/SGB 2007, 451; *Stehle* BehindertenR 2008, 162; *Dillmann / Dannat* ZfF 2009, 25; DIJuF-Rechtsgutachten vom 15. März 2011 in JAmt 2011, 262).

64 Konkurrieren die in Rede stehenden Leistungen der Eingliederungshilfe nicht miteinander, kann es **bei Mehrfachbehinderungen** zu originären Zuständigkeiten der Jugendhilfe einerseits und der Sozialhilfe andererseits kommen, abhängig von Art und Inhalt der zur Bedarfsdeckung erforderlichen Leistung, und insoweit zu einer **Doppelzuständigkeit** dieser beiden Leistungsträger. Der auch durch § 10 Abs. 2 SGB VIII vorgegebenen Möglichkeit einer Doppelzuständigkeit von Jugendhilfe und Sozialhilfe steht nicht der sog. **Gesamtfallgrundsatz** entgegen, der im Bereich des BSHG entwickelt worden ist (VG Gelsenkirchen Urteil vom 27. Februar 2007 – 19 K 4403/04, zit. nach JURIS; s. auch DIJuF-Rechtsgutachten vom 9. Januar 2006 in JAmt 2006, 130).

2. Weiterleitung

Verneint der Rehabilitationsträger seine Zuständigkeit, leitet er den Antrag – einschließlich bereits vorliegender Unterlagen – unverzüglich dem nach seiner Auffassung zuständigen Rehabilitationsträger zu (**Abs. 1 Satz 2**). 65

Hierbei handelt es sich **nicht** um einen **Verwaltungsakt**, sondern um eine **Verfahrensentscheidung ohne Außenwirkung und Regelungscharakter** i. S. von § 31 SGB IX (Kossens u. a. / *Götz* Rdnr. 9; HK-SGB IX / *Welti* Rdnr. 31 – and. 2. Aufl.; *Ulrich* SGb 2008, 452 [455]; *Oberscheven* DRV 2005, 140 [148]). Für den VA-Charakter fehlt es sowohl an einer Über- und Unterordnung im **Innenverhältnis zum zweitangegangenen Träger** als auch an einer Regelungsmacht. Der erstangegangene Träger trifft mit der Weiterleitung keine Feststellung über die Zuständigkeit des zweitangegangenen Trägers und auch keine bindungsfähige Entscheidung über die eigene Zuständigkeit. Vielmehr liegt ein schlichtes, nicht auf eine Bekanntgabe gerichtetes Verwaltungshandeln in Form eines Realakts vor, nämlich die verwaltungsinterne Weitergabe des Vorgangs an die zuständige Stelle, an das gesetzliche Folgen geknüpft sind (*Ulrich* a. a. O.).

Im **Verhältnis zwischen dem erstangegangenen Träger und dem Antragsteller** handelt es sich bei der Weiterleitung deshalb nicht um einen Verwaltungsakt, weil diese nach dem Willen des Trägers nicht darauf gerichtet ist, Rechtsfolgen zu bewirken, sodass die für das Merkmal der „Regelung" wesentliche Zielgerichtetheit der Maßnahme fehlt. Überdies wird auch keine unmittelbare Rechtswirkung nach außen entfaltet. Denn Rechtswirkungen ergeben sich für den Antragsteller nicht durch die Weiterleitung als solche, sondern erst durch die nach § 14 Abs. 2 Satz 1 SGB IX im Außenverhältnis zu treffende Entscheidung des zweitangegangenen Trägers (*Ulrich* a. a. O.). 66

Die Weiterleitung ist demnach **weder von zweitangegangenen Träger noch vom Antragsteller anfechtbar.** 67

Im Verhältnis zwischen den betroffenen Trägern kommt eine Widerspruchs- oder Klagebefugnis schon nach dem Sinn der gesetzlichen Regelung, zu schneller Zuständigkeitsklärung beizutragen, nicht in Betracht; das Erstattungsverfahren bietet insoweit hinreichenden Rechtsschutz. Deshalb wird auch die Wirksamkeit der Weiterleitung nicht dadurch beeinträchtigt, dass der weiterleitende erstangegangene Träger objektiv zuständig ist; ein entsprechender Einwand ist im verwaltungsgerichtlichen Verfahren unbeachtlich (VG Stuttgart Urteil vom 20. Juni 2006 – 7 K 861/06 = EuG 2007, 424).

Vor einer Weiterleitung muss der erstangegangene Träger **von der eigenen Unzuständigkeit überzeugt** sein. Die Weiterleitung sollte mit einer **schriftlichen Begründung** versehen werden, welche erkennen lässt, dass die Zuständigkeit inhaltlich geprüft wurde (§ 2 Abs. 1 Satz 1 GEzZ). Jedenfalls soll sie dem Antragsteller bzw. der Antragstellerin schriftlich mitgeteilt werden (§ 2 Abs. 1 Satz 2 GEzZ). 68

Bloße Zweifel an der eigenen Zuständigkeit genügen nicht. Ein vom erstangegangenen Leistungsträger verfasstes Schreiben an den für zuständig gehaltenen Träger mit der **Bitte um Prüfung,** ob er **für die Kostenübernahme zuständig** ist, entlastet den erstangegangenen Träger nicht, wenn er von einer eigenen abschließenden Prüfung der Zuständigkeitsfrage abgesehen hat und die Prüfung zu verlagern sucht (LSG Hamburg Beschluss vom 11. Juli 2005 – L 4 B 125/05 ER SO = RdLH 2005, 177).

Allerdings dürfen die **Anforderungen an die Prüfung** schon im Hinblick auf die kurze Frist **nicht überspannt** werden (vgl. VG München Beschluss vom 12. Dezember 2003 – M 18 E. 03. 6720, zit. nach JURIS; im entschiedenen Fall hatte die Kammer den Einwand des zweitangegangenen Trägers, der Antrag sei von dem beigeladenen erstangegangen Träger ohne Begründung und Prüfung weitergeleitet worden, nach der Aktenlage nicht für durchgreifend gehalten).

69 Weitergehend hat das 🏛 VG Aachen (Urteil vom 11. Mai 2010 – 2 K 2444/08, zit. nach JURIS Rdnr. 56) den **Einwand des zweitangegangenen Trägers**, eine **ordnungsgemäße Prüfung der Zuständigkeit habe beim weiterleitenden Träger nicht stattgefunden**, für **unbeachtlich** erklärt und hierzu ausgeführt: „Würde ein solcher Einwand zugelassen, hätte ein allein der Sphäre der Rehabilitationsträger zuzuordnendes Fehlverhalten zur Folge, dass die Regelung des § 14 SGB IX ‚aufgeweicht', die Leistungsgewährung verzögert und die Risiken des Zuständigkeitsstreits entgegen dem gesetzgeberischen Willen wieder allein dem Hilfesuchenden aufgebürdet würden. Diese vom Gesetzgeber unerwünschte Konsequenz hat die Kammer bewogen, der Argumentation des Beklagten nicht zu folgen. Es kann an dieser Stelle offen bleiben, ob der gegen den Beigeladenen erhobene Vorwurf der unterlassenen Sachprüfung vor Abgabe tatsächlich zutreffend ist. Einzuräumen ist dem Beklagten, dass hier von den Mitarbeitern des Beigeladenen ... weder im Abgabeschreiben noch in einem zu den Akten genommen Vermerk der Grund oder die Erwägungen niedergelegt sind, die für die Abgabeentscheidung bedeutsam waren. Auch wenn dies ein Indiz zugunsten des Beklagten ist, schließt auch dieses Fehlen die Vornahme einer sachlichen Prüfung noch nicht völlig aus. Diese Frage mag ggf. im Wege der Beweiserhebung letztlich im Kostenerstattungsverfahren geklärt werden, sofern dies für die dort zu treffende Entscheidung bedeutsam sein sollte. In Rahmen des vorliegenden Verfahrens war aus Sicht der Kammer ein wichtiger Aspekt für die getroffene Entscheidung, dass selbst dann, wenn sich die Einschätzung des Beigeladenen im Kostenerstattungsverfahren als falsch herausstellen sollte, sie nicht so offensichtlich rechtswidrig war, dass sich jede Diskussion darüber verbot. Ferner gibt die Kammer – auch wenn in der Zeit hoch belasteter öffentlicher Kassen um erhebliche Geldbeträge gestritten wird – zu bedenken, dass es sich um den Zuständigkeitsstreit zweier – zur Einhaltung der Rechtsordnung verpflichteter – Träger öffentlicher Verwaltung handelt."

70 Bei einer **teilweisen Ablehnung durch einen zuständigen Träger** (etwa durch Abzug des Eigenanteils für orthopädische Schuhe durch eine Krankenkasse) ist der Antrag auch nicht im Übrigen weiterzuleiten. Vielmehr wäre es Sache des Versicherten, sich wegen der Übernahme der Eigenanteilkosten an den zuständigen Sozialhilfeträger oder SGB II-Träger zu wenden (🏛 SG Oldenburg Urteil vom 1. Juni 2011 – S 61 KR 354/09, zit. nach JURIS).

71 **Keine Weiterleitung** im Sinne des Abs. 1 Satz 2 liegt vor, wenn ein Rehabilitationsträger einen **Antrag erkennbar für einen anderen Rehabilitationsträger aufnimmt** (z. B. auf dessen Antragsvordrucken). Deshalb ist der Rehabilitationsträger, für den der Antrag aufgenommen wurde, erstangegangener Rehabilitationsträger; er kann den Antrag weiterleiten, wenn er bei dessen Prüfung seine Zuständigkeit verneint (§ 2 Abs. 3 GEzZ).

72 Die **Beiladung im gerichtlichen Verfahren** gemäß § 75 Abs. 2 SGG stellt **keine Antragsweiterleitung** i. S. des § 14 SGB IX dar und kann die nach Abs. 1 Satz 1 dem zuerst angegangenen Leistungsträger auferlegte Prüfung und Entscheidung der Zuständigkeitsfrage nicht ersetzen (🏛 LSG Hamburg Beschluss vom 11. Juli 2005 – L 4 B 125/05 ER SO = RdLH 2005, 177; a. A. 🏛 SG Schleswig Beschluss vom 8. Februar 2005 – S 17 SO 7/05 ER, zit. nach JURIS: Die notwendige Beiladung im gerichtlichen Verfahren zeige dem beigeladenen Rehabilitationsträger seine mögliche Leistungspflicht auf und sei daher der Funktion eines bei ihm zu stellenden Antrags vergleichbar).

73 „**Unverzüglich**" heißt nach der allgemein geltenden Legaldefinition des § 121 BGB „ohne schuldhaftes Zögern" (🏛 BSG Urteil vom 18. Dezember 1964 – 7 RAr 18/64 = BSGE 22, 187; 🏛 Urteil vom 20. Oktober 2005 – B 7a AL 50/05 R = BSGE 95, 191). Bei pflichtgemäßem Handeln des erstangegangenen Trägers wird dies regelmäßig eine Weiterleitung **spätestens an dem auf die Feststellung folgenden Arbeitstag** bedeuten 🏛 (LSG NRW Urteil vom 26. Juli 2010 – L 20 SO 38/09 ZVW, zit. nach JURIS Rdnr. 91).

74 Die besondere Bedeutung des Gebots zur unverzüglichen Weiterleitung ergibt sich dabei erst aus dem **Zusammenspiel mit der zweiwöchigen Prüfungsfrist** nach Abs. 1 Satz 1, Halbs. 1. (vgl. hierzu Rdnrn. 38, 52). Denn diese gibt die zeitliche Höchstdauer vor, die der erstangegangene Träger für seine Prüfung in Anspruch nehmen darf. Spätestens am Tag

nach Ablauf der Frist muss er bei Annahme eigener Unzuständigkeit den Vorgang an den für zuständig gehaltenen Träger weiterleiten (erkennt er die Zuständigkeit eines anderen Trägers bereits vor Ablauf der Frist, entspricht es einer unverzüglichen Weiterleitung, die Frist nicht etwa auszuschöpfen). Der erstangegangene Träger hat somit eine **Maximalfrist von 15 Tagen seit Eingang des Antrags** zur Verfügung, um seine eigene Zuständigkeit zu prüfen und – sofern er sie verneint – den Antrag einem anderen Träger zuzuleiten (⌨ BayVGH Beschluss vom 1. Dezember 2003 – 12 CE 03.2683 = FEVS 56, 188 = BehindertenR 2004, 87), wobei es nur auf die **Absendung** ankommt und nicht etwa auf den Zugang bei dem anderen Träger.

Hierbei handelt es sich sich um eine **Ausschlussfrist** (⌨ VG Düsseldorf Beschluss vom 24. Januar 2003 – 13 L 4954/02; ⌨ VG Oldenburg Beschluss vom 30. Juni 2004 – 13 B 2727/04, jeweils zit. nach JURIS; LPK – SGB IX / *Joussen* Rdnr. 9; *Fuchs* in Cramer / Fuchs Rdnr. 11): Bei ihrer Überschreitung – auch im Falle von Versäumnissen oder Versehen – ist stets nach Abs. 2 zu verfahren, selbst wenn der danach verpflichtete Träger nach allgemeinen Regelungen offenkundig nicht zuständig ist (BayVGH Beschluss vom 1. Dezember 2003 a. a. O.). Ausnahmen von der Frist sind auch mit Zustimmung der leistungsberechtigten Person nicht vorgesehen (HK-SGB IX / *Welti* Rdnr. 27). **75**

Mit einer **Fristversäumnis** wird also gesetzlich die endgültige **Zuständigkeit des erstangegangenen Trägers im Außenverhältnis** zum Leistungsberechtigten begründet (so auch § 2 Nr. 2 GEzZ; Mrozynski Rdnr. 8; Hauck / Noftz / *Götze* Rdnr. 14) **76**

Allerdings hatte das **BSG zunächst im** ⌨ **Urteil vom 26. Oktober 2004** (B 7 AL 16/04 R = BSGE 93, 283 = BehindertenR 2005, 82 = SozR 4–3250 § 14 Nr. 1) die Auffassung vertreten, dass nach § 14 SGB IX ggf. nur eine **vorläufige Zuständigkeit von Leistungsträgern gegenüber den „eigentlichen (endgültig) zuständigen" Leistungsträgern begründet** werde. Die Zuständigkeit sei dann endgültig erst nach der Leistungsbewilligung durch einen vorläufig zuständigen Rehabilitationsträger zu klären. Selbst wenn ein Träger aus Gründen der Beschleunigung des Verfahrens und im Interesse des jeweiligen behinderten Menschen vorläufig zuständig sei und es nach der gesetzlichen Regelung auch bleibe, also für diesen formaler Ansprechpartner und Leistungsverpflichteter sei, **entlasse dies den „eigentlich zuständigen" Leistungsträger nicht gänzlich aus der unmittelbaren Verantwortung**. **77**

Dies werde deutlich aus dem mit Wirkung vom 1. Mai 2004 angefügten **Abs. 2 Satz 5** der Vorschrift. Danach kläre der zweitangegangene Rehabilitationsträger, der aber für die beantragte Leistung nicht Träger sein kann, unverzüglich mit dem nach seiner Auffassung zuständigen Rehabilitationsträger, von wem und in welcher Weise über den Antrag innerhalb der gesetzlich vorgesehenen Fristen entschieden werde. Die Vorschrift zeige, dass im Gegensatz zur vorläufigen Leistung, die den zuständigen Träger nicht unmittelbar berühre, eine nach außen verbindliche neue Zuständigkeit geschaffen worden sei, gleichzeitig aber **intern Verpflichtungen des eigentlich zuständigen Leistungsträgers fortbestehen**. Der Gesetzgeber habe offenbar zugrunde gelegt, dass die Beachtung der Verfahrensvorschrift des § 14 stets zur Entscheidung durch den „richtigen" Rehabilitationsträger führe. Die in Abs. 4 der Vorschrift vorgesehenen Erstattungsregelungen müssten „in diesem Lichte" ausgelegt werden. **78**

Dies wurde nunmehr **in neuerer Rechtsprechung konkretisiert** (vgl. ⌨ BSG Urteil vom 26. Juni 2007 – B 1 KR 34/06 R = BSGE 98, 267 = SozR 4-3250 § 14 Nr. 4 = BehindertenR 2008, 11; ⌨ Urteil vom 17. Februar 2010 – B 1 KR 23/09 R = BSGE 105, 271 = SozR 4-2500 § 40 Nr. 5 = NZS 2010, 681; vgl. auch unten Rdnr. 100): Hat der **erstangegangene Träger** seine Zuständigkeit bejaht, muss er **im Nachhinein zu einer Korrektur im Rahmen der Erstattung befugt** sein. Sonst wäre er gehalten, schon bei geringstem Verdacht einen Rehabilitationsantrag weiterzuleiten, um die Zuständigkeitsproblematik ggf. im Erstattungsstreit austragen zu können und andererseits nicht automatisch von jeglicher Erstattungsmöglichkeit ausgeschlossen zu sein. Das widerspräche sowohl dem Regelungszweck, zu einer schnellen Zuständigkeitsklärung gegenüber dem behinderten Menschen zu kommen, als auch dem Ziel, das gegliederte Sozialsystem zu erhalten (BSG Urteil vom 26. Juni 2007 a. a. O.). **79**

80 Soweit nicht der Anspruch auf die Rehabilitationsleistung nachträglich ganz oder teilweise entfallen ist, kommt zur „nachträglichen Korrektur" der irrtümlichen Bejahung seiner Zuständigkeit durch den erstangegangenen Träger im Erstattungswege nur ein **Anspruch wegen nachrangiger Verpflichtung des Leistungsträgers aus § 104 SGB X** in Betracht. Das beruht darauf, dass § 14 Abs. 1 Satz 1 und Abs. 2 Satz 1 und 2 SGB IX einerseits die Zuständigkeit gegenüber dem behinderten Menschen schnell, klar und endgültig regelt, andererseits die „eigentliche" Zuständigkeitsordnung (außerhalb des § 14 SGB IX) im Verhältnis der Rehabilitationsträger untereinander nicht antasten will (BSG Urteil vom 26. Juni 2007 a. a. O.).

81 Deshalb schafft § 14 Abs. 1 Satz 1 i. V. m. Abs. 2 Satz 1 und 2 SGB IX nur eine **nachrangige Zuständigkeit**, die es zulässt, dass der **erstangegangene Rehabilitationsträger** im Rahmen eines Erstattungsstreits sich die Kosten der Rehabilitationsmaßnahmen nach § 104 SGB X **vom „eigentlich" zuständigen, in diesem Sinne vorrangigen Rehabilitationsträger erstatten** lässt. Der Träger, der **irrtümlich** seine **Zuständigkeit bejaht**, wird damit **nicht** – im dargelegten Sinne dem Primärziel des § 14 SGB IX zuwiderlaufend – **dauerhaft mit den Kosten** der Rehabilitationsmaßnahme **belastet**. Er wird aber auch nicht wie ein vorleistungspflichtiger oder zweitangegangener Träger in der Rechtsfolge privilegiert, sondern erhält **Erstattung nur im Umfang des § 104 Abs. 3 SGB X** nach den für den vorrangig verpflichteten Leistungsträger geltenden Rechtsvorschriften (BSG Urteil vom 26. Juni 2007 a. a. O.).

82 Hängt die Zuständigkeit von der **Ursache der Behinderung** ab und kann diese innerhalb der Zwei-Wochen-Frist seit Eingang des Antrags nicht geklärt werden, muss der Antrag unverzüglich **dem Rehabilitationsträger zugeleitet** werden, der die **Leistung ohne Rücksicht auf die Ursache** erbringt (**Abs. 1 Satz 3**; vgl. Rdnr. 113).

83 Im Sinne einer solchen **Grundzuständigkeit** kommen folgende Träger in Betracht (vgl. § 4 Abs. 2 GEzZ):

84 Für Leistungen **zur medizinischen Rehabilitation** ist für Erwerbstätige grundsätzlich der Träger der gesetzlichen Rentenversicherung oder der Alterssicherung der Landwirte zuständig, wenn die versicherungsrechtlichen und persönlichen Voraussetzungen erfüllt sind. Für Nichterwerbstätige erbringt die Leistungen die gesetzliche Krankenkasse.

85 Für Leistungen **zur Teilhabe am Arbeitsleben** ist grundsätzlich ein Träger der gesetzlichen Rentenversicherung zuständig, wenn die versicherungsrechtlichen Voraussetzungen erfüllt sind, ansonsten die Bundesagentur für Arbeit.

86 Für Leistungen **zur Teilhabe am Leben in der Gemeinschaft** ist der Träger der Sozialhilfe zuständig, der nach den Vorschriften des SGB XII örtlich und sachlich zuständig ist.

87 Besteht **Unklarheit** darüber, ob Leistungen zur medizinischen Rehabilitation oder zur Teilhabe am Arbeitsleben erforderlich sind, soll der Träger der gesetzlichen Rentenversicherung zuständig sein.

B) zu Abs. 2

1. Feststellung des Rehabilitationsbedarfs

a) Bei Nichtweiterleitung

88 Bejaht der zuerst angegangene Rehabilitationsträger seine Zuständigkeit und leitet den Antrag nicht weiter, stellt er den Rehabilitationsbedarf unverzüglich fest (**Abs. 2 Satz 1**). Mit dem **Ablauf der Zwei-Wochen-Frist des Abs. 1 Satz 1** wird gesetzlich im Außenverhältnis zum Antragsteller die **Zuständigkeit des erstangegangenen Trägers** begründet (BayVGH Beschluss vom 1. Dezember 2003 – 12 CE 03.2683 = BehindertenR 2004, 87 = FEVS 56, 188; vgl. auch oben Rdnr. 76 ff.). Das gilt sowohl dann, wenn der erstangegangene Träger von einer Weiterleitung überhaupt absieht als auch im Fall einer Überschreitung der Zwei-

Wochen-Frist (vgl. hierzu ⌘ BayVGH Beschluss vom 1. Dezember 2003 a. a. O.; LPK-SGB IX / *Götz* Rdnr. 10; *Oberscheven* DRV 2005, 140 [151]).

Versäumt ein erstangegangener Träger **die Frist** zur Zuständigkeitsklärung des Abs. 1 und **leitet** den Antrag nach Ablauf der zwei Wochen **dennoch an den aus seiner Sicht zuständigen Träger** weiter, spricht der Sinn des § 14 dafür, dass der zweitangegangene Träger den Antrag nicht zur „Disziplinierung" an den erstangegangenen Träger zurückgibt, sondern den Rehabilitationsbedarf auch in diesen Fällen unverzüglich feststellt, die Leistung erbringt und gegen den erstangegangenen Träger einen Erstattungsanspruch nach Abs. 4 Satz 1 geltend macht (Kossens u. a. / *Götz* Rdnr. 16; *Oberscheven* DRV 2005, 140 [145]). **In der Praxis** ist allerdings eine **verbreitete „Rückgabefreudigkeit"** mit teilweise mehrfachem Hin- und Herleiten des Antrags festzustellen, die häufig erst durch Inanspruchnahme von einstweiligem Rechtsschutz durch den Leistungsberechtigten beendet werden kann (krit. hierzu *Kern* ZFSH/SGB 2010, 397 [400], der zugleich mitteilt, „dass erfreulicherweise ... die Gerichte mit einer beeindruckenden Konsequenz stets im Sinne des § 14 Abs. 1 SGB IX entscheiden" und „keinen Zweifel an der aufgrund der Weiterleitung des Antrags durch Gesetz begründeten Zuständigkeit" lassen. 89

Die Vorschrift des Abs. 2 Satz 1 gilt – wie § 14 überhaupt – nur bei einem **Konflikt rechtlich selbstständiger Rehabilitationsträger** (vgl. oben Rdnrn. 37 und 54). Sie ist auf eine Zuständigkeitsklärung von zwei Behörden desselben Trägers auch nicht entsprechend anwendbar. Zweck der Regelung ist es, Unklarheiten über die Zuständigkeit entgegenzuwirken, deren Klärung und Beseitigung zeitaufwendig sein und eine schnelle Leistungserbringung an den Antragsteller verhindern kann (Ernst / Adelhoch / Seel / *Ernst* Rdnr. 3). Von einer **Unklarheit über die Zuständigkeit** kann aber **nur bei zwei verschiedenen Rechtsträgern** die Rede sein. Ein einziger Rechtsträger tritt gegenüber dem Antragsteller stets als rechtliche Einheit auf. Er hat bei ihm eingegangene Leistungsanträge unter allen Gesichtspunkten, für die er sachlich und örtlich zuständig ist, zu prüfen und dafür **ggf. den hausinternen Sachverstand von unterschiedlichen Ämtern zusammenzuführen**. Soweit unterschiedliche Behörden desselben Trägers in einer Angelegenheit zu unterschiedlichen Ergebnissen kommen, handelt es sich dabei nicht um einen Zuständigkeitskonflikt, weil die unterschiedliche Einschätzung die sachliche und örtliche Zuständigkeit des Rechtsträgers für eine bestimmte Verwaltungsaufgabe unberührt lässt (⌘ VG Oldenburg Beschluss vom 16. April – 13 B 152/07, zit. nach JURIS). 90

Es gilt wieder die Legaldefinition aus § 121 BGB (vgl. oben Rdnr. 73); die Feststellung muss „ohne schuldhaftes Zögern" getroffen werden. Der erstangegangene Träger hat zu diesem Zeitpunkt den Rehabilitationsbedarf zu prüfen und die **Leistung grundsätzlich auch dann zu erbringen,** wenn er für diese an sich **nicht zuständig** ist (*Oberscheven* DRV 2005, 140 [152]). Die Vorschrift des § 14 SGB IX bedeutet insoweit eine **Ausnahme von dem Grundsatz des § 7 Satz 2 SGB IX,** nach dem sich die Zuständigkeit für Leistungen zur Teilhabe ausschließlich nach den Leistungsgesetzen der einzelnen Rehabilitationsträger richtet. Der zügigen Antragserledigung wird hier der Vorrang vor den gesetzlich geregelten Zuständigkeiten der Leistungsträger eingeräumt. Ein unzuständiger erstangegangener Träger kann die Begründung seiner Zuständigkeit und damit seine Leistungspflicht nur durch sorgfältige Prüfung und fristgerechte Weiterleitung des Antrags vermeiden (*Oberscheven* a. a. O.). 91

Bei Nichtweiterleitung des Antrags durch den erstangegangenen Träger entscheidet für die Bedarfsfeststellung und die Leistungserbringung durch ihn nicht mehr allein sein materielles Leistungsrecht. Der im Falle nicht fristgerechter Weiterleitung endgültig zuständig gewordene Leistungsträger hat den geltend gemachten **Anspruch** vielmehr anhand aller Rechtsgrundlagen, **auch nach zuständigkeitsfremden Leistungsgesetzen**, zu prüfen und zu erbringen, die überhaupt in der konkreten Bedarfssituation in Betracht kommen und dem Grunde nach vorgesehen sind (vgl. z.B. ⌘ BSG Urteil vom 21. August 2008 – B 13 R 33/07 R = BSGE 101, 207 = SozR 4-3250 § 14 Nr. 7 = BehindertenR 2009, 24; ⌘ Urteil vom 20. Oktober 2009 – B 5 R 5/07 R = NJW 2010, 2236 = SozR 4-3250 § 14 Nr. 8). So hat z. B. 92

die Bundesagentur für Arbeit als zweitangegangener Träger also auch Leistungen nach dem Recht der gesetzlichen Unfallversicherung und dem Recht der gesetzlichen Rentenversicherung zu erbringen (LSG Baden-Württ. Beschluss vom 12. Juni 2008 – L 10 R 2520/08 ER-B = UV-Recht Aktuell 2008, 1191).

93 Der nach § 14 Abs. 2 SGB IX zuständig gewordene Träger kann **Rehabilitationsleistungen nur ablehnen**, wenn nicht nur das von ihm regelmäßig anzuwendende Rehabilitationsrecht, sondern **alle für den Hilfefall in Betracht kommenden Rehabilitationsvorschriften keinen Anspruch vorsehen**. Denn auch wenn nach dem Wortlaut des § 14 Abs. 2 Sätze 1 bis 3 SGB IX nicht zweifelsfrei ist, ob der nach dieser Vorschrift zuständige Rehabilitationsträger den Rehabilitationsbedarf nur nach dem für ihn geltenden Leistungsrecht (siehe § 7 Satz 2 SGB IX) oder nach allen für den Hilfefall in Betracht kommenden Regelungen des Rehabilitationsrechts festzustellen und ggf. die notwendigen Leistungen zu erbringen hat, kann eine **am Normzweck orientierte Auslegung** der Vorschrift nur so verstanden werden, dass dieser Zuständigkeit eine am gesamten Rehabilitationsrecht orientierte Leistungspflicht entspricht (vgl. BSG Urteil vom 26. Oktober 2004 – B 7 AL 16/04 R = BSGE 93, 283 = BehindertenR 2005, 82; Urteil vom 21. August 2008 a. a. O.; BayVGH Beschluss vom 28. Juni 2005 – 12 CE 05.1287 = FEVS 57, 162 und Urteil vom 6. Dezember 2006 – 12 CE 06.2732 = JAmt 2007, 494 = ZFSH/SGB 2007, 620).

94 Auch der **mit Wirkung ab 1. Mai 2004** an § 14 Abs. 2 SGB IX **angefügte Satz 5** zeigt, dass der Rehabilitationsträger, an den ein Antrag weitergeleitet wurde, den Bedarf selbst dann festzustellen hat, wenn er für die beantragte Leistung nicht Rehabilitationsträger nach § 6 Abs. 1 SGB VIII sein kann und das in Satz 5 vorgesehene Klärungsverfahren ohne Erfolg geblieben ist (BayVGH Urteil vom 6. Dezember 2006 a. a. O: OVG NRW Beschluss vom 31. Juli 2008 – 12 B 852/08, zit. nach JURIS).

95 Ist der erstangegangene Träger für eine Leistung der beantragten Art gar nicht zuständig, hat er die Leistung dem Antragsteller gegenüber **nach den Vorschriften des „eigentlich" zuständigen Leistungsträgers** zu erbringen und ggf. einen Erstattungsanspruch gegenüber dem „eigentlich" zuständigen Träger geltend zu machen (BSG Urteil vom 26. Juni 2007 – B 1 KR 34/06 R = BSGE 98, 267 = SozR 4-3250 § 14 Nr. 4 = BehindertenR 2008, 11; Urteil vom 21. August 2008 a. a. O.).

96 Hierin liegt, wie *Gagel* (jurisPR-SozR 24/2008 Anm. 2) bemerkt, eine „**kleine Revolution des Denkens**, die aber dringend erforderlich war, um die **negativen Folgen des gegliederten Systems** vor allem bei der Behandlung von Anträgen einzudämmen und eine umfassende Aufdeckung und Berücksichtigung der Bedürfnislage des behinderten Menschen zu sichern." Denn viele Rechtsanwender bei den Rehabilitationsträgern haben es offenbar über lange Zeit hinweg seit Inkrafttreten des SGB IX als „Zumutung" abgesehen, über Fragen entscheiden zu müssen, für die der eigene Träger an sich nicht zuständig ist, und umfassend alle Sozialgesetze daraufhin überprüfen zu müssen, ob sich irgendwo ein Ansatz für die beantragte Leistung ergibt. *Gagel* a. a. O. weist zutreffend hin auf den **Zusammenhang** dieser vom BSG vorgegebenen Auslegung **mit § 8 Abs. 1 SGB IX** – der bei Anträgen auf Teilhabeleistungen eine umfassende, über den Antrag hinausgehende Prüfung möglichen Bedarfs an Teilhabeleistungen vorsieht – und mit § 10 SGB IX, der außerdem eine Verpflichtung des zuständigen Trägers enthält, auch die Koordination mit anderen Leistungen sicherzustellen.

97 Ist für die Erbringung der Leistung neben dem erstangegangenen auch ein anderer Rehabilitationsträger „eigentlich" zuständig, ist der **erstangegangene und nach § 14 SGB IX leistende Rehabilitationsträger dafür verantwortlich**, dass die beteiligten Rehabilitationsträger **im Benehmen miteinander und in Abstimmung mit dem Leistungsberechtigten** die nach dem individuellen Bedarf voraussichtlich erforderlichen Leistungen funktionsbezogen feststellen und schriftlich so zusammenstellen, dass sie nahtlos ineinandergreifen (§ 10 Abs. 1 Satz 1 SGB IX). Versäumt er dies, entstehen hieraus jedoch keine Nachteile für den Antragsteller. Denn die in § 14 Abs. 1 und 2 SGB IX geregelte Zuständigkeit erstreckt sich – wie bereits dargelegt – im Verhältnis zu diesem stets auf alle Rechtsgrundlagen, die über-

haupt in dieser Bedarfssituation für behinderte Menschen vorgesehen sind (BSG Urteil vom 26. Oktober 2004 – B 7 AL 16/04 R = BSGE 93, 283 = SozR 4-3250 § 14 Nr. 1; BSG vom 26. Juni 2007 a. a. O.; Urteil vom 21. August 2008 a. a. O.).

Der Rehabilitationsträger kann bezüglich der Feststellung des Rehabilitationsbedarfs **auch** **98** **eine ablehnende Entscheidung treffen** (HK-SGB IX / *Welti* Rdnr. 35; *Benz* SGb 2001, 611 [615]), und zwar selbst dann, wenn er bei der nachfolgenden Prüfung entgegen seiner früheren Auffassung zum Ergebnis kommt, nicht zuständig zu sein. Allerdings ist das **nur möglich,** wenn nach seiner Auffassung **kein Rehabilitationsträger die beantragte Leistung zur Teilhabe zu erbringen hat** (VG Düsseldorf Beschluss vom 24. Januar 2003 – 13 L 4954/02, zitiert nach JURIS; LPK-SGB IX / *Joussen* Rdnr. 19; HK-SGB IX / *Welti* a. a. O.; *Gagel* SGb 2004, 464 [466]; *Ulrich* SGb 2008, 452 [457]).

Die **„Befassungswirkung",** die durch Nichtweiterleitung des erstangegangenen Trägers eintritt, fällt nach der Rechtsprechung des BSG grundsätzlich **auch nach einer verbindlichen** **99** **abschließenden Entscheidung** dieses Trägers nicht weg. Vielmehr behält der erstmals befasste Rehabilitationsträger seine Zuständigkeit nach Abs. 2 Satz 1 im Außenverhältnis zum Antragsteller regelmäßig auch dann weiter bei, wenn er, ohne den Antrag an den aus seiner Sicht zuständigen Rehabilitationsträger weitergeleitet zu haben, das Verwaltungsverfahren durch Erlass eines Verwaltungsakts abschließt (vgl. § 8 SGB X), selbst wenn dieser bindend wird. Er bleibt vielmehr **auch für ein mögliches Verfahren nach § 44 SGB X** auf Rücknahme seines rechtswidrigen Verwaltungsakts **zuständig,** selbst wenn die Rechtswidrigkeit im Sinne dieser Vorschrift dann (nur) darin liegt, dass er die außerhalb seiner „eigentlichen" Zuständigkeit liegenden, nach dem Vorstehenden einschlägigen Rechtsgrundlagen nicht beachtet hat (BSG Urteil vom 21. August 2008 a. a. O. unter Verweis auf BSG Urteil vom 26. 10. Oktober 2004 – B 7 AL 16/04 R = BSGE 93, 283 = SozR 4-3250 § 14 Nr. 1; BSG Urteil vom 20. November 2008 – B 3 KN 4/07 KR R = BSGE 102, 90 = SozR 4-2500 § 33 Nr. 21). Ob etwas anderes aus prozessökonomischen Gründen zur Vermeidung eines weiteren Rechtsstreits unter den Rehabilitationsträgern dann gelten muss, wenn der erstangegangene Träger im Innenverhältnis nach keiner Betrachtungsweise – originär – zuständig sein kann und die Klage gegen den materiell offenkundig „richtigen" Träger gerichtet worden ist, hatte das BSG im Urteil vom 20. November 2008 a. a. O. noch offengelassen.

In einem Urteil vom 29. September 2009 (B 8 SO 19/08 R = FEVS 61, 433 = SGb 2010, 649 **100** = SozR 4-3500 § 54 Nr. 6) hat das BSG hingegen betont: Eine nach § 14 SGB IX begründete **Zuständigkeit ist im Verhältnis zu den Leistungsberechtigten endgültig** (ebenso BSG Urteil vom 20. Oktober 2009 – B 5 R 44/08 R = BSGE 104, 294 = SozR 4-3250 § 14 Nr. 9). Die Zuständigkeit einer Krankenkasse im Außenverhältnis zum Kläger **entfällt auch nicht** dadurch, dass der Kläger nach der Ablehnung von Leistungen nach dem SGB V durch die Krankenkasse mögliche Ansprüche nach dem SGB XII nicht mehr dieser gegenüber, sondern dann **gegenüber dem Träger der Sozialhilfe verfolgt** hat (BSG Urteil vom 29. September 2009 a. a. O.; so im Ergebnis auch BSG Urteil vom 26. Oktober 2004 – B 7 AL 16/04 R = BSGE 93, 283 = SozR 4-3250 § 14 Nr 1; Urteil vom 21. August 2008 – B 13 R 33/07 R = BSGE 101, 207 = SozR 4-3250 § 14 Nr. 7). Die Vorschrift des § 14 SGB IX soll nicht nur im Interesse des behinderten Menschen Zuständigkeitszweifel beseitigen; die Vorschrift soll vielmehr auch **Rechtssicherheit schaffen,** indem eine – im Außenverhältnis – einmal begründete Zuständigkeit erhalten bleibt (vgl. BSG Urteil vom 29. September 2009 a. a. O; a. A wohl in einem obiter dictum BSG Urteil vom 14. Dezember 2006 – B 4 R 19/06 R = SozR 4-3250 § 14 Nr. 3 Rdnr. 32).

Im Fall einer **Klage gegen den im Innenverhältnis eigentlich zuständigen Leistungsträger** **101** (hier: Träger der Sozialhilfe) ist der im Außenverhältnis durch nicht fristgerechte Weiterleitung **zuständig gewordene Träger** (hier: Krankenkasse) gemäß § 75 Abs. 2 Satz 1, Alt. 1 SGG **notwendig beizuladen.** Zwar steht einer Verurteilung eines Beigeladenen gem § 75 Abs. 5 SGG ein von diesem erlassener bestandskräftiger Verwaltungsakt entgegen (vgl. BSG Urteil vom 13. August 1981 – 11 RA 56/80 = SozR 1500 § 75 Nr. 38); entsprechend dem Schutzwweck des § 14 SGB IX erscheint es naheliegend, diese Rechtsprechung nicht auf Fälle der Geltendmachung von Rehabilitationsleistungen zu übertragen (⌘ BSG Urteil vom 21. August 2008 – B 13 R 33/07 R = BSGE 101, 207 = SozR 4-3250 § 14 Nr. 7; Urteil vom 29. September 2009 a. a. O.).

102 Satz 2 legt eine **Höchstfrist** fest, nämlich **drei Wochen nach Antragseingang**. Diese Frist läuft parallel mit derjenigen zur Klärung der Zuständigkeit nach Abs. 1 Satz 1. Wird der Antrag nicht weitergeleitet, soll das Verfahren bei den Rehabilitationsträgern zwischen Antragseingang und Entscheidung durch Verwaltungsakt regelmäßig höchstens drei Wochen dauern. Dies gilt aber nur, wenn der Rehabilitationsbedarf **ohne Einholung eines Gutachtens** festgestellt werden kann.

103 Andernfalls wird die **Entscheidung innerhalb von zwei Wochen nach Vorliegen des Gutachtens** getroffen (**Abs. 2 Satz 4**). In diesen Fällen liegt die Frist, in welcher der Rehabilitationsträger über seine Leistungen zu entscheiden hat, jedenfalls deutlich über fünf Wochen nach Antragseingang; denn zunächst kann sich eine **Verzögerung** durch das **Mitentscheidungsrecht des Leistungsberechtigten** nach Abs. 5 Satz 3 und 4 ergeben. Auch der Zeitraum für die Erstattung des **Gutachtens** ist hinzuzurechnen. Zwar soll der Sachverständige das Gutachten zwei Wochen nach der Untersuchung des Leistungsberechtigten über die Gutachterauswahl erstatten (vgl. Abs. 5 Satz 5). Jedoch ist der Zeitraum zwischen Beauftragung des Sachverständigen und Vorstellung des Leistungsberechtigten bei ihm eine weitere mögliche Ursache von Verzögerungen.

104 Die **Einhaltung dieser Fristen** ist insbesondere deshalb **von Bedeutung**, weil der Rehabilitationsträger den Leistungsberechtigten unter Darlegung der Gründe rechtzeitig **mitteilen muss**, wenn er **nicht fristgerecht entscheiden** kann (§ 15 Abs. 1 Satz 1 SGB IX). Unterbleibt die Mitteilung oder liegt ein zureichender Grund nicht vor, können ihrerseits die Leistungsberechtigten dem Rehabilitationsträger eine angemessene Frist setzen und dabei erklären, dass er sich nach Ablauf der Frist die erforderliche Leistung **selbst beschaffen** kann (§ 15 Abs. 1 Satz 2 SGB IX). In diesem Fall ist der **zuständige Rehabilitationsträger** unter Beachtung der Grundsätze der Wirtschaftlichkeit und Sparsamkeit **grundsätzlich zur Erstattung** der Aufwendungen **verpflichtet** (§ 15 Abs. 1 Satz 3 SGB IX). Allerdings gilt diese Erstattungspflicht für selbst beschaffte Leistungen nicht für die Träger der Sozialhilfe, der öffentlichen Jugendhilfe und der Kriegsopferfürsorge (§ 15 Abs. 1 Satz 4 SGB IX). Sämtliche Rehabilitationsträger werden aber durch die ihnen mit § 15 Abs. 2 SGB IX auferlegten Pflichten **zur statistischen Erfassung** der Fälle von Fristüberschreitung, der Entwicklung der Verfahrensdauer sowie der Fälle der Kostenerstattung für selbst beschaffte Leistungen ausdrücklich angehalten, die genannten Fristen zu beachten.

b) Bei Weiterleitung

105 Wird der **Antrag weitergeleitet,** gelten hinsichtlich der Pflicht zur unverzüglichen Bedarfsfeststellung und der Entscheidungsfristen die **gleichen Grundsätze für den zweitangegangenen Rehabilitationsträger (Abs. 2 Satz 3 Halbs. 1).** Dieser ist an die im Zuständigkeitsklärungverfahren nach Abs. 1 getroffenen Feststellungen des erstangegangenen Trägers gebunden; er kann sich nicht darauf berufen, dass er eine andere Entscheidung getroffen hätte (⌘ BayVGH Beschluss vom 17. September 2002 – 12 CE 02.688 = FEVS 54, 264), z. B. durch Weiterleitung an einen anderen, aus seiner Sicht zuständigen Träger. Deshalb hat der zweitangegangene Rehabilitationsträger den **Bedarf ohne Rücksicht auf seine tatsächliche Zuständigkeit unverzüglich festzustellen** und innerhalb von **drei Wochen** über den Antrag zu **entscheiden** sowie ggf. anschließend die Leistung zu erbringen. Hierbei beginnt die Frist mit dem Eingang des Antrags bei ihm (**Abs. 2 Satz 3 Halbs. 2**).

106 Auch bei Weiterleitung durch den erstangegangenen Träger gilt der Grundsatz, dass der **Rehabilitationsbedarf weit gefasst** ohne Beschränkung auf das Leistungsrecht des nunmehr zuständig gewordenen Trägers **zu prüfen** ist (vgl. ⌘ BSG Urteil vom 26. Oktober 2004 – B 7 AL 16/04 R = BSGE 93, 283 = BehindertenR 2005, 82 = SozR 4-3250 § 14 Nr. 1; ⌘ Urteil

vom 26. Juni 2007 – B 1 KR 36/06 R, zit. nach JURIS; ⌘ BayVGH Beschluss vom 5. Oktober 2006 – 12 ZB 05.3279, zit. nach JURIS). Der leistungspflichtige zweitangegangene Träger muss auch dann die beantragte Leistung erbringen, wenn sich die **Rechtsgrundlage aus einem anderen Leistungsgesetz** ergibt, für das an sich ein anderer Träger zuständig wäre (*Oberscheven* DRV 2005, 140 [153]). So kann etwa der zweitangegangene Sozialhilfeträger für Leistungen zur medizinischen Rehabilitation zuständig werden (⌘ BayVGH Beschluss vom 5. Oktober 2006 a. a. O.).

Auch wenn Leistungen auf **Sozialhilfe** im Regelfall nur vor den **Sozialgerichten** erstritten werden können, haben die **Verwaltungsgerichte**, die für die Gewährung von Rechtsschutz gegen Entscheidungen der **Jugendhilfeträger** zuständig sind, in den Fällen, in denen ein Jugendhilfeträger nach § 14 Abs. 2 Satz 1 SGB IX in Anspruch genommen wird, nach § 17 Abs. 2 Satz 1 GVG den **Rechtsstreit** unter allen in Betracht kommenden rechtlichen Gesichtspunkten und damit **auch unter Anwendung des SGB XII** zu entscheiden (⌘ BayVGH Beschluss vom 28. Juni 2005 – 12 CE 05.1287 = ZFSH/SGB 2006, 103 = FEVS 57, 162). Die Bundesagentur für Arbeit hat Ansprüche nach allen Rechtsgrundlagen zu prüfen, die überhaupt in der konkreten Bedarfssituation vorgesehen sind, also auch nach dem Recht der gesetzlichen Unfallversicherung und der gesetzlichen Rentenversicherung (⌘ LSG Baden-Württemberg Urteil vom 12. Juni 2008 – L 10 R 2520/08 ER-B = UV-Recht Aktuell 2008, 1191 = info also 2009, 65). 107

Hierbei kann auch das **Leistungsrecht des erstangegangenen Trägers maßgebend** sein, **obwohl dieser den Antrag weitergeleitet** hat. In Bezug auf das anzuwendende Recht besteht also keine Bindung an die Entscheidung des erstangegangenen Trägers über dessen Unzuständigkeit (*Gagel* SGb 2004, 464 [466]). 108

So hat ein Träger der **gesetzlichen Rentenversicherung** als zweitangegangener Träger bei beantragten Leistungen zur **medizinischen Rehabilitation** nur das objektive Vorliegen eines Bedarfs hierfür im Sinne des § 26 SGB IX zu prüfen und nicht den spezifischen Rehabilitationsbedarf bzw. die Leistungsvoraussetzungen seines Trägerbereichs (*Oberscheven* a. a. O.). Er kann die Leistung nicht etwa deshalb ablehnen, weil die nach seinem Leistungsrecht bestehenden versicherungsrechtlichen und persönlichen Leistungsvoraussetzungen gem. § 10 SGB VI nicht erfüllt sind. Seine Leistungspflicht besteht auch dann, wenn ein Bedarf für eine Leistung zur medizinischen Rehabilitation **im Sinne der gesetzlichen Krankenversicherung** festgestellt wird (vgl. § Nr. 1 Abs. 2 GEzZ). Diese setzt im Gegensatz zu den entsprechenden Vorschriften der gesetzlichen Rentenversicherung keine günstige Reha-Prognose voraus, welche die Erwerbsfähigkeit des Versicherten mit einbezieht (vgl. ⌘ SG Mannheim Urteil vom 28. Juni 2004 – S 9 RJ 138/04, zit. nach JURIS). 109

Das gilt selbst dann, wenn der Antrag von der zuständigen Krankenkasse zuvor an den Rentenversicherungsträger weitergeleitet wurde.

Allerdings muss hierbei unterschieden werden zwischen dem Außenverhältnis zum Leistungsberechtigten und dem Innenverhältnis zu dem eigentlich zuständigen Leistungsträger: Die in § 14 Abs. 1 und 2 SGB IX geregelte Zuständigkeit erstreckt sich **im Außenverhältnis (behinderter Mensch / Rehabilitationsträger)** auf **alle Rechtsgrundlagen,** die überhaupt **in dieser Bedarfssituation für Rehabilitationsträger vorgesehen** sind (vgl. ⌘ BSG Urteil vom 26. Oktober 2004 – B 7 AL 16/04 R = BSGE 93, 283 = BehindertenR 2005, 82 = SozR 4-3250 § 14 Nr. 1; ⌘ Urteil vom 26. Juni 2007 – B 1 KR 36/06 R, zit. nach JURIS). Sie begründet gegenüber dem behinderten Menschen eine eigene, gesetzliche Verpflichtung des „zweitangegangenen Trägers", die – vergleichbar der Regelung des § 107 SGB X – einen endgültigen Rechtsgrund für das „Behaltendürfen" der Leistung in diesem Rechtsverhältnis bildet (⌘ BSG Urteil vom 26. Juni 2007 a. a. O.). 110

Deshalb kann etwa eine **Krankenkasse Leistungen** zur Rehabilitation gegenüber dem Antragsteller **nicht** allein mit der Begründung **ablehnen,** der begehrte Rehabilitationsbedarf falle **nicht in den Leistungskatalog** der gesetzlichen Krankenversicherung bzw. die gewählte 111

Einrichtung unterhalte **keinen Vertrag** mit den gesetzlichen Krankenkassen. Vielmehr hat die Krankenkasse nunmehr eine Prüfung der spezifischen versicherungsrechtlichen und persönlichen Leistungsvoraussetzungen vorzunehmen und danach ggf. die Leistung zu erbringen (SG Koblenz Beschluss vom 17. Juli 2006 – S 11 ER 158/06 KR).

112 Bliebe es auch im (**Innen-**)**Verhältnis der Rehabilitationsträger** untereinander bei dieser Zuständigkeitsverteilung, wäre also die in § 14 Abs. 1 und 2 SGB IX geregelte Zuständigkeit auch dafür maßgeblich, wer letztlich die Lasten der Rehabilitation zu tragen hat, würden die bisher geltenden Zuständigkeitsnormen außerhalb des SGB IX im Wesentlichen bedeutungslos. Die damit einhergehende Lastenverschiebung ohne Ausgleich würden die **Grundlagen des gegliederten Sozialsystems in Frage stellen** (BSG Urteil vom 26. Juni 2007 a. a. O.). Der Gesetzgeber wollte aber – wie auch § 7 SGB IX belegt – die Zuständigkeit der einzelnen Zweige der sozialen Sicherheit für Rehabilitationsleistungen grundsätzlich unberührt lassen (vgl. BT-Drucks 14/5074 S 95 zu 5). Deshalb muss das **Ausgleichssystem an die Zuständigkeiten außerhalb des § 14 SGB IX anknüpfen:** Im Innenverhältnis der Rehabilitationsträger untereinander räumt § 14 Abs. 4 Satz 1 SGB IX dem „zweitangegangenen Träger" daher einen **spezialgesetzlichen Erstattungsanspruch** gegen den materiell-rechtlich „eigentlich" / originär zuständigen Rehabilitationsträger ein, der den allgemeinen Erstattungsansprüchen nach dem SGB X vorgeht (zu Letzteren vgl. BSG Urteil vom 26. Juni 2007 – B 1 KR 34/06 R zit. nach JURIS; s. auch unten Rdnrn. 126 ff.).

113 Das Gebot der Zuleitung an den „grundzuständigen" Träger kann besonders dann praktisch werden, wenn – wie in der **gesetzlichen Unfallversicherung** namentlich bei Berufskrankheiten – die berufliche Verursachung anspruchsbegründend für Leistungen ist und diese erst nach längeren Ermittlungen festgestellt werden kann. Der Antrag ist dann dem Träger zuzuleiten, der Leistungen zur medizinischen Rehabilitation oder zur Teilhabe am Arbeitsleben erbringt, ohne dass die berufliche Verursachung hierfür Leistungsvoraussetzung ist. Die Vorschrift kann aber auch für die **soziale Entschädigung nach dem BVG** und den Gesetzen, die das BVG für entsprechend anwendbar erklären, bedeutsam sein (vgl. hierzu Erl. zu § 6 Rdnrn. 112–125). Denn die in § 6 Nr. 3 und 5 SGB IX genannten Träger erbringen Leistungen, für die eine Verursachung vorliegen muss. Bei den übrigen Rehabilitationsträgern ist das nicht der Fall. Bei der medizinischen Rehabilitation gilt das insbesondere für die gesetzliche Krankenversicherung oder die gesetzliche Rentenversicherung, bei der beruflichen Rehabilitation für die Bundesagentur für Arbeit. Die Regelung erfasst auch nicht diejenigen Fälle, in denen die Zuständigkeit sich danach bestimmt, ob eine körperliche, geistige oder seelische Funktionsstörung zu einer Beeinträchtigung der Teilhabe führt, also bei der **Leistungsabgrenzung der Jugendhilfe** zu anderen zuständigen Trägern (so zutreffend HK-SGB IX / *Welti* Rdnr. 29 gegen *Kunke*l ZfSH/SGB 2001, 707 [709]; siehe auch oben Rdnrn. 62 ff.).

114 Die Vorschrift bedeutet praktisch ein **Weiterleitungsverbot,** wenn der erstangegangene Rehabilitationsträger einen anderen Träger im Sinne von § 6 Abs. 1 Nr. 3 oder 5 SGB IX für zuständig hält, weil für dessen Leistungspflicht erst die Ursache des Rehabilitationsbedarfs geklärt werden müsste (vgl. *Benz* SGb 2001, 611 [617]). Kann allerdings der erstangegangene Träger z. B. innerhalb der Frist feststellen, dass tatsächlich ein Arbeitsunfall vorliegt, darf er auch an den Träger der Unfallversicherung weiterleiten (HK-SGB IX / *Welti* Rdnr. 27).

115 Wird der **Antrag bei der Bundesagentur für Arbeit gestellt** bzw. ist vor einer Weiterleitung durch einen anderen Träger an diese deren Zuständigkeit zu prüfen, ermöglicht **Abs. 1 Satz 4** eine **Verfahrensbeschleunigung.** In diesen Fällen ist nicht mehr zunächst durch die Rentenversicherungsträger festzustellen, ob **ohne die Leistungen Rente wegen verminderter Erwerbsfähigkeit** gem. § 11 Abs. 2a Nr. 1 SGB VI zu leisten und deshalb wegen § 22 Abs. 2 SGB III keine Zuständigkeit gegeben wäre (BT-Drucks. 14/5074 S. 102; vgl. oben Rdnr. 11). Diese Feststellungen sollen vielmehr erst in dem Verfahren nach Abs. 4 getroffen werden.

2. Keine wiederholte Weiterleitung

Wird der Antrag von dem zuerst angegangenen Rehabilitationsträger weitergeleitet, ist damit der zweitangegangene Träger zuständig. Eine **erneute Weiterleitung ist nach dem Willen des Gesetzgebers grundsätzlich ausgeschlossen** (BT-Drucks. 15/1783 S. 3; vgl. oben Rdnr. 23 und § 3 Abs. 1 Satz 1 GEzZ). Das ergibt sich zum einen aus der Verweisung in Abs. 2 Satz 3 auf die Sätze 1 und 2. Zum anderen folgt es indirekt aus der Erstattungsregelung in Abs. 4 Satz 1, die als Ausgleich für die Leistungsverpflichtung trotz Unzuständigkeit einen Anspruch gegen den eigentlich zuständigen Träger auf Erstattung der entstandenen Aufwendungen **nach den eigenen Rechtsvorschriften** vorsieht. 116

Allerdings sollte das **Verbot der Weiterleitung nicht innerhalb eines Sozialleistungsbereichs** gelten, z. B. von der zweitangegangenen LVA an die BfA (vgl. *Benz* SGB 2001, 611 [615]; vgl. auch oben Rdnr. 36). Vielmehr erscheint es sinnvoll und praxisgerecht, eine solche Weiterleitung innerhalb desselben Rehabilitationbereichs zuzulassen, sofern gewährleistet ist, dass die in den Fristen zum Ausdruck kommende Zielrichtung des § 14 SGB IX beachtet wird (vgl. auch § 3 Abs. 4 GzZE). Im Übrigen sind die Regelungen der jeweiligen Leistungsgesetze, ggf. in Verbindung mit bestehenden öffentlich-rechtlichen Verträgen, zu beachten (z. B. in der gesetzlichen Unfallversicherung § 139 SGB VII für Arbeitsunfälle, § 194, § 174 Abs. 1 SGB VII i. V. m. der Vereinbarung über die Zuständigkeit bei Berufskrankheiten). 117

Es entsprach zunächst einer h. M. und verbreiteten Praxis, dass im Interesse behinderter Menschen der Antrag unverzüglich nochmals weitergeleitet werden dürfe, wenn er aufgrund eines **offensichtlichen Bearbeitungsfehlers** an einen Rehabilitationsträger weitergeleitet wurde, dessen **Leistungsrecht** die in Betracht kommende Leistung **nicht umfasst** (so auch *Benz* SGb 2001, 611 [615]: „in entsprechender Anwendung von Abs. 6"; HK-SGB IX / *Welti* 1. Aufl. Rdnr. 32; vgl. auch § 3 Abs. 3 GEzZ). Dies gilt namentlich bei Weiterleitung eines Antrags 118

— auf Leistungen zur Teilhabe am Arbeitsleben an eine gesetzliche Krankenkasse oder eine landwirtschaftliche Alterskasse,
— auf Leistungen zur medizinischen Rehabilitation an das Arbeitsamt,
— auf Leistungen zur Teilhabe am Leben in der Gemeinschaft an eine gesetzliche Krankenkasse, die Arbeitsverwaltung, einen Träger der gesetzlichen Rentenversicherung oder eine landwirtschaftliche Alterskasse,
— auf Leistungen zur Teilhabe für Erwachsene an einen Träger der öffentlichen Jugendhilfe, soweit es sich nicht um einen jungen Volljährigen im Sinne von § 41 SGB VIII handelt.

Der Gesetzgeber hat durch Anfügung des **Satzes 5** an den Abs. 2 entschieden, dass der Rehabilitationsträger, an den der Antrag auf Leistungen zur Teilhabe weitergeleitet wurde, ihn **nicht ein zweites Mal weiterleiten darf**. Vielmehr hat er unverzüglich mit dem nach seiner Auffassung zuständigen Rehabilitationsträger zu klären, von wem und in welcher Weise über den Antrag innerhalb der Fristen nach den Sätzen 2 und 4 entschieden wird. Hierüber muss er den Antragsteller unterrichten. 119

Nach der Begründung für die Änderung (vgl. oben Rdnr. 23) soll eine nochmalige Weiterleitung grundsätzlich **auch dann ausgeschlossen** sein, wenn der Träger für die Leistung **nicht Rehabilitationsträger nach § 6 Abs. 1 SGB IX** ist (vgl. LSG Baden-Württemberg Urteil vom 7. November 2006 – L 11 KR 2438/06, zit. nach JURIS). 120

Das gilt auch dann, wenn sich aus **§ 98 Abs. 2 SGB XII** die Zuständigkeit eines anderen Rehabilitationsträgers ergeben sollte. § 98 Abs. 2 Satz 3 SGB XII, der im Falle eines ungeklärten gewöhnlichen Aufenthalts oder bei Vorliegen eines Eilfalles die örtliche Zuständigkeit zur Entscheidung und Leistungserbringung des Sozialhilfeträgers festlegt, in dessen Bereich sich der Leistungsberechtigte tatsächlich aufhält, entfaltet **keine verdrängende Wirkung gegenüber § 14 SGB IX** (LSG Baden-Württemberg Urteil vom 7. November

2006 a. a. O.; ⊞ BayLSG Beschluss vom 24. April 2006 – L 11 B 637/05 SO ER; zit. nach JURIS; ⊞ SG Bayreuth Urteil vom 29. Juli 2005 – S 4 SO 45/05 ER = ZfF 2006, 87).

121 Hierdurch wird zweifellos ein **erheblicher Zeit- und Einigungsdruck zugunsten des Betroffenen** geschaffen, weil der zweitangegangene Rehabilitationsträger in der Verantwortung zur Entscheidung über den Antrag bleibt, selbst wenn die von dem Betroffenen gewünschten Leistungen nicht zu seinem Zuständigkeitsbereich gehören. Im Ergebnis läuft diese Regelung also darauf hinaus, dass die einvernehmliche Weiterleitung des Antrages zwischen den Rehabilitationsträgern im konkreten Fall vereinbart werden kann (*Oberscheven* DRV 2005, 140 [154]).

122 Im Übrigen sollten die Regelungen über die vorläufige Zuständigkeit in § 14 stets dann zurücktreten, wenn sich die beteiligten Leistungsträger **einvernehmlich über die Zuständigkeit** einigen. Damit ist der Fall gemeint, dass nach Abgabe an einen anderen Träger der erstangegangene Rehabilitationsträger das Verfahren einvernehmlich „zurücknimmt". Aus Gründen der Verwaltungsvereinfachung sollte einer derartigen Absprache im Rahmen der Pflicht zur Zusammenarbeit nach § 12 SGB IX der Vorzug gegeben werden vor einer Leistungserbringung durch den an sich unzuständigen Träger mit einer späteren Kostenerstattung.

Wenn der erstangegangene Rehabilitationsträger es **hinnimmt**, dass der Antrag auf Leistungen zur Teilhabe von dem Rehabilitationsträger, an den er den Antrag weitergeleitet hat, **wieder formlos zurückgereicht** wird, muss sich der erstangegangene Rehabilitationsträger so behandeln lassen, als habe er den Antrag nicht weitergeleitet. Dies gilt jedenfalls dann, wenn er Sachverhaltsermittlungen durchführt und sogar über den Antrag entscheidet (⊞ Sächs. LSG Beschluss vom 13. August 2009 – L 1 KR 41/09 B ER, zit. nach JURIS).

123 Für **Integrationsämter** gilt eine **Sonderregelung in § 102 Abs. 6 Satz 2 SGB IX**. Sie dürfen einen an sie weitergeleiteten Antrag nochmals weiterleiten, wenn sie nach Prüfung ihre Nichtzuständigkeit feststellen (vgl. auch § 3 Nr. 2 GEzZ). Dieser Träger muss dann die Leistung erbringen, auch wenn er nicht zuständig ist. Die Vorschrift ist mit Wirkung ab 1. Mai 2004 durch Anfügung der **Sätze 3 und 4** dahingehend ergänzt worden, dass das Integrationsamt eine Leistung zur Teilhabe am Arbeitsleben, für die es nicht zuständig ist, **vorläufig erbringen** kann. Voraussetzung ist, dass die unverzügliche Erbringung dieser Leistung erforderlich ist, z. B. um einen Arbeitsplatz zu erhalten. Das Integrationsamt kann dann die **Erstattung** der auf die Leistung entfallenden Aufwendungen von dem zuständigen Träger verlangen.

C) zu Abs. 3

1. Leistungen von Amts wegen

124 Die in den Absätzen 1 und 2 enthaltenen Regelungen gelten sinngemäß, wenn der Rehabilitationsträger nicht auf Antrag tätig wird, sondern Leistungen von Amts wegen erbringt. Dies gilt insbesondere für die Unfallversicherung gem. § 19 Satz 2 SGB IV, die Sozialhilfe und die Träger der Kriegsopferfürsorge bzw. des sonstigen sozialen Entschädigungsrechts. In diesen Fällen entspricht dem Tag des Antrags der Tag, an dem der leistungsverpflichtete Träger **Kenntnis von einem voraussichtlichen Rehabilitationsbedarf** erlangt (⊞ BSG Urteil vom 17. Februar 2010 – B 1 KR 23/09 R = BSGE 105, 271 = SozR 4-2500 § 40 Nr. 5 = NZS 2010, 681; vgl. auch § 1 Nr. 2 GEzZ). Hierbei ist in Anlehnung an die BSG-Rechtsprechung zu § 45 Abs. 4 Satz 2 SGB X (⊞ Urteil vom 9. Juni 1988 – 4 RA 9/88 = BSGE 63, 224 [228]) und Urteil vom ⊞ 8. Februar 1996 – 13 RJ 35/94 = 77, 295 [298]) auf die Kenntnis des mit der Vorbereitung der Entscheidung beauftragten **Sachbearbeiters** abzustellen (*Benz* SGb 2001, 611 [614]). Die Kenntnis muss sich nicht nur allgemein auf die Notwendigkeit von Maßnahmen der Rehabilitation, sondern auf einen konkreten Bedarf beziehen (*Benz* a. a. O.; vgl. auch oben Rdnr. 43). „**Kenntnis**" ist das sichere Wissen, bezogen auf eine erfor-

derliche Rehabilitationsleistung; sie setzt in der Regel Ermittlungen des Sachbearbeiters zu Art und Umfang des Rehabilitationsbedarfs voraus (*Benz* a. a. O. m. w. Nachw.).

Auch wenn die **Sozialhilfe** nicht antragsabhängig i. S. von § 16 Abs. 2 Satz 2 SGB I ist, sondern mit der Kenntnis des Sozialhilfeträgers vom Vorliegen der Voraussetzungen einsetzt (vgl. § 18 Abs. 1 SGB XII), bestimmt § 18 Abs. 2 SGB XII, dass im Fall der **Antragstellung bei einem unzuständigen Sozialhilfeträger** der Zeitpunkt dessen Kenntnis maßgebend ist. Daraus folgt, dass auch im Fall eines – in der Regel die Kenntnis von den Hilfevoraussetzungen begründenden – Antrags auf Sozialhilfe bei einem unzuständigen Sozialhilfeträger der Antrag als zu dem Zeitpunkt gestellt gilt, in dem er bei dem unzuständigen Träger eingegangen ist (VG Münster Urteil vom 8. Juni 2010 – 6 K 1482/08, zit. nach JURIS). 125

Erbringt ein Rehabilitationsträger in Bejahung seiner Zuständigkeit von Amts wegen Rehabilitationsleistungen, schließt dies Erstattungsansprüche nach §§ 103, 104 SGB X nicht aus (BSG Urteil vom 17. Februar 2010 a. a. O.). 126

D) zu Abs. 4

1. Erstattungsanspruch des zweitangegangenen Trägers

a) Grundsatz bei Unzuständigkeit

Stellt der Träger, an den ein Antrag weitergeleitet wurde, nach Bewilligung der Leistung fest, dass für diese ein anderer Träger zuständig ist, hat er einen **Erstattungsanspruch für erbrachte Leistungen** nach den für ihn geltenden Rechtsvorschriften (**Abs. 4 Satz 1**). Eine solche „Zuständigkeit" des auf Erstattung in Anspruch genommenen Trägers im Sinne des Abs. 4 Satz 1 ist gegeben, wenn der Leistungsberechtigte die Leistung ihrer Art nach von diesem Träger nach dessen materiellem Recht – der Zuständigkeitsordnung außerhalb von § 14 SGB IX (vgl. BSG Urteil vom 8. September 2009 – B 1 KR 9/09 = SozR 4-3250 § 14 Nr. 10) hätte beanspruchen können. 127

Insoweit handelt es um eine **Spezialregelung gegenüber § 102 SGB X** (vgl. BSG Urteil vom 26. Juni 2007 – B 1 KR 34/06 R = BSGE 98, 267 = SozR 4-3250 § 14 Nr. 4 = BehindertenR 2008, 11 = BSG Urteil vom 20. April 2010 – B 1/3 KR 6/09 R = NZS 2011, 137 = SozR 4-3250 § 14 Nr. 12). Die **§§ 102 ff SGB X privilegieren** in der Rechtsfolge (Erstattungsumfang) und Rangfolge (vgl. § 106 SGB X) **Ansprüche des vorläufig leistenden Leistungsträgers** (§ 102 SGB X) gegenüber Ansprüchen des Leistungsträgers, dessen Leistungsverpflichtung nachträglich entfallen ist (§ 103 SGB X), des nachrangig verpflichteten Leistungsträgers (§ 104 SGB X) und des unzuständigen Leistungsträgers (§ 105 SGB X). Dieses **Erstattungssystem modifiziert Abs. 4 Satz 1** für die Fälle des Abs. 1 Satz 2 bis 4, nämlich die Zuständigkeitsbegründung durch Weiterleitung. 128

Die Vorschrift **stellt sicher,** dass der **zweitangegangene Rehabilitationsträger,** dem der sich selbst für unzuständig haltende erstangegangene Rehabilitationsträger den Antrag nach Abs. 1 Satz 2 bis 4 weitergeleitet hat, im Nachhinein vom „eigentlich" zuständigen Rehabilitationsträger die **Aufwendungen** – wie außerhalb des § 14 SGB IX ein vorläufig leistender Leistungsträger – **nach den für den zweitangegangenen Rehabilitationsträger geltenden Rechtsvorschriften erstattet** erhält. In der Sache wird damit eine speziellere Regelung im Verhältnis zu § 102 SGB X getroffen, da die Zuständigkeit des zweitangegangenen Rehabilitationsträgers die Vorschriften über vorläufige Leistungspflichten und die Zuständigkeit zur vorläufiger Leistungspflicht ersetzt (BSG Urteil vom 26. Juni 2007 a. a. O. unter Hinweis auf BT-Drucks 14/5074, S. 102 zu § 14). Denn der **zweitangegangene Rehabilitationsträger ist im Verhältnis zum behinderten Menschen** nicht nur vorläufig, sondern **endgültig und umfassend leistungspflichtig**. Er erhält im Gegenzug hierfür einen vollständigen Ersatz aller Aufwendungen, wenn er nach der Zuständigkeitsordnung der Rehabilitationsträger – außerhalb von § 14 SGB IX – Leistungen, für die er nicht zuständig war, aufgrund seiner Zuständigkeit als zweitangegangener Träger nach Abs. 2 Satz 3 bis 5 erbringen musste. Weil ihn § 14 SGB IX dazu beruft, umfassend nach allen Leistungsvorschriften überhaupt zustän- 129 diger Rehabilitationsträger zu leisten, er sich mithin dieser Leistungspflicht nicht entziehen kann, bedarf es eines **umfassenden Ausgleichsmechanismus,** wie ihn die Rechtsfolge des verdrängten § 102 Abs. 2 SGB X ebenfalls vorsähe (☞ BSG Urteil vom 26. Juni 2007 a. a. O.).

130 Der **weite Umfang des Erstattungsanspruchs nach § 102 Abs. 2 SGB X** dient dem Zweck, dass der berechtigte Träger „alle seine erbrachten Leistungen zurückerhalten" soll (vgl. Gesetzentwurf der Bundesregierung zum Entwurf eines SGB – Zusammenarbeit der Leistungsträger und ihre Beziehungen zu Dritten –, BT-Drucks. 9/95 S. 24 zu § 108 des Entwurfs). In der Sache geht es um **alle Individualkosten des Einzelfalls** (vgl. dementsprechend zu § 264 Abs. 1 SGB V: Urteil vom 17. Juni 2008 – B1UR 30/07 R –BSGE 101, 42 = SozR 4-2500 § 264 Nr. 1 Rdnr. 24). Zu den erstattungsfähigen Aufwendungen des zweitangegangenen Reha-Trägers gehören nicht nur tatsächliche Zahlungen, sondern auch Lasten aus der **Eingehung von Verbindlichkeiten** (☞ BSG Urteil vom 8. September 2009 – B 1 KR 9/09 R = SozR 4-3250 § 14 Nr. 10).

Dazu zählen auch die **Rentenversicherungsbeiträge**, deren Zahlung die Vorschrift des § 176 Abs. 3 SGB VI fingiert. Sie sind mit dem Zeitpunkt der fingierten Zahlung wirksam (§ 197 Abs. 1 SGB VI), sodass der Versicherte aus ihnen Rechte herleiten kann (BSG Urteil vom 8. September 2009 a. a. O.).

131 Der erstattungsberechtigte Träger kann ggf. **Zinsen** auf seine Forderung beanspruchen (☞ BSG Urteil vom 20. November 2008 – B 3 KR 16/08 R; LSG NRW Urteil vom 20. Januar 2011 – L 16 KR 184/09, jeweils zit. nach JURIS). Rechtsgrundlage dafür ist § 108 Abs. 2 Satz 1 Nr. 2 SGB X i. V. m. § 44 Abs. 3 Satz 1 SGB I. Hiernach haben die Sozialhilfeträger und die anderen in § 108 Abs. 2 SGB X genannten Träger – und nur diese (vgl. ☞ BSG Urteil vom 19. September 2007 – B 1 KR 39/06 R = BSGE 99, 102 Rdnr. 29 m. w. Nachw.) – auf Antrag Anspruch auf Verzinsung eines Erstattungsanspruchs mit 4 v. H. für den Zeitraum nach Ablauf eines Kalendermonats nach Eingang des vollständigen, den gesamten Erstattungszeitraum umfassenden Erstattungsantrages beim zuständigen Erstattungsverpflichteten bis zum Ablauf des Kalendermonats vor der Zahlung (§ 108 Abs. 2 Satz 1 Nr. 2 SGB X). Verzinst werden nur volle Euro-Beträge (§ 44 Abs. 3 Satz 1 SGB I). Diese Vorschriften gelten **für Erstattungsansprüche nach § 14 Abs. 4 SGB IX entsprechend**. § 14 Abs. 4 SGB IX begründet einen spezialgesetzlichen Erstattungsanspruch, der den allgemeinen Erstattungsansprüchen nach dem SGB X vorgeht. Soweit dessen Regelungen nicht vorgreiflich sind, gelten deshalb im Erstattungsstreit zwischen den Rehabilitationsträgern die allgemeinen Vorschriften des SGB X und damit auch die Zinsregelung des § 108 Abs. 2 SGB X (BSG Urteil vom 20. November 2008 a. a. O).

132 Bei wörtlichem Verständnis des Gesetzes wäre der Erstattungsanspruch ausgeschlossen, wenn der zweitangegangene Träger seine **Unzuständigkeit schon vor Bewilligung der Leistung erkennt**. Dies wäre aber ein sinnwidriges Ergebnis, weil er den Antrag weder zurück- noch weiterleiten darf. Deshalb wurde in § 5 NAbs. 3 Satz 1 GEzZ vereinbart: Der Erstattungsanspruch besteht unabhängig davon, ob sich die Nichtzuständigkeit des leistenden Rehabilitationsträgers vor oder nach Bewilligung der Leistung herausstellt.

133 Der Erstattungsanspruch entsteht aber – wie bei § 102 SGB X – nur, wenn die **Leistungen rechtmäßig** erbracht wurden. Dabei bestimmt sich der Umfang – wie Satz 1 hervorhebt –, nach dem Recht des zunächst leistenden Rehabilitationsträgers (anders als bei der Erstattungsvorschrift des § 105 Abs. 2 SGB X). Es wird deshalb nicht im Nachhinein geprüft, ob die speziellen Leistungsvoraussetzungen des erstattungs**pflichtigen** Trägers vorliegen oder andere trägerspezifische Anforderungen, etwa in qualitativer, wirtschaftlicher oder bedarfsorientierte Hinsicht. Der **Fall ist** von dem erstattungspflichtigen eigentlich zuständigen Träger **nicht noch einmal von Grund auf neu aufzugreifen** (*Oberscheven* DRV 2005, 140 [158]). Daher wird z. B. auch die Entgeltersatzleistung nicht noch einmal neu berechnet. Auch sind entrichtete oder als entrichtet geltende fiktive Beiträge zur Sozialversicherung zu erstatten. Ist eine eigentlich **erforderliche Zuzahlung nicht geleistet**, wird sie nicht nachträglich bei **dem Betroffenen beigetrieben**.

Jedenfalls bei länger dauernden oder in zeitlich getrennten Abschnitten zu erbringenden Leistungen sollte hieraus abgeleitet werden, dass der zweitangegangene Träger **von dem erstangegangenen Träger verlangen** kann, **nunmehr selbst die Leistung zu erbringen**. Der Sinn des § 14 ist lediglich eine – im Innenverhältnis der Träger – vorläufige Zuständigkeitsregelung im Interesse der Berechtigten. Es wäre nicht verfahrensökonomisch, auf Dauer Vorleistungspflichten eines an sich unzuständigen Trägers mit einer Erstattungsregelung vorzusehen, wenn gewährleistet ist, dass der Betroffene die ihm bewilligte Leistung weiterhin im bisherigen Umfang erhält. 134

b) Sonderregelung für Zuständigkeitskollision zwischen BA und Rentenversicherungsträger bei Erwerbsminderung

Im Rahmen eines Verlangens auf Kostenerstattung kann auch die **Zuständigkeit zwischen der Bundesagentur für Arbeit und der Rentenversicherung** in den Fällen des § 11 Abs. 2a Nr. 1 SGB VI geklärt werden. Die Arbeitsverwaltung darf aber zur Reduzierung des Verwaltungsaufwands bei den Rentenversicherungsträgern diesen nur solche Anträge zuleiten, bei denen nach den eigenen Feststellungen der Bundesagentur für Arbeit eine **Rentenzahlung aus gesundheitlichen Gründen möglich** sein könnte (**Abs. 4 Satz 2**). Nach nunmehr geltendem Recht wird eine solche Rente nur gezahlt, wenn der Versicherte **weniger als sechs Stunden täglich erwerbstätig** sein kann. Die Lage auf dem Arbeitsmarkt hat – anders als nach früherer Rechtslage – keinen Einfluss auf die Feststellung der teilweisen Minderung der Erwerbsfähigkeit im Sinne von § 43 Abs. 1 SGB VI. Vielmehr dürfen nach § 43 Abs. 3 SGB VI nur die gesundheitlichen Aspekte einbezogen werden. **Bei voller Erwerbsminderung,** wenn der Versicherte nur noch weniger als drei Stunden täglich arbeiten kann, ist die **Lage auf dem Arbeitsmarkt zu berücksichtigen,** nämlich die Frage, ob der Betroffene überhaupt noch einen Arbeitsplatz finden kann. Ein Erstattungsverfahren nach Abs. 4 Satz 1 ist demnach von der Bundesagentur für Arbeit nur bei einer teilweisen Minderung der Erwerbsfähigkeit einzuleiten (Mrozynski Rdnr. 40). Allerdings kann und sollte diese Klärung bereits während den nach Abs. 1 Satz 4 einzuleitenden Leistungen angestrebt werden (LPK-SGB IX / *Joussen* Rdnr. 15). 135

c) Weitere Rechtsfragen bei der Erstattung an den zweitangegangenen Träger

aa) Vermeidung von Doppelleistungen

Zur Vermeidung von Doppelleistungen liegt es nahe, insoweit **§ 107 SGB X** und die Folgevorschriften in §§ 108–110 SGB X **entsprechend anzuwenden** (so auch *Benz* SGb 2001, 611 [616]; für die Anwendbarkeit von § 108 SGB X auch ausdrücklich § 5 Abs. 4 GEzZ). Das bedeutet: Die **Vorleistung tilgt die Schuld des Leistungspflichtigen;** der dem Leistungsberechtigten gegen den Leistungspflichtigen zustehende Anspruch erlischt, soweit die Vorleistung dem Geschuldeten entspricht. 136

bb) Ausschlussfrist nach § 111 SGB X

Fraglich ist, ob auch die Vorschrift über die **einjährige Ausschlussfrist** zur Geltendmachung in § 111 SGB X entsprechend anwendbar ist. Nach einer Auffassung soll diese nur für Erstattungsansprüche nach §§ 102–105 SGB X maßgebend sein (SG Gelsenkirchen Urteil vom 13. Februar 1989 = HV-Info 1989, 1074). Nach der Rspr. des BSG (vgl. Urteil vom 31. Mai 1989 – 9/9a RV 12/87 = HV-Info 1989, 1984) soll es darauf ankommen, ob die maßgebende Erstattungsvorschrift eine den Rückgriff auf § 111 ausschließende Sonderregelung trifft; das dürfte hier wohl zu verneinen sein. Auch § 5 Abs. 4 Satz 2 GEzZ legt die **Anwendbarkeit von § 111 SGB X** offensichtlich zugrunde („§§ 108 ff. SGB"). Deshalb darf der erstattungsberechtigte Träger seine Ansprüche **nicht später als zwölf Monate** nach Ablauf des letzten Tages der Leistungserbringung geltend machen. 137

Der erstattungsberechtigte Träger muss dabei dem in Anspruch genommenen Leistungsträger zumindest seinen **Rechtssicherungswillen**, die im Einzelfall für die Entstehung des Erstattungsanspruchs maßgeblichen Umstände einschließlich der zugrunde liegenden Diagnose und den Zeitraum **verdeutlichen**, für den die Sozialleistungen erbracht worden sind (BSG Urteil vom 30. Juni 2009 – B 1 KR 21/08 R = SozR 4-1300 § 111 Nr. 5).

cc) Verjährung

138 Anwendbar ist die Verjährungsvorschrift des § 113 SGB X (BSG Urt. vom 30. September 1993 – 4 RA 6/92 = HVBG-Info 1993, 2724 [2728]). Auch § 5 Abs. 4 Satz 3 GEzZ sieht offenbar insoweit keine Einschränkung vor (vgl. Rdnr. 137).

2. Erstattungsanspruch des erstangegangenen Trägers bei Nichtweiterleitung

a) Grundsatz

139 Grundsätzlich hat der **an sich unzuständige erstangegangene Träger,** der durch Nichtweiterleitung formal vorläufig zuständig geworden ist, **keinen privilegierten Erstattungsanspruch** gegen den eigentlich zuständigen Träger, weil die Anwendung des § 105 SGB X ausdrücklich ausgenommen wurde **(Abs. 4 Satz 3).**

140 Allerdings können die Rehabilitationsträger **Abweichendes vereinbaren.** Eine entsprechende Vereinbarung gibt es im Verhältnis zwischen den Trägern der **Rentenversicherung und** Trägern der **Krankenversicherung** (Vereinbarung „Abhängigkeitserkrankungen" vom 4. Mai 2001, abgedruckt unter 6.3 der Leitlinien der Deutschen Rentenversicherung Bund zur Rehabilitationsbedürftigkeit bei Abhängigkeitserkrankungen, DRV 2002, S. 58 ff. und http://www.deutsche-rentenversicherung-bund.de).

141 Der **Ausschluss** des Erstattungsanspruchs **rechtfertigt** sich daraus, dass der erstangegangene Träger **nicht in gleicher Weise** schutzwürdig ist wie der zweitangegangene. Er ist nicht einer „aufgedrängten" Zuständigkeit aus Abs. 1 und 2 SGB IX ausgesetzt, der er sich nicht entziehen kann. Er kann vielmehr seine Zuständigkeit prüfen und verneinen. Für ihn sind die **Erstattungsansprüche** in aller Regel auf diejenigen nach § 103 SGB X und nach § 104 SGB X **begrenzt,** während **§ 105 SGB X ausgeschlossen** ist (vgl. BSG Urteil vom 26. Juni 2007 – B 1 KR 34/06 R = BSGE 98, 267 = BehindertenR 2008, 11 = SozR 4-3250 § 14 Nr. 4).

b) Unterscheidung nach Gründen der Nichtweiterleitung

142 Allerdings gilt der vorgenannte Grundsatz nicht uneingeschränkt: Vielmehr ist danach zu differenzieren, aus welchen Gründen die Weiterleitung unterblieben ist (BSG Urteil vom 26. Juni 2007 a. a. O.). Denn die Erstattungsregelungen in Abs. 4 sollen kein vollständiges, abschließendes System der Erstattungsansprüche für den Geltungsbereich des § 14 SGB IX schaffen. Sie enthalten lediglich punktuelle Regelungen, welche das Ausgleichssystem unter den Trägern den speziellen Anforderungen des § 14 SGB IX anpassen. Sie lassen aber die **Anwendbarkeit der allgemeinen Grundsätze für Erstattungsansprüche nach dem SGB X** im Übrigen – für den erstangegangenen Träger – **unberührt** (BSG Urteil vom 26. Juni 2007 a. a. O.).

Daher sind folgende Fallkonstellationen zu unterscheiden:

aa) Nichtweiterleitung trotz erkannter eigener Unzuständigkeit

143 Hat der Träger seine **Zuständigkeit verneint und leistet** er, obwohl ein anderer Rehabilitationsträger nach dem Ergebnis seiner Prüfung zuständig ist, kann er – nicht anders als im Rahmen der Regelungen der §§ 102 bis 105 SGB X – **keine Erstattung** beanspruchen. Er greift zielgerichtet in fremde Zuständigkeiten ein und missachtet das Weiterleitungsgebot des § 14 Abs. 1 Satz 2 SGB IX. Für ihn bestätigt Abs. 4 Satz 3 SGB den Ausschluss jeglicher Erstattung (BSG Urteil vom 26. Juni 2007 a. a. O.). Allerdings dürften derartige Fälle einer bewussten Missachtung fremder Leistungszuständigkeit zum eigenen Nachteil des Trägers in der Praxis sehr selten vorkommen.

bb) Nichtweiterleitung bei irrtümlich angenommener eigener Zuständigkeit

Hat der Träger dagegen irrtümlich die **Zuständigkeit bejaht,** muss er im Nachhinein **zu einer Korrektur im Rahmen der Erstattung befugt** sein. Er kann einen Anspruch wegen nachrangiger Verpflichtung „nach den Regeln außerhalb des Regimes des § 14 SGB IX" aus § 104 SGB X geltend machen (BSG Urteil vom 2. November 2010 – B 1 KR 9/10 R, zit. nach JURIS). Sonst wäre er gehalten, schon bei geringstem Verdacht einen Rehabilitationsantrag weiterzuleiten, um die Zuständigkeitsproblematik ggf. im Erstattungsstreit austragen zu können und andererseits nicht automatisch von jeglicher Erstattungsmöglichkeit ausgeschlossen zu sein. Das widerspräche sowohl dem Regelungszweck, zu einer schnellen Zuständigkeitsklärung gegenüber dem behinderten Menschen zu kommen, als auch dem Ziel, das gegliederte Sozialsystem zu erhalten (BSG Urteil vom 26. Juni 2007 a. a. O.). 144

Allerdings weist *Kern* (ZFSH/SGB 2010, 397 [400]) zutreffend auf Folgendes hin: Die Rechtsprechung nimmt eher in Kauf, dass gegebenenfalls erstangegangene Träger den Antrag bei Zweifeln an ihrer Zuständigkeit, die nicht innerhalb der Zwei-Wochen-Frist geklärt werden können, „vorsorglich" weiterleiten als eine Verzögerung der Zuständigkeitsklärung (vgl. z. B. die a. a. O. angeführten Entscheidungen des BayVGH vom 3. März 2005 – 12 CE 04.2180 = FEVS 56, 519 und vom 6. Dezember 2006 – 12 CE E 06.2732 = JAmt 2007, 494 sowie des LSG Rheinland-Pfalz vom 26. Juni 2007 – L 3 U 212/06, zitiert nach JURIS). Das ist in der Tendenz zu begrüßen, um das gesetzgeberische Ziel einer raschen Zuständigkeitsklärung zu verwirklichen. Eine ebenso konsequente Handhabung der Erstattungsregelungen führt dazu, dass sich die „weiterleitungsfreudigen" Träger insoweit keine ungerechtfertigten Vorteile verschaffen können. 144a

Soweit nicht ein Fall vorliegt, in dem der Anspruch auf die Rehabilitationsleistung nachträglich ganz oder teilweise entfallen ist, kommt zur „nachträglichen Korrektur" der irrtümlichen Bejahung seiner Zuständigkeit durch den erstangegangenen Träger im Erstattungswege **nur ein Anspruch wegen nachrangiger Verpflichtung des Leistungsträgers aus § 104 SGB X** in Betracht. Das beruht darauf, dass § 14 Abs. 1 Satz 1 und Abs. 2 Satz 1 und 2 SGB IX einerseits die Zuständigkeit gegenüber dem behinderten Menschen schnell, klar und endgültig regelt, andererseits die „eigentliche" Zuständigkeitsordnung (außerhalb des § 14 SGB IX) im Verhältnis der Rehabilitationsträger untereinander nicht antasten will (BSG Urteil vom 26. Juni 2007 a. a. O.). 145

Deshalb schafft § 14 Abs. 1 Satz 1 i. V. mit Abs. 2 Satz 1 und 2 SGB IX nur eine **nachrangige Zuständigkeit,** die es zulässt, dass der **erstangegangene Rehabilitationsträger** im Rahmen eines Erstattungsstreits sich die Kosten der Rehabilitationsmaßnahmen nach § 104 SGB X vom „eigentlich" zuständigen, in diesem Sinne vorrangigen Rehabilitationsträger **erstatten lässt.** Der Träger, der **irrtümlich seine Zuständigkeit bejaht,** wird damit **nicht** – im dargelegten Sinne dem Primärziel des § 14 SGB IX zuwiderlaufend – **dauerhaft mit den Kosten der Rehabilitationsmaßnahme belastet.** Er wird aber auch nicht wie ein vorleistungspflichtiger oder zweitangegangener Träger in der Rechtsfolge privilegiert, sondern erhält **Erstattung nur im Umfang des § 104 Abs. 3 SGB X** nach den für den vorrangig verpflichteten Leistungsträger geltenden Rechtsvorschriften (vgl. BSG Urteil vom 26. Juni 2007 a. a. O.). 146

Irrt ein Rehabilitationsträger, der von Amts wegen einem Versicherten Rehabilitationsleistungen erbringt, über seine Zuständigkeit, begründet dies im Erstattungsverhältnis zu anderen Trägern ebenfalls nur eine nachrangige Zuständigkeit.

cc) Nichtweiterleitung bei komplizierter Rechtslage im Beschleunigungsinteresse

Soweit schließlich die **Prüfung** des erstangegangenen Rehabilitationsträgers innerhalb der Zwei-Wochen-Frist **nicht zu einem greifbaren Ergebnis,** sondern etwa wegen einer komplizierten Rechtsproblematik zu ernstlichen Argumenten für und gegen die eigene Zuständigkeit und für und gegen die Zuständigkeit eines anderen Rehabilitationsträgers geführt hat und deshalb der angegangene Träger **im Interesse der Beschleunigung eine Weitergabe** des 147

Rehabilitationsantrags **unterlassen** hat, ist insoweit **Kostenerstattung** nach den Grundsätzen des vorläufig leistenden Leistungsträgers zu erwägen, wie sie entsprechend § 102 SGB X in § 14 Abs. 4 S. 1 SGB IX vorgesehen ist (BSG Urteil vom 26. Juni 2007 a. a. O.; Urteil vom 20. Oktober 2009 – B 5 R 44/08 R = BSGE 104, 294 = SozR 4-3250 § 14 Nr. 9).

148 Umfassend ist der **gebotene Ausgleichsmechanismus** zwischen den Trägern nur, wenn Erstattungsansprüche des erstangegangenen Trägers **auch nach § 102 SGB X** möglich sind. Zwar ist der erstangegangene Träger – anders als der zweitangegangene Träger – nicht in gleicher Weise schutzwürdig. Er ist nicht einer „aufgedrängten" Zuständigkeit aus § 14 Abs. 1 und 2 SGB IX ausgesetzt, der er sich nicht zu entziehen vermag, sondern kann vielmehr seine Zuständigkeit prüfen und verneinen (BSG Urteil vom 26. Juni 2007 – B 1 KR 34/06 R = BSGE 88, 267 = SozR 4-3250 § 14 Nr. 4). Gleichwohl sind ausnahmsweise Fallkonstellationen denkbar, in denen sich der erstangegangene Rehabilitationsträger trotz des ihm eingeräumten Prüfungs- und Ablehnungsrechts einem **Leistungszwang ausgesetzt** sieht, der demjenigen des zweitangegangenen Trägers vergleichbar ist. In diesen Fällen ist es gerechtfertigt, dem erstangegangenen Träger mit § 102 SGB X – ebenso wie dem zweitangegangenen Träger mit § 14 Abs. 4 Satz 1 SGB IX – einen **privilegierten Erstattungsanspruch** zuzubilligen, dessen Umfang sich nach den für ihn geltenden Vorschriften richtet (BSG Urteil vom 20. Oktober 2009 a. a. O.).

149 Eine solche Fallkonstellation hat das BSG a. a. O. darin gesehen, dass zwischen den Spitzenverbänden der Krankenkassen und den Rentenversicherungsträgern streitig war, ob diese auch vor dem 1. Mai 2004 verpflichtet waren, Maßnahmen der **stufenweisen Eingliederung als selbstständige Rehabilitationsmaßnahmen** zu erbringen. In dieser Situation einer kurzfristig nicht aufzuklärenden Zuständigkeit und der Ankündigung von Leistungsverzögerungen im Fall der Weiterleitung von Anträgen an die Rentenversicherung seien die Krankenkassen im Interesse des Versicherten an einer schnellen Rehabilitationsleistung und somit zur Realisierung der Ziele des § 14 SGB IX faktisch gezwungen gewesen, bei ihnen beantragte Maßnahmen zu erbringen.

150 Leitet der erstangegangene Rehabilitationsträger den Antrag somit nicht weiter, weil ihn **objektive Umstände** daran hindern, seine Zuständigkeit nach den Leistungsgesetzen innerhalb der Zwei-Wochen-Frist **zu klären**, führt § 14 Abs. 2 Satz 1 SGB IX im Verhältnis der Rehabilitationsträger zueinander nur zu einer „zunächst" bestehenden Leistungsverpflichtung. Diese besondere Struktur des § 14 SGB IX zwingt bei der Anwendung von § 102 Abs. 1 SGB X darauf zu verzichten, dass die gesetzliche Ermächtigung, aufgrund derer die Sozialleistung erbracht wird, die Leistung **ausdrücklich als vorläufig bezeichnet** (BSG Urteil vom 20. Oktober 2009 a. a. O. vgl. zu diesem grundsätzlichen Erfordernis (BSG Urteil vom 22. Mai 1985 – 1 RA 33/84 = BSGE 58, 119, 121 = SozR 1300 § 104 Nr. 7 S. 19).

151 In dem im Urteil vom 20. Oktober 2009 entschiedenen Fall war die klägerische Krankenkasse aufgrund des Kompetenzkonflikts mit den Trägern der Rentenversicherung durch objektive Gründe gehindert, den Antrag weiterzuleiten, sodass ihre Verpflichtung zur Leistung nach § 14 Abs. 2 Satz 1 SGB IX im Verhältnis der Rehabilitationsträger zueinander vom Senat als eine lediglich „zunächst" bestehende Leistungsverpflichtung bewertet wurde.

dd) Nichtweiterleitung und späterer Wegfall einer ursprünglich gegebenen Zuständigkeit

152 Möglich sind auch Fälle, in denen zwar zum Zeitpunkt der Beantragung und auch der Bewilligung der Rehabilitationsleistungen ein Anspruch des Versicherten gegen den Träger bestand, dieser jedoch nachträglich ganz entfallen ist: Beispielsweise werden nach § 12 Abs. 1 Nr. 2 SGB VI **Leistungen zur Teilhabe nicht für Versicherte** erbracht, die eine **Rente wegen Alters von wenigstens zwei Dritteln der Vollrente beziehen oder beantragt haben**. Erbringt eine Krankenkasse Leistungen zur medizinischen Rehabilitation, führt eine Rentenantragstellung dazu, dass im (Innen-)Verhältnis der Rehabilitationsträger untereinander ab diesem Zeitpunkt die Krankenkasse zu einer Leistungserbringung nach ihren gesetzlichen

Vorschriften nicht mehr berufen ist. Ab diesem Zeitpunkt kommt nur noch eine Leistungserbringung aufgrund der gesetzlichen Vorschriften des Rentenversicherungsträgers in Betracht (vgl. 🕮 LSG Berlin-Brandenburg Urteil vom 29. April 2008 – L 30 R 1838/06, zit. nach JURIS).

Die Krankenkasse hat dann gegen den Rentenversicherungsträger nach **§ 102 Abs. 1 SGB X** einen **Anspruch auf Erstattung** ihrer Kosten, die sie für die stationäre medizinische Leistung zur Rehabilitation der Versicherten aufgewendet hat. Der **Umfang** des Erstattungsanspruches ergibt sich aus § 102 Abs. 2 SGB X und richtet sich nach den für den vorleistenden Leistungsträger geltenden Rechtsvorschriften (🕮 LSG Berlin-Brandenburg Urteil vom 29. April 2008 a. a. O.). **153**

Eine umfassende Kostenerstattung nach § 102 Abs. 2 SGB X ist hier auch **gerechtfertigt**. Ein erstangegangener Leistungsträger, der seine Zuständigkeit innerhalb der Frist des § 14 Abs. 1 Satz 1 SGB IX zutreffend bejaht und den Rehabilitationsantrag deshalb nicht weitergeleitet hat, ist bei sich nachträglich ergebender Unzuständigkeit in gleicher Weise schutzwürdig, wie ein zweitangegangener Rehabilitationsträger. Beide sind einer aus § 14 Abs. 1 und 2 SGB IX resultierenden aufgedrängten Zuständigkeit ausgesetzt, der sie sich nicht entziehen können. Auch ein erstangegangener Rehabilitationsträger kann seine Zuständigkeit nach Ablauf der Frist des § 14 Abs. 1 Satz 1 SGB IX nicht erneut prüfen und diesmal verneinen (🕮 LSG Berlin-Brandenburg Urteil vom 29. April 2008 a. a. O.). **154**

E) zu Abs. 5

1. Beauftragung von Sachverständigen

Die Vorschrift des **Abs. 5** setzt Vorgaben für die Einschaltung geeigneter Sachverständiger durch die Rehabilitationsträger. **155**

Diese müssen nach **Abs. 5 Satz 1** mit einer ausreichenden Zahl von Sachverständigen vertragliche Beziehungen unterhalten. Für die **Entschädigung** der Sachverständigen gilt nach § 21 Abs. 3 Satz 4 SGB X das „Justizvergütungs- und Entschädigungsgesetz" vom 5. Mai 2004 (BGBl. I S. 718, 776), zuletzt geändert durch Art. 7 des Gesetzes vom 30. Juli 2009 (BGBl. I S. 2449). Wichtig ist, dass **keine Zugangs- oder Kommunikationsbarrieren** i. S. von § 4 BGG zu den Sachverständigen bestehen. Es müssen also z. B. Auffahrrampen, behindertengerechte Fahrstühle oder Gebärdendolmetscher bereitstehen.

Das Gesetz verlangt allerdings nicht, dass der Sachverhalt stets und bevorzugt mit Hilfe von Gutachten zu ermitteln sei (HK-SGB IX / Welti Rdnr. 38). Vielmehr beauftragt der Rehabilitationsträger unverzüglich einen geeigneten Sachverständigen, wenn für die Feststellung des Rehabilitationsbedarfs ein **Gutachten erforderlich** ist (**Abs. 5 Satz 2**), also der Träger noch nicht aufgrund der ihm bereits vorliegenden Erkenntnisse entscheiden kann. **156**

Nach den grundlegenden Entscheidungen des 🕮 BSG vom 5. Februar 2008 (B 2 U 8/07 R 07 = BSGE 100, 25 und 🕮 B 2 U 10/07 R, zit. nach JURIS, jeweils zu § 200 Abs. 2 SGB VII) ist der **Begriff des Gutachtens** eng auszulegen. Demnach liegt ein Gutachten in diesem Sinne vor, wenn ein solches angefordert oder ausweislich seiner Selbstbezeichnung erstellt und übersandt oder abgerechnet wurde. Unabhängig von dieser rein äußerlichen Bezeichnung ist zur weiteren Unterscheidung vom **Bezugspunkt der schriftlichen Äußerung des Sachverständigen** auszugehen: Enthält sie vornehmlich eine eigenständige Bewertung der verfahrensentscheidenden Tatsachenfragen, ist es ein Gutachten. Wird hingegen im Wesentlichen die Schlüssigkeit, Überzeugungskraft oder Beurteilungsgrundlage anderer Beurteilungen überprüft, liegt lediglich eine beratende Stellungnahme vor (vgl. BSG Urteile vom 5. Februar 2008 a. a. O.; vgl. auch allgemein zu Schnittstellenproblemen bei der Einholung und Verwertung von medizinischen Sachverständigengutachten *Steiner* MEDSACH 2010, 254). **157**

Bei der Beauftragung eines geeigneten Sachverständigen nach **Abs. 5 Satz 2** besteht ein **Mitentscheidungsrecht des Leistungsberechtigten,** dem drei möglichst wohnortnahe Sachver- **158** ständige unter Berücksichtigung bestehender sozialmedizinischer Dienste zu benennen sind (**Abs. 5 Satz 3**).

159 Ein eigenes, den Träger **bindendes Vorschlagsrecht hat der Leistungsberechtigte hingegen nicht** (BSG Urteil vom 20. Juli 2010 – B 2 U 17/09 R, Rdnr. 30 = NZS 2011, 473 = SozR 4-2700 § 200 Nr. 2; Hauck / Noftz / *Kranig* SGB VII § 200 Rdnr. 11; LPK-SGB VII / *Franke* § 200 Rdnr. 3; *Becker* MEDSACH 2006, 74 f.). Dies spricht dafür, dass die **Gutachter genau mit ihrem „Namen"** (einschließlich der Berufsbezeichnung und der Anschrift) **zu benennen** sind. Nur dann ist grundsätzlich sichergestellt, dass der Antragsteller ohne eigene Nachforschungen darüber, wen der Träger als Gutachter zur Auswahl vorschlägt, sich über die Benannten unterrichten und eine sachlich begründete Auswahl unter ihnen treffen kann. Wird hingegen eine **Gemeinschaftspraxis** nur mit dem Namen eines ihrer Ärzte bezeichnet, werden die anderen Gutachter gerade nicht benannt (BSG Urteil vom 20. Juli 2010 a. a. O.).

160 Die benannten **Sachverständigen** müssen weder **Bedienstete des Rehabilitationsträgers** sein noch sind diese ausgeschlossen (LPK-SGB IX / *Joussen* Rdnr. 31). Zwar kann ein Antragsteller grundsätzlich nicht mit Erfolg einwenden, von Mitarbeitern eines Rehabilitationsträgers seien von vornherein keine objektiven Untersuchungsergebnisse zu erwarten (SG Oldenburg Beschluss vom 8. Juni 2006 – S 41 AL 139/06 ER = BehindertenR 2006, 203). Jedoch kann es unzureichend sein, wenn die Bundesagentur für Arbeit bei einem schwierig zu beurteilenden Sachverhalt mit jugendpsychiatrischem Hintergrund ausschließlich Mitarbeiter ihrer Ärztlichen und Psychologischen Dienste als Sachverständige anbietet (SG Oldenburg Beschluss vom 8. Juni 2006 a. a. O.).

161 Soweit es um die Prüfung einer (drohenden) seelischen Behinderung im Sinne von § 35 a Abs. 1 Nr. 1 SGB VIII und damit um eine medizinische und / oder psychologische Frage geht, können zwar **Mitarbeiter der Fachstelle Diagnostik des Jugendamts** grundsätzlich als Gutachter in Betracht kommen. Allein die personelle bzw. organisatorische Verflechtung zwischen Fachstelle und Jugendamt schließt dies nicht aus. Unzulässig ist aber die ausschließliche Benennung der Fachstelle Diagnostik als Sachverständiger (VG Göttingen Urteil vom 26. Januar 2006 – 2 A 161/05 = JAmt 2006, 150).

162 Zweckmäßigerweise ist dem Leistungsberechtigten eine **Äußerungsfrist** zu dem Vorschlag zu setzen. Hat er sich für einen der benannten Sachverständigen entschieden, ist dieser mit dem Gutachten zu beauftragen (**Abs. 5 Satz 4**). Hiermit wird das in § 9 SGB IX geregelte allgemeine Wunsch- und Wahlrecht des Berechtigten verfahrensrechtlich umgesetzt.

163 Falls der Leistungsberechtigte nicht reagiert, sucht der zuständige Träger einen Gutachter aus. Ein Sachverständiger kann vom Betroffenen unter den Voraussetzungen des § 21 SGB X i. V. m. § 406 ZPO **wegen Befangenheit abgelehnt** werden (näher hierzu *Rösner* MEDSACH 1995, 40). Liegen die Voraussetzungen dieser Vorschriften nicht vor, ist der Rehabilitationsträger nicht gehindert, im Rahmen des § 21 SGB X einen Gutachter zu beauftragen, auch wenn dieser vom Betroffenen nicht akzeptiert wird. Substanziierte Einwendungen gegen die Eignung des Benannten wird der Träger möglichst berücksichtigen. Er ist hierzu aber nicht verpflichtet, wenn die Eignung nicht begründet infrage gestellt ist und der Träger sein Ermessen i. S. des § 21 Abs. 1 SGB X nicht erkennbar verletzt (*Kater* / *Leube* SGB VII § 200 Rdnr. 13). Auch **Gegenvorschlägen** zu folgen, ist der Träger nicht verpflichtet; er muss sein Abweichen aber begründen (*Kater* / *Leube* a. a. O. unter Hinweis auf *Plagemann* NJW 1996, 3173 [3176]).

164 Ist die **Benennung mehrerer Gutachter unterblieben,** darf der Leistungsberechtigte einer vorgesehenen Begutachtung widersprechen. Der behinderte Mensch kann sich regelmäßig unter Berufung auf diesen Verfahrensverstoß weigern zum Untersuchungstermin zu erscheinen und sich untersuchen zu lassen, solange ihm ohne hinreichende Begründung nicht die gesetzlich vorgeschriebene Auswahlmöglichkeit eröffnet wurde.

Wird die Begutachtung dennoch vorgenommen, weil der Betroffene sein „Auswahlrecht" nicht kennt, begründet die Verletzung der Benennungspflicht einen **Verfahrensmangel**.

Das BSG ließ in der Entscheidung vom 5. Februar 2008 (B 2 U 8/07 R, Rdnr. 57 = BSGE 100, 25 = SozR 4-2700 § 200 Nr. 1) offen, ob die **Verletzung des Auswahlrechts** (konkret aus § 200 Abs. 2 Halbs. 1 SGB VII) ein Beweisverwertungsverbot nach sich zieht. Inzwischen hat es entschieden, dass die Verletzung des Auswahlrechts nicht zu einem **Beweisverwertungsverbot** führt, wenn der Betroffene die Verletzung des Auswahlrechts nicht rechtzeitig rügt („**Rügeobliegenheit**"; BSG Urteil vom 20. Juli 2010 – B 2 U 17/09 R = NZS 2011, 473 = SozR 4-2700 § 200 Nr. 2). Durch die Rüge wird der (Unfallversicherungs-)Träger in die Lage versetzt, die eingetretene Rechtsverletzung zu beseitigen sowie zeitnah und nach Maßgabe der §§ 20, 67 ff. SGB X, § 200 f. SGB VII neue Ermittlungen durchzuführen, um dem Beschleunigungsgebot aus § 9 Satz 2 SGB X entsprechend zügig über geltend gemachte Ansprüche zu entscheiden (§ 2 Abs. 2 SGB I). 165

Eine Verletzung des Auswahlrechts kann grundsätzlich **nur bis zum Abschluss des jeweiligen Verwaltungsverfahrens** vom zuständigen Träger **geheilt** werden. Deshalb wird die Verletzung, auch wenn sie ungeheilt bleibt, mit dem Abschluss des Verwaltungsverfahrens regelmäßig unbeachtlich (BSG Urteil vom 20. Juli 2010 a. a. O.). Dies gilt nur dann nicht, wenn der Bürger ausnahmsweise die Verletzung seines Auswahlrechts vor dem Erlass des abschließenden Verwaltungsakts nicht erkennen konnte, also keine Möglichkeit zur Rechtsverteidigung hatte, oder wenn der Träger das Auswahlrecht trotz einer rechtzeitigen Rüge nicht als verletzt ansieht und keine Heilung veranlasst. Dann kann der Bürger den Mangel **auch noch im Widerspruchsverfahren geltend machen** (BSG Urteil vom 20. Juli 2010 a. a. O.). 166

Wird **erst danach gerügt**, ist eine zweckwahrende Heilung des Auswahlrechts, die zu einem verfahrensfehlerfreien Abschluss des Verwaltungsverfahrens durch eine Entscheidung der Verwaltung führt, nicht mehr möglich. War nämlich eine (bestehende) Verletzung des Auswahlrechts auch bis zum Ende des Widerspruchsverfahrens nicht zu erkennen oder wurde sie, obwohl rechtzeitig gerügt, auch von der Widerspruchsbehörde des Trägers verneint, kann der Zweck des Auswahlrechts in dem jeweiligen Verwaltungsverfahren, in dem es besteht, nicht mehr erreicht werden. Der Verfahrensfehler bleibt ggf. **nur noch nach Maßgabe des § 42 Satz 1 SGB X rechtserheblich** und kann **nicht gesondert angefochten** werden (BSG Urteil vom 20. Juli 2010 a. a. O.; Hauck / Noftz / *Kranig* SGB VII, K § 200 Rdnr. 26 und K § 199 Rdnr. 5). Er führt zur Aufhebung des verfahrensabschließenden Verwaltungsakts, wenn nicht offensichtlich ist, dass die Auswahlrechtsverletzung die Entscheidung der Verwaltung in der Sache nicht beeinflusst hat (BSG Urteil vom 20. Juli 2010 a. a. O.). 167

Die Ablehnung von Leistungen zur Teilhabe ist also auch nicht etwa deshalb nichtig, weil der Rehabilitationsträger bei der Auswahl des Sachverständigen das Mitwirkungsrecht des Antragstellers aus § 14 Abs. 5 Satz 3 SGB IX verletzt hat. Die **Gerichtsentscheidung** darf aber **nicht auf das von der Verwaltung eingeholte Gutachten gestützt werden**. Vielmehr muss das Gericht, soweit die Voraussetzungen für Leistungen zur Teilhabe durch Sachverständige festgestellt werden müssen, ein Gutachten von einem gerichtlich bestellten Sachverständigen einholen (so zutreffend *Kummer* in Diskussionsforen SGB IX und Gutachten SGB IX-Info Nr. 16 und Gutachten-Info Nr. 8 in http://www.iqpr.de/iqpr/download/foren/gut8.pdf, aufgerufen am 15. August 2011). 168

Das **Gericht** darf zwar das unter der Mitwirkungspflicht-Verletzung eingeholte **Gutachten nicht verwerten**, muss selbst aber dem Antragsteller bei der Einholung eines neuen Gutachtens kein Wahlrecht einräumen Der Unterschied liegt darin, dass der Rehabilitationsträger das Gutachten als Partei in Auftrag gibt und das Gericht als unparteiische Instanz (*Kummer* a. a. O.). 169

Ein Leistungsberechtigter, der **meint, dass nicht der von ihm ausgewählte Arzt das Gutachten erstellt**, muss im Rahmen seiner Rügeobliegenheit ebenfalls dem Träger unverzüglich mitteilen, dass er sein Auswahlrecht verletzt sieht (BSG Urteil vom 20. Juli 2010 a. a. O.). Daher kann nach den Umständen des Einzelfalls seine Mitwirkung an einer Gutachtenerstellung durch einen vom Träger bestellten Gutachter, den der Versicherte zuvor als von ihm nicht ausgewählt erkannt hat, die **Genehmigung der vom Träger getroffenen Gutachter-** 170

auswahl bedeuten. Erkennt der Betroffene den Fehler ausnahmsweise erst später, etwa bei Kenntnisnahme von dem Gutachten, obliegt es ihm besonders dringlich, dies unverzüglich dem Träger mitzuteilen. Denn nur dann kann dieser sofort die Lage klären und notfalls rechtzeitig ein Gutachten des vom Versicherten ausgewählten Sachverständigen einholen. Nur so kann der Träger sicherstellen, dass er seine das Verwaltungsverfahren abschließende Entscheidung auf ein Gutachten stützt, das ohne eine Verletzung des Auswahlrechts erstellt wurde (BSG Urteil vom 20. Juli 2010 a. a. O.).

171 Nicht gesondert geregelt ist, dass der Leistungsberechtigte **über den Zweck des Gutachtens zu unterrichten** und auf sein **Widerspruchsrecht** nach § 76 Abs. 2 SGB X hinzuweisen sei. Das muss aber bereits nach § 76 Abs. 2 Nr. 1 SGB X geschehen (Mrozynski Rdnr. 46).

Auch im Rahmen des § 14 Abs. 5 Satz 3 SGB IX muss es allerdings zulässig sein, auf die Folgen eines unzureichenden Auswahlangebots zu verzichten, da es sich letztlich um eine Schutzvorschrift handelt.

172 Der vom Rehabilitationsträger beauftragte Sachverständige hat eine umfassende sozialmedizinische, bei Bedarf auch psychologische **Begutachtung** vorzunehmen und das Gutachten **innerhalb von zwei Wochen** zu erstellen (**Abs. 5 Satz 5**). Hierzu wurde zunächst verbreitet die Meinung vertreten, dass die Frist mit dem Abschluss der Untersuchung beginne, weil eine andere Auslegung unrealistisch und ohne praktischen Wert wäre (vgl. z. B. Mrozynski Rdnr. 43). Allerdings wurde in § 6 der GEzZ bereits die Selbstverpflichtung der Rehabilitationsträger festgelegt, darauf hinzuwirken, „dass die Begutachtung und Erstellung des Gutachtens unverzüglich – spätestens innerhalb von zwei Wochen nach der Beauftragung – erfolgt." Der Gesetzgeber hat nunmehr durch Einfügung der Worte „**nach Auftragserteilung**" zwingend vorgegeben, dass die Frist bereits zu diesem Zeitpunkt und nicht erst mit der Untersuchung beginnt. Die Frist dürfte in der Praxis vor allem bei externen Gutachten nur schwer einzuhalten sein, weil Umstände hierin einbezogen werden, die außerhalb des Verantwortungsbereiches des Leistungsträgers oder auch des Sachverständigen liegen (*Oberscheven* DRV 2005, 140 [158]). Denn es hängt auch von der **Mitwirkungsbereitschaft des Leistungsberechtigten** ab, ob die Begutachtung innerhalb von zwei Wochen nach der Beauftragung stattfinden kann. Auch können medizinische und andere fachliche Gründe im Einzelfall zu einem längeren Begutachtungszeitraum führen. Der Gesetzgeber legt aber zugrunde, dass die enge Frist in Verbindung mit der Vorgabe, drei geeignete Sachverständige zu benennen, die Rehabilitationsträger dazu bewegt, mit einer ausreichenden Zahl von Sachverständigen Vertragsbeziehungen zu unterhalten, damit diese das Gutachten fristgerecht erstellen können.

173 Unter **Auftragserteilung** im Sinne des Abs. 5 Satz 5 sollte allerdings erst der **Zugang bei dem Sachverständigen** und nicht bereits die Absendung des Auftrags zu verstehen sein (so auch *Oberscheven* a. a. O.; HK-SGB IX / *Welti* Rdnr. 41). Hierbei empfiehlt es sich aus Gründen der Rechtsklarheit, in entsprechender Anwendung des § 37 Abs. 2 Satz 1 SGB X den **dritten Tag nach Aufgabe zur Post** bzw. nach Absendung als maßgebend anzusehen. Die Zwei-Wochen-Frist beginnt dann **mit dem folgenden Tag**.

174 Die **gutachtlichen Feststellungen** zum Rehabilitationsbedarf sind den Entscheidungen der Rehabilitationsträger **zugrunde zu legen** (**Abs. 5 Satz 6**). Das bedeutet aber nur, dass sich der Rehabilitationsträger nicht willkürlich über die gutachterlichen Feststellungen hinwegsetzen darf. Er muss hingegen das Gutachten **nicht unbesehen oder unkritisch** seiner Entscheidung zugrunde legen (Mrozynski Rdnr. 47 unter Hinweis auf den Grundsatz der Amtsermittlung nach § 20 SGB X). Vor allem ist zu prüfen, ob es von einem **zutreffenden Sachverhalt** ausgeht, nicht von **anerkannten medizinischen Lehrmeinungen** abweicht, **rechtliche Vorgaben** beachtet und zutreffend anwendet und **in sich widerspruchsfrei** ist (*Benz* SGb 2001, 611 [614]). Bei schwer wiegenden Mängeln ist ggf. ein weiteres Gutachten einzuholen. Allerdings sind **unnötige Mehrfachbegutachtungen**, z. B. durch verschiedene Rehabilitationsträger, zu vermeiden (GK-SGB IX / *Löschau* Rdnr. 34). Im Übrigen wird auf die Darlegungen in BT-Drucks. 14/5074 S. 102, vgl. oben Rdnr. 20, Bezug genommen.

Auch bei der Begutachtung gem. § 14 Abs. 5 SGB IX ist der **Vorbehalt abweichender Regelungen** im Leistungserbringungsrecht der einzelnen Rehabilitationsträger nach § 7 Abs. 2 SGB IX zu beachten. Für die **gesetzliche Krankenversicherung** ist somit allein die Zwei-Wochen-Frist des Abs. 5 Satz 5 von Bedeutung, im Übrigen richtet sich die Begutachtung durch den Medizinischen Dienst nach § 275 SGB V. Daher sind im Bereich der Krankenversicherung die gutachtlichen Stellungnahmen unter Berücksichtigung aller relevanten sozialmedizinischen und etwaigen psychologischen Gesichtspunkte innerhalb von zwei Wochen vom Medizinischen Dienst an die zuständige Krankenkasse zu leiten (GK-SGB IX / *Löschau* Rdnr. 50). 175

F) zu Abs. 6
1. Weiterleitung bei Erforderlichkeit weiterer Leistungen

Ist ein Rehabilitationsträger aufgrund eigener Zuständigkeit oder infolge einer Weiterleitung des Antrags an ihn leistungspflichtig geworden, kann ein **weiterer Rehabilitationsbedarf** auftreten (z. B. auf Leistungen zur Teilhabe am Arbeitsleben, wenn die gesetzliche Krankenkasse medizinische Rehabilitation gewährt). In diesem Fall kann der leistende Rehabilitationsträger diese weiteren Leistungen nicht erbringen, weil sie nicht zu seinem Leistungsspektrum gehören. 176

Er kann aber auch nicht eine Leistung zulasten des anderen Rehabilitationsträgers erbringen: Abs. 4 Satz 3 schließt nämlich für diesen Fall, der auch bei Abs. 6 gegeben sein kann, die Anwendung des § 105 SGB X aus. Eine Erstattung ist deshalb nicht möglich, wenn die Unzuständigkeit von vornherein bekannt ist (Mrozynski Rdnr. 49).

Der zunächst leistungspflichtige Träger hat dann den Antrag aufgrund des weiteren Rehabilitationsbedarfs **unverzüglich dem nach seiner Auffassung zuständigen Rehabilitationsträger zuzuleiten.** Dies schreibt **Abs. 6 Satz 1** mit der entsprechenden Anwendung des Abs. 1 Satz 2 vor. Kann der ergänzend angegangene Rehabilitationsträger grundsätzlich die in Rede stehenden Leistungen erbringen, wird er vorläufig hierfür zuständig. Dementsprechend müssen auch die **Entscheidungsfristen** nach Abs. 2 entsprechend gelten. Ebenso hat der ergänzend angegangene Rehabilitationsträger gegebenenfalls einen **Erstattungsanspruch** entsprechend Abs. 4, wenn sich nach Bewilligung von Leistungen durch ihn seine Unzuständigkeit herausstellt. 177

Die Vorschrift des Abs. 6 ist Ausdruck des gesetzgeberischen Willens, Zuständigkeitsgrenzen selbst dann nicht für unbeachtlich zu halten, wenn dies dem Rehabilitationsverlauf dienlich wäre (Mrozynski Rdnr. 49). Werden hingegen weitere Leistungen zur Teilhabe erbracht, ohne dass die Unzuständigkeit feststeht, gelten die allgemeinen Grundsätze des Abs. 4. 178

G) Rechtspolitische Bewertung der Vorschrift und ihrer Effekte

Nach **Einschätzung der Bundesregierung und der Rehabilitationsträger** – auf allerdings seinerzeit noch schmaler Datenbasis – haben sich die Regelungen im Zeitraum bis 2004 **insgesamt bewährt** (vgl. den Bericht der Bundesregierung über die Lage behinderter Menschen und die Entwicklung ihrer Teilhabe vom 16. Dezember 2004, BT-Drucks. 15/4575 S. 3, 22 f.). Wenngleich die gesetzlichen Fristen nicht immer eingehalten werden konnten, haben sich die **Zeiträume bis zur Leistungserbringung** aber wenigstens **bei manchen Trägern verkürzt** (vgl. hierzu auch *Keck / Egner* DAngV 2004, 312 [316] zur Verkürzung der Bearbeitungszeiten für Leistungen zur medizinischen Rehabilitation der BfA: 2001 bis 2003 von 13 auf neun Tage; bei Leistungen zur Teilhabe am Arbeitsleben waren es immer noch 29 Tage). 179

Allerdings **unterlaufen einige Rehabilitationsträger** – namentlich gesetzliche Krankenkassen – verschiedentlich die Regelungen, indem sie bei Ablehnung von Leistungen keinen schriftlichen Bescheid erteilen oder von einer Rechtsmittelbelehrung absehen; zudem wür- 180 den viele Leistungsberechtigte derartige Entscheidungen hinnehmen (vgl. BT-Drucks. 15/4575 S. 22).

181 Auch nach rund zehnjähriger Geltung der Vorschrift einschließlich ihrer Nachbesserungen und Klarstellungen durch Gesetzgeber und Rechtsprechung gibt es gleichwohl **in der Praxis noch immer Akzeptanzprobleme** (eingehend hierzu *Kern* ZFSH/SGB 2010, 397 [400 ff.]). Diese äußern sich vor allem in Versuchen zweitangegangener Träger, entgegen der klaren Zuweisung der Leistungszuständigkeiten im Außenverhältnis durch § 14 SGB IX weitergeleitete Anträge zurückzugeben, wodurch die Leistungsgewährung insgesamt verzögert wird (vgl. oben Rdnr. 89). *Kern* a. a. O. S. 401 schlägt hierfür zum einen **aufsichtsrechtliche Maßnahmen** durch Beanstandung seitens der zuständigen Fachaufsicht vor. Allerdings steht die Befugnis zu entsprechenden Anregungen nicht dem Antragsteller zu, der einzig die Zuständigkeitsklärung über ein einstweiliges gerichtliches Verfahren herbeiführen kann.

182 *Kern* a. a. O. gibt zugleich zu erwägen, ob der Gesetzgeber nicht durch **Einführung einer pauschalen Sanktionsstrafe** – wie sie beispielsweise § 89c Abs. 2 SGB VIII vorsieht – , versuchen sollte, die zweitangegangenen Leistungsträger von derartigen Verzögerungspraktiken abzuschrecken. Dies diene im Ergebnis auch der Prozessökonomie, da nur so die zahlreichen Verfahren, deren Gegenstände sich regelmäßig einzig auf die Feststellung der Zuständigkeit nach § 14 SGB IX beschränken, vermieden werden könnten.

V. Literatur

Benz, Manfred, Ablösung der Vorleistungspflicht nach § 6 Abs. 2 RehaAnglG durch § 14 SGB IX, SGb 2001, 611

Dillmann, Franz / **Dannat,** Knut-Egbert, „Forever young" – Ewig junge Abgrenzungsprobleme zwischen Leistungen für junge behinderte Menschen nach dem SGB VIII und dem SGB XII, ZfF 2009, 25

Gagel, Alexander, Trägerübergreifende Fallbehandlung statt Auftragsabwicklung als Grundprinzip des SGB IX – Folgerungen aus § 14 Abs. 1 und 2 SGB IX für den Prüfungsumfang in Verwaltungs- und Gerichtsverfahren, SGb 2004, 464

Kern, Christoph, Rechtliche und praktische Probleme mit § 14 Abs. 1 SGB IX, ZfSH/SGB 2010, 389

Kummer, Peter, Auswirkungen der §§ 8 und 14 SGB IX im Sozialgerichtsprozess in: Diskussionsforen SGB IX und Gutachten SGB IX-Info Nr. 16 und Gutachten-Info Nr. 8, http://www.iqpr.de/iqpr/download/foren/gut8.pdf (aufgerufen am 15. August 2011)

Münder, Johannes, Vorrang und Nachrang zwischen Leistungen der Jugendhilfe und der Sozialhilfe – § 10 Abs. 2 SGB VIII, ZfJ 2001, 121

Oberscheven, Markus, Das Verfahren der Zuständigkeitsklärung und beschleunigten Leistungserbringung nach § 14 SGB IX, DRV 2005, 140

Peine, Alexander, Zuständigkeitsklärung nach § 14 SGB IX – Benennung von drei fachkundigen Sachverständigen durch den Reha-Träger (Anm. zu dem Beschluss des SG Oldenburg vom 8. Juni 2006 – S 41 AL 139/06 ER = BehindertenR 2006, 203), BehindertenR 2006, 204

Rösner, Norbert, Unabhängigkeit und Unparteilichkeit oder Besorgnis der Befangenheit bei Sachverständigen – aus Sachverständigensicht, MEDSACH 1995, 40

Steiner, Gert H., Schnittstellenprobleme bei der Einholung und Verwertung von medizinischen Sachverständigengutachten, MEDSACH 2010, 245

Stehle, Stefan, Teilhabe am Arbeitsleben für seelisch behinderte Jugendliche – Wer zahlt? BehindertenR 2008, 162

Ulrich, Peter, Die (Nicht-)Weiterleitung des Teilhabeantrages und ihre Folgen – § 14 SGB IX als gesetzesübergreifende Nahtstelle materiell- und verfassungsrechtlicher Fragen, SGb 2008, 452

Zabre, Bernd-Rainer, Verfahren zur Zuständigkeitserklärung nach § 14 SGB IX – beschleunigte Prüfung verkürzt Wege zur Rehabilitation und Leistung zur Teilhabe, SGb 2005, 566

Gemeinsame Empfehlung über die Ausgestaltung des in § 14 SGB IX bestimmten Verfahrens (Gemeinsame Empfehlung zur Zuständigkeitsklärung)

In der Fassung vom 28. September 2010

Präambel

Die Vorschrift des § 14 SGB IX trägt dem Bedürfnis Rechnung, im Interesse behinderter und von Behinderung bedrohter Menschen und ihrer Angehörigen oder ihrer gesetzlichen Vertreter durch rasche Klärung von Zuständigkeiten möglichen Nachteilen des gegliederten Systems entgegenzuwirken. Ziel der Vorschrift ist es, durch ein auf Beschleunigung gerichtetes Verfahren der Zuständigkeitsklärung die möglichst schnelle Leistungserbringung zu sichern. Die zeitgerechte, zügige Erbringung von Leistungen zur Teilhabe liegt im Interesse der Leistungsberechtigten, aber auch der zuständigen Rehabilitationsträger.

Zu diesem Zwecke vereinbaren

– die gesetzlichen Krankenkassen,
– die Bundesagentur für Arbeit,
– die Träger der gesetzlichen Unfallversicherung,
– die Träger der gesetzlichen Rentenversicherung,
– die Träger der landwirtschaftlichen Sozialversicherung,
– die Träger der Kriegsopferversorgung und -fürsorge im Rahmen des Rechts der sozialen Entschädigung bei Gesundheitsschäden
  sowie
– die Integrationsämter in Bezug auf Leistungen und sonstige Hilfen für schwerbehinderte Menschen

die nachfolgende Gemeinsame Empfehlung zur Zuständigkeitsklärung. Diese Gemeinsame Empfehlung gilt ausschließlich für Leistungen zur Teilhabe im Sinne des § 5 SGB IX. Davon erfasst werden auch die sonstigen Leistungen zur Teilhabe nach § 31 SGB VI. Unabhängig von dieser Gemeinsamen Empfehlung gelten die Regelungen des § 14 SGB IX für alle Rehabilitationsträger nach § 6 SGB IX. Die Träger der Sozialhilfe und der öffentlichen Jugendhilfe orientieren sich bei der Wahrnehmung ihrer Aufgaben an dieser Gemeinsamen Empfehlung oder können ihr beitreten (vgl. § 13 Abs. 5 Satz 2 SGB IX).

§ 1 Fristbeginn für die Zuständigkeitsklärung.

(1) Die Zwei-Wochen-Frist zur Klärung der Zuständigkeit nach § 14 Abs. 1 Satz 1 SGB IX beginnt am Tag nach Eingang des Antrages oder am Tag nach Antragsaufnahme bei dem Rehabilitationsträger (§ 26 SGB X i. V. m. § 187 Abs. 1 BGB). Ein die Frist auslösender Antrag auf Leistungen zur Teilhabe liegt vor, wenn die Unterlagen, die eine Beurteilung der Zuständigkeit ermöglichen, vorliegen. Hierzu gehört insbesondere, dass die Identität und das konkrete Leistungsbegehren der Antragstellerin/des Antragstellers erkennbar sind.

(2) In der Unfallversicherung entspricht dem Tag des Eingangs des Antrages der Tag, an dem der Träger der Unfallversicherung Kenntnis von einem voraussichtlichen Rehabilitationsbedarf erlangt. Gleiches gilt für die Sozialhilfe, die öffentliche Jugendhilfe und die Kriegsopferfürsorge.

(3) Absatz 1 gilt auch bei Antragseingang bzw. -aufnahme in einer Gemeinsamen Servicestelle für Rehabilitation nach § 22 SGB IX. In diesem Fall gilt der Antrag als bei dem Rehabilitationsträger gestellt, dem die Gemeinsame Servicestelle für Rehabilitation organisatorisch angehört (erstangegangener Träger).

§ 2 Weiterleitung von Anträgen. (1) Stellt der Rehabilitationsträger bei Prüfung des Antrages innerhalb der Zwei-Wochen-Frist fest, dass er für die Leistung nicht zuständig ist, leitet er den Antrag einschließlich bereits vorliegender Unterlagen unverzüglich, spätestens am Tag nach Ablauf der Zwei-Wochen-Frist, dem nach seiner Auffassung zuständigen Rehabilitationsträger mit einer schriftlichen Begründung zu, aus der hervorgeht, dass eine inhaltliche Prüfung der Zuständigkeit stattgefunden hat. Die Weiterleitung des Antrages wird der Antragstellerin/dem Antragsteller schriftlich mitgeteilt.

(2) Nach Ablauf der in Absatz 1 genannten Frist ist die Weiterleitung eines Antrages nicht mehr möglich; mit einer Fristversäumung wird gesetzlich die Zuständigkeit des erstangegangenen Rehabilitationsträgers begründet.

(3) Eine Weiterleitung im Sinne des § 14 Abs. 1 Satz 2 SGB IX liegt nicht vor, wenn ein Rehabilitationsträger einen Antrag erkennbar für einen anderen Rehabilitationsträger aufnimmt (z. B. auf dessen Antragsvordrucken). Der Rehabilitationsträger, für den der Antrag aufgenommen wurde, ist erstangegangener Rehabilitationsträger mit der Folge, dass er den Antrag weiterleiten kann, wenn er bei Prüfung des Antrages feststellt, dass er nicht zuständig ist.

(4) Wenn ein erstangegangener Träger den Antrag an einen anderen rechtlich selbstständigen Träger desselben Sozialleistungsbereiches weiterleitet, ist dieser der zweitangegangene Träger im Sinne des § 14 SGB IX (z. B. bei Weiterleitung zwischen Rentenversicherungsträgern; Weiterleitung vom örtlichen an den überörtlichen Sozialhilfeträger, ausgenommen die Fälle der Aufgabenwahrnehmung für den überörtlichen Träger der Sozialhilfe im Rahmen von Delegation).

(5) In Fällen des § 51 SGB V und § 125 SGB III (Aufforderung zur Antragstellung durch die Krankenkasse bzw. die Agentur für Arbeit) ist nicht der auffordernde, sondern der Rehabilitationsträger, bei dem der Antrag gestellt werden soll, stets der erstangegangene Träger (z. B.: Fordert die Krankenkasse einen Versicherten auf, einen Antrag auf Teilhabeleistungen bei der Rentenversicherung zu stellen, so ist der Rentenversicherungsträger erstangegangener Träger.).

(6) Verfahrensabsprachen zwischen gesetzlichen Leistungsträgern bleiben von der Gemeinsamen Empfehlung unberührt.

§ 3 Behandlung weitergeleiteter Anträge. (1) Die Weiterleitung eines Antrages ist – vorbehaltlich der nachfolgenden Absätze – nur einmal möglich. Der Rehabilitationsträger, an den ein Antrag weitergeleitet wurde, muss über den Antrag im Rahmen des Rehabilitationsrechts entscheiden. Besteht Rehabilitationsbedarf und wird die erforderliche Leistung vom Leistungsspektrum des zweitangegangenen Rehabilitationsträgers umfasst, ist ungeachtet einer Prüfung der spezifischen Leistungsvoraussetzungen des jeweiligen Rehabilitationsträgers die Leistung durchzuführen, auch wenn sich der zweitangegangene Träger nicht für zuständig hält (z. B.: Ein Rentenversicherungsträger ist zweitangegangener Träger, die persönlichen Voraussetzungen nach § 10 SGB VI sind nicht erfüllt; dennoch liegt Rehabilitationsbedarf im Sinne der Krankenversicherung vor.).

(2) Integrationsämter dürfen einen an sie nach § 16 Abs. 2 SGB I weitergeleiteten Antrag nochmals weiterleiten, wenn sie nach Prüfung ihre Nichtzuständigkeit feststellen (§ 102 Abs. 6 Satz 2 SGB IX).

(3) Wird ein Antrag weitergeleitet an einen Rehabilitationsträger, der für die beantragte Leistung nicht Rehabilitationsträger nach § 6 Abs. 1 SGB IX sein kann, klärt er unverzüglich mit dem nach seiner Auffassung zuständigen Rehabilitationsträger, von wem und in welcher Wei-

se über den Antrag innerhalb der Fristen nach § 14 Abs. 2 Satz 2 und 4 SGB IX entschieden wird, und unterrichtet davon den Antragsteller.

Die Rehabilitationsträger arbeiten hierbei unter Berücksichtigung der §§ 10, 12 SGB IX und § 86 SGB X zusammen. Ziel des Klärungsverfahrens sollte sein, dass der sachlich zuständige Träger über den Antrag entscheidet. Das kommt beispielsweise in Betracht bei Weiterleitung eines Antrages

– auf Leistungen zur Teilhabe am Arbeitsleben an eine gesetzliche Krankenkasse oder eine landwirtschaftliche Alterskasse,
– auf Leistungen zur medizinischen Rehabilitation an die Arbeitsverwaltung,
– auf Leistungen zur Teilhabe am Leben in der Gemeinschaft an eine gesetzliche Krankenkasse, die Arbeitsverwaltung, einen Träger der gesetzlichen Rentenversicherung oder eine landwirtschaftliche Alterskasse,
– auf Leistungen zur Teilhabe für Erwachsene an einen Träger der öffentlichen Jugendhilfe.

(4) Innerhalb eines Sozialleistungsbereiches kann unter Wahrung der Entscheidungsfristen nach § 14 Abs. 2 SGB IX eine nochmalige Weiterleitung des Antrages ermöglicht werden, z. B. aufgrund separater Verfahrensabsprachen.

§ 4 Weiterleitung bei ungeklärter Behinderungsursache. Muss für die Feststellung der Zuständigkeit die Ursache der Behinderung geklärt werden und ist diese Klärung innerhalb der Zwei-Wochen-Frist nicht möglich, wird der Antrag unverzüglich dem Träger zugeleitet, der die Leistung ohne Rücksicht auf die Ursache erbringt. Zuständig für die Leistung ist grundsätzlich

1. in Fällen von Leistungen zur medizinischen Rehabilitation der Träger der gesetzlichen Rentenversicherung oder der Alterssicherung der Landwirte, wenn die versicherungsrechtlichen und persönlichen Voraussetzungen erfüllt sind, ansonsten die gesetzliche Krankenkasse,
2. in Fällen von Leistungen zur Teilhabe am Arbeitsleben der Träger der gesetzlichen Rentenversicherung, wenn die versicherungsrechtlichen Voraussetzungen erfüllt sind, ansonsten die Bundesagentur für Arbeit,
3. in Fällen von Leistungen zur Teilhabe am Leben in der Gemeinschaft der Träger der Sozialhilfe, der nach den Vorschriften des SGB XII örtlich und sachlich zuständig ist, außer in Fällen seelischer Behinderung von Kindern, Jugendlichen und jungen Volljährigen, für die eine Leistungszuständigkeit des Trägers der Jugendhilfe nach dem SGB VIII besteht,
4. bei Unklarheit darüber, ob Leistungen zur medizinischen Rehabilitation oder zur Teilhabe am Arbeitsleben erforderlich sind, der Träger der gesetzlichen Rentenversicherung.

§ 5 Erstattung. (1) Hat der erstangegangene Träger den Antrag auf Rehabilitation nicht innerhalb von zwei Wochen nach Eingang weitergeleitet, weil er nach vorangegangener Prüfung seine Zuständigkeit irrtümlich angenommen hat, und stellt sich im Nachhinein seine Unzuständigkeit heraus, kann er einen Erstattungsanspruch nach § 104 SGB X gegen den eigentlich zuständigen Träger geltend machen.

Außerdem kann der erstangegangene Träger, wenn der Anspruch auf Rehabilitation durch Eintritt eines gesetzlichen Ausschlussgrundes nachträglich entfallen ist, einen Erstattungsanspruch nach § 103 SGB X gegen den zuständigen Träger geltend machen.

Hat der erstangegangene Rehabilitationsträger in Kenntnis seiner Unzuständigkeit den Antrag nicht weitergeleitet und geleistet, hat er hingegen keinen Erstattungsanspruch.

(2) Hat der zweitangegangene Rehabilitationsträger Leistungen zur Teilhabe erbracht und stellt sich heraus, dass ein anderer Rehabilitationsträger für die Leistung zuständig gewesen wäre, hat er einen Anspruch auf Erstattung seiner Aufwendungen gegen den Träger, der zuständig gewesen wäre.

(3) Der Erstattungsanspruch besteht unabhängig davon, ob sich die Nichtzuständigkeit des leistenden Rehabilitationsträgers vor oder nach Bewilligung der Leistung herausstellt. Ein Erstattungsanspruch begründet sich nicht dadurch, dass sich eine ursprünglich durch den Rentenversicherungsträger festgestellte positive Rehabilitationsprognose während oder nach der Rehabilitation nicht bestätigt.

(4) In den Fällen des Absatzes 2 erfüllt der erstattungspflichtige Träger den Erstattungsanspruch nach § 14 Abs. 4 SGB IX jeweils in vollem Umfang. Die Regelungen der §§ 108 ff. SGB X finden bzgl. der Geltendmachung von Erstattungsansprüchen Anwendung.

(5) Verfahrensabsprachen im Sinne von § 14 Abs. 4 Satz 3 SGB IX zur Erstattung zwischen gesetzlichen Leistungsträgern bleiben von der Gemeinsamen Empfehlung unberührt.

§ 6 Fristgerechte Gutachtenerstellung. Die Rehabilitationsträger wirken darauf hin, dass die umfassende sozialmedizinische, bei Bedarf auch psychologische Begutachtung und die Erstellung des Gutachtens gemäß § 14 Abs. 5 Satz 5 SGB IX unverzüglich – spätestens innerhalb von zwei Wochen nach der Beauftragung – erfolgt.

§ 7 Inkrafttreten. (1) Diese Gemeinsame Empfehlung tritt am 1. 12. 2010 in Kraft.

(2) Die Vereinbarungspartner und die anderen Rehabilitationsträger werden auf der Ebene der Bundesarbeitsgemeinschaft für Rehabilitation in angemessenen Zeitabständen unter Einbeziehung der Verbände behinderter Menschen einschließlich der Verbände der freien Wohlfahrtspflege, der Selbsthilfegruppen und der Interessenvertretungen behinderter Frauen sowie der für die Wahrnehmung der Interessen der ambulanten und stationären Rehabilitationseinrichtungen auf Bundesebene maßgeblichen Spitzenverbände prüfen, ob die Vereinbarung aufgrund zwischenzeitlich gewonnener Erfahrungen verbessert oder wesentlich veränderten Verhältnissen angepasst werden muss. Für diesen Fall erklären die Vereinbarungspartner ihre Bereitschaft, unverzüglich an der Überarbeitung einer entsprechenden zu ändernden Gemeinsamen Empfehlung mitzuwirken.

§ 15
Erstattung selbstbeschaffter Leistungen

(1) ¹Kann über den Antrag auf Leistungen zur Teilhabe nicht innerhalb der in § 14 Abs. 2 genannten Fristen entschieden werden, teilt der Rehabilitationsträger dies den Leistungsberechtigten unter Darlegung der Gründe rechtzeitig mit. ²Erfolgt die Mitteilung nicht oder liegt ein zureichender Grund nicht vor, können Leistungsberechtigte dem Rehabilitationsträger eine angemessene Frist setzen und dabei erklären, dass sie sich nach Ablauf der Frist die erforderliche Leistung selbst beschaffen. ³Beschaffen sich Leistungsberechtigte nach Ablauf der Frist eine erforderliche Leistung selbst, ist der zuständige Rehabilitationsträger unter Beachtung der Grundsätze der Wirtschaftlichkeit und Sparsamkeit zur Erstattung der Aufwendungen verpflichtet. ⁴Die Erstattungspflicht besteht auch, wenn der Rehabilitationsträger eine unaufschiebbare Leistung nicht rechtzeitig erbringen kann oder er eine Leistung zu Unrecht abgelehnt hat. ⁵Die Sätze 1 bis 3 gelten nicht für die Träger der Sozialhilfe, der öffentlichen Jugendhilfe und der Kriegsopferfürsorge.

(2) Die Rehabilitationsträger erfassen,
1. in wie vielen Fällen die Fristen nach § 14 nicht eingehalten wurden,
2. in welchem Umfang sich die Verfahrensdauer vom Eingang der Anträge bis zur Entscheidung über die Anträge verringert hat,
3. in wie vielen Fällen eine Kostenerstattung nach Absatz 1 Satz 3 und 4 erfolgt ist.

Erstattung selbstbeschaffter Leistungen § 15

ERLÄUTERUNGEN

ÜBERSICHT

I. Bedeutung der Vorschrift (Rdnrn. 1–1f)
II. Fassung (Rdnrn. 2–4)
III. Begründung (Rdnrn. 5–6)
IV. Anmerkungen (Rdnrn. 7–59)
  A) zu Abs. 1
    1. Mitteilungspflicht des Rehabilitationsträgers (Rdnrn. 7–23)
    2. Fristsetzung und Androhung der Selbstbeschaffung (Rdnrn. 24–28)
    3. Erstattungsanspruch (Rdnrn. 29–40)
    4. Erstattungspflicht bei unaufschiebbarer Leistung oder rechtswidriger Leistungsablehnung (Rdnrn. 41–51)
      a) Unaufschiebbare Leistungen (Rdnrn. 43–47)
      b) Zu Unrecht abgelehnte Leistung (Rdnrn. 48–51)
    5. Ausnahme für Sozialhilfe, Jugendhilfe und Kriegsopferfürsorge (Rdnrn. 52–56)
    6. Verfahrensfragen (Rdnrn. 57)
  B) zu Abs. 2
    1. Statistische Erhebungen (Rdnrn. 58–59)

I. Bedeutung der Vorschrift

Die Bestimmung gibt den Leistungsberechtigten unter bestimmten Voraussetzungen die Möglichkeit, dem Rehabilitationsträger eine angemessene Frist zur Entscheidung über die Gewährung von Leistungen zu setzen und im Übrigen die Selbstbeschaffung anzukündigen. Werden nach Ablauf der Frist erforderliche Leistungen selbst beschafft, trifft den zuständigen Rehabilitationsträger die Pflicht zur Erstattung der tatsächlich entstandenen Aufwendungen, sofern sie wirtschaftlich und sparsam getätigt wurden. Dies gilt auch bei Unmöglichkeit der rechtzeitigen Erbringung einer unaufschiebbaren Leistung oder bei rechtswidriger Ablehnung einer Leistung. Die Erstattung selbst beschaffter Leistungen – außer im Fall der pflichtwidrig verzögerten und abgelehnten Leistung – ist ausgeschlossen im Bereich der Sozialhilfe, der öffentlichen Jugendhilfe und der Kriegsopferfürsorge. **1**

Die Vorschrift des § 15 SGB IX über die Erstattung selbstbeschaffter Leistungen ist **auf das Integrationsamt nicht anwendbar**. Dieses ist kein Rehabilitationsträger. Auch eine sinngemäße Anwendung ist – anders als für § 14 in § 102 Abs. 6 Satz 1 SGB IX – nicht vorgesehen. **1a**

Die Vorschrift hat hingegen besondere Bedeutung im Bereich der **gesetzlichen Krankenversicherung**. Mit ihr wurden mit Wirkung vom 1. Juli 2001 die (beiden) ursprünglich in **§ 13 Abs. 3 SGB V** aufgeführten Tatbestände, die zur Kostenerstattung selbst beschaffter Leistungen führen können, trägerübergreifend für sämtliche Teilhabeleistungen auf das SGB IX übertragen (vgl. GK-SGB IX / *Löschau* Rdnr. 8). Die Bestimmung des § 13 Abs. 3 SGB V wurde dahingehend geändert, dass Kosten für selbst beschaffte Leistungen zur medizinischen Rehabilitation von den Krankenkassen nur noch nach § 15 SGB IX erstattet und **Kostenerstattungsansprüche aus dem rehabilitativen Sektor von § 13 Abs. 3 SGB V nicht mehr erfasst** werden. Der Regelungsbereich dieser Vorschrift bezieht sich in erster Linie auf die Krankenhausbehandlung im Sinne des § 27 SGB V (Hess. LSG Urteil vom 10. April 2006 – L 2 R 45/05 = PatR 2006, 165). **1b**

Strittig ist, ob § 15 SGB IX als unmittelbare Rechtsgrundlage im **Leistungsrecht der gesetzlichen Rentenversicherung** Anwendung findet. Die bereichsspezifische Vorschrift des § 15 Abs. 1 Satz 1 SGB VI verweist nicht auf § 15 SGB IX, der die Erstattung selbstbeschaffter Leistungen regelt, sondern lediglich auf die §§ 26 bis 31 SGB IX. Der **1. Senat des BSG** hält deshalb weitere Vorschriften des SGB IX insoweit **nicht für unmittelbar anwendbar** (vgl. BSG vom 26. Juni 2007 – B 1 KR 36/06 R = FEVS 59, 355 = Breithaupt 2008, 688 = **1c**

RuP 2008, 216 m. Anm. *Marschner*; a. A. z. B. *Welti* SGb 2008, 321 [324]). Zur Begründung verweist der Senat u. a. auf § 7 Satz 2 SGB IX, wonach sich die Voraussetzungen für die Leistungen zur Teilhabe nach den für den jeweiligen Rehabilitationsträger geltenden Leistungsgesetzen richten. Das SGB VI aber enthält – anders als das Krankenversicherungsrecht mit § 13 Abs. 3 SGB V – keine Vorschrift über die Erstattung selbstbeschaffter Leistungen.

1d Diese Frage hat der **13. Senat des BSG** im Urteil vom 21. August 2008 (B 13 R 33/07 R, zit. nach JURIS) ausdrücklich offengelassen. Er will diese Regelungslücke jedoch – ebenso wie für das SGB VII (BSG Urteil vom 29. September 2005 – B 2 U 38/05 R = SozR 4-1300 § 48 Nr. 10 = NZS 2008, 96) – sachgerecht durch **entsprechende Heranziehung des § 13 Abs. 3 SGB V** schließen. Das aber bedeutet, dass insoweit auch die Vorschrift des § 15 SGB IX entsprechend anzuwenden ist. Denn seit dem 1. Juli 2001 enthält § 13 Abs. 3 Satz 2 SGB V eine Verweisung auf diese Vorschrift. („Die Kosten für selbstbeschaffte Leistungen zur medizinischen Rehabilitation nach dem Neunten Buch werden nach § 15 des Neunten Buches erstattet.") Diese Voraussetzungen sind erfüllt bei einer **Leistung des Rentenversicherungsträgers zur medizinischen Rehabilitation** nach den §§ 26 ff. SGB IX (auf die § 15 Abs. 1 SGB VI verweist). Die Auslegung des 13. Senats erscheint überzeugend.

1e Die in § 13 Abs. 3 SGB V und § 15 Abs. 1 SGB V normierten Ansprüche auf Kostenerstattung **regeln abschließend die** auf dem **Herstellungsgedanken** beruhende **Kostenerstattung im Krankenversicherungsrecht**; für einen sozialrechtlichen Herstellungsanspruch ist daneben kein Raum (BSG Urteil vom 2. November 2007 – B 1 KR 14/07 R unter Festhaltung an BSG Urteil vom 24. September 1996 – 1 RK 33/95 = BSGE 79, 125 = SozR 3-2500 § 13 Nr. 11 und in Abgrenzung zu BSG Urteil vom 30. Oktober 2001 – B 3 KR 27/01 R = BSGE 89, 50 = SozR 3-3300 § 12 Nr. 1). Die Rechtsnormen bezwecken nur, den Versicherten so zu stellen, wie er bei Gewährung einer Sachleistung stehen würde (st. Rspr., vgl. z. B. BSG Urteil vom 24. September 1996 a. a. O. m. w. Nachw.; zuletzt z. B. BSG Urteil vom 27. März 2007 – B 1 KR 25/06 R = SozR 4-2500 § 116b Nr. 1 = NZS 2008, 147). Die Bestimmung kann folglich **nur Kosten erfassen, die dem Versicherten bei regulärer Leistungserbringung nicht entstanden** wären.

1f Andere Kosten, etwa die Verpflichtung gegenüber einem anderen als dem krankenversicherungsrechtlich zulässigen Leistungserbringer, oder Zahlungen, die einem Leistungserbringer ohne Rechtsgrund zugewendet werden, lösen keinen Kostenerstattungsanspruch aus. Andernfalls würde die **krankenversicherungsrechtliche Bindung an die zulässigen Formen der Leistungserbringung** durch den Anspruch auf Kostenerstattung ohne Weiteres durchbrochen (BSG Urteil vom 2. November 2007 a. a. O.; vgl. auch BSG Urteil vom 24. September 1996 a. a. O. und Urteil vom 4. April 2006 – B 1 KR 5/05 R = BSGE 96, 161 = SozR 4-2500 § 13 Nr. 8, jeweils m. w. Nachw.; vgl. auch BGH Urteil vom 26. November 1998 – III ZR 223/97 = BGHZ 140, 102 = NZS 1999, 240: kein ersatzweiser Anspruch des Versicherten nach den Vorschriften der Geschäftsführung ohne Auftrag in §§ 677 ff. BGB).

II. Fassung

2 Die Vorschrift wurde mit folgenden Änderungen aus dem Regierungsentwurf (BT-Drucks. 14/5531 i. V. m. 14/5075) übernommen.

a) Der Ausschuss für Arbeit und Sozialordnung hat in **Abs. 1 Satz 3** die Worte „bis zur Höhe der Aufwendungen, die er selbst zu tragen hätte" gestrichen und die Worte „unter Beachtung der Grundsätze der Wirtschaftlichkeit und Sparsamkeit" eingefügt. Dies wurde wie folgt begründet (BT-Drucks. 14/5800 S. 31): „Die erweiterte Erstattungspflicht entspricht der in § 13 Absatz 3 des Fünften Buches getroffenen Regelung und vermeidet finanzielle Verluste der Betroffenen."

3 b) In **Abs. 1 Satz 5** wurde durch Ausschluss des Satzes 4 klargestellt, dass die Selbstbeschaffung in Fällen pflichtwidrig verzögerter oder ablehnender Entscheidungen in allen Leistungsbereichen möglich ist (BT-Drucks. 14/5800 S. 31). Diese Änderung hatte der Bun-

desrat unter Hinweis auf die insoweit unstrittige Rechtslage in der Kinder- und Jugendhilfe gefordert (BT-Drucks. 14/5531 S. 8).

c) Ferner hat der Ausschuss den **Abs. 2** mit folgender Begründung angefügt (BT-Drucks. 14/5800 S. 31): 4

„Die Verpflichtung der Selbstverwaltung zur Führung einer Statistik erleichtert es nachzuvollziehen, in welchem Umfang Betroffene Leistungen verspätet erhalten."

III. Begründung

In dem Regierungsentwurf (BT-Drucks. 14/5074 S. 103) wird zu der Vorschrift ausgeführt: 5
„Die Vorschrift ermöglicht Leistungsberechtigten, auch über die von der Rechtsprechung bereits anerkannten Fallgestaltungen hinaus sich die Leistung selbst zu beschaffen, soweit der zuständige Träger die Leistung trotz Fristsetzung nicht rechtzeitig erbringt; dies gilt nicht für Leistungen der Jugend- und der Sozialhilfe. Die Anwendung der Vorschrift setzt voraus, dass der Rehabilitationsträger nach Sachlage zu der Leistung verpflichtet ist; hierzu müssen nicht nur Leistungsvoraussetzungen gegeben, sondern beispielsweise auch Mitwirkungspflichten vom Leistungsberechtigten erfüllt sein. Erkennt der Rehabilitationsträger während der ihm gesetzten Frist, dass die beantragte Leistung aus seiner Sicht nicht erforderlich ist, hat er dies dem Antragsteller mitzuteilen, um diesem die mit einer Selbstbeschaffung verbundenen Risiken zu verdeutlichen.

Die Erstattungspflicht besteht nach Satz 4 auch in Eilfällen und bei rechtswidriger Ablehnung der Leistung. **Satz 3** begrenzt den Anspruch auf Erstattung auf den Betrag, den der zuständige Rehabilitationsträger für erforderliche Leistungen hätte aufwenden müssen. Hierdurch werden Rechtsstreitigkeiten in den Fällen vermieden, in denen sich der Berechtigte eine aufwendigere, insoweit nicht erforderliche Leistung selbst beschafft. Die Mehrkosten sind demnach nicht erstattungsfähig." 6

IV. Anmerkungen

A) zu Abs. 1

1. Mitteilungspflicht des Rehabilitationsträgers

Erste Voraussetzung eines Anspruchs auf Erstattung der Kosten für selbstbeschaffte Maßnahmen ist grundsätzlich ein vorausgegangener **Antrag auf die konkrete Maßnahme**. Denn die Ablehnung dieser beantragten Leistung muss ursächlich für die Entstehung der Kosten der Selbstbeschaffung sein. Diese Kausalität ist Tatbestandsvoraussetzung für den Kostenerstattungsanspruch nach § 13 Abs. 3 Satz 1 2. Alt. SGB V und § 15 Abs. 1 SGB IX (⚖ LSG Berlin-Brandenburg Beschluss vom 25. September 2008 – L 9 KR 22/08, zit. nach JURIS). Der **Erstattungsanspruch besteht nämlich für den Ausnahmefall**, dass eine vom Leistungsträger geschuldete notwendige Behandlung **infolge eines Mangels im Leistungssystem** als Dienst- oder Sachleistung **nicht oder nicht in der gebotenen Zeit zur Verfügung** gestellt werden kann. Nach Wortlaut und Zweck der Erstattungsvorschriften muss zwischen dem die Haftung des Leistungsträgers begründenden Umstand (rechtswidrige Ablehnung) und dem Nachteil des Versicherten (Kostenlast) ein Ursachenzusammenhang bestehen (⚖ LSG Berlin-Brandenburg Urteil vom 16. April 2008 – L 9 KR 1021/05, zit. nach JURIS, vgl. auch unten Rdnr. 49). 7

Will etwa ein Versicherter von seiner Krankenkasse Kostenerstattung für **selbstbeschaffte Kosten einer ambulanten Rehabilitationsmaßnahme** verlangen, muss er bei ihr einen entsprechenden Antrag stellen und die Bescheidung durch die Krankenkasse abwarten, bevor er sich die Leistung selbst beschafft; die Beantragung und Bescheidung anderer, z. B. stationärer, Leistungen reicht hierfür nicht aus (⚖ LSG Berlin-Brandenburg Beschluss vom 25. September 2008 a. a. O.). 8

Vor Beschaffung eines **Hörgeräts** eines bestimmten Fabrikats muss der Versicherte der Krankenkasse Gelegenheit geben zu prüfen – unter Zuhilfenahme des MDK, eines Sachver- 9 ständigen oder eigener Sachkunde –, ob der **für das Hilfsmittel festgesetzte Festbetrag** für den Ausgleich der konkret vorliegenden Behinderung objektiv ausreicht (LSG Berlin-Brandenburg Urteil vom 16. April 2008 a. a. O.). Bei übereilter Selbstbeschaffung kommt die begehrte Kostenerstattung nicht in Betracht.

10   Der Rehabilitationsträger ist zu einer Mitteilung an den Leistungsberechtigten verpflichtet, wenn er **nicht fristgerecht** über dessen Antrag auf Leistungen zur Teilhabe **entscheiden** kann (**Abs. 1 Satz 1**).

11   Die Bezugnahme auf die in **§ 14 Abs. 2 SGB IX** genannten **Fristen** bedeutet: Die Entscheidung kann **nicht innerhalb von drei Wochen** nach Antragseingang bzw. binnen zwei Wochen nach Eingang eines für die Feststellung des Rehabilitationsbedarfs erforderlichen Gutachtens ergehen. Wurde der **Antrag weitergeleitet,** ist für den Fristbeginn der Eingang bei dem nunmehr zuständigen Rehabilitationsträger maßgebend (vgl. § 14 Abs. 2 Satz 3 SGB IX).

12   Allerdings besteht diese Pflicht nur, wenn der Rehabilitationsträger nach Sachlage auch **tatsächlich zur Leistung verpflichtet** ist (BT-Drucks. 14/5074 S. 103; vgl. oben Rdnr. 5). Somit müssen alle formellen und materiellen Leistungsvoraussetzungen gegeben sein. In der gesetzlichen Krankenversicherung ist damit eine Kostenerstattung ausgeschlossen, soweit Ärzte oder ärztlich geleitete Einrichtungen in Anspruch genommen wurden, die nicht zur Teilnahme an der vertragsärztlichen Versorgung zugelassen oder ermächtigt waren (BSG Urteil vom 25. September 2000 – B 1 KR 5/99 R = NZS 2001, 319 = SozR 3-2500 § 13 Nr. 22).

13   Dasselbe gilt namentlich auch für **ärztliche Verordnungen** für die Maßnahmen der medizinischen Rehabilitation, insbesondere in Rehabilitationseinrichtungen (vgl. § 73 Abs. 2 Satz 1 Nr. 5 SGB V). Erst durch die vertragsärztliche Verordnung wird das dem Versicherten durch § 27 Abs. 1 Satz 2 Nr. 6 SGB V gewährte Rahmenrecht auf Leistungen zur medizinischen Rehabilitation zu einem **Anspruch auf die vom Vertragsarzt bestimmte Rehabilitationsmaßnahme** – unter Beachtung des der Krankenkasse nach § 40 Abs. 3 Satz 1 SGB V zustehenden Ermessens – konkretisiert (LSG Berlin-Brandenburg Urteil vom 19. Dezember 2007 – L 9 KR 150/03, zit. nach JURIS).

14   Eine vertragsärztliche Verordnung muss die **von § 15 Abs. 1 Satz 1 SGB V geforderten Voraussetzungen** erfüllen, d. h. der **Vertragsarzt** muss eine hinreichend konkretisierte Maßnahme anordnen und für die Notwendigkeit, Zweckmäßigkeit und Wirtschaftlichkeit der Maßnahme sowohl gegenüber dem Versicherten als auch gegenüber den Krankenkassen die **Verantwortung übernehmen**. Daran fehlt es, wenn der Arzt keine Behandlung anordnet, sondern lediglich „befürwortet", „empfiehlt" oder „anregt", weil sie ihm „sinnvoll" erscheint. Mit diesen Formulierungen in ärztlichen Bescheinigungen begrenzen Ärzte ihre Stellungnahmen auf Empfehlungen oder gutachterliche Äußerungen, ohne Verantwortung übernehmen zu wollen, sodass entsprechenden Bescheinigungen der **Charakter von „Verordnungen"** fehlt (LSG Berlin-Brandenburg Urteil vom 19. Dezember 2007 a. a. O.).

15   Beschafft sich der gesetzlich Krankenversicherte die Maßnahme selbst, müssen die Voraussetzungen für den Anspruch auf Rehabilitation **im Zeitpunkt der Beschaffung** vorliegen, d. h. regelmäßig im Zeitpunkt der zivilrechtlichen Vereinbarung der medizinischen Maßnahme mit dem Leistungserbringer, spätestens im Zeitpunkt der Leistung selbst. Dies ergibt sich unmittelbar aus dem Wortlaut des **§ 13 Abs. 3 SGB V**, der einen Kostenerstattungsanspruch in solchen Fällen von der **„Unrechtmäßigkeit der Leistungsablehnung"** abhängig macht. Die Ablehnung einer begehrten Leistung ist aber nur dann unrechtmäßig, wenn sie rechtswidrig ist. Das wiederum setzt das **Bestehen eines Leistungsanspruchs** voraus, der jedoch gerade erst durch die oben näher beschriebene Verordnung entstehen kann. **Fehlt** im Zeitpunkt der Selbstbeschaffung der Leistung die erforderliche **vertragsärztliche Verordnung**, kann diese **nicht nachgeholt** werden und der **Anspruch** ist **endgültig ausgeschlossen**. Dies gilt selbst dann, wenn die beklagte Krankenkasse nicht auf das Fehlen der erforder-

lichen vertragsärztlichen Verordnung hingewiesen hat (⌨ LSG Berlin-Brandenburg Beschluss vom 25. September 2008 – L 9 KR 22/08, zit. nach JURIS).

Auch muss der Leistungsberechtigte die ihn gegebenenfalls treffenden **Mitwirkungspflichten nach § 60 Abs. 1 SGB X** erfüllt haben. Hat die Mutter des minderjährigen Antragstellers die **Weitergabe von Sozialdaten** im Sinne von § 65 SGB VIII an den zuständigen Sozialarbeiter des Jugendamts in der formblattmäßigen Einverständniserklärung ausgeschlossen und damit eine Sachentscheidung durch das gem. § 36 Abs. 2 Satz 1 SGB VIII gebildete Fachteam verhindert, besteht kein Anspruch auf Erstattung der Kosten für selbst beschaffte Leistungen (⌨ BayVGH Beschluss vom 23. Juni 2005 – 12 CE 05.1128 = FEVS 57, 128). 16

Obwohl sich § 15 Abs. 1 SGB IX dem Wortlaut nach nur auf Anträge bezieht, ist er ebenso wie § 14 Abs. 3 SGB IX es vorsieht, auch auf Fälle anzuwenden, in denen die **Leistung von Amts wegen** gewährt wird (vgl. hierzu *Gagel / Dalitz / Schian* Diskussionsforum SGB IX, Info Nr. 5, Rechtsfragen zu §§ 14 und 15 SGB IX, http://www.iqpr.de/iqpr/ download/foren/sgb5.pdf). 17

Diese Möglichkeit besteht grundsätzlich für alle Leistungen zur Teilhabe. In der **Unfallversicherung müssen** sie von Amts wegen gewährt werden. Jede Kenntnis eines Rehabilitationsträgers von einem Bedarf für Leistungen zur Teilhabe löst im Übrigen die **Verpflichtung** aus, **nach pflichtgemäßem Ermessen** über die Gewährung **zu entscheiden.** Dies wird besonders auch dort praktisch, wo mehrere Rehabilitationsträger zusammenwirken müssen, der Antrag nur bei einem gestellt ist und dieser die anderen einschaltet (*Gagel / Dalitz / Schian* a. a. O.). 18

Wegen dieser Bedeutung der Gewährung von Amts wegen wurde in **§ 14 Abs. 3 SGB IX** bestimmt: Die **Beschleunigungsgrundsätze,** die in Abs. 1 und 2 der Vorschrift zunächst für das Antragsverfahren geregelt sind, gelten sinngemäß auch für die Erbringung von Leistungen **von Amts wegen.** Die Kenntnis des Rehabilitationsbedarfs löst also auch in diesen Fällen die Fristen für die Bearbeitung aus. 19

Das rechtfertigt die Auslegung des § 15 Abs. 1 SGB IX dahingehend, dass **auch die Reaktionsmöglichkeiten des Betroffenen einheitlich für alle Fälle geregelt** werden sollen. (*Gagel/ Dalitz / Schian* a. a. O.; ebenso B / F / K / R / *Fuchs* Rdnr. 11). Zumindest spricht die Gleichartigkeit beider Situationen für eine **analoge Anwendung**. Die betroffenen Träger haben dementsprechend bei eigener Zuständigkeit dem Leistungsberechtigten mitzuteilen, wenn sie nicht innerhalb von drei Wochen nach Kenntnis des Rehabilitationsbedarfs entscheiden können. Bei Weiterleitung der **Kenntnis über den voraussichtlichen Rehabilitationsbedarf** ist **von dem angesprochenen Träger Mitteilung zu machen,** wenn er nicht innerhalb von drei Wochen nach Eingang des Hinweises auf den Rehabilitationsbedarf entscheiden kann. In beiden Fällen ist dann bei Erforderlichkeit eines Gutachtens mitzuteilen, wenn **nicht innerhalb von zwei Wochen nach Gutachteneingang entschieden** werden kann. 20

Nicht gefolgt werden kann der Ansicht, bei Gewährung der Leistungen von Amts wegen sei **erst die Fristsetzung** im Sinne von § 15 Abs. 1 Satz 2 SGB IX **ein Antrag,** der in den Fristen des § 14 Abs. 2 SGB IX zu bearbeiten sei und erst nach deren Versäumung die Rechtsfolgen des § 15 SGB IX auslöse. Sie wäre nicht vereinbar mit der **Gleichstellung einer Gewährung von Amts wegen und auf Antrag** in § 14 SGB IX (so zutreffend *Gagel / Dalitz / Schian* a. a. O.). 21

Die Mitteilung muss „**rechtzeitig**" ergehen. Der Rehabilitationsträger muss sie dem Antragsteller zugehen lassen, sobald er erkennt, dass er über den Antrag nicht innerhalb der maßgebenden Frist entscheiden kann. Hierbei sind auch die Gründe der Verzögerung mitzuteilen. 22

Die Mitteilung ist keine Regelung im Sinne von § 31 SGB X und deshalb auch **kein Verwaltungsakt**. Gleichwohl eröffnet sie als verfahrensgestaltende Maßnahme dem Leistungsberechtigten die anschließende Möglichkeit zur Fristsetzung und – falls diese erfolglos bleibt – zur Selbstbeschaffung der Leistung. 23

2. Fristsetzung und Androhung der Selbstbeschaffung

24 Ergeht keine Mitteilung oder liegt kein zureichender Grund für eine Leistungsverzögerung vor, kann ein Leistungsberechtigter dem Rehabilitationsträger eine **angemessene Frist** setzen und dabei **erklären**, dass er nach deren Ablauf die Leistung **selbst beschaffen** werde (**Abs. 1 Satz 2**). Fristsetzung und Ankündigung sind notwendige Voraussetzungen für ein späteres Kostenerstattungsverlangen des Leistungsberechtigten bei Selbstbeschaffung. Die Erklärung muss hinreichend **konkret benennen, welche Leistung** sich der Antragsteller selbst beschaffen will. Nur so kann der Rehabilitationsträger abschätzen, ob sie in seinem Leistungsspektrum liegt und auch sparsam und wirtschaftlich selbst beschafft werden kann. Hierzu kann gegebenenfalls eine Stellungnahme veranlasst sein, um den Antragsteller vor übereilten Handlungen zu bewahren (HK-SGB IX / *Welti* Rdnr. 10).

25 Ein **zureichender Grund** für eine nicht fristgerecht zu erbringende Leistung liegt vor, wenn die **Verzögerung nicht durch den Rehabilitationsträger zu vertreten** ist. Das ist vor allem dann der Fall, wenn der Leistungsantrag unvollständig oder der behinderte Mensch nicht für erforderliche Rückfragen erreichbar ist. Auch die Notwendigkeit weiterer Unterlagen zur Anspruchstellung, die Nichterreichbarkeit des behandelnden Arztes oder ein ausstehendes Gutachten können die verzögerte Bearbeitung rechtfertigen (GK-SGB IX / *Löschau* Rdnr. 19). Allerdings muss der Rehabilitationsträger allgemein und im Einzelfall dafür gesorgt haben, dass **Gutachter zur Verfügung stehen** (Mrozynski Rdnr. 13).

26 Hingegen stellt eine Arbeitsüberlastung des Rehabilitationsträgers z. B. durch Organisationsmängel oder durch Personalengpässe infolge Urlaubs und Krankheit keinen zureichenden Grund für eine Leistungsverzögerung dar (Ernst / Adlhoch / Seel / *Ernst* Rdnr. 6).

27 Nicht geregelt ist, was unter **„angemessener" Frist** zu verstehen ist. Zur Ausfüllung dieses unbestimmten Rechtsbegriffs wird empfohlen, auf eine der in § 14 Abs. 2 SGB IX geregelten Fristen zurückzugreifen (Mrozynski Rdnr. 10). Hierbei erscheint es sachgerecht, sich an der längeren, aber gleichwohl noch knapp bemessenen Dreiwochenfrist des § 14 Abs. 2 SGB IX zu orientieren (GK-SGB IX / *Löschau* Rdnr. 20; a. A. Hauck / Noftz / *Götze* Rdnr. 7: Zweiwochenfrist sei angemessen, sofern kein Gutachten erforderlich ist; ebenso Mrozynski Rdnr. 14; HK-SGB IX / *Welti* Rdnr. 9). Letztlich kann dies aber nur einen Anhaltspunkt liefern. Die Angemessenheit wird auch von den Umständen des Einzelfalls abhängen (Ernst / Adlhoch / Seel / *Ernst* Rdnr. 6). Die Bestimmung einer **zu kurzen Frist** setzt im Regelfall **eine angemessene Frist in Lauf**.

28 Stellt der Rehabilitationsträger während der ihm gesetzten Frist fest, dass voraussichtlich die beantragte **Leistung nicht erforderlich** ist, muss er dies dem Antragsteller unverzüglich mitteilen. Denn der **Antragsteller trägt das Risiko,** die Notwendigkeit der selbst beschafften konkreten Leistung und auch deren Wirtschaftlichkeit richtig einzuschätzen (LPK-SGB IX / *Haines* Rdnr. 10).

3. Erstattungsanspruch

29 Beschafft sich der Leistungsberechtigte nach Ablauf der von ihm gesetzten angemessenen Frist eine erforderliche Leistung selbst, ist der zuständige Rehabilitationsträger zur **Erstattung** der tatsächlich entstandenen Aufwendungen unter Beachtung der **Grundsätze der Wirtschaftlichkeit und Sparsamkeit** verpflichtet (**Abs. 1 Satz 3**).

30 Die Erstattungspflicht richtet sich gegen den **für die nicht erbrachte Leistung originär zuständigen Leistungsträger** (SG Lübeck Urteil vom 16. Mai 2006 – S 20 RA 166/04, zit. nach JURIS). Zwar kommt stattdessen eine Erstattungspflicht des über § 14 SGB IX zuständig gewordenen Leistungsträgers in Betracht (formale Zuständigkeit wegen Fristablauf). Diese kann im Rahmen des § 15 Abs. 1 SGB IX jedoch nicht gemeint sein. So beruht die Sonderregelung zur Zuständigkeit des § 14 SGB IX auf der Notwendigkeit, eine erforderliche Leistung zur Teilhabe so schnell wie möglich zu gewähren, da die Erfolgsaussicht einer solchen Leistung umso besser ist, je schneller sie gewährt wird. Demgegenüber regelt § 15

Abs. 1 SGB IX gerade den Fall, in dem die **Teilhabemaßnahme bereits durchgeführt** worden ist, sodass eine die Zuständigkeitsregelung von § 14 SGB IX begründende **Eilbedürftigkeit nicht mehr gegeben sein kann** (⚖ SG Lübeck Urteil vom 16. Mai 2006 a. a. O.). Zudem würde eine „§ 15 Abs. 1 SGB IX – Erstattungspflicht" des nach § 14 SGB IX zuständig gewordenen Leistungsträgers zu einem **unnötigen Verwaltungsaufwand** führen. Denn der Leistungsträger, dessen Zuständigkeit allein nach § 14 SGB IX begründet ist, müsste im Rahmen der Erstattungspflicht nach § 15 Abs. 1 SGB IX zunächst dem Leistungsberechtigten dessen Aufwendungen erstatten und könnte sich dann die ihm damit entstandenen Aufwendungen – nach § 14 Abs. 4 SGB IX – wiederum vom originär zuständigen Leistungsträger erstatten lassen. Hingegen entsteht bei einer „**§ 15 Abs. 1 SGB IX – Erstattungspflicht" allein des originär zuständigen Leistungsträgers** nur ein einziges „Aufwendungs-Erstattungs-Verhältnis" (⚖ SG Lübeck Urteil vom 16. Mai 2006 a. a. O.; ebenso ⚖ LSG Rheinland-Pfalz Urteil vom 3. April 2008 – L 5 KR 115/06 = Breithaupt 2008, 609, zit. nach JURIS, dort Rdnr. 31: § 14 SGB IX bestimmt nur eine vorläufige Leistungspflicht, schließt jedoch eine Verurteilung des „eigentlich" zuständigen Rehabilitationsträgers nach dessen – notwendiger – Beiladung nicht aus; vgl. insoweit auch ⚖ BSG Urteil vom 26. Oktober 2004 – B 7 AL 16/04 R = BSGE 93, 283 = SozR 4-3250 § 14 Nr. 1.

Die selbst beschaffte Leistung muss jedenfalls **erforderlich** sein, d. h. **bedarfsgerecht** und im Sinne der Ziele der §§ 1 und 4 SGB IX **geeignet** sowie entsprechend den qualitativen Anforderungen des § 20 SGB IX **wirksam** (B / F / K / R / *Fuchs* Rdnr. 8). Der Rechtsbegriff der „Wirtschaftlichkeit und Sparsamkeit" wird auch in anderen Bestimmungen des SGB gebraucht (z. B. § 69 Abs. 2 SGB IV, § 17 Abs. 2 SGB IX). Die hiermit festgelegte Einschränkung bedeutet, dass der Leistungsberechtigte die erforderliche Leistung **so wirtschaftlich und sparsam beschaffen** soll, wie es ihm **bei verkehrsüblicher Sorgfalt möglich** war (HK-SGB IX / *Welti* Rdnr. 12). 31

Ob die Selbstbeschaffung einer notwendigen Leistung dann zu einem **höheren Erstattungsbetrag** führt, als er dem Leistungsberechtigten **bei einer regelmäßigen Leistung** nach den für den jeweiligen Rehabilitationsträger geltenden Vorschriften zustehen würde, ist unerheblich. So kann der Rehabilitationsträger nach einer zulässigen Selbstbeschaffung in einer geeigneten Einrichtung **nicht einwenden,** er hätte die **Leistung in einer Eigeneinrichtung kostengünstiger** erbringen können (Mrozynski Rdnr. 17; HK-SGB IX / *Welti* Rdnr. 12 unter Hinweis auf die Gesetzgebungsgeschichte; a. A. Hauck / Noftz / *Götze* Rdnr. 8). Dasselbe gilt sinngemäß, wenn sich der Antragsteller **ärztliche Leistungen nur zu den Vergütungssätzen der ärztlichen Gebührenordnung** beschaffen konnte, während der Rehabilitationsträger hierfür niedrigere Aufwendungen zu zahlen gehabt hätte (LPK-SGB IX-*Haines* Rdnr. 11). Ein weiteres Beispiel ist die Beschaffung von **Hilfsmitteln** oder technischen **Arbeitshilfen** – etwa eine blindengerechte Arbeitsplatzausstattung –, die dem Rehabilitationsträger **aufgrund von Rahmenabkommen mit Leistungsanbietern zu günstigeren Bedingungen** möglich gewesen wäre als dem Betroffenen; auch insoweit wäre der entsprechende Einwand gegenüber dem Leistungsberechtigten nach dessen zulässiger Selbstbeschaffung unbeachtlich (Ernst / Adlhoch / Seel / *Ernst* Rdnr. 7). 32

War die **Beschaffung danach nicht wirtschaftlich und sparsam,** sind die Kosten bis zu dem für wirtschaftliche Beschaffung durch Einzelpersonen anzusetzenden Betrag zu erstatten. Der **Leistungsberechtigte trägt dann den Rest** (HK-SGB IX / *Welti* Rdnr. 12; vgl. auch ⚖ LSG Baden-Württemberg Urteil vom 1. August 2007 – L 4 KR 2071/05, zit. nach JURIS: Wurde eine stationäre Rehabilitationsbehandlung tatsächlich innerhalb des Sachleistungssystems in einer Einrichtung durchgeführt, die über einen Versorgungsvertrag nach § 111 SGB V verfügt hat und hinsichtlich der auch die Krankenkasse keinen geringeren Erfolg einwenden kann, sind grundsätzlich **dem Versicherten die „Sowieso-Kosten" zu erstatten,** die auch in der wirtschaftlicheren und deshalb von der Krankenkasse bevorzugten Einrichtung entstanden wären). 33

34 Der Kostenerstattungsanspruch nach § 15 Abs. 1 Satz 3 SGB IX ist eine besondere **Form des Schadensersatzes** (GK-SGB IX / *Löschau* Rdnr. 35). Die Versicherteneigenschaft begründet ein Dauerrechtsverhältnis, das dem Rehabilitationsträger die Pflicht auferlegt, den Leistungsberechtigten vor vermeidbarem Schaden zu bewahren (Mrozynski Rdnr. 8).

35 Regelmäßig ist der Anspruch auf eine **Entschädigung in Geld** nach § 251 BGB gerichtet. Er kann aber auch mit dem Ziel der **Befreiung von einer Verbindlichkeit gegenüber einem Leistungsanbieter** entsprechend § 257 Abs. 1 BGB geltend gemacht werden, wenn der Leistungsberechtigte die ihm in Rechnung gestellten Kosten noch nicht bezahlt hat (BSG Urteil vom 16. Dezember 1993 – 4 RK 5/92 = BSGE 73, 271 [276] = NZS 1994, 507; Ernst / Adlhoch / Seel / *Ernst* Rdnr. 7). Denn Kosten sind nicht nur dann entstanden, wenn der Anspruchsteller die von ihm selbst beschaffte Leistung tatsächlich bereits bezahlt hat, sondern auch schon dann, wenn er einer **Honorarforderung des Leistungserbringers** ausgesetzt ist (vgl. BSG Urteil vom 23. Juli 1998 – B 1 KR 3/97 R = SozR 3-2500 § 13 Nr. 17 = NZS 1999, 187 = NJW 1999, 1813). Insoweit räumen § 13 Abs. 3 SGB V wie auch § 15 Abs. 1 SGB IX dem Betroffenen einen – dem Kostenerstattungsanspruch gleichzusetzenden – **Anspruch auf Freistellung von den Kosten** ein (LSG Berlin Urteil vom 19. Mai 2004 – L 9 KR 51/03; vgl. auch LSG Baden-Württemberg Urteil vom 1. August 2007 – L 4 KR 2071/05, jeweils zit. nach JURIS). Allerdings steht einem Arzt für die Erbringung einer ärztlichen Leistung ein Vergütungsanspruch nur dann zu, wenn dem Patienten darüber eine Abrechnung nach den Vorschriften der Gebührenordnung für Ärzte (GOÄ) erteilt worden ist. Erst mit der Erteilung einer entsprechenden **Rechnung** wird die **Vergütung fällig** (§ 12 Abs. 1 GOÄ); vorher trifft den Patienten keine Zahlungsverpflichtung (LSG Berlin Urteil vom 19. Mai 2004 – L 9 KR 51/03, zit. nach JURIS).

36 Die **Erstattungspflicht** nach **§ 15 Abs. 1** hat sich **auch** auf die mit der (selbstbeschafften) Teilhabeleistung verbundenen **ergänzenden Leistungen** zu erstrecken. Ein Leistungsträger, der seiner Obliegenheit zur zügigen Leistungsbewilligung nicht nachkommt, darf nicht bessergestellt sein, als derjenige Leistungsträger, der diese Obliegenheit erfüllt und damit eben auch ergänzende Leistungen nach **§ 44 SGB V** gewährt. Jedenfalls wäre nicht hinnehmbar, dass ein Berechtigter, der sich die ihm eigentlich von einem Träger zu gewährende Leistung in zulässiger Weise selbst beschafft, die hierzu gehörenden ergänzenden Leistungen nicht erhält (SG Lübeck Urteil vom 16. Mai 2006 – S 20 RA 166/04, zit. nach JURIS).

37 Einem Kostenerstattungsanspruch wegen einer zu Unrecht verweigerten Sachleistung steht nicht entgegen, dass die **Aufwendungen** nicht von dem Versicherten selbst, sondern **von Angehörigen im Rahmen der Familienfürsorge übernommen** worden sind (BSG Urteil vom 16. September 2004 – B 3 KR 19/03 R = BSGE 93, 176 = SozR 4-2500 § 33 Nr. 7 = FEVS 56, 438).

38 **Stirbt ein Versicherter** in der Zeit ab dem 2. 1. 2002, gehen seine „Kostenerstattungsansprüche wegen Systemmangels" nach § 13 Abs. 3 Satz 1 SGB V sowie § 15 Abs. 1 SGB IX bei selbstbeschafften Leistungen über einen längeren Zeitraum hinweg vorrangig auf **Sonderrechtsnachfolger im Sinne von § 56 Abs. 1 SGB I** über (BSG Urteil vom 26. September 2006 – B 1 KR 1/06 R = BSGE 97, 112 = SozR 4-2500 § 31 Nr. 5 = NZS 2007, 489 in Abgrenzung zu BSG Urteil vom 10. Dezember 2003 – B 9 V 7/03 R = BSGE 92, 42 = SozR 4-3100 § 35 Nr. 3 = FEVS 55, 389). Nach dieser Regelung stehen **beim Tod des Berechtigten fällige Ansprüche** auf laufende Geldleistungen an erster Stelle **dem Ehegatten** – bzw. eingetragenen Lebenspartner – zu, wenn dieser mit dem Berechtigten zur Zeit seines Todes in einem gemeinsamen Haushalt gelebt hat. Unter der letztgenannten Voraussetzung werden danach **Kinder und Eltern des Berechtigten** sowie der **Haushaltsführer** privilegiert.

39 Der Begriff der **„laufenden Geldleistungen"**, dem die Wendung „einmalige Geldleistung" gegenübersteht, definiert das Gesetz insoweit nicht. Nach den Gesetzesmaterialien (RegE SGB I BT-Drucks. 7/868, 31 zu § 48) handelt es sich um Leistungen, die **regelmäßig wiederkehrend für bestimmte Zeitabschnitte** gezahlt werden; sie verlieren ihren Charakter nicht dadurch, dass sie verspätet oder als zusammenfassende Zahlung für mehrere Zeitabschnitte

geleistet werden. Das kommt auch für alle Kostenerstattungsansprüche nach dem Recht der GKV bei Systemmangel, also § 13 Abs. 3 Satz 1 SGB V, § 15 Abs. 1 SGB IX, in Betracht. Sie knüpfen daran an, dass der Berechtigte regelmäßig **zu einer Vorfinanzierung für mehrere Zeitabschnitte gezwungen** ist (BSG Urteil vom 26. September 2006 a. a. O.). Dem Zweck der Sonderrechtsnachfolge in § 56 SGB I wird es in besonderem Maße gerecht, diesen Kostenerstattungsanspruch als einen Anspruch auf **laufende** Geldleistungen anzusehen. Es beschränkt in aller Regel die Lebensführung nicht nur des Leistungsberechtigten, sondern aller Familienangehörigen, die mit ihm in einem gemeinsamen Haushalt leben, wenn Ansprüche auf laufende Geldleistung nicht rechtzeitig erfüllt werden (vgl. RegE SGB I BT-Drucks. 7/868 S. 33 zu den §§ 56 bis 59). Das gilt in gleicher Weise regelmäßig für die Fälle, in denen die **Krankenkasse ihre Pflicht zur Naturalleistungsgewährung** (§ 2 Abs. 2 und § 13 Abs. 1 SGB V) **nicht erfüllt,** der Versicherte sich deshalb die zu beanspruchende Leistung selbst beschafft, vorfinanziert und später die Kostenerstattung von der Krankenkasse erstreitet. Um die dadurch entstandene Benachteiligung auszugleichen, sieht § 56 SGB I **in Abweichung vom Erbrecht,** aber in Übereinstimmung mit Vorschriften des bis zum Inkrafttreten des SGB I geltenden Rechts und mit der Funktion solcher Leistungen eine **Sonderrechtsnachfolge** vor (BSG Urteil vom 26. September 2006 a. a. O.).

Die Kostenerstattung ebenso wie ihre Ablehnung wird in allen Fällen des § 15 Abs. 1 durch Verwaltungsakt im Sinne von § 31 SGB X festgelegt. **40**

4. Erstattungspflicht bei unaufschiebbarer Leistung oder rechtswidriger Leistungsablehnung

Die Erstattungspflicht nach Abs. 1 Satz 3 besteht auch, wenn der Rehabilitationsträger eine unaufschiebbare Leistung nicht rechtzeitig erbringen kann oder eine Leistung zu Unrecht abgelehnt hat (**Abs. 1 Satz 4**). Die Vorschrift orientiert sich an § 13 Abs. 3 Satz 1 SGB V, sodass die dort entwickelten Grundsätze auch hier Beachtung finden müssen (HK-SGB IX / *Welti* Rdnr. 13). **41**

In den genannten Fällen wird der Sachleistungsanspruch durch einen **verschuldensunabhängigen Schadensersatzanspruch aus Garantiehaftung** des Rehabilitationsträgers ersetzt (BSG Urteil vom 16. Dezember 1993 – 4 RK 5/92 = BSGE 73, 271 = NZS 1994, 507). Der diese Haftung begründende Umstand muss ursächlich für die Kostenlast des Leistungsberechtigten sein (BSG Urteil vom 24. September 1996 – 1 RK 33/95 = BSGE 79, 125 = NZS 1997, 231 = NJW 1997, 1661). **42**

a) Unaufschiebbare Leistungen

Im Unterschied zu den Sätzen 1 bis 3 der Vorschrift, welche die Selbstbeschaffung bei ausbleibender **Entscheidung** über den Antrag regeln, greift **Satz 4, 1. Alt.** ein, wenn eine unaufschiebbare Leistung nicht rechtzeitig erbracht werden kann. Die Bestimmung hat insoweit eine **Auffangfunktion** für alle Fälle einer dringlichen Rehabilitationsmaßnahme. Sie ermächtigt den Betroffenen, eine **nicht bewilligte oder auch eine bereits bewilligte Leistung** durch **Selbstbeschaffung** in Anspruch zu nehmen, wenn die **Erbringung selbst keinen Aufschub duldet** (Mrozynski Rdnr. 25). **43**

Das ist dann anzunehmen, wenn die betreffende Leistung als **Eilfall** sofort, d. h. ohne nennenswerten zeitlichen Aufschub erbracht werden muss. Bei einer medizinischen Rehabilitation muss die Unaufschiebbarkeit auch **auf medizinischen Gründen** beruhen (GK-SGB IX / *Löschau* Rdnr. 27 m. w. Nachw.). Das trifft vor allem dann zu, wenn die Verzögerung des Leistungsbeginns absehbar zu einer raschen **Verschlechterung des Gesundheitszustands** führen würde (vgl. BayLSG Urteil vom 26. November 2003 – L 16 RJ 263/03, zit. nach JURIS). Ebenso kann aber auch eine Leistung unaufschiebbar notwendig sein, wenn andernfalls das **Erreichen des Rehabilitationszieles gefährdet** wäre, etwa bei einer erforderlichen Anschlussbehandlung, die grundsätzlich binnen 14 Tagen nach Abschluss der klinischen Akutbehandlung zu beginnen ist (GK-SGB IX / *Löschau* a. a. O.). **44**

45 **Nicht unaufschiebbar** ist eine Leistung, wenn **andere als medizinische Gründe** für den Wunsch nach alsbaldigem Leistungsbeginn vorgebracht werden (z. B. eine anschließende Urlaubsreise oder ein Auslandsaufenthalt).

46 Unaufschiebbar können grundsätzlich **alle Leistungen zur Teilhabe** sein. Für die Teilhabe am Arbeitsleben ist dies besonders dann anzunehmen, wenn die Maßnahme als **Lehrgang** und damit nur zu festliegenden Terminen durchgeführt wird (vgl. 🏛 BSG Urteil vom 31. Januar 1980 – 11 RA 26/79 = BSGE 49, 268 = SozR 2200 § 1236 Nr. 24).

47 Eine Selbstbeschaffung wegen Unaufschiebbarkeit der Leistung ist grundsätzlich nur möglich, wenn die **Leistung zuvor beantragt** wurde (vgl. auch oben Rdnr. 7). Der Betroffene muss lediglich nicht die Entscheidung über den Antrag abwarten. Nur **in echten Notfällen** kann auf eine **Antragstellung zunächst verzichtet** werden; sie ist aber unmittelbar nach Leistungsbeginn nachzuholen (Mrozynski Rdnr. 24). Eine Selbstbeschaffung ohne vorherige Antragstellung ist nur in einer Bedarfssituation zulässig, bei der eine Kontaktaufnahme mit der Verwaltung die Bedarfsdeckung gefährdet hätte (🏛 BSG Urteil vom 25. September 2000 – B 1 KR 5/99 R = NZS 2001, 319 = SozR 3-2500 § 13 Nr. 22).

b) Zu Unrecht abgelehnte Leistung

48 Die Erstattungspflicht für selbstbeschaffte Leistungen besteht ferner bei zu Unrecht abgelehnten Leistungen (Satz 4, 2. Alt.): Der Rehabilitationsträger erfüllt seine konkret bestehende Leistungsbeschaffungspflicht nicht – auch infolge falscher Ermessensausübung – und hat seine **Ablehnung gegenüber dem Berechtigten ausdrücklich erklärt.** Das wird in der Regel durch einen verfahrensabschließenden Ablehnungsbescheid geschehen. Aber auch sonstige ablehnende schriftliche Äußerungen, die nicht die Merkmale eines förmlichen Bescheids aufweisen, sind als Ablehnung im Sinne dieser Vorschrift zu werten.

49 Der Kostenerstattungsanspruch tritt dann an die Stelle des **durch Zweckerreichung erloschenen (primären) Sachleistungsanspruchs.** Dabei muss zwischen den Kosten für die selbst beschaffte Leistung und der Leistungsablehnung durch den Rehabilitationsträger ein **Kausalzusammenhang** bestehen (🏛 Hess. LSG Urteil vom 28. August 2008 – L 1 KR 2/05, zit. nach JURIS; vgl. auch oben Rdnr. 7). Die Vorschrift des Abs. 1 Satz 4 SGB IX entspricht insoweit **§ 13 Abs. 3 Satz 1 SGB V** (🏛 Hess LSG Urteil vom 28. August 2008 a. a. O.: 🏛 LSG Berlin-Brandenburg Urteil vom 16. April 2008 – L 9 KR 1021/05, zit. nach JURIS; vgl. zu jener Bestimmung 🏛 BSG Urteil vom 20. Mai 2003 – B 1 KR 9/03 R = SozR 4-2500 § 13 Nr. 1 = Breithaupt 2004, 182). Deshalb bedarf es im Einzelfall auch keiner Entscheidung, ob der Anspruch auf § 15 Abs. 1 SGB IX oder § 13 Abs. 3 SGB V gestützt wird (🏛 LSG Berlin-Brandenburg Urteil vom 16. April 2008 a. a. O.).

50 Eine zu Unrecht abgelehnte Leistung muss jedenfalls **zuvor verlangt worden** sein (🏛 BSG Beschluss vom 15. April 1997 – 1 BK 31/96 = NZS 1997, 569 = SozR 3-2500 § 13 Nr. 15 zu § 13 Abs. 3 SGB V). Das Gesetz legt deshalb auch bei dieser Variante der Selbstbeschaffung für den Regelfall einen **Antrag** des Berechtigten zugrunde (Mrozynski Rdnr. 20). Weiterhin muss dieser zunächst die **Entscheidung des Rehabilitationsträgers abwarten,** soweit nicht die Selbstbeschaffung wegen Unaufschiebbarkeit der Leistung nach der 1. Alt. der Vorschrift in Betracht kommt. Der Versicherte muss allerdings nicht erst ein Widerspruchsverfahren abwarten (🏛 SG Köln Urteil vom 22. März 2002 – S 5 KR 21/01, zit. nach JURIS) oder gar ein Klageverfahren (🏛 Hess. LSG Urteil vom 28. August 2008 a. a. O.).

51 Wählt der Betroffene nach zu Unrecht abgelehnter Leistung bei der Selbstbeschaffung einen „falschen Herstellungsweg" – z. B. Inanspruchnahme einer Einrichtung, für die keine Vereinbarung nach § 21 SGB IX besteht –, kann ihm dies wegen der Ursächlichkeit des Verwaltungsfehlers hierfür **nicht entgegengehalten** werden (🏛 BSG Urteil vom 9. März 1982 – 3 RK 43/80 = BSGE 53, 144 = SozR 2200 § 182 Nr. 80 = SGb 1983, 26).

5. Ausnahme für Sozialhilfe, Jugendhilfe und Kriegsopferfürsorge

Kein Selbstbeschaffungsrecht nach Abs. 1 Satz 1–3 besteht gegenüber den Trägern der Sozialhilfe, der öffentlichen **Jugendhilfe** und der **Kriegsopferfürsorge** (**Abs. 1 Satz 5**). Das erscheint folgerichtig, weil insoweit kein pflichtenbegründendes Dauerschuldverhältnis besteht wie im Fall der Sozialversicherung (vgl. oben Rdnr. 34). Die genannten Rehabilitationsträger sind demnach nicht im Sinne von Satz 1 zur Unterrichtung des Berechtigten bei verzögerter Leistung gehalten (für eine regelmäßige Information in diesen Fällen aber HK-SGB IX / *Welti* Rdnr. 18 im Hinblick auf das berechtigte Interesse der Betroffenen an Klarheit über die Tatsache und Ursachen einer Fristüberschreitung). Die Berechtigten können auch **keine Nachfrist setzen** (Satz 2) und haben **keinen Erstattungsanspruch** für selbstbeschaffte Leistungen **unter den Voraussetzungen von Satz 3**. 52

Hingegen gilt **Satz 4 auch für die Träger der Sozialhilfe, der öffentlichen Jugendhilfe und der Kriegsopferfürsorge**. Sie sind deshalb zur Erstattung der Aufwendungen für selbstbeschaffte Leistungen verpflichtet, wenn sie eine **unaufschiebbare Leistung** nicht rechtzeitig erbringen können oder eine Leistung **zu Unrecht abgelehnt** haben (vgl. oben Rdnr. 41 ff.). 53

Außerhalb dieser Regelungen kommt ein Anspruch auf nachträgliche Erstattung von Leistungen, für die der **Sozialhilfeträger** zuständig gewesen wäre, in Betracht, wenn dieser Kenntnis vom Bedarf hatte und ein Eilfall vorlag oder wenn ein Rechtsbehelf eingelegt war (BVerwGE in st. Rspr., z. B. ⚖ BVerwG Urteil vom 30. April 1992 – 5 C 12/87 = BVerwGE 90, 154 = FEVS 43, 59). Damit sind auch die Voraussetzungen des **§ 18 Abs. 1 SGB XII** erfüllt, nach dem die Sozialhilfe, mit Ausnahme der Leistungen der Grundsicherung im Alter und bei Erwerbsminderung, **auch ohne Antrag** einsetzt, sobald dem Sozialhilfeträger oder den von ihm beauftragten Stellen bekannt wird, dass die **Voraussetzungen für die Leistung vorliegen**. Die Bewilligung von Sozialhilfe ist nach dieser Regelung nicht formal von einem Antrag abhängig (vgl. dazu näher *Mrozynski* ZFSH / SGB 2007, 463 ff.). Da § 18 SGB XII zum Schutz des Hilfebedürftigen einen niedrigschwelligen Zugang zum Sozialhilfesystem sicherstellen will (LPK-SGB XII / *Armborst* 8. Aufl. 2008, § 18 SGB XII Rdnr. 4; vgl. auch Rothkegel Sozialhilferecht 2005 Teil IV Kap. 1 Rdnr. 4), ist es für die Annahme einer Kenntnis i. S. des § 18 SGB XII ausreichend, dass die **Notwendigkeit der Hilfe dargetan oder sonst wie erkennbar** ist (grundlegend ⚖ BVerwG Beschluss vom 9. November 1976 – V B 80.76 – FEVS 25, 133 [135]; vgl. auch ⚖ BSG Urteil vom 26. August 2008 – B 8/9b SO 18/07 R, zit. nach JURIS). Die weitere **Sachverhaltsaufklärung obliegt dann dem Sozialhilfeträger** (§ 20 SGB X). Auch die durch den **Antrag bei einer unzuständigen Stelle** vermittelte (§ 16 Abs. 2 SGB I) und nach § 18 SGB XII für das Einsetzen der Sozialhilfe erforderliche **Kenntnis von dem Hilfefall** gilt dann **für den zuständigen Sozialhilfeträger** als gegeben, sobald der Antrag bei der unzuständigen Stelle eingeht (⚖ BVerwG Urteil vom 18. Mai 1995 – 5 C 1/93 = BVerwGE 98, 248 [254] = ZfSH/SGB 1996, 237; ⚖ BSG Urteil vom 26. August 2008 a. a. O.). 54

Einem Dritten, der **bei Zuständigkeit des Sozialhilfeträgers als „Nothelfer" eingesprungen** ist, werden diese **Aufwendungen** gem. § 121 BSHG bzw. nunmehr § 25 SGB XII auf Antrag **erstattet,** wenn ein Eilfall vorlag oder wenn der Sozialhilfeträger die Geschäftsführung genehmigt (⚖ BVerwG Urteil vom 30. April 1992 – 5 C 12/87 = BVerwGE 114, 326 = FEVS 53, 97 = ZfSH/SGB 2002, 84 = FamRZ 2002, 453). 55

Ein Recht auf **vorläufiges Tätigwerden des Jugendhilfeträgers** besteht nach § 86d SGB VIII. Jugendhilfeleistungen setzen grundsätzlich einen vorherigen Antrag beim Träger der öffentlichen Jugendhilfe voraus (⚖ BVerwG Urteil vom 28. September 2000 – 5 C 29/99 = BVerwGE 112, 98 = FEVS 52, 532 = ZfSH/SGB 2001, 558; ⚖ OVG NRW Beschluss vom 18. August 2004 – 12 A 1174/01, zit. nach JURIS; str.). 56

6. Verfahrensfragen

57 Der Antrag auf Kostenerstattung kann mit der **Leistungs- bzw. Verpflichtungsklage** verfolgt werden. Eine **Feststellungsklage** ist nach § 55 SGG insoweit nachrangig (Hess. LSG Urteil vom 28. August 2008 – L 1 KR 2/05, zit. nach JURIS). Ein berechtigtes Feststellungsinteresse des Klägers im Sinne von § 55 Abs. 1 SGG ergibt sich auch nicht beispielsweise daraus, dass die beklagte Krankenkasse bisher die Kostenerstattung für in der Vergangenheit von dem Kläger auf eigene Kosten durchgeführte Kuren abgelehnt hat. Dem Träger muss in jedem Einzelfall die Prüfung vorbehalten bleiben, ob die Notwendigkeit bzw. medizinische Dringlichkeit für eine vorgezogene stationäre Rehabilitation – außerhalb des in § 40 Abs. 3 Satz 4 SGB V bestimmten Wiederholungsintervalls von vier Jahren – besteht (Hess. LSG Urteil vom 28. August 2008 – L 1 KR 2/05, zit. nach JURIS).

B) zu Abs. 2
1. Statistische Erhebungen

58 Die Rehabilitationsträger sind nach **Abs. 2** zu statistischen Erhebungen darüber verpflichtet,
- in wie vielen Fällen die Fristen nach § 14 SGB IX nicht eingehalten wurden,
- in welchem Umfang sich die Verfahrensdauer vom Eingang bis zur Entscheidung über die Anträge verringert hat und
- in wie vielen Fällen Kosten selbstbeschaffter Leistungen nach Abs. 1 Satz 3 und 4 erstattet wurden.

59 Allerdings ist nicht näher geregelt, wem die Dokumentationen zugänglich zu machen sind. Mit diesem Gebot und der damit verbundenen Publizität soll wohl den Rehabilitationsträgern die Bedeutung der mit den §§ 14 und 15 SGB IX verfolgten gesetzgeberischen Ziele nahegebracht werden. Zugleich können die Ergebnisse Grundlage von Änderungsvorschlägen sein, falls diese Zielvorstellungen nicht in der Praxis der Verwaltungsvorgänge umgesetzt werden sollten.

§ 16
Verordnungsermächtigung

Vereinbaren die Rehabilitationsträger nicht innerhalb von sechs Monaten, nachdem das Bundesministerium für Arbeit und Soziales sie dazu aufgefordert hat, gemeinsame Empfehlungen nach § 13 oder ändern sie unzureichend gewordene Empfehlungen nicht innerhalb dieser Frist, kann das Bundesministerium für Arbeit und Soziales Regelungen durch Rechtsverordnung mit Zustimmung des Bundesrates erlassen.

ERLÄUTERUNGEN

I. Bedeutung der Vorschrift

1 In § 13 SGB IX wird den Rehabilitationsträgern (ohne die Träger der Sozial- und öffentlichen Jugendhilfe) die Pflicht zur Vereinbarung gemeinsamer Empfehlungen über die Zusammenarbeit sowie über sieben weitere in Absatz 2 genannte Regelungskomplexe auferlegt. Dieser Pflicht zur Vereinbarung derartiger Empfehlungen – oder zur Abänderung von überholten Empfehlungen – wird durch eine Verordnungsermächtigung für das Bundesministerium für Arbeit und Sozialordnung Nachdruck verliehen. Folgen die Rehabilitationsträger nicht binnen sechs Monaten einer entsprechenden Aufforderung, kann das zuständige Bundesministerium in einer Rechtsverordnung mit Zustimmung des Bundesrates diesbezügliche Regelungen treffen. Werden hiervon auch die gesetzlichen Krankenkasse im Rahmen ihrer Pflicht zu Leistungen zu mehr medizinischen Rehabilitationen sowie zu unterhaltssichern-

den und anderen ergänzenden Leistungen betroffen, bedarf die Rechtsverordnung des Einvernehmens des Bundesministeriums für Gesundheit.

II. Fassung

Die Vorschrift wurde unverändert aus dem Regierungsentwurf (BT-Drucks. 14/5531 i. V. m. 14/5074) übernommen. 2

KAPITEL 2
Ausführung von Leistungen zur Teilhabe
§ 17
Ausführung von Leistungen, Persönliches Budget

(1) ¹Der zuständige Rehabilitationsträger kann Leistungen zur Teilhabe
1. allein oder gemeinsam mit anderen Leistungsträgern,
2. durch andere Leistungsträger oder
3. unter Inanspruchnahme von geeigneten, insbesondere auch freien und gemeinnützigen oder privaten Rehabilitationsdiensten und -einrichtungen (§ 19)

ausführen. ²Er bleibt für die Ausführung der Leistungen verantwortlich. ³Satz 1 gilt insbesondere dann, wenn der Rehabilitationsträger die Leistung dadurch wirksamer oder wirtschaftlicher erbringen kann.

(2) ¹Auf Antrag können Leistungen zur Teilhabe auch durch ein Persönliches Budget ausgeführt werden, um den Leistungsberechtigten in eigener Verantwortung ein möglichst selbstbestimmtes Leben zu ermöglichen. ²Bei der Ausführung des Persönlichen Budgets sind nach Maßgabe des individuell festgestellten Bedarfs die Rehabilitationsträger, die Pflegekassen und die Integrationsämter beteiligt. ³Das Persönliche Budget wird von den beteiligten Leistungsträgern trägerübergreifend als Komplexleistung erbracht. ⁴Budgetfähig sind auch die neben den Leistungen nach Satz 1 erforderlichen Leistungen der Krankenkassen und der Pflegekassen, Leistungen der Träger der Unfallversicherung bei Pflegebedürftigkeit sowie Hilfe zur Pflege der Sozialhilfe, die sich auf alltägliche und regelmäßig wiederkehrende Bedarfe beziehen und als Geldleistungen oder durch Gutscheine erbracht werden können. ⁵An die Entscheidung ist der Antragsteller für die Dauer von sechs Monaten gebunden.

(3) ¹Persönliche Budgets werden in der Regel als Geldleistung ausgeführt, bei laufenden Leistungen monatlich. ²In begründeten Fällen sind Gutscheine auszugeben. ³Persönliche Budgets werden auf der Grundlage der nach § 10 Abs. 1 getroffenen Feststellungen so bemessen, dass der individuell festgestellte Bedarf gedeckt wird und die erforderliche Beratung und Unterstützung erfolgen kann. ⁴Dabei soll die Höhe des Persönlichen Budgets die Kosten aller bisher individuell festgestellten, ohne das Persönliche Budget zu erbringenden Leistungen nicht überschreiten.

(4) ¹Enthält das Persönliche Budget Leistungen mehrerer Leistungsträger, erlässt der nach § 14 zuständige der beteiligten Leistungsträger im Auftrag und im Namen der anderen beteiligten Leistungsträger den Verwaltungsakt und führt das weitere Verfahren durch. ²Ein anderer der beteiligten Leistungsträger kann mit den Aufgaben nach Satz 1 beauftragt werden, wenn die beteiligten Leistungsträger dies in Abstimmung mit den Leistungsberechtigten vereinbaren; in diesem Fall gilt § 93 des Zehnten Buches entsprechend. ³Die für den handelnden Leistungsträger zuständige Widerspruchsstelle erlässt auch den Widerspruchsbescheid.

(5) § 17 Abs. 3 in der am 30. Juni 2004 geltenden Fassung findet auf Modellvorhaben zur Erprobung der Einführung Persönlicher Budgets weiter Anwendung, die vor Inkrafttreten dieses Gesetzes begonnen haben.

(6) ¹In der Zeit vom 1. Juli 2004 bis zum 31. Dezember 2007 werden Persönliche Budgets erprobt. ²Dabei sollen insbesondere modellhaft Verfahren zur Bemessung von budgetfähigen Leistungen in Geld und die Weiterentwicklung von Versorgungsstrukturen unter wissenschaftlicher Begleitung und Auswertung erprobt werden.

Ausführung von Leistungen § 17

ERLÄUTERUNGEN

ÜBERSICHT

I. Bedeutung der Vorschrift (Rdnrn. 1–6)
II. Fassung (Rdnrn. 7–12)
   A) durch das SGB IX vom 19. Juni 2001 (BGBl. I S. 1046) mit Wirkung vom 1. Juli 2001 (Rdnrn. 7–10)
   B) durch das Gesetz zur Einordnung des Sozialhilferechts in das Sozialgesetzbuch vom 27. Dezember 2003 (BGBl. I S. 3022, 3056 f.) mit Wirkung vom 1. Juli 2004 (Rdnr. 11)
   C) durch das Gesetz zur Vereinfachung der Verwaltungsverfahren im Sozialrecht – Verwaltungsvereinfachungsgesetz – (BGBl. I 2005 S. 818) mit Wirkung ab 1. Juli 2004 bzw. 30. März 2005 (Rdnr. 12)
III. Begründung (Rdnrn. 13–15)
   A) zur ursprünglichen Fassung des SGB IX (Rdnr. 13)
   B) zur Fassung durch das Gesetz zur Einordnung des Sozialhilferechts in das Sozialgesetzbuch vom 27. Dezember 2003 (Rdnr. 14)
   C) zur Fassung durch das Gesetz zur Vereinfachung der Verwaltungsverfahren im Sozialrecht – Verwaltungsvereinfachungsgesetz – (Rdnr. 15)
IV. Anmerkungen (Rdnrn. 16–109)
   A) zu Abs. 1
      1. Ausführung von Leistungen (Rdnrn. 16–34)
         a) Allein durch den zuständigen Leistungsträger (Satz 1 Nr. 1) (Rdnrn. 16–17)
         b) Ausführung gemeinsam mit einem anderen Träger (Satz 1 Nr. 1) (Rdnrn. 18–20)
         c) Ausführung durch andere Leistungsträger (Satz 1 Nr. 2) (Rdnrn. 21–24)
         d) Ausführung mit Rehabilitationsdiensten und -einrichtungen (Satz 1 Nr. 3) (Rdnrn. 25–34)
      2. Fortwirkende Verantwortung des zuständigen Rehabilitationsträgers (Rdnrn. 35–36)
   B) zu Abs. 2
      1. Begriff des Persönlichen Budgets (Rdnrn. 37–40)
      2. Ziel der Ausführung durch Persönliches Budget (Rdnrn. 41–43)
      3. Antragsprinzip (Rdnrn. 44–49)
      4. Von der Ermessensentscheidung zum Rechtsanspruch (Rdnr. 50)
      5. Beteiligte Leistungsträger (Rdnr. 51)
      6. Einschlägige Spezialregelungen (Rdnrn. 52–54)
      7. Persönliches Budget als Komplexleistung (Rdnrn. 55–56)
      8. Budgetfähige Leistungen (Rdnrn. 57–60)
         a) Grundsätze (Rdnr. 57)
         b) Einschränkung bei Pflegeleistung und Krankenbehandlung (Rdnr. 58)
         c) BAR-Liste typischer budgetfähiger Leistungen (Rdnrn. 59–60)
      9. Zielvereinbarung als Voraussetzung (Rdnrn. 61–72)
         a) Grundsätze (Rdnrn. 61–62)
         b) Konkrete Inhalte einer Zielvereinbarung (Rdnrn. 63–72)
   C) zu Abs. 3
      1. Persönliches Budget als Geldleistung (Rdnrn. 73–74)
      2. Höhe des Persönlichen Budgets (Rdnrn. 75–82)
         a) Grundsätze (Rdnr. 75)
         b) Obergrenze (Rdnrn. 76–77)
         c) Assistenzbedarf (Rdnrn. 78–80)
         d) Zahlungsmodalitäten (Rdnrn. 81–82)

D) zu Abs. 4
1. Verfahren bei trägerübergreifenden Leistungen (Rdnrn. 83–97)
   a) Zuständigkeit (Rdnrn. 83–87)
   b) Notwendige Beratung, Beteiligungen und Feststellungen (Rdnrn. 88–89)
   c) Bedarfsfeststellungsverfahren (Rdnrn. 90–91)
   d) Zielvereinbarungen und Entscheidungen zum Persönlichen Budget (Rdnrn. 92–95)
   e) Rechtsbehelfsverfahren (Rdnrn. 96–97)
2. Ausführung der Persönlichen Budgets als Komplexleistung (Rdnr. 98)
3. Wiederholung des Bedarfsfeststellungsverfahrens (Rdnr. 99)
4. Beendigung der Leistungserbringung durch ein Persönliches Budget (Rdnrn. 100–103)

E) zu Abs. 5
1. Bestandsschutz für laufende Modellvorhaben (Rdnr. 104)

F) zu Abs. 6
1. Erprobung Persönlicher Budgets durch Modellvorhaben (Rdnrn. 105–109)

V. Literatur

I. Bedeutung der Vorschrift

1 In **Abs. 1** werden die vier verschiedenen Formen der Leistungserbringung gleichrangig aufgeführt und zugleich der Grundsatz der Eigenverantwortlichkeit für die Ausführung der Leistungen betont.

2 In **Abs. 2** wird die Rechtsgrundlage für die Ausführung von Leistungen durch ein Persönliches Budget geschaffen. Dieses stellt eine besondere Ausgestaltung der Erbringung von Leistungen zur Teilhabe dar; die Vorschrift ersetzt nicht eine materiellrechtliche Anspruchsgrundlage für die jeweilige Leistung.

Hierbei wird das Ziel betont, den Leistungsberechtigten Eigenverantwortung und ein möglichst selbstbestimmtes Leben zu ermöglichen (**Satz 1**). Bei der Ausführung sind neben den Rehabilitationsträgern auch die Pflegekassen und die Integrationsämter beteiligt (**Satz 2**). Das Persönliche Budget wird von den beteiligten Leistungsträgern übergreifend als Komplexleistung erbracht (**Satz 3**). Die budgetfähigen Leistungen werden näher umschrieben (**Satz 4**). Ferner wird eine Bindung des Antragstellers an die Entscheidung für ein persönliches Budget für die Dauer von sechs Monaten festgeschrieben (**Satz 5**).

3 In **Abs. 3** wird als Regel die Ausführung durch Geldleistung festgelegt, bei laufenden Leistungen monatlich (**Satz 1**). Ausnahmsweise können in begründeten Fällen Gutscheine ausgegeben werden (**Satz 2**). Weiterhin werden nähere Vorgaben zur Bemessung des persönlichen Budgets erteilt (**Satz 3 und 4**).

4 **Abs. 4** regelt die Ausführung des persönlichen Budgets bei Zuständigkeit mehrerer Leistungsträger (**Satz 1**) sowie die Möglichkeit der einvernehmlichen Beauftragung (**Satz 2**). Hierbei wird auch die Zuständigkeit für den Erlass des Widerspruchsbescheids festgelegt (**Satz 3**).

5 **Abs. 5** gewährt einen Bestandsschutz für Modellvorhaben, die vor dem 1. 7. 2004 begonnen wurden. Sie sind nicht an die seither geltenden Abs. 2 bis 4 und an die Budgetverordnung gebunden.

6 **Abs. 6** schreibt die Erprobung persönlicher Budgets in Modellvorhaben im Zeitraum vom 1. 7. 2004 bis zum 31. 12. 2007 unter wissenschaftlicher Begleitung und Auswertung vor.

II. Fassung

A) durch das SGB IX vom 19. Juni 2001 (BGBl. I S. 1046) mit Wirkung vom 1. Juli 2001

Die Vorschrift lautete in der **ursprünglichen Fassung**:

(1) Der zuständige Rehabilitationsträger kann Leistungen zur Teilhabe
1. allein oder gemeinsam mit anderen Leistungsträgern,
2. durch andere Leistungsträger oder
3. unter Inanspruchnahme von geeigneten, insbesondere auch freien und gemeinnützigen oder privaten Rehabilitationsdiensten und -einrichtungen (§ 19) oder
4. durch ein persönliches Budget ausführen. Er bleibt für die Ausführung der Leistungen verantwortlich. Satz 1 Nr. 1 gilt insbesondere dann, wenn der Rehabilitationsträger die Leistung dadurch wirksamer oder wirtschaftlicher erbringen kann.

(2) Budgets nach Abs. 1 Satz 1 Nr. 4 werden so bemessen, dass eine Deckung des festgestellten Bedarfs unter Beachtung der Grundsätze der Wirtschaftlichkeit und Sparsamkeit möglich ist.

(3) Die Rehabilitationsträger erproben die Einführung Persönlicher Budgets durch Modellvorhaben.

Die Vorschrift wurde **mit einer Änderung aus dem Regierungsentwurf** (BT-Drucks. 14/5531 i. V. m. 14/5074) übernommen:

In Abs. 3 wurde die zunächst vorgesehene Soll-Vorschrift vom BT-Ausschuss für Arbeit und Sozialordnung durch eine verpflichtende Regelung ersetzt.

Hingegen wurden folgende **Vorschläge des Bundesrats** zu Abs. 1 nicht übernommen (BT-Drucks. 14/5531 S. 8):

a) „In Satz 1 sind nach dem Wort ausführen die Wörter ‚Nummer 4 gilt nicht für die Kinder- und Jugendhilfe' einzufügen.

b) Satz 2 ist wie folgt zu fassen: ‚Er bleibt jedoch in allen Fällen für die Ausführungen der Leistungen verantwortlich, soweit sich aus dem jeweiligen Leistungsrecht nichts Abweichendes ergibt.'

B e g r ü n d u n g

Zu Buchstabe a

Die Regelungen des SGB VIII sind mit der Einführung eines persönlichen Budgets nicht vereinbar. Trotz des § 7 soll eine Klarstellung der Nichtanwendung an dieser Stelle erfolgen.

Zu Buchstabe b

Die Verantwortlichkeit im Bereich der Kinder- und Jugendhilfe ist differenziert vor dem Hintergrund der historisch gewachsenen Zusammenarbeit zwischen den Trägern der freien Jugendhilfe und der öffentlichen Jugendhilfe geregelt (vgl. § 4 Abs. 1 Satz 2 SGB VIII und § 79 SGB VIII). Eine entsprechende Klarstellung ist erforderlich, da im Bereich des Kinder- und Jugendhilferechtes auf Grund ausdrücklicher gesetzlicher Regelung eine solche Leistungsverantwortlichkeit nur für die Beteiligung von Trägern der freien Jugendhilfe bei der Wahrnehmung anderer Aufgaben besteht (§ 76 i. V. m. § 2 Abs. 2 SGB VIII)."

Die **Bundesregierung** hat beiden **Vorschlägen widersprochen**. Zu a) wurde ausgeführt, dass die Möglichkeit, eine Leistung zur Teilhabe durch persönliches Budget auszuführen, auch für die Kinder- und Jugendhilfe erhalten bleiben solle (BT-Drucks. 14/5639 S. 2).

B) durch das Gesetz zur Einordnung des Sozialhilferechts in das Sozialgesetzbuch vom 27. Dezember 2003 (BGBl. I S. 3022, 3056 f.) mit Wirkung vom 1. Juli 2004

11 a) Durch Art. 8 Nr. 3 wurde die **Vorschrift wie folgt gefasst:**

„§ 17 Ausführung von Leistungen, Persönliches Budget

(1) Der zuständige Rehabilitationsträger kann Leistungen zur Teilhabe

1. allein oder gemeinsam mit anderen Leistungsträgern,
2. durch andere Leistungsträger oder
3. unter Inanspruchnahme von geeigneten, insbesondere auch freien und gemeinnützigen oder privaten Rehabilitationsdiensten und -einrichtungen (§ 19)

ausführen. Er bleibt für die Ausführung der Leistungen verantwortlich. Satz 1 gilt insbesondere dann, wenn der Rehabilitationsträger die Leistung dadurch wirksamer oder wirtschaftlicher erbringen kann.

(2) Auf Antrag können Leistungen zur Teilhabe auch durch ein monatliches Persönliches Budget ausgeführt werden, um den Leistungsberechtigten in eigener Verantwortung ein möglichst selbstbestimmtes Leben zu ermöglichen. Bei der Ausführung des Persönlichen Budgets sind nach Maßgabe des individuell festgestellten Bedarfs die Rehabilitationsträger, die Pflegekassen und die Integrationsämter beteiligt. Das Persönliche Budget wird von den beteiligten Leistungsträgern trägerübergreifend als Komplexleistung erbracht. Budgetfähige Leistungen sind Leistungen, die sich auf alltägliche, regelmäßig wiederkehrende und regiefähige Bedarfe beziehen und als Geldleistungen oder durch Gutscheine erbracht werden können. Eine Pauschalierung weiterer Leistungen bleibt unberührt. An die Entscheidung ist der Antragsteller für die Dauer von sechs Monaten gebunden.

(3) Persönliche Budgets werden in der Regel als Geldleistung ausgeführt. In begründeten Fällen sind Gutscheine auszugeben. Persönliche Budgets werden im Verfahren nach § 10 so bemessen, dass der individuell festgestellte Bedarf gedeckt wird und die erforderliche Beratung und Unterstützung erfolgen kann. Dabei soll die Höhe des Persönlichen Budgets die Kosten aller bisher individuell festgestellten, ohne das Persönliche Budget zu erbringenden Leistungen nicht überschreiten.

(4) Enthält das Persönliche Budget Leistungen mehrerer Leistungsträger, erlässt der nach § 14 erstangegangene und beteiligte Leistungsträger im Auftrag und im Namen der anderen beteiligten Leistungsträger den Verwaltungsakt und führt das weitere Verfahren durch.

(5) § 17 Abs. 3 in der am 30. Juni 2004 geltenden Fassung findet auf Modellvorhaben zur Erprobung der Einführung Persönlicher Budgets weiter Anwendung, die vor Inkrafttreten dieses Gesetzes begonnen haben.

(6) In der Zeit vom 1. Juli 2004 bis zum 31. Dezember 2007 werden Persönliche Budgets erprobt. Dabei sollen insbesondere modellhaft Verfahren zur Bemessung von budgetfähigen Leistungen in Geld und die Weiterentwicklung von Versorgungsstrukturen unter wissenschaftlicher Begleitung und Auswertung erprobt werden."

Die Vorschrift wurde unverändert aus dem Gesetzentwurf der Fraktionen SPD und Bündnis 90/DIE GRÜNEN (BT-Drucks. 15/1514) übernommen.

b) **Erfolglos** geblieben war ein **Abänderungsvorschlag des Bundesrats**, das Persönliche Budget nicht für seelisch behinderte junge Menschen zu eröffnen. Der Bundesrat hatte u. a. deswegen den Vermittlungsausschuss mit nachstehender Begründung angerufen (BR-Drucks. 732/03 S. 4):

„Ziel des Persönlichen Budgets ist es in erster Linie, Menschen mit Behinderungen eine möglichst eigenverantwortliche und autonome Lebensführung zu ermöglichen. Durch regelmäßige Geldleistungen soll ihnen ermöglicht werden, möglichst unabhängig vom zuständigen Kostenträger Betreuungs- bzw. Pflegeleistungen selbst zu organisieren und ‚einzukaufen'. Für den Personenkreis der seelisch behinderten jungen Menschen bzw. deren Eltern ist das persönliche Budget nicht hilfreich. Im Regelfall handelt es sich um

Ausführung von Leistungen § 17

eine Klientel, das stark überfordert ist (psychische Störungen, Suchtkrankheiten, Erziehungsversagen) und dessen Kompetenzen in der Lebensführung stark eingeschränkt sind. Der Grundsatz der Selbstbeschaffung ist hier kontraproduktiv. Die Gefahr des Missbrauchs finanzieller Mittel ist deshalb groß. Angesichts dieser für die Jugendhilfe spezifischen, aber auch typischen Situation erscheint deshalb auch das Instrument eines persönlichen Budgets ungeeignet."

Jedoch hat der Vermittlungsausschuss dieses Anliegen in seiner Beschlussempfehlung vom 16. Dezember 2003 (BT-Drucks. 15/2260) nicht aufgegriffen.

C) durch das Gesetz zur Vereinfachung der Verwaltungsverfahren im Sozialrecht – Verwaltungsvereinfachungsgesetz – (BGBl. I 2005 S. 818) mit Wirkung ab 1. Juli 2004 bzw. 30. März 2005

Durch Art. 8 Nr. 3 wurde die Vorschrift wie folgt geändert: **12**

a) **Abs. 2** wurde wie folgt geändert:
   aa) In **Satz 1** wurde das Wort „monatliches" gestrichen.
   bb) **Satz 4** wurde wie folgt gefasst:
       „Budgetfähig sind auch die neben den Leistungen nach Satz 1 erforderlichen Leistungen der Krankenkassen und der Pflegekassen, Leistungen der Träger der Unfallversicherung bei Pflegebedürftigkeit sowie Hilfe zur Pflege der Sozialhilfe, die sich auf alltägliche und regelmäßig wiederkehrende Bedarfe beziehen und als Geldleistungen oder durch Gutscheine erbracht werden können."
   cc) **Satz 5** wurde aufgehoben.
       (= „Eine Pauschalierung weiterer Leistungen bleibt unberührt")

b) **Abs. 3** wurde wie folgt geändert:
   aa) In **Satz 1** wurden der den Satz abschließende Punkt durch ein Komma ersetzt und die Wörter „bei laufenden Leistungen monatlich." angefügt.
   bb) In **Satz 3** wurden die Wörter „im Verfahren" durch die Wörter „auf der Grundlage der" und die Angabe „§ 10" durch die Angabe „§ 10 Abs. 1 getroffenen Feststellungen" ersetzt.

c) In **Absatz 4** wurden die Wörter „erstangegangene und beteiligte" durch die Wörter „zuständige der beteiligten" ersetzt und folgende Sätze angefügt:
   „Ein anderer der beteiligten Leistungsträger kann mit den Aufgaben nach Satz 1 beauftragt werden, wenn die beteiligten Leistungsträger dies in Abstimmung mit den Leistungsberechtigten vereinbaren; in diesem Fall gilt § 93 des Zehnten Buches entsprechend. Die für den handelnden Leistungsträger zuständige Widerspruchsstelle erlässt auch den Widerspruchsbescheid."

Die Änderungen in Abs. 2 und Abs. 3 sind rückwirkend zum 1. Juli 2004 in Kraft getreten (Art. 32 Abs. 4); die Neufassung des Abs. 4 wirkt ab 30. März 2005.

Die Änderungen entsprechen dem Vorschlag im Gesetzentwurf der Bundesregierung (BT-Drucks. 15/4228).

III. Begründung

A) zur ursprünglichen Fassung des SGB IX

In dem Regierungsentwurf (BT-Drucks. 14/5074, S. 103) wird zu der Vorschrift ausgeführt: **13**

„**Abs. 1** enthält eine Aufzählung der Formen, in denen die Leistungen ausgeführt werden können. Ein Rangverhältnis ist damit nicht verbunden. Dabei wird klargestellt, dass der Rehabilitationsträger eigenverantwortlich zu entscheiden hat, welche Form der Leistungsausführung am geeignetsten ist, damit die Leistung wirksam und wirtschaftlich erbracht wird und in jedem Fall für die Ausführung der Leistungen verantwortlich bleibt. Im Übrigen gelten die allgemeinen Regelungen über die Zusammenarbeit der Leistungsträger untereinander und ihre Beziehungen zu Dritten (§ 86 ff. Zehntes Buch).

Die in den **Abs. 2 und 3** konkretisierte Möglichkeit, Leistungen in Form eines persönlichen Budgets zu erbringen, ist eine Form, wie dem Wunsch- und Wahlrecht bei Ausführung als Geldleistung unter den Voraussetzungen gleicher Wirksamkeit und wirtschaftlicher Gleichwertigkeit Rechnung getragen werden kann. Sie ergänzt die in § 9 Abs. 2 vorgesehene Umwandlung von Sach- in Geldleistungen und trägt dem Anspruch behinderter Menschen auf selbstbestimmte und eigenverantwortliche Gestaltung ihrer Lebensumstände Rechnung. Auch für die Leistungsausführung durch ein persönliches Budget müssen die Leistungsvoraussetzungen erfüllt sein. Um festzustellen, welche Leistungen sich zur Ausführung durch ein persönliches Budget eignen und wie Budgets konkret bemessen sein müssen, soll die Einführung durch Modellvorhaben erprobt werden. Dies schließt nicht aus, dass während der Erprobungsphase Sachleistungen als Geldleistungen erbracht werden können.

B) zur Fassung durch das Gesetz zur Einordnung des Sozialhilferechts in das Sozialgesetzbuch vom 27. Dezember 2003

14 Im Gesetzentwurf der Fraktionen SPD und Bündnis 90/DIE GRÜNEN (BT-Drucks. 15/1514 S. 72 f.) wird zur Begründung ausgeführt:

„In **Abs. 2 Satz 1** wird als wesentliches Ziel des Persönlichen Budgets betont, den Leistungsberechtigten zu unterstützen, ein möglichst selbstständiges und selbstbestimmtes Leben zu führen. Leistungsberechtigte können durch das Persönliche Budget selbst entscheiden, welche Hilfen sie überhaupt und wann sie diese Hilfen in Anspruch nehmen sowie wie und durch wen. Den Leistungsberechtigten wird auch die Möglichkeit eröffnet, durch eine bedarfsgerechtere Organisation ihrer Hilfen diese besser als im Rahmen standardisierter Vollversorgung im stationären Bereich zu gestalten. Als Ziel des Persönlichen Budgets wird auch die eigenverantwortliche Handlungsweise der Leistungsberechtigten über das Budget herausgestellt. Dadurch, dass die Leistungsberechtigten über einen längeren Zeitraum in der Regel eine Geldleistung erhalten, entstehen für sie sachliche, zeitliche und soziale Dispositionsspielräume, die den maßgeblichen Anreiz der Inanspruchnahme des Persönlichen Budgets ausmachen.

In **Abs. 2 Satz 2** wird der Kreis der bei der Leistungserbringung beteiligten Leistungsträger und damit zugleich die Zusammensetzung des Persönlichen Budgets festgelegt.

Abs. 2 Satz 3 schreibt die Erbringung des Persönlichen Gesamtbudgets trägerübergreifend als Komplexleistung fest. Ziel der Komplexleistung ist eine zwischen den jeweils beteiligten Leistungsträgern abgestimmte Leistungserbringung, die bei den Leistungsberechtigten ‚aus einer Hand' ankommt, ohne die Zuständigkeit der Leistungsträger zu ändern.

Weitergehende Leistungen, z. B. einmalige Geldleistungen oder Sachleistungen, werden neben den budgetfähigen Leistungen wie bisher erbracht.

In **Abs. 2 Satz 4** werden die budgetfähigen Leistungen definiert. Es kann sich hierbei nur um solche Leistungen handeln, die sich über einen längeren Zeitraum regelmäßig wiederholen, sich auf alltägliche und regiefähige Bedarfe beziehen. Gelegentliche sowie kurzfristige Hilfebedarfe und einmalige Leistungen werden damit ausgeschlossen. Diese Leistungen können daneben erbracht werden. Typische budgetfähige Leistungen können insbesondere die Hilfe zur Mobilität, Hilfen zur Teilhabe am Leben in der Gemeinschaft, Hilfen zur häuslichen Pflege und häuslichen Krankenpflege, regelmäßig wiederkehrend benötigte Hilfs- und Heilmittel sowie Hilfen zum Erreichen des Ausbildungs- oder Arbeitsplatzes (Fahrtkosten) sein. Satz 5 eröffnet den Antragstellern die Möglichkeit, nach sechs Monaten aus dem Budget wieder ‚auszusteigen'.

Abs. 3 regelt die Art der Leistungserbringung. Das Persönliche Budget wird in der Regel als in Geld bemessene, budgetierte Einzelleistung erbracht. Lediglich in begründeten Ausnahmefällen ist die Ausgabe von Gutscheinen, eine Ausprägung der Sachleistung, zulässig. Ein begründeter Fall kann insbesondere dann vorliegen, wenn die Ausgabe eines Gutscheines zur Sicherung der Qualität der Leistung oder eine stationäre Leistung geboten ist.

Abs. 3 Satz 2 legt grundsätzlich eine Obergrenze des Gesamtbudgets fest, um Leistungsausweitungen und damit unkalkulierbare Mehrkosten für die Leistungsträger zu vermeiden. Die Höhe des Gesamtbudgets soll danach im Einzelfall die Kosten aller ohne Budget zu erbringenden bisher individuell festgestellten Leistungen nicht überschreiten. Bei Neufällen soll die Höhe des Gesamtbudgets die Kosten aller individuell erst festzustellenden Leistungen nicht überschreiten. Von diesem Grundsatz kann in besonders begründeten Ausnahmefällen abgewichen werden. Dies könnte geboten sein, wenn den bisher stationär betreuten Leistungsberechtigten nur so ein Umsteigen auf ambulante Betreuung unter Inanspruchnahme des Persönlichen Budgets übergangsweise ermöglicht werden kann. Die Leistungsberechtigten erhalten die Leistungen im Rahmen des Persönlichen Budgets ‚aus einer Hand'.

Abs. 4 regelt, welcher Leistungsträger im Auftrag und Namen der anderen beteiligten Leistungsträger den Verwaltungsakt erlässt und das weitere Verfahren durchführt. Beauftragter Träger ist der nach § 14 des Neunten Buches erstangegangene Träger, wenn er Leistungen im Rahmen des Persönlichen Budgets zu erbringen hat. Eine Beauftragung erfolgt nur, wenn das Persönliche Budget Leistungen mehrerer Leistungsträger enthält. Handelt ein Leistungsträger aufgrund gesetzlichen Auftrages (§ 93 des Zehnten Buches), wird § 88 Abs. 1 Satz 2 des Zehnten Buches bereits durch Gesetz ausgeschlossen.

Abs. 5 stellt sicher, dass Modellvorhaben, die zur Erprobung der Einführung Persönlicher Budgets vor Inkrafttreten dieses Gesetzes nach § 17 Abs. 3 in der am 30. Juni 2004 geltenden Fassung begonnen wurden, zu Ende geführt werden können.

Abs. 6 bestimmt, dass während der Zeit eines Anspruchs auf Ermessen vom 1. Juli 2004 bis 31. Dezember 2007 Persönliche Budgets unter wissenschaftlicher Begleitung erprobt werden."

C) zur Fassung durch das Gesetz zur Vereinfachung der Verwaltungsverfahren im Sozialrecht – Verwaltungsvereinfachungsgesetz –

Im Gesetzentwurf der Bundesregierung zum Verwaltungsvereinfachungsgesetz (BT-Drucks. 15/4228 S. 30 f.) wird zur Begründung ausgeführt:

Zu Buchstabe a

Doppelbuchstabe aa *(Streichung des Wortes „monatliches" in Abs. 2 Satz 1)*

Die Änderung berücksichtigt, dass im Rahmen von Persönlichen Budgets grundsätzlich auch einzelne Leistungen erbracht werden können. Für einzelne Sachleistungen zur Teilhabe, die nicht im Rahmen von Persönlichen Budgets beantragt sind, gilt § 9 Abs. 2 SGB IX.

Zu Doppelbuchstabe bb (= Fassung des Abs. 2 Satz 4)

Redaktionelle Korrektur im Gesetz zur Einordnung des Sozialhilferechts in das Sozialgesetzbuch vom 27. Dezember 2003 (BGBl. I S. 3022, 3057). Mit der Fortentwicklung der mit dem Neunten Buch Sozialgesetzbuch eingeführten Leistungsform des Persönlichen Budgets wird die vorher bestehende Rechtslage nicht eingeschränkt. Wie schon aufgrund der vor dem 1. Juli 2004 geltenden Rechtslage können Rehabilitationsträger – neben der Möglichkeit, einzelne Sachleistungen als Geldleistung zu erbringen – auch künftig Leistungen zur Teilhabe durch ein Persönliches Budget ausführen. Darüber hinaus wird die Möglichkeit eröffnet, Leistungen mehrerer Leistungsträger künftig in einem trägerübergreifenden Persönlichen Budget zusammenzufassen (so auch der Bericht des federführenden Bundestags-Ausschusses, BT-Drucks. 15/1761, S. 4).

Zu Buchstabe b

Zu Doppelbuchstabe aa

Es handelt sich um eine Folgeänderung zu Buchstabe a Doppelbuchstabe aa.

Zu Doppelbuchstabe bb

Es handelt sich um eine Folgeänderung zu Nummer 2.

Zu Buchstabe c

Die Änderung stellt unter anderem klar, dass nur der Leistungsträger verpflichtet werden kann, der für zumindest eine der Leistungen im Rahmen des beantragten Persönlichen Budgets zuständig ist. Eine Weiterleitung des Antrags auf ein Persönliches Budget an andere Leistungsträger ist nur möglich, wenn der Leistungsträger, bei dem der Antrag auf Leistungen durch ein Persönliches Budget gestellt wird, weder für eine der beantragten Leistungen zuständig ist noch eine solche bereits erbringt. Die Anfügung der neuen Sätze 2 und 3 ermöglicht den Leistungsträgern, von der Regel des Satzes 1 Ausnahmen zu vereinbaren, wenn dies im Interesse der Leistungsberechtigten liegt. Dies kann etwa der Fall sein, wenn sich die Beteiligung des Leistungsträgers nach Abs. 4 Satz 1 nur auf einen geringen Anteil des zu erbringenden persönlichen Budgets oder nur auf Einzelleistungen begrenzt. Der neue Satz 3 berücksichtigt im Interesse der Leistungsberechtigten und entsprechend den allgemeinen Regeln über das Vorverfahren, dass es auch in Fällen des Widerspruchs nicht zu wechselnden Beteiligten kommt. Soweit sich der Widerspruch auf Teilbudgets bezieht, die auf der Grundlage der für die übrigen beteiligten Leistungsträger geltenden Leistungsgesetze erbracht werden, ist der Beauftragte bei der Entscheidung im Rahmen des gesetzlichen Auftragsverhältnisses an die Auffassung der Auftraggeber gebunden (§ 89 Abs. 5 SGB X).

IV. Anmerkungen

A) zu Abs. 1

1. Ausführung von Leistungen

a) Allein durch den zuständigen Leistungsträger (Satz 1 Nr. 1)

16   Rehabilitationsträger sollen Leistungen **vorrangig selbst ausführen**. Denn § 4 Abs. 2 Satz 2 SGB IX gebietet ihnen, die Leistungen im Rahmen der für sie geltenden Rechtsvorschriften „nach Lage des Einzelfalles so vollständig, umfassend und in gleicher Qualität zu erbringen, dass Leistungen eines anderen Trägers möglichst nicht erforderlich werden".

17   Bei Geldleistungen ist dies der absolute Regelfall. Auch bei Sachleistungen steht die Erbringung durch den zuständigen Träger eindeutig im Vordergrund. Allerdings gelten für mehrere Träger **bereichsspezifische Einschränkungen** für die eigene Ausführung (vgl. HK-SGB IX / *Welti* Rdnrn. 7 ff.):

- Die **Bundesagentur für Arbeit** soll Einrichtungen der beruflichen Rehabilitation nur errichten, wenn bei dringendem Bedarf andere geeignete Einrichtungen nicht zur Verfügung stehen (§ 250 SGB III).
- **Krankenkassen** dürfen neue Eigeneinrichtungen zur Rehabilitation nur errichten, wenn die Aufgaben auf andere Weise nicht sichergestellt werden können (§ 140 Abs. 2 SGB V). Für vor dem 1. Januar 1989 geschaffene Einrichtungen gewährt § 140 Abs. 1 SGB V Bestandsschutz.
- Im Bereich der **Kinder- und Jugendhilfe** haben Träger der freien Wohlfahrtspflege Vorrang vor eigenen Maßnahmen der öffentlichen Jugendhilfeträger (§ 4 Abs. 2 SGB VIII).
- **Sozialhilfeträger** sollen eigene Einrichtungen und Dienste nicht neu schaffen, wenn geeignete Einrichtungen anderer Träger vorhanden sind, ausgebaut oder geschaffen werden können (§ 75 Abs. 2 Satz 1 SGB XII).

b) Ausführung gemeinsam mit einem anderen Träger (Satz 1 Nr. 1)

18   Das Gebot der vollständigen und umfassenden Leistungserbringung, welche Leistungen eines anderen Trägers möglichst erübrigen soll, gilt allerdings – wie § 4 Abs. 2 SGB IX ausdrücklich betont – nur im Rahmen der für den jeweiligen Rehabilitationsträger maßgeben-

Ausführung von Leistungen § 17

den Rechtsvorschriften. Es ist aber möglich, dass mehrere Träger entsprechend ihrer Zuständigkeit unterschiedliche Leistungen bereithalten.

Die Vorschrift stellt deshalb klar, dass Rehabilitationsträger ihre Leistungen auch gemeinsam 19 mit anderen Leistungsträgern erbringen können. Insbesondere gilt dies dann, wenn der Rehabilitationsträger die Leistung dadurch **wirksamer oder wirtschaftlicher** erbringen kann (**Abs. 1 Satz 3**). Das setzt zugleich die Vorgabe, bei Zuständigkeit verschiedener Leistungsträger **übergreifende praktikable Lösungen** zu vereinbaren, welche Verzögerungen in der Leistungserbringung vermeiden oder aber der Steigerung von Effektivität und Effizienz der Leistungen dienen (B / F / K / L / *Waldeyer-Jeebe* Rdnr. 7). Zur grundsätzlichen Verbesserung der Zusammenarbeit können auch **Arbeitsgemeinschaften** nach § 12 Abs. 2 SGB IX gebildet werden. Die Verantwortlichkeit des jeweils zuständigen Leistungsträgers für die Ausführung der Leistungen bleibt aber unberührt (**Abs. 1 Satz 2**).

Beispiele für die Leistungserbringung gemeinsam mit anderen Leistungsträgern sind 20
– **Leistungen zur Frühförderung** nach § 30 SGB IX.

Sie können im Bedarfsfall als Leistungen der gesetzlichen Krankenversicherung (Heilmittel, ärztliche Behandlung) neben Leistungen der Sozialhilfe (z. B. Heilpädagogik) erbracht werden. Das Gesetz fordert insoweit die Erbringung als Komplexleistung (§ 30 Abs. 2 SGB IX) und die Vereinbarung gemeinsamer Empfehlungen zur Zusammenarbeit (§ 30 Abs. 3 SGB IX).

– **Medizinische Rehabilitationsleistungen für Krebskranke**

In NRW werden diese durch eine Arbeitsgemeinschaft der gesetzlichen Kranken- und Rentenversicherungsträger (§ 94 SGB X) im Auftrag ihrer Mitglieder erbracht. Sie erhält Antrag und Befundbericht, prüft die versicherungsrechtlichen und persönlichen Voraussetzungen und wählt die Rehabilitationseinrichtung aus. Nach § 94 Abs. 4 SGB X ist die Arbeitsgemeinschaft auch zum Erlass von Verwaltungsakten berechtigt (vgl. hierzu B / F / K / L / *Waldeyer-Jeebe* Rdnr. 9).

c) **Ausführung durch andere Leistungsträger (Satz 1 Nr. 2)**

Leistungen können auch durch andere Leistungsträger ausgeführt werden. Dies können 21 nicht nur andere Rehabilitationsträger gem. § 6 SGB IX sein, sondern alle sonstigen Sozialleistungsträger im Sinne der §§ 18 bis 29 SGB I. In Betracht kommen hier insbesondere auch die Ämter für Ausbildungsförderung (§ 18 Abs. 2 SGB I), Integrationsämter (§ 20 Abs. 2 SGB I), Pflegekassen (§ 21a SGB I) sowie die Kreise und kreisfreien Städte (§ 27 Abs. 2, § 28 Abs. 2 SGB I).

Auch in diesem Fall bleibt aber die Verantwortung des zuständigen Trägers bestehen (**Abs. 1** 22 **Satz 2**). Die Ausführung durch andere Leistungsträger kommt vor allem dann in Betracht, wenn dadurch Leistungen wirksamer oder wirtschaftlicher zu erbringen sind (**Abs. 1 Satz 3**).

Hierfür gelten §§ 88–93 SGB X. Voraussetzung ist stets ein **Auftragsverhältnis** für das Han- 23 deln des anderen Leistungsträgers im Sinne von § 88 Abs. 1 SGB X. Die dort in Nr. 1–3 geregelten Voraussetzungen müssen allerdings nicht vorliegen. Der Auftraggeber hat ein Prüfungs- und Weisungsrecht, der Beauftragte eine Auskunftspflicht (§ 89 SGB X). Für die Behandlung von Anträgen und Widersprüchen gilt § 90 SGB X. Die Erstattung von Aufwendungen richtet sich nach § 91 SGB X, die Kündigung des Auftragsverhältnisses nach § 92 SGB X.

Das Auftragsverhältnis kann auch allgemein in Vereinbarungen zwischen Rehabilitationsträ- 24 gern begründet werden.

Beispiele sind:

– **Direkteinweisung** durch ein Krankenhaus **in eine medizinische Anschlussrehabilitation**. Aufgrund bestehender Verfahrensabsprachen können Krankenhäuser in bestimmten

Fällen Patienten unmittelbar in eine Einrichtung der Anschlussrehabilitation einweisen. Deren Kosten werden unmittelbar vom Rentenversicherungsträger getragen und bei Zuständigkeit der gesetzlichen Krankenversicherung von deren Träger erstattet.
– Vereinbarungen über das Verfahren bei **besonderer Eilbedürftigkeit des Rehabilitationsantritts**. Danach kann der Rentenversicherungsträger auch dann medizinische Rehabilitationsleistungen erbringen, wenn für die Leistung eine Krankenkasse zuständig ist, etwa bei lang dauernder Arbeitsunfähigkeit. Der Rentenversicherungsträger handelt dann im Auftrag der Krankenkasse, welche ihm die Kosten erstattet.

d) Ausführung mit Rehabilitationsdiensten und -einrichtungen (Satz 1 Nr. 3)

25 Der zuständige Rehabilitationsträger kann ferner für seine Leistung auch **geeignete externe Rehabilitationsdienste oder -einrichtungen** in Anspruch nehmen. Auch hierfür gilt wieder die fortbestehende Verantwortung des Trägers nach Abs. 1 Satz 2. Hiervon soll insbesondere dann Gebrauch gemacht werden, wenn die Leistung dadurch wirtschaftlicher und wirksamer erbracht werden kann (Abs. 1 Satz 2).

26 Die beauftragten Dienste oder Einrichtungen können insbesondere „frei", „gemeinnützig" oder „privat" sein. Träger freier und gemeinnütziger Dienste oder Einrichtungen sind vor allem die Kirchen und freien Wohlfahrtsverbände (Arbeiterwohlfahrt, Deutscher Caritasverband, Deutsches Rotes Kreuz, Paritätischer Wohlfahrtsverband, Diakonisches Werk, Zentrale Wohlfahrtsstelle der Juden in Deutschland).

27 Eine allgemeine Vorrangstellung wird diesen hierdurch aber nicht eingeräumt, weder gegenüber gewerblichen Anbietern noch im Vergleich zu öffentlichen Trägern. Das unterscheidet die Regelung von Vorschriften der einzelnen Leistungsbereiche, in denen ein Vorrang freigemeinnütziger und privater Träger gegenüber öffentlichen Trägern begründet wird, wie etwa in § 11 Abs. 2 SGB XI oder § 4 Abs. 2 SGB VIII (Hauck / Noftz / *Brodkorb* Rdnr. 10). Dienste und Einrichtungen freier oder gemeinnütziger Träger sind allerdings im Rahmen der Auswahlentscheidung gem. § 19 Abs. 4 SGB IX „entsprechend ihrer Bedeutung für die Rehabilitation und Teilhabe behinderter Menschen" zu berücksichtigen.

28 Der Klammerzusatz „(§ 19)" bedeutet nicht, dass in jener Vorschrift Rehabilitationsdienste oder -einrichtungen definiert bzw. voneinander abgegrenzt werden. Vielmehr muss insoweit auf das Leistungserbringungsrecht der Rehabilitationsträger zurückgegriffen werden.

29 Bei den **Rehabilitationsdiensten** handelt es sich vor allem um ambulante soziale Hilfsdienste, Sozialstationen, mobile Rehabilitationsdienste, familienentlastende Dienste, psychosoziale Dienste usw. Zu den **Rehabilitationseinrichtungen** gehören neben solchen zur medizinischen Rehabilitation und sozialpädiatrischen Zentren sowie Frühförderstellen namentlich Berufsförderungswerke, Berufsbildungswerke und Werkstätten für behinderte Menschen. Aber auch Einrichtungen mit Wohnangeboten zur Betreuung für Menschen mit Behinderungen sind zu erwähnen (Hauck / Noftz / *Brodkorb* Rdnr. 8). Eine vollständige Orientierung liefert die Datenbank Rehadat „Einrichtungen" (http://www.rehadat.de/einrich.htm).

30 Die Entscheidung über die vom Gesetz besonders betonte **Eignung** liegt beim jeweiligen Leistungsträger. Er hat Maßstäbe und Kriterien hierfür festzulegen. Allgemein ist § 97 Abs. 1 SGB X zu beachten: Der Dienst bzw. die Einrichtung muss die „Gewähr für eine sachgerechte, die Rechte und Interessen des Betroffenen wahrende Erfüllung der Aufgaben" bieten. Demnach sind Dienste oder Einrichtungen geeignet, wenn sie nicht nur nach den Gesichtspunkten der Wirtschaftlichkeit und Sparsamkeit, sondern auch unter Berücksichtigung der Leistungsfähigkeit ein optimales Rehabilitationskonzept anbieten (Hauck / Noftz / *Brodkorb* Rdnr. 9). Auf dessen Grundlage kann der Leistungsträger Zulassungen aussprechen und Verträge gem. § 21 SGB IX schließen. Zu der gem. § 20 SGB IX zu gewährleistenden **Qualitätssicherung** gehört auch die Vereinbarung gemeinsamer Empfehlungen bzw. bereichsspezifischer Rahmenempfehlungen und -vereinbarungen wie die Rahmenempfehlung der BAR zur ambulanten Rehabilitation vom 1. April 2001.

Die **Auswahl** des Rehabilitationsdienstes bzw. der Einrichtung im Einzelfall wird vor allem **31**
durch § 19 Abs. 2 bis 4 SGB IX und § 97 SGB X bestimmt. Der Leistungsträger hat hierbei
zu berücksichtigen den individuellen Rehabilitationsbedarf, die Eignung unter den Gesichtspunkten der Wirksamkeit und Wirtschaftlichkeit, aber auch Wunsch- und Wahlrechte des
Betroffenen. Dieser hat zwar keinen Rechtsanspruch auf Ausführung durch einen bestimmten Dienst, jedoch ist berechtigten Wünschen des Leistungsberechtigten grundsätzlich zu
entsprechen (vgl. § 9 Abs. 1 SGB IX).

Bei einer Inanspruchnahme von **privaten Rehabilitationsdiensten** sind durch die Verweisung in § 97 Abs. 2 SGB X die Vorschriften in § 89 Abs. 3–5, § 91 Abs. 1–3 und § 92 SGB IX **32**
entsprechend heranzuziehen, soweit nicht vorrangige vertragliche Regelungen bestehen. Das
bedeutet: Der Beauftragte hat dem Auftraggeber die erforderlichen Mitteilungen zu machen,
auf Verlangen über die Ausführung des Auftrags Auskunft zu erteilen und danach Rechenschaft abzulegen. Der Auftraggeber ist berechtigt, die Ausführung des Auftrags jederzeit zu
prüfen und den Beauftragten an seine Auffassung zu binden. Der Beauftragte hat einen
Erstattungsanspruch für auftragsgemäß und rechtmäßig erbrachte Sozialleistungen in Geld,
der sich auf die hierbei aufgewandten Kosten erstreckt und einen angemessenen Vorschuss
einschließt. Abweichende Vereinbarungen, insbesondere über pauschalierte Erstattungen
sind zulässig. Der Auftrag kann schließlich beidseitig zu einem jeweils angemessenen Zeitpunkt gekündigt werden, bei wichtigem Grund mit sofortiger Wirkung.

Hingegen findet § 97 Abs. 2 SGB X auf **gemeinnützige und freie Organisationen** keine **33**
Anwendung (vgl. § 17 Abs. 3 Satz 4 Halbs. 2 SGB I). Denn deren Selbstständigkeit, Selbstverständnis und Unabhängigkeit soll gewahrt werden (vgl. auch § 19 Abs. 4 Halbs. 2
SGB IX); deshalb sind sie von den entsprechenden Mitteilungs- und Auskunftspflichten,
dem Weisungs- und Prüfungsrecht des Auftraggebers und den Regeln über die Kündigung
ausgenommen.

Einzelheiten zu den Rechtsbeziehungen der Rehabilitationsträger zu den Diensten und **34**
Einrichtungen sind in den Leistungsgesetzen geregelt, z. B.
- § 109 Abs. 2 SGB III: Aufwendungen für eingliederungsbegleitende Dienste,
- § 111 SGB V: Versorgungsverträge mit Vorsorge- und Rehabilitationseinrichtungen,
- § 111a SGB V: Rahmenempfehlungen über Vorsorge- und Rehabilitationsmaßnahmen,
- § 137d SGB V: Qualitätssicherung bei der ambulanten Vorsorge und Rehabilitation,
- § 34 Abs. 3 SGB V: Verträge zwischen den Verbänden der Unfallversicherungsträger und
  den Kassenärztlichen Bundesvereinigungen,
- §§ 78a–g SGB VIII: Vereinbarungen über Leistungsangebote, Entgelte und Qualitätsentwicklung zwischen Trägern der öffentlichen Jugendhilfe und Trägern von Einrichtungen
  bzw. deren Verbänden,
- §§ 75–81 SGB XII: Vereinbarungen über Leistungen, Vergütung und Prüfung zwischen
  Sozialhilfeträgern und Einrichtungsträgern bzw. ihren Verbänden.

2. Fortwirkende Verantwortung des zuständigen Rehabilitationsträgers

Der zuständige Rehabilitationsträger bleibt für die Leistung und die Deckung des Hilfebe- **35**
darfs verantwortlich, selbst wenn er die Leistung gemeinsam mit anderen bzw. durch andere
Leistungsträger ausführt oder hierbei Dienste und Einrichtungen in Anspruch nimmt
(**Abs. 1 Satz 2**). Durch die Beauftragung Dritter entstehen **Sicherstellungs- und Gewährleistungspflichten** (Hauck / Noftz / *Brodkorb* Rdnr. 15 m. w. N.). Klagen oder Aufsichtsmaßnahmen wegen unzureichender Wahrnehmung der Aufgaben sind gegen ihn zu richten.

Für **Pflichtverletzungen** der von ihm beauftragten anderen Träger, Dienste oder Einrichtun- **36**
gen haftet der zuständige Leistungsträger bei hoheitlichem Handeln gem. Art. 34 GG, § 839
BGB, bei fiskalischer Tätigkeit nach den zivilrechtlichen Vorschriften der §§ 31, 89, 823, 831
BGB; im letztgenannten Fall ist ihm ein Verschulden des Beauftragten über § 61 Satz 2

SGB X i. V. m. § 278 BGB zuzurechnen (von Wulffen / *Engelmann* SGB X, § 89 Rdnr. 8). Verletzt der Beauftragte **Nebenpflichten** gegenüber dem Leistungsberechtigten, steht diesem gegebenenfalls ein sozialrechtlicher Herstellungsanspruch zu, der sich gegen den Auftraggeber richtet (von Wulffen / *Engelmann* a. a. O.).

B) zu Abs. 2
1. Begriff des Persönlichen Budgets

37 Leistungen zur Teilhabe können auch durch ein Persönliches Budget ausgeführt werden (**Abs. 2 Satz 1**). Hierbei werden dem Leistungsberechtigten die zur Abgeltung des Hilfebedarfs voraussichtlich benötigten Mittel zur Verfügung gestellt. Dieser erhält unmittelbar **finanzielle Leistungen**, mit denen er die **benötigten rehabilitativen Hilfen selbst organisiert und mit dem ihm zugestandenen Budget finanziert**. Kennzeichnend für das Persönliche Budget ist das Fehlen von Rechtsbeziehungen zwischen dem Erbringer der Leistung und dem Rehabilitationsträger (*Mrozynski* Rdnr. 19).

38 Das persönliche Budget im Sinne des § 17 SGB IX stellt dabei eine besondere Form der Ausübung von Leistungen zur Teilhabe dar. Die Vorschrift regelt nur die **Ausgestaltung der Leistungserbringung**, und stellt **nicht etwa** eine **Anspruchsgrundlage** für die Leistung zur Teilhabe selbst dar. Zuständigkeit und Voraussetzungen richten sich vielmehr gemäß § 7 Satz 2 SGB IX nach den allgemeinen Regelungen zur Teilhabe des hierfür zuständigen Leistungsträgers.

Nur wenn hiernach bereits ein **Anspruch dem Grunde nach** besteht, kann überhaupt eine Leistung zur Teilhabe in Form des persönlichen Budgets erbracht werden (LSG Baden-Württemberg Beschluss vom 9. Dezember 2010 – L 13 AL 4629/10 ER-B, zit. nach JURIS). So ist beispielsweise im Rentenversicherungsrecht im Rahmen einer **dreistufigen Prüfung** zunächst als grundlegende Voraussetzung das Vorliegen der versicherungsrechtlichen und persönlichen Voraussetzungen nach § 10, 11 und 12 SGB VI festzustellen. Sodann ist fehlerfrei das Ermessen auszuüben hinsichtlich Art, Weise und Ort der vom Rentenversicherungsträger zu gewährenden Leistung zur Teilhabe am Arbeitsleben nach § 33 SGB IX. Schließlich ist wiederum eine Prüfung erforderlich, ob und in welcher Höhe die beantragte Leistung als trägerübergreifendes persönliches Budget gewährt werden kann (LSG Niedersachsen-Bremen Urteil vom 5. Januar 2010 – L 1 R 632/08, zit. nach JURIS).

39 Es handelt sich somit um eine alternative Form der Leistungsausführung anstelle der klassischen Sachleistung (GK-SGB IX / *Löschau* Rdnr. 38). **Im Regelfall** umfasst das Persönliche Budget **Geldleistungen**, die bei **laufendem Bedarf monatlich** gewährt werden (vgl. Abs. 3 Satz 1). In begründeten Ausnahmefällen kann das Budget auch durch Gutscheine erbracht werden (vgl. Abs. 3 Satz 2). Das Wesen des Persönlichen Budgets besteht in der **auf Bedarfsdeckung ausgerichteten Pauschalierung** (*Neumann* ZFSH/SGB 2003, 392). Es unterscheidet sich von einer Kostenerstattung dadurch, dass der Berechtigte mit dem budgetierten Geldbetrag grundsätzlich auskommen muss.

40 Das persönliche Budget dient der Deckung des Bedarfs an Teilhabeleistungen **nicht** aber der Sicherung des Lebensunterhalts und damit der **Existenzsicherung des Leistungsberechtigten**. Vielmehr sollen mit dem Budget die Leistungen der Förderung, Betreuung, Beteiligung, Assistenz und Pflege bezahlt werden, die ein behinderter Mensch benötigt. Dieser kann aber neben dem Persönlichen Budget auch Leistungen zur Finanzierung des Lebensunterhalts beziehen (z. B. Grundsicherung oder Hilfe zum Lebensunterhalt zur Bezahlung von Miete, Essen, Heizung, während das Persönliche Budget der Finanzierung von Betreuung, Begleitung und Pflege dient).

2. Ziel der Ausführung durch Persönliches Budget

41 Das Persönliche Budget soll behinderten Menschen ermöglichen, ihren Bedarf an Teilhabeleistungen in eigener Steuerung und Verantwortung decken zu können. Das Gesetz betont

in Abs. 2 Satz 1 als wesentliches Ziel des Persönlichen Budgets: Die Leistungsberechtigten sollen darin unterstützt werden, ein **möglichst selbstständiges und selbstbestimmtes Leben zu führen**. Leistungsberechtigte können durch das Persönliche Budget **selbst entscheiden, welche Hilfen** sie überhaupt und **wann** sie diese Hilfen in Anspruch nehmen sowie **wie** und **durch wen**. Auch wird den Leistungsberechtigten die Möglichkeit zu einer **bedarfsgerechteren Organisation ihrer Hilfen** eröffnet. Als weiteres Ziel des Persönlichen Budgets wird auch der **Anreiz zu eigenverantwortlicher Handlungsweise** der Leistungsberechtigten unterstrichen: Erhalten sie über einen längeren Zeitraum in der Regel eine Geldleistung, entstehen für sie sachliche, zeitliche und soziale Dispositionsspielräume. Das ist insbesondere bei komplexen und lang anhaltenden Bedarfslagen sinnvoll, in denen der behinderte Mensch als „Experte in eigener Sache" am besten die Leistungen koordinieren und aufeinander abstimmen kann (*Neumann* ZFSH/SGB 2003, 392 [398]).

42 Diese Stärkung der individuellen Selbstbestimmung erfüllt eine wichtige Zielvorgabe des SGB IX in § 1 und § 4 Abs. 1. Sie ergänzt zugleich die **in § 9 Abs. 2 SGB IX vorgesehene Umwandlung von Sach- in Geldleistungen**. Der behinderte Mensch soll mit professioneller Unterstützung und der Abstimmung auf seine eigenen Bedürfnisse schrittweise Verantwortung übernehmen und hierdurch eigene Potenziale entwickeln können. Das Ziel ist, seine Fähigkeiten zur Mitverantwortung festzustellen und zu stärken (Hauck / Noftz / *Brodkorb* Rdnr. 13; vgl. auch *Peukert* BlWohlPfl 2006, 182; *Lippert* BehindertenR 2008, 193).

Das kann so weit gehen, dass behinderte Menschen **im Rahmen des Persönlichen Budgets** sogar eine **Arbeitgeberrolle gegenüber Assistenzkräften** übernehmen (hierzu *Böll-Schlereth* NDV 2007, 489). Der Budgetnehmer unterliegt, wenn er mit seinem Assistenten in tatsächlicher Hinsicht ein Arbeits- bzw. Beschäftigungsverhältnis begründet, den gleichen arbeitsrechtlichen, sozialrechtlichen und steuerrechtlichen Pflichten wie jeder andere Arbeitgeber. Liegt ein Arbeitsverhältnis vor, ist i. d. R. auch ein Beschäftigungsverhältnis im Sinne von § 7 SGB IV gegeben, sodass der Budgetnehmer die an das Beschäftigungsverhältnis anknüpfenden Meldepflichten und Pflichten zur Zahlung der Sozialversicherungsbeiträge erfüllen muss (vgl. *Welti* Rechtsfragen S. 95)

42a Die Erfahrung mit dem Reha-Management zeigt, dass der Rehabilitationsprozess in vielen Fällen durch mehr Eigenverantwortung und Selbstbestimmung positiv beeinflusst wird. Die Form der Leistungserbringung als Persönliches Budget dient damit insbesondere der **Stärkung und Wirksamkeit des Rehabilitationsprozesses** (DGUV Handlungshilfe unter Nr. 1)

43 Ein Persönliches Budget bietet aber auch für den jeweiligen Leistungsträger Vorteile durch eine gewisse **Entbürokratisierung**, da teilweise regelmäßige Routinetätigkeiten entfallen, z. B. wiederkehrende Abrechnungen bei Fahrtkosten oder Haushaltshilfe.

Die Leistungserbringung durch Persönliches Budget als Option **zielt allerdings nicht auf Abschaffung der Sachleistung**. Es ist auch möglich, dass behinderte Menschen gleichzeitig Sachleistungen und ein Persönliches Budget für verschiedene Hilfen erhalten können (z. B. die Sachleistung als Monatskosten für Arbeit in einer Werkstatt und zusätzlich ein Persönliches Budget für die Assistenz beim Wohnen).

3. Antragsprinzip

44 Die Ausführung der Leistung durch ein Persönliches Budget darf allerdings dem behinderten Menschen **nicht aufgedrängt** werden (*Neumann* ZfSH/SGB 2003, 392 [400]). Sie ist stets von einem Antrag im Sinne von § 18 SGB X abhängig. Hierbei steht es den Leistungsberechtigten frei, das Budget nur für Teilbedarfe oder nur für die Leistungen eines Trägers zu beantragen (HK-SGB IX / *Welti* Rdnr. 23). Auch kann der Antrag bis zur Bestandskraft des Verwaltungsakts, mit der ein Leistungsträger über die Bewilligung oder Ablehnung des Persönlichen Budgets entscheidet, jederzeit zurückgenommen werden.

45 Die Leistungsausführung durch ein Persönliches Budget ist **nicht Volljährigen bzw. Geschäftsfähigen vorbehalten**. Eine derartige Beschränkung ist dem Gesetz nicht zu entnehmen und lässt sich auch nicht aus dem Leistungsziel der Stärkung der „eigenen Verantwortung" ableiten (Lachwitz Rechtsratgeber S. 20 ff., 24; HK-SGB IX / *Welti* Rdnr. 17 und 23; *Bienwald* FamRZ 2005, 254 f.).

46 Allerdings setzt wirksamer Antrag die sozialrechtliche **Beteiligten- und Handlungsfähigkeit** voraus (§ 36 SGB I, §§ 10, 11 SGB X). Diese richtet sich grundsätzlich nach dem Umfang der Geschäftsfähigkeit nach bürgerlichem Recht und darüber hinaus nach der durch Vorschriften des öffentlichen Rechts speziell eingeräumten Handlungsfähigkeit ab der Vollendung des 15. Lebensjahres. Im Fall der **Geschäftsunfähigkeit** nach § 104 Nr. 2 BGB fehlt die sozialrechtliche Handlungsfähigkeit (§ 11 Abs. 1 Nr 1 SGB X). Daher kann der Betroffene selbst keinen wirksamen Antrag auf ein Persönliches Budget stellen.

47 Die **Bestellung eines rechtlichen Betreuers** gem. §§ 1896 ff. BGB wirkt sich als solche nicht auf die Geschäftsfähigkeit aus. Der geschäftsfähige Betreute ist grundsätzlich handlungsfähig im Sozialverwaltungsverfahren (§ 11 Abs. 1 Nr. 1 SGB X). Er kann folglich das Verwaltungsverfahren zur Gewährung eines Persönlichen Budgets selbstständig in Gang setzen und durchführen. Jedoch kann der Betreuer gemäß § 11 Abs. 4 SGB X i. V. m. § 53 ZPO die Handlungsbefugnis an sich ziehen, wenn die Angelegenheit in seinen Aufgabenkreis fällt. Das ist jedenfalls dann gegeben, wenn der Betreuer für alle Angelegenheiten bestellt ist oder aber zu seinem Aufgabenkreis jeweils die Vermögenssorge, die Vertretung u. a. gegenüber Sozialleistungsträgern bzw. – soweit es um medizinische Budgetleistungen geht – die Gesundheitsfürsorge gehört (hierzu *Bienwald* FamRZ 2005, 254 [255 f.]).

Zieht der Betreuer ein vom Betroffenen eingeleitetes Antragsverfahren an sich, hat das zur Folge, dass auch der geschäftsfähige Betreute seine Handlungsfähigkeit in dem betreffenden Sozialverwaltungsverfahren verliert.

48 Für Betreute folgt zudem aus § 11 Abs. 2 SGB X i. V. m. § 1903 BGB eine Einschränkung der Handlungsfähigkeit, wenn ein **Einwilligungsvorbehalt** angeordnet ist. In diesem Fall sind einschlägige Verfahrenshandlungen des Betreuten ohne Zustimmung des Betreuers unwirksam. Gemäß § 1903 Abs. 3 Satz 1 bedarf der Betreute trotz Bestehens eines Einwilligungsvorbehalts allerdings dann keiner Einwilligung seines Betreuers, wenn ihm die Willenserklärung lediglich einen rechtlichen Vorteil bringt. Betreute unter Einwilligungsvorbehalt können daher Anträge auf Sozialleistungen stellen, aber diese nicht zurücknehmen oder auf Leistungen verzichten. Folglich kann auch ein Betreuer, bei dem ein Einwilligungsvorbehalt angeordnet wurde, einen wirksamen Antrag auf ein Persönliches Budget stellen, weil ihm der Antrag als solches lediglich rechtliche Vorteile bringt. Da die Zielvereinbarung als öffentlich-rechtlicher Vertrag auch Pflichten des Budgetnehmers festlegt, kann diese bei Vorliegen eines Einwilligungsvorbehaltes allerdings nicht ohne die Einwilligung des Betreuers abgeschlossen werden. Im Ergebnis kann bei einem Einwilligungsvorbehalt durch den Betreuten zwar das **Verwaltungsverfahren** bzgl. der Gewährung eines Persönlichen Budgets durch Stellung des Antrages **selbstständig in Gang gesetzt** werden, aber **nicht ohne Einwilligung des Betreuers durchgeführt** werden (vgl. zum Ganzen *Welti* Rechtsfragen S. 89 ff. m. w. Nachw.).

49 Hat ein nicht geschäftsfähiger betreuter Mensch den Wunsch, ein Persönliches Budget zu erhalten, muss der Betreuer **diesem Wunsch** entsprechen, soweit es nicht dem Wohl des Betreuten zuwiderläuft und dem Betreuer zuzumuten ist (§ 1901 Abs. 3 Satz 1 BGB). Darüber hinaus können auch Eltern als gesetzliche Vertreter für ihre behinderten minderjährigen Kinder Persönliche Budgets beantragen, etwa für Einzelfallhilfe, Sozialassistenz oder Ferienbetreuung jeweils seitens des Jugendamts.

4. Von der Ermessensentscheidung zum Rechtsanspruch

50 Der Leistungsberechtigte hatte **bis zum 31. Dezember 2007 noch keinen Anspruch** auf Bewilligung eines Persönlichen Budgets. Denn nach Abs. 2 Satz 1 in der bis dahin geltenden Fassung „können" die Leistungen auf Antrag auf diese Weise erbracht werden. Seit **1. Januar**

2008 ist die Regelung allerdings mit der Maßgabe anzuwenden, dass auf Antrag Leistungen durch ein Persönliches Budget „**ausgeführt werden**" (§ 159 Abs. 5 SGB IX i. d. F. ab 1. Januar 2005). Das bedeutet, dass **ab diesem Zeitpunkt** der Antragsteller einen **Rechtsanspruch** auf Teilhabeleistung in Form des Persönlichen Budgets hat (GK-SGB IX / *Löschau* Rdnr. 46)). Dem zuständigen Träger ist damit nicht mehr ein Ermessen darüber eingeräumt, ob die Leistung als Persönliches Budget zu gewähren ist, sondern lediglich in Bezug auf dessen Höhe.

Allerdings setzt dieser Rechtsanspruch im Einzelfall voraus, dass das Persönliche Budget tatsächlich eine **geeignete Leistungsform ist**. Das kann insbesondere dann zu verneinen sein, wenn dem Grundsatz der **Wirtschaftlichkeit und Sparsamkeit** (vgl. z. B. § 17 Abs. 3 Satz 4 SGB IX) damit nicht entsprochen werden kann. Ein deutliches Missverhältnis zwischen dem vom Antragsteller benötigten Budget und dem Ergebnis der Budget-Kalkulation (z .B. unter Berücksichtigung günstiger Konditionen für den Träger durch einen Hilfsmittelpool, kann dazu führen, dass ein Persönliches Budget als geeignete Leistungsform ausscheidet.

Dasselbe kann anzunehmen sein, wenn gravierende **Hinderungsgründe in der Person des Leistungsberechtigten** liegen, die nicht durch eine Assistenz beseitigt werden können und die Möglichkeit auf ein höheres Maß an Selbstbestimmung durch ein Persönliches Budget deutlich in den Hintergrund drängen. (DGUV Handlungshilfe Nr. 3.2)

5. Beteiligte Leistungsträger

In **Abs. 2 Satz 2** wird der Kreis der bei der Leistungserbringung beteiligten Leistungsträger und damit zugleich die Zusammensetzung des Persönlichen Budgets als ggf. trägerübergreifend festgelegt. Die Regelung wird ergänzt durch § 2 BudgetV (vgl. Nr. 3.2.14 Verordnung zur Durchführung des § 17 Abs. 2 bis 4 des Neunten Buches Sozialgesetzbuch [Budgetverordnung – BudgetV]).

51

An einem Persönlichen Budget können folgende Leistungsträger mit einer oder mehreren Leistungen beteiligt sein:
- Gesetzliche Krankenversicherung (als Rehabilitationsträger nach dem SGB IX und darüber hinaus auch für Leistungen nach dem SGB V),
- Bundesagentur für Arbeit,
- Gesetzliche Unfallversicherung,
- Gesetzliche Rentenversicherung,
- Alterssicherung der Landwirte,
- Kriegsopferversorgung,
- Kriegsopferfürsorge,
- Öffentliche Jugendhilfe,
- Sozialhilfe (auch für Hilfen zur Pflege),
- Soziale Pflegeversicherung,
- Integrationsämter.

Die **Bundesagentur für Arbeit** hat eine **Handlungsempfehlung / Geschäftsanweisung** „Teilhabe behinderter Menschen am Arbeitsleben Persönliches Budget gem. § 17 SGB IX i. V. m. § 103 SGB III" veröffentlicht, die als Anhang 2 zu dieser Kommentierung abgebildet ist (vgl. dazu auch *Wendt* RdLH 2009, 64).

6. Einschlägige Spezialregelungen

Der Gesetzgeber hat in **verschiedenen Leistungsgesetzen** für die einzelnen Rehabilitationsträger **klargestellt**, dass diese **Leistungen zur Teilhabe als Persönliches Budget** erbringen können.

52

Diese Regelungen sind enthalten in
- § 103 Satz 2 SGB III;
- § 2 Abs. 2 Satz 2, § 11 Abs. 1 Nr. 5 SGB V;
- § 13 Abs. 1 Satz 2 SGB VI;
- § 7 Abs. 1 Satz 3 ALG;
- § 26 Abs. 1 Satz 2 SGB VII;
- § 57, § 61 Abs. 4 Satz 3 SGB XII.

53 Ferner sind folgende **Verweisungen** zu beachten:
- im Bereich der sozialen Entschädigung in § 27d Abs. 3 Satz 1 BVG auf das SGB XII,
- in der Kinder- und Jugendhilfe in § 35 Abs. 3 SGB VIII auf das SGB XII,
- in der Grundsicherung für Arbeitssuchende in § 16 Abs. 1 Satz 2 SGB II auf das SGB III.

54 Schließlich ist in § 35a SGB XI die mögliche **Beteiligung von Pflegekassen** an einem Persönlichen Budget geregelt.

7. Persönliches Budget als Komplexleistung

55 Die Leistungserbringung durch Persönliches Budget kann **auch dann** in Betracht kommen, wenn **nur ein einzelner Träger zuständig** ist (Hauck / Noftz / *Brodkorb* Rdnr. 15 unter Hinweis auf die Begründung zu § 2 BudgetV in BR-Drucks. 262/02 S. 5). Das wird insbesondere im Bereich der gesetzlichen Unfallversicherung vorkommen, weil dort eine vorrangige und umfassende Zuständigkeit des Unfallversicherungsträgers für Arbeitsunfälle und Berufskrankheiten besteht (*Benz* BG 2005, 321 [322]; DGUV Handlungshilfe Nr. 1.2). Aus der Sicht der gesetzlichen Unfallversicherung wird die „umfassende, intensive und versichertennahe Begleitung und Betreuung durch **die Fachberater für Rehabilitation** (Berufshelfer) oder **Rehabilitationsmanager**" als vorteilhaft angesehen. Kein anderer Reha-Träger verfüge über derart enge und oft dauerhafte Kontakte zu seinen Versicherten. Die genaue Kenntnis der persönlichen Situation, der Verletzung / Erkrankung, des häuslichen Umfelds, der individuellen Fähigkeiten und Ressourcen biete ideale Möglichkeiten, über Vor- und Nachteile eines Persönlichen Budgets zu beraten, Anträge zu initiieren und den Budgetrahmen zu gestalten (DGUV Handlungshilfe Nr. 1.1).

56 Wird das persönliche Gesamtbudget trägerübergreifend erbracht, schreibt **Abs. 2 Satz 3** die Gewährung als **Komplexleistung** fest (ebenso § 2 Satz 2 BudgetV). Komplexleistungen bestehen in der **Bündelung einer Mehrzahl von Einzelmaßnahmen**, die aufgrund ihrer engen übergeordneten Zielrichtung einen größeren Gesamtkomplex betreffen und deshalb dem Betroffenen als eine **in sich geschlossene, integrative Hilfseinheit** angeboten werden (GK-SGB IX / *Löschau* Rdnr. 51). Auch bei Beteiligung verschiedener Träger tritt sie nach außen als einheitliche Gesamtleistung in Erscheinung. Ziel der Komplexleistung ist eine zwischen den jeweils beteiligten Leistungsträgern abgestimmte Leistungserbringung, **die bei den Leistungsberechtigten „aus einer Hand" ankommt**, ohne die Zuständigkeit der Leistungsträger zu ändern (vgl. BT-Drucks. 15/1514 S. 72; oben Rdnr. 14). Der Leistungsberechtigte erhält also die notwendigen finanziellen Leistungen nicht gestückelt von verschiedenen Trägern, sondern zuständigkeitsübergreifend von dem nach § 14 SGB IX zuständigen Leistungsträger als ein **in sich geschlossenes Leistungspaket**, in das die verschiedenen Einzelleistungen bzw. Einzelbeträge einbezogen sind (GK-SGB IX / *Löschau* a. a. O.). Weitergehende Leistungen, z. B. einmalige Geldleistungen oder Sachleistungen, werden neben den budgetfähigen Leistungen wie bisher erbracht.

8. Budgetfähige Leistungen

a) Grundsätze

57 Das Gesetz geht davon aus, dass **grundsätzlich alle Leistungen zur Teilhabe budgetfähig** sein können. Hierbei handelt es sich gemäß § 5 SGB IX um Leistungen zur medizinischen

Rehabilitation, Leistungen zur Teilhabe am Arbeitsleben, unterhaltssichernde und andere ergänzende Leistungen (Reisekosten, Haushaltshilfe, Kinderbetreuungskosten, Hilfsmittel, Energiemehrkosten), sowie Leistungen zur Teilhabe am Leben in der Gemeinschaft. Die Budgetfähigkeit dieser Leistungen ergibt sich zum einen aus dem Fehlen jeglicher Einschränkung in Abs. 2 Satz 1, der allgemein von „Leistungen zur Teilhabe" spricht; zum anderen ist in Abs. 2 Satz 4 davon die Rede, dass **„budgetfähig auch"** bestimmte andere Leistungen seien. Es handelt sich um die neben den Leistungen nach Abs. 2 Satz 1, also den Leistungen zur Teilhabe, erforderlichen Leistungen der Krankenkassen und der Pflegekassen, der Träger der Unfallversicherung bei Pflegebedürftigkeit sowie die Hilfe zur Pflege der Sozialhilfe.

b) Einschränkung bei Pflegeleistung und Krankenbehandlung

Allerdings wird die Budgetfähigkeit dieser **Pflegeleistungen und Leistungen der Krankenbehandlung** insoweit an zwei **einschränkende Voraussetzungen** gebunden: Die Leistungen müssen sich auf alltägliche und regelmäßig wiederkehrende Bedarfe beziehen; damit werden gelegentliche sowie kurzfristige Hilfebedarfe und einmalige Leistungen ausgeschlossen. So ist etwa die einmalige Anschaffung eines Hilfsmittels bzw. die Begleitung zu einem besonderen Behördengang nicht budgetfähig. Ferner müssen diese Leistungen als Geldleistungen oder durch Gutscheine erbracht werden können. 58

Ausgeschlossene Leistungen für ein Persönliches Budget sind ferner:
– Leistungen der medizinischen Akutversorgung (vgl. auch § 26 Abs. 1 Satz 2, 2. Halbs. SGB VII im Umkehrschluss) und
– rezeptpflichtige Medikamente (DGUV Handlungsempfehlungen Nr. 2.4)

c) BAR-Liste typischer budgetfähiger Leistungen

Die **Bundesarbeitsgemeinschaft für Rehabilitation (BAR)** hat in ihren Handlungsempfehlungen vom 1. April 2009 eine **Liste budgetfähiger Leistungen** veröffentlicht (abgebildet als Anhang 1 zu dieser Kommentierung). Hierauf kann zur Verdeutlichung der inhaltlichen Reichweite eines Persönlichen Budgets Bezug genommen werden. Diese Aufstellung ist weder abschließend noch verbindlich. 59

Ein Persönliches Budget kann sich auf eine **einzelne Leistung** beschränken (z. B. Fahrtkosten) oder aber **mehrere Leistungen** zusammenfassen (etwa Fahrtkosten, Lernmittel, Kinderbetreuungskosten). 60

Persönliche Budgets können für **einmalige und für laufende Leistungen** gewährt werden. Einmalige Persönliche Budgets werden zeitpunktbezogen erbracht und abgewickelt. Für laufende Leistungsansprüche haben sich in der Praxis Budgetlaufzeiten von maximal zwölf Monaten bewährt (DGUV Handlungshilfe Nr. 2.5)

9. Zielvereinbarung als Voraussetzung

a) Grundsätze

Die Bewilligung eines trägerübergreifenden Persönlichen Budgets ist nach § 3 Abs. 5 BudgetV davon abhängig, dass eine Zielvereinbarung im Sinne von § 4 BudgetV abgeschlossen worden ist (grundsätzlich krit. hierzu *Benz* BG 2005, 321 [325 f.]). 61

Hierbei handelt es sich um einen **Vertrag zwischen dem Leistungsberechtigten und dem Beauftragten**. Das ist nach der Legaldefinition des § 3 Abs. 1 Satz 1 BudgetV der nach § 17 Abs. 4 SGB IX zuständige Leistungsträger (vgl. näher unten Rdnr. 86 f.). Nach dem Wortlaut der Vorschrift ist somit eine Zielvereinbarung nicht erforderlich, wenn nur ein Leistungsträger beteiligt ist, etwa die Unfallversicherung und damit ein „Beauftragter" entfällt (*Benz* BG 2005, 321 [326]; a. A. Hauck / Noftz / *Brodkorb* Rdnr. 28 unter Berufung auf den Sinn der Regelung).

62 Die Zielvereinbarung muss nach § 4 Abs. 1 Nr. 2 BudgetV **mindestens Regelungen** enthalten über
- die Ausrichtung der individuellen Förder- und Leistungsziele (Nr. 1),
- die Erforderlichkeit eines Nachweises für die Deckung des festgestellten individuellen Bedarfs (Nr. 2) sowie
- die Qualitätssicherung (Nr. 3).

Die Zielvereinbarung muss dabei sowohl für die Leistungsträger als auch für den Leistungsberechtigten **klar beschreiben,** wofür das Persönliche Budget erbracht wird, welchem Rehabilitations- / Teilhabe-Ziel es dienen soll, welche Leistungen es umfasst, für welchen Zeitraum es erbracht wird, in welchem Rhythmus die Zahlungen erbracht werden, ob und wie ein Nachweis über die eingekauften Leistungen vorzulegen ist und in welcher Form die Qualitätssicherung gewährleistet werden soll.

b) Konkrete Inhalte einer Zielvereinbarung

63 Im Einzelnen sollte die Zielvereinbarung folgenden wesentlichen Punkt regeln (vgl. hierzu z. B. Arbeitsgruppe Persönliches Budget im Land Brandenburg: Empfehlungen zur Erarbeitung einer Zielvereinbarung – Stand 1. Februar 2008 –):

(1) Art der Leistungen

Das erfordert eine Darstellung, welche Leistungen zur Sicherstellung der Teilhabe am Leben in der Gemeinschaft erforderlich sind.

(2) Hilfebedarf

Hierzu gehört die Beschreibung, in welchen Bereichen die erforderlichen Hilfen in Form des Persönlichen Budgets gewährt werden. Hier sollte auch festgehalten werden, dass die Beratungsangebote z. B. der Gemeinsamen Servicestellen, kostenfrei sind, jedoch die Budgetunterstützung aus Mitteln des Persönlichen Budgets zu finanzieren ist.

64 #### (3) Leistungsziele

Je nach Leistungsart bzw. Leistungsträger sind die Ziele individuell entsprechend dem Hilfebedarfdes Einzelnen festzulegen, um feststellen zu können, ob das Persönliche Budget entsprechend eingesetzt wird.

Beispiele für Budgetziele können sein (nach DGUV Handlungshilfe Nr. 2.2):
- bei Leistungen zur Teilhabe am Leben in der Gemeinschaft
  - Erhöhung persönlicher Kontakte zur gesellschaftlich-sozialen Integration (etwa über Ehrenamt, Verein, Kirchenkreis, VHS) auf eine bestimmte Anzahl (z. B. in Stunden pro Woche);
  - Beschäftigung ohne wirtschaftliche Zielsetzung (z. B. wenn Eingliederung auf den allgemeinen Arbeitsmarkt nicht mehr möglich ist) in einem bestimmten Umfang (Stunden pro Tag, Tage pro Woche).
- bei Leistungen zur Teilhabe am Arbeitsleben
  - Erlangung einer bestimmten beruflichen Qualifikation (Teilziele: Leistungsnachweise, Zwischenprüfungen, Beurteilungen);
  - erfolgreiche Teilnahme an Weiterbildungsmaßnahmen innerhalb einesbestimmten Zeitraumes;
  - selbstständige Existenz: Akquisition eines bestimmten Kundenstammsinnerhalb einer bestimmten Zeit;
- bei Leistungen zur medizinischen Rehabilitation
  - Verlängerung der ohne Unterstützung zu Fuß zu erreichenden Wegstrecke;
  - selbstständiger Transfer zwischen Rollstuhl und Bett;

– Zunahme des Bewegungsausmaßes des linken Kniegelenkes in einem bestimmten Maß im Vergleich zur Gegenseite.

(4) Höhe des Persönlichen Budgets 65

Hier ist festzuhalten, ob das Persönliche Budget als Geldleistung oder als Gutschein gewährt wird und in welcher Höhe das Persönliche Budget als (monatliche) Pauschale ausgereicht wird. Bei mehreren Leistungsträgern werden die Höhe der Teilbudgets sowie das Gesamtbudget aufgeführt. Sollte nach Ablauf der festgelegten Frist für die Gewährung des Budgets eine Anpassung vorgenommen werden, ist diese ebenfalls zu dokumentieren.

(5) Dauer der Leistungsgewährung

Leistungsbeginn und vorläufiges Leistungsende sind unter Beachtung von § 17 Abs. 2 SGB IX festzulegen. Empfehlenswert sind Aussagen zu Schwankungsreserven bei Nichtverbrauch, d. h. Verrechnung über einen festzulegenden Zeitraum, z. B. 3 Monate.

(6) Qualitätssicherung 66

Hier werden Unterstützungsaufgaben des Beauftragten sowie die Mitwirkungspflicht des Berechtigten zur Qualitätssicherung, einschließlich der Mängelfeststellung und sich daraus ergebende Konsequenzen, festgehalten; der Nutzer definiert aus seiner Sicht die Qualität bzw. den Nutzen sowie den Grad der Zufriedenheit, der Leistungsträger definiert z. B. die Leistungserbringung durch eine bestimmte Profession, die Gesprächsführung wird halbjährlich und auf Wunsch des Leistungsempfängers unter Einbeziehung des Leistungserbringers vorgenommen.

Der Schwerpunkt der Qualitätssicherung sollte auf der Überprüfung der Ergebnisqualität liegen, insbesondere darauf, ob und in welchem Umfang die im Persönlichen Budget beabsichtigten Ziele erreicht wurden (BMAS Fragen und Antworten Teil 2).

(7) Anspruch auf Sachleistungen 67

Der Berechtigte hat weiterhin Anspruch auf Sachleistungen nach den jeweiligen Leistungsgesetzen – vgl. Punkt 10).

(8) Nachweisführung

Nachweis durch den Berechtigten, dass mit dem Persönlichen Budget der Bedarf der Hilfen vollständig abgedeckt wird; Nachweisführung über Ausgaben, besonders in Bezug auf Punkt 5; hier werden auch die Art und der Zeitpunkt der Nachweisführung festgehalten. Die Nachweisführung soll auf die Leistung bezogen sein, nicht auf den Preis – vereinfacht und unbürokratisch je nach Hilfeart im Einzelfall. Ausreichend ist eine Ergebnisqualitätskontrolle.

(9) Budgetanpassung

Die Zielvereinbarung wird in regelmäßigen Abständen überprüft und ggf. bei verändertem Bedarf entsprechend angepasst.

(10) Geltungsdauer und Kündigungsfristen 68

Hier werden die Bindungswirkung und der Zeitraum der Gewährung des Persönlichen Budgets, ggf. dessen Verlängerung, die außerordentliche Kündigung mit sofortiger Wirkung aus wichtigen Gründen usw. festgehalten. Wichtige Gründe für die Kündigung durch den Berechtigten liegen vor, wenn er nicht mehr in der Lage ist, das Persönliche Budget selbst zu verwalten oder wieder auf Sachleistung zurückgreifen will.

Der Beauftragte kann ebenfalls – bei gravierenden Qualitätsmängeln – die Zielvereinbarung kündigen. Diese liegen z. B. vor, wenn durch den Berechtigten die Zielvereinbarung nicht eingehalten werden kann. Bevor die Kündigung ausgesprochen wird, soll die/der Berechtigte Gelegenheit erhalten, sich zum Sachverhalt zu äußern. Der Anspruch auf notwendige Hilfen bleibt erhalten, über die Hilfeform ist neu zu entscheiden.

(11) Schlussbestimmungen

Änderungen bedürfen der Schriftform, keine mündlichen Nebenabreden, Zielvereinbarung ist Bestandteil des Bescheides, Verabredungen über Vorgehen bei Unwirksamkeit eines der Punkte in der Zielvereinbarung; dann sind neue Regelungen zu treffen.

69 Ein **Beispiel für eine Zielvereinbarung** ist auch im Internetportal der „Interessenvertretung Selbstbestimmt Leben in Deutschland e. V." zu finden unter www.isl-ev.de/category/schwerpunkte/forum-personliches-budget.

70 Eine ordentliche, d. h. fristgemäße **Kündigung der Zielvereinbarung** ist in der BudgetV nicht vorgesehen. Diese verbietet sich für den Leistungsberechtigten schon im Hinblick auf die in § 17 Abs. 2 Satz 6 festgelegte sechsmonatige Bindung des Antragstellers an die Bewilligung. Eine Zielvereinbarung kann aber von beiden Vertragsparteien **aus wichtigem Grund mit sofortiger Wirkung** schriftlich gekündigt werden, wenn die Fortsetzung nicht mehr zumutbar ist. (§ 4 Abs. 2 Satz 1 BudgetV). Als wichtiger Grund **für den Leistungsberechtigten** wird in Abs. 2 Satz 2 der Vorschrift beispielhaft die Änderung der persönlichen Lebenssituation genannt. Aber auch eine Überforderung des Leistungsberechtigten durch den Umgang mit dem Budget kann ein wichtiger Grund zur Kündigung sein, etwa wenn der Budgetnehmer die Vereinbarung, insbesondere hinsichtlich des Nachweises der Bedarfsdeckung und der Qualitätssicherung, nicht einhält. Dasselbe gilt, wenn der Leistungsberechtigte nicht in der Lage ist, damit seinen rehabilitativen Bedarf zu decken.

71 **Für den Beauftragten** kann ein wichtiger Grund zur Kündigung darin liegen, dass der Leistungsberechtigte die Vereinbarung hinsichtlich des Nachweises der Bedarfsdeckung und der Qualitätssicherung nicht einhält (§ 4 Abs. 2 Satz 3 BudgetV). Allerdings wird es aus Gründen der Verhältnismäßigkeit auf die Schwere des Verstoßes ankommen; ggf. ist dem Leistungsberechtigten durch eine vorherige Abmahnung zu verdeutlichen, dass bei einem weiteren Verstoß eine Kündigung folgt (HK-SGB IX / *Welti* Rdnr. 38).

72 Die Kündigung der Zielvereinbarung bewirkt nach Satz 4 der Vorschrift, dass der Verwaltungsakt über das persönliche Budget aufgehoben wird (vgl. dazu näher unter Rdnr. 100).

C) zu Abs. 3

1. Persönliches Budget als Geldleistung

73 Abs. 3 Satz 1 regelt die Art der Leistungserbringung. Das Persönliche Budget wird in der Regel als in Geld bemessene, budgetierte Einzelleistung erbracht. Lediglich **in begründeten Ausnahmefällen** ist die Ausgabe von **Gutscheinen**, eine Ausprägung der Sachleistung, zulässig (**Abs. 3 Satz 2**). Will der Leistungsträger Gutscheine ausgeben, muss er dies begründen. Mögliche Begründungen können etwa darin liegen, dass der Leistungsberechtigte den Geldbetrag nicht für Leistungen zur Teilhabe einsetzt, sondern für andere Zwecke, dass er mit Geld verschwenderisch umgeht, es verlegt oder verliert usw. (Lachwitz Rechtsratgeber S. 38).

74 Allerdings gilt für die **Pflegekassen** eine **Sonderregelung**. Nach § 35a SGB XII dürfen die Pflegesachleistungen nach den §§ 46, 38 und 41 SGB XI „nur in Form von Gutscheinen zur Verfügung gestellt werden, die zur Inanspruchnahme von zugelassenen Pflegeeinrichtungen nach dem SGB XI berechtigen". Diese Regelung nimmt Rücksicht auf Besonderheiten der Pflegeversicherung, welche zwischen Pflegegeld (§ 37 SGB XI) und Pflegesachleistungen (§ 36 SGB XI) unterscheidet. Der materielle Unterschied liegt darin, dass z. B. das Pflegegeld für Pflegebedürftige der Pflegestufe I derzeit 225 Euro beträgt (§ 37 Abs. 1 Satz 3 Nr. 1b SGB XI), während der Anspruch auf häusliche Pflegehilfe als Pflegesachleistung je Kalendermonat für Pflegebedürftige der Pflegestufe I Pflegeeinsätze bis zu einem Gesamtwert von 440 Euro umfassen kann (§ 36 Abs. 3 Nr. 1b SGB XI).

Die Vorschrift des § 35a SGB XI ermöglicht zwar auch den Pflegekassen, auf Antrag des Leistungsberechtigten Pflegesachleistungen und Pflegegeld als Teil eines Persönlichen Budgets zu erbringen. Jedoch können **Pflegesachleistungen** auch durch die Einführung Persönlicher Budgets **nicht in Geldleistungen umgewandelt** werden.

2. Höhe des Persönlichen Budgets

a) Grundsatz

Das Budget muss so bemessen sein, dass der individuell festgestellte **Bedarf gedeckt** wird und die erforderliche **Beratung und Unterstützung gewährt** werden kann (**Abs. 3 Satz 3**).

Der **Bedarf** ist zunächst **separat durch jeden der beteiligten Leistungsträger** zu ermitteln (vgl. § 3 Abs. 1 Nr. 1 BudgetV). Das erfordert eine Kalkulation der voraussichtlichen Aufwendungen aller individuell zu erbringenden Leistungen, die in das Persönliche Budget einbezogen werden sollen. Der Leistungsträger orientiert sich hierbei vor allem an der bisherigen Leistungsfestsetzung, an den einschlägigen Gebührenregelungen bzw. den ortsüblichen Preisen, an Erfahrungswerten und berücksichtigt ggf. die Angebote im Hilfsmittelpool. Es können auch vergleichbare Fälle für die Kalkulation herangezogen werden (DGUV Handlungshilfe Nr. 2.6)

b) Obergrenze

Dabei legt **Abs. 3 Satz 4** grundsätzlich eine **Obergrenze** des Gesamtbudgets fest, um Leistungsausweitungen und damit unkalkulierbare Mehrkosten für die Leistungsträger zu vermeiden. Die **Höhe des Gesamtbudgets** soll danach im Einzelfall die **Kosten aller ohne Budget zu erbringenden bisher individuell festgestellten Leistungen nicht überschreiten**. Bei Neufällen sollte demnach die Höhe des Gesamtbudgets die Kosten aller individuell erst festzustellenden Leistungen nicht übersteigen. Die Vorschrift erlaubt somit keine pauschale Festsetzung einer Obergrenze für das Persönliche Budget, sondern verlangt eine „individuelle" Ermittlung der notwendigen Leistungen (Lachwitz Rechtsratgeber S. 42).

Von dem vorstehend dargestellten Grundsatz kann **in besonders begründeten Ausnahmefällen abgewichen** werden. Dies könnte etwa geboten sein, wenn dem bisher stationär betreuten Leistungsberechtigten nur so ein Umsteigen auf ambulante Betreuung unter Inanspruchnahme des Persönlichen Budgets übergangsweise ermöglicht werden kann (vgl. auch Lachwitz Rechtsratgeber S. 41 mit dem Beispiel des beabsichtigten Umzugs eines behinderten Menschen von einer stationären Einrichtung in eine ambulant betreute Wohngruppe. Ist dem behinderten Menschen die stationäre Unterbringung nicht mehr zuzumuten, kann er nach § 13 SGB XII nunmehr auch dann auf ambulanter Betreuung bestehen, wenn diese höhere Kosten verursacht als die stationäre Versorgung. Folgerichtig wäre in diesem Fall ausnahmsweise auch ein Persönliches Budget zu bewilligen).

c) Assistenzbedarf

Vor allem Menschen mit Lernschwierigkeiten, mit Schädel-Hirn-Verletzungen oder mit schweren körperlichen und geistigen Behinderungen sind häufig **auf umfassende Beratung angewiesen**. Diese kann notwendig sein bei der Beantragung eines Persönlichen Budgets, während der Bedarfsfeststellung und auch während der Inanspruchnahme der Leistung.

In den Phasen der **Antragstellung** und des **Budgetfeststellungsverfahrens** sind die Träger, insbesondere der Beauftragte, in der Lage, die entsprechende Beratung und Unterstützung umfassend zu gewährleisten. Das Erbringen verschiedener Teilhabeleistungen „aus einer Hand" bietet dem Budgetnehmer zudem den Vorteil eines vergleichsweise geringen bürokratischen Aufwands, auch bei der Feststellung komplexer Persönlicher Budgets. Abstimmungsprozesse mit weiteren Leistungsträgern entfallen meist.

Eine über die Beratung hinausreichende Unterstützung ist vor allem dann erforderlich, wenn der behinderte Mensch auch **beim Einsatz des Persönlichen Budgets** auf die **Hilfe Dritter** angewiesen ist. Die Grenze zwischen Beratung und Unterstützung ist oft nicht klar zu ziehen, Assistenzbedarf umfasst beide Bereiche. Beratung und Unterstützung sind also

Teil des Bedarfs, der bei der Bemessung des persönlichen Budgets zu berücksichtigen ist, soweit er nicht kostenfrei durch Service- und Beratungsstellen, Angehörige, Betreuer usw. erbracht werden kann (**"Budgetassistenz"**, vgl. hierzu Lachwitz Rechtsratgeber S. 48 f.).

79 Budgetassistenz ist im SGB IX nicht als gesonderte Sozialleistung ausgewiesen. Allerdings wird in § 11 Abs. 2 Satz 4 SGB XII eine gebotene Budgetberatung als Leistung des Trägers der Sozialhilfe genannt. Jedenfalls kann Budgetassistenz **zum Leistungsumfang der Leistungen zur Teilhabe der Rehabilitationsträger** gehören (hierzu eingehend *Welti* BtPrax 2009, 64 und Gutachten Budgetassistenz S. 7 ff.; *Tänzer* BtPrax 2009, 228). Dies sollte bei der Bemessung und bei der Feststellung der Obergrenze des Budgets nach § 17 Abs. 3 Satz 4 SGB IX berücksichtigt werden.

Von der Bewilligung des Budgets an bestimmt der Budgetnehmer über seine Beratung und Unterstützung selbst und stellt sie im Rahmen der Zielvereinbarung aus dem Budget sicher. Er darf nicht darauf verwiesen werden, die Beratung und Unterstützung in jedem Fall durch den Sozialleistungsträger oder die Servicestelle zu bekommen (*Welti* a. a. O.).

80 Soweit ein **rechtlicher Betreuer** gemäß §§ 1896 ff. BGB für den Betroffenen **Leistungen im Rahmen einer Budgetassistenz** erbringen soll, kann es unzumutbar sein, diese mit der allgemeinen Pauschalvergütung nach §§ 4, 5 VBVG als abgegolten anzusehen. Jedoch wirft die gesondert vergütungspflichtige Beauftragung eines Betreuers mit der Budgetassistenz bei geschäftsunfähigen Betroffenen Probleme auf, da der Betreuer als gesetzlicher Vertreter nicht wirksam einen Vertrag mit sich selbst schließen kann (vgl. § 181 BGB). Hierzu bedarf es der Einschaltung eines Ergänzungsbetreuers im Sinne von § 1899 Abs. 1 BGB (vgl. hierzu auch *Tänzer* BtPrax 2008, 16). Sozialrechtlich kann das Problem gelöst werden, indem der für die Beratung und Unterstützung verantwortliche Sozialleistungsträger den Betreuer mit Zustimmung des betreuten Budgetnehmers außerhalb des Budgets unmittelbar mit der Budgetassistenz beauftragt (*Welti* a. a. O.).

d) Zahlunsmodalitäten

81 Persönliche Budgets können für **einmalige und für laufende Leistungen** gewährt werden. Einmalige Persönliche Budgets werden zeitpunktbezogen erbracht und abgewickelt. Für laufende Leistungsansprüche haben sich in der Praxis Budgetlaufzeiten von maximal zwölf Monaten bewährt.

82 Budgetnehmer sollen nicht in Vorleistung treten müssen. Daher ist das Persönliche Budget **im Voraus zu zahlen**.

Der Zahlungsrhythmus wird sich nach der Art der Leistungen, der Höhe und der Fälligkeit der Zahlungen richten. Auch kann er an das Vorliegen der verabredeten Nachweise oder die Form der Qualitätssicherung gekoppelt werden. Dies ist ggf. in der Zielvereinbarung festzulegen.

Bei vergleichsweise kleinen Beträgen, einmaligen Leistungen oder kurzen Laufzeiten kann das Persönliche Budget **für den gesamten Zeitraum oder nach einem individuellen Zahlungsrhythmus** (z. B. viertel-, halbjährlich) im Voraus überwiesen werden. Für Persönliche Budgets mit einem hohen Budgetbetrag, mehreren Teilleistungen und einer langen Laufzeit (z. B. bei komplexen Persönlichen Budgets für Schwerstverletzte) ist in der Regel eine **monatliche Vorauszahlung** sinnvoll (DGUV Handlungshilfe Nr. 2.7).

D) zu Abs. 4

1. Verfahren bei trägerübergreifenden Leistungen

83 Abs. 4 regelt für trägerübergreifende Leistungen, welcher Leistungsträger im Auftrag und Namen der anderen beteiligten Träger den Verwaltungsakt erlässt und das weitere Verfahren durchführt.

a) Zuständigkeit

Das Verfahren beginnt grundsätzlich mit einem **Antrag** im Sinne von Abs. 2 Satz 1, dass Leistungen zur Teilhabe künftig als Persönliches Budget ausgeführt werden sollen. Der Antrag kann **formlos** gestellt werden. Bei mündlicher Antragsstellung empfiehlt sich ein entsprechender Vermerk der Stelle, die ihn entgegennimmt. 84

Die BAR-Arbeitsgruppe hat ein Musterantragsformular für ein trägerübergreifendes Persönliches Budget entwickelt (siehe BAR – Handlungsempfehlungen Anhang III, Ziffer 1 – S. 66 –).

Dieser Antrag kann bei jedem Rehabilitationsträger, den Pflegekassen, Integrationsämtern und gemeinsamen Servicestellen der Rehabilitationsträger gestellt werden. Hierbei richtet sich die **Zuständigkeit nach § 14 SGB IX**. Unzuständig in diesem Sinn ist nur ein Rehabilitationsträger, der für keine Budget-Regelleistung zuständig ist (vgl. BT-Drucks. 15/4228, 31). Allerdings können die beteiligten **Leistungsträger vereinbaren**, dass **ein anderer** als der zuerst angegangene Träger **zuständig wird (Abs. 2 Satz 2)**. Das gilt etwa dann, wenn dieser nur für einen geringen Leistungsanteil zuständig ist. 85

In diesen Fällen empfiehlt es sich regelmäßig zu **vereinbaren**, dass derjenige der beteiligten Leistungsträger die Aufgaben des **Beauftragten** übernimmt, der **voraussichtlich den „Hauptteil" an dem trägerübergreifenden Persönlichen Budget trägt,** um Kontinuität und Verlässlichkeit zu gewährleisten und einen Wechsel des Beauftragten während des Bewilligungszeitraums möglichst zu vermeiden (BAR Handlungsempfehlungen S. 43). Dieser Vereinbarung muss der Leistungsberechtigte zustimmen. Möglich ist im Übrigen auch eine Absprache zwischen Antragsteller und Leistungsträger, dass durch **Rücknahme** des Antrags und **erneute Antragstellung** der sachnächste Träger zuständig wird (HK-SGB IX / *Welti* Rdnr. 26).

Der durch den Antrag oder durch Weiterleitung nach § 14 Abs. 2 Satz 3 SGB IX zuständig gewordene Leistungsträger ist als **gesetzlicher Beauftragter** gemäß § 93 SGB X **für das gesamte Verfahren zuständig**. Seine in § 3 Abs. 5 BudgetV definierte Rolle reicht von der Entgegennahme des Antrags bis zum Erlass des Bescheids (auf der Grundlage der Stellungnahmen der beteiligten Träger; vgl. auch § 89 Abs. 5 SGB X). Der Beauftragte ist auch der Adressat von Widerspruch und ggf. sozialgerichtlicher Klage. Ihm obliegt die Ausführung und Koordination der Leistungsform des Persönlichen Budgets. Ausgenommen davon sind insbesondere Statusfeststellungen durch Dritte (z. B. bei einem Antrag auf Feststellung des Grades der Behinderung). Hier berät und unterstützt der Beauftragte die den Antrag stellende Person (BAR Handlungsempfehlungen S. 43). 86

Da es sich um einen **gesetzlichen Auftrag** handelt, sind nur § 89 Abs. 3 und 5 sowie § 91 Abs. 1 und 3 SGB X anwendbar, soweit für das Budgetverfahren keine abweichenden Regelungen gelten (HK-SGB IX / *Welti* Rdnr. 27).

Ist der Antrag bei einer **Gemeinsamen Servicestelle** gestellt, wird derjenige Rehabilitationsträger Beauftragter, dem die Gemeinsame Servicestelle zugeordnet ist (§ 3 Abs. 2 BudgetV). Diese Zuordnung wird zu Recht kritisiert, weil dadurch möglicherweise ein Rehabilitationsträger für das Budget verantwortlich werden kann, der keinen weiteren Bezug zum individuellen Rehabilitationsbedarf hat (HK-SGB IX / *Welti* Rdnr. 28). Die gemeinsame Servicestelle kann im Rahmen ihrer Beratungs- und Unterstützungsfunktion allerdings darauf hinwirken, dass der Leistungsberechtigte den Antrag bei einem anderen, sachnäheren Träger stellt (vgl. oben Rdnr. 51). 87

b) Notwendige Beratung, Beteiligungen und Feststellungen

Zunächst sollte gemeinsam mit dem Leistungsberechtigten ermittelt werden, ob das Erbringen von Leistungen als **Persönliches Budget im Einzelfall sinnvoll** ist oder ob diese Form der Leistungserbringung sogar Nachteile für ihn bringen kann. Auch bei grundsätzlich vorliegender Budgetfähigkeit kann z. B. für nur kurz andauernde Leistungen ein Budget eventu- 88 ell nicht sinnvoll sein, wenn sich der Aufwand für die in der BudgetV vorgeschriebenen Zielvereinbarungen und Qualitätssicherungsmaßnahmen als unverhältnismäßig hoch gegenüber dem Nutzen für den Leistungsberechtigten darstellt (DGUV Handlungshilfe Nr. 2).

89 Der für die Leistung als Budget zuständige Rehabilitationsträger hat sodann nach § 3 Abs. 1 Satz 1 BudgetV unverzüglich **Feststellungen zu treffen** über:
– den Rehabilitationsbedarf, der durch budgetfähige Leistungen gedeckt werden kann;
– die Höhe des persönlichen Budgets als Geldleistung oder durch Gutscheine;
– ggf. den angestrebten Inhalt der Zielvereinbarung und einen Beratungs- und Unterstützungsbedarf.

Hierzu holt der Rehabilitationsträger **Stellungnahmen** der voraussichtlich am Budget zu beteiligenden weiteren Leistungsträger ein; diese Stellungnahmen sollen nach Satz 2 der Vorschrift **innerhalb von zwei** Wochen abgegeben werden.

c) Bedarfsfeststellungsverfahren

90 Der Beauftragte und, soweit erforderlich, die beteiligten Leistungsträger beraten sodann gemeinsam mit dem antragstellenden Leistungsberechtigten in einem **trägerübergreifenden Bedarfsfeststellungsverfahren** die Ergebnisse der von ihnen getroffenen Feststellungen sowie die gemäß § 4 BudgetV abzuschließende Zielvereinbarung (§ 3 Abs. 3 Satz 1 BudgetV; vgl. hierzu näher *Flemming* ArchsozArb 2009, Nr 1, 38).

Der Antragsteller kann nach Satz 2 der Vorschrift verlangen, dass eine **Vertrauensperson** hieran **beteiligt** wird. In geeigneten Fällen kann diese Abstimmung z. B. auch telefonisch vorgenommen werden. Bei Meinungsverschiedenheiten sollten beteiligte Träger und Antragsteller allerdings zusammenkommen und beraten (HK-SGB IX / *Welti* Rdnr. 30).

91 Die Auftraggeber sind nach **§ 89 Abs. 5 SGB X** berechtigt, den **Beauftragten an ihre Auffassung zu binden**. Die BAR – Handlungsempfehlungen (S. 51) raten aus Gründen der Rechtssicherheit dazu, dass die beteiligten Leistungsträger von dieser Berechtigung im Rahmen des trägerübergreifenden Bedarfsfeststellungsverfahrens bzw. der anschließenden Feststellung des auf sie entfallenden Teilbudgets Gebrauch machen. Dazu sprechen die anderen Träger eine ausdrückliche Bindung des Auftragnehmers (Beauftragter), insbesondere zu den getroffenen Feststellungen zum Bedarf, zur Höhe des Teilbudgets, zur Qualitätssicherung und Nachweiserbringung im Hinblick auf die von ihnen jeweils erbrachte Teilleistung aus.

d) Zielvereinbarungen und Entscheidungen zum Persönlichen Budget

92 Auf der Grundlage der Ergebnisse des Bedarfsfeststellungsverfahrens stellen die beteiligten Leistungsträger innerhalb einer Woche das auf sie entfallende **Teilbudget** fest. Hierbei handelt es sich um einen **Verwaltungsakt**. Dieser ist Grundlage der Erstattungen dieser Träger an den beauftragten Träger (vgl. § 91 Abs. 3 SGB X). Sie sind rechtzeitig – auf Verlangen im Voraus (§ 91 Abs. 3 SGB X) – zu leisten (§ 3 Abs. 5 Satz 3 BudgetV).

93 Sodann schließen der Leistungsberechtigte und der beauftragte Träger eine **Zielvereinbarung** auf der Grundlage der Ergebnisse des Bedarfsfeststellungsverfahrens (vgl. hierzu oben Rdnr. 61 ff.).

94 Anschließend **erlässt der beauftragte Träger den bewilligenden Gesamtverwaltungsakt über das Budget** (§ 4 Abs. 5 Satz 1 BudgetV). Sein **Mindestinhalt**, entsprechend den Empfehlungen der BAR S. 51, umfasst
– die im Rahmen des Persönlichen Budgets bewilligten Leistungen,
– die Angabe der beteiligten Leistungsträger,
– die jeweiligen Leistungsvoraussetzungen,
– die Höhe des monatlichen Zahlbetrages,
– den (jeweiligen) Leistungs- / Zahlungsbeginn,

– die Dauer der Zahlung (ggf. Befristung bzw. unterschiedliche Leistungsdauer einzelner Leistungen),
– die Bankverbindung,
– den Hinweis, dass mit der Auszahlung oder Ausgabe des Gutscheins an den Budgetnehmer dessen Anspruch gegen die beteiligten Leistungsträger insoweit erfüllt ist,
– die Auflage, die Maßnahmen der Zielvereinbarung einzuhalten,
– Hinweise zum Recht auf Kündigung der Zielvereinbarung,
– Hinweise zum Leistungsende bei Beendigung des Versicherungsverhältnisses und Ende von Grundansprüchen,
– die Rechtsbehelfsbelehrung
(vgl. auch die Musterbescheide in BAR Handlungsempfehlungen Anhang III Ziff. 2).

Hierbei ist zu beachten, dass der Abschluss einer **Zielvereinbarung** im Sinne des § 4 BudgetV **zwingende Voraussetzung** für den Erlass des Gesamtverwaltungsakts durch den Beauftragten ist (§ 3 Abs. 5 Satz 1 BudgetV). Erlässt der Beauftragte den Gesamtverwaltungsakt im Ausnahmefall, ohne dass zuvor eine Zielvereinbarung abgeschlossen wurde, handelt es sich um einen rechtswidrigen begünstigenden Verwaltungsakt, der nach Maßgabe der Vorschriften des § 45 SGB X zurückzunehmen ist. 95

e) Rechtsbehelfsverfahren

Widerspruch und Klage sind **gegen den Beauftragten** zu richten; das Rechtsbehelfsverfahren wird durch die für ihn zuständige Widerspruchsstelle durchgeführt (**Abs. 4 Satz 3**; § 4 Abs. 5 Satz 2 BudgetV). Verfahrensgegenstand ist der Gesamtverwaltungsakt. Die einzelnen Feststellungen und Stellungnahmen der beteiligten Träger sind, da nicht als Verwaltungsakt zu qualifizieren, nicht im Wege des Widerspruchs anfechtbar. 96

Im Widerspruchsverfahren entscheidet der beauftragte Träger für alle beteiligten Träger und holt deren Stellungnahme ein. Diese können ihn dabei wiederum binden (§ 89 Abs. 5 SGB X; vgl. oben Rdnr. 91).

Hilft der Beauftragte dem Widerspruch nicht ab, erlässt seine zuständige Widerspruchsstelle (sofern vorhanden) den Widerspruchsbescheid. Die Entscheidung durch formalen **Widerspruchsbescheid** wird durch den Beauftragten bekanntgegeben.

Kommt es bei Uneinigkeit der Träger nicht zur Erstellung eines Budgets, so ist auch die Klage gegen den federführenden Träger zu richten (HK-SGB IX / *Welti* Rdnr. 34). Im gerichtlichen Verfahren sind alle beteiligten Träger notwendig beizuladen (§ 75 Abs. 2 SGG). 97

2. Ausführung des Persönlichen Budgets als Komplexleistung

Das Persönliche Budget wird nach § 3 Abs. 5 Satz 1 BudgetV **vom beauftragten Träger erbracht**, und zwar als Komplexleistung „aus einer Hand" (vgl. oben Rdnrn. 55 f.). Besteht sie in einer laufenden Geldleistung, wird diese monatlich im Voraus gezahlt (Abs. 2 Satz 1; § 3 Abs. 5 Satz 3 BudgetV). Im Übrigen gelten die Vorschriften des SGB I über Vorschuss (§ 42), Verzinsung (§ 44), Verjährung (§ 45), kostenfreie Auszahlung auf Girokonto oder an den Wohnsitz (§ 47) sowie Aufrechnung (§ 51). Da das Budget keine Leistung zur Sicherung des Lebensunterhalts ist, gelten §§ 48 bis 50 SGB I nicht. Budgetleistungen können vom Leistungsberechtigten abgetreten oder verpfändet werden (§ 53 Abs. 2 SGB I); jedoch kann dies in der Zielvereinbarung mit sachlichen Gründen ausgeschlossen werden (HK-SGB IX / *Welti* Rdnr. 34). 98

3. Wiederholung des Bedarfsfeststellungsverfahrens

Das **Bedarfsfeststellungsverfahren für laufende Leistungen** soll in der Regel **im Abstand von zwei Jahren wiederholt** werden (§ 3 Abs. 6 Satz 1 BudgetV). In begründeten Fällen kann nach Satz 2 der Vorschrift hiervon abgewichen werden. Ein begründeter Fall liegt dann 99 vor, wenn der Leistungsberechtigte vorbringt, dass das Budget den individuellen festgestellten Bedarf nicht decke oder der Bedarf sich erhöht habe, etwa wegen einer Veränderung des Gesundheitszustands oder weil sich sonstige der Bedarfsbemessung des Persönlichen Budgets zugrunde liegende Faktoren geändert haben (z. B. Fahrpreiserhöhung, Energiepreiserhöhung, Einführung von Studiengebühren). **Bedarfsschwankungen** im Bewilligungszeitraum sind ausreichend bei der Bemessung der Höhe des Persönlichen Budgets zu berücksichtigen, sodass eine Anpassung nur im Ausnahmefall erforderlich werden sollte (DGUV Handlungshilfe Nr. 4.1).

Aber auch der **Leistungsträger kann geltend machen**, dass das **Budget höher** als zur Deckung des festgestellten Bedarfs erforderlich sei oder dass der **Bedarf niedriger** liege als festgestellt (HK-IX / *Welti* Rdnr. 36). Mitbeteiligte Träger können jederzeit Auskunft verlangen (§ 89 Abs. 3 SGB X) und gegebenenfalls mit bindender Wirkung, vgl. § 89 Abs. 5 SGB X, die Wiederholung des Bedarfsfeststellungsverfahrens verlangen.

4. Beendigung der Leistungserbringung durch ein Persönliches Budget

100 Sind die Ziele erreicht (z. B. die leistungsberechtigte Person ist in das Arbeitsleben integriert) oder ist die vereinbarte Dauer des Budgets abgelaufen, endet die Zahlung des Budgets.

Die Leistungserbringung durch Persönliches Budget kann ferner beendet werden, wenn die **Zielvereinbarung aus wichtigem Grund** gekündigt wird (vgl. oben Rdnr. 65 ff.). In diesem Fall wird der Verwaltungsakt über das Persönliche Budget mit Wirkung für die Zukunft aufgehoben (§ 4 Abs. 2 Satz 4 BudgetV, § 48 Abs. 1 Satz 1 SGB X). Die Leistungsansprüche gegen alle beteiligten Träger leben dann wieder auf. Der beauftragte Träger hat in diesem Fall nach §§ 10, 14 die künftige Bedarfsdeckung zu koordinieren (HK-SGB IX / *Welti* Rdnr. 39).

101 Ein **Widerruf des Verwaltungsakts** ist möglich bei Zweckentfremdung der Leistung oder Auflagenverstoß (vgl. § 47 Abs. 2 Satz 1 Nr. 1 und 2 SGB X); rückwirkend kommt er aber nur unter den Einschränkungen des § 47 Abs. 2 Satz 2 bis 4 SGB X in Betracht. Aus dem Verhältnismäßigkeitsgrundsatz folgt das Gebot einer vorherigen Abmahnung (HK-SGB IX / *Welti* Rdnr. 40).

102 Eine **Aufhebung des Verwaltungsakts** nach § 48 SGB X kommt dann in Betracht, wenn sich die tatsächlichen bzw. rechtlichen Verhältnisse geändert haben, die beide Seiten bei der Begründung des Rechtsverhältnisses durch den Verwaltungsakt mit Dauerwirkung voraussetzen konnten (vgl. DGUV Handlungshilfe Nr. 4.4).

Beispiele:
- Nach der Bewilligung eines Persönlichen Budgets wird das Leistungsrecht eines Trägers geändert oder die Rechtsprechung hierzu ändert sich und dadurch sind die Voraussetzungen der Budgetfeststellung entfallen (**Änderung der rechtlichen Verhältnisse**).
- Nach der Bewilligung eines Persönlichen Budgets zur Teilhabe am Arbeitsleben erkrankt der Versicherte so schwer, dass er erwerbsunfähig wird (**Änderung der tatsächlichen Verhältnisse**).

103 Eine **Kündigung des Auftrags** durch einen mitbeteiligten Träger ist nicht vorgesehen; die Vorschrift des § 92 SGB X gilt nicht (§ 93 SGB X). Die mitbeteiligten Träger können aber eine vorzeitige Wiederholung des Bedarfsfeststellungsverfahrens fordern und den beauftragten Träger an diese Auffassung binden (§ 89 Abs. 5 SGB X).

E) zu Abs. 5

1. Bestandsschutz für laufende Modellvorhaben

104 **Abs. 5** stellt sicher, dass Modellvorhaben zur Erprobung der Einführung Persönlicher Budgets, die vor dem 1. 7. 2004 auf der Grundlage der damals geltenden Gesetzesfassung begonnen wurden, zu Ende geführt werden können.

F) zu Abs. 6

1. Erprobung Persönlicher Budgets durch Modellvorhaben

Vor Inkrafttreten des SGB IX bestanden in Deutschland kaum Erfahrungen mit der Leistungserbringung durch Persönliches Budget (zum niederländischen Modell vgl. *Baur* ZfSH 1999, 321). Erste Versuche wurden 1998 in Rheinland-Pfalz und 2000 in Hamburg begonnen (hierzu *Hagelskamp* BlWohlPfl 2004, 126; *Kaas / Fichert* SF 2003, 309). Die Ausführung durch Geldleistungen war im Rehabilitationsrecht nicht üblich, abgesehen von § 8 Abs. 1 BSHG, der schon die Geldleistung als Form der Sozialhilfe nannte. *Klie* (ArchsozArb 2009, 4) spricht deshalb von Persönlichen Budgets als „produktive Irritation im Sozialleistungssystem". 105

Deshalb schreibt **Abs. 6** die Erprobung Persönlicher Budgets durch Modellvorhaben **im Zeitraum vom 1. Juli 2004 bis 31. Dezember 2007** zwingend vor. Hierdurch sollten Kriterien u. a. für die Eignung und Bemessung der Leistung gefunden werden. Ziel musste aber auch die Entwicklung von Verfahren zur Einhaltung der zu beachtenden Grundsätze der Wirtschaftlichkeit sein, etwa durch Vereinbarungen mit den Leistungsberechtigten. Letztlich sollte die modellhafte Erprobung auch Erkenntnisse dazu liefern, ob eine finanzielle Entlastung durch Effizienzsteigerung zu erwarten ist. 106

Das Gesetz gibt keine Vorgaben, wo und durch wen die modellhafte Erprobung vorzunehmen war. Vorstellungen einiger Rehabilitationsträger, zunächst Leistungen zur medizinischen Rehabilitation von der Erprobung auszunehmen, hatte der Gesetzgeber nicht Rechnung getragen (vgl. *Mehrhoff* BG 2001, 540 [545]). Damit **standen alle Leistungen zur Teilhabe für Modellversuche offen**. Die Organisation von Modellversuchen im Einzelnen war den jeweiligen Rehabilitationsträgern überlassen, wobei aber deren Kooperation unabdingbar war. Denn schließlich sollte auch die Inanspruchnahme von Leistungen aus verschiedenen Bereichen im Rahmen des Budgets erprobt werden. 107

Das Bundesministerium für Gesundheit und Soziale Sicherung hatte als **Modellregionen** München, Mittelfranken, Groß-Gerau, Marburg-Biedenkopf, Düsseldorf, Bielefeld, Trier-Saarbrücken, Magdeburg, Segeberg, Schleswig-Flensburg und Gera ausgewählt (vgl. BT-Drucks. 15/4575 S. 25). In diesen fand eine **wissenschaftliche Begleitung und Auswertung** statt. 108

Der **Abschlussbericht** vom Juli 2007 unter dem Titel „Begleitung und Auswertung der Erprobung trägerübergreifender Persönlicher Budgets" wurde vom Bundesministerium für Arbeit und Sozialordnung veröffentlicht unter http://www.bmas.de/portal/23072/property= pdf/f366_forschungsbericht.pdf (10 1. 2011); zum Verlauf der Erprobung vgl. auch *Metzler*, ArchsozArb 2009, Nr 1, 18

Zuvor bereits registrierte Erfahrungen enthält der „**Bericht der Bundesregierung** über die Ausführung der Leistungen des Persönlichen Budgets nach § 17 des Neunten Buches Sozialgesetzbuch" vom 21. Dezember 2006 (BT-Drucks. 16/3983), ebenfalls aufzurufen im Internetportal des BMAS unter http://www.bmas.de/portal/3120/property=pdf/bericht_der_ bundesregierung_ueber_die_ausfuehrung_der_leistungen_des_persoenliche_budget. pdf (10. 1. 2011). 109

Aktuellere Angaben zur **Umsetzung der Leistungsform Persönliches Budget** enthält die Antwort der Bundesregierung auf eine Kleine Anfrage in BT-Drucks. 17/406 vom 7. Januar 2010, aufzurufen unter http://dipbt.bundestag.de/dip21/btd/17/004/1700406.pdf (15 1. 2011).

Zu weiteren Erfahrungen mit dieser Leistungsform und ihren Zukunftsperspektiven *Gellrich / Lewerenz* RVaktuell 2009, 56; *Göltz* ArchsozArb 2009, Nr 1, 56; *Knigge* SozSich 2010, 64; *Palsherm* u. a. SuP 2009, 496.

V. Literatur

Baur, Fritz, Besser und billiger – das persönliche Budget und die Finanzierung der Hilfen für behinderte Menschen, BlWohlfPfl 2004, 130

Benz, Manfred, Das Persönliche Budget nach § 26 Abs. 1 Satz 2 SGB VII, BG 2005, 321

Bienwald, Werner, Persönliches Budget und Rechtliche Betreuung, FamRZ 2005, 254

Bieritz-Harder, Renate, Das Persönliche Budget nach § 17 SGB IX, Unklarheiten – Widersprüche – Lösungen, Sozialrecht aktuell 2007, 57

Böll-Schlereth, Gerno, Die Arbeitgeberrolle behinderter Menschen im Rahmen Persönlicher Budgets, NDV 2007, 489

Bundesarbeitsgemeinschaft für Rehabilitation Handlungsempfehlungen „Trägerübergreifende Aspekte bei der Ausführung von Leistungen durch ein Persönliches Budget" vom 1. April 2009, zit. BAR Handlungsempfehlungen, http://www.bar-frankfurt.de/upload/Gesamt-PDF-Internet_821.pdf (15. 1. 2011)

Bundesministerium für Arbeit und Soziales, Fragen und Antworten zum Persönlichen Budget, zit. BMAS Fragen und Antworten, http://www.bmas.de/portal/18894/fragen_und_antworten_zum_persoenlichen_budget_01.html#anfang (10. 1. 2011)

Cramer, Horst Persönliches Budget bei Personen in Werkstätten für behinderte Menschen, Sozialrecht aktuell 2007, 53

Dalferth, Matthias, Persönliches Budget für Menschen mit Autismus, SozArb 2010, 294

Deutsche Gesetzliche Unfallversicherung, Das Persönliche Budget – Handlungshilfe für die Träger der gesetzlichen Unfallversicherung, – Stand 30. Juli 2008 – zit. DGUV Handlungshilfe, http://www.bar-frankfurt.de/upload/persoenliches_budget_handlungsempfehlungen_unfallversicherungstraeger_843.pdf (10. 1. 2011)

Fahlbusch, Jonathan, Rechtsfragen des persönlichen Budgets, NDV 2006, 227

Fahlbusch, Jonathan, Überlegungen zu Problemen bei der Umsetzung zur Beförderung des trägerübergreifenden persönlichen Budgets. Sozialrecht aktuell 2007, 61

Finke, Bernd, Das trägerübergreifende persönliche Budget aus Sicht der überörtlichen Träger der Sozialhilfe, Kongressvortrag, BehindertenR 2006, 57

Flemming, Lothar, Bedarfsfeststellung und Zielvereinbarung als Eckpunkte für ein gelingendes Persönliches Budget, ArchsozArb 2009, Nr 1, 38

Fritz, Melanie, Persönliches Budget als Hürdenlauf, BlWohlPfl 2006, 163

Fuchs, Harry, Das Persönliches Budget – Sozialleistungen aus einer Hand, http://www.harry-fuchs.de/docs/Persoenliches%20Budget-Betreuungsmanagement.pdf (15. 1. 2011)

Gellrich, Barbara/ **Lewerenz**, Marion, Ein Jahr Rechtsanspruch auf Persönliche Budgets – Ein Resümee aus der Sicht der gesetzlichen Rentenversicherung, RVaktuell 2009, 56

Giersch, Jutta / **Heggen**, Charlotte, Neue Aufgaben für die Verwaltung – Welche Anforderungen stellt das Verfahren zur Umsetzung eines Persönlichen Budgets?, ArchsozArb 2009, Nr 1, 48

Giraud, Bernd, Das Persönliche Budget – ein Zeichen der Zeit? BehindertenR 2005, 34

Göltz, Brigitte, Persönliches Budget – wie rechnet sich das? – Lösungen aus betriebswirtschaftlicher Sicht, Berlin 2008

Göltz, Brigitte, Das Persönliche Budget aus Sicht der Anbieter – Praxistaugliche Umsetzungskonzepte und Instrumente, ArchsozArb 2009, Nr 1, 56

Hagelskamp, Joachim, Das persönliche Budget kommt – In der Behindertenhilfe werden individuelle Hilfen erprobt – Sachstand und Ausblick –, BlWohlfPfl 2004, 126

Jabben, Jürgen, Wunsch- und Wahlrechte in der Rehabilitation contra Rehabilitations-Budget am Beispiel der Rentenversicherung, NZS 2003, 529

Kaas, Susanne / **Fichert**, Frank, Mehr Selbstbestimmung für behinderte Menschen durch Persönliche Budgets – Theoretische Konzeption und erste praktische Erfahrungen in Deutschland –, Sozialer Fortschritt (SF) 2003, 309

Knigge, Arnold, Persönliches Budget für Menschen mit Behinderungen – Notwendige Verbesserungen bei einer noch zu wenig gefragten Leistungsform, SozSich 2010, 64

Klie, Thomas, Persönliches Budgets als produktive Irritation im Sozialleistungssystem, ArchsozArb 2009, Nr 1, 4

Krüger, Ulrich / **Kunze**, Heinrich, Passgenaue Hilfe – In der Psychiatrie gibt es bereits gute Erfahrungen mit persönlichen Budgets –, BlWohlfPfl 2004, 140

Kukla, Gerd, Umsetzung des trägerübergreifenden Persönlichen Budgets, KrV 2004, 185

Lachwitz, Klaus, Mehr Chancen für ein selbstbestimmtes Leben? – Das Persönliche Budget in Fragen und Antworten – Chancen und Risiken einer neuen Leistungsform, Ein Rechtsratgeber, Marburg 2004, zit. als Rechtsratgeber

Lachwitz, Klaus, Das Persönliche Budget – Chancen und Risiken aus Sicht der Behindertenhilfe, Sozialrecht aktuell 2007, 51

Lippert, Johannes, Das Persönliche Budget – Mehr Selbstbestimmung für Menschen mit Behinderungen, BehindertenR 2008, 193

Mehrhoff, Friedrich, Neues Rehabilitationsrecht im SGB IX, BG 2001, 540

Metzler, Heidrun, Ein langer Weg zum Erfolgsmodell? Das Persönliche Budget in den Modellregionen 2004–2007 und der bundesweite Trend seit 2008, ArchsozArb 2009, Nr 1, 18

Neumann, Volker, Selbstbestimmte Leistungsgestaltung im SGB IX – Wunsch- und Wahlrecht, Geldleistungsoption und persönliches Budget, ZFSH/SGB 2003, 392; HVBG-INFO 2003, 2631

Niermann, Thomas, Persönliche Budgets als Paradigmenwechsel für die Soziale Arbeit – Herausforderung für soziale Dienstleister –, BlWohlfPfl 2004, 123

Palsherm, Kerstin u. a., ProBudget – ein neues Projekt zum Persönlichen Budget, – Verschiedene Unfallversicherer beteiligen sich am Projekt, SuP 2009, 496

Peukert, Reinhard, Individuelle Förderung mit Persönlichem Budget, BlWohlfPfl 2006, 182

Plagemann, Hermann, Persönliches Budget – Chance für mehr Teilhabe in: Fiat iustitia – Recht als Aufgabe der Vernunft, 2006, S. 171 (Schriften zum Öffentlichen Recht, Band 1035)

Pöld-Krämer, Silvia, Vom Antrag bis zur Auszahlung des trägerübergreifenden Persönlichen Budgets – Überlegungen und Fragen zum Budget-Verfahren auf der Grundlage der Budgetverordnung und der Sozialgesetzbücher I, IX und X –, RdLH 2004, 107

Rösch, Matthias, Das Persönliche Budget kann kommen – Stellungnahme zur VO zur Durchführung des § 17 Abs. 2 bis 4 SGB IX (Budgetverordnung – BudgetV) –, JurAss 2004, 51

Rohrmann, Eckhard, Auf dem Weg zu mehr ambulanten Hilfen? Das persönliche Budget kann die Dominanz stationärer Angebote nur bedingt eindämmen, BlWohlfPfl 2004, 137

Rombach, Wolfgang, Persönliches Budgets aus Sicht der Bundespolitik, Sozialrecht aktuell 2007, 45

Rothenburg, Eva-Maria, Das Persönliche Budget – Eine Einführung in Grundlagen, Verfahren und Leistungserbringung, Weinheim 2009

Schmidt, Roland, Personenbezogene Pflegebudgets – Neue Impulse in der häuslichen Langzeitpflege –, BlWohlfPfl 2004, 134

Schröder, Claudia, Die Selbstbestimmung fördern – Anforderung an die Kommunen zur Einführung persönlicher Budgets – Beispiel Niedersachsen –, BlWohlfPfl 2004, 143

Tänzer, Jörg, Budgetassistenz und rechtliche Betreuung, BtPrax 2008, 16

Tänzer, Jörg, Keine Alternative zum individuellen Rechtsanspruch auf Budgetassistenz, BtPrax 2009, 228

Weber, Michael, Persönliches Budget in Werkstätten für behinderte Menschen – Voraussetzungen für eine gelingende Einführung aus ökonomischer Sicht, GSP 2009, Nr 5, 48

Trendel, Manuela, Praxisratgeber persönliches Budget – Mehr Selbstbestimmung für behinderte Menschen, Regensburg, 2008

Trendel, Manuela, Zehn Schritte zur Umsetzung des Persönlichen Budgets, ArchsozArb 2009, Nr 1, 32

Welke, Antje, Empfehlende Hinweise des Deutschen Vereins zur Umsetzung des Persönlichen Budgets nach SGB IX, NDV 2007, 105

Welti, Felix, Die individuelle Konkretisierung von Teilhabeleistungen und das Wunsch- und Wahlrecht behinderter Menschen, SGb 2003, 379

Welti, Felix, Persönliche Budgets für behinderte Menschen, PKR 2006, 2

Welti, Felix Rechtsfragen des Persönlichen Budgets nach § 17 SGB IX – Gutachten im Rahmen der wissenschaftlichen Begleitung der modellhaften Erprobung Persönlicher Budgets nach § 17 Abs. 6 SGB IX, zit. Rechtsfragen, http://www.bmas.de/portal/23074/property=pdf/f366_f367_forschungsbericht_anlage_zu+f366.pdf (10. 1. 2011)

Welti, Felix , Budgetassistenz und rechtliche Betreuung, BtPrax 2009, 64

Welti, Felix Budgetassistenz und rechtliche Betreuung, Gutachten und Regelungsvorschlag, im Auftrag des Bundesverbands der Berufsbetreuer/innen e. V. (BdB), Januar 2009, zit. Gutachten Budgetassistenzhttp://betreuungsvereine.info/index.php?option=com_docman&task=doc_details&gid=111&Itemid=60 (15. 1. 2011)

Wendt, Sabine, Handlungsempfehlung/Geschäftsanweisung der Bundesagentur für Arbeit zum Persönlichen Budget, Sozialrecht aktuell 2006, 193

Wendt, Sabine, Neue Handlungsempfehlung der BAR zum Persönlichen Budget RdLH 2009, 64

Beispielhafte Aufzählung budgetfähiger Leistungen einzelner Leistungsträger[1])

Die vorliegenden Leistungsübersichten stellen eine Orientierungshilfe dar. Dabei wird dem Grundsatz gefolgt, dass zum einen alle Teilhabeleistungen und zum anderen weitere Leistungen unter Berücksichtigung der aufgeführten Kriterien (siehe 4.1) budgetfähig sind. Insofern handelt es sich um eine beispielhafte, nicht abschließende Aufzählung von Leistungen, die auch in Form eines Persönlichen Budgets erbracht werden können.

Auf der Grundlage dieser offenen und vorausschauenden Interpretation der Definition budgetfähiger Leistungen ist die Weiterentwicklung und -verwendung der einzelnen Leistungsübersichten auch zukünftig möglich.

---

[1]) Im Folgenden wird auf die ausdrückliche Nennung der landwirtschaftlichen Berufsgenossenschaften, der landwirtschaftlichen Alterskassen und der landwirtschaftlichen Krankenkassen verzichtet. Es gelten grundsätzlich die Regelungen für den jeweiligen Sozialversicherungszweig; die Besonderheiten des landwirtschaftlichen Sozialversicherungsrechts bleiben davon unberührt.

Aufzählung budgetfähiger Leistungen § 17

1. Gesetzliche Krankenversicherung

Leistung	Anspruchsgrundlage	Anspruchsermittlung/-umfang
Gebärdensprach-Dolmetscher	– §§ 17 Abs. 1, 2 SGB I, 19 Abs. 1 Satz 2 SGB X, §§ 5 Abs. 1 bis 3, 8 Abs. 1–3, 9 Abs. 3 Satz 1 JVEG, Kommunikationshilfenverordnung, Gemeinsame Empfehlungen der Spitzenverbände der Krankenkassen – Anspruch auf barrierefreie Verwaltungs- und Leistungsorte sowie Erstattung der Kosten, die durch Verwendung der Gebärdensprache und anderer Kommunikationshilfen entstehen	– Leistungshöhe ist in regionalen und überregionalen Vereinbarungen festgelegt
Heilmittel	– § 32 SGB V – § 34 SGB V (ausgeschlossene Heilmittel) – Voraussetzung: ärztliche Verordnung – Heilmittel-Richtlinie des Gemeinsamen Bundesausschusses gemäß § 92 Abs. 1 Satz 2 Nr. 6 SGB V	– Leistungsumfang gemäß Heilmittel-Richtlinie – Leistungserbringer werden gemäß § 124 SGB V zugelassen – Vereinbarungen zur Vergütung, zum Leistungsinhalt und -umfang werden auf Bundes- und Landesebene geschlossen – Zuzahlung für über 18-Jährige: 10,00 € je Verordnung und 10% der Kosten
Blindenführhund – Aufwendungsersatz	– § 33 Abs. 1 SGB V	– Zahlung der Pauschale nach § 14 BVG
Hilfsmittel – Betriebskosten	– § 33 Abs. 1 SGB V	– Einzelfallbezogene Ermittlung der entstehenden Kosten (z. B. für Strom)
Zum Verbrauch bestimmte Hilfsmittel	– § 33 Abs. 1 SGB V – Voraussetzung: ärztliche Verordnung – Zum Verbrauch bestimmte Hilfsmittel können wegen ihrer Beschaffenheit, ihres Materials oder aus hygienischen Gründen nur einmal ununterbrochen benutzt werden und sind in der Regel für den Wiedereinsatz nicht geeignet. Die Dauer der Benutzung ist dabei unerheblich.	– Leistungshöhe ist in regionalen Vereinbarungen bzw. in Festbetragsgruppensystemen festgelegt. – Zuzahlung für über 18-Jährige: 10% des insgesamt von der Krankenkasse zu übernehmenden Betrags, jedoch höchstens 10,00 € für den gesamten Monatsbedarf je Indikation. Die Zuzahlung wird auf einen maximalen Monatsbetrag von 10,00 € für alle zum Verbrauch bestimmten

§ 17 　　　　　　　　　　　　　　　　　　　Aufzählung budgetfähiger Leistungen

Leistung	Anspruchsgrundlage	Anspruchsermittlung/-umfang
		Hilfsmittel begrenzt. Dies gilt unabhängig davon, ob die zum Verbrauch bestimmten Hilfsmittel aufgrund einer oder mehrerer Indikationen benötigt werden bzw. ob sie verschiedenen Produktgruppen zuzuordnen sind.
Häusliche Krankenpflege	– § 37 SGB V – Anspruch besteht nur, wenn eine im Haushalt lebende Person die Pflege nicht erbringen kann – als zeitlich befristete Krankenhausvermeidungspflege umfassender Anspruch (Grundpflege, Behandlungspflege, Hauswirtschaft) – als Pflege zur Sicherung des Ziels der ärztlichen Behandlung nur in Form der Behandlungspflege; Erweiterung um Grundpflege und Hauswirtschaft durch Satzung möglich, jedoch nicht bei bestehender Pflegebedürftigkeit – Kostenerstattung für selbst beschaffte Pflegekraft möglich – Voraussetzung: ärztliche Verordnung; Grundlage sind Richtlinien nach § 92 Abs. 1 Satz 2 Nr. 6 SGB V	– Verträge werden auf Krankenkassenebene geschlossen; die Vergütungsmodelle sehen insbesondere Einzelleistungsvergütungen, Pauschal-(Komplex-) vergütungen, Zeitvergütungen oder Einsatzvergütungen ggf. mit Zuschlägen bei besonders geforderter Qualifikation des Leistungserbringers vor – Zuzahlung für über 18-Jährige: 10,00 € je Verordnung und 10% der Kosten für die ersten 28 Tage der Leistungsinanspruchnahme je Kalenderjahr
Soziotherapie	– § 37a SGB V – Versicherte, die wegen schwerer psychischer Erkrankung nicht in der Lage sind, ärztliche oder ärztlich verordnete Leistungen selbstständig in Anspruch zu nehmen, haben Anspruch auf Soziotherapie, wenn dadurch Krankenhausbehandlung vermieden oder verkürzt wird oder wenn diese geboten, aber nicht ausführbar ist.	– Näheres (u. a. Indikationen, Genehmigungsverfahren) festgelegt in Richtlinie des Gemeinsamen Bundesausschusses nach § 92 Abs. 1 Satz 2 Nr. 6 SGB V – Die Leistung umfasst die im Einzelfall erforderliche Koordinierung der verordneten Leistungen sowie Anleitung und Motivation zu deren Inanspruchnahme – Höchstens 120 Std. innerhalb von je 3 Jahren je Krankheitsfall – Zuzahlung für über 18-Jährige: 10% der kalendertäglichen Kosten, jedoch mindestens 5,00 €, höchstens 10,00 €.
Haushaltshilfe	– § 38 Abs. 1 SGB V, § 43 Abs. 1 SGB V i. V. m. §§ 44 Abs. 1 Nr. 6, 54 SGB IX	– Haushaltshilfe als Sachleistung wird über Verträge nach § 132 SGB V einzelvertraglich geregelt

Leistung	Anspruchsgrundlage	Anspruchsermittlung/-umfang
	– Anspruch besteht nur, wenn eine im Haushalt lebende Person den Haushalt nicht weiterführen kann – Voraussetzungen: Weiterführung des Haushaltes wegen medizinischer Vorsorge- oder Rehabilitationsleistungen, Krankenhausbehandlung oder häuslicher Krankenpflege nicht möglich und im Haushalt lebt ein Kind, dass das 12. Lebensjahr noch nicht vollendet hat oder behindert und auf Hilfe angewiesen ist – Kostenübernahme für Mitaufnahme des Kindes anstelle der Haushaltshilfe möglich – Übernahme der Kinderbetreuungskosten anstelle der Haushaltshilfe möglich (§ 54 Abs. 3 SGB IX) – weiter gehende Ansprüche möglich auf der Grundlage von Satzungsregelungen der jeweiligen Krankenkasse (§ 38 Abs. 2 SGB V, § 10 KVLG 1989)	– Regelfall ist Erstattung der Kosten für selbst beschaffte Haushaltshilfe; unterschiedliche Höchstsätze je Stunde/Tag; bei Verwandten oder Verschwägerten bis 2. Grad keine Erstattung, es können aber Fahrkosten oder Verdienstausfall ersetzt werden – Zuzahlung für über 18-Jährige (nicht bei medizinischer Rehabilitation): 10%, mindestens 5,00 €, höchstens 10,00 €

Ambulante Rehabilitationsmaßnahmen; ambulante mobile Rehabilitationsmaßnahmen; ambulante Anschlussrehabilitationen	– § 40 Abs. 1 SGB V
	– Subsidiäre Leistungserbringung: nur dann von der Krankenkasse zu erbringen, wenn nach den für andere Träger der Sozialversicherung geltenden Vorschriften solche Leistungen nicht erbracht werden können (§ 40 Abs. 4 SGB V)
	– Rehabilitations-Richtlinie
	– Rehabilitation nur indiziert bei
	  – Rehabilitationsbedürftigkeit
	  – Rehabilitationsfähigkeit,
	  – positiver Rehabilitationsprognose
	– Voraussetzung: ärztliche Verordnung (Muster 61)
	– Antrag des Versicherten
		– Krankenkasse bestimmt Art, Dauer, Umfang, Beginn und Durchführung der Leistungen sowie die Anforderungen an die Rehabilitationseinrichtung nach den medizinischen Erfordernissen im Einzelfall
		– Dauer: längstens 20 Behandlungstage
		– Verlängerung möglich, wenn dies aus medizinischen Gründen zur Erreichung des Rehabilitationsziels erforderlich ist
		– Erneuter Anspruch besteht nicht vor Ablauf von 4 Jahren nach Durchführung vergleichbarer Leistungen, es sei denn, eine vorzeitige Leistung ist aus medizinischen Gründen dringend erforderlich
		– Zuzahlung für über 18-Jährige: 10,00 € je Behandlungstag, längstens für 42 Tage; bei Anschlussrehabilitation längstens 28 Tage

Leistung	Anspruchsgrundlage	Anspruchsermittlung/-umfang
		– Anrechnung von bereits im Kalenderjahr geleisteten Zuzahlungen nach § 32 Abs. 1 Satz 2 SGB VI und §§ 39 Abs. 4 und 40 Abs. 5 und 6 SGB V
		– Durchführung der Maßnahmen nur in ambulanten Rehabilitationseinrichtungen, die von den Krankenkassen zugelassen sind (Vertragseinrichtungen)
		– Vergütung richtet sich nach den Verträgen zwischen den Verbänden/Krankenkassen und der Rehabilitationseinrichtung
		– Kostenübernahme der erforderlichen Fahrkosten zur nächst erreichbaren geeigneten Rehabilitationseinrichtung ohne Zuzahlung

Stationäre Rehabilitationsmaßnahmen, stationäre Anschlussrehabilitation	– § 40 Abs. 2 SGB V
	– Subsidiäre Leistungserbringung: nur dann von der Krankenkasse zu erbringen, wenn nach den für andere Träger der Sozialversicherung geltenden Vorschriften solche Leistungen nicht erbracht werden können (§ 40 Abs. 4 SGB V)
	– Rehabilitations-Richtlinie
	– Rehabilitation nur indiziert bei
	  – Rehabilitationsbedürftigkeit
	  – Rehabilitationsfähigkeit
	  – positiver Rehabilitationsprognose
	– Voraussetzung: ärztliche Verordnung (Muster 61)
	– Antrag des Versicherten
		– Krankenkasse bestimmt Art, Dauer, Umfang, Beginn und Durchführung der Leistungen sowie die Anforderungen an die Rehabilitationseinrichtung nach den medizinischen Erfordernissen im Einzelfall
		– Dauer: längstens 3 Wochen; bei Maßnahmen für Kinder bis 14 Jahre 4–6 Wochen
		– Verlängerung möglich, wenn dies aus medizinischen Gründen zur Erreichung des Rehabilitationsziels erforderlich ist
		– Erneuter Anspruch besteht nicht vor Ablauf von 4 Jahren nach Durchführung vergleichbarer Leistungen, es sei denn, eine vorzeitige Leistung ist aus medizinischen Gründen dringend erforderlich
		– Zuzahlung für über 18-Jährige: 10,00 € je Kalendertag, längstens für 42 Tage; bei Anschlussrehabilitation längstens 28 Tage
		– Anrechnung von bereits im Kalenderjahr geleisteten Zuzahlungen nach § 32 Abs. 1 Satz 2 SGB VI und §§ 39 Abs. 4 und 40 Abs. 5 und 6 SGB V

Leistung	Anspruchsgrundlage	Anspruchsermittlung/-umfang
		– Durchführung der Maßnahmen nur in Rehabilitationseinrichtungen, mit denen ein Versorgungsvertrag nach § 111 SGB V besteht
		– Vergütung richtet sich nach den Verträgen zwischen den Verbänden/Krankenkassen und der Rehabilitationseinrichtung
		– Kostenübernahme der erforderlichen Reisekosten (Fahr-, Verpflegungs- und Übernachtungskosten) zur nächst erreichbaren geeigneten Rehabilitationseinrichtung ohne Zuzahlung

Stationäre Rehabilitationsmaßnahmen für Mütter und Väter; Mutter-Kind-Maßnahmen; Vater-Kind-Maßnahmen	– § 41 Abs. 1 SGB V
	– Subsidiäre Leistungserbringung: nur dann von der Krankenkasse zu erbringen, wenn nach den für andere Träger der Sozialversicherung geltenden Vorschriften solche Leistungen nicht erbracht werden können (§ 40 Abs. 4 SGB V)
	– Rehabilitations-Richtlinie
	– Rehabilitation nur indiziert bei
	  – Rehabilitationsbedürftigkeit
	  – Rehabilitationsfähigkeit
	  – positiver Rehabilitationsprognose
	– Voraussetzung: ärztliche Verordnung (Muster 61)
	– Antrag des Versicherten
		– Krankenkasse bestimmt Art, Dauer, Umfang, Beginn und Durchführung der Leistungen sowie die Anforderungen an die Rehabilitationseinrichtung nach den medizinischen Erfordernissen im Einzelfall
		– Dauer: längstens 3 Wochen
		– Verlängerung möglich, wenn dies aus medizinischen Gründen zur Erreichung des Rehabilitationszieles erforderlich ist
		– Erneuter Anspruch besteht nicht vor Ablauf von 4 Jahren nach Durchführung vergleichbarer Leistungen, es sei denn, eine vorzeitige Leistung ist aus medizinischen Gründen dringend erforderlich
		– Zuzahlung für über 18-Jährige: 10,00 € je Kalendertag, längstens für 42 Tage (§ 41 Abs. 3 SGB V)
		– Anrechnung von bereits im Kalenderjahr geleisteten Zuzahlungen nach § 32 Abs. 1 Satz 2 SGB VI und §§ 39 Abs. 4 und 40 Abs. 5 und 6 SGB V
		– Durchführung der Maßnahmen nur in Rehabilitationseinrichtungen, mit denen ein Versorgungsvertrag nach § 111a SGB V besteht bzw. mit Bestandschutz

Leistung	Anspruchsgrundlage	Anspruchsermittlung/-umfang
		– Vergütung richtet sich nach den Verträgen zwischen den Verbänden / Krankenkassen und der Rehabilitationseinrichtung
		– Kostenübernahme der erforderlichen Reisekosten (Fahr-, Verpflegungs- und Übernachtungskosten) zur nächst erreichbaren geeigneten Rehabilitationseinrichtung ohne Zuzahlung
Rehabilitationssport und Funktionstraining	– § 43 Abs. 1 SGB V i. V. m. § 44 Abs. 1 Nr. 3 und 4 SGB IX – Voraussetzung: ärztliche Verordnung und vorherige/parallele Leistung der Krankenkasse im Rahmen der Krankenbehandlung – Sonstige Grundlage: BAR-Rahmenvereinbarung vom 1. 10. 2003 i. d. F. vom 1. 1. 2007	– Leistungsumfang siehe BAR-Rahmenvereinbarung Ziffer 4. 4. 1 und 4. 4. 2 (Rehabilitationssport) und Ziffer 4.4.3 (Funktionstraining) – Keine kassenartenübergreifend vereinbarte Vergütungen
Sozialmedizinische Nachsorgemaßnahmen	– § 43 Abs. 2 SGB V – Rahmenvereinbarung der Spitzenverbände der Krankenkassen zu Voraussetzungen, Inhalten und zur Qualität sozialmedizinischer Nachsorgemaßnahmen vom 1. 7. 2005 in der jeweils aktuellen Fassung – Voraussetzung: ärztliche Verordnung – In unmittelbarem Anschluss an eine Krankenhausbehandlung gemäß § 39 SGB V oder stationäre Rehabilitationsmaßnahme	– Chronisch kranke und schwerstkranke Kinder, die das 14. Lebensjahr, in besonders schwerwiegenden Fällen das 18. Lebensjahr, noch nicht vollendet haben – Mindestens 6, max. 20 Nachsorgeeinheiten in einem Zeitraum von 6–12 Wochen; Verlängerung um bis zu 10 Nachsorgeeinheiten möglich – Zugelassene Leistungserbringer – Höhe der Vergütungen ist in regionalen Vereinbarungen geregelt
Fahrkosten	– § 60 SGB V – Voraussetzung: ärztliche Verordnung – ggf. Genehmigung der Krankenkasse – Krankentransport-Richtlinien	– Bei öffentlichen Verkehrsmitteln erfolgt Fahrpreiserstattung – Bei Taxi oder Krankenkraftwagen werden die Vertragspreise nach § 133 SGB V übernommen – Bei Nutzung privater Kraftfahrzeuge Erstattung der Kilometerpauschale nach Bundesreisekostenrecht (0,20 € je Kilometer) – Zuzahlung (altersunabhängig): 10% der Kosten, mindestens 5,00 €, höchstens 10,00 €

Aufzählung budgetfähiger Leistungen § 17

Leistung	Anspruchsgrundlage	Anspruchsermittlung/-umfang
Reisekosten als ergänzende Leistungen zur medizinischen Rehabilitation	– § 60 SGB V, §§ 44 Abs. 1 Nr. 5 i. V. m. 53 Abs. 1 bis 3 SGB IX – Fahr-, Verpflegungs-, Übernachtungs- und Gepäckkosten im Zusammenhang mit Leistungen zur medizinischen Rehabilitation; Familienheimfahrten bei Maßnahmen über 8 Wochen – Verkehrsmittel nach medizinischer Notwendigkeit	– Bei öffentlichen Verkehrsmitteln erfolgt Fahrpreiserstattung – Bei Taxi oder Krankenkraftwagen werden die Vertragspreise nach § 133 SGB V übernommen – Bei Nutzung privater Kraftfahrzeuge Erstattung der Kilometerpauschale nach Bundesreisekostenrecht (0,20 € je Kilometer) – Keine Zuzahlung
Frühförderung	– § 30 Abs. 1 und 2 SGB IX – Frühförderungsverordnung – Leistungserbringung als ganzheitliche Komplexleistung i. V. m. heilpädagogischen Leistungen nach § 56 SGB IX – Rahmenvereinbarungen auf Landesebene	– Leistungen zur Früherkennung und Frühförderung noch nicht eingeschulter behinderter und von Behinderung bedrohter Kinder – Leistungserbringung durch interdisziplinäre Frühförderstellen und Sozialpädiatrische Zentren – Leistungsumfang siehe Frühförderungsverordnung – Von der Einrichtung vor Beginn der Maßnahme zu erstellender Förder- und Behandlungsplan – Auf Landesebene vereinbarte Vergütungen

2. Bundesagentur für Arbeit

Zur Ausführung von Leistungen zur Teilhabe am Arbeitsleben in Form eines Persönlichen Budgets durch die Bundesagentur für Arbeit (BA) wird auf die Handlungsempfehlung/Geschäftsanweisung 05/2008 der BA „Teilhabe behinderter Menschen am Arbeitsleben – Persönliches Budget" verwiesen (s. www.arbeitsagentur.de). Dort (vgl. TZ 5) ist u. a. ausgeführt, dass alle Leistungen (an Arbeitnehmer) zur Teilhabe am Arbeitsleben budgetfähig sind.

Nach den bisherigen Erfahrungen werden in nennenswertem Umfang insbesondere folgende Teilhabeleistungen durch Persönliche Budgets ausgeführt:

Leistung	Anspruchsgrundlage	Anspruchsermittlung/-umfang
Leistungen im Eingangsverfahren und Berufsbildungsbereich	§§ 39, 40 SGB IX	
Berufsvorbereitung	§ 33 Abs. 3 Nr. 2 SGB IX	
berufliche Ausbildung	§ 33 Abs. 3 Nr. 4 SGB IX	

Leistung	Anspruchsgrundlage	Anspruchsermittlung/-umfang
berufliche Anpassung und Weiterbildung	§ 33 Abs. 3 Nr. 3 SGB IX	
Kraftfahrzeughilfe	§ 33 Abs. 8 Nr. 1 SGB IX	
Arbeitsassistenz	§ 33 Abs. 8 Nr. 3 SGB IX	

Dabei waren in Persönlichen Budgets für Eingangsverfahren/Berufsbildungsbereich, Berufsvorbereitung, berufliche Ausbildung und berufliche Anpassung und Weiterbildung vielfach Leistungen für Haushaltshilfe / Kinderbetreuungskosten (§§ 44 Abs. 1 Nr. 6, 54 SGB IX) und Reisekosten (§§ 44 Abs. 1 Nr. 5 i. V. m. 53 Abs. 4 SGB IX) enthalten.

3. Unfallversicherung

Das Persönliche Budget sowie das Instrument einer Zielvereinbarung sind für die Gesetzliche Unfallversicherung (UV) nicht neu (z. B. Teilförderung nach § 35 Abs. 3 SGB VII, erhöhtes Pflegegeld nach § 44 Abs. 2 Satz 4 SGB VII).

Wegen der umfassenden Leistungsverantwortung des UV-Trägers für alle Bereiche der Teilhabe, der medizinischen Rehabilitation und der Pflege wird dessen Beteiligung an einem trägerübergreifenden Gesamtbudget nur in wenigen Fällen vorkommen. Durch das Prinzip „alles aus einer Hand" werden dennoch z. T. sehr komplexe Persönliche Budgets erbracht, obwohl kein anderer Reha-Träger beteiligt ist.

Für einen detaillierten Überblick der Umsetzung Persönlicher Budgets in der Gesetzlichen Unfallversicherung wird auf die aktuelle Handlungshilfe der Träger der Unfallversicherung verwiesen (s. www.dguv.de). Reha-Manager und Berufshelfer der UV-Träger beraten Sie gerne auch persönlich über die Möglichkeiten eines Persönlichen Budgets.

Die nachfolgend aufgeführten Leistungen stellen nur einen kleinen Ausschnitt der budgetfähigen Teilhabeleistungen der Unfallversicherung dar. Mit Ausnahme der „Teilförderung" handelt es sich dabei um überschaubare und gut kalkulierbare Leistungen. Deshalb sind sie als Einstieg in ein Persönliches Budget besonders geeignet.

Leistung	Anspruchsgrundlage	Anspruchsermittlung/-umfang
Ärztlich verordneter Rehabilitationssport und Funktionstraining als ergänzende Leistung zur medizinischen Rehabilitation	§ 39 SGB VII i. V. mit § 44 Abs. 1 Nr. 3 SGB IX; Gemeinsame Richtlinien der UV-Träger; Abkommen der UV-Verbände mit dem Deutschen Behindertensport-Verband; Rahmenvereinbarung der BAR	Allgemein 4,47 € pro Übungsveranstaltung; für Rollstuhlfahrer, Blinde, Doppelbeinamputierte, Hirnverletzte oder Beschädigte mit schweren Lähmungen werden 6,14 € vergütet
Reisekosten als ergänzende Leistung zur Heilbehandlung, zur medizinischen Rehabilitation und zur beruflichen Teilhabe	§ 43 SGB VII i. V. mit §§ 33 Abs. 7, 44 Abs. 1 Nr. 5, 53 SGB IX; Gemeinsame Richtlinien der UV-Verbände	Entfernungspauschale gem. § 53 Abs. 4 SGB IX oder Übernahme der ggf. höheren Kosten für ein benutztes öffentliches Verkehrsmittel

Aufzählung budgetfähiger Leistungen § 17

Leistung	Anspruchsgrundlage	Anspruchsermittlung/-umfang
Haushaltshilfe und Kinderbetreuungskosten	§§ 42, 54 SGB VII i. V. mit § 54 SGB IX (§ 54 SGB VII gilt nur für landwirtschaftliche Berufsgenossenschaften)	Die Kosten der Haushaltshilfe werden in angemessener Höhe als Sachleistung übernommen. Bei selbst beschaffter Haushaltshilfe werden die nachgewiesenen Aufwendungen bis zu einem kalendertäglichen Höchstbetrag von 2,5% der Bezugsgröße nach § 18 SGB IV erstattet. Kinderbetreuungskosten können bis zur Höhe von 130,00 € je Kind und Monat übernommen werden.
Hauswirtschaftliche Versorgung	§ 39 Abs. 1 Nr. 2 SGB VII	Individuelle Feststellung (z. B. Kostenübernahme analog der Haushaltshilfe)
Sonstige Leistungen zur Erreichung und zur Sicherstellung des Erfolgs der Leistungen zur medizinischen Rehabilitation und zur Teilhabe	§ 39 Abs. 1 Nr. 2 SGB VII, § 33 Abs. 3 Nr. 6 SGB IX	Individuelle Feststellung
Arbeitsassistenz	§ 35 SGB VII i. V. mit § 33 Abs. 8 Nr. 3 SGB IX; Verfahrensabsprache zwischen Rehabilitationsträgern und BIH	Die Bemessung und Ausführung der Leistung erfolgt durch das Integrationsamt
Gebärdensprachdolmetscher als Kommunikationshilfe	§ 17 Abs. 2 SGB I i. V. mit § 19 Abs. 1 SGB X	Im Rahmen der bestehenden Vergütungsregelungen
Aufwendungen für Lern-, Unterrichts- und Arbeitsmittel	§ 35 Abs. 2 SGB VII, § 33 Abs. 7 Nr. 2 SGB IX	Ermessensentscheidung
Mietkostenzuschuss	§ 41 SGB VII, § 33 Abs. 8 Nr. 6 SGB IX; Gemeinsame Wohnungshilferichtlinien der UV-Verbände	Ermessensentscheidung
Verpflegungskosten	§ 43 Abs. 2 Nr. 2 SGB VII, § 33 Abs. 7 Nr. 1 SGB IX; Gemeinsame Richtlinien „Reisekosten" der UV-Verbände	Zeitlich abgestufte Pauschalbeträge in Höhe von 6,00/12,00/24,00 €; Pendler, denen eine Mittagsmahlzeit in der Einrichtung nicht angeboten wird, erhalten eine Monatspauschale von 70,30 € oder pro Tag von 3,80 €

§ 17 Aufzählung budgetfähiger Leistungen

Leistung	Anspruchsgrundlage	Anspruchsermittlung/-umfang
Teilförderung der beruflichen Wiedereingliederung	§ 35 Abs. 3 SGB VII, § 33 Abs. 3 Nr. 6 SGB IX	Bis zur Höhe des Regelaufwands für eine angemessene (Referenz-) Maßnahme
Existenzgründung	§ 39 Abs. 1 Nr. 2 SGB VII, § 33 Abs. 3 Nr. 5 und 6 SGB IX, § 57 SGB III	Bis zur Höhe des Gründungszuschusses nach § 57 SGB III; im Übrigen Ermessensentscheidung

4. Rentenversicherung

Leistung	Anspruchsgrundlage	Anspruchsermittlung/-umfang
Leistungen der Berufsvorbereitung sowie der beruflichen Anpassung und Weiterbildung	§ 33 Abs. 3 Nr. 2 und 3 SGB IX	Bedarf und Umfang der erforderlichen Leistungen werden im Einzelfall unter angemessener Berücksichtigung der Eignung, Neigung und bisherigen Tätigkeit des Versicherten sowie der Lage auf dem Arbeitsmarkt festgestellt. In der Regel wird ein Beratungsgespräch mit dem Reha-Fachberatungsdienst durchgeführt. Bei Bedarf kann die berufliche Eignung abgeklärt, eine Arbeitserprobung durchgeführt und die BA nach § 38 SGB IX beteiligt werden. Leistungen der Berufsvorbereitung dauern in der Regel bis zu 3 Monate, Leistungen der beruflichen Anpassung und Weiterbildung können im Einzelfall grundsätzlich bis zu 2 Jahre dauern.
Kfz-Hilfe in Form der Erstattung der Kosten für die Beschaffung eines behinderungsgerechten Kfz bzw. für eine Zusatzausstattung und Fahrerlaubnis	§ 33 Abs. 8 Nr. 1 SGB IX i. V. m. der KfzHV	Die persönlichen Voraussetzungen für die behinderungsbedingt zwingende Kfz-Benutzung zur Erreichung der Arbeitsstätte ergibt sich aus § 3 KfzHV. Die Art und Höhe der Förderung der Beschaffung eines Kfz ergibt sich aus §§ 5 und 6 KfzHV. In bestimmten Fällen erfolgt die behinderungsbedingt erforderliche Bedarfsfeststellung unter Mitwirkung des technischen Beraters der Arbeitsverwaltung oder eines Kfz-Sachverständigen.
Beförderungskosten i. R. von Kfz-Hilfeleistungen	– § 33 Abs. 8 Nr. 1 SGB IX i. V. m. § 9 Abs. 1 Satz 2 KfzHV – Beförderungskosten kommen anstelle der Förderung einer	– Sachabklärung der zweckmäßigsten Kfz-Hilfeleistungsform unter angemessener Würdigung der Gesamtumstände des Einzelfalls

Aufzählung budgetfähiger Leistungen § 17

Leistung	Anspruchsgrundlage	Anspruchsermittlung/-umfang
	Kfz-Beschaffung in Betracht wenn – der behinderte Mensch aus gesundheitlichen Gründen ein Kfz nicht selbst führen kann oder nicht gewährleistet, dass ein Dritter das Kfz für ihn führt. – Beförderungskosten wirtschaftlicher sind und Beförderungsdienste für den behinderten Menschen zumutbar sind.	– Die Förderung von Beförderungskosten ist einkommensabhängig zu prüfen. Die Einkommensverhältnisse vor Antragstellung sind maßgeblich und festzustellen. – Daneben sind die Kosten der Beförderungsdienste durch Einholen von Kostenvoranschlägen zu ermitteln. – Berechnung/Ermittlung des materiell-rechtlich vorgesehenen Eigenanteils des behinderten Menschen, den er bei einer angenommenen Kfz-Beschaffung und für die berufliche Nutzung selbst aufzubringen hätte.
Arbeitsassistenz	– § 33 Abs. 8 Nr. 3 i. V. m. Satz 2 bis 4 SGB IX – Die Arbeitsassistenz bietet regelmäßig wiederkehrende Hilfestellung für den behinderten Menschen bei seiner Arbeitsausführung; von ihm selbst sind die wesentlichen und prägenden inhaltlichen Kernbereiche der Tätigkeit vorzunehmen. – Die Leistungsverpflichtung für eine notwendige Arbeitsassistenz ergibt sich nur zur Erlangung eines Arbeitsplatzes und ist dabei auf drei Jahre begrenzt.	– Eine Arbeitsassistenz wird subsidiär notwendig, um die geschuldete Arbeitsleistung zu erbringen, wenn vorrangige betriebliche Unterstützung (z. B. durch Kollegen) oder arbeitsplatzausgestaltende Hilfen nicht greifen. Das macht eine umfassende Einzelfallprüfung erforderlich. – Die Ausführung der Leistung und die Bemessung der Förderung liegt ausschließlich bei den Integrationsämtern (§ 33 Abs. 8 Satz 2 SGB IX).
Wohnungshilfe	§ 33 Abs. 8 Nr. 6 SGB IX Bei einer berufsbezogenen Notwendigkeit können die Rentenversicherungsträger die Kosten der Beschaffung, der Ausstattung und der Erhaltung einer behinderungsgerechten Wohnung in angemessenem Umfang übernehmen.	Die Bedarfsfeststellung erfolgt in der Regel unter Beteiligung des technischen Beraters der Arbeitsverwaltung. Der Versicherte bringt grundsätzlich mehrere Kostenvoranschläge bei, auf deren Grundlage bislang der zuständige Rentenversicherungsträger eine Firma auswählt und mit der erforderlichen Maßnahme beauftragt.
Rehabilitationssport und Funktionstraining	§ 28 SGB VI i. V. m. § 44 Abs. 1 Nr. 3 und 4 SGB IX Voraussetzung: – Feststellung der Notwendigkeit der Durchführung von Rehabilitationssport und Funktionstraining während einer vom Rentenversicherungsträger erbrachten	Vereinbarte Vergütungen der Deutschen Rentenversicherung Bund für das gesamte Bundesgebiet beim Rehabilitationssport sind: – Rehabilitationssport 5,00 € – Rehabilitationssport in Herzgruppen 6,00 € je Übungsveranstaltung

Leistung	Anspruchsgrundlage	Anspruchsermittlung/-umfang

	Leistung zur medizinischen Rehabilitation
	– Beachtung der BAR-Rahmenvereinbarung über den Rehabilitationssport und das Funktionstraining vom 1. 10. 2003 i. d. F. vom 1. 1.2007
		– Funktionstraining
		  Warmwassergymnastik 5,40 €
		  Trockengymnastik 3,95 €
		
		Für die Regionalträger der Deutschen Rentenversicherung gelten zum Teil abweichende Vergütungssätze für den Rehabilitationssport und das Funktionstraining.

Reisekosten	§ 28 SGB VI i. V. m. § 44 Abs. 1 Nr. 5 und 6, § 53 SGB IX Zu den Reisekosten gehören die erforderlichen – Fahr- und Transportkosten, – Verpflegungs- und Übernachtungskosten, – Kosten des Gepäcktransports (gilt nicht bei Pkw-Nutzung) für die Versicherten und für eine wegen deren Behinderung erforderliche Begleitperson sowie für Kinder, deren Mitnahme an den Rehabilitationsort erforderlich ist, weil ihre anderweitige Unterbringung nicht sichergestellt ist.	– Erforderliche Reisekosten werden in Höhe öffentlicher Verkehrsmittel übernommen. – Wird bei der Fahrt zur Rehabilitationseinrichtung ein privater Pkw benutzt, wird eine Entfernungspauschale in Höhe von 0,36 € bzw. 0,40 € gezahlt. – Erforderliche Taxikosten bzw. Fahrten mit dem Krankenwagen werden übernommen.
Haushaltshilfe und Kinderbetreuungskosten	§ 28 SGB VI i. V. m. § 44 Abs. 1 Nr. 6, § 54 SGB IX Haushaltshilfe wird geleistet, wenn – den Leistungsberechtigten die Weiterführung des eigenen Haushalts nicht möglich ist, – eine andere im Haushalt lebende Person den Haushalt nicht weiterführen kann und – im Haushalt ein Kind lebt, das bei Beginn der Haushaltshilfe das 12. Lebensjahr noch nicht vollendet hat oder das behindert und deshalb auf Hilfe angewiesen ist. Anstelle der Haushaltshilfe – werden die Kosten für die Mitaufnahme des Kindes in der Rehabilitationseinrichtung übernommen,	Haushaltshilfe als Sachleistung in angemessener Höhe. Als angemessen werden grundsätzlich die nachgewiesenen Aufwendungen bis zu einem täglichen Höchstbetrag von 2,5% der sich aus § 18 SGB IV ergebenden monatlichen Bezugsgröße angesehen. Pro Tag 64,00 €, stündlich 8,00 €. Für Verwandte oder verschwägerte Ersatzkräfte bis zum 2. Grad ist eine Kostenerstattung grundsätzlich ausgeschlossen (§ 38 Abs. 4 Satz 2 SGB V). Sind in diesen Fällen tatsächlich Kosten in Form von Verdienstausfall und/oder Fahrkosten entstanden, kann sie der Rentenversicherungsträger angemessen erstatten. Kinderbetreuungskosten können von den Rentenversicherungsträgern bis zur Vollendung des 18. Lebens-

Leistung	Anspruchsgrundlage	Anspruchsermittlung/-umfang
	– können die Kosten für die Betreuung der Kinder des Leistungsberechtigten, wenn sie durch die Ausführung einer Leistung zur Teilhabe unvermeidbar entstehen, übernommen werden.	jahres des Kindes übernommen werden. Sie werden nicht übernommen, wenn für das Kind bereits Leistungen für eine Haushaltshilfe erbracht wurden. Kinderbetreuungskosten können bis zu einem Betrag von 130,00 € je Kind und Monat übernommen werden.
Gebärdensprach-Dolmetscher	§ 17 Abs. 2 SGB I und § 19 Abs. 1 Satz 2 SGB X Anspruch auf Erstattung der Kosten, die durch die Verwendung der Gebärdensprache und anderer Kommunikationshilfen entstehen.	Die Kostenerstattung für Gebärdensprachdolmetscher erfolgt nach Maßgabe des JVEG. Je Einsatzstunde werden bis zu 55,00 €, je angefangene (halbe) Stunde 27,50 € gezahlt. Fahrkosten werden bis zur Höhe des benutzten preisgünstigsten öffentlichen Beförderungsmittels übernommen. Kosten für Fahren mit dem Pkw werden in Höhe von 0,30 € für jeden gefahrenen Kilometer zuzüglich ggf. anfallender Auslagen für Parkgebühren erstattet (§ 8 Abs. 1 Nr. 2 i. V. m. § 5 JVEG). Die Deutsche Rentenversicherung Bund stellt im Internet einen entsprechenden Mustervertrag zur Verfügung sowie eine Übersicht möglicher Kommunikationshilfen.

Leistungen zur medizinischen Rehabilitation der Rentenversicherung im Sinne der §§ 15 SGB VI, 26 SGB IX sind nach der Gesetzeskonzeption ebenfalls grundsätzlich budgetfähig. Insbesondere bei den regelhaften 3-wöchigen Leistungen wird jedoch genau zu prüfen sein, ob durch die Leistungserbringung in Form eines trägerübergreifenden Persönlichen Budgets ein Zugewinn an Selbstbestimmung und Eigenverantwortung über das Wunsch- und Wahlrecht des Leistungsberechtigten hinaus erzielt werden kann.

5. Soziales Entschädigungsrecht

Die Träger der Kriegsopferversorgung und der Kriegsopferfürsorge sind im Rahmen des Bundesversorgungsgesetzes (BVG) und der Nebengesetze, insbesondere des Soldatenversorgungsgesetzes (SVG), des Zivildienstgesetzes (ZDG) und des Gesetzes über die Entschädigung für Opfer von Gewalttaten (OEG), aber auch des Infektionsschutzgesetzes (IfSG) nur in Einzelfällen Rehabilitationsträger mit einer umfassenden Zuständigkeit, bei der sie alle Leistungen i. S. d. § 5 SGB IX zu erbringen haben. Leistungen der Kriegsopferversorgung erhalten Beschädigte und ihre Angehörigen, sofern die Anspruchsvoraussetzungen vorliegen. Leistungen der Kriegsopferfürsorge erhalten nur Personen, die wegen einer Schädigung im Sinne des BVG und der o. a. Nebengesetze auf die verschiedenen Rehabilitationsleistungen angewiesen sind.

Für den überwiegenden Teil der Leistungsberechtigten nach dem Sozialen Entschädigungsrecht, vornehmlich die Kriegsbeschädigten und Kriegshinterbliebenen, kommen im Hinblick auf das hohe Alter und in Ermangelung entsprechender Bedarfssituationen Leistungen im Rahmen eines Persönlichen Budgets eher nicht in Betracht. Für versorgungsberechtigte lebensjüngere Berechtigte, etwa (beschädigte) Halb- oder Vollwaisen, sind allerdings Leistungen in Form eines Persönlichen Budgets in der Praxis ohne Weiteres möglich, z. B. im Rahmen der Eingliederungshilfe, die in Anlehnung an sozialhilferechtliche Bestimmungen durchgeführt wird.

Soweit (lebensjüngere) Berechtigte nach dem SVG bzw. nach dem ZDG Anspruch auf Leistungen haben, bestehen Unterschiede zu den Leistungen anderer Rehabilitationsträger vor allem bei der Berechnung der Entgeltersatzleistungen, nämlich dem Versorgungskrankengeld und dem Übergangsgeld sowie der Unterhaltsbeihilfe. Ansonsten kann weitgehend auf die Leistungskataloge der anderen vergleichbaren Rehabilitationsträger verwiesen werden.

Leistungen zur Teilhabe am Arbeitsleben werden bei Jugendlichen oder jungen Erwachsenen mit z. B. nach dem OEG anerkannten Schädigungen vorrangig mit der Besonderheit durchgeführt, dass entsprechende Leistungen von den in der Regel zuerst angegangenen Trägern der Jugendhilfe nach dem SGB VIII erbracht und mit dem Träger der Kriegsopferfürsorge im Wege der Kostenerstattung abgerechnet werden. Für erwachsene OEG-Berechtigte gelten die obigen Ausführungen zu den SVGBerechtigten entsprechend.

Impfgeschädigte sind infolge des Impfschadens zumeist so schwer betroffen, dass sie an teilstationären Maßnahmen (z. B. Beschäftigung in einer WfbM) teilnehmen und zusätzlich auf eine stationäre Heimbetreuung angewiesen sind. Die Kosten hierfür werden im Rahmen der Eingliederungshilfe nach dem BVG in Anlehnung an das Sozialhilferecht übernommen. Diese Leistungen sind somit budgetfähig.

5.1 Heil- und Krankenbehandlung in der Kriegsopferversorgung

Im Rahmen der Heil- und Krankenbehandlung nach dem Bundesversorgungsgesetz (BVG) werden für Beschädigte mit Gesundheitsstörungen, die als Folge einer Schädigung anerkannt oder durch eine anerkannte Schädigung verursacht sind – für Schwerbeschädigte auch für Nichtschädigungsfolgen, sofern keine Ausschlussgründe vorliegen – und für die anspruchsberechtigten Angehörigen Leistungen der medizinischen Rehabilitation erbracht (§ 11 BVG). Da ein großer Teil der Leistungen in die Durchführungszuständigkeit der Krankenkassen fällt (§ 18c Abs. 1 BVG), wird im Hinblick auf die Möglichkeiten eines Persönlichen Budgets vorrangig auf den Katalog der Gesetzlichen Krankenversicherung verwiesen (siehe Punkt 4. 3. 1). Die Krankenkassen treten i. d. R. als Budgetbeauftragte auf.

In Fällen der Zuständigkeit der Versorgungsverwaltung nach § 18c Abs. 1 Satz 2 BVG sind z. B. folgende Leistungen für ein Persönliches Budget geeignet:

Leistung	Anspruchsgrundlage	Anspruchsermittlung/-umfang
spezielle Verbrauchsartikel – soweit nicht eine überregionale einheitliche Versorgung durch das Prüfund Beschaffungsamt für Heil- und Hilfsmittel (PBHH) sichergestellt wird	§ 13 BVG i. V. m. OrthV	

Leistung	Anspruchsgrundlage	Anspruchsermittlung/-umfang
Laufende Kosten für die Nutzung von Hilfsmitteln, z. B. Stromkosten	§ 13 BVG	
Bewegungstherapie, Beschäftigungstherapie, Arbeitstherapie	§ 11 Abs. 1 BVG	nicht im Rahmen stationärer Behandlung

5.2 Kriegsopferfürsorge

Bei den zuständigen örtlichen und überörtlichen Trägern der Kriegsopferfürsorge dürften – bezogen auf die Nebengesetze wie SVG, OEG usw. – Anträge auf Leistungserbringung in Form eines Persönlichen Budgets zahlenmäßig überschaubar sein. In diesen Einzelfällen ist es möglich, auf die für vergleichbare Bedarfssituationen von anderen Rehabilitationsträgern aufgestellten Kataloge budgetfähiger Leistungen zurückzugreifen.

In der Kriegsopferfürsorge ist die Hilfe zur Pflege gem. § 26c BVG nicht ausdrücklich als Leistung in Form des Persönlichen Budgets vorgesehen. § 17 Abs. 2 Satz 4 SGB IX und § 2 der BudgetV führen nur die Träger der Sozialhilfe auf. Die Auslegung des Gesetzes und das Schlechterstellungsverbot der Kriegsopferfürsorge gegenüber der Sozialhilfe ergeben aber, dass es sich bei der Hilfe zur Pflege nach § 26c BVG (ggf. unter Einbeziehung der hauswirtschaftlichen Versorgung) um eine budgetfähige Leistung handeln muss. Es ist in diesen Fällen in erster Linie an Opfer von Gewalttaten im Sinne des OEG mit schweren psychischen Schädigungsfolgen zu denken.

Die Rechtsgrundlagen für die Budgetierung von Leistungen der Kriegsopferfürsorge im Einzelnen:

Leistung	Anspruchsgrundlage	Anspruchsermittlung/-umfang
Leistungen zur Teilhabe am Arbeitsleben	§ 26 BVG, §§ 1–17 KFürsV, §§ 17, 33–46 SGB IX	
Unterhaltssichernde und andere ergänzende Leistungen	§ 26a BVG, § 16 KFürsV, §§ 17, 44–54 SGB IX	
Leistungen zur Teilhabe am Leben in der Gemeinschaft	§ 27d Abs. 3 BVG i. V. m. 6. Kapitel SGB XII, §§ 17, 55–59 SGB IX	
Leistungen zur medizinischen Rehabilitation	§ 27d Abs. 3 BVG i. V. m. SGB XII, §§ 17, 26–32 SGB IX	

6. Sozialhilfe

Allgemeines:

Leistung	Anspruchsgrundlage	Anspruchsermittlung/-umfang
– Je nach Bundesland ist die sachliche Zuständigkeit des örtlichen und überörtlichen Trägers der Sozialhilfe unterschiedlich geregelt (§§ 97, 98 SGB XII, Landesausführungsgesetze). – Die Zuständigkeitsverteilung zwischen den örtlichen und den überörtlichen Trägern in den einzelnen Bundesländern kann aktuell auf der Internetseite der BAGüS (www.bagues.-de/Mitglieder/Zustaendigkeiten) eingesehen werden.	Für alle Leistungen gilt: – Nachrang der Sozialhilfe – Anspruchsberechtigt sind gem. § 53 SGB XII i. V. m. § 2 SGB IX alle wesentlich behinderten und von Behinderung bedrohten Menschen – Schulische Maßnahmen sind im folgenden Katalog nicht aufgeführt, da sie im Rahmen der gesetzlichen Schulpflicht in der Regel vollständig durch den Schulträger erbracht werden. Eine Ausnahme können Schulassistenten bilden, die bei Bedarf vom Sozialhilfeträger zu erbringen und dann auch budgetfähig sind. – Vorrang ambulanter vor stationärer Leistungen (§ 13 Abs. 1 SGB XII) – Vorrang der Geldleistung vor Sachleistung (§ 10 Abs. 3 SGB XII)	Für alle Leistungen gilt: – Es gibt keine bundeseinheitlichen Leistungen. Die Leistungen richten sich nach der Besonderheit des Einzelfalls (§ 9 SGB XII) – Für ein Persönliches Budget kommen vor allem in Betracht alle alltäglichen, regelmäßig wiederkehrenden Bedarfe, die bisher mit Hilfe von individuell zuordenbaren, zeitbezogenen (Stunde, Tag, Woche, Monat) Leistungen gedeckt wurden. Da die Sozialhilfe ihre Leistungen in der Regel als Geldleistung erbringt, ist für sie die Umwandlung der Leistung in ein Persönliches Budget nicht problematisch. – Die laufenden ambulanten, teilstationären und stationären Eingliederungshilfen werden bei der „klassischen" Leistungserbringung in der Regel auf der Grundlage von Vereinbarungen nach § 75 SGB XII mit den Leistungserbringern erbracht. Dies „sozialhilferechtliche Dreiecksverhältnis" wird beim Persönlichen Budget aufgelöst.

Die Leistungen im Einzelnen:

Leistung	Anspruchsgrundlage	Anspruchsermittlung/-umfang
– ambulante und stationäre Eingliederungshilfeleistungen zu einem selbstbestimmten Leben in betreuten Wohnformen (ambulantes Einzelwohnen, Paarwohnen und Gruppenwohnen, stat.	§§ 53, 54 SGB XII i. V. m. §§ 55 Abs. 2, Nr. 6 SGB IX	– Die individuell notwendigen Leistungen werden in der Regel in einem Bedarfsfeststellungsverfahren (Gesamtplan / Teilhabeplan) erhoben. – Ambulante Leistungen werden in der Regel durch Fachleistungsstunden oder durch Monatspauschalen, die von den Hilfebedarfsgruppen abgeleitet werden, erbracht. – Für die stationären Leistungen gelten die Vereinbarungen mit den Leistungserbringern nach §§ 75 ff. SGB XII. Die Leistungen

Leistung	Anspruchsgrundlage	Anspruchsermittlung/-umfang
Behinderteneinrichtungen mit Außenwohn- und Trainingswohngruppen)		umfassen auch die notwendige Pflege (§ 55 SGB XII).
Leistungen zur Mobilität – Assistenz – Begleitung – Fahrtkosten – Mobilitätshilfen	§§ 53, 54 SGB XII i. V. m. §§ 55, 58 SGB IX	Individuelle Bedarfsermittlung
Leistungen zur Teilhabe am Leben in der Gemeinschaft – Hilfen zum Erwerb praktischer Kenntnisse und Fertigkeiten – Teilhabe am gemeinschaftlichen und kulturellen Leben	§§ 53, 54 SGB XII i. V. m. §§ 55 Abs. 2 Nrn. 3 und 7, 58 SGB IX	Individuelle Bedarfsermittlung
Hilfen zur Kommunikation und Information – Gebärdendolmetscher – Hilfen zur Verständigung mit der Umwelt	§ 17 SGB I, § 19 SGB X, §§ 53, 54 SGB XII i. V. m. §§ 55 Abs. 2 Nrn. 4 und 57 SGB IX	Individuelle Bedarfsermittlung
Hilfe zum Besuch einer Hochschule	§§ 53, 54 Abs. 1 Nr. 2 SGB XII	Individuelle Bedarfsermittlung
Entlastung von Familien – Familienentlastende Dienste (ambulante Betreuung im Haushalt, Gruppenarbeit, Ferienbetreuung)	Freiwillige Leistungen	Individuelle Bedarfsermittlung

Leistung	Anspruchsgrundlage	Anspruchsermittlung/-umfang
Leistungen zur medizinischen Rehabilitation – Frühförderung	§§ 53, 54 SGB XII i. V. m. § 26 Abs. 2 Nr. 2 SGB IX	Individuelle Bedarfsermittlung; Leistungen nur, soweit Krankenversicherung nicht zuständig ist.
Leistungen der Teilhabe am Arbeitsleben – Leistungen im Arbeitsbereich einer WfbM	§§ 53, 54 SGB XII i. V. m. § 41 SGB IX	Individuelles Bedarfsfeststellungsverfahren in Verbindung mit der Empfehlung des Fachausschusses der WfbM (§ 2 WVO).
– Leistungen in einer Tagesförderstätte	§§ 53, 54 SGB XII i. V. m. § 136 Abs. 3 SGB IX	Leistungen sind nachrangig, deshalb nur, wenn keine Werkstattfähigkeit vorliegt, dann Prüfung der Werkstattvoraussetzungen, ggf. unter Nutzung des Eingangsverfahrens der WfbM und auf der Grundlage der Stellungnahme des Fachausschusses.
– Leistungen in einer sonstigen Beschäftigungsstätte	§§ 53, 54, 56 SGB XII	Bei allen 3 Formen: Leistungserbringung durch Vereinbarungen nach §§ 75 SGB XII, bei WfbM i. V. m. § 41 Abs. 3 SGB IX
– Leistungen zur häuslichen Pflege	§§ 61, 63 SGB XII	Budgetfähig sind alle alltäglichen, regelmäßig wiederkehrenden Bedarfe; individuelle Bedarfsermittlung; Leistungen nur, soweit Pflegeversicherung keine ausreichenden Leistungen erbringt.
Einmalige Geldpauschalen – Einmalige Leistungen zur Erstausstattung der Wohnung – Einmalige Beihilfen zur Beschaffung von Hilfsmitteln	§§ 31, 54 SGB XII i. V. m. § 55 Abs. 2 Nr. 5 SGB IX § 54 SGB XII i. V. m. § 55 Abs. 2 Nr. 1 SGB IX	Individuelle Bedarfsermittlung

7. Öffentliche Jugendhilfe

Leistung	Anspruchsgrundlage	Anspruchsermittlung/-umfang
– Eingliederungshilfe für seelisch behinderte sowie von seelischer	– § 35a SGB VIII	– Der Entscheidung über die Hilfe durch den Jugendhilfeträger geht das Hilfeplanverfahren nach § 36 Abs. 2 SGB VIII voraus. Als Grundlage für die Ausgestaltung

Leistung	Anspruchsgrundlage	Anspruchsermittlung/-umfang
Behinderung bedrohte Kinder und Jugendliche		der Hilfe sollen Fachkräfte der Jugendhilfe zusammen mit dem Personensorgeberechtigten und dem Kind oder dem Jugendlichen einen Hilfeplan aufstellen, der Feststellungen über den Bedarf, die zu gewährende Art der Hilfe sowie die notwendigen Leistungen enthält (§ 36 Abs. 2 Satz 2 SGB VIII). – Zusätzlich ist bei Hilfen nach § 35a SGB VIII zu beachten, dass nach § 36 Abs. 3 SGB VIII bei der Aufstellung und Änderung des Hilfeplans sowie bei der Durchführung der Hilfe nach § 35a SGB VIII die Person, die eine Stellungnahme nach § 35a Abs. 1a SGB VIII abgegeben hat, zu beteiligen ist. – Voraussetzung für eine Leistung ist, dass bei den Betroffenen die seelische Gesundheit des Kindes oder Jugendlichen mit hoher Wahrscheinlichkeit länger als 6 Monate von dem für sein Lebensalter typischen Zustand abweicht und daher die Teilhabe am Leben in der Gesellschaft beeinträchtigt ist oder eine solche Beeinträchtigung zu erwarten ist (§ 35a Abs.1 Satz 1 SGB VIII). – Bei der Beurteilung der seelischen Gesundheit ist nach § 35a Abs. 1a SGB VIII vom Träger der öffentlichen Jugendhilfe die Stellungnahme eines Arztes für Kinder- und Jugendpsychiatrie und -psychotherapie, eines Kinder- und Jugendpsychotherapeuten oder eines Arztes oder eines psychologischen Psychotherapeuten, der über besondere Erfahrung auf dem Gebiet seelischer Störungen bei Kindern und Jugendlichen verfügt, einzuholen. – Die Finanzierung der ermittelten Hilfe erfolgt je nach den jeweiligen Finanzierungsgrundlagen der Hilfe, beispielsweise als Fachleistungsstunde oder als vereinbarter Pauschalsatz.

8. Pflegeversicherung
8.1 Soziale Pflegeversicherung

Leistung	Anspruchsgrundlage	Anspruchsermittlung/-umfang

Häusliche Pflege
– Pflegesachleistung
	– § 36 SGB XI
	– Grundpflege und hauswirtschaftliche Versorgung
	– in Form von Gutscheinen
	– häusliche Pflegehilfe wird durch geeignete Pflegekräfte (in der Regel von Pflegediensten) mit Versorgungsvertrag erbracht
	– Anspruch besteht bei Pflegebedürftigkeit nach §§ 14, 15 SGB XI
	– ärztliche Verordnung ist nicht erforderlich
		– Feststellung der Pflegebedürftigkeit durch den MDK gemäß den Begutachtungs-Richtlinien (§ 53a Satz 1 Nr. 2 SGB XI)
		– Entscheidung durch die Pflegekasse
		– monatlich in Form von Gutscheinen (§ 36 Abs. 3 und 4 SGB XI):
		  – in der Pflegestufe I
		    seit 1. 7. 2008: bis zu 420,00 €
		    ab 1. 1. 2010: bis zu 440,00 €
		    ab 1. 1. 2012: bis zu 450,00 €
		  – in der Pflegestufe II
		    seit 1. 7. 2008: bis zu 980,00 €
		    ab 1. 1. 2010: bis zu 1040,00 €
		    ab 1. 1. 2012: bis zu 1100,00 €
		  – in der Pflegestufe III
		    seit 1. 7. 2008: bis zu 1470,00 €
		    ab 1. 1. 2010: bis zu 1510,00 €
		    ab 1. 1. 2012: bis zu 1550,00 €
		– Härtefälle bis zu 1918,00 €

Häusliche Pflege
– Pflegegeld
	– § 37 Abs. 1 SGB XI
	– Grundpflege und hauswirtschaftliche Versorgung
	– anstelle der Pflegesachleistung kann bei selbst sichergestellter Pflege (z. B. durch Angehörige) Pflegegeld beansprucht werden
	– Anspruch besteht bei Pflegebedürftigkeit nach §§ 14, 15 SGB XI
	– ärztliche Verordnung ist nicht erforderlich
		– Feststellung der Pflegebedürftigkeit durch den MDK gemäß den Begutachtungs-Richtlinien (§ 53a Satz 1 Nr. 2 SGB XI)
		– Entscheidung durch die Pflegekasse
		– monatlich in Höhe von:
		  – in der Pflegestufe I
		    seit 1. 7. 2008: 215,00 €
		    ab 1. 1. 2010: 225,00 €
		    ab 1. 1. 2012: 235,00 €
		  – in der Pflegestufe II
		    seit 1. 7. 2008: 420,00 €
		    ab 1. 1. 2010: 430,00 €
		    ab 1. 1. 2012: 440,00 €
		  – in der Pflegestufe III
		    seit 1. 7. 2008: 675,00 €
		    ab 1. 1. 2010: 685,00 €
		    ab 1. 1. 2012: 700,00 €

Aufzählung budgetfähiger Leistungen § 17

Leistung	Anspruchsgrundlage	Anspruchsermittlung/-umfang
Häusliche Pflege – Kombination von Geld- und Sachleistung	– § 38 SGB XI – anteilige Pflegesachleistung (§ 36 Abs. 3 und 4 SGB XI) in Form von Gutscheinen und ein anteiliges Pflegegeld nach § 37 SGB XI – Pflegesachleistung wird durch geeignete Pflegekräfte (in der Regel von Pflegediensten) mit Versorgungsvertrag erbracht – der Pflegebedürftige hat zu entscheiden, in welchem Verhältnis er Geld- und Sachleistung in Anspruch nehmen möchte – Entscheidungsbindung für mindestens 6 Monate – Anspruch besteht bei Pflegebedürftigkeit nach §§ 14, 15 SGB XI – ärztliche Verordnung ist nicht erforderlich	– Feststellung der Pflegebedürftigkeit durch den MDK gemäß den Begutachtungs-Richtlinien (§ 53a Satz 1 Nr. 2 SGB XI) – Entscheidung durch die Pflegekasse – Berechnung des Anteils erfolgt nach dem Verhältnis zwischen dem jeweiligen Höchstbetrag der Sachleistung und dem tatsächlich in Anspruch genommenen Betrag. Entsprechend diesem Verhältnis wird das Pflegegeld anteilig ausgezahlt.
Pflegehilfsmittel, die zum Verbrauch bestimmt sind	– § 40 Abs. 2 SGB XI – zur Erleichterung der Pflege (z. B. Angehörige) oder zur Linderung der Beschwerden des Pflegebedürftigen (nicht für den Pflegedienst im Rahmen der Erbringung der Pflegesachleistung) – Produktgruppe 54 „Zum Verbrauch bestimmte Hilfsmittel" des Pflegehilfsmittelverzeichnisses gemäß § 78 Abs. 2 Satz 2 SGB IX (Fingerlinge, Einmalhandschuhe, Mundschutz, Schutzschürzen, Desinfektionsmittel, Bettschutzeinlagen zum Einmalgebrauch) – es müssen keine bestimmten Leistungserbringer in Anspruch genommen werden – Pflegebedürftigkeit besteht nach §§ 14, 15 SGB XI – ärztliche Verordnung ist nicht erforderlich	– die Pflegekasse prüft die Notwendigkeit der Versorgung mit den beantragten Pflegehilfsmitteln unter Beteiligung einer Pflegefachkraft oder des MDK – monatlich in Höhe bis zu 31,00 €

Leistung	Anspruchsgrundlage	Anspruchsermittlung/-umfang

Tages- und Nachtpflege	– § 41 SGB XI
	– teilstationäre Pflege kann in Anspruch genommen werden, wenn häusliche Pflege nicht ausreichend sicher gestellt ist oder zur Ergänzung/Stärkung der häuslichen Pflege
	– in Form von Gutscheinen
	– teilstationäre Pflege wird durch Tages- und Nachtpflegeeinrichtungen mit einem Versorgungsvertrag erbracht
	– zu den Leistungsinhalten gehören insbesondere Hilfen bei der Körperpflege, Ernährung, Mobilität, soziale Betreuung und medizinische Behandlungspflege
	– Anspruch besteht bei Pflegebedürftigkeit nach §§ 14, 15 SGB XI
	– ärztliche Verordnung ist nicht erforderlich
		– Feststellung der Pflegebedürftigkeit durch den MDK gemäß Begutachtungs-Richtlinien (§ 53a Satz 1 Nr. 2 SGB XI)
		– Entscheidung durch die Pflegekasse
		– monatlich in Form von Gutscheinen:
		  – in Pflegestufe I
		    seit 1. 7. 2008: bis zu 420,00 €
		    ab 1. 1. 2010: bis zu 440,00 €
		    ab 1. 1. 2012: bis zu 450,00 €
		  – in der Pflegestufe II
		    seit 1. 7. 2008: bis zu 980,00 €
		    ab 1. 1. 2010: bis zu 1040,00 €
		    ab 1. 1. 2012: bis zu 1100,00 €
		  – in der Pflegestufe III
		    seit 1. 7. 2008: bis zu 1470,00 €
		    ab 1. 1. 2010: bis zu 1510,00 €
		    ab 1. 1. 2012: bis zu 1550,00 €
		– Treffen Leistungen der Tages- und Nachtpflege mit der Pflegesachleistung (§ 36 SGB XI), dem Pflegegeld (§ 37 SGB XI) oder mit der Kombination von Geld- und Sachleistung (§ 38 SGB XI) zusammen, sind die Leistungen miteinander zu verrechnen. Der Gesamtanspruch erhöht sich hierbei auf das 1,5-fache des Sachleistungshöchstbetrages. Wird bspw. 50% der Leistung der Tages- und Nachtpflege in Anspruch genommen, besteht daneben noch ein 100%-iger Anspruch auf Pflegegeld oder eine Pflegesachleistung. Der Anspruch auf Pflegegeld oder eine Pflegesachleistung erhöht sich jedoch nicht, wenn weniger als 50% der Leistung für die Tages- und Nachtpflege in Anspruch genommen werden.

8.2 Private Pflegepflichtversicherung

Leistungen der privaten Pflegeversicherung können ebenfalls als Persönliches Budget erbracht werden, auch wenn die Regelungen des SGB IX dies für private Versicherungsunternehmen nicht vorsehen. Bei privaten Versicherungsunternehmen, die die private Pflegepflichtversicherung durchführen, kann jedoch kein rechtswirksamer Antrag auf ein trägerübergreifendes Persönliches Budget gestellt werden und sie können auch nicht die Rolle des Beauftragten übernehmen (vgl. Kapitel 6 ff.).

Unter Berücksichtigung dieser formalen Besonderheiten empfiehlt es sich gleichwohl, das gesamte Verfahren inhaltlich so zu gestalten, dass der individuelle Bedarf gemeinsam festgestellt und die dazu erforderlichen Leistungen koordiniert werden. Die damit verbundenen Verfahrensfragen sind im Einzelfall zu klären.

Die Leistungen der privaten Pflegepflichtversicherung werden jedoch nach den gleichen Anspruchsgrundlagen erbracht und entsprechen dem unter 8.1 aufgeführten Leistungskatalog der sozialen Pflegeversicherung. Im Unterschied zur sozialen Pflegeversicherung werden die Leistungen nicht als Sachleistungen, sondern in Form der Kostenerstattung zur Verfügung gestellt. Aus diesem Grund ist in der privaten Pflegepflichtversicherung eine Leistungsinanspruchnahme durch Gutscheine nicht notwendig.

9. Integrationsämter

Potentiell budgetfähige Leistungen der Integrationsämter (IntÄ) an schwerbehinderte Menschen (sbM) im Rahmen der begleitenden Hilfe im Arbeitsleben nach § 102 Abs. 2–5 SGB IX

Allgemeines zum Adressatenkreis sowie den Leistungsvoraussetzungen, -arten und -höhen

Berechtigter Personenkreis

Menschen mit Schwerbehindertenstatus (§ 2 Abs. 2 SGB IX) und ihnen gleichgestellte Menschen (§ 2 Abs. 3 SGB IX).

Beschäftigungs- und Arbeitsplatzbegriff der begleitenden Hilfe im Arbeitsleben

– Arbeitnehmer, Beamte, Richter sowie Auszubildende und andere zur beruflichen Bildung Eingestellte (vgl. § 73 Abs. 1 SGB IX) sowie
– vergleichbare Tätigkeiten auf dem Gebiet des Arbeits- und Berufslebens (Geistliche, s. Bundesverwaltungsgericht vom 14. November 2003 – 5 C 13.02 – Behindertenrecht (br) 2004, 79; Soldaten/Soldatinnen, s. Oberverwaltungsgericht Schleswig-Holstein vom 3. Mai 2001 – 2 L 35/01)
– in unbefristeter oder befristeter Vollzeit- und Teilzeitbeschäftigung mit mindestens 15 Arbeitsstunden wöchentlich (s. § 102 Abs. 2 Satz 3 SGB IX) sowie
– Selbstständige (s. § 102 Abs. 3 Satz 1 Nr. 1c SGB IX und § 21 Schwerbehinderten-Ausgleichsabgabeverordnung (SchwbAV).

Leistungszweck

Nur Leistungen an sbM in unmittelbarem Zusammenhang mit der beruflichen Tätigkeit, Arbeitsplatzbezug (§ 102 Abs. 2 Satz 2 SGB IX, § 17 Abs. 2 Satz 1 und § 18 Abs. 2 Nr. 1 SchwbAV); keine medizinischen, Urlaubs- oder Freizeitmaßnahmen (§ 17 Abs. 2 Satz 2 SchwbAV).

Nachrang der Leistungen der begleitenden Hilfe im Arbeitsleben

– gegenüber Leistungen der Rehabilitationsträger zur Teilhabe am Arbeitsleben nach § 33 SGB IX (§ 102 Abs. 5 SGB IX und § 18 Abs. 1 Satz 1 SchwbAV) sowie
– gegenüber Leistungen und Leistungsverpflichtungen des Arbeitgebers oder Dritter (§ 102 Abs. 5 Satz 1 SGB IX und § 18 Abs. 1 Satz 1 SchwbAV sowie § 81 Abs. 4 SGB IX)

Ermessen

Leistungen der begleitenden Hilfe im Arbeitsleben sind Ermessensleistungen (§ 102 Abs. 3 Satz 1 SGB IX, § 17 Abs. 1 Satz 1 SchwbAV-„Kann-Leistung"); Ausnahme: Rechtsanspruch auf Übernahme der Kosten einer notwendigen Arbeitsassistenz (vgl. § 102 Abs. 4 SGB IX, § 17 Abs. 1a SchwbAV).

Die Leistungserbringung/-verpflichtung der IntÄ ist stets beschränkt auf die ihnen zur Verfügung stehenden Mittel der Ausgleichsabgabe (§ 102 Abs. 3 Satz 1 und Abs. 4 SGB IX, § 17 Abs. 1a SchwbAV).

Leistungsarten

- Zuschüsse und/oder Darlehen
- einmalige oder laufende Leistungen (Letztere i. d. R. nur befristet, § 18 Abs. 3 Sätze 1 und 2 SchbAV)
- wiederholte Leistungserbringung möglich (§ 18 Abs. 3 Satz 3 SchwbAV).

Leistungshöhe

- Bei behinderungsbedingtem Mehraufwand i. d. R. volle Kostenübernahme, einkommens- und vermögensunabhängig (vgl. § 18 Abs. 2 Nr. 2 Satz 1 SchwbAV),
- im Übrigen anteilige Bezuschussung und/oder Darlehensgewährung nach den Umständen des Einzelfalls, dabei u. a. Berücksichtigung der Einkommensverhältnisse (vgl. § 18 Abs. 2 Nr. 2 Satz 2 SchwbAV).

Die Leistungen der begleitenden Hilfe im Arbeitsleben an sbM im Einzelnen:

Leistung	Anspruchsgrundlage	Anspruchsermittlung/-umfang
Technische Arbeitshilfen (Beschaffung, Wartung, Instandsetzung, Ausbildung im Gebrauch, Ersatzbeschaffung, Anpassung an die techn. Weiterentwicklung)	§ 102 Abs. 3 Satz 1 Nr. 1a SGB IX, § 19 SchwbAV	– Individuelle, behinderungsspezifische Geräte usw. (z. B. mobile Brailleszeile u. Laptop für blinden Außendienstmitarbeiter) – Vielfach fachtechnische Stellungnahme der Beratenden Ingenieure der IntÄ, Arbeitsplatzbesichtigung, Einholen von Angeboten verschiedener Lieferanten
Zum Erreichen des Arbeitsplatzes (Beschaffung eines Kfz, behinderungsbedingte Zusatzausstattung, Erlangung einer Fahrerlaubnis)	§ 102 Abs. 3 Satz 1 Nr. 1b SGB IX, § 20 SchwbAV i. V. m. den Vorschriften der Kraftfahrzeughilfe-Verordnung (KfzHV) (grds. nur Beamte/innen und Selbstständige)	– I. d. R. behinderungsbedingte Notwendigkeit der Kfz-Nutzung zum Erreichen des Arbeitsplatzes (Merkzeichen „aG/G" gem. § 3 Abs. 1 Nr. 1 (auch Nrn. 2 u. 3) und Abs. 2 Nr. 2 SchbAwVO) – Leistungsart und -höhe s. §§ 4–8 KfzHV
Zur Beschaffung, Ausstattung und Erhaltung einer behinderungsgerechten Wohnung	§ 102 Abs. 3 Satz 1 Nr. 1d SGB IX, § 22 SchwbAV (grds. nur Beamte/innen und Selbstständige, s. § 33 Abs. 8 Nr. 6 SGB IX), z. T. in Verbindung mit Ministerialerlassen der Bundesländer	– Leistungen nur bei Zusammenhang mit Arbeitsplatz (Betreten/Verlassen der Wohnung, Mobilität in der Wohnung, ansonsten s. zur Wohnungsausstattung § 55 Abs. 2 Nr. 5 SGB IX)

Aufzählung budgetfähiger Leistungen § 17

Leistung	Anspruchsgrundlage	Anspruchsermittlung/-umfang
		– Vielfach fachtechnische Begutachtung durch Beratende Ingenieure der IntÄ
Zur Teilnahme an Maßnahmen zur Erhaltung und Erweiterung berufl. Kenntnisse und Fertigkeiten	§ 102 Abs. 3 Satz 1 Nr. 1e SGB IX, § 24 SchwbAV	– I. d. R. konkreter Bezug zur derzeit ausgeübten oder alsbald auszuübenden Tätigkeit erforderlich – Primär Übernahme behinderungsspezifischer Kosten (z. B. Gebärdensprach-Dolmetscher)
In besonderen Lebenslagen	§ 102 Abs. 3 Satz 1 Nr. 1f SGB IX, § 25 SchwbAV	– Auffangtatbestand für individuelle, arbeitsplatzbezogene, aber nicht spezialrechtlich bereits in den §§ 19–24 SchwbAV geregelten Hilfen und Maßnahmen – Einzelfallabhängige Bestimmung der Leistungsart und -höhe
Übernahme der Kosten einer notwendigen Arbeitsassistenz (zur Sicherung bestehender Beschäftigungsverhältnisse)	§ 102 Abs. 4 u. Abs. 7 SGB IX, § 17 Abs. 1a SchwbAV (Rechtsanspruch) i. V. m. den „Empfehlungen der Bundesarbeitsgemeinschaft der Integrationsämter und Hauptfürsorgestellen (BIH) zur Erbringung finanzieller Leistungen zur Arbeitsassistenz schwerbehinderter Menschen gemäß § 102 Abs. 4 SGB IX" (in der jeweils geltenden Fassung)	– Behinderungsbedingt erforderliche, regelmäßig wiederkehrende Unterstützung und Hilfestellung am Arbeitsplatz = bei der Arbeitsausführung (z. B. keine Assistenz beim Weg zur/von der Arbeit, Verwaltungsgericht Meiningen vom 18. September 2003, br 2004, 85) – Arbeitsvertraglich geschuldete (Kern)Tätigkeit muss im Übrigen vom sbM selbst geleistet werden (vgl. § 613 BGB) – Keine pflegerischen Dienstleistungen – Ermittlung des tagesbezogenen Assistenzstundenbedarfs und entsprechend gestaffelte Bewilligungshöhe (mtl. Zuschuss) – Grundsätzlich mtl. Höchstbetrag (wegen Verhältnis der Leistung zum erzielten Arbeitseinkommen), jedoch mit Öffnungsklausel für besondere Einzelfälle – Arbeitsassistenz wird vom sbM selbst beauftragt (Arbeitgeber- oder Dienstleistermodell, dafür Regiekostenzuschuss)

Leistung	Anspruchsgrundlage	Anspruchsermittlung/-umfang
nachrichtlich: Übernahme der Kosten einer notwendigen Arbeitsassistenz für sbM zur Erlangung eines Arbeitsplatzes	§ 33 Abs. 8 Satz 1 Nr. 3 und Sätze 2–4 SGB IX § 33 Abs. 8 Satz 2 SGB IX § 33 Abs. 8 Sätze 2 und 3 SGB IX §§ 33 Abs. 8 Satz 4 und 102 Abs. 4 SGB IX	– Reha-Träger nach § 6 Abs. 1 Nr. 1–5 SGB IX (also nicht Jugend- und Sozialhilfe) – Die Leistung wird bis zu 3 Jahren erbracht und – Wird für die Reha-Träger durch die IntÄ nach den in der o. g. BIHEmpfehlung geregelten Kriterien gegen Kostenerstattung ausgeführt. – Daran kann sich eine Weiterbewilligung durch die IntÄ anschließen.
Zur Gründung und Erhaltung einer selbstständigen beruflichen Existenz	§ 102 Abs. 3 Satz 1 Nr. 1c SGB IX § 21 SchwbAV § 21 Abs. 1 SchwbAV § 21 Abs. 4 SchwbAV	Gründungsdarlehen – i. d. R. für arbeitslose sbM, die die persönlichen und fachlichen Voraussetzungen für die angestrebte Tätigkeit erfüllen – günstige betriebswirtschaftliche Prognose zur Tragfähigkeit der Existenzgründung, prognostiziertes Einkommen über Sozialhilfeniveau (Hilfe zum Lebensunterhalt) – Sicherstellung des Lebensunterhalts voraussichtlich auf Dauer im Wesentlichen durch die selbstständige Tätigkeit (prognostiziertes Einkommen über der Hilfe zum Lebensunterhalt nach dem SGB XII) Zusätzliche individuelle begleitende Hilfen – entsprechende Leistungen wie bei abhängig beschäftigten sbM (z. B. technische Arbeitshilfen, Arbeitsassistenz) i. d. R. als Zuschuss
Gebärdensprachdolmetscher- / Kommunikationshelfer-Einsätze im Rahmen der begleitenden Hilfe im Arbeits-	§ 102 Abs. 2 Sätze 2 und 6 Halbsatz 1 SGB IX i. V. m §§ 17 Abs. 2 Satz 2 SGB I und 19 Abs. 2 Satz 4 SGB X	a) Bei ausgebildeten Gebärdensprachdolmetschern: Kostenerstattung nach Maßgabe des JVEG (vgl. insbes. § 8 Abs. 1 u. 2 i. V. m. §§ 5, 9 Abs. 3 sowie 12 Abs. 1 Satz 1 u. Satz 2 Nr. 4; ggf. § 14)

Leistung	Anspruchsgrundlage	Anspruchsermittlung/-umfang
leben (außerhalb längerfristiger Einsätze im Rahmen der o. g. Arbeitsassistenz)		b) Kommunikationshelfer (z. B. Schriftmittler für hochgradig Hörgeschädigte): Kostenerstattung nach Landesrecht oder behördeninternen Vergütungsrichtlinien

HEGA 05/08 – 05 – Teilhabe behinderter Menschen am Arbeitsleben Persönliches Budget gem. § 17 SGB IX i. V. m. § 103 SGB III (GA 18/2008)

Gültig ab: 20. 5. 2008

Gültig bis: 31. 12. 2011

Weisungscharakter: ja

Zusammenfassung

Das BMAS hat klarstellende Hinweise zur Nachweisführung für mit PersB beschaffte Leistungen gegeben: nicht verbrauchte Leistungen verbleiben demnach vollständig beim Budgetnehmer. Weitere Klarstellungen beziehen sich auf Rechtsfragen zum SGB II im Zusammenhang mit Budgetleistungen. Die HEGA gilt nunmehr auch für den Rechtskreis SGB II. Änderungen zur HEGA 12/2007 sind gekennzeichnet.

1. Zielsetzung
2. Rechtsanspruch Persönliches Budget
3. Beteiligung und Aufgaben der Reha-Träger
4. Allgemeine Voraussetzungen für das PersB
5. Budgetfähige Leistungen
6. Bemessung des grundsätzlichen Bedarfs
7. Bemessung des PersB
8. Formen des PersB
9. Zielvereinbarung mit dem Budgetnehmer
10. Zuständigkeit und Verfahren
11. Statistik
12. Sonstiges
13. Anwendung im Rechtskreis SGB II
14. Aufgehobene Weisung

Ab Januar 2008 sind Leistungen zur Teilhabe am Arbeitsleben auf Antrag als Persönliches Budget auszuführen – Rechtsanspruch auf Ausführung von Teilhabeleistungen in Form eines Persönlichen Budgets (Persönliches Budget im Überblick, s. Anlage 1). Mit Schreiben vom 2. April 2008 hat das BMAS ergänzende Hinweise zur Durchführung des PersB gegeben, die geltenden Weisungen werden entsprechend fortgeschrieben.

1. Zielsetzung

Mit der Leistungsform Persönliches Budget (PersB) wird der durch das SGB IX eingeleitete Paradigmenwechsel in der Politik für behinderte Menschen fortgesetzt. Der behinderte Mensch organisiert kompetent und eigenverantwortlich in Abstimmung mit dem Reha-Träger die seinem Hilfebedarf entsprechenden Teilhabeleistungen, seinen Weg in Ausbildung und Beschäftigung.

Mit der Entscheidung für das PersB bringen sich behinderte Menschen initiativ, aktiv und eigenverantwortlich in den Teilhabe- und Integrationsprozess ein. Das lässt erwarten, dass mit PersB bei gleichem Mitteleinsatz eher überdurchschnittliche Integrationsergebnisse (Wirkung) erzielt werden können.

2. Rechtsanspruch Persönliches Budget

Bis 31. Dezember 2007 wurde das PersB erprobt. In diesem Zeitraum wurden Leistungen im Rahmen pflichtgemäßen Ermessens als PersB gewährt. Seit 1. Januar 2008 sind Leistungen auf Antrag als PersB auszuführen (§ 159 Abs. 5 SGB IX); es besteht dann auf die Ausführung als PersB ein Rechtsanspruch.

Im Rahmen der Beratung ist über Inhalt und Bedeutung der Ausführung von Teilhabeleistungen durch ein PersB, die damit verbundenen individuellen Gestaltungsmöglichkeiten und den – antragsgebundenen – Rechtsanspruch auf Ausführung von Teilhabeleistungen durch ein PersB zu informieren.

3. Beteiligung und Aufgaben der Reha-Träger

Bei der Ausführung des PersB sind nach Maßgabe des individuell festgestellten Bedarfs ggf. auch andere Reha-Träger sowie die Pflegekassen und die Integrationsämter beteiligt (trägerübergreifendes Budget).

In Abhängigkeit zu den Umständen des konkreten Falles können sich unterschiedliche Aufgaben der BA als Reha-Träger ergeben:

3.1 BA ist allein beteiligter Reha-Träger

Die BA ist alleiniger Träger beruflicher Rehabilitation und damit auch eigenständig für die Umsetzung des PersB verantwortlich.

Auch in Fällen mit SGB II-Bezug ist die BA Reha-Träger (§ 6a SGB IX). Steht zu erwarten, dass Leistungen in ein PersB eingebracht werden sollen, für die die Arbeitsgemeinschaft (ARGE) oder der zugelassene kommunale Träger (zkT) leistungsverpflichtet sind, ist der Fall, vorbehaltlich vertraglicher Regelungen nach HEGA 12/2006, im Ergebnis wie ein Fall mit Beteiligung eines anderen Reha-Trägers zu behandeln (Koordinierung der nach SGB III / SGB II zu erbringenden Leistungen – vgl. HEGA 08/2006 – wie beim trägerübergreifenden Budget).

3.2 Trägerübergreifendes Budget

Bei der Ausführung des PersB sind nach Maßgabe des individuell festgestellten Bedarfs ggf. auch andere Reha-Träger sowie die Pflegekassen und die Integrationsämter beteiligt (trägerübergreifendes Budget).

Vorgehen:
- Feststellung des zuständigen / beauftragten Trägers (Budgetbeauftragten) nach § 17 Abs.4 SGB IX. Ist die BA Budgetbeauftragte, gelten in Fällen mit SGB II-Bezug die Ausführungen zu 3.1 entsprechend.
- Festlegung über sachlich zu beteiligende Leistungsträger
- Trägerkonferenz gem. § 17 Abs. 4 SGB IX in einer abgestuften Vorgehensweise:
  - Vereinfachtes Verfahren:
    mündliche, telefonische und schriftliche trägerübergreifende Bedarfsfeststellung oder
  - ausführliches Verfahren (nur wenn unter Berücksichtigung des Einzelfalls notwendig):
    Einberufung des Gremiums mit allen Teilnehmern
- Die beteiligten Träger teilen ihre Leistung dem beauftragten Träger mit (Einzelzielvereinbarungen zu Teilbudgets – ggf. Zwischenbescheide der beteiligten Leistungsträger). Der beauftragte Träger erstellt die Gesamtzielvereinbarung und den Gesamtbescheid „Persönliches Budget".

- Die beteiligten Leistungsträger stellen das auf sie entfallende Teilbudget rechtzeitig dem Budget-Beauftragten zur Verfügung (§ 3 Abs. 5 Satz 2 BudgetV).
- Es besteht seitens des Budget-Beauftragten ein Erstattungsanspruch gegenüber den beteiligten Reha-Trägern nach den §§ 93, 89 Abs. 3 und 5, 91 Abs. 1 und 3 SGB X.

Ergänzend wird auf die auf Ebene der Bundesarbeitsgemeinschaft für Rehabilitation (BAR) erarbeiteten Vorläufigen Handlungsempfehlungen „Trägerübergreifende Aspekte bei der Ausführung von Leistungen durch ein Persönliches Budget" (einschließlich Anhang) vom 1. Nov. 2004 – Stand 1. November 2006 – verwiesen.

Im Einvernehmen mit dem Budgetnehmer kann für Teilbudgets getrennte Auszahlung vereinbart werden.

4. Allgemeine Voraussetzungen für das PersB

Leistungen zur Teilhabe behinderter Menschen am Arbeitsleben sind – auf Antrag – durch ein Persönliches Budget (PersB) auszuführen, um den Leistungsberechtigten in eigener Verantwortung ein möglichst selbst bestimmtes Leben zu ermöglichen.

Das PersB ist (nur) eine Form der Ausführung von Teilhabeleistungen, alle übrigen Regelungen zur Teilhabe (SGB III / SGB IX) gelten unverändert. Dementsprechend muss die BA zuständiger Reha-Träger und der Reha-Bedarf nach § 19 SGB III festgestellt sein. Darüber hinaus muss mit dem behinderten Menschen ein mit Teilhabeleistungen nach dem SGB IX und SGB III zu förderndes Teilhabeziel erarbeitet sein (Leistungsgegenstand). Damit sind z. B. Leistungen für Aus- und Weiterbildungen außerhalb des Berufsbildungsgesetzes bzw. der Handwerksordnung nur dann als PersB auszuführen, wenn ein Rechtsanspruch auf Förderung nach § 102 Abs. 2 SGB III gegeben ist und die vom Budgetnehmer anderweitig organisierte Aus- und Weiterbildung wie in besonderen Einrichtungen für behinderte Menschen (Vergleichbarkeit insbesondere im Hinblick auf die organisierten „Unterstützungsleistungen") erfolgt.

Die BudgetV regelt insbesondere das Antragsverfahren, die Zuständigkeit und Zusammenarbeit der Leistungsträger, die Bedarfsfeststellung und den Abschluss einer Zielvereinbarung.

5. Budgetfähige Leistungen

Es sind weiterhin alle Leistungen zur Teilhabe am Arbeitsleben nach dem SGB IX und SGB III, für die Arbeitnehmer anspruchsberechtigt sind (Leistungen an Arbeitnehmer), budgetfähig. Leistungen, für die Arbeitgeber anspruchsberechtigt sind (Leistungen an Arbeitgeber) sind nicht budgetfähig, da sie nicht dem „Einkauf" von Teilhabeleistungen durch behinderte Menschen dienen.

6. Bemessung des grundsätzlichen Bedarfs

Die Höhe des Persönlichen Budgets soll die Kosten aller bisher individuell festgestellten, ohne das Persönliche Budget zu erbringenden Leistungen nicht überschreiten (§ 17 Abs. 3 S. 4 SGB IX). Grundlage für den finanziellen Umfang ist deshalb das mit den herkömmlichen Förderinstrumenten definierte Leistungspaket für den Rehabilitanden (grundsätzlicher Bedarf).

6.1 Teilnahmekosten, Fahrkosten, Reisekosten etc.

Die Leistungen werden so einbezogen, wie sie für den individuellen Förderfall entstehen würden, wenn z. B. an einer konkreten Maßnahme teilgenommen würde.

6.2 Lohnersatzleistungen / Leistungen zum Lebensunterhalt

Lohnersatzleistungen und Leistungen zum Lebensunterhalt werden einschließlich der für diese Leistungen anfallenden Sozialversicherungsbeiträge bei der Bemessung des grundsätz-

§ 17   HEGA 05/08 – 05 –

lichen Bedarfs so einbezogen, wie bei herkömmlicher Förderung ein Anspruch auf die Leistung besteht.

Damit ein Anspruch auf Leistungen zum Lebensunterhalt geprüft werden kann, ist vom Berater – wie bisher auch – ein Fragebogen/Antrag an den Antragsteller auszuhändigen (bei Übg Vordruck BA II R 175, bei Abg für Ausbildung – BA II R 160, bei Abg für BvB und WfbM – BA II R 168).

7. Bemessung des PersB

PersB sind so zu bemessen, dass der individuell festgestellte (Finanz-) Bedarf gedeckt wird und die erforderliche Beratung und Unterstützung erfolgen kann. Dabei soll die Höhe des Persönlichen Budgets die Kosten aller individuell festgestellten, ohne das Persönliche Budget zu erbringenden Leistungen (grundsätzlicher Bedarf) nicht überschreiten (§ 17 Abs. 3 S. 4 SGB IX). In angemessenem Umfang können dabei Aufwendungen für „Unerwartetes / sonstige kleinere Aufwendungen" in das PersB einbezogen werden. Das PersB soll im Sinne § 7 SGB III wirtschaftlich ausgestaltet werden.

8. Formen des PersB

Die Leistungsform PersB eröffnet die Möglichkeit, ein in seinem finanziellen Umfang auf der Grundlage herkömmlicher Förderinstrumente definiertes Leistungspaket entsprechend den individuellen Gegebenheiten und Interessen – losgelöst von den herkömmlichen Förderinstrumenten – neu zu „schnüren".

PersB können auch als Teilbudget mit bestimmten „herkömmlichen" Teilhabeleistungen, aber auch mit anderen Leistungen zur Integration behinderter Menschen in Ausbildung und Arbeit kombiniert werden.

8.1 Geld- und Sachleistungen

PersB werden in der Regel als Geldleistungen ausgeführt, bei laufenden Geldleistungen monatlich im Voraus (§ 17 Abs. 3 Satz 1 SGB IX i. V. m. § 3 Abs. 5 Satz 3 BudgetV). Damit soll sichergestellt werden, dass Budgetnehmer in Bezug auf von ihnen einzukaufende laufende Teilhabeleistungen bei unterstellter monatlicher Zahlung nicht mit eigenen Mitteln in „Vorleistung" treten müssen.

Besteht begründete Besorgnis, dass Geldleistungen für andere als Budgetzwecke (budgetfremd) verwendet werden, sind Gutscheine auszugeben. In solchen Fällen ist die Stelle, bei der der Gutschein eingelöst werden kann, entsprechend den Festlegungen in der Zielvereinbarung als „einlösungsberechtigte Stelle" auf dem Gutschein zu vermerken.

8.2 Lohnersatzleistungen / Leistungen zum Lebensunterhalt

Da die zur Teilhabe am Arbeitsleben vorgesehenen Lohnersatzleistungen / Leistungen zum Lebensunterhalt nach ihrer Zweckbestimmung nicht dem Einkauf von Teilhabeleistungen dienen, werden diese Leistungen, auch wenn sie in ein PersB eingebunden sind, weiter in den Leistungsverfahren zu den dort vorgesehenen Zahlungsterminen zahlbar gemacht.

Im Hinblick auf noch zu klärende sozialversicherungsrechtliche Fragen können Leistungen zum Lebensunterhalt als Budgetleistung bis auf Weiteres nur bewilligt werden, wenn auch bei herkömmlicher Förderung ein Anspruch auf die Leistung bestünde.

Ausbildungsgeld / Übergangsgeld kommen als Budgetleistung auch dann in Betracht, wenn der Budgetnehmer einen Förderanspruch im Sinne des § 102 SGB III im Ergebnis – also insbesondere in Bezug auf die besondere behindertenspezifische Ausrichtung – in einer der Teilnahme an einer der dort benannten Maßnahmetypen (§ 102 Abs. 1 Nr. 1 a) und b) vergleichbaren Art realisiert. Ebenso kommen Abg/Übg als Budgetleistung in Betracht, wenn ein Förderanspruch i. S. von § 40 SGB IX im Rahmen eines PersB in eigener Regie des Budgetnehmers ohne Anbindung an eine WfbM, z.B. durch Wahrnehmung von auf den Personenkreis des § 136 SGB IX (Werkstattbedürftigkeit) zugeschnittenen Angeboten realisiert wird; dabei kann es sich auch um auf Einzelpersonen zugeschnittene Angebote handeln.

Bei entsprechender Fallgestaltung kann die Leistungsdauer über eine rechtlich festgelegte Förderdauer hinaus – auf der Grundlage der nach Leistungsrecht sich ergebenden Höhe – erweitert werden. Die so veränderte Leistungsdauer ist in Vordruck Reha 104 einzutragen. Zu beachten ist insoweit nur die Maßgabe des § 17 Abs. 3 Satz 4 SGB IX zur Höhe des PersB.

Im Übrigen sind die Leistungen zum Lebensunterhalt nach den für sie geltenden gesetzlichen Vorschriften und Weisungen zu erbringen.

8.3 Sozialversicherung

Eine sozialversicherungsrechtliche Absicherung ist für Budgetnehmer nur für die Dauer des Übg-Bezuges gewährleistet. In allen anderen Fällen (auch bei Abg-Bezug) ist dem Budgetnehmer aufzugeben, eigenverantwortlich zu klären, inwieweit die von ihm gewählte Teilhabekonzeption Tatbestände erfüllt, die eine sozialversicherungsrechtliche Absicherung gewährleisten und / oder in eigener Verantwortung für eine Absicherung zu sorgen. Der Budgetnehmer ist hierauf in der Zielvereinbarung hinzuweisen (siehe Ziffer 9.2.4).

9. Zielvereinbarung mit dem Budgetnehmer

Von zentraler Bedeutung bei der Ausführung von Teilhabeleistungen als PersB ist die Bedarfsfeststellung (§ 3 Abs. 3 BudgetV) und die mit dem Budgetnehmer abzuschließende Zielvereinbarung, die nach § 4 BudgetV mindestens Regelungen enthalten muss über

1. die Ausrichtung der individuellen Förder- und Leistungsziele (orientiert am Hauptziel)
2. die Erforderlichkeit eines Nachweises für die Deckung des festgelegten individuellen Bedarfs sowie
3. die Qualitätssicherung.

9.2 Zielvereinbarung

Die Zielvereinbarung wird grundsätzlich für die Dauer des Bewilligungszeitraums der Leistungen des PersB abgeschlossen und kann aus wichtigem Grund mit sofortiger Wirkung schriftlich gekündigt werden (§ 4 Abs. 2 und 3 BudgetV). Im Übrigen ist der Antragsteller an die Entscheidung für die Dauer von sechs Monaten gebunden. An dem Verfahren ist auf Antrag des Budgetnehmers eine Person seiner Wahl zu beteiligen.

9.2.1 Ausrichtung der individuellen Förder- und Leistungsziele

Hierzu sind in Abstimmung mit der antragstellenden Person bedarfsgerecht konkret und detailliert die vorgesehenen Schritte zur Teilhabe einschließlich der jeweils zu realisierenden individuellen Qualifizierungselemente, Hilfe und Unterstützung festzulegen. Soweit dies unter Einbeziehung Dritter (z. B. Betriebe) erfolgen soll, sollten vertragliche Festlegungen des Budgetnehmers mit diesen eingefordert und in die Zielvereinbarung einbezogen werden.

9.2.2 Nachweis des festgelegten individuellen Bedarfs und Qualitätssicherung

Hierzu ist konkret festzulegen, wie und zu welchem Zeitpunkt wem gegenüber nachzuweisen ist, mit welchen Ergebnissen / Integrationsfortschritten die einzelnen Schritte zur Teilhabe absolviert wurden. Ergänzend sollten Festlegungen zu entsprechenden Beratungsgesprächen bezüglich der Nachhaltigkeit erfolgen.

9.2.3 Umgang mit dem Budget

Intention der Ausführungsform von Teilhabeleistungen als PersB ist es, behinderten Menschen die Führung eines selbstbestimmten Lebens zu ermöglichen. Dazu wird der individuell festgestellte Bedarf geldwert als Budgetbetrag bemessen und als einheitliche Geldleistung erbracht. Die in § 4 Abs. 1 Nr. 2 BudgetV festgelegte Nachweisführung für die Deckung des festgestellten Bedarfs dient dabei der Sicherstellung, dass die in Form des PersB erbrachten Leistungen auch tatsächlich Zweck entsprechend eingesetzt worden sind. Eine aufwändige Nachweisführung über die jeweiligen Kosten der mit Budgetmitteln beschafften Leistungen einschließlich einer abschließenden Prüfung durch den Leistungsträger ist nicht vorgesehen.

Es obliegt allein dem Budgetnehmer, den in der Zielvereinbarung festgelegten Bedarf mit dem zur Verfügung gestellten Budget zu realisieren und die vollständige Bedarfsdeckung nachzuweisen. Eine Abrechung, Rechnungslegung oder gar Rechtfertigung der geldwerten Höhe von eingekauften (Teil-)Leistungen gegenüber dem Leistungsträger ist damit nicht verbunden. Nicht verbrauchte Beträge verleiben also vollständig beim Budgetnehmer.

9.2.4 Sozialversicherung

Der Hinweis zur eigenverantwortlichen Klärung der sozialversicherungsrechtlichen Absicherung (z. B. bei Abg-Bezug) ist als gesonderte Klausel in die Zielvereinbarung aufzunehmen. Die Kenntnisnahme dieser Klausel ist vom Budgetnehmer bzw. dessen gesetzlichen Vertreter durch Unterschrift gesondert zu bestätigen. Eine sozialversicherungsrechtliche Absicherung ist für Budgetnehmer nur für die Dauer des Übg-Bezuges gewährleistet (siehe Ziffer 8.3).

10. Zuständigkeit und Verfahren

10.1 Reha-Berater / in

Für die Bedarfsfeststellung, den Inhalt und Abschluss der Zielvereinbarung und deren nachfolgender Einhaltung sowie den Bescheid zur Ausführung als PersB ist der / die Reha-Berater / in zuständig.

Er / sie hat auch Sorge dafür zu tragen, dass bei trägerübergreifendem Budget die Überweisungsmodalitäten einschließlich der Fälligkeitstermine mit den beteiligten Reha-Trägern / Leistungsträgern vereinbart werden.

10.2 Bescheid zur Ausführung als PersB

Der Bescheid (VA) zur Ausführung als PersB ergeht nach Abschluss der Zielvereinbarung. Im Anhang der o. e. Vorläufigen Handlungsempfehlungen der BAR sind auch Beispiele zu Gesamtbescheiden zu trägerübergreifenden Persönlichen Budgets enthalten. Diese Muster geben auch Hinweise zur Struktur von Bescheiden in Fällen, in denen die BA allein beteiligter Reha-Träger ist.

Im Rahmen der Ermessensbetätigung (Leistungen ... können auf Antrag ... ausgeführt werden) ist das Teilhabekonzept der antragstellenden Person im Hinblick auf seine fachlich / inhaltliche Tragfähigkeit und Integrationserwartung zu überprüfen und abzuwägen gegen die insoweit bei Förderung im herkömmlichen Verfahren erwarteten Erfolge. Vergleichsmaßstab ist einerseits der Gesamtfinanzaufwand und andererseits die Wirkung bei Förderung und in Anwendung der herkömmlichen Regelungen und Instrumente. Ein Ablehnen eines Antrags auf Ausführung der Teilhabeleistung als PersB setzt also voraus, dass schlüssig begründet wird, dass das Teilhabekonzept der antragstellenden Person diesen Vergleichskriterien nicht standhält. Da diese Abwägung nicht unwesentlich von Erwartungen geprägt ist, wird eine Ablehnung tragfähig nur begründet werden können, wenn die mit dem Teilhabekonzept des behinderten Menschen verbundenen Erwartungen deutlich hinter den mit herkömmlicher Förderung verbundenen Erwartungen zurückbleiben.

Im Verwaltungsakt zum „Persönlichen Budget" ist auf die Zielvereinbarung Bezug zu nehmen. Kündigung und Aufhebung der Zielvereinbarung bzw. des Verwaltungsaktes regelt die BudgetV. Für budgetunterstützende Leistungen ergeht ein gesonderter Bescheid.

Widersprüche gegen den Bescheid/Gesamtbescheid zum Persönlichen Budget sind bei der Stelle einzulegen, die den Bescheid/Gesamtbescheid erlassen hat. Diese Stelle ist in der Rechtsbehelfsbelehrung zum Bescheid/Gesamtbescheid zu benennen. Die Rechtsbehelfsstellen der Agenturen für Arbeit entscheiden nur über Widersprüche, in denen die Bundesagentur für Arbeit diesen Bescheid/Gesamtbescheid erlassen hat. Soweit die bewilligten Leistungen Teilbudgets anderer Reha-Träger bzw. Leistungen nach dem SGB II Leistungsverpflichteter betreffen, ist vor einer abschließenden Entscheidung im Widerspruchsverfahren eine fachliche Stellungnahme dieses Reha- / Leistungsträgers einzuholen.

10.3 Leistungsverfahren

Die nach dem SGB III/SGB II vorgesehenen Lohnersatzleistungen / Leistungen zum Lebensunterhalt werden in den entsprechenden Leistungsverfahren zu den dort vorgesehenen Zahlungsterminen zahlbar gemacht. Umbuchungen finden nicht statt.

10.3.1 Zahlbarmachung in FINAS

Alle übrigen in Ausführung eines PersB vorgesehenen Geldleistungen sind in FINAS festzulegen und monatlich im Voraus zahlbar zu machen.

Vor Erprobung des PersB wurden die Buchungsstellen im Kapitel 9064 so erweitert, dass alle Fallgestaltungen (BA als alleiniger Leistungsträger bzw. trägerübergreifendes Budget mit Festlegung der BA oder eines anderen Trägers als Budgetbeauftragten) abgewickelt werden können. Im Fall eines trägerübergreifenden Budgets werden Einzahlungen von Teilbudgets anderer Reha-Träger bei der Buchungsstelle 9064/099 01/01 vereinnahmt und anschließend bei Buchungsstelle 9064/681 01/01 von der BA als beauftragter Träger an den Budgetnehmer in einem Betrag ausgezahlt. Sofern Teilhabeleistungen aus dem Rechtskreis SGB II im Rahmen des PersB an erwerbsfähige Hilfebedürftige erbracht werden, ist die Vereinnahmung auf der Buchungsstelle 9064/099 01/02 „Einzahlungen von Finanzierungsanteilen der Rechtsträger SGB II am Teilhabebudget der BA" vorzunehmen. Damit kann der auf den Rechtskreis SGB II entfallende Anteil an (Teil-)Budgets der BA separat ausgewiesen werden.

Für die einzelnen Fallgestaltungen ergibt sich daraus haushaltstechnisch folgende Vorgehensweise:

BA ist allein beteiligter Reha-Träger

Die Bestandteile des PersB werden in FINAS-HB von den zutreffenden Zweckbestimmungen des Kapitels 3 auf die Buchungsstelle 9064/099 01/03 „Umbuchungen von (Teil-)Budgets der BA" umgebucht. Zuvor sind die Ausgabemittel bei den Zweckbestimmungen des Kapitels 3 in Abstimmung mit dem IS-Finanzen bereitzustellen. Soweit Unsicherheiten bei der Erteilung von Umbuchungsanordnungen bestehen, wird auf Ziffer 3.4.2 des Handbuchs FINAS-HB Teil 2 verwiesen. Evtl. Finanzierungsanteile der Rechtsträger SGB II werden bei der Buchungsstelle 9064/099 01/02 vereinnahmt. Die Auszahlung des PersB erfolgt in einem Betrag zu Lasten der Buchungsstelle 9064/681 01/01.

Trägerübergreifendes Budget – Variante „BA ist Budgetbeauftragter"

Im Einvernehmen mit dem Budgetnehmer können getrennte Auszahlungsmodalitäten für Teilbudgets vereinbart werden.

Soweit im Einvernehmen mit dem Budgetnehmer getrennte Auszahlungsmodalitäten für Teilbudgets nicht vereinbart werden (können), werden zunächst die Teilbudgets der anderen Reha-Träger und ggf. der beteiligten Rechtsträger SGB II sowie die umgebuchten Teilbudgets der BA auf separaten Erläuterungsabschnitten des Titels 9064/099 01 (EA/01 bis/03) vereinnahmt und anschließend bei der Buchungsstelle 9064/681 01/01 zusammengefasst an den

Budgetnehmer ausgezahlt. Der rechtzeitige Eingang der Teilbudgets anderer Leistungsträger ist zu überwachen. Diese Verpflichtung, den rechtzeitigen und vollständigen Eingang der Teilbudgets sicherzustellen, bezieht sich auf den Einzelfall. Hierzu sind rechtzeitig vor den ersten Fälligkeitsterminen zu den mit den beteiligten Reha-Trägern vereinbarten Teilbudgets Annahmeanordnungen – in der Regel Dauerannahmeanordnungen – nach KBest Anlage 1 oder 2 zu erstellen und der Zahlstelle des zuständigen Internen Services zuzuleiten.

Damit Überweisungen von Teilbudgets korrekt und rasch zugeordnet werden können, muss der Überweisungsträger unter Verwendungszweck zwingend folgende Angaben enthalten:
– 9064/09901/01_TB (mit Zusatz RV für Rentenversicherung, KV für Krankenversicherung, PV für Pflegeversicherung; z. B. TBRV)_Kunden-Nr._Familienname.

Die Überweisungen müssen auf das Bundesbank-Konto der Agentur (zu erfragen bei der IS-Zahlstelle) erfolgen.Die Beachtung dieser zwingenden Überweisungsmodalitäten einschließlich der Fälligkeitstermine ist mit den beteiligten Reha-Trägern zu vereinbaren.

An die IS-Zahlstelle sind Annahmeanordnungen zu leiten, damit bei Zahlungseingängen eine rasche Zuordnung des Geldeinganges möglich ist. Von der IS-Zahlstelle erhält der Berater Rückmeldung bei Geldeingängen und bei ausbleibenden Geldeingängen.

Trägerübergreifendes Budget – Variante „anderer Reha-Träger ist Budgetbeauftragter"

In diesen Fällen sind die Bestandteile des Teilbudgets der BA von den zutreffenden Zweckbestimmungen des Kapitels 3 auf den Erläuterungsabschnitt 9064/099 01/03 „Umbuchungen von (Teil-) Budgets der BA" umzubuchen und anschließend bei der Buchungsstelle 9064/ 681 01/02 in einer Summe an den beauftragten Träger auszuzahlen.

Im Buchungsplan der BA wird zu Kapitel 9064 auf Bewirtschaftungshinweise und Arbeitshilfen für die Abwicklung in FINAS verwiesen.

Hinweis zur Übertragung evtl. Einzahlungs- / Auszahlungssalden

Der Übertrag evtl. Einzahlungs- / Auszahlungssalden bei Kap. 9064 beim Jahreswechsel (z. B. wenn Teilbudgets im Dez. 2007 vereinnahmt werden und das PersB an den Budgetnehmer erst im Jan. 2008 ausgezahlt wird) erfolgt ausschließlich und zentral durch das BA-SH. Die Agenturen haben hinsichtlich des Ausgleichs zwischen Einnahmen und Ausgaben am Jahresende bei Kap. 9064 nichts zu veranlassen. Das BA-SH prüft jedoch nicht, ob die Buchungsstellen in Auszahlungs- / Umbuchungsanordnungen ordnungsgemäß angegeben waren. Die Agenturen haben im Rahmen der Bewirtschaftung der einzelnen Budgets für eine ordnungsgemäße Kontoführung Sorge zu tragen.

11. Statistik

Um das Persönliche Budget statistisch abbilden zu können, ist eine Maßnahme in der Maßnahmeverwaltung coSachNT-BB/Reha wie folgt anzulegen:

Maßnahmetyp = Maßnahme für Einzelleistungen MKZ 9900z.

Es stehen zwei Statuskenner zur Auswahl
– Leistung bewilligt als Persönliches Budget
– Leistung bewilligt als Persönliches Budget an beauftragten Träger

Soweit das PersB mit „herkömmlichen" Teilhabeleistungen kombiniert wird, erfolgt die Erfassung der herkömmlichen Teilhabeleistungen wie bisher und für das PersB ist eine weitere Teilnehmerbuchung unter MKZ 9900z notwendig. Die bisher bei einzelnen Leistungen vorhandenen Statuskenner für das Persönliche Budget (z. B. 9900b – Reisekosten) sind nicht mehr zu verwenden.

12. Sonstiges

Die Agenturen dokumentieren alle Fälle des persönlichen Budgets unter Verwendung des bekannten Dokumentationsbogens (s. Anlage 2) und melden ihre Fälle im Halbjahresrhythmus an die Regionaldirektionen (erster Berichtstermin 30. 6. 2008). Diese melden erstmalig zum 31. 8. 2008 ihre Erfahrungsberichte an SP III 23.

BK-Text-Vorlagen sind in Vorbereitung, eine gesonderte Benachrichtigung ist vorgesehen.

13. Anwendung im Rechtskreis SGB II

Werden Leistungen zur Teilhabe in Form des Persönlichen Budgets erbracht, sind diese Leistungen nicht auf das Arbeitslosengeld II anzurechnen, soweit es sich um Teilleistungen des nach § 6a SGB IX zuständigen Reha-Trägers handelt. Leistungen des SGB II sind kein Einkommen im Sinne des SGB II (§ 11 Abs. 1 Satz 1 SGB II). Soweit Teilbudgetleistungen anderer (Reha-)Träger innerhalb einer Komplexlösung (Trägerübergreifendes Budget) erbracht werden, werden diese zweckbestimmt zur Verfügung gestellt und führen daher nicht zu einer Minderung der Leistungen zum Lebensunterhalt nach dem SGB II.

Soweit Leistungen zum Lebensunterhalt durch andere Träger gezahlt werden, sind diese auf Leistungen zur Sicherung des Lebensunterhalts nach dem SGB II anzurechnen.

Leistungen zur Sicherung des Lebensunterhalts nach dem SGB II sind keine Reha-Leistungen und somit nicht budgetfähig.

14. Aufgehobene Weisung

Die Handlungsempfehlung / Geschäftsanweisung 12/2007 Nr. 6 zum Persönlichen Budget (Geschäftszeichen SP III 23 – 5390.7/6531/3313/3312/3403/4411/71097) wird aufgehoben.

Bundesagentur für Arbeit Stand 20.5.2008

§ 18
Leistungsort

¹Sachleistungen können auch im Ausland erbracht werden, wenn sie dort bei zumindest gleicher Qualität und Wirksamkeit wirtschaftlicher ausgeführt werden können. ²Leistungen zur Teilhabe am Arbeitsleben können im grenznahen Ausland auch ausgeführt werden, wenn sie für die Aufnahme oder Ausübung einer Beschäftigung oder selbstständigen Tätigkeit erforderlich sind.

ERLÄUTERUNGEN

ÜBERSICHT

I. Bedeutung der Vorschrift (Rdnr. 1)
II. Fassung (Rdnr. 2)
III. Begründung (Rdnr. 3)
IV. Anmerkungen (Rdnrn. 4–32)
   1. Anwendungsbereich (Rdnrn. 4–14b)
   2. Leistungsort grundsätzlich im Inland (Rdnr. 15)
   3. Erbringung nur von Sachleistungen im Ausland (Rdnrn. 16–18)
   4. Ausland (Rdnr. 19)
   5. Voraussetzungen für die Erbringung im Ausland (Rdnrn. 20–24a)
      a) gleiche Qualität (Rdnrn. 21–21a)
      b) gleiche Wirksamkeit (Rdnrn. 22–22b)
      c) wirtschaftlichere Ausführung (Rdnrn. 23–24b)

6. Leistungen zu Teilhabe am Arbeitsleben im grenznahen Ausland (Rdnrn. 25–29)
7. Ermessensentscheidung des Leistungsträgers (Rdnrn. 30–32)
V. Literatur

I. Bedeutung der Vorschrift

1 Leistungen zur Teilhabe sind grundsätzlich im Inland zu erbringen. Die Vorschrift erlaubt aber, Sachleistungen dann im Ausland zu erbringen, wenn dies bei zumindest gleicher Qualität und Wirksamkeit dort wirtschaftlicher möglich ist. Schließlich können erforderliche Leistungen zur beruflichen Rehabilitation in Nachbarstaaten ohne Einschränkung auch für Tagespendler erbracht werden.

II. Fassung

2 Die Vorschrift wurde im Wesentlichen unverändert aus dem Regierungsentwurf (BT-Drucks. 14/5531 i. V. m. 14/5074) übernommen.

Der ursprünglich vorgesehene Halbsatz „oder wenn sie für die Aufnahme oder Ausübung einer Beschäftigung oder selbstständigen Tätigkeit in Mitgliedstaaten der Europäischen Union erforderlich sind" ist entfallen. Statt dessen hat der BT-Ausschuss für Arbeit und Sozialordnung den nunmehrigen Satz 2 angefügt und hierzu bemerkt (BT-Drucks. 14/5800 S. 31):

„Die Neufassung ermöglicht Leistungen zur Teilhabe am Arbeitsleben auch für Tagespendler und für alle Nachbarstaaten."

III. Begründung

3 In dem Regierungsentwurf (BT-Drucks. 14/5074, S. 103) wird zu der Vorschrift ausgeführt: „Die Vorschrift geht von dem Grundsatz aus, dass Leistungen zur Teilhabe im Inland zu erbringen sind, eröffnet aber die Möglichkeit, Sachleistungen bei zumindest gleicher Qualität und Wirksamkeit im Ausland auszuführen, wenn dies dort wirtschaftlicher möglich ist. Unberührt bleiben entsprechend § 30 Abs. 2 des Ersten Buches Regelungen des über- und zwischenstaatlichen Rechts, ferner spezielle Regelungen wie § 88 Drittes Buch, §§ 16 bis 18 Fünftes Buch und § 97 Siebtes Buch für die Unfallversicherung."

IV. Anmerkungen

1. Anwendungsbereich

4 Die Vorschrift gilt unmittelbar für die **gesetzliche Rentenversicherung;** § 14 SGB V a. F., der Leistungen zur Rehabilitation grundsätzlich nur im Inland zuließ, wurde zum 1. Juli 2001 aufgehoben (allerdings konnten die Träger der Rentenversicherung nach gutachtlicher Stellungnahme des VDR für bestimmte Erkrankungen auch Maßnahmen der medizinischen Rehabilitation im Ausland gestatten, wenn diese aufgrund gesicherter Erkenntnisse einen besseren Rehabilitationserfolg erwarten ließen; vgl. Kossens u. a. / *von der Heide* Rdnr. 2).

Hingegen ist der **Vorbehalt abweichender Regelungen** gemäß **§ 7 SGB IX** in den einzelnen Leistungsgesetzen der jeweiligen Rehabilitationsträger **auch hier zu beachten.**

5 Für die **gesetzliche Krankenversicherung** gelten weiterhin die nach § 7 SGB IX vorrangigen Vorschriften in §§ 16–18 SGB V. Nach § 16 Abs. 1 Nr. 1 SGB V ruht grundsätzlich der Leistungsanspruch bei Auslandaufenthalten. In § 17 SGB V ist der Krankenversicherungsschutz bei Beschäftigung im Ausland geregelt. Nach § 18 SGB V kann die Krankenkasse auch die **Kosten für eine Auslandsbehandlung** übernehmen, wenn eine dem allgemein anerkannten Stand der medizinischen Erkenntnisse entsprechende **Behandlung einer Krankheit im Inland nicht möglich ist.**

5a Entsprechend dem **Wissenschaftlichkeitsgebot des § 2 Abs. 1 Satz 3 SGB V** ist dies nur dann der Fall, wenn die große Mehrheit der einschlägigen Fachleute (Ärzte, Wissenschaftler) die Behandlungsmethode befürwortet und von einzelnen, nicht ins Gewicht fallenden Gegenstimmen abgesehen, über die Zweckmäßigkeit der Therapie Konsens besteht (⌘ BSG Urteil vom 13. Dezember 2005 – B 1 KR 21/04 R = SozR 4-2500 § 18 Nr. 5; ⌘ Urteil vom 14. Februar 2001 – B 1 KR 29/00 R – SozR 3-2500 § 18 Nr. 6). **Unabdingbare Voraussetzung** für die Erlangung der wissenschaftlichen Anerkennung ist die **Möglichkeit, die Behandlung an anderer Stelle** und durch andere Ärzte **zu wiederholen** und ihre **Ergebnisse überprüfbar** zu machen (⌘ BSG Urteil vom 16. Juni 1999 – B 1 KR 4/98 R = BSGE 84, 90 [97] = SozR 3-2500 § 18 Nr. 4). Daher ist in aller Regel erforderlich, dass **über Qualität und Wirksamkeit** der neuen Methode **zuverlässige, wissenschaftlich nachprüfbare Aussagen** gemacht werden können. Die Therapie muss in einer für die sichere Beurteilung ausreichenden Zahl von Behandlungsfällen erfolgreich gewesen sein. Der Erfolg muss sich aus wissenschaftlich einwandfrei durchgeführten Studien über die Zahl der behandelten Fälle und die Wirksamkeit der Methode ablesen lassen (⌘ BSG Urteil vom 13. Dezember 2005 a. a. O; ⌘ Urteil vom 16. Juni 1999 a. a. O.). Dabei entspricht es dem Wissenschaftlichkeitsgebot, die Erkenntnisse des internationalen wissenschaftlichen Diskurses zu berücksichtigen (⌘ BSG Urteil vom 13. Dezember 2005 a. a. O.). Anstelle eines Wirksamkeitsnachweises **reicht die tatsächliche Verbreitung einer Methode** in der ärztlichen Praxis und der wissenschaftlichen Diskussion **nicht aus** (⌘ BSG Urteil vom 16. Juni 1999 a. a. O.).

Ebenfalls unberührt bleibt die Regelung für die **gesetzliche Unfallversicherung** in **§ 97 SGB VII**. Danach erhalten Berechtigte mit gewöhnlichem Aufenthalt im Ausland nur Geldleistungen und im Übrigen eine angemessene Erstattung entstandener Kosten einschließlich solcher für eine Pflegekraft oder Heimpflege. Die Vorschrift ist **für die Rehabilitation ohne Bedeutung**. Soweit ein Träger der gesetzlichen Unfallversicherung **Leistungen zur medizinischen Rehabilitation** erbringt, ist nach § 26 Abs. 1 SGB VII aber das SGB IX und damit auch dessen **§ 18 zu beachten** (Mrozynski Rdnr. 6). 6

Die **Sonderregelungen** für die **Bundesagentur für Arbeit** in § 88 a. F. SGB III. über die Anerkennung von Maßnahmen der Weiterbildung, die im Ausland durchgeführt werden, sind mit Wirkung vom 1. Januar 2003 **gegenstandslos** geworden (durch Neuregelung des Sechsten Abschnitts gem. Art. 1 Nr. 14 des Gesetzes v. 23. Dezember 2002- BGBl I S. 4607, die die §§ 87 bis 96 SGB III entfallen ließ). 7

In SGB VI, SGB VIII und BVG sind keine einschlägigen Sonderregelungen enthalten. 8

Sozialhilfe nach dem SGB XII soll **grundsätzlich nur im Inland** gezahlt werden (⌘ LSG Bad.-Württ. Beschluss vom 21. Dezember 2005 – L 7 SO 4166/05 ER-B = FEVS 57, 403). Deutsche, die ihren gewöhnlichen Aufenthalt im Ausland haben, erhalten keine Leistungen (§ 24 Abs. 1 Satz 1 SGB XII). Ein „gewöhnlicher Aufenthalt" besteht an dem Ort im Ausland, an dem der Hilfebedürftige nicht nur vorübergehend den Mittelpunkt seiner Lebensbeziehungen hat; die dafür erforderliche Verfestigung der Lebensverhältnisse an dem betreffenden Ort setzt regelmäßig voraus, dass der Aufenthalt auf Dauer angelegt ist und eine entsprechende Dauer auch erlangt hat (⌘ BVerwG Urteil vom 31. August 1995 – 5 C 11/94 = BVerwGE 99, 158 = NJW 1996, 1977). 9

Das **SGB XII** ermöglicht in § 24 Abs. 1 Satz 2 aber **in „außergewöhnlichen Notlagen"** die Leistung von Sozialhilfe auch **an Deutsche mit gewöhnlichem Aufenthalt im Ausland**, wenn sie dort der Hilfe bedürfen. Bei der Leistungsvoraussetzung „außergewöhnliche Notlage" handelt es sich um einen unbestimmten Rechtsbegriff, für dessen Auslegung Folgendes zu berücksichtigen ist: Der Gesetzgeber hat bewusst die **Leistungsvoraussetzungen eingeengt**, indem er von dem bisher in § 119 BSHG verwendeten Begriff des „besonderen Notfalls" abgewichen ist. Entstehungsgeschichte und Wortlaut der Vorschrift beschränken deshalb den Leistungsanspruch darauf, dass **das Leben des im Ausland befindlichen Deutschen in Gefahr** ist oder dem in Not geratenen eine **nicht unerhebliche Beeinträchtigung existenzieller Rechtsgüter** droht (⌘ LSG NRW Beschluss vom 2. März 2007 – L 20 B 119/06 SO ER, zit. nach JURIS). Es müssen mithin Leben, Gesundheit oder sonstige elementare Grundvoraussetzungen der menschlichen Existenz (vgl. Art. 1 Abs. 1, Art 2 Abs. 1 9a und 2 GG) unmittelbar gefährdet sein (🏛 LSG Bad-Württ. Beschluss vom 21. Dezember 2005 a. a. O.).

9b Sozialhilfe an Deutsche im Ausland wird jedoch auch unter diesen engen Voraussetzungen nur geleistet, wenn die außergewöhnliche Notlage zudem **unabweisbar** ist, also nicht anders als **durch die Hilfeleistung im Ausland** behoben werden kann. Denn die ausnahmsweise, in das Ermessen gestellte Gewährung von Sozialhilfe an Deutsche im Ausland erfordert den Nachweis, dass eine **Rückkehr in das Inland aus einem der drei in § 24 Abs. 1 Satz 2 SGB IX genannten Gründe nicht möglich** ist: Pflege und Erziehung eines Kindes, das aus rechtlichen Gründen im Ausland bleiben muss; längerfristige stationäre Betreuung in einer Einrichtung oder Schwere der Pflegebedürftigkeit bzw. hoheitliche Gewalt, z. B. Haft. Durch die Vorschrift soll grundsätzlich **nur die Pflege und Erziehung eines *eigenen* Kindes** im Ausland geschützt werden. Andernfalls hätte der Hilfesuchende es in der Hand, durch Übernahme der Pflege und Erziehung eines fremden Kindes – z. B. der Lebensgefährtin – ein Rückkehrhindernis im Sinne des § 24 Abs. 1 Satz 2 Nr. 1 SGB XII zu schaffen. Dies wäre jedoch nicht zu vereinbaren mit der erkennbaren Absicht des Gesetzgebers, die Gewährung von Sozialhilfe für Deutsche im Ausland für die Zeit ab dem 1. Januar 2004 auf eng begrenzte Ausnahmefälle zu beschränken (🏛 VG Halle Beschluss vom 16. Juni 2004 – 4 B 103/04, zit. nach JURIS).

9c Bei den in § 24 Abs. 1 Satz 2 SGB XII genannten **Hinderungsgründen** handelt es sich nicht um Beispiele zur Konkretisierung eines Härte- oder Zumutbarkeitsbegriffs, sondern um die **abschließende Benennung** der Umstände, unter welchen ein Verbleib des Hilfesuchenden im Ausland ausnahmsweise hinzunehmen ist (🏛 LSG Brandenburg Beschluss vom 30. Juni 2005 – L 23 B 109/05 SO ER = FEVS 57, 177). Es ist nicht verfassungswidrig, dass das Gesetz im Übrigen keine Härtefallregelung enthält (🏛 LSG Brandenburg Beschluss vom 30. Juni 2005 a. a. O.).

9d Die vorgesehene **Nachweispflicht** ist eine spezialgesetzliche **Ausnahme von dem im Sozialhilferecht geltenden Amtsermittlungsgrundsatz** (vgl. hierzu Hauck / Noftz / *Schlette* SGB XII § 24 Rdnr. 27). Vom Hilfenachfragenden sind deshalb besondere Anstrengungen zu erwarten, den einer Rückkehr nach Deutschland entgegenstehenden Grund nachzuweisen (🏛 LSG NRW Beschluss vom 6. Februar 2006 – L 20 B 50/05 SO ER, zit. nach JURIS).

9e Zuständig ist regelmäßig der **überörtliche Träger,** in dessen Bereich der **Geburtsort des Antragstellers** liegt (§ 24 Abs. 4 Satz 1 SGB XII). Maßgeblich für den Inhalt der Hilfe sind die Verhältnisse im jeweiligen Aufenthaltsland. Die Leistungen werden nicht ab dem Zeitpunkt der Bedürftigkeit gewährt, sondern erst ab der Antragsstellung (vgl. zum Ganzen auch *Baur* NVwZ 2004, 1322).

9f Strittig ist, inwieweit ein Sozialhilfeempfänger bei **Beibehaltung eines inländischen Wohnsitzes Leistungen während eines Auslandsaufenthalts** beanspruchen kann. Das BVerwG hat in seinem 🏛 Urteil vom vom 22. Dezember 1998 – 5 C 21/97 = FEVS 51, 145 bezüglich Auslandsreisen, die den gewöhnlichen Aufenthalt im Inland unberührt lassen, aus dem Fehlen eines zuständigen Sozialhilfeträgers gefolgert: Dem Hilfebedürftigen stehe in diesen Fällen eine **sozialhilferechtliche Versorgung nicht zu für einen Bedarf, der nicht schon vor der Abreise gegenwärtig war,** sondern **erst im Ausland entsteht.** Dem ist das LSG Hamburg (🏛 Beschluss vom 15. Juni 2005 – L 4 B 154/05 ER SO = FEVS 56, 509) gefolgt für den Fall eines dreimonatigen **Auslandspraktikums** eines behinderten Studenten, der im Ausland Leistungen zur häuslichen Pflege benötigte. Die Vorschrift des § 98 Abs. 1 Satz 1 SGB XII sei – wie die schon vom 🏛 BVerwG a. a. O. herangezogene inhaltsgleiche Bestimmung des § 97 Abs. 1 BSHG – Ausdruck des im Recht der Sozialhilfe geltenden Territorialitätsprinzips. Aus ihm folge, dass – über § 24 SGB XII hinausgehend – **bereits bei tatsächlichem Aufenthalt im Ausland Leistungen nicht zu gewähren** seien, wenn der **sozialhilferechtliche Anspruch erst im Ausland** entsteht.

Leistungsort § 18

Dem hat allerdings das ⌘ SG Hamburg im Urteil vom 12. Oktober 2007 – S 56 SO 350/06 = ZFSH/SGB 2008, 42 widersprochen. Hält sich eine Hilfeempfängerin, die aufgrund ihrer Schwerstbehinderung auf Leistungen der Hilfe zur Pflege angewiesen ist, für ein **dreimonatiges Praktikum im Ausland** auf, ohne dabei ihren gewöhnlichen Aufenthalt im Inland aufzugeben, so habe sie auch während dieser Zeit einen Anspruch auf Leistungen der Hilfe zur Pflege. Dies folge aus § 30 Abs. 1 SGB I, der für einen Anspruch auf Sozialleistungen einen gewöhnlichen Aufenthalt im Inland genügen lässt. Denn **§ 98 SGB XII** regle nur Fragen der örtlichen Zuständigkeit und wolle **als Zuständigkeitsvorschrift keine Entscheidung über das Bestehen materiell-rechtlicher Ansprüche** treffen (vgl. ⌘ OVG Hamburg Urteil vom 4. Juli 1991 – 7Bf IV 45/90 = DÖV 1993, 39). Unter welchen Voraussetzungen ein Leistungsanspruch besteht, sei ihr nicht zu entnehmen. Es sei auch nicht Sinn und Zweck von Zuständigkeitsvorschriften, zusätzliche materiell-rechtliche Anspruchsvoraussetzungen aufzustellen (⌘ SG Hamburg Urteil vom 12. Oktober 2007 a. a. O). **9g**

Unberührt bleiben schließlich **Vorschriften des über- und zwischenstaatlichen Rechts** (vgl. auch § 30 Abs. 2 SGB I). Das betrifft im Wesentlichen **10**
– die Bestimmungen des **EG-Vertrages** über die Freizügigkeit der Arbeitnehmer (Art. 39), die Warenverkehrsfreiheit (Art. 28) und die Dienstleistungsfreiheit (Art. 49),
– die **Verordnung EWG 1408/71** über die soziale Sicherheit der Wanderarbeitnehmer,
– die **Sozialversicherungsabkommen** mit den jeweiligen Vertragsstaaten.

Die VO EWG 1408/71 wirft einige **schwierige Abgrenzungsfragen** auf: Leistungen der **medizinischen Rehabilitation** fallen als Leistungen bei Krankheit unter die Art. 18 ff. der VO, auch wenn sie in Trägerschaft der Rentenversicherung stehen und dem Schutz vor Invalidität dienen (Schellhorn / Lachwitz / Welti / *Welti* Rdnr. 2 m. w. Nachw.). Hingegen werden sie nach geltendem Recht nicht von der VO erfasst, wenn sie durch die Sozialhilfeträger oder Kriegsopferversorgung erbracht werden (str.). **11**

Leistungen zur **Teilhabe am Arbeitsleben** sind gem. Art. 67 VO einzubeziehen, wenn und soweit sie Beschäftigten zugute kommen, die arbeitslos sind oder deren Arbeitsplatz konkret gefährdet ist (vgl. ⌘ EuGH Urteil vom 4. Juni 1987 – 375/85 = EuGHE 1987, 2404 = SGb 1989, 301 = SozR 6050 Art. 67 Nr. 3). **12**

Leistungen zur **Teilhabe am Leben in der Gemeinschaft** fallen überwiegend nicht unter das europäische Koordinierungsrecht. Hingegen sind Leistungen aller Leistungsgruppen von Art. 52 VO erfasst, wenn sie aufgrund eines Arbeitsunfalls oder einer Berufskrankheit gewährt werden (Schellhorn / Lachwitz / Welti / *Welti* a. a. O.). **13**

Zur **Problematik einschränkender nationaler Regelungen über den Leistungsort** unter den Gesichtspunkten der **Warenverkehrs- und Dienstleistungsfreiheit in der EU** vgl. eingehend Lachwitz / Schellhorn / Welti / *Welti* Rdnrn. 9 ff. sowie Mrozynski Rdnrn. 15 ff. Die **begrenzenden Bestimmungen in § 18** hinsichtlich der Ausführung von Leistungen im Ausland **dürften** gegenwärtig **nicht gegen das europäische Gemeinschaftsrecht verstoßen** (so auch GK-SGB IX / *Löschau* Rdnr. 5; a. A. Hauck / Noftz / *Brodkorb* Rdnr. 11 ff., 14). Allerdings ist nicht auszuschließen, dass der EuGH künftig unter Anwendung der Grundsätze des freien Waren- und Dienstleistungsverkehrs eine territoriale Begrenzung des Sachleistungsanspruchs deutscher Versicherter grundsätzlich verbietet (vgl. GK-SGB IX / *Löschau* Rdnr. 5 unter Hinweis auf die Einschätzung der Bundesregierung vom 31. Mai 2001- BT-Drucks. 14/6236, S. 1 f.). **14**

Anlass hierzu bieten könnte beispielsweise der **Vorlagebeschluss des** ⌘ **BSG vom 30. Oktober 2002 – B 1 KR 28/01 R** = SGb 2003, 160 m. Anm. *Eichenhofer*, anhängig beim EuGH unter Az. C-454/02). Darin hat das BSG dem EuGH folgende Frage vorgelegt: **14a**

„1. Ist es mit der Regelung in Art. 49 und 50 des EGVtr vereinbar, wenn ein Mitgliedstaat, der sein Krankenversicherungssystem nach dem Sachleistungsprinzip ausgestaltet hat und die ambulante ärztliche Versorgung durch zugelassene Ärzte erbringen lässt, eine Kostenerstattung bei Inanspruchnahme nicht zugelassener Ärzte – auch bei einer Behandlung in einem anderen Mitgliedstaat – nur für den Fall erlaubt, dass eine dem allgemein anerkannten Stand der medizinischen Erkenntnisse entsprechende Behandlung innerhalb des Sachleistungssystems nicht zur Verfügung steht?

14b 2. Falls darin eine unzulässige Behinderung des freien Dienstleistungsverkehrs gesehen wird: Lassen es die genannten Bestimmungen des EGVtr zu, dass das deutsche Recht – abgesehen von Notfällen – eine Kostenerstattung bei selbst beschafften medizinischen Leistungen davon abhängig macht, dass vorher eine Entscheidung der Krankenkasse über die Berechtigung der außervertraglichen Behandlung herbeigeführt wurde?"

Eine Entscheidung des EuGH über die Vorlage ist bisher nicht ergangen.

2. Leistungsort grundsätzlich im Inland

15 **Leistungen zur Teilhabe** sind **grundsätzlich im Inland** zu erbringen (BT-Drucks. 14/5074 S. 103). Die Ausführung der Leistung im Ausland stellt die Ausnahme dar: Sie ist nur unter den einschränkenden Voraussetzungen des **§ 18 SGB IX** möglich. Es handelt sich um **eine eng auszulegende Ausnahmevorschrift**, wie auch ein Vergleich mit §§ 16–18 SGB V bestätigt (Mrozynski Rdnr. 2).

3. Erbringung nur von Sachleistungen im Ausland

16 Nach **Satz 1** können **Sachleistungen ausnahmsweise auch im Ausland** erbracht werden. Gemeint sind hiermit sämtliche Sachleistungen im Sinne des Rehabilitations- und Teilhaberechts. In Betracht kommen sowohl Leistungen zur **medizinischen Rehabilitation** nach §§ 26 ff. SGB IX als auch zur **Teilhabe am Arbeitsleben** gem. §§ 33 ff. SGB IX. Diese werden grundsätzlich als Sachleistungen erbracht, z. B. eine stationäre Heilbehandlung. Sie **umfassen dann auch Dienstleistungen** wie Behandlung durch Ärzte und Angehörige anderer Heilberufe sowie begleitende Fachdienste (GK-SGB IX / *Löschau* Rdnr. 12).

17 Liegt der **Schwerpunkt der Leistung** in ärztlicher, therapeutischer oder sonstiger **Behandlung** und nicht im Zur-Verfügung-Stellen von Unterkunft, Verpflegung und Arznei- oder Hilfsmitteln, handelt es sich um eine **Dienstleistung**. Sie ist nicht vom Anwendungsbereich des § 18 erfasst (Hauck / Noftz / *Brodkorb* Rdnr. 3; Ernst / Adlhoch / Seel / *Dahm* Rdnr. 6; a. A. Lachwitz / Schellhorn / Welti / *Welti* Rdnr. 1, wonach der Begriff Sachleistungen in § 11 Satz 1 SGB I als Oberbegriff auch für Dienstleistungen zu verstehen sei; vgl. insoweit auch die ähnliche Problemstellung zu § 9 Abs. 2 SGB IX und dort Anm. Rdnr. 32).

18 **Geldleistungen** gehören begrifflich nicht zu den Sachleistungen. Allerdings kommt auch die Zahlung von unterhaltssichernden Leistungen, insbesondere Übergangsgeld gem. §§ 44 ff. SGB IX neben den im Ausland erbrachten Sachleistungen in Betracht, soweit nach den für den jeweiligen Rehabilitationsträger geltenden Rechtsvorschriften hierauf Anspruch besteht.

4. Ausland

19 Die Erbringung der Sachleistungen ist nach Satz 1 **nicht auf die Staaten der Europäischen Union beschränkt**. Liegen die entsprechenden Voraussetzungen vor, können diese Leistungen auch in anderen Staaten erbracht werden. Dies ist nach dem EU-Beitritt von Tschechien, Polen und Ungarn von besonderer Bedeutung noch für die ebenfalls an Deutschland angrenzende Schweiz.

5. Voraussetzungen für die Erbringung im Ausland

20 Sachleistungen können im Ausland erbracht werden, wenn sie dort **bei zumindest gleicher Qualität und Wirksamkeit wirtschaftlicher** ausgeführt werden können.

a) gleiche Qualität

Die Leistung muss regelmäßig den nach § 21 Abs. 1 Nr. 1, 3 und 4 SGB IX in den Verträgen der Rehabilitationsträger mit Diensten und Einrichtungen **vereinbarten Qualitätsanforderungen** entsprechen. Denn aus ihnen ergibt sich der Qualitätsstandard vergleichbarer inländischer Dienste und Einrichtungen (Lachwitz / Schellhorn / Welti / *Welti* Rdnr. 5). **21**

Typische Qualitätsmängel sind etwa die Fehlerhaftigkeit oder Unvollständigkeit des ärztlichen **Entlassungsberichts** nach einer früheren Leistung, das Fehlen eines einrichtungsinternen Qualitätsmanagements i. S. des § 20 Abs. 2 SGB IX oder **fehlende ärztliche Leitung** und Kontrolle der Einrichtung (vgl. *Lawall* RVaktuell 2006, 503 [508]). Solche Defizite **berechtigen zur Ablehnung,** weil sie nicht mehr mit den Qualitätsmaßstäben übereinstimmen, die auch inländische Einrichtungen zu erfüllen haben. Ebensolche Qualitätsmängel stellen **Sprachdefizite** des medizinisch-therapeutischen Personals dar, wenn sie den Rehabilitationsprozess beeinträchtigen und die Qualität der Einrichtung einschränken. Erhebliche Mängel können vorliegen, wenn in der Einrichtung **sozialmedizinische Kompetenz oder Kenntnisse der spezifischen Arbeitsplatz- bzw. Arbeitsmarktsituation** fehlen. Denn die Eingliederung des Versicherten ins Erwerbsleben als Rehabilitationsziel der Rentenversicherung kann ohne diese Kenntnisse und Kompetenzen kaum erreicht werden (*Lawall* a. a. O.). **21a**

b) gleiche Wirksamkeit

Die Wirksamkeit ist am **individuellen Rehabilitationsbedarf** zu messen. Entscheidend ist, in welchem Umfang die Maßnahme das gesetzliche Ziel erreicht. Eine medizinische Rehabilitation der Rentenversicherung ist danach wirksam, wenn der **Versicherte anschließend wieder ins Erwerbsleben zurückkehren** kann und eine Rente wegen Erwerbsminderung vermieden wird (*Lawall* a. a. O). **22**

Grundsätzlich wird der Träger daher **jedes Rehabilitationsprogramm** als wirksam ansehen können, das **er selbst in seiner eigenen Einrichtung** anwendet oder mit dem er sich bei Abschluss eines Belegungsvertrages mit einer privaten Einrichtung **einverstanden erklärt** hat und das von dieser oder einer anderen Einrichtung **für den konkreten Rehabilitationsbedarf** angeboten wird. Allerdings wird ein Reha-Träger eine begehrte Leistung dann als weniger wirksam beurteilen dürfen, wenn sie für die **konkrete Indikation** des Rehabilitanden **aus medizinischen Gründen ungeeignet** oder nach dem aktuellen Stand medizinischer Erkenntnis deutlich weniger als eine andere geeignet ist (*Lawall* a. a. O.). **22a**

Wünscht der Versicherte eine **Rehabilitation im Ausland,** die in dieser Form **von keiner anderen trägereigenen oder Vertragseinrichtung im Inland angeboten** wird, existieren zwar keine Vergleichsfälle. Jedoch bietet sich dann eine entsprechende Anwendung der **Grundsätze** an, die das BSG **für die gesetzliche Krankenversicherung** aufgestellt hat (Urteil vom 16. Juni 1999 – B 1 KR 4/98 R = BSGE 84, 90 = SozR 3-2500 § 18 Nr. 4 = SozSich 2000, 139; vgl. auch Urteil vom 17. Februar 2004 – B 1 KR 5/02 R = BSGE 92, 164 = SozR 4-2500 § 18 Nr. 2 und oben Rdnr. 5 a). Danach wird der Reha-Träger in diesem Fall die **Rehabilitation im Inland bevorzugen** dürfen, wenn und solange die ausschließlich im Ausland angebotene Behandlung noch nicht dem **allgemein anerkannten Stand der medizinischen Erkenntnisse genügt** und gleichzeitig in Deutschland andere, gleich oder wenigstens ähnlich wirksame und damit **zumutbare Behandlungsalternativen** zur Verfügung stehen (*Lawall* a. a. O.). **22b**

c) wirtschaftlichere Ausführung

Die Ausführung der Sachleistung im Ausland muss wirtschaftlicher sein als im Inland. Gleiche Wirtschaftlichkeit genügt also nicht. Bei gleicher Qualität und Wirksamkeit muss grundsätzlich die Leistung **kostengünstiger** erbracht werden (Hauck / Noftz / *Brodkorb* Rdnr. 4). **23**

Bei der Ermittlung der Wirtschaftlichkeit der Rehabilitation können zunächst die **Kosten** der gewünschten Leistung mit denen einer indikationsgerechten Leistung im Inland **vergli-** **24** chen werden. Bei diesem Ansatz sind auch die **Reisekosten einzubeziehen** (Kossens u. a./ *von der Heide* Rdnr. 9), ggf. auch die Kosten von Familienheimfahrten. Über einen bloßen Preisvergleich hinaus kann aber **auch die Anzahl der einzelnen Leistungen** während der Rehabilitationsdauer, also die Leistungsdichte, zu berücksichtigen sein. Sind die Leistungen der gewünschten ausländischen Einrichtung mit dem Leistungsspektrum der inländischen Einrichtung, die der Träger ausgesucht hat, **allenfalls teilweise vergleichbar**, kann dies **gegen eine höhere Wirtschaftlichkeit** der ausländischen Rehabilitation sprechen (*Lawall* a. a. O. S. 599 unter Hinweis auf ein unv. 🕮 Urteil des LSG NRW vom 3. März 2006 – L 4 RA 45/03).

24a   Allerdings kann die bessere Wirtschaftlichkeit auch bejaht werden, wenn die **Leistung qualitativ über den normalen vertraglichen Anforderungen** liegt und einen im Verhältnis dazu niedrigeren Preis hat. Das gilt jedenfalls dann, wenn eine solche – z. B. **besonders nachhaltig wirksame – Leistung noch im Leistungsrahmen** liegt (Lachwitz / Schellhorn / Welti / *Welti* Rdnr. 5). Dasselbe gilt, wenn aufgrund gesicherter medizinischer Erkenntnisse Leistungen im Ausland für bestimmte Erkrankungen einen **besseren Rehabilitationserfolg** erwarten lassen (B / F / K / L / *Waldeyer-Jeebe* Rdnr. 6). Eine Rehabilitation kann trotz höherer Kosten dann wirtschaftlicher sein, wenn sie in der **Zukunft zu einem insgesamt niedrigeren Leistungsbedarf für den Träger** führt. Eine derartige Prognose sollte für den Reha-Träger jedoch nur maßgeblich sein, wenn der höhere Aufwand auch zuverlässig einen größeren Erfolg im konkreten Einzelfall erwarten lässt (*Lawall* a. a. O.).

6. Leistungen zu Teilhabe am Arbeitsleben im grenznahen Ausland

25   Nach **Satz 2** können Leistungen zur Teilhabe am Arbeitsleben **unabhängig von den Voraussetzungen des Satzes 1** auch im grenznahen Ausland ausgeführt werden, wenn diese für die Aufnahme oder Ausübung einer abhängigen Beschäftigung oder selbstständigen Berufstätigkeit zur Sicherung des Teilhabeziels erforderlich sind.

26   Die Regelung ist vor allem für behinderte oder von Behinderung bedrohte **Tagespendler** von Bedeutung, die in Deutschland wohnen und im nahen Ausland arbeiten (wollen). Ihre Erwerbsfähigkeit soll durch Teilhabeleistungen erhalten, verbessert oder wiederhergestellt werden können.

27   Es kommen **alle Leistungen nach den §§ 33 und 34 SGB IX** in Betracht, also Sach-, Dienst- oder Geldleistungen (GK-SGB IX / *Löschau* Rdnr. 22 ff.). Von besonderer praktischer Bedeutung sind
   – Berufsvorbereitung,
   – berufliche Anpassung, Weiterbildung und Ausbildung,
   – Hilfen zur Erlangung eines Arbeitsplatzes (z. B. Kfz-Hilfe),
   – Überbrückungsgeld.

28   Aber auch **Leistungen an Arbeitgeber** im Ausland können geeignet sein, um behinderten Tagespendlern einen Arbeitsplatz zu verschaffen oder zu erhalten, insbesondere
   – Ausbildungszuschüsse,
   – Eingliederungszuschüsse,
   – Kostenerstattung für befristete Probebeschäftigung,
   – Zuschüsse für Arbeitshilfen im Betrieb.

29   Das **grenznahe Ausland** schließt alle Nachbarstaaten Deutschlands ein, also nicht nur – wie ursprünglich geplant – Mitgliedsstaaten der EU. Die Unterscheidung hat allerdings heute **nur noch Bedeutung für die Schweiz**. Die „Grenznähe" ist nicht definiert. Zwangsläufig handelt sich um Gebiete, die noch von Tagespendlern regelmäßig erreicht werden können. Im Zweifel kann die Vorschrift des § 121 Abs. 4 SGB III über die Zumutbarkeit der Beschäftigung als Auslegungshilfe dienen: Pendelzeiten von zweieinhalb Stunden täglich sind danach zumutbar, bei einer täglichen Beschäftigung von unter sechs Stunden: zwei Stunden.

Rehadienste/-einrichtungen § 19

Entsprechendes kann für die Anreise zu einer Leistung zur Teilhabe am Arbeitsleben gelten (Lachwitz / Schellhorn / Welti / *Welti* Rdnr. 14).

7. Ermessensentscheidung des Leistungsträgers

Auf die Ausführung von Teilhabeleistungen im Ausland besteht **kein Rechtsanspruch.** Der Rehabilitationsträger hat hierüber nach pflichtgemäßem Ermessen zu entscheiden (vgl. § 39 SGB I). Lehnt der Rehabilitationsträger den beantragten Leistungsort ab, bedarf dies einer **geeigneten Begründung.** Ihn trifft regelmäßig die **Beweislast im Hinblick auf Wirksamkeit, Wirtschaftlichkeit und Qualitätsvergleich,** zumal der Leistungsberechtigte im Allgemeinen keinen Zugang zu den entsprechenden Daten hat (GK-SGB IX / *Löschau* Rdnr. 10). Da sich der Leistungsträger die erforderlichen Angaben zum Vergleich der Leistungen im Inland und Ausland grundsätzlich leichter beschaffen kann als der Leistungsberechtigte, obliegt diesem insoweit nicht die Beweispflicht (§ 65 Abs. 1 Nr. 3 SGB I).

30

Eine nicht wirtschaftlichere Leistung im Ausland ist kein *berechtigter* Wunsch im Sinne von § 9 Abs. 1 SGB IX, so dass ihm nicht entsprochen werden muss.

31

Ist allerdings die Leistung im Ausland die am besten geeignete Leistung, so ist sie nach § 19 Abs. 4 Satz 1 SGB IX auch ohne Wirtschaftlichkeitsvergleich auszuwählen (Lachwitz / Schellhorn / Welti / *Welti* Rdnr. 7).

32

V. Literatur

Baur, Fritz, Sozialhilfe für Deutsche im Ausland (§ 24 SGB XII), NVwZ 2004, 1322

Fuhrmann, Stefan/**Heine,** Wolfgang, Medizinische Rehabilitation im europäischen Ausland und Qualitätssicherung, NZS 2006, 341

Kingreen, Thorsten, Die grenzüberschreitende Inanspruchnahme und Erbringung von medizinischen Rehabilitationsleistungen, ZESAR 2006, 210

Lawall, Christof, „Reha im Ausland geht doch jetzt, oder?" RVaktuell 2006, 503

§ 19
Rehabilitationsdienste und -einrichtungen

(1) ¹Die Rehabilitationsträger wirken gemeinsam unter Beteiligung der Bundesregierung und der Landesregierungen darauf hin, dass die fachlich und regional erforderlichen Rehabilitationsdienste und -einrichtungen in ausreichender Zahl und Qualität zur Verfügung stehen. ²Dabei achten sie darauf, dass für eine ausreichende Zahl solcher Rehabilitationsdienste und -einrichtungen Zugangs- und Kommunikationsbarrieren nicht bestehen. ³Die Verbände behinderter Menschen einschließlich der Verbände der Freien Wohlfahrtspflege, der Selbsthilfegruppen und der Interessenvertretungen behinderter Frauen sowie die für die Wahrnehmung der Interessen der ambulanten und stationären Rehabilitationseinrichtungen auf Bundesebene maßgeblichen Spitzenverbände werden beteiligt.

(2) Soweit die Ziele nach Prüfung des Einzelfalls mit vergleichbarer Wirksamkeit erreichbar sind, werden Leistungen unter Berücksichtigung der persönlichen Umstände in ambulanter, teilstationärer oder betrieblicher Form und gegebenenfalls unter Einbeziehung familienentlastender und -unterstützender Dienste erbracht.

(3) Bei Leistungen an behinderte oder von einer Behinderung bedrohte Kinder wird eine gemeinsame Betreuung behinderter und nicht behinderter Kinder angestrebt.

(4) ¹Nehmen Rehabilitationsträger zur Ausführung von Leistungen besondere Dienste (Rehabilitationsdienste) oder Einrichtungen (Rehabilitationseinrichtungen) in Anspruch, erfolgt die Auswahl danach, welcher Dienst oder welche Einrichtung die Leis-

tung in der am besten geeigneten Form ausführt; dabei werden Dienste und Einrichtungen freier oder gemeinnütziger Träger entsprechend ihrer Bedeutung für die Rehabilitation und Teilhabe behinderter Menschen berücksichtigt, und die Vielfalt der Träger von Rehabilitationsdiensten oder -einrichtungen gewahrt sowie deren Selbstständigkeit, Selbstverständnis und Unabhängigkeit beachtet. ²§ 35 Abs. 1 Satz 2 Nr. 4 ist anzuwenden.

(5) Rehabilitationsträger können nach den für sie geltenden Rechtsvorschriften Rehabilitationsdienste oder -einrichtungen fördern, wenn dies zweckmäßig ist und die Arbeit dieser Dienste oder Einrichtungen in anderer Weise nicht sichergestellt werden kann.

(6) Rehabilitationsdienste und -einrichtungen mit gleicher Aufgabenstellung sollen Arbeitsgemeinschaften bilden.

ERLÄUTERUNGEN

ÜBERSICHT

I. Bedeutung der Vorschrift (Rdnrn. 1–6)
II. Fassung (Rdnrn. 7–11a)
   A) durch das SGB IX vom 19. Juni 2001 (BGBl. I S. 1046) mit Wirkung vom 1. Juli 2001 (Rdnrn. 7–11)
   B) durch das Gesetz zur Förderung der Ausbildung und Beschäftigung schwerbehinderter Menschen vom 23. April 2004 (BGBl. I S. 606) mit Wirkung vom 1. Mai 2004 (Rdnr. 11a)
III. Begründung (Rdnrn. 12–21)

I. Bedeutung der Vorschrift

1   Den Rehabilitationsträgern wird das gemeinsame Bemühen – unter Beteiligung von Bundesregierung und Landesregierungen – auferlegt, die fachlich und örtlich für die Eingliederung erforderlichen besonderen Dienste oder Einrichtungen zur Verfügung zu stellen (**Abs. 1**).

2   In **Abs. 2** wird der Vorgang ambulanter bzw. teilstationärer Leistungen festgelegt.

3   Bei Leistungen in Einrichtungen ist eine gemeinsame Betreuung behinderter und nicht behinderter Kinder anzustreben (**Abs. 3**).

4   Die Rehabilitationsträger haben Dienste und Einrichtungen danach auszuwählen, welche Dienste oder welche Einrichtungen die Leistung in der am besten geeigneten Form erbringen kann. Hierbei sind Dienste und Einrichtungen freier und gemeinnütziger Träger entsprechend ihrer Bedeutung zu berücksichtigen (**Abs. 4**).

5   Durch **Abs. 5** wird Rehabilitationsträgern unter bestimmten Voraussetzungen die Förderung von Diensten oder Einrichtungen ermöglicht.

6   Diensten und Einrichtungen gleicher Aufgabenstellung wird die Bildung von Arbeitsgemeinschaften auferlegt (**Abs. 6**).

II. Fassung

A) durch das SGB IX vom 19. Juni 2001 (BGBl. I S. 1046) mit Wirkung vom 1. Juli 2001

7   Die Vorschrift wurde unverändert aus dem Regierungsentwurf (BT-Drucks. 14/5531 i. V. m. 14/5074) mit folgenden Änderungen übernommen:
   a) In Abs. 1 Satz 1 wurde das Wort „Zugangsbarrieren" um „Kommunikationsbarrieren" ergänzt.

b) In Abs. 1 Satz 2 wurden die Worte „Sowie die für die Wahrnehmung der Interessen der ambulanten und stationären Rehabilitationseinrichtung auf Bundesebene maßgebenden Spitzenverbände" eingefügt.
c) In Abs. 2 hat der Ausschuss für Arbeit und Sozialordnung die Worte „oder betrieblicher" eingefügt. Dies soll klar stellen, „dass bei vorliegenden Voraussetzungen Leistungen zur Teilhabe am Arbeitsleben möglichst in betrieblicher Form zu erbringen sind" (BT-Drucks. 14/5800 S. 31).
d) In Abs. 4 Satz 1 wurden die Worte „und die Vielfalt der Träger von Rehabilitationsdiensten oder Einrichtungen gewahrt sowie deren Selbstständigkeit, Selbstverständnis und Unabhängigkeit beachtet" eingefügt.

Darüber hinaus hatte der Bundesrat vorgeschlagen, in Abs. 4 nach Satz 1 folgenden Satz einzufügen (BT-Drucks. 14/5531 S.8): **8**

„Dienste und Einrichtungen können auch Schulen für Körperbehinderte, Schulen für Geistigbehinderte und andere Sondereinrichtungen für Behinderte sein.

Begründung

Es muss gewährleistet sein, dass die interdisziplinär erbrachten Leistungen auch an den genannten Einrichtungen zulasten des zuständigen Rehabilitationsträgers erbracht werden können."

Dem hat jedoch die Bundesregierung in ihrer Gegenäußerung widersprochen. Sie halte es **9** für geboten, „eine mögliche Verschiebung von Zuständigkeiten durch neue Definitionen von Diensten und Einrichtungen zu verhindern; Dienste und Einrichtungen sollen von sich aus für behinderte Menschen zugänglich und leistungsfähig sein" (BT-Drucks. 14/5639 S. 3).

Der Ausschuss hat den Vorschlag nicht aufgegriffen.

Ferner hat der Bundesrat die Anfügung eines Absatz 7 mit folgendem Inhalt vorgeschlagen: **10**

„(7) Die Regelungen nach dem jeweiligen Leistungsrecht über die Finanzierung der Rehabilitationsdienste und – Einrichtungen bleiben durch die §§ 19–21 unberührt."

Begründung

„§ 19 Abs. 4 und 5 entsprechen nicht den Regelungen im Bereich des Kinder- und Jugendhilferechts (vgl. §§ 74, 77, 78a ff. SGB VIII). Ein Hineinwirken in Form eines Verdrängens der jeweiligen Finanzierungsvorschriften ist nach § 7 gerade nicht gewollt. Eine entsprechende Klarstellung muss an dieser Stelle erfolgen".

Die Bundesregierung hielt das jedoch nicht für erforderlich, weil § 7 insoweit eine klare **11** Regelung enthalte (BT-Drucks. 14/5639 S. 2). Der BT-Ausschuss für Arbeit und Sozialordnung hat den Vorschlag nicht aufgegriffen.

B) durch das Gesetz zur Förderung der Ausbildung und Beschäftigung schwerbehinderter Menschen vom 23. April 2004 (BGBl. I S. 606) mit Wirkung vom 1. Mai 2004

In Absatz 4 Satz 2 wurde die Angabe „§ 35 Satz 2 Nr. 4" durch die Angabe „§ 35 **Abs. 1** **11a** Satz 2 Nr. 4" ersetzt.

Es handelt sich um eine Folgeänderung zur Neufassung des § 35 SGB IX, der um einen Absatz ergänzt wurde.

III. Begründung

In dem Regierungsentwurf (BT-Drucks. 14/5074, S.104) wird zu der Vorschrift ausgeführt:

12 „Die Vorschrift ergänzt die Grundsätze des § 17, soweit für die Durchführung von Leistungen zur Eingliederung besondere Dienste oder Einrichtungen in Anspruch genommen werden. **Abs. 1** greift § 17 Abs. 1 Nr. 2 Erstes Buch auf und macht deutlich, dass für die Leistungserbringung Rehabilitationsdienste und -einrichtungen in ausreichender Anzahl und Qualität zur Verfügung stehen müssen und hierfür grundsätzlich die Rehabilitationsträger verantwortlich sind, die hierbei zusammenzuwirken haben. Zu den Rehabilitationseinrichtungen gehören neben den Einrichtungen zur Erbringung von Leistungen zur medizinischen Rehabilitation insbesondere auch Berufsförderungswerke, Berufsbildungswerke und Werkstätten für behinderte Menschen. Zu achten ist darauf, dass eine genügende Anzahl barrierefrei zugänglicher Dienste und Einrichtungen zur Verfügung steht. Diese Pflicht wendet sich in erster Linie an die Rehabilitationsträger, die diese Aufgabe gemeinsam unter Beteiligung der Bundesregierung und der Landesregierungen wahrnehmen; dabei sollte auch die Einbringung kommunalen Sachverstands gesichert werden. Die Verbände und Selbsthilfegruppen behinderter Menschen einschließlich die Interessenvertretungen behinderter Frauen sowie die Verbände der Freien Wohlfahrtspflege sind zu beteiligen. Die Beteiligung der Verbände der Freien Wohlfahrtspflege erfolgt auch im Hinblick darauf, dass sie Träger von Rehabilitationseinrichtungen sind. Die Vorschrift begründet damit eine inhaltliche Zielvorgabe und eine allgemeine Verpflichtung zur Kooperation und Koordination, die letztlich konsultativen Charakter trägt.

13 **Abs. 2** kommt der immer stärker werdenden Bedeutung einer Flexibilisierung der Rehabilitation nach, indem deutlich gemacht wird, dass – entsprechend dem in § 9 Abs. 3 festgelegten Anspruch behinderter Menschen auf selbstbestimmte und eigenverantwortliche Gestaltung ihrer Lebensumstände – unter Berücksichtigung der persönlichen Umstände und der Wirksamkeit ambulante und bei Leistungen zur Teilhabe am Arbeitsleben teilstationäre Leistungen in wohnortnahen Einrichtungen zu bevorzugen sind. Nur dadurch erhalten gerade Frauen oftmals den Zugang zu den Leistungen der Teilhabe. Dies gilt insbesondere hinsichtlich der Leistungen zur Teilhabe am Arbeitsleben, denn die deutliche Unterrepräsentanz von Frauen gerade bei diesen Leistungen ist in erster Linie auf ihre Doppelbelastung zurückzuführen. Weil dezentrale Angebote fehlen und die Form der wohnortfernen Internatsunterbringung für viele behinderte Frauen mit Familien wegen der damit familiären Belastungen ausscheidet, wird häufig auf eine notwendige Leistung verzichtet. Andererseits ist die strikte Festlegung eines Grundsatzes „ambulant vor stationär" im Einzelfall zu inflexibel. Maßgebend kann allein die Wirksamkeit der Leistungen sein, die auch durch persönliche Umstände beeinflusst werden kann. Deshalb müssen bei der Entscheidung alle Umstände des Einzelfalles berücksichtigt werden. Durch die Einbeziehung familienentlastender und familienunterstützender Dienste wird dem Grundsatz Rechnung getragen, dass die Integration behinderter Kinder in der Regel bei der Stärkung und Stützung ihrer Familien ansetzen muss.

14 **Abs. 3** korrespondiert mit der Regelung in § 4 Abs. 3 und sieht vor, dass bei Leistungen in Einrichtungen eine gemeinsame Betreuung behinderter und nichtbehinderter Kinder anzustreben ist.

15 **Abs. 4** stellt sicher, dass die Rehabilitationsträger die Dienste und Einrichtungen danach auswählen, dass die Leistungen in der für den Rehabilitanden am besten geeigneten Form erbracht werden und dass sie dabei die Dienste und Einrichtungen freier und gemeinnütziger Träger entsprechend ihrer Bedeutung berücksichtigen.

16 **Abs. 5** ermöglicht den Rehabilitationsträgern die Förderung von Rehabilitationsdiensten und -einrichtungen im Rahmen des geltenden Rechts.

17 **Abs. 6** legt den Diensten und Einrichtungen nahe, Arbeitsgemeinschaften zu bilden, auch im Interesse einer laufenden Qualitätssicherung und -entwicklung.

Zu den **finanziellen Auswirkungen** der Vorschrift bemerkt der Regierungsentwurf (BT-Drucks. 14/5074 S. 133): 18

„Die Rehabilitationsträger erbringen Leistungen unter Berücksichtigung der persönlichen Umstände nach Möglichkeit in ambulanter oder teilstationärer Form.

Von den Trägern der beruflichen Rehabilitation wurden 1999 51 095 berufliche Bildungsmaßnahmen (Umschulung, Anpassung, Ausbildung) durchgeführt. Davon wurden 5672 (11,1%) betrieblich durchgeführt. Durch Erhöhung des Anteils an betrieblichen Bildungsmaßnahmen lassen sich Maßnahme- und Unterbringungskosten, Reisekosten sowie Kosten für Haushaltshilfe einsparen. Bei 1000 Maßnahmen und einer Maßnahmedauer von 2 Jahren ergibt sich eine Einsparung von bis zu 100 Mio. DM. 19

Die Rentenversicherung führte 1999 insgesamt 717 388 Maßnahmen zur medizinischen Rehabilitation durch. Davon wurden 8250 Maßnahmen ambulant und 10 141 Maßnahmen teilstationär durchgeführt. Ambulante und teilstationäre Leistungen haben einen Anteil von 2,5%. Bei einer Verdoppelung dieses Anteils auf 5% ergäben sich Einsparungen von 7,2 Mio. DM/Jahr. Hinzu kämen eine geringere Belastung der Familien sowie nicht quantifizierbare Einsparungen beim Übergangsgeld, bei den Reisekosten und für Haushaltshilfe. Durch die im weitaus größeren Umfang als bisher erbrachten und wohnortnahen Leistungen der medizinischen Rehabilitation seitens der Rentenversicherung ergeben sich Einspareffekte der gesetzlichen Krankenversicherung. Ausgehend von durchschnittlichen Maßnahmekosten der Krankenversicherung in Höhe von 2520 DM/Fall wird bereits bei einer Verringerung um 1000 Fälle ein Einsparpotential von 2,52 Mio. DM erzielt. 20

Einsparungen sind auch für die gesetzliche Krankenversicherung und die Unfallversicherung möglich; diese können aufgrund fehlender Daten nicht beziffert werden." 21

§ 20
Qualitätssicherung

(1) ¹Die Rehabilitationsträger nach § 6 Abs. 1 Nr. 1 bis 5 vereinbaren gemeinsame Empfehlungen zur Sicherung und Weiterentwicklung der Qualität der Leistungen, insbesondere zur barrierefreien Leistungserbringung, sowie für die Durchführung vergleichender Qualitätsanalysen als Grundlage für ein effektives Qualitätsmanagement der Leistungserbringer. ²§ 13 Abs. 4 ist entsprechend anzuwenden. ³Die Rehabilitationsträger nach § 6 Abs. 1 Nr. 6 und 7 können den Empfehlungen beitreten.

(2) Die Erbringer von Leistungen stellen ein Qualitätsmanagement sicher, das durch zielgerichtete und systematische Verfahren und Maßnahmen die Qualität der Versorgung gewährleistet und kontinuierlich verbessert.

(3) ¹Die Bundesarbeitsgemeinschaft für Rehabilitation bereitet die Empfehlungen nach Absatz 1 vor. ²Sie beteiligt die Verbände behinderter Menschen einschließlich der Verbände der Freien Wohlfahrtspflege, der Selbsthilfegruppen und der Interessenvertretungen behinderter Frauen sowie die nach § 19 Abs. 6 gebildeten Arbeitsgemeinschaften und die für die Wahrnehmung der Interessen der ambulanten und stationären Rehabilitationseinrichtungen auf Bundesebene maßgeblichen Spitzenverbände. ³Deren Anliegen wird bei der Ausgestaltung der Empfehlungen nach Möglichkeit Rechnung getragen.

(4) § 13 Abs. 3 ist entsprechend anzuwenden für Vereinbarungen aufgrund gesetzlicher Vorschriften für die Rehabilitationsträger.

ERLÄUTERUNGEN

ÜBERSICHT

I. Bedeutung der Vorschrift (Rdnrn. 1–3)
II. Fassung (Rdnr. 4)
III. Begründung (Rdnrn. 5–7)
IV. Anmerkungen (Rdnr. 8)

I. Bedeutung der Vorschrift

1 Die Rehabilitationsträger (ohne Sozial- und öffentliche Jugendhilfeträger) vereinbaren gemeinsame Empfehlungen zur Qualitätssicherung und -weiterentwicklung sowie für vergleichende Qualitätsanalysen (**Abs. 1 Satz 1**). Diese Empfehlungen werden durch die Bundesarbeitsgemeinschaft für Rehabilitation unter Beteiligung der Verbände behinderter Menschen einschließlich der Verbände der freien Wohlfahrtspflege, der Selbsthilfegruppen und Interessenvertretungen behinderter Frauen sowie der Arbeitsgemeinschaften von Diensten und Einrichtungen und der Spitzenverbände der Rehabilitationseinrichtungen vorbereitet (**Abs. 3**). Die Träger der Sozialversicherung können sich beim Abschluss der Vereinbarung durch ihre Spitzenverbände vertreten lassen. Die Sozialhilfe- und öffentlichen Jugendhilfeträger können den Empfehlungen beitreten (**Abs. 1 Satz 2 und 3**).

2 Leistungserbringer haben einrichtungsintern ein Qualitätsmanagement für die Gewährleistung und Verbesserung der Qualität der Versorgung einzuführen und weiterzuentwickeln (**Abs. 2**).

3 Die Vorschrift über die Herbeiführung des Einvernehmens bei bestehenden oder beabsichtigten Rahmenempfehlungen in § 13 Abs. 3 ist entsprechend anzuwenden (**Abs. 4**).

II. Fassung

4 Die Vorschrift wurde mit folgenden Änderungen aus dem Regierungsentwurf (BT-Drucks. 14/5531 i. V. m. 5074) übernommen:

a) In Abs. 1 Satz 1 hat der BT-Ausschuss für Arbeit und Sozialordnung durch Einfügung der Worte „insbesondere zur barrierefreien Leistungserbringung" klargestellt, dass Barrierefreiheit zur Leistungserbringung gehört (BT-Drucks. 14/5800 S. 31).

b) In Abs. 2 wurden die Worte „führen einrichtungsintern ein Qualitätsmanagement ein ... und entwickeln dieses weiter." ersetzt durch

„stellen ein Qualitätsmanagement sicher."

Begründet wurde dies mit „Klarstellung des Gewollten und sprachlicher Vereinfachung zur Normenklarheit" (BT-Drucks. 14/5800 S. 31).

c) Die Erwähnung der „Spitzenverbände" in Abs. 3 Satz 2 ist eine Folgeänderung zur Änderung von § 13 Abs. 6 SGB IX.

III. Begründung

In dem Regierungsentwurf (BT-Drucks. 14/5074, S. 104) wird zu der Vorschrift ausgeführt:

5 „Um ein effizientes und effektives gemeinsames Handeln der Rehabilitationsträger zu gewährleisten und um die erforderlichen Leistungen insbesondere auch für behinderte und von Behinderung bedrohte Frauen in der gebotenen Qualität sicherzustellen, sollen die Rehabilitationsträger gemeinsame Empfehlungen zur Qualitätssicherung vereinbaren. Mit der Abstimmung wird sichergestellt, dass bisherige Qualitätsmaßstäbe zur Struktur- und Prozessqualität sowie Bemühungen zur Ergebnisqualität nicht nivelliert werden. Die Rehabilitationsträger nach § 6 Abs. 1 Nr. 1 bis 5 werden hierzu verpflichtet, denn abgestimmte Qualitätssicherung ist unabdingbare Voraussetzung für die gemeinsame Bedarfsplanung (§ 19

Gemeinsame Empfehlung der BAR zu § 20 Qualitätssicherung § 20

Abs. 1), die Koordination der Leistungen und die Kooperation der Leistungsträger, insbesondere für ein trägerübergreifendes Rehabilitationsmanagement.

Abs. 2 bindet die Erbringer von Leistungen zur Teilhabe in die Qualitätssicherung der Rehabilitationsträger ein, indem sie zu einem internen Qualitätsmanagement verpflichtet werden. 6

Nach **Abs. 3** soll Aufgabe der Bundesarbeitsgemeinschaft zur Rehabilitation werden, die gemeinsamen Empfehlungen nach Absatz 1 vorzubereiten und dabei Verbände und Selbsthilfegruppen behinderter Menschen zu beteiligen. Die Beteiligung der Verbände der Freien Wohlfahrtspflege erfolgt auch im Hinblick darauf, dass sie Träger von Rehabilitationseinrichtungen sind. Die Regelung sichert somit den gesetzlichen Auftrag zur gemeinsamen Qualitätssicherung institutionell ab. Voraussetzung ist eine verbindliche, einheitliche Datenerhebung. Mit der Verweisung auf die Regelung in § 13 Abs. 3 stellt **Abs. 4** sicher, dass auch bei den gemeinsamen Empfehlungen über Qualitätssicherung Vereinbarungen von einzelnen Rehabilitationsträgern, z. B. nach § 137d Fünftes Buch oder dem Siebten Abschnitt Bundessozialhilfegesetz, die erforderliche Berücksichtigung finden." 7

IV. Anmerkungen

Aufgrund der Vorschrift haben die gesetzlichen Krankenkassen, die jetzige Bundesagentur für Arbeit, die Träger der gesetzlichen Unfallversicherung und der gesetzlichen Rentenversicherung, die Träger der Alterssicherung der Landwirte sowie die Träger der Kriegsopferversorgung und die Träger der Kriegsopferfürsorge im Rahmen des Rechts der sozialen Entschädigung bei Gesundheitsschäden am 27. März 2003 eine **Gemeinsame Empfehlung zur Sicherung und weiteren Entwicklung der Qualität der Leistungen** vereinbart. Sie ist im Anhang zu dieser Vorschrift wiedergegeben. 8

Gemeinsame Empfehlung der BAR zu § 20 Qualitätssicherung

Vom 27. März 2003

Die Rehabilitationsträger wirken auf bedarfsgerechte, zielgerichtete und an den individuellen Bedürfnissen der Leistungsberechtigten ausgerichtete qualifizierte Leistungen zur Teilhabe hin und stellen sie durch geeignete Leistungserbringer sicher. Dabei wird ein umfassender und interdisziplinärer Rehabilitationsansatz zugrunde gelegt, der somatische, psychische und soziale Dimensionen und ihre Folgen berücksichtigt. Verfahren zur Qualitätssicherung und zum Qualitätsmanagement stellen dabei zentrale Elemente einer effektiven und effizienten Leistungserbringung dar. Die damit einhergehende Transparenz trägt entscheidend zur kontinuierlichen Verbesserung der Qualität der Leistungen bei.

Zu diesem Zweck vereinbaren

die gesetzlichen Krankenkassen,

die Bundesagentur für Arbeit,

die Träger der gesetzlichen Unfallversicherung,

die Träger der gesetzlichen Rentenversicherung,

die Träger der Alterssicherung der Landwirte,

die Träger der Kriegsopferversorgung und die Träger der Kriegsopferfürsorge im Rahmen des Rechts der sozialen Entschädigung bei Gesundheitsschäden

gemäß § 20 Abs. 1 SGB IX folgende Gemeinsame Empfehlung zur Sicherung und Weiterentwicklung der Qualität der Leistungen, insbesondere zur barrierefreien Leistungserbringung, sowie für die Durchführung vergleichender Qualitätsanalysen als Grundlage für ein effektives Qualitätsmanagement der Leistungserbringer.

§ 1 Zielgruppe und Leistungen.

1. Zielgruppe für Leistungen zur Teilhabe sind Leistungsberechtigte im Sinne der §§ 1 und 2 SGB IX.
2. Leistungen zur Teilhabe im Sinne dieser Gemeinsamen Empfehlung sind die notwendigen Sozialleistungen nach §§ 26, 33 und 55 SGB IX. Der Leistungsberechtigte mit seinen Bedürfnissen ist in den Mittelpunkt der Bemühungen stellen.

§ 2 Definition von Qualität.
Qualität von Leistungen zur Teilhabe bedeutet eine wirksame und bedarfsgerechte, am Krankheitsfolgemodell der WHO (ICF) orientierte fachlich qualifizierte, aber auch wirtschaftliche Leistungserbringung.

§ 3 Grundsätze der Qualitätssicherung.

1. Qualitätssicherung bei Leistungen zur Teilhabe hat zum Ziel, eine am Bedarf der Leistungsberechtigten orientierte, unter den jeweiligen gesetzlichen Rahmenbedingungen bestmögliche Qualität zu gewährleisten. Dazu dienen die systematische und kontinuierliche Prüfung, Bewertung, Förderung und Verbesserung der Qualität.
2. Die Rehabilitationsträger verpflichten sich zu einer kontinuierlichen Qualitätssicherung und -optimierung der Leistungen. Hierzu dienen sowohl externe Maßnahmen der Rehabilitationsträger als auch interne Maßnahmen der Leistungserbringer einschließlich der Implementierung eines Qualitätsmanagementsystems.

Externe und interne Qualitätssicherung

3. Externe Qualitätssicherung soll vor allem die Einhaltung und die (Weiter-)Entwicklung der Qualitätsstandards gewährleisten. Durch vergleichende Qualitätsanalysen werden den Leistungserbringern Rückmeldungen als Grundlage die interne Qualitätsentwicklung zur Verfügung gestellt. Hierfür sind valide Kriterien für die Vergleichbarkeit der Einrichtungen sowie geeignete Parameter zur Bildung vergleichbarer Gruppen von Leistungsberechtigten erforderlich.
4. Interne Qualitätssicherung dient der Sicherung einer kontinuierlichen hohen Qualität der Erbringung von Leistungen. Damit ist die einrichtungsinterne kontinuierliche Problemerkennung und Verbesserung von Leistungen ebenso verbunden wie die Weiterentwicklung von Strukturen und Prozessen mit dem Ziel der Steigerung der Ergebnisqualität. Voraussetzung für eine effektive interne Qualitätssicherung ist die Einführung eines systematischen Qualitätsmanagements in den Einrichtungen. Die Wahl der hier verwendeten Methoden und Verfahren obliegt den Leistungserbringern.
5. Durch das gezielte Zusammenwirken von vergleichenden Qualitätsanalysen und internem Qualitätsmanagement soll die Ergebnisqualität der Leistungen zur Teilhabe für die Leistungsberechtigten nachweisbar verbessert und die Wirksamkeit der Leistungserbringung erhöht werden.

Transparenz

6. Qualitätssicherung soll die Strukturen, Prozesse und Ergebnisse der Leistungserbringung transparent machen. Voraussetzung hierfür ist, dass den Rehabilitationsträgern einrichtungsbezogene Qualitätsdaten zur Verfügung gestellt und dem Leistungsberechtigten Qualitätsergebnisse in geeigneter Form zugänglich gemacht werden. Ebenso sind den in der Einrichtung an der Leistungserbringung Beteiligten die Qualitätsergebnisse zur Kenntnis zu geben. Auf diese Weise dient die Transparenz der Verbesserung der Informations- und Entscheidungslage der im Wesentlichen Beteiligten und der kontinuierlichen Verbesserung der Qualität der Leistungen. Bei der Weitergabe von Informationen ist der Rahmen des rechtlich Zulässigen zu berücksichtigen.

Bewertung aus Sicht der Leistungsberechtigten

7. Die wahrgenommene Qualität von Leistungen zur Teilhabe und deren Bewertung aus Sicht der Leistungsberechtigten ist ein wesentliches Merkmal von Qualitätssicherung. Die

systematische Befragung der Leistungsberechtigten bildet eine wichtige Grundlage für die Berücksichtigung ihrer Belange.

Zusammenarbeit mit den Leistungserbringern

8. Qualitätssicherung ist ein gemeinsames Anliegen der Leistungserbringer und der Rehabilitationsträger. Eine verständnis- und vertrauensvolle Zusammenarbeit bei der Festlegung der Bedingungen, Ziele, Inhalte und der Auswertung der Ergebnisse leistet einen wichtigen Beitrag dazu. Die mit der Qualitätssicherung verbundenen Belastungen und Aufwände sollen durch den weit gehenden rehabilitations-trägerübergreifenden Einsatz geeigneter Verfahren verringert werden.

§ 4 Dimensionen der Qualitätssicherung.

1. Voraussetzung für eine systematische und nachvollziehbare Sicherung und Weiterentwicklung der Qualität ist die Operationalisierung des Qualitätsbegriffs. Dieser lässt sich einteilen in die Dimensionen Struktur-, Prozess- und Ergebnisqualität.
2. Die Rehabilitationsträger verpflichten sich, Verfahren zu entwickeln, die die Struktur-, Prozess- und Ergebnisqualität einbeziehen und Vergleiche ermöglichen, um so einen qualitätsorientierten Wettbewerb anzustoßen.

Strukturqualität

3. Strukturqualität benennt die Rahmenbedingungen, die notwendig sind, um die vereinbarte Leistung zur Teilhabe erbringen zu können. Zu den Strukturmerkmalen zählen insbesondere:
   · Vorhandensein eines Konzeptes,
   · räumliche und sächliche Ausstattung,
   · personelle Ausstattung,
   · Leistungsangebote,
   · Qualifikation, Aus-, Fort- und Weiterbildung der Mitarbeiter,
   · Einbindung in Versorgungsstrukturen einschließlich der Selbsthilfe,
   · interne Vernetzung (z. B. regelmäßige Teambesprechungen).

Prozessqualität

4. Prozessqualität bezieht sich auf die Planung, Strukturierung und den Ablauf der Leistungserbringung sowie die Beurteilung der sachgerechten Durchführung. Insbesondere werden hierunter erfasst:
   · interdisziplinäre Feststellung des individuellen Rehabilitations-, Förder- bzw. Hilfebedarfs,
   · Vereinbarung individueller Rehabilitationsziele mit den Leistungsberechtigten,
   · Erstellung und Fortschreibung eines Rehabilitations- / Teilhabeplans unter genauen Angaben der jeweiligen Leistungen zur Teilhabe,
   · sachgerechte Durchführung der Leistung,
   · Dokumentation und Bewertung des Verlaufs,
   · interdisziplinäre Zusammenarbeit in den Einrichtungen sowie einrichtungsübergreifend,
   · Kooperation mit den vor- und nachbehandelnden Einrichtungen, Diensten und der Selbsthilfe.

Ergebnisqualität

5. Ergebnisqualität bezieht sich darauf, in welchem Ausmaß die mit der Leistung angestrebten individuellen und generellen Ziele erreicht werden.

§ 5 Verfahren der externen Qualitätssicherung.

1. Grundlage für einen kontinuierlichen Qualitätssicherungsprozess sind fachlich anerkannte Verfahren zur routinemäßigen Erfassung der Qualität der Leistungserbringung. So können Veränderungen in Abläufen und Ergebnissen aufgezeigt und damit frühzeitig Hinweise auf Verbesserungspotenziale gegeben werden.
2. Die Rehabilitationsträger wirken darauf hin, dass die jeweiligen Leistungserbringer standardisierte Dokumentationen für alle Qualitätsdimensionen einsetzen.

   Die Dokumentation muss alle notwendigen Informationen enthalten, um eine Überprüfung der einzelnen Leistungsschritte und der Ergebnisse anhand einheitlicher Verfahren (z.B. das sog. „Peer-Review-Verfahren") zu ermöglichen.

   Die Dokumentation muss darüber hinaus auch Aussagen darüber enthalten, ob und in welchem Rahmen die Leistungserbringung zügig und nahtlos durchgeführt werden konnte und inwieweit Vernetzungen mit anderen Leistungserbringern bestehen, um Übergänge zu organisieren und weitere Maßnahmen einzuleiten.
3. Die Ergebnisse werden von den Rehabilitationsträgern oder durch von ihnen Beauftragte routinemäßig ausgewertet, strukturiert zusammengefasst und kommuniziert.

Strukturqualität

4. Zur Erfassung und Sicherstellung der Strukturqualität erstellen die Rehabilitationsträger gegebenenfalls unter Beteiligung der Leistungserbringer Kriterienkataloge zur Ausstattung, zu Methoden und Verfahren sowie zu konzeptionellen Merkmalen der Einrichtungen.

   Die Strukturkriterien werden in regelmäßigen Abständen anhand standardisierter Erhebungsbögen bei den Leistungserbringern abgefragt.

Prozessqualität

5. Die Rehabilitationsträger legen gegebenenfalls unter Beteiligung der Leistungserbringer die Indikatoren und Kriterien fest, mit denen die Leistungserbringer die verschiedenen Merkmale der Prozessqualität erfassen, beschreiben und dokumentieren.

Die Leistungserbringer erfassen hierbei im Rahmen der einrichtungsinternen Dokumentation insbesondere:
- die konkrete, operationalisierbare Leistungs- und Maßnahmeplanung bei Leistungsbeginn,
- die individuellen und generalisiert angewandten Leistungsmerkmale,
- den Prozess und dessen Auswertung sowie resultierende Anpassungs- und Beendigungskonsequenzen während des Leistungsverlaufs,
- die Beendigung einer Leistung oder Maßnahme sowie nachfolgende Leistungserfordernisse,
- bei vorzeitiger Beendigung einer Maßnahme die hierfür maßgeblichen Gründe.

Die Leistungsberechtigten werden hinsichtlich der Leistungsbedingungen, Leistungsausführung und ihrer Beteiligung befragt. Die Rehabilitationsträger oder von ihnen Beauftragte werten mittels geeigneter Verfahren die vorliegende Prozessdokumentation und die Befragung der Leistungsberechtigten aus.

Ergebnisqualität

6. Im Zentrum der Qualitätssicherung steht die Ergebnisqualität. Hierzu vereinbaren die Rehabilitationsträger gegebenenfalls unter Beteiligung der Leistungserbringer einheitliche Kriterien, mit denen sie das Ergebnis einer Leistung ermitteln und bewerten.

   Hier sind vor allem Verfahren zur Einschätzung von Beteiligten, z. B. Ärzten, Therapeuten, Fachpersonal, Leistungsberechtigten (während und / oder nach einer Maßnahme), sowie zur Beurteilung der Zielerreichung anhand der Berichte erforderlich. Wichtig sind dabei

Verfahren, die Veränderungen im Rehabilitationsstatus und der Lebensqualität der Leistungsberechtigten zu unterschiedlichen Messzeitpunkten aufzeigen.
Von Relevanz für die Bewertung sind hierbei insbesondere:
- Soll-Ist-Vergleiche,
- Leistungs- oder Maßnahmedauer, Komplikationen, Maßnahmeabbrüche etc.,
- Einschätzung z.B. durch Arzt, Therapeut, Berater, Fachpersonal,
- Einschätzung der Leistungsberechtigten oder deren Vertrauenspersonen zur Veränderung der Lebensqualität Nachhaltigkeit von Effekten,
- Nachbefragungen hinsichtlich Integration in Arbeit, Beruf und Gesellschaft.

7. Zur Überprüfung der Angaben der Leistungserbringer zur Struktur-, Prozess- und Ergebnisqualität führen die Rehabilitationsträger oder von ihnen Beauftragte stichprobenartige Untersuchungen, ggf. auch Visitationen durch.

§ 6 Vergleichende Qualitätsanalyse.

1. Die Rehabilitationsträger oder von ihnen Beauftragte führen aufgrundlage der routinemäßig erhobenen Daten zur Struktur-, Prozess- und Ergebnisqualität vergleichende Qualitätsanalysen durch, um
   - den Einrichtungen eine Standortbestimmung im Vergleich zu anderen Einrichtungen zu ermöglichen,
   - den Leistungserbringern eine detaillierte Rückmeldung als Input für das interne Qualitätsmanagement zu geben.

   Die Verfahren der vergleichenden Qualitätsanalyse sind den Leistungserbringern transparent zu machen.

2. Methodische Voraussetzung vergleichender Qualitätsanalysen ist, dass die einbezogenen Einrichtungen auch vergleichbar sind. Dabei sind die Merkmale (Prädiktoren) zu berücksichtigen, die einen systematischen Einfluss auf Erfolg einer Maßnahme haben, jedoch von den Einrichtungen und Diensten nicht beeinflusst werden können.

§ 7 Auswertung und Rückmeldung an Leistungserbringer.

1. Die Rehabilitationsträger oder von ihnen Beauftragte werten die Daten zur Struktur-, Prozess- und Ergebnisqualität der einzelnen Einrichtungen aus und melden diese Ergebnisse sowie die der vergleichenden Qualitätsanalyse zurück.

2. Auf der Grundlage der zusammengetragenen Daten können die Rehabilitationsträger Qualitätsprofile erstellen, die differenzierte Beschreibung der Einrichtungen sowie deren Leistungen ermöglichen.

3. Die Leistungserbringer können die Ergebnisse der Qualitätssicherung veröffentlichen.

§ 8 Barrierefreiheit.
Die Rehabilitationsträger verpflichten sich, dass Leistungen zur Teilhabe in ausreichendem Maße barrierefrei (Zugang und Kommunikation) zur Verfügung stehen. Im Übrigen wird auf die Gleichstellungsgesetze des Bundes und der Länder sowie sonstige gesetzliche und untergesetzliche Normierungen verwiesen.

§ 9 Evaluation und Weiterentwicklung.

1. Die Rehabilitationsträger verpflichten sich, derzeitige und geplante Verfahren der Qualitätssicherung einer Evaluation im Hinblick auf ihre Wirksamkeit, ihren Nutzen für die Leistungsberechtigten sowie hinsichtlich ihrer Kosten zu unterziehen. Die Verfahren der Qualitätssicherung müssen entsprechend den Evaluationsergebnissen oder sich verändernden Bedingungen angepasst werden.

2. Die Rehabilitationsträger stellen sicher, dass die Einrichtungen nicht mehrfach externen Qualitätssicherungsmaßnahmen unterzogen werden, und vereinheitlichen unter Berück-

sichtigung der jeweiligen trägerspezifischen Gegebenheiten die bereits eingeführten Verfahren.

§ 10 Datenschutz. Der Schutz der personenbezogenen Daten und der Sozialdaten sowie das Recht auf informationelle Selbstbestimmung sind zu gewährleisten.

§ 11 Inkrafttreten.
1. Diese Gemeinsame Empfehlung tritt am 1. Juli 2003 in Kraft.
2. Die Vereinbarungspartner teilen der Bundesarbeitsgemeinschaft für Rehabilitation im Abstand von 2 Jahren ihre Erfahrungen mit der Gemeinsamen Empfehlung mit.
3. Die Vereinbarungspartner und die anderen Rehabilitationsträger werden auf der Ebene der Bundesarbeitsgemeinschaft für Rehabilitation in angemessenen Zeitabständen unter Einbeziehung der Verbände behinderter Menschen einschließlich der Verbände der Freien Wohlfahrtspflege, der Selbsthilfegruppen und der Interessenvertretungen behinderter Frauen sowie der für die Wahrnehmung der Interessen der ambulanten und stationären Rehabilitationseinrichtungen auf Bundesebene maßgeblichen Spitzenverbände prüfen, ob diese Empfehlung aufgrund zwischenzeitlich gewonnener Erfahrungen und eingetretener Entwicklungen verbessert oder wesentlich veränderten Verhältnissen angepasst werden muss. Für diesen Fall erklären die Vereinbarungspartner ihre Bereitschaft, unverzüglich an der Überarbeitung einer entsprechend zu ändernden gemeinsamen Empfehlung mitzuwirken.

§ 21
Verträge mit Leistungserbringern

(1) Die Verträge über die Ausführung von Leistungen durch Rehabilitationsdienste und -einrichtungen, die nicht in der Trägerschaft eines Rehabilitationsträgers stehen, enthalten insbesondere Regelungen über
1. Qualitätsanforderungen an die Ausführung der Leistungen, das beteiligte Personal und die begleitenden Fachdienste,
2. Übernahme von Grundsätzen der Rehabilitationsträger zur Vereinbarung von Vergütungen,
3. Rechte und Pflichten der Teilnehmer, soweit sich diese nicht bereits aus dem Rechtsverhältnis ergeben, das zwischen ihnen und dem Rehabilitationsträger besteht,
4. angemessene Mitwirkungsmöglichkeiten der Teilnehmer an der Ausführung der Leistungen,
5. Geheimhaltung personenbezogener Daten sowie
6. die Beschäftigung eines angemessenen Anteils behinderter, insbesondere schwerbehinderter Frauen.

(2) ¹Die Rehabilitationsträger wirken darauf hin, dass die Verträge nach einheitlichen Grundsätzen abgeschlossen werden; sie können über den Inhalt der Verträge gemeinsame Empfehlungen nach § 13 sowie Rahmenverträge mit den Arbeitsgemeinschaften der Rehabilitationsdienste und -einrichtungen vereinbaren. ²Der Bundesbeauftragte für den Datenschutz wird beteiligt.

(3) ¹Verträge mit fachlich nicht geeigneten Diensten oder Einrichtungen werden gekündigt. ²Stationäre Rehabilitationseinrichtungen sind nur dann als geeignet anzusehen, wenn sie nach § 20 Abs. 2 Satz 2 zertifiziert sind.

(4) Absatz 1 Nr. 1 und 3 bis 6 wird für eigene Einrichtungen der Rehabilitationsträger entsprechend angewendet.

ERLÄUTERUNGEN

I. Bedeutung der Vorschrift

Die in § 20 SGB IX für die Rehabilitationsträger eingeführten Vorgaben zur Qualitätssicherung sollen auch auf unabhängige Dienste und Einrichtungen (z. B. auf Werkstätten für behinderte Menschen gem. § 136 SGB IX) angewendet werden. Hierfür sind Verträge mit diesen Leistungserbringern zu schließen (**Abs. 1**). Aus der nicht abschließenden Aufzählung ergeben sich die notwendigen Inhalte derartiger Vereinbarungen: Über die Qualitätsanforderungen bei der Leistungserbringung hinaus sollen darin Grundsätze der Rehabilitationsträger zu – leistungsgerechten – Vergütungen niedergelegt werden. Soweit erforderlich sind auch Rechte und Pflichten der Teilnehmer sowie deren angemessene Mitwirkungsmöglichkeiten an der Ausführung der Leistung zu regeln sowie die Geheimhaltung personenbezogener Daten. Außerdem soll die Beschäftigung eines „angemessenen Anteils behinderter, insbesondere schwerbehinderter Frauen sichergestellt werden".

Verträge mit Leistungserbringern sollen möglichst nach einheitlichen Grundsätzen abgeschlossen werden. Deshalb sind auch hier gemeinsame Empfehlungen nach § 13 SGB IX sowie Rahmenverträge mit den Arbeitsgemeinschaften der Dienste und Einrichtungen möglich. Zur Wahrung des Datenschutzes ist der Bundesbeauftragte für den Datenschutz zu beteiligen (**Abs. 2**).

Verträge mit fachlich nicht geeigneten Diensten oder Einrichtungen müssen gekündigt werden (**Abs. 3**).

Die in Absatz 1 Nr. 3–6 festgelegten Anforderungen, die in Verträgen mit fremden Leistungserbringern zu regeln sind, müssen auch von eigenen Einrichtungen der Rehabilitationsträger beachtet werden (**Abs. 4**).

II. Fassung

Die Vorschrift wurde in den Absätzen 1 – 3 inhaltlich unverändert aus dem Regierungsentwurf (BT-Drucks. 14/5531 i. V. m. 14/5074) übernommen.

Der BT-Ausschuss für Arbeit und Sozialordnung hat Abs. 4 angefügt, um inhaltliche Anforderungen des Abs. 1 auf eigene Einrichtungen der Rehabilitationsträger zu übertragen (BT-Drucks. 14/5800 S. 31).

Darüber hinaus hatte der Bundesrat vorgeschlagen, im Absatz 1 Satz 1 folgenden Satz anzufügen:

„Für die Träger nach § 6 Abs. 1 Nr. 1 SGB IX gilt das Vierte Kapitel des 5. Buches, soweit dieses Buch nichts anderes bestimmt.

B e g r ü n d u n g

Es wird klargestellt, daß das Vierte Kapitel des SGB V mit den Regelungen zur Beitragsstabilität, Wirtschaftlichkeit, Qualitätssicherung, Sicherstellung der Versorgung und zum Vertragsrecht anzuwenden ist, soweit im SGB IX nichts abweichendes geregelt ist.

Auch die Leistungserbringung nach SGB IX erfolgt damit nur durch zugelassene Vertragsärzte und -zahnärzte sowie durch Zulassung oder Vertrag legitimierte Leistungserbringer. Eine Leistungserbringung durch nicht zugelassene Ärzte und Leistungserbringer ist nicht möglich."

Dem hatte jedoch die Bundesregierung widersprochen, weil § 7 SGB IX „eine klare Regelung für alle angesprochenen Fälle enthalte" (BT-Drucks. 14/5629 S. 3). Der zuständige BT-Ausschuss hat den Vorschlag nicht aufgegriffen.

III. Begründung

In dem Regierungsentwurf (BT-Drucks. 14/5074, S. 104) wird zu der Vorschrift ausgeführt:

8 „Die Absätze 1 und 2 stellen sicher, dass nur solche Rehabilitationsdienste und -einrichtungen in Anspruch genommen werden, die den sich aus § 20 ergebenden Qualitätsanforderungen genügen. Mit diesen sind – soweit sie nicht Eigeneinrichtungen der Rehabilitationsträger sind – Verträge abzuschließen, die u.a. auch die notwendigen Regelungen zu diesen Anforderungen enthalten müssen. Zu den Rehabilitationseinrichtungen gehören auch die Werkstätten für behinderte Menschen (§ 136). Für sie ist die Regelung maßgeblich, soweit sie mit den Rehabilitationsträgern nach § 6 Abs. 1 Nr. 1 bis 5 Verträge schließen. Soweit die Sozialhilfeträger Rehabilitationsträger sind, gelten §§ 93 ff. BSHG. **Abs. 1** ist nicht abschließend. Bei der Gestaltung der Verträge sollen auch die notwendigen Inhalte geregelt werden, damit die Einrichtungen den erweiterten Wunsch- und Wahlrechten der Leistungsberechtigten entgegen kommen und die Bedürfnisse besonderer Personengruppen berücksichtigt werden können; insbesondere die Bedürfnisse behinderter und von Behinderung bedrohter Frauen z. B. durch die Ermöglichung von Teilzeitmaßnahmen. Datenschutzrechtliche Regelungen sind zu beachten. Bei der in **Abs. 1 Nr. 2** geregelten Übernahme von Grundsätzen der Rehabilitationsträger zur Festlegung der Vergütungen ist ein leistungsbezogenes Vergütungssystem anzustreben.

9 **Abs. 2** erweitert das Abstimmungsgebot sowie die Möglichkeit gemeinsamer Empfehlungen nach § 13 über den Inhalt von Versorgungsverträgen. Auch Rahmenverträge mit den Arbeitsgemeinschaften der Rehabilitationsdienste und -einrichtungen haben sich als sinnvolles Abstimmungsinstrument bewährt. Der Bundesbeauftragte für den Datenschutz ist zu beteiligen.

10 **Abs. 4** stellt klar, dass Rehabilitationsträger Verträge mit fachlich nicht geeigneten Diensten und Einrichtungen zu kündigen haben."

KAPITEL 3
Gemeinsame Servicestellen

§ 22
Aufgaben

(1) ¹Gemeinsame örtliche Servicestellen der Rehabilitationsträger bieten behinderten und von Behinderung bedrohten Menschen, ihren Vertrauenspersonen und Personensorgeberechtigten nach § 60 Beratung und Unterstützung an. ²Die Beratung und Unterstützung umfasst insbesondere,

1. über Leistungsvoraussetzungen, Leistungen der Rehabilitationsträger, besondere Hilfen im Arbeitsleben sowie über die Verwaltungsabläufe zu informieren,
2. bei der Klärung des Rehabilitationsbedarfs, bei der Inanspruchnahme von Leistungen zur Teilhabe, bei der Inanspruchnahme eines Persönlichen Budgets und der besonderen Hilfen im Arbeitsleben sowie bei der Erfüllung von Mitwirkungspflichten zu helfen,
3. zu klären, welcher Rehabilitationsträger zuständig ist, auf klare und sachdienliche Anträge hinzuwirken und sie an den zuständigen Rehabilitationsträger weiterzuleiten,
4. bei einem Rehabilitationsbedarf, der voraussichtlich ein Gutachten erfordert, den zuständigen Rehabilitationsträger darüber zu informieren,
5. die Entscheidung des zuständigen Rehabilitationsträgers in Fällen, in denen die Notwendigkeit von Leistungen zur Teilhabe offenkundig ist, so umfassend vorzubereiten, dass dieser unverzüglich entscheiden kann,
6. bis zur Entscheidung oder Leistung des Rehabilitationsträgers den behinderten oder von Behinderung bedrohten Menschen unterstützend zu begleiten,
7. bei den Rehabilitationsträgern auf zeitnahe Entscheidungen und Leistungen hinzuwirken und
8. zwischen mehreren Rehabilitationsträgern und Beteiligten auch während der Leistungserbringung zu koordinieren und zu vermitteln.

³Die Beratung umfasst unter Beteiligung der Integrationsämter auch die Klärung eines Hilfebedarfs nach Teil 2 dieses Buches. ⁴Die Pflegekassen werden bei drohender oder bestehender Pflegebedürftigkeit an der Beratung und Unterstützung durch die gemeinsamen Servicestellen beteiligt. ⁵Verbände behinderter Menschen einschließlich der Verbände der Freien Wohlfahrtspflege, der Selbsthilfegruppen und der Interessenvertretungen behinderter Frauen werden mit Einverständnis der behinderten Menschen an der Beratung beteiligt.

(2) ¹§ 14 des Ersten Buches und § 10 Abs. 2 und § 11 Abs. 1 bis 3 und 5 des Zwölften Buches bleiben unberührt. ²Auskünfte nach § 15 des Ersten Buches über Leistungen zur Teilhabe erteilen alle Rehabilitationsträger.

ERLÄUTERUNGEN

ÜBERSICHT

I. Bedeutung der Vorschrift (Rdnrn. 1–4a)
II. Fassung (Rdnrn. 4b–6)
III. Begründung (Rdnrn. 7–22)

IV. Anmerkungen (Rdnrn. 23–43)
  A) zu Abs. 1
    1. Ziel und Rechtsstellung der gemeinsamen Servicestellen (Rdnr. 23)
    2. Aufgaben (Rdnrn. 24–41)
  B) zu Abs. 2
    1. Verhältnis zu anderen Vorschriften (Rdnrn. 42–43)
V. Literatur

I. Bedeutung der Vorschrift

1 Zur notwendigen Beratung und Unterstützung der behinderten bzw. von Behinderung bedrohten Menschen sind trägerübergreifende gemeinsame Servicestellen ortsnah, d. h. grundsätzlich in allen Landkreisen und kreisfreien Städten einzurichten. Sie sollen als Anlaufstelle den Anspruchsberechtigten den **Weg durch das gegliederte System der Rehabilitation erleichtern**. Denn auch nach Inkrafttreten des SGB IX erbringen die Rehabilitationsträger ihre Leistungen im Grundsatz selbstständig. Die starke Gliederung und Differenzierung des Hilfesystems bleibt aufrechterhalten.

2 Durch **umfassende Beratung und Unterstützung im Antragsverfahren** – vor allem bei unklaren Zuständigkeiten und komplexen, trägerübergreifenden Sachverhalten – sollen die gemeinsamen Servicestellen den Zugang zum Rehabilitationssystem ebnen helfen. Ihre koordinierende Tätigkeit ist als **zielgerichtetes Management des Rehabilitationsprozesses** zu verstehen.

3 Hierdurch tragen sie zur **Verwirklichung sozialer Rechte** bei. Sie können aber auch eine **effektive und ressourcenschonende Gewährung** und Durchführung **von Teilhabeleistungen** fördern (Feldes u. a. / *Nürnberger* Rdnr. 5).

4 Die Vorschrift nennt in **Abs. 1** beispielhaft und nicht abschließend acht Schwerpunkte, auf welche sich die Beratung und Unterstützung der gemeinsamen Servicestellen zu beziehen hat.

4a In **Abs. 2 Satz 1** wird klargestellt, dass die Einrichtung der gemeinsamen Servicestellen nicht die Beratungspflichten der zuständigen Rehabilitation berührt. Vielmehr werden deren Auskunftspflichten über Leistungen zur Teilhabe in **Abs. 2 Satz 2** sogar erweitert.

II. Fassung

4b Die Vorschrift wurde weitgehend aus dem Regierungsentwurf (BT-Drucks. 14/5531 i. V. m. 14/5074) übernommen. Die wesentliche **Änderung durch den BT-Ausschuss für Arbeit und Sozialordnung** liegt in der **Einfügung des Satzes 3 in Abs. 1** sowie der Aufnahme der Verbände der freien Wohlfahrtspflege in **Abs. 1 Satz 4**. In dem Ausschussbericht ist hierzu vermerkt (BT-Drucks. 14/5800 S. 32):

4c „Die Neufassung ermöglicht eine Beteiligung der Pflegekassen an der Arbeit der gemeinsamen Servicestellen und mit Einverständnis der Betroffenen auch eine Beteiligung der freien Wohlfahrtsverbände."

5 **Der Bundesrat** hatte darüber hinaus **vorgeschlagen**, in Abs. 2 folgende Sätze anzufügen (BT-Drucks. 14/5531 S. 8): „Für den Bereich der Leistungen für seelisch behinderte Kinder und Jugendliche im Rahmen des SGB VIII nehmen die örtlichen Träger der öffentlichen Jugendhilfe die Aufgaben der Servicestellen wahr. Die örtlichen Träger der öffentlichen Jugendhilfe haben mit den Servicestellen zusammenzuarbeiten."

Begründung

„Die Einrichtung von Servicestellen darf nicht dazu führen, dass die vorrangigen Entscheidungs- und Beratungszuständigkeiten der jeweiligen Rehabilitationsträger auf die Servicestellen übergehen. Insbesondere in der Kinder- und Jugendhilfe ist mit dem Hilfeplanverfahren nach § 36 SGB VIII bereits eine interdisziplinäre Verfahrensstruktur kodifiziert. Die umfassende Zuständigkeit des Jugendamtes für Leistungen aufgrundlage des SGB VIII ist klarzustellen und muss auch organisationsrechtlich ihre Ausprägung erfahren. Durch neue Steuerungsmechanismen und zusätzliche Organisationseinheiten entsteht eine Überregulierung, die die praxis- und familienorientierten Gestaltungsmöglichkeiten im Bereich der Jugendhilfe behindern würde."

Die Bundesregierung hat jedoch in ihrer Gegenäußerung eine Aufspaltung der gemeinsamen Servicestellen für unterschiedliche Gruppen **nicht als sinnvoll angesehen**. Es sei gerade das Ziel der Regelung, „ein umfassendes Serviceangebot in gemeinsamen Servicsetellen zu gewährleisten" (BT-Drucks. 14/5639 S. 2). 6

III. Begründung

In dem **Regierungsentwurf** (BT-Drucks. 14/5074, S. 105) wird zu der Vorschrift ausgeführt: 7

„Eine erfolgreiche Rehabilitation umfasst in vielen Fällen Leistungen verschiedener Leistungsgruppen. Schon beim Zugang zur Rehabilitation fallen Vorentscheidungen über Verlauf und Erfolg der Gesamtmaßnahme und ihrer einzelnen Phasen. Die Betroffenen müssen eine **Anlaufstelle** finden, bei der sie verlässlich beraten werden. Eine umfassende und qualifizierte Beratung behinderter und von Behinderung bedrohter Menschen in dieser Phase sowie ihre Unterstützung bei der Inanspruchnahme notwendiger Sozialleistungen liegt nicht nur im Interesse der Betroffenen, sondern ist von besonderer Bedeutung auch für die Wirksamkeit der Leistungen. Die in §§ 14 und 15 des Ersten Buches bestehenden Regelungen bedürfen daher einer inhaltlichen Ergänzung und Präzisierung, um **qualifizierte Beratung und Unterstützung unverzüglich, trägerübergreifend, anbieterneutral und zugleich verbindlich zu gewährleisten**.

Durch Schaffung gemeinsamer Servicestellen werden Zielsetzungen des § 5 Abs. 2 und § 7 Abs. 1 des Rehabilitations-Angleichungsgesetzes aufgegriffen und auf **alle vom Neunten Buch erfassten Rehabilitationsträger und -trägergruppen** erstreckt; zugleich werden sie inhaltlich ausgebaut, indem Unterstützungs- und Nachhaltepflichten statuiert und Verfahren festgelegt werden. Dabei wird der Datenschutz gewährleistet; soweit erforderlich, ist bei der Übermittlung von Daten das Einverständnis der Betroffenen einzuholen. 8

Die Aufgaben sollen durch Servicestellen erfüllt werden, die nicht Bundes- und Landesverwaltung zugleich, sondern **nur einem der in Betracht kommenden Rehabilitationsträger zugeordnet** sind, gleichwohl aber die Aufgabe umfassender Beratung über die Leistungen aller Rehabilitationsträger und deren Inanspruchnahme wahrnehmen. Dabei kann die Servicestelle in den jeweiligen Kreisen auch bei unterschiedlichen Trägern eingerichtet werden (z. B. in einem Kreis bei einer Krankenkasse, in einem anderen Kreis bei einer Auskunfts- und Beratungsstelle eines Rentenversicherungsträgers). 9

Der **Beratungspflicht** der nach § 23 von Rehabilitationsträgern einzurichtenden gemeinsamen Servicestellen entspricht ein **Anspruch** behinderter und von Behinderung bedrohter Menschen auf Beratung und Unterstützung. Den besonderen Lebenssituationen und Problemen des betroffenen Personenkreises kommt entgegen, dass diesen Anspruch auch ihre Vertrauenspersonen und Personensorgeberechtigten geltend machen können. Für Bürgerinnen und Bürger besteht **keine Pflicht**, die gemeinsamen Servicestellen in Anspruch zu nehmen; sie können sich vielmehr auch weiterhin unmittelbar an die aus ihrer Sicht zuständigen Rehabilitationsträger wenden. 10

Abs. 1 Satz 2 enthält einen nicht abschließenden **Aufgabenkatalog** der gemeinsamen Servicestellen, der sicherstellen soll, dass die Klärung der Rehabilitationsbedürftigkeit und die sozialrechtliche Klärung möglichst rasch und parallel erfolgen. Dabei soll die Entscheidung des zuständigen Rehabilitationsträgers möglichst so umfassend vorbereitet werden, dass sie unverzüglich erfolgen kann. Dies bedeutet allerdings nicht, dass in jedem Fall sämtliche Vorermittlungen durch die Servicestellen erfolgen müssen. Dies soll dann geschehen, wenn 11 sich behinderte Menschen an die Servicestelle werden. Die Servicestelle hat keine eigene Entscheidungskompetenz. Eine Verlagerung von Entscheidungsbefugnissen der Rehabilitationsträger auf die Servicestelle erfolgt damit auch in den Fällen nicht, in denen die Servicestelle tätig wird.

12 Nach **Abs. 1 Satz 2 Nr. 3** haben die gemeinsamen Servicestellen **unverzüglich den zuständigen Rehabilitationsträger zu ermitteln.** Die Vorschrift ist in Zusammenhang mit § 14 zu sehen und dient ebenso dem Ziel, dass Streitigkeiten über die Zuständigkeitsfrage nicht mehr nur zu Lasten der Betroffenen bzw. der Schnelligkeit und Qualität der Leistungserbringung gehen.

13 Nach **Abs. 1 Satz 2 Nr. 4** erhalten die gemeinsamen Servicestellen auch die Aufgabe **festzustellen,** ob für die Klärung des Rehabilitationsbedarfs **voraussichtlich ein Sachverständigengutachten** erforderlich ist. In diesem Fall ist der Rehabilitationsträger hierüber unverzüglich zu unterrichten, damit er so schnell wie möglich den Leistungsberechtigten geeignete Sachverständige benennen und den Leistungsberechtigten hierdurch ermöglichen kann, dass auf ihren Antrag auch andere geeignete Sachverständige herangezogen werden.

14 Der Verfahrensbeschleunigung dient auch die Vorschrift des **Abs. 1 Satz 2 Nr. 5**, wonach die gemeinsamen Servicestellen in einfacher gelagerten Fällen den **Sachverhalt so umfassend zu klären** haben, dass der Rehabilitationsträger unverzüglich, d. h. ohne weitere Ermittlungen anstellen zu müssen, entscheiden kann.

15 **Abs. 1 Satz 2 Nr. 8** stellt klar, dass die Beratung und Unterstützung der Leistungsberechtigten **nicht mit Bewilligung der beantragten Leistungen enden.** Auch während der Leistungserbringung sowie während kurzfristiger Unterbrechung der Leistungen ist die Unterstützung durch die Servicestellen zu gewährleisten.

16 **Abs. 1 Satz 3** ermöglicht den gemeinsamen Servicestellen, bei schwerbehinderten Menschen die Beratung durch **Beteiligung der Integrationsämter** auch auf die Möglichkeiten nach den besonderen Regelungen für schwerbehinderte Menschen zu erstrecken."

17 Zu den **finanziellen Auswirkungen** führt der Regierungsentwurf aus (BT-Drucks. 14/5074 S. 133):

„Es geht um die Schaffung einer gemeinsamen, wohnortnahen Trägerverantwortung für die Beratung und Unterstützung des Bürgers als Voraussetzung für eine erfolgreiche Rehabilitation, die alle im Einzelfall erforderlichen Leistungen der medizinischen, beruflichen und sozialen Rehabilitation umfasst. Die Klärung der Rehabilitationsbedürftigkeit und der sozialrechtlichen Zuständigkeiten erfolgt rasch und parallel.

18 Durch eine deutliche **Verkürzung** bei der Wartezeit auf Beratung, der Zuständigkeitserklärung, der Bearbeitungs- und Untersuchungszeit sowie der Wartezeiten zwischen den Maßnahmen sind **Einsparungen von Lohnersatzleistungen** in Höhe von jeweils 51 Mio. DM pro verkürzter Woche, z. B. bei der Bundesagentur für Arbeit erreichbar.

19 Durch **Vermeidung von Fehlentscheidungen und Maßnahmeabbrüchen** können 40 Mio. DM pro Jahr eingespart werden.

20 Bei den **Verwaltungs- und Verfahrenskosten** sind wegen schnellerer Zuständigkeitsklärung und Vermeidung von Erstattungsansprüchen weitere sofort wirkende Einsparungen möglich, die nicht beziffert werden können.

21 **Einsparungen an Entgeltersatzleistungen** lassen sich bei der Bundesagentur für Arbeit, bei den Krankenkassen und im Bereich der Gewerblichen Berufsgenossenschaften realisieren; Einsparungen von Maßnahme-, Verwaltungs- und Verfahrenskosten treffen für alle Rehabilitationsträger zu.

22 Die geplanten Servicestellen setzen sich im Wesentlichen **aus bisherigem Personal der Rehabilitationsträger** zusammen und können unter Nutzung bestehender Kapazitäten gebildet werden. Ob und inwieweit Mehrkosten entstehen, die durch Umschichtung im Verwal-

tungshaushalt der Rehabilitationsträger zu finanzieren wären, hängt von der Ausgestaltung durch die Rehabilitationsträger ab. Dies gilt auch hinsichtlich der Beteiligung der Träger der Sozialhilfe an den Servicestellen."

IV. Anmerkungen
A) zu Abs. 1
1. Ziel und Rechtsstellung der gemeinsamen Servicestellen

Die Vorschrift weist den gemeinsamen Servicestellen Aufgaben zu und verfolgt damit das **Ziel**, die **Koordination der Leistungen** und die **Zusammenarbeit der Leistungsträger** (vgl. §§ 10 bis 12 SGB IX) im Interesse der betroffenen Menschen durch wirksame Instrumente sicherzustellen. Die von den Servicestellen zu erfüllenden Aufgaben sind überwiegend Aufgaben der Rehabilitationsträger selbst. Sie bedienen sich der von ihnen getragenen gemeinsamen Servicestellen. Diese sind als organisatorische Untereinheit desjenigen Trägers zu verstehen, der sie eingerichtet hat. 23

Jedoch kommt der Servicestelle **keine eigene Rechtspersönlichkeit** zu. Sie ist weder parteifähig noch prozessführungsbefugt. Allerdings muss sich der jeweilige Rehabilitationsträger das Handeln seiner Servicestelle bzw. der auf seine Verantwortung und Kosten darin beschäftigten Mitarbeiter zurechnen lassen (HK-SGB IX / *Stähler / Welti* Rdnr. 12, vgl. dazu näher unten Rdnr. 30 ff.).

2. Aufgaben

Die Aufgabenzuweisung ist zugleich als **Rechtspflicht zur Aufgabenwahrnehmung** zu verstehen (Luthe / *Noftz* Teil 2 D Rdnr. 13). Die wichtigste Aufgabe der gemeinsamen örtlichen Servicestellen der Rehabilitationsträger ist die **Beratung und Unterstützung** für behinderte und von Behinderung bedrohte Menschen (**Abs. 1 Satz 1**). Ungeachtet der Formulierung als Angebot wird aber aus dem Zusammenhang ein Rechtsanspruch abzuleiten sein (Mrozynski Rdnr. 6). Dieser richtet sich gegen denjenigen Rehabilitationsträger, dem die Servicestelle zugeordnet ist. 24

Anspruch auf diese Leistung haben aber auch die Vertrauenspersonen der Leistungsberechtigten (das können neben Verwandten auch Freunde und Nachbarn sein, ebenso Beschäftigtenvertreter) und ihre Personensorgeberechtigten im Sinne von § 60 SGB IX, also vor allem Eltern, Vormünder und rechtliche Betreuer. Diese sollen im Rahmen ihres Betreuungs- und Erziehungsauftrags die behinderten Menschen einer gemeinsamen Servicestelle – oder einer sonstigen Beratungsstelle für Rehabilitation – vorstellen wenn sie bei den anvertrauten Menschen Behinderungen wahrnehmen (§ 60 SGB I). Durch § 61 SGB I werden die Ärzte darauf verpflichtet, Menschen, die ihnen von Personensorgeberechtigten zur Beratung und Untersuchung vorgestellt werden, auch hinsichtlich möglicher Teilhabeleistungen zu beraten und vor allem auf die Beratungstätigkeit der Servicestellen – und sonstige Beratungsstellen für Rehabilitation – hinzuweisen.

Jedoch besteht **keine Pflicht zur Inanspruchnahme** der gemeinsamen Servicestellen. Leistungsberechtigte können sich auch weiterhin unmittelbar an die aus ihrer Sicht zuständigen Träger wenden und dort Leistungen beantragen (Kossens u. a. / *Schäfer* Rdnr. 6). Sie sind darüber hinaus aber auch frei in der Entscheidung, an welche Servicestelle sie sich mit Fragen bzw. konkreten Begehren wenden. Der in der Sozialverwaltung sonst verbreitete **Grundsatz der örtlichen Zuständigkeit** – vgl. z. B. § 130 SGB VI – **gilt hier nicht** (HK-SGB IX / *Stähler / Welti* Rdnr. 13). Die freie Wahlmöglichkeit bezüglich der Servicestelle kann vor allem dann im Interesse der Ratsuchenden liegen, wenn diese nicht zufrieden sind mit der Servicestelle, die organisatorisch dem Träger zugeordnet ist, bei dem sie versichert sind. Dasselbe gilt im Fall einer Konfliktsituation mit dem zuständigen Rehabilitationsträger, wenn Unterstützung bei einer anderen staatlichen Institution gesucht wird (Feldes u. a. / *Nürnberger* Rdnr. 14). 25

26 **Beratung** ist vor allem Aufklärung über Rechte und Pflichten. Im Unterschied zur Auskunft setzt sie nicht immer eine konkrete Fragestellung voraus. Sie kann sich auf die persönliche Situation, den Rehabilitationsbedarf, die Einleitung und Durchführung der Leistungsinanspruchnahme, die eigene Mitwirkung bzw. Selbsthilfe der behinderten Menschen sowie ergänzende Hilfen durch Verbände, freie Wohlfahrtspflege und Selbsthilfegruppen beziehen (Luthe / *Noftz* Teil 2 D Rdnr. 15). Eine bestimmte Form der Beratung wird durch das Gesetz nicht vorgegeben. Sie kann durch ein persönliches Gespräch in der Servicestelle oder bei Bedarf auch im Rahmen mobiler Sprechtage sowie telefonisch gewährt werden.

27 **Unterstützung** überschneidet sich teilweise mit Beratung, geht aber häufig über die bloße Beratung hinaus. Sie kann zielführende Hinweise, die Vorbereitung oder Herstellung von Kontakten zu Dritten sowie helfende Begleitung zu den Leistungsträgern und -erbringern umfassen, also aktive Förderung durch Dienstleistungen (Luthe / *Noftz* Teil 2 D Rdnr. 16).

28 Die Vorschrift legt in **Abs. 1 Satz 2 Nrn. 1–8** den **Inhalt** dieser Beratung und Unterstützung als Aufgabe der gemeinsamen Servicestellen beispielhaft fest. Es handelt sich **nicht** um eine **abschließende Aufzählung**, wie der Gesetzeswortlaut zu erkennen gibt („insbesondere"). Jedoch wird daraus erkennbar, dass der **Beratungs- und Unterstützungsauftrag der Servicestellen weit gefasst** ist. Er erstreckt sich auf sämtliche Fragestellungen, die sich bei der Erbringung von Leistungen zur Rehabilitation und Teilhabe konkret, aber auch allgemein ergeben können. Den Betroffenen soll mit den Servicestellen eine **Anlaufstelle** geboten werden, die sie umfassend beraten und ihnen bei ihrem konkreten Anliegen helfen kann, **ohne** dass es zu einer **Weiterverweisung** an eine Stelle kommt.

Die Mitarbeiter der Servicestellen müssen diese Information und Hilfestellung **trägerübergreifend, anbieterneutral und zugleich verbindlich** erbringen. Ihnen werden neben Grundlagenwissen über das Leistungsrecht der jeweils anderen Rehabilitationsträger und Fachwissen der Praxis vor allem auch fundierte Kenntnisse über Behinderungsbilder, Diagnoseverfahren sowie über Beratungstechniken und klientenzentrierte Beratung abverlangt. Insbesondere müssen die Mitarbeiter der Servicestellen sich darum bemühen, die Betroffenen kompetent zu beraten und zügig zu betreuen, **ohne** auf **etwaige Eigeninteressen des sie beschäftigenden Trägers** zu achten (HK-SGB IX / *Stähler* / *Welti* a. a. O).

29 Jedenfalls die im Aufgabenkatalog genannten Punkte sind bei entsprechendem individuellem Bedarf Gegenstand **ordnungsgemäßer Beratung und Unterstützung**. Diese obliegt den gemeinsamen Servicestellen nicht nur als objektivrechtliche Wahrnehmungspflicht. Vielmehr besteht – obwohl die Norm das im Gegensatz etwa zu § 14 SGB I nicht eindeutig formuliert – auch ein subjektivrechtlicher Anspruch auf Beratung und Unterstützung. § 22 bezweckt nicht nur das allgemeine Funktionieren des Rehabilitationssystems, sondern auch und vorrangig die Stärkung des Rechtsstatus des behinderten Menschen (Luthe / *Noftz* Teil 2 D Rdnr. 19).

30 Unterbleibt eine gebotene Beratung oder Unterstützung oder wird sie pflichtwidrig unvollständig, missverständlich oder nicht zeitgerecht gewährt, begründet dies eine **Haftung** für einen etwaigen Schaden, der dem Leistungsberechtigten hieraus entsteht. Das kann auch den Herstellungsanspruch einschließen (LPK-SGB IX / *Haines* Rdnr. 9; Neumann u. a. / *Majerski-Pahlen* Rdnr. 9; Mrozynski Rdnr. 4).

31 Der **Herstellungsanspruch** zielt darauf, Versicherte im Falle des rechtswidrigen Verhaltens eines Sozialleistungsträgers so zu stellen, als ob sich der Leistungsträger von Anfang an rechtmäßig verhalten hätte (vgl. grundlegend hierzu BSG Urteil vom 17. Dezember 1980 – 12 RK 34/80 = BSGE 51, 89 [94] = SozR 2200 § 391 Nr. 44; BSG Urteil vom 31. Januar 2008 – B 13 R 17/07 R = SozR 4-1200 § 44 Nr. 3 m. w. Nachw.; vgl. auch Hauck/Noftz/ *Klattenhoff* SGB I § 14 Rdnr. 33 ff.; *Gagel* SGb 2000, 517; *Hase* SGb 2001, 593). Auch die **Verzögerung eines Verwaltungsverfahrens** kann einen Herstellungsanspruch begründen: Hat etwa ein Leistungsberechtigter aufgrund fehlender, aber erforderlicher Beratung einen Leistungsantrag verspätet gestellt, ist er so zu stellen, als sei der Antrag rechtzeitig gestellt worden auch (vgl. BSG Urteil vom 14. Februar 2001 – B 9 V 9/00 R = BSGE 87, 280 = SozR 3-1200 § 14 Nr. 31).

Der **Anspruch** richtet sich **gegen den für die Leistung zuständigen Rehabilitationsträger**. Dessen Verantwortlichkeit beruht darauf, dass ihm das Verhalten der gemeinsamen Servicestelle im Sinne einer Organisationseinheit zuzurechnen ist, und zwar unabhängig davon, ob es sich um den Träger handelt, bei dem die gemeinsame Servicestelle eingerichtet ist (vgl. Ernst / Adlhoch / Seel / *Seiter* Rdnr. 26 ff.; GK-SGB IX/*Löschau* Rdnr. 44 ff.; Hauck / Noftz / *Schütze* Rdnr. 19; HK-SGB IX / *Stähler / Welti* Rdnr. 12 und 17). Der leistungsrechtlich unzuständige Träger könnte zu diesem spezifischen Ausgleich rechtlich nicht herangezogen werden (Luthe/*Noftz* Teil 2 D Rdnr. 20).

Daneben kommt ein verschuldensunabhängiger **Staatshaftungsanspruch** aufgrund von Art. 34 GG i. V. m. mit § 839 BGB in Betracht. Beratung und Unterstützung stellen eine gegenüber dem behinderten Menschen bestehende Amtspflicht dar. Der Anspruch richtet sich gegen den Leistungsträger, der dem schadensverursachenden Bediensteten der gemeinsamen Servicestelle das Amt anvertraut hat (Luthe / *Noftz* a. a. O. m. w. Nachw.). **32**

Aus dem Katalog des Abs. 1 Satz 2 wird zugleich deutlich, dass die **Servicestellen keine eigene Entscheidungskompetenz** haben. Ihnen obliegt vielmehr, den Hilfebedarf zu klären und den zuständigen Rehabilitationsträger einzuschalten. Allerdings sind sie hierbei **nicht auf bloße Information** der Leistungsberechtigten **beschränkt**, obwohl diese Aufgabe zutreffend in **Abs. 1 Satz 2 Nr. 1** an erster Stelle genannt wird. Die **Aufklärung** über Leistungsvoraussetzungen, Leistungsarten der Träger sowie über besondere Hilfen im Arbeitsleben und über die hiermit verbundenen Verwaltungsabläufe bildet den **Kernbestand jeder Beratung und Unterstützung**. **33**

Der **Begriff „Unterstützung"** schließt darüber hinaus schon nach seinem Wortsinn aber auch **aktive Hilfeleistung** ein. Verstärkt wird dies durch Formulierungen im Katalog des Abs. 1 Satz 2 wie „zu helfen" (Nr. 2) „hinzuwirken" (Nr. 3 und Nr. 7), „unterstützend zu begleiten" (Nr. 8). Das unterstreicht zugleich, dass die Verantwortung der gemeinsamen Servicestellen nicht mit dem Erstkontakt zu den Betroffenen und einer hierbei gegebenen Information bzw. Weiterleitung an den zuständigen Rehabilitationsträger endet.

Die praktisch wichtigste Aufgabe ist diejenige nach **Abs. 1 Satz 2 Nr. 3**. Danach haben die gemeinsamen Servicestellen **unverzüglich den zuständigen Rehabilitationsträger zu ermitteln** und **Anträge** auf Leistungen zur Teilhabe **an diesen weiterzuleiten**. Die Regelung steht im Zusammenhang mit dem in § 14 SGB IX geregelten Verfahren und soll ebenfalls sicherstellen, dass Streitigkeiten über Zuständigkeitsfragen nicht mehr zulasten der Betroffenen gehen (Kossens u. a. / *Nürnberger* Rdnr. 11). Der Träger, dem die Servicestelle organisatorisch zugeordnet ist, gilt dabei als **erstangegangener Träger im Sinne des § 14 SGB IX** (so § 1 Abs. 3 Gemeinsame Empfehlung Zuständigkeitsklärung). In diesen Fällen beginnt die Zweiwochenfrist nach § 14 SGB IX mit der Antragstellung in oder bei der Servicestelle (LPK-SGB IX / *Haines* Rn. 16). **34**

Servicestellen sind ausdrücklich dazu verpflichtet, bei der Erfüllung der Mitwirkungspflichten der Betroffenen zu helfen und auf klare und sachdienliche Anträge hinzuwirken (Abs. 1 Satz 2 Nr. 2 und Nr. 3).

Dem Ziel der Beschleunigung der Hilfeleistung dient auch **Satz 2 Nr. 4** Danach haben die Servicestellen festzustellen, ob für die Klärung des Rehabilitationsbedarfs voraussichtlich ein **Sachverständigengutachten erforderlich** ist. In diesem Fall muss die Servicestelle unverzüglich den Rehabilitationsträger unterrichten, damit dieser den Leistungsberechtigten entsprechend dem in § 14 Abs. 5 SGB IX geregelten Verfahren geeignete Sachverständige benennen und diese nach der Entscheidung der Leistungsberechtigten heranziehen kann (Kossens u. a. / *Nürnberger* Rdnr. 12). **35**

Ist die **Notwendigkeit von Leistungen zur Teilhabe offenkundig**, sollen die Servicestellen die Entscheidung des zuständigen Rehabilitationsträger so **umfassend vorbereiten**, dass sie **36**

unverzüglich ergehen kann (Abs. 1 Satz 2 Nr. 5). Hierzu kann etwa die Prüfung der Vollständigkeit der Antragsunterlagen gehören. Aber auch alle weiteren notwendigen Vorarbeiten im Rahmen des Rehabilitationsverfahrens sind von den Servicestellen zu leisten. Sind alle relevanten Fragen durch die gemeinsamen Servicestellen geklärt und eigene Ermittlungen des Rehabilitationsträgers nicht erforderlich, kann dessen Entscheidung unverzüglich getroffen werden. Auch an dieser Vorschrift wird erneut deutlich, dass die **Servicestellen keine eigene Entscheidungsbefugnis** haben. Allerdings kann ihnen eine solche von einzelnen oder allen Rehabilitationsträgern übertragen werden (LPK-SGB IX / *Haines* Rdnr. 18). Freilich werden sich Rehabilitationsträger kaum über Einzelfälle hinaus ihrer Entscheidungskompetenz allgemein begeben (so auch die Beobachtung von Feldes u. a. / *Nürnberger* Rdnr. 10).

37 Auch nach Antragstellung sollen die gemeinsamen Servicestellen den Betroffenen **bis zur Entscheidung oder Leistung des Rehabilitationsträgers begleiten** (Abs. 1 Satz 2 Nr. 6). Allerdings bedeutet das nicht, dass die Servicestelle bzw. deren Träger in Vorleistung für den zuständigen Träger tritt. Vielmehr können die Servicestellen den Antragsteller über den Verfahrensstand informieren und erforderliche Leistungen vorleistungspflichtiger Sozialleistungsträger organisieren (Hauck / Noftz / *Schütze* Rdnr. 15) sowie die Betroffenen im Zeitraum zwischen Antragstellung und Bescheiderteilung ermutigen und psycho-sozial unterstützen (LPK-SGB IX / *Haines* Rdnr. 19).

Zur Unterstützung der Servicestellen gehört auch, bei den Rehabilitationsträgern **auf zeitnahe Entscheidungen und Leistungen hinzuwirken** (Abs. 1 Satz 2 Nr. 7). Hierbei handelt es sich somit um eine eigenständige Aufgabe, bei der die gemeinsamen Servicestellen gegenüber den Rehabilitationsträgern als **„amtlicher Anwalt" der Betroffenen** tätig werden (LPK-SGB IX / *Haines* Rdnr. 20). Allerdings sind keine Sanktionsmöglichkeiten der gemeinsamen Servicestelle gegenüber dem zuständigen Rehabilitationsträger vorgesehen.

38 Auch nach Bewilligung der beantragten Leistungen haben die Servicestellen den Leistungsberechtigten Unterstützung zu gewähren (**Abs. 1 Satz 2 Nr. 8**). Das gilt vor allem bei Verzögerungen im Verfahrensablauf.

39 Die von den Servicestellen zu erbringende Beratung umfasst auch die Klärung eines **Hilfebedarfs im Bereich des Schwerbehindertenrechts**. Dabei sind die Integrationsämter zu beteiligen (**Abs. 1 Satz 3**). Hierbei geht es darum, bedrohte Arbeitsverhältnisse erkrankter oder behinderter Arbeitnehmer frühzeitig durch geeignete Maßnahmen zu erhalten.

40 Bei drohender oder bestehender Pflegebedürftigkeit sind auch die **Pflegekassen** im Sinne des § 46 SGB XI zu beteiligen (**Abs. 1 Satz 4**), indem sie jedenfalls in entsprechenden Fällen unterrichtet werden und ihnen Gelegenheit zur Stellungnahme gegeben wird. Ein Einvernehmen über Leistungen ist nicht erforderlich.

Diese Regelung verweist auf den **präventiven Aspekt** der Arbeit der gemeinsamen Servicestellen und auf die Pflicht zur ganzheitlichen Betrachtung des betroffenen Menschen (Feldes u. a. / *Nürnberger* Rdnr. 17). Da allerdings die Pflegekassen nicht Träger von Rehabilitationsleistungen sind, können sie zur präventiven Rehabilitation mit dem Ziel der Vermeidung und Linderung der Pflegebedürftigkeit nur begrenzt beitragen.

Allerdings besteht seit dem Inkrafttreten des SGB IX eine erweiterte Pflicht der Pflegekassen zu vorläufigen Leistungen zur medizinischen Rehabilitation nach § 32 SGB XI. Auch haben die Pflegekassen die Pflicht zur Begutachtung nach § 18 SGB XI, ob und inwieweit Pflegebedürftigkeit besteht bzw. ob Maßnahmen zur Beseitigung, Minderung oder Vergütung einer Verschlimmerung der Pflegebedürftigkeit möglich und notwendig sind (LPK-SGB IX / *Haines* Rdnr. 24).

41 Zur Verbesserung von Koordination und Kooperation im Leistungsgeschehen sind ggf. **weitere Organisationen an der Beratung zu beteiligen**. Hierzu gehören Verbände behinderter Menschen, einschließlich der Verbände der freien Wohlfahrtspflege, Selbsthilfegruppen und Interessenvertretungen behinderter Frauen. Allerdings muss aus Gründen des Persönlich-

keitsschutzes hierzu der behinderte Mensch sein Einverständnis erklären (**Abs. 1 Satz 5**). Da hierfür keine besondere Form vorgeschrieben ist, genügt auch eine mündliche Zustimmung.

Dieses Gebot der Beteiligung soll nicht nur den Betroffenen und den gemeinsamen Servicestellen die **Erfahrungen der Organisationen im Sinne eines Netzwerks** sichern, sondern zugleich diesen wiederum Erfahrungen vermitteln mit den in den gemeinsamen Servicestellen zu lösenden Problemen und Ansatzpunkte für Verbesserungsvorschläge bieten. Eine Vergütung hierfür ist nicht vorgesehen.

Die Einbindung von Verbänden und Interessenvertretern ist in der Vorschrift als fallgebundene Beteiligung angesprochen. Sinnvoll wäre aber die generelle und strukturierte Einbeziehung dieser Verbände in die Arbeit der gemeinsamen Servicestellen, was allerdings bisher nur vereinzelt geschieht.

42 Der Gesetzgeber hatte – wie sich dem Aufgabenkatalog entnehmen lässt – bei der Schaffung der gemeinsamen Servicestellen wohl das **Organisationsprinzip des Fallmanagements** im Blick (Feldes u. a. / *Nürnberger* Rdnr. 11). Allerdings verfügen die Servicestellen **nicht** über die geeigneten **Instrumente zur Fallsteuerung**, weil ihnen sowohl Entscheidungskompetenz als auch Sanktionsmöglichkeiten fehlen (vgl. *Welti* Behinderung und Rehabilitation im sozialen Rechtsstaat S. 363 f.). Dies dürfte auch zu der bisher insgesamt geringen Inanspruchnahme von gemeinsamen Servicestellen beitragen (vgl. hierzu Erl. zu § 23 Rdnrn. 28 ff.). Gleichwohl geht der Aufgabenumfang der gemeinsamen Servicestellen **über eine reine Lotsenfunktion hinaus** und zielt auf eine **umfassende Dienstleistung**, die im Einzelfall den Kontakt mit dem eigentlich zuständigen Träger bzw. den Trägern ersetzen kann. Allerdings kann es vielfach sinnvoll sein zusätzlich bei den Rehabilitationsträgern vorzusprechen und sich nicht nur auf die Vermittlungsfunktion der gemeinsamen Servicestellen zu verlassen (Feldes u. a. / *Nürnberger* Rdnr. 12).

B) zu Abs. 2

1. Verhältnis zu anderen Vorschriften

43 In **Abs. 2 Satz 1** wird klargestellt, dass die allgemeinen Beratungsregelungen nach § 14 SGB I sowie die speziellen Vorschriften des Sozialhilferechts in § 10 Abs. 2 sowie § 11 Abs. 1–3 und 5 SGB XII unberührt bleiben. Durch die Einrichtung gemeinsamer Servicestelle werden diese Bestimmungen weder eingeschränkt noch inhaltlich verändert. Die Rehabilitationsträger können sich somit ihrer Beratungspflicht als zuständige Träger im Sinne von § 14 SGB I nicht mit Hinweis auf die gemeinsamen Servicestellen entledigen (Feldes u. a. / *Nürnberger* Rdnr. 10).

44 Vielmehr wird in **Abs. 2 Satz 2** sogar die Vorschrift des § 15 SGB I ergänzt. Soweit nach jener Regelung **Auskünfte über Leistungen zur Teilhabe** im Sinne von § 5 SGB IX zu erteilen sind, werden sie nicht nur von den dort genannten Stellen, sondern **von allen Rehabilitationsträgern** gemäß § 6 SGB IX gegeben. Damit werden die Auskunftpflichten nach § 15 Abs. 2 und 3 SGB I, die nach Abs. 1 jener Vorschrift grundsätzlich nur für die Träger der Sozialhilfe, der gesetzlichen Krankenversicherung und der sozialen Pflegeversicherung gelten, für den Bereich der Teilhabeleistungen auf alle Rehabilitationsträger erweitert.

Nach § 15 Abs. 2 SGB I erstreckt sich die Auskunftserteilung auf die **Benennung der für die Sozialleistungen zuständigen Leistungsträger** sowie auf **alle Sach- und Rechtsfragen**, die für die Auskunftssuchenden von Bedeutung sein könnten und zu deren Beantwortung die Auskunftsstelle imstande ist.

Die Auskunftsstellen sind nach § 15 Abs. 3 SGB I weiterhin verpflichtet, untereinander und mit den anderen Leistungsträgern mit dem Ziel **zusammenzuarbeiten**, eine **möglichst umfassende Auskunftserteilung durch eine Stelle** sicherzustellen (vgl. auch BT-Drucks. 7/3786 S. 3 zu §§ 13 bis 15 SGB I).

V. Literatur

Dirk, Heinz, „Unterstützungsmanagement" als Handlungskonzept für die Gemeinsamen örtlichen Servicestellen der Rehabilitationsträger? – Ein Diskussionsbeitrag im Anschluss an Matzeder, BehindertenR, Heft 3/2003, BehindertenR 2005, 59

Matzeder, Karl, Konzeption Servicestelle, BehindertenR 2003, 69

Pfeuffer, Frank / **Engel**, Heike / **Engels**, Dietrich, Einrichtung und Arbeitsweise Gemeinsamer Servicestellen für Rehabilitation – Wissenschaftliche Begleitforschung des Instituts für Sozialforschung und Gesellschaftspolitik e. V. im Auftrag des Bundesministeriums für Gesundheit und Soziale Sicherung – Integrierter Abschlussbericht –. Köln Juli 2004 = www.isg-institut.de/download/ISG-Gemeinsame%20Servicestellen.pdf und www.bmas.de/coremedia/.../einrichtung_und_arbeitsweise_gemeinsamer_servicestellen_fuer_rehabilitation.html

Wellmann, Holger, Gemeinsame Servicestellen in der Rehabilitation, Köln 2004

Wellmann, Holger, Gemeinsames Servicestellen – neue Aufgaben und weiterhin keine Entscheidungskompetenzen, Beiträge 6, 7 und 8/2005 in Diskussionsforum A. auf www.iqpr.de

Welti, Felix, Behinderung und Rehabilitation im sozialen Rechtsstaat, Tübingen 2005

Zimmermann, Theo, Begutachtungen nach dem SGB IX – Umsetzung des SGB IX am Beispiel der Servicestellen, MEDSACH 2007, 83

BAR-Rahmenvereinbarung Gemeinsame Servicestellen

Inkrafttreten 1. Juli 2010

Einleitung

Zentrale Anliegen des SGB IX sind die Selbstbestimmung, Rehabilitation und gleichberechtigte Teilhabe behinderter und von Behinderung bedrohter Menschen.[1] Das SGB IX schreibt den Gemeinsamen Servicestellen der Rehabilitationsträger dabei eine wichtige Rolle zu.

Die Rehabilitationsträger stellen mit den Gemeinsamen Servicestellen ein flächendeckendes, trägerübergreifendes und ortsnahes Beratungs- und Unterstützungsangebot zur Verfügung, mit dem zu allen für behinderte Menschen in Betracht kommenden Rehabilitations- und Teilhabeleistungen umfassend, qualifiziert und bürgernah beraten sowie das Anliegen auf eine unverzügliche Leistungserbringung unterstützt wird.

Im Hinblick auf veränderte gesetzliche Rahmenbedingungen und in der Zwischenzeit gewonnene Erfahrungen und Erkenntnisse entwickeln die Rehabilitationsträger die Rahmenempfehlung vom 24. April 2001 weiter.

Daher vereinbaren auf der Ebene der Bundesarbeitsgemeinschaft für Rehabilitation (BAR)
– der AOK-Bundesverband,
– der BKK Bundesverband,
– der IKK e. V.,
– die Knappschaft,
– der Verband der Ersatzkassen e. V. (vdek),
– der Spitzenverband der landwirtschaftlichen Sozialversicherung,
– die Deutsche Rentenversicherung Bund,
– die Deutsche Gesetzliche Unfallversicherung,
– die Bundesagentur für Arbeit und

---

[1] Falls im Text nicht anders erwähnt sind nachfolgend mit der Bezeichnung „behinderte Menschen" auch „von Behinderung bedrohte Menschen" gemeint.

– die Bundesarbeitsgemeinschaft der Integrationsämter und Hauptfürsorgestellen

die folgende Rahmenvereinbarung.

Der Rahmenvereinbarung haben auch folgende Träger der Kriegsopferversorgung und der Kriegsopferfürsorge im Rahmen des Rechts der sozialen Entschädigung bei Gesundheitsschäden zugestimmt:
- Bayerisches Staatsministerium für Arbeit und Sozialordnung, Familie und Frauen,
- Ministerium für Arbeit und Sozialordnung, Familien und Senioren Baden-Württemberg,
- Senatsverwaltung für Integration, Arbeit und Soziales Berlin,
- Behörde für Soziales, Familie, Gesundheit und Verbraucherschutz der Freien und Hansestadt Hamburg,
- Niedersächsisches Ministerium für Soziales, Frauen, Familie, Gesundheit und Integration,
- Ministerium für Arbeit, Gesundheit und Soziales des Landes Nordrhein-Westfalen,
- Landesamt für Soziales, Jugend und Versorgung Rheinland-Pfalz,
- Saarländisches Ministerium für Arbeit, Familie, Prävention, Soziales und Sport,
- Sächsisches Staatsministerium für Soziales und Verbraucherschutz und
- Ministerium für Gesundheit und Soziales des Landes Sachsen-Anhalt.

Darüber hinaus ist der Rahmenvereinbarung auch folgender Landkreis beigetreten:
- Lahn-Dill-Kreis.

Ein Beitritt weiterer Träger der öffentlichen Jugendhilfe, der Träger der Sozialhilfe und der Träger der Kriegsopferversorgung und der Kriegsopferfürsorge im Rahmen des Rechts der sozialen Entschädigung bei Gesundheitsschäden zu dieser Rahmenvereinbarung ist durch schriftliche Erklärung gegenüber der Bundesarbeitsgemeinschaft für Rehabilitation möglich und wird von den Vereinbarungspartnern begrüßt.

1 Gemeinsame Servicestellen

Mit der Einrichtung und dem Betrieb Gemeinsamer Servicestellen erfüllen die Rehabilitationsträger gesetzliche Verpflichtungen des SGB IX. Hierbei werden bestehende Strukturen der Rehabilitationsträger in ein Kooperations- und Kompetenznetzwerk einbezogen. Für behinderte Menschen sind mit dieser Verzahnung bestehender Beratungs- und Unterstützungsangebote zusätzliche regionale Anlaufstellen für eine trägerübergreifende, umfassende, unverzügliche, neutral aber verbindliche Beratung und Unterstützung geschaffen worden. Die Rehabilitationsträger verbinden damit insbesondere eine Optimierung und Beschleunigung von Verfahren, einschließlich daraus resultierender möglicher Einsparungen in anderen Leistungsbereichen sowie zusätzliche berufliche Erfahrung für ihre Mitarbeiter.

Durch regelmäßige Teamtreffen und Besprechungen sowie durch fallbezogene Aktivitäten stellen die Gemeinsamen Servicestellen unter Beteiligung der Integrationsämter und der Pflegekassen ihre Zusammenarbeit sicher.

Für eine erfolgreiche Vernetzung gestalten die Gemeinsamen Servicestellen aktiv den Kontaktaufbau und die Kontaktpflege vor allem zu
- Verbänden behinderter Menschen, Selbsthilfeverbänden, Angehörigen, Beauftragten und Beiräten für behinderte Menschen,
- Pflegestützpunkten,
- Arbeitgebern, Betriebsräten, Schwerbehindertenvertretungen, Betriebsärzten/Betriebsärztinnen,[1)]
- Ärzten, Gutachtern, Fachkräften in der Rehabilitation und
- weiteren Partnern wie z. B. Leistungserbringern, Wohlfahrts- und Sozialverbänden.

[1)] Aus Gründen der besseren Lesbarkeit wird im Folgenden auf die weibliche Form verzichtet.

Der Rehabilitationsträger, der die Gemeinsame Servicestelle betreibt, stellt die Mitarbeiter für den unmittelbaren Kontakt mit den Ratsuchenden zur Verfügung („front-office"). Alle anderen Rehabilitationsträger benennen namentlich Mitarbeiter für das Team als Ansprechpartner („back-office"). Jedes Team einer Gemeinsamen Servicestelle benennt einen Teamsprecher/Koordinator, der die Teamtreffen organisiert und eine Übersicht der Teammitglieder führt. Für die Arbeit und den Service der Gemeinsamen Servicestelle ist das gesamte Team gemeinsam verantwortlich.

2 Aufgaben der Gemeinsamen Servicestellen

2.1 Die Gemeinsamen Servicestellen gewährleisten umfassende, qualifizierte und individuelle Beratung zu allen Fragen im Bereich der Rehabilitation und Teilhabe.

Bei Bedarf werden nach Abstimmung mit dem zuständigen Rehabilitationsträger durch die Gemeinsame Servicestelle weitere Sachverständige, z. B. Ärzte, Sozialberater oder Fachberater beteiligter Rehabilitationsträger, zur Beratung hinzugezogen. Vertreter anderer Institutionen oder Gruppen, z. B. Behindertenorganisationen, Wohlfahrtsverbände, Selbsthilfegruppen und Schwerbehindertenvertretungen, sind auf Wunsch des behinderten Menschen hinzuzuziehen. Der behinderte Mensch wird auf diese Möglichkeit hingewiesen.

Als Anlaufstelle erfüllt die Gemeinsame Servicestelle nach §§ 22, 84 SGB IX umfassende Beratungs- und Unterstützungsaufgaben, insbesondere:

- Information (z. B. über Leistungsvoraussetzungen und Leistungen der Rehabilitationsträger einschließlich deren Inhalt und Ablauf, Klärung der Zuständigkeit),
- Bedarfsklärung (z. B. Hilfe bei der Klärung des Teilhabe-/Rehabilitationsbedarfs, Antragstellung und -weiterleitung),
- Beratung (z. B. über besondere Hilfen im Arbeitsleben/bei Verwaltungsabläufen, bei der Inanspruchnahme von Leistungen, Hinwirken auf Entscheidungen),
- unterstützende Begleitung und Koordination (z. B. Vorbereitung der Entscheidung, Koordinierung und Vermittlung, Information des zuständigen Rehabilitationsträgers, falls voraussichtlich ein Gutachten erforderlich ist),
- beim Persönlichen Budget:

  Im gegliederten System stellen auch die Gemeinsamen Servicestellen sicher, dass potenzielle Budgetnehmer über die Möglichkeiten der Inanspruchnahme insbesondere eines trägerübergreifenden Persönlichen Budgets umfassend informiert werden. Sie beraten und unterstützen potenzielle Budgetnehmer dabei in allen Belangen und tragen damit dem erweiterten Aufgabenkatalog nach § 22 Abs. 1 Nr. 2 SGB IX Rechnung, der eine Beratung und Unterstützung durch Gemeinsame Servicestellen auch bei der Inanspruchnahme eines Persönlichen Budgets vorsieht. Der gesetzliche Handlungsrahmen zum Persönlichen Budget ist im SGB IX, in der Budgetverordnung und in den Leistungsgesetzen der einzelnen Leistungsträger vorgegeben. Die Rehabilitationsträger haben sich mit den „Handlungsempfehlungen – Trägerübergreifende Aspekte bei der Ausführung von Leistungen durch ein Persönliches Budget" auf der Ebene der BAR auf weitere Konkretisierungen und einen offensiven Umgang mit der neuen Leistungsform Persönliches Budget verständigt.

- beim Betrieblichen Eingliederungsmanagement:

  Das Betriebliche Eingliederungsmanagement ist als präventive Aufgabe von Arbeitgebern angelegt. Die Gemeinsamen Servicestellen verstehen sich dabei als Partner der Betriebe. Als Anlaufstelle sichern sie die umfassende Beratung von Betrieben über die gesetzlichen Grundlagen und die Möglichkeiten des Betrieblichen Eingliederungsmanagements und wirken darauf hin, dass alle erforderlichen Leistungen und Hilfen unverzüglich beantragt und erbracht werden.

  Bei Bedarf unterstützen die Gemeinsamen Servicestellen vor Ort die Arbeitgeber beim Erarbeiten betrieblicher Lösungen zur Überwindung von Arbeitsunfähigkeit bzw. zum Erhalt eines Arbeitsplatzes.

2.2 Neben den gesetzlichen Regelungen richtet sich die Arbeit der Gemeinsamen Servicestellen an den Gemeinsamen Empfehlungen (GE) aus, die auf eine einheitliche und – bei Leistungen unterschiedlicher Rehabilitationsträger – koordinierte Leistungserbringung ausgerichtet sind.

3 Anforderungen an Form und Ort der Beratung und Unterstützung

3.1 Beratung soll im persönlichen Gespräch stattfinden. Darüber hinaus kann sie auch im Rahmen „mobiler" Sprechtage oder über Service-Telefone erfolgen.

3.2 Beratung und Unterstützung erfolgen verständlich und vollständig. Sie werden darüber hinaus durch geeignetes Informationsmaterial bzw. mediengestützte Information ergänzt, z. B. über weitere in der Region vorhandene Beratungs- und Hilfeangebote. Genutzt werden dazu auch technische Möglichkeiten, wie sie z. B. mit Internet und E-Mail zur Verfügung stehen.

3.3 Die Gemeinsamen Servicestellen sind nach dem SGB IX und in Anlehnung an die Definition des Begriffes „Barrierefreiheit" im Gesetz zur Gleichstellung behinderter Menschen sowie unter Bezugnahme auf die geltenden Standards (vgl. 10 Materialien) barrierefrei zu gestalten. Dabei sind auch Anforderungen für Menschen mit unterschiedlichen Behinderungen (z. B. hör-, seh-, sprach-, sinnes-, körper-, seelisch und sog. geistig behinderte Menschen) zu berücksichtigen, z. B. hinsichtlich der:
- räumlichen Barrierefreiheit (z. B. Türen, Rampen, gute Ausleuchtung) und
- barrierefreien Kommunikation (z. B. Verfügbarkeit Gebärdensprachdolmetscher, Internet, technische Hilfsmittel.)

Bei besonderen Erfordernissen kann die Beratung auch in der Wohnung der Ratsuchenden oder an ihren sonstigen Aufenthaltsorten (z. B. Arbeitsplatz, Krankenhaus) erfolgen.

3.4 Die Rehabilitationsträger stellen sicher, dass den von ihnen für die Gemeinsamen Servicestellen benannten Mitarbeitern für die Wahrnehmung der damit verbundenen Aufgaben ausreichend Zeit zur Verfügung steht.

4 Qualifikation der Team-Mitglieder

Bei der Benennung der Mitarbeiter für das Team der Gemeinsamen Servicestellen achten die Rehabilitationsträger auf die folgenden Kompetenzen (dies gilt in besonderem Maße für die Mitarbeiterim „front-office"):
- Fachkompetenz/Berufserfahrung (u. a. trägerübergreifende Grundkenntnisse im Recht der Rehabilitation und Teilhabe, vertiefte Fachkenntnisse und Anwendungsfertigkeiten im Leistungsbereich des entsendenden Trägers),
- Beratungskompetenz (z. B. Techniken der Gesprächsführung),
- Sozialkompetenz (u. a. Kommunikations- und Kooperationsfähigkeit, Teamfähigkeit, Kritik- und Konfliktfähigkeit),
- Selbstkompetenz (u. a. Eigenverantwortung, Motivation, Selbstständigkeit, hohe Belastbarkeit, prozessorientiertes und ganzheitliches Denken),
- Methodenkompetenz (u. a. Problemlösungsfähigkeit, Analysekompetenz, Zielsetzung).

Mit dem Zusammenführen jeweils unterschiedlicher träger- und personenspezifischer Kompetenzenin den Gemeinsamen Servicestellen entsteht dort ein eigenständiges servicestellentypisches Kompetenzprofil.

5 Fort- und Weiterbildung

Für die erfolgreiche Arbeit in einer Gemeinsamen Servicestelle ist eine kontinuierliche Weiterbildung zwingend erforderlich; die Rehabilitationsträger tragen für die insoweit notwendige Weiterbildung der von ihnen für die Gemeinsamen Servicestellen benannten Mitarbeiter Sorge. Dabei sollen die vielfältigen Angebote der Rehabilitationsträger, der Bundesarbeitsgemeinschaft für Rehabilitation (BAR), aber auch von Verbänden behinderter Menschen und von Wohlfahrtsverbänden genutzt werden.

Die Vereinbarungspartner verständigen sich auf einen bundesweit einheitlichen Rahmen für die Weiterbildung der Mitarbeiter im Rahmen der Tätigkeit in einer Gemeinsamen Servicestelle sowohl im „front-office" als auch im „back-office". Auf dieser Grundlage wurden durch die Rehabilitationsträger auf der Ebene der Bundesarbeitsgemeinschaft für Rehabilitation (BAR) ein Curriculum und ein Schulungshandbuch weiterentwickelt, die sich am trägerübergreifenden Ansatz des SGB IX ausrichten. Dabei folgt das Curriculum insbesondere der Handlungsorientierung/dem Praxisbezug als Grundsatz der Weiterbildung.

Auf Landes- bzw. örtlicher Ebene vereinbaren die Rehabilitationsträger, welcher Träger in Zusammenarbeit und Abstimmung mit allen Rehabilitationsträgern die Maßnahmen zur einheitlichen trägerübergreifenden Weiterbildung koordiniert.

6 Öffentlichkeitsarbeit

6.1 Bedeutung der Öffentlichkeitsarbeit:

Die Öffentlichkeitsarbeit der Gemeinsamen Servicestellen ist elementarer Bestandteil eines trägerübergreifenden und umfassenden Beratungs- und Unterstützungsangebotes. Ziel der Reha-Träger ist ein einheitliches, abgestimmtes Erscheinungsbild mit einer einheitlichen Botschaft und ein koordiniertes Vorgehen im Rahmen der Öffentlichkeitsarbeit unter Berücksichtigung der vorhandenen Beratungs- und Dienstleistungsangebote der Reha-Träger.

6.2 Die Ziele der Öffentlichkeitsarbeit sind insbesondere:
- Nutzen der Inanspruchnahme einer Gemeinsamen Servicestelle vermitteln,
- Bekanntheitsgrad des Beratungsangebotes steigern,
- Beratungsangebot themen- und zielgruppenorientiert darstellen,
- Kontinuität in der Information sichern,
- einheitliche Wahrnehmung durch die Außendarstellung mit allen Rehabilitationsträgern.

6.3 Die Zielgruppen (Adressaten) sind insbesondere:
- behinderte Menschen,
- Arbeitgeber und Betriebe,
- Ärzte (z. B. Personal-, Betriebs- und Hausärzte),
- Selbsthilfegruppen und Behindertenverbände,
- Mitarbeiter in Rehabilitationsdiensten und -einrichtungen,
- Personen und Gremien im politischen Bereich (z. B. Abgeordnete),
- sonstige Beratungs- und Betreuungsdienste (z. B. Schwerbehindertenbeauftragte, Sozialdienste).

6.4 Maßnahmen und Materialien zur Öffentlichkeitsarbeit sind insbesondere:
- einheitliche Verwendung des Begriffs „Gemeinsame Servicestelle für Rehabilitation" und des Signums (Verwendung des neuen Signums, z. B. bei Neubeschilderung oder Umzug),
- gemeinsame Botschaft (Beratung aus einer Hand),
- Ausschilderung/Beschilderung der Gemeinsamen Servicestelle innerhalb und außerhalb des Gebäudes.

Darüber hinaus sind u. a. möglich:
- laufende Pflege der Daten Gemeinsamer Servicestellen (u. a. für das Verzeichnis im Internet www.reha-servicestellen.de),
- Zielgruppen- und adressatenorientiertes Informationsmaterial wie z. B. Flyer, Broschüren, Plakate, Pressemitteilungen, Artikel in Fachzeitschriften und Einträge z. B. in kommunale Wegweiser/Ratgeber für behinderte Menschen und in das örtliche Telefonbuch,

– gemeinsame Veranstaltungen, eigene Veranstaltungen und Teilnahme bei Veranstaltungen Dritter, Tage der offenen Tür, Arbeit mit Multiplikatoren, Kontaktgespräche, Zusammenarbeit mit Arbeitgebern,
– „interne Öffentlichkeitsarbeit" (z. B. Zeitschriften der Reha-Träger, Mitarbeiterinformationen).

7 Dokumentationspflicht

7.1 Als zu dokumentierender Fall im Sinne dieser Rahmenvereinbarung gilt jede trägerübergreifende Beratung und/oder Unterstützung, die durch eine Gemeinsame Servicestelle geleistet wird und inhaltlich mindestens eine der unter Punkt 2.1 genannten Aufgaben erfüllt.

7.2 Die Erhebung und Erfassung von Daten (Falldokumentation) erfolgt bis 30. 6. 2013 bundesweit einheitlich mit dem BAR-Dokumentationsbogen (vgl. Anlage 1). Die Auswertung erfolgt in anonymisierter Form.

7.3 Als Grundlage für die Aufbereitung der Falldokumentationen liegt eine verbindliche Übersicht der zu berücksichtigenden Kriterien vor (vgl. Anlage 2).

7.4 Für den Bericht nach § 24 Abs. 2 SGB IX teilen die Rehabilitationsträger, die Träger der Renten-, Kranken- und Unfallversicherung über ihre Spitzenverbände der Bundesarbeitsgemeinschaft für Rehabilitation im Abstand von drei Jahren ihre Erfahrungen über die Einrichtung der Gemeinsamen Servicestellen, die Durchführung und Erfüllung ihrer Aufgaben, die Einhaltung des Datenschutzes und mögliche Verbesserungen mit. Die BAR bereitet diese Mitteilungen auf, beteiligt hierbei die zuständigen obersten Sozialbehörden, erörtert die Mitteilungen auf Landesebene mit den Verbänden behinderter Menschen, einschließlich der Verbände der Freien Wohlfahrtspflege, der Selbsthilfegruppen und der Interessenvertretung behinderter Frauen und berichtet darüber den zuständigen Bundesministerium und den Ländern.

7.5 Weitere, z. B. trägerspezifische Auswertungen oder Befragungen der Nutzer von Gemeinsamen Servicestellen sind möglich. Sie können in Verantwortung des / der zuständigen Rehabilitationsträger auch auf Länderebene oder auf regionaler Ebene durchgeführt werden.

8 Qualitätssicherung

Die Qualitätssicherung der Gemeinsamen Servicestellen ist grundsätzlich Aufgabe der Rehabilitationsträger. Sie schaffen auf der Ebene der BAR bundesweit einheitliche Rahmenbedingungen in der Qualitätssicherung, um so eine bundesweit einheitliche und hohe Beratungsqualität zu erreichen und zu sichern.

9 Inkrafttreten

9.1 Die Rahmenvereinbarung tritt am 1. Januar 2008 in Kraft und löst die „Rahmenempfehlung zur Einrichtung trägerübergreifender Servicestellen für Rehabilitation vom 24. April 2001" und die „Durchführungshinweise zu der Rahmenempfehlung zur Einrichtung trägerübergreifender Servicestellen für Rehabilitation vom 14. Mai 2001" ab.

Die Rahmenvereinbarung i. d. F. vom 1. Juli 2010 tritt am 1. Juli 2010 in Kraft.

9.2 Die Partner der Rahmenvereinbarung werden auf der Ebene der Bundesarbeitsgemeinschaft für Rehabilitation in angemessenen Zeitabständen (spätestens nach Ablauf von 3 Jahren) prüfen, ob die Rahmenvereinbarung aufgrund zwischenzeitlich gewonnener Erfahrungen verbessert oder wesentlich veränderten Verhältnissen angepasst werden muss.

10 Materialien

1. Rahmenempfehlung zur Einrichtung trägerübergreifender Servicestellen für Rehabilitation vom 24. April 2001 (BAR)

2. Durchführungshinweise zu der Rahmenempfehlung zur Einrichtung trägerübergreifender Servicestellen für Rehabilitation vom 14. Mai 2001 (BAR)
3. Curriculum zur Schulung der MitarbeiterInnen der gemeinsamen Servicestellen mit Stand 11. Dezember 2008 (BAR)
4. Verordnung zur Schaffung barrierefreier Informationstechnik nach dem Behindertengleich-stellungsgesetz vom 23. Juli 2002
5. Verordnung zur Durchführung des § 17 Abs. 2 bis 4 des Neunten Buches Sozialgesetzbuch (Budgetverordnung – Budget V) vom 27. Mai 2004
6. Einrichtung und Arbeitsweise Gemeinsamer Servicestellen für Rehabilitation. Wissenschaftliche Begleitforschung des Instituts für Sozialforschung und Gesellschaftspolitik im Auftrag des Bundesministeriums für Gesundheit und Soziale Sicherung. Integrierter Abschlußbericht von Juli 2004
7. Bericht der Bundesregierung über die Lage behinderter Menschen und die Entwicklung ihrer Teilhabe nach § 66 SGB IX von Dezember 2004
8. Berichte über die Gemeinsamen Servicestellen nach § 24 Abs. 2 SGB IX vom 1. Dezember 2004 und vom 14. Dezember 2007 (BAR)
9. Einheitliche Weiterbildung aus einer Hand mit allen Reha-Trägern. Gemeinsames Konzept der DAK und BfA vom 30. Mai 2005
10. Öffentlichkeitsarbeit aus einer Hand mit allen Reha-Trägern. Gemeinsames Konzept der DAK und BfA vom 2. Juni 2005
11. Anforderungsprofil Servicestellenmitarbeiter in Sachsen-Anhalt vom 7. Oktober 2005
12. Zwischenbericht der Wissenschaftlichen Begleitung des Modellprojekts zur Optimierung der Arbeit der Gemeinsamen Servicestellen im Bundesland Sachsen-Anhalt von November 2005 (Prof. Dr. Slesina, Universität Halle-Wittenberg)
13. Gemeinsame Empfehlungen der Bundesarbeitsgemeinschaft für Rehabilitation von Dezember 2005
14. Informationen über das Pilotprojekt im Land Sachsen-Anhalt zur „Fortentwicklung der Arbeit in den gemeinsamen Servicestellen für Rehabilitation" sowie über weitere Aktivitäten auf Bundesebene für die BAR (DRV Bund 2006)
15. Handbuch für Mitarbeiterinnen und Mitarbeiter in der Gemeinsamen Servicestelle für Rehabilitation, 2. Auflage, 2009 (BAR)
16. Handlungsempfehlungen „Trägerübergreifende Aspekte bei der Ausführung von Leistungen durch ein Persönliches Budget" vom 1. April 2009 (BAR)
17. Handlungsleitfaden für Mitarbeiter/innen in den Gemeinsamen Servicestellen für Rehabilita-tion (Checkliste) mit Stand 8. Februar 2007

BAR-Rahmenvereinbarung Gemeinsame Servicestellen § 22

Falldokumentation (Dokumentation erfolgt bei Fällen nach § 2 Abs. 1 der Rahmenvereinbarung)

Gemeinsame Servicestelle: _____

Persönliche Daten:

Name, Vorname   Geburtsdatum

Geschlecht: ☐ männlich ☐ weiblich

Art der Leistung:
☐ Medizinische Rehabilitation (einschließlich Leistungen nach § 31 SGB VI)
☐ Teilhabe am Arbeitsleben
☐ Teilhabe am Leben in der Gemeinschaft
☐ Andere Leistung, ggf. welche: _____

Grund für die Einschaltung der Gemeinsamen Servicestelle:
☐ Zuständigkeit unklar
☐ Unzufriedenheit mit dem Reha-Träger
☐ Dauer des Verfahrens
☐ Koordinierungserfordernis aufgrund der Zuständigkeit unterschiedlicher Reha-Träger
☐ sonstige Gründe (in Stichpunkten):

Beratung und/oder Unterstützung zu Leistungen folgender Reha-Träger:
☐ Krankenversicherung
☐ Rentenversicherung einschließlich Alterssicherung der Landwirte
☐ Unfallversicherung
☐ Bundesagentur für Arbeit
☐ Sozialhilfe
☐ Jugendhilfe
☐ Kriegsopferfürsorge und -versorgung

Schwerpunkte der Beratung/Aktivitäten (s. § 2 Abs. 1 Rahmenvereinbarung):
☐ Information (z.B. Information über Leistungsvoraussetzungen und Leistungen der Rehabilitationsträger einschließlich deren Inhalt und Ablauf, Klärung der Zuständigkeit)
☐ Bedarfsklärung (z.B. Hilfe bei der Klärung des Teilhabe-/Rehabilitationsbedarfs, Antragstellung und -weiterleitung)
☐ Beratung (z.B. Beratung zu besonderen Hilfen im Arbeitsleben/zu Verwaltungsabläufen, zur Inanspruchnahme von Leistungen, Hinwirken auf Entscheidungen)
☐ Unterstützende Begleitung und Koordination (z.B. Vorbereitung der Entscheidung, Koordinierung und Vermittlung, Information des zuständigen Rehabilitationsträgers, falls voraussichtlich Gutachten erforderlich ist)
☐ Persönliches Budget
☐ Betriebliches Eingliederungsmanagement

Für die Berichterstattung der Rehabilitationsträger nach § 24 SGB IX werden aus dem Falldokumentationsbogen folgende Daten aufbereitet und an die Bundesarbeitsgemeinschaft für Rehabilitation (BAR) gemeldet:

1. Gesamtzahl der Ratsuchenden/Versicherten, für die eine Beratung/Aktivität i.S. des § 2 Abs. 1 der Rahmenvereinbarung erbracht wurde

2. Unterteilung der Gesamtzahl nach Geschlecht: männlich/weiblich

3. Art der Leistung, wegen der eine Beratung/Aktivität erfolgte, unterteilt nach:
   - Medizinische Rehabilitation (einschl. Leistungen nach § 31 SGB VI)
   - Teilhabe am Arbeitsleben
   - Teilhabe am Leben in der Gemeinschaft
   - Andere Leistungen

4. Grund für die Einschaltung der Gemeinsamen Servicestelle, unterteilt nach:
   - Zuständigkeit unklar
   - Unzufriedenheit mit dem Reha-Träger
   - Dauer des Verfahrens
   - Koordinierungserfordernis aufgrund der Zuständigkeit unterschiedlicher Reha-Träger
   - sonstige Gründe

5. Verteilung der Abstimmungen, unterteilt nach Trägergruppen:

   Krankenversicherung/Rentenversicherung einschließlich der Alterssicherung der Landwirte/Unfallversicherung/Bundesagentur für Arbeit/Sozialhilfe/Jugendhilfe/Kriegsopferfürsorge und -versorgung

6. Schwerpunkte der Beratung/Aktivitäten
   - Information (z.B. Information über Leistungsvoraussetzungen und Leistungen der Rehabilitationsträger einschließlich deren Inhalt und Ablauf, Klärung der Zuständigkeit)
   - Bedarfsklärung (z.B. Hilfe bei der Klärung des Teilhabe-/Rehabilitationsbedarfs, Antragstellung und Weiterleitung)
   - Beratung (z.B. Beratung zu besonderen Hilfen im Arbeitsleben/zu Verwaltungsabläufen, zur Inanspruchnahme von Leistungen, Hinwirken auf Entscheidungen)
   - Unterstützende Begleitung und Koordination (z.B. Vorbereitung der Entscheidung, Koordinierung und Vermittlung, Information des zuständigen Rehabilitationsträgers, falls voraussichtlich Gutachten erforderlich ist)
   - Persönliches Budget
   - Betriebliches Eingliederungsmanagement

§ 23
Servicestellen

(1) ¹Die Rehabilitationsträger stellen unter Nutzung bestehender Strukturen sicher, dass in allen Landkreisen und kreisfreien Städten gemeinsame Servicestellen bestehen. ²Gemeinsame Servicestellen können für mehrere kleine Landkreise oder kreisfreie Städte eingerichtet werden, wenn eine ortsnahe Beratung und Unterstützung behinderter und von Behinderung bedrohter Menschen gewährleistet ist. ³In den Ländern Berlin, Bremen und Hamburg werden die Servicestellen entsprechend dem besonderen Verwaltungsaufbau dieser Länder eingerichtet.

(2) Die zuständigen obersten Landessozialbehörden wirken mit Unterstützung der Spitzenverbände der Rehabilitationsträger darauf hin, dass die gemeinsamen Servicestellen unverzüglich eingerichtet werden.

(3) ¹Die gemeinsamen Servicestellen werden so ausgestattet, dass sie ihre Aufgaben umfassend und qualifiziert erfüllen können, Zugangs- und Kommunikationsbarrieren nicht bestehen und Wartezeiten in der Regel vermieden werden. ²Hierfür wird besonders qualifiziertes Personal mit breiten Fachkenntnissen insbesondere des Rehabilitationsrechts und der Praxis eingesetzt. ³§ 112 Abs. 3 ist sinngemäß anzuwenden.

(4) In den Servicestellen dürfen Sozialdaten nur erhoben, verarbeitet und genutzt werden, soweit dies zur Erfüllung der Aufgaben nach § 22 Abs. 1 erforderlich ist.

ERLÄUTERUNGEN

ÜBERSICHT

I. Bedeutung der Vorschrift (Rdnrn. 1–4)
II. Fassung (Rdnr. 5)
III. Begründung (Rdnrn. 6–8)
IV. Anmerkungen (Rdnrn. 9–39)
   A) zu Abs. 1
      1. Gebot der Einrichtung gemeinsamer Servicestellen (Rdnrn. 9–12)
      2. Sicherstellungsauftrag der Rehabilitationsträger (Rdnrn. 13–17)
   B) zu Abs. 2
      1. Hinwirkungspflicht der obersten Landessozialbehörden (Rdnrn. 18–19)
   C) zu Abs. 3
      1. Ausstattungsvorgaben für die gemeinsamen Servicestellen (Rdnr. 20)
      2. Personelle Anforderungen (Rdnrn. 21–22)
      3. Barrierefreier Zugang zu den gemeinsamen Servicestellen (Rdnrn. 23–24)
   D) zu Abs. 4
      1. Gewährleistung des Datenschutzes in den Servicestellen (Rdnrn. 25–26)
      1. Pflicht zur Löschung nicht mehr benötigter Daten (Rdnr. 27)
   E) Bisherige Erfahrungen mit gemeinsamen Servicestellen (Rdnrn. 28–39)
V. Literatur

I. Bedeutung der Vorschrift

Die neu zu errichtenden Servicestellen sollen von Rehabilitationsträgern unverzüglich in allen Landkreisen und kreisfreien Städten eingerichtet werden. Kreisübergreifende Servicestellen – oder solche für mehrere kleine kreisfreie Städte – können eingerichtet werden, wenn eine ortsnahe Wahrnehmung ihrer Aufgaben gewährleistet ist (**Abs. 1**).

1

2 Die Verantwortung für die Einrichtung obliegt zwar den Rehabilitationsträgern; die zuständigen obersten Landessozialbehörden haben aber mit Unterstützung der jeweiligen Spitzenverbände auf die unverzügliche Einrichtung hinzuwirken (**Abs. 2**).

3 In **Abs. 3** werden Anforderungen an die sachliche und personelle Ausstattung der gemeinsamen Servicestellen festgelegt.

4 **Abs. 4** enthält eine bereichsspezifische Rechtsgrundlage für die Erhebung, Verarbeitung und Nutzung von Sozialdaten in den Servicestellen.

II. Fassung

5 Die Vorschrift wurde mit folgenden Änderungen aus dem Regierungsentwurf (BT-Drucks. 14/5531 i. V. m. 14/5074) übernommen:

a) In **Abs. 1 Satz 1** hat der BT-Ausschuss für Arbeit und Sozialordnung die Wörter „unter Nutzung bestehender Strukturen" eingefügt. Hierdurch soll sichergestellt werden, dass keine Mehrfachstrukturen geschaffen werden (BT-Drucks. 14/5800 S. 32).

b) Der in **Abs. 1** angefügte **Satz 3** trägt einer Prüfbitte des Bundesrats Rechnung, der auf die Notwendigkeit der örtlichen Anbindung der Servicestellen in diesen drei Stadtstaaten entsprechend ihrem besonderen Verwaltungsaufbau hingewiesen hatte (BT-Drucks 14/5531 S. 9).

c) Die Einfügung der Worte „und Kommunikationsbarrieren in" **Abs. 3 Satz 1** dient der Klarstellung des Gewollten (BT-Drucks. 14/5800 S. 32).

III. Begründung

6 In dem Regierungsentwurf (BT-Drucks. 145074, S. 106) wird zu der Vorschrift ausgeführt:

„Nach **Abs. 1** liegt die **Verantwortung** für die gemeinsamen Servicestellen **bei den Rehabilitationsträgern**. Sie haben sicherzustellen, dass gemeinsame Servicestellen auf Kreisebene vorhanden sind. Mit dieser Regelung soll eine **ortsnahe Beratung und Unterstützung** organisiert werden. Im Vordergrund steht damit die bedarfsgerechte Einrichtung solcher Stellen. Bei entsprechendem Bedarf sind deshalb auch ggf. mehrere Stellen auf Kreisebene einzurichten. **Vorhandene Strukturen** wie z. B. die Auskunfts- und Beratungsstellen der Rehabilitationsträger sind – ggf. durch gegenseitige Beauftragung – zu **nutzen**. Durch diese Nutzung sowie den Einsatz moderner Informationstechnologie kann sichergestellt werden, dass zusätzliches Personal nicht vorgehalten werden muss und damit auch **zusätzliche Kosten insoweit nicht entstehen** müssen. Eingeschlossen sind hierbei die örtlichen Versicherungsämter sowie die Träger der Sozialhilfe. Einzelheiten der Organisation wie z. B. die Vertretung der Rehabilitationsträger sowohl hinsichtlich des eingesetzten Personals als auch der Beratung und der anderen Serviceleistungen bleiben den Rehabilitationsträgern überlassen, desgleichen die Zusammenarbeit der Servicestellen mit den Beratern der einzelnen Rehabilitationsträger. Hierfür erscheint die **Vereinbarung gemeinsamer Empfehlungen zweckmäßig**, in der auch zusätzliche Aufgaben geregelt werden können. Verbände und Selbsthilfegruppen behinderter Menschen sowie Verbände der freien Wohlfahrtspflege erhalten Gelegenheit, sich an den Servicestellen und mit Einverständnis der Betroffenen an der Beratung zu beteiligen; Kostenerstattung dafür ist nicht vorgesehen."

7 **Abs. 2** gibt den **obersten Landessozialbehörden** das Recht und die Pflicht, den in Abs. 1 angesprochenen Aufbauprozess zu unterstützen. **Satz 2 des Abs. 1** enthält eine Ausnahme von Abs. 1 Satz 1 und gestattet **für kleine Landkreise und kreisfreie Städte** die Einrichtung einer gemeinsamen Servicestelle, wenn auch dadurch eine ortsnahe Beratung und Unterstützung gewährleistet ist. Zur Sicherstellung der Einrichtung der gemeinsamen Servicestellen enthält § 25 eine Verordnungsermächtigung für den Fall, dass die Träger ihrer Pflicht aus Abs. 1 nicht zügig nachkommen.

Abs. 3 bestimmt, dass die **personelle und sächliche Ausstattung der gemeinsamen Servicestellen** den Aufgaben dieser Stellen entsprechen muss. Dabei muss sichergestellt sein, dass die umfassenden Beratungs- und Unterstützungsaufgaben nach § 22 erfüllt werden. Mit der Verweisung auf § 112 Abs. 3 wird sichergestellt, dass bei der Stellenbesetzung schwerbehinderte Menschen bevorzugt berücksichtigt und ein angemessener Anteil der Stellen mit schwerbehinderten Frauen besetzt wird."

IV. Anmerkungen

A) zu Abs. 1

1. Gebot der Einrichtung gemeinsamer Servicestellen

Abs. 1 schreibt die **ortsnahe Einrichtung gemeinsamer Servicestellen** vor. Hierin liegt die strukturelle gesetzliche Vorgabe, dass es sich um gemeinsame Einrichtungen handeln muss, die grundsätzlich als gemeinsames vernetztes Team trägerübergreifend tätig sind (Luthe / *Noftz* D Rdnr. 21 m. w. Nachw).

Regelmäßig sind diese von den Rehabilitationsträgern **in allen Landkreisen und kreisfreien Städten** einzurichten (**Abs. 1 Satz 1**). Das entspricht dem Ziel einer **flächendeckenden und wohnortnahen Versorgung** mit Servicestellen, die möglichst mit öffentlichen Verkehrsmitteln und auch bei eingeschränkter persönlicher Mobilität erreichbar sein sollen.

Im Übrigen steht den Rehabilitationsträgern ein **Gestaltungsspielraum** zu (Ernst / Adlhoch / Seel / *Seiter* Rdnr. 3). Hierbei können **bestehende Strukturen genutzt** werden, etwa die Arbeitsagenturen, die Geschäftsstellen von Krankenkassen oder die Auskunfts- und Beratungsstellen der Rentenversicherungsträger. Es sollen also nicht neue Behörden und Organisationseinheiten geschaffen werden. Allerdings wird der gesetzliche Auftrag nicht durch eine bloße Umfirmierung der schon bestehenden Angebote erfüllt. Auch nach Einrichtung der Servicestellen müssen die Strukturen so weiterentwickelt werden, dass sie inhaltlichen und qualitativen Vorgaben genügen (Feldes u. a. / *Nürnberger* Rdnr. 4).

Abweichend von dieser Regellösung lässt **Abs. 1 Satz 2** die Bildung einer **einzigen gemeinsamen Servicestelle für mehrere kleine Landkreise und kreisfreien Städte** zu. Das Gesetz gibt nicht vor, was unter „klein" zu verstehen ist. Damit sind jedenfalls nicht kommunale Körperschaften mit mehr als 100 000 Einwohnern gemeint (LPK-SGB IX / *Haines* Rdnr. 8). Voraussetzung dieser Variante ist **die Gewährleistung einer wohnortnahen Beratung und Unterstützung** behinderter und von Behinderung bedrohter Menschen. Letztlich entscheidet somit nicht die Größe der Körperschaft, sondern die Nutzbarkeit der gemeinsamen Servicestelle für die Betroffenen (LPK-SGB IX / *Haines* a. a. O.). Weite Fahrtwege, insbesondere außerhalb des öffentlichen Personennahverkehrs, sind mit dieser Vorgabe nicht vereinbar.

Überdies haben die Rehabilitationsträger in der BAR-Rahmenempfehlung erklärt, die Beratung könne **bei besonderen Erfordernissen auch in der Wohnung der Ratsuchenden** oder an ihren sonstigen Aufenthaltsorten, etwa in einer Rehabilitationsklinik, gewährleistet werden.

Die **Stadtstaatenklausel** des **Abs. 1 Satz 3** ermöglicht schließlich den Ländern Berlin, Bremen und Hamburg, eigene Lösungen entsprechend ihrem Verwaltungsaufbau zu finden.

2. Sicherstellungsauftrag der Rehabilitationsträger

Den **Rehabilitationsträgern** obliegt die Einrichtung der gemeinsamen Servicestelle als gemeinschaftliche Aufgabe. Die Träger haben zum einen den **Sicherstellungsauftrag als Rechtspflicht** (HK-SGB IX / *Welti* Rdnr. 4; Luthe / *Noftz* Rdnr. 21), andererseits aber auch die **Umsetzungskompetenz**. Hierzu gehört die Entscheidung, wo Servicestellen einzurichten sind und welche bestehenden Strukturen genutzt werden sollen.

Die gemeinsamen Servicestellen können bei allen Rehabilitationsträgern angesiedelt werden; **überwiegend** gehören sie organisatorisch **zu einem Renten- oder Krankenversicherungsträger**.

14 Nach dem Stand vom **Juli 2004** bestanden in Deutschland **578 gemeinsame Servicestellen (GS)**; bis auf 19 Kreise und kreisfreie Städte ist dies flächendeckend. Trägern der **gesetzlichen Krankenversicherung** waren zugeordnet **329 GS**, Trägern der **gesetzlichen Rentenversicherung 222 GS**, der gesetzlichen **Unfallversicherung 7 GS**, der **Arbeitsförderung 4 GS**, der **Sozialhilfe 11 GS** (bei **örtlichen Trägern**) und **5 GS** bei **überörtlichen Trägern** (Behindertenbericht der Bundesregierung 2004, BT-Drucks. 15/4575 S. 26; vgl. auch das bundesweite Verzeichnis, abrufbar unter www.vdr.de – Stichwort: Reha bzw. unter www.reha-servicestellen.de).

Der **Bestand** an gemeinsamen Servicestellen ist allerdings offenbar **rückläufig**. So gibt *Ritter* für die erste Jahreshälfte 2009 folgende Zahlen an: **521** gemeinsame Servicestellen, davon **GKV: 306, DRV: 190** (forschung.deutscherentenversicherung.de/ForschPortalWeb/ressource?key=22_Ritter.pdf).

15 In Wahrnehmung dieses Sicherstellungsauftrags haben die Spitzenverbände der Sozialversicherungsträger sowie die Bundesagentur für Arbeit **Rahmenempfehlungen** vom 24. April 2001 und Durchführungshinweise dazu vom 14. Mai 2001 vereinbart. Diese sind durch die zum 1. Januar 2008 in Kraft getretene **BAR – Rahmenvereinbarung** vom 14. Oktober 2007 – abgebildet im Anhang zu dieser Vorschrift – abgelöst und weiterentwickelt worden. Diese Regelungen haben allerdings nicht die Rechtsnatur gemeinsamer Empfehlungen nach § 13 SGB IX, weil sie nicht von allen Rehabilitationsträgern vereinbart worden sind (GK-SGB IX / *Löschau* Rdnr. 21; Luthe / *Noftz* Rdnr. 22 in Fn. 109).

Für den Bereich der **Sozialhilfe** und der **öffentlichen Jugendhilfe** haben sich die Bundesvereinigungen der kommunalen Spitzenverbände auf Eckpunkte vom 21. Februar 2002 zur Errichtung gemeinsamer Servicestellen nach §§ 22 ff. verständigt. Diese stimmen weitgehend mit den Rahmenempfehlungen – nunmehr der Rahmenvereinbarung – überein.

16 In den genannten Texten ist das im Dezember 2000 vereinbarte „**Kooperationsmodell**" der Rehabilitationsträger verankert (hierzu Luthe / *Noftz* Teil 2 D Rdnr. 22). In jedem Landkreis und jeder kreisfreien Stadt wird für den gesamten Bereich der Rehabilitation bei einem Träger mindestens eine gemeinsame Servicestelle **als real existierende Verwaltungseinheit** und somit als **Anlaufstelle** gegründet. Dieser wird ein von allen Trägern – unter Einbeziehung der Träger der Sozial- und öffentlichen Jugendhilfe – gebildetes, kommunikativ vernetztes **Beratungsteam mit einem Sprecher** zugeordnet. Sicherstellung der Beratung und Unterstützung wird durch ein Beratungsteam geleistet. Dieses Team besteht aus einem sogenannten „**front office**" (Mitarbeiter der Gemeinsamen Servicestellen als unmittelbarer Kontakt vor Ort) und einem „**back office**" (weitere Mitarbeiter aller Rehabilitationsträger). Hierbei ist die Einrichtung einer gemeinsamen Auskunfts- und Beratungsstelle der Träger möglich.

Auch wurde ein **einheitliches Logo** für alle Servicestellen geschaffen:

Die gemeinsamen Servicestelle sind damit **organisatorisch Teil ihrer Einrichtungsträger.** 17
Sie stellen nicht etwa eine Mischverwaltung der Träger bzw. gemeinsame Bundes- und Landesverwaltung dar (GK-SGB IX / *Löschau* Rdnr. 8).

Gemeinsame Servicestellen haben **keine eigene Rechtspersönlichkeit**. In Gerichtsverfahren sind sie nicht **parteifähig und nicht prozessführungsbefugt** (HK-SGB IX / *Stähler* / *Welti* Rdnr. 12; Kossens u. a. / *Nürnberger* Rdnr. 7, je zu § 22 SGB IX). Allerdings kommt ihnen nach dem funktionalen Behördenbegriff die Eigenschaft einer **Behörde** zu (Luthe / *Noftz* Teil 2 D Rdnr. 22 unter Hinweis auf von Wulffen / *Roos* SGB X § 1 Rdnr. 9). Soweit das Landesrecht dies bestimmt, können landesunmittelbare gemeinsame Servicestellen, gem. § 71 Abs. 3 SGG vertreten durch den Vorstand ihres Reha-Trägers, Verfahrensbeteiligte sein (§ 70 Nr. 3 SGG).

B) zu Abs. 2

1. Hinwirkungspflicht der obersten Landessozialbehörden

Die zuständigen obersten Landessozialbehörden – regelmäßig die Sozialministerien – haben 18
nach der Vorschrift darauf hinzuwirken, dass die gemeinsamen Servicestellen **nach dem Inkrafttreten des Gesetzes unverzüglich eingerichtet** werden. Die Aufgabe beschränkt sich darauf, den Prozess der Einrichtung der Servicestellen positiv und unterstützend zu begleiten, wozu bei Bedarf auch Aufsichtsmaßnahmen gegenüber anderen Landes- und kommunalen Stellen gehören. Diese Aufgabe ist **mit Unterstützung der Spitzenverbände der Rehabilitationsträger** zu erfüllen.

Mit der inzwischen **flächendeckenden Einführung** der gemeinsamen Servicestellen (vgl. 19
oben Rdnr. 12) ist diese **Hinwirkungspflicht erledigt** (Feldes u. a. / *Nürnberger* Rdnr. 8). Den obersten Landessozialbehörden ist **nicht aufgetragen**, die Arbeit der gemeinsamen Servicestellen im Sinne einer **inhaltlichen und organisatorischen Qualitätskontrolle dauerhaft** zu begleiten (Feldes u. a. / *Nürnberger* a. a. O; a. A. LPK-SGB IX / *Haines* Rdnr. 18: Die Vorschrift sei sinngemäß anzuwenden, wenn zu einem späteren Zeitpunkt die Arbeit der gemeinsamen Servicestellen in einem Land infrage gestellt würde oder sich aus den nach § 24 SGB IX zu erstellenden Berichten Verbesserungsbedarf ergebe).

Die Hinwirkungspflicht nach Abs. 2 ist im **Zusammenhang mit der Verordnungsermächtigung nach § 25 SGB IX** zu sehen: Wären die Stellen nicht bis Ende 2002 im gesetzlich vorgeschriebenen Umfang eingerichtet worden, hätte der Verordnungsgeber entsprechende Regelungen treffen können.

C) zu Abs. 3

1. Ausstattungsvorgaben für die gemeinsamen Servicestellen

Die Vorschrift legt **verbindlich qualitative Vorgaben** vor allem hinsichtlich des Personals 20
und der Barrierefreiheit fest.

Unbeschadet des den Rehabilitationsträgern eingeräumten Gestaltungsspielraumes bei der Einrichtung der Servicestellen (vor allem in örtlicher, struktureller und personeller Hinsicht) sind die in Abs. 3 genannten Ziele zu verwirklichen.

2. Personelle Anforderungen

Das gilt namentlich für die Anforderung, **besonders qualifiziertes Personal** einzusetzen. 21
Die eingesetzten Beschäftigten müssen nicht nur eine **fachspezifische Ausbildung** – etwa als Sozialversicherungsfachangestellte – absolviert haben, sondern speziell **für den Einsatz in den Servicestellen geschult** werden. Hierzu gehört eine Beherrschung des trägerübergreifenden Rehabilitationsrechts. Als Grundlage hierfür kann das **von der BAR herausgegebene Handbuch** für Mitarbeiterinnen und Mitarbeiter in der Gemeinsamen Servicestelle für Rehabilitation, 2. Aufl. Mai 2009 dienen.

Dieses Personal muss auch **in ausreichender Zahl vorhanden** sein, damit **Wartezeiten** in der Regel vermieden werden.

22 Durch die Verweisung auf **§ 112 Abs. 3 SGB IX**, der die personelle Ausstattung der Integrationsfachdienste regelt, wird auch für gemeinsame Servicestellen die **Bevorzugung schwerbehinderter Menschen bei der Stellenbesetzung** vorgegeben. Ein angemessener Anteil der Stellen ist mit schwerbehinderten Frauen zu besetzen. Damit soll nicht nur Schwerbehinderten eine **berufliche Chance** eröffnet werden. Vielmehr wird hierdurch auch der Einsatz **spezifischen Erfahrungswissens** ermöglicht (LPK-SGB IX / *Haines* § 112 Rdnr. 8). Auch kann dies dazu beitragen, die Hemmschwellen in der Beratung zu senken (Feldes u. a. / *Nürnberger* Rdnr. 13).

3. Barrierefreier Zugang zu den gemeinsamen Servicestellen

23 Gemeinsame Servicestellen sind so auszustatten, **dass Zugangs- und Kommunikationsbarrieren nicht bestehen**. Gebäude, Kommunikation und Informationsquellen sollen also „für behinderte Menschen in der allgemein üblichen Weise, ohne besondere Erschwernisse grundsätzlich ohne fremde Hilfe zugänglich und nutzbar" sein (**vgl. § 4 BGG**). Hierzu reichen rollstuhlgerechte Eingänge nicht aus. Vielmehr müssen die **Bedürfnisse der Menschen mit Behinderungen berücksichtigt** werden, um dem Anspruch des SGB IX und des BGG gerecht zu werden (vgl. HK-SGB IX / *Welti* Rdnr. 11).

24 Die **tatsächlichen Zugangsbarrieren** insbesondere für Menschen mit Mobilitäts-, Seh- und Hörbehinderung können abgebaut werden durch Einhaltung der **DIN-Vorgaben im baulichen Bereich** (DIN 18 024-18 030).

Verständnisbarrieren für geistig oder seelisch behinderte Menschen lassen sich vermindern durch **Informationen und Unterlagen einfacher Sprache** und übersichtlicher optischer Darstellung (Feldes u. a. / *Nürnberger* Rdnr. 14). Auch ist § 17 Abs. 2 SGB I zu beachten bezüglich des Rechts von **hörbehinderten Menschen**, bei der Ausführung von Sozialleistungen einschließlich der Beratung die **Gebärdensprache** zu verwenden.

Der **Qualitätssicherung** in den gemeinsamen Servicestellen dient auch ein von der BAR konzipierter **Fragebogen**, der an die Kunden gerichtet ist (Internetportal der BAR, → „Gemeinsame Servicestellen" → „Fragebogen").

D) zu Abs. 4
1. Gewährleistung des Datenschutzes in den Servicestellen

25 Die Vorschrift entspricht inhaltlich § 67 Abs. 1 Satz 1 SGB X. Sie soll den Datenschutz dadurch gewährleisten, dass die **Erhebung, Verarbeitung, und Nutzung von Sozialdaten** in gemeinsamen Servicestellen ausschließlich für deren Einsatz bei den **in § 22 Abs. 1 SGB IX festgelegten Aufgaben** dient. Zusätzliche Aufgaben, die eine Übermittlung personenbezogener Daten erfordern, dürfen die gemeinsamen Servicestellen nicht übernehmen.

Im Übrigen **gelten die §§ 67 ff. SGB X**; die Rechtslage nach § 80 SGB X liegt nicht vor, d. h. eine Zustimmungserklärung des behinderten Menschen ist grundsätzlich nicht erforderlich (Luthe / *Noftz* D Rdnr. 2). Auch die Beschäftigten in gemeinsamen Servicestellen unterliegen der Geheimhaltungspflicht nach § 130 Abs. 1 SGB IX.

26 Die gemeinsamen Servicestellen greifen in der Regel auf die **Daten** zurück, die **bei dem Rehabilitationsträger vorhanden** sind, dem sie organisatorisch zugeordnet sind. Jedoch ist bei der Prüfung der Erforderlichkeit des Zugriffs auf diese Informationen stets zu erwägen, ob nicht der betroffene Mensch selbst im Wege der Mitwirkung die notwendigen Informationen geben oder beschaffen kann (Feldes u. a. / *Nürnberger* Rdnr. 15).

2. Pflicht zur Löschung nicht mehr benötigter Daten

Die in den gemeinsamen Servicestellen gesammelten **Daten sind zu löschen**, wenn ihre Kenntnis nicht mehr zur rechtmäßigen Erfüllung ihrer Aufgaben erforderlich ist und kein Grund zu der Annahme besteht, dass durch die Löschung schutzwürdige Interessen des Betroffenen beeinträchtigt werden (Feldes u. a. / *Nürnberger* a. a. O.). 27

E) Bisherige Erfahrungen mit gemeinsamen Servicestellen

Eine erste kritische Bestandsaufnahme enthielt der im **Juli 2004** veröffentlichte **Abschlussbericht über die Wissenschaftliche Begleitforschung** des Instituts für Sozialforschung und Gesellschaftspolitik e. V. zur Einrichtung und Arbeitsweise Gemeinsamer Servicestellen für Rehabilitation (s. Literaturverzeichnis). 28

Ferner hat die Bundesarbeitsgemeinschaft für Rehabilitation (**BAR**) dem Bundesministerium für Arbeit und Sozialordnung und den Ländern **in dreijährigem Turnus** zu **berichten** über die Erfahrungen mit der Einrichtung der gemeinsamen Servicestellen die Durchführungserfüllung ihrer Aufgaben und die Einhaltung des Datenschutzes sowie über mögliche Verbesserungen (**§ 24 Abs. 1 SGB IX**).

Veröffentlicht wurden bisher **Berichte zum 1. Dezember 2004 sowie 14. Dezember 2007**, aufzurufen über das Internetportal der BAR http://www.bar-frankfurt.de/Startseite.bar → „Gemeinsame Servicestellen"

Auf der Grundlage der ersten Berichterstattung hat die Bundesregierung in ihrem „**Bericht über die Lage behinderter Menschen und die Entwicklung ihrer Teilhabe**" vom **16. Dezember 2004** (BT-Drucks. 15/4575 S. 26 f.) ausgeführt: 29

„Eine vom Bundesministerium für Gesundheit und Soziale Sicherung veranlasste wissenschaftliche Begleituntersuchung durch das Institut für Sozialforschung und Gesellschaftspolitik (ISG) ergab, dass die **Inanspruchnahme der gemeinsamen Servicestellen** recht unterschiedlich ausfiel.

Einer kontinuierlichen Inanspruchnahme der Servicestellen stehen sehr unterschiedliche **Öffnungszeiten** entgegen. Einige haben tägliche, regelmäßige Öffnungszeiten, andere nur einen Tag in der Woche, dritte nur unregelmäßige Öffnungszeiten und wieder andere sind nur nach Terminvereinbarung zu erreichen. Im Schnitt hatten die befragten Servicestellen im Jahr 2003 98 Fälle zu bearbeiten; die Zahlen schwanken hierbei von gar keiner Inanspruchnahme der Servicestelle bis zu 4700 Servicestellenfällen. 30

Diese extremen Schwankungen sind auch darauf zurückzuführen, dass die Servicestellen „ihre Fälle" nicht nach einheitlichen Grundsätzen erfasst haben. Die von der BAR vorgesehene Definition, wonach ein **Servicestellenfall** dann vorliegt, wenn ein **Servicestellenteammitglied eingeschaltet** wurde, ist von 35 Prozent der befragten Servicestellen angewendet worden. Gut 14 Prozent der befragten Servicestellen werteten einen Beratungsfall auch dann als Servicestellenfall, wenn der Träger der Servicestelle auch der zuständige Rehabilitationsträger für den Fall war. Weiterhin konnte festgestellt werden, dass die Inanspruchnahme der Servicestellen **in städtischen Gebieten geringer** ausfällt als in anderen Gebieten. 31

Nach den Erfahrungen der Behindertenverbände seien die Servicestellen **in ihrer praktischen Arbeit** bei behinderten Menschen sowie bei Schwerbehindertenvertretungen, Betriebsräten und Arbeitgebervertretern **bisher kaum wahrgenommen** worden. Nach Aussage der Rehabilitationsträger werde eine breite und kontinuierliche **Öffentlichkeitsarbeit** betrieben. So entwickelte die BAR einen Flyer, den die Mitarbeiter der Servicestellen in fast allen Ländern verwenden. Weiteres Informationsmaterial werde über niedergelassene Ärzte und Behindertenverbände verteilt. Bei der Eröffnung von gemeinsamen Servicestellen würden regelmäßig Presseinformationen veröffentlicht. Gleichwohl hätten die potenziellen Nutzer der Servicestellen diese nicht oder noch zu wenig angenommen. 32

33 Die Verbände behinderter Menschen vertreten die Auffassung, dass in der Öffentlichkeit noch nicht ausreichend auf die Servicestellen hingewiesen werde. Aus Sicht der Verbände seien die gemeinsamen Servicestellen zu sehr **von dem Rehabilitationsträger geprägt**, der vor Ort für die Institution verantwortlich ist. Eine trägerübergreifende und ganzheitlich umfassende Beratung findet nach Auffassung der Verbände und Organisationen behinderter Menschen nach wie vor nicht oder nur selten statt. Dies führe dazu, dass die Servicestellen nur selten von den Bürgerinnen und Bürgern aufgesucht würden. Aus Sicht der Verbände seien vielen Servicestellenmitarbeitern die speziellen **Regelungen des Sozialhilferechts nur schwer zugänglich.** Hierzu fehle ihnen die notwendige Qualifikation.

34 Zum 1. Dezember 2004 wurde der **Bericht der BAR** nach § 24 Abs. 2 SGB IX über die gemeinsamen Servicestellen fertiggestellt. Im Bericht wurden Mitteilungen der Rehabilitationsträger über deren Erfahrungen zur Errichtung der Servicestellen, der Durchführung und Erfüllung ihrer Aufgaben, die Einhaltung des Datenschutzes und mögliche Verbesserungen aufbereitet. Hierbei wurden die obersten Landessozialbehörden beteiligt. Auf Landesebene wurden die Mitteilungen mit den Verbänden behinderter Menschen einschließlich der Verbände der Freien Wohlfahrtspflege, der Selbsthilfegruppen und der Interessenvertretungen behinderter Frauen erörtert.

Auch im Rahmen dieses Berichts wurde eine **geringe Inanspruchnahme der Servicestellen trotz intensiver Öffentlichkeitsarbeit** festgestellt. Sofern eine Servicestelle bei Rehabilitationsfällen eingeschaltet wurde, konnte jedoch eine intensivere und bessere Kooperation im Allgemeinen und eine Verfahrensbeschleunigung im Besonderen festgestellt werden. Die Einhaltung datenschutzrechtlicher Regelungen bereitete den Servicestellen bei ihrer Arbeit keine Probleme.

35 Zur **Verbesserung der Arbeitsweise der Servicestellen** nennen die Rehabilitationsträger in dem Bericht u. a. folgende Vorschläge:
– Verstärkung der Öffentlichkeitsarbeit,
– Entwicklung weitergehender Schulungskonzepte mit höherer Praxisorientierung und Durchführung erneuter Schulungen,
– bundeseinheitliche Einführung und Pflege eines Leitfadens über Rehabilitationsleistungen und Verfahrensabläufe,
– Intensivierung der Zusammenarbeit der Rehabilitationsträger,
– stärkere Unterstützung der Möglichkeiten des Erfahrungsaustauschs der Teammitglieder sowie
– Stärkung der Entscheidungskompetenz und Verantwortlichkeit der Servicestellen.

36 Ein wesentliches Element der auf der Ebene der BAR geschlossenen Rahmenempfehlung für die Einrichtung gemeinsamer Servicestellen ist der **barrierefreie Zugang**. Wo dieser noch nicht gewährleistet ist, sollte durch (Umbau-)Maßnahmen Barrierefreiheit sichergestellt werden. Das betrifft auch die **barrierefreie Kommunikation**. Laut Bericht des ISG sind 60 Prozent der befragten Servicestellen in der Lage oder planen zukünftig, binnen drei Tagen einen Gebärdendolmetscher zu einem Beratungsgespräch hinzuziehen zu können. Soweit Betroffene selbst einen Gebärdendolmetscher organisieren, werden die Kosten hierfür von den Rehabilitationsträgern übernommen. Verstärkte Anstrengungen müssen unternommen werden, um eine umfassende Barrierefreiheit im Sinne des BGG zu gewährleisten. Im Rahmen der barrierefreien Gestaltung sind die Interessen aller Gruppen von Menschen mit Behinderungen zu berücksichtigen, beispielsweise bei Bedarf durch die Hinzuziehung von Schriftdolmetschern, den Einsatz von speziellen Höranlagen oder auch Unterlagen und Informationen in leichter Sprache. Der Behindertenverband Leipzig, die Landesarbeitsgemeinschaft Hilfe für Behinderte Sachsen e. V. in Dresden und der VdK Sachsen in Chemnitz haben gemeinsam eine CD-ROM mit einer Checkliste zur Überprüfung der Barrierefreiheit entwickelt. Mithilfe dieser CD-ROM ist es möglich, zu einer neutralen und objektiven Bewertung der Ist-Situation im Rahmen der Evaluation der Servicestellen zu gelangen.

Die Rehabilitationsträger können derzeit noch keine Aussagen über **Einsparungen durch das koordinierte Zusammenwirken** im Rahmen der gemeinsamen Servicestellen treffen. Durch die engere Zusammenarbeit der Rehabilitationsträger dürften notwendige Leistungen, insbesondere im Bereich der Leistungen zur Teilhabe am Arbeitsleben, früher als bisher einsetzen. Weiterhin können Zuständigkeitsklärungen durch die Benennung von Ansprechpartnern bei allen Rehabilitationsträgern kurzfristiger erfolgen. Als Zielrichtung der Arbeit wird von den Rehabilitationsträgern auch weiterhin gesehen, chronisch kranke Versicherte möglichst frühzeitig im Behandlungsprozess zu erreichen und ihnen schnell und unbürokratisch die erforderliche Behandlung zukommen zu lassen.

Auch die Länder können hinsichtlich der Kosteneinsparung noch keine Aussagen treffen.

Voraussetzung für den Erfolg der gemeinsamen Servicestellen ist, dass die Chancen sowohl von den behinderten Menschen als auch von den Rehabilitationsträgern erkannt und wahrgenommen werden. Hier bedarf es noch erheblicher Anstrengungen aller Beteiligten. Schnittstellenprobleme können aber nur gelöst werden, wenn in den Servicestellen eine **fallbezogene Beratung** und **Unterstützung**, eine **gemeinsame Bedarfsermittlung** sowie **Zielformulierung und Hilfeplanung** erfolgen und das **gesamte Verfahren von der Servicestelle gesteuert** wird. Der große Bedarf nach einer Umsetzung des SGB IX, die eine solche Praxis fallbezogenen Handelns in der und durch die Servicestelle zur Regel macht, trat auch in dem Werkstattgespräch zum Thema „Case Management" der Koalitionsarbeitsgruppe Menschen mit Behinderungen im Juni 2004 deutlich hervor.

Die Bundesregierung ist der Auffassung, dass ein **Mehr an Entscheidungsbefugnis und Verantwortung** auch ein Mehr an Qualität und ein Mehr an Beachtung der Rehabilitationsträger für die Servicestellen bringt. Dies gilt auch in den Fällen, in denen **Arbeitgeber** Kontakt mit der örtlichen Servicestelle aufnehmen, um im Rahmen des **betrieblichen Eingliederungsmanagements nach § 84 Abs. 2 SGB IX** gemeinsam die Möglichkeiten zu klären, die erforderlich sind, um Arbeitsunfähigkeit zu überwinden oder erneuter Arbeitsunfähigkeit vorzubeugen. Die Bundesregierung wird daher prüfen, den Servicestellen mehr Verantwortung und bestimmte Entscheidungsbefugnisse zu übertragen."

V. Literatur

Vgl. die zu § 22 SGB IX angeführte Literatur sowie

BAR (Hrsg.): Handbuch für Mitarbeiterinnen und Mitarbeiter in der Gemeinsamen Servicestelle für Rehabilitation, 2. Aufl. Mai 2009 (Internetportal der BAR)

Pfeuffer, Frank / **Engel**, Heike / **Engels**, Dietrich, Einrichtung und Arbeitsweise Gemeinsamer Servicestellen für Rehabilitation – Wissenschaftliche Begleitforschung des Instituts für Sozialforschung und Gesellschaftspolitik e. V. im Auftrag des Bundesministeriums für Gesundheit und Soziale Sicherung – Integrierter Abschlussbericht –. Köln Juli 2004 = www.isg-institut.de/download/ISG-Gemeinsame%20Servicestellen.pdf und www.bmas.de/coremedia/.../einrichtung_und_arbeitsweise_gemeinsamer_servicestellen_fuer_rehabilitation

§ 24
Bericht

(1) ¹Die Rehabilitationsträger, die Träger der Renten-, Kranken- und Unfallversicherung über ihre Spitzenverbände, teilen der Bundesarbeitsgemeinschaft für Rehabilitation im Abstand von drei Jahren, erstmals im Jahre 2004, ihre Erfahrungen über die Einrichtung der gemeinsamen Servicestellen, die Durchführung und Erfüllung ihrer Aufgaben, die Einhaltung des Datenschutzes und mögliche Verbesserungen mit. ²Personenbezogene Daten werden anonymisiert.

(2) Die Bundesarbeitsgemeinschaft für Rehabilitation bereitet die Mitteilungen der Rehabilitationsträger auf, beteiligt hierbei die zuständigen obersten Landessozialbehör-

den, erörtert die Mitteilungen auf Landesebene mit den Verbänden behinderter Menschen einschließlich der Verbände der Freien Wohlfahrtspflege, der Selbsthilfegruppen und der Interessenvertretungen behinderter Frauen und berichtet unverzüglich dem **Bundesministerium für Arbeit und Soziales und den Ländern.**

ERLÄUTERUNGEN

I. Bedeutung der Vorschrift

1 Im Hinblick auf die Neuartigkeit der gemeinsamen Servicestellen sollen alle beteiligten Träger in dreijährigem Turnus, erstmals im Jahre 2004, Erfahrungsberichte über deren Einrichtung, Aufgabenerfüllung und die Einhaltung des Datenschutzes hierbei erstellen und der Bundesarbeitsgemeinschaft für Rehabilitation mitteilen (**Abs. 1**). Diese bereitet die Berichte unter Beteiligung der obersten Landessozialbehörden und Anhörung der Verbände behinderter Menschen einschließlich der Selbsthilfegruppen und der Interessenvertretungen behinderter Frauen auf und berichtet unverzüglich dem Bundesministerium für Arbeit und Sozialordnung sowie den Ländern (**Abs. 2**).

II. Fassung

2 Die Vorschrift wurde aus dem Regierungsentwurf (BT-Drucks. 14/5531 i. V. m. 14/5704) mit zwei Ergänzungen übernommen.

Der BT-Ausschuss für Arbeit und Sozialordnung hat klargestellt, dass an dem Bericht auch Verbände der freien Wohlfahrtspflege beteiligt werden. Ferner wurde festgelegt, dass er auch den Ländern zu übermitteln ist. Dies hatte der Bundesrat mit folgender Begründung gefordert (BT-Drucks. 14/5531 S. 9): „Da in dem Bericht über die jeweils regionalen Erfahrungen berichtet wird, sollten die Länder ebenfalls über das Ergebnis der Auswertungen und Erörterungen informiert werden."

III. Begründung

3 In dem Regierungsentwurf (BT-Drucks. 14/5074, S. 106) wird zu der Vorschrift ausgeführt:

„Die gemeinsamen Servicestellen sind ein neuartiger Weg, um behinderten und von Behinderung bedrohten Menschen die notwendige Unterstützung trägerübergreifend und gemeinsam zukommen zu lassen. In regelmäßigen Abständen ist daher zu überprüfen, ob die Praxis diesen Anforderungen gerecht wird und ob Verbesserungen notwendig sind. Dies gilt insbesondere auch zur Beurteilung, in welcher Weise die regionale Organisation erfolgt ist, in welchem Umfang bei der Stellenbesetzung schwerbehinderte Menschen bevorzugt berücksichtigt und welcher Anteil der Stellen mit schwerbehinderten Frauen besetzt wurden, ob die in § 14 geregelten Fristen eingehalten wurden bzw. in wie viel Fällen dies nicht geschehen ist, und welche Gründe es hierfür gab, wie groß der Anteil dieser Fälle an der Gesamtzahl der Fälle war, in wie viel Fällen von der Möglichkeit der Selbstbeschaffung nach § 15 Gebrauch gemacht werden musste, ob und ggf. welche Schwierigkeiten aufgetreten und ob zusätzliche Regelungen erforderlich sind. Die einschlägigen Berichte der Rehabilitationsträger sollen auf Landesebene mit den Verbänden und Selbsthilfegruppen behinderter Menschen erörtert, dann von der Bundesarbeitsgemeinschaft für Rehabilitation zusammengefasst und dann dem zuständigen Ministerium vorgelegt werden. Personenbezogene Daten werden anonymisiert."

§ 25
Verordnungsermächtigung

Sind gemeinsame Servicestellen nach § 23 Abs. 1 nicht bis zum 31. Dezember 2002 in allen Landkreisen und kreisfreien Städten eingerichtet, bestimmt das Bundesministerium für Arbeit und Soziales durch Rechtsverordnung mit Zustimmung des Bundesrates das Nähere über den Ort der Einrichtung, den Rehabilitationsträger, bei dem die gemeinsame Servicestelle eingerichtet wird und der für die Einrichtung verantwortlich ist, den Zeitpunkt, zu dem die Einrichtung abgeschlossen sein muss, sowie über die Organisation, insbesondere entsprechend ihrem Anteil an den Leistungen zur Teilhabe über Art und Umfang der Beteiligung der Rehabilitationsträger in den gemeinsamen Servicestellen.

ERLÄUTERUNGEN

I. Bedeutung der Vorschrift

Bei der Einrichtung der Servicestellen setzt der Gesetzgeber zunächst auf die Freiwilligkeit der Rehabilitationsträger. Falls aber bis zum 31.Dezember 2002 nicht in allen Landkreisen und kreisfreien Städten derartige Stellen eingerichtet sind, hat das Bundesministerium für Arbeit und Sozialordnung durch Rechtsverordnung mit Zustimmung des Bundesrates zwingende Vorschriften hierüber zu erlassen. Soweit die gesetzlichen Krankenkassen betroffen sind, ist hierfür auch das Einvernehmen mit dem Bundesministerium für Gesundheit erforderlich. Die Rechtsverordnung soll jeweils Festlegungen treffen über den Ort der Einrichtung, den Rehabilitationsträger, bei dem die gemeinsame Servicestelle eingerichtet wird und der hierfür die Verantwortung trägt, den abschließenden Zeitpunkt der Einrichtung sowie über die Organisation. Letzteres betrifft vor allem die Art und den Umfang der Beteiligung der Rehabilitationsträger in den gemeinsamen Servicestellen, der sich nach ihrem jeweiligen Anteil an den Leistungen zur Teilhabe richten soll.

1

II. Fassung

Die Vorschrift wurde unverändert aus dem Regierungsentwurf (BT-Drucks. 14/5531 i. V. m. 14/5074) übernommen.

2

III. Begründung

In dem Regierungsentwurf (BT-Drucks. 14/5024, S. 106) wird zu der Vorschrift ausgeführt:

3

„Die Vorschrift enthält eine Verordnungsermächtigung zur Einrichtung von Servicestellen sowie über deren Organisation und die Beteiligung der Rehabilitationsträger für den Fall, dass diese nicht rechtzeitig flächendeckend eingerichtet werden. Ebenso wie bei der Einrichtung der gemeinsamen Servicestellen durch die Rehabilitationsträger darf auch bei einer Einrichtung durch Verordnung keine Mischverwaltung begründet werden."

KAPITEL 4
Leistungen zur medizinischen Rehabilitation
§ 26
Leistungen zur medizinischen Rehabilitation

(1) Zur medizinischen Rehabilitation behinderter und von Behinderung bedrohter Menschen werden die erforderlichen Leistungen erbracht, um

1. Behinderungen einschließlich chronischer Krankheiten abzuwenden, zu beseitigen, zu mindern, auszugleichen, eine Verschlimmerung zu verhüten oder
2. Einschränkungen der Erwerbsfähigkeit und Pflegebedürftigkeit zu vermeiden, zu überwinden, zu mindern, eine Verschlimmerung zu verhüten sowie den vorzeitigen Bezug von laufenden Sozialleistungen zu vermeiden oder laufende Sozialleistungen zu mindern.

(2) Leistungen zur medizinischen Rehabilitation umfassen insbesondere

1. Behandlung durch Ärzte, Zahnärzte und Angehörige anderer Heilberufe, soweit deren Leistungen unter ärztlicher Aufsicht oder auf ärztliche Anordnung ausgeführt werden, einschließlich der Anleitung, eigene Heilungskräfte zu entwickeln,
2. Früherkennung und Frühförderung behinderter und von Behinderung bedrohter Kinder,
3. Arznei- und Verbandmittel,
4. Heilmittel einschließlich physikalischer, Sprach- und Beschäftigungstherapie,
5. Psychotherapie als ärztliche und psychotherapeutische Behandlung,
6. Hilfsmittel,
7. Belastungserprobung und Arbeitstherapie.

(3) Bestandteil der Leistungen nach Absatz 1 sind auch medizinische, psychologische und pädagogische Hilfen, soweit diese Leistungen im Einzelfall erforderlich sind, um die in Absatz 1 genannten Ziele zu erreichen oder zu sichern und Krankheitsfolgen zu vermeiden, zu überwinden, zu mindern oder ihre Verschlimmerung zu verhüten, insbesondere

1. Hilfen zur Unterstützung bei der Krankheits- und Behinderungsverarbeitung,
2. Aktivierung von Selbsthilfepotentialen,
3. mit Zustimmung der Leistungsberechtigten Information und Beratung von Partnern und Angehörigen sowie von Vorgesetzten und Kollegen,
4. Vermittlung von Kontakten zu örtlichen Selbsthilfe- und Beratungsmöglichkeiten,
5. Hilfen zur seelischen Stabilisierung und zur Förderung der sozialen Kompetenz, unter anderem durch Training sozialer und kommunikativer Fähigkeiten und im Umgang mit Krisensituationen,
6. Training lebenspraktischer Fähigkeiten,
7. Anleitung und Motivation zur Inanspruchnahme von Leistungen der medizinischen Rehabilitation.

ERLÄUTERUNGEN

ÜBERSICHT

I. Bedeutung der Vorschrift (Rdnrn. 1–2)
II. Fassung (Rdnr. 3)
III. Begründung (Rdnrn. 4–5)

IV. Anmerkungen (Rdnrn. 6–68)
   A) zu Abs. 1
      1. Behinderungen entgegenwirken (Rdnr. 7)
      2. Chronischen Krankheiten entgegenwirken (Rdnrn. 8–10)
      3. Erwerbsfähigkeit erhalten (Rdnrn. 11–12)
      4. Bezug anderer Sozialleistungen vermeiden (Rdnrn. 13–14)
      5. Vermeidung von Pflegebedürftigkeit (Rdnr. 15)
   B) zu Abs. 2
      1. Offener Leistungskatalog (Rdnr. 16)
         a) Ärztliche und heilberufliche Leistungen unter ärztlicher Verantwortung oder Anordnung (Nr. 1) (Rdnrn. 17–22)
         b) Früherkennung und Frühförderung behinderter und von Behinderung bedrohter Kinder (Nr. 2) (Rdnr. 23)
         c) Arznei- und Verbandmittel (Nr. 3) (Rdnrn. 24–26)
         d) Heilmittel einschließlich physikalischer, Sprach- und Beschäftigungstherapie (Nr. 4) (Rdnrn. 27–31)
         e) Psychotherapie als ärztliche und psychotherapeutische Behandlung (Nr. 5) (Rdnrn. 32–42)
         f) Hilfsmittel (Nr. 6) (Rdnrn. 43–48)
         g) Belastungserprobung und Arbeitstherapie (Nr. 7) (Rdnrn. 49–53)
   C) zu Abs. 3
      1. Medizinische, psychologische und pädagogische Hilfen (Rdnrn. 54–56)
      2. Leistungskatalog (Rdnrn. 57–68)
         a) Hilfen zur Unterstützung bei der Krankheits- und Behinderungsverarbeitung (Nr. 1) (Rdnrn. 57–58)
         b) Aktivierung von Selbsthilfepotenzialen (Rdnr. 59)
         c) Einverständliche Information und Beratung Dritter (Nr. 3) (Rdnrn. 60–61)
         d) Vermittlung von Kontakten zu örtlichen Selbsthilfe- und Beratungsmöglichkeiten (Nr. 4) (Rdnr. 62)
         e) Hilfen zur seelischen Stabilisierung und zur Förderung der sozialen Kompetenz (Nr. 5) (Rdnr. 63)
         f) Training lebenspraktischer Fähigkeiten (Nr. 6) (Rdnr. 64)
         g) Anleitung und Motivation zur Leistungsinanspruchnahme (Nr. 7) (Rdnrn. 65–68)

I. Bedeutung der Vorschrift

Sie bestimmt die Zielsetzung und die Art der Leistungen zur medizinischen Rehabilitation. Diese sollen Behinderungen einschließlich chronischer Krankheiten ganz oder teilweise abwenden, beseitigen, ausgleichen oder wenigstens eine Verschlimmerung verhüten. Ferner sollen diese Leistungen Einschränkungen der Erwerbsfähigkeit und Pflegebedürftigkeit vermeiden, überwinden, mindern oder ebenfalls eine Verschlimmerung verhüten. Hierbei soll auch der vorzeitige Bezug von laufenden Sozialleistungen vermieden oder laufende Sozialleistungen gemindert werden (**Abs. 1**). 1

In **Abs. 2** werden beispielhaft sieben Leistungsgruppen zur medizinischen Rehabilitation aufgeführt. Durch **Abs. 3** werden auch psychosoziale Leistungen einbezogen und beispielhaft aufgezählt. 2

II. Fassung

Die Vorschrift wurde im Wesentlichen unverändert aus dem Regierungsentwurf (BT-Drucks. 14/5531 i. V. m. 14/5074) übernommen. Der BT-Ausschuss für Arbeit und Sozialordnung hat lediglich in Abs. 3 Nr. 5 zur Vereinheitlichung der Terminologie das Wort „psychischen" durch „seelischen" ersetzt. 3

III. Begründung

4   In dem Regierungsentwurf (BT-Drucks. 14/5074, S. 106) wird zu der Vorschrift ausgeführt:

„Die Vorschrift beschreibt in **Abs. 1** umfassend, welche Leistungen zur medizinischen Rehabilitation zu erbringen sind. Die Aufzählung der wichtigsten Leistungen zur medizinischen Rehabilitation in **Abs. 2** stimmt weitgehend mit der in § 10 Rehabilitations-Angleichungsgesetz (und den entsprechenden Regelungen für die einzelnen Träger der medizinischen Rehabilitation) überein, wird jedoch ergänzt durch Leistungen zur Frühförderung behinderter und von Behinderung bedrohter Kinder, die nach dem die Rehabilitation beherrschenden Grundsatz der möglichst frühzeitigen Intervention eine besondere Bedeutung haben, sowie um Psychotherapie als ärztliche und psychotherapeutische Behandlung. Dabei ergibt sich aus §§ 17 und 21, dass für die Leistungen nur geeignete Dienste und Einrichtungen in Anspruch genommen werden dürfen.

5   Da der zuständige Rehabilitationsträger die Leistungen erbringen muss, die im Einzelfall notwendig sind, regelt **Abs. 3**, dass zu den Leistungen zur medizinischen Rehabilitation auch psychosoziale Leistungen gehören, soweit diese Leistungen im Einzelfall erforderlich sind, um die in Abs. 1 genannten Ziele zu erreichen oder zu sichern. Ein Beispiel bilden Hilfen zur Bewältigung psychosozialer Problemlagen, wie sie etwa als Folge von Erblindung oder Ertaubung typisch sind. In Einzelfällen kann auch Hippotherapie in Betracht kommen. Auch familienentlastende und -unterstützende Dienste sind zur Erreichung oder zur Sicherung der Rehabilitationsziele einzusetzen. Mögliche Belastungen aus Leistungsausweitungen werden durch Regelungen in anderen Vorschriften kompensiert."

Zu den **finanziellen Auswirkungen** der Regelung führt der Regierungsentwurf weiter aus (S. 133):

„Soweit im Einzelfall erforderlich, sind pädagogische Hilfen Bestandteil der Leistungen zur medizinischen Rehabilitation behinderter und von Behinderung bedrohter Menschen. Für die Gesetzliche Krankenversicherung werden Mehrkosten von 100 Mio. DM geschätzt. Diesen stehen nicht quantifizierbare Einsparungen der Sozialhilfeträger gegenüber, soweit diese derzeit Kosten für pädagogische Hilfen z. B. für Suchtberatung und schulische Behindertenbetreuung erbringen."

IV. Anmerkungen

A) zu Abs. 1

6   Die Vorschrift beschreibt in den Nummern 1 und 2 die **Zielvorgaben der Leistungen zur medizinischen Rehabilitation**. Sie hat lediglich **deklaratorischen Charakter** und begründet für sich genommen keine Leistungsansprüche. Diese sind vielmehr den für den jeweiligen Rehabilitationsträger geltenden Leistungsgesetzen zu entnehmen. Zu den Grundsätzen, Voraussetzungen und Zielen der *ambulanten* medizinischen Rehabilitation vgl. im Übrigen die Rahmenempfehlungen zur ambulanten medizinischen Rehabilitation der Bundesarbeitsgemeinschaft für Rehabilitation in der Fassung vom 20. Oktober 2000 (Anhang „ambulante medizinische Rehabilitation").

1. Behinderungen entgegenwirken

7   Das an erster Stelle genannte Leistungsziel ist, die Behinderung abzuwenden, zu beseitigen, zu mindern, ihre Verschlimmerung zu verhüten oder ihre Folgen zu mindern (**Abs. 1 Nr. 1**) Dieses Ziel ist wortgleich in der allgemeinen Zielbestimmung der Teilhabeleistungen (§ 4 Abs. 1 Nr. 1 SGB IX) enthalten. Nach der gesetzlichen Definition in § 2 Abs. 1 Satz 1 SGB IX ist Behinderung eine voraussichtlich länger als sechs Monate anhaltende Funktionsbeeinträchtigung mit der Folge beeinträchtigter Teilhabe. Eine solche Behinderung droht, wenn die Beeinträchtigung zu erwarten ist (§ 2 Abs. 1 Satz 2 SGB IX).

2. Chronischen Krankheiten entgegenwirken

In der Zielbestimmung der medizinischen Rehabilitation nach Abs. 1 Nr. 1 wird zusätzlich zur Behinderung die chronische Krankheit benannt. Diese Zielbestimmung findet sich nicht bei den anderen Leistungsgruppen des SGB IX. Der **Begriff der chronischen Krankheit** ist erst neuerdings in das Krankenversicherungsrecht eingeführt worden. So gebietet § 2a SGB V die besondere Berücksichtigung der Belange behinderter und chronisch kranker Menschen im Krankenversicherungsrecht; in § 137 f. SGB V sind strukturierte Behandlungsprogramme bei chronischen Krankheiten vorgesehen. 8

Eine verbindliche rechtliche Definition des Begriffes steht noch aus. Chronische Krankheit und Behinderung sind nicht identisch, auch besteht zwischen beiden kein zwingender Zusammenhang (Welti / Raspe DRV 2004, 76 [79]). Allerdings sind chronische Krankheiten wegen der hieraus folgenden lebenslangen Belastungen für die betroffenen Menschen die **häufigste wesentliche Ursache von Behinderung**. Chronische Krankheit kann deshalb als Zwischenstufe zwischen kurzfristigen gesundheitlichen Beeinträchtigungen und dauerhafter Behinderung im Sinne von § 2 Abs. 1 SGB IX aufgefasst werden (B / F / K / L-*Fuchs* Rdnr. 5). 9

Medizinische Rehabilitation kann vor allem bei Funktionseinschränkungen infolge chronischer Krankheiten intervenieren; sie erschöpft sich jedoch darin nicht. Die eigenständige Nennung im Gesetz – auch in Zusammenhang mit von Behinderung bedrohten Personen – ermöglicht grundsätzlich, einen **präventiven Rehabilitationsbedarf** auch schon dann festzustellen, wenn eine chronische Krankheit noch nicht zur Behinderung geführt hat (vgl. hierzu näher Törne PKK 2000, 102 [104]). In der Praxis bereiten aber vor allem die Fälle Schwierigkeiten, in denen eine gesundheitliche Abweichung vorliegt, jedoch fraglich ist, ob sie für das Lebensalter typisch ist (B / F / K / L-*Fuchs* Rdnr. 5). 10

3. Erwerbsfähigkeit erhalten

In **Abs. 1 Nr. 2** wird – wiederum in Übereinstimmung mit § 4 Abs. 1 Nr. 2 SGB IX – als Ziel der medizinischen Rehabilitation hervorgehoben, Einschränkungen der Erwerbsfähigkeit zu vermeiden, zu überwinden oder zu mindern. Erwerbsfähigkeit ist – mit dem Gegenbegriff der Erwerbsminderung – Teil von Leistungstatbeständen nach dem SGB VI und dem Grundsicherungsgesetz. Unter **Erwerbsfähigkeit im Sinne von § 10 SGB VI** versteht man die Fähigkeit von Personen, unter Ausnutzung der Arbeitsgelegenheiten, die sich ihnen nach ihren Kenntnissen und Erfahrungen sowie ihren körperlichen und geistigen Fähigkeiten im gesamten Bereich des wirtschaftlichen Lebens bieten, Erwerbseinkommen zu erzielen (Ernst / Adlhoch / Seel / *Seiter* Rdnr. 10 unter Hinweis auf die Auslegungsgrundsätze der Rentenversicherungsträger; vgl. auch Lachwitz u. a. [HK-SGB IX] / *Welti* § 4 Rdnr. 12). 11

Im Rahmen des SGB IX kann schon die **Gefährdung der Teilhabe am Arbeitsleben** durch drohende Erwerbsunfähigkeit **Anlass zur Rehabilitation** sein (Welti / Raspe DRV 2004, 76 [80]). Aber auch bei bereits entfallener Erwerbsfähigkeit kann deren **Wiederherstellung** ein wesentliches Ziel der der Rehabilitation sein. Es ist sowohl der medizinischen Rehabilitation als auch den Leistungen zur Teilhabe am Arbeitsleben gemäß § 33 Abs. 1 SGB IX ausdrücklich zugeordnet und steht somit an der Schnittstelle eines medizinischen und eines arbeitsorientierten Leistungsansatzes. Deshalb können bei der Bedarfsbestimmung die Ziele der medizinischen Rehabilitation nicht isoliert betrachtet werden. Sie sind vielmehr im Zusammenhang aller Teilhabeziele des SGB IX zu sehen. 12

4. Bezug anderer Sozialleistungen vermeiden

In Abs. 1 Nr. 2 wird auch das Ziel vorgegeben, den vorzeitigen Bezug anderer Sozialleistungen oder laufende Sozialleistungen zu vermeiden. Damit ist der **Grundsatz „Rehabilitation** 13

vor Rente"; verallgemeinert worden, weil Rehabilitation alle Arten von Sozialleistungen vermeiden soll (Welti / Raspe DRV 2004, 76 [79]). Das gilt insbesondere für
- Renten wegen voller Erwerbsminderung (§ 43 Abs. 2 SGB VI),
- Renten wegen teilweiser Erwerbsminderung (§ 43 Abs. 1 SGB VI),
- Renten wegen teilweiser Erwerbsminderung bei Berufsunfähigkeit (§ 240 SGB VI),
- vorzeitige Altersrenten für schwerbehinderte Menschen (§ 42 SGB VI),
- Verletztenrenten (§§ 56, 62 SGB VII),
- Ausgleichsrenten (§ 32 GVG),
- Arbeitslosengeld (§ 117 SGB III) und Arbeitslosengeld II (§§ 19 ff. SGB II),
- Grundsicherung (§ 1 GSiG),
- Krankengeld (§ 44 SGB V),
- Hilfe zum Lebensunterhalt (§§ 27 ff. SGB XII).

14 Wenn solche Sozialleistungen bezogen werden oder aber – das gilt insbesondere für Rentenleistungen – ihr Bezug droht und hierfür eine Behinderung oder Einschränkung der Erwerbsunfähigkeit zumindest mitursächlich ist, muss der Bedarf für Teilhabeleistungen geprüft werden (vgl. § 8 Abs. 1 SGB IX).

5. Vermeidung von Pflegebedürftigkeit

15 Medizinische Rehabilitation dient auch dem Ziel, Pflegebedürftigkeit zu vermeiden, zu vermindern, zu überwinden, zu mindern oder eine Verschlimmerung zu verhüten. Pflegebedürftigkeit ist damit als **besonders vermeidenswerter Grad von Behinderung** eigenständig hervorgehoben (Welti PKK 2000, 8 ff.). Medizinische Rehabilitation steht folglich in einem normativen Zusammenhang mit den Leistungen bei Pflegebedürftigkeit der Pflegekassen nach dem SGB XI, der Sozialhilfe (§§ 61 ff. SGB XII), der Unfallversicherung (§ 44 SGB VI) und der sozialen Entschädigung (§ 26c BVG).

B) zu Abs. 2
1. Offener Leistungskatalog

16 Die Vorschrift enthält einen nicht abgeschlossen Leistungskatalog, der die wesentlichen Leistungselemente der medizinischen Rehabilitation aufzählt.

a) Ärztliche und heilberufliche Leistungen unter ärztlicher Verantwortung oder Anordnung (Nr. 1)

17 Das Gesetz nennt an erster Stelle die ärztlichen, ärztlich angeordneten und heilberufliche Leistungen. Damit wird unterstrichen, dass in der medizinischen Rehabilitation für die Therapie ein **grundsätzlicher Vorrang der medizinischen Wissenschaft** besteht. Die ärztliche Profession ist Leitprofession der medizinischen Rehabilitation und dementsprechend zentral für die Bedarfsermittlung und -bestimmung und damit auch für die Koordination der Disziplinen und Leistungen verantwortlich (Welti / RaspeDRV 2004, 76 [82]).

18 Zur Behandlung durch Ärzte und Zahnärzte gehören Beratung, Diagnosestellung und Therapie. Hierbei bedient sich die Diagnostik der üblichen Methoden aus Medizin, Psychologie und anderen Disziplinen.

19 Die ärztliche Behandlung umfasst auch **Maßnahmen in Krankenhäusern und Spezialkliniken von Rehabilitationsträgern** (Hauck / Noftz / *Brodkorb* Rdnr. 17). Denn diese Leistungen gehören weiterhin zur medizinischen Rehabilitation, wie schon aus dem Grundsatz des § 19 Abs. 2 SGB IX folgt. Danach haben ambulante Leistungen unter gewissen Voraussetzungen Vorrang vor stationären Leistungen.

20 Eine „ärztliche Behandlung"; setzt grundsätzlich nicht die ständige Anwesenheit eines Arztes in der Rehabilitationsklinik voraus; die Voraussetzungen der Vorschrift sind auch bei

einer Behandlung durch einen Konsiliararzt erfüllt. Jedoch sind in der weit überwiegenden Mehrzahl der Reha-Kliniken Ärzte tätig, die in der Regel über Zusatzqualifikationen entsprechend der Indikationsausrichtung der Klinik verfügen, häufig sogar mit einer Zusatzqualifikation auf dem Gebiet der Rehabilitationsmedizin bzw. Sozialmedizin (Ernst / Adlhoch / Seel / *Seiter* Rdnr. 20).

Eine **Behandlung** im Rahmen der medizinischen Rehabilitation **durch Angehörige anderer Heilberufe** (namentlich Heilpraktiker, Therapeuten, Krankengymnasten, Masseure, aber auch Psychologen, Beschäftigungstherapeuten sowie Ernährungsberater) muss unter **ärztlicher Aufsicht oder auf ärztliche Anordnung** ausgeführt werden. Dieser Arztvorbehalt wird damit begründet, dass die Erkenntnisse der medizinischen Wissenschaft als Grundlage der medizinischen Versorgung beachtet werden müssen und die ausreichende Ausbildung, Kontrolle und Überwachung von nichtärztlichen Personen gewährleistet werden soll (Hauck / Noftz / *Benz* SGB V § 28 Rdnr. 7). Umgesetzt wird dies häufig durch den **Behandlungsplan**, den bei stationärer Behandlung der betreuende Arzt der Reha-Klinik erstellt und auf dessen Grundlage der behinderte Mensch die jeweiligen Therapien in den Abteilungen der Klinik erhält (Ernst / Adlhoch / Seel / *Seiter* Rdnr. 23). 21

Neben der Behandlung durch das Fachpersonal ist aber auch die **Aktivierung der Patienten zur Entwicklung eigener Heilungskräfte** unverzichtbar. Deshalb sind ein wesentlicher Bestandteil der rehabilitativen Therapie Gesundheitsbildungsprogramme wie das Nichtrauchertraining, die Ernährungsberatung, das Erlernen von Bewegungsübungen und die so genannte „Rückenschule"; 22

b) **Früherkennung und Frühförderung behinderter und von Behinderung bedrohter Kinder (Nr. 2)**

Hierzu wird auf die Kommentierung zu § 30 Bezug genommen. 23

c) **Arznei- und Verbandmittel (Nr. 3)**

Arzneimittel im Sinne des § 31 Abs. 1 Satz 1 SGB V sind Substanzen, deren bestimmungsgemäße Wirkung darin liegt, Krankheitszustände zu heilen oder zu bessern (BSGE 46, 179 [182]) oder körperliche oder seelische Zustände oder Funktionen erkennen zu lassen (BSGE 28, 158 [162]). Im Gegensatz zu den Heilmitteln wirken Arzneimittel im Wesentlichen innerlich. Keine Arzneimittel sind Substanzen, die dem allgemeinen Lebensbedarf dienen, insbesondere Lebens- und Genussmittel (BSGE 46, 179; BSGE 67, 36; BSGE 81, 240). Ferner sind Kosmetik- und Körperpflegemittel keine Arzneimittel (LPK-SGB V / *Adelt* § 31 Rdnr. 20). Der Anspruch aus § 31 SGB V wird durch die **Arzneimittelrichtlinien** des Bundesausschusses der Ärzte und Krankenkassen vom 31. August 1993 (BAnz. 1993 Nr. 246) konkretisiert. 24

Verbandmittel sind Gegenstände, die dazu bestimmt sind, an der Oberfläche geschädigte Körperteile zu bedecken, Körperflüssigkeiten aufzusaugen und Arzneimittel anzuwenden, wie z. B. Mullbinden, Kompressen oder Pflaster (§ 4 Abs. 9 AMG). 25

Der **Anspruch** auf Versorgung mit Arznei- und Verbandmitteln durch die gesetzliche Krankenversicherung unterliegt denselben **allgemeinen Voraussetzungen**: Es muss ein Versicherungsverhältnis vorliegen, die Versorgung mit Arznei- bzw. Verbandmitteln muss den Zielen der Krankenbehandlung nach § 27 Abs. 1 Satz 1 SGB V dienen, und schließlich muss eine Verordnung durch einen Vertragsarzt vorliegen (§ 73 Abs. 2 Nr. 7 SGB V). 26

d) **Heilmittel einschließlich physikalischer, Sprach- und Beschäftigungstherapie (Nr. 4)**

Heilmittel im Sinne von § 32 Abs. 1 SGB V sind nach dem Verständnis der neueren Rechtsprechung **Dienstleistungen**, die einem **Heilzweck** dienen und einen Heilerfolg sichern und nur von entsprechend **ausgebildeten Personen** erbracht werden dürfen (BSG NZS 2001, 532 [533] m. w. Nachw.; LPK-SGB V / *Adelt* § 32 Rdnr. 2). 27

28 Dieser Heilmittelbegriff wird in den **Heilmittel-Richtlinien** des Bundesausschusses der Ärzte und Krankenkassen in der Fassung vom 16. Oktober 2000 / 6. Februar 2001 (BAnz. Nr. 118a vom 29. Juni 2001) konkretisiert. Dazu gehört gemäß § 138 SGB V auch, über die Anerkennung des therapeutischen Nutzens neuer Heilmittel und die Abgabe von Empfehlungen in den Richtlinien nach § 92 Abs. 1 Satz 2 Nr. 6 SGB V zu entscheiden. Zu den Heilmitteln zählen nach dem Heilmittelrichtlinien z. B. Leistungen der **physikalischen Therapie** (etwa Massagetherapie, Bewegungstherapie, Elektrotherapie, Thermotherapie oder auch standardisierte Kombinationen von Maßnahmen der physikalischen Therapie) sowie Maßnahmen der **Ergotherapie** (z. B. motorisch-funktionelle Behandlung, Hirnleistungstraining / neuropsychologisch orientierte Behandlung oder psychisch-funktionelle Behandlung).

29 In **Abgrenzung von den Arzneimitteln** wirken Heilmittel äußerlich auf den Körper ein; bei der **Unterscheidung von den Hilfsmitteln** ist auf den konkreten Zweck des Mittels abzustellen. Bei den Heilmitteln steht die Krankenbehandlung im Vordergrund, bei den Hilfsmitteln soll nach beendetem Heilverfahren ein auf der Krankheit beruhendes Funktionsdefizit ausgeglichen werden (LPK-SGB V / *Adelt* § 32 Rdnr. 6 f.).

30 **Sprachtherapie** soll Patienten mit Behinderungen der sprachlichen Kommunikation, des Sprechens oder der Stimme befähigen, sich mit oder ohne technische Hilfsmittel zu verständigen.

31 Die **Beschäftigungstherapie** hat zum Ziel, Funktionen und Funktionsabläufe zu verbessern und die kreativen Fähigkeiten von behinderten Menschen zu fördern.

e) Psychotherapie als ärztliche und psychotherapeutische Behandlung (Nr. 5)

32 **Psychotherapie** ist die Behandlung einer seelischen Krankheit, hierzu gehört auch eine geistige oder seelische Behinderung, bei der Rehabilitationsmaßnahmen notwendig werden. Sie kann als Leistung der gesetzlichen Krankenversicherung erbracht werden, wenn sie den „Richtlinien des Bundesausschusses der Ärzte und Krankenkassen über die Durchführung der Psychotherapie (**Psychotherapie-Richtlinien**)"; in der Fassung vom 11. Dezember 1998 entspricht.

33 Psychotherapie soll demnach „das Krankheitsgeschehen als einen ursächlich bestimmten Prozess"; verstehen, der „mit wissenschaftlich begründeten Methoden untersucht und in einem Theoriesystem mit einer Krankheitslehre definitorisch erfasst ist. Die Theoriesysteme müssen seelische und körperliche Symptome als Ausdruck des Krankheitsgeschehens eines ganzheitlich gesehenen Menschen wahrnehmen und berücksichtigen. Sie müssen den gegenwärtigen, lebensgeschichtlichen und gesellschaftlichen Faktoren in ihrer Bedeutung für das Krankheitsgeschehen gerecht werden";. Psychotherapie im Sinne der Richtlinien wendet „methodisch definierte Interventionen an, die auf als Krankheit diagnostizierte seelische Störungen einen systematisch verändernden Einfluss nehmen und Bewältigungsfähigkeiten des Individuums aufbauen.";

34 Als Behandlungsformen kommen **psychoanalytische Verfahren** (tiefenpsychologisch fundierte Psychotherapie und analytische Psychotherapie) sowie **Verhaltenstherapie** in Betracht. Diese Verfahren sind nicht kombinierbar, weil die Kombination der Verfahren zur Verfremdung der methodenbezogenen Eigengesetzlichkeiten des therapeutischen Prozesses führen kann.

35 Die Psychotherapie umfasst Verfahren der Stressbewältigung, Desensibilisierung, Behandlung bei Ängsten, Schmerzmittelentwöhnung, Verbesserung der Krankheitsbewältigung, Entspannungstraining (autogenes Training, Muskelrelaxation).

36 Psychotherapie wird bei Erwachsenen bzw. bei Kindern und Jugendlichen entweder als **Einzeltherapie** oder in **Gruppen** erbracht.

Hiervon zu unterscheiden ist die **psychotherapeutische Behandlung**, also die Erbringung psychotherapeutischer Leistungen ggf. auch durch nichtärztliche Psychotherapeuten. Sie wird durch § 28 Abs. 3 SGB V ermöglicht; hierdurch werden nichtärztliche Psychotherapeuten mit den psychotherapeutisch tätigen Vertragsärzten gleichgestellt und somit der Arztvorbehalt durchbrochen. 37

Berechtigt zur Erbringung psychotherapeutischer Leistungen auf Kosten der gesetzlichen Krankenversicherung sind **Vertragsärzte**, aber auch **psychologische Psychotherapeuten** sowie **Kinder- und Jugendlichen-Psychotherapeuten** im Sinne des § 1 PsychThG, also Personen, die nach der Approbation oder infolge befristeter Erlaubnis den Beruf ausüben dürfen und insbesondere zur psychotherapeutischen Behandlung im Rahmen der vertragsärztlichen Versorgung nach § 95 Abs. 1 SGB V zugelassen sind. 38

Der Versicherte kann nunmehr zwischen einem zugelassenen Psychotherapeuten und psychotherapeutischen Vertragsarzt wählen; ihm steht also ein **Erstzugangsrecht zum Psychotherapeuten** zu (Hiddemann BKK 1998, 357). 39

Psychotherapeutische Behandlung umfasst alle mittels wissenschaftlich anerkannter psychotherapeutischer Verfahren vorgenommenen Tätigkeiten zur Feststellung, Heilung und Linderung von Krankheiten, bei denen Psychotherapie indiziert ist. Der Bundesausschuss Psychotherapie hat die hierfür erforderlichen Richtlinien beschlossen und bekannt gemacht (BAnz. 1999, Nr. 6). 40

Voraussetzung für eine psychotherapeutische Behandlung ist das Vorliegen einer Krankheit. Denn psychotherapeutische Behandlung zählt zur Krankenbehandlung. Im Hinblick auch auf § 92 Abs. 6a SGB V ist zwischen probatorischen Sitzungen und psychotherapeutischer Behandlung zu unterscheiden. Probatorische Sitzungen haben zum Ziel, durch den Psychotherapeuten abzuklären, ob eine Krankheit vorliegt, die psychotherapeutisch zu behandeln ist (Behnsen KrV 1998, 73). Die psychotherapeutische Behandlung hat hingegen dieselbe Zielsetzung wie eine Krankenbehandlung im Sinne des § 27 Abs. 1 SGB V. 41

Psychotherapeuten sind nach den probatorischen Sitzungen und vor Behandlungsbeginn verpflichtet, den **Konsiliarbericht eines Vertragsarztes zur Klärung einer somatischen Erkrankung** einzuholen. Damit soll nicht die Eigenverantwortlichkeit des Psychotherapeuten eingeschränkt werden; vielmehr wird klargestellt, dass die Befunderhebung für organmedizinische Ursachen Aufgabe des Vertragsarztes bleibt (LPK-SGB V / *Adelt* § 29 Rdnr. 35 m. w. Nachw.). Auf Anforderung eines somatisch abklärenden Vertragsarztes muss auch ein Konsiliarbericht eines psychiatrisch tätigen Vertragsarztes eingeholt werden. 42

f) Hilfsmittel (Nr. 6)

Hilfsmittel im Sinne des § 33 SGB V sind Gegenstände, die nach einem Heilungsprozess zum Ausgleich eines vor allem körperlichen Funktionsdefizits angewendet werden, wie 43
– Sehhilfen, namentlich Brillen und Kontaktlinsen, Lupen, Lupenbrillen oder Fernrohrbrillen,
– Hörhilfen (vgl. hierzu BSGE 46, 183),
– Körperersatzstücke wie Arm- oder Beinprothesen,
– orthopädische Hilfsmittel,
– Bandagen,
– Einlagen,
– Hilfsmittel zur Kompressionstherapie.

Zu **anderen anerkannten Hilfsmitteln** vgl. die Rechtsprechungsnachweise bei LPK-SGB V / *Adelt* § 33 Rdnr. 3, z. B. Blindenführhund einschließlich Futterkosten, Rollstuhl, faltbarer Krankenfahrstuhl, Luftreinigungsgerät bei Allergie, Treppenraupe für gehunfähigen Rollstuhlfahrer, schwenkbarer Autositz. 44

45 Ein Hilfsmittel muss **beeinträchtigte Körperfunktionen** ermöglichen, ersetzen, erleichtern oder ergänzen und der **Befriedigung von Grundbedürfnissen** des täglichen Lebens dienen.

46 Zu den **allgemeinen Grundbedürfnissen** zählen etwa Ernährung und elementare Körperpflege (BSGE 50, 77, 78 f.), in einem allgemeinen Sinne die Schaffung eines körperlichen und geistigen Freiraumes unter Einschluss der Teilnahme am gesellschaftlichen Leben (BSGE 66, 245 f.) oder auch das Informationsbedürfnis (BSG vom 24. 4. 1979). Demgegenüber handelt es sich bei Bedürfnissen aufgrund beruflicher, gesellschaftlicher oder auch privater Auswirkungen von Behinderungen nicht nur um allgemeine Grundbedürfnisse, sondern um solche in speziellen Lebensbereichen, so dass hier eine Hilfsmittelversorgung nach § 33 SGB ausscheidet (BSGE 42, 229 [231]; vgl auch KassKomm / *Höfler* § 33 SGB V Rdnr. 11 ff. m. w. Nachw.).

47 Von der Leistungspflicht gesetzlich **ausgeschlossen** sind diejenigen Hilfsmittel, die als **allgemeine Gebrauchsgegenstände** des täglichen Lebens anzusehen sind. Diese zeichnen sich dadurch aus, dass sie für jedermann zugänglich sind und einer allgemeinen Verwendung unterliegen, wie etwa Angorawäsche, ein handelsüblicher PC, orthopädische Arbeitssicherheitsschuhe (vgl. die Nachw. bei LPK-SGB V/*Adelt* § 33 Rdnr. 4). Kein Leistungsanspruch besteht ferner für diejenigen Hilfsmittel, die nach § 34 SGB V ausgeschlossen sind.

48 Näheres zur Konkretisierung des Begriffs enthalten die **Hilfsmittel-Richtlinien** des Bundesausschusses der Ärzte und Krankenkassen, die sich zumindest faktisch auf die Leistungsansprüche der Versicherten auswirken können.

g) Belastungserprobung und Arbeitstherapie (Nr. 7)

49 Die **Belastungserprobung** soll der Ermittlung der körperlichen und geistig-seelischen Leistungsfähigkeiten des Patienten dienen. Sie soll seine soziale Anpassungsfähigkeit und seine beruflichen Eingliederungschancen abklären sowie eine Beurteilung der Belastbarkeit auf Dauer im Arbeitsleben ermöglichen (KassKomm / *Höfler* § 43 SGB V Rdnr. 5 m. w. Nachw.). Die Zeitdauer kann unterschiedlich sein. In den meisten Fällen genügt ein Tag; bei differenzierteren Beschwerdebildern und Vorliegen mehrerer Erkrankungen kann der Zeitraum aber auch bis zu 14 Tagen betragen (Ernst / Adlhoch / Seel / *Seiter* Rdnr. 49).

50 Die darauf aufbauende **Arbeitstherapie** soll bestehende Fähigkeiten und Fertigkeiten ausbilden, fördern und trainieren, die für eine Teilhabe am Arbeitsleben erforderlich sind und damit Grundinhalte der Arbeit betreffen. Es handelt sich nicht um Beschäftigungstherapie; diese stellt entweder einen unmittelbaren Bestandteil der ärztlichen Behandlung im Sinne des § 28 Abs. 1 SGB V dar oder ist als Verabreichung eines Heilmittels im Rahmen einer vertragsärztlichen Verordnung zu bewerten (Schulin HBSozVersR / *Schneider* § 22 Rdnr. 443).

51 Beide Leistungen weisen einen offensichtlichen **Zusammenhang mit der beruflichen Rehabilitation** auf. In der gesetzlichen Krankenversicherung besteht ein Anspruch auf Belastungserprobung und Arbeitstherapie nach § 42 SGB V, wenn durch andere Träger der Sozialversicherung geltenden Vorschriften solche Leistungen nicht erbracht werden können. Die Leistungserbringung setzt damit nicht nur ein Versicherungsverhältnis und eine Krankheit voraus, sondern wird zudem nur nachrangig erbracht. Sie hängt regelmäßig von einer vertragsärztlichen Verordnung nach § 73 Abs. 2 Nr. 5 SGB V ab. Liegen diese Voraussetzungen vor, hat der Versicherte einen Anspruch auf die Leistungen.

52 Die Leistungen können **ambulant oder stationär** erbracht werden. Bei Zuständigkeit der Krankenkasse orientiert sich die Leistungserbringung an der jeweiligen Bedarfslage. Stationäre Maßnahmen werden überwiegend in Rehabilitationseinrichtungen im Sinne des § 107 Abs. 2 SGB V erbracht. Im Übrigen richtet es sich nach dem Einzelfall, welcher Leistungserbringer für Belastungserprobung und Arbeitstherapie herangezogen wird (BT-Drucks. 11/22730 S. 180).

Wird eine Arbeitstherapie mit einer **Eingliederung in einen Betrieb** verbunden, bleibt die Unterordnung unter einen **Behandlungsplan vorrangig** gegenüber eventuellen Weisungsbefugnissen des Arbeitgebers (Hauck / Noftz / *Brodkorb* Rdnr. 25). 53

C) zu Abs. 3

1. Medizinische, psychologische und pädagogische Hilfen

Die Vorschrift legt ausdrücklich fest, dass zu den Leistungen zur medizinischen Rehabilitation auch **psychosoziale Leistungen** gehören, soweit diese im Einzelfall erforderlich sind, um die in Abs. 1 genannten Ziele zu erreichen und zu sichern. Psychosozial bedeutet, dass soziale Gegebenheiten wie Kultur, Gesellschaftsformen, Sprache usw. Einfluss auf psychische Faktoren, beispielsweise auf das Denken, Lernen und Verhalten eines Menschen haben (Hauck / Noftz / *Brodkorb* Rdnr. 26). Die Rehabilitation beschränkt sich nicht nur auf einzelne Organe oder Gliedmaßen, sondern betrachtet das gesamte Individuum als Rehabilitationssubjekt (vgl. auch Törne BKK 2000, 102 [105]). Eine psychosoziale Intervention zielt daher generell vor allem auf die Erhaltung und Förderung alltagspraktischer, kognitiver und sozialer Fertigkeiten sowie auf die Unterstützung des psychisch und / oder körperlich erkrankten Menschen bei der psychischen Bewältigung dieser Erkrankung. Durch die in Abs. 3 vorgesehenen Maßnahmen soll der Rehabilitand aus der passiven Patientenrolle hin zum aktiven Mithandeln bewegt werden, in dem seine Eigenverantwortlichkeit und Selbstbestimmung gefördert werden (Hauck / Noftz / *Brodkorb* a. a. O.). 54

Insoweit kann ein **fließender Übergang zu Leistungen** nach Abs. 2 bestehen, etwa im Rahmen einer Ergotherapie: Hierbei kann neben der Behandlung krankheitsbedingter psychischer Funktionseinschränkungen als spezielles Behandlungsziel auch die Verbesserung der psychischen Grundleistungsfunktionen wie Orientierung, Belastbarkeit, Ausdauer, Flexibilität und Selbstständigkeit in der Tagesstrukturierung sowie die Verbesserung von Motivation und Kommunikation beeinflussenden Faktoren wie Antrieb, Selbstvertrauen und Kontaktfähigkeit in Betracht kommen. 55

Psychosoziale Leistungen können auch Bestandteil der Leistungen zur Teilhabe am Arbeitsleben sein, wie der Leistungskatalog in § 33 Abs. 6 SGB IX belegt. 56

2. Leistungskatalog

a) Hilfen zur Unterstützung bei der Krankheits- und Behinderungsverarbeitung (Nr. 1)

Zu den Reha-Maßnahmen gehören die Hilfen zur Unterstützung bei der Krankheits- und Behinderungsverarbeitung. Der behinderte Mensch muss als Voraussetzung seiner Eingliederung lernen, die Behinderung zu akzeptieren und mit ihr zu leben. Diesem Ziel dient z. B. die **Erinnerungstherapie** (Lebensrückblick), aber auch die **Bewältigung der Schmerzproblematik**. Gelingt diese nur unzureichend, kann ein Rückzug und soziale Isolation die Folge sein. 57

Die von der Vorschrift genannten Hilfen können vor allem durch fachkundige **Psychologen** bzw. **Sozialpädagogen** erbracht werden (Hauck / Noftz / *Brodkorb* Rdnr. 30). 58

b) Aktivierung von Selbsthilfepotenzialen (Nr. 2)

Die Aktivierung von Selbsthilfepotenzialen soll den behinderten Menschen in die Lage versetzen, sein **Selbstvertrauen** zu stärken, um sich in der Umwelt zu behaupten und ein selbstbestimmtes und von Benachteiligungen möglichst freies Leben in der Gesellschaft führen (GK-SGB IX / *Schimanski* Rdnr. 84). Ermöglicht werden kann dies insbesondere durch **Gespräche mit Betroffenen**, die das gleiche Schicksal teilen, sei es in Einzelgesprächen oder Gesprächskreisen. 59

c) Einverständliche Information und Beratung Dritter (Nr. 3)

60 Ist der Betroffene damit einverstanden, können Partner, Angehörige, Vorgesetzte und Arbeitskollegen über die bei ihm vorhandene Behinderung aufgeklärt und auf die durch die Behinderung verursachten körperlichen und psychischen Störungen hingewiesen werden. Das Ziel ist vor allem, bei diesen Personen **Verständnis für die besondere Lage des behinderten Menschen** zu wecken. Das hat besondere Bedeutung bei **psychischen Krankheiten**, die nicht offensichtlich sind, aber sich zuweilen in abnormen und für die Umwelt überraschenden Verhaltensweisen äußern, welche wiederum negative und nicht selten aggressive Reaktionen auslösen können.

61 Die Einbindung von Angehörigen kann aber auch nützlich für die Unterstützung eines angemessenen **Gesundheitsverhaltens** sein oder für das Finden einer **neuen Rollenverteilung**, wenn z. B. die Führung des Haushalts oder die aktive Benutzung eines Kraftfahrzeugs infolge der Behinderung nicht möglich sind (Hauck / Noftz / *Brodkorb* Rdnr. 32).

d) Vermittlung von Kontakten zu örtlichen Selbsthilfe- und Beratungsmöglichkeiten (Nr. 4)

62 Die Vermittlung von Kontakten zu örtlichen Selbsthilfe- und Beratungsmöglichkeiten soll vor allem den **Erfahrungsaustausch** von behinderten Menschen mit gleichen Beeinträchtigungen fördern, weil dieser wesentlich zur seelischen Stabilisierung des Gesundheitszustands beitragen kann (GK-SGB IX / *Schimanski* Rdnr. 88).

e) Hilfen zur seelischen Stabilisierung und zur Förderung der sozialen Kompetenz (Nr. 5)

63 Die mit der Vorschrift angesprochenen Hilfen zur seelischen Stabilisierung und Förderung der sozialen Kompetenz weisen einen engen Bezug zu den in Nrn. 1 und 2 angesprochenen Hilfen zur Krankheits- bzw. Behinderungsverarbeitung sowie zur Aktivierung von Selbsthilfepotenzialen auf. Durch psychiatrische oder psychologische Therapie und Betreuung sollen die Betroffenen darauf vorbereitet werden, insbesondere **auf Krisensituationen angemessen zu reagieren**. Das setzt den Aufbau einer **selbstsicheren Persönlichkeit** voraus; hierzu gehören vor allem die Förderung der Kontaktfähigkeit sowie das Trainieren von Konfliktlösungen, um die Beziehungen in Familie und Nachbarschaft zu stärken. Als Hilfe für Krisensituationen sind verhaltenstherapeutisch orientierte Gruppenprogramme zur Konfliktbewältigung und zum Training der Selbstsicherheit geeignet (Hauck / Noftz / *Brodkorb* Rdnr. 34).

f) Training lebenspraktischer Fähigkeiten (Nr. 6)

64 Das lebenspraktische Training soll Funktionen und Fähigkeiten verbessern und erhalten, die eine gewisse **Selbstständigkeit des behinderten Menschen** gewährleisten. Hierzu kann das gezielte Trainieren noch gestörter Körperfunktionen (Gehtraining, Atemübungen) gehören, aber auch das Einüben von Fertigkeiten zur Bewältigung des Alltags (z. B. Hygienemaßnahmen, Nahrungsaufnahme, Ankleiden und Entkleiden). Die zuletzt genannte Form der Hilfe kann namentlich an erheblich psychisch behinderte Kinder im Rahmen der Frühförderung gemäß § 30 SGB IX erbracht werden. Das Training lebenspraktischer Fähigkeiten stärkt im Allgemeinen auch das Selbstwertgefühl des behinderten Menschen. Von dieser Leistung nicht erfasst wird allerdings die Freizeitgestaltung, z. B. Erlernen oder Üben des Schachspiels.

g) Anleitung und Motivation zur Leistungsinanspruchnahme (Nr. 7)

65 Nicht wenige behinderte Menschen nehmen ihre **Rechte nicht ausreichend wahr**. Sie weigern sich, ihre Schwerbehinderteneigenschaft feststellen zu lassen oder auch ihnen zustehende Teilhabeleistungen in Anspruch zu nehmen. Dies kann auf **fehlender Information oder**

Motivation beruhen, etwa wenn dem behinderten Menschen die Einsicht in den eigenen Behandlungs- und Hilfebedarf fehlt (Hauck / Noftz / *Brodkorb* Rdnr. 37). Vielfach kommt aber auch die **Angst vor gesellschaftlicher und beruflicher Ausgrenzung** hinzu. Berufstätige schwerbehinderte Menschen versuchen nicht selten aus Sorge um den Verlust ihres Arbeitsplatzes berufsbedingte Fehlzeiten möglichst zu vermeiden.

Diese Zurückhaltung kann aber zur **Chronifizierung bestehender Erkrankungen** bis hin zu irreparablen Schäden führen. Am Ende steht die Kündigung und Arbeitslosigkeit sowie der Rentenbezug (GK-SGB IX / *Schimanski* Rdnr. 92). **66**

Information und Motivation der schwerbehinderten Menschen soll deshalb dazu beitragen, dass sie möglichst frühzeitig benötigte **präventive Teilhabeleistungen** im Sinne von § 3 SGB IX erhalten. **67**

Eine wichtige Aufgabe kommt hierbei den **Vertrauenspersonen** der schwerbehinderten Menschen in Betrieben und Dienststellen zu, die von sich aus bei erkennbarem Rehabilitationsbedarf eines Arbeitnehmers das aufklärende Gespräch mit diesem suchen sollten. Das gilt insbesondere bei vermehrten krankheitsbedingten Fehlzeiten, selbst wenn hierwegen noch keine Kündigung droht. Aber auch die gesetzlichen Krankenkassen können arbeitsbedingte Erkrankungen ermitteln und im Zusammenwirken mit den Berufsgenossenschaften gegen deren Ursachen angehen (vgl. § 20 Abs. 1 SGB V). **68**

BAR-Rahmenempfehlung zur ambulanten medizinischen Rehabilitation

Vom 22. Januar 2004

I. Allgemeiner Teil

Präambel

Der Wandel im Krankheitsspektrum, gekennzeichnet durch die Zunahme chronischer Krankheiten, die demografische Entwicklung mit einer steigenden Zahl älterer Menschen sowie auch die Tendenz zur Verlängerung der Lebensarbeitszeit durch den Gesetzgeber führen zu einem zunehmenden Bedarf an Rehabilitation, die den individuellen Lebensbedingungen und -gewohnheiten Rechnung trägt.

Es ist daher geboten, neben stationären medizinischen Rehabilitationseinrichtungen ambulante Strukturen zu schaffen, die interdisziplinäre therapeutische Angebote wohnortnah vorhalten und damit die Möglichkeit bieten, die Behandlung den Erfordernissen des Einzelfalles flexibel anzupassen.

Die ambulante Rehabilitation bietet außerdem die Möglichkeit, Personengruppen in die Rehabilitation einzubeziehen, die aus verschiedenen persönlichen Gründen bei entsprechender medizinischer Indikation eine stationäre Rehabilitation nicht in Anspruch nehmen können.

Ebenso wie die stationäre Rehabilitation geht auch die ambulante medizinische Rehabilitation von einem ganzheitlichen Ansatz aus, der die physischen, psychischen und sozialen Aspekte der Rehabilitation umfasst. Gleichermaßen gelten die Grundsätze der Komplexität, der Interdisziplinarität und der Individualität.

Als Grundlage für den Ausbau einer gemeinsam zu nutzenden bedarfsgerechten ambulanten Rehabilitationsstruktur und zur Gewährleistung einer an einheitlichen Grundsätzen ausgerichteten und zielorientierten Leistungsgewährung geben daher

der AOK-Bundesverband, Bonn

der Bundesverband der Betriebskrankenkassen, Essen

der IKK-Bundesverband, Bergisch Gladbach

die See-Krankenkasse, Hamburg

der Bundesverband der landwirtschaftlichen Krankenkassen, Kassel

die Bundesknappschaft, Bochum

der Verband der Angestellten-Krankenkassen e. V., Siegburg

der AEV-Arbeiter-Ersatzkassen-Verband e. V., Siegburg

der Verband Deutscher Rentenversicherungsträger, Frankfurt am Main

der Gesamtverband der landwirtschaftlichen Alterskassen, Kassel

der Hauptverband der gewerblichen Berufsgenossenschaften, Sankt Augustin

der Bundesverband der Unfallkassen, München

der Bundesverband der landwirtschaftlichen Berufsgenossenschaften, Kassel

und

die Kassenärztliche Bundesvereinigung, Köln

nach Beratungen auf der Ebene der Bundesarbeitsgemeinschaft für Rehabilitation unter Mitwirkung des Medizinischen Dienstes der Spitzenverbände der Krankenkassen die folgenden Empfehlungen.

1 Vorbemerkung

Die Rahmenempfehlungen gliedern sich in den Allgemeinen Teil mit den Grundsätzen, Voraussetzungen und Zielen der ambulanten medizinischen Rehabilitation und den Besonderen Teil mit den bereits vorliegenden indikationsspezifischen Konzeptionen zur ambulanten kardiologischen und neurologischen Rehabilitation, zur ambulanten Rehabilitation bei muskuloskeletalen Erkrankungen, zur ambulanten onkologischen und dermatologischen Rehabilitation und zur ambulanten Rehabilitation bei psychischen und psychosomatischen Erkrankungen.

2 Grundsätze

2.1 Begriffsbestimmung

Entsprechend der ICF sind im deutschen Sprachgebrauch unter dem Oberbegriff der Funktionsfähigkeit für die einzelnen Komponenten von Gesundheit die Begriffe Körperfunktionen und Körperstrukturen, Aktivitäten, Teilhabe und Kontextfaktoren eingeführt und definiert worden. Auf allen Ebenen finden die unterschiedlichen Wechselwirkungen zwischen Kontextfaktoren und Gesundheitsproblemen, die auch die psycho-sozialen Komponenten umfassen, besondere Beachtung (s. Abbildung). Im Sinne der ICF ist Behinderung vor allem eine Beeinträchtigung der Teilhabe, nicht mehr nur ein personbezogenes Merkmal, sondern entsteht aus dem ungünstigen Zusammenwirken von gesundheitlichen Problemen einer Person und ihrer Umwelt. Diese Sichtweise wurde im Grundsatz auch in das SGB IX übernommen.

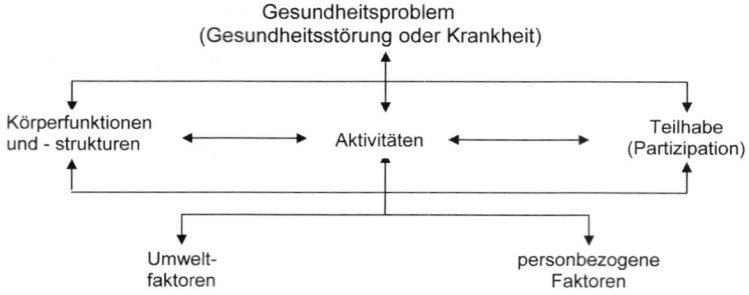

Abbildung: Das bio-psycho-soziale Modell der Komponenten der Gesundheit.

Funktionale Gesundheit

Der Begriff der Gesundheit im Titel der ICF zeigt an, dass die ICF zu den gesundheitsbezogenen Klassifikationen gehört, wie auch die ICD. Zum besseren Verständnis des bio-psychosozialen Modells, welches bereits der ICIDH zugrunde lag, wurde im Zusammenhang mit der Einführung der ICF der Begriff der funktionalen Gesundheit etabliert.

Die **funktionale Gesundheit** bezieht sich hierbei sowohl auf die Funktionsfähigkeit als auch auf deren Beeinträchtigungen auf den in der ICF beschriebenen Ebenen:
– der Körperfunktionen und Körperstrukturen
– der Aktivitäten und Teilhabe an Lebensbereichen

und geht insofern über den bio-medizinischen Ansatz der ICD hinaus.

Die funktionale Gesundheit einer Person wird dabei vor dem gesamten individuellen Lebenshintergrund (umwelt- und personbezogene Kontextfaktoren) betrachtet und beschreibt das Ergebnis der Interaktion zwischen dem Gesundheitsproblem und den Kontextfaktoren einer Person.

Der Begriff der **Funktionsfähigkeit** wird für Körperstrukturen und Körperfunktionen, Aktivitäten und Teilhabe einer Person an Lebensbereichen verwendet und umfasst die positiven (oder neutralen) Aspekte der funktionalen Gesundheit.

Der Begriff der **Behinderung** wird ebenfalls für Körperfunktionen und Körperstrukturen, Aktivitäten und Teilhabe einer Person an Lebensbereichen verwendet, umfasst aber im Gegensatz dazu jede Beeinträchtigung der Funktionsfähigkeit, also die negativen Aspekte der funktionalen Gesundheit.

Danach kann die funktionale Gesundheit einer Person beeinträchtigt sein, wenn
– Schädigungen im Bereich der körperlichen Funktionen (einschließlich des mentalen Bereichs) und/oder der Körperstrukturen vorliegen (Beeinträchtigung der Körperfunktionen und Körperstrukturen),
– sie nicht mehr all das tut oder tun kann, was von einem Menschen ohne Gesundheitsproblem (im Sinne der ICD) erwartet wird (Beeinträchtigung der Aktivitäten),
– sie ihr Dasein in Lebensbereichen, die ihr wichtig sind, nicht mehr in der Weise und dem Umfang entfalten kann, wie es von einem Menschen ohne Beeinträchtigungen der Körperfunktionen oder Körperstrukturen oder der Aktivitäten erwartet werden kann (Beeinträchtigung der Teilhabe an Lebensbereichen).

2.2 Komponenten der ICF

Körperfunktionen und Körperstrukturen

Während mit Körperfunktionen die physiologischen und psychologischen Funktionen von Körpersystemen wie z. B. das Sehvermögen oder der Verstand bezeichnet werden, versteht man unter Körperstrukturen die anatomischen Teile des Körpers wie Organe, Gliedmaßen und ihre Bestandteile. Mit dem Begriff der „funktionalen / strukturellen Integrität" auf der Ebene der Körperfunktionen und Körperstrukturen kann die Funktionsfähigkeit einer (gesunden) Person beschrieben werden. „Schädigung" bezeichnet dabei bei einer Person den Verlust oder eine wesentliche Abweichung auf dieser Ebene.

Hierzu zählen insbesondere Schädigungen
– der inneren Organe oder des Stoffwechsels
– der Sensorik, z. B. Schmerzen
– des Denkens, des Gedächtnisses, des Antriebs und der Stimmungslage; hierzu zählt auch die Abhängigkeit von Alkohol, Medikamenten oder Drogen
– des Stütz- und Bewegungsapparates, u. a. mit Störungen der aktiven und passiven Bewegungsfähigkeit und Haltung; hierzu zählen auch Extremitätendefekte wie Amputationen

- der Sprach-, Hör- oder Sehfunktion
- der Haut, z. B. durch Brandverletzungen.

Aktivitäten

Aktivität ist die Durchführung einer Aufgabe oder einer Handlung (Aktion) durch eine Person. Eine Person ist (auf dieser Ebene) dann funktionsfähig, wenn sie alle Aktivitäten, die von einem Menschen ohne Gesundheitsproblem erwartet werden, ausführen kann. Schwierigkeiten, die eine Person bei der Durchführung einer Aktivität haben kann, werden als Beeinträchtigungen der Aktivität bezeichnet.

Beeinträchtigungen der Aktivität zeigen sich z. B.
- in der Fortbewegung, der allgemeinen körperlichen Beweglichkeit und Geschicklichkeit
- im Verhalten
- in der Kommunikation
- in der Haushaltsführung
- im Umgang mit Stress
- in der Leistungsfähigkeit im Erwerbsleben.

Teilhabe

Mit Teilhabe wird die Entfaltung einer Person im Sinne des Einbezogenseins in allen ihr wichtigen Lebensbereichen bezeichnet. Eine Beeinträchtigung der Teilhabe liegt vor, wenn eine Person nicht in der Weise und in dem Umfang wie eine Person ohne gesundheitsbedingte Schädigungen oder der Beeinträchtigungen der Aktivitäten an den ihr wichtigen Lebensbereichen teilhaben kann.

Zu den Beeinträchtigungen zählen z. B. Einschränkungen in den Möglichkeiten der
- Selbstversorgung
- Mobilität (Fortbewegung in der Umgebung, Reisen)
- Bildung und Ausbildung
- Beschäftigung (Erwerbstätigkeit, Freizeit)
- sozialen Integration
- ökonomischen Eigenständigkeit (in Bezug auf die Sicherung des Lebensunterhaltes).

Kontextfaktoren

Kontextfaktoren stellen den gesamten Lebenshintergrund einer Person dar. Sie umfassen alle Umweltfaktoren und personbezogene Faktoren, die für die Gesundheit einer Person von Bedeutung sind. Die Kontextfaktoren stehen in Wechselwirkung mit allen Komponenten der ICF (Körperfunktionen und Körperstrukturen, Aktivitäten und Teilhabe).

Umweltfaktoren beziehen sich auf die materielle, soziale und einstellungsbezogene Umwelt, in der die Menschen ihr Leben gestalten.

Zu den Umweltfaktoren zählen:
- *Erzeugnisse und Technologien,*
  z. B. Vorhandensein oder Fehlen von Hilfsmitteln zur Unterstützung bei der Ausübung von Aktivitäten des täglichen Lebens, z. B. Hilfsmittel zur Selbstversorgung und Haushaltsführung, Hilfsmittel für die persönliche Mobilität, Hilfsmittel zur Kommunikation und Information
- *Natürliche und von Menschen veränderte Umwelt*
  z. B. barrierefreie Infrastruktur, Wohn-, Geschäfts- und öffentliche Gebäude, Transportwege, Straßen

– *Unterstützung und Beziehungen*
  z. B. Vorhandensein oder Fehlen unterstützender und helfender Personen (Familienmitglieder, Arbeitskollegen, Freunde, Selbsthilfegruppen)
– *Einstellungen, Werte und Überzeugungen*
  z. B. Werte, Normen, Einstellungen, Überzeugungen, die das Verhalten und soziale Leben auf allen Ebenen beeinflussen, wie in zwischenmenschlichen Beziehungen, auf kommunaler Ebene bis hin zu politischen, wirtschaftlichen und rechtlichen Strukturen
– *Dienstleistungen*
  z. B. Vorhandensein oder Fehlen von lokalen oder regionalen Rehabilitationsdiensten öffentlicher oder privater Art
– *Politikfelder einschließlich Organisation und Struktur*
  z. B. Vorhandensein oder Fehlen von Gesetzen, Verordnungen, Vorschriften, Regelungen und Standards, die Leistungen und Dienste, Programme oder andere infrastrukturelle Aktivitäten in verschiedenen Bereichen der Gesellschaft regeln und organisieren.

Personbezogene Faktoren sind die Attribute oder Eigenschaften der Person, z. B. Alter, Geschlecht, Bildung und Ausbildung, Erfahrung, Persönlichkeit und Charakter, andere Gesundheitsprobleme, Fitness, Lebensstil, Gewohnheiten, Erziehung, Bewältigungsstile, Beruf sowie vergangene oder gegenwärtige Erlebnisse. Personbezogene Faktoren sind nicht in der ICF klassifiziert.

Kontextfaktoren können einen positiven, fördernden Einfluss (Förderfaktoren) auf alle Komponenten der funktionalen Gesundheit und somit auf den Rehabilitationsverlauf haben. Daher gilt es, diese möglichst früh zu erkennen und ihre rehabilitationsfördernde Wirkung zu nutzen (Ressourcenkonzept der Rehabilitation).

Kontextfaktoren können auch einen negativen, hemmenden Einfluss (Barrieren) auf alle Komponenten der funktionalen Gesundheit haben. Einige solcher negativ wirkenden Kontextfaktoren bedeuten sogar Gesundheits- bzw. Krankheitsrisiken, wobei die Wirkungsmechanismen nicht immer hinreichend geklärt sind. Kontextfaktoren sind indikationsspezifisch unterschiedlich zu werten.

Im Rahmen der negativ wirkenden Kontextfaktoren ist auch das etablierte Risikofaktorenkonzept der Rehabilitationsmedizin (z. B. Übergewicht, Rauchen, Alkohol) zu beachten.

Positiv und negativ wirkende Kontextfaktoren sind deshalb bei der Indikationsstellung für ambulante medizinische Rehabilitation, bei deren Durchführung und bei der sozialmedizinischen Beurteilung zu berücksichtigen. Auf diese Weise werden die individuelle Lebenssituation und der Bewältigungsstil des Rehabilitanden sowie die Einflussmöglichkeiten auf das soziale Netzwerk und die sozialen Unterstützungsformen (Social support) einbezogen.

2.3 Rehabilitationsansatz

Medizinische Rehabilitation umfasst einen ganzheitlichen Ansatz, der über das Erkennen, Behandeln und Heilen einer Krankheit hinaus die wechselseitigen Beziehungen zwischen den Gesundheitsproblemen einer Person – beschrieben in Form von Schädigungen, Beeinträchtigungen der Aktivitäten sowie der Teilhabe – und ihren Kontextfaktoren berücksichtigt, um einen bestmöglichen Rehabilitationserfolg im Sinne der Teilhabe am gesellschaftlichen und beruflichen Leben zu erreichen. Dies erfordert insbesondere die umfassende Berücksichtigung der Kontextfaktoren in Bezug auf Person und Umwelt als Voraussetzung für einen bestmöglichen Rehabilitationserfolg.

Dieser Rehabilitationsansatz erfordert – unter Berücksichtigung des Einzelfalls – die Anwendung von komplexen Maßnahmen auf medizinischen, pädagogischen, beruflichen und sozialen Sektoren und die Verzahnung insbesondere der ärztlichen, pflegerischen, physiotherapeutischen, ergotherapeutischen, logopädischen/sprachtherapeutischen, diätetischen und psychotherapeutischen Versorgung unter Einschluss von Hilfen zur Bewältigung der Krankheitsfolgen und zur Verhaltensänderung mit dem Ziel des Abbaus von negativ wirkenden Kontextfaktoren.

2.4 Abgrenzung zur kurativen Versorgung

Auch wenn es eine strikte Trennung der verschiedenen Versorgungsbereiche nicht geben kann und soll, sind doch die besonderen Schwerpunkte und primären Ziele von Kuration und Rehabilitation zu beachten. Schematisch betrachtet ergeben sich folgende Unterschiede:

Die kurative Versorgung i. S. des SGB V ist im Unterschied zur medizinischen Rehabilitation
- primär zentriert auf das klinische Bild als Manifestation einer Krankheit / Schädigung und
- zielt auf Heilung bzw. Remission (kausale Therapie) oder bei Krankheiten mit Chronifizierungstendenz auf Vermeidung einer Verschlimmerung sowie Linderung der Krankheitsbeschwerden und
- auf Vermeidung weiterer Krankheitsfolgen ab.

Kurative Versorgung ist a priori kausal orientiert. Ihr konzeptionelles Bezugssystem ist in der Regel das bio-medizinische Krankheitsmodell und die entsprechende Klassifikation die ICD.

Demgegenüber liegt der medizinischen Rehabilitation ein bio-psycho-soziales Modell von funktionaler Gesundheit und deren Beeinträchtigung zugrunde, das Gesundheit und Krankheit als Ergebnis des Ineinandergreifens physiologischer, psychischer und sozialer Vorgänge beschreibt. Auf diese Weise wird sichergestellt, dass neben Erkenntnissen aus der medizinischen Versorgung auch die gesellschaftlichen Bedingungen, in denen die Rehabilitanden leben, Teil des Prozesses der medizinischen Rehabilitation werden.

2.5 Grundlage

Die medizinische Rehabilitation umfasst insbesondere:
- die Rehabilitationsdiagnostik, die die Körperfunktionen und Körperstrukturen, Aktivitäten und Teilhabe sowie die Kontextfaktoren mit ihrem fördernden oder hemmenden Einfluss beschreibt und bewertet
- den Rehabilitationsplan mit Beschreibung des Rehabilitationsziels
- die Rehabilitationsdurchführung und ihre Überprüfung
- die Dokumentation des Rehabilitationsverlaufs und der -ergebnisse, insbesondere unter Berücksichtigung des Rehabilitationsziels.

3 Indikationsstellung / Medizinische Voraussetzungen

Zur Klärung der Notwendigkeit und der Zielsetzung einer Maßnahme der medizinischen Rehabilitation sind folgende Voraussetzungen sozialmedizinisch zu prüfen:
- die Rehabilitationsbedürftigkeit
- die Rehabilitationsfähigkeit
- die Rehabilitationsprognose.

Diese Voraussetzungen sind wie folgt definiert:

3.1 Rehabilitationsbedürftigkeit

Rehabilitationsbedürftigkeit bezieht sich auf eine gesundheitlich bedingte drohende oder bereits manifeste Beeinträchtigung der Teilhabe, die über die kurative Versorgung hinaus den mehrdimensionalen und interdisziplinären Ansatz der medizinischen Rehabilitation erforderlich macht.

Dabei bezieht sich das gesundheitliche Problem auf die Schädigungen und die Beeinträchtigungen der Aktivitäten unter Berücksichtigung der Kontextfaktoren.

3.2 Rehabilitationsfähigkeit

Der Begriff der Rehabilitationsfähigkeit bezieht sich auf die somatische und psychische Verfassung des Rehabilitanden (z. B. Motivation bzw. Motivierbarkeit und Belastbarkeit) für die Teilnahme an einer geeigneten Rehabilitation.

3.3 Rehabilitationsprognose

Die Rehabilitationsprognose ist eine medizinisch begründete Wahrscheinlichkeitsaussage für den Erfolg der Rehabilitation
- auf der Basis der Erkrankung, des bisherigen Verlaufs, des Kompensationspotenzials/der Rückbildungsfähigkeit unter Beachtung und Förderung individueller Ressourcen (Rehabilitationspotenzial einschließlich psychosozialer Faktoren)
- über die Erreichbarkeit eines festgelegten Rehabilitationsziels
- durch eine geeignete Rehabilitationsmaßnahme
- in einem notwendigen Zeitraum.

4 Individuelle Voraussetzungen

Neben den medizinischen Voraussetzungen muss der Rehabilitand für eine ambulante Rehabilitation
- über die zur Inanspruchnahme der Rehabilitation erforderliche Mobilität verfügen und
- die Rehabilitationseinrichtung in einer zumutbaren Fahrzeit erreichen können.

Die häusliche Versorgung des Rehabilitanden muss sichergestellt sein.

5 Rehabilitationsziele

5.1 Allgemeines Rehabilitationsziel

Ziel der medizinischen Rehabilitation ist, die drohenden oder bereits manifesten Beeinträchtigungen der Teilhabe am Arbeitsleben und am Leben in der Gesellschaft durch frühzeitige Einleitung der gebotenen Rehabilitationsmaßnahmen abzuwenden, zu beseitigen, zu mindern, ihre Verschlimmerung zu verhüten oder ihre Folgen zu mildern. Der Rehabilitand soll durch die Rehabilitation (wieder) befähigt werden, eine Erwerbstätigkeit oder bestimmte Aktivitäten des täglichen Lebens möglichst in der Art und in dem Ausmaß auszuüben, die für diesen Menschen als „normal" (für seinen persönlichen Lebenskontext typisch) erachtet werden.

Dieses Ziel kann erreicht werden durch
- vollständige Wiederherstellung der ursprünglichen Struktur und Funktion bzw. Aktivitäten und der Teilhabe
- größtmögliche Wiederherstellung der ursprünglichen Struktur und Funktion bzw. Aktivitäten und der Teilhabe
- Einsatz von „Ersatzstrategien" bzw. Nutzung verbliebener Funktionen bzw. Aktivitäten (Kompensation)
- Anpassung der Umweltbedingungen an die Beeinträchtigung der Aktivitäten bzw. der Teilhabe des Rehabilitanden (Adaptation).

Das individuelle Rehabilitationsziel wird auf der Grundlage sozialmedizinischer Aussagen zur Rehabilitationsbedürftigkeit, Rehabilitationsfähigkeit und Rehabilitationsprognose des Rehabilitanden bestimmt.

5.2 Trägerspezifische Rehabilitationsziele

Die medizinische Rehabilitation zielt
- in der **Krankenversicherung** darauf, eine Behinderung oder Pflegebedürftigkeit abzuwenden, zu beseitigen, zu mindern, auszugleichen, ihre Verschlimmerung zu verhüten oder ihre Folgen zu mildern
- in der **Rentenversicherung einschließlich der Alterssicherung der Landwirte** darauf, den Auswirkungen einer Krankheit oder einer körperlichen, geistigen oder seelischen Behinderung auf die Erwerbsfähigkeit der Versicherten entgegenzuwirken oder sie zu überwinden und dadurch Beeinträchtigungen der Erwerbsfähigkeit der Versicherten oder ihr vorzeitiges Ausscheiden aus dem Erwerbsleben zu verhindern oder sie möglichst dauerhaft in das Erwerbsleben wiedereinzugliedern
- in der **Unfallversicherung** darauf, den durch den Arbeitsunfall oder die Berufskrankheit verursachten Gesundheitsschaden zu beseitigen oder zu bessern, seine Verschlimmerung zu verhüten und seine Folgen zu mildern, den Rehabilitanden auch dadurch möglichst auf Dauer beruflich einzugliedern.

Hierzu kann die ambulante Form der medizinischen Rehabilitation insbesondere beitragen durch die
- Verkürzung von Arbeitsunfähigkeit, insbesondere durch gleichzeitige stufenweise Wiedereingliederung in den Arbeitsprozess
- erleichterte Kontaktaufnahme zum Betrieb zwecks frühzeitiger Einleitung innerbetrieblicher Maßnahmen zur Förderung der beruflichen Wiedereingliederung (z. B. ergonomische Arbeitsplatzgestaltung)
- Förderung der (Re-)Integration in das Wohnumfeld
- stärkere Aktivierung des Selbsthilfepotenzials des Rehabilitanden durch Einbeziehung der Lebenswirklichkeit (Familie, Alltagsbelastungen, Arbeitswelt) in die rehabilitativen Bemühungen
- verbesserte Kooperation in der Nachsorge (z. B. Rehabilitationssport, Funktionstraining, Kontaktanbahnung zu Selbsthilfegruppen, Kooperation mit niedergelassenen Ärzten)
- Nutzung eingliederungsfördernder Ressourcen eines vorhandenen komplementären sozialen Netzwerkes von Hilfen (z. B. Sozialstationen, Integrationsfachdienste).

6 Zweckbestimmung der ambulanten Rehabilitation

Die ambulante Rehabilitation kann in Betracht kommen
- anstelle einer stationären Rehabilitationsmaßnahme als eigenständiges interdisziplinäres Konzept
- zur Verkürzung einer stationären Rehabilitationsmaßnahme bei ambulanter Fortsetzung eines stationär begonnenen Rehabilitationsprogramms
- im Anschluss an eine stationäre Rehabilitationsmaßnahme

unter besonderer Berücksichtigung der Teilhabe am Arbeitsleben.

7 Angebotsstruktur der ambulanten Rehabilitation

Ein ambulantes wohnortnahes Rehabilitationsangebot mit ausreichender Therapiedichte und gesicherter Qualität, das die Alltagsbedingungen des Rehabilitanden berücksichtigt, vervollständigt in sinnvoller Weise das Angebot der Rehabilitation i. S. einer auf den unterschiedlichen individuellen Rehabilitationsbedarf ausgerichteten flexiblen Versorgungsstruktur.

Aus konzeptionellen und wirtschaftlichen Erwägungen sollte die Durchführung ambulanter Rehabilitationsmaßnahmen von einem ausreichenden Rehabilitandenaufkommen abhängig gemacht werden, um ein qualifiziertes Rehabilitationsteam vorhalten und Maßnahmen zur Qualitätssicherung effektiv durchführen zu können.

Für eine an diesen Vorgaben ausgerichtete ambulante Rehabilitation ist ein bedarfsgerechtes, differenziertes Leistungsangebot erforderlich, das sich an den für die stationäre Rehabilitation entwickelten Grundsätzen orientiert. Die dort geltenden konzeptionellen Anforderungen an die Rehabilitationsdiagnostik, den Rehabilitationsplan, die Rehabilitationsdurchführung sowie die Erfolgskontrolle und die Dokumentation müssen entsprechend der Aufgabenstellung der ambulanten Rehabilitation umgesetzt werden. Die Beratung des Rehabilitanden, auch zur Vorbereitung auf die vorgesehene Maßnahme, sowie die Qualitätssicherung und die Wirtschaftlichkeit der Maßnahme müssen gewährleistet sein.

Ziele des Ausbaus einer ambulanten Rehabilitationsstruktur sind die Optimierung des Rehabilitationsangebotes für die Rehabilitanden und Entlastungseffekte in anderen Versorgungsbereichen (z. B. in der kurativen Versorgung, in der stationären medizinischen Rehabilitation).

8 Ausschlusskriterien

Bei der ambulanten Rehabilitation im Sinne eines komplexen Therapieprogramms sind eine Reihe allgemeiner Ausschlusskriterien zu berücksichtigen.

Gegen eine ambulante Rehabilitation sprechen folgende Kriterien:
- eine kurative Behandlung einschließlich Heil- und Hilfsmittelversorgung reicht aus
- eine stationäre Behandlung in einer Rehabilitationsklinik ist notwendig wegen
  - der Art oder des Ausmaßes der Schädigungen oder Beeinträchtigungen der Aktivitäten, die durch ambulante Rehabilitation nicht ausreichend behandelt werden können
  - stark ausgeprägter Multimorbidität, die unterschiedliche Indikationen betrifft und durch ambulante Rehabilitation nicht ausreichend behandelt werden kann
  - mangelnder psychischer Belastbarkeit
  - der Notwendigkeit pflegerischer Betreuung und ständiger ärztlicher Überwachung
  - der Notwendigkeit einer zeitweisen Entlastung und Distanzierung vom sozialen Umfeld.

Darüber hinaus sind ggf. indikationsspezifische Ausschlusskriterien (s. II Besonderer Teil) zu beachten.

9 Anforderungen an die ambulante Rehabilitationseinrichtung

Die ambulante Rehabilitation wird in qualifizierten Einrichtungen nach indikationsspezifischen Konzepten erbracht, die auf der Grundlage wissenschaftlicher Erkenntnisse die Inhalte und Ziele der Rehabilitation nach den Prinzipien Komplexität, Interdisziplinarität und Individualität definieren.

9.1 Ganzheitlicher Ansatz

Neben den indikationsbezogenen Therapieansätzen ist im Konzept der Einrichtung insbesondere auf die Teilhabe am Arbeitsleben und die Teilhabe am Leben in der Gesellschaft, die Probleme der Multimorbidität, der Krankheitsverarbeitung sowie auf die positiv und negativ wirkenden Kontextfaktoren einzugehen. Die ambulante Rehabilitation soll daher auch Hilfen zur Änderung eines gesundheitlichen Fehlverhaltens beinhalten, z. B. bei Übergewicht, Bewegungsmangel, Suchtverhalten sowie bei körperlichem und seelischem Stress. Die sozialmedizinische Beurteilung muss gewährleistet sein.

9.2 Rehabilitationskonzept

Ambulante Rehabilitationseinrichtungen müssen über ein strukturiertes Rehabilitationskonzept verfügen, das den spezifischen Anforderungen der zu behandelnden Rehabilitandengruppen (Indikationen) entspricht.

9.3 Diagnostik

Die rehabilitationsspezifische Diagnostik muss in der Einrichtung durchgeführt werden können. Überdies sind eine umfassende Sozialanamnese und ggf. eine Arbeitsanamnese zu erheben.

Vor Beginn der ambulanten Rehabilitation soll die erforderliche medizinische Diagnostik (einschließlich Differenzialdiagnostik) bereits durchgeführt sein, um Belastungen des Rehabilitanden, die Einbuße von Therapiezeiten und erhöhte Kosten zu vermeiden.

9.4 Rehabilitationsplan

Für jeden Rehabilitanden ist ein detaillierter individueller Rehabilitationsplan zu erstellen, der die Zielsetzungen der verschiedenen Therapiebereiche mit einschließt und sich an einer langfristigen Strategie zur Bewältigung der (chronischen) Erkrankung/des Gesundheitsproblems orientiert. Der Rehabilitationsplan muss den regionalen Gegebenheiten bezüglich der Therapieangebote Rechnung tragen. Er ist vom Arzt unter Mitwirkung der anderen Mitglieder des Rehabilitationsteams zu erstellen und im Laufe der Behandlung der aktuellen Situation anzupassen. Der Rehabilitand und ggf. seine Angehörigen / Bezugsperson sind bei der Erstellung des Rehabilitationsplans bzw. der Anpassung zu beteiligen.

Zur Erstellung eines Rehabilitationsplans gehört auch die Berücksichtigung weiterführender Maßnahmen, d. h. neben der ggf. erforderlichen Anregung von Leistungen zur Teilhabe am Arbeitsleben auch die Beratung bei einer notwendigen Wohnungsumgestaltung, bei der Auswahl von Hilfsmitteln und bei der Gestaltung der häuslichen Versorgung. Darüber hinaus sollte Kontakt zur relevanten Selbsthilfegruppe hergestellt werden.

9.5 Ärztliche Leitung und Verantwortung

Ambulante Rehabilitation muss unter Leitung und Verantwortung eines Arztes mit Gebietsbezeichnung der Hauptindikation der Einrichtung stehen, der über mindestens zweijährige vollzeitige rehabilitative und sozialmedizinische Erfahrungen verfügt und die Zusatzbezeichnung Rehabilitationswesen oder Sozialmedizin führen soll.

Sind im Ausnahmefall die formalen Voraussetzungen nicht erfüllt, beurteilen die Leistungsträger die für die Einrichtung notwendigen fachgebietsspezifischen und rehabilitativen Kompetenzen anhand der nachgewiesenen Weiterbildungszeiten und -inhalte. Reichen diese nicht aus, können die Leistungsträger ein entsprechend qualifiziertes Leitungsteam als ärztliche Leitung im Sinne des vorstehenden Absatzes anerkennen.

Der leitende Arzt oder sein benannter ständiger Vertreter müssen während der Öffnungszeiten der Einrichtung präsent und verfügbar sein.

Der leitende Arzt hat die Aufgabe, erforderliche rehabilitationsdiagnostische Maßnahmen durchzuführen bzw. zu veranlassen, die individuell geeigneten Rehabilitationsmaßnahmen festzulegen, ihre Qualität zu sichern und den Rehabilitanden rehabilitationsspezifisch zu behandeln und zu betreuen.

Weitere Aufgaben des leitenden Arztes sind insbesondere:
- Leitung des Rehabilitationsteams
- Koordination und Abstimmung der Rehabilitationsplanung
- Durchführung von regelmäßigen (mind. 1 mal pro Woche) patientenbezogenen Teambesprechungen

- Kooperation mit vor- und nachbehandelnden Ärzten, Konsiliarärzten und Konsiliardiensten
- Durchführung von Zwischenuntersuchungen und Anpassung des Rehabilitationsplans
- Abschlussuntersuchung
- Entlassungsbericht mit sozialmedizinischer Beurteilung und Hinweisen für weiterführende Maßnahmen im Rahmen der Nachsorge.

9.6 Rehabilitationsteam und Qualifikation

Das Rehabilitationsteam setzt sich entsprechend den indikationsspezifischen Anforderungen aus Ärzten und nicht-ärztlichen Fachkräften, wie z. B. Physiotherapeuten / Krankengymnasten, Masseuren und Medizinischen Bademeistern, Ergotherapeuten, Logopäden / Sprachtherapeuten, Klinischen Psychologen, Sozialarbeitern / Sozialpädagogen, Sportlehrern / Sporttherapeuten, Diätassistenten und Gesundheits- und Krankenpflegern zusammen.

An die einzelnen Berufsgruppen im Rehabilitationsteam sind die folgenden und ggf. die in den indikationsspezifischen Konzepten genannten zusätzlichen Anforderungen an Qualifikation und Berufserfahrung zu stellen.

9.6.1 Arzt / Ärztin

Hinsichtlich des leitenden Arztes wird auf Ziffer 9.5 verwiesen. Der Vertreter des leitenden Arztes muss über eine vergleichbare Qualifikation verfügen wie der leitende Arzt der Einrichtung.

Die weiteren Ärzte müssen über die in den indikationsspezifischen Konzeptionen festgelegte Qualifikation bzw. klinische Erfahrung verfügen.

9.6.2 Physiotherapeut / Krankengymnast

- Staatliche Anerkennung als Physiotherapeut / Krankengymnast ggf. mit indikationsspezifischer Zusatzqualifikation oder Weiterbildung und
- mind. 2 Jahre vollzeitige Berufserfahrung als Physiotherapeut / Krankengymnast in einer Rehabilitationseinrichtung.

9.6.3 Masseur und Medizinischer Bademeister

- Staatliche Anerkennung als Masseur und Medizinischer Bademeister ggf. mit indikationsspezifischer Zusatzqualifikation oder Weiterbildung und
- Grundlagenkenntnisse in Bewegungslehre und medizinischer Aufbautherapie und
- mind. 2 Jahre vollzeitige Berufserfahrung als Masseur und Medizinischer Bademeister in einer Rehabilitationseinrichtung.

9.6.4 Ergotherapeut

- Staatliche Anerkennung als Ergotherapeut ggf. mit indikationsspezifischer Zusatzqualifikation oder Weiterbildung und
- Grundlagenkenntnisse in arbeitsrehabilitativen Maßnahmen, Ergonomie, Arbeitsplatzanpassung und
- mind. 2 Jahre vollzeitige Berufserfahrung als Ergotherapeut in einer Rehabilitationseinrichtung.

9.6.5 Logopäde / Sprachtherapeut

- Staatliche Anerkennung als Logopäde / Sprachtherapeut ggf. mit indikationsspezifischer Zusatzqualifikation oder Weiterbildung und

- mind. 2 Jahre vollzeitige Berufserfahrung als Logopäde / Sprachtherapeut in einer Rehabilitationseinrichtung.

9.6.6 Klinischer Psychologe

- Diplom als Psychologe und
- ggf. Anerkennung als klinischer Neuropsychologe durch die Fachgesellschaften und
- ggf. psychotherapeutische Zusatzqualifikation und
- Zusatzqualifikation in Entspannungstechniken (z. B. Autogenes Training, Progressive Muskelentspannung nach Jacobson) und
- Erfahrung in der Leitung von Gruppen und
- mind. 2 Jahre vollzeitige Berufserfahrung als Psychologe in einer Rehabilitationseinrichtung.

9.6.7 Sozialarbeiter / Sozialpädagoge

- Diplom / staatliche Anerkennung als Sozialarbeiter bzw. Sozialpädagoge und
- Erfahrung in der Einzelfallhilfe und
- Aus-, Fort- und Weiterbildung im Gesundheitswesen und
- mind. 2 Jahre vollzeitige Berufserfahrung als Sozialarbeiter bzw. Sozialpädagoge in einer Rehabilitationseinrichtung.

9.6.8 Diätassistent

- Staatliche Anerkennung als Diätassistent ggf. mit indikationsspezifischer Zusatzqualifikation oder Weiterbildung und
- mind. 2 Jahre vollzeitige klinische Berufserfahrung in der Diät- und Ernährungsberatung.

9.6.9 Gesundheits- und Krankenpfleger

- Staatliche Ausbildung als Gesundheits- und Krankenpfleger ggf. mit indikationsspezifischer Zusatzqualifikation oder Weiterbildung und
- Erfahrung in der fachlichen Beratung, Anleitung und praktischen Unterstützung von medizinischen Laien und
- mind. 2 Jahre vollzeitige klinische Berufserfahrung als Gesundheits- und Krankenpfleger in einer medizinischen Einrichtung.

9.6.10 Sportlehrer / Sporttherapeut

- Wissenschaftliche Ausbildung zum Diplom-Sportlehrer mit medizinischer Ausrichtung (z. B. Fachrichtung Rehabilitation) oder Zusatzqualifikation Bewegungstherapie / Sporttherapie und
- Weiterbildung in medizinischer Aufbautherapie und
- mind. 2 Jahre vollzeitige Berufserfahrung als Sportlehrer / Sporttherapeut in einer Rehabilitationseinrichtung.

10 Räumliche Ausstattung

Die räumliche Ausstattung der ambulanten Rehabilitationseinrichtung muss so bemessen und beschaffen sein, dass das jeweilige indikationsspezifische Rehabilitationskonzept umgesetzt werden kann.

11 Apparative Ausstattung

Die apparative Ausstattung muss die Durchführung der speziellen indikationsbezogenen Funktionsdiagnostik und Therapie gewährleisten. Nach Möglichkeit sollen im Funktionsverbund externe Apparate für die ambulante Rehabilitation mitgenutzt werden.

12 Behandlungselemente

Zu den Behandlungselementen der ambulanten Rehabilitation zählen insbesondere
- ärztliche Behandlung und Betreuung, Planung und Überwachung des Rehabilitationsprogramms
- Versorgung mit Arznei- und Verbandmitteln
- Physiotherapie / Krankengymnastik einschließlich Physikalischer Therapie, Bewegungstherapie und Sporttherapie
- Ergotherapie
- Sprachtherapie
- psychologische Beratung / Psychotherapie
- psychosoziale Beratung (auch bei Fragen zu Leistungen zur Teilhabe am Arbeitsleben) und Betreuung
- Programme zur Information, Motivation und Schulung (Gesundheitsbildung, -training)
- Krankenpflege
- Maßnahmen in Bezug auf die Teilhabe am Arbeitsleben (z. B. Belastungserprobung, Arbeitstherapie)
- Ernährungsberatung.

Die einzusetzenden Behandlungselemente variieren entsprechend der jeweiligen Indikation.

13 Leistungsbewilligung

Ambulante Rehabilitationsmaßnahmen bedürfen vor Beginn der Bewilligung durch den zuständigen Rehabilitationsträger (Kranken-, Renten-, Unfallversicherungsträger). Umfang, Dauer und Intensität der Maßnahmen richten sich nach den indikationsspezifischen Anforderungen und dem individuellen Rehabilitationsziel.

Als ergänzende Leistungen zur Erreichung und Sicherung des Zieles der ambulanten Rehabilitation kommen insbesondere in Betracht
- Entgeltersatzleistungen (Krankengeld, Übergangsgeld, Verletztengeld)
- Reisekostenerstattung
- Betriebshilfe
- Haushaltshilfe
- Rehabilitationssport, Funktionstraining.

14 Verlängerungskriterien

Unter dem Gesichtspunkt einer individualisierten und ergebnisorientierten Rehabilitation ist auch im ambulanten Bereich nach vorheriger Genehmigung durch den jeweiligen Leistungsträger in begründeten Fällen eine Verlängerung möglich bei
- Verzögerung im Erreichen des Rehabilitationsziels bei bestehender positiver Rehabilitationsprognose und gegebener Rehabilitationsfähigkeit (z. B. interkurrente Erkrankungen).

15 Teilhabe am Arbeitsleben

Der Rehabilitand im erwerbsfähigen Alter wird bei Bedarf im Verlauf der ambulanten Rehabilitation zur Frage der Teilhabe am Arbeitsleben beraten und unterstützt. Bei Einwilligung des Rehabilitanden kann bereits während der Rehabilitationsmaßnahme vom Rehabilitations-Fachberater der zuständige Betriebsarzt bzw. der Arbeitgeber angesprochen werden, um alle Möglichkeiten der Teilhabe am Arbeitsleben zu prüfen, z. B. durch eine stufenweise Wiedereingliederung in den Arbeitsprozess oder um andere Maßnahmen der beruflichen Integration vorzubereiten.

Ist absehbar, dass der Rehabilitand nicht an seinen alten Arbeitsplatz zurückkehren kann, und kommt auch eine innerbetriebliche Umsetzung auf einen anderen ggf. der Behinderung angepassten Arbeitsplatz voraussichtlich nicht in Betracht, ist der zuständige Träger der Leistungen zur Teilhabe am Arbeitsleben einzuschalten.

Ein Mitglied des Rehabilitationsteams ist als ständiger Ansprechpartner bzw. Kontaktperson für Fragen zu Leistungen zur Teilhabe am Arbeitsleben zu benennen.

16 Entlassungsbericht

Nach Beendigung der ambulanten Rehabilitationsmaßnahme erhalten der behandelnde Arzt und der zuständige Rehabilitationsträger einen Entlassungsbericht, der u. a. folgende Angaben enthalten muss:

- Rehabilitationsverlauf unter Angabe der durchgeführten Rehabilitationsmaßnahmen
- Ergebnisse der abschließenden Leistungsdiagnostik und der sozialmedizinischen Beurteilung; diese umfassen z. B. die Stellungnahme
  - zur Leistungsfähigkeit im Erwerbsleben unter Bezugnahme auf den beruflichen Kontext
  - zur Leistungsfähigkeit im Alltag bezogen auf die Selbstständigkeit bei den Verrichtungen des täglichen Lebens, insbesondere zur psychosozialen Situation und/oder zur Frage der Vermeidung oder Minderung von Pflegebedürftigkeit
  - zur Krankheitsverarbeitung, zum Lebensstil einschl. der Kontextfaktoren und Motivation zur Lebensstilveränderung
- Empfehlungen für weiterführende Leistungen zur Sicherung des Rehabilitationserfolges (z. B. Leistungen zur Teilhabe am Arbeitsleben, Rehabilitationssport und Funktionstraining)
- Empfehlungen zur Wiedereingliederung in das soziale Umfeld bzw. zur psychosozialen Betreuung.

Werden im Entlassungsbericht betriebliche Maßnahmen vorgeschlagen, sollte, mit Einwilligung des Rehabilitanden, auch der betriebsärztliche Dienst den Teil des Entlassungsberichts, der diese Vorschläge enthält, erhalten.

17 Kooperation

Die ambulante Rehabilitationseinrichtung arbeitet mit den anderen an der Versorgung der Rehabilitanden Beteiligten (z. B. niedergelassene Ärzte, Akutkrankenhäuser, Rehabilitationskliniken, Betriebsärzte, öffentlicher Gesundheitsdienst, Sozialstationen, Selbsthilfegruppen) eng zusammen.

Durch zweckmäßige Organisations- und Kooperationsformen ist sicherzustellen, dass die ambulante Rehabilitation als integrativer Bestandteil der regionalen Versorgungsstruktur zur möglichst raschen und dauerhaften Eingliederung der Rehabilitanden beiträgt.

18 Dokumentation

Für jeden Rehabilitanden ist eine Krankenakte anzulegen, aus der alle rehabilitationsrelevanten Diagnosen, Befunde sowie die durchgeführten / geplanten Therapieformen entnommen werden können, um den Rehabilitationsprozess transparent und vergleichbar zu machen. Die Dokumentation muss insbesondere umfassen:

BAR-Rahmenempfehlung zur ambulanten medizinischen Rehabilitation §26

- den individuellen Rehabilitationsplan des Rehabilitanden betreffend Art, Häufigkeit und Intensität der Behandlungselemente
- die Teilnahmedokumentation des Rehabilitanden in einem Behandlungsheft / Rehabilitationstagebuch
- sämtliche erhobene anamnestische Daten, klinische Befunde und deren Interpretation
- das definierte Rehabilitationsziel und die Bewertung des Rehabilitationserfolges durch Zwischenuntersuchungen in bestimmten Zeitabständen sowie die Abschlussuntersuchung / -befundung
- die Angaben zu den Visiten und Teambesprechungen / Fallkonferenzen
- den Entlassungsbericht.

19 Qualitätssicherung

Für die ambulanten Rehabilitationseinrichtungen besteht die Verpflichtung, an einem Qualitätssicherungsprogramm der Rehabilitationsträger teilzunehmen.

19.1 Strukturqualität

Zur qualitätsgesicherten Struktur der ambulanten Rehabilitation müssen die in diesen Rahmenempfehlungen gestellten Anforderungen an die personelle, räumliche und apparative Ausstattung der ambulanten Rehabilitationseinrichtungen indikationsspezifisch erfüllt sein.

19.2 Prozessqualität

Vorgaben für den qualitätsgesicherten Verlauf der ambulanten Rehabilitation sind das Rehabilitationskonzept der Einrichtung und die individuellen Rehabilitationspläne der Rehabilitanden. Die Einhaltung der Rehabilitationspläne (Art, Häufigkeit, Dauer und Intensität der Maßnahmen) ist anhand einer patientenbezogenen standardisierten Dokumentation zu gewährleisten.

19.3 Ergebnisqualität

Im Rahmen der Zwischenuntersuchungen und der Abschlussbefundung ist zu überprüfen und zu dokumentieren, ob und in welchem Ausmaß das im individuellen Rehabilitationsplan definierte Rehabilitationsziel erreicht wurde. Falls aus medizinischen Gründen notwendig, werden Rehabilitationsziel und/oder Rehabilitationsplan modifiziert.

Katamnestische Erhebungen mit dem Ziel des Erkenntnisgewinns über die Realisierung vorgeschlagener Maßnahmen und Empfehlungen sind anzustreben. Dies gilt auch für die Teilhabe am Arbeitsleben und die Teilhabe am Leben in der Gemeinschaft.

20 Beendigung der Maßnahme

Die ambulante Rehabilitationsmaßnahme ist zu beenden, wenn sich erst während der Rehabilitationsmaßnahme die unter Ziffer 8 genannten Ausschlusskriterien zeigen, oder wenn das Rehabilitationsziel erreicht ist, oder die medizinischen Voraussetzungen nicht mehr vorliegen.

§ 27
Krankenbehandlung und Rehabilitation

Die in § 26 Abs. 1 genannten Ziele sowie § 10 gelten auch bei Leistungen der Krankenbehandlung.

ERLÄUTERUNGEN

I. Bedeutung der Vorschrift

1   Die Vorschrift stellt klar, dass die in § 26 Abs. 1 SGB IX genannten Ziele der medizinischen Rehabilitation (Abwendung oder Beseitigung von Behinderungen einschließlich chronischer Krankheiten usw.; Vermeidung der Einschränkung der Erwerbsfähigkeit und Pflegebedürftigkeit usw.) sowie die Grundsätze über die Koordinierung der Leistungen in § 10 SGB IX nicht nur bei den rehabilitationsspezifischen, sondern bei allen medizinisch orientierten Leistungen zu beachten sind. Die „Rehabilitationskette" soll schon während der Akutbehandlung z. B. in den Krankenhäusern beginnen. Deshalb wurde auch durch Ergänzung von § 39 Abs. 1 SGB V klargestellt, dass die akut stationäre Behandlung auch die im Einzelfall erforderlichen und zum frühestmöglichen Zeitpunkt einsetzenden Leistungen zur Frührehabilitation umfasst.

II. Fassung

2   Die Vorschrift wurde inhaltlich unverändert aus dem Regierungsentwurf (BT-Drucks. 14/5531 i. V. m. 14/5704) übernommen.

Der Bundesrat hatte folgende Ergänzung der Regelung vorgeschlagen (BT-Drucks. 14/5531 S. 9): „In Artikel 1 ist in § 27 folgender Satz 2 anzufügen: ‚Die Rehabilitationsträger können Verträge zur modellhaften Integration von Krankenbehandlung und Rehabilitation zugelassener Krankenhäuser abschließen.

Begründung

Damit eröffnet sich die Chance der Vernetzung von Krankenhaus und Rehabilitationsleistungen im Sinne einer integrativen Versorgungsleistung. Bestehende Versorgungsbrüche können modellhaft behoben werden. Es handelt sich um eine Kann-Regelung und keine Verpflichtung. Sie eröffnet die Möglichkeit, modellhaft in den Ländern die Integration von Krankenbehandlung und Rehabilitation vertraglich zu gestalten."

Obwohl die Bundesregierung in ihrer Gegenäußerung dem Vorschlag zugestimmt hatte (BT-Drucks. 14/5639 S. 2), wurde er vom BT-Ausschuss für Arbeit und Sozialordnung nicht aufgegriffen.

§ 28
Stufenweise Wiedereingliederung

Können arbeitsunfähige Leistungsberechtigte nach ärztlicher Feststellung ihre bisherige Tätigkeit teilweise verrichten und können sie durch eine stufenweise Wiederaufnahme ihrer Tätigkeit voraussichtlich besser wieder in das Erwerbsleben eingegliedert werden, sollen die medizinischen und die sie ergänzenden Leistungen entsprechend dieser Zielsetzung erbracht werden.

ERLÄUTERUNGEN

ÜBERSICHT

I. Bedeutung der Vorschrift (Rdnrn. 1–5)
II. Fassung (Rdnr. 6)
III. Anmerkungen (Rdnrn. 7–60)
   1. Ziel der stufenweisen Wiedereingliederung (Rdnrn. 7–10)
   2. Zielgruppe (Rdnrn. 11–14)
   3. Prinzip der Freiwilligkeit (Rdnrn. 15–16)
   4. Arbeitsrechtlicher Status während der stufenweisen Wiedereingliederung (Rdnrn. 17–27)
   5. Versicherungsrechtlicher Status während der stufenweisen Wiedereingliederung (Rdnrn. 28–33)
   6. Zeitlicher Rahmen der Wiedereingliederung (Rdnrn. 34–37)
      a) Dauer der Maßnahme (Rdnr. 34)
      b) Dauer der täglichen Arbeitszeit (Rdnrn. 35–36)
      c) Urlaub im Anschluss an stufenweise Wiedereingliederung (Rdnr. 37)
   7. Verfahrensfragen (Rdnrn. 38–60)
      a) Einleitung (Rdnrn. 38–41)
      b) Beteiligung des Rehabilitationsträgers (Rdnrn. 42–47)
      c) Datenschutz (Rdnr. 48)
      d) Wiedereingliederungsplan (Rdnrn. 49–51)
      e) Laufende Überprüfung (Rdnrn. 52–55)
      f) Besonderheiten der gesetzlichen Unfallversicherung (Rdnrn. 56–60)
IV. Literatur

I. Bedeutung der Vorschrift

Die stufenweise Wiedereingliederung ist als **Mittel zur Rehabilitation von arbeitsunfähigen Versicherten** vorgesehen, die aufgrund schwerer Erkrankungen über längere Zeit aus dem Erwerbsleben ausgegliedert waren und nach ärztlicher Feststellung ihre **bisherige Tätigkeit teilweise wieder verrichten** können. Durch frühzeitige Rückkehr in das Arbeitsleben soll die Wiedererlangung der Leistungsfähigkeit gefördert und Arbeitsentwöhnung verhindert werden. Sie ist eine therapeutische Maßnahme mit dem Ziel der vollen Wiederaufnahme der bisherigen beruflichen Tätigkeit unter ärztlicher Beobachtung. Die stufenweise Wiedereingliederung hat sich als ein gut geeignetes Instrument erwiesen, die Betroffenen unter medizinischer Überwachung des jeweils erreichten Gesundheitszustandes **schrittweise an die volle Arbeitsbelastung heranzuführen**. 1

Es handelt sich um eine **betriebsbezogene Maßnahme mit rehabilitativer Zielsetzung** unter Mitwirkung der ärztlichen Versorgung. Sie ist selbst weder medizinische Rehabilitationsleistung (Belastungserprobung, Arbeitstherapie) noch Leistung zur Teilhabe am Arbeitsleben (Berufsfindung, Arbeitserprobung), die von den Rehabilitationsträgern als Sachleistung erbracht werden. Gleichwohl können entsprechend der Zielsetzung **medizinische** und die 2 sie **ergänzenden Leistungen** zur Rehabilitation durch zuständige Rehabilitationsträger **flankierend erbracht** werden.

2a Hingegen hält das 🕮 **LSG NRW** Urteil vom 5. Februar 2007 – L 3 R 39/06, zit. nach JURIS; Rev. eingelegt unter Az: B 5a/5 R 26/07 R) die stufenweise Wiedereingliederung für eine eigenständige Leistung der medizinischen Rehabilitation und nicht eine ergänzende Leistung. Die Durchführung dieser Maßnahme allein ohne eine zeitgleiche andere „Hauptleistung" könne die Leistungsverpflichtung des Trägers begründen. Die stufenweise Wiedereingliederung solle den Versicherten schonend und kontinuierlich in den Arbeitsprozess wiedereingliedern und umfasse den Zeitraum, in dem der Versicherte in – aus gesundheitlichen Gründen – reduziertem Umfang im Rahmen des Eingliederungsplanes tätig sei und sich regelmäßig einer ärztlichen Kontrolle unterziehe Zuvor sei u. a. ein Stufenplan zu erstellen und eine Abstimmung mit dem Arbeitgeber herbeizuführen. Dieser **gesamte Vorgang bilde die Maßnahme zur medizinischen Rehabilitation**.

3 Durch § 28 SGB IX wird bestimmt, dass **alle Träger der medizinischen Rehabilitation** Leistungen zur stufenweisen Wiedereingliederung erbringen können, wenn der Betroffene dadurch voraussichtlich besser wieder in das Erwerbsleben eingegliedert werden kann. Das war zuvor nur in der Krankenversicherung nach § 74 SGB V vorgesehen.

4 Gleichwohl werden häufig die **Krankenkassen** die entsprechenden Leistungen zu erbringen haben. Jedoch kommen auch Leistungen durch den Träger der **Rentenversicherung** in Betracht: Gem. § 15 SGB VI erbringen die Träger der gesetzlichen Rentenversicherung im Rahmen von Leistungen zur medizinischen Rehabilitation Leistungen nach den §§ 26 bis 31 des SGB IX, ausgenommen Leistungen nach § 26 Abs. 2 Nr. 2 und § 30 SGB IX. Damit fällt die Gewährung einer Maßnahme zur stufenweise Wiedereingliederung nach § 28 SGB IX auch in den Leistungskatalog der gesetzlichen Rentenversicherung.

Allerdings erbringt diese keine Leistungen in der Phase akuter Behandlungsbedürftigkeit (vgl. § 13 Abs. 2 Nr. 1 SGB VI). Es bedarf deshalb im Einzelfall der medizinischen Abklärung, ob auch während der Arbeitsunfähigkeit eine **akute Behandlungsbedürftigkeit ausgeschlossen** ist. Nur in diesem Fall ist der Träger der Rentenversicherung leistungspflichtig und muss ggf. auch Übergangsgeld zahlen (§§ 20, 21 SGB VI). Ist aber **im unmittelbaren Anschluss an Leistungen zur medizinischen Rehabilitation** eine stufenweise Wiedereingliederung erforderlich, wird das **Übergangsgeld** bis zu deren Ende weitergezahlt (vgl. § 51 Abs. 5 SGB IX in der seit 1. 5. 2004 geltenden Fassung). Beginnt die stufenweise Wiedereingliederung erst **zwei Monate** nach Abschluss von Leistungen zur medizinischen Rehabilitation, **fehlt es am „unmittelbaren Anschluss"** im Sinne dieser Vorschrift (🕮 SG Schwerin Urteil vom 26. Januar 2006 – S 2 AL 290/02, zit. nach JURIS).

Ohne Einschränkung ist die Vorschrift des § 28 SGB IX praktisch bedeutsam für die **Unfallversicherung** (§§ 27 ff. SGB VII).

5 Als **medizinische Leistung** kommt vor allem in der Anfangsphase der Wiedereingliederung namentlich die Belastungserprobung und Arbeitstherapie nach § 26 Abs. 2 Nr. 7 SGB IX in Betracht. Weiterhin wird die Beratung von Vorgesetzten und Kollegen als **Hilfe nach § 26 Abs. 3 Nr. 3 SGB IX** zu erwägen sein. Besteht keine Vergütungsabrede mit dem Arbeitgeber, erbringen die Rehabilitationsträger als „ergänzende Leistungen" Krankengeld nach dem SGB V, Übergangsgeld nach dem SGB VI oder Verletztengeld nach dem SGB VII (vgl. dazu §§ 28 und 44 Abs. 1 SGB IX). Unter den **ergänzenden Leistungen** kann die Haushaltshilfe nach § 54 SGB IX vielfach eine Rolle spielen (vgl. *Mrozynski* Rdnr. 8).

II. Fassung

6 Die Vorschrift wurde unverändert aus dem Regierungsentwurf (BT-Drucks. 14/5531 i. V. m. 14/5074) übernommen.

III. Anmerkungen

1. Ziel der stufenweisen Wiedereingliederung

Stufenweise Wiedereingliederung dient als **Therapiemaßnahme** dazu, arbeitsunfähige Versicherte nach **länger andauernder, schwerer Krankheit** schrittweise an die volle **Arbeitsbelastung am bisherigen Arbeitsplatz** heranzuführen. Damit soll der Übergang zur vollen Berufstätigkeit erreicht werden. Arbeitszeit und Arbeitsbelastung werden individuell angepasst gesteigert, und zwar im Rahmen eines medizinisch, arbeitsphysiologisch und psychologisch begründeten sowie ärztlich überwachten **Wiedereingliederungsplans** (Stufenplan). Das soll den Genesungs- und Rehabilitationsprozess günstig beeinflussen.

7

Die stufenweise Wiedereingliederung kann in der zeitlich beschränkten Wiederaufnahme der bisherigen Arbeit bestehen, aber auch in der Einschränkung des bisherigen Aufgabenbereichs. In Betracht kommt schließlich auch ein Arbeitsplatzwechsel durch Umsetzung oder Versetzung (vgl. GK-SGB IX / *Schimanski* Rdnr. 12). Den arbeitsunfähigen Arbeitnehmern wird dadurch ermöglicht, ihre berufliche Belastbarkeit kennenzulernen, ihre Selbstsicherheit wiederzugewinnen und die Angst vor Überforderung und einem Krankheitsrückfall abzubauen. Hierdurch kann die endgültige **Arbeitsfähigkeit früher** eintreten. Häufig gelingt auch ein **dauerhafter Einsatz am Arbeitsplatz besser** als ohne diese Leistung.

8

Damit lassen sich **negative Folgen einer lang andauernden Ausgliederung** der Betroffenen aus dem Erwerbsleben vermeiden. Das betrifft konkret die Einbuße beruflicher Kenntnisse und Fertigkeiten, aber auch mangelndes Interesse an der Wiederaufnahme der Arbeit. Oft missglücken aber auch Arbeitsversuche, weil ein normaler Arbeitstag nach längerer Arbeitsunfähigkeit zunächst überfordern kann. Hierdurch droht die Kündigung durch den Arbeitgeber (GK-SGB IX / *Schimanski* Rdnr. 12).

9

Die stufenweise Wiedereingliederung kann auch helfen, aufwändige berufsfördernde **Rehabilitationsleistungen** bzw. Leistungen zur Teilhabe am Arbeitsleben **vermeiden** zu helfen. Sie wirkt der Ausprägung von – auf das bestehende Leiden fixierten – Krankheitsbildern ebenso entgegen wie der Entstehung von Rentenneurosen. Damit können eine vorzeitige Berentung sowie daraus folgende psychosoziale, vor allem familiäre, Probleme ausgeschlossen werden.

10

2. Zielgruppe

Zielgruppe sind **arbeitsunfähige Versicherte**, die wegen schwerer Krankheit oder Arbeitsunfällen über lange Zeit aus dem Erwerbsleben ausgegliedert waren, aber ihre bisherige Tätigkeit nach ärztlichen Feststellung **teilweise wieder verrichten** können.

11

Arbeitsunfähigkeit ist anzunehmen, wenn der Versicherte seine nach dem Arbeitsvertrag geschuldete Erwerbstätigkeit oder eine gleich geartete Tätigkeit innerhalb des Arbeitsverhältnisses nicht ausüben kann oder dies nur auf die Gefahr hin möglich ist, seinen Zustand zu verschlimmern (BSG Urteil vom 7. August 1991 – 1/3 RK 28/89 = BSGE 69, 180 = SozR 3-2200 § 182 Nr. 9 = BKK 1992, 247 m. w. N.). Während der Arbeitsunfähigkeit ruht das Arbeitsverhältnis (vgl. unten Rdnr. 28). Die Arbeitsunfähigkeit muss nach ärztlicher Feststellung gegeben sein. Nach § 74 Abs. 1 SGB V soll und kann nur der **Vertragsarzt** die Bescheinigung über die Arbeitsunfähigkeit (§ 72 Abs. 1 Satz 1 Nr. 9 SGB V) durch Angabe der möglichen Tätigkeiten präzisieren. Obwohl diese engere Regelung nicht außerhalb der Krankenversicherung gilt, dürfte sie den praktischen Regelfall der stufenweisen Wiedereingliederung darstellen (*Mrozynski* Rdnr. 6). Zu näheren Einzelheiten der Feststellung der Arbeitsunfähigkeit vgl. die Richtlinien des Bundesausschusses der Ärzte und Krankenkassen über die Beurteilung der Arbeitsunfähigkeit und die Maßnahmen zu stufenweisen Wiedereingliederung vom 1. Dezember 2003 im Anhang zu dieser Kommentierung.

12

Die stufenweise Wiedereingliederung eines arbeitsunfähigen Versicherten kann grundsätzlich durch alle schwereren oder chronischen **Erkrankungen** indiziert sein, auch durch das Vorliegen eines unklaren Krankheitsbildes mit wochen- oder monatelang fortbestehender

13

Arbeitsunfähigkeit. Medizinische Einschluss- oder Ausschlusskriterien sind nicht zu beachten. Allerdings müssen aus medizinischer Sicht eine ausreichende Belastbarkeit und eine günstige Aussicht auf berufliche Wiedereingliederung gegeben sein. Diese **Prognose** kann allerdings mit erheblichen **Unwägbarkeiten** verbunden sein, weil es auch auf die Mitarbeit und Toleranz des beruflichen Umfeldes (Arbeitgeber, Vorgesetzte und Arbeitskollegen) ankommt. Auch ist möglicherweise bei dem Betroffenen die mentale und emotionale Umstellungsfähigkeit durch die Behinderung – auch in Verbindung mit einem vorgerückten Alter – gestört oder ganz aufgehoben (GK-SGB IX / *Schimanski* Rdnr. 15).

14 Eine stufenweise Wiedereingliederung kann nicht nur im Anschluss an Leistungen zur medizinischen Rehabilitation, sondern **auch während ambulanter Rehabilitationsleistungen** durchgeführt werden.

3. Prinzip der Freiwilligkeit

15 Der Versicherte muss der Teilnahme an der stufenweisen Wiedereingliederung **schriftlich zustimmen**. Ist er allerdings nicht hierzu bereit, so hat dies für ihn **keine negativen Folgen**: Er bleibt bis zur Herstellung seiner vollen Arbeitsfähigkeit arbeitsunfähig und bezieht weiter Krankengeld bzw. Verletztengeld (oder Übergangsgeld, sofern eine ambulante Rehabilitation auf Kosten eines Rentenversicherungsträgers durchgeführt wird).

16 Auch aus den **Mitwirkungspflichten nach §§ 60 SGB I** ff. lässt sich keine Pflicht ableiten, zum Zweck der Wiedereingliederung selbst tätig zu werden (*Brocke* SGb 1990, 45; *Mrozynski* Rdnr. 5). Dagegen spricht neben dem Wortlaut der §§ 63, 64 SGB I auch die Zumutbarkeitsgrenze des § 65 SGB I, solange die Arbeitsunfähigkeit fortbesteht (*Mrozynski* a. a. O.). Für die Unfallversicherung vgl. unten Rdnr. 59.

4. Arbeitsrechtlicher Status während der stufenweisen Wiedereingliederung

17 Eine stufenweise Wiedereingliederung Wiedereingliederung innerhalb eines wegen Arbeitsunfähigkeit ruhenden Arbeitsverhältnisses bedarf immer der **Zustimmung des Arbeitgebers**. Zwischen ihm und dem Arbeitnehmer wird hierdurch ein **Rechtsverhältnis eigener Art** i. S. von § 311 BGB (= § 305 BGB a. F.) begründet, weil es nicht auf eine Arbeitsleistung im üblichen Sinne gerichtet ist, sondern als Maßnahme der Rehabilitation dem Arbeitnehmer ermöglichen soll, seine Arbeitsfähigkeit wieder herzustellen (BAG Urteil vom 29. Januar 1992 – 5 AZR 37/91 = BAGE 69, 272 = AP Nr. 1 zu § 74 SGB V = DB 1992, 1478; BSG Urteil vom 21. März 2007 – B 11a AL 31/06 R = Breithaupt 2007, 979). Der Arbeitgeber eröffnet lediglich die Möglichkeit zu einer medizinischen Bedürfnissen angepassten Arbeit im Betrieb. Ohne ausdrückliche Zusage steht dem Arbeitnehmer **kein Vergütungsanspruch** zu (BAG Urteil vom 29. Januar 1992 a. a. O.), und zwar weder aus dem zugrunde liegenden Arbeitsvertrag noch aus dem Wiedereingliederungsvertrag oder aus dem Gesetz. Arbeitgeber und Arbeitnehmer steht es jedoch frei, sich ausdrücklich auf eine bestimmte Vergütung für die im Rahmen der Wiedereingliederung erbrachten Tätigkeit zu **einigen**. In diesen Fall wird die Lohnhöhe regelmäßig im Verhältnis zu der dem Arbeitgeber im Rahmen des Stufenplans konkret geschuldeten Arbeitsleistung stehen (*Schaub* Arbeitsrechts-HB, 9. Aufl., § 98 Rdnr. 18).

18 Auch der Anspruch des wieder einzugliedernden Arbeitnehmers gegen den Arbeitgeber auf **Fahrtkostenerstattung** setzt eine entsprechende ausdrückliche oder stillschweigende Vereinbarung voraus. Je nach den Umständen kann eine stillschweigende Vereinbarung mit Rücksicht auf den Fortbestand des Arbeitsverhältnisses darin liegen, dass der Arbeitgeber nur erklärt, kein Arbeitsentgelt zu zahlen, und er dem Wiedereinzugliedernden eine bestimmte Arbeitsstelle zuweist (BAG Urteil vom 28. Juli 1999 – 4 AZR 192/98 = BAGE 92, 140 = AP Nr. 3 zu § 74 SGB V = DB 1999, 2523).

19 Trotz der genannten Zielsetzung des Wiedereingliederungsverfahrens bestehen auch in einem solchen Rechtsverhältnis **Nebenpflichten**. Sie ergeben sich als fortwirkende Ausstrah-

lung des in seinen Hauptpflichten weiter ruhenden Arbeitsverhältnisses, soweit sie mit dem Zweck der Wiedereingliederungsmaßnahme vereinbar sind, z. B. Weisungsrecht und Fürsorgepflicht des Arbeitgebers sowie Treuepflichten des Arbeitnehmers (⌂ BAG Urteil vom 29. Januar 1992 a. a. O.).

Lange Zeit war fraglich, ob der **Arbeitgeber verpflichtet** ist, dem arbeitsunfähigen Arbeitnehmer eine **stufenweise Eingliederung zu ermöglichen**. Eine derartige Verpflichtung hatte ursprünglich das ⌂ **BAG im Urteil vom 29. Januar 1992** a. a. O. nicht allgemein aus der Fürsorgepflicht abgeleitet. Es hatte offen gelassen, ob der Arbeitgeber – vor allem der Arbeitgeber des öffentlichen Dienstes – besonders schutzbedürftigen Arbeitnehmern wie etwa Schwerbehinderten aus Gründen der Fürsorgepflicht die Möglichkeit zur Wiedereingliederung eröffnen müsse. Mit einem Beschluss gemäß § 91a ZPO vom ⌂ 27. Mai 1997 (9 AZR 325/96, zit. nach JURIS) hatte es darauf hingewiesen, dass höchstrichterlich ungeklärt sei, ob und gegebenenfalls unter welchen Voraussetzungen der Arbeitgeber verpflichtet sei, an der Wiedereingliederung von Arbeitnehmern mitzuwirken, die aus gesundheitlichen Gründen nicht in der Lage sind, die volle vertraglich geschuldete Arbeitszeit abzuleisten. Für die summarische Prüfung im Rahmen des § 91a ZPO hatte es den Hinweis genügen lassen, dass die Annahme einer derartigen Verpflichtung im damaligen Streitfall nicht habe ausgeschlossen werden können. Es ging um den Fall einer 1955 geborenen Arbeitnehmerin, die im Anschluss an eine bis 1975 dauernde Banklehre bei der Beklagten als Bankkauffrau beschäftigt war. Nach einem knappen Jahr der Arbeitsunfähigkeit begehrte sie entsprechend ärztlichem Rat eine Wiedereingliederung zunächst für fünf Wochen mit arbeitstäglich je vier Stunden, weiteren fünf Wochen mit arbeitstäglich je sechs Stunden und im Anschluss daran als Vollzeitkraft weiterbeschäftigt zu werden (⌂ BAG Beschluss vom 27. Mai 1997 a. a. O.). **20**

(einstweilen frei) **21**

(einstweilen frei) **22**

(einstweilen frei) **23**

(einstweilen frei) **24**

(einstweilen frei) **25**

Das **Schrifttum** verneinte überwiegend im Anschluss an die bisherige Auffassung des BAG einen Anspruch des Arbeitnehmers auf stufenweise Wiedereingliederung (vgl. Mrozynski Rdnr. 6; Neumann u. a. / *Majerski-Pahlen* Rdnr. 5). Allerdings wird dieser z. T. auch ausdrücklich aus der **Fürsorgepflicht** des Arbeitgebers abgeleitet (*Gagel* NZA 2001, 988; ebenso *Gagel* u. a. Diskussionsbeitrag Nr. 9 / 2005 S. 4 ff.): Die Gesundheit des Arbeitnehmers habe einen hohen Rang; der Arbeitgeber verfüge in Gestalt der stufenweise Wiedereingliederung über ein Instrument, dass in seiner Wirksamkeit nicht durch andere Maßnahmen zu ersetzen sei. Die Belastung des Arbeitgebers halte sich regelmäßig in Grenzen, zumal er kein Arbeitsentgelt zahlen müsse und dennoch eine Arbeitsleistung erhalte. **26**

Mit ⌂ **Urteil vom 13. Juni 2006 – 9 AZR 229/05** = NZA 2007, 91 hat das **BAG** nunmehr entschieden: Der **schwerbehinderte Arbeitnehmer kann** nach § 81 Abs. 4 Satz 1 Nr. 1 SGB IX die **Beschäftigung zur stufenweisen Wiedereingliederung verlangen**. Zur Begründung hat der ⌂ Senat a. a. O. ausgeführt: **26a**

„Nach **§ 81 Abs. 4 Satz 1 Nr. 1 SGB IX** haben schwerbehinderte Menschen gegenüber ihren Arbeitgebern Anspruch auf Beschäftigung, bei der sie ihre Fähigkeiten und Kenntnisse möglichst voll verwerten und weiterentwickeln können. Der Arbeitgeber erfüllt den Beschäftigungsanspruch nach § 81 Abs. 4 Satz 1 Nr. 1 SGB IX regelmäßig dadurch, dass er dem Arbeitnehmer die im Arbeitsvertrag vereinbarte Arbeit zuweist. Ist der schwerbehinderte Arbeitnehmer nicht mehr in der Lage, die damit verbundenen Tätigkeiten wegen Art oder Schwere seiner Behinderung wahrzunehmen, kann er Anspruch auf eine anderweitige Beschäftigung haben" (⌂ Urteile vom 3. Dezember 2002 – 9 AZR 481/01 = BAGE 104, 45; ⌂ 14. März 2006 – 9 AZR 411/05 = NZA 2006, 1214). **26b**

26c Der schwerbehinderte Arbeitnehmer kann nach § 81 Abs. 4 Satz 1 SGB IX **eine anderweitige Tätigkeit auch im Rahmen einer Wiedereingliederung** verlangen.

26d Für diese Auslegung spricht bereits der Wortlaut der Norm. „Beschäftigung" bedeutet „Beruf, Arbeit, Betätigung, Tätigkeit, Zeitvertreib" (Wahrig Deutsches Wörterbuch 7. Aufl.). Die Verrichtung von weisungsabhängiger Arbeit in einem Arbeitsverhältnis ist nicht notwendige Voraussetzung, um beschäftigt zu sein (vgl. BAG Urteil vom 27. Juni 2001 – 7 ABR 50/99 = BAGE 98, 151; Urteil vom 16. April 2003 – 7 ABR 27/02 = BAGE 106, 57).

26e Die Lösung des schwerbehindertenrechtlichen Beschäftigungsanspruchs von den vertraglichen Festlegungen der Arbeitspflicht wird **durch die weiteren Regelungen des § 81 Abs. 4 und 5 SGB IX bestätigt**. Kann der Schwerbehinderte wegen Art oder Schwere seiner Behinderung (§ 2 Abs. 1 SGB IX) die vertraglich geschuldete Arbeit nicht oder nur noch teilweise leisten, so hat er **Anspruch auf** entsprechende **Vertragsänderung** (BAG Urteil vom 28. April 1998 – 9 AZR 348/97 = AP SchwbG 1986 § 14 Nr. 2 = EzA SchwbG § 14 Nr. 5). Da der schwerbehindertenrechtliche Beschäftigungsanspruch unmittelbar bei Vorliegen der gesetzlichen Voraussetzungen entsteht, kann er auch ohne **vorherige Vertragsänderung gerichtlich verfolgt** werden (BAG Urteil vom 10. Mai 2005 – 9 AZR 230/04 = AP SGB IX § 81 Nr. 8 = EzA SGB IX § 81 Nr. 7; vgl. auch BAG Urteil vom 19. September 1979 – 4 AZR 887/77 = BAGE 32, 105). Das gilt auch für den Anspruch auf **Verringerung der Arbeitszeit** nach § 81 Abs. 4 Satz 1 Nr. 1 i. V. m. Abs. 5 Satz 3 SGB IX; der Arbeitgeber muss nicht vorab auf Zustimmung verklagt werden (BAG Urteil vom 14. Oktober 2003 – 9 AZR 100/03 = BAGE 108, 77). Anknüpfungspunkt für die Beschäftigungspflicht sind stets die **Fähigkeiten und Kenntnisse des schwerbehinderten Menschen** (so auch *Kohte* in jurisPR-ArbR 21/2006 Anm. Nr. 4). Sie soll dem schwerbehinderten Menschen eine Betätigung ermöglichen, auch wenn sie hinter den vertraglichen Festlegungen quantitativ oder qualitativ zurückbleibt.

26f **Vor Inkrafttreten des SGB IX** hatte weitgehend Einigkeit bestanden, dass die in § 74 SGB V geregelte schrittweise Wiedereingliederung arbeitsunfähiger Arbeitnehmer vom **Prinzip der Freiwilligkeit** beherrscht wurde (vgl. *Schmidt* AuR 1997, 461, 465). Das Landesarbeitsgericht ist davon ausgegangen, diese Rechtslage bestehe unverändert fort. Dem kann nicht zugestimmt werden. Schon **mit Inkrafttreten des SGB IX** ist zum 1. Juli 2001 die Vorschrift des § 74 SGB IX um die zugunsten der behinderten Menschen geltende **Erweiterung der Wiedereingliederungspflicht in § 28 SGB IX** ergänzt worden. Damit verbunden war auch die Einführung einer in § 84 Abs. 1 SGB IX geregelten **Präventionspflicht**. Sie verpflichtet den Arbeitgeber zur Beseitigung personenbedingter Schwierigkeiten interne Stellen und externen Sachverstand einzuschalten, um das Arbeitsverhältnis möglichst dauerhaft fortsetzen zu können. Das galt nach § 84 Abs. 2 SGB IX a. F. insbesondere für den Fall der länger als drei Monate andauernden Arbeitsunfähigkeit. Seit dem 1. Mai 2004 schreibt **§ 84 Abs. 2 SGB IX** i. d. F. des Art. 1 Nr. 20 Buchst. a des Gesetzes zur Förderung der Ausbildung und Beschäftigung schwerbehinderter Menschen vom 23. April 2004 (BGBl. I S. 606) bereits bei einer länger als sechs Wochen andauernden Arbeitsunfähigkeit die Einleitung eines besonderen **„Eingliederungsmanagements"** vor, um das schon seit dem 1. Juli 2001 bestehende Ziel der Überwindung der Arbeitsunfähigkeit noch frühzeitiger erreichen zu können. Mit den Präventions- und Teilhabevorschriften des SGB IX ist ein Wandel verbunden. Zeiten lang andauernder Arbeitsunfähigkeit sind nicht mehr Zeiten des „Ruhens", sondern Zeiten für betriebliche Eingliederungsmaßnahmen (vgl. *Gagel* NZA 2004, 1359). Daraus wird deutlich: Das **SGB IX will** der **Ausgrenzung des behinderten Menschen** aus dem Arbeitsleben **entgegenwirken** und deren Teilhabe stärken. Das ist ohne Mitwirkung des Arbeitgebers nicht zu erreichen. Dem Arbeitgeber ist deshalb in § 99 Abs. 1 SGB IX die Pflicht auferlegt, zusammen mit anderen Stellen die Teilhabe schwerbehinderter Arbeitnehmer am Arbeitsleben zu ermöglichen.

26g Allerdings setzt ein Anspruch auf Beschäftigung nach § 81 Abs. 4 Satz 1 Nr. 1 SGB IX voraus, dass der nach allgemeinem Recht darlegungsbelastete Arbeitnehmer spätestens bis zum

Schluss der mündlichen Verhandlung vor dem Landesarbeitsgericht eine **ärztliche Bescheinigung** seines behandelnden Arztes vorlegt, aus der sich Art und Weise der empfohlenen Beschäftigung, Beschäftigungsbeschränkungen, Umfang der täglichen oder wöchentlichen Arbeitszeit sowie die Dauer der Maßnahme ergeben. Sie muss eine **Prognose** enthalten, wann „voraussichtlich" die Wiederaufnahme der Tätigkeit erfolgt (BAG Urteil vom 13. Juni 2006 a. a. O.). Hierbei setzt die Wiedereingliederung nicht voraus, dass die letzte Stufe im Sinne einer vollen Wiedererlangung der Befähigung erreicht werden muss (*Gagel / Schian* BehindertenR 2006, 53).

Das BAG (Urteil vom 13. Juni 2006 a. a. O.) hat die **Anforderungen an den Nachweis seitens des eingliederungswilligen Arbeitnehmers** wie folgt präzisiert: 26h

Das Wiedereingliederungsverhältnis ist nicht auf die für Arbeitsverhältnisse typische Leistungsbeziehung „Arbeit gegen Lohn" gerichtet (BAG Urteil vom 28. Juli 1999 – 4 AZR 192/98 = BAGE 92, 140); der Arbeitnehmer unterliegt nicht seiner ursprünglichen Arbeitspflicht. Er kann die Arbeit abbrechen, wenn nachteilige gesundheitliche Folgen zu erkennen oder zu befürchten sind (BAG Urteil vom 29. Januar 1992 – 7 AZR 37/91 = BAGE 69, 272). Andererseits macht eine Wiederaufnahme der Tätigkeit zur Wiedereingliederung nur Sinn, wenn der **Arbeitnehmer seine Leistungsfähigkeit im Hinblick auf eine im Betrieb mögliche Beschäftigung tatsächlich erprobt**. Hat der langzeitig arbeitsunfähige schwerbehinderte Arbeitnehmer trotz seiner die Arbeitsunfähigkeit verursachenden Krankheiten und Behinderungen noch eine sinnvoll in betrieblicher Organisation einsetzbare Fähigkeit, so hat der Arbeitgeber nach § 81 Abs. 4 Satz 1 SGB IX ihm zu ermöglichen, im Rahmen der stufenweisen Wiedereingliederung berufsnahe Tätigkeiten zu verrichten. Die Rechte des Schwerbehinderten gehen damit über die Rechte nichtbehinderter Arbeitnehmer bei der stufenweisen Wiedereingliederung hinaus. Diese haben weder einen Beschäftigungsanspruch nach § 81 Abs. 4 Satz 1 SGB IX noch ist der Arbeitgeber verpflichtet, generell deren Teilhabe am Arbeitsleben zu fördern (BAG Urteil vom 28. Juli 1999 – 4 AZR 192/98 = BAGE 92, 140).

Diese besondere Mitwirkungspflicht des Arbeitgebers setzt voraus, dass der Arbeitnehmer dem Arbeitgeber eine **ärztliche Bescheinigung** vorlegt, die ordnungsgemäß **nach den Vorschriften des Sozialrechts** erstellt ist und dem Arbeitgeber hinreichend deutlich macht, dass mit dem Eingliederungsplan auch eine **betrieblich nutzbare Tätigkeit wiedererlangt** werden kann. Kein Anspruch besteht auf eine Mitwirkung an einer nur therapeutischen Erprobung, ohne dass in absehbarer Zeit das „Ob" und „Wie" einer möglichen Fortsetzung des Arbeitsverhältnisses ersichtlich wären. 26i

Nach den Empfehlungen des Gemeinsamen Bundesausschusses über die Beurteilung der Arbeitsunfähigkeit und die Maßnahmen zur stufenweisen Wiedereingliederung (Arbeitsunfähigkeits-Richtlinien) nach § 92 Abs. 1 Satz 2 Nr. 7 SGB V vom 1. Dezember 2003 (BAnz. Nr. 61 vom 27. März 2003 S. 6501) **knüpfen die Feststellung von krankheitsbedingter Arbeitsunfähigkeit** und die **Empfehlung zur Wiedereingliederung** an die vom Arbeitnehmer **bisher konkret ausgeübte Tätigkeit** an. Hiervon ausgehend setzt die Empfehlung zur Wiedereingliederung zunächst die Beurteilung voraus, **der Arbeitnehmer sei (weiterhin) arbeitsunfähig**. Hinzu kommt die Einschätzung, dass er seine **arbeitsvertragliche Tätigkeit teilweise verrichten könnte** und schließlich muss der Arzt die Prognose treffen, dass eine stufenweise Heranführung des Arbeitnehmers an die berufliche Belastung seine **Wiedereingliederung in das Erwerbsleben fördert**. Dabei muss sich die Prognose nicht zwingend auf das Ziel der Wiederherstellung der vollen Arbeitstätigkeit richten, auch wenn dies regelmäßig verfolgt wird (vgl. dazu BAG Urteil vom 28. Juli 1999 – 4 AZR 192/98 = BAGE 92, 140). Auch die Befähigung zu einer nach Art, Dauer, zeitlicher und räumlicher Lage veränderten Arbeitstätigkeit kann Eingliederung in das Erwerbsleben sein. 26j

Der Arzt hat seine Feststellungen auf dem **Vordruck der Sozialversicherungsträger** zu bescheinigen. Diese verlangt eine **erkennbar auf die Erkrankung und Behinderung des Arbeitnehmers und seine Tätigkeit abgestellte Empfehlung** über die Art und Weise der Be- 26k schäftigung. Ebenso muss der Arzt eine Prognose zur Arbeitsfähigkeit des Arbeitnehmers **nach Durchführung der Maßnahme** abgeben. Eine konkrete Zeitangabe ist dann bei Beginn der Maßnahme nicht zwingend; denn die stufenweise Wiederaufnahme soll den Arbeitnehmer schonend und kontinuierlich an die Belastungen seines Arbeitsplatzes heranführen. Die so erstellte **Bescheinigung ist dem Arbeitgeber vorzulegen.** Andernfalls kann er nicht beurteilen, ob er an der Wiedereingliederung mitwirken muss oder wegen der Art oder der voraussichtlichen Dauer der Maßnahme berechtigt ist, sie als unzumutbar i. S. von § 81 Abs. 4 Satz 3 SGB IX abzulehnen.

27 Haben Arbeitnehmer und Arbeitgeber im Grundsatz der stufenweisen Wiedereingliederung zugestimmt, ist für Art und Form der weiteren Durchführung eine **vertragliche Vereinbarung** erforderlich, sofern hierzu keine Betriebsvereinbarung besteht. Dabei sollten **folgende Punkte geregelt** werden (vgl. BAR-Arbeitshilfe S. 17):

– Beginn und Ende des Wiedereingliederungsplans,
– Einzelheiten über die verschiedenen Stufen (Art und Dauer),
– Rücktrittsrecht vor dem vereinbarten Ende,
– Gründe für ein vorzeitiges Zurücktreten,
– Ruhen der entgegenstehenden Bestimmungen des Arbeitsvertrages während der Dauer des Wiedereingliederungsplanes,
– Höhe eines etwaigen Arbeitsentgeltes.

Ansonsten ist das **Wiedereingliederungsverhältnis offen für angemessene Regelungen des Einzelfalles.** So kann medizinisch zweckmäßigen Modalitäten ebenso Rechnung getragen werden wie den Wünschen und Bedürfnissen des Arbeitnehmers sowie der Zumutbarkeit für den Arbeitgeber. Beispielsweise ist es möglich, regelmäßige Ruhetage oder Urlaub zu vereinbaren; es kann auch eine Beschäftigung nur zur Erprobung vereinbart werden, in der der Arbeitnehmer Art und Intensität der Arbeit selbst bestimmt (*Gagel u. a.* Diskussionsbeitrag Nr. 9 / 2005 S. 3). Allerdings bedarf es hierfür stets einer ausdrücklichen Abrede.

5. Versicherungsrechtlicher Status während der stufenweisen Wiedereingliederung

28 Während der stufenweisen Wiedereingliederung ist der Versicherte **weiterhin arbeitsunfähig** im Rechtssinne (vgl. BAG Urteil vom 29. Januar 1992 – 5 AZR 37/91 69, 272 = AP Nr. 1 zu § 74 SGB V = DB 1992, 1478). Es gibt **keine Teilarbeitsunfähigkeit** (BSG Urteil vom 12. September 1978 – 5 RJ 6/77 = BSGE 47,47 = SozR 2200 § 537 Nr. 9 und BSG Urteil vom 3. Oktober 1984 – 5b RJ 96/83 = BSGE 57, 163 = SozR 2200 § 1255 Nr. 21; sog. Alles-oder-Nichts-Prinzip, vgl. auch *Gagel*, NZA 2000, 988 [990]), sondern nur die Möglichkeit, trotz einer Arbeitsunfähigkeit beschränkt tätig zu sein (*Mrozynski* Rdnr. 3). Solange ein Versicherter die bisherige Tätigkeit aus gesundheitlichen Gründen nicht in vollem Umfang wieder ausüben kann, z. B. weil ihn seine Erkrankung noch an zuvor geleisteter vollschichtiger Arbeit hindert und ihm stattdessen nur eine Teilzeitarbeit zur Wiedereingliederung erlaubt ist, ist er deshalb weiterhin arbeitsunfähig. Die Aufnahme einer Tätigkeit zur stufenweisen Wiedereingliederung ändert folglich nichts am Ruhen des Arbeitsverhältnisses wegen fortbestehender Arbeitsunfähigkeit (BSG Urteil vom 21. März 2007 – B 11a AL 31/06 R = Breithaupt 2007, 979).

29 Daher hat der Versicherte nach Auslaufen der Entgeltfortzahlung nach dem EFZG bzw. der durch kollektivrechtliche Regelungen (Tarifvertrag, Betriebsvereinbarung) festgelegten Krankenbezüge Anspruch auf Entgeltersatzleistungen. Das können sein: **Krankengeld** (§§ 44 und 46 bis 51 SGB V und § 8 Abs. 2 i. V. m. §§ 12 und 13 KVLG), **Übergangsgeld** (§§ 44 und 46 bis 51 SGB V und § 8 Abs. 2 i. V. m. §§ 12 und 13 KVLG) oder **Verletztengeld** (§§ 45 bis 48, 52 und 55 SGB VII). Sollte dabei „Arbeitsentgelt" erzielt werden – obwohl es sich bei dem zugrunde liegenden Rechtsverhältnis nicht um ein Arbeitsverhältnis handelt (vgl. hierzu oben Rdnrn. 17 und 28 sowie *Mrozynski* Rdnr. 4) –, ruht der Anspruch auf diese Entgeltersatzleistungen bzw. findet eine Anrechnung statt (§ 49 Abs. 1 Nr. 1 SGB V).

30 Personen, die während einer stufenweisen Wiedereingliederung geringfügig tätig werden, sind **nicht versicherungsfrei in der Arbeitslosenversicherung** (§ 27 Abs. 2 Satz 2 Nr. 3 SGB III). Darin liegt eine Ausnahme von der Versicherungsfreiheit der geringfügigen Beschäftigung nach § 27 Abs. 1 Satz 1 SGB III. Der Gesetzgeber stellt in sozialrechtlicher Hinsicht offensichtlich doch einen Zusammenhang her mit dem fortbestehenden, aber ruhenden versicherungspflichtigen Arbeitsverhältnis (§ 25 Abs. 1 SGB III). Fraglich ist aber ob eine zur stufenweisen Wiedereingliederung verrichtete Tätigkeit immer als versicherungspflichtige Beschäftigung anzusehen ist oder etwa nur für den Fall, dass der Arbeitgeber diese Tätigkeit mit einem Arbeitsentgelt vergütet (zum Meinungsstand vgl. u. a. Neumann u. a. / *Majerski-Pahlen* Rdnr. 6; KassKomm / *Gürtner* SGB VI, § 5 Rdnr. 28b; KassKomm / Seewald SGB IV § 7 Rdnrn. 16a und 126; Hauck / Noftz / *Klückmann* SGB V § 74 Rdnr. 18). Das BSG hat dies im Urteil vom 21. März 2007 – B 11a AL 31/06 R = Breithaupt 2007, 979 als nicht entscheidungserheblich offengelassen, und zwar unter Hinweis auf den die Versicherungspflicht betreffenden sozialen Schutzzweck des § 27 Abs. 2 Satz 2 Nr. 3 SGB III und die Motivation des Gesetzgebers bei der Einführung des § 74 SGB V.

Bleibt ein Wiedereingliederungsversuch ohne Erfolg, erleidet der Betroffene **in der Arbeitslosenversicherung keinen Nachteil**. War der arbeitsunfähige Versicherte zuvor arbeitslos und wird er im Rahmen der stufenweisen Wiedereingliederung an einem Arbeitsplatz beschäftigt, der mit seiner vorher ausgeübten Tätigkeit nicht vergleichbar ist, liegt hierin **keine Lösung vom bisherigen Beruf** (KassKomm / *Hess* § 74 SGB V Rdnr. 4). Mit dieser Beurteilung wird sichergestellt, dass nicht etwa die neue Tätigkeit nunmehr den für die Beurteilung der Arbeitsunfähigkeit maßgeblichen Bezugspunkt bildet (vgl. BSG Urteil vom 2. Oktober 1970 – 3 RK 6/70 = BSGE 32, 18 = SozR 2200 Nr. 40; BSG Urteil vom 17. August 1982 – 3 RK 28/81 = BSGE 54, 62 = SozR 2200 § 182 Nr. 84).

30a Bei **unentgeltlicher Tätigkeit** für einen **Arbeitgeber im Rahmen einer stufenweisen Wiedereingliederung** kann **Anspruch auf Arbeitslosengeld** bestehen (BSG Urteil vom 21. März 2007 – B 11a AL 31/06 R = Breithaupt 2007, 979). Die stufenweise Wiedereingliederung begründet kein die Arbeitslosigkeit ausschließendes leistungsrechtliches Beschäftigungsverhältnis. Als Rechtsinstitut steht sie daher der **Gewährung von Arbeitslosengeld** nicht schon grundsätzlich entgegen (BSG Urteil vom 21. März 2007 a. a. O.).

31 Während der schrittweisen Arbeitsaufnahme bleibt der Arbeitnehmer auch in der **Rentenversicherung** weiterhin **versicherungspflichtig**. In § 5 Abs. 2 Satz 3 SGB VI erstreckt sich die Versicherungsfreiheit bei geringfügiger Beschäftigung nicht auf den Fall einer – nicht nur geringfügigen – Beschäftigung i. S. von § 74 SGB V (§ 5 Abs. 2 Satz 3 SGB VI). Auch hier stellt der Gesetzgeber auf das zugrunde liegende Arbeitsverhältnis ab und lässt die Versicherungspflicht gem. § 3 Abs. 1 Nr. 3 SGB VI bei der stufenweisen Wiederaufnahme bestehen, wenn dieses selbst nicht nur geringfügig ist (vgl. *Mrozynski* Rdnr. 10).

In der **Krankenversicherung** bleibt die Mitgliedschaft nach § 102 Abs. 1 Nr. 2 SGB V erhalten, weil während der stufenweisen Wiedereingliederung ein Anspruch auf Krankengeld besteht.

In der **Unfallversicherung** besteht ein Versicherungsschutz gegen Arbeitsunfälle und Berufskrankheiten bei jeder Beschäftigung i. S. des § 2 Abs. 1 Nr. 1 SGB VII unabhängig von ihrem Umfang.

32 Die Dauer des Bezuges einer Entgeltersatzleistung während einer schrittweisen Arbeitsaufnahme wird nach den Vorschriften über das **Krankengeld** in den §§ 48 und 49 SGB V **auf die 78 Wochen innerhalb von je drei Jahren angerechnet**, für die ein Versicherter im Fall der Arbeitsunfähigkeit wegen derselben Krankheit Krankengeld beziehen kann. Arbeitnehmer, die sich zu einer stufenweisen Wiedereingliederung bereit erklären, sind damit jenen Personen gleichgestellt, die von einer derartigen Möglichkeit keinen Gebrauch machen. Auch wenn der Versuch einer schrittweisen Arbeitsaufnahme scheitert, wird diese Zeit auf die maximale Krankengeldbezugsdauer angerechnet.

33 Um die Attraktivität der Inanspruchnahme zu erhöhen, können während einer stufenweisen Wiedereingliederung **Zusatzleistungen** von einem Rehabilitationsträger oder dem Arbeitgeber gewährt werden. So kann die Erstattung von Mehraufwendungen, z. B. für Fahrtkosten zur Arbeitsstätte, vereinbart werden. Diese werden vielfach von den Krankenkassen übernommen.

6. Zeitlicher Rahmen der Wiedereingliederung
a) Dauer der Maßnahme

34 Die Dauer einer stufenweisen Wiedereingliederung reicht im Allgemeinen **von sechs Wochen bis zu sechs Monaten** (vgl. BAR-Arbeitshilfe S. 19). Daran sollte sich die volle Beschäftigung anschließen. In Ausnahmefällen kann die Maßnahme, wenn dies individuell bedarfsgerecht ist, **bis auf zwölf Monate ausgedehnt** werden. Lässt sich das Ziel der stufenweisen Wiedereingliederung auch nach neun Monaten nicht erreichen, so ist rechtzeitig zu prüfen, ob weitergehende medizinische Rehabilitationsleistungen bzw. besondere Leistungen zur Teilhabe am Arbeitsleben oder auch ein Rentenbezug in Betracht kommen.

b) Dauer der täglichen Arbeitszeit

35 Die einzelnen **Intervalle** können bei einer täglichen Arbeitszeit **von einer Stunde** beginnen und beim Erreichen einer vollschichtigen (z. B. 8- oder 12-stündigen) **Tätigkeit** enden. Bei der Abstufung der schrittweisen Arbeitsaufnahme sind auch **betriebliche Bedingungen und Anfahrtswege** zur Arbeitsstätte zu berücksichtigen. Die tägliche Arbeitszeit soll in einem angemessenen Verhältnis zum Zeitbedarf für den Weg zwischen Wohnung und Arbeitsstätte stehen. Bei Wegezeiten von insgesamt zwei Stunden und mehr muss die medizinische Zweckmäßigkeit einer stufenweisen Wiedereingliederung besonders kritisch geprüft werden.

36 Wiedereingliederungspläne sind im zeitlichen Ablauf des Rehabilitationsprozesses ständig medizinisch zu überprüfen und den **individuellen gesundheitlichen Erfordernissen anzupassen**. So besteht die Möglichkeit, länger als ursprünglich vorgesehen auf einer Stufe zu verharren, schneller zur nächsten Stufe vorzurücken, aber auch wieder auf eine niedrigere Stufe zurückzugehen.

c) Urlaub im Anschluss an stufenweise Wiedereingliederung

37 Viele Arbeitnehmer möchten verständlicherweise gerade nach einer längerfristigen Krankheit aufgelaufenen (Rest-)Urlaub in Anspruch nehmen, sobald ihre volle Arbeitsfähigkeit wieder hergestellt ist. Allerdings kann sich ein solcher **Urlaub kontraproduktiv** auf den über die stufenweise Wiedereingliederung **erreichten Trainingseffekt** auswirken (vgl. BAR-Arbeitshilfe S. 65). Deshalb sollte der behandelnde Arzt bzw. der Betriebsarzt im vertrauensvollen Gespräch auf den Patienten einwirken, auch nach Erreichen der vollen Leistungsfähigkeit **zunächst einige Wochen berufstätig** zu sein, um erst nach **Stabilisierung des therapeutischen Erfolgs** der stufenweisen Wiedereingliederung den Urlaub anzutreten. Der Arbeitnehmervertreter kann dem Arzt ggf. dabei helfen, für dieses wichtige Anliegen Verständnis beim Rekonvaleszenten zu gewinnen.

7. Verfahrensfragen
a) Einleitung

38 Eine stufenweise Wiedereingliederung wird meist **durch behandelnde Ärzte** (Hausarzt, Facharzt), sonstige Ärzte, durch die Krankenversicherung oder einen anderen **Rehabilitationsträger** (Rentenversicherung oder Unfallversicherung) bzw. eine Gemeinsame Servicestelle für Rehabilitation angeregt. Der arbeitsunfähige Versicherte kann aber auch von sich aus an diese Ärzte und Stellen herantreten, um sich dort nach den Möglichkeiten zu erkundigen.

Zweckmäßig ist stets eine **Rücksprache** des behandelnden Arztes **mit dem Betriebsarzt** bzw. dem Arbeitsmedizinischen Zentrum, das den Betrieb betreut, in dem der Versicherte tätig ist. Hierbei sollten die konkreten Anforderungen und Belastungen am Arbeitsplatz des Versicherten und die Möglichkeiten einer schrittweisen Arbeitsaufnahme abgeklärt werden.

Eine Anregung kann auch im Rahmen von **Entlassungsberichten** ergehen, die an den Rehabilitationsträger und die behandelnden Ärzte weitergegeben werden. Allerdings sollten Vorschläge in derartigen Gutachten, die auf eine innerbetriebliche Umsetzung oder eine Beschäftigung auf Schonarbeitsplätzen abstellen, ohne vorherige **Rücksprache mit dem zuständigen Betriebsarzt** bzw. Arbeitsmedizinischen Zentrum vermieden werden. Ohne Kenntnis und Berücksichtigung der tatsächlich am Arbeitsplatz des Versicherten gegebenen Anforderungen und der betrieblichen Möglichkeiten führen solche Formulierungen häufig eher zum Verlust eines Arbeitsplatzes als zu einer dem Einzelfall angemessenen Wiedereingliederung. 39

Wesentlich ist in jedem Falle die **zügige Erstellung und Übermittlung von Entlassungsberichten** an die behandelnden Ärzte und den Rehabilitationsträger, damit weitere Maßnahmen schnellstmöglich geplant und eingeleitet werden können.

Auch die Träger der **Gesetzlichen Rentenversicherung** ermöglichen eine schrittweise Arbeitsaufnahme ihrer Versicherten im Rahmen der medizinischen Rehabilitation (vgl. BAR-Arbeitshilfe S. 66). Schließt sich eine stufenweise Wiedereingliederung, deren Notwendigkeit sich während der Teilnahme an einer medizinischen Leistung zur Rehabilitation durch den Rentenversicherungsträger ergeben hat, unmittelbar (innerhalb von 14 Tagen) daran an oder wird die stufenweise Wiedereingliederung während einer ambulanten Leistung zur medizinischen Rehabilitation des Rentenversicherungsträgers begonnen, ist die Zuständigkeit der Rentenversicherung für die Durchführung der stufenweisen Wiedereingliederung gegeben. 40

Erscheint eine stufenweise Wiedereingliederung nach länger andauernder, schwerer Krankheit im Anschluss an eine Leistung zur medizinischen Rehabilitation medizinisch und therapeutisch sinnvoll, werden die notwendigen Feststellungen und die **Einleitung** der stufenweisen Wiedereingliederung regelmäßig spätestens **bis zum Abschluss der Leistung zur medizinischen Rehabilitation** getroffen. Die rechtlichen und medizinischen Voraussetzungen zur Einleitung und Durchführung einer stufenweisen Wiedereingliederung, soweit diese erforderlich ist, werden in der Rehabilitationseinrichtung festgestellt. Dazu wird der Rehabilitand über den Zweck, die Vorteile, mögliche Risiken der Einleitung und der Durchführung einer schrittweisen Arbeitsaufnahme informiert und um seine Zustimmung dazu gebeten, in Zusammenarbeit mit dem Arbeitgeber, dem behandelnden Arzt, dem Rentenversicherungsträger und ggf. der Krankenkasse ein entsprechendes Verfahren in die Wege zu leiten. Die Rehabilitationseinrichtung erstellt den Eingliederungsplan und leitet die Unterlagen dem Rentenversicherungsträger zu, damit die anschließende Zahlung des Übergangsgeldes sichergestellt ist. 41

b) Beteiligung des Rehabilitationsträgers

Unabhängig davon, wer Initiator einer stufenweisen Wiedereingliederung ist, sollten die dazu notwendigen Aktivitäten von einer Institution organisiert und koordiniert werden, bei der alle „Fäden zusammenlaufen" und die als Anlaufstelle für die an dem Eingliederungsprozess Beteiligten wirken kann. Dafür bietet sich u. a. die **Krankenkasse** an, da sie ohnehin im Rahmen ihrer Verpflichtung zur Betreuung Arbeitsunfähiger tätig werden muss. Sofern ein anderer Rehabilitationsträger zuständig ist, bleibt dieser verantwortlich für die Einleitung und Durchführung der stufenweisen Wiedereingliederung. 42

Neben der Beratung des Versicherten und Organisation der Maßnahme kann die Krankenkasse auch vermittelnde Funktionen bei auftretenden Schwierigkeiten während der gesamten Phase der stufenweisen Wiedereingliederung übernehmen. Die Krankenkasse ist jeden- 43 falls eine der zentralen Anlaufstellen für alle an der stufenweisen Wiedereingliederung eines arbeitsunfähigen Versicherten Beteiligte und kann wichtige Aufgaben bei **Organisation und Koordination der stufenweisen Wiedereingliederung** übernehmen.

44 Im Allgemeinen wird der **Rehabilitationsträger** das Vorgehen bei der stufenweisen Wiedereingliederung mit den verschiedenen Beteiligten **abstimmen**. In manchen Fällen kann dies auch durch den behandelnden Arzt oder den Betriebsarzt geschehen, da diese den Wiedereingliederungsplan (Stufenplan) zusammen mit dem Versicherten ausarbeiten und erforderlichenfalls im Gespräch mit dem Arbeitgeber (oder dessen Beauftragten) auch an die gegebenen betrieblichen Erfordernisse anpassen. Vor allem regelt der Rehabilitationsträger die **finanzielle Abwicklung** mit dem Arbeitgeber, ggf. unter Mitwirkung der Arbeitnehmervertretung.

45 Es empfiehlt sich nämlich, auch den **Betriebsrat / Personalrat** bzw. die **Schwerbehindertenvertretung** in die Einleitung einer stufenweisen Wiedereingliederung eines Arbeitnehmers **einzubeziehen** (vgl. BAR-Arbeitshilfe S. 61). Aufgrund ihrer engen Kontakte zu den Kollegen sowie ihrer Kenntnisse der innerbetrieblichen Gegebenheiten können auch die Angehörigen dieser Arbeitnehmervertretungen wichtige Funktionen im Vorfeld und bei der Durchführung einer stufenweisen Wiedereingliederung eines arbeitsunfähigen Arbeitnehmers an seinem bisherigen Arbeitsplatz übernehmen. Insbesondere können sie die **konkreten Bedingungen** einer schrittweisen Arbeitsaufnahme **im Betrieb prüfen**. Die Arbeitnehmervertreter sollten auch in die Ausarbeitung des Wiedereingliederungsplans einbezogen werden, mit den in das Verfahren eingebundenen Personen und Stellen zusammenarbeiten und dabei die Belange des Arbeitsunfähigen wahrnehmen.

46 Die Arbeitnehmervertretung kann namentlich an den Verhandlungen über die finanzielle Abwicklung einer stufenweisen Wiedereingliederung beteiligt werden und hier die Interessen der Arbeitnehmer zum Ausdruck bringen. Dabei kann es zu besonderen **Betriebsvereinbarungen** über die Durchführung des Verfahrens und über freiwillige Zusatzleistungen des Arbeitgebers während der Eingliederungszeit kommen.

47 Es ist auch notwendig, **Kollegen und Vorgesetzte** des arbeitsunfähigen Arbeitnehmers in angemessener Weise auf eine solche Maßnahme einzustimmen. Bei ihnen sollte darum geworben werden, einem solchen Verfahren offen und verständnisvoll gegenüberzutreten und den Kollegen aktiv bei den Bemühungen zu unterstützen. Nur wenn im unmittelbaren sozialen Umfeld am Arbeitsplatz ein Mindestmaß an **Verständnis für den Rekonvaleszenten** aufgebracht wird, lässt sich ein solches Vorhaben erfolgreich verwirklichen. Erfahrungsgemäß sind positive Ergebnisse dort zu erwarten, wo sich stufenweise Wiedereingliederung in Übereinstimmung mit Kollegen und Vorgesetzten vollzieht und wo eine solche Maßnahme nicht nur geduldet, sondern auch **aktiv unterstützt** wird.

c) Datenschutz

48 Besonders zu beachten sind die allgemeinen Anforderungen des Datenschutzes im Vorfeld und bei der Durchführung einer stufenweisen Wiedereingliederung: Personenbezogene Daten zum Krankheitsverlauf dürfen nur mit **schriftlicher Einwilligung des Versicherten** an andere Ärzte, insbesondere Betriebsärzte, weitergegeben werden. Andere personenbezogene Informationen (Ärztliche Bescheinigung u. ä.) dürfen vom Rehabilitationsträger oder den am Verfahren beteiligten Ärzten lediglich bei dringendem Bedarf ebenfalls nur mit schriftlicher Einwilligung des Versicherten an andere Stellen oder Personen, insbesondere den Arbeitgeber, weitergegeben werden (vgl. BAR-Arbeitshilfe S. 42). Die Mitwirkungsbereitschaft der Betroffenen dürfte nicht unwesentlich auch von dem Vertrauen abhängen, das sie berechtigterweise in die Wahrung ihrer datenschutzrechtlichen Interessen setzen können.

d) Wiedereingliederungsplan

Steht die Möglichkeiten fest, eine stufenweise Wiedereingliederung zu versuchen, kann ein Wiedereingliederungsplan erarbeitet werden, wobei – je nach Bedarf – Versicherter, Rehabilitationsträger, Medizinischer bzw. Ärztlicher Dienst, Betriebsarzt, Arbeitgeber und Arbeitnehmervertretung vertrauensvoll zusammenarbeiten. Es hat sich in der Praxis als zweckmäßig erwiesen, wenn insbesondere **behandelnder Arzt und Betriebsarzt direkt miteinander in Kontakt** treten und die medizinischen Aspekte der stufenweisen Wiedereingliederung gemeinsam erörtern und in vertrauensvoller Zusammenarbeit planen. Eine schrittweise Arbeitsaufnahme an Arbeitsplätzen, für die **arbeitsmedizinische Vorsorgeuntersuchungen** nach den berufsgenossenschaftlichen Grundsätzen erforderlich sind, erfordert grundsätzlich die Zustimmung des Betriebsarztes (vgl. BAR-Arbeitshilfe S. 41). 49

Der Wiedereingliederungsplan regelt im Einzelnen den **Ablauf** der schrittweisen Arbeitsaufnahme und ihre **finanzielle Abwicklung**. Ihm müssen alle Beteiligten (Versicherter, behandelnder Arzt, Arbeitgeber) durch Unterschrift zustimmen. 50

Insbesondere konkretisiert der Plan (vgl. Muster 4 „Musterformular für einen Wiedereingliederungsplan" der Anlage 1 „Empfehlung zur Umsetzung der stufenweisen Wiedereingliederung" des Anhangs der „Arbeitsunfähigkeits-Richtlinien") den Verlauf der Wiedereingliederungsphase vor dem Hintergrund der bestehenden krankheitsbedingten Einschränkungen der Leistungsfähigkeit des Versicherten einerseits und seiner zu erwartenden gesundheitlichen und leistungsmäßigen Fortschritte andererseits. Er enthält demnach **Informationen über**

– die zeitliche Abstufung und Ausdehnung des Wiedereingliederungsverlaufs, die Abfolge und Dauer der einzelnen Belastungsstufen;
– die notwendige Vermeidung bestimmter arbeitsbedingter Belastungen und nicht geeigneter Tätigkeiten sowie
– flankierende Maßnahmen am Arbeitsplatz (z. B. Arbeitserleichterungen, technische Hilfen).

Vor allem sind in ihm die **tägliche Arbeitszeit** und die **Tätigkeiten** angegeben, die der Versicherte während der Phase der Wiedereingliederung ausüben kann bzw. denen er nicht ausgesetzt werden darf. Die schrittweise Arbeitsaufnahme vollzieht sich nach den im Wiedereingliederungsplan enthaltenen Vorgaben. 51

e) Laufende Überprüfung

Der Ablauf der stufenweisen Wiedereingliederung des weiterhin arbeitsunfähigen Versicherten ist **in Absprache mit dem Betriebsarzt** laufend medizinisch zu überprüfen. Im Bedarfsfall ist der Wiedereingliederungsplan an die individuellen gesundheitlichen Erfordernisse des Versicherten **anzupassen**, d. h. zu verlängern oder zu verkürzen. 52

Der Versicherte ist **in regelmäßigen Abständen** vom behandelnden Arzt auf die gesundheitlichen Auswirkungen der schrittweisen Arbeitsaufnahme hin **zu untersuchen**, um so 53
– etwaige Risiken einschätzen und
– über die Fortdauer der Wiedereingliederung befinden und,
– soweit dies angebracht erscheint, den Wiedereingliederungsplan hinsichtlich der Belastungseinschränkungen modifizieren oder
– die Arbeitsunfähigkeit als beendet feststellen

zu können (vgl. BAR-Arbeitshilfe S. 35).

Die **Abstände** zwischen diesen Untersuchungen sollten einen Zeitraum von **zehn Tagen** nicht überschreiten.

Auch während der Wiedereingliederungsphase sollen **behandelnder Arzt und Betriebsarzt** vertrauensvoll zusammenarbeiten: Da dem Betriebsarzt die ärztliche Betreuung des Versi- 54 cherten im Betrieb obliegt, schlägt er dem behandelnden Arzt die aus seiner Sicht notwendigen Änderungen des Wiedereingliederungsplanes vor. Änderungen des Wiedereingliederungsplans sind allen Beteiligten unverzüglich zur Zustimmung zu unterbreiten.

55 Stellen sich während der schrittweisen Arbeitsaufnahme **nachteilige gesundheitliche Folgen** für den Versicherten heraus, so muss die Wiedereingliederung abgebrochen werden. In einem solchen Falle ist dies vom behandelnden Arzt zu bescheinigen und die Fortdauer der Arbeitsunfähigkeit zu attestieren. Alle Veränderungen des vereinbarten Ablaufs der Wiedereingliederung sind den Beteiligten (insbesondere dem Versicherten und dem Rehabilitationsträger) unverzüglich zum Zwecke der Zustimmung mitzuteilen. Die Federführung obliegt im Allgemeinen auch hier dem Rehabilitationsträger.

f) Besonderheiten bei der gesetzlichen Unfallversicherung

56 Stufenweise Wiedereingliederung wird im Rahmen der medizinischen Rehabilitation von Versicherten der Unfallversicherung seit langen Jahren routinemäßig und erfolgreich **in Form der Belastungserprobung praktiziert** und in weit gehender Analogie zu dem Verfahren vollzogen, wie es von der Krankenversicherung vorgesehen ist (vgl. BAR-Arbeitshilfe S. 70).

Angeregt wird die stufenweise Wiedereingliederung in Form einer Belastungserprobung im Rahmen der Unfallversicherung – soweit dies nicht bereits durch den behandelnden Arzt, den Betriebsarzt, Ärzte in Rehabilitationseinrichtungen, den Versicherten oder den Arbeitgeber geschah – insbesondere durch den **Berufshelfer**.

57 Dem Berufshelfer des Unfallversicherungsträgers obliegt dabei die Abstimmung von Beginn, Art, Umfang und Ende der Maßnahme. Die stufenweise Wiedereingliederung bzw. Belastungserprobung wird in enger Zusammenarbeit zwischen behandelndem Arzt, Arbeitgeber, Versichertem und Berufshelfer sowie ggf. unter Beteiligung des Betriebsarztes, der Fachkraft für Arbeitssicherheit, des Betriebsrates und des Schwerbehindertenvertrauensmannes eingeleitet.

58 Die stufenweise Wiedereingliederung soll **zunächst stundenweise**, z. B. mit vier Stunden beginnen und zunehmend ausgedehnt werden – nach Anweisung und unter Kontrolle des behandelnden Arztes sowie ggf. unter Mitwirkung des Betriebsarztes.

In der Regel ist für diese Maßnahme ein **Zeitraum von etwa vier bis sechs Wochen** vorgesehen. Unter bestimmten Voraussetzungen kann aber auch eine deutlich längere Dauer erforderlich sein, um das angestrebte Ziel zu erreichen. Während seiner Teilnahme an der stufenweisen Wiedereingliederung ist der Versicherte weiterhin arbeitsunfähig. Er hat Anspruch auf **Weiterzahlung des Verletztengeldes**. Gezahltes Arbeitsentgelt wird auf das Verletztengeld angerechnet, soweit sie zusammen mit diesem das Nettoarbeitsentgelt übersteigen. Einige Berufsgenossenschaften erstatten dem Versicherten die durch seine Teilnahme an der Maßnahme entstehenden **Fahrtkosten** im Rahmen der berufsgenossenschaftlichen Reisekostenrichtlinien. Hierzu bedarf es einer Bescheinigung des Arbeitgebers über die Anzahl der Arbeitstage und eines Nachweises der Fahrtkosten.

59 Da es sich bei der stufenweisen Wiedereingliederung in Form einer Belastungserprobung um eine Leistung der medizinischen Rehabilitation durch die Unfallversicherung handelt, ist der Verletzte aufgrund seiner **Mitwirkungspflichten** nach §§ 60 ff. SGB I zu einer Mitarbeit nach besten Kräften verpflichtet. Eine Verletzung dieser Pflichten kann sich nachteilig auf die Leistungsgewährung auswirken.

60 Ein **Arbeitsunfall**, den der Versicherte bei der Maßnahme oder auf einem dazu notwendigen Wege erleidet, gilt als Folge des Arbeitsunfalls, der diese Maßnahme zur medizinischen Rehabilitation erforderlich machte.

IV. Literatur

Becker, Isabell, Arbeits- und sozialrechtliche Beurteilung der stufenweisen Wiedereingliederung in das Erwerbsleben gem. § 74 SGB V, Pfaffenweiler 1995

Brocke, Erwin, Die stufenweise Wiedereingliederung in den Arbeitsprozess, SGb 1990, 45

Bundesarbeitsgemeinschaft für Rehabilitation (Hrsg.), Rehabilitation Behinderter: Schädigung – Diagnostik – Therapie – Nachsorge. Wegweiser für Ärzte und weitere Fachkräfte der Rehabilitation, 2. Auflage, Köln 1994

Bundesarbeitsgemeinschaft für Rehabilitation (Hrsg.), Wegweiser Rehabilitation und Teilhabe behinderter Menschen, 11. Auflage, Frankfurt / M., 2001

Bundesarbeitsgemeinschaft für Rehabilitation (Hrsg.), Arbeitshilfe für die stufenweise Wiedereingliederung in den Arbeitsprozess, Schriftenreihe der BAR, Heft 8 o. J., zit. als BAR-Arbeitshilfe

Bundesverband der Betriebskrankenkassen, BKK-Fallmanagement – Arbeitshilfe, Essen 2001

Compensis, Ulrike, Sozialrechtliche Auswirkungen der stufenweisen Wiedereingliederung arbeitsunfähiger Arbeitnehmer nach § 74 SGB V, NZA 1992, 631

Eissenhauer, Wolfgang, Teilarbeitsfähigkeit und stufenweise Wiederaufnahme der Arbeit bei Leistungsgeminderten – aus sozialmedizinischer Sicht, MEDSACH 1989, 78

Faßmann, Hendrik / **Oertel**, Martina, Stufenweise Wiedereingliederung in den Arbeitsprozess, BKK 1991, 18

Faßmann, Hendrik / **Oertel**, Martina / **Wasilewski**, Rainer, Konzepte, Erfahrungen und Probleme im Bereich der stufenweisen Wiedereingliederung in den Arbeitsprozess – Ergebnisse einer Bestandsaufnahme, Das öffentliche Gesundheitswesen 1991, 115

Fraisse, Eckart / **Karoff**, Marthin, Verbesserung des Übergangs zwischen medizinischer und beruflicher Rehabilitation, Rehabilitation 1997, 233

Gagel, Alexander, Rehabilitation im Betrieb unter Berücksichtigung des neuen SGB IX – ihre Bedeutung und das Verhältnis von Arbeitgebern und Sozialleistungsträgern, NZA 2002, 988

Gagel, Alexander / **Schian**, Marcus, Stufenweise Wiedereingliederung in das Erwerbsleben (§ 74 SGB V / § 28 SGB IX), BehindertenR 2006, 53

Gagel, Alexander / **Schian**, Hans-Martin / **Dalitz**, Sabine / **Schian**, Marcus, Stufenweise Wiedereingliederung in das Erwerbsleben (§ 74 SGB V / § 28 SGB IX), Diskussionsbeitrag Nr. 9/2005 in Forum B, Schwerbehindertenrecht und Fragen des betrieblichen Gesundheitsmanagements, Institut für Qualitätssicherung in Prävention und Rehabilitation GmbH an der deutschen Sporthochschule Köln, http://www.iqpr.de/iqpr/download/foren/B9-2005.pdf [24. 1. 2006], zit. als *Gagel u. a.*, Diskussionsbeitrag Nr. 9 / 2005

Gitter, Wolfgang, Arbeitsrechtliche Probleme der stufenweisen Wiedereingliederung arbeitsunfähiger Arbeitnehmer – Zugleich ein Beitrag zum Rechtsbegriff der Teilarbeitsfähigkeit, ZfA 1995,123

Gunder, Klaus, Stufenweise Wiedereingliederung bei Arbeitsunfähigkeit – Anspruch auf Arbeitsentgelt, ErsK 1992,136

Hennies, Günter, Arbeitsunfähigkeit bei lang andauernden Krankheiten – Teil 1: Fortbestehende Arbeitsverhältnisse, Das Gesundheitswesen 1993, 396

Hoyningen-Huene, Gerrick von, Das Rechtsverhältnis zur stufenweisen Wiedereingliederung arbeitsunfähiger Arbeitnehmer (§ 74 SGB V), NZS 1992, 49

Hüllen, Barbara, Schritt für Schritt zurück in die Arbeitswelt: Stufenweise Wiedereingliederung – eine gemeinsame Aufgabe von Betriebskrankenkassen und Betriebsärzten, ErgoMed 1993, 178

Institut für empirische Soziologie Nürnberg, Maßnahmen zur stufenweisen Wiedereingliederung Behinderter in den Arbeitsprozess, Forschungsbericht Gesundheitsforschung, Band 204, hrsg. vom Bundesminister für Arbeit und Sozialordnung, Bonn 1991

Institut für empirische Soziologie Nürnberg, Maßnahmen zur stufenweisen Wiedereingliederung in den Arbeitsprozess – Untersuchung zur Effektivität der stufenweisen Wiedereingliederung in den Arbeitsprozess nach langer schwerer Krankheit. Forschungsbericht Sozialforschung, Band 249, hrsg. vom Bundesminister für Arbeit und Sozialordnung, Bonn 1995

Köhn, Manfred / **Moch**, Peter, Wiedereingliederung in den Arbeitsprozess nach schwerer Krankheit, BKK 1990, 485

Köhn, Manfred / **Müller**, Ludwig, Wiedereingliederung in den Arbeitsprozess nach schwerer Krankheit („Siemens-Modell"), BKK 1990, 700

Kruck, Peter, Stufenweise Wiedereingliederung ins Erwerbsleben, „Teilarbeitsfähigkeit"– aus juristischer Sicht, MEDSACH 1989, 7

Marburger, Horst, Zur Entwicklung des Arbeitsunfähigkeitsbegriffes im Bereich der gesetzlichen Krankenversicherung, SGb 1988, 228

May, Artur, Die krankheitsbedingte Arbeitsunfähigkeit – Feststellung und Rechtsbegriff, SGb 1988, 477

Morawe, Mario, Schrittweise Rückkehr Langzeitkranker ins Arbeitsleben, AuA 1998, 273

Nann, Hans-Peter, Belastungserprobung und Arbeitstherapie – Chancen und Grenzen, BG 2000, 618

ohne Verfasser, Arbeitsentgelt bei Wiedereingliederung, BB 1993, 143

Schaaf, Michael, Anspruch auf Arbeitsentgelt aus einem Wiedereingliederungsverhältnis – Das Urteil des Bundesarbeitsgerichts vom 29. 1. 1992 und die Folgen, SGb 1993, 506

Schian, Hans-Martin, Rehabilitation im Betrieb, Arbeitsmedizin – Sozialmedizin – Präventivmedizin, 1988, 185

Schian, Hans-Martin, Betriebsärztliche Beratung in der Rehabilitation, Rehabilitation 1989, 175

Schimanski, Werner, Die stufenweise Wiedereingliederung in das Erwerbsleben, BehindertenR 2006, 49

Seidel, Rainer, Die Teilzeitarbeit von Schwerbehinderten: Zur Eingliederung in das Arbeitsleben – Beruf und Familie vereinbaren, SuP 1995, 45

Richtlinien des Bundesausschusses der Ärzte und Krankenkassen über die Beurteilung der Arbeitsunfähigkeit und die Maßnahmen zur stufenweisen Wiedereingliederung (Arbeitsunfähigkeits-Richtlinien)

Vom 1. Dezember 2003 (BAnz. Nr. 61 vom 17. März 2004, S. 6501), zuletzt geändert am 21. September 2006 (BAnz. Nr. 241, S. 7356)

Inhaltsverzeichnis

Präambel	§ 1
Definition und Bewertungsmaßstäbe	§ 2
Ausnahmetatbestände	§ 3
Verfahren der Feststellung der Arbeitsunfähigkeit	§ 4

Bescheinigung der Arbeitsunfähigkeit bei Entgeltfortzahlung........................§ 5
Bescheinigung der Arbeitsunfähigkeit nach Ablauf der Entgeltfortzahlung..............§ 6
Zusammenwirken mit anderen Einrichtungen...§ 7
Grundsätze der stufenweisen Wiedereingliederung...§ 8
Inkrafttreten..§ 9
„Empfehlungen zur Umsetzung der stufenweisen Wiedereingliederung"..........Anlage 1

§ 1 Präambel. (1) Die Feststellung der Arbeitsunfähigkeit und die Bescheinigung über ihre voraussichtliche Dauer erfordern – ebenso wie die ärztliche Beurteilung zur stufenweisen Wiedereingliederung – wegen ihrer Tragweite für den Versicherten und ihrer arbeits- und sozialversicherungsrechtlichen sowie wirtschaftlichen Bedeutung besondere Sorgfalt.

(2) Diese Richtlinien haben zum Ziel, ein qualitativ hochwertiges, bundesweit standardisiertes Verfahren für die Praxis zu etablieren, das den Informationsaustausch und die Zusammenarbeit zwischen Vertragsarzt, Krankenkasse und Medizinischem Dienst verbessert.

§ 2 Definition und Bewertungsmaßstäbe. (1) Arbeitsunfähigkeit liegt vor, wenn der Versicherte aufgrund von Krankheit seine zuletzt vor der Arbeitsunfähigkeit ausgeübte Tätigkeit nicht mehr oder nur unter der Gefahr der Verschlimmerung der Erkrankung ausführen kann. Bei der Beurteilung ist darauf abzustellen, welche Bedingungen die bisherige Tätigkeit konkret geprägt haben. Arbeitsunfähigkeit liegt auch vor, wenn aufgrund eines bestimmten Krankheitszustandes, der für sich allein noch keine Arbeitsunfähigkeit bedingt, absehbar ist, dass aus der Ausübung der Tätigkeit für die Gesundheit oder die Gesundung abträgliche Folgen erwachsen, die Arbeitsunfähigkeit unmittelbar hervorrufen.

(2) Arbeitsunfähigkeit besteht auch während einer stufenweisen Wiederaufnahme der Arbeit fort, durch die dem Versicherten die dauerhafte Wiedereingliederung in das Erwerbsleben durch eine schrittweise Heranführung an die volle Arbeitsbelastung ermöglicht werden soll. Ebenso gilt die befristete Eingliederung eines arbeitsunfähigen Versicherten in eine Werkstatt für behinderte Menschen nicht als Wiederaufnahme der beruflichen Tätigkeit. Arbeitsunfähigkeit kann auch während einer Belastungserprobung und einer Arbeitstherapie bestehen.

(3) Arbeitslose sind arbeitsunfähig, wenn sie krankheitsbedingt nicht mehr in der Lage sind, leichte Arbeiten in einem zeitlichen Umfang zu verrichten, für den sie sich bei der Agentur für Arbeit zur Verfügung gestellt haben. Dabei ist es unerheblich, welcher Tätigkeit der Versicherte vor der Arbeitslosigkeit nachging.

(4) Versicherte, bei denen nach Eintritt der Arbeitsunfähigkeit das Beschäftigungsverhältnis endet und die aktuell keinen anerkannten Ausbildungsberuf ausgeübt haben (An- oder Ungelernte), sind nur dann arbeitsunfähig, wenn sie weder die letzte noch eine ähnliche Tätigkeit nicht mehr oder nur unter der Gefahr der Verschlimmerung der Erkrankung ausüben können. Die Krankenkasse informiert den Vertragsarzt über das Ende der Beschäftigung und darüber, dass es sich um einen an- oder ungelernten Arbeitnehmer handelt und nennt ähnlich geartete Tätigkeiten. Beginnt während der Arbeitsunfähigkeit ein neues Beschäftigungsverhältnis, so beurteilt sich die Arbeitsunfähigkeit ab diesem Zeitpunkt nach dem Anforderungsprofil des neuen Arbeitsplatzes.

(5) Die Beurteilung der Arbeitsunfähigkeit setzt die Befragung des Versicherten durch den Arzt zur aktuell ausgeübten Tätigkeit und den damit verbundenen Anforderungen und Belastungen voraus. Das Ergebnis der Befragung ist bei der Beurteilung von Grund und Dauer der Arbeitsunfähigkeit zu berücksichtigen. Zwischen der Krankheit und der dadurch bedingten Unfähigkeit zur Fortsetzung der ausgeübten Tätigkeit muss ein kausaler Zusammenhang erkennbar sein. Bei Arbeitslosen bezieht sich die Befragung des Versicherten auch auf den zeitlichen Umfang, für den der Versicherte sich der Agentur für Arbeit zur Vermittlung zur Verfügung gestellt hat.

(6) Rentner können, wenn sie eine Erwerbstätigkeit ausüben, arbeitsunfähig nach Maßgabe dieser Richtlinien sein.

(7) Für körperlich, geistig oder seelisch behinderte Menschen, die in Werkstätten für behinderte Menschen oder in Blindenwerkstätten beschäftigt werden, gelten diese Richtlinien entsprechend.

(8) Für die Feststellung der Arbeitsunfähigkeit bei Durchführung medizinischer Maßnahmen zur Herbeiführung einer Schwangerschaft gelten diese Richtlinien entsprechend. Sie gelten auch bei einer durch Krankheit erforderlichen Sterilisation oder einem unter den Voraussetzungen des § 218a Abs. 1 StGB vorgenommenem Abbruch der Schwangerschaft (Beratungsregelung).

(9) Ist eine Dialysebehandlung lediglich während der vereinbarten Arbeitszeit möglich, besteht für deren Dauer, die Zeit der Anfahrt zur Dialyseeinrichtung und für die nach der Dialyse erforderliche Ruhezeit Arbeitsunfähigkeit. Dasselbe gilt für andere extrakorporale Aphereseverfahren. Die Bescheinigung für im Voraus feststehende Termine soll in Absprache mit dem Versicherten in einer für dessen Belange zweckmäßigen Form erfolgen.

(10) Ist ein für die Ausübung der Tätigkeit oder das Erreichen des Arbeitsplatzes erforderliches Hilfsmittel (z. B. Körperersatzstück) defekt, besteht Arbeitsunfähigkeit so lange, bis die Reparatur des Hilfsmittels beendet oder ein Ersatz des defekten Hilfsmittels erfolgt ist.

§ 3 Ausnahmetatbestände. (1) Arbeitsunfähigkeit besteht nicht, wenn andere Gründe als eine Krankheit des Versicherten Ursache für eine Arbeitsverhinderung sind.

(2) Arbeitsunfähigkeit liegt nicht vor
- bei Beaufsichtigung, Betreuung oder Pflege eines erkrankten Kindes. Die Bescheinigung hierfür hat auf dem vereinbarten Vordruck zu erfolgen, der dem Arbeitgeber vorzulegen ist und zur Vorlage bei der Krankenkasse zum Bezug von Krankengeld ohne Vorliegen einer Arbeitsunfähigkeit des Versicherten berechtigt,
- für Zeiten, in denen ärztliche Behandlungen zu diagnostischen oder therapeutischen Zwecken stattfinden, ohne dass diese Maßnahmen selbst zu einer Arbeitsunfähigkeit führen,
- bei Inanspruchnahme von Heilmitteln (z. B. physikalisch-medizinische Therapie),
- bei Teilnahme an ergänzenden Leistungen zur Rehabilitation oder rehabilitativen Leistungen anderer Art (Koronarsportgruppen u. a.),
- bei Durchführung von ambulanten und stationären Vorsorge- und Rehabilitationsleistungen, es sei denn, vor Beginn der Leistung bestand bereits Arbeitsunfähigkeit und diese besteht fort oder die Arbeitsunfähigkeit wird durch eine interkurrente Erkrankung ausgelöst,
- wenn Beschäftigungsverbote nach dem Infektionsschutzgesetz oder dem Mutterschutzgesetz (Zeugnis nach § 3 Abs. 1 MuSchG) ausgesprochen wurden,
- bei Organspenden für die Zeit, in welcher der Organspender infolge seiner Spende der beruflichen Tätigkeit nicht nachkommen kann,
- bei kosmetischen und anderen Operationen ohne krankheitsbedingten Hintergrund und ohne Komplikationen oder
- bei einer nicht durch Krankheit bedingten Sterilisation (Verweis auf § 5 Abs. 1 Satz 3 dieser Richtlinien).

§ 4 Verfahren zur Feststellung der Arbeitsunfähigkeit. (1) Bei der Feststellung der Arbeitsunfähigkeit sind körperlicher, geistiger und seelischer Gesundheitszustand des Versicherten gleichermaßen zu berücksichtigen. Deshalb dürfen die Feststellung von Arbeitsunfähigkeit und die Empfehlung zur stufenweisen Wiedereingliederung nur aufgrund ärztlicher Untersuchungen erfolgen.

(2) Die ärztlich festgestellte Arbeitsunfähigkeit ist Voraussetzung für den Anspruch auf Entgeltfortzahlung im Krankheitsfall und für den Anspruch auf Krankengeld.

(3) Der Vertragsarzt teilt der Krankenkasse auf Anforderung vollständig und in der Regel innerhalb von drei Werktagen weitere Informationen auf den vereinbarten Vordrucken mit. Derartige Anfragen seitens der Krankenkasse sind in der Regel frühestens nach einer kumulativen Zeitdauer der Arbeitsunfähigkeit eines Erkrankungsfalles von 21 Tagen zulässig. In begründeten Fällen sind auch weitergehende Anfragen der Krankenkasse möglich.

(4) Sofern der Vertragsarzt – abweichend von der Feststellung im Entlassungsbericht der Rehabilitationseinrichtung – weiterhin Arbeitsunfähigkeit attestiert, ist diese von ihm zu begründen.

§ 5 Bescheinigung der Arbeitsunfähigkeit bei Entgeltfortzahlung. (1) Arbeitsunfähigkeitsbescheinigungen auf dem dafür vorgesehenen Vordruck dürfen nur von Vertragsärzten oder deren persönlichen Vertretern für die Erstfeststellung einer Arbeitsunfähigkeit und während der Zeit des Anspruchs auf Entgeltfortzahlung im Krankheitsfall ausgestellt werden. In die Arbeitsunfähigkeitsbescheinigungen sind die Diagnosen einzutragen, welche die Arbeitsunfähigkeit begründen, und entsprechend den Bestimmungen des § 295 SGB V zu bezeichnen. Gleiches gilt während des Anspruchs auf Fortzahlung der Entgeltersatzleistungen (z. B. Arbeitslosengeld, Übergangsgeld). Bei einer nicht durch Krankheit erforderlichen Sterilisation ist eine Arbeitsunfähigkeitsbescheinigung ausschließlich für Zwecke der Entgeltfortzahlung erforderlich.

(2) Dauert die Arbeitsunfähigkeit länger als in der Erstbescheinigung angegeben, ist nach Prüfung der aktuellen Verhältnisse eine ärztliche Bescheinigung jeweils mit Angabe aller aktuell die Arbeitsunfähigkeit begründenden Diagnosen über das Fortbestehen der Arbeitsunfähigkeit nach Muster Nr. 1 (Folgebescheinigung) auszustellen. Symptome (z. B. Fieber, Übelkeit) sind nach spätestens sieben Tagen durch eine Diagnose oder Verdachtsdiagnose auszutauschen. Dies trifft auch zu, wenn aus gesundheitlichen Gründen der Versuch der Wiederaufnahme einer Tätigkeit nach Beendigung der vom Arzt festgestellten Arbeitsunfähigkeit nicht erfolgreich war. Die Arbeitsunfähigkeit wird dadurch nicht unterbrochen, sondern besteht bis zur endgültigen Wiederaufnahme der Arbeit fort. Folgen zwei getrennte Arbeitsunfähigkeitszeiten mit unterschiedlichen Diagnosen unmittelbar aufeinander, dann ist für die zweite Arbeitsunfähigkeit eine Erstbescheinigung auszustellen.

(3) Die Arbeitsunfähigkeit soll für eine vor der ersten Inanspruchnahme des Arztes liegende Zeit grundsätzlich nicht bescheinigt werden. Eine Rückdatierung des Beginns der Arbeitsunfähigkeit auf einen vor dem Behandlungsbeginn liegenden Tag ist ebenso wie eine rückwirkende Bescheinigung über das Fortbestehen der Arbeitsunfähigkeit nur ausnahmsweise und nur nach gewissenhafter Prüfung und in der Regel nur bis zu zwei Tagen zulässig.

(4) Besteht an arbeitsfreien Tagen Arbeitsunfähigkeit, z. B. an Samstagen, Sonntagen, Feiertagen, Urlaubstagen oder an arbeitsfreien Tagen aufgrund einer flexiblen Arbeitszeitregelung (so genannte „Brückentage"), ist sie auch für diese Tage zu bescheinigen.

(5) Liegen dem Vertragsarzt Hinweise auf (z. B. arbeitsplatzbezogene) Schwierigkeiten für die weitere Beschäftigung des Versicherten vor, sind diese der Krankenkasse in der Arbeitsunfähigkeitsbescheinigung mitzuteilen (Verweis auf § 7 Abs. 4 dieser Richtlinien).

(6) Bei Feststellung oder Verdacht des Vorliegens eines Arbeitsunfalls, auf Folgen eines Arbeitsunfalls, einer Berufskrankheit, eines Versorgungsleidens, eines sonstigen Unfalls oder bei Vorliegen von Hinweisen auf Gewaltanwendung oder drittverursachte Gesundheitsschäden ist gemäß § 294a SGB V auf der Arbeitsunfähigkeitsbescheinigung ein entsprechender Vermerk anzubringen.

§ 6 Bescheinigung der Arbeitsunfähigkeit nach Ablauf der Entgeltfortzahlung.

(1) Nach Ablauf der Entgeltfortzahlung bzw. der Fortzahlung von Entgeltersatzleistungen ist ein Fortbestehen der Arbeitsunfähigkeit vom Vertragsarzt auf der „Bescheinigung für die Krankengeldzahlung" zu attestieren. Diese Bescheinigung ist stets mit allen aktuell die Arbeitsunfähigkeit begründenden Diagnosen – bezeichnet entsprechend den Bestimmungen des § 295 SGB V – auszustellen.

(2) Die Bescheinigung für die Krankengeldzahlung soll in der Regel nicht für einen mehr als sieben Tage zurückliegenden und nicht mehr als zwei Tage im Voraus liegenden Zeitraum erfolgen. Ist es aufgrund der Erkrankung oder eines besonderen Krankheitsverlaufs offensichtlich sachgerecht, können längere Zeiträume der Arbeitsunfähigkeit bescheinigt werden.

(3) Die Bescheinigung über die letzte Arbeitsunfähigkeitsperiode ist dann zu versagen, wenn der Kranke entgegen ärztlicher Anordnung und ohne triftigen Grund länger als eine Woche nicht zur Behandlung gekommen ist und bei der Untersuchung arbeitsfähig befunden wird. In diesem Falle darf lediglich die Arbeitsfähigkeit ohne den Tag ihres Wiedereintritts bescheinigt werden; zusätzlich ist der vorletzte Behandlungstag anzugeben. Erscheint ein Versicherter entgegen ärztlicher Aufforderung ohne triftigen Grund nicht zum Behandlungstermin, kann eine rückwirkende Bescheinigung der Arbeitsunfähigkeit versagt werden. In diesem Fall ist von einer erneuten Arbeitsunfähigkeit auszugehen, die durch eine Erstbescheinigung zu attestieren ist.

§ 7 Zusammenwirken mit anderen Einrichtungen.

(1) Der Arzt übermittelt dem Medizinischen Dienst auf Anfrage in der Regel innerhalb von drei Werktagen die Auskünfte und krankheitsspezifischen Unterlagen, die dieser im Zusammenhang mit der Arbeitsunfähigkeit zur Durchführung seiner gesetzlichen Aufgaben benötigt. Sofern vertraglich für diese Auskunftserteilung Vordrucke vereinbart worden sind, sind diese zu verwenden.

(2) Das Gutachten des Medizinischen Dienstes ist grundsätzlich verbindlich. Bestehen zwischen dem Vertragsarzt und dem Medizinischen Dienst Meinungsverschiedenheiten, kann der Vertragsarzt unter schriftlicher Darlegung seiner Gründe bei der Krankenkasse eine erneute Entscheidung auf der Basis eines Zweitgutachtens beantragen. Sofern der Vertragsarzt von dieser Möglichkeit Gebrauch macht, hat er diesen Antrag unverzüglich nach Kenntnisnahme der abweichenden Beurteilung des Medizinischen Dienstes zu stellen.

(3) Bei Feststellung oder Verdacht des Vorliegens eines Arbeitsunfalls ist der Versicherte unverzüglich einem zur berufsgenossenschaftlichen Heilbehandlung zugelassenen Arzt vorzustellen.

(4) Kann der Versicherte nach ärztlicher Beurteilung die ausgeübte Tätigkeit nicht mehr ohne nachteilige Folgen für seine Gesundheit oder den Gesundungsprozess verrichten, kann die Krankenkasse mit Zustimmung des Versicherten beim Arbeitgeber die Prüfung anregen, ob eine für den Gesundheitszustand des Versicherten unbedenkliche Tätigkeit bei demselben Arbeitgeber möglich ist.

§ 8 Grundsätze der stufenweisen Wiedereingliederung.

Empfehlungen zur Ausgestaltung einer stufenweisen Wiedereingliederung in das Erwerbsleben gemäß § 74 SGB V und § 28 SGB IX finden sich in Anlage 1 dieser Richtlinien.

§ 9 Inkrafttreten.

Diese Richtlinien treten am 1. 1. 2004 in Kraft.

Anlage 1 Empfehlungen zur Umsetzung der stufenweisen Wiedereingliederung
Vom 1. Dezember 2003

1. Bei Arbeitsunfähigkeit kann eine Rückkehr an den Arbeitsplatz auch bei weiterhin notwendiger Behandlung sowohl betrieblich möglich als auch aus therapeutischen Gründen angezeigt sein. Über den Weg der „stufenweisen Wiedereingliederung" wird der Arbeit-

nehmer individuell, d. h. je nach Krankheit und bisheriger Arbeitsunfähigkeitsdauer schonend, aber kontinuierlich bei fortbestehender Arbeitsunfähigkeit an die Belastungen seines Arbeitsplatzes herangeführt. Der Arbeitnehmer erhält damit die Möglichkeit, seine Belastbarkeit entsprechend dem Stand der wiedererreichten körperlichen, geistigen und seelischen Leistungsfähigkeit zu steigern. Dabei sollte die Wiedereingliederungsphase in der Regel einen Zeitraum von sechs Monaten nicht überschreiten.

2. Die stufenweise Wiedereingliederung erfordert eine vertrauensvolle Zusammenarbeit zwischen Versichertem, behandelndem Arzt, Arbeitgeber, Arbeitnehmervertretung, Betriebsarzt, Krankenkasse sowie ggf. dem MDK und dem Rehabilitationsträger auf der Basis der vom behandelnden Arzt unter Beachtung der Schweigepflicht gegebenen Empfehlungen zur vorübergehenden Einschränkung der quantitativen oder qualitativen Belastung des Versicherten durch die in der Wiedereingliederungsphase ausgeübte berufliche Tätigkeit. Eine standardisierte Betrachtungsweise ist nicht möglich, sodass der zwischen allen Beteiligten einvernehmlich zu findenden Lösung unter angemessener Berücksichtigung der Umstände im Einzelfall maßgebliche Bedeutung zukommt. Der Vertragsarzt kann – mit Zustimmung des Versicherten – vom Betriebsarzt, vom Betrieb oder über die Krankenkasse eine Beschreibung über die Anforderungen der Tätigkeit des Versicherten anfordern.

3. Die infolge der krankheitsbedingten Einschränkung der Leistungsfähigkeit zu vermeidenden arbeitsbedingten Belastungen sind vom behandelnden Arzt zu definieren. Der Vertragsarzt kann der Krankenkasse einen Vorschlag unterbreiten, der die quantitativen und qualitativen Anforderungen einer Tätigkeit beschreibt, die aufgrund der krankheitsbedingten Leistungseinschränkung noch möglich sind. Ist die Begrenzung der Belastung des Versicherten durch vorübergehende Verkürzung der täglichen Arbeitszeit medizinisch angezeigt, kann auch dies eine geeignete Maßnahme zur stufenweisen Wiedereingliederung sein.

4. Eine stufenweise Wiedereingliederung an Arbeitsplätzen, für die arbeitsmedizinische Vorsorgeuntersuchungen nach den berufsgenossenschaftlichen Grundsätzen erforderlich sind, kann grundsätzlich nur mit Zustimmung des Betriebsarztes erfolgen. Ausgenommen davon bleiben die Fälle, bei denen feststeht, dass die am Arbeitsplatz vorliegende spezifische Belastung keine nachteiligen Auswirkungen auf den Gesundungsprozess des Betroffenen selbst oder Unfall- oder Gesundheitsgefahren für ihn selbst oder Dritte mit sich bringen kann.

5. Während der Phase der stufenweisen Wiedereingliederung ist der Versicherte in regelmäßigen Abständen vom behandelnden Arzt auf die gesundheitlichen Auswirkungen zu untersuchen. Ergeben die regelmäßigen Untersuchungen eine Steigerung der Belastbarkeit, ist eine Anpassung der stufenweisen Wiedereingliederung vorzunehmen. Stellt sich während der Phase der Wiedereingliederung heraus, dass für den Versicherten nachteilige gesundheitliche Folgen erwachsen können, ist eine Anpassung der Belastungseinschränkungen vorzunehmen oder die Wiedereingliederung abzubrechen. Ergibt sich während der stufenweisen Wiedereingliederung, dass die bisherige Tätigkeit auf Dauer krankheitsbedingt nicht mehr in dem Umfang wie vor der Arbeitsunfähigkeit aufgenommen werden kann, so ist hierüber die Krankenkasse unverzüglich schriftlich zu informieren.

6. Erklärt der Arbeitgeber, dass es nicht möglich ist, den Versicherten zu beschäftigen, ist die stufenweise Wiedereingliederung nicht durchführbar.

7. Alle Änderungen des vereinbarten Ablaufs der Wiedereingliederung sind den Beteiligten unverzüglich mitzuteilen.

8. Voraussetzung für die stufenweise Wiedereingliederung ist die Einverständniserklärung des Versicherten auf dem vereinbarten Vordruck. Auf diesem hat der Arzt die tägliche Arbeitszeit und diejenigen Tätigkeiten anzugeben, die der Versicherte während der Phase der Wiedereingliederung ausüben kann bzw. denen er nicht ausgesetzt werden darf. Der

§ 28   Empfehlungen zur Umsetzung der stufenweisen Wiedereingliederung

Arbeitgeber soll eine ablehnende Stellungnahme nach Nr. 6 der Anlage 1 dieser Richtlinien ebenfalls auf dem Vordruck bescheinigen.

Formblätter

Muster 1 Vorschlag für die Einverständniserklärung des Versicherten

---

Einverständniserklärung des Versicherten

☐ **Einleitung einer stufenweisen Wiedereingliederung**
Ich bin an der Einleitung einer stufenweisen Wiedereingliederung in den Arbeitsprozess interessiert und damit einverstanden, dass dazu - **soweit notwendig** - Kontakte mit folgenden Stellen aufgenommen werden:
  ☐ Krankenkasse
  ☐ Rentenversicherungsträger
  ☐ Unfallversicherungsträger
  ☐ behandelnder Arzt
  ☐ Betriebsarzt/ Arbeitsmedizinisches Zentrum
  ☐ Arbeitgeber/ Personalabteilung
  ☐ sonstige Personen/ Stellen und zwar: ....

Datum .... Unterschrift ....

☐ **Weiterleitung von Informationen über den Krankheitsverlauf**
Ich bin damit einverstanden, dass Informationen über meinen Krankheitsverlauf aus Anlass meiner Erkrankung vom .... (Datum) an
  ☐ meinen behandelnden Arzt, Herrn/ Frau Dr. ....
  ☐ den Betriebsarzt der Firma ....
  ☐ den überbetrieblichen betriebsärztlichen Dienst ....
  ☐ die Krankenkasse .... in ....
  ☐ den Medizinischen Dienst der Krankenkasse (MDK) ....
  ☐ ....
weitergeleitet werden, **soweit diese zur Prüfung einer stufenweisen Wiedereingliederung in den Arbeitsprozess notwendig sind.**

Datum .... Unterschrift ....

☐ **Information anderer Stellen**
Sollte eine Beteiligung der Sozialberatung, des Vorgesetzten, der Personalabteilung oder der Arbeitnehmervertretung (Betriebsrat, Personalrat, Schwerbehindertenvertretung) erforderlich werden, so bin ich damit einverstanden, dass diesem Personenkreis **bei dringendem Bedarf** folgende Unterlagen zugänglich gemacht werden:
  ☐ Ärztliche Bescheinigung über die Arbeitsunfähigkeit
  ☐ Wiedereingliederungsplan
  ☐ Sonstiges, und zwar: ....
   ....

Datum .... Unterschrift ....

Muster 2 Beispiel für die Arztanfrage eines Rehabilitationsträgers
(Anschreiben)

Stufenweise Wiedereingliederungsmaßnahmen für

Herrn/ Frau ....geb............................

wohnhaft:..

Sehr geehrte(r) Frau/ Herr ....

in der Vergangenheit konnten wir gute Erfahrungen mit einer langsam ansteigenden Arbeitsbelastung bei Langzeitkranken (stufenweise Wiedereingliederung) machen. Diese bedarf der ärztlichen Feststellung (§ 28 SGB IX).

Wir möchten uns auch bei dem Arbeitgeber von Herrn/Frau ....

....für eine solche Möglichkeit einsetzen, wenn Sie dies aus medizinischen oder therapeutischen Gründen für zweckmäßig halten.

Im Rahmen dieses Wiedereingliederungsverfahrens soll im Einvernehmen mit dem Kranken und dem behandelnden Arzt ein Wiedereingliederungsplan erstellt werden, der eine stufenweise Anhebung der Arbeitszeit bis zur Ganztagsbeschäftigung am bisherigen Arbeitsplatz vorsieht. Dem Kranken wird damit Gelegenheit gegeben, selbst die Grenzen seiner Belastbarkeit kontinuierlich und ohne äußeren Druck entsprechend dem Stand seines wieder erreichten körperlichen Leistungsvermögens zu steigern. Soziale Kontakte zu Arbeitskollegen werden nicht durch zu lange Abwesenheit vom Arbeitsplatz unterbrochen, und in vielen Fällen wird einer "Rentenneurose" wirksam vorgebeugt.

Zur unproblematischen Wiedereingliederung in den Arbeitsablauf trägt auch die Einbeziehung aller Beteiligten innerhalb des Betriebes bei, besonders durch Abstimmung mit den Vorgesetzten, dem Betriebsarzt, der Sozialberatung und der Personalabteilung.

Beispiel:

Nach längerer Arbeitsunfähigkeit wird folgende Eingliederungsphase festgelegt:

14 Tage täglich 2,5 Stunden
14 Tage täglich 5,0 Stunden
14 Tage täglich 7,0 Stunden
ab der 7. Woche Vollzeitarbeit.

Je nach Befund und Krankheitsverlauf können natürlich auch andere Zeittakte bestimmt werden, wobei die Wiedereingliederung im <u>Normalfall</u> aber <u>nach 6 Monaten</u> abgeschlossen sein sollte.

Versicherungsrechtlich besteht während der stufenweisen Wiedereingliederung weiterhin Arbeitsunfähigkeit.

Wir wären Ihnen deshalb für eine Prüfung und kurze Mitteilung dankbar, ob auch im Fall von Herrn / Frau .... eine stufenweise Wiedereingliederung sinnvoll in den Genesungsprozess eingebaut werden kann. Ein entsprechender Fragebogen ist als Anlage beigefügt.

Um Überforderungen des Versicherten zu vermeiden, sollte der Betriebsarzt die Wiedereingliederungsphase überwachend und beratend begleiten. Er würde sich außerdem mit Ihnen abstimmen, damit evtl. therapeutische Besonderheiten berücksichtigt werden können.

Für Ihre Bemühungen bedanken wir uns bereits im Voraus.

Mit freundlichen Grüßen

Rehabilitationsträger

Anlagen:
Fragebogen
Freiumschlag

Muster 3 Beispiel für die Arztanfrage eines Rehabilitationsträgers
(Fragebogen)

Urschriftlich zurück an:
Rehabilitationsträger

Stufenweise Wiedereingliederungsmaßnahmen für

Herrn/ Frau _____ geb. _____

Der Patient / Die Patientin hat sich zuletzt vorgestellt am _____.

Er / Sie ist voraussichtlich

☐ noch weiter arbeitsunfähig für _____ Wochen/Monate.

☐ arbeitsfähig ab _____

Eine stufenweise Wiedereingliederung halte ich

☐ für zweckmäßig.
☐ nicht für sinnvoll, weil …
_____
_____

Die Maßnahme könnte frühestens beginnen

☐ in _____ Wochen / Monaten
☐ sofort

Aus medizinischer Sicht empfehle ich folgenden zeitlichen Ablauf:

vom _____ bis _____ täglich _____ Stunden

vom _____ bis _____ täglich _____ Stunden

vom _____ bis _____ täglich _____ Stunden

vom _____ bis _____ täglich _____ Stunden

Bei normalem Verlauf dürfte die Arbeitsfähigkeit (Belastbarkeit von 8 Stunden pro Tag) voraussichtlich erreicht sein.

_____   _____
Datum   Stempel und Unterschrift des Arztes

Muster 4 Musterformular für einen Wiedereingliederungsplan

Maßnahmen zur stufenweisen Wiedereingliederung in das Erwerbsleben (Wiedereingliederungsplan)

Zuletzt ausgeübte Tätigkeit: _____

Wieviel Std. tgl.: _____

Durch eine stufenweise Wiederaufnahme seiner Tätigkeit kann der o. g. Versicherte schonend wieder in das Erwerbsleben eingegliedert werden. Nach meiner ärztlichen Beurteilung empfehle ich mit Einverständnis des Versicherten und nach dessen Rücksprache mit dem Arbeitgeber folgenden Ablauf für die stufenweise Wiederaufnahme der beruflichen Tätigkeit:

von	bis	Stunden täglich	Art der Tätigkeit (ggf. Einschränkungen)

Zeitpunkt der Wiederherstellung der vollen Arbeitsfähigkeit absehbar?

☐ ja, ggf. wann _____ ☐ z. Z. nicht absehbar

Vertragsarztstempel / Unterschrift des Arztes

Erklärung des Versicherten

Mit dem vorgeschlagenen Wiedereingliederungsplan bin ich einverstanden. Falls nachteilige gesundheitliche Folgen erwachsen, kann nach Absprache mit dem behandelnden Arzt eine Anpassung der Belastungseinschränkungen vorgenommen oder die Wiedereingliederung abgebrochen werden.

Datum Unterschrift des Versicherten

Erklärung des Arbeitgebers

Mit dem vorgesehenen Wiedereingliederungsplan bin ich einverstanden   ☐ ja   ☐ nein

☐ nur unter folgenden Voraussetzungen:

_____
_____
_____

Datum Stempel und Unterschrift des Arbeitgebers

– Für die Erstellung des ärztlichen Wiedereingliederungsplanes ist die Nr. 77 BMÄ/E-GO berechnungsfähig –

Ausfertigung für die Krankenkasse

Muster 20b (7. 1993)

§ 29
Förderung der Selbsthilfe

Selbsthilfegruppen, -organisationen und -kontaktstellen, die sich die Prävention, Rehabilitation, Früherkennung, Behandlung und Bewältigung von Krankheiten und Behinderungen zum Ziel gesetzt haben, sollen nach einheitlichen Grundsätzen gefördert werden.

ERLÄUTERUNGEN

ÜBERSICHT

I. Bedeutung der Vorschrift (Rdnr. 1)
II. Fassung (Rdnr. 2)
III. Anmerkungen (Rdnrn. 3–15)
   1. Bedeutung der Selbsthilfe (Rdnrn. 3–4)
   2. Zur Förderung verpflichtete Rehabilitationsträger (Rdnrn. 5–7)
   3. Adressaten der Förderung (Rdnrn. 8–13)
      a) Selbsthilfegruppen (Rdnrn. 9–10)
      b) Selbsthilfeorganisationen (Rdnrn. 11–12)
      c) Selbsthilfekontaktstellen (Rdnr. 13)
   4. Adressenlisten wichtiger Selbsthilfe-Institutionen (Rdnrn. 14–15)
      a) Nationale Kontakt- und Informationsstelle zur Anregung und Unterstützung von Selbsthilfegruppen (Rdnr. 14)
      b) BAG Selbsthilfe / Landesarbeitsgemeinschaften (Rdnr. 15)

I. Bedeutung der Vorschrift

Die Träger der medizinischen Rehabilitation sollen Einrichtungen zur Selbsthilfe, die die Ziele der Prävention, Rehabilitation, Früherkennung, Behandlung und Bewältigung von Krankheiten und Behinderungen verfolgen, fördern. Diesem Gebot soll „nach einheitlichen Grundsätzen" entsprochen werden. Das bedeutet die Pflicht, sich bei der Förderung untereinander ebenso abzustimmen wie mit den Krankenkassen, welchen schon bisher ein Förderungsgebot durch § 20 Abs. 4 SGB V auferlegt war.

1

II. Fassung

Die Vorschrift wurde unverändert aus dem Regierungsentwurf (BT-Drucks. 14/5531 i. V. m. 14/5074) übernommen.

2

III. Anmerkungen

1. Bedeutung der Selbsthilfe

Die erhebliche **Zunahme chronischer Erkrankungen** mit vielfältigen Auswirkungen im beruflichen und sozialen Bereich belastet nicht nur die Betroffenen selbst. Sie stellt Ärzte, Therapeuten, Pflege- und einschlägige soziale Berufe sowie die Institutionen des gesamten Gesundheitswesens vor erhebliche und schwierige Aufgaben, die ohne **Mitwirkung der Betroffenen** kaum zu bewältigen sind. Deshalb ist die Förderung der Selbsthilfe ein wichtiges Mittel zur Unterstützung des Rehabilitationsprozesses sowie zur Sicherung und Aufrechterhaltung des erreichten Rehabilitationserfolges. Selbsthilfe stellt ein **freiwilliges gesundheitsbezogenes Engagement** innerhalb selbst organisierter, eigenverantwortlicher Gruppen von Betroffenen und / oder Angehörigen dar. Sie wird erbracht außerhalb der Sphäre privater Haushalte und Familien sowie professioneller Dienstleistungssysteme, und zwar im Rahmen von gesundheitsbezogenen Initiativen und Projekten oder auch Organisationen im Über-

3

gang zum professionellen Dienstleistungen. Selbsthilfe beruht hauptsächlich auf Freiwilligkeit und Ehrenamtlichkeit (vgl. Lachwitz u. a. [HK-SGB IX] / Stähler Rdnr. 10 m. w. Nachw.).

4 Selbsthilfe trägt vor allem zur **Information und Betreuung der Betroffenen** in Fragen von Gesundheit und Krankheit bei. Deshalb bedeutet sie eine sinnvolle und notwendige Ergänzung zur professionellen Hilfe, wie auch in § 26 Abs. 3 Nr. 2 mit der Nennung von „Aktivierung von Selbsthilfepotenzialen" als Bestandteil der Leistungen zur medizinischen Rehabilitation betont wird.

2. Zur Förderung verpflichtete Rehabilitationsträger

5 Nach § 29 SGB IX sollen die Rehabilitationsträger Selbsthilfegruppen, -organisationen und -kontaktstellen nach einheitlichen Grundsätzen fördern. Damit sind alle Träger der Rehabilitation nach § 6 Abs. 1 Nr. 1 bis 5 SGB IX im Grundsatz zu einer solchen Förderung angehalten.

6 Die Vorschrift begründet aber keine allgemeine Leistungspflicht. Die Leistungsvoraussetzungen sind vielmehr in den jeweiligen Leistungsgesetzen der Rehabilitationsträger geregelt (vgl. § 7 SGB IX). Dies ist für die gesetzlichen Krankenkassen die Bestimmung des § 20 Abs. 4 SGB V, für die gesetzliche Rentenversicherung gilt § 31 Abs. 1 Satz 1 Nr. 5 und Abs. 3 SGB VI. Die Vorschriften der gesetzlichen Unfallversicherung (SGB VII), der Jugendhilfe (SGB VIII), des Sozialhilferechts (SGB XII) sowie das Bundesversorgungsgesetz (BVG) enthalten keine ausdrücklichen Regelungen zur Förderung der Selbsthilfe. Es ist jedoch nicht ausgeschlossen, dass einzelnen Versicherten nach § 39 Abs. 1 SGB VII die Teilnahme an Angeboten der Selbsthilfe ermöglicht werden kann.

7 Die gesetzliche Vorgabe, die Selbsthilfe nach einheitlichen Grundsätzen zu fördern, haben die gesetzlichen Krankenkassen, die Träger der gesetzlichen Unfallversicherung und die Träger der gesetzlichen Rentenversicherung durch die Vereinbarung der „Gemeinsamen Empfehlung zur Förderung der Selbsthilfe" gemäß § 13 Abs. 2 Nr. 6 SGB IX vom 22. März 2004 erfüllt (vgl. **Anhang „Empfehlung Selbsthilfe"**). Daneben behalten aber auch weiterhin Geltung die Empfehlungen der Spitzenverbände der Krankenkassen zur Weiterentwicklung der Umsetzung von § 20 Abs. 4 SGB V (**Anhang „Empfehlung Krankenkassen"**) sowie die (Überarbeitung) Richtlinien für die Beantragung und Verwendung der Zuwendungen der BfA nach § 31 Abs. 1 Nr. 5 SGB VI ab dem Haushaltsjahr 1998 (Stand: 1. August 1997) (**Anhang „Richtlinien"**).

3. Adressaten der Förderung

8 Die Vorschrift nennt als mögliche Empfänger der Förderung „Selbsthilfegruppen, Selbsthilfeorganisationen und Selbsthilfekontaktstellen". Diese müssen sich die Prävention, Rehabilitation, Früherkennung, Behandlung und Bewältigung von Krankheiten und Behinderungen zum Ziel gesetzt haben. Die folgenden Definitionen der Fördererungsadressaten beruhen auf § 2 der „Gemeinsamen Empfehlung zur Förderung der Selbsthilfe" (vgl. Anhang „Empfehlung Selbsthilfe").

a) Selbsthilfegruppen

9 Selbsthilfegruppen sind freiwillige Zusammenschlüsse von Menschen auf örtlicher / regionaler Ebene, deren Aktivitäten sich auf die gemeinsame Bewältigung von Krankheiten und Behinderungen richten, von denen sie – entweder selbst oder als Angehörige – betroffen sind. Ihre Arbeit ist nicht auf materielle Gewinnzielung ausgerichtet. Ziel ist die Verbesserung der persönlichen Lebensqualität und die Überwindung der mit vielen Behinderungen und chronischen Krankheiten einhergehenden Isolation und gesellschaftlichen Ausgrenzung. Sie wirken im regionalen Bereich in ihr soziales und politisches Umfeld hinein.

In der regelmäßigen Gruppenarbeit geben sie Hilfestellung und sind Gesprächspartner für ihre Mitglieder und nach außen. In Abgrenzung zu anderen Formen des bürgerschaftlichen Engagements richtet sich die Arbeit von Selbsthilfegruppen vor allem auf ihre Mitglieder und ist geprägt von gegenseitiger Unterstützung und Erfahrungsaustausch. Selbsthilfegruppen werden nicht von professionellen Helfern (z. B. Ärzten, Therapeuten, anderen Medizin- oder Sozialberufen) geleitet; manche ziehen jedoch gelegentlich Experten zu bestimmten Fragestellungen hinzu.

b) Selbsthilfeorganisationen

Vielfach haben sich Selbsthilfegruppen in Selbsthilfeorganisationen (Verbänden) zusammengeschlossen. Hierbei handelt es sich um Organisationen mit überregionaler Interessenvertretung, meist größeren Mitgliederzahlen, teilweise mit hauptamtlichem Personal, bestimmten Rechtsformen (zumeist eingetragener Verein), stärkeren Kontakten zu Behörden, Sozialleistungsträgern, Trägern der freien Wohlfahrtspflege, Leistungserbringern usw. Sie untergliedern sich im Allgemeinen auf Bundes-, Landes- und Ortsebene.

Als Aufgaben der Selbsthilfeorganisationen sind beispielhaft zu nennen: Interessenvertretung im gesundheits- und sozialpolitischen Bereich, Herausgabe von Medien zur Information und Unterstützung der betroffenen Menschen sowie der ihnen angeschlossenen Untergliederungen, Durchführung von Lehrgängen, Seminaren, Konferenzen und Fachtagungen. Neben Dienstleistungen für die eigenen Mitglieder erbringen sie Beratungs- und Informationsleistungen für Dritte.

c) Selbsthilfekontaktstellen

Selbsthilfekontaktstellen sind örtlich oder regional arbeitende professionelle Beratungseinrichtungen mit hauptamtlichem Personal. Sie stellen bereichs-, themen- und indikationsgruppenübergreifend Dienstleistungsangebote bereit zur methodischen Anleitung, Unterstützung und Stabilisierung von Selbsthilfegruppen. Sie unterstützen aktiv bei der Gruppengründung und bieten infrastrukturelle Hilfen wie z. B. Räume, Beratung oder supervisorische Begleitung in schwierigen Gruppensituationen oder bei Problemen an. Eine Hauptzielgruppe von Selbsthilfekontaktstellen sind Bürger, die noch nicht Teilnehmer bzw. Mitglieder von Selbsthilfegruppen sind, sondern sich informieren und beraten lassen möchten. Selbsthilfekontaktstellen stärken die Kooperation und Zusammenarbeit von Selbsthilfegruppen und Professionellen, vermitteln Kontakte und Kooperationspartner und fördern die Vernetzung der Angebote in der Region. Sie sind Agenturen zur Stärkung der Motivation, Eigenverantwortung und gegenseitigen freiwilligen Hilfe. Sie nehmen eine Wegweiserfunktion im System der gesundheitlichen und sozialen Dienstleistungsangebote wahr und verbessern die soziale Infrastruktur.

4. Adressenlisten wichtiger Selbsthilfe-Institutionen

a) Nationale Kontakt- und Informationsstelle zur Anregung und Unterstützung von Selbsthilfegruppen

NAKOS – Nationale Kontakt- und Informationsstelle
Albrecht-Achilles-Straße 65
10209 Berlin
Tel.: 030-8914019
Fax: 030-8934014

Im Internet: http://www.nakos.de

Nakos ist ein Projekt der Deutschen Arbeitsgemeinschaft Selbsthilfegruppen e. V., Gießen, und wird vom Paritätischen Bildungswerk Bundesverband e. V., Frankfurt, M., getragen. Nach seinem Selbstverständnis ist eine unabhängige, problemübergreifende Informations-

und Vermittlungsinstanz für Selbsthilfegruppen, Selbsthilfegruppen-Interessenten sowie Fachleute, Verbände, Behörden, Medien und die gesamte Öffentlichkeit. Seine Ziele sind das
- Anbieten allgemeiner Informationen über Existenz und Arbeitsweise von Selbsthilfegruppen in ganz Deutschland,
- Herstellen von Informationsmaterialien,
- Gewinnen beruflicher Helfer für die Zusammenarbeit mit Selbsthilfegruppen.

15   b) BAG Selbsthilfe / Landesarbeitsgemeinschaften

Bundesarbeitsgemeinschaft SELBSTHILFE e. V. Bundesarbeitsgemeinschaft SELBSTHILFE von Menschen mit Behinderung und chronischer Erkrankung und ihrer Angehörigen e. V. Kirchfeldstraße 149, 40215 Düsseldorf, E-Mail: info@bagh.de, www.bag-selbsthilfe.de
Landesarbeitsgemeinschaft Hilfe für Behinderte **Baden-Württemberg** e. V. Rothebühlstraße 133, 70197 Stuttgart, E-Mail: info@lagh-bw.de, www.lagh-bw.de
Landesarbeitsgemeinschaft SELBSTHILFE **Bayern** e. V. Orleansplatz 3, 81667 München, E-Mail: post@lagh-bayern.de, www.lagh-bayern.de
Landesarbeitsgemeinschaft Hilfe für Behinderte **Berlin** e. V. Neue Bahnhofstraße 11–17, 10245 Berlin, E-Mail: lagh.berlin@t-online.de, www.lagh-berlin.de
LAG SELBSTHILFE **Brandenburg** e. V. Landesarbeitsgemeinschaft SELBSTHILFE von Menschen mit Behinderung und chronischer Erkrankung und ihrer Angehörigen **Brandenburg** e. V. Handelsstraße 11, 16303 Schwedt, E-Mail: lagh.bb@t-online.de, www.lag-selbsthilfe-bb.de
Landesarbeitsgemeinschaft Hilfe für Behinderte **Bremen** e. V. Waller Heerstraße 55, 28217 Bremen, E-Mail: laghbremen@t-online.de, www.lagh-bremen.de
Hamburger Landesarbeitsgemeinschaft für behinderte Menschen (LAG) e. V. Richardstraße 45, 22081 Hamburg, E-Mail: post@lagh-hamburg.de, www.lagh-hamburg.de
Landesarbeitsgemeinschaft **Hessen** SELBSTHILFE behinderter und chronisch kranker Menschen e. V. Raiffeisenstraße 15, 35043 Marburg, E-Mail: lhlv-hessen@t-online.de, / www.lagh-selbsthilfe.de
Landesarbeitsgemeinschaft SELBSTHILFE Behinderter **Mecklenburg-Vorpommern** e. V. Henrik-Ibsen-Straße 20, 18106 Rostock, E-Mail: lagsb.mv@freenet.de, www.lagsb-mv.de
Landesarbeitsgemeinschaft SELBSTHILFE Behinderter e. V. **Niedersachsen** Bahnhofstraße 14, 27793 Wildeshausen, E-Mail: lag-sb-ev-nds@gmx.de, www.lag-sb-niedersachsen.de

Landesarbeitsgemeinschaft Selbsthilfe Behinderter und chronisch kranker Menschen in **Nordrhein-Westfalen** e. V. Neubrückenstraße 12–14, 48143 Münster, E-Mail: info@lag-selbsthilfe-nrw.de, www-lag-selbsthilfe-nrw.de
Landesarbeitsgemeinschaft **Rheinland-Pfalz** SELBSTHILFE Behinderter e. V. Kaiserstraße 42, 55116 Mainz, E-Mail: lagsbrlp@t-online.de, www.lag-sb-rlp.de
LANDESVEREINIGUNG SELBSTHILFE e. V. Spitzenverband der chronisch kranken und behinderten Menschen im **Saarland** Kaiserstraße 10, 66111 Saarbrücken, E-Mail: info@selbsthilfe-im-saarland.de, www.selbsthilfe-im-saarland.de
Landesarbeitsgemeinschaft Hilfe für Behinderte **Sachsen** e. V. Beratungs- und Geschäftsstelle Michelangelostraße 2, 01217 Dresden, E-Mail: info@lagh-sachsen.de, www.lagh-sachsen.de
Landesarbeitskreis **Schleswig-Holstein** (LAGH geplant) Kontaktadresse: Rainer Dillenberg, Kastanienstraße 27, 24114 Kiel E-Mail: lebenshilfe-sh@t-online.de, http://www.lebenshilfe-sh.de/
Landesarbeitsgemeinschaft Hilfe für Behinderte **Thüringen** e. V. Bonifaciusstraße 10, 99084 Erfurt, E-Mail: info@lebenshilfe-erfurt.de, www.lebenshilfe-erfurt.de

„Gemeinsame Empfehlung zur Förderung der Selbsthilfe" gemäß § 13 Abs. 2 Nr. 6 SGB IX

Vom 22. März 2004

Die Selbsthilfe ist ein wichtiger Bestandteil des Gesundheitssystems. Gerade bei der Aufgabe, behinderten oder von Behinderung bedrohten Menschen eine gleichberechtigte Teilhabe am Leben in der Gesellschaft zu ermöglichen und hier insbesondere die Bedürfnisse behinderter oder von Behinderung bedrohter Frauen und Kinder nachdrücklich einzubringen (vgl. § 1 SGB IX), ist die Selbsthilfe ein bedeutender Wirkungsfaktor. Sie ergänzt nicht nur die Maßnahmen zur Rehabilitation und Teilhabe der Leistungsträger, sondern schließt eine Lücke zwischen den Angeboten von Leistungserbringern und Institutionen und den Bedürfnissen der unmittelbar betroffenen chronisch kranken und behinderten Menschen. Charakteristikum und wesentlicher Vorzug der Selbsthilfe ist ihre Betroffenenkompetenz, die Akzeptanz bei den Adressaten schafft und niedrigschwellige Beratungs- und Hilfestrukturen ermöglicht. Diese spezifische Fachkompetenz, die auf der Kenntnis der Lebenssituation von kranken, behinderten oder von Behinderung bedrohten Menschen aufgrund unmittelbarer, eigener Erfahrung beruht, ermöglicht es, bedarfsgerechte und perspektivisch sinnvolle Hilfen zur Teilhabe zu ermitteln und einzuleiten – und damit langfristig einen Rehabilitationserfolg abzusichern. Für die besonderen Lebenslagen behinderter oder von Behinderung bedrohter Frauen und Kinder sind spezifische Beratungs- und Unterstützungsangebote der Selbsthilfe unverzichtbar und grundsätzlich zu fördern.

Die Förderung der Selbsthilfe ist eine gesamtgesellschaftliche Aufgabe, an der sich sowohl die öffentliche Hand als auch die Sozialleistungsträger durch Unterstützung von Projekten und Selbsthilfestrukturen beteiligen sollen.

Die Vereinbarungspartner unterstützen die Aktivitäten der Selbsthilfe zur Prävention, Rehabilitation, Früherkennung und Bewältigung von Krankheiten und Behinderungen vorrangig durch finanzielle Hilfen. Die Vereinbarungspartner streben an, ihre Unterstützungsleistung barrierefrei zur Verfügung zu stellen. Auch die Selbsthilfe strebt eine größtmögliche Barrierefreiheit ihrer Angebote an.

Zu diesem Zweck vereinbaren

– die gesetzlichen Krankenkassen,
– die Träger der gesetzlichen Unfallversicherung und
– die Träger der gesetzlichen Rentenversicherung

die nachstehende Gemeinsame Empfehlung gemäß § 13 Abs. 2 Nr. 6 SGB IX.

Die im Folgenden beschriebenen Empfehlungen sollen der einheitlichen Rechtsanwendung und Transparenz der Förderung dienen, für alle Beteiligten das Verfahren erleichtern und durch abgestimmte Entscheidungsstrukturen zu einer besseren Planungssicherheit für die Selbsthilfe beitragen. Eine flächendeckende und bedarfsgerechte Verteilung der Fördermittel für die jeweiligen Ebenen (Regional, Land, Bund) und Bereiche (Selbsthilfegruppen, -organisationen und -kontaktstellen) der Selbsthilfe wird angestrebt.

Die Vereinbarungspartner und die Vertreter der Selbsthilfe begleiten die Umsetzung dieser Empfehlung.

§ 1 Rechtsgrundlagen. Nach § 29 SGB IX sollen die Rehabilitationsträger Selbsthilfegruppen, -organisationen und -kontaktstellen nach einheitlichen Grundsätzen fördern. Diese Vorschrift begründet keine allgemeine Leistungspflicht. Die Leistungsvoraussetzungen sind vielmehr in den jeweiligen Leistungsgesetzen der Rehabilitationsträger geregelt (vgl. § 7 SGB IX). Dies ist für die gesetzlichen Krankenkassen § 20 Abs. 4 SGB V, für die gesetzliche Rentenversicherung gilt § 31 Abs. 1 Satz 1 Nr. 5 und Abs. 3 SGB VI.

Die gesetzlichen Krankenkassen fördern demnach die gesundheitsbezogenen Selbsthilfegruppen, -organisationen und -kontaktstellen auf Basis der „Gemeinsamen und einheitlichen Grundsätze der Spitzenverbände der Krankenkassen zur Förderung der Selbsthilfe gemäß § 20 Abs. 4 SGB V" vom 10. März 2000.

Durch die Rentenversicherungsträger können als sonstige Leistungen Zuwendungen für Einrichtungen erbracht werden, die auf dem Gebiet der Rehabilitation forschen oder die Rehabilitation fördern. Bezogen auf den Bereich der Selbsthilfe bedeutet dies, dass von der Rentenversicherung eine Zuwendung nur dann erbracht werden darf, wenn das Vorhaben, für das eine finanzielle Förderung beantragt wird, einen engen Bezug zur Rehabilitation der Rentenversicherung aufweist. Ziel der Rehabilitation der Rentenversicherung ist es, gesundheitlich beeinträchtigte Versicherte wieder in das Erwerbsleben zu integrieren. Förderungsfähig sind daher nur solche Vorhaben, welche unmittelbar diesen gesetzlichen Versorgungsauftrag der Rentenversicherung betreffen. Zuwendungen werden im Rahmen der Zuwendungsrichtlinien der Rentenversicherung erbracht. Die Aufwendungen für Zuwendungen durch die gesetzliche Rentenversicherung sind wie die anderen sonstigen Leistungen von den zur Verfügung stehenden Haushaltsmitteln abhängig.

Die Vorschriften der gesetzlichen Unfallversicherung (SGB VII), der Jugendhilfe (SGB VIII), das Bundessozialhilfegesetz (BSHG) sowie das Bundesversorgungsgesetz (BVG) enthalten keine expliziten Hinweise zur Förderung der Selbsthilfe. Es ist jedoch nicht ausgeschlossen, dass einzelnen Versicherten nach § 39 Abs. 1 SGB VII die Teilnahme an Angeboten der Selbsthilfe ermöglicht werden kann.

§ 2 Empfänger der Förderung. Die Förderung der Selbsthilfe durch die Vereinbarungspartner betrifft:

– Selbsthilfegruppen

Selbsthilfegruppen sind freiwillige Zusammenschlüsse von Menschen auf örtlicher / regionaler Ebene, deren Aktivitäten sich auf die gemeinsame Bewältigung von Krankheiten und Behinderungen richten, von denen sie – entweder selbst oder als Angehörige – betroffen sind. Ihre Arbeit ist nicht auf materielle Gewinnerzielung ausgerichtet. Ziel ist die Verbesserung der persönlichen Lebensqualität und die Überwindung der mit vielen Behinderungen und chronischen Krankheiten einhergehenden Isolation und gesellschaftlichen Ausgrenzung. Sie wirken im regionalen Bereich in ihr soziales und politisches Umfeld hinein. In der regelmäßigen Gruppenarbeit geben sie Hilfestellung und sind Gesprächspartner für ihre Mitglieder und nach außen. In Abgrenzung zu anderen Formen des bürgerschaftlichen Engagements richtet sich die Arbeit von Selbsthilfegruppen vor allem auf ihre Mitglieder und ist geprägt von gegenseitiger Unterstützung und Erfahrungsaustausch. Selbsthilfegruppen werden nicht von professionellen Helfern (z. B. ÄrztInnen, TherapeutInnen, anderen Medizin- oder Sozialberufen) geleitet; manche ziehen jedoch gelegentlich Experten zu bestimmten Fragestellungen hinzu.

– Selbsthilfeorganisationen

Vielfach haben sich Selbsthilfegruppen in Selbsthilfeorganisationen (Verbänden) zusammengeschlossen. Hierbei handelt es sich um Organisationen mit überregionaler Interessenvertretung, meist größeren Mitgliederzahlen, teilweise mit hauptamtlichem Personal, bestimmten Rechtsformen (zumeist eingetragener Verein), stärkeren Kontakten zu Behörden, Sozialleistungsträgern, Trägern der freien Wohlfahrtspflege, Leistungserbringern usw. Sie untergliedern sich im Allgemeinen auf Bundes-, Landes- und Ortsebene.

Als Aufgaben der Selbsthilfeorganisationen sind beispielhaft zu nennen: Interessenvertretung im gesundheits- und sozialpolitischen Bereich, Herausgabe von Medien zur Information und Unterstützung der betroffenen Menschen sowie der ihnen angeschlossenen Untergliederungen, Durchführung von Lehrgängen, Seminaren, Konferenzen und Fachtagungen. Neben Dienstleistungen für die eigenen Mitglieder erbringen sie Beratungs- und Informationsleistungen für Dritte.

– Selbsthilfekontaktstellen

Selbsthilfekontaktstellen sind örtlich oder regional arbeitende professionelle Beratungseinrichtungen mit hauptamtlichem Personal. Sie stellen bereichs-, themen- und indikationsgruppenübergreifend Dienstleistungsangebote bereit zur methodischen Anleitung, Unterstützung und Stabilisierung von Selbsthilfegruppen. Sie unterstützen aktiv bei der Gruppengründung und bieten infrastrukturelle Hilfen wie z. B. Räume, Beratung oder supervisorische Begleitung in schwierigen Gruppensituationen oder bei Problemen an. Eine Hauptzielgruppe von Selbsthilfekontaktstellen sind Bürger, die noch nicht Teilnehmer bzw. Mitglieder von Selbsthilfegruppen sind, sondern sich informieren und beraten lassen möchten. Selbsthilfekontaktstellen stärken die Kooperation und Zusammenarbeit von Selbsthilfegruppen und Professionellen, vermitteln Kontakte und Kooperationspartner und fördern die Vernetzung der Angebote in der Region. Sie sind Agenturen zur Stärkung der Motivation, Eigenverantwortung und gegenseitigen freiwilligen Hilfe. Sie nehmen eine Wegweiserfunktion im System der gesundheitlichen und sozialen Dienstleistungsangebote wahr und verbessern die soziale Infrastruktur.

§ 3 Voraussetzungen der Förderung. (1) Die Vereinbarungspartner fördern nach Maßgabe des § 1 gesundheitsbezogene Selbsthilfegruppen, -organisationen und -kontaktstellen, die sich die Prävention (Sekundärprävention) und / oder die Rehabilitation (Tertiärprävention) bei chronischen Erkrankungen und Behinderungen zum Ziel gesetzt haben. Eine Förderung setzt die Bereitschaft der Selbsthilfe zur partnerschaftlichen Zusammenarbeit mit den Vereinbarungspartnern voraus. Die Selbsthilfearbeit ist neutral auszurichten, z. B. parteipolitisch oder kommerziell ausgerichtete Aktivitäten werden nicht gefördert. Eine Förderung setzt voraus, dass die Selbsthilfe dafür Sorge trägt, dass ihre inhaltliche Arbeit durch Wirtschaftsunternehmen nicht beeinflusst wird.

Entsprechend den unterschiedlichen Zielsetzungen, Arbeitsfeldern und organisatorischen Ebenen ergeben sich, ergänzend zu den unterschiedlichen gesetzlichen Fördergrundlagen, zum Teil unterschiedliche Fördervoraussetzungen:

Selbsthilfegruppen:
- grundsätzliche Offenheit für neue Mitglieder,
- Interessenwahrnehmung und -vertretung durch betroffene Menschen,
- verlässliche / kontinuierliche Gruppenarbeit.

Selbsthilfeorganisationen:
- grundsätzliche Offenheit für neue Mitglieder,
- Interessenwahrnehmung der von chronischer Krankheit und Behinderung betroffenen Menschen,
- verlässliche, kontinuierliche Verbandsarbeit mit geregelter Verantwortlichkeit und überprüfbarer Kassenführung,
- fachliche und organisatorische Unterstützung der örtlichen / regionalen Selbsthilfegruppen,
- Vorhandensein örtlicher / regionaler Selbsthilfegruppen.

  Die Eigenart oder der geringe Verbreitungsgrad einer chronischen Erkrankung oder Behinderung bzw. das Selbstverständnis oder die Zielgruppe einer Organisation führt teilweise dazu, dass keine Untergliederungen in Form von Landes- bzw. regionaler Selbsthilfestrukturen ausgebildet sind. Dies ist bei der Prüfung der Voraussetzungen zu berücksichtigen.

Selbsthilfekontaktstellen:
- bereichs-, themen- und indikationsgruppenübergreifende Arbeit,
- hauptamtliches Fachpersonal,
- Erreichbarkeit durch regelmäßige Öffnungs- bzw. Sprechzeiten,
- Dokumentation der örtlichen / regionalen Selbsthilfegruppen bzw. Interessentenwünsche,
- aktive Mitarbeit in der jeweiligen Landesarbeitsgemeinschaft der Selbsthilfekontaktstellen und Kooperation mit den Landeskoordinierungsstellen (soweit vorhanden),
- Bestehen bzw. Vorlaufzeit von mindestens einem Jahr (Ausnahmen sind mit Begründung möglich),
- Vorliegen eines Finanzierungskonzeptes.

(2) Nicht gefördert werden Wohlfahrts- und Sozialverbände, Fördervereine und Arbeitsgruppen bzw. Arbeitskreise der Selbsthilfeorganisationen, Patientenstellen und Verbraucherverbände, Berufs- und Fachverbände, Kuratorien, Landesarbeitsgemeinschaften für Gesundheit, Koordinationsstellen für Selbsthilfegruppen und Ärzte der Kassenärztlichen Vereinigungen sowie alle Aktivitäten der Selbsthilfegruppen, -organisationen und -kontaktstellen, die nicht gesundheitsbezogen sind.

§ 4 Formen und Inhalte der Förderung. Die zweckgebundene Förderung der Selbsthilfegruppen, -organisationen und -kontaktstellen erfolgt durch finanzielle Zuschüsse in Form projektbezogener und / oder pauschaler Zuwendungen. Daneben ist eine ideelle, strukturelle und sächliche Förderung z. B. in Form von Dienst- oder Sachleistungen durch die Vereinbarungspartner möglich.

Die finanzielle Förderung kann sich auf gezielte, zeitlich begrenzte Vorhaben und Aktionen von Selbsthilfegruppen, -organisationen und -kontaktstellen richten. Sie kann auch für die finanzielle Unterstützung der gesundheitsbezogenen Arbeit von Selbsthilfegruppen, -organisationen und -kontaktstellen in Form pauschaler Zuschüsse in Betracht kommen.

Durch die ideelle Förderung unterstützen die Vereinbarungspartner die Selbsthilfe z. B. durch Wertschätzung, Kooperation und partnerschaftliche Zusammenarbeit, Hinweise bzw. Verweis auf Selbsthilfegruppen und deren Arbeit.

Die Vereinbarungspartner können die Selbsthilfe strukturell und sächlich unterstützen, indem sie ihre Institutionsmöglichkeiten zur Verfügung stellen (z. B. Räume, Büroinfrastruktur, Kopien, Druck von Faltblättern, Hilfestellung bei sozialrechtlichen Fragen und sonstigen Problemstellungen, Vorträge im Rahmen von Veranstaltungen).

Für eine finanzielle Förderung der Selbsthilfegruppen, -organisationen und -kontaktstellen kommen insbesondere in Betracht:
— Information, Aufklärung und Beratung der betroffenen Menschen, ihrer Angehörigen oder weiterer Interessierter,
— Qualifizierungsmaßnahmen, die im Zusammenhang mit originärer Selbsthilfearbeit stehen, insbesondere für die in der Selbsthilfe ehrenamtlich tätigen Menschen,
— Öffentlichkeitsarbeit und Durchführung von Veranstaltungen und Aktionen (z. B. Broschüren, Informationsmedien, Seminare, Selbsthilfetage, Fachtagungen),
— Zuschüsse zur Deckung sonstiger Ausgaben der Selbsthilfe, z. B. für Raumnutzung, Büromaterial, Telefongebühren,
— Projektförderung einschließlich anteiliger Personal- und Sachkosten.

§ 5 Umfang der Förderung. Die finanzielle Förderung der Selbsthilfegruppen, -organisationen und -kontaktstellen durch die Rehabilitationsträger erfolgt bedarfsbezogen und angemessen.

Ausgangspunkt der Förderung ist der Bedarf der Antrag stellenden Selbsthilfegruppe, -organisation oder -kontaktstelle. Dieser Bedarf ist inhaltlich zu benennen und transparent zu machen.

Bei der Vergabe der Fördermittel ist eine ausgewogene Verteilung sowie eine bedarfsgerechte Aufteilung auf die verschiedenen Förderebenen anzustreben.

Eine Vollfinanzierung der gesamten Selbsthilfearbeit und -strukturen ist nicht möglich. Den Grundsätzen der Wirtschaftlichkeit, Sparsamkeit, Eigenverantwortung und Solidarität ist Rechnung zu tragen.

§ 6 Förderverfahren. Die Vereinbarungspartner verfolgen mit diesen Empfehlungen das Ziel, gemeinsam mit den Vertretern der Selbsthilfe die Selbsthilfeförderung und inhaltliche Zusammenarbeit als Gemeinschaftsaufgabe weiterzuentwickeln. Hierzu empfiehlt sich unter Nutzung bestehender Strukturen die Einrichtung von Arbeitskreisen der Rehabilitationsträger auf allen Ebenen. Die Vertreter der Selbsthilfe und ggf. andere Förderer, z. B. die öffentliche Hand, sind zu beteiligen. Näheres zum Aufgabenprofil der Arbeitskreise regeln deren Mitglieder in einer gemeinsamen Geschäftsordnung bzw. Kooperationsvereinbarung.

Ziel der Arbeitskreise auf den jeweiligen Förderebenen soll es sein, einvernehmliche Lösungen für die Förderpraxis zu entwickeln (z. B. Abstimmung über gemeinsame Antragsformulare, Antragsfristen) und diese transparent zu machen. Die Arbeitskreise werden als wesentliches Element zur Umsetzung der mit diesen Empfehlungen verbundenen Intentionen angesehen.

§ 7 Dokumentation. Zur Verbesserung der Transparenz der Selbsthilfeförderung empfehlen die Vereinbarungspartner und die Vertreter der Selbsthilfe die Dokumentation der Förderung und der Vergabepraxis unter Berücksichtigung der datenschutzrechtlichen Bestimmungen. Näheres dazu regeln die Partner in den o. a. Arbeitskreisen.

§ 8 In-Kraft-Treten. (1) Diese Gemeinsame Empfehlung tritt am 1. Juli 2004 in Kraft.

(2) Die Vereinbarungspartner und die anderen Rehabilitationsträger werden auf der Ebene der Bundesarbeitsgemeinschaft für Rehabilitation in angemessenen Zeitabständen unter Einbeziehung der Verbände behinderter Menschen einschließlich der Verbände der freien Wohl-

fahrtspflege, der Selbsthilfegruppen und der Interessenvertretungen behinderter Frauen sowie der für die Wahrnehmung der Interessen der ambulanten und stationären Rehabilitationseinrichtungen auf Bundesebene maßgeblichen Spitzenverbände prüfen, ob diese Empfehlung aufgrund zwischenzeitlich gewonnener Erfahrungen und eingetretener Entwicklungen verbessert oder wesentlich veränderten Verhältnissen angepasst werden muss. Für diesen Fall erklären die Vereinbarungspartner ihre Bereitschaft, unverzüglich an der Überarbeitung einer entsprechend zu ändernden gemeinsamen Empfehlung mitzuwirken.

Empfehlungen der Spitzenverbände der Krankenkassen zur Weiterentwicklung der Umsetzung von § 20 Abs. 4 SGB V

AOK-Bundesverband, Bonn-Bad Godesberg

BKK-Bundesverband, Essen

IKK-Bundesverband, Bergisch Gladbach

Bundesverband der landwirtschaftlichen Krankenkassen, Kassel

Bundesknappschaft, Bochum

See-Krankenkasse, Hamburg

Verband der Angestellten-Krankenkassen e. V., Siegburg

AEV – Arbeiter-Ersatzkassen-Verband e. V., Siegburg

in Kooperation mit den

„Vertretern der für die Wahrnehmung der Interessen der Selbsthilfe maßgeblichen Spitzenorganisationen"

Bundesarbeitsgemeinschaft Hilfe für Behinderte e. V., Düsseldorf

DER PARITÄTISCHE – Gesamtverband e. V., Frankfurt

Deutsche Arbeitsgemeinschaft Selbsthilfegruppen e. V., Gießen

(„Vertreter der Selbsthilfe")

Stand: 16. Dezember 2002

1. Präambel

Die Spitzenverbände der Krankenkassen und die Vertreter der Selbsthilfe begrüßen die durch das GKV-Gesundheitsreformgesetz 2000 eingeleitete Stärkung der Selbsthilfe. Im Interesse einer einheitlichen Rechtsanwendung haben sie mit den Vertretern der Selbsthilfe – BAGH, DAG-SHG, PARITÄTISCHER – am 10. März 2000 gemeinsame und einheitliche Grundsätze zur Förderung der Selbsthilfe beschlossen. Aufgrund der inzwischen gewonnenen Erfahrungen mit der Umsetzung des § 20 Abs. 4 SGB V tragen die Spitzenverbände der Krankenkassen und die Vertreter der Selbsthilfe mit den nachstehenden Empfehlungen zur Konkretisierung der gemeinsamen Grundsätze und somit zur qualitativen und quantitativen Verbesserung der Förderpraxis bei.

Die Förderung der Selbsthilfe ist eine Gemeinschaftsaufgabe von allen Rehabilitationsträgern (gemäß §§ 6, 29 SGB IX) und der öffentlichen Hand. Die Stärkung der Selbsthilfe durch die gesetzlichen Krankenkassen darf nicht zu einem Rückzug anderer Kostenträger wie beispielsweise der öffentlichen Hand führen. Vielmehr soll sie dazu beitragen, die Bereitschaft der anderen Sozialversicherungsträger und der öffentlichen Hand zu steigern, die Selbsthilfe ihrerseits durch eine maßgebliche Erhöhung ihres finanziellen Engagements zu fördern.

2. Intention des § 20 Abs. 4 SGB V

Zur Stärkung der Selbsthilfe sollen die gesetzlichen Krankenkassen Selbsthilfegruppen, -organisationen und -kontaktstellen fördern, die sich die Prävention oder Rehabilitation von Versicherten bei einer der im Verzeichnis der Krankheiten aufgeführten chronischen Erkrankungen oder Behinderungen zum Ziel gesetzt haben. Die Ausgaben der Krankenkassen für die Selbsthilfeförderung sollen dabei für jeden ihrer Versicherten ab dem 1. Januar 2003 Euro 0,53 (auf der Basis von 1,00 DM / 0,51 Euro) betragen. Sie sind in den Folgejahren entsprechend der prozentualen Veränderung der monatlichen Bezugsgröße nach § 18 Abs. 1 SGB IV anzupassen. Dieser gesetzlich vorgegebene Finanzrahmen soll unter Berücksichtigung der vielfältigen Organisationsstrukturen der Selbsthilfe ausgeschöpft werden.

Die finanzielle Unterstützung soll sowohl für die Förderung von Selbsthilfeprojekten als auch in Form pauschalierter Zuschüsse zur Unterstützung der Aufklärungs-, Informations- und Beratungsarbeit der Selbsthilfe zur Verfügung gestellt werden. Damit unterstützen die gesetzlichen Krankenkassen die bestehenden bzw. die in Aufbau befindlichen Selbsthilfestrukturen und tragen insgesamt zu ihrer Stärkung bei.

3. Bildung von Arbeitskreisen auf den jeweiligen Förderebenen

Zur Herstellung von Transparenz und zur Verbesserung der Abstimmung bei der Förderung sowie zur Vereinfachung des Förderverfahrens regen die Spitzenverbände der Krankenkassen und die Vertreter der Selbsthilfe die Bildung von Arbeitskreisen – bestehend aus Vertretern der verschiedenen Krankenkassen / -verbände und aus Vertretern der Selbsthilfe – auf den jeweiligen Förderebenen an. Ziel soll es sein, einvernehmliche Lösungen für die Förderpraxis zu entwickeln. Bereits bestehende und bewährte Förderstrukturen sind dabei zu berücksichtigen. Die Bildung dieser Arbeitskreise wird als wesentliches Element zur Umsetzung der mit diesen Empfehlungen verbundenen Intentionen angesehen. Weiter sollen diese Arbeitskreise als Clearingstellen fungieren, an die sich sowohl die Selbsthilfevertreter als auch die Krankenkassen / -verbände bei konkreten Anliegen und / oder Problemen wenden können.

4. Transparenz über die Förderung

Die Spitzenverbände der Krankenkassen und die Vertreter der Selbsthilfe empfehlen, Transparenz über die Förderung auf den jeweiligen Förderebenen herzustellen. Dies soll für alle Förderstränge und Beteiligten gleichermaßen gelten.

Die Transparenz der Selbsthilfeförderung soll insbesondere erhöht werden durch Informationen über das Förderverfahren der Krankenkassen (z. B. Zuständigkeiten, Förderkriterien), durch die im Abschnitt 3 angeregte Bildung von Arbeitskreisen sowie durch die amtliche Statistik.

5. Förderung der Selbsthilfegruppen, Selbsthilfeorganisationen und Selbsthilfekontaktstellen

Die finanzielle Förderung durch die Krankenkassen soll auf der regionalen / örtlichen Ebene, der Landes- und Bundesebene sowie durch die Förderung der Selbsthilfe-Kontaktstellen unter Berücksichtigung der §§ 1 und 12 SGB V erfolgen. Die Spitzenverbände der Krankenkassen und die Vertreter der Selbsthilfe sehen die verschiedenen Förderebenen als grundsätzlich gleichrangig und gleichwertig an. Sie empfehlen zukünftig stärker als bisher von der Möglichkeit einer pauschalen Förderung Gebrauch zu machen.

Die Vertreter der Selbsthilfe empfehlen für die Verteilung der insgesamt zur Verfügung stehenden Fördermittel der Krankenkassen jeweils 25% der Mittel in die Förderung der Selbsthilfeorganisationen auf Bundesebene, der Selbsthilfeorganisationen auf Landesebene, der

Selbsthilfegruppen vor Ort und der Selbsthilfekontaktstellen fließen zu lassen. Dabei sollen bereits vereinbarte Verteilungsquoten nicht unterschritten werden.

Bei der Verteilung der Fördermittel sind die jeweiligen selbsthilfespezifischen Organisationsstrukturen zu berücksichtigen, die sich u. a. aus dem unterschiedlichen Verbreitungsgrad einer Behinderung oder chronischen Erkrankung, der Mitgliederstärke, dem Aktivitätenspektrum und aus dem jeweiligen Selbstverständnis ergeben können. Ebenso können sich aus den jeweiligen Organisationsstrukturen der verschiedenen Krankenkassenarten unterschiedliche Förderschwerpunkte ergeben.

Zur Verbesserung der bisherigen Förderpraxis auf allen Förderebenen empfehlen die Spitzenverbände der Krankenkassen und die Vertreter der Selbsthilfe

– die bedarfsbezogene und angemessene Förderung insbesondere auf der regionalen und auf der Landesebene,

– die Vereinfachung des Förderverfahrens insbesondere auf der regionalen und auf der Landesebene,

– die Reduzierung von aufwändigen Verwaltungsverfahren zur möglichst unbürokratischen Bearbeitung der Förderanträge insbesondere auf der regionalen und auf der Landesebene.

Näheres zur Ausgestaltung der o. a. Empfehlungen regeln die auf den jeweiligen Förderebenen zu gründenden Arbeitskreise (vgl. Abschnitt 3).

5.1 Förderung der regionalen / örtlichen Selbsthilfegruppen

Die Förderung der regionalen / örtlichen Selbsthilfegruppen erfolgt durch die Krankenkassen vor Ort. Zu ihrer Förderung empfehlen die Spitzenverbände der Krankenkassen und die Vertreter der Selbsthilfe

– die Verwendung abgestimmter, einheitlicher Antragsvordrucke. Als Anlage zu diesen Empfehlungen sind entsprechende Muster beigefügt. Bereits im Umlauf befindliche vergleichbare Antragsformulare können beibehalten werden; es ist jedoch ratsam, eine Anpassung dieser Formulare in Richtung der Muster-Antragsformulare vorzunehmen. Auf die Erhebung des Versichertenbezugs soll auch aus datenschutzrechtlichen Gründen verzichtet werden;

– die verstärkte pauschale Förderung der regionalen / örtlichen Selbsthilfegruppen;

– das Antragsverfahren zu vereinfachen, indem zukünftig nur noch ein Antrag pro Selbsthilfegruppe an einen zentralen Ansprechpartner einzureichen ist. Ein Zwischenschritt kann die Benennung eines Ansprechpartners pro Kassenart sein. Entsprechende Förderverfahren sollen von den Krankenkassen vor Ort entwickelt und erprobt werden (vgl. hierzu auch Abschnitt 3);

– eine unbürokratische Bearbeitung der Förderanträge und eine Reduzierung der Bearbeitungszeiten. Empfohlen wird eine Bearbeitungszeit von 8 Wochen gerechnet von dem Zeitpunkt an, an dem alle erforderlichen Antragsunterlagen vorliegen.

Näheres zur Ausgestaltung des konkreten Förderverfahrens ist von den zu gründenden Arbeitskreisen zu regeln.

5.2 Förderung der Landesorganisationen der Selbsthilfe

Die Förderung der Landesorganisationen der Selbsthilfe erfolgt durch die landesweit tätigen Krankenkassen bzw. durch ihre Landesverbände. Zu ihrer Förderung empfehlen die Spitzenverbände der Krankenkassen und die Vertreter der Selbsthilfe

– die Verwendung abgestimmter, einheitlicher Antragsvordrucke. Als Anlage zu diesen Empfehlungen sind entsprechende Muster beigefügt. Bereits im Umlauf befindliche vergleichbare Antragsformulare können beibehalten werden, es ist jedoch ratsam, eine Anpassung dieser Formulare in Richtung Muster-Antragsformulare vorzunehmen. Auf die

Erhebung des Versichertenbezugs soll auch aus datenschutzrechtlichen Gründen verzichtet werden;
- die Verständigung auf eine einheitliche Antragsfrist;
- eine unbürokratische Bearbeitung der Förderanträge und eine Reduzierung der Bearbeitungszeiten. Empfohlen wird eine Bearbeitungszeit von 8 Wochen, gerechnet von dem Zeitpunkt an, an dem alle erforderlichen Antragsunterlagen vorliegen;
- bei der Förderung der Landesorganisationen der Selbsthilfe auch die Förderung durch andere Förderstränge einzubeziehen.

Näheres zur Ausgestaltung des konkreten Förderverfahrens ist von den zu gründenden Arbeitskreisen zu regeln.

5.3 Förderung der Bundesorganisationen der Selbsthilfe

Für die Förderung der Selbsthilfeorganisationen auf Bundesebene haben sich die Spitzenverbände der Krankenkassen und die Vertreter der Selbsthilfe bereits auf ein Förderverfahren und auf einheitliche Formulare verständigt. Hierzu zählen das Antragsformular, der Strukturerhebungsbogen und der Nachweis über die Verwendung der Fördermittel. Dieses Verfahren hat sich bewährt und wird auf der Grundlage dieser Empfehlungen, im Übrigen bei Bedarf weiter entwickelt (vgl. u. a. die jeweils geltende Fassung des gemeinsamen Rundschreibens der Vertreter der Selbsthilfe und der Spitzenverbände der Krankenkassen).

5.4 Förderung der Selbsthilfekontaktstellen

Die Spitzenverbände der Krankenkassen und die Vertreter der Selbsthilfe empfehlen für die Förderung der Selbsthilfekontaktstellen eine Verständigung anzustreben, wonach eine Förderung nach den folgenden Eckpunkten erfolgen soll:
- Die Selbsthilfekontaktstellen stellen jährlich einen Antrag an die Verbände der Krankenkassen auf Landesebene bis spätestens 31. Dezember für das kommende Förderjahr. Einzelheiten zum jeweiligen Antragsverfahren regeln die Krankenkassen / -verbände untereinander.
- Zur Prüfung und Bearbeitung der Anträge wird empfohlen, eine Arbeitsgemeinschaft der Krankenkassen / -verbände zur Förderung der Selbsthilfekontaktstellen zu bilden. Diese soll aus Vertretern aller beteiligten Krankenkassen / -verbände bestehen. Vertreter der Selbsthilfekontaktstellen sollen bei Beratungsbedarf sowie bei Fragen der Weiterentwicklung der Förderung der Selbsthilfekontaktstellen hinzugezogen werden.
- Über die Förderanträge beraten und entscheiden die Verbände der Krankenkassen gemeinsam. Entscheidungen sollen möglichst einvernehmlich getroffen werden.
- Wegen der spezifischen Aufgabenstellung der Selbsthilfekontaktstellen wird eine bedarfsgerechte Förderung in Form pauschaler Zuschüsse empfohlen.
- Für die Förderanträge wird eine Bearbeitungszeit von acht Wochen empfohlen, gerechnet von dem Zeitpunkt an, an dem alle erforderlichen Antragsunterlagen vorliegen.
- Für die Finanzierung der Selbsthilfekontaktstellen wird eine Stufenregelung empfohlen, wobei für das Kalenderjahr 2003 die Krankenkassen / -verbände einen Mindestbetrag von 0,08 Euro zur Verfügung stellen. Bereits bestehende Vereinbarungen, die diesen Mindestbetrag übersteigen, bleiben hiervon unberührt. Dieser Förderbetrag ist in den Folgejahren schrittweise anzupassen (vgl. Seite 3, Abschnitt 5, Absatz 2).
- Die Krankenkassen / -verbände und die Vertreter der Selbsthilfe achten gemeinsam darauf, dass sich die öffentliche Hand nicht aus der Förderung der Selbsthilfekontaktstellen zurückzieht.
- Das von den Krankenkassen / -verbänden zur Verfügung gestellte Fördervolumen soll anteilig entsprechend den Versichertenzahlen (nach der Statistik KM 1 bzw. KM 6 vom

1. Juli des Vorjahres) aufgebracht und bedarfsgerecht verteilt werden unter Berücksichtigung der folgenden Parameter:
- Haushaltsvolumen der Selbsthilfekontaktstellen,
- Höhe der Förderung durch die öffentliche Hand und / oder sonstiger Träger,
- Umfang der Personalausstattung,
- Präventive und / oder rehabilitative Aktivitäten,
- Infrastruktur und Einwohnerzahl im Einzugsgebiet.

6. Qualitätssicherung

Über die weitere Umsetzung von § 20 Abs. 4 SGB V führen die Krankenkassen auf den jeweiligen Ebenen mit den Vertretern der Selbsthilfe einen regelmäßigen Erfahrungsaustausch. Der Arbeitskreis auf Bundesebene „Selbsthilfeförderung durch die GKV" wird die weitere Umsetzung kontinuierlich begleiten.

Richtlinien (Überarbeitung) für die Beantragung und Verwendung der Zuwendungen der BfA nach § 31 Abs. 1 Nr. 5 SGB VI ab dem Haushaltsjahr 1998

(Stand: 1. August 1997)

Rechtliche Grundlagen der BfA-Förderung
1. § 31 Abs. 1 Nr. 5 SGB VI

§ 31 Sonstige Leistungen. (1) Als sonstige Leistungen zur Rehabilitation können erbracht werden ...

5. Zuwendungen für Einrichtungen, die auf dem Gebiet der Rehabilitation forschen oder Rehabilitation fördern.

2. Richtlinien

Es gelten zudem die Richtlinien der BfA vom 5. 12. 1996 über Zuwendungen nach § 31 Abs. 1 Nr. 5 SGB VI an Einrichtungen, die auf dem Gebiet der Rehabilitation forschen oder die Rehabilitation fördern.

In der Rentenversicherung bedeutet Rehabilitation die Abwendung einer erheblichen Gefährdung der Erwerbsfähigkeit bzw. die wesentliche Besserung oder Wiederherstellung der bereits geminderten Erwerbsfähigkeit.

I. Zweckbestimmung der Zuwendungen

Mit den Zuwendungen sollen am regionalen Bedarf ausgerichtete projektbezogene Initiativen und Angebote zur wohnort- bzw. arbeitsplatznahen Suchtkrankenhilfe im ambulanten Bereich gefördert werden. Im Rahmen dieser Zielsetzung sind die Mittel

- für die Förderung der Arbeit ambulanter Beratungs- und Behandlungsstellen für Suchtkranke (Sach- und Personalkosten)
  und
- für die Förderung von Selbsthilfe- und Abstinenzgruppen (Sach- und Personalkosten) vorgesehen.

Über BfA-Zuwendungen ist keine institutionelle Förderung möglich.

II. Grundsätzliches zur Förderung

1. Es werden ausschließlich Maßnahmen im Inland gefördert.

2. Maßnahmen im Bereich der Angehörigenarbeit dienen der Stabilisierung der Abstinenz des Suchtkranken. Dabei stehen die Information über Suchtkrankheit, Beratung und Unterstützung der Angehörigen im Vordergrund.

3. Mit BfA-Mitteln sollen in der Regel zusätzliche Angebote der Beratungsstellen und Verbände gefördert werden. Die BfA-Mittel sind nicht für die Finanzierung von Regel- und Standardangeboten zu verwenden. Es ist zu beachten:

Beratungsstellen, die einen Vertrag im Rahmen der EVARS (= Empfehlungsvereinbarung für die Ambulante Rehabilitation Suchtkranker) abgeschlossen haben, können die Bausteine, die zum Konzept der ambulanten Therapie dieser Einrichtung gehören, nicht zusätzlich über diese Förderung finanzieren lassen. Maßnahmen, die im Konzept der ambulanten Therapie enthalten sind, gelten durch den Stundensatz der Leistungsträger als abgegolten. Hierzu gehören z. B. die Motivationsarbeit und Arbeit mit Angehörigen im Rahmen der ambulanten Therapie, die in gewissem Umfang in der EVARS enthalten sind.

4. Gefördert werden vor allem Anschubfinanzierungen von Projekten. Die Fördermittel der BfA werden in der Regel ein Jahr, längstens drei Jahre für dasselbe Projekt vergeben.

5. Die Gesamtfinanzierung eines Projektes muss gesichert sein. Grundsätzlich handelt es sich bei der BfA-Förderung um eine anteilige Finanzierung. Es wird erwartet, dass die Antragsteller Eigenmittel (oder Teilnehmergebühren, z. B. bei Seminaren) in angemessener Höhe einbringen.

III. Welche Aufwendungen sind zuwendungsfähig?

Gefördert werden können Maßnahmen für suchtgefährdete Suchtkranke im Vorfeld und Suchtkranke im Anschluss an eine Therapie, durch:

a) Personalkosten, z. B.
– Honorare für spezielle (Hilfs-) Angebote für spezielle Indikationsgruppen, z. B. suchtkranke schwangere Frauen, Angehörige (vgl. II. 2, Informationsgruppen, suchtkranke Alleinstehende etc.), sofern es sich nicht um therapeutische und einzeltherapeutische Maßnahmen handelt.

b) Sachkosten, z. B.
– Arbeitsmaterial für Gruppenarbeit für den professionellen Bereich in angemessenem Umfang, jedoch keine Anschaffungen / Geräte wie z. B. Projektoren, Flip-Charts, Kassettenrekorder u. ä.;
– arbeitsfeldspezifische Fachliteratur etc., die zwar pauschal beantragt werden kann, aber im Nachweis einzeln aufgelistet werden muss;
– Mietaufwendungen nur in begründeten Fällen, wenn sie in projektbezogenem Zusammenhang mit dem Zuwendungszweck entstehen.

c) Zusätzliche Erläuterungen für Anträge aus dem Bereich der Selbsthilfe und ehrenamtlichen Hilfe – hier können zum Beispiel gefördert werden:
– Aus-, Fort- und Weiterbildungen (mit angemessener Eigenbeteiligung für Übernachtung / Verpflegung / Fahrtkosten) pauschale Kostensätze sind nicht zuwendungsfähig,
– Referentenhonorare,
– Aufwendungen im Rahmen der ehrenamtlichen Tätigkeit (Fahrtkosten, Telefon, Porto),
– Materialien für die Gruppen- und Öffentlichkeitsarbeit.

d) Einsatz von Eigenmitteln

Bei längerfristigen Projekten wird eine angemessene Eigenbeteiligung erwartet. Bei Seminaren sind angemessene Teilnehmergebühren zu erheben.

IV. Was kann nicht gefördert werden?

Für therapeutische / berufsfördernde Maßnahmen im Einzelfall kommen nicht Zuwendungen, sondern Leistungen nach § 9 ff. SGB VI (evtl. ergänzen: § 56 AFG, § 11 ff. SGB V, § 42 SGB V etc.) in Betracht.

Es können nicht gefördert werden:

a) Projekte / Maßnahmen, die nicht in den Aufgabenbereich der BfA fallen (§ 17 SVHV, 30 SGB IV).

b) Andere Träger oder Stellen, die nach Gesetz oder Satzung leistungspflichtig sind, dürfen nicht finanziell entlastet oder deren Aufgaben mitfinanziert werden (z. B. Krankenkassen, Sozialhilfe, Justiz). Dabei handelt es sich insbesondere um

- Kurse der allgemeinen Gesundheitsprophylaxe. (Dies fällt in den Aufgabenbereich der Krankenkassen),
- Maßnahmen im Rahmen der ambulanten Entgiftung,
- die Behandlung und Betreuung Opiatabhängiger unter Vergabe von Methadon,
- Kurse / Seminare für alkoholauffällige Kraftfahrer zur Wiedererlangung der Fahrerlaubnis,
- Seminare in Betrieben und Verwaltungen zum Thema Sucht (-prävention) am Arbeitsplatz,
- niedrigschwellige Angebote,
- Rechts- und Schuldenberatung,
- Beratungsangebote in Justizvollzugsanstalten,
- Präventionsprojekte und -maßnahmen, die keinen Bezug zur Rehabilitation i. S. der Rentenversicherung erkennen lassen,
- Freizeitaktivitäten sowie Materialien zur Freizeitgestaltung und Kinderfreizeiten,
- Maßnahmen zur Wahrnehmung verbandsinterner Aufgaben.

c) Ferner sind folgende weitere Punkte zu beachten:

Nicht zuwendungsfähig sind Sachkosten für:

- eine Büro- und / oder Standardausstattung von Gruppen- oder Beratungsräumen;
- Geräte wie EDV-Anlagen, Kopierer, Projektoren, Flip-Charts u. ä.;
- Geräte und Werkzeuge für Arbeitstraining;
- Fort- und Weiterbildungsmaßnahmen für hauptamtliche Mitarbeiter, da deren Qualifizierung Aufgabe des Trägers / Arbeitgebers ist;
- Bewirtungen, z. B. im Rahmen des Gruppenabends;
- Miete und Mietnebenkosten, insbesondere für Selbsthilfegruppen (Ausnahme in begründeten Einzelfällen);
- Baumaßnahmen / Renovierungen / Installationen;
- Kosten für Versicherungen, Kontoführungsgebühren und satzungsmäßige Mitgliedsbeiträge.

Begrenzungen gelten für:

- Fahrtkosten sind maximal gemäß dem Bundesreisekostengesetz abzurechnen (0,22 Euro/Km).

V. Beantragung und Verteilung der Mittel

1. Beantragt werden die BfA-Mittel mit dem dafür vorgesehenen Formblatt, das
 - in dreifacher Ausfertigung bei der zuständigen Landesstelle eingehen und
 - in zweifacher Ausfertigung der DHS-Geschäftsstelle bis spätestens zum 30. November des Vorjahres der Mittelverwendung vorliegen muss. Das Original wird von der DHS-Geschäftsstelle an die BfA weitergeleitet.

2. Es können nur Zuwendungen für Projekte / Maßnahmen beantragt werden, die noch nicht begonnen worden sind. Wird ein zwar beantragtes, aber von der BfA noch nicht bewilligtes Projekt begonnen, liegt das Finanzierungsrisiko beim Antragsteller.

3. Der Antrag muss Angaben enthalten, die es der BfA ermöglichen, die Notwendigkeit und Angemessenheit der Zuwendung sowie die mit ihr verfolgten Zwecke zu beurteilen. In dem Antrag ist zu jeder Fördermaßnahme mitzuteilen, für welche Kosten (Personal- und Sachkosten) und jeweils in welcher Höhe die Verwendung der Mittel der BfA beantragt wird sowie die Dauer der beabsichtigten Maßnahme.

4. Die Verteilung der Mittel zwischen Selbsthilfe und professioneller Hilfe soll unter Berücksichtigung der regionalen Notwendigkeiten differenziert und gerecht vorgenommen werden. Anzustreben ist eine Beteiligung der Selbsthilfe von 50% der (pro Bundesland) in Aussicht gestellten Fördersumme. Abweichungen von der angestrebten Verteilung müssen in dem Anschreiben der Landesstelle erläutert und begründet werden.

5. Es wird empfohlen, einen Vergabeausschuss (innerhalb der Landesstelle) zu bilden, der paritätisch mit Vertreter / -innen aus der Selbsthilfe und der professionellen Hilfe besetzt ist. Dieser Vergabeausschuss soll vorab eine inhaltliche und rechnerische Vorprüfung bzgl. der Förderungswürdigkeit der eingereichten Anträge vornehmen. Es sollen dann nur entscheidungsfähige Anträge von den Landesstellen aus weitergeleitet werden. Somit soll der Vergabeausschuss bzw. die Landesstelle Einfluss darauf nehmen, welche Projekte mit welcher Zuwendungssumme gefördert werden sollen. Die befürworteten Anträge werden dann in zweifacher Ausfertigung an die DHS-Geschäftsstelle weitergeleitet. Das von der Landesstelle dazu zu erstellende Anschreiben (mit Datum versehen) muss folgende Angaben enthalten: Auflistung der beiliegenden und vom Vergabeausschuss befürworteten Anträge inklusive Vergabevorschlag, ggf. Erläuterungen zu den Vergabevorschlägen.

VI. Nachweis und Prüfung der Verwendung

1. Die Zuwendung darf nur für die Durchführung der beantragten und bewilligten Projekte verwendet werden.

2. Die Mittel sind wirtschaftlich und sparsam zu verwenden.

3. Die im Antrag angegebenen Eigenmittel sind vorrangig zu verwenden.

4. Der Grundsatz der Jährlichkeit ist zu beachten, d. h. die Zuwendung bezieht sich immer nur auf das im Bewilligungsbescheid angegebene Haushaltsjahr und darf auch nur in diesem verwendet werden.

5. Der Nachweis ist auf dem dafür vorgesehenen Formblatt der BfA zu erstellen. Die Nachweise sind von dem Zuwendungsempfänger
 - in dreifacher Ausfertigung spätestens bis zum bei der zuständigen Landesstelle einzureichen. (Das Datum ist bei der zuständigen Landesstelle zu erfragen.)
 - Die Nachweise müssen der DHS-Geschäftsstelle spätestens bis zum 30. April des Haushaltsjahres nach der Mittelverwendung in zweifacher Ausfertigung (ein Original und eine Kopie) vorliegen.

Das beiliegende Anschreiben der Landesstelle soll Angaben enthalten wie z. B.
- Auflistung der nummerierten Verwendungsnachweise,
- die jeweils von der Landesstelle ausgezahlten und
- die nachgewiesenen Fördersummen, Ergebnisse der Vorprüfung durch die Landesstelle (Einsparungen o. ä.).

6. Der Verwendungsnachweis besteht aus einem aussagekräftigen Sachbericht und einem zahlenmäßigen Nachweis.
- In dem Sachbericht sind die antragsgemäße Verwendung der Zuwendung sowie das erzielte Ergebnis im Einzelnen darzustellen. Der Sachbericht muss mindestens enthalten: Die Beschreibung der durchgeführten Maßnahme mit Angaben zu Ort, Dauer, Teilnehmerzahl, sowie Angaben über Inhalte, Erfahrungswerte und Erkenntnisse.
- Der zahlenmäßige Nachweis bezieht sich ausschließlich auf das beantragte Projekt (nicht den gesamten Haushalt der Einrichtung oder des Verbandes aufführen). Die Kosten bzw. Ausgaben müssen transparent und nachvollziehbar aufgeführt werden, d. h. Sachkosten müssen detailliert benannt und Personalkosten erläutert werden (z. B. Angaben über Stundenlohn oder Vergütungsgruppe).

7. Der Zuwendungsempfänger (= Antragsteller) weist die ordnungsgemäße Mittelverwendung nach. Er hat die Originalquittungen / -belege fünf Jahre nach Vorlage des Verwendungsnachweises aufzubewahren und der BfA auf Anfrage auszuhändigen.

8. Die Landesstelle hat die Nachweise zu prüfen, um eine zügige Weiterbearbeitung zu ermöglichen und Rückforderungen möglichst zu vermeiden. (Inhaltliche Übereinstimmung von Antrag und Nachweis; Überprüfung der Förder-, Auszahlungs- und Nachweissummen).

9. Die DHS-Geschäftsstelle nimmt eine inhaltliche und rechnerische Vorprüfung der Verwendungsnachweise vor. Ggf. wird Rücksprache mit der Landesstelle genommen. Die Nachweise (= Originale) werden dann mit den Prüfungsergebnissen an die BfA weitergeleitet.

10. Die BfA als Zuwendungsgeber entscheidet endgültig über die ordnungsgemäße und zweckentsprechende Verwendung der Zuwendungen.

§ 30
Früherkennung und Frühförderung

(1) ¹Die medizinischen Leistungen zur Früherkennung und Frühförderung behinderter und von Behinderung bedrohter Kinder nach § 26 Abs. 2 Nr. 2 umfassen auch
1. die medizinischen Leistungen der mit dieser Zielsetzung fachübergreifend arbeitenden Dienste und Einrichtungen,
2. nichtärztliche sozialpädiatrische, psychologische, heilpädagogische, psychosoziale Leistungen und die Beratung der Erziehungsberechtigten, auch in fachübergreifend arbeitenden Diensten und Einrichtungen, wenn sie unter ärztlicher Verantwortung erbracht werden und erforderlich sind, um eine drohende oder bereits eingetretene Behinderung zum frühestmöglichen Zeitpunkt zu erkennen und einen individuellen Behandlungsplan aufzustellen.

²Leistungen nach Satz 1 werden als Komplexleistung in Verbindung mit heilpädagogischen Leistungen (§ 56) erbracht.

(2) Leistungen zur Früherkennung und Frühförderung behinderter und von Behinderung bedrohter Kinder umfassen des Weiteren nichtärztliche therapeutische, psychologische, heilpädagogische, sonderpädagogische, psychosoziale Leistungen und die Beratung der Erziehungsberechtigten durch interdisziplinäre Frühförderstellen, wenn sie erforderlich sind, um eine drohende oder bereits eingetretene Behinderung zum frühest-

möglichen Zeitpunkt zu erkennen oder die Behinderung durch gezielte Förder- und Behandlungsmaßnahmen auszugleichen oder zu mildern.

(3) ¹Zur Abgrenzung der in den Absätzen 1 und 2 genannten Leistungen und der sonstigen Leistungen dieser Dienste und Einrichtungen, zur Übernahme oder Teilung der Kosten zwischen den beteiligten Rehabilitationsträgern, zur Vereinbarung und Abrechnung der Entgelte sowie zur Finanzierung werden gemeinsame Empfehlungen vereinbart; § 13 Abs. 3, 4 und 6 gilt entsprechend. ²Landesrecht kann vorsehen, dass an der Komplexleistung weitere Stellen, insbesondere die Kultusverwaltung, zu beteiligen sind. ³In diesem Fall ist eine Erweiterung der gemeinsamen Empfehlungen anzustreben.

ERLÄUTERUNGEN

ÜBERSICHT

I. Bedeutung der Vorschrift (Rdnrn. 1–3)
II. Fassung (Rdnrn. 4–5)
III. Begründung (Rdnrn. 6–10)
IV. Anmerkungen (Rdnrn. 11–57)
   A. zu Abs. 1
     1. Regelungsgehalt der Vorschrift (Rdnr. 11)
     2. Medizinische Leistungen zur Früherkennung und Frühförderung (Rdnrn. 12–14)
     3. Früherkennung (Rdnrn. 15–37)
       a) Durch ärztliche Leistungen (Rdnrn. 15–19)
       b) Durch nichtärztliche Leistungen (Rdnrn. 20–37)
          aa) Leistungsarten (Rdnr. 20)
          bb) Fachübergreifende Leistung unter ärztlicher Verantwortung (Rdnr. 21)
          cc) Erforderlichkeit und Zuständigkeit (Rdnrn. 22–24)
          dd) Rangverhältnis der Leistungen (Rdnr. 25)
          ee) Beratung der Erziehungsberechtigten (Rdnrn. 26–27)
          ff) Behandlungsplan (Rdnr. 28)
          gg) Fachübergreifend arbeitende Dienste (Rdnrn. 29–32)
          hh) Ablauf der Früherkennung (Rdnrn. 33–37)
     4. Frühförderung (Rdnrn. 38–42)
       a) Begriff (Rdnr. 38)
       b) Medizinische Leistungen (Rdnrn. 39–41)
       c) Zeitraum der Frühförderung (Rdnr. 42)
     5. Erbringung als Komplexleistung (Rdnrn. 43–50)
       a) Begriff (Rdnrn. 43–45)
       b) Verfahrenregelungen (Rdnrn. 46–47)
       c) Kostentragung (Rdnrn. 48–50)
   B. zu Abs. 2
     1. Leistungserbringung durch Frühförderstellen (Rdnr. 51)
     2. Leistungszeitraum (Rdnr. 52)
     3. Therapeutische Maßnahmen (Rdnr. 53)
     4. Leistungen der sozialen Rehabilitation (Rdnr. 54)
   C. zu Abs. 3
     1. Vereinbarung gemeinsamer Empfehlungen (Rdnrn. 55–56)
     2. Öffnungsklausel für landesrechtliche Erweiterungen bezüglich der Komplexleistung (Rdnr. 57)

I. Bedeutung der Vorschrift

1 Durch § 26 Abs. 2 Nr. 2 SGB IX wurde festgelegt, dass Leistungen zur medizinischen Rehabilitation insbesondere auch die Früherkennung und Frühförderung behinderter und von Behinderung bedrohter Kinder umfassen. In der Vorschrift wird zusätzlich klargestellt, dass auch fachübergreifend arbeitende Dienste und Einrichtungen (z. B. sozialpädiatrische Zentren, ambulante Frühförderstellen) derartige medizinische Leistungen erbringen können, selbst wenn zu ihrem Leistungsspektrum noch andere, z. B. pädagogische Leistungen gehören (**Abs. 1 Nr. 1**). Durch Abs. 1 Satz 1 **Nr. 2** werden nichtärztliche sozialpädiatrische, psychologische, heilpädagogische und psychosoziale Leistungen sowie die Beratung der Erziehungsberechtigten unter bestimmten Voraussetzungen den medizinischen Leistungen zugeordnet.

2 In **Abs. 2** werden bestimmte nicht ärztliche Leistungen der interdisziplinären Frühförderstellen unter näher beschriebenen Voraussetzungen den Leistungen als Früherkennung und Frühförderung behinderter und von Behinderung bedrohter Kinder gleichgewertet.

3 In **Abs. 3** wird die Vereinbarung gemeinsamer Empfehlungen über Einzelheiten der Leistungen zur Früherkennung und Frühförderung nach Abs. 1 und 2 der Vorschrift vorgeschrieben. Eine Beteiligung weiterer Stellen, insbesondere der Kultusverwaltungen, soll durch Landesrecht ermöglicht werden.

II. Fassung

4 Die Vorschrift wurde im Wesentlichen unverändert aus dem Regierungsentwurf (BT-Drucks. 14/5531 i. V. m. 14/5074) übernommen mit folgenden beiden Abweichungen:

a) Der Bundesrat hatte verlangt, in **Abs. 2** die Wörter „im interdisziplinären" durch die Wörter „durch interdisziplinäre" zu ersetzen. Die bisherige Fassung stimme mit den praktischen Gegebenheiten und der bestehenden ambulanten und mobilen Frühförderung, Letztere in Form der sog. Hausfrühförderung, nicht überein (BT-Drucks. 14/5531 S. 9). Nachdem die Bundesregierung dem zugestimmt hatte (BT-Drucks. 14/5639 S. 2), hat der zuständige BT-Ausschuss dies übernommen und erläutert (BT-Drucks. 14/5800 S. 32):

„Die vom Bundesrat vorgeschlagene Fassung ermöglicht die Einbeziehung der bestehenden ambulanten und mobilen Frühförderung, auch in Form der sog. Hausfrühförderung."

5 b) Der Bundesrat hatte ferner vorgeschlagen, einen **Abs. 4** folgenden Inhalts anzufügen: (BT-Drucks. 14/5531 S. 9):

„(4) An der Vorbereitung der nach Abs. 3 Satz 1 vorgesehenen gemeinsamen Empfehlungen sind die Verbände behinderter Menschen einschließlich der Verbände der Freien Wohlfahrtspflege zu beteiligen. Ihren Anliegen soll bei der Ausgestaltung der Empfehlungen nach Möglichkeit Rechnung getragen werden."

B e g r ü n d u n g

„Die Ergänzung dient der Rechtsklarheit und -sicherheit. Entsprechend der neuen Regelung in § 13 Abs. 6 wird klargestellt, dass die Kompetenz aller am Frühfördergeschehen Beteiligten, Betroffene wie Leistungsanbieter, genutzt wird."

Die Bundesregierung hatte dem Anliegen zugestimmt, jedoch angeregt, dem durch Bezugnahme auf die entsprechende Regelung in § 13 SGB IX Rechnung zu tragen. Dies hat der Ausschuss für Arbeit und Sozialordnung des Bundestages durch Anfügung des Halbs. 2 in Abs. 3 Satz 1 umgesetzt. Hierdurch werde klargestellt, „dass die Kompetenz aller am Frühfördergeschehen Beteiligten, Betroffene wie Leistungsanbieter, genutzt wird" (BT-Drucks. 14/5800, S. 32).

III. Begründung

In dem Regierungsentwurf (BT-Drucks. 14/5074, S. 107) wird zu der Vorschrift ausgeführt: 6

„Zur Früherkennung und Frühförderung behinderter und von Behinderung bedrohter Kinder sind fachübergreifend arbeitende Dienste und Einrichtungen (insbesondere sog. Sozialpädiatrische Zentren, aber auch ambulante und mobile Frühförderstellen, dagegen nicht integrative Tagesstätten) von besonderer Bedeutung. Da diese Dienste und Einrichtungen jedoch auch andere (z. B. pädagogische) Leistungen erbringen, enthält **Abs. 1 Satz 1 in Nr. 1** die Klarstellung, dass die dort erbrachten medizinischen Leistungen auf jeden Fall zu den Leistungen zur medizinischen Rehabilitation gehören. **Abs. 1 Satz 1 Nr. 2** regelt entsprechend § 43a SGB V, dass nichtärztliche sozialpädiatrische Leistungen dieser Dienste und Einrichtungen zu den Leistungen zur medizinischen Rehabilitation gehören und von den hierfür zuständigen Rehabilitationsträgern zu leisten sind, wenn sie zur Diagnostik oder zur Aufstellung eines Behandlungsplans erforderlich sind.

Abs. 1 Satz 2 stellt klar, dass die in Satz 1 der medizinischen Rehabilitation zugeordneten 7 Leistungen in einem engen Funktionszusammenhang mit den heilpädagogischen Maßnahmen nach § 56 stehen und gegenüber den Leistungsberechtigten systemorientiert als Komplexleistung zu erbringen sind. Die Komplexleistung Frühförderung besteht aus einem interdisziplinär abgestimmten System ärztlicher, medizinisch-therapeutischer, psychologischer, heilpädagogischer und sozialpädagogischer Leistungen und schließt ambulante und mobile Beratung ein. Alle Leistungen werden auf der Grundlage eines individuellen Förderkonzeptes gemeinsam mit den Eltern erbracht, interdisziplinär entwickelt und laufend entsprechend den Erfordernissen fortgeschrieben. Die Frühförderung als System von Hilfen für behinderte und von Behinderung bedrohte Kinder und ihren Familien beginnt mit der Feststellung des Entwicklungsrisikos und endet in der Regel mit dem Schuleintritt.

Abs. 2 ordnet – in Fortentwicklung des geltenden Rechts – den Leistungen zur Früherkennung und Frühförderung behinderter und von Behinderung bedrohter Kinder auch weitere Leistungen der interdisziplinären Frühförderstellen zu. 8

Abs. 3 sieht vor, das Einzelheiten zwischen den Beteiligten in gemeinsamen Empfehlungen 9 geregelt werden. Im Übrigen geht er auf die Möglichkeit ein, dass nach Landesrecht an dieser Komplexleistung weitere Stellen, insbesondere die Kultusverwaltung, zu beteiligen sind; für diesen Fall wirkt Satz 3 zur Abgrenzung der unterschiedlichen Leistungen und Finanzierungszuständigkeiten auf eine Einbeziehung dieser Stellen in die gemeinsamen Empfehlungen hin."

Zu den **finanziellen Auswirkungen** für die Sozialleistungsträger bemerkt der Regierungsentwurf (BT-Drucks. 14/5074 S. 30): 10

„Die medizinischen Leistungen zur Früherkennung und Frühförderung behinderter und von Behinderung bedrohter Kinder umfassen heilpädagogische Leistungen, wenn sie erforderlich sind, um eine drohende, oder bereits eingetretene Behinderung zum frühestmöglichen Zeitpunkt zu erkennen oder die Behinderung durch gezielte Förder- und Behandlungsmaßnahmen auszugleichen oder zu mildern. Für die Gesetzliche Krankenversicherung werden Mehrkosten in Höhe von 50 Mio. Euro geschätzt."

IV. Anmerkungen

A) zu Abs. 1

1. Regelungsgehalt der Vorschrift

Der Gesetzgeber hat erstmals Leistungen zur Früherkennung und Frühförderung behinder- 11 ter und von Behinderung bedrohter Kinder im SGB IX zusammenfassend geregelt. In § 26 Abs. 2 Nr. 2 SGB IX werden diese Leistungen der medizinischen Rehabilitation zugeordnet. In § 30 wird der Leistungsumfang näher bestimmt, aber nicht im Sinne einer abschließenden Regelung. Dies verdeutlicht die Verwendung des Wortes „auch"; Neben den in § 30 SGB IX aufgeführten Leistungen bzw. Arten der Leistungserbringung sind demnach noch andere Leistungsformen der Früherkennung und Frühförderung möglich. Beide Begriffe hat der Gesetzgeber nicht definiert, sondern vorausgesetzt.

2. Medizinische Leistungen zur Früherkennung und Frühförderung

12 **Abs. 1 Satz 1** beschränkt sich auf die Feststellung, dass die medizinischen Leistungen zur Früherkennung und Frühförderung nach § 26 Abs. 2 Nr. 2 SGB IX auch die medizinischen Leistungen der mit dieser Zielsetzung fachübergreifend arbeitenden Dienste und Leistungen umfassen.

13 Der **Begriff der medizinischen Leistungen** wird hierbei nicht näher bestimmt. Er ist aus allgemeinen Grundsätzen und dem herkömmlichen Verständnis medizinischer Leistungen abzuleiten. Darunter fallen insbesondere
- ärztliche Leistungen zur Früherkennung und Frühförderung;
- medizinische Heilmittel, die von nichtärztlichem Personal mit medizinischer Ausbildung erbracht werden, z. B. Logopäden, Ergotherapeuten, Diplom-Psychologen, Krankengymnasten, -schwestern und -helfern;
- medizinische Leistungen anderer Heilberufe. Soweit es sich hierbei um Behandlungsleistungen handelt, gelten diese allerdings nur dann als Leistungen zur medizinischen Rehabilitation, soweit die Behandlung unter ärztlicher Aufsicht oder auf ärztliche Anordnung ausgeführt wird (§ 26 Abs. 2 Nr. 1 SGB IX).

14 Die medizinischen Leistungen verfolgen das Ziel, Behinderungen einschließlich chronischer Krankheiten abzuwenden, zu beseitigen, zu mindern, auszugleichen und eine Verschlimmerung zu verschieben (§ 26 Abs. 1 Nr. 1 SGB IX).

3. Früherkennung

a) Durch ärztliche Leistungen

15 Die Früherkennung von Krankheiten für Kinder ist in **§ 26 Abs. 1 Satz 1 SGB V gesondert geregelt**. Danach haben versicherte Kinder bis zur Vollendung des 6. Lebensjahres Anspruch auf Untersuchungen, und zwar ohne den Verdacht einer möglicherweise drohenden Krankheit oder Behinderung im konkreten Einzelfall (vgl. KassKomm / *Höfler* Rdnr. 3 i. V. m. § 25 Rdnr. 3). Darüber hinaus ist noch eine weitere Untersuchung nach Vollendung des 10. Lebensjahres, also zu Beginn der Pubertät, vorgesehen. Die Leistungen werden regelmäßig von Ärzten bzw. Zahnärzten erbracht.

16 Die Untersuchungsmaßnahmen bzw. -arten sowie ihre zeitliche Abfolge sind in den **„Kinder-Richtlinien"** des Bundesausschusses für Ärzte und Krankenkassen nach § 92 Abs. 1 Nr. 3 SGB V festgelegt. So sind derzeit zehn Untersuchungen, beginnend mit der Erstuntersuchung bei der Geburt, sowie die Untersuchung auf Zahn-, Mund und Kieferkrankheiten vorgesehen. Auch Störungen des Stoffwechsels, der Nerven, des Verhaltens, der Sinne und des Bewegungsapparates sollen durch entsprechende Untersuchungen frühzeitig erkannt und danach behandelt werden. **Ziel der Kinderuntersuchung** ist die Früherkennung von **Krankheiten**, die die körperliche oder geistige Entwicklung von Kindern in nicht geringfügigem Maße gefährden (LPK-SGB V / *Adelt* § 26 Rdnr. 3).

17 Unbeschadet der scheinbar abweichenden Begriffe geht es aber letztlich hierbei **ebenfalls um die Früherkennung drohender Behinderungen**. Zum einen ist eine deutliche Grenzziehung zwischen Krankheit und Behinderung prinzipiell nicht möglich. Zudem sollen im SGB V mit den Kinderuntersuchungen der gesetzlichen Krankenversicherung in der Phase vor der Einschulung vor allem Hör -und Sehstörungen, Sprachfehler sowie Haltungsschäden erkannt werden, also solche Funktionsstörungen, die die Teilhabe im gesellschaftlichen

Teilbereich Schule beeinträchtigen können (Neumann [Hrsg.] HB-SGB IX / *Bieritz-Harder* § 10 Rdnr. 81 m. w. Nachw.).

In den meisten Fällen kommen die **gesetzlichen Krankenkassen als zuständige Rehabilitationsträger** in Betracht; deshalb sind als Leistungen der Früherkennung bei Kindern nach § 26 Abs. 2 Nr. 2 SGB IX zunächst die Untersuchungsleistungen nach § 26 Abs. 2 SGB V vor dem vollendeten 6. Lebensjahr zu verstehen. Sind die Anspruchsvoraussetzungen nach dem SGB V nicht erfüllt, kommen als Leistungsträger auch die **Träger der Sozialhilfe** in Betracht. Diese haben dann Früherkennung als Leistung der Eingliederungshilfe nach § 54 Abs. 1 Satz 1 SGB XII zu finanzieren. Der Leistungsumfang der medizinischen Rehabilitation entspricht hier gemäß Abs. 1 Satz 2 der Vorschrift dem Leistungsrahmen der gesetzlichen Krankenversicherung. Damit sind zunächst auch hier die Untersuchungen von Kindern vor dem vollendeten 6. Lebensjahr als Leistungen der Früherkennung zu verstehen. 18

Tritt nach Vollendung des 6. Lebensjahres der konkrete Verdacht auf eine drohende Behinderung erst nach den in § 26 SGB V vorgesehenen Reguluntersuchungen auf, haben die betroffenen Kinder Anspruch auf diagnostische Maßnahmen nach § 26 Abs. 1 Nr. 1 SGB V in Verbindung mit dem jeweiligen Leistungsgesetz, regelmäßig also §§ 27 ff. SGB V. Insbesondere gilt dies für den Anspruch auf ärztliche Behandlung, die nicht nur die Therapie, sondern auch die Verhütung und die Früherkennung von Krankheiten einschließt. 19

b) Durch nichtärztliche Leistungen

aa) Leistungsarten

In **Abs. 1 Satz 1 Nr. 2** sind **nichtärztliche Leistungen der Früherkennung** angesprochen. Es handelt sich insbesondere um sozialpädiatrische, psychologische, heilpädagogische und psychosoziale Leistungen sowie die Beratung der Erziehungsberechtigten. 20

bb) Fachübergreifende Leistung unter ärztlicher Verantwortung

Diese Leistungen können jeweils **auch in fachübergreifend arbeitenden Diensten und Einrichtungen** erbracht werden. Voraussetzung ist, dass dies **unter ärztlicher Verantwortung** geschieht. Die einzelnen Leistungen müssen also vom Arzt angeordnet und von ihm je nach der Lage des Einzelfalles kontrolliert bzw. begleitet werden. Das setzt zwar keine ständige Anwesenheit des Arztes voraus; es muss aber gewährleistet sein, dass der Arzt jederzeit in das Geschehen eingreifen kann (vgl. KassKomm / *Höfler* § 43a SGB V Rdnr. 6). 21

cc) Erforderlichkeit und Zuständigkeit

Weiterhin müssen sie **erforderlich** sein, um eine drohende oder bereits eingetretene Behinderung zum frühestmöglichen Zeitpunkt zu erkennen und einen **individuellen Behandlungsplan** aufzustellen. 22

Diese Vorschrift entspricht nahezu wortgleich dem **§ 43a SGB V**, der einen Anspruch für gesetzlich krankenversicherte Kinder auf sozialpädiatrische Maßnahmen regelt mit dem Ziel, eine Krankheit zum frühestmöglichen Zeitpunkt zu erkennen und einen Behandlungsplan zu erstellen. Diese Leistungen sind – abweichend von den verdachtsunabhängigen Kinderuntersuchungen nach § 26 SGB V – nur zu erbringen, wenn sie für eine Diagnose bzw. das Aufstellen eines Behandlungsplanes erforderlich sind, also unvermeidlich und entbehrlich zum Erreichen des Leistungszwecks (KassKomm / *Höfler* § 43a SGB V Rdnr. 5). Zwar ist für die Leistungen nach § 43a SGB V keine Altersbegrenzung vorgesehen; jedoch sollen sie nach ihrem Zweck vor allem jüngeren Kindern zugute kommen (KassKomm / *Höfler* § 43a SGB V Rdnr. 5). 23

Ist der **Sozialhilfeträger** der zuständige Rehabilitationsträger für Leistungen zur medizinischen Rehabilitation, hat er wiederum diese Leistung als **Eingliederungshilfe** nach § 54 Abs. 1 Satz 1 und 2 SGB XII zu erbringen. 24

dd) Rangverhältnis der Leistungen

25 Der Gesetzeswortlaut in § 30 Abs. 1 Satz 1 Nr. 2 SGB IX weist insoweit einen Unterschied zur Formulierung des § 43a SGB V auf, als dass die dort genannten psychologischen, heilpädagogische und psychosozialen Leistungen den **sozialpädiatrischen Leistungen gleichgeordnet** sind. Hingegen werden sie in § 43a SGB V unter den Oberbegriff der sozialpädiatrischen Leistungen eingeordnet. Es muss offen bleiben, ob insoweit ein redaktionelles Versehen des Gesetzgebers vorliegt oder ob hierdurch die Einbeziehung nicht medizinischer Leistungen in den Bereich der Früherkennung besonders betont werden sollte (vgl. Neumann [Hrsg.] HB-SGB IX / *Bieritz-Harder* § 10 Rdnr. 89).

ee) Beratung der Erziehungsberechtigten

26 Eine weitere Abweichung liegt darin, dass in § 30 Abs. 1 Satz 1 Nr. 2 SGB IX die **Beratung der Erziehungsberechtigten** ausdrücklich als Leistungselement der Früherkennung genannt wird. Dem kommt aber lediglich klarstellende Funktion zu (Neumann [Hrsg.] HB-SGB IX / *Bieritz-Harder* Rdnr. 90). Bei Kindern ist es regelmäßig erforderlich, die Erziehungsberechtigten von Anfang an zu informieren, zu beraten und sie so zu integrieren. Deshalb kam schon vor Inkrafttreten des SGB IX der Beratung der Erziehungsberechtigten eine besondere Bedeutung zu. Ihre ausdrückliche Nennung in Satz 1 Nr. 2 betont den besonderen Stellenwert, der Eltern und der Familie insgesamt in der Früherkennung und der Frühförderung von behinderten Kindern zukommt (LPK-SGB IX / *Haines / Liebig* Rdnr. 10). Außerdem können eventuell bestehende Zweifel hinsichtlich der Finanzierbarkeit dieser Leistung damit ausgeräumt werden.

27 In § 5 Abs. 3 FrühV werden als **wesentliche Bestandteile der Beratung** insbesondere genannt
– Erstgespräch,
– anamnestische Gespräche mit Eltern und anderen Bezugspersonen,
– Vermittlung der Diagnose,
– Erörterung und Beratung des Förder- und Behandlungsplans,
– Austausch über den Entwicklungs- und Förderprozess des Kindes einschließlich Verhaltens- und Beziehungsfragen,
– Anleitung und Hilfe bei der Gestaltung des Alltags,
– Anleitung zur Einbeziehung in Förderung und Behandlung,
– Hilfen zur Unterstützung der Bezugspersonen bei der Krankheits- und Behinderungsverarbeitung,
– Vermittlung von weiteren Hilfs- und Beratungsangeboten.

ff) Behandlungsplan

28 Übereinstimmend in beiden Vorschriften ist aber das Erfordernis, einen **Behandlungsplan** aufzustellen. Dieser leitet insofern zur Frühförderung über und stellt damit eine Schnittstelle zwischen Früherkennung und Frühförderung dar.

gg) Fachübergreifend arbeitende Dienste

29 In der Gesetzesbegründung werden als fachübergreifend arbeitende Dienste und Einrichtungen beispielhaft sozialpädagogische Zentren im Sinne des § 119 SGB V, aber auch ambulante und mobile Frühförderstellen aufgeführt (vgl. oben Rdnr. 6).

30 **Sozialpädiatrische Zentren** (SPZ) sind die nach § 119 Abs. 1 SGB V zur ambulanten sozialpädiatrischen Behandlung von Kindern ermächtigten Einrichtungen. Es handelt sich zumeist um kinderärztlich geleitete, interdisziplinär im Team arbeitende Einrichtungen, denen mindestens ein Kinderarzt, ein Diplom-Psychologe, ein Physio-, Sprach- und Ergotherapeut, ein Heilpraktiker sowie ein Sozialarbeiter angehört (Hauck / *Noftz* SGB V § 43a

Rdnr. 22). Die frühzeitige Erkennung, Diagnostik und Behandlung durch sozialpädiatrische Zentren ist auf Kinder ausgerichtet, die wegen Art, Schwere oder Dauer ihrer Behinderung oder einer drohenden Behinderung nicht von geeigneten Ärzten oder geeigneten interdisziplinären Frühförderstellen behandelt werden können. Leistungen dürfen nur von SPZ ausgeführt werden, die nach § 119 Abs. 1 SGB V zur Teilnahme an der vertragsärztlichen Versorgung ermächtigt sind.

Interdisziplinäre Frühförderstellen (IFF) sind familien- und wohnortnahe Dienste und Einrichtungen, die der Früherkennung, Behandlung und Förderung von Kindern dienen, um in interdisziplinärer Zusammenarbeit von qualifizierten medizinisch-therapeutischen und pädagogischen Fachkräften eine drohende oder bereits eingetretene Behinderung zum frühestmöglichen Zeitpunkt zu erkennen und die Behinderung durch gezielte Förder- und Behandlungsmaßnahmen auszugleichen oder zu mildern. Leistungen durch interdisziplinäre Frühförderstellen werden in der Regel in ambulanter, einschließlich mobiler, Form erbracht. Bei der sog. mobilen Hausfrühförderung erhält das Kind die notwendige Hilfe in seiner gewohnten Umgebung, insbesondere in seiner Familie. Einige Frühförderstellen verfügen nicht über eigene Praxisräume mit entsprechender Ausstattung, sondern über ein Team von Fachkräften, das zusammenarbeitet und die Kinder zuhause aufsucht und fördert (Lachwitz u. a. [HK-SGB IX] / *Lachwitz* Rdnr. 93). Doch kann es sich bei einer Frühförderstelle z. B. auch um eine komplett ausgestattete Praxis mit multidisziplinärer Personalausstattung handeln, in der betroffene Kinder integriert in Gruppen mit speziellen Geräten ihre motorischen Fähigkeiten verbessern können. Bei der Entwicklungsförderung des Kindes steht die heilpädagogische Förderung im Vordergrund, zusammen mit ärztlichen und medizinisch-therapeutischen Leistungen. 31

Da Frühförderstellen nicht unter ständiger ärztlicher Verantwortung stehen, können sie nur dann in diagnostische Leistungen einbezogen werden, wenn sie **mit einem Arzt zusammenarbeiten**, der über sozialpädiatrische Kenntnisse verfügt, und dieser die Leistungen, die jeweils für eine Diagnose und zum Aufstellen eines Behandlungsplanes erforderlich sind, anordnet und entsprechend der Besonderheit des Einzelfalls überwacht. 32

hh) Ablauf der Früherkennung

Nach den Regelungen der Frühförderungsverordnung – FrühV – ergibt sich für die **Früherkennung** somit folgender **Ablauf**: 33

Zunächst wird durch einen Vertragsarzt interdisziplinäre Diagnostik in SPZ oder IFF verordnet. Diese wird sodann in den jeweiligen Institutionen durchgeführt, und zwar in SPZ unter ärztlicher Leitung, in IFF unter ärztlicher Verantwortung durch einen Kooperationsarzt. 34

Als Ergebnis der Diagnostik wird ein Förder- und Behandlungsplan in Zusammenarbeit mit den Erziehungsberechtigten aufgestellt. Dieser trägt die Unterschrift des Arztes und der pädagogischen Fachkraft. Der Plan kann entweder zum Ergebnis kommen, dass keine interdisziplinäre Frühförderung erforderlich ist; gegebenenfalls wird eine andere Empfehlung gegeben. Wenn hingegen eine interdisziplinäre Frühförderung erforderlich ist, sollte eine Empfehlung für ein IFF oder ein SPZ ausgesprochen werden. Zugleich sollten die Leistungen zur Behandlung und Förderung darin beschrieben werden (was, wie, wie viel, wie lange). 35

Sodann schließt sich ein Antrag auf Leistungen bei einem Reha-Träger auf der Grundlage des Förder- und Behandlungsplanes an. Dieser unterrichtet gegebenenfalls einem anderen beteiligten Reha-Träger über die erforderlichen Maßnahmen. Danach ergeht nach Abstimmung der Träger der Bescheid des zur Leistung zuständigen Trägers. 36

Anschließend wird die Förderung und Behandlung entweder in einem SPZ oder einer IFF erbracht. Bei Bedarf sollte der Förder- und Behandlungsplan laufend angepasst werden. Eine erneute Diagnostik sowie Förder- und Behandlungsplanerstellung ist nach spätestens zwölf Monaten erforderlich. 37

4. Frühförderung

a) Begriff

38 Der Begriff der Frühförderung wird weder im SGB IX noch im SGB V oder in einem der anderen Leistungsgesetze definiert bzw. näher umschrieben (vgl. auch Mrozynski Rdnr. 11). Im Lichte des Ziels der medizinischen Rehabilitation nach § 26 Abs. 1 Satz 1 SGB IX soll Frühförderung, verstanden als im Anschluss an eine Diagnose beginnende Behandlung, mit Hilfe einer Kombination von medizinischen und nichtmedizinischen Leistungen eine erkannte bzw. drohende Behinderung einschließlich einer chronischen Krankheit abwenden, beseitigen, mindern, ausgleichen oder eine Verschlimmerung verhüten.

b) Medizinische Leistungen

39 Zu den medizinischen Leistungen vgl. zunächst oben Rdnrn. 12 ff. Die im Rahmen der Frühförderung in Betracht kommenden medizinischen Leistungen umfassen insbesondere auch die **Hilfsmittel** (vgl. Erl. zu § 26 SGB IX Rdnrn. 43 ff.) sowie die Heilmittel (vgl. Erl. zu § 26 SGB IX Rdnrn. 27 ff.).

40 Ob diese **im Rahmen des SGB V als Leistungsgesetz verordnet** werden dürfen, hängt davon ab, dass der **Bundesausschuss der Ärzte und Krankenkassen** zuvor deren therapeutischen Nutzen anerkannt und in den Richtlinien nach § 92 Abs. 1 Satz 2 Nr. 6 SGB V Empfehlungen für die Sicherung der Qualität bei der Leistungserbringung abgegeben hat. Das trifft z. B. nicht zu auf die so genannte **Hippotherapie**, weil diese nach Meinung des Bundesausschusses keinen therapeutischen Nutzen habe; das hat das BSG in einem Urteil vom 19. 3. 2002 (SozR 3-2500 § 138 Nr. 2 = BehindertenR 2004, 23 [Ls.]) für rechtens gehalten, weil die Hippotherapie nicht primär der medizinischen Bekämpfung einer Krankheit diene, sondern eher der Gesundheitserhaltung und Förderung und damit über die gesundheitsbewusste Lebensführung im Sinne von § 1 Satz 2 SGB V kaum hinausgehe. Auch die konduktive Therapie nach der Petö-Methode (**Petö-Therapie**) fällt als Maßnahme zur Frühförderung behinderter Kinder zwar unter den Begriff der „Leistungen zur medizinischen Rehabilitation"; nach § 26 Abs. 2 Nr. 2 SGB IX. Die Übernahme der Kosten einer solchen Maßnahme im Rahmen der Eingliederungshilfe nach dem SGB XII ist aber gemäß § 54 Abs. 1 Satz 2 SGB XII ausgeschlossen, solange die Petö-Therapie mangels Anerkennung als neues Heilmittel im Sinne von § 138 SGB V nicht zu den Rehabilitationsleistungen der gesetzlichen Krankenversicherung gehört (OVG Rheinland-Pfalz ZfSH/SGB 2005, 43 = FEVS 56, 84).

41 Grundsätzlich ausgeschlossen sind ferner die **selbstständigen heilpädagogischen Leistungen** für Kinder, die noch nicht eingeschult sind, nach § 55 Abs. 2 Nr. 2, § 56 Abs. 1 SGB IX. Das gilt selbst dann, wenn nach fachlicher Erkenntnis zu erwarten ist, dass hierdurch entweder eine drohende Behinderung abgewendet bzw. der fortschreitende Verlauf einer Behinderung verlangsamt oder die Folgen einer Behinderung beseitigt bzw. gemildert werden können. Sie werden immer erbracht an schwerstbehinderte und schwerst mehrfach behinderte Kinder, die noch nicht eingeschult sind. Die Leistungen umfassen nach der Definition des § 6 FrühV alle Maßnahmen, die die Entwicklung des Kindes und die Entfaltung seiner Persönlichkeit mit pädagogischen Mitteln anregen, einschließlich der jeweils erforderlichen sozial- und sonderpädagogischen, psychologischen und psychosozialen Hilfen sowie der Beratung der Erziehungsberechtigten. Heilpädagogische Leistungen in diesem Sinne gehören **nicht zu den medizinischen Leistungen und damit auch nicht zu den Leistungen medizinischer Rehabilitation.** Sie sind deshalb im Regelfall vom Jugendhilfe- oder Sozialhilfeträger zu erbringen.

c) Zeitraum der Frühförderung

42 Die Förderung als System von Hilfen für behinderte und von Behinderung bedrohter Kinder und ihre Familien **beginnt mit der Feststellung des Risikos** und **endet in der Regel mit dem Schuleintritt** (BT-Drucks. 14/5574, 107). Zwar ist für die Leistungen zur medizinischen Rehabilitation nach § 26 Abs. 2 Nr. 2 SGB IX im Gegensatz zu den heilpädagogischen Leistungen (vgl. § 55 Abs. 2 Nr. 2, § 56 SGB IX) im Gesetz keine altersmäßige Begrenzung auf „nicht eingeschulte Kinder"; vorgesehen. Gleichwohl wird in § 1 FrühV der Anwendungsbereich der Leistungen nach § 30 Abs. 1 und 2 SGB IX, soweit sie durch IFF und SPZ erbracht werden, ebenfalls auf nicht eingeschulte Kinder begrenzt (krit. hierzu Hauck / Noftz / *Brodkorb* Rdnr. 20 im Hinblick auf die Zuständigkeitsabgrenzung und Kostentragungspflicht).

5. Erbringung als Komplexleistung
a) Begriff

Die in Abs. 1 Satz 1 genannten Leistungen zur Früherkennung und Frühförderung sind als „Komplexleistung"; in Verbindung mit heilpädagogischen Leistungen gemäß § 56 SGB IX zu erbringen (**Abs. 1 Satz 2**). Den Begriff der Komplexleistung hat der Gesetzgeber bisher kaum verwendet und auch im Rahmen des SGB IX weder definiert noch in den Materialien erläutert (krit. hierzu Mrozynski Rdnr. 46). Lediglich in § 89 Abs. 3 SGB XI wird ebenfalls das Wort „Komplexleistung" gebraucht, aber wohl im Wesentlichen im Sinne einer Vergütungsregelung. **43**

Aus dem Zusammenhang der Regelung ist aber zu entnehmen, dass mit Abs. 1 i. V. m. Abs. 3 eine zuständigkeitsübergreifende Leistungsintegration, verbunden mit einer Erleichterung der Abrechnung, bezweckt ist. Die Hilfeeinheit darf nicht auf die Zuständigkeit eines einzigen Leistungsträgers beschränkt werden. Komplexleistung in diesem Sinne ist wesentlich ein **Organisationsprinzip für einen fachübergreifend arbeitenden Dienst**, dessen Aktionsradius auch durch die Grenzen der sachlichen Zuständigkeit nicht eingeschränkt wird (Mrozynski Rdnr. 51). **44**

Die Komplexleistungen der Frühförderung bestehen aus einem **interdisziplinär abgestimmten System** ärztlicher, medizintherapeutischer, psychologischer sowie heil- oder sozialpädagogische Leistungen. Alle für den angestrebten Heilungserfolg infrage kommenden Stellen müssen deshalb eng zusammenarbeiten, allerdings unter ärztlicher Leitung und Aufsicht (GK-SGB IX / *Schimanski* Rdnr. 26). Da alle Leistungen auf der Grundlage eines individuellen Förderkonzepts gemeinsam mit den Eltern erbracht, interdisziplinär entwickelt und laufend fortgeschrieben werden, ist das Ziel der Komplexleistung eine zwischen den beteiligten Leistungsträgern abgestimmte Leistungserbringung „wie aus einer Hand";; ein Antrag auf eine der Leistungen gilt zugleich als Antrag auf die andere Leistung (LPK-SGB IX *Haines / Liebig* Rdnr. 11). **45**

b) Verfahrenregelungen

Dieses **ganzheitliche Verständnis** liegt auch den **Verfahrensregelungen** in § 8 FrühV zugrunde. Die Vorschrift konkretisiert in Abs. 1 Satz 2 und 3 die gegenseitigen **Unterrichtungs- und Abstimmungspflichten** der an der Komplexleistung beteiligten Rehabilitationsträger und gibt – in Verbindung mit Abs. 2 – vor, wer wann die Entscheidung zu treffen hat: vorbehaltlich abweichender Vereinbarung entscheidet der für heilpädagogische Leistungen jeweils zuständige Rehabilitationsträger über Komplexleistungen Interdisziplinärer Frühförderstellen und der für Leistungen zur medizinischen Rehabilitation zuständige Träger über Komplexleistungen Sozialpädiatrischer Zentren. Die **Entscheidung** ist innerhalb von zwei Wochen nach Vorliegen des Förder- und Behandlungsplanes zu treffen. Außerdem ist eine **Erstattungspflicht** des zuständigen Rehabilitationsträgers vorgesehen, wenn für diesen ein anderer Träger im Rahmen der Komplexleistung Leistungen erbracht hat (§ 8 Abs. 3 FrühV). **46**

Weiterhin wird IFF und SPZ eine **Pflicht zur Zusammenarbeit** untereinander auferlegt (§ 8 Abs. 4 Satz 1 FrühV). Beide haben nach Satz 2 jener Vorschrift ferner mit Ärzten, Leistungserbringern von Heilmitteln und anderen an der Früherkennung und Frühförderung betei- **47** ligten Stellen wie dem Öffentlichen Gesundheitsdienst zu kooperieren. Soweit nach Landesrecht bei der Komplexleistung weitere Stellen einzubeziehen sind, sollen diese an Arbeitsgemeinschaften der an der Früherkennung und Förderung beteiligten Stellen beteiligt werden (§ 8 Abs. 4 Satz 3 FrühV).

c) Kostentragung

48 In § 9 FrühV ist eine **Teilung der Kosten der Komplexleistung** vorgesehen. Nach Abs. 1 haben die an den Leistungen der IFF oder des SPZ jeweils beteiligten Rehabilitationsträger gemeinsam mit diesen **Entgeltvereinbarungen** für die zur Förderung und Behandlung notwendigen Leistungen der medizinischen Rehabilitation sowie heilpädagogischen Leistungen zu treffen. Dabei sind Zuwendungen Dritter, insbesondere der Länder, für entsprechende Leistungen zu berücksichtigen.

49 Über die **Aufteilung der Entgelte für Komplexleistungen** schließen die Rehabilitationsträger Vereinbarungen auf der Grundlage der Leistungszuständigkeit nach Spezialisierung und Leistungsprofil des Dienstes oder der Einrichtung, insbesondere den vertretenen Fachdisziplinen und dem Diagnosespektrum der leistungsberechtigten Kinder. Hierbei sind regionale Gegebenheiten zu berücksichtigen (§ 9 Abs. 2 FrühV).

50 Die Aufteilung dieser Entgelte kann nach § 9 Abs. 3 FrühV **pauschaliert** werden. Hierbei ist eine **Begrenzung** für die Träger vorgesehen, die für **heilpädagogische Leistungen zuständig** sind: der auf sie entfallende Anteil der Entgelte darf für Leistungen in IFF 80% und für Leistungen in SPZ 20% nicht übersteigen.

B) zu Abs. 2
1. Leistungserbringung durch Frühförderstellen

51 **Die Vorschrift des Abs. 2** hat nur die Leistungen zur Früherkennung und Frühförderung durch die Interdisziplinären Frühförderstellen (IFF) zum Gegenstand. Sie **erweitert den Leistungskatalog** um deren nichtärztliche therapeutische, psychologische, heilpädagogische, sonderpädagogische und psychosoziale Leistungen, die auch nicht unter ärztlicher Aufsicht oder Verantwortung stehen müssen. Diese Leistungen werden erbracht, wenn sie erforderlich sind, um eine drohende oder bereits bestehende Behinderung zum frühestmöglichen Zeitpunkt zu erkennen oder die Behinderung durch gezielte Förder- und Behandlungsmaßnahmen auszugleichen oder zu mildern.

2. Leistungszeitraum

52 Hierfür ist **keine zeitliche Obergrenze** vorgesehen; die Fördermaßnahmen im Sinne des Abs. 2 können grundsätzlich bis zum 18. Lebensjahr gewährt werden (Lachwitz u. a. [HK-SGB IX] / *Lachwitz* Rdnr. 99). Allerdings können heilpädagogische Maßnahmen gem. § 55 Abs. 2 Nr. 2, § 56 SGB IX nur Kindern gewährt werden, die noch nicht eingeschult sind.

3. Therapeutische Maßnahmen

53 Die verschiedenen **therapeutischen Maßnahmen** sind jetzt in § 5 Abs. 1 Nr. 3 der FrühV geregelt. Es handelt sich hierbei um Heilmittel, insbesondere physikalische Therapie, Physiotherapie, Stimm-, Sprech- und Sprachtherapie sowie Beschäftigungstherapie, soweit sie aufgrund des aufzustellenden Förder – und Behandlungsplanes erforderlich sind. Zur als Leistungselement vorgeschriebenen Beratung der Erziehungsberechtigten vgl. oben Rdnr. 26 f.

4. Leistungen der sozialen Rehabilitation

54 Der Abs. 2 geht zwar bezüglich des Umfangs der zu gewährenden Leistungen nicht über den Abs. 1 Satz 1 hinaus. Die Vorschrift soll aber verdeutlichen, dass der Begriff der Frühförderung sowohl **Leistungen medizinischer wie auch sozialer Rehabilitation** umfasst. Werden die in Abs. 2 genannten Leistungen heilpädagogischer, psychologischer, sonderpädagogi-

Hilfsmittel § 31

scher oder psychosozialer Art zur Behandlung erbracht, bekommen sie in der Regel ein **eigenständiges Gewicht** und können deshalb nicht als Leistungen medizinischer Rehabilitation, sondern nur als Leistungen sozialer Rehabilitation gewährt werden (Neumann [Hrsg.] HB-SGB IX / *Bieritz-Harder* § 10 Rdnr. 105). Die Frühförderstellen stehen somit als Leistungserbringer zwischen den Leistungsträgern der medizinischen und denen der sozialen Rehabilitation (vgl. LPK-SGB IX / *Haines / Liebig* Rdnr. 13). Die Leistungen nach Abs. 2 werden **nicht als Komplexleistungen** erbracht.

C) zu Abs. 3

1. Vereinbarung gemeinsamer Empfehlungen

In **Abs. 3 Satz 1** wird der Abschluss gemeinsamer Empfehlungen vorgeschrieben. Diese sollen sich u. a. auf die Abgrenzung der Leistungen und die Übernahme bzw. Teilung der Kosten zwischen den beteiligten Rehabilitationsträgern beziehen. Hierfür werden verschiedene Verfahrensregelungen über den Abschluss gemeinsamer Empfehlungen in § 13 Abs. 3, 4 und 6 SGB IX für entsprechend anwendbar erklärt. — 55

Das Bundesministerium für Gesundheit und Soziale Sicherung hatte mit Schreiben vom 5. Juni 2002 die beteiligten Rehabilitationsträger aufgefordert, die erforderlichen gemeinsamen Empfehlungen innerhalb von sechs Monaten zu vereinbaren. Ein von der BAR unter Beteiligung der zuständigen Rehabilitationsträger und Verbände behinderter Menschen erarbeiteter Entwurf wurde jedoch von der Bundesvereinigung der kommunalen Spitzenverbände und der Bundesarbeitsgemeinschaft der überörtlichen Träger der sozialen Hilfe abgelehnt; ein Kompromiss konnte nicht gefunden werden. Deshalb hat das zuständige Bundesministerium von der Verordnungsermächtigung in § 32 Nr. 1 SGB IX Gebrauch gemacht und mit Zustimmung des Bundesrates die „Verordnung zur Früherkennung und Frühförderung behinderter und von Behinderung bedrohter Kinder"; (Frühförderungverordnung – FrühV) vom 24. Juni 2003 erlassen. — 56

2. Öffnungsklausel für landesrechtliche Erweiterungen bezüglich der Komplexleistung

In **Abs. 3 Satz 2** werden die Länder ermächtigt, durch eingehende Regelungen vorzuschreiben, dass an der Komplexleistung weitere Stellen, insbesondere die Kultusverwaltung, zu beteiligen sind. Diese Sonderregelung bezieht sich namentlich auf die Praxis in Baden-Württemberg und Bayern, dass sich die dortigen Kultusverwaltungen aufgrund landesrechtlicher Bestimmungen an der Finanzierung der Frühförderung beteiligen. Dieses Beteiligungsrecht soll auf der Grundlage entsprechender landesrechtlicher Regelungen erhalten werden können. Nach **Abs. 3 Satz 3** soll in diesem Fall eine Erweiterung der gemeinsamen Empfehlungen angestrebt werden. Diese Vorschrift ist insoweit überholt, als gemeinsame Empfehlungen nicht zustande gekommen sind und an deren Stelle die FrühV erlassen wurde. — 57

§ 31
Hilfsmittel

(1) Hilfsmittel (Körperersatzstücke sowie orthopädische und andere Hilfsmittel) nach § 26 Abs. 2 Nr. 6 umfassen die Hilfen, die von den Leistungsempfängern getragen oder mitgeführt oder bei einem Wohnungswechsel mitgenommen werden können und unter Berücksichtigung der Umstände des Einzelfalles erforderlich sind, um
1. einer drohenden Behinderung vorzubeugen,
2. den Erfolg einer Heilbehandlung zu sichern oder
3. eine Behinderung bei der Befriedigung von Grundbedürfnissen des täglichen Lebens auszugleichen, soweit sie nicht allgemeine Gebrauchsgegenstände des täglichen Lebens sind.

(2) ¹Der Anspruch umfasst auch die notwendige Änderung, Instandhaltung, Ersatzbeschaffung sowie die Ausbildung im Gebrauch der Hilfsmittel. ²Der Rehabilitationsträger soll

1. vor einer Ersatzbeschaffung prüfen, ob eine Änderung oder Instandsetzung von bisher benutzten Hilfsmitteln wirtschaftlicher und gleich wirksam ist,
2. die Bewilligung der Hilfsmittel davon abhängig machen, dass die behinderten Menschen sie sich anpassen oder sich in ihrem Gebrauch ausbilden lassen.

(3) Wählen Leistungsempfänger ein geeignetes Hilfsmittel in einer aufwändigeren Ausführung als notwendig, tragen sie die Mehrkosten selbst.

(4) ¹Hilfsmittel können auch leihweise überlassen werden. ²In diesem Fall gelten die Absätze 2 und 3 entsprechend.

ERLÄUTERUNGEN

ÜBERSICHT

I. Bedeutung der Vorschrift (Rdnrn. 1–4)
II. Fassung (Rdnr. 5)
III. Begründung (Rdnr. 6)
IV. Anmerkungen (Rdnrn. 7–20)
    A) zu Abs. 1
       1. Hilfsmittel (Rdnr. 7)
       2. Zwecke der Hilfsmittel (Rdnrn. 8–13a)
       3. Erforderlichkeit (Rdnrn. 14–14c)
    B) zu Abs. 2
       1. Umfang des Anspruchs (Rdnrn. 15–17)
    C) zu Abs. 3
       1. Mehrkosten bei aufwendiger Ausführung (Rdnr. 18)
    D) zu Abs. 4
       1. Leihweise Überlassung (Rdnrn. 19–20)

I. Bedeutung der Vorschrift

1 Die Vorschrift umschreibt in **Abs. 1** die Hilfsmittel, die als Leistungen zur medizinischen Rehabilitation nach § 26 Abs. 2 Nr. 6 SGB IX zur Verfügung gestellt werden. Damit wird der Hilfsmittelbegriff für alle Träger von Leistungen der medizinischen Rehabilitation gem. § 6 Abs. 1, § 5 Nr. 1 SGB IX einheitlich definiert (BSG Urteil vom 19. April 2007 – B 3 KR 9/06 R = BSGE 98, 213 = SozR 4-2500 § 33 Nr. 15; LSG Baden-Württemberg Urteil vom 15. Juli 2008 – L 11 KR 2825/04, zit. nach JURIS).

Es handelt sich hierbei um Körperersatzstücke sowie orthopädische und andere Hilfsmittel, die als Hilfen entweder von den Leistungsempfängern getragen oder mitgeführt oder bei einem Wohnungswechsel mitgenommen werden können. Derartige Hilfsmittel müssen entweder geeignet sein, einer drohenden Behinderung vorzubeugen, den Erfolg einer Heilbehandlung zu sichern oder eine Behinderung bei der Befriedigung von Grundbedürfnissen des täglichen Lebens auszugleichen. Hierbei darf es sich nicht um allgemeine Gebrauchsgegenstände des täglichen Lebens handeln.

2 In **Abs. 2** wird auf die notwendige Änderung, Instandhaltung und Ersatzbeschaffung sowie die Ausbildung im Gebrauch der Mittel dem Anspruch zugeordnet. Hierbei soll der Rehabilitationsträger im Sinne der Wirtschaftlichkeit und Sparsamkeit einer Änderung oder Instandsetzung vorhandener Hilfsmittel den Vorrang vor einer Ersatzbeschaffung geben (**Nr. 1**). Ferner soll die Bewilligung der Hilfsmittel von der Bereitschaft der behinderten

Menschen zu ihrer Anpassung und Ausbildung in ihrem Gebrauch abhängig gemacht werden (**Nr. 2**).

Ebenso im Sinne der Wirtschaftlichkeit werden Mehrkosten einer aufwendigeren Ausführung als notwendig den Leistungsempfängern auferlegt (**Abs. 3**). 3

Nach **Abs. 4** können Hilfsmittel auch leihweise überlassen werden. Auch in diesem Fall sind die in Abs. 2 und Abs. 3 festgelegten Grundsätze der Wirtschaftlichkeit zu beachten. 4

II. Fassung

Die Vorschrift wurde mit folgenden Änderungen aus dem Regierungsentwurf (BT-Drucks. 14/5531 i. V. m. 14/5074) übernommen: 5
a) In Abs. 1 wurde vor „Hilfen" das Adjektiv „technische" gestrichen.
b) In Abs. 1 Nr. 3 wurde vor „Behinderung" das Wort „körperliche" gestrichen.

Diese Änderungen hat der BT-Ausschuss für Arbeit und Sozialordnung wie folgt begründet (BT-Drucks. 14/5800 S. 32):

„Die Fassung macht im Einleitungssatz deutlich, dass bei der Beurteilung der Erforderlichkeit in jedem Falle die Umstände des Einzelfalles, und in Nummer 3, dass auch andere als körperliche Behinderungen zu berücksichtigen sind."

III. Begründung

In dem Regierungsentwurf (BT-Drucks. 14/5074, S. 107) wird zu der Vorschrift ausgeführt: 6

„Die Vorschrift fasst die in den verschiedenen Leistungsbereichen teils gesetzlich (§ 33 des Fünften Buches und § 31 des Siebten Buches, § 13 Bundesversorgungsgesetz), teils im Wege der Gesamtvereinbarung festgelegten Grundsätze zur Versorgung behinderter Menschen mit Hilfsmitteln zusammen, soweit diese als Leistungen zur medizinischen Rehabilitation erbracht werden. Weiterreichende spezifische Vorschriften des Bundesversorgungsgesetzes (§ 10 Abs. 1 Satz 1, § 11 Abs. 3, § 13 mit der Verordnungsermächtigung gemäß § 24a) bleiben erhalten. Zu den Hilfsmitteln im Sinne dieser Vorschrift gehören auch die nicht ausdrücklich angesprochenen Blindenführhunde sowie Hilfsmittel zur Wahrnehmung von Aufgaben der Familienarbeit. ... Bei Wahl einer hierüber hinausgehenden Ausführung müssen die Mehrkosten vom Leistungsempfänger getragen werden."

IV. Anmerkungen

A) zu Abs. 1

1. Hilfsmittel

Die Vorschrift definiert den Begriff der „Hilfsmittel" in Anlehnung an § 33 SGB V sowie § 31 SGB VII und § 13 BVG. 7

Der Hilfsmittelbegriff wird dabei im Wesentlichen von den eingesetzten Mitteln und den mit diesen verfolgten Zwecken geprägt. Die Vorschrift macht deutlich, dass **nur Sachen** in Betracht kommen, **nicht** aber von Personen ausgeführte **Dienstleistungen**. Das entspricht der herkömmlichen Abgrenzung: Im Bereich der gesetzlichen Krankenversicherung erfasst der Begriff des Heilmittels (§ 32 SGB V) alle persönlichen medizinischen Dienstleistungen, die grundsätzlich – Ausnahme: § 32 Abs. 2 Satz 2 und 3 SGB V – von nichtärztlichen Leistungserbringern gem. § 124 SGB V erbracht werden, während der Begriff des Hilfsmittels (§ 33 SGB V) alle sächlichen medizinischen Mittel einschließt (BSG Urteil vom 28. Juni 2001 – B 3 KR 3/00 R – BSGE 88, 204 = SozR 3-2500 § 33 Nr. 41 = FEVS 53, 115).

2. Zwecke der Hilfsmittel

8 Hilfsmittel können folgenden Zwecken dienen:
1. einer drohenden Behinderung vorzubeugen,
2. den Erfolg einer Heilbehandlung zu sichern oder
3. eine Behinderung bei der Befriedigung von Grundbedürfnissen des täglichen Lebens auszugleichen, soweit es sich nicht um allgemeine Gebrauchsgegenstände des täglichen Lebens handelt.

9 Letztgenannte Variante ist die wichtigste im Rahmen der Vorschrift. In Betracht kommen vor allem der Verlust von Gliedmaßen und sonstigen Körperteilen sowie andere Beschädigungen und Funktionsdefizite. Der Gesetzgeber hat ausdrücklich klargestellt, dass **nicht nur körperliche Funktionen** ausgleichsfähig sind, sondern auch Funktionen mit weitgehender Beteiligung seelischer und geistiger Schichten (vgl. BSG Urteil vom 26. Oktober 1982 – 3 RK 16/81 = SozR 2200 § 182b Nr. 25 = FEVS 32, 337; *Höfler* in KassKomm Rdnr. 8 zu § 33 SGB V).

9a Nach ständ. Rspr. (vgl. BSG Urteil vom 16. September 2004 – B 3 KR 19/03 R = BSGE 93, 176 = SozR 4-2500 § 33 Nr. 7 und Urteil vom 19. April 2007 – B 3 KR 9/06 R = BSGE 98, 213 = SozR 4-2500 § 33 Nr. 15 m. w. Nachw; vgl auch *Höfler* in KassKomm a. a. O. Rdnr. 11 ff. m. w. Nachw.) gehören zu den **Grundbedürfnissen des täglichen Lebens** das Gehen, Stehen, Greifen, Sehen, Hören, Nahrungsaufnehmen, Ausscheiden, (elementare) Körperpflege, selbstständige Wohnen sowie Erschließen eines gewissen körperlichen und geistigen Freiraums. Hierzu zählt auch das Bedürfnis, bei Krankheit oder Behinderung Ärzte und Therapeuten aufzusuchen (BSG Urteil vom 19. April 2007 a. a. O.). Denn die notwendige medizinische Versorgung ist eine grundlegende Voraussetzung, um die elementaren Bedürfnisse des täglichen Lebens befriedigen zu können (BSG Urteil vom 16. September 2004 a. a. O.).

9b Das BSG hat bei einem an Multipler Sklerose Erkrankten mit weitgehender Lähmung der Gliedmaßen ein **Blattwendegerät** als Hilfsmittel bejaht (Urteil vom 26. März 1980 – 3 RK 61/79 = BSGE 50, 77 = SozR 2200 § 182b Nr. 17), weil es ebenfalls zu den Grundbedürfnissen gehöre, sich geistig zu betätigen, weshalb die zum Lesen erforderlichen körperlichen Fähigkeiten ersetzt werden müssten (vgl. auch BSG Urteil vom 24. April 1979 – 3 RK 20/78 = SozR 2200 § 182b Nr. 12 = FEVS 27, 461: „Fernsehlesegerät" als Hilfsmittel der GKV).

10 Die Behinderung wird allgemein dadurch ausgeglichen, dass **fehlende Körperteile oder deren Funktionen wiederhergestellt, ermöglicht, ersetzt, erleichtert oder ergänzt** wurden (BSG Urteil vom 22. Mai 1984 – 8 RK 27/83 = BSG SozR 2200 § 182b Nr. 29 = NZA 1985, 198 m. w. Nachw.). Hierzu genügt auch der nur mittelbare Ersatz der ausgefallenen Funktion in einem geringen – funktionellen und räumlichen – Teilbereich (BSG Urteil vom 22. Mai 1984 a. a. O.). Das Gesetz nennt als Beispiele ausdrücklich Körperersatzstücke und orthopädische Hilfsmittel.

10a **Körperersatzstücke** sollen verloren gegangene Körperfunktionen möglichst vollwertig ersetzen, zum Beispiel in Form von Prothesen nach Amputationen (GK-SGB IX / *Schimanski* Rdnr. 12). Aber auch Kunstaugen oder Zahnprothesen zählen dazu.

Orthopädische Hilfsmittel haben nach ärztlicher Verordnung den Zweck, Störungen des Stütz- und Bewegungsapparates auszugleichen bzw. eine Verschlimmerung zu verhindern. Hierzu gehören namentlich Bruchbänder zur Zurückdrängung eines Leistenbruchs oder Verhinderung eines Rückfalls. Orthopädische Schuhe oder Schuheinlagen können die Belastung der Wirbelsäule durch eine Schiefstellung der Wirbel aufheben oder mindern und ggf. auch eine Gehbehinderung ausgleichen (BSG Urteil vom 28. September 1976 – 3 RK 9/76 = BSGE 42, 229 = SozR 2200 § 182b Nr. 2 = FEVS 25, 172: Orthopädische Schuhe sind allerdings Hilfsmittel und Bekleidung zugleich; dennoch lässt sich der wirtschaftliche Wert

Hilfsmittel § 31

der beiden Funktionen getrennt bestimmen. Der wirtschaftliche Wert als Bekleidung ist in der GKV von dem Versicherten zu tragen).

Unter den Begriff des Hilfsmittels fallen aber z. B. auch **Hörhilfen** (vgl. zu digitalen Hörhilfen BSG Urteil vom 21. August 2008 – B 13 R 33/07 R – BehindertenR 2009, 24; SG Cottbus Urteil vom 19. Januar 2009 – S 5 R 458/05, zit. nach JURIS). Ferner gehören hierzu **Sehhilfen** wie offene Lesesysteme (SG Marburg Urteil vom 5. März 2009 – S 6 KR 66/08 auch zu den Gebrauchsvorteilen gegenüber einem geschlossenen System im Bereich der Kommunikation und im Hinblick auf den Zugang zu Informationen); **Brillengläser** (BayLSG Urteil vom 29. Juni 2006 – L 4 KR 237/03, zit. nach JURIS); **Kontaktlinsen** und Kosten für Pflegemittel (SG Düsseldorf Urteil vom 12. Juni 2008 – S 8 KR 252/06, zit. nach JURIS). **10b**

Blindenführhunde sind als Hilfsmittel im Sinne des Krankenversicherungsrechts anerkannt (vgl. BSG Urteil vom 25. Februar 1981 – 5 a/5 RKn 35/78 = BSGE 51, 206 = SozR 2200 § 182b Nr. 19 = SozSich 1981, 218 = Breithaupt 1981, 938; SG Aachen Urteil vom 27. November 2007 – S 13 KR 84/06, zit. nach JURIS). **10c**

Soweit das Hilfsmittel nur dem Behinderungsausgleich dient, ist der zusätzliche Nachweis eines therapeutischen Nutzens nicht erforderlich (BSG Urteil vom 16. September 2004 – B 3 KR 20/04 R = SozR 4-2500 § 33 Nr. 8). **10d**

Allerdings bedeutet dies nicht, dass damit von der GKV alle direkten und indirekten Folgen der Behinderung auszugleichen wären. **Aufgabe der GKV** ist – auch nach Inkrafttreten des SGB IX – **allein die medizinische Rehabilitation**, also die möglichst weitgehende Wiederherstellung der Gesundheit und Organfunktion einschließlich der Sicherung des Behandlungserfolgs. Die Körperfunktion soll soweit wie möglich ausgeglichen werden, um ein selbstständiges Leben zu führen und die Anforderungen des Alltags meistern zu können. Eine **darüber hinausgehende berufliche oder soziale Rehabilitation** ist dagegen **Aufgabe anderer Sozialleistungssysteme** (st. Rspr., z. B. BSG Urteil vom 6. August 1998 – B 3 KR 3/97 R = SozR 3-2500 § 33 Nr. 2; Urteil vom 16. September 1999 – B 3 KR 9/98 R = SozR 3-2500 § 33 Nr. 32; Urteil vom 26. März 2003 – B 3 KR 23/02 R = LSK 2004, 19008; Urteil vom 16. September 2004 – B 3 KR 15/04). **10e**

Durch die gesetzlich vorgenommene **Einschränkung auf tragbare oder mitzuführende Gegenstände** sowie solche, die bei einem Wohnungswechsel mitgenommen werden können, wird ausdrücklich klargestellt: Einrichtungen, die der **behindertengerechten Ausstattung einer Wohnung** dienen, sind **keine Hilfsmittel** (BSG Urteil vom 6. August 1998 – B 3 KR 14/97 R = NJW 2000, 1812). Das gilt z. B. für eine automatische Toilettenanlage (BSG Urteil vom 19. Dezember 1978 – 3 RK 26/78 = SozR 2200 § 182b Nr. 10 = FEVS 28, 258), einen Treppenlift oder eine Auffahrrampe (BSG Urteil vom 4. August 1981 – 5a/5 RKn 16/80 = SozR 2200 § 182b Nr. 23 = FEVS 32, 434; BSG Urteil vom 6. August 1998 a. a. O.), eine Lichtschutzpergola (BSG Urteil vom 23. Oktober 1984 – 8 RK 43/83 –) oder eine Gegensprechanlage (BSG Urteil vom 28. Juni 2001 – B 3 P 3/00 R = SozR 3-3300 § 40 Nr. 6 = NZS 2002, 153; hingegen ist ein Deckenlifter auch bei Wand- oder Deckenbefestigung keine Maßnahme zur Verbesserung des individuellen Wohnumfelds, sondern ein Hilfsmittel entweder der Kranken- oder der Pflegeversicherung (BSG Urteil vom 12. Juni 2008 – B 3 P 6/07 R – zit. nach JURIS; Kurzwiedergabe in SGb 2008, 470). **10f**

Ferner sind **allgemeine Gebrauchsgegenstände des täglichen Lebens** ausdrücklich ausgenommen. Dies entspricht schon der bisherigen Rechtsprechung zur gesetzlichen Krankenversicherung. Sie folgt dem Leitgedanken, dass die GKV nur für medizinische Mittel einer gezielten Krankheitsbekämpfung aufzukommen hat, nicht aber für solche, die der Eigenverantwortung des Versicherten zuzuordnen sind (vgl. z. B. BSG Urteil vom 28. September 1976 – 3 RK 9/76 = BSGE 42, 229 = SozR 2200 § 182b Nr. 2; Urteil vom 6. Februar 1997 – 3 RK 1/96 = SozR 3-2500 § 33 Nr. 22 = SGb 1998, 84; *Höfler* in KassKomm § 33 SGB V Rdnr. 21 m. w. Nachw.). **11**

11a Das BSG hatte zunächst für die Einstufung als Gebrauchgegenstand den Verbreitungsgrad und die Kosten als bedeutsam angesehen (BSG Urteil vom 17. Januar 1996 – 3 RK 39/94 = BSGE 77, 209 = BehindertenR 1996, 169 = SozR 3-2500 § 33 Nr. 19; Urteil vom 17. Januar 1996 – 3 RK 16/95 = NZS 1996, 526 = SozR 3-2500 § 33 Nr. 20). Nach neuerer Rechtsprechung soll sich die **Abgrenzung** zwischen „Hilfsmittel" und „Gebrauchsgegenstand" **nach der Zweckbestimmung des Gegenstands** richten. Diese ist sowohl aus der Sicht des Herstellers, aber auch aus der Sicht der tatsächlichen Benutzer zu bestimmen.

11b **Keine allgemeinen Gebrauchsgegenstände** des täglichen Lebens sind demnach Geräte, die **speziell für die Bedürfnisse behinderter Menschen entwickelt und hergestellt** worden sind und von diesem Personenkreis auch ausschließlich oder ganz überwiegend benutzt werden (BSG Urteil vom 16. September 1999 – B 3 KR 1/99 R = BSGE 84, 266 = SozR 3-2500 § 33 Nr. 33; Luftreinigungsgerät gegen Allergie; Urteil vom 23. Juli 2002 – B 3 KR 3/02 R = NZS 2003, 482 = SozR 3-2500 § 33 Nr. 46: behindertengerechtes Dreirad für ein Kind). Hingegen ist ein **Gebrauchsgegenstand** des täglichen Lebens anzunehmen, wenn er **nicht überwiegend für Behinderte und Kranke konzipiert** worden ist, auch wenn er im Einzelfall dem Ausgleich der Behinderung dient (vgl. BSG Urteil vom 22. August 2001 – B 3 P 13/00 R = NZS 2002, 374 = SozR 3-3300 § 40 Nr. 7: elektrisch verstellbarer Fernsehsessel; BayLSG Urteil vom 15. Juli 2004 – L 4 KR 125/03, zit. nach JURIS: Bettmatratze; LSG Niedersachsen-Bremen Urteil vom 21. Februar 2005 – L 4 KR 138/03 = Breithaupt 2005, 550: motorgetriebener Bettenlattenrost).

12 Demnach ist ein **PC in handelsüblicher Ausstattung**, also mit Rechner, Betriebssystem, Laufwerken für Disketten und CD-ROM, Bildschirm, Tastatur, Maus und Drucker ein allgemeiner Gebrauchsgegenstand, anders dagegen Sonderausstattungen für Behinderte (vgl. BSG Urteil vom 6. Februar 1997 – 3 RK 1/96 = SozR 3-2500 § 33 Nr. 22 = SGb 1998, 84; BSG Urteil vom 30. Januar 2001 – B 3 KR 10/00 R = BSG SozR 3-2500 § 33 Nr. 40 = FEVS 52, 499). Ebenso ist ein **Standardtelefon** ein allgemeiner Gebrauchsgegenstand des täglichen Lebens (vgl. BSG Urteil vom 3. November 1993 – 1 RK 42/92 = SozR 3-2500 § 33 Nr. 5 = Breithaupt 1994, 551).

13 Handelt es sich um einen allgemeinen Gebrauchsgegenstand des täglichen Lebens, liegt somit **kein Hilfsmittel** vor. Dies gilt **auch dann, wenn die übrigen Voraussetzungen des Hilfsmittelbegriffs gegeben** sind. Es reicht nicht etwa aus, dass der allgemeine Gebrauchsgegenstand infolge von Krankheit oder Behinderung erforderlich wird (BSG Urteil vom 21. März 1978 – 3 RK 61/77 = SozR 2200 § 182b Nr. 6 = FEVS 27, 294; ein normaler Autokindersitz ist kein Hilfsmittel i. S. der gesetzlichen Krankenversicherung, wohl aber ein Spastiker-Kinderwagen).

13a Der **Leistungsausschluss gilt nicht für Zubehörteile und Betriebsmittel** eines von der Krankenkasse geschuldeten Hilfsmittels, auch wenn es sich dabei um allgemeine Gebrauchsgegenstände des täglichen Lebens handelt (BSG Urteil vom 6. Februar 1997 – 3 RK 3/96 = NZS 1998, 34 = SozR 3-2500 § 33 Nr. 23; Urteil vom 6. Februar 1997 – 3 RK 12/96 = SozR 3-2500 § 33 Nr. 24 = NZS 1997, 467).

3. Erforderlichkeit

14 Das Hilfsmittel muss ferner **erforderlich** sein, um den **Behandlungserfolg zu sichern, drohender Behinderung vorzubeugen oder die Behinderung auszugleichen**. Dies ist nach älterer Rechtsprechung zu bejahen, wenn das Hilfsmittel ausreichend, zweckmäßig, wirtschaftlich und notwendig ist. Es muss für die genannten Zwecke unentbehrlich oder unvermeidlich sein, wobei es auf die individuellen Verhältnisse des Betroffenen ankommt (vgl. z. B. BSG Urteil vom 1. April 1981 – 5a/5 RKn 12/79 = BSGE 51, 268 = SozR 2200 § 182b Nr. 20: Krankenlifter zum Tragen, Heben und Transportieren von Schwerstkörperbehinderten in der Wohnung). Neuerdings wird jedoch ein **weiterer Maßstab** angelegt und für ausreichend gehalten, dass das Hilfsmittel die **gleichberechtigte Teilhabe am Leben in der Gemeinschaft wesentlich fördert** (BSG Urteil vom 23. Juli 2002 – B 3 KR 3/02 R = SozR

3-2500 § 33 Nr. 46 = NZS 2003, 482; ⚖ Urteil vom 10. November 2005 – B 3 KR 31/04 R = SozR 4-2500 § 33 Nr. 10; Reha-Kinderwagen für ein an übersteigertem Bewegungsdrang leidendes Kind).

Hierin dürfte aber kein – ohnehin unzulässiges Abweichen – vom Merkmal der Notwendigkeit liegen (ebenso *Höfler* in KassKomm § 33 SGB V Rdnr. 17). Sieht man man das **Ziel des Behinderungsausgleichs** in der **gleichberechtigten Teilhabe am Leben in der Gemeinschaft**, also einem durch viele Faktoren zu bewirkendem komplexem Zustand (⚖ BSG Urteil vom 10. November 2005 a. a. O.), so wird häufig ein einzelnes Hilfsmittel den gesamten Integrationsprozess ohnehin nur teilweise beeinflussen, also lediglich fördern. Formuliert man hingegen das Ziel des Behinderungsausgleichs konkreter, etwa als **Schaffung und Erschließung eines körperlichen Freiraums**, lässt sich die Wirkung einzelner Hilfsmittel genauer beschreiben und ggf. auch ihre Notwendigkeit für den Behinderungsausgleich im Sinne einer Unverzichtbarkeit feststellen (*Höfler* a. a. O.). Stets sind bei diesen Fragen die individuellen Verhältnisse des behinderten Menschen maßgeblich (⚖ BSG Urteil vom 1. April 1981 a. a. O.). **14a**

Die Leistungspflicht der Krankenkasse entfällt auch nicht deshalb, weil das Hilfsmittel ggf. lediglich die **Pflege und Unterstützung durch Dritte erleichtert**, denn die eigene Fähigkeit des Behinderten, das Gerät selbstständig und ohne Hilfe anderer Personen benutzen zu können, ist kein Abgrenzungskriterium für die Entscheidung über die Gewährung eines Hilfsmittels (⚖ BSG Urteil vom 1. April 1981 a. a. O.). **14b**

Ein **Videotext-Vorlesemodul** als auf den Gebrauch durch Blinde zugeschnittenes Gerät ist kein zum Behinderungsausgleich „erforderliches" bzw. – im Sinne von § 33 Abs. 1 SGB V „notwendiges" Hilfsmittel. Das gilt jedenfalls dann, wenn der behinderte Mensch durch die auf neuestem technischen Stand befindlichen Vorlesesysteme und die Braille-Zeile ausreichend für sein Kommunikationsbedürfnis ausgestattet ist. Ein **über die Befriedigung von Grundbedürfnissen hinausgehender Behinderungsausgleich ist** – auch als Leistung der GKV – nicht vorgesehen (⚖ LSG Baden-Württemberg Urteil vom 15. Juli 2008 – L 11 KR 2825/04, zit. nach JURIS). Ein behinderter Mensch hat auch von Verfassung wegen keinen Anspruch darauf, jedweden Bedarf nach Behinderungsausgleich durch entsprechende Hilfsmittel zu befriedigen (vgl. ⚖ BSG Urteil vom 27. Juli 2004 – B 3 KR 5/03 R = SozR 4-2500 § 33 Nr. 5 = NZS 2005, 533; ⚖ LSG Baden-Württemberg Urteil vom 15. Juli 2008 a. a. O.; ⚖ LSG Rheinland-Pfalz Urteil vom 19. August 2005 – L 1 KR 42/04 = Breithaupt 2006, 108). **14c**

B) zu Abs. 2

1. Umfang des Anspruchs

Die Vorschrift stellt klar, dass der Anspruch auf Leistungen zur medizinischen Rehabilitation auch die notwendige **Änderung, Instandsetzung und Ersatzbeschaffung** von Hilfsmitteln umfasst. Entspricht das gelieferte Hilfsmittel nicht mehr den Anforderungen, oder wird es defekt, muss es der Rehabilitationsträger als Sachleistung ändern, reparieren oder ggf. durch ein anderes oder neues ersetzen (lassen). Auch insoweit dürfte der zu § 33 SGB V entwickelte Grundsatz gelten: Bei **schuldhafter Beschädigung oder Zerstörung** durch den Leistungsberechtigten kann die Leistung verweigert werden, sofern Vorsatz vorliegt oder mindestens grobe Fahrlässigkeit; einfache oder mittlere Fahrlässigkeit genügt nicht vorliegt; (vgl. ⚖ BSG Urteil vom 6. August 1987 – 3 RK 21/86 = BSGE 62, 85 = SozR 2200 § 182g Nr. 2; *Höfler* in KassKomm Rdnr. 52 zu § 33 SGB V m. w. Nachw.). **15**

Der Rehabilitationsträger soll im Übrigen vor einer Ersatzbeschaffung prüfen, ob eine Änderung oder Instandsetzung von bisher benutzten Hilfsmitteln wirtschaftlicher und gleich wirksam ist (**Abs. 2 Satz 2 Nr. 1**). Bei **Ersatzbeschaffungen** noch funktionstüchtiger Hilfsmittel verlangt die Rechtsprechung, dass das neue Hilfsmittel deutliche Gebrauchsvorteile bei einem Grundbedürfnis und im Alltagsleben konkret zur Folge hat; Vorteile in speziellen Lebensbereichen oder bloße Erhöhung der Bequemlichkeit genügen nicht (⚖ BSG Urteil **16** vom 6. Juni 2002 – B 3 KR 68/01 R = SozR 3-2500 § 33 Nr. 44 = NZS 2003, 477: Versorgung mit einer neuen technisch verbesserten Oberschenkelprothesen [sog. C-Leg], wenn deren Kosten deutlich höher sind als die der bisherigen, noch funktionstüchtigen Versorgung).

17 Im Übrigen kann der Träger die Bewilligung der Hilfsmittel allgemein davon abhängig machen, dass die behinderten Menschen sie sich anpassen oder sich in ihrem Gebrauch ausbilden lassen (**Abs. 2 Satz 2 Nr. 2**).

C) zu Abs. 3
1. Mehrkosten bei aufwendiger Ausführung

18 Leistungsempfänger können ein geeignetes Hilfsmittel in einer aufwendigeren Ausführung als notwendig bestellen.

In diesem Falle haben sie aber die Mehrkosten selbst zu tragen. Dies entspricht dem notwendigerweise zu beachtenden Grundsatz der Wirtschaftlichkeit und Sparsamkeit der Leistungserbringung.

D) zu Abs. 4
1. Leihweise Überlassung

19 Im Regelfall wird der Sachleistungsanspruch des Leistungsberechtigten auf die Gewährung eines Hilfsmittels durch die Übergabe der Sache erfüllt. Allerdings kann der Rehabilitationsträger nach seinem Ermessen entscheiden, ob das Hilfsmittel durch Einigung und Übergabe nach § 929 BGB auch in das **Eigentum des Leistungsempfängers** übergehen soll. Er darf das Hilfsmittel nach **Abs. 4 Satz 1** auch leihweise überlassen. In Betracht kommt es vor allem bei haltbaren Gegenständen wie z. B. Krücken oder bei größeren und teureren Hilfsmitteln, wie Fahr- und Rollstühlen. Grundsätzlich gelten in diesem Fall die Vorschriften des Leihvertrages nach §§ 598 ff. BGB entsprechend, insbesondere § 603 BGB über den vertragsmäßigen Gebrauch sowie § 604 BGB über die Rückgabepflicht (*Höfler* in KassKomm Rdnr. 63 zu § 33SGB V).

20 Im Fall der leihweisen Überlassung gelten Abs. 2 und 3 entsprechend (**Abs. 4 Satz 4**). Auch dann hat der Rehabilitationsträger die Kosten notwendiger Änderungen, Instandhaltungen, der Ersatzbeschaffung sowie der Ausbildung im Gebrauch zu übernehmen. Bei Wahl einer aufwendigeren Ausführung durch den Leistungsempfänger hat dieser auch bei leihweiser Überlassung des Hilfsmittels die Mehrkosten selbst zu tragen.

§ 32
Verordnungsermächtigungen

Das Bundesministerium für Arbeit und Soziales wird ermächtigt, durch Rechtsverordnung mit Zustimmung des Bundesrates

1. Näheres zur Abgrenzung der in § 30 Abs. 1 und 2 genannten Leistungen und der sonstigen Leistungen dieser Dienste und Einrichtungen, zur Übernahme oder Teilung der Kosten zwischen den beteiligten Rehabilitationsträgern, zur Vereinbarung und Abrechnung der Entgelte sowie zur Finanzierung zu regeln, wenn gemeinsame Empfehlungen nach § 30 Abs. 3 nicht innerhalb von sechs Monaten, nachdem das Bundesministerium für Arbeit und Soziales dazu aufgefordert haben, vereinbart oder unzureichend gewordene Empfehlungen nicht innerhalb dieser Frist geändert worden sind,

2. Näheres zur Auswahl der im Einzelfall geeigneten Hilfsmittel, insbesondere zum Verfahren, zur Eignungsprüfung, Dokumentation und leihweisen Überlassung der Hilfsmittel sowie zur Zusammenarbeit der anderen Rehabilitationsträger mit den orthopädischen Versorgungsstellen zu regeln.

ERLÄUTERUNGEN

I. Bedeutung der Vorschrift

Der Gesetzgeber hat in § 30 Abs. 3 SGB IX den zur medizinischen Leistung und zur Früherkennung und Frühförderung behinderter und von Behinderung bedrohter Kinder beteiligten Rehabilitationsträgern auferlegt, gemeinsame Empfehlungen nach Maßgabe jener Vorschrift zu vereinbaren. In **Nr. 1** der Vorschrift wird eine Verordnungsermächtigung für das Bundesministerium für Arbeit und Sozialordnung geschaffen. Dieses kann im Einvernehmen mit dem Bundesministerium für Gesundheit durch Rechtsverordnung mit Zustimmung des Bundesrates die in § 30 Abs. 3 SGB IX angesprochenen Gegenstände regeln, wenn gemeinsame Empfehlungen nicht innerhalb von sechs Monaten nach Aufforderung durch die Bundesministerien von den Rehabilitationsträgern vereinbart wurden. Dasselbe gilt, wenn unzureichend gewordene Empfehlungen nicht innerhalb dieser Sechs-Monatsfrist geändert worden sind.

Eine weitere Verordnungsermächtigung wird in **Nr. 2** zur Auswahl der im Einzelfall geeigneten Hilfsmittel geschaffen. Die Verordnung kann insbesondere das Verfahren der Eignungsprüfung, die Dokumentation und die leihweise Überlassung der Hilfsmittel sowie die Zusammenarbeit der anderen Rehabilitationsträger mit den orthopädischen Versorgungsstellen regeln. Diese Verordnung ist von den beiden beteiligten Bundesministerien mit Zustimmung des Bundesrats unmittelbar zu erlassen. Sie tritt nicht etwa wie in Nr. 1 an die Stelle gemeinsamer Empfehlungen, die als solche im Rahmen des § 31 nicht vorgesehen sind.

II. Fassung

Die Vorschrift wurde unverändert aus dem Regierungsentwurf (BT-Drucks. 14/5531 i. V. m. 14/5074) übernommen.

III. Begründung

In dem Regierungsentwurf (BT-Drucks. 14/5074 S. 107) wird zu der Vorschrift ausgeführt:

„Die Vorschrift enthält Verordnungsermächtigungen für den Fall, dass notwendige Klärungen nach § 30 nicht durch Vereinbarung gemeinsamer Empfehlungen erreicht werden, sowie zur näheren Ausgestaltung der geeigneten Hilfsmittel."

KAPITEL 5
Leistungen zur Teilhabe am Arbeitsleben
§ 33
Leistungen zur Teilhabe am Arbeitsleben

(1) Zur Teilhabe am Arbeitsleben werden die erforderlichen Leistungen erbracht, um die Erwerbsfähigkeit behinderter oder von Behinderung bedrohter Menschen entsprechend ihrer Leistungsfähigkeit zu erhalten, zu verbessern, herzustellen oder wiederherzustellen und ihre Teilhabe am Arbeitsleben möglichst auf Dauer zu sichern.

(2) Behinderten Frauen werden gleiche Chancen im Erwerbsleben gesichert, insbesondere durch in der beruflichen Zielsetzung geeignete, wohnortnahe und auch in Teilzeit nutzbare Angebote.

(3) Die Leistungen umfassen insbesondere
1. Hilfen zur Erhaltung oder Erlangung eines Arbeitsplatzes inschließlich vermittlungsunterstützende Leistungen,
2. Berufsvorbereitung einschließlich einer wegen der Behinderung erforderlichen Grundausbildung,
2a. individuelle betriebliche Qualifizierung im Rahmen Unterstützter Beschäftigung,
3. berufliche Anpassung und Weiterbildung, auch soweit die Leistungen einen zur Teilnahme erforderlichen schulischen Abschluss einschließen,
4. berufliche Ausbildung, auch soweit die Leistungen in einem zeitlich nicht überwiegenden Abschnitt schulisch durchgeführt werden,
5. Gründungszuschuss entsprechend § 57 des Dritten Buches durch die Rehabilitationsträger nach § 6 Abs. 1 Nr. 2 bis 5,
6. sonstige Hilfen zur Förderung der Teilhabe am Arbeitsleben, um behinderten Menschen eine angemessene und geeignete Beschäftigung oder eine selbstständige Tätigkeit zu ermöglichen und zu erhalten.

(4) ¹Bei der Auswahl der Leistungen werden Eignung, Neigung, bisherige Tätigkeit sowie Lage und Entwicklung auf dem Arbeitsmarkt angemessen berücksichtigt. ²Soweit erforderlich, wird dabei die berufliche Eignung abgeklärt oder eine Arbeitserprobung durchgeführt; in diesem Fall werden die Kosten nach Absatz 7, Reisekosten nach § 53 sowie Haushaltshilfe und Kinderbetreuungskosten nach § 54 übernommen.

(5) Die Leistungen werden auch für Zeiten notwendiger Praktika erbracht.

(6) Die Leistungen umfassen auch medizinische, psychologische und pädagogische Hilfen, soweit diese Leistungen im Einzelfall erforderlich sind, um die in Absatz 1 genannten Ziele zu erreichen oder zu sichern und Krankheitsfolgen zu vermeiden, zu überwinden, zu mindern oder ihre Verschlimmerung zu verhüten, insbesondere
1. Hilfen zur Unterstützung bei der Krankheits- und Behinderungsverarbeitung,
2. Aktivierung von Selbsthilfepotenzialen,
3. mit Zustimmung der Leistungsberechtigten Information und Beratung von Partnern und Angehörigen sowie von Vorgesetzten und Kollegen,
4. Vermittlung von Kontakten zu örtlichen Selbsthilfe- und Beratungsmöglichkeiten,
5. Hilfen zur seelischen Stabilisierung und zur Förderung der sozialen Kompetenz, unter anderem durch Training sozialer und kommunikativer Fähigkeiten und im Umgang mit Krisensituationen,
6. Training lebenspraktischer Fähigkeiten,

Leistungen zur Teilhabe am Arbeitsleben § 33

7. Anleitung und Motivation zur Inanspruchnahme von Leistungen zur Teilhabe am Arbeitsleben,
8. Beteiligung von Integrationsfachdiensten im Rahmen ihrer Aufgabenstellung (§ 110).

(7) Zu den Leistungen gehört auch die Übernahme
1. der erforderlichen Kosten für Unterkunft und Verpflegung, wenn für die Ausführung einer Leistung eine Unterbringung außerhalb des eigenen oder des elterlichen Haushalts wegen Art oder Schwere der Behinderung oder zur Sicherung des Erfolges der Teilhabe notwendig ist,
2. der erforderlichen Kosten, die mit der Ausführung einer Leistung in unmittelbarem Zusammenhang stehen, insbesondere für Lehrgangskosten, Prüfungsgebühren, Lernmittel, vermittlungsunterstützende Leistungen.

(8) ¹Leistungen nach Absatz 3 Nr. 1 und 6 umfassen auch
1. Kraftfahrzeughilfe nach der Kraftfahrzeughilfe-Verordnung,
2. den Ausgleich unvermeidbaren Verdienstausfalls des behinderten Menschen oder einer erforderlichen Begleitperson wegen Fahrten der An- und Abreise zu einer Bildungsmaßnahme und zur Vorstellung bei einem Arbeitgeber, einem Träger oder einer Einrichtung für behinderte Menschen durch die Rehabilitationsträger nach § 6 Abs. 1 Nr. 2 bis 5,
3. die Kosten einer notwendigen Arbeitsassistenz für schwerbehinderte Menschen als Hilfe zur Erlangung eines Arbeitsplatzes,
4. Kosten für Hilfsmittel, die wegen Art oder Schwere der Behinderung zur Berufsausübung, zur Teilnahme an einer Leistung zur Teilhabe am Arbeitsleben oder zur Erhöhung der Sicherheit auf dem Weg vom und zum Arbeitsplatz und am Arbeitsplatz erforderlich sind, es sei denn, dass eine Verpflichtung des Arbeitgebers besteht oder solche Leistungen als medizinische Leistung erbracht werden können,
5. Kosten technischer Arbeitshilfen, die wegen Art oder Schwere der Behinderung zur Berufsausübung erforderlich sind und
6. Kosten der Beschaffung, der Ausstattung und der Erhaltung einer behinderungsgerechten Wohnung in angemessenem Umfang.

²Die Leistung nach Satz 1 Nr. 3 wird für die Dauer von bis zu drei Jahren erbracht und in Abstimmung mit dem Rehabilitationsträger nach § 6 Abs. 1 Nr. 1 bis 5 durch das Integrationsamt nach § 102 Abs. 4 ausgeführt. ³Der Rehabilitationsträger erstattet dem Integrationsamt seine Aufwendungen. ⁴Der Anspruch nach § 102 Abs. 4 bleibt unberührt.

ERLÄUTERUNGEN

ÜBERSICHT

I. Bedeutung der Vorschrift (Rdnr. 1)
II. Fassung (Rdnr. 2)
III. Begründung (Rdnrn. 3–12)
IV. Anmerkungen (Rdnrn. 13–276)
   A) zu Abs. 1
      1. Leistungsziel (Rdnrn. 13–15)
      2. Leistungsbedarf (Rdnrn. 16–21)
      3. Leistungsträger (Rdnrn. 22–23)
      4. Leistungsanspruch (Rdnrn. 24–31)
   B) zu Abs. 2
      1. Chancengleichheit für behinderte Frauen (Rdnrn. 32–32)
      2. Pflicht und Auftrag für Rehabilitationsträger (Rdnr. 34)

§ 33   Leistungen zur Teilhabe am Arbeitsleben

        3. Betreuungsbedürftigkeit von Kindern der Leistungsberechtigten (Rdnr. 35)
        4. Weitere Folgerungen für das Leistungsrecht (Rdnr. 36)
   C) zu Abs. 3
        1. Leistungskatalog (Rdnrn. 38–41)
        2. Hilfen zur Erlangung oder Erhaltung eines Arbeitsplatzes (Abs. 3 Nr. 1) (Rdnrn. 42–60)
           a) Leistungsziel und -umfang (Rdnrn. 42–43)
           b) Beratung und Vermittlung (Rdnrn. 44–46)
           c) Trainingsmaßnahmen (Rdnrn. 47–49)
           d) Mobilitätshilfen (Rdnrn. 50–56)
        3. Berufsvorbereitende Leistungen (Abs. 3 Nr. 2) (Rdnrn. 61–67)
        4. Leistungen zur beruflichen Anpassung und Weiterbildung (Abs. 3 Nr. 3) (Rdnrn. 68–73)
           a) Begriff der Weiterbildung (Rdnrn. 68–69)
           b) Allgemeine Voraussetzungen einer Förderung der Weiterbildung (Rdnrn. 70–71)
           c) Leistungsdauer (Rdnrn. 72–73)
        5. Leistungen zur beruflichen Ausbildung (Abs. 3 Nr. 4) (Rdnrn. 74–83)
        6. Gründungszuschuss (Abs. 3 Nr. 5) (Rdnrn. 84–96)
           a) Funktion (Rdnrn. 84–85)
           b) Anspruchsvoraussetzungen (Rdnrn. 86–96)
        7. Sonstige Hilfen zur Förderung der Teilhabe am Arbeitsleben (Abs. 3 Nr. 6) (Rdnrn. 97–98)
   D) zu Abs. 4
        1. Vorgaben für die Leistungsauswahl (Rdnrn. 99–101)
        2. Eignung (Rdnrn. 102–105)
        3. Neigung (Rdnrn. 106–111)
        4. Bisherige Tätigkeit (Rdnrn. 112–115)
        5. Lage und Entwicklung auf dem Arbeitsmarkt (Rdnrn. 116–123)
        6. Abklärung von Eignung und Arbeitserprobung (Rdnrn. 124–129)
   E) zu Abs. 5
        1. Notwendige Praktika (Rdnrn. 130–134)
   F) zu Abs. 6
        1. Psychosoziale Leistungen (Rdnrn. 135–148)
           a) Hilfen zur Unterstützung bei der Krankheits- und Behinderungsverarbeitung (Nr. 1) (Rdnrn. 136–137)
           b) Aktivierung von Selbsthilfepotenzialen (Nr. 2) (Rdnr. 138)
           c) Einverständliche Information und Beratung Dritter (Nr. 3) (Rdnrn. 139–140)
           d) Vermittlung von Kontakten zu örtlichen Selbsthilfe- und Beratungsmöglichkeiten (Nr. 4) (Rdnr. 141)
           e) Hilfen zur seelischen Stabilisierung und zur Förderung der sozialen Kompetenz (Nr. 5) (Rdnr. 142)
           f) Training lebenspraktischer Fähigkeiten (Nr. 6) (Rdnr. 143)
           g) Anleitung und Motivation zur Leistungsinanspruchnahme (Nr. 7) (Rdnrn. 144–147)
           h) Beteiligung von Integrationsfachdiensten (Nr. 8) (Rdnr. 148)
   G) zu Abs. 7
        1. Leistungsumfang (Rdnrn. 149–157)
           a) Unterkunfts- und Verpflegungskosten (Nr. 1) (Rdnrn. 150–152)
           b) Kosten der Bildungsmaßnahme (Nr. 2) (Rdnrn. 153–154)

H) zu Abs. 8
  1. Kraftfahrzeughilfe (Abs. 8 Nr. 1) (Rdnrn. 158–196)
     a) Regelungsgrundlage (Rdnrn. 158–159)
     b) Leistungsarten (Rdnrn. 160–165)
     c) Persönliche Voraussetzungen für Kraftfahrzeughilfe (Rdnrn. 166–168)
     d) Förderungshöhe (Rdnrn. 169–173)
     e) Zusatzausstattung (Rdnrn. 174–183)
     f) Kosten der Fahrerlaubnis (Rdnrn. 184–187)
     g) Härtefallregelung (Rdnrn. 188–189)
     h) Zuschuss für Beförderungsdienst (Rdnrn. 190–192)
     i) Zeitpunkt der Antragstellung (Rdnrn. 193–196)
  2. Verdienstausfall (Abs. 8 Nr. 2) (Rdnrn. 197–203)
     a) Anspruchsgrund (Rdnrn. 197–198)
     b) Unvermeidbarkeit (Rdnr. 199)
     c) Verdienstausfall einer Begleitperson (Rdnrn. 200–201)
     d) Umfang des Verdienstausfalls (Rdnrn. 202–203)
  3. Arbeitsassistenz (Abs. 8 Nr. 3) (Rdnrn. 204–241)
     a) Begriff der notwendigen Arbeitsassistenz (Rdnrn. 204–237)
     b) Ausführung durch die Integrationsämter (Rdnr. 238)
     c) Leistungsdauer (Rdnrn. 239–241)
  4. Hilfsmittel (Abs. 8 Nr. 4) (Rdnrn. 242–257)
     a) Anspruchsgrund (Rdnr. 242)
     b) Begriff des Hilfsmittels (Rdnr. 243)
     c) Begrenzte Leistungspflicht des Rehabilitationsträgers (Rdnrn. 244–257)
  5. Technische Arbeitshilfen (Abs. 8 Nr. 5) (Rdnrn. 258–262)
  6. Kosten behindertengerechter Wohnung (Abs. 8 Nr. 6) (Rdnrn. 263–272)
     a) Beschaffung, Ausstattung und Erhaltung (Rdnrn. 262–297)
     b) Angemessener Umfang (Rdnr. 268)
     c) Abgrenzung zur Wohnungshilfe nach § 55 Abs. 2 Nr. 5 SGB IX (Rdnrn. 269–271)
     d) Kostenübernahme durch Integrationsamt (Rdnr. 272)
I) Verfahrensfragen
  1. Antrag (Rdnrn. 273–274)
  2. Entscheidung und Abänderung (Rdnr. 275)
  3. Rechtsbehelf (Rdnr. 276)

I. Bedeutung der Vorschrift

Die Vorschrift beschreibt in **Abs. 1** das Ziel von Leistungen zur Teilhabe am Arbeitsleben und führt in **Abs. 3** beispielhaft sechs wichtige Leistungen auf. In den Abs. 6 bis 8 werden die Leistungen weiter konkretisiert, und zwar in Richtung auf psychologische und pädagogische Hilfen (**Abs. 6**), Kosten für Unterkunft und Verpflegung bei notwendiger auswärtiger Leistungserbringung (**Abs. 7 Nr. 1**) und Zusatzkosten im Zusammenhang mit der Ausführung einer Leistung wie Lernmittel und Arbeitskleidung (**Abs. 7 Nr. 2**). Schließlich werden in **Abs. 8** die Kraftfahrzeughilfe, unvermeidbarer Verdienstausfall des behinderten Menschen oder einer erforderlichen Begleitperson für Fahrten zu einer Bildungsmaßnahme und zur Vorstellung bei einem Arbeitgeber usw. ausdrücklich zu Leistungen zur Teilhabe am Arbeitsleben erklärt. Dasselbe gilt für die zeitlich auf drei Jahre befristeten Kosten einer notwendigen Arbeitsassistenz für die Erlangung eines Arbeitsplatzes (**Abs. 8 Nr. 3**).

Schließlich werden behinderten Frauen gleiche Chancen im Erwerbsleben gesichert (**Abs. 2**).

II. Fassung

2 a) durch das SGB IX zum 1. Juli 2001

Die Vorschrift wurde unverändert aus dem Regierungsentwurf (BT-Drucks. 14/5531 i. V. m. 14/5074) übernommen.

2a b) **durch das Gesetz zur Fortentwicklung der Grundsicherung für Arbeitssuchende vom 20. Juli 2006 (BGBl. I S. 1706 mit Wirkung vom 1. August 2006)**

Hierdurch wurde in Abs. 3 Nr. 5 der Wegfall des Überbrückungsgeldes und seine Ersetzung durch den Gründungszuschuss nach § 57 f. SGB III berücksichtigt.

III. Begründung

3 In dem Regierungsentwurf (BT-Drucks. 14/5074 S. 107) wird zu der Vorschrift ausgeführt:

„Die Vorschrift beschreibt in den **Abs. 1 und 3**, welche Leistungen zur Teilhabe am Arbeitsleben von den hierfür zuständigen Rehabilitationsträgern zu erbringen sind. Die Aufzählung der wichtigsten Leistungen in Abs. 3 stimmt weit gehend mit § 11 Abs. 2 Rehabilitations-Angleichungsgesetz und den entsprechenden Regelungen für die einzelnen Träger überein.

Die Regelungen, die Leistungen an Arbeitgeber betreffen, sind in § 34 zusammengefasst.

4 **Abs. 2** nimmt hinsichtlich der Teilhabe am Arbeitsleben die Vorgabe in § 1 Satz 2 zur Berücksichtigung besonderer Bedürfnisse behinderter und von Behinderung bedrohter Frauen auf, indem gleiche Chancen im Erwerbsleben sowohl im Vergleich zu nicht behinderten Frauen als auch im Vergleich zu behinderten und von Behinderung bedrohten Männern gesichert werden müssen. Um dieses Ziel zu erreichen, müssen spezifische Ansätze den besonderen, **typischen Problemsituationen von Frauen** Rechnung tragen, wie sie sich insbesondere aus der Wahrnehmung von Familienaufgaben und – oft damit zusammenhängend – einer unterbrochenen Erwerbsbiografie ergeben. Vor allem müssen Frauen gleichwertig Zugang zu Leistungen zur Teilhabe am Arbeitsleben erhalten; wichtig sind dafür

– in der beruflichen Zielsetzung geeignete,
– wohnortnahe und
– auch in Teilzeit nutzbare Angebote.

5 Um behinderten und von Behinderung bedrohten Frauen (und Männern) mit betreuungsbedürftigen Kindern Leistungen zur Teilhabe am Arbeitsleben zu ermöglichen, müssen die Angebote so gestaltet werden, dass sie deren zeitliche Disposition und eingeschränkte Verfügbarkeit berücksichtigen.

6 **Abs. 3 Nr. 3** entspricht dem bisherigen § 101 Abs. 3 Satz 4 Drittes Buch; wie nach dieser Vorschrift können auch weiterhin Leistungen zum beruflichen Aufstieg gefördert werden. **Abs. 3 Nr. 5** führt wegen der zunehmenden Bedeutung dieser Leistung im Arbeitsförderungsrecht als neue Leistung für alle Träger, die Leistungen zur Teilhabe am Arbeitsleben erbringen, das **Überbrückungsgeld** ein.

7 **Abs. 4** bestimmt, dass bei Auswahl der Leistungen Eignung, Neigung bisherige Tätigkeit sowie Lage und Entwicklung auf dem Arbeitsmarkt angemessen berücksichtigt werden, soweit erforderlich dabei die berufliche Eignung abgeklärt oder eine Arbeitserwerbung durchgeführt wird und die hierbei anfallenden Kosten übernommen werden. Bei der Beurteilung von Eignung und bisheriger Tätigkeit sind neben dem Ausbildungsstand und der bisherigen Berufspraxis insbesondere auch die durch die Betreuung von Kindern erbrachten Leistungen und erworbenen Erfahrungen und Fähigkeiten positiv zu berücksichtigen, soweit sie im Hinblick auf die Leistungen von Bedeutung sein können.

8 **Abs. 5** stellt für alle einschlägigen Rehabilitationsträger klar, dass die Leistungen nach Abs. 1 auch für Zeiten notwendiger **Praktika** erbracht werden; dies gilt allerdings nur für diese Leistungen selbst, aber hinsichtlich des Übergangsgelds nach §§ 45 ff. nicht für Beschäfti-

Abs. 6 regelt (entsprechend der Regelung in § 26 Abs. 3), dass zu den Leistungen zur Teilhabe nach Abs. 1 auch die nach den Umständen des Einzelfalls erforderlichen **psychosozialen Leistungen** gehören; hierzu zählen bei Bedarf auch Anleitung und Motivation zur Inanspruchnahme benötigter Leistungen (Nr. 7) sowie die Beteiligung von Integrationsfachdiensten (Nr. 8). 9

Abs. 7 fasst die bisherigen § 11 Abs. 2 Satz 2 und § 12 Nr. 3 Rehabilitations-Angleichungsgesetz sowie die entsprechenden Vorschriften für die einzelnen Träger zusammen. 10

Abs. 8 verallgemeinert den bisherigen § 114 des Dritten Buches. Darüber hinaus ermöglicht Nr. 3, zur Erlangung eines Arbeitsplatzes in geeigneten Fällen Arbeitsassistenz einzusetzen. 11

Dies trägt dem Umstand Rechnung, dass bei besonders betroffenen Schwerbehinderten das Ziel der dauerhaften Teilhabe am Arbeitsleben nur erreichbar ist, wenn ausbildungs- oder berufsbegleitende persönliche Hilfen zur Verfügung stehen. Wie alle Leistungen zur Teilhabe am Arbeitsleben behinderter Menschen ist **Arbeitsassistenz** als zeitlich befristete berufliche Einstiegshilfe angelegt. Soweit nach den Leistungskatalogen der Rehabilitationsträger Arbeitsassistenzen bereits erbracht werden, bleibt es dabei. Dies gilt auch insoweit, als diese – wie in der gesetzlichen Unfallversicherung – unbefristet geleistet werden. Zur Vermeidung eines Trägerwechsels und damit möglicherweise verbunden auch eines Wechsels der Assistenzkraft soll die Leistung in den anderen Fällen von Beginn an durch das Integrationsamt ausgeführt werden. Die notwendigen Aufwendungen sind diesem zu erstatten, wobei das Nähere durch die Rechtsverordnung zu § 102 Abs. 4 geregelt wird. Die auf die neuen Leistungen Überbrückungsgeld, Arbeitsassistenz und Inanspruchnahme der Integrationsfachdienste entfallenden Aufwendungen sollen getrennt erfasst werden." 12

IV. Anmerkungen

A) zu Abs. 1

1. Leistungsziel

In Abs. 1 werden die Leistungen zur Teilhabe am Arbeitsleben grundlegend umschrieben, und zwar auf den Weg über ihre Zielsetzung. Das **Hauptziel** ist, Betroffenen die **Teilhabe am Arbeitsleben möglichst auf Dauer zu sichern**. Dem wird ein **Vor-Ziel** vorangestellt: ihre **Erwerbsfähigkeit** entsprechend ihrer Leistungsfähigkeit zu erhalten, zu verbessern, herzustellen oder wiederherzustellen. Denn die Teilhabe am Arbeitsleben setzt grundsätzlich – abgesehen von der Beschäftigung in einer Werkstatt für behinderte Menschen – die Erwerbsfähigkeit voraus; andererseits sichert diese nicht immer die tatsächliche Teilhabe, sodass ein Bedarf für zusätzliche Hilfen bestehen kann (LPK-SGB IX / *Haines* Rdnr. 5). 13

Die Leistungen zielen also darauf, ein vorzeitiges Ausscheiden behinderter oder von Behinderung bedrohter Menschen aus dem Erwerbsleben zu vermeiden bzw. für diese ggf. eine erstmalige oder erneute Eingliederung in das Erwerbsleben zu erreichen. Erst wenn eine möglichst dauerhafte aktive Teilnahme der Betroffenen am Erwerbsleben erreicht ist, kommen keine weiteren Leistungen zur Teilhabe am Arbeitsleben in Betracht. Eine dauerhafte Eingliederung des behinderten Menschen ist erst erreicht, wenn dieser nicht mehr auf die Hilfe Dritter angewiesen ist. Damit ist eine **wiederholte Leistungsgewährung möglich** (BSG Urteil vom 9. September 1993 – 7/9b RAr 28/92 = BSGE 73, 83 [88] = BehindertenR 1994, 189). Die Leistungsverpflichtung des Rehabilitationsträgers besteht solange fort, bis entweder der behinderte Mensch dauerhaft in das Erwerbsleben eingegliedert ist oder aber die mangelnde Erfolgsaussicht weiterer beruflicher Rehabilitationsmaßnahmen festgestellt wird. Die berufliche Eingliederung des behinderten Menschen ist erst vollendet, wenn er eine Erwerbstätigkeit auf einem Dauerarbeitsplatz aufgenommen hat (BSG Urteil vom 14

9. September 1993 a. a. O. und BSG Urteil vom 19. März 1980 – 4 RJ 89/79 = BSGE 50, 51 = SozR 2200 § 1237a Nr. 12).

15 Das **Arbeitsleben**, an dem die Teilhabe ermöglicht werden soll, ist vor allem der **erste Arbeitsmarkt**. Ist dieses Ziel im Einzelfall nicht erreichbar, kommt auch eine Förderung in Betracht, welche den behinderten Menschen in die Lage versetzt, ein Mindestmaß an wirtschaftlich vertretbarer Leistung in einer Werkstatt für behinderte Menschen zu erbringen (BSG Urteil vom 9. September 1993 a. a. O.; HK-SGB IX / *Bieritz-Harder* Rdnr. 9 m. w. Nachw.). Als Arbeitsleben im Sinne der Vorschrift gelten hingegen nicht Eigenversorgung, Familienarbeit, bürgerschaftliches Engagement und andere Tätigkeiten, die weder wirtschaftlich verwertet werden sollen noch ein Mindestmaß an wirtschaftlich verwertbarer Arbeitsleistung im Sinne von § 41 Abs. 1, § 136 SGB IX erreichen (LPK-SGB IX / *Haines* Rdnr. 7).

2. Leistungsbedarf

16 Der **Personenkreis**, dem Leistungen zur Teilhabe am Arbeitsleben erbracht werden können, umfasst nicht nur behinderte, sondern auch von Behinderung bedrohte Menschen (vgl. § 2 Abs. 1 Satz 2 SGB IX). Für die Bundesagentur für Arbeit als Rehabilitationsträger gilt zusätzlich die Klarstellung in § 19 Abs. 1 SGB III, dass auch lernbehinderte Menschen zu den behinderten Menschen im Sinne des SGB III gehören.

17 Ein **Förderungsbedarf** besteht, wenn die körperliche oder geistige **Leistungsfähigkeit** des behinderten Menschen und seine sich darauf gründende Erwerbsfähigkeit als Voraussetzung der Teilhabe am Arbeitsleben eingeschränkt sind.

17a Unter „**Erwerbsfähigkeit**" ist die Fähigkeit zu verstehen, den bisherigen Beruf oder eine seiner Eignung, Neigung und bisherigen Tätigkeit angemessenen Erwerbs- oder Berufstätigkeit dauernd auszuüben (BSG Urteil vom 14. März 1979 – 1 RA 43/78 = BSGE 48, 74 = SozR 2200 § 1237a Nr. 6; BayLSG Urteil vom 26. Juli 2005 – L 6 R 684/04 = Breithaupt 2005, 933). Hierbei ist der **unterschiedliche Begriffsgehalt im Sozialrecht** zu beachten: So berührt das Tatbestandsmerkmal der Erwerbsfähigkeit in § 8 Abs. 1 SGB II nicht einen Anspruch auf Leistungen zur Teilhabe am Arbeitsleben nach dem SGB VI oder SGB IX. Es dient allein zur Abgrenzung der Ansprüche nach dem SGB II von den Ansprüchen nach dem SGB XII (BayLSG Urteil vom 26. Juli 2005 a. a. O.).

17b Ein **bestimmter Umfang der Einschränkung** der Erwerbsfähigkeit wird in § 33 **nicht vorausgesetzt**. Die Vorschrift legt vielmehr zugrunde, dass der jeweiligen Beeinträchtigung mit der jeweils angemessenen Maßnahmen begegnet wird.

18 Als Eingliederungsziel wird ausdrücklich die **Erhaltung** der Erwerbsfähigkeit genannt; deshalb steht der Leistungspflicht des Rehabilitationsträgers nicht entgegen, dass der Betroffene einen Arbeitsplatz hat, sofern infolge der Behinderung die individuelle Leistungsfähigkeit beeinträchtigt und deshalb der **konkrete Arbeitsplatz gefährdet** ist (BSG Urteil vom 11. März 1976 – 7 RAr 148/74 = BSGE 41, 241 [246] = SozR 4100 § 57 Nr. 2 = ZfSH 1977, 239). Zur beruflichen Eingliederung gehören deshalb auch Leistungen, die es dem behinderten Menschen ermöglichen, auf seinem Arbeitsplatz zu verbleiben, und die – etwa wegen Verschleißes der finanzierten Hilfsmittel – **wiederholt erforderlich** werden (BSG Urteil vom 20. Juni 1984 – 7 RAr 45/83 = SozR 4100 § 56 Nr. 16 = BehindertenR 1984, 89 „Kraftfahrzeughilfe"; BSG Urteil vom 26. Juli 1994 – 11 RAr 115/93 = SozR 3-4100 § 56 Nr. 15 „orthopädische Sicherheitsschuhe").

19 Im Übrigen ist sowohl bei der Erhaltung als auch der **Wiederherstellung** der Erwerbsfähigkeit auf die **bisherige Tätigkeit** abzustellen. Diese ist nicht identisch mit dem bisherigen Beruf bzw. der zuletzt ausgeübten Tätigkeit; zu berücksichtigen sind insoweit die beruflichen Tätigkeiten in den letzten Jahren, wenn auch nicht aus allzu lange zurückliegender Zeit (BSG Urteil vom 31. Januar 1980 – 11 RA 8/79 = BSGE 49, 263 [267] = SozR 2200 § 1237a Nr. 10; vgl. dazu näher unten Rdnr. 114). Teilhabeleistungen können nicht mit der Begrün-

dung abgelehnt werden, dem behinderten Menschen stünden andere zumutbare Tätigkeiten offen (BSG Urteil vom 14. März 1979 – 1 RA 43/78 = BSGE 48, 74 = SozR 2200 § 1237a Nr. 6).

Das umfassende Ziel der beruflichen Rehabilitation schließt auch die erstmalige **Herstellung** der Erwerbsfähigkeit behinderter Menschen ein, wenn diese bisher noch nicht auf dem Arbeitsmarkt tätig waren. Das betrifft vor allem Jugendliche, für die zunächst Grundausbildungen in Einrichtungen der beruflichen Rehabilitation nach § 35 SGB IX in Betracht kommen. Reicht die individuelle Leistungsfähigkeit nicht für eine vollständige Eingliederung in das Erwerbsleben aus, sind die **beruflichen Fähigkeiten wenigstens** mit dem Ziel einer **Besserung der Erwerbsfähigkeit zu entwickeln** (Neumann [Hrsg.] HB-SGB IX / *Voelzke* § 11 Rdnr. 10). 20

Zu erbringen sind von den Rehabilitationsträgern nur die **erforderlichen Leistungen** zur Beeinflussung der Erwerbstätigkeit. Leistungen sind erforderlich, wenn die Erwerbsfähigkeit durch die Behinderung nicht unerheblich eingeschränkt ist bzw. eine erhebliche Beeinträchtigung der Wettbewerbschancen auf dem Arbeitsmarkt droht und das Eingliederungsziel durch Leistungen zur Teilhabe am Arbeitsleben erreichbar erscheint. Das Merkmal der Erforderlichkeit bringt zum Ausdruck, dass auch die **Wirtschaftlichkeit der Leistungsgewährung** insgesamt nicht außer Betracht bleiben darf (Neumann [Hrsg.] HB-SGB IX / *Voelzke* § 11 Rdnr. 11). 21

3. Leistungsträger

Für Leistungen zur Teilhabe am Arbeitsleben können nach **§ 6 Abs. 1 Nr. 3 und 5 bis 7 SGB IX** zuständig sein: 22
– die Träger der gesetzlichen Unfallversicherung,
– die Träger der Kriegsopferfürsorge im Rahmen des Rechts der sozialen Entschädigung bei Gesundheitsschäden,
– die Träger der gesetzlichen Rentenversicherung,
– die Bundesagentur für Arbeit,
  (bzw. seit 1. 8. 2006 der Träger für Leistungen an erwerbsfähige behinderte Hilfebedürftige i. S. des SGB II (§ 22 Abs. 4 Satz 1 SGB III; § 16 Abs. 1 Satz 3 SGB II),
– die Träger der öffentlichen Jugendhilfe und
– die Träger der Sozialhilfe.

Sind Leistungen dieser Leistungsgruppe erforderlich, empfiehlt sich die **Prüfung der Zuständigkeit in dieser Reihenfolge** (LPK-SGB IX / *Haines* Rdnr. 3). Keine Leistungen zur Teilhabe am Arbeitsleben erbringen die Träger der gesetzlichen Krankenversicherung (vgl. Erl. zu § 6 Rdnr. 13). 23

4. Leistungsanspruch

Die Vorschrift lautet in Abs. 1 ausdrücklich: Die erforderlichen Leistungen „**werden erbracht**" . Demnach steht es **nicht im Ermessen** der Rehabilitationsträger, ob Leistungen zur Teilhabe gewährt werden. Allerdings sind ergänzend zum SGB IX auch die speziellen Regelungen für die Leistungsträger heranzuziehen. 24

Für die Träger der **Unfallversicherung** legt § 26 Abs. 1 SGB VII einen Anspruch auf Gewährung von Teilhabeleistungen fest. Auch aus dem Wortlaut von § 26 Abs. 1 BVG für das **Recht der sozialen Entschädigung** bei Gesundheitsschäden, des § 35a Abs. 1 SGB VIII für die Träger der **Jugendhilfe** und des § 53 Abs. 1 SGB XII für die Träger der Sozialhilfe lässt sich der Anspruchscharakter der Rehabilitationsleistungen ableiten. 25

Scheinbar hiervon abweichend bestimmt § 9 Abs. 2 Satz 1 SGB VI für die gesetzliche **Rentenversicherung**: „Die Leistungen [. . .] können erbracht werden." Die Rechtsprechung des BSG hat aber folgenden Grundsatz entwickelt: Dem Rentenversicherungsträger steht ein 26

Ermessen nur hinsichtlich der Art und des Umfangs der Leistungsgewährung zu. Der Träger ist vom Zweck des Gesetzes her gehalten, sein Ermessen dahin auszuüben, dass die für die Erwerbsfähigkeit des Versicherten günstigste Maßnahme durchgeführt wird, wobei alle Versicherten in gleicher Lage auch in gleicher Weise zu fördern sind. Der Versicherte hat dann gemäß § 39 Abs. 1 Satz 2 SGB I ein Recht auf pflichtgemäße Ermessensentscheidung, jedoch **keinen Anspruch auf eine bestimmte Leistung** (BSG Urteil vom 15. Dezember 1994 – 4 RA 44/93 = SozR 3-5765 § 10 Nr. 3 = DRV 1995, 593). Für die Frage, **ob** überhaupt eine **Leistung zur Teilhabe zu gewähren** ist, besteht hingegen **kein Ermessensspielraum** (vgl. BSG Urteil vom 2. Oktober 1984 – 5b RJ 106/83 = BSGE 57, 157 [161] = SozR 2200 § 1236 Nr. 45; BSG Urteil vom 27. Februar 1991 – 5 RJ 51/90 = BSGE 68, 167 = SozR 3-2200 § 1237 Nr. 1 = NZA 1992, 90). Da die **Rentenleistungen** nicht im Ermessen der Träger liegen, sondern auf sie ein Rechtsanspruch besteht, rücke das gesetzliche Prinzip des Vorrangs der Rehabilitation vor Rente „die **Maßnahmen zur Rehabilitation** trotz ihres Charakters als dem Ermessen des Versicherungsträgers unterliegende Leistungen gleichwohl von ihrer Intention her nahe an die Leistungen heran, auf die der Versicherte einen Rechtsanspruch" habe (BSG Urteil vom 2. Oktober 1984 a. a. O.).

27   Entsprechendes gilt im **Arbeitsförderungsrecht des SGB III**: Bei der Prüfung, ob überhaupt eine Leistung zur Eingliederung zu erbringen ist, wird das Ermessen der Bundesagentur für Arbeit im Regelfall „auf null reduziert" (vgl. Gagel / *Lauterbach* SGB III § 97 Rdnr. 50; *Niesel / devs.* § 97 SGB III Rdnr. 7). Jedenfalls auf die **besonderen Leistungen zur Eingliederung** behinderter Menschen nach § 102 Abs. 1 SGB III besteht ein **Rechtsanspruch**. Diese Leistungen werden aber nur erbracht, soweit nicht bereits durch die allgemeinen Leistungen eine berufliche Eingliederung erreicht werden kann (**§ 98 Abs. 2 SGB III**). Deshalb bleibt der BA hinsichtlich des „Ob" der Gewährung erforderlicher allgemeiner Leistungen kein Ermessensspielraum, wenn mit diesen Leistungen das Eingliederungsziel erreichbar erscheint. Außerdem lässt sich aus Art. 3 Abs. 1 GG das Gebot der gleichmäßigen Förderung durch die Rehabilitationsträger bei bestehendem Förderungsbedarf der Betroffenen ableiten (vgl. zum Ganzen HK-SGB IX / *Bieritz-Harder* Rdnr. 7).

28   Bei **bestehendem Rehabilitationsbedarf** haben behinderte und von Behinderung bedrohte Menschen somit grundsätzlich einen **Anspruch auf Gewährung von Leistungen zur Teilhabe am Arbeitsleben**, sofern die weiteren gesetzlichen Voraussetzungen – namentlich auch in den Spezialgesetzen für die jeweiligen Rehabilitationsträger (z. B. Versicherungszeiten, Vorliegen eines Arbeitsunfalls oder einer Berufskrankheit) – erfüllt sind. Teilhabeleistungen dürfen insgesamt nur abgelehnt werden, wenn überhaupt keine Rehabilitationschancen bestehen bzw. im Einzelfall keine geeigneten und erforderlichen Leistungen ersichtlich sind (BSG Urteil vom 15. Dezember 1994 – 4 RA 44/93 = SozR 3-5765 § 10 Nr. 3 = DRV 1995, 593).

29   Die **Art der Leistung** ist im Rahmen des SGB IX bzw. des jeweiligen Leistungsgesetzes näher zu bestimmen, wobei dem Rehabilitationsträger für die Auswahl und den Umfang sowie die Art und Weise der Leistungserbringung ein **Ermessensspielraum** zustehen kann. Der Betroffene hat dann gemäß § 39 Abs. 1 Satz 2 SGB I ein Recht auf pflichtgemäße Ermessensentscheidung, jedoch keinen Anspruch auf eine bestimmte Leistung (BSG Urteil vom 15. Dezember 1994 a. a. O.).

30   Die Entscheidung ist jedenfalls dann **rechtswidrig**, wenn die gesetzlichen **Grenzen dieses Ermessens überschritten** sind oder von dem Ermessen in einer dem Zweck der Ermächtigung nicht entsprechenden Weise Gebrauch gemacht ist (vgl. § 54 Abs. 2 Satz 2 SGG). Das ist der Fall bei
   – Ermessensnichtgebrauch, d. h. wenn die Behörde ihr Ermessen nicht ausgeübt oder im Bescheid nicht zum Ausdruck gebracht hat,
   – Ermessensunterschreitung, d. h. wenn die Verwaltung ihr Ermessen zu eng eingeschätzt hat,

- Ermessensüberschreitung, d. h. wenn sich die Behörde nicht im Rahmen der ihr vom Gesetz gegebenen Ermächtigung gehalten hat,
- Ermessensfehlgebrauch, d. h. wenn die Behörde von ihrem Ermessen nicht im Sinne des Gesetzes Gebrauch gemacht hat (vgl. Meyer-Ladewig / *Keller* SGG 9. Aufl. 2008, § 54 Rdnr. 27.)

Das **Gericht** darf bei der Ermessensüberprüfung **nicht** sein **eigenes Ermessen an die Stelle des Verwaltungsermessens** setzen. Bei der Überprüfung der eigentlichen Ermessensentscheidung findet nur eine Rechtskontrolle, keine Zweckmäßigkeitsüberprüfung statt. Das Gericht überprüft nur, ob einer der aufgeführten Ermessensfehler vorliegt und ob der Kläger durch den Ermessensfehler beschwert ist (Meyer-Ladewig / *Keller* Rdnr. 28). 31

B) zu Abs. 2
1. Chancengleichheit für behinderte Frauen

Die Vorschrift hebt das Ziel der Chancengleichheit von behinderten Frauen besonders hervor. Sie greift damit die bereits **in § 1 Satz 2 SGB IX genannte Zielsetzung**, den besonderen Bedürfnissen behinderter und von Behinderung bedrohter Frauen Rechnung zu tragen, bezüglich der Leistungen zur Teilhabe am Arbeitsleben auf und präzisiert sie zugleich. Die besonderen Bedürfnisse der behinderten Frauen sollen sowohl **im Vergleich zu nicht behinderten Frauen** als auch **im Vergleich zu behinderten** und von Behinderung bedrohten **Männern** erfüllt werden (vgl. BT-Drucks. 14/5074 S. 107 f.). Insoweit ist ein Ausgleich für typische berufliche Problemsituationen von Frauen erforderlich, die aus familiären Aufgaben und der damit verbundenen Unterbrechung oder Einschränkung der Erwerbsbiografie folgen (Neumann [Hrsg.] HB-SGB IX / *Voelzke* § 11 Rdnr. 12). 32

Vor allem müssen behinderte Frauen gleichwertigen Zugang zu Leistungen zur Teilhabe am Arbeitsleben erhalten, weil vielfach erst durch diese Leistungen ihr beruflicher Einstieg oder Wiedereinstieg ermöglicht wird. Hierfür betont das Gesetz die Notwendigkeit von **Angeboten**, die **in der beruflichen Zielsetzung geeignet, wohnortnah** und auch **in Teilzeit nutzbar** sind. 33

2. Pflicht und Auftrag für Rehabilitationsträger

Die Vorschrift begründet demnach eine Pflicht und einen Auftrag für die Rehabilitationsträger, zur Umsetzung der geforderten Chancengleichheit eine **dezentrale berufliche Rehabilitation** von behinderten Frauen (und Männern) mit Erziehungspflichten zu ermöglichen. Sie ergänzt für den Bereich der beruflichen Rehabilitation die Regelung in § 19 Abs. 2 SGB IX, die den Vorrang ambulanter vor stationär erbrachten Leistungen festlegt: nämlich durch die Verpflichtung der Rehabilitationsträger, für das Vorhandensein solcher ambulanter Angebote möglichst auch in Wohnortnähe zu sorgen. Zugleich konkretisiert die Bestimmung die allgemeine Pflicht der Rehabilitationsträger, unter Beteiligung von Bundesregierung und Landesregierungen darauf hinzuwirken, dass die fachlich und regional erforderlichen Rehabilitationsdienste und -einrichtungen in ausreichender Zahl und Qualität zur Verfügung stehen (vgl. HK-SGB IX / *Bieritz-Harder* Rdnr. 14). 34

3. Betreuungsbedürftigkeit von Kindern der Leistungsberechtigten

Die Angebote haben aber auch behinderten und von Behinderung bedrohten Frauen mit **betreuungsbedürftigen Kindern** Leistungen zur Teilhabe am Arbeitsleben zu ermöglichen. Deshalb müssen sie so gestaltet werden, dass die Versorgung der Kinder sichergestellt werden kann (vgl. BT-Drucks. 14/5074 S. 107). In der Gesetzesbegründung wird zwar hervorgehoben, dass das **gleichermaßen** auf **behinderte Männer** zutreffen kann. Allerdings findet es im Gesetzestext keinen Niederschlag. Die gesetzgeberische Absicht wäre deshalb besser zum Ausdruck gekommen in einer allgemeinen Regelung, dass behinderte Eltern im Rahmen der 35 beruflichen Rehabilitation bei der Erfüllung ihrer Erziehungsaufgabe zu unterstützen sind (Mrozynski Rdnr. 10).

4. Weitere Folgerungen für das Leistungsrecht

36 Die Sicherung der Chancengleichheit behinderter Frauen vor dem Hintergrund von Erwerbsbiografien, die wegen Wahrnehmung von Familienaufgaben unterbrochen wurden, erfordert aber auch **weitere Folgerungen**: Zunächst können im Einzelfall die Voraussetzungen für die Erfüllung der erforderlichen **Beitragszeiten** modifiziert werden (vgl. § 160 Satz 1 Nr. 1, § 161 Abs. 1 Nr. 2 SGB III). Auch dürfen diese familiären Gegebenheiten und ein damit zusammenhängendes vorgerücktes Alter bei der **Prognose der Erfolgsaussichten** einer beruflichen Rehabilitation nicht negativ gewürdigt werden.

37 Weiterhin müssen die **ergänzenden Leistungen des § 44 Abs. 1 Nr. 6 SGB IX** (Betriebs- oder Haushaltshilfe und Kinderbetreuungskosten) einbezogen werden. Schließlich muss im Grundsatz auch die **Dauer der Maßnahmen flexibel** gehandhabt werden. Insbesondere bei in Teilzeit nutzbaren Angeboten muss der Zeitrahmen angepasst werden; für ihn kann nicht die Regeldauer gelten, die in § 37 Abs. 2 SGB IX für Maßnahmen der beruflichen Weiterbildung vorgesehen ist. Bei Doppelbelastung durch weiter bestehende Familien- und Erziehungspflichten ist auch eine mögliche Verlängerung der Maßnahmen nach § 37 Abs. 1, Halbs. 2 bzw. Abs. 2, Halbs. 2 SGB IX zu prüfen (zum Ganzen vgl. HK-SGB IX / *Bieritz-Harder* Rdnr. 16).

C) zu Abs. 3

1. Leistungskatalog

38 Die zur Teilhabe am Arbeitsleben erforderlichen Leistungen zur Eingliederung von behinderten oder von Behinderung bedrohten Menschen sollen **durch die in § 33 aufgeführten Leistungskataloge konkretisiert** werden. Allerdings stehen diese ungeachtet der durch das SGB IX angestrebten Vereinheitlichung des Leistungsrechts unter dem **Vorbehalt abweichender Regelungen** für die einzelnen Rehabilitationsträger nach Maßgabe des § 7 SGB IX. Deshalb müssen auch die Leistungsvorschriften der einzelnen Träger von Leistungen zur Teilhabe am Arbeitsleben beachtet werden.

39 Leistungen nach Abs. 3 haben die Rehabilitationsträger zu erbringen, die grundsätzlich für Leistungen zur Teilhabe am Arbeitsleben **zuständig** sind und deren Leistungsgesetze entweder inhaltlich gleich lautende Regelungen enthalten (§§ 100 ff. SGB III) oder auf § 33 SGB IX verweisen (§ 16 SGB VI, § 35 Abs. 1 SGB VII, § 54 Abs. 1 Satz 1 SGB XII, § 26 Abs. 1 BVG).

40 Der **wichtigste Rehabilitationsträger** ist hierbei die **Bundesagentur für Arbeit**: Sie hat die Leistungen der Arbeitsvermittlung und entsprechenden Beratung sowie des Überbrückungsgeldes allein zu erbringen. Im Übrigen enthält das SGB III nahezu alle Leistungsverpflichtungen, die in § 33 Abs. 3 SGB IX aufgeführt sind (vgl. GK-SGB IX / *Großmann* Rdnr. 32). Für Empfänger der Grundsicherung für Arbeitslose nennt § 16 Abs. 1 Satz 2 SGB II die einschlägigen Leistungsvorschriften des SGB III.

41 Der Leistungskatalog des Abs. 3 ist nach inhaltlichen Kriterien gegliedert. Er ist nicht abschließend; genannt sind die **Standardleistungen zur Teilhabe am Arbeitsleben** (GK-SGB IX / *Großmann* Rdnr. 30). Diese werden durch die Absätze 6 bis 8 weiter ergänzt.

2. Hilfen zur Erlangung oder Erhaltung eines Arbeitsplatzes (Abs. 3 Nr. 1)

a) Leistungsziel und -umfang

42 Die unter dem Oberbegriff „Hilfen zur Erhaltung oder Erlangung eines Arbeitsplatzes" genannten Leistungen zielen darauf, den vorhandenen Arbeitsplatz des behinderten Menschen zu sichern oder ihm ggf. einen neuen Arbeitsplatz zu verschaffen. Dabei haben **Maßnahmen**

zur Erhaltung eines bestehenden Arbeitsverhältnisses grundsätzlich **Vorrang**, weil sie nicht nur kostengünstiger sind, sondern auch die angestrebte Sicherung der Teilhabe am Arbeitsleben unmittelbar erreichen können. Allerdings bemühen sich die Betroffenen vielfach erst um entsprechende Hilfen, wenn der Arbeitsplatz bereits verloren ist (Ernst / Adlhoch / Seel / *Hansen* Rdnr. 16).

Die Hilfen schließen Leistungen zur **Beratung und Vermittlung, Trainingsmaßnahmen** und **Mobilitätshilfen ein**. Näher konkretisiert sind die typischen Hilfen dieser Art im Leistungsrecht des SGB III: Es gewährt Ansprüche auf Beratung und Vermittlung nach §§ 29 ff. SGB III und ermöglicht die besonderen Leistungen für Arbeitnehmer nach §§ 45 ff. SGB III (zur Frage des Rechtsanspruchs eines behinderten Menschen auf Leistungen, die an sich im Ermessen der BA stehen, vgl. oben Rdnr. 27). 43

b) Beratung und Vermittlung

Als Leistung zur **Unterstützung der Beratung und Vermittlung** können Bewerbungskosten für die Erstellung und Versendung von Bewerbungsunterlagen – bisher bis zur Höhe von 260 Euro jährlich – übernommen werden. Auch können Reisekosten in Zusammenhang mit Fahrten zur Berufsberatung, Vermittlung, Eignungsfeststellung und zu Vorstellungsgesprächen gezahlt werden. 44

Dies war bis 31. 12. 2008 in §§ 45 bis 47 SGB III ausdrücklich geregelt. Diese Bestimmungen sind mit Wirkung vom 1. 1. 2009 durch das **„Gesetz zur Neuausrichtung der arbeitsmarktpolitischen Instrumente"** vom 21. Dezember 2008 (BGBl. I S. 2197) entfallen und durch die Regelungen über „vermittlungunterstützende Leistungen" in §§ 45 bis 47 – neu – SGB III ersetzt worden. Diese sehen insbesondere die Förderung aus einem **Vermittlungsbudget** gem. § 45 – neu – SGB III vor sowie **Maßnahmen zur Aktivierung und Eingliederung** gem. § 46 – neu – SGB III und Möglichkeiten der freien Förderung. Persönliche Ansprechpartner und Fallmanager können damit individuelle, auf den Bedarf des jeweiligen Menschen zugeschnittene Unterstützungs- und Förderleistungen gewähren. Aus dem Vermittlungsbudget werden individuelle Hilfen zum (Wieder-)Einstieg in den Beruf gewährt. Das können u. a. **Leistungen wie Kosten für Bewerbungen oder für Fahrten zu Vorstellungsgesprächen** sein (vgl. auch Mitteilung der BA vom 29. Dezember 2008 (http://www.presseportal.de/pm/6776/1327562/ bundesagentur_fuer_arbeit_ba/). 45

Auch wenn somit die bisher maßgebenden Vorschriften des SGB III nicht mehr unmittelbar gelten, können sie doch weiterhin **Anhaltspunkte für Begriffserläuterungen und mögliche Förderungshöhen** bieten. Das gilt insbesondere bis zum Vorliegen weiterer Rechtsvorschriften hierzu, die namentlich aufgrund der Verordnungsermächtigung des § 47 – neu – SGB III zu erlassen sind. Deshalb werden bis auf Weiteres auch die weggefallenen Vorschriften im Rahmen der nachfolgenden Kommentierung im notwendigen Umfang berücksichtigt. 46

c) Trainingsmaßnahmen

Zur Verbesserung der Eingliederungsaussichten können Maßnahmen der Eignungsfeststellung und Trainingsmaßnahmen (bis 31. Dezember 2008: aufgrund von §§ 48 bis 52 a. F., SGB III) gefördert werden. 47

Trainingsmaßnahmen (vgl. § 49 Abs. 2 a. F. SGB III) haben zwei unterschiedliche Zielsetzungen: Zum einen kann hierdurch die **eigenständige Suche** des arbeitslosen oder von Arbeitslosigkeit bedrohten Arbeitssuchenden sowie seine Vermittlung unterstützt werden, namentlich durch **Bewerbungstraining und Beratung** über die Möglichkeiten der Arbeitsplatzsuche; auch kann hierbei die Arbeitsbereitschaft und Arbeitsfähigkeit der Betroffenen geprüft werden (vgl. § 49 Abs. 2 Nr. 1 a. F., SGB III). Nach Nr. 2 der Vorschrift betrug die **Förderungshöchstdauer regelmäßig zwei Wochen**. 48

Zum anderen können in Trainingsmaßnahmen auch arbeitslose oder von Arbeitslosigkeit bedrohte Menschen notwendige **Kenntnisse und Fähigkeiten** erwerben, um **ihre Vermitt-**

lung in Arbeit oder einen erfolgreichen **Abschluss einer beruflichen Aus- oder Weiterbildung** erheblich zu erleichtern (§ 49 Abs. 2 Nr. 2 a. F., SGB III). Hierfür betrug die Förderungsdauer im Regelfall **acht Wochen** (§ 49 Abs. 3 Nr. 3 a. F., SGB III).

49 Der Begriff der Trainingsmaßnahmen umfasst sowohl betriebliche Tätigkeiten (Arbeitserprobung und Probebeschäftigung) als auch schulische Maßnahmen (Lehrgänge, Bewerbungsübungen).

d) Mobilitätshilfen

50 Weiterhin können **Mobilitätshilfen** (bis 31. 12. 2008 nach §§ 53 bis 55 a. F. SGB III) gewährt werden. Sie sollen die regionale und berufliche Beweglichkeit der Arbeitnehmer fördern; gewährt werden sie, wenn **arbeitslose und von Arbeitslosigkeit bedrohte Arbeitssuchende** eine versicherungspflichtige Beschäftigung aufnehmen, sofern die Leistung zur Aufnahme der Beschäftigung notwendig sind. Das ist dann der Fall, wenn ohne die Mobilitätshilfe eine Beschäftigungsaufnahme gefährdet wäre (vgl. § 53 Abs. 1 a. F. SGB III). Auf die zuvor vorgesehene Prüfung, ob der Leistungsberechtigte die erforderlichen Mittel selbst aufbringen kann, hatte der Gesetzgeber schon seit 1. 1. 2003 im Interesse einer Entlastung der Vermittlungs- und Beratungsfachkräfte verzichtet (vgl. BT-Drucks. 15/25 S. 28 f.).

51 Für Teilhabeleistungen können **Mobilitätshilfen** auch erbracht werden, wenn der **behinderte Mensch nicht arbeitslos** ist und durch die Mobilitätshilfen eine dauerhafte Teilhabe am Arbeitsleben erreicht werden kann (§ 101 Abs. 1 SGB III).

52 Die Leistungen werden gewährt für
– den Lebensunterhalt bis zur ersten Arbeitsentgeltzahlung (**Übergangshilfe**), bisher als **Darlehen** in Höhe von bis zu 1000 Euro. Das Darlehen war zwei Monate nach der Auszahlung und grundsätzlich in zehn gleichen Raten zurückzuzahlen. Zahlt der Arbeitgeber einen Vorschuss auf den Arbeitslohn, entfiel der Anspruch auf Übergangshilfe (§ 54 Abs. 1 a. F. SGB III).
– **Arbeitskleidung** und **Arbeitsgerät** (Ausrüstungsbeihilfe) bis zur Höhe von 260 Euro (§ 54 Abs. 2 SGB III).

53 Bei **auswärtiger Arbeitsaufnahme** umfassen die Mobilitätshilfen eine
– **Reisekostenbeihilfe** für die Fahrt zum Antritt einer Arbeitsstelle (bisher bis zur Höhe von 300 Euro (§ 54 Abs. 3 a. F. SGB III). Sie kann auch an Auszubildende für die erste Fahrt zum Ausbildungsplatz gezahlt werden. Die Leistung wird als nicht rückzahlbarer **Zuschuss** gewährt.

Dabei sind – infolge der bisher maßgebenden gesetzlichen Verweisung in Satz 2 der Vorschrift – grundsätzlich berücksichtigungsfähig die bei Benutzung eines regelmäßig verkehrenden **öffentlichen Verkehrsmittels** anfallenden Kosten der niedrigsten Klasse des zweckmäßigsten öffentlichen Verkehrsmittels, wobei mögliche Fahrpreisermäßigungen zu berücksichtigen sind (vgl. § 46 Abs. 2 Satz 2 a. F. SGB III). Bei Benutzung **sonstiger Verkehrsmittel** ist ein Betrag in Höhe der Wegstreckenentschädigung nach § 5 Abs. 1 des **Bundesreisekostengesetzes** berücksichtigungsfähig (vgl. § 46 Abs. 2 Satz 3 a. F. SGB III). Der BA kommt hinsichtlich der Höhe der Fahrtkosten kein Ermessen zu.

Aufgrund dieser bisher zu beachtenden Verweisung sind **nur die reinen Fahrtkosten** erstattungsfähig. Tagegelder und Übernachtungskosten, die in § 46 Abs. 2 Sätze 4 bis 6 a. F. SGB III geregelt waren, werden nicht erstattet (vgl. Gagel / *Winkler* SGB III § 54 Rdnr. 3a).

54 – **Fahrkostenbeihilfe** für **tägliche Fahrten zwischen Wohnung und Arbeitsstelle** bis zur Dauer von sechs Monaten (vgl. § 54 Abs. 4 a. F. SGB III). Die Fahrkosten werden nur gezahlt, soweit sie tatsächlich anfallen, also nicht für Zeiten der Arbeitsunfähigkeit, für Urlaubszeiten und sonstige Arbeitsausfälle. Dennoch können sie nur **für die ersten 6 Monate** der Beschäftigung, nicht für insgesamt 6 Monate erbracht werden (Gagel / *Winkler* SGB III § 54 Rdnr. 5)

Die erstattungsfähige Höhe richtet sich ebenfalls in entsprechender Anwendung nach § 46 Abs. 2 Satz 2 und 3 a. F. SGB III (⌘ SG Dresden Urteil vom 17. Dezember 2007 – S 35 AL 892/06, zit. nach JURIS). Bei längeren Pendelstrecken, die bei Anwendung des Bundesreisekostengesetzes zu unverhältnismäßig hohen Kosten führen, kann nach dem Grundsatz der Wirtschaftlichkeit die Leistung auf die Höhe der Trennungskostenbeihilfe abgesenkt werden (SG Dresden Urteil vom 17. Dezember 2007 a. a. O.; Hauck / Noftz / *Petzold* SGB III § 54 Rdnr. 12; Niesel / *Stratmann* SGB III § 46 Rdnr. 5).

Die Leistung steht **Auszubildenden** nicht zu; sie können Fahrtkostenerstattung nur nach § 67 SGB III mit der Einschränkung gem. § 63 SGB III erhalten (Gagel / *Winkler* a. a. O.)

— **Trennungskostenbeihilfe** bei getrennter Haushaltsführung bisher bis zur Dauer von sechs Monaten und bis zu einem monatlichen Betrag von 260 Euro (§ 54 Abs. 5 a. F. SGB III). Durch diesen Zuschuss soll bei größeren Entfernungen, bei denen ein tägliches Pendeln unzumutbar ist, die Arbeitsaufnahme erleichtert werden. 55

Auch **der Leistungszeitraum** hierfür ist kalendermäßig **auf sechs Monate** begrenzt. Da aber Kosten der getrennten Haushaltsführung, insbesondere die Mietkosten, regelmäßig **auch bei Arbeitsunfähigkeit und in Freistellungszeiten** entstehen, ist die Trennungskostenbeihilfe auch für diese Zeiten zu zahlen. Dauert die Beschäftigung weniger als sechs Monate, wird die Leistung eingestellt. 56

Ob der volle Betrag für insgesamt **6 Monate** zu zahlen ist, steht im Ermessen der BA. Sie kann die Einkommenssituation, aber auch die tatsächlich entstehenden Kosten berücksichtigen, also z. B. eine Unterkunftsmöglichkeit bei Verwandten (Gagel / *Winkler* SGB III § 54 Rdnr. 7) 57

Auszubildenden steht die Leistung nicht zu; sie können stattdessen Kostenerstattung für Familienheimfahrten gem. § 67 SGB III mit der Einschränkung nach § 63 SGB III erhalten.

— **Umzugskostenbeihilfe**, wenn der Umzug **innerhalb von zwei Jahren nach Aufnahme der Beschäftigung** stattfindet (vgl. § 54 Abs. 6 a. F. SGB III). Weitere Voraussetzung ist, dass der Umzug durch die Aufnahme einer Beschäftigung bedingt ist, die außerhalb des nach § 121 Abs. 4 SGB III zumutbaren Tagespendelbereichs liegt. Danach sind unverhältnismäßig lang Pendelzeiten von insgesamt mehr als 2 ½ Stunden bei einer Arbeitszeit von mehr als 6 Stunden und Pendelzeiten von mehr als 2 Stunden bei einer Arbeitszeit von 6 Stunden und weniger (§ 121 Abs. 4 Satz 2 SGB III). Dabei stellt das Gesetz ausdrücklich auf die Pendelzeiten, nicht auf die Entfernungen ab. 58

Als Umzugskosten werden nur die Kosten für die **Beförderung des Umzugsgutes**, also der Wohnungseinrichtung übernommen. Deren Höhe richtet sich § 6 Abs. 3 Satz 1 des Bundesumzugskostengesetzes. Insoweit hat die BA kein Ermessen. Nicht erstattet werden Fahrtkosten der Familienmitglieder. 59

Diese Beihilfe kann **auch an Auszubildende** erbracht werden. Sie wird seit 1. 1. 2003 nicht mehr als Darlehen, sondern als Zuschuss gewährt, weil der Gesetzgeber die regionale Mobilität verstärkt fördern wollte (BT-Drucks. 15/28 S. 29). 60

3. Berufsvorbereitende Leistungen (Abs. 3 Nr. 2)

Maßnahmen der Berufsvorbereitung (vgl. § 61 SGB III) werden erbracht, bevor eine berufliche Aus- oder Weiterbildung begonnen werden kann. Sie sind hinsichtlich ihrer Voraussetzungen und des Leistungsumfangs **selbstständige Leistungen zur Teilhabe am Arbeitsleben**. Es handelt sich nicht etwa um einen unselbstständigen Teil einer Ausbildungsmaßnahme (⌘ BSG Urteil vom 15. Juni 1976 – 7 RAr 143/74 = BSGE 42, 70 = SozR 4100 § 58 Nr. 5). Das gilt auch dann, wenn Berufsvorbereitung und Ausbildung im Rahmen eines Gesamtplanes erbracht werden (GK-SGB IX / *Großmann* Rdnr. 38). 61

Berufsvorbereitende Leistungen sind vor allem **für jüngere behinderte Menschen von Bedeutung**, die nach der Schulentlassung noch nicht ausbildungsreif sind und deshalb vor 62 dem Eintritt in das Berufsleben weitere Förderung benötigen. Hierzu gehört z. B. ein **blindenspezifischer Vorkurs**, der Nachteile infolge der Behinderung ausgleicht und dem Behinderten die erfolgreiche Durchführung einer danach beginnenden Berufsausbildung ermöglicht (vgl. ⚖ BSG Urteil vom 27. April 1989 – 11 RAr 14/87 = SozR 4100 § 56 Nr. 21).

63 Vorrangig sollen diese Maßnahmen auf eine berufliche Ausbildung vorbereiten oder, falls sich diese aufgrund der individuellen Eignung nicht ermöglichen lässt, wenigstens auf eine berufliche Eingliederung (Ernst / Adlhoch / Seel / *Hansen* Rdnr. 21). Jedenfalls ist eine nachfolgende Berufsausbildung nicht das notwendige Ziel der Berufsvorbereitung. Es reicht aus, wenn die Maßnahme **allgemein geeignet** ist, die Eingliederung in das Berufsleben im Sinne einer **gewissen Berufsreife zu fördern**. Deshalb werden auch Maßnahmen erfasst, die auf eine ungelernte Tätigkeit, z. B. im **Arbeitsbereich einer Werkstatt** für behinderte Menschen, hinführen (⚖ BSG Urteil vom 27. Juli 1989 – 11 RAr 45/87 = SozR 4100 § 58 Nr. 18). Hingegen sind Leistungen im **Berufsbildungsbereich** einer WfbM nach § 40 SGB IX außerhalb des § 33 gesondert geregelt und dementsprechend nicht der Berufsvorbereitung zuzurechnen.

64 Der Erwerb **allgemeiner für das Arbeitsleben mittelbar verwertbarer Grundkenntnisse**, z. B. durch Deutschunterricht für Ausländer, Blindenschrift usw. reicht aus. Hingegen sind nicht förderungsfähig Maßnahmen ohne berufliche Bezüge (Neumann [Hrsg.] HB SGB IX / *Voelzke* § 11 Rdnr. 31 m. w. Nachw.).

65 Zur Berufsvorbereitung gehört auch die Erlangung eines bestimmten **Schulabschlusses**, sofern dieser notwendige Voraussetzung für die weitere Ausbildung sein sollte (Hauck / Noftz / *Götze* Rdnr. 18), wobei in § 61 SGB III insbesondere Jugendliche ohne Hauptschulabschluss erwähnt werden. Die Berufsschulpflicht wird durch die Teilnahme an einer Maßnahme der Berufsvorbereitung nicht berührt.

66 Bildungsmaßnahmen, die den Schulgesetzen der Länder unterliegen (z. B. **Berufsvorbereitungsjahr, Berufsgrundbildungsjahr**), können grundsätzlich nicht als Berufsvorbereitung gefördert werden (§ 61 Abs. 1 Nr. 1 SGB III). Für behinderte Menschen gilt diese Einschränkung aber nicht (§ 101 Abs. 5 Satz 4 SGB III).

67 Als spezielle Formen der Berufsvorbereitung sind die wegen einer Behinderung erforderlichen **Grundausbildungen** erwähnt. Hierbei handelt es sich vor allem um Grundausbildungen für sinnesbehinderte Menschen (blindentechnische Grundausbildung, Maßnahmen für spät ertaubte Menschen), die in der Regel einer besonderen Einrichtung für behinderte Menschen vermittelt werden, zumindest aber innerhalb einer sonstigen, auf die besonderen Bedürfnisse behinderter Menschen ausgerichteten Maßnahme. Zwar werden sie in § 102 Abs. 1 Satz 1 SGB III neben den Maßnahmen der Berufsvorbereitung aufgeführt. Dies soll aber nur zum Ausdruck bringen, dass sie eigenständige Maßnahmen sind und die Teilnahme an ihnen besondere Leistungen im Sinne von § 103 SGB III, namentlich Übergangsgeld und Ausbildungsgeld, auslösen kann (Hauck / Noftz / *Großmann* SGB III § 104 Rdnr. 38). Auch die Vermittlung von **Verständigungstechniken für Hörbehinderte** ist als berufsvorbereitende Maßnahme zu fördern, wenn sie geleistet wird aus Anlass und mit dem Ziel, die fehlenden Voraussetzungen für das Durchlaufen einer geregelten Berufsausbildung zu schaffen und inhaltlich in enger Verflechtung mit der Vermittlung beruflichen Wissens steht (⚖ BSG Urteil vom 26. Mai 1976 – 12/7 RAr 69/74 = SozR 4100 § 40 Nr. 8).

4. Leistungen zur beruflichen Anpassung und Weiterbildung (Abs. 3 Nr. 3)

a) Begriff der Weiterbildung

68 Der Begriff der „Weiterbildung" ist seit 1. 1. 1998 einheitlich an die Stelle der im früheren Recht verwendeten Begriffe der „**Fortbildung**" und „**Umschulung**" getreten. Er umfasst nach § 85 Abs. 3 Satz 1 Nrn. 1 bis 3 SGB III sowohl die Festigung der beruflichen Kenntnisse, Fertigkeiten und Fähigkeiten als auch die Vermittlung eines beruflichen Abschlusses und die Befähigung zu einer anderen beruflichen Tätigkeit. Der im früheren Recht enthaltene

Begriff der „Anpassungsfortbildung" findet noch einen Anklang durch die ausdrückliche Erwähnung der „beruflichen Anpassung" in Abs. 3 Nr. 3. Diese ist aber überflüssig, denn Anpassung ist eine Form der Weiterbildung (Ernst / Adlhoch / Seel / *Hansen* Rdnr. 27).

Die Leistung zur Weiterbildung kann auch einen zur Teilnahme erforderlichen schulischen Abschluss einschließen, sofern dieser als Zugangsvoraussetzung für die vorgesehene Weiterbildung unverzichtbar ist. Jedoch besteht **kein Anspruch**, im Rahmen der Weiterbildung einen **bisher fehlenden Schulabschluss nachholen zu können**. 69

b) Allgemeine Voraussetzungen einer Förderung der Weiterbildung

Voraussetzungen einer Förderung der Weiterbildung durch die Bundesagentur für Arbeit sind nach § 77 Abs. 1 Satz 1 SGB III die 70
— Notwendigkeit der Weiterbildung (Nr. 1),
— Beratung des Arbeitgebers seitens der zuständigen Agentur für Arbeit,
— Zulassung von Maßnahme und Träger für die Förderung (Nr. 4 i. V. m. §§ 84 bis 86 SGB III).

Für **behinderte Menschen** sind die **Förderungsvoraussetzungen** durch § 101 f. SGB III **abgemildert** worden (vgl. GK-SGB IX / *Großmann* Rdnr. 52). So kann eine berufliche Weiterbildung auch gefördert werden, wenn behinderte Menschen nicht arbeitslos sind oder als Arbeitnehmer ohne Berufsabschluss noch nicht drei Jahre beruflich tätig gewesen sind oder einer längeren Förderung als nicht behinderte Menschen bzw. der erneuten Förderung bedürfen, um am Arbeitsleben teilzuhaben oder weiter teilzuhaben (§ 101 Abs. 5 Satz 1 Nr. 1 bis 3 SGB III). Weiterbildungskosten können auch übernommen werden, wenn die Vorbeschäftigungszeit nicht erfüllt ist (§ 101 Abs. 5 Satz 3 SGB III). 71

c) Leistungsdauer

Leistungen zur beruflichen Weiterbildung sollen **in der Regel nicht länger als zwei Jahre** dauern (§ 37 Abs. 2 SGB SGB IX). Der Gesetzgeber legt damit zu Grunde, dass eine berufliche Weiterbildung regelmäßig mit einem Abschluss endet, der bei einer betrieblichen Ausbildung nach dem die BBiG bzw. einer Fachschulausbildung erworben wird. Allerdings wird nicht ausgeschlossen, dass eine Weiterbildung auch in Form einer Fachhochschul- oder Hochschulbildung vermittelt werden kann (Ernst / Adlhoch / Seel / *Hansen* Rdnr. 28). 72

Auch bezüglich der Leistungsdauer werden **behinderte Menschen bessergestellt**: Gefördert werden können auch berufliche Weiterbildungen, die im Rahmen des BBiG oder der HwO abweichend von den Ausbildungsordnungen für staatlich anerkannte Ausbildungsberufe oder in Sonderformen für behinderte Menschen (vgl. § 35 SGB IX) durchgeführt werden (§ 101 Abs. 2 Satz 1 SGB III). 73

5. Leistungen zur beruflichen Ausbildung (Abs. 3 Nr. 4)

Berufliche Ausbildung im hier interessierenden Zusammenhang ist die **erstmalige Berufsausbildung**. Als Leistungen zur beruflichen Ausbildung sind demnach nur solche Maßnahmen bewilligungsfähig, die Teil der Ausbildung sind. Ist die Ausbildung abgeschlossen, können nachfolgende Tätigkeiten zwangsläufig keinen Ausbildungscharakter mehr haben; sie sind vielmehr Beschäftigungen im ausgebildeten Beruf (BSG Urteil vom 29. Januar 2008 – B 5a/5 R 20/06 R, zit. nach JURIS). Alle nachfolgenden Ausbildungen sind im förderungsrechtlichen Sinn der Weiterbildung zuzurechnen (BSG Urteil vom 4. Februar 1999 – B 7 AL 12/98 R = SozR 3-4100 § 42 Nr. 4). 74

Im Einzelfall hängt die Abgrenzung zwischen Ausbildung und Weiterbildung von dem **konkreten beruflichen Werdegang** ab (vgl. hierzu eingehend BSG Urteil vom 27. Januar 2005 – B 7a/7 AL 20/04 R = SozR 4-4300 § 77 Nr. 2 = NZS 2006, 104 – „Diätassistentin"). Der erste Besuch einer Bildungsmaßnahme ist arbeitsförderungsrechtlich nicht in jedem 75

Fall eine Ausbildung; ebenso wenig stellt jeder zweite Besuch einer Bildungsmaßnahme eine Weiterbildung dar. Vielmehr stellen § 77 Abs. 2 und Abs. 3 SGB III erkennbar alternativ auf eine **angemessene Berufserfahrung als Grundlage einer Fortbildung** ab (vgl. hierzu 🏛 BSG Urteil vom 30. September 1975 – 7 RAr 96/73 = BSGE 40, 234 = SozR 4100 § 47 Nr. 14 sowie 🏛 BSG Urteil vom 21. Juli 1977 – 7 RAr 135/75 = BSGE 44, 173 = SozR 4100 § 44 Nr. 14). Nach § 77 Abs. 2 SGB III wird die **Notwendigkeit der Weiterbildung** bei Arbeitnehmern **wegen fehlenden Berufsabschlusses anerkannt**, wenn sie

76   1. **nicht über einen Berufsabschluss** verfügen, für den nach bundes- oder landesrechtlichen Vorschriften eine **Ausbildungsdauer von mindestens zwei Jahren** festgelegt ist, oder

77   2. über einen **Berufsabschluss** verfügen, jedoch aufgrund einer **mehr als sechs Jahre ausgeübten Beschäftigung in an- oder ungelernter Tätigkeit** eine entsprechende Beschäftigung voraussichtlich nicht mehr ausüben können.

78   § 77 Abs. 3 SGB III bestimmt, dass Arbeitnehmer ohne Berufsabschluss, die **noch nicht drei Jahre beruflich tätig gewesen** sind, nur gefördert werden können, wenn eine berufliche Ausbildung oder eine berufsvorbereitende Bildungsmaßnahme aus in der Person des Arbeitnehmers liegenden Gründen **nicht möglich oder nicht zumutbar** ist (vgl. zum Ganzen auch 🏛 BSG Urteil vom 27. Januar 2005 a. a. O.).

79   Die Ausbildung kann betrieblich oder außerbetrieblich und auch als schulische Ausbildung (Fach-, Hoch- oder Hochschulausbildung) gefördert werden.

80   Jedoch gilt dies nur **eingeschränkt** für die **Bundesagentur für Arbeit**, die für die berufliche Ersteingliederung behinderter junger Menschen überwiegend zuständig ist. Die Leistungsvoraussetzungen nach § 60 Abs. 1 SGB III, die nach § 99 SGB III grundsätzlich auch für die Förderung behinderter junger Menschen gelten, sehen Förderungsmöglichkeiten nur dann vor, wenn die berufliche Ausbildung in einem nach dem **BBiG**, der **HwO** oder dem Seemannsgesetz **anerkannten staatlichen Ausbildungsberuf** betrieblich oder außerbetrieblich durchgeführt wird und der dafür vorgeschriebene Berufsausbildungsvertrag abgeschlossen ist. Diese Einschränkung **verletzt nicht** den Gleichbehandlungsgrundsatz des **Art. 3 GG**. Nach der Rechtsprechung des BSG ist es sachgerecht, wenn Leistungen für eine berufliche Ausbildung an die Voraussetzung geknüpft sind, dass die Ausbildung nach Maßgabe des BBiG durchgeführt wird (🏛 BSG Urteil vom 23. Mai 1990 – 9b/7 RAr 18/89 und 🏛 Urteil vom 18. August 2005 – B 7a/7 AL 100/04 R, zit. nach JURIS, dort Rdnr. 20).

81   Eine **schulische Ausbildung** kann nur dann durch die BA gefördert werden, wenn sie in einer **Einrichtung der beruflichen Rehabilitation nach § 35 SGB IX** durchgeführt wird (vgl. § 102 Abs. 1 Satz 2 i. V. mit § 99 SGB III). Denn diese gilt als besondere Einrichtung für behinderte Menschen, in welcher Aus- und Weiterbildungen auch außerhalb des BBiG und der HwO gefördert werden. Im Einzelfall müssen jeweils die Voraussetzungen für die Ausführung der Leistung durch eine solche Einrichtung gegeben sein, nämlich Art oder Schwere der Behinderung und Sicherung der Teilhabe am Arbeitsleben.

82   **Ausnahmsweise** kann eine schulische Ausbildung **auch außerhalb einer besonderen Einrichtung** für behinderte Menschen stattfinden, wenn eine geeignete **Ausbildung im Einzelfall nicht auf andere Weise durchführbar** ist. Die Regelung in § 102 Abs. 1 Satz 2 SGB III hat nur klarstellenden Charakter und schließt diese Möglichkeit jedenfalls nicht für den Fall aus, dass ein entsprechendes Angebot für behinderte Menschen nicht vorgehalten wird (🏛 BSG Urteil vom 17. November 2005 – B 11a AL 23/05 R, zit. nach JURIS, dort Rdnr. 22 m. w. Nachw.; Gagel / *Lauterbach* SGB III § 102 Rdnr. 14; Eicher / Schlegel / *Luik* SGB III § 102 Rdnr. 39).

83   Im Übrigen werden **schulische Ausbildungen** nur **nach dem BAföG gefördert**, ggf. ergänzt durch Leistungen des Sozialhilfeträgers nach § 54 Abs. 1 Satz 1 Nr. 2 SGB XII (Ernst / Adlhoch / Seel / *Hansen* Rdnr. 33).

6. Gründungszuschuss (Abs. 3 Nr. 5)
a) Funktion

Als Leistung zur Teilhabe am Arbeitsleben ist auch die Gewährung eines Gründungszuschusses entsprechend der Regelung des § 57 SGB III vorgesehen. Die Leistung **entspricht ihrer Funktion nach dem Übergangsgeld;** sie wird aber erbracht, wenn der behinderte Mensch die Aufnahme einer selbstständigen Tätigkeit anstrebt. Zuständige Leistungsträger sind die Bundesagentur für Arbeit, die Träger der gesetzlichen Unfall- bzw. der gesetzlichen Rentenversicherung sowie der Kriegsopferfürsorge im Rahmen des Rechts der sozialen Entschädigung. 84

Ein Gründungszuschuss wird nicht gezahlt durch die Träger der Sozialhilfe und die Träger der Jugendhilfe, weil sie in der Vorschrift nicht als leistungspflichtige Rehabilitationsträger benannt sind. Der Träger der Jugendhilfe erbringt Leistungen zum Lebensunterhalt nur ausnahmsweise unter den Voraussetzungen des § 39 SGB VIII als Annexleistung. Auch in der Sozialhilfe werden Leistungen zum Lebensunterhalt unabhängig von einem anderweitig bestehenden Bedarf immer nur unter den Voraussetzungen der §§ 27–40 SGB XII erbracht (vgl. Mrozynski Rdnr. 44). 85

b) Anspruchsvoraussetzungen

Einen Rechtsanspruch auf **Gründungszuschuss im Sinne von § 57, 58 SGB III** haben Arbeitnehmer, die durch Aufnahme einer **selbstständigen hauptberuflichen Tätigkeit die Arbeitslosigkeit beenden.** Die Leistung dient zur Sicherung des Lebensunterhalts und zur sozialen Sicherung in der Zeit nach der Existenzgründung. Der Gründungszuschuss fasst die zuvor gewährten Einzelmaßnahmen, nämlich das Überbrückungsgeld und den Existenzgründungszuschuss („Ich-AG"), zu einem einzigen Förderinstrument zusammen. 86

Die Leistung ist durch das „Gesetz zur Fortentwicklung der Grundsicherung für Arbeitsuchende" (vom 20. Juli 2006 – BGBl. I S. 1706) mit Wirkung zum 1. 8. 2006 geschaffen worden und gilt für Förderungen, die ab diesem Zeitpunkt gewährt werden. 87

Unterstützt wird nur, wer auch **tatsächlich arbeitslos** ist. Damit wird ein direkter Übergang aus einem bestehenden Arbeitsverhältnis in die Selbstständigkeit nicht gefördert. Für Eigenkündigungen ohne wichtigen Grund gilt eine dreimonatige Sperrzeit. 88

Antragsteller müssen einen **Anspruch auf Entgeltersatzleistungen nach dem SGB III (Alg I)** haben und bei Aufnahme der Selbstständigkeit muss dieser Anspruch noch mindestens 90 Tage währen (§ 57 Abs. 2 Nr. 2 SGB III). Für Bezieher von Alg II steht als Unterstützung weiterhin ausschließlich das Förderinstrument des Einstiegsgelds gem. § 29 SGB II für maximal 24 Monate nach Ermessen der ARGE bzw. des Jobcenters zur Verfügung. 89

Die aufzunehmende Tätigkeit muss sowohl **selbstständig** als auch **hauptberuflich ausgeübt** werden. Damit werden nur Gründungen gefördert, die einen Arbeitsumfang von mindestens **15 Stunden pro Woche** aufweisen. 90

Die **Tragfähigkeit des Existenzgründungskonzepts** ist durch die positive Stellungnahme einer fachkundigen Stelle zu bescheinigen (z. B. IHK, Kammern, Fachverbände, Kreditinstitute). Darüber hinaus muss der Gründer gegenüber der BA seine persönliche und fachliche Eignung darlegen, damit diese den Zuschuss gewährt. Bei begründeten Zweifeln an den Kenntnissen und Fähigkeiten zur Ausübung der selbstständigen Tätigkeit, kann die BA vom Arbeitnehmer die Teilnahme an Maßnahmen zur Eignungsfeststellung oder zur Vorbereitung der Existenzgründung verlangen (§ 57 Abs. 2 Satz 2 und 3 SGB III). 91

Die Förderung ist **ausgeschlossen**, wenn **bereits früher eine Existenzgründungsförderung** nach dem SGB III gewährt wurde und nach Beendigung dieser Förderung keine 24 Monate vergangen sind. Zudem erlischt der Anspruch ab dem Monat, in dem Gründer das **65. Lebensjahr vollendet** (§ 57 Abs. 5 und 6 SGB III). 92

93 Die **Dauer der Förderung durch den Gründungszuschuss** beträgt maximal **15 Monate** und umfasst zwei Phasen (vgl. § 58 SGB III).
- In den **ersten neun Monaten** erhalten die Existenzgründer zur Sicherung des Lebensunterhalts **einen Zuschuss in der Höhe ihres individuellen zuletzt gewährten Arbeitslosengeldes**. Zusätzlich erhalten sie – statt eines bisherigen prozentualen Aufschlags – eine **Pauschale in Höhe von monatlich 300 Euro**, die für die soziale Absicherung verwendet werden soll. Diese Pauschale soll den Gründern die Möglichkeit geben, sich freiwillig in den gesetzlichen Sozialversicherungen zu versichern. Während dieser ersten Phase besteht ein Rechtsanspruch auf Förderung, sofern die Voraussetzungen erfüllt sind.

94 - In **der zweiten Phase der Förderung** wird dann – nach erneuter Prüfung der hauptberuflichen Geschäftstätigkeit als Ermessensleistung durch die BA – für weitere sechs Monate nur noch die **Pauschale** von monatlich 300 Euro gezahlt. Auf die Förderung der zweiten Phase besteht kein Rechtsanspruch. Voraussetzung ist, dass eine intensive Geschäftstätigkeit vorliegt und dies vom Gründer belegt wird.

95 Wird die **Selbstständigkeit aufgegeben** und tritt wieder Arbeitslosigkeit ein, so mindert sich die Dauer des Restanspruchs auf Arbeitslosengeld um die Anzahl von Tagen, für die der Gründungszuschuss gezahlt wurde. Allerdings besteht die Möglichkeit zur freiwilligen Weiterversicherung in der Arbeitslosenversicherung.

96 Der Gründungszuschuss ist **steuerfrei** (§ 3 Nr. 2 EStG) und unterliegt nicht dem Progressionsvorbehalt.

7. Sonstige Hilfen zur Förderung der Teilhabe am Arbeitsleben (Abs. 3 Nr. 6)

97 Die ausdrückliche Benennung sonstiger Hilfen zur Förderung der Teilhabe am Arbeitsleben in Abs. 3 Nr. 6 stellt eine **Auffangvorschrift** dar. Sie ermöglicht, im Einzelfall auch Leistungen zu gewähren, die in § 33 nicht ausdrücklich vorgesehen, aufgrund eines spezifischen Hilfebedarfs aber erforderlich sind, um behinderten Menschen eine angemessene und geeignete Beschäftigung oder eine selbstständige Tätigkeit zu ermöglichen (Ernst / Adlhoch / Seel / *Hansen* Rdnr. 42). Der Gesetzgeber wollte mit dieser Regelung offenbar zum Ausdruck bringen, dass alle **Möglichkeiten einer beruflichen Eingliederung des behinderten Menschen ausgeschöpft** werden müssen. Die allgemeine Zielsetzung des § 33 SGB IX und die nicht abschließende Aufzählung in den Absätzen 1 und 3 ermöglichen, auch ungewöhnliche Maßnahmen zur Verbesserung der Erwerbsfähigkeit durchzuführen, z. B. durch Gewährung spezifischer, auf die individuelle Behinderung zugeschnittener Mittel sachlicher oder personaler Art (Mrozynski Rdnr. 46 unter Hinw. auf BSG Urteil vom 25. April 1990 – 5 RJ 68/88 = BSGE 67, 1 = NZA 1990, 952 in einem Rentenfall; die Versicherte konnte als Putzhilfe nur unter der Aufsicht ihrer gleichermaßen beschäftigten Mutter arbeiten).

98 Wichtige in Betracht kommende sonstige Hilfen sind im Übrigen auch in Abs. 8 aufgeführt (zu Recht kritisch auch insoweit zur Systematik der Vorschrift GK-SGB IX / *Großmann* Rdnr. 34; Mrozynski Rdnr. 47).

D) zu Abs. 4

1. Vorgaben für die Leistungsauswahl

99 Die Vorschrift des **Abs. 4 Satz 1** legt – in Anlehnung an § 97 Abs. 2 Satz 1 SGB III – die **vier grundlegenden Auswahlkriterien** für Leistungen zur Teilhabe am Arbeitsleben fest: **Eignung, Neigung, bisherige Tätigkeit** sowie Lage und Entwicklung auf dem **Arbeitsmarkt**. Berechtigten Wünschen des Leistungsberechtigten ist dabei nach § 9 Abs. 1 SGB IX zu entsprechen.

100 Unter den vier genannten Auswahlgesichtspunkten gibt es **keine Rangfolge**. Diese sind angemessen zu berücksichtigen. Der Rehabilitationsträger darf also keines der Kriterien für allein ausschlaggebend halten oder ein anderes vernachlässigen. Vielmehr bedarf es einer Abwägung unter der Maßgabe des Abs. 1. Allerdings kann der Neigung eines behinderten

Menschen nicht entsprochen werden, wenn es bereits an seiner Eignung für einen bestimmten Beruf fehlt (Mrozynski Rdnr. 48) oder auf dem Arbeitsmarkt keine Beschäftigungsaussichten bestehen (Ernst / Adlhoch / Seel / *Hansen* Rdnr. 45).

Der Rehabilitationsträger hat den anhand der nachstehenden Merkmale festgestellten Sachverhalt mit dem Antragsteller zu erörtern und mit den bestehenden Förderungsmöglichkeiten abzugleichen. Sodann obliegt es ihm, nach einer Prognose die darauf beruhende Leistungsentscheidung zu treffen. Diese **prognostische Einzelbeurteilung** ist grundsätzlich **von den Sozialgerichten überprüfbar**; insoweit besteht kein Beurteilungsspielraum (BSG Urteil vom 29. Juli 1993 – 11/9b RAr 5/92 = BehindertenR 1995, 23 = SozR 3-4100 § 60 Nr. 1 m. w. Nachw.). Anders ist dies lediglich bei dem Merkmal „Lage und Entwicklung auf dem Arbeitsmarkt" (vgl. hierzu unten Rdnrn. 116 ff.). 101

2. Eignung

Die Beurteilung der Eignung richtet sich nach der **körperlichen, geistigen und seelischen Leistungsfähigkeit** des behinderten Menschen, einen bestimmten Beruf auszuüben, wozu auch die Einschätzung seiner **Belastbarkeit** gehört (Mrozynski Rdnr. 49). Auch charakterliche und soziale Umstände können Berücksichtigung finden (BSG Urteil vom 6. Mai 1975 – 7 RAr 24/73 = BSGE 39, 291 = SozR 4100 § 36 Nr. 5). Deshalb genügt nicht lediglich die Erwartung, das Ausbildungsziel werde erreicht. Nur wenn der behinderte Mensch **auf Dauer beruflich eingegliedert** werden kann, ist er für eine berufsfördernde Leistung auch geeignet (vgl. auch LSG NRW Urteil vom 17. März 2003 – L 9 AL 43/02, zit. nach JURIS; Gagel / *Lauterbach* SGB III § 97 Rdnr. 16). Der Bejahung der Eignung steht nicht entgegen, dass der behinderte Mensch bei der späteren Berufsausübung auf Hilfsmittel angewiesen ist (Neumann [Hrsg.] HB-SGB IX / *Voelzke* § 11 Rdnr. 15). 102

Die Entscheidung, die oft nur als **Prognose** über die künftige Eingliederung des Betroffenen in das Berufsleben möglich ist, muss sich **auf den konkret ausgewählten Beruf** richten (vgl. BSG Urteil vom 3. Juli 1991 – 9b/7 RAr 142/89 = BSGE 69, 128 = NZA 1992, 333; BSG Urteil vom 29. Juli 1993 – 11/9b RAr 5/92 = BehindertenR 1995, 23 = SozR 3-4100 § 60 Nr. 1). Hierfür ist ggf. eine Eignungsabklärung, z. B. durch ein arbeitspsychologisches Gutachten, vorzunehmen oder eine Arbeitserprobung nach Abs. 4 Satz 2 durchzuführen. Der **unbestimmte Rechtsbegriff der Eignung** ist **nach objektiven Kriterien**, nicht jedoch nach den Vorstellungen des behinderten Menschen zu konkretisieren. 103

Besteht die Behinderung in einer **Berufskrankheit**, z. B. der Haut, sind Leistungen der Berufshilfe in solchen Fällen grundsätzlich nur dann zu gewähren, wenn der behinderte Mensch die Ausbildung für ein Berufsspektrum anstrebt, in dem die **gefährdenden Tätigkeiten möglichst vollständig und auf Dauer zu vermeiden** sind. Der behinderte Mensch kann nicht verlangen, zu einem Beruf umgeschult zu werden, in dem er **nur in einem Teil des Berufsfeldes einsatzfähig** ist, wenn für andere Berufe eine solche Einschränkung nicht besteht (BSG Urteil vom 26. August 1992 – 9b RAr 3/91 = BehindertenR 1993, 145 = SozR 3-2200 § 556 Nr. 2; BSG, Urteil vom 28. September 1999 – B 2 U 36/98 R = SozR 3-5670 § 3 Nr. 4; vgl. auch LSG Rheinland-Pfalz Beschluss vom 27. November 2008 – L 2 ER 260/08 R, zit. nach JURIS: Keine Umschulung zum Ergotherapeuten bei eingeschränkter körperlicher Leistungsfähigkeit etwa beim Bücken und Heben). 104

Eine eingeschränkte Eignung bezüglich der Verwendbarkeit im angestrebten Beruf ist deshalb nur dann hinnehmbar, wenn für den behinderten Menschen kein Berufsfeld erreichbar ist, in dem er ohne gesundheitliche Einschränkungen tätig werden kann. 105

3. Neigung

Der Neigung des behinderten Menschen kommt als Auswahlkriterium schon deshalb Bedeutung zu, weil ohne sie eine Erfolg versprechende berufliche Eingliederung kaum zu erwarten ist. Zumindest **erleichtert die Neigung zu einer beruflichen Tätigkeit den Erfolg** 106

der Leistungen sowie der späteren Teilhabe am Arbeitsleben. Hat sich die Neigung zu einem Berufswunsch verdichtet, muss sie im Hinblick auf die in **Art. 12 GG** grundrechtlich verbürgte Freiheit der Berufswahl von der Verwaltung bei der Auslegung des Leistungsrechts besonders gewürdigt werden (BSG Urteil vom 3. Juli 1991 – 9b/7 RAr 142/89 = BSGE 69, 128 [130] = SozR 3-4100 § 56 Nr. 3).

107 Dies bedeutet zwar nicht, dass die Verwaltung einem der Eignung entsprechenden Berufswunsch in jedem Fall entsprechen müsste. Auch ein behinderter Mensch, der auf seine berufliche Rehabilitation einen durch Beiträge erworbenen Anspruch hat, erwirbt diesen Anspruch nur im gesetzlich geregelten Umfang und kann sich **nicht zur Erweiterung dieses Anspruchs auf das Grundrecht des Art. 12 GG berufen**. Denn dieses Grundrecht schützt die Berufsfreiheit grundsätzlich nur gegenüber staatlichen Eingriffen und **begründet allein keine Leistungsansprüche** (LSG Saarland Urteil vom 4. August 2006 – L 7 RJ 22/04, zit. nach JURIS).

108 Aus Art. 12 GG folgt aber, dass der Zugang zu einem gewählten Beruf nicht durch das öffentliche Leistungsrecht erschwert oder wirtschaftlich unmöglich gemacht werden darf und deshalb die gesetzlichen Vorschriften im öffentlichen **Leistungsrecht im Zweifel zu Gunsten der Berufsfreiheit auszulegen** sind (vgl. BSG Urteil vom 3. Juli 1991 a. a. O.). Im Allgemeinen soll das gesetzliche Berufsförderungsrecht nämlich nicht durch öffentliche Mittel berufslenkend wirken, weil nach überwiegender Meinung aus Art. 12 GG ein **Verbot staatlicher Berufslenkung** folgt (vgl. BSG Urteil vom 28. März 1990 – 9b/7 Rar 92/88 = BSGE 66, 275 = SozR 3-4100 § 56 Nr. 1).

109 Soweit dem Staat zur sozialen Sicherung und Vorsorge eine – wenn auch nach dem Umfang verfügbarer Mittel begrenzte – Leistungsverpflichtung zukommt, weil sonst die garantierte Berufswahlfreiheit unterlaufen werden könnte, entspricht diesem staatlichen Leistungsmandat zwar auch eine **Befugnis zur Steuerung**. Diese ist aber **eingeschränkt auf das Setzen bildungs- und arbeitsmarktpolitischer Ziele**. Nach Maßgabe des Grundsatzes der Verhältnismäßigkeit muss jede Lenkungsmaßnahme im Rahmen des Subventionszwecks daher das jeweils mildeste Mittel wählen. Berufspolitische Lenkungsmaßnahmen unterliegen hierbei der strikten Bindung an das Übermaßverbot, woraus folgt, dass **individuelle Ausbildungswünsche in angemessener Form berücksichtigt** werden müssen (BSG Urteil vom 28. März 1990 a. a. O.).

110 Zu berücksichtigen ist auch, dass mit dem in § 33 Abs. 4 Satz 1 SGB IX enthaltenen Begriff der „Neigung" die **selbstbestimmte Berufswahl** zum Tatbestandsmerkmal und damit zu einem **Entscheidungskriterium** wird, das die Verwaltung mit Rücksicht auf Art. 12 GG besonders dann beachten muss, wenn sich die Neigung tatsächlich zu einer entschiedenen Berufswahl verdichtet hat (so BSG Urteil vom 3. Juli 1991 a. a. O.). Dies bedeutet zwar nicht, dass im Bereich der Rehabilitation ein Berufswunsch allein entscheidendes Kriterium für die Leistungspflicht eines öffentlichen Trägers sein müsste; daneben sind nämlich Eignung und vor allem auch das Ziel einer dauerhaften beruflichen Eingliederung zu beachten. Fördermittel dürfen daher nur dort eingesetzt werden, wo der gewünschte Beruf zugleich die Chance des Rehabilitationserfolges eröffnet. Es ist jedoch dem Gesetz an keiner Stelle zu entnehmen, dass die verfassungsrechtlich verbürgte Berufswahlfreiheit über das vom Leistungszweck hinaus gedeckte Maß eingeengt werden soll (LSG Saarland Urteil vom 4. August 2006 a. a. O.).

111 Auch die Betonung der **Wunsch- und Wahlrechte** der Leistungsberechtigten wird bei der Entscheidung über die Leistungen und bei deren Ausführung durch § 9 SGB IX bekräftigt: Der Berufswunsch ist, unabhängig von dem Gesichtspunkt der Erfolgsaussicht der Teilhabeleistung durch bessere Motivation, beachtlich. Gleichwohl kann ihm im Hinblick auf arbeitsmarktpolitische Gesichtspunkte und den zwangsläufig begrenzten Einsatz der Mittel der Versichertengemeinschaft **nicht in jedem Fall Vorrang** eingeräumt werden (Mrozynski Rdnr. 50; Neumann [Hrsg.] HB-SGB IX / *Voelzke* Rdnr. 17).

4. Bisherige Tätigkeit

Mit der Berücksichtigung der bisherigen Tätigkeit soll der **berufliche Status** des behinderten Menschen in die Auswahl der Teilhabeleistung einfließen: Der bisher erreichte Status soll möglichst **gesichert oder verbessert** werden, um einen sozialen Abstieg zu verhindern. Ist die bisherige Tätigkeit für den Eintritt der Behinderung nicht ursächlich geworden, sollte möglichst bei ihr angesetzt werden, um den beruflichen Status des behinderten Menschen zu erhalten (GK-SGB IX / *Großmann* Rdnr. 73 unter Hinweis auf BT-Drucks. 7/2256 S. 3). 112

Zugleich steht die Einbeziehung der bisherigen Tätigkeit aber auch **überzogenen Ansprüchen** an die angestrebte berufliche Qualifikation entgegen (Neumann [Hrsg.] HB-SGB IX / *Voelzke* Rdnr. 19). 113

Die „bisherige Tätigkeit" ist **nicht identisch mit dem bisherigen Beruf** bzw. der zuletzt ausgeübten Tätigkeit; zu berücksichtigen sind insoweit die **beruflichen Tätigkeiten in den letzten Jahren**, wenn auch nicht aus allzu lange zurückliegender Zeit (BSG Urteil vom 31. Januar 1980 – 11 RA 8/79 = BSGE 49, 263 [267] = SozR 2200 § 1237a Nr. 10). Bei der Bewertung einer Tätigkeit kann aber gewürdigt werden, dass sie nur verhältnismäßig kurze Zeit und zudem im Rahmen von letztlich erfolglosen Eingliederungsbemühungen ausgeübt worden ist (BSG, Urteil vom 31. Januar 1980 a. a. O.). Ist die Berufstätigkeit allerdings hinter den Fähigkeiten des behinderten Menschen zurückgeblieben, sollte die Eignung im Rahmen der Abwägung stärker betont werden, um die Folgen der Behinderung besser auszugleichen (Mrozynski Rdnr. 50). 114

Bei der Beurteilung der bisherigen Tätigkeit sind nach der Gesetzesbegründung (BT-Drucks. 14/5074 S. 108) auch die durch die **Betreuung von Kindern** erbrachten Leistungen und erworbenen Erfahrungen und Fähigkeiten zu berücksichtigen. 115

5. Lage und Entwicklung auf dem Arbeitsmarkt

Die gesetzlich vorgeschriebene angemessene Berücksichtigung von Lage und Entwicklung auf dem Arbeitsmarkt bei der Auswahl der Leistung bedeutet: Es muss geprüft werden, ob nach Abschluss der Maßnahme eine **realistische Aussicht auf Vermittlung in Arbeit absehbar** ist. Die anderen zuständigen Rehabilitationsträger können hierfür eine gutachtliche Stellungnahme der Bundesagentur für Arbeit nach § 38 SGB IX anfordern. 116

Bei dieser Prüfung muss auf die **konkreten Eingliederungschancen** auf dem für den behinderten Menschen **tatsächlich zur Verfügung stehenden Arbeitsmarkt** abgestellt werden (Ernst / Adlhoch / Seel / *Hansen* Rdnr. 44). So kann in Betracht kommen, die entsprechende Prüfung auf Teilarbeitsmärkte in Werkstätten für behinderte Menschen zu beschränken (GK-SGB IX / *Großmann* Rdnr. 74). Besteht nach Abschluss der Maßnahme voraussichtlich **keine Aussicht auf eine erfolgreiche Vermittlung** in dem von dem behinderten Menschen angestrebten Beruf, scheidet eine Leistungsgewährung aus (BSG Urteil vom 19. März 1981 – 4 RJ 79/79 = DRV 1981, 328 m. Anm. *Tannen*). 117

Insoweit handelt es sich aber um eine **Prognose**, bei der dem Rehabilitationsträger ein gerichtlich nicht in vollem Umfang nachprüfbarer **Beurteilungsspielraum** zukommt (vgl. BSG Urteil vom 21. Juni 1977 – 7/12/7 RAr 109/75 = BSGE 44, 54 = SozR 4100 § 36 Nr. 16). Die gerichtliche Kontrolle beschränkt sich auf die Prüfung, ob der Rehabilitationsträger die im Zeitpunkt seiner Entscheidung greifbaren Daten zutreffend ermittelt und sich anerkannter, schlüssiger Bewertungsmethoden bedient hat (vgl. BSG Urteil vom 26. September 1990 – 9b/11 RAr 151/88 = BSGE 67, 228 = SozR 3-4100 § 36 Nr. 1). 118

Die Ablehnung einer Leistung zur Teilhabe am Arbeitsleben in Form einer Umschulung bzw. Fortbildung ist fehlerhaft, wenn sie maßgebend darauf abstellt, dass der 45-jährige Versicherte wegen seines Alters keine Chance auf eine Wiedereingliederung habe (LSG Baden-Württemberg Urteil vom 26. Juli 2007 – L 10 R 5394/06 = NZS 2008, 31, allerdings unter Abstellen auf ein „Ermessen" – des Trägers der Rentenversicherung, vgl. oben Rdnr. 26 – bei der Leistungsgewährung). Wörtlich führt der Senat aus: 119

120 „Zwar mag es zutreffen, dass die allgemein im Zeitpunkt **Vermittlungschancen für ältere Arbeitnehmer** der Entscheidung der Beklagten schwierig waren. Nach Auffassung des Senats stellt es jedoch eine unzulässige Vereinfachung der Sichtweise dar, allein hierauf gestützt eine Fortbildung oder Umschulung des damals 45-jährigen Klägers abzulehnen (ebenso 🕮 SG Koblenz Urteil vom 30. August 2005 – S 3 RI 131/04, zit. nach JURIS). Zum einen berücksichtigte die Beklagte bei ihrer Entscheidung nicht hinreichend, dass sich der Arbeitsmarkt – wie die aktuelle Situation auch belegt – verändern kann, dass also **nicht allein der im Zeitpunkt der Entscheidung aktuelle Arbeitsmarkt** für die Prognose zu Grunde zu legen ist. In diesem Zusammenhang, bei der Prüfung der Arbeitsmarktsituation, hätte die Beklagte auch den möglichen Einsatzbereich eines Technikers bzw. Technischen Zeichners berücksichtigen müssen. Stattdessen bezog sie sich nur allgemein auf die schlechten Vermittlungschancen älterer Arbeitnehmer.

121 Zum zweiten berücksichtigte die Beklagte nicht, dass der Kläger bereits eine abgeschlossene **Berufsausbildung** und eine mehrjährige **Berufserfahrung** besitzt, was gegenüber jungen Absolventen der in Rede stehenden Ausbildungen als ein die Wettbewerbsfähigkeit auf dem Arbeitsmarkt erhöhender **Qualifikationsvorteil** zu werten ist. Drittens hat die Beklagte außer Acht gelassen, dass sie mit einer eventuellen Förderung der in Rede stehenden Bildungsmaßnahme nicht notwendig ihre Verpflichtung zur Eingliederung des Klägers erfüllt hätte. Aus § 9 Abs. 1 Satz 1 SGB VI, § 33 Abs. 1 SGB IX ergibt sich vielmehr, dass die **Leistungen zur Teilhabe final ausgerichtet** sind, also die vollständige Rehabilitation des Versicherten zum Ziel haben (KassKomm / *Niesel* § 9 SGB VI Rdnrn. 3 und 4).

122 Wenn also tatsächlich im Zeitpunkt des Abschlusses der Maßnahme Schwierigkeiten bei der Erlangung eines Arbeitsplatzes auftreten würden, wäre die Beklagte gehalten, durch entsprechend **geeignete weitere Maßnahmen wie z. B. Vermittlung** (§ 33 Abs. 3 Nr. 1 SGB IX) oder **Leistungen an Arbeitgeber** (§ 34 SGB IX) die Eingliederungschancen nochmals zu erhöhen. Deshalb können eventuell nach der Umschulung bzw. Fortbildung zu erwartende **Vermittlungsprobleme als solche keine Ablehnung der Maßnahme rechtfertigen**. Schließlich blieb unberücksichtigt, dass das Gesetz vom Regelfall eines bis zum – im Zeitpunkt der Entscheidung der Beklagten – 65. Lebensjahr reichenden Arbeitslebens ausgeht und dem Versicherten grundsätzlich einen Berufswechsel zumutet (🕮 BSG Urteil vom 22. Juni 1971 – 11 RA 279/69 = SozR Nr. 9 zu § 1237 RVO). Eine Altersgrenze hierfür findet sich nirgends.

123 Der Senat sieht sich in seiner Beurteilung durch die aktuelle Entwicklung bestätigt. Mit dem Gesetz zur **Anpassung der Regelaltersgrenze an die demografische Entwicklung** und zur Stärkung der Finanzierungsgrundlagen der gesetzlichen Rentenversicherung (RV-Altersgrenzenanpassungsgesetz – verkündet am 30. April 2007 im BGBl. I, S. 554 ff. –) wird die Altersgrenze für die Regelaltersrente von bisher 65 Jahren auf das 67. Lebensjahr stufenweise angehoben ... Damit hätte der Kläger bei einer im Jahr 2005 begonnenen zweijährigen Umschulung nach Abschluss der Maßnahme noch fast 20 Jahre seines Berufslebens – also weit mehr als ein Drittel – vor sich. Zur Begründung des RV-Altersgrenzenanpassungsgesetzes hat die Bundesregierung u. a. ausgeführt, mit der **langfristigen Anhebung der Altersgrenzen** werde dem drohendem Fachkräftemangel entgegengewirkt und ein Signal an Gesellschaft und Wirtschaft gegeben, dass eine Umorientierung in der Haltung zur Rolle der Älteren in Gesellschaft und Wirtschaft notwendig sei und dass dieser **Umorientierung auch konkrete Verhaltensänderungen** folgen müssten (Näheres hierzu: Köhler-Rama in RV aktuell 2007, S. 138). Diese auch vom Gesetzgeber angenommene Veränderung des Arbeitsmarktes wird derzeit bereits durch die aktuelle Entwicklung bestätigt."

6. Abklärung von Eignung und Arbeitserprobung

124 Verbleiben im Rahmen der Prüfung anhand der in Satz 1 genannten Gesichtspunkte Zweifel hinsichtlich der Auswahl der Leistungen, wird die berufliche Eignung abgeklärt bzw. eine Arbeitserprobung durchgeführt (**Abs. 4 Satz 2 Halbs. 1**). Die eigenständige Regelung dieser

vorbereitenden Maßnahmen hat für den behinderten Menschen den Vorteil, dass sie **bei der Feststellung der Dauer der Teilhabeleistung unberücksichtigt** bleiben; sie werden deshalb nicht auf den Zeitraum angerechnet, den das Gesetz den Betroffenen für die Teilnahme an Maßnahmen zur beruflichen Weiterbildung nach § 37 Abs. 2 SGB IX zubilligt.

Eignungsabklärung und Arbeitserprobung finden in der Regel **in einer Einrichtung für behinderte Menschen über eine Dauer von meistens zwei Wochen** statt (Gagel / *Lauterbach* SGB III § 97 Rdnr. 32). Die Maßnahme kann Elemente beider Instrumente einschließen, weshalb eine begriffliche Trennung weder möglich noch im Hinblick auf die Gesetzessystematik notwendig ist. Die Abklärung der beruflichen Eignung geht über die herkömmliche Bezeichnung „Berufsfindung" hinaus, weil sie **auch Feststellungen zu den Entwicklungsmöglichkeiten des behinderten Menschen im bisherigen Berufsfeld** einschließt. Bei einer Arbeitserprobung wird unter den – nachgestellten – Bedingungen eines Arbeits- oder Ausbildungsplatzes untersucht, ob eine bestimmte berufliche Betätigung zu einer dauerhaften beruflichen Eingliederung des behinderten Menschen führen würde (Neumann [Hrsg.] HB-SGBIX / *Voelzke* § 11 Rdnr. 45). 125

Im Hinblick auf die eigenständige Regelung der vorbereitenden Maßnahmen (vgl. oben Rdnr. 124) bedurfte es auch einer selbstständigen Rechtsgrundlage für die während der Eignungsabklärung bzw. Arbeitserprobung zu erbringenden **finanziellen Leistungen**: Für die Zeit der Maßnahme werden die **Kosten nach Abs. 7** (Unterkunft und Verpflegung, Lehrgangskosten usw.), **Reisekosten** nach § 53 SGB IX sowie **Haushaltshilfe** und **Kinderbetreuungskosten** nach § 54 SGB IX gewährt (**Abs. 4 Satz 2 Halbs. 2**). 126

Laufende **unterhaltsergänzende Leistungen** sind während der Maßnahme, die der eigentlichen Leistungsbewilligung vorausgeht, grundsätzlich **nicht zu gewähren**. Die Zahlung von **Übergangsgeld** ist nach § 45 Abs. 3 SGB IX nur dann möglich, wenn wegen der Teilnahme kein oder nur ein geringeres Arbeitsentgelt oder Arbeitseinkommen erzielt wird. Vorausgesetzt wird somit ein bestehendes Arbeitsverhältnis. Ausgeschlossen ist die Zahlung, wenn der Leistungsberechtigte wegen Arbeitsunfähigkeit oder Arbeitslosigkeit einkommenslos ist oder nur geringeres Arbeitseinkommen bezieht. Hierdurch wird aber kein Anspruch auf Weiterzahlung des Übergangsgeldes nach Abschluss von Leistungen zur medizinischen Rehabilitation gemäß § 51 Abs. 1 SGB IX begründet (Ernst / Adlhoch / Seel / *Hansen* Rdnr. 47). 127

Arbeitslose behinderte Menschen erhalten bei Vorliegen der übrigen Voraussetzungen während der Teilnahme an Eignungsabklärung und Arbeitserprobung **weiterhin Arbeitslosengeld**, da ihre Verfügbarkeit während dieser Zeit aufgrund der ausdrücklichen gesetzlichen Regelung in **§ 120 Abs. 1 SGB III** nicht ausgeschlossen ist. 128

Die Eignungsabklärung bzw. Arbeitserprobung ist nicht zu verwechseln mit der **Belastungserprobung** und **Arbeitstherapie**, die der Feststellung des gesundheitlichen Leistungsvermögens dienen; beides sind Leistungen zur medizinischen Rehabilitation (§ 26 Abs. 2 Nr. 7 SGB IX). 129

E) zu Abs. 5

1. Notwendige Praktika

Die Vorschrift des Abs. 5 stellt klar, dass Leistungen zur Teilhabe am Arbeitsleben im Rahmen einer beruflichen Aus- oder Weiterbildung auch für die Zeiten notwendiger Praktika erbracht werden. 130

Sie betrifft die Förderung von beruflichen Bildungsmaßnahmen, bei denen schulisch orientierte Maßnahmen durch **berufspraktische Teile in Betrieben oder Übungswerkstätten** ergänzt werden. Voraussetzung ist, dass das jeweilige Praktikum durch Ausbildungsplan und eine etwaige Prüfungsordnung („**Vor- bzw. Zwischenpraktikum**") in die Maßnahme integriert ist. 131

132 Nicht erfasst hiervon sind Zeiten einer Beschäftigung, die sich an die berufliche Weiterbildung anschließt und Voraussetzung für die staatliche Anerkennung bzw. Erlaubnis zur Ausübung des Berufs ist („**Anerkennungspraktikum**" bzw. „**Nachpraktikum**"). Denn hierbei handelt es sich regelmäßig um ein ordentliches Beschäftigungsverhältnis, welches Teilhabeleistungen zum Lebensunterhalt ausschließt (Ernst / Adelhoch / Seel / *Hansen* Rdnr. 9; GK-SGB IX / *Großmann* Rdnr. 83 unter Hinw. auf BT-Drucks. 14/5074 S. 108).

133 Deshalb hat ein Arbeitserzieher, der nach Abschluss der vom Rentenversicherungsträger geförderten schulischen Fachausbildung ein Praktikum absolviert, um eine staatliche Anerkennung in seinem Beruf zu erlangen (Anerkennungspraktikum), keinen Anspruch auf Übergangsgeld (BSG Urteil vom 29. Januar 2008 – B 5a/5 R 20/06 R, zit. nach JURIS, in Abgrenzung u. a. zu den BSG-Urteilen vom 15. März 1979 – 11 RA 36/78 = BSGE 48, 92 = SozR 2200 § 1236 Nr. 15 und vom 31. Januar 1980 – 11 RA 8/79 = BSGE 49, 263 = SozR 2200 § 1237a Nr. 10).

134 Die Vorschrift des **§ 89 Abs. 3 SGB III a. F.**, die dies für Leistungen der Bundesagentur für Arbeit ausdrücklich regelte, ist allerdings mit Wirkung vom 1. 1. 2003 **ersatzlos weggefallen** (durch Aufhebung der §§ 88 bis 96 SGB III in Art. 1 Nr. 14 des 1. Gesetzes für moderne Dienstleistungen am Arbeitsmarkt vom 23. Dezember 2002, BGBl. I S. 4607).

F) zu Abs. 6
1. Psychosoziale Leistungen

135 In Abs. 6 wird festgelegt, dass die Leistungen zur Teilhabe am Arbeitsleben auch medizinische, psychologische und pädagogische Hilfen umfassen. Voraussetzung ist, dass eine solche Hilfe im Einzelfall erforderlich ist, um die in Abs. 1 genannten Eingliederungsziele zu erreichen oder zu sichern und Krankheitsfolgen zu vermeiden, zu überwinden, zu mindern oder ihre Verschlimmerung zu verhüten. Eine entsprechende Regelung für die Leistungen zur **medizinischen Rehabilitation** enthält **§ 26 Abs. 3 SGB IX** (vgl. dort Erl. Rdnrn. 54–68). Dass diese psychosozialen Hilfen gegenüber dem Leistungskatalog des § 33 Abs. 3 gesondert aufgeführt werden, folgt daraus, dass sie lediglich **ergänzende und unterstützende Funktion** haben. Deshalb können sie nur gewährt werden, wenn sie integrativer Bestandteil einer Maßnahme sind (Neumann [Hrsg.] HB-SGB IX / *Voelzke* Rdnr. 49 unter Hinw. auf die einschlägigen BA-Dienstanweisung 33.06.1).

a) Hilfen zur Unterstützung bei der Krankheits- und Behinderungsverarbeitung (Nr. 1)

136 Zu den Rehamaßnahmen gehören die Hilfen zur Unterstützung bei der Krankheits- und Behinderungsverarbeitung. Der behinderte Mensch muss als Voraussetzung seiner Eingliederung lernen, die Behinderung zu akzeptieren und mit ihr zu leben. Diesem Ziel dient z. B. die **Erinnerungstherapie** (Lebensrückblick), aber auch die **Bewältigung der Schmerzproblematik**. Gelingt diese nur unzureichend, kann ein Rückzug und soziale Isolation die Folge sein.

137 Die von der Vorschrift genannten Hilfen können vor allem durch fachkundige **Psychologen** bzw. **Sozialpädagogen** erbracht werden (Hauck / Noftz / *Brodkorb* § 26 SGB IX Rdnr. 30).

b) Aktivierung von Selbsthilfepotenzialen (Nr. 2)

138 Die Aktivierung von Selbsthilfepotenzialen soll den behinderten Menschen in die Lage versetzen, sein **Selbstvertrauen** zu stärken, um sich in der Umwelt zu behaupten und ein selbstbestimmtes und von Benachteiligungen möglichst freies Leben in der Gesellschaft zu führen (GK-SGB IX / *Schimanski* § 26 Rdnr. 84). Ermöglicht werden kann dies insbesondere durch **Gespräche mit Betroffenen**, die das gleiche Schicksal teilen, sei es in Einzelgesprächen oder Gesprächskreisen.

c) Einverständliche Information und Beratung Dritter (Nr. 3)

Ist der Betroffene damit einverstanden, können Partner, Angehörige, Vorgesetzte und Arbeitskollegen über die bei ihm vorhandene Behinderung aufgeklärt und auf die durch die Behinderung verursachten körperlichen und psychischen Störungen hingewiesen werden. Das Ziel ist vor allem, bei diesen Personen **Verständnis für die besondere Lage des behinderten Menschen** zu wecken. Das hat besondere Bedeutung bei **psychischen Krankheiten**, die nicht offensichtlich sind, aber sich zuweilen in abnormen und für die Umwelt überraschenden Verhaltensweisen äußern, welche wiederum negative und nicht selten aggressive Reaktionen auslösen können. 139

Die Einbindung von Angehörigen kann aber auch nützlich für die Unterstützung eines angemessenen **Gesundheitsverhaltens** sein oder für das Finden einer **neuen Rollenverteilung**, wenn z. B. die Führung des Haushalts oder die aktive Benutzung eines Kraftfahrzeugs infolge der Behinderung nicht möglich sind (Hauck /Noftz / *Brodkorb* § 26 SGB IX Rdnr. 32). 140

d) Vermittlung von Kontakten zu örtlichen Selbsthilfe- und Beratungsmöglichkeiten (Nr. 4)

Die Vermittlung von Kontakten zu örtlichen Selbsthilfe- und Beratungsmöglichkeiten soll vor allem den **Erfahrungsaustausch** von behinderten Menschen mit gleichen Beeinträchtigungen fördern, weil dieser wesentlich zur seelischen Stabilisierung des Gesundheitszustands beitragen kann (GK-SGB IX / *Schimanski* § 26 Rdnr. 88). 141

e) Hilfen zur seelischen Stabilisierung und zur Förderung der sozialen Kompetenz (Nr. 5)

Die mit der Vorschrift angesprochenen Hilfen zur seelischen Stabilisierung und Förderung der sozialen Kompetenz weisen einen engen Bezug zu den in Nrn. 1 und 2 angesprochenen Hilfen zur Krankheits- bzw. Behinderungsverarbeitung sowie zur Aktivierung von Selbsthilfepotenzialen auf. Durch psychiatrische oder psychologische Therapie und Betreuung sollen die Betroffenen darauf vorbereitet werden, insbesondere **auf Krisensituationen angemessen zu reagieren**. Das setzt den Aufbau einer **selbstsicheren Persönlichkeit** voraus; hierzu gehören vor allem die Förderung der Kontaktfähigkeit sowie das Trainieren von Konfliktlösungen, um die Beziehungen in Familie und Nachbarschaft zu stärken. Als Hilfe für Krisensituationen sind verhaltenstherapeutisch orientierte Gruppenprogramme zur Konfliktbewältigung und zum Training der Selbstsicherheit geeignet (Hauck / Noftz / *Brodkorb* § 26 Rdnr. 34). 142

f) Training lebenspraktischer Fähigkeiten (Nr. 6)

Das lebenspraktische Training soll Funktionen und Fähigkeiten verbessern und erhalten, die eine gewisse **Selbstständigkeit des behinderten Menschen** gewährleisten. Hierzu kann das gezielte Trainieren noch gestörter Körperfunktionen (Gehtraining, Atemübungen) gehören, aber auch das Einüben von Fertigkeiten zur Bewältigung des Alltags (z. B. Hygienemaßnahmen, Nahrungsaufnahme, Ankleiden und Entkleiden usw.). Das Training lebenspraktischer Fähigkeiten stärkt im Allgemeinen auch das Selbstwertgefühl des behinderten Menschen. Von dieser Leistung nicht erfasst wird allerdings die Freizeitgestaltung, z. B. das Erlernen oder Üben des Schachspiels. 143

g) Anleitung und Motivation zur Leistungsinanspruchnahme (Nr. 7)

Nicht wenige behinderte Menschen nehmen ihre **Rechte nicht ausreichend wahr**. Sie weigern sich, ihre Schwerbehinderteneigenschaft feststellen zu lassen oder auch ihnen zustehende Teilhabeleistungen in Anspruch zu nehmen. Dies kann auf **fehlender Information oder Motivation** beruhen, etwa wenn dem behinderten Menschen die Einsicht in den eigenen Behandlungs- und Hilfebedarf fehlt (Hauck / Noftz / *Brodkorb* § 26 Rdnr. 37). Vielfach 144 kommt aber auch die **Angst vor gesellschaftlicher und beruflicher Ausgrenzung** hinzu. Berufstätige schwerbehinderte Menschen versuchen nicht selten, aus Sorge um den Verlust ihres Arbeitsplatzes, berufsbedingte Fehlzeiten möglichst zu vermeiden.

145 Diese Zurückhaltung kann aber zur **Chronifizierung bestehender Erkrankungen** bis hin zu irreparablen Schäden führen. Am Ende steht die Kündigung und Arbeitslosigkeit sowie der Rentenbezug (GK-SGB IX / *Schimanski* § 26 Rdnr. 92).

146 Information und Motivation der schwerbehinderten Menschen soll deshalb dazu beitragen, dass sie möglichst frühzeitig benötigte **präventive Teilhabeleistungen** im Sinne von § 3 SGB IX erhalten.

147 Eine wichtige Aufgabe kommt hierbei den **Vertrauenspersonen** der schwerbehinderten Menschen in Betrieben und Dienststellen zu, die von sich aus bei erkennbarem Rehabilitationsbedarf eines Arbeitnehmers das aufklärende Gespräch mit diesem suchen sollten. Das gilt insbesondere bei vermehrten krankheitsbedingten Fehlzeiten, selbst wenn deswegen noch keine Kündigung droht. Aber auch die gesetzlichen Krankenkassen können arbeitsbedingte Erkrankungen ermitteln und im Zusammenwirken mit den Berufsgenossenschaften gegen deren Ursachen angehen (vgl. § 20 Abs. 1 SGB V).

h) Beteiligung von Integrationsfachdiensten (Nr. 8)

148 Als ergänzende Hilfe wird – insoweit über § 26 Abs. 3 SGB IX hinausgehend – die Beteiligung von Integrationsfachdiensten **im Rahmen ihrer Aufgabenstellung nach § 110 SGB IX** genannt. Diese können durch **Information, Beratung, Begleitung und Unterstützung** bei den Leistungen nach § 33 SGB IX wesentliche Hilfe leisten. Die Beteiligung der Integrationsfachdienste kann sowohl der Unterstützung der Arbeitsvermittlung als auch arbeitsplatzsichernden Maßnahmen (vgl. § 110 Abs. 2 SGB IX) dienen. Deren Einschaltung ist aber davon abhängig, dass es sich um schwerbehinderte Menschen mit einem besonderen Bedarf an arbeits- und berufsbegleitender Betreuung im Sinne von § 109 Abs. 2 und 3 SGB IX handelt; das folgt aus der ausdrücklichen Betonung der Aufgabenstellung der Integrationsfachdienste in Abs. 6 Nr. 8 (ebenso GK-SGB IX / *Großmann* Rdnr. 88; a. A. Ernst / Adlhoch / Seel / *Hansen* Rdnr. 52).

G) zu Abs. 7

1. Leistungsumfang

149 Die Vorschrift des Abs. 7 umschreibt diejenigen Kosten, die vor allem im Zusammenhang mit beruflichen Bildungsmaßnahmen im Sinne des Abs. 3 Nrn. 2 bis 5 vom Rehabilitationsträger zu übernehmen sind. Zum einen handelt es sich um Mehrkosten namentlich durch Unterkunft und Verpflegung, die durch eine ggf. erforderliche auswärtige Unterbringung des behinderten Menschen entstehen (**Nr. 1**). Zum anderen gehören hierzu auch die erforderlichen Kosten, die mit der Ausführung einer Leistung als Bildungsmaßnahme in unmittelbarem Zusammenhang stehen (**Nr. 2**). Zusätzlich werden die mit der Ausführung einer Leistung anfallenden Reisekosten sowie Haushalts- und Kinderbetreuungskosten nach Maßgabe der §§ 53, 54 SGB IX übernommen.

a) Unterkunfts- und Verpflegungskosten (Nr. 1)

150 Nimmt der behinderte Mensch an einer Maßnahme teil, die eine Unterbringung außerhalb des eigenen oder des elterlichen Haushalts erfordert, entsteht ein **Anspruch auf Übernahme von Kosten für Unterkunft und Verpflegung**. Die Notwendigkeit einer auswärtigen Unterbringung ist grundsätzlich dann gegeben, wenn der Ort der Maßnahme von der bisherigen Wohnung aus nicht in angemessener Zeit erreicht werden kann. In besonders gelagerten Einzelfällen kann die Notwendigkeit einer auswärtigen Unterbringung auch dann gegeben sein, wenn die Leistung zwar am Wohnort bzw. im Tagespendelbereich durchgeführt wird, eine Sicherung des Erfolges aber nur dann gewährleistet ist, wenn behinderte Menschen

außerhalb der eigentlichen Unterrichtszeiten in der Einrichtung verbleibt (Ernst / Adlhoch / Seel / *Hansen* Rdnr. 54).

Übernommen werden die **erforderlichen Kosten** für Unterkunft und Verpflegung. Die geltend gemachten Aufwendungen müssen daher unter Wirtschaftlichkeitsgesichtspunkten geprüft werden. Ist die Erforderlichkeit zu bejahen, werden die Kosten für Unterkunft und Verpflegung **in vollem Umfang** übernommen. Wird durch die Teilnahme an einer Bildungsmaßnahme, z. B. während der Dauer eines Praktikums, eine **weitere auswärtige Unterbringung** erforderlich, sind ggf. auch die dafür entstehenden Kosten zu übernehmen, wenn die Aufgabe der zuvor bezogenen Unterkunft im Hinblick auf die Umstände des Einzelfalles nicht vertretbar ist (GK-SGB IX / *Großmann* Rdnr. 100). 151

Mit Ausnahme der Bundesagentur für Arbeit haben **alle Rehabilitationsträger** die notwendigen Kosten für Unterkunft und Verpflegung zu übernehmen. Hingegen leistet die BA nach § 111 SGB III im Rahmen der besonderen Leistungen einen monatlichen Festbetrag von 269 Euro zzgl. der behinderungsbedingten Mehraufwendungen, sofern der behinderte Mensch nicht in einem Wohnheim, Internat, einer besonderen Einrichtung für behinderte Menschen oder beim Auszubildenden untergebracht ist. Im Rahmen der allgemeinen Leistungen orientieren sich bei Maßnahmen der Berufsvorbereitung und Ausbildung die Leistungen für eine auswärtige Unterbringung an den Bedarfssätzen nach dem BAföG (§ 65 Abs. 1 bzw. § 66 Abs. 3 SGB III). Bei Leistungen der Weiterbildung können für Unterkunft bis zu 340 Euro und Verpflegung bis zu 136 Euro monatlich übernommen werden (§ 82 SGB III). 152

b) Kosten der Bildungsmaßnahme (Nr. 2)

Im Rahmen der Förderung von beruflichen Rehabilitationsmaßnahmen muss der Träger auch die erforderlichen Kosten übernehmen, die mit der Ausführung einer Leistung in einem unmittelbaren Zusammenhang stehen. Das Gesetz nennt beispielhaft Lehrgangskosten, Prüfungsgebühren, Lernmittel, Arbeitskleidung und Arbeitsgerät. 153

Lehrgangskosten sind alle Aufwendungen, die für Dienst- und Sachleistungen des Bildungsträgers zu entrichten sind, etwa Aufnahme- oder Teilnahmegebühren, Materialkosten, Dozentenhonorare usw. (Neumann [Hrsg.] HB-SGB IX / *Voelzke* § 11 Rdnr. 57). 154

Prüfungsgebühren kann ein Maßnahmeträger oder eine dritte Stelle für Aufnahme-, Zwischen-, Abschluss- oder Wiederholungsprüfungen erheben. Zwar können nach § 80 Satz 1 SGB III lediglich Gebühren für gesetzlich geregelte und allgemein anerkannte Zwischen- und Abschlussprüfungen übernommen werden. Da aber der Kreis der förderungsfähigen Bildungsmaßnahmen durch § 102 Abs. 1 SGB III für die berufliche Rehabilitation erweitert wird, sind auch Kosten für anderweitige Prüfungen übernahmefähig (GK-SGB IX / *Großmann* Rdnr. 107). 155

Lernmittel ermöglichen oder erleichtern dem Teilnehmer die Aneignung und Bewahrung des Lehrstoffes. Hierzu gehören Sachbücher, Disketten, CD-ROM, Tonbänder, Videos usw. sowie Kleingeräte, z. B. Handwerkszeug. Hingegen fallen Gebrauchsgegenstände des täglichen Lebens wie z. B. Schreibmaterialien auch dann nicht unter den Begriff des Lernmittels, wenn sie im Einzelfall zur Aneignung des Lehrstoffes durch den behinderten Menschen erforderlich sind (Neumann [Hrsg.] HB-SGB IX / *Voelzke* § 11 Rdnr. 57). 156

Auch die erforderlichen Kosten für **Arbeitskleidung** und **Arbeitsgerät** können als spezieller Unterfall der Lernmittel übernommen werden. Zur Arbeitskleidung gehört die typische Schutzkleidung (Helm, Schutzbrillen, Sicherheitsschuhe usw.), die vom Teilnehmer bei einer praktischen Unterweisung oder während einer Praktikumszeit zu tragen sind. 157

H) zu Abs. 8

1. Kraftfahrzeughilfe (Abs. 8 Nr. 1)

a) Regelungsgrundlage

158 Die Kraftfahrzeughilfe kann eine wichtige **Leistung zur Erhaltung oder Erlangung eines Arbeitsplatzes** im Sinne des Abs. 3 Nr. 1 sein; häufig ist sie unverzichtbare Bedingung für die Aufnahme oder Fortsetzung einer Arbeitstätigkeit. Ihre Voraussetzungen sowie die Art und der Umfang der Leistungserbringung sind geregelt in der Verordnung über Kraftfahrzeughilfe zur beruflichen Rehabilitation (**Kraftfahrzeughilfe-Verordnung-KfzHV**) vom 29. September 1987 (BGBl. I S. 2251, zuletzt geändert durch Art. 117 des Gesetzes vom 23. Dezember 2003 BGBl. I S. 2848). Sie gilt für die in § 1 KfzHV genannten **Träger der beruflichen Rehabilitation**, nämlich die Bundesagentur für Arbeit, die Träger der gesetzlichen Unfall- und der gesetzlichen Rentenversicherung, die Träger der Kriegsopferfürsorge sowie für die Träger der begleitenden Hilfe im Arbeits- und Berufsleben. Bei ihrer Anwendung müssen aber ggf. die spezifischen Anforderungen des jeweiligen Leistungsbereichs beachtet werden (BSG Urteil vom 29. Juli 1993 – 11/9b RAr 27/92 = SozR 3-4100 § 56 Nr. 10). Nicht einbezogen ist die Eingliederungshilfe für Behinderte nach dem SGB XII.

159 Durch die KfzHV wurden die in den Vorschriften der jeweiligen Rehabilitationsträger zuvor sehr unterschiedlich geregelten **Leistungen der Kfz-Hilfe** zur beruflichen Rehabilitation **vereinheitlicht**. Hierdurch sollte der seit Langem erhobenen Forderung nach einer „Harmonisierung der zersplitterten Leistungen der Kfz-Hilfe zur beruflichen Rehabilitation" nachgekommen werden (vgl. RegE zur KfzHV BR-Drucks. 266/87 S. 11). Nachdem der Versuch, dieses Ergebnis durch eine Gesamtvereinbarung der Rehabilitationsträger zu erreichen, gescheitert war, hat die Bundesregierung u. a. auf der Grundlage der Ermächtigung in § 9 Abs. 2 RehaAnglG die Rechtsverordnung erlassen (BR-Drucks. 266/87 a. a. O.). Ihr Anwendungsbereich ist ausdrücklich auf den Bereich der Kfz-Hilfen zur beruflichen Rehabilitation beschränkt. Leistungen zur medizinischen und zur allgemeinen sozialen Rehabilitation, insbesondere die Mobilitäts- und Kommunikationshilfen nach § 28 Abs. 1 Nr. 2 Kriegsopferfürsorge-Verordnung, werden von ihr nicht erfasst (vgl. BR-Drucks. 266/87 S. 14).

b) Leistungsarten

160 Die Kraftfahrzeughilfe erstreckt sich auf Leistungen zur **Beschaffung** eines Kraftfahrzeugs, **behinderungsbedingte Zusatzausstattung** sowie zur Erlangung einer **Fahrerlaubnis** (§ 2 Abs. 1 KfzHV). Unter Beschaffung ist auch die Ersatzbeschaffung zu verstehen.

161 Allerdings wird der Anspruch auf **Hilfen zur erneuten Beschaffung** nicht bereits durch Ablauf der Fünf-Jahres-Frist für die Nutzungsdauer nach § 6 Abs. 4 KfzHV begründet. Er ist vielmehr abhängig vom Vorliegen der Voraussetzungen wie bei der vorhergehenden Förderung. Ist mit dem seinerzeit geförderten Fahrzeug weiterhin der Leistungszweck sichergestellt, kommen Hilfen zur Beschaffung eines Kraftfahrzeugs nicht in Betracht. Auch private Belange wie etwa familiäre Veränderungen bleiben bei der Prüfung des erneuten Bedarfs für die Kraftfahrzeughilfe unberücksichtigt (BSG Urteil vom 26. August 1992 – 9b RAr 1/92 = SozR 3-4100 § 56 Nr. 8 = SozSich 1994, 36).

162 Die **Beschaffung von Gebrauchtfahrzeugen** ist – bei Vorliegen der sonstigen Förderungsvoraussetzungen nach § 4 Abs. 3 KfzHv – dann möglich, wenn der Verkehrswert mindestens 50% des seinerzeitigen Neuwagenwerts beträgt. Die Ermittlung des **Verkehrswerts** eines Altwagens nach der sog. Schwacke-Liste gewährleistet eine Gleichbehandlung aller Versicherten und stellt gleichzeitig sicher, dass die Entscheidung anhand eines objektiven, jederzeit nachprüfbaren Maßstabs getroffen wird (LSG NRW Urteil vom 24. Februar 2000 – L 17 U 207/97 = HVBG-INFO 2001, 1428; LSG Baden-Württemberg Urteil vom 27. Januar 1998 – L 1 RA 2589/96 = HVBG-INFO 1998, 1036). Allerdings ist zu beachten, dass die Schwacke-Liste sowohl den Neupreis als auch den Händlerverkaufspreis für den Gebrauchtwagen jeweils einschließlich Umsatzsteuer enthält. Diese muss bei dem nach § 4 Abs. 3

Leistungen zur Teilhabe am Arbeitsleben § 33

KfzHV vorzunehmenden Vergleich unbeachtet bleiben (⊕ SG Berlin Urteil vom 11. Juli 2005 – S 13 RA 2575/03, zit. nach JURIS).

Als **Verkehrswert** eines Gebrauchtwagens i. S. von § 4 Abs. 3 KfzHV ist wenigstens der Mittelwert zwischen dem Händlereinkaufspreis und dem Händlerverkaufspreis anzunehmen, wenn der Händlereinkaufspreis mehr als 10% unter dem Händlerverkaufspreis liegt (⊕ LSG Baden-Württemberg Urteil vom 27. Januar 1998 a. a. O.). 163

Da eine mindestens fünfjährige Nutzungsdauer sichergestellt werden soll (vgl. § 6 Abs. 4 KfzHV), können im Rahmen der Ermessensausübung Hilfen zur Beschaffung eines Gebrauchtwagens davon abhängig gemacht werden, dass der technische Zustand des Fahrzeugs eine **mindestens fünfjährige Nutzungsdauer** erwarten lässt (Ernst / Adlhoch / Seel / *Hansen* Rdnr. 65). 164

Nicht vorgesehen sind hingegen Leistungen für die **Betriebskosten** eines Fahrzeugs; sie können grundsätzlich auch nicht im Rahmen der Härtefallregelung nach § 9 KfzHV übernommen werden (⊕ BSG Urteil vom 29. Juli 1993 – 11/9b RAr 27/92 = SozR 3-4100 § 56 Nr. 10). 165

c) Persönliche Voraussetzungen für Kraftfahrzeughilfe

Persönliche Voraussetzung für die Leistungen der Kraftfahrzeughilfe ist, dass der behinderte Mensch **nicht nur vorübergehend auf die Benutzung eines Kraftfahrzeugs angewiesen** ist, um den Arbeits- oder Ausbildungsort oder den Ort in einer sonstigen Leistung der beruflichen Bildung zu erreichen (§ 3 Abs. 1 Nr. 1 KfzHV). Hierfür genügt es, dass der Betroffene allein wegen der bei ihm bestehenden körperlichen Behinderungen und damit unabhängig von etwaigen weiteren Hindernissen zur Erreichung der Arbeitsstelle auf ein Kraftfahrzeug angewiesen ist (⊕ LSG Schleswig-Holstein Urteil vom 3. November 1999 – L 7 RJ 47/98, zit. nach JURIS). Ob diese Voraussetzung vorliegt, beurteilt sich nach den konkreten Umständen des Einzelfalles. Hierfür ist das **Merkzeichen „G"** im Ausweis für schwerbehinderte Menschen in der Regel als Nachweis ausreichend (⊕ BSG Urteil vom 21. März 2001 – B 5 RJ 8/00 R = BehindertenR 2002, 26 = SozSich 2002, 105). Dieser Personenkreis ist von Kfz-Hilfe erst ausgeschlossen, wenn im Einzelfall andere zumutbare Transportmöglichkeiten tatsächlich bestehen (⊕ BSG Urteil vom 26. August 1992 – 9b RAr 14/91 = BehindertenR 1993, 21 = SozR 3-5765 § 3 Nr. 1). 166

Ist die Notwendigkeit zur Benutzung eines Kraftfahrzeugs **ausschließlich auf andere als behinderungsbedingte Gründe** zurückzuführen (z. B. ungünstige öffentliche Verkehrsverbindungen oder Arbeitszeiten), liegen die Leistungsvoraussetzungen nach der KfzHV nicht vor (Ernst / Adlhoch / Seel / *Hansen* Rdnr. 58). 167

Die Hilfe zur Beschaffung eines Kfz kommt nur in Betracht, wenn der behinderte Mensch **nicht bereits über ein behindertengerechtes Fahrzeug verfügt** (§ 4 KfzHV). Geeignet nach § 4 Abs. 2 KfzHV ist ein Kraftfahrzeug, das nach Größe und Ausstattung den Anforderungen entspricht, die sich im Einzelfall aus der Behinderung ergeben. Außerdem muss die weitere Benutzung dieses Kraftfahrzeuges zumutbar sein. Das mag nicht mehr der Fall sein, wenn sich der Kraftwagen in einem schlechten **technischen Zustand** befindet, sei es durch Verschleiß, sei es durch Unfallschäden oder wenn beispielsweise durch einen Berufswechsel nunmehr Langstreckenfahrten erforderlich werden, sodass die **Benutzung eines Kleinwagens nicht mehr zumutbar** erschiene (⊕ BSG Urteil vom 26. August 1992 – 9b RAr 1/92 = SozR 3-4100 § 56 Nr. 8). 168

d) Förderungshöhe

Die Beschaffung eines Kraftfahrzeugs wird – **einkommensabhängig** nach § 6 KfzHV – grundsätzlich **bis zu** einem Betrag von **9500 Euro** gefördert; hierbei bleiben die Aufwendungen für eine behinderungsbedingte Zusatzausstattung unberücksichtigt. Nach der Begründung zum RegE der KfzHV (BR-Drucks. 266/87 S. 19) orientiert sich dieser Bemessungsbetrag an einem Fahrzeug der unteren Mittelklasse und ist deshalb dann zu Grunde zu legen, 169 wenn der Leistungszweck mit einem Fahrzeug dieser Größenordnung erreicht werden kann. Größe und Kaufpreis des beschafften Fahrzeugs sind unerheblich, sofern sichergestellt ist, dass mit dem Kraftfahrzeug der Leistungszweck erreicht wird (Ernst / Adlhoch / Seel / *Hansen* Rdnr. 60).

170 Der Bemessungsbetrag darf nach § 5 Abs. 2 KfzHV nur dann **überschritten** werden, wenn **Art oder Schwere der Behinderung** ein Kraftfahrzeug mit einem höheren Kaufpreis zwingend erfordern (z. B. für einen Kleintransporter zur Beförderung eines Elektrorollstuhlfahrers).

171 Nach § 5 Abs. 3 Regelung 2 KfzHV ist „der Verkehrswert eines Altwagens" von dem Höchstbetrag abzusetzen. Grundsätzlich darf der Leistungsträger im Rahmen der Kfz-Hilfe bei der Festsetzung des Zuschusses zu den Anschaffungskosten für einen Neuwagen den in Abzug zu bringenden **Verkehrswert des Altwagens** nach der sog. **Schwacke-Liste** ermitteln (BSG Urteil vom 31. März 2004 – B 4 RA 8/03 R = BehindertenR 2005, 141 = SozR 4-5765 § 5 Nr. 1; zur Bedeutung der Liste vgl. schon oben Rdnr. 162).

172 Die Hilfe zur Beschaffung eines Kraftfahrzeugs wird grundsätzlich **als Zuschuss** gewährt (§ 5 Abs. 1 KfzHV). Für die Berechnung des Zuschussbetrags sind sowohl das Einkommen des behinderten Menschen als auch seine Unterhaltspflichten für Familienangehörige zu berücksichtigen (§ 5 Abs. 1 und 3 KfzHV).

173 Eine Gewährung **als Darlehen** ist nur im Rahmen der Härtefallregelung nach § 9 Abs. 2 KfzHV möglich.

e) Zusatzausstattung

174 Die **notwendige Zusatzausstattung** wird dem behinderten Menschen kostenlos zur Verfügung gestellt (§ 7 KfzHV). Der Rehabilitationsträger darf aber nur die Kosten einer, gemessen an der Erfüllung seiner Rehabilitationsaufgabe, **objektiv notwendigen behinderungsbedingten Zusatzausstattung** übernehmen.

175 Was behinderungsbedingt im Sinne von § 7 Abs. 1 KfzHV erforderlich ist, ist unter Berücksichtigung des mit der KfzHV verfolgten Rehabilitationszwecks zu ermitteln. Dieser geht ausweislich § 3 Abs. 1 KfzHV i. V. m. § 9 Abs. 1 Satz 1 SGB VI a. F. dahin, dem behinderten Versicherten die Erreichung seines Arbeits- oder Ausbildungsortes oder des Ortes einer sonstigen Maßnahme der beruflichen Bildung zu ermöglichen, um solchermaßen seine Erwerbsfähigkeit zu erhalten bzw. wiederherzustellen (BSG Urteil vom 21. März 2006 – B 5 RJ 9/04 R = BehindertenR 2007, 108 = SozR 4-5765 § 7 Nr. 1).

176 Unter Zugrundelegung dieses Zwecks und insbesondere in Anbetracht der Bedeutung des Begriffs „erforderlich" können solche Ausstattungen nicht als **behinderungsbedingt erforderlich** anerkannt werden, die lediglich für den Behinderten empfehlenswert sind, weil sie ihm z. B. die Benutzung eines Kfz erleichtern, auf die er aber für die Benutzung nicht zwingend angewiesen ist, wie etwa **Klimaanlage, Zentralverriegelung und Dachreling**. Behinderungsbedingt erforderlich sind vielmehr nur solche Ausstattungen, die für den Behinderten **objektiv unverzichtbar** sind, um trotz der Behinderung das Kfz führen und damit seinen Arbeitsplatz erreichen zu können (BSG Urteil vom 21. März 2006 a. a. O.). Hierzu können elektrischer Fensterheber vorne rechts, Heckscheibenwaschanlage, Servolenkung, elektrisch verstellbarer Außenspiegel rechts und Automatikgetriebe gehören (BSG Urteil vom 21. März 2006 a. a. O.), ferner ein Bremskraftverstärker, eine von Hand bedienbare Betriebsbremse, festeinstellbares Handgas, Anbringung der Außenspiegel rechts und links im Sichtbereich der Windschutzscheibe, Standheizung oder ein verstell- und schwenkbarer Sitz.

177 Kraftfahrzeughilfe für Zusatzausstattungen ist aber nur für solche Ausstattungselemente zu gewähren, die **nicht als Teil der Serienausstattung** im Grundpreis des Fahrzeugmodells enthalten sind und daher mit zusätzlichem Aufwand angeschafft werden müssen (BSG Urteil vom 29. September 1993 – 9 RV 12/93 = BSGE 73, 142 = SozR 3-3100 § 11 Nr. 1

und ⚖ Urteil vom 21. März 2006 a. a. O., auch mit näheren Hinweisen zur Schätzung und Abgrenzung der Zusatzausstattung bei Gebrauchtwagen).

Die anzuschaffende Kfz-Zusatzausstattung muss zur Förderung des Rehabilitationszweckes **178** auch erforderlich sein, ferner den besonderen Umständen des Einzelfalles angemessen sowie **wirtschaftlich** und – im Fall der Erstattung durch den Rentenversicherungsträger unter Beachtung des Grundsatzes der Gleichheit der Versicherten bei der Mittelverwendung – **sparsam** sein. Wenn und soweit eine vom Versicherten zur Anschaffung vorgesehene Zusatzausstattung diesen Anforderungen nicht genügt, ist eine Kostenübernahme nach § 7 Satz 1 KfzHV ausgeschlossen (⚖ BSG Urteil vom 16. November 1993 – 4 RA 22/93 = SozR 3-5765 § 10 Nr. 1 = Breithaupt 1994, 567).

Die Ablehnung der Übernahme der Kosten einer behinderungsbedingten **Zusatzausstat-** **179** **tung bei einem gebrauchten Pkw**, dessen Verkehrswert im Zeitpunkt der Anschaffung nicht mehr als 50% des seinerzeitigen Neupreises beträgt, ist ermessensgerecht (⚖ LSG NRW Urteil vom 10. Juni 1998 – L 17 U 207/97 = HVBG-INFO 1999, 454).

Zu fördern sind auch die Aufwendungen, die dem behinderten Menschen im Zusammen- **180** hang mit der **Umrüstung des Fahrzeugs in einem speziellen Fachbetrieb** erwachsen, z. B. Reisekosten anlässlich der Anpassung bzw. der Abholung des Fahrzeuges (Ernst / Adlhoch / Seel / *Hansen* Rdnr. 66). Ferner sind die **Reparaturkosten für die Zusatzausstattung** in voller Höhe zu übernehmen (Neumann [Hrsg.] HB-SGB IX / *Voelzke* Rdnr. 67; ebenso die Wartungskosten (⚖ VG Osnabrück Urteil vom 23. Januar 2008 – 6 A 195/06, zit. nach JURIS; vgl. dazu auch unten Rdnr. 195).

Technische Überprüfungen im Sinne von § 7 Satz 1 KfzHV sind **nicht nur normativ** vorge- **181** schriebene Überprüfungen wie zum Beispiel TÜV-Untersuchungen. Zu den technischen Überprüfungen im Sinne der Vorschrift gehören auch solche Inspektionen, die nach den Wartungsvorschriften von Herstellern von eingebauten Komponenten der behinderungsbedingten Zusatzeinrichtungen **aus technischen Gründen gefordert** werden, um die Funktionsfähigkeit der betreffenden Teile sicherzustellen (⚖ Saarländ. OVG Urteil vom 17. März 2006 – 3 R 10/05, zit. nach JURIS). Da die Leistungen der Kraftfahrzeughilfe auf die Deckung des behinderungsbedingten unabweisbaren Bedarfs beschränkt sind, sollen unter den Begriff der technischen Überprüfungen im Sinne von § 7 Satz 1 KfzHV nach Ansicht des Saarländ. OVG a. a. O. hingegen nicht solche Inspektionen fallen, die der behinderte Mensch für geboten hält, um dem Ausfall von Teilen der behinderungsbedingten Zusatzausstattung vorzubeugen. Das soll auch dann gelten, wenn solche Inspektionen nach den Gegebenheiten des Einzelfalles sinnvoll und zweckmäßig erscheinen.

Die in § 4 Abs. 3 KfzHV vorgesehene **Prüfung der Wirtschaftlichkeit** bei Beschaffung eines **182** Gebrauchtwagens ist auch im Rahmen des § 7 KfzHV bei einer **behinderungsbedingten Zusatzausstattung** vorzunehmen. Dabei ist zu prüfen, ob die anzuschaffende Kfz-Zusatzausstattung nicht nur objektiv im Wesentlichen behinderungsbedingt, sondern zur Förderung des Rehabilitationszweckes auch erforderlich, ferner den besonderen Umständen des Einzelfalles angemessen sowie wirtschaftlich und – unter Beachtung des Grundsatzes der Gleichheit der Versicherten bei der Mittelverwendung – sparsam ist.

Der behinderte Mensch hat keinen Anspruch auf Übernahme der Kosten für ein Automatik- **183** getriebe und den Umbau der Gaspedalanlage für ein neues Fahrzeug im Rahmen der Kraftfahrzeughilfe, wenn ihm die **weitere Nutzung seines Fahrzeuges** mit einem Alter von sieben Jahren und einer Laufleistung von 50 000 km **zumutbar** ist. Der Versicherte kann sich insoweit nicht auf die in 13.2 der Kfz-Hilfe-Richtlinie der Verbände der Unfallversicherungsträger geregelte Fünfjahresfrist berufen (⚖ SG Osnabrück Urteil vom 26. Oktober 2006 – S 5 U 282/03, zit. nach JURIS).

f) Kosten der Fahrerlaubnis

184 Die **Kosten einer Fahrerlaubnis** werden nach § 8 Abs. 1 KfzHV einkommensabhängig ganz oder teilweise übernommen. Dazu zählen auch die Aufwendungen für eine auswärtige Unterbringung, wenn der Fahrunterricht nur in einer besonderen Behindertenfahrschule möglich ist (Ernst / Adlhoch / Seel / *Hansen* Rdnr. 67). Kosten für behinderungsbedingte Untersuchungen, Ergänzungsprüfungen und Eintragungen in vorhandene Führerscheine werden nach § 8 Abs. 2 KfzHV in vollem Umfang übernommen; das gilt selbst dann, wenn wegen des Einkommens des behinderten Menschen keine anderweitigen Leistungen zur Erlangung der Fahrerlaubnis erbracht werden.

185 Die Verpflichtung zur weiteren **Finanzierung einer begonnenen Fahrausbildung** hat freilich **Grenzen**: Absolviert der an einer infantilen spastischen Zerebralparese mit besonderer Betroffenheit beider Beine leidende behinderte Mensch 163 Fahrstunden, ohne im Anschluss hieran die praktische Fahrerlaubnisprüfung zu bestehen, so lässt sich aus diesem **vierfach höheren Ausbildungsaufwand** im Vergleich zu einem gesundheitlich unbeeinträchtigten Fahrschüler schließen, dass neben den durch den Umbau des Fahrzeugs kompensierten körperlichen Leistungseinbußen **weitere Leistungseinbußen** vorliegen oder zumindest vorliegen könnten, welche die Reaktionsfähigkeit, den Aufmerksamkeitsumfang, die Anpassungs- und die Umstellungsfähigkeit beeinträchtigen (LSG NRW Urteil vom 30. Mai 2007 – L 12 AL 45/06).

186 Lassen sich diese Zweifel an der Fähigkeit des Antragstellers, entsprechend § 3 Abs. 1 Nr. 2 KfzHV trotz Behinderung ein Kraftfahrzeug zu führen, aufgrund seiner Weigerung, sich einer Begutachtung zu unterziehen, nicht ausräumen, so ist eine weitere Förderung der Fahrausbildung nicht angezeigt (LSG NRW Urteil vom 30. Mai 2007 a. a. O.).

187 Förderungsfähig sind auch die Kosten der Erlangung einer **Fahrerlaubnis für eine dritte Person**, die das Fahrzeug für den behinderten Menschen führt (Neumann [Hrsg.] HB SGB IX / *Voelzke* Rdnr. 68).

g) Härtefallregelung

188 Zur Vermeidung besonderer Härten können **zusätzliche bzw. höhere Leistungen** der Kfz-Hilfe gewährt werden (§ 9 KfzHV). Eine Aufstockung der nach der Verordnung erbrachten Leistungen soll bis zu einer Höhe möglich sein, die die Inanspruchnahme anderer Träger, insbesondere der Sozialhilfe, entbehrlich macht (RegE-KfzHV BR-Drucks. 266/87 S. 26 f.). Allerdings ist eine besondere Härte nicht schon allein bei schwierigen Einkommensverhältnissen des behinderten Menschen anzunehmen (BSG Urteil vom 29. Juli 1993 – 11/9b RAr 27/92 = SozR 3-4100 § 56 Nr. 10). Die Leistungen der Kraftfahrzeughilfe dienen auch bei einer größeren Familie nicht dazu, angespannte Einkommensverhältnisse auszugleichen (BSG Urteil vom 8. Februar 2007 – B 7a AL 34/06 R = BehindertenR 2007, 194 = SozR 4-5765 § 9 Nr. 1). Hinzukommen müssen **außergewöhnliche Umstände** wie z. B. ein Unfall mit hohen Reparaturkosten oder die Erkrankung eines Familienangehörigen (Neumann [Hrsg.] HB SGB IX / *Voelzke* Rdnr. 70).

189 Laufende **Mietkosten eines Pkw-Stellplatzes** zählen in der Regel weder zum Leistungskatalog der Kraftfahrzeughilfe noch sind sie über den eng auszulegenden der Begriff der besonderen Härte in § 9 Abs. 1 S. 1 Nr. 2 KfzHV zu erstatten (BSG Urteil vom 8. Februar 2007 a. a. O.).

h) Zuschuss für Beförderungsdienst

190 Im Rahmen der Härtefallregelung kann nach § 9 Abs. 1 Satz 2 KfzHV auch ein **Zuschuss für einen Beförderungsdienst** gezahlt werden, wenn der behinderte Mensch ein Kraftfahrzeug nicht selbst führen kann bzw. kein Dritter das Fahrzeug für ihn führt oder die Übernahme der Beförderungskosten anstelle von Kraftfahrzeughilfe wirtschaftlicher und für den behinderten Menschen zumutbar ist. Zuschussleistungen für einen Beförderungsdienst

werden unter Berücksichtigung einer **Eigenbeteiligung des behinderten Menschen** übernommen. Die Höhe der Eigenbeteiligung bemisst sich nach den Aufwendungen, die der behinderte Mensch als Kraftfahrzeughalter bei Anwendung des § 6 KfzHV für die Anschaffung und berufliche Nutzung aufzubringen hätte. Hierbei ist nicht zu beanstanden, wenn die Bundesagentur für Arbeit den nutzungsbezogenen Eigenanteil im Interesse der praktischen Handhabung und Gleichbehandlung aller Betroffenen **pauschaliert** – im Streitfall auf seinerzeit 0,25 DM/km – (BSG Urteil vom 20. Februar 2002 – B 11 AL 60/01 R = NZS 2003, 49 = SozR 3-5765 § 9 Nr. 2).

Es ist **nicht erforderlich**, den nutzungsbezogenen **Eigenanteil auf die Kosten für öffentliche Verkehrsmittel** zu begrenzen. Auch wenn das Integrationsamt den nutzungsbezogenen Eigenanteil abweichend ermittelt, widerspricht die Festlegung des Eigenanteils durch die BA nicht der Gleichheit vor dem Gesetz i. S. des Art. 3 Abs. 1 GG. Durch den nutzungsbezogenen Eigenanteil an den Beförderungskosten zum Erreichen des Arbeitsplatzes wird der Betroffene auch nicht i. S. des Art. 3 Abs. 3 Satz 2 GG unzulässig benachteiligt (BSG Urteil vom 20. Februar a. a. O.). 191

Voraussetzung der Erstattung der **Beförderungskosten während der Reparatur der behinderungsbedingt erforderlichen Zusatzausstattung** eines Kfz ist, dass die Beförderung behinderungsbedingt erforderlich war. Wurde die Reparatur aus anderen als behinderungsbedingten Gründen später als möglich durchgeführt, ergibt sich weder aus § 9 KfzHV noch aus § 53 SGB IX eine Grundlage für die Kostenerstattung (SG Hamburg Urteil vom 15. Februar 2008 – S 18 AL 491/05). 192

i) Zeitpunkt der Antragstellung

Die Leistungen der Kraftfahrzeughilfe sollen **vor dem Abschluss eines Kaufvertrages** über das Fahrzeug oder die behinderungsbedingte Zusatzausstattung **beantragt** werden; Entsprechendes gilt für den Beginn einer Leistung nach § 8 KfzHV zur Erlangung der Fahrerlaubnis (§ 10 Satz 1 KfzHV). Nach der Rechtsprechung des BSG steht Kfz-Hilfe – außer in atypischen (Eil-)Fällen – jedenfalls dann von vornherein nicht zu, wenn der Rehabilitationsbedarf bereits vor Eingang des Antrages beim Rehabilitationsträger selbst gedeckt worden ist. Ob der Bedarf vorzeitig befriedigt wurde, bestimmt sich allein nach dem Zeitpunkt des Kaufvertragsschlusses (BSG Urteil vom 29. April 1997 – 8 RKn 31/95 = NZS 1998, 36 = SozR 3-5765 § 3 Nr. 2). 193

Der **Antrag** hat **materiellrechtliche Bedeutung** (BSG Urteil vom 8. September 1982 – 5b RJ 18/81 = BSGE 54, 91 = SozR 2200 § 1236 Nr. 37; BSG Urteil vom 29. April 1997 a. a. O.). Nur in atypischen Fällen kann der Antrag spätestens innerhalb eines Monats nach Rechnungslegung gestellt werden. Das ist dann zulässig, wenn die **Bedarfsdeckung objektiv unaufschiebbar** war und ein Antrag aus Gründen, die der Versicherte nicht zu vertreten hatte, nicht rechtzeitig gestellt werden konnte. Trotz rechtzeitiger Antragstellung ist ein Anspruch auf Kraftfahrzeughilfe zu versagen, wenn der Kaufvertrag zu einem Zeitpunkt abgeschlossen wird, zu dem ein konkreter Rehabilitationsbedarf noch nicht besteht (BSG Urteil vom 29. April 1997 a. a. O.). 194

Hingegen hängt der Anspruch des schwerbehinderten Menschen (hier: gegen das Integrationsamt) auf Übernahme der **Wartungskosten für eine behinderungsbedingte Kfz-Zusatzausstattung** nicht davon ab, dass der Schwerbehinderte zuvor eine Leistungszusage einholt (VG Osnabrück Urteil vom 23. Januar 2008 – 6 A 195/06, zit. nach JURIS). Mit der insoweit durch § 10 Satz 2 KfzHV allein vorgeschriebenen Monatsfrist für den Erstattungsantrag soll lediglich die Möglichkeit einer zeitnahen Überprüfung der geltend gemachten Aufwendungen auf deren Notwendigkeit und Angemessenheit sichergestellt werden. Der Träger hat nicht mehr darüber zu befinden, ob diese Kosten als Leistungen der Kraftfahrzeughilfe gewährt werden können. Vielmehr bedeutet bereits die Bewilligung eines Zuschusses nach Maßgabe der §§ 4 bis 6 KfzHV in der Sache eine Entscheidung über die Erstattungsfähigkeit 195 künftig anfallender Reparatur- und Wartungskosten nach § 7 KfzHV dem Grunde nach (VG Osnabrück Urteil vom 23. Januar 2008 a. a. O.).

196 Dabei handelt es sich nicht – abweichend von den gem. § 6 einkommensabhängig bezuschussten Anschaffungskosten – um eine Ermessensleistung, sondern um **zwangsläufige Folgekosten**, welche der Rehabilitationsträger als Pflichtleistung unabhängig von den Einkommensverhältnissen des behinderten Menschen in vollem Umfang zu übernehmen hat. Der Träger wird dabei weder erstmalig mit einer bereits vergangenen Bedarfslage konfrontiert noch bedarf es zur Abklärung dieses Bedarfs eines „dialogischen Verfahrens". Soweit es um die Vermeidung nicht notwendiger, unangemessener oder unwirtschaftlicher Reparatur- und Wartungskosten geht, obliegt es dem behinderten Menschen, ggf. im eigenen Interesse diesbezüglich eine Entscheidung des Rehabilitationsträgers herbeizuführen, bevor er kostenträchtige Maßnahmen veranlasst. Die Notwendigkeit, **zuvor** in jedem Fall einen **Kostenübernahmeantrag** zu stellen, hat der Verordnungsgeber daraus für die von § 10 Satz 2 KfzHV erfassten Aufwendungen ersichtlich nicht hergeleitet (VG Osnabrück Urteil vom 23. Januar 2008 a. a. O.).

2. Verdienstausfall (Abs. 8 Nr. 2)

a) Anspruchsgrund

197 Zur Verbesserung der Eingliederungsaussichten können Maßnahmen der Eignungsfeststellung und Trainingsmaßnahmen gefördert werden. Das war bis zum 31. 12. 2008 im Rahmen von §§ 48 bis 52 a. F. SGB III möglich. Zum Wegfall dieser Vorschrift und zur aktuellen Rechtsgrundlage vgl. oben Rdnrn. 44 ff. Der behinderte Mensch hat Anspruch auf Ausgleich des unvermeidbaren Verdienstausfalls wegen **Fahrten**

– der An- und Abreise zu einer **Bildungsmaßnahme** (nicht notwendigerweise der beruflichen Rehabilitation, vgl. Mrozynski Rdnr. 71). Etwaige Verdienstausfälle während der eigentlichen Teilnahme an der Bildungsmaßnahme werden nicht übernommen, sondern ggf. durch das Übergangsgeld ersetzt;
– zur **Vorstellung bei einem Arbeitgeber** (unabhängig davon, ob die Agentur für Arbeit der Vorstellung zugestimmt hat bzw. ob ein Arbeitsvertrag zu stande kommt; allerdings muss der Erstattungsantrag vor der Fahrt zur Vorstellung gestellt werden, wie aus § 323 Abs. 1 Satz 1 in Verbindung mit § 324 Abs. 1 Satz 1 SGB III folgt, vgl. GK-SGB IX / *Großmann* Rdnr. 117);
– zur **Vorstellung bei einem Träger oder einer Einrichtung** für behinderte Menschen.

198 **Leistungsverpflichtete Rehabilitationsträger** können die Bundesagentur für Arbeit, die Träger der gesetzlichen Unfall- und der Rentenversicherung sowie des Rechts der sozialen Entschädigung sein. Ein Verdienstausfall wird also insbesondere nicht von den gesetzlichen Krankenkassen und den Trägern der Jugend- und Sozialhilfe übernommen.

b) Unvermeidbarkeit

199 Unvermeidbar ist der Verdienstausfall dann, wenn die erforderliche Reise nur während der üblichen Arbeitszeit durchgeführt werden kann. Der behinderte Mensch ist allerdings nicht verpflichtet, seinen Erholungsurlaub zur Durchführung der Reise einzusetzen (Neumann [Hrsg.] HB SGB IX / *Voelzke* § 11 Rdnr. 71). Kann er die versäumte Arbeit ohne Verdienstausfall nachholen, so entfällt ein Anspruch, da der **Verlust an Freizeit nicht entschädigungspflichtig** ist (GK-SGB IX / *Großmann* Rdnr. 115). Erst recht entsteht kein ausgleichsfähiger Ausfall des Arbeitsentgelts, wenn der Arbeitnehmer seinen Vergütungsanspruch gegen den Arbeitgeber nach § 616 Abs. 1 BGB oder aufgrund von tarif- bzw. einzelvertraglichen Regelungen behält. Nur in den Fällen einer **unbezahlten Freistellung** kann der behinderte Mensch den Ausgleich des Verdienstausfalls vom Rehabilitationsträger verlangen (Neumann [Hrsg.] HB SGB IX / *Voelzke* § 11 Rdnr. 72).

c) Verdienstausfall einer Begleitperson

Ersatzfähig ist auch der **Verdienstausfall einer Begleitperson**, wenn die Begleitung behinderungsbedingt erforderlich ist, wie z. B. bei schwer geh- oder sehbehinderten Personen. Für den Verdienstausfall der Begleitperson ist deren Beschäftigungssituation maßgebend. Trotz des missverständlichen Gesetzeswortlauts („oder") kann ein Ersatz des Verdienstausfalls sowohl des behinderten Menschen als auch der Begleitperson in Betracht kommen. 200

Begleitet eine Person den behinderten Menschen zur Ausführung einer Leistung zur Teilhabe am Arbeitsleben, geht die Vorschrift des § 53 Abs. 1 SGB IX, die auch den Ersatz des für die Zeit der Begleitung entstehenden Verdienstausfalls umfasst, als speziellere Regelung vor (Mrozynski Rdnr. 71). 201

d) Umfang des Verdienstausfalls

Der **Umfang des Verdienstausfalls** richtet sich nach dem Zeitaufwand, der durch die persönliche Vorstellung einschließlich des notwendigen Zeitaufwandes für die Strecken entstanden ist (Dienstanweisung der BA zu SGB III, 114.1 Abs. 2 Satz 1). Die einladende Stelle hat den Zeitaufwand zu bestätigen; angebrochene Stunden sind bis zu 30 Minuten auf eine halbe Stunde und von über 30 Minuten auf eine volle Stunde aufzurunden (DA a. a. O. Abs. 3). 202

Für die **betragsmäßige Höhe** des Verdienstausfalls ist die vorzulegende Arbeitgeberbescheinigung über den Entgeltabzug maßgebend. Nur wenn diese offensichtlich fehlerhaft ist, etwa bei Nichtberücksichtigung von Entgeltfortzahlungen oder Außerachtlassung des Zeitaufwandes, hat die Agentur für Arbeit eigene Berechnungen anzustellen (GK-SGB IX / *Großmann* Rdnr. 118). 203

3. Arbeitsassistenz (Abs. 8 Nr. 3)

a) Begriff der notwendigen Arbeitsassistenz

Die Kosten einer notwendigen Arbeitsassistenz sind als **zeitlich begrenzte Einstiegshilfe** zur Erlangung eines Arbeitsplatzes auf dem allgemeinen Arbeitsmarkt zu leisten. 204

Hierin liegt eine wichtige Neuerung, die als solche bereits durch das SchwbBAG vom 29. September 2000 eingeführt wurde. 205

Die Übernahme der Kosten einer Arbeitsassistenz ist in **§ 33 Abs. 8 Nr. 3 SGB IX für alle Rehabilitationsträger** geregelt. Diese Leistung wird für die Dauer von bis zu drei Jahren erbracht und in Abstimmung mit dem Rehabilitationsträger durch das Integrationsamt nach § 102 Abs. 4 SGB IX ausgeführt. Der Rehabilitationsträger erstattet dem Integrationsamt die Aufwendungen. Die Rehabilitationsleistung nach dieser Regelung geht dem Anspruch aus § 102 Abs. 4 SGB IX vor; das folgt aus § 102 Abs. 5 SGB IX und § 18 Abs. 1 SchwbAV).

Hiervon unberührt bleibt aber nach Abs. 8 Satz 4 der Anspruch aus § 102 Abs. 4 SGB IX Deshalb kann sich **nach Ablauf der Höchstdauer der Förderung von drei Jahren** an die Leistung des Rehabilitationsträgers eine zeitlich nicht begrenzte **Förderung der Arbeitsplatzassistenz durch das Integrationsamt** aus den Mitteln der Ausgleichsabgabe anschließen (Mrozynski Rdnr. 72). Da das Integrationsamt von Beginn an die Leistung ausführt, wird damit ein Trägerwechsel und möglicherweise hiermit verbundener Wechsel der Assistenzkraft vermieden (Müller-Wenner / *Schorn* § 102 SGB IX unter Hinweis auf BT-Drucks. 14 / 5074 S. 108). 206

Unter „**Arbeitsassistenz**" versteht man praktische, begleitende Hilfen für den schwerbehinderten Menschen am Arbeitsplatz, wenn dieser Teile seiner Arbeit allein nicht bewältigen kann, aber im Übrigen die Anforderungen der Stelle erfüllt. „Arbeitsassistenz" bedeutet dabei eine dauerhafte, regelmäßig und zeitlich nicht nur wenige Minuten täglich anfallende Unterstützung am Arbeitsplatz (vgl. Handbuch Arbeitsassistenz, Hrsg. Bundesarbeitsgemeinschaft für Unterstützte Beschäftigung – BAG UB e. V.). Die exakte **Definition der Emp-** 207 fehlungen der BIH zur Arbeitsassistenz**, Stand: 16. 10. 2007 – im Folgenden BIH-Empfehlungen – Nr. 1.1 hierzu lautet: „Arbeitsassistenz ist die über gelegentliche Handreichungen hinausgehende, zeitlich wie tätigkeitsbezogen regelmäßig wiederkehrende Unterstützung von schwerbehinderten Menschen bei der Arbeitsausführung in Form einer von ihnen beauftragten persönlichen Arbeitsplatzassistenz im Rahmen der Erlangung oder Erhaltung eines Arbeitsplatzes auf dem allgemeinen Arbeitsmarkt."

208 Der schwerbehinderte Mensch muss jedenfalls in der Lage sein, den das Beschäftigungsverhältnis inhaltlich prägenden **Kernbereich der arbeitsvertraglich geschuldeten Aufgaben selbstständig zu erfüllen** (vgl. Hauck / Noftz / *Seidel* § 102 SGB IX Rdnr. 16.; *Braasch* BehindertenR 2001, 177 [184]). Mit anderen Worten: Das Austauschverhältnis Arbeit gegen Entgelt muss im Wesentlichen gewahrt bleiben (BIH-Empfehlungen Nr. 1.1) Der Betroffene bedarf hierfür aber einer zeitlich wie tätigkeitsbezogen regelmäßig wiederkehrenden **Unterstützung bei der Arbeitsausführung**, die über gelegentliche Handreichungen hinausgeht. Ihr Ziel ist die Erlangung oder Erhaltung eines Arbeitsplatzes für den schwerbehinderten Menschen auf dem allgemeinen Arbeitsmarkt.

209 Die Unterstützung wird erbracht durch eine **von dem Betroffenen selbst beauftragte persönliche Arbeitsplatzassistenz** (vgl. Müller-Wenner / *Schorn* § 102 SGB IX Rdnr. 34). Die Anwerbung der Assistenzkraft, die Vertragsgestaltung sowie die Organisations- und Anleitungskompetenz obliegen dem Assistenznehmer (BIH-Empfehlungen Nr. 1.2). Der **schwerbehinderte Mensch** nimmt entweder gegenüber dem Arbeitsplatzassistenten bzw. der -assistentin **selbst Arbeitgeberfunktionen** wahr oder beauftragt einen Anbieter von Assistenzleistungen für Behinderte hiermit (vgl. hierzu *Schneider / Adlhoch* BehindertenR 2001, 51 [55]. Die letztgenannte Form der selbst beschafften Arbeitsassistenz kann aber insgesamt zu einer Verteuerung führen, wie die Bundesregierung in einer Antwort vom 5. 3. 2002 zu einer Kleinen Anfrage – BT-Drucks. 14 / 8441 S. 29 – angemerkt hat). Jedenfalls ist das Integrationsamt nicht für die inhaltliche Gestaltung und Organisation der Arbeitsassistenz verantwortlich (Neumann [Hrsg.] HB- SGB IX / *Brünner* § 15 Rdnr. 57). Auch für die Einhaltung aller gesetzlichen Arbeitgeberpflichten im Verhältnis zur Assistenzkraft sind die Leistungsempfänger selbst verantwortlich (vgl. BIH-Empfehlungen Nr. 5.5).

210 In Betracht kommen insbesondere **Hilfstätigkeiten durch Vorlesekräfte** für Blinde und hochgradig Sehbehinderte sowie u. U. auch der Einsatz von **Gebärdendolmetschern**, sofern hierfür ein kontinuierlicher und langfristiger Bedarf besteht. Gelegentliche bzw. anlassbezogene Gebärdensprachdolmetscher-Einsätze hingegen werden nach den „Empfehlungen der BIH zur Bezuschussung von Kosten für GebärdensprachdolmetscherInnen-Leistungen" in der jeweils aktuellen Fassung gefördert.

211 Bei der Festsetzung des Bedarfs können nur die unterstützenden Tätigkeiten zu Grunde gelegt werden, die der Assistenznehmer behinderungsbedingt nicht selbst erledigen kann, nicht jedoch solche Arbeiten, die üblicherweise im Rahmen einer abhängigen oder selbstständigen Beschäftigung durch Mitarbeiter (Assistenzkräfte) erledigt werden, z. B. Sekretariatstätigkeiten (BIH-Empfelungen Nr. 1.4). Soweit die Assistenztätigkeit **unabhängig von der Behinderung für die jeweilige Berufsausübung notwendig** ist, etwa als Sprechstundenhilfe, besteht kein Anspruch auf diese Leistung, denn der Gesetzgeber hat insoweit keine Besserstellung der schwerbehinderten Menschen gegenüber Nichtbehinderten beabsichtigt (VG Halle (Saale) – Urteil vom 29. November 2002 – 4 A 496/99 = BehindertenR 2003, 195; ebenso OVG NRW Beschluss vom 11. Mai 2005 – 12 E 984/04 = BehindertenR 2006, 175 für Fremdsprachendolmetscherinnen und VG Stade Urteil vom 25. Juni 2003 – 4 A 1687/01 = BehindertenR 2004, 19 für Rechtsanwalts- / Notargehilfen).

212 Angesichts des weiten Begriffes der Arbeitsassistenz bedarf es einer **Konkretisierung durch eine Rechtsverordnung**, die die Bundesregierung nach § 108 SGB IX mit Zustimmung des Bundesrates erlassen kann. Bis dahin besteht aber bereits ein Rechtsanspruch auf Leistungen. Lediglich hinsichtlich des unbestimmten Rechtsbegriffes „notwendig" hat das Integrationsamt einen Beurteilungsspielraum.

Da bisher keine Rechtsverordnung erlassen wurde, hat die Bundesarbeitsgemeinschaft der Integrationsämter und Hauptfürsorgestellen (BIH) zur Ausfüllung des Ermessens der Verwaltung bezüglich der Höhe und der Dauer der Leistung **Empfehlungen** entwickelt und mit den zuständigen Bundesministerium abgestimmt („Empfehlungen der Bundesarbeitsgemeinschaft der Integrationsämter und Hauptfürsorgestellen BIH – für die Erbringung finanzieller Leistungen zur Arbeitsassistenz schwerbehinderter Menschen gemäß § 102 Abs. 4 SGB IX – Stand: 16. 10. 2007 –). Die Empfehlungen haben keinen bindenden Rechtscharakter. Sie werden aber in Ermangelung verbindlicher anderweitiger Regelungen durchaus **von der Rechtsprechung zu Grunde gelegt**, insbesondere zur Beurteilung der Notwendigkeit einer Arbeitsassistenz und zur Höhe des Leistungsanspruchs (vgl. z. B. VG Mainz Urteil vom 23. März 2006 – 1 K 269/05.MZ; VG Halle (Saale) – Beschluss vom 8. Dezember 2006 – 4 B 624/06, jeweils zit. nach JURIS; ablehnend hierzu aber VG Schleswig Urteil vom 27. August 2003 – 15 A 267/01 = BehindertenR 2004, 111).

Zur **Notwendigkeit der Arbeitsassistenz** führen die BIH-Empfehlungen in Nr. 1.5 aus: **213**

„Notwendig ist die Arbeitsassistenz, wenn dem Assistenznehmer erst durch diese Leistung eine wettbewerbsfähige Erbringung der jeweils arbeitsvertraglich / dienstrechtlich geschuldeten Tätigkeit(en) möglich wird. Im Interesse einer selbstständigen Arbeitsausführung sollen alle anderen Möglichkeiten nach dem SGB IX sowie die vorrangigen Leistungen (ausgeschöpft werden. Dazu gehören insbesondere

– die dem Fähigkeitsprofil der schwerbehinderten Menschen entsprechende Auswahl des Arbeitsplatzes (ggf. Umsetzung auf einen anderen Arbeitsplatz),
– die behinderungsgerechte Organisation, Einrichtung und Ausgestaltung des Arbeitsplatzes,
– die auf die individuellen Fähigkeiten abgestimmte berufliche Ausbildung und Einarbeitung sowie
– innerbetriebliche Maßnahmen der beruflichen Qualifizierung,
– Leistungen zur personellen Unterstützung durch Arbeitgeber (ggf. unter Inanspruchnahme von § 27 SchwbAV).

Das Integrationsamt wirkt in Abstimmung mit dem schwerbehinderten Menschen bei Arbeitgebern und den vorrangigen Leistungsträgern sowie im Rahmen seiner eigenen Leistungsmöglichkeiten darauf hin, dass die zuvor genannten Maßnahmen geprüft und durchgeführt werden. **214**

Zu **sonstigen Leistungsvoraussetzungen** ist in Anlehnung an Nrn. 1.6–1.10 der BIH-Empfehlungen zu bemerken: **215**

Bei der Entscheidung über die Leistung wird dem **Wunsch- und Wahlrecht** des Leistungsberechtigten nach Maßgabe des **§ 9 SGB IX** entsprochen. **216**

Die Leistung zur Arbeitsassistenz setzt voraus, dass der schwerbehinderte Mensch in **einem tariflich oder ortsüblich entlohnten Beschäftigungsverhältnis** auf einem Arbeitsplatz im Sinne von § 73 Abs. 1 und § 102 Abs. 2 Satz 3 SGB IX beschäftigt ist. Die Leistungen des Integrationsamts sollen zusammen mit den laufenden Leistungen anderer Träger in Höhe und Dauer in einem **vertretbaren Verhältnis zu dem** von dem schwerbehinderten Menschen **erzielten Arbeitseinkommen** stehen. **217**

Leistungsvoraussetzung ist eine schriftliche **Erklärung des Arbeitgebers** / Dienstherrn, dass er mit dem Einsatz einer nicht von ihm angestellten betriebsfremden Assistenzkraft einverstanden ist. **218**

Diese Empfehlungen sind bei **selbstständig tätigen** schwerbehinderten Menschen entsprechend anzuwenden (§ 21 Abs. 4 SchwbAV; vgl. auch VG Stade Urteil v. 25. Juni 2003 – 4 A 1687/01 = BehindertenR 2004, 19 zum Anspruch auf Kostenübernahme für eine Arbeitsassistenz bei einem blinden Rechtsanwalt). Auch hier muss ein angemessenes Verhältnis **219** zwischen Leistungen des Integrationsamts und erzieltem Einkommen des Assistenznehmers gewährleistet sein.

220 Zum **Verhältnis der Leistungsverpflichtung des Integrationsamts gegenüber den Verpflichtungen und Leistungen anderer** führen Nrn. 3.1. bis 3.5 der BIH-Empfehlungen aus:

221 Arbeitsassistenz als Leistung des Integrationsamts ist gemäß § 102 Abs. 5 SGB IX und § 18 Abs. 1 Satz 1 SchwbAV **nachrangig** gegenüber entsprechenden Leistungen Dritter, insbesondere der Arbeitgeber sowie der Träger der Teilhabe am Arbeitsleben gemäß §§ 6 Abs. 1 Nr. 2–7, 6a SGB IX.

222 Erbringt ein **Rehabilitationsträger Leistungen zur Teilhabe am Arbeitsleben** nach § 33 Abs. 1, Abs. 3 Nrn. 1 und 6 und Abs. 8 Satz 1 Nr. 3 SGB IX als Hilfe zur Erlangung eines Arbeitsplatzes an einen schwerbehinderten Menschen selbst oder an seinen Arbeitgeber, sind zur Sicherung der Eingliederung die Kosten einer notwendigen Arbeitsassistenz zu übernehmen. Die Leistung wird durch das Integrationsamt in Abstimmung mit dem Rehabilitationsträger ausgeführt, dem der zuständige Rehabilitationsträger die Kosten nach § 33 Abs. 8 Sätze 2 und 3 SGB IX für die Dauer von drei Jahren erstattet.

223 Entsprechendes gilt für die Kostenübernahme einer Maßnahme gemäß § 270a Abs. 1 SGB III bzw. § 16 Abs. 1 Satz 2 SGB II i. V. m. § 270a SGB III.

224 Die Übernahme der Kosten einer Arbeitsassistenz durch das Integrationsamt setzt daher voraus, dass **alle Maßnahmen der Arbeitgeber sowie alle vorrangigen Verpflichtungen der Rehabilitations- und anderer Leistungsträger** im Sinne des Sozialgesetzbuchs **ausgeschöpft** sind. Eine Übernahme der Kosten einer Arbeitsassistenz durch das Integrationsamt erfolgt nicht, wenn die für die schwerbehinderten Menschen erforderlichen Unterstützungsmaßnahmen im Arbeitsverhältnis durch Dritte bereitgestellt und / oder durch Leistungen anderer (Reha-)Träger abgedeckt werden können. Dies ist insbesondere der Fall

- bei Leistungen zum Erreichen des Arbeitsplatzes nach der **Kraftfahrzeughilfe-Verordnung** durch die vorrangig verpflichteten Träger der Leistungen zur Teilhabe,
- wenn die Unterstützung am Arbeitsplatz durch **Integrationsfachdienste** im Rahmen ihrer Aufgabenstellung gemäß § 110 Abs. 2 Nrn. 3 bis 6 SGB IX ausreicht,
- bei einer Beschäftigung in einem **Integrationsprojekt** im Sinne des § 132 SGB IX mit arbeitsbegleitender Betreuung gemäß § 133 SGB IX.

225 Die **Bereitstellung personeller Unterstützung durch den Arbeitgeber** nach § 102 Abs. 3 Satz 1 Nr. 2 b) SGB IX und § 27 SchwbAV im Rahmen des Rechtsanspruchs schwerbehinderter Menschen gegenüber dem Arbeitgeber auf behinderungsgerechte Gestaltung der Arbeitsorganisation gemäß § 81 Abs. 4 Satz 1 Nr. 4 SGB IX ist in der Praxis eine wichtige Hilfestellung bei der Teilhabe schwerbehinderter Menschen am Arbeitsleben. Geht der Umfang der notwendigen Arbeitsassistenz allerdings über die vom Arbeitgeber bereitgestellte Unterstützung hinaus, können beide Leistungen kombiniert erbracht werden.

226 Soweit Träger der **Kranken- und Pflegeversicherung bzw.** der **Sozialhilfe** nach dem für sie geltenden Leistungsrecht für allgemeine pflegerische und betreuerische Maßnahmen, ggf. ganztags, zuständig sind, sind Leistungen zur Arbeitsassistenz gemäß § 102 Abs. 4 SGB IX nur in dem Umfang möglich, der sich **ausschließlich auf die Unterstützung im Arbeitsverhältnis** bezieht und nicht bereits durch die pflegerischen und betreuerischen Maßnahmen in der Zuständigkeit des anderen (vorrangigen) Leistungsträgers abgedeckt ist.

227 Zum **Zwecke der Leistungserbringung an den Assistenznehmer** aus einer Hand sowie zur Verwaltungsvereinfachung kann die Leistung des Integrationsamts in Fällen dieser Art, falls sie nicht im Rahmen eines trägerübergreifenden persönlichen Budgets erbracht wird, auch in der Form erbracht werden, dass das Integrationsamt dem anderen (vorrangigen) Leistungsträger die Kosten der notwendigen Arbeitsassistenz in dem durch ihren Bewilligungsbescheid festgelegten Umfang erstattet, nachdem die schwerbehinderten Menschen ihren Anspruch nach § 102 Abs. 4 SGB IX an diesen abgetreten haben.

Die BIH-Empfehlungen sehen in Nr. 4.1 Leistungen an schwerbehinderte Menschen für die notwendige Arbeitsassistenz – abhängig von seinem individuellen Unterstützungsbedarf – vor, die als **monatliche Budgets** zur Verfügung gestellt werden. Diese betragen bei einem **durchschnittlichen arbeitstäglichen Unterstützungsbedarf** von 228

– weniger 1 Stunde	= bis zu	275,00 Euro
– 1 Stunde bis unter 2 Stunden	= bis zu	550,00 Euro
– 2 Stunden bis unter 3 Stunden	= bis zu	825,00 Euro
– mindestens drei Stunden	= bis zu	1 100,00 Euro

Bei der Berechnung des zeitlichen Umfangs der Arbeitsassistenz im konkreten Fall besteht **kein Anspruch auf Berücksichtigung von geleisteten Überstunden** (VG Mainz Urteil vom 23. März 2006 – 1 K 269/05.MZ, zit. nach JURIS). 229

Sofern Umsatzsteuerpflicht besteht, ist die **Umsatzsteuer zusätzlich** zu erstatten.

Als **Aufwandspauschale für Regiekosten** (z. B. Meldung zur Sozialversicherung, Entgeltberechnung, Lohnbuchhaltung, Abführung von Sozialversicherungsbeiträgen und Steuern) können die vorgenannten Beträge bei einer Fremdvergabe an Dritte um einen Betrag von 30 Euro pro Monat erhöht werden. 230

Wenn neben dem eigentlichen Unterstützungsbedarf am Arbeitsplatz z. B. **Bereitschaftszeiten oder Reisekosten der Assistenzkraft** anfallen, die auch bei Ausschöpfen der vom Arbeitgeber bereitgestellten Unterstützungsmaßnahmen unvermeidlich sind, kann im Einzelfall der Leistungsrahmen erhöht werden. 231

Hörbehinderte Menschen, die zur Kommunikation im Arbeitsverhältnis auf eine regelmäßig wiederkehrende Unterstützung durch **Gebärden- bzw. Schriftsprachdolmetscher** angewiesen sind, erhalten unter Berücksichtigung des durchschnittlichen zeitlichen Umfangs des monatlichen Bedarfs bei Vollzeitbeschäftigung ein persönliches Arbeitsassistenzbudget von **bis zu 1 100 Euro pro Monat** für Dolmetschereinsätze, die nach den „Empfehlungen der BIH zur Bezuschussung von Kosten für Gebärdensprachdolmetscherinnen-Leistungen" abgewickelt werden. 232

Soweit in einzelnen Monaten persönliche Arbeitsassistenzbudgets nicht in Anspruch genommen werden, können sie innerhalb des Bewilligungszeitraums **auf andere Monate übertragen** werden. Liegen die notwendigen tatsächlichen Ausgaben zum Ende des Bewilligungszeitraums unter dem bewilligten Budget, sind **zu viel gezahlte Beträge zurückzuerstatten** bzw. mit der nächsten Vorauszahlung zu verrechnen (BIH-Empfehlungen Nr. 4.2). 233

Bei **Erkrankung des Assistenznehmers** können die Leistungen bei bestehender arbeitsvertraglicher Verpflichtung höchstens bis zum Ende des Bewilligungszeitraums erbracht werden. Bei **Erkrankung der Assistenzkraft** wird im Einzelfall die Möglichkeit der Finanzierung einer Ersatzkraft geprüft (BIH-Empfehlungen Nr. 4.3.und 4.4). 234

Die Geldleistungen werden frühestens vom Monat der Antragstellung an erbracht, und zwar monatlich im Voraus (BIH-Empfehlungen Nr. 5.2 und 5.4). Als Bewilligungszeitraum sind regelmäßig **zwei Jahre** vorgesehen; auf Antrag können die Leistungen bei unverändert vorliegenden Voraussetzungen **auch wiederholt erbracht** werden (BIH-Empfehlungen Nr. 5.3) Die **zwecksentsprechende Verwendung der Geldleistungen** ist dem Integrationsamt nachträglich durch Vorlage geeigneter Unterlagen **nachzuweisen** (BIH-Empfehlungen Nr. 5.6). 235

Die **arbeitsrechtliche Einordnung der als Arbeitsassistenten** tätigen fremden Personen in den Betrieben und Dienststellen ist nicht ganz unproblematisch. Jedenfalls bestehen zwischen der Assistenzkraft und dem Arbeitgeber des behinderten Menschen keine vertraglichen Rechtsbeziehungen. Andererseits ist aber das **Hausrecht des Arbeitgebers** zu beachten, weshalb die Integrationsämter eine schriftliche Erklärung des Arbeitgebers über sein Einver- 236 ständnis mit dem Einsatz einer betriebsfremden Assistenzkraft verlangen (Müller-Wenner / *Schorn* Rdnr. 40).

237 Hierbei ist aber der Arbeitgeber grundsätzlich verpflichtet, Arbeitsassistenten den Zutritt zum Betrieb zu erlauben, soweit nicht im Einzelfall besondere Gründe der Unzumutbarkeit, insbesondere nach dem Maßstab des § 81 Abs. 4 Satz 3 SGB IX, vorliegen (vgl. auch *Braasch* BehindertenR 2001, 177 [184]). Jedenfalls dürften die Assistenten einer **Geheimhaltungspflicht** zu Betriebs- oder Dienststellengeheimnissen unterliegen (Weyand / Schubert Rdnr. 160).

b) Ausführung durch die Integrationsämter

238 Die Leistung wird in Abstimmung mit dem Rehabilitationsträger **durch die Integrationsämter** ausgeführt (**Abs. 8 Satz 2**). Damit soll ein Trägerwechsel und möglicherweise hiermit verbundener Wechsel der Assistenzkraft vermieden werden. Der Rehabilitationsträger erstattet dem Integrationsamt die entstandenen Aufwendungen (**Abs. 8 Satz 3**). Zwar handelt es sich insoweit um einen originären Erstattungsanspruch, für den nicht die Vorschriften der §§ 102 bis 105 SGB X gelten. Gleichwohl ist die **Ausschlussfrist** zur Geltendmachung des Erstattungsanspruches nach § 111 SGB X sowie die **Verjährungsfrist** nach § 113 SGB X zu beachten. Denn diese gelten für alle sozialrechtlichen Erstattungsansprüche (Ernst / Adlhoch / Seel / *Hansen* Rdnr. 73).

c) Leistungsdauer

239 Die Leistungen können **für die Dauer von bis zu drei Jahren** erbracht werden. Es handelt sich um einen zeitlichen Gesamtanspruch, der in zeitlich versetzten Abschnitten erforderlich werden kann, etwa bei betrieblicher Weiterbildung, anschließendem befristeten Probearbeitsverhältnis und nachfolgender Aufnahme eines unbefristeten Arbeitsverhältnisses (Ernst / Adlhoch / Seel / *Hansen* Rdnr. 72).

240 Nach Ausschöpfung der Dreijahresfrist kann eine **weitere Förderungsmöglichkeit** für den Einsatz einer Arbeitsassistenz in Betracht kommen: Nach § 102 Abs. 4 SGB IX haben schwerbehinderte Menschen im Rahmen der Zuständigkeit des Integrationsamtes für die begleitende Hilfe im Arbeitsleben aus den Mitteln der Ausgleichsabgabe Anspruch auf Übernahme der Kosten einer notwendigen Arbeitsassistenz, und zwar ohne gesetzlich vorgegebene zeitliche Begrenzung.

241 Hingegen sind entsprechende Leistungsmöglichkeiten, die zuvor für Arbeitsbeschaffungs- und Strukturanpassungsmaßnahmen vorgesehen waren (vgl. § 264 Abs. 5 a. F. bzw. § 278 a. F. SGB III), jeweils mit Wirkung vom 1. 1. 2004 entfallen.

4. Hilfsmittel (Abs. 8 Nr. 4)

a) Anspruchsgrund

242 Als Leistung zur Teilhabe am Arbeitsleben sind ggf. auch die Kosten für Hilfsmittel zu übernehmen. Vorausgesetzt wird, dass das Hilfsmittel wegen Art und Schwere der Behinderung erforderlich ist, und zwar zur
– Berufsausübung,
– Teilnahme an einer Leistung zur Teilhabe am Arbeitsleben (also etwa im Rahmen einer Bildungsmaßnahme nach Abs. 3 Nr. 2 bis 4) oder
– Erhöhung der Sicherheit auf dem Weg vom und zum Arbeitsplatz.

b) Begriff des Hilfsmittels

243 Ein Hilfsmittel muss für die **Lebensführung im Rahmen der allgemeinen Grundbedürfnisse** bestimmt und notwendig sein. Die Eignung als Hilfsmittel besteht nicht nur, wenn die gestörte **Körperfunktion** selbst gebessert wird, sondern auch, wenn sie auf andere Weise **er-**

gänzt oder ersetzt werden kann (vgl. 🏛 BSG Urteil vom 17. September 1986 – 3 RK 5/86 = SozR 2200 § 182b Nr. 33 „Klingelleuchte bei Gehörbeeinträchtigungen"). Zur Befriedigung von Grundbedürfnissen des Menschen werden Hilfsmittel gerechnet, die dem Behinderten eine gesunde Lebensführung, allgemeine Verrichtungen des täglichen Lebens und auch eine geistige Betätigung ermöglichen sowie den durch die Behinderung eingeschränkten Freiraum erweitern (BSG Urteil vom 17. September 1986 a. a. O.; BSG Urteil vom 12. 10. 1988 = SozR 2200 § 182b Nr. 37).

c) Begrenzte Leistungspflicht des Rehabilitationsträgers

Allerdings ist zu beachten, dass die **Leistungspflicht des Rehabilitationsträgers** in dieser Vorschrift in zweifacher Hinsicht **begrenzt** wird: Zunächst müssen vorrangige Leistungspflichten des **Arbeitgebers** im Rahmen allgemeinen Arbeitsrechts oder nach § 81 Abs. 4 Satz 1 Nr. 4 und 5 sowie Satz 3 SGB IX geprüft werden. 244

Weiterhin darf es sich nicht um ein **medizinisches Hilfsmittel** handeln, welches die Krankenkassen vorrangig nach § 33 SGB V als medizinischen Ausgleich einer Behinderung zu leisten haben, ggf. kommt auch eine Leistungspflicht der Träger der Rentenversicherung in Betracht. 245

Damit ist zunächst zu prüfen, ob die **Voraussetzungen der §§ 26 ff.**, vor allem des § 31 SGB IX, erfüllt sind (Hauck / Noftz / *Götze* Rdnr. 36; HK-SGB IX / *Bieritz-Harder* Rdnr. 39). Nach § 26 Abs. 2 Nr. 6 SGB IX umfassen Leistungen zur medizinischen Rehabilitation insbesondere auch Hilfsmittel; diese werden in § 31 SGB IX näher geregelt: Auf diese Bestimmungen wiederum verweist § 15 Abs. 1 Satz 1 SGB VI, wonach die Träger der Rentenversicherung im Rahmen von Leistungen zur medizinischen Rehabilitation Leistungen nach den §§ 26 bis 31 SGB IX erbringen (mit Ausnahme von in der Vorschrift im Einzelnen aufgeführten Leistungen, zu denen jedoch Hilfsmittel nicht zählen). 246

Die **Leistungspflicht der Träger der gesetzlichen Krankenversicherung** besteht grundsätzlich dann, wenn ein Hilfsmittel zum Ausgleich eines behinderungsbedingten Defizits – auch im beruflichen Bereich – benötigt wird, soweit das Hilfsmittel **zur Ausübung einer Tätigkeit überhaupt erforderlich** ist (🏛 BSG Urteil vom 12. Oktober 1998 – 3 RK 29/87 = BehindertenR 1989, 91 = SozR 2200 § 182b Nr. 36). 247

Ein Hilfsmittel ist **von der gesetzlichen Krankenversicherung** immer dann **zu gewähren**, wenn es die Auswirkungen der Behinderung im täglichen Leben beseitigt oder mildert und damit ein **Grundbedürfnis** betrifft (vgl. 🏛 BSG Urteil vom 26. März 2003 – B 3 KR 23/02 R = BSGE 91, 60 [63] = SozR 3-2500 § 33 Nr. 3 und 🏛 BSG Urteil vom 16. September 2004 – B 3 KR 19/03 R = BSGE 93, 176 = SozR 4-2500 § 33 Nr. 7, st. Rspr). Zu den Grundbedürfnissen gehören das Gehen, Stehen, Greifen, Sehen, Hören, Aufnehmen von Nahrung, Ausscheiden, (elementare) Körperpflegen, selbstständiges Wohnen und Erschließen eines gewissen körperlichen und geistigen Freiraums. Das umfasst auch das Bedürfnis, **bei Krankheit oder Behinderung Ärzte und Therapeuten aufzusuchen** (🏛 BSG Urteil vom 16. September 2004 a. a. O.). 248

Freizeitbeschäftigungen, welcher Art auch immer, werden vom Begriff des allgemeinen Grundbedürfnisses des täglichen Lebens nicht erfasst; die Teilnahme am gesellschaftlichen Leben und Kommunikation ist nur im Sinne einer Grundversorgung oder bei Kindern und Jugendlichen – in der Entwicklungs- oder Ausbildungsphase als Grundbedürfnis anerkannt (🏛 BSG Beschluss vom 8. November 2006 – B 3 KR 17/06 B m. w. Nachw., zit. nach JURIS). 249

Zwar umfasst der vorgenannte geistige Freiraum auch die Aufnahme von Informationen, die Kommunikation und das Erlernen von Schulwissen; **nicht** zu den Grundbedürfnissen in diesem Sinne gehört jedoch **die über die elementare Schulausbildung hinausgehende Ausbildung** zur Ausübung qualifizierter Berufe. Die Ausbildung in einem qualifizierten Beruf ist kein Grundbedürfnis im Sinne der Rechtsprechung zu § 33 SGB V (vgl. 🏛 BSG Urteil vom 30. Januar 2001 – B 3 KR 10/00 R – SozR 3-2500 § 33 Nr. 40 = FEVS 52, 499). Deshalb 250 fällt die Ausstattung eines behinderten Menschen mit einem **Notebook** einschließlich behindertengerechter Software für Studienzwecke nicht in die Leistungspflicht der Krankenversicherung (⚖ BSG Urteil vom 30. Januar 2001 a. a. O.).

251 Demgegenüber umfasst die Formulierung in Abs. 8 Satz 1 Nr. 4 „Hilfsmittel, die wegen Art oder Schwere der Behinderung zur Berufsausübung, zur Teilnahme an einer Leistung zur Teilhabe am Arbeitsleben oder zur Erhöhung der Sicherheit auf dem Weg vom und zum Arbeitsplatz und am Arbeitsplatz erforderlich sind" nur solche Hilfsmittel die zum Ausgleich einer Behinderung **für eine bestimmte Berufsausübung** erforderlich sind und nicht (wie etwa **Hörhilfen**) generell für alle beruflichen Tätigkeiten benötigt werden – oder sogar auch für Teilnahme am gesellschaftlichen Leben überhaupt (⚖ BSG Urteil vom 21. August 2008 – B 13 R 33/07 R, zit. nach JURIS).

252 Für den medizinischen Ausgleich der Behinderungen durch eine **Korrektions-Schutzbrille** hat die Krankenkasse einzustehen; sonstige besondere Vorkehrungen an einer Korrektions-Schutzbrille, die ganz allgemein nur den Zwecken der Unfallverhütung dienen, muss die Krankenkasse nicht bezahlen (⚖ BSG Urteil vom 15. November 1989 – 8 RKn 13/88 = SozR 2200 § 182 Nr. 116).

253 Medizinisches Hilfsmittel ist auch ein **orthopädischer Sitzschalenstuhl**, weil er beim Sitzen einen besseren Halt gibt und keine arbeitsplatzspezifischen Merkmale aufweist, auch wenn er ständig am Arbeitsplatz verbleibt (⚖ BSG Urteil vom 12. Oktober 1988 a. a. O.). Dasselbe gilt für **orthopädische Schuhe** als allgemeiner Ausgleich einer Gehbehinderung (⚖ BSG Urteil vom 28. September 1976 – 3 RK 9/76 = BSGE 42, 229 [231] = SozR 2200 § 182b Nr. 2).

254 Hingegen sind die Kosten für **orthopädische Arbeitssicherheitsschuhe**, die ein behinderter Mensch wegen ihrer Beschaffenheit ausschließlich am Arbeitsplatz tragen kann und dies aufgrund von Unfallverhütungsvorschriften auch muss, zu den **arbeitsplatzspezifischen berufsfördernden Leistungen** zu rechnen (⚖ BSG Urteil vom 26. Juli 1994 – 11 RAr 115/93 = SozR 3-4100 § 56 Nr. 15).

255 Verneint wurde die Leistungspflicht der Krankenkassen bei der Beschaffung eines Arbeitsrollstuhls, der **ausschließlich für die Zeit bestimmter Praktika** im Rahmen eines Studiums benötigt wurde, weil der Hilfebedarf nur in einem eng begrenzten Teil der Berufsausbildung anfiel und es also nicht darum ging, dem behinderten Menschen überhaupt irgendeine Berufsausbildung oder Berufsausübung zu ermöglichen (⚖ BSG Urteil vom 8. März 1990 – 3 RK 13/89 = SozSich 1991, RsprNr 4314). Wenn ein Hilfsmittel nicht die gestörte Körperfunktion bessert, sondern lediglich ein Ausgleich der Behinderung auf andere Weise und in einem begrenzten Lebensbereich erreicht werden kann, hängt der Anspruch des Versicherten davon ab, ob das Hilfsmittel zur Befriedigung von Grundbedürfnissen des Menschen benötigt wird (⚖ BSG Urteil vom 8. März 1990 a. a. O. m. w. Nachw.). Ein Hilfsmittel, das ausschließlich für Verrichtungen im Tätigkeitsbereich eines bestimmten Berufs oder einer bestimmten Berufsausbildung (hier: Praktikum während des Chemiestudiums) benötigt wird, dient nicht der Befriedigung von Grundbedürfnissen in diesem Sinne. Dazu wäre erforderlich, dass durch ein derartiges Hilfsmittel überhaupt ein Beruf ausgeübt oder irgendein Beruf erlernt werden kann (⚖ BSG Urteil vom 8. März 1990 a. a. O.).

256 Hingegen sind Kosten für Hilfsmittel als Leistungen zur Teilhabe am Arbeitsleben grundsätzlich nur dann zu erbringen, wenn sie **für einen bestimmten Arbeitsplatz** bzw. für eine **besondere Art der Berufsausübung erforderlich** sind und für einen anderweitigen beruflichen Einsatz nicht benötigt werden.

257 Eine **mobile Rampe** stellt ein Hilfsmittel i. S. des Abs. 8 Satz 1 Nr. 4 dar, wenn sie war wegen Art und Schwere der Behinderung „zur Berufsausübung" des Klägers erforderlich ist (⚖ LSG Rheinland-Pfalz Urteil vom 3. April 2008 – L 5 KR 115/06 = Breithaupt 2008, 609). Dazu gehört auch der Besuch der Berufsschule einschließlich überbetrieblicher Ausbildungen und der damit im Zusammenhang stehenden Fahrten. Denn **notwendige Tätigkeiten im Rah-**

men einer beruflichen Ausbildung sind „Berufsausübung" im Sinne der Vorschrift. Bei einem Auszubildenden ist der Besuch der Berufsschule sowie notwendiger überbetrieblicher Ausbildungen integrierter Bestandteil der Ausbildung und zählt deshalb – einschließlich der insoweit notwendigen Wege – zur Berufsausübung (LSG Rheinland-Pfalz Urteil vom 3. April 2008 a. a. O.). Dass die Rampe gleichzeitig für andere Fahrten verwendet wird, ist unschädlich (LSG Rheinland-Pfalz Urteil vom 3. April 2008 a. a. O.).

5. Technische Arbeitshilfen (Satz 1 Nr. 5)

Der Rehabilitationsträger kann die Kosten technischer Arbeitshilfen übernehmen, wenn sie wegen Art oder Schwere der Behinderung zur Berufsausübung erforderlich sind. Technische Arbeitshilfen sind **Vorrichtungen** und **Geräte, die ausschließlich am Arbeitsplatz aufgestellt und benutzt werden**, um behinderungsbedingte Nachteile bei der Ausübung der Arbeit auszugleichen (GK-SGB IX / *Großmann* Rdnr. 136). Sie **unterscheiden sich von Hilfsmitteln** dadurch, dass sie nicht für den Körper bestimmt sind bzw. nicht am Körper getragen werden. Der Unterschied zu Lernmitteln besteht darin, dass die technischen Hilfsmittel **auf bestimmte Arbeitsplätze bezogen** sind und von bestimmten schwerbehinderten Menschen benutzt werden (z. B. Greifprothesen, Spezialtastaturen für Ohnhänder, optisch-elektronische Lesehilfen und PC-Zusatzgeräte für Sehbehinderte). 258

Die Kostenübernahme setzt voraus, dass die technischen Arbeitshilfen ausschließlich **zur Berufsausübung am Arbeitsplatz benötigt** werden. Zur Berufsausübung gehören auch die berufliche Ausbildung und die berufliche Weiterbildung. Auch befristete Tätigkeiten fallen hierunter, sofern die technischen Arbeitshilfen insoweit zur beruflichen Eingliederung erforderlich sind. 259

Das Gesetz verlangt nicht, dass die technischen Arbeitshilfen **dem behinderten Menschen übereignet werden**, obwohl dies meist der Fall sein wird (GK-SGB IX / *Großmann* Rdnr. 137 unter Hinweis auf die abw. Auffassung der Bundesagentur für Arbeit in der Dienstanweisung zu SGB III Nr. 114. 1.3 Abs. 2). 260

Zu den Kosten für technische Arbeitshilfen zählen auch die notwendigen Aufwendungen für die **Einweisung** in deren Handhabung (Ernst / Adlhoch / Seel / *Hansen* Rdnr. 79). Auch **Ersatzbeschaffungen** sind zu finanzieren, sofern die Eingliederung andernfalls gefährdet wäre (Gagel / *Lauterbach* SGB III § 114 Rdnr. 43). 261

Der Anspruch auf technische Arbeitshilfen nach Abs. 8 Satz 1 Nr. 5 konkurriert mit dem **Anspruch gegen den Arbeitgeber nach § 81 Abs. 4 Nr. 5 SGB IX**, der ebenfalls auf Ausstattung des Arbeitsplatzes mit den erforderlichen technischen Arbeitshilfen gerichtet ist (Neumann [Hrsg.] HB SGB IX / *Voelzke* § 11 Rdnr. 80). Nach der Rechtsprechung des BSG zum früheren Recht (BSG Urteil vom 22. September 1981 – 1 RA 11/80 = BSGE 52, 117 [119] = SozR 2200 § 1237a Nr. 18) **geht insoweit die Leistungspflicht des Rehabilitationsträgers vor**. Das ist auch für das geltende Recht zu beachten. 262

6. Kosten behindertengerechter Wohnung (Abs. 8 Nr. 6)

a) Beschaffung, Ausstattung und Erhaltung

Auch die Kosten der Beschaffung, der Ausstattung und Erhaltung einer behindertengerechten Wohnung können grundsätzlich zu den Leistungen zur Teilhabe am Arbeitsleben gehören Die **Beschaffung** einer Wohnung umfasst sowohl den Eigentumserwerb als auch die Anmietung. 263

Zur **Ausstattung** gehören die behinderungsgerechte Möblierung und sanitäre Einrichtung. Der **Vermieter hat bauliche Veränderungen** zu einer behinderungsgerechten Nutzung durch den Mieter gem. § 554a BGB **zu dulden**. Bei Bestimmung des Inhalts und Umfangs des sich aus Art. 14 Abs. 1 Satz 1 GG ergebenden Nutzungsrechts des Mieters ist **Art. 3 Abs. 3 Satz 2 GG** zu beachten. Danach darf niemand wegen seiner Behinderung benachteiligt werden. Dieses Verbot ist Grundrecht und zugleich objektive Wertentscheidung. Unab- 264 hängig davon, ob sich aus diesem Grundrecht originäre Leistungsansprüche herleiten lassen, folgt aus ihm – über das sich aus dem Wortlaut unmittelbar ergebende Verbot der Benachteiligung hinaus – im Zusammenwirken mit speziellen Freiheitsrechten, dass der Staat eine besondere Verantwortung für behinderte Personen trägt (vgl. BVerfG Beschluss vom 8. Oktober 1997 – 1 BvR 9/97 = BVerfGE 96, 288 [304]).

265 Nach dem Willen des verfassungsändernden Gesetzgebers fließt das **Verbot der Benachteiligung behinderter Menschen** als Teil der objektiven Wertordnung aber auch in die **Auslegung des Zivilrechts** ein (vgl. BVerfG Beschluss vom 19. Januar 1999 – 1 BvR 2161/94 = BVerfGE 99, 341 [356]). Das sich aus Art. 14 Abs. 1 Satz 1 GG ergebende Nutzungsrecht des Mieters ist daher im Lichte der grundgesetzlichen Bestimmung des Art. 3 Abs. 3 Satz 2 GG zu sehen; sein Inhalt wird – auch wenn es um einen behinderte Angehörigen oder Lebensgefährten geht, der nicht Partei des Mietvertrages ist – durch diese Grundentscheidung mitgeprägt (BVerfG Beschluss vom 28. März 2000 – 1 BvR 1460/99 = BehindertenR 2000, 175 = NJW 2000, 2658). Ggf. muss der Mieter **notwendige Verkehrssicherungspflichten übernehmen** und den **Vermieter von Haftungsrisiken freistellen**, etwa beim Einbau eines Treppenlifts (BVerfG Beschluss vom 28. März 2000 a. a. O.; LG Duisburg Urteil vom 10. Dezember 1996 – 23 S 452/96 = ZMR 2000, 463), und die Einbauten nach seinem Auszug **wieder entfernen**.

266 Bei **Wohnungseigentum** kann der Einbau eines **Treppenlifts** als bauliche Maßnahme nicht von der Zustimmung der Miteigentümer abhängig sein, wenn die bauordnungsrechtlichen Belange gewahrt sind und die Gebrauchsmöglichkeiten des Treppenhauses für die übrigen Wohnungseigentümer nicht über das unvermeidliche Maß hinaus beeinträchtigt werden (BayObLG Beschluss vom 25. September 2003 – 2Z BR 161/03 = ZMR 2004, 209).

267 Zur **Erhaltung** gehört die Sanierung oder Renovierung einer behinderungsgerechten Wohnung.

b) Angemessener Umfang

268 Die Kosten der Wohnungshilfe dürfen allerdings einen „**angemessenen Umfang**" nicht überschreiten. Dieser richtet sich nach den Einzelumständen und den üblichen Kosten am Wohnort des behinderten Menschen (GK-SGB IX / *Großmann* Rdnr. 140). Anhaltspunkte kann die bis zum 30. 6. 2001 in Geltung gewesene Regelung des § 11 Satz 1 Nr. 5 SGB III liefern: Danach waren bis zu 10 000 DM zu gewähren; in besonders begründeten Ausnahmefällen konnte die Leistung bis zu 20 000 DM betragen; allerdings wurde der 10 000 DM übersteigende Betrag als Darlehen erbracht.

c) Abgrenzung zur Wohnungshilfe nach § 55 Abs. 2 Nr. 5 SGB IX

269 Eine vergleichbare Leistungsmöglichkeit ist auch im Rahmen der Leistungen zur **Teilhabe am Leben in der Gemeinschaft** nach § 55 Abs. 2 Nr. 5 SGB IX vorgesehen. Die **Abgrenzung** der Leistungsarten wird sich daran zu orientieren haben, ob die Wohnungshilfe vor allem die Möglichkeit schafft, den **Arbeitsplatz möglichst barrierefrei und selbstständig zu erreichen**. In diesem Fall wird die Bedarfslage durch die Berufsausübung bzw. Erreichung des Arbeitsplatzes ausgelöst und kann deshalb als Leistung nach § 33 Abs. 8 Nr. 6 SGB IX gedeckt werden.

270 So kann ein **Umbau der Wohnung** notwendig sein, wenn der behinderte Mensch andernfalls seine Wohnung nicht mehr nutzen und deshalb seinen Arbeitsplatz nicht mehr erreichen könnte. Das ist allerdings **nicht** der Fall, wenn es um den **Einbau einer behindertengerechten Küche** geht (LSG NRW Urteil vom 7. Januar 2004 – L 12 AL 202/03, zit. nach JURIS). Die erschwerte Nutzung der Küche schließt nämlich die Nutzung der Wohnung nicht aus, sodass der behinderte Mensch seinen Arbeitsplatz auch in Zukunft erreichen kann. Auch ist keine Gefährdung der Fähigkeit des Betroffenen, am Arbeitsleben teilzunehmen darin zu sehen, dass er nicht selbst kochen kann. Es bestehen zahlreiche alternative

Möglichkeiten, sich zu verpflegen, etwa in einer Kantine, in Gaststätten oder durch Dienste, die Essen bringen. So dürfte es eine Vielzahl Erwerbstätiger geben, die mangels Möglichkeit hierzu nie selbst kochen, z. B. in Gemeinschaftsunterkünften oder bei notwendiger doppelter Haushaltsführung (⚖ LSG NRW Urteil vom 7. Januar 2004 a. a. O.).

Hingegen ist etwa eine Ausstattung der Wohnung, die eine **allgemeine Verbesserung der Lebensqualität** bewirkt oder elementare Grundbedürfnis befriedigt, ggf. als **Teilhabeleistung nach § 55 Abs. 2 Nr. 5 SGB IX** zu finanzieren (Ernst / Adlhoch / Seel / *Hansen* Rdnr. 81 f.). 271

d) Kostenübernahme durch Integrationsamt

Sofern die Wohnungshilfe an einen schwerbehinderten Menschen als Leistung zur Teilhabe am Arbeitsleben erbracht werden müsste, aber keine Zuständigkeit eines Trägers der beruflichen Rehabilitation besteht, kommt auch ein Anspruch gegen das **Integrationsamt** auf Kostenübernahme in Betracht (§ 102 Abs. 3 Nr. 1d SGB IX). 272

I) Verfahrensfragen

1. Antrag

Leistungen nach § 33 können sowohl **auf Antrag, aber auch von Amts wegen** erbracht werden (§ 14 Abs. 1 und 3 SGB IX). Die Rehabilitationsträger haben die behinderten Menschen nach § 14 Abs. 1 SGB I zu beraten und zur Stellung der gebotenen Anträge anzuregen. 273

Der Antrag muss **nicht auf eine bestimmte Leistung gerichtet** sein, sondern lediglich das Begehren nach einer Leistung erkennen lassen. Bei konkret bezeichneten Leistungen, etwa der Förderung der Teilnahme an einer bestimmten Bildungsmaßnahme, ist im Zweifel nicht anzunehmen, dass der behinderte Mensch seinen Antrag hierauf beschränken will (GK-SGB IX / *Großmann* Rdnr. 141 m. w. Nachw.). 274

2. Entscheidung und Abänderung

Der Bescheid, der eine Leistung zu Teilhabe am Arbeitsleben bewilligt, regelmäßig ein **begünstigender Verwaltungsakt mit Dauerwirkung** im Sinne von § 48 Abs. 1 SGB X (⚖ BSG Urteil vom 22. September 1981 – 1 RJ 112/80 = SozR 1300 § 48 Nr. 1; ⚖ BSG Urteil vom 31. März 1992 – 9b RAr 1/91 = SozR 3-4100 § 58 Nr. 4). § 48 SGB X erlaubt grundsätzlich die Anpassung von Dauerbescheiden an geänderte Tatsachen. Das Ausmaß der Änderungsbefugnis ergibt sich aber häufig erst aus dem einschlägigen Rechtsgebiet, in dem geregelt ist, welche Umstände wesentlich i. S. des § 48 SGB X sind. Das gilt vor allem bei **einkommensabhängigen Leistungen**, die andernfalls permanent kontrolliert werden müssten. Deshalb legt auch das Anordnungsrecht bestimmte Zeitpunkte fest, die für die Berechnung maßgebend sind (vgl. ⚖ BSG Urteil vom 7. November 1990 – 9b/7 RAr 130/89 = SozR 3-4100 § 40 Nr. 4). Das **Ausbildungsgeld**, das nach den Einkommensverhältnissen vor Beginn einer Rehabilitation zu bemessen ist, darf nicht allein wegen der Erhöhung des Einkommens der Eltern während der Maßnahme gekürzt werden (⚖ BSG Urteil vom 31. März 1992 a. a. O.). 275

3. Rechtsbehelf

Gegen die Ablehnung von Leistungen nach § 33 SGB IX, auf die ein **Rechtsanspruch** besteht, ist die **verbundene Anfechtungs- und Leistungsklage** gemäß § 54 Abs. 1 und Abs. 4 SGG zu erheben (⚖ BSG Urteil vom 23. April 1980 – 4 RJ 11/79 = SozR 2200 § 1237b Nr. 5). Eine Verpflichtungsklage wäre unzulässig. Trifft der Leistungsträger ausnahmsweise eine Ermessensentscheidung, ist die **(kombinierte Anfechtungs- und) Verpflichtungsklage** nach § 54 Abs. 1 Satz 1 SGG die zutreffende Klageart (⚖ BSG Urteil vom 16. November 1993 – 4 RA 37/93 = SozR 3-5765 § 1 Nr. 1 zur Bewilligung von Zuschüssen oder Darlehen nach der KfzHV; ⚖ BSG Urteil vom 20. März 2007 – B 2 U 18/05 R = SozR 4-2700 § 35 Nr. 1 = NZS 2008, 43 zur Festsetzung einer Teilförderung in der gesetzlichen Unfallversicherung). 276

§ 34
Leistungen an Arbeitgeber

(1) ¹Die Rehabilitationsträger nach § 6 Abs. 1 Nr. 2 bis 5 können Leistungen zur Teilhabe am Arbeitsleben auch an Arbeitgeber erbringen, insbesondere als
1. Ausbildungszuschüsse zur betrieblichen Ausführung von Bildungsleistungen,
2. Eingliederungszuschüsse,
3. Zuschüsse für Arbeitshilfen im Betrieb,
4. teilweise oder volle Kostenerstattung für eine befristete Probebeschäftigung.

²Die Leistungen können unter Bedingungen und Auflagen erbracht werden.

(2) Ausbildungszuschüsse nach Absatz 1 Satz 1 Nr. 1 können für die gesamte Dauer der Maßnahme geleistet werden und sollen bei Ausbildungsmaßnahmen die von den Arbeitgebern im letzten Ausbildungsjahr zu zahlenden monatlichen Ausbildungsvergütungen nicht übersteigen.

(3) ¹Eingliederungszuschüsse nach Absatz 1 Satz 1 Nr. 2 betragen höchstens 50 vom Hundert der vom Arbeitgeber regelmäßig gezahlten Entgelte, soweit sie die tariflichen Arbeitsentgelte oder, wenn eine tarifliche Regelung nicht besteht, die für vergleichbare Tätigkeiten ortsüblichen Arbeitsentgelte im Rahmen der Beitragsbemessungsgrenze in der Arbeitsförderung nicht übersteigen; die Leistungen sollen im Regelfall für nicht mehr als ein Jahr geleistet werden. ²Soweit es für die Teilhabe am Arbeitsleben erforderlich ist, können die Leistungen um bis zu 20 Prozentpunkte höher festgelegt und bis zu einer Förderungshöchstdauer von zwei Jahren erbracht werden. ³Werden sie für mehr als ein Jahr geleistet, sind sie entsprechend der zu erwartenden Zunahme der Leistungsfähigkeit der Leistungsberechtigten und den abnehmenden Eingliederungserfordernissen gegenüber der bisherigen Förderungshöhe, mindestens um zehn Prozentpunkte, zu vermindern. ⁴Bei der Berechnung nach Satz 1 wird auch der Anteil des Arbeitgebers am Gesamtsozialversicherungsbeitrag berücksichtigt. ⁵Eingliederungszuschüsse werden zurückgezahlt, wenn die Arbeitsverhältnisse während des Förderungszeitraums oder innerhalb eines Zeitraums, der der Förderungsdauer entspricht, längstens jedoch von einem Jahr, nach dem Ende der Leistungen beendet werden; dies gilt nicht, wenn
1. die Leistungsberechtigten die Arbeitsverhältnisse durch Kündigung beenden oder das Mindestalter für den Bezug der gesetzlichen Altersrente erreicht haben oder
2. die Arbeitgeber berechtigt waren, aus wichtigem Grund ohne Einhaltung einer Kündigungsfrist oder aus Gründen, die in der Person oder dem Verhalten des Arbeitnehmers liegen, oder aus dringenden betrieblichen Erfordernissen, die einer Weiterbeschäftigung in diesem Betrieb entgegenstehen, zu kündigen.

⁶Die Rückzahlung ist auf die Hälfte des Förderungsbetrages, höchstens aber den im letzten Jahr vor der Beendigung des Beschäftigungsverhältnisses gewährten Förderungsbetrag begrenzt; ungeförderte Nachbeschäftigungszeiten werden anteilig berücksichtigt.

ERLÄUTERUNGEN

ÜBERSICHT

I. Bedeutung der Vorschrift (Rdnrn. 1–2)
II. Fassung (Rdnr. 3)
III. Anmerkungen (Rdnrn. 4–43)
    A) zu Abs. 1
        1. Ausbildungszuschüsse zur betrieblichen Ausführung von Bildungsleistungen (Satz 1 Nr. 1) (Rdnrn. 5–7)
        2. Eingliederungszuschüsse (Satz 1 Nr. 2) (Rdnr. 8)

3. Zuschüsse für Arbeitshilfen im Betrieb (Satz 1 Nr. 3) (Rdnrn. 9–14)
4. Kostenerstattung für eine befristete Probebeschäftigung (Satz 1 Nr. 4) (Rdnrn. 15–18)
5. Leistungen unter Bedingungen und Auflagen (Rdnrn. 18a–25)

B) zu Abs. 2
1. Leistungsdauer bei Ausbildungszuschüssen (Rdnr. 26)
2. Leistungshöhe bei Ausbildungszuschüssen (Rdnrn. 27–28)

C) zu Abs. 3
1. Höhe der Eingliederungszuschüsse (Rdnrn. 29–35)
2. Dauer der Leistungsgewährung (Rdnrn. 36–37)
3. Rückzahlungspflicht (Rdnrn. 38–43)

IV. Literatur

I. Bedeutung der Vorschrift

Folgende Rehabilitationsträger können nach ihrem Ermessen zur unmittelbaren Förderung der Teilhabe behinderter Menschen am Arbeitsleben auch Leistungen an Arbeitgeber erbringen: die Bundesagentur für Arbeit, die Träger der gesetzlichen Unfallversicherung, die Träger der gesetzlichen Rentenversicherung bzw. der Alterssicherung der Landwirte sowie die Träger der Kriegsopferversorgung und -fürsorge. Diese Leistungen können insbesondere Ausbildungszuschüsse, Eingliederungszuschüsse, Zuschüsse für Arbeitshilfen im Betrieb sowie die Kostenerstattung für eine befristete Probebeschäftigung sein (**Abs. 1**). Obwohl sie an Arbeitgeber gewährt werden, handelt es sich um Sozialleistungen gemäß § 29a Abs. 1 Nr. 2a und c SGB I. Sie stellen keine Beihilfen i. S. von Artikel 87 EGV dar und verstoßen daher nicht gegen europäisches Recht (Mrozynski § 33 Rdnr. 5). 1

Anspruchsberechtigt und damit antragsbefugt ist der **behinderte Mensch**, der in Abs. 3 Satz 3 und 5 bezüglich der Eingliederungszuschüsse auch als Leistungsberechtigter benannt wird (vgl. *Flüthmann* DRV 2003, 293 [294]). Unabhängig davon kann die Verwaltung den Arbeitgeber durch Verwaltungsakt als Begünstigten des Eingliederungszuschusses feststellen. Aus Gründen der Zweckmäßigkeit ist deshalb auch Arbeitgebern, an welche die Leistung letztlich gerichtet ist, ein Antragsrecht einzuräumen (Feldes u. a. / *Busch* Rdnr. 45).

Auf die Leistungen besteht **kein Rechtsanspruch**. Sie werden nach pflichtgemäßem Ermessen gewährt (Feldes u. a. / *Busch* Rdnr. 8). Der Leistungsträger hat im Rahmen eines ordnungsgemäßen Verfahrens nach Ermittlung aller einschlägigen Tatsachen – orientiert an den Zielvorstellungen des SGB IX – die schutzwürdigen Interessen der Betroffenen mit den gesetzlichen Förderungsmöglichkeiten abzuwägen (GK-SGB IX / *Großmann* Rdnr. 20 m. w. N.).

In **Abs. 2** werden nähere Bestimmungen zur Dauer und Höhe von Ausbildungszuschüssen getroffen. 1a

In **Abs. 3** wird die Höhe der Eingliederungszuschüsse näher bestimmt. Außerdem werden Regelungen zur Rückzahlung der Eingliederungszuschüsse getroffen, wenn die Arbeitsverhältnisse binnen bestimmter Fristen beendet werden. 2

Damit werden die für die Bundesagentur für Arbeit geltenden Regelungen für Eingliederungszuschüsse verallgemeinert.

II. Fassung

Die Vorschrift wurde im Wesentlichen unverändert aus dem Regierungsentwurf (BT-Drucks. 14/5531 i. V. m. 14/5074) übernommen. 3

III. Anmerkungen

A) zu Abs. 1

4 Die Vorschrift zählt in einem **nicht abschließenden Katalog** Teilhabeleistungen auf, die an Arbeitgeber erbracht werden können. Dieser Katalog umfasst vier verschiedene Leistungsgruppen.

Erbracht werden diese Leistungen von den **Rehabilitationsträgern** nach § 6 Abs. 1 Nr. 2 bis 5 SGB IX, also der Bundesagentur für Arbeit, den Trägern der gesetzlichen Unfallversicherung, der gesetzlichen Rentenversicherung sowie den Trägern der Kriegsopferversorgung der Kriegsopferfürsorge.

Zwar sind auch die Träger der öffentlichen Jugendhilfe sowie die Träger der Sozialhilfe für die Teilhabe am Arbeitsleben zuständig (§ 6 Abs. 1 Nr. 6 und 7 SGB IX). Jedoch erbringen sie keine Leistungen an Arbeitgeber.

4a Die **Bundesagentur für Arbeit** ist grundsätzlich **nur nachrangig zuständig** (§ 22 Abs. 2 Satz 1 SGB III). Sie darf Leistungen an Arbeitgeber regelmäßig nur erbringen, wenn nicht die vorgenannten weiteren Rehabilitationsträger zuständig sind. Nach dem Leistungsrecht des SGB III kommen hierfür namentlich in Betracht der Einstellungszuschuss bei Neugründungen (§§ 225–228 SGB III), Arbeitshilfen (§ 237 SGB III) sowie Leistungen für die Probebeschäftigung behinderter Menschen (§ 238 SGB III).

Hierbei führt nicht eine gesetzliche Leistungspflicht, sondern ausschließlich das **Bestehen der Zuständigkeit** eines anderen Rehabilitationsträgers zum Nachrang der BA (Gagel / *Steinmeyer* SGB III § 22 Rdnr. 47). Daher braucht nur die Zuständigkeit, nicht aber eine Verpflichtung zur Leistungsgewährung gegeben sein. Die Zuständigkeit eines Rehabilitationsträgers richtet sich je nach seiner Funktion regelmäßig nach der Ursache, auf der die Behinderung beruht, nach der Zugehörigkeit zum versicherten Personenkreis oder zum Kreis der nach gesetzlichen Bestimmungen zu Betreuenden (vgl. BSG Urteil vom 21. Mai 1980 – 7 RAr 19/79 – SozR 4100 § 57 Nr. 11). Ist ein anderer Reha-Träger zwar für die Leistung an sich zuständig, fehlt es jedoch an einer materiellen Leistungsvoraussetzung, so besteht der Nachrang der BA und diese darf die berufsfördernde Leistung nicht erbringen.

4b Ohne diese **Einschränkung** der nur nachrangigen Verpflichtung kann die BA **Eingliederungszuschüsse** nach § 219 SGB III sowie **Zuschüsse zur Ausbildungsvergütung für schwerbehinderte Menschen** gemäß § 235a SGB III leisten (§ 22 Abs. 2 Satz 2 SGB III). Beide Leistungsarten wurden zeitgleich mit der Regelung des § 22 Abs. 2 Satz 2 in das SGB III eingefügt. Nach den Vorstellungen des Gesetzgebers soll die Neuregelung sicherstellen, dass Eingliederungszuschüsse nach § 219 SGB III und Zuschüsse zur Ausbildungsvergütung nach § 235a SGB III von der BA auch dann erbracht werden dürfen, wenn ein anderer Rehabilitationsträger zuständig ist (BT-Drucks. 14/3372 S. 25 zu Art. 2 Nr. 2).

In diesem Fall werden nach Satz 3 jener Vorschrift **tatsächlich erbrachte Leistungen des anderen Leistungsträgers angerechnet**. Hierzu ist die Bundesagentur für Arbeit nicht nur berechtigt, sondern auch **verpflichtet**. Durch die gleichsam mehrfache Zuständigkeit von Trägern soll der Berechtigte nicht besser gestellt werden als er stünde, wenn nur die BA für die Leistung zuständig wäre (Gagel / *Steinmeyer* SGB III § 22 Rdnr. 47b).

4c Werden allerdings Leistungen an den Arbeitgeber **bei der Bundesagentur für Arbeit beantragt**, kann sie sich **gegenüber dem Rentenversicherungsträger nicht auf das Nachrangprinzip** des § 22 Abs. 2 Satz 1 SGB III berufen. Nach § 14 Abs. 1 Satz 4 SGB IX sind von ihr **keine Feststellungen nach § 11 Abs. 2a Nr. 1 SGB VI** zu treffen. Die BA hat also nicht zu prüfen, ob ohne Rehabilitationsleistungen der Rentenversicherungsträger eine Rente wegen verminderter Erwerbsfähigkeit zu zahlen hätte. Unberührt bleibt jedoch ihre Befugnis, im Verhältnis zum Rentenversicherungsträger, Feststellungen zu treffen zur Notwendigkeit von Leistungen zur Teilhabe am Arbeitsleben aus einer unmittelbar vorangegangenen medizinischen Rehabilitation (§ 11 Abs. 2a Nr. 2 SGB VI), zur im Zeitpunkt der Antragstellung vorhandenen Zahl von (mindestens 180 Monaten) versicherungspflichtigen Beschäftigungszeiten (§ 11 Abs. 1 Nr. 1 SGB VI) und zur Frage des Bezugs einer Rente wegen verminderter Erwerbsfähigkeit (§ 11 Abs. 1 Nr. 2 SGB VI) im Zeitpunkt der Antragstellung (Gagel / *Steinmeyer* SGB III § 22 Rdnr. 55).

1. Ausbildungszuschüsse zur betrieblichen Ausführung von Bildungsleistungen (Satz 1 Nr. 1)

Bei betrieblicher Ausführung von Bildungsleistungen können Ausbildungszuschüsse an Arbeitgeber gezahlt werden. Gemeint sind hiermit Ausbildende gem. § 3 Abs. 1 BBiG, die mit behinderten Auszubildenden einen Ausbildungsvertrag nach § 3 f. BBiG geschlossen haben und sie zur Ausbildung i. S. von § 7 Abs. 2 SGB IX beschäftigen (GK-SGB IX / *Großmann* Rdnr. 23). 5

Die Arbeitgeber sollen hierdurch **motiviert** werden, **Ausbildungsplätze** für behinderte Menschen **zu schaffen**.

Förderungsfähig ist eine **betriebliche Berufsausbildung gem. § 1 Abs. 5 BBiG** im Rahmen eines Berufsausbildungsverhältnisses auf der Grundlage eines Ausbildungsvertrages (§§ 3 bis 5 BBiG). Hierbei wird nicht vorausgesetzt, dass das Ausbildungsverhältnis aufgrund einer Berufsberatung und Vermittlung durch die Bundesagentur für Arbeit zustande gekommen ist (vgl. BSG Urteil vom 29. Juli 1993 – 11/9b RAr 5/92 = SozR 3-4100 § 60 Nr. 1 = BehindertenR 1995, 23). 6

Betriebliche Ausbildungen behinderter Menschen, die zwar im Rahmen des BBiG oder HandwO durchgeführt werden, aber **von den** an sich zwingenden **Ausbildungsordnungen** staatlich anerkannter Ausbildungsberufe **abweichen**, sind **ebenfalls förderungsfähig**. Denn diese Ausbildungsordnungen sollen die besonderen Verhältnisse behinderter Menschen berücksichtigen (§ 65 Abs. 1 Satz 1 BBiG). Diese sind ggf. auch ohne die üblichen Voraussetzungen zur Abschlussprüfung zuzulassen (§ 65 Abs. 1 Satz 1 i. V. m. § 47 BBiG).

Das Merkmal der „betrieblichen" Berufsausbildung entfällt nicht allein dadurch, dass behinderte Menschen während der Ausbildungszeit **vorübergehend ausbildungsbegleitende Hilfen** nach § 241 Abs. 1 Satz 1 und 2 SGB III erhalten oder **außerbetriebliche Ausbildungsabschnitte** nach § 241 Abs. 1 Satz 3 SGB III absolvieren (GK-SGB IX / *Großmann* Rdnr. 32 m. w. N.).

Zwar werden nur Ausbildungszuschüsse und nicht auch **Weiterbildungszuschüsse** ausdrücklich genannt. Dennoch ermöglicht die allgemeine Formulierung „betriebliche Ausführung von Bildungsleistungen", **neben Erstausbildungen auch Umschulungen oder im Betrieb durchgeführte Fortbildung** zu fördern (Hauck / Noftz / *Götze* Rdnr. 5; B / F / K / L / *Gerwinn* Rdnr. 3). Im Übrigen schließt der durch die Formulierung „insbesondere" offen gehaltene Katalog des § 34 Abs. 1 nicht aus, weitere in Satz 1 Nr. 1 nicht ausdrücklich benannte Leistungen zu gewähren (HK-SGB IX / *Bieritz-Harder* Rdnr. 3). Die Maßnahme muss aber stets darauf zielen, die beruflichen Fähigkeiten des Auszubildenden zu verbessern, also seiner Berufsausbildung oder wenigstens der Vorbereitung auf eine Tätigkeit als Arbeitnehmer dienen. 7

2. Eingliederungszuschüsse (Satz 1 Nr. 2)

Arbeitgebern können auch Eingliederungszuschüsse gewährt werden. Das sind Zuschüsse zum Arbeitsentgelt zum **Ausgleich von Minderleistungen** bestimmter förderungsbedürftiger Arbeitnehmer (vgl. § 217 SGB III). Gemeint sind nach Satz 2 **jener Vorschrift Arbeitnehmer, die ohne die Leistung nicht oder nicht dauerhaft in den Arbeitsmarkt eingegliedert werden können.** 8

Zwar besteht keine allgemeine Vermutung dahingehend, dass behinderte Menschen auf ihren Arbeitsplätzen nur Minderleistungen erbringen. Vielfach dürfte aufgrund entsprechender Motivation sogar mindestens eine gleichwertige Leistung anzunehmen sein. Deshalb sollte die **Legitimation für Eingliederungszuschüsse** an diesen Personenkreis in bestehenden Vermittlungshemmnissen und in erreichbaren verbesserten Einstellungschancen gesehen werden (so auch GK-SGB IX / *Großmann* Rdnr. 42 f.). Jedoch legt das Gesetz selbst in Abs. 3 Satz 3 zugrunde, dass mit zunehmender Beschäftigungsdauer eines behinderten Menschen auf seinem Arbeitsplatz auch dessen Leistungsfähigkeit steige und deshalb die Eingliederungserfordernisse zurückgehen.

Wegen der auf Dauer zielenden Teilhabe am Arbeitsleben (vgl. § 4 Abs. 1 Nr. 3 SGB IX) werden Eingliederungszuschüsse grundsätzlich **nur für Arbeitsverhältnisse auf unbestimmte Dauer** i. S. von § 620 Abs. 2 BGB zu gewähren sein. Jedoch kann ausnahmsweise auch ein befristetes Arbeitsverhältnis gefördert werden, wenn das zur dauerhaften Eingliederung beiträgt (BT-Drucks. 13/4941, S. 192 zu § 215 SGB III). Das dürfte vor allem bei längeren Befristungen über die Förderungsdauer hinaus in Betracht kommen (GK-SGB IX / *Großmann* Rdnr. 47 m. w. N.).

3. Zuschüsse für Arbeitshilfen im Betrieb (Satz 1 Nr. 3)

9 Die Vorschrift soll verhindern, dass Arbeitgeber von der Einstellung behinderter Arbeitnehmer oder von der Bereitstellung geeigneter Aus- und Weiterbildungsplätze für Behinderte Abstand nehmen, weil sie die Kosten für die behindertengerechte Ausgestaltung von Ausbildungs- oder Arbeitsplätzen nicht tragen wollen oder können.

Unter den Begriff der „Arbeitshilfen" fallen nur Hilfsmittel, Ausrüstungs- oder besondere Einrichtungsgegenstände, die zusätzlich aufgrund der Ausbildung oder Beschäftigung von Behinderten erforderlich sind. Umfasst werden nach zutreffender Auffassung der BA zu § 237 SGB III (DA der BA 237.0.1 Abs. 1 und 3) auch erforderliche Umbauten (z. B. Auffahrrampen, sanitäre Einrichtungen) und erforderliche Nebenkosten; z. B. Planungskosten, Gebühren, Gutachterkosten (Gagel / *Lauterbach* SGB III § 237 Rdnr. 5; a. A Hauck / Noftz / *Götze* Rdnr. 11: Nicht gemeint seien Aufwendungen eines Arbeitgebers für betriebliche Einrichtungen, die allgemeine Voraussetzungen für die Beschäftigung behinderter Menschen schaffen und nicht individuell einem einzelnen Arbeitnehmer zugeordnet werden können wie etwa Rampen, Aufzüge oder Toiletten).

10 Die Möglichkeit der Zuschussgewährung bezieht sich auf Arbeitshilfen, die für die Teilhabe am Arbeitsleben eines **bestimmten** behinderten oder von Behinderung bedrohten Menschen **zusätzlich** erforderlich sind, weil wegen Art oder Schwere der Behinderung nur so seine dauerhafte berufliche Eingliederung erreicht werden kann. Es handelt sich um solche technischen oder sonstigen Vorrichtungen im Betrieb, die **für den Einzelnen an seinem Arbeitsplatz** erforderlich sind. In Betracht kommen etwa Bildschirm-Lesegeräte, Braille-Drucker, elektronische Lese-Sprech-Geräte, Mikroport-Anlagen als Hörverstärker, Elektrorollstühle oder ein Elektro-Gabelhubwagen als Hilfe beim Warentransport, aber auch z. B. eine besondere Sicherheitsvorkehrung an einer Maschine. In jedem Fall handelt es sich nach dem systematischen Zusammenhang des Gesetzes um einen **sächlichen Teil der Betriebsausstattung** (Mrozynski Rdnr. 15). Da die Leistungen an den Arbeitgeber erbracht werden, auch wenn sie für einzelne Arbeitnehmer genutzt werden, gehen die entsprechenden Anlagen in das **Eigentum des Arbeitgebers** über (Hauck / Noftz / *Großmann* SGB III § 237 Rdnrn. 8 und 20).

10a Ferner sind **ausgeschlossen** solche **Hilfsmittel**, die der behinderte Mensch im Wesentlichen auch **für den Arbeitsweg und die private Lebensgestaltung** nutzt, z. B. Prothesen, Gehhilfen, Hörgeräte und Brillen. Sie gehören nicht zu den Arbeitshilfen „im Betrieb" (näher hierzu und zu Abgrenzungsfragen Erl. zu § 31 SGB IX Rdnr. 9 ff.). Allerdings können sie Hilfsmittel im Rahmen der medizinischen Rehabilitation gemäß § 26 Abs. 2 Nr. 6 SGB IX oder Hilfsmittel im Rahmen der Leistungen zur Teilhabe am Arbeitsleben nach § 33 Abs. 3 Nr. 1 und Abs. 8 Satz 1 Nr. 4 SGB IX sein.

Die **Bundesagentur für Arbeit** darf nach § 237 SGB III solche in ihrem Ermessen stehende Zuschüsse **nicht gewähren**, wenn sich eine entsprechende Verpflichtung des Arbeitgebers aus §§ 68 ff. SGB IX ergibt. Arbeitgeber sind gem. § 81 Abs. 4 Nr. 4 SGB IX gegenüber schwerbehinderten Arbeitnehmern verpflichtet, für eine behindertengerechte Ausstattung der Arbeitsplätze zu sorgen. Sie haben diese ferner mit den erforderlichen technischen Arbeitshilfen auszustatten, soweit dies nicht unzumutbar ist oder mit unverhältnismäßigen Mehrkosten verbunden wäre (§ 81 Abs. 4 Nr. 5 SGB IX). Die Verpflichtung besteht aber nach Abs. 4 Satz 3 jener Vorschrift nicht, soweit ihre Durchführung **für den Arbeitgeber unzumutbar** oder mit unverhältnismäßig hohem Aufwand verbunden wäre oder soweit die staatlichen oder berufsgenossenschaftlichen Arbeitsschutzvorschriften ihnen entgegenstehen. Im Rahmen des § 237 SGB III berechtigt ein hoher Aufwand allein die BA nicht, die Leistungsgewährung im Rahmen ihres pflichtgemäßen Ermessens abzulehnen (Gagel / *Lauterbach* SGB III § 237 Rdnr. 7).

Abgestellt wird allein auf eine Verpflichtung *des Arbeitgebers.* Unerheblich ist, ob Leistungen durch das Integrationsamt zu erbringen sind.

Für **andere Rehabilitationsträger** gilt diese **Einschränkung nicht**. Sie können deshalb Leistungen zur beruflichen Rehabilitation nicht allein mit dem Hinweis auf Ansprüche des behinderten Menschen gegen den Arbeitnehmer ablehnen. Allenfalls kann dieser Gesichtspunkt bei der **Ermessensentscheidung** über die Gewährung eines Zuschusses einbezogen werden, wobei auch eine Rolle spielen wird, ob der Arbeitgeber seiner Beschäftigungspflicht nach § 71 SGB IX überhaupt – ggf. auch über die Mindestquote hinaus – nachkommt (HK-SGB IX / *Bieritz-Harder* Rdnr. 6).

Das Gesetz begrenzt die Höhe der Zuschüsse für Arbeitshilfen nicht. Deshalb können diese auch die vollen Kosten umfassen. Allerdings legt der Begriff des „Zuschusses" **für den Regelfall nur die anteilige Kostenübernahme** nahe (GK-SGB IX / *Großmann* Rdnr. 86). Bei der entsprechenden Ermessensentscheidung kann der zuständige Rehabilitationsträger auch die verfügbaren Haushaltsmittel berücksichtigen und bei schwerbehinderten Menschen prüfen, ob die Arbeitgeber gem. § 81 Abs. 4 Satz 1 Nr. 4 und 5 SGB IX Kosten selbst zu tragen haben.

Technische Hilfen als Hilfsmittel kommen auch als **Leistung an den Arbeitnehmer** selbst in Betracht (vgl. § 33 Abs. 8 Nr. 4 SGB IX). Sie werden aber nur erbracht, wenn eine entsprechende Verpflichtung des Arbeitgebers nicht besteht. Bei konkurrierender Leistungsmöglichkeit dürfte ein Zuschuss an den Arbeitgeber vor allem dann zu erwägen sein, wenn die Leistungsgewährung an den Betroffenen selbst unwirtschaftlich wäre (Gagel / *Lauterbach* SGB III § 237 Rdnr. 5).

Ein Rehabilitationsträger darf einen Zuschuss für eine Arbeitshilfe im Betrieb nicht allein deshalb ablehnen, weil auch entsprechende **Leistungen durch Integrationsämter** vorgesehen sind (§ 102 Abs. 5 Satz 2 SGB IX). Zusätzlich verbietet § 102 Abs. 5 Satz 2 Halbs. 2 SGB IX auch eine Aufstockung anderweitig erbrachter Leistungen durch die Integrationsämter.

4. Kostenerstattung für eine befristete Probebeschäftigung (Satz 1 Nr. 4)

Als Leistung zur beruflichen Teilhabe kann ein Rehabilitationsträger einem Arbeitgeber die Kosten einer befristeten Probebeschäftigung ganz oder teilweise erstatten. Auch hierdurch soll die **Motivation zur Einstellung** behinderter Arbeitnehmer erhöht werden. Denn Arbeitgeber sind häufig erst dann bereit, einen Dauerarbeitsplatz zur Verfügung zu stellen, wenn der behinderte Arbeitnehmer in einer Probephase seine Eignung für die vorgesehene Tätigkeit bewiesen hat. Das aus Gründen der Erprobung befristete Arbeitsverhältnis **endet** gemäß § 620 Abs. 1 BGB **mit dem Ablauf der vereinbarten Zeit**, ohne dass es einer Kündigung bedarf. Der Arbeitgeber ist selbst dann nicht verpflichtet, den Arbeitnehmer zu behalten, wenn dieser sich in der Probezeit voll bewährt hat (vgl. 🏛 BAG Urteil vom 15. März 1978 – 5 AZR 831/76 = AP Nr. 45 zu § 620 BGB Befristeter Arbeitsvertrag = DB 1978, 1744).

Zur **Fortsetzung** des Arbeitsverhältnisses bedarf es einer **arbeitsvertraglichen Vereinbarung**, für die für beide Seiten Vertragsfreiheit besteht. Die Dauer des befristeten Arbeitsverhältnisses kann ebenfalls „für eine angemessene Zeitspanne" frei vereinbart werden, soweit nicht tarifvertragliche oder betriebsverfassungsrechtliche Vorschriften entgegenstehen. Üblich sind Probezeiten zwischen drei und sechs Monaten (🏛 BAG Urteil vom 15. März 1978 a. a. O.).

16 **Leistungsvoraussetzungen** sind nicht gesetzlich näher geregelt. Es genügt, dass die Möglichkeiten einer vollständigen und dauerhaften beruflichen Eingliederung des behinderten Menschen allein durch die Beschäftigung verbessert werden.

Darüber ist eine **Prognoseentscheidung** nach dem – vor dem Beginn der Probebeschäftigung vom Arbeitgeber zu stellenden Antrag – zu treffen. Die Entscheidung über die Kostenerstattung wird also nicht erst dann getroffen, wenn sich herausstellt, dass die Probebeschäftigung in ein unbefristetes Arbeitsverhältnis umgewandelt wird. Eine Probebeschäftigung kann im Einzelfall auch dann gefördert werden, wenn feststeht, dass es im Anschluss daran allenfalls zu einem befristeten Arbeitsverhältnis kommen wird, durch welches dann aber die Aussichten für eine – dauerhafte – berufliche Eingliederung insgesamt verbessert werden (Gagel / *Lauterbach* § 238 SGB III Rdnr. 6).

17 Gezahlt werden regelmäßig Zuschüsse zu den üblicherweise entstehenden **Kosten eines Arbeitsverhältnisses**, nämlich Lohn bzw. Gehalt einschließlich des Arbeitgeberanteils zur Sozialversicherung, ggf. auch behinderungsbedingte Betreuungskosten.

18 Die Leistung ist ihrem Wesen nach **zeitlich begrenzt**, ohne dass das Gesetz eine konkrete Dauer nennt. Die **Bundesagentur für Arbeit** darf eine befristete Probebeschäftigung nur **bis zu drei Monaten** fördern (§ 238 SGB III).

5. Leistungen unter Bedingungen und Auflagen

18a Der Rehabilitationsträger kann Leistungen durch **Verwaltungsakt** bewilligen oder auch durch **öffentlich-rechtlichen Vertrag** gemäß §§ 53 ff. SGB X. Denn ob Leistungen des § 34 SGB IX im Ermessen der Leistungsträger stehen, können sie auch Gegenstand eines Vertrages sein (vgl. § 53 Abs. 2 SGB X). Dieser muss nach § 56 SGB X schriftlich geschlossen werden.

18b Soweit Eingliederungszuschüsse durch Verwaltungsakt bewilligt werden, ist der **Leistungsbescheid an den Rehabilitanden zu richten**. Darüber hinaus ist dem **Arbeitgeber ein Bescheid** zu erteilen, mit dem er als Begünstigter z. B. des Eingliederungszuschusses festgestellt wird. In diesen Bescheid sind etwaige Nebenbestimmungen (Befristungen, Bedingungen und Auflagen) aufzunehmen.

18c Dem Rehabilitationsträger steht es frei, die Handlungsformen **Verwaltungsakt und öffentlich-rechtlicher Vertrag miteinander zu verbinden**. So kann etwa dem behinderten Arbeitnehmer der Eingliederungszuschuss durch Verwaltungsakt bewilligt und mit dem Arbeitgeber bezüglich seiner Begünstigung ein öffentlich-rechtlicher Vertrag geschlossen werden. In diesem können **Gegenleistungen** vereinbart werden, die bei Erlass eines Verwaltungsaktes Nebenbestimmungen i. S. des § 32 Abs. 2 SGB X wären. Allerdings muss die Gegenleistung nach den gesamten Umständen angemessen sein und im sachlichen Zusammenhang mit der vertraglichen Leistung der Behörde stehen (§ 55 Abs. 1 Satz 2 SGB X). Im Rahmen der Gewährung von Eingliederungszuschüssen sollte der Arbeitgeber vertraglich dazu verpflichtet werden, mit dem Rehabilitanden ein Dauerarbeitsverhältnis zu schließen, ihn auf einem leidensgerechten Arbeitsplatz einzusetzen und einzuarbeiten. Hierdurch wird die gesetzliche Aufgabe des Rehabilitationsträgers, den behinderten Menschen (wieder) dauerhaft in das Erwerbsleben einzugliedern, sichergestellt. Darüber hinaus sollte der Arbeitgeber vertraglich verpflichtet werden, die Beendigung des Arbeitsverhältnisses bis zu einem Jahr nach Beendigung der Leistungsgewährung mitzuteilen, die Beendigungsgründe darzulegen und ggf. nachzuweisen. Auch sollte er auf seine gesetzliche Zahlungspflicht hingewiesen werden (*Flüthmann* DRV 2003, 293 [295]).

Die Leistungen können **unter Bedingungen und Auflagen** erbracht werden (**Abs. 1 Satz 2**). **19** Es handelt sich um Nebenbestimmungen zum Verwaltungsakt nach § 32 SGB X. Bei einer **Bedingung** hängt der Eintritt oder Wegfall einer Vergünstigung oder Belastung von dem ungewissen Eintritt eines zukünftigen Ereignisses ab (§ 32 Abs. 2 Nr. 2 SGB X). Sie kann auflösend oder aufschiebend formuliert sein (vgl. § 158 BGB).

Eine **aufschiebende Bedingung läge** vor, wenn die **Verbesserung des Gesundheitszustandes** eines Arbeitnehmers i. S. der Arbeitsfähigkeit zu einem bestimmten Zeitpunkt zur Voraussetzung einer Leistung nach § 34 Abs. 1 SGB IX erklärt wird. Ebenso kann zur Bedingung der Förderung gemacht werden, dass der behinderte Mensch mit der Leistungsgewährung einverstanden ist und sich entsprechend verhält. Eine weitere zulässige und übliche aufschiebende Bedingung kann darin bestehen, dass die **vierteljährliche Zahlung eines Eingliederungszuschusses** an den Arbeitgeber von der **Vorlage der Lohnbescheinigungen** abhängig gemacht wird (vgl. ⚖ SG Dresden Urteil vom 9. August 2004 – S 14 RJ 517/02, zit. nach JURIS).

Wird die Bedingung nicht eingehalten, darf die Förderung nicht gewährt werden (GK-SGB IX / *Großmann* Rdnr. 96).

Durch eine **Auflage** wird dem Begünstigten ein Tun, Dulden oder Unterlassen vorgeschrieben (§ 32 Abs. 2 Nr. 4 SGB X). Sie ist selbstständig durchsetzbar und lässt den Bestand des Verwaltungsaktes unberührt. Bei einer im Einzelfall schwierigen Abgrenzung zwischen Bedingung und Auflage ist deshalb im Zweifel eine Auflage anzunehmen, weil sie den Betroffenen weniger belastet (von Wulffen / *Engelmann* SGB X § 32 Rdnr. 17). **20**

Derartige Nebenbestimmungen müssen hier in einem **sachlichen Zusammenhang** mit den Leistungen an den Arbeitgeber stehen, also ausschließlich dem Ziel der beruflichen Eingliederung des behinderten Menschen dienen (*Mrozynski* Rdnr. 18; unzulässig wäre ein Verbot an den Arbeitgeber, Vertragsbeziehungen zu einer bestimmten, allgemein unerwünschten Organisation zu unterhalten. Anders kann dies u. U. in Zusammenhang mit Bildungsmaßnahmen zu beurteilen sein). Eine zulässige Auflage könnte etwa darin bestehen, dass dem Arbeitgeber die Vorlage eines Einarbeitungs- und Anlernplanes aufgegeben wird (*Löschau*, Betrieb und Wirtschaft 2003, 962). Unterlässt dies der Arbeitgeber, bleibt der Leistungsbescheid bestehen; jedoch kann die Auflage durchgesetzt und vom Arbeitgeber auch selbstständig angegriffen werden (vgl. ⚖ BVerwG Urteil vom 22. November 2000 – 11 C 2.00 = BVerwGE 112, 221 = DÖV 2001, 691). **21**

Leistungen nach § 34 dürfen in der Regel **nicht** mit Auflagen oder Bedingungen versehen werden, die eine **Eigenbeteiligung des Arbeitgebers** fordern oder sich auf dessen finanzielle Leistungskraft beziehen. Denn derartige Nebenbestimmungen wären nach § 32 Abs. 3 SGB X unzulässig, weil sie dem Zweck des Verwaltungsaktes zuwiderliefen. Die dauerhafte Eingliederung behinderter Menschen durch geeignete Angebote würde gefährdet, wenn die Leistungskraft der Arbeitgeber ausschlaggebend für die Gewährung solcher Leistungen würde (HK-SGB IX / *Bieritz-Harder* Rdnr. 8; Feldes u. a. / *Busch* Rdnr. 14; *Gagel* NZA 2001, 991). **22**

Leistungsgewährungen nach § 34 Abs. 1 SGB IX können als Ermessensentscheidungen auch **befristet** werden (vgl. § 32 Abs. 2 Nr. 1 SGB X). Dies ergäbe allerdings bei der Arbeitshilfe keinen Sinn Feldes u. a. / *Busch* Rdnr. 13); bei den Ausbildungszuschüssen darf jedenfalls das Ziel der Ausbildung nicht gefährdet werden. Bei den Zuschüssen zu Eingliederung und Probebeschäftigung ist eine Befristung nicht nur zulässig, sondern notwendig und z. T. auch gesetzlich gefordert (*Mrozynski* Rdnr. 21). Ein bloßer Hinweis auf die Gesetzeslage stellt keine Befristung des Verwaltungsakts dar. **23**

24 **Auflagen** können selbstständig **angefochten** werden. Bei Ermessensentscheidungen kommt es allerdings darauf an, ob sich das Ermessen auf die Gesamtregelung bezieht und mit einer isolierten Aufhebung unzulässigerweise in den Ermessensspielraum eingegriffen würde. In solchen Fällen ist der Bescheid vollständig anzufechten bzw. aufzuheben (vgl. BSG Urteil vom 30. Oktober 1959 – 6 RKa 14/59 = BSGE 10, 292 = SGb 1960, 150; von Wulffen / *Engelmann* SGB X § 32 Rdnr. 35 m. w. Nachw.).

25 Für **Bedingungen und Befristungen** ist dies umstritten; die wohl h. M. bejaht eine selbstständige Anfechtbarkeit, unterscheidet aber zwischen gebundenen Verwaltungsakten und Ermessensentscheidungen: Hatte die Behörde bei unterstellter Kenntnis der Fehlerhaftigkeit der Nebenbestimmung Spielraum, den Hauptverwaltungsakt nicht zu erlassen, kann die Bedingung oder Befristung nicht isoliert angefochten werden. Andernfalls bliebe bei Rechtswidrigkeit der Nebenbestimmung ein Hauptverwaltungsakt zurück, den die Behörde nicht erlassen hätte (von Wulffen / *Engelmann* a. a. O. m. w. Nachw.).

B) zu Abs. 2
1. Leistungsdauer bei Ausbildungszuschüssen

26 Ausbildungszuschüsse zur betrieblichen Ausführung von Bildungsleistungen können **für die gesamte Dauer der Maßnahme** geleistet werden. Die Förderungsdauer wird grundsätzlich von einer gesetzlich vorgeschriebenen Aus- oder Weiterbildungszeit bestimmt. Jedenfalls bei Ausbildungsmaßnahmen sind Zeiträume von zwei bzw. drei Jahren vorgegeben oder üblich i. S. von § 37 Abs. 1 Halbs. 1 SGB IX. Bei Nichtbestehen der Abschlussprüfung kann das Ausbildungsverhältnis verlängert werden. Während dieser Zeit können die Zuschüsse weiter geleistet werden (§ 37 Abs. 1 Halbs. 2 SGB IX). Wird diese z. B. durch eine vorzeitige Prüfung unterschritten, endet die Förderung mit dem Bestehen der Abschlussprüfung.

2. Leistungshöhe bei Ausbildungszuschüssen

27 Die Vorschrift setzt eine **Höchstgrenze** der Zuschüsse für Ausbildungsmaßnahmen: Diese sollen die von den Arbeitgebern im letzten Ausbildungsjahr zu zahlenden monatlichen Ausbildungsvergütungen nicht übersteigen. Hierin liegt eine nachdrückliche Empfehlung, im Regelfall keine höhere Leistung zu gewähren. Die Zuschüsse sollen zur Kostendeckung der Arbeitgeber beitragen, nicht aber eine unmittelbare Gewinnerzielung aus der Beschäftigung behinderter Menschen zu ermöglichen.

28 Einschränkend schreibt für den Bereich der **Bundesagentur für Arbeit** § 236 Abs. 3 SGB III vor: Ausbildungszuschüsse sollen **60 %** der für das letzte Ausbildungsjahr zu leistenden monatlichen Ausbildungsvergütung nicht übersteigen (Satz 1). Nur in begründeten Ausnahmefällen können die Zuschüsse auch bis zur Höhe der Ausbildungsvergütung gewährt werden (Satz 2). Für die betriebliche Aus- und Weiterbildung von **schwerbehinderten Menschen** lässt § 235a Abs. 1 und 2 SGB III eine Förderung in Höhe von **80 %** der Ausbildungsvergütung zu, wobei im Ausnahmefall wiederum die volle Vergütung übernommen werden kann.

C) zu Abs. 3
1. Höhe der Eingliederungszuschüsse

29 Der Höchstbetrag der Zuschüsse nach Abs. 1 Satz 1 Nr. 2 liegt bei **50 %** der vom Arbeitgeber regelmäßig **tatsächlich gezahlten Entgelte** (Abs. 3 Satz 1 Halbs. 1). Diese sind aber nur berücksichtigungsfähig, soweit sie die tariflichen Arbeitsentgelte oder – mangels Tarifregelung – die ortsüblichen Arbeitsentgelte nicht übersteigen. Das beruht auf der Erwägung, zufällig und ungewöhnlich hohe Verdienste durch Mehrarbeit von der Berücksichtigung auszuschließen (BSG Urteil vom 10. Dezember 1980 – 7 RAr 91/79 = BSGE 51, 64 = SozR 4100 § 112 Nr. 15; BSG vom 20. Februar 2002 – B 11 AL 61/01-R, zit. nach JURIS). Als tariflich sind auch die Entgelte anzusehen, die einzelvertraglich vereinbart werden, sich aber aufgrund von tariflichen Öffnungsklauseln im Rahmen von Tarifbeträgen bewegen (BSG

Beschluss vom 27. Januar 1977 – 7 RAr 105/75 = SozR 4100 § 112 Nr. 2 = SGb 1978, 169; ⚖ Urteil vom 12. Dezember 1996 – 11 RAr 75/96, zit. nach JURIS; GK-SGB IX / *Großmann* Rdnr. 49 m. w. Nachw.).

„**Tarifliche Arbeitsentgelte**" können demnach außer durch Tarifvertrag auch durch Betriebsvereinbarung oder Einzelarbeitsvertrag festgelegt werden, wenn ein Tarifvertrag den Abschluss solcher Vereinbarungen ausdrücklich vorsieht und diese sich in dem vom Tarifvertrag selbstbestimmten Rahmen halten („Tarifliche Öffnungsklausel"). Zum tariflichen Arbeitsentgelt gehören folglich alle Entgeltbestandteile, die entweder nach dem Tarifvertrag geleistet werden müssen oder durch Betriebsvereinbarung bzw. Einzelarbeitsvertrag festgelegt sind, wenn der Abschluss dieser Vereinbarungen bereits im Tarifvertrag ausdrücklich vorgesehen ist (vgl. BSG Beschluss vom 27. Januar 1977 a. a. O.; Hauck / Noftz / *Götze* Rdnr. 9 m. w. Nachw.).   30

Absolute **Obergrenze** ist die **Beitragsbemessungsgrenze** in der Arbeitsförderung gem. § 341 Abs. 4 SGB III. Sie entspricht der Beitragsbemessungsgrenze in der gesetzlichen Rentenversicherung und liegt in 2009 bei 5400 Euro (in den neuen Ländern 4450 Euro).   31

Auch der **Arbeitgeberanteil am Gesamtsozialversicherungsbeitrag** kann neben dem Arbeitsentgelt bezuschusst werden (**Satz 4**). Er ist jeweils zu demselben Prozentsatz zu gewähren, der für die Eingliederungszuschüsse in Betracht kommt (*Löschau*, Betrieb und Wirtschaft 2003, 963; GK-SGB IX / *Großmann* Rdnr. 45 m. w. Nachw.). Der **Arbeitgeberanteil** beträgt die Hälfte des Beitrags zur gesetzlichen Rentenversicherung, zur Krankenversicherung, zur Pflegeversicherung und zur Arbeitslosenversicherung. Legt man beispielsweise Prozentsätze der genannten Versicherungen von 19,9 %, 14,6 %, 2,2 % und 2,5 % zugrunde, kann sich bei einem Bruttoarbeitsentgelt von 2000 Euro monatlich ein Bemessungsbetrag von 2392 Euro ergeben (vgl. *Flüthmann* DRV 2003, 293 [296] mit den seinerzeit geltenden Werten).   32

Wenn es zur Teilhabe am Arbeitsleben erforderlich ist, kann der Zuschuss auf **70 %** aufgestockt werden (**Satz 2**). Das kann dann zu bejahen sein, wenn der Arbeitgeber nur unter dieser Voraussetzung zu einer dauernden Beschäftigung des behinderten Menschen in der Lage ist (GK-SGB IX / *Großmann* Rdnr. 52). Dies gilt aber **nur für das erste Jahr**. Denn **Satz 3** ordnet an, dass bei einer Förderungsdauer über ein Jahr hinaus die Höhe des Zuschusses um mindestens zehn Prozentpunkte – also von 70 auf 60 % – zu vermindern ist. Dies soll der zu erwartenden Zunahme der Leistungsfähigkeit des Arbeitnehmers und den abnehmenden Eingliederungserfordernissen entsprechen. Hierbei handelt es sich um eine unwiderlegbare Vermutung; die Absenkung tritt also auch dann ein, wenn sich die Erwartungen nicht bestätigen (GK-SGB IX / *Großmann* Rdnr. 53).   33

Somit kann als Höchstleistung im ersten Jahr ein Eingliederungszuschuss von 70 % und im zweiten Jahr von 60% gezahlt werden. Bei einem Bruttoarbeitsentgelt von 2000 Euro und den oben (Rdnr. 32) beispielhaft zugrunde gelegten Sozialversicherungsbeiträgen, die zu einer Gesamtbemessungsgrundlage von 2392 Euro führen, sind dies also im ersten Jahr 1674,40 Euro und im zweiten Jahr 1435,20 Euro.   33a

Ist die **Bundesagentur für Arbeit** zuständiger Rehabilitationsträger, richtet sich die Höhe der **Regelförderung nach § 218 Abs. 1 SGB III**. Der Eingliederungszuschuss darf 50 % des berücksichtigungsfähigen Arbeitsentgelts nicht übersteigen und längstens für eine Förderdauer von 12 Monaten erbracht werden. Für **schwerbehinderte** oder **andere behinderte Menschen** kann die Höhe bis zu **70 %** des berücksichtigungsfähigen Arbeitsentgelts und die Förderdauer bis zu 24 Monate betragen (§ 218 Abs. 2 Satz 1 SGB III). Nach Ablauf von 12 Monaten ist der Eingliederungszuschuss entsprechend der zu erwartenden Zunahme der Leistungsfähigkeit des Arbeitnehmers und den abnehmenden Eingliederungserfordernissen gegenüber der bisherigen Höhe, mindestens um 10 Prozentpunkte, zu verringern (§ 218 Abs. 2 Satz 2 SGB III).   34

34a Für schwerbehinderte und ihnen gleichgestellte behinderte Menschen, die wegen in ihrer Person liegenden Umständen nur erschwert vermittelbar sind (**besonders betroffene schwerbehinderte Menschen**) darf die Förderung **70 %** des berücksichtigungsfähigen Arbeitsentgelts sowie **36 Monate** nicht überschreiten. Haben die besonders betroffenen schwerbehinderten Menschen das **55. Lebensjahr vollendet**, darf die Förderdauer **96 Monate** nicht übersteigen (§ 219 Abs. 1 Satz 1 und 2 SGB III). Bei der Entscheidung über Höhe und Dauer der Förderung von schwerbehinderten Menschen ist zu berücksichtigen, ob der schwerbehinderte Mensch ohne gesetzliche Verpflichtung oder über die Beschäftigungspflicht nach Teil 2 des SGB IX hinaus eingestellt und beschäftigt wird. Zudem soll bei der Festlegung der Dauer der Förderung eine geförderte befristete Vorbeschäftigung beim Arbeitgeber angemessen berücksichtigt werden (§ 219 Abs. 2 Satz 1 und 2 SGB III).

Auch für diesen Personenkreis ist eine **Verminderung des Eingliederungszuschusses** entsprechend der zu erwartenden Zunahme der Leistungsfähigkeit des Arbeitnehmers und den abnehmenden Eingliederungserfordernissen vorgesehen; die näheren Einzelheiten sind in § 219 Abs. 3 SGB III geregelt.

35 *(einstweilen frei)*

2. Dauer der Leistungsgewährung

36 Eingliederungszuschüsse sollen **im Regelfall nur ein Jahr** lang geleistet werden (**Abs. 3 Satz 1 Halbs. 2**). Wenn es zum Erreichen des Rehabilitationsziel erforderlich ist, kann die **Höchstförderungsdauer zwei Jahre** betragen (**Abs. 3 Satz 2**). Jede zeitliche Verlängerung ist mit einer Verminderung in der Höhe zu verbinden.

37 Auch insoweit gelten Sonderbestimmungen für die Bundesagentur für Arbeit als Rehabilitationsträger. Die Regelförderungsdauer beträgt im Normalfall bis zu 12 Monate, für schwerbehinderte oder sonstige behinderte Menschen bis zu 24 Monate (§ 218 Abs. 1 und 2 SGB III). Bei besonders erschwerter Vermittelbarkeit kann sie auf bis zu 36 Monaten erweitert, für ältere Arbeitnehmer nach Vollendung des 55. Lebensjahres auf 96 Monate ausgedehnt werden (§ 219 Abs. 1 SGB III).

3. Rückzahlungspflicht

38 Geleistete Eingliederungszuschüsse können ihren **Zweck verfehlen**, wenn das Arbeitsverhältnis noch während des Förderungszeitraums oder kurz nach seinem Ende aufgelöst wird. Deshalb ordnet das Gesetz für diesen Fall grundsätzlich eine Rückzahlungspflicht an (**Satz 5 Halbs. 1**). Nach dem Gesetzeswortlaut handelt es sich **nicht um eine Ermessensvorschrift**. Bei den Rückzahlungsansprüchen geht es um Einnahmen, die rechtzeitig und vollständig gemäß § 76 Abs. 1 SGB IV von den Rehabilitationsträgern zu erheben sind. Der Gesetzgeber will die missbräuchliche Inanspruchnahme der Eingliederungszuschüsse verhindern und durch die Begründung einer Obliegenheit zur Beschäftigung des Rehabilitanden auch nach dem Förderzeitraum die Zweckerreichung der Eingliederungszuschüsse sicherstellen, nämlich die dauerhafte Eingliederung der behinderten Menschen in das Erwerbsleben (vgl. BT-Drucks. 13/4941 S. 193 zu § 221 SGB III).

38a Bei **nachträglicher Beendigung des Arbeitsverhältnisses** wird die Rückzahlungspflicht begründet, wenn das Arbeitsverhältnis seit Ende der Leistungsgewährung nicht länger gedauert hat als der Leistungszeitraum selbst bzw. seither höchstens ein Jahr vergangen ist. Wurden Eingliederungszuschüsse für sechs Monate gezahlt, kann das Arbeitsverhältnis nach Ablauf weiterer sechs Monate Beschäftigung ohne Rückzahlungspflicht beendet werden. Nach einer zweijährigen Förderung muss die anschließende Weiterbeschäftigung mindestens ein Jahr betragen, um bei einer anschließenden Beendigung eine Rückzahlungspflicht zu vermeiden.

Die **Rückzahlungspflicht entfällt**, wenn der Arbeitgeber die Beendigung nicht zu vertreten hat bzw. die Fortsetzung des Arbeitsverhältnisses ihm nicht zuzumuten ist. Das trifft nach dem Gesetzeswortlaut zu, wenn der betreffende Arbeitnehmer

39

– selbst kündigt (**Satz 5 Halbs. 2 Nr. 1, 1. Alt.**); bei einem Aufhebungsvertrag muss feststehen, dass die Aufhebung nur im Interesse des Arbeitnehmers vereinbart wurde (Kossens u. a. / *Vogt* Rdnr. 7; a. A. GK-SGB IX / *Großmann* Rdnr. 62; *Flüthmann* DRV 2003, 293 [298] auch ein vom Arbeitnehmer betriebener Aufhebungsvertrag schließe die Rückzahlung nicht aus).

oder

– das für ihn persönlich geltende Mindestalter für die gesetzliche Altersrente erreicht hat (**Satz 5 Halbs. 2 Nr. 1, 2. Alt.**). Maßgebend sind §§ 35 bis 37 SGB VI. Die beitragsrechtlichen Voraussetzungen für den Rentenbezug müssen nicht erfüllt sein. Die Vorschrift dürfte nur von geringer Bedeutung sein, da Eingliederungszuschüsse wohl kaum für behinderte Menschen gezahlt werden, die sich unmittelbar dem Rentenalter nähern.

Ferner scheidet eine Rückzahlungspflicht nach **Satz 5 Halbs. 2 Nr. 2** aus, wenn der **Arbeitgeber** ein **Kündigungsrecht** hatte, sei es aus

40

– **wichtigem Grund fristlos** (vgl. § 626 BGB), etwa bei beharrlicher Arbeitsverweigerung oder einer groben Verletzung der Treuepflicht, soweit keine milderen Mittel wie z. B. eine fristgemäße Kündigung oder eine Änderungskündigung in Betracht kommen. Insofern ist die außerordentliche Kündigung nur zulässig, wenn sie die **unausweichlich letzte Maßnahme (Ultima Ratio)** für den Kündigungsberechtigten ist; darüber hinaus gilt im Kündigungsschutzrecht allgemein der Grundsatz, dass eine Beendigungskündigung, gleichgültig ob sie auf betriebs-, personen- oder verhaltensbedingte Gründe gestützt ist, und gleichgültig ob sie als ordentliche oder außerordentliche Kündigung ausgesprochen wird, als äußerstes Mittel erst in Betracht kommt, wenn **keine Möglichkeit zu einer anderweitigen Beschäftigung**, unter Umständen auch mit schlechteren Arbeitsbedingungen, besteht (st. Rspr. des BAG, vgl. u. a. ⚖ BAG Urteil vom 20. Oktober 1954 – 1 AZR 193/54 = BAGE 1, 117 = AP Nr. 6 zu § 1 KSchG; ⚖ Urteil vom 12. März 1968 – 1 AZR 413/67 = BAGE 20, 345 = AP Nr. 1 zu § 1 KSchG Krankheit; ⚖ Urteil vom 27. September 1984 – 2 AZR 62/83 = BAGE 47, 26 = NJW 1985, 1797 = BehindertenR 1985, 90; ⚖ Urteil vom 26. Juni 2008 – 2 AZR 1109/06 = NZA-RR 2009, 205 = AP Nr. 180 zu § 1 KSchG 1969 Betriebsbedingte Kündigung). Als mildere Mittel gegenüber der außerordentlichen Kündigung werden nach dieser Rechtsprechung angesehen z. B. Abmahnung, Versetzung, Umsetzung, einverständliche Abänderung des Vertrages, außerordentliche Änderungskündigung oder ordentliche Kündigung.

– **Gründen in der Person oder dem Verhalten des Arbeitnehmers**; Hauptfall der personenbedingten Kündigungsgründe ist „Krankheit", wenn der Arbeitnehmer entweder aufgrund häufiger Kurzerkrankungen, lang andauernder Krankheit oder krankheitsbedingter Leistungseinschränkung oder Leistungsunfähigkeit nicht in der Lage ist, seine vertraglich geschuldete Tätigkeit auszuüben (vgl. hierzu ⚖ BAG Urteil vom 12. April 2002 – 2 AZR 148/01 = BAGE 101, 39 = NJW 2002, 3271 = NZA 2002, 1081; ⚖ Urteil vom 7. November 2002 – 2 AZR 599/01 = AP Nr. 40 zu § 1 KSchG 1969 Krankheit).

Ein die Kündigung nach § 1 Abs. 2 KSchG aus Gründen im **Verhalten des Arbeitnehmers** rechtfertigender Grund liegt vor, wenn das dem Arbeitnehmer vorgeworfene Verhalten eine Vertragspflicht verletzt, das Arbeitsverhältnis dadurch konkret beeinträchtigt wird, keine zumutbare Möglichkeit anderweitiger Beschäftigung besteht und die Lösung des Arbeitsverhältnisses in Abwägung der Interessen beider Parteien billigenswert und angemessen erscheint (⚖ BAG Urteil vom 22. Juli 1982 – 2 AZR 30/81 = NJW 1983, 700 = DB 1983, 180; BAG Urteil vom 13. Dezember 2007 – NZA 2008, 589 = NJW 2008, 1900 = AP Nr. 64 zu § 4 KSchG 1969). Entscheidend ist, ob das Fehlverhalten des Arbeitnehmers im Einzelfall geeignet ist, einen ruhig und verständig urteilenden Arbeitgeber zur Kündigung zu bestimmen (⚖ BAG Urteil vom 2. November 1961 – 2 AZR 241/61 =

BAGE 11, 357 = NJW 1962, 556; ⊞ Urteil vom 21. Mai 1992 – 2 AZR 10/92 = BAGE 70, 262 = NZA 1993, 115). Sie erfordert im Regelfall eine Abmahnung sowie eine Interessenabwägung unter Berücksichtigung der Verhältnismäßigkeit (⊞ BAG Urteil vom 16. September 2004 – 2 AZR 406/03 = NZA 2005, 459 = AP Nr. 50 zu § 1 KSchG 1969 Verhaltensbedingte Kündigung = BB 2005, 716).

– **dringenden betrieblichen Erfordernissen**, die einer Weiterbeschäftigung in diesem Betrieb entgegenstehen, z. B. bei Produktionsstörungen, Betriebsschäden, Auftragsmangel, Kreditschwierigkeiten, Produktionsänderungen, Rationalisierungszwängen usw.

Bei **betriebsbedingten Kündigungen** nach § 1 Abs. 2 KSchG hat der Arbeitgeber auch eine **Sozialauswahl** gemäß Abs. 3 jener Vorschrift vorzunehmen. Eine solche ist aber im Rahmen des § 34 Abs. Satz 5 Nr. 2 SGB IX schon **nach dem Wortlaut der Vorschrift nicht erforderlich**, um die Rückzahlungsverpflichtung des Arbeitgebers abzuwenden. Eine solche Auslegung ist auch **sachlich gerechtfertigt**: Das KSchG gilt nicht für Kleinbetriebe (vgl. § 23 Abs. 1 Satz 2 KSchG). Der Sinn von Eingliederungszuschüssen ist u. a., behinderte Menschen in das Erwerbsleben wieder einzugliedern. Dies geschieht größtenteils in **Kleinbetrieben**, in denen eine Sozialauswahl nur begrenzt durchführbar ist. Die Eingliederung von Rehabilitanden in das Erwerbsleben wäre schwieriger, wenn der Kleinbetrieb mit einer – womöglich sogar finanziell existenzgefährdenden – Rückzahlungsverpflichtung bei einer betriebsbedingten Kündigung rechnen müsste (*Flüthmann* DRV 2003, 293 [303]).

40a Die Vorschrift ist aber **eng auszulegen**: Es darf Arbeitgebern z. B. nicht gestattet sein, im Bewusstsein der personen- oder verhaltensbezogenen Probleme, die mit der Beschäftigung eines bestimmten behinderten Menschen verbunden sein können, für diesen Eingliederungszuschüsse zu beziehen und sodann das Arbeitsverhältnis unter Berufung auf diese Probleme zu kündigen (GK-SGB IX / *Großmann* Rdnr. 75). Auch dürfte eine arbeitgeberseitige Kündigung aus betriebsbedingten Gründen **in unmittelbarer zeitlicher Nähe zum Bezugszeitraum** der Eingliederungszuschüsse der Rückzahlungspflicht nicht entgegenstehen (vgl. auch GK-SGB IX / *Großmann* Rdnr. 78).

40b Es ist im Übrigen nur von Bedeutung, ob der *Arbeitgeber* ein auf einen dieser Gründe gestütztes *Kündigungsrecht hatte*. Kommt der behinderte Arbeitnehmer ihm mit einer eigenen Kündigung zuvor, entfällt dennoch die Rückzahlungspflicht für die Eingliederungszuschüsse.

41 Die Rückzahlungspflicht hat zwei Höchstgrenzen. Sie ist in jedem Fall auf die **Hälfte des Förderungsbetrages** beschränkt. Sie beläuft sich zudem höchstens auf den im letzten Jahr vor der Beendigung des Beschäftigungsverhältnisses gewährten Förderungsbetrag (**Satz 6 Halbs. 1**). Der Rückzahlungsbetrag vermindert sich auch durch die Berücksichtigung **ungeförderter Nachbeschäftigungszeiten** (Satz 6 Halbs. 2). Tritt die Rückzahlungspflicht etwa zwei Monate nach Beendigung der Förderung ein, ist der Gesamtbetrag der auf zwei Monate entfallenden Zuschüsse vom Rückerstattungsbetrag abzuziehen.

Beispiele:

– Eingliederungszuschüsse wurden vom 1. 1. 2009 bis zum 30. 6. 2009 in Höhe von 5000 Euro gezahlt. Zum 1. 10. 2009 kündigt der Arbeitgeber aus betrieblichen Gründen (zweifelhaft erscheint, ob sich der Arbeitgeber schon so kurz nach der Beendigung der Förderung auf ein dringendes betriebliches Erfordernis i. S. von Art. 3 Satz 5 Halbs. 2 Nr. 2 berufen kann (vgl. oben Rdnr. 40a).

Die Rückzahlungspflicht ist absolut auf 2500 Euro begrenzt. Eine Pflicht zur Rückzahlung wäre vollständig ausgeschlossen, wenn der Arbeitgeber erst zum 30. 6. 2010 oder später kündigen würde.

– Der Arbeitgeber hat Eingliederungszuschüsse für den Zeitraum vom 1. 1. 2007 bis 31. 12. 2008 in Höhe von 20 000 Euro erhalten. Zum 30. 6. 2009 kündigt er dem behinderten Arbeitnehmer wegen angeblich unzureichender Arbeitsleistung; dieser ist mit der

Kündigung einverstanden (ein Grund zur personen- bzw. verhaltensbedingten Kündigung i. S. von Abs. 3 Satz 5 Halbs. 2 Nr. 2 sollte hier ausscheiden; vgl. oben Rdnr. 40a). Die Rückzahlungspflicht besteht hinsichtlich der im letzten Jahr vor der Kündigung, also ab 1. 7. 2008, erhaltenen Zuschüsse in Höhe von 5000 Euro.

42 Die Rückzahlungspflicht **setzt nicht die Aufhebung des Bewilligungsbescheids voraus.** Dieser erledigt sich auf andere Weise mit dem Rückzahlungsbescheid (BSG Urteil vom 2. Juni 2004 – B 7 AL 56/03 R = BSG SozR 4-4300 § 223 Nr. 1 = SGb 2004, 478).

43 Wird hingegen der Bewilligungsbescheid wegen nachträglich festgestellter Rechtswidrigkeit gem. § 45 Abs. 1 SGB X **zurückgenommen**, gelten für die Rückforderung nicht die Beschränkungen nach § 34 Abs. 3 Satz 5 und 6 SGB IX.

IV. Literatur

Flüthmann, Alexander, Eingliederungszuschüsse an Arbeitgeber im Rahmen von Leistungen zur Teilhabe am Arbeitsleben nach dem SGB IX, DRV 2003, 293

§ 35
Einrichtungen der beruflichen Rehabilitation

(1) ¹Leistungen werden durch Berufsbildungswerke, Berufsförderungswerke und vergleichbare Einrichtungen der beruflichen Rehabilitation ausgeführt, soweit Art oder Schwere der Behinderung oder die Sicherung des Erfolgs die besonderen Hilfen dieser Einrichtungen erforderlich machen. ²Die Einrichtung muss

1. nach Dauer, Inhalt und Gestaltung der Leistungen, Unterrichtsmethode, Ausbildung und Berufserfahrung der Leitung und der Lehrkräfte sowie der Ausgestaltung der Fachdienste eine erfolgreiche Ausführung der Leistung erwarten lassen,
2. angemessene Teilnahmebedingungen bieten und behinderungsgerecht sein, insbesondere auch die Beachtung der Erfordernisse des Arbeitsschutzes und der Unfallverhütung gewährleisten,
3. den Teilnehmenden und den von ihnen zu wählenden Vertretungen angemessene Mitwirkungsmöglichkeiten an der Ausführung der Leistungen bieten sowie
4. die Leistung nach den Grundsätzen der Wirtschaftlichkeit und Sparsamkeit, insbesondere zu angemessenen Vergütungssätzen, ausführen.

³Die zuständigen Rehabilitationsträger vereinbaren hierüber gemeinsame Empfehlungen nach den §§ 13 und 20.

(2) ¹Werden Leistungen zur beruflichen Ausbildung in Einrichtungen der beruflichen Rehabilitation ausgeführt, sollen die Einrichtungen bei Eignung der behinderten Menschen darauf hinwirken, dass Teile dieser Ausbildung auch in Betrieben und Dienststellen durchgeführt werden. ²Die Einrichtungen der beruflichen Rehabilitation unterstützen die Arbeitgeber bei der betrieblichen Ausbildung und bei der Betreuung der auszubildenden behinderten Jugendlichen.

ERLÄUTERUNGEN

ÜBERSICHT

I. Bedeutung der Vorschrift (Rdnrn. 1–2a)
II. Fassung
   A) durch das SGB IX vom 19. Juni 2001 (BGBl. I S. 1046) mit Wirkung vom 1. Juli 2001 (Rdnr. 3)

B) durch das Gesetz zur Förderung der Ausbildung und Beschäftigung schwerbehinderter Menschen vom 23. April 2004 (BGBl. I S. 606) mit Wirkung vom 1. Mai 2004 (Rdnr. 3a)
III. Begründung
  A) durch das SGB IX vom 19. Juni 2001 (BGBl. I S. 1046) mit Wirkung vom 1. Juli 2001 (Rdnr. 4)
  B) durch das Gesetz zur Förderung der Ausbildung und Beschäftigung schwerbehinderter Menschen vom 23. April 2004 (BGBl. I S. 606) mit Wirkung vom 1. Mai 2004 (Rdnr. 5)
IV. Anmerkungen (Rdnrn. 6–28)
  A) zu Abs. 1 (Rdnrn. 6–26)
    1. Leistungen (Rdnrn. 6–10)
    2. Berufsbildungswerke (Rdnrn. 11–16)
    3. Berufsförderungswerke (Rdnrn. 17–19)
    4. Vergleichbare Einrichtungen der Rehabilitation (Rdnrn. 20–21)
    5. Anforderungen an Einrichtungen (Rdnrn. 22–25)
    6. Gemeinsame Empfehlungen (Rdnr. 26)
  B) zu Abs. 2 (Rdnrn. 27–28)
    1. Ausbildung auch in Betrieben und Dienststellen (Rdnrn. 27–28)

I. Bedeutung der Vorschrift

1 Die Vorschrift regelt die Ausführung der Leistungen durch Berufsbildungswerke, Berufsförderungswerke und vergleichbare Einrichtungen der beruflichen Rehabilitation. Diese werden nur herangezogen, soweit Art oder Schwere der Behinderung oder die Sicherung des Erfolgs die besondere Hilfe dieser Einrichtungen erforderlich machen (**Abs. 1 Satz 1**).

2 In **Abs. 1 Satz 2** werden vier zwingende Anforderungen an die Einrichtung festgelegt. Hierüber sind von den zuständigen Rehabilitationsträgern gemeinsame Empfehlungen nach § 13 und § 20 SGB IX zu vereinbaren (**Abs. 1 Satz 3**).

2a Mit **Abs. 2** soll eine stärkere Verzahnung von betrieblicher und außerbetrieblicher Ausbildung erreicht werden. Einrichtungen der beruflichen Rehabilitation sollen Teile der Berufsausbildung möglichst in Betrieben und Dienststellen durchführen lassen und die Arbeitgeber hierbei unterstützen. Hiermit sollen die auszubildenden behinderten und schwerbehinderten Jugendlichen eine Chance auf spätere dauerhafte Beschäftigung in dem Ausbildungsbetrieb erhalten.

II. Fassung

A) durch das SGB IX vom 19. Juni 2001 (BGBl. I S. 1046) mit Wirkung vom 1. Juli 2001

3 Die Vorschrift wurde aus dem Regierungsentwurf (BT-Drucks. 14/5531 i. V. m. 14/5074) übernommen.

Neben sprachlichen Textänderungen ist die Einfügung der Worte „sowie der Ausgestaltung der Fachdienste" in **Abs. 1 Satz 2 Nr. 1** hervorzuheben. Der BT-Ausschuss für Arbeit und Sozialordnung hat ihre ausdrückliche Nennung wie folgt begründet (BT-Drucks. 14/5800 S. 32):

„Die medizinischen, psychologischen und sozialen Fachdienste sind ein wichtiger Faktor für die Qualität der Einrichtungen."

B) durch das Gesetz zur Förderung der Ausbildung und Beschäftigung schwerbehinderter Menschen vom 23. April 2004 (BGBl. I S. 606) mit Wirkung vom 1. Mai 2004

Der bisherige Wortlaut wurde zu Abs. 1 und danach Abs. 2 mit folgendem Wortlaut angefügt: **3a**

> Werden Leistungen zur beruflichen Ausbildung in Einrichtungen der beruflichen Rehabilitation ausgeführt, sollen die Einrichtungen bei Eignung der behinderten Menschen darauf hinwirken, dass Teile dieser Ausbildung auch in Betrieben und Dienststellen durchgeführt werden. Die Einrichtungen der beruflichen Rehabilitation unterstützen die Arbeitgeber bei der betrieblichen Ausbildung und bei der Betreuung der auszubildenden behinderten Jugendlichen.

Dies entspricht dem Vorschlag im Gesetzentwurf der Fraktionen SPD und Bündnis 90/DIE GRÜNEN (BT-Drucks. 15/1783).

III. Begründung

A) durch das SGB IX vom 19. Juni 2001 (BGBl. I S. 1046) mit Wirkung vom 1. Juli 2001

In dem Regierungsentwurf (BT-Drucks. 14/5074, S. 108) wird zu der Vorschrift ausgeführt: **4**

„Die Vorschrift sieht in Weiterentwicklung des bisher in § 11 Abs. 2a Rehabilitations-Angleichungsgesetz und den entsprechenden Regelungen für die einzelnen Träger geregelten Rechts als zusätzliches Kriterium bei den Anforderungen an die Einrichtungen angemessene Mitwirkungsmöglichkeiten vor. Sie ergänzt für die Einrichtungen der beruflichen Rehabilitation die nach §§ 19 und 20 für die Rehabilitationsdienste und -einrichtungen generell geltenden Bestimmungen. **Abs. 1 Satz 1** nennt Berufsbildungs- und Berufsförderungswerke als die zwei Haupttypen von Einrichtungen der beruflichen Rehabilitation; daneben können entsprechend dem individuellen Bedarf Leistungen auch durch andere Arten von Einrichtungen ausgeführt werden.

Abs. 1 Satz 3 sieht die Vereinbarung gemeinsamer Empfehlungen der zuständigen Rehabilitationsträger vor."

B) durch das Gesetz zur Förderung der Ausbildung und Beschäftigung schwerbehinderter Menschen vom 23. April 2004 (BGBl. I S. 606) mit Wirkung vom 1. Januar 2004

Die Neuregelung wurde im Gesetzentwurf der Fraktionen SPD und Bündnis 90/DIE GRÜNEN (BT-Drucks. 15/1783 S. 13 und E.) wie folgt begründet: **5**

„Arbeitgeber, die die beruflichen Fähigkeiten behinderter und schwerbehinderter Jugendlicher einschätzen können, vor allem bei einer Ausbildung im eigenen Betrieb, sind eher bereit, diese Jugendlichen anschließend auch dauerhaft zu beschäftigen. Deshalb sollen betriebliche und außerbetriebliche Ausbildung stärker miteinander verzahnt werden. Die in Absatz 2 getroffenen Regelungen sollen die Einrichtungen der beruflichen Rehabilitation dazu anhalten, dafür Sorge zu tragen, dass Teile der Berufsausbildung in Betrieben und Dienststellen durchgeführt werden. Die Einrichtungen der beruflichen Rehabilitation unterstützen auch während der Zeit der Berufsausbildung im Betrieb oder in der Dienststelle die Arbeitgeber bei der Durchführung der Berufsausbildung und bei der Betreuung der Auszubildenden. Die Durchführung der betrieblichen Ausbildung wird zwischen Arbeitgebern, den Einrichtungen der beruflichen Rehabilitation und den Jugendlichen vereinbart."

IV. Anmerkungen

A) zu Abs. 1

1. Leistungen

6 In der **Vorschrift sind Leistungen zur Teilhabe am Arbeitsleben i. S. von § 33 Abs. 3** SGB IX angesprochen. Namentlich handelt es sich hierbei um die dort genannten Leistungen zur
  – Berufsausbildung (Nr. 4),
  – Berufsvorbereitung einschließlich einer wegen der Behinderung erforderlichen Grundausbildung, z. B. in Verständigungstechniken für Seh- und Hörbehinderte (Nr. 2),
  – Aus- und Weiterbildung (Abs. 3 Nr. 3).

7 Hierbei geht es nicht nur um die Sicherung der Teilhabe derjenigen behinderten Menschen, die bereits einen Arbeitsplatz haben beziehungsweise hatten, sondern auch um die erstmalige Teilhabe vor allem der jüngeren behinderten Menschen (GK-SGB IX / *Großmann* Rdnr. 11).

8 Grundsätzlich können und sollen derartige Leistungen in Betrieben oder auch allgemeinen Bildungseinrichtungen erbracht werden (Hauck / Noftz / *Götze* Rdnr. 2). Soweit hierfür Leistungen von Rehabilitationsträgern erbracht werden, gilt die Grundlagenregelung des § 33 Abs. 1 SGB IX; die Einzelheiten einer solchen Maßnahme sind zwischen Rehabilitationsträger und Betrieb abzusprechen, gegebenenfalls unter Orientierung an hierfür sachgerecht erscheinenden Regelungen in §§ 21 und 35 SGB IX, etwa zur Fachlichkeit der Maßnahme gemäß § 21 Abs. 1 Nr. 1, § 35 Satz 2 Nr. 1 (vgl. Mrozynski Rdnr. 7).

9 Die Leistungen werden aber nach **Abs. 1 Satz 1** unter **zwei alternativen Voraussetzungen in Einrichtungen der beruflichen Rehabilitation** erbracht:

Zum einen kann die **Art oder Schwere der Behinderung** die besonderen Hilfen dieser Einrichtungen erforderlich machen. Das ist namentlich dann zu bejahen, wenn im Betrieb das für eine erfolgreiche Bildung behinderter Menschen notwendige Fachpersonal nicht vorhanden ist oder die betrieblichen Abläufe es nicht gestatten, Teilhabeleistungen dort mit hinreichender Erfolgsaussicht zu erbringen.

Zum anderen kann aber auch die **Sicherung des Erfolgs der Teilhabe am Arbeitsleben** eine Leistung in einer der in § 35 den Einrichtungen erfordern. Das ist namentlich dann zu bejahen, wenn eine bestehende Beschäftigung infolge der Behinderung unmittelbar gefährdet ist oder auch mittelbar, etwa weil die fachlichen Anforderungen auf dem Arbeitsplatz gestiegen sind. Zu nennen ist aber auch der Fall einer Gefährdung des Arbeitsplatzes selbst, z. B. durch Rationalisierungen, Betriebsverlagerungen oder Kurzarbeit. Dann können gezielte Ausbildungs- und Weiterbildungsmaßnahmen erforderlich sein, mit denen sich, gegebenenfalls auch arbeitsbegleitend, die Qualifizierung des behinderten Arbeitnehmers verbessern und stabilisieren lässt. Vielfach können derartige Maßnahmen behinderungsbedingt nur in besonderen Einrichtungen nach den Bedürfnissen der Betroffenen durchgeführt werden (GK-SGB IX / *Großmann* Rdnr. 22).

10 Liegen die genannten Voraussetzungen vor, besteht ein **Rechtsanspruch** der behinderten Menschen auf diese Leistungsgewährung (GK-SGB IX / *Großmann* Rdnr. 15). Das folgt bereits aus dem Wortlaut des **Abs. 1 Satz 1**, wonach die Leistungen „ausgeführt ... werden", was im Sinne von „sind ... auszuführen" zu verstehen ist.

Leistungen der beruflichen Rehabilitation werden nur in Einrichtungen erbracht, welche die Voraussetzungen der gezielten beruflichen Förderung erfüllen. Das Gesetz nennt ausdrücklich Berufsbildungswerke, Berufsförderungswerke und vergleichbare Einrichtungen der beruflichen Rehabilitation.

Einrichtungen der beruflichen Rehabilitation § 35

2. Berufsbildungswerke

Berufsbildungswerke sind überregionale Einrichtungen, die vor allem der Erstausbildung **junger behinderter Menschen** dienen. Daneben bieten sie Förderlehrgänge verschiedenster Art zur Verbesserung der beruflichen und persönlichen Lebenschancen junger behinderter Menschen an, z. B. zur Berufsfindung, Berufserprobung und Berufsvorbereitung. 11

Berufsbildungswerke sind an einem **ganzheitlichen Konzept** von Ausbildungsstätte, Schule, Internat, Freizeitangeboten und fachlicher Betreuung ausgerichtet. Sie bestehen in der Regel aus modernen Ausbildungsstätten, Berufsschulen und Wohngelegenheiten mit zeitlich umfassender fachlicher Betreuung. Berufsbildungswerke verfügen über sozialpädagogische, medizinische und psychologische Fachdienste. Daneben werden auch sonderpädagogische Hilfen angeboten. Für jeden Auszubildenden wird ein individueller Rehabilitations-Gesamtplan erarbeitet. 12

Es gibt derzeit im Bundesgebiet **52 Berufsbildungswerke** mit rund **13 000 Ausbildungsplätzen** für insgesamt rund 190 Berufe. Die Schwerpunkte liegen in den Berufsfeldern Metalltechnik, Ernährung / Hauswirtschaft, Wirtschaft und Verwaltung, Holztechnik, Agrarwirtschaft, Farbtechnik / Raumgestaltung sowie weiteren acht Berufsfeldern. Die praktische Ausbildung wird in Ausbildungswerkstätten und Übungsbüros geleistet. Theoretische Kenntnisse werden in der Berufsschule vermittelt. Während der Ausbildung findet mindestens ein mehrwöchiges Praktikum statt. 13

Hierbei sind Inhalte, Methoden, Hilfen und Ausstattung des Arbeitsplatzes behindertenspezifisch. Ausbilder und Berufsschullehrer stimmen die Ausbildungs- und Förderpläne gemeinsam mit den Auszubildenden ab. 14

Die Einrichtungen haben sich in der „Bundesarbeitsgemeinschaft der Berufsbildungswerke" zusammengeschlossen (Geschäftsstelle Freiburger Straße 6, 77652 Offenburg, E-Mail info@bagbbw.de). Sie gibt auch die Zeitschrift „Berufliche Rehabilitation" heraus. Weitere Informationen sind unter der Internet-Adresse www.bagbbw.de abzurufen. 15

Die Berufsbildungswerke sind zum Teil auf die Anforderungen unterschiedlicher Arten von Behinderungen ausgerichtet, etwa auf Seh- und Hörbehinderungen, Lernbehinderungen sowie psychische Behinderungen. 16

Insgesamt verteilen sich die rund 13 000 Ausbildungsplätze wie folgt auf

Menschen mit einer Lernbehinderung	48%
Körperbehinderung	30%
Sinnesbehinderung	14%
psychischen Behinderung	8%

3. Berufsförderungswerke

Berufsförderungswerke sind vor allem auf die berufliche Wiedereingliederung **erwachsener behinderter Menschen** ausgerichtet. Sie bieten hierzu Leistungen der beruflichen Anpassung und Weiterbildung nach § 33 Abs. 3 Nr. 3 SGB IX. Bundesweit bestehen derzeit **28 Berufsförderungswerke** mit rund **15 000 Ausbildungsplätzen**. Sie bieten über 180 verschiedene Ausbildungsgänge sowie zusätzliche Teilqualifikationen an. 17

Die Berufe, für die in den einzelnen Berufsförderungswerken ausgebildet wird, gehören vor allem folgenden Berufsfeldern an: kaufmännische und Verwaltungsberufe, gewerbliche Berufe (Metall und Service; Elektro), Berufe der Informations- und Telekommunikationstechnik; Berufe der Medien- und Druckindustrie; Zeichner, Techniker und Ingenieure; gärtnerische Berufe; Berufe im Gesundheitswesen und im Sozialwesen. 18

19 Auch insoweit besteht ein Zusammenschluss in der „Arbeitsgemeinschaft Deutscher Berufsförderungswerke", c/o Berufsförderungswerk Frankfurt, Huizener Str. 60, 61118 Bad Vilbel (E-Mail: geschäftsfuehrung@bfw-frankfurt.de). Weitere Informationen hierzu bietet das Internetportal www.arge-bfw.de.

4. Vergleichbare Einrichtungen der beruflicher Rehabilitation

20 Der Begriff der „vergleichbaren Einrichtungen der beruflichen Rehabilitation" umfasst **alle sonstigen, diesem Zweck dienenden Institutionen**, namentlich
    – Einrichtungen der medizinisch beruflichen Rehabilitation (vgl. § 38 Satz 2 SGB IX),
    – berufliche Trainingszentren für Erwachsene,
    – Fachschulen mit selbstständigen Teilen zur beruflichen Eingliederung behinderter Menschen,
    – Einrichtungen der freien Wohlfahrtsverbände und der Kirchen.

21 Hingegen gehören hierzu **nicht Integrationsprojekte** nach den §§ 133 bis 135 SGB IX (Mrozynski Rdnr. 1 GK-SGB IX / *Großmann* Rdnr. 33 m. w. N.) **Werkstätten für behinderte Menschen** sind zwar grundsätzlich vergleichbare Einrichtungen; jedoch gelten für diese vorrangig die Bestimmung der §§ 39 bis 43 und 136 bis 144 SGB IX. (LPK-SGB IX / *Haines* Rdnr. 6). **Keine Einrichtungen** i. S. von § 35 SGB IX sind die **Arbeitsbereiche** der Werkstätten für behinderte Menschen (GK-SGB IX / *Großmann* Rdnr. 33).

5. Anforderungen an Einrichtungen

22 Die Leistungserbringer müssen neben den Voraussetzungen und Qualitätsmerkmalen der §§ 19, 20 SGB IX weitere in **Abs. 1 Satz 2** bestimmte Anforderungen erfüllen, um eine erfolgreiche und den Bedürfnissen der behinderten Menschen gerecht werdende Arbeit erbringen zu können. Die **Verantwortung** hierfür liegt nach § 17 Abs. 1 SGB IX **bei den Rehabilitationsträgern**. Diese müssen gewährleisten, dass entsprechende Einrichtungen in ausreichender **Zahl und Qualität vorhanden** sind (§ 19 SGB IX). Durch Vereinbarung von Empfehlungen müssen sie für die **Qualitätssicherung** sorgen (§ 20 SGB IX) und schließlich mit denjenigen Einrichtungen, die nicht in ihrer Trägerschaft stehen, Verträge über die ordnungsgemäße Leistungserbringung schließen (§ 21 SGB IX).

23 Hierzu wird für die Renten- und Unfallversicherung in § 16 SGB VI bzw. § 35 Abs. 1 SGB VII auf § 35 SGB IX verwiesen. Hingegen erklärt im Arbeitsförderungsrecht § 109 SGB III nicht auch § 35 SGB IX für anwendbar. Jedoch kann aufgrund der Anordnungsbefugnis nach § 115 SGB III die Bundesagentur für Arbeit Regelungen über die Ausführung von Leistungen treffen. Da diese mit den für andere Rehabilitationsträger geltenden Vorschriften vereinbar sein müssen, gelten mittelbar die Grundsätze des § 35 SGB IX auch für die Arbeitsförderung (Mrozynski Rdnr. 2).

24 Die in § 35 Abs. 1 Satz 2 SGB IX gesetzten **Vorgaben** gelten **auch für die eigenen Einrichtungen** der Träger (GK-SGB IX / *Großmann* Rdnr. 34).

25 Diese Vorgaben betreffen
    – **die institutionelle und personelle Eignung (Nr. 1)**

    Leistungen dürfen nur gewährt werden, wenn die Einrichtung fachlich und personell deren erfolgreiche Ausführung erwarten lässt. Die fachliche Eignung bezieht sich zunächst auf die Art der Leistungen. Zu achten ist darauf, dass möglich solche Aus- und Fortbildungen angeboten werden, die zu Abschlüssen führen, welche denen auf dem allgemeinen Arbeitsmarkt gleichwertig sind. Dies muss die personelle und sachliche Ausstattung der Rehabilitationseinrichtung gewährleisten.

    Fachlich geeignet sein müssen auch die angewandten Methoden, wobei diese nicht allgemein vorgeschrieben werden können. Entscheidend ist, dass die Methode an ihrem Gegenstand entwickelt und auf die jeweilige Zielgruppe ausgerichtet wurde, planmäßig

durchgeführt werden kann und damit geeignet ist, den Erfolg der Maßnahme zu gewährleisten (BSG SozR 1100 § 40 Nr. 20). Jedenfalls muss die Unterrichtsmethode objektiv auf ihre Eignung hin überprüfbar sein. Sie muss einer statistischen Erfolgskontrolle standhalten können (Mrozynski Rdnr. 9).

Von erheblicher Bedeutung für die Eignung der Einrichtung ist der Einsatz von Fachdiensten. Medizinische, psychologische und soziale Fachdienste sind als besonders wichtiger Faktor für die Qualität der Einrichtungen anzusehen (vgl. Bericht des Ausschusses für Arbeit und Sozialordnung, BT-Drucks. 14/5800 S. 27). In personeller Hinsicht müssen die Leitung, die Lehrkräfte und die vorhandenen Fachdienste den Anforderungen entsprechen. Diese Einschätzung muss zumindest auf die bisherigen Leistungen bzw. den Vergleich mit anderen Einrichtungen gestützt werden können.

– **angemessene Teilnahmebedingungen und behinderungsgerechte Einrichtung (Nr. 2)**

Die Anforderung, dass die Einrichtung behinderungsgerecht sein müsse, bezieht sich naturgemäß in erster Linie auf den baulichen Zustand. Jedoch ist hierzu auch ein spezifisches Betreuungsprogramm insbesondere für jüngere behinderte Menschen zu rechnen, die in den Berufsbildungswerken internatsmäßig untergebracht sind (Mrozynski Rdnr. 10).

Die Teilnahmebedingungen müssen den üblichen und angemessenen Regelungen bei Bildungsträgern entsprechen und außerdem behinderungsgerecht sein. Auch wenn die Teilnehmer keine Arbeitnehmer sind, muss ein arbeitsrechtlicher Minimalschutz gewährleistet sein (GK-SGB IX / *Großmann* Rdnr. 37). Das schließt auch die Beachtung der vom Gesetz ausdrücklich hervorgehobenen Erfordernisse des Arbeitsschutzes und der Unfallverhütung ein, und zwar auch im Wohn- und Freizeitbereich (Mrozynski Rdnr. 10). Einschlägig sind insbesondere

– § 24 GewO mit seinen Durchführungsbestimmungen,
– das Gerätesicherheitsgesetz (BGBl. I 1992 S. 1793),
– das Chemikaliengesetz (BGBl. I 1994 S. 1703),
– das Arbeitssicherheitsgesetz (BGBl. 1990 S. 889).

Maßstäbe für die Unfallverhütung sind die §§ 14 ff. SGB VII.

Auch sind, wie von § 33 Abs. 2 SGB IX gefordert, die besonderen Bedürfnisse behinderter Frauen zu berücksichtigen und eventuell bestehende Familien- und Erziehungspflichten in die Konzeption mit einzubeziehen (Lachwitz u. a. / *Bieritz-Harder* Rdnr. 5).

– **Mitwirkungsmöglichkeiten der Teilnehmenden (Nr. 3)**

Die Einrichtungen müssen den Teilnehmenden und den von ihnen zu wählenden Vertretungen angemessene Mitwirkungsmöglichkeiten bei der Ausführung der Leistungen bieten. Da die Leistungen der Teilhabe am Arbeitsleben dienen, ist es selbstverständlich, dass dies auch in einer Mitwirkung der behinderten Menschen bei ihrer Ausführung zum Ausdruck kommt. Behinderte Menschen sollen nicht als Leistungsempfänger angesehen und behandelt werden, sondern von Beginn an und im gesamten Verlauf aktiv an der eigenen Rehabilitation mitwirken. Da zudem die Tätigkeit der behinderten Menschen in den Einrichtungen zumindest teilweise einer Arbeitnehmerbeschäftigung vergleichbar ist, soll ihnen auch die Wahl von Vertretungen – ähnlich den Betriebs- und Personalräten – ermöglicht werden.

– **Wirtschaftlichkeit und Sparsamkeit (Nr. 4)**

Die Leistungen müssen von den Einrichtungen nach den Grundsätzen der Wirtschaftlichkeit und Sparsamkeit, insbesondere zu angemessenen Vergütungssätzen, ausgeführt werden. Das entspricht einem allgemeinen Prinzip im Sozialleistungsrecht (BSGE 46, 198 [200]; BSGE 56, 197). Innerhalb des SGB IX wird es beispielsweise auch in § 10 Abs. 1, § 17 Abs. 2, § 19 Abs. 4 Satz 2 hervorgehoben.

Das Ziel der Angemessenheit der Vergütung, die in der erforderlichen Qualität erbracht werden muss, kann in Konflikt mit den Anforderungen der Wirtschaftlichkeit und Sparsamkeit stehen. Objektive Maßstäbe wie tarifliche oder ortsübliche Entgelte gibt es im Bereich des § 35 SGB IX nicht (Mrozynski Rdnr. 12).

6. Gemeinsame Empfehlungen

26 Die den Einrichtungen nach Satz 2 Nrn. 2–4 auferlegten Verpflichtungen sind von den zuständigen Rehabilitationsträgern in gemeinsamen Empfehlungen gemäß §§ 13, 20 SGB IX zu konkretisieren (**Abs. 1 Satz 3**). Das ist zum Teil bereits geschehen durch die Gemeinsame Empfehlung über Qualitätssicherung gemäß § 20 SGB IX (vgl. den Anhang zur Kommentierung jener Vorschrift). Im Übrigen besteht noch immer die einer Empfehlung gleichkommende frühere Gesamtvereinbarung über die Berücksichtigung der Grundsätze der Wirtschaftlichkeit und Sparsamkeit vom 1. 9. 1983, die bereits Regelungen über Maßnahmen in Rehabilitationseinrichtungen enthält. Danach sind über die Durchführung berufsfördernder Maßnahmen in Rehabilitationseinrichtungen Vereinbarungen mit den Einrichtungen abzuschließen, und zwar insbesondere über Qualitätsanforderungen an die durchzuführenden Maßnahmen einschließlich des Umfangs der begleitenden Fachdienste; die Zahl der Bildungsplätze, die für die Abrechnung der Maßnahmekosten zugrunde gelegt wurde; die Kostenerfassung und Kostendarstellung; die Grundsätze zur Beurteilung der Angemessenheit von Kosten; die Höhe der Tageskostensätze je Maßnahmeteilnehmer sowie unterrichtsfreie Zeiten.

B) zu Abs. 2

1. Ausbildung auch in Betrieben und Dienststellen

27 Durch die mit Wirkung vom 1. 5. 2004 angefügte Vorschrift soll die Berufsausbildung schwerbehinderter Jugendlicher verbessert werden.

28 Werden sie in Einrichtungen zur beruflichen Rehabilitation ausgebildet, sollen diese dafür Sorge tragen, dass Teile der Berufsausbildung in Betrieben und Dienststellen durchgeführt werden (**Satz 1**). Während der Berufsausbildung im Betrieb oder in der Dienststelle sollen die Einrichtungen die Arbeitgeber unterstützen, auch bei der Betreuung der Auszubildenden (**Satz 2**). Hierdurch sollen zum einen die überbetriebliche und betriebliche Ausbildung besser miteinander verzahnt werden, wobei der Vorrang der betrieblichen Teilhabeleistung zum Ausdruck gebracht wird (GK-SGB IX / *Großmann* Rdnr. 40). Zum anderen erhofft sich der Gesetzgeber hiervon auch die Erhöhung der Bereitschaft, überhaupt schwerbehinderte junge Menschen auszubilden (vgl. oben Rdnr. 5).

§ 36
Rechtsstellung der Teilnehmenden

> [1]**Werden Leistungen in Einrichtungen der beruflichen Rehabilitation ausgeführt, werden die Teilnehmenden nicht in den Betrieb der Einrichtungen eingegliedert.** [2]**Sie sind keine Arbeitnehmer im Sinne des Betriebsverfassungsgesetzes und wählen zu ihrer Mitwirkung besondere Vertreter.** [3]**Bei der Ausführung werden die arbeitsrechtlichen Grundsätze über den Persönlichkeitsschutz, die Haftungsbeschränkung sowie die gesetzlichen Vorschriften über den Arbeitsschutz, den Schutz vor Diskriminierungen in Beschäftigung und Beruf, den Erholungsurlaub und die Gleichberechtigung von Männern und Frauen entsprechend angewendet.**

Rechtsstellung der Teilnehmenden § 36

ERLÄUTERUNGEN

ÜBERSICHT

I. Bedeutung der Vorschrift (Rdnr. 1)
II. Fassung (Rdnr. 2)
III. Anmerkungen (Rdnrn. 3–22)
   1. Keine Eingliederung der Teilnehmenden in die Einrichtungsbetriebe (Rdnrn. 3–6)
   2. Wahl besonderer Vertreter (Rdnr. 7)
   3. Entsprechende Anwendung bestimmter arbeitsrechtlicher Grundsätze und Vorschriften (Rdnrn. 8–22)
      a) Persönlichkeitsschutz (Rdnrn. 9–12)
      b) Haftungsbeschränkung (Rdnrn. 13–17)
      c) Arbeitsschutz (Rdnr. 17)
      d) Erholungsurlaub (Rdnrn. 18–19)
      e) Gleichberechtigung von Männern und Frauen (Rdnrn. 20–22)

I. Bedeutung der Vorschrift

Die Vorschrift verdeutlicht, dass bei Leistungsgewährung durch Berufsbildungswerke, Berufsförderungswerke und vergleichbare Einrichtungen der beruflichen Rehabilitation die Teilnehmer nicht in ein Beschäftigungsverhältnis zu diesen Einrichtungen treten. Gleichwohl sind die arbeitsrechtlichen Grundsätze über den Persönlichkeitsschutz, die Haftungsbeschränkung sowie Vorschriften über den Arbeitsschutz, den Erholungsurlaub und die Gleichberechtigung von Männern und Frauen entsprechend anzuwenden. 1

II. Fassung

Die Vorschrift wurde unverändert aus dem Regierungsentwurf (BT-Drucks. 14/5531 i. V. m. 14/5074) übernommen. 2

III. Anmerkungen

1. Keine Eingliederung der Teilnehmenden in die Einrichtungsbetriebe

Wer Leistungen zur beruflichen Aus- oder Fortbildung oder eine sonstige Teilhabeleistung in einer Einrichtung der beruflichen Rehabilitation nach § 35 SGB IX erhält, wird nicht in den Betrieb dieser Einrichtung eingegliedert. Er ist auch kein Arbeitnehmer im Sinne des Betriebsverfassungsgesetzes (**Satz 1 und 2 Halbs. 1**). Denn er trägt nicht die Arbeit der Einrichtung wie ein Arbeitnehmer mit, sondern nutzt diese ähnlich einem Schüler, Studenten oder Klienten (GK-SGB IX / *Großmann* Rdnr. 10). 3

Das gilt auch für das Eingangsverfahren und den Berufsbildungsbereich von Werkstätten für behinderte Menschen, die ebenfalls grundsätzlich zu den Einrichtungen gemäß § 35 SGB IX gehören (vgl. Erl. zu § 35 Rdnr. 21).

Die Teilnehmenden erhalten Ausbildungsgeld nach § 45 Abs. 5 Nr. 1 SGB IX bzw. andere unterhaltssichernde Leistungen. Hingegen wird ihnen kein Arbeitsentgelt gezahlt. 4

Deshalb liegt insoweit auch **kein sozialrechtliches Beschäftigungsverhältnis** vor (LPK-SGB IX / *Haines* Rdnr. 2) und auch **kein arbeitnehmerähnliches Rechtsverhältnis** (GK-SGB IX / *Großmann* Rdnr. 14). 5

Anders verhält es sich mit dem Arbeitsbereich der Werkstatt für behinderte Menschen (vgl § 138 Abs. 2 SGB IX), sodass die dort beschäftigten behinderten Menschen Arbeitnehmer, zumindest aber arbeitnehmerähnliche Personen sind. 6

2. Wahl besonderer Vertreter

7 Während die Bestimmungen des Betriebsverfassungsrechts die Mitarbeitervertretung in Betrieben regeln, hat sich der Gesetzgeber für Rehabilitationseinrichtungen auf den Grundsatz beschränkt, dass die Teilnehmer zu ihrer Mitwirkung besondere Vertreter wählen. Nur für den Arbeitsbereich der Werkstätten für behinderte Menschen ist diese Mitwirkung in § 139 SGB IX konkret geregelt worden. Für die übrigen beruflichen Rehabilitationseinrichtungen bleibt die Vorschrift sehr allgemein: Es wird kein Mitwirkungsorgan benannt, geschweige denn werden dessen Befugnisse geregelt. Auch fehlen Bestimmungen über Einzelheiten der Wahl und die Amtszeit.

Jedoch erscheint es empfehlenswert, sich hierzu an § 139 SGB IX als Vorbild zu orientieren (Mrozynski Rdnr. 8).

3. Entsprechende Anwendung bestimmter arbeitsrechtlicher Grundsätze und Vorschriften

8 Ungeachtet der fehlenden Arbeitnehmerstellung von Teilnehmenden in einer Einrichtung gemäß § 35 SGB IX erhalten sie den Schutz bestimmter für Arbeitnehmer geltender Regelungen. Denn nach **Satz 3** der Bestimmung sind auf sie zwei arbeitsrechtliche Grundsätze sowie die gesetzlichen Vorschriften zu drei weiteren Bereichen entsprechend anwendbar. Es handelt sich hierbei um eine abschließende Aufzählung (kritisch hierzu Mrozynski Rdnr. 6, der aber auch den Vorteil der Rechtssicherheit sieht).

a) Persönlichkeitsschutz

9 Aus Art. 1 sowie Art. 2 Abs. 1 GG ergibt sich ein Persönlichkeitsrecht des Arbeitnehmers. Es umfasst das **Recht auf Achtung seiner Menschenwürde und auf Entfaltung seiner individuellen Persönlichkeit**, das allerdings arbeitsvertraglich gedeckten Einschränkungen unterliegt. Diese folgen vor allem aus der Eingliederung des Arbeitnehmers in den Betrieb und den hierbei zu beachtenden Interessen des Arbeitgebers wie der anderen Arbeitnehmer (*Koch* in Schaub, Arbeitsrechtshandbuch, 11. Aufl. § 108 Rdnr. 7).

10 Der Arbeitgeber hat aufgrund seiner **Fürsorgepflicht** das Persönlichkeitsrecht des Arbeitnehmers allgemein zu schützen. Hierzu gehört der **Schutz vor Belästigungen** durch andere Arbeitnehmer (z. B. Schutz vor sexuellen Belästigungen, Nichtraucherschutz, Schutz vor schikanöser und entwürdigender Behandlung durch Vorgesetzte und Mitarbeiter) und Dritte. Das Persönlichkeitsrecht des Arbeitnehmers verbietet aber auch unzulässige Kontroll- und Überwachungsmaßnahmen etwa durch technische Einrichtungen und gebietet den Schutz vor Ausforschungen der Privatsphäre beispielsweise durch Verwertung von Ergebnissen aus ärztlichen Untersuchungen und genetischen Analysen. Es schließt ferner ein die Verpflichtung des Arbeitgebers zur menschengerechten Gestaltung des Arbeitsplatzes sowie den Ehrenschutz. Weiterhin ist aus dem Persönlichkeitsrecht abgeleitet worden der Anspruch auf Zulassung eines Rechtsbeistandes bei Personalgesprächen, eine Pflicht zur Erörterung von Abmahnungen im öffentlichen Dienst, das Verbot des heimlichen Mithörens von Telefongesprächen sowie der verdeckten oder anlassunabhängigen Videoüberwachung und der Zuschreibung von Mitgliedschaften in bestimmten Vereinigungen. Ebenso unzulässig sind die Veröffentlichung von beleidigenden Verhaltensweisen und von Fotografien aus dem Privatleben sowie Mitteilungen aus der Intimsphäre (Koch Rdnr. 55 mit umfangr. Rechtsprechungsnachw.).

11 Bei objektiv rechtswidrigen Eingriffen in sein Persönlichkeitsrecht hat der Arbeitnehmer entsprechend §§ 12, 862, 1004 BGB **Anspruch auf Beseitigung** von fortwirkenden Beeinträchtigungen und auf **Unterlassung** weiterer Eingriffe (BAGE 86, 240 = NZA 1998, 712). Bei schwer wiegenden Eingriffen in das Persönlichkeitsrecht kommt auch die Zahlung von **Schmerzensgeld** in Betracht (BAGE 91, 49 = NZA 1999, 645).

Gegenüber behinderten Menschen in Einrichtungen gemäß § 35 SGB IX kommt der Wahrung ihres Persönlichkeitsrechts erhöhte Bedeutung zu, weil sie in vielfacher Hinsicht schutzbedürftiger sind als nicht behinderte Arbeitnehmer. Andererseits können aber auch zulässige Fragen an einen behinderten Menschen stärker den Intimbereich berühren, etwa wenn es um die Klärung des Ausmaßes des Pflegebedarfs geht. Dasselbe gilt für die Fragen nach der Eignung, die sich nicht nur auf die Teilnahme an der Maßnahme erstrecken, sondern auch die spätere Berufsausübung einschließen können. Hier kann mehr an Offenbarung zu verlangen sein, als im regelmäßigen Arbeitsverhältnis zulässig wäre (Mrozynski Rdnr. 10). 12

b) Haftungsbeschränkung

Entsteht durch ein schuldhaft pflichtwidriges Verhalten des Arbeitnehmers ein Schaden, hat er diesen zu ersetzen. **Anspruchsgrundlage** für Schadensersatzansprüche wegen **Vertragsverletzung** ist § 280 Abs. 1 BGB. Daneben ist die Beweislastregelung des § 619a BGB zu beachten, die § 280 Abs. 1 Satz 2 BGB verdrängt. Weiterhin kann ein **Schadensersatzanspruch aus unerlaubter Handlung** gemäß §§ 823 ff. BGB oder Gefährdungshaftung (vor allem nach §§ 7, 8 StVG) bestehen. 13

Im Allgemeinen kann der Arbeitgeber vom Arbeitnehmer **Schadensersatz verlangen, wenn** 14
– dieser seine vertraglichen Pflichten verletzt oder eine unerlaubte Handlung begeht,
– der Arbeitnehmer die Pflichtverletzung zu vertreten hat,
– dem Arbeitgeber ein Schaden entsteht und
– zwischen Pflichtverletzung und Schaden ein Kausalzusammenhang besteht.

Für diese Voraussetzungen ist der Arbeitgeber darlegungs- und beweispflichtig. Jedoch können ihm nach den Grundsätzen des Anscheinsbeweises Beweiserleichterungen zukommen (vgl. zum Ganzen *Linck* in Schaub, Arbeitsrechtshandbuch 11. Aufl. § 52 Rdnr. 12).

Dem Arbeitnehmer kommt jedoch nach den von der höchstrichterlichen Rechtsprechung (vgl. BAG – GS – E 78, 56 = NZA 1994, 1083) entwickelten Grundsätzen eine **Haftungsbeschränkung** zugute: Sie setzt voraus, dass ein Schaden entstanden ist bei Arbeiten, die **durch den Betrieb veranlasst** sind und aufgrund eines Arbeitsverhältnisses geleistet werden. Hat der Arbeitnehmer den Schaden nicht grobfahrlässig verursacht, sondern ist ihm allenfalls leichte oder mittlere Fahrlässigkeit anzulasten, ist der **Schaden in aller Regel zwischen Arbeitgeber und Arbeitnehmer zu teilen**, wobei die Gesamtumstände von Schadensanlass und Schadensfolgen nach Billigkeitsgrundsätzen und Zumutbarkeitsgesichtspunkten gegeneinander abzuwägen sind. Zu den Umständen, denen nach Ansicht des BAG a. a. O. je nach Lage des Einzelfalls unterschiedliches Gewicht beizumessen ist und die im Hinblick auf die Vielfalt möglicher Schadensursachen nicht abschließend bezeichnet werden könnten, gehöre der Grad des dem Arbeitgeber zur Last fallenden Verschuldens, die Gefahrgeneigtheit der Arbeit, die Höhe des Schadens, ein vom Arbeitgeber einkalkuliertes oder durch die Versicherung abdeckbares Risiko, die Stellung des Arbeitnehmers im Betrieb und die Höhe des Arbeitsentgelts, in dem unter Umständen eine Risikoprämie enthalten sei. Auch können hiernach die persönlichen Verhältnisse des Arbeitnehmers, seine Betriebszugehörigkeit, sein Lebensalter, seine Familienverhältnisse und sein bisheriges Verhalten zu berücksichtigen sein. 15

Da behinderte Menschen in Einrichtungen nach § 35 SGB IX kein Arbeitsentgelt beziehen und dort keine verantwortliche Stellung haben, wird die entsprechende Anwendung der Grundsätze über die arbeitsrechtliche Haftungsbeschränkung im Regelfall den **Ersatz eines nur fahrlässig verursachten Schaden ausschließen** (GK-SGB IX / *Großmann* Rdnr. 24). Ob eine Haftung für vorsätzlich begangene Handlungen in Betracht kommt, hängt von der Zurechnungsfähigkeit i. S. von § 827 Satz 1 BGB ab. 16

Die Haftung für Personenschäden „anderer im Betrieb tätiger Personen" ist durch § 105 Abs. 1 SGB VII grundsätzlich auf Vorsatz beschränkt.

c) Arbeitsschutz

17 Unter Arbeitsschutzrecht im engeren Sinne versteht man die Summe derjenigen Rechtsnormen, deren Einhaltung behördlicher Aufsicht unterliegt und durch Strafen und Bußgelder gesichert ist. Es umfasst den technischen Arbeitsschutz, also die Sicherung vor den Gefahren von Betriebsanlagen und Produktionsweisen; den medizinischen Arbeitsschutz, durch den eine gesunde Arbeitsumgebung erreicht werden soll, sowie den sozialen Arbeitsschutz, mit dem Arbeitszeitrecht und dem Schutzrecht für besondere Arbeitnehmergruppen, insbesondere Frauen und Jugendliche (hierzu *Schaub* in Arbeitsrechtshandbuch § 152 Rdnr. 2).

Für behinderte Menschen hat das Arbeitsschutzrecht insbesondere auch den Schutz vor Überforderung und übermäßiger Belastung zu gewährleisten (GK-SGB IX / *Großmann* Rdnr. 26).

d) Erholungsurlaub

18 Das Bundesurlaubsgesetz gewährt jedem Arbeitnehmer in jedem Kalenderjahr nach einer einmalig zu erfüllenden Wartezeit von sechs Monaten einen gesetzlichen **Erholungsurlaub von 24 Werktagen**. Dieser steht auch Teilnehmern an Leistungen in Einrichtungen gemäß § 35 SGB IX zu. In dieser Zeit sind unterhaltssichernde Leistungen fortzugewähren.

19 Hingegen haben auch schwerbehinderte Menschen während einer solchen Teilhabeleistung **keinen Anspruch auf Zusatzurlaub** gemäß § 125 SGB IX, weil dieser nur Arbeitnehmern bzw. arbeitnehmerähnlichen Personen zusteht. Nur diesen Personengruppen soll nach dem Gesetzeszweck die zusätzliche Freizeit als Ausgleich für Belastungen gewährt werden (GK-SGB IX / *Großmann* Rdnr. 28; a. A. *Mrozynski* Rdnr. 12).

e) Gleichberechtigung von Männern und Frauen

20 Weibliche Arbeitnehmer sind ihren männlichen Kollegen gleichgestellt. Sie dürfen durch Gesetz, Tarifvertrag, Betriebsvereinbarung oder Einzelarbeitsvertrag nicht benachteiligt werden. Dieser allgemeine Grundsatz der Sozialrechtsordnung ist verankert u. a. in Art. 3 GG, Art. 4 Nr. 3 der Europäischen Sozial-Charta vom 18. 10. 1961 (BGBl. II 1964, 1261) sowie Art. 119 EWG-Vertrag vom 25. 3. 1957 (BGBl. II S. 766).
In der EU bestehen zahlreiche Richtlinien zur Durchsetzung der Gleichberechtigung (vgl. die Zusammenstellung bei *Schaub*, Arbeitsrechtshandbuch § 164 Rdnr. 2).

21 Unter Übernahme der EG-Richtlinie 76/207 treffen die §§ 611a und 611b BGB Grundlagenregelungen für das Arbeitsverhältnis. So müssen Arbeitsplätze geschlechtsneutral ausgeschrieben werden. Bei Begründung des Arbeitsverhältnisses, beruflichem Aufstieg oder bei einer Kündigung sind geschlechtsspezifische Diskriminierungen zu vermeiden Ausnahmen sind nur zulässig, wenn ein bestimmtes Geschlecht unverzichtbare Voraussetzung für die Tätigkeit ist. Die Einhaltung dieser Grundsätze hat der Betriebsrat zu überwachen.

22 **In Rehabilitationseinrichtungen** dürften diese Fragen **kaum von praktischer Bedeutung** sein. Jedoch war der Gesetzgeber schon durch § 1 Satz 2 SGB IX gehalten, eine entsprechende Regelung auch für diesen Bereich vorzusehen (*Mrozynski* Rdnr. 12).

§ 37
Dauer von Leistungen

(1) **Leistungen werden für die Zeit erbracht, die vorgeschrieben oder allgemein üblich ist, um das angestrebte Teilhabeziel zu erreichen; eine Förderung kann darüber hinaus erfolgen, wenn besondere Umstände dies rechtfertigen.**

(2) **Leistungen zur beruflichen Weiterbildung sollen in der Regel bei ganztägigem Unterricht nicht länger als zwei Jahre dauern, es sei denn, dass das Teilhabeziel nur über**

eine länger dauernde Leistung erreicht werden kann oder die Eingliederungsaussichten nur durch eine länger dauernde Leistung wesentlich verbessert werden.

ERLÄUTERUNGEN

ÜBERSICHT

I. Bedeutung der Vorschrift (Rdnrn. 1–3)
II. Fassung (Rdnr. 4)
III. Begründung (Rdnr. 5)
IV. Anmerkungen (Rdnrn. 6–32)
   A) zu Abs. 1 (Rdnrn. 6–22)
      1. Dauer der Leistungen zur Ausbildung (Rdnrn. 7–19)
         a) Regelfall (Rdnrn. 7–10)
         b) Unter Berücksichtigung der besonderen Verhältnisse behinderter Menschen (Rdnrn. 11–12)
         c) In Einrichtungen gemäß § 35 SGB IX (Rdnrn. 13–15)
         d) Verlängerung der Förderung wegen besonderer Umstände (Rdnrn. 16–19)
      2. sonstige berufsfördernde Leistungen (Rdnrn. 20–22)
   B) zu Abs. 2 (Rdnrn. 23–32)
      1. Begriff der beruflichen Weiterbildung (Rdnr. 23)
      2. Allgemeine Voraussetzungen einer Förderung der Weiterbildung (Rdnr. 24)
      3. Art und Umfang der Förderleistung (Rdnrn. 25–26)
      4. Weitergehende Regelungen zu Gunsten behinderter Menschen (Rdnrn. 27–28)
      5. Regeldauer von zwei Jahren bei ganztägigen Unterricht (Rdnrn. 29–31)
      6. Länger dauernde Förderung (Rdnr. 32)

I. Bedeutung der Vorschrift

Die Vorschrift stellt in **Abs. 1** als Grundsatz klar, dass Leistungen zur beruflichen Rehabilitation während der vorgeschriebenen oder üblichen Dauer der Ausbildung oder sonstigen Maßnahme zu erbringen sind. Falls diese nicht innerhalb dieser Zeit abgeschlossen werden kann, bedarf es besonderer Umstände, um eine weitere Förderung zu rechtfertigen.   **1**

In **Abs. 2** wird als Regel herausgestellt, dass grundsätzlich eine Vollzeitausbildung nicht länger als zwei Jahre dauern soll. Die Erfahrungen in modernen Berufsförderungswerken haben gezeigt, dass bei internatsmäßiger Unterbringung der Leistungsempfänger und ganztägigem Unterricht die Maßnahmen der Umschulung und Fortbildung bei Erwachsenen in zwei Jahren erfolgreich abgeschlossen werden können. Deshalb sollen berufsfördernde Maßnahmen dieser Art im Allgemeinen zwei Jahre nicht überschreiten. Allerdings sind länger dauernde Maßnahmen nicht ausgeschlossen. Sie kommen insbesondere dann in Betracht, wenn wegen Art oder Schwere der Behinderung oder wegen der Art der gewährten Maßnahmen eine Eingliederung nur über eine länger dauernde Bildungsmaßnahme.   **2**

(einstweilen frei)   **3**

II. Fassung

Die Vorschrift wurde unverändert aus dem Regierungsentwurf (BT-Drucks. 14/5531 i. V. m. 14/5074) übernommen.   **4**

III. Begründung

In dem Regierungsentwurf (BT-Drucks. 14/5074 S. 108) wird zu der Vorschrift ausgeführt: **5**

„Die Vorschrift übernimmt die Regelungen des § 11 Abs. 3 Rehabilitations-Angleichungsgesetz und der entsprechenden Vorschriften für die einzelnen Rehabilitationsträger und verallgemeinert dabei für länger dauernde Maßnahmen die Regelungen in § 101 Abs. 2 Satz 6 Drittes Buch. Leistungen zur Teilhabe am Arbeitsleben in Teilzeit für behinderte Mütter und Väter fallen nicht unter die entsprechende Regelzeit von zwei Jahren (Abs. 2); hier gelten entsprechend der Teilzeit längere Fristen."

IV. Anmerkungen

A) zu Abs. 1

6 Für Leistungen zur beruflichen Rehabilitation i. S. von § 33 SGB IX ist zumeist eine bestimmte Zeitdauer entweder gesetzlich vorgeschrieben oder allgemein üblich.

1. Dauer der Leistungen zur Ausbildung

a) Regelfall

7 Für staatlich anerkannte Ausbildungsberufe beträgt die Ausbildungszeit je nach der Ausbildungsordnung **zwischen zwei und drei Jahren** (§ 5 Abs. 1 Nr. 2 BBiG). Die früher in § 14 Abs. 3 BBiG a. F. festgeschriebene Regelung, wonach sich bei Nichtbestehen der Abschlussprüfung die Ausbildungszeit um ein weiteres Jahr verlängere, ist in der Neufassung des Gesetzes nicht mehr enthalten. Entsprechende zeitliche Festlegungen sind ohne gesetzliche Rahmenvorgabe den einzelnen Ausbildungsordnungen überlassen.

8 Ist für den erfolgreichen Abschluss einer Maßnahme ein **Praktikum** erforderlich, so ist die Umschulung zu diesem Beruf erst nach dem Praktikum beendet, selbst wenn schon während des Praktikums auf dem Arbeitsmarkt Verdienst erzielt werden kann (BSGE 48, 92 = ZfSH/SGB 1980, 148). Hingegen ist eine erforderliche **Grundausbildung** oder ein nachzuholender **schulischer Abschluss** als Voraussetzung der Ausbildung i. S. von § 33 Abs. 3 Nr. 2 und 3 SGB IX gesondert von der Leistung zu beurteilen; die erforderliche Zeitdauer kann also nicht auf die Leistung angerechnet werden. Dasselbe gilt für eine etwa erforderliche **Arbeitstherapie** gemäß § 42 SGB V. Auch eine zeitlich nachgeordnete Maßnahme wie z. B. die Kostenerstattung an den Arbeitgeber gemäß § 34 SGB IX bei einer Probebeschäftigung hat keinen Einfluss auf die Dauer der Teilhabeleistung an den Betroffenen i. S. von Abs. 1 oder Abs. 2 (Mrozynski Rdnr. 6).

9 Während der gesamten Dauer der Berufsausbildung umfassen die **Leistungen an behinderte Menschen**
  – die Übernahme der Teilnahmekosten (§ 33 Abs. 7 SGB IX),
  – eine Berufsausbildungsbeihilfe (§ 100 Nr. 5, § 59 f. SGB III),
  – etwaige begleitende Hilfen, z. B. Kosten einer notwendigen Arbeitsassistenz (§ 33 Abs. 8 Satz 1 Nr. 3 SGB IX).

10 **Unterbrechungen der Leistung**, die der behinderte Mensch nicht zu vertreten hat, wie z. B. krankheitsbedingte Arbeitsunfähigkeit, sind auf die Ausbildungszeit nicht anzurechnen (BSGE 55, 53 = ZfSH/SGB 1983, 363). Dasselbe gilt für eine Beurlaubung aus zwingenden Gründen, etwa zur Kindererziehung. Es bedarf in diesen Fällen keiner ausdrücklichen Verlängerung der Maßnahme (Mrozynski Rdnr. 4).

b) unter Berücksichtigung der besonderen Verhältnisse behinderter Menschen

11 Allerdings sind für die Berufsbildung behinderter Menschen in §§ 64 bis 67 BBiG Sonderregelungen vorgesehen. Vor allem sind in den einzelnen aufgrund dieses Gesetzes erlassenen Ausbildungsordnungen und den Regelungen über die Zulassung zur Prüfung die besonderen Verhältnisse behinderter Menschen zu berücksichtigen. Dies gilt namentlich für die zeitliche und sachliche Gliederung der Ausbildung, die Dauer von Prüfungszeiten, die Zulassung von Hilfsmitteln Dritter wie Gebärdensprachdolmetscher für hörbehinderte Menschen (§ 65 Abs. 1 BBiG).

Dem tragen auch die Regelungen über die **Förderung beruflicher Ausbildungen** Rechnung: 12
Zum einen sind berufliche Ausbildungen im Rahmen des BBiG oder der Handwerksordnung auch dann förderungsfähig, wenn sie abweichend von den Ausbildungsordnungen absolviert werden (§ 101 Abs. 2 Satz 1 SGB III). Zum anderen sind eine Verlängerung der Ausbildung über das vorgesehene Ausbildungsende hinaus, eine Wiederholung der Ausbildung ganz oder in Teilen sowie eine erneute berufliche Ausbildung zu fördern, wenn Art oder Schwere der Behinderung es erfordern und ohne die Förderung eine dauerhaft Teilhabe am Arbeitsleben nicht erreicht werden kann (§ 101 Abs. 4 SGB III). Unter den Voraussetzungen des § 59 SGB III ist während sämtlicher Abschnitte dieser Ausbildung Berufsausbildungsbeihilfe zu gewähren.

c) in Einrichtungen gemäß § 35 SGB IX

Bestimmte Behinderungen können nach Art oder Schwere die Ausbildung außerhalb 13
des BBiG und der HandwO in Berufsbildungswerken und anderen geeigneten Einrichtungen gemäß § 35 SGB IX erfordern. Das kommt insbesondere in Betracht für lernbehinderte, sehgeschädigte und in der Beweglichkeit erheblich eingeschränkte Personen, die auf besondere Einrichtungen und begleitende Dienste angewiesen sind.

Hierfür ermöglicht **§ 102 Abs. 1 Satz 2 SGB III** eine Förderung. Sie gewährt den behinderten Menschen Anspruch auf **Ausbildungsgeld** gemäß § 103 Nr. 2 SGB III nach Maßgabe 14
der §§ 104 bis 108 SGB III. Allerdings wird das Ausbildungsgeld nur während der Ausführung von Leistungen zur *erstmaligen* beruflichen Ausbildung gezahlt (§ 108 SGB III).

Daneben besteht auch hier Anspruch auf Übernahme der **Teilnahmekosten** und auf etwaige 15
begleitende Hilfen, z. B. Kosten einer notwendigen Arbeitsassistenz (§ 33 Abs. 8 Satz 1 Nr. 3 SGB IX).

d) Verlängerung der Förderung wegen besonderer Umstände

Wenn besondere Umstände dies rechtfertigen, kann die Ausbildung auch über die dargestellten Regelungen hinaus gefördert werden (**Abs. 1 Halbs. 2**). Da allerdings § 65 Abs. 1 BBiG 16
bereits die Berücksichtigung der besonderen Verhältnisse der behinderten Menschen vorschreibten, müssen darüber hinausgehende behinderungsbedingte Erleichterungen bei der Berufsausbildung durch **ganz außergewöhnliche Erschwernisse gerechtfertigt** sein (GK-SGB IX / *Großmann* Rdnr. 15).

Solche können zum Beispiel auch die Pflege eines Angehörigen oder die Kindererziehung sein, wenn diese nur eine Teilzeitrehabilitation zulässt (Mrozynski Rdnr. 8).

Ein besonderer Umstand im Sinne dieser Regelung ist allerdings nicht allein der unter Berufung auf Art. 12 Abs. 1 GG vorgetragene Wunsch des behinderten Menschen, eine die regelmäßige Dauer überschreitende Ausbildung absolvieren zu wollen (Neumann u. a. / *Pahlen* 17
Rdnr. 2; vergleiche im Übrigen zur Problematik bei der beruflichen Weiterbildung unten Rdnr. 32).

Die Bestimmung hat **keine Bedeutung für die Bundesagentur für Arbeit**. In ihrem Zuständigkeitsbereich werden Verlängerungen, Wiederholungen und erneute Ausbildungen durch 18
die spezielle Vorschrift des **§ 101 Abs. 4 SGB III** geregelt. Danach kann eine Verlängerung der Ausbildung über das vorgesehene Ende der Ausbildung hinaus, eine Wiederholung der Ausbildung ganz oder in Teilen sowie eine erneute berufliche Ausbildung gefördert werden, wenn Art oder Schwere der Behinderung es erfordern, und ohne die Förderung eine dauerhafte Teilhabe am Arbeitsleben nicht erreicht werden kann.

Jedoch fehlen für die übrigen Rehabilitationsträger derartige Spezialbestimmungen, sodass § 37 Abs. 1 Halbs. 2 SGB IX insoweit unmittelbar gilt.

In jedem Fall muss eine auf besondere Umstände gestützte weitergehende Förderung der 19
Ausbildung **erforderlich und geeignet** sein, um das Teilhabeziel zu erreichen. Insbesondere

muss ihre Verlängerung erwarten lassen, dass der behinderte Mensch sie voraussichtlich mit Erfolg abschließen wird.

2. sonstige berufsfördernde Leistungen

20 Die in Abs. 1 geregelten Grundsätze gelten auch für sonstige berufsfördernde Leistungen i. S. von § 33 SGB IX, die über eine einmalige Gewährung hinausgehen (mit Ausnahme der beruflichen Weiterbildung, die speziell in Abs. 2 normiert ist).

Hervorzuheben sind namentlich aus dem Katalog des § 33 Abs. 3:
– Trainingsmaßnahmen (Nr. 1),
– berufsvorbereitende Maßnahmen (Nr. 2),
– Grundausbildungslehrgänge (Nr. 2),
– Überbrückungsgeld (Nr. 5).

21 Soweit es hierfür an gesetzlichen Regelungen für die Leistungsdauer fehlt, wird diese doch zumeist durch eine **allgemeine Üblichkeit auf bestimmte Zeiträume begrenzt** sein. Auch in diesen Fällen kann bei Vorliegen besonderer Umstände, d. h. außergewöhnlichen Erschwernissen aufseiten des behinderten Menschen, eine **verlängerte Förderung** gerechtfertigt sein, sofern diese erforderlich und geeignet zur Erreichung des Teilhabeziels ist.

22 Leistungen durch eine notwendige **Arbeitsassistenz** i. S. von § 33 Abs. 8 Satz 1 Nr. 3 SGB IX sind gesetzlich **auf drei Jahre begrenzt** (vgl. Satz 2 der Vorschrift). Insoweit kommt eine Verlängerung nach Maßgabe des § 37 Abs. 1 Abs. 2 SGB IX nicht in Betracht. Allerdings kann sich an die befristete Leistung nach § 33 eine Leistung auf Dauer gemäß § 102 Abs. 4 SGB IX anschließen.

B) zu Abs. 2

1. Begriff der beruflichen Weiterbildung

23 Der Begriff der „Weiterbildung" ist einheitlich an die Stelle der im früheren Recht verwendeten Begriffe der „Fortbildung" und „Umschulung" getreten. Er umfasst nach § 85 Abs. 3 Satz 1 Nrn. 1 bis 3 SGB III sowohl die Festigung der beruflichen Kenntnisse, Fertigkeiten und Fähigkeiten als auch die Vermittlung eines beruflichen Abschlusses und die Befähigung zu einer anderen beruflichen Tätigkeit.

2. Allgemeine Voraussetzungen einer Förderung der Weiterbildung

24 Voraussetzungen einer Förderung der Weiterbildung durch die Bundesagentur für Arbeit sind nach § 77 Abs. 1 Satz 1 SGB III die
– Notwendigkeit der Weiterbildung (Nr. 1),
– Beratung des Arbeitgebers seitens der zuständigen Agentur für Arbeit (Nr. 2),
– Zulassung von Maßnahme und Träger für die Förderung (Nr. 3 i. V. m. §§ 84 bis 86 SGB III).

3. Art und Umfang der Förderleistungen

25 Die **Weiterbildungskosten** werden nach **§§ 79 bis 83 SGB III** erstattet.

Sie umfassen
– Lehrgangskosten (§ 80),
– Fahrtkosten (§ 81),
– Kosten für auswärtige Unterbringung und Verpflegung (§ 82),
– Kinderbetreuungskosten in Höhe von 130 Euro monatlich je aufsichtsbedürftiges Kind (§ 83)

Daneben besteht Anspruch auf **Unterhaltsgeld** nach **§§ 153 ff. SGB III**. Wird eine berufliche Weiterbildung bei Arbeitslosigkeit absolviert, sind seit 1. 1. 2005 das Arbeitslosengeld und das Unterhaltsgeld zu einer einheitlichen Versicherungsleistung zusammengeführt worden (vgl. BT-Drucks. 15/1515 Begr. B S. 73, 82). 26

4. Weitergehende Regelungen zu Gunsten behinderter Menschen

Behinderte Menschen können durch eine berufliche Weiterbildung auch dann gefördert werden, wenn sie zur – weiteren – Teilhabe am Arbeitsleben einer **längeren Förderung als nicht behinderte Menschen** bedürfen oder aber einer **erneuten Förderung** (§ 101 Abs. 5 Satz 1 Nr. 3 SGB III). Für nicht behinderte Menschen ist bei Vollzeitmaßnahmen eine Höchstförderungsdauer von zwei Jahren vorgesehen (§ 92 Abs. 3 Satz 2 SGB III). 27

Behinderte Menschen können weitergebildet werden 28
– im Rahmen des BBiG oder der Handwerksordnung abweichend von den Ausbildungsordnungen für staatlich anerkannte Ausbildungsberufe oder
– in besonderen Einrichtungen für behinderte Menschen gemäß § 35 SGB IX. Es handelt sich in der Regel um Berufsförderungswerke, die ihre Leistungen nach Maßgabe von zumeist festliegenden Weiterbildungskonzepten erbringen. Dort können Weiterbildungen sogar außerhalb des Berufsbildungsgesetzes und der Handwerksordnung durch besondere Leistungen nach § 98 f. SGB III gefördert werden (§ 102 Abs. 1 Satz 2 SGB III).

5. Regeldauer von zwei Jahren bei ganztägigen Unterricht

Leistungen zur beruflichen Weiterbildung behinderter Menschen sollen in der Regel bei **ganztägigen Unterricht nicht länger als zwei Jahre** dauern (**Abs. 2 Halbs. 1**). Ganztägiger Unterricht sind Lehrveranstaltungen oder praktische Ausbildungen, welche einschließlich der erforderlichen Vorbereitung, Nacharbeit, Wiederholungen und Wegezeiten den Rehabilitanden zeitlich so beanspruchen, dass er daneben einer Erwerbstätigkeit nicht nachgehen kann (BSG SozR 4460 § 11 Nr. 6 und SozR 2200 § 1237a Nr. 27). 29

Das entspricht der allgemeinen Bestimmung zur Dauer in § 85 Art. 2 SGB III. Nach Auffassung des Gesetzgebers haben die Erfahrungen in den Berufsförderungswerken gezeigt, dass bei Erwachsenen ganztägige Maßnahmen der Fortbildung und Umschulung in zwei Jahren erfolgreich abgeschlossen werden könnten (vgl. BT-Drucks. 14/5074 S. 108). 30

Da die Regelgrenze von zwei Jahren nur für ganztägigen Unterricht gelten soll, betrifft sie nicht solche Leistungen, die in **Teilzeit für behinderte Mütter und Väter** durchgeführt werden. Hierfür gelten entsprechend der Teilzeit längere Fristen (vgl. BT-Drucks. 14/5074 S. 109; Neumann u. a. / *Pahlen* Rdnr. 5). Auch aus sonstigen Gründen, z. B. der Pflege eines Angehörigen, kann eine Teilzeitrehabilitation in Betracht kommen (Mrozynski Rdnr. 8, zugleich kritisch zur Systematik der Vorschrift, die das nicht für die Absätze 1 und 2 ausdrücklich einheitlich regelt). 31

6. Länger dauernde Förderung

Die Zweijahresfrist darf nur in Ausnahmefällen überschritten werden, nämlich bei Vorliegen besonderer Umstände, nach denen 32
– das **Teilhabeziel nur über eine länger dauernde Ausbildung erreicht** werden kann (**Abs. 2 Halbs. 2, 1. Alt.**). Das kann insbesondere dann der Fall sein, wenn zuvor eine Grundausbildung im Sinne von § 33 Abs. 3 Nr. 2 SGB IX erforderlich ist oder ein schulischer Abschluss nachgeholt werden muss (§ 33 Abs. 3 Nr. 3 SGB IX); oder
– die **Eingliederungsaussichten** durch eine länger dauernde Leistung **wesentlich verbessert** werden (**Abs. 2 Halbs. 1, 2. Alt.**).

Auch insoweit besteht allerdings für den **Bereich der Bundesagentur für Arbeit** eine

Sondervorschrift: Nach § 101 Abs. 5 Nr. 3 SGB III kann eine berufliche Weiterbildung auch gefördert werden, wenn behinderte Menschen einer längeren Förderung als nicht behinderte Menschen oder erneuten Förderung bedürfen, um am Arbeitsleben teilzuhaben oder weiter teilzuhaben. Mit diesem Vergleich von behinderten und nicht behinderten Menschen wird betont, dass die Ursache der schlechteren Eingliederungschancen, die eine längere Förderungsdauer rechtfertigen, in der Behinderung selbst liegen muss (Lachwitz u. a. / *Bieritz-Harder* Rdnr. 6).

Damit erledigt sich wohl für diesen Bereich der Streit um die Frage, ob eine Verlängerung der Förderungsleistung auch dann in Betracht kommt, wenn ein **bestimmter Ausbildungsberuf nicht in einer zweijährigen Ausbildungszeit erlernt werden kann**. In seiner Rechtsprechung zu der – im Vergleich zu § 101 Abs. 5 SGB III anders gefassten – Vorgängervorschrift des § 56 Abs. 4 Satz 2 AFG a. F. hatte das BSG (E 66, 275 = NZA 1990, 992 [krit. hierzu Boecken SGb 1991, 147] und BSGE 69, 128 = NZA 1992, 333) hervorgehoben: Jedem behinderten Menschen stehe nach Eignung, Neigung und den Gegebenheiten des Arbeitsmarktes jeder Beruf im Sinne des BBiG offen, der eine dauerhafte berufliche Eingliederung gewährleiste. Dies folge aus dem Grundrecht der Freiheit der Berufswahl gemäß Art. 12 Abs. 1 GG. Es müsse vermieden werden, dass die Bundesagentur für Arbeit ohne Rücksicht auf besondere Eignung nur einen abgeschlossenen Kreis von Berufen fördere, die in zwei Jahren erlernt werden könnten. Zweijährige Maßnahmen seien nur dann vorzuschlagen, wenn sie der besonderen Eignung und Neigung des behinderten Menschen entgegenkämen und die bisher erworbenen Kenntnisse nicht völlig nutzlos erscheinen ließen. Die Maßnahme müsse also zu dauerhafter und voller beruflicher Eingliederung führen. Würde trotz spezieller Begabung ein behinderter Mensch auf andere Berufe verwiesen, könne dies zu einer Motivationseinbuße führen und den Erfolg der Weiterbildung in Frage stellen. Insbesondere dürften damit berufsfördernde Leistungen zur Rehabilitation nicht allgemein auf solche Berufe beschränkt werden, die innerhalb von zwei Jahren erlernt werden können.

Für diese Überlegungen dürfte bei **Fördermaßnahmen der Bundesagentur für Arbeit** jedoch im Hinblick auf **geltende Gesetzesfassung in § 101 Abs. 5 Nr. 3 SGB III** kein Raum mehr sein (so auch Bieritz-Harder a. a. O.).

Für die Bereiche der Rentenversicherung und der Unfallversicherung stünde allerdings der Wortlaut der für diese unmittelbar geltenden Vorschrift des § 37 Abs. 2, Halbs. 2 2. Alt. SGB IX entsprechenden Überlegungen nicht entgegen. Insoweit wird mit gutem Grund befürwortet, berufsfördernde Leistungen zur Teilhabe grundsätzlich auch zu erbringen, wenn ein der Eignung und Neigung des behinderten Menschen entsprechender und von ihm angestrebter Beruf im Sinne des BBiG nur in einer länger als zwei Jahre dauernden Ausbildungszeit erlernt werden könne (Hauck / Noftz / *Götze* Rdnr. 7; GK-SGB IX / *Großmann* Rdnr. 27). Zwar rechtfertigen das Bildungsinteresse des behinderten Menschen oder sein Streben nach beruflichen Aufstieg allein nicht eine länger als zwei Jahre dauernde Maßnahme (BSGE 46, 198 und BSGE 49, 263). Jedoch darf die Zwei-Jahres-Grenze nicht zu starr gehandhabt werden (Mrozynski Rdnr. 11).

Wesentlich ist aber, dass es **nicht allein** auf den Berufswunsch des behinderten Menschen ankommen kann. Die Verwaltung muss also nicht stets wegen der Berufung auf Art. 12 Abs. 1 GG eine länger dauernde Maßnahme bewilligen (BSGE 69, 128). Die Neigung ist vielmehr nur einer von mehreren Gesichtspunkten neben der Eignung und der Alternativlosigkeit der gewünschten längeren Ausbildung (Mrozynski Rdnr. 11; vgl. auch Neumann u. a. / *Pahlen* Rdnr. 5). Der konkrete Berufswunsch muss daher zurücktreten, wenn den Leistungsberechtigten alternative Maßnahmen angeboten werden können, die ebenfalls neben der Eignung auch die Neigung der Betroffenen berücksichtigen und mit einer Förderung im Rahmen der Regelförderungszeit erreichbar sind (vgl. BSGE 72, 77 [80] = NZS 1993, 322).

Die für die Bereiche Rentenversicherung und Unfallversicherung zuständigen Senate des BSG haben in der Vergangenheit eher den Grundsatz der Sparsamkeit der Verwaltung betont (BSGE 49, 263 = SozR 2200 § 1237a Nr. 10; BSG SozR 2200 § 567 Nr. 4; vgl. auch Neumann u. a. / *Pahlen* a. a. O.). Es bleibt abzuwarten, inwieweit die seit 1. 7. 2001 geltende Vorschrift des § 37 Abs. 2 SGB IX insoweit Anlass zu einer Überprüfung dieses Standpunkts gibt.

§ 38
Beteiligung der Bundesagentur für Arbeit

¹Die Bundesagentur für Arbeit nimmt auf Anforderung eines anderen Rehabilitationsträgers zu Notwendigkeit, Art und Umfang von Leistungen unter Berücksichtigung arbeitsmarktlicher Zweckmäßigkeit gutachterlich Stellung. ²Dies gilt auch, wenn sich die Leistungsberechtigten in einem Krankenhaus oder einer Einrichtung der medizinischen oder der medizinisch-beruflichen Rehabilitation aufhalten.

ERLÄUTERUNGEN

ÜBERSICHT

I. Bedeutung der Vorschrift (Rdnrn. 1–3)
II. Fassung (Rdnrn. 4–4a)
    A) durch das SGB IX vom 19. Juni 2001 (BGBl. I S. 1046) (Rdnr. 4)
    B) durch das Dritte Gesetz für moderne Dienstleistungen am Arbeitsmarkt vom 23. Dezember 2003 (BGBl. I S. 2848) (Rdnr. 4a)
III. Anmerkungen (Rdnrn. 5–12)
    1. Gutachterliche Stellungnahme der BfA (Rdnrn. 5–11)
IV. Literatur

I. Bedeutung der Vorschrift

Der Bundesagentur für Arbeit wird auferlegt, auf Anforderung eines anderen Rehabilitationsträgers gutachtlich Stellung zu nehmen, und zwar zu „Notwendigkeit sowie Art und Umfang von Leistungen unter Berücksichtigung arbeitsmarktlicher Zweckmäßigkeit" (Satz 1). Diese Stellungnahme soll frühzeitig eingeholt werden, nämlich auch dann, wenn sich die Leistungsberechtigten in einem Krankenhaus oder in einer Einrichtung der medizinischen oder der medizinisch-beruflichen Rehabilitation aufhalten (Satz 2). 1

Durch die gutachtliche Beteiligung der Bundesagentur für Arbeit kann im Einzelfall sichergestellt werden, dass deren in Fragen der Arbeits- und Berufsförderung und des Arbeitsmarktes erfahrene Fachdienste im wohl verstandenen Interesse des behinderten Menschen tätig werden können. Dadurch sollen kurzsichtige Entscheidungen, z. B. bloße Umsetzungen des Behinderten, die sich nach einigen Jahren als arbeitsmarktpolitisch falsch erweisen und in Wirklichkeit keine echte Rehabilitationsmaßnahme darstellen, vermieden werden. 2

Allerdings ist – im Gegensatz zur zuvor maßgebenden Vorschrift des § 5 Abs. 4 Rehabilitations-Angleichungsgesetz – die Einschaltung der Bundesagentur für Arbeit nicht mehr zwingend vorgeschrieben, sondern nur, wenn ein anderer Rehabilitationsträger die Stellungnahme anfordert. 3

II. Fassung
A) durch das SGB IX vom 19. Juni 2001 (BGBl. I S. 1046)

Die Vorschrift wurde unverändert aus dem Regierungsentwurf (BT-Drucks. 14/5531 i. V. m. 14/5074) übernommen. 4

B) durch das Dritte Gesetz für moderne Dienstleistungen am Arbeitsmarkt vom 23. Dezember 2003 (BGBl. I S. 2848)

4a In Satz 1 wurde die Bezeichnung „Bundesanstalt" in „Bundesagentur" geändert.

III. Anmerkungen

1. Gutachterliche Stellungnahme der BA

5 Kommen **Leistungen zur Teilhabe am Arbeitsleben** durch **andere Rehabilitationsträger** als die Bundesagentur für Arbeit in Betracht, sind diese berechtigt, eine gutachterliche Stellungnahme der Bundesagentur einzuholen (**Satz 1**). Nicht in der Vorschrift vorgesehen ist hingegen die Einschaltung der Bundesagentur für Arbeit auf Wunsch eines Leistungsberechtigten. Diese kommt nur auf der Grundlage des § 9 Abs. 1 oder des § 14 Abs. 1 Satz 1 SGB IX in Betracht (LPK-SGB IX / *Haines* Rdnr. 6).

6 Die gutachterliche Stellungnahme hat sich auf Notwendigkeit, Art und Umfang der Leistungen zu erstrecken. Dabei sind § 4 und § 33 Abs. 1 SGB IX zu berücksichtigen.

7 Darüber hinaus muss die Bundesagentur für Arbeit sich auch zur **arbeitsmarktlichen Zweckmäßigkeit der Leistungen** äußern. Das setzt die Kenntnis der Lage und Entwicklung des Arbeitsmarktes voraus, welche gemäß § 97 Abs. 2 SGB III und § 33 Art. 4 SGB IX bei der Auswahl der Leistungen zu berücksichtigen ist. Es geht also letztlich darum, inwieweit im Einzelfall die in Betracht kommenden Leistungen voraussichtlich unter den Bedingungen des Arbeitsmarktes nutzbar sind (kritisch hierzu GK-SGB IX / *Großmann* Rdnr. 9, der angesichts „häufiger Wandlungen der Arbeitsmarktpolitik" hierin ein „voluntaristisches Kriterium" sieht, das Teilhabeleistungen an behinderte Menschen nicht entgegenstehen dürfe).

8 Die Bundesagentur für Arbeit ist auf die jeweilige Anforderung hin **verpflichtet**, sich unverzüglich gutachterlich zu äußern. Hierbei ist eine schriftliche Äußerung schon aus Gründen der Dokumentationspflicht selbstverständlich. Deren Umfang ist nicht vorgeschrieben; insbesondere bei einem schon vorbereiteten Leistungsvorschlag des Rehabilitationsträgers kann eine Kurzfassung genügen (GK-SGB IX / *Großmann* Rdnr. 20).

9 Grundsätzlich steht es **im Ermessen** des jeweils zuständigen Rehabilitationsträgers, ob er diese Stellungnahme einholt (Neumann u. a. / *Pahlen* Rdnr. 2; Hauck / Noftz / *Götze* Rdnr. 8; Mrozynski Rdnr. 3; a. A. GK-SGB IX / *Großmann* Rdnrn. 12 ff., der eine Verpflichtung zur Beteiligung der BfA aus der früheren, nach Ansicht des Gesetzgebers durch 38 SGB IX „fortentwickelten" Rechtslage sowie aus § 11 Abs. 2 SGB IX und dem Zweck der Vorschrift ableiten will).

10 Allerdings ist der für die Leistungsgewährung allein zuständige Rehabilitationsträger nach allgemeiner Auffassung **nicht verpflichtet, der Stellungnahme** der Bundesagentur für Arbeit **zu folgen** (GK-SGB IX / *Großmann* Rdnr. 21 m. w. N.).

11 Die gutachterliche Stellungnahme kann bereits zu einem Zeitpunkt angefordert und abgegeben werden, zu dem zunächst **noch medizinische Leistungen** erbracht werden und die **Leistungsberechtigten** sich **in einem Krankenhaus** oder in einer Einrichtung der medizinischen bzw. der medizinisch-beruflichen Rehabilitation aufhalten (**Satz 2**). Das soll nach der Gesetzesbegründung der frühzeitigen Klärung und zügigen Ausführung der notwendigen Leistungen dienen (BT-Drucks. 14/5074 S. 109). Denn zu diesem Zeitpunkt ist zumeist noch der Träger der Krankenversicherung zuständig, der selbst keine Leistungen zur Teilhabe am Arbeitsleben erbringt. Dieser ist – wie sich aus dem Zusammenhang mit § 11 Abs. 1 Satz 2 SGB IX ergibt – verpflichtet, die gutachterliche Stellungnahme einzuholen (Mrozynski Rdnr. 3).

IV. Literatur

Bahemann, Andreas, Begutachtung der Leistungsfähigkeit für die berufliche Rehabilitation – Begutachtung für die Bundesanstalt für Arbeit MEDSACH 2002, 102

§ 38a
Unterstützte Beschäftigung

(1) ¹Ziel der Unterstützten Beschäftigung ist, behinderten Menschen mit besonderem Unterstützungsbedarf eine angemessene, geeignete und sozialversicherungspflichtige Beschäftigung zu ermöglichen und zu erhalten. ²Unterstützte Beschäftigung umfasst eine individuelle betriebliche Qualifizierung und bei Bedarf Berufsbegleitung.

(2) ¹Leistungen zur individuellen betrieblichen Qualifizierung erhalten behinderte Menschen insbesondere, um sie für geeignete betriebliche Tätigkeiten zu erproben, auf ein sozialversicherungspflichtiges Beschäftigungsverhältnis vorzubereiten und bei der Einarbeitung und Qualifizierung auf einem betrieblichen Arbeitsplatz zu unterstützen. ²Die Leistungen umfassen auch die Vermittlung von berufsübergreifenden Lerninhalten und Schlüsselqualifikationen sowie die Weiterentwicklung der Persönlichkeit der behinderten Menschen. ³Die Leistungen werden vom zuständigen Rehabilitationsträger nach § 6 Abs. 1 Nr. 2 bis 5 für bis zu zwei Jahre erbracht, soweit sie wegen Art oder Schwere der Behinderung erforderlich sind. ⁴Sie können bis zu einer Dauer von weiteren zwölf Monaten verlängert werden, wenn aufgrund der Art oder Schwere der Behinderung der gewünschte nachhaltige Qualifizierungserfolg im Einzelfall nicht anders erreicht werden kann und hinreichend gewährleistet ist, dass eine weitere Qualifizierung zur Aufnahme einer sozialversicherungspflichtigen Beschäftigung führt.

(3) ¹Leistungen der Berufsbegleitung erhalten behinderte Menschen insbesondere, um nach Begründung eines sozialversicherungspflichtigen Beschäftigungsverhältnisses die zu dessen Stabilisierung erforderliche Unterstützung und Krisenintervention zu gewährleisten. ²Die Leistungen werden bei Zuständigkeit eines Rehabilitationsträgers nach § 6 Abs. 1 Nr. 3 oder 5 von diesem, im Übrigen von dem Integrationsamt im Rahmen seiner Zuständigkeit erbracht, solange und soweit sie wegen Art oder Schwere der Behinderung zur Sicherung des Beschäftigungsverhältnisses erforderlich sind.

(4) Stellt der Rehabilitationsträger während der individuellen betrieblichen Qualifizierung fest, dass voraussichtlich eine anschließende Berufsbegleitung erforderlich ist, für die ein anderer Leistungsträger zuständig ist, beteiligt er diesen frühzeitig.

(5) ¹Die Unterstützte Beschäftigung kann von Integrationsfachdiensten oder anderen Trägern durchgeführt werden. ²Mit der Durchführung kann nur beauftragt werden, wer über die erforderliche Leistungsfähigkeit verfügt, um seine Aufgaben entsprechend den individuellen Bedürfnissen der behinderten Menschen erfüllen zu können. ³Insbesondere müssen die Beauftragten

1. über Fachkräfte verfügen, die eine geeignete Berufsqualifikation, eine psychosoziale oder arbeitspädagogische Zusatzqualifikation und ausreichend Berufserfahrung besitzen,
2. in der Lage sein, den Teilnehmern geeignete individuelle betriebliche Qualifizierungsplätze zur Verfügung zu stellen und ihre berufliche Eingliederung zu unterstützen,
3. über die erforderliche räumliche und sächliche Ausstattung verfügen und
4. ein System des Qualitätsmanagements im Sinne des § 20 Abs. 2 Satz 1 anwenden.

(6) ¹Zur Konkretisierung und Weiterentwicklung der in Absatz 5 genannten Qualitätsanforderungen vereinbaren die Rehabilitationsträger nach § 6 Abs. 1 Nr. 2 bis 5 sowie die Bundesarbeitsgemeinschaft der Integrationsämter und Hauptfürsorgestellen im Rahmen der Bundesarbeitsgemeinschaft für Rehabilitation eine gemeinsame Empfehlung. ²Die gemeinsame Empfehlung kann auch Ausführungen zu möglichen Leistungs-

inhalten und zur Zusammenarbeit enthalten. ³§ 13 Abs. 4, 6 und 7 und § 16 gelten entsprechend.

ERLÄUTERUNGEN

ÜBERSICHT

I. Bedeutung der Vorschrift (Rdnrn. 1–13)
II. Fassung (Rdnrn. 14–21)
III. Begründung (Rdnrn. 22–39)
IV. Anmerkungen
V. Literatur

I. Bedeutung der Vorschrift

1   Mit § 38a SGB IX und ergänzenden weiteren Änderungen wird eine **neue Leistung** zur Teilhabe am Arbeitsleben im Sinne von § 33 SGB IX eingeführt, die **Unterstützte Beschäftigung**. Sie richtet sich an behinderte Menschen, die einen besonderen Unterstützungsbedarf haben, aber nicht das spezifische Angebot der Werkstätten für behinderte Menschen benötigen. Damit soll mehr Menschen mit Behinderung die Möglichkeit eröffnet werden, ihren Lebensunterhalt außerhalb von WfbM erarbeiten zu können.

Die Unterstützte Beschäftigung ist als trägereinheitliche Leistung ausschließlich im SGB IX verankert und dementsprechend keine Eingliederungsleistung im Sinne von § 16 Abs. 1 SGB II.

Zur **Zielgruppe** zählen insbesondere Schulabgängerinnen und Schulabgänger mit Behinderung sowie Erwachsene, die im Laufe ihres (Erwerbs-)Lebens eine Behinderung erworben haben.

2   Unterstützte Beschäftigung ist allerdings **nachrangig zu Berufsausbildungen** oder berufsvorbereitenden Bildungsmaßnahmen. Wer den Anforderungen dieser Maßnahmen gewachsen ist, soll vorrangig diese in Anspruch nehmen.

Wird während der Qualifizierungsphase erkannt, dass die **WfbM die geeignete Betreuungsform** für den behinderten Menschen ist, soll die **Maßnahme abgebrochen** und ein Wechsel in die Werkstatt vollzogen werden. Die Rechtsfolgen dieses Wechsels und die Anrechnung der Zeit der unterstützten Beschäftigung sind in § 40 Abs. 4 SGB IX geregelt.

3   Unterstützte Beschäftigung umfasst nach dem Verständnis des Gesetzgebers die **individuelle betriebliche Qualifizierung**, Einarbeitung und **Berufsbegleitung** behinderter Menschen mit besonderem Unterstützungsbedarf in Betrieben des allgemeinen Arbeitsmarktes. Ziel ist ein **sozialversicherungspflichtiges Arbeitsverhältnis (Abs. 1)**.

Die Unterstützung ist **ambulant und integriert in Betrieben des allgemeinen Arbeitsmarktes** zu leisten. Dieser Grundsatz, auch „**erst platzieren, dann qualifizieren**" genannt, sowie die Fähigkeiten und Stärken der einzelnen Person stehen im Mittelpunkt des Planens und Handelns.

Dies schließt nicht aus, erforderliche Schulungs- und Bildungsinhalte auch überbetrieblich zu vermitteln. Entscheidend ist jedoch die **Unterstützung im Betrieb, direkt am Arbeitsplatz** und unter Einbezug der Kollegen sowie Vorgesetzten. Der Bedarf an Unterstützung richtet sich sowohl nach der zu unterstützenden Person als auch nach den betrieblichen Erfordernissen (Stellungnahme BAG UB vom 29. Oktober 2008).

4   Die Unterstützte Beschäftigung beginnt mit der **individuellen betrieblichen Qualifizierung (Abs. 2 Satz 1)**. Sie findet von Anfang an in Betrieben des allgemeinen Arbeitsmarktes statt. Der behinderte Mensch wird von einem sog. Anbieter Unterstützter Beschäftigung betreut.

Dieser stellt auch den sog. **Jobcoach** bzw. **Qualifizierungstrainer** zur Verfügung, der den Betroffenen in dem individuell erforderlichen Umfang begleitet.

Grundlage der Maßnahme ist zu Beginn die **Feststellung der besonderen Fähigkeiten,** Kenntnisse und Wünsche, aber auch des **Unterstützungsbedarfs** der Betroffenen. Im Idealfall geschieht dies schon in den letzten beiden Schuljahren, sodass auf diese Erkenntnisse zurückgegriffen werden kann. Ein wesentliches standardisiertes Instrument für die zu treffenden Feststellungen kann die „Diagnose der Arbeitsmarktfähigkeit besonders betroffener behinderter Menschen (DIA-AM)" im Rahmen von § 33 Abs. 4 SGB IX sein.

Sodann wird auf **Qualifizierungsplätzen** die passende Branche ermittelt, in der der behinderte Mensch arbeiten kann und möchte. Anschließend soll eine gründliche Einarbeitung geboten werden auf einem betrieblichen Qualifizierungsplatz, der Aussicht auf die Übernahme in ein sozialversicherungspflichtiges Beschäftigungsverhältnis bietet. 5

Der Anbieter Unterstützter Beschäftigung hat die betrieblichen Qualifizierungsplätze zur Verfügung zu stellen (vgl. Abs. 5 Nr. 2). Voraussetzung hierfür sind ein hinreichendes regionales Netzwerk und viele Arbeitgeberkontakte.

Wesentlicher Bestandteil der Qualifizierung sind die **Vermittlung von berufsübergreifenden Lerninhalten** und **Schlüsselqualifikationen** sowie Maßnahmen zur Entwicklung der Persönlichkeit (**Abs. 2 Satz 2**). Dazu veranstaltet der Anbieter Unterstützter Beschäftigung z. B. sog. Projekttage. 6

Zuständige Leistungsträger der individuellen betrieblichen Qualifizierung sind die Rehabilitationsträger gemäß § 6 Abs. 1 Nrn. 2 bis 5 SGB IX (**Abs. 2 Satz 3**). Die Voraussetzungen für die Leistung richten sich nach den jeweils für den entsprechenden Träger maßgebenden Leistungsgesetzen.

Die individuelle betriebliche Qualifizierung dauert **bis zu zwei Jahre** (Abs. 2 Satz 3), in **Ausnahmefällen bis zu drei Jahre (Abs. 2 Satz 4).** Die Verlängerung setzt voraus, dass der behinderte Mensch die Verlängerung nicht zu vertreten hat, die Qualifizierung neu begonnen oder fortgesetzt werden muss und hinreichend gewährleistet ist, dass eine weitere Qualifizierung zur Aufnahme einer sozialversicherungsrechtlichen Beschäftigung führt. 7

Die an der individuellen betrieblichen Qualifizierung Teilnehmenden können nach § 104 Abs. 1 Nr. 2 SGB IX **Ausbildungsgeld** erhalten. Ebenso wie die Teilnehmer an anderen Maßnahmen der Berufsvorbereitung sind sie **rentenversichert** (§ 1 Satz 1 Nr. 3 SGB VI). Zugrunde gelegt werden 20 % der monatlichen Bezugsgröße (§ 162 SGB VI). 8

Zwischen Teilnehmern an der betrieblichen Qualifizierung und dem Inhaber des qualifizierenden Betriebs bestehen im Regelfall **keine arbeitsrechtlichen Beziehungen**. Der Betriebsinhaber stellt lediglich seine Einrichtungen dem Rehabilitationsträger zur Verfügung. Zwischen diesem Träger und den Teilnehmern wird ein besonderes **sozialrechtliches Rechtsverhältnis** begründet (LPK-SGB IX / *Düwell* Rdnr. 8). 9

Dieser Abschnitt endet im besten Fall mit einem **Arbeitsvertrag** für den behinderten Menschen. Auch hier hilft der Anbieter Unterstützter Beschäftigung bei den Gesprächen mit den Arbeitgebern.

Ist nach dem Abschluss des Arbeitsvertrages weiterhin Unterstützung zur Stabilisierung und ggf. Krisenintervention erforderlich, geschieht dies in Form der **Berufsbegleitung (Abs. 3 Satz 1)**. Bei Zuständigkeit des Trägers der gesetzlichen Unfallversicherung oder der Kriegsopferfürsorge werden die Leistungen von ihnen erbracht, im Übrigen vom Integrationsamt im Rahmen seiner Zuständigkeit (**Abs. 3 Satz 2**). 10

Auch hier kommt bei Bedarf ein Jobcoach in den Betrieb. Er hilft dabei, das Beschäftigungsverhältnis zu stabilisieren oder bei auftretenden Problemen zu beraten und zu vermitteln. Die Dauer dieser Leistung richtet sich nach den individuellen Bedürfnissen des behinderten Menschen. Hierfür gibt es keine zeitliche Beschränkung.

11 Erkennt der Rehabilitationsträger während der individuellen betrieblichen Qualifizierung den voraussichtlichen Bedarf für eine anschließende Berufsbegleitung und ist hierfür ein **anderer Leistungsträger zuständig**, wird dieser **frühzeitig beteiligt (Abs. 4)**.

12 Als zur Durchführung der Unterstützten Beschäftigung geeignete Einrichtungen nennt das Gesetz zwar die **Integrationsfachdienste** an erster Stelle. Jedoch wurde der Markt auch für andere geeignete Träger geöffnet **(Abs. 5 Satz 1)**. Die Vorschrift stellt in **Abs. 5 Satz 2 und 3** hierfür allgemeine und beispielhaft genannte besondere **Qualitätsanforderungen** für Ausstattung, Personal und Konzeption auf.

12a Jedenfalls im Bereich der **Bundesagentur für Arbeit** ist ein **Ausschreibungsverfahren** für die Vergabe der Unterstützten Beschäftigung vorgesehen, wobei eine Rahmenvereinbarung zugrunde gelegt wird (vgl. hierzu Handlungsempfehlung/Geschäftsanweisung HEGA 01/ 2009 – SP III 23 – 5390 / 6530 – http://www.arbeitsagentur.de/nn_165870/zentraler-Content/HEGA-Internet/A05-Berufl-Qualifizierung/Dokument/HEGA-01-2009-VA-Unterstuetzte-Beschaeftigung.html). Sie ermöglicht, Teilnehmermonate flexibel abzurufen und auf einen sich verändernden Bedarf zu reagieren. Die Rahmenvereinbarung umfasst einen **Vertragszeitraum von 4 Jahren.** Um dem Auftragnehmer eine Kalkulationsgrundlage zu ermöglichen, wird ihm eine Mindestabnahmemenge von 70 % zugesichert.

Weitere Teilnehmermonate bis zu 100 % der geplanten Mindestabnahmemenge können jederzeit abgerufen werden. Ein Abruf von Teilmonaten ist nicht möglich. Bei einem entsprechenden Mehrbedarf kann der Bedarfsträger im Einvernehmen mit dem Auftragnehmer durch weitere Einzelabrufe aus der Rahmenvereinbarung die Gesamtteilnehmermonate um bis zu 20 % überschreiten. Ein darüber hinausgehender Zusatzbedarf muss über einen Neueinkauf, ggf. im Rahmen einer Nachbestellung i. H. v. bis zu 20 % nach VOL/A, realisiert werden.

Die Aufnahme der Teilnehmer kann bis zum Ablauf der ersten 24 Monate täglich geschehen (laufender Einstieg).

Pro Maßnahme sind grundsätzlich mindestens 240 Teilnehmermonate zu bestellen. Das Kontingent wird in der Bestellung festgelegt. Der erstmalige Maßnahmebeginn ist zwischen dem 4. Mai 2009 und 30. Juni 2009 vorgesehen (HEGA 01/2009 a. a. O.).

13 Zu Konkretisierung der Qualitätsanforderungen an Unterstützte Beschäftigung soll eine **gemeinsame Empfehlung** beitragen, welche die betroffenen Rehabilitationsträger sowie die Bundesarbeitsgemeinschaft der Integrationsämter und Hauptfürsorgestellen (BIH) nach **Abs. 6 Satz 1** zu beschließen haben; die Federführung hierfür liegt bei der Bundesarbeitsgemeinschaft für Rehabilitation (BAR). Die gemeinsame Empfehlung kann auch Vorgaben für mögliche Leistungsinhalte und die Zusammenarbeit setzen **(Abs. 6 Satz 2)**. Für das Verfahren zu ihrer Erstellung wird auf die bewährten Regelungen in § 13 Abs. 4, 6 und 7 SGB IX verwiesen. Auch in diesem Fall wird durch entsprechende Anwendung der Verordnungsermächtigung des § 16 SGB IX – mit dem Druck des möglichen Erlasses einer staatlichen Rechtsvorschrift – sichergestellt, dass die gemeinsame Empfehlung in angemessener Zeit zustande kommt **(Abs. 6 Satz 3)**.

II. Fassung

14 a) Die Vorschrift geht im Wesentlichen zurück auf den Vorschlag der Bundesregierung im „Entwurf eines Gesetzes zur Einführung Unterstützter Beschäftigung" (BT-Drucks. 16/10487).

15 b) Folgende Abweichungen vom RegE beruhen auf der **Beschlussempfehlung** des **BT-Ausschusses für Arbeit und Soziales** (BT-Drucks. 16/10905 vom 12. November 2008):

    aa) **Absatz 2** wurde wie folgt geändert:

        aaa) **In Satz 3** wurden nach dem Wort „Rehabilitationsträger" die Wörter „nach § 6 Abs. 1 Nr. 2 bis 5" eingefügt.

Hierzu der Bericht des Ausschusses (BT-Drucks. 16/10905 S. 10):

„*[Die Änderung enthält eine Klarstellung]* bezüglich der Zuständigkeiten. Denn die Zuständigkeiten für die individuelle betriebliche Qualifizierung als auch für die Berufsbegleitung im Rahmen Unterstützter Beschäftigung ergeben sich bereits aus der Gesetzessystematik."

bbb) **Satz 4** wird wie folgt gefasst: **16**

„Sie können bis zu einer Dauer von weiteren zwölf Monaten verlängert werden, wenn aufgrund der Art oder Schwere der Behinderung der gewünschte nachhaltige Qualifizierungserfolg im Einzelfall nicht anders erreicht werden kann und hinreichend gewährleistet ist, dass eine weitere Qualifizierung zur Aufnahme einer sozialversicherungspflichtigen Beschäftigung führt."

Im Bericht des BT-Ausschusses für Arbeit und Soziales wird dies wie folgt begründet (BT-Drucks. 16/10905 S. 10):

„Die Änderung in bbb) stellt sicher, dass eine Verlängerung der individuellen betrieblichen Qualifizierung möglich ist, wenn diese aufgrund von Art oder Schwere der Behinderung notwendig ist. Eine Umkehrung des Regel-Ausnahme-Verhältnisses ist damit jedoch nicht beabsichtigt."

bb) **In Absatz 3 Satz 2** wurden die Wörter „vom zuständigen Leistungsträger" ersetzt durch die Wörter „bei Zuständigkeit eines Rehabilitationsträgers nach § 6 Abs. 1 Nr. 3 oder Nr. 5 von diesem, im Übrigen von dem Integrationsamt im Rahmen seiner Zuständigkeit". **17**

Hierzu der Bericht des Ausschusses (BT-Drucks. 16/10905 S. 10):

„*[Die Änderung enthält eine Klarstellung]* bezüglich der Zuständigkeiten. Denn die Zuständigkeiten für die individuelle betriebliche Qualifizierung als auch für die Berufsbegleitung im Rahmen Unterstützter Beschäftigung ergeben sich bereits aus der Gesetzessystematik."

cc) **Absatz 5 Satz 1** und der **Eingangssatz des Satzes 2** wurden durch folgende Sätze ersetzt: **18**

„Die Unterstützte Beschäftigung kann von Integrationsfachdiensten oder anderen Trägern durchgeführt werden. Mit der Durchführung kann nur beauftragt werden, wer über die erforderliche Leistungsfähigkeit verfügt, um seine Aufgaben entsprechend den individuellen Bedürfnissen der behinderten Menschen erfüllen zu können. Insbesondere müssen die Beauftragten

1. über Fachkräfte verfügen, die eine geeignete Berufsqualifikation, eine psychosoziale oder arbeitspädagogische Zusatzqualifikation und ausreichend Berufserfahrung besitzen,
2. in der Lage sein, den Teilnehmern geeignete individuelle betriebliche Qualifizierungsplätze zur Verfügung zu stellen und ihre berufliche Eingliederung zu unterstützen,
3. über die erforderliche räumliche und sächliche Ausstattung verfügen und
4. ein System des Qualitätsmanagements im Sinne des § 20 Abs. 2 Satz 1 anwenden."

Im Bericht des BT-Ausschusses für Arbeit und Soziales wird dies wie folgt begründet (BT-Drucks. 16/10905 S. 10):

„Durch die Änderung wird klargestellt, dass auch Integrationsfachdienste mit Unterstützter Beschäftigung wie andere Anbieter auch beauftragt werden können, wenn der zuständige Rehabilitations- oder Leistungsträger festgestellt hat, dass sie die im Gesetz oder in einer gemeinsamen Empfehlung enthaltenen Qualitätsanforderungen erfüllen. Mit dieser Änderung ist keine Bevorzugung der Integrationsfachdienste verbunden."

dd) **Absatz 6** wird wie folgt geändert: **19**

aaa) In **Satz 1** wurde die Angabe „§ 6 Abs. 1 Nr. 2 bis 4" durch die Angabe „§ 6 Abs. 1 Nr. 2 bis 5" ersetzt.

Hierzu der Bericht des Ausschusses (BT-Drucks. 16/10905 S. 10):

„Es handelt sich um eine Folgeänderung zu der Einfügung des Artikels 4a."

20 bbb) **Satz 2** wurde wie folgt gefasst:

„Die gemeinsame Empfehlung kann auch Ausführungen zu möglichen Leistungsinhalten und zur Zusammenarbeit enthalten."

Im Bericht des BT-Ausschusses für Arbeit und Soziales wird dies wie folgt begründet (BT-Drucks. 16/10905 S. 10):

„Die Leistungsträger sollen in der gemeinsamen Empfehlung nicht nur die Zusammenarbeit, sondern auch mögliche Leistungsinhalte regeln können. Damit wird dem Umstand Rechnung getragen, dass sowohl für die Einzelmaßnahmen als auch für die individuelle betriebliche Qualifizierung und die sich bei Bedarf anschließende Berufsbegleitung unterschiedliche Leistungsträger zuständig sind. Die Regelung dient daher der Harmonisierung der Leistungserbringung."

21 ccc) In **Satz 3** wurde die Angabe „§ 13 Abs. 6 und 7" durch die Angabe „§ 13 Abs. 4, 6 und 7" ersetzt.

Hierzu der Bericht des Ausschusses (BT-Drucks. 16/10905 S. 10):

„Die Regelung stellt sicher, dass sich die für die Unterstützte Beschäftigung zuständigen Träger der Renten- und Unfallversicherung bei der Vereinbarung der gemeinsamen Empfehlung von ihren Spitzenverbänden vertreten lassen können."

III. Begründung

22 a) Im **Allgemeinen Teil der Begründung zum RegE** (BT-Drucks. 16/10487 S. 8) wird zum Ziel und zum Inhalt des Gesetzes ausgeführt:

„Die Bundesregierung hat in ihrem Bericht über die Wirkungen der Instrumente zur Sicherung von Beschäftigung und zur betrieblichen Prävention vom 2. Juli 2007 (Bundestagsdrucksache 16/6044) festgestellt, ‚dass es für **schwerbehinderte Menschen**, deren **Leistungsfähigkeit an der Grenze zur Werkstattbedürftigkeit** liegt und die einen besonderen Unterstützungsbedarf haben, lediglich in den Integrationsprojekten eine bundesweit einheitliche **Förderstruktur mit einem betrieblichen Ansatz** gibt. In dem Bericht werden einzelne Modelle der sogenannten Unterstützten Beschäftigung dargestellt, die deutlich zeigen, dass betriebliche Maßnahmen zu **hohen Eingliederungserfolgen** führen, wenn die schwerbehinderten Menschen die dafür erforderliche individuelle und betrieblich orientierte Unterstützung bekommen. Das Bundesministerium für Arbeit und Soziales prüft daher, einen gesetzlichen Förderrahmen für Unterstützte Beschäftigung zu schaffen.'

23 Auf dieser Basis hat das Bundesministerium für Arbeit und Soziales unter Mitwirkung der Länder und der Verbände behinderter Menschen ein Konzept für die bundesweite Einführung eines einheitlichen Förderrahmens für Unterstützte Beschäftigung entwickelt.

Es gibt **gute Gründe für Unterstützte Beschäftigung**. So gibt es an einzelnen Standorten in Deutschland langjährige positive Erfahrungen mit Unterstützter Beschäftigung. Wegen der Einzelheiten kann auf den Bericht der Bundesregierung über die Wirkungen der Instrumente zur Sicherung von Beschäftigung und zur betrieblichen Prävention vom 2. Juli 2007 (Bundestagsdrucksache 16/6044) verwiesen werden.

24 Unterstützte Beschäftigung ist Ausdruck einer **modernen Behindertenpolitik**: Behinderte Menschen sollen nach Möglichkeit und unter Beachtung ihres Wunsch- und Wahlrechts in das Arbeitsleben und die Gesellschaft integriert werden.

Unterstützte Beschäftigung erfüllt eine Forderung des Koalitionsvertrages: Danach sollen mehr Menschen die Möglichkeit haben, ihren Lebensunterhalt außerhalb von Werkstätten für behinderte Menschen auf dem allgemeinen Arbeitsmarkt zu erarbeiten.

Unterstützte Beschäftigung ist ein **neues Förderinstrument**, das Menschen mit einem besonderen Unterstützungsbedarf eine effektive Perspektive für eine Beschäftigung auf dem allgemeinen Arbeitsmarkt bietet. Das Instrument unterstützt das gemeinsame Anliegen von Bund und Ländern, eine Beschäftigung in Werkstätten für behinderte Menschen ausschließlich jenen Personen vorzubehalten, die aus behinderungsbedingten Gründen nur dort am Arbeitsleben teilhaben können. Unterstützte Beschäftigung kann insoweit einen Beitrag zur **Reduzierung der Aufwendungen der Träger der Sozialhilfe** für Leistungen an wesentlich behinderte Menschen im Rahmen der Eingliederungshilfe leisten."

b) In der **Einzelbegründung** zur Vorschrift (a. a. O. S. 9 ff.) wird bemerkt:

„**Zu Absatz 1**

Unterstützte Beschäftigung ist die **individuelle betriebliche Qualifizierung und Berufsbegleitung** behinderter Menschen mit besonderem Unterstützungsbedarf auf Arbeitsplätzen in Betrieben des allgemeinen Arbeitsmarktes. Ziel ist der **Abschluss eines Arbeitsvertrages** und damit die Integration des behinderten Menschen in ein sozialversicherungspflichtiges Beschäftigungsverhältnis. Wesentlich bei der Unterstützten Beschäftigung ist der Grundsatz **„Erst platzieren, dann qualifizieren"**: Die Qualifikation erfolgt direkt am Arbeitsplatz.

Die Unterstützte Beschäftigung ist eine neue Möglichkeit, insbesondere **Schulabgängern und Schulabgängerinnen aus Förderschulen** eine Perspektive auf dem allgemeinen Arbeitsmarkt zu geben. Dabei geht es insbesondere um Personen, für die eine berufsvorbereitende Maßnahme oder Berufsausbildung wegen Art oder Schwere ihrer Behinderung nicht in Betracht kommt, bei denen aber gleichwohl die **Prognose** besteht, dass eine **Beschäftigungsaufnahme** mithilfe der Unterstützten Beschäftigung gelingen kann. Das bedeutet auch, dass Unterstützte Beschäftigung nachrangig ist gegenüber Berufsausbildungen und berufsvorbereitenden Bildungsmaßnahmen. Unterstützte Beschäftigung kann aber auch für solche Personen die richtige Alternative sein, bei denen sich im Laufe ihres Erwerbslebens eine Behinderung einstellt und für die heute mangels Alternativen oftmals nur die Werkstatt für behinderte Menschen in Frage kommt. Ziel ist die Übernahme in eine sozialversicherungspflichtige Beschäftigung.

Wird während der Qualifizierungsphase festgestellt, dass die **Werkstatt für behinderte Menschen die adäquate Betreuungsform** für den behinderten Mensch ist, wird dieser Weg verfolgt. Wird festgestellt, dass eine berufsvorbereitende Berufsbildungsmaßnahme oder eine Berufsausbildung möglich ist, wird dieser Weg verfolgt. So stellen die Leistungsträger sicher, dass **Durchlässigkeit zwischen verschiedenen Maßnahmen** besteht.

Im zeitlichen Ablauf kann Unterstützte Beschäftigung grundsätzlich in **zwei wesentliche Abschnitte** geteilt werden: die individuelle betriebliche Qualifizierung (Absatz 2) und die Berufsbegleitung (Absatz 3). Leistungen der Unterstützten Beschäftigung sind **in jeder Phase budgetfähig**.

Zu Absatz 2

Es ist **Aufgabe der** mit der Durchführung der Unterstützten Beschäftigung beauftragten **Träger**, bedarfsgerechte **betriebliche Erprobungsplätze** zu akquirieren und die Beschäftigungsmöglichkeiten der behinderten Menschen zu erproben. Ist die geeignete Tätigkeit gefunden, die auch eine Perspektive auf eine Übernahme bietet, erfolgt die Einarbeitung auf diesem Arbeitsplatz.

In dieser Phase spielt der **Bildungsaspekt** eine wesentliche Rolle. Unterstützte Beschäftigung ist eine Form der umfassenden Qualifizierung, orientiert an den Bedarfen des behinderten Menschen. Daher gehören auch die Vermittlung von **berufsübergreifenden Lerninhalten und Schlüsselqualifikationen** sowie die Weiterentwicklung der Persönlichkeit dazu.

30 Diese individuelle betriebliche Qualifizierungsphase dauert in Abhängigkeit zu den individuellen Voraussetzungen **bis zu zwei Jahre**. Eine **Verlängerung um bis zu zwölf Monate** ist ausnahmsweise möglich, wenn die Unterstützte Beschäftigung aus Gründen, die der behinderte Mensch nicht zu vertreten hat, neu begonnen oder fortgesetzt werden muss und hinreichend gewährleistet ist, dass eine weitere Qualifizierung zur Aufnahme einer sozialversicherungspflichtigen Beschäftigung führt. Dies kann z. B. der Fall sein, wenn ein Betrieb wegen **Insolvenz** geschlossen wird und die Qualifizierung bei einem anderen Betrieb neu begonnen werden muss, wenn der **Arbeitgeber begründet eine Verlängerung für erforderlich hält**, oder wenn der zuständige Rehabilitationsträger eine Verlängerung für erforderlich hält, um den Eingliederungserfolg zu erreichen. Die individuelle betriebliche Qualifizierungsphase sollte zu einem sozialversicherungspflichtigen Beschäftigungsverhältnis führen, bei dem keine weitere Unterstützung mehr erforderlich ist.

31 **Zuständige Leistungsträger** der individuellen betrieblichen Qualifizierung sind die Rehabilitationsträger. Die Voraussetzungen für die Leistung richten sich nach den jeweiligen Leistungsgesetzen der Rehabilitationsträger.

Zu Absatz 3

32 Ist **nach der Aufnahme eines regulären Beschäftigungsverhältnisses** Unterstützung notwendig, wird diese in Form von **Berufsbegleitung** durch den zuständigen Leistungsträger angeboten, um das noch neue Arbeitsverhältnis zu stabilisieren und langfristig zu sichern. In der Regel werden hierfür die **Integrationsämter** – im Rahmen ihrer Zuständigkeit – für schwerbehinderte und mit ihnen gleichgestellte behinderte (ab einem Grad der Behinderung von 30) Menschen gemäß § 102 Abs. 3a zuständig sein. Über die Änderung im Siebten Buch Sozialgesetzbuch ist auch die Zuständigkeit der Träger der Gesetzlichen Unfallversicherung eröffnet.

33 Es wird davon ausgegangen, dass **jeder Beschäftigte**, der der Berufsbegleitung bedarf und für den nicht ein Träger der gesetzlichen Unfallversicherung zuständig ist, **von Integrationsämtern** unterstützt werden kann. Dazu gehören auch schwerbehinderte oder gleichgestellte behinderte Menschen, die aus einer Werkstatt für behinderte Menschen auf den allgemeinen Arbeitsmarkt gewechselt sind und weiterhin der Unterstützung bedürfen.

Zu Absatz 4

34 Ist eine weitergehende Berufsbegleitung erforderlich, kommt es in der Regel zu einem **Wechsel des zuständigen Leistungsträgers**. Für den behinderten Menschen ist daher entscheidend, dass dieser Wechsel möglichst reibungslos verläuft, um den Eingliederungserfolg nicht zu gefährden. Im Idealfall führt der Wechsel des Leistungsträgers nicht auch zu einem Wechsel des Anbieters Unterstützter Beschäftigung, so dass **Kontinuität bei der Unterstützung** gewährleistet ist. Hierfür ist eine **enge Zusammenarbeit** der Rehabilitationsträger mit dem zuständigen Leistungsträger, in der Regel dem Integrationsamt, erforderlich. Daher ist der künftige Leistungsträger **frühzeitig zu beteiligen**.

Zu Absatz 5

35 Unterstützte Beschäftigung kann von bereits existierenden Institutionen angeboten werden, z. B. von **Integrationsfachdiensten**. Denkbar ist auch, dass sich **neue Anbieter** etablieren. Da somit verschiedene Anbieter mit bislang unterschiedlichen Aufgaben in Betracht kommen, erscheint eine Benennung bestimmter bereits existierender Dienste als ausschließliche Anbieter nicht gerechtfertigt. Um gleichwohl den Erfolg der Unterstützten Beschäftigung zu sichern, ist es elementar, die **Qualität der Träger sicherzustellen**.

36 Absatz 5 enthält daher **grundlegende Qualitätsanforderungen für die Träger**. Dazu gehört die konsequente Ausrichtung des Trägers auf die individuellen Bedürfnisse des behinderten Menschen. Ein Träger muss beispielsweise in der Lage sein, mehrere behinderte Menschen mit unterschiedlichen Behinderungen und unterschiedlichen Berufs-

wünschen gleichzeitig zu qualifizieren. Wichtige Bedingung für eine erfolgreiche Arbeit des Trägers ist die **Qualifikation des Personals**, die auf ambulante Unterstützung und Jobcoaching ausgerichtet sein muss. Wesentlich ist auch ein **Netzwerk vielfältiger, systematisch aufgebauter Arbeitgeberkontakte**, um auch tatsächlich individuell passende, betriebliche Qualifizierungsplätze akquirieren zu können. Erforderlich sind ferner eine angemessene räumliche und sächliche **Ausstattung** und die Sicherstellung und Weiterentwicklung eines **Qualitätsmanagements**.

Zu Absatz 6

Eine Konkretisierung und Weiterentwicklung der in Absatz 5 genannten Qualitätsanforderungen erfolgt in einer **gemeinsamen Empfehlung**. Dadurch soll ein einheitlich **hohes Niveau der Leistungserbringung** erreicht werden. Gleichzeitig wird damit eine **Vergleichbarkeit des Leistungsangebots** der Träger hergestellt. Bei der Formulierung einzelner Qualitätskriterien ist zu berücksichtigen, dass es Ziel des § 38a ist, bereits bestehende Modelle Unterstützter Beschäftigung in die Fläche zu tragen. Ihr Niveau soll daher Maßstab für neue Anbieter Unterstützter Beschäftigung sein. Zudem sind bereits bestehende Qualitätskriterien hinsichtlich der Unterstützten Beschäftigung, insbesondere des Europäischen Dachverbandes Unterstützte Beschäftigung, zu berücksichtigen. 37

Die gemeinsame Empfehlung kann auch Ausführungen zur **Zusammenarbeit der Leistungsträger** enthalten. Damit dient sie insbesondere der Ausgestaltung des Verfahrens nach Absatz 4 im Falle eines Zuständigkeitswechsels. Sinnvolles Instrument ist insoweit der **Teilhabeplan**. Er kann dazu beitragen, dass durch eine frühzeitige Vernetzung der Leistungsträger die bestmögliche Organisation der Unterstützten Beschäftigung erreicht wird, damit ein gegebenenfalls erforderlicher Wechsel des Leistungsträgers beim Übergang in die Berufsbegleitung ohne Nachteile für den behinderten Menschen erfolgt. 38

Durch den Verweis auf § 13 Abs. 6 und 7 wird klargestellt, dass der allgemeingültige **Rahmen, in dem eine gemeinsame Empfehlung erarbeitet werden soll**, auch für die gemeinsame Empfehlung Unterstützte Beschäftigung gilt. Danach wird sie vereinbart im Rahmen der Bundesarbeitsgemeinschaft für Rehabilitation unter Beteiligung der Verbände behinderter Menschen sowie der Spitzenverbände der Rehabilitationsträger. So ist eine hohe Fachlichkeit garantiert. Kommt eine gemeinsame Empfehlung nicht zustande, kann das Bundesministerium für Arbeit und Soziales unter den Voraussetzungen des § 16 eine **Rechtsverordnung** erlassen. 39

IV. Anmerkungen

(Zur Erläuterung der Vorschrift wird vorerst auf ausführlichen Hinweise in Ziff. I. sowie auf die vorstehend wiedergegebenen amtlichen Begründungen des RegE und der Beschlussempfehlung des federführenden Ausschusses verwiesen. Zur konkreten Ausgestaltung der Unterstützten Beschäftigung als Leistung der Bundesagentur für Arbeit wird auf die als Anhang angefügte Dienstanweisung Bezug genommen).

V. Literatur

Adlhoch, Ulrich, Das Gesetz zur Einführung Unterstützter Beschäftigung – Sozialversicherungspflichtige Arbeit für Menschen mit Behinderungen, SuP 2009, 143

Bundesarbeitgemeinschaft unterstützte Beschäftigung – BAG UB –, Stellungnahme im Rahmen der öffentlichen Anhörung zum Entwurf eines Gesetzes zur Einführung Unterstützter Beschäftigung (Drucksache 16/10487) am 5. November 2008 – Ausschuss für Arbeit und Soziales des Deutschen Bundestages –, zitiert BAG UB Stellungnahme 5. November 2008, http://www.bagub.de/ub/download/ub_stellung_200811_Anhoerung_%20 Deutscher_Bundestag.pdf

Doose, Stefan, Unterstützte Beschäftigung: Berufliche Integration auf lange Sicht. Theorie, Methodik und Nachhaltigkeit der Unterstützung von Menschen mit Lernschwierigkeiten durch Integrationsfachdienste und Werkstätten für behinderte Menschen auf dem allgemeinen Arbeitsmarkt. Eine Verbleibs- und Verlaufsstudie. 2. durchgesehene und aktualisierte Auflage. Lebenshilfe-Verlag, Marburg 2007

Rombach, Wolfgang, Unterstützte Beschäftigung – ein neuer Leistungstatbestand des Rechts der Teilhabe am Arbeitsleben (§ 38a SGB IX), SGb 2009, 61

Steinmeyer, Horst, Die Neuregelungen der Förderung der Berufsausbildung, der beruflichen Weiterbildung und der Teilhabe behinderter Menschen am Arbeitsleben zum 30. Dezember 2008/1. Januar 2009, info also 2009, 51

Wendt, Sabine, Rechtsfragen der „Unterstützten Beschäftigung" für behinderte Menschen, BehindertenR 2009, 1

Dienstanweisung der Bundesagentur für Arbeit – § 38a SGB IX Unterstützte Beschäftigung (DA I 38a)

Januar 2009
(Auszug)

38a.2.1

(1) **Zielgruppe** sind behinderte Menschen mit einem Potenzial für eine Beschäftigung auf dem allgemeinen Arbeitsmarkt, für die eine Integration in sozialversicherungspflichtige Beschäftigung mit anderen (inhaltlich „weiterführenden") Teilhabeleistungen, insbesondere Leistungen zur Berufsvorbereitung und Berufsausbildung bzw. Weiterbildung nicht, mit Leistungen nach § 38a SGB IX aber möglich erscheint. Zur Zielgruppe zählen nicht behinderte Menschen, die werkstattbedürftig im Sinne des § 136 SGB IX sind.

(2) Zur Zielgruppe gehören insbesondere
- lernbehinderte Menschen im Grenzbereich zur geistigen Behinderung,
- geistig behinderte Menschen im Grenzbereich zur Lernbehinderung,
- behinderte Menschen mit nachhaltigen psychischen Störungen und/oder Verhaltensauffälligkeiten (nicht im Akutstadium).

(3) Unterstütze Beschäftigung ist ein Produkt für die Kundengruppe der Beratungskunden Fördern.

38a.2.2

(1) Die **individuelle betriebliche Qualifizierung** (InbeQ) umfasst drei Phasen mit folgender **Zielsetzung**:
- Auf Basis des identifizierten, besonderen Unterstützungsbedarfs Akquise grundsätzlich geeigneter Qualifizierungsplätze und betriebliche Erprobung zur Platzierung des Teilnehmers im Betrieb (Orientierungsphase).
- Unterstützte Einarbeitung und Qualifizierung auf dem individuell am besten geeigneten Platz, der eine berufliche Perspektive bietet (Qualifizierungsphase).
- Festigung im betrieblichen Alltag zur Realisierung einer dauerhaften Beschäftigung im Betrieb (Stabilisierungsphase).

Die **Dauer** der einzelnen Phasen ist grundsätzlich nicht festgelegt und orientiert sich an den Erfordernissen zur erfolgreichen Umsetzung der InbeQ.

(2) Das Vermitteln von berufsübergreifenden Lerninhalten und Schlüsselqualifikationen sowie Aktivitäten zur Weiterentwicklung der Persönlichkeit sind wesentlicher Inhalt von InbeQ und insoweit integraler Bestandteil aller Phasen.

38a.2.3

Im **Vorfeld** Unterstützter Beschäftigung ist in allen Fällen eine fundierte **Eignungsabklärung** erforderlich (Berücksichtigung von Gutachten und Beteiligung der Fachdienste vorzusehen). Bei Unsicherheit stehen zur weiteren Eignungsabklärung DIA-AM zur Verfügung, die zur Feststellung der Leistungsfähigkeit auf dem allgemeinen Arbeitsmarkt konzipiert sind. DIA-AM ist jedoch keine Zugangsvoraussetzung für UB.

38a.2.4

(1) **Ziel der Orientierungsphase** ist eine möglichst frühzeitige Erprobung des Teilnehmers im Betrieb, die grundsätzlich innerhalb der ersten 8 Wochen der InbeQ erfolgt. Kann der Teilnehmer bis zum Abschluss dieser Phase nicht betrieblich erprobt werden und auf einem geeigneten Qualifizierungsplatz einmünden, ist die Maßnahme zu beenden.

(2) Die **Qualifizierungsphase** umfasst im Schwerpunkt praxisorientiertes Qualifizieren und Einarbeiten auf einem oder mehreren betrieblichen Qualifizierungsplätzen. Die Qualifizierungsphase dient auch dem Identifizieren des für eine möglichst nachhaltige Integration des Teilnehmers in Beschäftigung am besten geeigneten Arbeitsplatzes; gleichwohl gilt es, sich möglichst frühzeitig auf diesen Arbeitsplatz festzulegen. Die Qualifizierungsphase endet mit der abschließenden Gestaltung/Ausformung dieses Arbeitsplatzes.

(3) Die **Stabilisierungsphase** ist geprägt von der zur Begründung einer sozialversicherungspflichtigen Beschäftigung auf dem konkreten Arbeitsplatz notwendigen festigenden Unterstützung, insbesondere intensiver Beschäftigungsvorbereitung. Spätestens zu Beginn der Stabilisierungsphase klärt der Maßnahmeträger mit dem Betrieb das Begründen einer sozialversicherungspflichtigen Beschäftigung möglichst ohne Ausschöpfen der gegebenen Förderdauer ab. Soweit hierfür weitere Teilhabeleistungen für erforderlich erachtet werden, holt er die Entscheidung des zuständigen Leistungsträgers ein. Die Teilnahme an der Maßnahme endet mit der Aufnahme der sozialversicherungspflichtigen Beschäftigung.

(4) Der Teilnehmer wird individuell in allen Phasen durch einen **Qualifizierungtrainer** unterstützt und begleitet. Der Qualifizierungstrainer ist verantwortlich für die Einarbeitung und Vermittlung von beruflichen Kenntnissen an einem geeigneten, betrieblichen Qualifizierungsplatz, die Vermittlung von berufsübergreifenden Kenntnissen sowie Maßnahmen bzw. Aktivitäten zur Weiterentwicklung der Persönlichkeit und Förderung von Schlüsselqualifikationen. Zur Vermittlung von Kenntnissen außerhalb der betrieblichen Qualifizierung führt der Auftragnehmer **Projekttage** in seinen Räumlichkeiten durch. Vom Träger sollte darauf hingewirkt werden, dass dieser Projekttag als Ersatz für den Berufsschulunterricht anerkannt wird und eine Befreiung von der Berufsschulpflicht erfolgt.

(5) Phasenübergreifend ist **gezielt zu beobachten**, ob wegen eines (**veränderten**) **behinderungsbedingten Unterstützungsbedarfs**:
– mit anderen Leistungen (insbesondere berufsvorbereitenden Bildungsmaßnahmen, aber auch Ausbildung bzw. Weiterbildung) die Teilhabe am Arbeitsleben zutreffender verwirklicht werden kann oder
– Beschäftigungsfähigkeit für den allgemeinen Arbeitsmarkt nicht (mehr) gegeben und deshalb eine Eingliederung in die Werkstatt für behinderte Menschen geboten ist.

38a.2.5

Die **Dauer der InbeQ** beträgt grundsätzlich bis zu 24 Monate, längstens bis zur Aufnahme einer sozialversicherungspflichtigen Beschäftigung. Die Teilnahme kann um bis zu 12 Monate verlängert werden, wenn aufgrund der Art oder Schwere der Behinderung der gewünschte nachhaltige Qualifizierungserfolg im Einzelfall nicht anders erreicht werden kann und hinreichend gewährleistet ist, dass eine weitere Qualifizierung zur Aufnahme einer sozialversicherungspflichtigen Beschäftigung führen wird.

38a.2.6

(1) Der **Übergang von der InbeQ in die WfbM** erfolgt, wenn sich im Maßnahmeverlauf der InbeQ herausstellt, dass Leistungsfähigkeit für den allgemeinen Arbeitsmarkt nicht (mehr) gegeben ist und die Voraussetzungen für die Aufnahme in eine WfbM (§ 136 SGB IX) vorliegen.

(2) Für Teilnehmer, für die im Maßnahmeverlauf Werkstattbedürftigkeit festgestellt wird, ist aufgrund der individuellen Feststellungen im Rahmen der InbeQ grundsätzlich davon auszugehen, dass für die Feststellungen im Eingangsverfahren ein Zeitraum von 4 Wochen ausreichend ist (§ 40 Abs. 2 Satz 2 SGB IX). Eine längere Förderungsdauer kommt nur in besonders zu begründenden Einzelfällen in Betracht.

(3) Die Zeiten der individuellen betrieblichen Qualifizierung werden zur Hälfte auf die Dauer des Berufsbildungsbereiches angerechnet. Die Zeiten individueller betrieblicher Qualifizierung und des Berufsbildungsbereichs dürfen insgesamt nicht mehr als 36 Monate betragen (§ 40 Abs. 4 SGB IX).

(4) Die Förderung des Übergangs aus dem Arbeitsbereich in den allgemeinen Arbeitsmarkt obliegt dem für die Förderung im Arbeitsbereich zuständigen Reha-Träger (§ 42 Abs. 2 SGB IX).

(5) Sofern sich in der InbeQ ergibt, dass das Leistungsvermögen für weiterführende Reha-Maßnahmen ausreicht, ist der Übergang in die geeignete Maßnahme vorzusehen.

38a.3.1

Die **Leistungsverpflichtung der BA** ist auf die InbeQ beschränkt.

38a.4.1

(1) Sofern für den Teilnehmer im Anschluss an die InbeQ Berufsbegleitung zur Stabilisierung des sozialversicherungspflichtigen Beschäftigungsverhältnisses angezeigt ist, stellt der Träger der InbeQ frühzeitig **Kontakt zum zuständigen Integrationsamt** her. Die Entscheidung, ob der Träger der InbeQ oder ein anderer Träger die notwendige Berufsbegleitung durchführt, trifft das Integrationsamt.

Kooperation der AA mit dem zuständigen Integrationsamt unterstützt die erfolgreiche Umsetzung UB.

(2) Die **Übernahme in ein sozialversicherungspflichtiges Beschäftigungsverhältnis** im Anschluss an die Qualifizierungsphase beim bisherigen Betrieb kann in begründeten Einzelfällen mit einem **Eingliederungszuschuss** nach §§ 218 und 219 SGB III gefördert werden. Es ist davon auszugehen, dass durch die Qualifizierung im Betrieb die Minderleistung im Regelfall ausgeglichen ist.

38a.5

(1) Für die Teilnahme an InbeQ werden besondere und diese **ergänzende Leistungen** gewährt (vgl. §§ 104, 106, 160 SGB III).

(2) Kosten für **überbetriebliche Qualifizierungen** (z. B. Maschinenschein, Gabelstaplerschein etc.), die der Teilnehmer zur Ausübung der Tätigkeit nachweisen muss, werden auf Einzelnachweis gesondert erstattet. Hierzu ist vor Durchführung der Qualifizierung die Zustimmung der Beratungsfachkraft der koordinierenden Dienststelle einzuholen.

Gemeinsame Empfehlung nach § 38a Abs. 6 SGB IX „Unterstützte Beschäftigung"

Vom 1. Dezember 2010

Präambel

Unterstützte Beschäftigung ist ein wichtiges Instrument zur Umsetzung des gleichen Rechts auf Arbeit für Menschen mit Behinderung nach Artikel 27 (Arbeit und Beschäftigung) der UN-Konvention. Es erweitert für behinderte Menschen mit besonderem Unterstützungsbedarf die Möglichkeiten, den Lebensunterhalt durch Arbeit zu verdienen, die in einem offenen, integrativen und für Menschen mit Behinderungen zugänglichen Arbeitsmarkt und Arbeitsumfeld frei gewählt oder angenommen werden kann.

Durch die Gemeinsame Empfehlung sollen einheitliche und verbindliche Kriterien für die Qualitätsanforderungen und zu den Leistungsinhalten festgelegt und die Zusammenarbeit der Beteiligten geregelt werden.

Entsprechend den Regelungen des § 38a Abs. 6 SGB IX vereinbaren daher
– die Bundesagentur für Arbeit,
– die Träger der gesetzlichen Unfallversicherung,
– die Träger der gesetzlichen Rentenversicherung,[1])
– die Träger der Kriegsopferversorgung und
– die Träger der Kriegsopferfürsorge im Rahmen der sozialen Entschädigung bei Gesundheitsschäden sowie
– die Bundesarbeitsgemeinschaft der Integrationsämter und Hauptfürsorgestellen
die nachfolgende Gemeinsame Empfehlung.

§ 1 Ziele der Gemeinsamen Empfehlung. Um ein einheitlich hohes Niveau der Leistungserbringung bei gleichzeitiger Vergleichbarkeit der Leistungsangebote im Rahmen Unterstützter Beschäftigung zu erreichen, konkretisieren die Vereinbarungspartner die in § 38a Abs. 5 SGB IX genannten Qualitätsanforderungen und entwickeln sie weiter. Dabei enthält die Gemeinsame Empfehlung auch Ausführungen zu Leistungsinhalten Unterstützter Beschäftigung und zur Zusammenarbeit der Vereinbarungspartner.

§ 2 Ziele der Unterstützten Beschäftigung. Nach § 38a Abs.1 SGB IX ist es das Ziel der Unterstützten Beschäftigung, behinderten Menschen mit besonderem Unterstützungsbedarf unter Berücksichtigung ihres Wunsch- und Wahlrechtes eine angemessene, geeignete und sozialversicherungspflichtige Beschäftigung zu ermöglichen und zu erhalten. Daraus leiten sich insbesondere folgende weitere Ziele ab:
1. Mehr Menschen mit Behinderung sollen die Möglichkeit haben, außerhalb von Werkstätten für behinderte Menschen (WfbM) zu arbeiten.
2. Die Unterstützung durch den Leistungserbringer erfolgt individuell und unmittelbar am Arbeitsplatz in Betrieben des allgemeinen Arbeitsmarktes und in direktem Kontakt mit betrieblichen Vorgesetzten und Kollegen / Kolleginnen[2]) (Job-Coaching).
3. Die individuelle betriebliche Qualifizierung und die Berufsbegleitung behinderter Menschen mit besonderem Unterstützungsbedarf auf Arbeitsplätzen in Betrieben des allgemeinen Arbeitsmarktes wird sichergestellt.

Leistungen der Unterstützten Beschäftigung dürfen nicht dazu führen, dass Menschen mit Behinderung die berufliche Integration durch andere Teilhabeleistungen, insbesondere Berufsvorbereitung und Berufsausbildung oder Weiterbildung, nicht möglich ist.

---
[1]) Gilt nicht für die landwirtschaftlichen Alterskassen.
[2]) Aus Gründen der besseren Lesbarkeit wird nachfolgend nur jeweils die männliche Form verwendet.

§ 3 Leistungsinhalte Unterstützter Beschäftigung. (1) Unterstützte Beschäftigung ist ein umfassender Prozess von der Einstiegsphase bis zur nachhaltigen Stabilisierung des Beschäftigungsverhältnisses und beinhaltet neben der individuellen Qualifizierung auch die im Einzelfall erforderliche Berufsbegleitung.

(2) Für die individuelle Qualifizierung können nach § 38a Abs. 2 SGB IX die Bundesagentur für Arbeit, die Träger der gesetzlichen Unfallversicherung, die Träger der gesetzlichen Rentenversicherung sowie die Träger der Kriegsopferversorgung und Kriegsopferfürsorge zuständig sein.

(3) Für die Berufsbegleitung können nach § 38a Abs. 3 SGB IX das zuständige Integrationsamt, die Träger der gesetzlichen Unfallversicherung sowie die Träger der Kriegsopferversorgung und Kriegsopferfürsorge zuständig sein.

§ 4 Leistungsinhalte der individuellen betrieblichen Qualifizierung. (1) Für die Durchführung der in § 38a Abs. 2 SGB IX festgelegten Bestandteile der individuellen betrieblichen Qualifizierung (InbeQ) sind die nachfolgenden Anforderungen maßgebend.

(2) Die InbeQ umfasst drei Phasen mit folgenden Inhalten und Zielsetzungen:

– Feststellung des individuellen Unterstützungsbedarfs, Akquise grundsätzlich geeigneter Qualifizierungsplätze und betriebliche Erprobung zur Integration des Teilnehmers im Betrieb (Einstiegsphase),
– Unterstützte Einarbeitung und Qualifizierung, damit ein passender Arbeitsplatz geschaffen werden kann (Qualifizierungsphase),
– Festigung im betrieblichen Alltag zur Realisierung einer dauerhaften Beschäftigung im Betrieb (Stabilisierungsphase).

Die Dauer der einzelnen Phasen ist grundsätzlich nicht festgelegt und orientiert sich an den Erfordernissen zur erfolgreichen Umsetzung der InbeQ. In allen Phasen ist eine ausreichende berufliche Orientierung und eine auf betrieblichen Erprobungen beruhende berufliche Entscheidungsfindung zu sichern.

(3) Die Einstiegsphase ist ausgerichtet auf eine möglichst frühzeitige Erprobung des Teilnehmers im Betrieb und beinhaltet alle Aktivitäten, die zur Vorbereitung darauf notwendig sind. Die Einstiegsphase sollte eine Dauer von 8 Wochen nicht überschreiten. In Einzelfällen kann eine Verlängerung dieser Phase erfolgen. Die teilnehmerorientierte Vorbereitung kann auch das Erledigen von häuslichen Aufträgen durch den Teilnehmer beinhalten. Eine durchgehende Anwesenheit des Teilnehmers in den Räumlichkeiten des Auftragnehmers in Vollzeit ist während der Einstiegsphase nicht zwingend notwendig. Die Anwesenheit des Teilnehmers beim Auftragnehmer sollte jedoch wöchentlich mindestens 15 Stunden (inklusive Projekttag) umfassen.

(4) Die Qualifizierungsphase beinhaltet in der Regel mehrere Praktika in unterschiedlichen Betrieben und Arbeitsfeldern, um eine optimale Passung von individuellen Fähigkeiten und betrieblichen Anforderungen zu erreichen und somit den am besten geeigneten Arbeitsplatz zu identifizieren. Der Übergang von der Einstiegsphase in die Qualifizierungsphase erfolgt, sobald der Teilnehmer beruflich und betrieblich so weit orientiert ist, dass er erstmals auf einem geeigneten Qualifizierungsplatz im Betrieb oder in einem anderen Unternehmen entsprechend der Zielsetzung von InbeQ betrieblich qualifiziert wird.

(5) Die Stabilisierungsphase zielt auf die Integration der zu unterstützenden Person im betrieblichen Alltag und die Vorbereitung aller Beteiligten auf eine dauerhafte sozialversicherungspflichtige Beschäftigung im Betrieb ab. Sie beginnt frühestens mit der Absichtserklärung des Arbeitgebers für eine Übernahme in ein sozialversicherungspflichtiges Beschäftigungsverhältnis. Entsprechend ist die betriebliche Unterstützung durch den Leistungserbringer zu gestalten. In dieser Phase wird auch die Brücke zur Berufsbegleitung hergestellt.

(6) Die Ausführung der InbeQ im Betrieb erfolgt grundsätzlich in einem zeitlichen Umfang, der den im Betrieb maßgebenden Arbeits- und Pausenzeiten entspricht. Dabei sind die betrieblichen Belange und die Voraussetzungen des Teilnehmers zu berücksichtigen. Im Einvernehmen mit dem zuständigen Leistungsträger kann im Einzelfall die Zahl der wöchentlichen Teilnahmestunden auf bis zu 20 Stunden reduziert werden, wenn dies aus Gründen, die in der Person des Teilnehmers liegen (Auswirkungen von Art oder Schwere der Behinderung, persönliche Bindungen) notwendig ist, das Erreichen des Maßnahmeziels dadurch aber nicht gefährdet ist.

(7) Es sind ganztägige Projekttage (im Durchschnitt ein Projekttag pro Woche) mit allen Teilnehmern durchzuführen. Projekttage können insbesondere zur intensiven Bearbeitung bestimmter Themen auch zusammengefasst werden.

(8) Die individuelle betriebliche Qualifizierung (InbeQ) kombiniert Arbeits-, Beschäftigungs- und Bildungsprozesse. Sie fördert auch die Weiterentwicklung der Persönlichkeit des Menschen mit Behinderung, indem sie Kompetenzen in den Bereichen Kulturtechniken, berufsübergreifende Lerninhalte und Schlüsselqualifikationen (Fach-, Methoden-, Sozial- und Personalkompetenz) vermittelt und erweitert.

§ 5 Leistungsinhalte der Berufsbegleitung. (1) Für die Durchführung der in § 38a Abs. 3 SGB IX festgelegten Bestandteile der Berufsbegleitung sind die nachfolgenden Anforderungen maßgebend.

(2) Die Berufsbegleitung setzt nach Begründung eines sozialversicherungspflichtigen Beschäftigungsverhältnisses ein mit dem Ziel, das bestehende Arbeitsverhältnis dauerhaft zu sichern. Die Leistungen werden erbracht, solange und soweit sie wegen Art oder Schwere der Behinderung zur Sicherung des Beschäftigungsverhältnisses erforderlich sind.

(3) Die Berufsbegleitung wird durch den Träger der Unterstützten Beschäftigung nach § 38a Abs. 5 ausgeführt, der von den nach § 38a Abs. 3 zuständigen gesetzlichen Leistungsträgern im Einzelfall beauftragt und finanziert wird. Auf sie besteht ein Rechtsanspruch. Sie entspricht im Bereich der Integrationsämter inhaltlich weitgehend der psychosozialen Betreuung nach § 102 Abs. 2 Satz 4 SGB IX, unterscheidet sich von ihr jedoch durch die prognostizierte Dauer und Intensität des Unterstützungsbedarfs. Die Berufsbegleitung wird bei Bedarf durch beratende oder finanzielle Leistungen des für sie zuständigen gesetzlichen Leistungsträgers selbst ergänzt, bei den Integrationsämtern insbesondere durch alle übrigen Ermessensleistungen im Rahmen der begleitenden Hilfe im Arbeitsleben nach § 102 SGB IX.

(4) Die Berufsbegleitung stellt eine prozessorientierte Unterstützung des Menschen mit Behinderung und seines Arbeitgebers dar. Erreicht und sichergestellt werden soll ein optimales Passungsverhältnis zwischen den Fähigkeiten des behinderten Arbeitnehmers und den Anforderungen seines Arbeitsverhältnisses. Dabei sollen Arbeitnehmer und Arbeitgeber möglichst unabhängig von der Hilfe Dritter werden. Ausgangspunkt jeder Unterstützungsleistung ist die Analyse des individuellen Unterstützungsbedarfs sowie der betrieblichen Situation unter Berücksichtigung der persönlichen, sozialen, gesundheitlichen und beruflichen Aspekte. Der Leistungserbringer der Berufsbegleitung ist dabei als unparteiischer Unterstützer des zu sichernden Arbeitsverhältnisses tätig und berät und informiert den Menschen mit Behinderung und seinen Arbeitgeber gleichberechtigt.

(5) Eine individuelle Berufsbegleitung zur Sicherung des Arbeitsverhältnisses kann insbesondere bei folgenden Anlässen angezeigt sein:
1. während der Probezeit,
2. wenn das Arbeitsverhältnis befristet ist,
3. wenn Nach- und Weiterqualifizierungen erforderlich sind,
4. wenn die eigene betriebliche Rolle im Umgang mit Kollegen noch nicht gefunden ist,
5. wenn der Mensch mit Behinderung von Konflikten im Betrieb betroffen ist,

6. wenn das Leistungsvermögen von den betrieblichen Anforderungen abweicht,
7. wenn sich betriebliche Arbeitsabläufe ändern oder Ansprechpartner wechseln,
8. wenn psychische und/oder emotionale Instabilität vorliegen,
9. wenn die vermittelte Person weiterhin eine Unterstützung benötigt,
10. wenn die Verantwortlichen im Betrieb weiterhin eine Unterstützung benötigen.

Bei allen diesen und vergleichbaren Anlässen ist vom Leistungserbringer zu erheben, inwieweit eine weitere individuelle Berufsbegleitung (Art, Intensität, Dauer, Beteiligte) über den konkreten Anlass hinaus erforderlich ist. Dies ist in einer begründeten Stellungnahme gegenüber dem zuständigen Leistungsträger differenziert darzulegen, die auch Maßnahmen zur Prävention in Absprache mit dem Menschen mit Behinderung und dem Betrieb enthält. Der Leistungsträger prüft die Stellungnahme und entscheidet im Einzelfall.

(6) Die Inhalte und Maßnahmen der Berufsbegleitung richten sich nach den Erfordernissen des Einzelfalls. Sie können eine individuelle Beratung, Unterstützung, Krisenintervention und Coaching des behinderten Menschen mit besonderem Unterstützungsbedarf am Arbeitsplatz sowie die einzelfallbezogene Beratung des Arbeitgebers umfassen. Insbesondere sind dies Maßnahmen

1. der Arbeitsdiagnostik,
2. des Trainings der sozialen und kommunikativen Kompetenzen,
3. der regelmäßigen Einzelfallberatung der Arbeitgeber und Arbeitnehmer auf unterschiedlichen Betriebsebenen,
4. zur Beratung bei Veränderung der Arbeitsorganisation / Arbeitsbedingungen unddie Begleitung ihrer Umsetzung,
5. zur Gewährleistung einer innerbetrieblichen personellen Unterstützung,
6. zur Organisation eines Job-Coachings.

§ 6 Allgemeine Qualitätsanforderungen an den Leistungserbringer. (1) Die Anforderungen an die Qualität des Leistungserbringers entstehen aus den unter § 2 definierten Zielen. Die Durchführung Unterstützter Beschäftigung erfolgt durch Integrationsfachdienste oder andere Träger, die über die erforderliche Leistungsfähigkeit verfügen, um die individuellen Bedarfe der Menschen mit Behinderung qualitätsgesichert erfüllen zu können und damit in der Lage sind:

1. mehrere Menschen mit unterschiedlichen Behinderungen und unterschiedlichen Berufswünschen gleichzeitig bei der Einarbeitung und Qualifizierung auf einem betrieblichen Arbeitsplatz zu unterstützen und
2. den Arbeitgeber bei der Beschäftigung von Menschen mit Behinderung zu unterstützen.

(2) Der Leistungserbringer Unterstützter Beschäftigung hat ein System des Qualitätsmanagements im Sinne des § 20 Abs. 2 Satz 1 SGB IX anzuwenden, in das auch die Qualitätskriterien der European Union of Supported Employment (EUSE) einfließen sollen. Um die Qualität der Versorgung zu gewährleisten und kontinuierlich zu verbessern, sind die dazu notwendigen zielgerichteten Verfahren und Maßnahmen anhand der nachfolgenden Mindeststandards zu bestimmen.

§ 7 Anforderungen an die Strukturqualität. (1) Anforderungen an die Organisation:

1. Der Leistungserbringer verfügt über ein teilhabeorientiertes Leitbild, das die Grundsätze und Wertvorstellungen für das Handeln des Leistungserbringers beschreibt. Das SGB IX bildet dazu die Grundlage.
2. Der Leistungserbringer und das für ihn arbeitende Personal vertritt ein ressourcenorientiertes Menschenbild, welches die Fähigkeiten von Menschen mit Behinderung in den Vordergrund rückt sowie persönliche Entwicklungsmöglichkeiten und Selbstbestimmung anerkennt.

3. Der Leistungserbringer setzt sich dafür ein, die Rechte von benachteiligten Menschen zu schützen und zu fördern.
4. Der Leistungserbringer verfügt über ein Netzwerk vielfältiger, systematisch aufgebauter Arbeitgeberkontakte. Der Leistungserbringer ist in der Lage, individuell passende, betriebliche Qualifizierungsplätze akquirieren zu können. Das Arbeitgebernetzwerk wird kontinuierlich weiterentwickelt.
5. Arbeitgeber haben im Leistungserbringer Unterstützter Beschäftigung einen Partner, der ihre betrieblichen Interessen aufgreift und lösungsorientiert mit den Interessen des Menschen mit Behinderung abstimmt.
6. Das Konzept des Leistungserbringers präzisiert Zielsetzungen, Aufgabenverständnis, Organisation und Arbeitsweise.
7. Mit einer klaren Festlegung der Verantwortung für das Qualitätsmanagement (QM) passt der Leistungserbringer seine Aufbau- und Ablauforganisation kontinuierlich an die sich verändernden Umfeldanforderungen an und legt seinen Nutzen nach innen und außen dar. Der Leistungserbringer macht die Verantwortung der Leitung und der Führungskräfte für das QM transparent.
8. Professionelles und kompetentes Personal erbringt auf allen Organisationsebenen des Leistungserbringers Qualitätsarbeit.
9. Der Leistungserbringer schafft Transparenz über seine Organisationsstruktur, die Art und Weise der Dokumentation, der Kontrolle und Steuerung, der Entwicklung der Qualitätsziele, der regelhaften Selbstüberprüfung (z. B. durch Fehlermanagement) wesentlicher Prozesse und der Beteiligung seiner Mitarbeiter.
10. Der Leistungserbringer verfügt über Instrumente zur internen Ergebnismessung und -analyse, um die Ergebnisqualität sicherzustellen.
11. Der Leistungserbringer sichert die interne Kommunikation und Personalentwicklung insbesondere durch regelmäßige Supervision und Teambesprechungen sowie Fort- und Weiterbildung seiner Mitarbeiter.
12. Der Leistungserbringer informiert den Leistungsträger durch regelmäßiges Berichtswesen über den Verlauf der Maßnahme.

(2) Personelle Anforderungen:
1. Der Leistungserbringer Unterstützter Beschäftigung stellt sicher, dass das eingesetzte Personal über mindestens zwei Jahre Berufserfahrung mit der Zielgruppe und insbesondere bei der Unterstützung von Menschen mit Behinderung in Betrieben bzw. im Job-Coaching verfügt. In begründeten Einzelfällen kann der Leistungserbringer mit Zustimmung des Leistungsträgers auch Personal mit einer zeitlich geringeren Berufserfahrung einsetzen. Im Einzelnen müssen insbesondere nachfolgende Kenntnisse gegeben bzw. Anforderungen erfüllt sein:
2. Im fachlichen Bereich Kenntnisse über:
   a. Behinderungen und deren Auswirkungen auf das Arbeitsleben,
   b. arbeitsdiagnostische Verfahren,
   c. betriebliche Abläufe und Arbeitsplatzadaptionen, unter Berücksichtigung der verschiedenen Betriebskulturen,
   d. kompetente Zusammenarbeit mit Arbeitgebern,
   e. rechtliche Grundlagen und Fördermöglichkeiten sowie
   f. die Anfertigung von Dokumentationen und fachlichen Stellungnahmen.
3. Pädagogische Qualifikationen beinhalten Kenntnisse und Fertigkeiten hinsichtlich:
   a. Lern- und Interventionsmethoden,
   b. Konflikterkennungs- und Lösungsstrategien,
   c. Gesprächsführungs- und Beratungskompetenz,

d. Wissens- und Fertigkeitsvermittlung,
e. Evaluieren und Stabilisieren von Entwicklungsprozessen sowie
f. des Aufgreifens und Anstoßens von Entwicklungsmöglichkeiten.
4. Entsprechend den personellen Anforderungen kommt der Einsatz insbesondere folgender Berufsgruppen in Betracht:
   a. Diplomsozialpädagogen, -sozialarbeiter,
   b. Diplomheilpädagogen,
   c. Ergotherapeuten,
   d. Psychologen sowie
   e. Personen, die zusätzlich zu einer abgeschlossenen Berufsausbildung eine pädagogische Qualifikation vorweisen können (z. B. Fachkraft für Arbeits- und Berufsförderung, Arbeitserzieher, Mitarbeiter mit sonderpädagogischer Zusatzausbildung).
5. Dabei sind zusätzliche Kenntnisse über den regionalen Arbeitsmarkt sowie betriebswirtschaftliches Denken für die Aufgabenerfüllung notwendig.
6. Der Leistungserbringer Unterstützter Beschäftigung trägt dafür Sorge, dass das Personal durch Weiterbildung, Teambesprechungen und Supervision die Möglichkeit erhält, die vorstehenden Qualifikationen zu festigen und weiter auszubauen. Durch festangestelltes Personal stellt er sicher, dass in der Arbeit mit den einzelnen Teilnehmern ein Wechsel so weit als möglich vermieden wird.
7. Das Zahlenverhältnis von Fachkräften zu Menschen mit Behinderung beträgt bei InbeQ 1 zu 5.

   Bei der Berufsbegleitung richtet sich die Relation von Fachkräften zu Menschen mit Behinderungen nach den Erfordernissen der Einzelfälle.

(3) Anforderungen an Ausstattung und Lage:
1. Die räumliche und sächliche Ausstattung hat dem Stand der Technik sowie den einschlägigen gesetzlichen Vorgaben zu entsprechen.
2. Von besonderer Bedeutung ist die Barrierefreiheit der Angebote im Rahmen Unterstützter Beschäftigung, die sich an den jeweils gültigen DIN-Normen orientiert. Auch auf die Erreichbarkeit mit öffentlichen Verkehrsmitteln ist zu achten.

(4) Anforderungen an die Vernetzung:
1. Stellt sich im Verlauf der Unterstützten Beschäftigung ein zusätzlicher Unterstützungsbedarf in anderen Lebensbereichen (z. B. Wohnen, Freizeit) heraus, wird in Absprache mit dem Leistungsberechtigten der Kontakt zu entsprechenden Beratungsstellen bzw. Unterstützungsangeboten eingeleitet.
2. Der Leistungserbringer beteiligt sich aktiv an regionaler Gremienarbeit und bringt die Belange von Menschen mit Behinderung in Bezug auf das Thema Teilhabe am Arbeitsleben ein.
3. Durch kontinuierliche Öffentlichkeitsarbeit wird für die berufliche Integration von Menschen mit Behinderung geworben.
4. Der Leistungserbringer kooperiert mit der jeweils vorher tätigen Organisation wie z. B. Schulen, WfbM und sonstigen vorgeschalteten Leistungsanbietern, in der sich der Teilnehmer befand bzw. noch befindet, um den Wechsel in die Maßnahme Unterstützte Beschäftigung fachlich optimal zu gestalten. Hierbei achtet der Leistungserbringer Unterstützter Beschäftigung insbesondere darauf, welche vorherigen Kenntnisse über berufliche Fähigkeiten und Interessen sowie welche konkreten betrieblichen Erfahrungen (z. B. Betriebspraktika und Arbeitstätigkeiten) bereits vorliegen, um diese für die Zielsetzung der Maßnahme Unterstützte Beschäftigung zu nutzen.

§ 8 Anforderungen an die Prozessqualität. (1) Beratung des Menschen mit Behinderung:

1. Der Mensch mit Behinderung erhält alle nötigen Informationen in der für ihn angemessenen Form, um über die Inanspruchnahme des Leistungserbringers der Unterstützten Beschäftigung entscheiden zu können.
2. Der Mensch mit Behinderung wird durch regelmäßige Reflexions- und Prozessgespräche aktiv am Integrationsprozess und damit verbundenen Entscheidungen beteiligt. Mit seinem Einverständnis kann auch sein soziales Umfeld einbezogen werden.
3. Für den Fall, dass der Teilnehmer an InbeQ noch keinen Schwerbehindertenausweis hat, berät der Anbieter der Maßnahme InbeQ diesen über die möglichen Auswirkungen, die mit der Ausstellung eines Schwerbehindertenausweises verbunden sind und unterstützt ihn ggf. bei der Beantragung. Wird ein Grad der Behinderung von weniger als 50, aber wenigstens 30 festgestellt, berät er ihn zu Fragen der Gleichstellung und gibt ggf. Unterstützung bei der Antragstellung. Die Durchführung der Beratung ist zu dokumentieren.

(2) Fähigkeitsprofil und Prozessplanung:

1. Die beruflichen Interessen, Neigungen und Fähigkeiten des Menschen mit Behinderung werden gemeinsam mit ihm erarbeitet und dokumentiert.
2. Der Mensch mit Behinderung wird unterstützt, fundierte und realistische Entscheidungen hinsichtlich seiner Arbeit und beruflichen Zukunft zu treffen bzw. erfahrungsorientiert zu entwickeln.
3. Aktuelle Fähigkeiten und spezifische Entwicklungsmöglichkeiten des Menschen mit Behinderung werden während des Integrationsprozesses laufend berücksichtigt. Selbstständiges Handeln wird unterstützt.
4. Der Leistungserbringer ist verantwortlich für die Dokumentation eines aussagekräftigen Fähigkeitsprofils.
5. Auf der Basis des Fähigkeitsprofils wird eine individuelle, flexible Prozessplanung gemeinsam mit dem Menschen mit Behinderung ausgearbeitet, dokumentiert und fortgeschrieben (Ziele definieren, Wege festlegen, Zielerreichung überprüfen).

(3) Anforderungen an die Gestaltung und Entwicklung des Arbeitsplatzes:

1. Der Mensch mit Behinderung wird bei der Suche nach dem bestmöglichen Arbeitsplatz unterstützt. Im gesamten Unterstützungsprozess geht es um passgenaue Qualifizierung. Es ist die Aufgabe des Qualifizierungstrainers, die betrieblichen Anforderungen auf die Fähigkeiten des Menschen mit Behinderung abzustimmen.
2. Angemessenes Training und Unterstützung werden zur Verfügung gestellt, um eine bestmögliche Qualifizierung zu gewährleisten und Unabhängigkeit und Fortschritt am Arbeitsplatz zu fördern.
3. Qualifizierungspraktika sind ein wichtiger Schritt zur Erreichung dieses Ziels. Anzahl und Dauer der Praktika sind an den individuellen Bedarf anzupassen. Praktika sind strukturiert vorzubereiten, zu begleiten und auszuwerten.
4. Die Unterstützung erfolgt, solange sie erforderlich ist.

(4) Anforderungen an die Arbeitgeberberatung:

1. Der Arbeitgeber wird über die Fähigkeiten und den Unterstützungsbedarf des Menschen mit Behinderung informiert und dafür sensibilisiert. Gemeinsam mit dem Arbeitgeber werden betriebliche Einsatzmöglichkeiten erschlossen.
2. Der Arbeitgeber wird zu strukturellen, finanziellen, technischen und personellen Möglichkeiten der Arbeitsplatzgestaltung beraten.
3. Der Arbeitgeber hat im Leistungserbringer Unterstützter Beschäftigung einen Partner, der seine betrieblichen Interessen aufgreift und lösungsorientiert mit den Interessen des Menschen mit Behinderung abstimmt.

(5) Abschluss der individuellen betrieblichen Qualifizierung:
1. Den Teilnehmern ist zum Abschluss der individuellen betrieblichen Qualifizierung (InbeQ) eine aussagefähige Teilnahmebescheinigung in anspruchsvoller Form (z. B. auf Briefpapier mit dem Logo des Auftragnehmers) auszustellen und mit Stempel und Unterschrift zu versehen. In der Teilnahmebescheinigung müssen die vermittelten Inhalte/Qualifikationen und Betriebe aufgeführt sein, in denen die InbeQ absolviert wurde.
2. Schließt ein Teilnehmer einen Arbeitsvertrag mit einem Betrieb des allgemeinen Arbeitsmarktes ab, achtet der Leistungserbringer der Unterstützten Beschäftigung vor allem auf folgende Kriterien:
   a. Eine ausreichende Passung von Anforderungen und Fähigkeiten ist sichergestellt. Dies beinhaltet auch die soziale Integration in den Betrieb.
   b. Dem Arbeitnehmer sollen Möglichkeiten der beruflichen Weiterentwicklung zur Verfügung stehen.
   c. Bei Bedarf steht die erforderliche weitergehende individuelle Unterstützung und Förderung zur Verfügung.

(6) Anforderungen an die Arbeitsplatzsicherung:

Alle erforderlichen Schritte zur nachhaltigen Sicherung eines sozialversicherungspflichtigen Arbeitsverhältnisses werden in Absprache mit dem Arbeitnehmer, dem Betrieb und dem zuständigen Leistungsträger unternommen.

§ 9 Anforderungen an die Ergebnisqualität. (1) Die Ergebnisqualität misst sich daran, inwieweit die gesetzlich vorgegebene Zielsetzung der Unterstützten Beschäftigung, eine angemessene, geeignete und sozialversicherungspflichtige Beschäftigung zu ermöglichen und zu erhalten, erreicht wurde.

(2) Ergänzend zur Integrationswirkung einer sozialversicherungspflichtigen Beschäftigung ist im Rahmen der Ergebnisqualität der Beitrag der Unterstützten Beschäftigung insgesamt zur Umsetzung des Anspruchs auf Teilhabe am Arbeitsleben zu berücksichtigen. Sofern unter Beachtung der in der Gemeinsamen Empfehlung nach § 38a Absatz 6 SGB IX beschriebenen Leistungsinhalte und Leistungsanforderungen keine sozialversicherungspflichtige Beschäftigung erreicht oder erhalten werden kann, sind andere angemessene und geeignete Formen zur Teilhabe am Arbeitsleben abzubilden.

§ 10 Qualitätsprüfung und -weiterentwicklung. Die vom Leistungserbringer dokumentierten Qualitätsziele und -ergebnisse werden von den Leistungsträgern nach einheitlichen Kriterien regelmäßig geprüft und bewertet, um erforderliche Schritte der Qualitätsweiterentwicklung festzulegen. An dem Prozess der Entwicklung der Kriterien, der Prüfung und der Bewertung sind die Leistungserbringer sowie die Menschen mit Behinderung bzw. deren Interessenvertretungen zu beteiligen.

§ 11 Beauftragung des Leistungserbringers. (1) Die Art und Weise der Beauftragung eines Leistungserbringers Unterstützter Beschäftigung unterliegt dem Regelungsbereich des jeweils zuständigen Leistungsträgers. Nach § 38a Abs. 5 SGB IX wird dabei insbesondere die erforderliche Leistungsfähigkeit des Leistungserbringers anhand der Konkretisierung und Weiterentwicklung der in §§ 6 bis 10 dieser Gemeinsamen Empfehlung dazu vereinbarten Qualitätsanforderungen geprüft. Bei der Beauftragung des Leistungserbringers sollte von den beteiligten Leistungsträgern auch der Aspekt der Kontinuität der Leistungserbringung bei einem möglichen Wechsel des Leistungsträgers berücksichtigt werden.

(2) Aus der Beauftragung eines Leistungserbringers durch einen Leistungsträger entsteht keine Bindungswirkung für einen anderen Leistungsträger. Dies gilt auch für den Fall eines Wechsels der Zuständigkeit während der Leistungserbringung.

(3) Die Leistungen Unterstützter Beschäftigung nach § 38a SGB IX sind entsprechend den Regelungen des § 17 Abs. 2 SGB IX budgetfähig. Leistungserbringer und Leistungsträger weisen auf den Rechtsanspruch auf die Leistungserbringung in Form eines Persönlichen Budgets hin und unterstützen damit die Inanspruchnahme des Persönlichen Budgets wie in den Handlungsempfehlungen „Trägerübergreifende Aspekte bei der Ausführung von Leistungen durch ein Persönliches Budget" angelegt.

§ 12 Teilhabeplan. (1) Unter Berücksichtigung der Inhalte der Gemeinsamen Empfehlung „Teilhabeplan" nach § 13 Abs. 2 Nr. 3 SGB IX wird gemeinsam mit dem Menschen mit Behinderung ein Teilhabeplan erstellt. Verantwortlich für die Erstellung des Teilhabeplans ist der zuständige Leistungsträger.

(2) Mit dem Teilhabeplan als Instrument für ein notwendiges Verfahren konkretisieren die beteiligten Leistungsträger ihre frühzeitige Vernetzung und enge Zusammenarbeit im Sinne des § 12 SGB IX. Sie tragen damit auch der Anforderung Rechnung, eine möglichst hohe Kontinuität und Zuverlässigkeit bei der Unterstützung des Menschen mit Behinderung sicherzustellen. Dies ist insbesondere im Hinblick auf den Übergang zwischen der individuellen betrieblichen Qualifizierung und der Berufsbegleitung zu gewährleisten. Der Teilhabeplan soll bei der Übergabe die bereits erreichten Fähigkeiten und den bereits erkennbaren weiteren Unterstützungsbedarf enthalten.

(3) Dem Menschen mit Behinderung werden darüber hinaus regelmäßig Beratungsgespräche angeboten, falls von ihm gewünscht unter Einbeziehung weiterer Beteiligter. Diese Angebote sollen insbesondere die eventuell notwendige Anpassung des Teilhabeplans, die Verbindlichkeit der getroffenen Vereinbarungen sowie deren Akzeptanz durch den Menschen mit Behinderung erhöhen.

(4) Bei einem Wechsel in der Trägerzuständigkeit geht die Verantwortung für die Fortschreibung des Teilhabeplans auf den dann zuständig gewordenen Leistungsträger über. Dafür wird ein Beratungsgespräch nach Abs. 3 empfohlen.

§ 13 Anforderungen an die Zusammenarbeit der verschiedenen Akteure. (1) Der Leistungserbringer informiert den für die InbeQ zuständigen Leistungsträger unverzüglich über den Wechsel von der Einstiegs- in die Qualifizierungsphase sowie über den Übergang von der Qualifizierungs- in die Stabilisierungsphase im Rahmen der InbeQ.

(2) Wird während der InbeQ ein Bedarf für eine Berufsbegleitung im Sinne von § 5 oder für weitere Unterstützungs- oder Förderleistungen festgestellt, klärt der Leistungserbringer zunächst die Fördermöglichkeiten mit den zuständigen Leistungsträgern der Unterstützten Beschäftigung ab, um Arbeitgeber entsprechend beraten und informieren zu können. Unberührt bleiben die Leistungsverpflichtungen der Rehabilitationsträger nach den §§ 33, 34 SGB IX und den für diese geltenden Büchern des SGB außerhalb der Berufsbegleitung.

(3) Mit dem Beginn der Stabilisierungsphase organisiert der für die InbeQ zuständige Leistungsträger zeitnah ein Planungsgespräch unter Beteiligung des Teilnehmers, des gegenwärtigen und ggf. zukünftigen Leistungserbringers sowie des für die sich ggf. anschließende Berufsbegleitung zuständigen Leistungsträgers. Ziel des Planungsgespräches ist der reibungslose Übergang in ein sozialversicherungspflichtiges Beschäftigungsverhältnis. Hierfür sind im Rahmen des Planungsgespräches konkrete Absprachen über das weitere Vorgehen zu treffen, insbesondere über den erforderlichen Bedarf einer Berufsbegleitung, den dafür zuständigen Leistungsträger und den Leistungserbringer. Das Ergebnis des Planungsgespräches einschließlich der getroffenen Absprachen wird von dem für die InbeQ zuständigen Leistungsträger protokolliert und den Beteiligten zeitnah zur Verfügung gestellt. Der Leistungserbringer informiert anschließend den potenziellen Arbeitgeber über das weitere Vorgehen.

(4) Wird im Verlauf der InbeQ festgestellt, dass eine sozialversicherungspflichtige Beschäftigung nicht erreicht werden kann, wird der zuständige Leistungsträger umgehend vom Leis-

tungserbringer informiert, damit der Übergang in eine andere Leistung zur Teilhabe (in der Regel der Berufsbildungsbereich der WfbM) zeitlich nahtlos eingeleitet werden kann. Der Wechsel ist vom Leistungserbringer ausführlich zu begründen.

(5) Wird im Verlauf der Berufsbegleitung des sozialversicherungspflichtigen Beschäftigungsverhältnisses festgestellt, dass eine Weiterbeschäftigung auf dem allgemeinen Arbeitsmarkt behinderungsbedingt nicht möglich ist, wird der zuständige Leistungsträger umgehend vom Leistungserbringer informiert, damit der Übergang in eine andere Leistung zur Teilhabe (z. B. eine Leistung der WfbM) zeitlich nahtlos eingeleitet werden kann. Der Wechsel ist vom Leistungserbringer ausführlich zu begründen.

§ 14 Datenschutz. Der Schutz der personenbezogenen Daten einschließlich der Sozialdaten sowie das Recht auf informationelle Selbstbestimmung sind zu gewährleisten.

§ 15 Inkrafttreten. (1) Die Gemeinsame Empfehlung tritt am 1. Dezember 2010 in Kraft.

(2) Die Vereinbarungspartner teilen der Bundesarbeitsgemeinschaft für Rehabilitation in analoger Anwendung der Regelungen in § 13 Abs. 8 SGB IX ihre Erfahrungen mit dieser Gemeinsamen Empfehlung mit.

(3) Die Vereinbarungspartner und die anderen Rehabilitationsträger werden auf der Ebene der Bundesarbeitsgemeinschaft für Rehabilitation in angemessenen Zeitabständen unter Einbeziehung der Verbände behinderter Menschen einschließlich der Verbände der freien Wohlfahrtspflege, der Selbsthilfegruppen und der Interessenvertretung behinderter Frauen sowie der für die Wahrnehmung der Interessen der ambulanten und stationären Rehabilitationseinrichtungen auf Bundesebene maßgeblichen Spitzenverbände prüfen, ob diese Gemeinsame Empfehlung auf Grund zwischenzeitlich gewonnener Erfahrungen und eingetretener Entwicklungen verbessert oder wesentlich veränderten Verhältnissen angepasst werden muss. Dazu erklären die beteiligten Leistungsträger ihre Bereitschaft, sich über die in der Praxis gewonnenen Erfahrungen in der Zusammenarbeit im Rahmen der Fachgruppe regelmäßig (mindestens jährlich) auszutauschen und dies für mögliche Weiterentwicklungen Unterstützter Beschäftigung zu nutzen. Für diesen Fall erklären sie auch ihre Bereitschaft, unverzüglich an der Überarbeitung einer entsprechend zu ändernden Gemeinsamen Empfehlung mitzuwirken.

§ 39
Leistungen in Werkstätten für behinderte Menschen

Leistungen in anerkannten Werkstätten für behinderte Menschen (§ 136) werden erbracht, um die Leistungs- oder Erwerbsfähigkeit der behinderten Menschen zu erhalten, zu entwickeln, zu verbessern oder wiederherzustellen, die Persönlichkeit dieser Menschen weiterzuentwickeln und ihre Beschäftigung zu ermöglichen oder zu sichern.

ERLÄUTERUNGEN

ÜBERSICHT

I. Bedeutung der Vorschrift (Rdnr. 1)
II. Fassung (Rdnr. 2)
III. Anmerkungen (Rdnrn. 3–21)
    1. Leistungen in Werkstätten zur Teilhabe am Arbeitsleben (Rdnrn. 3–4)
    2. Abgrenzung zu §§ 136 bis 144 SGB IX (Rdnrn. 5–7)
    3. Rechtsanspruch auf Leistung (Rdnrn. 8–10)

4. Zielsetzung der Leistungen (Rdnrn. 11–12)
   a) Erhaltung usw. der Leistungs- oder Erwerbsfähigkeit (Rdnrn. 13–14)
   b) Weiterentwicklung der Persönlichkeit (Rdnrn. 15–19)
   c) Ermöglichung und Sicherung von Beschäftigung (Rdnrn. 20–21)
Anhang: Werkstattempfehlungen (WE/BAGüS), herausgegeben von der Bundesarbeitsgemeinschaft der überörtlichen Träger der Sozialhilfe

I. Bedeutung der Vorschrift

Die Vorschrift beschreibt die Zielsetzung der Leistungen zur Teilhabe am Arbeitsleben in anerkannten Werkstätten für behinderte Menschen im Sinne von § 136 SGB IX. Diese Leistungen dienen drei Schwerpunkten: der Leistungs- oder Erwerbsfähigkeit der behinderten Menschen, der Weiterentwicklung ihrer Persönlichkeit und der Ermöglichung oder Sicherung ihrer Beschäftigung.

II. Fassung

Die Vorschrift wurde unverändert aus dem Regierungsentwurf (BT-Drucks. 14/5531 i. V. m. 14/5074) übernommen.

III. Anmerkungen

1. Leistungen in Werkstätten zur Teilhabe am Arbeitsleben

Leistungen in anerkannten Werkstätten für behinderte Menschen werden als **Leistungen zur Teilhabe am Arbeitsleben** erbracht. Das verdeutlicht die Stellung der Vorschrift im Kapitel 5 des Teiles I des SGB IX, welches von den Leistungen zur Teilhabe am Arbeitsleben handelt. Es kommt auch in den in § 39 formulierten Zielen zum Ausdruck und entspricht der Aufgabenstellung einer Werkstatt, wie sie § 136 SGB IX festlegt und die – auf der Grundlage des § 144 Abs. 1 SGB IX erlassene – Werkstättenverordnung (WVO) konkretisiert.

Die §§ 39 bis 43 SGB IX enthalten die **allgemeinen Grundsätze des Leistungsrechts** der Werkstätten für behinderte Menschen. Adressaten der Regelung sind die für Leistungen zur Teilhabe am Arbeitsleben zuständigen **Rehabilitationsträger**.

2. Abgrenzung zu §§ 136 bis 144 SGB IX

Zu den in §§ 39 bis 43 SGB IX festgeschriebenen allgemeinen Grundsätzen für die Erbringung von Leistungen in Werkstätten gehören insbesondere die **Leistungsziele** und die **Zuständigkeiten** für die **Leistungserbringung**. Hingegen legen **§§ 136 ff. SGB IX** die **institutionellen Rahmenbedingungen** der Werkstätten fest. Dort werden der Begriff und die Aufgaben (§ 136), die Aufnahme (§ 137), die Rechtsstellung und das Arbeitsentgelt behinderter Menschen (§ 138), die Mitwirkung (§ 139), die Anrechnung von Aufträgen auf die Ausgleichsabgabe (§ 140), die Vergabe von Aufträgen durch die öffentliche Hand (§ 141) sowie das Anerkennungsverfahren (§ 142) normiert.

In Ergänzung dieser Rahmenvorschriften schreibt die **Werkstättenverordnung** (WVO) vom 13. 8.1980 (BGBl. I S. 1365) i. d. F. des Art. 55 SGB IX fachliche Anforderungen sowie das Verfahren zur Anerkennung als Werkstatt für behinderte Menschen vor. **Normadressaten** der § 136 ff. SGB IX sowie der WVO sind: die Werkstatt bezüglich der fachlichen Anforderungen sowie des Anerkennungsverfahrens; die behinderten Menschen hinsichtlich ihrer Rechte gegenüber der Werkstatt; die Anerkennungsbehörden hinsichtlich des Verfahrens.

Sowohl die §§ 39 ff. als auch die §§ 136 ff. SGB IX sind als **spezialgesetzliche Regelungen** der Werkstätten für behinderte Menschen gegenüber den allgemeinen leistungs- und institutionsrechtlichen Vorschriften zu werten (Mrozynski Rdnr. 1). Das gilt auch für die in §§ 39 bis 41 SGB IX geregelten leistungsrechtlichen Grundlagen, welche die Umsetzung der allgemeinen Aufgabenstellung der Werkstatt gem. § 136 SGB IX und der WVO gegenüber den einzelnen behinderten Menschen finanziell sichern. Diese Bestimmungen sind für jeden der nach § 42 SGB IX jeweils zuständigen Rehabilitationsträger verbindlich, weil deren spezielle leistungsrechtliche Vorschriften keine abweichenden Regelungen enthalten, sondern lediglich auf das SGB IX verweisen, wie z. B. § 102 Abs. 2 SGB III, § 16 SGB VI, § 40 Abs. 1 Nr. 7 BSHG (Ernst u. a. / *Finke / Kadoke* Rdnr. 6).

3. Rechtsanspruch auf Leistung

8   Die Bestimmung des § 39 SGB IX verpflichtet die Rehabilitationsträger zur Erbringung der Leistungen in Werkstätten, die erforderlich sind, um die genannten Ziele (vgl. unten Rdnrn. 11–21) zu erreichen. Zugleich legt sie einen Rechtsanspruch des behinderten Menschen gegenüber dem nach § 42 zuständigen Rehabilitationsträger auf die Leistungserbringung fest (Ernst u. a. / *Finke / Kadoke* Rdnr. 7).

9   Allerdings ist der **Rechtsanspruch** in zweifacher Hinsicht **eingeschränkt:** Er gilt nur für Leistungen in Einrichtungen, die als Werkstatt für behinderte Menschen im Sinne des § 136 SGB IX von der Bundesagentur für Arbeit im Einvernehmen mit den überörtlichen Trägern der Sozialhilfe gem. § 142 SGB IX **anerkannt** worden sind. Ferner muss der behinderte Mensch die persönlichen Voraussetzungen nach § 136 Abs. 2 SGB IX für eine Förderung und Beschäftigung in einer Werkstatt erfüllen: Das schließt die Erwartung ein, dass er spätestens nach Teilnahme an Maßnahmen im Berufsbildungsbereich wenigstens ein **Mindestmaß wirtschaftlich verwertbarer Arbeitsleistungen** erbringen wird (§ 136 Abs. 2 Satz 1 SGB IX). Ferner darf **kein Ausschlusstatbestand** im Sinne von § 136 Abs. 2 Satz 2 SGB IX vorliegen (also trotz behinderungsangemessener Betreuung eine voraussichtliche erhebliche Selbst- oder Fremdgefährdung bzw. ein Ausmaß der erforderlichen Betreuung und Pflege, welches die Teilnahme an Maßnahmen im Berufsbildungsbereich nicht zulässt; dasselbe gilt für sonstige Umstände, die ein Mindestmaß wirtschaftlich verwertbarer Arbeitsleistung im Arbeitsbereich dauerhaft nicht zulassen).

10 Erfüllt hingegen der behinderte Mensch die Aufnahmevoraussetzungen für eine anerkannte Werkstatt, besteht ein einklagbarer Anspruch auf die in den §§ 40, 41 und 43 SGB IX nach Art, Umfang und Dauer konkretisierten Leistungen im Eingangsverfahren, Berufsbildungsbereich und Arbeitsbereich.

4. Zielsetzung der Leistungen

11 Die Vorschrift legt drei **gleichrangig** nebeneinander stehende Ziele der Leistungen der Rehabilitationsträger in Werkstätten für behinderte Menschen fest, nämlich
– die Erhaltung, Entwicklung, Verbesserung oder Wiederherstellung der Leistungs- oder Erwerbsfähigkeit,
– die Weiterentwicklung der Persönlichkeit und
– die Ermöglichung oder Sicherung der Beschäftigung
der behinderten Menschen.

12 Dies stellt zugleich eine **Modifizierung der allgemeinen Zielsetzung** für Leistungen zur Teilhabe am Arbeitsleben dar, wie sie in § 33 Abs. 1 SGB IX umschrieben ist: Dort wird die **Erwerbsfähigkeit** behinderter oder von Behinderung bedrohter Menschen betont, die entsprechend ihrer Leistungsfähigkeit zu erhalten, zu verbessern, herzustellen oder wiederherzustellen sei, um ihre Teilhabe am Arbeitsleben möglichst auf Dauer zu sichern.

a) Erhaltung usw. der Leistungs- oder Erwerbsfähigkeit

13 Sowohl Rehabilitationsträger als auch Werkstätten haben den Auftrag, die Leistungs- oder Erwerbsfähigkeit der behinderten Menschen zu erhalten, zu entwickeln, zu verbessern oder wiederherzustellen. Im **Unterschied zur allgemeinen Zielvorgabe** der Leistungen zur Teilhabe am Arbeitsleben nach § 33 Abs. 1 SGB IX, die auf den allgemeinen Arbeitsmarkt ausgerichtet sind und daher eine, wenn auch verminderte, Erwerbsfähigkeit des Leistungsberech-

tigten voraussetzen, ist zu beachten: Eine Beschäftigung in Werkstätten für behinderte Menschen schließt die Erwerbsfähigkeit des behinderten Menschen zumindest bei seiner Aufnahme aus; das belegt neben § 43 Abs. 2 Satz 3 Nr. 1 SGB VI auch der Regelungszusammenhang in §§ 40, 41, 136, 137 SGB IX (Ernst u. a. / *Finke* / *Kadoke* Rdnr. 11).

Es ist aber ein wesentliches Ziel der Leistungen in Werkstätten, den **Übergang** geeigneter behinderter Menschen **auf den allgemeinen Arbeitsmarkt** zu fördern (vgl. § 41 Abs. 2 Nr. 3 SGB IX, § 136 Abs. 1 Satz 3 SGB IX, § 5 Abs. 4 WVO). Deshalb sind die Werkstätten verpflichtet, auch die Erwerbsfähigkeit zu entwickeln oder wiederherzustellen. Sämtliche Rehabilitationsträger haben nach § 39 SGB IX in allen Bereichen der Werkstatt die hierfür erforderlichen Leistungen zu erbringen. Falls im Einzelfall ein Übergang auf den allgemeinen Arbeitsmarkt aus behinderungsbedingten Gründen ausgeschlossen ist, soll die Leistungsfähigkeit des Betroffenen soweit wie möglich entwickelt, verbessert oder wiederhergestellt werden, damit er wenigstens dauerhaft ein Mindestmaß wirtschaftlich verwertbarer Arbeitsleistung erbringt, welches für eine Beschäftigung im Arbeitsbereich einer Werkstatt ausreicht (§ 136 Abs. 2 SGB IX). 14

b) Weiterentwicklung der Persönlichkeit

Ungeachtet der Funktion der Werkstatt für behinderte Menschen als einer Einrichtung zur Teilhabe am Arbeitsleben ist sie nicht ausschließlich auf die berufliche Eingliederung und die Entwicklung der Leistungsfähigkeit im Arbeitsleben ausgerichtet. Die Werkstatt hat vielmehr auch besondere **sozialbetreuerische und sozialpädagogische Aufgaben** zu erfüllen. Das gilt zunächst für den Berufsbildungsbereich, für den § 4 Abs. 1 Satz 1 WVO „angemessene Maßnahmen zur Weiterentwicklung der Persönlichkeit des behinderten Menschen" fordert. Weiterhin wird festgelegt, dass im Grundkurs „das Selbstwertgefühl des behinderten Menschen und die Entwicklung des Sozial- und Arbeitsverhaltens gefördert sowie Schwerpunkte der Eignung und Neigung festgestellt werden" (§ 4 Abs. 4 Satz 2 WVO). Aber auch für den Arbeitsbereich werden „zur Weiterentwicklung der Persönlichkeit des behinderten Menschen arbeitsbegleitend geeignete Maßnahmen" vorgeschrieben (§ 5 Abs. 3 WVO). Der Inhalt der **Maßnahmen zur Weiterentwicklung der Persönlichkeit** entzieht sich einer allgemein gültigen Festlegung, weil er sich im konkreten Einzelfall an den Bedürfnissen des Leistungsberechtigten zu orientieren hat. Jedoch muss stets ein Bezug dieser Maßnahmen zur vorrangigen Aufgabenstellung der Werkstatt bestehen, nämlich die Leistungs- oder Erwerbsfähigkeit zu erhalten, zu entwickeln, zu verbessern oder wiederherzustellen. 15

Wesentliche **Lernziele** mit Bezug zur Weiterentwicklung der Persönlichkeit nennt das „Rahmenprogramm für das Eingangsverfahren und den Berufsbildungsbereich" (vgl. Anhang zum Kommentar zu § 40 SGB IX) in Nr. 4.4.3, nämlich das 16

– Entwickeln und Stabilisieren von Konzentrationsfähigkeit,
– Bestehen von Stresssituationen,
– Erlernen Kontakt aufzunehmen, Einzel- und Gruppenarbeit, Zweierbeziehungen,
– Entwickeln von Selbstständigkeit, Selbstkontrolle, Belastungsfähigkeit, Konfliktfähigkeit und Bereitschaft zur Konfliktlösung.

Auch die unter dem „**Lernziel: Schlüsselqualifikationen**" in Nr. 4.4.4 des Rahmenprogramms genannten wesentlichen Bereiche gehören hierzu, nämlich 17

– die Fähigkeit, die eigenen Interessen zu erkennen und vertreten zu können,
– Entwickeln von Selbstständigkeit, Selbstkontrolle und eigenständigem Handeln,
– lebenspraktische Fertigkeiten: von An- und Umziehen sowie Selbstversorgung bis zur weitgehenden Unabhängigkeit von Pflege und Betreuung,
– Orientierungsfähigkeit, Überblick, Fähigkeit zur Zeiterkennung, -planung und Erinnerungsvermögen,
– Selbsteinschätzung und Frustrationstoleranz,

– Fähigkeiten zur Kommunikation, Kontakt, Kooperation, Konfliktfähigkeit und Toleranz,
– Pünktlichkeit, Zuverlässigkeit, Belastbarkeit und Flexibilität,
– Konzentrationsfähigkeit und Ausdauer,
– Motivation und Freude an der Arbeit.

18 Auch die „Werkstattempfehlungen der Bundesarbeitsgemeinschaft überörtlicher Sozialhilfeträger" – WE/BAGüS – (vgl. Anhang zu dieser Vorschrift) führen unter Nr. 6.2 beispielhafte **Fähigkeiten** auf, die **im Arbeitsbereich** in angemessenem Umfang durch geeignete Maßnahmen erhalten und erhöht bzw. entwickelt werden sollen, damit die im Berufsbildungsbereich erworbene Leistungsfähigkeit erhalten und erhöht sowie die Persönlichkeit weiterentwickelt werden kann. Hierzu gehören zumindest Fähigkeiten in den Bereichen

– Lesen, Schreiben, Rechnen,
– Mobilität und Orientierung,
– Kooperation und Kommunikation mit anderen behinderten Menschen, Vorgesetzen und dem sonstigen sozialen Umfeld,
– eigenverantwortliche Lebensbewältigung und
– Festigung des Selbstwertgefühls.

19 Zugleich wird in den WE/BAGüS a. a. O. aber hervorgehoben: Zu den arbeitsbegleitenden Maßnahmen im Arbeitsbereich der Werkstatt gem. § 5 Abs. 3 WVO gehören keine Aktivitäten des Werkstattträgers, die zwar durchaus positive Auswirkungen auf die Entwicklung der Persönlichkeit haben, die aber die Aufgabenstellung der Werkstatt als Einrichtung zur Teilhabe behinderter Menschen am Arbeitsleben überschreiten (z. B. Freizeitgestaltung).

c) Ermöglichung und Sicherung von Beschäftigung

20 Leistungen in anerkannten Werkstätten für behinderte Menschen werden auch erbracht, um die Beschäftigung dieser Menschen zu ermöglichen oder zu sichern. Es geht hierbei nicht nur darum, dass die behinderten Menschen in den Werkstätten eine „geeignete Tätigkeit ausüben" (vgl. die frühere Fassung des § 54 SchwbG bis zum 31. 7. 1996 und der SchwbWV bis zum 30. 9. 2000). Vielmehr sollen sie am Arbeitsleben teilhaben und auf Arbeitsplätzen beschäftigt werden.

21 Mit **„ermöglichen"** ist die Heranführung an die Beschäftigung in der Werkstatt oder auf dem allgemeinen Arbeitsmarkt gemeint. Hingegen bedeutet **„sichern"** die Stabilisierung des Erlernten und der Leistungsfähigkeit (Ernst u. a. / *Finke / Kadoke* Rdnr. 13). Ist im Einzelfall ein Übergang auf den allgemeinen Arbeitsmarkt aus behinderungsbedingten Gründen ausgeschlossen, hat der zuständige Rehabilitationsträger mit seinen Leistungen die Beschäftigung in der Werkstatt durch geeignete Arbeitsangebote und begleitende Maßnahmen dauerhaft zu sichern.

Werkstattempfehlungen – WE/BAGüS –

Stand: 1. Januar 2010

Vorwort

Seit Anfang der 70er-Jahre ist in Deutschland ein flächendeckendes und enges Netz leistungsfähiger Werkstätten für behinderte Menschen geschaffen worden. Heute existieren insgesamt 701 anerkannte Werkstätten, in denen über 280 000 Menschen arbeiten.

Für den weit überwiegenden Teil dieser Menschen sind die Sozialhilfeträger die zuständigen Leistungsträger, wobei die jeweiligen Länder in ihrem Landesrecht geregelt haben, ob die

Aufgaben durch die örtlichen Träger der Sozialhilfe, also durch kreisfreie Städte und Landkreise, oder durch die überörtlichen Träger der Sozialhilfe wahrgenommen werden.[1]

Die sozialrechtliche und arbeitsmarktpolitische Bedeutung der Werkstätten veranlasste die BAGüS, in den Jahren 2002 und 2005 Werkstattempfehlungen herauszugeben, die nunmehr überarbeitet und dem aktuellen Gesetzesstand angepasst worden sind.

Wegen der sehr unterschiedlichen Regelungen und Vereinbarungen in den Ländern verzichtet die BAGüS weiterhin auf detaillierte Aussagen zu den zu vereinbarenden Vergütungen und deren Inhalt, zur Abgrenzung der Kostenarten und Kostenbestandteile, zu den Kosten der unternehmensüblichen wirtschaftlichen Betätigung einer Werkstatt sowie zur Personalbemessung.

Schwerpunkte dieser Werkstattempfehlungen bilden die Komplexe **Berufswegeplanung** (Tz. 3.3), **Förderung des Übergangs auf den allgemeinen Arbeitsmarkt** (Tz. 7) und **Hilfen für behinderte Menschen zum bzw. nach dem Übergang aus der Werkstatt auf den allgemeinen Arbeitsmarkt** (Tz. 13).

Unser besonderer Dank gilt hierfür Herrn Simon von der Bundesagentur für Arbeit (BA) sowie Herrn Adlhoch von der Bundesarbeitsgemeinschaft der Integrationsämter und Hauptfürsorgestellen (BIH), die uns mit ihren Fachkenntnissen tatkräftig unterstützt haben. Damit wird deutlich, dass die für das Werkstättenrecht wesentliche Verantwortung tragenden Leistungsträger im Sinne der Bestimmungen des SGB IX eng zusammenarbeiten.

Alle am Eingliederungsprozess Beteiligten sind sich seit Langem einig, dass ein Schwerpunkt aller Bemühungen künftig die Durchlässigkeit der Leistungsangebote und das Erreichen einer größeren Zahl von Übergängen aus der Werkstatt auf den allgemeinen Arbeitsmarkt sein muss. Auch die Politik hat sich in den vergangenen Jahren immer wieder zu dem Ziel bekannt, *dass mehr behinderte Menschen die Möglichkeit haben, außerhalb von Werkstätten ihren Lebensunterhalt im allgemeinen Arbeitsmarkt erarbeiten zu können.*[2]

Die Mitglieder der BAGüS unterstützen diese Ziele nachhaltig, beobachten sie doch mit Sorge die Entwicklung der Fallzahlen in der Behindertenhilfe und insbesondere die steigende Nachfrage nach Werkstattplätzen.

So geht die BAGüS nach einer im Jahr 2009 durchgeführten Erhebung davon aus, dass die Zahl der durch die Sozialhilfe zu finanzierenden Beschäftigten im Arbeitsbereich der Werkstätten bis zum Jahr 2014 auf über 267 000 steigt. Dies wäre eine Steigerungsquote von rund 27% in zehn Jahren. Das noch vor wenigen Jahren für das Jahr 2010 prognostizierte Fließgleichgewicht, also die gleiche Anzahl von Zu- und Abgängen – wird damit vorerst nicht erreicht.

Seit einigen Jahren findet eine intensive Diskussion über die Weiterentwicklung der Eingliederungshilfe statt, die geprägt ist durch das am 26. 3. 2009 in Deutschland in Kraft getretene **Übereinkommen der Vereinten Nationen über die Rechte von Menschen mit Behinderungen**.

Die 86. Arbeits- und Sozialministerkonferenz der Länder (ASMK) hat am 25./26. 11. 2009 auf der Grundlage dieser VN-Konvention **Beschlüsse zur Weiterentwicklung der Eingliederungshilfe** gefasst. Sie ist der Auffassung, dass die Reformziele u. a. durch eine verbesserte Förderung der Teilhabe am Arbeitsleben auf dem allgemeinen Arbeitsmarkt und durch Schaffung von Beschäftigungsalternativen zur Werkstatt erreicht werden können.

Die BAGüS wird sich weiterhin mit ihren fachlichen Kenntnissen in diesen Reformprozess einbringen.

---

[1] Eine Übersicht über die Zuständigkeiten ist der Internetseite der BAGüS zu entnehmen unter www.bagues.dewww.bagues.de.
[2] S. u. a. Koalitionsvereinbarung von CDU, CSU und SPD vom 11. 11. 2005 (unter IV.5).

Die nunmehr vorliegenden Werkstattempfehlungen bilden jedoch das am 1. 1. 2010 geltende Recht ab und können daher Überlegungen zur Weiterentwicklung der Eingliederungshilfe und insbesondere auch zu den Leistungen zur Teilhabe am Arbeitsleben noch nicht berücksichtigen.

Zu beachten ist, dass diese Empfehlungen die Träger der Sozialhilfe zwar **nicht binden, aber für die Praxis eine gute Orientierungshilfe** sein sollen und werden.

Der **Dank der Herausgeberin** gilt den an der Erstellung dieser Broschüre Beteiligten, insbesondere Herrn Kadoke für die Abfassung der Texte, aber auch Frau Ziegler (Bezirk Unterfranken) und Herrn Ernst (Kommunaler Sozialverband Sachsen), Herrn Finke (Geschäftsstelle der BAGüS), Herrn Havjar (Landschaftsverband Rheinland), Herrn Lange (Landesverwaltungsamt Thüringen), Herrn Melchior (Landeswohlfahrtsverband Hessen) und Herrn Usleber (Kommunalverband für Jugend und Soziales Baden-Württemberg), die im Rahmen einer Arbeitsgruppe des Fachausschusses II der BAGüS diese Empfehlung erarbeitet haben.

Ein besonderer Dank gilt auch Herrn Schell vom BMAS für die konstruktive Unterstützung in den Beratungen des Fachausschusses der BAGüS.

Inhaltsverzeichnis

I	**Rechtsgrundlagen und fachliche Anforderungen**
1	**Rechtliche Grundlagen der anerkannten Werkstatt für behinderte Menschen (Werkstatt)**
1.1	Werkstättenrecht
1.2	Leistungsrechtliche Vorschriften der Rehabilitationsträger / Sozialhilferechtliche Zuordnung
1.3	Adressaten der Rechtsvorschriften
2	**Anerkennung der Werkstatt**
2.1	Voraussetzung für Rechte und Leistungen
2.2	Anerkennungsverfahren
2.3	Besondere Rechte der Anerkennungsbehörden
3	**Begriff, Aufgaben, Personenkreis der Werkstatt**
3.1	Begriff und Aufgaben (§ 136 Abs. 1 SGB IX)
3.2	Personenkreis, Aufnahmevoraussetzungen, Ausschlusskriterien (§ 136 Abs. 1 und 2 SGB IX)
3.2.1	Werkstattbedürftige behinderte Menschen
3.2.2	Volle Erwerbsminderung
3.2.3	Werkstattfähige behinderte Menschen
3.2.4	Werkstattberechtigte behinderte Menschen
3.2.5	Mindestmaß wirtschaftlich verwertbarer Arbeitsleistung
a)	Definition
b)	Nichterbringung des Mindestmaßes kraft Gesetzes
3.3	Berufswegeplanung / Nachrang der Werkstattleistungen
3.3.1	Vorrangige berufliche Bildungsmaßnahmen bzw. -einrichtungen
3.3.2	Klärung der Arbeitsmarktfähigkeit durch die Bundesagentur für Arbeit mittels DIA-AM
3.3.3	Übergang von der Schule in das Arbeitsleben – Zusammenwirken von Schule, RehaTr und Diensten
3.3.4	Unterstützte Beschäftigung (§ 38a SGB IX)
3.3.5	Berufsvorbereitende Bildungsmaßnahmen (BvB)
3.3.6	Ausbildung
3.3.7	Schulabgang – was dann? (Schaubild)

| Werkstattempfehlungen | § 39 |

3.4	Aufnahme- und Beschäftigungspflicht / Wunschrecht / Einzugsgebiet (§ 137 SGB IX)
3.4.1	Verpflichtung zur Aufnahme und Beschäftigung
3.4.2	Wunschrecht des behinderten Menschen
3.4.3	Einzugsgebiet
3.5	Aufnahmeverfahren (§ 2 Abs. 2 WVO)
3.5.1	Beteiligung des Fachausschusses
3.5.2	Mitwirkung des Trägers der Sozialhilfe
3.5.3	Verfahren
3.6	Wiederaufnahme in die Werkstatt
3.6.1	Anspruch auf Wiederaufnahme
3.6.2	Stufenweise Wiedereingliederung arbeitsunfähiger Werkstattbeschäftigter (§ 28 SGB IX)
4	**Fachliche Anforderungen an die Organisationseinheiten der Werkstatt**
4.1	Eingangsverfahren (§ 3 WVO)
4.1.1	Durchführung (§ 3 Abs. 1 Satz 1 WVO)
4.1.2	Aufgabe (§ 3 Abs. 1 Satz 2 WVO)
4.1.3	Eingliederungsplan (§ 3 Abs. 1 Satz 2 WVO)
4.1.4	Dauer (§ 3 Abs. 2 WVO)
4.2	Berufsbildungsbereich (§ 4 WVO)
4.2.1	Durchführung (§ 4 Abs. 1 bis 3 WVO)
4.2.2	Aufgabe (§ 4 Abs. 1, 2, 4, 5 WVO)
4.2.3	Dauer (§ 4 Abs. 3 WVO)
4.2.4	Anrechnung von Zeiten der Unterstützten Beschäftigung auf die Dauer des Berufsbildungsbereichs
4.3	Arbeitsbereich (§ 5 WVO)
4.3.1	Durchführung / Personenkreis
4.3.2	Aufgabe
4.3.3	Arbeitsplatzangebot
4.3.4	Dauer und Ende der Beschäftigung
4.4	Begleitende Dienste (§ 10 WVO)
4.5	Fachausschuss (§ 2 Abs. 1 WVO)
4.6	Personelle Ausstattung (§§ 9 und 10 WVO)
5	**Zusammensetzung und Aufgaben des Fachausschusses der Werkstatt**
5.1	Zusammensetzung (§ 2 Abs. 1 WVO)
5.2	Aufgaben und Funktion
5.2.1	Beratung
5.2.2	Verordnungsrechtliche Pflichten
5.2.3	Weitere Beteiligungsmöglichkeiten
5.2.4	Qualitätssicherung
5.3	Qualifizierung der Mitglieder des Fachausschusses
5.4	Verfahren
5.4.1	Anwendungsbereiche der Verfahrensregelungen des § 3 Abs. 3 WVO
5.4.2	Adressat der Stellungnahmen des Fachausschusses
5.4.3	Vereinbarungen zwischen den im Fachausschuss vertretenen Beteiligten
6	**Arbeitsbegleitende Maßnahmen**
6.1	Aufgabe
6.2	Inhalt und Umfang
6.3	Beteiligung des Fachausschusses / Verantwortung des Trägers der Sozialhilfe
7	**Förderung des Übergangs auf den allgemeinen Arbeitsmarkt**

7.1 Auftrag der Werkstatt
7.1.1 Pflichtaufgabe der Werkstatt
7.1.2 Vorgaben der WVO
7.1.3 Konzeption zur Förderung des Übergangs auf den allgemeinen Arbeitsmarkt
7.1.4 Entwicklung von Förderprogrammen (Curricula)
7.1.5 Weichenstellung im Eingangsverfahren und Berufsbildungsbereich
7.1.6 Vorbereitung des Übergangs auf den allgemeinen Arbeitsmarkt als Daueraufgabe im Arbeitsbereich
7.1.7 Inhaltliche Überschneidungen übergangsfördernder Maßnahmen der Werkstatt mit Leistungen zur Unterstützten Beschäftigung nach § 38a SGB IX
7.2 Instrumente und Maßnahmen der Werkstatt zur Förderung des Übergangs auf den allgemeinen Arbeitsmarkt
7.2.1 Einrichtung einer Übergangsgruppe mit besonderen Förderangeboten
7.2.2 Entwicklung individueller Förderpläne
7.2.3 Trainingsmaßnahmen
7.2.4 Betriebspraktika
7.2.5 Zeitweise Beschäftigung auf ausgelagerten Arbeitsplätzen
7.2.6 Sonstige Maßnahmen
7.3 Beteiligung des Fachausschusses der Werkstatt / Verantwortung des Trägers der Sozialhilfe
7.3.1 Aufgaben des Fachausschusses bei der Planung und Durchführung von übergangsfördernden Maßnahmen
7.3.2 Zielgruppen
7.3.3 Verfahren
a) Regelung des § 5 Abs. 5 WVO
b) Vorschlagsrecht
c) Anhörung
d) Verantwortung der Bundesagentur für Arbeit
e) Hinzuziehung von Sachverständigen
f) Beteiligung des Integrationsfachdienstes
g) Verlaufs- und Abschlussberichte
h) Erfolgskontrolle
i) Schaubild
7.3.4 Kooperation mit Interessensvertretungen und Beratungsstellen
7.4 Dokumentation
7.5 Wiederaufnahme (Rückkehr) in die Werkstatt nach gescheitertem Arbeitsversuch auf dem allgemeinen Arbeitsmarkt
7.5.1 Rückkehrvoraussetzungen
7.5.2 Pflicht zur Wiederaufnahme
7.5.3 Beteiligung des Fachausschusses
7.5.4 Fortbestand der vollen Erwerbsminderung in der Zeit einer nicht erfolgreichen Eingliederung in den allgemeinen Arbeitsmarkt
8 Rechtsstellung der behinderten Menschen
8.1 Rechtsstellung im Eingangsverfahren / Berufsbildungsbereich
8.2 Rechtsstellung im Arbeitsbereich
8.2.1 Arbeitnehmerähnliche Rechte
8.2.2 Werkstattverträge
8.2.3 Entlohnung
a) Arbeitsentgelt
b) Arbeitsförderungsgeld

8.3		Mitwirkung
8.3.1		im Eingangsverfahren / Berufsbildungsbereich
8.3.2		im Arbeitsbereich
8.4		Beschäftigungszeit / Teilzeitbeschäftigung
8.5		Sozialversicherung
8.5.1		Versicherungspflicht
8.5.2		Beiträge
8.5.3		Beitragstragung und -erstattung
8.5.4		Anwartschaft auf Rente wegen voller Erwerbsminderung bei Werkstattbeschäftigung
9		**Wirtschaftsführung**
9.1		Anforderungen
9.2		Ermittlung und Verwendung des Arbeitsergebnisses
9.3		Notwendige Kosten des laufenden Betriebs im Arbeitsbereich
9.4		Auswirkungen der Vergütungen nach §§ 75 ff. SGB XII auf das Arbeitsergebnis
9.5		Prüfung der Nachweise
II		**Leistungsrechtliche Grundlagen**
10		**Leistungen in Werkstätten für behinderte Menschen**
10.1		Allgemeines
10.2		Eingangsverfahren
10.2.1		Ziele und Umfang der Leistungen
10.2.2		Dauer der Leistungen
10.3		Berufsbildungsbereich
10.3.1		Ziele und Umfang der Leistungen
10.3.2		Dauer der Leistungen
10.4		Arbeitsbereich
10.4.1		Leistungsberechtigte
10.4.2		Ziel und Dauer der Leistungen
10.4.3		Vergütungen
10.4.4		Leistungen (Vergütungsanteile) zur zielgerichteten Vorbereitung des Übergangs auf den allgemeinen Arbeitsmarkt
10.4.5		Nachgehende Leistungen zur Absicherung des Übergangs
10.4.6		Arbeitsförderungsgeld / Verrechnung mit Vergütungsanteilen
10.4.7		Weitere Leistungen der Rehabilitationsträger für Werkstattbeschäftigte im Arbeitsbereich
a)		Beteiligung an den Beiträgen zur Sozialversicherung
b)		Übernahme der Fahrtkosten
c)		Sonstige Hilfen
10.5		Persönliches Budget
10.6		Zuständigkeit der Rehabilitationsträger für Leistungen in Werkstätten
10.6.1		Zuständigkeit für die einzelnen Bereiche der Werkstatt
10.6.2		Sachliche und örtliche Zuständigkeit der Träger der Sozialhilfe für Leistungen im Arbeitsbereich
11		**Behandlung von Einkommen und Vermögen durch den Sozialhilfeträger**
11.1		Beschränkung der Beteiligung auf Kosten des Lebensunterhalts bei Hilfen nach § 54 Abs. 1 Satz 1 SGB XII i. V. m. § 41 SGB IX
11.2		Berücksichtigung des Arbeitsentgelts
11.3		Anrechnungsfreies Einkommen aus der Beschäftigung in der Werkstatt
11.3.1		Ausbildungsgeld
11.3.2		Arbeitsförderungsgeld

III   Leistungen in einer den anerkannten Werkstätten für behinderte Menschen vergleichbaren sonstigen Beschäftigungsstätte (§ 54 Abs. 1 Satz 1 Nr. 4 i. V. m. § 56 SGB XII)
12   Hilfe in einer vergleichbaren sonstigen Beschäftigungsstätte
12.1   Begriff
12.2   Personenkreis / Kannleistung
12.3   Erweiterter Anwendungsbereich der Werkstattempfehlungen
12.4   Sozialversicherung
IV   Teilhabe am Arbeitsleben auf dem allgemeinen Arbeitsmarkt
13   Hilfen für behinderte Menschen zum bzw. nach dem Übergang aus der Werkstatt auf den allgemeinen Arbeitsmarkt
13.1   Leistungen zur Teilhabe am Arbeitsleben (§§ 33 ff. SGB IX)
13.1.1 Leistungen an behinderten Menschen
13.1.2 Leistungen an Arbeitgeber
13.2   Zuständigkeit und Voraussetzungen für die Leistungserbringung
13.3   Aufgaben und Leistungen der Bundesagentur für Arbeit
13.3.1 Besondere Aufgaben zur Förderung des Übergangs aus der Werkstatt auf den allgemeinen Arbeitsmarkt
13.3.2 Leistungen nach dem SGB III an behinderte Menschen
13.3.3 Leistungen nach dem SGB III an Arbeitgeber
13.3.4 Besondere Leistungen an Arbeitgeber zur Förderung der Einstellung von Beschäftigten aus Werkstätten
13.3.5 Zusätzliche Leistungen aus Arbeitsmarktprogrammen für schwerbehinderte Menschen
13.3.6 Verhältnis zu Leistungen anderer Rehabilitationsträger
13.3.7 Verhältnis der Leistungen nach dem SGB III zu Leistungen nach dem SGB II an erwerbsfähige behinderte Menschen
13.3.8 Antragsverfahren
13.4   Leistungen der gesetzlichen Rentenversicherung
13.5   Leistungen der gesetzlichen Unfallversicherung
13.6   Aufgaben des Integrationsamtes bei der Schaffung und Sicherung von Arbeitsplätzen auf dem allgemeinen Arbeitsmarkt
13.6.1 Rechtliche Grundlagen
13.6.2 Verwendung der Ausgleichsabgabe für die Schaffung von Arbeits- und Ausbildungsplätzen für schwerbehinderte Abgänger aus Werkstätten
13.6.3 Begleitende Hilfe im Arbeitsleben
13.6.4 Besonders geeignete Leistungen zur Schaffung und Erhaltung von Arbeitsplätzen für Abgänger aus Werkstätten
a)   Geldleistungen an Arbeitgeber
b)   Geldleistungen an schwerbehinderte Menschen
13.6.5 Regionale Förderprogramme
13.7   Werkstattträger als Anbieter berufsvorbereitender und beruflicher Bildungsmaßnahmen sowie als Arbeitgeber des allgemeinen Arbeitsmarkts
13.7.1 Berufsvorbereitung und Ausbildung
13.7.2 Werkstattträger als Arbeitgeber des allgemeinen Arbeitsmarkts
13.8   Instrumente zur besonderen Unterstützung der Beschäftigung behinderter Menschen auf dem allgemeinen Arbeitsmarkt
13.8.1 Erwartungen und Anforderungen der Arbeitgeber
13.8.2 Integrationsfachdienste
13.8.3 Integrationsprojekte

13.8.4 Gleiche rentenversicherungsrechtliche Beitragsbemessungsgrundlage und Beitragserstattung in Werkstätten und Integrationsprojekten
13.8.5 Anrechnung auf die Zahl der Pflichtarbeitsplätze
V Förderung von behinderten Menschen, die die Aufnahmevoraussetzungen für eine Beschäftigung in der Werkstatt nicht oder nicht mehr erfüllen
14 Hilfen für nicht werkstattfähige schwerstbehinderte Menschen und aus Alters- oder gesundheitlichen Gründen aus Werkstätten ausgeschiedene Beschäftigte
14.1 Angebote / Zuordnung der Teilhabeleistungen
14.2 Ziele und Aufgaben der Förderung und Betreuung
14.3 Organisationsformen
14.3.1 Einrichtungen i. S. d. § 136 Abs. 3 SGB IX
14.3.2 Betreuung und Förderung in sonstigen teilstationären Einrichtungen
14.3.3 Betreuung und Förderung in stationären Wohneinrichtungen
14.4 Personelle Ausstattung
14.5 Maßgaben des Sozialhilfeträgers für die Erbringung von Leistungen
14.5.1 Beachtung des Vorrangs der Leistungen in Werkstätten
14.5.2 Vorrang anderer Ansprüche und Leistungsträger
14.5.3 Hilfeart nach dem SGB XII
14.5.4 Sachliche Zuständigkeit der Träger der Sozialhilfe
14.5.5 Einsatz des Einkommens und Vermögens

I Rechtsgrundlagen und fachliche Anforderungen

1 Rechtliche Grundlagen der anerkannten Werkstatt für behinderte Menschen (Werkstatt)

1.1 Werkstättenrecht

(1) Das Recht der Werkstätten für behinderte Menschen ist Gegenstand des Teils 2 Kapitel 12 des Neunten Buchs Sozialgesetzbuch – Rehabilitation und Teilhabe behinderter Menschen – (SGB IX) vom 19. 6. 2001 (BGBl. I S. 1046), zuletzt geändert durch Art. 2 des Gesetzes vom 30. 7. 2009 (BGBl. I S. 2495).

Dort werden vor allem geregelt
– Begriff und Aufgaben der Werkstatt (§ 136 SGB IX),
– Aufnahme in die Werkstatt (§ 137 SGB IX),
– Rechtsstellung und Arbeitsentgelt der behinderten Menschen (§ 138 SGB IX),
– Mitwirkung (§ 139 SGB IX),
– Anerkennungsverfahren (§ 142 SGB IX).

(2) Näheres hierzu sowie zu den fachlichen Anforderungen an eine Werkstatt haben die Bundesregierung bzw. das Bundesministerium für Arbeit und Sozialordnung durch die
– Werkstättenverordnung (WVO) vom 13. 8. 1980 (BGBl. I S. 1365), zuletzt geändert durch Art. 8 des Gesetzes vom 22. 12. 2008 (BGBl. I S. 2959) sowie
– Werkstätten-Mitwirkungsverordnung (WMVO) vom 25. 6. 2001 (BGBl. I S. 1297)
mit Zustimmung des Bundesrates bestimmt.

1.2 Leistungsrechtliche Vorschriften der Rehabilitationsträger / Sozialhilferechtliche Zuordnung

(1) Voraussetzungen, Zielsetzung, Inhalt und Dauer der von den RehaTr zu erbringenden Leistungen in einer Werkstatt richten sich gemäß § 7 SGB IX nach den für den jeweiligen RehaTr geltenden Leistungsgesetzen im Rahmen seiner in § 42 SGB IX aufgeführten Zuständigkeit, und zwar nach dem

- Dritten Buch Sozialgesetzbuch – Arbeitsförderung – (SGB III),
- Sechsten Buch Sozialgesetzbuch – Gesetzliche Rentenversicherung – (SGB VI),
- Siebten Buch Sozialgesetzbuch – Gesetzliche Unfallversicherung – (SGB VII),
- Achten Buch Sozialgesetzbuch – Kinder- und Jugendhilfe – (SGB VIII),
- Bundesversorgungsgesetz (BVG) und
- Zwölften Buch Sozialgesetzbuch – Sozialhilfe – (SGB XII)

i. V. m. den Vorschriften der §§ 39 ff. SGB IX.

(2) Sind Leistungen nach dem SGB XII zu erbringen, so handelt es sich hierbei um Leistungen der Eingliederungshilfe für behinderte Menschen nach § 54 Abs. 1 Satz 1 SGB XII zur Beschäftigung im Arbeitsbereich der Werkstatt (§ 42 Abs. 2 Nr. 4 SGB IX). Näheres zur Zuständigkeit der RehaTr für Leistungen in Werkstätten nach den vorstehenden Gesetzen wird unter Tz. 10.6 ausgeführt.

1.3 Adressaten der Rechtsvorschriften

(1) Die Bestimmungen der §§ 136 ff. SGB IX und der hierzu ergangenen Rechtsverordnungen richten sich an die Werkstattträger bzw. Werkstätten bezüglich der fachlichen Anforderungen, aber auch an die behinderten Menschen bezüglich ihrer Rechte gegenüber der Werkstatt sowie hinsichtlich des Anerkennungsverfahrens der Werkstatt an die beiden Anerkennungsbehörden nach § 142 Satz 2 SGB IX (s. Tz. 2.2), während Adressaten der Regelungen der §§ 39 ff. SGB IX die RehaTr sind.

(2) Da die Vorschriften der §§ 39 ff. SGB IX den Anspruch behinderter Menschen gegen die RehaTr im Hinblick auf Leistungen in Werkstätten besonders ausprägen, bilden sie auch eine wesentliche Grundlage für die Rechtsbeziehungen zwischen den behinderten Menschen und den RehaTr. Ebenso wird das Rechtsverhältnis der RehaTr zur Werkstatt von den §§ 39 ff. SGB IX in erheblichem Maße ausgestaltet, vor allem durch § 41 Abs. 3 und 4 sowie § 43 SGB IX.

2 Anerkennung der Werkstatt

2.1 Voraussetzung für Rechte und Leistungen

Die Vorschriften über Werkstätten im SGB IX und in anderen sozialrechtlichen sowie sonstigen Gesetzen und Verordnungen sind ausgerichtet auf Werkstätten für behinderte Menschen, die als solche förmlich anerkannt sind (z. B. § 54 Abs. 1 Satz 1 SGB XII i. V. m. § 41 SGB IX; § 5 Abs. 1 Nr. 7 SGB V; § 179 SGB VI, § 2 Abs. 1 Nr. 10 ArbGG). Die Anerkennung ist Voraussetzung für die Inanspruchnahme von Rechten und Förderleistungen durch die Werkstatt bzw. den Werkstattträger und für die Erbringung von Leistungen der RehaTr für behinderte Menschen in Werkstätten.

2.2 Anerkennungsverfahren

(1) Das Anerkennungsverfahren wird in § 142 SGB IX geregelt. Danach trifft die BA im Einvernehmen mit dem für den vorgesehenen Standort der Werkstatt zuständigen überörtlichen SHTr die Entscheidung über den Antrag des Werkstattträgers auf Anerkennung der Einrichtung als Werkstatt i. S. d. § 136 SGB IX; die Zuständigkeit für die Anerkennung wurde von der Zentrale der BA auf ihre Regionaldirektionen übertragen. Wird zwischen beiden Verwaltungen kein Einvernehmen erzielt, kann eine Anerkennung als Werkstatt für behinderte Menschen von der BA nicht ausgesprochen werden.

(2) Welche Einrichtungen als Werkstätten für behinderte Menschen anerkannt werden können, ergibt sich aus § 17 WVO. Danach sind nur solche Einrichtungen anerkennungsfähig, die die in § 136 SGB IX und §§ 1 bis 16 WVO gestellten Anforderungen erfüllen. Sofern ein besonderer sachlicher Grund im Einzelfall eine Abweichung rechtfertigt, können Ausnahmen hiervon zugelassen werden. Näheres über das Verfahren regelt § 18 WVO.

(3) Die anerkannten Werkstätten für behinderte Menschen werden in einem von der BA zu führenden Verzeichnis erfasst (§ 104 Abs. 1 Nr. 9, § 142 Satz 3 und 4 SGB IX).

(4) Die Aufhebung der Anerkennung durch die BA (§ 104 Abs. 1 Nr. 9 SGB IX) durch Rücknahme oder Widerruf bestimmt sich nach den Vorschriften des SGB X und ist ebenfalls nur im Einvernehmen mit dem überörtlichen SHTr möglich.

2.3 Besondere Rechte der Anerkennungsbehörden

§ 12 Abs. 6 WVO räumt den beiden Anerkennungsbehörden nach § 142 Satz 2 SGB IX, also der BA und dem überörtlichen SHTr, das Recht ein, die Werkstätten zu verpflichten, ihnen gegenüber die Ermittlung und Verwendung des Arbeitsergebnisses der Werkstatt nach § 12 Abs. 4 und 5 WVO offenzulegen. Die Anerkennungsbehörden sind berechtigt, die Angaben der Werkstätten zu überprüfen. Näheres s. Tz. 9.5.

3 Begriff, Aufgaben, Personenkreis der Werkstatt

3.1 Begriff und Aufgaben (§ 136 Abs. 1 SGB IX)

(1) Die Werkstatt ist eine Einrichtung zur Teilhabe behinderter Menschen am Arbeitsleben i. S. d. Teils 1 Kapitel 5 des SGB IX und zur Eingliederung in das Arbeitsleben (§ 136 Abs. 1 Satz 1 SGB IX).

(2) Sie hat denjenigen behinderten Menschen, die wegen Art oder Schwere der Behinderung
– nicht,
– noch nicht oder
– noch nicht wieder

auf dem allgemeinen Arbeitsmarkt beschäftigt werden können,
– eine
  – angemessene berufliche Bildung und
  – Beschäftigung zu einem ihrer Leistung angemessenen Arbeitsentgelt aus dem Arbeitsergebnis

  anzubieten und
– zu ermöglichen, ihre Leistungs- oder Erwerbsfähigkeit zu erhalten, zu entwickeln, zu erhöhen oder wiederzugewinnen und dabei ihre Persönlichkeit weiterzuentwickeln (§ 136 Abs. 1 Satz 2 SGB IX).

(3) Ferner hat die Werkstatt
– den Übergang geeigneter behinderter Menschen auf den allgemeinen Arbeitsmarkt durch geeignete Maßnahmen zu fördern (§ 136 Abs. 1 Satz 3 SGB IX) sowie
– über
  – ein möglichst breites Angebot an Berufsbildungs- und Arbeitsplätzen, zu dem ausgelagerte Plätze auf dem allgemeinen Arbeitsmarkt gehören, und
  – qualifiziertes Personal sowie
  – einen begleitenden Dienst

  zu verfügen (§ 136 Abs. 1 Satz 4 bis 6 SGB IX) und
– die Voraussetzungen dafür zu schaffen, dass sie die behinderten Menschen i. S. d. § 136 Abs. 2 SGB IX aus ihrem Einzugsgebiet aufnehmen kann (§ 1 Abs. 1 WVO) sowie die sonstigen in den §§ 1 bis 16 WVO formulierten fachlichen Anforderungen erfüllt.

(4) Definition und Aufgabenstellung der Werkstatt nach dem SGB IX und der WVO verdeutlichen die mehrfachen Funktionen einer Werkstatt, nämlich als
– Einrichtung der beruflichen Rehabilitation i. S. d. § 35 SGB IX mit der Aufgabe, eine angemessene berufliche Bildung anzubieten (§ 136 Abs. 1 Satz 2 Nr. 1 SGB IX, § 4 WVO),

- Einrichtung zur Beschäftigung behinderter Menschen auf werkstattinternen und auf den allgemeinen Arbeitsmarkt ausgelagerten Arbeitsplätzen sowie zur Förderung des Übergangs auf den allgemeinen Arbeitsmarkt (§ 136 Abs. 1 Satz 2 Nr. 1 und Satz 3 bis 6 SGB IX, § 5 WVO),
- Einrichtung zur Vermittlung sozialer Kompetenzen auf Grund der Anforderung, arbeitsbegleitend geeignete Maßnahmen zur Weiterentwicklung der Persönlichkeit, Förderung des Selbstwertgefühls und Entwicklung des Sozialverhaltens durchzuführen (§ 136 Abs. 1 Satz 2 Nr. 2 SGB IX, § 4 Abs. 4 und § 5 Abs. 3 WVO) sowie als
- Wirtschaftsunternehmen, das
    - wie jedes andere Unternehmen am Markt teilnehmen muss,
    - nach betriebswirtschaftlichen Grundsätzen organisiert sein muss und nach kaufmännischen Grundsätzen Bücher zu führen hat (§ 12 Abs. 1 WVO),
    - die mit der wirtschaftlichen Betätigung im Zusammenhang stehenden notwendigen Kosten, die in einem Wirtschaftsunternehmen üblicherweise entstehen und infolgedessen nicht nach § 41 Abs. 3 SGB IX von den RehaTr zu übernehmen sind, selbst tragen muss (§ 12 Abs. 4 Satz 3 WVO) und
    - wirtschaftliche Arbeitsergebnisse anstreben muss, um an die im Arbeitsbereich beschäftigten behinderten Menschen ein ihrer Leistung angemessenes Arbeitsentgelt zahlen zu können (§ 138 Abs. 2 SGB IX, § 12 Abs. 3 WVO).

Sämtlichen Funktionen muss bei der Bestimmung von Inhalt, Ziel und Umfang der Maßnahmen in der Werkstatt Rechnung getragen werden, und zwar sowohl vom Werkstattträger als auch von den RehaTr.

3.2 Personenkreis, Aufnahmevoraussetzungen, Ausschlusskriterien (§ 136 Abs. 1 und 2 SGB IX)

3.2.1 Werkstattbedürftige behinderte Menschen

(1) Die Werkstatt ist ausschließlich behinderten Menschen vorbehalten, die wegen Art oder Schwere ihrer Behinderung nicht, noch nicht oder noch nicht wieder auf dem allgemeinen Arbeitsmarkt beschäftigt werden können, jedoch in das Arbeitsleben eingegliedert und am Arbeitsleben teilnehmen können (§ 136 Abs. 1 SGB IX).

(2) Folglich ist es Auftrag der Werkstatt, nur behinderte Menschen aufzunehmen, beruflich zu bilden und zu beschäftigen (s. auch § 2 Abs. 2, § 3 Abs. 1 und 3, § 4 Abs. 6, § 5 Abs. 4 WVO), die zwar beruflich rehabilitationsfähig sind, aber behinderungsbedingt, also unabhängig von konjunkturellen Gründen und der aktuellen Arbeitsmarktsituation
- nicht die Voraussetzungen für die Teilnahme an Maßnahmen zur
    - individuellen betrieblichen Qualifizierung im Rahmen Unterstützter Beschäftigung,
    - Berufsvorbereitung,
    - beruflichen Anpassung und Weiterbildung oder
    - beruflichen Ausbildung in Betrieben oder Einrichtungen der beruflichen Rehabilitation „oberhalb" der Werkstatt (z. B. Berufsbildungswerk, Berufsförderungswerk)

    erfüllen (§ 33 Abs. 3 Nr. 2 bis 4, § 35, § 38a SGB IX)
- und auch nicht mit Hilfe von
    - Arbeitsassistenz (§ 33 Abs. 8 Nr. 3 SGB IX),
    - IFD (§ 33 Abs. 6 Nr. 8, §§ 109 ff. SGB IX) oder
    - sonstigen Leistungen nach § 33 SGB IX sowie
    - Leistungen im Rahmen der begleitenden Hilfe im Arbeitsleben durch das Integrationsamt (§ 102 Abs. 2 bis 4 SGB IX)

    auf dem allgemeinen Arbeitsmarkt einschließlich einem Integrationsprojekt (§ 132 SGB IX) tätig sein können.

(3) Nur behinderte Menschen, die die vorstehenden Kriterien erfüllen, sind werkstattbedürftig. Zum Personenkreis des § 136 Abs. 1 Satz 2 SGB IX gehören demnach nur behinderte Menschen, die faktisch
– voll erwerbsgemindert i. S. d. § 43 Abs. 2 SGB VI bzw.
– nicht erwerbsfähig i. S. d. § 8 Abs. 1 SGB II
sind (s. hierzu Tz. 3.2.2). Einer formalen Feststellung bedarf es nicht.

3.2.2 Volle Erwerbsminderung

(1) Voll erwerbsgemindert i. S. d. § 43 Abs. 2 SGB VI bzw. nicht erwerbsfähig i. S. d. § 8 Abs. 1 SGB II ist, wer wegen Krankheit oder Behinderung auf nicht absehbare Zeit außerstande ist, unter den üblichen Bedingungen des allgemeinen Arbeitsmarktes mindestens drei Stunden täglich erwerbstätig zu sein. Bei der Entscheidung über die volle Erwerbsminderung sind einerseits die individuelle gesundheitlich bzw. behinderungsbedingt eingeschränkte Leistungsfähigkeit des behinderten Menschen und andererseits damit eventuell in Verbindung stehende rechtliche Einschränkungen zu berücksichtigen. Alle sonstigen die Ausübung einer Erwerbstätigkeit hindernden bzw. einschränkenden Tatbestände (z. B. Kindererziehung) stellen folglich keine Ausschlusstatbestände dar.

(2) Als „nicht absehbare Zeit" i. S. d. Definition der Erwerbsfähigkeit ist im Rentenversicherungsrecht sowie in Anlehnung an § 7 Abs. 4 SGB II und § 125 SGB III ein Zeitraum von mindestens sechs Monaten zu verstehen. Demnach ist auch erwerbsfähig, wer die Voraussetzungen für eine Erwerbsfähigkeit innerhalb von sechs Monaten erfüllen wird.

(3) Die „üblichen Bedingungen des allgemeinen Arbeitsmarktes" i. S. d. Definition beziehen sich auf die gemäß Tarifvertrag, gesetzlicher Vorgabe, betrieblicher bzw. sonstiger Übung konkrete Ausgestaltung der Erwerbstätigkeit, vor allem Dauer, Lage und Verteilung der Arbeitszeit sowie qualitative Grundfertigkeiten. Üblich sind solche Bedingungen, unter denen nicht nur in Einzel- und Ausnahmefällen, sondern in nennenswertem Umfang Arbeitsverhältnisse eingegangen werden. Unerheblich ist, ob Arbeitsplätze dieser Art besetzt oder frei sind.[1])

3.2.3 Werkstattfähige behinderte Menschen

(1) Werkstattfähig sind behinderte Menschen i. S. d. § 136 Abs. 1 SGB IX, sofern erwartet werden kann, dass sie spätestens nach Teilnahme an Maßnahmen im Berufsbildungsbereich wenigstens ein Mindestmaß wirtschaftlich verwertbarer Arbeitsleistung (s. Tz. 3.2.5 Buchst. a) erbringen werden (§ 136 Abs. 2 Satz 1 SGB IX).

(2) Für die Aufnahme in eine Werkstatt reicht es aus, wenn zu erwarten ist, dass der behinderte Mensch nach Durchlaufen des Berufsbildungsbereiches in der Lage sein wird, wenigstens ein Mindestmaß an wirtschaftlich verwertbarer Arbeit zu erbringen. Es genügt also bereits die Prognose, dass das geforderte Mindestmaß erst nach Durchlaufen des Berufsbildungsbereiches erreicht wird.

3.2.4 Werkstattberechtigte behinderte Menschen

(1) Werkstattberechtigt sind behinderte Menschen, die die Voraussetzungen des § 136 Abs. 1 und 2 SGB IX erfüllen und für die Leistungen in der Werkstatt durch einen RehaTr gewährleistet sind, die also Anspruch auf Aufnahme in eine Werkstatt nach § 137 Abs. 1 SGB IX haben.

(2) Werkstattberechtigt ist also nur, wer
– werkstattbedürftig (§ 136 Abs. 1 Satz 2 SGB IX),
– werkstattfähig (§ 136 Abs. 2 Satz 1 und 2 SGB IX) und

---
[1]) BSG SozR 4100 § 103 Nr. 17, SozR 3-2600 § 44 Nr. 8.

– leistungsberechtigt nach dem Leistungsgesetz des RehaTr i. V. m. §§ 39 ff. SGB IX ist. Weiteres zum aufnahme- und beschäftigungsberechtigten Personenkreis s. Tz. 3.4.1 sowie 10.4.1.

3.2.5 Mindestmaß wirtschaftlich verwertbarer Arbeitsleistung

a) Definition

Ein Mindestmaß wirtschaftlich verwertbarer Arbeitsleistung i. S. d. § 136 Abs. 2 SGB IX wird erbracht, wenn das Ergebnis der Arbeitsleistung des Einzelnen für die Werkstatt wirtschaftlich verwertbar ist bzw. das Gesamtergebnis der Werkstatt bereichert. Ein Minimum an Arbeitsleistung reicht aus.[1])

b) Nichterbringung des Mindestmaßes kraft Gesetzes

(1) § 136 Abs. 2 Satz 2 i. V. m. § 137 Abs. 2 SGB IX stellt klar, dass behinderte Menschen nicht in die Werkstatt aufgenommen werden oder dort verbleiben können, bei denen
– trotz einer der Behinderung angemessenen Betreuung eine erhebliche Selbst- oder Fremdgefährdung zu erwarten ist (s. Abs. 2) oder
– das Ausmaß der erforderlichen Betreuung und Pflege die Teilnahme an Maßnahmen im Berufsbildungsbereich nicht zulässt (s. Abs. 3 bis 5) oder
– sonstige Umstände ein Mindestmaß wirtschaftlich verwertbarer Arbeitsleistung im Arbeitsbereich dauerhaft nicht (mehr) zulassen.

(2) Von erheblicher Selbst- oder Fremdgefährdung ist regelmäßig auszugehen, wenn das Verhalten des behinderten Menschen eine beständige ernstliche Gefahr
– für Gesundheit und Leben des behinderten Menschen selbst oder
– für andere behinderte Menschen oder nicht behinderte Mitarbeiter der Werkstatt
darstellt.

(3) Eine begleitend notwendige Pflege und Betreuung steht der Aufnahme in die Werkstatt dann nicht entgegen, wenn zu erwarten ist, dass der behinderte Mensch nach Durchlaufen des Berufsbildungsbereiches ein Mindestmaß wirtschaftlich verwertbarer Arbeitsleistung im Arbeitsbereich erreichen kann; auf § 137 Abs. 1 Nr. 3 SGB IX i. V. m. § 10 Abs. 2 WVO wird hingewiesen. Dieser Grundsatz gilt auch während der Beschäftigung im Arbeitsbereich. Nur wenn das Ausmaß der erforderlichen begleitenden Betreuung und Pflege ein Mindestmaß wirtschaftlich verwertbarer Arbeitsleistung im Arbeitsbereich dauerhaft nicht (mehr) zulässt, liegt insoweit die Voraussetzung für eine (weitere) Beschäftigung in der Werkstatt nicht (mehr) vor (vgl. Tz. 3.4.1 Abs. 3).

(4) Zum pflegerischen Aufwand gehören z. B. alle Zeiten, die benötigt werden für An- und Auskleiden, Waschen, Kämmen, Zerkleinern der Speisen, Essen und Trinken, Hilfen beim Toilettengang, Bewegen im Raum und außerhalb des Hauses, Bewegen mit und ohne Hilfsmittel beim Aufstehen, Hinsetzen, Hinlegen usw.

(5) Therapeutische Anteile im Rahmen der notwendigen Pflege und Betreuung sind vor allem Zeiten für Arbeits- und Beschäftigungstherapie, medizinische Bäder, Massagen, Krankengymnastik, Mobilitätstraining, Ergotherapie, Logopädie; aber auch lange Motivationsgespräche, um den Rehabilitanden zum nächsten Handgriff zu motivieren, gehören zum pflegerisch-therapeutischen Anteil.

(6) Liegen die persönlichen Voraussetzungen für eine Beschäftigung in einer Werkstatt nicht bzw. nicht mehr vor (z. B. auch wegen Erreichens der rentenversicherungsrechtlichen Altersgrenze – s. Tz. 4.3.4 Abs. 2 –), sind dem behinderten Menschen vom zuständigen RehaTr

---

[1]) BSG, Urt. v. 7. 12. 1983 – 7 RAr 73/82, v. 22. 2. 1984 – 7 RAr 72/82, v. 9. 3. 1994 – 3/1 RK 12/93, v. 10. 3. 1994 – 7 RAr 22/93 und v. 29. 6. 1995 – 11 RAr 57/94.

andere geeignete Förder- oder Betreuungsmöglichkeiten aufzuzeigen bzw. anzubieten (Näheres s. Tz. 14).

3.3 Berufswegeplanung / Nachrang der Werkstattleistungen
3.3.1 Vorrangige berufliche Bildungsmaßnahmen bzw. -einrichtungen

(1) Aus der Bestimmung des Personenkreises in § 136 Abs. 1 Satz 2 SGB IX folgt, dass behinderte Menschen nur dann werkstattbedürftig und in Werkstätten leistungsberechtigt sind, wenn für sie behinderungsbedingt nicht andere Maßnahmen zur Teilhabe am Arbeitsleben, z. B.
– eine individuelle betriebliche Qualifizierung im Rahmen einer Unterstützten Beschäftigung nach § 38a SGB IX (s. Tz. 3.3.4),
– eine Berufsvorbereitung (z. B. berufsvorbereitende Bildungsmaßnahmen, s. Tz. 3.3.5),
– eine berufliche Ausbildung in anerkannten Ausbildungsberufen oder Helfer- / Werkerausbildung (s. Tz. 3.3.6) oder
– die Aufnahme einer Beschäftigung auf dem allgemeinen Arbeitsmarkt einschließlich einem Integrationsprojekt (§ 132 SGB IX)

in Betracht kommen (vgl. Tz. 3.2.1). Die Werkstatt ist also in der funktionellen Reihenfolge der Handlungsformen zur Teilhabe am Arbeitsleben das letzte Glied in der Kette der möglichen Angebote für behinderte Menschen.[1]

(2) Eine ungünstige Lage auf dem allgemeinen Arbeitsmarkt oder ein Kapazitätsmangel alternativer Bildungsangebote sowie die individuelle soziale Situation (z. B. Migrationshintergrund, drohende Vereinsamung) rechtfertigen nicht die Zuweisung eines behinderten Menschen an eine Werkstatt. In diesem Zusammenhang sei daran erinnert, dass die RehaTr verpflichtet sind, darauf hinzuwirken, dass die fachlich und regional erforderlichen Dienste und Einrichtungen in ausreichender Zahl und Qualität zur Verfügung stehen (§ 17 SGB I, § 19 SGB IX).

(3) Es ist Aufgabe der BA im Rahmen der Berufsberatung (§ 104 SGB IX i. V. m. §§ 30 ff. und §§ 97 ff. SGB III) sowie ihrer Beteiligung nach § 38 SGB IX, durch gebotene Methoden, Tests und ärztliche sowie psychologische Untersuchungen und ggf. unter Einbeziehung des IFD (§ 109 Abs. 2 i. V. m. § 110 Abs. 2 SGB IX) abzuklären, ob berufliche Bildungsmaßnahmen „oberhalb" einer Werkstatt möglich sind bzw. Vermittlungsfähigkeit vorliegt. Auf Anhang 4 wird hingewiesen.

3.3.2 Klärung der Arbeitsmarktfähigkeit durch die Bundesagentur für Arbeit mittels DIA-AM

(1) Die BA hat für behinderte Menschen, die über ein Leistungspotenzial im Grenzbereich der Anforderungen des allgemeinen Arbeitsmarktes und der Zugangsvoraussetzungen von Werkstätten verfügen, ein spezielles Konzept zur erweiterten Eignungsfeststellung vor der Entscheidung über den Zugang in Werkstätten entwickelt und ihr Angebot für den Bereich Eignungsdiagnostik um die Maßnahme „Diagnose der Arbeitsmarktfähigkeit besonders betroffener behinderter Menschen nach § 33 Abs. 4 SGB IX" (DIA-AM) erweitert.

(2) Zu dem vorgenannten Personenkreis gehören insbesondere
– lernbehinderte Menschen im Grenzbereich zur geistigen Behinderung,
– geistig behinderte Menschen im Grenzbereich zur Lernbehinderung,
– Menschen mit nachhaltigen psychischen Störungen und / oder Verhaltensauffälligkeiten.

(3) Bei DIA-AM handelt es sich um ein eigenständiges eignungsdiagnostisches Verfahren, das als Teil des Verwaltungsverfahrens der BA eingesetzt wird. Zusätzlich zu bereits erfolgten Begutachtungen werden einzelfallbezogen über einen längeren Zeitraum gesonderte und

---
[1] Reg. Begr. A. Allgemeines 3.c) zur SchwbWV 1980 – BR-Drs. 554/79 S. 13.

gezielte Feststellungen zur Beschäftigungsfähigkeit / Werkstattbedürftigkeit besonders betroffener behinderter Menschen getroffen. Mit DIA-AM holt also die BA im Rahmen ihrer Entscheidung nach § 19 SGB III individuell und praxisnah Feststellungen zu der Frage ein, ob und in welchem Umfang Art oder Schwere der Behinderung einer Beschäftigung auf dem allgemeinen Arbeitsmarkt entgegenstehen bzw. ob wegen Art oder Schwere der Behinderung die Werkstatt die notwendige und geeignete Einrichtung für die Teilhabe am Arbeitsleben ist. Die diesbezügliche Weisung der BA[1]) ist als Anhang 3 abgedruckt.

(4) Zu Auswirkungen von DIA-AM auf die Dauer des Eingangsverfahrens wird auf Tz. 4.1.4 verwiesen; hinsichtlich der Befassung im Fachausschuss s. Tz. 3.5.1.

3.3.3 Übergang von der Schule in das Arbeitsleben – Zusammenwirken von Schule, Rehabilitationsträgern und Diensten

(1) Die Schulen haben für die Vorbereitung zur Integration junger behinderter Menschen auf den allgemeinen Arbeitsmarkt eine besondere Verantwortung. Es gilt, in der Schule frühzeitig berufsorientierende Maßnahmen durchzuführen und so einen möglichen Übergang auf den allgemeinen Arbeitsmarkt vorzubereiten bzw. zu erleichtern. Hierzu bedarf es eines Konzeptes der Schule einschließlich einer dieser Zielsetzung angemessenen Lehrerfortbildung sowie einer Vernetzung der Schule mit der Berufsberatung der Arbeitsagentur und dem IFD.

(2) Um einer nicht bedarfsgerechten und nicht behinderungsadäquaten Beschäftigung von Schulabgängern in Werkstätten entgegenzuwirken und sicherzustellen, dass der behinderte Jugendliche nach Erfüllung seiner gesetzlichen Schulpflicht die Maßnahme erhält, die seiner individuellen Situation am besten entspricht, ist eine enge und partnerschaftliche Zusammenarbeit auf regionaler Ebene zwischen

– der Schule,
– der BA,
– sonstigen relevanten Behörden und Institutionen (z. B. Jugendamt),
– dem SHTr sowie
– dem IFD,
– den Anbietern der Unterstützten Beschäftigung nach § 38a SGB IX und
– den Integrationsprojekten

bereits im Vorfeld der Eingliederung des behinderten Menschen in das Arbeitsleben unerlässlich; auf die §§ 10 und 12 SGB IX wird hingewiesen.

(3) Es liegt daher im Interesse aller am Übergang behinderter Menschen von der Schule in das Arbeitsleben Beteiligten darauf hinzuwirken, dass

– bereits in den Schulphasen vor Beginn der Werkstufe (oder vergleichbarer Schulformen) die Schüler an ein höheres Maß an Eigenständigkeit herangeführt werden,
– die letzte Phase der schulischen Bildung verstärkt auf berufsvorbereitende und -bildende Maßnahmen außerhalb („oberhalb") der Werkstatt ausgerichtet wird und die jungen behinderten Menschen frühzeitig arbeitsmarktrelevante Tätigkeitsfelder und Anforderungen mittels Orientierungs-, Erprobungs- und Belastungspraktika auf dem allgemeinen Arbeitsmarkt einschließlich Integrationsprojekte kennen lernen,
– im Rahmen von Berufswegekonferenzen eine einzelfallbezogene Berufswegeplanung erfolgt; dabei sollte die Schule die Fähigkeiten der Schüler durch eine Kompetenzanalyse nach einheitlichen Kriterien erfassen, die als Grundlage für die berufliche Planung allen an der Integration Beteiligten zur Verfügung gestellt werden sollte,

---

[1]) SP III 23 – vom 7. 2. 2008, Az. 5393/6533.5/7109/II-2071.

- die diagnostischen Methoden der zur Abklärung der beruflichen Eignung eingeschalteten Dienste den neuen Entwicklungen und Instrumenten der Teilhabe von behinderten Menschen am Arbeitsleben auf dem allgemeinen Arbeitsmarkt gerecht werden,
- die BA rechtzeitig vor Beendigung der schulischen Bildung gezielt und individuell Feststellungen zu der Frage einholt, ob der behinderte Mensch für seine Teilhabe am Arbeitsleben und zur Eingliederung in das Arbeitsleben Leistungen einer Werkstatt benötigt oder ob andere Leistungen in Betracht kommen,
- der IFD im Rahmen seiner besonderen Aufgabenstellung für Schulabgänger (§ 109 Abs. 2 Nr. 3, § 110 Abs. 2 Nr. 1a SGB IX) beteiligt wird,
- die in § 111 Abs. 3 Nr. 5 SGB IX normierte enge Zusammenarbeit zwischen der Schule und dem IFD praktiziert wird,
- Personen aus dem sozialen Umfeld des behinderten Menschen, insbesondere Eltern und Bezugspersonen, in die Planung des Übergangs in das Arbeitsleben einbezogen und während der Qualifizierungsphasen beraten und unterstützt werden, vor allem von der Schule und vom IFD,
- der SHTr frühzeitig in die berufliche Planung von Schülern, die zum Personenkreis wesentlich behinderter Menschen (§ 53 Abs. 1 SGB XII, §§ 1 bis 3 EHVO) gehören, einbezogen wird, um rechtzeitig für den Fall seiner eventuell späteren Zuständigkeit entscheidungsrelevante Informationen zu erhalten, die ihm ggf. auch als Entscheidungsgrundlage für die FA-Empfehlung im Verfahren nach § 2 Abs. 2 WVO (Tz. 3.5) dienen; eine enge Kooperation mit den vorgenannten Stellen dient auch der frühzeitigen und sachgerechten Aufstellung des Gesamtplans für den behinderten Menschen nach § 58 SGB XII,
- Unterstützte Beschäftigung nach § 38a SGB IX in ausreichendem Maße angeboten werden kann und genutzt wird,
- Integrationsprojekte in ausreichendem Maße vorhanden sind für schwerbehinderte Menschen, die nach Beendigung einer schulischen Bildung nur dann Aussicht auf eine Beschäftigung auf dem allgemeinen Arbeitsmarkt haben, wenn sie zuvor in einem Integrationsprojekt an berufsvorbereitenden Bildungsmaßnahmen teilnehmen und dort beschäftigt und weiterqualifiziert werden (§ 132 Abs. 2 Nr. 3 SGB IX) und
- Lehrer, Mitarbeiter der RehaTr sowie des IFD und von Behindertenorganisationen und -einrichtungen usw. regelmäßig weitergebildet und über das Spektrum der Möglichkeiten und der Instrumente zur Teilhabe am Arbeitsleben informiert werden.

3.3.4 Unterstützte Beschäftigung (§ 38a SGB IX)

(1) Eine Möglichkeit, besonders betroffenen behinderten jungen Menschen nach dem Schulabgang eine Perspektive auf dem allgemeinen Arbeitsmarkt zu geben, bietet die Unterstützte Beschäftigung nach § 38a SGB IX. Hierbei handelt es sich um eine individuelle betriebliche Qualifizierung und Berufsbegleitung behinderter Menschen mit besonderem Unterstützungsbedarf auf Arbeitsplätzen in Betrieben des allgemeinen Arbeitsmarktes. Ziel ist der Abschluss eines Arbeitsvertrages und damit die Integration in ein sozialversicherungspflichtiges Beschäftigungsverhältnis auf dem allgemeinen Arbeitsmarkt.

(2) Leistungen zur individuellen betrieblichen Qualifizierung im Rahmen der Unterstützten Beschäftigung sind insbesondere für Personen konzipiert, für die eine berufsvorbereitende Maßnahme oder Berufsausbildung wegen Art oder Schwere der Behinderung nicht in Betracht kommt, bei denen aber gleichwohl die Prognose besteht, dass eine Beschäftigungsaufnahme auf dem allgemeinen Arbeitsmarkt mithilfe der Unterstützten Beschäftigung gelingen kann. Diese Leistungen können aber auch für solche Personen die richtige Alternative sein, bei denen sich im Laufe ihres Erwerbslebens eine Behinderung einstellt und für die sonst nur die Werkstatt infrage käme. Die Leistung Unterstützte Beschäftigung ist nachrangig im Verhältnis zu BvB (s. Tz. 3.3.5) und Berufsausbildungen (s. Tz. 3.3.6).

(3) Die Dauer der vom zuständigen RehaTr zu erbringenden Leistungen zur individuellen betrieblichen Qualifizierung richtet sich nach § 38a Abs. 2 Satz 3 und 4 SGB IX.

(4) Wird während der Qualifizierungsphase festgestellt, dass die Werkstatt die adäquate Betreuungsform für den behinderten Menschen ist, sind vom RehaTr die entsprechenden Leistungen anzubieten. Hinsichtlich der Anrechnung von Zeiten der individuellen betrieblichen Qualifizierung auf die Dauer des Berufsbildungsbereichs nach § 40 Abs. 4 SGB IX wird auf Tz. 4.2.4 hingewiesen.

(5) Die Zuständigkeit für die Erbringung von Leistungen zur individuellen betrieblichen Qualifizierung bestimmt § 38a Abs. 2 Satz 3 SGB IX. Zuständig sind danach die in § 6 Abs. 1 Nr. 2 bis 5 SGB IX aufgeführten RehaTr, nicht aber die SHTr. Folglich sieht auch § 54 SGB XII die Unterstützte Beschäftigung nicht als Leistung der Eingliederungshilfe vor.

(6) Hinsichtlich der inhaltlichen Überschneidungen übergangsfördernder Maßnahmen der Werkstatt mit Leistungen zur Unterstützen Beschäftigung nach § 38a SGB IX wird auf Tz. 7.1.7 verwiesen.

(7) Bezüglich der Berufsbegleitung im Rahmen der Unterstützten Beschäftigung wird auf Tz. 13.6.4 Buchst. b Nr. 2 verwiesen.

3.3.5 Berufsvorbereitende Bildungsmaßnahmen (BvB)

(1) Nach § 33 Abs. 3 Nr. 2 SGB IX umfassen die Leistungen zur Teilhabe am Arbeitsleben auch Leistungen zur Berufsvorbereitung. Die BA hat zur Durchführung der von ihr zu erbringenden berufsvorbereitenden Bildungsmaßnahmen das Fachkonzept BvB entwickelt und dazu Geschäftsanweisungen (GA BvB Teil 1 – allgemeine BvB; GA BvB Teil 2 – rehaspezifische Besonderheiten der allgemeinen BvB und spezielle rehaspezifische BvB) erlassen.[1] Das Fachkonzept, Stand: November 2009, ist als Anhang 4 beigefügt.

(2) Der Anspruch auf Teilnahme an nicht den Schulgesetzen der Länder unterliegenden BvB beruht auf §§ 61 und 61a SGB III. Die Förderung der Teilnahme von Menschen mit Behinderung richtet sich nach den §§ 97 ff. SGB III.

(3) Hinsichtlich der Förderung von Menschen mit Behinderung wird auf das Fachkonzept Teil II Ziffer 3.6 (zielgruppenspezifische Ausrichtung – Menschen mit Behinderung) und Ziffer 8 (besondere Regelungen für junge Menschen mit Behinderung) besonders hingewiesen. Die BvB i. S. v. Teil II Ziffer 8 des Fachkonzeptes sind konzipiert für junge Menschen, die aufgrund der Art und Schwere ihrer Behinderung für eine Berufsausbildung oder eine Tätigkeit auf dem allgemeinen Arbeitsmarkt ohne Qualifizierungsmaßnahmen noch nicht in Betracht kommen, andererseits aber durch die Beschäftigung in einer Werkstatt unterfordert wären. Der Personenkreis liegt also hinsichtlich seiner Leistungsfähigkeit zwischen den Anforderungen im Berufsbildungsbereich einer Werkstatt und einer behindertengerechten Ausbildung nach dem BBiG bzw. der HwO. Dies schließt jedoch keineswegs aus, dass für in einer Werkstatt Beschäftigte der Wechsel in eine rehaspezifische BvB als weiterführende Qualifizierung möglich und anzustreben ist (vgl. Tz. 5.2.1, 7.1.5 und 7.1.6).

(4) Die BvB dienen der
- Entwicklung einer beruflichen Orientierung und Findung (Grundstufe),
- Entwicklung beruflicher Grundfertigkeiten (Förderstufe),
- vertiefenden Vorbereitung auf eine betriebliche Ausbildung oder den Übergang in Arbeit (Übergangsqualifizierung) und

---

[1] Das Fachkonzept und die Geschäftsanweisungen sind auf der Internetseite der BA eingestellt. http://www.arbeitsagentur.de/nn_27836/SiteGlobals/Forms/Suche/serviceSuche__Form,templateId=processForm.html?allOfTheseWords=Ga+BVB&x=12&y=13http://www.arbeitsagentur.de/nn_27836/SiteGlobals/Forms/Suche/serviceSuche__Form,templateId=processForm.html?allOfTheseWords=Ga+BVB&x=12&y=13.

– Sicherung, Stabilisierung und Festigung von Ausbildungsphasen und / oder einer Arbeitsaufnahme (Stabilisierungsstufe).

(5) Für junge Menschen, die wegen ihrer Behinderung zwar besonderer Leistungen zur Teilhabe am Arbeitsleben bedürfen (§ 98 Abs. 1 i. V. m. § 102 Abs. 1 Satz 1 Nr. 1 Buchst. b SGB III), jedoch nicht auf eine besondere Einrichtung i. S. d. § 35 SGB IX für behinderte Menschen angewiesen sind, erfolgt die Förderung in wohnortnahen ambulanten Maßnahmen. Besteht ein besonders ausgeprägter Förderbedarf, erfolgt die Förderung in Einrichtungen der beruflichen Rehabilitation i. S. d. § 35 SGB IX.

(6) Für die Erbringung von Leistungen für BvB ist stets ein gegenüber dem SHTr vorrangiger Leistungsträger zuständig.

3.3.6 Ausbildung

(1) Maßnahmeziel der BvB kann auch die Ausbildungsreife sein. Bei der Beurteilung der Ausbildungsreife sowie der angestrebten Integration in Ausbildung sind die besonders geregelten Ausbildungsgänge nach § 66 BBiG bzw. § 42m HwO für Menschen mit Behinderungen zu berücksichtigen.

(2) Nach § 66 BBiG bzw. § 42m HwO treffen für behinderte Menschen, für die wegen Art und Schwere ihrer Behinderung eine Ausbildung in einem anerkannten Ausbildungsberuf nicht in Betracht kommt, die zuständigen Stellen im Sinne des BBiG bzw. der HwO (i. d. R. die Kammern) Ausbildungsregelungen entsprechend den Empfehlungen des Hauptausschusses des Bundesinstituts für Berufsbildung. Die Ausbildungsinhalte dieser Qualifizierung sollen unter Berücksichtigung von Lage und Entwicklung des allgemeinen Arbeitsmarktes aus den Inhalten anerkannter Ausbildungsberufe entwickelt werden. Diese erleichterten Berufsbildungsabschlüsse berechtigen zur Ausübung von „Helfer- und Werkerberufen" auf dem allgemeinen Arbeitsmarkt.

(3) Die berufliche Ausbildung kann betrieblich oder außerbetrieblich durchgeführt und nach § 98 Nr. 1, § 99, § 100 Nr. 3 i. V. m. § 60 SGB III von der BA gefördert werden. Nach § 101 Abs. 2 SGB III gilt dies bei der Förderung der Teilhabe behinderter Menschen am Arbeitsleben – anders als in § 60 SGB III vorgesehen – auch für berufliche Ausbildungen, die im Rahmen des BBiG oder der HwO abweichend von den Ausbildungsordnungen für staatlich anerkannte Ausbildungsberufe oder in Sonderformen für behinderte Menschen durchgeführt werden. Die Förderung kann bei Bedarf Aktivierungshilfen, ausbildungsbegleitende Hilfen, Beschäftigung begleitende Eingliederungshilfen und Übergangshilfen nach §§ 240 bis 247 SGB III umfassen.

(4) Die finanzielle Förderung der Ausbildung ist ausschließlich Aufgabe der gegenüber dem SHTr vorrangigen RehaTr.

§ 39

3.3.7 Schulabgang – was dann?

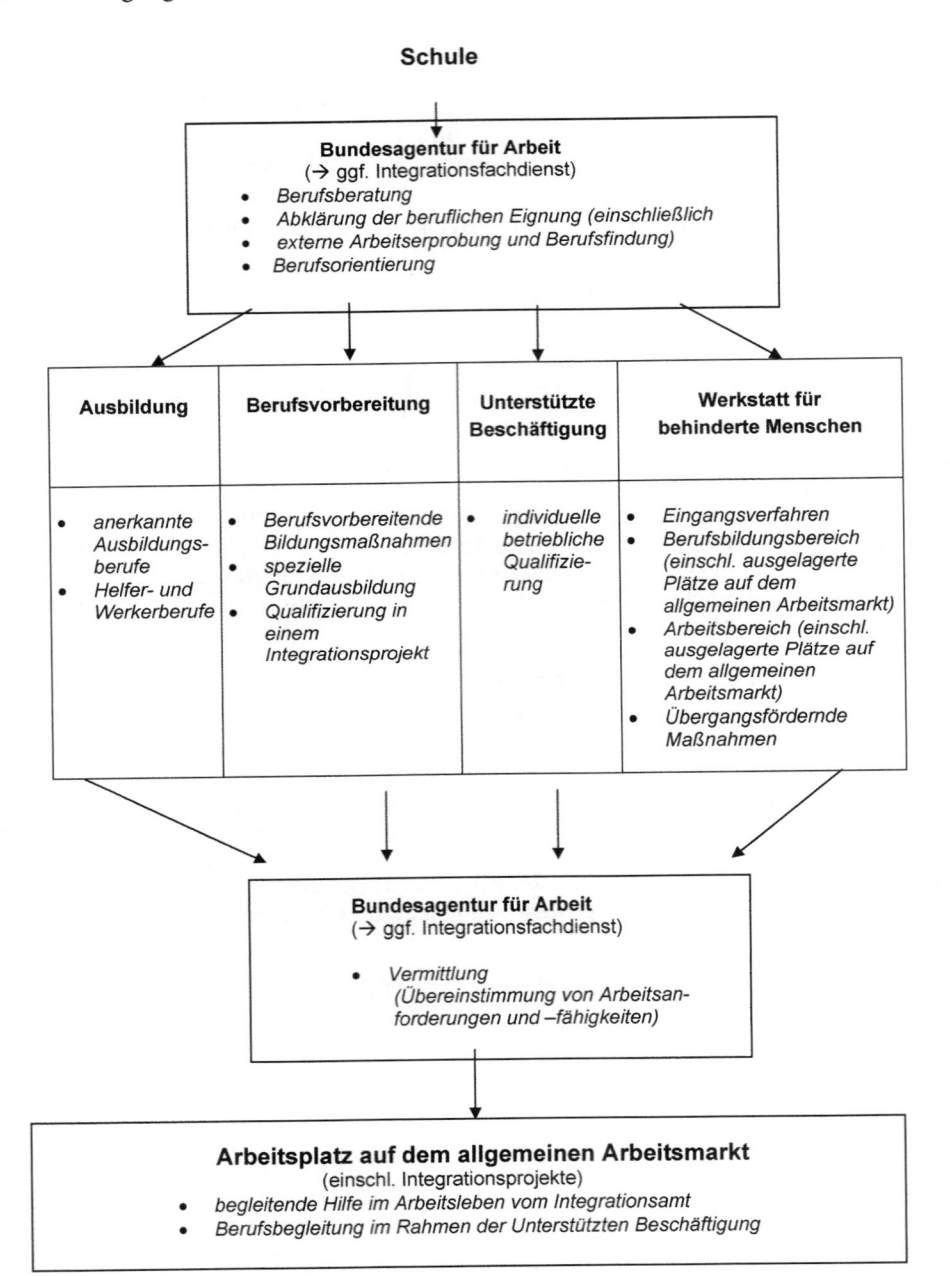

Schule

↓

Bundesagentur für Arbeit
(→ ggf. Integrationsfachdienst)
- *Berufsberatung*
- *Abklärung der beruflichen Eignung (einschließlich*
- *externe Arbeitserprobung und Berufsfindung)*
- *Berufsorientierung*

Ausbildung	Berufsvorbereitung	Unterstützte Beschäftigung	Werkstatt für behinderte Menschen
• anerkannte Ausbildungsberufe • Helfer- und Werkerberufe	• *Berufsvorbereitende Bildungsmaßnahmen* • *spezielle Grundausbildung* • *Qualifizierung in einem Integrationsprojekt*	• *individuelle betriebliche Qualifizierung*	• *Eingangsverfahren* • *Berufsbildungsbereich (einschl. ausgelagerte Plätze auf dem allgemeinen Arbeitsmarkt)* • *Arbeitsbereich (einschl. ausgelagerte Plätze auf dem allgemeinen Arbeitsmarkt)* • *Übergangsfördernde Maßnahmen*

↓

Bundesagentur für Arbeit
(→ ggf. Integrationsfachdienst)
- *Vermittlung*
  (Übereinstimmung von Arbeitsanforderungen und -fähigkeiten)

↓

Arbeitsplatz auf dem allgemeinen Arbeitsmarkt
(einschl. Integrationsprojekte)
- *begleitende Hilfe im Arbeitsleben vom Integrationsamt*
- *Berufsbegleitung im Rahmen der Unterstützten Beschäftigung*

3.4 Aufnahme- und Beschäftigungspflicht / Wunschrecht / Einzugsgebiet (§ 137 SGB IX)

3.4.1 Verpflichtung zur Aufnahme und Beschäftigung

(1) § 137 Abs. 1 SGB IX verpflichtet die Werkstätten zur Aufnahme derjenigen behinderten Menschen aus ihrem Einzugsgebiet (s. Tz. 3.4.3), die die Aufnahmevoraussetzungen gemäß § 136 Abs. 2 SGB IX erfüllen, wenn Leistungen nach §§ 39 ff. SGB IX durch die RehaTr (§ 42 SGB IX) gewährleistet sind. Diese Verpflichtung besteht unabhängig von

– der Ursache der Behinderung,
– der Art der Behinderung, wenn in dem Einzugsgebiet keine besondere Werkstatt für diese Behinderungsart vorhanden ist, und
– der Schwere der Behinderung, der Minderung der Leistungsfähigkeit und einem besonderen Bedarf an Förderung, begleitender Betreuung oder Pflege.

(2) Nach § 1 Abs. 1 WVO hat die Werkstatt zur Erfüllung ihrer gesetzlichen Aufgaben die Voraussetzungen dafür zu schaffen, dass sie die werkstattbedürftigen behinderten Menschen aus ihrem Einzugsgebiet aufnehmen kann (Grundsatz der einheitlichen Werkstatt). Der unterschiedlichen Art der Behinderung und ihren Auswirkungen soll innerhalb der Werkstatt durch geeignete Maßnahmen, insbesondere durch Bildung besonderer Gruppen im Berufsbildungs- und Arbeitsbereich, Rechnung getragen werden (§ 1 Abs. 2 WVO).

(3) Die Verpflichtung, die behinderten Menschen in der Werkstatt zu beschäftigen, besteht nach § 137 Abs. 2 SGB IX, solange die Aufnahmevoraussetzungen nach § 137 Abs. 1 SGB IX i. V. m. § 136 Abs. 2 SGB IX vorliegen.

3.4.2 Wunschrecht des behinderten Menschen

(1) § 137 Abs. 1 Satz 1 2. Halbsatz SGB IX eröffnet einem werkstattbedürftigen behinderten Menschen im Rahmen seines Wunschrechts (§ 33 SGB I, § 9 SGB IX, § 9 SGB XII) die Möglichkeit, sich für eine Werkstatt zu entscheiden, deren Einzugsgebiet (s. Tz. 3.4.3) nicht seinen Wohnsitz einschließt. Die Aufnahme in solch eine andere Werkstatt hängt davon ab, dass der zuständige RehaTr Leistungen in dieser anderen Werkstatt gewährleistet. Dies bestimmt sich gem. § 137 Abs. 1 Satz 1 SGB IX nach § 9 Abs. 2 und 3 SGB XII oder entsprechender Regelungen.

(2) Nach § 9 Abs. 2 Satz 1 SGB XII soll Wünschen, die sich auf die Gestaltung der Leistung richten, entsprochen werden, soweit sie angemessen sind. Hauptkriterium für die Beurteilung der Angemessenheit ist die Frage, ob dem RehaTr im Falle einer Aufnahme in eine Werkstatt, zu deren Einzugsgebiet nicht der Wohnsitz des behinderten Menschen gehört, Mehrkosten entstehen, also inwieweit höhere Vergütungen für die Leistungen der Werkstatt zu zahlen sind (§ 41 Abs. 3 SGB IX) und / oder zusätzliche Fahrtkosten zu übernehmen sind.

(3) § 9 Abs. 2 Satz 3 SGB XII stellt klar, dass i. d. R. Wünschen nicht entsprochen werden soll, deren Erfüllung mit unverhältnismäßigen Mehrkosten verbunden wäre. Der Begriff „unverhältnismäßige Mehrkosten" darf hierbei nicht eng ausgelegt werden; es reicht aus, wenn die entstehenden Mehrkosten (noch) verhältnismäßig sind. Ausgangspunkt für die Prüfung der Verhältnismäßigkeit sind die Kosten, die im Falle einer Aufnahme in die Werkstatt, in deren Einzugsgebiet der Wohnsitz des behinderten Menschen liegt, entstehen würden. Wie hoch diese Überschreitung sein kann, um noch als verhältnismäßig angesehen werden zu können, muss sich nach den besonderen Verhältnissen des Einzelfalles richten.[1]

---

[1] BVerwG, Urt. v. 11. 2. 1982, FEVS 31, 221; LSG Niedersachsen-Bremen, Urt. v. 7. 6. 2007 (L 8 SO 60/07 ER).

(4) Das Wunschrecht findet auch dort seine Grenze, wo die Aufnahme in einer anderen Werkstatt wegen der Entstehung hoher zusätzlicher Fahrtkosten durch einen Spezialtransport nicht mehr angemessen wäre.[1])

3.4.3 Einzugsgebiet

(1) Sowohl § 137 SGB IX wie auch die WVO (§ 1 Abs. 1, § 8 Abs. 3, § 15) gehen davon aus, dass jede Werkstatt über ein Einzugsgebiet verfügt, das zwischen dem Werkstattträger sowie den Planungsver-pflichteten nach § 17 Abs. 1 Nr. 2 SGB I verbindlich festgelegt ist.

(2) Das insoweit festgelegte Einzugsgebiet ist damit maßgeblich für
– die Aufnahmepflicht der Werkstatt (§ 137 SGB IX, s. Tz. 3.4.1),
– das Recht werkstattberechtigter Menschen auf berufliche Bildung und Beschäftigung in der für sie zuständigen Werkstatt,
– den räumlichen und strukturellen Umfang der Planungsverpflichtung nach § 17 Abs. 1 Nr. 2 SGB I und § 19 Abs. 1 SGB IX sowie
– die Ausgestaltung von Vereinbarungen über einen Werkstattverbund (§ 15 WVO).

(3) Der Standort einer Werkstatt kann es sinnvoll erscheinen lassen, dass ihr Einzugsgebiet entsprechend den getroffenen Vereinbarungen von mehreren Trägern der Sozialhilfe und sonstigen RehaTr in Anspruch genommen wird.

(4) Nach § 8 Abs. 3 WVO muss das Einzugsgebiet so bemessen sein, dass die Werkstatt mit öffentlichen oder sonstigen Verkehrsmitteln in zumutbarer Zeit erreicht werden kann. An- und Abfahrtszeiten von mehr als 45 Minuten je Fahrt sind i. d. R. als nicht zumutbar anzusehen. Topographische Gegebenheiten können jedoch im Einzelfall zu anderen Lösungen führen.

(5) Ausnahmsweise kann eine Werkstatt, insbesondere eine Werkstatt für Menschen mit einer bestimmten Art der Behinderung (z. B. für mehrfach behinderte blinde und gehörlose Menschen) im Einverneh-men mit den zuständigen Landesbehörden und den Anerkennungsbehörden auch ein überregionales Einzugsgebiet haben, das über die in § 8 Abs. 3 WVO genannten Grenzen hinaus geht.

3.5 Aufnahmeverfahren (§ 2 Abs. 2 WVO)

3.5.1 Beteiligung des Fachausschusses

(1) Nach § 2 Abs. 2 WVO hat der FA vor der Aufnahme des behinderten Menschen in die Werkstatt gegenüber dem im Falle einer Aufnahme zuständigen RehaTr eine Stellungnahme abzugeben, ob der behinderte Mensch für seine Teilhabe am Arbeitsleben und zur Eingliederung in das Arbeitsleben Leistungen einer Werkstatt benötigt oder ob andere Leistungen zur Teilhabe am Arbeitsleben in Betracht kommen, insbesondere Leistungen der Unterstützten Beschäftigung nach § 38a SGB IX (s. Tz. 3.3.4) oder berufsvorbereitende Bildungsmaßnahmen (s. Tz. 3.3.5 und Anhang 4). Durch diese Aufgabenstellung kommt dem FA eine besondere Verantwortung für die vorrangige Förderung der Teilhabe behinderter Menschen am Arbeitsleben auf dem allgemeinen Arbeitsmarkt zu.

(2) Die Stellungnahme nach § 2 Abs. 2 WVO ist vor jeder Aufnahme in eine Werkstatt, also der Erstaufnahme sowie einer Wiederaufnahme (z. B. nach einem gescheiterten Versuch auf dem allgemeinen Arbeitsmarkt, vgl. Tz. 7.5.3) abzugeben; Gleiches gilt bei einem Wechsel der Werkstatt durch den behinderten Menschen.

(3) Von besonderer Bedeutung für die Abklärung des Leistungspotenzials des behinderten Menschen im Rahmen der Aufgabenstellung des FA nach § 2 Abs. 2 WVO sind

---

[1]) OVG Frankfurt/Oder, Urt. v 22. 5. 2002 – 4 B 60/02, FEVS 55, 38; OVG Lüneburg, Urt. v. 16. 2. 2004 – 4 ME 400/03, FEVS 55, 454.

- das Ergebnis der von der BA durchgeführten Eignungsfeststellung, vor allem wenn es zusätzlicher praxisnaher Feststellungen mittels DIA-AM (s. Tz. 3.3.2 und Anhang 3) bedurfte, sowie
- die genaue Kenntnis aller ärztlichen und psychologischen Gutachten der BA und ggf. auch der Vorgutachten.

(4) Für die Arbeit im FA ist es daher unabdingbar, seinen Mitgliedern die Unterlagen / Ergebnisse der eignungsdiagnostischen Verfahren und Untersuchungen zur Verfügung zu stellen, sofern nachvollziehbar dargelegt wird, dass die Informationen für die Entscheidungsfindung erforderlich sind. Ein solches Verfahren ist auch vom Bundesbeauftragten für den Datenschutz und die Informationsfreiheit als zulässig anerkannt worden,[1] der darüber hinaus klarstellte, dass aus datenschutzrechtlichen Gründen eine Einwilligung für die Übermittlung der medizinischen Daten erforderlich ist. Für die Erklärung über die Entbindung von der Schweigepflicht sind die in § 67b Abs. 2 SGB X (Einwilligungserklärung) geltenden Grundsätze bindend. An die Freiwilligkeit und die Einsichtsfähigkeit sind hierbei strenge Maßstäbe zu legen. Auf Tz. 3.5.3 Abs. 3 wird verwiesen.

3.5.2 Mitwirkung des Trägers der Sozialhilfe

(1) Die obligatorische Beteiligung des FA ermöglicht es dem SHTr frühzeitig, nämlich bereits vor der Aufnahme in die Werkstatt, seine Auffassung zu den Fragen darzulegen, ob
- der behinderte Mensch wegen Art oder Schwere seiner Behinderung auf Leistungen in einer Werkstatt angewiesen ist oder
- durch Ausschöpfung der nach §§ 33 ff., 38a, 102, 104, 109 ff., 132 ff. SGB IX i. V. m. den speziellen Leistungsgesetzen der RehaTr möglichen Hilfen und Leistungen zur Teilhabe am Arbeitsleben eine Beschäftigung auf dem allgemeinen Arbeitsmarkt einschließlich einem Integrationsprojekt in Betracht kommt
und
- der behinderte Mensch zum Personenkreis gehört, der dem Grunde nach Anspruch auf Eingliederungshilfe nach dem SGB XII hat,[2]

und zwar gegenüber
- dem im Falle einer Aufnahme zuständigen RehaTr,
- dem behinderten Menschen und ggf. seinem gesetzlichen Vertreter sowie
- der Werkstatt.

(2) Das Verfahren nach § 2 Abs. 2 WVO eröffnet dem SHTr auch die Möglichkeit, in Zweifelsfällen, in denen die BA jedoch eine DIA-AM (s. Tz. 3.3.2 sowie Anhang 3) oder eine individuelle betriebliche Qualifizierung nach § 38a SGB IX (s. Tz. 3.3.4) nicht für geboten gehalten hat, vor einem abschließenden Votum zur Aufnahme in eine Werkstatt auf die Durchführung solcher Maßnahme zu dringen. Erforderlichenfalls ist vom SHTr darauf hinzuweisen, dass die spätere Erbringung von Leistungen durch ihn im Arbeitsbereich nicht als gewährleistet angesehen werden darf, weil seines Erachtens hierfür höchstwahrscheinlich die leistungsrechtlichen Voraussetzungen nach §§ 53 ff. SGB XII i. V. m. § 41 SGB IX nicht erfüllt sein werden.

3.5.3 Verfahren

(1) Die Stellungnahme gemäß § 2 Abs. 2 WVO bedarf nicht eines Antrages des im Falle einer Aufnahme des behinderten Menschen in die Werkstatt zuständigen RehaTr, sondern ist vom FA kraft Verordnungsrechtes auf Veranlassung der Werkstatt vor der Aufnahme abzugeben. Die Werkstatt hat auf die Abgabe der Stellungnahme hinzuwirken, wenn sie

---

[1] Stellungnahme vom 14. 5. 2008, GZ.: III-318/005 #0010.
[2] S. hierzu Orientierungshilfe der BAGüS „Der Behinderungsbegriff nach dem SGB IX und SGB XII und dessen Umsetzung in der Sozialhilfe" (Internet: www.bagues.dewww.bagues.de).

von der bevorstehenden Aufnahme des behinderten Menschen Kenntnis erhält. Dabei ist es unerheblich, ob der RehaTr bereits einen Bescheid über die Erbringung von Leistungen in einer Werkstatt erteilt hat, denn im Gegensatz zu der in § 40 Abs. 3 Satz 3 SGB IX getroffenen Regelung für die Leistungserbringung für ein zweites Jahr im Berufsbildungsbereich ist die Entscheidung über die Aufnahme in eine Werkstatt nicht von der Vorlage der Stellungnahme des FA abhängig. Die Stellungnahme hat gutachterlichen Charakter; sie bindet nicht den im Falle der Aufnahme zuständigen RehaTr. Dieser hat allerdings die Auffassung des FA zu würdigen.

(2) Die WVO enthält keine besonderen Bestimmungen zum Verfahren für die Erfüllung der Aufgabe des FA nach § 2 Abs. 2 WVO. Hieraus folgt, dass § 2 Abs. 1 Satz 2 und 3 WVO Anwendung findet, nicht jedoch die Regelung des § 3 Abs. 3 WVO. Es bleibt dem FA unbenommen, den behinderten Menschen, ggf. auch seinen gesetzlichen Vertreter, anzuhören und ihm das Recht einzuräumen, eine Person seines Vertrauens einzubeziehen. Auch sind alle Umstände des Einzelfalles, insbesondere die Persönlichkeit des behinderten Menschen zu würdigen.

(3) Für die Erarbeitung der Stellungnahme ist es unabdingbar, dass der zuständige RehaTr gegenüber dem FA unter Beachtung der datenschutzrechtlichen Vorschriften (s. Tz. 3.5.1 Abs. 4) darlegt und belegt, aufgrund welcher Berichte, Maßnahmen zur Feststellung der Arbeitsmarktfähigkeit, Untersuchungen usw. er zu der Erkenntnis gelangt ist, dass auch mit den nach §§ 33 ff., 38a, 102, 104, 109 ff., 132 ff. SGB IX i. V. m. dem speziellen Leistungsrecht des RehaTr möglichen Hilfen und Leistungen die Teilhabe des behinderten Menschen am Arbeitsleben auf dem allgemeinen Arbeitsmarkt nicht in Betracht kommt. Hierbei ist auch der Sachverstand des IFD zu nutzen. Der IFD sollte daher grundsätzlich zur Beratung hinzugezogen werden (§ 2 Abs. 1 Satz 3 WVO).

(4) Auch wenn die WVO keine Frist für die Abgabe der Stellungnahme vorsieht, ist sie umgehend und vor dem vom RehaTr geplanten Termin für die Aufnahme abzugeben, um die gebotene zügige Leistungserbringung zu gewährleisten (§§ 10 und 12 SGB IX). Es empfiehlt sich, hierzu Regelungen in der Geschäftsordnung des FA zu treffen.

3.6 Wiederaufnahme in die Werkstatt

3.6.1 Anspruch auf Wiederaufnahme

(1) Wird ein behinderter Mensch nach längerer medizinischer Rehabilitation, Förderung, Betreuung oder Beschäftigung o. Ä. außerhalb einer Werkstatt (z. B. in einer Einrichtung i. S. d. § 136 Abs. 3 SGB IX – s. Tz. 14 – oder auf dem allgemeinen Arbeitsmarkt) wieder werkstattbedürftig und -fähig, so hat er einen Anspruch auf Wiederaufnahme, wenn Leistungen in der Werkstatt durch die RehaTr gewährleistet sind (§ 136 Abs. 1 Satz 2 und Abs. 2, § 137 Abs. 1 SGB IX). Bezüglich der Wiederaufnahme nach gescheitertem Arbeitsversuch auf dem allgemeinen Arbeitsmarkt wird auf die ergänzenden Ausführungen in Tz. 7.5 verwiesen.

(2) Auch wenn der behinderte Mensch bereits in der Vergangenheit das Eingangsverfahren und den Berufsbildungsbereich in einer Werkstatt absolviert hat und zum Zeitpunkt seines Ausscheidens aus der Werkstatt im Arbeitsbereich beschäftigt war, ist die abermalige (teilweise) Durchführung des Eingangsverfahrens und Berufsbildungsbereichs nicht ausgeschlossen. Die Entscheidung darüber, nach welchem Zeitraum im Verhältnis zu einer vorangegangenen Maßnahme und wie oft Leistungen zur Wiederholung dieser Maßnahmen erbracht werden, obliegt eigenverantwortlich dem zuständigen RehaTr. Es steht jedoch dem Vertreter des SHTr im FA frei, im Rahmen des Verfahrens nach § 2 Abs. 2 WVO, das auch vor einer Wiederaufnahme durchzuführen ist, eine Wiederholung vorzuschlagen, falls vom vorrangig zuständigen RehaTr eine erneute Leistungserbringung nicht vorgesehen wird.

(3) Anhaltspunkte für eine erneute (zumindest teilweise) Teilnahme am Eingangsverfahren und Berufsbildungsbereich können sein
- die fachliche Notwendigkeit, einen Eingliederungsplan zu erstellen,
- ein langjähriger Zeitraum zwischen dem Ausscheiden aus dem Arbeitsbereich der Werkstatt und der Rückkehr in die Werkstatt; hiervon kann i. d. R. davon ausgegangen werden, wenn der dazwischen liegende Zeitraum mindestens acht Jahre beträgt;[1] in der Praxis hat sich gezeigt, dass im Einzelfall bereits nach fünf Jahren erneut Leistungen im Eingangsverfahren / Berufsbildungsbereich erbracht werden;
- eine Veränderung der Persönlichkeitsstruktur des behinderten Menschen in der Weise, dass auf die bei der früheren Maßnahme in der Werkstatt erworbenen Fähigkeiten nicht mehr zurückgegriffen werden kann,
- die Notwendigkeit der Teilnahme am Eingangsverfahren und Berufsbildungsbereich, um in den Arbeitsbereich oder auf dem allgemeinen Arbeitsmarkt eingegliedert werden zu können.

3.6.2 Stufenweise Wiedereingliederung arbeitsunfähiger Werkstattbeschäftigter (§ 28 SGB IX)

(1) Eine stufenweise Wiedereingliederung gemäß § 28 SGB IX i. V. m. § 74 SGB V ist auch arbeitsunfähigen Werkstattbeschäftigten zu ermöglichen, wenn sie nach ärztlicher Feststellung ihre bisherige Tätigkeit teilweise verrichten können und durch eine stufenweise Wiederaufnahme ihrer Tätigkeit voraussichtlich besser wieder in die Werkstatt eingegliedert werden können. Über den Weg der stufenweisen Wiedereingliederung wird der Werkstattbeschäftigte individuell, d. h. je nach Krankheit und bisheriger Arbeitsunfähigkeitsdauer schonend, aber kontinuierlich bei fortbestehender Arbeitsunfähigkeit an die Belastungen seines Arbeitsplatzes in der Werkstatt herangeführt. Die stufenweise Wiedereingliederung ist eine Maßnahme der medizinischen Rehabilitation und nicht zur Teilhabe am Arbeitsleben.

(2) Näheres regeln die „Richtlinien des Bundesausschusses der Ärzte und Krankenkassen über die Beurteilung der Arbeitsunfähigkeit und die Maßnahmen zur stufenweisen Wiedereingliederung (Arbeitsunfähigkeits-Richtlinien) vom 1. 12. 2003,[2] die gemäß § 2 Abs. 7 für behinderte Menschen, die in Werkstätten beschäftigt werden, entsprechend gelten.

(3) Die Beschäftigung im Rahmen einer stufenweisen Wiedereingliederung bedarf der Zustimmung
- des behinderten Menschen,
- der Werkstatt sowie
- des für die Teilhabe am Arbeitsleben zuständigen RehaTr, weil dieser die mit der Durchführung der stufenweisen Wiedereingliederung des behinderten Menschen verbundenen Aufwendungen der Werkstatt zu tragen hat, soweit sie nicht Bestandteil der medizinischen Rehabilitation sind, sondern der Werkstatt während der Wiedereingliederungsphase im Rahmen der Erfüllung ihres Auftrages nach § 136 SGB IX i. V. m. der WVO entstehen.

Im Interesse einer nahtlosen Wiedereingliederung in die Werkstatt sollte der für die Erbringung der Leistungen nach § 41 SGB IX zuständige RehaTr die Zustimmung grundsätzlich in jedem Einzelfall erteilen. Es ist deshalb angezeigt, in den mit dem Werkstattträger zu schließenden Vergütungsvereinbarungen Näheres über die Vergütung in derartigen Fällen festzulegen (s. auch Tz. 10.4.3 Abs. 9).

(4) Es bleibt den für die Erbringung von Leistungen in Werkstätten zuständigen RehaTr unbenommen, die Beteiligung des FA an der Umsetzung der stufenweisen Wiedereingliederung im Allgemeinen und im konkreten Einzelfall mit dem Werkstattträger zu vereinbaren.

---

[1] BSG, Urt. v. 9. 9. 1993 – 7/9 BRAr 28/92.
[2] Bundesanzeiger Nr. 61, S. 501.

4 Fachliche Anforderungen an die Organisationseinheiten der Werkstatt

4.1 Eingangsverfahren (§ 3 WVO)

4.1.1 Durchführung (§ 3 Abs. 1 Satz 1 WVO)

(1) Die Werkstatt führt im Benehmen mit dem nach § 42 Abs. 1 SGB IX zuständigen RehaTr Eingangsverfahren durch.

(2) Die Herstellung des Benehmens mit dem SHTr ist in der WVO dagegen nicht vorgesehen. Jedoch hat der SHTr die Möglichkeit, seine Auffassung zu den Fragen, ob der behinderte Mensch wegen Art oder Schwere seiner Behinderung auf Leistungen in einer Werkstatt angewiesen ist und zum Personenkreis gehört, der dem Grunde nach Anspruch auf Eingliederungshilfe nach dem SGB XII hat, im Aufnahmeverfahren nach § 2 Abs. 2 WVO darzulegen (vgl. Tz. 3.5.2).

4.1.2 Aufgabe (§ 3 Abs. 1 Satz 2 WVO)

(1) Aufgabe des Eingangsverfahrens ist es festzustellen,
- ob die Werkstatt die geeignete Einrichtung zur Teilhabe am Arbeitsleben und zur Eingliederung in das Arbeitsleben i. S. d. § 136 SGB IX ist sowie
- welche Bereiche der Werkstatt und welche Leistungen zur Teilhabe am Arbeitsleben und ergänzende Leistungen oder Leistungen zur Eingliederung in das Arbeitsleben in Betracht kommen

und einen Eingliederungsplan zu erstellen.

(2) Näheres über die Inhalte des Eingangsverfahrens haben die Bundesanstalt für Arbeit und die BAG WfB einvernehmlich im „Rahmenprogramm über Maßnahmen im Eingangsverfahren und im Berufsbildungsbereich einer Werkstatt für behinderte Menschen" – Rahmenprogramm – (s. Anhang 1) vereinbart, das unter dem 11. 9. 2002 veröffentlicht ist.

4.1.3 Eingliederungsplan (§ 3 Abs. 1 Satz 2 WVO)

(1) Der während des Eingangsverfahrens von der Werkstatt für den behinderten Menschen zu erstellende Eingliederungsplan bildet eine wichtige Grundlage für die Entscheidung über seine weitere Förderung und für die fachliche Beratung im FA (vgl. Tz. 5.2.1 und 5.2.2). Er muss folglich den Mitgliedern des FA (s. Tz. 5.1) rechtzeitig vor der FA-Sitzung am Ende des Eingangsverfahrens zugehen.

(2) Damit der Eingliederungsplan seiner Funktion gerecht werden kann, muss er zumindest Aussagen enthalten über
- das Ausmaß und die Auswirkungen der Behinderung,
- die individuelle Zielrichtung des Berufsbildungsbereiches,
- die gebotenen Fördermaßnahmen unter Berücksichtigung der Erkenntnisse des Eingangsverfahrens und ggf. der Ergebnisse einer Eignungsanalyse,
- erforderliche begleitende Maßnahmen im Berufsbildungsbereich und
- die Perspektiven im Hinblick auf den anzustrebenden Übergang auf den allgemeinen Arbeitsmarkt (s. auch Anhang 1, Anlage 1).

Der Eingliederungsplan enthält somit auch den Vorschlag der Werkstatt nach § 3 Abs. 3 Satz 1 WVO, den der Träger der Werkstatt den Mitgliedern des FA zu unterbreiten hat.

(3) Der Eingliederungsplan ist bei weiteren Beratungen des Einzelfalles im FA in aktualisierter Fassung vorzulegen. Er kann damit als „Konzept für den einzelnen behinderten Menschen" verstanden werden, das den Prozess der beruflichen Bildung, der Beschäftigung, der arbeitsbegleitenden Maßnahmen in der Werkstatt und ggf. des Übergangs auf den allgemeinen Arbeitsmarkt strukturiert, anleitet und bündelt.

(4) Der Eingliederungsplan ist im vom SHTr nach § 58 SGB XII zu erstellenden Gesamtplan zu berücksichtigen.

4.1.4 Dauer (§ 3 Abs. 2 WVO)

(1) Das Eingangsverfahren dauert nach § 3 Abs. 2 Satz 1 WVO drei Monate. Es kann nach § 3 Abs. 2 Satz 2 WVO auf eine Dauer von bis zu vier Wochen verkürzt werden, wenn während des Eingangsverfahrens im Einzelfall festgestellt wird, dass eine kürzere Dauer ausreichend ist.

(2) Die Voraussetzungen für eine Verkürzung der Dauer des Eingangsverfahrens werden i. d. R. vorliegen, wenn die Werkstattbedürftigkeit des behinderten Menschen (s. Tz. 3.2.1) in einer der Aufnahme in die Werkstatt unmittelbar vorausgegangenen DIA-AM für die Mitglieder des FA nachvollziehbar festgestellt wurde (s. Tz. 3.3.2 sowie Anhang 3) und folglich im Eingangsverfahren überwiegend zu klären ist, welche Bereiche der Werkstatt und welche Leistungen zur Teilhabe am Arbeitsleben und ergänzende Leistungen oder Leistungen zur Eingliederung in das Arbeitsleben in Betracht kommen und der Eingliederungsplan für den behinderten Menschen zu erstellen ist. Auf Tz. 10.2.2 Abs. 1 und 5 wird hingewiesen.

(3) Abs. 2 gilt nicht, wenn der Aufnahme in die Werkstatt eine individuelle betriebliche Qualifizierung nach § 38a SGB IX vorausgegangen ist, weil diese Maßnahme inhaltlich nicht mit dem Eingangsverfahren gleichsteht. Zeiten der Leistungen nach § 38a SGB IX sind nach dem Gesetz wegen der inhaltlichen Überschneidungen der Maßnahmen der Unterstützten Beschäftigung mit denen im Berufsbildungsbereich auf die Dauer des Berufsbildungsbereichs anzurechnen (§ 40 Abs. 4 SGB IX), nicht aber auch generell auf das Eingangsverfahren. Bei einem Wechsel aus einer Maßnahme nach § 38a Abs. 2 SGB IX besteht daher in jedem Fall die Möglichkeit zur Durchführung eines bis zu drei Monate dauernden Eingangsverfahrens.[1]

(4) Die Voraussetzungen des § 3 Abs. 2 Satz 2 WVO sind also erfüllt, wenn unter Beachtung des Verfahrens nach § 3 Abs. 3 WVO vom FA eine vollständige und abschließende Stellungnahme gem. § 3 Abs. 1 WVO vorzeitig abgegeben werden konnte. Eine Stellungnahme allein zur Dauer des Eingangsverfahrens sieht § 3 WVO nicht vor. Folglich kann auch frühestens erst vom Zeitpunkt der Abgabe der Stellungnahme an vom zuständigen RehaTr über eine Verkürzung entschieden und das Eingangsverfahren von der Werkstatt verkürzt werden. Im Übrigen wird auf Tz. 5.2.2 Abs. 1, 5.4.1 Abs. 1 bis 4 und 10.2.2 Abs. 5 verwiesen.

4.2 Berufsbildungsbereich (§ 4 WVO)

4.2.1 Durchführung (§ 4 Abs. 1 bis 3 WVO)

(1) Nach § 4 Abs. 1 WVO obliegt es der Werkstatt, im Benehmen mit dem zuständigen RehaTr (s. § 42 Abs. 1 SGB IX) und dem im Arbeitsbereich zuständigen RehaTr (s. § 42 Abs. 2 SGB IX; weitestgehend dürfte es sich hierbei um den SHTr handeln) in einem Berufsbildungsbereich Maßnahmen zur Verbesserung der Teilhabe am Arbeitsleben unter Einschluss angemessener Maßnahmen zur Weiterentwicklung der Persönlichkeit des behinderten Menschen durchzuführen.

(2) Zur Vermittlung einer angemessenen beruflichen Bildung muss die Werkstatt über ein möglichst breites Angebot an
- werkstattinternen Berufsbildungsplätzen und
- ausgelagerten Plätzen in Betrieben und Verwaltungen des allgemeinen Arbeitsmarktes

verfügen, um der unterschiedlichen Leistungsfähigkeit, Entwicklungsmöglichkeit sowie Eignung und Neigung des behinderten Menschen soweit wie möglich Rechnung tragen zu können (§ 136 Abs. 1 Satz 4 und 5 SGB IX, § 4 Abs. 2 WVO).

---

[1] BT-Drucks. 16/10487, Anlage 4, S. 16.

(3) Die Maßnahmen im Berufsbildungsbereich können je nach den Bedürfnissen des behinderten Menschen

– in Lehrgängen (Grundkurs, Aufbaukurs) oder
– als Einzelmaßnahmen (individuelle Maßnahmen)

durchgeführt werden (§ 4 Abs. 1 WVO), wobei Lehrgänge (in Gruppen) der Regelfall sein sollen, wie aus den detaillierten Regelungen für die Form der Durchführung des Berufsbildungsbereichs in § 4 Abs. 3 bis 5 WVO erkennbar ist.

(4) Einzelmaßnahmen dürften vor allem in Betracht kommen, wenn

– wegen des förderspezifischen Bedarfs des behinderten Menschen individuelle, auf ihn konkret zugeschnittene Maßnahmen erforderlich sind, die üblicherweise nicht in den Lehrgängen vermittelt werden,
– mangels einer ausreichenden Zahl von Teilnehmern die Einrichtung eines (Gruppen-) Lehrgangs ausscheidet oder
– Zeiten einer individuellen betrieblichen Qualifizierung im Rahmen Unterstützter Beschäftigung nach § 38a SGB IX in einem Umfang anzurechnen sind (§ 40 Abs. 4 SGB IX), der eine Teilnahme an Lehrgängen in sinnvoller Weise nicht mehr zulässt.

4.2.2 Aufgabe (§ 4 Abs. 1, 2, 4, 5 WVO)

(1) Aufgabe des Berufsbildungsbereiches ist es, den behinderten Menschen so zu fördern, dass er im Anschluss an die Maßnahme in der Lage ist,

– im Arbeitsbereich der Werkstatt wenigstens ein Mindestmaß wirtschaftlich verwertbarer Arbeitsleistung i. S. d. § 136 Abs. 2 SGB IX (vgl. Tz. 3.2.5 Buchst. a) zu erbringen bzw.
– im Arbeitsbereich eine qualifiziertere Beschäftigung ausüben zu können (in den Fällen, in denen die behinderten Menschen schon bei der Aufnahme in den Berufsbildungsbereich über ein entsprechendes Mindestmaß verfügen) oder
– eine berufliche Tätigkeit oder Bildungsmaßnahme einschließlich einer Maßnahme im Rahmen der Unterstützten Beschäftigung nach § 38a SGB IX außerhalb der Werkstatt aufzunehmen (vgl. Tz. 7.1.1 und Tz. 13.7.1 sowie Anhang 4).

(2) Näheres über die Inhalte der Förderung während der einzelnen Phasen des Berufsbildungsbereichs wird in § 4 Abs. 1 bis 5 WVO bestimmt und im „Rahmenprogramm" (s. Anhang 1) konkretisiert, dass jedoch seit September 2002 nicht mehr aktualisiert wurde.

4.2.3 Dauer (§ 4 Abs. 3 WVO)

(1) Die Regeldauer der Lehrgänge im Berufsbildungsbereich (Grund- und Aufbaukurs) beläuft sich nach § 4 Abs. 3 WVO auf jeweils 12 Monate. Der Berufsbildungsbereich erstreckt sich somit in Übereinstimmung mit der leistungsrechtlichen Regelung des § 40 Abs. 3 Satz 1 SGB IX grundsätzlich über einen Zeitraum von zwei Jahren. Hierbei ist es unerheblich, ob die Maßnahmen in Lehrgängen oder als Einzelmaßnahmen durchgeführt werden, weil im Leistungsrecht der RehaTr sowie in § 40 Abs. 3 SGB IX eine solche Differenzierung nicht vorgenommen wird.

(2) Die Bestimmung in der WVO über die Regeldauer richtet sich jedoch als fachliche Anforderung an die Werkstatt, nicht an die RehaTr.

(3) Hat der zuständige RehaTr die Leistungen für ein Jahr bewilligt (§ 40 Abs. 3 Satz 2 SGB IX), gibt der FA auf Vorschlag der Werkstatt nach § 4 Abs. 6 Satz 3 WVO ihm gegenüber rechtzeitig vor Ablauf dieses Jahres eine fachliche Stellungnahme dazu ab, ob die Leistungen für ein weiteres Jahr bewilligt werden sollen (§ 40 Abs. 3 Satz 3 SGB IX). Der FA hat hierbei

– die verfahrensrechtlichen Bestimmungen des § 3 Abs. 3 WVO (Anhörung des behinderten Menschen und ggf. seines gesetzlichen Vertreters, Würdigung aller Umstände des Einzelfalls),

- die Aufgabenstellung des Aufbaukurses nach § 4 Abs. 5 WVO sowie
- das Konzept der Werkstatt für die berufliche Bildung im zweiten Jahr des Berufsbildungsbereichs und
- das „Rahmenprogramm" für den Aufbaukurs (Anhang 1)

zu beachten und darzulegen, welche Maßnahmen im konkreten Einzelfall durchzuführen sind, um dem gesetzlichen Auftrag des § 40 Abs. 1 Nr. 2 SGB IX, nämlich die Leistungsfähigkeit des behinderten Menschen so weit (= so lange) wie möglich zu entwickeln, zu verbessern oder wiederherzustellen, gerecht zu werden bzw. weshalb die Weiterentwicklung der Leistungsfähigkeit einschließlich einer Weiterentwicklung der Persönlichkeit (§ 4 Abs. 1 WVO) in einem zweiten Jahr im Berufsbildungsbereich ausgeschlossen ist und folglich Leistungen für ein weiteres Jahr nicht bewilligt werden sollen. Eine positive Prognose ist für ein Votum, weitere Förderleistungen zu erbringen, ausreichend. Die fachliche Stellungnahme ist vom FA kraft Verordnungsrechtes abzugeben; einer Anforderung des zuständigen RehaTr bedarf es nicht.

(4) Im Übrigen wird bezüglich der rechtzeitigen Beteiligung des FA vor Beendigung einer Einzelmaßnahme oder des Grund- sowie des Aufbaukurses nach § 4 Abs. 6 WVO auf Tz. 5.2.2 und 5.4 und hinsichtlich der Dauer der Erbringung von Leistungen im Berufsbildungsbereich durch die RehaTr auf Tz. 10.3.2 verwiesen.

4.2.4 Anrechnung von Zeiten der Unterstützten Beschäftigung auf die Dauer des Berufsbildungsbereichs

§ 40 Abs. 4 SGB IX verpflichtet die RehaTr (§ 42 Abs. 1 SGB IX), Zeiten der individuellen betrieblichen Qualifizierung nach § 38a SGB IX im dort geregelten Umfang auf die Dauer des Berufsbildungsbereichs anzurechnen; Näheres hierzu s. Tz. 10.3.2 Abs. 8 und 9. Die Anrechnung ist vom RehaTr kraft Gesetzes ohne Votum der Werkstatt und des FA vorzunehmen. Obwohl die Anrechnung nicht in den Bestimmungen über die Anforderungen an den Berufsbildungsbereich in § 4 WVO, sondern ausschließlich in den leistungsrechtlichen Vorschriften des SGB IX normiert ist, haben Werkstatt und FA diese Regelungen bei der Erstellung des Eingliederungsplanes sowie in ihren Vorschlägen und Stellungnahmen nach § 3 Abs. 3 und § 4 Abs. 6 WVO zu beachten. Die leistungsrechtliche Verpflichtung zur Anrechnung nach § 40 Abs. 4 SGB IX ist also auch für die Werkstatt und den FA bindend.

4.3 Arbeitsbereich (§ 5 WVO)

4.3.1 Durchführung / Personenkreis

(1) Der Werkstatt obliegt es, einen Arbeitsbereich einzurichten und zu unterhalten, und zwar für behinderte Menschen, die

- das Eingangsverfahren und i. d. R. den Berufsbildungsbereich zur Entwicklung der ihnen möglichen optimalen Leistungsfähigkeit durchlaufen haben, aber wegen ihrer Behinderung nicht, noch nicht oder noch nicht wieder auf den allgemeinen Arbeitsmarkt vermittelt werden können und für die behinderungsbedingt andere Leistungen zur Teilhabe am Arbeitsleben i. S. d. § 33 SGB IX, insbesondere Berufsvorbereitung oder Unterstützte Beschäftigung nach § 38a SGB IX, (noch) nicht in Betracht kommen, jedoch
- über die Fähigkeit zur Erbringung eines Mindestmaßes wirtschaftlich verwertbarer Arbeitsleistung verfügen.

(2) Im Übrigen wird auf § 41 Abs. 1 SGB IX verwiesen (s. Tz. 10.4.1).

4.3.2 Aufgabe

(1) Im Arbeitsbereich hat die Werkstatt die behinderten Menschen entsprechend ihrer Eignung und Neigung zu einem ihrer Leistung angemessenen Arbeitsentgelt und unter Einschluss gebotener arbeitsbegleitender Maßnahmen zu beschäftigen.

(2) Nähere Einzelheiten über die Ausgestaltung des Arbeitsbereichs sind in § 5 Abs. 1 bis 4 WVO geregelt.

Danach
- soll die Werkstatt über ein möglichst breites Angebot an Arbeitsplätzen verfügen, um Art und Schwere der Behinderung, der unterschiedlichen Leistungsfähigkeit, Entwicklungsmöglichkeit sowie Eignung und Neigung der behinderten Menschen soweit wie möglich Rechnung zu tragen (vgl. Tz. 4.3.3);
- sollen die Arbeitsbedingungen (Arbeitsplatzgestaltung, Arbeitsabläufe), unter denen im Arbeitsbereich gearbeitet wird, möglichst betriebsnah sein und denen in der Industrie, im Handel und im Dienstleistungsbereich soweit wie möglich angeglichen werden. Die besonderen Bedürfnisse der behinderten Menschen sind dabei aber stets zu berücksichtigen;
- ist die Werkstatt verpflichtet,
  - auch im Arbeitsbereich arbeitsbegleitend geeignete Maßnahmen zur Erhaltung und Erhöhung der Leistungsfähigkeit und zur Weiterentwicklung der Persönlichkeit der behinderten Menschen durchzuführen (vgl. Tz. 6) sowie
  - den Übergang auf den allgemeinen Arbeitsmarkt durch geeignete Maßnahmen zu fördern (vgl. Tz. 7).

(3) Im Übrigen wird auf § 41 Abs. 2 SGB IX verwiesen (s. Tz. 10.4.2).

4.3.3 Arbeitsplatzangebot

(1) Die Werkstatt hat nach § 136 Abs. 1 Satz 4 SGB IX i. V. m. § 5 Abs. 1 WVO über ein möglichst breites Angebot an Arbeitsplätzen zu verfügen, um den Bedürfnissen der behinderten Menschen Rechnung zu tragen, die nach Art und Schwere der Behinderung, der Leistungsfähigkeit, Entwicklungsmöglichkeit sowie Eignung und Neigung unterschiedlich sind. Es muss also eine Auswahl unter mehreren verschiedenartigen Arbeitsplätzen möglich sein. Ergänzt und konkretisiert wird die vorgenannte fachliche Anforderung an die Werkstatt durch § 136 Abs. 1 Satz 5 und 6 SGB IX. Danach gehören zum Angebot an Arbeitsplätzen auch ausgelagerte Arbeitsplätze auf dem allgemeinen Arbeitsmarkt, und zwar

- zum Zwecke der zielorientierten Förderung des Übergangs behinderter Menschen auf den allgemeinen Arbeitsmarkt und
- als dauerhaft ausgelagerte Plätze.

(2) Für die Beschäftigung eines behinderten Menschen auf einem ausgelagerten Platz zum Zwecke des Übergangs ist § 5 Abs. 4 WVO maßgebend. Danach erfolgt die Beschäftigung in jedem Einzelfall
- nur zeitweise (befristet),
- zweckgerichtet zur Erprobung der Arbeitsmarktfähigkeit des behinderten Menschen und
- mit der konkreten Zielsetzung der Begründung eines sozialversicherungspflichtigen Arbeitsverhältnisses mit einem Betrieb des allgemeinen Arbeitsmarkts (i. d. R. mit dem Unternehmen, in dem der Werkstattbeschäftigte auf dem ausgelagerten Platz für den allgemeinen Arbeitsmarkt vorbereitet wird). Näheres hierzu s. Tz. 7.2.5.

(3) Für dauerhaft ausgelagerte Plätze enthält die WVO keine speziellen Bestimmungen. Für sie gelten demnach – wie für die werkstattinternen Arbeitsplätze – die Regelungen des § 5 Abs. 1 bis 3 WVO.

(4) Die Umsetzung der sich aus § 136 Abs. 1 Satz 5 und 6 SGB IX ergebenden Verpflichtung erfordert den Abschluss einer Kooperationsvereinbarung zwischen dem Werkstattträger und Unternehmen des allgemeinen Arbeitsmarktes, die bereit sind, Plätze für Werkstattbeschäftigte zur Verfügung zu stellen. Hierin ist sicherzustellen, dass die Verantwortlichkeit der Werkstatt für den einzelnen behinderten Menschen rechtlich und tatsächlich jederzeit ge-

währleistet bleibt. Deshalb bedarf es zwischen Werkstatträger und Unternehmen verbindlicher Regelungen insbesondere zu folgenden Punkten:
- Einsatz des behinderten Menschen im Betrieb und Ausgestaltung des Arbeitsplatzes,
- Aufsicht, Weisungsrechte und Pflichten,
- Sicherung der sozialen Betreuung und Einsatz des begleitenden Dienstes der Werkstatt,
- Gelegenheit der Teilnahme an den allgemeinen Angeboten der Werkstatt,
- Interventionsmöglichkeiten der Werkstatt.

(5) § 136 Abs. 1 Satz 6 2. Alternative SGB IX gibt den Werkstatträgern vor, darauf hinzuwirken, dass ihnen Unternehmen des allgemeinen Arbeitsmarktes auf Dauer Arbeitsplätze für die Beschäftigung von behinderten Menschen ihrer Werkstätten zur Verfügung stellen. Solche Plätze bieten den Werkstattbeschäftigten eine größere Wahlmöglichkeit und erleichtern es, besser auf ihre individuellen Fähigkeiten und Neigungen einzugehen sowie zumindest mittelfristig eine konkrete Perspektive für eine Tätigkeit auf dem allgemeinen Arbeitsmarkt aufzuzeigen.

(6) Die dauerhaft ausgelagerten Arbeitsplätze können konzipiert werden als
- Plätze in einer Außenarbeitsgruppe (hierbei handelt es sich um eine in sich geschlossene Gruppe von Werkstattbeschäftigten mit einer Fachkraft (§ 9 WVO) als Gruppenleiter für die behinderten Menschen und Ansprechpartner für den Betrieb, in dem und für den diese Arbeitsgruppe tätig ist) oder
- Einzelarbeitsplätze.

Bezüglich der Auswirkung der Beschäftigung behinderter Menschen auf dauerhaft ausgelagerten Arbeitsplätzen auf die Vergütung für die Werkstatt wird auf Tz. 10.4.3 Abs. 7 verwiesen.

(7) Werkstatträger und RehaTr haben dafür Sorge zu tragen, dass die Auslagerung von Arbeitsplätzen unter Nutzung des Werkstättenrechts und der besonderen Bestimmungen für Werkstätten im Sozialversicherungsrecht nicht zur missbräuchlichen Ausnutzung des besonderen rechtlichen Rahmens der Werkstätten durch die Unternehmen führt, die derartige Plätze einer Werkstatt zur Verfügung stellen. Es gilt insbesondere auch zu vermeiden, dass ein behinderter Mensch von dem Betrieb bewusst nicht in ein sozialversicherungspflichtiges Arbeitsverhältnis übernommen wird, obwohl dies im konkreten Einzelfall auf Grund der Leistungsfähigkeit und des Sozialverhaltens des Beschäftigten durchaus möglich wäre. Deshalb ist über die Beschäftigungsdauer bzw. die Weiterbeschäftigung auf einem ausgelagerten Arbeitsplatz regelmäßig in bestimmten Abständen unter Anhörung des behinderten Menschen und nach Abklärung der Frage, ob der Beschäftigte weiterhin werkstattbedürftig und leistungsberechtigt oder arbeitsmarktfähig ist, ggf. unter Mitwirkung des FA (s. Tz. 5.2.3) neu zu entscheiden (s. auch Tz. 4.3.4 Abs. 1). Die Beschäftigung auf einem dauerhaft ausgelagerten Platz hat für den behinderten Menschen nicht automatisch seine dauerhafte Beschäftigung auf diesem Platz zur Folge.

(8) Keine ausgelagerten Arbeitsplätze i. S. d. § 136 Abs. 1 Satz 5 und 6 SGB IX sind Stellen in Dienstleistungsgruppen des Arbeitsbereichs der Werkstatt, auch wenn diese Gruppen i. d. R. außerhalb des Werkstattgebäudes bei Dritten tätig sind, insbesondere im Bereich der Landschafts- und Gartenpflege, der Hauswirtschaft (z. B. Gebäudereinigung, Bewirtschaftung einer Kantine) oder im handwerklichen Bereich (z. B. Malerei).

(9) Auch bei einer Beschäftigung an ausgelagerten Einsatzorten sind sämtliche Anforderungen an die Werkstatt nach dem SGB IX und der WVO von ihr zu erfüllen. Den dort arbeitenden behinderten Menschen muss der Zugang zu bzw. die Teilnahme an sämtlichen der Werkstatt rechtlich vorgeschriebenen Maßnahmen und Angeboten offenstehen. Auch wird die Rechtsstellung des behinderten Menschen zur Werkstatt durch den Einsatz auf einem externen Beschäftigungsplatz nicht berührt. Er bleibt rechtlich Angehöriger der Werkstatt mit allen Rechten und Pflichten eines Werkstattbeschäftigten. Die Beschäftigung auf einem

ausgelagerten Platz fällt nicht unter die Regelung des AÜG, weil der behinderte Mensch nicht in den Betrieb eingegliedert wird und auch keine Arbeiten allein nach dessen Weisungen ausführt, obwohl die Arbeiten für den Betrieb ausgeführt werden.

(10) Schwerbehinderte Menschen, die in Betriebsstätten Dritter auf der Grundlage einer Vereinbarung zwischen der Werkstatt und dem Betrieb tätig sind, können in dem Betrieb des allgemeinen Arbeitsmarktes nur dann auf die Zahl der Pflichtarbeitsplätze angerechnet werden, wenn sie dort ausschließlich im Rahmen einer Maßnahme zur Förderung des Übergangs aus der Werkstatt auf den allgemeinen Arbeitsmarkt beschäftigt werden (§ 75 Abs. 2a SGB IX); auf Tz. 13.8.5 wird hingewiesen.

4.3.4 Dauer und Ende der Beschäftigung

(1) Die behinderten Menschen sind nach § 137 Abs. 2 SGB IX im Arbeitsbereich zu beschäftigen, solange die Aufnahmevoraussetzungen (§ 137 Abs. 1 i. V. m. § 136 Abs. 2 SGB IX) vorliegen. Ob diese Voraussetzungen vorliegen, wird vom SHTr in regelmäßigen Abständen überprüft.

(2) Grundsätzlich endet die Beschäftigung im Arbeitsbereich – wie auch auf dem allgemeinen Arbeitsmarkt – spätestens mit dem Erreichen der rentenversicherungsrechtlichen Altersgrenze (Regelaltersgrenze, §§ 35 und 235 SGB VI), weil der spezifische Zweck der Teilhabe am Arbeitsleben mit dem Erreichen der Ruhestandsgrenze entfällt.[1]

(3) Bei behinderten Menschen, die vorzeitig Rente wegen Alters beziehen, kann im Einvernehmen mit dem zuständigen RehaTr das Beschäftigungsverhältnis in der Werkstatt (arbeitnehmerähnliches Rechtsverhältnis i. S. d. § 138 SGB IX) fortgesetzt werden, insbesondere wenn der behinderte Mensch an den Beschäftigungsangeboten im Arbeitsbereich der Werkstatt noch sinnvoll teilhaben kann, längstens jedoch bis zum Erreichen der rentenversicherungsrechtlichen Regelaltersgrenze.

(4) Der Hinzuverdienst aus der Beschäftigung in einer Werkstatt beeinträchtigt nicht die vorzeitige Inanspruchnahme einer Altersrente, weil das in der Werkstatt erzielte Entgelt nicht als Arbeitsentgelt i. S. d. SGB VI gilt (§ 34 Abs. 2 Satz 5 Nr. 2 SGB VI).

(5) Nach der Beendigung ihres Beschäftigungsverhältnisses in der Werkstatt aus Alters- oder gesundheitlichen Gründen sind den behinderten Menschen angemessene tagesstrukturierende Hilfen anzubieten, die ggf. auch vom Träger der Werkstatt organisiert werden können (§ 136 Abs. 3 SGB IX). Näheres hierzu ist unter Tz. 14 ausführlich dargestellt.

4.4 Begleitende Dienste (§ 10 WVO)

(1) Art oder Schwere der Behinderung der Menschen, die in einer Werkstatt beschäftigt sind, erfordern es, dass die Werkstatt für diesen Personenkreis nicht nur geeignete Berufsbildungs- und Arbeitsplätze vorhält, auf denen die behinderten Menschen von qualifiziertem Personal angeleitet und beruflich gefördert werden, sondern auch eine den Bedürfnissen der behinderten Menschen gerecht werdende

– pädagogische,
– soziale und
– medizinische

Betreuung in erforderlichem Umfang durch begleitende Dienste sicherstellen muss. Wenn darüber hinaus eine psychologische Betreuung durch besonderes Personal erforderlich ist, ist auch sie von der Werkstatt sicherzustellen (§ 136 Abs. 1 Satz 4 SGB IX, § 10 WVO).

(2) Nicht zu den Aufgaben der Werkstatt gehört die Ausführung von Maßnahmen und Leistungen, auf die ein Anspruch gegen die gesetzliche Krankenversicherung besteht, z. B. auf häusliche Krankenpflege nach § 37 SGB V (s. auch Tz. 10.4.3 Abs. 3).

---

[1] BVerwG, Urt. v. 21. 12. 2005 – 5 C 26.04

4.5 Fachausschuss (§ 2 Abs. 1 WVO)

(1) Nach § 2 Abs. 1 WVO ist bei jeder Werkstatt ein FA zu bilden.

(2) Zusammensetzung, Aufgaben und Verfahrensfragen sind in Tz. 5 näher beschrieben.

4.6 Personelle Ausstattung (§§ 9 und 10 WVO)

(1) Eine der Zielsetzung der Werkstatt entsprechende
- Durchführung des Eingangsverfahrens,
- Vermittlung einer angemessenen beruflichen Bildung,
- Beschäftigung im Arbeitsbereich sowie
- Vorbereitung des Übergangs auf den allgemeinen Arbeitsmarkt

unter Einschluss arbeitsbegleitender Maßnahmen, vor allem zur Weiterentwicklung der Persönlichkeit der behinderten Menschen, erfordert qualifiziertes Personal in den Werkstätten, wie es auch § 136 Abs. 1 Satz 4 SGB IX zwingend vorschreibt.

(2) Diese fachliche Anforderung wird qualitativ und quantitativ konkretisiert durch
- den in § 9 Abs. 1 WVO formulierten Grundsatz, dass die Werkstatt über die Fachkräfte verfügen muss, die erforderlich sind, um ihre Aufgaben entsprechend den jeweiligen Bedürfnissen der behinderten Menschen, insbesondere unter Berücksichtigung der Notwendigkeit einer individuellen Förderung, erfüllen zu können,
- § 9 Abs. 2 WVO für die Leitung einer Werkstatt,
- § 9 Abs. 3 WVO für die Fachkräfte zur Arbeits- und Berufsförderung,
- die Verordnung über die Prüfung zum anerkannten Abschluss Geprüfte Fachkraft zur Arbeits- und Berufsförderung in Werkstätten für behinderte Menschen vom 25. 6. 2001 (BGBl. I S. 1239) sowie
- § 10 WVO für die begleitenden Dienste, wonach neben Sozialpädagogen oder Sozialarbeitern auch pflegerische, therapeutische und sonstige erforderliche Fachkräfte im Einvernehmen mit den zuständigen RehaTr zur Verfügung stehen sollen. Die besondere ärztliche Betreuung der behinderten Menschen und die medizinische Beratung des Fachpersonals durch einen Arzt, möglichst durch einen Betriebsarzt, muss vertraglich sichergestellt sein.

(3) Ein über die in § 9 Abs. 3 und § 10 Abs. 2 WVO beschriebenen Personalschlüssel hinausgehender personeller Betreuungsbedarf steht einer Aufnahme in die Werkstatt grundsätzlich nicht entgegen. Bei den in der WVO genannten Zahlenverhältnissen von Fachpersonal zu behinderten Menschen handelt es sich um Durchschnittsschlüssel (im Berufsbildungsbereich 1:6, im Arbeitsbereich 1:12 und im begleitenden Dienst für je 120 behinderte Menschen ein Sozialpädagoge oder ¿arbeiter), die es der Werkstatt im Regelfall ermöglichen, flexibel auf den individuellen Hilfebedarf der behinderten Menschen einzugehen.

(4) Vorschriften über Personal, das über den Werkstattleiter, das Fachpersonal zur Arbeits- und Berufsförderung und die begleitenden Dienste hinaus erforderlich ist (z. B. Verwaltungskräfte, Reinigungs- und Küchenpersonal) sind in der WVO nicht enthalten; hierüber sind in den Leistungs- und Vergütungsvereinbarungen entsprechende Regelungen zu treffen.

(5) Zur personellen Ausstattung i. S. d. § 9 WVO gehören nicht die zur Produktionssteigerung beschäftigten Mitarbeiter (s. hierzu Tz. 9.2 Abs. 2 und 10.4.3 Abs. 5).

(6) Nach § 11 WVO hat die Werkstatt dem Fachpersonal nach §§ 9 und 10 WVO Gelegenheit zur Teilnahme an Fortbildungsmaßnahmen zu geben. Auf die „Gemeinsamen Empfehlungen zur Fortbildung von Fachkräften zur Arbeits- und Berufsförderung in Werkstätten für Behinderte", die 1996 von der BAG WfB, der Bundesanstalt für Arbeit und der BAGüS vereinbart wurden, wird hingewiesen (s. Anhang 8).

5 Zusammensetzung und Aufgaben des Fachausschusses der Werkstatt

5.1 Zusammensetzung (§ 2 Abs. 1 WVO)

(1) Dem bei jeder Werkstatt zu bildenden FA gehören in gleicher Zahl an
- Vertreter der Werkstatt,
- Vertreter der BA,
- Vertreter des überörtlichen SHTr oder des nach Landesrecht bestimmten örtlichen SHTr.

(2) Sofern im Einzelfall die Zuständigkeit eines anderen als der vorgenannten RehaTr zur Erbringung von Leistungen zur Teilhabe am Arbeitsleben und ergänzenden Leistungen in Betracht kommt, soll der FA zur Mitwirkung an der von ihm abzugebenden Stellungnahme (vgl. Tz. 5.2.1 bis 5.2.3) auch Vertreter dieses Trägers hinzuziehen. Der FA kann auch andere Personen zur Beratung hinzuziehen und soll, soweit erforderlich, Sachverständige hören (z. B. behandelnde Ärzte, Psychologen, Mitarbeiter von IFD und Anbietern Unterstützter Beschäftigung).

5.2 Aufgaben und Funktion

5.2.1 Beratung

(1) Aufgaben und Kompetenz des FA ergeben sich aus
- § 2 Abs. 2 WVO,
- § 3 Abs. 3 und 4 WVO,
- § 4 Abs. 6 WVO,
- § 5 Abs. 5 WVO.

(2) Der FA ist ein beratendes Gremium, das auf der Grundlage eines Vorschlages des Trägers der Werkstatt oder im Falle des § 5 Abs. 5 Satz 2 WVO auch des zuständigen RehaTr Stellungnahmen gegenüber dem zuständigen RehaTr abzugeben oder Empfehlungen auszusprechen hat, die durchaus von dem von der Werkstatt erarbeiteten Vorschlag abweichen können.

5.2.2 Verordnungsrechtliche Pflichten

(1) Der FA hat nach den Bestimmungen der WVO zu folgenden Zeitpunkten und / oder Sachverhalten gegenüber dem zuständigen RehaTr Stellungnahmen und Empfehlungen abzugeben:
1. Vor der Aufnahme des behinderten Menschen in die Werkstatt (§ 2 Abs. 2 WVO, s. Tz. 3.5) zu der Frage, ob
   - der behinderte Mensch für seine Teilhabe am Arbeitsleben und zu seiner Eingliederung in das Arbeitsleben Leistungen einer Werkstatt benötigt oder
   - andere Leistungen zur Teilhabe am Arbeitsleben in Betracht kommen, insbesondere Leistungen der Unterstützten Beschäftigung nach § 38a SGB IX.
2. Zum Abschluss des Eingangsverfahrens (§ 3 Abs. 3 und 4 WVO), wenn es um die Fragen geht,
   - ob die Werkstatt die geeignete Einrichtung zur Teilhabe behinderter Menschen am Arbeitsleben und zur Eingliederung in das Arbeitsleben i. S. d. § 136 SBG IX ist, sowie
   - welche Bereiche der Werkstatt in Betracht kommen (Berufsbildungsbereich oder in Ausnahmefällen direkter Übergang in den Arbeitsbereich – z. B. bei Wiederaufnahme –, aber auch: Tätigkeitsfelder, werkstattinterner oder ausgelagerter Berufsbildungsplatz) und
   - welche Leistungen zur Teilhabe am Arbeitsleben und ergänzende Leistungen oder Leistungen zur Eingliederung in das Arbeitsleben erforderlich sind und
   - welche Festlegungen im Eingliederungsplan getroffen werden sollen.

Kommt der FA zu dem Ergebnis, dass die Werkstatt als Einrichtung zur Eingliederung in das Arbeitsleben und zur Teilhabe am Arbeitsleben für den behinderten Menschen nicht geeignet ist bzw. dass der behinderte Mensch für die Werkstatt noch nicht geeignet ist, weil er die Aufnahmevoraussetzungen nach § 136 Abs. 2 SGB IX noch nicht erfüllt, soll er zugleich eine Empfehlung aussprechen,

– welche andere Einrichtung oder sonstige Maßnahmen für den behinderten Menschen in Betracht kommen bzw.
– nach welcher Zeit eine Wiederholung des Eingangsverfahrens zweckmäßig ist und welche Maßnahmen und welche anderen Leistungen zur Teilhabe in der Zwischenzeit durchgeführt werden sollen (§ 3 Abs. 4 WVO).

3. Rechtzeitig vor Beendigung einer Maßnahme im Berufsbildungsbereich (§ 4 Abs. 6 WVO), wenn es um die Frage geht, ob

– die Teilnahme an einer anderen oder weiterführenden beruflichen Bildungsmaßnahme in oder außerhalb der Werkstatt, z. B. nach Beendigung des Grundkurses die Teilnahme am Aufbaukurs, Wechsel auf einen ausgelagerten Berufsbildungsplatz, aber auch Durchführung einer individuellen betrieblichen Qualifizierung nach § 38a SGB IX),
– der Wechsel in eine andere oder weiterführende Rehabilitations- oder Berufsbildungseinrichtung, z. B. Teilnahme an berufsvorbereitenden Bildungsmaßnahmen in einem Berufsbildungswerk,
– eine Wiederholung der absolvierten Maßnahme im Berufsbildungsbereich oder
– eine Beschäftigung im Arbeitsbereich der Werkstatt oder auf dem allgemeinen Arbeitsmarkt einschließlich einem Integrationsprojekt (§ 132 SGB IX)

zweckmäßig erscheint sowie ob

– im Anschluss an die für ein Jahr bewilligten Leistungen im Berufsbildungsbereich Leistungen für ein weiteres Jahr bewilligt werden sollen (§ 4 Abs. 6 Satz 3 WVO i. V. m. § 40 Abs. 3 Satz 3 SGB IX);

(2) § 4 Abs. 6 Satz 2 sowie § 5 Abs. 5 WVO stellen klar, dass der FA eine Stellungnahme nicht nur zum planmäßigen Abschluss einer Maßnahme, sondern auch in bestimmten anderen Fällen abzugeben hat bzw. zu beteiligen ist, nämlich

– vor dem Abbruch oder vorzeitigen Wechsel der Maßnahme im Berufsbildungsbereich,
– vor dem Ausscheiden aus der Werkstatt während der Förderung im Berufsbildungsbereich,
– bei der Planung und Durchführung von arbeitsbegleitenden Maßnahmen zur Erhaltung und Erhöhung der im Berufsbildungsbereich erworbenen Leistungsfähigkeit und zur Weiterentwicklung der Persönlichkeit des behinderten Menschen im Arbeitsbereich (§ 5 Abs. 5 WVO, vgl. Tz. 6.3) und
– in allen Fragen, die im Zusammenhang mit der Förderung des Übergangs geeigneter Beschäftigter aus dem Arbeitsbereich auf den allgemeinen Arbeitsmarkt stehen (§ 5 Abs. 5 WVO, vgl. Tz. 7.3).

(3) Das Votum des FA soll zur Vorbereitung der Entscheidung des zuständigen RehaTr über die Erbringung von Leistungen zur Teilhabe am Arbeitsleben in und ggf. außerhalb („oberhalb") der Werkstatt beitragen. Die Entscheidung über die Leistungserbringung liegt jedoch in der alleinigen Zuständigkeit des RehaTr. Er hat die Stellungnahme des FA zu würdigen, ist an sie aber nicht gebunden. Eine Ausnahme von diesem Grundsatz bildet allerdings die nach § 4 Abs. 6 Satz 3 WVO abzugebende fachliche Stellungnahme des FA. Sie hat aufgrund der leistungsrechtlichen Regelung des § 40 Abs. 3 Satz 3 SGB IX Bindungswirkung. Näheres hierzu s. Tz. 10.3.

(4) Die Stellungnahme bzw. Empfehlung des FA ist bei der Erstellung des Gesamtplanes nach § 58 SGB XII zu berücksichtigen.

5.2.3 Weitere Beteiligungsmöglichkeiten

Es bleibt den Mitgliedern des FA unbenommen, die Behandlung weiterer Fragen sowie die regelmäßige Beratung bestimmter Einzelfälle auch während der Beschäftigung im Arbeitsbereich zu vereinbaren und Stellungnahmen abzugeben (vgl. Tz. 5.4.3); z. B. zu folgenden Sachverhalten:

- wenn ein behinderter Mensch nicht der Gruppe mit vergleichbarem Bedarf i. S. d. § 79 Abs. 1 Satz 1 Nr. 2 SGB XII zugeordnet werden konnte,
- Dauer der Beschäftigung bzw. Weiterbeschäftigung auf einem ausgelagerten Arbeitsplatz (s. Tz. 4.3.3 Abs. 7),
- Kürzung der Beschäftigungszeit / Teilzeitbeschäftigung (s. Tz. 8.4 Abs. 3),
- vor Beendigung des arbeitnehmerähnlichen Rechtsverhältnisses zur Werkstatt, soweit der behinderte Mensch nicht wegen seines Alters ausscheiden muss (s. Tz. 4.3.4 Abs. 2 und 3),
- rechtzeitig vor einem erforderlichen Übergang in angemessene Förderungs- und Beschäftigungsmaßnahmen i. S. der Tz. 14, wenn ein behinderter Mensch aus Altersgründen oder vorzeitig aus gesundheitlichen Gründen aus der Werkstatt ausscheiden muss (s. Tz. 14.5.1 Abs. 3),
- Durchführung der stufenweisen Wiedereingliederung arbeitsunfähiger Werkstattbeschäftigter gem. § 28 SGB IX (s. Tz. 3.6.2 Abs. 4).

5.2.4 Qualitätssicherung

Wegen seiner vielfältigen Beratungspflichten gegenüber den RehaTr sowie der Werkstatt (s. Tz. 5.4.2) im konkreten Einzelfall während der gesamten Dauer der Förderung und Beschäftigung im Eingangsverfahren, Berufsbildungs- und Arbeitsbereich, aber auch bei der konzeptionellen (Fort-)Entwicklung bestimmter Pflichtangebote der Werkstatt (z. B. arbeitsbegleitende und übergangsfördernde Maßnahmen) kommt dem FA, vor allem auch den ihm angehörigen Vertretern der BA und des SHTr, eine besondere Bedeutung für die Qualitätsentwicklung und ¿sicherung, also folglich für die Optimierung des Förderprozesses in der Werkstatt zu. Der FA ist damit ein wichtiges Instrument zur Wahrnehmung der gemeinsamen Verantwortung der Werkstatt und der zuständigen Leistungsträger für ein bedarfsgerechtes und differenziertes Angebot von Bildungsprogrammen und arbeitsmarktorientierter Beschäftigung. Die Umsetzung seiner Stellungnahmen, Empfehlungen und Anregungen kann Auswirkungen auf das Arbeitsergebnis der Werkstatt sowie auf die personelle Ausstattung und damit auf die von den zuständigen RehaTr zu zahlende Vergütung haben. Sie bedarf daher grundsätzlich der vorherigen Zustimmung der RehaTr bzw. der Anerkennungsbehörden.

5.3 Qualifizierung der Mitglieder des Fachausschusses

(1) Die sachgerechte und verantwortungsbewusste Wahrnehmung der Beratungsaufgaben im FA erfordert umfassende Grundkenntnisse bei allen Mitgliedern auf den Gebieten

- rechtliche Rahmenbedingungen der Werkstatt,
- Leistungen zur Teilhabe am Arbeitsleben (§§ 33 ff. SGB IX),
- Leistungsrecht der für die Teilhabe am Arbeitsleben zuständigen RehaTr (z. B. SGB II, SGB III, SGB VI, SGB VII, SGB XII, BVG),
- Berufsbildungsrecht (BBiG, HwO).
- Aufgaben der BA nach § 104 SGB IX,
- Aufgaben der Integrationsämter nach § 102 SGB IX i. V. m. der SchwbAV,
- IFD (§§ 109 ff. SGB IX),
- Integrationsprojekte (§§ 132 ff. SGB IX).

(2) Wünschenswert sind außerdem Grundkenntnisse in den Bereichen
– Konzepte, Verfahren und Methoden zur Förderung in einer Werkstatt,
– Verfahren zur Abklärung der Arbeitsmarktfähigkeit,
– Arbeitsanalyse und
– Planung eines Rehabilitationsverlaufs sowie der Berufs- und Persönlichkeitsförderung für behinderte Menschen.

(3) Es ist daher unabdingbar, dass auch die SHTr ihre Vertreter in den Fachausschüssen der Werkstätten in geeigneter Weise schulen bzw. ihnen die Teilnahme an Fortbildungsveranstaltungen ermöglichen.

5.4 Verfahren
5.4.1 Anwendungsbereiche der Verfahrensregelungen des § 3 Abs. 3 WVO

(1) Die Verfahrensregelungen des § 3 Abs. 3 WVO gelten für sämtliche vom FA nach den Bestimmungen der WVO abzugebenden Stellungnahmen (vgl. § 4 Abs. 6 Satz 4, § 5 Abs. 5 Satz 3 WVO) mit Ausnahme der gem. § 2 Abs. 2 WVO vor der Aufnahme des behinderten Menschen abzugebenden Stellungnahme (vgl. Tz. 3.5.3 Abs. 2).

(2) Nach § 3 Abs. 3 WVO gibt der FA sein Votum
– auf der Grundlage eines vom Träger der Werkstatt zu erarbeitenden Vorschlages, der Bestandteil des Eingliederungsplanes ist (vgl. Tz. 4.1.3), zur Frage, welche Anschlussmaßnahme zweckmäßig erscheint,
– nach Anhörung des behinderten Menschen, ggf. auch seines gesetzlichen Vertreters und
– unter Würdigung aller Umstände des Einzelfalls, insbesondere der Persönlichkeit des behinderten Menschen und seines Verhaltens in der Werkstatt
gegenüber dem zuständigen RehaTr – also nicht gegenüber der Werkstatt – ab.

(3) Anhörung i. S. d. § 3 Abs. 3 WVO bedeutet, dass dem behinderten Menschen und ggf. seinem gesetzlichen Vertreter die Gelegenheit zur mündlichen oder schriftlichen Äußerung zu geben ist. Es bleibt dem behinderten Menschen unbenommen, sich in einem persönlichen Gespräch von einer Person seines Vertrauens begleiten zu lassen. Der FA ist an das Ergebnis der Anhörung nicht gebunden, hat es aber unter Beachtung des Wunsch- und Wahlrechtes zu würdigen.

(4) Ferner schreibt die WVO mit den Formulierungen „zum Abschluss" (§ 3 Abs. 3 WVO) und „rechtzeitig vor Beendigung" (§ 4 Abs. 6 WVO) vor, dass der FA in den Fällen nach § 3 Abs. 3 und 4 sowie § 4 Abs. 6 WVO sein Votum so rechtzeitig abzugeben hat, dass der RehaTr, der für die Erbringung der in Betracht kommenden Anschlussmaßnahme zuständig ist, in der Lage ist, vor Beendigung der noch laufenden Maßnahme eine Entscheidung zu treffen. Dies ist bei der Terminierung der Sitzung unbedingt zu beachten.

(5) Weiter gehende verfahrensrechtliche und -technische Regelungen für den FA enthält die WVO nicht.

5.4.2 Adressat der Stellungnahmen des Fachausschusses

(1) Grundsätzlich gibt der FA seine Stellungnahmen und Empfehlungen in konkreten Einzelfällen ab, und zwar gegenüber dem zuständigen RehaTr (§ 2 Abs. 2, § 3 Abs. 3 und 4, § 4 Abs. 6 Satz 1 und 3, § 5 Abs. 5 Satz 2 und 3 WVO).

(2) Im Rahmen seines Beteiligungsrechtes nach § 5 Abs. 5 Satz 1 WVO kann der FA allerdings über eine Stellungnahme im Einzelfall hinaus auch zu allgemeinen Fragen der Planung und Durchführung von arbeitsbegleitenden Maßnahmen i. S. v. § 5 Abs. 3 WVO und der Förderung des Übergangs auf den allgemeinen Arbeitsmarkt nach § 5 Abs. 4 WVO seine Vorstellungen und Vorschläge formulieren. In diesem Fall wäre (zusätzlicher) Adressat der

Stellungnahme des FA auch die Werkstatt. Eine Erweiterung des Adressatenkreises kann auch für weitere Angelegenheiten i. S. d. Tz. 5.2.3 vereinbart werden.

5.4.3 Vereinbarungen zwischen den im Fachausschuss vertretenen Beteiligten

(1) Im Interesse eines klaren, einheitlichen und verbindlichen Verfahrens haben die BA, die BAG:WfbM sowie die BAGüS gemeinsame Arbeitshilfen für die Arbeit der Fachausschüsse vereinbart (s. Anhang 2). Sie stellen eine Grundlage für Vereinbarungen auf regionaler Ebene dar, in denen einvernehmlich Regelungen zumindest über

– die Vorbereitung, Einberufung und die zu beachtenden Fristen (z. B. Vorlage der Einladung und Unterlagen mindestens sieben Arbeitstage vor Sitzungstermin) und Durchführung (z. B. Umlaufverfahren, Beschlussfähigkeit, Protokollführung) der Sitzung des FA,
– die Form und den Inhalt der von der Werkstatt zu erarbeitenden Vorschläge und der Stellungnahmen bzw. Empfehlungen des FA (Musterformulare) sowie
– die über die in der WVO vorgegebenen Aufgaben hinausgehenden Beratungsgegenstände (s. Tz. 5.2.3)

festgelegt werden sollen.

(2) Die Vereinbarungen sollten auch die praktische Umsetzung der Verpflichtung der im FA vertretenen RehaTr zum Austausch der für die sachgerechte Meinungsbildung im FA und als Entscheidungshilfe für den zuständigen RehaTr erforderlichen Informationen und Unterlagen (auch ärztliche, psychologische Gutachten) unter Beachtung der Grundsätze des Datenschutzes beschreiben; auf Tz. 3.5.1 Abs. 4 wird hingewiesen.

6 Arbeitsbegleitende Maßnahmen

6.1 Aufgabe

(1) Aus der Eigenschaft der Werkstatt als eine Einrichtung zur Teilhabe behinderter Menschen am Arbeitsleben und zur Eingliederung in das Arbeitsleben darf nicht gefolgert werden, dass sie ausschließlich auf Arbeitsleben und Leistungsprinzip ausgerichtet ist. Vielmehr hat die Werkstatt auch sozialpädagogische und sozialbetreuerische Aufgaben sowie begleitend auch die erforderliche medizinische, psychologische und pflegerische Betreuung entsprechend den besonderen Bedürfnissen der behinderten Menschen zu gewährleisten. Die Werkstatt ist deshalb verpflichtet, zur Durchführung dieser Aufgaben begleitende Dienste einzurichten (§ 136 Abs. 1 Satz 4 SGB IX i. V. m. § 10 WVO).

(2) § 136 Abs. 1 Satz 2 Nr. 2 SGB IX, § 4 Abs. 1 und 4 sowie § 5 Abs. 3 WVO konkretisieren den Auftrag zur Durchführung arbeitsbegleitender Maßnahmen.

(3) Folgerichtig umfasst der in § 39 SGB IX allgemein formulierte Katalog der von den RehaTr in der Werkstatt zu erbringenden Leistungen auch Maßnahmen zur Weiterentwicklung der Persönlichkeit. § 41 Abs. 2 Nr. 2 SGB IX bekräftigt diesen Auftrag nochmals durch die ausdrückliche Klarstellung, dass die Leistungen im Arbeitsbereich auch auf die Teilnahme an arbeitsbegleitenden Maßnahmen zur Erhaltung und Verbesserung der im Berufsbildungsbereich erworbenen Leistungsfähigkeit und zur Weiterentwicklung der Persönlichkeit gerichtet sind.

6.2 Inhalt und Umfang

(1) Die arbeitsbegleitenden Maßnahmen müssen angemessen (§ 4 Abs. 1 Satz 1 WVO) bzw. geeignet (§ 5 Abs. 3 WVO) sein.

(2) Was „angemessene" Maßnahmen zur Weiterentwicklung der Persönlichkeit und „geeignete" Maßnahmen zur Erhaltung und Erhöhung der im Berufsbildungsbereich erworbenen Leistungsfähigkeit sind, wird im SGB IX und in der WVO nicht detailliert und allgemeingültig definiert. Dies ist vielmehr im Einzelfall zu entscheiden. Es muss jedoch stets unter Berücksichtigung der individuellen Bedürfnisse ein enger Zusammenhang mit auf Arbeit sowie

auf Entwicklung und Steigerung der Arbeitsfähigkeit ausgerichteten Maßnahmen der Werkstatt gegeben sein. Zu den arbeitsbegleitenden Maßnahmen gehören folglich keine Aktivitäten des Werkstattträgers, die zwar durchaus positive Auswirkungen auf die Entwicklung der Persönlichkeit haben, die aber die Aufgabenstellung der Werkstatt als Einrichtung zur Teilhabe behinderter Menschen am Arbeitsleben überschreiten (z. B. Freizeitgestaltung).

(3) Für den Berufsbildungsbereich enthält das „Rahmenprogramm" (s. Anhang 1) auch Aussagen zu den durchzuführenden begleitenden Maßnahmen, die grundsätzlich auch auf den Arbeitsbereich übertragbar sind.

(4) Als angemessen und geeignet sind vor allem Maßnahmen anzusehen, die die Fähigkeiten der behinderten Menschen in den Bereichen
– Lesen, Schreiben, Rechnen,
– Mobilität und Orientierung,
– Kooperation und Kommunikation mit anderen behinderten Menschen, Vorgesetzten und dem sonstigen sozialen Umfeld,
– eigenverantwortliche Lebensbewältigung und
– Festigung des Selbstwertgefühls

erhalten und erhöhen bzw. entwickeln. Der enge Bezug zum Arbeitsleben muss allerdings stets erkennbar und gewahrt sein.

(5) Im Rahmen arbeitsbegleitender Maßnahmen sollten Werkstattbeschäftigte auch rechtzeitig vor Erreichen des Rentenalters auf den Übergang in die Lebensphase nach dem Ausscheiden aus der Werkstatt vorbereitet werden, z. B. durch das Einüben einer altersgerechten Bewältigung der täglichen Lebensbedürfnisse bzw. durch eine sinnvolle Freizeitgestaltung.

6.3 Beteiligung des Fachausschusses / Verantwortung des Trägers der Sozialhilfe

§ 5 Abs. 5 WVO überträgt dem SHTr in seiner Eigenschaft als Mitglied im FA der Werkstatt eine besondere Verantwortung für die Ausgestaltung und Umsetzung der arbeitsbegleitenden Maßnahmen. Danach ist nämlich der FA der Werkstatt bei der Planung und Durchführung der arbeitsbegleitenden Maßnahmen zu beteiligen, und zwar im Allgemeinen und im Einzelfall (z. B. bei der Entwicklung von Konzepten und individuellen Förderprogrammen); s. Tz. 5.2.2 Abs. 2.

7 Förderung des Übergangs auf den allgemeinen Arbeitsmarkt

7.1 Auftrag der Werkstatt

7.1.1 Pflichtaufgabe der Werkstatt

(1) Nach § 136 Abs. 1 Satz 3 SGB IX hat die Werkstatt den Übergang geeigneter Personen auf den allgemeinen Arbeitsmarkt einschließlich einem Integrationsprojekt i. S. v. § 132 SGB IX durch geeignete Maßnahmen zu fördern. Konkretisiert wird diese Verpflichtung in § 136 Abs. 1 Satz 6 SGB IX, der der Werkstatt aufgibt, ausgelagerte Plätze auf dem allgemeinen Arbeitsmarkt zum Zwecke des Übergangs anzubieten, sowie in der WVO.

(2) Aus der Tatsache, dass die konzeptionellen Anforderungen und Verfahrensfragen der Förderung des Übergangs weitestgehend in § 5 WVO, der die Aufgabenstellung des Arbeitsbereichs beschreibt, präzisiert werden, darf nicht geschlossen werden, dass im Einzelfall die Frage nach einer möglichen Beschäftigung auf dem allgemeinen Arbeitsmarkt und eine zielgerichtete Vorbereitung auf einen solchen Übergang erst während der Beschäftigung des behinderten Menschen im Arbeitsbereich zu stellen bzw. von der Werkstatt einzuleiten ist. Vielmehr hat die Werkstatt diesen Auftrag auch im Eingangsverfahren und im Berufsbildungsbereich; dies ergibt sich aus § 3 Abs. 1 und 3, § 4 Abs. 6 Satz 1 Nr. 1 und 3 WVO. Auf Tz. 7.1.5 wird hingewiesen.

(3) Folglich definiert Ziffer 4.2.1 des „Rahmenprogramms" (s. Tz. 4.2.2 Abs. 2) als Ziel aller Bildungsmaßnahmen die Vorbereitung des behinderten Menschen auf geeignete Tätigkeiten auch auf dem allgemeinen Arbeitsmarkt.

(4) Ziffer 4.2.5 des „Rahmenprogramms" fordert von der Werkstatt, ihre Berufsbildungsmaßnahmen im Berufsbildungsbereich hinreichend zu differenzieren, *„um aufbauende oder ergänzende Bildungsangebote auch von Berufsschulen, Berufsbildungswerken, sonstigen Rehabilitationseinrichtungen, Handwerks*-*sowie Industrie- und Handelskammern wahrnehmen zu können"*. Hier wird also der Werkstatt verbindlich aufgegeben, dass die von ihr durchgeführten Bildungsmaßnahmen mit anderen Bildungsangeboten kompatibel sein müssen. Die Werkstatt hat folglich bei der Planung ihrer Angebote darauf zu achten, dass es Anschlussmöglichkeiten gibt, die im Einzelfall genutzt werden können. Der FA der Werkstatt sollte dies im Rahmen seines Beteiligungsrechts nach § 5 Abs. 5 Satz 1 WVO prüfen (s. Tz. 7.4.1).

7.1.2 Vorgaben der WVO

(1) Die Werkstatt muss die erforderlichen konzeptionellen und organisatorischen Voraussetzungen zur Planung und Durchführung von Maßnahmen zur Förderung des Übergangs von behinderten Menschen auf den allgemeinen Arbeitsmarkt schaffen und nach § 5 Abs. 5 WVO den FA hieran beteiligen (s. Tz. 7.3.1).

(2) Das Mitwirkungsrecht des Werkstattrats nach § 5 Abs. 1 Nr. 7 WMVO ist zu beachten.

(3) § 5 Abs. 4 Satz 1 WVO nennt als geeignete Maßnahmen zur Realisierung der gesetzlich vorgegebenen Zielsetzung:
– Einrichtung einer Übergangsgruppe mit besonderen Förderangeboten (s. Tz. 7.2.1),
– Entwicklung individueller Förderpläne (s. Tz. 7.2.2),
– Trainingsmaßnahmen (s. Tz. 7.2.3),
– Betriebspraktika (s. Tz. 7.2.4),
– zeitweise Beschäftigung auf ausgelagerten Arbeitsplätzen (s. Tz. 7.2.5).

Form und Inhalt dieser beispielhaft genannten Maßnahmen werden in der WVO nicht näher bestimmt.

(4) Es ist Auftrag der Werkstatt, gebotene weitere Maßnahmen zur zielgerichteten Vorbereitung in der Werkstatt für einen Wechsel auf den allgemeinen Arbeitsmarkt einschließlich einem Integrationsprojekt oder für eine weiterführende berufliche Bildungsmaßnahme außerhalb der Werkstatt zu konzipieren, z. B. durch berufsbildorientierte Qualifizierung / werkstattinterne Ausbildung (s. Tz. 7.2.6 Abs. 2).

(5) Auch bleibt es einem Werkstattträger – ggf. im Interesse einer ausreichenden Teilnehmerzahl auch im Verbund mit anderen Werkstattträgern – unbenommen, sich um die Durchführung weiterführender Maßnahmen für geeignete behinderte Menschen als Anschlussmaßnahme an die Förderung im Eingangsverfahren, Berufsbildungsbereich oder Arbeitsbereich zu bemühen und sich an diesbezüglichen Ausschreibungen der BA zu beteiligen und – rechtlich und organisatorisch von der Werkstatt getrennt – seine Angebotspalette als Bildungsträger zu erweitern (s. Tz. 13.7.1). Hierfür kämen vor allem Berufsvorbereitende Bildungsmaßnahmen (s. Tz. 3.3.5) in Betracht. Aber auch Ausbildungen gem. §§ 64 ff. BBiG / §§ 42k ff. HwO (s. Tz. 3.3.6) könnten beispielsweise angeboten werden.

(6) § 5 Abs. 4 Satz 2 und 3 WVO gibt der Werkstatt auf, im Rahmen der Förderung des Übergangs in jedem konkreten Einzelfall
– die notwendige arbeitsbegleitende Betreuung in der Übergangsphase bis zum formalrechtlichen Ausscheiden des Beschäftigten aus der Werkstatt sicherzustellen, wenn die Maßnahme im Betrieb eines Dritten durchgeführt wird (z. B. Betriebspraktikum, zeitweise Beschäftigung auf ausgelagertem Arbeitsplatz, externe Trainingsmaßnahmen). Inhalt und Form der arbeitsbegleitenden Betreuung sind in der WVO nicht festgelegt. Zu ihr gehören aber mit Sicherheit die erforderliche und durch Vereinbarung zwischen Werkstatt

und Betrieb zu regelnde Anleitung sowie Hilfen bei sozialen Konflikten am externen Arbeitsplatz durch Personal der Werkstatt oder / und des Betriebes des allgemeinen Arbeitsmarktes (s. Tz. 7.2.4 und 7.2.5) sowie die Ermöglichung zur Teilnahme an arbeitsbegleitenden Maßnahmen der Werkstatt (s. Tz. 4.4 und 6.);
– darauf hinzuwirken, dass der zuständige RehaTr – sofern die übergangsfördernde Maßnahme im Arbeitsbereich durchgeführt wird, also weitestgehend der SHTr – seine Leistungen nach den §§ 39 ff. SGB IX, insbesondere nach § 41 Abs. 2 Nr. 3 und Abs. 3 SGB IX i. V. m. den einschlägigen leistungsrechtlichen Vorschriften (speziell § 54 i. V. m. §§ 75 ff. SGB XII) erbringt, nämlich angemessene Vergütungen entrichtet,
– die BA bei der Durchführung der vorbereitenden Maßnahmen in die Bemühungen zur Vermittlung auf den allgemeinen Arbeitsmarkt einzubeziehen und
– zu veranlassen, dass nach dem Ausscheiden des behinderten Menschen aus der Werkstatt das Integrationsamt, ggf. unter Beteiligung eines IFD, die begleitende Hilfe im Arbeits- und Berufsleben erbringt (s. Tz. 13.6.3).

7.1.3 Konzeption zur Förderung des Übergangs auf den allgemeinen Arbeitsmarkt

(1) Der Auftrag an die Werkstatt, den Übergang geeigneter Personen auf den allgemeinen Arbeitsmarkt durch geeignete Maßnahmen zu fördern, erfordert zwangsläufig eine entsprechende, regelmäßig dem Wandel des Arbeitsmarktes und der rechtlichen Rahmenbedingungen anzupassende und mit den zuständigen RehaTr abzustimmende Konzeption des Werkstattträgers. Dieses Erfordernis sollte daher wegen seiner besonderen Bedeutung ausdrücklich in der Leistungsvereinbarung nach §§ 75 ff. SGB XII festgeschrieben werden.

(2) Eine Konzeption zur Förderung des Übergangs ist für jede Werkstatt unter Berücksichtigung der jeweiligen konkreten Bedingungen und unter Beteiligung des FA (s. Tz. 7.4.1) zu erarbeiten und in regelmäßigen Abständen zu überarbeiten. Sie muss zumindest Aussagen zu folgenden Punkten enthalten:

– *Zielsetzung;*
– *Zielvorgaben*

  Zielvorgaben sollten den Charakter einer internen Zielvereinbarung haben und die Zielsetzung operationalisieren und überprüfbar machen;

– *Zielgruppen*

  Aussagen zu Teilnahmevoraussetzungen und Teilnehmerauswahlkriterien für übergangsfördernde Maßnahmen;

– *Skizzierung der übergangsfördernden Maßnahmen*

  Charakterisierung der einzelnen angebotenen Maßnahmen. Beschreibung, in welchem Verhältnis sie zueinander stehen, inwieweit sie aufeinander aufbauen und eine „Übergangskette" darstellen. Aussagen zur Kompatibilität der Maßnahmen mit anderen (werkstattexternen) weiterqualifizierenden Bildungsmaßnahmen;

– *Sicherung der notwendigen arbeitsbegleitenden Betreuung;*
– *Rechtliche Rahmenbedingungen bei der Durchführung von Maßnahmen in Betrieben des allgemeinen Arbeitsmarktes*

  Darstellung der Rechtsbeziehungen zwischen Werkstatt und Betrieb, Werkstatt und dem behinderten Menschen, dem behinderten Menschen und Betrieb; hierbei sind insbesondere Fragen der Dauer, der Finanzierung des Arbeitsentgelts, der Arbeitszeit und Pausenregelung, der Aufsichtspflicht, des Weisungsrechts, der Betreuung am externen Arbeitsplatz und der Möglichkeit zur Teilnahme an werkstattinternen Angeboten zu behandeln;

– *Personelle Absicherung der mit der Planung und Durchführung übergangsfördernder Maßnahmen zusammenhängenden Aufgaben*

Hier sind insbesondere Aussagen zu treffen
- zur Aufgabenbeschreibung des Personals,
- zum Stellenumfang,
- zur Zuordnung der vorgenannten Aufgaben auf die Fachkräfte, die begleitenden Dienste oder besonderes Personal zur Förderung des Übergangs sowie auf Mitarbeiter Dritter (z. B. IFD, Integrationsämter);
- *Qualifizierung des Fachpersonals*
  Aussagen zu Formen der Vermittlung von Informationen über die Instrumente und rechtlichen Fördermöglichkeiten zur Vorbereitung bzw. Beschäftigung behinderter Menschen auf den bzw. dem allgemeinen Arbeitsmarkt an das Fachpersonal der Werkstatt;
- *Verfahrensabläufe*
  Aussagen zur Abstimmung und Koordination innerhalb der Werkstatt und zur Einbeziehung des FA, der BA, des Integrationsamtes sowie des Werkstattrates;
- *Zielüberprüfung*
  Aussagen dazu, wie die angebotenen Maßnahmen in ihrer Gesamtheit und im Einzelfall hinsichtlich der Zielerreichung überprüft werden und welche Konsequenzen ggf. vorgesehen sind.

7.1.4 Entwicklung von Förderprogrammen (Curricula)

(1) Eine systematische und zielgerichtete Vorbereitung geeigneter behinderter Beschäftigter in Werkstätten erfordert jedoch nicht nur eine Konzeption, sondern auch die Entwicklung von Förderprogrammen.

(2) Der Entwicklung von Förderprogrammen, deren Ziel ein Arbeitsplatz auf dem allgemeinen Arbeitsmarkt ist, sollte ein Fähigkeitskatalog zugrunde gelegt werden, der auf den acht allgemeinen psychischen Fähigkeiten basiert, nämlich Antrieb, Auffassung, Ausdauer, Konzentration, kritische Kontrolle, Kritisierbarkeit, Pünktlichkeit und Sorgfalt.

(3) So kann beispielsweise die allgemeine psychische Fähigkeit „Sorgfalt" – nach MELBA (Merkmalsprofile zur Eingliederung Leistungsgewandelter und Behinderter in Arbeit) definiert als die Fähigkeit, „Arbeiten korrekt, gewissenhaft und umsichtig ausführen zu können" – in den Werkstätten so trainiert werden, in dem die Ausführungsqualität der Arbeiten einer fortlaufenden Prüfung unterzogen wird und eine entsprechende Hilfestellung gegeben wird. Ebenso muss es auch möglich sein, dass die Fähigkeit, Termine und Uhrzeiten fristgerecht einzuhalten (Pünktlichkeit), eingefordert wird. Dazu gehört, dass z. B. Pausenzeiten nicht überzogen werden oder „eigenmächtig" weitere Pausen – ohne dass Sanktionen befürchtet werden müssen – eingelegt werden können.

(4) Bei der Entwicklung von Förderprogrammen in Werkstätten muss die Vermittlung eines „Echtheitscharakters" im Vordergrund stehen, damit die realen Erfordernisse und Gepflogenheiten des allgemeinen Arbeitsmarktes auch möglichst real widergespiegelt werden und somit eingeübt werden können.

(5) Um das Erreichen der Förderziele zu überprüfen, sind möglichst regelmäßige Praktika auf dem allgemeinen Arbeitsmarkt zu organisieren – nicht nur für die zu fördernden behinderten Menschen, sondern auch für das in der Werkstatt mit der Planung und Durchführung von übergangsfördernden Maßnahmen beauftragte Personal. Häufig arbeitet das Fachpersonal schon lange in den Werkstätten, sodass zumindest die Gefahr virulent ist, dass sich der Beurteilungsmaßstab (nicht die Beurteilungen an sich) zu sehr an der Gruppe der zu fördernden Personen orientiert und die objektiv bestehenden Anforderungen außerhalb der Einrichtung verloren gehen. Hier bieten Praktika die Möglichkeit, diesen Bezug erneut herzustellen.

7.1.5 Weichenstellung im Eingangsverfahren und Berufsbildungsbereich

(1) Dem Eingangsverfahren und dem Berufsbildungsbereich kommen wichtige Weichenstellungsfunktionen bei der Frage zu, ob im Einzelfall im Anschluss an die in diesen Bereichen der Werkstatt durchgeführten Maßnahmen eine Beschäftigung auf dem allgemeinen Arbeitsmarkt einschließlich Integrationsprojekten oder ein Ausscheiden aus der Werkstatt wegen der Eignung für eine andere, höher qualifizierende berufliche Bildungsmaßnahme geboten ist oder zweckmäßig erscheint. Eine solche Maßnahme kann beispielsweise sein

– eine individuelle betriebliche Qualifizierung im Rahmen der Unterstützten Beschäftigung nach § 38a SGB IX,
– eine berufsvorbereitende Bildungsmaßnahme (BvB),
– eine Maßnahme des Werkstatt- oder eines anderen Bildungsträgers, die Berufsbildungsabschlüsse i. S. d. §§ 64 ff. BBiG / §§ 42k ff. HwO ermöglicht oder
– eine Ausbildung in einer außerbetrieblichen (Berufsbildungswerk oder Berufsförderungswerk) oder betrieblichen Ausbildungsstätte.

(2) Zur Vorbereitung solcher Bildungsmaßnahmen können der Einsatz auf ausgelagerten Berufsbildungsplätzen (§ 136 Abs. 1 Satz 5 SGB IX) sowie externe Betriebspraktika bereits während der Förderung im Berufsbildungsbereich hilfreich sein.

(3) Zu der Frage nach der Eignung des behinderten Menschen für weiterführende Bildungsmaßnahmen legt die Werkstatt in dem von ihr zu erstellenden und fortzuschreibenden Eingliederungsplan (s. Tz. 4.1.3) zum Abschluss jedes Förderabschnitts ihre diesbezüglichen Erkenntnisse dar. Der FA hat jeweils spätestens zum Abschluss des Eingangsverfahrens und rechtzeitig vor Beendigung des Berufsbildungsbereichs zur Möglichkeit des Übergangs aus der Werkstatt in eine berufsvorbereitende Bildungsmaßnahme oder auf den allgemeinen Arbeitsmarkt Stellung zu nehmen (§ 3 Abs. 3, § 4 Abs. 6 WVO); auf Tz. 5.2.2 und 7.3 wird hingewiesen.

7.1.6 Vorbereitung des Übergangs auf den allgemeinen Arbeitsmarkt als Daueraufgabe im Arbeitsbereich

(1) Der Übergang der behinderten Menschen auf den allgemeinen Arbeitsmarkt ist eine wesentliche Zielsetzung ihrer Beschäftigung im Arbeitsbereich der Werkstatt (§ 5 Abs. 4 WVO). Die Eignung des Einzelnen für einen Wechsel auf den allgemeinen Arbeitsmarkt oder in eine weiterführende Qualifizierungsmaßnahme außerhalb der Werkstatt und die hierzu erforderlichen individuellen übergangsfördernden Maßnahmen sind daher in regelmäßigen Abständen von

– der Werkstatt,
– dem zuständigen RehaTr und
– dem FA

zu prüfen (§ 5 Abs. 4 und 5 WVO) und zu dokumentieren. Die Eingliederungspläne (s. Tz. 4.1.3) sind von der Werkstatt entsprechend fortzuschreiben. Das Prüfungsergebnis ist auch bei der Fortschreibung des Gesamtplanes nach § 58 SGB XII vom SHTr zu berücksichtigen.

(2) Zur Frage, welche Instrumente zur Förderung des Übergangs auf den allgemeinen Arbeitsmarkt und zur besonderen Unterstützung der Beschäftigung auf dem allgemeinen Arbeitsmarkt in Betracht kommen können, wird auf Tz. 7.2, 13.3 und 13.7 verwiesen. Die Umsetzung des § 5 Abs. 5 WVO (Beteiligung des FA) wird unter Tz. 7.3 präzisiert.

7.1.7 Inhaltliche Überschneidungen übergangsfördernder Maßnahmen der Werkstatt mit Leistungen zur Unterstützen Beschäftigung nach § 38a SGB IX

Bestimmte übergangsfördernde Maßnahmen, vor allem die zeitweise Beschäftigung auf ausgelagerten Arbeitsplätzen (s. Tz. 7.2.5), werden mit hoher Wahrscheinlichkeit in erheblichem Umfang auch wesentliche Elemente einer individuellen betrieblichen Qualifizierung i. S. d. Leistungen zur Unterstützten Beschäftigung nach § 38a Abs. 2 Satz 1 und 2 SGB IX beinhalten, die mit der Aufgabenstellung der Werkstatt nach § 5 Abs. 3 und 4 WVO inhaltlich vergleichbar sind (z. B. Vorbereitung auf ein sozialversicherungspflichtiges Beschäftigungsverhältnis und Qualifizierung auf einen betrieblichen Arbeitsplatz des allgemeinen Arbeitsmarktes, Vermittlung von berufsübergreifenden Lerninhalten, Weiterentwicklung der Persönlichkeit des behinderten Menschen). Trotzdem handelt es sich bei der Ausführung dieser Angebote der Werkstatt ausschließlich um Maßnahmen zur Förderung des Übergangs, deren Leistung nach § 41 Abs. 2 Nr. 2 und 3 SGB IX vom SHTr im Rahmen der Eingliederungshilfe nach § 54 Abs. 1 Satz 1 i. V. m. §§ 75 ff. SGB XII zu erbringen ist. Hat sich allerdings die Leistungsfähigkeit des behinderten Menschen durch die übergangsfördernde Maßnahme so weit verbessert, dass er nicht mehr werkstattbedürftig i. S. d. § 136 Abs. 1 SGB IX ist, enden seine Rechtsbeziehungen zur Werkstatt und die Leistungspflicht des für den Arbeitsbereich zuständigen RehaTr.

7.2 Instrumente und Maßnahmen der Werkstatt zur Förderung des Übergangs auf den allgemeinen Arbeitsmarkt

7.2.1 Einrichtung einer Übergangsgruppe mit besonderen Förderangeboten

(1) Unter einer Übergangsgruppe mit besonderen Förderangeboten ist eine Zusammenfassung derjenigen behinderten Menschen einer Werkstatt zu verstehen, die nach Auffassung des FA für eine zielgerichtete Vorbereitung auf den allgemeinen Arbeitsmarkt geeignet scheinen und mit denen nach entsprechender Einwilligung des zuständigen RehaTr – durchaus auch individuell unterschiedliche – übergangsfördernde Maßnahmen durchgeführt werden. Die Bildung einer Übergangsgruppe ist demnach noch keine eigenständige Fördermaßnahme, sondern vielmehr eine (möglicherweise auch „virtuelle") Organisationseinheit derjenigen Beschäftigten der Werkstatt, die auf einen Wechsel auf den allgemeinen Arbeitsmarkt vorbereitet werden.

(2) Die Mitglieder der Übergangsgruppe müssen also nicht ständig in besonderen Räumlichkeiten der Werkstatt zusammengefasst und dort gemeinsam durch praktische Übungen und theoretische fachspezifische Unterweisungen für einen Wechsel aus der Werkstatt auf den allgemeinen Arbeitsmarkt geschult werden.

(3) Die besonderen Förderangebote umfassen – differenziert nach dem jeweiligen Bedarf des behinderten Menschen – sowohl fachlich-tätigkeitsbezogene und theoretische Inhalte als auch sozial-kommunikative Kompetenzen (Umgang mit Kollegen und Vorgesetzten, Konfliktbewältigung) und solche Kompetenzen, die mit einem Arbeitsverhältnis auf dem allgemeinen Arbeitsmarkt in unmittelbarem Zusammenhang stehen (z. B. arbeitsvertragliche Rechte und Pflichten, Heranführung an die tarifrechtlich übliche „echte" Arbeitszeit, geänderte Pausenregelungen, Verlegung bestimmter arbeitsbegleitender Maßnahmen in die Freizeit). Eine regelmäßige stundenweise Zusammenziehung der Übergangskandidaten für besondere Schulungen (z. B. Erwerb von Rechen-, Schreib- und Lesekenntnissen) ist durchaus möglich.

(4) Bei der in der Übergangsgruppe einer Werkstatt angebotenen besonderen Förderung handelt es sich inhaltlich und rechtlich nicht um eine in § 33 SGB IX aufgeführte Leistung zur Teilhabe am Arbeitsleben, sondern um einen integralen Bestandteil der von dem im Arbeitsbereich zuständigen RehaTr zu erbringenden Leistungen nach § 41 Abs. 2 Nr. 3 SGB IX.

(5) Im Übrigen wird auf das Schaubild „Mitwirkung des FA beim Übergang aus der Werkstatt auf den allgemeinen Arbeitsmarkt" unter Tz. 7.3.3 verwiesen.

7.2.2 Entwicklung individueller Förderpläne

(1) Um die geeigneten behinderten Beschäftigten in der Werkstatt zielgerichtet auf den allgemeinen Arbeitsmarkt oder einen Wechsel in eine höherqualifizierende Maßnahme außerhalb der Werkstatt vorzubereiten, ist es unabdingbar, dass die Werkstatt in jedem Einzelfall zu Beginn einer übergangsfördernden Maßnahme im Zusammenwirken mit den behinderten Menschen und dem FA einen individuellen Förderplan erstellt (§ 5 Abs. 4 und 5 i. V. m. § 3 Abs. 3 WVO), der eine spezifische zielorientierte Fortentwicklung des Eingliederungsplans (s. Tz. 4.1.3) darstellt.

(2) Grundlagen dieses Förderplans sollten
– die bisherige Entwicklung der Beschäftigung in der Werkstatt, ggf. auch der berufliche Werdegang vor Aufnahme in die Werkstatt,
– das Leistungsvermögen,
– das Sozialverhalten sowie
– die gesundheitliche Situation
des behinderten Menschen sein.

(3) In dem individuellen Förderplan werden
– das Maßnahmeziel,
– der vorgesehene Maßnahmeverlauf,
– die für notwendig erachtete arbeitsbegleitende Betreuung sowie
– weitere besondere Hilfen der Werkstatt oder eines einzubeziehenden Dritten (z. B. Arbeitsvermittlung der BA, IFD)
festgelegt. Hierbei ist zu beachten, dass die spezifischen Maßnahmen durch die Art der Behinderung, deren individuelle Ausprägung und Auswirkungen und dem sich daraus ergebenden inhaltlichen und zeitlichen Umfang bestimmt sind.

7.2.3 Trainingsmaßnahmen

(1) Trainingsmaßnahmen umfassen unterschiedliche Inhalte und Formen von individuellen Maßnahmen, die den Übergang auf den allgemeinen Arbeitsmarkt fördern. Bereits im Begriff „Training" kommt zum Ausdruck, dass es hier nicht vorrangig um den Erwerb theoretischen Wissens, sondern um praktisches Einüben bestimmter Tätigkeiten geht. Es sollen also eingrenzbare, klar benennbare Kompetenzen erworben werden (z. B. Bedienung einer bestimmten Spezialmaschine).

(2) Auch wenn die Inhalte der Trainingsmaßnahmen grundsätzlich unmittelbar fachlich-tätigkeitsbezogen sein dürften, können sie durchaus auch soziale und alltagspraktische Kompetenzen umfassen, die mit dem Wechsel auf den allgemeinen Arbeitsmarkt in direktem Bezug stehen und in Abgrenzung zu den arbeitsbegleitenden Maßnahmen i. S. d. § 5 Abs. 3 WVO im Rahmen der Trainingsmaßnahme eine spezielle Vertiefung erfahren (z. B. besonderes Wegetraining, um selbstständig einen Praktikums- oder Arbeitsplatz in einem Betrieb zu erreichen).

(3) Trainingsmaßnahmen können sowohl innerhalb der Werkstatt als auch außerhalb der Werkstatt auf Veranlassung und unter Kostenträgerschaft der Werkstatt durchgeführt werden; die externe Durchführung von Trainingsmaßnahmen berührt das Rechtsverhältnis des behinderten Menschen zur Werkstatt nicht. Die Dauer von Trainingsmaßnahmen kann durchaus unterschiedlich sein und von wenigen Tagen bis zu mehreren Wochen reichen.

(4) Tz. 7.2.1 Abs. 4 gilt entsprechend.

7.2.4 Betriebspraktika

(1) Als Erfolg versprechende Maßnahme
- für die Gewinnung von Erkenntnissen über die realistischen Chancen und die individuellen erforderlichen Voraussetzungen für eine Beschäftigung auf dem allgemeinen Arbeitsmarkt im Einzelfall einerseits sowie
- für die konkrete Anbahnung der Begründung eines Arbeitsverhältnisses (als letzter Schritt vor dem Abschluss eines Arbeitsvertrages oder einer Probebeschäftigung i. S. d. § 238 SGB III) im Betrieb des potenziellen Arbeitgebers andererseits

haben sich externe Praktika bewährt.

(2) Praktika in Betrieben des allgemeinen Arbeitsmarktes einschließlich Integrationsprojekten geben
- dem behinderten Menschen die Möglichkeit, die Arbeitsbedingungen auf dem allgemeinen Arbeitsmarkt realistisch kennen zu lernen (sogenanntes Orientierungspraktikum, i. d. R. 2 bis 4 Wochen),
- die Möglichkeit zur Feststellung, ob und welche Hilfen für eine dauerhafte Beschäftigung erforderlich sind,
- Aufschlüsse,
  - ob der behinderte Mensch für die vorgesehene Beschäftigung geeignet ist (z. B. Belastbarkeit, Leistungsfähigkeit),
  - ob die vorgesehene Beschäftigung den Wünschen und Interessen des behinderten Menschen entspricht,
  - über das Zusammenwirken zwischen dem behinderten Menschen und seinen Vorgesetzten und Kollegen sowie über die innerbetriebliche Kooperations- und Integrationsbereitschaft,
  - ob die Arbeitsanforderungen an die Möglichkeiten des behinderten Menschen angepasst werden können.

(3) Dem Betriebspraktikum kommt demnach eine Orientierungs-, Qualifizierungs-, Erprobungs- und Anbahnungsfunktion zu.

(4) Die Dauer eines Betriebspraktikums kann entsprechend der Zielsetzung der Maßnahme variabel sein, sollte aber i. d. R. sechs Monate nicht überschreiten. Innerhalb dieses Zeitrahmens müsste es in den meisten Fällen möglich sein, die vorgenannten Fragestellungen abzuklären. Durch ein Praktikum darf die Einleitung noch erforderlicher Qualifizierungsmaßnahmen oder gar der Abschluss eines Arbeitsvertrages nicht aus sachfremden Motiven hinausgezögert werden. Diesen Grundsatz hat der FA der Werkstatt bei der Abgabe seiner Stellungnahme im Falle einer begehrten Verlängerung eines Praktikums stets zu beachten.

(5) Der behinderte Mensch bleibt während des Praktikums Beschäftigter der Werkstatt; seine Rechtsbeziehungen zur Werkstatt und zu dem für die Erbringung der Leistungen in der Werkstatt zuständigen RehaTr bleiben unberührt. Dies gilt insbesondere für die Fortzahlung des Arbeitsentgelts und des Arbeitsförderungsgeldes (s. hierzu auch Tz. 8.2.3 Buchst. a Abs. 4 und 8.2.3 Buchst. b Abs. 4). Die Werkstatt ist demnach für die gebotene Förderung und arbeitsbegleitende Betreuung auch während des Praktikums uneingeschränkt verantwortlich.

(6) Die Beziehungen zwischen der Werkstatt und dem den Praktikumplatz anbietenden Betrieb, insbesondere die Rechte und Pflichten aller Beteiligten, sollten schriftlich geregelt werden. Zumindest bei einem über einen längeren Zeitraum vorgesehenen Praktikum sollten insbesondere festgelegt werden
- Beginn / Ende und Dauer des Praktikums,
- die Zielsetzung (Orientierung, Qualifizierung, Integration),
- die Praktikumsinhalte und zu vermittelnden Kenntnisse,

– die tägliche Arbeitszeit,
– die Benennung der für die Durchführung verantwortlichen Fachkraft des Betriebes sowie
– Regelungen zur
  – Aufsicht, zu Weisungsrechten und Pflichten,
  – Sicherung der arbeitsbegleitenden Betreuung des behinderten Menschen durch die Werkstatt und
  – Möglichkeit der Intervention der Werkstatt.

(7) Die Werkstatt hat in der Zeit der Durchführung eines Praktikums Anspruch auf die mit dem jeweiligen RehaTr für die Förderung und Beschäftigung in der Werkstatt vereinbarte Vergütung, die auch der Werkstatt eventuell entstehende Kosten für Praktika enthält (§ 41 Abs. 2 und 3 SGB IX i. V. m. §§ 75 ff. SGB XII, s. auch Tz. 10.4.4 Abs. 2). Zuständig ist der RehaTr, der vor Beginn des Praktikums die Leistungen in der Werkstatt zu erbringen hatte.

(8) Auf die Möglichkeit des Arbeitgebers, bei dem ein Praktikum als Maßnahme nach § 5 Abs. 4 WVO durchgeführt wird, Leistungen vom Integrationsamt nach § 27 Abs. 1 Satz 2 SchwbAV zur Abgeltung der ihm im Zusammenhang mit der Absolvierung eines Praktikums eines Werkstattbeschäftigten entstehenden außergewöhnlichen Belastungen (z. B. für zusätzlichen Personalaufwand des Betriebes) erhalten zu können, wird hingewiesen; s. auch Tz. 10.4.4 Abs. 3.

(9) Tz. 7.2.1 Absatz 4 gilt entsprechend. Auf Tz. 13.8.5 wird hingewiesen.

7.2.5 Zeitweise Beschäftigung auf ausgelagerten Arbeitsplätzen

(1) § 136 Abs. 1 Satz 6 SGB IX stellt i. V. m. § 5 Abs. 4 Satz 1 WVO an die Werkstatt die fachliche Anforderung, zum Zwecke der Förderung des Übergangs auf den allgemeinen Arbeitsmarkt über ausgelagerte Arbeitsplätze zu verfügen, auf denen hierfür in Betracht kommende Werkstattbeschäftigte auf einen Wechsel aus der Werkstatt in ein sozialversicherungspflichtiges Arbeitsverhältnis auf dem allgemeinen Arbeitsmarkt vorbereitet und der Abschluss eines Arbeitsvertrages zwischen den behinderten Menschen und dem Unternehmen angebahnt werden sollen.

(2) Ausgelagerte Arbeitsplätze, die mit dieser Zielsetzung eingerichtet werden, bieten dem behinderten Menschen die Möglichkeit, sich unter den Rahmenbedingungen des allgemeinen Arbeitsmarktes, aber unter Hilfestellungen und dem Schutz der Werkstatt, deren Beschäftigter er bei unveränderter Rechtsstellung (§ 138 SGB IX, s. auch Tz. 8) weiterhin bleibt, bei seinem potenziellen künftigen Arbeitgeber die berufspraktischen Fähigkeiten und sozialen Kompetenzen zu erwerben, die erforderlich sind, um aus der Werkstatt formal ausscheiden und ein Arbeitsverhältnis auf dem allgemeinen Arbeitsmarkt eingehen zu können.

(3) Die Zielsetzung solcher ausgelagerten Arbeitsplätze erfordert zwangsläufig eine zeitliche Befristung, binnen der eine Klärung über den endgültigen Wechsel aus der Werkstatt auf den allgemeinen Arbeitsmarkt herbeigeführt werden muss. Demzufolge wird auch im Katalog des § 5 Abs. 4 Satz 1 WVO (s. Tz. 7.1.2 Abs. 3) eine „zeitweise" Beschäftigung auf ausgelagerten Arbeitsplätzen als geeignete Maßnahme zur Förderung des Übergangs auf den allgemeinen Arbeitsmarkt genannt. Ein zeitlicher Rahmen für diese Maßnahme ist in der WVO nicht vorgegeben; die Dauer der zeitweisen externen Beschäftigung ist vielmehr individuell festzulegen. Erfahrungsgemäß ist in der Regel ein Zeitraum von zwölf Monaten ausreichend, eine längere Zeitspanne ist aber in begründeten Fällen durchaus möglich. Kommt ein Arbeitsverhältnis innerhalb der festgelegten Zeit mit dem Betrieb, in dem der behinderte Mensch auf einem ausgelagerten Arbeitsplatz der Werkstatt beschäftigt wird, nicht zustande, ist diese Maßnahme zu beenden und der Beschäftigte erhält einen anderen geeigneten Arbeitsplatz der Werkstatt.

(4) Durch die zeitweise Beschäftigung eines behinderten Menschen auf einem ausgelagerten Arbeitsplatz in einem Betrieb des allgemeinen Arbeitsmarktes wird die Verantwortlichkeit

der Werkstatt und des vor Beginn der Maßnahme für die Leistungserbringung in der Werkstatt zuständigen RehaTr gegenüber dem Beschäftigten nicht eingeschränkt.

(5) Die rechtlichen Rahmenbedingungen sind zwischen dem Werkstattträger und dem Betrieb schriftlich festzulegen. Insbesondere bedarf es verbindlicher Regelungen
– zu Fragen des Einsatzes des behinderten Menschen im Betrieb und zur Ausgestaltung des dortigen Arbeitsplatzes,
– zur Aufsicht, zu Weisungsrechten und Pflichten,
– zur Sicherung der arbeitsbegleitenden Betreuung des Beschäftigten am Arbeitsplatz und zum Einsatz der begleitenden Dienste der Werkstatt sowie zur Teilnahme des behinderten Menschen an allgemeinen Angeboten der Werkstatt,
– zu Interventionsmöglichkeiten der Werkstatt,
– zu Fragen, die zur Erfüllung des Werkstattvertrages gehören, insbesondere die Wahrung der Rechte des behinderten Menschen (§§ 138, 139 SGB IX, §§ 13, 14 WVO; WMVO; s. auch Tz. 8),
– zu möglichen Ergänzungen zur gesetzlichen Unfallversicherung der Werkstatt,
– zur Beteiligung von Mitarbeitern des Betriebes bei der Erfüllung bestimmter Aufgaben der Werkstatt (z. B. praktische Anleitung und Schulung des behinderten Menschen am Arbeitsplatz).

(6) Der FA kann aus § 5 Abs. 5 WVO das Recht auf Unterrichtung über den Inhalt der entsprechenden vertraglichen Regelungen ableiten und sollte hiervon wegen seiner Verantwortung gegenüber dem behinderten Menschen Gebrauch machen. Im Übrigen gehört es zu den Aufgaben des FA, im Rahmen seiner fachlichen Begleitung der übergangsfördernden Maßnahmen darauf zu achten, dass ein Missbrauch dieser Beschäftigungsform durch den externen Betrieb unterbleibt. Auf Tz. 4.3.3 Abs. 7 wird hingewiesen.

(7) Die Werkstatt hat auch während der zeitweisen Beschäftigung auf einem ausgelagerten Arbeitsplatz Anspruch auf eine angemessene Vergütung nach § 41 Abs. 3 SGB IX i. V. m. §§ 75 ff. SGB XII (s. Tz. 10.4.4 Abs. 2). Auf die Möglichkeit des Arbeitgebers, in dessen Betrieb oder Dienststelle die zeitweise Beschäftigung als Maßnahme nach § 5 Abs. 4 WVO durchgeführt wird, Leistungen vom Integrationsamt nach § 27 Abs. 1 Satz 2 SchwbAV zur Abgeltung der ihm im Zusammenhang mit der Absolvierung dieser Form einer Probebeschäftigung eines Werkstattbeschäftigten entstehenden außergewöhnlichen Belastungen (z. B. für zusätzlichen Personalaufwand des Betriebes) erhalten zu können, wird hingewiesen; s. auch Tz. 10.4.4 Abs. 3.

(8) Bezüglich der inhaltlichen Vergleichbarkeit der berufspraktischen Qualifizierung und Betreuung im Rahmen einer zeitweisen Beschäftigung auf ausgelagerten Arbeitsplätzen zum Zwecke der Förderung des Übergangs auf den allgemeinen Arbeitsmarkt mit den Leistungen zur individuellen betrieblichen Qualifizierung im Rahmen der Unterstützten Beschäftigung nach § 38a Abs. 2 SGB IX wird auf Tz. 7.1.7 verwiesen.

(9) Die Leistungspflicht des RehaTr endet spätestens mit der Begründung eines Arbeitsverhältnisses zwischen dem behinderten Menschen und dem Betrieb oder dem Wechsel in eine weiterqualifizierende Maßnahme (z. B. Ausbildung).

(10) Tz. 7.2.1 Absatz 4 gilt entsprechend.

(11) Auf Tz. 13.8.5 wird hingewiesen.

7.2.6 Sonstige Maßnahmen

(1) Es ist Auftrag der Werkstatt bzw. des Werkstattträgers, von sich aus kreativ tätig zu werden, um weitere nicht in § 5 Abs. 4 WVO beispielhaft aufgeführte Maßnahmen zum Übergang auf den allgemeinen Arbeitsmarkt zu planen und durchzuführen. Hierfür bietet sich

als eine der in Betracht kommenden Möglichkeiten die berufsbildorientierte Qualifizierung (werkstattinterne Ausbildung) an.

(2) Die berufsbildorientierte Qualifizierung erfolgt in Form einer werkstattinternen Ausbildung, ist aber keine Ausbildung i. S. d. BBiG. Es handelt sich hierbei vielmehr um die Vermittlung von theoretischen Grundkenntnissen und praktischen Fertigkeiten auf der Grundlage eines von der Werkstatt in Anlehnung an das Berufsbildungsrecht entwickelten Ausbildungsrahmenplanes unter Beachtung eines bestimmten Ausbildungsberufsbildes als übergangsfördernde Maßnahme. Ziel ist es, die Teilnehmer so weit zu fördern, dass sie anschließend höher qualifizierte Arbeiten in der Werkstatt mit einer erheblich gestiegenen Chance für einen Wechsel auf den allgemeinen Arbeitsmarkt verrichten oder direkt den Übergang auf den allgemeinen Arbeitsmarkt – möglicherweise auch als Arbeitnehmer in der Werkstatt oder in einem Integrationsprojekt des Werkstattträgers – oder in weiterführende Bildungsmaßnahmen außerhalb der Werkstatt realisieren können. Die Dauer der Maßnahme sollte sich unter Berücksichtigung des Lernvermögens und der Fähigkeiten der Teilnehmer an der „normalen" Ausbildungszeit orientieren. Die Teilnahme an der Maßnahme hat keine Auswirkungen auf den rechtlichen Status des behinderten Menschen als Werkstattbeschäftigter. Tz. 7.2.1 Absatz 4 findet entsprechend Anwendung.

(3) Eine gute Basis für die Anbahnung eines Betriebspraktikums (s. Tz. 7.2.4) oder einer befristeten Probebeschäftigung (§ 238 SGB III, s. Tz. 13.3.4 Abs. 4) mit der Zielsetzung, ein unbefristetes Arbeitsverhältnis auf dem allgemeinen Arbeitsmarkt zu begründen, bildet die Beschäftigung in Außenarbeits- und Dienstleistungsgruppen (s. Tz. 4.3.3 Abs. 6 und 8). Die Beschäftigung auf diesen Plätzen bietet den behinderten Menschen in besonderer Weise Chancen zum Kennenlernen des allgemeinen Arbeitsmarktes und eröffnet der Werkstatt so die Möglichkeit, einzelne Gruppenmitglieder gezielt für einen Arbeitsplatz auf dem allgemeinen Arbeitsmarkt zu motivieren und vorzubereiten. Es gilt daher, diese Formen des Arbeitsplatzangebotes auch zum Übergang auf den allgemeinen Arbeitsmarkt zu nutzen und die Betriebe bzw. Arbeitgeber – ggf. unter Einbeziehung der BA oder des IFD und des Integrationsamtes – zum Abschluss eines Arbeitsvertrages mit einem behinderten Menschen zu motivieren. Im Übrigen sollte in regelmäßigen Abständen – erforderlichenfalls auf Initiative des SHTr – im FA die Frage erörtert werden, ob und wie eine Außenarbeitsgruppe in einem Betrieb des allgemeinen Arbeitsmarkts als Vorstufe für eine Integrationsabteilung in diesem Betrieb konzipiert bzw. in eine solche umgewandelt werden könnte (§ 133 Abs. 1 SGB IX).

7.3 Beteiligung des Fachausschusses der Werkstatt / Verantwortung des Trägers der Sozialhilfe

7.3.1 Aufgaben des Fachausschusses bei der Planung und Durchführung von übergangsfördernden Maßnahmen

(1) Dem FA – und somit auch dem SHTr – kommt auf Grund seiner Rechte und Pflichten nach der WVO eine besondere Bedeutung bei der Umsetzung des gesetzlichen Gebotes der Förderung des Übergangs auf den allgemeinen Arbeitsmarkt zu. So hat er bei der Planung und Durchführung von geeigneten übergangsfördernden Maßnahmen der Werkstatt
– im Allgemeinen, z. B. bei der
  – Entwicklung von Konzepten,
  – Erarbeitung von Förderprogrammen und ihrer Anpassung an strukturelle Veränderungen der Wirtschaft und des regionalen Arbeitsmarktes,
  – Prüfung der Kompatibilität der geplanten Maßnahmen mit weiterführenden Bildungsangeboten und Erfordernissen des allgemeinen Arbeitsmarktes,
  – Festlegung von Verfahrensabläufen und Auswahlkriterien

sowie
- im konkreten Einzelfall durch Abgabe einer Stellungnahme
  - zum Abschluss des Eingangsverfahrens nach § 3 Abs. 3 WVO,
  - rechtzeitig vor Beendigung einer Maßnahme im Berufsbildungsbereich nach § 4 Abs. 6 Satz 1 Nr. 1 und 3 WVO und
  - während der Beschäftigung im Arbeitsbereich nach § 5 Abs. 5 WVO unter entsprechender Anwendung des § 3 Abs. 3 WVO

mitzuwirken.

(2) Der FA hat sich in seinen im Einzelfall abzugebenden Stellungnahmen stets mit den Fragen auseinandersetzen, ob
- eine und ggf. welche weiterführende berufliche Bildungsmaßnahme außerhalb der Werkstatt,
- eine und ggf. welche übergangsfördernde Maßnahme innerhalb der Werkstatt (z. B. Zuordnung zu einer Übergangsgruppe mit besonderen Förderangeboten, s. Tz. 7.2.1) bzw. extern, aber in der Verantwortung der Werkstatt (z. B. zeitweise Beschäftigung auf einem ausgelagerten Arbeitsplatz, s. Tz. 7.2.5), oder
- unmittelbar eine Beschäftigung auf dem allgemeinen Arbeitsmarkt einschließlich einem Integrationsprojekt (§ 132 SGB IX)

zweckmäßig erscheint und die hierfür erforderlichen Schritte einzuleiten sind. Das diesbezügliche Votum des FA ist vom SHTr bei der Erstellung und Fortschreibung des Gesamtplanes nach § 58 SGB XII zu berücksichtigen. Der zuständige RehaTr ist jedoch nicht an die Auffassung des FA gebunden, hat sie aber zu würdigen.

7.3.2 Zielgruppen

(1) Die Frage, in welchen konkreten Einzelfällen und zu welchem Zeitpunkt der FA die Möglichkeit eines Wechsels auf den allgemeinen Arbeitsmarkt sowie die Einleitung übergangsfördernder Maßnahmen abzuklären und in Form einer Stellungnahme zu dokumentieren hat, beantwortet sich für die im Eingangsverfahren und Berufsbildungsbereich befindlichen behinderten Menschen aus der WVO, nämlich in jedem Einzelfall zum Abschluss des Eingangsverfahrens (§ 3 Abs. 3 WVO) und rechtzeitig vor Beendigung einer Maßnahme im Berufsbildungsbereich (§ 4 Abs. 6 WVO).

(2) Bei der Prüfung, wer von den im Arbeitsbereich Beschäftigten für einen Übergang auf den allgemeinen Arbeitsmarkt oder in eine höher qualifizierende Bildungsmaßnahme in Betracht kommen könnte und folglich von der Werkstatt oder dem für den Arbeitsbereich zuständigen RehaTr für die Einleitung der erforderlichen Maßnahmen vorzuschlagen ist, sind vor allem die bisher in der Werkstatt gezeigte Leistungsfähigkeit, -bereitschaft und -stabilität sowie das Sozialverhalten zu berücksichtigende Faktoren. Die Höhe des in der Werkstatt erzielten Arbeitsentgelts sowie schulische und berufliche Qualifikationen können Indikatoren für die Leistungsfähigkeit des behinderten Menschen sein, dürfen aber nicht überbewertet werden, da die Rahmenbedingungen in einer Werkstatt in der Regel nicht vergleichbar sind mit denen auf dem allgemeinen Arbeitsmarkt.

(3) Eine langjährige Beschäftigung in der Werkstatt steht erfahrungsgemäß einem erfolgreichen Wechsel auf den allgemeinen Arbeitsmarkt grundsätzlich nicht entgegen, ebenso wenig ein hoher Grad der Behinderung.

(4) Wichtigste Orientierungshilfe für die im Arbeitsbereich zuständigen RehaTr, also hauptsächlich für den SHTr, bei der Auswahl der Werkstattbeschäftigten, die für einen Wechsel auf den allgemeinen Arbeitsmarkt geeignet erscheinen, jedoch nicht von der Werkstatt selbst vorgeschlagen werden, dürften die von der Werkstatt in regelmäßigen Abständen vorzulegenden aktuellen Eingliederungspläne (früher Entwicklungsberichte) sein, die auch die

Grundlage für die Weiterbewilligung der Eingliederungshilfe in der Werkstatt und die Fortschreibung des Gesamtplans nach § 58 SGB XII bilden.

7.3.3 Verfahren

a) Regelung des § 5 Abs. 5 WVO

Nach § 5 Abs. 5 WVO gibt der Fachausschuss auf Vorschlag
— des Trägers der Werkstatt oder
— des zuständigen Rehabilitationsträgers

in regelmäßigen Abständen, wenigstens einmal jährlich, gegenüber dem zuständigen Rehabilitationsträger eine Stellungnahme dazu ab,
— welche behinderten Menschen für einen Übergang auf den allgemeinen Arbeitsmarkt in Betracht kommen und
— welche übergangsfördernden Maßnahmen im jeweiligen Einzelfall dazu erforderlich und in welchem zeitlichen Rahmen sie durchzuführen sind.

Ob, wann und wie das Votum des Fachausschusses umgesetzt wird, hängt von der Entscheidung des zuständigen Rehabilitationsträgers ab.

b) Vorschlagsrecht

Es ist auf Grund der gesetzlichen Verpflichtung der Werkstatt zur Förderung des Übergangs geeigneter behinderter Menschen auf den allgemeinen Arbeitsmarkt durch geeignete Maßnahmen (§ 136 Abs. 1 Satz 3 SGB IX) zu erwarten, dass in der Regel die – grundsätzlich nach einer mit dem FA noch abzustimmenden zielgerichteten Vorbereitung in der Werkstatt – für den allgemeinen Arbeitsmarkt in Betracht kommenden Beschäftigten von der Werkstatt dem FA vorgeschlagen werden. Werden jedoch Werkstattbeschäftigte, die nach Überzeugung des SHTr auf Grund ihres bisherigen Werdegangs und der dem Gesamtplan zugrunde liegenden fachlichen und gutachterlichen Stellungnahmen durchaus nach zielgerichteten übergangsfördernden Maßnahmen für einen Übergang auf den allgemeinen Arbeitsmarkt infrage kommen könnten, nicht von der Werkstatt benannt, sollte der SHTr von seinem Vorschlagsrecht (§ 5 Abs. 5 Satz 2 WVO) unbedingt Gebrauch machen.

c) Anhörung

Der FA hat nach § 5 Abs. 5 Satz 3 i. V. m. § 3 Abs. 3 WVO vor Abgabe seiner Stellungnahme den behinderten Menschen, ggf. auch seinen gesetzlichen Vertreter, zur Planung und Durchführung der für den Werkstattbeschäftigten vorgesehenen konkreten übergangsvorbereitenden Maßnahmen anzuhören (s. Tz. 5.4.1).

d) Verantwortung der Bundesagentur für Arbeit

(1) Dem Vertreter der BA im FA der Werkstatt fällt in den Beratungen über die Planung und Durchführung von übergangsfördernden Maßnahmen in der Werkstatt und über berufsvorbereitende sowie sonstige weiterqualifizierende Maßnahmen außerhalb der Werkstatt – ggf. auch unter Kostenträgerschaft der BA – eine besondere Aufgabenstellung und Verantwortung zu, nämlich als
— Mitglied des FA und gleichzeitig als
— Vertreter der für die Berufsberatung und Arbeitsvermittlung sowie die möglicherweise künftig erforderlich werdende Erbringung von Leistungen zur Teilhabe am Arbeitsleben (§ 104 Abs. 1 SGB IX, §§ 33 ff. SGB IX i. V. m. §§ 97 ff. SGB III) und ggf. von Leistungen zur Eingliederung nach § 16 SGB II zuständigen Behörde.

(2) Sollte im Einzelfall im FA kein Einvernehmen zwischen den Vertretern der BA und des SHTr sowie der Werkstatt erzielt und auch eine Beteiligung des IFD vom Vertreter der BA nicht für geboten gehalten werden, steht es dem SHTr frei, sein Anliegen außerhalb des FA

zu verfolgen, z. B. durch Einholung einer gutachtlichen Stellungnahme von der BA nach § 38 SGB IX oder Beauftragung des IFD (§ 111 Abs. 1 SGB IX).

e) Hinzuziehung von Sachverständigen

Es empfiehlt sich, in regelmäßigen Abständen zu den Sitzungen des FA, auf denen schwerpunktmäßig Fragen des Übergangs auf den allgemeinen Arbeitsmarkt behandelt werden, auch Mitarbeiter von Handwerkskammern, Industrie- und Handelskammern, Arbeitgeberverbänden und Integrationsprojekten (§ 132 SGB IX) sowie Anbietern Unterstützter Beschäftigung nach § 38a SGB IX als Sachverständige i. S. v. § 2 Abs. 1 Satz 4 WVO einzuladen.

f) Beteiligung des Integrationsfachdienstes

Die frühzeitige Beteiligung des IFD im Rahmen seiner Aufgabenstellung nach § 110 SGB IX bereits in die werkstattinternen Bemühungen zur gezielten Vorbereitung des Übergangs eines behinderten Menschen auf den allgemeinen Arbeitsmarkt erscheint sinnvoll. Es empfiehlt sich daher, auf regionaler Ebene mit der BA, den Werkstätten, dem IFD und dem Integrationsamt Näheres zu regeln zur

- Beteiligung des IFD bei der
  - Erschließung von Praktikums- und Arbeitsplätzen auf dem allgemeinen Arbeitsmarkt für Beschäftigte aus Werkstätten einschließlich Beratung der Arbeitgeber,
  - Erarbeitung von individuellen Fähigkeits- und Leistungsprofilen der behinderten Menschen und der Anforderungsprofile der konkret angestrebten Arbeitsplätze auf dem allgemeinen Arbeitsmarkt,
  - Entwicklung von individuellen Förderplänen,
  - arbeitsbegleitenden Betreuung in der Übergangsphase,
- Teilnahme von Mitarbeitern des IFD an den Sitzungen des FA der Werkstatt als Sachverständige i. S. v. § 2 Abs. 1 Satz 4 WVO,
- Auftragserteilung an den IFD,
- Finanzierung der einzelnen unterschiedlichen Leistungen des IFD (z. B. Beratung des FA und der RehaTr, Beteiligung an der Durchführung der zielgerichteten Vorbereitung in und außerhalb der Werkstatt, Vermittlung auf den allgemeinen Arbeitsmarkt) und zur
- nahtlosen Einbeziehung des Integrationsamtes und Übertragung von Aufgaben im Rahmen der begleitenden Hilfe auf den IFD durch das Integrationsamt nach § 102 Abs. 2 SGB IX (s. Tz. 13.6.3) nach dem Ausscheiden des behinderten Menschen aus der Werkstatt.

Auf die „Gemeinsame Empfehlung nach § 113 Abs. 2 SGB IX zur Inanspruchnahme der Integrationsfachdienste durch die Rehabilitationsträger zur Zusammenarbeit und zur Finanzierung der Kosten, die dem Integrationsfachdienst bei der Wahrnehmung der Aufgaben der Rehabilitationsträger entstehen" i. d. F. vom 25. 6. 2009 wird verwiesen.[1])

g) Verlaufs- und Abschlussberichte

(1) Auf Anforderung des zuständigen RehaTr oder des FA, spätestens jedoch zum Abschluss der jeweiligen übergangsfördernden Maßnahme, erstellt die Werkstatt einen Bericht über deren Verlauf und das Ergebnis, der auch einen Vorschlag zum weiteren Verfahren bzw. zu den einzuleitenden Maßnahmen enthält (§ 4 Abs. 6 Satz 4, § 5 Abs. 5 Satz 3 i. V. m. § 3 Abs. 3 WVO). Dieser Verlaufs- und Abschlussbericht sollte den individuellen Förderplan im Sinne eines individuellen Konzepts zur Integration auf dem allgemeinen Arbeitsmarkt oder zum Wechsel in eine höher qualifizierende Maßnahme außerhalb der Werkstatt fortschreiben, das u. a. auch

---

[1]) http://www.bar-frankfurt.de/Gemeinsame_Empfehlung__Integrationsfachdienste_.barhttp://www.bar-frankfurt.de/Gemeinsame_Empfehlung__Integrationsfachdienste_.bar.

- das Leistungsprofil des behinderten Menschen unter Berücksichtigung seiner Stärken und individuellen Schwächen formuliert,
- die nunmehr einzuleitenden notwendigen vorbereitenden Gespräche / Kontakte mit den für die Anbahnung eines Arbeitsverhältnisses auf dem allgemeinen Arbeitsmarkt verantwortlichen Ansprechpartnern aus der Sicht der Werkstatt – also ohne Einschränkung der Aufgaben der BA bzw. des zuständigen RehaTr und der Integrationsämter – aufzeigt und
- den zu erwartenden Unterstützungsbedarf – zumindest in der Anfangsphase – des behinderten Menschen am Arbeitsplatz auf dem allgemeinen Arbeitsmarkt skizziert.

(2) Der Verlaufs- und Abschlussbericht der Werkstatt ist Gegenstand der Beratung im FA und Grundlage für die von ihm in entsprechender Anwendung von § 3 Abs. 3 WVO gegenüber dem zuständigen RehaTr abzugebenden Stellungnahme (§ 5 Abs. 5 Satz 3 WVO).

(3) Der Bericht der Werkstatt und die hierzu ergangene Stellungnahme des FA, insbesondere das Votum des Vertreters des SHTr, sind bei der Fortschreibung des Gesamtplans nach § 58 SGB XII zu berücksichtigen. Außerdem fließen der Inhalt des Abschlussberichtes und das Votum des FA sowie die Entscheidung des zuständigen RehaTr in den von der Werkstatt fortzuschreibenden Eingliederungsplan ein.

h) Erfolgskontrolle

Im Interesse einer Erfolgskontrolle und -sicherung sollte mit dem Integrationsamt vereinbart werden, dass der dort für die Nachbetreuung zuständige Mitarbeiter oder der vom Integrationsamt mit der Nachbetreuung beauftragte IFD in regelmäßigen Abständen in den ersten zwei Jahren nach dem Ausscheiden eines behinderten Menschen über den Verlauf des Eingliederungsprozesses des ehemaligen Werkstattbeschäftigten auf dem allgemeinen Arbeitsmarkt im FA berichtet.

i) Schaubild – s. nächste Seite

Förderung des Übergangs aus der Werkstatt auf den allgemeinen Arbeitsmarkt

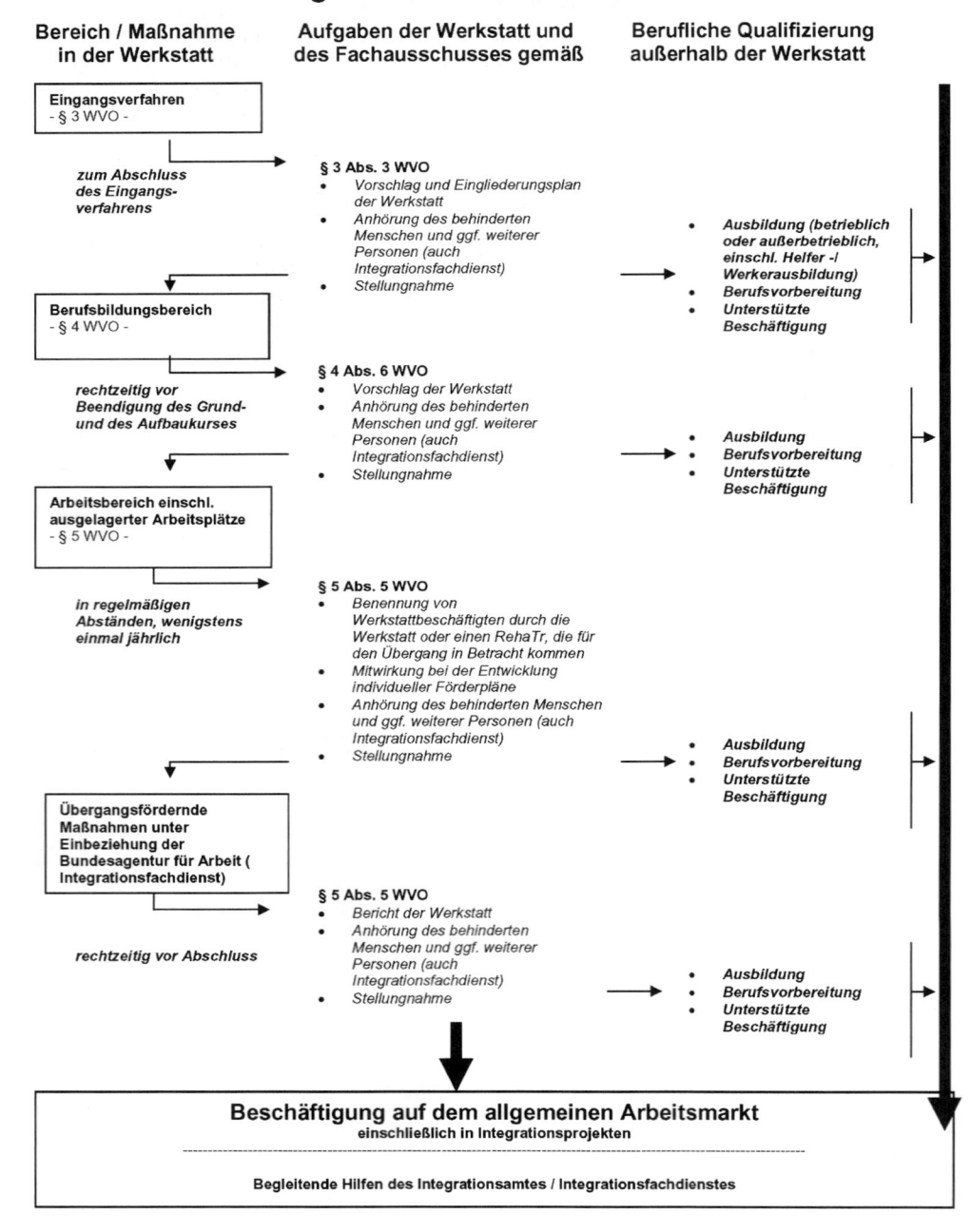

Bereich / Maßnahme in der Werkstatt	Aufgaben der Werkstatt und des Fachausschusses gemäß	Berufliche Qualifizierung außerhalb der Werkstatt
Eingangsverfahren - § 3 WVO -		
↓ *zum Abschluss des Eingangsverfahrens*	**§ 3 Abs. 3 WVO** • Vorschlag und Eingliederungsplan der Werkstatt • Anhörung des behinderten Menschen und ggf. weiterer Personen (auch Integrationsfachdienst) • Stellungnahme	→ • *Ausbildung (betrieblich oder außerbetrieblich, einschl. Helfer -/ Werkerausbildung)* • *Berufsvorbereitung* • *Unterstützte Beschäftigung*
Berufsbildungsbereich - § 4 WVO -		
↓ *rechtzeitig vor Beendigung des Grund- und des Aufbaukurses*	**§ 4 Abs. 6 WVO** • Vorschlag der Werkstatt • Anhörung des behinderten Menschen und ggf. weiterer Personen (auch Integrationsfachdienst) • Stellungnahme	→ • *Ausbildung* • *Berufsvorbereitung* • *Unterstützte Beschäftigung*
Arbeitsbereich einschl. ausgelagerter Arbeitsplätze - § 5 WVO -		
↓ *in regelmäßigen Abständen, wenigstens einmal jährlich*	**§ 5 Abs. 5 WVO** • Benennung von Werkstattbeschäftigten durch die Werkstatt oder einen RehaTr, die für den Übergang in Betracht kommen • Mitwirkung bei der Entwicklung individueller Förderpläne • Anhörung des behinderten Menschen und ggf. weiterer Personen (auch Integrationsfachdienst) • Stellungnahme	→ • *Ausbildung* • *Berufsvorbereitung* • *Unterstützte Beschäftigung*
Übergangsfördernde Maßnahmen unter Einbeziehung der Bundesagentur für Arbeit (Integrationsfachdienst)		
rechtzeitig vor Abschluss	**§ 5 Abs. 5 WVO** • Bericht der Werkstatt • Anhörung des behinderten Menschen und ggf. weiterer Personen (auch Integrationsfachdienst) • Stellungnahme	→ • *Ausbildung* • *Berufsvorbereitung* • *Unterstützte Beschäftigung*

⬇

Beschäftigung auf dem allgemeinen Arbeitsmarkt
einschließlich in Integrationsprojekten

Begleitende Hilfen des Integrationsamtes / Integrationsfachdienstes

7.3.4 Kooperation mit Interessenvertretungen und Beratungsstellen

(1) § 5 Abs. 1 Nr. 7 WMVO räumt dem Werkstattrat in Fragen der Maßnahmen zur Förderung des Übergangs auf den allgemeinen Arbeitsmarkt ein Mitwirkungsrecht ein und gesteht ihm im Einzelfall nach § 7 Abs. 1 WMVO ein Unterrichtungsrecht zu.

(2) Nach § 139 Abs. 4 SGB IX hat die Werkstatt in der abzuhaltenden Eltern- und Betreuerversammlung über Angelegenheiten der Werkstatt, auf die sich die Mitwirkung der Werkstattbeschäftigten erstreckt, also auch auf die Förderung des Übergangs auf den allgemeinen Arbeitsmarkt, zu unterrichten und sie dazu anzuhören; sofern in der Werkstatt ein Eltern- und Betreuerbeirat errichtet wurde, ist auch dieser einzubeziehen.

(3) Vor diesem Hintergrund empfiehlt es sich, dass der FA als Gremium und auch der SHTr als RehaTr eine enge, vertrauensvolle und kontinuierliche Zusammenarbeit mit den vorgenannten Interessenvertretungen zur Planung und Durchführung übergangsfördernder Maßnahmen mit der Zielsetzung anstreben,
– realistische Möglichkeiten und die rechtlichen Rahmenbedingungen einer weitergehenden Teilhabe am Arbeitsleben, als sie die Werkstatt bieten kann, aufzuzeigen,
– Ängste der behinderten Menschen und ihrer Angehörigen und Sorgeberechtigten, auch und gerade für den Fall eines Scheiterns auf dem allgemeinen Arbeitsmarkt, auszuräumen und
– Wünsche und berechtigte Einwände der behinderten Menschen und ihrer Interessenvertreter bei der Planung und Umsetzung von für den Wechsel auf den allgemeinen Arbeitsmarkt qualifizierenden Angeboten in der Werkstatt im Rahmen der Aufgabenstellung nach § 5 Abs. 5 WVO zu berücksichtigen.

(4) Als Formen der Kooperation bieten sich an
– wenigstens einmal jährlich mit dem Werkstattrat ein Gespräch über grundsätzliche werkstattinterne / -spezifische Fragen der Förderung des Übergangs auf den allgemeinen Arbeitsmarkt auf Einladung des FA zu führen,
– Besuche von übergangsinteressierten Werkstattbeschäftigten und ihren Angehörigen oder Betreuern an Arbeitsplätzen von bereits auf dem allgemeinen Arbeitsmarkt integrierten Werkstattabgängern zu organisieren,
– die Bereitschaft zur regelmäßigen (einmal pro Jahr) Unterrichtung des Werkstattrats und des Eltern- und Betreuerbeirats über die rechtlichen Rahmenbedingungen für den Übergang und die aktuelle Situation in der Werkstatt und Region aus der Sicht der RehaTr zu bekunden,
– die Organisation von örtlichen „runden Tischen" mit Vertretern der Agentur für Arbeit, des Integrationsamtes, des IFD, der Kammern u. Ä.,
– die Organisation von Fachtagungen / -gesprächen durch den SHTr mit Vertretern / Mitarbeitern
  – der LAG WfbM,
  – von Organisationen und Verbänden,
  – von Wohnheimen,
  – der gemeinsamen Servicestellen,
  – von Gesundheitsämtern und Beratungsstellen.

7.4 Dokumentation

(1) Im Interesse der Wahrung und Verbesserung von Transparenz, Vergleichbarkeit, Qualitätsentwicklung und -sicherung sowie Steuerungsmöglichkeiten ist es geboten, mit dem Werkstattträger (möglichst in der Leistungsvereinbarung nach §§ 75 ff. SGB XII) zu vereinbaren, dass die Werkstatt jährlich eine zusammenfassende Darstellung ihrer Bemühungen zur Förderung des Übergangs von geeigneten behinderten Menschen auf den allgemeinen Arbeitsmarkt erstellt und dem SHTr, der BA sowie dem FA vorlegt.

(2) Diese Zusammenstellung sollte insbesondere Angaben enthalten zu
- der Art der im vergangenen Jahr angebotenen bzw. durchgeführten übergangsfördernden Maßnahmen,
- den externen Platzkapazitäten zur Durchführung von übergangsfördernden Maßnahmen (z. B. Praktikumplätze, ausgelagerte Arbeitsplätze zum Zwecke des Übergangs),
- den Zu- und Abgängen an Förderfällen in der Übergangsgruppe i. S. d. Tz. 7.2.1,
- der Zahl der Förderfälle in den jeweiligen übergangsfördernden Maßnahmen,
- den Teilnehmern an den übergangsfördernden Maßnahmen (z. B. Tätigkeitsbereich, Alter, Dauer der Beschäftigung in der Werkstatt, Grad der Behinderung),
- der Zahl der im vergangenen Jahr abgeschlossenen Fälle, differenziert nach dem Ergebnis der Maßnahmen (Übergang auf den allgemeinen Arbeitsmarkt, in eine weiterqualifizierende Maßnahme usw.; Abbruch der Maßnahme).

7.5 Wiederaufnahme (Rückkehr) in die Werkstatt nach gescheitertem Arbeitsversuch auf dem allgemeinen Arbeitsmarkt

7.5.1 Rückkehrvoraussetzungen

(1) Im Falle eines Scheiterns eines Arbeitsverhältnisses auf dem allgemeinen Arbeitsmarkt oder einer beruflichen Qualifizierungsmaßnahme (z. B. BvB, UB) muss im Interesse einer kontinuierlichen Teilhabe am Arbeitsleben eine unverzügliche und „unbürokratische" Wiederaufnahme in die Werkstatt gewährleistet sein, sofern der behinderte Mensch die Aufnahmevoraussetzungen nach § 136 Abs. 2 SGB IX erfüllt (s. Tz. 3.2, 3.3.1 und 3.6.1).

(2) Eine nahtlose Rückkehr in die Werkstatt setzt folglich voraus, dass
- das Arbeitsverhältnis auf dem allgemeinen Arbeitsmarkt nicht aus betriebsbedingten Gründen beendet worden ist,
- die Beschäftigung trotz der vom Integrationsamt nach § 102 SGB IX oder von einem beauftragten IFD (§§ 109 ff. SGB IX) erbrachten begleitenden Hilfe im Arbeitsleben aus Gründen, die im Verhalten bzw. im eingeschränkten Leistungsvermögen des behinderten Menschen liegen (z. B. Überforderung, unzureichende Vorqualifizierung, soziale Konflikte am Arbeitsplatz), gescheitert ist,
- weder ein Anspruch auf Arbeitslosengeld I nach dem SGB III noch auf Leistungen zur Eingliederung in Arbeit nach dem SGB II besteht, weil der behinderte Mensch nicht erwerbsfähig i. S. d. § 8 SGB II ist und
- ein Wechsel
  - auf einen anderen Arbeitsplatz des allgemeinen Arbeitsmarkts (ggf. einschl. begleitender Hilfe im Arbeitsleben nach § 102 SGB IX) oder
  - in eine weiterqualifizierende Maßnahme (z. B. BvB, UB) außerhalb der Aufgabenstellung der Werkstatt

  nicht bzw. noch nicht in Betracht kommt.

(3) Es darf davon ausgegangen werden, dass die vorgenannten Voraussetzungen vorliegen, wenn ein Arbeitsverhältnis
- während oder zum Ende der Probezeit beendet wird,
- zeitlich befristet war (auch befristete Probebeschäftigung i. S. d. § 238 SGB III) und vor oder mit Ablauf der Frist beendet bzw. nicht verlängert oder nicht in ein Dauerarbeitsverhältnis umgewandelt wird,
- mit einem Integrationsprojekt i. S. d. § 132 SGB IX aufgelöst wird oder
- vom Arbeitgeber mit Zustimmung des Integrationsamtes (§§ 85 ff. SGB IX) nicht aus betriebsbedingten Gründen gekündigt wurde; in Zweifelsfällen sollte unverzüglich eine Stellungnahme des Integrationsamtes eingeholt werden, das mit dem konkreten Einzelfall über das Kündigungsschutzverfahren hinaus wegen der nach § 102 SGB IX erbrachten

begleitenden Hilfe sehr gut vertraut sein dürfte und somit für eine realistische Einschätzung der künftigen Beschäftigungs- und Qualifizierungsmöglichkeiten des behinderten Menschen besonders kompetent ist.

7.5.2 Pflicht zur Wiederaufnahme

Die Werkstatt hat einen behinderten Menschen nach einem gescheiterten Arbeitsverhältnis auf dem allgemeinen Arbeitsmarkt wieder aufzunehmen, wenn die Erbringung der Leistung (= Zahlung einer Vergütung für die Beschäftigung) durch den zuständigen RehaTr gewährleistet ist (§ 137 Abs. 1 SGB IX). Diese Voraussetzung liegt vor, wenn dem behinderten Menschen vom SHTr die Leistungen erneut bewilligt werden (s. Tz. 3.6.1 Abs. 1).

7.5.3 Beteiligung des Fachausschusses

(1) Vor der Wiederaufnahme in die Werkstatt nach dem Scheitern des behinderten Menschen auf dem allgemeinen Arbeitsmarkt hat der FA der Werkstatt eine Stellungnahme nach § 2 Abs. 2 WVO gegenüber dem im Falle einer Wiederaufnahme zuständigen RehaTr abzugeben.

(2) Kommt der FA aufgrund
– der Anhörung des behinderten Menschen zu den auf dem allgemeinen Arbeitsmarkt aufgetretenen Problemen und seinen neuen Zielen und Wünschen,
– der Stellungnahme des zuständigen Integrationsamtes bzw. IFD zu dessen Erfahrungen und Einschätzungen infolge der von ihm am Arbeitsplatz im Betrieb erbrachten begleitenden Hilfe sowie
– der Darlegung der BA bzw. der DRV zur Frage der Arbeitsmarktfähigkeit

zu dem Ergebnis, dass der behinderte Mensch wieder Leistungen in der Werkstatt benötigt, sollten in der Stellungnahme auch – unter kritischer Würdigung der in der Vergangenheit von der Werkstatt unter Beteiligung des FA für erforderlich gehaltenen und durchgeführten arbeitsbegleitenden und übergangsfördernden Maßnahmen – Aussagen dazu getroffen werden, welcher individuelle Förderbedarf besteht und welche konkreten Maßnahmen für den behinderten Menschen zweckmäßig erscheinen.

(3) Die Stellungnahme des FA ist
– von der Werkstatt bei der Fortschreibung des Eingliederungsplans (s. Tz. 4.1.3) und
– vom SHTr bei der Fortschreibung des Gesamtplans nach § 58 SGB XII
zu berücksichtigen.

(4) Nach der Wiederaufnahme des behinderten Menschen in den Arbeitsbereich der Werkstatt ergibt sich die Aufgabenstellung des FA aus § 5 Abs. 5 WVO. Danach hat die Werkstatt den FA im Einzelfall bei der Durchführung der arbeitsbegleitenden und (ggf. erneuter) übergangsfördernder Maßnahmen zu beteiligen. Außerdem steht dem zuständigen RehaTr das Recht zu, hierzu im Einzelfall ein Votum des FA einzuholen.

7.5.4 Fortbestand der vollen Erwerbsminderung in der Zeit einer nicht erfolgreichen Eingliederung in den allgemeinen Arbeitsmarkt

(1) Nach § 43 Abs. 2 Satz 3 Nr. 1 SGB VI gelten Beschäftigte in Werkstätten als voll erwerbsgemindert und erwerben nach einer Anwartschaft von 20 Jahren ununterbrochener voller Erwerbsminderung (= ununterbrochener Beschäftigung in einer Werkstatt) einen Anspruch auf Rente wegen voller Erwerbsminderung (§ 43 Abs. 6 SGB VI). Dies bedeutet, dass behinderte Menschen mit ihrem Ausscheiden aus der Werkstatt und dem Übergang auf den allgemeinen Arbeitsmarkt die Rentenanwartschaft grundsätzlich verlieren, weil Versicherte, die auf dem allgemeinen Arbeitsmarkt mindestens drei Stunden täglich erwerbstätig sein können, nach § 43 Abs. 2 Satz 2 SGB VI nicht voll erwerbsgemindert sind.

(2) Im Interesse der Vermeidung von Härten sind nach § 43 Abs. 2 Satz 3 Nr. 2 SGB VI auch Abgänger aus Werkstätten in der Zeit einer nicht erfolgreichen Eingliederung in den allgemeinen Arbeitsmarkt voll erwerbsgemindert, sodass während eines erfolglosen Eingliederungsversuchs zurückgelegte Beitragszeiten auf die Wartezeit von 20 Jahren angerechnet werden.

(3) Ob eine Eingliederung erfolgreich ist, hängt nicht von einer bestimmten, für alle Versicherten einheitlichen Dauer ab, sondern lässt sich nach Überzeugung des Gesetzgebers nur nach den Umständen jedes Einzelfalles beurteilen.

8 Rechtsstellung der behinderten Menschen

8.1 Rechtsstellung im Eingangsverfahren / Berufsbildungsbereich

Hinsichtlich der Rechtsstellung der Teilnehmer an Maßnahmen im Eingangsverfahren und im Berufsbildungsbereich gilt § 36 SGB IX entsprechend (§ 138 Abs. 4 SGB IX). Danach sind die in diesen Bereichen geförderten behinderten Menschen keine Arbeitnehmer i. S. d. BetrVG. Es finden jedoch
– die arbeitsrechtlichen Grundsätze über
    – den Persönlichkeitsschutz,
    – die Haftungsbeschränkung sowie
– die gesetzlichen Vorschriften über
    – den Arbeitsschutz
    – den Schutz vor Diskriminierungen in Beschäftigung und Beruf,
    – den Erholungsurlaub und
    – die Gleichberechtigung von Männern und Frauen
entsprechend Anwendung.

8.2 Rechtsstellung im Arbeitsbereich

8.2.1 Arbeitnehmerähnliche Rechte

(1) Behinderte Menschen im Arbeitsbereich stehen, wenn sie nicht Arbeitnehmer sind, zur Werkstatt in einem arbeitnehmerähnlichen Rechtsverhältnis, soweit sich aus dem zugrunde liegenden Sozialleistungsverhältnis nichts anders ergibt (§ 138 Abs. 1 SGB IX).

(2) Auch wenn im SGB IX nicht ausdrücklich geregelt ist, welche arbeitsrechtlichen Vorschriften und Grundsätze auf das arbeitnehmerähnliche Rechtsverhältnis der Werkstattbeschäftigten anzuwenden sind, ist nach Sinn und Zweck dieser Regelung und unter Berücksichtigung des § 36 SGB IX sowie des § 4 Abs. 1 Nr. 1 Buchst. a WMVO davon auszugehen, dass zumindest die in den arbeitsrechtlichen Vorschriften enthaltenen Rechte über
– Arbeitszeit,
– Teilzeitbeschäftigung,
– Urlaub,
– Zusatzurlaub gemäß § 125 SGB IX, wenn bei dem behinderten Menschen das Vorliegen einer Schwerbehinderung (§ 2 Abs. 2 SGB IX) nach § 69 Abs. 1 und 2 SGB IX festgestellt worden ist,
– Bildungsurlaub,
– Entgeltfortzahlung im Krankheitsfall und an den Feiertagen,
– Elternzeit,
– Mutterschutz,
– Persönlichkeitsschutz,

– die arbeitsrechtliche Haftungsbeschränkung,
– den Schutz vor Diskriminierungen in Beschäftigung und Beruf sowie
– die Gleichberechtigung von Männern und Frauen
Anwendung finden.

8.2.2 Werkstattverträge

(1) Nach § 138 Abs. 3 SGB IX i. V. m. § 13 Abs. 1 WVO hat die Werkstatt mit den im Arbeitsbereich beschäftigten behinderten Menschen, die nicht Arbeitnehmer sind, Werkstattverträge in schriftlicher Form abzuschließen, in denen der Inhalt des arbeitnehmerähnlichen Rechtsverhältnisses unter Berücksichtigung des zwischen den behinderten Menschen und dem RehaTr bestehenden Sozialleistungsverhältnisses näher geregelt wird.

(2) Über die Vereinbarungen sind die zuständigen RehaTr (§ 42 Abs. 2 SGB IX) zu unterrichten (§ 13 Abs. 1 Satz 2 WVO).

(3) Die vorgesehene Unterrichtung eröffnet dem SHTr die Möglichkeit, den Vertrag auf seine Vereinbarkeit mit den Vorschriften des SGB IX, der WVO und dem Leistungsrecht nach dem SGB XII, insbesondere auf die Einhaltung der getroffenen Vereinbarungen nach §§ 75 ff. SGB XII und die finanziellen Auswirkungen zu überprüfen. Demzufolge sollte der Werkstattvertrag beim für den Arbeitsbereich zuständigen RehaTr zusammen mit den übrigen Antragsunterlagen als Grundlage der Leistungsbewilligung eingereicht werden. Verweist der Werkstattvertrag auf Anlagen, die weiter gehende Regelungen zu dem Verhältnis der Beschäftigten zur Werkstatt enthalten (z. B. Werkstattordnung, Urlaubsordnung, Entgeltordnung), so sind auch diese beizufügen.

(4) Detaillierte Angaben über den Inhalt des Werkstattvertrages enthält das Gesetz nicht. Aus der Sicht der SHTr müssen die Verträge jedoch zumindest Regelungen zu folgenden Punkten enthalten:
– Beginn des arbeitnehmerähnlichen Rechtsverhältnisses,
– Ende bzw. Kündigung des arbeitnehmerähnlichen Rechtsverhältnisses,
– Pflichten der Werkstatt,
– Beschäftigungszeit / Teilzeitbeschäftigung,
– Pflichten des Mitarbeiters,
– Entlohnung
– Arbeitsentgelt (§ 13 Abs. 2 WVO),
– Arbeitsförderungsgeld (§ 43 SGB IX),
– Entgeltfortzahlung im Krankheitsfall und an Feiertagen (Entgeltfortzahlungsgesetz),
– Zahlungen zu den Sozialversicherungen,
– Urlaub einschl. Zusatzurlaub gem. § 125 SGB IX,
– Bildungsurlaub,
– Mutterschutz,
– Elternzeit,
– Persönlichkeitsschutz,
– Haftungsbeschränkung.

8.2.3 Entlohnung

a) Arbeitsentgelt

(1) Nach § 136 Abs. 1 Satz 2 Nr. 1 i. V. m. § 138 Abs. 2 SGB IX ist die Werkstatt verpflichtet, aus ihrem Arbeitsergebnis an die im Arbeitsbereich beschäftigten behinderten Menschen ein Arbeitsentgelt zu zahlen, das sich aus einem leistungsunabhängigen, einheitlichen Grundbetrag und einem leistungsangemessenen Steigerungsbetrag zusammensetzt. Hierfür

hat die Werkstatt nach § 12 Abs. 5 Nr. 1 WVO in der Regel mindestens 70 v. H. des Arbeitsergebnisses (§ 12 Abs. 4 WVO) einzusetzen. Das Arbeitsentgelt ist also keine Leistung im Rahmen der Eingliederungshilfe für behinderte Menschen nach dem SGB XII oder einer Parallelvorschrift; der behinderte Mensch hat folglich gegenüber dem zuständigen RehaTr keinen Anspruch auf Zahlung von Arbeitsentgelt.

(2) Die Zahlung des Arbeitsentgeltes ist in den Werkstattverträgen näher zu regeln (§ 13 Abs. 2 WVO).

(3) Der Grundbetrag muss in Höhe des Ausbildungsgeldes gezahlt werden, das die BA nach § 107 SGB III nach dem ersten Jahr des Berufsbildungsbereiches zu leisten hat. Bei einer Teilzeitbeschäftigung nach dem TzBfG ist eine Kürzung des Grundbetrages bei Teilzeitbeschäftigung entsprechend der verringerten Arbeitszeit nach den in § 4 Abs. 1 Satz 2 TzBfG enthaltenen Grundsätzen zulässig.[1] Ist allerdings die verkürzte Beschäftigungszeit aus den in § 6 Abs. 2 WVO genannten Gründen vereinbart worden (wegen Art oder Schwere der Behinderung oder zur Erfüllung des Erziehungsauftrages) und beruht sie somit nicht auf der Anwendung des TzBfG, fehlt dagegen für eine Kürzung des Grundbetrages die Rechtsgrundlage.

(4) Der Anspruch des behinderten Menschen auf Zahlung des Arbeitsentgelts gegen die Werkstatt besteht auch während der Durchführung übergangsfördernder Maßnahmen in Betriebsstätten Dritter auf dem allgemeinen Arbeitsmarkt, z. B. während eines Praktikums oder der Beschäftigung auf einem ausgelagerten Arbeitsplatz zum Zwecke des Übergangs. Es sollte darauf hingewirkt werden, dass vor allem bei Erprobungsmaßnahmen auf dem allgemeinen Arbeitsmarkt, deren Dauer drei Monate überschreitet, entsprechend der wirtschaftlich verwertbaren Arbeitsleistung des behinderten Menschen auch Entgelte zwischen der Werkstatt und dem Betrieb zu vereinbaren, die in das Arbeitsergebnis der Werkstatt einfließen und somit der Zahlung der Arbeitsentgelte dienen (§ 12 Abs. 3 bis 5 WVO).

b) Arbeitsförderungsgeld

(1) Nach § 43 SGB IX erhalten die Werkstätten zur Auszahlung an die im Arbeitsbereich beschäftigten behinderten Menschen vom zuständigen RehaTr, also in der Regel vom SHTr, zusätzlich zu den Vergütungen nach § 41 Abs. 3 SGB IX ein Arbeitsförderungsgeld.

(2) Das Arbeitsförderungsgeld beträgt monatlich 26 Euro für jeden im Arbeitsbereich beschäftigten behinderten Menschen, dessen Arbeitsentgelt zusammen mit dem Arbeitsförderungsgeld den Betrag von 325 Euro nicht übersteigt. Ist das Arbeitsentgelt höher als 299 Euro, beträgt das Arbeitsförderungsgeld monatlich den Unterschiedsbetrag zwischen dem Arbeitsentgelt und 325 Euro.

(3) Das Arbeitsförderungsgeld ist Teil der Entlohnung und demzufolge arbeits-, sozialversicherungs- und ggf. steuerrechtlich wie das Arbeitsentgelt zu behandeln. Hieraus folgt, dass an Krankheits-, Urlaubs- und sonstigen begründeten Abwesenheitstagen das Arbeitsförderungsgeld im Rahmen der arbeitsrechtlichen bzw. werkstattvertraglichen Lohnfortzahlung ungekürzt zu zahlen ist.

(4) Auch während der Durchführung übergangsfördernder Maßnahmen in Betriebsstätten Dritter auf dem allgemeinen Arbeitsmarkt, z. B. während eines Praktikums oder der Beschäftigung auf einem ausgelagerten Arbeitsplatz besteht Anspruch auf Zahlung des Arbeitsförderungsgeldes.

(5) Das Arbeitsförderungsgeld ist von der Werkstatt an jeden anspruchsberechtigten Beschäftigten leistungsunabhängig zu zahlen. Die Werkstatt ist verpflichtet, in jedem Fall das Arbeitsförderungsgeld in der jeweils zustehenden Höhe auszuzahlen. Aus Gründen der Transparenz und Klarheit ist es dringend geboten, dass die monatliche Entgeltabrechnung

---

[1] Andere Auffassung: Bundesversicherungsamt; Schreiben vom 10. 9. 2009, Az.: Z 3-3210-3294/2006.

des Beschäftigten den Grundbetrag, den Steigerungsbetrag und das Arbeitsförderungsgeld jeweils gesondert ausweist.

(6) Die Auszahlung des Arbeitsförderungsgeldes erfolgt monatlich. Die Berechnungsgrundlage für dessen Höhe bildet das aus dem Arbeitsergebnis der Werkstätten gezahlte Arbeitsentgelt einschließlich einmaliger Zahlungen und Zuwendungen – auch in Form von Gutscheinen – (z. B. Urlaubsgeld, Weihnachtsgratifikation) des jeweiligen Kalendermonats.

(7) Bei Neueintritt in den Arbeitsbereich entsteht der Anspruch mit dem Werktag des Eintritts. Als Berechnungsgrundlage sind die verbleibenden Arbeitstage des jeweiligen Kalendermonats zugrunde zu legen.

(8) Eine Teilzeitbeschäftigung wirkt sich dann nicht mindernd oder verkürzend auf die Höhe des Arbeitsförderungsgeldes aus, wenn die Beschäftigungszeitverkürzung nach den Vorgaben des § 6 WVO erfolgt, also in der Behinderung oder in Erfüllung des Erziehungsauftrages liegt. Eine Kürzung des Arbeitsförderungsgeldes ist jedoch dagegen gerechtfertigt, wenn eine Verkürzung der Beschäftigungszeit zwischen dem behinderten Menschen und der Werkstatt nach Beratung im FA und im Einvernehmen mit dem zuständigen RehaTr in entsprechender Anwendung des TzBfG vereinbart worden ist und die Werkstatt das Arbeitsentgelt des behinderten Menschen entsprechend der verringerten Arbeitszeit zulässigerweise nach den in § 4 Abs. 1 Satz 2 TzBfG enthaltenen Grundsätzen reduziert.[1]) Näheres zur Teilzeitbeschäftigung s. Tz. 8.4.

(9) Im Übrigen wird auf Tz. 10.4.6 verwiesen.

8.3 Mitwirkung

8.3.1 im Eingangsverfahren / Berufsbildungsbereich

Zu ihrer Mitwirkung in den ihre Interessen berührenden Angelegenheiten der Werkstatt wählen die Teilnehmer an Maßnahmen im Eingangsverfahren und im Berufsbildungsbereich eine Vertretung nach § 36 Satz 2 SGB IX. Solange eine solche Vertretung nicht besteht, berücksichtigen die von den im Arbeitsbereich tätigen Werkstattbeschäftigten gewählten Werkstatträte die Interessen der im Eingangsverfahren und im Berufsbildungsbereich tätigen behinderten Menschen in angemessener und geeigneter Weise (§ 139 Abs. 1 Satz 2 SGB IX).

8.3.2 im Arbeitsbereich

(1) Nach § 139 SGB IX i. V. m. § 14 WVO wirken die im Arbeitsbereich beschäftigten behinderten Menschen, wenn sie nicht Arbeitnehmer i. S. d. BetrVG sind, unabhängig von ihrer Geschäftsfähigkeit durch Werkstatträte in den ihre Interessen berührenden Angelegenheiten der Werkstatt mit.

(2) Nähere Einzelheiten zur Mitwirkung der Werkstattbeschäftigten, u. a. auch zur Kostentragung durch die RehaTr (s. hierzu Tz. 10.4.3 Abs. 4), hat das Bundesministerium für Arbeit und Sozialordnung auf der Grundlage des § 144 Abs. 2 SGB IX mit Zustimmung des Bundesrates durch die WMVO geregelt (s. Tz. 1.1 Abs. 2).

8.4 Beschäftigungszeit / Teilzeitbeschäftigung

(1) Nach § 6 Abs. 1 WVO hat die Werkstatt die behinderten Menschen wenigstens 35 und höchstens 40 Stunden wöchentlich zu beschäftigen. In diesem zeitlichen Rahmen sind Erholungspausen und Zeiten für arbeitsbegleitende Maßnahmen nach § 5 Abs. 3 WVO enthalten.

(2) Kürzere Beschäftigungszeiten sind einzelnen behinderten Menschen zu ermöglichen, wenn es wegen Art oder Schwere der Behinderung oder zur Erfüllung des Erziehungsauftra-

---

[1]) Andere Auffassung: Bundesversicherungsamt; Schreiben vom 10. 9. 2009, Az.: Z 3-3210-3294/2006.

ges notwendig ist (§ 6 Abs. 2 WVO). Daneben ist nach Maßgabe des TzBfG die Vereinbarung kürzerer Beschäftigungszeiten möglich.

(3) Bei der Ausgestaltung von Teilzeitbeschäftigungsverhältnissen sind die betrieblichen Belange der Werkstatt zu beachten und unverhältnismäßige Mehrkosten (z. B. im Fahrdienst) zu vermeiden. Eine Kürzung der Regelbeschäftigungszeit bedarf daher in jedem Einzelfall nach Beratung im FA (vgl. Tz. 5.2.3) der vorherigen Zustimmung des zuständigen RehaTr, zumal auch zu prüfen ist, ob nach Verkürzung der Beschäftigungszeit der Eingliederungsauftrag bei dem behinderten Menschen durch die Werkstatt noch erfüllt werden kann.

(4) Es ist davon auszugehen, dass die Beschäftigungszeit dauerhaft mindestens 15 Stunden wöchentlich (in Anlehnung an § 102 Abs. 2 SGB IX) betragen muss, damit die Zielsetzungen der in der Werkstatt zu erbringenden Leistungen (§§ 39 ff. SGB IX) auch tatsächlich erreichbar sind. Ausgenommen hiervon sind Personen, die innerhalb angemessener Zeit voraussichtlich wieder an die vorgenannte Mindestbeschäftigungszeit herangeführt werden können.

(5) In den Fällen, in denen eine Beschäftigungszeit von mindestens 15 Stunden pro Woche auf Dauer nicht möglich ist, sind andere tagesstrukturierende Maßnahmen anzustreben (vgl. Tz. 14).

(6) Hinsichtlich der Auswirkung der Teilzeitbeschäftigung auf das Arbeitsentgelt sowie das Arbeitsförderungsgeld und auf die Vergütung für die Werkstatt wird auf Tz. 8.2.3 bzw. 10.4.3 Abs. 8 verwiesen.

(7) Die Teilzeitbeschäftigung hat keine Auswirkungen auf die Beitragsbemessung zur gesetzlichen Sozialversicherung nach §§ 235 Abs. 3 SGB V, 162 Nr. 2 SGB VI und § 57 Abs. 1 SGB XI.

8.5 Sozialversicherung

8.5.1 Versicherungspflicht

(1) Behinderte Menschen, die im Eingangsverfahren, Berufsbildungsbereich oder Arbeitsbereich einer Werkstatt tätig sind, sind versicherungspflichtig in
– der gesetzlichen Krankenversicherung (§ 5 Abs. 1 Nr. 7 SGB V),
– der gesetzlichen Rentenversicherung (§ 1 Satz 1 Nr. 2 Buchst. a SGB VI),
– der gesetzlichen Unfallversicherung (§ 2 Abs. 1 Nr. 2 und 4 SGB VII) und
– der sozialen Pflegeversicherung (§ 20 Abs. 1 Satz 2 Nr. 7 SGB XI).

(2) Die berufliche Bildung oder Beschäftigung eines behinderten Menschen auf ausgelagerten Berufsbildungs- und Arbeitsplätzen i. S. d. § 136 Abs. 1 Satz 5 und 6 SGB IX berührt nicht die Versicherungspflicht nach den vorgenannten Rechtsgrundlagen.

8.5.2 Beiträge

(1) Der Berechnung der Beiträge in der gesetzlichen Krankenversicherung, der sozialen Pflegeversicherung und der gesetzlichen Rentenversicherung sind Mindestbeträge zugrunde zu legen, sofern das erzielte Arbeitsentgelt i. S. d. § 14 SGB IV den vorgegebenen Vomhundertsatz der Bezugsgröße gem. § 18 SGB IV nicht übersteigt.

(2) Zum Arbeitsentgelt i. S. d. § 14 SGB IV gehören
– das Entgelt nach § 138 Abs. 2 SGB IX,
– das Arbeitsförderungsgeld nach § 43 SGB IX sowie
– einmalige Einnahmen aus der Beschäftigung, gleichgültig, ob ein Rechtsanspruch auf die Einnahmen besteht, unter welcher Bezeichnung oder in welcher Form sie geleistet werden und ob sie unmittelbar aus der Beschäftigung oder im Zusammenhang mit ihr erzielt werden (§ 14 Abs. 1 Satz 1 SGB IV), z. B. Gutscheine zu Weihnachten oder Jubiläumszuwendungen.

Das Ausbildungsgeld nach § 104 Abs. 1 SGB III ist hingegen kein Arbeitsentgelt i. S. d. § 14 SGB IV.[1]

(3) Die in Abs. 1 genannten fiktiven Mindestentgelte betragen

– in der Kranken- und Pflegeversicherung 20 v. H. der monatlichen Bezugsgröße in der Sozialversicherung nach § 18 SGB IV (§ 235 Abs. 3 SGB V, § 57 Abs. 1 SGB XI) und

– in der Rentenversicherung 80 v. H. der Bezugsgröße (§ 162 Nr. 2 SGB VI).

8.5.3 Beitragstragung und -erstattung

(1) *in der gesetzlichen Krankenversicherung:*

– Nach § 235 Abs. 3 SGB V ist für Werkstattbeschäftigte als beitragspflichtige Einnahmen das tatsächlich erzielte Arbeitsentgelt (s. Tz. 8.5.2 Abs. 2), mindestens jedoch ein Betrag in Höhe von 20 v. H. der monatlichen Bezugsgröße nach § 18 SGB IV zugrunde zu legen (vgl. Tz. 8.5.2 Abs. 3). Übersteigt das tatsächlich erzielte Arbeitsentgelt den nach § 235 Abs. 3 SGB V maßgebenden Mindestbetrag nicht, hat der Träger der Einrichtung den Beitrag allein zu tragen (§ 251 Abs. 2 Satz 1 Nr. 2 SGB V). Liegt das tatsächlich erzielte Arbeitsentgelt über dem Mindestbetrag, haben der Werkstattträger und der Beschäftigte den Beitrag je zur Hälfte zu tragen (§ 251 Abs. 2 Satz 1 Nr. 2 i. V. m. § 249 Abs. 1 SGB V). Die dem Träger obliegenden Beiträge – nicht die Beiträge des Beschäftigten – werden von dem für den Beschäftigten zuständigen RehaTr erstattet (§ 251 Abs. 2 Satz 2 SGB V).

– Die Tragung und Erstattung des kassenindividuellen Zusatzbeitrages nach § 242 SGB V richtet sich nach § 251 Abs. 6 SGB V. Danach ist der Zusatzbeitrag grundsätzlich vom Krankenkassenmitglied zu tragen. Für Werkstattbeschäftigte, deren tatsächliches Arbeitsentgelt den nach § 235 Abs. 3 SGB V maßgeblichen Mindestbeitrag nicht übersteigt, wird jedoch der Zusatzbeitrag vom Werkstattträger getragen und vom zuständigen RehaTr erstattet.

(2) *in der sozialen Pflegeversicherung:*

Für die Tragung und Erstattung der Beiträge gelten die Vorschriften des SGB V über die Krankenversicherung (§ 59 Abs. 1 Satz 1 SGB XI).

(3) *in der gesetzlichen Rentenversicherung:*

– Die Beiträge sind vom Werkstattträger allein zu tragen, wenn das monatliche Arbeitsentgelt (s. Tz. 8.5.2 Abs. 2) 20 v. H. der Bezugsgröße nach § 18 SGB IV nicht übersteigt (§ 168 Abs. 1 Nr. 2 SGB VI). Diese Beiträge sind dem Werkstattträger von dem für den behinderten Menschen zuständigen Kostenträger zu erstatten (§ 179 Abs. 1 Satz 2 SGB VI).

– Erhält der behinderte Mensch ein monatliches Arbeitsentgelt (s. Tz. 8.5.2 Abs. 2) zwischen 20 v. H. und 80 v. H. der monatlichen Bezugsgröße, sind die auf die tatsächlich gezahlte Entlohnung entfallenden Beiträge vom Werkstattträger und von dem Beschäftigten je zur Hälfte zu tragen. Der auf den Träger der Werkstatt entfallende Anteil wird ihm ebenfalls vom zuständigen RehaTr erstattet (§ 179 Abs. 1 Satz 2 SGB VI); eine Erstattung der Beitragsanteile des behinderten Menschen erfolgt dagegen nicht.

– Die Rentenversicherungsbeiträge, die auf den Unterschiedsbetrag zwischen dem tatsächlichen Arbeitsentgelt (s. Tz. 8.5.2 Abs. 2) und dem fiktiven Mindestentgelt entfallen, sind vom Werkstattträger allein zu tragen (§ 168 Abs. 1 Nr. 2 SGB VI); sie werden ihm stets in voller Höhe vom Bund erstattet (§ 179 Abs. 1 Satz 1 SGB VI).

– Zusammenfassend gilt also für die Beitragserstattung:

Der Bund erstattet dem Werkstattträger die Beiträge, die auf den Betrag zwischen dem tatsächlich erzielten monatlichen Arbeitsentgelt und 80 v. H. der monatlichen Bezugsgröße gem. § 18 SGB IV entfallen, wenn das tatsächlich erzielte monatliche Arbeitsentgelt

---

[1] BSG, Urt. v. 14. 2. 2001, B 1 KR 1/00 R; BSG, Urt. v. 3. 4. 2001, B 4 RA 2/00 R.

80 v. H. der monatlichen Bezugsgröße nicht übersteigt. Im Übrigen erstatten die zuständigen RehaTr dem Werkstattträger die von diesem getragenen Beiträge für die behinderten Menschen.
- Da das von der BA an behinderte Menschen im Eingangsverfahren und Berufsbildungsbereich zu zahlende Ausbildungsgeld kein Arbeitsentgelt i. S. d. § 14 Abs. 1 SGB IV ist (s. Tz. 8.5.2 Abs. 2), kommt eine Erstattung der Rentenversicherungsbeiträge für Ausbildungsgeldempfänger durch den Bund gem. § 179 Abs. 1 Satz 1 SGB VI nicht in Betracht, vielmehr sind die Beiträge von der BA in vollem Umfang zu erstatten (§ 179 Abs. 1 Satz 2 SGB VI i. V. m. § 103 Satz 1, § 109 Abs. 1 SGB III und § 44 Abs. 1 Nr. 2 Buchst. c SGB IX).
- Einzelheiten der Erstattung sind in der Verordnung über die Erstattung von Aufwendungen für die gesetzliche Rentenversicherung der in Werkstätten beschäftigten Behinderten (Aufwendungserstattungs-Verordnung, AufwErstV) geregelt.

(4) *in der gesetzlichen Unfallversicherung:*
Beitragspflichtiger Unternehmer bei Versicherten
- nach § 2 Abs. 1 Nr. 2 SGB VII (im Eingangsverfahren und Berufsbildungsbereich) ist der zuständige RehaTr (§ 136 Abs. 3 Nr. 2 SGB VII) und
- nach § 2 Abs. 1 Nr. 4 SGB VII (im Arbeitsbereich) ist der Werkstattträger (§ 150 Abs. 1 SGB VII); eine Erstattung erfolgt nicht.

(5) Näheres zur Beteiligung der RehaTr an den Beiträgen zur Sozialversicherung für Beschäftigte im Arbeitsbereich der Werkstatt s. Tz. 10.4.7 Buchst. a.

8.5.4 Anwartschaft auf Rente wegen voller Erwerbsminderung bei Werkstattbeschäftigung

Nach § 43 Abs. 2 Satz 3 Nr. 1 SGB VI gelten Beschäftigte in Werkstätten als voll erwerbsgemindert und erwerben nach einer Anwartschaft von 20 Jahren ununterbrochener voller Erwerbsminderung (= ununterbrochener Beschäftigung in einer Werkstatt) einen Anspruch auf Rente wegen voller Erwerbsminderung (§ 43 Abs. 6 SGB VI).

9 Wirtschaftsführung

9.1 Anforderungen

Die fachlichen Anforderungen an die Wirtschaftsführung der Werkstatt werden in § 12 WVO bestimmt. Danach
- muss die Werkstatt nach betriebswirtschaftlichen Grundsätzen organisiert sein (§ 12 Abs. 1 Satz 1 WVO),
- hat die Werkstatt nach kaufmännischen Grundsätzen Bücher zu führen und eine Betriebsabrechnung in Form einer Kostenstellenrechnung zu erstellen (§ 12 Abs. 1 Satz 2 WVO),
- soll die Werkstatt einen Jahresabschluss mit Jahresbilanz und Gewinn- und Verlustrechnung erstellen (§ 12 Abs. 1 Satz 3 WVO),
- hat die Werkstatt im Jahresabschluss oder in anderer geeigneter Weise das Arbeitsergebnis, seine Zusammensetzung im Einzelnen gem. § 12 Abs. 4 WVO und seine Verwendung auszuweisen (§ 12 Abs. 1 Satz 4 WVO),
- hat die Werkstatt die Buchführung, die Betriebsabrechnung, den Jahresabschluss sowie die Ermittlung des Arbeitsergebnisses, seine Zusammensetzung im Einzelnen gem. § 12 Abs. 5 WVO von einer Person prüfen zu lassen, die als Prüfer bei durch Bundesgesetz vorgeschriebenen Prüfungen als Jahresabschluss juristischer Personen zugelassen ist (§ 12 Abs. 1 Satz 5 WVO),
- muss die Werkstatt über einen Organisations- und Stellenplan mit einer Funktionsbeschreibung des Personals verfügen (§ 12 Abs. 2 WVO),

- muss die Werkstatt wirtschaftliche Arbeitsergebnisse anstreben, um an die im Arbeitsbereich beschäftigten behinderten Menschen ein ihrer Leistung angemessenes Arbeitsentgelt i. S. d. § 136 Abs. 1 Satz 2 und § 138 SGB IX zahlen zu können (§ 12 Abs. 3 WVO),
- darf die Werkstatt das Arbeitsergebnis nur für die in § 12 Abs. 5 WVO genannten Zwecke verwenden,
- hat die Werkstatt die Ermittlung des Arbeitsergebnisses und dessen Verwendung gegenüber der BA und dem überörtlichen SHTr auf deren Verlangen offenzulegen (§ 12 Abs. 6 WVO; s. Tz. 2.3 und 9.5).

9.2 Ermittlung und Verwendung des Arbeitsergebnisses

(1) Die Ermittlung und Verwendung des im Arbeitsbereich erzielten Arbeitsergebnisses richten sich nach § 12 Abs. 4 und 5 WVO, und zwar wie folgt:

```
    Umsatzerlöse
+   Zins- und sonstige Erträge aus wirtschaftlicher Tätigkeit
+   Kostensätze der RehaTr für den Arbeitsbereich (einschließlich aus
    Vergütungsvereinbarungen erzielte Überschüsse)
=   Erträge (§ 12 Abs. 4 Satz 2 WVO)
./. notwendige Kosten des laufenden Betriebs im Arbeitsbereich
    (§ 12 Abs. 4 Satz 3 WVO)
─────────────────────────────────────────────────────────────
=   Arbeitsergebnis
    (§ 138 Abs. 2 SGB IX, § 12 Abs. 4 Satz 1 WVO)

         Verwendung (§ 12 Abs. 5 Satz 1 WVO)

i.d.R.              Rücklage zum Ausgleich   Ersatz- und
mindestens 70       von                      Modernisierungsinves-
v.H. für            Ertragsschwankungen      titionen, soweit nicht
Arbeitsentgelte     (höchstens: erforderlicher aus Abschreibungen
                    Betrag zur Zahlung der   oder von Dritten zu
                    Arbeitsentgelte für sechs decken
                    Monate)
```

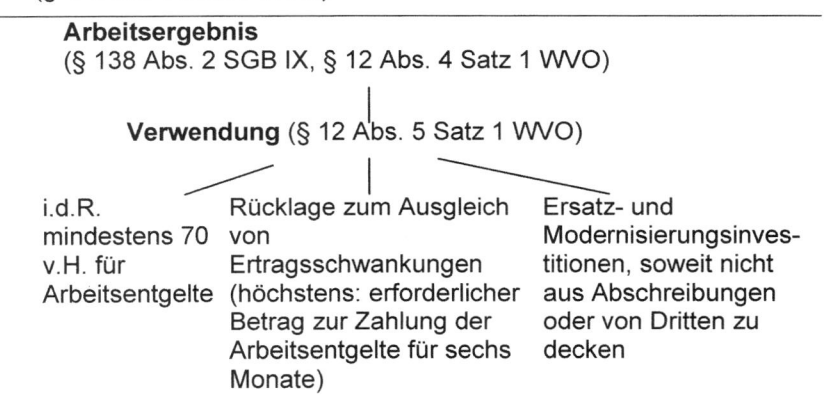

(2) Beschäftigt ein Werkstattträger zur Steigerung der Produktion der Werkstatt zusätzliche Kräfte außerhalb der personellen Ausstattung nach § 9 WVO, sind die damit verbundenen Personalkosten den Kosten der wirtschaftlichen Betätigung der Werkstatt zuzuordnen, die von den RehaTr nicht nach § 41 Abs. 3 Satz 3 SGB IX i. V. m. § 12 Abs. 4 WVO übernommen werden. Diese Kosten dürfen das Arbeitsergebnis nicht negativ beeinflussen (s. auch Tz. 4.6 Abs. 5 und 10.4.3 Abs. 5). Vielmehr muss die Beschäftigung produktionssteigernder Kräfte positive Auswirkungen auf die Höhe der Arbeitsentgelte i. S. d. § 136 Abs. 1 Satz 2 und § 138 Abs. 2 SGB IX zur Folge haben.

9.3 Notwendige Kosten des laufenden Betriebs im Arbeitsbereich

(1) § 12 Abs. 4 Satz 3 WVO definiert die notwendigen Kosten des laufenden Betriebs im Arbeitsbereich der Werkstatt. Danach handelt es sich hierbei ausschließlich um
- Kosten nach § 41 Abs. 3 Satz 3 und 4 SGB IX, die im Rahmen der getroffenen Vereinbarungen von den RehaTr übernommen werden, sowie
- die mit der wirtschaftlichen Betätigung der Werkstatt im Zusammenhang stehenden Kosten, die auch in einem Wirtschaftsunternehmen üblicherweise entstehen und infolgedes-

sen nach § 41 Abs. 3 SGB IX von den für den Arbeitsbereich zuständigen RehaTr nicht übernommen werden.

(2) Keine notwendigen Kosten des laufenden Betriebs im Arbeitsbereich sind folglich
- Kosten für die Arbeitsentgelte nach § 138 Abs. 2 SGB IX und das Arbeitsförderungsgeld nach § 43 SGB IX (§ 12 Abs. 4 Satz 3 2. Halbsatz WVO),
- Aufwendungen, die in der Leistungs- und Vergütungsvereinbarung mit dem zuständigen SHTr nicht oder nicht in der von der Werkstatt für erforderlich gehaltenen Höhe vereinbart worden sind (z. B. für die Ausweitung des begleitenden Dienstes, zusätzliche therapeutische Angebote oder zusätzliche Freizeit- und Sportaktivitäten) sowie
- Mittel zum Ausgleich von Verlusten aus für einen zukünftigen Zeitraum (Vereinbarungszeitraum) getroffenen Vergütungsvereinbarungen, die nachträglich nicht ausgeglichen werden können (§ 77 Abs. 1 Satz 1 SGB XII).

Diese Kosten dürfen deshalb bei der Ermittlung des Arbeitsergebnisses i. S. d. § 136 Abs. 1 und § 138 Abs. 2 SGB IX und § 12 WVO nicht berücksichtigt werden.

9.4 Auswirkungen der Vergütungen nach §§ 75 ff. SGB XII auf das Arbeitsergebnis

(1) § 41 Abs. 4 SGB IX verpflichtet die Werkstatt, bei der Ermittlung des Arbeitsergebnisses nach § 12 Abs. 4 WVO die Auswirkungen der Vergütungen nach §§ 75 ff. SGB XII auf die Höhe des Arbeitsergebnisses darzustellen. Dabei muss getrennt ausgewiesen werden, ob sich durch die Vergütung Verluste oder Gewinne ergeben.

(2) Die Regelung des § 41 Abs. 4 SGB IX ist Folge der Verknüpfung der von den im Arbeitsbereich zuständigen RehaTr gezahlten Vergütungen mit den durch die wirtschaftliche Betätigung der Werkstatt erzielten Erlöse. Die für den Berufsbildungsbereich gezahlten Vergütungen bleiben hierbei unberücksichtigt.

(3) Für die Vereinbarungen nach §§ 75 ff. SGB XII setzt diese Regelung klar festgelegte Absprachen der Zuordnung voraus, da sonst nicht festgestellt werden kann, ob die vereinbarten Vergütungen auskömmlich waren, zu Überschüssen führten oder Verluste erbrachten.

9.5 Prüfung der Nachweise

(1) § 12 Abs. 6 WVO räumt dem überörtlichen SHTr in seiner Eigenschaft als eine der beiden Anerkennungsbehörden nach § 142 Satz 2 SGB IX das Recht ein, sich von der Werkstatt die Ermittlung des Arbeitsergebnisses darlegen zu lassen und die offengelegten Angaben durch Einsicht in die von der Werkstatt nach § 12 Abs. 1 WVO zu führenden Unterlagen zu überprüfen (s. Tz. 2.3).

(2) Es empfiehlt sich, mit der Werkstatt im Benehmen mit der BA (ebenfalls prüfungsberechtigte Behörde) verbindliche Absprachen über das Verfahren zu treffen. Hierbei bietet sich an, die Vorlage der Testate der Wirtschaftsprüfer zu vereinbaren, die nach § 12 Abs. 1 Satz 3 WVO u. a. auch die Ermittlung des Arbeitsergebnisses, seine Zusammensetzung im Einzelnen und seine Verwendung zu prüfen haben. Die Formulierung des Prüfauftrages an die Wirtschaftsprüfer sollte deshalb einvernehmlich zwischen der Werkstatt, der BA und dem überörtlichen SHTr abgestimmt werden.

(3) Zur Umsetzung des § 12 Abs. 6 WVO haben die BA, die BAG:WfbM und die BAGüS unter Beteiligung des Instituts der Wirtschaftsprüfer einvernehmlich Mustervordrucke für die Offenlegung und Bescheinigungen über die Ermittlung und Verwendung des Arbeitsergebnisses im Arbeitsbereich einer Werkstatt entwickelt (s. Anhänge 5 bis 7). Diese Vordrucke entsprechen den gesetzlichen bzw. verordnungsrechtlichen Mindestanforderungen. Es bleibt den beiden Anerkennungsbehörden nach § 142 Satz 2 SGB IX unbenommen, mit den Werkstattträgern die Abgabe weiterer Erklärungen zu vereinbaren.

(4) Die Prüfungen nach § 12 Abs. 6 WVO stehen nicht in unmittelbarem Zusammenhang mit den Prüfungen nach § 76 Abs. 3 SGB XII. Erkenntnisse über Gewinne oder Verluste der

Werkstätten aus Vergütungsvereinbarungen könnten jedoch ein Anhaltspunkt für Qualitäts- und Wirtschaftlichkeitsprüfungen sein.

II Leistungsrechtliche Grundlagen

10 Leistungen in Werkstätten für behinderte Menschen

10.1 Allgemeines

(1) Zielsetzung, Inhalt und Dauer der von den zuständigen RehaTr (§ 42 SGB IX) nach den für sie jeweils geltenden Leistungsgesetzen zu erbringenden Leistungen in Werkstätten werden in den §§ 39 ff. SGB IX geregelt (s. auch Tz. 1.2 und 10.6.1).

(2) Der Vorbehalt abweichender Regelungen nach § 7 SGB IX für die Leistungen für behinderte Menschen in Werkstätten hat in der Praxis keine Bedeutung, weil das spezielle Leistungsrecht der jeweiligen RehaTr von den Bestimmungen des Teils 1 Kapitel 5 des SGB IX nicht abweicht. In den jeweiligen Leistungsgesetzen der einzelnen RehaTr wird lediglich auf die Regelungen der §§ 40 und 41 SGB IX verwiesen (s. z. B. in § 102 Abs. 2 SGB III, § 54 Abs. 1 Satz 1 SGB XII).

(3) Der Gesetzgeber hat auch sichergestellt, dass sowohl die Leistungsgesetze der verschiedenen RehaTr (s. Tz. 1.2) als auch das Leistungsrecht nach §§ 39 ff. SGB IX mit den Anforderungen an die Werkstätten nach Teil 2 Kapitel 12 des SGB IX (§§ 136 ff. SGB IX) i. V. m. den Vorschriften der WVO deckungsgleich sind. Sämtliche von den Werkstätten zu erbringenden notwendigen und angemessenen Leistungen werden dem Grunde nach durch die von den RehaTr zu erbringenden Leistungen abgedeckt. So entsprechen

– der in § 39 SGB IX allgemein formulierte Umfang der in Werkstätten zu erbringenden Leistungen der in § 136 SGB IX beschriebenen Aufgabenstellung der Werkstätten,
– die Leistungen im Eingangsverfahren nach § 40 Abs. 1 Nr. 1 SGB IX den Regelungen des § 3 Abs. 1 WVO,
– die Leistungen im Berufsbildungsbereich nach § 40 Abs. 1 Nr. 2 SGB IX den Regelungen nach § 4 WVO und
– die Leistungen im Arbeitsbereich nach § 41 SGB IX den Regelungen nach § 5 WVO.

(4) Auf die Erbringung von Leistungen in einer Werkstatt hat der behinderte Mensch nach § 39 SGB IX einen Rechtsanspruch, soweit und solange er die für die einzelnen Bereiche der Werkstatt (Eingangsverfahren, Berufsbildungsbereich, Arbeitsbereich) maßgebenden Kriterien erfüllt (§§ 40, 41 i. V. m. §§ 136, 137 SGB IX sowie den speziellen Leistungsgesetzen).

10.2 Eingangsverfahren

10.2.1 Ziele und Umfang der Leistungen

(1) Die Leistungen der zuständigen RehaTr im Eingangsverfahren werden nach ihrer Zielsetzung und ihrem Inhalt in sachlicher Übereinstimmung mit den fachlichen Anforderungen an die Werkstatt nach § 3 WVO (s. Tz. 4.1) in § 40 Abs. 1 Nr. 1 SGB IX geregelt. Ziele der Leistungen sind es danach im konkreten Einzelfall festzustellen,

– ob die Werkstatt die geeignete Einrichtung für die Teilhabe des behinderten Menschen am Arbeitsleben ist,
– welche Bereiche der Werkstatt sowie
– welche Leistungen (Maßnahmen) der Werkstatt in Betracht kommen und

einen Eingliederungsplan zu erstellen.

(2) Die Leistungen im Eingangsverfahren werden nach §§ 44 und 45 Abs. 2 SGB IX ergänzt durch unterhaltssichernde und andere ergänzende Leistungen (z. B. Ausbildungsgeld, Übergangsgeld, Fahrtkosten, Kostenerstattung der Sozialversicherungsbeiträge) nach Maßgabe der speziellen Leistungsgesetze der jeweiligen RehaTr und der Vorschriften des SGB V, VI, VII und XI.

10.2.2 Dauer der Leistungen

(1) Die Leistungen im Eingangsverfahren werden nach § 40 Abs. 2 Satz 1 SGB IX für drei Monate erbracht. Die Leistungsdauer kann auf bis zu vier Wochen verkürzt werden, wenn während des Eingangsverfahrens im Einzelfall unter Beachtung des nachfolgenden Abs. 5 festgestellt wird, dass eine kürzere Leistungsdauer ausreichend ist, um das in § 40 Abs. 1 Nr. 1 SGB IX definierte Ziel der Leistungen zu erreichen (§ 40 Abs. 2 Satz 2 SGB IX).

(2) Der Zeitraum von drei Monaten wird jedoch in der Regel notwendig sein, weil die Aufgabenstellung des Eingangsverfahrens, nämlich u. a. auch einen detaillierten Eingliederungsplan zu erstellen, nur nach einer längeren Erprobungs- und Beobachtungsphase zu realisieren sein wird. Auch das in § 3 Abs. 3 WVO vorgesehene Verfahren der Beteiligung des FA (vgl. Tz. 5.4.1), dürfte innerhalb einer kürzeren Frist in der Praxis kaum abschließend umsetzbar sein.

(3) Eine Verkürzung des Eingangsverfahrens kann deshalb beispielsweise i. d. R. in Betracht kommen, wenn die Werkstattbedürftigkeit des behinderten Menschen in einer der Aufnahme in die Werkstatt unmittelbar vorangegangenen Abklärung im Rahmen der DIA-AM (s. Tz. 3.3.2 sowie Anhang 3) von der BA nachvollziehbar festgestellt worden ist und folglich im Eingangsverfahren nur noch zu klären bleibt, welche Bereiche der Werkstatt sowie welche Leistungen in Betracht kommen und der Eingliederungsplan für den behinderten Menschen zu erstellen ist; auf Tz. 4.1.4 Abs. 2 und 4 wird hingewiesen.

(4) Gleiches gilt bei der Durchführung des Eingangsverfahrens für behinderte Menschen, die vor der Aufnahme in eine Werkstatt Leistungen zur individuellen betrieblichen Qualifizierung im Rahmen einer Unterstützten Beschäftigung nach § 38a SGB IX erhalten haben (s. Tz. 3.3.4). Auch wenn im Verlauf einer solchen Maßnahme die Werkstattbedürftigkeit des behinderten Menschen festgestellt worden ist, rechtfertigt diese Erkenntnis nicht automatisch und vor allem nicht von vornherein die Reduzierung der Dauer des Eingangsverfahrens durch den RehaTr. Vielmehr kann auch in diesen Fällen erst während des Eingangsverfahrens unter Beachtung des § 3 WVO individuell abgeklärt werden, ob die Aufgaben des Eingangsverfahrens vor Ablauf der Regeldauer vollständig erfüllt werden können. Nur wenn dies möglich ist, kann eine Verkürzung des Eingangsverfahrens nach § 40 Abs. 2 Satz 2 SGB IX in Betracht kommen. Der Gesetzgeber hat auf eine dem § 40 Abs. 4 SGB IX entsprechende Anrechnungsvorschrift von Zeiten der Unterstützten Beschäftigung auf das Eingangsverfahren bewusst verzichtet;[1] im Übrigen wird auf Tz. 4.1.4 Abs. 3 hingewiesen.

(5) Über eine Verkürzung des Leistungszeitraumes wird der zuständige RehaTr i. d. R. erst entscheiden können, wenn ihm die nach § 3 Abs. 3 WVO vom FA abzugebende Stellungnahme vorliegt. Auch wenn diese Stellungnahme in § 40 Abs. 2 Satz 2 SGB IX nicht ausdrücklich als Grundlage für die Feststellung nach § 40 Abs. 1 Nr. 1 SGB IX genannt wird, ergibt sich dies daraus, dass der FA stets zum – auch vorzeitigen – Abschluss des Eingangsverfahrens auf Vorschlag der Werkstatt eine Stellungnahme gem. § 3 Abs. 1 WVO gegenüber dem zuständigen RehaTr abzugeben hat (§ 3 Abs. 3 WVO). Die Entscheidung über die Verkürzung trifft zwar der RehaTr eigenverantwortlich, ob aber die Voraussetzungen für eine Verkürzung vorliegen, wird er i. d. R. nur unter Würdigung der Stellungnahme des FA und der Anhörung des behinderten Menschen (ggf. auch seines gesetzlichen Vertreters) sowie aller Umstände des Einzelfalles, insbesondere der Erkenntnisse aus dem bisherigen Eingangsverfahren feststellen können.

(6) Die Regeldauer des Eingangsverfahrens endet mit Ablauf von drei Monaten vom Tag der Aufnahme des behinderten Menschen an gerechnet kraft Gesetzes (§ 40 Abs. 2 SGB IX) bzw. kraft Verordnungsrechtes (§ 3 Abs. 2 Satz 1 WVO). Sind die Voraussetzungen für eine Verkürzung erfüllt und macht der zuständige RehaTr von der Möglichkeit Gebrauch, die Leistungsdauer zu verkürzen (Kann-Vorschrift), so muss er in seinem diesbezüglichen Bescheid den Zeitpunkt der vorzeitigen Beendigung festlegen. Eine rückwirkende Verkürzung und

---

[1] BT-Drucks. 16/10487, Anlage 4, S. 16.

Anrechnung der Zwischenzeit auf die Dauer des Berufsbildungsbereichs sind ausgeschlossen.

10.3 Berufsbildungsbereich
10.3.1 Ziele und Umfang der Leistungen

(1) Als Ziel der Leistungen der zuständigen RehaTr wird in § 40 Abs. 1 Nr. 2 SGB IX in inhaltlicher Übereinstimmung – trotz sprachlicher Unterschiede – mit den Anforderungen an die Werkstatt nach § 4 Abs. 1 WVO (s. Tz. 4.2.1 und 4.2.2) genannt, die Leistungs- oder Erwerbsfähigkeit der behinderten Menschen so weit wie möglich zu entwickeln, zu verbessern oder wiederherzustellen, wenn erwartet werden kann, dass der behinderte Mensch nach Teilnahme an Maßnahmen im Berufsbildungsbereich in der Lage ist, wenigstens ein Mindestmaß wirtschaftlich verwertbarer Arbeitsleistung i. S. d. § 136 Abs. 2 SGB IX (s. hierzu Tz. 3.2.5) zu erbringen. Daneben gilt auch für den Berufsbildungsbereich die umfassende Zielbeschreibung der Leistungen in Werkstätten des § 39 SGB IX (z. B. Weiterentwicklung der Persönlichkeit der behinderten Menschen).

(2) Bezüglich der unterhaltssichernden und anderen ergänzenden Leistungen gilt Tz. 10.2.1 Abs. 2 entsprechend.

10.3.2 Dauer der Leistungen

(1) Leistungen im Berufsbildungsbereich werden nach § 40 Abs. 3 Satz 1 SGB IX für zwei Jahre erbracht. Die Verpflichtung des zuständigen RehaTr nach § 40 Abs. 4 SGB IX zur Anrechnung von Zeiten der individuellen betrieblichen Qualifizierung im Rahmen einer Unterstützten Beschäftigung nach § 38a SGB IX bleibt jedoch hiervon unberührt (s. nachfolgende Abs. 8 und 9).

(2) Die Leistungen werden zwar nach § 40 Abs. 3 Satz 2 SGB IX in der Regel zunächst für ein Jahr (Grundkurs) bewilligt, sind aber nach § 40 Abs. 3 Satz 3 SGB IX für ein weiteres Jahr (Aufbaukurs) zu bewilligen, wenn der FA der Werkstatt zu der Überzeugung gelangt, dass die Leistungsfähigkeit des behinderten Menschen weiterentwickelt oder wiedergewonnen werden kann und dies rechtzeitig vor Ablauf des Förderzeitraums nach § 40 Abs. 3 Satz 2 SGB IX in einer fachlichen Stellungnahme gegenüber dem zuständigen RehaTr darlegt (§ 4 Abs. 6 Satz 3 WVO). Von der Möglichkeit einer derartigen Weiterentwicklung wird grundsätzlich in jedem Einzelfall auszugehen sein. Dies gilt in jedem Fall für Schulabgänger.

(3) Eine Dauer der Förderung im ersten Jahr des Berufsbildungsbereichs von weniger als zwölf Monaten lässt der Wortlaut des § 40 Abs. 3 Satz 2 SGB IX nicht zu. Zwar heißt es dort, dass die Bewilligung „in der Regel" für ein Jahr erfolgt. Hieraus ist aber nicht abzuleiten, dass von der einjährigen Dauer Ausnahmen zugunsten einer kürzeren Dauer zulässig sein sollen. Vielmehr eröffnet diese Formulierung die Möglichkeit, Leistungen auch von vornherein für zwei Jahre zu bewilligen. Der Auftrag an den FA zur Abgabe einer Stellungnahme nach § 4 Abs. 6 Satz 1 WVO (z. B. wegen des Wechsels vom Grundkurs in den Aufbaukurs nach dem ersten Jahr) bleibt unberührt. § 40 Abs. 3 Satz 2 und 3 SGB IX unterteilen also die Förderungsdauer lediglich in zwei Bewilligungsabschnitte, wobei der zweite Abschnitt („ein weiteres Jahr") in Satz 3 vom Vorliegen bestimmter Prognosen abhängig gemacht wird. Zu einer Bewilligung „für ein weiteres Jahr" kann es jedoch begrifflich nur kommen, wenn zuvor bereits für die Dauer eines Jahres Leistungen im Berufsbildungsbereich der Werkstatt bewilligt worden sind.

(4) Wenn die in § 40 Abs. 3 Satz 3 SGB IX genannten Voraussetzungen vorliegen, d. h. wenn der FA in seiner einstimmig oder mehrheitlich beschlossenen fachlichen Stellungnahme die Kriterien für die Erbringung von Leistungen im Berufsbildungsbereich für ein weiteres Jahr als erfüllt ansieht, ist der zuständige RehaTr verpflichtet, Leistungen für ein volles zweites Berufsbildungsjahr in der Werkstatt zu bewilligen. Der insoweit eindeutige Wortlaut des § 40 Abs. 3 Satz 3 SGB IX räumt dem RehaTr kein Ermessen für die von ihm zu treffende

Entscheidung ein, sondern bindet ihn vielmehr an das Votum des FA. § 40 Abs. 4 SGB IX bleibt hiervon unberührt; auf Abs. 8 und 9 wird hingewiesen.

(5) Nach § 37 Abs. 1 SGB IX können Leistungen über die vorgeschriebene Förderdauer nach § 40 Abs. 3 Satz 1 SGB IX hinaus erbracht werden, wenn besondere Umstände dies rechtfertigen. Ein solcher besonderer Umstand kann z. B. dann gegeben sein, wenn die Ziele des Berufsbildungsbereichs innerhalb des Leistungszeitraums von zwei Jahren nicht erreichbar waren und der FA deshalb eine Wiederholung der Maßnahme im Berufsbildungsbereich für zweckmäßig hält.

(6) Der behinderte Mensch ist im Berufsbildungsbereich so weit – also innerhalb des gesetzlich vorgegebenen Rahmens auch so lange – zu fördern, wie mit gezielten Maßnahmen seine Leistungsfähigkeit weiterentwickelt oder wiedergewonnen werden kann (§ 40 Abs. 1 Nr. 2 SGB IX). Die Erwartung, dass der behinderte Mensch nach Teilnahme an Maßnahmen im Berufsbildungsbereich wenigstens ein Mindestmaß wirtschaftlich verwertbarer Arbeitsleistung erbringen kann, ist die Voraussetzung für seine Förderung im Berufsbildungsbereich. Es ist aber nicht das Ziel des Berufsbildungsbereiches, den behinderten Menschen lediglich zur Erbringung des Mindestmaßes zu befähigen, sondern ihn innerhalb der Regelleistungsdauer seinen individuellen Möglichkeiten entsprechend optimal zu fördern.

(7) Sollte die Werkstatt oder der für den Berufsbildungsbereich zuständige RehaTr im Einzelfall dennoch unter Hinweis auf die relativ hohe Leistungsfähigkeit des behinderten Menschen die Auffassung vertreten, dass eine zweijährige Förderung nicht erforderlich sei, wird i. d. R. vom SHTr im FA die Frage nach dem Übergang auf den allgemeinen Arbeitsmarkt sowie nach Einleitung übergangsfördernder Maßnahmen zu stellen und auch nach Übernahme in den Arbeitsbereich weiter zu verfolgen sein (vgl. § 4 Abs. 6 und § 5 Abs. 5 WVO).

(8) Wurde während der Qualifizierungsphase im Rahmen einer Unterstützten Beschäftigung nach § 38a SGB IX festgestellt, dass wegen Art oder Schwere der Behinderung der gewünschte nachhaltige Qualifizierungserfolg (nämlich: Aufnahme einer sozialversicherungspflichtigen Beschäftigung auf dem allgemeinen Arbeitsmarkt) im Einzelfall nicht erreicht werden kann, sondern der Rehabilitationsbedarf des behinderten Menschen nur in einer Werkstatt gedeckt werden kann und wurde deshalb ein Wechsel der Maßnahme vorgenommen, sind die Zeiten der Qualifizierung nach § 38a SGB IX zur Hälfte auf die Dauer des Berufsbildungsbereiches anzurechnen (§ 40 Abs. 4 Satz 1 SGB IX). Allerdings dürfen die Zeiten

– individueller betrieblicher Qualifizierung und
– des Berufsbildungsbereiches

insgesamt nicht mehr als 36 Monate betragen (§ 40 Abs. 4 Satz 2 SGB IX).

(9) § 40 Abs. 4 SGB IX gibt sowohl dem zuständigen RehaTr als auch der Werkstatt und dem FA verbindlich die Höchstdauer für Maßnahmen im Berufsbildungsbereich im Fall vorheriger Leistungen nach § 38a SGB IX vor. Die Vorschrift begrenzt also nicht nur die Dauer der Leistungserbringung des RehaTr, sondern ist auch von der Werkstatt bei der Erstellung des Eingliederungsplans und in ihren Vorschlägen nach § 3 Abs. 3 bzw. § 4 Abs. 6 WVO sowie vom FA in seinen gegenüber dem zuständigen RehaTr abzugebenden Stellungnahmen zur Förderung im Berufsbildungsbereich zu berücksichtigen (vgl. Tz. 4.2.4 Abs. 2).

10.4 Arbeitsbereich

10.4.1 Leistungsberechtigte

(1) Anspruch auf Leistungen im Arbeitsbereich haben nach § 41 Abs. 1 SGB IX behinderte Menschen, bei denen eine

– Beschäftigung auf dem allgemeinen Arbeitsmarkt oder
– Unterstützte Beschäftigung nach § 38a SGB IX, Berufsvorbereitung, berufliche Anpassung und Weiterbildung oder berufliche Ausbildung (§ 33 Abs. 3 Nr. 2 bis 4 SGB IX)

wegen Art und Schwere der Behinderung nicht, noch nicht oder noch nicht wieder in Betracht kommt, die aber in der Lage sind, nach Abschluss der Maßnahmen im Berufsbildungsbereich wenigstens ein Mindestmaß an wirtschaftlich verwertbarer Arbeitsleistung zu erbringen. Dabei ist aber zu beachten, dass der Anspruch auf Teilhabe am Arbeitsleben mit dem Erreichen der rentenversicherungsrechtlichen Regelaltersgrenze (§§ 35 und 235 SGB VI) endet (vgl. Tz. 4.3.4).

(2) Folglich kommen für eine Beschäftigung im Arbeitsbereich nicht in Betracht
– lernbehinderte Menschen, da diesen anderweitige berufsfördernde Instrumente zur Teilhabe am Arbeitsleben nach §§ 33 und 38a SGB IX zur Verfügung stehen, ggf. unter Einschaltung von IFD (§§ 109 ff. SGB IX) und durch Beschäftigung und Qualifizierung in Integrationsprojekten (§§ 132 ff. SGB IX); ist jedoch die Lernbehinderung z. B. verbunden mit erheblichen Störungen der visuellen Wahrnehmungsfunktionen, gravierenden Aufmerksamkeitsstörungen, wesentlichen Gedächtnisstörungen und wesentlichen Störungen der Denkfähigkeit und Handlungsstörungen, wodurch insgesamt eine wesentliche Behinderung vorliegt und die eine Qualifizierung und den Einsatz auf dem allgemeinen Arbeitsmarkt – zumindest zum Zeitpunkt des Aufnahmebegehrens in den Arbeitsbereich – ausschließen, sind die Voraussetzungen für die Beschäftigung im Arbeitsbereich (bis auf Weiteres) erfüllt,
– erwerbsfähige schwerbehinderte Menschen, da diese dem allgemeinen Arbeitsmarkt zur Verfügung stehen und für diesen Personenkreis besondere Qualifizierungs-, Förder- und Integrationsmöglichkeiten nach dem SGB II oder SGB III sowie nach §§ 102, 104, 132 ff. SGB IX bestehen,
– erwerbsfähige behinderte Menschen, für die Leistungen nach § 16 SGB II oder nach dem SGB III erbracht werden können,
– Personen, bei denen ausschließlich wegen besonderer sozialer Schwierigkeiten Hilfe nach § 67 SGB XII geboten ist,
– Bezieher von Rente wegen teilweiser Erwerbsminderung nach § 43 Abs. 1 SGB VI, weil sie trotz ihrer Behinderung noch in der Lage sind, unter den üblichen Bedingungen des allgemeinen Arbeitsmarktes mindestens drei Stunden – aber nicht mehr als sechs Stunden – täglich erwerbstätig zu sein (§ 43 Abs. 1 Satz 2 und Abs. 2 Satz 2 SGB VI), ggf. mithilfe von Leistungen nach §§ 33 ff. SGB IX und mit begleitender Hilfe am Arbeitsleben des Integrationsamtes nach § 102 SGB IX,
– Bezieher einer sogenannten Arbeitsmarktrente i. S. d. Rechtsprechung des BSG[1]) (= Rente wegen voller Erwerbsminderung auch an Personen, deren Leistungsvermögen noch Tätigkeiten auf dem allgemeinen Arbeitsmarkt zwischen drei und sechs Stunden täglich zulässt, denen aber binnen eines Jahres kein geeigneter Arbeitsplatz angeboten wird),
– behinderte Menschen, die zum Zeitpunkt des beantragten Beschäftigungsbeginns die rentenversicherungsrechtliche Altersgrenze erreicht haben (s. Tz. 4.3.4 Abs. 2),
– behinderte Menschen, für die wegen der besonderen Schwere der Behinderung Betreuung und Förderung i. S. d. § 136 Abs. 3 SGB IX geboten sind (s. Tz. 14).

10.4.2 Ziel und Dauer der Leistungen

(1) Die Leistungen im Arbeitsbereich sind nach § 41 Abs. 2 SGB IX auf folgende drei Ziele gerichtet:
– Aufnahme, Ausübung und Sicherung einer der Eignung und Neigung des behinderten Menschen entsprechenden Beschäftigung,
– Teilnahme an arbeitsbegleitenden Maßnahmen zur Erhaltung und Verbesserung der im Berufsbildungsbereich erworbenen Leistungsfähigkeit und zur Weiterentwicklung der Persönlichkeit (s. Tz. 6) sowie

---

[1]) BSGE 78, 207, 210 = SozR 3-2600 § 43 Nr. 13 mit weiteren Nachweisen.

– Förderung des Übergangs geeigneter behinderter Menschen auf den allgemeinen Arbeitsmarkt durch geeignete Maßnahmen (s. Tz. 7).

(2) Hinsichtlich der Dauer der Erbringung von Leistungen im Arbeitsbereich wird auf die Ausführungen unter Tz. 4.3.4 verwiesen.

10.4.3 Vergütungen

(1) Die Werkstätten erhalten für die von ihnen nach § 41 Abs. 2 SGB IX ausgeführten Leistungen (Maßnahmen im Arbeitsbereich) angemessene Vergütungen, die den Grundsätzen der Wirtschaftlichkeit, Sparsamkeit und Leistungsfähigkeit entsprechen (§ 41 Abs. 3 Satz 1 SGB IX). Ist der SHTr zuständig, sind nach § 40 Abs. 3 Satz 2 SGB IX die Vorschriften nach dem Zehnten Kapitel des SGB XII (§§ 75 ff. SGB XII) anzuwenden. Damit wird klargestellt, dass auch für Werkstätten die Vergütungen nach § 76 Abs. 2 SGB XII aus Pauschalen für Unterkunft und Verpflegung (Grundpauschale) und für Maßnahmen (Maßnahmepauschale) sowie aus einem Betrag für notwendige Anlagen einschließlich ihrer Ausstattung (Investitionsbetrag) bestehen. Ebenso können Gruppen von Leistungsberechtigten mit vergleichbarem Bedarf nach § 76 Abs. 2 SGB XII gebildet werden. Darüber hinaus ist zu beachten, dass nach § 77 Abs. 1 SGB XII die Vergütungsvereinbarung nur vor Beginn der jeweiligen Wirtschaftsperiode für einen zukünftigen Zeitraum abzuschließen ist und nachträgliche Ausgleiche nicht möglich sind.

(2) Nach § 79 SGB XII sind mit den Vereinigungen der Träger der Einrichtungen auf Landesebene Rahmenverträge zu den Vereinbarungen nach § 75 Abs. 3 und § 76 Abs. 2 SGB XII zu schließen, in denen auch

– die Merkmale für die Bildung von Gruppen mit vergleichbarem Bedarf nach § 76 Abs. 2 SGB XII (§ 79 Abs. 1 Satz 1 Nr. 2 SGB XII) vereinbart werden können und
– die Zuordnung der Kostenarten und Kostenbestandteile nach § 41 SGB IX (§ 79 Abs. 1 Satz 1 Nr. 3 SGB XII) festzulegen ist.

(3) In den Leistungsvereinbarungen ist ausdrücklich klarzustellen, dass Leistungen in Werkstätten, insbesondere im Rahmen der Krankenbehandlung nach § 27 SGB V, für die ein gegenüber dem SHTr vorrangiger Leistungsträger zuständig ist, nicht Inhalt der Leistungs- und Vergütungsvereinbarungen sind. Dies gilt beispielsweise für die Erbringung häuslicher Krankenpflege bei besonders hohem Pflegebedarf in Werkstätten nach § 37 SGB V auch dann, wenn für die Betreuung besonders schwer behinderter Menschen in Werkstätten auch Pflegekräfte nach §§ 75 ff. SGB XII i. V. m. § 41 Abs. 3 SGB IX – aber nicht zum Zwecke der Erbringung von Leistungen der häuslichen Krankenpflege i. S. v. § 37 SGB V – vereinbart sind und finanziert werden. Im Übrigen wird auf § 61 Abs. 4 und 5 SGB XII sowie § 14 SGB XI verwiesen.

(4) § 41 Abs. 3 Satz 3 SGB IX benennt die Kostenbestandteile, die in den Vergütungen bzw. Pauschalen und Beträge nach § 76 Abs. 2 SGB XII zu berücksichtigen sind, nämlich

– alle für die Erfüllung der Aufgaben und der fachlichen Anforderungen der Werkstatt notwendigen Personal- und Sachkosten (s. §§ 136, 139 SGB IX, Erster Abschnitt der WVO, § 28 Abs. 3 und § 39 WMVO),
– die mit der wirtschaftlichen Betätigung der Werkstatt in Zusammenhang stehenden Kosten, soweit diese unter Berücksichtigung der besonderen Verhältnisse in der Werkstatt und der dort beschäftigten behinderten Menschen nach Art und Umfang über die in einem Wirtschaftsunternehmen üblicherweise entstehenden Kosten hinausgehen (kurz: werkstattspezifische Kosten der wirtschaftlichen Betätigung). Können diese Kosten im Einzelfall nicht ermittelt werden, kann für diese werkstattspezifischen Kosten der wirtschaftlichen Betätigung eine besondere zusätzliche Vergütungspauschale vereinbart werden.

(5) Unberücksichtigt bleiben somit
- alle Kosten der wirtschaftlichen Betätigung, die nach Art und Umfang üblicherweise in einem Wirtschaftsunternehmen entstehen (kurz: unternehmensübliche Kosten) und als Teil der notwendigen Kosten des laufenden Betriebes von der Werkstatt selbst zu tragen sind (§ 12 Abs. 4 Satz 3 WVO); hierzu gehören auch die Kosten für produktionssteigernde Kräfte (s. Tz. 9.2 Abs. 2) sowie
- das an die behinderten Beschäftigten zu zahlende Arbeitsentgelt, das aus dem Arbeitsergebnis der Werkstatt zu finanzieren ist (vgl. Tz. 8.2.3 Buchst. a Nr. 1).

(6) Das Arbeitsergebnis darf nicht zur Minderung der Vergütungen verwendet werden (§ 41 Abs. 4 Satz 3 SGB IX).

(7) Für die Beschäftigung behinderter Menschen auf dauerhaft ausgelagerten Arbeitsplätzen nach § 136 Abs. 1 Satz 5 und 6 SGB IX in Unternehmen des allgemeinen Arbeitsmarktes (s. Tz. 4.3.3) sollten besondere Vergütungen vereinbart werden, die – zumindest nach einer zeitlich begrenzten intensiven Begleit- und Betreuungsphase – niedriger als die für die werkstattinternen Arbeitsplätze sein müssten, weil bestimmte Kosten bei einer externen Beschäftigung nicht oder nur im reduzierten Umfang anfallen. Zu nennen sind hier beispielsweise die Kosten für bauliche Investitionen.

(8) Auch für Teilzeitbeschäftigungsverhältnisse nach Tz. 8.4 ist eine besondere Vergütung zu vereinbaren. Dabei ist davon auszugehen, dass die verkürzte Beschäftigungszeit (= verkürzte Leistungszeit) auch zu einer verminderten Vergütung führt.

(9) In der Vergütungsvereinbarung sollte auch Näheres über die Vergütung für von der Werkstatt durchzuführenden Maßnahmen im Falle einer stufenweisen Wiedereingliederung arbeitsunfähiger Werkstattbeschäftigter gemäß § 28 SGB IX (s. Tz. 3.6.2) getroffen werden.

(10) Die Zahlung der Vergütung endet mit dem Tage des Ausscheidens aus der Werkstatt, also der Beendigung der Erbringung von Eingliederungshilfe nach § 54 Abs. 1 Satz 1 SGB XII i. V. m. § 41 SGB IX. Beim Ausscheiden aus Anlass des Übergangs auf den allgemeinen Arbeitsmarkt ist Tz. 10.4.5 zu beachten.

10.4.4 Leistungen (Vergütungsanteile) zur zielgerichteten Vorbereitung des Übergangs auf den allgemeinen Arbeitsmarkt

(1) Obwohl in § 40 SGB IX nicht ausdrücklich erwähnt, zählt die Vorbereitung des behinderten Menschen auf den allgemeinen Arbeitsmarkt auch zu den Zielen der Maßnahmen im Berufsbildungsbereich (vgl. Tz. 7.1.1). Folglich sind die im Berufsbildungsbereich durchzuführenden übergangsfördernden Maßnahmen von dem jeweils zuständigen RehaTr im Rahmen seiner Leistungspflicht zu finanzieren.

(2) In § 41 Abs. 2 Nr. 3 SGB IX wird hingegen die Förderung des Übergangs geeigneter Beschäftigter auf den allgemeinen Arbeitsmarkt durch geeignete Maßnahmen ausdrücklich als Bestandteil der im Arbeitsbereich zu erbringenden Leistungen definiert. Somit sind auch die für die im Arbeitsbereich durchzuführenden übergangsfördernden Maßnahmen verbundenen Sach- und Personalkosten in angemessenem Umfang vom zuständigen RehaTr mit dem Werkstattträger zu vereinbaren (§ 41 Abs. 3 SGB IX i. V. m. §§ 75 ff. SGB XII); auf Tz. 7.1.2 Abs. 6 sowie 7.1.7 wird hingewiesen.

(3) An dieser Stelle sei angemerkt, dass ein Arbeitgeber, der es einer Werkstatt ermöglicht, dass Werkstattbeschäftigte im Rahmen von Maßnahmen zur Förderung des Übergangs auf den allgemeinen Arbeitsmarkt gem. § 5 Abs. 4 WVO in seinem Betrieb oder in seiner Dienststelle Praktika und Probebeschäftigungen (= zeitweise Beschäftigungen auf ausgelagerten Arbeitsplätzen zum Zwecke des Übergangs) absolvieren können, Leistungen vom Integrationsamt zur Abgeltung der ihm hierdurch entstehenden außergewöhnlichen Belastungen erhalten kann (z. B. für zusätzlichen Personalaufwand im Betrieb), wenn diese Kos-

ten nicht durch die in dieser Zeit erbrachten Leistungen der RehaTr abgedeckt werden (§ 27 Abs. 1 Satz 2 SchwbAV).

(4) Die Finanzierung der vom RehaTr zu erbringenden Leistungen kann im Rahmen der Gesamtvergütung für die Beschäftigung im Arbeitsbereich oder als gesonderte Maßnahmepauschale im Einzelfall für den Arbeitsbereich erfolgen.

10.4.5 Nachgehende Leistungen zur Absicherung des Übergangs

Zur Absicherung des erfolgten Übergangs eines Werkstattbeschäftigten auf den allgemeinen Arbeitsmarkt können nachgehende finanzielle Leistungen vom für den Arbeitsbereich zuständigen RehaTr erbracht werden, wenn der Werkstatt auch nach dem Ausscheiden des behinderten Menschen noch notwendige Aufwendungen entstehen, z. B. für

– regelmäßige, jedoch kontinuierlich abzubauende begleitende Betreuung durch den Sozialdienst,
– stabilitätssichernde Kontakte zu vertrauten Mitarbeitern der Werkstatt (z. B. zum Gruppenleiter),
– Beratung der Kollegen im Betrieb und der für die begleitenden Hilfen zuständigen Mitarbeiter des Integrationsamtes und des IFD.

Es empfiehlt sich, diese Aufwendungen pauschal abzugelten, z. B. durch die befristete Weiterzahlung eines Teils der Vergütung oder der Platzfreihaltegebühr. Die Dauer der Erbringung nachgehender Leistungen an die Werkstatt sollte auf maximal sechs Monate befristet werden; sie entspräche damit der im Arbeitsrecht üblichen Probezeit sowie dem Zeitpunkt des Beginns des besonderen Kündigungsschutzes nach dem SGB IX (§ 90 Abs. 1 Nr. 1). Bei der Prüfung, ob nachgehende Leistungen geboten sind, sollte auch bedacht werden, dass sie nach § 12 Abs. 4 WVO in das Arbeitsergebnis der Werkstatt einfließen und sich somit auch entgeltstabilisierend auswirken.

10.4.6 Arbeitsförderungsgeld / Verrechnung mit Vergütungsanteilen

(1) Werkstätten erhalten nach § 43 Satz 1 SGB IX vom zuständigen RehaTr zur Auszahlung an die im Arbeitsbereich beschäftigten behinderten Menschen zusätzlich zu den Vergütungen nach § 41 Abs. 3 SGB IX ein Arbeitsförderungsgeld; Näheres hierzu s. auch Tz. 8.2.3 Buchst. b.

(2) Wegen des engen Bezuges zu den Vergütungen können nach § 43 Satz 4 SGB IX Erhöhungen der Arbeitsentgelte aufgrund der Zuordnung der Kosten im Arbeitsbereich der Werkstatt gemäß § 41 Abs. 3 BSHG in der vom 1. 8. 1996 bis 30. 6. 2001 geltenden Fassung auf die Zahlung des Arbeitsförderungsgeldes angerechnet werden. Diese Regelung hat aber in der Praxis keine Bedeutung mehr.

(3) Hinsichtlich der Behandlung des Arbeitsförderungsgeldes bei der Erbringung von Leistungen nach dem SGB XII wird auf Tz. 11.3.2 verwiesen.

10.4.7 Weitere Leistungen der Rehabilitationsträger für Werkstattbeschäftigte im Arbeitsbereich

a) Beteiligung an den Beiträgen zur Sozialversicherung

(1) Die Leistungen der RehaTr zur Beschäftigung in einer Werkstatt umfassen auch die nach
– § 251 Abs. 2 Satz 2 und Abs. 6 Satz 2 SGB V
– § 179 Abs. 1 Satz 2 SGB VI und
– § 59 Abs. 1 SGB XI

dem Werkstattträger zu erstattenden anteiligen Beiträge zur gesetzlichen Kranken-, Renten- und Pflegeversicherung für die behinderten Menschen.

(2) Keine gesetzliche Verpflichtung der RehaTr gibt es hingegen zur Erstattung der Beiträge zur gesetzlichen Unfallversicherung.

(3) Bezüglich der Versicherungspflicht, Beitragsberechnung und Beitragstragung wird auf Tz. 8.5.1 bis 8.5.3 verwiesen. Ergänzend ist zu beachten, dass
- die Beschäftigung behinderter Menschen auf ausgelagerten Arbeitsplätzen auf dem allgemeinen Arbeitsmarkt (§ 136 Abs. 1 Satz 5 und 6 SGB IX) die Erstattungspflicht des zuständigen RehaTr nicht berührt,
- Bezieher einer Rente wegen voller Erwerbsminderung oder Vollrente wegen Alters aus der gesetzlichen Rentenversicherung keinen Anspruch auf Krankengeld haben (§ 50 Abs. 1 Satz 1 Nr. 1 SGB V) und demzufolge für sie ein ermäßigter Beitragssatz gilt (§ 243 Abs. 1 SGB V), wenn sie trotz Rentenbezuges in einer Werkstatt beschäftigt sind,
- in der sozialen Pflegeversicherung der Beitragszuschlag für Kinderlose (§ 55 Abs. 3 Satz 1 SGB XII) allein vom Mitglied, also allein vom Werkstattbeschäftigten zu tragen ist (§ 59 Abs. 5 SGB XI),
- Werkstattbeschäftigte, die eine Altersrente für schwerbehinderte Menschen nach § 37 SGB VI (frühestens nach Vollendung des 62. Lebensjahres) oder nach § 236a Abs. 1 Satz 2 SGB VI (frühestens nach Vollendung des 60. Lebensjahres) beziehen, in der Rentenversicherung versicherungsfrei sind (§ 5 Abs. 4 Nr. 1 SGB VI); auch der Werkstattträger hat für diese Beschäftigten keinen Arbeitgeberanteil zu entrichten (§ 172 Abs. 1 Satz 2 SGB VI).

b) Übernahme der Fahrtkosten

(1) Fahrtkosten, die zur Durchführung der Eingliederungshilfe nach dem SGB XII erforderlich sind, sind Bestandteil dieser Hilfe.

(2) Zu den Fahrtkosten gehören die Kosten für die erforderlichen Fahrten zwischen Wohnung und Werkstatt. Erforderlich sind in der Regel die Fahrtkosten, die für die Fahrt zu der Werkstatt entstehen, in deren Einzugsgebiet der Wohnort des behinderten Menschen liegt; auf Tz. 3.4.3 Abs. 4 i. V. m. Tz. 3.4.2 wird hierbei hingewiesen.

(3) Besteht ein Anspruch auf unentgeltliche Beförderung nach §§ 145 ff. SGB IX, werden allenfalls die Kosten der Wertmarke übernommen, sofern nicht Kostenfreiheit nach § 145 Abs. 1 Satz 5 Nr. 2 SGB IX besteht. Im Übrigen werden bei Benutzung öffentlicher Verkehrsmittel die Kosten für die tariflich günstigste Zeitkarte erstattet.

(4) Sofern die Benutzung öffentlicher Verkehrsmittel nicht möglich oder zumutbar ist, werden die Vergütungen für die Beförderung mit dem hierfür eingerichteten Fahrdienst übernommen.

(5) Ist die Benutzung eines eigenen Kraftfahrzeuges oder des Kraftfahrzeuges von Angehörigen oder Bekannten (Nachbarschaftshilfe) notwendig, können für jeden gefahrenen Kilometer die nach dem Landesreisekostengesetz festgesetzten Beträge vergütet werden, wobei die kürzeste Entfernung zwischen Wohnung und Werkstatt zugrunde zu legen ist.

c) Sonstige Hilfen

Zu der Hilfe i. S. d. § 54 Abs. 1 Satz 1 SGB XII i. V. m. § 41 SGB IX gehören auch die Hilfe zur Beschaffung von Gegenständen sowie andere Leistungen, wenn sie wegen der Behinderung zur Aufnahme oder Fortsetzung der Beschäftigung im Arbeitsbereich der Werkstatt erforderlich sind (§ 17 EHVO).

10.5 Persönliches Budget

(1) Budgetfähig sind nach § 17 Abs. 2 SGB IX i. V. m. mit der BudgetV alle Leistungen zur Teilhabe nach dem SGB IX, so auch die Leistungen in Werkstätten.

(2) Das Persönliche Budget ist keine Leistungsart, sondern eine Leistungsform. Es kann demzufolge nur für eine Leistung erbracht werden, auf die der behinderte Mensch dem Grunde nach einen Anspruch hat; es begründet also keinen weitergehenden Leistungsanspruch.

(3) Die Ausführung von Werkstattleistungen in Form des Persönlichen Budgets ohne Anbindung an eine Werkstatt ist nach geltendem Recht derzeit nicht möglich.[1]

(4) Zu beachten ist, dass das Persönliche Budget nur zweckentsprechend – wie dies in der Zielvereinbarung festgelegt ist – verwendet werden darf.

(5) Leistungen der Werkstatt sind als Einzel- oder als Gesamtleistungen budgetfähig.[2] Sollen diese als Einzelleistungen ausgeführt werden, müssen sie modularisiert und verpreislicht werden. Es muss jedoch unter Berücksichtigung des Wunsch- und Wahlrechts sichergestellt sein, dass mit den von dem einzelnen behinderten Menschen ausgewählten Modulen die Ziele der Teilhabe am Arbeitsleben erreicht werden.

10.6 Zuständigkeit der Rehabilitationsträger für Leistungen in Werkstätten
10.6.1 Zuständigkeit für die einzelnen Bereiche der Werkstatt

§ 42 SGB IX zeigt – ohne Leistungsansprüche zu begründen oder auszuschließen – unter Hinweis auf die jeweiligen Leistungsgesetze auf, welche RehaTr für Leistungen in den einzelnen Bereichen der Werkstätten zuständig sind, nämlich

– im Eingangsverfahren und im Berufsbildungsbereich:
   1. die BA nach § 102 Abs. 2 SGB III, soweit nicht der Träger der Unfallversicherung, Rentenversicherung oder Kriegsopferfürsorge vorrangig zuständig ist,
   2. die Träger der Unfallversicherung nach § 35 Abs. 1 SGB VII im Rahmen ihrer Zuständigkeit für durch Arbeitsunfälle Verletzte und von Berufskrankheiten Betroffene,
   3. die Träger der Rentenversicherung nach § 16 SGB VI unter den Voraussetzungen der §§ 11 bis 13 SGB VI,
   4. die Träger der Kriegsopferfürsorge unter den Voraussetzungen der §§ 26 und 26a BVG,
   jeweils i. V. m. § 40 SGB IX. Hat allerdings ein behinderter Mensch (z. B. dienstunfähige Beamte) dem Grunde nach keinen Anspruch auf Leistungen im Eingangsverfahren und im Berufsbildungsbereich gegenüber einem der vorgenannten RehaTr, käme eine Leistungserbringung durch den SHTr nach § 54 Abs. 1 SGB XII i. V. m. § 33 Abs. 1 und Abs. 3 Nr. 6 und § 40 SGB IX in Betracht. Ein Anspruch auf unterhaltssichernde und andere ergänzende Leistungen i. S. von § 5 Nr. 3 i. V. m. §§ 44 ff. SGB IX (z. B. Ausbildungsgeld) besteht gegenüber dem SHTr jedoch nicht. § 6 Abs. 1 Nr. 7 i. V. m. § 44 Abs. 1 SGB IX schließen den SHTr von der Verpflichtung zur Erbringung derartiger Leistungen ausdrücklich aus.

– im Arbeitsbereich:
   1. die Träger der Unfallversicherung nach § 35 Abs. 1 SGB VII im Rahmen ihrer Zuständigkeit für durch Arbeitsunfälle Verletzte und von Berufskrankheiten Betroffene,
   2. die Träger der Kriegsopferfürsorge unter den Voraussetzungen des § 27d Abs. 1 Nr. 3 BVG,
   3. die Träger der öffentlichen Jugendhilfe unter den Voraussetzungen des § 35a SGB VIII,
   4. die SHTr im Rahmen der Eingliederungshilfe nach § 54 Abs. 1 Satz 1 SGB XII, sofern nicht einer der unter Nr. 1 bis 3 genannten Träger zuständig ist,
   jeweils i. V. m. § 41 SGB IX.

---

[1] BT-Drucks. 16/11299.
[2] BT-Drucks. 16/6870, S. 3.

10.6.2 Sachliche und örtliche Zuständigkeit der Träger der Sozialhilfe für Leistungen im Arbeitsbereich

(1) Nach § 97 Abs. 1 SGB XII gilt das Prinzip der Allzuständigkeit des örtlichen Trägers der Sozialhilfe, soweit nicht der überörtliche SHTr sachlich zuständig ist. Die sachliche Zuständigkeit des überörtlichen Trägers der Sozialhilfe bestimmt sich nach dem jeweiligen Landesrecht (§ 97 Abs. 2 Satz 1 SGB XII).

(2) Soweit nach Landesrecht nichts anderes bestimmt ist, liegt nach § 97 Abs. 3 Nr. 1 SGB XII die sachliche Zuständigkeit für Leistungen der Eingliederungshilfe nach den §§ 53 bis 60 SGB XII und somit auch für Leistungen im Arbeitsbereich einer Werkstatt nach § 54 Abs. 1 Satz 1 SGB XII i. V. m. § 41 SGB IX beim überörtlichen SHTr.

(3) Im Falle einer stationären Hilfe (Wohnheim) bleibt derjenige SHTr, der die Wohnheimkosten des behinderten Menschen außerhalb seines örtlichen Zuständigkeitsbereichs trägt, örtlich zuständig, wenn der Leistungsberechtigte zu einem späteren Zeitpunkt in eine Werkstatt im Bereich des Wohnortes aufgenommen wird (sogenannte Zusammenhangskosten; § 98 Abs. 1, §§ 106, 107 SGB XII).[1] Dies gilt auch in Fällen des § 98 Abs. 5 SGB XII, sodass im Falle des ambulant betreuten Wohnens außerhalb des Zuständigkeitsbereichs des zuständigen Trägers der Sozialhilfe von diesem auch anschließend notwendige Kosten für die Beschäftigung im Arbeitsbereich der Werkstatt zu übernehmen sind.

11 Behandlung von Einkommen und Vermögen durch den Sozialhilfeträger

11.1 Beschränkung der Beteiligung auf Kosten des Lebensunterhalts bei Hilfen nach § 54 Abs. 1 Satz 1 SGB XII i. V. m. § 41 SGB IX

(1) § 92 Abs. 2 Satz 1 Nr. 7 SGB XII beschränkt bei Leistungen im Arbeitsbereich anerkannter Werkstätten die Inanspruchnahme der in § 19 Abs. 3 SGB XII genannten Personen auf den in der Werkstatt erbrachten Lebensunterhalt, und zwar ohne Altersbegrenzung. Eine Bedürftigkeitsprüfung erübrigt sich somit bei der Entscheidung über die Bewilligung von Leistungen im Rahmen der Eingliederungshilfe nach § 54 Abs. 1 Satz 1 SGB XII i. V. m. § 41 SGB IX. Es besteht ein Rechtsanspruch auf Sozialhilfe.

(2) Darüber hinaus bestimmt § 92 Abs. 2 Satz 4 SGB XII, dass die Aufbringung der Mittel für den in der Werkstatt erbrachten Lebensunterhalt, also für die in der Werkstatt angebotene und in Anspruch genommene Verpflegung aus dem Einkommen jedoch nicht zumutbar ist, wenn das Einkommen des behinderten Menschen insgesamt (= Erwerbseinkommen + Renten + Unterhalt + sonstiges Einkommen) einen Betrag in Höhe des zweifachen Eckregelsatzes nicht übersteigt. Diese Bestimmung ist weiterhin anzuwenden, auch wenn das BSG[2] festgestellt hat, dass das Mittagessen in der Werkstatt zu den notwendigen Kosten gehört, die zur Sicherung des Erfolgs der Teilhabe notwendig (§ 33 Abs. 7 Nr. 1 SGB IX) und somit der Eingliederungshilfe und nicht dem Lebensunterhalt zuzuordnen ist. Zum Einkommen zählt nicht das Kindergeld für den Werkstattbeschäftigten, da es sich nicht um sein Einkommen handelt, sondern um Einkommen des Kindergeldberechtigten.

(3) Vorhandenes Vermögen bleibt unberücksichtigt (§ 92 Abs. 2 Satz 2 SGB XII).

(4) Voraussetzung für die Forderung eines Kostenbeitrages für das Mittagessen ist, dass der Werkstattbeschäftigte auch tatsächlich das Mittagessen in Anspruch nimmt.

(5) Auch kann ein Kostenbeitrag nicht von Werkstattbeschäftigten gefordert werden, die gleichzeitig Leistungen in einer Wohneinrichtung erhalten und sich hieran (also auch am Lebensunterhalt) mit ihrem Einkommen beteiligen.

(6) Die Verpflichtung zur Zahlung eines Kostenbeitrages ist nicht vom Vorliegen einer häuslichen Ersparnis abhängig.

---

[1] BVerwG, Urt. v. 19. 10. 2006 – 5 C 26.06 und 5 C 29.05.
[2] BSG, Urt. v. 9. 12. 2008 – B 8/9b SO 10/07 R.

(7) § 92 Abs. 2 Satz 5 SGB XII räumt den zuständigen Landesbehörden das Recht ein, Näheres über die Bemessung des Kostenbeitrages für das Mittagessen zu bestimmen. Machen die zuständigen Landesbehörden von diesem Recht keinen Gebrauch, können auch die SHTr den Beitrag für das Mittagessen einheitlich festlegen. Für eine einheitliche Regelung spricht, dass die Höhe des Kostenbeitrages für das Mittagessen dann nicht von dem Ergebnis der Vergütungsverhandlungen abhängig ist.

(8) Wird in einer Werkstatt über das Mittagessen hinaus Verpflegung gewährt (z. B. Frühstück, Getränke, Vesper), kann auch hierfür ein Kostenbeitrag unter den genannten Voraussetzungen gefordert werden. Dies gilt auch, wenn die zuständige Landesbehörde einen einheitlichen Kostensatz für das Mittagessen festgesetzt hat. In diesem Fall ist der Kostenbeitrag um einen Betrag für die erweiterte Leistung zu erhöhen.

(9) Zur Frage, inwieweit sich die Gewährung eines kostenlosen Mittagessens in einer Werkstatt bei Leistungen der Grundsicherung nach § 19 Abs. 2 i. V. m. §§ 41, 42 SGB XII bedarfsmindernd auswirkt, hat das BSG[1]) festgestellt, dass § 28 Abs. 1 Satz 2 SGB XII auch im Rahmen der Leistungen der §§ 41 ff. SGB XII anzuwenden ist. Der Regelsatz kann deshalb in dem Umfang abgesenkt werden, in dem der Bedarf des behinderten Menschen durch eine anderweitige Leistung tatsächlich gedeckt werde. Dabei ist jedoch nicht vom tatsächlichen Wert der den Bedarf anderweitig deckender Leistungen auszugehen, sondern der pauschalierte monatliche Regelsatz nur um den in ihm selbst für den Bedarf normativ vorgesehenen Betrag abzusenken. Zur Bemessung des Anteils des Mittagessens am Tagesbedarf für Ernährung ist hierbei auf die Wertung der Sachbezugsverordnung i. V. m. der Sozialversicherungsentgeltverordnung zurückzugreifen. Konkrete Berechnungsbeispiele sind der Urteilsbegründung zu entnehmen.

11.2 Berücksichtigung des Arbeitsentgelts

(1) Das aus einer Werkstattbeschäftigung erzielte Arbeitsentgelt ist Einkommen i. S. d. § 82 Abs. 1 SGB XII. Allerdings ist bei der Ermittlung des Anspruchs auf Grundsicherung nach dem Vierten Kapitel von dem aus der Werkstattbeschäftigung erzielten Arbeitsentgelt ein Achtel des Eckregelsatzes zuzüglich 25 v. H. des diesen Betrag übersteigenden Entgelts abzusetzen (§ 82 Abs. 3 Satz 2 SGB XII). Dieser Absetzbetrag ist immer zu berücksichtigen, also unabhängig davon, ob der Werkstattbeschäftigte der Grundsicherung außerhalb einer Einrichtung (ambulant) oder als Bewohner einer Einrichtung (stationär) bedarf.

(2) Für Bezieher von Leistungen in einer stationären Einrichtung enthält § 88 Abs. 2 Satz 1 SGB XII, eine wortgleiche Absetzregelung. Damit dieser Absetzbetrag nicht doppelt zu berücksichtigen ist, bestimmt § 88 Abs. 2 Satz 2, dass in diesen Fällen § 82 Abs. 3 nicht anzuwenden ist.

(3) Soweit Hilfe zum Lebensunterhalt auch in der Werkstatt erbracht wird, ist hierfür die Sonderregelung des § 92 Abs. 2 Satz 4 SGB XII anzuwenden; s. hierzu Tz. 11.1 Abs. 2.

11.3 Anrechnungsfreies Einkommen aus der Beschäftigung in der Werkstatt

11.3.1 Ausbildungsgeld

(1) Ausbildungsgeld, das behinderte Menschen während einer Maßnahme im Eingangsverfahren oder Berufsbildungsbereich nach § 104 Abs. 1 Nr. 3 i. V. m. § 107 SGB III erhalten, bleibt als zweckbestimmte Leistung i. S. d. § 83 Abs. 1 SGB XII auf die Hilfe zum Lebensunterhalt nach dem SGB XII unberücksichtigt. Diese von der Rechtsprechung gefestigte Auffassung ist damit zu begründen, dass das Ausbildungsgeld nicht der Bestreitung des allgemeinen Lebensunterhalts dient, was sich schon aus seiner geringen Höhe ergibt, sondern vielmehr die Motivation des behinderten Menschen an Maßnahmen im Eingangsverfahren

---

[1]) BSG, Urt. v. 11. 12. 2007 – Az. B8/9b SO 21/06 R.

und Berufsbildungsbereich dadurch fördern soll, dass seine frei verfügbaren Mittel erhöht werden.[1])

(2) Die Anrechnungsfreiheit gilt nicht für ein während der Teilnahme an Maßnahmen im Eingangsverfahren und Berufsbildungsbereich gezahltes Übergangsgeld.

11.3.2 Arbeitsförderungsgeld

(1) Das Arbeitsförderungsgeld nach § 43 SGB IX (s. Tz. 8.2.3 Buchst. b und Tz. 10.4.6) ist gemäß § 82 Abs. 2 Nr. 5 SGB XII vom Einkommen abzusetzen und bleibt somit anrechnungsfrei.

(2) Gleiches gilt auch für Erhöhungsbeträge des Arbeitsentgelts aufgrund der Zuordnung der Kosten nach § 41 Abs. 3 BSHG in der vom 1. 8. 1996 bis 30. 6. 2001 geltenden Fassung bzw. nach § 41 Abs. 3 SGB IX, die auf die Zahlung des Arbeitsförderungsgeldes angerechnet werden (vgl. Tz. 10.4.6 Abs. 2).

III Leistungen in einer den anerkannten Werkstätten für behinderte Menschen vergleichbaren sonstigen Beschäftigungsstätte (§ 54 Abs. 1 Satz 1 Nr. 4 i. V. m. § 56 SGB XII)

12 Hilfe in einer vergleichbaren sonstigen Beschäftigungsstätte

12.1 Begriff

(1) Zu den den anerkannten Werkstätten vergleichbaren sonstigen Beschäftigungsstätten i. S. des § 54 Abs. 1 Satz 1 Nr. 4 i. V. m. § 56 SGB XII gehören z. B.

– Werkstätten, die eine förmliche Anerkennung nicht anstreben (z. B. anthroposophisch orientierte Einrichtungen) sowie
– Virtuelle Werkstätten, sofern sie als eigenständige Institutionen – anders als „klassische" Werkstätten – über keine eigenen (internen) Arbeitsplätze verfügen, sondern Arbeitsplätze ausschließlich extern in Unternehmen und öffentlichen Verwaltungen akquirieren, um werkstattbedürftige behinderte Menschen eine Beschäftigung zu ermöglichen, jedoch die fachlichen Anforderungen nach den §§ 136 ff. SGB IX und der WVO nicht erfüllen.

(2) Keine sonstigen Beschäftigungsstätten i. S. d. § 56 SGB XII sind Förder- und Betreuungseinrichtungen und -gruppen für nicht werkstattfähige schwerstbehinderte Menschen und aus Alters- oder gesundheitlichen Gründen aus Werkstätten ausgeschiedene Beschäftigte (s. Tz. 14.1 und 14.2), in denen keine einer Werkstatt vergleichbare Beschäftigung stattfindet sowie Integrationsprojekte (§§ 132 ff. SGB IX), weil diese dem allgemeinen Arbeitsmarkt zuzurechnen sind.

12.2 Personenkreis / Kannleistung

Behinderte Menschen können in einer den anerkannten Werkstätten nach § 41 SGB IX vergleichbaren sonstigen Beschäftigungsstätte Eingliederungshilfe erhalten, wenn sie mindestens die Voraussetzungen zur Aufnahme in einer Werkstatt (§ 137 SGB IX) erfüllen (§ 56 SGB XII, § 17 Abs. 2 EHVO). Auf die Hilfe besteht also – im Gegensatz auf Leistungen in anerkannten Werkstätten – kein Rechtsanspruch.

12.3 Erweiterter Anwendungsbereich der Werkstattempfehlungen

Soweit die Eingliederungshilfe nach § 56 SGB XII in einer sonstigen Beschäftigungsstätte geleistet wird, können diese Werkstattempfehlungen mit Ausnahme von Tz. 8.5 (vgl. Tz. 12.4) entsprechend angewendet werden; § 92 Abs. 2 Satz 1 Nr. 7 SGB XII findet unmittelbar Anwendung, somit auch Tz. 11.1.

---

[1]) OVG NRW, Urt. v. 22. 2. 2006 – 16 A 176/05; Beschluss v. 22. 12. 2006 – 12 A 2320/05.

12.4 Sozialversicherung

Behinderte Menschen, die gegen Arbeitsentgelt in einer Einrichtung i. S. d. § 56 SGB XII beschäftigt werden, sind grundsätzlich sozialversicherungspflichtig, allerdings gelten für diesen Personenkreis nicht die besonderen Regelungen für Beschäftigte in anerkannten Werkstätten. Tz. 8.5 findet daher keine Anwendung. In Betracht kommen insbesondere sozialversicherungspflichtige Beschäftigungsverhältnisse i. S. v. § 5 Abs. 1 Nr. 8 SGB V, § 1 Nr. 2 Buchst. b SGB VI usw.

IV Teilhabe am Arbeitsleben auf dem allgemeinen Arbeitsmarkt

13 Hilfen für behinderte Menschen zum bzw. nach dem Übergang aus der Werkstatt auf den allgemeinen Arbeitsmarkt

13.1 Leistungen zur Teilhabe am Arbeitsleben (§§ 33 ff. SGB IX)

13.1.1 Leistungen an behinderte Menschen

(1) §§ 33 ff. SGB IX beschreiben die Zielsetzung der von den zuständigen RehaTr zu erbringenden Leistungen zur Teilhabe am Arbeitsleben, führen beispielhaft die wichtigsten Leistungen auf, konkretisieren sie und enthalten Regelungen zu den Voraussetzungen für die Leistungserbringung, zum Leistungsumfang und zur Leistungsdauer. Allerdings stehen die Leistungskataloge unter dem Vorbehalt abweichender Regelungen für die einzelnen RehaTr nach Maßgabe des § 7 SGB IX. Deshalb müssen auch deren Leistungsvorschriften zur Teilhabe am Arbeitsleben beachtet werden. Die speziellen Leistungsgesetze enthalten jedoch inhaltlich gleichlautende (z. B. §§ 100 ff. SGB III) oder sogar günstigere Regelungen (§ 219 SGB III) oder verweisen auf die konkret anzuwendenden Vorschriften des SGB IX (§ 16 SGB VI, § 35 Abs. 1 SGB VII, § 54 Abs. 1 Satz 1 SGB XII, § 26 Abs. 1 BVG).

(2) Nach § 33 Abs. 1 SGB IX erhalten behinderte Menschen die Leistungen, die erforderlich sind, um

– ihre Erwerbsfähigkeit entsprechend ihrer Leistungsfähigkeit
  – zu erhalten,
  – zu verbessern,
  – herzustellen oder
  – wiederherzustellen
  und
– ihre Teilhabe am Arbeitsleben möglichst auf Dauer zu sichern.

(3) Die Leistungen zur Teilhabe am Arbeitsleben umfassen nach § 33 Abs. 3 SGB IX insbesondere

– Hilfen zur Erhaltung oder Erlangung eines Arbeitsplatzes einschließlich vermittlungsunterstützender Leistungen,
– Berufsvorbereitung,
– individuelle betriebliche Qualifizierung im Rahmen Unterstützter Beschäftigung,
– berufliche Anpassung und Weiterbildung, auch soweit die Leistungen einen zur Teilnahme erforderlichen schulischen Abschluss einschließen,
– berufliche Ausbildung,
– sonstige Hilfen zur Förderung der Teilhabe am Arbeitsleben, um behinderten Menschen eine angemessene und geeignete Beschäftigung zu ermöglichen und zu erhalten.

(4) Bei der Auswahl der Leistungen sind nach § 33 Abs. 4 SGB IX

– Eignung,
– Neigung,
– bisherige Tätigkeit sowie
– Lage und Entwicklung auf dem Arbeitsmarkt

angemessen zu berücksichtigen. Soweit es erforderlich ist, schließt das Verfahren zur Auswahl der Leistungen eine Abklärung der beruflichen Eignung (z. B. mittels DIA-AM, s. Tz. 3.3.2 und Anhang 3) oder eine Arbeitserprobung ein.

(5) Bestandteil der Leistungen sind nach § 33 Abs. 6 und 7 SGB IX auch
– medizinische, psychologische und pädagogische Hilfen, soweit diese Leistungen im Einzelfall erforderlich sind, um die Ziele der Leistungen zur Teilhabe zu erreichen oder zu sichern,
– die Beteiligung von IFD im Rahmen ihrer Aufgabenstellung gemäß § 110 SGB IX,
– die Übernahme der erforderlichen Kosten für Unterkunft und Verpflegung bei notwendiger stationärer Ausführung sowie
– die Übernahme der erforderlichen Kosten, die mit der Ausführung einer Leistung in unmittelbarem Zusammenhang stehen, insbesondere für Lehrgangskosten, Prüfungsgebühren, Lernmittel, vermittlungsunterstützender Leistungen.

(6) Die Hilfen zur Erhaltung oder Erlangung eines Arbeitsplatzes einschließlich vermittlungsunterstützender Leistungen (§ 33 Abs. 3 Nr. 1 SGB IX) sowie Hilfen i. S. d. § 33 Abs. 3 Nr. 6 SGB IX, umfassen gemäß § 33 Abs. 8 SGB IX u. a. auch Kosten
– für Kraftfahrzeughilfe,
– einer notwendigen Arbeitsassistenz für schwerbehinderte Menschen als Hilfe zur Erlangung eines Arbeitsplatzes für die Dauer von bis zu drei Jahren; ausgeführt vom Integrationsamt gegen Erstattung seiner Aufwendungen (§ 102 Abs. 4 SGB IX bleibt unberührt; s. Tz. 13.6.4),
– für Hilfsmittel, die wegen Art oder Schwere der Behinderung zur Berufsausübung, zur Teilnahme an einer Leistung zur Teilhabe am Arbeitsleben oder zur Erhöhung der Sicherheit auf dem Weg vom und zum Arbeitsplatz und am Arbeitsplatz erforderlich sind, es sei denn, dass eine Verpflichtung des Arbeitgebers besteht oder solche Leistungen als medizinische Leistung erbracht werden können,
– für technische Arbeitshilfen, die wegen Art oder Schwere der Behinderung zur Berufsausübung erforderlich sind und
– für Beschaffung, Ausstattung und Erhaltung einer behindertengerechten Wohnung in angemessenem Umfang.

(7) Soweit Art oder Schwere der Behinderung oder die Sicherung des Erfolges es erforderlich machen, werden die Leistungen zur Teilhabe am Arbeitsleben (z. B. Berufsvorbereitung, Ausbildung) durch Berufsbildungswerke, Berufsförderungswerke und vergleichbare Einrichtungen der beruflichen Rehabilitation ausgeführt (§ 35 SGB IX).

(8) Bezüglich der individuellen betrieblichen Qualifizierung im Rahmen Unterstützter Beschäftigung (§ 33 Abs. 3 Nr. 2a i. V. m. § 38a SGB IX) wird auf Tz. 3.3.4 verwiesen.

13.1.2 Leistungen an Arbeitgeber

§ 34 SGB IX nennt Art, Umfang und Dauer der Leistungen zur Teilhabe am Arbeitsleben, die die RehaTr nach § 6 Abs. 1 Nr. 2 bis 5 SGB IX (also nicht auch der SHTr) erbringen können, insbesondere als
– Ausbildungszuschüsse zur betrieblichen Ausführung von Bildungsleistungen,
– Eingliederungszuschüsse,
– Zuschüsse für Arbeitshilfen im Betrieb,
– teilweise oder volle Kostenerstattung für eine befristete Probebeschäftigung.

Weiteres hierzu wird im SGB III geregelt, auf Tz. 13.3.3, 13.3.4, 13.3.6, 13.4 und 13.5 wird hingewiesen.

13.2 Zuständigkeit und Voraussetzungen für die Leistungserbringung

(1) Leistungen zur Teilhabe am Arbeitsleben sind von den in § 6 Abs. 1 SGB IX aufgeführten RehaTr mit Ausnahme der gesetzlichen Krankenkassen und der Träger der Alterssicherung für Landwirte zu erbringen.

(2) Zuständigkeit und Voraussetzungen für die Leistungserbringung richten sich nach den für den jeweiligen RehaTr geltenden Leistungsgesetzen (§ 7 SGB IX), auf Tz. 13.1.1 Abs. 1 wird hingewiesen.

(3) Nach § 54 Abs. 1 Satz 1 SGB XII gehören zu den Leistungen der Eingliederungshilfe auch die Leistungen zur Teilhabe am Arbeitsleben nach § 33 SGB IX. Die Leistungspflicht der SHTr umfasst jedoch gem. entsprechender Regelungen im SGB IX nicht

– die individuelle betriebliche Qualifizierung im Rahmen Unterstützter Beschäftigung (§ 33 Abs. 3 Nr. 2a i. V. m. § 38a Abs. 2 Satz 3 SGB IX),
– den Gründungszuschuss entsprechend § 57 SGB III,
– den Ausgleich für unvermeidbaren Verdienstausfall (§ 33 Abs. 8 Satz 1 Nr. 2 SGB IX) und
– die Kosten einer notwendigen Arbeitsassistenz (§ 33 Abs. 8 Satz 1 Nr. 3 i. V. m. Satz 2 SGB IX).

Gleiches gilt gem. § 34 Abs. 1 Satz 1 SGB IX auch für Leistungen an Arbeitgeber sowie gem. § 44 Abs. 1 SGB IX für unterhaltssichernde und andere ergänzende Leistungen. Unabhängig von diesen Einschränkungen dürfte es in der Praxis ohnehin kaum Fallgestaltungen geben, in denen eine Leistungsverpflichtung des SHTr in Betracht kommt, da grundsätzlich stets ein vorrangiger RehaTr zuständig sein müsste.

(4) Zuständigkeit und Leistungsumfang der drei wichtigsten Träger der Leistungen zur Teilhabe am Arbeitsleben (BA, Rentenversicherung, Unfallversicherung) werden unter Tz. 13.3 bis 13.5 skizziert.

13.3 Aufgaben und Leistungen der Bundesagentur für Arbeit

13.3.1 Besondere Aufgaben zur Förderung des Übergangs aus der Werkstatt auf den allgemeinen Arbeitsmarkt

(1) Das SGB IX betont ausdrücklich die besondere Verantwortung und Aufgabenstellung der BA beim Übergangsprozess schwerbehinderter Menschen aus der Werkstatt nach dort erfolgter zielgerichteter Vorbereitung auf den allgemeinen Arbeitsmarkt. So obliegt der BA nach § 104 SGB IX u. a.

– die Berufsberatung und Vermittlung von in Werkstätten schwerbehinderten Beschäftigten auf den allgemeinen Arbeitsmarkt (§ 104 Abs. 1 Nr. 1 SGB IX); Umfang von Beratung und Vermittlung richten sich nach den §§ 29 ff. SGB III; sowie
– die Förderung von schwerbehinderten Menschen, die im Anschluss an eine Beschäftigung in einer Werkstatt oder einem Integrationsprojekt auf dem allgemeinen Arbeitsmarkt eingestellt werden (§ 104 Abs. 1 Nr. 3 Buchst. c SGB IX; Tz.13.3.4 Abs. 1).

(2) Ferner verpflichtet § 38 SGB IX die BA, auf Anforderung eines anderen RehaTr zu Notwendigkeit, Art und Umfang von Leistungen unter Berücksichtigung arbeitsmarktlicher Zweckmäßigkeit gutachterlich Stellung zu nehmen. Diese Vorschrift eröffnet dem SHTr die Möglichkeit, im konkreten Einzelfall eine qualifizierte Auskunft zur Notwendigkeit einer weiteren Beschäftigung eines behinderten Menschen im Arbeitsbereich einer Werkstatt sowie zu den Aussichten und ggf. erforderlichen zielorientierten vorbereitenden Maßnahmen für einen Wechsel auf den allgemeinen Arbeitsmarkt einzuholen. Von der Verpflichtung der BA zur gutachterlichen Stellungnahme sollte insbesondere dann Gebrauch gemacht werden, wenn der Vertreter der Bundesagentur im FA der Werkstatt die Einleitung übergangsfördernder Maßnahmen bzw. die Aufnahme von Vermittlungsbemühungen in einem vom SHTr vorgeschlagenen Fall aus nicht nachvollziehbaren Gründen ablehnt; erforderlichenfalls sollte der IFD beteiligt werden (§ 33 Abs. 6 Nr. 8, §§ 109 ff. SGB IX).

13.3.2 Leistungen nach dem SGB III an behinderte Menschen

(1) Der Katalog der Leistungen nach den §§ 33 ff. SGB IX ist auch für die BA maßgebend. Diese Fördermöglichkeiten zur Teilhabe behinderter Menschen am Arbeitsleben werden durch die Vorschriften der §§ 97 ff. SGB III konkretisiert.

(2) Nach § 98 SGB III können erbracht werden
- allgemeine Leistungen (§ 98 Abs. 1 SGB III), die nach § 100 SGB III
  - vermittlungsunterstützende Leistungen,
  - Leistungen zur Förderung der Aufnahme einer selbständigen Tätigkeit,
  - Leistungen zur Förderung der Berufsausbildung,
  - Leistungen zur Förderung der beruflichen Weiterbildung
  umfassen sowie
- besondere Leistungen zur Teilhabe am Arbeitsleben, soweit nicht bereits durch die allgemeinen Leistungen eine Teilhabe am Arbeitsleben erreicht werden kann. Näheres hierzu s. §§ 102 ff. SGB III.

(3) Der Leistungsrahmen richtet sich gem. § 99 SGB III grundsätzlich nach den Vorschriften der §§ 45 bis 96 SGB III (Leistungen an Arbeitnehmer) sowie der §§ 103 ff. SGB III.

13.3.3 Leistungen nach dem SGB III an Arbeitgeber

Eine besondere Bedeutung beim Übergang aus der Werkstatt auf den allgemeinen Arbeitsmarkt kommt den nach § 34 SGB IX i. V. m. den in §§ 217 bis 239 SGB III vorgesehenen Leistungen an Arbeitgeber zu. Danach können Arbeitgeber
- Eingliederungszuschüsse (§§ 217 bis 222 SGB III),
- Zuschüsse zur Ausbildungsvergütung (§§ 235a, 236 SGB III),
- Zuschüsse für Arbeitshilfen im Betrieb (§ 237 SGB III) und
- Kostenerstattungen für eine befristete Probebeschäftigung (§ 238 SGB III)

erhalten, wenn sie ein Ausbildungs- oder Arbeitsverhältnis mit schwerbehinderten oder sonstigen behinderten Menschen begründen.

13.3.4 Besondere Leistungen an Arbeitgeber zur Förderung der Einstellung von Beschäftigten aus Werkstätten

(1) Um die Arbeitgeber zu motivieren, auch verstärkt besonders betroffene schwerbehinderte Menschen, zu denen nach § 104 Abs. 1 Nr. 3 Buchst. c SGB IX auch schwerbehinderte Personen gehören, die im Anschluss an eine Beschäftigung in einer Werkstatt oder einem Integrationsprojekt eingestellt werden, auf den allgemeinen Arbeitsmarkt einzugliedern, enthalten die §§ 219 und 235a SGB III u. a. für Abgänger aus Werkstätten weiterreichende Fördermöglichkeiten für Arbeitgeber im Vergleich zu den Leistungen bei der Einstellung sonstiger behinderter Menschen.

(2) Nach § 219 Abs. 1 SGB III können Arbeitgeber für schwerbehinderte vormalige Werkstattbeschäftigte Eingliederungszuschüsse bis zur Höhe von 70 v. H. des berücksichtigungsfähigen Arbeitsentgelts erhalten. Die Förderdauer darf 36 Monate, bei schwerbehinderten Menschen, die das 50. Lebensjahr vollendet haben, 60 Monate und die das 55. Lebensjahr vollendet haben, 96 Monate nicht übersteigen. Die Degression des Eingliederungszuschusses richtet sich nach § 219 Abs. 3 SGB III (grundsätzlich 10 v. H. nach jedem Förderjahr, erstmals nach Ablauf von 24 Monaten).

(3) Nach § 235a SGB III können Arbeitgeber für die betriebliche Aus- oder Weiterbildung von ehemaligen Beschäftigten einer Werkstatt Zuschüsse bis zu 80 v. H. der monatlichen Ausbildungsvergütung für das letzte Ausbildungsjahr erhalten. In begründeten Ausnahmefällen dürfen Zuschüsse bis zur vollen Höhe der Ausbildungsvergütung erbracht werden.

(4) Im Übrigen sei auf § 238 SGB III verwiesen, wonach Arbeitgeber die Kosten für eine befristete Probebeschäftigung behinderter und schwerbehinderter Menschen bis zu einer Dauer von drei Monaten erstattet werden, wenn dadurch die Möglichkeit einer Teilhabe am Arbeitsleben verbessert wird oder eine vollständige und dauerhafte Teilhabe am Arbeitsleben zu erreichen ist.

13.3.5 Zusätzliche Leistungen aus Arbeitsmarktprogrammen für schwerbehinderte Menschen

Die Zuschüsse an Arbeitgeber können im Rahmen von befristeten regionalen Arbeitsmarktprogrammen für schwerbehinderte Menschen nach § 104 Abs. 3 SGB IX i. V. m. § 16 SchwbAV aus Mitteln der Ausgleichsabgabe, die die Integrationsämter der BA hierfür durch Verwaltungsvereinbarung übertragen, ergänzt bzw. aufgestockt werden.

13.3.6 Verhältnis zu Leistungen anderer Rehabilitationsträger

(1) § 22 Abs. 2 Satz 1 SGB III bestimmt, dass allgemeine und besondere Leistungen zur Teilhabe am Arbeitsleben einschließlich der Leistungen an Arbeitgeber von der BA nur erbracht werden dürfen, sofern nicht ein anderer RehaTr i. S. d. SGB IX zuständig ist.

(2) Eingliederungszuschüsse nach § 219 SGB III sowie Zuschüsse zur Ausbildungsvergütung nach § 235a SGB III dürfen jedoch auch dann von der BA im Rahmen ihrer alleinigen Verpflichtung zur besonderen Förderung der Teilhabe von Abgängern aus Werkstätten am Arbeitsleben auf den allgemeinen Arbeitsmarkt (§ 104 Abs. 1 Nr. 3 Buchst. c und e SGB IX) erbracht werden, wenn ein anderer Leistungsträger (z. B. Renten- oder Unfallversicherungsträger) zur Erbringung gleichartiger Leistungen – jedoch nicht in der nach dem SGB III möglichen Höhe – gesetzlich verpflichtet ist oder ohne gesetzlich verpflichtet zu sein, Leistungen erbringt. In diesem Fall werden die Leistungen des anderen Leistungsträgers angerechnet (§ 22 Abs. 2 Satz 2 und 3 SGB III).

13.3.7 Verhältnis der Leistungen nach dem SGB III zu Leistungen nach dem SGB II an und für erwerbsfähige behinderte Menschen

(1) Erwerbsfähig ist nach § 8 Abs. 1 SGB II, wer nicht wegen Krankheit oder Behinderung auf absehbare Zeit außerstande ist, unter den üblichen Bedingungen des allgemeinen Arbeitsmarktes mindestens drei Stunden täglich erwerbstätig zu sein.

(2) An und für erwerbsfähige Hilfebedürftige i. S. d. SGB II werden gem. § 22 Abs. 4 SGB III Leistungen nach folgenden Vorschriften des SGB III *nicht* erbracht:

– §§ 45 bis 47
– §§ 77 bis 87
– §§ 97 bis 99, 100 Nr. 1 und 4
– § 101 Abs. 1, 2 und 5
– §§ 102, 103 Satz 1 Nr. 1 und 3,
– §§ 109 und 111
– § 116 Nr. 3
– §§ 160 bis 162
– §§ 217 bis 233,
– §§ 240 bis 247,
– §§ 260 bis 271,
– §§ 417, 421f, 421k, 421o und 421p.

(3) An und für erwerbsfähige behinderte Menschen werden die in den vorgenannten Vorschriften des SGB III geregelten Leistungen von der BA nach Maßgabe des § 16 SGB II im Rahmen der Leistungen zur Eingliederung in Arbeit erbracht.

13.3.8 Antragsverfahren

(1) Leistungen der Arbeitsförderung werden nach § 323 Abs. 1 Satz 1 SGB III auf Antrag erbracht. Leistungen der aktiven Arbeitsförderung, zu denen auch die allgemeinen und besonderen Leistungen für behinderte Menschen sowie die Zuschüsse an Arbeitgeber gehören (§ 3 Abs. 4 SGB III), können auch von Amts wegen erbracht werden, wenn die Berechtigten zustimmen. Die Zustimmung gilt insoweit als Antrag (§ 323 Abs. 1 Satz 3 und 4 SGB III).

(2) Stimmt ein Beschäftigter der Werkstatt im Rahmen der Anhörung i. S. v. § 3 Abs. 3 WVO der Durchführung einer weiterqualifizierenden Maßnahme außerhalb der Aufgabenstellung der Werkstatt, aber in der leistungsrechtlichen Zuständigkeit eines RehaTr (z. B. BA) zu, ist diese Zustimmung als Antrag zu werten.

13.4 Leistungen der gesetzlichen Rentenversicherung

(1) Nach § 16 SGB VI erbringen die Träger der Rentenversicherung Leistungen zur Teilhabe am Arbeitsleben auf dem allgemeinen Arbeitsmarkt nach den §§ 33 bis 38 SGB IX, sofern im Einzelfall die in § 11 SGB VI aufgeführten versicherungsrechtlichen Voraussetzungen erfüllt sind und Ausschlussgründe nach § 12 SGB VI nicht vorliegen.

(2) Darüber hinaus haben die Träger der Rentenversicherung für leistungsberechtigte Versicherte auch Leistungen zur individuellen betrieblichen Qualifizierung im Rahmen Unterstützter Beschäftigung zu erbringen (§ 38a Abs. 2 Satz 3 SGB IX). Leistungen der Berufsbegleitung sind hingegen nicht vom Träger der Rentenversicherung, sondern vom Integrationsamt zu erbringen (§ 38a Abs. 3 Satz 2 SGB IX).

(3) Auf die Möglichkeit der Zahlung von Eingliederungszuschüssen an Arbeitgeber nach Maßgabe des § 219 SGB III durch die BA unter Anrechnung der vom Rentenversicherungsträger nach § 34 Abs. 3 SGB IX zu erbringenden Eingliederungszuschüsse für schwerbehinderte Menschen, die im Anschluss an eine Beschäftigung in einer Werkstatt oder einem Integrationsprojekt auf dem allgemeinen Arbeitsmarkt eingestellt werden, wird hingewiesen (§ 104 Abs. 1 Nr. 3 Buchst. c SGB IX i. V. m. §§ 219 und 22 Abs. 2 SGB III); s. auch Tz. 13.3.6 Abs. 2.

13.5 Leistungen der gesetzlichen Unfallversicherung

(1) Die Unfallversicherungsträger erbringen nach § 35 Abs. 1 SGB VII die Leistungen zur Teilhabe am Arbeitsleben auf dem allgemeinen Arbeitsmarkt nach den §§ 33 bis 38a SGB IX im Rahmen ihrer Zuständigkeit für durch Arbeitsunfälle (§ 8 SGB VII) Verletzte und von Berufskrankheiten (§ 9 SGB VII) Betroffene.

(2) Tz. 13.4 Abs. 3 gilt entsprechend.

13.6 Aufgaben des Integrationsamtes bei der Schaffung und Sicherung von Arbeitsplätzen auf dem allgemeinen Arbeitsmarkt

13.6.1 Rechtliche Grundlagen

(1) Die Aufgabenstellung des Integrationsamtes ergibt sich aus § 102 Abs. 1 SGB IX. Danach obliegen ihm vor allem

– die Erhebung und Verwendung der Ausgleichsabgabe (Näheres hierzu regeln §§ 77 bis 79 SGB IX),
– der Kündigungsschutz schwerbehinderter Menschen und ihnen Gleichgestellter (Näheres hierzu regeln §§ 85 bis 92 SGB IX),
– die begleitende Hilfe im Arbeitsleben (s. § 102 Abs. 2 bis 7 SGB IX).

(2) Die Verwendung der Ausgleichsabgabe und die Leistungen zur begleitenden Hilfe im Arbeitsleben werden durch die SchwbAV konkretisiert.

13.6.2 Verwendung der Ausgleichsabgabe für die Schaffung von Arbeits- und Ausbildungsplätzen für schwerbehinderte Abgänger aus Werkstätten

Nach § 77 Abs. 5 SGB IX darf die Ausgleichsabgabe nur für besondere Leistungen zur Förderung der Teilhabe schwerbehinderter Menschen am Arbeitsleben einschließlich begleitender Hilfe im Arbeitsleben verwendet werden. Auf der Grundlage dieser Vorschrift i. V. m. § 14 Abs. 1 Nr. 1 und § 15 Abs. 1 Satz 1 Nr. 1 Buchst. d und Nr. 2 SchwbAV können Arbeitgeber Darlehen oder Zuschüsse bis zur vollen Höhe der entsprechenden notwendigen Kosten zu den Aufwendungen für die Schaffung neuer geeigneter, erforderlichenfalls behinderungsgerecht ausgestatteter Arbeits- und Ausbildungsplätze und Plätze zur sonstigen beruflichen Bildung, insbesondere zur Teilnahme an Leistungen zur Teilhabe am Arbeitsleben nach § 33 Abs. 3 Nr. 3 SGB IX (vgl. Tz. 13.1.1 Abs. 3) für schwerbehinderte Menschen, die im Anschluss an eine Beschäftigung in einer Werkstatt eingestellt werden sollen, vom Integrationsamt erhalten.

13.6.3 Begleitende Hilfe im Arbeitsleben

(1) Die begleitende Hilfe im Arbeitsleben hat das Ziel, die Eingliederung schwerbehinderter Menschen auf behindertengerechten Arbeitsplätzen zu fördern und die Arbeitsplätze der Beschäftigten zu sichern. Sie soll darauf hinwirken, dass die schwerbehinderten Menschen in ihrer sozialen Stellung nicht absinken, auf Arbeitsplätzen beschäftigt werden, auf denen sie ihre Fähigkeiten und Kenntnisse voll (behinderungs- und persönlichkeitsgerecht) verwerten und weiterentwickeln können, sowie durch Leistungen der Integrationsämter und der RehaTr und Maßnahmen der Arbeitgeber befähigt werden, sich am Arbeitsplatz und im Wettbewerb mit nichtbehinderten Menschen zu behaupten (§ 102 Abs. 2 Satz 2 SGB IX).

(2) Das Integrationsamt hat die begleitende Hilfe im Arbeitsleben in enger Zusammenarbeit mit der BA und den übrigen RehaTr, also auch dem SHTr durchzuführen (§ 102 Abs. 2 Satz 1 SGB IX).

(3) Die begleitende Hilfe im Arbeitsleben beinhaltet die Beratung und finanzielle Förderung von schwerbehinderten (und ihnen gleichgestellten) Menschen (zum bezeichneten Personenkreis s. § 2 Abs. 2 und 3 SGB IX) sowie deren Arbeitgebern.

(4) Die Beratung durch die Integrationsämter erstreckt sich auf alle Fragen, die mit der Beschäftigung schwerbehinderter Menschen zusammenhängen, z. B. Fragen der Arbeitsplatzauswahl und der behinderungsgerechten Arbeitsplatzgestaltung, besonderen Problemen bei sinnesbehinderten und seelisch behinderten Menschen. Die internen und externen Fachdienste der Integrationsämter nehmen dabei eine wichtige Funktion wahr. Dazu zählen die Technischen Beratungsdienste der Integrationsämter und die IFD (§ 102 Abs. 2 i. V. m. § 111 Abs. 1 SGB IX und § 27a SchwbAV).

(5) Die finanzielle Förderung sieht ein breites Spektrum von Leistungen an Arbeitgeber und für schwerbehinderte Menschen vor, die alle das Ziel haben, die Betriebe in die Lage zu versetzen, den gesetzlichen Auftrag zur Integration behinderter Menschen zu erfüllen und ihnen i. S. einer Chancengleichheit mit nicht behinderten Menschen zu helfen. Näheres hierzu bestimmt § 102 Abs. 3 und 4 SGB IX i. V. m. §§ 17 bis 29 SchwbAV.

(6) Die finanziellen Leistungen werden vom Integrationsamt zweckgebunden im Rahmen der ihm zur Verfügung stehenden Ausgleichsabgabe erbracht. Die Verpflichtungen anderer, insbesondere der RehaTr werden durch die Aufgabenstellung des Integrationsamtes nicht berührt (§§ 102 Abs. 5 Satz 1 SGB IX, 18 Abs. 1 Satz 1 SchwbAV). Eine Aufstockung der Leistungen der RehaTr durch das Integrationsamt im Rahmen der begleitenden Hilfe ist nicht zulässig (§ 102 Abs. 5 Satz 2 SGB IX). Die Leistungen des Integrationsamtes zur begleitenden Hilfe am Arbeitsleben sind dabei gegenüber den Leistungen der SHTr vorrangig (§ 18 Abs. 1 Satz 2 SchwbAV i. V. m. § 2 SGB XII).

13.6.4 Besonders geeignete Leistungen zur Schaffung und Erhaltung von Arbeitsplätzen für Abgänger aus Werkstätten

Für die Förderung der Einstellung und Sicherung einer dauerhaften Beschäftigung von Abgängern aus Werkstätten auf dem allgemeinen Arbeitsmarkt dürften insbesondere folgende Leistungsmöglichkeiten des Integrationsamtes im Rahmen der Leistungen zur Förderung des Arbeits- und Ausbildungsplatzangebots sowie der begleitenden Hilfe im Arbeitsleben bedeutsam sein:

a) Geldleistungen an Arbeitgeber

1. zur Schaffung neuer, geeigneter, erforderlichenfalls behinderungsgerecht ausgestatteter Arbeits- und Ausbildungsplätze für schwerbehinderte Menschen (§ 15 SchwbAV):

(1) Nach § 15 Abs. 1 Satz 1 Nr. 1 Buchst. d SchwbAV können Arbeitgeber Darlehen oder Zuschüsse für den vorgenannten Zweck bis zur vollen Höhe der entstehenden notwendigen Kosten zu den Aufwendungen für schwerbehinderte Menschen erhalten, die im Anschluss an eine Beschäftigung in einer Werkstatt eingestellt werden sollen, wenn gewährleistet wird, dass die geförderten Plätze für einen nach Lage des Einzelfalles zu bestimmenden langfristigen Zeitraum schwerbehinderten Menschen vorbehalten bleiben.

(2) Die Leistungen können nur erbracht werden, soweit Mittel für denselben Zweck nicht von anderer Seite zu erbringen sind oder erbracht werden (§ 15 Abs. 2 Satz 2 SchwbAV).

2. zur behinderungsgerechten Einrichtung von Arbeits- und Ausbildungsplätzen für schwerbehinderte Menschen (§ 102 Abs. 3 Satz 1 Nr. 2 Buchst. a SGB IX i. V. m. § 26 SchwbAV):

(1) Diese Leistungen umfassen neben der behinderungsgerechten Einrichtung und Unterhaltung der Arbeitsstätten auch die Ausstattung von Arbeitsplätzen mit notwendigen technischen Hilfsmitteln. Es können weiterhin auch Ersatzbeschaffungen und Beschaffungen zur Anpassung an die technische Weiterentwicklung gefördert werden sowie die Ausbildung des schwerbehinderten Menschen im Gebrauch der geförderten Gegenstände.

(2) Leistungen nach § 26 SchwbAV können als Zuschuss oder Darlehen bis zur Höhe der notwendigen Kosten erbracht werden; als besonders förderungswürdig gilt die Einrichtung von Arbeitsplätzen für besonders betroffene schwerbehinderte Menschen, zu denen grundsätzlich Abgänger aus Werkstätten gehören (§ 26 Abs. 2 SchwbAV i. V. m. § 72 SGB IX).

3. zur Abgeltung außergewöhnlicher Belastungen, die mit der Beschäftigung eines schwerbehinderten Menschen im Anschluss an eine Beschäftigung in einer Werkstatt verbunden sind, vor allem, wenn ohne diese Leistungen das Beschäftigungsverhältnis gefährdet würde (§ 102 Abs. 3 Satz 1 Nr. 2 Buchst. e SGB IX i. V. m. § 27 Abs. 1 Satz 1 SchwbAV):

(1) Außergewöhnliche Belastungen sind überdurchschnittlich hohe finanzielle Aufwendungen oder sonstige Belastungen, die einem Arbeitgeber bei der Beschäftigung eines schwerbehinderten Menschen auch nach Ausschöpfung aller Möglichkeiten entstehen und für die die Kosten zu tragen für den Arbeitgeber nach Art und Höhe unzumutbar ist. Ein Ausgleich dieser Belastungen durch die Gewährung eines Minderleistungsausgleichs und die Erstattung eines besonderen Betreuungsaufwandes nach § 27 SchwbAV kommt insbesondere infrage, wenn die Lohnkostenzuschüsse der BA enden. Mit dem Minderleistungsausgleich soll eine wesentlich verminderte Arbeitsleistung kompensiert werden. Mit dem Betreuungsaufwand sollen besondere personelle Aufwendungen des Arbeitgebers bei der Einarbeitung oder Betreuung oder für eine besondere Hilfskraft abgedeckt werden. Man kann bei der Erstattung des Betreuungsaufwandes auch von der Förderung einer arbeitgeberorganisierten Arbeitsassistenz sprechen.

(2) Die Höhe der Leistungen bestimmt sich nach den Umständen des Einzelfalls. Die Praxis zeigt, dass vom Integrationsamt in der Regel die Möglichkeiten zur Unterstützung der Beschäftigung von Abgängern aus Werkstätten auf dem allgemeinen Arbeitsmarkt

voll ausgeschöpft werden; dies entspricht auch dem Willen des Verordnungsgebers (§ 27 Abs. 3 SchwbAV i. V. m. § 72 SGB IX). Leistungen nach § 27 SchwbAV werden in der Regel für zwei Jahre bewilligt, eine mehrfache Weiterbewilligung nach Überprüfung ist möglich (§ 18 Abs. 3 SchwbAV). Falls erforderlich, können diese Leistungen bei Werkstattabgängern über viele Jahre erbracht werden.

(3) Leistungen des Integrationsamtes an Arbeitgeber zur Abgeltung außergewöhnlicher Belastungen können bereits bei Probebeschäftigungen und Praktika erbracht werden, die ein in einer WfbM beschäftigter schwerbehinderter Mensch im Rahmen von Maßnahmen zur Förderung des Übergangs auf dem allgemeinen Arbeitsmarkt (§ 5 Abs. 4 WVO) absolviert, wenn die dem Arbeitgeber entstehenden außergewöhnlichen Belastungen nicht bereits durch die in dieser Zeit erbrachten Leistungen der Rehabilitationsträger abgedeckt werden (§ 27 Abs. 1 Satz 2 SchwbAV).

4. *für Jobcoaching:*

(1) zur Abgeltung der zusätzlichen Kosten, die dem Arbeitgeber durch Einsatz eines externen Betreuers anfallen, dessen Aufgabe es ist, den schwerbehinderten Werkstattabgänger beim Erlernen aller einzelnen am Arbeitsplatz des behinderten Menschen anfallenden Arbeitsschritte zu unterstützen (Jobcoaching; § 26 Abs. 1 Satz 1 Nr. 4 oder § 27 SchwbAV).

(2) Die Leistung kann aber auch an den schwerbehinderten Menschen erbracht werden; s. Buchst. b Nr. 1.

b) Geldleistungen an schwerbehinderte Menschen

1. *für Maßnahmen zur Erhaltung und Erweiterung beruflicher Kenntnisse und Fertigkeiten (§ 102 Abs. 3 Satz 1 Nr. 1 Buchst. e SGB IX i. V. m. § 24 SchwbAV):*

Im Rahmen dieser Hilfe können schwerbehinderten Menschen nach dem Übergang aus der Werkstatt auf den allgemeinen Arbeitsmarkt auch die ihnen entstehenden Aufwendungen für eine Qualifizierungsmaßnahme am Arbeitsplatz des Betriebs, z. B. ein individuelles Arbeitstraining durch einen Jobcoach erstattet werden. Da also sowohl der Arbeitgeber (s. Buchst. a Nr. 4) als auch schwerbehinderte Menschen Leistungen für das Jobcoaching erhalten können, ist es geboten, die Beantragung der Leistung einvernehmlich abzuklären.

2. *zur Finanzierung einer Berufsbegleitung (§§ 38a Abs. 3, 102 Abs. 3a SGB IX):*

Schwerbehinderte Werkstattbeschäftigte, die aus einer Werkstatt auf den allgemeinen Arbeitsmarkt in ein Beschäftigungsverhältnis im Sinne begleitender Hilfe im Arbeitsleben wechseln und weiterhin der Integrationsbegleitung am Arbeitsplatz bedürfen, haben Anspruch auf Berufsbegleitung durch die Integrationsämter. Diese Berufsbegleitung geht über die rein tätigkeitsbezogene Arbeitsassistenz hinaus und umfasst z. B. auch eine psychosoziale Betreuung sowie die Beratung des Arbeitgebers.

3. *zur Finanzierung einer notwendigen Arbeitsassistenz (§ 102 Abs. 4 SGB IX i. V. m. § 17 Abs. 1a SchwbAV):*

(1) Schwerbehinderte Arbeitnehmer haben nach Maßgabe des § 102 Abs. 4 SGB IX einen Anspruch auf die Übernahme der Kosten einer notwendigen Arbeitsassistenz.

(2) Arbeitsassistenz ist die über gelegentliche Handreichungen hinausgehende, zeitlich wie tätigkeitsbezogen regelmäßig wiederkehrende Unterstützung von schwerbehinderten Menschen bei der Arbeitsausführung in Form einer von ihnen selbst beauftragten persönlichen Arbeitsplatzassistenz im Rahmen der Erlangung oder Erhaltung eines Arbeitsplatzes auf dem allgemeinen Arbeitsmarkt. Sie beinhaltet insbesondere Hilfstätigkeiten bei der Erbringung der seitens der schwerbehinderten Menschen arbeitsvertraglich geschuldeten Arbeitsaufgabe einschließlich des Einsatzes von Gebärdensprachdolmetschern und Vorlesekräften. Die Kostenübernahme setzt voraus, dass der schwerbehinderte

Mensch in der Lage ist, den das Beschäftigungsverhältnis inhaltlich prägenden Kernbereich der arbeitsvertraglich geschuldeten Arbeitsaufgaben selbstständig zu erledigen.

(3) Die Organisations- und Anleitungskompetenz für die Assistenzkraft liegt bei den schwerbehinderten Arbeitnehmern und ist in Abstimmung mit dem Arbeitgeber auszuüben.

(4) Der Bewilligungszeitraum für die Übernahme der Kosten beträgt in der Regel zwei Jahre, die Leistung kann auf Antrag wiederholt erbracht werden.

(5) Die notwendige Arbeitsassistenz kann auch nach § 27 SchwbAV in Form der arbeitgeberorganisierten Arbeitsassistenz gewährt werden, eine Option, die vielen Werkstattabgängern sicherlich besser gerecht wird als eine durch den Arbeitnehmer selbst zu organisierende und zu verantwortende Assistenz.

(6) Im Übrigen wird auf § 33 Abs. 8 Satz 1 Nr. 3 und Satz 2 bis 4 SGB IX hingewiesen.

13.6.5 Regionale Förderprogramme

Auf der Grundlage des § 14 Abs. 1 Nr. 1 und 4 SchwbAV können die Integrationsämter regionale Förderprogramme zur Verbesserung des Angebotes an Arbeits- und Ausbildungsplätzen für vormalige Werkstattbeschäftigte oder für Modellvorhaben im Rahmen des Übergangs von der Werkstatt auf den allgemeinen Arbeitsmarkt aus ihren Mitteln der Ausgleichsabgabe finanzieren.

13.7 Werkstattträger als Anbieter berufsvorbereitender und beruflicher Bildungsmaßnahmen sowie als Arbeitgeber des allgemeinen Arbeitsmarkts

13.7.1 Berufsvorbereitung und Ausbildung

(1) Auch Werkstattträger – nicht aber Werkstätten i. S. d. § 136 SGB IX selbst – können

– behinderten Menschen, die in ihren Werkstätten so weit gefördert worden sind, dass sie nicht mehr die Leistungen einer Werkstatt benötigen, sondern in eine weiterführende Qualifizierungsmaßnahme „oberhalb" der Werkstatt wechseln können, sowie

– sonstigen behinderten Menschen, die die jeweiligen Voraussetzungen für die Teilnahme an den nachstehenden beruflichen Qualifizierungsmaßnahmen erfüllen,

rechtlich oder organisatorisch von der Werkstatt getrennt

– berufsvorbereitende Bildungsmaßnahmen (s. Tz. 3.3.5) und

– Berufsausbildungen in anerkannten Ausbildungsberufen oder Helfer- / Werkerberufen (s. Tz. 3.3.6)

anbieten, sofern sie die hierfür vorgeschriebenen konzeptionellen, personellen, administrativen und organisatorischen Anforderungen und Voraussetzungen erfüllen. Der FA der Werkstatt sollte daher im Rahmen seiner Aufgabenstellung nach § 5 Abs. 5 WVO auch die Planung und Durchführung solcher Angebote erörtern.

(2) Die Begründung von Ausbildungsverhältnissen i. S. d. BBiG bzw. der HwO zwischen dem Werkstattträger und hierfür nach zielgerichteter Vorbereitung geeigneter Werkstattbeschäftigter ist insbesondere dann sinnvoll, wenn sie auf den eigenen Bedarf des Werkstattträgers ausgerichtet ist und in arbeitsvertragliche Beschäftigungsverhältnisse mit dem Träger münden sollen.

(3) Spätestens mit dem Wechsel der behinderten Menschen aus der Werkstatt in eine weiterqualifizierende berufliche Bildungsmaßnahme endet sein Anspruch auf Leistungen in der Werkstatt sowie seine Rechtsbeziehung zur Werkstatt.

(4) Die finanzielle Förderung der weiterqualifizierenden beruflichen Bildungsmaßnahmen außerhalb der Werkstatt i. S. d. § 136 SGB IX liegt in der Zuständigkeit der gegenüber dem SHTr vorrangigen RehaTr, in der Regel bei der BA.

13.7.2 Werkstattträger als Arbeitgeber des allgemeinen Arbeitsmarkts

(1) Der Abschluss eines Arbeitsvertrages zwischen dem Werkstattträger und einem Beschäftigten der Werkstatt ist anzustreben, wenn

- der behinderte Mensch nach zielgerichteter Vorbereitung in der Werkstatt auf den Übergang auf einen Arbeitsplatz des allgemeinen Arbeitsmarktes die Fähigkeiten erworben hat, die er für eine Vermittlung auf den allgemeinen Arbeitsmarkt benötigt,
- die vom behinderten Menschen zu erbringende und auch tatsächlich erbrachte Arbeitsleistung nicht nur die Finanzierung seines arbeitsvertraglichen Lohnes ermöglicht, sondern darüber hinaus auch das Arbeitsergebnis der Werkstatt (§ 12 Abs. 4 WVO) steigert (produktionssteigernder Mitarbeiter – also außerhalb der personellen Ausstattung nach § 9 WVO) bzw. den Aufgabenbereich seiner Planstelle beim Werkstattträger (z. B. im Verwaltungsbereich) abdeckt und
- die – grundsätzlich vorrangig anzustrebende – Vermittlung auf einen Arbeitsplatz auf dem allgemeinen Arbeitsmarkt bei einem anderen Arbeitgeber beispielsweise aufgrund der Arbeitsmarktsituation nicht möglich ist.

(2) Der Werkstattträger kann als Arbeitgeber für Mitarbeiter, die mit der Aufnahme einer sozialversicherungspflichtigen arbeitsvertraglich geregelten Tätigkeit den Status eines Arbeitnehmers i. S. d. BetrVG erlangen, die Leistungen in Anspruch nehmen, die jeder Arbeitgeber im Falle der Einstellung und Beschäftigung von schwerbehinderten Arbeitnehmern erhalten könnte (z. B. Eingliederungszuschüsse der BA, begleitende Hilfen im Arbeitsleben durch das Integrationsamt). Auch dem schwerbehinderten Arbeitnehmer steht das Leistungsspektrum der RehaTr und des Integrationsamtes offen.

(3) Spätestens mit der Aufnahme der Tätigkeit als Arbeitnehmer beim Werkstattträger endet die Leistungspflicht des Trägers der Sozialhilfe im Rahmen der Eingliederungshilfe nach § 54 Abs. 1 Satz 1 SGB XII i. V. m. § 41 SGB IX für den (ehemaligen) Werkstattbeschäftigten, weil von diesem Zeitpunkt an das Ziel der Leistungserbringung (Teilhabe am Arbeitsleben auf dem allgemeinen Arbeitsmarkt) erreicht worden ist.

13.8 Instrumente zur besonderen Unterstützung der Beschäftigung behinderter Menschen auf dem allgemeinen Arbeitsmarkt

13.8.1 Erwartungen und Anforderungen der Arbeitgeber

(1) Für einen Arbeitgeber ist es unabdingbar, dass „passgenaue" Mitarbeiter für einen freien / neuen Arbeitsplatz ausgewählt werden. Der Übereinstimmung zwischen den Fähigkeiten des behinderten Menschen und den Anforderungen des Arbeitsplatzes sowie aber auch verlässlichen und „ehrlichen" Vorinformationen über die Stärken und Schwächen des potenziellen neuen schwerbehinderten Mitarbeiters, die zu erwartenden Be- und Entlastungen für die betriebsinternen Arbeitsabläufe und die potenziellen Auswirkungen auf die übrigen Mitarbeiter des Unternehmens messen Arbeitgeber große Bedeutung bei.

(2) Weitere Voraussetzung für die Einstellung eines Abgängers aus einer Werkstatt ist für Arbeitgeber die durch einen Fachdienst begleitete Einarbeitung des behinderten Menschen. Hier ist es für Arbeitgeber wichtig, dass eindeutige Absprachen zwischen allen am Integrationsprozess beteiligten Personen getroffen werden und die Verantwortlichkeiten festgelegt werden. Im Interesse aller Beteiligten sollten frühzeitig die jeweilige Erwartungshaltung abgeklärt und miteinander abgeglichen werden.

(3) Im weiteren Verlauf der Betreuung sind für Arbeitgeber die beiden Kriterien „Kontinuität" und „Verlässlichkeit" in der Begleitung von zentraler Bedeutung. Es wird erwartet, dass ein Fachdienst aktiv den Kontakt zum Betrieb aufrechterhält und Präsenz im Betrieb zeigt. Die Arbeitgeber verlassen sich auf die versprochene Entlastung im Integrationsprozess. Von Relevanz ist auch, dass dieser Dienst zentraler Ansprechpartner (neben Agentur für Arbeit und Integrationsamt) bleibt, sodass der Arbeitgeber nicht mit weiteren Institutionen (z. B. abgebende Einrichtung, Förderschule, Wohnheim) konfrontiert wird und so die ohnehin

schwierigen Zuständigkeiten im Integrationsprozess für ihn undurchschaubar werden, ganz abgesehen von den zusätzlichen zeitlichen Belastungen und möglicherweise nicht untereinander abgestimmten Vorgehensweisen.

(3) Zur zielgerichteten Abklärung der Leistungsfähigkeit und zur Vorbereitung schwerbehinderter Menschen, vor allem auch von Beschäftigten in Werkstätten auf den allgemeinen Arbeitsmarkt, zur Beratung der Arbeitgeber sowie zur Erschließung geeigneter Arbeitsplätze und zur Nachbetreuung auf dem allgemeinen Arbeitsmarkt wurden IFD und Integrationsprojekte geschaffen, die die zuständigen RehaTr und das Integrationsamt bei deren Aufgabenerfüllung unterstützen bzw. geeignete Qualifizierungsmaßnahmen und Beschäftigungsplätze anbieten sollen.

13.8.2 Integrationsfachdienste

(1) § 109 Abs. 1 SGB IX definiert IFD als Dienste Dritter, die bei der Durchführung der Maßnahmen zur Teilhabe schwerbehinderter Menschen am Arbeitsleben beteiligt werden.

(2) IFD sind konzipiert für schwerbehinderte Menschen, die zur Beschaffung und Erhaltung eines Arbeitsplatzes auf dem allgemeinen Arbeitsmarkt besondere Unterstützung benötigen. Zu diesem Personenkreis gehören insbesondere

– schwerbehinderte Menschen, die nach zielgerichteter Vorbereitung durch die Werkstatt am Arbeitsleben auf dem allgemeinen Arbeitsmarkt teilhaben sollen und dabei auf aufwendige, personalintensive, individuelle arbeitsbegleitende Hilfen angewiesen sind (§ 109 Abs. 2 Nr. 2 SGB IX) sowie

– schwerbehinderte Schulabgänger, die für die Aufnahme einer Beschäftigung auf dem allgemeinen Arbeitsmarkt und somit zur Vermeidung der Aufnahme in eine Werkstatt auf die Unterstützung eines IFD angewiesen sind (§ 109 Abs. 2 Nr. 3 SGB IX).

(3) Die Aufgaben der IFD sind in § 110 SGB IX beschrieben. Sie umfassen alle erforderlichen Maßnahmen zur Aufnahme, Ausübung und Sicherung einer möglichst dauerhaften Beschäftigung auf dem allgemeinen Arbeitsmarkt. Sie decken folglich die Betreuungsnotwendigkeiten ab, welche bei Abgängern aus Werkstätten bestehen, ebenso wie die Akquisition von Arbeitsplätzen, die Beratung und Unterstützung des Arbeitgebers, die Begleitung des behinderten Menschen am Arbeitsplatz und dessen (auch langjährige) Nachbetreuung.

(4) Näheres über

– die Beauftragung und Verantwortlichkeit,
– die enge Zusammenarbeit u. a. mit der BA, den RehaTr, den Integrationsämtern, den Arbeitgebern, den Handwerks-, den Industrie- und Handelskammern sowie den berufsständischen Organisationen, den Werkstätten und ihren internen Diensten und Fachkräften,
– die fachlichen Anforderungen und
– die Finanzierung der Leistungen der IFD durch die jeweiligen Auftraggeber

bestimmen die §§ 111 bis 113 SGB IX.

(5) Die IFD sollten von den RehaTr und den Werkstätten bei den Bemühungen zum Übergang geeigneter Beschäftigter aus der Werkstatt auf den allgemeinen Arbeitsmarkt und zur Sicherung des Arbeitsverhältnisses gezielt genutzt werden und als zentrale Scharnierstellen alle auf den allgemeinen Arbeitsmarkt gerichteten Aktivitäten bündeln. Die IFD werden im Vermittlungsbereich von der BA beauftragt und finanziert, die nachgehende Betreuung geschieht im Auftrag des Integrationsamtes. Beauftragung und Kostenträgerschaft sind damit im Grunde klar geregelt, die BA ist zuständig für den Einstieg, das Integrationsamt für die Betreuung ab Ende der Probezeit im Betrieb des allgemeinen Arbeitsmarktes.

(6) Es bleibt dem SHTr unbenommen, dem IFD im Rahmen dessen gesetzlicher Aufgabenstellung Aufträge zu erteilen (s. Tz. 7.4.3 Buchst. d Abs. 2); er muss die erbrachten Leistungen dann auch selbst vergüten (§§ 111 und 113 SGB IX).

(7) Es hat sich als sinnvoll erwiesen, dass die Kooperation zwischen der Werkstatt und dem IFD im Allgemeinen und im Einzelfall frühzeitig beginnt. Bei einer sich abzeichnenden Ausgliederung aus der Werkstatt sollte der IFD sukzessive die Unterstützung des behinderten Menschen übernehmen. Im Vergleich zur Werkstatt sind die Möglichkeiten des IFD, valide Informationen über die Kompetenzen und behinderungsbedingten Einschränkungen zu erhalten, begrenzt. Die Fachdienste benötigen deshalb Unterstützung und Zuarbeit bei der Erstellung des Fähigkeitsprofils, welches schließlich die Akquisitionsbemühungen der Fachdienste steuert. Auch sollten die IFD aktiv dabei unterstützt werden, die Nachbetreuung von Werkstattabgängern fallangemessen zu organisieren.

13.8.3 Integrationsprojekte

(1) Nach § 132 Abs. 1 SGB IX sind Integrationsprojekte
- rechtlich und wirtschaftlich selbstständige Unternehmen (Integrationsunternehmen) oder
- unternehmensinterne oder von öffentlichen Arbeitgebern geführte
  - Betriebe (Integrationsbetriebe) oder
  - Abteilungen (Integrationsabteilungen)

zur Beschäftigung schwerbehinderter Menschen auf dem allgemeinen Arbeitsmarkt, deren Teilhabe an einer sonstigen Beschäftigung auf dem allgemeinen Arbeitsmarkt aufgrund von Art oder Schwere der Behinderung oder wegen sonstiger Umstände voraussichtlich trotz Ausschöpfens aller Fördermöglichkeiten und einer Beteiligung des IFD auf besondere Schwierigkeiten stößt.

(2) Die Angebote der Integrationsprojekte richten sich nach § 132 Abs. 2 Nr. 2 und 3 SGB IX schwerpunktmäßig auch an
- schwerbehinderte Menschen, die nach zielgerichteter Vorbereitung in einer Werkstatt für den Übergang in einen Betrieb oder eine Dienststelle auf dem allgemeinen Arbeitsmarkt in Betracht kommen und auf diesen Übergang vorbereitet werden sollen, sowie
- schwerbehinderte Menschen nach Beendigung einer schulischen Bildung, die nur dann Aussicht auf eine Beschäftigung auf dem allgemeinen Arbeitsmarkt haben, wenn sie zuvor in einem Integrationsprojekt an berufsvorbereitenden Bildungsmaßnahmen teilnehmen und dort beschäftigt und weiterqualifiziert werden.

(3) Nach der Aufgabenbeschreibung des § 133 SGB IX bieten Integrationsprojekte schwerbehinderten Menschen
- Beschäftigung und arbeitsbegleitende Betreuung,
- Maßnahmen der beruflichen Weiterbildung oder Gelegenheit zur Teilnahme an entsprechenden außerbetrieblichen Maßnahmen,
- Unterstützung bei der Vermittlung in eine sonstige Beschäftigung in einem Betrieb oder einer Dienststelle auf dem allgemeinen Arbeitsmarkt sowie
- geeignete Maßnahmen zur Vorbereitung auf eine Beschäftigung in einem Integrationsprojekt

an.

(4) Integrationsprojekte sind eine geeignete Möglichkeit, Werkstattbeschäftigte nach dem Ausscheiden aus der Werkstatt weiterhin in einem teilgeschützten Rahmen zu beschäftigen. Stehen Arbeitsplätze in Integrationsprojekten zur Verfügung, so müssen leistungsfähige behinderte Personen nicht unmittelbar in den ungeschützten allgemeinen Arbeitsmarkt wechseln, was möglicherweise ein zu großer Schritt wäre. Außerdem kommt Integrationsprojekten eine wichtige Funktion bei der Vermeidung von Aufnahmen schwerbehinderter Menschen in eine Werkstatt zu. Die Schaffung von Integrationsprojekten sollte deshalb vom SHTr im Rahmen seiner Möglichkeiten unterstützt und gefördert werden.

(5) Träger von Werkstätten sind besonders gut geeignet, Integrationsunternehmen zu gründen, da sie über den erforderlichen betriebswirtschaftlichen und sozialen Sachverstand für diese Aufgabe verfügen und ihre guten Kontakte zur örtlichen Wirtschaft nutzen können. Der Betrieb eines Integrationsunternehmens eröffnet Werkstattträgern den Zugang zu zusätzlichen Fördermitteln. Mit den Arbeitsangeboten eines Integrationsunternehmens verlieren Werkstätten ihr Image als Sackgasse und eröffnen Entwicklungschancen für übergangsbereite Werkstattbeschäftigte. Über die Gründung von Integrationsunternehmen sollte daher auch im Fachausschuss der Werkstatt im Rahmen der Beratungen gemäß § 5 Abs. 5 WVO diskutiert werden. Aus rechtlichen Gründen ist es Werkstätten nicht möglich, werkstattinterne Integrationsbetriebe oder -abteilungen einzurichten. Ein Werkstattträger kann also nur rechtlich und wirtschaftlich selbständige Integrationsunternehmen gründen (Ausgründung).

(6) Integrationsprojekte können aus Mitteln der Ausgleichsabgabe Leistungen für Aufbau, Erweiterung, Modernisierung und Ausstattung einschließlich einer betriebswirtschaftlichen Beratung und für besonderen Aufwand (z. B. für eine überdurchschnittlich aufwendige arbeitsbegleitende Unterstützung einschließlich zeitweiser oder dauerhafter psychosozialer Betreuung am Arbeitsplatz) erhalten (§ 134 SGB IX). Daneben können Integrationsprojekte auch von der BA und den Integrationsämtern mit dem für Arbeitgeber, die schwerbehinderte Menschen beschäftigen, vorgesehenen Instrumentarium gefördert werden (z. B. Eingliederungszuschüsse nach dem SGB III, Leistungen zur Eingliederung nach § 16 SGB II, Leistungen nach § 27 SchwbAV; s. Tz. 13.3.3, 13.3.4 und 13.6.4 Buchst. a).

(7) Mit dem Beginn einer Qualifizierungsmaßnahme oder einer Beschäftigung in einem Integrationsprojekt endet für Abgänger aus Werkstätten das arbeitnehmerähnliche Rechtsverhältnis zur Werkstatt.

(8) Steuerrechtlich werden Integrationsprojekte den Zweckbetrieben zugeordnet, wenn mindestens 40 v. H. der Beschäftigten besonders betroffene schwerbehinderte Menschen i. S. d. § 132 Abs. 1 SGB IX sind; sie werden insoweit den Werkstätten gleichgestellt (§ 68 Nr. 3 Buchst. c AO).

13.8.4 Gleiche rentenversicherungsrechtliche Beitragsbemessungsgrundlage und Beitragserstattung in Werkstätten und Integrationsprojekten

(1) Beschäftigte in Werkstätten werden nach § 162 Nr. 2 SGB VI nach einem (in der Regel) fiktiven (Mindest-)Entgelt in Höhe von 80 v. H. der Bezugsgröße nach § 18 SGB IV und somit grundsätzlich nach einem bedeutend höherem Entgelt, als sie tatsächlich erzielen, versichert (s. Tz. 8.5.2 und 8.5.3). Dieser rentensteigernde Beitragsmodus wird im Falle eines Übergangs aus der Werkstatt in ein Integrationsprojekt im Interesse der Motivierung geeigneter behinderter Menschen zu einem Wechsel auf den allgemeinen Arbeitsmarkt beibehalten (§ 162 Nr. 2a SGB VI).

(2) Die Beiträge für den Differenzbetrag zwischen dem tatsächlichem Entgelt und dem Mindestentgelt trägt der Träger des Integrationsprojekts (§ 168 Abs. 1 Nr. 2a SGB VI); sie werden ihm vom Bund erstattet (§ 179 Abs. 1 SGB VI).

13.8.5 Anrechnung auf die Zahl der Pflichtarbeitsplätze

Die Bereitschaft der privaten und öffentlichen Arbeitgeber zur
– Bereitstellung von Plätzen in ihren Betrieben und Dienststellen für Praktika und zeitweise Beschäftigungen von Werkstattbeschäftigten mit dem Ziel der Förderung des Übergangs aus der Werkstatt auf den allgemeinen Arbeitsmarkt und
– Einstellung schwerbehinderter Menschen im Anschluss an eine Beschäftigung in einer Werkstatt

soll durch besondere Modalitäten bei der Anrechnung auf die Zahl der für die Entrichtung der Ausgleichsabgabe maßgeblichen Pflichtarbeitsplätze für schwerbehinderte Menschen verstärkt gefördert werden. So regelt § 75 Abs. 2a SGB IX, dass ein schwerbehinderter Mensch, der im Rahmen einer Maßnahme zur Förderung des Übergangs aus der Werkstatt auf den allgemeinen Arbeitsmarkt nach § 5 Abs. 4 WVO (z. B. Betriebspraktika, zeitweise Beschäftigung auf ausgelagerten Arbeitsplätzen) bei einem Arbeitgeber im Sinne des § 71 SGB IX beschäftigt wird, auch für diese Zeit auf die Zahl der Pflichtarbeitsplätze des Arbeitgebers angerechnet wird. Nach § 76 Abs. 1 Satz 2 SGB IX kann die BA für schwerbehinderte Menschen im Anschluss an eine Beschäftigung in einer Werkstatt die Anrechnung auf mehr als einen Pflichtarbeitsplatz, höchstens drei Pflichtarbeitsplätze zulassen.

V Förderung von behinderten Menschen, die die Aufnahmevoraussetzungen für eine Beschäftigung in der Werkstatt nicht oder nicht mehr erfüllen

14 Hilfen für nicht werkstattfähige schwerstbehinderte Menschen und aus Alters- oder gesundheitlichen Gründen aus Werkstätten ausgeschiedene Beschäftigte

14.1 Angebote / Zuordnung der Teilhabeleistungen

(1) Für behinderte Menschen, die die Kriterien nach § 137 Abs. 1 SGB IX für die Aufnahme in eine Werkstatt (noch) nicht erfüllen, ist es notwendig, durch anderweitige Angebote eine ihrem Bedarf angemessene Förderung und Betreuung sicherzustellen (s. Tz. 3.2.5 Abs. 6). Gleiches gilt für Personen, die aus Altersgründen oder vorzeitig aus gesundheitlichen Gründen aus der Werkstatt ausscheiden müssen.

(2) Geeignete Maßnahmen für diese behinderten Menschen werden in Förder- und Betreuungseinrichtungen / -gruppen angeboten, die unterschiedliche Bezeichnungen (z. B. Tagesförderstätte, Tagespflegestätte, Förder- und Betreuungsgruppe / -bereich, Schwerstbehindertengruppe, Altengruppe usw.) und Organisationsformen (s. Tz. 14.3) haben können.

(3) Die Förder- und Betreuungseinrichtungen / -gruppen sind keine Einrichtungen zur Teilhabe am Arbeitsleben und zur Eingliederung in das Arbeitsleben. Die in ihnen angebotenen Hilfen dienen vielmehr der Teilhabe am Leben in der Gemeinschaft. Die Vorschriften der §§ 136 Abs. 1 und 2, 137 bis 142 SGB IX sowie der WVO und der WMVO gelten folglich für diese Einrichtungen nicht. Die dort betreuten behinderten Menschen sind auch nicht sozialversicherungspflichtig.[1]

14.2 Ziele und Aufgaben der Förderung und Betreuung

(1) Zu den wesentlichen Zielen und Aufgaben der in Förder- und Betreuungseinrichtungen / -gruppen anzubietenden Maßnahmen gehören
- die Förderung praktischer Kenntnisse und Fähigkeiten, die erforderlich und geeignet sind, dem behinderten Menschen die für ihn erreichbare Teilhabe am Leben in der Gemeinschaft zu ermöglichen,
- die Vorbereitung auf Maßnahmen der Teilhabe am Arbeitsleben, vor allem in Werkstätten bzw. vergleichbaren sonstigen Beschäftigungsstätten i. S. v. § 56 SGB XII,
- die Verbesserung bzw. der Erhalt der Mobilität,
- die Sicherstellung der pflegerischen Versorgung der behinderten Menschen,
- angemessene tagesstrukturierende Hilfen für die aus der Werkstatt ausgeschiedenen behinderten Menschen,
- die Förderung und der Erhalt des Selbstwertgefühls und des Sozialverhaltens der behinderten Menschen.

(2) Daneben tragen diese Einrichtungen wesentlich dazu bei, die Angehörigen des behinderten Menschen zu entlasten und damit eine stationäre Unterbringung zu vermeiden oder solange als möglich hinauszuzögern.

---

[1] Zur Rechtmäßigkeit der sozialversicherungsrechtlichen Ungleichbehandlung gegenüber Beschäftigten in Werkstätten s. BSG, Urt. v. 10. 9. 1987 – 12 RK 42/86 –, BSGE 62, 149.

14.3 Organisationsformen

Leistungen zur Förderung und Betreuung von nicht werkstattfähigen oder nicht mehr werkstattberechtigten behinderten Menschen werden insbesondere erbracht
– in Einrichtungen i. S. d. § 136 Abs. 3 SGB IX (s. Tz. 14.3.1),
– in sonstigen teilstationären Einrichtungen (s. Tz. 14.3.3), oder
– in stationären Wohneinrichtungen (s. Tz. 14.3.3).

14.3.1 Einrichtungen i. S. d. § 136 Abs. 3 SGB IX

(1) Nach § 136 Abs. 3 SGB IX sollen behinderte Menschen, die die Voraussetzungen für eine Beschäftigung in einer Werkstatt nicht erfüllen, in Einrichtungen oder Gruppen betreut und gefördert werden, die der Werkstatt räumlich und organisatorisch an-, aber rechtlich nicht eingegliedert sind (sog. verlängertes Dach der Werkstatt).

(2) § 136 Abs. 3 SGB IX enthält eine Vorgabe an den Werkstattträger, aber keine Verpflichtung des zuständigen RehaTr zur vorrangigen Inanspruchnahme dieser Institutionen bei der Erbringung von den gebotenen Leistungen zur Teilhabe am Leben in der Gemeinschaft. Aus der Vorschrift ist nicht abzuleiten, dass behinderte Menschen, die nicht, noch nicht oder nicht mehr werkstattfähig sind, grundsätzlich in einer der Werkstatt angegliederten Organisationseinheit zu betreuen sind. Es ist jedoch konzeptionell sinnvoll, für den genannten Personenkreis Einrichtungen oder Gruppen direkt an eine Werkstatt anzugliedern, um die Durchlässigkeit zur Werkstatt zu gewährleisten.

(3) Nicht zu den Einrichtungen i. S. d. § 136 Abs. 3 SGB IX gehören die in Bereichen der Werkstatt gebildeten Fördergruppen (häufig auch Schwerstbehindertengruppen genannt) oder Einzelplätze für besonders betroffene, jedoch werkstattfähige behinderte Menschen mit erhöhtem Betreuungs- und Pflegebedarf. Diese Gruppen und Plätze sind vielmehr Bestandteil der Werkstatt, ihr also rechtlich und organisatorisch eingegliedert.

14.3.2 Betreuung und Förderung in sonstigen teilstationären Einrichtungen

In Fällen, in denen eine angemessene Betreuung und Förderung in einer Einrichtung / Gruppe i. S. d. § 136 Abs. 3 SGB IX nicht möglich oder unwirtschaftlich oder eine andere Form eines tagesstrukturierenden Angebots zur Teilhabe am Leben in der Gemeinschaft konzeptionell zweckdienlicher ist, können auch anderweitig betriebene teilstationäre Förder- und Betreuungseinrichtungen mit der Durchführung der erforderlichen Maßnahmen vom SHTr beauftragt werden.

14.3.3 Betreuung und Förderung in stationären Wohneinrichtungen

Stationäre Wohneinrichtungen halten regelmäßig ein umfassendes und differenziertes Versorgungsangebot vor, das auch die Betreuung und Förderung von behinderten Menschen einschließt, die nicht bzw. nicht mehr am Arbeitsleben teilhaben können. Dieses Angebot dürfte insbesondere für aus Altersgründen aus dem Arbeitsleben ausgeschiedene behinderte Menschen in Betracht kommen und sollte daher vom Einrichtungsträger dementsprechend konzipiert werden.

14.4 Personelle Ausstattung

(1) Da die Förder- und Betreuungseinrichtungen / -gruppen für die einzelnen Zielgruppen (nicht werkstattfähige schwerstbehinderte Menschen sowie aus Gesundheits- und Altersgründen aus der Werkstatt Ausgeschiedene) unterschiedliche Aktivitäten anzubieten haben (s. Tz. 14.2 Abs. 1), ist auch die Personalausstattung entsprechend zu differenzieren.

(2) Die Förderung, Betreuung und Grundpflege der behinderten Menschen ist durch fachlich entsprechend qualifiziertes Personal zu gewährleisten. Hierfür kommen vor allem Heilerziehungspfleger und Heilerzieher, Heilerziehungsdiakone, Rehabilitationspfleger in Betracht, aber auch eine Betreuung durch Krankenpfleger, Altenpfleger sowie pflegerisches

Hilfspersonal (z. B. Krankenpflegehelfer, Altenpflegehelfer) ist möglich, wenn eine ausreichende fachliche Leitung der Betreuungsarbeit gewährleistet ist.

(3) Wegen der besonderen Betreuungserfordernisse der nicht werkstattfähigen schwerstbehinderten Menschen ist regelmäßig eine ständig anwesende Betreuungsperson in den Gruppen erforderlich.

(4) Für die Bereiche Verwaltung, Wirtschaft und Soziale Dienste können die für Werkstätten geltenden Maßstäbe als angemessen anerkannt werden.

(5) Soweit begleitend externe Fachleistungen notwendig sind (z. B. Krankengymnastik, Logopädie, Ergotherapie usw.), ist der Vorrang der Krankenversicherung zu beachten.

14.5 Maßgaben des Sozialhilfeträgers für die Erbringung von Leistungen

14.5.1 Beachtung des Vorrangs der Leistungen in Werkstätten

(1) Leistungen in Förder- und Betreuungseinrichtungen / -gruppen werden nur erbracht für behinderte Menschen, die
– nicht, noch nicht oder nicht mehr werkstattfähig sind oder
– nicht mehr werkstattberechtigt sind wegen Erreichens der rentenversicherungsrechtlichen Altersgrenze.

(2) Nach Abschluss der schulischen Förderung auch eines schwerstbehinderten Menschen ist i. d. R. davon auszugehen, dass zumindest seine berufliche Eingliederung in eine Werkstatt möglich sein wird. In Fällen, in denen dieser Sachverhalt bestritten wird, sollte daher stets auf die Durchführung des Eingangsverfahrens nach § 40 Abs. 1 Nr. 1 SGB IX i. V. m. § 3 WVO zur Klärung der Frage, ob die Werkstatt die geeignete Einrichtung ist oder eine andere Einrichtung oder sonstige Maßnahme in Betracht kommt, gedrängt werden (§ 3 Abs. 1, 3 und 4 WVO; s. Tz. 5.2.2 Abs. 1 Nr. 2).

(3) Erfüllt ein behinderter Mensch z. B. aus gesundheitlichen Gründen oder wegen Erreichens der rentenversicherungsrechtlichen Altersgrenze nicht mehr die Vorraussetzungen für seine weitere Beschäftigung in der Werkstatt, gibt in der Regel der FA ein Votum zur Zweckmäßigkeit bzw. Notwendigkeit einer anschließenden Förderung, Betreuung und Grundpflege in einer Förder- und Betreuungseinrichtung / -gruppe ab (s. Tz. 3.2.5 Abs. 6 und 5.2.3). Diese Stellungnahme des FA ist bei der Fortschreibung des Gesamtplans nach § 58 SGB XII zu beachten.

14.5.2 Vorrang anderer Ansprüche und Leistungsträger

(1) Sowohl vor der Aufnahme als auch während der Betreuung des behinderten Menschen in der Förder- und Betreuungseinrichtung / -gruppe ist zu prüfen, ob zur Vermeidung von Pflegebedürftigkeit vorrangig auch Leistungen nach § 23 Abs. 1 SGB V sowie § 28 Abs. 4 SGB XI in Betracht kommen.

(2) Im Übrigen wird mit Bezug auf §§ 5 und 6 i. V. m. § 55 SGB IX sowie den maßgebenden leistungsrechtlichen Vorschriften der nachfolgenden RehaTr auf den Vorrang der Träger der
– gesetzlichen Unfallversicherung,
– Kriegsopferfürsorge und
– öffentlichen Jugendhilfe
bei der Erbringung von Leistungen zur Teilhabe am Leben in der Gemeinschaft verwiesen.

14.5.3 Hilfeart nach dem SGB XII

Bestehen im Einzelfall keine vorrangigen Ansprüche, sind die Leistungen in Förder- und Betreuungseinrichtungen / -gruppen vom SHTr zu erbringen, und zwar grundsätzlich im Rahmen der Eingliederungshilfe nach § 54 Abs. 1 Satz 1 SGB XII i. V. m. § 5 Nr. 4, § 6 Abs. 1 Nr. 7, § 55 Abs. 2 Nr. 3 SGB IX (Leistungen zur Teilhabe in der Gemeinschaft). Auf die individuelle Leistungsgewährung hat der einzelne behinderte Mensch Anspruch, nicht der Anbieter.

14.5.4 Sachliche Zuständigkeit der Träger der Sozialhilfe

Die sachliche Zuständigkeit für die Erbringung von Leistungen der Eingliederungshilfe in Förder- und Betreuungseinrichtungen / -gruppen entspricht der Zuständigkeit für Leistungen im Arbeitsbereich der Werkstätten. Insoweit wird auf Tz. 10.6.2 verwiesen.

14.5.5 Einsatz des Einkommens und Vermögens

(1) Die Frage, in welchem Umfang die in § 19 Abs. 3 SGB XII genannten Personen zu den Kosten der Leistungen beizutragen haben, richtet sich nach der Zielsetzung der zu erbringenden Leistungen im Einzelfall, und zwar wie folgt:

– Handelt es sich um eine Hilfe zum Erwerb praktischer Kenntnisse und Fähigkeiten, die erforderlich und geeignet sind, behinderten Menschen die für sie erreichbare Teilhabe am Arbeitsleben zu ermöglichen und wird diese Hilfe in einer besonderen teilstationären Einrichtung erbracht, so beschränkt sich nach § 92 Abs. 2 Satz 1 Nr. 8 SGB XII die Beteiligung der in § 19 Abs. 3 SGB XII genannten Personen auf die Aufbringung der Kosten des Lebensunterhalts; § 92 Abs. 2 Satz 4 SGB XII gilt ebenfalls. Vorhandenes Vermögen bleibt unberücksichtigt (§ 92 Abs. 2 Satz 2 SGB XII). Die Leistungsberechtigten werden also insoweit den im Arbeitsbereich einer Werkstatt Beschäftigten gleichgestellt. Folglich gilt Tz. 11.1 entsprechend.

– Ist aufgrund des Alters (spätestens mit dem Erreichen der rentenversicherungsrechtlichen Altersgrenze) oder wegen des Gesundheitszustandes eines behinderten Menschen oder aus sonstigen Gründen eine Teilhabe am Arbeitsleben nicht das angestrebte Ziel der Hilfe, richtet sich der Einsatz des Einkommens und Vermögens nach dem Ersten bis Dritten Abschnitt des Elften Kapitels SGB XII. Umfasst die Leistung in der Einrichtung auch Leistungen zum Lebensunterhalt, gilt für diesen Teil hinsichtlich des Einsatzes des Einkommens und Vermögens § 19 Abs. 1 SGB XII. § 92 Abs. 2 SGB XII findet also keine Anwendung, wenn die zielgerichtete Vorbereitung auf eine Teilhabe am Arbeitsleben noch nicht oder nicht mehr in Betracht kommt.

(2) Die Vorschriften über die Inanspruchnahme der Eltern behinderter volljähriger Menschen nach § 94 Abs. 2 SGB XII finden Anwendung.

Stichwortverzeichnis:

A	**Altersgrenze**	
	Ende der Beschäftigung	*4.3.4 (1), (2), 10.4.1 (2)*
	Ende der Beschäftigung bei Rentenbezug	*4.3.4 (3)*
	Übergang, Vorbereitung auf	*6.2 (5)*
	Anerkennung der Werkstatt	*2*
	Voraussetzung für Rechte und Leistungen	*2.1*
	Anerkennungsbehörden	*2.2 (1)*
	– besondere Rechte, der	*2.3*
	Anerkennungsverfahren	*2.2*
	– Anerkennungsfähigkeit	*2.2 (2)*
	– Aufhebung der Anerkennung	*2.2 (4)*
	Anforderungen, fachliche, an die Werkstatt	*4*
	Anhörung	*5.4.1 (3)*
	des behinderten Menschen / Angehörige	*s. FA*

von Sachverständigen	*s. FA*
Arbeitgeber	
Beratung durch IFD	*7.3.3 (f); 13.8.2 (3)*
Erwartungen und Anforderungen, der Leistungen an	*13.8.1*
– durch RehaTr	*13.1.2*
– durch BA	*13.3.3; 13.3.4; 13.3.5*
– durch Integrationsamt	*13.6.4 (a)*
– durch Rentenversicherungsträger	*13.4*
– durch Unfallversicherungsträger	*13.5*
Arbeitsassistenz	*13.6.4 b) Nr. 3*
Arbeitsbegleitende Maßnahmen der Werkstätten	*6*
Aufgabe	*6.1*
Bestandteil der Beschäftigungszeit	*8.4 (1)*
Beteiligung des FA	*s. FA*
Erbringung durch Begleitende Dienste	*4.4*
Inhalt und Umfang	*6.2*
Teilnahme	*7.1.2 (6)*
Arbeitsbereich der Werkstatt	*4.3; 10.4*
Arbeitsplatzangebot	*s. dort*
Aufgabe	*4.3.2; 7.1.6*
Beschäftigung, Dauer und Ende	*4.3.4; 10.4.2*
Durchführung	*4.3.1*
Leistungen der RehaTr, Ziel und Dauer	*10.4.2*
Leistungsberechtigte	*s. dort*
Leistungen der RehaTr für im Arbeitsbereich Beschäftigte	*s. RehaTr*
Mitwirkung	*s. dort*
notwendige Kosten des laufenden Betriebs	*s. Wirtschaftsführung*
Personenkreis	*4.3.1*
Personelle Ausstattung	*s. dort*
Rechtsstellung	*s. dort*
Vergütungen	*s. dort*
Versicherungspflicht	*s. Sozialversicherung*
Wiederaufnahme nach Scheitern auf allgemeinen Arbeitsmarkt	*s. Wiederaufnahme*
Zuständigkeit für Leistungen	*s. RehaTr*
Zuständigkeit des SHTr	*s. Sozialhilfeträger*
Arbeitsentgelt	*8.2.3 (a)*
Anspruch	*3.1 (2); 4.3.2 (1)*
– während übergangsfördernder Maßnahmen	*8.2.3 (a) (4)*
Berücksichtigung als Einkommen durch SHTr	*s. Menschen, behinderte*

Grundbetrag	*8.2.3 (a) (3)*
– bei Teilzeitbeschäftigung	*8.2.3 (a) (3)*
Regelungsinhalt im Werkstattvertrag	*s. Werkstattvertrag*
Steigerungsbetrag	*8.2.3 (a) (1)*
Arbeitsergebnis	*9, s. auch Anhänge 5 bis 7*
Ermittlung und Verwendung	*9.2*
Offenlegung	*2.3, 9.5.1*
Prüfung der Nachweise	*2.3; 9.5*
Arbeitsförderungsgeld	*8.2.3 (b)*
Anspruch, Auszahlung	*8.2.3 (b) (6) und (7)*
anrechnungsfreies Einkommen	*11.3.2*
Höhe, Berechnung	*8.2.3 (b) (2)*
– bei Teilzeitbeschäftigung	*8.2.3 (b) (8)*
Regelungsinhalt im Werkstattvertrag	*s. Werkstattvertrag*
Verrechnung mit Vergütungsanteilen	*s. Vergütungen*
Arbeitsmarktfähigkeit	
Erprobung auf ausgelagerten Arbeitsplätzen	*4.3.3 (2)*
Klärung, der	
– durch BA (DIA-AM)	*3.3.2*
– vor Wiederaufnahme	*7.5.3 (2)*
Stellungnahme im Aufnahmeverfahren	*3.5.3 (3)*
Arbeitsplatzangebot im Arbeitsbereich	*4.3.3*
ausgelagerte Arbeitsplätze	*s. dort*
Dienstleistungsgruppen	*4.3.3 (8)*
Arbeitszeit	*s. Beschäftigungszeit*
Aufnahme in die Werkstatt	*1.1 (1); 3.2*
Aufnahmepflicht	*3.4.1*
FA, Beteiligung, Stellungnahme	*s. dort*
Mitwirkung des SHTr	*s. Sozialhilfeträger*
Nachrang der Werkstattleistungen	*s. dort*
Verfahren	*3.5; 3.5.3*
– Anhörung, behinderte Menschen / Angehörige	*s. FA*
– Datenschutz	*s. dort*
Wiederaufnahme	*s. dort*
Wiedereingliederung, stufenweise	*s. dort*
Wunschrecht des behinderten Menschen	*s. dort*
Aufnahmevoraussetzungen	*3.2*
Erwerbsminderung, volle	*s. dort*
Mindestmaß verwertbarer Arbeitsleistung	*s. dort*
Werkstattbedürftigkeit	*3.2.1*
Werkstattberechtigung	*3.2.4*
Werkstattfähigkeit	*3.2.3*

	Ausbildung	*3.3.6*
	Ende der Leistungspflicht des RehaTr bei Beginn einer	*7.2.5 (9)*
	Vorbereitung, als Auftrag der Werkstatt	*7.1.2 (4)*
	Weichenstellung im Eingangsverfahren / Berufsbildungsbereich	*7.1.5 (1)*
	Werkstattträger, als Anbieter von	*13.7.1*
	Ausbildungsgeld	*11.3.1*
	anrechnungsfreies Einkommen	*11.3.1 (1)*
	kein Anspruch gegenüber SHTr	*10.6.1*
	Zahlung durch	*11.3.1; 8.2.3 (a) (3)*
	Ausgelagerte Arbeitsplätze	*4.3.3 (1) u. (2)*
	Angebot im Berufsbildungsbereich	*4.2.1 (2)*
	dauerhafte Beschäftigung auf	*4.3.3 (1), (3), (6)*
	– Beteiligung FA	*5.2.3*
	– Dauer, Vermeidung von Missbrauch	*4.3.3 (7)*
	– Dokumentation der Werkstatt, über Anzahl der	*7.4 (2)*
	– Kooperationsvereinbarung mit Arbeitgebern	*4.3.3 (4)*
	– Vergütung	*s. dort*
	zeitweise Beschäftigung auf	*4.3.3 (2); 7.2.5*
	Ausgleichsabgabe	
	Anrechnung auf die Zahl der Pflichtarbeitsplätze	
	– bei Einstellung nach einer Werkstattbeschäftigung	*13.8.5*
	– bei Praktika und bei ausgelagerten Arbeitsplätzen	*13.8.5*
	– bei übergangsfördernden Maßnahmen	*4.3.3 (10)*
	Verwendung der,	*s. Integrationsamt*
B	**Begleitende Dienste in der Werkstatt**	*4.4; s. arbeitsbegleitende Maßnahmen*
	Personelle Ausstattung	*s. dort*
	Begleitende Hilfe im Arbeitsleben	*13.6.3; s. Integrationsamt*
	Berufsbildungsbereich	*4.2; 10.3*
	Aufgabe	*4.2.2*
	ausgelagerte Arbeitsplätze	*s. dort*
	Beteiligung des Fachausschusses	*s. FA*
	Dauer	*4.2.3; 10.3.2*
	– Anrechnung von Zeiten der UB	*s. UB*
	Durchführung	*4.2.1*
	– bei Wiederaufnahme	*s. Wiederaufnahme*
	Leistungen der RehaTr, Ziele und Umfang	*10.3.1*
	Mitwirkung	*s. dort*

Personelle Ausstattung	*s. dort*
Rahmenprogramm	*6.2 (3); s. auch Anhang 1*
Rechtsstellung	*s. dort*
Versicherungspflicht	*s. Sozialversicherung*
Weichenstellung für die weitere Beschäftigung	*7.1.5*
Zielrichtung, Aussagen im Eingliederungsplan	*s. Eingliederungsplan*
Zuständigkeit für Leistungen	*s. RehaTr*
Berufsvorbereitende Bildungsmaßnahmen (BvB)	*3.3.5*
Fachkonzept	*s. Anhang 4*
im Anschluss an Eingangsverfahren / Berufsbildungsbereich	*7.1.5*
Nachrang von UB	*3.3.4 (2)*
Werkstattträger als Anbieter von	*s. Werkstattträger*
Berufswegekonferenz	*3.3.3 (3)*
Berufswegeplanung	*3.3; 3.3.3 (3)*
vorrangige berufliche Bildungsmaßnahmen bzw. -einrichtungen	*3.3.1*
Beschäftigungspflicht der Werkstatt	*3.4*
Beschäftigungsstätte, sonstige	*12; s. sonstige Beschäftigungsstätte*
Beschäftigungszeit	*8.4*
Beteiligung des FA	*s. FA*
Regelungsinhalt im Werkstattvertrag	*s. Werkstattvertrag*
Teilzeitbeschäftigung	*s. dort*
Betriebspraktika	*7.2.4*
Bundesagentur für Arbeit	
Anerkennungsbehörde	*s. Anerkennung der Werkstatt*
Arbeitsmarktfähigkeit, Klärung, DIA-AM	*s. Arbeitsmarktfähigkeit*
Aufgaben und Leistungen zur Teilhabe am Arbeitsleben	*13.3*
– Antragsverfahren	*13.3.8*
– Förderung des Übergangs	*7.3.3 (d); 13.3.1*
– Leistungen an behinderte Menschen	*13.3.2*
– Leistungen an Arbeitgeber	*s. Arbeitgeber*
– Verhältnis zu Leistungen anderer RehaTr	*13.3.6*
– Verhältnis der Leistung nach SGB II und III und für Erwerbsfähige	*13.3.7*
Ausbildungsgeld	*s. dort*
Aufgabenstellung beim Übergang aus Schule	*3.3.3*
Beauftragung des IFD, durch	*s. IFD*
Berufsberatung, der	*3.3.1 (3)*
Berufsvorbereitende Bildungsmaßnahmen	*s. dort*
Zuständigkeit für Werkstattleistungen als RehaTr	*s. RehaTr*

	Zuständigkeit für Leistungen zur Teilhabe am Arbeitsleben	*13.2*
C	**Curricula**	*7.1.4*
D	**Datenschutz**	
	im Aufnahmeverfahren	*3.5.1 (4); 3.5.3 (3)*
	Vereinbarung unter FA-Mitgliedern, Beachtung des	*5.4.3 (2)*
	DIA-AM	*3.3.2; s. auch Anhang 3*
	Klärung der Arbeitsmarktfähigkeit	*s. Arbeitsmarktfähigkeit*
	Berücksichtigung im Rahmen der FA-Arbeit	*3.5.1 (3)*
	Verkürzung der Dauer des Eingangsverfahrens	*4.1.4 (2); 10.2.2 (3)*
E	**Eingliederungsplan**	*4.1.3; 7.1.5 (3)*
	Aktualisierung	*4.1.3 (3)*
	Erstellung,	
	– als Aufgabe im Eingangsverfahren	*4.1.2 (1); 10.2.1 (1)*
	– bei erneuter Teilnahme am Eingangsverfahren oder Berufsbildungsbereich	*3.6.1 (3)*
	– zur Dokumentation übergangsfördernder Maßnahmen	*7.1.6; 7.3.2 (4); 7.3.3 (g) (3)*
	Individueller Förderplan, spezifische Fortentwicklung des	*7.2.2 (1)*
	Inhalte	*4.1.3 (2)*
	Stellungnahme FA, Berücksichtigung im	*s. FA*
	Eingangsverfahren	*4.1; 10.2*
	Anrechnung / Nichtanrechnung von Zeiten der UB	*s. UB*
	Aufgabe	*4.1.2*
	Beteiligung FA	*s. FA*
	Dauer	*4.1.4; 10.2.2*
	– Verkürzung bei vorausgegangenen DIA-AM	*4.1.4 (2)*
	– nach individueller betrieblicher Qualifikation	*s. UB*
	Durchführung	*4.1.1*
	– bei Wiederaufnahme	*s. Wiederaufnahme*
	Eingliederungsplan	*s. dort*
	Leistungen der RehaTr, Ziele und Umfang	*10.2.1*
	Mitwirkung	*s. dort*
	Rahmenprogramm	*s. Anhang 1*
	Rechtsstellung	*s. dort*
	Versicherungspflicht	*s. Sozialversicherung*
	Weichenstellung, im	*7.1.5*
	Zuständigkeit für Leistungen	*s. RehaTr*
	Einkommen und Vermögen	*11*
	Arbeitsentgelt, Berücksichtigung	*11.2*

	anrechnungsfreies Einkommen	*11.3*
	– Ausbildungsgeld	*s. dort*
	– Arbeitsförderungsgeld	*s. dort*
	Beteiligung an den Kosten des Lebensunterhalts	*11.1*
	– Kostenbeitrag der Wohnheimbewohner	*11.1 (5)*
	Gutscheine aus besonderen Anlässen	*8.5.2*
	Jubiläumszuwendungen	*8.5.2*
	Kindergeld, Anrechnung des	*11.1. (2)*
	Mittagessen	*s. dort*
	Einzugsgebiet der Werkstatt	*3.4.3*
	An- und Abfahrtszeiten	*3.4.3 (4)*
	Einzugsgebiet	
	– Aufnahmepflicht, aus dem	*3.1 (3)*
	– überregionales	*3.4.3 (5)*
	Erwerbsminderung, volle	*3.2.2*
	Aufnahmevoraussetzung in die Werkstatt	*3.2.2*
	Fortbestand der, während einer nicht erfolgreichen Eingliederung auf den allgemeinen Arbeitsmarkt	*7.5.4*
	Rentenanspruch, wegen	*s. Rentenbezug*
F	**Fachausschuss**	*5*
	Anhörung	
	– des behinderten Menschen / Angehörige	*3.5.3 (2); 5.4.1 (3); 7.3.3 (c)*
	– von Sachverständigen	*5.1 (2); 7.3.3 (e)*
	Arbeitshilfen	*5.4.3, s. auch Anhang 2*
	Aufgaben, Funktion	*5.2; 7.3.1*
	– Beratung	*5.2.1*
	– Pflichten, verordnungsrechtliche	*5.2.2*
	– Stellungnahmen / Empfehlungen	
	– vor der Aufnahme	*5.2.2 (1); 3.5.1*
	– Abschluss Eingangsverfahren	*5.2.2 (2); 7.1.5 (3); 7.3.2 (1)*
	– Verkürzung Eingangsverfahren	*10.2.2 (2), (5)*
	– Berufsbildungsbereich	*10.3.2*
	– Beendigung Berufsbildungsbereich	*5.2.2 (1); 7.1.5 (3); 7.3.2 (1)*
	– Berücksichtigung im Gesamtplan	*5.2.2 (4)*
	– Berücksichtigung im Eingliederungsplan	*7.5.3 (3)*
	– Bindungswirkung	*5.2.2 (3)*
	– sonstige Anlässe	*5.2.2 (2)*
	– Ausscheiden aus der Werkstatt	*5.2.3*
	– Übergang in Förder- und Betreuungsbereich	*5.2.3; 14.5.1 (3)*

§ 39   Werkstattempfehlungen

Aufgaben bei übergangsfördernden Maßnahmen	*7.3. ff; 7.1.2 (1); 7.1.3 (2)*
– Aufgaben bei Planung und Durchführung	*7.3.1*
– Kooperation mit Interessenvertretungen und Beratungsstellen	*7.3.4*
– Schaubild Mitwirkung FA, bei	*nach 7.3.3*
– Verfahren	*7.1.6 (1); 7.3.3; 7.4 (1)*
– Zielgruppen	*7.3.2*
Beteiligung des FA	
– bei arbeitsbegleitenden Maßnahmen,	*6.3*
– im Aufnahmeverfahren	*3.5*
– bei Erstellung individueller Förderpläne	*7.2.2 (1)*
– bei Regelungen über Beschäftigungszeit / Teilzeit	*5.2.3; 8.4 (3)*
– bei stufenweiser Wiedereingliederung	*3.6.2 (4)*
– bei Wiederaufnahme in Werkstatt	*7.5.3*
Beteiligungsmöglichkeiten, weitere	*5.2.3; 7.1.1 (4); 7.4 (1); 13.7.1*
Datenschutz	*s. dort*
Geschäftsordnung für den	*s. Anhang 2*
Gründung von Integrationsprojekten, im	*13.8.3 (5)*
Kooperation mit Werkstattrat	*7.3.4 (3), (4)*
Qualitätssicherung	*5.2.4*
Qualifizierung der Mitglieder	*5.3*
Verfahrensregelungen	*5.4*
– Adressat der Stellungnahmen	*5.4.2*
– Anwendungsbereiche, der	*5.4.1*
– Vereinbarungen zwischen FA-Mitgliedern	*5.4.3*
Verpflichtung der Werkstatt, zur Bildung eines	*4.5*
Zusammensetzung	*5.1*
Fachkraft zur Arbeits- und Berufsförderung	*4.6*
VO über die Prüfung zum anerkannten Abschluss Geprüfte Fachkraft	*4.6 (2)*
Personalschlüssel	*4.6 (3)*
Fortbildung	*s. Fortbildungsmaßnahmen*
Fahrtkosten	
Übernahme durch RehaTr	*10.2.1 (2), 10.3.1 (2), 10.4.7 (b)*
unvertretbare Mehrkosten	*3.4.2 (2) und (4)*
Fahrzeiten	
Dauer	*3.4.3 (4)*
Förder- und Betreuungseinrichtungen	*s. nicht werkstattfähige behinderte Menschen*
Fortbildungsmaßnahmen für Fachpersonal	*4.6 (6), s. auch Anhang 8*

G	**Gesamtplan**	
	Berücksichtigung Eingliederungsplan, im	*4.1.3 (4)*
	Berücksichtigung der Stellungnahme des FA	*s. FA*
H	**Hinzuverdienst aus Beschäftigung in Werkstatt**	*s. Rentenbezug*
I	**Individuelle betriebliche Qualifikation**	*s. UB*
	Individuelle Förderpläne	*s. Übergang auf allg. Arbeitsmarkt*
	Verlaufs- und Abschlussberichte, als Fortschreibung der	*s. dort*
	Integrationsamt	
	Aufgaben, Leistungen	*13.6*
	– Verwendung der Ausgleichsabgabe	*13.6.2*
	– Begleitende Hilfe im Arbeitsleben	*13.6.3*
	– Leistungen für Abgänger aus Werkstätten	*13.6.4*
	– regionale Förderprogramme	*13.6.5*
	Beauftragung IFD, durch das	*s. IFD*
	Leistungen an Arbeitgeber zur zielgerichteten Vorbereitung	*10.4.4 (3)*
	Beteiligung, bei Ausscheiden aus Werkstatt	*7.3.3 (f); (h)*
	Integrationsfachdienste	
	Aufgabenstellung	*13.8.2*
	– bei Übergang aus Schule	*3.3.3*
	Beauftragung	*13.8.2 (5)*
	Beteiligung, Übergang auf allg. Arbeitsmarkt	*7.3.3 (f)*
	Integrationsprojekte	
	Aufgabenstellung	*13.8.3*
	Gründung von, Beratung im FA	*13.8.3 (5)*
	Praktika in	*3.3.3 (3)*
	rentenversicherungsrechtliche Regelungen, in	*13.8.4*
J	**Jobcoaching**	
	Geldleistung zur Abgeltung von Aufwendungen an Arbeitgeber	*13.6.4 (a) (4)*
	Jubiläumszuwendungen	*s. Einkommen und Vermögen*
	Jugendhilfe	
	als RehaTr im Arbeitsbereich der Werkstatt	*10.6.1*
K	**Kostenbeitrag**	*s. Einkommen und Vermögen*
	Krankenpflege, häusliche	*4.4 (2); 10.4.3 (3)*
	Krankenversicherung	*s. Sozialversicherung*
	für nicht werkstattfähige behinderte Menschen	*14.1 (3)*
	Kriegsopferfürsorge als RehaTr in Werkstätten	*10.6.1*
L	**Leistungsberechtigte** im Arbeitsbereich	*3.2, s. auch Aufnahme in Werkstätten*
	im Arbeitsbereich	*10.4.1*
	Leistungsrecht	*1.2, 10*

	Leistungsträger	s. RehaTr
	Leistungsvereinbarungen	10.4.3 (1), (3), (4)
	Lernbehinderte	
	Klärung der Arbeitsmarktfähigkeit mittels DIA-AM	3.3.2 (2)
	nicht leistungsberechtigt im Arbeitsbereich	10.4.1 (2)
M	**Mindestmaß wirtschaftlich verwertbarer Arbeitsleistung**	3.2.3; 3.2.5
	Erreichung durch Förderung im Berufsbildungsbereich	4.2.2 (1); 10.3.1 (1)
	Mittagessen	11.1
	Anrechnung bei der Grundsicherung	11.1 (9)
	Mitwirkung	8.3
	im Eingangsverfahren und Berufsbildungsbereich	8.3.1
	im Arbeitsbereich	8.3.2
N	**Nachrang**	
	der Werkstattleistungen	3.3
	Nicht werkstattfähige, schwerstbehinderte Menschen	14
	Angebote für,	14.1
	Einsatz des Einkommens und Vermögens	14.5.5
	Förderung und Betreuung, von	14.2
	Förder- u. Betreuungseinrichtungen, Leistungen in	14.5
	– Einrichtungen	14.3.1
	– sonstigen teilstationären Einrichtungen	14.3.2
	Hilfeart	14.5.3
	in stationären Wohneinrichtungen	14.3.3
	personelle Ausstattung	14.4
	Unterhalt, Inanspruchnahme von	14.5.5 (2)
	Vorrang der Werkstatt	14.5.1
	Zuständigkeit	14.5.2, 14.5.4
	Notwendige Kosten des laufenden Betriebs	s. Wirtschaftsführung
O	**Offenlegung der Ermittlung und Verwendung des Arbeitsergebnisses**	s. Wirtschaftsführung; s. auch Anhang 5
	Orientierungspraktika	7.2.4; s. auch Übergang Schule – Beruf
P	**Persönliches Budget**	10.5
	Personelle Ausstattung	4.6
	– Fortbildung	4.6 (6), s. auch Anhang 8
	– Personalschlüssel	4.6 (3)
	– Qualifikation	4.6 (2)
	Personenkreis	s. Leistungsberechtigte

	Produktionssteigernde Mitarbeiter	*4.6 (5); 9.2 (2); 10.4.3 (5)*
	Prüfungsvereinbarungen	*10.4.3 (1)*
Q	Qualitätssicherung	*s. FA*
R	**Rahmenprogramm**	*s. Anhang 1*
	für Maßnahmen im Eingangsverfahren / Berufsbildungsbereich	*4.1.2 (2); 4.2.2 (2); 6.2 (3)*
	als Pflichtaufgabe der Werkstatt	*7.1.1 (4)*
	Rahmenverträge für Vergütungsvereinbarungen	*s. Vergütungen*
	Rechtsstellung behinderter Menschen	
	im Arbeitsbereich	*8.2*
	– arbeitnehmerähnliche Rechte	*8.2.1*
	im Eingangsverfahren und Berufsbildungsbereich	*8.1*
	als Arbeitnehmer beim Werkstattträger	*13.7.2 (2), (3)*
	Rehabilitationsträger	
	Leistungsrecht, der	*1.2*
	Vertretung im FA	*5.1*
	Zuständigkeit für Werkstattleistungen	*10.6*
	Rentenbezug	
	Anwartschaft auf Rente wegen voller Erwerbsminderung	*8.5.4*
	Ausscheiden wegen Rentenbezugs	*s. Altersgrenze*
	Hinzuverdienst aus Beschäftigung in Werkstatt	*4.3.4 (4)*
	Übergang in Förder- und Betreuungsgruppen vor	*14.5.1 (3)*
	Vorbereitung auf	*6.2.5*
	Rentenversicherung	
	für Beschäftigte in Integrationsprojekten	*13.8.4*
	für Werkstattbeschäftigte	*s. Sozialversicherung*
	Rentenversicherungsträger	
	Teilhabeleistungen an behinderte Menschen als RehaTr	*13.4*
	– im Arbeitsleben	*13.2*
	– zur Unterstützten Beschäftigung	*13.4 (2)*
	– für Werkstattleistungen	*s. RehaTr*
	Rückkehr in die Werkstatt	*s. Wiederaufnahme*
S	**Sachverständige**	
	Anhörung im FA	*s. FA*
	Hinzuziehung, Übergang	*7.3.3 (e)*
	Sonstige Beschäftigungsstätte	*12*
	Anwendung der Werkstattempfehlungen	*12.3*
	Begriff	*12.1*
	Personenkreis / Kannleistung	*12.2*
	Sozialversicherung	*12.4*
	Sozialversicherung in der Werkstatt	*8.5*

	Versicherungspflicht	8.5.1
	Beiträge	8.5.2
	– Rehabilitationsträger, Beteiligung an den Kosten	10.4.7 (a)
	Beitragstragung und -erstattung	8.5.3; 10.4.7
	– Krankenversicherung	8.5.3 (1)
	– Pflegeversicherung	8.5.3 (2)
	– Zuschlag für Kinderlose	10.4.7 (3)
	– Rentenversicherung	8.5.3 (3)
	– Unfallversicherung	8.5.3 (4)
	Sozialhilfeträger	
	Anerkennungsbehörde	*s. Anerkennung der Werkstatt*
	Aufgabenstellung, bei Übergang aus Schule	3.3.3
	Aufnahmeverfahren, Mitwirkung bei	3.5.2
	Einkommen und Vermögen	*s. dort*
	Förder- u. Betreuungseinrichtungen, Leistungen in	*s. nicht Werkstattfähige*
	Sonstige Beschäftigungsstätte	*s. dort*
	Zuständigkeit für Arbeitsbereich	10.6.2
Sch	**Schulen**	
	Aufgabenstellung beim Übergang	3.3.3
T	**Tagesstrukturierende Hilfen**	4.3.4 (5)
	bei Beschäftigungszeit unter 15 Stunden / Woche	8.4 (5)
	Tagesförderstätte	*s. nicht werkstattfähige behinderte Menschen*
	Teilhabe am Arbeitsleben auf dem allgemeinen Arbeitsmarkt	
	Leistungen im Rahmen der,	13.1
	– an behinderte Menschen	13.1.1
	– an Arbeitgeber	13.1.2
	Zuständigkeit und Voraussetzung	13.2
	– BA	13.3
	– Integrationsamt	13.6
	– Rentenversicherungsträger	13.4
	– Unfallversicherung	13.5
	Teilzeitbeschäftigung	8.4
	als Regelungsinhalt im Werkstattvertrag	*s. Werkstattvertrag*
	Auswirkung auf	
	– Entlohnung	8.2.3 (a) (3); 8.2.3 (b) (8); 10.4.3 (8)
	– Höhe des Arbeitsförderungsgeldes	*s. Arbeitsförderungsgeld*
	– Vergütung	*s. dort*
	Beteiligung des Fachausschusses	*s. FA*
	Trainingsmaßnahmen	7.2.3

U	Übergang Schule – Beruf	3.3.3
	schulische Maßnahmen	3.3.3 (3)
	Zusammenwirken RehaTr, bei	3.3.3 (1)
	Übergang auf den allgemeinen Arbeitsmarkt	**7**
	Auftrag der Werkstatt	7.1
	– Abgrenzung zu UB	7.1.7
	– arbeitsbegleitende Betreuung	7.1.2 (6)
	– Förderprogramme, Entwicklung	*7.1.4, s. auch Curricular*
	– Konzeption zur Förderung des	7.1.3
	– Vorbereitung, Daueraufgabe im Arbeitsbereich	7.1.6
	– Weichenstellung im Eingangsverfahren und Berufsbildungsbereich	7.1.5
	Beteiligung des FA	*s. FA*
	Dokumentation	7.4
	– Eingliederungsplan, Perspektiven zum	4.1.3
	Hilfen zum / nach Übergang auf den allgemeinen Arbeitsmarkt	*13, s. auch Teilhabe am Arbeitsleben*
	Instrumente und Maßnahmen der Werkstatt	7.2
	– ausgelagerte Arbeitsplätze, zeitweise Beschäftigung	7.2.5
	– Betriebspraktika	7.2.4
	– Förderpläne, individuelle, Entwicklung	7.2.2
	– Maßnahmen, sonstige	7.2.6
	– Trainingsmaßnahmen	*s. dort*
	– Übergangsgruppe, Einrichtung	7.2.1
	Vergütungsanteile	
	– Nachgehende Leistungen, zur Absicherung	*s. Vergütungen*
	– Vorbereitung, zur zielgerichteten	*s. Vergütungen*
	Wiederaufnahme nach Scheitern auf allgemeinen Arbeitsmarkt	*s. Wiederaufnahme*
	Übergangsgruppe	*s. Übergang allgemeiner Arbeitsmarkt*
	Unfallversicherung	
	für Werkstattbeschäftigte	*s. Sozialversicherung*
	keine Erstattung der Beiträge durch RehaTr	10.4.7 (a) (2)
	Unfallversicherungsträger	
	RehaTr in Werkstätten	10.6.1
	Teilhabeleistungen an behinderte Menschen	13.5
	Zuständigkeit als RehaTr für Leistungen zur Teilhabe am Arbeitsleben	13.2
	Unterhalt	14.5.5 (2)
	Unterstützte Beschäftigung	3.3.4

	Anrechnung / Nichtanrechnung auf	
	– Dauer des Berufsbildungsbereichs	*4.1.4 (3); 4.2.4; 10.3.2.1 (8)*
	– Dauer des Eingangsverfahrens	*4.1.4 (3); 10.2.2 (4)*
	Durchführung in Zweifelsfällen	*3.5.2 (2)*
	Leistung zur Teilhabe am Arbeitsleben	*13.1.1 (3)*
	Stellungnahme FA vor Aufnahme	*3.5.1 (1); 5.2.2 (1)*
	Überschneidungen zu Übergangsfördernden Maßnahmen	*7.1.7*
	vorrangige Maßnahme vor Werkstatt	*3.3.1 (1)*
V	**Verzeichnis** anerkannter Werkstätten	*2.2 (3)*
	Verlaufs- und Abschlussberichte	*7.3.3 (g)*
	Vergütungen	*10.4.3*
	Auswirkung auf Arbeitsergebnis	*s. Wirtschaftsführung*
	Bestandteile im Arbeitsbereich	*10.4.3 (1), (4)*
	Beendigung der Zahlung bei Ausscheiden	*10.4.3 (10)*
	besondere Vergütung für	
	– dauerhaft ausgelagerte Arbeitsplätze	*10.4.3 (7)*
	– stufenweise Wiedereingliederung	*10.4.3 (9)*
	– Teilzeitbeschäftigung	*10.4.3 (8)*
	Leistungen zur Vorbereitung des Übergangs	*10.4.4*
	Leistungsvereinbarungen	*s. dort*
	Nachgehende Leistungen zur Absicherung des Übergangs	*10.4.5*
	Prüfungsvereinbarungen	*s. dort*
	Rahmenverträge für Vergütungsvereinbarungen	*10.4.3 (2)*
	Verrechnung Arbeitsförderungsgeld mit Vergütungsanteilen	*10.4.6*
	Vergütungsvereinbarungen	*10.4.3 (1)*
W	**Weiterentwicklung der Persönlichkeit**	*6.1; 6.2*
	Werkstatt	
	Anerkennung	*2*
	Begriff, Aufgaben, Personenkreis	*3*
	FA	*5*
	Fachliche Anforderungen	*4, 6*
	Förderung des Übergangs auf den allgemeinen Arbeitsmarkt	*7*
	Leistungen der RehaTr	*10*
	Rechtliche Grundlagen	*1*
	Rechtstellung der behinderten Menschen	*8*
	Wirtschaftsführung	*9*
	Werkstattrat	

	Mitwirkungsrecht	*7.1.2 (2)*
	– bei übergangsfördernden Maßnahmen	*7.3.4*
	– im Eingangsverfahren u. Berufsbildungsbereich	**s. Mitwirkung**
	– im Arbeitsbereich	**s. Mitwirkung**
	Kooperation mit FA	**s. FA**
	Werkstattträger	
	als Anbieter von Berufsvorbereitung und Ausbildung	*13.7.1*
	als Arbeitgeber des allgemeinen Arbeitsmarkts	*13.7.2*
	Beitragstragung und Erstattung, Sozialversicherung	*8.5.3*
	Festlegung Einzugsgebiet	*3.4.3*
	Werkstattvertrag	*8.2.2*
	Werkstättenverordnung (WVO)	*1.1 (2)*
	Wiederaufnahme in die Werkstatt	*3.6*
	Anspruch, auf	*6.1*
	erneute Durchführung Eingangsverfahren / Berufsbildungsbereich	*3.6.1 (2), (3)*
	nach Scheitern auf allgemeinem Arbeitsmarkt	*7.5*
	– Beteiligung des FA	**s. FA**
	– Pflicht zur Wiederaufnahme	*7.5.2*
	– Rückkehrvoraussetzungen	*7.5.1*
	Wiedereingliederung, stufenweise	*3.6.2*
	Kostentragung durch zuständigen RehaTr	*3.6.2 (3)*
	Stellungnahme FA	**s. FA**
	Vergütungen, bei	*10.4.3 (9)*
	Wirtschaftsführung der Werkstatt	*9*
	Anforderungen	*9.1*
	Arbeitsergebnis, Ermittlung, Verwendung	***9.2, s. auch Anhang 6***
	Offenlegungspflicht, Anerkennungsbehörden	***2.3, s. auch Anhang 5***
	notwendige Kosten des laufenden Betriebs	*9.3*
	Vergütungen, Auswirkung auf das Arbeitsergebnis	*9.4*
	Prüfung der Nachweise	*9.5*
	Wunschrecht des behinderten Menschen	*3.4.2; 5.4.1 (3)*
Z	**Zusatzurlaub**	*8.2.1 (2); 8.2.2 (4)*
	Zuständigkeit	
	RehaTr für die einzelnen Werkstattbereiche	*10.6.1*

§ 40
Leistungen im Eingangsverfahren und im Berufsbildungsbereich

(1) Leistungen im Eingangsverfahren und im Berufsbildungsbereich einer anerkannten Werkstatt für behinderte Menschen erhalten behinderte Menschen
1. im Eingangsverfahren zur Feststellung, ob die Werkstatt die geeignete Einrichtung für die Teilhabe des behinderten Menschen am Arbeitsleben ist, sowie welche Bereiche der Werkstatt und welche Leistungen zur Teilhabe am Arbeitsleben für den behinderten Menschen in Betracht kommen und um einen Eingliederungsplan zu erstellen,
2. im Berufsbildungsbereich, wenn die Leistungen erforderlich sind, um die Leistungs- oder Erwerbsfähigkeit des behinderten Menschen soweit wie möglich zu entwickeln, zu verbessern oder wiederherzustellen und erwartet werden kann, dass der behinderte Mensch nach Teilnahme an diesen Leistungen in der Lage ist, wenigstens ein Mindestmaß wirtschaftlich verwertbarer Arbeitsleistung im Sinne des § 136 zu erbringen.

(2) ¹Die Leistungen im Eingangsverfahren werden für drei Monate erbracht. ²Die Leistungsdauer kann auf bis zu vier Wochen verkürzt werden, wenn während des Eingangsverfahrens im Einzelfall festgestellt wird, dass eine kürzere Leistungsdauer ausreichend ist.

(3) ¹Die Leistungen im Berufsbildungsbereich werden für zwei Jahre erbracht. ²Sie werden in der Regel für ein Jahr bewilligt. ³Sie werden für ein weiteres Jahr bewilligt, wenn aufgrund einer rechtzeitig vor Ablauf des Förderzeitraums nach Satz 2 abzugebenden fachlichen Stellungnahme die Leistungsfähigkeit des behinderten Menschen weiterentwickelt oder wiedergewonnen werden kann.

(4) ¹Zeiten der individuellen betrieblichen Qualifizierung im Rahmen einer Unterstützten Beschäftigung nach § 38a werden zur Hälfte auf die Dauer des Berufsbildungsbereichs angerechnet. ²Allerdings dürfen die Zeiten individueller betrieblicher Qualifizierung und des Berufsbildungsbereichs insgesamt nicht mehr als 36 Monate betragen.

ERLÄUTERUNGEN

ÜBERSICHT

I. Bedeutung der Vorschrift (Rdnrn. 1–3)
II. Fassung (Rdnrn. 4–4g)
   A) durch das SGB IX vom 19. Juni 2001 (BGBl. I S. 1046) mit Wirkung vom 1. Juli 2001 (Rdnr. 4)
   B) durch das Gesetz zur Förderung der Ausbildung und Beschäftigung schwerbehinderter Menschen vom 23. April 2004 (BGBl. I S. 606) mit Wirkung vom 1. Mai 2004 (Rdnrn. 4a–4g)
III. Begründung (Rdnrn. 5–6)
   A) durch das SGB IX vom 19. Juni 2001 (BGBl. I S. 1046) mit Wirkung vom 1. Juli 2001 (Rdnrn. 5–6)
IV. Anmerkungen (Rdnrn. 7–46)
   A. zu Abs. 1
      1. Aufnahme in die Werkstatt für behinderte Menschen (Rdnrn. 7–10)
      2. Zweck des Eingangsverfahrens (Rdnrn. 11–14)
      3. Zuständigkeit und Organisation (Rdnrn. 15–16)
      4. Eingliederungsplan (Rdnrn. 17–21)
      5. Abschluss des Eingangsverfahrens (Rdnrn. 22–25)
      6. Begriff des Berufsbildungsbereichs (Rdnrn. 26–27)
      7. Leistungsziele des Berufsbildungsbereichs (Rdnrn. 28–29)

8. Organisation und Aufgabenstellung des Berufsbildungsbereichs (Rdnrn. 30–34)
9. Gliederung in Grund– und Aufbaukurs (Rdnrn. 35–38)
B) zu Abs. 2
1. Dauer der Leistungen im Eingangsverfahren (Rdnrn. 39–42)
2. Vorzeitige Beendigung des Eingangsverfahrens (Rdnr. 43)
3. Wiederholung des Eingangsverfahrens (Rdnr. 44)
C) zu Abs. 3
1. Leistungsdauer im Berufsbildungsbereich (Rdnrn. 45–46)
Anhang: Vereinbarung der Bundesagentur für Arbeit und der Bundesarbeitsgemeinschaft der Werkstätten für Behinderte über das „Rahmenprogramm für das Eingangsverfahren und den Berufsbildungsbereich in Werkstätten für behinderte Menschen"

I. Bedeutung der Vorschrift

Die Vorschrift unterscheidet für Leistungen an die in einer anerkannten Werkstatt für behinderte Menschen im Sinne von § 136 SGB IX Beschäftigten zunächst zwischen Leistungen im Eingangsverfahren sowie im Berufsbildungsbereich. **1**

Das Eingangsverfahren soll der Feststellung dienen, ob die Werkstatt für die Teilhabe des behinderten Menschen am Arbeitsleben geeignet ist, sowie welche Bereiche der Werkstatt und welche Teilhabeleistungen im Einzelnen in Betracht kommen (**Abs. 1 Nr. 1**). Die Leistungen im Eingangsverfahren werden im Einzelfall bis zu drei Monaten erbracht; sie werden aber regelmäßig bis zu vier Wochen erbracht, wenn die notwendigen Feststellungen in dieser Zeit getroffen werden können (**Abs. 2**). **2**

Der Berufsbildungsbereich der Werkstatt für behinderte Menschen soll deren Leistungs- oder Erwerbsfähigkeit soweit wie möglich entwickeln, verbessern oder wiederherstellen. Voraussetzung für entsprechende Leistungen ist die Erwartung, dass der behinderte Mensch nach Teilnahme hieran in der Lage ist, wenigstens ein Mindestmaß wirtschaftlich verwertbarer Arbeitsleistung im Sinne des § 136 SGB IX zu erbringen (**Abs. 1 Nr. 2**). Leistungen im Berufsbildungsbereich werden in der Regel für ein Jahr bewilligt. Sie können anschließend für ein weiteres Jahr bewilligt werden, wenn die Leistungsfähigkeit des behinderten Menschen weiterentwickelt oder wiedergewonnen werden kann (**Abs. 3**). **3**

II. Fassung

A) durch das SGB IX vom 19. Juni 2001 (BGBl. I S. 1046) mit Wirkung vom 1. Juli 2001

Die Vorschrift wurde aus dem Regierungsentwurf (BT-Drucks. 14/5531 i. V. m. 14/5074) übernommen mit folgenden Änderungen: **4**

a) In **Abs. 1 Nr. 1** hat der BT-Ausschuss für Arbeit und Sozialordnung die Worte „in Zweifelsfällen" nach dem Wort „Feststellung" gestrichen und die Worte „um einen Eingliederungsplan zu erstellen" angefügt. Dies hat der Ausschuss damit begründet, dass das Eingangsverfahren nicht nur in Zweifelsfällen, sondern generell durchgeführt werden solle mit der zusätzlichen Aufgabe, einen Eingliederungsplan zu erstellen (BT-Drucks. 14/5800 S. 32).

b) In **Abs. 2** wurde das ursprüngliche Regel-Ausnahmeverhältnis umgedreht, um zu verdeutlichen, dass die Leistungen bis zu drei Monaten erbracht werden können (BT-Drucks. a. a. O. S. 33).

c) In **Abs. 3** wurden die Worte „bis zu zwei Jahren" geändert in „für zwei Jahre". Damit wird klargestellt, dass die generelle Leistungsdauer im Berufsbildungsbereich zwei Jahre betragen solle (BT-Drucks. a. a. O. S. 33).

B) **durch das Gesetz zur Förderung der Ausbildung und Beschäftigung schwerbehinderter Menschen vom 23. April 2004 (BGBl. I S. 606) mit Wirkung vom 1. Mai 2004**

4a Auf Vorschlag des Ausschusses für Gesundheit und soziale Sicherung wurde

a) **Abs. 2** wie folgt gefasst:

„Die Leistungen im Eingangsverfahren werden für drei Monate erbracht. Die Leistungsdauer kann auf bis zu vier Wochen verkürzt werden, wenn während des Eingangsverfahrens im Einzelfall festgestellt wird, dass eine kürzere Leistungsdauer ausreichend ist."

4b Die Fassung geht zurück auf einen Vorschlag des Bundesrates (BT-Drucks. 15/2318 S. 3), der gefordert hatte, Abs. 2 wie folgt zu fassen:

„(2) Die Leistungen im Eingangsverfahren werden für drei Monate erbracht.

Begründung

4c Die Regelung stellt sicher, dass die bereits mit dem Inkrafttreten des SGB IX zum 1. Juli 2001 verfolgte Absicht, das bisherige Regel- / Ausnahmeverhältnis umzukehren, auch tatsächlich umgesetzt wird. Um dies zu gewährleisten und eine unterschiedliche Auslegung der mit dem SGB IX geregelten Rechtslage auszuschließen, werden Leistungen im Eingangsverfahren von Werkstätten für behinderte Menschen künftig ausnahmslos für die Dauer von drei Monaten erbracht."

4d In ihrer Gegenäußerung hat die Bundesregierung (BT-Drucks. 15/2318 S. 21) hierzu ausgeführt:

„Die Bundesregierung stimmt dem Vorschlag zur Förderdauer im Eingangsverfahren insoweit zu, dass neben der generellen Festlegung auf drei Monate auch künftig eine kürzere Förderdauer in den Fällen möglich sein soll, in denen im Eingangsverfahren im Einzelfall festgestellt wird, dass die erforderlichen Feststellungen früher getroffen werden können.

4e Im Hinblick auf die Dauer der Förderung der Maßnahmen im Berufsbildungsbereich ist die Bundesregierung der Auffassung, dass behinderten Menschen nach einer einjährigen Förderung der Wechsel in eine Beschäftigung im Arbeitsbereich der Werkstatt oder auf dem allgemeinen Arbeitsmarkt oder gegebenenfalls auch in eine andere Maßnahme der beruflichen Bildung möglich sein muss, wenn die Leistungsfähigkeit durch ein weiteres Jahr der Förderung im Berufsbildungsbereich nicht weiter erhöht werden kann. Das Verfahren zur Bewilligung des weiteren Förderabschnitts von einem Jahr im Berufsbildungsbereich soll von einer fachlichen Stellungnahme des in den Werkstätten eingerichteten Fachausschusses über die weitere Fördernotwendigkeit abhängig gemacht werden."

4f b) **In Abs. 3 Satz 3** wurden nach dem Wort „wenn" die Wörter „aufgrund einer rechtzeitig vor Ablauf des Förderzeitraums nach Satz 2 abzugebenden fachlichen Stellungnahme" eingefügt.

4g Der Ausschuss für Gesundheit und soziale Sicherung hat dies wie folgt begründet (BT-Drucks. 15/2357 S. 23):

„Das Verfahren zur Bewilligung des weiteren Förderabschnittes von einem Jahr im Berufsbildungsbereich soll objektiviert werden und künftig von einer fachlichen Stellungnahme über die weitere Fördernotwendigkeit abhängig gemacht werden. Die Rehabilitationsträger sind gehalten, ihre Entscheidungen rechtzeitig vor Ablauf des Förderzeitraumes zu treffen und bekannt zu geben. Zur Vorbereitung dieser Entscheidung muss auch die Stellungnahme rechtzeitig erfolgen. Die Beteiligung des Fachausschusses ist in § 4 der Werkstättenverordnung verankert."

III. Begründung

A) durch das SGB IX vom 19. Juni 2001 (BGBl. I S. 1046) mit Wirkung vom 1. Juli 2001

In dem Regierungsentwurf (BT-Drucks. 14/5074 S. 109) wird zu der Vorschrift ausgeführt:

„Die Vorschrift stellt die Leistungen dar, die in Werkstätten für behinderte Menschen im Eingangsverfahren und im Berufsbildungsbereich – dem früheren Arbeitstrainingsbereich – erbracht werden. Sie entspricht inhaltlich im Wesentlichen den Regelungen des § 3 Abs. 1 und 2 und des § 4 Abs. 3 der Dritten Verordnung zur Durchführung des Schwerbehindertengesetzes.

Darüber hinaus werden die erforderlichen Regelungen geschaffen, um auch bei diesen Leistungen zur Teilhabe am Arbeitsleben auf das Ziel eines selbstbestimmten Lebens in der Gesellschaft vorbereiten zu können.

Abs. 2 ermöglicht im Eingangsverfahren Leistungen bis zur Dauer von drei Monaten, wenn in kürzerer Zeit die notwendigen Feststellungen nicht getroffen werden können. Für den Berufsbildungsbereich wird in Abs. 3 klargestellt, dass eine über ein Jahr hinausgehende Förderung unter den in Satz 3 festgehaltenen Kriterien möglich ist."

IV. Anmerkungen

A) zu Abs. 1

1. Aufnahme in die Werkstatt für behinderte Menschen

Für Menschen mit Behinderungen, bei denen der Besuch einer Werkstatt für behinderte Menschen infrage kommt, sind regelmäßig die Mitarbeiter des **Reha-Teams** in den Agenturen für Arbeit die ersten Ansprechpartner. Denn für Leistungen im Eingangs- und Berufsbildungsbereich einer WfbM ist sehr häufig die Bundesagentur für Arbeit zuständig (vgl. Erl. Rdnr. 10 zu § 42). Die Agentur für Arbeit klärt, ob die behinderungsspezifischen Voraussetzungen gegeben sind. Über die Aufnahme entscheidet die Werkstatt im Benehmen mit dem zuständigen Rehabilitationsträger und der Agentur für Arbeit.

Nach § 136 Abs. 2 SGB IX gelten keine Einschränkungen hinsichtlich der Art und Schwere der Behinderung, sofern erwartet werden kann, dass nach Teilnahme an den Maßnahmen im Berufsbildungsbereich ein **Mindestmaß an wirtschaftlich verwertbarer Arbeitsleistung** erbracht werden kann. Vorausgesetzt wird aber, dass kein außerordentliches Pflegebedürfnis besteht und keine Gefährdung anderer oder der eigenen Person zu befürchten ist.

Beim Aufnahmeverfahren wird der **Fachausschuss beteiligt**, der nach § 2 WVO bei jeder Werkstatt zu bilden ist. Ihm gehören Vertreter der Werkstatt, des überörtlichen Sozialhilfeträgers und der Bundesagentur für Arbeit an. Sofern die Zuständigkeit eines anderen Rehabilitationsträgers für die Erbringung von Leistungen zur Teilhabe am Arbeitsleben und ergänzenden Leistungen in Betracht kommt, soll dieser ebenfalls hinzugezogen werden (vgl. im Übrigen die „Gemeinsamen Arbeitshilfen für die Arbeit der Fachausschüsse" im Anhang zum Kommentar zu § 136 SGB IX).

Kommt der Fachausschuss zu dem Ergebnis, dass im Einzelfall eine Aufnahme in die Werkstatt für behinderte Menschen nicht möglich ist, hat er andere geeignete Einrichtungen zu empfehlen. Vielen Werkstätten sind zu diesem Zweck eigene Einrichtungen für schwerst- und schwermehrfach behinderte Menschen oder aber Tagesförderstätten angegliedert.

2. Zweck des Eingangsverfahrens

An die Aufnahme schließt sich das Eingangsverfahren an. Sein Zweck ist die Feststellung,
– ob die Werkstatt die geeignete Einrichtung für die Teilhabe des behinderten Menschen am Arbeitsleben ist sowie

– welche Bereiche der Werkstatt und welche Leistungen zur Teilhabe am Arbeitsleben für den behinderten Menschen in Betracht kommen.

12 Ferner ist im Eingangsverfahren ein **Eingliederungsplan** zu erstellen (vgl. unten Rdnrn. 17 ff.).

13 Über diese Festlegung in § 40 Abs. 1 Nr. 1 SGB IX geht die ansonsten gleichlautende Beschreibung des Eingangsverfahrens in § 3 Abs. 1 Satz 2 WVO scheinbar hinaus: Dort wird auch noch die Feststellung verlangt, ob die Werkstatt auch die geeignete Einrichtung „zur Eingliederung in das Arbeitsleben" ist und welche „Leistungen zur Eingliederung in das Arbeitsleben" in Betracht kommen. Ein Grund für diese Abweichung ist aber nicht erkennbar. Leistungsrechtliche Auswirkungen im Rahmen des § 40 SGB IX dürften hiermit nicht bezweckt sein (so auch Ernst u. a. / *Finke* / *Kadoke* Rdnr. 10).

14 Das **Eingangsverfahren** ist **obligatorisch**, nachdem während der Ausschussberatungen die zunächst aus dem früheren Recht übernommenen Worte „in Zweifelsfällen" gestrichen wurden (vgl. oben Rdnr. 4). Von der Durchführung des Eingangsverfahrens kann also nicht allein deswegen abgesehen werden, weil feststeht, dass die Werkstatt die richtige Form der beruflichen Eingliederung darstellt. In diesem Fall kann es immer noch der Feststellung dienen, welche Leistungen zur Teilhabe am Arbeitsleben in Betracht kommen, also um einen Eingliederungsplan zu erstellen (Mrozynski Rdnr. 2). Umgekehrt kann – anders als nach früherem Recht – die Aufnahme eines behinderten Menschen in das Eingangsverfahren nicht bereits deshalb abgelehnt werden, weil von vornherein feststehe, dass er die Aufnahmevoraussetzungen nach § 136 Abs. 2 SGB IX nicht erfülle. Das Eingangsverfahren soll dann zur Empfehlung führen, welche andere Einrichtung oder sonstigen Maßnahmen für ihn in Betracht kommen (vgl. auch unten Rdnr. 23). Der behinderte Mensch hat also in jedem Fall Anspruch auf Förderung (Cramer, WfbM-Komm § 3 WVO Rdnr. 15).

3. Zuständigkeit und Organisation

15 **Zuständig** für das Eingangsverfahren ist die **Werkstatt**, die es auch eigenverantwortlich zu organisieren hat. Die WVO schreibt hierfür keinen räumlich oder organisatorisch getrennten Bereich mit besonderem Personal vor. Die Leistungen der Werkstatt im Eingangsverfahren können vielmehr sowohl in den Räumen des Berufsbildungsbereichs als auch des Arbeitsbereichs erbracht werden. Allerdings haben manche Werkstätten auch besondere Bereiche für das Eingangsverfahren eingerichtet, in denen neu aufgenommene behinderte Menschen an den Aufenthalt in der Einrichtung gewöhnt und an die Abläufe innerhalb der Werkstatt herangeführt werden (Ernst u. a. / *Finke* / *Kadoke* Rdnr. 16).

16 Vorgaben zur **inhaltlichen Gestaltung des Eingangsverfahrens** setzen weder das SGB IX noch die WVO; diese ist vielmehr von der Werkstatt im Benehmen mit dem zuständigen Rehabilitationsträger zu regeln (vgl. § 3 Abs. 1 Satz 1 WVO). „**Im Benehmen**" bedeutet, dass die Werkstatt dem Rehabilitationsträger Gelegenheit zur Stellungnahme, insbesondere zu Inhalt und Methoden des Eingangsverfahrens – allgemein wie auch im Einzelfall – zu geben hat. An diese Stellungnahme ist die Werkstatt aber nicht gebunden. Gleichwohl hat der jeweils zuständige Rehabilitationsträger erheblichen Einfluss auf die Gestaltung des Eingangsverfahrens, weil die Werkstatt von der Gewährung der entsprechenden Leistungen abhängig ist (Cramer, WfbM-Komm § 3 WVO Rdnr. 14).

4. Eingliederungsplan

17 Im Eingangsverfahren ist für den behinderten Menschen ein Eingliederungsplan zu erstellen, der eine wichtige **Grundlage für die Entscheidung** über seine weitere Förderung und für die fachliche Beratung im Fachausschuss bildet. Deshalb muss er den Mitgliedern des Fachausschusses rechtzeitig vor der betreffenden Sitzung am Ende des Eingangsverfahrens zugehen.

Eine **Form** des Eingliederungsplanes ist gesetzlich nicht vorgeschrieben. Gleichwohl ist die Beachtung einer möglichst einheitlichen Form empfehlenswert, um die Erstellung, laufende Aktualisierung und Anwendung zu vereinfachen und die Vergleichbarkeit zu erhöhen. **18**

Die Werkstattempfehlungen (WE/BAGüS, vgl. Anhang zu § 39) schlagen in Nr. 4.1.3 als **Mindestinhalt** Aussagen vor über **19**
– das Ausmaß und die Auswirkungen der Behinderung,
– die schulische und berufliche Vorgeschichte,
– das Ergebnis der Berufsberatung,
– die individuelle Zielrichtung des Berufsbildungsbereichs,
– die gebotenen Fördermaßnahmen unter Berücksichtigung der Erkenntnisse des Eingangsverfahrens,
– erforderliche begleitende Maßnahmen im Berufsbildungsbereich und
– die Perspektiven im Hinblick auf den anzustrebenden Übergang auf den allgemeinen Arbeitsmarkt.

Die als Anlage 1 zu dem „Rahmenprogramm für das Eingangsverfahren und den Berufsbildungsbereich in Werkstätten für behinderte Menschen" (abgebildet im Anhang zu diesem Kommentar) beigefügten **Eckpunkte zum Eingliederungsplan** beschreiben seine Ziele näher: Danach ist der Eingliederungsplan „das Instrument, das die Interessen und die berufliche wie persönliche Entwicklung des Teilnehmers dokumentiert. Mit ihm werden die Ziele der Werkstattleistungen, die dazu erforderlichen Mittel und Methoden und ihre Wirksamkeit beschrieben. Im Eingliederungsplan dokumentiert die Werkstatt den Veränderungsprozess der Interessen, persönlichen Bedürfnisse, beruflichen Fähigkeiten und Fertigkeiten des Teilnehmers. Er dient damit der ständigen Anpassung der Werkstattleistungen an die individuellen Anforderungen der Teilnehmer" (I 1–4). **20**

Zugleich wird a. a. O. in der Anlage für den Eingliederungsplan ein **standardisiertes Formblatt** mit einer Reihe von Mindestangaben vorgeschlagen. **21**

5. Abschluss des Eingangsverfahrens

Zum Abschluss des Eingangsverfahrens gibt der nach § 2 WVO gebildete Fachausschuss auf Vorschlag des Trägers der Werkstatt und nach Anhörung des behinderten Menschen, ggf. auch seines gesetzlichen Vertreters, unter Würdigung aller Umstände des Einzelfalles eine **Stellungnahme gegenüber dem zuständigen Rehabilitationsträger** ab. Diese Stellungnahme („Eingliederungsvorschlag") bezieht sich auf die in § 3 Abs. 1 WVO vorgesehenen Feststellungen. **22**

Sie hat zwar einen Vorschlag der Werkstatt zur Grundlage, kann aber durchaus zu einem hiervon abweichenden Votum kommen. Der Ausschuss hat alle maßgeblichen Umstände des Einzelfalles abzuklären, auch so weit sie in dem Vorschlag der WfbM nicht angesprochen sind (Cramer, WfbM-Komm § 3 WVO Rdnr. 37). Kommt der Fachausschuss zum Abschluss des Eingangsverfahrens zu dem Ergebnis, dass die Werkstatt im konkreten Fall für den behinderten Menschen nicht geeignet ist, soll er zugleich eine Empfehlung aussprechen, welche andere Einrichtung (etwa im Sinne von § 136 Abs. 3 SGB IX) oder sonstigen Maßnahmen für ihn in Betracht kommen (§ 3 Abs. 4 Satz 1 WVO). Die Empfehlung soll dazu beitragen, dass sich anderweitige Maßnahmen für die betreffenden behinderten Menschen ohne zeitliche Unterbrechung anschließen. Ferner soll er sich auch dazu äußern, nach welcher Zeit eine Wiederholung des Eingangsverfahrens zweckmäßig ist und welche Maßnahmen und welche anderen Leistungen zur Teilhabe in der Zwischenzeit durchgeführt werden sollen (§ 3 Abs. 4 Satz 2 WVO). **23**

Die Stellungnahme des Fachausschusses als eines beratenden Gremiums hat nur die **Bedeutung einer Empfehlung**. Mit ihr muss sich der Rehabilitationsträger zwar auseinandersetzen, sie bindet ihn aber nicht (BSG SozR 3-4100 § 58 Nr. 6). Allein der zuständige Rehabili- **24** tationsträger entscheidet darüber, ob und welche Leistungen im Einzelfall im Anschluss an das Eingangsverfahren erbracht werden.

25 Erst mit Ablauf des Tages, an dem die Werkstatt von der Entscheidung des zuständigen Trägers Kenntnis erhält, endet das Eingangsverfahren (§ 3 Abs. 3 Satz 2 WVO; zum Zweck der Regelung vgl. unten Rdnr. 42).

6. Begriff des Berufsbildungsbereichs

26 Der mit den SGB IX zum 1.7.2001 eingeführte Begriff „Berufsbildungsbereich" trat **an die Stelle der Bezeichnung „Arbeitstrainingsbereich"**, welche zuvor in § 54 SchwbG, in der WVO sowie in den Leistungsgesetzen der zuständigen Rehabilitationsträger enthalten war. Hiermit soll der **Bildungsauftrag der Werkstatt** betont werden. Auch soll die neue Bezeichnung einen Teil der Zielsetzung der Werkstatt zum Ausdruck bringen, ohne dass hiermit allerdings leistungsrechtliche Auswirkungen verbunden sind (Ernst u. a. / *Finke / Kadoke* Rdnr. 27).

27 Maßnahmen im Berufsbildungsbereich der Werkstatt für behinderte Menschen sind **keine Berufsbildung im Rechtssinne**. Sie stellen auch keine Berufsvorbereitung gem. § 33 Abs. 3 Nr. 2 SGB IX i. V. m. § 61 Abs. 1 SGB III dar, weil sie nicht gezielt der Vorbereitung auf eine Tätigkeit als Arbeitnehmer auf dem allgemeinen Arbeitsmarkt dienen (Ernst u. a. / *Finke / Kadoke* a. a. O.; a. A. Mrozynski Rdnr. 7). Hierfür spricht auch, dass § 41 Abs. 1 Nr. 2 SGB IX die Berufsvorbereitung den Leistungen *im Arbeitsbereich* einer anerkannten Werkstatt für behinderte Menschen zuordnet.

7. Leistungsziele des Berufsbildungsbereichs

28 Das allgemeine Ziel der Leistungen im Berufsbildungsbereich ist, die Leistungs- oder Erwerbsfähigkeit des behinderten Menschen soweit wie möglich zu entwickeln, zu verbessern oder wiederherzustellen. Allerdings müssen die **Leistungen** hierfür **„erforderlich"** sein. Ist dies zu bejahen, hat der behinderte Mensch – innerhalb des Höchstleistungszeitraums von zwei Jahren gem. Abs. 3 – Anspruch auf Förderung, solange seine Leistungs- oder Erwerbsfähigkeit noch weiterentwickelt, verbessert oder wiedergewonnen werden kann. Dies ergibt sich aus den Worten „soweit wie möglich". Die hierfür erforderliche **Prognose** ist im Sinne der behinderten Menschen anzustellen, bis tatsächliche Erkenntnisse zu der Feststellung zwingen, dass diese Ziele nicht mehr erreichbar sind. Im Zweifel ist zugunsten des behinderten Menschen zu entscheiden (LPK-SGB IX / *Haines / Jacobs* Rdnr. 11; Ernst u. a. / *Finke / Kadoke* Rdnr. 28).

29 Ein Leistungsanspruch des behinderten Menschen besteht nur, wenn erwartet werden kann, dass er nach Teilnahme an diesen Leistungen in der Lage ist, wenigstens ein **Mindestmaß wirtschaftlich verwertbarer Arbeitsleistung** im Sinne von § 136 SGB IX zu erbringen (vgl. zu diesem Begriff Erl. zu § 136 Rdnr. 28). Auch hier genügt die Prognose, dass die Zielsetzung nach Durchlaufen des Berufsbildungsbereichs erreicht werden kann, wobei die Werkstatt nach Abschluss des Eingangsverfahrens darzulegen hat, über welche Förderpotenziale der einzelne behinderte Mensch verfügt und mit welchen Mitteln und mit welchen Methoden das gesetzliche Ziel im Berufsbildungsbereich erreicht werden kann. Im Zweifel ist zugunsten des behinderten Menschen zu entscheiden (Ernst u. a. / *Finke / Kadoke* a. a. O.).

8. Organisation und Aufgabenstellung des Berufsbildungsbereichs

30 Der Berufsbildungsbereich ist ein **organisatorisch selbstständiger Teil der Werkstatt** für behinderte Menschen. Die Anforderungen an die Werkstatt zu seiner Organisation und Ausgestaltung werden in § 4 WVO festgelegt. Danach hat die Werkstatt im Benehmen mit dem im Berufsbildungsbereich und dem im Arbeitsbereich zuständigen Rehabilitationsträger **Einzelmaßnahmen und Lehrgänge** zur Verbesserung der Teilhabe am Arbeitsleben durchzuführen. Dies schließt auch angemessene Maßnahmen zur Weiterentwicklung der Persön-

Leistungen im Eingangsverfahren § 40

lichkeit ein (§ 4 Abs. 1 Satz 1 WVO). Die behinderten Menschen sind dabei so zu fördern, dass sie spätestens nach Teilnahme an Maßnahmen des Berufsbildungsbereichs in der Lage sind, wenigstens ein Mindestmaß wirtschaftlich verwertbarer Arbeitsleistung im Sinne des § 136 Abs. 2 SGB IX zu erbringen (§ 4 Abs. 1 Satz 2 WVO).

Dies ist als **Mindestziel** zu verstehen (Cramer, WfbM-Komm § 4 WVO Rdnr. 19). Es wäre unzulässig, wenn der Rehabilitationsträger seine Leistung im Rahmen seiner Verpflichtung nach § 40 Abs. 1 Nr. 2 SGB IX auf dieses Mindestziel begrenzen würde. Deshalb endet die Verpflichtung des Rentenversicherungsträgers zur Förderung einer Ausbildung in einer Werkstatt für behinderte Menschen nicht schon dann, wenn der Versicherte ein Mindestmaß an wirtschaftlich verwertbarer Arbeitsleistung erbringen kann (BSG SozR 3 – 2200 § 1237a Nr. 2 = Breithaupt 1995, 226). Aus demselben Grund wäre eine direkte Aufnahme in den Arbeitsbereich nach Abschluss des Eingangsverfahrens grundsätzlich unzulässig, weil hierdurch dem behinderten Menschen das Recht und die Möglichkeit genommen würde, seine Leistungs- oder Erwerbsfähigkeit im Berufsbildungsbereich durch die hierfür vorgesehenen Maßnahmen der Werkstatt zu entwickeln, zu steigern oder wiederherzustellen (Ernst u. a. / *Finke / Kadoke* Rdnr. 29). Selbst wenn ein behinderter Mensch zum Abschluss des Eingangsverfahrens bereits über das im Arbeitsbereich erforderliche Mindestmaß an Leistungsvermögen verfügt, hat er **Anspruch auf Leistungen im Berufsbildungsbereich**, wenn eine Weiterentwicklung und Steigerung der Leistungs- oder Erwerbsfähigkeit erwartet werden kann, die ihn für qualifiziertere Beschäftigungen in und außerhalb der Werkstatt – möglicherweise im Anschluss an die Maßnahmen im Berufsbildungsbereich sogar auf dem allgemeinen Arbeitsmarkt einschließlich eines Integrationsprojekts im Sinne des § 132 SGB IX – befähigt (Cramer, WfbM-Komm § 4 WVO Rdnrn. 21 ff.; Ernst u. a. / *Finke / Kadoke* a. a. O.). 31

Das **Angebot** an Leistungen zur Teilhabe am Arbeitsleben *soll* **möglichst breit** sein, um Art und Schwere der Behinderung, der unterschiedlichen Leistungsfähigkeit, Entwicklungsmöglichkeit sowie Eignung und Neigung der behinderten Menschen so weit wie möglich Rechnung zu tragen (§ 4 Abs. 2 WVO). Weitergehend legt § 136 Abs. 4 Satz 1 SGB IX der Werkstatt auf, dass sie über ein möglichst breites Angebot an Berufsbildungsplätzen verfügen *muss*. Dieses Gebot bezweckt, den behinderten Menschen in der Werkstatt eine **Auswahl** unter verschiedenen Maßnahmen und eine Verteilung auf unterschiedliche Maßnahmen zu ermöglichen. 32

Maßnahmen der Werkstatt im Berufsbildungsbereich sind nicht nur im **Benehmen** mit dem für die Leistungserbringung zuständigen Rehabilitationsträger durchzuführen, sondern **auch mit dem anschließend im Arbeitsbereich gem. § 42 Abs. 2 SGB IX zuständigen Träger** (§ 4 Abs. 1 Satz 1 WVO); regelmäßig wird dies der überörtliche Träger der Sozialhilfe sein. Hierdurch soll sichergestellt werden, dass die Lehrgänge und Einzelmaßnahmen nach Ziel und Inhalt auf die Möglichkeiten im Arbeitsbereich der konkreten Werkstatt ausgerichtet werden. Zugleich sollen aber auch frühzeitig die Weichen für konkrete Fördermaßnahmen zum Übergang auf den allgemeinen Arbeitsmarkt nach Abschluss der Maßnahmen im Berufsbildungsbereich gestellt werden können, wenn der überörtliche Träger der Sozialhilfe bei den behinderten Menschen die Voraussetzungen hierfür als gegeben ansieht (Ernst u. a. / *Finke / Kadoke* Rdnr. 32). 33

In § 4 Abs. 1 Satz 1 WVO werden zwar die „Maßnahmen im Berufsbildungsbereich" als „Einzelmaßnahmen und Lehrgänge" definiert. Allerdings sollen **Lehrgänge der Regelfall** sein, wie sich aus den ausführlichen Bestimmungen des § 4 Abs. 3 bis 5 WVO ergibt (Cramer, WfbM-Komm § 4 WVO Rdnr. 29). Einzelmaßnahmen werden nur dann in Betracht kommen, wenn die Art und Schwere der Behinderung eines behinderten Menschen einer Teilnahme an Lehrgängen entgegensteht oder sein spezifischer Bedarf nach Förderung individuelle, auf ihn konkret zugeschnittene Maßnahmen erforderlich macht, die nicht in Lehrgängen vermittelt werden können. Dasselbe gilt aber auch dann, wenn mangels einer ausrei- 34 chenden Zahl von Teilnehmern die Einrichtung eines (Gruppen-)Lehrgangs ausscheidet (Ernst u. a. / *Finke* / *Kadoke* Rdnr. 33).

9. Gliederung in Grund- und Aufbaukurs

35 Die Lehrgänge sind in einen Grund- und einen Aufbaukurs von in der Regel 12-monatiger Dauer zu gliedern (§ 4 Abs. 3 WVO).

36 Die **Zielsetzung des Grundkurses** ist (vgl. § 4 Abs. 4 WVO):
– die Vermittlung von Fertigkeiten und Grundkenntnissen verschiedener Arbeitsabläufe,
– die Vermittlung von Grundkenntnissen über Werkstoffe und Arbeitsmaterial sowie Werkzeugen, aber auch Arbeitsgeräten und kleineren Geräten,
– die Vermittlung und Übung manueller Fertigkeiten im Umgang mit verschiedenen Werkstoffen, Materialien, Werkzeugen und Geräten,
– die Steigerung des Selbstwertgefühls der behinderten Menschen durch geeignete Maßnahmen,
– die Förderung des Sozial- und Arbeitsverhaltens,
– die Feststellung der Schwerpunkte der Eignung und Neigung.

37 Im **Aufbaukurs** sollen gem. § 4 Abs. 5 WVO:
– Fertigkeiten mit höherem Schwierigkeitsgrad, insbesondere im Umgang mit Maschinen vermittelt,
– die Kenntnisse über Werkstoffe und Werkzeuge vertieft sowie
– die Fähigkeit zu größerer Ausdauer und Belastung und zur Umstellung auf unterschiedliche Beschäftigungen im Arbeitsbereich geübt werden.

38 Nähere Einzelheiten über Aufgaben, Methoden und inhaltliche Ausgestaltung der Berufsbildungsmaßnahmen wurden in der Vereinbarung über das „Rahmenprogramm", insbesondere in den Abschnitten 4.1 - 4.4.4 festgelegt (vgl. Anhang zu diesem Kommentar).

B) zu Abs. 2

1. Dauer der Leistungen im Eingangsverfahren

39 Leistungen im Eingangsverfahren werden grundsätzlich für die Dauer **von drei Monaten** erbracht (**Abs. 2 Satz 1**). Die Leistungsdauer kann auf **bis zu vier Wochen verkürzt** werden, wenn während des Eingangsverfahrens im Einzelfall festgestellt wird, dass eine kürzere Leistungsdauer ausreichend ist (**Abs. 2 Satz 2**). Eine entsprechende Regelung enthält § 3 Abs. 2 WVO als fachliche Anforderung an die Werkstatt. Das geltende Recht enthält damit eine wesentliche Verbesserung, weil die Vorschriften in der vor dem 1. Juli 2001 maßgebenden Fassung nur eine Höchstdauer des Eingangsverfahrens bis zu vier Wochen vorsahen.

40 Bereits im Gesetzgebungsverfahren zum SGB IX wurde das ursprüngliche Regel-Ausnahmeverhältnis umgekehrt, um zu verdeutlichen, dass die Leistungen bis zu drei Monate erbracht werden können (vgl. oben Rdnr. 4). Im Gesetz vom 23. 4. 2004 wurde dies nochmals dahingehend präzisiert, dass nunmehr die Leistungen im Eingangsverfahren **grundsätzlich für drei Monate** erbracht werden. Eine allgemeine Verkürzung der Drei-Monatsfrist durch den zuständigen Rehabilitationsträger und die gleichzeitige Verpflichtung der Werkstatt, die im Eingangsbereich zu treffende Klärung einschließlich der Erstellung des Eingliederungsplans und der ordnungsgemäßen Beteiligung des Fachausschusses innerhalb eines kürzeren Zeitraums vorzunehmen, stünde im Widerspruch zu diesen gesetzlichen Vorgaben und wäre somit unzulässig.

41 Kann die Werkstatt im Einzelfall bereits innerhalb eines kürzeren Zeitraums – der allerdings nicht unterhalb von vier Wochen liegen darf – die notwendigen Feststellungen sachgerecht und vollständig treffen, endet auch die Leistung zu diesem früheren Zeitpunkt. **In der Regel** wird aber **der Zeitraum von drei Monaten ausgeschöpft** werden müssen; insbesondere ein

detaillierter Eingliederungsplan wird im Allgemeinen nur nach einer ausreichenden Erprobungs- und Beobachtungsphase gefertigt werden können, sofern der behinderte Mensch der Werkstatt nicht bereits durch frühere Aufenthalte hinreichend bekannt ist (Ernst u. a. / *Finke / Kadoke* a. a. O.). Der Zeitraum von drei Monaten dürfte auch im Hinblick auf die nach § 3 Abs. 3 WVO noch innerhalb des Eingangsverfahrens vorgeschriebene Beratung im Fachausschuss im Allgemeinen kaum zu unterschreiten sein.

Allerdings liegt es im Interesse der Werkstatt, die Beratung im Fachausschuss durch Vorlage des ihr vorgeschriebenen Vorschlags und des Eingliederungsplanes so rechtzeitig zu ermöglichen, dass sie noch vor Ablauf der 3-Monats-Frist abgeschlossen werden. Denn nach § 3 Abs. 3 Satz 2 WVO **endet das Eingangsverfahren frühestens** mit Ablauf des Tages, an dem die Werkstatt von der Entscheidung des zuständigen Rehabilitationsträgers über die Anschlussmaßnahme Kenntnis erhält. Hierdurch soll vermieden werden, dass der behinderte Mensch allein wegen einer noch ausstehenden Entscheidung des zuständigen Rehabilitationsträgers über die weiteren Maßnahmen zunächst aus der Werkstatt ausscheiden muss. Bei zu knapper Terminansetzung des Fachausschusses trägt möglicherweise die **Werkstatt** allein das **Kostenrisiko** für eine über drei Monate hinausgehende Verweildauer des behinderten Menschen im Eingangsverfahren, wenn die Entscheidung des zuständigen Rehabilitationsträgers noch aussteht. Das gilt jedenfalls dann, wenn eine über drei Monate hinausgehende Förderung nach dem Leistungsrecht des Trägers nicht abgedeckt ist und auch nicht auf die Leistungsdauer im Berufsbildungsbereich angerechnet werden darf.

42

2. Vorzeitige Beendigung des Eingangsverfahrens

Lässt sich im Verlauf des Eingangsverfahrens feststellen, dass die Werkstatt nicht das geeignete Angebot für den behinderten Menschen ist, kann es auch vor Ablauf der in Abs. 2 genannten Fristen beendet werden. Hierzu bedarf es einer **Aufhebung der Bewilligung** der Leistungen nach § 40 Abs. 1 Nr. 1, welche als Verwaltungsakt mit Dauerwirkung ausgesprochen wurde. Er kann mit Wirkung für die Zukunft nach § 48 Abs. 1 SGB X nur aufgehoben werden, wenn sich gegenüber den tatsächlichen Verhältnissen zum Entscheidungszeitpunkt eine wesentliche Änderung ergeben hat. Es muss also entgegen den früheren Prognosen nunmehr eindeutig feststehen, dass die Werkstatt trotz des Einsatzes der Mittel, über die sie verfügt, nicht das geeignete Angebot ist. Der Aufhebungsbescheid des zuständigen Rehabilitationsträgers ist ggf. unter den Voraussetzungen des § 35 SGB X zu begründen (vgl. hierzu Mrozynski Rdnr. 6).

43

3. Wiederholung des Eingangsverfahrens

Aus § 3 Abs. 4 WVO ist abzuleiten, dass der behinderte Mensch auch wiederholt an einem Eingangsverfahren teilnehmen kann. Dies gilt selbst dann, wenn das vorangegangene erstmalige Eingangsverfahren bereits die **Höchstdauer ausgeschöpft** hat. Eine Wiederholung wird vor allem dann in Betracht kommen, wenn nach einer angemessenen Zeit die Annahme gerechtfertigt erscheint, dass nunmehr der behinderte Mensch die Voraussetzungen nach § 136 Abs. 2 SGB IX erfüllt, etwa weil zwischenzeitlich geeignete Maßnahmen zur Vorbereitung für eine Aufnahme in die Werkstatt durchgeführt wurden (Ernst u. a. / *Finke / Kadoke* Rdnr. 23). Ob und wie oft der einzelne behinderte Mensch das Eingangsverfahren wiederholen kann, ist vom zuständigen Rehabilitationsträger nach dem für ihn maßgeblichen Leistungsrecht zu entscheiden (Cramer, WfbM-Komm § 3 WVO Rdnr. 26).

44

C) zu Abs. 3

1. Leistungsdauer im Berufsbildungsbereich

Leistungen im Berufsbildungsbereich werden als **Regelförderung für zwei Jahre** erbracht. Zwar werden sie im Sinne eines gestuften Verfahrens nach **Abs. 3 Satz 2** in der Regel zunächst **für ein Jahr bewilligt**. Kann aber die Leistungsfähigkeit des behinderten Menschen weiterentwickelt oder wiedergewonnen werden, sind sie nach **Abs. 3 Satz 3** für ein **weiteres**

45

Jahr zu gewähren. Hierbei genügt die positive Prognose weiterer Entwicklungsmöglichkeiten, für die eine Vermutung spricht (LPK-SGB IX / *Haines / Jacobs* Rdnr. 16; Ernst u. a. / *Finke / Kadoke* Rdnr. 34; vgl. auch WE/BAGüS Nr. 10.2, abgebildet im Anhang zum Kommentar zu § 39).

45a Allerdings ist durch die Ergänzung der Vorschrift im Gesetz vom 23. 4. 2004 nunmehr ausdrücklich eine **fachliche Stellungnahme** über die weitere Fördernotwendigkeit vorgeschrieben, um das Bewilligungsverfahren für den weiteren Förderabschnitt zu objektivieren. Für die Stellungnahme ist der **Fachausschuss gemäß § 4 WVO** zuständig. Er muss die Stellungnahme rechtzeitig vor Ablauf des ersten Förderjahres im Berufsbildungsbereich abgeben, damit der Rehabilitationsträger seine Entscheidung ebenso rechtzeitig treffen und bekannt geben kann.

46 Die Bewilligung einer über ein Jahr hinausgehenden Förderung im Berufsbildungsbereich kommt nicht etwa nur dann in Betracht, wenn ein wesentlicher Fortschritt in der Leistungsentwicklung des behinderten Menschen vorhergesagt werden kann. Die gesetzliche Zielsetzung für Leistungen im Berufsbildungsbereich in Abs. 1 Nr. 2 gilt nicht nur für das erste Jahr. Die **Leistungserbringung für das zweite Jahr** wird im Gesetz **nicht** an **höhere Anforderungen**, etwa an eine zu erwartende wesentliche Leistungssteigerung, geknüpft (Ernst u. a. / *Finke / Kadoke* a. a. O.; a. A. B / F / K / L-*Gerwinn* Rdnr. 2).

Vereinbarung der Bundesanstalt für Arbeit und der Bundesarbeitsgemeinschaft der Werkstätten für Behinderte über das „Rahmenprogramm für das Eingangsverfahren und den Berufsbildungsbereich in Werkstätten für behinderte Menschen"

BA-Info 10/2002 vom 11. September 2002

mit Anlagen
1. Eckpunkte zum Eingliederungsplan nach § 40 Abs. 1 Ziff. 1 SGB IX, § 3 Abs. 1 WVO
2. Nachweis über berufsbezogene Qualifikationen

Die im Abschnitt C des RdErl 42/96 veröffentlichte „Vereinbarung über Rahmenprogramme für das Eingangsverfahren und den Berufsbildungsbereich (ehemals Arbeitstrainingsbereich) in Werkstätten für behinderte Menschen (WfB)" zwischen der Bundesarbeitsgemeinschaft der Werkstätten für Behinderte (BAG WfB) und der BA wurde inhaltlich überarbeitet und textlich neu gefasst. Die Neufassung des Rahmenprogramms gilt ab sofort.
In dem überarbeiteten Rahmenprogramm erfolgte
– die rechtliche und begriffliche Anpassung an die Anforderungen des SGB IX,
– eine Begriffserklärung und -differenzierung für den erhöhten Anspruch auf Bildung, Förderung und Persönlichkeitsentwicklung der Teilnehmer/innen im Berufsbildungsbereich der WfB.

Der Anhang zum Rahmenprogramm enthält „Eckpunkte zum Eingliederungsplan nach § 40 Abs. 1 Ziff. 1 SGB IX und § 3 Abs. 1 WVO" und die Mustervorlage des Bundesinstituts für Berufsbildung (BIBB) für den Nachweis der berufsbezogenen Qualifikationen.
Das Rahmenprogramm unterstützt die fachlichen Anforderungen nach der WVO für das Eingangsverfahren und den Berufsbildungsbereich in den Werkstätten für behinderte Menschen.
Bei der Feststellung und Überprüfung, ob die WfB den fachlichen Anforderungen nach § 136 SGB IX und den §§ 1 Abs. 2, 3 und 4 WVO gerecht wird, sollen die im Rahmenprogramm beschriebenen Ziele und Aufgaben als grundsätzlicher Maßstab herangezogen werden.
Abschnitt C des noch anzuwendenden RdErl 42/96 ist zu streichen.

Berufliche Bildungsmaßnahme zur Teilhabe am Arbeitsleben

Zur Regelung von beruflichen Bildungsmaßnahmen zur Teilhabe am Arbeitsleben wurden zwischen der Bundesanstalt für Arbeit und der Bundesarbeitsgemeinschaft der Werkstätten für Behinderte (BAG: WfB) die nachfolgenden Rahmenprogramme vereinbart.

Vereinbarung über Rahmenprogramme für das Eingangsverfahren und den Berufsbildungsbereich in Werkstätten für behinderte Menschen.

Die Bundesanstalt für Arbeit und die Bundesarbeitsgemeinschaft Werkstätten für Behinderte haben einvernehmlich zur Erfüllung ihrer gemeinsamen Aufgaben bei der beruflichen und persönlichkeitsbildenden Förderung behinderter Menschen im Eingangsverfahren (EV) und **Berufsbildungsbereich** (BBB) der Werkstätten die folgenden Rahmenprogramme erarbeitet. Die Selbstständigkeit der Werkstätten und ihrer Träger bei der Erfüllung ihrer Aufgaben gem. § 17 Abs. 3 Satz 2 SGB I wird durch diese Vereinbarung nicht eingeschränkt, die Funktionen bestehender Aufsichtsgremien oder Beiräte nicht berührt.

Glossar:

Folgende Begrifflichkeiten werden vereinbart:
- **Werkstatt** – zur Bezeichnung von Werkstätten für behinderte Menschen
- **Teilhabe am Arbeitsleben** (nach SGB IX) – zur Bezeichnung des Maßnahmeziels in Werkstätten
- **Teilnehmerinnen** und **Teilnehmer** – für die Adressaten im **Berufsbildungsbereich** (im Folgenden wird zur verbesserten Lesbarkeit „Teilnehmer" in Einzahl oder Plural verwendet)
- **Beschäftigte** – für die Adressaten im Arbeitsbereich der Werkstatt
- **berufsbildende Maßnahmen** (bzw. Berufliche Bildungsmaßnahmen) – für die Leistungen der Werkstatt
- **berufsbildende Leistungen** – für: die Leistungen des Rehaträgers
- **Berufsförderungsmaßnahmen bzw. berufsfördernde Leistungen** – wenn es um umfassend gestaltete ganzheitliche Fördermaßnahmen geht
- **Eingliederungsplan** – als Bezeichnung für die gesetzlich verankerte fortlaufende Förderdokumentation, die zwischen Werkstatt und Teilnehmer abgestimmt wird

1. Grundlagen

1.1 Zur Definition von „Förderung" und „Bildung"

Die Werkstatt hat Menschen mit Behinderung in ihrer Entwicklung der Persönlichkeit und in ihrer Entwicklung der Leistungsfähigkeit zu unterstützen, indem sie geeignete Konzepte anbietet, die erforderlichen Bedingungen schafft und Ressourcen bereitstellt. Dabei arbeiten Eingliederungseinrichtungen und Rehabilitationsträger eng und vertrauensvoll zusammen.

Förderung stellt einen dynamischen Prozess kontinuierlicher Entwicklung dar. Sie wird durch Anleitung, Betreuung, Begleitung, Bildung realisiert.

Bildung ist zentraler Bestandteil des individuellen dynamischen Förderungsprozesses. Dadurch erfüllt die Werkstatt ihre Aufgabe zur beruflichen Qualifizierung und Persönlichkeitsförderung.

Eine qualifizierte Entwicklungsplanung beginnt für jeden Teilnehmer im obligatorisch durchzuführenden Eingangsverfahren. Für die Kompetenzanalyse werden individuell geeignete diagnostische Verfahren und Instrumentarien eingesetzt. Sie ist Basis für differenzierte Förderziele und daraus abgeleitete Maßnahmen, die in eine dynamisch gestaltete Eingliederungsplanung einfließen und kontinuierlich fortgeschrieben werden.

1.2 Zu den Aufgaben der beruflichen Bildung

Berufliche Bildung hat folgende Aufgaben zu erfüllen:
- die individuellen Eignungen und Neigungen zu ermitteln,
- die erworbenen Fähigkeiten, Kenntnisse und die Entwicklung der Persönlichkeit zu dokumentieren und im Abstimmungsprozess mit dem Teilnehmer zu reflektieren,
- darauf aufbauend arbeitsbezogene und berufsspezifische Kenntnisse und Fähigkeiten zu vermitteln,
- die Weiterentwicklung der Persönlichkeit ganzheitlich und identitätsfördernd zu unterstützen,
- geeignete Maßnahmen zur Förderung des Übergangs auf den allgemeinen Arbeitsmarkt zu entwickeln.

Berufliche Bildung erfolgt auf der Grundlage einer geeigneten Konzeption.

Die Methoden beruflicher Bildung orientieren sich an den Interessen und Fähigkeiten der behinderten Menschen, indem individuelle Lernprozesse verbunden werden mit dem Einsatz von methodisch-didaktischem Fachwissen.

Berufliche Bildung basiert auf Akzeptanz, Gleichwürdigkeit und Partnerschaft und vermittelt Kompetenzen mit dem Ziel, Selbstbestimmung und Teilhabe behinderter Menschen im Arbeitsleben und in der Gesellschaft weiter zu entwickeln.

Der Bildungsprozess ist dialogorientiert. Es werden Eingliederungspläne aufgestellt und gemeinsam mit dem Teilnehmer vereinbart. Sie werden fortgeschrieben und es ist regelmäßig zu überprüfen, ob die ursprünglichen Ziele erreicht wurden, ob sich die Methoden bewährt haben oder ob Änderungen für die Zielsetzungen vereinbart werden müssen.

2. Personenkreis

2.1   Anspruch auf berufsbildende Leistungen haben behinderte Menschen, die wegen Art und Schwere der Behinderung nicht, noch nicht oder noch nicht wieder auf dem allgemeinen Arbeitsmarkt tätig sein können und sich oder andere nicht gefährden.

2.2   Die Werkstatt hat die Voraussetzungen zu schaffen, damit behinderte Menschen, unabhängig von der Ursache, Art oder Schwere der Behinderung, individuell durch geeignete berufsbildende Maßnahmen die angemessenen Bildungsziele planmäßig und mit der Möglichkeit darauf aufbauender Berufsförderungsmaßnahmen erreichen können.

2.3   Die Maßnahmen zur beruflichen und persönlichkeitsbildenden Förderung müssen die Folgen von Art und Schwere der Behinderung ausreichend berücksichtigen. Bei besonderem Bedarf an Förderung werden angemessene Maßnahmen angeboten und geeignete Methoden eingesetzt. Maßnahmen und Methoden sind zielgruppengerecht zu entwickeln.

3. Rahmenprogramm für das Eingangsverfahren der Werkstätten

3.1 Ziele des Eingangsverfahrens

Durch das Eingangsverfahren nach § 40 SGB IX i. V. mit § 3 WVO ist festzustellen,
- ob die Werkstatt für den Teilnehmer die geeignete Einrichtung zur Teilhabe am Arbeitsleben ist,
- welche berufsbildenden Leistungen zur Teilhabe am Arbeitsleben und welche ergänzenden Leistungen zur Eingliederung in das Arbeitsleben in Betracht kommen,
- welche Bereiche und Arbeitsfelder der Werkstatt und welche Beschäftigungsmöglichkeiten in Betracht kommen.

3.2 Aufgaben des Eingangsverfahrens

Das Eingangsverfahren dient dem Teilnehmer, der Werkstatt und dem Rehabilitationsträger
- zu entscheiden, ob die Werkstatt die geeignete Einrichtung zur Teilhabe am Arbeitsleben im Sinne von § 136 SGB IX ist,
- festzustellen, welche Kenntnisse und sozialen Kompetenzen der Teilnehmer besitzt,
- weitergehende Möglichkeiten innerhalb und außerhalb der Werkstatt zu prüfen – zur beruflichen Bildung, zum Übergang in eine andere berufsbildende Maßnahme,
- einen Eingliederungsplan zu erstellen, in dem Vorschläge für den weiteren Rehabilitationsverlauf enthalten sind.

3.3 Funktion des Eingliederungsplanes

Der Eingliederungsplan erfüllt vor allem drei inhaltliche Ziele:

Mit ihm stellt die Werkstatt die persönlichen Interessen, Bedürfnisse und Fähigkeiten für den weiteren Prozess der Berufs- und Arbeitsförderung wie der Unterstützung bei der Persönlichkeitsentwicklung fest.

Er dokumentiert die Kompetenzen des Teilnehmers im Verlauf des Eingangsverfahrens. Ihm liegt deshalb eine qualifizierte Kompetenzanalyse zugrunde, die in regelmäßigen Zeit- und Förderabschnitten fortgeschrieben wird. Auf seiner Grundlage entwickelt, beschreibt und begründet die Werkstatt die Ziele zur beruflichen Bildung der Teilnehmer.

3.4 Eckpunkte zur Erstellung des Eingliederungsplanes

Die Werkstätten entwickeln den Eingliederungsplan im Zusammenwirken mit dem Fachausschuss. Für Inhalt und Aufbau des Eingliederungsplanes werden von der Bundesanstalt für Arbeit und BAG:WfB gemeinsam Eckpunkte benannt, die als Anlage zum Rahmenprogramm zur Verfügung gestellt werden. (Anlage 1: Eckpunkte zum Eingliederungsplan)

3.5 Dauer des Eingangsverfahrens

Die Teilnahme am Eingangsverfahren ist obligatorisch. Die Dauer des Eingangsverfahrens richtet sich nach den Erfordernissen des Einzelfalls.

Das Eingangsverfahren dauert bis zu drei Monate. Es soll in vier Wochen abgeschlossen werden, wenn die notwendigen Feststellungen in dieser Zeit getroffen werden können. Dies setzt voraus, dass über den Teilnehmer / die Teilnehmerin ausreichend Informationen vorliegen und nur noch Teilaspekte der in Ziff. 3.1 genannten Ziele zu klären sind.

3.6 Eingliederungsvorschlag

Zum Ende des Eingangsverfahrens legt die Werkstatt dem Fachausschuss einen Eingliederungsvorschlag vor, der den Rehaträgern als Entscheidungsgrundlage dient und Aussagen dazu enthält,
- ob die Werkstatt die geeignete Eingliederungseinrichtung ist,
- welche Bereiche und Arbeitsfelder der Werkstatt Beschäftigungsmöglichkeiten oder weiterführende berufliche Bildungsmaßnahmen in Betracht kommen.

4. Rahmenprogramm für die Berufsbildungsmaßnahmen im Berufsbildungsbereich der Werkstätten

4.1 Aufgabenstellung im Berufsbildungsbereich

4.1.1 Zur Verbesserung der Teilhabe am Arbeitsleben hat die Werkstatt im Berufsbildungsbereich berufsbildende und die Persönlichkeit weiterentwickelnde Maßnahmen durchzuführen. Die Werkstatt hat sicherzustellen, dass die Ziele der berufsbildenden Maßnahmen im Kurssystem (Grund- und Aufbaukurs) durch Lehrgänge und Einzelmaßnahmen erreicht werden können.

4.1.2 Die Rechtsgrundlagen sind vor allem § 41 Abs. 2 und 3 SGB IX, § 4 WVO.

4.1.3 Die Bildungsmaßnahmen erfolgen aufgrund dieses Rahmenprogramms. Es ist Grundlage für standardisierte Eingliederungspläne, die in der Werkstatt vereinbart und fortgeschrieben werden.

4.2 Ziele der Berufsbildungsmaßnahmen im Berufsbildungsbereich

4.2.1 Alle Bildungsmaßnahmen haben die Teilhabe am Arbeitsleben und die Persönlichkeitsentwicklung zum Ziel. Sie sollen die beruflichen wie die lebenspraktischen Fähigkeiten der Teilnehmer planmäßig entwickeln und auf geeignete Tätigkeiten im Arbeitsbereich der Werkstatt oder auf dem allgemeinen Arbeitsmarkt vorbereiten.

4.2.2 Die Weiterentwicklung der Persönlichkeit ist zu fördern. Dabei gilt es, mit allen Beteiligten zu kooperieren und zu kommunizieren. Die Teilnehmer sollen angeleitet werden, ihr Leben eigenverantwortlich planen und führen zu können.

4.2.3 Spätestens nach erfolgreichem Abschluss der Maßnahme sollen die Beschäftigten ein Mindestmaß wirtschaftlich verwertbarer Arbeitsleistung i. S. des § 136 SGB IX erbringen und nach ihren individuellen Möglichkeiten am Auftrag der Werkstatt mitwirken.

4.2.4 Der Berufsbildungsbereich ist so einzurichten, dass durch begleitende Maßnahmen die bereits erworbenen Fähigkeiten und Kompetenzen erhalten und verbessert werden.

4.2.5 Die Berufsbildungsmaßnahmen müssen differenziert genug sein, um aufbauende oder ergänzende Bildungsangebote auch von Berufsschulen, Berufsbildungswerken, sonstigen Reha-Einrichtungen, Handwerks- sowie Industrie- und Handelskammern wahrnehmen zu können. Es sollen für Einzelfälle auch nach Abschluss der beruflichen Förderung im Berufsbildungsbereich Maßnahmen geboten werden, die Berufsbildungsabschlüsse i. S. § 48a und b BBiG und § 42c und d HwO ermöglichen bzw. darauf hinführen.

4.3 Aufgaben und Methoden der Berufsbildungsmaßnahmen

4.3.1 Jeder Teilnehmer hat Anspruch auf individualisierte planmäßige Berufsbildung auf der Grundlage einer qualifizierten und fortzuschreibenden Eingliederungsplanung. Dieser Anspruch wird durch die rechtlich geregelte Förder- und Finanzierungsdauer im Berufsbildungsbereich nicht eingeschränkt.

4.3.2 Die Berufsbildungsmaßnahmen bauen auf den vorhandenen Kenntnissen, Fähigkeiten und Fertigkeiten auf. Sie beziehen die durch schulische, berufsschulische oder andere Bildungsmaßnahmen erworbenen Grundlagen ein und berücksichtigen individuelle Neigungen und Qualifikationen.

4.3.3 Die Förderung durch Lehrgänge und Einzelmaßnahmen während des Grund- und Aufbaukurses umfasst das Erlernen von Fähigkeiten und Fertigkeiten zur Arbeitsausübung, die Vermittlung von Wissen und Einsichten, das Erreichen sozialer Lernziele und dadurch das Erlangen sozialer Kompetenzen.

4.3.4 Für die Berufsbildungsmaßnahmen werden arbeits- und sonderpädagogisch bewährte Lernmodelle und -methoden angewandt, die auch die Persönlichkeitsförderung der Teilnehmer umfassen.

4.3.5 Die Methoden der beruflichen Bildungsmaßnahmen orientieren sich an dem Ziel, selbstgesteuerte Lernprozesse zu initiieren sowie Schlüsselqualifikationen und soziale Kompetenz zu entwickeln und kooperatives Lernen und Handeln zu fördern.

4.3.6 Entsprechend den individuellen Möglichkeiten der Teilnehmer führt die Berufsbildung übereinander ergänzende und aufeinander aufbauende Lernziele, auch über die Zeit im Berufsbildungsbereich hinaus, zu verschiedenen Stufen beruflicher Bildung.

4.4 Ziele der Berufsbildungsmaßnahmen

Lernort für berufliche Bildung nach § 40 SGB IX und § 4 WVO ist der Berufsbildungsbereich.

Werkstattarbeit ist ein besonderer kombinierter Arbeits-, Beschäftigungs- und Bildungsprozess. Hier werden planmäßig arbeitsfördernde und berufsbildende Maßnahmen von Fachkräften zur Arbeits- und Berufsförderung als auch von arbeitsbegleitenden Diensten erbracht.

Durch die begleitenden Dienste werden pädagogische, soziale, medizinische wie auch pflegerische und therapeutische Maßnahmen sichergestellt. Arbeit und Bildung sind verschiedene Anforderungen mit unterschiedlichen Zielen.

Die Bildungsmaßnahmen der Werkstatt entwickeln und verbessern die Kompetenzen der Teilnehmer in folgenden Bereichen:
– Kulturtechniken,
– Kernqualifikationen,
– Arbeitsprozess-Qualifikationen,
– Schlüsselqualifikationen.

Berufliche Bildung setzt die Förderung in allen vier Bereichen voraus. Erst in der Verbindung der Bereiche entsteht berufsqualifizierende Kompetenz.

4.4.1   Lernziel 1: Kulturtechniken

Berufliche Bildung baut auf den Grundlagen der schulischen Vorbildung auf. Sie nutzt die Kulturtechniken als Basisqualifikationen für den beruflichen Bildungsprozess.

Diese vorhandenen Qualifikationen gilt es im gesamten Bildungsprozess der Werkstatt zu erhalten, zu verbessern und weiterzuentwickeln. Dabei werden alle Formen der unterstützten Kommunikation eingebunden und mit entwickelt.

4.4.2   Lernziel: Berufliche Kernqualifikationen

Durch standardisierte Bildungsmaßnahmen und individualisierte planmäßige Förderung sind die beruflichen Fähigkeiten und Fertigkeiten zur Arbeitsausführung zu entwickeln und zu erhalten. Dabei ist die Förderung und Entwicklung der Lernfähigkeit wesentlicher Bestandteil jeglicher Arbeitsförderungs- und Berufsbildungsmaßnahmen. Dazu gehören insbesondere:
– Erkennen, Unterscheiden und Verarbeiten von geschriebenen Arbeitsinformationen, Zahlen, Bildern, Vorlagen, Mustern, optischen und akustischen Anzeigen,
– Erkennen, Unterscheiden, Zuordnen, Benennen und Gebrauch von Geräten, Werkzeugen, Maschinen,
– Erkennen, Unterscheiden, Zuordnen, Benennen und Gebrauch von Materialien im Bearbeitungsprozess,
– Erkennen, Unterscheiden, Zuordnen und Benennen von Erscheinungsformen verschiedener Aggregatzustände in der Natur,
– Montieren, Demontieren, Aufstellen, Anordnen, Eingeben, Entnehmen,
– Verändern, Führen und Lenken von Material,
– Verwenden einfacher Handwerkzeuge und -geräte,
– Verwenden von energiebetriebenen einfachen Werkzeugen und Geräten,
– Verwenden von energiebetriebenen komplizierten Werkzeugen und Geräten,
– Benutzen von Zeichen- und Schreibgeräten,
– Benutzen von Fahrzeugen und Transportmitteln,
– Bedienen von Schaltern und Tastaturen,

- Beobachten, Überprüfen, Regulieren technischer Geräte, Einrichtungen und Anlagen,
- Erkennen, Unterscheiden und Bewerten von Verhalten bei Menschen und Tieren,
- Erkennen, Unterscheiden, Bewerten und Benutzen von Transportsystemen und Verkehrssituationen,
- Verstehen, Unterscheiden, Bewerten und Gebrauch von mündlicher Kommunikation, Tönen und Geräuschen,
- Erkennen, Unterscheiden und Bewerten von äußeren Reizen (Haut-, Geruch- und Lagereize),
- Erkennen, Unterscheiden und Bewerten optischer Reize,
- Beurteilen verschiedener Zustände und Qualitäten von Werten, Normen und Größen,
- schlussfolgerndes Denken für Problemlösungen,
- Planen, Organisieren und Entscheiden,
- Kombinieren von Einzelinformationen,
- Durchführen von Analysen, Kodieren, Dekodieren, Anwenden und Übertragen von Informationen und Daten,
- Speichern und eigenständiges Anwenden von Informationen,
- Anwenden mathematischer Kenntnisse,
- Grundkenntnisse für die Nutzung von EDV-gestützten Arbeitsplätzen.

4.4.3   Lernziel: Arbeitsprozess – Qualifikationen

Bedingungen an Arbeitsplatz und Arbeitsumgebung

Die berufsbildenden Maßnahmen müssen Lernziele beinhalten, die das Erkennen von Arbeitsbedingungen, Umgebungseinflüssen, das angemessene Reagieren darauf und damit auch die Entwicklung arbeitsplatzrelevanten Verhaltens ermöglichen. Das beinhaltet u. a.:

- Erkennen und Anpassen an Witterungsbedingungen,
- Erkennen und Anpassen an Raumklima-Bedingungen,
- Erkennen und Unterscheiden von Gebäuden, Gebäudeteilen und Einrichtungen,
- Erkennen und Anpassen an Arbeitsbedingungen,
- Arbeiten in Räumen unterschiedlicher Größe, Struktur, Beschaffenheit und Ausstattung,
- Erkennen von Gefahren, Gefahrenquellen und Erlernen angemessener Aktionen und Reaktionen,
- Erlernen, Erhalten und Entwickeln von Hygiene-, Sauberkeits-, Kleidungs- und Verhaltensregeln,
- Entwickeln und Stabilisieren von Konzentrationsfähigkeit,
- Bestehen von Stress-Situationen,
- Erlernen Kontakt aufzunehmen, Einzel- und Gruppenarbeit, Zweierbeziehungen,
- Entwickeln von Selbstständigkeit, Selbstkontrolle, Belastungsfähigkeit, Konfliktfähigkeit und Bereitschaft zur Konfliktlösung.

4.4.4   Lernziel: Schüsselqualifikationen

Zur Entwicklung von Schlüsselqualifikationen im Sinne einer allgemeinen Arbeitsfähigkeit gehören vor allem folgende wesentliche Bereiche:

- die Fähigkeit, die eigenen Interessen zu erkennen und vertreten zu können,
- Entwickeln von Selbstständigkeit, Selbstkontrolle und eigenständigem Handeln,
- lebenspraktische Fertigkeiten: von An- und Umziehen, sowie Selbstversorgung bis zur weitgehenden Unabhängigkeit von Pflege und Betreuung,
- Orientierungsfähigkeit, Überblick, Fähigkeit zu Zeiterkennung,
- Planung und Erinnerungsvermögen,

- Selbsteinschätzung und Frustrationstoleranz,
- Fähigkeiten zu Kommunikation, Kontakt, Kooperation, Konfliktfähigkeit und Toleranz,
- Pünktlichkeit, Zuverlässigkeit, Belastbarkeit und Flexibilität,
- Konzentrationsfähigkeit und Ausdauer,
- Motivation und Freude an der Arbeit.

4.5 Dauer und Aufbau der Bildungs- und Fördermaßnahmen

Die Leistungen im Berufsbildungsbereich werden für zwei Jahre erbracht. Sie werden in der Regel für ein Jahr bewilligt. Sie werden für ein weiteres Jahr bewilligt, wenn die Leistungsfähigkeit des Teilnehmers weiterentwickelt oder wiedergewonnen werden kann.

4.5.1   Die berufliche Bildung und Förderung im Berufsbildungsbereich findet in einem aufeinander aufbauenden Kurssystem statt.

Der Prozess der Förderung setzt sich aus einem Grund- und einem Aufbaukurs zusammen und wird durch Einzelmaßnahmen ergänzt. Die hauptsächlichen Ziele, Dauer und Inhalte der Kurse sind in der Werkstättenverordnung geregelt.

4.5.2   Der Berufsbildungsbereich ist ein organisatorisch eigenständiger Bereich der Werkstatt, der in der Regel als selbstständige Abteilung geführt wird. Berufsbildende und -fördernde Maßnahmen werden zur Veranschaulichung, Verfestigung, Erweiterung oder Vertiefung der erworbenen Fähigkeiten auch im Arbeitsbereich und außerhalb der Werkstatt, z. B. im Rahmen von Betriebspraktika durchgeführt.

4.5.3   Die Verhältnisse innerhalb der Werkstatt, vor allem die personellen und räumlichen, müssen die qualifizierte Anwendung geeigneter und differenzierter Methoden beruflicher Bildung zulassen und fördern.

4.5.4   Besonders zu beachten sind Möglichkeiten des Übergangs in eine andere berufsvorbereitende Bildungsmaßnahme (insbesondere F 2/3-Lehrgänge) während oder im Anschluss an den Berufsbildungsbereich sowie der unmittelbare Übergang in weiterführende Maßnahmen nach Abschluss des Eingangsverfahrens. Im begründeten Einzelfall ist eine Wiederholung der Maßnahme im Berufsbildungsbereich möglich.

4.6 Weitere Hinweise zur qualitativen Ausgestaltung der beruflichen Bildung und Förderung im Berufsbildungsbereich

4.6.1   Umfasst der Berufsbildungsbereich mehrere Gruppen von sechs behinderten Beschäftigten bedarf er in der Regel einer eigenen Leitung.

4.6.2   Die standardisiert entwickelten und individuell abgestimmten Eingliederungspläne umfassen das gesamte Leistungsangebot, das für eine zielgerichtete berufliche Bildung, Umschulung und Weiterbildung erforderlich ist, einschließlich des notwendigen Pflege- und Betreuungsangebotes. Im Verlauf des Bildungsprozesses wird regelmäßig die Angemessenheit der Zielsetzungen überprüft und wie sie im Förderverlauf erreicht und für die weitere Entwicklung fortgeschrieben werden können.

4.6.3   Der Berufsbildungsbereich schließt begleitende Leistungsangebote wie Erhalten und Vertiefen von Fähigkeiten zur allgemeinen Lebens- und Freizeitgestaltung (musische, kulturelle und sportliche Kursangebote) ebenso ein wie Förder- und Fortbildungsmaßnahmen außerhalb der Beschäftigungszeit.

4.6.4   Die berufsbildenden Maßnahmen sollen eng und kontinuierlich mit allen am Eingliederungsprozess Beteiligten abgestimmt werden. Dem Werkstattrat ist ausreichend Möglichkeit zur Mitwirkung zu geben.

4.6.5   Zum Abschluss der beruflichen Bildungsmaßnahmen legt die Werkstatt dem Fachausschuss den fortgeschriebenen Eingliederungsplan vor, in dem auf weiterführende berufliche Eingliederungsmöglichkeiten eingegangen wird, insbesondere darauf ob

- andere oder weiterführende Berufsbildungsmaßnahmen innerhalb oder außerhalb der Werkstatt zweckmäßig sind,
- eine Wiederholung der Bildungsleistung erforderlich ist,
- der Wechsel in eine andere Rehabilitations- oder weiterführende Berufsbildungseinrichtung zweckmäßig ist,
- eine Beschäftigung im Arbeitsbereich der Werkstatt und auf welchem Arbeitsplatz erfolgen soll,
- der Übergang auf einen geeigneten Außenarbeitsplatz erreicht werden kann,
- ein Wechsel in Integrationsunternehmen angebracht oder
- ein Übergang auf den allgemeinen Arbeitsmarkt möglich ist.

4.6.6 Den Teilnehmern soll durch die Werkstatt ein qualifizierter Nachweis ausgestellt werden gemäß der Empfehlungen des Bundesinstituts zur Beruflichen Bildung, der die Ergebnisse im Berufsbildungsbereich dokumentiert.

(Anlage 2: Mustervorlage des BiBB)

Die Werkstatt soll – in Abstimmung mit den Teilnehmern – auch Empfehlungen gem. Ziff. 4.6.5 aussprechen.

5. Personal- und Raumbedarf

5.1 Die Zahl und Qualifikation der Fachkräfte zur Arbeits- und Berufsförderung im Berufsbildungsbereich richtet sich unter Beachtung der Vorgaben der Werkstättenverordnung nach der Zahl und Zusammensetzung der Teilnehmer. Über ihren Einsatz setzt die Werkstatt wesentlich ihren Auftrag zur Verbesserung der Teilhabe am Arbeitsleben um.

5.2 Die Fachkräfte sollen Facharbeiter, Gesellen oder Meister mit mindestens zweijähriger Berufserfahrung, mit fachlichen und pädagogischen Kompetenzen sein.

5.3 Die Fachkräfte müssen ihre arbeits- und sonderpädagogische Qualifikation nachweisen. Diese Qualifizierung ist auch im Verlauf der beruflichen Tätigkeit in der Werkstatt durch Teilnahme an Fortbildungsmaßnahmen zu erreichen. Grundlage sind:
- die Sonderpädagogische Zusatzqualifizierung gemäß dem Rahmenprogramm von 1982 oder mit staatlich anerkanntem Abschluss zur „geprüften Fachkraft zur Arbeits- und Berufsförderung"
- die Lehrgangsempfehlungen des Bundesinstituts zur Berufsbildung.

5.4 Zu den Qualifizierungsmaßnahmen haben die Bundesanstalt für Arbeit und die BAG:WfB gemeinsame Empfehlungen abgestimmt.

5.5 Die Fachkräfte zur Arbeits- und Berufsförderung im Berufsbildungsbereich müssen die erforderlichen Kenntnisse über Behinderungsarten und ihre Auswirkungen im Arbeits- und Bildungsprozess besitzen. Dabei stehen folgende Befähigungen im Vordergrund:
- Planung des Rehabilitationsverlaufes sowie Förderung in der Werkstatt,
- Berufs- und Persönlichkeitsförderung,
- Gestaltung der Arbeit unter rehabilitativen Aspekten,
- Kommunikation und Zusammenarbeit mit den behinderten Menschen und Institutionen des Umfelds,
- rechtliche Rahmenbedingungen der Werkstatt.

Die Fachkräfte müssen in diesen Handlungsbereichen über das notwendige methodische und gruppendynamische Instrumentarium verfügen.

5.6 Der Berufsbildungsbereich sollte als Abteilung der Werkstatt mit eigenen Räumen und eigener Ausstattung in räumlicher Nähe zum Arbeitsbereich eingerichtet werden.

5.7 Die einzelnen Plätze im Berufsbildungsbereich sind nach den besonderen Belangen der beruflichen Bildung der Teilnehmer auszustatten.

Anlage 1 zu dem Rahmenprogramm
Eckpunkte zum Eingliederungsplan nach § 40 Abs. 1 Ziff. 1 SGB IX, § 3 Abs. 1 WVO
Grundlagen zum Eingliederungsplan
I. Die Ziele des Eingliederungsplans

1. Der Eingliederungsplan ist das Instrument, das die Interessen und die berufliche wie persönliche Entwicklung des Teilnehmers dokumentiert.
2. Mit ihm werden die Ziele der Werkstattleistungen, die dazu erforderlichen Mittel und Methoden und ihre Wirksamkeit beschrieben.
3. Im Eingliederungsplan dokumentiert die Werkstatt den Veränderungsprozess der Interessen, persönlichen Bedürfnisse, beruflichen Fähigkeiten und Fertigkeiten des Teilnehmers.
4. Er dient damit der ständigen Anpassung der Werkstattleistungen an die individuellen Anforderungen der Teilnehmer.

II. Zum Aufbau des Eingliederungsplanes

Der Eingliederungsplan ist ein standardisiertes Formblatt mit mindestens folgenden Angaben:
1. Angaben zur Person,
2. Art und Auswirkungen der Behinderung,
3. Ergebnisse vorausgegangener Förderempfehlungen,
4. Ergebnisse der werkstatteigenen Testverfahren:
    a) der Kompetenzanalyse
    b) und der anschließenden Förderdiagnose,
5. Zielbeschreibung der Eingliederungsmaßnahmen im Eingangsverfahren, Berufsbildungsbereich, Arbeitsbereich und für die Eingliederung ins Erwerbsleben,
6. Beschreibung der Mittel, Methoden und Dauer der Eingliederungsmaßnahmen,
7. Beratungs- und Abstimmungsergebnisse über die Eingliederungsmaßnahmen mit dem behinderten Menschen,
8. Angaben über die Zuständigkeiten und Verantwortlichkeiten der beteiligten Fachkräfte.

Der individuelle Eingliederungsplan soll in den aufeinander folgenden Stufen der Werkstatt in seiner Differenzierung weiterentwickelt werden; je nach Bereich der Werkstatt, in dem sich der Teilnehmer bzw. der Beschäftigte befindet, sollte es einen individuell fortgeschriebenen Plan auf standardisierter Basis geben (z. B. Eingangsverfahren, Berufsbildungsbereich, Arbeitsbereich).

Anlage 2 zu dem Rahmenprogramm

BIBB

Bundesinstitut für Berufsbildung

NACHWEIS

ÜBER BERUFSBEZOGENE QUALIFIKATIONEN

Hinweis

Dieser Nachweis betrifft Personen, die einzelne Teile einer Berufsausbildung nach BBiG oder HWO absolviert, diese Ausbildung aber nicht abgeschlossen haben, an berufsbildenden Maßnahmen oder an sonstigen auf einen Berufsabschluss vorbereitenden Qualifizierungsmaßnahmen teilgenommen haben.

Dieses Formular wurde von den Gremien des Bundesinstituts für Berufsbildung beschlossen (Empfehlung des Hauptausschusses des BIBB vom 23. 11. 2000)

Herr / Frau

Vor- und Zuname _____

geboren am _____

in _____

hat bei

Name der Institution /
des Betriebes _____

Anschrift _____

Art der Institution /
des Betriebes _____

Ausbilder / Lehrer _____

(Name, ggf. Titel, der für die Qualifizierung verantwortlichen Person)

im Rahmen   ☐ einer Berufsvorbereitung

☐ absolvierter Abschnitte einer vorzeitig beendeten Berufsausbildung

☐ einer berufsbegleitenden Qualifizierung

☐ sonstiger auf einen Berufsabschluss vorbereitenden Qualifizierungsmaßnahmen

_____

(Bitte Art dieser Maßnahme eintragen)

in der Zeit   von _____ bis _____

in Form   ☐ einer schulischen Ausbildung

☐ einer betrieblichen Ausbildung

☐ eines betrieblichen Praktikums

☐ _____

die auf der folgenden Seite aufgeführten Qualifikationen erworben.

Die erworbenen Qualifikationen und Berufserfahrungen sind dem
Ausbildungsberuf _____
Berufsfeld zuzuordnen _____

_____ _____
Ort/Datum   Unterschrift und Stempel der Institution / des Betriebes

_____ _____
Ort/Datum   Unterschrift des Teilnehmers / der Teilnehmerin

(Nachweisblatt von _____ für _____)

Folgende Qualifikationen wurden dabei erworben[1])

Qualifizierungsbereich		Inhalte
_____	—	_____
Zeitumfang:	—	_____
_____	—	_____
	—	_____
Qualifizierungsbereich		**Inhalte**
_____	—	_____
Zeitumfang:	—	_____
_____	—	_____
	—	_____
Qualifizierungsbereich		**Inhalte**
_____	—	_____
Zeitumfang:	—	_____
_____	—	_____
	—	_____
Qualifizierungsbereich		**Inhalte**
_____	—	_____
Zeitumfang:	—	_____
_____	—	_____
	—	_____

---

[1]) Zertifikate über Prüfungen zu einzelnen Qualifikationsbereichen, Dokumente über Zusatzqualifikationen oder Berufsschulzeugnisse sind, soweit vorhanden, als Anlage beigefügt

Erläuterungen zum Nachweis über berufsbezogene Qualifikationen

Mit diesem Nachweis über berufliche Qualifikationen in Bezug auf einen anerkannten Ausbildungsberuf dokumentiert sein Inhaber / seine Inhaberin, welche beruflichen Qualifikationen er /sie erworben hat, ohne eine Berufsausbildung abgeschlossen zu haben.

Der Nachweis soll Institutionen und Betriebe bei der Entscheidung unterstützen, ob sie den Inhaber / die Inhaberin in ein Ausbildungsverhältnis aufnehmen und ob die Ausbildungszeit ggf. verkürzt werden kann. Der Nachweis sollte von den zuständigen Stellen bei der Prüfung der Voraussetzungen für die Zulassung zur Externenprüfung berücksichtigt werden. Insgesamt erleichtert der Nachweis damit auch das berufliche Weiterkommen des Inhabers / der Inhaberin.

Der Nachweis wird von der qualifizierenden Institution bzw. dem ausbildenden Betrieb ausgestellt. Waren mehrere Lernorte an der Qualifizierung beteiligt, sollte jede Stelle einen eigenen Nachweis über die Qualifikationen ausstellen, die von ihr vermittelt wurden.

Auf der dritten Formularseite sind die persönlichen Daten des Teilnehmers / der Teilnehmerin und Angaben zur qualifizierenden Institution / zum qualifizierenden Betrieb einzutragen. Ferner ist anzugeben, in welcher Form und über welchen Gesamtzeitraum die Qualifizierung erfolgt ist.

Die erworbenen berufsbezogenen Qualifikationen sind so zu beschreiben, dass ihre Arbeitsmarktrelevanz im o. g. Sinne zum Tragen kommt. Das bedeutet, dass sich der Nachweis auf Mindestanforderungen an Kenntnissen und Fertigkeiten beziehen soll, die für die dokumentierten berufsbezogenen Qualifikationen von ausschlaggebender Bedeutung sind. Die Qualifikationen sind daher in Orientierung an Berufsbildpositionen zu beschreiben und einem Ausbildungsberuf oder einem Berufsfeld zuzuordnen.

Je nach Umfang der erworbenen berufsbezogenen Qualifikationen ist eine entsprechende Anzahl von Nachweisblättern zu verwenden. Diese sind fortlaufend am oberen Seitenrand zu nummerieren und mit dem Namen des Teilnehmers / der Teilnehmerin zu versehen.

Jede erworbene Qualifikation ist folgendermaßen zu dokumentieren:
- Die erworbene Qualifikation ist in Orientierung an Berufsbildpositionen von Ausbildungsordnungen nach BBiG/HWO zu bezeichnen bzw. zu benennen.
- Es sind die Inhalte (Kenntnisse, Fertigkeiten, Tätigkeiten etc.) aufzuführen, die die Qualifikation umfasst.
- Es ist der Zeitumfang anzugeben, in dem die Qualifikation erworben wurde (Tage, Wochen).

Die Dokumentation soll in knapper, präziser Form erfolgen, die einen raschen Überblick über das vorhandene Spektrum beruflicher Qualifikationen erlaubt.

Eine Bewertung der erworbenen berufsbezogenen Qualifikationen wird in diesem Nachweis nicht vorgenommen. Ebenso sind Zertifikate oder andere Dokumente über Prüfungen und Zusatzqualifikationen nicht Bestandteil dieses Nachweises. Sofern sie aber für den Ausbildungsberuf, einen anderen Beruf oder das Berufsfeld relevant sind, können sie von dem Teilnehmer / der Teilnehmerin beigefügt werden.

Durch die Unterschrift auf der dritten Formularseite bestätigen die qualifizierende Institution / der qualifizierende Betrieb sowie der Teilnehmer / die Teilnehmerin, dass die im Nachweis dokumentierten berufsbezogenen Qualifikationen tatsächlich erworben wurden. Die Geltungsdauer des Nachweises unterliegt keiner zeitlichen Begrenzung.

§ 41
Leistungen im Arbeitsbereich

(1) Leistungen im Arbeitsbereich einer anerkannten Werkstatt für behinderte Menschen erhalten behinderte Menschen, bei denen
1. eine Beschäftigung auf dem allgemeinen Arbeitsmarkt oder
2. Berufsvorbereitung, berufliche Anpassung und Weiterbildung oder berufliche Ausbildung (§ 33 Abs. 3 Nr. 2 bis 4)

wegen Art oder Schwere der Behinderung nicht, noch nicht oder noch nicht wieder in Betracht kommen und die in der Lage sind, wenigstens ein Mindestmaß an wirtschaftlich verwertbarer Arbeitsleistung zu erbringen.

(2) Die Leistungen sind gerichtet auf
1. Aufnahme, Ausübung und Sicherung einer der Eignung und Neigung des behinderten Menschen entsprechenden Beschäftigung,
2. Teilnahme an arbeitsbegleitenden Maßnahmen zur Erhaltung und Verbesserung der im Berufsbildungsbereich erworbenen Leistungsfähigkeit und zur Weiterentwicklung der Persönlichkeit sowie
3. Förderung des Übergangs geeigneter behinderter Menschen auf den allgemeinen Arbeitsmarkt durch geeignete Maßnahmen.

(3) ¹Die Werkstätten erhalten für die Leistungen nach Absatz 2 vom zuständigen Rehabilitationsträger angemessene Vergütungen, die den Grundsätzen der Wirtschaftlichkeit, Sparsamkeit und Leistungsfähigkeit entsprechen. ²Ist der Träger der Sozialhilfe zuständig, sind die Vorschriften nach dem Zehnten Kapitel des Zwölften Buches anzuwenden. ³Die Vergütungen, in den Fällen des Satzes 2 die Pauschalen und Beträge nach § 76 Abs. 2 des Zwölften Buches, berücksichtigen
1. alle für die Erfüllung der Aufgaben und der fachlichen Anforderungen der Werkstatt notwendigen Kosten sowie
2. die mit der wirtschaftlichen Betätigung der Werkstatt in Zusammenhang stehenden Kosten, soweit diese unter Berücksichtigung der besonderen Verhältnisse in der Werkstatt und der dort beschäftigten behinderten Menschen nach Art und Umfang über die in einem Wirtschaftsunternehmen üblicherweise entstehenden Kosten hinausgehen.

⁴Können die Kosten der Werkstatt nach Satz 3 Nr. 2 im Einzelfall nicht ermittelt werden, kann eine Vergütungspauschale für diese werkstattspezifischen Kosten der wirtschaftlichen Betätigung der Werkstatt vereinbart werden.

(4) ¹Bei der Ermittlung des Arbeitsergebnisses der Werkstatt nach § 12 Abs. 4 der Werkstättenverordnung werden die Auswirkungen der Vergütungen auf die Höhe des Arbeitsergebnisses dargestellt. ²Dabei wird getrennt ausgewiesen, ob sich durch die Vergütung Verluste oder Gewinne ergeben. ³Das Arbeitsergebnis der Werkstatt darf nicht zur Minderung der Vergütungen nach Absatz 3 verwendet werden.

ERLÄUTERUNGEN

ÜBERSICHT

I. Bedeutung der Vorschrift (Rdnrn. 1–4)
II. Fassung (Rdnrn. 5–8)
III. Begründung (Rdnrn. 9–10)

IV. Anmerkungen (Rdnrn. 11–51)
   A) zu Abs. 1
      1. Leistungsberechtigter Personenkreis (Rdnrn. 11–15)
      2. Obligatorisches Eingangsverfahren (Rdnrn. 16–17)
      3. Leistungsdauer (Rdnr. 18)
   B) zu Abs. 2
      1. Leistungsziele im Arbeitsbereich (Rdnrn. 19–20)
      2. Beschäftigungsangebot (Rdnrn. 21–22)
      3. Arbeitsbegleitende Maßnahmen (Rdnrn. 23–27)
      4. Förderung des Übergangs auf den allgemeinen Arbeitsmarkt (Rdnrn. 28–30)
   C) zu Abs. 3
      1. Angemessene Vergütungen (Rdnr. 31)
      2. Pauschalen und Beträge nach § 93a BSHG (Rdnrn. 32–36)
      3. Werkstattbezogene notwendige Kosten (Rdnrn. 37–38)
      4. Werkstattspezifische Kosten der wirtschaftlichen Betätigung (Rdnrn. 39–41)
      5. Vergütungspauschale (Rdnrn. 42–43)
   D) zu Abs. 4
      1. Auswirkungen der Vergütungen auf die Höhe des Arbeitsergebnisses (Rdnrn. 44–49)
      2. Verbot der Nettoerlösrückführung (Rdnrn. 50–51)
V. Literatur
   Anhang: Bundesempfehlung nach § 93d Abs. 3 BSHG für Landesrahmenverträge nach § 93d Abs. 2 BSHG vom 15. Februar 1999

I. Bedeutung der Vorschrift

1 Die Vorschrift legt den Adressatenkreis, das Ziel und den Umfang von Leistungen im Arbeitsbereich von Werkstätten für behinderte Menschen fest.

In **Abs. 1** wird bestimmt, dass Leistungen an diejenigen gewährt werden, bei denen eine Beschäftigung auf dem allgemeinen Arbeitsmarkt oder eine Berufsvorbereitung, berufliche Anpassung und Weiterbildung oder berufliche Ausbildung wegen Art oder Schwere der Behinderung derzeit nicht in Betracht kommen. Die behinderten Menschen müssen aber wenigstens ein Mindestmaß an wirtschaftlich verwertbarer Arbeitsleistung erbringen können.

2 In **Abs. 2** werden drei Ziele der entsprechenden Leistungen definiert. Sie sollen zunächst überhaupt eine der Eignung und Neigung des behinderten Menschen entsprechende Beschäftigung ermöglichen (**Nr. 1**). Ferner sollen arbeitsbegleitende Maßnahmen zur Erhaltung und Verbesserung der im Berufsbildungsbereich erworbenen Leistungsfähigkeit und zur Weiterentwicklung der Persönlichkeit beitragen (**Nr. 2**). Schließlich soll der Übergang geeigneter behinderter Menschen auf den allgemeinen Arbeitsmarkt durch geeignete Maßnahmen gefördert werden (**Nr. 3**).

3 In **Abs. 3** wird der Umfang der Vergütungen im Arbeitsbereich einer anerkannten Werkstatt für behinderte Menschen beschrieben. Hierzu gehören alle Personal- und Sachkosten, die für die Erfüllung der Aufgaben und der fachlichen Anforderungen der Werkstatt notwendig sind. Diese Werkstätten erhalten vom zuständigen Rehabilitationsträger für die Leistungen nach Abs. 2 angemessene Vergütungen, die aber den Grundsätzen der Wirtschaftlichkeit, Sparsamkeit und Leistungsfähigkeit entsprechen müssen (**Satz 1**). In **Satz 2** werden nähere Maßgaben für die Höhe der Vergütungen gesetzt, insbesondere zur Berücksichtigung der den Werkstätten entstehenden aufgabenspezifischen Kosten. Sind diese im Einzelfall nicht zu ermitteln, kann eine Vergütungspauschale vereinbart werden (**Satz 3**).

4 In **Abs. 4** werden Vorgaben für die Ermittlung des Arbeitsergebnisses der Werkstatt nach § 12 Abs. 4 WVO gesetzt. Schließlich wird klargestellt, dass das Arbeitsergebnis der Werkstatt nicht zur Minderung der vom Rehabilitationsträger zu zahlenden Vergütung verwendet werden darf.

II. Fassung

Die Vorschrift wurde in Absätzen 1 und 2 unverändert aus dem Regierungsentwurf (BT-Drucks. 14/5531 i. V. m. 14/5071) übernommen.

Sie hatte zunächst einen Absatz mit folgendem Inhalt vorgesehen:

(3) „Die Leistungen umfassen alle für die Erfüllung der Aufgaben und der fachlichen Anforderungen der Werkstatt notwendigen Personal- und Sachkosten. Dazu gehören auch die mit der wirtschaftlichen Betätigung der Werkstatt in Zusammenhang stehenden Kosten, soweit diese unter Berücksichtigung der besonderen Verhältnisse in der Werkstatt und der dort beschäftigten behinderten Menschen nach Art oder Umfang über die in einem Wirtschaftsunternehmen üblicherweise entstehenden Kosten hinausgehen. Ist der Träger der Sozialhilfe zuständig, berücksichtigt er die in Satz 1 und 2 genannten Kosten für die Vergütungen im Rahmen der Vereinbarungen nach Abschnitt 7 des Bundessozialhilfegesetzes. Das Arbeitsergebnis der Werkstatt darf zur Minderung der vom Rehabilitationsträger zu übernehmenden Vergütung nicht in Anspruch genommen werden."

Diesen hat der BT-Ausschuss für Arbeit und Sozialordnung durch die nunmehrigen Abs. 3 und 4 ersetzt und dies wie folgt begründet (BT-Drucks. 14/5800 S. 33):

Zu Abs. 3:

„Die Neufassung dient der Klarstellung, da aus betriebswirtschaftlicher Sicht (Dienst-)Leistungen keine Kosten umfassen, sondern diese verursachen. Richtigerweise erhält die Werkstatt für ihre Leistungen von dem Rehabilitationsträger Vergütungen. Wenn der Träger der Sozialhilfe zuständiger Leistungsträger ist, sind die in **Satz 3** genannten Kosten die Grundlage zur Kalkulation der Maßnahmepauschale nach § 93a Abs. 2 Satz 3 Bundessozialhilfegesetz. Die neue Formulierung der bei der Vergütung zu berücksichtigenden Kosten stellt sicher, dass Kosten entweder der Nr. 1 oder der Nr. 2 zuzuordnen sind. Fallen daher Kosten (z. B. Werkstattleiter / -in) unter die Nr. 1, können sie keine Kosten nach Ziffer 2 sein.

Die durch **Satz 4** geschaffene Möglichkeit der Vereinbarung der Zahlung einer Vergütungspauschale für die werkstattspezifischen Kosten der wirtschaftlichen Betätigung der Werkstatt berücksichtigt die bisherigen Schwierigkeiten der Praxis bei der Zuordnung der Kosten nach Satz 3. In dieser Pauschale können auch Investitionskosten enthalten sein, wenn sie Kosten im Sinne von Satz 3 sind. Diese Ausnahmeregelung – für die Träger der Sozialhilfe von der Vorschrift des § 93a Abs. 2 Satz 1 Bundessozialhilfegesetz, die die Vereinbarung eines Investitionsbetrages vorschreibt – ist wegen der wirtschaftlichen Betätigung der Werkstatt gerechtfertigt. Diese vereinbarte Pauschale wird vom Träger der Sozialhilfe neben der Maßnahmenpauschale nach § 93a Abs. 2 Satz 3 Bundessozialhilfegesetz gezahlt. Die unternehmensüblichen Kosten der wirtschaftlichen Betätigung der Werkstatt sind wie bisher von der Werkstatt zu tragen."

Zu Abs. 4:

„Durch die Einfügung der Sätze 1 und 2 wird klargestellt, dass die Werkstattträger bei der Ermittlung des Arbeitsergebnisses verpflichtet sind, die Auswirkung der Vergütungen auf das Arbeitsergebnis – getrennt nach Gewinnen und Verlusten – auszuweisen. Satz 3 enthält das zuvor in § 41 Abs. 3 Satz 3 geregelte Verbot der Nettoerlösrückführung an den Sozialhilfeträger für jeden Rehabilitationsträger."

III. Begründung

9 In dem Regierungsentwurf (BT-Drucks. 14/5074 S. 109) wird zu der Vorschrift ausgeführt:

„Die Vorschrift regelt die Leistungen zur beruflichen Teilhabe am Arbeitsleben im Arbeitsbereich von Werkstätten für behinderte Menschen. Begriff und Aufgaben der Werkstatt richten sich nach den §§ 136, 138 und 139; die Aufnahmevoraussetzungen nach § 137. Das Nähere hierzu sowie zu den fachlichen Anforderungen richtet sich nach den nach § 144 erlassenen Vorschriften. Inhaltlich entspricht dies im Wesentlichen dem bisherigen § 41 des Bundessozialhilfegesetzes.

10 Wie im geltenden Recht wird dadurch die Kostenübernahmepflicht dem Grunde nach geregelt. Für die Höhe der im Einzelnen zu übernehmenden Kosten bleibt es nach Abs. 3 Satz 3 für die überörtlichen Träger der Sozialhilfe dabei, dass die von ihnen zu übernehmenden Kosten nach Abs. 3 Sätze 1 und 2 im Rahmen der Vereinbarung nach §§ 93 ff. des Bundessozialhilfegesetzes über die Vergütung zu berücksichtigen sind."

IV. Anmerkungen

A) zu Abs. 1

1. Leistungsberechtigter Personenkreis

11 Die Vorschrift regelt in Abs. 1 die **Voraussetzungen der Leistungen im Arbeitsbereich** einer Werkstatt für behinderte Menschen. Sie bestimmt damit den Personenkreis, der einen **Rechtsanspruch** auf diese Leistungen gegen den nach § 42 Abs. 2 SGB IX zuständigen Träger hat.

12 Der Kreis der Anspruchsberechtigten wird zunächst **in negativer Hinsicht abgegrenzt**: Vor einer Übernahme in den Arbeitsbereich einer WfbM muss geklärt sein, dass der behinderte Mensch eine Beschäftigung auf dem allgemeinen Arbeitsmarkt nicht ausüben kann (**Abs. 1 Ziff. 1**). Dies muss auf die Art oder Schwere der Behinderung zurückzuführen sein. Es reicht deshalb für eine Aufnahme in die Werkstatt nicht aus, wenn ein behinderter Mensch zwar auf dem allgemeinen Arbeitsmarkt beschäftigt werden kann, er aber dort wegen der Lage des Arbeitsmarktes keine Beschäftigung findet. Allerdings dürfte in Grenzfällen die Feststellung schwierig zu treffen sein, ob die wesentliche Ursache für die fehlende Beschäftigungsmöglichkeit auf die Behinderung oder die Lage des Arbeitsmarktes zurückzuführen ist (Mrozynski Rdnr. 3).

13 Eine Beschäftigung in einer WfbM können ebenfalls Menschen beanspruchen, bei denen Maßnahmen der beruflichen Rehabilitation im Sinne von § 33 Abs. 3 Nr. 2 bis 4 SGB IX wegen Art oder Schwere der Behinderung zumindest derzeit nicht in Betracht kommen (**Abs. 1 Nr. 2**). Für diese Menschen darf also weder die Möglichkeit einer Berufsvorbereitung noch einer beruflichen Anpassung und Weiterbildung oder beruflichen Ausbildung bestehen.

14 Damit kommen **für eine Beschäftigung im Arbeitsbereich grundsätzlich nicht in Betracht** (vgl. Nr. 10.4.1 der Werkstattempfehlungen – WE/BAGüS, im Anhang zum Kommentar zu § 39 SGB IX):

– Lernbehinderte, da diesen anderweitige berufsfördernde Instrumente zur Teilhabe am Arbeitsleben nach § 33 SGB IX zur Verfügung stehen, ggf. unter Einschaltung von Integrationsfachdiensten gem. §§ 109 ff. SGB IX und durch Beschäftigung und Qualifizierung in Integrationsprojekten nach §§ 132 ff. SGB IX,

– arbeitslose schwerbehinderte Menschen, da diese dem allgemeinen Arbeitsmarkt zur Verfügung stehen und für diesen Personenkreis besondere Förder- und Integrationsmöglichkeiten nach § 104 SGB IX i. V. mit §§ 97 ff. SGB III bestehen,

– Personen, bei denen ausschließlich wegen besonderer sozialer Schwierigkeiten Hilfe nach § 72 BSHG geboten ist,

– Bezieher von Rente wegen teilweiser Erwerbsminderung nach § 43 SGB VI, da sie nur für bestimmte Bereiche des allgemeinen Arbeitsmarktes nicht verfügbar sind und anderweitige Maßnahmen (z. B. Umschulung) vom zuständigen Rehabilitationsträger zu erbringen sind,

– behinderte Menschen, die zum Zeitpunkt des beantragten Beschäftigungsbeginns das 65. Lebensjahr vollendet haben bzw. Bezieher von Altersrente. Denn grundsätzlich endet die Beschäftigung im Arbeitsbereich – wie auf dem allgemeinen Arbeitsmarkt – spätestens mit dem Erreichen der rentenversicherungsrechtlichen Altersgrenze von 65 Jahren (vgl. WE/BAGüS Nr. 4.3.4 m. Nachw. aus der Rspr.).

Als **positives Abgrenzungsmerkmal für die Leistungsberechtigung** muss festgestellt werden, dass der behinderte Mensch in der Lage ist, ein **Mindestmaß an wirtschaftlich verwertbarer Arbeitsleistung** zu erbringen. Dieses Tatbestandsmerkmal enthalten auch § 136 Abs. 2 Satz 1 SGB IX zur Beschreibung der Institution einer WfbM und § 40 Abs. 1 Nr. 2 SGB IX als Voraussetzung für Leistungen im Berufsbildungsbereich. Im Gegensatz zu der letztgenannten Vorschrift genügt allerdings für die Aufnahme in den Arbeitsbereich der Werkstatt nicht mehr die *Erwartung*, dass der behinderte Mensch dieses *Ziel erreichen werde*. Bei der Aufnahme in den Arbeitsbereich der WfbM *muss* er es erreicht haben (Mrozynski Rdnr. 5). 15

2. Obligatorisches Eingangsverfahren

Zwar ist in § 41 nicht ausdrücklich gesetzlich festgelegt, dass ein behinderter Mensch vor Aufnahme in den Arbeitsbereich einer Werkstatt das Eingangsverfahren durchlaufen und an Maßnahmen im Berufsbildungsbereich zur Entwicklung, Verbesserung oder Wiederherstellung der Leistungsfähigkeit teilgenommen haben muss. Jedoch folgt aus der Aufgabenstellung des Eingangsverfahrens, insbesondere der Erstellung eines Eingliederungsplanes, dass es **in jedem Fall durchzuführen** ist (Ernst u. a. / Finke / Kadoke Rdnr. 20; Cramer, WbfM-Komm § 3 WVO Rdnr. 15; a. A. Mrozynski Rdnr. 3). Im Grundsatz dürfte auch eine anschließende Förderung des behinderten Menschen im Berufsbildungsbereich der Werkstatt zur Entwicklung der ihm möglichen Leistungsfähigkeit zumeist erforderlich sein. Deshalb **scheidet eine unmittelbare Aufnahme in den Werkstattbereich aus**. 16

Rechtzeitig vor Überleitung des behinderten Menschen in den Arbeitsbereich hat der **Fachausschuss** der Werkstatt in dem Verfahren nach § 3 Abs. 3, § 4 Abs. 6 WVO zur Notwendigkeit einer Beschäftigung im Arbeitsbereich **Stellung zu nehmen**. Diese Stellungnahme hat der für den Arbeitsbereich nach § 42 Abs. 2 SGB IX zuständige Rehabilitationsträger bei seiner Entscheidung zu würdigen, ohne allerdings hieran gebunden zu sein. 17

3. Leistungsdauer

Behinderte Menschen haben entsprechend § 137 Abs. 2 SGB IX Anspruch auf die von dem zuständigen Rehabilitationsträger im Arbeitsbereich zu erbringenden Leistungen, **so lange die Voraussetzungen hierfür vorliegen**. Die Leistungsvoraussetzungen können nachträglich entfallen, wenn durch die Förderung in der anerkannten Werkstatt für behinderte Menschen der jeweilige Berechtigte zu einem späteren Zeitpunkt die Fähigkeit zur Beschäftigung auf dem allgemeinen Arbeitsmarkt erlangt (LPK-SGB IX / Haines / Jacobs Rdnr. 7). Der Anspruch auf Leistungsgewährung endet jedenfalls mit der **rentenversicherungsrechtlichen Altersgrenze**. 18

B) zu Abs. 2

1. Leistungsziele im Arbeitsbereich

Die Leistungen im Arbeitsbereich sind nach Abs. 2 auf **drei Ziele** gerichtet, nämlich 19

1. die Aufnahme, Ausübung und Sicherheit einer der Eignung und Neigung des behinderten Menschen entsprechenden Beschäftigung,

2. die Teilnahme an arbeitsbegleitenden Maßnahmen zur Erhaltung und Verbesserung der im Berufsbildungsbereich erworbenen Leistungsfähigkeit und zur Weiterentwicklung der Persönlichkeit sowie
3. die Förderung des Übergangs geeigneter behinderter Menschen auf den allgemeinen Arbeitsmarkt durch geeignete Maßnahmen.

20 Während die **Ziffer 1 und 2** die **traditionellen Aufgaben der WfbM** im Arbeitsbereich beschreiben – wenn auch mit deutlicher Ausrichtung des Gesetzestextes auf die integrative Funktion der Werkstatt –, ist das Leistungsziel des **Übergangs auf den allgemeinen Arbeitsmarkt neu** in den gesetzlichen Leistungskatalog aufgenommen und damit seine Bedeutung hervorgehoben worden.

2. Beschäftigungsangebot

21 Das Leistungsziel, eine der Eignung und Neigung des behinderten Menschen entsprechende Beschäftigung im Arbeitsbereich der Werkstatt zu sichern, setzt ein **möglichst breites Angebot an Arbeitsplätzen** voraus. Dies wird auch für die institutionellen Rahmenbedingungen der WfbM in § 136 Abs. 1 Satz 3 SGB IX und § 5 Abs. 1 WVO vorgeschrieben. Die Bedürfnisse der behinderten Menschen unterscheiden sich nach Art und Schwere der Behinderung, der unterschiedlichen Leistungsfähigkeit, Entwicklungsmöglichkeit sowie Eignung und Neigung. Folglich muss eine Auswahl unter verschiedenartigen Arbeitsplätzen und eine Verteilung auf unterschiedliche Arbeitsplätze möglich sein. Die Arbeitsplatzangebote in anerkannten Werkstätten für behinderte Menschen entfallen vor allem auf die Bereiche **industrielle Produktion und Verarbeitung, Landwirtschaft, Dienstleistungen** und **Kunstgewerbe** (Ernst u. a. / *Finke* / *Kadoke* Rdnr. 23).

22 Der Arbeitsbereich einer anerkannten WfbM soll in der **Ausstattung der Arbeitsplätze** nach Möglichkeit den Gegebenheiten auf dem allgemeinen Arbeitsmarkt entsprechen. Bei der Gestaltung der Plätze oder Arbeitsabläufe sind aber die besonderen Bedürfnisse der behinderten Menschen soweit wie möglich zu berücksichtigen. Denn sie sollen in die Lage versetzt werden, wirtschaftlich vertretbare Arbeitsleistungen zu erbringen (vgl. § 5 Abs. 1 und 2 WVO). Dies soll insbesondere die dauerhafte Beschäftigung von behinderten Menschen mit stark eingeschränktem Leistungsvermögen sichern, indem z. B. Arbeitsabläufe zur Vereinfachung der Arbeitsmöglichkeiten in Einzelschritte zerlegt werden (Ernst u. a. / *Finke* / *Kadoke* Rdnr. 25 m. w. N.). Im Idealfall sollen die im Arbeitsbereich beschäftigten Menschen auf eine Vermittlung auf dem allgemeinen Arbeitsmarkt vorbereitet werden (vgl. § 5 Abs. 2 Satz 3 WVO).

3. Arbeitsbegleitende Maßnahmen

23 Die WfbM ist zwar eine Einrichtung zur Teilhabe behinderter Menschen am Arbeitsleben und zu ihrer beruflichen Eingliederung. Sie ist aber nicht ausschließlich auf das Arbeitsleben und das Leistungsprinzip ausgerichtet. Entsprechend den besonderen Bedürfnissen der behinderten Menschen hat sie vielmehr auch **sozialpädagogische und sozialbetreuerische Aufgaben**. Dies wird in § 39 SGB IX mit der Zielsetzung verdeutlicht, dass die Leistungen in anerkannten Werkstätten auch erbracht werden, um die Persönlichkeit der behinderten Menschen weiter zu entwickeln. Die entsprechende fachliche Anforderung an die Werkstatt wird in § 136 Abs. 1 Nr. 2 SGB IX formuliert. Den Auftrag zur Erfüllung sozialer Aufgaben im Arbeitsbereich konkretisiert § 5 Abs. 3 WVO, in dem „arbeitsbegleitend geeignete Maßnahmen" gefordert werden.

24 Zu **Inhalt und Umfang möglicher Maßnahmen** wird auf Nr. 6.2 der WE/BAGüS verwiesen.

25 In diesem Zusammenhang ist von Bedeutung, dass die Werkstatt „zur pädagogischen, sozialen und medizinischen Betreuung der behinderten Menschen über **begleitende Dienste** verfügen" muss, die den Bedürfnissen der behinderten Menschen gerecht werden. Eine erforderliche psychologische Betreuung ist sicherzustellen (§ 10 Abs. 1 WVO). Für je 120

behinderte Menschen sollen in der Regel ein Sozialpädagoge oder ein Sozialarbeiter zur Verfügung stehen, darüber hinaus im Einvernehmen mit dem zuständigen Rehabilitationsträger pflegerische, therapeutische und nach Art und Schwere der Behinderung sonst erforderliche Fachkräfte (§ 10 Abs. 2 WVO).

Bei der Planung und Durchführung dieser Maßnahmen ist gem. § 5 Abs. 5 WVO auch der **Fachausschuss zu beteiligen**. Das kann sich sowohl auf die allgemeine Entwicklung von Konzepten als auch die Durchführung geeigneter Maßnahmen im Einzelfall, wie etwa individuelle Förderprogramme, erstrecken. Die überörtlichen Träger der Sozialhilfe als Mitglied des Fachausschusses (vgl. § 2 Satz 1 Nr. 3 WVO) und als bedeutendste Leistungsträger für den Arbeitsbereich erhalten hierdurch eine besondere Verantwortung für die Ausgestaltung und Umsetzung, aber auch für die Steuerung der arbeitsbegleitenden Maßnahmen (Ernst u. a. / *Finke* / *Kadoke* Rdnr. 29).

26

In Fragen der Weiterentwicklung der Persönlichkeit hat auch der **Werkstattrat** gem. § 5 Abs. 1 Nr. 7 WMVO mitzuwirken. Dieses auf § 139 SGB IX beruhende Mitwirkungsrecht besteht aber unabhängig von der leistungsrechtlichen Verpflichtung der Rehabilitationsträger.

27

4. Förderung des Übergangs auf den allgemeinen Arbeitsmarkt

Die Förderung des Übergangs aus der WfbM auf den allgemeinen Arbeitsmarkt wird zwar in Abs. 2 Nr. 3 – ebenso wie in § 4 Abs. 4 WVO – in Zusammenhang mit dem Arbeitsbereich geregelt. Die Werkstatt hat aber auch im Übrigen, d. h. insbesondere im Berufsbildungsbereich, den Übergang geeigneter behinderter Menschen auf den allgemeinen Arbeitsmarkt durch geeignete Maßnahmen zu fördern (§ 136 Abs. 1 Satz 3 SGB IX). Folglich wird auch in Nr. 4.2.1 des „Rahmenprogramms" (vgl. Anhang zum Kommentar zu § 40 SGB IX) als **Ziel aller Bildungsmaßnahmen** die Vorbereitung des behinderten Menschen auf geeignete Tätigkeiten auch auf dem allgemeinen Arbeitsmarkt definiert.

28

Als **geeignete Maßnahmen** zur Verwirklichung dieser gesetzlich vorgegebenen Zielsetzung nennt § 5 Abs. 4 WVO

29

– die Einrichtung einer Übergangsgruppe mit besonderen Förderangeboten,
– die Entwicklung individueller Förderpläne,
– Trainingsmaßnahmen,
– Betriebspraktika,
– zeitweise Beschäftigung auf ausgelagerten Arbeitsplätzen.

Diese beispielhaft genannten Maßnahmen werden nach Form und Inhalt in der WVO nicht näher umschrieben. Mögliche **Instrumente und Maßnahmen** der Werkstatt zur **Förderung des Übergangs auf den allgemeinen Arbeitsmarkt** werden in Nr. 7.1.3 – 7.2.8 der WE/BAGüS angeführt.

30

C) zu Abs. 3

1. Angemessene Vergütungen

Die Werkstätten erhalten für ihre Leistungen im Arbeitsbereich von dem nach § 42 Abs. 2 SGB IX zuständigen Rehabilitationsträger angemessene Vergütungen (**Abs. 3 Satz 1**). Die Vergütungen müssen den Grundsätzen der **Wirtschaftlichkeit, Sparsamkeit und Leistungsfähigkeit** entsprechen. Diese Anforderung ist auch in § 93 Abs. 2 Satz 2 BSHG für die Vereinbarungen des Sozialhilfeträgers mit Einrichtungen festgelegt. Wirtschaftlichkeit bedeutet ein angemessenes und ausgewogenes Verhältnis zwischen der angebotenen Leistung und der dafür zu vereinbarenden Vergütung. Der eng hiermit verbundene Grundsatz der Sparsamkeit besagt, dass unnötige Kosten nicht Gegenstand der Vergütung sein können, also das Maß des Notwendigen nicht überschritten werden darf. Ihm wird dann Genüge getan, wenn der erstrebte Erfolg mit dem geringstmöglichen Verbrauch von öffentlichen

31

Mitteln erreicht wird (W. Schellhorn / H. Schellhorn BSHG § 93 Rdnr. 39). Der Begriff der Leistungsfähigkeit meint nicht die finanzielle Leistungsfähigkeit des Rehabilitationsträgers, sondern die Leistungsfähigkeit der Einrichtung. Sie muss mit den ihr bewilligten Kostensätzen fachgerechte Hilfe erbringen können. Die Leistungsfähigkeit schließt die Erfüllung der fachlichen und organisatorischen Voraussetzungen für die Erbringung der Leistung ein. Bei einer Werkstatt ist dies aufgrund der Anerkennung zu vermuten (LPK-SGB IX *Haines / Jacobs* Rdnr. 18).

2. Pauschalen und Beträge nach § 76 SGB XII

32 Die nach Maßgabe des § 41 Abs. 3 zu zahlenden Vergütungen werden jeweils durch eine **vertragliche Vereinbarung zwischen der Werkstatt und dem Rehabilitationsträger** festgelegt; dieser ist zumindest im Verhältnis zum Sozialhilfeträger als öffentlich-rechtlicher Vertrag zu werten (BVerwGE 94, 202 = DVBl. 1994, 482; BGHZ 116, 339 = NJW 1992, 1237). Die in Satz 1 enthaltenen Vorgaben für die Vergütung an die Werkstatt für Leistungen im Arbeitsbereich sind dann maßgebend, wenn die Leistungen – ausnahmsweise – durch die Träger der Unfallversicherung, der Kriegsopferfürsorge oder der öffentlichen Jugendhilfe erbracht werden. Ist hingegen wie im Regelfall der überörtliche Träger der Sozialhilfe zuständig, sind die Vorschriften der §§ 75 – 81 SGB XII anzuwenden.

33 Der Träger der Sozialhilfe ist nach § 93 Abs. 2 BSHG nur zur Kostenübernahme verpflichtet, wenn mit dem Träger der Einrichtung eine **Leistungsvereinbarung** über Inhalt, Umfang und Qualität der Leistung, eine **Vergütungsvereinbarung** und eine **Prüfungsvereinbarung** besteht. Die Leistungsvereinbarung nach § 76 Abs. 1 SGB XII hat die wesentlichen Merkmale der Leistung festzulegen, mindestens die betriebsnotwendigen Anlagen der Einrichtung, den zu betreuenden Personenkreis, Art, Ziel und Qualität der Leistung, die Qualifikation des Personals sowie die erforderliche sächliche und personelle Ausstattung.

34 Die Vergütungsvereinbarung ist auf der Grundlage des § 76 Abs. 2 SGB XII zu treffen. Danach besteht die Vergütung für die Leistungen der Einrichtung mindestens aus den Pauschalen für Unterkunft und Verpflegung (**Grundpauschale**) und für die Maßnahmen (**Maßnahmepauschale**) sowie aus einem Betrag für betriebsnotwendige Anlagen einschließlich ihrer Ausstattung (**Investitionsbetrag**). Förderungen aus öffentlichen Mitteln sind anzurechnen. Die Maßnahmepauschale wird nach Gruppen für Hilfeempfänger mit vergleichbarem Hilfebedarf kalkuliert.

35 Wesentlich ist, dass **Vergütungsvereinbarungen vor Beginn** der jeweiligen Wirtschaftsperiode für einen zukünftigen Zeitraum abzuschließen sind; nachträgliche Ausgleiche sind nicht zulässig (§ 77 Abs. 1 Satz 1 SGB XII). Bei Nichteinigung über eine Vergütungsvereinbarung entscheidet die Schiedsstelle nach § 80 SGB XII.

36 Für den Abschluss der Vereinbarung werden **Bundesempfehlungen** nach § 79 Abs. 2 SGB XII vereinbart. Die vorliegenden Empfehlungen (im Anhang zu diesem Kommentar) gehen von Leistungstypen aus, die im Grundsatz stärker einrichtungsbezogen sind als es der ursprünglichen Konzeption des Gesetzgebers zum damaligen § 93a Abs. 2 BSHG entsprach (vgl. näher hierzu Mrozynski Rdnr. 15 f.).

3. Werkstattbezogene notwendige Kosten

37 Bei der Festlegung der Vergütung durch den zuständigen Rehabilitationsträger bzw. der vom Sozialhilfeträger zu entrichtenden Pauschalen und Beträge sind alle für die Erfüllung der Aufgaben und der fachlichen Anforderungen der Werkstatt notwendigen Kosten zu berücksichtigen (**Abs. 3 Satz 3 Nr. 1**). Gemeint ist damit der **Grund- und Vorhalteaufwand** für die Werkstatt als Einrichtung wie auch für die darüber hinausgehenden **individuellen, auf den behinderten Menschen zugeschnittenen Leistungen** zur Aufnahme, Ausübung und Sicherung einer Beschäftigung. Die Teilhabe am Arbeitsleben in der Werkstatt muss grundsätzlich gesichert sein, auch wenn diese keine produktiven Ergebnisse erbringt (etwa wegen

Leistungen im Arbeitsbereich § 41

einer sehr geringen Leistung der behinderten Menschen in der Werkstatt, Standortnachteilen oder konjunkturbedingten Absatzschwierigkeiten der Erzeugnisse und Dienstleistungen).

Zu den von Nr. 1 erfassten Kosten gehören jedenfalls die **laufenden Betriebskosten** und die Kosten für **Gebäude**, die mit dem Rehabilitationsträgern abgestimmt sind. Ferner gehören hierzu die Kosten für das ausdrücklich bestimmte **Personal**, nämlich Werkstattleiter gem. § 9 Abs. 2 WVO, Fachkräfte zur Arbeits- und Berufsförderung gem. § 9 Abs. 3 WVO, Mitarbeiter der begleitenden Dienste gem. § 10 WVO sowie für das Personal, das für die Erbringung und Absicherung der in Abs. 2 genannten Leistungen darüber hinaus notwendig ist, wie Verwaltungs- und Wirtschaftspersonal gem. § 12 Abs. 1 WVO (LPK-SGB IX / *Haines* / *Jacobs* Rdnr. 26). 38

Zu erwähnen sind in diesem Zusammenhang auch besondere **Kosten**, die der Werkstatt **im Rahmen der Mitwirkung** der behinderten Menschen auferlegt sind, z. B. anlässlich der Wahl des Werkstattrates (§ 28 Abs. 3 WMVO) und durch die Tätigkeit des Werkstattrats entstehende Kosten gem. § 39 WMVO.

4. Werkstattspezifische Kosten der wirtschaftlichen Betätigung

Die Werkstatt muss nach betriebswirtschaftlichen Grundsätzen organisiert sein und hat nach kaufmännischen Grundsätzen Bücher zu führen und eine Betriebsabrechnung in Form einer Kostenstellenrechnung zu erstellen (§ 12 Abs. 1 Satz 1 und 2 WVO). Sie muss wirtschaftliche Arbeitsergebnisse anstreben, um den im Arbeitsbereich beschäftigten behinderten Menschen ein ihrer Leistung angemessenes Arbeitsentgelt zahlen zu können (§ 12 Abs. 3 WVO). 39

Hieraus folgt zugleich, dass die Werkstatt grundsätzlich die **mit ihrer wirtschaftlichen Betätigung zusammenhängenden Kosten selbst zu tragen** hat und nicht als Bestandteil der Vergütung von dem zuständigen Rehabilitationsträger verlangen kann. Dies kann aber nur gelten, soweit diese Kosten nach Art und Umfang nicht über die in einem Wirtschaftsunternehmen üblicherweise entstehenden Kosten hinausgehen. 40

Unter Berücksichtigung der besonderen Verhältnisse in der Werkstatt und der dort beschäftigten Menschen können aber die **Kosten ihrer wirtschaftlichen Betätigung höher** sein, z. B. durch 41

– einen erhöhten Ausschuss oder Verbrauch von Material und Gerät,
– erhöhte Abschreibungskosten für Maschinen infolge langsamerer oder kürzerer Laufzeiten,
– Standortnachteile infolge des vereinbarten Einzugsgebiets, z. B. durch erhöhte Transportkosten,
– erhöhte Lagerkosten wegen der Verpflichtung, ein differenziertes Arbeitsangebot vorzuhalten,
– besondere Personalkosten für die Arbeitsvorbereitung und den Vorrichtungs- und Betriebsmittelbau im Hinblick auf die Arbeitsanforderungen an behinderte Menschen mit eingeschränktem körperlichen oder geistigen Leistungsvermögen,
– die für den behinderungsspezifischen Vorrichtungs- und Betriebsmittelbau erforderlichen Sachkosten (Ernst u. a. / *Finke* / *Kadoke* Rdnr. 78).

5. Vergütungspauschale

Das Gesetz legt zugrunde, dass die werkstattspezifischen Kosten der wirtschaftlichen Betätigung gem. Abs. 3 Nr. 2 zunächst **direkt zugeordnet** werden sollen, ggf. unter Aufteilung nach vereinbarten Schlüsseln (LPK-SGB IX / *Haines* / *Jacobs* Rdnr. 29). Ist dies nicht möglich, kommt die Vereinbarung einer Pauschale in Betracht, und zwar auch für einzelne Kos- 42 tenarten. Die **Vergütungspauschale** ist **zusätzlich** zu den in § 93a Abs. 2 BSHG genannten Pauschalen (Grundpauschale, Maßnahmepauschale und Investitionsbetrag) zu zahlen.

43 In der Vergütungsvereinbarung sollte dann ausdrücklich bestimmt werden, dass alle werkstattspezifischen Kosten der wirtschaftlichen Betätigung mit der Pauschale abgegolten sind. Damit sind alle über die Pauschale hinausgehenden Kosten als unternehmensüblich zu betrachten und deshalb von der Werkstatt zu tragen (Ernst u. a. / *Finke* / *Kadoke* Rdnr. 81).

D) zu Abs. 4

1. Auswirkungen der Vergütungen auf die Höhe des Arbeitsergebnisses

44 Die von den Rehabilitationsträgern erbrachten Kostensätze sind Bestandteil des Arbeitsergebnisses der Werkstatt. Sie gelten – neben den Umsatzerlösen, Zins- und sonstigen Erträgen aus der wirtschaftlichen Tätigkeit – als **Erträge der WfbM** (§ 12 Abs. 4 Satz 2 WVO). Nach Abzug der notwendigen Kosten des laufenden Betriebs im Arbeitsbereich der Werkstatt bilden diese Erträge das **Arbeitsergebnis** im Sinne von § 138 SGB IX (§ 12 Abs. 4 Satz 1 WVO). Einen Überblick über die wesentlichen Regelungen zur Arbeitsergebnisrechnung unter besonderer Berücksichtigung der Finanzierung von Ersatz- und Modernisierungsinvestitionen gibt Krock, WPg 2003, 858; vgl. im Übrigen die Stellungnahme des Instituts der deutschen Wirtschaftsprüfer zur Ermittlung und Verwendung des Arbeitsergebnisses, WPg 2001, 165.

45 Bereits durch § 12 Abs. 6 WVO ist die Werkstatt verpflichtet, die Ermittlung des Arbeitsergebnisses und dessen Verwendung gegenüber den Anerkennungsbehörden offen zu legen, wenn diese es verlangen.

46 Darüber hinaus schreibt **Abs. 4 Satz 1** nunmehr vor, dass bei der Ermittlung des Arbeitsergebnisses „die **Auswirkungen der Vergütungen auf die Höhe des Arbeitsergebnisses dargestellt**" werden. Zusammen mit § 12 Abs. 6 WVO schafft die Vorschrift damit eine **größere Transparenz** sowohl im Vergütungsgeschehen als auch bei der Ermittlung des Arbeitsergebnisses und seiner Verwendung (Ernst u. a. / *Finke* / *Kadoke* Rdnr. 83).

47 Die Werkstatt hat getrennt auszuweisen, ob sich durch die von den nach § 42 Abs. 2 SGB IX zuständigen Rehabilitationsträgern gezahlten Vergütungen **Gewinne oder Verluste** ergeben (**Abs. 4 Satz 2**). Solche Gewinne oder Verluste sind regelmäßig unvermeidbar, weil die für einen bestimmten Vereinbarungszeitraum kalkulierten und vorab vereinbarten Vergütungen in ihrer Gesamtsumme am Ende der Wirtschaftsperiode betragsmäßig niemals exakt mit dem Rechnungsergebnis übereinstimmen werden. Während Gewinne das Arbeitsergebnis erhöhen, sind Verluste unter Beachtung der Grundsätze kaufmännischer Buchführung gem. § 12 Abs. 1 WVO als **Verlustvortrag** ins Folgejahr zu buchen (LPK-SGB IX / *Haines* / *Jacobs* Rdnr. 35). Der Verlust wird also in den Aufwand der folgenden Wirtschaftsperiode einbezogen. Auch wenn sich hierdurch im Folgejahr Verluste erhöhen können oder möglicherweise ein Gewinn verringert wird, werden der Wirtschaftsprüfer und die beiden Anerkennungsbehörden mangels Alternative einen solchen Verlustvortrag akzeptieren müssen (Ernst u. a. / *Finke* / *Kadoke* Rdnr. 86).

48 **Hohe Gewinne** einer Werkstatt können für den Sozialhilfeträger **Anlass zur Prüfung** sein, ob bei der Kalkulation der Vergütungen der Grundsatz der Sparsamkeit verletzt wurde. Hingegen können durch **hohe Verluste** die wirtschaftliche Leistungserbringung durch die Werkstatt, aber auch ihre Leistungsfähigkeit und damit die Angemessenheit der Vergütung infrage gestellt werden.

49 Sind allerdings die Verluste trotz wirtschaftlichen Handelns der WfbM eingetreten – was in einer Wirtschaftlichkeitsprüfung nach § 93a Abs. 3 BSHG festgestellt werden kann –, bedarf es ggf. einer Anpassung der Vergütungen (Ernst u. a. / *Finke* / *Kadoke* Rdnr. 85).

2. Verbot der Nettoerlösrückführung

Das Arbeitsergebnis, also der Überschuss sämtlicher Erträge einschließlich der Vergütungen über die notwendigen Kosten des laufenden Betriebs im Arbeitsbereich der Werkstatt, darf nicht zur Minderung der Vergütungen nach Abs. 3 verwendet werden (**Abs. 4 Satz 3**). Das Arbeitsergebnis darf also nicht dazu dienen, die Kosten, welche die Rehabilitationsträger aufzubringen haben, zu senken. Damit wird eine vor 1994 verbreitete Praxis mancher Träger der Sozialhilfe, die früher einen Teil des Arbeitsergebnisses der Werkstatt zur Minderung der Pflegesätze in Anspruch genommen hatten („Nettoerlösrückführung"), im Anschluss an die bereits vor Einführung des SGB IX zuletzt maßgebende Rechtslage ausdrücklich untersagt (HK-SGB IX / *Vater* Rdnr. 19 m. w. N.). Die Werkstätten und die in ihnen Beschäftigten haben danach nicht mehr einen Teil der Werkstattkosten durch Erträge selbst aufzubringen und aus dem Arbeitsergebnis zu bestreiten. 50

Das Verbot der Minderung der Vergütungen nach Abs. 4 Satz 3 wirkt sich aber nur zukunftsgerichtet aus; rückwirkend kann in den Abschluss der Vereinbarung wegen des Verbots nach § 93b Abs. 1 Satz 1, 2. Halbsatz BSHG nicht eingegriffen werden (LPK-SGB IX *Haines / Jacobs* Rdnr. 36). 51

V. Literatur

Krock, Roland, Zur Verwendung des Arbeitsergebnisses durch Werkstätten für behinderte Menschen – Überblick über die wesentlichen Regelungen zu Arbeitsergebnisberechnung unter besonderer Berücksichtigung der Finanzierung von Ersatz- und Modernisierungsinvestitionen aus dem Arbeitsergebnisses von Werkstätten, WPg 2003, 858

Ohne Verfasser, IDW – Stellungnahme zur Rechnungslegung: Ermittlung und Verwendung des Arbeitsergebnisses durch Werkstätten für Behinderte gemäß § 12 Abs. 4 und 5 SchwbWV, WPg 2001,165

Bundesempfehlung nach § 93d Abs. 3 BSHG für Landesrahmenverträge nach § 93d Abs. 2 BSHG[1])

Vom 15. Februar 1999

Für die Ausgestaltung des Inhalts der Rahmenverträge auf Landesebene nach § 93d Abs. 2 BSHG (nachfolgend: Rahmenverträge) zu den Leistungs-, Vergütungs- und Prüfungsvereinbarungen nach § 93 Abs. 2 BSHG vereinbaren
- die Bundesarbeitsgemeinschaft der überörtlichen Träger der Sozialhilfe
- für die Bundesvereinigung der kommunalen Spitzenverbände
  - der Deutsche Städtetag
  - der Deutsche Landkreistag
  - der Deutsche Städte- und Gemeindebund

---

[1]) Die nachfolgende Vereinbarung hat – trotz der zwischenzeitlichen gesetzlichen Änderungen – inhaltlich noch immer praktische Bedeutung. Zwar wurden vierjährige Verhandlungen geführt über eine Nachfolgeregelung, die auf § 79 Abs. 2 SGB XII zu stützen wäre. Jedoch haben sich die Beteiligten am 4. 10. 2006 gemeinsam darauf verständigt, die Verhandlungen über eine Bundesempfehlung nach dieser Vorschrift bis auf Weiteres auszusetzen. Aus der Sicht der Leistungserringer war insbesondere keine Verständigung „über die betriebswirtschaftlich notwendige Refinanzierung der Investitionskosten" möglich. Darüber hinaus bestanden unterschiedliche Auffassungen über die Grundsätze der Entgeltfindung (vgl. Pressemeldung http://www.bagfw.de/media/artikel/medien_1/6c0fc375c7c68b33b004971b7fbf94e2.pdfhttp://www.bagfw.de/media/artikel/medien_1/6c0fc375c7c68b33b004971b7fbf94e2.pdf). Die Verhandlungen wurden seither nicht mehr erneut aufgenommen.

– und für die Vereinigungen der Träger der Einrichtungen auf Bundesebene
  – Arbeiterwohlfahrt Bundesverband e. V.
  – Deutscher Caritasverband e. V.
  – Deutscher Paritätischer Wohlfahrtsverband – Gesamtverband e. V.
  – Deutsches Rotes Kreuz e. V.
  – Diakonisches Werk der Evangelischen Kirche in Deutschland e. V.
  – Zentralwohlfahrtsstelle der Juden in Deutschland e. V.
  – Bundesverband privater Alten- und Pflegeheime und ambulanter Dienste e. V. (bpa)
  – Verband Deutscher Alten- und Behindertenhilfe e. V. (VDAB)
  – Arbeitsgemeinschaft Privater Heime Bundesverband e. V. (APH)

die nachstehende Empfehlung gemäß § 93d Abs. 3 BSHG.

Inhaltsverzeichnis

I. Allgemeines
Neues System für die Vereinbarung und Finanzierung der Erbringung von
Leistungen der Sozialhilfe durch Einrichtungen .... § 1
Gegenstand dieser Bundesempfehlung .... § 2
Gegenstand und Grundlagen der Rahmenverträge nach § 93d Abs. 2 BSHG ...... § 3
Verhältnis der Verträge und Vereinbarungen sowie Zuständigkeit .... § 4
Bildung von Leistungstypen .... § 5
Differenzierung der Maßnahmepauschalen nach Gruppen für Hilfeempfänger
mit vergleichbarem Hilfebedarf .... § 6

II. Leistungsvereinbarung
Leistungsgrundsätze .... § 7
Personenkreis .... § 8
Art der Leistungen, Leistungstypen .... § 9
Inhalt der Leistungen .... § 10
Unterkunft und Verpflegung .... § 11
Räumliche und sächliche Ausstattung .... § 12
Personelle Ausstattung .... § 13
Qualität der Leistung .... § 14

III. Vergütungsvereinbarung
Vereinbarung einer leistungsgerechten Vergütung .... § 15
Grundpauschale .... § 16
Maßnahmepauschalen .... § 17
Vereinbarungen auf der Grundlage einrichtungsindividueller Pauschalen .... § 18
Abweichende Vereinbarungen bei einrichtungsübergreifenden Pauschalen .... § 19
Investitionsbetrag .... § 20
Übergangsregelung .... § 21
Kalkulationsgrundlagen .... § 22
Zahlungsweise und Abrechnung .... § 23

IV. Prüfungsvereinbarung
Grundsätze und Maßstäbe für die Wirtschaftlichkeit der Leistungen .... § 24
Prüfung der Wirtschaftlichkeit der Leistungen .... § 25
Verfahren zur Durchführung von Wirtschaftlichkeitsprüfungen .... § 26
Grundsätze und Maßstäbe für die Qualitätssicherung der Leistungen .... § 27

Prüfung der Qualität der Leistungen..§ 28
Verfahren zur Durchführung von Qualitätsprüfungen......................§ 29
V. Schlussbestimmung
Inkrafttreten und Laufzeit der Vereinbarungen.............................§ 30

I. Allgemeines

§ 1 Neues System für die Vereinbarung und Finanzierung der Erbringung von Leistungen der Sozialhilfe in und durch Einrichtungen. (1) Durch die Änderungen in Abschnitt 7 des BSHG im Rahmen der Reform des Sozialhilferechts vom 23. 7. 1996 werden die Beziehungen zwischen Leistungserbringern und Sozialhilfeträgern auf eine neue Grundlage gestellt.

Die Änderungen sollen zu einer effektiven Leistungserbringung und einer leistungsgerechten Vergütung beitragen, ohne den Anspruch der Hilfeberechtigten auf eine bedarfs- und einzelfallgerechte Hilfeleistung einzuschränken.

(2) Die Regelungen sehen vor, dass ab 1. 1. 1999 Leistungs-, Vergütungs- und Prüfungsvereinbarungen zwischen den Leistungserbringern und den Sozialhilfeträgern abzuschließen sind, u. a. mit dem Ziel, eine bessere Vergleichbarkeit der Leistungen und Vergütungen herzustellen.

§ 2 Gegenstand dieser Bundesempfehlung. (1) Gegenstand dieser Vereinbarung sind allgemeine Empfehlungen für die Rahmenverträge zu den Leistungs-, Vergütungs- und Prüfungsvereinbarungen nach § 93 Abs. 2 BSHG für teilstationäre und vollstationäre Einrichtungen, soweit nicht Vereinbarungen mit anderen Sozialleistungsträgern vorgehen.

(2) Für die Vereinbarung von Rahmenverträgen für den ambulanten Bereich wird empfohlen, § 1, § 3 Abs. 1, 2 und 3 Satz 1, § 4, § 7, § 13, § 14, § 15 Abs. 1, 2 und 4, § 20, § 22 Abs. 2 und 4 sowie §§ 23 bis 29 dieser Bundesempfehlung entsprechend zu berücksichtigen.

Im Übrigen wird auf § 30 Abs. 2 dieser Vereinbarung verwiesen.

§ 3 Gegenstand und Grundlagen der Rahmenverträge nach § 93d Abs. 2 BSHG. (1) In den Rahmenverträgen werden Rahmenbedingungen für den Abschluss von Vereinbarungen nach § 93 Abs. 2 BSHG über die Erbringung von Leistungen der Sozialhilfe in und durch Einrichtungen geregelt. Dabei sollen die Rahmenverträge sicherstellen, dass sich die Vereinbarungen an dem Auftrag, den Zielen und den Grundsätzen der Sozialhilfe ausrichten. Sie sollen gewährleisten, dass

– Leistungen, die in und durch Einrichtungen erbracht werden, den Grundsätzen des § 3 Abs. 1 BSHG entsprechen,
– nur die Leistungen von den Trägern der Sozialhilfe finanziert werden, die die Sozialhilfeträger unter Berücksichtigung des Nachrangs der Sozialhilfe sicherzustellen haben,
– die Grundsätze der Wirtschaftlichkeit, Sparsamkeit und Leistungsfähigkeit beachtet werden,
– die Selbstständigkeit der Träger der Einrichtungen bei der Erbringung der vereinbarten Leistungen in Zielsetzung und Durchführung ihrer Aufgaben unberührt bleibt.

(2) In den Rahmenverträgen können Abrechnungs- und Verfahrensfragen geregelt werden.

(3) Soweit Abschnitt 7 BSHG beim Abschluss von Vereinbarungen nach § 93 Abs. 2 BSHG die Anwendung einrichtungsübergreifender Kriterien und Regelungen ausdrücklich vorsieht oder mittelbar voraussetzt, werden diese in Rahmenverträgen auf Landesebene vereinbart.

Dies gilt insbesondere für die Definition von Leistungstypen (§ 5), Gruppen für Hilfeempfänger mit vergleichbarem Hilfebedarf (§ 6) und Verfahren zur Kalkulation von Pauschalen (§ 22).

§ 4 Verhältnis der Verträge und Vereinbarungen sowie Zuständigkeit. (1) Die Leistungs-, Vergütungs- und Prüfungsvereinbarungen nach § 93 Abs. 2 BSHG werden zwischen dem Träger einer Einrichtung oder seinem Verband und dem Sozialhilfeträger abgeschlossen.

Für jede Einrichtung werden schriftliche Vereinbarungen gesondert abgeschlossen. Die Vereinbarungen richten sich nach den Festlegungen in den Rahmenverträgen.

(2) In den Rahmenverträgen soll auch geregelt werden, welcher Sozialhilfeträger für den Abschluss von Vereinbarungen nach § 93 Abs. 2 BSHG mit der einzelnen Einrichtung zuständig ist.

Im Interesse einer für den Einrichtungsträger klaren und möglichst einheitlichen Zuständigkeit sollen grundsätzlich Vereinbarungen nach § 93 Abs. 2 BSHG mit dem Sozialhilfeträger abgeschlossen werden, in dessen Bereich der Standort der Einrichtung liegt. Die Vereinbarungen sollen für alle Träger eine allgemeine Bindungswirkung erhalten.

§ 5 Bildung von Leistungstypen. (1) Diese Empfehlungen sehen als wichtiges Element zur Umsetzung der §§ 93 ff. BSHG die Bildung von Leistungstypen vor.

Sie stellen in Bezug auf die wesentlichen Leistungsmerkmale (Zielgruppe, Ziel, Art und Umfang der Leistung, personelle und sächliche Ausstattung sowie Leistungs- und Qualitätsanforderung) typisierte Leistungsangebote dar. Die Leistungstypen haben eine zentrale Bedeutung für die

– Beschreibung des konkreten Leistungsangebotes der Einrichtung,
– Vergleichbarkeit von Inhalt, Umfang und Qualität der Leistung,
– Kalkulation der Maßnahmepauschalen nach Gruppen für Hilfeempfänger mit vergleichbarem Hilfebedarf.

(2) In den Rahmenverträgen sollen für die Hilfearten nach BSHG – differenziert nach Zielgruppen (Personenkreise) – Leistungstypen beschrieben werden. Dabei ist eine hinreichende Differenzierung des Leistungsspektrums der Einrichtungen in unterschiedliche Leistungstypen vorzusehen. Je mehr Leistungstypen vereinbart werden, desto geringer ist die Notwendigkeit einer Ausdifferenzierung in unterschiedliche Gruppen für Hilfeempfänger mit vergleichbarem Hilfebedarf innerhalb eines Leistungstyps.

(3) In den Rahmenverträgen soll auch geregelt werden, unter welchen Voraussetzungen neue Leistungstypen zu berücksichtigen sind.

§ 6 Differenzierung der Maßnahmepauschalen nach Gruppen für Hilfeempfänger mit vergleichbarem Hilfebedarf. (1) Der vom Gesetz geforderten Kalkulation von Maßnahmepauschalen (§ 17) nach Gruppen für Hilfeempfänger mit vergleichbarem Hilfebedarf soll vorrangig dadurch Rechnung getragen werden, dass Maßnahmepauschalen für Leistungstypen kalkuliert werden. Die vereinbarte Zielgruppe des jeweiligen Leistungstyps wird dabei als eine Gruppe von Hilfeempfängern mit qualitativ vergleichbarem Hilfebedarf angesehen.

(2) Soweit innerhalb der Zielgruppe eines Leistungstyps der quantitative Bedarf stark variiert, soll eine Differenzierung nach Gruppen für Hilfeempfänger mit quantitativ vergleichbarem Hilfebedarf erfolgen.

(3) Die Gruppenbildung soll nach vereinbarten empirischen Verfahren vorgenommen werden. Dabei sollen bei der Bildung der Gruppen für die Zuordnung des einzelnen Hilfeemp-

fängers zu einer Gruppe Elemente der Plausibilität vorgesehen werden, die auch extern nachvollziehbar sind.[1])

II. Leistungsvereinbarung

§ 7 Leistungsgrundsätze. Die vereinbarten Leistungen müssen ausreichend, zweckmäßig und wirtschaftlich sein und dürfen das Maß des Notwendigen nicht überschreiten.

Dem Umfang nach ausreichend sind die Leistungen dann, wenn der sozialhilferechtlich anzuerkennende Bedarf jedes Hilfeempfängers in der Maßnahme vollständig gedeckt werden kann.

Zweckmäßig sind Leistungen dann, wenn sie geeignet sind, die für die Leistungen konkretisierten Aufgaben und Ziele im Rahmen der Sozialhilfe zu erfüllen. Dabei ist der Stand der wissenschaftlichen und fachlichen Erkenntnisse zu berücksichtigen.

Notwendig sind Leistungen dann, wenn ohne sie bzw. ohne qualitativ oder quantitativ vergleichbare Leistungen die Aufgaben und Ziele der Leistungen im Rahmen der Sozialhilfe nicht erfüllt werden können.

Ausreichende, zweckmäßige und notwendige Leistungen sind dann wirtschaftlich, wenn sie in der vereinbarten Qualität zu einem vertretbaren Aufwand erbracht werden.

§ 8 Personenkreis. (1) Der Personenkreis, für den eine Einrichtung ihre Leistungen anbietet, ist die nach ihrem spezifischen Hilfebedarf beschriebene und abgegrenzte Zielgruppe einer nach § 9 dieser Empfehlung vereinbarten Leistung.

(2) Die nach § 93a Abs. 1 BSHG zu vereinbarende Aufnahmeverpflichtung der Einrichtung bezieht sich auf diesen Personenkreis und wird begrenzt durch die vereinbarte Platzzahl.

§ 9 Art der Leistungen, Leistungstypen. Unter Berücksichtigung der Systematik der in den Rahmenverträgen vereinbarten Leistungstypen beschreibt die Einrichtung ihr konkretes Leistungsangebot, das sie mit dem Sozialhilfeträger vereinbaren will. Als Ergebnis der Verhandlungen sind folgende Konstellationen denkbar:
– Die vereinbarten Leistungen der Einrichtungen entsprechen einem oder mehreren einrichtungsübergreifend vereinbarten Leistungstypen.
– Die vereinbarten Leistungen können zwar grundsätzlich einrichtungsübergreifend vereinbarten Leistungstypen zugeordnet werden, beinhalten aber Abweichungen.
– Entsprechen die vereinbarten Leistungen keinem einrichtungsübergreifend vereinbarten Leistungstyp, kann hierfür ein eigenständiger Leistungstyp vereinbart werden.

§ 10 Inhalt der Leistungen. Die Leistung beinhaltet die Grundleistung (Bereitstellung von Unterkunft und Verpflegung) sowie die Maßnahmen (insbesondere Betreuung, Förderung, Pflege) für die verschiedenen Zielgruppen.

§ 11 Unterkunft und Verpflegung. (1) Durch die Leistungsvereinbarung soll sichergestellt werden, dass bei der Gewährung von Unterkunft und Verpflegung die individuellen Anforderungen und Vorstellungen von Lebensqualität des Hilfeempfängers soweit wie möglich unter Beachtung von § 3 BSHG berücksichtigt werden.

---

[1]) In den Rahmenverträgen können auch Regelungen getroffen werden, wie unter Einbeziehung des Hilfeempfängers und seines gesetzlichen Vertreters sowie ggf. entsprechender Erfahrungen und Beurteilungen der betreuenden Einrichtung der individuelle Hilfebedarf ermittelt wird und wie eine Zuordnung zu Leistungstypen sowie ggf. zu Gruppen mit quantitativ vergleichbarem Hilfebedarf erfolgt.

(2) Die Rahmenverträge sollen insbesondere Regelungen in folgenden Bereichen treffen:
1. Bereitstellung von Wohnraum, Gemeinschafts- und Funktionsräumen mit Inventar, einschließlich deren Wartung, Instandhaltung und Sicherung der Ver- und Entsorgung,
2. Zubereitung und Bereitstellung von Getränken und Speisen (Verpflegung),
3. Hausreinigung,
4. Wäscheversorgung der hauseigenen und persönlichen Wäsche (auch Abgrenzung), soweit sie maschinenwasch- und bügelbar ist.

(3) In den Rahmenverträgen sollen typische Leistungen von Unterkunft und Verpflegung nach Art, Umfang und Qualität beschrieben werden. Unter Berücksichtigung dieser typischen Leistungen beschreibt die Einrichtung ihr konkretes Leistungsangebot für die Unterkunft und Verpflegung, das mit dem Träger der Sozialhilfe vereinbart werden soll. Dabei sind die in § 9 aufgeführten Konstellationen zu berücksichtigen.

§ 12 Räumliche und sächliche Ausstattung. Bei den Vereinbarungen über die räumliche und sächliche Ausstattung (die Bereitstellung der betriebsnotwendigen Anlagen wie Gebäude und Grundstück einschließlich ihrer Ausstattung, Inventar) sowie sonstiger Anlagen sind Aufgabenstellung und im Rahmen der Konzeption vereinbarte Leistungen der Einrichtungen zu berücksichtigen.

§ 13 Personelle Ausstattung. (1) In den Rahmenverträgen soll vereinbart werden, dass sich Zahl, Funktion und Qualifikation der Mitarbeiter vom Hilfebedarf der Hilfeempfänger und von den vereinbarten Leistungstypen unter Berücksichtigung der Konzeption der Einrichtung ableiten. Dabei sollen in angemessenem Umfange berücksichtigt werden:
– Zeiten für Beratung, Betreuung, Förderung und Versorgung der Hilfeempfänger,
– die fachlichen Anforderungen an die Qualifikation der Mitarbeiter,
– leitende, administrative und organisatorische Aufgaben,
– Aufgaben der Kooperation und Koordination (z. B. Teambesprechungen).

(2) Die Grundlagen der Personalberechnung richten sich nach der Nettojahresarbeitszeit unter Berücksichtigung von Zeiten für Fortbildung sowie von Ausfallzeiten.

§ 14 Qualität der Leistung. (1) In den Rahmenverträgen soll zunächst die Qualität der Leistungen beschrieben werden. Als Qualität der Leistungen sind die Anforderungen an die Eigenschaften und Merkmale einer sozialen Dienstleistung bzw. einer Maßnahme (Leistungsstandards) zu beschreiben, die erfüllt werden müssen, damit das Angebot geeignet ist, den Erfordernissen einer bedarfsgerechten Leistungserbringung zu entsprechen.

(2) Die Qualität der Leistung gliedert sich in Struktur-, Prozess- und Ergebnisqualität. In den Rahmenverträgen sind die Struktur-, Prozess- und Ergebnisqualität als Rahmen für die Vereinbarung mit dem Träger der Einrichtung beschrieben.

(3) Strukturqualität benennt die Rahmenbedingungen, die notwendig sind, um die vereinbarte Leistung erbringen zu können. Parameter sind unter Berücksichtigung der gesetzlichen Vorgaben u. a.:
– Standort und Größe der Einrichtung einschließlich des baulichen Standards,
– das Vorhandensein einer Konzeption der Einrichtung,
– die Darstellung des vorgehaltenen Leistungsangebots,
– räumliche, sächliche und personelle Ausstattung,
– fachlich qualifizierte Anleitung der Mitarbeiter sowie die Sicherstellung ihrer Fort- und Weiterbildung,
– Darstellung der Qualitätssicherungsmaßnahmen,

– Kooperation mit anderen Einrichtungen, Einbindung in Versorgungsstrukturen und Gemeinwesen.

(4) Prozessqualität bezieht sich auf die Planung, Strukturierung und den Ablauf der Leistungserbringung (Verfahren). Art und Weise der Leistungserbringung ergeben sich aus den Leistungszielen. Die Prozessqualität kann insbesondere an folgenden Parametern dargestellt und gemessen werden:
– bedarfsorientierte Hilfeleistung einschließlich deren Dokumentation,
– Überprüfung und kontinuierliche Fortschreibung des Hilfeplans einschließlich notwendiger Beiträge für die Gesamtpläne nach §§ 46, 72 BSHG,
– Unterstützung und Förderung der Selbsthilfepotenziale,
– prozessbegleitende Beratung,
– Einbeziehung von Betroffenen, Angehörigen oder gesetzlichen Vertretern (Vertreterorganisationen),
– bedarfsgerechte Fortentwicklung der Konzeption,
– Dienstplangestaltung, fachübergreifende Teamarbeit,
– Vernetzung der Angebote der Einrichtungen im Rahmen des Gesamt- / Hilfeplans.

(5) Ergebnisqualität ist als Zielerreichungsgrad der Leistungserbringung zu verstehen. Dabei ist das angestrebte Ziel mit dem tatsächlich erreichten Zustand zu vergleichen. Bei der Beurteilung der Ergebnisqualität sind das Befinden und die Zufriedenheit des Hilfeempfängers zu berücksichtigen. Ergebnisse des Hilfeprozesses sind anhand der festgelegten Ziele regelmäßig zu überprüfen.

Das Ergebnis der Überprüfung ist zwischen den die Leistung erbringenden Einrichtungen und dem Hilfeempfänger, seinen Angehörigen oder sonstigen Vertretungsberechtigten zu erörtern und in der Prozessdokumentation festzuhalten. Je nach Hilfeart sind – bei Bedarf – auf der Landesebene weitere Konkretisierungen vorzunehmen.

III. Vergütungsvereinbarung

§ 15 Vereinbarung einer leistungsgerechten Vergütung.
(1) Die Vergütungen müssen leistungsgerecht sein und es einer Einrichtung bei sparsamer und wirtschaftlicher Betriebsführung ermöglichen, eine bedarfsgerechte Hilfe zu leisten.

Sie müssen sich nachvollziehbar aus den Leistungsvereinbarungen ableiten lassen. Die Vergütungen müssen dem Grundsatz der Leistungsfähigkeit der Einrichtungen entsprechen (§ 93 Abs. 2 letzter Satz BSHG).

(2) Art, Höhe und Laufzeit der Vergütung werden zwischen dem Träger der Einrichtung oder seinem Verband und dem Sozialhilfeträger vereinbart. Für jede Einrichtung sind auf der Basis der vereinbarten Leistungstypen Vergütungsvereinbarungen gesondert abzuschließen.[1]

(3) Die Vergütung für die Leistungen besteht mindestens aus:
– Grundpauschale,
– Maßnahmepauschalen,
– Investitionsbetrag.

(4) Öffentliche Zuschüsse sind bei der Vereinbarung der Vergütung anzurechnen.

---

[1] Die Grund- und Maßnahmepauschalen können, soweit dies in den Rahmenverträgen vorgesehen ist, mit Einwilligung des zuständigen Sozialhilfeträgers und des betroffenen Einrichtungsträgers in landesweit oder regional tätigen Vergütungskommissionen vereinbart werden. Einzelheiten über die Zusammensetzung und Aufgabenstellung sowie zur Gestaltung der Arbeit der Vergütungskommission werden auf Landesebene vereinbart (s. auch § 19).

§ 16 Grundpauschale. Die Grundpauschale ist die Vergütung für die nach § 11 vereinbarten Leistungen der Unterkunft und Verpflegung mit Ausnahme der durch den Investitionsbetrag abgedeckten Leistungen.

Sie kann entweder als einrichtungsindividuelle Pauschale (§ 18) oder als einrichtungsübergreifend kalkulierte Grundpauschale für Leistungstypen (§ 19) vereinbart werden.

§ 17 Maßnahmepauschalen. (1) Die Maßnahmepauschalen sind die Vergütungsbestandteile für die vereinbarten Leistungen mit Ausnahme der durch die Grundpauschale und den Investitionsbetrag abgedeckten Leistungen.

Sie können entweder als einrichtungsindividuelle Pauschalen (§ 18) oder als einrichtungsübergreifend kalkulierte Maßnahmepauschalen für Leistungstypen oder Gruppen für Hilfeempfänger mit vergleichbarem Hilfebedarf (§ 19) vereinbart werden.

(2) Für jeden vereinbarten Leistungstyp wird eine Maßnahmepauschale vereinbart, soweit nicht nach Abs. 3 eine weitere Differenzierung erfolgt.

(3) Ist nach den Rahmenverträgen auf der Grundlage von § 5 Abs. 2 eine weitere Differenzierung nach Gruppen für Hilfeempfänger mit quantitativ vergleichbarem Hilfebedarf erforderlich, sollen für den einzelnen Leistungstyp eine Basisgruppe und Ergänzungsgruppen vorgesehen werden. Die Basisgruppe soll den überwiegenden Teil der Hilfeempfänger im jeweiligen Leistungstyp umfassen.

§ 18 Vereinbarungen auf der Grundlage einrichtungsindividueller Pauschalen. Einrichtungsindividuelle Pauschalen sollen nach vereinbarten Grundsätzen berechnet werden.

Diese Grundsätze sollen in den Rahmenverträgen oder in landesweit oder regional tätigen Kommissionen vereinbart werden.

§ 19 Abweichende Vereinbarungen bei einrichtungsübergreifenden Pauschalen. (1) Soweit in den Rahmenverträgen einrichtungsübergreifende Pauschalen vorgesehen sind, sollen diese in landesweit oder regional tätigen Kommissionen vereinbart werden.

(2) Zur Sicherstellung der Leistungsfähigkeit einzelner Einrichtungen und zum Ausgleich besonderer struktureller Unterschiede sollen Abweichungen ermöglicht werden, insbesondere wenn

1. die Personalstruktur wesentlich von den Kalkulationsgrundlagen nach § 22 abweicht oder
2. der Aufwand durch ungünstige Faktoren, wie Größe der Einrichtung, Standort oder Zuschnitt des Versorgungs- und Einzugsbereiches, beeinflusst wird.

Abweichungen können ferner vereinbart werden, wenn die Auslastung einer Einrichtung wesentlich von der kalkulierten Auslastung (§ 22 Abs. 1) abweicht.

(3) Die abweichende Vereinbarung gilt für die Geltungsdauer der Vergütungsvereinbarung. Für den Zeitraum danach ist sie von den Vereinbarungspartnern erneut zu überprüfen.

(4) Durch entsprechende Regelungen in den Rahmenverträgen soll ermöglicht werden, dass

— mit der einzelnen Einrichtung Abweichungen von einrichtungsübergreifenden Pauschalen vereinbart werden, soweit dies zur Entwicklung neuer oder innovativer Angebote erforderlich ist,

— mit einer Einrichtung eine Einzelvergütung für einen Hilfeempfänger vereinbart wird, wenn dieser Hilfeempfänger aufgrund seines Bedarfs keinem vereinbarten Leistungstyp oder keiner Gruppe von Hilfeempfängern mit vergleichbarem Hilfebedarf zugeordnet werden kann,

— mit solchen Einrichtungen abweichende Vergütungsregelungen vereinbart werden, deren Aufgabenstellung und Konzeption einer unmittelbaren auf den jeweiligen Leistungsempfänger bezogenen Zuordnung und Abrechnung von Leistungen entgegenstehen.

§ 20 Investitionsbetrag. (1) Der Investitionsbetrag umfasst die Aufwendungen

1. die dazu bestimmt sind, die für den Betrieb der Einrichtung notwendigen Gebäude und sonstigen abschreibungsfähigen Anlagegüter herzustellen, anzuschaffen, wieder zu beschaffen, zu ergänzen, instand zu halten oder instand zu setzen.
2. für Miete, Pacht, Nutzung oder Mitbenutzung von Gebäuden oder sonstigen Anlagegütern.[1])

Einer Erhöhung des Investitionsbetrages aufgrund von Investitionsmaßnahmen braucht der Träger der Sozialhilfe nur zuzustimmen, wenn er der Maßnahme vorher zugestimmt hat. Dies gilt für Abs. 1 Ziff. 2 analog.

(2) In den Rahmenverträgen sind im Hinblick auf den Investitionsbetrag Regelungen zur Behandlung und Abgrenzung der so genannten Altfälle von neuen Investitionen ab dem 1. 1. 1999 aufzunehmen.

§ 21 Übergangsregelung. Soweit die ab 1. 1. 1999 erstmals vereinbarte Vergütung, bestehend aus Grundpauschale, Maßnahmepauschale und Investitionsbetrag, für eine einzelne Einrichtung in ihrer Höhe vom bisherigen Entgelt abweicht, kann über einen zu vereinbarenden Zeitraum eine Anpassung in Stufen durch Zu- oder Abschläge vorgenommen werden.

§ 22 Kalkulationsgrundlagen. (1) Die leistungsgerechten Vergütungen sowie ihre Bestandteile nach § 15 sollen auf einer einheitlichen Basis (kalendertäglich oder monatlich) kalkuliert werden. Hierbei ist eine auf Leistungstypen und Gruppen für Hilfeempfänger mit vergleichbarem Hilfebedarf bezogene Auslastung zu vereinbaren.

(2) Personalaufwand umfasst Vergütungen, Löhne und sonstige Leistungen in Geld oder Geldeswert, die grundsätzlich nach den auf Bundesebene geltenden Tarifverträgen, Arbeitsbedingungen oder Arbeitsvertragsrichtlinien bei funktionsgerechter Eingruppierung entstehen. In den Rahmenverträgen sollen hierüber Eckwerte vereinbart werden.

(3) Personal- und Sachaufwand sind den Vergütungsbestandteilen nach § 15 Abs. 3 verursachungsgerecht zuzuordnen. Soweit eine verursachungsgerechte Aufteilung nicht möglich ist, sind der mit der Grundpauschale und den Maßnahmepauschalen im Zusammenhang stehende Aufwand zu jeweils 50% zuzurechnen, und zwar in den Bereichen

– Betriebsverwaltung,
– Steuern, Abgaben, Versicherung,
– Energieaufwand,
– Wasserver- und -entsorgung,
– Abfallentsorgung,
– Wäschepflege,
– Gebäudereinigung.

(4) Näheres zur Abgrenzung der den Pauschalen und Beträgen nach § 93 Abs. 2 BSHG zugrunde zu legenden Kostenarten und -bestandteile sowie zur Zusammensetzung der Investitionsbeträge ist in den Rahmenverträgen zu vereinbaren.

(5) In den Rahmenverträgen kann ferner geregelt werden, ob und für welche Zeit und in welcher Höhe ein Abwesenheitsbetrag zu zahlen ist.

(6) Bei der Kalkulation der Grundpauschale und der Maßnahmepauschalen bleiben u. a. unberücksichtigt:

– Sozialversicherungsbeiträge für in WfB beschäftigte Behinderte,
– Barbetrag zur persönlichen Verfügung,

---

[1]) Über die Einbeziehung der Aufwendungen für den Erwerb und die Erschließung von Grundstücken konnte kein Einvernehmen erzielt werden.

- Kosten für die Neuanschaffung von Bekleidung und Wäsche für die Hilfeempfänger,
- Kosten für den Transport Betreuter,
- Kosten für Urlaubs- und Ferienmaßnahmen und
- ggf. Bestattungskosten.

(7) Weitere Leistungen, wie z. B.
- Kosten für den Transport Betreuter,
- Kosten für Urlaubs- und Ferienmaßnahmen

werden gesondert vereinbart, berechnet und vergütet.

Soweit dies möglich ist, sollen auch für diese besonderen Aufwendungen pauschale Regelungen vereinbart werden.

§ 23 Zahlungsweise und Abrechnung. Die näheren Einzelheiten werden in den Rahmenverträgen auf Landesebene vereinbart.

IV. Prüfungsvereinbarung

§ 24 Grundsätze und Maßstäbe für die Wirtschaftlichkeit der Leistungen. Für die Bestimmung von Maßstäben zur Beurteilung der Wirtschaftlichkeit der Leistungserbringung sind die mit der jeweiligen Einrichtung vereinbarten Leistungstypen sowie die jeweiligen Rahmenbedingungen der Leistungserbringung heranzuziehen. Vergleiche mit anderen Einrichtungen dürfen sich nicht allein auf monetäre Größen beschränken, vielmehr müssen Art, Inhalt, Umfang und Qualität der Leistungen sowie die Struktur und sonstigen Rahmenbedingungen der Leistungserbringung miteinander verglichen werden.

In den Rahmenverträgen können Kriterien für die Beurteilung der Wirtschaftlichkeit der Einrichtungen festgelegt werden. Dabei sind die Grundsätze des § 7 zu beachten.

§ 25 Prüfung der Wirtschaftlichkeit der Leistungen. (1) Die Wirtschaftlichkeit der Leistungen wird unterstellt, wenn diese in der verabredeten Qualität von vergleichbaren Einrichtungen mit den vereinbarten Vergütungen erbracht werden.

(2) Sofern begründete Anhaltspunkte dafür vorliegen, dass die Einrichtung die Anforderungen einer leistungsfähigen und wirtschaftlichen Versorgung nicht oder nicht mehr erfüllt, kann eine Wirtschaftlichkeitsprüfung durchgeführt werden. Das Nähere soll in den Rahmenverträgen geregelt werden.

§ 26 Verfahren zur Durchführung von Wirtschaftlichkeitsprüfungen. (1) In den Rahmenverträgen soll geregelt werden, ob Prüfungen nach § 25 durch die Sozialhilfeträger selbst, durch unabhängige Kommissionen oder externe Sachverständige durchgeführt werden.

(2) Gegenstand der Prüfung sind die Sachverhalte, bei denen Anhaltspunkte nach § 25 Abs. 2 vorliegen. Der Träger der Einrichtung und sein Verband sollen vorher zu diesen Sachverhalten gehört werden.

(3) Die Träger der Einrichtungen sind verpflichtet, den mit der Prüfung Beauftragten die Prüfung in geeigneter Form zu ermöglichen und daran mitzuwirken.

(4) Der Prüfungsbericht wird allen Beteiligten ausgehändigt. Das Ergebnis ist den Leistungsempfängern in geeigneter Form mitzuteilen.

(5) In den Rahmenverträgen ist die Kostentragung der Prüfung zu regeln.

§ 27 Grundsätze und Maßstäbe für die Qualitätssicherung der Leistungen. (1) In den Rahmenverträgen sind Regelungen zu treffen, die bezogen auf die Hilfearten und Leistungstypen einheitliche Vorgaben für die regelmäßige Dokumentation vorsehen. Diese Dokumentation bezieht sich auf einrichtungsbezogene – nicht einzelfallbezogene – Struktur-, Leistungs- und Ergebnisdaten. Sie ist dem Sozialhilfeträger in vereinbarten Zeitabständen vorzulegen.

(2) Der Träger der Einrichtung ist dafür verantwortlich, dass Maßnahmen zur internen Sicherung der Struktur-, Prozess- und Ergebnisqualität festgelegt und durchgeführt werden.

(3) Maßnahmen der Qualitätssicherung können z. B. sein
– die Einrichtung von Qualitätszirkeln,
– die Einsetzung von Qualitätsbeauftragten,
– die Mitwirkung an Qualitätskonferenzen,
– die Entwicklung und Weiterentwicklung von Verfahrensstandards für die Betreuung und Versorgung.

§ 28 Prüfung der Qualität der Leistungen. Sofern begründete Anhaltspunkte dafür vorliegen, dass eine Einrichtung ihre Leistungen nicht in der vereinbarten Qualität erbringt, sind die Sozialhilfeträger berechtigt, zu prüfen, ob die erbrachten Leistungen der mit der Einrichtung vereinbarten Qualität entsprechen. Das Nähere soll in den Rahmenverträgen geregelt werden.

§ 29 Verfahren zur Durchführung von Qualitätsprüfungen. (1) In den Rahmenverträgen soll geregelt werden, ob Prüfungen nach § 28 durch die Sozialhilfeträger selbst, durch unabhängige Kommissionen oder externe Sachverständige durchgeführt werden.

(2) Gegenstand der Prüfung sind die Sachverhalte, bei denen Anhaltspunkte hinsichtlich eines Verstoßes gegen die vereinbarte Qualität bestehen. Der Träger der Einrichtung und sein Verband sollten vorher zu diesen Sachverhalten gehört werden.

(3) Die Träger der Einrichtungen sind verpflichtet, den mit der Prüfung Beauftragten die Prüfung in geeigneter Form zu ermöglichen und daran mitzuwirken.

(4) Der Prüfungsbericht wird allen Beteiligten ausgehändigt. Das Prüfungsergebnis ist den Leistungsempfängern in geeigneter Form mitzuteilen.

(5) In den Rahmenverträgen ist die Kostentragung der Prüfung zu regeln.

V. Schlussbestimmung

§ 30[1]) Inkrafttreten und Laufzeit der Vereinbarungen. (1) Diese Bundesempfehlung gemäß § 93d Abs. 3 BSHG für eine Rahmenvereinbarung nach § 93 Abs. 2 BSHG tritt mit sofortiger Wirkung in Kraft. Die Vereinbarung gilt bis zum 31. 12. 1999. Die Vereinbarungspartner sind sich einig, sich bis dahin zu verständigen, welche Regelungen der Empfehlungen neu zu verhandeln sind und welche Regelungen bis zum Abschluss einer neuen Vereinbarung weiter gelten.

(2) Die Vereinbarungspartner verabreden, die Verhandlungen mit dem Ziel bundeseinheitlicher Empfehlungen zu den bisher noch nicht oder nicht ausreichend gelösten Punkten (z. B. die Bildung von Leistungstypen und Gruppen von Hilfeempfängern mit vergleichbarem Hilfebedarf) weiterzuführen.

---

[1]) Die Empfehlungspartner haben sich im November 2001 nach förmlicher Verlängerung bis 31. 12. 2001 durch Protokollerklärung darauf verständigt, die Bundesempfehlung unbefristet bis zum Abschluss einer überarbeiteten Fassung zu verlängern. Zu einer Neufassung ist es bisher – auch im Hinblick auf die anstehende Reform des Sozialhilferechts – nicht gekommen.

§ 41   Offenlegung Arbeitsergebnisse WfbM

Offenlegung der Ermittlung und Verwendung des Arbeitsergebnisses im Arbeitsbereich der Werkstatt für behinderte Menschen für das Jahr 201_

Name der Werkstatt

Name und Anschrift des Trägers der Werkstatt

Spitzenverband

Name und Anschrift des Abschlussprüfers

I.	**Erträge** (§ 12 Abs. 4 Satz 1 und 2 WVO)	€
1.	Umsatzerlöse des Arbeitsbereiches	€
2.	Zins- und sonstige Erträge aus wirtschaftlicher Tätigkeit des Arbeitsbereiches	€
3.	Summe der von den Rehabilitationsträgern im Arbeitsbereich gezahlten Kostensätze[1])	€

Summe der Erträge (1.–3.) €

Notwendige Kosten des laufenden Betriebs im Arbeitsbereich der Werkstatt (§ 12 Abs. 4 Satz 3 WVO)

1.	Personalaufwand zur Erfüllung der fachlichen Anforderungen[2])[3])	€
2.	Personalaufwand zur Erfüllung der werkstattspezifischen wirtschaftlichen Betätigung[1])[2])	€
3.	Personalaufwand zur unternehmensüblichen wirtschaftlichen Betätigung[3])	€
4.	Sachkosten zur Erfüllung der fachlichen Anforderungen[2])[3])	€
5.	Sachkosten zur Erfüllung der werkstattspezifischen wirtschaftlichen Betätigung[2])[3])	€
6.	Sachkosten zur unternehmensüblichen wirtschaftlichen Betätigung[3])	€

---

[1]) Der Begriff der Kostensätze nach § 12 Abs. 4 WVO entspricht dem Begriff der Vergütungen nach § 41 Abs. 3 SGB IX. Dazu gehören nicht die Fahrtkosten, die Sozialversicherungsbeiträge und das Arbeitsförderungsgeld. Sofern zusätzlich Verpflegungskosten gezahlt werden und diese nicht in den Kostensätzen enthalten sind, sind diese hinzuzurechnen.

[2]) Die Beträge zu 1 und 2 sowie 4 und 5 können zusammengefasst werden, solange die Aufteilung aufgrund einer fehlenden oder nicht ausreichend differenzierten Leistungs- und Vergütungsvereinbarung noch nicht möglich ist.

[3]) Die Beträge sind aus der Leistungs- und Vergütungsvereinbarung abzuleiten, sobald diese abgeschlossen ist. Bis dahin ist die Aufteilung nach der Einschätzung der Werkstattträger ggf. auf der Grundlage alter Absprachen oder Vereinbarungen vorzunehmen.

7. Betrag aus Periodenabgrenzung[1]) (sofern entstanden und € _____
nicht aus anderen Trägermitteln ausgleichbar)

Summe der notwendigen Kosten (1.–7.) € _____

II. **Ermittlung des Arbeitsergebnisses** (§ 12 Abs. 4 Satz 1 WVO)

1. Summe der Erträge (Summe I.) € _____
2. Summe der notwendigen Kosten (Summe II.) € ./. _____

Arbeitsergebnis € _____

III. **Verwendung des Arbeitsergebnisses** (§ 12 Abs. 5 WVO)

1. **Arbeitsentgelte** (§ 138 Abs. 2 SGB IX)

Gesamtsumme der Arbeitsentgelte
(ohne Arbeitsförderungsgeld) € _____

Durchschnittlich ausgezahltes Arbeitsentgelt
– je Werkstattbeschäftigten und Jahr € _____
– je Werkstattbeschäftigten und Monat ($^1/_{12}$) € _____

Arbeitsentgeltspanne von ____ € bis ____ € _____

2. **Entwicklung der Ertragsschwankungsrücklage** € _____

Stand der Rücklage am 1. 1. 201_

Zuführung zur Rücklage € _____

Entnahme aus Rücklage € _____

Stand der Rücklage am 31. 12. 201_ € _____

6-Monatsbetrag der Arbeitsentgelte € _____

3. **Entwicklung der Rücklage für Ersatz- und Modernisierungsinvestitionen**

Stand am 1. 1. 201_ € _____

Zuführung zur Rücklage € _____

Entnahme aus Rücklage € _____

Stand am 31. 12. 201_ € _____

Stand der Abschreibungsrücklage am 31. 12. 201_ € _____

V. **Darstellung der Auswirkungen der Vergütungen auf das Arbeitsergebnis** (§ 41 Abs. 4 SGB IX)

1. Summe der Erträge nach I. 3. € _____
2. Aufwendungen der fachlichen Anforderungen sowie werk- € _____
stattspezifische Aufwendungen der wirtschaftlichen Betätigung (Summe aus II.1., 2., 4., 5. und 7.)[2])

Überschuss/Verlust € _____

---

[1]) Bei diesem Betrag handelt es sich um einen evtl. entstandenen Verlustvortrag aus einer früheren Wirtschaftsperiode, sofern dieser Betrag nicht durch „Drittmittel des Trägers" ausgeglichen werden kann.

[2]) Die Beträge sind aus der Leistungs- und Vergütungsvereinbarung abzuleiten, sobald diese abgeschlossen ist. Bis dahin ist die Aufteilung nach der Einschätzung der Werkstattträger ggf. auf der Grundlage alter Absprachen oder Vereinbarungen vorzunehmen.

§ 41　　　　　　　　　　Bescheinigung Arbeitsergebnisse gem. § 12 WVO

VI. Fahrtkostenübersicht[1])

Werden die Fahrtkosten durch die Vergütungen vollständig abgedeckt?　☐ ja　☐ nein

Wenn nein, aus welchen Mitteln erfolgt der Ausgleich der Unterdeckung?

_____

_____

VII. Sozialversicherungsbeiträge

Wurden die Sozialversicherungsbeiträge gemäß den gesetzlichen Vorschriften erstattet?　☐ ja　☐ nein

Wenn nein, in welcher Höhe ist ein Fehlbetrag entstanden?

_____

_____

Muster

Bescheinigung des (Werkstattträger oder sein Spitzenverband) über die Ermittlung des Arbeitsergebnisses und deren Verwendung gemäß § 12 WVO

Träger der Werkstatt/Name der Werkstatt

Spitzenverband

Es wird bestätigt, dass der Jahresabschluss 201_ entsprechend § 12 Abs. 1 WVO durch einen Abschlussprüfer geprüft wurde und dass der Werkstatt ein uneingeschränkter Bestätigungsvermerk/eine Bescheinigung erteilt wurde.

Der Abschlussprüfer hat bestätigt/bescheinigt, dass
– die Bücher nach kaufmännischen Grundsätzen geführt werden,
– die Betriebsabrechnung in Form einer Kostenstellenrechnung erstellt worden ist,
– das Arbeitsergebnis, seine Zusammensetzung im Einzelnen gem. § 12 Abs. 4 WVO und seine Verwendung im Jahresabschluss ausgewiesen ist,
– das Arbeitsergebnis entsprechend § 12 Abs. 4 WVO ermittelt,
– das Arbeitsergebnis für die in § 12 Abs. 5 WVO genannten Zwecke verwandt worden ist.

_____　　　　_____
Ort, Datum　　　　　　　　　　　　Unterschrift des Werkstattträgers

_____　　　　_____
Ort, Datum　　　　　　　　　　　　Unterschrift des Spitzenverbandes

---

[1]) Angaben sind nur erforderlich, wenn die Werkstatt den Fahrdienst von und zur Werkstatt durchführt oder sich im Rahmen von Ausschreibungen daran beteiligt und die Fahrtkosten nicht spitz abgerechnet, sondern pauschaliert gezahlt werden.

Bescheinigung des Abschlussprüfers über die Ermittlung des Arbeitsergebnisses und seine Verwendung gemäß § 12 Werkstättenverordnung (WVO)

Träger der Werkstatt für behinderte Menschen / Name der Werkstatt für behinderte Menschen

Durch den Träger der Werkstatt für behinderte Menschen wurden wir beauftragt, den Jahresabschluss [des Trägers der Werkstatt für behinderte Menschen, der zugleich der Jahresabschluss der Werkstatt für behinderte Menschen ... nach WVO ist, unter Einbeziehung der Buchführung und den Lagebericht des Trägers der Werkstatt für behinderte Menschen, der zugleich die Lage der Werkstatt für behinderte Menschen darstellt,][1] für das Geschäftsjahr vom 1. Januar 200X bis 31. Dezember 200X nach § 317 HGB zu prüfen.

Die Abschlussprüfung wurde auftragsgemäß erweitert um die

– Prüfung der Betriebsabrechnung,
– Prüfung der Ermittlung des Arbeitsergebnisses,
– Prüfung seiner Zusammensetzung im Einzelnen gemäß § 12 Abs. 4 WVO und
– Prüfung seiner Verwendung gemäß § 12 Abs. 5 WVO.

Wir haben unsere Jahresabschlussprüfung nach § 317 HGB bzw. in analoger Anwendung und § 12 Abs. 1 Satz 5 WVO unter Beachtung der vom Institut der Wirtschaftsprüfer (IDW) festgestellten deutschen Grundsätze ordnungsmäßiger Abschlussprüfung vorgenommen. Danach ist die Prüfung so zu planen und durchzuführen, dass Unrichtigkeiten und Verstöße, die sich auf die Darstellung des Jahresabschlusses [und des Lageberichtes] unter Beachtung der Grundsätze ordnungsmäßiger Buchführung wesentlich auswirken, mit hinreichender Sicherheit erkannt werden und dass mit hinreichender Sicherheit beurteilt werden kann, ob die Anforderungen, die sich aus der Erweiterung des Prüfungsgegenstandes nach § 12 Abs. 1 Satz 5 WVO ergeben, erfüllt wurden. Bei der Festlegung der Prüfungshandlungen werden die Kenntnisse über die Geschäftstätigkeit und über das wirtschaftliche und rechtliche Umfeld sowie die Erwartungen über mögliche Fehler berücksichtigt. Im Rahmen unserer Prüfung werden die Wirksamkeit des rechnungslegungsbezogenen internen Kontrollsystems sowie Nachweise für die Angaben in Buchführung und Jahresabschluss [und Lagebericht] überwiegend auf der Basis von Stichproben beurteilt.

Die Prüfung umfasst die Beurteilung der angewandten Bilanzierungsgrundsätze und der wesentlichen Einschätzungen der gesetzlichen Vertreter des Trägers der Werkstatt sowie die Würdigung der Gesamtdarstellung des Jahresabschlusses [und des Lageberichts]. Wir sind der Auffassung, dass unsere Prüfung eine hinreichend sichere Grundlage für unsere Beurteilung bildet.

Die Buchführung, die Betriebsabrechnung und die Aufstellung von Jahresabschluss [und Lagebericht] nach [den deutschen handelsrechtlichen Vorschriften und] den Vorschriften der WVO [und den ergänzenden Vorschriften im Gesellschaftsvertrag/in der Satzung des Trägers der Werkstatt] sowie die nach § 12 Abs. 1 Satz 4 WVO zusätzlich zu machenden Angaben zum Arbeitsergebnis, seiner Zusammensetzung im Einzelnen und seiner Verwendung liegen in der Verantwortung der gesetzlichen Vertreter des Trägers der Werkstatt. Unsere Aufgabe ist es, auf der Grundlage der von uns durchgeführten Prüfung eine Beurteilung über den Jahresabschluss unter Einbeziehung der Buchführung[, den Lagebericht] sowie über den erweiterten Prüfungsgegenstand abzugeben:

---

[1] Betrifft den Fall, dass Jahresabschluss des Trägers der Werkstatt für behinderte Menschen und Jahresabschluss der Werkstatt für behinderte Menschen identisch sind, weil der Träger keine weiteren Einrichtungen unterhält.

Zur Vorlage bei den Anerkennungsbehörden nach § 142 Satz 2 des Neunten Buches Sozialgesetzbuch (SGB IX) bescheinigen wir, dass der Jahresabschluss zum 31. 12. 200X mit einem uneingeschränkten Bestätigungsvermerk versehen wurde und dass die Prüfung der Betriebsabrechnung, der Ermittlung des Arbeitsergebnisses, seiner Zusammensetzung im Einzelnen und seiner Verwendung gemäß § 12 Abs. 1 Satz 5 WVO keine Einwendungen ergeben hat.

Diese Bescheinigung erteilen wir auf der Grundlage des uns erteilten Auftrags. Dieser begrenzt unsere Haftung im Fall von gesetzlich vorgeschriebenen Abschlussprüfungen nach Maßgabe des § 323 Abs. 2 Handelsgesetzbuch (HGB), im Fall von nicht gesetzlich vorgeschriebenen Prüfungen nach Maßgabe der vereinbarten und dieser Bescheinigung beigefügten Allgemeinen Auftragsbedingungen für Wirtschaftsprüfer und Wirtschaftsprüfungsgesellschaften vom 1. Januar 2002. Wir erteilen diese Bescheinigung zu Gunsten der Anerkennungsbehörden unter der Voraussetzung, dass die Anerkennungsbehörden die jeweils einschlägige Haftungsbegrenzung auch sich gegenüber gelten lassen.

Ort, den   Name und Unterschrift des Wirtschaftsprüfers

§ 42
Zuständigkeit für Leistungen in Werkstätten für behinderte Menschen

(1) Die Leistungen im Eingangsverfahren und im Berufsbildungsbereich erbringen
1. die Bundesagentur für Arbeit, soweit nicht einer der in Nummer 2 bis 4 genannten Träger zuständig ist,
2. die Träger der Unfallversicherung im Rahmen ihrer Zuständigkeit für durch Arbeitsunfälle Verletzte und von Berufskrankheiten Betroffene,
3. die Träger der Rentenversicherung unter den Voraussetzungen der §§ 11 bis 13 des Sechsten Buches,
4. die Träger der Kriegsopferfürsorge unter den Voraussetzungen der §§ 26 und 26a des Bundesversorgungsgesetzes.

(2) Die Leistungen im Arbeitsbereich erbringen
1. die Träger der Unfallversicherung im Rahmen ihrer Zuständigkeit für durch Arbeitsunfälle Verletzte und von Berufskrankheiten Betroffene,
2. die Träger der Kriegsopferfürsorge unter den Voraussetzungen des § 27d Abs. 1 Nr. 3 des Bundesversorgungsgesetzes,
3. die Träger der öffentlichen Jugendhilfe unter den Voraussetzungen des § 35a des Achten Buches,
4. im Übrigen die Träger der Sozialhilfe unter den Voraussetzungen des Zwölften Buches.

ERLÄUTERUNGEN

ÜBERSICHT

I. Bedeutung der Vorschrift (Rdnrn. 1–3)
II. Fassung (Rdnr. 4)
III. Begründung (Rdnr. 5)
IV. Anmerkungen (Rdnrn. 6–18)
   A) zu Abs. 1
      1. Leistungen im Eingangsverfahren und im Berufsbildungsbereich (Rdnrn. 6–10)

B) zu Abs. 2
  1. Arbeitsbereich (Rdnrn. 11–18)
V. Literatur

I. Bedeutung der Vorschrift

Die Vorschrift bestimmt in Ergänzung des § 6 Abs. 1 SGB IX, welche Rehabilitationsträger für Leistungen in Werkstätten für behinderte Menschen zuständig sind. Sie begründet weder Leistungsansprüche noch schließt sie solche aus. Hierbei wird zwischen Leistungen im Eingangsverfahren und im Berufsbildungsbereich einerseits sowie auf der anderen Seite den Leistungen im Arbeitsbereich unterschieden. 1

In **Abs. 1** wird festgelegt, dass **im Eingangsverfahren und im Berufsbildungsbereich** die Träger der Unfallversicherung, der Rentenversicherung sowie der Kriegsopferfürsorge unter den jeweils gesetzlich genannten Voraussetzungen die Leistungen zu erbringen haben. Im Übrigen wird Leistungsträger die Bundesagentur für Arbeit, soweit nicht einer der anderen genannten Träger zuständig ist. 2

Hingegen sind nach **Abs. 2** für die Leistungen im **Arbeitsbereich** zuständig 3
– die Träger der Unfallversicherung für durch Arbeitsunfälle Verletzte und von Berufskrankheiten Betroffene,
– die Träger der Kriegsopferfürsorge unter den Voraussetzungen des § 27d Abs. 1 Nr. 6 BVG,
– die Träger der öffentlichen Jugendhilfe für Eingliederungshilfen für seelisch behinderte Kinder und Jugendliche nach § 35a SGB VIII,
– im Übrigen die Sozialhilfeträger nach Maßgabe des SGB XII. Deren Zuständigkeit wird durch die mit der Vorschrift getroffene Regelung nicht verändert.

II. Fassung

Die Vorschrift wurde unverändert aus dem Regierungsentwurf (BT-Drucks. 14/5531 i. V. m. 14/5074) übernommen. Durch Art. 48 Nr. 1 des Gesetzes zur Gleichstellung behinderter Menschen und zur Änderung anderer Gesetze vom 27. 4. 2002 (BGBl. I S. 1467) wurde mit Wirkung vom 1. 5. 2002 die Angabe „§ 27d Abs. 1 Nr. 6" durch die Angabe „§ 27d Abs. 1 Nr. 3" ersetzt. 4

III. Begründung

Zu den **finanziellen Auswirkungen** der Vorschrift führt der Regierungsentwurf aus (BT-Drucks. 14/5074 S. 134): 5

„Bereits nach geltendem Recht erbringen auch Träger der Unfallversicherung in Einzelfällen neben den Trägern der Sozialhilfe, Jugendhilfe und Kriegsopferfürsorge Leistungen für den Arbeitsbereich. Die Erweiterung des Kreises der Leistungsträger um die Zuständigkeit der Träger der Unfallversicherung ist daher eher formaler Natur. Deshalb wird mit nur geringen zusätzlichen Fallzahlen gerechnet. Die daraus resultierenden Mehrkosten für die Träger der Unfallversicherung und die dem gegenüberstehenden Einsparungen für die Sozialhilfe betragen rund 1 Mio. DM im ersten Jahr. Diese Summe beträgt nach fünf Jahren insgesamt 15 Mio. DM."

IV. Anmerkungen

A) zu Abs. 1

1. Leistungen im Eingangsverfahren und im Berufsbildungsbereich

6 Für die Leistungen an behinderte Menschen in anerkannten Werkstätten im Sinne von §§ 136 ff. SGB IX sind **grundsätzlich alle Rehabilitationsträger mit Ausnahme der Krankenkassen** zuständig.

7 Die verhältnismäßig geringste Bedeutung hat die Zuständigkeit der Träger der **Unfallversicherung** nach **Abs. 1 Nr. 2**, die in § 35 SGB VII geregelt ist und im Falle eines Arbeitsunfalls eingreift. Eine ebenso begrenzte Bedeutung hat die Zuständigkeit der Träger der **Kriegsopferfürsorge** unter den Voraussetzungen der §§ 26 und 26a BVG (**Abs. 1 Nr. 4**).

8 Als vorrangig leistender Träger kommen namentlich die in **Abs. 1 Nr. 3** genannten Träger der **Rentenversicherung** in Betracht (vgl. § 16 SGB VI). Ihre Zuständigkeit besteht aber nur „unter den Voraussetzungen der §§ 11–13 SGB VI", d. h. vor allem nur unter den engen beitragsrechtlichen Voraussetzungen des § 11 Abs. 1 SGB VI oder wenn die besondere Fallgestaltung des § 11 Abs. 2a SGB VI gegeben ist. Die Hauptzielgruppe der WfbM, nämlich jüngere geistig behinderte Menschen, erfüllen im Allgemeinen die Voraussetzungen für eine Leistungspflicht des Trägers der Rentenversicherung nicht: Das betrifft sowohl die beitragsrechtlichen Voraussetzungen des § 11 Abs. 1 SGB VI als auch den Sonderfall des § 11 Abs. 2a Nr. 1 SGB VI, dass nämlich die Zahlung einer Rente durch eine berufliche Rehabilitation abzuwenden wäre.

9 Zwar kommt eine Anwendung des § 11 Abs. 2a Nr. 2 SGB VI in Betracht, nämlich eine Leistung des Trägers der Rentenversicherung zur beruflichen Rehabilitation unmittelbar im Anschluss an Leistungen zur medizinischen Rehabilitation. Bei geistig behinderten Menschen sind aber Leistungen zur medizinischen Rehabilitation nicht angebracht und beitragsrechtlich im Hinblick auf § 11 Abs. 2 SGB VI häufig auch nicht möglich (Mrozynski Rdnr. 3).

10 Damit kommt **regelmäßig die Zuständigkeit der Bundesagentur für Arbeit (Abs. 1 Nr. 1)** zum Zuge. Sie ist zwar sowohl in dieser Vorschrift als auch in § 22 Abs. 2 SGB III als nachrangig bezeichnet. Jedoch ist die Bundesagentur für Arbeit in der Praxis vielfach der einzige mögliche Leistungsträger. Die Leistungsvorschriften für die BA finden sich in den §§ 97 ff. SGB III, insbesondere in § 102 Abs. 2 SGB III.

Auch das **SGB II hat hieran grundsätzlich nichts geändert**. Zwar waren zunächst Zweifelsfragen bezüglich der Abstimmung zwischen dem SGB II und dem SGB III aufgetreten (vgl. hierzu *Welti* SGb 2005, 491; *Wendt* sozialrecht aktuell 2006, 6). Der Gesetzgeber hat aber in **§ 6a Satz 1 und 2 SGB IX** klargestellt: Die Bundesagentur für Arbeit ist auch Rehabilitationsträger für Leistungen zur Teilhabe am Arbeitsleben für behinderte **erwerbsfähige** Hilfebedürftige im Sinne des SGB II, sofern nicht ein anderer Rehabilitationsträger zuständig ist. Unberührt bleibt die Zuständigkeit der ARGE oder des zugelassenen kommunalen Trägers für die Leistungen zur beruflichen Teilhabe behinderter Menschen nach § 16 Abs. 1 SGB II. Die **zugelassenen kommunalen Träger** haben insoweit die Rechte und Pflichten der Agentur für Arbeit § 6b Abs. 1 SGB II). Sie sind aber nach § 6a SGB IX **keine Rehabilitationsträger**, obwohl sie auch Rehabilitationsleistungen erbringen.

Hat ein behinderter Mensch (z. B. ein dienstunfähiger Beamter) dem Grunde nach keinen Anspruch auf Leistungen im Eingangsverfahren und im Berufsbildungsbereich gegenüber einem der vorgenannten Träger, kommt eine **Leistungserbringung durch den Sozialhilfeträger** nach § 54 Abs. 1 SGB XII i. V. m. § 33 Abs. 1 und Abs. 3 Nr. 6 und § 40 SGB IX in Betracht. Ein Anspruch auf unterhaltssichernde und andere ergänzende Leistungen i. S. von § 5 Nr. 3 i. V. m. §§ 44 ff. SGB IX (z. B. Ausbildungsgeld) besteht gegenüber dem Sozialhilfeträger jedoch nicht. § 6 Abs. 1 Nr. 7 i. V. m. § 44 Abs. 1 SGB IX schließen den Sozialhilfeträger von der Verpflichtung zur Erbringung derartiger Leistungen ausdrücklich aus (vgl. WE/BAGüS Nr. 10.6.1, abgebildet im Anhang zur Kommentierung des § 39 SGB IX).

B) zu Abs. 2
1. Arbeitsbereich

Als Rehabilitationsträger für Leistungen im Arbeitsbereich einer WfbM kommen die Träger der Unfallversicherung, der Kriegsopferfürsorge, der öffentlichen Jugendhilfe und der Sozialhilfe in Betracht. **11**

Eine Zuständigkeit der **Bundesagentur für Arbeit** besteht **insoweit nicht**, weil der Arbeitsbereich einer WfbM nicht zum allgemeinen Arbeitsmarkt rechnet und der Schwerpunkt der vom Rehabilitationsträger zu erbringenden Leistungen in der Möglichkeit einer behindertenspezifischen Beschäftigung sowie in arbeitsbegleitenden Maßnahmen im Sinne von § 41 Abs. 2 Nr. 1 und 2 SGB IX liegt. Zwar soll dabei auch die „Förderung des Übergangs geeigneter behinderter Menschen auf den allgemeinen Arbeitsmarkt durch geeignete Maßnahmen" geregelt werden (§ 41 Abs. 2 Nr. 3 SGB IX). Jedoch steht dieser Aspekt nicht im Vordergrund der Leistungen, sodass – im Gegensatz für den Eingangs- und Berufsbildungsbereich – eine Zuständigkeit der Bundesagentur für Arbeit nicht hinreichend begründbar wäre (krit. hierzu Mrozynski Rdnr. 5f mit der Forderung an den Gesetzgeber, auch in Abs. 2 der Vorschrift die Zuständigkeit aller Rehabilitationsträger vorzusehen und auch den Arbeitsbereich der WfbM als Maßnahme zur gezielten Verbesserung der beruflichen Fähigkeiten zu werten; hierbei sollten ggf. in Anlehnung an § 30 Abs. 2 SGB IX Komplexleistungen durch „pauschale, anteilige Kostenübernahmen auf der Basis von Erfahrungswerten" aufgrund konkreter Vereinbarungen mit der WfbM als Vergütung rehabilitativer Leistungen im Arbeitsbereich erbracht werden). **12**

Wie auch im Eingangs- und Berufsbildungsbereich sind Leistungen der Träger der **Unfallversicherung (Abs. 2 Nr. 1)** bzw. der **Kriegsopferfürsorge (Abs. 2 Nr. 2)** im Arbeitsbereich der WfbM eher selten. Dasselbe gilt für die Träger der **Jugendhilfe**, die für Leistungen an seelisch behinderte Jugendliche im Sinne von § 35a SGB VIII zuständig sind **(Abs. 2 Nr. 3)**. Für diese Jugendlichen werden aber vor allem Möglichkeiten der Eingliederung auf dem allgemeinen Arbeitsmarkt gesucht, sodass die WfbM für sie keine größere praktische Bedeutung hat (Mrozynski Rdnr. 4). **13**

Damit kommt der nach dem Gesetzeswortlaut nachrangigen Zuständigkeit der **Träger der Sozialhilfe** gem. Abs. 2 Nr. 4 die praktisch **größte Bedeutung** für Leistungen im Arbeitsbereich der WfbM zu. **14**

Die Leistungen des Trägers der Sozialhilfe werden als **Eingliederungshilfe nach § 54 Abs. 1 Nr. 4 SGB XII** erbracht. Sachlich zuständig ist – sofern nicht das Landesrecht abweichende Regelungen trifft – der **überörtliche Träger der Sozialhilfe** (§ 97 Abs. 3 Nr. 1 SGB XII). Allerdings ist häufig auch die Durchführung der Aufgaben des überörtlichen Trägers dem örtlichen Träger übertragen (vgl. § 99 Abs. 2 SGB XII). **15**

Im Fall einer **stationären Hilfe** (Wohnheim) bleibt derjenige Sozialhilfeträger, der die Wohnheimkosten des behinderten Menschen außerhalb seines örtlichen Zuständigkeitsbereichs trägt, örtlich zuständig, wenn der Leistungsberechtigte zu einem späteren Zeitpunkt in eine Werkstatt im Bereich des Wohnortes aufgenommen wird (sog. **Zusammenhangskosten**; § 98 Abs. 1, §§ 106, 107 SGB XII). Dies gilt auch in Fällen des § 98 Abs. 5 SGB XII, sodass im Falle des **ambulant betreuten Wohnens** außerhalb des Zuständigkeitsbereichs des zuständigen Trägers der Sozialhilfe von diesem auch anschließend notwendige Kosten für die Beschäftigung im Arbeitsbereich der Werkstatt zu übernehmen sind (vgl. WE/BAGüS Nr. 10.6.2 Abs. 3).

Anspruch auf Leistungen der Eingliederungshilfe haben Personen, die durch eine Behinderung i. S. von § 2 Abs. 1 Satz 1 SGB IX wesentlich in ihrer Fähigkeit, an der Gesellschaft teilzuhaben, eingeschränkt oder von einer solchen wesentlichen Behinderung bedroht sind. **16**

Weitere Voraussetzung für Grund und Dauer des Anspruchs ist, dass nach der Besonderheit des Einzelfalls, insbesondere nach Art oder Schwere der Behinderung, Aussicht besteht, dass die Aufgabe der Eingliederungshilfe erfüllt werden kann (§ 19 Abs. 3 i. V. m. §§ 53, 54 ff. SGB XII i. V. m. § 33 Abs. 1, § 41 SGB IX). Zu den Leistungen der Eingliederungshilfe gehören nach § 54 Abs. 1 SGB XII u. a. Leistungen für behinderte Menschen im Arbeitsbereich einer anerkannten WfbM, bei denen eine Beschäftigung auf dem allgemeinen Arbeitsmarkt wegen der Art und Schwere der Behinderung nicht, noch nicht oder noch nicht wieder in Betracht kommt und die in der Lage sind, wenigstens ein Mindestmaß an wirtschaftlich verwertbarer Arbeit zu erbringen (§ 5 Nr. 2, § 39, § 41 Abs. 1 SGB IX i. V. m. § 136 SGB IX).

17 Das **Mittagessen in einer WfbM** ist notwendiger Bestandteil der vom zuständigen Sozialhilfeträger zu leistenden Eingliederungshilfe (BSG Urteil vom 9. Dezember 2008 – B 8/9b SO 10/07 R = BSGE 102, 126 = SozR 4-3500 § 54 Nr. 3 = FEVS 60, 517).

Es wird nicht nur anlässlich der Unterbringung aufgrund eines örtlichen oder zeitlichen Bezugs zur Einrichtung gewährt, vielmehr besteht ein funktionaler Zusammenhang mit der in der Einrichtung gewährten Eingliederungshilfe. Es ist integraler Bestandteil der eigentlichen Aufgabenerfüllung (BSG Urteil vom 9. Dezember 2008 m. w. Nachw.; vgl. hierzu aber auch WE/BAGüS Nr. 11.1 Abs. 2).

18 Zur **Behandlung von Einkommen und Vermögen** des behinderten Menschen im Rahmen der Eingliederungshilfe wird auf die WE/BAGüS Nr. 11 verwiesen.

V. Literatur

Welti, Felix, Sozialrechtliche Fragen zur Werkstat für behinderte Menschen, SGb 2005, 491

Wendt, Sabine, Zugangsvoraussetzungen zu Werkstätten nach dem ab 1. 1. 2005 geltenden Recht (SGB II, III, VI, IX und XII) – Bewertung der Stellungnahme der BAGüS (Bundesarbeitsgemeinschaft der überörtlichen Träger der Sozialhilfe) vom 15. 7. 2005, sozialrecht aktuell 2006, 6

§ 43
Arbeitsförderungsgeld

[1]Die Werkstätten für behinderte Menschen erhalten von dem zuständigen Rehabilitationsträger zur Auszahlung an die im Arbeitsbereich beschäftigten behinderten Menschen zusätzlich zu den Vergütungen nach § 41 Abs. 3 ein Arbeitsförderungsgeld. [2]Das Arbeitsförderungsgeld beträgt monatlich 26 Euro für jeden im Arbeitsbereich beschäftigten behinderten Menschen, dessen Arbeitsentgelt zusammen mit dem Arbeitsförderungsgeld den Betrag von 325 Euro nicht übersteigt. [3]Ist das Arbeitsentgelt höher als 299 Euro, beträgt das Arbeitsförderungsgeld monatlich den Unterschiedsbetrag zwischen dem Arbeitsentgelt und 325 Euro. [4]Erhöhungen der Arbeitsentgelte aufgrund der Zuordnung der Kosten im Arbeitsbereich der Werkstatt gemäß § 41 Abs. 3 Bundessozialhilfegesetz in der ab 1. August 1996 geltenden Fassung oder gemäß § 41 Abs. 3 können auf die Zahlung des Arbeitsförderungsgeldes angerechnet werden.

ERLÄUTERUNGEN

ÜBERSICHT

I. Bedeutung der Vorschrift (Rdnr. 1)
II. Fassung (Rdnrn. 2–4)
III. Anmerkungen (Rdnrn. 5–19)
    1. Arbeitsförderungsgeld als zusätzliche Vergütung (Rdnrn. 5–6)
    2. Rechtscharakter der Leistung (Rdnrn. 7–10)

Arbeitsförderungsgeld § 43

3. Anrechnung als sozialhilferechtliches Einkommen (Rdnr. 11)
4. Teilzeitbeschäftigung und Lohnfortzahlung im Krankheitsfall (Rdnrn. 12–14)
5. Verrechnung des Arbeitsförderungsgeldes mit Vergütungsanteilen (Rdnrn. 15–19)

I. Bedeutung der Vorschrift

Sie verpflichtet den jeweils zuständigen Rehabilitationsträger zur Zahlung eines Arbeitsförderungsgeldes an Werkstätten für behinderte Menschen im Sinne von §§ 136 ff. SGB IX. Das Arbeitsförderungsgeld soll an die im Arbeitsbereich der Werkstatt beschäftigten behinderten Menschen zusätzlich zu den ihnen zustehenden Vergütungen ausgezahlt werden. 1

II. Fassung

Der Regierungsentwurf (BT-Drucks. 14/5531 i. V. m. 14/5074) sah an dieser Stelle zunächst eine Verordnungsermächtigung vor. Das Bundesministerium für Arbeit und Sozialordnung sollte durch Rechtsverordnung mit Zustimmung des Bundesrates festlegen können, welche Arten oder Bestandteile der nach § 41 Abs. 3 SGB IX zu übernehmenden Kosten zu berücksichtigen sind. 2

Der BT-Ausschuss für Arbeit und Sozialordnung hat stattdessen die jetzige Gesetzesfassung eingefügt und dies wie folgt begründet (BT-Drucks. 14/5800 S. 33): 3

„Die Regelung führt ein Arbeitsförderungsgeld ein. Dies ist deshalb möglich, weil die Verordnungsermächtigung zum Erlass einer Rechtsverordnung über die Zuordnung der Kosten im Arbeitsbereich einer Werkstatt gemäß § 41 Abs. 3 aufgehoben wird. Das mit der Kostenzuordnungsverordnung verfolgte Ziel, die Arbeitsergebnisse der Werkstätten um ca. 100 Mio. Deutsche Mark zu entlasten, damit diese entsprechend die Arbeitsentgelte der behinderten Beschäftigten erhöhen können, wird nunmehr durch die Zahlung eines Arbeitsförderungsgeldes in Höhe von 50 Deutsche Mark erreicht. Diese zusätzliche Leistung soll in vollem Umfang denjenigen behinderten Beschäftigten zukommen, deren Arbeitsentgelt den Betrag von 580 Deutsche Mark nicht übersteigt. Ist das Arbeitsentgelt höher als 580 Deutsche Mark, wird der Unterschiedsbetrag zwischen dem Arbeitsentgelt und 630 Deutsche Mark gezahlt. Hat ein Rehabilitationsträger aufgrund der Zuordnung der Kosten im Arbeitsbereich der Werkstatt gemäß § 41 Abs. 3 Bundessozialhilfegesetz in der ab 1. August 1996 geltenden Fassung an die Werkstatt bereits eine höhere Vergütung gezahlt, aufgrund derer die Werkstatt die Arbeitsentgelte erhöhen konnte, kann dieser Erhöhungsbetrag auf das Arbeitsförderungsgeld angerechnet werden. Dasselbe gilt auch bei einer Zuordnung der Kosten nach § 41 Abs. 3. Damit können finanzielle Doppelbelastungen der zuständigen Kostenträger vermieden werden."

Durch Art. 66 Nr. 1 SGB IX vom 19. 6. 2001 (BGBl. I S. 1046) wurde mit Wirkung vom 1. 1. 2002 die Angabe „50 Deutsche Mark" durch die Angabe „26 Euro", jeweils die Angabe „630 Deutsche Mark" durch die Angabe „323 Euro" und die Angabe „580 Deutsche Mark" durch die Angabe „300 Euro" ersetzt. Durch Art. 48 Nr. 2 des Gesetzes zur Gleichstellung behinderter Menschen und zur Änderung anderer Gesetze vom 27. 4. 2002 (BGBl. I S. 1467) wurde mit Wirkung vom 1. 1. 2002 jeweils die Angabe „323 Euro" durch die Angabe „325 Euro" und die Angabe „300 Euro" durch die Angabe „299 Euro" ersetzt. 4

III. Anmerkungen

1. Arbeitsförderungsgeld als zusätzliche Vergütung

Behinderte Menschen, die im Arbeitsbereich anerkannter Werkstätten beschäftigt sind, haben Anspruch auf ein **Arbeitsentgelt**. Dieses setzt sich zusammen aus einem Grundbetrag und einem Steigerungsbetrag (§ 138 Abs. 2 SGB IX). Der **Grundbetrag** entspricht dem Ausbildungsgeld, das die Bundesagentur für Arbeit nach § 107 SGB III leistet und ab 1. 1. 2002 67 Euro monatlich beträgt. Der **Steigerungsbetrag** bemisst sich nach der individuellen Ar- 5 beitsleistung der behinderten Menschen, insbesondere unter Berücksichtigung von Arbeitsmenge und Arbeitsgüte (§ 138 Abs. 2 Satz 2 SGB IX). Ihn kann die Werkstatt unter Ausübung eines Leistungsbestimmungsrechts gem. § 315 BGB einseitig festlegen.

6 Mit der Vorschrift des § 43 SGB IX wurde eine **zusätzliche Leistung an die im Arbeitsbereich der WfbM Beschäftigten** eingeführt: das Arbeitsförderungsgeld. Es ist vollständig unabhängig von der Arbeitsleistung und wird ohne weitere Vorbedingungen an jeden Beschäftigten in der Werkstatt ausgezahlt. Es handelt sich um eine **Zuzahlungspauschale durch die jeweiligen Rehabilitationsträger.** Sie beträgt höchstens 26 Euro im Monat und ergänzt das Arbeitsentgelt in folgender Weise: Übersteigt das Arbeitsentgelt nicht den Betrag von 299 Euro, wird das Arbeitsförderungsgeld in voller Höhe von 26 Euro an den behinderten Menschen ausgezahlt. Liegt das Arbeitsentgelt dagegen zwischen 299 Euro und 325 Euro, dient das Arbeitsförderungsgeld der Aufstockung des Arbeitsentgelts auf 325 Euro. Bei einem über dem genannten Höchstbetrag liegenden Arbeitsentgelt besteht kein Anspruch auf Arbeitsförderungsgeld.

2. Rechtscharakter der Leistung

7 Das Arbeitsförderungsgeld stellt **keine Sozialleistung** dar, auf welche die in einer WfbM beschäftigten Menschen unmittelbaren Anspruch hätten. Es handelt sich vielmehr um eine **Lohnsubvention**, welche die Werkstatt von dem jeweiligen Rehabilitationsträger verlangen kann (HK-SGB IX / *Vater* Rdnr. 5 unter Hinweis auf ein Schreiben des BMA vom 6. 7. 2001 an die Bundesarbeitsgemeinschaft der Werkstätten für Behinderte).

8 Im Streitfall hat die Werkstatt ihren Anspruch gegenüber dem jeweiligen Träger in dem maßgebenden Rechtsweg durchzusetzen, gegenüber dem Sozialhilfeträger also im **Verwaltungsrechtsweg**.

9 Das Arbeitsförderungsgeld ist **sozialversicherungspflichtiges Arbeitsentgelt** im Sinne von **§ 14 SGB IV**; dieser Begriff ist weiter als der des Arbeitsentgelts im Sinne von § 138 Abs. 2 SGB IX.

10 Es wird als Bruttobetrag ausbezahlt und ist auch als Teil des Bruttoentgelts zu behandeln. Jedoch wird mit dem Arbeitsförderungsgeld die maßgebende fiktive Bezugsgröße nicht überschritten, sodass es nicht zu erhöhten Abgaben kommt (HK-SGB IX / *Vater* Rdnr. 9). Das Arbeitsförderungsgeld fällt aber steuerrechtlich unter die Einkünfte im Sinne des § 19 EStG.

3. Anrechnung als sozialhilferechtliches Einkommen

11 Behinderten Menschen, die Hilfe in einer Anstalt, einem Heim oder einer gleichartigen Einrichtung erhalten, verbleibt das Arbeitsförderungsgeld aus der Beschäftigung in einer WfbM in gewissem Umfang (vgl. näher hierzu § 88 Abs. 2 SGB XII) zur freien Verfügung.

4. Teilzeitbeschäftigung und Lohnfortzahlung im Krankheitsfall

12 Bei Neueintritt in den Arbeitsbereich entsteht der Anspruch **mit dem Werktag des Eintritts**. Als Berechnungsgrundlage sollten die verbleibenden Arbeitstage des jeweiligen Kalendermonats zugrunde gelegt werden (so auch Nr. 8.2.3 der Werkstattempfehlungen – WE/BA-GüS –, vgl. Anhang zum Kommentar zu § 39).

13 Eine **Teilzeitbeschäftigung** soll sich dann nicht mindernd auf die Höhe des Arbeitsförderungsgeldes auswirken, wenn sie gem. § 6 Abs. 3 WVO auf die Art und Schwere der Behinderung des Betroffenen zurückzuführen ist oder in der Erfüllung des Erziehungsauftrages liegt. Hingegen ist eine Kürzung des Arbeitsförderungsgeldes wegen Teilzeitbeschäftigung gerechtfertigt, wenn die Verkürzung der Beschäftigungszeit zwischen dem behinderten Menschen und der Werkstatt nach Beratung im Fachausschuss und im Einvernehmen mit dem zuständigen Rehabilitationsträger in entsprechender Anwendung des Teilzeit- und Befristungsgesetzes vereinbart worden ist und die Werkstatt das Arbeitsentgelt des behinderten

Menschen entsprechend der verringerten Arbeitszeit zulässiger Weise nach den in § 4 Abs. 1 Satz 2 Teilzeit- und Befristungsgesetz enthaltenen Grundsätzen reduziert hat.

An **Krankheits-, Urlaubs- und sonstigen begründeten Abwesenheitstagen** ist das Arbeitsförderungsgeld im Rahmen der arbeitsrechtlichen bzw. werkstattvertraglichen Lohnfortzahlung ungekürzt zu zahlen (WE/BAGüS a. a. O.). Bei Krankengeldbezug nach Auslaufen der Lohnfortzahlung im Krankheitsfall ist auch die Arbeitsförderungsgeldzahlung einzustellen. 14

5. Verrechnung des Arbeitsförderungsgeldes mit Vergütungsanteilen

Erhöhungen der Arbeitsentgelte aufgrund der Zuordnung der Kosten im Arbeitsbereich der Werkstatt gem. § 41 Abs. 3 BSHG a. F. oder gem. § 41 Abs. 3 SGB IX können auf die Zahlung des Arbeitsförderungsgeldes angerechnet werden (**Satz 4**). 15

Die Anrechnungsmöglichkeit soll **verhindern**, dass die zuständigen Rehabilitationsträger **doppelte Leistungen** erbringen müssen, und zwar sowohl eine Vergütungserhöhung aufgrund der seit dem 1. 8. 1996 geltenden Rechtslage zur Verbesserung der Entlohnung der Beschäftigten und zusätzlich zu dem gleichen Zweck das Arbeitsförderungsgeld. Der Gesetzgeber war nämlich 1996 davon ausgegangen, dass durch eine erweiterte Zuordnung der Kosten der Werkstatt und damit höhere Vergütungssätze das Arbeitsentgelt der Beschäftigten sich entsprechend erhöhen würde. Entsprechende Regelungen waren in einer – allerdings nicht erlassenen – Rechtsverordnung zu § 41 Abs. 3 BSHG vorgesehen, an deren Stelle aber seit 1. 7. 2001 die Einführung eines Arbeitsförderungsgeldes trat. 16

Anrechenbar sind ferner **nach § 41 Abs. 3 SGB IX vereinbarte Vergütungsanteile**, die ebenfalls aus der erweiterten Kostenzuordnung folgen und damit in gleicher Weise zu einer Steigerung des Arbeitsentgelts führen. Damit ist sowohl die Zahlung über die Vergütungen als auch neben diesen möglich (vgl. hierzu WE/BAGüS Nr. 10.4.4). 17

Die entsprechende **Verrechnung** findet **zwischen Werkstatt und Rehabilitationsträger** statt. Das Verhältnis zum behinderten Beschäftigten wird dadurch nicht berührt. Im Übrigen besteht keine Rechtspflicht, die Erhöhungen *können* vielmehr verrechnet werden. Voraussetzung ist aber, dass eine Erhöhung der Arbeitsentgelte aufgrund der Vereinbarungen zwischen Rehabilitationsträger und Werkstatt stattgefunden hat. Regelmäßig dürfte dies nur dann der Fall sein, wenn der Betrag ausdrücklich als „Stützungsbetrag für das Arbeitsentgelt" o. ä. benannt worden war (vgl. LPK-SGB IX / *Haines / Jacobs* Rdnr. 15). 18

Eine Verrechnung nach Satz 4 ist ferner ausgeschlossen, wenn die Vergütungsänderung durch die Umsetzung des Verbots der „Nettoerlösrückführung" verursacht war (vgl. hierzu Erl. zu § 41 Rdnrn. 50–51). Verbesserungen des Arbeitsergebnisses, die im Zusammenhang mit der Umsetzung dieser Regelung stehen, sind von der Verrechnung nach Satz 4 ausgenommen (LPK-SGB IX / *Haines / Jacobs* Rdnr. 16). 19

KAPITEL 6
Unterhaltssichernde und andere ergänzende Leistungen
§ 44
Ergänzende Leistungen

(1) Die Leistungen zur medizinischen Rehabilitation und zur Teilhabe am Arbeitsleben der in § 6 Abs. 1 Nr. 1 bis 5 genannten Rehabilitationsträger werden ergänzt durch
1. Krankengeld, Versorgungskrankengeld, Verletztengeld, Übergangsgeld, Ausbildungsgeld oder Unterhaltsbeihilfe,
2. Beiträge und Beitragszuschüsse
   a) zur Krankenversicherung nach Maßgabe des Fünften Buches, des Zweiten Gesetzes über die Krankenversicherung der Landwirte sowie des Künstlersozialversicherungsgesetzes,
   b) zur Unfallversicherung nach Maßgabe des Siebten Buches,
   c) zur Rentenversicherung nach Maßgabe des Sechsten Buches sowie des Künstlersozialversicherungsgesetzes,
   d) zur Bundesagentur für Arbeit nach Maßgabe des Dritten Buches,
   e) zur Pflegeversicherung nach Maßgabe des Elften Buches,
3. ärztlich verordneten Rehabilitationssport in Gruppen unter ärztlicher Betreuung und Überwachung, einschließlich Übungen für behinderte oder von Behinderung bedrohte Frauen und Mädchen, die der Stärkung des Selbstbewusstseins dienen,
4. ärztlich verordnetes Funktionstraining in Gruppen unter fachkundiger Anleitung und Überwachung,
5. Reisekosten,
6. Betriebs- oder Haushaltshilfe und Kinderbetreuungskosten.

(2) ^{1}Ist der Schutz behinderter Menschen bei Krankheit oder Pflege während der Teilnahme an Leistungen zur Teilhabe am Arbeitsleben nicht anderweitig sichergestellt, können die Beiträge für eine freiwillige Krankenversicherung ohne Anspruch auf Krankengeld und zur Pflegeversicherung bei einem Träger der gesetzlichen Kranken- oder Pflegeversicherung oder, wenn dort im Einzelfall ein Schutz nicht gewährleistet ist, die Beiträge zu einem privaten Krankenversicherungsunternehmen erbracht werden. ^{2}Arbeitslose Teilnehmer an Leistungen zur medizinischen Rehabilitation können für die Dauer des Bezuges von Verletztengeld, Versorgungskrankengeld oder Übergangsgeld einen Zuschuss zu ihrem Beitrag für eine private Versicherung gegen Krankheit oder für die Pflegeversicherung erhalten. ^{3}Der Zuschuss wird nach § 207a Abs. 2 des Dritten Buches berechnet.

ERLÄUTERUNGEN

ÜBERSICHT

I. Bedeutung der Vorschrift (Rdnrn. 1–4)
II. Fassung (Rdnr. 5)
III. Begründung (Rdnr. 6)
IV. Anmerkungen (Rdnrn. 7–54)
   A) zu Abs. 1
      1. Leistungsverpflichtete Rehabilitationsträger (Rdnrn. 7–11)
      2. Unterhaltssichernde Leistungen (Abs. 1 Nr. 1) (Rdnrn. 12–14)

3. Beiträge und Beitragszuschüsse (Abs. 1 Nr. 2) (Rdnrn. 15–37)
   a) Beiträge zur Krankenversicherung (Rdnrn. 16–19)
   b) Beiträge zur Unfallversicherung (Rdnrn. 20–26)
   c) Beiträge zur Rentenversicherung (Rdnrn. 27–31)
   d) Beiträge zur Bundesagentur für Arbeit (Rdnrn. 32–35)
   e) Beiträge zur Pflegeversicherung (Rdnrn. 36–37)
4. Rehabilitationssport und Funktionstraining (Abs. 1 Nr. 3 und 4) (Rdnrn. 38–47)
5. Reisekosten (Abs. 1 Nr. 5) (Rdnr. 48)
6. Betriebs- oder Haushaltshilfe und Kinderbetreuungskosten (Abs. 1 Nr. 6) (Rdnr. 49)

B) zu Abs. 2
1. Übernahme von Beiträgen als Kann-Leistungen (Rdnrn. 50–52)
2. Begrenzter Anwendungsbereich der Vorschrift (Rdnrn. 53–54)

I. Bedeutung der Vorschrift

Die Vorschrift gibt einen Überblick über ergänzende Leistungen neben den Leistungen zur medizinischen Rehabilitation sowie zur Teilnahme am Arbeitsleben. Diese werden von allen Rehabilitationsträgern mit Ausnahme der Träger der Sozialhilfe und der öffentlichen Jugendhilfe erbracht. 1

In **Abs. 1** wird festgelegt, dass 2

– u. a. Krankengeld, Verletztengeld, Übergangs- bzw. Ausbildungsgeld sowie Unterhaltsbeihilfe (**Nr. 1**),
– Beiträge und Beitragszuschüsse zur gesetzlichen Sozialversicherung (**Nr. 2**),
– amtlich verordneter Rehabilitationssport in Gruppen (**Nr. 3**),
– ärztlich verordnetes Funktionstraining in Gruppen (**Nr. 4**),
– Reisekosten (**Nr. 5**),
– Betriebs- oder Haushaltshilfe- und Kinderbetreuungskosten (**Nr. 6**)

als ergänzende Leistungen zu erbringen sind.

In **Abs. 2** werden auch Beiträge für eine freiwillige Krankenversicherung zu den zu erbringenden Leistungen gerechnet, wenn anderenfalls der Schutz behinderter Menschen bei Krankheit oder Pflege während der Teilnahme an Leistungen zur medizinischen Rehabilitation oder zur Teilnahme am Arbeitsleben nicht sichergestellt werden kann (**Satz 1**). 3

In **Satz 2** wird ein Zuschuss zur privaten Krankenversicherung für arbeitslose Teilnehmer an Leistungen zur medizinischen Rehabilitation geregelt. 4

II. Fassung

Die Vorschrift wurde aus dem Regierungsentwurf (BT-Drucks. 14/5531 i. V. m. 14/5074) übernommen, wobei neben sprachlichen Vereinfachungen und bloßen Umstellungen der **Satz 2 in Abs. 2 eingefügt** wurde. Dies hat der BT-Ausschuss für Arbeit und Sozialordnung wie folgt begründet (BT-Drucks. 14/5800 S. 34): 5

„Die Beitragsübernahme zu einem privaten Krankenversicherungsunternehmen für in der gesetzlichen Krankenversicherung versicherungsfreie oder befreite Arbeitslose soll nicht durch eine während der Arbeitslosigkeit durchgeführte Leistung zur medizinischen Rehabilitation und den Bezug von diese ergänzenden Leistungen zum Lebensunterhalt unterbrochen werden. In diesem Fall soll der für die Leistung zur medizinischen Rehabilitation zuständige Rehabilitationsträger in gleichem Umfang wie zuvor die Bundesagentur für Arbeit die Beiträge für ein privates Krankenversicherungsunternehmen übernehmen, solange er Leistungen zum Lebensunterhalt erbringt."

III. Begründung

6 Zu den **finanziellen Auswirkungen** der Vorschrift führt der Regierungsentwurf aus (BT-Drucks. 14/5074 S. 134):

„Künftig gelten auch Übungen für behinderte oder von Behinderung bedrohte Frauen, die der Stärkung des Selbstbewusstseins dienen, als ergänzende Leistungen der medizinischen Rehabilitation. Für die Gesetzliche Krankenversicherung wird ein Mehrbedarf von 3,75 Mio. DM geschätzt."

VI. Anmerkungen

A) zu Abs. 1

1. Leistungsverpflichtete Rehabilitationsträger

7 Nach der Vorschrift sind die im Einzelnen genannten Rehabilitationsträger verpflichtet, ihre Leistungen zur **medizinischen Rehabilitation** bzw. **zur Teilhabe am Arbeitsleben** durch einen Katalog von weiteren Leistungen zu **ergänzen**. Diese umfassen vor allem die Sicherstellung des Lebensunterhalts des behinderten Menschen und ggf. seiner Angehörigen; hierzu gehören auch die **Beiträge zur Kranken-, Renten- und Pflegeversicherung** während der Maßnahme. Ferner sind Leistungen zum **Rehabilitationssport und Funktionstraining** zu erbringen. Schließlich werden die Träger zur **Reisekostenerstattung** sowie zur **Haushalts- und Betriebshilfe** und der Kinderbetreuung verpflichtet, um damit den Betroffenen ggf. die Teilnahme an Rehabilitationsleistungen zu ermöglichen.

8 Die in § 44 Abs. 1 Nr. 1 bis 6 genannten Leistungen werden somit **nicht selbstständig erbracht**, sondern ausschließlich im Zusammenhang mit medizinischen oder beruflichen Rehabilitationsleistungen.

9 **Leistungsverpflichtete Träger** sind die gesetzlichen Krankenkassen, die Bundesagentur für Arbeit, die Träger der gesetzlichen Unfallversicherung, die Träger der gesetzlichen Rentenversicherung und die Träger der Kriegsopferversorgung und -fürsorge.

10 Zwar haben die Regelungen in den einzelnen Leistungsgesetzen dieser Träger nach § 7 SGB IX Vorrang vor den §§ 44 bis 54 SGB IX. Jedoch kommt diesem Kapitel des SGB IX insofern eigenständige Bedeutung zu, als die darin enthaltenen Vorschriften mögliche vorhandene **Lücken in den Leistungsgesetzen schließen** bzw. bei der Auslegung dieser Vorschriften maßgebend sein können. In § 44 SGB IX wird deshalb unmittelbar anzuwendendes Recht geschaffen, sofern in den einzelnen Leistungsgesetzen keine besonderen einschlägigen Vorschriften (wie etwa über Reisekosten und Haushaltshilfe) enthalten sind oder wenn in solchen Bestimmungen direkt auf die Anwendung des § 44 SGB IX verwiesen wird. Das ist z. B. der Fall in § 160 SGB III, in § 21 Abs. 1 SGB VI und in § 50 SGB VII (vgl. Lachwitz u. a. [HK SGB IX] / *W. Schellhorn / Stähler* Rdnr. 3).

11 Innerhalb des § 44 SGB IX kommt eigenständige Bedeutung als Anspruchsgrundlage namentlich den Bestimmungen in Abs. 1 Nrn. 3 und 4 sowie in Abs. 2 zu. Die übrigen Regelungen haben vorwiegend Informationsfunktion (vgl. Neumann [Hrsg.] HB-SGB IX / *Kessler* § 12 Rdnr. 8).

2. Unterhaltssichernde Leistungen (Abs. 1 Nr. 1)

12 In Abs. 1 Nr. 1 werden die **Leistungen zum Lebensunterhalt** benannt: Krankengeld, Versorgungskrankengeld, Verletztengeld, Übergangsgeld, Ausbildungsgeld und Unterhaltsbeihilfe. Ergänzend lässt sich dem **§ 45 SGB IX** in den Absätzen 1, 2 und 5 entnehmen, welche dieser unterhaltssichernden Leistungen jeweils gewährt werden in Zusammenhang mit Leistungen zur medizinischen Rehabilitation, mit Leistungen zur Teilhabe am Arbeitsleben oder während der Ausführung von Leistungen zur erstmaligen beruflichen Ausbildung behinderter Menschen und von berufsvorbereitenden Bildungsmaßnahmen.

Die in der Vorschrift genannten Leistungen sind überwiegend **Entgeltersatzleistungen**, deren Höhe sich an dem Arbeitsentgelt orientiert, das der behinderte Mensch vor Beginn der Maßnahme oder vor Eintritt der Arbeitsunfähigkeit erzielt hat. Für die Berechnung, insbesondere die Anrechnung von Einkommen, gelten die Vorschriften der **§§ 46 bis 52 SGB IX**. 13

Eine Sonderstellung nimmt das **Ausbildungsgeld** ein, das nach § 45 Abs. 5 SGB IX während der beruflichen Erstausbildung eines behinderten Menschen gezahlt wird. Es wird Maßgabe der §§ 104 bis 108 SGB III in Zusammenhang mit bestimmten Leistungen zur Teilhabe am Arbeitsleben und nur von der Bundesagentur für Arbeit gewährt. Bei seiner Berechnung kann nicht auf früheres Arbeitseinkommen zurückgegriffen werden. Die Höhe der Leistungen ist in §§ 105, 106 SGB III gesetzlich festgelegt; die Einkommensanrechnung wird in § 108 SGB III geregelt. 14

3. Beiträge und Beitragszuschüsse (Abs. 1 Nr. 2)

Während der Leistungen der medizinischen Rehabilitation oder zur Teilhabe am Arbeitsleben soll der **Versicherungsschutz für die Teilnehmer** dadurch fortgeführt werden, dass in den verschiedenen Sozialversicherungen ein Pflichtversicherungsverhältnis entweder begründet oder fortgesetzt wird. Der Leistungsträger ist zur **Übernahme** der dadurch entstehenden **Beiträge** verpflichtet. Die Vorschrift zählt auf, welche Beiträge und Beitragszuschüsse die hierzu verpflichteten Rehabilitationsträger zu erbringen haben. Die Rechtsgrundlagen des Versicherungsschutzes und der Verpflichtung des Leistungsträgers zu dessen Finanzierung sind in den Vorschriften für den jeweils einzelnen Sozialversicherungszweig enthalten. Insoweit hat Abs. 1 Nr. 2 nur die **Funktion einer deklaratorischen Verweisung** (Hauck / Noftz / *Schütze* Rdnr. 13). 15

a) Beiträge zur Krankenversicherung

Teilnehmer an Leistungen zur **Teilhabe am Arbeitsleben** sind nach § 5 Abs. 1 Nr. 6 SGB V versicherungspflichtig. Dasselbe gilt für Bezieher von **unterhaltssichernden Leistungen während einer medizinischen Rehabilitation** (§ 192 Abs. 1 Nr. 3 SGB V). Bemessungsgrundlage der Beiträge sind 80% des Regelentgelts (§ 235 Abs. 1 und 2 SGB V). Aufgebracht werden die Beiträge allein vom zuständigen Rehabilitationsträger (§ 251 Abs. 1 SGB V). 16

Beitragspflichtig ist auch die Tätigkeit in allen drei Bereichen einer **Werkstatt für behinderte Menschen** im Sinne des § 136 SGB IX, nämlich im Eingangsverfahren, Berufsbildungsbereich und Arbeitsbereich. Sie ist auf die Teilhabe am Arbeitsleben gerichtet und begründet deshalb Krankenversicherungspflicht nach § 5 Abs. 1 Nr. 7 SGB V. Dasselbe gilt grundsätzlich für Hilfstätigkeiten, die in der Regel mindestens 20% einer vollen Erwerbstätigkeit in gleichartigen Beschäftigungen entsprechen (§ 5 Abs. 1 Nr. 8 i. V. mit § 251 SGB V). 17

Hingegen besteht für nicht werkstattfähige Menschen, die gem. § 136 Abs. 3 SGB IX in einer der WfbM angegliederten Einrichtung betreut werden, mangels Teilhabe am Arbeitsleben keine Versicherungspflicht (BSG Urteil vom 10. September 1987 – 12 RK 42/86 = BSGE 62, 149 = SozR 5085 § 1 Nr. 4). 18

Die **Beiträge für Menschen in WfbM** werden, sofern nicht das Arbeitsentgelt einen bestimmten Betrag übersteigt, von den Einrichtungsträgern getragen (§ 251 Abs. 2 Nr. 2 SGB V). Diese haben einen Erstattungsanspruch gegen die zuständigen Rehabilitationsträger (§ 251 Abs. 2 Satz 2 SGB V). Die beitragspflichtigen Einnahmen sind nach § 235 Abs. 3 SGB V zu bemessen. 19

b) Beiträge zur Unfallversicherung

In der gesetzlichen Unfallversicherung sind kraft Gesetzes Personen versichert, die auf Kosten einer Krankenkasse oder eines Rentenversicherungsträgers stationäre oder teilstationäre Behandlung oder sonstige – auch ambulante – **Leistungen zur medizinischen Rehabilitati-** 20 on erhalten (§ 2 Abs. 1 Nr. 15a SGB VII). Ferner sind alle **Rehabilitanden während der beruflichen Aus- und Fortbildung**, auch wenn sie im Zusammenhang damit bestimmte Stellen aufsuchen, gesetzlich unfallversichert (§ 2 Abs. 1 Nr. 15b SGB VII). Die Beiträge werden von den zuständigen Rehabilitationsträgern getragen (§ 150 Abs. 1 Satz 1, § 136 Abs. 3 Nr. 2 SGB VII).

21 **Menschen in WfbM** sind kraft Gesetzes unfallversichert (§ 2 Abs. 1 Nr. 4 SGB VIII). Die Beiträge werden von den Einrichtungsträgern getragen (§ 150 Abs. 1 Satz 1 SGB VII). Zuständiger Unfallversicherungsträger ist in der Regel die Berufsgenossenschaft für Gesundheitsdienst und Wohlfahrtspflege.

22 Zum **Versicherungsschutz** während der Teilhabeleistung erscheint folgende höchstrichterliche Rechtsprechung bemerkenswert:

Der **Weg zur ärztlichen Begutachtung** als Vorbereitungshandlung für die Erlangung der Bewilligung einer stationären Maßnahme steht nicht gem. § 2 Abs. 1 Nr. 15a SGB VII unter dem Schutz der gesetzlichen Unfallversicherung (vgl. BSG Urteil vom 7. November 2000 – B 2 U 35/99 R = SozR 3-2200 § 539 Nr. 53). Bei einer von einem Sozialversicherungsträger veranlassten ärztlichen Untersuchung zur Überprüfung der Tatbestandsvoraussetzungen für die Gewährung einer Sozialleistung handelt es sich nicht selbst um eine Sozialleistung – insbesondere nicht um eine ärztliche Behandlung –, die unter den Begriff der ambulanten Leistung zur Rehabilitation i. S. des § 2 Abs. 1 Nr. 15 Buchst. a SGB VII subsumiert werden könnte, sondern um eine bloße Ermittlungshandlung im Verwaltungsverfahren (BSG Urteil vom 24. Juni 2003 – B 2 U 48/02 R = HVBG-INFO 2003, 2560).

23 Bei einem **Sportunfall während einer beruflichen Rehabilitationsmaßnahme** besteht Unfallversicherungsschutz nur dann, wenn die **Sportausübung im inneren Zusammenhang mit der Aus- oder Fortbildung** steht. Dabei gelten die für den Versicherungsschutz beim sog. Betriebssport entwickelten Grundsätze (vgl. BSGE 16, 1, [4 ff.]). Grund für die Übertragung dieser Grundsätze auf den versicherten Personenkreis ist die Vergleichbarkeit der einseitigen Beanspruchung des jeweiligen Versicherten durch die versicherungsrechtlich geschützten Tätigkeiten (vgl. BSG a. a. O.) und der deshalb gleichermaßen mögliche und gleichermaßen zu beurteilende innere Zusammenhang zwischen Sportausübung und versicherter Tätigkeit. Demgemäß ist eine **sportliche Betätigung der versicherten Tätigkeit gleichzustellen**, wenn sie erstens geeignet ist, die durch die Tätigkeit bedingte körperliche Belastung auszugleichen, zweitens mit einer gewissen Regelmäßigkeit stattfindet und drittens in einem dem Ausgleichszweck entsprechenden Zusammenhang mit der versicherten Tätigkeit steht. Dieser Zusammenhang wird dabei in der Regel durch eine Beschränkung des Teilnehmerkreises auf die Versicherten, durch der versicherten Tätigkeit entsprechende Zeit und Dauer der Übungen sowie durch eine unternehmensbezogene Organisation begründet (BSG Urteil vom 5. Oktober 1995 – 2 RU 36/94 = BB 1996, 1391 = SozR 3-2200 § 539 Nr. 33).

24 In den Unfallversicherungsschutz sind neben den eigentlichen Verrichtungen zur Durchführung **medizinischer Rehabilitationsmaßnahmen** auch vom Arzt nicht ausdrücklich angeordnete oder empfohlene **selbst gewählte körperliche Aktivitäten** (z. B. organisierte Radtour der Kurverwaltung) einbezogen, wenn sie im Zusammenhang mit diesen Maßnahmen stehen und sie sinnvoll ergänzen (BSG Urteil vom 29. Januar 1986 – 9b RU 18/85 = BSGE 59, 291 = SozR 2200 § 539 Nr. 115 = NJW 1986, 1573).

25 Hingegen ist ein im Wesentlichen nur der Freizeitgestaltung dienender **Spaziergang** nicht der stationären Behandlung zuzurechnen und steht deshalb nicht unter Unfallversicherungsschutz (BSG Urteil vom 26. April 1990 – 2 RU 48/89 = HV-INFO 1990, 1327 = SozR 3-2200 § 539 Nr. 2).

26 Ist die **Einnahme des Mittagessens** im Rahmen einer stationären Kur „verordnet" gewesen, dann besteht bei den mit der Essenseinnahme verbundenen Verrichtungen Unfallversiche-

rungsschutz (⌧ BSG Urteil vom 17. Oktober 1990 – 2 RU 61/89 = Die Leistungen 1993, 436).

c) Beiträge zur Rentenversicherung

Während einer **medizinischen Rehabilitation** sind gesetzlich rentenversichert Personen in der Zeit, für die sie von einem Leistungsträger Krankengeld, Verletztengeld, Versorgungskrankengeld oder Übergangsgeld beziehen, wenn sie im letzten Jahr vor Beginn der Leistung zuletzt versicherungspflichtig waren (§ 3 Satz 1 Nr. 3 SGB VI). Bei Bezug von **Übergangsgeld** und **Versorgungskrankengeld** werden die Beiträge von dem jeweiligen Rehabilitationsträger übernommen (§ 170 Abs. 1 Nr. 2b SGB VI). Bei Bezug von **Krankengeld** oder **Verletztengeld** sind grundsätzlich der Leistungsempfänger und der Rehabilitationsträger je zur Hälfte beitragspflichtig (§ 170 Abs. 1 Nr. 2a SGB VI). Die beitragspflichtigen Einnahmen sind nach § 166 Abs. 1 Nr. 2 SGB VI zu berechnen. 27

Bei Leistungen zur **Teilhabe am Arbeitsleben** sind Teilnehmer an Maßnahmen **in Berufsbildungswerken** und ähnlichen Einrichtungen (§ 1 Satz 1 Nr. 3 SGB VI) versicherungspflichtig. Die Beiträge werden von den Einrichtungsträgern übernommen (§ 168 Abs. 1 Nr. 3 SGB VI). Die beitragspflichtigen Einnahmen bestimmen sich nach § 162 Nr. 3 SGB VI. 28

Einbezogen in die Rentenversicherungspflicht sind auch die **Bezieher von Übergangsgeld**, was bei Rehabilitanden **in Berufsförderungswerken** der Regelfall ist; Voraussetzung ist, dass sie im letzten Jahr vor Beginn der Leistung zuletzt versicherungspflichtig waren (§ 3 Satz 1 Nr. 3 SGB VI). Die Beiträge werden von den Rehabilitationsträgern gezahlt (§ 170 Abs. 1 Nr. 2 SGB VI). Die beitragspflichtigen Einnahmen sind nach § 166 Abs. 1 Nr. 2 SGB VI anzusetzen. Die Versicherungspflicht des Rehabilitanden und daraus folgend die Beitragspflicht des Rehabilitationsträgers im Rahmen der beruflichen Rehabilitation knüpft grundsätzlich an den tatsächlichen Bezug von Übergangsgeld an. Die Beitragspflicht wegen Zahlung von Übergangsgeld entfällt deshalb auch dann nicht ohne Weiteres, wenn das Übergangsgeld rückwirkend entzogen, zurückgefordert und zurückgezahlt wird (⌧ BSG Urteil vom 15. Mai 1984 – 12 RK 7/83 = DB 1985, 448 = SozR 2200 § 381 Nr. 50). 29

War ein Teilnehmer an einer medizinischen oder beruflichen Rehabilitation im letzten Jahr vor Beginn der Leistung nicht rentenversicherungspflichtig, ist eine **Versicherungspflicht auf Antrag** möglich (§ 4 Abs. 3 Nr. 1 SGB VI). Soweit ein Bezieher von Übergangsgeld nach § 6 SGB VI von der Rentenversicherungspflicht befreit ist, können die **Beiträge für eine freiwillige oder berufsständische Altersversorgung** durch die Bundesagentur für Arbeit übernommen werden (§ 207 SGB III); entsprechendes gilt nach § 26 Abs. 4 Nr. 2 BVG für die Kriegsopferfürsorge. 30

Auch für **Menschen in WfbM** besteht Versicherungspflicht in der gesetzlichen Rentenversicherung (§ 1 Satz 1 Nr. 2a SGB VI). Die Beiträge werden, sofern nicht das Arbeitsentgelt einen bestimmten Betrag übersteigt, von den Einrichtungsträgern übernommen (§ 168 Abs. 1 Nr. 2 SGB VI); diesen werden sie nach Maßgabe des § 179 Abs. 1 Satz 1 SGB VI vom Bund erstattet. Die beitragspflichtigen Einnahmen sind nach § 162 Nr. 2 SGB VI zu bemessen. 31

d) Beiträge zur Bundesagentur für Arbeit

Teilnehmer an Leistungen der **medizinischen Rehabilitation** sind in der Arbeitslosenversicherung versicherungspflichtig in der Zeit, für die sie von einem Leistungsträger **Krankengeld, Versorgungskrankengeld, Verletztengeld** oder **von einem Träger der medizinischen Rehabilitation Übergangsgeld** beziehen. Voraussetzung ist, dass sie unmittelbar vor Beginn der Leistung versicherungspflichtig waren oder eine laufende Entgeltersatzleistung nach dem SGB III bezogen haben (vgl. § 26 Abs. 2 Nr. 1 SGB III). Gezahlt werden die Beiträge von den Rehabilitationsträgern, wobei für Krankengeld und Verletztengeld teilweise Sonder- 32 regelungen zu beachten sind (§ 347 Nr. 5 SGB III). Die beitragspflichtigen Einnahmen sind nach § 345 Nr. 5 SGB III zu berechnen.

33 Im Rahmen der **beruflichen Rehabilitation** sind Jugendliche versicherungspflichtig, die **in Einrichtungen nach § 35 SGB IX** (z. B. Berufsbildungswerken) Leistungen zur Teilhabe am Arbeitsleben erhalten (§ 26 Abs. 1 Nr. 1 SGB III). Getragen werden die Beiträge von den Einrichtungsträgern (§ 347 Nr. 1 SGB III). Die beitragspflichtigen Einnahmen sind nach § 345 Nr. 1 SGB III zu bemessen.

34 Bezieher von **Übergangsgeld im Rahmen der beruflichen Rehabilitation** sind zwar nicht versicherungspflichtig in der Arbeitslosenversicherung; jedoch wird die für den Anspruch auf Arbeitslosengeld maßgebende Rahmenfrist um die entsprechende Zeit verlängert (§ 124 Abs. 3 Satz 1 Nr. 5 SGB III).

35 **Menschen in WfbM** sind in der Regel nicht beitragspflichtig zur Arbeitslosenversicherung (LPK-SGB IX *Haines / Jacobs* § 138 Rdnr. 34).

e) Beiträge zur Pflegeversicherung

36 Die Versicherungspflicht in der Pflegeversicherung **entspricht** weitgehend denjenigen in **der Krankenversicherung** (vgl. § 20 Abs. 1 Satz 1 und 2 Nr. 5 bis 8, § 25 Abs. 2 Nr. 4 SGB XI). Alle Teilnehmer an Maßnahmen zur Teilhabe am Arbeitsleben sind versicherungspflichtig (§ 20 Abs. 1 Nr. 6 SGB XI). Berechnung und Zahlung der Beiträge sind ebenfalls in Anlehnung an die Krankenversicherung geregelt (§§ 54 bis 60 SGB XI).

37 Auch für **Menschen in WfbM** besteht Versicherungspflicht nach Maßgabe von § 20 Abs. 1 Satz 2 Nr. 7, § 57 Abs. 1, § 59 Abs. 1 Nr. 1 SGB XI.

4. Rehabilitationssport und Funktionstraining (Abs. 1 Nr. 3 und 4)

38 Die Vorschriften in Nr. 3 und 4 stellen **eigenständige Anspruchsgrundlagen** für die Gewährung von Rehabilitationssport und Funktionstraining dar (Hauck / Noftz / *Schütze* Rdnr. 2). Auf sie wird **in folgenden Vorschriften verwiesen**: § 109 Abs. 1 SGB III, § 43 SGB V, § 28 SGB VI, § 10 Abs. 1 ALG, § 39 Abs. 1 SGB VII sowie § 11 Abs. 5 BVG. Eine spezielle Regelung zum Rehabilitationssport enthält § 11a BVG zu den „Versehrtenleibesübungen"; auf der Grundlage dieser Vorschrift ist die Versehrtenleibesübungen-Verordnung vom 29. 7. 1981 (BGBl. I 1981, S. 779, zuletzt geändert durch Verordnung v. 15. 11. 2000, BGBl. I S. 1572) erlassen worden.

39 Die Vorschriften selbst enthalten nur eine kurze Bestimmung des Leistungsinhalts. Voraussetzung ist jeweils, dass der Sport bzw. das Training **ärztlich verordnet** ist und **in Gruppen durchgeführt** wird. Rehabilitationssport muss unter ärztlicher Betreuung und Überwachung stehen, wobei allerdings die ärztliche Fachkraft nicht ständig anwesend sein muss. Sie muss aber die Übungen kennen, vorher als unbedenklich einstufen und jederzeit erreichbar sein (GK-SGB IX / *Großmann* Rdnr. 18). Hingegen genügt für das Funktionstraining eine „fachkundige" Anleitung und Überwachung, die vor allem durch krankengymnastische und physiotherapeutische Fachkräfte geleistet wird.

40 Besonders erwähnt werden im Rahmen des Rehabilitationssports Übungen für behinderte und von Behinderung bedrohte **Frauen und Mädchen**, die der **Stärkung des Selbstbewusstseins** dienen. Die Vorschrift verschafft den betroffenen Frauen konkrete Ansprüche auf bestimmte einschlägige Übungen. Auch diese müssen ärztlich verordnet sein, in Gruppen durchgeführt werden und ärztlich überwacht werden.

41 Nähere Einzelheiten hierzu sind geregelt in der **Rahmenvereinbarung über den Rehabilitationssport und das Funktionstraining** vom 1. 10. 2003 (vgl. 3.6.4). An dieser ist allerdings die Bundesagentur für Arbeit nicht beteiligt, obwohl beide Betätigungsformen grundsätzlich auch in Ergänzung von Leistungen zur Teilhabe am Arbeitsleben vorgesehen sind (GK-SGB IX / *Großmann* Rdnr. 17).

Danach sind **Rehabilitationssportarten** Gymnastik, Leichtathletik, Schwimmen und Bewegungsspiele in Gruppen, soweit es sich um Übungen handelt, mit denen das Ziel des Rehabilitationssports erreicht werden kann. Geeignete Übungsinhalte anderer Sportarten können eingebunden werden, z. B. Elemente aus Judo, Karate, Taekwondo, Jiu-Jitsu sowie Entspannungsübungen. Dies gilt auch für eigenständige Übungsveranstaltungen z. B. zur Stärkung des Selbstbewusstseins behinderter oder von Behinderung bedrohter Frauen und Mädchen. 42

Die Rehabilitationsträger können ggf. **weitere Rehabilitationssportarten anerkennen** (z. B. Bogenschießen für Menschen im Rollstuhl, Sportkegeln für blinde Menschen). Hingegen kommen für eine Anerkennung ausdrücklich nicht in Betracht Kampfsportarten sowie Sportarten mit erhöhter Verletzungsgefahr oder mit unverhältnismäßig hohem finanziellen Aufwand (vgl. Nr. 5 der Rahmenvereinbarung). 43

Funktionstrainingsarten sind insbesondere Trockengymnastik und Wassergymnastik (vgl. Nr. 6 der Rahmenvereinbarung). 44

Bei einer Versicherten, die an einer Rheumaerkrankung leidet, hat eine Krankenkasse die Kosten für ein weiteres Funktionstraining unter Anleitung eines Therapeuten zu übernehmen, wenn sie durch Veränderung der täglichen Anforderungen und schubweises Auftreten der Beschwerden verschiedene Bewegungsprogramme benötigt, deren Durchführung fachlich überwacht werden muss, damit keine falschen Bewegungsabläufe eingeübt werden (SG Frankfurt a. M. Urteil vom 22. Januar 2003 – S 20 KR 757/02 = RdLH 2003, 70). Eine regelmäßige Verordnung von Funktionstraining kann erforderlich sein, um eine Einsteifung der Wirbelsäule und eine Einschränkung in der Lungenfunktion bei einem Morbus Bechterew zu vermeiden. In Eigenregie kann womöglich nur ein Teil der notwendigen Übungen, die u. a. in Partnerübungen, Spielen und der Nutzung von Handgeräten bestehen, wiederholt werden (SG Saarland Urteil vom 25. September 2002 – S 1 KR 179/01, zit. nach JURIS). 45

Diese Leistungen werden bei Bedarf von dem Arzt verordnet, der die der Behinderung zugrunde liegende Schädigung oder deren Krankheitsfolgen behandelt. Rehabilitationssport und Funktionstraining sind **vor Beginn durch den Rehabilitationsträger zu bewilligen**. Das gilt auch für Folgeverordnungen. 46

Die **Vergütung** für die Teilnahme wird in der Regel vertraglich geregelt, und zwar zwischen den Rehabilitationsträgern und den Bundes- / Landesorganisationen der Träger von Gruppen für Rehabilitationssport und Funktionstraining. Die Vergütungen können **pauschaliert** werden. Abgerechnet werden die Leistungen grundsätzlich zwischen dem Rehabilitationsträger und dem Träger der jeweiligen Sport- bzw. Trainingsgruppe. Diese Gruppen sind zur **Qualitätssicherung** verpflichtet (vgl. Nrn. 16 bis 19 der Gesamtvereinbarung). 47

5. Reisekosten (Abs. 1 Nr. 5)

Die in der Vorschrift als ergänzende Leistung genannten Reisekosten werden in **§ 53 SGB IX näher geregelt**. Auf die Vorschrift verwiesen wird in § 109 Abs. 1 SGB III, § 43 und § 60 Abs. 5 SGB V, § 28 SGB VI, § 10 Abs. 1 Satz 1 ALG, § 43 SGB VII und § 26 Abs. 4 Nr. 5 BVG. Eigenständig normiert sind die Reisekosten lediglich in § 24 BVG. 48

6. Betriebs- oder Haushaltshilfe und Kinderbetreuungskosten (Abs. 1 Nr. 6)

Auch die Haushalts- oder Betriebshilfe sowie Kinderbetreuungskosten werden in dieser Vorschrift als ergänzende Leistungen benannt und in **§ 54 SGB IX** näher geregelt. Hierauf verwiesen wird in § 109 Abs. 1 SGB III, § 43 SGB V, § 28 SGB VI, § 42 SGB VII sowie § 11 Abs. 4 und § 26 Abs. 4 Nr. 3 BVG; hingegen finden sich eigenständige Leistungen zur Betriebs- oder Haushaltshilfe in § 54 SGB VII, §§ 9 und 10 KVLG 1989 sowie in §§ 10 und 36 ALG. 49

B) zu Abs. 2

1. Übernahme von Beiträgen als Kann-Leistungen

50 Die Vorschrift enthält einen **Auffangtatbestand** für diejenigen Fälle, in denen der Rehabilitationsträger nach dem für ihn geltenden Leistungsrecht nicht zur Übernahme von Kranken- und Pflegeversicherungsbeiträgen verpflichtet ist. Er kann dann während der Teilnahme an Leistungen zur **beruflichen Rehabilitation** die Beiträge für eine **freiwillige Krankenversicherung** – ohne Anspruch auf Krankengeld – und **zur Pflegeversicherung** bei einer gesetzlichen Kranken- bzw. Pflegekasse übernehmen. Die freiwillig gegen Krankheit versicherten Personen sind gemäß § 20 Abs. 3 SGB XI ohne Weiteres pflichtversichert in der Pflegeversicherung; der Rehabilitationsträger hat deshalb auch für diesen Personenkreis Beiträge zur Pflichtversicherung zu erbringen. Hilfsweise kann der Rehabilitationsträger auch die Beiträge an einen privaten Krankenversicherer zahlen (**Abs. 2 Satz 1**).

51 **Arbeitslosen Teilnehmern an Leistungen zur medizinischen Rehabilitation** kann für die Dauer des Bezugs von Verletztengeld, Versorgungskrankengeld oder Übergangsgeld ein **Zuschuss** zu ihrem **Beitrag für eine private Versicherung** gegen Krankheit oder Pflegeversicherung gewährt werden (**Abs. 2 Satz 2**). Dieser Zuschuss wird nach § 207a Abs. 2 SGB III berechnet (**Abs. 2 Satz 3**).

52 Auf die Leistungen nach Abs. 2 besteht **kein Rechtsanspruch**; der behinderte Mensch hat vielmehr nur Anspruch auf fehlerfreie Ermessensausübung (GK-SGB IX / *Großmann* Rdnrn. 32 f.). Diese kann wesentlich durch die Verfügbarkeit von Haushaltsmitteln bestimmt sein. Sind diese nicht vorhanden, so ist die Ablehnung von Leistungen in der Regel nicht zu beanstanden.

2. Begrenzter Anwendungsbereich der Vorschrift

53 Allerdings dürfte ohnedies der **Anwendungsbereich der Vorschrift gering** sein, da die Teilnehmer an Leistungen zur Teilhabe am Arbeitsleben zumeist in der gesetzlichen Kranken- und Pflegeversicherung versicherungspflichtig sind. Arbeitslose Teilnehmer an Leistungen zur medizinischen Rehabilitation dürften regelmäßig bereits Versicherungsschutz nach § 5 Abs. 1 Nr. 2 SGB V haben, der für die Dauer der Maßnahme nach § 192 Abs. 1 Nr. 3 SGB V erhalten bleibt (vgl. Mrozynski Rdnr. 7).

54 Die praktische Bedeutung der Regelung beschränkt sich daher auf die von der Versicherungspflicht nach § 6 SGB V ausgenommenen bzw. nach § 8 SGB V befreiten Teilnehmer, die selbst ganz oder teilweise die Beiträge aufbringen müssen. Bedeutsam sein dürfte vor allem der Befreiungstatbestand nach § 8 Abs. 1 Nr. 4 SGB V, wonach behinderte Menschen sich wegen der Teilnahme an berufsfördernden Maßnahmen von der Krankenversicherungspflicht befreien lassen können.

§ 45
Leistungen zum Lebensunterhalt

(1) Im Zusammenhang mit der Ausführung von Leistungen zur medizinischen Rehabilitation leisten
1. die gesetzlichen Krankenkassen Krankengeld nach Maßgabe der §§ 44 und 46 bis 51 des Fünften Buches und des § 8 Abs. 2 in Verbindung mit den §§ 12 und 13 des Zweiten Gesetzes über die Krankenversicherung der Landwirte,
2. die Träger der Unfallversicherung Verletztengeld nach Maßgabe der §§ 45 bis 48, 52 und 55 des Siebten Buches,
3. die Träger der Rentenversicherung Übergangsgeld nach Maßgabe dieses Buches und der §§ 20 und 21 des Sechsten Buches,

Leistungen zum Lebensunterhalt § 45

4. die Träger der Kriegsopferversorgung Versorgungskrankengeld nach Maßgabe der §§ 16 – 16h und 18a des Bundesversorgungsgesetzes.

(2) Im Zusammenhang mit Leistungen zur Teilhabe am Arbeitsleben leisten Übergangsgeld
1. die Träger der Unfallversicherung nach Maßgabe dieses Buches und der §§ 49 bis 52 des Siebten Buches,
2. die Träger der Rentenversicherung nach Maßgabe dieses Buches und der §§ 20 und 21 des Sechsten Buches,
3. die Bundesagentur für Arbeit nach Maßgabe dieses Buches und der §§ 160 bis 162 des Dritten Buches,
4. die Träger der Kriegsopferfürsorge nach Maßgabe dieses Buches und des § 26a des Bundesversorgungsgesetzes.

(3) Behinderte oder von Behinderung bedrohte Menschen haben Anspruch auf Übergangsgeld wie bei Leistungen zur Teilhabe am Arbeitsleben für den Zeitraum, in dem die berufliche Eignung abgeklärt oder eine Arbeitserprobung durchgeführt wird (§ 33 Abs. 4 Satz 2) und sie wegen der Teilnahme kein oder ein geringeres Arbeitsentgelt oder Arbeitseinkommen erzielen.

(4) Der Anspruch auf Übergangsgeld ruht, solange die Leistungsempfängerin einen Anspruch auf Mutterschaftsgeld hat; § 52 Nr. 2 des Siebten Buches bleibt unberührt.

(5) Während der Ausführung von Leistungen zur erstmaligen beruflichen Ausbildung behinderter Menschen, berufsvorbereitenden Bildungsmaßnahmen und Leistungen zur individuellen betrieblichen Qualifizierung im Rahmen Unterstützter Beschäftigung sowie im Eingangsverfahren und im Berufsbildungsbereich von Werkstätten für behinderte Menschen leisten
1. die Bundesagentur für Arbeit Ausbildungsgeld nach Maßgabe der §§ 104 bis 108 des Dritten Buches,
2. die Träger der Kriegsopferfürsorge Unterhaltsbeihilfe unter den Voraussetzungen der §§ 26 und 26a des Bundesversorgungsgesetzes.

(6) Die Träger der Kriegsopferfürsorge leisten in den Fällen des § 27d Abs. 1 Nr. 3 des Bundesversorgungsgesetzes ergänzende Hilfe zum Lebensunterhalt nach § 27a des Bundesversorgungsgesetzes.

(7) *(aufgehoben)*

(8) Das Krankengeld, das Versorgungskrankengeld, das Verletztengeld und das Übergangsgeld werden für Kalendertage gezahlt; wird die Leistung für einen ganzen Kalendermonat gezahlt, so wird dieser mit dreißig Tagen angesetzt.

ERLÄUTERUNGEN

ÜBERSICHT

I. Bedeutung der Vorschrift (Rdnr. 1)
II. Fassung (Rdnr. 2)
III. Begründung (Rdnrn. 3–8)
VI. Anmerkungen (Rdnrn. 8–37)
    A) zu Abs. 1
       1. Leistungen zum Lebensunterhalt bei medizinischer Rehabilitation (Rdnrn. 9–14)

B) zu Abs. 2
   1. Übergangsgeld während einer Leistung zur Teilhabe am Arbeitsleben (Rdnrn. 15–19)
C) zu Abs. 3
   1. Abklärung der beruflichen Eignung oder Arbeitserprobung (Rdnrn. 20–23)
D) zu Abs. 4
   1. Kein Anspruch auf Mutterschaftsgeld (Rdnrn. 24–26)
E) zu Abs. 5
   1. Ausbildungsgeld und Unterhaltsbeihilfe (Rdnrn. 27–31)
F) zu Abs. 6
   1. Ergänzende Hilfe zum Lebensunterhalt in der Kriegsopferfürsorge (Rdnr. 32)
G) zu Abs. 7
   1. Erstattung von Aufwendungen (Rdnrn. 33–36)
H) zu Abs. 8
   1. Kalendertägliche Leistung (Rdnr. 37)

I. Bedeutung der Vorschrift

1 Sie führt die Leistungen auf, die den Lebensunterhalt der behinderten und von Behinderung bedrohten Menschen und ihrer Familienangehörigen während der Ausführung von Leistungen zur medizinischen Rehabilitation und Leistungen zur Teilnahme am Arbeitsleben sicherstellen sollen. Hierbei werden die auf die jeweiligen Leistungen anwendbaren Vorschriften genannt.

II. Fassung

2 Die Vorschrift wurde aus dem Regierungsentwurf (BT-Drucks. 14/5531 i. V. m. 14/5074) übernommen. Neben sprachlichen Änderungen zur Klarstellung des Gewollten einschließlich der Einfügung bzw. Streichung von in Bezug genommenen anderen Normen ist **Abs. 8** angefügt worden. Dies hat der BT-Ausschuss für Arbeit und Sozialordnung wie folgt begründet (BT-Drucks. 14/5800 S. 34):

„Die Einfügung übernimmt die Regelung des § 13 Abs. 5 RehaAnglG. Sie dient der Harmonisierung der Berechnungsvorschriften für die verschiedenen Entgeltersatzleistungen und erleichtert das Verfahren, insbesondere wenn diese Leistungen zusammentreffen."

III. Begründung

3 In dem Regierungsentwurf (BT-Drucks. 14/5074, S. 109) wird zu der Vorschrift ausgeführt:

„Die Vorschrift gibt einen Überblick über die Leistungen, die den Lebensunterhalt der behinderten und von Behinderung bedrohten Menschen und ihrer Familienangehörigen während der Ausführung von Leistungen zur medizinischen Rehabilitation und Leistungen zur Teilhabe am Arbeitsleben sicherstellen sollen und nennt die auf die jeweiligen Leistungen anwendbaren Vorschriften."

4 Mit den **Abs. 2 – 5** und den §§ 46 – 52 werden die Regelungen zum Übergangsgeld, die bisher im Dritten, Sechsten und Siebten Buch sowie im Bundesversorgungsgesetz normiert waren, weitestgehend zusammengefasst und vereinheitlicht. Diese Vorschriften sind nach § 7 – anders als die bisherigen in § 13 Abs. 2 – 9 und §§ 14 – 18 Rehabilitations-Angleichungsgesetz – **unmittelbar anzuwenden**, es sei denn, dass besondere Regelungen für die jeweiligen Rehabilitationsträger Abweichendes bestimmen.

5 Nach **Abs. 3** löst die Teilnahme an einer **Abklärung der beruflichen Eignung** (früher Berufsfindung) oder einer **Arbeitserprobung** nun auch einen Anspruch auf Übergangsgeld aus, wenn der Betroffene wegen der Teilnahme kein oder ein geringeres Arbeitseinkommen

erzielt. Damit wird sichergestellt, dass z. B. selbstständig Tätige als in der Rentenversicherung Versicherte ein Übergangsgeld erhalten können.

Künftig ist regelmäßig ein Anspruch auf Übergangsgeld dem Grunde nach gegeben, und zwar unabhängig davon, ob die Leistung **stationär oder ambulant** erbracht wird oder Arbeitsunfähigkeit besteht oder der Betroffene wegen der Leistung zur Teilhabe an der Ausübung einer ganztägigen Erwerbstätigkeit gehindert ist. Bisher waren die Betroffenen, die ambulante Leistungen in Anspruch genommen haben und deswegen einen Einkommensverlust hatten, aber nicht an einer ganztägigen Erwerbstätigkeit gehindert waren, wirtschaftlich nicht ausreichend gesichert. Des Weiteren war bei ambulanten medizinischen Leistungen zur Rehabilitation sowohl ein Übergangsgeldanspruch als auch – bei Arbeitsfähigkeit – ein Anspruch auf Entgeltfortzahlung ausgeschlossen. Die Vorschrift ist im Zusammenhang mit der Änderung des § 9 Entgeltfortzahlungsgesetz zu betrachten, wonach künftig ein Anspruch auf Entgeltfortzahlung gegenüber dem Arbeitgeber auch bei einer Arbeitsverhinderung infolge einer ambulanten Leistung zur medizinischen Rehabilitation besteht. 6

Soweit während der Ausführung von ambulanten Leistungen zur Teilhabe mehrere Ansprüche auf Entgeltersatzleistungen zusammentreffen können, wie z. B. Krankengeld und Übergangsgeld oder Arbeitslosengeld und Übergangsgeld, sollen die Rehabilitationsträger hierzu **gemeinsame Empfehlungen zur Abgrenzung dieser Leistungen** nach § 13 Abs. 2 Nr. 7 vereinbaren. Mehraufwendungen werden vermieden, weil ein zeitgleich bezogenes Einkommen auf die Leistung angerechnet wird.

Die darüber hinaus kraft Gesetzes gegebene **Rentenversicherungspflicht der Übergangsgeldempfänger**, die ambulante medizinische Leistungen zur Rehabilitation erhalten und zeitnah zur Rehabilitation zum Versichertenkreis der Rentenversicherung gehört haben, soll deren Rehabilitationsbereitschaft fördern und gewährleisten, dass bei versicherungspflichtig Beschäftigten eine ununterbrochene Versicherungspflicht auch bei Teilnahme an ambulanten Maßnahmen gegeben ist. 7

Abs. 7 regelt die Möglichkeit der **Kostenerstattung**, wenn ein Rehabilitationsträger bei ambulanten Leistungen zur medizinischen Rehabilitation Entgeltersatzleistungen erbracht hat. Das Nähere soll in gemeinsamen Empfehlungen nach § 13 Abs. 2 Nr. 7 geklärt werden. 8

IV. Anmerkungen

A) zu Abs. 1

1. Leistungen zum Lebensunterhalt bei medizinischer Rehabilitation

Die Vorschrift zählt die Entgeltersatzleistungen auf, die während der Ausführung von Leistungen zur medizinischen Rehabilitation zu erbringen sind und nennt die jeweils zuständigen Träger. Sie ist selbst keine Rechtsgrundlage für einen Anspruch auf solche Leistungen zum Lebensunterhalt der Leistungsberechtigten und ihrer Angehörigen. Vielmehr werden diese grundsätzlich gemäß dem Leistungsrecht des zuständigen Rehabilitationsträgers gewährt. Das betrifft – mit einer Ausnahme – sowohl den Grund als auch die Höhe der Leistung. Es handelt sich um vier Leistungen mit gleicher Funktion, die aber jeweils unterschiedlich benannt sind. 9

So wird **Krankengeld** von den gesetzlichen Krankenkassen nach Maßgabe der §§ 44, 46–51 SGB V gezahlt; in der Krankenversicherung für Landwirte richtet sich der Anspruch nach § 8 Abs. 2 i. V. mit §§ 12, 13 KVLG 1989. Wesentlich ist, dass überhaupt ein Versicherungsverhältnis mit Anspruch auf Krankengeld besteht. Für einige Versicherte ist dieser Anspruch in § 44 Abs. 1 Satz 2 SGB V ausgeschlossen. 10

Verletztengeld wird von den Trägern der Unfallversicherung aufgrund von §§ 45–48, 52, 55 SGB VII gezahlt. 11

Versorgungskrankengeld leisten die Träger der Kriegsopferversorgung gem. §§ 16–16h und § 18a BVG. 12

13 **Übergangsgeld** wird von den Rentenversicherungsträgern erbracht. Insoweit ist deren Leistungsrecht mit § 20 SGB VI nur für den **Grund** des Anspruchs maßgebend. So besteht ein Anspruch auf Übergangsgeld nur, wenn der Leistungsberechtigte unmittelbar vor Beginn der Maßnahme arbeitsunfähig war. Andernfalls muss er Arbeitsentgelt, Arbeitseinkommen oder eine Entgeltersatzleistung nach § 20 Abs. 1 Nr. 3b SGB VI erhalten haben. Eine Unterbrechung von bis zu vier Wochen gilt noch als „unmittelbar vor Beginn" (vgl. BSGE 51, 193 = SozR 2200 § 1241b Nr. 4).

Für die **Höhe** gelten die Vorschriften in §§ 44–53 SGB IX unmittelbar. Allerdings enthält § 21 SGB VI in Abs. 2–4 einige Sonderregelungen, die nach Abs. 1 der Vorschrift vorrangig sind.

14 Wird eine stationäre Leistung zur medizinischen Rehabilitation oder eine sonstige Teilhabeleistung durch einen notwendigen Krankenhausaufenthalt wegen einer sog. „**interkurrenten Erkrankung**" unterbrochen, gilt: Für den Verlegungstag ist durch die Krankenkasse Krankengeld und für den Rückverlegungstag durch den Rentenversicherungsträger Übergangsgeld zu zahlen (§ 2 Abs. 1 der Vereinbarung zwischen den Spitzenverbänden der gesetzlichen Krankenkassen und der Rentenversicherungsträger zur Leistungsabgrenzung nach § 13 Abs. 4 SGB VI vom 21. 1. 1993, DRV-Schriften Bd. 17, S. 33 ff.; vgl. hierzu Lachwitz/Schellhorn/Welti/*W. Schellhorn/Stähler* Rdnr. 5).

B) zu Abs. 2

1. Übergangsgeld während einer Leistung zur Teilhabe am Arbeitsleben

15 In Abs. 2 werden die Rehabilitationsträger genannt, die Übergangsgeld als Leistung zum Lebensunterhalt bei Leistungen zur Teilhabe am Arbeitsleben gewähren. Auch diese Vorschrift hat nur **aufzählende Funktion** und stellt keine eigene Anspruchsgrundlage dar. Im Unterschied zu den Leistungen bei medizinischer Rehabilitation ist aber mit dem Begriff „Übergangsgeld" eine einheitliche Leistungsbezeichnung eingeführt. Die **Anspruchsvoraussetzungen** richten sich wiederum **nach den jeweiligen Leistungsgesetzen**, nämlich für die

— Träger der Unfallversicherung nach §§ 49–52 SGB VII,
— Träger der Rentenversicherung nach § 20 SGB VI,
— Bundesagentur für Arbeit nach §§ 160–162 SGB III,
— Träger der Kriegsopferfürsorge nach § 26a BVG.

16 Allerdings wurden diese Voraussetzungen **weitgehend vereinheitlicht**. Der Anspruch auf Übergangsgeld ist nunmehr regelmäßig bereits dann gegeben, wenn der Betroffene von einem Rehabilitationsträger Leistungen zur Teilhabe am Arbeitsleben oder im Fall des Abs. 1 Nr. 3 Leistungen zur medizinischen Rehabilitation erhält. Unerheblich ist, ob der Betroffene arbeitsunfähig ist oder durch die Teilnahme an einer ganztägigen Erwerbstätigkeit gehindert wird (bei Teilzeitmaßnahmen ist die Anrechnung von gleichzeitig bezogenem Erwerbseinkommen nach § 52 Abs. 1 Nr. 1 SGB IX zu beachten).

17 Ebenfalls unerheblich ist, ob die jeweilige Leistung stationär oder ambulant erbracht wird. Der Gesetzgeber hat vielmehr die **ambulante Form der Leistungserbringung gestärkt**. Dies wird an folgenden Regelungen deutlich:

— Der **Entgeltfortzahlungsanspruch** nach § 9 Abs. 1 EntgFG besteht auch bei ambulanten Maßnahmen der medizinischen Rehabilitation.
— Der Bezug von Übergangsgeld bewirkt stets – auch bei ambulanten Leistungen zur medizinischen Rehabilitation – die
  — Versicherungspflicht in der gesetzlichen **Rentenversicherung** (§ 3 Abs. 1 Satz 1 Nr. 3 SGB VI), zudem die Möglichkeit der Pflicht-Versicherung auf Antrag (§ 4 Abs. 3 Satz 1 Nr. 1 SGB VI),
  — Übernahme der Beiträge zur gesetzlichen **Krankenversicherung** durch den Rehabilitationsträger (§ 251 Abs. 1 i. V. mit § 192 Abs. 1 Nr. 3 SGB V),

– Versicherungspflicht in der **Arbeitslosenversicherung** bei Übernahme der Beiträge durch den Rehabilitationsträger (§ 26 Abs. 2 Nr. 1 i. V. mit § 347 Nr. 5a SGB III).
– In der gesetzlichen **Unfallversicherung** besteht Versicherungsschutz, wenn auf Kosten einer Krankenkasse, eines Rentenversicherungsträgers oder einer landwirtschaftlichen Alterskasse Leistungen zur medizinischen Rehabilitation lediglich ambulant erbracht werden (§ 2 Abs. 1 Nr. 15a SGB VII).

Für die **Höhe** des Übergangsgeldes aller Rehabilitationsträger sind grundsätzlich **§§ 46–52 SGB IX** maßgebend. Allerdings enthält § 21 Abs. 2–4 SGB VI für die gesetzliche Rentenversicherung vorrangige Sonderregelungen (vgl. § 21 Abs. 1 SGB VI). 18

Der Anspruch auf Übergangsgeld bei Leistungen zur Teilhabe am Arbeitsleben besteht **nur für Tage der tatsächlichen Teilnahme**, nicht hingegen für unentschuldigte Fehlzeiten (BSG NZS 2001, 659 = SozR 3-2600 § 20 Nr. 1 = SozVers 2002, 50 = SGb 2002, 623). 19

C) zu Abs. 3

1. Abklärung der beruflichen Eignung oder Arbeitserprobung

Bei der Auswahl der Leistungen zur Teilhabe am Arbeitsleben wird gegebenenfalls die berufliche Eignung abgeklärt oder eine Arbeitserprobung durchgeführt (vgl. § 33 Abs. 4 Satz 2 SGB IX). Die entsprechenden Maßnahmen gehören nicht zu den späteren Teilhabeleistungen, sondern sind dem Verwaltungsverfahren zur Leistungsauswahl zugeordnet (vgl. auch § 97 Abs. 2 Satz 2 SGB III). Teilnehmer einer Abklärung der beruflichen Eignung oder Arbeitserprobung sind deshalb von ergänzenden Leistungen nach § 44 und damit auch von **Übergangsgeld grundsätzlich ausgeschlossen**. 20

Ihnen gewährt aber die Vorschrift des Abs. 3 den Anspruch auf Übergangsgeld für den Zeitraum der Eignungsabklärung oder Arbeitserprobung, wenn sie **wegen der Teilnahme kein oder nur ein geringeres Arbeitsentgelt oder Arbeitseinkommen** erzielen. Der Begriff des Arbeitseinkommens ist in § 15 SGB IV definiert; für das Arbeitsentgelt ist § 14 und die auf der Grundlage des § 17 SGB IV erlassene Arbeitsentgeltverordnung (ArEV) maßgebend. 21

Übergangsgeld kommt in diesen Fällen also ausschließlich als Ersatz für ausgefallenes Arbeitsentgelt und Arbeitseinkommen in Betracht. Hingegen wird eine bis zum Beginn der Teilnahme gewährte **Entgeltersatzleistung** (z. B. Krankengeld oder Arbeitslosengeld) **weitergezahlt**; ein Anspruch auf Übergangsgeld besteht nicht. Ist ein Teilnehmer an der Eignungsabklärung oder Arbeitserprobung arbeitsunfähig erkrankt oder arbeitslos, jedoch zu diesem Zeitpunkt nicht mehr anspruchsberechtigt für Entgeltersatzleistungen (z. B. wegen Aussteuerung nach § 48 SGB V), erhält er auch kein Übergangsgeld nach § 45 Abs. 3 SGB IX (B / F / KL / *Löffler* Rdnr. 7; Lachwitz / Schellhorn / Welti / *W. Schellhorn / Stähler* Rdnr. 9 m. w. Nachw.). 22

Die **Höhe** des Leistungsanspruchs richtet sich nach §§ 46 ff. SGB IX. Ein Zwischenübergangsgeld nach § 51 SGB IX scheidet für diesen Personenkreis nach der Natur der Leistung aus. 23

D) zu Abs. 4

1. Kein Anspruch auf Mutterschaftsgeld

Der Anspruch auf Mutterschaftsgeld nach § 13 MuSchG geht dem Anspruch auf Übergangsgeld vor. Mutterschaftsgeld wird nach § 200 RVO gezahlt an Frauen, die bei Beginn der Schutzfrist nach § 3 Abs. 2 MuSchG in einem Arbeitsverhältnis stehen oder in Heimarbeit beschäftigt sind (§ 1 MuSchG) oder deren Arbeitsverhältnis während der Schwangerschaft vom Arbeitgeber zulässig aufgelöst wurde (§ 200 Abs. 2 RVO). Die Leistungsdauer umfasst sechs Wochen vor der Entbindung und die ersten acht Wochen danach; bei Früh- und Mehrlingsgeburten besteht der Anspruch für 12 Wochen nach der Entbindung. Die Höhe richtet sich nach dem Arbeitsentgelt der letzten drei abgerechneten Monate vor Schutzfristbeginn. 24

25 Der Anspruch auf Übergangsgeld ruht auch dann in vollem Umfang, wenn es über dem Betrag des Mutterschaftsgeldes liegt. Da es nicht auf den tatsächlichen Bezug, sondern auf den Anspruch auf Mutterschaftsgeld ankommt, wäre ein Verzicht der Leistungsempfängerin insoweit unbeachtlich.

26 Unberührt bleibt allerdings die Vorschrift des § 52 Nr. 2 SGB VII (**Abs. 4 Halbs. 2**). Demnach wird in der gesetzlichen **Unfallversicherung** der Anspruch auf Übergangsgeld nicht von der Ruhensvorschrift des SGB IX erfasst. Dort wird zwar ein der Leistungsberechtigten zustehendes Mutterschaftsgeld auf das Übergangsgeld angerechnet. Ein Differenzbetrag zwischen Mutterschaftsgeld und darüber liegendem Übergangsgeld ist zusätzlich zu zahlen.

E) zu Abs. 5
1. Ausbildungsgeld und Unterhaltsbeihilfe

27 Die Vorschrift trifft eine **Sonderregelung**, die auf Leistungen der **Bundesagentur für Arbeit** und der **Träger der Kriegsopferfürsorge** beschränkt ist. Sie bezieht sich auf
– Leistungen zur erstmaligen Ausbildung behinderter Menschen,
– Berufsvorbereitende Bildungsmaßnahmen (§ 59 SGB III),
– das Eingangsverfahren und
– den Berufsbildungsbereich von Werkstätten für behinderte Menschen (§ 40 SGB IX).

28 Die Bundesagentur für Arbeit leistet hierfür **Ausbildungsgeld** nach den in Nr. 1 genannten Regelungen der §§ 104–108 SGB III. In §§ 105, 106 SGB III wird dessen Höhe festgelegt. Diese Leistung ist aber nachrangig gegenüber einem möglichen Anspruch auf Übergangsgeld (§ 104 Abs. 1 letzter Halbs. SGB III).

29 Hingegen bleibt es beim Ausbildungsgeld, wenn Übergangsgeld wegen fehlender beruflicher Tätigkeit nicht erbracht werden kann (§ 104 Abs. 1 SGB III). In der Regel wird nämlich bei Leistungen zur erstmaligen Berufsausbildung die erforderliche Vorbeschäftigungszeit gem. § 160 Satz 1 Nr. 1, § 161 SGB III nicht erfüllt sein.

30 In der Kriegsopferfürsorge wird eine **Unterhaltsbeihilfe** anstelle des Übergangsgeldes gezahlt, wenn Beschädigte vor Beginn der Leistungen zur Teilhabe am Arbeitsleben nicht berufstätig gewesen sind (§ 26 Abs. 4 Nr. 1, § 26a Abs. 3 BVG).

31 Beide Leistungen gehen somit unter den in Abs. 5 umschriebenen Voraussetzungen den Ansprüchen auf Übergangsgeld nach Abs. 2 und 3 vor.

F) zu Abs. 6
1. Ergänzende Hilfe zum Lebensunterhalt in der Kriegsopferfürsorge

32 Die Träger der Kriegsopferfürsorge leisten nach Abs. 6 in den Fällen der Eingliederungshilfe für behinderte Menschen (§ 27d Abs. 1 Nr. 3 BVG) ergänzende Hilfe zum Lebensunterhalt unter den Voraussetzungen des § 27a BVG, also dann, wenn der Lebensunterhalt nicht aus den übrigen Leistungen und dem einzusetzenden Einkommen und Vermögen bestritten werden kann. Die Vorschrift hat lediglich deklaratorische Bedeutung.

G) zu Abs. 7
1. Erstattung von Aufwendungen

33 Leistungen zum Lebensunterhalt im Sinne von § 45 SGB IX können **auch bei ambulanten Leistungen zur medizinischen Rehabilitation** erbracht werden. Dies ist eine Verbesserung gegenüber dem Rechtszustand vor dem 1. Juli 2001 (vgl. hierzu näher Lachwitz / Schellhorn / Welti / *W. Schellhorn* / *Stähler* Rdnr. 15).

34 Damit können aber auch gleichzeitig **mehrere Leistungsansprüche zusammentreffen**, z. B. auf **Übergangsgeld** durch den Träger der Rentenversicherung und auf **Krankengeld** durch

Übergangsgeld § 46

die gesetzliche Krankenkasse: Nach § 49 Abs. 1 Nr. 3 SGB V ruht der Anspruch auf Krankengeld, soweit und solange der Betroffene Übergangsgeld bezieht. Diese Folge tritt ein, wenn ein arbeitsunfähiger Leistungsempfänger bei Bezug von Krankengeld gleichzeitig vom Rentenversicherungsträger eine Leistung zur medizinischen Rehabilitation erhält. Denn diese führt grundsätzlich zu einem Anspruch auf Übergangsgeld. Bei einer ambulanten Leistung zur medizinischen Rehabilitation – selbst wenn diese nur geringfügig ist – trägt also die gesetzliche Rentenversicherung stets das Risiko der Krankenversicherung. Denn der Betroffene ist schließlich krank und arbeitsunfähig; die medizinische Rehabilitationsleistung fällt möglicherweise demgegenüber kaum ins Gewicht (LPK-SGB IX / *Haines* / *Liebig* Rdnr. 18).

Deshalb sieht **Abs. 7** die grundsätzliche Möglichkeit eines **Erstattungsanspruchs des leistenden Rehabilitationsträgers** vor. Das Gesetz regelt allerdings nicht die Voraussetzungen einer derartigen Erstattung. Dies bleibt vielmehr einer **Gemeinsamen Empfehlung** vorbehalten, welche die Rehabilitationsträger gem. § 13 Abs. 2 Nr. 7 SGB IX im Rahmen der Bundesarbeitsgemeinschaft für Rehabilitation zu vereinbaren haben. Im Übrigen ist die grundsätzliche **Erstattungspflicht der Träger der gesetzlichen Krankenversicherung in § 49 Abs. 4 SGB V** vorgesehen, wenn ein anderer Rehabilitationsträger eine der in § 45 Abs. 1 Nr. 2–4 SGB IX beschriebenen Leistungen während einer ambulanten medizinischen Rehabilitationsmaßnahme erbringt. Bei **Arbeitsunfähigkeit** wird also **vorrangig Krankengeld** geleistet. 35

Ob ein Rehabilitationsträger gegebenenfalls Erstattungsansprüche geltend macht, steht wegen der „Kann-"Regelung in seinem **Ermessen**. Dies ist jedenfalls erst dann möglich, wenn eine Gemeinsame Empfehlung vorliegt bzw. eine nach § 16 SGB IX an ihre Stelle tretende Rechtsverordnung. Denn auch § 49 Abs. 4 SGB IV macht die Erstattungspflicht der Träger der gesetzlichen Krankenversicherung vom Abschluss der Gemeinsamen Empfehlung abhängig. Gleichwohl könnte in den letztgenannten Fällen einer der drei anderen jeweils anspruchsberechtigten Träger bereits vorsorglich Erstattungsansprüche anmelden (Lachwitz / Schellhorn / Welti / *W. Schellhorn* / *Stähler* Rdnr. 16). 36

H) zu Abs. 8

1. Kalendertägliche Leistung

Die in Abs. 1 und 2 genannten Leistungen werden kalendertäglich, also **auch für arbeitsfreie Tage**, gezahlt. Umfasst der Leistungszeitraum einen ganzen Monat, ist dieser unabhängig von seiner tatsächlichen Dauer mit **30 Tagen** anzusetzen. Das gilt auch dann, wenn in einem Kalendermonat nacheinander Ansprüche auf zwei der in Betracht kommenden Entgeltersatzleistungen bestehen. Die Bezugsdauer ist in jedem Fall auf 30 Tage zu begrenzen (B / F / K / L / *Löffler* Rdnr. 11). 37

§ 46
Höhe und Berechnung des Übergangsgelds

(1) ¹Der Berechnung des Übergangsgelds werden 80 vom Hundert des erzielten regelmäßigen Arbeitsentgelts und Arbeitseinkommens, soweit es der Beitragsberechnung unterliegt (Regelentgelt) zugrunde gelegt, höchstens jedoch das in entsprechender Anwendung des § 47 berechnete Nettoarbeitsentgelt; hierbei gilt die für den Rehabilitationsträger jeweils geltende Beitragsbemessungsgrenze. ²Bei der Berechnung des Regelentgelts und des Nettoarbeitsentgelts werden die für die jeweilige Beitragsbemessung und Beitragstragung geltenden Besonderheiten der Gleitzone nach § 20 Abs. 2 des Vierten Buches nicht berücksichtigt. ³Das Übergangsgeld beträgt

1. für Leistungsempfänger, die mindestens ein Kind im Sinne des § 32 Abs. 1, 3 bis 5 des Einkommensteuergesetzes haben, oder deren Ehegatten oder Lebenspartner, mit denen sie in häuslicher Gemeinschaft leben, eine Erwerbstätigkeit nicht ausüben kön-

nen, weil sie die Leistungsempfänger pflegen oder selbst der Pflege bedürfen und keinen Anspruch auf Leistungen aus der Pflegeversicherung haben, 75 vom Hundert; Gleiches gilt für Leistungsempfänger, die ein Stiefkind (§ 56 Absatz 2 Nummer 1 des Ersten Buches) in ihren Haushalt aufgenommen haben,

2. für die übrigen Leistungsempfänger 68 vom Hundert des nach Satz 1 oder § 48 maßgebenden Betrages. Bei Übergangsgeld der Träger der Kriegsopferfürsorge wird unter den Voraussetzungen von Satz 2 Nr. 1 ein Vomhundertsatz von 80, im Übrigen ein Vomhundertsatz von 70 zugrunde gelegt.

(2) ¹Für die Berechnung des Nettoarbeitsentgelts nach Absatz 1 Satz 1 wird der sich aus dem kalendertäglichen Hinzurechnungsbetrag nach § 47 Abs. 1 Satz 6 ergebende Anteil am Nettoarbeitsentgelt mit dem Vomhundertsatz angesetzt, der sich aus dem Verhältnis des kalendertäglichen Regelentgeltbetrages nach § 47 Abs. 1 Satz 1 bis 5 zu dem sich aus diesem Regelentgeltbetrag ergebenden Nettoarbeitsentgelt ergibt. ²Das kalendertägliche Übergangsgeld darf das sich aus dem Arbeitsentgelt nach § 47 Abs. 1 Satz 1 bis 5 ergebende kalendertägliche Nettoarbeitsentgelt nicht übersteigen.

ERLÄUTERUNGEN

ÜBERSICHT

I. Bedeutung der Vorschrift (Rdnr. 1)
II. Fassung (Rdnr. 2)
III. Anmerkungen (Rdnrn. 3–30)
   A) zu Abs. 1
      1. Höhe der Berechnungsgrundlage (Rdnrn. 3–4)
         a) 80% des Regelentgelts (Rdnrn. 5–10)
         b) Obergrenze Nettoarbeitsentgelt (Rdnrn. 11–12)
      2. Höhe des Übergangsgeldes (Rdnrn. 13–14)
         a) Normalsatz 68% (Rdnrn. 15–16)
         b) Erhöhter Satz 75% (Rdnrn. 17–25)
            aa) für Versicherte mit Kind (Rdnrn. 17–21)
            bb) bei Pflegebedürftigkeit des Leistungsempfängers (Rdnrn. 22–24)
            cc) bei Pflegebedürftigkeit des Ehegatten oder Lebenspartners (Rdnr. 25)
         c) Bezieher von Übergangsgeld der Kriegsopferfürsorge (Rdnrn. 26–27)
   B) zu Abs. 2
      1. Behandlung einmalig gezahlten Arbeitsentgelts (Rdnrn. 28–30)

I. Bedeutung der Vorschrift

1   Die Vorschrift regelt die gemeinsame Bemessungsgrundlage für das Übergangsgeld und bestimmt dessen Höhe. Als Voraussetzung für ein erhöhtes Übergangsgeld wird in Abs. 1 Satz 2 Nr. 1 ein für alle Rehabilitationsträger einheitlicher Begriff des Kindes im steuerlichen Sinne definiert.

II. Fassung

2   Die Vorschrift wurde – abgesehen von sprachlichen bzw. Folgeänderungen – unverändert aus dem Regierungsentwurf (BT-Drucks. 14/5531 i. V. m. 14/5074) übernommen.

III. Anmerkungen

A) zu Abs. 1

1. Höhe der Berechnungsgrundlage

In Satz 1 der Vorschrift wird festgelegt, von welcher Berechnungsgrundlage aus das Übergangsgeld zu bestimmen ist. Dies gilt für jede Berechnung von Übergangsgeld mit Ausnahme der in § 48 genannten Sonderfälle. 3

Hierbei ist im Wege einer **Vergleichsberechnung** vorzugehen: Zunächst ist das **Regelentgelt** zu bestimmen, also das regelmäßig erzielte und der Beitragsbemessung unterliegende Arbeitsentgelt oder Arbeitseinkommen. Hiervon sind **80%** anzusetzen. **Höchstens** darf jedoch das **Nettoarbeitsentgelt** herangezogen werden, welches in entsprechender Anwendung des § 47 SGB IX zu bestimmen ist. 4

a) 80% des Regelentgelts

Nach der gesetzlichen Definition in Satz 1 ist Regelentgelt das **erzielte regelmäßige Arbeitsentgelt und Arbeitseinkommen, soweit es der Beitragsberechnung unterliegt.** 5

Für die jeweilige Berechnung ist allerdings zu unterscheiden: **Arbeitsentgelt** (vgl. § 14 SGB IV) ist einheitlich nach **§ 47 SGB IX** zu ermitteln. 6

Hingegen gelten bei selbstständig Tätigen für die Berechnung des **Arbeitseinkommens** (§ 15 SGB IV) jeweils bereichsspezifische Vorschriften der einzelnen Leistungsgesetze, nämlich für die Träger der 7
– gesetzlichen **Rentenversicherung** § 21 Abs. 2 SGB V i. V. mit 45 Abs. 1 Nr. 3 und Abs. 2 Satz 2 SGB IX,
– gesetzlichen **Unfallversicherung** § 47 Abs. 1 Satz 2 i. V. mit § 50 SGB VII,
– **Kriegsopferfürsorge** § 16b Abs. 2 i. V. mit § 26a Abs. 1 BVG.

Für Übergangsgeld der Bundesagentur für Arbeit kann Arbeitseinkommen keine Rolle spielen, da Selbstständige nicht der Versicherungspflicht nach dem SGB III unterliegen. 8

Das so ermittelte Regelentgelt ist nur insoweit zu berücksichtigen, als es die für die einzelnen Rehabilitationsträger geltende **Beitragsbemessungsgrenze** nicht übersteigt (**Satz 1 Halbs. 2**). Das sind in 2009 9
– für die Rentenversicherung (§ 159 SGB VI) 5400 Euro bzw. 4450 Euro (Ost),
– für die Arbeitsförderung (§ 341 Abs. 4 SGB III) 5400 Euro bzw. 4450 Euro (Ost).

Die Beitragsbemessungsgrenze der gesetzlichen Krankenversicherung (vgl. § 223 Abs. 3 SGB V) ist in diesem Zusammenhang ohne Bedeutung, da Krankenkassen kein Übergangsgeld zahlen. 10

b) Obergrenze Nettoarbeitsentgelt

Der wie oben berechnete Betrag von 80% des Regelentgelts ist mit dem entsprechend § 47 SGB IX zu ermittelnden Nettoarbeitsentgelt zu vergleichen. Dieses stellt in jedem Fall die Obergrenze der Berechnungsgrundlage für das Übergangsgeld dar. 11

Die Vergleichsberechnung ist **nur erforderlich für Bezieher von Arbeitsentgelt** gem. § 14 SGB IV. Sie hat sich nach den Berechnungsschritten des § 47 SGB IX zu richten. Eine Sonderregelung enthält allerdings § 46 Abs. 2 SGB IX: Sie betrifft den Ansatz des kalendertäglichen Hinzurechnungsbetrages nach § 47 Abs. 1 Satz 6 SGB IX. 12

2. Höhe des Übergangsgeldes

Die Höhe des Übergangsgeldes wird nach Abs. 1 Satz 2 mit unterschiedlichen Prozentsätzen der Berechnungsgrundlage des Satzes 1 – in Sonderfällen des § 48 SGB IX – bestimmt. Hierbei werden je nach den persönlichen Verhältnissen des Leistungsberechtigten **vier unter-** 13 schiedlich hohe **Leistungssätze** festgelegt, nämlich **68%, 70%, 75%** sowie **80%** der jeweiligen Berechnungsgrundlage. Die Regelung ist allerdings wenig übersichtlich ausgefallen.

14 Sie betrifft im Übrigen nur die Zahlung von **Übergangsgeld während einer Rehabilitationsmaßnahme**. Besteht dagegen während einer Arbeitslosigkeit im Anschluss an eine Leistung zur Teilhabe am Arbeitsleben Anspruch auf Übergangsgeld, beträgt dieses 67 oder 60% der Berechnungsgrundlage (§ 51 Abs. 4 Satz 2 SGB IX).

a) Normalsatz 68%

15 Das Übergangsgeld der Träger der Renten- oder Unfallversicherung sowie der Bundesagentur für Arbeit wird grundsätzlich in Höhe von 68% der Berechnungsgrundlage nach Satz 1 oder nach § 48 SGB IX gezahlt (**Satz 2 Nr. 2**). Das gilt aber nur, soweit nicht einer der drei in Satz 2 Nr. 1 genannten Erhöhungstatbestände vorliegt, die auf die familiären Verhältnisse des Berechtigten abstellen.

16 **Ändern sich die Verhältnisse** während des Bezugs von Übergangsgeld (z. B. durch Geburt eines Kindes, Wegfall der Kindergeldberechtigung, Eintritt der Pflegebedürftigkeit, Aufgabe der häuslichen Gemeinschaft), ist zu unterscheiden: Änderungen zu Gunsten des Leistungsberechtigten sollten nach dem **Günstigkeitsprinzip** von Beginn des Kalendermonats an berücksichtigt werden, in den das betreffende Ereignis fällt. Änderungen zu Lasten des Leistungsempfängers sollten sich hingegen erst vom Beginn des folgenden Kalendermonats an auswirken (so auch Lachwitz / Schellhorn / Welti / *W. Schellhorn / Stähler* Rdnr. 11 unter Hinweis auf die Erstkomm. der Bundesverbände der Unfallversicherungsträger S. 131 zur Berücksichtigung von Kindern).

b) Erhöhter Satz 75%

aa) für Versicherte mit Kind

17 Der erhöhte Satz des Übergangsgeldes von 75% der Berechnungsgrundlage gilt für alle Leistungsempfänger, die **mindestens ein Kind** haben (**Satz 1 Nr. 1, 1. Var.**). Durch die Verweisung auf § 32 Abs. 1, 3–5 EStG wird somit für alle Rehabilitationsträger bei der Berechnung des Übergangsgeldes ein **einheitlicher Kindesbegriff** zugrunde gelegt.

18 Berücksichtigt werden danach sowohl leibliche Kinder als auch Adoptivkinder – unabhängig von einer Aufnahme in den Haushalt des Leistungsberechtigten – sowie Pflegekinder (§ 32 Abs. 1 EStG). Hingegen bleiben Stiefkinder, Enkelkinder und Geschwister außer Betracht, sofern nicht ein rechtliches Pflegekindverhältnis begründet wurde.

Das erhöhte Übergangsgeld ist für den ganzen Kalendermonat zu zahlen, wenn das zu berücksichtigende Kindschaftsverhältnis mindestens einen Tag in dem Monat bestand.

19 Nach **Vollendung des 18. Lebensjahres** führt ein Kind grundsätzlich nur unter den Voraussetzungen des § 32 Abs. 4 und 5 EStG zu einem erhöhten Satz des Übergangsgeldes, nämlich
 – bis zum vollendeten 21. Lebensjahr bei Arbeitslosigkeit und Verfügbarkeit für die Vermittlung im Inland,
 – bis zum vollendeten 27. Lebensjahr bei Berufsausbildung, Wehr- / Zivildienst, freiwilligem sozialen oder ökologischen Jahr, Tätigkeit in der Entwicklungshilfe.

20 Weitere Voraussetzung ist, dass zur Bestreitung des Unterhalts oder Berufsausbildung bestimmte und geeignete **Einkünfte des Kindes** die maßgebende Grenze von 7188 Euro jährlich bzw. 599 Euro monatlich nicht überschreiten.

21 Kinder, die wegen körperlicher, geistiger oder seelischer **Behinderung** außerstande sind, sich selbst zu unterhalten, werden ohne Altersgrenze berücksichtigt, wenn die Behinderung vor Vollendung des 27. Lebensjahres eingetreten ist.

bb) bei Pflegebedürftigkeit des Leistungsempfängers

Der erhöhte Satz von 75% steht auch Leistungsberechtigten zu, die **selbst pflegebedürftig** sind, wenn der mit ihnen in häuslicher Gemeinschaft lebende **Ehegatte** oder gleichgeschlechtliche eingetragene Lebenspartner **wegen der Pflege keine Erwerbstätigkeit** ausüben kann. Zusätzliche Voraussetzung ist aber, dass der Leistungsberechtigte keinen Anspruch auf Leistungen der Pflegeversicherung hat (**Satz 2 Nr. 1, 2. Var.**). 22

Die **Pflegebedürftigkeit** wird nach überwiegender Auffassung nach der Legaldefinition des § 14 Abs. 1 SGB XI beurteilt (Hauck / Noftz / *Schütze* Rdnr. 12; Lachwitz / Schellhorn / Welti / *W. Schellhorn* / *Stähler* Rdnr. 9 m. w. Nachw.; a. A. Dalichau / Grüner SGB VI § 24 Anm. II. S. 13, die auf einen weiteren Pflegebegriff in Anlehnung an § 68 BSHG abstellen). Danach ist pflegebedürftig die Person, die wegen ihrer körperlichen, geistigen oder seelischen Krankheit oder Behinderung für die gewöhnlichen und regelmäßig wiederkehrenden Verrichtungen im Ablauf des täglichen Lebens auf Dauer, voraussichtlich für mindestens sechs Monate in erheblichem oder höherem Maße der Hilfe bedarf. Dieser **enge Pflegebegriff beschränkt den Anwendungsbereich** der Vorschrift; denn liegen die Voraussetzungen des § 14 SGB XI vor, wird häufig auch Pflegegeld gezahlt werden und damit der Anspruch auf erhöhtes Übergangsgeld ausgeschlossen sein. 23

Übt der Ehegatte eine **Erwerbstätigkeit tatsächlich nicht** aus, kann in der Regel vermutet werden, dass die Pflege hierfür ursächlich ist (Lachwitz / Schellhorn / Welti / *W. Schellhorn* / *Stähler* a. a. O.). Die Beschäftigung einer weiteren Pflegeperson ist unschädlich, wenn der betreffende Ehegatte zumindest einen wesentlichen Teil der Pflege übernimmt. 24

cc) bei Pflegebedürftigkeit des Ehegatten oder Lebenspartners

Der erhöhte Satz von 75% steht schließlich einem Leistungsberechtigten auch dann zu, wenn der Ehegatte oder Lebenspartner des Leistungsberechtigten selbst der Pflege bedarf und keine Leistungen der Pflegeversicherung bezieht (**Satz 2 Nr. 1, 3. Var.**). 25

c) Bezieher von Übergangsgeld der Kriegsopferfürsorge

Leisten Träger der Kriegsopferfürsorge Übergangsgeld, beträgt die Höhe **grundsätzlich 70%** der maßgeblichen Berechnungsgrundlage nach Abs. 1 Satz 1 oder § 48 SGB IX (**Satz 2 Nr. 2 Satz 2, 2. Alt.**). 26

Ist aber ein berücksichtigungsfähiges Kind vorhanden oder liegt Pflegebedürftigkeit des Leistungsbeziehers oder seines Ehegatten bzw. Lebenspartners unter den übrigen Voraussetzungen des Satz 2 Nr. 1, 2. oder 3. Var. vor, steigt die Höhe des Übergangsgeldes auf **80%** der Berechnungsgrundlage (**Satz 2 Nr. 2 Satz 2, 1. Alt.**). 27

B) zu Abs. 2
1. Behandlung einmalig gezahlten Arbeitsentgelts

Einmalig gezahltes Arbeitsentgelt im Sinne von § 23a SGB IV, z. B. Weihnachts- oder Urlaubsgeld, wird **grundsätzlich in die Bemessung von Entgeltersatzleistungen einbezogen**. Das entspricht den Vorgaben des BVerfG: Der 1. Senat hatte es als unvereinbar mit dem Gleichheitsgebot des Art. 3 Abs. 1 GG bezeichnet, wenn einmalig gezahltes Arbeitsentgelt zwar zu Sozialversicherungsbeiträgen herangezogen wird, nicht aber bei der Berechnung von kurzfristigen beitragsfinanzierten Lohnersatzleistungen berücksichtigt wird (BVerfGE 92, 53 und 102, 127). 28

Die Konsequenzen hieraus hat der Gesetzgeber mit dem **Einmalzahlungsneuregelungsgesetz** vom 21. 12. 2000 (BGBl. I S. 1971) gezogen, das § 47 Abs. 1 Satz 3 und 4 sowie Abs. 2 Satz 7 SGB V einfügte. Diese Vorschriften waren Vorbild für § 46 Abs. 2 SGB IX und die damit in engem Zusammenhang stehende Regelung des § 47 Abs. 1 Satz 6 SGB IX.

29 Im **Ausgangspunkt** wird die Berechnungsgrundlage des Übergangsgeldes **ohne** Berücksichtigung von **einmalig gezahlten Leistungen** ermittelt (§ 47 Abs. 1 Satz 1 SGB IX).

Diese werden vielmehr in folgenden **Rechenschritten** einbezogen:
- Zunächst wird das (Brutto-)**Regelentgelt** nach § 47 Abs. 1 Satz 1 bis 5 SGB V errechnet.

Beispiel: 3000 Euro Bruttoarbeitsentgelt

(= 1950 Euro Nettoarbeitsentgelt)

- Anschließend wird nach § 47 Abs. 1 Satz 6 ein Brutto-Hinzurechnungsbetrag ermittelt. Dieser entspricht dem 360. Teil der während der letzten 12 Kalendermonate vor Leistungsbeginn erbrachten Einmalzahlungen, soweit sie in dem jeweiligen Sozialversicherungszweig der Beitragspflicht unterlagen.

Beispiel: Beitragspflichtige Einmalzahlungen 4500 Euro

Brutto-Hinzurechnungsbetrag (4500:360 =) 12,50 Euro

- Aus Regelentgelt und Brutto-Hinzurechnungsbetrag wird das – kalendertägliche – kumulierte Regelentgelt errechnet.

Beispiel: Regelentgelt (3000:30 =) 100 Euro

Brutto-Hinzurechnungsbetrag 12,50 Euro

Kumuliertes Regelentgelt 112,50 Euro

(80% des kumulierten Regelentgelts: 89,60 Euro)

- Sodann wird der Netto-Hinzurechnungsbetrag gem. Abs. 2 Satz 1 ermittelt. Hierfür wird zunächst das regelmäßige Nettoarbeitsentgelt durch 30 Tage geteilt.

Beispiel: (1950:30 =) 65 Euro

- Das Ergebnis wird durch das kalendertägliche (Brutto-)Regelentgelt dividiert

Beispiel: 65:100

- und mit dem Brutto-Hinzurechnungsbetrag multipliziert.

Beispiel: ([65:100] x 12,50 =) 8,13 Euro

- Schließlich wird der so ermittelte Netto-Hinzurechnungsbetrag dem Nettoarbeitsentgelt hinzugefügt.

Beispiel: (65 + 8,13) = 73,13 Euro

Übergangsgeld (z. B. 75% von 73,13) = 54,84 Euro

30 Allerdings darf das kalendertägliche Übergangsgeld nicht höher sein als das – ohne Berücksichtigung des Hinzurechnungsbetrages – kalendertägliche Nettoarbeitsentgelt (**Abs. 2 Satz 2**).

Beispiel: Kalendertägliches Nettoentgelt 65 Euro;

deshalb ermitteltes Übergangsgeld von 54 Euro maßgebend.

§ 47
Berechnung des Regelentgelts

(1) ¹Für die Berechnung des Regelentgelts wird das von den Leistungsempfängern im letzten vor Beginn der Leistung oder einer vorangegangenen Arbeitsunfähigkeit abgerechneten Entgeltabrechnungszeitraum, mindestens das während der letzten abgerechneten vier Wochen (Bemessungszeitraum) erzielte und um einmalig gezahltes Arbeits-

entgelt verminderte Arbeitsentgelt durch die Zahl der Stunden geteilt, für die es gezahlt wurde. ²Das Ergebnis wird mit der Zahl der sich aus dem Inhalt des Arbeitsverhältnisses ergebenden regelmäßigen wöchentlichen Arbeitsstunden vervielfacht und durch sieben geteilt. ³Ist das Arbeitsentgelt nach Monaten bemessen oder ist eine Berechnung des Regelentgelts nach den Sätzen 1 und 2 nicht möglich, gilt der dreißigste Teil des in dem letzten vor Beginn der Leistung abgerechneten Kalendermonats erzielten und um einmalig gezahltes Arbeitsentgelt verminderten Arbeitsentgelts als Regelentgelt. ⁴Wird mit einer Arbeitsleistung Arbeitsentgelt erzielt, das für Zeiten einer Freistellung vor oder nach dieser Arbeitsleistung fällig wird (Wertguthaben nach § 7b des Vierten Buches), ist für die Berechnung des Regelentgelts das im Bemessungszeitraum der Beitragsberechnung zugrunde liegende und um einmalig gezahltes Arbeitsentgelt verminderte Arbeitsentgelt maßgebend; Wertguthaben, die nicht gemäß einer Vereinbarung über flexible Arbeitszeitregelungen verwendet werden (§ 23b Abs. 2 des Vierten Buches), bleiben außer Betracht. ⁵Bei der Anwendung des Satzes 1 gilt als regelmäßige wöchentliche Arbeitszeit die Arbeitszeit, die dem gezahlten Arbeitsentgelt entspricht. ⁶Für die Berechnung des Regelentgelts wird der 360. Teil des einmalig gezahlten Arbeitsentgelts, das in den letzten zwölf Kalendermonaten vor Beginn der Leistung nach § 23a des Vierten Buches der Beitragsberechnung zugrunde gelegen hat, dem nach den Sätzen 1 bis 5 berechneten Arbeitsentgelt hinzugerechnet.

(2) Bei Teilarbeitslosigkeit ist für die Berechnung das Arbeitsentgelt maßgebend, das in der infolge der Teilarbeitslosigkeit nicht mehr ausgeübten Beschäftigung erzielt wurde.

(3) Für Leistungsempfänger, die Kurzarbeitergeld bezogen haben, wird das regelmäßige Arbeitsentgelt zugrunde gelegt, das zuletzt vor dem Arbeitsausfall erzielt wurde.

(4) Das Regelentgelt wird bis zur Höhe der für den Rehabilitationsträger jeweils geltenden Leistungs- oder Beitragsbemessungsgrenze berücksichtigt, in der Rentenversicherung bis zur Höhe des der Beitragsbemessung zugrunde liegenden Entgelts.

(5) Für Leistungsempfänger, die im Inland nicht einkommensteuerpflichtig sind, werden für die Feststellung des entgangenen Nettoarbeitsentgelts die Steuern berücksichtigt, die bei einer Steuerpflicht im Inland durch Abzug vom Arbeitsentgelt erhoben würden.

ERLÄUTERUNGEN

ÜBERSICHT

I. Bedeutung der Vorschrift (Rdnrn. 1–3)
II. Fassung (Rdnr. 4)
III. Anmerkungen (Rdnrn. 5–42)
   A) zu Abs. 1
      1. Berechnung des Regelentgelts
         a) Bei Stundenlohnbeziehern (Rdnrn. 5–6)
            aa) Arbeitsentgelt (Rdnrn. 7–11)
            bb) Bemessungszeitraum (Rdnrn. 12–15)
            cc) Berechnung des Regelentgelts (Rdnrn. 16–19)
         b) Bei Monatsentgeltbeziehern
            aa) Berechnungsformel (Rdnrn. 20–21)
            bb) Bemessungszeitraum (Rdnr. 22)
            cc) Sonderfälle (Rdnrn. 23–24)
         c) Bei Arbeitnehmern mit flexibler Arbeitszeit
            aa) Wertguthaben (Rdnr. 25)
            bb) Bemessungszeitraum (Rdnr. 26)

cc) Maßgebendes Arbeitsentgelt (Rdnr. 27)
dd) Ausnahmefälle (Rdnr. 28)
ee) Sonderregelung für Stundenlohnbezieher (Rdnr. 29)
2. Hinzurechnung von Einmalzahlungen
   a) Begriff der Einmalzahlungen (Rdnr. 30)
   b) Ermittlung des Hinzurechnungsbetrages (Rdnr. 31)
   c) Verfassungsrechtliche Vorgaben (Rdnr. 32)
B) zu Abs. 2
1. Berechnung bei Teilarbeitslosigkeit (Rdnrn. 33–34)
C) zu Abs. 3
1. Berechnung bei Bezug von Kurzarbeiter- oder Winterausfallgeld (Rdnrn. 35–36)
D) zu Abs. 4
1. Obergrenze für die Berücksichtigung des Regelentgelts (Rdnrn. 37–40)
E) zu Abs. 5
1. Nicht steuerpflichtige Leistungsbezieher (Rdnrn. 41–42)

I. Bedeutung der Vorschrift

1 Die Vorschrift enthält die maßgebenden Bestimmungen für die Berechnung des Regelentgelts als Grundlage der Bemessung des Übergangsgeldes. Hierbei übernimmt sie weitgehend die bereits geltenden Regelungen in §§ 21 SGB VI und 47 SGB VII i. V. m. § 47 SGB V über die Ermittlung der Berechnungsgrundlagen für das Übergangsgeld (**Abs. 1**).

2 **Abs. 2** entspricht den bestehenden Regelungen zur Ermittlung der Berechnungsgrundlage bei bestehender Teilzeitarbeitslosigkeit.

Abs. 3 übernimmt die zuvor geltenden Bestimmungen zur Ermittlung der Berechnungsgrundlage bei Bezug von Kurzarbeiter- oder Winterausfallgeld.

3 **Abs. 4** entspricht den bisher geltenden Vorschriften über die Bemessungsgrenzen zur Ermittlung der Berechnungsgrundlage der jeweiligen Rehabilitationsträger.

Abs. 5 übernimmt die bisherige Regelung des § 21 Abs. 2 SGB VI zur Ermittlung der Berechnungsgrundlage bei im Inland nicht einkommensteuerpflichtigen Versicherten.

II. Fassung

4 Die Vorschrift wurde im Wesentlichen unverändert aus dem Regierungsentwurf (BT-Drucks. 14/5531 i. V. m. 14/5074) übernommen. Der BT-Ausschuss für Arbeit und Sozialordnung hat in Abs. 1 Satz 1 die Worte „oder einer vorausgegangenen Arbeitsunfähigkeit" eingefügt und dies wie folgt begründet (BT-Drucks. 14/5800 S. 34):

„Die Änderung dient der Harmonisierung der Entgeltersatzleistungen und vermeidet, dass bei der Berechnung von Krankengeld und Übergangsgeld unterschiedliche Bemessungszeiträume zugrunde gelegt werden."

III. Anmerkungen

A) zu Abs. 1

1. Berechnung des Regelentgelts

a) Bei Stundenlohnbeziehern

5 Ist das Arbeitsentgelt des Versicherten nach Stunden bemessen, richtet sich die Berechnung des Regelentgelts nach **Satz 1 und 2**.

6 Grundlage für die Berechnung ist das in dem maßgebenden **Bemessungszeitraum** erzielte **regelmäßige Arbeitsentgelt** des Leistungsberechtigten.

aa) Arbeitsentgelt

Welche Einnahmen dem Arbeitsentgelt zuzurechnen sind, richtet sich nach § 14 SGB IV i. V. m. der Arbeitsentgeltverordnung (ArEV). Es handelt sich um die auf der Grundlage von § 17 Abs. 4 SGB IV erlassene „Verordnung über die Bestimmung des Arbeitsentgelts in der Sozialversicherung" vom 18.12.1984 (BGBl. I S. 1642). Erfasst werden **grundsätzlich alle laufenden Einnahmen aus einer Beschäftigung**. Das Arbeitsentgelt ist auch insoweit zu berücksichtigen, als es die Beitragsbemessungsgrenze übersteigt. 7

Auch die **Entgeltfortzahlung wegen Arbeitsunfähigkeit**, die vor Beginn der Leistung zur Teilhabe beendet ist, gehört zum Arbeitsentgelt ebenso wie das während des **Urlaubs** weitergezahlte Entgelt. Außerdem sind **vermögenswirksame Leistungen** als Arbeitsentgelt im Sinne von § 14 SGB IV zu werten und dementsprechend zu berücksichtigen (B / F / K / L / *Löffler* Rdnr. 9). 8

Überstunden sind zu berücksichtigen, wenn sie nach dem Inhalt des Arbeitsverhältnisses regelmäßig erbracht worden sind. Das ist dann anzunehmen, wenn im Referenzzeitraum – d. h. in den letzten abgerechneten drei Monaten oder 13 Wochen – in jedem Monat mindestens eine Überstunde geleistet worden ist (BSGE 74, 199 = SozR 3-4190 § 59 Nr. 5 = AP Nr. 26 zu § 2 LohnFG). 9

Eine **rückwirkende Erhöhung** des Arbeitsentgelts, etwa durch Abschluss eines neuen Tarifvertrages, ist in die Berechnung einzubeziehen, wenn bereits ein Rechtsanspruch auf das höhere Entgelt vor Beginn der Teilhabeleistung oder einer in die Leistung zur Teilhabe übergehenden Arbeitsunfähigkeit bestanden hat. Ein solcher Rechtsanspruch ist gegeben, wenn z. B. der Tarifvertrag vor Beginn der Arbeitsunfähigkeit bzw. Leistung beschlossen worden ist. Dann ist bei der Regelentgeltberechnung der Betrag des erhöhten Arbeitsentgelts zu berücksichtigen, der auf den Bemessungszeitraum entfällt (vgl. BSGE 76, 156 = SozR 3-4100 § 249e Nr. 7 = NZS 1996, 178). 10

Hingegen bleibt **einmalig gezahltes Arbeitsentgelt** – unabhängig von der Beitragspflicht – bei der Berechnung des Regelentgelts außer Betracht. Das gilt namentlich für Weihnachtsgratifikationen, Gewinnanteile bzw. Tantiemen oder ähnlich bezeichnete Leistungen des Arbeitgebers sowie für das Urlaubsgeld, das zusätzlich zum Urlaubsentgelt gezahlt wird. Hierdurch wird vermieden, dass sich das Übergangsgeld aus einem zufälligen, nicht regelmäßig bezogenen Entgelt errechnet. Einmalig gezahltes Entgelt sind nach der Legaldefinition des **§ 23a Abs. 1 Satz 1 SGB IV** Zuwendungen des Arbeitgebers, die nicht für die Arbeit in einem einzelnen Entgeltabrechnungszeitraum bezahlt werden. 11

bb) Bemessungszeitraum

Der maßgebende Bemessungszeitraum umfasst **mindestens die letzten abgerechneten vier Wochen**. Dabei muss es sich um den Lohnabrechnungszeitraum unmittelbar vor Beginn der Leistung zur Teilhabe oder einer vorangegangenen Arbeitsunfähigkeit handeln. Ein „abgerechneter" Entgeltabrechnungszeitraum liegt vor, wenn der Arbeitgeber das in diesem Zeitraum erzielte Arbeitsentgelt vollständig errechnet hat, so dass es ohne weiteres ausgezahlt oder überwiesen werden kann (BSG SozR 3-2200 § 182 Nr. 8 = NZA 1991, 1000 = Die Leistungen 1993, 48). Auf den Zeitpunkt der Auszahlung oder der Bankgutschrift kommt es nicht an. 12

Der Bemessungszeitraum umfasst auch Zeiten des bezahlten Urlaubs und der Entgeltfortzahlung; auch Fehlzeiten infolge Arbeitsunfähigkeit, unbezahlten Urlaubs, usw. sind hinsichtlich des Bemessungszeitraums unschädlich (B / F / K / L / *Löffler* Rdnr. 6). 13

Ist der **betriebsübliche** Entgeltabrechnungszeitraum **kürzer als vier Wochen** – etwa eine Woche –, sind mehrere Entgeltabrechnungszeiträume so zusammenzulegen, dass sich ein Zeitraum von mindestens vier Wochen ergibt. 14

15 Ist hingegen bei Beginn der Arbeitsunfähigkeit bzw. der Leistung ein abgerechneter Entgeltabrechnungszeitraum von mindestens vierwöchiger Dauer **noch nicht erreicht**, muss grundsätzlich das in dem kürzeren Zeitraum bis zum Tag vor Eintritt der Arbeitsunfähigkeit bzw. Leistung erzielte Arbeitsentgelt auf den Bemessungszeitraum **hochgerechnet** werden. Führt dies allerdings zu einem Regelentgelt, das die Entgeltverhältnisse offensichtlich nicht richtig wiedergibt, so sind die fehlenden Zeiten durch das Arbeitsentgelt eines gleichartig Beschäftigten zu ergänzen (BSGE 36, 55 = SozR Nr. 59 zu § 182 RVO = SGb 1973, 507 = SozSich 1974, 24).

cc) Berechnung des Regelentgelts

16 Das maßgebliche laufende Arbeitsentgelt im Bemessungszeitraum ist **durch die Zahl der Stunden zu teilen, für die es gezahlt wurde**. Hierzu gehören auch Stunden, für die ohne Arbeitsleistung Entgelt gezahlt wurde, wie z. B. Stunden bezahlten Urlaubs, bezahlter Feiertage, bezahlte Freistunden, Zeiten der Entgeltfortzahlung usw. Hingegen werden entschuldigte oder unentschuldigte Fehlzeiten der Zahl der Arbeitsstunden nicht hinzugerechnet (B / F / K / L / *Löffler* Rdnr. 11).

17 Das Ergebnis der Berechnung nach Rdnr. 16 wird nach Satz 2 mit der Zahl der sich aus dem Inhalt des Arbeitsverhältnisses ergebenden **regelmäßigen wöchentlichen Arbeitsstunden vervielfacht** und **durch 7 geteilt**. Für die regelmäßigen wöchentlichen Arbeitsstunden ist der jeweilige Arbeitsvertrag maßgebend, gegebenenfalls in Verbindung mit einer Betriebsvereinbarung oder einem Tarifvertrag. Hierbei kommt es auch auf die Arbeitszeitvereinbarungen an, die für den Betrieb – oder Betriebsteile – gelten, wo der Arbeitnehmer beschäftigt ist.

18 Weicht die tatsächliche wöchentliche Arbeitszeit regelmäßig von der vereinbarten Arbeitszeit ab oder ist keine bestimmte Arbeitszeit vereinbart, ist die Zahl der regelmäßigen wöchentlichen Arbeitsstunden nach den **tatsächlichen Verhältnissen** zu ermitteln. Hierfür wird aus den tatsächlich geleisteten Arbeitsstunden der letzten drei Monate bzw. der letzten 13 Wochen als Ausgangszeitraum der wöchentliche Durchschnitt festgestellt. Dieser ist bei der Berechnung des Regelentgelts als regelmäßige wöchentliche Arbeitszeit anzusetzen. Hat das Arbeitsverhältnis noch keine drei Monate bei demselben Arbeitgeber bestanden, darf der kürzere Zeitraum bei der Durchschnittsberechnung zugrunde gelegt werden, sofern hierdurch die regelmäßigen Einkommensverhältnisse des Arbeitnehmers im Wesentlichen richtig widergespiegelt werden.

19 Das laufende Bruttoarbeitsentgelt, das im letzten Entgeltabrechnungszeitraum erzielt wurde, wird durch die Gesamtzahl der Stunden geteilt, für die es gezahlt wurde. Dieses Ergebnis wird mit der Zahl der sich aus dem Inhalt des Arbeitsverhältnisses ergebenden regelmäßigen wöchentlichen Arbeitsstunden multipliziert und durch 7 geteilt. Das Ergebnis ist das **Regelentgelt**, das allerdings um einmalig gezahltes Arbeitsentgelt nach Maßgabe des Satzes 6 zu erhöhen ist (vgl. dazu unten Rdnrn. 30 ff.).

b) Bei Monatsentgeltbeziehern

aa) Berechnungsformel

20 Für Arbeitnehmer, die ein nach Monaten bemessenes Arbeitsentgelt beziehen, gilt nach **Satz 3** eine eigene Berechnungsformel: Es wird das in dem letzten abgerechneten **Kalendermonat erzielte Arbeitsentgelt durch 30** geteilt. Der dreißigste Teil des so ermittelten Arbeitsentgelts ist dann die Grundlage des Regelentgelts, welches ggf. noch unter Berücksichtigung von einmalig gezahltem Arbeitsentgelt nach Satz 6 zu erhöhen ist.

21 Die gleiche Berechnungsweise gilt für Leistungsberechtigte, bei denen eine Berechnung des Regelentgeltes nach Satz 1 und 2 nicht möglich ist. Das ist dann der Fall, wenn das erzielte Arbeitsentgelt nicht von der Ableistung einer bestimmten Anzahl von Arbeitsstunden ab-

hängt, sondern es sich um eine erfolgsabhängige Vergütung handelt, z. B. um umsatzbezogene Provisionen.

bb) Bemessungszeitraum

Bei Empfängern von Monatsbezügen, namentlich Angestellten mit Monatsgehalt, ist grundsätzlich das im letzten abgerechneten Kalendermonat erzielte und um einmalige Zahlungen verminderte Arbeitsentgelt zugrunde zu legen. **Bemessungszeitraum** ist folglich der **Kalendermonat**. Abgelaufen ist der mindestens einen Kalendermonat umfassende Entgeltabrechnungszeitraum, wenn er verstrichen ist. Abgerechnet ist der Entgeltabrechnungszeitraum, wenn der Arbeitgeber das in diesem Zeitraum erzielte Arbeitsentgelt vollständig errechnet hat, so dass es gezahlt oder überwiesen werden kann (BSG SozR 3-2200 § 182 Nr. 8 = NZA 1991, 1000 = VSK 9133 = Die Leistungen 1993, 48). Der Entgeltabrechnungszeitraum muss also **sowohl abgelaufen als auch abgerechnet** sein (BSG SozR 3-2200 § 182 Nr. 99). 22

cc) Sonderfälle

Liegen der Abrechnung des Arbeitsentgeltes andere Zeitabschnitte zugrunde (etwa vier oder fünf Wochen), wird das Arbeitsentgelt durch so viele Tage geteilt, wie der Abrechnungszeitraum aufweist (B / F / K / L / *Löffler* Rdnr. 27). Wurde **kein festes monatliches Arbeitsentgelt** vereinbart – z. B. im Fall schwankender Bezüge – und wurde nicht im gesamten Monat Arbeitsentgelt bezogen, ist das abgerechnete Entgelt zu teilen durch die Zahl der Kalendertage, in denen es erzielt wurde. 23

Bei **Mischsystemen** können die jeweiligen Regelentgelte getrennt berechnet werden. Ist nach dem Arbeitsvertrag ein zeitabhängiges Entgelt vereinbart, wird das Regelentgelt nach den Sätzen 1 und 2 berechnet. Soweit zusätzlich eine erfolgsabhängige Vergütung vereinbart wurde, unterliegt diese der Regelentgeltberechnung nach Satz 3. Aus beiden Regelentgelten ist dann ein **Gesamt-Regelentgelt** zu bilden (Neumann u. a. / *Majerski-Pahlen* Rdnr. 16 m. w. Nachw.). 24

c) Bei Arbeitnehmern mit flexibler Arbeitszeit

aa) Wertguthaben

In **Satz 4 und 5** werden Regelungen für Arbeitnehmer mit individuellen flexiblen Arbeitszeiten getroffen. Sie entsprechen § 47 Abs. 2 Satz 4 und 5 SGB V in der Fassung des „Gesetzes zur sozialrechtlichen Absicherung flexibler Arbeitszeitregelungen vom 6.4.1998" (BGBl. I S. 688). Die Bestimmungen berücksichtigen, dass arbeitsvertraglich Vor- oder Nacharbeit für die Zeit einer **Freistellungsphase** vereinbart werden kann. Das während der Arbeitszeitphase erzielte Arbeitsentgelt wird zu einem Teil angespart und während der Freistellungsphase ausgezahlt. Es entsteht während der Ansparung ein **Wertguthaben** im Sinne des § 7 Abs. 1a SGB IV. Nach der in dieser Bestimmung getroffenen Legaldefinition ist „ein Wertguthaben" ein für Zeiten einer Freistellung von der Arbeit fälliges Arbeitsentgelt, das mit einer vor oder nach dieser Zeit erbrachten Arbeitsleistung erzielt wird. 25

bb) Bemessungszeitraum

Der Bemessungszeitraum entspricht demjenigen nach Satz 1. Eine besondere Regelung war nur deshalb erforderlich, weil bei flexiblen Arbeitszeitregelungen das Arbeitsentgelt nicht in dem maßgeblichen Bemessungszeitraum erzielt wird, sondern außerhalb des Bemessungszeitraums. 26

cc) Maßgebendes Arbeitsentgelt

Die Regelungen stellen sicher, dass die Leistungsberechtigten Übergangsgeld **nur aufgrund des tatsächlich ausgezahlten Arbeitsentgelts** erhalten. Denn maßgeblich ist das im Bemessungszeitraum „der Beitragsberechnung zugrundeliegende" verminderte Arbeitsentgelt. Als 27 wöchentliche Arbeitszeit gilt die Arbeitszeit, die dem gezahlten Arbeitsentgelt entspricht. Der Anteil des Arbeitsentgelts, der für die Zeit der Freistellungsphase angespart wird, bleibt also außer Betracht (LPK-SGB IX / *Haines / Liebig* Rdnr. 11).

dd) Ausnahmefälle

28 Von der Regelentgeltsberechnung ausgenommen sind nur Wertguthaben, die nicht gem. einer Vereinbarung über flexible Arbeitszeit verwendet werden und dabei nach § 23b Abs. 2 SGB IV der Beitragspflicht in der Sozialversicherung unterfallen (**Satz 4, 2. Halbsatz**). Gemeint sind hiermit Wertguthaben, bei denen die Vereinbarung über die flexible Arbeitszeit nicht wie geplant hatte durchgeführt werden können, obwohl bereits ein Wertguthaben erarbeitet worden war (Neumann u. a. / *Majerski-Pahlen* Rdnr. 18).

ee) Sonderregelung für Stundenlohnbezieher

29 Bei der Regelentgeltberechnung nach Satz 1 ist bei einem Wertguthaben als regelmäßige wöchentliche Arbeitszeit die Arbeitszeit zugrunde zu legen, die dem gezahlten Arbeitsentgelt entspricht (**Satz 5**). Die Regelung war erforderlich, weil bei dem Wertguthaben das Arbeitsentgelt auch für die Zeiten einer Freistellung von der Arbeit vom Arbeitgeber gezahlt wird.

2. Hinzurechnung von Einmalzahlungen
a) Begriff der Einmalzahlungen

30 Einmalig gezahltes Arbeitsentgelt ist **zunächst von dem Arbeitsentgelt des Bemessungszeitraums abzusetzen.** Hierbei handelt es sich gem. § 23a SGB IV um unregelmäßig gezahlte Bezüge, die nicht für die Arbeit in einem einzelnen Entgeltabrechnungszeitraum gezahlt werden (z. B. Weihnachts- und Urlaubsgelder, Tantiemen, Gratifikationen, Prämien, zusätzliche Monatsgehälter – soweit sie Arbeitsentgelt im Sinne der Sozialversicherung darstellen – sowie Zuwendungen in Heirats-, Geburts- und Todesfällen). Einschlägig sind auch beitragspflichtige Einmalzahlungen, die bei einem Arbeitgeberwechsel von einem vorherigen Arbeitgeber ausgezahlt wurden, soweit sie dem Bemessungszeitraum zuzuordnen sind. Es ist unerheblich, ob das Beschäftigungsverhältnis volle zwölf Kalendermonate bestanden hat (B / F / K / L / *Löffler* Rdnr. 30).

b) Ermittlung des Hinzurechnungsbetrages

31 Derartige einmalig gezahlte Arbeitsentgelte sind aber nach **Satz 6** in Form eines **Hinzurechnungsbetrages** zu berücksichtigen. Hierfür ist das in den letzten zwölf Kalendermonaten vor Beginn der Leistung einmalig gezahlte Arbeitsentgelt **durch 360 zu teilen** und mit dem kalendertäglichen Anteil dem nach Sätzen 1 bis 5 festgestellten Arbeitsentgelt für den Bemessungszeitraum **zuzurechnen**. Der Hinzurechnungsbetrag beträgt somit stets ein Dreihundertsechzigstel der vor Beginn der Arbeitsunfähigkeit bzw. Leistung im Bemessungszeitraum insgesamt bezogenen beitragspflichtigen Einmalzahlungen.

c) Verfassungsrechtliche Vorgaben

32 Diese Regelung entspricht den **Vorgaben des BverfG**: Der 1. Senat hatte es als unvereinbar mit dem Gleichheitsgebot des Art. 3 Abs. 1 GG bezeichnet, wenn einmalig gezahltes Arbeitsentgelt zwar zu Sozialversicherungsbeträgen herangezogen wird, nicht aber bei der Berechnung von kurzfristigen beitragsfinanzierten Lohnersatzleistungen berücksichtigt wird (BVerfGE 92, 53 und 102, 127). Die Konsequenzen hieraus hat der Gesetzgeber mit dem **Einmalzahlungsneuregelungsgesetz** vom 21.12.2000 (BGBl. I S. 1971) gezogen, das § 47 Abs. 1 Satz 3 und 4 sowie Abs. 2 Satz 7 SGB V einfügte. Diese Vorschriften waren Vorbild für die Regelung des § 47 Abs. 1 Satz 6 SGB IX.

B) zu Abs. 2

1. Berechnung bei Teilarbeitslosigkeit

Teilarbeitslos ist nach **§ 150 Abs. 2 Nr. 1 SGB III** derjenige, der eine versicherungspflichtige Beschäftigung verloren hat, die er neben einer weiteren versicherungspflichtigen Beschäftigung ausgeübt hat. Hat sich der Betreffende teilarbeitslos gemeldet und erfüllt er die entsprechende Anwartschaftszeit, hat er Anspruch auf Teilarbeitslosengeld nach § 150 SGB III, begrenzt auf sechs Monate (§ 150 Abs. 2 Nr. 3 SGB III).

Die **Berechnungsgrundlage** für das Regelentgelt ist in diesem Fall aus der nicht mehr ausgeübten Beschäftigung und aus der weiterhin bestehenden Beschäftigung zu berechnen: Für die Höhe des Übergangsgeldes aus der nicht mehr ausgeübten Teilbeschäftigung ist die Entgeltfortzahlung aus der weiter bestehenden Erstbeschäftigung ohne Bedeutung, vor allem findet **keine Anrechnung** statt. Der Anspruch auf (Teil-)Arbeitslosengeld **ruht** gem. § 142 Abs. 1 Nr. 2 SGB III, wenn **volles Übergangsgeld** gezahlt wird (HK-SGB IX / *W. Schellhorn / Stähler* Rdnr. 10).

C) zu Abs. 3

1. Berechnung bei Bezug von Kurzarbeiter- oder Winterausfallgeld

Die Vorschrift enthält eine Klarstellung für Leistungsempfänger, die Kurzarbeitergeld gem. §§ 169 ff. SGB III oder Winterausfallgeld nach § 214 SGB III erhalten haben. In diesen Fällen wird die Berechnungsgrundlage für das Übergangsgeld **aus dem vor dem Arbeitsausfall regelmäßig erzielten Arbeitsentgelt** ermittelt. Die Regelung vermeidet Nachteile für die Betroffenen, die sonst durch das verringerte Arbeitsentgelt im maßgeblichen Abrechnungszeitraum entstehen können.

Kurzarbeitergeld wird nicht – mehr – erbracht, wenn Übergangsgeld zu zahlen ist (§ 172 Abs. 2 SGB III). Der Anspruch auf Winterausfallgeld ruht, wenn Übergangsgeld gewährt wird (§ 215 Abs. 1 i. V. m. § 142 Abs. 1 SGB III).

D) zu Abs. 4

1. Obergrenze für die Berücksichtigung des Regelentgelts

Das ermittelte Regelentgelt darf die für die jeweiligen Rehabilitationsträger geltenden Beitragsbemessungsgrenzen – bzw. im Fall des § 16a Abs. 3 BVG: Leistungsbemessungsgrenze – nicht übersteigen. Damit wird eine Begrenzung auf ein **Höchstregelentgelt** geschaffen. In der Rentenversicherung ist das Regelentgelt nur bis zur Höhe des der Beitragsbemessung zugrunde liegenden Entgelts zu berücksichtigen.

Maßgeblich ist immer nur diejenige **Bemessungsgrenze**, die **in dem** nach Abs. 1 Satz 1 anzusetzenden **Bemessungszeitraum** galt (BSG SozR 2200 § 1241 Nr. 25 = Die Leistungen 1984, 189 = Breithaupt 1984, 592 = ErsK 1983, 355 = USK 8376). Beginnt z. B. die Leistung zur Teilhabe zu Beginn eines Kalenderjahres oder tritt die Arbeitsunfähigkeit zu diesem Zeitpunkt ein, ist die Bemessungsgrenze des vorangegangenen Jahres maßgebend, wenn der zuletzt abgerechnete, mindestens vier Wochen umfassende Lohnabrechnungszeitraum in das vorangegangene Kalenderjahr fällt. Eine Änderung der Beitragsbemessungsgrenze während des Leistungsbezuges hat auf die Höhe der Entgeltersatzleistung keinen Einfluss (BSG SozR 2200 § 182 Nr. 22). Die Anpassung der Entgeltersatzleistungen bestimmt sich vielmehr ausschließlich nach § 50 SGB IX (Neumann u. a. / *Majerski-Pahlen* Rdnr. 10).

39 Die maßgebenden **Beitragsbemessungs- und Versicherungspflichtgrenzen 2012** betragen nach Auskunft des Bundesministeriums für Arbeit und Soziales (in Klammern die Werte Ost):

		Beitragsbemessungsgrenze	Versicherungspflichtgrenze
In der **Renten- und Arbeitslosenversicherung**:	Monat	5.600 (4.800)	
	Jahr	64.200 (57.600)	
In der **Knappschaftlichen Rentenversicherung**:	Monat	6.900 (5.900)	
	Jahr	82.200 (70.800)	
In der **gesetzlichen Kranken- und Pflegeversicherung**:	Monat	3.852	4.237,50
	Jahr	45.900	50.850

40 Für die Anwendung im Rahmen der Bemessung des Übergangsgeldes sind die sich hieraus ergebenden Jahreswerte mittels Teilung durch 360 auf den Kalendertag umzurechnen.

E) zu Abs. 5
1. Nicht steuerpflichtige Leistungsbezieher

41 Durch die Sonderregelung des Abs. 5 wird sichergestellt, dass in Deutschland beschäftigte, aber im Ausland wohnende Leistungsempfänger gegenüber in Deutschland wohnenden Arbeitnehmern nicht bessergestellt werden. Nach § 46 Abs. 1 Satz 1 SGB IX darf die Berechnungsgrundlage für das Übergangsgeld bei Arbeitnehmern das im Bemessungszeitraum erzielte Nettoarbeitsentgelt nicht übersteigen. Sofern ein „Grenzgänger" in einem Staat wohnt, mit dem ein Doppelbesteuerungsabkommen besteht, zahlt der Arbeitgeber regelmäßig das Arbeitsentgelt ohne Abzug von Steuern aus. Die Vorschrift bestimmt deshalb, dass bei Grenzgängern ein **fiktives Nettoarbeitsentgelt** zu berücksichtigen ist, indem das Bruttoarbeitsentgelt um die bei deutschen Arbeitnehmern anfallenden **gesetzlichen Abzüge gemindert** wird. Im Rahmen einer pauschalierenden Ermittlung sind somit für das zugrunde zu legende Nettoarbeitsentgelt die bei einer Steuerpflicht im Inland anfallenden Steuern (Lohn- bzw. Einkommensteuer, Kirchensteuer, Solidaritätszuschlag unter Berücksichtigung der Steuerklasse und von Kinderfreibeträgen) vom Bruttoarbeitsentgelt abzusetzen. Wegen der Gleichbehandlung mit inländischen Beschäftigten sind weiter die auf den Leistungsempfänger entfallenden Anteile seines Sozialversicherungsbeitrags abzuziehen (HK-SGB IX / *W. Schellhorn / Stähler* Rdnr. 13 unter Hinweis auf *Bundesverbände der Unfallversicherungsträger*, Erstkomm. S. 136).

42 Eine vergleichbare Regelung findet sich in § 185 SGB III für die Berechnung der Höhe des Insolvenzgeldes.

§ 48
Berechnungsgrundlage in Sonderfällen

¹Die Berechnungsgrundlage für das Übergangsgeld während Leistungen zur Teilhabe am Arbeitsleben wird aus 65 vom Hundert des auf ein Jahr bezogenen tariflichen oder, wenn es an einer tariflichen Regelung fehlt, des ortsüblichen Arbeitsentgelts ermittelt, das für den Wohnsitz oder gewöhnlichen Aufenthaltsort der Leistungsempfänger gilt, wenn
1. die Berechnung nach den §§ 46 und 47 zu einem geringeren Betrag führt,
2. Arbeitsentgelt oder Arbeitseinkommen nicht erzielt worden ist oder
3. der letzte Tag des Bemessungszeitraums bei Beginn der Leistungen länger als drei Jahre zurückliegt.

²Maßgebend ist das Arbeitsentgelt in dem letzten Kalendermonat vor dem Beginn der Leistungen bis zur jeweiligen Beitragsbemessungsgrenze für diejenige Beschäftigung, für die Leistungsempfänger ohne die Behinderung nach ihren beruflichen Fähigkeiten, ihrer bisherigen beruflichen Tätigkeit und nach ihrem Lebensalter in Betracht kämen.
³Für den Kalendertag wird der 360. Teil dieses Betrages angesetzt.

ERLÄUTERUNGEN

ÜBERSICHT

I. Bedeutung der Vorschrift (Rdnr. 1)
II. Fassung (Rdnr. 2)
III. Anmerkungen (Rdnrn. 3–18)
   1. Anwendungsbereich und Normzweck (Rdnrn. 3–4)
   2. Sonderfälle
      a) Geringerer Betrag (Satz 1 Nr. 1) (Rdnr. 5)
      b) Kein erzieltes Arbeitsentgelt oder -einkommen (Satz 1 Nr. 2) (Rdnr. 6)
      c) Zurückliegender Bemessungszeitraum (Satz 1 Nr. 3) (Rdnrn. 7–11)
   3. Berechnung in den Sonderfällen (Rdnrn. 12–18)

I. Bedeutung der Vorschrift

Die Vorschrift enthält Regelungen für die Ermittlung der Berechnungsgrundlage für das Übergangsgeld für die Fälle, in denen eine Orientierung an den tatsächlichen Einkommensverhältnissen des Betroffenen vor Beginn der Leistung zu einer nicht angemessenen Höhe des Übergangsgeldes führt. Die Bestimmung gilt einheitlich für alle Rehabilitationsträger. 1

II. Fassung

Die Vorschrift wurde inhaltlich unverändert aus dem Regierungsentwurf (BT-Drucks. 14/5531 i. V. m. 14/5074) übernommen. 2

III. Anmerkungen

1. Anwendungsbereich und Normzweck

Die Vorschrift trifft **Sonderregelungen** für die Ermittlung der Berechnungsgrundlage für das Übergangsgeld während Leistungen zur **Teilhabe am Arbeitsleben** nach § 33 Abs. 3 Nr. 2, 3, 4 und 6 und ggf. während der Abklärung der beruflichen Eignung bzw. bei Arbeitserprobung nach § 33 Abs. 4 Satz 2 SGB IX: In diesen Fällen wird ein **fiktives Arbeitsentgelt** zugrundegelegt, wenn **einer der drei alternativen Sonderfälle** des Satzes 1 Nr. 1 bis 3 vorliegt. In diesen Fällen wäre eine Orientierung an den tatsächlichen Einkommensverhältnissen vor Beginn der Leistung zur Teilhabe am Arbeitsleben nicht angemessen. 3

4 Die Vorschrift gilt **für alle Rehabilitationsträger**; sie übernimmt und vereinheitlicht dabei die bislang in speziellen Sozialleistungsgesetzen enthaltenen Vorschriften zur Berechnungsgrundlage für das Übergangsgeld in Sonderfällen (vgl. § 165 SGB III a. F.; § 22 Abs. 2 SGB VI a. F.; § 53 Abs. 3 SGB VII a. F.; § 26a Abs. 4 BVG a. F.).

2. Sonderfälle

a) Geringerer Betrag (Satz 1 Nr. 1)

5 Ein Sonderfall im Sinne der Vorschrift liegt vor, wenn die Berechnung nach §§ 46 und 47 SGB IX zu einem geringeren Betrag führt als die Berechnung nach § 48. Um diese Feststellung treffen zu können, muss der Rehabilitationsträger **in jedem Fall eine Sonderberechnung nach dem tariflichen oder ortsüblichen Arbeitsentgelt** im Sinne des Satzes 2 vornehmen. Das Ergebnis der Vergleichsberechnung ist nur dann zu übernehmen, wenn es für den Leistungsberechtigten zu einem günstigeren Ergebnis als die Berechnung nach den §§ 46 und 47 führt (**„Günstigkeitsprinzip"**). Die Regelung soll eine ungerechtfertigte Schlechterstellung der Betroffenen gegenüber Leistungsempfängern verhindern, die im Bemessungszeitraum überhaupt kein Einkommen erzielt hatten und deren Übergangsgeld daher nach Satz 1 Nr. 2 und 3 berechnet wird (HK-SGB IX / *W. Schellhorn* / *Stähler* Rdnr. 4 m. w. Nachw.).

b) Kein erzieltes Arbeitsentgelt oder -einkommen (Satz 1 Nr. 2)

6 Ein weiterer Sonderfall liegt vor, wenn bisher Arbeitsentgelt oder Arbeitseinkommen nicht erzielt worden ist. Darunter fallen sowohl Leistungsberechtigte, die noch niemals erwerbstätig waren bzw. sehr lange Zeit keine Erwerbstätigkeit mehr ausgeübt haben als auch solche, die Entgelt nur für einen Zeitraum von weniger als vier Wochen erzielt haben, vgl. § 47 Abs. 1 Satz 1 SGB IX (LPK-SGB IX / *Haines* / *Liebig* Rdnr. 7; HK-SGB IX / *W. Schellhorn* / *Stähler* Rdnr. 5), so dass **eine Berechnung nach §§ 46 und 47 SGB IX nicht möglich** ist.

c) Zurückliegender Bemessungszeitraum (Satz 1 Nr. 3)

7 Die Berechnungsgrundlage des Übergangsgeldes wird auch dann ausschließlich nach § 48 i. V. m. § 46 Abs. 1 Satz 2 ermittelt, wenn der **letzte Tag des Bemessungszeitraums länger als drei Jahre zurückliegt**. Damit soll die Berechnung des Übergangsgeldes aktualisiert werden. Anderenfalls würde ein Arbeitsentgelt als Berechnungsgrundlage herangezogen, das nicht an der allgemeinen Lohn- und Gehaltsentwicklung teilgenommen hat.

8 Der Hauptfall dürfte eine Unterbrechung der Erwerbstätigkeit aus familiären Gründen sein. Jedoch ist **unerheblich, aus welchen Gründen** innerhalb dieser Zeit von drei Jahren ein Beschäftigungsverhältnis nicht bestand.

9 Allerdings kann die Anwendung dieser Regelung – im Gegensatz zu Nr. 1 – auch zu einem für den Leistungsberechtigten **ungünstigeren Ergebnis** führen, etwa wenn dieser zuvor übertariflich bezahlt wurde oder für Überstunden eine zusätzliche Vergütung erhalten hat. Gleichwohl muss er diese Konsequenz der gesetzlichen Regelung hinnehmen (HK-SGB IX / *W. Schellhorn* / *Stähler* Rdnr. 6).

10 Der maßgebende **Drei-Jahres-Zeitraum** wird ausgehend von dem Tag des Beginns der Leistung zur Teilhabe am Arbeitsleben und damit des Übergangsgeldanspruchs **zurückgerechnet**: Er beginnt an dem Tag vor drei Jahren, der dem Tag des Beginns der Teilhabeleistung nach Tag und Monat entspricht (vgl. § 26 Abs. 1 SGB X i. V. m. § 187 Abs. 2, § 188 Abs. 2 BGB). Eine bestehende Arbeitsunfähigkeit des Leistungsberechtigten lässt die Frist unberührt (BSGE 50, 64 [67 f.] = SozR 2200 § 1241e Nr. 10 = USK 8059).

11 Hat sich die Einleitung einer Leistung zur Teilhabe am Arbeitsleben aber infolge **pflichtwidriger Versäumnisse** des zuständigen Rehabilitationsträgers so weit verzögert, dass inzwischen die 3-Jahres-Frist abgelaufen ist, wird die Regelung des Satz 1 Nr. 3 nicht angewandt. In diesen Fällen ist der Leistungsempfänger aufgrund des **sozialrechtlichen Herstellungs-**

anspruchs so zu stellen, wie wenn die Leistung zur Teilhabe am Arbeitsleben innerhalb der 3-Jahres-Frist eingeleitet worden wäre (vgl. BSG SozR 2200 § 1241a Nr. 9 = Die Leistungen 1986, 236 = Breithaupt 1986, 612 = USK 85159).

3. Berechnung in den Sonderfällen

In den in Nr. 1 bis 3 genannten Sonderfällen ist das auf ein Jahr bezogene **tarifliche oder ortsübliche Arbeitsentgelt mit 65 Prozent** anzusetzen. Es handelt sich insoweit um ein fingiertes Nettoarbeitsentgelt, bei dem pauschal 35 Prozent abgezogen werden. 12

Maßgebend ist ausschließlich das **tarifliche (Vergleichs-)Arbeitsentgelt**. Außertarifliche Leistungen sind nach dem Gesetzeswortlaut auch dann nicht zu berücksichtigen, wenn sie branchenüblich sind (Neumann u. a. / *Majerski-Pahlen* Rdnr. 11 m. w. Nachw.). Das tarifliche Entgelt kann regelmäßig beim letzten Arbeitgeber erfragt werden bzw. aus dem Tarifregister ermittelt werden. Falls kein Tarifvertrag besteht, ist **hilfsweise das ortsübliche Entgelt** zu ermitteln. Dieses kann beim Arbeitsamt oder durch Rückfragen bei den jeweiligen Betrieben festgestellt werden. 13

Maßgebend ist das Arbeitsentgelt **im letzten Kalendermonat** vor dem Beginn der Leistung zur Teilhabe am Arbeitsleben für diejenige Beschäftigung, für die der Leistungsempfänger ohne die Behinderung nach seinen beruflichen Fähigkeiten und nach seinem Lebensalter in Betracht käme. Entscheidend sind grundsätzlich die individuellen Verhältnisse vor dem Eintritt der Behinderung. 14

Bei **Selbstständigen** bestimmt sich das Tarifentgelt für die Berechnungsgrundlage grundsätzlich nach dem Arbeitsentgelt, welches ihm tariflich für eine vergleichbare abhängige Beschäftigung zustehen würde (B / F / K / L / *Löffler* Rdnr. 13). 15

Der zeitliche Umfang der zuletzt ausgeübten Beschäftigung ist unerheblich; es ist stets das tarifliche oder ortsübliche **Entgelt für Vollzeitbeschäftigte** im Bemessungszeitraum zugrunde zu legen, selbst wenn der Leistungsempfänger danach in einem noch nicht abgerechneten Entgeltzeitraum nur eine Teilzeitbeschäftigung ausgeübt hat (vgl. BSG SozR 3-2200 § 182 Nr. 8 = NZA 1991, 1000 = USK 9133 = Die Leistungen 1993, 48; LPK-SGB IX / *Haines* / *Liebig* Rdnr. 11). 16

Das so ermittelte fiktive Arbeitsentgelt wird allerdings ebenso wie das Regelentgelt nach § 47 nur bis zu der jeweiligen **Beitragsbemessungsgrenze** berücksichtigt, wie **Satz 2** ausdrücklich klarstellt. Gemeint ist die für den jeweiligen Rehabilitationsträger geltende Beitragsbemessungsgrenze (vgl. auch § 49 Halbsatz 2 SGB IX). 17

Das danach anzusetzende fiktive monatliche Arbeitsentgelt wird nach dem Satz 1 der Vorschrift auf einen **Jahresbetrag hochgerechnet**, d. h. mit der Zahl 12 multipliziert und anschließend nach dem **Satz 3** der Vorschrift **durch 360 geteilt**. 65 Prozent dieses so ermittelten kalendertäglichen Betrages sind dann die maßgebende Berechnungsgrundlage für das Übergangsgeld nach § 48 SGB IX. Die konkrete Leistungshöhe ergibt sich durch den Ansatz des Bemessungsbetrages nach § 46 Abs. 1 Satz 2 SGB IX. 18

§ 49
Kontinuität der Bemessungsgrundlage

Haben Leistungsempfänger Krankengeld, Verletztengeld, Versorgungskrankengeld oder Übergangsgeld bezogen und wird im Anschluss daran eine Leistung zur medizinischen Rehabilitation oder zur Teilhabe am Arbeitsleben ausgeführt, so wird bei der Berechnung der diese Leistungen ergänzenden Leistung zum Lebensunterhalt von dem bisher zugrunde gelegten Arbeitsentgelt ausgegangen; es gilt die für den Rehabilitationsträger jeweils geltende Beitragsbemessungsgrenze.

ERLÄUTERUNGEN

ÜBERSICHT

I. Bedeutung der Vorschrift (Rdnr. 1)
II. Fassung (Rdnr. 2)
III. Anmerkungen (Rdnrn. 3-10)
   1. Ziel und Reichweite der Vorschrift (Rdnr. 3)
   2. Bezogene Entgeltersatzleistungen (Rdnrn. 4–5)
   3. Anschluss der Teilhabeleistung (Rdnrn. 6–7)
   4. Berechnung (Rdnrn. 8–10)

I. Bedeutung der Vorschrift

1   Die Vorschrift will eine Kontinuität der Bemessungsgrundlage für folgenden Fall sicherstellen: Leistungsempfänger haben Entgeltersatzleistungen bezogen; anschließend wird eine Leistung zur medizinischen Rehabilitation oder zur Teilnahme am Arbeitsleben ausgeführt. Wenn die Empfänger eine diese Leistung ergänzende Leistung zum Lebensunterhalt nach § 45 SGB IX erhalten, wird bei deren Berechnung von dem bisher zugrundegelegten Arbeitsentgelt ausgegangen. Es gilt die für den Rehabilitationsträger jeweils geltende Beitragsbemessungsgrenze.

II. Fassung

2   Die Vorschrift wurde inhaltlich unverändert aus dem Regierungsentwurf (BT-Drucks. 14/5531 i. V. m. 14/5074) übernommen. Ihr Standort wurde mit der Bestimmung des § 50 getauscht. Zur Begründung hierfür wird auf die dortigen Erläuterungen verwiesen.

III. Anmerkungen

1. Ziel und Reichweite der Vorschrift

3   Die in § 49 getroffene Regelung soll verhindern, dass bei wiederholter Festsetzung und Aufeinanderfolge von Barleistungen verschiedener Rehabilitationsträger unterschiedliche Berechnungsgrundlagen herangezogen werden. Vielmehr soll die **Kontinuität der Entgeltersatzleistungen** gewahrt werden. Damit wird eine erneute Ermittlung und Feststellung der Berechnungsgrundlage für die Entgeltersatzleistung entbehrlich und der Verwaltungsaufwand eingeschränkt.

2. Bezogene Entgeltersatzleistungen

4   Vorausgesetzt wird, dass der Leistungsempfänger Krankengeld (§ 45 Abs. 1 Nr. 1), Verletztengeld (§ 45 Abs. 1 Nr. 2), Übergangsgeld (§ 45 Abs. 1 Nr. 3 und Abs. 2 und 3) oder Versorgungskrankengeld (§ 45 Abs. 1 Nr. 4 SGB IX) bezogen hat. War der Leistungsanspruch hingegen noch nicht zumindest durch Bescheid festgestellt, liegt kein Bezug einer Entgeltersatzleistung vor (Neumann u. a. / *Majerski-Pahlen* Rdnr. 3; a. A. HK-SGB IX / *W. Schellhorn / Stähler* Rdnr. 3: Für den Fall, dass ein Anspruch dem Grunde nach besteht und ein entsprechendes Verwaltungsverfahren bereits läuft).

5   Auf die **Rechtmäßigkeit des Leistungsfeststellungsbescheids** über das bezogene Krankengeld, Verletztengeld, Versorgungskrankengeld oder Übergangsgeld kommt es ebenso wenig an wie auf die Frage, ob das dieser Berechnung zugrundeliegende **Arbeitsentgelt zutreffend ermittelt** worden war (BSG SozR 3-4100 § 59c Nr. 1 Satz 2; Neumann u. a. / *Majerski-Pahlen* Rdnr. 4; B / F / K / L / *Löffler* Rdnr. 4). Allerdings können offenbare Unrichtigkeiten wie Schreib- oder Rechenfehler berücksichtigt werden (HK-SGB IX / *W. Schellhorn / Stähler* Rdnr. 6; B / F / K / L / *Löffler* a. a. O.).

3. Anschluss der Teilhabeleistung

Die Vorschrift verlangt ferner, dass die Leistung zur medizinischen Rehabilitation oder zur Teilhabe am Arbeitsleben, während der die ergänzende Leistung zum Lebensunterhalt gezahlt wird, im Anschluss an den Vorbezug der Entgeltersatzleistung ausgeführt wird. Dies setzt aber **keinen bruchlosen Übergang** von einer Leistung zur anderen voraus, sondern lediglich einen **zeitlichen Zusammenhang**. In entsprechender Anwendung von § 19 Abs. 2 SGB V wird eine zeitliche Lücke von bis zu einem Monat als unschädlich anzusehen sein (vgl. BSGE 51, 193 [196] = SozR 2200 § 1241b Nr. 4; LPK-SGB IX / *Haines* / *Liebig* Rdnr. 8; HK-SGB IX / *W. Schellhorn* / *Stähler* Rdnr. 4). Allerdings ist in Ausnahmefällen eine längere Unterbrechung unschädlich, etwa wenn ein behinderter Mensch die Zeit zwischen dem Bezug einer Entgeltersatzleistung und dem Beginn einer Leistung zur Teilhabe mit der Inanspruchnahme eines Resturlaubs von mehr als vier Wochen überbrückt (so BSG SozR 3-4100 § 59c Nr. 3 = ErsK 1997, 109 = SozSich 1997, 198 = Breithaupt 1997, 649 = NZA-RR 1997, 198).

6

Ein Anschluss des Übergangsgeldes an ein vorangegangenes Krankengeld im Sinne dieser Vorschrift liegt auch dann noch vor, wenn eine Leistungsunterbrechung nach § 48 Abs. 1 SGB V (**Aussteuerung**) eingetreten ist und die Arbeitsunfähigkeit weiterhin bis zum Beginn der Teilhabeleistung besteht (B / F / K / L / *Löffler* Rdnr. 3).

7

4. Berechnung

Die Vorschrift ordnet als Rechtsfolge an, dass die bei den vorangegangenen Entgeltersatzleistungen festgestellte Bemessungsgrundlage für anschließende Leistungen der medizinischen Rehabilitation oder die Teilnahme am Arbeitsleben weiterhin zugrunde zu legen ist (**Kontinuität der Bemessungsgrundlage**). Das bislang für die Berechnung der zuvor bezogenen Entgeltersatzleistung herangezogene Arbeitsentgelt bleibt also auch weiterhin die maßgebende Berechnungsgrundlage. Das besagt aber nicht, dass auch die Geldleistung während der Leistung zur Teilhabe in der bisherigen Höhe weiterzuzahlen wäre.

8

Die Bemessungsgrundlage der vorangegangenen Entgeltersatzleistung ist weiter darauf zu überprüfen, ob bei ihr auch die **Beitragsbemessungsgrenze** des nun zuständigen Rehabilitationsträgers beachtet ist. Gegebenenfalls muss die bisherige Bemessungsgrundlage entsprechend fortgeschrieben werden (HK-SGB IX / *W. Schellhorn* / *Stähler* Rdnr. 8).

9

Bei Leistungen zur Teilhabe am Arbeitsleben kann die vorangegangene Entgeltersatzleistung nicht zur Grundlage genommen werden, wenn der letzte Tag des Bemessungszeitraums vor Beginn dieser Leistung länger als drei Jahre zurückliegt (B / F / K / L / *Löffler* Rdnr. 6).

10

§ 50
Anpassung der Entgeltersatzleistungen

(1) **Die dem Krankengeld, Versorgungskrankengeld, Verletztengeld und Übergangsgeld zugrunde liegende Berechnungsgrundlage wird jeweils nach Ablauf eines Jahres seit dem Ende des Bemessungszeitraums entsprechend der Veränderung der Bruttolöhne und -gehälter je Arbeitnehmer (§ 68 Abs. 2 Satz 1 des Sechsten Buches) vom vorvergangenen zum vergangenen Kalenderjahr an die Entwicklung der Bruttoarbeitsentgelte angepasst.**

(2) **Der Anpassungsfaktor errechnet sich, indem die Bruttolöhne und -gehälter je Arbeitnehmer für das vergangene Kalenderjahr durch die entsprechenden Bruttolöhne und -gehälter für das vorvergangene Kalenderjahr geteilt werden; § 68 Abs. 7 und § 121 Abs. 1 des Sechsten Buches gelten entsprechend.**

(3) **Eine Anpassung nach Absatz 1 erfolgt, wenn der nach Absatz 2 berechnete Anpassungsfaktor den Wert 1,0000 überschreitet.**

(4) Das Bundesministerium für Arbeit und Soziales gibt jeweils zum 30. Juni eines Kalenderjahres den Anpassungsfaktor, der für die folgenden zwölf Monate maßgebend ist, im Bundesanzeiger bekannt.

ERLÄUTERUNGEN

ÜBERSICHT

I. Bedeutung der Vorschrift (Rdnr. 1)
II. Fassung (Rdnr. 2)
III. Anmerkungen (Rdnrn. 3–15)
    A) zu Abs. 1
        1. Jährliche Anpassung der Bemessungsgrundlage (Rdnrn. 3–7)
    B) zu Abs. 2
        1. Anpassungsfaktor (Rdnrn. 8–13)
    C) zu Abs. 3
        1. Bekanntmachung des Anpassungsfaktors (Rdnrn. 14–15)

I. Bedeutung der Vorschrift

1 Anstelle der bisherigen, für einzelne Trägergruppen im Ergebnis unterschiedlichen Anpassungssätze wird eine für alle Entgeltersatzleistungen einheitliche Anpassungsregelung geschaffen. Diese entspricht der Regelung zur Anpassung des Arbeitslosengeldes.

II. Fassung

2 Die Vorschrift wurde mit folgenden Änderungen aus dem Regierungsentwurf (BT-Drucks. 14/5531 i. V. m. 14/5074) übernommen:

a) Der Standort der Norm wurde aus systematischen Gründen mit demjenigen des § 49 SGB IX getauscht. Der BT-Ausschuss für Arbeit und Sozialordnung hat dies wie folgt begründet (BT-Drucks. 14/5800 S. 34):

„Die Änderung dient der Rechtssystematik. Der bisherige Regelungsinhalt des § 49 wird hinter den des bisherigen § 50 eingeordnet. Damit wird klargestellt, dass das nach dem jetzigen § 49 (dem bisherigen § 50) berechnete Übergangsgeld anzupassen ist. Die Anpassungsvorschrift gilt im Übrigen für die genannten Lohnersatzleistungen generell, nicht nur im Rahmen der Rehabilitation."

b) Ferner wurde die Formulierung: „Das dem Krankengeld, usw. ... zugrunde liegende Regelentgelt" ersetzt durch: „Die ... Berechnungsgrundlage".

c) Der zunächst vorgesehene Absatz 3 lautete: „Eine Minderung der in Absatz 1 genannten Leistungen infolge einer Erhöhung des Bemessungsentgelts ist ausgeschlossen." Er wurde durch den nunmehrigen Absatz 3 ersetzt.

III. Anmerkungen

A) zu Abs. 1

1. Jährliche Anpassung der Bemessungsgrundlage

3 Die Regelung gewährleistet die Anpassung der Entgeltersatzleistungen an die allgemeine wirtschaftliche Entwicklung, insbesondere **an die Entwicklung der Arbeitsentgelte**.

4 Die Vorschrift ersetzt die bisher in den jeweiligen Leistungsgesetzen vorgesehenen Regelungen zur Anpassung der in Abs. 1 genannten Entgeltersatzleistungen. Sie betrifft nicht nur die Dynamisierung der Entgeltersatzleistungen, wenn sie aus Anlass von Leistungen zur medizinischen Rehabilitation oder zur Teilnahme am Arbeitsleben gewährt werden, sondern generell, also **unabhängig vom jeweiligen Anspruchsgrund** (vgl. BT-Drucks. 14/5800 S. 34, oben Rdnr. 2). So wird etwa das Krankengeld auch dann nach § 50 angepasst, wenn es allein wegen krankheitsbedingter Arbeitsunfähigkeit erbracht wird (§ 44 Abs. 1 Satz 1, 1. Alternative SGB V; vgl. aber § 47b Abs. 1 Satz 3 SGB V).

Die Anpassung ist jeweils **nach Ablauf eines Jahres seit dem Ende des Bemessungszeitraums** vorzunehmen, und zwar unabhängig vom Beginn der Leistung zur Teilhabe sowie dem Zahlungsbeginn der Entgeltersatzleistung. Damit wird die Entgeltersatzleistung nicht – wie z. B. die Rente – an einem festen Zeitpunkt bundeseinheitlich fortgeschrieben, sondern jeweils individuell nach Ablauf eines Jahres seit dem Ende des Bemessungszeitraums. Hierbei ist maßgebend der letzte Tag derjenigen Abrechnungsperiode, die als Bemessungszeitraum nach § 47 Abs. 1 Satz 1 SGB IX der Berechnung des Regelentgelts zugrunde lag (vgl. § 26 Abs. 1 SGB X i. V. m. § 187 Abs. 2 BGB). In Fällen, in denen der Kalendermonat der Bemessungszeitraum ist (vgl. § 47 Abs. 1 Satz 3 SGB IX), ist stets das Ende das Monats auch das Ende des Bemessungszeitraums. Endet der Bemessungszeitraum am 31. Juli 2005, ist Anpassungstag der 1. August 2006. 5

Die Regelung setzt allerdings voraus, dass **seit dem Ende des Zeitraums**, der der **Berechnung des Übergangsgeldes zugrunde liegt, zwölf Monate vergangen** sind. Hierbei ist der Beginn und der Auszahlungszeitraum der Entgeltersatzleistung unerheblich. Bei einer Berechnung nach § 48 SGB IX ist Bemessungszeitraum immer der letzte Kalendermonat vor Beginn der Leistung (HK-SGB IX / *W. Schellhorn / Stähler* Rdnr. 4). 6

Die Anpassung setzt keinen Antrag voraus, sondern ist **von Amts wegen** vorzunehmen. 7

B) zu Abs. 2

1. Anpassungsfaktor

Der Anpassungsfaktor entspricht der **Entwicklung der Bruttoarbeitsentgelte** vom vorvergangenen zum vergangenen Kalenderjahr. Deshalb hinkt die Anpassung hinter der allgemeinen Lohn- und Gehaltsentwicklung her. Maßgebend ist die Bruttolohn- und Gehaltssumme je durchschnittlich beschäftigtem Arbeitnehmer. Der Anpassungsfaktor wird errechnet, indem diese Summe des vergangenen Kalenderjahres durch die Summe des vorvergangenen Kalenderjahres geteilt wird. 8

Das Verfahren ist an die Feststellung des aktuellen **Rentenwerts** in der Rentenversicherung gemäß § 68 SGB VI angelehnt (vgl. insbesondere Abs. 4 jener Vorschrift). Deshalb wird auch auf zwei Vorschriften aus dem SGB VI Bezug genommen. 9

Die **Verweisung auf § 68 Abs. 6 SGB VI** sollte ursprünglich bedeuten, dass der Berechnung für das vergangene Kalenderjahr die dem Statistischen Bundesamt zu Beginn des Kalenderjahres vorliegenden **Daten** zur Bruttolohn- und Gehaltssumme je durchschnittlich beschäftigten Arbeitnehmer zugrunde zu legen sind und für das vorvergangene Kalenderjahr die in die Berechnung des letzten Anpassungsfaktors eingegangenen Daten. 10

Die Vorschrift des § 68 SGB VI wurde aber durch das Gesetz v. 9. Dezember 2004 (BGBl. I 3242) mit Wirkung vom 1. Januar 2005 u. a. dadurch **geändert**, dass ein **neuer Abs. 6** eingeschoben wurde, sodass der bisher in Bezug genommene Regelungsgehalt nunmehr in Abs. 7 zu finden ist, ohne dass der Gesetzgeber dies in § 50 mitvollzogen hat. 11

Es ist davon auszugehen, dass die bisher durch die Verweisung auf § 68 Abs. 6 a. F. SGB VII (nunmehr Abs. 7) vorgeschriebene Berechnungsweise weiterhin dem Willen des Gesetzgebers entspricht. 12

Aus der Verweisung auf § 121 Abs. 1 SGB VI ergibt sich, dass der so errechnete Anpassungsfaktor auf vier Dezimalstellen zu runden ist. 13

C) zu Abs. 3

1. Bekanntmachung des Anpassungsfaktors

14 Das nunmehr zuständige **Bundesministerium für Arbeit und Soziales** (zuvor: Bundesministerium für Gesundheit und Soziale Sicherung) gibt **jeweils zum 30. Juni** eines Kalenderjahres den Anpassungsfaktor, der für die folgenden zwölf Monate maßgebend ist, im Bundesanzeiger bekannt.

15 Die Anpassungsfaktoren betrugen zuletzt:

ab 1. Juli 2001	1,0153,
ab 1. Juli 2002	1,0209 (BAnZ. Nr. 87/2002 S. 10328),
ab 1. Juli 2003	1,0172 (BAnZ.Nr. 100/2003 S. 9620),
ab 1. Juli 2004	1,0119 (BAnZ. Nr. 82/2004 S. 9620),
ab 1. Juli 2005	1,0003 (BAnZ. Nr. 98/2005 S. 8074),
ab 1. Juli 2006	1,0035 (BAnZ. Nr. 105/2006 S. 4206),
ab 1. Juli 2007	1,0091,
ab 1. Juli 2008	1,0140 (jeweils nach einer Mitteilung des Bundesministeriums für Arbeit und Soziales),
ab 1. Juli 2009	1,0244 (BAnZ. Nr. 87/2009 S. 2129).

§ 51
Weiterzahlung der Leistungen

(1) Sind nach Abschluss von Leistungen zur medizinischen Rehabilitation oder von Leistungen zur Teilhabe am Arbeitsleben weitere Leistungen zur Teilhabe am Arbeitsleben erforderlich, während derer dem Grunde nach Anspruch auf Übergangsgeld besteht, und können diese aus Gründen, die die Leistungsempfänger nicht zu vertreten haben, nicht unmittelbar anschließend durchgeführt werden, werden das Verletztengeld, das Versorgungskrankengeld oder das Übergangsgeld für diese Zeit weitergezahlt, wenn

1. die Leistungsempfänger arbeitsunfähig sind und keinen Anspruch auf Krankengeld mehr haben oder
2. ihnen eine zumutbare Beschäftigung aus Gründen, die sie nicht zu vertreten haben, nicht vermittelt werden kann.

(2) ¹Leistungsempfänger haben die Verzögerung insbesondere zu vertreten, wenn sie zumutbare Angebote von Leistungen zur Teilhabe am Arbeitsleben in größerer Entfernung zu ihren Wohnorten ablehnen. ²Für die Beurteilung der Zumutbarkeit ist § 121 Abs. 4 des Dritten Buches entsprechend anzuwenden.

(3) Können Leistungsempfänger Leistungen zur Teilhabe am Arbeitsleben allein aus gesundheitlichen Gründen nicht mehr, aber voraussichtlich wieder in Anspruch nehmen, werden Übergangsgeld und Unterhaltsbeihilfe bis zum Ende dieser Leistungen, längstens bis zu sechs Wochen weitergezahlt.

(4) ¹Sind die Leistungsempfänger im Anschluss an eine abgeschlossene Leistung zur Teilhabe am Arbeitsleben arbeitslos, werden Übergangsgeld und Unterhaltsbeihilfe während der Arbeitslosigkeit bis zu drei Monate weitergezahlt, wenn sie sich bei der Agentur für Arbeit arbeitslos gemeldet haben und einen Anspruch auf Arbeitslosengeld von mindestens drei Monaten nicht geltend machen können; die Dauer von drei Monaten vermindert sich um die Anzahl von Tagen, für die Leistungsempfänger im Anschluss an eine abgeschlossene Leistung zur Teilhabe am Arbeitsleben einen Anspruch aus Arbeitslosengeld geltend machen können. ²In diesem Falle beträgt das Übergangsgeld

1. bei Leistungsempfängern, bei denen die Voraussetzungen des erhöhten Bemessungssatzes nach § 46 Abs. 1 Satz 2 Nr. 1 vorliegen, 67 vom Hundert,
2. bei den übrigen Leistungsempfängern 60 vom Hundert

des sich aus § 46 Abs. 1 Satz 1 oder § 48 ergebenden Betrages.

(5) Ist im unmittelbaren Anschluss an Leistungen zur medizinischen Rehabilitation eine stufenweise Wiedereingliederung (§ 28) erforderlich, wird das Übergangsgeld bis zu deren Ende weitergezahlt.

ERLÄUTERUNGEN

ÜBERSICHT

I. Bedeutung der Vorschrift (Rdnrn. 1–4a)
II. Fassung (Rdnrn. 5–5b)
   A) durch das SGB IX vom 19. Juni 2001 (BGBl. I S. 1046) mit Wirkung vom 1. Juli 2001 (Rdnr. 5)
   B) durch das Dritte Gesetz für moderne Dienstleistungen am Arbeitsmarkt vom 23. Dezember 2003 (BGBl. I S. 2848) mit Wirkung vom 1. Januar 2004 (Rdnr. 5a)
   C) durch das Gesetz zur Förderung der Ausbildung und Beschäftigung schwerbehinderter Menschen vom 23. April 2004 (BGBl. I S. 606) mit Wirkung vom 1. Mai 2004 (Rdnr. 5b)
III. Begründung (Rdnr. 5c)
   A) durch das Gesetz zur Förderung der Ausbildung und Beschäftigung schwerbehinderter Menschen vom 23. April 2004 (BGBl. I S. 606) mit Wirkung vom 1. Mai 2004 (Rdnr. 5c)
IV. Anmerkungen (Rdnrn. 6–30)
   A) zu Abs. 1
     1. Weiterzahlung in einer Wartephase zwischen verschiedenen Leistungen
       a) Regelungszweck und Leistungsverpflichteter (Rdnrn. 6–7)
       b) Weitere Leistungen zur Teilhabe (Rdnrn. 8–9)
       c) Verzögerung der Anschlussleistung (Rdnrn. 10–11)
       d) Arbeitsunfähigkeit ohne Krankengeldanspruch (Rdnrn. 12–13)
       e) Unzumutbarkeit einer Übergangsbeschäftigung (Rdnr. 14)
   B) zu Abs. 2
     1. Beispiel der zu vertretenden Verzögerung (Rdnr. 15)
   C) zu Abs. 3
     1. Weiterzahlung bei gesundheitsbedingter Unterbrechung einer Leistung zur Teilhabe am Arbeitsleben (Rdnrn. 16–21)
   D) zu Abs. 4
     1. Arbeitslosigkeit nach abgeschlossener Leistung zur Teilhabe am Arbeitsleben (Rdnrn. 22–26)
   E) zu Abs. 5
     1. Stufenweise Wiedereingliederung nach abgeschlossener Leistung zur medizinischen Rehabilitation (Rdnrn. 27–29)

I. Bedeutung der Vorschrift

Die Vorschrift gewährt einen Anspruch auf Weiterzahlung von Verletztengeld, Versorgungskrankengeld oder Übergangsgeld nach Abschluss von Leistungen zur medizinischen Rehabilitation oder von Leistungen zur Teilhabe am Arbeitsleben. Voraussetzung ist, dass weitere Leistungen zur Teilhabe am Arbeitsleben erforderlich sind, während derer dem Grunde nach Anspruch auf Übergangsgeld besteht. Diese können aber aus Gründen, die die Leistungs-

1

empfänger nicht zu vertreten haben, nicht unmittelbar anschließend durchgeführt werden. Weitere Voraussetzung ist, dass die Leistungsempfänger entweder arbeitsunfähig sind und keinen Anspruch auf Krankengeld mehr haben oder ihnen eine zumutbare Beschäftigung aus nicht von ihnen zu vertretenden Gründen nicht vermittelt werden kann (**Abs. 1**).

2   In **Abs. 2** wird der Maßstab dafür konkretisiert, wann Leistungsempfänger die Verzögerung der weiteren Leistungen zur Teilhabe am Arbeitsleben zu vertreten haben.

3   In **Abs. 3** wird der Fall geregelt, dass Leistungen zur Teilhabe am Arbeitsleben vorübergehend allein aus gesundheitlichen Gründen nicht in Anspruch genommen werden können.

4   Für den Fall der Arbeitslosigkeit im Anschluss an eine Leistung zur Teilhabe am Arbeitsleben regelt **Abs. 4** die Voraussetzungen und die Höhe von Übergangsgeld und Unterhaltsbeihilfe.

4a   Nach Leistungen zur medizinischen Rehabilitation hat der hierfür zuständige Träger das Übergangsgeld auch für eine unmittelbar anschließende stufenweise Wiedereingliederung gem. § 28 SGB IX bis zu deren Ende weiter zu zahlen (**Abs. 5**).

II. Fassung

A) durch das SGB IX vom 19. Juni 2001 (BGBl. I S. 1046) mit Wirkung vom 1. Juli 2001

5   Die Vorschrift wurde unverändert aus dem Regierungsentwurf (BT-Drucks. 14/5531 i. V. m. 14/5074) übernommen.

B) durch das Dritte Gesetz für moderne Dienstleistungen am Arbeitsmarkt vom 23. Dezember 2003 (BGBl. I S. 2848) mit Wirkung vom 1. Januar 2004

5a   Durch dieses Gesetz wurde in der Vorschrift die Bezeichnung „beim Arbeitsamt" durch „bei der Agentur für Arbeit" ersetzt.

C) durch das Gesetz zur Förderung der Ausbildung und Beschäftigung schwerbehinderter Menschen vom 23. April 2004 (BGBl. I S. 606) mit Wirkung vom 1. Mai 2004

5b   Durch dieses Gesetz wurde Abs. 5 mit folgendem Wortlaut angefügt:

„(5) Ist im unmittelbaren Anschluss an Leistungen zur medizinischen Rehabilitation eine stufenweise Wiedereingliederung (§ 28) erforderlich, wird das Übergangsgeld bis zu deren Ende weitergezahlt".

Die Vorschrift wurde unverändert aus dem Gesetzentwurf der Fraktionen SPD und Bündnis 90/DIE GRÜNEN (BT-Drucks. 15/1783) übernommen.

III. Begründung

A) durch das Gesetz zur Förderung der Ausbildung und Beschäftigung schwerbehinderter Menschen vom 23. April 2004 (BGBl. I S. 606) mit Wirkung vom 1. Mai 2004

5c   Im Fraktionsentwurf von SPD und Bündnis 90/DIE GRÜNEN (BT-Drucks. 15/1783 S. 13) wird zur Begründung der Anfügung des Absatzes 5 ausgeführt:

„Die Ergänzung stellt klar, dass entsprechend den Vorgaben des § 28 neben den gesetzlichen Krankenkassen alle weiteren Träger der Leistungen zur medizinischen Rehabilitation durch ihre Leistungen die Möglichkeiten der stufenweisen Wiedereingliederung unterstützen sollen. Hierzu gehören nach § 28 auch die ergänzenden Leistungen. Die Klarstellung wurde erforderlich, weil in der Umsetzung des § 28 zur Frage der Übergangsgelderbringung Auslegungsfragen aufgetreten waren. Entsprechend dem Gebot der vollständigen und umfassenden Leistungserbringung (§ 4 Abs. 2 Satz 2) soll der primär zuständige Rehabilitationsträger auch für eine sich unmittelbar anschließende stufenweise Wiedereingliederung verantwortlich sein. Um eine kontinuierliche Übergangsgeldzahlung sicherzustellen, sind die Feststellungen nach § 28 regelmäßig spätestens bis zum Abschluss der Leistungen zur medizinischen Rehabilitation zu treffen, etwa im Verfahren nach § 11 Abs. 1."

IV. Anmerkungen

A) zu Abs. 1

1. Weiterzahlung in einer Wartephase zwischen verschiedenen Leistungen

a) Regelungszweck und Leistungsverpflichteter

Die Vorschrift soll sicherstellen, dass in einer Wartephase zwischen der Erbringung verschiedener Rehabilitationsleistungen die Entgeltersatzleistungen weitergezahlt werden und damit der **Leistungsempfänger wirtschaftlich abgesichert** ist. Zur Weiterzahlung der Leistung zum Lebensunterhalt verpflichtet ist stets derjenige Rehabilitationsträger, der auch die vorangegangene Leistung zur Teilhabe erbracht hat. Die Vorschrift setzt also zunächst voraus, dass Leistungen zur **medizinischen Rehabilitation** (etwa der gesetzlichen Rentenversicherung nach § 26 SGB IX i. V. m. § 15 SGB VI unter Einschluss sonstiger Leistungen nach § 31 Abs. 1 Satz 1 Nr. 1–3 SGB VI) oder zur **Teilhabe am Arbeitsleben** (etwa der gesetzlichen Rentenversicherung nach § 33 SGB IX i. V. m. § 16 SGB VI) erbracht wurden. 6

Während dieser vorausgegangenen Leistungen müssen die Empfänger bei einer Leistung zur Teilhabe am Arbeitsleben Übergangsgeld (§ 45 Abs. 2 SGB IX) oder – während einer Leistung zur medizinischen Rehabilitation – Verletztengeld (§ 45 Abs. 1 Nr. 2 SGB IX), Versorgungskrankengeld (§ 45 Abs. 1 Nr. 4 SGB IX) oder Übergangsgeld (§ 45 Abs. 1 Nr. 3 SGB IX) **bezogen** haben. 7

b) Weitere Leistungen zur Teilhabe

Ferner muss eine (weitere) Leistung zur Teilhabe am Arbeitsleben **erforderlich** sein. Als solche kommen Leistungen nach § 33 Abs. 3 Nr. 2 bis 4 SGB IX in Betracht, aber auch Leistungen nach §§ 39 bis 41 SGB IX. Hingegen gehört die Abklärung der beruflichen Eignung und die Arbeitserprobung nicht dazu, weil es sich insoweit nicht um Leistungen zur Teilhabe am Arbeitsleben handelt (LPK-SGB IX / *Haines / Liebig* Rdnr. 8). Diese weitere Leistung zur Teilhabe muss dem Grunde nach einen Anspruch auf Verletztengeld, Versorgungskrankengeld oder Übergangsgeld auslösen. Weitere Leistungen zur Teilhabe am Arbeitsleben, die kein Übergangsgeld einschließen (etwa Leistungen zur Förderung der Arbeitsaufnahme oder KFZ-Hilfe), begründen keinen Anspruch auf Weiterzahlung nach Abs. 1. 8

Für die Feststellung der **Erforderlichkeit** genügt, dass – bezogen auf den Zeitpunkt des Abschlusses der vorangegangenen Leistung – feststeht, dass eine nachfolgende Leistung zur Teilhabe am Arbeitsleben objektiv notwendig ist, um die Ziele der §§ 1, 4 Abs. 1 und 33 SGB IX zu erreichen (BSG SozR 2200 § 1241e Nr. 12 = USK 81194 = Praxis 1982, 417). Es kommt weder darauf an, dass Gegenstand und Umstand der nachfolgenden Leistung bereits konkret bestimmt oder gar Teil eines Gesamtplanes sind. Unerheblich ist auch, wann der Rehabilitationsträger die Erforderlichkeit erkennt. 9

c) Verzögerung der Anschlussleistung

Die nachfolgende **Leistung zur Teilhabe am Arbeitsleben** darf **nicht unmittelbar anschließend** ausgeführt werden können, wobei der Leistungsberechtigte die sich ergebende Verzögerung **nicht zu vertreten** hat. Das ist dann der Fall, wenn er die Verzögerung nicht beeinflussen kann, etwa wenn der Rehabilitationsträger wegen fehlender Ausbildungskapazitäten außer Stande ist, die Teilhabeleistung unmittelbar im Anschluss an die vorangegangene Leistung zu erbringen. Lehnt der Leistungsberechtigte hingegen die Weiterführung der Leistung zur Teilhabe am Arbeitsleben ohne triftigen Grund zum frühestmöglichen Zeitpunkt oder überhaupt ab, kommt eine Weiterzahlung der Leistungen nach § 51 SGB IX nicht in Betracht. Die Verzögerung hat der Leistungsberechtigte jedenfalls dann stets zu vertreten, wenn 10 er gegen seine **Mitwirkungspflichten** nach §§ 60-65 SGB I verstößt (HK-SGB IX / *W. Schellhorn / Stähler* Rdnr. 7).

11 In Abs. 1 Nr. 1 und 2 werden **weitere Voraussetzungen** für die Weiterzahlung der Leistungen zum Lebensunterhalt aufgestellt, die **alternativ** erfüllt sein müssen.

d) Arbeitsunfähigkeit ohne Krankengeldanspruch

12 Nach **Nr. 1** müssen die Leistungsempfänger arbeitsunfähig sein und keinen Anspruch auf Krankengeld mehr haben. **Arbeitsunfähig** im Sinne der gesetzlichen Krankenversicherung ist gem. § 44 Abs. 1 Satz 1 SGB V derjenige, der seine zuletzt ausgeübte Erwerbstätigkeit oder eine ähnlich geartete Tätigkeit nicht mehr oder nur auf die Gefahr hin, seinen Zustand zu verschlimmern, verrichten kann (KassKomm / *Höfler* § 44 SGB V Rdnr. 10 m. Nachw. aus der Rspr.). Regelmäßig begründet die Arbeitsunfähigkeit nach § 44 Abs. 1 SGB V einen Anspruch auf Krankengeld. Nur wenn ein Krankengeldanspruch nicht mehr besteht, ist Übergangsgeld zu zahlen, um den Leistungsempfänger nicht der Sozialhilfe zu überlassen.

13 Der **Krankengeldanspruch** muss „nicht mehr" bestehen. Die Formulierung des Gesetzes verlangt somit, dass ein Anspruch auf Krankengeld einer gesetzlichen Krankenkasse zunächst bestanden haben muss, dieser aber durch Zeitablauf (z. B. Aussteuerung nach § 48 Abs. 1 SGB V) geendet hat (B / F / K / L / *Löffler* Rdnr. 14; Neumann u. a. / *Majerski-Pahlen* Rdnr. 10; a. A. LPK-SGB IX / *Haines / Liebig* Rdnr. 12: Die Voraussetzungen der Nr. 1 sollen auch dann erfüllt sein, wenn nie ein Krankengeldanspruch bestanden habe, weil sonst zwar ein Anspruch auf Übergangsgeld, aber ohne wirtschaftliche Absicherung auch bei Nichtvertretenmüssen anschließender verzögerter Teilhabeleistungen entfalle; dem folgend HK-SGB IX / *W. Schellhorn / Stähler* Rdnr. 9).

e) Unzumutbarkeit einer Übergangsbeschäftigung

14 Nach **Nr. 2** werden die Leistungen zum Lebensunterhalt auch dann weitergezahlt, wenn ein Leistungsempfänger zwar **arbeitsfähig** ist, ihm aber aus von ihm **nicht zu vertretenden Gründen keine zumutbare Beschäftigung** vermittelt werden kann. Das Gesetz legt somit zugrunde, dass es arbeitsfähigen Betroffenen grundsätzlich zumutbar ist, zwischen den Leistungen zur Teilhabe eine Beschäftigung aufzunehmen. Ist die Dauer der Übergangszeit zwischen den Leistungen aber nur relativ kurz, kann angenommen werden, dass eine zumutbare Beschäftigung nicht verlangt werden kann. Nach dem Gemeinsamen Rundschreiben der Rentenversicherungsträger S. 114 soll dies für Zeiträume von „nicht mehr als sechs Wochen" gelten. Jedenfalls ist eine förmliche Arbeitslosmeldung beim Arbeitsamt – anders als nach Abs. 4 – nicht Anspruchsvoraussetzung (Hauck / Noftz / *Schütze* Rdnr. 15; HK-SGB IX / *W. Schellhorn / Stähler* Rdnr. 8).

B) zu Abs. 2

1. Beispiel der zu vertretenden Verzögerung

15 Die Vorschrift nennt beispielhaft einen Fall der zu vertretenden Verzögerung einer anschließenden Leistung zur Teilhabe am Arbeitsleben: Der Leistungsempfänger **lehnt zumutbare Angebote** von Leistungen zur Teilhabe am Arbeitsleben **in größerer Entfernung zu seinem Wohnort** ab. Den Maßstab für die Beurteilung der Zumutbarkeit soll § 121 Abs. 4 SGB III ergeben. Nach dieser Vorschrift ist einem Arbeitslosen eine Beschäftigung nicht zumutbar, wenn die täglichen Pendelzeiten zwischen seiner Wohnung und der Arbeitsstätte in Vergleich zur Arbeitszeit unverhältnismäßig lang sind (§ 121 Abs. 4 Satz 1 SGB III). Als unverhältnismäßig lang sind regelmäßig nach Satz 2 jener Vorschrift Pendelzeiten von insgesamt 3 Stunden bei einer Arbeitszeit von mehr als 6 Stunden und Pendelzeiten von 2 ½ Stunden bei einer Arbeitszeit von 6 Stunden und weniger anzusehen. Sind in einer Region unter vergleichbaren Arbeitnehmern längere Pendelzeiten üblich, bilden diese gem. § 121 Abs. 4 Satz 3 SGB III den Maßstab.

C) zu Abs. 3

1. Weiterzahlung bei gesundheitsbedingter Unterbrechung einer Leistung zur Teilhabe am Arbeitsleben

Das Übergangsgeld und die Unterhaltsbeihilfe sind bis zu sechs Wochen in der bisherigen Höhe weiterzuzahlen – längstens jedoch bis zur planmäßigen bzw. vorzeitigen Beendigung der Leistung zur Teilhabe am Arbeitsleben –, wenn Leistungsempfänger **allein aus gesundheitlichen Gründen** Leistungen zur Teilhabe am Arbeitsleben **nicht mehr, aber voraussichtlich** wieder in Anspruch nehmen können. Die Zahlung von Übergangsgeld und Unterhaltsbeihilfe kommt also nur zur **Überbrückung** des Zeitraums einer Unterbrechung in Betracht, hingegen nicht, wenn die Leistungen endgültig abgebrochen sind. 16

Die Zahlung der Leistungen ist nur möglich, wenn die Gründe für die Unterbrechung **ausschließlich gesundheitlicher Art** sind. Unerheblich ist, ob Arbeitsunfähigkeit im Sinne der Krankenversicherung vorliegt. Auch ist die Ursache der Erkrankung nicht entscheidend. 17

Die **Weiterzahlung beginnt** mit dem Tag der Unterbrechung. Sie **endet** alternativ 18
– mit dem Ende der Unterbrechung,
– mit dem Wegfall des gesundheitlichen Grundes,
– mit der planmäßigen Beendigung der Leistung zur Teilhabe oder
– spätestens nach Ablauf von sechs Wochen.

Eine **mehrfache Unterbrechung** einer Leistung zur Teilhabe am Arbeitsleben löst stets erneut die Weiterzahlung der unterhaltssichernden Leistungen aus (LPK-SGB IX / *Haines* / *Liebig* Rdnr. 16). 19

Über den 6-Wochen-Zeitraum hinaus kann bei Fortbestand einer Arbeitsunfähigkeit unter den Voraussetzungen der §§ 44 ff. SGB V die Leistung von **Krankengeld** in Frage kommen (Kossens u. a. / *von der Heide* Rdnr. 9; HK-SGB IX / *W. Schellhorn* / *Stähler* Rdnr. 12). 20

Wird eine zulasten der Bundesagentur für Arbeit durchzuführende Leistung zur Teilhabe am Arbeitsleben durch eine Leistung zur medizinischen Rehabilitation, etwa des Rentenversicherungsträgers, unterbrochen, geht der Übergangsgeldanspruch gem. § 51 Abs. 3 SGB IX demjenigen nach § 45 Abs. 1 Nr. 3 SGB IX i. V. m. §§ 20 ff. SGB VI vor (HK-SGB IX / *W. Schellhorn* / *Stähler* Rdnr. 13). 21

D) zu Abs. 4

1. Arbeitslosigkeit nach abgeschlossener Leistung zur Teilhabe am Arbeitsleben

Übergangsgeld und Unterhaltsbeihilfe werden im Anschluss an eine **erfolgreich abgeschlossene** Leistung zur Teilhabe am Arbeitsleben für höchstens drei Monate weitergezahlt, wenn der Leistungsempfänger arbeitslos i. S. v. § 118 SGB III ist und sich beim Arbeitsamt gem. § 122 SGB III **arbeitslos gemeldet** hat. Weitere Voraussetzung ist, dass ein Anspruch auf Arbeitslosengeld nicht für mindestens drei Monate geltend gemacht werden kann (z. B. auch wegen Nichterfüllens der Anwartschaftszeit nach § 117 Abs. 1 Nr. 3, § 123 SGB III). 22

Anspruch auf Weiterzahlung besteht für **bis zu drei Monate**, frühestens von dem auf den Tag des Abschlusses der Leistung zur Teilhabe am Arbeitsleben folgenden Kalendermonat an. Die Frist endet vor Ablauf des 3-Monats-Zeitraums, wenn dem Leistungsempfänger von der Agentur für Arbeit eine zumutbare Arbeit vermittelt worden ist (HK-SGB IX / *W. Schellhorn* / *Stähler* Rdnr. 15). Hat der Leistungsempfänger eine ihm angebotene Beschäftigung nicht angenommen oder nicht angetreten, ist die Voraussetzung „Arbeitslosigkeit" nicht mehr erfüllt. Damit entfällt auch der Anspruch auf Anschlussübergangsgeld bzw. -unterhaltsbeihilfe. Dasselbe bewirkt ein Verzicht auf Zahlung des Arbeitslosengeldes durch den bei der Arbeitsagentur arbeitslos gemeldeten Versicherten. Falls der Anspruch auf Arbeitslosengeld durch eine von der Arbeitsagentur festgestellte **Sperrzeit** gem. § 144 SGB III ruht, 23 besteht für diesen Zeitraum ebenfalls kein Anspruch auf Anschlussübergangsgeld oder -unterhaltsbeihilfe (B / F / K / L / *Löffler* Rdnr. 31).

24 Nimmt der Leistungsempfänger innerhalb der Drei-Monats-Frist eine **Beschäftigung** auf, die ausnahmsweise noch **innerhalb dieser Frist beendet** wird, so besteht für die noch nicht ausgeschöpfte Restzeit grundsätzlich kein Anspruch auf Weiterzahlung der Leistungen nach Abs. 4 (Neumann u. a. / *Majerski-Pahlen* Rdnr. 21). Anders ist dies, wenn es sich bei der aufgenommenen und wieder beendeten Beschäftigung um eine von dem Rehabilitationsträger bewilligte **Probebeschäftigung** im Sinne von § 34 Abs. 1 Nr. 4 SGB IX handelte (B / F / K / L / *Löffler* Rdnr. 32).

25 Die Anspruchsdauer von drei Monaten vermindert sich um die Tage, für die ein Leistungsempfänger im Anschluss an die Leistung zur Teilhabe am Arbeitsleben einen Anspruch auf Arbeitslosengeld geltend machen kann (**Satz 1, 2. Halbsatz**).

26 Das Übergangsgeld bei Arbeitslosigkeit im Anschluss an die Leistung zur Teilhabe am Arbeitsleben beträgt für die in § 46 Abs. 1 Satz 2 Nr. 1 genannten Leistungsempfänger **67 Prozent** und für die übrigen **60 Prozent der** maßgeblichen **Berechnungsgrundlage**.

E) zu Abs. 5
1. Stufenweise Wiedereingliederung nach abgeschlossener Leistung zu Rehabilitation

27 Werden Leistungen zur medizinischen Rehabilitation erbracht und ist in unmittelbarem Anschluss daran eine stufenweise Wiedereingliederung gem. § 28 SGB IX erforderlich, hat der **zuständige Rehabilitationsträger** das **Übergangsgeld** als ergänzende Leistung bis zu deren Ende **weiterzuzahlen**. Denn der primär zuständige Rehabilitationsträger – auch wenn er nicht die gesetzliche Krankenkasse ist – soll ebenfalls für eine sich unmittelbar anschließende stufenweise Wiedereingliederung verantwortlich sein. Das schließt auch die Pflicht zu ergänzenden Leistungen ein. Nur dies entspricht dem **Gebot der vollständigen umfassenden Leistungserbringung** gem. § 4 Abs. 2 Satz 2 SGB IX.

28 Der Gesetzgeber hielt diese Klarstellung durch Einfügung des Absatzes 5 an § 51 SGB IX für erforderlich, „weil in der Umsetzung des § 28 SGB IX zur Frage der Übergangsgelderbringung Auslegungsfragen aufgetreten waren".

29 Die **Feststellung**, ob eine stufenweise Eingliederung nach § 28 SGB IX erforderlich ist, muss im Regelfall **spätestens bis zum Abschluss der Leistungen zur medizinischen Rehabilitation** getroffen werden, zum Beispiel im Verfahren nach § 11 Abs. 1 SGB IX. Nur so kann eine kontinuierliche Übergangsgeldzahlung sichergestellt werden.

30 Bei einer stufenweisen Wiedereingliederung in das Erwerbsleben, die erst **zwei Monate nach** Abschluss von Leistungen zur **medizinischen Rehabilitation** beginnt, fehlt es am „unmittelbaren Anschluss i. S. des Abs. 5" (SG Schwerin Urteil vom 26. Januar 2006 – S 2 AL 290/02, zit. nach JURIS). Dieses Merkmal ist allenfalls dann erfüllt, wenn zwischen medizinischer Rehabilitation und stufenweiser Wiedereingliederung **maximal 10 bis 14 Tage** vergehen (SG Schwerin Urteil vom 26. Januar 2006 a. a. O.; Hauck / Noftz / *Brodkorb* § 28 SGB IX Rdnr. 16).

§ 52
Einkommensanrechnung

(1) Auf das Übergangsgeld der Rehabilitationsträger nach § 6 Abs. 1 Nr. 2, 4 und 5 werden angerechnet
1. Erwerbseinkommen aus einer Beschäftigung oder einer während des Anspruchs auf Übergangsgeld ausgeübten Tätigkeit, das bei Beschäftigten um die gesetzlichen Abzüge und um einmalig gezahltes Arbeitsentgelt und bei sonstigen Leistungsempfängern um 20 vom Hundert zu vermindern ist,

2. Leistungen des Arbeitgebers zum Übergangsgeld, soweit sie zusammen mit dem Übergangsgeld das vor Beginn der Leistung erzielte, um die gesetzlichen Abzüge verminderte Arbeitsentgelt übersteigen,
3. Geldleistungen, die eine öffentlich-rechtliche Stelle im Zusammenhang mit einer Leistung zur medizinischen Rehabilitation oder einer Leistung zur Teilhabe am Arbeitsleben erbringt,
4. Renten wegen verminderter Erwerbsfähigkeit oder Verletztenrenten in Höhe des sich aus § 18a Abs. 3 Satz 1 Nr. 4 des Vierten Buches ergebenden Betrags, wenn sich die Minderung der Erwerbsfähigkeit auf die Höhe der Berechnungsgrundlage für das Übergangsgeld nicht ausgewirkt hat,
5. Renten wegen verminderter Erwerbsfähigkeit, die aus demselben Anlass wie die Leistungen zur Teilhabe erbracht werden, wenn durch die Anrechnung eine unbillige Doppelleistung vermieden wird,
6. Renten wegen Alters, die bei Berechnung des Übergangsgelds aus einem Teilarbeitsentgelt nicht berücksichtigt wurden,
7. Verletztengeld nach den Vorschriften des Siebten Buches,
8. den Nummern 1 bis 7 vergleichbare Leistungen, die von einer Stelle außerhalb des Geltungsbereichs dieses Gesetzbuchs erbracht werden.

(2) Bei der Anrechnung von Verletztenrenten mit Kinderzulage und von Renten wegen verminderter Erwerbsfähigkeit mit Kinderzuschuss auf das Übergangsgeld bleibt ein Betrag in Höhe des Kindergeldes nach § 66 des Einkommensteuergesetzes oder § 6 des Bundeskindergeldgesetzes außer Ansatz.

(3) Wird ein Anspruch auf Leistungen, um die das Übergangsgeld nach Absatz 1 Nr. 3 zu kürzen wäre, nicht erfüllt, geht der Anspruch insoweit mit Zahlung des Übergangsgelds auf den Rehabilitationsträger über; die §§ 104 und 115 des Zehnten Buches bleiben unberührt.

ERLÄUTERUNGEN

ÜBERSICHT

I. Bedeutung der Vorschrift (Rdnrn. 1–5)
II. Fassung (Rdnr. 6)
III. Anmerkungen (Rdnrn. 7–41)
    A) zu Abs. 1
        1. Arten des Übergangsgeldes (Rdnr. 7)
        2. Anzurechnende Bezüge
            a) Erwerbseinkommen nach Abs. 1 Nr. 1 (Rdnrn. 8–21)
            b) Leistungen des Arbeitgebers zum Übergangsgeld (Nr. 2) (Rdnrn. 22–25)
            c) Geldleistungen einer öffentlich–rechtlichen Stelle (Nr. 3) (Rdnr. 26)
            d) Renten wegen verminderter Erwerbsfähigkeit oder Verletztenrente (Rdnrn. 27–32)
            e) Renten aus demselben Anlass (Nr. 5) (Rdnrn. 33–34)
            f) Renten wegen Alters (Nr. 6) (Rdnrn. 35–36)
            g) Verletztengeld nach §§ 45–48 SGB VII (Nr. 7) (Rdnrn. 37–38)
            h) Vergleichbare ausländische Leistungen (Rdnr. 39)
    B) zu Abs. 2
        1. Renten mit Kinderzulage bzw. Kinderzuschuss (Rdnr. 40)
    C) zu Abs. 3
        1. Forderungsübergang bei sonstigen öffentlich-rechtlichen Geldleistungen (Rdnr. 41)

§ 52

I. Bedeutung der Vorschrift

1 Die Bestimmung regelt die Anrechnung von Erwerbseinkommen und sonstigen Leistungen auf das Übergangsgeld der Bundesagentur für Arbeit, der Träger der gesetzlichen Rentenversicherung sowie der Alterssicherung für Landwirte und der Träger der Kriegsopferversorgung und der Kriegsopferfürsorge.

2 Das Übergangsgeld als Entgeltersatzleistung soll den Unterhalt des Leistungsberechtigten und seiner Familienangehörigen während einer Rehabilitationsmaßnahme sicherstellen. Die Entgeltersatzleistung entfällt deshalb grundsätzlich insoweit als die wirtschaftliche Versorgung anderweitig gewährleistet ist.

3 In **Abs. 1** werden abschließend die Leistungen aufgeführt, die auf das Übergangsgeld anzurechnen sind.

4 Durch **Abs. 2** wird bei der Anrechnung von Verletztenrente mit Kinderzulage und von Renten wegen verminderter Erwerbsfähigkeit mit Kinderzuschuss ein Betrag in Höhe des gesetzlichen Kindergeldes von der Anrechnung ausgenommen.

5 Durch **Abs. 3** wird für den Sonderfall, dass bestimmte öffentlich-rechtliche Geldleistungen nach Abs. 1 Nr. 3 entgegen dem bestehenden Anspruch hierauf nicht erfüllt werden, ein Anspruchsübergang auf den das Übergangsgeld leistenden Rehabilitationsträger vorgesehen.

II. Fassung

6 Die Vorschrift wurde unverändert aus dem Regierungsentwurf (BT-Drucks. 14/5531 i. V. m. 14/5074) übernommen.

III. Anmerkungen

A) zu Abs. 1

1. Arten des Übergangsgeldes

7 Die in der Vorschrift geregelte Einkommensanrechnung **gilt nicht für alle Rehabilitationsträger**, welche Übergangsgeld zahlen. Sie betrifft nur die entsprechenden Leistungen der Bundesagentur für Arbeit, der Träger der gesetzlichen Rentenversicherung, der Träger der Alterssicherung für Landwirte sowie der Träger der Kriegsopferversorgung und der Kriegsopferfürsorge. Die bisher für diese geltenden Anrechnungsvorschriften (z. B. § 168 SGB III, § 27 SGB VI) wurden aufgehoben. Hingegen gilt für die Unfallversicherung weiterhin die Sonderregelung in § 52 SGB VII (krit. zum „Nebeneinander" von Übergangsgeld und Verletztenrente: Mrozynski Rdnr. 7). Für die Träger der gesetzlichen Krankenversicherung sind weiterhin §§ 49 und 50 SGB V zum **Ruhen sowie zum Ausschluss und zur Kürzung des Krankengeldes** allein maßgebend. Nach dem neu eingefügten § 49 Abs. 4 SGB V sind einem anderen Sozialversicherungsträger als der Krankenkasse, der bei ambulanter Ausführung von Leistungen zur medizinischen Rehabilitation Verletztengeld, Versorgungskrankengeld oder Übergangsgeld erbringt, auf Verlangen dessen Aufwendungen für diese Leistung zu **erstatten**. Hierfür sollen die nach § 13 Abs. 2 Nr. 7 SGB IX zu vereinbarenden Gemeinsamen Empfehlungen maßgebend sein.

2. Anzurechnende Bezüge

a) Erwerbseinkommen nach Abs. 1 Nr. 1

8 Anzurechnen ist Erwerbseinkommen aus einer Beschäftigung oder einer während des Anspruchs auf Übergangsgeld ausgeübten Tätigkeit. Es muss also **gleichzeitig mit dem Übergangsgeld erzielt** werden. Deshalb bleiben nachträgliche Änderungen des Erwerbseinkommens (etwa Nachzahlungen infolge Gehaltserhöhungen oder Rückforderungen seitens des Arbeitgebers) unberücksichtigt. War allerdings das Einkommen zu Unrecht zu hoch gewährt worden und kann der Leistungsempfänger gegen eine nachträgliche Gehaltskürzung durch

den Arbeitgeber nicht mit Erfolg vorgehen, so kann das Übergangsgeld neu festgestellt werden (BSG SozR 2200 § 1241f Nr. 2 = ZfSH/SGB 1984, 501).

Zum Erwerbseinkommen gehören Arbeitsentgelt, Arbeitseinkommen und vergleichbares Einkommen (§ 18a Abs. 2 i. V. m. §§ 14, 15 SGB IV). Welche Einnahmen dem Arbeitsentgelt zuzurechnen sind, richtet sich nach der **Arbeitsentgeltverordnung (ArEV)**. Es handelt sich um die auf der Grundlage von § 17 SGB IV erlassene „Verordnung über die Bestimmung des Arbeitsentgelts in der Sozialversicherung" vom 18.12.1984 (BGBl. I S. 1642). **9**

Unerheblich ist, ob das Arbeitsentgelt im Rahmen einer versicherungspflichtigen oder versicherungsfreien Beschäftigung erzielt wird und aus welchem Rechtsgrund es gezahlt wird. Deshalb ist nicht zu unterscheiden, ob der Arbeitgeber das Arbeitsentgelt aufgrund einer vertraglichen oder gesetzlichen Verpflichtung oder auf freiwilliger Basis zahlt. **10**

Arbeitsentgelt sind auch **Ausbildungsvergütungen oder -beihilfen des Arbeitgebers** (vgl. BSG Beschl. vom 14.12.1996 – 11 BAr 143/92 zu § 62a Abs. 3 Satz 5 AFG). Denn im sozialversicherungsrechtlichen Sinn handelt es sich um Arbeitsentgelt, wie sich § 7 Abs. 2 i. V. m. § 14 Abs. 1 SGB IV ergibt. Nicht anzurechnen ist hingegen das von der Bundesagentur für Arbeit während einer erstmaligen beruflichen Ausbildung nach § 45 Abs. 5 SGB IX i. V. m. § 104 SGB III gezahlte Ausbildungsgeld. **11**

Während der Teilnahme an einer Leistung zur medizinischen Rehabilitation haben Arbeitnehmer Anspruch auf **Fortzahlung** ihres Arbeitsentgelts wie bei Arbeitsunfähigkeit (§ 9 EFZG). Die Entgeltfortzahlungsansprüche sind gem. § 1 EFZG ebenfalls Arbeitsentgelt und damit auf das Übergangsgeld anzurechnen. Allerdings kann dieses infolge seiner Absenkung nach § 46 Abs. 1 SGB IX grundsätzlich nicht höher sein als das fortgezahlte Arbeitsentgelt. Deshalb ist durch die Anrechnung des Entgelts im entsprechenden Zeitraum die Auszahlung von Übergangsgeld ausgeschlossen (B / F / K / L / *Löffler* Rdnr. 7). **12**

Zum Arbeitsentgelt zählt auch der für die Zeit vom 24.12. bis 26.12. sowie für die Zeit vom 31.12. und 1.1. eines Jahres gezahlte Lohnausgleich im **Baugewerbe**, die Winterausfallgeldvorausleistung (§ 211 SGB III) sowie Kurzarbeitergeld nach § 169 SGB III und das Winterausfallgeld gem. § 214 SGB III. Dem Arbeitsentgelt steht das nach § 183 SGB III zu gewährende **Insolvenzgeld** gleich. **13**

Nicht zum Arbeitsentgelt im Sinne der Vorschrift gehören insbesondere ein Krankengeldzuschuss nach § 37 Abs. 3 BAT bzw. vergleichbaren tariflichen Regelungen, der Arbeitgeberzuschuss zur freiwilligen Krankenversicherung nach § 257 Abs. 1 SGB V, Abfindungen bei vorzeitigem Ende des Beschäftigungsverhältnisses – soweit sie als Entschädigung für den Wegfall künftiger Verdienstmöglichkeiten durch Verlust des Arbeitsplatzes gezahlt werden –, das Zuschusswintergeld nach § 213 SGB III und lohnsteuerfreie Zuwendungen des Arbeitgebers (vgl. B / F / K / L / *Löffler* Rdnr. 8). **14**

Werden während der Leistung zur Teilhabe andere **Sachbezüge** als freie Kost und Wohnung gewährt, ist deren Wert zu ermitteln; anzusetzen ist nach der Sachbezugsverordnung der übliche Mittelpreis des Verbrauchsortes. Bei der Kfz-Nutzung sind die einkommensteuerrechtlichen Maßgaben zu beachten. **15**

Anzurechnen ist aber stets **nur das verfügbare Erwerbseinkommen**. Das Arbeitsentgelt ist deshalb um gesetzliche Abzüge wie Lohnsteuer, Solidaritätszuschlag, Kirchensteuer sowie Arbeitnehmeranteil zur Sozialversicherung zu vermindern. Bei der Ermittlung des Nettoarbeitsentgelts sind weder ein später durchgeführter Lohnsteuerausgleich zu berücksichtigen noch Freibeträge, die nicht in der Steuerkarte eingetragen sind (BSG SozR 2200 § 1241 Nr. 4 = Die Leistungen 1978, 244 = USK 7769). Zum Arbeitsentgelt gehören nicht **lohnsteuerfreie Zuschläge** (BSG a. a. O.; HK-SGB IX / *Stähler* Rdnr. 9). Hingegen sind in der gesetzlichen Unfallversicherung Zuschläge für Sonntags-, Feiertags- oder Nachtarbeit gem. § 3 Satz 1 der Arbeitsentgeltverordnung (ArEV) auch insoweit dem Arbeitsentgelt zuzurechnen, als sie lohnsteuerfrei sind. **16**

17 Bei **Mehrfachbeschäftigten** ist der Übergangsgeldanspruch und folglich auch die Kürzung des Übergangsgeldes für jedes Beschäftigungsverhältnis getrennt zu beurteilen. Soweit der Leistungsempfänger während der Rehabilitationsmaßnahme Anspruch auf Entgeltfortzahlung hat, ist dieses Arbeitsentgelt auf das in den einzelnen Beschäftigungsverhältnissen errechnete Übergangsgeld nach Abs. 1 Nr. 1 anzurechnen.

18 **Heimarbeiter** haben ggf. einen Zuschlag zu ihrem regelmäßigen Arbeitsentgelt nach § 10 Abs. 1 EFZG erhalten; dann wird das Übergangsgeld ungekürzt gezahlt. Allerdings kann nach § 10 Abs. 4 EFZG durch Tarifvertrag bestimmt werden, dass Heimarbeiter anstelle des Zuschlags nach § 10 Abs. 1 EFZG Entgeltfortzahlung im Krankheitsfall und während der Leistung erhalten. In diesem Fall ist das fortgezahlte Arbeitsentgelt wie üblich nach Abs. 1 Nr. 1 anzurechnen. Nicht anzurechnen ist nach dem ausdrücklichen Wortlaut auch **einmalig gezahltes Arbeitsentgelt** im Sinne von § 23a SGB IV wie z. B. Urlaubsgeld, Weihnachtsgeld, Prämien und Gratifikationen.

19 Auch **Selbstständige** können während einer Leistung zur Teilhabe anzurechnendes Arbeitseinkommen erzielen. Hierunter ist nach § 15 SGB IV der nach den allgemeinen Gewinnermittlungsvorschriften des Einkommensteuerrechts ermittelte Gewinn aus einer selbstständigen Tätigkeit zu verstehen. Der Begriff schließt aber auch die Einkünfte aus Land- und Forstwirtschaft und aus Gewerbebetrieb ein, da für diese ebenfalls der steuerrechtliche Gewinnbegriff gilt (BSGE 58, 277 [279]; BSG SozR 2200 § 180 Nr. 30). Bei der **Gewinnermittlung** sind steuerliche Vergünstigungen unberücksichtigt zu lassen und Veräußerungsgewinne abzuziehen.

20 Für die Ermittlung des Einkommens kann der für das letzte Kalenderjahr vor Beginn der Teilhabeleistung erteilte **Einkommensteuerbescheid** zugrunde gelegt werden, obwohl eine strikte Bindung an Entscheidungen der Finanzbehörden und -gerichte nicht besteht (BSG SozR 2200 § 180 Nr. 30 = NZA 1986, 845 = MDR 1987, 86 = USK 8652; vgl. aber auch BSGE 84, 278 = SGb 2000, 332 = SozR 3-2600 § 34 Nr. 3: Einkommensteuerbescheid für Hinzuverdienstgrenze bei vorgezogener Altersrente maßgebend). Steht dieser noch aus, ist eine wahrheitsgemäße Erklärung über die Höhe bzw. voraussichtliche Höhe des während des Übergangsgeldanspruchs erzielten Erwerbseinkommens von dem Leistungsempfänger einzuholen (B / F / K / L / *Löffler* Rdnr. 12). Bei **Betriebsaufgabe** während des laufenden Kalenderjahres entsteht regelmäßig ein Rumpfwirtschaftsjahr mit der Folge, dass zur Feststellung des maßgeblichen Arbeitseinkommens der für die Zeit vom Jahresanfang bis zum Monat der Betriebsaufgabe ermittelte steuerliche Gewinn durch die Anzahl der in diesem Zeitraum zurückgelegten Monate zu teilen ist (BSG a. a. O.).

21 Fließt **Selbstständigen** während der Reha-Leistung Erwerbseinkommen zu, ist es dann nicht (z. B. im Fall der Weiterführung des Betriebes durch Dritte) anzurechnen, wenn es nicht aufgrund **persönlicher Tätigkeit** des Leistungsempfängers erzielt worden ist. Während einer stationären Leistung zur Teilhabe ist damit grundsätzlich die Anrechnung von Arbeitseinkommen ausgeschlossen. Eine Anrechnung ist aber vorzunehmen, wenn der Selbstständige an einer ambulanten Leistung zur Teilhabe teilnimmt, aber auch eine Tätigkeit ausübt und Arbeitseinkommen erzielt. Es wird aber pauschal um 20% gekürzt.

b) Leistungen des Arbeitgebers zum Übergangsgeld (Nr. 2)

22 Auf das Übergangsgeld an Arbeitnehmer werden die **gleichzeitig erbrachten Leistungen des Arbeitgebers** angerechnet, soweit sie zusammen mit dem Übergangsgeld das vor der Arbeitsunfähigkeit oder vor Beginn der Leistung zur Teilhabe erzielte und um die gesetzlichen Abzüge verminderte Arbeitsentgelt (Nettoarbeitsentgelt) übersteigen.

23 Es handelt sich vor allem um Zuschüsse des Arbeitgebers zum Übergangsgeld; unerheblich ist, ob hierauf ein Anspruch aufgrund Tarifvertrages oder des Arbeitsvertrages besteht oder ob der Arbeitgeber die Leistung freiwillig erbringt. Regelmäßig werden die Zuschüsse in Höhe der Differenz zwischen dem Übergangsgeld und dem entgangenen Nettoarbeitsentgelt

gezahlt. Deshalb unterbleibt üblicherweise im Ergebnis eine Anrechnung, wenn nicht gleichzeitig weiteres anzurechnendes Einkommen erzielt wird.

Grundsätzlich sind auch **vermögenswirksame Leistungen** auf das Übergangsgeld anzurechnen, wenn sie zusammen mit diesem das im letzten abgerechneten Zeitraum erzielte und somit der Übergangsgeldberechnung zugrunde liegende Nettoarbeitsentgelt übersteigen. Denn vermögenswirksame Leistungen des Arbeitgebers sind als sozialversicherungspflichtiges Entgelt bei der Berechnung des Übergangsgeldes nach §§ 46, 47 in die Bemessungsgrundlage einzubeziehen und demzufolge auch anteilig schon im Übergangsgeld enthalten. Allerdings kommt unter Berücksichtigung der vom Hundertsätze des § 46 Abs. 1 Satz 2 in der Regel eine Anrechnung der vermögenswirksamen Leistungen auf das Übergangsgeld nicht in Betracht (B / F / K / L / *Löffler* Rdnr. 15). **24**

Keinesfalls auf das Übergangsgeld anzurechnen ist die **Arbeitnehmer-Sparzulage**, da sie weder steuerpflichtig noch beitragspflichtig ist. **25**

c) Geldleistungen einer öffentlich-rechtlichen Stelle (Nr. 3)

Durch die Pflicht zur Anrechnung von Geldleistungen, die eine öffentlich-rechtliche Stelle im Zusammenhang mit einer Leistung zur medizinischen Rehabilitation oder einer Leistung zur Teilhabe am Arbeitsleben erbringt (z. B. Sonderzahlungen, Taschengeld, Teuerungszulagen) soll eine ungleiche Behandlung der Versicherten verhindert werden. Da solche Leistungen aber praktisch nicht mehr möglich sind, dürfte die Vorschrift – wie schon zuvor § 27 Abs. 1 Nr. 6 SGB VI a. F. – kaum Bedeutung erlangen (vgl. Neumann u. a. / *Majerski-Pahlen* Rdnr. 9 m. w. Nachw.; Mrozynski Rdnr. 6). **26**

d) Renten wegen verminderter Erwerbsfähigkeit oder Verletztenrenten

Renten wegen verminderter Erwerbsfähigkeit sind Renten wegen voller (§ 43 Abs. 2 SGB VI) oder teilweiser Erwerbsminderung (§ 43 Abs. 1 SGB VI). Ferner fallen hierunter Renten für Bergleute (§ 45 SGB VI) und die nach der bis zum 31.12.2000 maßgebenden Rechtslage gem. § 302b SGB VI weiter zu zahlenden Renten wegen Berufs- oder Erwerbsunfähigkeit (vgl. §§ 43, 44 SGB VI a. F.). Nicht hierzu gehören Hinterbliebenenrenten nach § 46 Abs. 2 Satz 1 Nr. 3 SGB VI, weil es sich der Rentenart nach nicht um Renten wegen verminderter Erwerbsfähigkeit handelt (Neumann u. a. / *Majerski-Pahlen* Rdnr. 10). **27**

Ob auch Renten nach § 13 ALG, die wegen Minderung der Erwerbsfähigkeit gewährt werden, anrechenbar sind (bejahend ohne Begründung B / F / K / L / *Löffler* Rdnr. 18), ist im Hinblick auf die z. T. damit verfolgten agrarpolitischen Zwecke strittig (vgl. KassKomm / *Niesel* § 27 SGB VI a. F. Rdnr. 11 mit Nachweisen zum Streitstand). **28**

Verletztenrenten gem. §§ 56 ff. SGB VII werden grundsätzlich ebenfalls angerechnet. **29**

Die Renten können aber nur angerechnet werden, wenn sich die Minderung der Erwerbsfähigkeit nicht auf die Höhe der Berechnungsgrundlage des Übergangsgeldes ausgewirkt hat: Das bedeutet, dass das Übergangsgeld **aus einem vollen, in der Regel vor Rentenbeginn erzielten, Arbeitsentgelt** errechnet worden sein muss. Hingegen ist das Übergangsgeld dann nicht zu kürzen, wenn seine Berechnungsgrundlage ein Arbeitsentgelt ist, das neben der Rente gezahlt wurde („arbeitende Rentner"). Denn in diesem Fall hat sich die Minderung der Erwerbsfähigkeit ausgewirkt. Anzurechnen ist die Rente im Übrigen auch nur dann, wenn der **Bemessungszeitraum** für das Übergangsgeld **vollständig vor dem Rentenbeginn** liegt. **30**

Eine Rente wegen verminderter Erwerbsunfähigkeit ist in Höhe ihres **kalendertäglichen Nettobetrages** auf das Übergangsgeld anzurechnen. Zugrunde zu legen ist also der monatliche Bruttobetrag abzüglich der Beiträge zur Kranken- und Pflegeversicherung, geteilt durch 30. **31**

32 Die **Verletztenrente** gem. §§ 56 ff. SGB VII ist nur in Höhe des sich aus § 18a Abs. 3 Satz 1 Nr. 4 SGB IV ergebenden Betrages auf das Übergangsgeld anzurechnen. Das ist derjenige Betrag, der die Grundrente nach dem BVG übersteigt, welche nach demselben Grad der MdE wie die Verletztenrente zu zahlen wäre. Es ist daher zunächst anhand des Bescheids über die Verletztenrente der maßgebende Vom-Hundert-Satz der MdE festzustellen und aus der Tabelle zu § 31 BVG der dieser MdE zugeordnete Grundrentenbetrag zu ermitteln. Die Differenz zwischen der BVG-Grundrente und dem Zahlbetrag der Verletztenrente ist dann der Anrechnungsbetrag gem. Abs. 1 Nr. 4.

e) Renten aus demselben Anlass (Nr. 5)

33 Über die in Nr. 4 getroffene Regelung hinaus sind anzurechnen Renten wegen verminderter Erwerbsfähigkeit (einschließlich entsprechender Renten nach den Vorschriften über die landwirtschaftliche Alterssicherung), wenn sie aus demselben Anlass wie die Leistungen zur Teilhabe erbracht werden und hierdurch eine **unbillige Doppelleistung vermieden** wird. Von der Regelung erfasst werden nur Renten wegen verminderter Erwerbsfähigkeit, hingegen nicht Verletztenrenten, deren Anrechnung sich allein nach Abs. 1 Nr. 4 richtet.

34 Die Bestimmung regelt das Zusammentreffen von Ansprüchen auf Rente wegen verminderter Erwerbsfähigkeit und Übergangsgeld für denselben Zeitraum. Derselbe Anlass liegt vor, wenn die Krankheit oder Behinderung sowohl zur Rentengewährung geführt hat als auch Grund für die Bewilligung der Teilhabeleistung war. Allerdings dürfte es wegen der in § 116 Abs. 3 SGB VI getroffenen Regelung nur höchst selten zum tatsächlichen Bezug von Doppelleistungen kommen. Eine unbillige Doppelleistung läge vor, wenn Rente gewährt würde, ohne zunächst vorher eine Reha-Leistung durchzuführen, etwa weil der Versicherte aus wichtigem Grund (§ 65 Abs. 1 Nr. 2 SGB I) die Reha-Leistung abgelehnt hat oder weil der Rentenversicherungsträger die Rente aus anderen Gründen nicht nach § 66 SGB I versagt hat und wenn diese Reha-Leistung später nachgeholt wird (von Einem / *Schäfer* SGB VI § 27 a. F. Rdnr. 5).

f) Renten wegen Alters (Nr. 6)

35 Auf das Übergangsgeld werden auch Renten wegen Alters angerechnet, die bei Berechnung des Übergangsgeldes aus einem Teilarbeitsentgelt nicht berücksichtigt wurden. Die Anrechnung der Rente wegen Alters kommt in Betracht, wenn der Versicherte kurz vor Erreichen des Rentenalters Leistungen zur Teilhabe erhält und keine Teilrente in Anspruch nimmt. Insbesondere dann, wenn eine (höhere) Altersrente gemäß § 99 Abs. 1 SGB VI rückwirkend für drei Monate in Anspruch genommen wird, sind Überschneidungen mit dem Übergangsgeld möglich (KassKomm / *Niesel* § 27 SGB VI a. F. Rdnr. 14).

36 Beziehen Leistungsempfänger eine Teilrente wegen Alters von einem Drittel oder höchstens der Hälfte im Sinne von § 42 SGB VI, können sie weiterhin Reha-Leistungen erhalten. Nach § 12 Abs. 1 Nr. 2 SGB VI sind diese nur für Versicherte ausgeschlossen, die eine Rente wegen Alters von wenigstens 2/3 der Vollrente beziehen oder beantragt haben. Wird in diesen Fällen das Übergangsgeld aus dem nach § 34 Abs. 2 und 3 SGB VI zulässigen Hinzuverdienst errechnet, und ändern sich die Verhältnisse bis zum Ende der Reha-Leistung nicht, ist die Anrechnungsregel des Abs. 1 Nr. 5 nicht anzuwenden (von Einem / *Schäfer* SGB VI § 27 a. F. Rdnr. 6). Der Versicherte soll also zusätzlich zur Altersrente das aus dem begrenzten Entgelt errechnete Übergangsgeld erhalten. Falls aber die Teilaltersrente bis zum Abschluss der Reha-Leistung steigt, z. B. von einem Drittel auf die Hälfte der Vollrente, und das dem Übergangsgeld zugrunde liegende Arbeitsentgelt die dann maßgebende niedrigere Hinzuverdienstgrenze überschreitet, muss die Differenz zwischen der höheren und der niedrigeren Teilrente auf das Übergangsgeld ab Beginn der höheren Teilrente angerechnet werden. Eine Teilaltersrente ist auch dann auf das Übergangsgeld anzurechnen, wenn das Übergangsgeld aus einem vollen Arbeitsentgelt – vor Rentenbeginn – berechnet worden ist (von Einem / *Schäfer* a. a. O.).

g) Verletztengeld nach §§ 45 – 48 SGB VII (Nr. 7)

Verletztengeld, das von einem Träger der **gesetzlichen Unfallversicherung** gem. §§ 45 ff. SGB VII geleistet wird, ist in voller Höhe auf das Übergangsgeld anzurechnen (sofern das Verletztengeld nicht ohnehin bereits spätestens mit Beginn der Leistung zur Teilhabe am Arbeitsleben gem. § 45 Abs. 2 Satz 2 SGB VII geendet hat). **37**

Die **Höhe des Verletztengeldes** ergibt sich aus § 47 SGB VII i. V. m. §§ 47 Abs. 2 und 2, 47b SGB V. Im Regelfall wird das anzurechnende Verletztengeld die Höhe des zustehenden Übergangsgeldes erreichen, so dass im Ergebnis kein Übergangsgeld zu zahlen ist. **38**

h) Vergleichbare ausländische Leistungen

Werden den in den Nummern 1 bis 7 angeführten Leistungen vergleichbare Zahlungen von einer ausländischen Stelle erbracht, sind sie ebenfalls auf das Übergangsgeld anzurechnen. **39**

B) zu Abs. 2

1. Renten mit Kinderzulage bzw. Kinderzuschuss

Werden auf das Übergangsgeld Verletztenrenten mit Kinderzulage und Renten wegen verminderter Erwerbsfähigkeit mit Kinderzuschuss angerechnet, bleibt ein Betrag in Höhe des Kindergeldes nach § 66 EStG bzw. § 6 BKGG außer Ansatz. Damit wird berücksichtigt, dass unmittelbar ausgezahltes Kindergeld nicht auf das Übergangsgeld anrechenbar ist. Diese Bestimmung entspricht der bisherigen Sonderregelung in § 235 SGB VI a. F. Sie hat nur noch die **Bedeutung einer Übergangsvorschrift**, weil Kinderzulagen gemäß § 583 Abs. 1 RVO lediglich dann zu leisten sind, wenn hierauf bereits am 1. Januar 1984 ein Anspruch bestand (vgl. KassKomm / *Niesel* § 235 SGB VI a. F. Rdnr. 2). Dasselbe gilt für den Kinderzuschuss i. S. v. § 270 SGB VI. Der bis 31. Dezember 1983 bei Ruhen wegen Berufs- bzw. Erwerbsunfähigkeit bestehende Anspruch auf Kinderzuschuss wurde durch Art. 1 Nr. 39 HBeglG vom 22. Dezember 1983 (BGBl. I S. 1532) auf die Fälle beschränkt, in denen bereits vor dem 1. Januar 1984 ein Anspruch auf Kinderzuschuss bestanden hatte. Die besitzstandswahrende Übergangsregelung des § 270 SGB VI ist somit nur noch in einer stets geringer werdenden Zahl von über das Jahr 1983 zurückreichenden Rentengewährungen von Bedeutung (KassKomm / *Gürtner* § 270 SGB VI Rdnr. 2). **40**

C) zu Abs. 3

1. Forderungsübergang bei sonstigen öffentlich-rechtlichen Geldleistungen

Die Vorschrift ergänzt die Regelung in Abs. 1 Nr. 3 über die grundsätzlich vorgeschriebene Anrechnung von Geldleistungen einer öffentlich-rechtlichen Stelle in Zusammenhang mit Reha-Leistungen. Besteht ein Anspruch auf derartige Leistungen, der aber nicht erfüllt wird, geht der Anspruch insoweit mit Zahlung des Übergangsgeldes auf den Rehabilitationsträger über. Die Erstattungsansprüche nach § 104 SGB X gegen den vorrangig verpflichteten Leistungsträger und die Ansprüche der Leistungsträger gegen den Arbeitgeber nach § 115 SGB X bleiben unberührt. **41**

Nachdem – wie dargelegt – die Anknüpfungsvorschrift des Abs. 1 Nr. 3 kaum praktische Bedeutung haben dürfte (vgl. oben Rdnr. 26), trifft dies auch für die in Absatz 3 enthaltene Bestimmung über den Anspruchsübergang zu.

§ 53
Reisekosten

(1) Als Reisekosten werden die im Zusammenhang mit der Ausführung einer Leistung zur medizinischen Rehabilitation oder zur Teilhabe am Arbeitsleben erforderlichen Fahr-, Verpflegungs- und Übernachtungskosten übernommen; hierzu gehören auch die Kosten für besondere Beförderungsmittel, deren Inanspruchnahme wegen Art oder Schwere der Behinderung erforderlich ist, für eine wegen der Behinderung erforderliche Begleitperson einschließlich des für die Zeit der Begleitung entstehenden Verdienstausfalls, für Kinder, deren Mitnahme an den Rehabilitationsort erforderlich ist, weil ihre anderweitige Betreuung nicht sichergestellt ist, sowie für den erforderlichen Gepäcktransport.

(2) ¹Während der Ausführung von Leistungen zur Teilhabe am Arbeitsleben werden Reisekosten auch für im Regelfall zwei Familienheimfahrten je Monat übernommen. ²Anstelle der Kosten für die Familienheimfahrten können für Fahrten von Angehörigen vom Wohnort zum Aufenthaltsort der Leistungsempfänger und zurück Reisekosten übernommen werden.

(3) Reisekosten nach Abs. 2 werden auch im Zusammenhang mit Leistungen zur medizinischen Rehabilitation übernommen, wenn die Leistungen länger als acht Wochen erbracht werden.

(4) ¹Fahrkosten werden in Höhe des Betrages zugrunde gelegt, der bei Benutzung eines regelmäßig verkehrenden öffentlichen Verkehrsmittels der niedrigsten Klasse des zweckmäßigsten öffentlichen Verkehrsmittels zu zahlen ist, bei Benutzung sonstiger Verkehrsmittel in Höhe der Wegstreckenentschädigung nach § 5 Absatz 1 des Bundesreisekostengesetzes. ²Bei nicht geringfügigen Fahrpreiserhöhungen hat auf Antrag eine Anpassung zu erfolgen, wenn die Maßnahme noch mindestens zwei weitere Monate andauert. Kosten für Pendelfahrten können nur bis zur Höhe des Betrages übernommen werden, der bei unter Berücksichtigung von Art und Schwere der Behinderung zumutbarer auswärtiger Unterbringung für Unterbringung und Verpflegung zu leisten wäre.

ERLÄUTERUNGEN

ÜBERSICHT

I. Bedeutung der Vorschrift (Rdnrn. 1–2)
II. Fassung (Rdnrn. 3–3a)
    A) durch das SGB IX vom 19. Juni 2001 (BGBl. I S. 1046) mit Wirkung vom 1. Juli 2001 (Rdnr. 3)
    B) durch das Gesetz zur Förderung der Ausbildung und Beschäftigung schwerbehinderter Menschen vom 23. April 2004 (BGBl. I S. 606) mit Wirkung vom 1. Mai 2004 (Rdnr. 3a)
III. Begründung (Rdnrn. 4–4a)
    A) durch das SGB IX vom 19. Juni 2001 (BGBl. I S. 1046) mit Wirkung vom 1. Juli 2001 (Rdnr. 4)
    B) durch das Gesetz zur Förderung der Ausbildung und Beschäftigung schwerbehinderter Menschen vom 23. April 2004 (BGBl. I S. 606) mit Wirkung vom 1. Mai 2004 (Rdnr. 4a)
IV. Anmerkungen (Rdnrn. 5–11)
    A) zu Abs. 1
        1. Fahrkosten (Rdnrn. 5–7b)
        2. Verpflegungsgeld (Rdnr. 7c)

3. Übernachtungskosten (Rdnr. 7d)
4. Begleitperson oder Kinder (Rdnrn. 8–8a)
5. Kosten des Gepäckstransports (Rdnr. 8b)
B) zu Abs. 2
1. Reisekosten bei Leistungen zur Teilhabe am Arbeitsleben (Rdnr. 9)
C) zu Abs. 3
1. Reisekosten bei Leistungen zur medizinischen Rehabilitation (Rdnr. 10)
D) zu Abs. 4
1. Höhe der Fahrkosten (Rdnr. 11)

I. Bedeutung der Vorschrift

Sie regelt die Übernahme von Reisekosten, die im Zusammenhang mit Leistungen zur medizinischen Rehabilitation oder zur Teilhabe am Arbeitsleben entstehen. Die bisherigen Sonderregelungen in § 110 SGB III und § 30 SGB VI wurden aufgehoben. Hingegen gilt für die Träger der gesetzlichen Unfallversicherung die Regelung über Reisekosten in § 43 SGB VII fort, die allerdings teilweise auf § 53 SGB IX verweist. Ebenfalls bestehen bleibt die Vorschrift über Reisekosten in § 24 Abs. 1 BVG. 1

Abgesehen von der Harmonisierung der bisher gesondert für die Rehabilitationsleistungen der Bundesagentur für Arbeit und der gesetzlichen Rentenversicherung geltenden Bestimmungen liegt die Neuerung der Vorschrift darin, dass nunmehr auch die gesetzliche Krankenversicherung im Zusammenhang mit der Ausführung einer Leistung zur medizinischen Rehabilitation entsprechende Leistungen zu erbringen hat. Der geschätzte Mehrbedarf für diese wird von der Bundesregierung mit zehn Mio. DM jährlich veranschlagt (BT-Drucks. 14/5074 S. 134). 2

II. Fassung

A) durch das SGB IX vom 19. Juni 2001 (BGBl. I S. 1046) mit Wirkung vom 1. Juli 2001

Die Vorschrift wurde unverändert aus dem Regierungsentwurf (BT-Drucks. 14/5531 i. V. m. 14/5074) übernommen. 3

B) durch das Dritte Gesetz für moderne Dienstleistungen am Arbeitsmarkt vom 23. Dezember 2003 (BGBl. I S. 2848) mit Wirkung vom 1. Januar 2004

An die Vorschrift wurde der neue Abs. 4 mit folgendem Wortlaut angefügt, der aus dem Gesetzesentwurf der Fraktionen von SPD und Bündnis 90/DIE GRÜNEN (BT-Drucks. 15/1515) unverändert übernommen wurde: 3a

„Als Fahrkosten ist für jeden Tag, an dem der behinderte oder von Behinderung bedrohte Mensch den Ort der Ausführung der Leistung aufsucht, eine Entfernungspauschale für jeden vollen Kilometer der Entfernung zwischen Wohnung und Ausführungsort von 0,36 Euro für die ersten zehn Kilometer und 0,40 Euro für jeden weiteren Kilometer anzusetzen. Bei einer erforderlichen auswärtigen Unterbringung ist für die An- und Abreise sowie für Familienheimfahrten nach Absatz 2 eine Entfernungspauschale von 0,40 Euro für jeden vollen Kilometer der Entfernung zwischen dem Ort des eigenen Hausstands und dem Ort der Ausführung der Leistung anzusetzen. Für die Bestimmung der Entfernung ist die kürzeste Straßenverbindung maßgebend. Kosten für Pendelfahrten können nur bis zur Höhe des Betrages übernommen werden, der bei unter Berücksichtigung von Art oder Schwere der Behinderung zumutbarer auswärtiger Unterbringung für Unterbringung und Verpflegung zu leisten wäre."

III. Begründung

A) durch das SGB IX vom 19. Juni 2001 (BGBl. I S. 1046) mit Wirkung vom 1. Juli 2001

4 In dem Regierungsentwurf (BT-Drucks. 14/5074, S. 110) wird zu der Vorschrift ausgeführt:

„Die Vorschrift dient der Harmonisierung der von den Rehabilitationsträgern zu erbringenden Reisekosten und umfasst die Kosten, die in Zusammenhang mit einer Leistung zur medizinischen Rehabilitation oder einer Leistung zur Teilhabe am Arbeitsleben erbracht werden. Dabei sind als Fahrkosten auch die Wegstrecken- und Mitnahmeentschädigung anzusehen. Zu den Reisekosten zählt ausdrücklich auch der einer notwendigen Begleitperson infolge der Begleitung entstehende Verdienstausfall. Abs. 1 trägt insbesondere der Lebenssituation allein erziehender Mütter und Väter Rechnung, indem klargestellt wird, dass auch Reisekosten für Kinder zu übernehmen sind, wenn ihre Mitnahme an den Rehabilitationsort erforderlich ist."

B) durch das Drittes Gesetz für moderne Dienstleistungen am Arbeitsmarkt vom 23. Dezember 2003 (BGBl. I S. 2848) mit Wirkung vom 1. Januar 2004

4a Im Fraktionsentwurf von SPD und Bündnis 90/DIE GRÜNEN (BT-Drucks. 15/1515 S. 120) ist hierzu ausgeführt:

„Die Regelung, die sich an das Steuerrecht anlehnt, führt zu einer trägerübergreifenden Vereinheitlichung bei der Übernahme von Fahrkosten im Zusammenhang mit der Ausführung von Leistungen zur medizinischen Rehabilitation oder zur Teilhabe am Arbeitsleben und trägt damit unter anderem einem besonderen Anliegen des Petitionsausschusses des Deutschen Bundestages Rechnung. Die Übernahme von Kosten nach Absatz 1, die im Zusammenhang mit der wegen der Art oder der Schwere der Behinderung bestehenden Notwendigkeit zur Benutzung besonderer Beförderungsmittel entstehen, bleibt unberührt."

IV. Anmerkungen

A) zu Abs. 1

1. Fahrkosten

5 Durch die zum 1. 1. 2004 in Kraft getretene Ergänzung der Vorschrift um den neuen Abs. 4 hat der Gesetzgeber eine verkehrsmittelunabhängige **Entfernungspauschale** für die Fahrkosten eingeführt, die dem behinderten Menschen im Zusammenhang mit Leistungen zur medizinischen Rehabilitation oder zur Teilhabe am Arbeitsleben entstehen. Dabei ist **unabhängig von der Frage, welches Verkehrsmittel der Betroffene benutzt**, die kürzeste Straßenverbindung zwischen Wohnung und Ausführungsort als Grundlage einer kilometerabhängigen Entschädigung heranzuziehen.

6 Bei **ambulant** ausgeführten Leistungen ist für jeden Tag, an dem der behinderte Mensch den Leistungsort aufsucht, für jeden vollen Kilometer bei den **ersten zehn Kilometern 0,36 Euro** und **für jeden weiteren Kilometern 0,40 Euro** anzusetzen. In Anlehnung an das Steuerrecht wird damit nur die einfache Entfernung berücksichtigt. Bei **auswärtiger Unterbringung** ist für die An- und Abreise eine Entfernungspauschale von 0,40 Euro für jeden vollen Kilometer der Entfernung zwischen dem Ort des eigenen Hausstands und dem Ort der Ausführung der Leistung anzusetzen (Abs. 4 Satz 2).

7 Kosten für „**Pendelfahrten**" können nur **bis zur Höhe** des Betrages übergenommen werden, der bei – unter Berücksichtigung von Art und Schwere der Behinderung – **zumutbarer auswärtiger Unterbringung** für Unterbringung und Verpflegung zu leisten wäre (Abs. 4 Satz 3). Damit hat der Gesetzgeber einem neueren Urteil des BSG (BSGE 91, 54 = Behindertenrecht 2003, 161) den Boden entzogen, in welchem entschieden worden war: „Hat die Bundesanstalt für Arbeit einem behinderten Menschen als besondere Leistung die Teilnahme an einer Maßnahme der beruflichen Rehabilitation mit täglicher Heimfahrt ohne auswärtige Unterbringung bewilligt, so können die Reisekosten nicht in der Höhe auf den Betrag beschränkt werden, der bei auswärtiger Unterbringung zu leisten wäre."

Mit der Neuregelung wird der früher – in Anlehnung an die Vorschrift des § 60 Abs. 3 Nr. 4 SGB V – häufig praktizierte Rückgriff auf die Regelungen des Bundesreisekostengesetzes entbehrlich. **7a**

In der Entwurfsbegründung wurde allerdings ausdrücklich klargestellt, dass weiterhin **erstattungsfähig** sind **besondere Kosten**, die für die Benutzung von speziellen Verkehrsmitteln entstehen, welche für den Transport des Betroffenen aufgrund der **Art oder Schwere seiner Behinderung** erforderlich sind. **7b**

2. Verpflegungsgeld

Verpflegungsgeld wird entsprechend § 6 BRKG gewährt. Diese Vorschrift verweist für die Höhe des Tagegeldes auf § 4 Abs. 5 Satz 1 Nr. 5 Satz 2 EStG. **7c**

3. Übernachtungskosten

Für die Übernachtungskosten gelten die **Maßstäbe des § 7 BRKG**. Danach beträgt das Übernachtungsgeld für eine notwendige Übernachtung ohne belegmäßigen Nachweis 20 Euro (§ 7 Abs. 1 BRKG). **7d**

4. Begleitperson oder Kinder

Ist wegen der Behinderung eine Begleitperson erforderlich, werden ebenfalls deren Fahrt-, Verpflegungs- und ggf. Übernachtungskosten übernommen. Hinzu kommt der für die Zeit der Begleitung entstehende Verdienstausfall. Im Gegensatz zur Regelung in § 43 Abs. 4 SGB VII wird nicht vorausgesetzt, dass der Ersatz „in einem angemessenen Verhältnis zu den sonst für eine Pflegekraft entstehenden Kosten steht". Allerdings muss der Begleitperson **tatsächlich ein Verdienstausfall** entstanden sein. Nimmt sie aus Anlass der Reise bezahlten Urlaub, besteht kein Anspruch auf Leistung nach § 53 Abs. 1 SGB IX. Die Erforderlichkeit einer Begleitperson ist nachzuweisen, z. B. durch den Ausweis für schwerbehinderte Menschen mit dem Merkzeichen B bzw. BL oder entsprechende ärztliche Bescheinigungen (vgl. KassKomm / *Niesel* Rdnr. 7 zu § 30 SGB VI). **8**

Müssen **Kinder** an den Rehabilitationsort mitgenommen werden, weil ihre anderweitige Betreuung nicht sichergestellt ist, sind auch die hierdurch entstehenden Kosten als Reisekosten zu übernehmen. Die Übernahme von Fahrtkosten ist insoweit – ebenso wie bei Begleitpersonen – nur möglich, wenn **gesonderte Kosten** entstanden sind. Das ist nicht der Fall, wenn Begleitpersonen bzw. Kinder mit den behinderten Menschen in einem Kraftfahrzeug mitfahren und für diese Fahrt eine Entfernungspauschale angesetzt wird. Werden hingegen andere Verkehrsmittel benutzt, kann für Begleitpersonen oder Kinder nicht jeweils die Entfernungspauschale nach Abs. 4 angesetzt werden. Diese bezieht sich nach ihrem Wortlaut nur auf den behinderten Menschen selbst. Im Übrigen ist zugrunde zu legen, dass insbesondere **bei Benutzung der Bahn Spartarife** bei gemeinsamer Reise mehrerer Personen bzw. Familienermäßigungen in Anspruch genommen werden können. Im Ergebnis kann deshalb für alle Mitreisenden – einschließlich des behinderten Menschen selbst – nur der **Fahrpreis unter Ausschöpfung von Fahrpreisermäßigungen** übernommen werden. Auch wenn die Vorschrift keine dem § 60 Abs. 3 Nr. 1 SGB V entsprechende Bestimmung enthält, ist es ein Gebot der Wirtschaftlichkeit der Leistungserbringung, den behinderten Menschen, der Reisekosten in öffentlichen Verkehrsmitteln für Begleitpersonen bzw. Kinder übernommen wissen will, auf derartige Einsparungsmöglichkeiten zu verweisen, soweit diese im Einzelfall zumutbar sind. **8a**

5. Kosten des Gepäckstransports

8b Auch der Gepäcktransport gehört zu den zu übernehmenden Kosten. Hierbei kommt es nicht darauf an, ob dieser wegen der Behinderung erforderlich ist. Zu den Kosten des Gepäcktransports gehören auch die erforderlichen Reisegepäckversicherungen (*Kater / Leube* SGB VII § 43 Rdnr. 8).

B) zu Abs. 2

1. Reisekosten bei Leistungen zur Teilhabe am Arbeitsleben

9 Während der Ausführung von Leistungen zur Teilhabe am Arbeitsleben – also nicht zur medizinischen Rehabilitation! – werden Reisekosten auch für im Regelfall zwei **Familienheimfahrten** je Monat übernommen. In begründeten Ausnahmefällen (z. B. wegen Tod oder lebensbedrohlicher Erkrankung des Ehegatten, eines Kindes, der Eltern, der Schwiegereltern, der Geschwister oder der Haushaltsführerin des Leistungsempfängers) können auch die Kosten zusätzlicher Heimfahrten übernommen werden. Anstelle der Reisekosten für die Familienheimfahrten ist es auch möglich, die Kosten der Reise eines Angehörigen zum Aufenthaltsort des Leistungsempfängers und zurück zu übernehmen. Dem Betroffenen steht insoweit ein **Wahlrecht** zu. Da die Reise des behinderten Menschen zur Familie führen muss, können Alleinstehende, die ihre Wohnung aufsuchen wollen, keine Leistungen für Familienheimfahrten in Anspruch nehmen. Davon abgesehen ist der Begriff der **Familie** jedoch **weit zu fassen**; in Betracht kommt auch ein Besuch bei einer Verlobten (vgl. BSGE 25, 93 [96]) oder beim Partner einer nichtehelichen Lebensgemeinschaft (*Schmitt* SGB VII § 43 Rdnr. 7 m. w. N.).

Der Umfang der gegebenenfalls zu erstattenden Reisekosten bestimmt sich nach Abs. 4. Für Familienheimfahrten ist eine **Entfernungspauschale** von **0,40 Euro** für jeden vollen Kilometer der Entfernung zwischen dem Ort des eigenen Hausstandes und dem Ort der Ausführung der Leistung anzusetzen; hierbei ist die kürzeste Straßenverbindung maßgebend (Abs. 4 Satz 2).

C) zu Abs. 3

1. Reisekosten bei Leistungen zur medizinischen Rehabilitation

10 Bei Leistungen zur medizinischen Rehabilitation werden Reisekosten für Familienheimfahrten bzw. Fahrten von Angehörigen zum Aufenthaltsort der Leistungsempfänger nur übernommen, wenn die Leistungen **länger als acht Wochen** erbracht werden. Auch in Ausnahmefällen besteht somit bei kürzeren medizinischen Reha-Leistungen kein Anspruch auf Übernahme von Kosten für entsprechende Fahrten.

D) zu Abs. 4

1. Höhe der Fahrkosten

11 Hierzu wird auf die Erläuterungen zur Fassung und Begründung der Vorschrift sowie zu Abs. 1 und 2 Bezug genommen.

§ 54
Haushalts- oder Betriebshilfe und Kinderbetreuungskosten

(1) ¹Haushaltshilfe wird geleistet, wenn

1. den Leistungsempfängern wegen der Ausführung einer Leistung zur medizinischen Rehabilitation oder einer Leistung zur Teilhabe am Arbeitsleben die Weiterführung des Haushalts nicht möglich ist,
2. eine andere im Haushalt lebende Person den Haushalt nicht weiterführen kann und

3. im Haushalt ein Kind lebt, das bei Beginn der Haushaltshilfe das zwölfte Lebensjahr noch nicht vollendet hat oder das behindert und auf Hilfe angewiesen ist.
²§ 38 Abs. 4 des Fünften Buches ist sinngemäß anzuwenden.

(2) Anstelle der Haushaltshilfe werden auf Antrag die Kosten für die Mitnahme oder anderweitige Unterbringung des Kindes bis zur Höhe der Kosten der sonst zu erbringenden Haushaltshilfe übernommen, wenn die Unterbringung und Betreuung des Kindes in dieser Weise sichergestellt ist.

(3) ¹Kosten für die Betreuung der Kinder des Leistungsempfängers können bis zu einem Betrag von 130 Euro je Kind und Monat übernommen werden, wenn sie durch die Ausführung einer Leistung zur medizinischen Rehabilitation oder zur Teilhabe am Arbeitsleben unvermeidbar entstehen. ²Leistungen zur Kinderbetreuung werden nicht neben Leistungen nach den Absätzen 1 und 2 erbracht. ³Der in den Satz 1 genannte Betrag erhöht sich entsprechend der Veränderung der Bezugsgröße nach § 18 Abs. 1 des Vierten Buches; § 77 Abs. 3 Satz 2 bis 5 gilt entsprechend.

(4) Abweichend von den Absätzen 1 bis 3 erbringen die landwirtschaftlichen Alterskassen und die landwirtschaftlichen Krankenkassen Betriebs- und Haushaltshilfe nach den §§ 10 und 36 des Gesetzes über die Alterssicherung der Landwirte und nach den §§ 9 und 10 des Zweiten Gesetzes über die Krankenversicherung der Landwirte, die landwirtschaftlichen Berufsgenossenschaften für die bei ihnen versicherten landwirtschaftlichen Unternehmer und die im Unternehmen mitarbeitenden Ehegatten nach den §§ 54 und 55 des Siebten Buches.

ERLÄUTERUNGEN

ÜBERSICHT

I. Bedeutung der Vorschrift (Rdnrn. 1–4)
II. Fassung (Rdnrn. 5–6a)
  A) durch das SGB IX vom 19. Juni 2001 (BGBl. I S. 1046) (Rdnr. 5)
  B) durch Art. 5 Nr. 2 des Job-AQTIV-Gesetzes vom 10. Dezember 2001 (BGBl. I S. 3443) (Rdnr. 6)
  C) durch Art. 11 des Gesetzes vom 13. Dezember 2007 (BGBl. I S. 2904) (Rdnr. 6a)
III. Begründung (Rdnr. 7)
IV. Anmerkungen (Rdnrn. 8–33)
  A) zu Abs. 1
    1. Haushaltshilfe (Rdnrn. 8–16)
    2. Kostenerstattung (Rdnrn. 17–25)
  B) zu Abs. 2
    1. Kosten der Mitnahme eines Kindes (Rdnrn. 26-28)
  C) zu Abs. 3
    1. Kosten für Kinderbetreuung (Rdnrn. 29–32)
  D) zu Abs. 4
    1. Sonderregelung für Landwirte (Rdnr. 33)
Anhang zu § 54 SGB IX

I. Bedeutung der Vorschrift

Die Vorschrift bestimmt in **Abs. 1**, unter welchen Voraussetzungen von einem Rehabilitationsträger Haushaltshilfe geleistet wird, wenn wegen einer Leistung zur Teilhabe die Weiterführung des Haushalts oder die Betreuung von Kindern nicht möglich ist. Die Gewährung von Haushaltshilfe soll verhindern, dass der Betroffene wegen der familiären oder sozialen Situation auf die erforderliche Leistung zur Teilhabe verzichtet. In **Abs. 2** wird festgelegt,

1

dass anstelle einer Haushaltshilfe die Kosten für die Mitnahme oder anderweitige Betreuung eines Kindes übernommen werden können.

2   Nach **Abs. 3** sind Kinderbetreuungskosten in Höhe von 130 Euro je Kind und Monat zu übernehmen, die aber nicht neben Leistungen für Haushaltshilfe oder die Mitnahme oder anderweitige Unterbringung eines Kindes erbracht werden.

3   In **Abs. 4** wird eine Sonderregelung für die Betriebs- und Haushaltshilfe bei Reha-Leistungen durch landwirtschaftliche Alters- bzw. Krankenkassen sowie Berufsgenossenschaften getroffen.

4   Die Vorschrift tritt an die Stelle der aufgehobenen Regelungen in § 112 SGB III für die berufliche Eingliederung durch die Bundesagentur für Arbeit sowie in § 29 SGB VI für ergänzende Leistungen zur Rehabilitation durch die Träger der gesetzlichen Rentenversicherung. Hingegen bleiben die Regelungen in § 42 SGB VII über Haushaltshilfe und Kinderbetreuung im Rahmen der gesetzlichen Unfallversicherung ebenso erhalten wie § 54 SGB VII, der die Betriebs- und Haushaltshilfe für die Versicherten der landwirtschaftlichen Berufsgenossenschaften regelt. Weitere Sonderregelungen für Landwirte sind in Abs. 4 genannt.

II. Fassung

A) durch das SGB IX vom 19. Juni 2001 (BGBl. I S. 1046)

5   Die Vorschrift wurde weitgehend aus dem Regierungsentwurf (BT-Drucks. 14/5531 i. V. m. 14/5074) übernommen.

Zwei Änderungen gehen auf die Beschlussempfehlung des BT-Ausschusses für Arbeit und Sozialordnung zurück:
  a) Der angefügte **Satz 4** in **Abs. 2** ermöglicht eine Dynamisierung der Pauschalbeträge für Kinderbetreuung entsprechend der Entwicklung der Bezugsgröße.
  b) In **Abs. 4** wurde klargestellt, dass Arbeitnehmer in der Landwirtschaft wie nach dem bisherigen Recht Anspruch auf Haushaltshilfe nach den allgemeinen Vorschriften der Abs. 1 und 3 haben; die Verweisung in Abs. 4 ist daher auf die bei den landwirtschaftlichen Berufsgenossenschaften versicherten Unternehmer und mitarbeitenden Ehegatten beschränkt worden.

B) durch Art. 5 Nr. 2 des Job-AQTIV-Gesetzes vom 10. Dezember 2001 (BGBl. I S. 3443)

6   Durch diese Vorschrift wurde mit Wirkung vom 1. 1. 2002 in Abs. 3 Satz 1 der Betrag von „120,00 DM" in „130,00 Euro" geändert. Ferner wurde der frühere Satz 2 aufgehoben und der frühere Satz 3 nunmehr zu Satz 2.

C) durch Art. 11 des Gesetzes vom 13. Dezember 2007 (BGBl. I S. 2904)

6a Durch diese Vorschrift wurde in Abs. 4 die Angabe „nach § 54" durch die Angabe „nach den §§ 54 und 55" ersetzt.

III. Begründung

7   In dem Regierungsentwurf (BT-Drucks. 14/5074 S. 110) wird zu der Vorschrift ausgeführt:

„Die Vorschrift dient der Harmonisierung der von den Rehabilitationsträgern zu erbringenden ergänzenden Leistungen in den Fällen, in denen den Betroffenen aufgrund der Ausführung einer Leistung der medizinischen Rehabilitation oder einer Leistung zur Teilhabe am Arbeitsleben die Weiterführung des Unternehmens oder des Haushalts oder die Betreuung der Kinder nicht möglich ist. Um insbesondere allein erziehenden Müttern und Vätern Leistungen zur Teilhabe zu ermöglichen, bestimmt Abs. 3, dass die Kosten für die Betreuung der Kinder des Betroffenen bis zu der dort genannten Höhe übernommen werden können, wenn die Teilnahme an der Leistung ohne die Betreuung der Kinder nicht möglich ist; *hierbei sind besondere Härten zu berücksichtigen.*"[1])

IV. Anmerkungen

A) zu Abs. 1

1. Haushaltshilfe

Die Regelung des § 54 gilt gem. § 44 Abs. 1 SGB IX für die in § 6 Abs. 1 Nr. 1 bis 5 SGB IX aufgeführten Rehabilitationsträger, die Leistungen zur **medizinischen Rehabilitation** und Leistungen zur **Teilhabe am Arbeitsleben** erbringen. Es handelt sich also um die gesetzlichen Krankenkassen, die Bundesagentur für Arbeit, die Träger der gesetzlichen Unfallversicherung, die Rentenversicherungsträger und die Träger der Kriegsopferversorgung / Kriegsopferfürsorge. Zur Abgrenzung der **Haushaltshilfe als nachrangige Jugendhilfeleistung** gem. § 20 SGB VIII und zum Erstattungsanspruch des Jugendamts gegenüber der Krankenkasse vgl. DIJuF-Rechtsgutachten vom 26. April 2006 in JAmt 2006, 291; zur Leistungsgewährung der Jugendhilfe als **flexible Hilfe in Krisensituationen** nach § 27 Abs. 2 SGB VIII vgl. DIJuF-Rechtsgutachten vom 15. September 2005 in JAmt 2005, 559. Zum Überblick über die verschiedenen Arten von Sozialleistungen im Fall einer familialen Notsituation durch Ausfall eines Elternteils s. ferner NDV 2003, 127). 8

Der **Begriff der „Haushaltshilfe"** ist gesetzlich nicht definiert. Nach ihrem Zweck umfasst sie alle neben der Betreuung und Beaufsichtigung der Kleinkinder bzw. der behinderten Kinder anfallenden Dienstleistungen, die zur Weiterführung des Haushalts notwendig sind, wie Einkaufen, Zubereitung der Mahlzeiten, Reinigung der Wohnung sowie Pflege von Kleidung (vgl. das Gemeinsame Rundschreiben der Spitzenverbände der Rehabilitationsträger zur Haushaltshilfe vom 31. 10. 1980 – im Folgenden: GemRdSchR – Nr. 4.1; abgedruckt im Anhang zu diesem Kommentar). Haushaltshilfe wird Leistungsempfängern während der Ausführung einer Leistung zur medizinischen Rehabilitation oder einer Leistung zur Teilhabe am Arbeitsleben unter folgenden Bedingungen gewährt: Die **Weiterführung des Haushalts** darf **nicht möglich** sein **(Satz 1 Nr. 1)**. Haushalt im Sinne dieser Bestimmung ist der **Haushalt des behinderten Menschen**. Auch der Begriff des Haushalts ist nicht gesetzlich definiert. Nach allgemeinem Verständnis umfasst er den Ort der privaten Wirtschafts- und Lebensführung einer oder mehrerer Personen, durch welche die Grundbedürfnisse wie z. B. Wohnen, Schlafen, Ernährung befriedigt werden (GK-SGB III / *Götze* § 112 a. F. Rdnr. 2). In welcher Form die Haushaltsangehörigen zusammenleben – ob als Ehepartner, eingetragene Lebenspartner oder in einer nichtehelichen Lebensgemeinschaft, in einer Wohngemeinschaft oder sonstigen Form –, ist unerheblich (HK-SGB IX / *Stähler* Rdnr. 5 m. w. Nachw.). Beim Zusammenleben mit anderen Personen muss es sich allerdings um eine **häusliche Gemeinschaft von einer gewissen Dauer und Beständigkeit** handeln (BSG SozR 2200 § 185b Nr. 11 = FEVS 37, 478). Für die Beurteilung sind nicht Eintragungen in den Karteien der Einwohnermeldeämter maßgebend, sondern ausschließlich die tatsächlichen Verhältnisse (BSG a. a. O.). Ein nur vorübergehender Aufenthalt im Haushalt, z. B. des getrennt lebenden Ehegatten für die Dauer von vier Wochen während einer Krankheit, reicht nicht aus, um eine Haushaltsgemeinschaft begründen zu können (BSG SozR 3-2200 § 185b Nr. 1 = NZA 1990, 672 = FEVS 41, 210 = Breithaupt 1990, 882). 9

Die Gewährung von Haushaltshilfe kommt in Betracht, wenn der Leistungsberechtigte den Haushalt **wegen der Teilnahme an** 10

– stationären oder ambulanten Leistungen zur medizinischen Rehabilitation,
– stationären oder ambulanten Leistungen zur Teilhabe am Arbeitsleben oder einer Maßnahme zur Abklärung der beruflichen Eignung bzw. einer Arbeitsprobung,

---

[1]) Der kursiv gesetzte Halbsatz der Gesetzesbegründung ist durch die Neufassung der Vorschrift zum 1.1.2002 überholt (vgl. oben Rdnr. 5).

– sonstigen stationären Leistungen zur Teilhabe der Rentenversicherung nach § 31 Abs. 1 Nr. 2 bis 4 SGB VI

nicht weiterführen kann. Haushaltshilfe ist nur dann zu gewähren, wenn tatsächlich die Rehabilitationsmaßnahme **ursächlich** dafür ist, dass der Leistungsberechtigte seinen zuvor geführten Haushalt nicht mehr weiterführen kann. Warum er vorher den Haushalt geführt hat und nicht eine andere im Haushalt lebende Person, ist grundsätzlich ohne Bedeutung (BSG SozR 3-2200 § 569a Nr. 1 = NZS 1998, 134). Die bloße Mithilfe im Haushalt stellt hingegen noch keine Haushaltsführung dar; das gilt vor allem dann, wenn die Mithilfe auf wenige Besorgungen beschränkt ist (BSG SozR 2200 § 185b Nr. 11).

11   Allerdings kann ausnahmsweise im Hinblick auf den Sinn und Zweck der Vorschrift von dem Erfordernis einer vorherigen Führung des Haushalts durch den behinderten Menschen abgesehen werden: Eine Weiterführung des Haushalts ist wegen einer Leistung zur Teilhabe auch dann im Sinne von Satz 1 Nr. 1 nicht möglich, wenn er wegen des Ausfalls der übrigen Haushaltsmitglieder den Haushalt eigentlich übernehmen müsste, daran aber durch die Leistung zur Teilhabe gehindert ist (vgl. BSGE 87, 149 = SozR 3-2500 § 38 Nr. 3 = FEVS 52, 400).

12   Wurden allerdings die wesentlichen Hausarbeiten schon bisher von Dritten wie Hausangestellten oder anderen im Haushalt lebenden Personen verrichtet, ist Haushaltshilfe ausgeschlossen. Dasselbe trifft zu, wenn der Leistungsempfänger bisher in einem fremden – etwa dem elterlichen – Haushalt gelebt oder seinen Haushalt während der Reha-Leistung aufgelöst hat.

13   Weiterhin darf eine **andere** – bereits vor Beginn der Reha-Leistung im Haushalt lebende – **Person nicht in der Lage sein**, den Haushalt weiterzuführen (**Satz 1 Nr. 2**). Dies können neben dem Ehegatten auch andere Angehörige, unverheiratete Partner oder Freunde sein, wobei es nicht darauf ankommt, ob eine rechtliche Verpflichtung zur Haushaltsführung besteht. Bei verletzungsbedingter Verhinderung des Versicherten ist dem im Haushalt lebenden Ehegatten auch während der Zeit seines **Erholungsurlaubs** die Weiterführung des Haushalts grundsätzlich möglich, wenn nicht **besondere Umstände** vorliegen. ⊞ LSG Rheinland-Pfalz Urteil vom 17. Februar 2004 6ndash; L 3 U 305/03 = NZS 2005, 106 = HVBG-INFO 2005, 671). Ein geplanter Verwandtenbesuch ohne Notwendigkeit einer Vorbuchung oder dringendem familiärem Anlass ist nicht als besondere Fallkonstellation anzusehen (⊞ LSG Rheinland-Pfalz Urteil vom 17. Februar 2004 a. a. O.).

Kann eine im Haushalt lebende Person die mit der Haushaltsführung verbundenen **hauswirtschaftlichen Tätigkeiten** (z. B. selbstständiger Einkauf von Lebensmitteln, Zubereitung der Mahlzeiten, Pflege der Kleidung und der Wohnräume, Betreuung und Beaufsichtigung von Kindern) **ordnungsgemäß wahrnehmen**, so ist sie grundsätzlich zur Weiterführung des Haushalts in der Lage. Der Anspruch auf Haushaltshilfe ist deshalb auch dann ausgeschlossen, wenn ein **noch nicht volljähriges Kind** des Leistungsberechtigten allein oder unter Mithilfe von Geschwistern den Haushalt weiterführen kann (BSG SozR 2200 § 185b Nr. 11 = USK 8746 = FEVS 37, 478 = ErsK 1989, 110). Als **Hinderungsgründe** können aber z. B. Berufstätigkeit, schulische Verpflichtungen, körperliche oder andere gesundheitliche Einschränkungen in Betracht kommen. Der Versicherte braucht sich nicht auf die Aushilfe durch ein Haushaltsmitglied verweisen zu lassen, das eine **Berufstätigkeit oder Schulbildung aufgeben oder einschränken** müsste, um die Weiterführung des Haushalts sicherstellen zu können. Es besteht auch keine Verpflichtung des Hausgenossen, sich **zu diesem Zweck beurlauben** zu lassen (⊞ LSG Rheinland-Pfalz Urteil vom 17. Februar 2004 – L 3 U 305/03 = NZS 2005, 106 = HVBG-INFO 2005, 671 unter Hinweis auf ⊞ BSG Urteil vom 7. November 2000 – B 1 KR 15/99 R = BSGE 87, 149 = SozR 3-2500 § 38 Nr. 3).

14   Schließlich muss **im Haushalt ein Kind** leben, das bei Beginn der Haushaltshilfe das zwölfte Lebensjahr noch nicht vollendet hat oder das behindert und auf Hilfe angewiesen ist (**Satz 1 Nr. 3**). Hierfür kommt jedes auf Dauer im Haushalt lebende Kind in Betracht, unabhängig davon, ob es ein Angehöriger des Leistungsempfängers ist. Auch Pflegekinder und Enkel

kommen in Betracht. Es muss nur eine Haushaltsgemeinschaft mit dem Kind bestehen; diese wird nicht schon bei einem nur besuchsweisen Aufenthalt begründet. Wie bei der anderen im Haushalt lebenden Person setzt eine Haushaltsgemeinschaft eine gewisse Dauer und Beständigkeit voraus. Darüber hinaus ist sie im Verhältnis zu dem Kind zumindest durch ein familienähnliches Band geprägt (BSGE 63, 79 = SozR 2200 § 1267 Nr. 35 = MDR 1988, 805 = FEVS 38, 302 = ZfSH/SGB 1988, 540 = Breithaupt 1989, 396).

Maßgebend ist die **Vollendung des zwölften Lebensjahres zu Beginn** der Haushaltshilfe. Wird dieses Alter während der Haushaltshilfe vollendet, führt das nicht zum Wegfall der Leistung. Die Altersbegrenzung gilt nicht für behinderte und auf Hilfe angewiesene Kinder. Diese Voraussetzung erfüllt ein Kind, bei dem eine medizinisch bedeutsame Abweichung vom körperlichen, geistigen oder seelischen Normalzustand besteht und das im täglichen Leben in erheblichem Umfang Pflege oder Beaufsichtigung benötigt (vgl. die Definition in § 2 SGB IX). Nachweise für die Behinderung können der Schwerbehindertenausweis mit dem Merkzeichen „H" (Hilflos) oder „Bl" (Blind) sein. Anderenfalls kann der Nachweis der Hilfsbedürftigkeit auch mit einem Schwerbehindertenausweis ohne Merkzeichen und Bescheiden über die Erbringung von Leistungen bei Pflegebedürftigkeit geführt werden (B / F / K / L / *Schneider-Bodien* Rdnr. 9). 15

Jedenfalls setzt eine „Behinderung" im Sinne der Vorschrift einen auf eine gewisse Dauer von der Regel abweichenden körperlichen, geistigen oder seelischen Zustand voraus. Deshalb stellen Unkonzentriertheit, Nervosität, Labilität oder ein gewisser Rückstand der geistigen Entwicklung für sich allein keine Behinderung dar (BSG SozR 2200 § 1237b Nr. 3 = ErsK 1979, 309 = USK 7908 = Meso B 10/357). 16

2. Kostenerstattung

Haushaltshilfe ist grundsätzlich als Sachleistung zu gewähren (Neumann u. a. / *Majerski-Pahlen* Rdnr. 13). So können etwa die Krankenkassen als Rehabilitationsträger zur Gewährung von Haushaltshilfe geeignete Personen anstellen. In der Regel stehen aber den Rehabilitationsträgern keine eigenen Kräfte zur Verfügung, die die Haushaltsführung übernehmen können. 17

Allerdings können die Rehabilitationsträger auch Verträge gem. § 21 SGB IX mit Leistungserbringern zur Sicherstellung der Versorgung schließen (vgl. auch § 132 Abs. 1 Satz 2 und Abs. 2 SGB V). In Betracht kommen insbesondere Einrichtungen der Wohlfahrtsorganisationen. 18

Von großer praktischer Bedeutung ist aber der **Kostenerstattungsanspruch** des behinderten Menschen **im Falle selbst beschaffter Haushaltshilfe** nach dem entsprechend anwendbaren § 38 Abs. 4 Satz 1 SGB V. Dieser Anspruch besteht nicht nur dann, wenn die Rehabilitationsträger eine Haushaltshilfe nicht stellen, sondern auch, wenn ein Grund besteht, davon abzusehen. Diese alternative Voraussetzung für den Kostenerstattungsanspruch auf Haushaltshilfe ist weit auszulegen: Sie ist immer zu bejahen, wenn der Einsatz einer selbst beschafften Haushaltshilfe sinnvoll ist (Neumann u. a. / *Majerski-Pahlen* Rdnr. 15). Eine bestimmte Ausbildung oder Qualifikation für die selbst beschaffte Ersatzkraft ist nicht zu fordern (Neumann u. a. / *Majerski-Pahlen* Rdnr. 16). 19

Grundsätzlich ist aber nach § 38 Abs. 4 Satz 2 Halbsatz 1 SGB V eine **Erstattung ausgeschlossen**, wenn **Verwandte oder Verschwägerte bis zum zweiten Grad** die Haushaltshilfe erbringen. Verwandte bis zum zweiten Grad sind Eltern, Kinder, Großeltern und Enkelkinder (§ 1589 BGB). Verschwägerte bis zum zweiten Grad sind Stiefeltern, Stiefkinder, Stiefenkelkinder – Enkelkinder des Ehegatten –, Schwiegereltern, Schwiegerkinder, Großeltern des Ehegatten und Schwager und Schwägerin (§ 1590 BGB). Der Ehegatte ist zwar weder verwandt noch verschwägert; der Leistungsausschluss betrifft aber auch ihn, wenn er als Haushaltsmitglied die Weiterführung des Haushalts übernimmt und ihm dies zumutbar ist (vgl. Satz 1 Nr. 2). Auf den getrennt lebenden oder geschiedenen Ehegatten ist die Regelung über 20 den Leistungsausschluss bei Verwandten und Verschwägerten entsprechend anwendbar (BSG SozR 3-2500 § 38 Nr. 2 = NZS 2000, 300 = NJWE-FER 2000, 135 = USK 99142).

21 Für den vorgenannten Personenkreis kommt allenfalls eine Übernahme der tatsächlich entstandenen Kosten in Form von **Verdienstausfall oder Fahrtkosten** unter Beachtung der Höchstgrenzen in Betracht, sofern die Erstattung in einem angemessenen Verhältnis zu den sonst für eine Ersatzkraft entstehenden Kosten steht (Abs. 1 Satz 2 i. V. m. § 38 Abs. 4 Satz 2, 2. Halbsatz SGB V entsprechend). Der zuständige Rehabilitationsträger trifft hierüber eine Ermessensentscheidung.

22 In dem GemRdSchR vom 31.10.1980 haben die Rehabilitationsträger den **Umfang des Erstattungsanspruchs** für die selbst beschaffte Haushaltshilfe konkretisiert. Danach werden als angemessene Kosten die nachgewiesenen Vergütungen und Fahrtkosten für die Ersatzkraft bis zu einem täglichen Höchstbetrag von 2,5% der monatlichen Bezugsgröße nach § 18 SGB IV angesehen. Hierbei ist auf den nächsten geraden, durch 2 teilbaren Euro-Betrag auf- oder abzurunden.

23 Die entsprechenden Beträge lauten für

2008 62 Euro 52 Euro (Ost)

In 2008 beträgt ein Achtel der genannten Werte – als angemessene Stundenvergütung – somit 7,75 Euro bzw. 6,50 Euro (Ost).

24 Mit den genannten Höchstbeträgen gelten die Rehabilitationsträger **alle anfallenden Aufwendungen** ab, einschließlich der vom Versicherten zu entrichtenden Beiträge zur Sozialversicherung. Höhere Kosten können nur erstattet werden, wenn sich der Versicherte ausnahmsweise eine Ersatzkraft von einem Wohlfahrtsverband oder einer vergleichbaren Einrichtung beschafft (vgl. hierzu B / F / K / L / *Schneider-Bodien* Rdnr. 15) oder wenn die Ersatzkraft den Haushalt für mehr als 8 Stunden pro Tag führen muss.

25 Der Anspruch auf Haushaltshilfe ist **zeitlich begrenzt** entsprechend der Dauer der vom Rehabilitationsträger erbrachten **Grundleistung**. Für den Aufnahme- und den Entlassungstag wird ebenfalls die Notwendigkeit einer Haushaltshilfe angenommen. Erstattungsfähig ist ggf. auch die Zeit, in welcher die Ersatzkraft vor dem Antritt der Teilhabeleistung in den Haushalt einzuweisen und mit den besonderen Verhältnissen vertraut zu machen war. Dies wird besonders dann in Betracht kommen, wenn im Haushalt ein behindertes Kind lebt und der Hilfskraft die erforderlichen Pflegemethoden gezeigt werden müssen (B / F / K / L / *Schneider-Bodien* Rdnr. 16).

B) zu Abs. 2

1. Kosten der Mitnahme eines Kindes

26 In besonders begründeten Einzelfällen können anstelle der Haushaltshilfe die Kosten für die Mitnahme oder anderweitige Unterbringung des Kindes übernommen werden, wenn die Unterbringung und Betreuung des Kindes in dieser Weise sichergestellt ist. Im Übrigen müssen die Voraussetzungen des Abs. 1 Satz 1 erfüllt sein.

27 Ob der Leistungsträger einem auf die Mitnahme des Kindes gerichteten Antrag entspricht, wird allerdings davon abhängen, dass dies die Teilnahme des betreffenden Elternteils an der Rehabilitations- bzw. Teilhabeleistung nicht nachteilig beeinflusst oder den Erfolg der Maßnahme überhaupt in Frage stellt (HK-SGB IX / *Stähler* Rdnr. 11).

28 Die Kosten sind der Höhe nach auf die Leistung nach Abs. 1 begrenzt. Die Leistungsobergrenze bildet also der Gesamtbetrag der Haushaltshilfe und nicht etwa nur der auf die Kinderbetreuung entfallende Teil der Kosten der Haushaltshilfe (HK-SGB IX / *Stähler* a. a. O.; Kossens u. a. / *von der Heide* Rdnr. 7).

C) zu Abs. 3

1. Kosten für Kinderbetreuung

Ist die Teilnahme an der Leistung zur medizinischen Rehabilitation oder zur Teilhabe am Arbeitsleben ohne die Betreuung der Kinder nicht möglich, können hierfür entstehende **Kosten bis zu einem Betrag von 130 Euro je Kind und Monat** übernommen werden. Die Regelung soll vor allem alleinerziehenden Müttern und Vätern zu Gute kommen: Ihnen sollen Leistungen zur Teilhabe dadurch ermöglicht werden, dass anstelle von Haushaltshilfe nach Abs. 1 oder Übernahme der Kosten für die Mitnahme oder anderweitige Unterbringung des Kindes nach Abs. 2 die Aufwendungen für die während der Rehabilitation erforderliche Betreuung der Kinder des Leistungsempfängers vom Rehabilitationsträger mitübernommen werden. Über die Erstattung hat der Leistungsträger nach pflichtgemäßem Ermessen zu entscheiden. Jedenfalls müssen die Kosten aber durch die Ausführung der Leistung zur medizinischen Rehabilitation oder zur Teilhabe am Arbeitsleben **unvermeidbar entstehen**. Dies ist nach den Umständen des Einzelfalles zu beurteilen und nur dann zu bejahen, wenn eine Betreuung während der Maßnahme durch andere Personen, etwa den Ehegatten oder einen Verwandten nicht möglich ist. Allerdings ist nicht erforderlich, dass das Kind vor Beginn der Maßnahme vom Leistungsempfänger selbst betreut worden ist (HK-SGB IX / *Stähler* Rdnr. 12). Auf das Merkmal der „**Unmittelbarkeit**" kommt es **nicht** an. Es ist nicht etwa zusätzlich zu fordern, dass der Teilnehmer die Kinder in jedem Fall vor Beginn der Maßnahme selber betreut hat und er sie während der Maßnahme nicht mehr betreuen kann (vgl. BSG Urteil vom 16. September 1998 – B 11 AL 19/98 R, zit. nach JURIS zu der nahezu wortgleichen Vorschrift des früheren § 45 AFG). Deshalb sind Kinderbetreuungskosten auch dann zu übernehmen, wenn das **Kind bereits vor Maßnahmebeginn ganztägig in einer Kindertagesstätte** bzw. ergänzend zum Schulbesuch in einem Hort betreut wurde (LSG Berlin-Brandenburg Urteil vom 12. Januar 2007 – L 4 RJ 61/04; ebenso SG Dresden Urteil vom 10. Januar 2005 – S 19 RA 1140/03, SG Lübeck Urteil vom 21. Februar 2006, jeweils zit. nach JURIS). 29

Unerheblich ist, ob die Kosten innerhalb oder außerhalb des Haushalts des Versicherten anfallen; auch die Form der Betreuung spielt für die Leistungserbringung keine Rolle (B / F / K / L *Schneider-Bodien* Rdnr. 20). 30

Zu den zu übernehmenden Kosten zählen **nicht die Verpflegungskosten für das Kind**, weil sie auch ansonsten angefallen wären. Kosten für die Verpflegung des Kindes entstehen durch eine Maßnahme zur Teilhabe am Arbeitsleben nicht unvermeidbar (LSG Berlin-Brandenburg Urteil vom 12. Januar 2007 a. a. O.) 30a

Leistungen zur Kinderbetreuung werden aber **nicht neben Leistungen nach Abs. 1 oder Abs. 2** erbracht. Denn die Kosten der Kinderbetreuung sind Bestandteil der Haushaltshilfe. 31

Der Betrag für die Kinderbetreuung wird nach Maßgabe der Veränderung der Bezugsgröße in § 18 Abs. 1 SGB IV **dynamisiert**. Er erhöht sich zum 1. Januar eines Kalenderjahres, wenn sich die Bezugsgröße seit der letzten Neubestimmung um wenigstens 10% erhöht hat (§ 77 Abs. 3 Satz 2 SGB IX entsprechend). Dies geschieht, indem der Faktor für die Veränderung der Bezugsgröße mit dem jeweiligen Kostenerstattungsbetrag nach Abs. 3 Satz 1 vervielfältigt wird und der sich dann ergebende Betrag auf den nächsten durch 5 teilbaren Betrag abgerundet wird (vgl. § 77 Abs. 3 Satz 3 und 4). Das Bundesministerium für Arbeit und Soziales gibt den Erhöhungsbetrag und die sich dann jeweils ergebenden Kostenerstattungsbeträge nach Abs. 3 Satz 1 im Bundesanzeiger bekannt. 32

D) zu Abs. 4

1. Sonderregelungen für Landwirte

Die in den Abs. 1 – 3 genannten Leistungen gelten nicht für die landwirtschaftlichen Alterskassen, die landwirtschaftlichen Berufsgenossenschaften und die landwirtschaftlichen Krankenkassen. Diese gewähren Betriebs- und Haushaltshilfe jeweils nach den für sie maß- 33 gebenden spezialgesetzlichen Regelungen, welche die Vorschrift ausdrücklich benennt. Weitergehende Leistungsansprüche nach § 54 Abs. 1 bis 3 SGB IX, etwa zur Übernahme von Kinderbetreuungskosten, sind somit gegenüber den landwirtschaftlichen Kranken- oder Alterskassen ausgeschlossen.

KAPITEL 7
Leistungen zur Teilhabe am Leben in der Gemeinschaft
§ 55
Leistungen zur Teilhabe am Leben in der Gemeinschaft

(1) Als Leistungen zur Teilhabe am Leben in der Gemeinschaft werden die Leistungen erbracht, die den behinderten Menschen die Teilhabe am Leben in der Gesellschaft ermöglichen oder sichern oder sie so weitgehend wie möglich unabhängig von Pflege machen und nach den Kapiteln 4 bis 6 nicht erbracht werden.

(2) Leistungen nach Absatz 1 sind insbesondere
1. Versorgung mit anderen als den in § 31 genannten Hilfsmitteln oder den in § 33 genannten Hilfen,
2. heilpädagogische Leistungen für Kinder, die noch nicht eingeschult sind,
3. Hilfen zum Erwerb praktischer Kenntnisse und Fähigkeiten, die erforderlich und geeignet sind, behinderten Menschen die für sie erreichbare Teilnahme am Leben in der Gemeinschaft zu ermöglichen,
4. Hilfen zur Förderung der Verständigung mit der Umwelt,
5. Hilfen bei der Beschaffung, dem Umbau, der Ausstattung und der Erhaltung einer Wohnung, die den besonderen Bedürfnissen der behinderten Menschen entspricht,
6. Hilfen zu selbstbestimmtem Leben in betreuten Wohnmöglichkeiten,
7. Hilfen zur Teilhabe am gemeinschaftlichen und kulturellen Leben.

ERLÄUTERUNGEN

ÜBERSICHT

I. Bedeutung der Vorschrift (Rdnrn. 1–2)
II. Fassung (Rdnrn. 3–3a)
   A) durch das SGB IX vom 19. Juni 2001 (BGBl. I S. 1046) mit Wirkung vom 1. Juli 2001 (Rdnr. 3)
   B) durch das Gesetz zur Förderung der Ausbildung und Beschäftigung schwerbehinderter Menschen vom 23. April 2004 (BGBl. I S. 606) mit Wirkung vom 1. Mai 2004 (Rdnr. 3a)
III. Anmerkungen (Rdnrn. 4–16)
   A) zu Abs. 1
      1. Teilhabe am Leben in der Gemeinschaft (Rdnr. 4)
      2. Abgrenzung (Rdnr. 5)
   B) zu Abs. 2
      1. Leistungskategorien zur Teilhabe am Leben in der Gemeinschaft (Rdnr. 6)
         a) Versorgung mit anderen Hilfsmitteln oder Hilfen (Nr. 1) (Rdnrn. 7–8)
         b) Heilpädagogische Maßnahmen für noch nicht schulpflichtige Kinder (Nr. 2) (Rdnrn. 9–10)
         c) Hilfen zum Erwerb praktischer Kenntnisse und Fähigkeiten (Nr. 3) (Rdnr. 11)
         d) Hilfen zur Förderung der Verständigung mit der Umwelt (Nr. 4) (Rdnr. 12)
         e) Hilfen bei der Beschaffung, Ausstattung und Erhaltung einer bedürfnisgerechten Wohnung (Nr. 5) (Rdnr. 13)
         f) Hilfe zu selbstbestimmtem Leben in betreuten Wohnmöglichkeiten (Nr. 6) (Rdnr. 14)
         g) Hilfen zur Teilhabe am gemeinschaftlichen und kulturellen Leben (Nr. 7) (Rdnr. 15)

I. Bedeutung der Vorschrift

1 In **Abs. 1** werden Leistungen zur Teilhabe am Leben in der Gemeinschaft definiert. Diese werden abgegrenzt von Leistungen zur medizinischen Rehabilitation sowie zur Teilhabe am Arbeitsleben und von unterhaltssichernden und anderen ergänzenden Leistungen. Ihr Zweck ist, den behinderten Menschen die Teilnahme am Leben in der Gesellschaft zu ermöglichen oder zu sichern oder sie so weitgehend wie möglich von Pflege unabhängig zu machen.

2 In **Abs. 2** werden beispielhaft sieben Arten von Leistungen zur Teilhabe am Leben in der Gemeinschaft aufgeführt. Diese sind von allen zuständigen Rehabilitationsträgern zu erbringen.

II. Fassung

A) durch das SGB IX vom 19. Juni 2001 (BGBl. I S. 1046) mit Wirkung vom 1. Juli 2001

3 Die Vorschrift wurde im Wesentlichen aus dem Regierungsentwurf (BT-Drucks. 14/5531 i. V. m. 14/5074) übernommen. Folgende Änderungen hat der BT-Ausschuss für Arbeit und Sozialordnung empfohlen:

a) In **Abs. 2 Nr. 2** wurde zur Anpassung an den Sprachgebrauch des SGB IX der Begriff der „Maßnahme" durch „Leistung" ersetzt. Ferner wurden die Worte „im schulpflichtigen Alter" ersetzt durch „eingeschult" und dies wie folgt begründet (BT-Drucks. 14/5800 S. 34):

„Die Einschulung ist als zeitliche Begrenzung für die Gewährung heilpädagogischer Leistungen besser geeignet als das schulpflichtige Alter, da der Zeitpunkt der Einschulung sowohl bei behinderten als auch bei nicht behinderten Kindern unterschiedlich ist. Somit kann bei der Hilfegewährung besser auf den individuellen Bedarf des Kindes eingegangen werden."

b) In **Abs. 2 Nr. 5** wurde zur Klarstellung des Gewollten das Wort „Ausstattung" eingefügt.

c) In **Abs. 2 Nr. 7** wurden ebenfalls zur Klarstellung des Gewollten die Worte „zur Verselbstständigung" ersetzt durch „zu selbstbestimmtem Leben".

d) Der ursprünglich angefügte **Abs. 3** mit der Aussage *„Den besonderen Bedürfnissen seelisch behinderter oder von einer solchen Behinderung bedrohten Menschen wird Rechnung getragen"* ist entfallen. Eine entsprechende Bestimmung ist nunmehr als Abs. 3 in § 10 SGB IX eingefügt und damit für alle Leistungsgruppen verallgemeinert worden.

B) durch das Gesetz zur Förderung der Ausbildung und Beschäftigung schwerbehinderter Menschen vom 23. April 2004 (BGBl. I S. 606) mit Wirkung vom 1. Mai 2004

3a Die hierdurch eingeführte Fassung des Abs. 2 Nr. 5 durch Einfügung der Worte „dem Umbau" entspricht dem Fraktionsentwurf von SPD und Bündnis 90/DIE GRÜNEN (BT-Drucks. 15/1783).

III. Anmerkungen

A) zu Abs. 1

1. Teilhabe am Leben in der Gemeinschaft

4 Die Aufgabe, behinderten Menschen die Teilnahme am Leben in der Gemeinschaft zu erleichtern, war schon bisher ein Teilaspekt der umfassenden Aufgabenstellung der Eingliederungshilfe in der Sozialhilfe (vgl. Schellhorn / Jirasek / Seipp Rdnr. 38 zu § 39 BSHG). Dieses Ziel schließt alle Maßnahmen ein, die dem Hilfesuchenden den Kontakt mit seiner Umwelt – nicht nur mit Familie und Nachbarschaft – sowie die Teilnahme am öffentlichen und kulturellen Leben ermöglichen und erleichtern. Deshalb wurde in § 40 Abs. 1 Nr. 8 BSHG „Hilfe

zur Teilnahme am Leben in der Gemeinschaft" ausdrücklich als Maßnahme der Eingliederungshilfe genannt und in § 19 EingliederungshilfeVO konkretisiert. Die Vorschrift erweitert die Zielsetzung nunmehr dahingehend, dass die Leistungsempfänger hierdurch auch so weitgehend wie möglich unabhängig von Pflege werden sollen. Deshalb umfasst der erweiterte Begriff der Teilhabe am Leben in der Gemeinschaft nunmehr auch andere Hilfemaßnahmen, die zuvor als eigenständige Kategorien des Rehabilitationsrechts geführt wurden (wie z. B. heilpädagogische Maßnahmen für noch nicht schulpflichtige Kinder gem. § 40 Abs. 1 Nr. 2a BSHG oder Hilfe bei der Beschaffung und Erhaltung einer Wohnung nach § 40 Abs. 1 Nr. 6a BSHG). Die Zusammenfassung aller einschlägigen Leistungen unter dem erweiterten Begriff der „Teilhabe" dokumentiert den weitergehenden Hilfeansatz des neuen Rechts.

2. Abgrenzung

Leistungen zur Teilhabe am Leben in der Gemeinschaft werden gesetzlich dahingehend abgegrenzt, dass sie nicht als Leistungen zur medizinischen Rehabilitation nach Kapitel 4 (§§ 26 – 32), Teilhabe am Arbeitsleben nach Kapitel 5 (§§ 33 – 43) oder als unterhaltssichernde oder andere ergänzende Leistungen gemäß Kapitel 6 (§§ 44 – 54 SGB IX) erbracht werden.   5

B) zu Abs. 2

1. Leistungskategorien zur Teilhabe am Leben in der Gemeinschaft

In der Regelung werden nicht abschließend sieben Leistungskategorien aufgeführt, die von allen Rehabilitationsträgern zu erbringen sind.   6

a) Versorgung mit anderen Hilfsmitteln oder Hilfen (Nr. 1)

In § 31 SGB IX ist die Versorgung mit Körperersatzstücken sowie orthopädischen und anderen Hilfsmitteln als technische Hilfen für die Leistungsempfänger geregelt. Hingegen normiert § 33 SGB IX die Leistungen zur Teilhabe am Arbeitsleben. Leistungen nach Nr. 1 umfassen somit andere Hilfsmittel bzw. Hilfen als die in den genannten Vorschriften angesprochenen. In Anlehnung an die Aufzählung in § 9 EingliederungshilfeVO können hierzu **beispielsweise** gezählt werden: Blindenuhren mit Zubehör; Blindenweckuhren; Tonbandgeräte mit Zubehör für Blinde; Blindenführhunde mit Zubehör; besondere optische Hilfsmittel, vor allem Fernrohrlupenbrillen; Weckuhren für Hörbehinderte; besondere Bedienungseinrichtungen und Zusatzgeräte für Kraftfahrzeuge, wenn der behinderte Mensch wegen Art und Schwere seiner Behinderung auf ein Kraftfahrzeug angewiesen ist; Gebrauchsgegenstände des täglichen Lebens und zur nicht beruflichen Verwendung bestimmte Hilfsgeräte, wenn der Leistungsempfänger hierauf angewiesen ist wie z. B. Waschmaschinen, Küchenmaschinen, besondere Schalteinrichtungen für elektrische Geräte, besondere Haltevorrichtungen (vgl. Schellhorn / Jirasek / Seipp, Rdnr. 10 zu § 9 EingliederungshilfeVO).   7

Nach der bisherigen Rechtsprechung des BVerwG (ZfSH 1973, 308 = FEVS 21, 81 = ZblSozV 1973, 128) zum Begriff der anderen Hilfsmittel im Sinne des § 40 Abs. 1 Nr. 2 BSHG ist dieser **Begriff weit auszulegen**. Die Qualität eines Hilfsmittels fehle einem Mittel nicht schon deshalb, weil es nicht oder nicht in erster Linie als Mittel zum Ausgleich von Behinderung entwickelt sei. Entscheidend sei lediglich, ob es im Einzelfall geeignet sei, eine drohende Behinderung zu verhüten oder eine drohende Behinderung oder deren Folgen zu beseitigen oder zu mildern. Hilfsmittel seien deshalb auch Mittel, die die körperliche Regelwidrigkeit unbeeinflusst lassen und nur Hilfe gegen deren Auswirkungen bringen. Die Hilfsmittel müssen nicht ausschließlich zum Ausgleich der Behinderung dienen, sondern nur dazu beitragen.   8

b) Heilpädagogische Maßnahmen für noch nicht schulpflichtige Kinder (Nr. 2)

9 Die Bestimmung greift den bisherigen § 40 Abs. 1 Nr. 2a BSHG auf. **Heilpädagogik** bedeutet die spezialisierte Erziehung, Unterrichtung und Fürsorge in Bezug auf behinderte Kinder und Jugendliche (OVG Lüneburg FEVS 42, 22). Heilpädagogische Maßnahmen müssen nicht einer vom Leistungsträger gutgeheißenen wissenschaftlichen Auffassung entsprechen; auch muss die Verantwortung für heilpädagogische Maßnahmen in einer Einrichtung nicht bei einer pädagogischen Fachkraft liegen, die eine Ausbildung an einer Hochschule erhalten hat.

10 Die Gewährung von heilpädagogischen Maßnahmen für Kinder, die noch nicht eingeschult sind, trägt folgender **Notwendigkeit** Rechnung: Die Hilfe muss bei Kindern, die von Geburt oder der frühen Kindheit an behindert sind, so frühzeitig wie möglich einsetzen, damit der Behinderung und ihren Folgen entgegengewirkt werden kann. Deshalb betreffen die genannten Leistungen in erster Linie Maßnahmen im frühen Kindesalter sowie in den Fällen, in denen von vornherein damit gerechnet werden muss, dass eine Teilnahme am Schulbesuch nicht möglich sein wird. Infrage kommen insbesondere eine Betreuung in stationären oder teilstationären heilpädagogischen Sondereinrichtungen sowie die Teilnahme an Gruppen- oder Einzelbehandlung (vgl. Schellhorn / Jirasek / Seipp Rdnr. 20 zu § 40 BSHG).

c) Hilfen zum Erwerb praktischer Kenntnisse und Fähigkeiten (Nr. 3)

11 Die genannten Hilfen müssen erforderlich und geeignet sein, behinderten Menschen die für sie erreichbare Teilnahme am Leben in der Gemeinschaft zu ermöglichen.

Hierzu gehören zum einen technische **Hilfsgeräte** wie etwa Blindenschrift-Bogenmaschinen (vgl. § 9 Abs. 2 Nr. 3 EingliederungshilfeVO). Zum anderen sind hierzu aber auch **Ausbildungsmaßnahmen** zu zählen wie die blindentechnische Grundausbildung; hauswirtschaftliche Lehrgänge, die dem behinderten Menschen die Besorgung des Haushalts ganz oder teilweise ermöglichen können; Lehrgänge und ähnliche Maßnahmen, die den Behinderten befähigen können, sich ohne fremde Hilfe sicher im Verkehr zu bewegen („Mobilitätslehrgänge"). Zu den Maßnahmen gehört auch das Vertrautmachen mit besonderen Hilfsmitteln, die eine solche selbstständige Teilnahme am Verkehr erst ermöglichen, wie etwa die Handhabung eines Langstocks für Blinde (vgl. im Übrigen § 16 Nr. 3 und 4 EingliederungshilfeVO).

d) Hilfen zur Förderung der Verständigung mit der Umwelt (Nr. 4)

12 Zu diesen Leistungen gehören zum einen **technische Hilfen** wie Verständigungsgeräte für Taubblinde, Hörgeräte, Hörtrainer und Sprachübungsgeräte für Sprachbehinderte (vgl. §§ 9 Abs. 2 Nr. 2, 8 und 10 EingliederungshilfeVO), zum anderen aber auch die **Unterweisung** im Gebrauch dieser Geräte. Zu den Hilfen der Förderung der Verständigung mit der Umwelt kann auch die Inanspruchnahme der „Dolmetscher"-Funktion eines anderen gehören (vgl. § 21 EingliederungshilfeVO). Insbesondere Gehörlose oder andere Personen mit besonders starker Beeinträchtigung der Hör- oder Sprachfähigkeit bedürfen aus besonderem Anlass, z. B. im Verkehr mit Behörden oder zur Verständigung mit der Umwelt, der Unterstützung eines anderen. Hierfür trifft § 57 SGB IX eine Sonderregelung.

e) Hilfen bei der Beschaffung, Ausstattung und Erhaltung einer bedürfnisgerechten Wohnung (Nr. 5)

13 Diese Art der Hilfeleistung wurde bereits bisher in § 40 Abs. 1 Nr. 6a BSHG gesondert aufgeführt. Durch die eigenständige Aufzählung als Hilfe wird die Bedeutung betont, die die Beschaffung und Erhaltung einer Wohnung für den behinderten Menschen hat. Die Hilfe umfasst nicht nur beratende und unterstützende Maßnahmen, sondern auch Leistungen zur Beschaffung und Erhaltung (einschließlich der Verbesserung) einer Wohnung. Insbesondere gehören auch **Umbauten** zu dieser Hilfeleistung wie z. B. die fahrstuhlgerechte Änderung der Wohnung etwa durch Verbreiterung der Türen, Beseitigung von Schwellen, der Umbau

der sanitären Anlagen und die behindertengerechte Ausstattung einer Einbauküche. Dies hat der Gesetzgeber durch die ausdrückliche Einfügung der Worte „dem Umbau" in die Vorschrift mit dem Gesetz vom 23. 4. 2004 klargestellt: Denn die Wohnung wird häufig nur durch solche baulichen Änderungen für die behinderten Menschen geeignet, weshalb die Leistung ihren Zweck als Hilfe zur Teilhabe am Leben in der Gemeinschaft nur dann erfüllen kann, wenn sie auch die entsprechenden Kosten umfasst (vgl. BT-Drucks. 15/1783 S. 13). Ferner gehören dazu der Anspruch auf Hilfe zur Verbesserung der **Zugangsmöglichkeiten** zur Wohnung etwa durch eine Rampe, eine Hebebühne oder einen Treppenlift. Zu den Hilfen bei der Beschaffung einer Wohnung können auch **Umzugskosten** gehören. Durch die Einfügung des Wortes „Ausstattung" ist klargestellt, dass auch die Beschaffung geeigneter Einrichtungsgegenstände wie etwa Möbel im Rahmen dieser Leistung zu finanzieren ist.

Entsprechend der Regelung in § 18 Satz 2 EingliederungshilfeVO können Geldleistungen als Hilfe bei der Beschaffung und Erhaltung einer Wohnung auch als **Beihilfe** oder als **Darlehen** gewährt werden.

f) Hilfe zu selbstbestimmtem Leben in betreuten Wohnmöglichkeiten (Nr. 6)

Für diejenigen behinderten Menschen, die noch nicht zur Führung eines eigenen Haushalts in der Lage sind, sollen durch betreute Wohnmöglichkeiten die Chancen auf eine Verselbstständigung erhöht werden. Die Hilfe umfasst zunächst die Vermittlung einer entsprechenden betreuten Unterkunft, ggf. aber auch die Übernahme der hierdurch entstehenden besonderen Aufwendungen. 14

g) Hilfen zur Teilhabe am gemeinschaftlichen und kulturellen Leben (Nr. 7)

Die Vorschrift unterstreicht einen besonders wichtigen Aspekt der Teilhaberechte behinderter Menschen. Dieser ist bisher in § 40 Abs. 1 Nr. 8 BSHG i. V. m. § 19 Eingliederungshilfe-VO konkretisiert. Entsprechend diesen Regelungen umschreibt § 58 SGB IX beispielhaft diese Leistungskategorie. Auf die dortigen Anmerkungen wird Bezug genommen. 15

§ 56
Heilpädagogische Leistungen

(1) ¹Heilpädagogische Leistungen nach § 55 Abs. 2 Nr. 2 werden erbracht, wenn nach fachlicher Erkenntnis zu erwarten ist, dass hierdurch
1. eine drohende Behinderung abgewendet oder der fortschreitende Verlauf einer Behinderung verlangsamt oder
2. die Folgen einer Behinderung beseitigt oder gemildert

werden können. ²Sie werden immer an schwerstbehinderte und schwerstmehrfachbehinderte Kinder, die noch nicht eingeschult sind, erbracht.

(2) In Verbindung mit Leistungen zur Früherkennung und Frühförderung (§ 30) und schulvorbereitenden Maßnahmen der Schulträger werden heilpädagogische Leistungen als Komplexleistung erbracht.

ERLÄUTERUNGEN

I. Bedeutung der Vorschrift

In **Abs. 1** werden die Voraussetzungen heilpädagogischer Maßnahmen für Kinder im noch nicht schulpflichtigen Alter konkretisiert. Die Maßnahmen müssen erwarten lassen, dass eine drohende Behinderung abgewendet oder der fortschreitende Verlauf einer Behinderung verlangsamt wird. Alternativ wird verlangt, dass die Folgen einer Behinderung beseitigt oder 1 gemildert werden können. Außerdem wird klargestellt, dass Leistungen in jedem Fall auch an schwerstmehrfachbehinderte Kinder zu erbringen sind.

2   In **Abs. 2** wird verdeutlicht, dass heilpädagogische Maßnahmen als Komplexleistung in Verbindung mit Leistungen zur Früherkennung und Frühförderung nach § 30 SGB IX bzw. schulvorbereitenden Maßnahmen der Schulträger erbracht werden müssen.

II. Fassung

3   Die Vorschrift wurde aus dem Regierungsentwurf (BT-Drucks. 14/5531 i. V. m. 14/5074) übernommen mit folgenden Änderungen:

   a) Der BT-Ausschuss für Arbeit und Sozialordnung hat empfohlen, den ursprünglich vorgesehenen Begriff der „Heilpädagogischen Maßnahmen" entsprechend dem Sprachgebrauch des SGB IX durch „Heilpädagogische Leistungen" zu ersetzen.

4   b) Ferner hat der BT-Ausschuss empfohlen, die ursprünglich vorgesehene Fassung des Abs. 1 Satz 2 in die jetzt Gesetz gewordene Formulierung zu ändern.

Sie lautete zunächst:

„Sie werden auch an schwerstmehrfachbehinderte Kinder *und auch dann* erbracht, *wenn die Behinderung eine spätere Schulbildung oder eine Ausbildung für einen Beruf oder eine sonstige Tätigkeit voraussichtlich nicht zulassen wird.*"

Diesen „auch dann, wenn"-Zusatz hatte bereits der **Bundesrat** mit folgender Begründung zu streichen verlangt (BT-Drucks. 14/5531 S. 9):

„Mit den zur Streichung vorgeschlagenen Ausführungen war sicher intendiert, eventuellen Ausschlusstendenzen aus dem Angebot heilpädagogischer Maßnahmen bei schwerstmehrfachbehinderten Kindern entgegenzuwirken. Mit der vorgesehenen Konkretisierung wird allerdings diese begrüßenswerte Absicht konterkariert, da heute grundsätzlich von einem uneingeschränkten schulischen Bildungsrecht für alle Kinder ausgegangen wird. So gibt es z. B. den Begriff der ‚Schulbildungsunfähigkeit' seit 1997 im Schulgesetz von Baden-Württemberg nicht mehr. Auch in den Empfehlungen der KMK (Ständige Konferenz der Kultusminister der Länder in der Bundesrepublik Deutschland) von 1980 ist ausgeführt, ‚dass grundsätzlich jeder Geistigbehinderte unabhängig von Art und Schwere seiner Behinderung in pädagogische Fördermaßnahmen einzubeziehen ist'. Die Formulierungen in § 56 Abs. 1 Satz 2 sind insoweit nicht mehr problem- und zeitgemäß und sollten daher gestrichen werden."

5   Nachdem die Bundesregierung angekündigt hatte, eine dem Anliegen Rechnung tragende Formulierung vorzuschlagen (BT-Drucks. 14/5639 S. 5), hat schließlich der zuständige Ausschuss diese mit folgender Begründung übernommen:

„Die Neufassung greift die gefestigte Rechtsprechung auf, die einen Anspruch auf Eingliederungshilfe für behinderte Menschen nach dem BSHG bereits dann bejaht, wenn Aussicht auf spürbare Verbesserung – sei es auch nur im Bereich einfachster lebenspraktischer Fähigkeiten – besteht. Insbesondere bei Kindern ist immer von einer Förderbarkeit auszugehen. Dies gilt auch in Fällen, in denen Schwerbehinderung oder Schwerstmehrfachbehinderung eines Kindes eine erhebliche Pflegebedürftigkeit zur Folge hat (z. B. apallisches Syndrom). Im Übrigen entspricht die Neufassung einem Vorschlag des Bundesrates, da heute grundsätzlich von einem uneingeschränkten schulischen Bildungsrecht für alle Kinder ausgegangen wird."

III. Anmerkungen

A) Zu Abs. 1

1. Voraussetzungen heilpädagogischer Leistungen

Die Vorschrift entwickelt § 40 Abs. 1 Nr. 2a BSHG und den weiterhin geltenden § 11 Eingliederungshilfe VO fort. Ihr Ziel ist die Erbringung heilpädagogischer Leistungen für Kinder, die noch nicht eingeschult sind, unabhängig von Art, Ausmaß und Schwere der Behinderung.

Zum Begriff der heilpädagogischen Leistungen vgl. Rdnr. 9 zu § 55 SGB IX. Die Voraussetzungen für die Gewährung dieser Hilfen sind nach **Satz 1** verhältnismäßig niedrig angesetzt, um gerade bei Säuglingen, Kindern und Jugendlichen nicht etwa notwendige Hilfen auszuschließen (Schellhorn / Jirasek / Seipp Rdnr. 3 zu § 11 Eingliederungshilfe VO). Es genügt bereits, wenn der Einsatz der Heilpädagogik die Folgen einer Behinderung mildern kann. Weiterhin ist es ausreichend, wenn dieses Ergebnis nach einem fachlichen Gutachten zu erwarten ist. Eine hohe Wahrscheinlichkeit hierfür wird nicht gefordert. In aller Regel wird bei Minderjährigen davon auszugehen sein, dass heilpädagogische Leistungen noch einen gewissen Erfolg versprechen (Schellhorn / Jirasek / Seipp a. a. O.).

In **Satz 2** wird klargestellt, dass auch schwerstmehrfachbehinderte Kinder Anspruch auf die entsprechende Leistung haben. Ferner verdeutlicht die Vorschrift, dass heilpädagogische Maßnahmen unabhängig von einer später möglichen Schul- oder Berufsausbildung zu gewähren sind. Selbst wenn diese in schweren Behinderungsfällen voraussichtlich nicht möglich sein werden, muss versucht werden, die Situation des jungen behinderten Menschen durch heilpädagogische Maßnahmen möglichst zu verbessern und zu erleichtern.

B) Zu Abs. 2

1. Heilpädagogische Leistungen als Komplexleistung

Sind Leistungen zur Früherkennung und Frühförderung im Sinne von § 30 SGB IX zu bewilligen oder werden schulvorbereitende Maßnahmen der Schulträger durchgeführt, sind heilpädagogische Leistungen in Verbindung mit diesen Leistungen als Komplexleistung zu erbringen.

2. Interdisziplinärer Förderplan

Dies erfordert die Aufstellung eines interdisziplinären, gemeinsam mit den Eltern erarbeiteten Förderplanes. Die Koordination der Leistungen kann auch helfen, ein nach Art und Umfang unzweckmäßiges Vorgehen und damit eine Überforderung des Kindes zu vermeiden.

§ 57
Förderung der Verständigung

Bedürfen hörbehinderte Menschen oder behinderte Menschen mit besonders starker Beeinträchtigung der Sprachfähigkeit aufgrund ihrer Behinderung zur Verständigung mit der Umwelt aus besonderem Anlass der Hilfe Anderer, werden ihnen die erforderlichen Hilfen zur Verfügung gestellt oder angemessene Aufwendungen hierfür erstattet.

ERLÄUTERUNGEN

ÜBERSICHT

I. Bedeutung der Vorschrift (Rdnr. 1)
II. Fassung (Rdnr. 2)

III. Begründung (Rdnr. 3)
IV. Anmerkungen (Rdnrn. 4–16)
　1. Rechtsanspruch auf Förderung der Verständigung (Rdnrn. 4–7)
　2. Leistungen aus besonderem Anlass (Rdnrn. 8–9)
　3. Vorrangige Spezialregelungen (Rdnrn. 10–15)
　4. Art und Höhe der Leistung (Rdnr. 16)

I. Bedeutung der Vorschrift

1　Hörbehinderte und erheblich sprachbehinderte Menschen sind insbesondere im Verkehr mit Behörden oder Vertragsverhandlungen auf Hilfe zur Verständigung durch die Hilfe Anderer angewiesen. Die Vorschrift gibt ihnen einen Anspruch darauf, dass die erforderlichen Hilfen entweder zur Verfügung gestellt oder angemessene Aufwendungen hierfür erstattet werden.

II. Fassung

2　Die Vorschrift wurde aus dem Regierungsentwurf (BT-Drucks. 14/5531 i. V. m. 14/5074) übernommen. Der BT-Ausschuss für Arbeit und Sozialordnung hat die Worte „oder behinderte Menschen mit besonders starker Beeinträchtigung der Sprachfähigkeit" eingefügt, um die Vorschrift damit an die fortbestehende Regelung des § 21 EingliederungshilfeVO anzupassen (BT-Drucks. 14/5800 S. 35).

III. Begründung

In dem Regierungsentwurf (BT-Drucks. 14/5074 S. 111) wird zu der Vorschrift ausgeführt:

3　„Die Vorschrift entspricht weit gehend § 21 EingliederungshilfeVO; damit sind auch weiterhin Leistungen zur Erhaltung der Kommunikationsfähigkeit möglich. In § 17 des Ersten Buches wird die Pflicht der Sozialleistungsträger zur Kostenübernahme geregelt. Der Anspruch hörbehinderter Menschen auf Stellung eines Gebärdensprachdolmetschers wird für den Sozialleistungsbereich durch Änderung von Einzelgesetzen geregelt. Für das zivil- und strafrechtliche Gerichts- und Beurkundungsverfahren werden entsprechende Regelungen in einem zivilrechtlichen Gleichstellungsgesetz getroffen."

IV. Anmerkungen
1. Rechtsanspruch auf Förderung der Verständigung

4　Die Vorschrift des § 57 begründet einen Rechtsanspruch auf Förderung der Verständigung für hörbehinderte Menschen oder behinderte Menschen mit besonders starker Beeinträchtigung der Sprachfähigkeit. Er richtet sich gegen die Leistungsträger, die Leistungen zur Teilhabe am Leben der Gemeinschaft nach § 55 ff. SGB IX erbringen können. Das sind nach § 6 Abs. 1 SGB IX die Träger der gesetzlichen Unfallversicherung, die Träger der Kriegsopferversorgung und die Träger der Kriegsopferfürsorge im Rahmen des Rechts der sozialen Entschädigung bei Gesundheitsschäden, die Träger der öffentlichen Jugendhilfe und die Träger der Sozialhilfe. Hingegen wird die Leistung nicht erbracht von den gesetzlichen Krankenkassen, der Bundesagentur für Arbeit und den Trägern der gesetzlichen Rentenversicherung bzw. der Alterssicherung der Landwirte.

5　Der **Begriff der Hörbehinderung** wird in der Regelung nicht erläutert, jedoch kann auf die Vorschrift des **§ 6 BGG** zurückgegriffen werden, die **„Gehörlose, Ertaubte und Schwerhörige"** als hörbehinderte Menschen bezeichnet (HK-SGB IX / *Lachwitz* Rdnr. 6).

6　Eine **„besonders starke Beeinträchtigung der Sprachfähigkeit"** ist anzunehmen, wenn der sprachbehinderte Mensch sich nicht so auszudrücken vermag, dass er von Dritten verstanden werden kann, auch wenn diese sich um Verständigung bemühen.

Der Anspruch setzt voraus, dass der hör- oder sprachbehinderte Mensch **„der Hilfe Anderer"** zur Verständigung mit der Umwelt bedarf, z. B. durch Einsatz eines Gebärdendolmetschers. Hingegen betrifft § 57 **nicht die Verständigung mit technischen Hilfsmitteln**; insoweit sind die Voraussetzungen von § 31, § 33 Abs. 8 Satz 1 Nr. 4 und 5, § 55 Abs. 2 Nr. 1 und § 58 Nr. 3 SGB IX zu prüfen. 7

2. Leistungen aus besonderem Anlass

Eine Förderung der Verständigung mit der Umwelt wird nur aus besonderem Anlass gewährt. Die Leistungen nach § 57 sind also **nicht als allgemeine Verständigungshilfe**, sondern nur für bestimmte Fälle gedacht (Mrozynski Rdnr. 3). 8

Unter Einbeziehung der Entstehungsgeschichte der Regelung erfüllen unter anderem folgende Ereignisse den Tatbestand des besonderen Anlasses (vgl. GK-SGB IX / *Löschau* Rdnr. 14): 9
– Verkehr mit Behörden,
– Vertragsverhandlungen,
– Gerichtstermine,
– Arztbesuche,
– Einlieferung ins Krankenhaus,
– Hochzeit eines Familienmitglieds.

3. Vorrangige Spezialregelungen

a) Soweit eigene Rechte in **Verwaltungsverfahren** wahrzunehmen sind, gehen die Regelungen der §§ 6, 9 BGG vor. Sie berechtigen hör- oder sprachbehinderte Menschen dazu, mit Trägern öffentlicher Gewalt im Sinne des § 7 Abs. 1 Satz 1 BGG in deutscher Gebärdensprache, mit Lautsprache begleitenden Gebärden oder über andere geeignete Kommunikationshilfen zu kommunizieren. Die Träger der öffentlichen Gewalt sind verpflichtet, die notwendigen Aufwendungen zu tragen (§ 9 Abs. 1 Satz 1 BGG). Einzelheiten sind in der Kommunikationshilfeverordnung – KHV – vom 17. 7. 2002 (BGBl I S. 2650) geregelt. 10

In § 3 Abs. 2 KHV werden die „sonstigen Kommunikationshilfen" aufgelistet (vgl. hierzu auch informative schematische Darstellung der Kommunikationshilfen unter www.gehoerlosen-bund.de und www.schwerhoerigen-netz.de).

b) Für das **Sozialverwaltungsverfahren** gewährt § 19 Abs. 1 SGB X hörbehinderten Menschen das Recht, „zur Verständigung in der Amtssprache **Gebärdensprache** zu verwenden" und die Aufwendungen für Dolmetscher gegenüber der Behörde oder dem für die Sozialleistungen zuständigen Leistungsträger geltend zu machen. 11

c) Für **alle Sozialleistungsträger** bestimmt § 17 Abs. 2 SGB I, dass hörbehinderte Menschen das Recht haben, „bei der Ausführung von Sozialleistungen, insbesondere auch bei ärztlichen Untersuchungen und Behandlungen, Gebärdensprache zu verwenden. Die für die Sozialleistungen zuständigen Leistungsträger sind verpflichtet, die für die Verwendung der Gebärdensprache und anderer Kommunikationshilfen entstehenden Kosten zu tragen." 12

Die Mitwirkung eines Gebärdensprachedolmetschers, für die der Arzt im erkennbaren Bedarfsfall zu sorgen hat, ist gegebenenfalls Teil der ärztlichen Leistungserbringung; einer gesonderten Antragstellung bei dem Sozialleistungsträger bedarf es nicht (HK-SGB IX / *Lachwitz* Rdnr. 11).

Schwerhörige oder gehörlose Menschen können im Übrigen vom Arzt die **Aushändigung eines schriftlichen Untersuchungsberichts** verlangen (BVerfG NJW 2005, 1103 = MedR 2005, 91). 13

d) In **Gerichtsverfahren** können hör- bzw. sprachbehinderte Menschen in der mündlichen Verhandlung zur Verständigung mit dem Gericht Personen heranziehen, die die Verstän- 14 digung ermöglichen, z. B. Gebärdendolmetscher (§ 186 GVG). Außerdem hat das Gericht die geeigneten technischen Hilfsmittel zur Verfügung zu stellen.

15   Im Hinblick auf diese vorrangigen Sonderregelungen dürfte sich der Anwendungsbereich des § 57 vor allem auf den **privaten Rechtsverkehr** konzentrieren, zum Beispiel die Teilnahme eines hör- oder sprachbehinderten Menschen an besonders wichtigen Vertragsverhandlungen (HK-SGB IX / *Lachwitz* Rdnr. 14).

4. Art und Höhe der Leistung

16   Das Gesetz sieht bei der Förderung der Verständigung entweder eine **Sachleistung oder Kostenersatz** vor. Wird der Anspruch allgemein geltend gemacht, so braucht eine Kostenerstattung nicht mehr gesondert beantragt zu werden (Mrozynski Rdnr. 6). Im Fall der **Selbstbeschaffung** werden die Kosten in angemessener Höhe übernommen. Die im Einzelfall zu erstattenden Kosten bestimmen sich nach dem ortsüblichen oder tariflichen Entgelt, wenn eine beruflich tätige Hilfsperson in Anspruch genommen wird. In Fällen der Nachbarschaftshilfe oder der Hilfe durch Angehörige werden die Kosten nach Maßgabe des Einzelfalls erstattet. Dabei sind der zeitliche Umfang, die Schwierigkeit der Hilfe und gegebenenfalls auch der Grad der Verwandtschaft zu berücksichtigen (Mrozynski a. a. O.).

§ 58
Hilfen zur Teilhabe am gemeinschaftlichen und kulturellen Leben

Die Hilfen zur Teilhabe am gemeinschaftlichen und kulturellen Leben (§ 55 Abs. 2 Nr. 7) umfassen vor allem
1. Hilfen zur Förderung der Begegnung und des Umgangs mit nichtbehinderten Menschen,
2. Hilfen zum Besuch von Veranstaltungen oder Einrichtungen, die der Geselligkeit, der Unterhaltung oder kulturellen Zwecken dienen,
3. die Bereitstellung von Hilfsmitteln, die der Unterrichtung über das Zeitgeschehen oder über kulturelle Ereignisse dienen, wenn wegen Art oder Schwere der Behinderung anders eine Teilhabe am Leben in der Gemeinschaft nicht oder nur unzureichend möglich ist.

ERLÄUTERUNGEN

I. Bedeutung der Vorschrift

1   Die Vorschrift konkretisiert durch beispielhafte Aufzählung Hilfen zur Teilhabe am gemeinschaftlichen und kulturellen Leben im Sinne von § 55 Abs. 2 Nr. 7 SGB IX.

II. Fassung

2   Die Vorschrift wurde unverändert aus dem Regierungsentwurf (BT-Drucks. 14/5531 i. V. m. 14/5074) übernommen. Sie ist an § 19 EingliederungshilfeVO angelehnt.

III. Anmerkungen

1. Förderung von Kontakten mit nicht behinderten Menschen

3   Zu den entsprechenden Leistungen gehört zunächst die **Förderung des Umgangs** des behinderten Menschen **mit nicht behinderten Personen**. Hierzu gehören Maßnahmen zur Vermittlung gesellschaftlicher Kontakte, zum Besuch von Veranstaltungen, zur Beteiligung an Vereinen sowie an Aktionen der Nachbarschaft und des Gemeinwesens. Gegebenenfalls kann hierzu auch der Aufenthalt in einem Ferienlager mit der speziellen Zielsetzung gehören, zur psychischen und physischen Rehabilitation beizutragen und insbesondere zu ler-

nen, in der Gemeinschaft der Mitmenschen als gleichberechtigte Partner zu leben (Schellhorn / Jirasek / Seipp Rdnr. 3 zu § 14 EingliederungshilfeVO).

2. Teilhabe am kulturellen Leben

Teilhabe am kulturellen Leben bedeutet insbesondere die Möglichkeit zu Theater-, Konzert- oder Kinobesuchen und ähnlichen Veranstaltungen. 4

3. Art und Reichweite der Hilfe

Die Hilfe soll zunächst die Voraussetzungen für solche Kontakte und Besuchsmöglichkeiten – auch im Hinblick auf die Bewegungsmöglichkeiten des Behinderten – schaffen und darüber hinaus Kontaktpersonen durch Aufklärung und Beratung zu gewinnen. Als materielle Hilfe kann etwa die Bezahlung von **Eintrittskarten** in Betracht kommen. Ist einem behinderten Menschen das Verlassen der Wohnung nicht mehr möglich, kann auch die Übernahme der Kosten für einen Telefonanschluss in Frage kommen. Schließlich kommt die Bereitstellung von Hilfsmitteln, die der Unterrichtung über das Zeitgeschehen und über kulturelle Ereignisse dienen in Betracht, wenn wegen der Schwere der Behinderung anders eine Teilnahme am Leben in der Gemeinschaft nicht oder nur unzureichend möglich ist (vgl. § 19 Nr. 3 EingliederungshilfeVO). Je nach den individuellen Bedürfnissen des einzelnen behinderten Menschen können dazu insbesondere **Zeitungen, Zeitschriften, Bücher, Rundfunk und Fernsehen** gehören. Materielle Leistungen dieser Hilfe umfassen auch die Kosten der Beschaffung und ggf. von Reparaturen und laufenden Kosten (Schellhorn / Jirasek / Seipp Rdnr. 5 zu § 19 EingliederungsVO).

§ 59
Verordnungsermächtigung

Die Bundesregierung kann durch Rechtsverordnung mit Zustimmung des Bundesrates Näheres über Voraussetzungen, Gegenstand und Umfang der Leistungen zur Teilhabe am Leben in der Gemeinschaft sowie über das Zusammenwirken dieser Leistungen mit anderen Leistungen zur Rehabilitation und Teilhabe behinderter Menschen regeln.

ERLÄUTERUNGEN

I. Bedeutung der Vorschrift

Die Vorschrift ermächtigt die Bundesregierung, durch Rechtsverordnung mit Zustimmung 1 des Bundesrates Einzelheiten der Leistungen zur Teilhabe am Leben in der Gemeinschaft gem. §§ 55 ff. SGB IX sowie über das Zusammenwirken dieser Leistungen mit anderen Leistungen zur Rehabilitation und Teilhabe behinderter Menschen zu regeln. Sie lehnt sich an den fortgeltenden § 47 BSHG an; aufgrund jener Ermächtigungsvorschrift wurde die EingliederungshilfeVO vom 27. Mai 1964 (BGBl. I S. 339), nun in der Neufassung vom 1. Februar 1975 (BGBl. I S. 433) und zuletzt geändert durch Art. 116 des SGB IX, erlassen.

II. Fassung

Die Vorschrift wurde unverändert aus dem Regierungsentwurf (BT-Drucks. 14/5531 i. V. m. 2 14/5074) übernommen.

KAPITEL 8
Sicherung und Koordinierung der Teilhabe

TITEL 1
Sicherung von Beratung und Auskunft

§ 60
Pflichten Personensorgeberechtigter

Eltern, Vormünder, Pfleger und Betreuer, die bei ihrer Personensorge anvertrauten Menschen Behinderungen (§ 2 Abs. 1) wahrnehmen oder durch die in § 61 genannten Personen hierauf hingewiesen werden, sollen im Rahmen ihres Erziehungs- oder Betreuungsauftrags die behinderten Menschen einer gemeinsamen Servicestelle oder einer sonstigen Beratungsstelle für Rehabilitation oder einem Arzt zur Beratung über die geeigneten Leistungen zur Teilhabe vorstellen.

ERLÄUTERUNGEN

I. Bedeutung der Vorschrift

1   Die Vorschrift legt Personensorgeberechtigten nahe, die ihnen anvertrauten Menschen einer gemeinsamen Servicestelle oder einer sonstigen Beratungsstelle für Rehabilitation oder einem Arzt vorzustellen, wenn sie Behinderungen wahrnehmen oder hierauf z. B. durch Ärzte, Lehrer oder die anderen in § 61 genannten Personen hingewiesen werden. Diese Obliegenheit besteht aber nur, soweit sie in der Sache angemessen ist. Dies wird insbesondere bei älteren, sich in einem Pflegeheim aufhaltenden Menschen regelmäßig nicht zutreffen.

II. Fassung

2   Die Vorschrift wurde mit folgender Änderung aus dem Regierungsentwurf (BT-Drucks. 14/5531 i. V. m. 14/5074) übernommen: Ursprünglich war mit den Worten „haben ... vorzustellen" eine ausdrückliche Verpflichtung des Adressatenkreises vorgesehen. Hiergegen hatte sich der Bundesrat mit nachfolgender Begründung gewandt (BT-Drucks. 14/5531 S. 10):

„Eine Einschränkung der Personensorge durch Schaffung einer Verpflichtung der Eltern etc. ist nicht angemessen und kann sich störend auf die Bereitschaft zur Inanspruchnahme von Hilfe auswirken. Vielmehr sollte ein Anspruch auf Beratung formuliert werden, der ohnehin entstehen würde, wenn die Verpflichtung geregelt würde."

3   Nachdem die Bundesregierung eine Prüfung zugesagt hatte, wie dem Anliegen einer nicht verpflichtenden Regelung Rechnung getragen werden könne (BT-Drucks. 14/5639 S. 4), hat der BT-Ausschuss für Arbeit und Sozialordnung dementsprechend eine Soll-Vorschrift formuliert.

§ 61
Sicherung der Beratung behinderter Menschen

(1) ¹Die Beratung der Ärzte, denen eine Person nach § 60 vorgestellt wird, erstreckt sich auf die geeigneten Leistungen zur Teilhabe. ²Dabei weisen sie auf die Möglichkeit der Beratung durch eine gemeinsame Servicestelle oder eine sonstige Beratungsstelle für Rehabilitation hin. ³Bei Menschen, bei denen der Eintritt der Behinderung nach allgemeiner ärztlicher Erkenntnis zu erwarten ist, wird entsprechend verfahren. ⁴Werdende Eltern werden auf den Beratungsanspruch bei den Schwangerschaftsberatungsstellen hingewiesen.

(2) Hebammen, Entbindungspfleger, Medizinalpersonen außer Ärzten, Lehrer, Sozialarbeiter, Jugendleiter und Erzieher, die bei Ausübung ihres Berufs Behinderungen (§ 2 Abs. 1) wahrnehmen, weisen die Personensorgeberechtigten auf die Behinderung und auf die Beratungsangebote nach § 60 hin.

(3) Nehmen Medizinalpersonen außer Ärzten und Sozialarbeiter bei Ausübung ihres Berufs Behinderungen (§ 2 Abs. 1) bei volljährigen Menschen wahr, empfehlen sie diesen Menschen oder den für sie bestellten Betreuern, eine Beratungsstelle für Rehabilitation oder einen Arzt zur Beratung über die geeigneten Leistungen zur Teilhabe aufzusuchen.

ERLÄUTERUNGEN

I. Bedeutung der Vorschrift

Wird ein behinderter Mensch einem Arzt zur Beratung über die geeigneten Leistungen zur Teilhabe vorgestellt, hat dieser auch eine entsprechende Beratungspflicht. In diesem Rahmen muss er auf die Möglichkeit der Beratung durch eine gemeinsame Servicestelle oder eine sonstige Beratungsstelle für Rehabilitation hinweisen. Ist bei dem vorgestellten Menschen der Eintritt der Behinderung nach allgemeiner ärztlicher Kenntnis zu erwarten, gilt eine entsprechende Beratungspflicht. Der Arzt hat werdende Eltern auf den Beratungsanspruch bei den Schwangerschaftsberatungsstellen hinzuweisen. 1

In **Abs. 2** wird ein Kreis von Personen, die bei Ausübung ihres Berufes regelmäßig Behinderungen wahrnehmen, dazu angehalten, die Personensorgeberechtigten auf die Behinderung und auf die Beratungsangebote bei einer gemeinsamen Service- oder sonstigen Beratungsstelle bzw. einem Arzt hinzuweisen. Zu den hinweispflichtigen Personen gehören namentlich Hebammen, Entbindungspfleger, nichtärztliche Medizinalpersonen wie Krankenschwestern, Krankenpfleger, Masseure, medizinisch-technische Assistenten. Ferner rechnen hierzu Lehrer, Sozialarbeiter, Jugendleiter und Erzieher. 2

II. Fassung

Die Vorschrift wurde weitgehend unverändert aus dem Regierungsentwurf (BT-Drucks. 14/5531 i. V. m. 14/5074) übernommen. 3

Als Folgeänderung zur Änderung des § 60 SGB IX wird lediglich in **Abs. 2** nicht mehr von der Hinweispflicht auf die „Verpflichtung der Personensorgeberechtigten zur Vorstellung", sondern von dem Hinweis auf die „Beratungsangebote nach § 60" gesprochen.

§ 62
Landesärzte

(1) In den Ländern können Landesärzte bestellt werden, die über besondere Erfahrungen in der Hilfe für behinderte und von Behinderung bedrohte Menschen verfügen.

(2) Die Landesärzte haben vor allem die Aufgabe,
1. Gutachten für die Landesbehörden, die für das Gesundheitswesen und die Sozialhilfe zuständig sind, sowie für die zuständigen Träger der Sozialhilfe in besonders schwierig gelagerten Einzelfällen oder in Fällen von grundsätzlicher Bedeutung zu erstatten,
2. die für das Gesundheitswesen zuständigen obersten Landesbehörden beim Erstellen von Konzeptionen, Situations- und Bedarfsanalysen und bei der Landesplanung zur Teilhabe behinderter und von Behinderung bedrohter Menschen zu beraten und zu unterstützen sowie selbst entsprechende Initiativen zu ergreifen,

3. die für das Gesundheitswesen zuständigen Landesbehörden über Art und Ursachen von Behinderungen und notwendige Hilfen sowie über den Erfolg von Leistungen zur Teilhabe behinderter und von Behinderung bedrohter Menschen regelmäßig zu unterrichten.

ERLÄUTERUNGEN

ÜBERSICHT

I. Bedeutung der Vorschrift (Rdnrn. 1–3)
II. Fassung (Rdnr. 4)
III. Anmerkungen (Rdnrn. 5–9)

I. Bedeutung der Vorschrift

1   Wirksame Hilfe für behinderte Menschen setzt auch eine sorgfältige Planung und Durchführung entsprechender Maßnahmen zur Rehabilitation nach neuesten wissenschaftlichen Erkenntnissen voraus. Die Vorschrift sieht deshalb die Bestellung von Landesärzten vor, die sich allgemein und im Einzelfall beratend und koordinierend betätigen sollen. Dies gilt sowohl dem behinderten Menschen als auch der zur Hilfe berufenen Stelle gegenüber.

2   In Abweichung von der bis 31. Dezember 2004 in Geltung gewesenen Vorschrift des § 126a BSHG, an den sich die Vorschrift anlehnt, besteht keine Rechtspflicht zur Bestellung der Landesärzte.

3   Deren Aufgaben werden in Abs. 2 – allerdings nicht abschließend – aufgezählt:

Hierzu gehören vor allem
– die Gutachtenerstellung für zuständige Landesbehörden im Bereich des Gesundheitswesens und der Sozialhilfe; möglich ist auch die Erstattung von Gutachten für zuständige Sozialhilfeträger in besonders schwierigen Einzelfällen oder Fällen von grundsätzlicher Bedeutung (**Nr. 1**);
– die Beratung und Unterstützung der für das Gesundheitswesen zuständigen obersten Landesbehörden und das Erstellen von Konzeptionen, Analysen und bei der einschlägigen Landesplanung; sie können hierzu selbst entsprechende Initiativen ergreifen (**Nr. 2**);
– die regelmäßige Unterrichtung der für das Gesundheitswesen zuständigen Landesbehörden über Art und Ursachen von Behinderungen, notwendige Hilfen sowie über den Erfolg von Teilhabeleistungen an behinderte oder von Behinderung bedrohte Menschen (**Nr. 3**).

II. Fassung

4   Die Vorschrift wurde unverändert aus dem Regierungsentwurf (BT-Drucks. 14/5531 i. V. m. 14/5074) übernommen.

III. Anmerkungen

5   Es bleibt den Ländern überlassen, ob und von wem in ihrem jeweiligen Bereich Landesärzte gestellt werden.

6   Nach Inkrafttreten des SGB IX stehen **nicht mehr einzelfallbezogene, gutachterliche Aufgaben im Vordergrund** ihres Aufgabenspektrums. Neu hinzugekommen ist die Betonung allgemeiner, vorwiegend beratender Aufgaben im Rahmen des Ziels des SGB IX: **die Verbesserung der Teilhabe von Menschen mit Behinderung**. Die Beratung soll einen fachmedizinischen, interessenunabhängigen Beitrag leisten zur Weiterentwicklung von Konzepten, Vorgehensweisen und Methodeneinschätzungen in den Themen Förderung, Behandlung, Versorgung und Integration von Menschen mit Behinderung oder drohender Behinderung.

Dazu gehört auch die **Mitwirkung bei der Gestaltung präventiver Angebote**, um die Entwicklung vermeidbarer Behinderungen nach Möglichkeit aufzuhalten. 7

Beispiele für Themenfelder des Landesarztes können u. a. sein (vgl. die Aufgabenbeschreibung des Landesarztes für behinderte Menschen im Regierungspräsidium Stuttgart (unter www.rp-stuttgart.de/servlet/PB/Menu/1157620/index.html): 8
- die landesweite Koordination der Aktivitäten zur Einführung eines flächendeckenden Neugeborenenhörscreenings,
- die einzelfallbezogene Beratung zum Umgang mit pflegerischen Tätigkeiten in Sondereinrichtungen,
- die Frühförderung als ein Teil des Gesamtsystems Rehabilitation (Eingliederung) mit dem Prinzip der Teilhabe,
- der Auf- und Ausbau von Strukturen für mehr Integration zur Teilhabe am gesellschaftlichen Leben für die Kinder mit Entwicklungsstörungen bzw. Behinderungen auch über das Vorschulalter hinaus, z. B. durch integrative Erziehung in Kindertageseinrichtungen.

Eine Gesamtübersicht aller in den Ländern bestellten Landesärzte gibt es bisher nicht. Die folgende – nicht vollständige – Zusammenstellung (Stand 1. August 2008) beruht auf teils im Internet zugänglichen Listen, im Übrigen auf Anfragen des Verfassers. 9

Baden-Württemberg
Landesarzt für Behinderte im Regierungsprädisium Stuttgart
Ruppmannstr. 21 70565 Stuttgart 0711 / 904-39400

Bayern
Vgl. die Zusammenstellung des Bayerischen Staatsministeriums für Umwelt, Gesundheit und Verbraucherschutz (http://www.stmugv.bayern.de/gesundheit/landesaerzte_behinderte/index.htm).
Landesärzte für Körperbehinderte Für die Regierungsbezirke Oberbayern, Niederbayern, Oberpfalz und Mittelfranken:
Dr. Werner Kuglstatter Zentrum Bayern Familie und Soziales Region Oberbayern I Richelstr. 17 80634 München
Für die Regierungsbezirke Oberfranken und Unterfranken:
Priv. Doz. Dr. Peter Raab Orthopädische Klinik König-Ludwig-Haus Brettreichstr. 11 97074 Würzburg
Für den Regierungsbezirk Schwaben:
Dr. Helmut Wiedmann Bürgermeister-Wohlfahrt-Str. 78 a 86343 Königsbrunn

Bayern

Landesärzte für Sehbehinderte

Für die Regierungsbezirke Oberbayern, Niederbayern und Schwaben:

> Dr. med. Ralph-Laurant Merté
> Oberarzt der Augenklinik und Augenpoliklinik rechts der Isar der TU München
> Ismaninger Str. 22
> 81675 München

Für die Regierungsbezirke Oberpfalz und Mittelfranken:

> Prof. Dr. Rainer Rix, Augenarzt
> Sulzbacher Str. 61
> 90491 Nürnberg

Für die Regierungsbezirke Oberfranken und Unterfranken:

> Prof. Dr. Dr. F. Grehn
> Universitäts-Augen-Klinik Würzburg
> Josef-Schneider-Str. 11
> 97080 Würzburg

Landesärzte für Hör- und Sprachbehinderte

Für die Regierungsbezirke Oberbayern, Niederbayern, Oberpfalz, Mittelfranken und Schwaben:

> Prof. Dr. Dr. U. Eysholdt
> Universitätsklinikum Erlangen,
> Abteilung Phoniatrie und Pädaudiologie
> Bohlenplatz 21
> 91054 Erlangen

Für die Regierungsbezirke Oberfranken und Unterfranken:

> Prof. Dr. med. Rudolf Hagen
> Direktor der Klinik und Poliklinik für HNO
> der Bayerischen Julius Maximilians Universität Würzburg
> Josef-Schneider-Str. 11
> 97080 Würzburg

Landesärzte für geistig und seelisch behinderte Erwachsene

Für den Regierungsbezirk Oberbayern:

> Dr. Gisela Schröder, Fachärztin für Neurologie und Psychiatrie
> Zentrum Bayern Familie und Soziales
> Region Oberbayern I
> Richelstr. 17
> 80634 München

Für den Regierungsbezirk Niederbayern:

> Dr. Eva Hilmer
> Bezirksklinikum Mainkofen
> 94469 Deggendorf

Bayern

Für die Regierungsbezirke Oberpfalz und Mittelfranken:

Prof. Dr. H. E. Klein
Bezirksklinikum Regensburg
Universitätsstr. 84
93053 Regensburg

Für den Regierungsbezirk Oberfranken:

Dr. Michael Schüler
Ltd. Arzt der Gerontopsychiatrie am Bezirkskrankenhaus Bayreuth
Nordring 2
95445 Bayreuth

Für den Regierungsbezirk Unterfranken

Priv. Doz. Dr. Gerd Jungkunz
Krankenhaus für Psychiatrie und Neurologie des Bezirks Unterfranken
Am Sommerberg 21
97816 Lohr a. Main

Für den Regierungsbezirk Schwaben:

Dr. Vitalij Kazin
Funktionsoberarzt am MHZ
Bezirkskrankenhaus Kaufbeuren
Kemnater Str. 16
87600 Kaufbeuren

Landesärzte für geistig und seelisch behinderte Kinder und Jugendliche

Für den Regierungsbezirk Oberbayern:

Dr. Franz Joseph Freisleder
Facharzt für Neurologie, Psychiatrie, Kinder- und Jugendpsychiatrie
Heckscher Klinik
Deisenhofener Str. 28
81539 München

Für den Regierungsbezirk Niederbayern:

Dr. Matthias von Aster
Bezirkskrankenhaus Landshut
Professor Buchner Str 22
84034 Landshut

Für den Regierungsbezirk Oberpfalz:

Dr. Martin Linder
Klinik für Kinder- und Jugendpsychiatrie
Bezirksklinikum Regensburg
Universitätsstr. 84
93053 Regensburg

Bayern

Für den Regierungsbezirk Oberfranken:

> Dr. Klaus Holstein
> Chefarzt der Klinik für Kinder- und Jugendpsychiatrie am Bezirkskrankenhaus Bayreuth
> Nordring 2
> 95445 Bayreuth

Für den Regierungsbezirk Mittelfranken:

> Dr. Andreas Meyer
> Leiter der Institutsambulanz der Kinder- und Jugendpsychiatrie und -psychotherapie Ansbach
> Feuchtwanger Str. 38
> 91522 Ansbach

Für den Regierungsbezirk Unterfranken:

> Prof. Dr. Andreas Warnke
> Klinik und Poliklinik für Kinder- und Jugendpsychiatrie der Julius-Maximilians-Universität
> Füchsleinstr. 15
> 97080 Würzburg

Für den Regierungsbezirk Schwaben:

> Dr. Jenny Junghanß
> Kinderkrankenhaus Josefinum
> Kapellenstr. 30
> 86154 Augsburg

Landesärzte für Organgeschädigte

Für die Regierungsbezirke Oberbayern, Niederbayern, Oberpfalz, Schwaben, Oberfranken, Mittelfranken und Unterfranken:

> Dr. Karola Hery
> Fachärztin für Innere Krankheiten
> Nibelungenstr. 67
> 80639 München

Bremen

Nach Mitteilung der Senatorin für Arbeit, Frauen, Gesundheit, Jugend und Soziales wurde in Bremen von der Bestellung von Landesärzten abgesehen.

Landesärzte § 62

Hamburg
(Mitteilung des Senatskoordinators für die Gleichstellung behinderter Menschen.) In Hamburg gibt es vier Landesärzte für die Bereiche – Sehen – Hören – Bewegen – Sprechen Die Leitende Stelle im Bereich „Sprechen" ist zurzeit vakant.

Die Landesärzte sind tätig beim
    Beratungszentrum
    Sehen/Hören/Bewegen/Sprechen
    Koordination Frühförderung
    Fuhlsbüttler Str. 401
    22309 Hamburg
    Tel. 040 / 4 28 63-4910, -4913, -4930
    Fax: 040 / 4 28 63-4927
    beratungszentrum@hamburg-nord.hamburg.de
    www.beratungszentrum.hamburg.de

Hessen
Vgl. die Zusammenstellung des Hess. Sozialministerium (http://www.barrierefrei-fuer-alle.de/ca/a/lt/).

Landesarzt für Menschen mit seelischer Behinderung
    Herr Prof. Dr. Manfred Bauer
    Klinikum Offenbach
    Klinik für Psychiatrie und Psychotherapie
    Starkenburgring 66
    63069 Offenbach
    Tel. 069 / 84 05-3065
    Fax 069 / 84 05-3141
    E-Mail: manfred.bauer@klinikum-offenbach.de
 	
    Landesärztin für Menschen mit Hör- und Sprachbehinderung
    Frau Prof. Dr. med. Roswitha Berger
    Klinik für Phoniatrie und Pädaudiologie
    Deutschhausstr. 3
    35037 Marburg
    Tel. 0421 / 28-66439
    Fax 06421 / 28-62842
    E-Mail: Roswitha.Berger@med.uni-marburg.de
    Internet: www.med.uni-marburg.de/phoniatrie

Hessen
Landesarzt für Menschen mit Körperbehinderung Herr Prof. Dr. med. K.-D. Thomann Arzt für Orthopädie, Rheumatologie, Sozialmedizin Eschersheimer Landstr. 353 60320 Frankfurt am Main Tel.: 069 / 5 60 41 66 Fax: 069 / 5 60 44 52 **Landesarzt für Menschen mit geistiger Behinderung und behinderte Kinder und Jugendliche mit seelischer Behinderung** Herr Dr. med. Rainer H. Schöffel Facharzt für Kinder- und Jugendmedizin, Kinder- und Jugendpsychiatrie, Psychotherapie Lindenstr. 17 37235 Hessisch-Lichtenau Tel. 05602 / 9 39 59 Fax 05602 / 93 95 50 E-Mail: LA@schoeffelhighland.de **Landesarzt für Menschen mit Sehbehinderung** Herr Prof. Dr. H. Kaufmann Geschäftsführender Direktor der Augenklinik Universitätsklinikum Friedrichstr. 18 35385 Gießen Tel. 0641 / 99-43902 Fax: 06 41 / 99-43909 E-Mail: Landesarzt@augen.med.uni-giessen.de Internet: www.uniklinikum-giessen.de/augen

Niedersachsen
(Mitteilung des Ministeriums für Soziales, Frauen, Familie und Gesundheit.)
a) Landesärzte für körperlich Behinderte:

Bezirk	Landesarzt	Zuständigkeitsbereich
Bezirk 1	Dr. med. G. Dreiss Im Sickviertel 12 a 27607 Langen Tel: 04743 / 14 66 Landesarzt Chefarzt Dr. med. V. Diedrichs Facharzt für Orthopädie Kinder- u. Neuroorthopädie Seepark-Klinik Debstedt Langener Str. 66 27607 Langen Tel. 04743 / 893-2166	Landkreise: Cuxhaven, Stade, Rotenburg (Wümme), Osterholz, Verden, Soltau-Fallingbostel, Nienburg (Weser)

Landesärzte § 62

Niedersachsen		
Bezirk 2	– zurzeit nicht besetzt –	Landkreise: Wittmund, Aurich, Friesland, Wesermarsch, Leer, Ammerland, Oldenburg (Oldb.) Städte: Delmenhorst, Emden und Oldenburg (Oldb.), Wilhelmshaven
Bezirk 3	– zurzeit nicht besetzt –	Landkreise: Harburg, Lüneburg, Uelzen, Lüchow-Dannenberg, Celle
Bezirk 4	Landesarzt Dr. med. K. D. Asche, Orthopädische Abteilung, Hedon-Klinik Hedon-Allee 1 49811 Lingen Tel. 0591/ 918-1250	Landkreise: Emsland, Cloppenburg, Vechta, Diepholz, Grafschaft Bentheim, Osnabrück Stadt: Osnabrück
Bezirk 5	Landesärzte Dr. med. Stephan Martin und Dr. med. Andreas Tenger Fachärzte f. Orthopädie, Annastift – Fachkrankenhaus Klinik 1 Anna-von-Borries-Str. 1-7, 30625 Hannover Tel. 0511 / 5354-305	Region: Hannover Landkreise: Hildesheim, Holzminden, Northeim, Göttingen, Landkreise: Schaumburg, Hameln-Pyrmont
Bezirk 6	Landesarzt Prof. Dr. Heller Orthopädische Klinik Melverode, Leipziger Str. 24 38124 Braunschweig-Melverode Tel. 0531 / 699–327	Landkreise: Gifhorn, Peine, Helmstedt, Wolfenbüttel, Goslar, Osterode Städte: Braunschweig, Salzgitter, Wolfsburg

b) Landesärzte für geistig und seelisch Behinderte:

Landesarzt	Zuständigkeitsbereich
Frau Med. Dir. a. D. Roy-Feiler Landesärztin für geistig und seelisch Behinderte Zierenbergstr. 59 31137 Hildesheim Tel. 05121 / 45 307	Land Niedersachsen

c) Landesarzt für Sehbehinderte und Blinde:

– zurzeit nicht besetzt –

Knittel SGB IX Kommentar 807

Nordrhein-Westfalen
(Mitteilung des Ministeriums für Arbeit, Gesundheit und Soziales.)
Da in NRW die **Landschaftsverbände** überörtliche Sozialhilfeträger sind, bestellen sie ggf. die Landesärzte.
In **Westfalen-Lippe** gibt es einen Landesarzt für Körperbehinderte:
Landschaftsverband Westfalen-Lippe LWL-Behindertenhilfe Landesarzt Dr. Herter Freiherr-vom-Stein-Platz 1, 48147 Münster Tel. 0251 / 591-3670
Im **Rheinland** gibt es vier Landesärzte. die an Kliniken des Landschaftsverbands Rheinland beschäftigt sind:
Dr. Bange – Landesarzt für Innere Krankheiten, Dr. Hammers – Landesarzt für Blinde und Sehbehinderte, Dr. Streppel – Landesarzt für Gehörlose, Dr. Deitmar – Landesarzt für Körperbehinderte.

Saarland
(Mitteilung des Ministeriums für Justiz und Soziales.)
Landesarzt für Körperbehinderte Prof. Dr. med. Dieter Kohn, Direktor der Orthopädischen Klinik und Poliklinik an den Universitätsklinikum des Saarlandes, 66421 Homburg **Landesarzt für Blinde und Sehbehinderte** Prof. Dr. Berthold Seitz, Direktor der Augenklinik und Poliklinik an dem Universitätsklinikum des Saarlandes, 66421 Homburg **Landesarzt für geistig und seelisch behinderte Erwachsene** Dr. med. Martin Oest, Oberarzt der Klinik für Psychiatrie und Psychotherapie an dem Universitätsklinikum des Saarlandes, 66421 Homburg **Landesarzt für geistig und seelisch behinderte Kinder** Dr. med. Herbert Nödl, Facharzt für Kinder- und Jugendpsychiatrie und Neurologie an den Universitätsklinikum des Saarlandes, 66421 Homburg

| Landesärzte | § 62 |

Saarland
Landesarzt für Hör- und Sprachbehinderte Dr. med. Manfred Just, Facharzt für HNO – Heilkunde, Praxis für Phoniatrie und Pädaudiologie, Rheinstr. 35, 66113 Saarbrücken

Sachsen
Vgl. die Zusammenstellung in Medienservice Sachsen.de (http://www.medienservice.sachsen.de/news/30043). **Landesärzte für Körperbehinderte, chronisch Kranke** Dr. Thomas Stuckert, Heinrich-Braun-Klinikum Zwickau, Kinderzentrum Prof. Dr. Georg v. Salis-Soglio, Universitätsklinikum Leipzig, Orthopädische Klinik und Poliklinik Dr. Gert-Rainer Berthold, Gesundheitspark Bad Gottleuba, Klinik für Orthopädie/Traumatologie und Osteologie **Landesärzte für Sehbehinderte** Dr. Katrin Engelmann, Klinikum Chemnitz gGmbH, Krankenhaus Flemmingstraße – Augenklinik Prof. Dr. Peter Wiedemann, Universitätsklinikum Leipzig, Klinik und Poliklinik für Augenheilkunde **Landesärzte für Hör-, Sprach-, Sprech- und Stimmbehinderte** PD Dr. Eberhard F. Meister, Klinikum St. Georg gGmbH, Klinik für Hals-, Nasen-, Ohrenheilkunde Dr. Michael Fuchs, Universitätsklinikum Leipzig, Klinik und Poliklinik für Hals-, Nasen-Ohrenheilkunde/Plastische Operationen Prof. Dr. Friedemann Pabst, Städtisches Klinikum, Krankenhaus Dresden-Friedrichstadt **Landesärzte für geistig Behinderte** Dr. Gunter Wagner, Klinikum Mittleres Erzgebirge gGmbH, Haus Zschopau Prof. Dr. Andreas Merkenschlager, Universitätsklinikum Leipzig, Universitätsklinik für Kinder und Jugendliche Dr. Sabine Tuchscherer, Sächsisches Krankenhaus für Psychiatrie und Neurologie Rodewisch **Landesärzte für seelisch Behinderte** Dr. Barbara Richter, Sächsisches Krankenhaus für Psychiatrie und Neurologie Alterscherbitz, Klinik für Psychiatrie/Psychotherapie Dr. Peter Grampp, Fachkrankenhaus Hubertusburg gGmbH, Klinik für Psychiatrie und Psychotherapie Wermsdorf Dr. Ulf Kampczyk, Deutsche Rentenversicherung Mitteldeutschland, Bereich Koordination Reha-Einrichtungen und Sozialmedizin Leipzig

Sachsen-Anhalt

In Sachsen-Anhalt sind derzeit (Stand 1. August 2008) keine Landesärzte nach § 62 SGB IX bestellt.

Thüringen

(Mitteilung des Thüringischen Ministeriums für Soziales, Familie und Gesundheit).

Landesarzt für Blinde und wesentlich Sehbehinderte
Prof. Dr. med. habil Hans Peter Brandt
Paulinzeller Weg 42
99097 Erfurt
ernannt am 25. 6. 1992

Landesarzt für Geriatrie
Dr. med. Ulrich Franke
St.-Elisabeth-Krankenhaus
Bahnhofstr. 19
99976 Lengenfeld unterm Stein
ernannt am 31. 8. 1994

Landesarzt für Hörgeschädigte
Helios Klinik Erfurt
Klinik für Hals-, Nasen-, Ohrenheilkunde
Chefarzt Prof. Dr. med. habil Dirk Eßer
Nordhäuser Str. 74
99089 Erfurt
ernannt am 17. 11. 1998

Landesarzt für seelisch und geistig behinderte Kinder und Jugendliche
Dr. med. F. Handerer
Chefarzt der Klinik für Kinder- und Jugendpsychiatrie/-psychotherpie
Ökumenisches Hainich Klinikum
Pfafferode 102
99974 Mühlhausen/Thür.
ernannt am 31. 1. 2003

TITEL 2
Klagerecht der Verbände

§ 63
Klagerecht der Verbände

¹Werden behinderte Menschen in ihren Rechten nach diesem Buch verletzt, können an ihrer Stelle und mit ihrem Einverständnis Verbände klagen, die nach ihrer Satzung behinderte Menschen auf Bundes- oder Landesebene vertreten und nicht selbst am Prozess beteiligt sind. ²In diesem Fall müssen alle Verfahrensvoraussetzungen wie bei einem Rechtsschutzersuchen durch den behinderten Menschen selbst vorliegen.

ERLÄUTERUNGEN

I. Bedeutung der Vorschrift

Die Vorschrift normiert erstmals ein besonderes Klagerecht der Verbände, die nach ihrer Satzung behinderte Menschen auf Bundes- oder Landesebene vertreten. Durch eine von ihnen wahrgenommene Prozessstandschaft soll die gerichtliche Geltendmachung von Rechten behinderter Menschen an deren Stelle und mit deren Einverständnis erleichtert werden. Der jeweilige Verband darf allerdings nicht von vorneherein Prozessbeteiligter sein, damit Interessenkollisionen vermieden werden. In **Satz 2** wird klargestellt, dass z. B. bei einer abgelaufenen Rechtsmittelfrist den Verbänden keine weiter reichende Klagemöglichkeit eröffnet wird, als sie den Betroffenen selbst zur Verfügung steht.

1

II. Fassung

Die Vorschrift wurde unverändert aus dem Regierungsentwurf (BT-Drucks. 14/5531 i. V. m. 14/5074) übernommen.

2

TITEL 3
Koordinierung der Teilhabe behinderter Menschen

§ 64
Beirat für die Teilhabe behinderter Menschen

(1) ¹Beim Bundesministerium für Arbeit und Soziales wird ein Beirat für die Teilhabe behinderter Menschen gebildet, der es in Fragen der Teilhabe behinderter Menschen berät und bei Aufgaben der Koordinierung unterstützt. ²Zu den Aufgaben des Beirats gehören insbesondere auch
1. die Unterstützung bei der Förderung von Rehabilitationseinrichtungen und die Mitwirkung bei der Vergabe der Mittel des Ausgleichsfonds,
2. die Anregung und Koordinierung von Maßnahmen zur Evaluierung der in diesem Buch getroffenen Regelungen im Rahmen der Rehabilitationsforschung und als forschungsbegleitender Ausschuss die Unterstützung des Ministeriums bei der Festlegung von Fragestellungen und Kriterien.

³Das Bundesministerium für Arbeit und Soziales trifft Entscheidungen über die Vergabe der Mittel des Ausgleichsfonds nur aufgrund von Vorschlägen des Beirats.

(2) ¹Der Beirat besteht aus 48 Mitgliedern. ²Von diesen beruft das Bundesministerium für Arbeit und Soziales

zwei Mitglieder auf Vorschlag der Gruppenvertreter der Arbeitnehmer im Verwaltungsrat der Bundesagentur für Arbeit, zwei Mitglieder auf Vorschlag der Gruppenvertreter der Arbeitgeber im Verwaltungsrat der Bundesagentur für Arbeit,

sechs Mitglieder auf Vorschlag der Behindertenverbände, die nach der Zusammensetzung ihrer Mitglieder dazu berufen sind, behinderte Menschen auf Bundesebene zu vertreten,

16 Mitglieder auf Vorschlag der Länder,

drei Mitglieder auf Vorschlag der Bundesvereinigung der kommunalen Spitzenverbände,

ein Mitglied auf Vorschlag der Bundesarbeitsgemeinschaft der Integrationsämter und Hauptfürsorgestellen,

ein Mitglied auf Vorschlag des Vorstands der Bundesagentur für Arbeit,

zwei Mitglieder auf Vorschlag der Spitzenverbände der Krankenkassen,

ein Mitglied auf Vorschlag der Spitzenvereinigungen der Träger der gesetzlichen Unfallversicherung,

drei Mitglieder auf Vorschlag der Deutschen Rentenversicherung Bund,

ein Mitglied auf Vorschlag der Bundesarbeitsgemeinschaft der überörtlichen Träger der Sozialhilfe,

ein Mitglied auf Vorschlag der Bundesarbeitsgemeinschaft der Freien Wohlfahrtspflege,

ein Mitglied auf Vorschlag der Bundesarbeitsgemeinschaft für Unterstützte Beschäftigung,

fünf Mitglieder auf Vorschlag der Arbeitsgemeinschaften der Einrichtungen der medizinischen Rehabilitation, der Berufsförderungswerke, der Berufsbildungswerke, der Werkstätten für behinderte Menschen und der Integrationsfirmen,

ein Mitglied auf Vorschlag der für die Wahrnehmung der Interessen der ambulanten und stationären Rehabilitationseinrichtungen auf Bundesebene maßgeblichen Spitzenverbände,

zwei Mitglieder auf Vorschlag der Kassenärztlichen Bundesvereinigung und der Bundesärztekammer.

Für jedes Mitglied ist ein stellvertretendes Mitglied zu berufen.

ERLÄUTERUNGEN

I. Bedeutung der Vorschrift

1   Die Vorschrift sieht zwingend einen Beirat für die Teilhabe behinderter Menschen beim Bundesministerium für Arbeit und Sozialordnung vor. Der Beirat hat das Ministerium in Fragen der Teilhabe behinderter Menschen zu beraten und bei Koordinierungsaufgaben zu unterstützen, namentlich bei der Förderung von Rehabilitationseinrichtungen. Schließlich wirkt der Beirat bei der Vergabe der Mittel des Ausgleichsfonds gem. § 78 SGB IX durch ein maßgebendes Vorschlagsrecht mit (**Abs. 1**).

In **Abs. 2** ist die Zusammensetzung und das Berufungsverfahren für die 48 Mitglieder des Beirats geregelt.

II. Fassung

2   Die Vorschrift wurde mit folgenden Änderungen durch den zuständigen BT-Ausschuss aus dem Regierungsentwurf (BT-Drucks. 14/5531 i. V. m. 14/5074) übernommen.

a) Die Zahl der Beiratsmitglieder wurde von 47 auf 48 erhöht, und zwar um ein Mitglied auf Vorschlag der für die Wahrnehmung der Interessen der ambulanten und stationären Rehabilitationseinrichtungen auf Bundesebene maßgebenden Spitzenverbände.
b) In **Abs. 1 Satz 2** wurde die **Ziff. 2** eingefügt, um die „koordinierenden Aufgaben des Beirats" zu verdeutlichen (BT-Drucks 14/5800 S. 35).

Im Übrigen entwickelt die Regelung den bisherigen § 35 SchwbG fort. Hierbei wird der Mitgliederkreis entsprechend der umfassenderen Aufgabenstellung erweitert.

III. Anmerkungen
A) Zu Abs. 1
1. Rechtsstellung des Beirats
Der Beirat ist ein dem Bundesministerium für Arbeit assoziiertes Gremium ohne eigene Rechtsfähigkeit, das öffentliche Verwaltungsaufgaben erfüllt. Es ist weder eigenständige Behörde noch Teil der Ministerialverwaltung und auch kein Sozialleistungsträger (Spiolek in GK-SchwbG Rdnr. 10 zu § 35).

2. Aufgaben des Beirats
Die Aufgaben des Beirats sind vom Gesetz **weit gesteckt**, um eine effiziente Arbeit zu ermöglichen:

a) **Beratung in Fragen der Teilhabe behinderter Menschen**

Die nunmehrige Gesetzesfassung geht über die dem Beirat zuvor zugemessene Aufgabe der Beratung des Bundesministeriums für Arbeit – in Fragen der Arbeits- und Berufsförderung der Behinderten – hinaus. Sie bezieht sich auf den umfassenden Teilhabebegriff des § 1 SGB IX und damit auf alle Lebensumstände Behinderter und von Behinderung bedrohter Menschen. Der Beirat wird regelmäßig zu konkreten Anliegen des Bundesministeriums für Arbeit Stellung nehmen. Er kann aber auch von sich aus etwa Vorschläge zur Neufassung von Rechtsvorschriften einbringen.

b) **Unterstützung bei der Koordinierung**

Die bisherige Gesetzesfassung legte dem Beirat die Pflicht zur Unterstützung des Bundesministeriums für Arbeit bei dessen Koordinierung nach § 8a RehaAnglG auf. Das Ministerium hatte nämlich nach dieser Vorschrift darauf hinzuwirken, dass die Maßnahmen der Arbeits- und Berufsförderung Behinderter aufeinander abgestimmt werden. Hierbei waren die anderen Bundesministerien und die obersten Landesbehörden zu beteiligen. Nunmehr ist die Aufgabe der Koordinierung ohne die Beschränkung auf die inzwischen aufgehobene Rechtsvorschrift definiert. Der Beirat ist damit auch zur Unterstützung des Bundesministeriums für Arbeit bei Aufgaben berufen, die über Maßnahmen der Arbeits- und Berufsförderung für behinderte Menschen hinausgehen.

Auch hier ist der Beirat zu eigener Initiative, z. B. zu Vorschlägen für eine bessere Koordinierung und Kooperation der beteiligten Reha-Träger und etwa dem Integrationsämtern, befugt.

c) **Förderung von Rehabilitationseinrichtungen**

Unverändert ist als Aufgabe des Beirats die Unterstützung des Ministeriums bei der Förderung von Rehabilitationseinrichtungen hervorgehoben. Hierzu ist der Beirat besonders berufen, weil seine Mitglieder durchweg diese Einrichtungen und die damit verbundenen Probleme aus ihrer beruflichen Tätigkeit kennen. Im Vordergrund hierbei stehen die Einrichtung von Ausbildungs- und Werkstätten für Behinderte, die Entwicklung von Arbeitshilfen und anderen Erleichterungen bei der Einstellung und Beschäftigung sowie die Untersuchung und praktische Erprobung von Modellversuchen zur beruflichen Integration (vgl. Spiolek in GK-SchwbG Rdnr. 22).

d) **Evaluierung durch Rehabilitationsforschung**

7   Neu aufgenommen wurde die Aufgabe der Anregung und Koordinierung von Maßnahmen zur Evaluierung der in diesem Buch getroffenen Regelungen im Rahmen der Rehabilitationsforschung und als forschungsbegleitender Ausschuss die Unterstützung des Ministeriums bei der Festlegung von Fragestellungen und Kriterien.

e) **Mitwirkung bei der Vergabe der Mittel des Ausgleichsfonds**

8   Hierin liegt eine besonders wichtige Aufgabe des Beirats. Der nach § 78 SGB IX beim Bundesministerium für Arbeit und Sozialordnung als zweckgebundene Vermögensmasse eingerichtete „Ausgleichsfonds für überregionale Vorhaben zur Teilhabe schwerbehinderter Menschen am Arbeitsleben" dient der besonderen Förderung der Einstellung und Beschäftigung schwerbehinderter Menschen auf Arbeitsplätzen. Er hat ferner die Aufgabe der Förderung von Einrichtungen und Maßnahmen, die den Interessen mehrerer Länder auf dem Gebiet der Förderung der Teilhabe schwerbehinderter Menschen am Arbeitsleben dienen. Die zweckgebundene Vermögensmasse wird vom Bundesministerium für Arbeit und Sozialordnung verwaltet. Entscheidungen über die Mittel des Fonds dürfen nur aufgrund von Vorschlägen des Beirats getroffen werden (vgl. näher die Erläuterungen zu § 78 SGB IX).

B) zu Abs. 2

1. Zusammensetzung des Beirats

9   Die nunmehr von 38 **auf 48 erweiterte Mitgliederzahl** verdeutlicht die überregionale und fachübergreifende Aufgabenstellung der Teilhabe behinderter Menschen. In dem Beirat sind alle wesentlichen Bereiche vertreten, die mit der Rehabilitation und Teilhabe behinderter Menschen befasst sind.

Im Gegensatz zur bisherigen Zusammensetzung des Beirats sind folgende **Veränderungen** vorgesehen:

10 – Anstatt „zwei Vertretern der Arbeitnehmer" werden nunmehr zwei Mitglieder auf Vorschlag der Gruppenvertreter der Arbeitnehmer im Verwaltungsrat der Bundesagentur für Arbeit berufen. Entsprechendes gilt für die bisherigen „zwei Vertreter der Arbeitgeber".

– Statt „sechs Vertretern der Organisationen der Behinderten" werden nunmehr sechs Mitglieder auf Vorschlag der Behindertenverbände berufen, die nach der Zusammensetzung ihrer Mitglieder dazu berufen sind, behinderte Menschen auf Bundesebene zu vertreten.

– Statt einem Vertreter der kommunalen Selbstverwaltungskörperschaften werden nunmehr drei Mitglieder auf Vorschlag der Bundesvereinigung der kommunalen Spitzenverbände berufen.

– Erstmals im Beirat vertreten sind zwei Mitglieder, die auf Vorschlag der Spitzenverbände der Krankenkassen bestellt werden.

– Ebenfalls erstmals ist die Aufnahme eines Mitglieds auf Vorschlag der „Bundesarbeitsgemeinschaft für unterstützte Beschäftigung" vorgesehen.

– Anstelle von bisher drei Vertretern der „Einrichtungen der beruflichen Rehabilitation" werden nunmehr fünf Mitglieder auf Vorschlag der Arbeitsgemeinschaft der Einrichtungen der medizinischen Rehabilitation, der Berufsförderungswerke, der Berufsbildungswerke, der Werkstätten für behinderte Menschen und der Integrationsfirmen berufen.

– Neu vorgesehen ist die Mitgliedschaft von zwei Mitgliedern auf Vorschlag der kassenärztlichen Bundesvereinigung und der Bundesärztekammer. Ferner sind nunmehr auch die Spitzenverbände der Rehabilitationseinrichtungen durch ein Mitglied vertreten.

11 Nach Art und Zahl **unverändert geblieben** ist die Repräsentanz der 16 Länder, der Integrationsämter und der Bundesagentur für Arbeit mit je einem Mitglied, der gesetzlichen Rentenversicherungen mit drei Mitgliedern, der Sozialhilfe mit einem Mitglied, das nunmehr auf Vorschlag der Bundesarbeitsgemeinschaft der überörtlichen Träger der Sozialhilfe berufen

wird, sowie der freien Wohlfahrtspflege, deren Vertreter auf Vorschlag der Bundesarbeitsgemeinschaft der freien Wohlfahrtspflege zu berufen ist.

2. Verfahren der Berufung

Die Berufung der Beiratsmitglieder obliegt dem **Bundesministerium für Arbeit und Sozialordnung**. Außerdem ist für jedes Mitglied ein Stellvertreter zu berufen (**Abs. 2 Satz 2**). Der Stellvertreter vertritt das ordentliche Mitglied, für das er als Vertreter berufen ist, bei vorübergehender und dauernder Verhinderung. Bei dauernder Verhinderung, Abberufung oder Niederlegung kann aber auch auf entsprechenden Vorschlag ein neues Mitglied berufen werden, sodass dann der Stellvertreter weiter als solcher amtiert. 12

Das Bundesministerium für Arbeit und Sozialordnung ist grundsätzlich **an Vorschläge** der hierzu berechtigten Personen bzw. Institutionen **gebunden**. Eine Ausnahme wäre nur dann gegeben, wenn der Berufung persönliche Hindernisse zur Ausübung des Amts entgegenstehen. Die vorschlagenden Stellen sollen darauf hinwirken, dass eine gleichberechtigte Vertretung von Männern und Frauen im Beirat geschaffen und erhalten wird. 13

Mitglieder wie Stellvertreter können das Amt ablehnen und auch später jederzeit niederlegen, sofern sie nicht im Innenverhältnis gegenüber der vorschlagsberechtigten Stelle zur Ausübung des Amtes verpflichtet sind (vgl. Neumann/Pahlen Rdnr. 9 zu § 35 SchwbG).

§ 65
Verfahren des Beirats

¹Der Beirat für die Teilhabe behinderter Menschen wählt aus den ihm angehörenden Mitgliedern vonseiten der Arbeitnehmer, Arbeitgeber und Organisationen behinderter Menschen jeweils für die Dauer eines Jahres einen Vorsitzenden oder eine Vorsitzende und einen Stellvertreter oder eine Stellvertreterin. ²Im Übrigen gilt § 106 entsprechend.

ERLÄUTERUNGEN

I. Bedeutung der Vorschrift

Die Vorschrift regelt das Verfahren des Beirats für die Teilhabe behinderter Menschen beim Bundesministerium für Arbeit und Sozialordnung. Ausdrücklich festgelegt wird die Wählbarkeit und Amtsdauer des oder der Vorsitzenden sowie des jeweiligen Stellvertreters (Satz 1). Durch Verweisung auf § 106 SGB IX werden ergänzende Bestimmungen über die Wahl und Amtsdauer im Vorsitz des Beirats getroffen sowie die Beschlussfassung dieses Gremiums normiert. Ferner wird damit die Ehrenamtlichkeit der Tätigkeit im Beirat sowie die Amtszeit seiner Mitglieder festgeschrieben. 1

II. Fassung

Die Vorschrift wurde unverändert aus dem Regierungsentwurf (BT-Drucks. 14/5531 i. V. m. 14/5074) übernommen. 2

III. Anmerkungen

1. Vorsitz des Beirats

Der Beirat wählt je einen Vorsitzenden bzw. eine Vorsitzende und deren Stellvertreter bzw. Stellvertreterin für die Dauer eines Jahres. Die **Wählbarkeit** erstreckt sich **nicht auf alle 48 Mitglieder**. Vielmehr können in beiden Funktionen nur die Vertreter der Arbeitnehmer bzw. der Arbeitgeber sowie der Vertreter der Organisationen behinderter Menschen gewählt werden. Vorsitzender und Stellvertreter dürfen nicht derselben Gruppe angehören (vgl. § 106 Abs. 1 Satz 2 SGB IX). Nachdem ausdrücklich bestimmt ist, dass die Gruppen in regel- 3 mäßig jährlich wechselnder Reihenfolge den Vorsitzenden und den Stellvertreter stellen, müssen gleichmäßig alle Gruppen berücksichtigt werden. Obwohl die Reihenfolge nicht vorgeschrieben ist, bedingt der gleichmäßige Wechsel, dass je nach dem Ausgang der ersten Wahl eine bestimmte Folge einzuhalten ist (vgl. Neumann-Pahlen Rdnr. 2 zu § 36 SchwbG). Hierbei ist zu berücksichtigen, dass auch das Amtsende keine Unterbrechung der Reihenfolge mit sich bringt und bei Ausscheiden eines Vorsitzenden oder Stellvertreters die Neuwahl nur für den Rest der noch verbleibenden Amtszeit gilt (vgl. § 106 Abs. 1 Satz 2 und 3 SGB IX).

4 Wird als erster Vorsitzender ein Arbeitnehmer und als Stellvertreter ein Arbeitgeber gewählt, muss der Vertreter der Behindertenorganisationen den nächsten Vorsitzenden oder Stellvertreter stellen. Wird hingegen der Vertreter der Behinderten Vorsitzender, kann nur ein Vertreter der Arbeitnehmer Stellvertreter werden, und die Arbeitgeber stellen niemanden; falls der Vertreter der Behinderten Stellvertreter wird, muss ein Vertreter der Arbeitgeber Vorsitzender werden, und die Arbeitnehmer stellen keinen Vertreter (weitere Einzelheiten bei Neumann-Pahlen a. a. O.).

5 An der **Wahl** nehmen **alle Beiratsmitglieder** teil, wobei Beschlussfähigkeit entsprechend § 106 Abs. 2 Satz 1 SGB IX vorausgesetzt wird. Für die Wahl genügt Stimmenmehrheit (§ 106 Abs. 2 Satz 2 SGB IX). An die Stelle verhinderter Mitglieder tritt das stellvertretende Mitglied. Nur falls auch dieses verhindert ist, bleibt die entsprechende Mitgliedschaft unberücksichtigt. Bei Stimmengleichheit muss solange weitergewählt werden, bis ein Kandidat Stimmenmehrheit erreicht (Neumann-Pahlen Rdnr. 5).

2. Beschlussfähigkeit

6 Der Beirat ist beschlussfähig, wenn **wenigstens 24 Mitglieder** (oder bei deren Verhinderung der jeweilige Stellvertreter) anwesend sind (vgl. § 106 Abs. 2 Satz 1 SGB IX). Für alle Entscheidungen ist Stimmenmehrheit der Anwesenden notwendig (§ 106 Abs. 2 Satz 2 SGB IX).

3. Ehrenamt

7 Die Tätigkeit im Beirat wird entsprechend § 106 Abs. 3 Satz 1 SGB IX **ehrenamtlich** ausgeübt. Die Mitglieder haben somit keinen Anspruch auf Vergütung. Sie können lediglich Ersatz von Auslagen (Fahrtkosten, Tagegelder, Verdienstausfall) nach den allgemeinen Grundsätzen vom Bundesministerium für Arbeit und Sozialordnung verlangen.

Für die Mitglieder des Beirats gilt die **Geheimhaltungspflicht** nach § 130 SGB IX.

4. Amtszeit

8 Entsprechend § 106 Abs. 4 Satz 2 SGB IX **beträgt die Amtszeit vier Jahre**. Sie beginnt mit der Berufung in das Amt und endet vier Jahre später mit dem Tag, der dem Tag der Berufung entspricht (§ 188 Abs. 2 BGB i. V. m. § 187 Abs. 1 BGB).

§ 66
Berichte über die Lage behinderter Menschen und die Entwicklung ihrer Teilhabe

(1) ¹Die Bundesregierung unterrichtet die gesetzgebenden Körperschaften des Bundes bis zum 31. Dezember 2004 über die Lage behinderter Frauen und Männer sowie die Entwicklung ihrer Teilhabe, gibt damit eine zusammenfassende Darstellung und Bewertung der Aufwendungen zu Prävention, Rehabilitation und Teilhabe behinderter Menschen im Hinblick auf Wirtschaftlichkeit und Wirksamkeit ab und schlägt unter Berücksichtigung und Bewertung der mit diesem Buch getroffenen Regelungen die zu treffenden Maßnahmen vor. ²In dem Bericht wird die Entwicklung der Teilhabe am Leben in der Gesellschaft gesondert dargestellt. ³Schlägt die Bundesregierung weitere

Regelungen vor, erstattet sie auch über deren Wirkungen einen weiteren Bericht. ⁴Die Träger von Leistungen und Einrichtungen erteilen die erforderlichen Auskünfte. ⁵Die obersten Landesbehörden werden beteiligt. ⁶Ein gesonderter Bericht über die Lage behinderter Menschen ist vor diesem Zeitpunkt nicht zu erstellen.

(2) ¹Bei der Erfüllung der Berichtspflicht nach Absatz 1 unterrichtet die Bundesregierung die gesetzgebenden Körperschaften des Bundes auch über die nach dem Behindertengleichstellungsgesetz getroffenen Maßnahmen, über Zielvereinbarungen im Sinne von § 5 des Behindertengleichstellungsgesetzes sowie über die Gleichstellung behinderter Menschen und gibt eine zusammenfassende, nach Geschlecht und Alter differenzierte Darstellung und Bewertung ab. ²Der Bericht nimmt zu möglichen weiteren Maßnahmen zur Gleichstellung behinderter Menschen Stellung. ³Die zuständigen obersten Landesbehörden werden beteiligt.

(3) ¹Die Bundesregierung unterrichtet die gesetzgebenden Körperschaften des Bundes bis zum 31. Dezember 2006 über die Ausführung der Leistungen des Persönlichen Budgets nach § 17. ²Auf der Grundlage des Berichts ist zu prüfen, ob weiterer Handlungsbedarf besteht; die obersten Landessozialbehörden werden beteiligt.

ERLÄUTERUNGEN

ÜBERSICHT

I.   Bedeutung der Vorschrift (Rdnr. 1)
II. Fassung (Rdnr. 2)
III. Anmerkungen (Rdnrn. 3-4)

I. Bedeutung der Vorschrift

Anstelle der bisher aufgrund von Beschlüssen des Deutschen Bundestages erstellten „Berichte über die Lage der Behinderten und die Entwicklung der Rehabilitation" schafft die Vorschrift eine gesetzliche Grundlage für einen bis zum Dezember 2004 vorzulegenden Bericht über die mit dem SGB IX getroffenen Maßnahmen. In diesem Bericht ist auch darzulegen, ob und inwieweit es zwischen Rehabilitationsträgern, insbesondere im Verhältnis zur Sozialhilfe, zu Leistungsverschiebungen gekommen ist. Die gesonderte Nennung behinderter Frauen und Männer soll eine geschlechtsspezifische Erfassung der erforderlichen Erhebungen bewirken. Personenbezogene Daten werden anonymisiert.

II. Fassung

Die Vorschrift wurde aus dem Regierungsentwurf (BT-Drucks. 14/5531 i. V. m. 14/5074) übernommen, wobei der BT-Ausschuss für Arbeit und Sozialordnung mehrere Änderungen vorgenommen hat. In **Satz 1** wurde eine Bewertung der mit dem SGB IX getroffenen Maßnahmen ausdrücklich vorgeschrieben. Ferner wurden die Sätze 2 und 3 eingefügt.

III. Anmerkungen

1. Der in Abs. 1 vorgesehene Bericht der Bundesregierung über die Lage behinderter Menschen und die Entwicklung ihrer Teilhabe wurde am 16. Dezember 2004 erstattet (BT-Drs. 15/4575; aufzurufen unter www.bmas.de/coremedia/generator/3118/bericht_der_bundesregierung_ueber_die_lage_der_behinderten_menschen_und_die_entwicklung_ihrer_teilhabe.html).

2. der nach Abs. 3 vorgeschriebene Bericht der Bundesregierung über die Ausführung der Leistungen des Persönlichen Budgets nach § 17 SGB IX wurde am 20. Dezember 2006 vorgelegt.

§ 67
Verordnungsermächtigung

Das Bundesministerium für Arbeit und Soziales kann durch Rechtsverordnung mit Zustimmung des Bundesrates weitere Vorschriften über die Geschäftsführung und das Verfahren des Beirats nach § 65 erlassen.

ERLÄUTERUNGEN

I. Bedeutung der Vorschrift

1 Die Vorschrift ermächtigt das Bundesministerium für Arbeit und Sozialordnung, durch Rechtsverordnung mit Zustimmung des Bundesrates die Geschäftsführung und das Verfahren des Beirats für die Teilhabe behinderter Menschen über die in § 65 SGB IX getroffenen Bestimmungen hinaus näher zu regeln.

2 Eine entsprechende Verordnungsermächtigung war bereits bisher in § 35 Abs. 4 SchwbG enthalten. Jedoch hat sich der Beirat mit Beschluss vom 2. Dezember 1975 eine Geschäftsordnung gegeben (vgl. den Abdruck bei Cramer Anh. zu § 35 SchwbG).

II. Fassung

3 Die Vorschrift wurde unverändert aus dem Regierungsentwurf (BT-Drucks. 14/5531 i. V. m. 14/5074) übernommen.

TEIL 2
Besondere Regelungen zur Teilhabe schwerbehinderter Menschen (Schwerbehindertenrecht)

KAPITEL 1
Geschützter Personenkreis

§ 68

Geltungsbereich

(1) Die Regelungen dieses Teils gelten für schwerbehinderte und diesen gleichgestellte behinderte Menschen.

(2) ¹Die Gleichstellung behinderter Menschen mit schwerbehinderten Menschen (§ 2 Abs. 3) erfolgt aufgrund einer Feststellung nach § 69 auf Antrag des behinderten Menschen durch die Bundesagentur für Arbeit. ²Die Gleichstellung wird mit dem Tag des Eingangs des Antrags wirksam. ³Sie kann befristet werden.

(3) Auf gleichgestellte behinderte Menschen werden die besonderen Regelungen für schwerbehinderte Menschen mit Ausnahme des § 125 und des Kapitels 13 angewendet.

(4) ¹Schwerbehinderten Menschen gleichgestellt sind auch behinderte Jugendliche und junge Erwachsene (§ 2 Abs. 1) während der Zeit einer Berufsausbildung in Betrieben und Dienststellen, auch wenn der Grad der Behinderung weniger als 30 beträgt oder ein Grad der Behinderung nicht festgestellt ist. ²Der Nachweis der Behinderung wird durch eine Stellungnahme der Agentur für Arbeit oder durch einen Bescheid über Leistungen zur Teilhabe am Arbeitsleben erbracht. ³Die besonderen Regelungen für schwerbehinderte Menschen, mit Ausnahme des § 102 Abs. 3 Nr. 2 Buchstabe c, werden nicht angewendet.

ERLÄUTERUNGEN

ÜBERSICHT

I. Bedeutung der Vorschrift (Rdnrn. 1–3a)
II. Fassung (Rdnrn. 4–4c)
   A) durch das SGB IX vom 19. Juni 2001 (BGBl. I S. 1046) mit Wirkung vom 1. Juli 2001 (Rdnr. 4)
   B) durch das Vierte Gesetz für moderne Dienstleistungen am Arbeitsmarkt vom 24. Dezember 2003 (BGBl. I S. 2954) mit Wirkung vom 1. Januar 2004 (Rdnr. 4a)
   C) durch das Gesetz zur Förderung der Ausbildung und Beschäftigung schwerbehinderter Menschen vom 23. April 2004 (BGBl. I S. 606) mit Wirkung vom 1. Mai 2004 (Rdnrn. 4b–4c)
III. Anmerkungen (Rdnrn. 5–59)
   A) zu Abs. 1
      1. Geltungsbereich des Schwerbehindertenrechts (Rdnr. 5)
   B) zu Abs. 2
      1. Verfahren der Gleichstellung behinderter Menschen mit Schwerbehinderten
         a) Gleichstellung durch Verwaltungsakt (Rdnrn. 6–8)
         b) Antrag als Voraussetzung (Rdnrn. 9–12)
         c) Zuständigkeit der Agentur für Arbeit (Rdnrn. 13–16)
         d) Stellung des Arbeitgebers im Gleichstellungsverfahren (Rdnrn. 17–20)

　　　　e) Entscheidungsinhalt (Rdnrn. 21–23)
　　　　f) Anfechtungsmöglichkeiten (Rdnrn. 24–27a)
　　2. Zeitliche Wirkung der Gleichstellung (Rdnrn. 28–29a)
　　3. Zeitliche Dauer der Gleichstellung (Rdnrn. 30–32)
　C) zu Abs. 3
　　1. Wirkung der Gleichstellung (Rdnrn. 33–36)
　　2. Offenbarungspflicht (Rdnrn. 37–54)
　D) zu Abs. 4
　　1. Gleichstellung behinderter junger Menschen während der Berufsausbildung (Rdnrn. 55–59)
IV. Literatur
Anhang: Durchführung des Sozialgesetzbuches Neuntes Buch (SGB IX) Gleichstellung behinderter mit schwerbehinderten Menschen nach § 2 Abs. 3 i. V. mit § 68 Abs. 2 und 3 SGB IX

I. Bedeutung der Vorschrift

1 Abs. 1 stellt klar, dass für schwerbehinderte (vgl. § 2 Abs. 2 SGB IX) und diesen gleichgestellte behinderte Menschen (vgl. § 2 Abs. 3 SGB IX) besondere Regeln gelten, die die allgemeinen Vorschriften für behinderte Menschen ergänzen.

2 In **Abs. 2 Satz 1** wird das Verfahren der Gleichstellung behinderter mit schwerbehinderten Menschen im Grundsatz geregelt. Ferner wird der Beginn der Gleichstellung bestimmt und die Möglichkeit einer Befristung vorgesehen (**Abs. 2 Satz 2 und 3**).

3 In **Abs. 3** werden die Wirkungen der besonderen Regelungen für schwerbehinderte Menschen auf gleichgestellte behinderte Menschen erstreckt. Ausgenommen hiervon sind die Vorschrift über den Zusatzurlaub in § 125 SGB IX sowie die Bestimmungen über unentgeltliche Beförderung schwerbehinderter Menschen im öffentlichen Personenverkehr in § 145–154 SGB IX.

3a In **Abs. 4** werden behinderte Jugendliche und junge Erwachsene für die Zeit ihrer Berufsausbildung schwerbehinderten Menschen gleichgestellt, auch wenn der GdB weniger als 30 beträgt oder nicht festgestellt ist. Die Behinderung bedarf lediglich eines Nachweises durch eine Stellungnahme der Agentur für Arbeit oder einen Bescheid über bewilligte Leistungen zur Teilhabe am Arbeitsleben. Allerdings gewährt die Gleichstellung den behinderten jungen Menschen keine besonderen Rechte; sie ermöglicht lediglich dem Integrationsamt, Prämien und Zuschüsse zu den Kosten der Berufsausbildung aufgrund der neu gefassten Vorschrift des § 102 Abs. 2 Satz 1 Nr. 2 c SGB IX zu zahlen.

II. Fassung

A) durch das SGB IX vom 19. Juni 2001 (BGBl. I S. 1046) mit Wirkung vom 1. Juli 2001

4 Die Vorschrift wurde unverändert aus dem Regierungsentwurf (BT-Drucks. 14/5531 i. V. m. 14/5074) übernommen. Sie entspricht in ihren Abs. 2 und 3 teilweise dem bisherigen § 2 SchwbG.

B) durch das Vierte Gesetz für moderne Dienstleistungen am Arbeitsmarkt vom 24. Dezember 2003 (BGBl. I S. 2954) mit Wirkung vom 1. Januar 2004

4a Durch dieses Gesetz wurde in Abs. 2 Satz 1 in der Vorschrift die Bezeichnung „Bundesanstalt für Arbeit" durch „Bundesagentur für Arbeit" ersetzt.

Das Inkrafttreten der Bestimmung wurde rückwirkend vorverlegt durch Art. 14 Nr. 4 b des Kommunalen Optionsgesetzes vom 30. Juli 2004 (BGBl. I S. 2014).

C) **durch das Gesetz zur Förderung der Ausbildung und Beschäftigung schwerbehinderter Menschen vom 23. April 2004 (BGBl. I S. 606) mit Wirkung vom 1. Mai 2004**

Durch dieses Gesetz wurde **Abs. 4** mit folgendem Wortlaut **angefügt:**   **4b**

„Schwerbehinderten Menschen gleichgestellt sind auch behinderte Jugendliche und junge Erwachsene (§ 2 Abs. 1) während der Zeit einer Berufsausbildung in Betrieben und Dienststellen, auch wenn der Grad der Behinderung weniger als 30 beträgt oder ein Grad der Behinderung nicht festgestellt ist. Der Nachweis der Behinderung wird durch eine Stellungnahme der Agentur für Arbeit oder durch einen Bescheid über Leistungen zur Teilhabe am Arbeitsleben erbracht. Die besonderen Regelungen für schwerbehinderte Menschen mit Ausnahme des § 102 Abs. 3 Nr. 2 Buchst. c, werden nicht angewendet."

Die Vorschrift wurde mit ihrem wesentlichen Gehalt aus dem Fraktionsentwurf von SPD   **4c** und Bündnis 90/DIE GRÜNEN (BT-Drucks. 15/1783) entnommen. Die ursprüngliche Textfassung sah allerdings vor, dass der Nachweis der Behinderung nur durch eine Stellungnahme *des Arbeitsamtes* erbracht werden konnte. Hierzu hatte der **Bundesrat** (BT-Drucks. 15/2318 S. 14) vorgeschlagen, den Nachweis durch einen Bescheid über Leistungen zur beruflichen Rehabilitation gem. § 19 SGB III führen zu lassen. In ihrer Gegenäußerung (BT-Drucks. 15/2318 S. 21) hat die **Bundesregierung** dem mit der Maßgabe zugestimmt, dass der Nachweis generell durch einen Bescheid über Leistungen zur Teilhabe am Arbeitsleben erbracht werden könne und Fälle nicht ausgeschlossen werden, in denen ein Leistungsbescheid noch nicht vorliegt. Außerdem wurde in der vom Ausschuss für Gesundheit und Soziale Sicherung beschlossenen Fassung der Begriff „Arbeitsamt" durch „Agentur für Arbeit" ersetzt.

III. Anmerkungen

A) zu Abs. 1

1. Geltungsbereich des Schwerbehindertenrechts

Die Vorschrift enthält die **Klarstellung**, dass für schwerbehinderte Menschen im Sinne von   **5** § 2 Abs. 2 sowie diesen gleichgestellten behinderten Menschen im Sinne von § 2 Abs. 3 SGB IX **besondere Regelungen** gelten, **die im 2. Kapitel zusammengefasst** sind. Diese Bestimmungen ergänzen die allgemeinen Regelungen für behinderte Menschen. Die „besonderen Regelungen" entsprechen in weitem Umfang dem früheren Schwerbehindertengesetz – SchwbG in der Fassung vom 26. August 1986 (BGBl. I S. 1421, 1550), welches zuletzt durch Gesetz vom 29. September 2000 (BGBl. I S. 1394) geändert worden war.

B) zu Abs. 2

1. Verfahren der Gleichstellung behinderter Menschen mit Schwerbehinderten

a) Gleichstellung durch Verwaltungsakt

Liegen die Voraussetzungen einer Gleichstellung behinderter Menschen mit schwerbehin-   **6** derten Menschen gem. § 2 Abs. 3 SGB IX vor, soll diese auf Antrag des behinderten Menschen durch die Agentur für Arbeit ausgesprochen werden.

Für die Gleichstellung sind **drei persönliche Voraussetzungen** erforderlich:
- Der Gleichzustellende muss zu dem Personenkreis des § 2 Abs. 2 SGB IX gehören, also im Bundesgebiet rechtmäßig wohnen, sich gewöhnlich aufhalten oder arbeiten;
- Es muss eine Feststellung über den Grad der Behinderung vorliegen;
- Der Gleichzustellende muss sich ohne die Gleichstellung einen geeigneten Arbeitsplatz nicht verschaffen oder einen bestehenden Arbeitsplatz nicht erhalten können.

Zu näheren Einzelheiten wird auf die Erl. zu § 2 SGB IX Rdnrn. 98 ff. Bezug genommen.

7 Der Schutz gleichgestellter Menschen tritt anders als derjenige schwerbehinderter Menschen nicht bereits bei Vorliegen der Voraussetzungen kraft Gesetzes ein, sondern bedarf eines **förmlichen Bescheids**.

Dieser ist also ein **konstitutiver,** d. h. rechtsbegründender **Verwaltungsakt** (BSG Urteil vom 19. Dezember 2001 – B 11 AL 57/01 R = BSGE 89, 119 = SozR 3-3870 § 2 Nr. 2 = ZTR 2002, 298 = AP Nr. 1 zu § 2 SchwbG 1986). Der durch ihn begründete Schwerbehindertenschutz entfaltet gegenüber jedermann Wirkung, soweit behinderte Menschen ihre Rechte geltend machen können (BSG Urteil vom 19. Dezember 2001 a. a. O.). Die Gleichstellung bindet auch andere Behörden und Gerichte.

8 Die Antragsteller haben bei Vorliegen der Voraussetzungen des § 2 Abs. 3 SGB IX ein **subjektiv-öffentliches Recht,** d. h. einen Anspruch **auf Gleichstellung** (GK-SGB IX / *Schimanski* Rdnr. 16). Werden die Tatbestandsmerkmale der Gleichstellung bejaht, ist ungeachtet der Formulierung des Gesetzes als „Soll"-Bestimmung nur die Gleichstellung eine fehlerfreie Ermessensentscheidung, soweit nicht **ausnahmsweise ein atypischer Fall** vorliegt (BSG Urteil vom 2. März 2000 – B 7 AL 46/99 R = BSGE 86, 10 = SozR 3-3870 § 2 Nr. 1 = BehindertenR 2001, 167 = Breithaupt 2000, 857). Außergewöhnliche Umstände, die die Agentur für Arbeit im Einzelfall zu einer Ablehnung der Gleichstellung zwingen, können etwa der bereits vorliegende Bezug einer Altersrente durch den behinderten Menschen sein. Dasselbe gilt, wenn der Antragsteller überhaupt nicht an der Erlangung eines Arbeitsplatzes interessiert ist (BSG Urteil vom 2. März 2000 a. a. O.). Die Ausfüllung der unbestimmten Rechtsbegriffe, die in § 2 Abs. 3 SGB IX als Voraussetzungen der Gleichstellung genannt sind, kann **durch die Gerichte uneingeschränkt überprüft** werden (vgl. BVerwG Urteil vom 1. Juli 1955 – V C 30.54 = BVerwGE 2, 185 = DVBl 1955, 813 und Urteil vom 14. Februar 1963 – I C 98.62 = BVerwGE 15, 282 = NJW 1963, 875).

b) **Antrag als Voraussetzung**

9 Die Gleichstellung setzt einen **Antrag des behinderten Menschen** voraus. Nur er selbst kann diesen stellen, da die Gleichstellung in seinem Interesse und nicht im Interesse des Arbeitgebers oder irgendeiner anderen Person oder Institution liegt (BSG Urteil vom 22. Oktober 1986 – 9 a RVs 3/84 = BSGE 60, 284 = NJW 1987, 2462 = ZfSH/SGB 1987, 262 = SozR 3870 § 3 Nr. 23 = BehindertenR 1987, 64). Deshalb haben Arbeitgeber, Betriebs- oder Personalrat und die Vertretung der schwerbehinderten Menschen ebensowenig ein eigenes Antragsrecht wie Behörden oder Rehabilitationsträger (LAG Baden-Württemberg Urteil vom 25. Mai 1959 – IV Sa 29/59 = BB 1959, 1103; Neumann u. a. /*Neumann* Rdnr. 13). Sie können den behinderten Menschen nur über Sinn und Zweck der Gleichstellung aufklären und ihm die Antragstellung empfehlen. Allerdings kann der Betroffene jedermann beauftragen, ihn im Antragsverfahren gem. § 13 SGB X zu vertreten. Somit können z. B. auch Arbeitgeber, die Schwerbehindertenvertretung bzw. ein Mitglied des Betriebs- oder Personalrats **als Bevollmächtigte im Namen des behinderten Menschen** den Antrag stellen.

10 Der Antrag auf Gleichstellung kann nicht erzwungen werden. Den behinderten Menschen trifft **keine Antragspflicht** (vgl. BSG Urteil vom 22. Oktober 1986 a. a. O.). Eine Mitwirkungspflicht kann auch nicht aus § 60 SGB I abgeleitet werden, weil die Vorschrift nur für denjenigen gilt, der Sozialleistungen beantragt hat oder bereits erhält.

11 Eine ohne wirksamen Antrag ausgesprochene Gleichstellung ist **nichtig** (§ 40 SGB X). Der Mangel kann allerdings durch eine nachträgliche wirksame Antragstellung – selbst noch im Klageverfahren – gem. § 41 Abs. 1 Nr. 1 SGB X geheilt werden. Auch kann in der Entgegennahme der Gleichstellung seitens des behinderten Menschen ggf. ein nachträgliches Einverständnis gesehen werden, wodurch dieselbe Wirkung einträte (Neumann u. a. / *Neumann* Rdnr. 13).

12 Der Antrag kann **formlos,** d. h. mündlich, telefonisch oder schriftlich gestellt werden.

Grundsätzlich besteht keine Pflicht zur **Begründung des Gleichstellungsantrags**, wenngleich es zur Durchsetzung des Anspruchs hierauf zweckmäßig ist, entsprechende Gründe darzulegen und Beweismittel anzubieten (Hauck / Noftz / *Masuch* Rdnr. 11 unter Hinweis auf die Mitwirkungspflichten nach § 60 SGB I).

Ein solches **Beweismittel** ist insbesondere der **Bescheid über die Feststellung der Behinderung** nach § 69 Abs. 1 oder 2 SGB IX. Er ist ggf. im Original oder in beglaubigter Abschrift / Kopie vorzulegen. Allein der Nachweis, dass ein Antrag nach § 69 Abs. 1 SGB IX gestellt worden ist, genügt nicht.

c) Zuständigkeit der Agentur für Arbeit

Zuständig für die Bearbeitung der Entscheidung ist die **Agentur für Arbeit** am Wohnsitz oder dem Ort des gewöhnlichen Aufenthalts des behinderten Menschen. Liegt sein Arbeitsplatz im Bezirk einer anderen Agentur für Arbeit, kann diese erforderlichenfalls um eine Stellungnahme zur Arbeitsplatzsituation des behinderten Menschen ersucht werden (vgl. Runderlass der Bundesagentur für Arbeit 13/2002 vom 16. April 2002 – im Folgenden: RdErl. IV 2 – im Anhang abgebildet). Für Gleichstellungsanträge behinderter Menschen, die als „**Grenzgänger**" ihren Wohnsitz oder gewöhnlichen Aufenthalt im Ausland haben, jedoch rechtmäßig auf einem Arbeitsplatz im Sinne des § 73 Abs. 1 SGB IX in Deutschland beschäftigt sind, ist die Agentur für Arbeit des Betriebssitzes zuständig. 13

Behördenintern ist innerhalb der Agentur für Arbeit die Bearbeitung und Entscheidung von Gleichstellungsanträgen der „**Sachbearbeitung der Kundengruppe Rehabilitanden**" im Hauptamt zugewiesen worden (RdErl. IV 2). 14

Gleichstellungsanträge von behinderten Bediensteten der Bundesagentur für Arbeit sind unter Darlegung der beabsichtigten Entscheidung der zuständigen Regionaldirektion zur Einwilligung vorzulegen. Der Bescheid ergeht durch die Agentur für Arbeit (RdErl. a. a. O.). 15

Die Agentur für Arbeit hat zur notwendigen Abklärung ärztlicher, psychologischer oder technischer Aspekte ihre **Fachdienste** (ÄD; PD; TB) einzuschalten. Hierzu sind Sachverhalt und Fragen präzise darzustellen bzw. zu formulieren und notwendige Unterlagen beizufügen. Die Einschaltung der Fachdienste, insbesondere des ärztlichen Dienstes ist **vor allem dann notwendig**, wenn behinderte Menschen einen Gleichstellungsantrag u. a. mit wiederholten bzw. häufigen **behinderungsbedingten Fehlzeiten** begründen. Die Beteiligung der Fachdienste – der ÄD kann hierzu seinerseits die zuständige Krankenkasse oder behandelnde Ärzte einschalten – dient vor allem der entsprechenden fachlichen Überprüfung, ob die Behinderung für solche Fehlzeiten zumindest mitursächlich war. 16

d) Stellung des Arbeitgebers im Gleichstellungsverfahren

Der **Arbeitgeber** ist im Gleichstellungsverfahren **nicht Beteiligter** im Sinne von § 12 SGB X, da die Gleichstellung nicht in seine eigenen Rechte eingreift (BSG Urteil vom 19. Dezember 2001 – B 11 AL 57/01 R = BSGE 89, 119 = SozR 3-3870 § 2 Nr. 2 = AP Nr. 1 zu § 2 SchwbG 1986 = ZTR 2002, 298 = Breithaupt 2002, 263). Der Arbeitgeber muss folglich auch nicht nach § 24 SGB X angehört werden. Unabhängig davon sollte zur weiteren **Aufklärung des Sachverhalts** für die Entscheidung über den Antrag auf Gleichstellung eine Stellungnahme des Arbeitgebers eingeholt werden. Die Agentur für Arbeit kann insbesondere verpflichtet sein, durch **Befragen des Arbeitgebers** festzustellen, ob die behauptete **Gefährdung des Arbeitsplatzes** gegeben ist (BVerwG Urteil vom 17. Mai 1973 – VC 60.72 = BVerwGE 42, 189 = DÖV 1973, 754 = DVBl 1974, 445). Hierfür muss die Agentur für Arbeit aber die vorherige Zustimmung des behinderten Menschen erbitten. 17

Allerdings ist die **Erklärung des Arbeitgebers**, er beabsichtige in absehbarer Zeit **nicht**, dem Behinderten **zu kündigen**, allein kein Grund zur Ablehnung des Gleichstellungsantrages, da jede kurzzeitige Änderung der betrieblichen Verhältnisse eine derartige Versicherung hinfällig machen kann (BVerwG Urteil vom 17. Mai 1973 a. a. O., S. 192; vgl. auch RdErl. III 18

Nr. 2.3). Falls der Arbeitgeber eine Gefährdung des Arbeitsplatzes bestreitet, aber die wirtschaftliche Lage des Betriebes oder der gesamten Branche allgemein als krisenhaft bekannt ist, muss die Agentur für Arbeit die wirtschaftliche Lage als ausreichenden Grund der Gleichstellung berücksichtigen. Sie hat dann eine allgemeine und spezielle Arbeitsplatzgefährdung zugrunde zu legen, die sich jederzeit in eine akute Arbeitsplatzgefährdung umwandeln kann (GK-SGB IX / *Schimanski* § 2 Rdnr. 307).

19 In dem von der Bundesagentur für Arbeit erstellten Vordruck „Befragung des Arbeitgebers" wird auch erfragt, ob **Integrationsvereinbarungen** gem. § 83 SGB IX vorliegen. Diese sind bei der Entscheidung ggf. mit zu berücksichtigen (RdErl. IV 4). Zur Sachverhaltsaufklärung können auch die in § 93 SGB IX genannten Vertretungen sowie die Schwerbehindertenvertretung befragt werden, wofür ebenfalls die vorherige Zustimmung des behinderten Menschen erforderlich ist. Auch hierfür hat die Bundesagentur für Arbeit einen Vordruck „Befragung des / der Betriebs- / Personalrates / SB-Vertretung" erstellt.

20 Ein **Votum** des Arbeitgebers, des Betriebs- oder Personalrates bzw. der Schwerbehindertenvertretung für oder gegen die Gleichstellung stellt allerdings keine Äußerung zu den für die Entscheidung erheblichen Tatsachen bzw. zum Sachverhalt dar. Auf ein solches Votum kann eine Entscheidung deshalb nicht gestützt werden (RdErl. IV 7).

e) Entscheidungsinhalt

21 Über Anträge auf Gleichstellung ist **schriftlich zu entscheiden**. Anzugeben ist insbesondere der Tag der Wirkung der Gleichstellung. In der Begründung sind die für die Entscheidung wesentlichen tatsächlichen und rechtlichen Grundlagen mitzuteilen. Pauschale Aussagen genügen nicht. Erforderlich ist vielmehr eine **Darlegung der im Einzelfall relevanten Entscheidungsgründe**.

22 Wird einem Antrag auf Gleichstellung nicht stattgegeben, ist zudem der Hinweis aufzunehmen, dass bei Änderung der Verhältnisse jederzeit ein neuer Antrag gestellt werden kann (RdErl. IV 8).

23 Wird eine Gleichstellung ausgesprochen, ist in dem Bescheid darauf hinzuweisen, dass Umstände mitzuteilen sind, die auf den Fortbestand der Gleichstellung Auswirkungen haben können.

f) Anfechtungsmöglichkeiten

24 Jeder Bescheid ist mit einer **Rechtsmittelbelehrung** zu versehen. Diese muss darauf hinweisen, dass für Widersprüche der **Widerspruchsausschuss** bei der Regionaldirektion der Bundesagentur für Arbeit gem. § 118 Abs. 2 SGB IX zuständig ist.

25 Gegen einen Widerspruchsbescheid ist innerhalb eines Monats nach Zustellung des Verwaltungsaktes die **Klage zum Sozialgericht** gem. § 87 Abs. 2 SGG eröffnet. Voraussetzung einer Klage ist wie beim Widerspruch, dass der Adressat bzw. Beigeladene beschwert ist (vgl. § 54 Abs. 1 Satz 2 SGG). Gegen Urteile der Sozialgerichte ist die **Berufung zum Landessozialgericht** zulässig. Dieses entscheidet in der Regel endgültig über den Gleichstellungsantrag.

Nach § 88 Abs. 1 SGG hat die Agentur für Arbeit binnen sechs Monaten über den Antrag zu entscheiden; ist ein solcher Antrag ohne zureichenden Grund nicht beschieden worden, so ist die Untätigkeitsklage zulässig.

26 Eine **Bekanntgabe der Gleichstellung an den Arbeitgeber** sollte auch im Interesse des gleichgestellten behinderten Menschen vorgenommen werden, auch wenn sie verfahrensrechtlich nicht geboten sein mag. Denn der Arbeitgeber ist am Verfahren nicht beteiligt und kann auch die Entscheidung der Agentur für Arbeit, die seinen Arbeitnehmer einem Schwerbehinderten nach § 2 Abs. 3 SGB IX gleichstellt, **nicht anfechten** (BSG Urteil vom 19. Dezember 2001 – B 11 AL 57/01 R = BSGE 89, 119 = SozR 3-3870 § 2 Nr. 2 = AP Nr. 1 zu § 2 SchwbG 1986 = ZTR 2002, 298 = Breithaupt 2002, 263; Kossens u. a. /*Kossens* Rdnr. 12;

Neumann u. a. / *Neumann* Rdnr. 26; *Müller-Wenner* / Schorn Rdnr. 36 f.; Hase AuB 2002, 124; a. A. *Schmidt* BehindertenR 2002, 141). Nach Auffassung des ⊞ BSG a. a. O ist die eine Gleichstellung regelnde Norm des (nunmehr) § 2 Abs. 3 SGB IX nicht dazu bestimmt, zumindest auch den Individualinteressen der von einer Gleichstellung mittelbar betroffenen Arbeitgeber zu dienen. Bei den sich gesetzlich für die Arbeitgeber ergebenden Konsequenzen handle es sich vielmehr um **Reflexwirkungen,** die nach Sinn und Zweck der Norm nicht einer Anfechtung durch Arbeitgeber unterliegen. Der Vorschrift des § 2 Abs. 3 SGB IX lägen arbeitsmarkt- und sozialpolitische Gesichtspunkte zugrunde. Entscheidendes Kriterium sei die mangelnde Konkurrenzfähigkeit des Behinderten auf dem Arbeitsmarkt insgesamt, nicht etwa nur bezogen auf einen bestimmten Arbeitsplatz (so schon ⊞ BSG Urteil vom 2. März 2000 – B 7 AL 46/99 R = BSGE 86, 10 [15] = SozR 3-3870 § 2 Nr. 1 = BehindertenR 2001, 167 = Breithaupt 2000, 857). Darüber hinaus habe die Gleichstellung die Funktion, Ungerechtigkeiten und Härten zu beseitigen, die bei der starren Grenze der gesetzlichen Definition des schwerbehinderten Menschen auftreten müssen. § 2 Abs. 3 SGB IX bezwecke also vorwiegend den Schutz Minderbehinderter und sei im Übrigen **im Allgemeininteresse** erlassen, nicht aber im Interesse der Arbeitgeber.

Das BSG hat zwar darauf hingewiesen, dass das Bundesverwaltungsgericht in einer früheren Entscheidung (⊞ BVerwG Urteil vom 17. Mai 1973 – VC 60.72 = BVerwGE 42, 189 [190] = DÖV 1973, 754 = DVBl 1974, 445) die Beschwerdeberechtigung und Klagebefugnis des Arbeitgebers bejaht habe. Eine Pflicht zur Anrufung des Gemeinsamen Senats der obersten Gerichtshöfe des Bundes bestehe aber nicht, da sich die Auffassung des BVerwG auf eine abweichende Gesetzesfassung bezogen habe und darüber hinaus inzwischen die Verwaltungsgerichte nicht mehr für die Entscheidung über die Gleichstellung zuständig sind. 27

Der **Arbeitgeber** ist aber **befugt, den Widerruf einer Gleichstellung anzufechten,** weil damit die Anrechnung auf den Pflichtplatz entfällt und er ggf. Ausgleichsabgabe zahlen müsste. Insoweit wird der Arbeitgeber in einem Recht betroffen, das ihm durch die Gleichstellung des Arbeitnehmers gewährt wurde (Neumann u. a. / *Neumann* Rdnr. 26; Hauck / Noftz / *Masuch* Rdnr. 15). Dasselbe kann auch der Fall sein, wenn der Arbeitgeber durch eine zeitliche Beschränkung der Gleichstellung in der Anerkennung auf den Pflichtplatz und damit hinsichtlich der Ausgleichsabgabe rechtlich beschwert würde (Neumann u. a. / *Neumann* a. a. O.). 27a

2. Zeitliche Wirkung der Gleichstellung

Die Gleichstellung wirkt auf den **Tag der Antragstellung** zurück (**Abs. 2 Satz 2**). Hiermit kann verhindert werden, dass der Arbeitgeber den Kündigungsschutz nach §§ 85 ff. SGB IX unterläuft, indem er nach Kenntnisnahme von dem Gleichstellungsantrag noch vor der Entscheidung der Agentur für Arbeit eine Kündigung ausspricht. Denn eine mehr als drei Wochen nach Antragstellung ausgesprochene Kündigung des Arbeitgebers ohne Zustimmung des Integrationsamtes ist grundsätzlich rechtsunwirksam (vgl. hierzu eingehend Erl. zu § 90 SGB IX Rdnr. 36 ff. insbes. 46 ff.). Voraussetzung ist allerdings, dass der behinderte Mensch dem Betrieb oder der Dienststelle mindestens sechs Monate ununterbrochen angehört (§ 90 Abs. 1 Nr. 1 SGB IX). 28

Deshalb entfällt auch das **Rechtsschutzbedürfnis** des behinderten Menschen auf eine gerichtliche Entscheidung über die Gleichstellung nicht, wenn im Lauf eines Klageverfahrens das Arbeitsverhältnis gekündigt wird, d. h. der Antrag auf Gleichstellung somit schon rechtzeitig vor Ausspruch der Kündigung gestellt wurde. Denn die Gefährdung des Arbeitsplatzes hat sich damit während des Klageverfahrens verwirklicht (⊞ SG Düsseldorf Urteil vom 28. August 1996 – S 22 (9) Ar 39/94 = BehindertenR 1997, 46). Sollte der Arbeitgeber seine durch die Anhörung im Gleichstellungsverfahren erlangte Kenntnis von dem Gleichstellungsantrag dazu missbrauchen, dem behinderten Menschen **nur aus diesem Grunde zu kündigen,** so wäre ein solches Verhalten **arglistig** und rechtlich unzulässig. Das gilt jedenfalls dann, wenn der Arbeitgeber die Gleichstellung durch die Mitteilung an die Agentur für 29

Arbeit verhindert, der Arbeitsplatz sei nicht ernsthaft gefährdet (⚖ ArbG Wetzlar Urteil vom 5. März 1985 – 1 Ca 371/84 = AuR 1986, 123).

29a Allerdings rechtfertigt allein eine ausgesprochene Kündigung nicht die Annahme eines Anordnungsgrundes für die Gewährung **einstweiligen Rechtsschutzes**. Die ohne Zustimmung des Integrationsamtes erklärte Kündigung ist nämlich bis zur Entscheidung im Hauptsacheverfahren schwebend unwirksam. Damit ist die für den einstweiligen Rechtsschutz erforderliche Eilbedürftigkeit zu verneinen (⚖ SG Detmold Beschluss vom 27. Januar 2007 – S 3 AL 5/07 ER, zit. nach JURIS).

3. Zeitliche Dauer der Gleichstellung

30 Die Gleichstellung kann auf unbestimmte Zeit ausgesprochen oder nach **Abs. 2 Satz 3** befristet werden. Sie endet dann mit Ablauf der Frist automatisch ohne zusätzliche Schonfrist. Eine **Befristung** kommt z. B. in Betracht, wenn die zugrunde liegende Feststellung nach § 69 SGB IX befristet ausgesprochen wurde (nicht aber für die Dauer der Beschäftigung bei einem bestimmten Arbeitgeber, vgl. Erl. zu § 2 SGB IX Rdnr. 177). Dasselbe gilt, wenn von vornherein mit einer Änderung der für die Gleichstellung maßgeblichen Verhältnisse zu rechnen ist. So kann ein möglicher Anlass zu einer Befristung die absehbare Anstellung auf Lebenszeit im Beamtenverhältnis sein, da dann die entsprechende Sicherung gegeben ist (Neumann u. a. / *Neumann* Rdnr. 15). Ob die Gleichstellung befristet wird, liegt im **Ermessen der Agentur für Arbeit**. In jedem Fall ist zu prüfen, ob die Befristung erforderlich oder zumindest zweckdienlich ist. Soweit darstellbare ermessensleitende Gesichtspunkte für eine Befristung fehlen, wird die Gleichstellung auf Dauer ausgesprochen (Hauck / Noftz / *Masuch* Rdnr. 16). Im Befristungsfall kann der behinderte Mensch ggf. eine Verlängerung der Gleichstellung beantragen.

31 Eine solche zeitliche Beschränkung ist aber **in der Praxis eher unüblich**, weil ein Wegfall der Gleichstellungsvoraussetzungen in aller Regel nicht absehbar ist und im Übrigen bei unveränderten Verhältnissen der Betroffene erneut Anspruch auf Gleichstellung hätte.

32 Entfallen nachträglich die Voraussetzungen der Gleichstellung – z. B. durch eine Neufestsetzung des GdB des behinderten Menschen unter den Wert von 30 –, ist sie von der Agentur für Arbeit zu widerrufen (§ 116 Abs. 2 Satz 2 SGB IX). Der **Widerruf** wird erst nach einer Schonfrist am Ende des dritten Kalendermonats nach Eintritt seiner Unanfechtbarkeit wirksam (§ 116 Abs. 2 Satz 3 SGB IX). War die Gleichstellung von Anfang an rechtswidrig, ist sie gem. § 45 SGB X zurückzunehmen. Die **Rücknahme** wird ex nunc, d. h. mit Wirkung für die Zukunft, ausgesprochen, wenn der Rechtsfehler nicht von dem Begünstigten zu vertreten war. Hatte dieser hingegen die Gleichstellung erschlichen, kommt auch eine rückwirkende (ex tunc) Rücknahme in Betracht (§ 45 Abs. 4 i. V. m. Abs. 2 Satz 3 Nr. 2 SGB X).

C) zu Abs. 3
1. Wirkung der Gleichstellung

33 Die Gleichstellung bewirkt, dass sämtliche **Vorschriften des Schwerbehindertenrechts** auch auf den Gleichgestellten **anwendbar** sind (**Abs. 3**). Ausdrücklich ausgenommen sind nur die Vorschriften über den Zusatzurlaub in § 125 SGB IX sowie über die unentgeltliche Beförderung im öffentlichen Personenverkehr in §§ 145 ff. SGB IX.

34 Die Gleichstellung verleiht dem behinderten Menschen **keinen Status;** er wird hierdurch nicht zu einem Schwerbehinderten, hat aber **nahezu dieselbe Rechtsstellung**.

35 Vor allem ist er auf die **Pflichtplatzquote** des Arbeitgebers gem. § 71 SGB IX anzurechnen. Weiterhin hat er wie jeder andere schwerbehinderte Arbeitnehmer u. a. Anspruch auf
– bevorzugte Einstellung und Beschäftigung als Arbeitnehmer, Beamter oder Richter, wenn er die entsprechende berufliche Qualifikation aufweist,
– angemessene Beschäftigung nach § 81 Abs. 4 Nr. 1 SGB IX,

- bevorzugte Berücksichtigung bei Maßnahmen der betrieblichen Bildung gem. § 81 Abs. 4 Nr. 2, 3 SGB IX,
- Schutz vor ordentlichen (§§ 85 ff. SGB IX) und außerordentlichen (§ 91 SGB IX) Kündigungen ohne Zustimmung des Integrationsamtes bei mindestens sechsmonatigem ununterbrochenen Arbeitsverhältnis (vgl. § 90 Abs. 1 Nr. 1 SGB IX),
- Vertretung, Beratung und Hilfe gegenüber der Schwerbehindertenvertretung nach § 95 Abs. 1 SGB IX. Diese muss darüber wachen, dass auch der gleichgestellte Arbeitnehmer nach den Regelungen des Schwerbehindertenrechts behandelt wird (vgl. § 95 Abs. 1 Nr. 1 SGB IX),
- bevorzugte Zulassung zur Ausübung einer selbstständigen Tätigkeit nach § 129 SGB IX.

Ob **sonstige Rechtsvorschriften,** Tarifverträge, Betriebs- und Dienstvereinbarungen oder Verwaltungsanordnungen, die sich auf schwerbehinderte Menschen beziehen, ebenfalls auf gleichgestellte behinderte Menschen anzuwenden sind, muss durch **Auslegung der jeweiligen Bestimmung** beantwortet werden. Falls nur allgemein auf schwerbehinderte Menschen im Sinne des § 2 Abs. 2 SGB IX verwiesen wird und es sich um Sozialleistungen oder Vergünstigungen handelt, die nicht die Eingliederung in das Arbeitsleben betreffen, werden im Allgemeinen gleichgestellte behinderte Menschen nicht umfasst sein. Dies gilt z. B. für die Möglichkeit des Bezugs von vorgezogenem Altersruhegeld gem. § 37 SGB VI nach Vollendung des 60. Lebensjahrs und für den freiwilligen Beitritt zur gesetzlichen Krankenversicherung nach § 9 Abs. 1 Nr. 4 SGB V.

36

2. Offenbarungspflicht

Nach **bisher h. M.** musste der behinderte Mensch im **Einstellungsgespräch** die **Frage nach seiner Gleichstellung oder Antragstellung** in jedem Fall **wahrheitsgemäß** beantworten; andernfalls konnte der Arbeitgeber den Arbeitsvertrag **wegen arglistiger Täuschung** gem. § 123 Abs. 1 BGB anfechten (vgl. BAG Urteil vom 5. Oktober 1995 – 2 AZR 923/94 = BAGE 81, 120 = NZA 1996, 371; Urteil vom 30. September 1998 – 5 AZR 58/98 = BAGE 90, 25 = NZA 1999, 584; Urteil vom 18. Oktober 2000 – 2 AZR 380/99 = BAGE 96, 123 = NJW 2001, 1885 = BehindertenR 2001, 103). Jedenfalls sollte **der Arbeitgeber** uneingeschränkt das Recht haben, einen **Bewerber nach dem Vorliegen einer Schwerbehinderteneigenschaft oder einer Gleichstellung zu fragen** (BAG Urteil vom 1. August 1985 – 2 AZR 101/83 = BAGE 49, 214 = NZA 1986, 635 = NJW 1987, 398 = DB 1986, 2238 = AP Nr. 30 zu § 123 BGB). Das BAG (Urteil vom 5. Oktober 1995 – 2 AZR 923/94 a. a. O.) hielt die Frage des Arbeitgebers nach der Schwerbehinderteneigenschaft des Stellenbewerbers sogar dann für zulässig, wenn die Behinderung, auf der die Anerkennung beruht, tätigkeitsneutral ist.

37

Hingegen ist der **Arbeitnehmer** bei den Verhandlungen über den Abschluss eines Arbeitsvertrages nur **dann von sich aus verpflichtet**, eine Schwerbehinderteneigenschaft oder eine Gleichstellung zu **offenbaren,** wenn er erkennen muss, dass er wegen der zugrunde liegenden Behinderung die **vorgesehene Arbeit nicht zu leisten vermag** oder eine deswegen beschränkte Leistungsfähigkeit für den vorgesehenen Arbeitsplatz von ausschlaggebender Bedeutung ist (BAG Urteil vom 1. August 1985 – 2 AZR 101/83; BAG Urteil vom 25. März 1976 – 2 AZR 136/75 = DB 1976, 1240 = AP Nr. 19 zu § 123 BGB).

38

Das **Fragerecht des Arbeitgebers** wurde vor allem **mit folgenden Erwägungen begründet** (vgl. *Braun* MDR 2004, 64 [68]): An die Schwerbehinderteneigenschaft des Arbeitnehmers knüpfen sich **für den Arbeitgeber zahlreiche gesetzliche Pflichten und Belastungen**, namentlich der Anspruch auf zusätzlichen Urlaub (§ 125 SGB IX), die Freistellung von Mehrarbeit auf Verlangen des Schwerbehinderten (§ 124 SGB IX), der privilegierte Freizeitausgleich nach § 81 Abs. 5 SGB IX, der besondere Kündigungsschutz (§§ 85 ff. SGB IX) sowie die Melde- und Mitwirkungspflichten gegenüber der Agentur für Arbeit gem. § 81 Abs. 5 SGB IX. Diese sind – anders als die entsprechenden Pflichten bei einer vorliegenden Schwangerschaft – nicht nur vorübergehend, sondern **dauerhaft** und darüber hinaus auch

39

häufig **kostenintensiv**. Deshalb habe der Arbeitgeber ein berechtigtes Interesse an der Frage nach dem Vorliegen einer Schwerbehinderung, das regelmäßig das Interesse des Arbeitnehmers an der Wahrung seiner Privatsphäre überwiege.

40 Diese Rechtsprechung und ihre Begründung wurden **zu Recht kritisiert**. So sei zumindest eine Differenzierung danach angebracht, ob der Arbeitgeber **bereits die gesetzlich geforderte Mindestanzahl schwerbehinderter Menschen beschäftige** oder nicht. Falls dies nicht zutreffe, könne die Einstellung eines Schwerbehinderten keine unangemessene Beeinträchtigung darstellen, weil der Arbeitgeber eine bestimmte Mindestquote erfüllen müsse und hiergegen nicht einwenden könne, er zahle lieber die Ausgleichsabgabe. Deshalb sei kein Grund ersichtlich, weshalb der schwerbehinderte Arbeitnehmer, nachdem dessen Status bekannt geworden sei, nicht unter Anrechnung auf die Pflichtquote weiterbeschäftigt werden könne (vgl. *Großmann* NZA 1989, 702 [705]; *Messingschlager* NZA 2003, 301 [302]). Selbst wenn aber der Arbeitgeber tatsächlich die Pflichtquote erfüllt habe, sei fraglich, ob er ein schützenswertes Interesse daran habe, nicht mehr Schwerbehinderte zu beschäftigen als durch die Pflichtquote vorgesehen (ArbG Siegburg Urteil vom 22. März 1994 – 1 Ca 3454/93 = NZA 1995, 943 [945]).

41 Zwar hatte das BAG bereits in einer Entscheidung vom 11. November 1993 (2 AZR 467/93 = BAGE 75, 77 = NJW 1994, 1363) seine Position eingeschränkt und angedeutet, die Zulässigkeit der Frage nach der Schwerbehinderteneigenschaft könne problematisch sein, wenn die Schwerbehinderung für die entsprechende Tätigkeit von keiner Bedeutung sei. Jedoch ist es anschließend zu seiner **ständigen Rechtsprechung** zurückgekehrt (BAG Urteil vom 30. September 1998 – 2 AZR 923/94 = BAGE 81, 120 = NJW 1996, 2323). Deshalb legte die gerichtliche Praxis zunächst weiterhin zugrunde, dass die Frage nach der Schwerbehinderung auch dann zulässig ist, wenn die Behinderung, auf der die Anerkennung beruht, nicht – unmittelbar – mit der entsprechenden Tätigkeit zu tun hat (*Joussen* NJW 2003, 2857 [2860]).

42 Das **BAG** hatte in der zuletzt zitierten Entscheidung zunächst erneut ausgeführt: Die **Pflichten des Arbeitgebers,** die während des gesamten Arbeitsverhältnisses zu beachten seien, begründeten ein berechtigtes Interesse, nach dem Schwerbehindertenstatus zu fragen. Diese Frage sei mit der – nach neuerer Rechtsprechung des BAG (Urteil vom 15. Oktober 1992 – 2 AZR 227/92 = BAGE 71, 252 = NJW 1993, 1154 = NZA 1993, 257; Urteil vom 6. Februar 2003 – 2 AZR 621/01 = BAGE 104, 304 = BB 2003, 1734 = NZA 2003, 848) – grundsätzlich unzulässigen **Frage nach der Schwangerschaft nicht vergleichbar,** weil die Pflichten gegenüber einer Schwangeren eben nur vorübergehender Natur seien. Ferner passe es nicht in das System des gesetzlichen Schutzes der Schwerbehinderten, wenn der einzelne Schwerbehinderte gewissermaßen auf einem „zweiten Weg" die Einstellung bei einem bestimmten Arbeitgeber durch falsche Angaben erreichen und erst nach Ablauf von sechs Monaten, also nach Einsetzen des besonderen Kündigungsschutzes, Anspruch auf Zusatzurlaub usw. geltend mache. Die Zubilligung eines Rechts zur wahrheitswidrigen Beantwortung würde zu einem **Verdrängungswettbewerb** führen zwischen einerseits denjenigen, deren Schwerbehinderung nicht ohne Weiteres erkennbar sei und die durch falsche Angaben einen Arbeitsplatz „erzwingen" könnten sowie auf der anderen Seite denjenigen, die aufgrund ihrer erkennbaren Behinderung auf die Beteiligung des Integrationsamtes sowie der Agentur für Arbeit angewiesen seien. Im Übrigen weist das BAG darauf hin, dass weder nach dem damaligen SchwbG noch nach Art. 3 Abs. 2 Satz 2 GG der Schwerbehinderte ein **subjektives Recht auf Einstellung** habe. Das in der GG-Vorschrift normierte Diskriminierungsverbot solle lediglich in der Öffentlichkeit ein deutliches Signal setzen und damit einen „wichtigen Anstoß für einen Bewusstseinswandel in der Bevölkerung geben". Es **fehle** auch eine dem **§ 611 a BGB** vergleichbare einfachgesetzliche **Regelung** zur Durchsetzung des Benachteiligungsverbots (insgesamt kritisch zu der referierten Begründung *Messingschlager* a. a. O S. 304).

Geltungsbereich § 68

Dieser Rechtsprechung ist nunmehr **durch die Einführung des § 81 Abs. 2 Satz 2 Nr. 1 SGB IX der Boden entzogen** worden (so auch 🏛 LAG Hamm Urteil vom 19. Oktober 2006 – 15 Sa 740/0, zit nach JURIS; *Messingschlager* a. a. O.; *Joussen* a. a. O.; *Düwell* BB 2001, 1527 [1529]; *Thüsing / Lambrich* BB 2002, 1146 [1148]; *Brors* DB 2003, 1734 [1735]; *von Koppenfels-Spies* ArbuR 2004, 43 [46]; *Braun* MDR 2004, 64 [69] m. w. Nachw.; *Wisskirchen / Bissels* NZA 2007, 169 [173] m. w. Nachw.; Neumann Handbuch SGB IX/ *Deinert* § 17 Rdnrn. 7 ff.). Die Vorschrift enthält nämlich das – vom BAG in seiner früheren Rechtsprechung vermisste – **ausdrückliche Benachteiligungsverbot**. Denn nach § 81 Abs. 2 Satz 1 SGB IX dürfen Arbeitgeber schwerbehinderte Beschäftigte nicht wegen ihrer Behinderung benachteiligen. Die Vorschrift legt in Satz 2 durch Verweisung auf das AGG zudem ausdrücklich fest, dass ein schwerbehinderter Mensch u. a. bei der Begründung des Arbeits- oder sonstigen Beschäftigungsverhältnisses sowie beim beruflichen Aufstieg, nicht wegen seiner Behinderung benachteiligt werden darf. Die wahrheitsgemäße Beantwortung der Frage nach der Schwerbehinderung bzw. Schwerbehinderteneigenschaft und damit letztlich die Frage selbst kann aber einer Benachteiligung des schwerbehinderten Menschen führen, wenn der Arbeitgeber den Bewerber nicht einstellen würde, sofern er von dessen Schwerbehinderung Kenntnis hätte (vgl. *Wisskirchen / Bissels* a. a. O.; Jonssen NZA 2007, 174 [177]). **43**

Diese neue Rechtslage entspricht der Bestimmung des § 611a a. F. BGB, wonach u. a. bei der Begründung des Arbeitsverhältnisses eine Benachteiligung wegen des Geschlechts untersagt war (auch diese Vorschrift wurde durch das Inkrafttreten des AGG entbehrlich). In der Vergangenheit hatte das BAG den Vergleich mit der Zulässigkeit der Frage nach einer Schwangerschaft für unstatthaft gehalten, weil dort mit § 611a. F. BGB ein ausdrückliches geschlechtsspezifisches Diskriminierungsverbot bestand, dies aber für den Fall der Behinderung fehle. **43a**

Auch angesichts des – der SGB IX-Vorschrift zugrunde liegenden – **Art. 5 der Gleichbehandlungsrichtlinie** (Richtlinie des Rates zur Festlegung eines allgemeinen Rahmens zur Verwirklichung der Gleichbehandlung in Beschäftigung und Beruf 2000/78/EG vom 27. November 2000 ABl. EG Nr. L 303 vom 2. Dezember 2000 S. 21; abgebildet im Anhang zu § 81) sowie der hierauf aufbauenden Regelungen in § 1, § 2 Abs. 1 AGG ist die einschränkende Rechtsprechung des BAG somit nicht mehr zu halten (LPK-SGB IX / *Düwell* § 85 Rdnr. 18; ErfK / *Preis* § 611 BGB Rdnr. 347; *Braun* a. a. O.; *von Koppenfels-Spies* a. a. O.). **44**

Zwar hält *Schaub* (NZA 2003, 299 [301]) die Frage nach einer Schwerbehinderung auch nach neuem Recht für zulässig, sofern sie nicht zur Diskriminierung eingesetzt werde; dies sei eine Frage des Beweises. Jedoch ist diese Auffassung mit dem neuen Diskriminierungsverbot des SGB IX i. V. mit dem AGG und dem diesem zugrunde liegenden europäischen Recht nicht vereinbar (so auch *Joussen* a. a. O.). **45**

Durch die Bestimmung des § 81 Abs. 2 Satz 1 SGB IX sind die bisherigen Unterscheidungen zum Fragerecht nach der Schwerbehinderung weitgehend gegenstandslos geworden. Die **Frage nach dem Vorliegen einer Schwerbehinderung** bzw. danach, ob eine Gleichstellung nach § 2 Abs. 1 SGB IX vorliegt oder ein entsprechender Antrag gestellt wurde, muss grundsätzlich **als unzulässig angesehen** und deshalb auch vom Bewerber **nicht wahrheitsgemäß beantwortet** werden. Der Bewerber hat also **nicht lediglich ein Schweigerecht**. Denn sein Schweigen auf eine unzulässige Frage würde den Verdacht erregen, der Bewerber habe etwas zu verbergen, sodass seinen Schutzinteressen nicht ausreichend Rechnung getragen würde. Vielmehr hat er das Recht, die Unwahrheit zu sagen, also ein vielfach sogenanntes „**Recht zur Lüge**" (vgl. *Wohlgemuth* ArbuR 1992, 46 [49]; *Joussen* a. a. O. S. 2858 m. w. Nachw.). Folglich steht dem Arbeitgeber auch kein auf arglistige Täuschung gestütztes Anfechtungsrecht gem. § 123 BGB mehr zu, falls der Bewerber eine Schwerbehinderung auf entsprechende Nachfrage nicht offen legt (*Braun* a. a. O.; *Joussen* a. a. O. S. 2860; *Messingschlager* a. a. O. S. 305; *von Koppenfels-Spies* a. a. O. S. 43). **46**

Eine **Ausnahme** gilt nur dann, wenn das Fehlen der Behinderung eine wesentliche und entscheidende **berufliche Anforderung für die Tätigkeit** ist. Der Arbeitgeber darf also Fra- **47** gen stellen, die sich auf das Vorliegen einer Erkrankung bzw. Schwerbehinderung beziehen, welche den betrieblichen Arbeitsablauf beeinträchtigen oder dazu führen können, dass der Bewerber die vorgesehene Arbeit nicht oder nur eingeschränkt ausüben kann (so schon ArbG Siegburg Urteil vom 22. März 1994 – 1 Ca 3454/93 = NZA 1995, 942; *Großmann* NZA 1989, 702 [703]; *Joussen* a. a. O. m. w. Nachw.; *Braun* a. a. O.). Dass insoweit keine unzulässige Diskriminierung vorliegt, ergibt sich bereits aus der gesetzlichen Regelung in § 81 Abs. 2 Satz 2 SGB IX. i. V. m. § 8 Abs. 1 AGG: denn eine unterschiedliche Behandlung ist trotz des allgemeinen Diskriminierungsverbots im Hinblick auf die in in § 1 AGG die genannten Gründe zulässig, wenn dieser Grund wegen der Art der auszuübenden Tätigkeit oder der Bedingungen ihrer Ausübung eine wesentliche und entscheidende berufliche Anforderung darstellt, sofern der Zweck rechtmäßig und die Anforderung angemessen ist.

48 Zulässig ist damit stets die Frage, ob der Bewerber den **arbeitsplatzbezogenen Anforderungen** genügen kann, die im Einzelnen zu konkretisieren sind. Denn der Arbeitgeber hat ein **berechtigtes Informationsinteresse** daran, ob der Arbeitnehmer für die konkrete Tätigkeit geeignet ist. Im **Einstellungsgespräch** darf er deshalb arbeitsplatzbezogene Fragen stellen (*von Koppenfels-Spies* a. a. O. S. 46). Soll z. B. für eine Schreibtätigkeit die Eignung eines Bewerbers untersucht werden, der für die Fortbewegung auf einen Rollstuhl angewiesen ist, so darf der Arbeitgeber nur fragen, ob die konkret verlangte Schreibarbeit von dem Bewerber geleistet werden kann. Auf diese Frage muss der Bewerber zutreffend antworten, wenn er sich nicht der Gefahr einer möglichen Anfechtung aussetzen will (*Brors* a. a. O. S. 1735). Der Arbeitgeber muss also den **Bezug zwischen individuellen Fähigkeiten und konkreter Tätigkeit** herstellen. Allein aus der Schwerbehinderteneigenschaft kann die fehlende Eignung für einen bestimmten Arbeitsplatz nicht abgeleitet oder auch nur indiziert werden. Ziel des Diskriminierungsverbots ist eine nachvollziehbare Einstellungsentscheidung, die sich an den objektiven Merkmalen ausrichtet, welche der Arbeitgeber selbst privatautonom vorgibt (*Brors* a. a. O.).

49 Wie bisher dürfte der Stellenbewerber in Ausnahmefällen verpflichtet sein, **von sich aus eine nicht erkennbare Schwerbehinderteneigenschaft oder eine Gleichstellung zu offenbaren,** wenn er deren ausschlaggebende Bedeutung für den angebotenen Arbeitsplatz erkennt (vgl. oben Rdnr. 38).

50 Unzulässig ist die Frage nach möglichen Anpassungsmaßnahmen hinsichtlich des Arbeitsplatzes, wenn der Arbeitgeber sie in direktem Zusammenhang mit der Behinderung stellt (*Brors* a. a. O. S. 1736). Weist der Bewerber darauf hin, dass er die Tätigkeit nur bei **Anpassung oder Umgestaltung des Arbeitsplatzes** zu erbringen vermag, kann ihn der Arbeitgeber nach konkreten Möglichkeiten fragen. Hierdurch wird seinem berechtigten Informationsinteresse genügt. Die Beurteilung, wann die Anpassung des Arbeitsplatzes noch in einem zumutbaren Rahmen liegt, mag im Einzelfall strittig sein. Weder nationales noch europäisches Recht (vgl. Art. 5 der Gleichbehandlungsrichtlinie) verlangen eine Einstellung schwerbehinderter Menschen ohne Rücksicht auf das wirtschaftliche Interesse des Arbeitgebers an der Tätigkeit, mithin ein „Zuschussgeschäft".

51 Der Arbeitgeber wird auf diese Weise gezwungen, seine **Einstellungsentscheidung auf nachvollziehbare arbeitsplatzbezogene Merkmale auszurichten** und nicht auf unzulässige Differenzierungskriterien – wie die Behinderung als solche – zurückzugreifen (*von Koppenfels-Spies* a. a. O. S. 45 f.). Das gilt sowohl für Bewerber mit nicht sichtbarer als auch sichtbarer Behinderung. In beiden Fällen wird der Arbeitgeber durch eine arbeitsplatzbezogene Fragestellung zu der Prüfung veranlasst, ob auch der sichtbar behinderte Bewerber trotz der Behinderung die konkret verlangte Tätigkeit ausführen kann (*Brors* a. a. O.).

52 Gleichwohl ist nicht zu verkennen, dass aus der Unzulässigkeit einer direkten Frage nach der Schwerbehinderung **einschneidende wirtschaftliche Folgen** insbesondere für kleinere Betriebe entstehen können, die aber offenbar vom Gesetzgeber im Zuge der Richtlinie 2000/78/EG in Kauf genommen worden sind (*Joussen* a. a. O. S. 2861; *Messingschlager* a. a. O. S. 305, der zugleich den fehlenden finanziellen Ausgleich für die zu erwartenden Belastun-

gen bei denjenigen Arbeitgebern kritisiert, in deren Unternehmen die Pflichtquote überschritten wird).

Nach der Einstellung besteht jedoch eine **Offenbarungspflicht** des schwerbehinderten Beschäftigten. Nur so kann vermieden werden, dass der Arbeitgeber, der eine Zahl schwer behinderte Menschen i. S. des § 71 SGB IX beschäftigt, zusätzlich noch einmal eine Ausgleichsabgabe gem. § 77 SGB IX zahlen muss. Offenbart sich der schwerbehinderte Arbeitnehmer nicht, macht er sich gem. § 280 Abs. 1 BGB schadensersatzpflichtig (*Braun* a. a. O. S. 69; *Thüsing / Lambrich* BB 2002, 1146 [1149]). Auch kann der Arbeitgeber ohne Kenntnis von der Schwerbehinderung seines Mitarbeiters die ihm obliegenden Pflichten im gegebenen Fall nicht erfüllen. **53**

In einem **Rechtsstreit um Schadensersatz** wegen einer **Verletzung des Diskriminierungsverbots** ist die Darlegungs- und Beweislast nach § 22 AGG zu verteilen. **54**

Die **Arbeitnehmer** hat danach im Prozess zunächst **den Diskriminierungstatbestand schlüssig darzulegen**. Das wird ihm gelingen, wenn der Arbeitgeber ihn direkt nach einer möglichen Behinderung gefragt hat und ihm ein gleich qualifizierter nicht behinderter Bewerber vorgezogen worden ist. Von diesem Vorwurf kann sich der **Arbeitgeber nur entlasten**, wenn er nachvollziehbar darlegt und beweist, dass er den **Arbeitsplatz ausschließlich nach konkret arbeitsplatzbezogenen Merkmalen vergeben** hat (vgl. hierzu die Kommentierung zu § 81 SGB IX Rdnrn. 84 ff sowie zu § 22 AGG.; zum Ganzen *Brors* a. a. O. S. 1736).

D) zu Abs. 4

1. Gleichstellung behinderter junger Menschen während der Berufsausbildung

Die mit Wirkung vom 1. 5. 2004 eingeführte Neuregelung stellt behinderte Jugendliche und junge Erwachsene während einer Berufsausbildung im Betrieb oder einer Dienststelle schwerbehinderten Menschen in begrenztem Umfang gleich. Als Jugendliche bzw. junge Erwachsene gelten Personen bis zur Vollendung des 27. Lebensjahres (§ 7 SGB VIII). **55**

Für den Begriff der „**Berufsausbildung**" sind die Definitionen der §§ 1 und 3 BBiG maßgebend. Auszubildender ist, wer aufgrund eines Ausbildungsvertrages vom Ausbildenden zu seiner Berufsausbildung eingestellt und beschäftigt wird. Hingegen gehören hierzu nicht Personen, die zu ihrer „beruflichen Bildung" i. S. v. § 19 BBiG beschäftigt werden, also insbesondere Umschüler oder Volontäre. **Praktikanten** werden regelmäßig nicht zur beruflichen Bildung beschäftigt, sofern nicht die Beschäftigung ausdrücklich als Ausbildungsverhältnis ausgestaltet ist (vgl. hierzu auch Rdnr. 8 zu § 73 SGB IX; anders Neumann u. a. / *Neumann* Rdnr. 29: Praktikanten und Anlernverhältnisse seien ohne Einschränkung einzubeziehen). **55a**

Die **Rechtsfolgen** dieses „**Sondergleichstellungtatbestands**" treten **von Gesetzes wegen** ein; es bedarf also nicht einer konstitutiven Entscheidung einer Behörde. Auch die vorherige Feststellung eines Grades der Behinderung nach § 69 SGB IX oder auch nur eines entsprechenden Antrags ist nicht erforderlich. Zudem ist die Vorschrift **auch auf** Jugendliche und junge Erwachsene mit einem **GdB von unter 30** anwendbar (Kossens u. a. / *Kossens* Rdnr. 14; GK-SGB IX / *Schimanski* Rdnr. 14 b). Insoweit wird der offenere Begriff der Behinderung im Sinne von § 2 Abs. 1 SGB IX verwendet (B / F / K / R / *Backendorf / Ritz* Rdnr. 47). Dieser wird in diesem Zusammenhang durch § 19 SGB III konkretisiert, da die dortige Regelung auch Leistungsbescheiden zu Grunde liegt, auf die § 68 Abs. 4 SGB IX Bezug nimmt. Behinderte im Sinne des **§ 19 Abs. 1 SGB III** sind danach Menschen, deren Aussichten, am Arbeitsleben teilzuhaben oder weiter teilzuhaben, wegen Art oder Schwere ihrer Behinderung im Sinne von § 2 Abs. 1 SGB IX nicht nur vorübergehend wesentlich gemindert sind und die deshalb Hilfen zur Teilnahme am Arbeitsleben benötigen, einschließlich lernbehinderte Menschen. **55b**

Liegt bereits ein **Bescheid über Leistungen zur Teilhabe am Arbeitsleben** vor, dient dieser als Nachweis der Behinderung. Andernfalls ist eine **Stellungnahme der Agentur für Arbeit** **55c** beizubringen. Eine positive Stellungnahme ist immer dann abzugeben, wenn die Agentur für Arbeit erkennt, dass es schwierig ist, einen behinderten Jugendlichen in einer Ausbildung zu vermitteln (GK-SGB IX / *Schimanski* Rdnr. 14 b)

55d Für den Inhalt dieser Stellungnahme gibt das Gesetz keine Vorgaben Nach Auskunft verschiedener Agenturen für Arbeit (zit. nach www.integrationsaemter.de/webcom/show_article.php/-C-614/I_km-863/i.html) handelt es sich bei der Stellungnahme um eine **formlose Bescheinigung der Gleichstellung**. Sie hat in der Regel den folgenden Inhalt:

Bescheinigung zur Vorlage beim Integrationsamt:

Sehr geehrte/r ... (Arbeitgeber),

hiermit bescheinige ich Ihnen, dass es sich bei ...., geb ...., wohnhaft .... um

eine „Gleichgestellte nach § 68 SGB IX" handelt, da bei ihm/ihr die

Voraussetzungen des § 19 SGB III iVm § 2 Abs. 1 SGB IX vorliegen.

Herr/Frau .... ist anerkannte/r Rehabilitand/in.

56 Die hierdurch begünstigten jungen Menschen erwerben allerdings **nicht die Rechtsstellung eines nach § 68 Abs. 2 SGB IX Gleichgestellten**. Vielmehr dient diese spezielle Gleichstellung nur als Grundlage dafür, dass **Integrationsämter Prämien und Zuschüsse** zu den Kosten der Berufsausbildung behinderter Jugendlicher und junger Volljähriger in Betrieben nicht beschäftigungspflichtiger Arbeitgeber zahlen können. Die Rechtsgrundlage hierfür wurde ebenfalls mit Wirkung vom 1. Mai 2004 durch Neufassung des § 102 Abs. 3 Satz 1 Nr. 2 c SGB IX geschaffen. Obwohl damit die **Mittel der Ausgleichsabgabe** nicht nur für schwerbehinderte Menschen und Gleichgestellte, sondern **auch für geringer Behinderte** verwendet werden können, ist das vor allem zur Behebung von Schwierigkeiten der Eingliederung in das Arbeitsleben sowie zur Vermeidung späterer Verschlimmerung bei der Teilhabe **zu rechtfertigen** (so auch Neumann u. a. / *Neumann* Rdnr. 28; kritisch allerdings *Cramer* NZA 2004, 699). Deren Mittel können nach § 77 Abs. 5 SGB IX aber nur eingesetzt werden, wenn von anderer Seite – also auch von der Bundesagentur für Arbeit oder anderen Rehabilitationsträgern – Leistungen nicht zu erbringen sind. Insoweit ist § 18 Abs. 2 Nr. 1 SchwbAV zu beachten, nach der die Teilhabe auf besondere Schwierigkeiten stoßen muss und durch die Leistungen ermöglicht, erleichtert oder gesichert wird (Neumann u. a. / *Neumann* Rdnr. 30 unter Hinweis auf *Cramer* a. a. O).

57 Nach der **Empfehlung der Bundesarbeitsgemeinschaft der Integrationsämter nd Hauptfürsorgestellen** (BIH) vom 17. November 2004 (zit. nach B / F / K / R / *Backendorf / Ritz* Rdnr. 51) soll die Leistung folgendermaßen ausgestaltet werden:

Ausbildungskosten

Die Leistungen der Agenturen für Arbeit, die sich auf Zuschüsse zu den Personalkosten des Auszubildenden beschränken (§ 236 SGB III) sind vorrangig. Bei den verbleibenden Kosten des Ausbildungsbetriebs handelt es sich um folgende Kostenarten:

– Personalkosten der Ausbilder;
– Lehr und Lernmaterial bzw. -medien;
– Gebühren der Kammern;
– Berufs- und Schutzkleidung;
– externe Ausbildung;
– Ausbildungsverwaltung.

58 Leistungen

Zuschüsse zu den Ausbildungskosten (ohne Gebühren) können pauschal bis zur Höhe von 2000 Euro für jedes Ausbildungsjahr erbracht werden. Maßgeblich ist die tatsächliche Ausbildungsdauer; jede zulässige Wiederholung von Ausbildungsabschnitten bis zur Abschlussprüfung ist förderungsfähig. Die Zahlung des Zuschusses wird vom Nachweis der tatsächlichen Beschäftigung abhängig gemacht (...) Weitere Leistungen nach der SchwbAV sind nicht zulässig."

Durch die Gleichstellung ist auch eine Betreuung durch den Integrationsfachdienst zulässig – hingegen ist grundsätzlich keine Anrechnung auf die Pflichtquote zulässig. Auch alle anderen Regelungen für schwerbehinderte Menschen, wie der besondere Kündigungsschutz, gelten nicht. Deshalb wird die – im Gegensatz zu den programmatischen Ankündigungen im Gesetzgebungsverfahren – relativ schmal ausgefallene Förderung sowie der Ausschluss weiterer Rechte zutreffend auch als **„Gleichstellung zweiter Klasse"** qualifiziert (B / F / K / R / *Backendorf* / *Ritz* Rdnr. 52).

59

IV. Literatur

Braun, Stefan, Fragerecht und Auskunftspflicht – Neue Entwicklungen in Gesetzgebung und Rechtsprechung, MDR 2004, 64

Brors, Christiane, Berechtigtes Informationsinteresse und Diskriminierungsverbot – welche Fragen darf der Arbeitgeber bei Einstellung eines behinderten Bewerbers stellen?, DB 2003, 1734

Großmann, Ruprecht, Schwerbehinderte im Konflikt zwischen Statusrecht und Offenbarungspflicht, NZA 1989, 702

Joussen, Jacob, Si tacuisses – Der aktuelle Stand zum Fragerecht des Arbeitgebers nach einer Schwerbehinderung, NJW 2003, 2857

Joussen, Jacob, Schwerbehinderung, Fragerecht und positive Diskriminierung nach dem AGG, NZA 2007, 174

Kania, Thomas / **Merten**, Sonja, Auswahl und EInstellung von Arbeitnehmern unter Geltung des AGG, ZIP 2007, 8

Messingsschlager, Thomas, „Sind sie schwerbehindertert?", Das Ende einer (un)beliebten Frage, NZA 2003, 301

Müller, Marion. Wer fragt, der führt oder Drum prüfe, wer sich ewig bindet, AiB 2007, 709

Schaub, Günter, Ist die Frage nach der Schwerbehinderung zulässig?, NZA 2003, 299

Thüsing, Gregor / **Lambrich**, Thomas, Das Fragerecht des Arbeitgebers – aktuelle Probleme zu einem klassischen Thema, BB 2002, 1146

von Koppenfels-Spies, Katharina, Schwangerschaft und Schwerbehinderung – zwei weiterhin unbeliebte Fragen im Arbeitsrecht, AuR 2004, 43

Wisskirchen, Gerlind, Der Umgang mit dem Allgemeinen Gleichbehandlungsgesetz – Ein „Kochrezept" für Arbeitgeber, DB 2006, 1491

Wisskirchen, Gerlind / **Bissels**, Alexander, Das Fragerecht des Arbeitgebers bei Einstellung uner Berücksichtigung des AGG, NZA 2007, 169

Wohlgemuth, Hans H., Fragerecht und Erhebungsrecht – zu den Grenzen des Informationsbeschaffungsrechts des Arbeitgebers, AuR 1992, 46

Durchführung des Sozialgesetzbuches Neuntes Buch (SGB IX) Gleichstellung behinderter mit schwerbehinderten Menschen nach § 2 Abs. 3 i. V. mit § 68 Abs. 2 und 3 SGB IX[1])

Vom 16. April 2002

Mit Inkrafttreten des Sozialgesetzbuches Neuntes Buch (SGB IX) zum 1.7.2001 wurden u. a. die Rechtsgrundlagen für die Gleichstellung behinderter Menschen mit schwerbehinderten Menschen in § 2 Abs. 3 und § 68 Abs. 1 SGB IX neu gefasst. Die genannten Regelungen übertragen inhaltsgleich die bisherigen Regelungen des § 2 SchwbG.

Die anliegenden Grundsätze und Regelungen – DA – (Anlage 1) sowie Vordrucke (Anlage 2) zur Gleichstellung behinderter mit schwerbehinderten Menschen sind mit dem Ziel einheitlicher Rechtsanwendung und Vorgehensweise entwickelt worden, mit dem Beratenden Ausschuss für behinderte Menschen bei der BA abgestimmt und ab sofort anzuwenden. Das Urteil des BSG vom 19.12.2001 – Az: B 11 AL 57/01 R – ist eingearbeitet. Dieses Urteil ist auch in anhängigen Rechtsbehelfsverfahren zu beachten. Eine Klaglosstellung kommt jedoch nur in Verfahren in Betracht, in denen der Antragsteller einen Widerspruchsbescheid angefochten hat, mit dem auf Widerspruch des Arbeitgebers eine ursprüngliche erfolgte Gleichstellung wieder aufgehoben wurde; in diesen Fällen ist bei unveränderter Sachlage unter Aufhebung des Widerspruchsbescheides die Gleichstellung mit dem ursprünglichen Inhalt wieder auszusprechen.

Der im Vorgang angeführte Runderlass sowie alle bisherigen Weisungen zur Gleichstellung behinderter Menschen werden hiermit aufgehoben.

Die DA sind in Dienstbesprechungen eingehend zu erörtern; soweit die Thematik Gleichstellung in den Kundengruppen Arbeitsmarkt- und Ausbildungsmarktpartner behandelt wird, sollte ein Vertreter der Kundengruppe Rehabilitanden hinzugezogen werden.

Die Landesarbeitsämter werden gebeten, ihre Rundverfügungen zur Gleichstellung, soweit vorhanden, aufzuheben oder zumindest mit den Regelungen dieses Erlasses abzustimmen.

Anlage 1

I. Rechtsgrundlagen

(nicht abgebildet)

II. Grundsätzliches

1. Mit dem Instrument der Gleichstellung behinderter Menschen mit schwerbehinderten Menschen (Gleichstellung) werden behinderte Menschen in den Anwendungsbereich der für schwerbehinderte Menschen vorgesehenen Regelungen des Teils 2 SGB IX nahezu vollständig einbezogen, § 68 Abs. 3 SGB IX.

Mangelnde Konkurrenzfähigkeit am Arbeitsmarkt

2. Voraussetzung für die Gleichstellung ist, dass dem behinderten Menschen ohne die Gleichstellung eine Beschäftigung auf einem geeigneten Arbeitsplatz nicht möglich ist. Im Blickpunkt der zu treffenden Entscheidung steht also nicht die behinderungsbedingt mangelnde Konkurrenzfähigkeit auf einem bestimmten Arbeitsplatz. Entscheidendes Kriterium ist vielmehr die behinderungsbedingt mangelnde Konkurrenzfähigkeit auf dem Arbeitsmarkt (vgl. Urteil des BSG vom 2.3.2000 – B 7 AL 46/99 R-).

3. Im Gleichstellungsverfahren prüft das Arbeitsamt, ob eine Gleichstellung nach Maßgabe des § 2 Abs. 3 SGB IX auszusprechen ist.

---

[1]) Abdruck mit freundlicher Genehmigung der Bundesanstalt für Arbeit.

Wird eine Gleichstellung ausgesprochen, wird sie mit dem Tag des Eingangs des Antrages – also rückwirkend –, falls die Gleichstellungsvoraussetzungen für den gesamten Zeitraum vorgelegen haben, wirksam.

Einheitliche Entscheidung

4. Auch wenn § 2 Abs. 3 SGB IX alternativ zwei arbeitsmarktliche Situationen / Voraussetzungen benennt, unter denen eine Gleichstellung in Betracht kommt (Behalten oder Erlangen eines Arbeitsplatzes), ist bei Nicht-Vorliegen / Verneinung <u>einer</u> Voraussetzung immer zu prüfen, ob die andere Voraussetzung gegeben / erfüllt ist. Denn beide Voraussetzungen sind Elemente einer einheitlichen Entscheidung (vgl. o. e. Urteil des BSG). Sollte im Laufe eines Gleichstellungsverfahrens der innegehabte Arbeitsplatz entfallen und deshalb ein bestehendes Arbeitsverhältnis mit der Gleichstellung nicht mehr geschützt werden können, ist regelmäßig zu prüfen, ob die Gleichstellung zur Erlangung eines neuen anderen geeigneten Arbeitsplatzes (beim selben oder einem anderen Arbeitgeber) erforderlich ist. Vor diesem Hintergrund entfaltet eine Gleichstellung gesetzessystematisch grundsätzlich zwei Wirkungskomponenten:

– <u>Stärkung der Wettbewerbsfähigkeit arbeitsuchender insbesondere arbeitsloser</u> behinderter Menschen in der Konkurrenz um freie Arbeitsplätze, insbesondere durch Einbeziehung in den der Beschäftigungspflicht nach § 71 SGB IX unterfallenden Personenkreis und das Eröffnen besonderer Förderleistungen.

– <u>Stärkung / Festigung bestehender Arbeitsverhältnisse</u>; dabei reicht die Bandbreite der Zielrichtung vom Einbeziehen in den besonderen Kündigungsschutz bei der konkreten Gefährdung eines Beschäftigungsverhältnisses bis hin zum Eröffnen von geeigneten Maßnahmen der begleitenden Hilfe im Arbeits- und Berufsleben zur dauerhaften Sicherung behinderungsbedingt (latent) gefährdeter Beschäftigungsverhältnisse.

III. Hinweis zur Rechtsanwendung

1. Allgemeines

1.1 Die Entscheidung über einen Antrag auf Gleichstellung erfordert in jedem Einzelfall eine Beurteilung, ob der behinderte Mensch zum Ausgleich seiner behinderungsbedingt mangelnden Konkurrenzfähigkeit auf dem Arbeitsmarkt der Hilfen des Gesetzes bedarf. Eine Gleichstellung soll erfolgen (hat also grundsätzlich zu erfolgen), wenn die persönlichen und rechtlichen Voraussetzungen vorliegen.

Eine ablehnende Entscheidung ist angezeigt, wenn Umstände vorliegen, die erkennen lassen, dass z. B. der mit einer Gleichstellung beabsichtigte Zweck nicht erreicht werden kann (z. B. Bezug einer Altersrente, fehlendes Interesse an der Erlangung eines geeigneten Arbeitsplatzes).

GdB im Sinne des § 2 Abs. 3 SGB IX

1.2 Ein Grad der Behinderung von weniger als 50, wenigstens aber 30 ist materiell-rechtliche Voraussetzung für eine Gleichstellung. Er wird – auch für nach eigenem Vortrag geistig oder psychisch behinderte Menschen – ausschließlich durch einen Bescheid nach § 69 Abs. 1 oder 2 SGB IX belegt.

§ 68

Befristung der Gleichstellung	1.3	Die Gleichstellung erfolgt grundsätzlich unbefristet, wenn erkennbar ist, dass der Antragsteller dauerhaft auf sie / ihren Schutz angewiesen sein wird. Sie kann bei konkreten Anlässen befristet werden, wie z. B.

– Ablauf einer Arbeitserlaubnis,
– befristeter Feststellungsbescheid des Versorgungsamtes.

Die befristete Gleichstellung endet durch Fristablauf. Mehrfache Befristungen bei dem selben Arbeitgeber sind zu vermeiden.

Behinderung als wesentliche Ursache 1.4 Die mangelnde Konkurrenzfähigkeit auf dem Arbeitsmarkt muss in jedem Fall auf die Behinderung als wesentliche Ursache zurückzuführen sein. Allein allgemeine betriebliche Veränderungen / Probleme (Produktionsänderungen, Teilstillegungen, Betriebseinstellungen, Auftragsmangel, Rationalisierungsmaßnahmen, etc.), von denen Nichtbehinderte gleichermaßen betroffen sind, können eine Gleichstellung ebenso wenig begründen wie fortgeschrittenes Alter, mangelnde Qualifikation oder eine allgemein ungünstige / schwierige Arbeitsmarktsituation.

Arbeitsplatz im Sinne § 73 SGB IX 1.5 Eine Gleichstellung kommt nur für das Erlangen oder Erhalten eines geeigneten Arbeitsplatzes im Sinne von § 73 SGB IX, also nicht für das Erlangen oder Erhalten eines Arbeitsplatzes im Sinne von § 73 Abs. 2 und 3 SGB IX in Betracht.

Eignung des Arbeitsplatzes 1.6 Geeignet ist ein Arbeitsplatz, wenn der behinderte Mensch unter Berücksichtigung von Art und Schwere seiner Behinderung die Tätigkeit auf diesem Arbeitsplatz auf Dauer ausüben kann. Geringfügige behinderungsbedingte Beeinträchtigungen / Einschränkungen der Aktionsfähigkeit am Arbeitsplatz schließen die Eignung des Arbeitsplatzes nicht aus. Gleiches gilt, wenn der Arbeitsplatz erst im Zuge des Gleichstellungsverfahrens, also spätestens bis zur Gleichstellung behinderungsgerecht ausgestaltet wird.

Nicht geeignet ist ein Arbeitsplatz immer auch dann, wenn bei einer Weiterbeschäftigung die Behinderung sich zu verschlechtern droht und sich selbst durch eine technische Umgestaltung des Arbeitsplatzes bzw. des Arbeitsumfeldes eine Verbesserung der Arbeitssituation für den behinderten Menschen nicht ergäbe.

2. Hauptfallgruppen

2.1 Arbeitslose/ausbildungsstellensuchende behinderte Menschen

Arbeitslose/ ausbildungssuchende behinderte Menschen 2.1.1 Arbeitslose/ausbildungsstellensuchende behinderte Menschen sollen schwerbehinderten Menschen gleichgestellt werden, wenn sie infolge ihrer Behinderung zu ihrer beruflichen Eingliederung der Hilfen des Schwerbehindertenrechts bedürfen. Allgemeine Darlegungen und Hinweise können solche Zusammenhänge nicht belegen. Notwendig ist vielmehr auch hier das Vorliegen konkreter Anhaltspunkte. Solche Anhaltspunkte ergeben sich insbesondere aus bisher behinderungsbedingt erfolglosen Vermittlungsbemühungen, also der Erkenntnis, dass die Behinderung wesentliche Ursache dafür ist, dass eine berufliche Eingliederung bisher nicht realisiert werden konnte.

Zusicherung 2.1.2 Zu prüfen ist immer auch, inwieweit mit dem Instrument der Zusicherung einer Gleichstellung (§ 34 SGB X) die Eingliederungschancen des behinderten Menschen günstiger gestaltet werden können

(z. B. Zusicherung der Gleichstellung für den Fall, dass im Zuge der Vermittlungsbemühungen bzw. der Eigensuche eine Einstellung konkret von einer Gleichstellung abhängig gemacht wird – vgl. Vordruck Zusicherung). Mit einer insoweit besonders marktnahen und flexiblen Vorgehensweise könnte insbesondere solchen Fällen angemessen Rechnung getragen werden, in denen die Anhaltspunkte für behinderungsbedingte Eingliederungsprobleme vergleichsweise schwach ausgeprägt sind. Wird die Gleichstellung zugesichert, ist der Gleichstellungsbescheid unterschriftsreif vorzubereiten. Der Gleichstellungsbescheid ist unverzüglich zu erteilen, wenn das Eintreten der in der Zusicherung genannten Umstände entsprechend belegt wird (z. B. Einstellungszusage eines Arbeitgebers mit der Maßgabe, dass Gleichstellung erfolgt).

2.2 Beschäftigte behinderte Menschen

Beschäftigte behinderte Menschen

2.2.1 Die arbeitsmarktliche Wettbewerbssituation beschäftigter behinderter Menschen konkretisiert sich augenfällig in der Situation am gegenwärtigen Arbeitsplatz. Beantragen beschäftigte behinderte Menschen die Gleichstellung, ist also zu prüfen, ob die Schwierigkeiten des behinderten Menschen an diesem Arbeitsplatz, insbesondere Befürchtungen, ihn zu verlieren, maßgeblich auf die Auswirkungen der gesundheitlichen Einschränkungen zurückzuführen sind. Allgemeine Darlegungen, dass sich das Leiden verschlimmern könnte und deshalb in Zukunft Leistungseinschränkungen am Arbeitsplatz erwartet werden, dass mit der Gleichstellung das bestehende Beschäftigungsverhältnis oder allgemein die Integration ins Arbeitsleben leichter zu sichern seien, reichen nicht aus. Auch allgemeine Hinweise, man benötige die Gleichstellung, um Wettbewerbsnachteile gegenüber Nichtbehinderten auszugleichen, begründen keine Gleichstellung.

Anhaltspunkte

2.2.2 Anhaltspunkte für eine behinderungsbedingte Gefährdung eines Arbeitsplatzes können u. a. sein:
– wiederholte / häufige <u>behinderungsbedingte</u> Fehlzeiten
– verminderte Arbeitsleistung, auch bei behinderungsgerecht ausgestattetem Arbeitsplatz
– dauernde verminderte Belastbarkeit
– Abmahnungen oder Abfindungsangebote im Zusammenhang mit behinderungsbedingt verminderter Leistungsfähigkeit
– auf Dauer notwendige Hilfeleistungen anderer Mitarbeiter
– eingeschränkte berufliche und / oder regionale Mobilität aufgrund der Behinderung.

Liegen solche oder ähnliche Anhaltspunkte vor, ist – auch wenn eine akute Gefährdung des Arbeitsplatzes nicht ersichtlich ist – zu prüfen, inwieweit sie den Arbeitsplatz des behinderten Menschen im Vergleich zu Nicht-Behinderten dennoch nachvollziehbar unsicherer machen.

2.3 Eine Erklärung des Arbeitgebers, den behinderten Menschen auch ohne Gleichstellung nicht zu entlassen, spricht nicht grundsätzlich gegen eine Gleichstellung. Betriebliche Umstände und Absichten können sich nämlich kurzfristig ändern. Die Gleichstellung kann den ihr innewohnenden Schutzzweck (Prävention) aber nur dann erfüllen, wenn sie rechtzeitig erfolgt.

3. Besondere Personengruppen

Beamte auf Lebenszeit u. unkündbare Angestellte/ Arbeitnehmer 3.1 Auch bei Beamten und Richtern auf Lebenszeit sowie unkündbaren Arbeitern und Angestellten im öffentlichen Dienst kann trotz deren besonderer Rechtsstellung bzw. des tariflichen Kündigungsschutzes die Hilfe des Schwerbehindertenrechtes zur Erhaltung eines Arbeitsplatzes durch eine Gleichstellung angezeigt sein, wenn der behinderte Mensch besondere Umstände vorträgt.

Besondere Umstände 3.2 Besondere Umstände können z. B. sein:
– drohende Versetzung eines Beamten bei Auflösung seiner Dienststelle in ein anderes Amt derselben oder einer gleichwertigen Laufbahn mit geringerem Endgrundgehalt (§ 26 Bundesbeamtengesetz), wenn dadurch der bisherige Status erhalten werden kann und die übrigen Voraussetzungen für eine Gleichstellung vorliegen
– drohende Versetzung aus behinderungsbedingten Gründen auf einen anderen nicht gleichwertigen oder der Behinderung entsprechenden Arbeitsplatz.

Besonderer Kündigungsschutz 3.3 Auch Arbeitnehmer, die infolge tarifrechtlicher Regelungen (z. B. Lebensalter, lange Beschäftigungszeit oder Mitgliedschaft in Mitarbeitervertretungen) einen besonderen Kündigungsschutz genießen, können der Hilfe der Gleichstellung für das Erhalten des Arbeitsplatzes bedürfen. Sofern eine außerordentliche Kündigung aufgrund wiederholter / häufiger behinderungsbedingter Fehlzeiten droht, kann für das Erhalten des Arbeitsplatzes eine Gleichstellung angezeigt sein. Gleiches gilt bei unkündbaren Angestellten, wenn der Arbeitgeber das Arbeitsverhältnis aus behinderungsbedingten Gründen zum Zwecke der Herabgruppierung kündigen will (Änderungskündigung – z. B. § 55 BAT oder bei Arbeitern des Bundes nach § 60 MTV).

Konkrete behinderungsbedingte Nachteile 3.4 Wegen des besonderen Status dieser behinderten Menschen bedarf es <u>konkreter</u> behinderungsbedingter Nachteile am Arbeitsplatz (z. B. Mitteilung des Dienstherrn, dass er beabsichtigt, einen behinderten Beamten in den Ruhestand zu versetzen oder die Beauftragung des Amtsarztes zur Prüfung der Dienstunfähigkeit).

Arbeitserleichterungen 3.5 Darüber hinaus kann eine Gleichstellung für die vorgenannten Personengruppen notwendig werden, wenn durch den Arbeitgeber bzw. den Dienstherrn besondere Arbeitserleichterungen für schwerbehinderte / gleichgestellte behinderte Menschen vorgehalten werden, die behinderungsbedingt für die Erhaltung des Arbeitsplatzes als notwendig einzustufen sind (Beispiel: Befreiung einer gehbehinderten Lehrkraft von der Pausenaufsicht), um eine Verschlechterung des Gesundheitszustandes zu vermeiden.

Beamte auf Widerruf oder auf Probe 3.6 Behinderte Beamte auf Widerruf oder auf Probe sowie noch nicht unkündbare Arbeiter und Angestellte im öffentlichen Dienst können bei Vorliegen der behinderungsbedingten und sonstigen Voraussetzungen gleichgestellt werden; die Gleichstellung ist jedoch bedarfsorientiert zu befristen (Verleihung der Eigenschaft eines Beamten auf Lebenszeit bzw. Eintritt der Unkündbarkeit).

Soldaten 3.7 Stellen von Soldaten sind keine Arbeitsplätze i. S. des § 73 Abs. 1 SGB IX. Die Gleichstellung eines behinderten Soldaten kommt nur im Hinblick auf eine Beschäftigung auf einem Arbeitsplatz i. S. des

§ 73 SGB IX nach Ausscheiden aus dem Dienstverhältnis als Soldat in Betracht, sie kann daher grundsätzlich nur mit Wirkung ab dem Ausscheiden aus dem Dienstverhältnis als Soldat erfolgen.

Ausländische Arbeitnehmer und Grenzgänger 3.8 Behinderte Arbeitnehmer mit gewöhnlichem Aufenthalt oder Wohnsitz im Ausland, die auf einem Arbeitsplatz im Sinne des § 73 SGB IX im Inland beschäftigt werden, können ebenfalls gleichgestellt werden, soweit sie die Voraussetzungen erfüllen.

Leiharbeitnehmer 3.9 Leiharbeitnehmer sind nach § 14 Abs. 1 AÜG auch während der Zeit der Arbeitsleistung bei einem Entleiher Mitarbeiter des Verleihers. Bei behinderten Leiharbeitnehmern ist daher zu prüfen, ob die Voraussetzungen für eine Gleichstellung aufgrund eines behinderungsbedingten Wettbewerbsnachteils bezogen auf seine berufliche Verwendbarkeit vorliegen.

Zivilbedienstete der Streitkräfte 3.10 Für alle zivilen Bediensteten der Bundeswehr und der NATO-Streitkräfte gilt das Schwerbehindertenrecht (SGB IX, Teil 2) wie für andere öffentliche Bedienstete. Eine Gleichstellung ist daher grundsätzlich möglich.

Telearbeitnehmer/ Heimarbeiter 3.11 Auch ausgelagerte Arbeitsplätze (z. B. Telearbeitsplätze) können Arbeitsplätze im Sinne von § 73 SGB IX sein. Eine Gleichstellung ist daher grundsätzlich möglich.

In Heimarbeit Beschäftigte (Heimarbeiter i. S. d. § 1 Abs. 1 und 2 des Heimarbeitsgesetzes) sind keine Arbeitnehmer. Stellen, auf denen Heimarbeiter beschäftigt werden, sind folglich keine Arbeitsplätze im Sinne des § 73 Abs. 1 SGB IX. Eine Gleichstellung kommt also nicht in Betracht.

IV. Verfahren

Antragstellung/ Antragseignung 1. Die Gleichstellung ist ein rechtsbegründender (konstitutiver) Verwaltungsakt. Sie erfolgt nur auf Antrag des behinderten Menschen oder dessen Bevollmächtigten.

Der Antrag kann formlos, d. h. mündlich, telefonisch oder schriftlich, gestellt werden. Bei persönlicher und telefonischer Antragstellung sind Datum sowie Uhrzeit festzuhalten. Die entscheidungserheblichen Tatsachen sind mit Vordruck gem. Anlage 2 zu erheben. Der Bescheid nach § 69 Abs. 1 oder 2 SGB IX ist im Original oder in begl. Abschrift / Kopie vorzulegen; eine Kopie ist zum Vorgang zu nehmen. Unterlagen o. ä., die nur belegen, dass ein Antrag nach § 69 Abs. 1 SGB IX gestellt worden ist, genügen nicht! (Vgl. auch Allgemeines TZ 1.2).

Sofern kein GdB von mindestens 30 nachgewiesen wird, ist die Gleichstellung ohne weitere Prüfung abzulehnen.

Zuständigkeit 2. Zuständig für die Bearbeitung und Entscheidung ist das Arbeitsamt am Wohnsitz oder dem Ort des gewöhnlichen Aufenthalts des behinderten Menschen.

Liegt der Arbeitsplatz des behinderten Menschen im Bezirk eines anderen Arbeitsamtes, kann soweit notwendig, von diesem eine Stellungnahme zur Arbeitsplatzsituation des behinderten Menschen eingeholt werden.

Für Gleichstellungsanträge behinderter Menschen, die ihren Wohnsitz oder gewöhnlichen Aufenthalt im Ausland haben, jedoch ihre

Beschäftigung auf einem Arbeitsplatz im Sinne des § 73 SGB IX rechtmäßig im Geltungsbereich des SGB IX haben (Grenzgänger), ist das Arbeitsamt des Betriebssitzes zuständig.

Die Bearbeitung und Entscheidung von Gleichstellungsanträgen erfolgt in der Sachbearbeitung der Kundengruppe Rehabilitanden im Hauptamt. Anträge auf Gleichstellung, die in einer anderen Stelle des Arbeitsamtes oder in einer Geschäftsstelle eingehen, sind mit Eingangsvermerk (Datum, Uhrzeit) unverzüglich an die Sachbearbeitung der Kundengruppe Rehabilitanden weiterzuleiten.

Die Beratung zur Thematik „Gleichstellung" obliegt grundsätzlich den Fachkräften der Kundengruppe Rehabilitanden und in den Geschäftsstellen den für die Vermittlung schwerbehinderter Menschen zuständigen Fachkräften. Die Arbeitsämter stellen sicher, dass andere Bedienstete, insbesondere die Fachkräfte der Kundengruppen Ausbildungsmarktpartner und Arbeitsmarktpartner, im Rahmen ihrer Aufgabenerledigung diese Thematik nach diesen Durchführungsanweisungen und im Einvernehmen – insbesondere auch zur notwendigen Erörterung in Fällen, in denen im Raume steht, behinderten Ratsuchenden das Stellen eines Antrags auf Gleichstellung zu empfehlen – mit der Kundengruppe Rehabilitanden behandeln.

Gleichstellungsanträge von behinderten Bediensteten der Bundesanstalt für Arbeit sind unter Darlegung der beabsichtigten Entscheidung dem zuständigen Landesarbeitsamt zur Einwilligung vorzulegen. Der Bescheid ergeht durch das Arbeitsamt.

Einschalten der Fachdienste 3. Zur notwendigen Abklärung ärztlicher, psychologischer oder technischer Aspekte sind die Fachdienste des Arbeitsamtes (ÄD, PD, TB) einzuschalten. Hierzu sind Sachverhalt und Fragen präzise darzustellen bzw. zu formulieren. Notwendige Unterlagen sind beizufügen. Eine Einschaltung der Fachdienste, insbesondere des Ärztlichen Dienstes empfiehlt sich vor allem, wenn behinderte Menschen einen Gleichstellungsantrag u. a. mit wiederholten / häufigen behinderungsbedingten Fehlzeiten begründen. Ziel der Einschaltung ist in solchen Fällen eine entsprechende fachliche Verifizierung. Aus den erbetenen Stellungnahmen (der ÄD kann hierzu seinerseits die zuständige Krankenkasse einschalten) muss hervorgehen, dass die Behinderung für solche Fehlzeiten zumindest die Ursache war.

Befragung des Arbeitgebers 4. Der Arbeitgeber ist im Gleichstellungsverfahren nicht Beteiligter im Sinne von § 12 SGB X, da die Gleichstellung nicht in seine eigenen Rechte eingreift (Urteil des BSG vom 19. 12. 2001 - B 11 AL 57/01 R). Der Arbeitgeber ist folglich auch nicht nach § 24 SGB X anzuhören.

Unabhängig davon ist zur weiteren Aufklärung des Sachverhalts für die Entscheidung über den Antrag auf Gleichstellung das unmittelbare Einholen einer Stellungnahme des Arbeitgebers seitens des Arbeitsamtes zur konkreten Arbeitsplatzsituation notwendig (Anlage 2 - Erklärung im Antrag und Vordruck „Befragung des Arbeitgebers"). Für ein solches Herantreten an den Arbeitgeber ist die vorherige Zustimmung des behinderten Menschen notwendig.
(Hinweis: Die Befragung des Arbeitgebers zur Entscheidungsvorbereitung verändert dessen formale Position im Verfahren nicht. Auch ein Widerspruch des befragten Arbeitgebers gegen eine Gleichstel-

lung ist weiterhin unzulässig.) Wird diese Zustimmung nicht erteilt, ist nach § 66 SGB I (fehlende Mitwirkung) zu verfahren.

In dem Vordruck wird auch erfragt, ob Integrationsvereinbarungen gem. § 83 SGB IX vorliegen. Sie sind bei der Entscheidung gegebenenfalls mit zu berücksichtigen.

Befragung der Stellen nach § 93 SGB IX / SB-Vertretung

5. Zur Sachverhaltsaufklärung sind auch die in § 93 SGB IX genannten Vertretungen sowie die Schwerbehindertenvertretungen (§§ 93 u. 95 SGB IX) zu befragen. (Anlage 2 - Vordruck „Befragung der Betriebs-/ Personalrat /Stellen nach § 93 SGB IX"). Auch diese Befragung bedarf der vorherigen Zustimmung des behinderten Menschen. Wird diese Zustimmung nicht erteilt, ist nach § 66 SGB I (fehlende Mitwirkung) zu verfahren.

BA als Arbeitgeber

6. Der in Anlage 2 beigefügte Vordruck trägt auch der geschäftspolitischen Entscheidung der BA Rechnung, schwerbehinderte Menschen – unbeschadet der Beschäftigungspflicht des (einen) Arbeitgebers BA – in jeder Dienststelle der BA in dem gesetzlich festgelegten Mindestumfang zu beschäftigen. Insoweit sind bei der Entscheidung auch die dienststellenbezogenen Angaben mit zu berücksichtigen. Auf die Angabe der von den anderen Arbeitgebern erfragten Gesamtdaten zur Beschäftigungssituation der schwerbehinderten Menschen wird verzichtet, weil diese regelmäßig bekannt gemacht werden.

Votum für oder gegen Gleichstellung

7. Ein Votum des Arbeitgebers, einer der in § 93 SGB IX genannten Vertretung und / oder der Schwerbehindertenvertretung für oder gegen die Gleichstellung stellt keine Äußerung zu den für die Entscheidung erheblichen Tatsachen bzw. zum Sachverhalt dar. Auf ein solches Votum kann eine Entscheidung deshalb nicht gestützt werden.

Entscheidung, Umfang der Begründung

8. Über Anträge auf Gleichstellung ist schriftlich zu entscheiden. In der Begründung sind die für die Entscheidung wesentlichen tatsächlichen und rechtlichen Gründe mitzuteilen. Hierzu reicht es nicht, pauschalierende Aussagen zu treffen. Erforderlich ist vielmehr, die im Einzelfall relevanten Entscheidungsgründe darzulegen. Aus der Begründung muss auch hervorgehen, in welcher Weise das Arbeitsamt sein Ermessen ausgeübt hat.

Wird einem Antrag auf Gleichstellung nicht stattgegeben, ist zudem der Hinweis zu geben, dass bei Änderung der Verhältnisse jederzeit ein neuer Antrag gestellt werden kann.

Mitteilung von Veränderungen

9. Wird eine Gleichstellung ausgesprochen, ist in den Bescheid der Hinweis aufzunehmen, dass Umstände, die auf den Fortbestand der Gleichstellung Auswirkungen haben können, mitzuteilen sind.

Rechtsbehelfsbelehrung

10. Jeder Bescheid ist mit einer Rechtsbehelfsbelehrung zu versehen. Für Widersprüche ist der Widerspruchsausschuss beim Landesarbeitsamt) zuständig (§ 118 Abs. 2 SGB IX).

Widerspruchs-/ Klagebefugnis des Arbeitgebers

11. Nach dem o. e. (Nr. 4) Urteil des BSG stellt eine Gleichstellung gegenüber dem Arbeitgeber keinen Verwaltungsakt dar. Dementsprechend entfällt die Bekanntgabe der Gleichstellung gegenüber dem Arbeitgeber.

Soweit ein Arbeitgeber dennoch Einwendungen gegen eine Gleichstellung erhebt, sind sie der Widerspruchsstelle des Arbeitsamtes zur weiteren Bearbeitung zuzuleiten.

§ 68 Durchführung des Sozialgesetzbuches Neuntes Buch

Rücknahme, Widerruf und Aufhebung der Gleichstellung

12. Bei Wegfall einer die Gleichstellung tragenden Voraussetzungen nach § 2 Abs. 3 i. V. m. § 68 Abs. 2 SGB IX ist nach § 116 Abs. 2 Satz 2 SGB IX der Widerruf der Gleichstellung zulässig. Rechtssystematisch beschreibt § 116 Abs. 2 Satz 2 SGB IX jedoch den Tatbestand der Aufhebung eines Verwaltungsaktes nach § 48 Abs. 1 SGB X, dessen Anwendung durch das SGB IX nicht ausgeschlossen ist. Dementsprechend ist in solchen Fällen die Gleichstellung mit Wirkung für die Zukunft aufzuheben. Die Aufhebung wird in entsprechender Anwendung von § 116 Abs. 2 Satz 3 SGB IX am Ende des dritten Kalendermonats nach Eintritt ihrer Unanfechtbarkeit wirksam.

    Im Übrigen gelten für Rücknahme und Widerruf die diesbezüglichen Regelungen des SGB X.

Ablage

13. Die Ablage der Vorgänge erfolgt jahrgangsweise in alphabetischer Ordnung. Eine zusätzliche Ablage von Bescheidabdrucken (nur Bewilligungen) in den SB-Betriebsakten ist zweckmäßig.

    Gleichstellungsvorgänge können gem. Aktenplan der BA (AZ 5362) 10 Jahre nach der letzten Bearbeitung vernichtet werden.

14. Die Erfassung und Bearbeitung der Gleichstellungsanträge erfolgt ab sofort über „COMPAS".

    Folgende Vorgänge werden erfasst:

    Anträge: arbeitslose behinderte Menschen

    Anträge: ausbildungsstellensuchende behinderte Menschen

    darunter:

    – Gleichstellung bewilligt,

    – Gleichstellung abgelehnt,

    – Gleichstellung anderweitig erledigt,

    – Gleichstellung zugesichert,

    Anträge: beschäftigte schwerbehinderte Menschen

    darunter:

    – Gleichstellung bewilligt

    – Gleichstellung abgelehnt

    – Gleichstellung anderweitig erledigt

Vordrucke

15. Für die Antragsbearbeitung sind ausschließlich die in der Anlage 2 beigefügten Vordrucke zu verwenden. Dokumentvorlagen können aus dem Intranet unter www.arbeitsamt.de heruntergeladen werden. Im Sinne einer einheitlichen Antragstellung und -bearbeitung ist eine Änderung der Vordrucke nicht zulässig.

§ 69
Feststellung der Behinderung, Ausweise

(1) ¹Auf Antrag des behinderten Menschen stellen die für die Durchführung des Bundesversorgungsgesetzes zuständigen Behörden das Vorliegen einer Behinderung und den Grad der Behinderung fest. ²Beantragt eine erwerbstätige Person die Feststellung der Eigenschaft als schwerbehinderter Mensch (§ 2 Abs. 2), gelten die in § 14 Abs. 2 Satz 2 und 4 sowie Abs. 5 Satz 2 und 5 genannten Fristen sowie § 60 Abs. 1 des Ersten Buches entsprechend. ³Das Gesetz über das Verwaltungsverfahren der Kriegsopferversorgung ist entsprechend anzuwenden, soweit nicht das Zehnte Buch Anwendung findet. ⁴Die Auswirkungen auf die Teilhabe am Leben in der Gesellschaft werden als Grad der Behinderung nach Zehnergraden abgestuft festgestellt. ⁵Die Maßstäbe des § 30 Abs. 1 des Bundesversorgungsgesetzes und der aufgrund des § 30 Abs. 16 des Bundesversorgungsgesetzes erlassenen Rechtsverordnung gelten entsprechend. ⁶Eine Feststellung ist nur zu treffen, wenn ein Grad der Behinderung von wenigstens 20 vorliegt. ⁷Durch Landesrecht kann die Zuständigkeit abweichend von Satz 1 geregelt werden.

(2) ¹Feststellungen nach Absatz 1 sind nicht zu treffen, wenn eine Feststellung über das Vorliegen einer Behinderung und den Grad einer auf ihr beruhenden Erwerbsminderung schon in einem Rentenbescheid, einer entsprechenden Verwaltungs- oder Gerichtsentscheidung oder einer vorläufigen Bescheinigung der für diese Entscheidungen zuständigen Dienststellen getroffen worden ist, es sei denn, dass der behinderte Mensch ein Interesse an anderweitiger Feststellung nach Absatz 1 glaubhaft macht. ²Eine Feststellung nach Satz 1 gilt zugleich als Feststellung des Grades der Behinderung.

(3) ¹Liegen mehrere Beeinträchtigungen der Teilhabe am Leben in der Gesellschaft vor, so wird der Grad der Behinderung nach den Auswirkungen der Beeinträchtigungen in ihrer Gesamtheit unter Berücksichtigung ihrer wechselseitigen Beziehungen festgestellt. ²Für diese Entscheidung gilt Absatz 1, es sei denn, dass in einer Entscheidung nach Absatz 2 eine Gesamtbeurteilung bereits getroffen worden ist.

(4) Sind neben dem Vorliegen der Behinderung weitere gesundheitliche Merkmale Voraussetzung für die Inanspruchnahme von Nachteilsausgleichen, so treffen die zuständigen Behörden die erforderlichen Feststellungen im Verfahren nach Absatz 1.

(5) ¹Auf Antrag des behinderten Menschen stellen die zuständigen Behörden aufgrund einer Feststellung der Behinderung einen Ausweis über die Eigenschaft als schwerbehinderter Mensch, den Grad der Behinderung sowie im Falle des Absatzes 4 über weitere gesundheitliche Merkmale aus. ²Der Ausweis dient dem Nachweis für die Inanspruchnahme von Leistungen und sonstigen Hilfen, die schwerbehinderten Menschen nach Teil 2 oder nach anderen Vorschriften zustehen. ³Die Gültigkeitsdauer des Ausweises soll befristet werden. ⁴Er wird eingezogen, sobald der gesetzliche Schutz schwerbehinderter Menschen erloschen ist. ⁵Der Ausweis wird berichtigt, sobald eine Neufeststellung unanfechtbar geworden ist.

ERLÄUTERUNGEN

ÜBERSICHT

I. Bedeutung der Vorschrift (Rdnrn. 1–5)
II. Fassung (Rdnrn. 6–13)
    A) durch das SGB IX vom 19. Juni 2001 (BGBl. I S. 1046) mit Wirkung vom 1. Juli 2001 (Rdnr. 6)

B) durch das Gesetz zur Förderung der Ausbildung und Beschäftigung schwerbehinderter Menschen vom 23. April 2004 (BGBl. I S. 606) mit Wirkung vom 1. Mai 2004 (Rdnrn. 7–13)

III. Anmerkungen (Rdnrn. 14–343)
  A) zu Abs. 1
    1. Zuständige Behörden (Rdnrn. 14–23)
    2. Antragsberechtigung (Rdnrn. 24–31)
    3. Territorialitätsprinzip und Feststellung (Rdnrn. 32–44)
    4. Feststellungsbescheid (Rdnrn. 45–63)
    5. Feststellung der Auswirkungen als Grad der Behinderung (GdB) (Rdnrn. 64–74)
    6. Maßstäbe nach § 30 Abs. 1 BVG (Rdnr. 75)
    7. Rechtsschutzbedürfnis für die Feststellung eines (höheren) GdB (Rdnrn. 76–80)
  B) zu Abs. 2
    1. Anderweitige Feststellung über den Grad der MdE (Rdnrn. 81–90)
  C) zu Abs. 3
    1. Gesamtgrad bei Mehrfachbehinderung (Rdnrn. 91–102)
    2. Feststellungs- und Begründungspflicht (Rdnrn. 103–104)
  D) zu Abs. 4
    1. Feststellung weiterer gesundheitlicher Merkmale zwecks Nachteilsausgleichen (Rdnrn. 105–108)
    2. Die einzelnen Merkzeichen (Rdnrn. 109–221)
      Zu a) Merkzeichen G: erheblich gehbehindert (Rdnrn. 110–132)
      Zu b) Merkzeichen H: hilflos (Rdnrn. 133–143)
      Zu c) Merkzeichen Bl: blind (Rdnrn. 144–152)
      Zu d) Merkzeichen aG: außergewöhnlich gehbehindert (Rdnrn. 153–185)
      Zu e) Merkzeichen B: ständige Begleitung notwendig (Rdnrn. 186–190)
      Zu f) Merkzeichen RF: Befreiung von der Rundfunkgebührenpflicht (Rdnrn. 191–217)
      Zu g) Merkzeichen Gl: gehörlos (Rdnrn. 218–220)
      Zu h) Merkzeichen I. Kl: Benutzung der 1. Wagenklasse (Rdnr. 221)
  E) zu Abs. 5
    1. Ausweis (Rdnr. 222)
    2. Nachweis der Eigenschaft als schwerbehinderter Mensch (Rdnrn. 223–224)
    3. Inhalt und Gültigkeitsdauer (Rdnrn. 225–228)
  F) Gerichtliche Anfechtung von Ablehnungsbescheiden
    1. Rechtsnatur des Ablehnungsbescheids (Rdnrn. 229–233)
    2. Klageart und Verfahrensgegenstand (Rdnrn. 234–246)
    3. Prozessvertretung und PKH (Rdnrn. 247–253)
    4. Maßgeblicher Prüfungszeitpunkt (Rdnr. 254)
    5. Aufhebbarkeit des Ablehnungsbescheids bei Anhörungsmangel (Rdnrn. 255–257)
    6. Amtsermittlungsgrundsatz und Beweiserhebungen (Rdnrn. 258–308)
      a) Amtsermittlungsgrundsatz gem. § 103 Satz 1 SGG (Rdnrn. 258–261)
      b) Rechtliches Gehör (Rdnrn. 262–269)
      c) Befundberichte und Sachverständigenbeweis (Rdnrn. 270–282)
      d) Mitwirkungspflichten des Klägers (Rdnrn. 283–290)
      e) Befragung des Sachverständigen (Rdnrn. 291–297)
      f) Ablehnung des Sachverständigen wegen Befangenheit (Rdnrn. 298–303)
      g) Beweiswürdigung und -verwertung (Rdnrn. 304–308)
    7. Rechtsmitteleinlegung (Rdnrn. 309–313)

8. Aufhebung ohne Sachentscheidung bei weiterem Aufklärungsbedarf (Rdnrn. 314–316)
9. Kostenentscheidung (Rdnrn. 317–328)
   a) Erstattung von Auslagen (Rdnrn. 317–321)
   b) Auferlegung von Kosten bei missbräuchlicher Rechtsverfolgung (Rdnrn. 322–328)
10. Prozesskostenhilfe und Anwaltsgebühren (Rdnrn. 329–342)
    a) Prozesskostenhilfe im Schwerbehindertenrecht (Rdnr. 329)
    b) Geschäftsgebühr im Verwaltungsverfahren (Rdnrn. 330–333)
    c) Erledigungsgebühr (Rdnrn. 334–335)
    d) Terminsgebühr (Rdnr. 336)
    e) Höhe der Verfahrens- und Terminsgebühr (Rdnrn. 337–341)
    f) Kostenerstattung auch für Nichtanwälte (z. B. Verbandsvertreter) als Bevollmächtigte (Rdnr. 342)
11. Verwaltungsrechtsweg für Akteneinsicht und Sachverständigenaufsicht (Rdnr. 343)

IV. Literatur

Anhang: Rücknahme und Änderung von Feststellungsbescheiden nach § 69 Abs. 1 bis 4 SGB IX

I. Bedeutung der Vorschrift

Die Vorschrift regelt für Schwerbehinderte und die ihnen gleichgestellten Menschen die Feststellung des Vorliegens einer Behinderung und des Grads der Behinderung (**Abs. 1**). 1

In **Abs. 2** wird die Bindungswirkung anderweitiger entsprechender Feststellungen z. B. in einem Rentenbescheid oder einer entsprechenden Verwaltungs- oder Gerichtsentscheidung festgelegt. 2

Bei Vorliegen mehrerer Beeinträchtigungen der Teilhabe am Leben in der Gesellschaft ist ein Gesamtgrad der Behinderung festzustellen (**Abs. 3**). 3

In **Abs. 4** wird die Zuständigkeit der zur Entscheidung nach Abs. 1 berufenen Versorgungsbehörden auch für Feststellungen über weitere gesundheitliche Merkmale begründet, die neben dem Vorliegen der Behinderung Voraussetzung für die Inanspruchnahme von Nachteilsausgleichen – bis zum 31. Juli 1986 „Vergünstigungen" – sind. 4

In **Abs. 5** werden Einzelheiten über die Ausstellung und den Zweck von Ausweisen über die Eigenschaft als schwerbehinderter Mensch festgelegt. 5

II. Fassung

A) durch das SGB IX vom 19. Juni 2001 (BGBl. I S. 1046) mit Wirkung vom 1. Juli 2001

Die Vorschrift wurde mit einer Änderung aus dem Regierungsentwurf (BT-Drucks. 14/5531 i. V. m. 14/5074) übernommen. Der Bundesrat (BT-Drucks. 14/5531 S. 10) hatte die Einfügung folgenden Satzes 2 in Abs. 1 verlangt: „Das Gesetz über das Verwaltungsverfahren der Kriegsopferversorgung ist entsprechend anzuwenden, soweit nicht das Zehnte Buch Anwendung findet. 6

Begründung:

Hiermit wird die derzeit geltende Rechtslage wiederhergestellt. Im Feststellungsverfahren nach § 69 SGB IX sind einige Regelungen des Gesetzes über das Verwaltungsverfahren der Kriegsopferversorgung weiterhin von Bedeutung, wie beispielsweise § 3 Abs. 1, § 12 Abs. 2 und § 31 Abs. 2."

Dem hat der Ausschuss für Arbeit und Sozialordnung entsprochen (BT-Drucks. 14/5800 S. 35).

Die Regelung überträgt im Übrigen weitgehend inhaltsgleich den bisherigen § 4 SchwbG. Die bisher in Abs. 6 jener Bestimmung enthaltenen Verfahrensvorschriften werden inhaltlich unverändert in § 51 SGG übernommen.

B) durch das Gesetz zur Förderung der Ausbildung und Beschäftigung schwerbehinderter Menschen vom 23. April 2004 (BGBl. I S. 606) mit Wirkung vom 1. Mai 2004

a) in **Abs. 1** wurde der **neue Satz 2** mit folgendem Wortlaut eingefügt:

„Beantragt eine erwerbstätige Person die Feststellung der Eigenschaft als schwerbehinderter Mensch (§ 2 Abs. 2), gelten die in § 14 Abs. 2 Satz 2 und 4 sowie Abs. 5 Satz 2 und 5 genannten Fristen sowie § 60 Abs. 1 des Ersten Buches entsprechend."

7   Seine Fassung beruht auf der Beschlussempfehlung des Vermittlungsausschusses, den der Bundesrat in seiner Sitzung am 13. 2. 2004 angerufen hatte (BR-Drucks. 48/04 [Beschluss]). Dieser Beschlussempfehlung des Vermittlungsausschusses vom 31. März 2004 sind der Bundestag in seiner Sitzung am 1. 4. 2004 (BT-Drucks. 15/2830) und der Bundesrat in seiner Sitzung am 2. 4. 2004 (BR-Drucks. 253/04 [Beschluss]) gefolgt.

8   Der **ursprüngliche Vorschlag im Fraktionsentwurf** von SPD und Bündnis 90/DIE GRÜNEN (BT-Drucks. 15/1783) sah ohne Beschränkung auf erwerbstätige Personen die entsprechende Geltung der nunmehr im Gesetz genannten Fristen sowie des § 60 Abs. 1 SGB I vor.

Zur Begründung wurde a. a. O. S. 13 ausgeführt:

„Mit dieser Regelung wird das Verfahren bei den Versorgungsämtern nach § 69 dahin gehend beschleunigt, dass über Anträge auf Feststellung der Schwerbehinderteneigenschaft innerhalb der Fristen des § 14 zu entscheiden ist. Das heißt, dass das Versorgungsamt die Behinderung innerhalb von drei Wochen festzustellen hat, wenn ein Gutachten für die Feststellung nicht erforderlich ist. Ist zur Feststellung der Behinderung ein Gutachten eines Sachverständigen erforderlich, so entscheidet das Versorgungsamt innerhalb von zwei Wochen nach Vorliegen des Gutachtens. Das Versorgungsamt hat einen geeigneten Sachverständigen unverzüglich zu beauftragen. Innerhalb von zwei Wochen nach der Beauftragung durch das Versorgungsamt ist das Gutachten zu erstellen."

9   Hiergegen hatte sich der **Bundesrat** in seiner Stellungnahme (BT-Drucks. 15/2318 S. 14) mit folgendem Verlangen gewandt:

„In Artikel 1 ist Nummer 8 zu streichen."

10 Begründung:

a) Der Gesetzentwurf der Bundesregierung will durch Vorgabe einer Frist von zwei bzw. drei Wochen für die Bearbeitung der Anträge auf Feststellung oder Neufeststellung der Schwerbehinderteneigenschaft die Entscheidungen der Versorgungsverwaltungen der Länder erheblich beschleunigen.

b) Der Bundesrat spricht sich aus haushaltswirtschaftlichen Erwägungen gegen neue Standards zulasten der Sozialverwaltungen der Länder aus. Die durchschnittliche Bearbeitungsdauer bis zur Erteilung eines Bescheides nach § 69 SGB IX liegt zurzeit deutlich über dem im Gesetzentwurf genannten Fristen. Dies liegt u. a. daran, dass die Versorgungsverwaltung auf die Befundberichte von Fachärzten und damit auf deren Kooperationsbereitschaft angewiesen ist.

Soll die Qualität der Einzelfallbearbeitung nicht gefährdet werden, wäre eine schnellere Fallerledigung nur durch eine deutliche Aufstockung des Personals möglich. Der daraus resultierende Mehraufwand für Personal- und Sachausgaben wird auf das Dreifache der bisherigen Kosten geschätzt und ist von den Ländern aufgrund ihrer Haushaltssituation nicht darstellbar.

c) Die durchschnittliche Bearbeitungsdauer beinhaltet neben der reinen Bearbeitung durch die Sachbearbeiter auch die medizinische Sachaufklärung (Einholung der Befunde etc.) und die Abgabe der Akten an den Versorgungsärztlichen Dienst bzw. an die sogenannten Außengutachter.

Entscheidungen ohne Einbeziehung des Versorgungsärztlichen Dienstes sind Ausnahmen, da die vorliegenden Behinderungen meist sehr komplex sind und in ihrer Gesamtwirkung betrachtet werden müssen. Somit wird die überwiegende Zahl der Begutachteraufträge von Außengutachtern ausgeführt und vom Versorgungsärztlichen Dienst überprüft. Die Außengutachter müssen für diese Aufgabe geeignet sein und werden entsprechend geschult. Die Arbeitsmenge ist u. a. aus steuerlichen Gründen eingeschränkt und eine Aufstockung wegen der Kosten nur begrenzt möglich.

Verkürzen lassen sich nicht Bearbeitungsschritte, auf die die Versorgungsverwaltung keinen Einfluss hat. Insbesondere betrifft dies die Einholung der Befundberichte; hier muss ein Teil der Ärzte mehrmals angemahnt werden.

Der Bundesrat sieht keinen Bedarf für bundesgesetzliche Fristvorgaben im Rahmen des Schwerbehinderten-Feststellungsverfahrens. Er spricht sich auch aus grundsätzlichen Erwägungen gegen neue Standards zulasten der Sozialverwaltungen der Länder aus.

Die Versorgungsverwaltungen der Länder haben in der Vergangenheit bereits erfolgreiche Anstrengungen unternommen, um die Bearbeitungszeiten zu verkürzen. Dennoch benötigt derzeit z. B. die Versorgungsverwaltung von Rheinland-Pfalz im Durchschnitt drei Monate bis zur Erteilung eines Bescheides nach § 69 SGB IX.

Soweit eine schnellere Entscheidung im Einzelfall erforderlich ist, um einen Ausbildungsplatz oder Arbeitsplatz zu erhalten oder zu sichern, ist auch ohne bundesgesetzliche Verpflichtung die entsprechend beschleunigte Bearbeitung gewährleistet. Im Rahmen der Zielsetzung des Gesetzentwurfs „Förderung der Ausbildung und Beschäftigung schwerbehinderter Menschen" sind damit bereits die erforderlichen Vorkehrungen getroffen.

Gesetzliche Fristen wären für alle etwa 1,5 Millionen Feststellungs- und Neufeststellungsanträge jährlich zu beachten. Sie wären, wenn die bisher üblichen Qualitätsstandards gewährleistet werden sollen, nur durch massive Personalvermehrung einzuhalten, die in den Länderhaushalten nicht vorgesehen ist. Eine schnellere Fallerledigung auf Kosten der Qualität der Einzelfallbearbeitung kann angesichts der ökonomischen Bedeutung der Anerkennung der Schwerbehinderteneigenschaft (z. B. Steuerfreibeträge, besonderer Kündigungsschutz) nicht gewollt sein.

Das Gesetz würde bei den Betroffenen Erwartungen wecken, die in der Praxis enttäuscht werden müssten.

Das Verfahren zur Feststellung der Schwerbehinderteneigenschaft ist seit Inkrafttreten des Schwerbehindertengesetzes im Jahr 1974 nahezu unverändert geblieben und bedarf dringend einer umfassenden zeitgemäßen Überarbeitung durch die Bundesregierung, insbesondere mit dem Ziel der Verfahrensvereinfachung und -beschleunigung. Hierzu bieten die Länder ausdrücklich ihre Mitwirkung an.

In ihrer **Gegenäußerung** (BT-Drucks. 15/2318 S. 21) hatte die Bundesregierung zum Verlangen des Bundesrates bemerkt: **11**

„Die **Bundesregierung** hat Verständnis für das Anliegen, dass eine fehlende oder mangelhafte Mitwirkung von Antragstellern nicht die vorgesehene Bearbeitungsfrist kürzen soll. Die Frist soll daher erst mit dem Tag beginnen, an dem der Antragsteller seine Mitwirkungspflichten nach § 60 Abs. 1 SGB I erfüllt hat. Dann erscheint allerdings eine Bearbeitungsfrist von bis zu etwa 7 Wochen ausreichend. Im Übrigen ist die Bundesregierung bereit, die Frage im Rahmen der gewünschten Überprüfung des Feststellungsverfahrens zu erörtern."

12 Dementsprechend hatte der **Ausschuss für Gesundheit und Soziale Sicherung** in seiner Beschlussempfehlung (BT-Drucks. 15/2357 S. 6) die Einfügung folgenden Satzes vorgesehen:

„Die Frist beginnt mit dem Tag, an dem der Antragsteller seine Mitwirkungspflichten nach § 60 Abs. 1 des Ersten Buches erfüllt hat."

Nachdem der Bundesrat wegen einer anderen Änderung des § 69 SGB IX den **Vermittlungsausschuss** angerufen hatte, wurde dort die endgültige Fassung der Vorschrift in Abs. 1 beschlossen.

b) in **Abs. 1** wurde als **neuer Satz 7** folgender Satz angefügt:

„Durch Landesrecht kann die Zuständigkeit abweichend von Satz 1 geregelt werden."

c) in **Abs. 2 Satz 1** wurden die Wörter „eine Feststellung nach Absatz 1 ist" durch die Wörter „Feststellungen nach Absatz 1 sind" ersetzt.

d) in **Abs. 4** wurden die Wörter „für die Durchführung des Bundesversorgungsgesetzes" gestrichen.

e) **Abs. 5** wurde wie folgt geändert:

aa) in **Satz 1** wurden die Wörter „für die Durchführung des Bundesversorgungsgesetzes" gestrichen.

bb) in **Satz 3** wurden die Wörter „wird befristet" durch die Wörter „soll befristet werden" ersetzt.

13 Sämtliche unter b–e genannten Änderungen waren weder im ursprünglichen Fraktionsentwurf von SPD und Bündnis 90/DIE GRÜNEN noch in der Empfehlung des Ausschusses für Gesundheit und Soziale Sicherung enthalten. Sie wurden erst im Beschluss des Vermittlungsausschusses (BT-Drucks. 15/2830) vorgeschlagen, den der Bundesrat mit dem Ziel der Einführung einer allgemeinen Länderöffnungsklausel für die Zuständigkeit in Absatz 1 Satz 1 der Vorschrift angerufen hatte (BT-Drucks. 15/2557 S. 2) und sodann in die Beschlussfassung von Bundestag und Bundesrat übernommen.

III. Anmerkungen

A) zu Abs. 1

1. Zuständige Behörden

14 Das Vorliegen und der Grad der Behinderung werden durch die für die Durchführung des BVG zuständigen Behörden festgestellt (**Abs. 1 Satz 1**). Zuständig sind somit für diese Feststellungen grundsätzlich nur die nach dem Gesetz über die Errichtung der Verwaltungsbehörden in der Kriegsopferversorgung vom 12. März 1951 (BGBl. I S. 169) errichteten **Versorgungsämter, Landesversorgungsämter** und die bei ihnen bestehenden **versorgungsärztlichen Untersuchungsstellen**. Das Land **Nordrhein-Westfalen** wurde seit dem 1. Januar 2000 wirksam durch die Bezirksregierung Münster (Abteilung 10) als Landesversorgungsamt i. S. des § 71 Abs. 5 SGG vor dem LSG Nordrhein-Westfalen und dem Bundessozialgericht vertreten (vgl. BSG Urteil vom 12. Juni 2001 – B 9 V 5/00 R = BSGE 88, 153 = SozR 3-3100 § 5 Nr. 9; BSG Urteil vom 27. Februar 2002 – B 9 V 8/01 R, zit. nach JURIS). In **Sachsen-Anhalt** sind mit Wirkung vom 1. Januar 2004 die Ämter für Versorgung und Soziales und das Landesamt für Versorgung und Soziales aufgelöst worden. Ihre Aufgaben sind auf das **Landesverwaltungsamt** übergegangen. Das beklagte Land wird durch das Referat 609 „Grundsatzangelegenheiten" der Abteilung „Familie, Gesundheit, Jugend und Versorgung" des Landesverwaltungsamtes Sachsen-Anhalt nach § 71 Abs. 5 SGG gesetzlich vertreten (LSG Sachsen-Anhalt Urteil vom 19. Februar 2004 – L 7 (5) SB 8/02 = JMBl ST 2004, 111 und Urteil vom 23. April 2004 – L 8 (5) V 10/00, zit. nach JURIS).

15 Durch die Ergänzung der Vorschrift um einen **Satz 7** ist mit Wirkung vom 1. Mai 2004 den **Ländern die Möglichkeit** eröffnet worden, durch Landesrecht die Zuständigkeit abweichend von Satz 1 zu regeln, d. h. auch **anderen als den für die Durchführung des BVG**

zuständigen Behörden die **Aufgaben der §§ 69 ff. SGB IX zuzuweisen**. Die Neuregelung wurde erst im Vermittlungsverfahren zum „Gesetz zur Förderung der Ausbildung und Beschäftigung schwerbehinderter Menschen" eingeführt.

Der **Bundesrat** hatte zunächst den **Vermittlungsausschuss** angerufen mit dem Ziel, überhaupt die Zuständigkeit der für die Durchführung des Bundesversorgungsgesetzes verantwortlichen Behörden zu streichen und die entsprechende Zuständigkeitsregelung dem jeweiligen **Landesrecht zu überlassen** (BT-Drucks. 15/2557 S. 2). Er hatte dies damit begründet, dass die – herkömmliche – Verbindung der Aufgaben nach dem SGB IX und dem BVG nicht zwingend sei. Die Zuständigkeitsregelung brauche auch nicht vom Bundesgesetzgeber getroffen zu werden; sie könne den Ländern überlassen werden. Der Vermittlungsausschuss ist diesem Anliegen nur insoweit entgegengekommen, als die **Länder ermächtigt** wurden, **abweichende Zuständigkeitsregelungen** zu treffen (BT-Drucks. 15/2830). Unterlassen sie dies, bleibt es bei der bisherigen Zuständigkeit der Versorgungsbehörden.   16

Von dieser Regelungsbefugnis haben inzwischen mehrere Länder Gebrauch gemacht (vgl. die Übersichten auf www.versorgungsaemter.de/Versorgungsaemter_index.htm sowie www.familienratgeber.de/schwerbehinderung/versorgungsamt):   17

In **Baden-Württemberg** wurden mit Art. 119 des Verwaltungsstruktur-Reformgesetzes – VRG vom 1. Juli 2004 (GBl. S. 469) die Versorgungsämter zum 31. Dezember 2004 aufgelöst. Die Aufgaben des Landesversorgungsamts sind am 1. Januar 2005 auf das Regierungspräsidium Stuttgart, die Aufgaben der Versorgungsämter auf die **Landratsämter bzw. kreisfreien Städte** übergegangen.

In **Bayern** wurden durch das 2. VerwModG vom 26. Juli 2005 mit Wirkung vom 1. August 2005 u. a.
– die Ämter für Versorgung und Familienförderung,
– das Bayerische Landesamt für Versorgung und Familienförderung,
– die Integrationsämter,
– die Hauptfürsorgestellen

zum **Zentrum Bayern Familie und Soziales** (ZBFS) zusammengefasst. Das ZBFS ist als eine zentrale Landesbehörde mit Sitz in Bayreuth eingerichtet, in jedem Regierungsbezirk sind Regionalstellen errichtet.

In **Berlin** nimmt die Aufgaben des Versorgungsamts das **Landesamt für Gesundheit und Soziales** wahr.

In **Brandenburg** ist das Landesamt für Soziales und Versorgung Cottbus mit Außenstellen in Frankfurt / Oder und in Potsdam zuständig.

In **Bremen**, **Hamburg** und **Hessen** sind nach wie vor Versorgungsämter zuständig.

In **Niedersachsen** werden die Aufgaben durch das Landesamt für Soziales, Jugend und Familie in Hildesheim mit Außenstellen des Landesamtes in Hannover, Braunschweig, Lüneburg, Oldenburg, Osnabrück und Verden wahrgenommen.

In **Mecklenburg-Vorpommern** ist das Landesamt für Gesundheit und Soziales in Rostock mit insgesamt vier Außenstellen in Greifswald, Neubrandenburg, Neustrelitz, Schwerin und Stralsund zuständig.

In **Nordrhein-Westfalen** hat der Landesgesetzgeber durch Art. 1, Abschnitt I, § 1 Abs. 1, § 2 Abs. 1 des Zweiten Gesetzes zur Straffung der Behördenstruktur in Nordrhein-Westfalen vom 30. Oktober 2007 (GV NRW S. 482 – Straffungsgesetz –) die den Versorgungsämtern nach §§ 69 und 145 SGB IX übertragenen Aufgaben mit Wirkung vom 1. Januar 2008 **auf die Kreise und kreisfreien Städte übertragen**. Diese Neuregelung steht im Einklang mit der grundgesetzlichen Organisationsverteilung und verstößt nicht gegen (höherrangige)   18

§ 69   Feststellung der Behinderung, Ausweise

bundesgesetzliche Regelungen (BSG Urteil vom 29. April 2010 – B 9 SB 1/10 R = Sozial-Verw 2011, 11 m. w. Nachw.).

Ferner hat der Landesgesetzgeber am 26. Januar 2010 durch Art. 3 des Gesetzes zur Modernisierung und Bereinigung von Justizgesetzen im Land Nordrhein-Westfalen (JuMoG NRW, GV NW Seite 30 ff.) den § 4a neu in das AGSGG eingefügt. Danach erlässt in Angelegenheiten nach §§ 69 und 145 SGB IX, die den Kreisen und kreisfreien Städten übertragen sind, die Bezirksregierung Münster den Widerspruchsbescheid. Diese Regelung trat gem. Art. 4 des JuMoG NRW rückwirkend zum 1. Januar 2008 in Kraft.

Damit besteht nunmehr eine Sonderzuständigkeit der Bezirksregierung Münster für den Erlass von Widerspruchsbescheiden in Angelegenheiten nach §§ 69 und 145 SGB IX, die unabhängig von der Frage ist, ob es sich bei den Pflichtaufgaben zur Erfüllung nach Weisung um eine Selbstverwaltungsaufgabe handelt. Geht man von einer Selbstverwaltungsangelegenheit aus, folgt die Zuständigkeit aus § 85 Abs. 2 Nr. 4 2. Halbsatz SGG i. V. m. § 4a AGSGG NRW. Hält man die übertragenen Aufgaben nicht für Selbstverwaltungsaufgaben, kommt man zum selben Ergebnis über § 85 Abs. 2 Nr. 1, § 219 SGG in Verbindung mit § 4a AGSGG NRW (vgl. SG Dortmund Urteil vom 12. Februar 2010 – S 51 (3) SB 205/08, zit. nach JURIS).

19   In **Rheinland-Pfalz** nehmen die Ämter für Soziale Angelegenheiten in Koblenz, Trier, Mainz und Landau die Aufgaben nach § 69 SGB IX wahr.

Im **Saarland** ist das Landesamt für Soziales – LAS – in Saarbrücken zuständig.

In **Sachsen** wurde im Rahmen der Verwaltungsreform mit dem SächsVwNG das Sächsische Landesamt für Familie und Soziales (SLFS) aufgelöst. Seit 1. August 2008 bearbeiten die Landkreise und kreisfreien Städte alle Anträge auf Feststellung der Schwerbehinderteneigenschaft. Insoweit bestehen keine Bedenken hinsichtlich eines Verstoßes gegen die grundgesetzliche Organisationsverteilung und gegen „höherrangige" bundesgesetzliche Regelungen (Sächs. LSG Urteil vom 20. September 2010 – L 6 SB 20/09, zit. nach JURIS).

In **Sachsen-Anhalt** obliegt das Feststellungsverfahren und Ausweiswesen nach dem SGB IX dem Landesverwaltungsamt in Halle / Saale (Referat Versorgungsamt, Schwerbehindertenrecht).

In **Schleswig-Holstein** ist das Landesamt für soziale Dienste in Neumünster mit vier Außenstellen in Heide, Kiel, Lübeck und Schleswig zuständig.

In **Thüringen** wurden die Aufgaben des Schwerbehindertenrechts zum 1. Mai 2008 von den Landkreisen und kreisfreien Städten übernommen.

20   Im Übrigen folgt die **örtliche Zuständigkeit** des Versorgungsamts bzw. der entsprechenden Verwaltungsbehörde aus § 3 VfG-KOV. Danach ist das Versorgungsamt für die Feststellung zuständig, in dessen Bezirk der Antragsteller zur Zeit der Antragstellung seinen Wohnsitz oder gewöhnlichen Aufenthalt hat.

Mit dem **Wechsel des Wohnorts** bzw. des Orts des gewöhnlichen Aufenthalts ändert sich auch die Zuständigkeit. Die Verwaltungsbehörde am neuen Ort wird aber erst zuständig, sobald die Akten an sie abgegeben sind (vgl. § 4 Abs. 1 VfG-KOV). Somit kann die ursprünglich zuständige Verwaltungsbehörde das Verfahren zu Ende führen, wenn es im Einzelfall unter Wahrung der Interessen der Beteiligten der einfachen und zweckmäßigen Durchführung des Verfahrens dient. Dies entspricht der allgemeinen Verfahrensvorschrift des § 2 Abs. 2 SGB X.

21   Verlegt ein **Kläger** im Verlauf eines Verfahrens nach dem SGB IX seinen **Wohnsitz in ein anderes Bundesland**, so wird dieses zuständig. In dem Rechtsstreit tritt bei kombinierten Anfechtungs- und Verpflichtungsklagen ein Beklagtenwechsel kraft Gesetzes ein (BSG Urteil vom 5. Juli 2007 – B 9/9a SB 2/07 R = BSGE 99, 9 = SozR 4-3250 § 69 Nr. 6).

Ebenso führt ein Wechsel in der Behördenzuständigkeit und damit ein Rechtsträgerwechsel im anhängigen Streitverfahren zu einem Beteiligtenwechsel kraft Gesetzes (vgl. BSG Urteil vom 5. Juli 2007 a. a. O.; LSG NRW Urteil vom 12. Februar 2008 – L 6 SB 101/06, zit. nach JURIS). Die begehrten Rechte kann allein der im Laufe des Rechtsstreits zuständig gewordene Träger gewähren, sodass die Klage z. B gegen die gemäß § 3 Abs. 1 KOV-VfG örtlich zuständige Stadt gerichtet werden muss (Sächs. LSG Urteil vom 20. September 2010 L 6 SB 20/09, zit. nach JURIS). 22

Hat das für den bisherigen Wohnsitz eines behinderten Menschen in Deutschland zuständige Land den letzten Bescheid über die Feststellung der Behinderung wegen Umzuges ins Ausland aufgehoben, so ist dieses Land für die dagegen gerichtete Anfechtungsklage der richtige Beklagte (BSG Urteil vom 5. Juli 2007 – B 9/9a SB 2/06 R = SGb 2008, 616 = SozR 4-3250 § 69 Nr. 5 unter Hinweis auf § 3 Abs. 5 KOVVfG i. V. m. § 1 Abs. 1 Buchst. f der Verordnung über die Zuständigkeit der Verwaltungsbehörden der Kriegsopferversorgung für Berechtigte im Ausland – AuslZustV). 23

2. Antragsberechtigung

Die Feststellung nach § 69 setzt einen **Antrag des behinderten Menschen** voraus. Eine Entscheidung von Amts wegen ist nicht vorgesehen. Ob der Schwerbehindertenstatus festgestellt werden soll, entscheidet somit der behinderte Mensch allein. Dies gehört zum grundrechtlich geschützten Bereich des allgemeinen Persönlichkeitsrechts gem. Art. 2 Abs. 1 i. V. m. Art. 1 Abs. 1 GG (BSG Urteil vom 6. Dezember 1989 – 9 RVs 4/89 = BSGE 66, 120 = SozR 3870 § 4 Nr. 4 = BehindertenR 1990, 94; Müller-Wenner / *Winkler* Rdnr. 10). 24

Dem Schutzbedürftigen, der den ihm zustehenden Schutz – aus welchen Gründen auch immer – nicht in Anspruch nehmen will, ist daher der Schutz nicht aus Fürsorgegründen „aufzudrängen" (BVerwG Urteil vom 15. Dezember 1988 – 5 C 67.85 = BVerwGE 81, 84 [86 f.] = Buchholz 436.61 Nr. 18 SchwbG Nr. 2 m. w. Nachw.; Beschluss vom 7. April 2011 – 2 B 79/10, zit. nach JURIS Rdnr. 5).

Auch der **Arbeitgeber** kann einen Antrag nicht erzwingen, obwohl er ggf. ein berechtigtes Interesse an der Feststellung der Schwerbehinderteneigenschaft seines Mitarbeiters haben kann. Der auf entsprechende Feststellung gerichtete Anspruch ist ein **höchstpersönliches Recht**; es kann nicht auf Dritte übergehen und erlischt mit dem Tod des Berechtigten (BSG Urteil vom 6. Dezember 1989 a. a. O.; LSG Baden-Württemberg Urteil vom 18. Juni 2009 – L 6 SB 286/08 = BehindertenR 2009, 211). 25

Der Antragsteller kann sich aber nach § 13 SGB X durch einen **Bevollmächtigten** vertreten lassen und durch diesen den Antrag stellen. Dies kann z. B. die Schwerbehindertenvertretung nach § 94 SGB IX, der Betriebs- und Personalrat wie auch der behandelnde Arzt oder Arbeitgeber sein. 26

Das Tätigwerden eines Bevollmächtigten darf allerdings nicht als unzulässige Rechtsberatung gegen das Rechtsdienstleistungsgesetz (bis 30. Juni 2008: Rechtsberatungsgesetz) verstoßen. Ein **Steuerberater** und Vereidigter Buchprüfer ist nicht berechtigt, im Verfahren nach § 69 SGB IX als Bevollmächtigter tätig zu werden (BSG Urteil vom 16. Mai 1995 – 9 RV 14/94 = SozR 3-1300 § 13 Nr. 2 = NZS 1995, 576). Das Antragsverfahren und das sich anschließende Widerspruchsverfahren stehen auch dann nicht in einem unmittelbaren Zusammenhang mit der Hilfeleistung in Steuersachen, wenn mit ihnen im Ergebnis steuerliche Vorteile bezweckt werden (BSG Urteil vom 16. Mai 1995 a. a. O.).

Die sog. Teilerlaubnis, die Besorgung fremder Rechtsangelegenheiten als **Rentenberater** zu betreiben (§ 1 Abs. 1 Satz 1 RBerG), ermöglicht auch, insoweit auf dem Gebiet des Schwerbehindertenrechts tätig zu werden (LSG Baden-Württemberg Beschluss vom 4. Oktober 2007 – L 6 SB 6134/06 B).

Ohne Bevollmächtigung durch den behinderten Menschen ist aber **niemand befugt**, ein **Feststellungsverfahren zu beantragen**. Denn nach § 12 SGB X sind Beteiligte am Feststel- 27 lungsverfahren nur der Antragsteller und der Antragsgegner (= das Versorgungsamt bzw. die landesrechtlich zuständige Behörde).

Soweit ein behinderter Mensch geschäftsfähig und damit **prozessfähig** im Sinne von § 71 SGG ist, kann er den Antrag selbstständig auch dann stellen, wenn ihm gerichtlich ein **rechtlicher Betreuer** im Sinne von §§ 1896 ff. BGB bestellt wurde. Die Anordnung eines Einwilligungsvorbehalts (§ 1903 BGB) im Bereich der Vermögenssorge schließt die Antrags- und Prozessführungsbefugnis für die Zuerkennung eines Merkzeichens „G" im Verfahren nach Abs. 4 i. V. mit Abs. 1 nicht aus, da die begehrte Zuerkennung als solche lediglich rechtlich vorteilhaft ist (BSG Beschluss vom 20. Juni 2006 – B 9a SB 13/05 B, zit. nach JURIS). Wird in einem solchen Verfahren ein Bescheid dem Betreuer als gesetzlichem Vertreter zugestellt, ist dies jedenfalls dann eine wirksame Bekanntgabe, wenn der Betroffene mit der Wahrnehmung der Aufgaben der Vermögenssorge durch den Betreuer einverstanden ist (BSG Urteil vom 20. Juni 2006 a. a. O.).

28 Ist hingegen der behinderte Mensch **prozessunfähig**, stellt der ggf. für ihn handelnde gerichtlich bestellte Betreuer den Antrag. Wird ein an sich prozessfähiger Kläger durch einen Betreuer vertreten, steht er für dieses Verfahren gemäß § 71 Abs. 6 SGG i. V. m. § 53 ZPO einer nicht prozessfähigen Person gleich, kann also selbst keine wirksamen Prozesserklärungen abgeben (LSG Berlin-Brandenburg Urteil vom 30. März 2010 – L 11 SB 321/08, zit. nach JURIS).

29 **Jugendliche** können bereits ab Vollendung des 15. Lebensjahres den Antrag selbstständig stellen, soweit die gesetzlichen Vertreter deren Handlungsfähigkeit nicht gegenüber der Behörde eingeschränkt haben (§ 36 SGB I).

30 Insbesondere hat der **Arbeitgeber** des schwerbehinderten Menschen **keine Beteiligungsrechte**. Er ist auch **nicht befugt**, die versorgungsamtliche Feststellung des Schwerbehindertenstatus seines Arbeitnehmers und den Rückwirkungsvermerk im Schwerbehindertenausweis **anzufechten**. Der Arbeitgeber muss die Belastung des Arbeitsverhältnisses durch die tatsächliche Schwerbehinderteneigenschaft, die das Sozialstaatsgebot erfüllt, als verfassungsmäßig gerechtfertigt hinnehmen. Ein Klagerecht des Arbeitgebers als wirksamer Rechtsschutz gegen eine rechtswidrige Anerkennung würde das Persönlichkeitsrecht des Schwerbehinderten, den er beschäftigt, dadurch verletzen, dass die vom Gericht von Amts wegen zu ermittelnden gesundheitlichen Verhältnisse des Begünstigten dem Arbeitgeber als Verfahrensbeteiligtem bekannt gegeben werden müssten. Das wäre aber unvereinbar mit dem **Recht des schwerbehinderten Menschen**, über die **Offenbarung solcher persönlichen Tatsachen selbst zu bestimmen** (BSG Beschluss vom 22. Oktober 1986 – 9a RVs 3/84 = BSGE 60, 284 = BehindertenR 1987, 64 = SozR 3870 § 3 Nr. 23; vgl. auch BSG Urteil vom 19. Dezember 2001 – B 11 AL 57/01 R = BSGE 89, 119 = SozR 3-3870 § 2 Nr. 2 = AP Nr. 1 zu § 2 SchwbG 1986 zur entsprechenden Rechtslage bei der Gleichstellung Schwerbehinderter).

31 Aus der Dispositionsbefugnis des schwerbehinderten Menschen über die Feststellung seines Status folgt auch, dass er **auf** diese **Rechtsposition** ganz oder teilweise **verzichten** kann (BSG Urteil vom 26. Februar 1986 – 9a RVs 4/83 BSGE 60, 11 [14] = BehindertenR 1986, 43 = SozR 3870 § 3 Nr. 21). Deshalb darf die Versorgungsbehörde eine bestimmte Behinderung nicht feststellen, wenn der Behinderte erklärt, er beantrage die Feststellung nicht. Diese Behinderung bleibt dann aber bei der Festsetzung der MdE bzw. des GdB außer Betracht (BSG Urteil vom 26. Februar 1986 a. a. O.).

3. Territorialitätsprinzip und Feststellung

32 Nach § 2 Abs. 2 SGB IX sind Menschen schwerbehindert, wenn bei ihnen ein Grad der Behinderung (GdB) von wenigstens 50 vorliegt und sie ihren Wohnsitz, ihren gewöhnlichen Aufenthalt oder ihre Beschäftigung auf einem Arbeitsplatz im Sinne des § 73 rechtmäßig im Geltungsbereich des SGB IX haben.

Grundsätzlich hat ein in Deutschland lebender behinderter Mensch nach dem System des Schwerbehindertenrechts im SGB IX Anspruch auf Feststellung des für ihn maßgeblichen GdB unabhängig davon, ob sich seine rechtliche und/oder wirtschaftliche Situation dadurch unmittelbar verbessert. Ein besonderes **Feststellungsinteresse** im Sinne eines Rechtsschutzbedürfnisses **für die Zeit ab Antragstellung** ist **nicht erforderlich** (🏛 BSG Urteil vom 24. April 2008 – B 9/9a SB 8/06 R = SozR 4-3250 § 69 Nr. 8; 🏛 Urteil vom 7. April 2011 – B 9 SB 3/10 R = BehindertenR 2011, 182 = SozR 4-3250 § 69 Nr. 13).

Einem behinderten Menschen, der seinen **Wohnsitz bzw. gewöhnlichen Aufenthalt außerhalb der Bundesrepublik Deutschland** hat, steht hingegen grundsätzlich **kein Anspruch auf Feststellungen** nach dem SGB IX zu. 33

Der deutsche Gesetzgeber konnte den Anspruch auf (deklaratorische) Feststellung der Schwerbehinderteneigenschaft nach dem **Territorialitätsprinzip im Grundsatz** auf Personen beschränken, die in der Bundesrepublik Deutschland dauerhaft Wohnsitz genommen haben bzw. sich nicht nur vorübergehend dort aufhalten (🏛 Bayer. LSG Urteil vom 22. Juni 2004 – L 15 SB 22/04, zit. nach JURIS).

Denn für die Anwendung des SGB IX ist **§ 30 SGB I maßgebend**. Dieser bestimmt in seinem Abs. 1, dass die Vorschriften des SGB für alle Personen gelten, die ihren Wohnsitz oder gewöhnlichen Aufenthalt in seinem Geltungsbereich haben. Grund und Berechtigung für die Anknüpfung des Schwerbehinderten-Feststellungsverfahrens an den Inlandswohnsitz bzw. -aufenthaltsort ist, dass nur diejenigen Personen einen Leistungsanspruch haben sollen, die in **die Rechte und Pflichten des nationalen Sozialverbunds eingebunden** sind, insbesondere einerseits steuerpflichtig und andererseits berechtigt sind, steuerfinanzierte Nachteilausgleiche als Behinderte zu erhalten (🏛 Bayer. LSG Urteil vom 22. Juni 2004 a. a. O. m. w. Nachw.). Hinzu kommt, dass dadurch eine **mehrfache Inanspruchnahme** dieser Sozialleistungen **vermieden** wird. Auch das vielfach relativ umfangreiche Ermittlungsverfahren zur Feststellung der nicht nur vorübergehenden gesundheitlichen Beeinträchtigungen eines Behinderten und die meist für fünf Jahre eintretende Dauerwirkung einer Feststellung, die nach § 1, § 69 Abs. 5 SGB IX dazu dienen soll, die Selbstbestimmung und gleichberechtigte Teilhabe der Behinderten am Leben in der Gesellschaft durch Inanspruchnahme von Leistungen und von sonstigen Hilfen zu fördern, sprechen für eine Anknüpfung an den Wohnsitz in der Bundesrepublik Deutschland und gegen einen Feststellungsanspruch von Personen, die sich nur kurzfristig hier aufhalten (🏛 Bayer. LSG Urteil vom 22. Juni 2004 a. a. O.). 34

Die **Anwendung des Territorialprinzips** gilt jedoch nur, soweit sich **spezialgesetzlich nichts Abweichendes** ergibt. Eine solche abweichende Regelung ist **§ 2 Abs. 2 SGB IX**, soweit er für die Feststellung der Schwerbehinderteneigenschaft eine **Beschäftigung auf einem inländischen Arbeitsplatz** ausreichen lässt. Diese Ausnahme liegt darin begründet, dass die Schwerbehinderteneigenschaft einen besonderen Schutz am Arbeitsplatz gem. §§ 71 ff. SGB IX nach sich zieht, der **auch Grenzgängern** zugute kommen soll (vgl. 🏛 BSG Urteil vom 5. Juli 2007 – B 9/9a SB 2/07 R = Breithaupt 2008, 251 unter Hinweis auf BT-Drucks. 7/656 S. 24). 35

Zwar enthält § 69 SGB IX keine ausdrücklichen Ausnahmebestimmungen zu dem in § 30 Abs. 1 SGB I verankerten Territorialitätsprinzip. Nach Auffassung des BSG a. a. O. ergibt sich jedoch aus dem Sinn und Zweck dieser Vorschriften etwas Abweichendes i. S. von § 37 Satz 1 SGB I (vgl. dazu allgemein KassKomm / *Seewald* § 37 SGB I Rdnr. 5). Die **Feststellung des GdB** hat eine **dienende Funktion**. Sie gewinnt erst dadurch Bedeutung, dass sie als **Statusfeststellung auch für Dritte verbindlich** ist (vgl. 🏛 BSG Urteil vom 6. Oktober 1981 – 9 RVs 3/81 = BSGE 52, 168 [172] = SozR 3870 § 3 Nr. 13 S. 31; 🏛 BSG Urteil vom 29. Mai 1991 – 9a/9 RVs 11/89 = BSGE 69, 14 [17] = SozR 3-1300 § 44 Nr. 3 S. 9 = BehindertenR 1991, 141) und die Inanspruchnahme von sozialrechtlichen, steuerrechtlichen, arbeitsrechtlichen, straßenverkehrsrechtlichen und anderen Vorteilen ermöglicht. 36

37 Das durch eine Feststellung nach § 69 SGB IX gewährte subjektive soziale Recht berührt den Rechtskreis des Antragstellers also immer dann, wenn sich hieraus **weitere Rechte im Inland** ergeben können. Soweit es derartige rechtliche Vorteile gibt, die nicht an einen Wohnsitz oder gewöhnlichen Aufenthalt im Inland, sondern **an einen** andersartigen **Inlandsbezug anknüpfen**, erfordert es schon der Grundsatz der Gleichbehandlung und der Einheit der Rechtsordnung, dass die betreffenden Personen eine **Feststellung i. S. § 69 SGB X beanspruchen** können (BSG Urteil vom 5. Juli 2007 a. a. O.; Urteil vom 29. April 2010 – B 9 SB 1/10 R = SozialVerw 2011, 11; Urteil vom 7. April 2011 – B 9 SB 3/10 R = BehindertenR 2011, 182 = SozR 4-3250 § 69 Nr. 13).

38 Allerdings kann ein **im Ausland wohnender Behinderter** das Feststellungsverfahren nach § 69 SGB IX **nur zur Ermöglichung** *konkreter* **inländischer Rechtsvorteile** in Anspruch nehmen (BSG Urteil vom 7. April 2011 – B 9 SB 3/10 R = BehindertenR 2011, 182 = SozR 4-3250 § 69 Nr. 13. m. w. Nachw.). Nur dann ist die Durchbrechung des Territorialprinzips gerechtfertigt.

Geht es nur um den Nachweis einer Behinderung gegenüber ausländischen Stellen, kann der behinderte Mensch auf die Möglichkeit entsprechender Feststellungen durch die für seinen Wohnort im Ausland zuständigen Stellen verwiesen werden (SG Lüneburg Gerichtsbescheid vom 9. April 2008 – S 15 SB 105/05, zit. nach JURIS).

39 Ebenso wenig reicht insofern eine abstrakte, also rein theoretische Möglichkeit der Inanspruchnahme rechtlicher Vorteile im Inland aus (so aber Sächs. LSG, Urteil vom 21. Dezember 2005 – L 6 SB 5/04 zit. nach JURIS). Vielmehr lässt sich eine **Durchbrechung des Territorialitätsprinzips** (§ 30 Abs. 1 i. V. m. § 37 Satz 1 SGB I) **nur rechtfertigen**, wenn dem behinderten Menschen trotz seines ausländischen Wohnsitzes aus der Feststellung seines GdB in Deutschland **konkrete Vorteile** erwachsen können (BSG Urteil vom 5. Juli 2007 a. a. O.; Urteil vom 7. April 2011 a. a. O.).

40 Das ist etwa dann der Fall, wenn der Antragsteller während seines langjährigen Aufenthalts in Deutschland eine **Anwartschaft auf eine gesetzliche Rente** erworben hat. Dann wäre ein für das Feststellungsverfahren nach § 69 SGB IX erforderlicher Inlandsbezug dadurch gegeben, dass bei ihm eine Altersrente für schwerbehinderte Menschen (§ 37 SGB VI) in Betracht käme. Über den hierfür erforderlichen GdB von 50 kann nur im Verfahren nach § 69 SGB IX – auch für den Rentenversicherungsträger bindend – entschieden werden (vgl. BSG Urteil vom 6. Oktober 1981 – 9 RVs 3/81 = BSGE 52, 168 [172]; Urteil vom 5. Juli 2007 a. a. O.; Hauck / Noftz / *Masuch* Rdnr. 15). Zwar setzt § 37 Nr. 2 SGB VI wegen des Verweises auf § 2 Abs. 2 SGB IX grundsätzlich einen Arbeitsplatz, Wohnsitz oder gewöhnlichen Aufenthalt im Inland voraus. Aus Gründen des vorrangigen EU-Rechts ist jedoch davon auszugehen, dass ein Wohnsitz z. B. in Italien einem Wohnsitz im Inland gleichgestellt ist; denn es handelt sich bei der Inanspruchnahme von Versicherungsansprüchen innerhalb der Europäischen Union um die Verwirklichung der Grundfreiheit der Arbeitnehmerfreizügigkeit, sodass in diesen Fällen der fehlende Inlandsaufenthalt einer Altersrente nach § 37 SGB VI nicht entgegensteht (vgl. KassKomm / *Niesel* § 37 SGB VI Rdnr. 6; Hauck / Noftz / *Klattenhoff* SGB VI § 37 Rdnr. 9).

41 Des Weiteren kommt auch die Inanspruchnahme des in seiner Höhe vom GdB abhängigen **Schwerbehindertenpauschbetrages nach § 33b Abs. 1 bis 3 EStG** in Betracht, sofern der Antragsteller **im Inland unbeschränkt steuerpflichtig** i. S. von § 1 Abs. 2, 3 EStG ist. Das kann z. B. der Fall sein, wenn er inländisches Einkommen im Inland durch Einnahmen aus Vermietung, Verpachtung oder Kapitalanlagen erzielt (zur Geltendmachung bei Wohnsitz im Ausland vgl. BFH Urteil vom 18. Dezember 1981 – VI R 97/81 = BFHE 135, 73 = DB 1982, 986; BFH Urteil vom 02. Juni 2005 – III R 15/04 = BFHE 210, 141 = NJW 2005, 3456 [Ls.]).

42 Zum Antragsrecht von im Inland lebenden Ausländern ist zu beachten: Das SGB IX schützt allerdings **behinderte Ausländer** auch dann, wenn sie sich nur **geduldet** seit Jahren in

Deutschland aufhalten. Das BSG hatte zunächst gefordert, dass ein Ende dieses Aufenthalts unabsehbar ist und die Ausländerbehörde gleichwohl keine Aufenthaltsbefugnis erteilt (🏛 BSG Urteil vom 1. September. 1999 – B 9 SB 1/99 R BSGE 84, 253 = BehindertenR 2000, 27 = SozR 3-3870 § 1 Nr. 1; vgl. auch 🏛 BSG Urteil vom 29. April 2010 – B 9 SB 1/10 R = SozialVerw 2011, 11).

Nunmehr hat das BSG einem aufenthaltsrechtlich nur geduldeten Ausländer, dessen GdB wenigstens 50 beträgt, den Anspruch auf Feststellung seiner Schwerbehinderung auch dann zuerkannt, wenn sein **Aufenthalt in Deutschland voraussichtlich länger als sechs Monate andauern** wird (🏛 BSG Urteil vom 29. April 2010 – B 9 SB 2/09 R = BSGE 106, 101 = SozR 4-3250 § 2 Nr. 29). Dieser Zeitraum orientiere sich an der Definition der Behinderung in § 2 Abs. 1 Satz 1 SGB IX. Das Gesetz gehe typisierend davon aus, dass Funktionsbeeinträchtigungen oder Störungen, die länger als sechs Monate andauern, als die Teilhabe am Leben in der Gesellschaft beeinträchtigend anzusehen sind. Sie begründen Ansprüche auf die in § 1 SGB IX allgemein beschriebenen Leistungen, insbesondere auf Ausgleich und Eingliederung. Entsprechendes müsse für die Teilhabe von nicht freizügigkeitsberechtigten Ausländern am Leben in der Gesellschaft gelten. Diese Auslegung entspreche auch besser den Vorgaben der **UN-Behindertenkonvention**. Bereits aus Art. 1 Abs. 1 des Übereinkommens werde deutlich, dass die Vertragsstaaten die Menschenrechte und Grundfreiheiten allen Menschen mit Behinderungen garantieren („fördern, schützen und gewährleisten"), ohne dass nach deren Staatsangehörigkeit und/oder Aufenthaltsrecht in dem jeweiligen Vertragsstaat unterschieden wird. 43

Überdies ist zu beachten: § 2 SGB IX differenziert zwischen der Frage, ob ein Mensch behindert oder schwerbehindert ist. Das Tatbestandsmerkmal **„rechtmäßiger Aufenthalt"** findet sich **nur in § 2 Abs. 2 SGB IX**. Nur in dieser Vorschrift wird für die Definition des schwerbehinderten Menschen ein rechtmäßiger Aufenthalt in der Bundesrepublik gefordert. In § 2 Abs. 1 Satz 1 SGB IX, der im Umkehrschluss dazu einen GdB von weniger als 50 ausreichen lässt, ist dieses Tatbestandsmerkmal gerade nicht enthalten (🏛 SG Lüneburg Urteil vom 30. März 2007 – S 15 SB 54/05, zit. nach JURIS). Diese Auslegung wird dadurch gestützt, dass in § 69 Abs. 1 SGB IX auch zwischen der Feststellung einer Behinderung einerseits (§ 69 Abs. 1 Satz 1 SGB IX) und zwischen der Feststellung einer Schwerbehinderung andererseits (§ 69 Abs. 1 Satz 2 SGB IX) unterschieden wird. Deshalb kann ein Bescheid über die **Zuerkennung eines GdB von weniger als 50 nicht** mit der Begründung **zurückgenommen** werden, der behinderte Mensch halte sich **nicht rechtmäßig** im Bundesgebiet auf (SG Lüneburg Urteil vom 28. März 2007 a. a. O.). 44

4. Feststellungsbescheid

Der Antrag richtet sich auf die Feststellung des Versorgungsamts bzw. der nach Landesrecht zuständigen Behörde über das Vorliegen einer Behinderung im Sinne von § 2 Abs. 1 SGB IX sowie den Grad der Behinderung. Die Feststellung der Schwerbehinderteneigenschaft **wirkt lediglich deklaratorisch** (🏛 BSG Urteil vom 30. April 1979 – 8b RK 1/78 BSGE 48, 167 = SozR 2200 § 176c Nr. 1; 🏛 Urteil vom 22. September 1988 – 12 RK 44/87 = SozR 2200 § 176c Nr. 9 = Breithaupt 1989, 189; 🏛 Urteil vom 7. November 2001 – B 9 SB 3/01 R = BSGE 89, 79; 🏛 Urteil vom 7. April 2011 – B 9 SB 3/10 R = SozR 4-3250 § 69 Nr. 13 = BehindertenR 2011, 182). Insoweit unterscheidet sie sich von der Gleichstellung nach § 68 SGB IX. Diese begründet den Schutz für den Behinderten erst durch den Verwaltungsakt (🏛 BAG Urteil vom 24. November 2005 – 2 AZR 514/04 = NZA 2006, 665 m. w. Nachw.). 45

Zum **Nachweis** dieser Eigenschaft durch den schwerbehinderten Menschen ist jedoch eine **behördliche Feststellung** erforderlich. Dementsprechend stellen die zuständigen Behörden auf seinen Antrag nach Abs. 1 Satz 1 das Vorliegen einer Behinderung und den GdB fest. Von welchem **Zeitpunkt** an diese Feststellung zu treffen ist, wird im SGB IX **nicht ausdrücklich geregelt**. Hinreichende Maßgaben zur Bestimmung des Wirksamkeitsbeginns einer GdB-Feststellung lassen sich jedoch aus dem Sinn und Zweck solcher Feststellungen und 46 dem Erfordernis einer Vermeidung unnötiger Verwaltungsaufwandes herleiten (BSG Urteil vom 7. April 2011 a. a. O.).

47 Es handelt sich um **Statusfestellungen**, die in einer Vielzahl von Lebensbereichen die Inanspruchnahme von Vorteilen und Nachteilsausgleichen ermöglichen sollen (vgl. dazu z. B. BSG Urteil vom 24. April 2008 – B 9/9a SB 8/06 R = SozR 4-3250 § 69 Nr. 8 Rdnr. 16). Da eine derartige Inanspruchnahme regelmäßig nicht (für längere Zeit) rückwirkend möglich ist, **reicht es grundsätzlich aus**, wenn der **GdB für die Zeit ab Antragstellung** festgestellt wird (vgl. dazu BSG Urteil vom 29. Mai 1991 – 9a/9 RVs 11/89 = BSGE 69, 14 [17 f.] = SozR 3-1300 § 44 Nr. 3). Mit der Stellung des Antrags bringt nämlich der behinderte Mensch der Behörde gegenüber sein Interesse an einer verbindlichen Statusfeststellung erstmalig zum Ausdruck.

Deshalb kann eine vom Arbeitgeber nach der Antragstellung ausgesprochene Kündigung des Arbeitsverhältnisses von dem schwerbehinderten Arbeitnehmer grundsätzlich mit der Begründung **angefochten** werden, die **vorherige Zustimmung des Integrationsamtes nach § 85 SGB IX fehle** (vgl. BSG Beschluss vom 22. Oktober 1986 – 9a RVs 3/84 = BSGE 60, 284 = BehindertenR 1987, 64 = SozR 3870 § 3 Nr. 23). Denn eine mehr als drei Wochen nach Antragstellung ausgesprochene Kündigung des Arbeitgebers ohne Zustimmung des Integrationsamtes ist grundsätzlich rechtsunwirksam (vgl. hierzu eingehend Erl. zu § 90 SGB IX Rdnr. 36 ff. insbes. 46 ff.). Eine darüber hinausgehende Rückwirkung kommt hingegen grundsätzlich nicht in Betracht (BSG Urteil vom 7. April 2011 a. a. O.)

48 Insofern ist es sachgerecht, von dem behinderten Menschen die **Glaubhaftmachung eines besonderen Interesses** zu verlangen, wenn er seinen GdB ausnahmsweise schon für einen **vor der Antragstellung liegenden Zeitraum** festgestellt haben möchte. Dies folgt aus den Vorschriften über die Ausstellung eines Schwerbehindertenausweises. Nach Abs. 5 Satz 1 stellen die zuständigen Behörden auf Antrag des behinderten Menschen aufgrund einer Feststellung der Behinderung einen Ausweis über die Eigenschaft als schwerbehinderter Mensch, den GdB sowie ggf. über weitere gesundheitliche Merkmale für die Inanspruchnahme von Nachteilsausgleichen aus. Die Einzelheiten der Ausweisausstellung sind in der auf der Grundlage des § 70 SGB IX erlassenen SchwbAwV geregelt. Nach deren § 6 Abs. 1 Nr. 1 ist auf der Rückseite des Ausweises als Beginn der Gültigkeit in den Fällen des § 69 Abs. 1 und 4 SGB IX der Tag des Eingangs des Antrags auf Feststellung nach diesen Vorschriften einzutragen. § 6 Abs. 1 Satz 2 SchwbAwV ermöglicht darüber hinaus auf Antrag des schwerbehinderten Menschen und nach Glaubhaftmachung eines besonderen Interesses die Eintragung eines zusätzlichen, weiter zurückliegenden Datums (BSG Urteil vom 7. April 2011 a. a. O.).

49 Soweit **§ 6 Abs. 1 Satz 2 SchwbAwV** für die Eintragung des „zusätzlichen" vor dem Datum der Antragstellung liegenden Datums die „Glaubhaftmachung eines besonderen Interesses" der antragstellenden Person verlangt, ist allerdings auch dort nicht weiter bestimmt, was ein „besonderes Interesse" i. S. dieser Vorschrift ist.

Mangels normativer Maßgaben erscheint es auch angesichts der Bedeutung der Rückwirkung der entsprechenden Feststellungen angemessen, den **Begriff des besonderen Interesses nach ähnlichen Maßstäben zu bestimmen wie den Anspruch eines im Ausland lebenden behinderten Menschen auf Feststellung seines GdB in Deutschland** (BSG Urteil vom 7. April 2011 a. a. O.; vgl. dazu oben Rdnrn. 37 ff.): Nach der Rechtsprechung des BSG ist auf dessen Antrag der GdB festzustellen, wenn davon in Deutschland Vergünstigungen abhängen, die keinen Inlandswohnsitz voraussetzen (BSG Urteil vom 5. Juli 2007 – B 9/9a SB 2/06 R = SozR 4-3250 § 69 Nr. 5; Urteil vom 5. Juli 2007 – B 9/9a SB 2/07 R = BSGE 99, 9 = SozR 4-3250 § 69 Nr. 6; zuletzt BSG Urteil vom 29. April 2010 – B 9 SB 1/10 R = SozialVerw 2011, 11). Ein im Ausland lebender Behinderter kann das Feststellungsverfahren nach § 69 SGB IX nur zur **Ermöglichung konkreter inländischer Rechtsvorteile** in Anspruch nehmen. Die Durchbrechung des Territorialitätsprinzips (§ 30 Abs. 1 i. V. m. § 37 Satz 1 SGB I) ist gerechtfertigt, wenn ihm trotz seines ausländischen Wohnsitzes aus der

Feststellung seines GdB in Deutschland konkrete Vorteile erwachsen können (BSG Urteile vom 5. 7. 2007 a. a. O.). Das BSG hat in den zitierten Entscheidungen als entsprechenden Vorteil die Möglichkeit der Inanspruchnahme der gesetzlichen Altersrente für schwerbehinderte Menschen anerkannt.

Zu ähnlichen Ergebnissen kann eine in Anlehnung an den Begriff des Rechtsschutzinteresses bzw. Rechtsschutzbedürfnisses im gerichtlichen, insbesondere sozialgerichtlichen Verfahren orientierte Definition des Begriffes des besonderen Interesses nach § 6 Abs. 1 Satz 2 SchwbAwV führen (BSG Urteil vom 7. April 2011 a. a. O.). Das gerichtliche Rechtsschutzinteresse ist für einen von einer behördlichen Maßnahme betroffenen oder eine solche Maßnahme erstrebenden Bürger grundsätzlich anzunehmen, wenn er das angestrebte Ergebnis nicht auf einfachere Weise erreichen und mit der gerichtlichen Entscheidung seine **rechtliche oder wirtschaftliche Stellung verbessern** kann (vgl. *Keller* in Meyer-Ladewig / Keller / Leitherer, SGG, 9. Aufl. 2008, vor § 51 Rdnr. 16a m. w. Nachw.). 50

Beim „**Beginn der Altersrente**" i. S. des § 236a SGB VI kommt es demnach auf den **Leistungsbeginn** der Rente an, **nicht** auf die **Anerkennung als schwerbehinderter Mensch**. Es ist nicht das einmalige Entstehen der Anerkennung als Schwerbehinderter maßgeblich, sondern das Weiterbestehen dieser Eigenschaft im Zeitpunkt des Beginns der Rente. Dies hat der Gesetzgeber durch die Bezugnahme darauf, dass die Anerkennung als schwerbehinderter Mensch auch (noch) bei Beginn der Rente vorliegen muss, sichergestellt (vgl. BSG Urteil vom 26. Juli 2007 – B 13 R 44/06 R = SozR 4-2600 § 236a Nr. 1). 51

Darüber hinaus ist die weitere **Rückwirkung des Antrags**, wie sie in § 6 Abs. 1 Satz 2 SchwbAwV vorgesehen ist, **in offenkundigen Fällen anzunehmen** (BSG Urteil vom 29. Mai 1991 a. a. O.: krit. hierzu von *Steinäcker* BehindertenR 2006, 98: Die Voraussetzung der „Offenkundigkeit" sei weder dem SGB IX noch der SchwbAV zu entnehmen. Auch sei unklar, wann bei einer Behinderung von Offenkundigkeit auszugehen sei, zumal wenn diese nicht auf den ersten Blick erkennbar sei). 52

Offenkundigkeit ist nur dann anzunehmen, wenn die für die Feststellung erforderlichen Voraussetzungen aus der Sicht eines unbefangenen, sachkundigen Beobachters nach Prüfung der objektiv gegebenen Befundlage **ohne Weiteres deutlich zutage treten** (LSG Berlin-Brandenburg Urteil vom 19. Januar 2010 – L 11 SB 358/08, zit. nach JURIS).

Offenkundigkeit liegt jedenfalls dann nicht vor, wenn die Schwerbehinderung nur durch Einholung eines oder mehrerer fachärztlicher Gutachten festgestellt werden kann (SG Dresden Gerichtsbescheid vom 9. Dezember 2004 – S 7 SB 340/02, SG Aachen Urteil vom 22. Februar 2011 – S 17 SB 1031/10, jeweils zit. nach JURIS). Nach der zutreffenden Ansicht von *Steinäcker* a. a. O. ist der Sachverhalt nach dem in jedem schwerbehindertenrechtlichen Feststellungsverfahren geltenden **Grundsatz der objektiven Beweislast** zu entscheiden: Ist die Behinderung bereits für die Vergangenheit nachgewiesen, gebietet die **pflichtgemäße Ermessensausübung** wohl die **rückwirkende Feststellung** (vgl. auch Hess. LSG Urteil vom 29. März 2001 – L 5 SB 1220/98: Ermessensreduktion auf null für eine u. a. aus steuerrechtlichen Gründen beantragte Rücknahme einer Merkzeichenentziehung mit Wirkung für die Vergangenheit). 53

In dem zugrunde liegenden Verfahren haben das Versorgungsamt bzw. die zuständige Behörde und ggf. das Sozialgericht von Amts wegen den **Sachverhalt aufzuklären** (vgl. § 20 Abs. 1 und 2 SGB X, § 103 SGG). Eine Beweiserhebung darf nicht mit der Begründung abgelehnt werden, der Antragsteller habe keine Unterlagen zur Stützung seiner Behauptungen vorgelegt (BSG Urteil vom 4. Februar 1988 – 5/5b RJ 96/86 = SozR 1500 § 103 Nr. 27 = SozSich-Kartei Nr. 4145, I/A zu § 103 SGG). Zur Sachaufklärung bedient sich das Versorgungsamt bzw. die landesrechtlich zuständige Behörde aller **Beweismittel**, die es nach pflichtgemäßem Ermessen zur Ermittlung des Sachverhalts für erforderlich hält (§ 21 Abs. 1 SGB X). 54

Die Behörde kann namentlich
- Auskünfte aller Art einholen,
- Beteiligte anhören, Zeugen und Sachverständige vernehmen oder schriftliche Äußerungen von Beteiligten und Zeugen anhören,
- Urkunden und Akten anderer Leistungsträger beiziehen und den Augenschein einnehmen (vgl. näher GK-SGB IX / *Schimanski* Rdnrn. 22 ff.).

Dies setzt allerdings die **Möglichkeit der Behörde** voraus, die relevanten – medizinischen – **Unterlagen beizuziehen**.

Krankenpapiere, Aufzeichnungen, Sektions- und Untersuchungsbefunde sowie Röngtenbilder des Antragstellers dürfen nach § 12 Abs. 2 KOVVfG nur mit dessen Einverständnis herangezogen werden.

55 Das Gesetz sieht in § 60 Abs. 1 SGB I, der ausdrücklich für „entsprechend" anwendbar erklärt wurde, allerdings umfangreiche **Mitwirkungspflichten** der Antragsteller vor.

Diese haben die aus ihrer Sicht vorliegenden Behinderungen zu benennen und hierfür durch Vorlage bereits vorhandener ärztlicher Befundunterlagen Beweis anzubieten und ggf. die behandelnden Ärzte von der Schweigepflicht zu entbinden (LAG Schleswig-Holstein Urteil vom 11. Dezember 2007 – 5 Sa 386/07 = NZA-RR 2008, 408).

Ferner hat gemäß § 60 Abs. 1 SGB I derjenige, der Sozialleistungen beantragt, auf Verlangen des zuständigen Leistungsträgers **Beweisurkunden** vorzulegen oder ihrer Vorlage zuzustimmen. Gleiches gilt für die Teilnahme an ärztlichen **Untersuchungsmaßnahmen**, wenn dies für die Entscheidung erforderlich ist (§ 62 SGB I). Diese Mitwirkungspflichten bestehen immer dann, wenn das Gericht den Sachverhalt ohne Mitwirkung des Klägers nicht oder nicht vollständig selbst erforschen kann (vgl. BSG Urteil vom 4. Februar 1988 a. a. O.), wobei sich die Grenzen der zumutbaren Mitwirkung aus dem durch Art. 2 Abs. 2 des Grundgesetzes (GG) konkretisierenden § 65 Abs. 2 SGB I ergeben. Zwar steht es jedem frei, das Einverständnis für die Beiziehung der Unterlagen bzw. die Einholung der Auskünfte und eine entsprechende Untersuchung zu verweigern. Nach dem in allen Bereichen des Sozialrechts geltenden **Grundsatz der objektiven Beweis- und Feststellungslast** sind jedoch dann die Folgen der Nicht-Aufklärbarkeit einer Tatsache von demjenigen zu tragen, der aus dieser Tatsache ein Recht herleiten will (vgl. SG Lüneburg Gerichtsbescheid vom 25. Juli 2007 – S 15 SB 4/05, zit. nach JURIS).

56 Die Weigerung zur Teilnahme an einer sozialgerichtlich angeordneten ambulanten Untersuchung führt dazu, dass das Vorliegen der vom Kläger behaupteten dauernden Funktionsbeeinträchtigungen und deren jeweiliges Ausmaß nicht nachgewiesen sind. Für nicht bewiesene, anspruchsbegründende Tatsachen trägt der die Feststellung eines höheren GdB begehrende Kläger die Beweislast (vgl. dazu BSG Urteil vom 30. August 1960 – 8 RV 245/58 = BSGE 13, 51 = SozR Nr. 51 zu § 1 BVG; BSG Urteil vom 30. April 1985 – 2 RU 24/84 = BSGE 58, 76 = SozR 2200 § 548 Nr. 70; BSG Urteil vom 27. Juni 1991 – 2 RU 31/90 = Breithaupt 1992, 285). Diese Grundsätze des Klageverfahrens (vgl. § 103 S. 1 Halbs. 2 SGG) gelten insbesondere dann, wenn die vom Gericht für nötig gehaltenen Ermittlungen mangels einer von dem Kläger verweigerten Mitwirkung nicht vorgenommen werden können (vgl. LSG Niedersachsen vom 12. Juni 1997 – L 3 U 329/96; LSG Sachsen-Anhalt Urteil vom 31. März 2010 – L 7 SB 18/04, zit. nach JURIS).

57 In der Regel läuft die **Begutachtung** zunächst folgendermaßen ab: Im **Antragsformular** muss der Antragsteller seine Funktionsbeeinträchtigungen sowie die behandelnden Ärzte angeben und sich mit der Einholung der erforderlichen Auskünfte durch die Behörde einverstanden erklären. Zur Verfahrensbeschleunigung und aus Kostengründen wird häufig zunächst lediglich ein **Befundbericht des Hausarztes** und ggf. weiterer **Fachärzte** eingeholt. Ein **Vertrauensarzt der Behörde wertet die Befunde nach Aktenlage** aus, insbesondere auch daraufhin, ob eine Einstufung bereits anhand der vorliegenden Befunde möglich ist oder ob der Antragsteller untersucht werden muss.

Auf eine **Untersuchung des Antragstellers** im Schwerbehindertenverfahren kann nur dann verzichtet werden, wenn die der Behörde vorliegenden Befundberichte in überzeugender Weise ein ausreichendes Bild von Art und Ausmaß aller geltend gemachten Behinderungen vermitteln (LSG Berlin Beschluss vom 12. April 2000 – L 11 B 5/00 SB; SG Düsseldorf Beschluss vom 12. Dezember 2002 – S 31 SB 550/01, zit. nach www.anhaltspunkte.de/rspr/urteile). Reichen die beigezogenen oder von ihnen vorgelegten Unterlagen nicht aus, um über den Antrag entscheiden zu können, ist eine versorgungsärztliche Untersuchung erforderlich, die das Verfahren um einige Zeit verlängern kann. Andernfalls schlägt der Arzt in einem kurzen Gutachten die prozentuale Bewertung der Beeinträchtigungen vor. Dieses Gutachten bildet die Grundlage der Entscheidung. **58**

Beantragt eine erwerbstätige Person die Feststellung der Schwerbehinderteneigenschaft, muss gemäß **Abs. 1 Satz 2** die zuständige Behörde **innerhalb der Fristen des § 14 SGB IX darüber entscheiden**. Sie muss also die Behinderung innerhalb von drei Wochen feststellen, wenn ein Gutachten hierfür nicht erforderlich ist. Wird hingegen ein Gutachten eines Sachverständigen benötigt, so hat die Behörde innerhalb von zwei Wochen nach Vorliegen des Gutachtens zu entscheiden. Die Behörde muss dazu einen geeigneten Sachverständigen unverzüglich beauftragen. Dieser hat innerhalb von zwei Wochen nach der Beauftragung das Gutachten zu erstellen. **59**

Die Einführung dieser Regelung, beschränkt auf erwerbstätige Antragsteller, ist der **im Vermittlungsausschuss gefundene Kompromiss** zwischen der ursprünglichen Vorstellung des Fraktionsentwurfs von SPD und BÜNDNIS 90/DIE GRÜNEN, die Fristenregelung auf alle Verfahren nach § 69 Abs. 1 SGB IX anzuwenden und der hieran geübten heftigen Kritik des Bundesrates (vgl. oben Rdnrn. 9 ff). Ist der **Antragsteller nicht erwerbstätig**, unterliegt das Feststellungsverfahren keinen gesetzlichen Fristen. **60**

Das Gesetz sieht allerdings **keine Sanktion** für den Fall vor, dass die Behörde nicht innerhalb der gesetzlichen Frist über den Antrag entscheidet. Insbesondere fehlt dem Antragsteller ein Druckmittel, welches dem in § 15 SGB IX geregelten Recht auf Erstattung selbst beschaffter Leistungen bei grundloser Überschreitung dieser Entscheidungsfrist nach § 14 Abs. 2 SGB IX vergleichbar wäre. Auch wird – anders als in § 15 Abs. 2 SGB IX – den für die Anerkennung der Schwerbehinderteneigenschaft zuständigen Behörden keine Pflicht zur statistischen Erfassung von Fristüberschreitungen auferlegt. **61**

Angesichts der in der Gegenäußerung des Bundesrates erklärten Bereitschaft der Länder, die Verfahren auf Feststellung der Schwerbehinderteneigenschaft zu beschleunigen, soweit sie für die Erlangung oder Erhaltung eines Arbeitsplatzes des Antragstellers von Bedeutung sind, erscheint zwar die Hoffnung nicht unberechtigt, dass die gesetzlichen Vorgaben in einem Teil der Verfahren eingehalten werden können. Gleichwohl ist nicht zu übersehen, dass die vom Bundesrat dargelegten **praktischen Schwierigkeiten** vielfach einer **Entscheidung innerhalb der engen Fristen**, die das Gesetz nunmehr vorsieht, **entgegenstehen** werden. **62**

Indirekt ergibt sich nachstehende arbeitsrechtliche Wirkung der Fristregelung beim Kündigungsschutz für schwerbehinderte Menschen gemäß §§ 85 ff. SGB IX: Nach der Rechtsprechung des BAG muss der Antrag der erwerbstätigen Person mindestens drei Wochen vor Zugang der Kündigung mit den erforderlichen Angaben gestellt worden sein, sodass über ihn eine positive Entscheidung vor Kündigungsausspruch bei ordnungsgemäßer Bearbeitung hätte ergehen können (vgl. Urteil vom 1. März 2007 – 2 AZR 217/06 = BAGE 121, 335 = BehindertenR 2007, 166; Urteil vom 6. September 2007 – 2 AZR 324/06 = BAGE 124, 43 = BehindertenR 2008, 109; Urteil vom 29. November 2007 – 2 AZR 613/06 = NZA 2008, 361). § 90 Abs. 2a 2. Alt. SGB IX erweist sich damit als Bestimmung einer Vorfrist, die dem Zweck der gesetzlichen Regelung entspricht, nämlich eine missbräuchliche Antragstellung und die Durchführung eines aussichtslosen Feststellungsverfahrens zu verhindern und der Rechtssicherheit zu dienen (vgl. BAG Urteil vom 1. März 2007 a. a. O.; vgl. zum Ganzen auch die Erl. zu § 90 SGB IX Rdnr. 46 ff.). **63**

5. Feststellung der Auswirkungen als Grad der Behinderung (GdB)

64 Die Auswirkungen auf die Teilhabe am Leben in der Gesellschaft werden nach **Abs. 1 Satz 2** als Grad der Behinderung (GdB) festgestellt.

Dieser zuletzt in § 3 Abs. 2 SchwbG geregelte Begriff ist an die Stelle des bis zum 31. Juli 1986 geltenden Begriffs „Grad der Minderung der Erwerbsfähigkeit" (MdE) getreten. Allerdings wurden die Kriterien und Grundsätze der Beurteilung und Einstufung beibehalten. Hierbei wurde das zunächst **für Kriegsbeschädigungen entwickelte Bewertungssystem für Gesundheitsschäden** auf das Gebiet des Schwerbehindertenrechts übertragen und in der Folgezeit ständig angepasst und weiterentwickelt (vgl. hierzu näher *Dolata* BehindertenR 2004, 1 ff.)

65 Gleichwohl verfolgt das **Schwerbehindertenrecht andere Ziele als das soziale Entschädigungsrecht**, nämlich vorrangig die Integration in die Gesellschaft sowie die Erlangung und Sicherung eines Arbeitsplatzes. Ein wesentlicher Unterschied ist, dass im Entschädigungsrecht kein Zusammenhang zwischen einem GdB und einer Rentenleistung als Ersatz für eine verminderte Erwerbsfähigkeit besteht.

Die Feststellung eines GdB im Schwerbehindertenrecht wird deshalb zum Teil auch als **„Anachronismus"** bezeichnet, der sich daraus erkläre, dass ein System zur Einschätzung von Gesundheitsschäden und einer sich daran bemessenden Rentengewährung und -höhe auf ein anderes Rechtsgebiet übertragen worden sei (*Dolata* a. a. O.). Aufgrund der nicht beseitigbaren „Mängel" von Bewertungssystemen für Gesundheitsschäden könne mit der Bekanntgabe eines bestimmten GdB keine **Einzelfallgerechtigkeit** erzielt werden. Vielfach erhielten z. B. Behinderte eine Rente wegen voller Erwerbsminderung, weil sie aufgrund erheblicher Wirbelsäulenschäden ihren Beruf nicht mehr ausüben können; im Verfahren nach dem Schwerbehindertenrecht werde ihnen aber „nur" ein GdB von 30 zuerkannt. Dies führe zumindest zu Irritationen (*Dolata* a. a. O.). Solange freilich die Sozialrechtsordnung die Unterscheidung zwischen behinderten und schwerbehinderten Menschen bzw. Gleichgestellten trifft und für diese unterschiedliche Rechtsfolgen festlegt bzw. Nachteilsausgleiche von unterschiedlichen Schwergraden der Behinderung abhängig macht, bedarf es trotz erkannter Probleme jeglicher Schematisierung eines verbindlichen allgemeinen Bewertungssystems.

66 Die Schwere einer Behinderung wird gem. Abs. 1 Satz 2 in Graden von 10 bis 100, nach Zehnergraden abgestuft, angegeben. Deshalb ist es unzulässig, den GdB genauer als in Zehnergraden festzusetzen (BSG Urteil vom 14. Februar 2001 – B 9 V 12/00 R = BSGE 87, 289 = SozR 3-3100 § 31 Nr. 5). Allerdings ist eine Feststellung nach § 69 nur zu treffen, wenn ein Grad der Behinderung von wenigstens 20 vorliegt (**Abs. 1 Satz 4**).

67 Dabei umschreibt der Begriff des **GdB** indes nicht einen medizinischen, sondern einen **rechtlichen Begriff**; seine Festlegung ist daher nicht Aufgabe von Sachverständigen. Sie beruht auch nicht auf medizinischen Erfahrungen, sondern auf einer rechtlichen Wertung von Tatsachen, die allerdings mithilfe von medizinischen Sachverständigen festzustellen sind. Bei der danach auf den zunächst festzustellenden medizinischen Tatsachen erforderlichen rechtlichen Schlussfolgerung geben zwar die Auffassungen der Sachverständigen wertvolle Fingerzeige; doch ist stets zu beachten, dass es sich dabei nicht nur um die Erörterung medizinischer, sondern um eine solcher rechtlicher Begriffe handelt, die im Streitfall den Gerichten obliegt (vgl. BSG Urteil vom 29. August 1990 – 9a/9 RVs 7/89 = BSGE 67, 204 = SozR 3-3870 § 4 Nr. 1 = BehindertenR 1991, 45; Sächs. LSG Urteil vom 20. September 2010 – L 6 SB 20/09, zit. nach JURIS).

68 Bei der Bewertung der Einzel-GdB und der Bildung des Gesamt-GdB waren bis zum 31. Dezember 2008 die Bewertungsrichtlinien der **„Anhaltspunkte für die ärztliche Gutachtertätigkeit im sozialen Entschädigungsrecht und im Schwerbehindertenrecht"**, zuletzt Ausgabe 2008 (herausgegeben vom damaligen Bundesministerium für Arbeit und Soziales) – **AHP 2008** – zugrunde zu legen. Für den Inhalt der AHP in der jeweils gültigen Fassung waren

die Beschlüsse des Ärztlichen Sachverständigenbeirats, Sektion „Versorgungsmedizin" beim Bundesministerium für Arbeit und Soziales verantwortlich, die von dem zuständigen Ministerium jeweils veröffentlicht werden. Die Anhaltspunkte sind im Internet abrufbar, z. B. unter der Adresse www.vsbinfo.de.

Nach der Rechtsprechung waren sie als **antizipierte Sachverständigengutachten** aufzufassen. Ihre Beachtlichkeit im konkreten Verwaltungs- und Gerichtsverfahren ergab sich zum einen daraus, dass eine dem allgemeinen Gleichbehandlungsgebot entsprechende Rechtsanwendung nur dann gewährleistet ist, wenn die verschiedenen Behinderungen nach gleichen Maßstäben beurteilt werden; zum anderen stellten die AHP nach den Erfahrungen des BSG ein geeignetes, auf Erfahrungswerten der Versorgungsverwaltung und Erkenntnissen der medizinischen Wissenschaft beruhendes **Beurteilungsgefüge zur Einschätzung des GdB** dar (vgl. ⊞ BSG Urteil vom 23. Juni 1993 – 9/9a RVs 1/91 = BSGE 72, 285 [286 f.] = SozR 3-3870 § 4 Nr. 6; ⊞ BSG Urteil vom 11. Oktober 1994 – 9 RVs 1/93 = BSGE 75, 176 [177] = BehindertenR 1995, 118 = SozR 3-3870 § 3 Nr. 5; ⊞ BVerfG Kammerbeschluss vom 6. März 1995 – 1 BvR 60/95 = NJW 1995, 3049 = BehindertenR 1995, 153 = SozR 3-3870 § 3 Nr. 6). Die „Anhaltspunkte" wirkten insofern **normähnlich**. Ihre generelle Richtigkeit konnte deshalb durch Einzelfallgutachten nicht widerlegt werden. Sie waren allerdings – wie untergesetzliche Rechtsnormen – zu prüfen: auf ihre Vereinbarkeit mit Gesetz und Verfassung, auf Berücksichtigung des gegenwärtigen Kenntnisstandes der sozialmedizinischen Wissenschaft sowie auf Lücken in Sonderfällen, die wegen der individuellen Verhältnisse gesondert zu beurteilen sind. Im Hinblick auf eine so bemessene richterliche Kontrolle hat es das ⊞ BVerfG im Beschluss vom 6. März 1995 a. a. O. noch nicht für angezeigt erachtet, die Anwendung der AHP zu beanstanden.

69

Im Hinblick auf die gleichwohl verbreitet erhobenen rechtsstaatlichen Bedenken gegen die normähnliche Wirkung der AHP hat das Gesetz zur Änderung des BVG vom 13. Dezember 2007 mit § 30 Abs. 17 BVG die geforderte **Ermächtigungsgrundlage** wie folgt **geschaffen**: „Das Bundesministerium für Arbeit und Soziales wird ermächtigt, im Einvernehmen mit dem Bundesministerium der Verteidigung und mit Zustimmung des Bundesrates durch Rechtsverordnung die Grundsätze aufzustellen, die für die medizinische Bewertung von Schädigungsfolgen und die Feststellung des Grades der Schädigungsfolgen im Sinne des Absatzes 1 maßgebend sind, sowie die für die Anerkennung einer Gesundheitsstörung nach § 1 Abs. 3 maßgebenden Grundsätze und die Kriterien für die Bewertung der Hilflosigkeit und der Stufen der Pflegezulage nach § 35 Abs. 1 aufzustellen und das Verfahren für deren Ermittlung und Fortentwicklung zu regeln."

70

Dies wurde durch die **Versorgungsmedizin-Verordnung** (VersMedV) vom 10. Dezember 2008 (BGBl. I S. 2412) konkretisiert. Die VersMedV trat am 1. Januar 2009 in Kraft und hat in weitem Umfang die „Anhaltspunkte" abgelöst.

71

Die Nrn. 53 bis 143 der Ausgabe 2008 der AHP behalten auch nach Inkrafttreten der Versorgungsmedizin-Verordnung weiterhin zumindest Gültigkeit als antizipiertes Sachverständigengutachten (BR-Drs. 767/08). Das entbindet indes nicht von der Prüfung, ob die aufgeführten Wertungsvorgaben noch dem aktuellen Stand der Wissenschaft entsprechen. Zu beachten ist nämlich, dass die **AHP insoweit nicht mehr fortgeschrieben werden** und damit nicht mehr dem bei den Bewertungen im Einzelfall zugrunde zu legenden aktuellen herrschenden Stand der medizinisch-wissenschaftlichen Lehrmeinung entsprechen müssen.

In die **Anlage zu § 2 „Versorgungsmedizinische Grundsätze"** wurden die in den Anhaltspunkten niedergelegten Grundsätze und Kriterien, nach denen sich die Bewertung des Grades der Behinderung bzw. der Schädigungsfolge bisher richtete, übernommen und an die bisherigen Bewertungsgrundsätze und Verfahrensabläufe angeknüpft (vgl. die Begründung BR-Drucks. 767/08, S. 3 f.).

72

Die „Versorgungsmedizinischen Grundsätze" werden auf Grundlage des aktuellen Stands der medizinischen Wissenschaft unter Anwendung der Grundsätze der evidenzbasierten

§ 69 Feststellung der Behinderung, Ausweise

Medizin **fortentwickelt**. Grundlage hierfür sind die Beschlüsse des unabhängigen „Ärztlichen Sachverständigenbeirats Versorgungsmedizin", der das Bundesministerium für Arbeit und Soziales zu allen versorgungsärztlichen Angelegenheiten berät und die Fortentwicklung vorbereitet. Die Umsetzung geschieht durch Verordnungen zur Änderung der VersMedV.

73 Ferner wurden die für Feststellungsverfahren nach dem SGB IX **zuständigen Behörden an diese Maßstäbe gebunden**. § 69 Abs. 1 Satz 5 SGB IX wurde wie folgt gefasst:

„Die Maßstäbe des § 30 Abs. 1 des Bundesversorgungsgesetzes und der aufgrund des § 30 Abs. 17 des Bundesversorgungsgesetzes erlassenen Rechtsverordnung gelten entsprechend."

74 Im Geltungszeitraum der AHP konnte grundsätzlich der Antragsteller **vom Versorgungsamt** die Aushändigung der **Beschlüsse des ärztlichen Sachverständigenbeirates** beim Bundesministerium für Arbeit und Soziales verlangen. Innerhalb eines laufenden Verwaltungsverfahrens nach dem SGB IX konnte nämlich der betroffene Antragsteller Auskunft über die der Entscheidung und ihrer rechtlichen Würdigung zugrunde liegenden schriftlich fixierten Empfehlungen des Sachverständigenbeirates zur **Auslegung, Konkretisierung und Anwendung der AHP** beanspruchen; die Waffengleichheit im Verfahren ist zu gewährleisten. Nach dem Prinzip von Treu und Glauben muss die Behörde den Beteiligten eines Verwaltungsverfahrens auf Anfrage die zur Rechtsverfolgung nötigen und anders nicht erreichbaren Auskünfte erteilen (LSG NRW Urteil vom 22. April 2004 – L 7 SB 60/03, zit. nach Sozialrecht online 4/2004). Dies dürfte auch für die nunmehr durch Rechtsverordnung eingeführten Versorgungsmedizinischen Grundsätze gelten, wenn es auf die Tragweite einer bestimmten, auf Empfehlung des ärztlichen Sachverständigenbeirats geänderten Einzelregelung dieser Grundsätze ankommt.

6. Maßstäbe nach § 30 Abs. 1 BVG

75 Nach **Abs. 1 Satz 3** gelten die im Rahmen des § 30 Abs. 1 BVG festgelegten Maßstäbe entsprechend. Somit sind die Auswirkungen der festgestellten Behinderungen auf die Erwerbsfähigkeit **„in ihrer Gesamtheit"** entsprechend § 30 Abs. 1 BVG zu bemessen. Die besonderen Regelungen des § 30 Abs. 2 BVG sind daher hier nicht anzuwenden, sodass insbesondere die Höherbewertung nach dem ausgeübten, begonnenen oder erstrebten Beruf nicht in Betracht kommt. Maßgeblich ist allein der abstrakte Grad der Behinderung; bloße Möglichkeiten einer zukünftigen Beeinträchtigung führen nicht zu einer Steigerung (vgl. BSG Urteil vom 27. Januar 1996 – 8 RU 264/74 = SozR 2200 § 581 Nr. 6 = ZfS 1976, 260; BSG Urteil vom 10. März 1994 – 2 RU 13/93 = HVBG-INFO 1994, 1214).

7. Rechtsschutzbedürfnis für die Feststellung eines (höheren) GdB

76 Auch für den Antrag bzw. die Klage auf Feststellung eines **GdB von 20** besteht ein Rechtsschutzbedürfnis, da der Gesetzgeber die Feststellung eines GdB von mindestens 20 in § 69 Abs. 1 Satz 5 SGB IX ausdrücklich vorgesehen hat (SG Gelsenkirchen Beschluss vom 20. November 2004 – S 15 (2) SB 87/03 = ASR 2005, 84).

77 Ist für den schwerbehinderten Menschen bereits ein bestimmter GdB festgestellt, kann die begehrte Festsetzung eines höheren Grades nicht ohne Weiteres wegen fehlenden Rechtsschutzbedürfnisses abgelehnt werden. Das kommt allenfalls dann in Betracht, wenn **unzweifelhaft ist, dass die beantragte Feststellung die rechtliche oder wirtschaftliche Stellung des Klägers nicht verbessern würde** (BSG Urteil vom 24. April 2008 – B 9/9a SB 8/06 R = SozR 4-3250 § 69 Nr. 8 unter Aufhebung eines Urteils des LSG Hamburg vom 20. Juni 2006 – L 4 SB 30/05 = NZS 2007, 279).

78 Die **Nutzlosigkeit** muss also **eindeutig** sein. Ob – geringfügige – GdB-Erhöhungen unter- oder oberhalb eines die Schwerbehinderteneigenschaft begründenden GdB von 50 für den behinderten Menschen in diesem Sinne eindeutig nutzlos sind, braucht nicht jeweils im Einzelfall ermittelt und festgestellt zu werden. Denn der Gesetzgeber hat diese Frage generell verneint. Nach dem System des Schwerbehindertenrechts im SGB IX hat jeder behinderte

Mensch Anspruch auf Feststellung des maßgeblichen GdB unabhängig davon, ob sich seine gegenwärtige rechtliche und / oder wirtschaftliche Situation dadurch unmittelbar verbessert. Ein **besonderes Feststellungsinteresse im Sinne eines Rechtsschutzbedürfnisses ist nicht erforderlich** (BSG Urteil vom 24. April 2008 a. a. O.). Das ergibt sich schon aus dem Wortlaut des § 69 Abs. 1 Satz 6 SGB IX: „Eine Feststellung ist nur zu treffen, wenn ein Grad der Behinderung von wenigstens 20 vorliegt." Damit wird pauschal die **Schutzwürdigkeit von GdB-Feststellungen ab 20** statuiert (BSG Urteil vom 24. April 2008 a. a. O.).

Denn abhängig von der Höhe des GdB können behinderte Menschen – neben unterschiedlich hohen Freibeträgen bei der Einkommensteuer – **vielfältige Vorteile** erhalten (so bei einem GdB von 100 z. B. einen – höheren – Freibetrag beim Wohngeld, § 13 Abs. 1 Nr. 1 WoGG), die für den Betroffenen und auch die Gerichte **nicht immer ohne Weiteres ersichtlich sind** (vgl. auch die beispielhafte Aufzählung von kommunalen Vergünstigungen ab einem GdB von 70 im Urteil des BSG vom 24. April 2008 a. a. O.).

79

Selbst wenn man bereits im Rahmen der Prüfung der Zulässigkeit einer Klage auf Feststellung eines höheren GdB umfangreiche Ermittlungen – von Amts wegen – durchführen würde, könnte praktisch nie unzweifelhaft festgestellt werden, dass die begehrte Feststellung die rechtliche oder wirtschaftliche Stellung *nicht* verbessern würde. Daher genügt es für die Bejahung des Rechtsschutzbedürfnisses, dass mit der Höhe des GdB vielfältige Vorteile verbunden sind, die im Zeitpunkt der gerichtlichen Entscheidung noch nicht zu konkretisieren sind (vgl. auch LSG Baden-Württemberg Urteil vom 16. März 2006 – L 6 SB 4102/05 – BehindertenR 2007, 149; ebenso *Keller* in Meyer-Ladewig / Keller / Leitherer, SGG, Rdnr. 16a vor § 51).

80

B) zu Abs. 2
1. Anderweitige Feststellung über den Grad der MdE

Eine eigenständige Feststellung des GdB ist dann nicht zu treffen, wenn bereits **in einer Verwaltungs- oder Gerichtsentscheidung** eine anderweitige Feststellung über den Grad der MdE getroffen ist. Dies gilt insbesondere für Bescheide über **Renten, Kapitalabfindungen** und sonstige Versorgungs- oder Entschädigungsleistungen, in denen der jeweilige Leistungsträger einen bestimmten MdE-Grad zugrunde gelegt hat.

81

Die Feststellungen binden insoweit, als das **Versorgungsamt bzw. die nach Landesrecht zuständige Behörde zuungunsten des behinderten Menschen hiervon nicht abweichen** darf. Ist in einem Festsetzungsverfahren nach dem Recht der Unfallversicherung eine unfallbedingte MdE rechtsverbindlich festgesetzt worden, ist für eine niedrigere Festsetzung des GdB nach dem SGB IX kein Raum mehr (SG Karlsruhe Urteil vom 8. Juni 1994 – S 4 Vs 2673/93 = Breithaupt 1995, 275 = HVBG-INFO 1995, 1170). Die Entscheidung eines Unfallversicherungsträgers über den Grad der Minderung der Erwerbsfähigkeit schließt nach § 69 Abs. 2 SGB IX eine von ihr abweichende Feststellung des Grades der Behinderung durch das Versorgungsamt **auch dann** aus, wenn diesem bei der Entscheidung über die Höhe des Grades der Behinderung oder über dessen Herabsetzung nach § 48 SGB X der Bescheid des Unfallversicherungsträgers **nicht bekannt** war und der behinderte Mensch sich erst nachträglich – z. B. im Gerichtsverfahren – auf ihn berufen hat (vgl. LSG Berlin Urteil vom 16. November 2000 – L 11 SB 15/99 = SGb 2001, 184 [Kurzwiedergabe]).

82

Die Bindungswirkung des Abs. 2 besteht aber **nicht**, soweit ein berufsgenossenschaftliches Verfahren nur einen **Einzel-GdB** betrifft. Bei der Einschätzung des Gesamt-GdB kann die Behörde nicht darauf verzichten, in eine eigene Prüfung der durch die Unfallfolgen verursachten Funktionsbehinderungen einzutreten (SG Aachen Gerichtsbescheid vom 11. Januar 2005 – S 18 SB 212/04, zit. nach JURIS). Denn eine Feststellung der **Minderung der Erwerbsfähigkeit durch Arbeitsunfallfolgen** ist für die Versorgungsbehörde **nicht verbindlich**, wenn sie den Grad der Behinderung unter Berücksichtigung weiterer gesundheitlicher Beeinträchtigungen festzustellen hat (BSG Urteil vom 5. Juli 2007 – B 9/9a SB 12/06 R =

83

SozR 4-3250 § 69 Nr. 4 = Breithaupt 2008, 39 = SuP 2008, 116). Die Vorschrift des **§ 69 Abs. 2 SGB IX lässt** – in Bezug auf die Beurteilung einzelner Funktionsbeeinträchtigungen – einen **nur teilweisen (partiellen) Verzicht auf eigenständige Feststellungen** der Versorgungsbehörden nach Abs. 1 dieser Vorschrift **nicht zu**. In Satz 1 des Abs. 2 heißt es gerade nicht: „Feststellungen nach Abs. 1 sind nicht zu treffen, *soweit* eine Feststellung ...". Mit der Verwendung des Wortes „*wenn*" macht das Gesetz deutlich, dass die Absätze 1 und 2 des § 69 SGB IX einander ausschließen (BSG Urteil vom 5. Juli 2007 a. a. O.).

84 Daraus folgt: Entweder es liegt nach Maßgabe des Abs. 2 eine hinreichende anderweitige Feststellung vor; dann scheidet ein Vorgehen nach Abs. 1 vollständig aus. Oder die Voraussetzungen des Abs. 2 sind nicht gegeben; dann ist ausschließlich nach Abs. 1 zu verfahren. Eine **anderweitige MdE-Feststellung** im Sinne von Abs. 2 ist mithin im Rahmen des Schwerbehindertenrechts **nur dann maßgebend**, wenn sie eine **Feststellung nach Abs. 1 gänzlich erübrigt** und damit an deren Stelle treten kann (BSG Urteil vom 5. Juli 2007 a. a. O.).

85 Diese Auslegung wird durch die Fassung des Abs. 3 bestätigt, der die Feststellung des GdB bei mehreren Beeinträchtigungen betrifft. Satz 2 dieser Vorschrift sieht vor, dass diese Entscheidung grundsätzlich nach § 69 Abs. 1 SGB IX durch die Versorgungsbehörden zu treffen ist. Etwas anderes gilt nur dann („es sei denn"), wenn die erforderliche Gesamtbeurteilung schon in einer Entscheidung nach § 69 Abs. 2 SGB IX getroffen wurde. Auch insoweit wird deutlich, dass eine **anderweitige MdE-Feststellung die Entscheidungsbefugnis der Versorgungsbehörden nur entweder ganz oder gar nicht verdrängt** (BSG Urteil vom 5. Juli 2007 a. a. O.).

86 Die **Rentenbescheide** der Rentenversicherungsträger **nach dem SGB VI** zur Erwerbsunfähigkeit / Berufsunfähigkeit bzw. Erwerbsminderung haben dagegen **keine** solche **Bindungswirkung**, da in ihnen **kein MdE-Grad** festgestellt wird. Ob eine Person einen GdB von 50 aufweist und somit schwerbehindert ist, steht mit der Frage, ob bei ihr nach dem SGB VI a. F. Erwerbsunfähigkeit oder nach dem SGB VI n. F. volle Erwerbsminderung besteht, in keinerlei Wechselwirkung, weil die jeweiligen gesetzlichen Voraussetzungen völlig unterschiedlich sind. Die Frage nach dem Bestehen von Schwerbehinderung ist für die Feststellung der Erwerbsfähigkeit bzw. vollen Erwerbsminderung **auch nicht als Vorfrage** entscheidungserheblich (BSG Beschluss vom 9. Dezember 1987 – 5b BJ 156/87; Beschluss vom 8. August 2001 – B 9 SB 5/01 R, jeweils zit. nach JURIS).

87 Auch umgekehrt binden folgerichtig die **Bescheide der Versorgungsverwaltung** über den GdB **nicht den Rentenversicherungsträger** bezüglich der Feststellung der MdE (LSG Baden-Württemberg Urteil vom 11. März 2003 – L 11 RJ 4989/02 m. w. Nachw., zit. nach JURIS). Der Bescheid des Versorgungsamtes über die Schwerbehinderteneigenschaft eines Beamten und den Grad seiner Behinderung (GdB) binden die Dienstbehörde nicht bei der Entscheidung, ob eine wesentliche Beschränkung der Erwerbsfähigkeit i. S. des § 35 Abs. 1 BeamtVG vorliegt (OVG Lüneburg Urteil vom 25. Mai 1993 – 2 L 51/89 = NdsMBl. 1994, 116).

88 Allerdings haben die Versorgungsämter bzw. sonst zuständigen Behörden eine **eigenständige Feststellung** des GdB dann zu treffen, wenn der behinderte Mensch hieran ein **Interesse glaubhaft** macht. Die Vorschrift des § 69 Abs. 2 SGB IX soll einen doppelten Verwaltungsaufwand lediglich für die Wiederholung einer bereits getroffenen Feststellung entbehrlich machen. Muss aber die Behörde wegen des glaubhaft gemachten Interesses des behinderten Menschen ohnehin tätig werden und eine verbindliche Feststellung treffen, so liegt kein Grund für eine Bindung des Versorgungsamtes an die anderweitige Feststellung vor (Niedersächs. LSG Urteil vom 26. Mai 2000 – L 9 SB 247/98, zit. nach JURIS). Bei einer Feststellung der **MdE** nach den **in der gesetzlichen Unfallversicherung** geltenden Grundsätzen ist dies dann der Fall, wenn die dort üblichen MdE-Sätze **niedriger sind als der GdB** nach den Anhaltspunkten. So wird z. B. bei Verlust des Unterschenkels mit langem Stumpf

der GdB nach den Anhaltspunkten mit 50%, die MdE in der Unfallversicherung mit 40% bewertet.

Ein **Interesse an einer anderweitigen Feststellung** i. S. des § 69 Abs. 2 SGB IX besteht auch dann, wenn nach dem Opferentschädigungsgesetz (**OEG**) eine Feststellung **nur wegen der anerkannten Schädigungsfolge** getroffen worden ist und weitere Behinderungen bislang keine Berücksichtigung gefunden haben (🏛 Bayer. LSG Beschluss vom 19. Mai 2000 – L 18 B 53/00 SB PKH = SGb 2000, 369 [Kurzwiedergabe]). Deshalb kann ein Prozesskostenhilfeantrag für eine Klage auf Feststellung des GdB nach dem SGB IX nicht wegen mutwilliger Rechtsverfolgung abgelehnt werden, wenn wegen dieser Behinderung gleichzeitig ein Rechtsstreit nach dem OEG anhängig ist (BayLSG a. a. O.). Die Entscheidung darüber, ob ein schon festgestellter Prozentsatz einer Minderung der Erwerbsfähigkeit ungeprüft in den Schwerbehindertenausweis übernommen wird, ist ein **Verwaltungsakt** (🏛 BSG Urteil vom 29. Januar 1992 – 9a RVs 9/90 = SozR 3-3870 § 4 Nr. 4 = Breithaupt 1992, 755). **89**

Ein unbegrenzt gültiger **Beschädigten-Ausweis der ehemaligen DDR**, ausgestellt aufgrund der Anordnung über die Anerkennung als Beschädigte und Ausgabe von Beschädigtenausweisen vom 10. Juni 1971 (GBl. II Nr. 56 S. 493) i. d. F. der Anordnung Nr. 2 vom 18. Juli 1979 (GBl. I Nr. 33 S. 315), galt aufgrund der Bestimmungen des Vertrages zwischen der Bundesrepublik Deutschland und der Deutschen Demokratischen Republik über die Herstellung der Einheit Deutschlands (Einigungsvertrag) bis zum 31. Dezember 1993 als Ausweis über die Eigenschaft als Schwerbehinderte; der GdB richtete sich nach der Stufe des Beschädigtenausweises und betrug 30 bis 100 (Art. 8, Anlage I, Kapitel VIII, Sachgebiet E Abschnitt III Nr. 1a bb Einigungsvertrag). Nur **bis zum 31. Dezember 1993** haben solche Beschädigtenausweise **Bindungswirkung** nach § 4 Abs. 5 SchwbG entfaltet. Seit dem 1. Januar 1994 galt das SchwbG – und seit 1. Juli 2001 das SGB IX – uneingeschränkt und einheitlich auch für ehemalige Beschädigte der DDR, sodass es für die Höhe des GdB **auf die frühere Anerkennung als Beschädigter in der DDR nicht mehr ankommen** kann (vgl. 🏛 LSG Rheinland-Pfalz Beschluss vom 12. Juni 1996 – L 4 Vs 126/95, zit. nach JURIS). **90**

C) zu Abs. 3

1. Gesamtgrad bei Mehrfachbehinderung

Bei mehrfacher Behinderung ist der durch alle Funktionsstörungen bedingte Gesamtgrad der Behinderung festzustellen. Hierfür ist eine **Gesamtschau aller Behinderungen** und ihrer wechselseitigen Beziehungen zueinander notwendig. Soweit die Versorgungsverwaltung hierfür nach den „Anhaltspunkten für die ärztliche Gutachtertätigkeit-AHP" bzw. nunmehr den Versorgungsmedizinischen Grundsätzen **einzelne Grade** der Behinderung anzugeben hat, handelt es sich lediglich um Bewertungsfaktoren für die Einschätzung des (Gesamt-) GdB. Diese erscheinen nicht im Verfügungssatz des Verwaltungsakts und sind nicht isoliert anfechtbar. Sie erwachsen auch nicht in Bindung. Es handelt sich um **bloße Messgrößen** für mehrere zugleich vorliegende Funktionsbeeinträchtigungen, die in dem Gesamt-GdB aufgehen (🏛 BSG Urteil vom 10. September 1997 – 9 RVs 15/96 = BSGE 81, 50 = BehindertenR 1998, 74 = ZfS 1998, 178). Die Gesamtauswirkung der Behinderung darf nicht durch Anwendung irgendwelcher mathematischer Formeln festgesetzt werden, sondern muss aufgrund einer nachvollziehbaren ärztlichen Einschätzung festgesetzt werden (🏛 BSG Urteil vom 15. März 1979 – 9 RVs 6/77 = BSGE 48, 82 = ZfSH 1980, 143 = SozR 3870 § 3 Nr. 4). **91**

In einem **ersten Schritt** sind dabei die einzelnen nicht nur vorübergehenden **Gesundheitsstörungen** im Sinne von regelwidrigen – von der Norm abweichenden – Zuständen und die sich daraus ergebenden **Teilhabebeeinträchtigungen** festzustellen. In einem **zweiten Schritt** sind diese den in den AHP 2008 / Versorgungsmedizinischen Grundsätzen genannten Funktionssystemen zuzuordnen und mit einem **Einzel-GdB** zu bewerten. In einem **dritten Schritt** ist dann – in der Regel ausgehend von der Beeinträchtigung mit dem höchsten Einzel-GdB – in einer **Gesamtschau** unter Berücksichtigung der wechselseitigen Beziehungen der einzelnen Beeinträchtigungen der (Gesamt-)GdB zu bilden (🏛 BSG Urteil vom **92**

24. April 2008 – B 9/9a SB 10/06 R = SozR 4-3250 § 69 Nr. 9 = SGb 2009, 168; Urteil vom 30. September 2009 – B 9 SB 4/08 R = SozR 4-3250 § 69 Nr. 10 = SGb 2010, 373). Nach Teil A Nr. 3c der Anlage zur VersMedV ist bei der Beurteilung des Gesamt-GdB von der Funktionsstörung auszugehen, die den höchsten Einzel-GdB bedingt, und dann im Hinblick auf alle weiteren Funktionsbeeinträchtigungen zu prüfen, ob und inwieweit hierdurch das Ausmaß der Behinderung größer wird.

93 Dabei können die **Auswirkungen der einzelnen Beeinträchtigungen** ineinander aufgehen (sich decken), sich überschneiden, sich verstärken oder beziehungslos nebeneinander stehen. Außerdem sind bei der Gesamtwürdigung die Auswirkungen **mit denjenigen zu vergleichen, für die** in der GdS/GdB-Tabelle der Versorgungsmedizinischen Grundsätze **feste Grade angegeben** sind (vgl. Teil A Nr. 3b der Anlage zur VersMedV); mithin ist auch zu beachten, in welchen Fällen die Versorgungsmedizinischen Grundsätze bzw. die Nr. 5 Verwaltungsvorschrift zu § 30 BVG die Schwerbehinderung – also den GdB von 50 – zubilligen (BSG Urteil vom 24. April 2008 a. a. O.).

94 Bei der Feststellung des (Gesamt-)GdB ist das seit jeher im Schwerbehindertenrecht geltende **Finalitätsprinzip** zu beachten, das sowohl im Behinderungsbegriff des § 2 Abs. 1 SGB IX als auch in den Prinzipien zur Feststellung des GdB nach § 69 Abs. 1 und Abs. 3 SGB IX festgeschrieben worden ist. Danach sind **alle dauerhaften Gesundheitsstörungen unabhängig von ihrem Entstehungsgrund zu erfassen** und ihre **Auswirkungen auf die Teilhabe am Leben in der Gesellschaft** zu berücksichtigen (BSG Urteil vom 11. Dezember 2008 – B 9/9a SB 4/07 R – zum Begriff der sog. Organkomplikationen unter Hinweis auf *Knickrehm*, SGb 2008, 220, 221; s. auch Nr. 18 Abs. 1 AHP/ Teil A Nr. 2a Anl VersMedV). Das BSG a. a. O. hat dargelegt, dass möglicherweise durch eine Haupterkrankung, z. B. Diabetes Mellitus, hervorgerufene Gesundheitsstörungen, wie etwa Netzhautveränderungen, wie von der Haupterkrankung unabhängig entstandene Gesundheitsstörungen zu behandeln sind und in ihren Auswirkungen auf die Teilhabefähigkeit unabhängig von dem für die Haupterkrankung festzustellenden Einzel-GdB zu berücksichtigen sind.

95 Entsprechendes gilt grundsätzlich für vergleichbare Fallkonstellationen, in denen die Operation wegen eines Hauptleidens (z. B. Schilddrüsenentfernung wegen Krebs) Beeinträchtigungen oder Verletzungen anderer Organe (etwa Stimmbänder) hervorgerufen hat. Auch dabei sind, ohne dass es auf den Grund der Beeinträchtigung ankommt, grundsätzlich **allein die Auswirkungen auf die Teilhabefähigkeit für die Feststellung des GdB maßgebend** (BSG Urteil vom 30. September 2009 – B 9 SB 4/08 R = SGb 2010, 373).

96 Hierbei ist – wie ausgeführt – regelmäßig von der Behinderung auszugehen, die den **höchsten Einzel-GdB** bedingt, und dann im Hinblick auf alle weiteren Behinderungen zu prüfen, ob und inwieweit hierdurch das Ausmaß der Behinderung größer wird. Dabei führen in der Regel zusätzliche leichte Gesundheitsstörungen, die nur einen GdB von 10 bedingen, nicht zu einer wesentlichen Zunahme des Ausmaßes der Gesamtbeeinträchtigung. Auch bei leichten Behinderungen mit einem GdB von 20 ist es vielfach nicht gerechtfertigt, auf eine wesentliche Zunahme des Ausmaßes der Behinderung zu schließen (vgl. AHP 2008 Nr. 19 Abs. 4, nunmehr Teil A Nr. 3 d ee der Anlage zur VersMedV; krit. hierzu *Schimanski* BehindertenR 2005, 6). Nach den Anhaltspunkten ist eine kleinere Behinderung mit einem GdB von 20 bei der Bildung des Gesamt-GdB nur dann zu berücksichtigen, wenn sie sich auf eine andere Teil-Behinderung besonders nachhaltig verstärkend auswirkt. Unberücksichtigt bleiben kann eine solche Teil-Behinderung dann, wenn sich ihre Auswirkungen völlig oder zum größten Teil mit denen anderer Teil-Behinderungen überschneiden (LSG Rheinland-Pfalz Urteil vom 15. Oktober 1998 – L 4 Vs 68/98, zit. nach JURIS).

97 Knapp erreichte 20er-Werte sind unter Berücksichtigung der AHP Nr. 19 in der Regel nicht geeignet, den Gesamt-GdB auch unterhalb eines Wertes von 50 zu erhöhen (LSG NRW Urteil vom 5. Oktober 1999 – L 6 SB 30/99, zit. nach JURIS).

Während eine kleine Teil-Behinderung mit einem GdB von 20 nicht in jedem Fall zu einem höheren Gesamt-GdB führt, ist eine Teil-Behinderung mit einem GdB von 30 zwingend erhöhend, um wenigstens 10 bei der Bildung des Gesamt-GdB zu berücksichtigen, auch wenn dieser GdB von 30 im Einzelfall (z. B. operativ versorgter Hydrozephalus) lediglich einen „Schwellenwert" darstellt (LSG Rheinland-Pfalz Beschluss vom 25. Oktober 2001 – L 4 SB 56/01, zit. nach JURIS). **98**

Die **Einstufungsprobleme bei unterschiedlichen bzw. in den AHP / den VmG nicht exakt erfassten Behinderungen** verdeutlichen folgende Rechtsprechungsbeispiele: **99**

– Ist nicht schon ein Einzel-GdB von 50 vorhanden, so kann ein **Gesamt-GdB von 50** nach Nr. 19 Abs. 2 AHP nur angenommen werden, wenn die **Gesamtauswirkung der verschiedenen Behinderungen** so **erheblich** ist wie etwa beim Verlust eines Beines im Unterschenkel oder einer vollständigen Versteifung großer Teile der Wirbelsäule (SG Aachen Urteil vom 11. Februar 2008 – S 18 SB 21/07, zit. nach JURIS).

– Wegen der **unterschiedlichen Auswirkungen von drei Gesundheitsstörungen** – Einschränkung der Gebrauchsfähigkeit einer Hand (GdB 30), psychische Beeinträchtigung mit Albträumen und Schlafstörungen („voller" GdB 20), Darmkrankung mit häufiger Stuhlfrequenz und abdominellen Störungen („voller" GdB 20), diese bei vermehrter **psychischer Beeinträchtigung mit erhöhten Beschwerden**, wird **ein GdB von 50** erreicht (LSG NRW – Urteil vom 28. Juni 2007 – L 7 SB 152/04, zit. nach Sozialrecht online 5/2007).

– Da die Anhaltspunkte für die Gutachtertätigkeit keine Vorgaben für eine **komplexe Funktionsstörung als Folge einer Kinderlähmung** enthalten, ist eine **Analog-Bewertung** vorzunehmen. Wenn die Folgen der Kinderlähmung mehrere Organsysteme, schwerpunktmäßig das rechte Bein, den unteren Rücken und den rechten Fuß betreffen, ist es zweckmäßig, diesen Beeinträchtigungskomplex unter dem Begriff des Nervenleidens zusammenzufassen. Damit sind insbesondere die verminderte Funktion des rechten Beines und die daraus resultierenden fehlstatischen Belastungen der Lendenwirbelsäule erfasst (SG Dortmund Urteil vom 7. Dezember 2007 – S 3 SB 58/07 – zit. nach Sozialrecht online 2/2008). **100**

– Eine Einstufung einer **Schmerzerkrankung als Erkrankung mit eigenständigem Krankheitswert** im Sinne der Anhaltspunkte kommt nicht in Betracht. Vielmehr sind Einzel-GdB nach den genannten Funktionssystemen zu bilden. Die **in der GdB-Tabelle angegebenen Werte schließen üblicherweise vorhandene Schmerzen ein** und berücksichtigen auch erfahrungsgemäß besonders schmerzhafte Zustände (LSG Berlin-Brandenburg Urteil vom 22. Januar 2008 – L 13 SB 79/04, zit. nach Sozialrecht online 2/2008; Bayer. LSG Urteil vom 30. Januar 2007 – L 15 SB 28/04, zit. nach Sozialrecht online 5/2007). Lediglich in den Fällen, in denen nach dem Sitz und dem Ausmaß der pathologischen Veränderungen eine **über das übliche Maß hinausgehende, eine spezielle ärztliche Behandlung erfordernde Schmerzhaftigkeit** anzunehmen ist, können höhere Werte angesetzt werden (LSG Berlin-Brandenburg Urteil vom 22. Januar 2008 a. a. O.). Bei einer **Wirbelsäulenerkrankung** liegt eine spezielle ärztliche Behandlung erfordernde Schmerzhaftigkeit, die ggf. einen höheren GdB begründen könnte, bei Massagen, Spritzen und therapeutischen Lokalanästhesien nicht vor, da diese Behandlungen zu den gewöhnlichen Anwendungen bei Wirbelsäulenerkrankungen gehören. Ein außergewöhnliches Schmerzsyndrom kann nur anerkannt werden, wenn z. B. aus der Medikation ersichtlich wird, dass ein **besonders hoher Leidensdruck** besteht. Dies ist dann der Fall, wenn **hohe und höchste Dosierungen stärkster Schmerzmittel** per Medikation verabreicht werden (Bayer. LSG Urteil vom 30. Januar 2007 a. a. O.). **101**

Zu näheren Einzelheiten der GdB-Festsetzung und ihrer gerichtlichen Überprüfung vgl. Rdnrn. 5–12 des Anhangs zu dieser Kommentierung. **102**

2. Feststellungs- und Begründungspflicht

103 Die Versorgungsverwaltung hat im **Verfügungssatz** eines Bescheides nach § 69 Abs. 1 Satz 1 SGB IX das Vorliegen einer – unbenannten – **Behinderung und den Grad der Behinderung** festzustellen. Die dieser Feststellung im Einzelfall zugrunde liegenden Gesundheitsstörungen, die daraus folgenden Funktionsbeeinträchtigungen und deren Auswirkungen sind lediglich in der Begründung des Verwaltungsakts anzugeben (BSG Urteil vom 24. Juni 1998 – B 9 SB 17/97 R = BSGE 82, 176 = BehindertenR 1999, 33 = SozR 3-3870 § 4 Nr. 24). Eine Klage auf Verurteilung der Versorgungsverwaltung zur isolierten Feststellung von Gesundheitsstörungen bzw. Funktionsbeeinträchtigungen als – weitere – Behinderungen ist wegen fehlenden Rechtsschutzinteresses unzulässig (BSG Urteil vom 24. Juni 1998 a. a. O.; vgl. auch unten Rdnr. 255 f.).

104 Auch im Schwerbehindertenrecht ist gemäß § 35 SGB X ein **Bescheid** über die Höhe des GdB so **zu begründen**, dass der Antragsteller nachvollziehen kann, warum der GdB in entsprechender Höhe festgestellt wurde. Dazu gehört auch, dass die Bildung des Gesamt-GdB begründet wird (vgl. BSG Urteil vom 24. Juni 1998 a. a. O.; SG Düsseldorf Beschluss vom 12. Dezember 2002 – S 31 SB 550/01, zit. nach www.anhaltspunkte.de/rspr/urteile).

D) zu Abs. 4
1. Feststellung weiterer gesundheitlicher Merkmale zwecks Nachteilsausgleichen

105 Bestimmte gesundheitliche Merkmale können neben dem Vorliegen einer Behinderung Voraussetzung für die Inanspruchnahme von Nachteilsausgleichen sein. Der Gesetzgeber hat den früheren Begriff „Vergünstigung" ersetzt, um nicht den missverständlichen Eindruck zu erwecken, es gehe um die Privilegierung von Behinderten. Liegen die entsprechenden Merkmale vor, so haben die zuständigen Versorgungsämter bzw. nach Landesrecht hierzu berufenen Behörden im Verfahren nach Abs. 1 die erforderlichen Feststellungen zu treffen. Die Feststellung eines Nachteilsausgleichs ist eine für Gerichte und andere Behörden verbindliche Statusentscheidung (LSG Berlin Beschluss vom 14. Dezember 2004 – L 11 B 25/04 SB; SG Oldenburg Urteil vom 14. Juli 2004 – S 15 V 14/03, jeweils zit. nach JURIS). Durch sie erlangt der behinderte Mensch eine besondere Rechtsposition, für deren gerichtliche Geltendmachung ein Rechtsschutzbedürfnis regelmäßig nicht verneint werden kann (LSG Berlin Beschluss vom 14. Dezember 2004 a. a. O.).

106 Zur Anerkennung eines Nachteilsausgleichs – hier: Merkzeichen „G" – kann die Verwaltung auch dann verurteilt werden, wenn die verursachende **Behinderung nicht zuvor anerkannt** ist (BSG Urteil vom 10. Dezember 1987 – 9a RVs 11/87 = BSGE 62, 273 = BehindertenR 1988, 86 = SozR 3870 § 60 Nr. 2; BSG Beschluss vom 12. Dezember 1995 – 9 BVs 28/95, zit. nach JURIS). Die Feststellung vom Merkzeichen stellt im sozialgerichtlichen Verfahren einen von der Höhe des GdB **unabhängigen Streitgegenstand** dar; ihre erstmalige Beantragung ist somit eine **Klageänderung** und nicht nur eine nach § 99 Abs. 3 Nr. 2 SGG unschädliche Klageerweiterung (LSG Berlin-Brandenburg Urteil vom 14. September 2006 – L 11 SB 24/05-26 und LSG NRW Urteil vom 13. Juli 2010 – L 6 SB 133/09, jeweils zit. nach JURIS).

107 An den in den Schwerbehindertenausweis übernommenen Grad der Behinderung ist das Versorgungsamt bzw. die zuständige Behörde auch im Verfahren über einen Nachteilsausgleich gebunden, der von einem bestimmten Grad der Behinderung abhängt; ein nur berufsbedingter Anteil darf nicht ausgesondert werden (BSG Urteil vom 29. Januar 1992 – 9a RVs 9/90 = SozR 3-3870 § 4 Nr. 4 = Breithaupt 1999, 755).

108 Der Anspruch auf Feststellung der gesundheitlichen Voraussetzungen eines Nachteilsausgleichs **erlischt mit dem Tod des Anspruchsinhabers** und kann weder durch Erbrecht noch durch sozialrechtliche Sondervorschriften auf eine andere Person übergehen. Es handelt sich um ein **höchstpersönliches Recht**. Dies ergibt sich aus der zugrunde liegenden Rechtsnorm, die behinderten Menschen Hilfestellung für die Teilhabe und Sicherung der Eingliederung in Arbeit, Beruf und Gesellschaft gelten soll. Nach dem Tod des Anspruchsinhabers kann dies nicht mehr verwirklicht werden (vgl. hierzu BSG Urteil vom 6. Dezember 1989 – 9 RVs 4/89 = BSGE 66, 120 = SozR 3870 § 4 Nr. 4 mit weiterer Begründung; LSG Rheinland-Pfalz Urteil vom 11. Juni 2003 – L 6 SB 17/03, zit. nach JURIS).

2. Die einzelnen Merkzeichen

Die gesundheitlichen Merkmale, die Voraussetzung für die Inanspruchnahme von Nachteilsausgleichen sind, werden in § 3 SchwbAwV im Einzelnen aufgeführt. Auf dem Ausweis sind bei Vorliegen der Voraussetzungen folgende **Merkzeichen** einzutragen: 109

a) **G**, erheblich gehbehindert
b) **H**, hilflos
c) **Bl**, blind
d) **aG**, außergewöhnlich gehbehindert
e) **B**, ständige Begleitung notwendig
f) **RF**, Befreiung von der Rundfunkgebührenpflicht
g) **Gl**, gehörlos
h) **I. Kl.**, Benutzung der 1. Wagenklasse mit Fahrausweis 2. Klasse

Zu a) Merkzeichen G: erheblich gehbehindert

Der durch das Merkzeichen G gewährte Nachteilsausgleich besteht im Anspruch auf **unentgeltliche Beförderung** oder alternativ dem Anspruch auf **Ermäßigung der Kfz-Steuer**. 110

Schwerbehinderte Menschen, die infolge ihrer Behinderung in ihrer Bewegungsfähigkeit im Straßenverkehr erheblich beeinträchtigt oder hilflos oder gehörlos sind, werden von Unternehmern, die öffentlichen Personenverkehr betreiben, gegen Vorzeigen eines entsprechend gekennzeichneten Ausweises unentgeltlich befördert (§ 145 Abs. 1 Satz 1 1. Halbsatz SGB IX). Die Kraftfahrzeugsteuer ermäßigt sich um 50% für Kraftfahrzeuge, solange die Fahrzeuge für schwerbehinderte Personen zugelassen sind, die durch einen Ausweis im Sinne des SGB IX oder des Artikels 3 des Gesetzes über die unentgeltliche Beförderung schwerbehinderter Personen im öffentlichen Personenverkehr mit orangefarbenem Flächenaufdruck nachweisen, dass sie die Voraussetzungen des § 145 Abs. 1 Satz 1 SGB IX erfüllen (§ 3a Abs. 2 KraftStG). 111

Nach § 146 Abs. 1 Satz 1 SGB IX ist ein Schwerbehinderter in seiner Bewegungsfähigkeit im Straßenverkehr erheblich beeinträchtigt, der infolge einer Einschränkung des Gehvermögens (auch durch innere Leiden), oder infolge von Anfällen oder von Störungen der Orientierungsfähigkeit nicht ohne erhebliche Schwierigkeiten oder nicht ohne Gefahren für sich oder andere **Wegstrecken im Ortsverkehr** zurückzulegen vermag, die **üblicherweise noch zu Fuß zurückgelegt** werden. Die Legaldefinition kann nur so verstanden werden, dass von einem **Durchschnittswert** auszugehen ist, der üblicherweise noch zu Fuß zurückgelegt wird (LSG Rheinland-Pfalz Beschluss vom 19. Juni 2002 – L 4 SB 112/01, zit. nach JURIS). 112

Nach ständiger Rechtsprechung des BSG (vgl. z. B. Urteil vom 10. Dezember 1987 – 9a RVs 11/87 = BSGE 62, 273 = BehindertenR 1988, 86 = SozR 3870 § 60 Nr. 2; Urteil vom 24. April 2008 – B 9/9a SB 7/06 R = SozR 4-3250 § 146 Nr. 1 = MEDSACH 2010, 137) beträgt bei den derzeitigen Verhältnissen die üblicherweise im Ortsverkehr zurückgelegte Strecke **2 Kilometer bzw. 30 Gehminuten**. Dabei kommt es weder auf die Fähigkeit an, extreme Wegverhältnisse zu bewältigen, noch darauf, ob die Gehstrecke von 2000 Metern bzw. 30 Minuten Dauer schmerzfrei zurückgelegt werden kann. Zumutbar sind auch technische Hilfsmittel wie ein Gehstock oder orthopädisches Schuhwerk. Die Grenze ist jedoch dort zu ziehen, wo der Behinderte diese Wegstrecke nur noch unter unzumutbar starken Schmerzen zurücklegen könnte. 113

114 Durch den Nachteilsausgleich „G" sollen bestimmte, besonders schwer Behinderte von den finanziellen Belastungen freigestellt werden, die ihnen durch die behinderungsbedingte Benutzung von öffentlichen Verkehrsmitteln auf den auch von ihnen sonst zu Fuß zurückgelegten Wegen entstehen (BSG Urteil vom 10. Dezember 1987 a. a. O.). Ein Nachteilsausgleich, wie das Merkmal „G", ist nur gerechtfertigt, wenn der Schwerbehinderte im Verhältnis zu dem mit ihm beispielsweise nach Alter und Geschlecht vergleichbaren Personenkreis erheblich beeinträchtigt ist, d. h. **erheblich mehr Zeit benötigt, als eine Vergleichsperson** für die Wegstrecke von 2 km üblicherweise benötigen würde. Nur wenn der Schwerbehinderte für die Strecke eine deutlich längere Zeit benötigt als der mit ihm vergleichbare Personenkreis, ist er im Verhältnis zu den Vergleichspersonen erheblich gehbehindert (LSG Berlin Urteil vom 2. Juni 1992 – L 13 Vs 63/91, zit. nach JURIS).

115 Insoweit bestehen erhebliche **Bedenken gegen die Verwertbarkeit von Gehprüfungen**. Sie stellen wegen der großen und nur teilweise kontrollierbaren Manipulierbarkeit durch den Prüfling kein geeignetes Beweismittel dar (LSG Berlin Urteil vom 2. Juni 1992 a. a. O.). Andererseits kann jedoch ein Gehbelastungstest verwertbare Erkenntnisse des Inhalts bringen, dass der Proband in der Lage ist, bestimmte Wege zurückzulegen. Ebenso wie der Tatsache der Ausübung einer zumutbaren Tätigkeit in der Regel ein erheblicher Beweiswert für das Leistungsvermögen eingeräumt wird (BSG Urteil vom 26. September 1975 – 12 RJ 208/74 = SGb 1976, 158 = SozR 2200 § 1247 Nr. 12), können aus einem Gehbelastungstest regelmäßig Rückschlüsse auf das Gehleistungsvermögen des Probanden in dem Sinne gezogen werden, dass seine Fähigkeit, bestimmte Wegstrecken ohne erhebliche Schwierigkeiten und ohne Gefahren für sich und andere zurückzulegen, festgestellt werden kann. Die allgemein gegen Gehprüfungen bestehenden Bedenken ihrer Manipulierbarkeit durch den Probanden greifen hier nicht durch (LSG Berlin Urteil vom 2. Juni 1992 a. a. O.).

116 Die Frage, ob eine Person in der Lage ist, ohne erhebliche Schwierigkeiten oder ohne Gefahren für sich oder andere Wegstrecken im Ortsverkehr zurückzulegen, die üblicherweise noch zu Fuß zurückgelegt werden, ist medizinischer Natur und kann **nur durch medizinische Sachverständige** beantwortet werden. Dem Beweisantrag auf Anhörung medizinischer Laien als Zeugen muss das Gericht daher nicht folgen, wenn sich die Sachverständigen in der Lage sehen, die entsprechenden vom Gericht vorgelegten Beweisfragen ohne weitere tatsächliche Feststellungen zu beantworten (BSG Beschluss vom 5. November 1992 – 9a BVs 21/92, zit. nach JURIS).

117 Im Gegensatz zum Nachteilsausgleich „aG" bedarf es für die Zuerkennung des Nachteilsausgleiches „G" nicht einer dauernden, d. h. ständigen Bewegungseinschränkung. Es reicht vielmehr aus, wenn der Behinderte **an ca. 40% der Tage** in seiner Gehfähigkeit und Orientierungsfähigkeit eingeschränkt ist, sodass er insoweit nur noch kurze Fußstrecken weit unter 2000 Metern mit zusätzlichen Pausen sowie weit über einer halben Stunde zurücklegen und sich in diesem Sinne zeitweise nur mit fremder Hilfe oder nur mit großer Anstrengung außerhalb seines Kraftfahrzeuges bewegen kann (Hess. LSG Urteil vom 17. Februar 1998 – L 4 SB 1351/95 = MEDSACH 1998, 166 = SGb 1998, 475 [Ls.]); SG Düsseldorf Urteil vom 30. Oktober 2000 – S 31 (38) SB 238/99 = VersorgVerw 2002, 47 m. Anm. *Spallek*).

Auch wenn ein **behinderter Mensch älter** geworden ist (hier: 72 Jahre), sind diese Kriterien anzuwenden. Nicht maßgeblich ist, ob andere Menschen in diesem Lebensalter üblicherweise ohnehin nur kürzere Wegstrecken zu Fuß zurücklegen können, wenn beim behinderten Menschen die nach den Anhaltspunkten erforderlichen Voraussetzungen vorliegen (LSG Rheinland-Pfalz Beschluss vom 19. Juni 2002 – L 4 SB 112/01, zit. nach JURIS).

118 Die **Aufzählung der gesundheitlichen Beeinträchtigungen** (Anfälle und Störungen der Orientierungsfähigkeit) in § 146 Abs. 1 SGB IX, durch die die Bewegungsfähigkeit im Straßenverkehr erheblich beeinträchtigt sein kann und die der Störung des Gehvermögens gegenübergestellt werden, **ist abschließend**. Psychisch erkrankte Personen, deren Leiden nicht mit „Anfällen" gleichzusetzen sind und nicht zu Störungen der Orientierungsfähigkeit führen, sondern nur z. B. mit Verstimmungen, Antriebsminderung und Angstzuständen einhergehen, sind daher in ihrer Bewegungsfähigkeit im Straßenverkehr nicht erheblich beeinträchtigt (BSG Beschluss vom 10. Mai 1994 – 9 BVs 45/93, zit. nach JURIS).

Für die Annahme einer erheblichen **Gehbehinderung aufgrund eines Anfallsleidens** genügt es nicht, dass jederzeit mit der Möglichkeit eines Anfalls gerechnet werden muss, der dann konkret und für kurze Zeit zu einer derartigen Einschränkung des Gehvermögens führt. Das Gesetz verlangt vielmehr die tatsächliche Feststellung einer dauerhaften Einschränkung und nicht nur die theoretische und ggf. sogar wenig wahrscheinliche Möglichkeit ihres jederzeitigen Eintretens in Form eines Notfalls (vgl. BSG Urteil vom 29. Januar 1992 – 9a RVs 4/90 = BehindertenR 1992, 91). Die Gewährung des Merkzeichens „G" bei Anfallsleiden kommt allenfalls dann in Betracht, wenn aufgrund hoher Anfallsfrequenz die abstrakte Gefahr zu einer konkreten geworden ist, deren Eintritt aufgrund objektiver Kriterien, zum Beispiel wegen der Anfallshäufigkeit oder wegen früheren Auftretens zahlreicher Anfälle überwiegend im Freien, jederzeit gut möglich erscheint (LSG NRW Urteil vom 31. Mai 1994 – L 6 Vs 111/93, zit. nach JURIS).

119

Auch eine **„Störung der Orientierungsfähigkeit"** kann das Vorliegen der gesundheitlichen Merkmale des Nachteilsausgleiches „G" begründen, auch wenn eine wesentliche Einschränkung der Gehfähigkeit nicht vorliegt. Wenn ein Schwerbehinderter, der in seiner Orientierungsfähigkeit gestört ist, sich in einer ihm vertrauten Umgebung und damit möglicherweise auch an seinem Wohnort zurechtfindet und dort sogar in der Natur spazieren geht, wird dadurch das Vorliegen der gesundheitlichen Voraussetzungen des Nachteilsausgleiches „G" nicht ausgeschlossen, da nicht auf die Verhältnisse am Wohnort des Behinderten abzustellen ist (LSG Rheinland-Pfalz Urteil vom 6. November 1997 – L 4 Vs 46/96, zit. nach JURIS).

120

Die Feststellung einer „erheblichen Beeinträchtigung im Straßenverkehr" (Merkzeichen „G") setzt die **Feststellung der Schwerbehinderteneigenschaft voraus**, wie bereits aus dem Gesetzeswortlaut des § 145 Abs. 1 SGB IX folgt. Es kann also nicht etwa das Merkzeichen „G" auch ohne *Vorliegen* der Schwerbehinderteneigenschaft festgestellt werden, solange allein medizinisch betrachtet das gesundheitliche Merkmal vorliegt (SG Bremen Urteil vom 15. Februar 2002 – S 19 SB 68/01 = Breithaupt 2002, 749 m. w. Nachw.). Allerdings kann ein Nachteilsausgleich unabhängig von der *Feststellung eines GdB* anerkannt werden (BSG Urteil vom 10. Dezember 1987 – 9a RVs 11/87 = BSGE 62, 273 = BehindertenR 1988, 86 = SozR 3870 § 60 Nr. 2).

121

Nach den „Versorgungsmedizinischen Grundsätzen Teil D 1 d sind die Voraussetzungen für die Annahme einer erheblichen Beeinträchtigung der Bewegungsfähigkeit im Straßenverkehr infolge einer Einschränkung des Gehvermögens als erfüllt anzusehen, wenn auf die Gehfähigkeit sich auswirkende Funktionsstörungen der unteren Gliedmaßen und / oder der Lendenwirbelsäule bestehen, die für sich einen **GdB um wenigstens 50** bedingen. Darüber hinaus können die Voraussetzungen bei Behinderungen an den unteren Gliedmaßen mit einem **GdB unter 50** gegeben sein, wenn die **Behinderungen sich auf die Gehfähigkeit besonders auswirken**, z. B. bei Versteifung des Hüft-, Knie- oder Fußgelenks in ungünstiger Stellung, arteriellen Verschlusskrankheiten mit einem GdB von 40. Auch bei **inneren Leiden**, z. B. bei einer dauernden Einschränkung der Lungenfunktion mittleren Grades, ist eine erhebliche Gehbehinderung anzunehmen (vgl. im Einzelnen Teil D 1 d der VmG).

122

Die Voraussetzungen für das Merkzeichen „G" sind bei **Behinderungen der unteren Gliedmaßen**, die mit einem **GdB von 30** bewertet sind, **nicht erfüllt** (LSG Saarland Urteil vom 5. Oktober 2004 – L 5 SB 18/03, zit. nach Sozialrecht online 1/2005). Die Funktionseinschränkung einer unteren Gliedmaße kann infolge eines größeren Energieaufwandes beim Gehen das Herz-Kreislauf-System vermehrt belasten. Für die Feststellung des Nachteilsausgleichs „G" ist aber eine **schwerwiegende Beeinträchtigung der Herzleistung** zu fordern. Diese liegt jedenfalls nicht vor, wenn der behinderte Mensch bei Ergometrie über drei Minuten bis 75 Watt belastet werden kann. Zur Ermittlung des Gehvermögens ist die Frage, welche Wegstrecke in 30 Minuten zurücklegt werden könne, kein geeigneter Bewertungsmaß-

123

stab (LSG Berlin Urteil vom 18. Mai 2004 – L 13 SB 12/03, zit. nach Sozialrecht online 1/2005).

124 Das Gesetz fordert in § 145 Abs. 1 Satz 1, § 146 Abs. 1 Satz 1 SGB IX eine **doppelte Kausalität:** Ursache der beeinträchtigten Bewegungsfähigkeit muss eine Behinderung des schwerbehinderten Menschen sein und diese Behinderung muss sein Gehvermögen einschränken. Die **AHP** in **Nr. 30 Abs. 3 bis 5** – ebenso wie nunmehr die VmG in Teil D Nr. 1 – **beschreiben dazu Regelfälle**, bei denen nach dem allgemein anerkannten Stand der medizinischen Erkenntnisse die gesundheitlichen Voraussetzungen für das Merkzeichen „G" als erfüllt anzusehen sind und die bei der Beurteilung einer dort nicht erwähnten Behinderung als **Vergleichsmaßstab** dienen können (BSG Urteil vom 24. April 2008 – B 9/9a SB 7/06 R, zit. nach JURIS).

125 Die AHP bzw. die inhaltlich gleichlautenden VmG geben an, welche Funktionsstörungen in welcher Ausprägung vorliegen müssen, bevor angenommen werden kann, dass ein Behinderter infolge einer Einschränkung des Gehvermögens „in seiner Bewegungsfähigkeit im Straßenverkehr erheblich beeinträchtigt ist". Damit tragen die AHP bzw. VmG dem Umstand Rechnung, dass das **menschliche Gehvermögen keine statische Messgröße** ist, sondern von verschiedenen Faktoren geprägt und variiert wird. Darunter sind neben den **anatomischen Gegebenheiten** des Körpers, also Körperbau und etwaige Behinderungen, vor allem der Trainingszustand, die Tagesform, Witterungseinflüsse, die Art des Gehens (ökonomische Beanspruchung der Muskulatur, Gehtempo und Rhythmus) sowie **Persönlichkeitsmerkmale**, vor allem die Motivation, zu nennen. Von diesen Faktoren filtern die AHP all jene heraus, die nach dem Gesetz außer Betracht zu bleiben haben, weil sie die Bewegungsfähigkeit des schwerbehinderten Menschen im Straßenverkehr nicht infolge einer behinderungsbedingten Einschränkung seines Gehvermögens, sondern möglicherweise aus anderen Gründen erheblich beeinträchtigen (BSG Urteil vom 24. April 2008 a. a. O. m. w. Nachw.).

126 Die AHP bzw. VmG bestimmen damit zugleich den Maßstab, nach dem im Einzelfall zu beurteilen ist, ob dort nicht genannte Behinderungen die Bewegungsfähigkeit im Straßenverkehr erheblich beeinträchtigen (BSG Urteil vom 13. August 1997 – 9 RVs 1/96 = SozR 3-3870 § 60 Nr. 2 = BehindertenR 1998, 21). Das SG darf deshalb nicht unter Außerachtlassung dieses Maßstabs lediglich gestützt auf ein Einzelfallgutachten entscheiden.

127 Ist bei einem behinderten Menschen ein Gesamt-GdB von 100 festgestellt und eine Knie- und Sprunggelenksarthrose beidseits mit einem Einzel-GdB von 40 bewertet, hat dies nicht zur Folge, dass insgesamt Behinderungen mit gesundheitlichen Voraussetzungen für das Merkzeichen „G" unter Berufung auf die AHP Nr. 30 Abs. 3 bzw. VmG Teil D Nr. 1d ohne Weiteres zu bejahen sind. Bei dem **Merkzeichen „G"** handelt es sich nämlich um einen **selbstständigen prozessualen Anspruch**. Die Voraussetzungen für die Gewährung dieses Merkzeichens sind daher selbstständig zu prüfen. Der Einzel-GdB von 40 für die beidseitige Knie- und Sprunggelenksarthrose ist nicht in Bindungswirkung erwachsen. Der Einzel-GdB ist nämlich keiner eigenen Feststellung zugänglich (BSG Urteil vom 5. Mai 1993 – 9/9a RVs 2/92 = Breithaupt 1993, 943 = SozR 3-3870 § 4 Nr. 5). Es besteht deshalb keine Bindung an die festgestellten Behinderungen dergestalt, dass wegen der Höhe des Einzel-GdB für die unteren Extremitäten das Merkzeichen „G" gleichsam „zwangsläufig" zuzuerkennen wäre (Bayer. LSG Urteil vom 28. Januar 1998 – L 18 SB 112/96, zit. nach JURIS).

128 Die als antizipierte Sachverständigengutachten zu wertenden Anhaltspunkte bzw. nunmehr VmG beschreiben – wie oben wiedergegeben – Regelfälle, bei denen nach dem allgemein anerkannten Stand der medizinischen Erkenntnisse die Voraussetzungen für das Merkzeichen „G" als erfüllt anzusehen sind und die bei dort nicht erwähnten Behinderungen als Vergleichsmaßstab dienen können. Anspruch darauf hat darüber hinaus auch, wer nach Prüfung des einzelnen Falles aufgrund **anderer Erkrankungen mit gleich schweren Auswirkungen auf die Gehfunktion** dem in den Anhaltspunkten beispielhaft aufgeführten Per-

sonenkreis gleichzustellen ist (vgl. 🏛 BSG Urteil vom 13. August 1997 – 9 RVs 1/96 = BehindertenR 1998, 21 = SozR 3-3870 § 60 Nr. 2).

Auch wenn kein Regelfall i. S. der Nr. 30 Abs. 3 ff. AHP vorliegt, kann eine erhebliche Gehbehinderung („G") festzustellen sein. Bei der vergleichenden Betrachtung mit den Regelfällen kann sich nämlich ein Leidenszustand ergeben, der dem der Regelfälle entspricht. Dabei kann dann auch berücksichtigt werden, dass die inneren und orthopädischen Leiden so von einer – an sich keine Behinderung darstellenden – **Adipositas** per magna verstärkt werden, dass in der Gesamtschau eine erhebliche Gehbehinderung vorliegt (🏛 BSG Urteil vom 24. April 2008 – B 9/9a SB 7/06 R, zit. nach JURIS unter Bestätigung von 🏛 LSG Berlin-Brandenburg Urteil vom 8. Juni 2006 – L 11 SB 1021/05, zit. nach Sozialrecht online 5/2006). Eine erhebliche **Übergewichtigkeit**, die zu einer erheblichen mechanischen Behinderung bei körperlicher Arbeit und zu einer bei körperlicher Belastung auftretenden Luftnot führt und die auch einen mangelhaften Trainingszustand verursacht, führt zwar auch zu einer erheblichen Behinderung bei der Gehfähigkeit. Eine erhebliche Gehbehinderung i. S. der §§ 145 ff. SGB IX ist aber dennoch nicht festzustellen; eine **Adipositas allein bedingt nämlich keinen GdB** und ist damit in der Regel **nicht als Behinderung** i. S. des Schwerbehindertenrechts anzusehen. Vielmehr handelt es sich bei der Übergewichtigkeit und dem mangelnden Trainingszustand gerade um solche Faktoren, die für die Beurteilung einer behinderungsbedingten Einschränkung der Gehfähigkeit i. S. der Anhaltspunkte **außer Betracht** zu bleiben haben (🏛 LSG NRW Urteil vom 18. Mai 2004 – L 6 SB 137/03 zit. nach Sozialrecht online 4/2004). **129**

Bei einem **behinderten Kleinkind** ist bei der Beurteilung, ob die Voraussetzungen des Nachteilsausgleiches „G" vorliegen, als Vergleichsmaßstab nicht auf den Gesundheitszustand eines gleichaltrigen gesunden Kleinkindes abzustellen. Vielmehr ist entscheidend, ob die bei dem Kleinkind festgestellten Gesundheitsstörungen bei einem Erwachsenen die Zuerkennung des Nachteilsausgleiches „G" rechtfertigen würden, also die Gesundheitsstörungen die entsprechenden Funktionen eines erwachsenen Behinderten im erforderlichen Ausmaß beeinträchtigen würde (🏛 BSG Urteil vom 12. Februar 1997 – 9 RVs 1/95 = BSGE 80, 97 = BehindertenR 1997, 175 = SozR 3-3870 § 4 Nr. 18). **130**

Die **rückwirkende Feststellung** der Voraussetzungen für den Nachteilsausgleich „unentgeltliche Personenbeförderung" begründet keinen Anspruch auf Erstattung der im Rückwirkungszeitraum angefallenen Fahrtkosten. Dieses Ergebnis verstößt nicht gegen Art. 3 Abs. 1 GG (🏛 BSG Urteil vom 7. November 2001 – B 9 SB 3/01 R = BSGE 89, 79 = SozSich 2002, 350 = SozR 3-3870 § 59 Nr. 1). **131**

Auch für den Bereich des **Rentenversicherungsrechts** ist bei Behinderten mit dem Merkzeichen „G" und einer zurückzulegenden Wegstrecke von ca. 3 bis 3,5 km nicht zu prüfen, ob sie auch ohne die Behinderung auf ein Kfz angewiesen wären oder ob auch andere Ursachen – etwa ungünstige Verkehrs- oder Arbeitsplatzlage – nicht die sich aus der Behinderung ergebende Notwendigkeit verdrängen, ein Kfz zu benutzen (🏛 BSG Urteil vom 26. August 1992 – 9b RAr 14/91 = SozR 3-5765 § 3 Nr. 1 = BehindertenR 1993, 21; 🏛 BSG Urteil vom 21. März 2001 – B 5 RJ 8/00 R = BehindertenR 2002, 26 = SozSich 2002, 105). **132**

Zu b) Merkzeichen H: hilflos

Im Schwerbehindertenausweis ist das Merkzeichen „H" einzutragen, wenn der schwerbehinderte Mensch hilflos i. S. des § 33b EStG oder entsprechender Vorschriften ist (§ 3 Abs. 1 Nr. 2 SchwbAwV). **133**

Gemäß § 33b Abs. 6 Satz 2 EStG ist eine Person hilflos, wenn sie für eine Reihe von häufig und regelmäßig wiederkehrenden Verrichtungen zur Sicherung ihrer persönlichen Existenz im Ablauf eines jeden Tages fremder Hilfe dauernd bedarf. Diese Voraussetzungen sind auch erfüllt, wenn die Hilfe in Form einer Überwachung oder einer Anleitung zu den in Satz 2 dieser Vorschrift genannten Verrichtungen erforderlich ist oder wenn die Hilfe zwar nicht **134** dauernd geleistet werden muss, jedoch eine ständige Bereitschaft zur Hilfeleistung erforderlich ist (§ 33b Abs. 6 Satz 3 EStG).

135 Das gesundheitliche Merkmal Hilflosigkeit (Merkzeichen „H") i. S. des § 33b Abs. 6 EStG wird gemäß § 69 Abs. 4 SGB IX nach denselben Kriterien festgestellt wie die Voraussetzungen einer Pflegezulage i. S. von § 35 Abs. 1 BVG (BSG Urteil vom 8. März 1995 – 9 RVs 5/94 = BehindertenR 1996, 48 = SozR 3-3870 § 4 Nr. 12; BSG Urteil vom 12. Februar 2003 –B 9 SB 1/02 R = BehindertenR 2003, 148 = Breithaupt 2003, 511 = SozR 4-3250 § 69 Nr. 1 = SGb 2003, 700 m. Anm. Palm; vgl. hierzu auch *Kube* NZS 2004, 458 und *Hansen* BehindertenR 2007, 157).

136 Hilflos i. S. von § 33b Abs. 6 EStG ist stets, wer bei den von dieser Vorschrift erfassten Verrichtungen für **mindestens zwei Stunden am Tag fremder Hilfe dauernd bedarf**. Bei diesen Verrichtungen handelt es sich um solche, die im Ablauf eines jeden Tages unmittelbar zur Wartung, Pflege und Befriedigung wesentlicher Bedürfnisse der Betroffenen gehören sowie häufig und regelmäßig wiederkehren. Dazu zählen zunächst die auch von der Pflegeversicherung (vgl. § 14 Abs. 4 SGB XI) erfassten Bereiche der Körperpflege, Ernährung und Mobilität. Diese Bereiche werden unter dem Begriff der sogenannten Grundpflege zusammengefasst. Hinzu kommen nach der Rechtsprechung des BSG (vgl. Urteil vom 23. Juni 1993 – 9/9a RVs 1/91 = BSGE 72, 285 = BehindertenR 1994, 101 = SozR 3-3870 § 4 Nr. 6) Maßnahmen zur psychischen Erholung, geistigen Anregung und Kommunikation (Sehen, Hören, Sprechen und Fähigkeit zur Interaktion). Nicht vom Begriff der Hilflosigkeit umschlossen ist der Hilfebedarf bei hauswirtschaftlichen Verrichtungen (vgl. z. B. zu § 35 BVG: BSG Urteil vom 2. Juli 1997 – 9 RV 19/95 = SozR 3-3100 § 35 Nr. 6 = BehindertenR 1998, 77).

137 Bei einem täglichen Zeitaufwand für fremde Hilfe zwischen einer und zwei Stunden ist Hilflosigkeit dann anzunehmen, wenn der wirtschaftliche Wert der erforderlichen Pflege besonders hoch ist (BSG Urteil vom 12. Februar 2003 – B 9 SB 1/02 R = BehindertenR 2003, 148 = Breithaupt 2003, 511 = SozR 4-3250 § 69 Nr. 1).

138 Erforderlich ist eine **ständige Bereitschaft** zur Hilfeleistung gem. § 33b Abs. 6 Satz 3 EStG nur dann, wenn die Art des Leidens jeden Augenblick fremde Hilfe nötig machen kann (LSG Baden-Württemberg Urteil vom 1. August 2002 – L 6 SB 1187/01, zit. nach JURIS). Eine nach § 33b Abs. 6 Satz 3 EStG berücksichtigungsfähige Bereitschaftszeit setzt zeitlich und örtlich denselben Einsatz voraus wie körperliche Hilfe (BSG Urteil vom 12. Februar 2003 a. a. O. in Fortentwicklung von BSG Urteil vom 8. März 1995 – 9 RVs 5/94 = SozR 3-3870 § 4 Nr. 12 = BehindertenR 1996, 48).

139 Die Voraussetzungen für das Vorliegen von Hilflosigkeit sind u. a. stets erfüllt bei „**Querschnittslähmung** und anderen Behinderungen, die auf Dauer und ständig auch innerhalb des Wohnraums – die **Benutzung eines Rollstuhls** erfordern" (AHP Nr. 21 Abs. 6). Dies setzt nicht zwingend voraus, dass tatsächlich ein Rollstuhl in der Wohnung genutzt wird; auch kommt es nicht darauf an, dass das Gehvermögen des Betroffenen nicht wie bei einem Querschnittsgelähmten vollständig aufgehoben ist. Entscheidend ist vielmehr, ob der Betroffene nicht mehr stehen und gehen kann und damit nicht mehr in der Lage ist, sich mit Gehhilfen oder Ähnlichem innerhalb der Wohnung von einem Ort zum anderen Ort zu bewegen (LSG Niedersachsen-Bremen Urteil vom 28. Juni 2007 – L 13 SB 87/03, zit. nach Sozialrecht online 6/2007).

140 Bei **Diabetes mellitus** ist bei fortbestehender unausgeglichener Stoffwechsellage bis zur Vollendung des 18. Lebensjahres Hilflosigkeit anzunehmen (wegen ständiger Überwachung, erforderlich wegen der Gefahr hypoglykämischer Schocks, zwecks strenger Einhaltung der Diät und zur Dosierung des Insulins sowie im Hinblick auf die notwendigen körperlichen Betätigungen, vgl. AHP 2004 Nr. 22k). Das dem Krankheitsbild des Diabetes mellitus vergleichbare Krankheitsbild der primären **Nebennierenrindeninsuffizienz** rechtfertigt aus Gründen der Gleichbehandlung die Zuerkennung des Merkzeichens „H" bis zur Vollendung

des 18. Lebensjahres (⊞ Bayer. LSG Urteil vom 23. Oktober 2002 – L 18 SB 147/97 = SGb 2003, 220 [Ls]).

Der **Verlust eines Armes** begründet für sich alleine noch keine Hilflosigkeit i. S. des Nachteilausgleiches „H" – hier: Jugendlicher mit fehlendem linkem Unterarm – (⊞ LSG Rheinland-Pfalz Urteil vom 10. Dezember 1998 – L 4 Vs 92/98, zit. nach JURIS). **141**

Zwar können auch **gehörlos geborene** oder **vor Spracherwerb ertaubte Personen** hilflos i. S. von § 33b Abs. 6 Satz 2 EStG sein, obwohl sie nur bei einer Verrichtung des täglichen Lebens – nämlich bei der ständig erforderlichen Kommunikation – fremder Hilfe bedürfen. Ob das Kommunikationsdefizit fremde Hilfe in erheblichem Umfang erforderlich macht, lässt sich nicht schematisch nach der Anzahl der Verrichtungen festlegen. Die Hilfsbedürftigkeit in einem entscheidenden und zentralen Punkt kann ausreichen, wenn dieser Hilfebedarf die gesamte Lebensführung prägt. Das Kommunikationsdefizit der vor dem Spracherwerb Ertaubten prägt deren gesamte Lebensführung aber regelmäßig nur **bis zum Ablauf einer ersten Berufsausbildung**, in der Lebensspanne also, während derer Lernen, Kenntnis- und Fertigkeitserwerb zu den zentralen Verrichtungen des täglichen Lebens gehören (⊞ BSG Urteil vom 23. Juni 1993 – 9/9a RVs 1/91 = BSGE 72, 285 [290] = BehindertenR 1994, 101 = SozR 3-3870 § 4 Nr. 6). Der Nachteilausgleich „H" steht Hörsprachgeschädigten nach Abschluss einer beruflichen Erstausbildung regelmäßig nicht mehr zu. Einem Gehörlosen mit retardierter Sprachentwicklung steht nach Abschluss der Berufsausbildung für die Zeit der berufsbegleitenden Weiterbildung der Nachteilausgleich „H" zumindest dann nicht zu, wenn der für die Weiterbildung erforderliche Hilfebedarf zwei Stunden täglich nicht erreicht (⊞ BSG Urteil vom 24. November 2005 – B 9a SB 1/05 R = SozR 4-3250 § 69 Nr. 3 = SGb 2006, 422 [Kurzwiedergabe]). Hilflosigkeit liegt später auch dann nicht – wieder – vor, wenn der behinderte Mensch an einer beruflichen Weiterbildung teilnimmt, deren Dauer sechs Monate nicht überschreitet (⊞ BSG Urteil vom 12. November 1996 – 9 RVs 9/95 = BSGE 79, 231 = SozR 3-3870 § 4 Nr. 15). **142**

Die Feststellung der gesundheitlichen Voraussetzungen des Nachteilausgleichs „H" bei **Kleinkindern** ist möglich, wenn diese im Vergleich zu gleichaltrigen Kindern in erheblichem Maße besonders hilfsbedürftig sind (⊞ LSG Rheinland-Pfalz Beschluss vom 27. April 1998 – L 4 Vs 47/97, zit. nach JURIS). **143**

Zu c) Merkzeichen Bl: blind

Die Voraussetzungen für die Erteilung des Merkzeichens „Bl" ergeben sich gemäß § 3 Abs. 1 Nr. 3 SchwbAwV aus § 72 Abs. 5 SGB XII. Danach stehen blinden Menschen Personen gleich, deren **beidäugige Gesamtsehschärfe nicht mehr als 1/50** beträgt oder bei denen dem Schweregrad dieser Sehschärfe **gleichzuachtende, nicht nur vorübergehende Störungen des Sehvermögens** vorliegen. Bis zum 31. 12. 2004 nahm § 3 Abs. 1 Nr. 3 SchwbAwV noch auf – die inzwischen aufgehobene und sinngemäß in § 72 Abs. 5 SGB XII übernommene – Vorschrift des § 76 Abs. 2a Nr. 3a BSHG Bezug, wonach auch diejenigen blind sind, deren Sehschärfe auf dem besseren Auge nicht mehr als 1/50 beträgt oder bei denen dem Schweregrad dieser Sehschärfe gleichzuachtende, nicht nur vorübergehende Störungen des Sehvermögens vorliegen. **144**

Hiermit im Einklang konkretisieren die AHP 2008 bzw. nunmehr wörtlich übereinstimmend die VmG, in Teil A Nr. 6 diese Voraussetzungen. Danach ist gemäß Nr. 23 Abs. 2 Satz 1 der AHP / Teil A Nr. 6a Satz 1 blind, wer sein **Augenlicht vollständig verloren** hat. Nach Satz 2 der vorgenannten Grundsätze ist im Einklang mit den zitierten gesetzlichen Vorschriften jedoch auch derjenige als blind zu werten, dessen **Sehschärfe auf keinem Auge und auch nicht bei beidäugiger Prüfung mehr als 0,02** (1/50) beträgt oder wenn andere Störungen des Sehvermögens von einem solchen Schweregrad vorliegen, dass sie dieser Beeinträchtigung der Sehschärfe gleichzuachten sind. **145**

146 Hierfür besonders geeignet ist eine **Visusuntersuchung** mittels des sog. Kotowski-Visometers. Hierbei wird die Sehschärfe durch Auslösung eines Augenzitterns (Nystagmus) mittels Darbietung einer beweglichen Lichtquelle ermittelt. Die Auslösung eines Augenzitterns auf der 10%-Stufe (d. h. entsprechend einer Sehschärfe von etwa 0,1) schließt nach sachverständiger Auffassung eine Reduzierung der Sehschärfe auf diesem Auge auf nicht mehr als 1/50 aus (Schlesw.-Holst. LSG Urteil vom 20. November. 2002 – L 2 SB 2/01, zit. nach JURIS).

147 Darüber hinaus erläutern die AHP bzw. die VmG in welchen Fällen **Störungen des Sehvermögens** vorliegen, die dem Schweregrad einer Sehschärfe von nur noch 1/50 **gleichzuachten** sind. Die AHP / VmG nennen insoweit bestimmte Formen von erheblichen Gesichtsfeldausfällen (Nr. 23 Abs. 3 der AHP / Teil A Nr. 6b) sowie in Nr. 23 Abs. 4 der AHP / Teil A Nr. 6c VmG den vollständigen Ausfall der Sehrinde (Rindenblindheit). Demgegenüber wird eine der Blindheit gleichzuachtende Sehstörung in Nr. 23 Abs. 4 der AHP / Teil A Nr. 6c VmG ausdrücklich **verneint**, wenn nur eine visuelle Agnosie oder andere gnostische Störungen vorliegen, d. h. wenn trotz intakter Wahrnehmung die Verarbeitung der Wahrnehmung im Gehirn – das **Verstehen des Gesehenen** – **gestört** ist.

148 Das BSG nimmt ausgehend von der gesetzlichen Definition – etwa in § 76 Abs. 2a Nr. 3a BSHG und in § 72 Abs. 5 SGB XII – dementsprechend an, dass diese **Aufzählung nicht abschließend** ist. Insbesondere müssen danach keine dem Sehschärfenverlust ihrer Art nach vergleichbaren Störungen (wie die in Nr. 23 Abs. 3 der AHP aufgezählten Gesichtsfeldeinschränkungen) vorliegen, sondern es genügen Sehstörungen, die nur in ihrem Schweregrad der Sehschärfenminderung auf 1/50 vergleichbar sind. **Ursache der Sehstörungen muss deshalb auch kein Schaden des Sehorgans selbst sein** (Auge, Sehbahn). Schäden, die das Gehirn betreffen, kommen ebenso in Betracht (BSG Urteil vom 31. Januar 1995 – 1 RS 1/93 = SozR 3-5920 § 1 Nr. 1; BSG Urteil vom 26. Oktober 2004 – B 7 SF 2/03 R = SozR 4-5921 Art. 1 Nr. 1).

149 Bei derartigen **Hirnschäden** ist mit dem BSG (Urteil vom 31. Januar 1995 a. a. O.) jedoch zu differenzieren, ob tatsächlich das **Sehvermögen selbst**, d. h. die Fähigkeit zu erkennen bzw. wahrzunehmen, beeinträchtigt ist (dann ist eine Gleichstellung mit der Blindheit möglich) oder ob die Sehstörung ihre Ursache in einer geistig-seelischen Behinderung, d. h. in einer **Verarbeitungsstörung** hat, bei der trotz vorhandener Sehfunktion das Wahrgenommene nicht verarbeitet und deshalb auch nicht benannt werden kann (z. B. gnostische Störung, visuelle Agnosie). Liegt allein eine Sehstörung im letzteren Sinne vor, kann keine Gleichstellung mit Blinden erfolgen.

150 Diese Differenzierung zwischen dem visuellen „Erkennen-Können" (besser: „Wahrnehmen-Können") und dem geistig-seelischen „Benennen-Können" (besser: „Verstehen-Können") führt hingegen nicht dazu, dass bei einer **Kombination von Störungen, welche beide Bereiche betreffen**, nur der Teil Berücksichtigung findet, der das visuelle „Verstehen-Können" betrifft. Die Sehstörung ist in diesen Fällen vielmehr insgesamt unter Einbeziehung auch des Teils, der das geistig-seelische „Verstehen-Können" als Teil-Ursache der Sehstörung betrifft, zu bewerten und in ihrem Schweregrad mit der Sehschärfenminderung auf 1/50 zu vergleichen (BSG Urteil vom 31. Januar 1995 a. a. O.). Bei **umfangreichen, komplexen Hirnschäden** muss sich in diesen Kombinationsfällen allerdings eine **spezifische Störung des Sehvermögens feststellen** lassen, wozu genügt, dass die visuelle Wahrnehmung deutlich stärker betroffen ist als die Wahrnehmung in anderen Modalitäten des Gehirns (BSG Urteil vom 20. Juli 2005 – B 9a BL 1/05 R, zit. nach JURIS).

151 Lässt sich wegen der **ungewöhnlichen Schwere einer geistigen Behinderung**, welche als Verarbeitungsstörung unter anderem das „Verstehen-Können" der Seheindrücke betrifft, nicht mehr feststellen, ob daneben auch eine erhebliche Wahrnehmungsstörung besteht, d. h. ob neben der Verarbeitungsstörung auch die Sehkraft das Gesichtsfeld und / oder die Sehbahn bis hin zur Sehrinde in nennenswertem Umfang beeinträchtigt sind, kann der Nachteilsausgleich „Bl" nicht zuerkannt werden, weil der behinderte Mensch im Sozialrecht nach Ausschöpfung aller Ermittlungsmöglichkeiten die **objektive Beweislast für die an-**

spruchsbegründenden Tatsachen trägt (⚖ Sächs. LSG Urteil vom 21. Dezember 2005 – L 6 SB 11/04, zit. nach JURIS).

Die bestandskräftige Entscheidung des Versorgungsamts bzw. der sonst zuständigen Behörde zur **Feststellung des Merkzeichens „Bl" im Schwerbehindertenausweis** bindet die Behörde, die über den **Anspruch auf Landesblindengeld** (hier: nach dem Niedersächsischen Gesetz über das Landesblindengeld für Zivilblinde – BliGG ND) entscheidet. Interne Weisungen, die der überörtliche Träger der Sozialhilfe zur Durchführung des Landesblindengeldgesetzes an die zuständigen Gebietskörperschaften richtet, sind als **Verwaltungsvorschriften** zu qualifizieren, durch die sich die Verwaltung auch gegenüber dem Bürger selbst bindet. Wenn diese den Hinweis enthalten, ein feststellender Verwaltungsakt des Versorgungsamts zum Merkzeichen „Bl" diene zum Nachweis der Blindheit i. S. des Landesblindengeldgesetzes, so umfasst die **Selbstbindung der Verwaltung auch den Fall, dass die bestandskräftige Entscheidung des Versorgungsamts rechtswidrig** ist (⚖ LSG Niedersachsen-Bremen Urteil vom 18. November 2004 – L 5 BL 2/04 = NdsRpfl 2006, 102). **152**

Zu d) Merkzeichen aG: außergewöhnlich gehbehindert

Das Merkzeichen „aG" nach § 3 Abs. 1 Nr. 1 SchwbAwV soll es vor allem demjenigen, dessen Geh- und Fortbewegungsfähigkeit in ungewöhnlich hohem Maße eingeschränkt ist, ermöglichen, möglichst nahe mit seinem PKW an sein Ziel heranzufahren und damit die unausweichlich anfallende tatsächliche Wegstrecke so weit wie möglich zu verkürzen. **153**

Denn die Feststellung der außergewöhnlichen Gehbehinderung i. S. des § 6 Abs. 1 Nr. 14 StVG oder entsprechender straßenverkehrsrechtlicher Vorschriften zieht straßenverkehrsrechtlich die **Gewährung von Parkerleichterungen** nach sich, insbesondere die Nutzung von gesondert ausgewiesenen **„Behindertenparkplätzen"** (Rollstuhlfahrersymbol, Zusatzzeichen 1020-11, 1044-10, 1044-11 StVO) und die Befreiung von verschiedenen Parkbeschränkungen, z. B. vom eingeschränkten Halteverbot für die Dauer von drei Stunden, vgl. ⚖ BSG Urteil vom 29. März 2007 – B 9a SB 5/05 R, zit. nach JURIS). **154**

Es sollen somit **Sonderparkplätze** in der Nähe von Behörden und Kliniken und die **Parksonderrechte** vor Wohnungen und der Arbeitsstätte denjenigen Schwerbehinderten vorbehalten bleiben, denen nur noch Wegstrecken zumutbar sind, die von diesen Sonderparkplätzen aus üblicherweise bis zum Erreichen des Eingangs des Gebäudes zurückzulegen sind. Diese Wegstrecken über Straßen und Gehwege in die Eingangsbereiche der genannten Gebäude hinein liegen regelmäßig unter 100 Metern (⚖ LSG Baden-Württemberg Urteil vom 19. März 2002 – L 11 SB 942/01 = MEDSACH 2006, 229 [Kurzwiedergabe]). Die Parkvergünstigung, die von dem Grundsatz der Gleichbehandlung aller Verkehrsteilnehmer abweicht (vgl. ⚖ BSG Urteil vom 29. Januar 1992 – 9a RVs 4/90 = BehindertenR 1992, 91), ist **eng zu verstehen**, denn jede Ausweitung des Kreises der Berechtigten würde sich nachteilig auf den zu schützenden Personenkreis auswirken, weil innerstädtische Parkflächen nicht beliebig vermehrt werden können (⚖ BSG Urteil vom 11. März 1998 – B 9 SB 1/97 R = BSGE 82, 37 = SozR 3-3870 § 4 Nr. 23 = BehindertenR 1998, 141). Darüber hinaus muss im Interesse aller Verkehrsteilnehmer möglichst an deren **Gleichbehandlung** festgehalten werden (BSG Urteil vom 8. Mai 1981 = SozR 3870 § 3 Nr. 11 und Urteil vom 3. Februar 1988 = BehindertenR 1989, 70 = SozR 3870 § 3 Nr. 28). **155**

Darüber hinaus führt die Feststellung u. a. zur **Befreiung von der Kraftfahrzeugsteuer** (§ 3a Abs. 1 Kraftfahrzeugsteuergesetz) bei gleichzeitiger Möglichkeit der **unentgeltlichen Beförderung im öffentlichen Personennahverkehr** (§ 145 Abs. 1 SGB IX) und ggf. zur Ausnahme von allgemeinen Fahrverboten nach § 40 Bundesimmissionsschutzgesetz (vgl. Landmann / Rohmer, Umweltrecht Bd. I, § 40 BImSchG Rdnr. 30). Sie macht die steuerliche Geltendmachung von Kosten des Kraftfahrzeugs, soweit sie nicht schon Werbungs- oder Betriebskosten sind, als außergewöhnliche Belastungen i. S. von § 33 EStG in angemessenem Umfang möglich (vgl. ⚖ BFH Urteil vom 1. August 1975 – VI R 158/72 = BFHE 116, 378 [380 f.]; ⚖ BFH Urteil vom 19. Mai 2004 – III R 16/02 = BFHE 206, 525 = DAR 2005, **156**

113; vgl. zum Ganzen auch ⚖ BSG Urteil vom 29. März 2007 – B 9a SB 5/05 R, zit. nach JURIS).

157 Die Feststellung der gesundheitlichen Voraussetzungen für den Nachteilsausgleich „aG" richtet sich nach den Vorschriften des Straßenverkehrsrechts. Wer außergewöhnlich gehbehindert ist, ergibt sich aus den aufgrund des § 6 Abs. 1 Nr. 14 Straßenverkehrsordnung (StVO) erlassenen **Verwaltungsvorschriften (VV) zu § 46 Abs. 1 Nr. 11 StVO** (Abschn. II Nr. 1). Die VwV-StVO selbst ist als allgemeine Verwaltungsvorschrift der Bundesregierung nach Art. 84 Abs. 2 GG wirksam erlassen worden (vgl. ⚖ BSG Urteil vom 10. Dezember 2002 – B 9 SB 7/01 R = BSGE 90, 180 [182] = SozR 3-3250 § 69 Nr. 1 = BehindertenR 2003, 112 [113]).

158 Danach sind als Schwerbehinderte mit außergewöhnlicher Gehbehinderung solche Personen anzusehen, die sich **wegen der Schwere ihres Leidens dauernd nur mit fremder Hilfe oder nur mit großer Anstrengung außerhalb ihres Kraftfahrzeuges bewegen können.** Hierzu zählen Querschnittsgelähmte, Doppeloberschenkelamputierte, Doppelunterschenkelamputierte, Hüftexartikulierte, einseitig Oberschenkelamputierte, die dauernd außer Stande sind, ein Kunstbein zu tragen oder nur eine Beckenkorbprothese tragen können oder zugleich unterschenkel- oder armamputiert sind, sowie andere Schwerbehinderte, die nach versorgungsärztlicher Feststellung auch aufgrund von Erkrankungen dem vorstehend aufgeführten Personenkreis gleichzustellen sind.

159 Während die in Abschnitt II Nr. 1 Satz 2 Halbsatz 1 zu § 46 Abs. 1 Nr. 11 VwV-StVO aufgeführten Schwerbehinderten relativ einfach zu bestimmen sind, ist dies bei der Gruppe der **gleichgestellten Schwerbehinderten nicht ohne Probleme möglich**. Ein Betroffener ist gleichzustellen, wenn seine Gehfähigkeit in ungewöhnlich hohem Maße eingeschränkt ist und er sich nur unter ebenso großen Anstrengungen wie die erstgenannten Gruppen von Schwerbehinderten oder nur noch mit fremder Hilfe fortbewegen kann (BSG Urteil vom 11. März 1998 = BSGE 82, 37 [38 f.] = SozR 3-3870 § 4. Nr. 23 = BehindertenR 1998, 141 [142]). Schwierigkeiten bereitet hierbei der **Vergleichsmaßstab**, weil die verschiedenen, im 1. Halbsatz aufgezählten Gruppen in ihrer Wegefähigkeit nicht homogen sind und einzelne Vertreter dieser Gruppen – bei gutem gesundheitlichem Allgemeinzustand, hoher körperlicher Leistungsfähigkeit und optimaler prothetischer Versorgung – ausnahmsweise nahezu das Gehvermögen eines Nichtbehinderten erreichen können (⚖ BSG Urteil vom 17. Dezember 1997 – 9 RVs 16/96 = SozR 3-3870 § 4 Nr. 22 S. 87 = Breithaupt 1998, 610; BSG Urteil vom 10. Dezember 2002 = BSGE 90, 180 [182] = SozR 3-3250 § 69 Nr. 1).

160 Auf die **individuelle prothetische Versorgung** der aufgeführten Behindertengruppen kann es aber grundsätzlich **nicht ankommen** (BSG Urteile vom 17. Dezember 1987 a. a. O. und vom 11. März 1998 a. a. O.). Denn es liegt auf der Hand, dass solche Besonderheiten angesichts des mit der Zuerkennung von „aG" bezweckten Nachteilsausgleiches nicht als Maßstab für die Bestimmung der Gleichstellung herangezogen werden können. Vielmehr muss sich dieser **strikt an dem der einschlägigen Regelung vorangestellten Obersatz orientieren**; dies ist Satz 1 in Abschnitt II Nr. 1 zu § 46 Abs. 1 Nr. 11 VwV-StVO bzw. § 6 Abs. 1 Nr. 14 StVG (BSG Urteil vom 10. Dezember 2002 a. a. O S. 183). Dabei ist zu berücksichtigen, dass **Parkraum für diejenigen Schwerbehinderten** geschaffen werden sollte, denen es **unzumutbar** ist, **längere Wege zu Fuß zurückzulegen** (vgl. BT-Drucks. 8/3150, S. 9 f. in der Begründung zu § 6 StVG). Wegen der begrenzten städtebaulichen Möglichkeiten, Raum für Parkerleichterungen zu schaffen, sind hohe Anforderungen zu stellen, um den Kreis der Begünstigten klein zu halten (BSG Urteil vom 11. März 1998 a. a. O. S. 39).

161 Für die Gleichstellung ist bei dem **Restgehvermögen des Betroffenen** anzusetzen (⚖ BSG Urteil vom 10. Dezember 2002 – B 9 SB 7/01 R = BSGE 90, 180 ff. = SozR 3-3250 § 69 Nr. 1). Allerdings lässt sich ein anspruchsausschließendes Restgehvermögen griffig weder quantifizieren noch qualifizieren. Weder der gesteigerte Energieaufwand noch eine in Metern ausgedrückte Wegstrecke taugen grundsätzlich dazu. Denn die maßgeblichen straßenverkehrsrechtlichen Vorschriften stellen nicht darauf ab, über welche Wegstrecke ein schwer-

behinderter Mensch sich außerhalb seines Kraftfahrzeuges zumutbar noch bewegen kann, sondern darauf, unter welchen Bedingungen ihm dies nur noch möglich ist: nämlich **nur mit fremder Hilfe oder nur mit großer Anstrengung** (BSG Urteil vom 10. Dezember 2002 a. a. O.; ⊞ BSG Urteil vom 29. März 2007 – B 9a SB 5/05 R, zit. nach JURIS).

Wer diese Voraussetzung praktisch von den ersten Schritten außerhalb seines Kraftfahrzeuges an erfüllt, qualifiziert sich für den entsprechenden Nachteilsausgleich auch dann, wenn er gezwungenermaßen auf diese Weise längere Wegstrecken zurücklegt. Der gleichzustellende Personenkreis beschränkt sich daher auf **Schwerbehinderte, deren Gehfähigkeit in ungewöhnlich hohem Maß eingeschränkt ist** und die sich nur unter ebenso großen körperlichen Anstrengungen fortbewegen können wie die in Abschnitt II Nr. 1 Satz 2 Halbsatz 1 zu § 46 Abs. 1 Nr. 11 VwV-StVO einzeln aufgeführten Vergleichsgruppen (⊞ BSG Urteil vom 29. März 2007 a. a. O.). 162

Auch soweit die genannten großen körperlichen Anstrengungen festzustellen sind, kann **nicht allein auf eine gegriffene Größe wie die schmerzfrei zurückgelegte Wegstrecke abgestellt** werden. Unabhängig von der Schwierigkeit, eine solche Wegstrecke objektiv, fehlerfrei und verwertbar festzustellen (vgl. hierzu Gebauer, MEDSACH 1995, 53), ist die Tatsache, dass ein Betroffener nach einer bestimmten Strecke eine Pause machen muss, lediglich Indiz für eine Erschöpfung. Für die Zuerkennung des Merkzeichens „aG" **reichen** überdies **nicht irgendwelche Erschöpfungszustände aus**. Sie müssen in ihrer Intensität vielmehr gleichwertig mit den Erschöpfungszuständen sein, die Schwerbehinderte der in Abschnitt II Nr. 1 Satz 2 Halbsatz 1 zu § 46 Abs. 1 Nr. 11 VwV-StVO einzeln aufgeführten Gruppen erleiden (⊞ BSG Urteil vom 29. März 2007 a. a. O.). **Gradmesser** hierfür kann die **Intensität der Schmerzen bzw. der Luftnot** nach dem Zurücklegen einer bestimmten Wegstrecke sein. Ein solches Erschöpfungsbild lässt sich u. a. aus der Dauer der erforderlichen Pause sowie den Umständen herleiten, unter denen der Schwerbehinderte nach der Pause seinen Weg fortsetzt. **Nur kurzes Pausieren** – auch auf Großparkplätzen – mit anschließendem Fortsetzen des Weges ohne zusätzliche Probleme ist im Hinblick auf den durch die Vergleichsgruppen gebildeten Maßstab **zumutbar** (⊞ BSG Urteil vom 29. März 2007 a. a. O.). 163

Ob die danach erforderlichen großen körperlichen Anstrengungen beim Gehen vorliegen, ist Gegenstand **tatrichterlicher Würdigung**, die sich auf **alle verfügbaren Beweismittel**, wie Befundberichte der behandelnden Ärzte, Sachverständigengutachten oder einen dem Gericht persönlich vermittelten Eindruck, stützen kann. Gerade bei multimorbiden Schwerbehinderten liegt auf der Hand, dass **allein das Abstellen auf ein starres Kriterium keine sachgerechte Beurteilung** ermöglicht, weil es eine Gesamtschau aller relevanten Umstände eher verhindert. Die Anwendung eines einzelnen starren Kriteriums birgt die Gefahr eines Verstoßes gegen den allgemeinen Gleichheitssatz des Art. 3 Abs. 1 GG (vgl. ⊞ BSG Urteil vom 29. März 2007 a. a. O.). 164

Ein an einer bestimmten Wegstrecke und einem Zeitmaß orientierter Maßstab liegt auch nicht wegen der Methode nahe, mit der die gesundheitlichen Voraussetzungen des Merkzeichens „G" festgestellt werden (vgl. dazu AHP 2008 Nr. 30). Denn **für das Merkzeichen „aG" gelten gegenüber „G" nicht gesteigerte, sondern andere Voraussetzungen** (⊞ BSG Urteil vom 13. Dezember 1994 – 9 RVs 3/94 = SozR 3-3870 § 4 Nr. 11 S. 45 = Breithaupt 1995, 623; ⊞ BSG Urteil vom 29. März 2007 a. a. O.). 165

Ebenso wenig lässt sich ein allein maßgebliches Wegstrecken-Zeit-Kriterium aus dem **straßenverkehrsrechtlichen Zweck des Merkzeichens** herleiten. Insofern kommt es nicht auf die üblicherweise auf Großparkplätzen zurückzulegende Strecke zwischen allgemein nutzbaren Parkplätzen und Gebäudeeingängen an. Das Merkzeichen „aG" soll die **stark eingeschränkte Gehfähigkeit durch Verkürzung der Wege** infolge der gewährten Parkerleichterungen **ausgleichen** (⊞ BSG Urteil vom 6. November 1985 – 9a RVs 7/83 = SozR 3870 § 3 Nr. 18 S. 58 = Breithaupt 1986, 335 [336] = BehindertenR 1987, 95 [96]). 166

167 Ein **bestimmtes Wegstreckenkriterium** erschiene nur dann als sachgerecht, wenn die betreffende Wegstrecke grundsätzlich geeignet wäre, den bestehenden Nachteil auszugleichen. Das könnte es nahelegen, auf die Platzierung gesondert ausgewiesener Behindertenparkplätze abzustellen (so ☒ LSG Baden-Württemberg Urteil vom 15. März 2001 – L 11 SB 4527/00 zit. nach JURIS; vgl. auch Strassfeld, VersorgVerw 2003, 21, 23). Aber auch diesem Ansatz ist nach Auffassung des BSG (☒ Urteil vom 29. März 2007 a. a. O.) nicht zuzustimmen. Abgesehen davon, dass es keine empirischen Untersuchungen zur durchschnittlichen Entfernung zwischen gesondert ausgewiesenen Behindertenparkplätzen und den Eingängen zu Einrichtungen des sozialen, wirtschaftlichen und gesellschaftlichen Lebens gibt, **greift die alleinige Ausrichtung auf Behindertenparkplätze** (Zusatzzeichen 1020-11, 1044-10, 1044-11 StVO) **zu kurz**. Denn daneben werden nach Abschnitt I Nr. 1 zu § 46 Abs. 1 Nr. 11 VwV-StVO weitere umfangreiche Parkerleichterungen, wie z. B. die Ausnahme vom eingeschränkten Halteverbot (lit. a), gewährt (☒ BSG Urteil vom 29. März 2007 a. a. O.).

168 Nach der Rechtsprechung des BSG (vgl. ☒ Urteil vom 11. März 1998 – B 9 SB 1/97 R = BSGE 82, 37 = BehindertenR 1998, 141) müssen also diejenigen Schwerbehinderten, die in der Verwaltungsvorschrift nicht ausdrücklich genannt sind, dann gleichgestellt werden, wenn ihre **Gehfähigkeit in ungewöhnlich hohem Maße eingeschränkt** ist und sie sich nur unter ebenso großen Anstrengungen wie die in Abschnitt II Nr. 1 Satz 2 1. Halbsatz der Verwaltungsvorschrift aufgeführten Schwerbehinderten oder nur noch mit fremder Hilfe fortbewegen können. Zwar genügt es, wenn der behinderte Mensch hinsichtlich seiner Gehfunktionen ebenso eingeschränkt ist wie der Angehörige nur einer der in der Verwaltungsvorschrift genannten Gruppen. Das gilt insbesondere für die Gruppe der Doppelunterschenkelamputierten (☒ BSG Urteil vom 17. Dezember 1997 – 9 RVs 16/96 = Breithaupt 1998, 610 = SozR 3-3870 § 4 Nr. 22). Auch in diesem Fall muss aber die Gehfähigkeit in ungewöhnlich hohem Maße eingeschränkt sein, sodass sich ein Vergleich mit Doppelunterschenkelamputierten, bei denen dieses nicht der Fall ist, verbietet, mag auch aus Gründen der Verwaltungsvereinfachung bei Personen, die dieser Untergruppe angehören, eine besondere Prüfung des Gehvermögens unterbleiben (☒ BSG Urteil vom 27. Februar 2002 –B 9 SB 9/01 R = rv 2002, 194 [Kurzwiedergabe]).

169 Bei dem erforderlichen **Vergleich des Gehvermögens** kommt es entscheidend auf die folgenden **Faktoren** an:
– Gehstrecke, die der Behinderte insgesamt, d. h. unter Einschluss von Pausen zurücklegen kann,
– Gehgeschwindigkeit,
– zum Gehen benötigter Kraftaufwand,
– Schmerzen beim Gehen,
– Sturzgefahr.

Bei den vorstehenden Kriterien handelt es sich um **Hilfskriterien**, die einen konkreten, von Tatsachen untermauerten Vergleich des Gehvermögens ermöglichen sollen. Es ist weder ausgeschlossen, im Einzelfall weitere Kriterien vergleichsweise hinzuzuziehen, noch muss das Gehvermögen eines Schwerbehinderten in allen der vorstehend aufgezählten Punkte mit dem eines der in Ziffer II Nr. 1 der zitierten Verwaltungsvorschrift aufgeführten Behinderten identisch sein (☒ SG Dresden Urteil vom 26. Juni 2000 – S 7 SB 334/98 = DAR 2001, 476).

170 Nach Einschätzung orthopädischer Sachverständiger kann ein **Doppeloberschenkelamputierter bei guter Prothesenversorgung** Gehstrecken um die 100 m zurücklegen, ein durchschnittlicher Doppelunterschenkelamputierter sogar Gehstrecken zwischen 100 und mehreren 100 m, das Gehvermögen eines Oberschenkel- und zugleich Unterschenkelamputierten liegt in etwa dazwischen. Auch Hüftexartikulierte und einseitig Oberschenkelamputierte, die dauernd außerstande sind, ein Kunstbein zu tragen oder nur eine Beckenkorbprothese tragen können, vermögen danach noch mehrere 100 m zurückzulegen. Die **Gehgeschwin-**

digkeit aller der in Ziffer II Nr. 1 der Verwaltungsvorschrift aufgeführten Behinderten ist in der Regel deutlich eingeschränkt (Gehgeschwindigkeit von 1 bis 1,5 km/h). Darüber hinaus bestehen bei den in Ziffer II Nr. 1 der Verwaltungsvorschrift aufgeführten Behinderten in der Regel erhebliche **Balanceprobleme** und diese Behinderten benötigen einen deutlich (Doppelunterschenkelamputierter) bzw. erheblich (übrige Behinderte) erhöhten Kraftaufwand zum Gehen. Schließlich ist bezüglich der beim Gehen empfundenen Schmerzen zugrunde zu legen, dass hierüber keine allgemein verbindliche Aussage getroffen werden kann, da dies von den individuellen Verhältnissen, insbesondere der Beschaffenheit des Amputationsstumpfes, abhängig ist (SG Dresden Urteil vom 26. Juni 2000 a. a. O.).

Die Feststellung der Voraussetzungen des Nachteilsausgleichs „aG" ist **nicht** davon abhängig, ob **Vergleichbarkeit zu einem einzelnen Behinderten**, dem das Merkzeichen „aG" zuerkannt wurde, besteht. Voraussetzung ist vielmehr, dass der Anspruchsteller in funktioneller Hinsicht dem in der Verwaltungsvorschrift zu § 46 Abs. 1 Satz 1 Nr. 11 StVO genannten Personenkreis gleichgestellt ist (LSG NRW Urteil vom 14. März 2001 – L 10 SB 86/00, zit. nach JURIS). 171

Nach den maßgeblichen Vorschriften kommt es **allein** auf die **Einschränkung** der **körperlichen Fähigkeit zu gehen** und nicht auf Bewegungseinschränkungen anderer Art an. Es reicht nicht aus, dass der Behinderte aus anderen Gründen, z. B. aufgrund eines gestörten Orientierungsvermögens, ein gewünschtes Ziel nicht allein erreichen kann. Gerade für Blinde ergibt sich dies bereits aus dem Wortlaut der einschlägigen Vorschriften. Denn sowohl § 6 Abs. 1 Nr. 14 StVG als auch die Verwaltungsvorschrift zu § 46 Abs. 1 Satz 1 Nr. 11 StVO führen ausdrücklich einerseits Schwerbehinderte mit außergewöhnlicher Gehbehinderung und andererseits Blinde auf. Wären Blinde bereits aufgrund ihrer fehlenden Orientierungsfähigkeit als außergewöhnlich gehbehindert einzustufen, so hätte sich ihre zusätzliche ausdrückliche Erwähnung im Gesetzestext erübrigt. Dementsprechend ergibt sich aus der Begründung zu § 6 Abs. 1 Nr. 14 StVG, dass die für außergewöhnlich Gehbehinderte eingeräumten Parkvorrechte auch für Blinde gelten sollen (vgl. Jagusch / Hentschel, Kommentar zum Straßenverkehrsrecht, § 6 StVG Rdnr. 22c). Auch diese erklärte Absicht der Gleichbehandlung würde keinen Sinn ergeben, wenn der Gesetzgeber Blinde bereits als außergewöhnlich Gehbehinderte angesehen hätte (LSG NRW Urteil vom 19. Juni 2001 – L 6 SB 32/01, zit. nach JURIS). 172

Einem an **Demenz** erkrankten Menschen, der wegen der Beeinträchtigung seines Orientierungsvermögens und seines unkontrollierbaren Bewegungsdranges der Führung durch eine **Begleitperson** bedarf, steht der Nachteilsausgleich „aG" allein deswegen nicht zu. Hinzukommen muss vielmehr eine so starke **Selbstgefährdung oder Gefährdung Dritter**, dass eine verantwortungsbewusste Begleitperson ihn im innerstädtischen Fußgängerverkehr nicht mehr führen, sondern regelmäßig nur noch im Rollstuhl befördern würde (LSG NRW Urteil vom 25. August 2005 – L 7 SB 176/04, zit. nach Sozialrecht online 6/2005). 173

Das Bedürfnis, die **Autotür beim Ein- und Aussteigen weit öffnen zu können**, führt auch nicht zur Feststellung von „aG". Bei den Schwierigkeiten beim Ein- und Aussteigen handelt es sich um einen Umstand, der nicht auf der behinderungsbedingt eingeschränkten Fortbewegungsfähigkeit beruht, sondern allein auf der Beschaffenheit des Parkraums (LSG Berlin-Brandenburg Urteil vom 20. April 2004 – L 13 SB 30/03, zit. nach Sozialrecht online 6/2004). **Schwierigkeiten beim Verlassen des Kraftfahrzeugs sind daher nicht zu berücksichtigen**, zumal sie von der Art und Ausstattung des Fahrzeugs abhängen. Es kommt allein darauf an, ob sich der behinderte Mensch wegen der Schwere seines Leidens nur mit großer Anstrengung außerhalb seines Kraftfahrzeugs bewegen kann (BSG Urteil vom 5. Juli 2007 – B 9/9a SB 5/06 R –, zit. nach JURIS). 174

Weitere Hinweise, wann die Voraussetzungen für die Zuerkennung des Merkzeichens „aG" gegeben sind, enthalten auch die AHP bzw. nunmehr die VmG. Danach (Nr. 31, S. 167 f. bzw. Teil D 3c) sind als **Erkrankungen**, die eine **Gleichstellung** mit dem für die Zuerkennung des Merkzeichens „aG" aufgeführten Personenkreis rechtfertigen, beispielsweise Herz- 175 schäden und Krankheiten der Atmungsorgane anzusehen, sofern es sich um Herzschäden mit schweren Dekompensationserscheinungen oder Ruheinsuffizienz sowie Krankheiten der Atmungsorgane mit Einschränkung der Lungenfunktion schweren Grades handelt. Der Grad der Behinderung muss insoweit für sich allein jeweils mindestens 80 betragen. Begründen die festgestellten Funktionseinschränkungen für sich nicht das Vorliegen einer außergewöhnlichen Gehbehinderung, sondern verursacht erst das **Hinzutreten einer Adipositas** per magna die Geheinschränkung, sind die Voraussetzungen für den Nachteilsausgleich „aG" nicht erfüllt (LSG Rheinland-Pfalz Urteil vom 19. Juli 2005 – L 4 SB 54/05, zit. nach Sozialrecht online 6/2005).

176 Das gesundheitliche Merkmal außergewöhnliche Gehbehinderung („aG") setzt **nicht** voraus, dass ein schwerbehinderter Mensch **nahezu unfähig ist, sich fortzubewegen**. Es reicht aus, wenn er selbst unter Einsatz orthopädischer Hilfsmittel praktisch von den ersten Schritten außerhalb seines Kfz an nur mit fremder Hilfe oder nur mit großer Anstrengung gehen kann (BSG Urteil vom 10. Dezember 2002 – B 9 SB 7/01 R = BSGE 90, 180 = BehindertenR 2003, 112 = SozR 3-3250 § 69 Nr. 1).

177 Es besteht kein Anspruch auf Feststellung der gesundheitlichen Voraussetzungen des Nachteilsausgleichs „aG", wenn sich der Antragsteller trotz seiner erheblichen Beeinträchtigungen – wenn auch schleppend, watschelnd, kleinschrittig und deutlich verlangsamt – über eine **Wegstrecke von 30 m ausreichend sicher zu Fuß** fortbewegen kann, um sodann nach einer **Gehpause** seinen Weg wieder aufzunehmen und nicht gehalten ist, wegen seiner körperlichen Beeinträchtigungen, aus medizinischen Gründen zur Vermeidung überflüssiger Wegstrecken einen Rollstuhl zu benutzen (LSG NRW Urteil vom 14. März 2001 – L 10 SB 86/00, zit. nach JURIS).

178 Der in einem Einzelfall gezogene Vergleich mittels eines **Energieaufwandes** (hier doppelter Energieaufwand im Vergleich zum „Normalmenschen") kann nicht dazu führen, dass die Voraussetzungen für den Nachteilsausgleich „aG" erfüllt sind, wenn sich bei der Tatsachenprüfung und -bewertung ansonsten ergibt, dass der Betroffene funktionell deutlich besser gestellt ist als die von vornherein außergewöhnlich Gehbehinderten (LSG NRW Urteil vom 14. März 2001 a. a. O.).

179 Bei der Beurteilung, ob die Voraussetzungen des **Nachteilsausgleichs „aG"** erfüllt sind, ist darauf abzustellen, was **individuell „möglich"** ist. Wenn in diesem Zusammenhang von der „zumutbaren Willensanstrengung" die Rede ist, so sollen damit jene Fälle ausgegrenzt werden, bei denen die Unmöglichkeit, bestimmte Verrichtungen auszuführen, gewissermaßen noch vom Willen gesteuert wird, wenn also in Wahrheit gar keine Unmöglichkeit vorliegt, sondern eine „Unwilligkeit". Hiervon abzugrenzen sind die Fälle, in denen eine schwerkranke Person sich aufgrund der Erkenntnis des eigenen Körpers, der Kenntnis der Krankheit und letztendlich eines gewissen Instinktes bestimmte Dinge nicht mehr zutraut, obwohl sich eine mit relativ groben Messmethoden vorgenommene „objektive Unmöglichkeit" nicht feststellen lässt. Ergebnis kann dabei sein, dass das Gericht dem Betroffenen glaubt, dass er sich bereits vom ersten Schritt an nur mit größter Anstrengung fortbewegen kann (Sächs. LSG Urteil vom 30. März 2005 – L 6 SB 67/01, zit. nach Sozialrecht online 4/2005).

180 Schon die akute **Gefahr einer erheblichen Verschlimmerung** eines progredienten Leidens kann für die Feststellung der medizinischen Voraussetzungen des Nachteilsausgleiches „aG" ausreichen (vgl. BSG Urteil vom 11. März 1998 – B 9 SB 1/97 R = BSGE 82, 37 = BehindertenR 1998, 141 = SozR 3-3870 § 4 Nr. 23). Dies kann ausnahmsweise dann der Fall sein, wenn der Nachteil, der ausgeglichen werden soll, bereits unmittelbar droht und sein Eintritt nur durch ein entsprechendes Verhalten des Schwerbehinderten, wie z. B. Verzicht auf jedes überflüssige Gehen, zeitlich hinausgezögert werden kann. Von einer so schwerwiegenden Verschlimmerungsgefahr ist aber erst dann auszugehen, wenn medizinisch feststeht, dass der Schwerbehinderte zur Vermeidung überflüssiger Gehstrecken in der Regel einen Rollstuhl benutzen soll, um einer alsbaldigen Verschlechterung seines Gesundheitszustandes vorzubeugen (Hess. LSG Urteil vom 15. März 2001 – L 4 SB 580/99, zit. nach JURIS).

Zur Annahme einer erheblichen Einschränkung der Bewegungsfähigkeit genügt es nicht, **181** dass der Behinderte jederzeit mit der Möglichkeit einer gravierenden Einschränkung der Bewegungsfähigkeit durch das Auftreten eines entsprechenden akuten Zustandes rechnen muss. Vielmehr ist **die tatsächliche Feststellung einer dauerhaften Einschränkung** und nicht nur die theoretische oder ggf. sogar wenig wahrscheinliche Möglichkeit ihres jederzeitigen Eintretens in Form eines Notfalles erforderlich. Deshalb muss bei einem Anfallsleiden aufgrund der **hohen Anfallsfrequenz die abstrakte Gefahr zu einer konkreten** geworden sein, deren Eintritt aufgrund objektiver Kriterien, z. B. wegen der Anfallshäufigkeit oder wegen früheren Auftretens zahlreicher Anfälle überwiegend im Freien, jederzeit gut möglich erscheint (LSG NRW Urteil vom 28. Mai 1998 – L 7 SB 140/97 = RdLH 1998, 186).

Steht dem behinderten Menschen der Nachteilsausgleich „aG" nicht zu, kann ihm aber der **182** Nachteilsausgleich „G" zugesprochen werden, ohne dass dieser ausdrücklich beantragt worden ist. „G" ist nämlich grundsätzlich in dem Antrag auf „aG" mit enthalten (Bayer. LSG Urteil vom 25. August 2005 – L 15 SB 35/00, zit. nach JURIS).

Nach § 46 Abs. 1 S. 1 Nr. 11 StVO besteht die Möglichkeit, in bestimmten Einzelfällen oder **183** allgemein für bestimmte Antragsteller Ausnahmen von allen durch Verkehrszeichen oder Verkehrseinrichtungen erlassenen Verboten oder Beschränkungen zu genehmigen. Die Erteilung einer solchen Ausnahmegenehmigung steht im Ermessen der Verkehrsbehörden. Ein Teil der Bundesländer hat **Verwaltungsvorschriften** erlassen, welchem Personenkreis Parkerleichterungen neben den in der Verwaltungsvorschrift zu § 46 Abs. 1 Nr. 4a und 4b StVO aufgeführten gewährt werden können. Damit soll eine einheitliche und ermessensfehlerfreie Entscheidungspraxis der Straßenverkehrsbehörden innerhalb eines Landes gewährleistet werden. Zu näheren Einzelheiten vgl. *Wendler* **Vorteile bei Bewilligung von Parkerleichterungen außerhalb der aG-Regelung** in NRW (Sozialrecht online 5/2004).

So sieht der **Erlass des (damaligen) Ministeriums für Wirtschaft und Mittelstand, Energie** **184** **und Verkehr des Landes Nordrhein-Westfalen** vom 4. September 2001 – VI B 3 – 78-12/6 Folgendes vor: Die Straßenverkehrsbehörden können auch bei Versagung einer „aG"-Einstufung durch die (früheren) Versorgungsämter im Rahmen ihres Ermessens **in Einzelfällen eine Parkerleichterung** gemäß § 46 Abs. 1 Nr. 11 StVO gewähren. Um ein einheitliches Handeln der Straßenverkehrsbehörden in Nordrhein-Westfalen herbeizuführen, sind in dem damaligen Erlass diejenigen Personengruppen, die für entsprechende Ausnahmegenehmigungen infrage kommen, wie folgt zusammengefasst und beschrieben:

– „Gehbehinderte mit dem Merkzeichen ‚G', sofern die Voraussetzungen für die Zuerken- **184a** nung des Merkzeichens ‚aG' nur knapp verfehlt wurden (anerkannter Grad der Behinderung mind. 70 und max. Aktionsradius ca. 100 m), Morbus-Crohn-Kranke und Colitis-Ulkerosa-Kranke mit einem hierfür anerkannten Grad der Behinderung von mind. 60,

– Stoma-Träger mit doppeltem Stoma und einem hierfür anerkannten Grad der Behinderung von mind. 70".

Nach dem Erlass können diesen besonderen Gruppen von schwerbehinderten Menschen **185** gemäß § 46 Abs. 1 die VwV zu § 46 zu Nr. 11 StVO aufgeführten Parkerleichterungen gewährt werden. **Von der Parkerleichterung ausgenommen** ist nach dem Erlass jedoch das Parken auf den mit Zeichen 314 oder 315 StVO mit dem **Zusatzschild „Rollstuhlfahrersymbol" ausgewiesenen Parkplätzen**. Der Erlass sieht ferner vor, dass lediglich eine entsprechende Ausnahmegenehmigung ausgestellt, **nicht jedoch ein Parkausweis für Behinderte ausgegeben** wird. Eine entsprechende Ausnahmegenehmigung ist ferner auf das Land Nordrhein-Westfalen zu begrenzen. Im Verwaltungsverfahren zur Erlangung einer solchen Parkerleichterung werden die (früheren) Versorgungsämter in Amtshilfe tätig und geben eine Stellungnahme nach Aktenlage ab (vgl. zum Ganzen VG Aachen Urteil vom 20. Mai 2008 – 2 K 315/07, zit. nach JURIS).

Zu e) Merkzeichen B: ständige Begleitung notwendig

186 Der durch das Merkzeichen „B" gewährte Nachteilsausgleich besteht in der **kostenlosen Beförderung einer Begleitperson** eines schwerbehinderten Menschen im öffentlichen Personenverkehr, sofern eine ständige Begleitung notwendig und dies im Ausweis des schwerbehinderten Menschen eingetragen ist (§ 145 Abs. 2 Nr. 1 SGB IX).

187 Gemäß § 146 Abs. 2 SGB IX ist ständige Begleitung bei schwerbehinderten Menschen notwendig, die bei der Benutzung öffentlicher Verkehrsmittel infolge ihrer Behinderung zur Vermeidung von Gefahren für sich oder andere regelmäßig auf fremde Hilfe angewiesen sind. Dementsprechend ist zunächst zu prüfen, ob bei der Benutzung öffentlicher Verkehrsmittel **regelmäßig fremde Hilfe beim Ein- oder Aussteigen oder während der Fahrt** des Verkehrsmittels notwendig ist oder bereit sein muss (vgl. VmG Teil D Nr. 2b). Ein- bis zweimal wöchentlich auftretende Gehstörungen rechtfertigen nicht die Zuerkennung des Merkzeichens „Begleitperson". Der Schweregrad der Behinderung muss in seinen funktionellen Auswirkungen auf die Sicherheit des Behinderten und Dritter in die Richtung der in den AHP 2004 Nr. 32 bzw. den VmG a. a. O. Nr. 2c genannten Personenkreisen der Querschnittsgelähmten, Ohnhänder und Blinden weisen (Bayer. LSG Urteil vom 5. Juni 2002 – L 18 SB 29/01 = SGb 2002, 618 [Kurzwiedergabe]).

188 Bei der Feststellung, ob einem schwerbehinderten Menschen der Nachteilsausgleich „B" zusteht, kommt es auf die **Beeinträchtigung der Bewegungsfähigkeit** an. „B" erhalten kann nur ein Schwerbehinderter, dem gleichzeitig das Merkzeichen „H" oder „G" zusteht. **Psychische Störungen**, die eine Begleitperson erforderlich machen – etwa die Angst, allein das Haus zu verlassen, – rechtfertigen den Nachteilsaugleich **nicht** (SG Aachen Urteil vom 9. Oktober 2006 – S 17 SB 72/05, zit. nach www.vsbinfo.de).

189 Bei **hirnorganischen Anfällen** kommt der Nachteilsausgleich „B" erst bei einer mittleren Anfallshäufigkeit überwiegend am Tag in Betracht; dies setzt nach den AHP generalisierte und komplexe Anfälle mit Pausen von Wochen oder kleine Anfälle mit Pausen von Tagen voraus, die für sich einen Einzel-GdB von 60 bis 80 bedingen. Dies gilt beim Diabetes analog. Ein **durch Insulin ausreichend kontrollierter Diabetes**, bei dem es weder zu häufigen noch zu ausgeprägten Hypoglykämien kommt, rechtfertigt deshalb nicht den Nachteilsausgleich „B" (SG Gelsenkirchen Urteil vom 19. August 2003 – S 17 SB 67/02 zit. nach Sozialrecht online 1/2004).

190 Für die Beurteilung, ob die Voraussetzungen des Nachteilsausgleiches „B" bei einem **behinderten Kleinkind** vorliegen, sind dieselben Kriterien wie bei einem Erwachsenen anzunehmen (BSG Urteil vom 12. Februar 1997 – 9 RVs 1/95 = BSGE 80, 97 = BehindertenR 1997, 175 = SozR 3-3870 § 4 Nr. 18).

Zu f) Merkzeichen RF: Befreiung von der Rundfunkgebührenpflicht

191 Die Bestimmung über **„Gesundheitliche Voraussetzungen für die Befreiung von der Rundfunkgebührenpflicht"** wurde in den AHP 2008 (Nr. 33) wie folgt gefasst: „Der Achte Staatsvertrag zur Änderung rundfunkrechtlicher Staatsverträge (Achter Rundfunkänderungsstaatsvertrag), in Kraft getreten zum 1. 4. 2005 regelt in Artikel 5 § 6 die Gebührenbefreiung natürlicher Personen. Gleichzeitig sind die Rundfunkbefreiungsverordnungen der Länder außer Kraft getreten.

192 Mit dieser Änderung obliegt die Feststellung der Befreiung von der Rundfunkgebührenpflicht nicht mehr den Sozialbehörden, sondern den Landesrundfunkanstalten, die ihrerseits die GEZ Köln beauftragt haben, das Verfahren in ihrem Auftrag zentral durchzuführen."

193 Dazu hat das **BMAS** zwischenzeitlich mit Rundschreiben vom 12. März 2008 – Az. IVc6-48065-3 – geäußert:

„Die Änderung der Nummer 33 Anhaltspunkte für die ärztliche Begutachtung nach dem Entschädigungsrecht und nach dem Schwerbehindertenrecht (Teil 2 SGB IX) gab Anlass zu Missverständnissen bei deren praktischen Anwendung. Hierzu nehme ich wie folgt Stellung:
- Die **Feststellung gesundheitlicher Merkmale** als Voraussetzung für die Inanspruchnahme von Nachteilsausgleichen trifft nach **wie vor die zuständige Behörde** nach § 69 Absatz 4 SGB IX.
- Die **Befreiung** von der Rundfunkgebührenpflicht wird durch die Gebühreneinzugszentrale (**GEZ**) ausgesprochen.
- Die unter Nummer 33 Absatz 2 Buchstabe c genannten Erläuterungen und Hinweise wurden den Rundfunkgebührenbefreiungsverordnungen der Länder entnommen, die mit Inkrafttreten des 8. Rundfunkgebührenstaatsvertrags 2005 aufgehoben wurden. Deshalb entfiel die Grundlage zur Veröffentlichung in den Anhaltspunkten.
- Eine **Neugestaltung von Befreiungsvoraussetzungen liegt alleine in der Verantwortung der Länder**; die Bundesregierung hat keine Einwirkungsmöglichkeiten auf die Inhalte des zwischen den Ländern abgeschlossenen Staatsvertrags.
- Der Ärztliche Sachverständigenbeirat Versorgungsmedizin hat empfohlen, die **bisher geltenden Vorgaben** für die ärztliche Begutachtung zu Merkzeichen RF **weiter anzuwenden**."

Damit bleibt es dabei, dass die Versorgungsverwaltung bzw. die nach Landesrecht entsprechend Berufenen weiterhin die gesundheitlichen Voraussetzungen für die Inanspruchnahme des Nachteilsausgleichs „RF" festzustellen haben. Die GEZ wiederum erteilt – auf Vorlage des entsprechenden Schwerbehindertenausweises bzw. Feststellungsbescheides – lediglich die Befreiung von der Rundfunkgebührenpflicht. **194**

Die im Schreiben des BMAS in Bezug genommenen, in Nr. 33 Abs. 2 Buchstabe c AHP genannten **Erläuterungen und Hinweise**, die letztlich weiter gelten sollen, sind allerdings **in den AHP 2008 nicht mehr aufgeführt**. Sie sind durch die (fast gleichlautenden) Regelungen des o. a. Staatsvertrages ersetzt worden. Die im Ergebnis damit weiterhin zu beachtende – lediglich in der Zitierung nun durch die Regelungen des Staatsvertrages zu ersetzende – **Nr. 33 AHP in der Fassung vor 2008 lautete:** **195**

(1) Für die Befreiung von der Rundfunkgebührenpflicht können auch gesundheitliche Voraussetzungen von Bedeutung sein (siehe Nummer 27).

(2) Die **gesundheitlichen Voraussetzungen** sind nach landesrechtlichen Vorschriften und ergänzender Rechtsprechung immer erfüllt bei **196**

a. **Blinden** oder nicht nur vorübergehend wesentlich Sehbehinderten mit einem GdB von wenigstens 60 allein wegen der Sehbehinderung.

b. **Hörgeschädigten**, die gehörlos sind oder denen eine ausreichende Verständigung über das Gehör auch mit Hörhilfen nicht möglich ist. Letzteres ist dann nicht möglich, wenn an beiden Ohren mindestens eine hochgradige kombinierte Schwerhörigkeit oder hochgradige Innenohrschwerhörigkeit vorliegt und hierfür ein GdB von wenigstens 50 anzusetzen ist. Bei reinen Schallleitungsschwerhörigkeiten sind die gesundheitlichen Voraussetzungen im Allgemeinen nicht erfüllt, da in diesen Fällen bei Benutzung von Hörhilfen eine ausreichende Verständigung möglich ist.

c. **Behinderten Menschen mit einem GdB von wenigstens 80**, die wegen ihres Leidens **an öffentlichen Veranstaltungen ständig nicht teilnehmen** können. Hierzu gehören **197**
   - Behinderte Menschen, bei denen schwere Bewegungsstörungen – auch durch innere Leiden (schwere Herzleistungsschwäche, schwere Lungenfunktionsstörung) – bestehen und die deshalb auf Dauer selbst mithilfe von Begleitpersonen oder mit technischen Hilfsmitteln (z. B. Rollstuhl) öffentliche Veranstaltungen in zumutbarer Weise nicht besuchen können;

- Behinderte Menschen, die durch ihre Behinderung auf ihre Umgebung unzumutbar abstoßend oder störend wirken (z. B. durch Entstellung, Geruchsbelästigung bei unzureichend verschließbarem Anus praeter, häufige hirnorganische Anfälle, grobe unwillkürliche Kopf- und Gliedmaßenbewegungen bei Spastikern, laute Atemgeräusche, wie sie etwa bei Asthmaanfällen und nach Tracheotomie vorkommen können);
- Behinderte Menschen mit – nicht nur vorübergehend – ansteckungsfähiger Lungentuberkulose;
- Behinderte Menschen nach Organtransplantation, wenn über einen Zeitraum von einem halben Jahr hinaus die Therapie mit immunsuppressiven Medikamenten in einer so hohen Dosierung erfolgt, dass dem Betroffenen auferlegt wird, alle Menschenansammlungen zu meiden. Nachprüfungen sind in kurzen Zeitabständen erforderlich;
- geistig oder seelisch behinderten Menschen, bei denen befürchtet werden muss, dass sie beim Besuch öffentlicher Veranstaltungen durch motorische Unruhe, lautes Sprechen oder aggressives Verhalten stören.

198 Die behinderten Menschen müssen **allgemein von öffentlichen Zusammenkünften ausgeschlossen** sein. Es genügt nicht, dass sich die Teilnahme an einzelnen, nur gelegentlich stattfindenden Veranstaltungen – bestimmter Art – verbietet. Behinderte Menschen, die noch in nennenswertem Umfang an öffentlichen Veranstaltungen teilnehmen können, erfüllen die Voraussetzungen nicht. Die Berufstätigkeit eines behinderten Menschen ist in der Regel ein Indiz dafür, dass öffentliche Veranstaltungen – zumindest gelegentlich – besucht werden können, es sei denn, dass eine der vorgenannten Behinderungen vorliegt, die bei Menschenansammlungen zu unzumutbaren Belastungen für die Umgebung oder für den Betroffenen führt."

199 Der **Befreiungstatbestand** ist im Rundfunkgebührenstaatsvertrag vom 31. August 1991, in der Fassung des Zwölften Staatsvertrages zur Änderung rundfunkrechtlicher Staatsverträge (Zwölfter Rundfunkänderungsstaatsvertrag), in Kraft seit 1. Juni 2009, geregelt. Den „alten" Vorgaben der AHP in Nr. 33 Abs. 2 Buchstaben a) bis c) entsprechend – in § 6 vor:

(1) Von Rundfunkgebührenpflicht werden auf Antrag folgende natürliche Personen und deren Ehegatten im ausschließlich privaten Bereich befreit:

Nr. 7.a) blinde oder nicht nur vorübergehend wesentlich sehbehinderte Menschen mit einem Grad der Behinderung von 60 vom Hundert allein wegen der Sehbehinderung;

b) hörgeschädigte Menschen, die gehörlos sind oder denen eine ausreichende Verständigung über das Gehör auch mit Hörhilfen nicht möglich ist;

Nr. 8 behinderte Menschen, deren Grad der Behinderung nicht nur vorübergehend wenigstens 80 vom Hundert beträgt und die wegen ihres Leidens an öffentlichen Veranstaltungen ständig nicht teilnehmen können.

200 Somit haben Anspruch auf Zuerkennung dieses Merkzeichens auch Behinderte mit nicht nur vorübergehend einem GdB von wenigstens 80, die **wegen ihres Leidens an öffentlichen Veranstaltungen ständig nicht teilnehmen können**. Bei der Auslegung der zitierten Regelungen ist zu berücksichtigen, dass die Vorschrift die Teilnahme des Schwerbehinderten am öffentlichen Leben und kulturellen Geschehen ermöglichen sowie behinderungsbedingte Störungen bei der Teilnahme am öffentlichen Gemeinschaftsleben durch erleichterten Zugang zu Rundfunk- und Fernsehsendungen ausgleichen will und damit der Eingliederung von Behinderten in die Gesellschaft, dem obersten Ziel des Schwerbehindertenrechts, dient (vgl. BSG Urteil vom 17. März 1982 – 9a/9 RVs 6/81 = BSGE 53, 175 = ZfSH 1983, 27 = SozR 3870 § 3 Nr. 15).

201 Diesem Zweck der Gebührenbefreiung wird nur dann genügt, wenn der Schwerbehinderte wegen seiner Leiden **ständig, d. h. allgemein und umfassend vom Besuch von Zusammenkünften** politischer, künstlerischer, wissenschaftlicher, kirchlicher, sportlicher, unterhaltender oder wirtschaftlicher Art ausgeschlossen ist. Das ist regelmäßig dann der Fall, wenn er praktisch an das Haus gebunden ist und allenfalls an einer nicht nennenswerten Zahl von

Veranstaltungen teilnehmen kann (⊞ BSG Urteil vom 12. Februar 1997 – 9 RVs 2/96 = BehindertenR 1997, 177 = SozR 3-3870 § 4 Nr. 17 m. w. Nachw.). Solange er mit technischen Hilfsmitteln (z. B. einem Rollstuhl) oder mithilfe einer Begleitperson in zumutbarer Weise öffentliche Veranstaltungen aufsuchen kann, ist er von der Teilnahme am öffentlichen Geschehen nicht ausgeschlossen (⊞ BSG Urteil vom 3. Juni 1987 – 9a RVs 27/85 = SozR 3870 § 3 Nr. 25 = Breithaupt 1988, 143; *Bürck*, Die Merkzeichen im Schwerbehindertenrecht – Ihre rechtlichen Voraussetzungen und die Vorteile für den Behinderten ZfS 1998 S. 97 [101]). Wohnungsbedingte Einschränkungen, wie das Risiko der räumlichen Entfernung, sind ähnlich wie schlechte Witterungsverhältnisse von jedermann selbst zu tragen, da nur behinderungsbedingte Nachteile auszugleichen sind (⊞ Bayer. LSG Urteil vom 15. März 2005 – L 18 SB 100/03, zit. nach Sozialrecht online 4/2005).

An der engen Auslegung der Vorschriften über die Befreiung von der Rundfunkgebührenpflicht ist nach Ansicht des BSG auch deshalb festzuhalten, weil es wegen der nahezu vollständigen Ausstattung aller Haushalte in Deutschland mit Rundfunk- und Fernsehgeräten zunehmend **zweifelhaft** erscheint, dass durch den Nachteilsausgleich „RF" tatsächlich ein **behinderungsbedingter Mehraufwand** ausgeglichen wird (⊞ BSG Urteil vom 28. Juni 2000 – B 9 SB 2/00 R = SozR 3-3870 § 4 SchwbG Nr. 26 = NJW 2001, 1966). **202**

Aus diesem Grund hatte das **LSG Hamburg** (⊞ Urteil vom 8. August 2006 – L 4 SB 22/05, zit. nach JURIS) die Auffassung vertreten, für das **Merkzeichen „RF" fehle es an einer gültigen Anspruchsnorm**. § 126 Abs. 1 SGB IX bestimme als Nachteilsausgleich im Sinne von § 69 Abs. 4 und Abs. 5 Satz 2 SGB IX (nur) besondere Hilfen für behinderte Menschen zum Ausgleich behinderungsbedingter Nachteile oder Mehraufwendungen; sie müssten hierfür geeignet sein. **Die allgemeine Nutzung von Rundfunk- und Fernsehgeräten zu einer einheitlichen Gebühr** sei aber **keine behinderungsspezifische Hilfe**. In der Gebührenbefreiung für bestimmte Behinderte sei daher – auch – ein Verstoß gegen den aus der Verfassung herzuleitenden gebührenrechtlichen Grundsatz der verhältnismäßigen Gleichbehandlung aller Nutzer (**Äquivalenzprinzip**) zu sehen. Verstoße aber die fragliche landesrechtliche Rundfunkgebührbefreiung gegen sie brechendes Bundesrecht, so sei sie nichtig, und es scheide auch der Anspruch auf ein diesbezügliches Merkzeichen nach dem Schwerbehindertenrecht aus. Einen rechtlich geschützten Anspruch auf Feststellung der Voraussetzungen einer rechtswidrigen Vergünstigung könne es nämlich nicht geben. Daher sei auch eine schwerbehindertenrechtliche Regelung im Verordnungswege (hier in Form der Schwerbehindertenausweisverordnung), welche die Voraussetzungen für die Inanspruchnahme einer (bundes-)rechtswidrigen Vergünstigung bestimme, von Verfassungs wegen nicht zulässig und durch das Gericht zu verwerfen. Der Auffassung des BSG, dass nur der Verordnungsgeber (oder eventuell auch der Landesgesetzgeber) des Rundfunkgebührenrechts befugt sei, rechtliche Folgerungen aus der Verfassungswidrigkeit der fraglichen Gebührenbefreiung zu ziehen, weil es im Verfahren gegen die Versorgungsverwaltung lediglich um ein gesundheitliches Merkmal des rundfunkrechtlichen Befreiungstatbestandes gehe (vgl. ⊞ BSG Urteil vom 28. Juni 2000, a. a. O.; ⊞ VGH Mannheim Urteil vom 29. September 2003 – 2 S 360/03 = NVwZ-RR 2004, 260), sei nicht zu folgen, weil die Bewilligung eines Merkzeichens zum Zweck der Inanspruchnahme einer *rechtswidrigen* Gebührenbefreiung nicht rechtens sein könne. Von daher verbiete sich auch von vornherein die Untersuchung gesundheitlicher Voraussetzungen des Merkzeichens „RF" bzw. der Rundfunkgebührenbefreiung. **203**

Auf die zugelassene Revision hat allerdings das **BSG** (⊞ Urteil vom 8. November 2007 – B 9/9a SB 3/06 R, zit. nach JURIS) die Entscheidung des ⊞ LSG Hamburg a. a. O. **aus verfahrensrechtlichen Gründen aufgehoben**. Es hat hierbei zu bedenken gegeben, dass **§ 126 Abs. 1 SGB IX** lediglich **Grundsätze für die Ausgestaltung von Nachteilsausgleichen** formuliert; Normen, die diesen Grundsätzen nicht genügen, können nicht als nichtig angesehen werden (vgl. GK-SGB IX — Marschner § 126 Rdnr. 8; Hansen SGb 2007, 253 [254 f.]). Denn dem **Bundesgesetzgeber fehle die Kompetenz für Bereiche**, in denen – wie hier – die Länder für die Gewährung von Nachteilsausgleichen **zuständig** sind. **204**

Sofern das LSG einen Verstoß gegen anderes Bundesrecht annehme, könne es in eigener Kompetenz nur die Hamburgische Verordnung über die Befreiung von der Rundfunkgebührenpflicht vom 5. Februar 1980 (HmbGVBl. I, 25), die den Anspruch des Klägers bis Ende März 2005 betrifft, verwerfen. Seit der Änderung des RGebStV im Jahr 2005 sind die maßgeblichen Regelungen direkt im Staatsvertrag und damit im hierzu ergangenen Hamburgischen Gesetz vom 1. März 2005 geregelt. Soweit das LSG dieses Gesetz für unvereinbar mit Bundesrecht halte, habe es das **Verfahren auszusetzen** und die Sache **gem. Art. 100 Abs. 1 GG dem BVerfG zur Entscheidung vorzulegen.**

205 Ob die Gewährung der Gebührenbefreiung tatsächlich gegen Bundesrecht, insbesondere den allgemeinen Gleichheitssatz des Art. 3 Abs. 1 GG in seiner Ausprägung als gebührenrechtlicher Grundsatz der verhältnismäßigen Gleichbehandlung aller Nutzer, verstoße (vgl. dazu ☒ BSG Urteil vom 28. Juni 2000 – B 9 SB 2/00 R = SozR 3-3870 § 4 Nr. 26 = NJW 2001, 1966) oder ob nicht ein **weites, mehr auf Integration, statt allein auf Kompensation zielendes Verständnis des Begriffes „Nachteilsausgleich"** zugrunde zu legen ist (vgl. Welti, Behinderung und Rehabilitation im sozialen Rechtsstaat, 2005 S. 666; dazu auch *Hansen* SGb 2007, 253 [254]), könne letztlich dahinstehen, wenn diese Frage keine Auswirkungen auf das streitgegenständliche Feststellungsverfahren habe. Dies wäre insbesondere dann der Fall, wenn sich mit dem Verfahren zur Feststellung der gesundheitlichen Voraussetzungen des Merkzeichens **„RF" nicht nur eine Befreiung von der Rundfunkgebührenpflicht**, sondern auch noch **andere nennenswerte Vorteile** erreichen ließen.

206 Zwar sei das Verfahren nach § 69 Abs. 4 SGB IX auf die Feststellung öffentlich-rechtlich geregelter Nachteilsausgleiche zugeschnitten (vgl. § 126 SGB IX); solange die SchwbAWV jedoch die Vergabe des Merkzeichens „RF" vorsehe und dabei an tatsächlich bestehende landesrechtliche Vorschriften anknüpfe, sei sie im Hinblick auf die Zielsetzung des § 1 Satz 1 SGB IX wie folgt auszulegen: Sie ermögliche eine entsprechende **Feststellung auch bei Zweifeln an der Rechtmäßigkeit dieser Vorschriften**, sofern es andere bedeutsame Vorteile gibt, die eine solche Feststellung voraussetzen (vgl dazu ☒ BSG Urteil vom 28. Juni 2000 a. a. O.). Das LSG werde daher ggf. zu ermitteln haben, ob z. B. Anbieter von Telekommunikationsdienstleistungen wie die Deutsche Telekom oder ihre Konkurrenten **Sozialtarife** anbieten, die direkt an die bindende **Feststellung der gesundheitlichen Voraussetzungen des Merkzeichens „RF"** anknüpfen.

207 **Von der Teilnahme an öffentlichen Veranstaltungen ausgeschlossen** sind auch behinderte Menschen, denen das Aufsuchen fast aller öffentlicher Veranstaltungen **mit Rücksicht auf die Störung anderer Teilnehmer nicht zugemutet werden** kann. Das ist immer dann der Fall, wenn es den anderen Teilnehmern unzumutbar ist, Behinderte wegen Auswirkungen ihrer Behinderung zu ertragen, insbesondere wenn diese durch ihre Behinderung auf ihre Umgebung unzumutbar abstoßend oder störend wirken, z. B. durch Entstellung, Geruchsbelästigung, unwillkürliche Kopf- und Gliedmaßenbewegungen, laute Atemgeräusche oder bei Ekel erregenden oder ansteckenden Krankheiten (☒ BSG Urteil vom 12. Februar 1997 – 9 RVs 2/96 = BehindertenR 1997, 177 = SozR 3-3870 § 4 Nr. 17 m. w. Nachw.). Störend wirkt auch derjenige, der beim Besuch öffentlicher Veranstaltungen durch motorische Unruhe, lautes Sprechen oder aggressives Verhalten unzumutbar stört. Der Öffentlichkeit ist es nicht zumutbar, entsprechende Äußerungen des Behinderten hinzunehmen (☒ LSG Saarland Urteil vom 18. Januar 2005 – L 5 SB 123/03, zit. nach JURIS).

208 Behinderte Menschen, die an einer **Harninkontinenz** mit unwillkürlichem Harnabgang leiden, sind jedoch nicht allein aus diesem Grund gehindert, an öffentlichen Veranstaltungen teilzunehmen, denn ihnen ist zuzumuten, Windelhosen zu benutzen, die den Harn bis zu zwei Stunden ohne Geruchsbelästigung für andere Menschen aufnehmen. Dies verstößt weder gegen die Würde des Menschen (Art. 1 GG) noch gegen den Sozialstaatsgrundsatz (Art. 20 Abs. 1 GG). Der behinderte Mensch wird dadurch nicht zum Objekt des Staates gemacht oder einer Behandlung ausgesetzt, die seine Subjektqualität prinzipiell infrage stellt (☒ LSG Mecklenburg-Vorpommern Urteil vom 3. Dezember 1998 – L 3 Vs 40/97, zit. nach

JURIS). Ein künstlicher Blasenausgang rechtfertigt nicht die Feststellung des Nachteilsausgleichs „RF", auch wenn sich der Betroffene dadurch subjektiv gehindert fühlt, an öffentlichen Veranstaltungen teilzunehmen. Dies gilt auch, wenn es gelegentlich zu einem Lösen des Urinbeutels und damit zu einer temporären Geruchsbelästigung kommt (SG Aachen Urteil vom 8. August 2006 – S 12 SB 79/06, zit. nach Sozialrecht online 6/2006).

Der allgemeine **Mitwirkungsgrundsatz**, welcher letztlich auf den auch im öffentlichen Recht geltenden Grundsatz von Treu und Glauben zurückzuführen ist, verbietet es auch im Schwerbehindertenrecht, bei einem behinderten Menschen das Vorliegen der Voraussetzungen eines Nachteilsausgleichs zu bejahen, wenn er die dafür erforderlichen tatsächlichen Voraussetzungen durch zumutbare Gestaltung seiner Lebensverhältnisse vermeiden kann (BSG Urteil vom 12. Dezember 1997 – 9 RVs 2/96 = BehindertenR 1997, 177 = SozR 3-3870 § 4 Nr. 17 m. w. Nachw.). Deshalb hat der Behinderte durch eine **Änderung seiner Trinkgewohnheiten**, z. B. des Zeitpunktes und des Umfanges der Flüssigkeitsaufnahme, daran mitzuwirken, dass ihm die Teilnahme an etwa zweistündigen öffentlichen Veranstaltungen mithilfe von Windelhosen möglich ist. Nach der Zielsetzung des SGB IX steht nämlich die aktive Teilnahme des Behinderten am gesellschaftlichen Leben im Vordergrund. Die Behinderten sollen möglichst weitgehend in die Gesellschaft eingegliedert werden, gerade auch durch die Teilnahme an öffentlichen Veranstaltungen. Von den Nichtbehinderten wird um dieses vorrangigen Zieles willen ein hohes Maß an Toleranz gefordert. Die Maßstäbe dafür, wann andere Teilnehmer öffentlicher Veranstaltungen Behinderte nicht ertragen müssen, sind streng, damit Behinderte nicht entgegen dem Sinngehalt des Art. 3 Abs. 3 Satz 2 GG benachteiligt werden. Dem entspricht es auf der anderen Seite, den Behinderten im Interesse ihrer Eingliederung ebenfalls eine aktive Mitwirkung abzuverlangen, soweit diese unter Berücksichtigung aller Umstände des Einzelfalls **zumutbar** erscheint (BSG Urteil vom 12. Dezember 1997 a. a. O.; LSG Mecklenburg-Vorpommern Urteil vom 3. Dezember 1998 a. a. O.; *Bürck* a. a. O., S. 102).

209

Es ist einem Behinderten zuzumute,n auf stark blähende und fette Speisen zu verzichten – ggf. auch Medikamente einzunehmen –, um Blähungen und damit verbundene **Geruchsbelästigungen** für Mitmenschen zu unterdrücken. Kann der Behinderte – unter Beachtung dieser Verhaltensvorgaben – öffentliche Veranstaltungen noch besuchen, ohne andere zu stören, so hat er keinen Anspruch auf Befreiung von der Rundfunk- und Fernsehgebührenpflicht (LSG NRW Urteil vom 10. Juli 2003 – L 7 SB 136/00, zit. nach JURIS). Nicht mehr zumutbar ist es indes, einen insulinpflichtigen Diabetiker auf den Verzicht einer Abendmahlzeit zu verweisen, um am nächsten Morgen – dann auch ohne Frühstück – an einer öffentlichen Veranstaltung teilnehmen zu können (LSG Rheinland-Pfalz Urteil vom 29. März 2006 – L 4 SB 224/05, zit. nach JURIS).

210

Sehr **enge Voraussetzungen** für die **Befreiung bei Bewegungsstörungen** stellen die beiden nachfolgenden Entscheidungen auf:

211

Ein schwerbehinderter Mensch, dem ein GdB von 100 und die Merkzeichen „G" (erhebliche Beeinträchtigung der Bewegungsfähigkeit im Straßenverkehr), „aG" (außergewöhnlich gehbehindert) und „B" (auf ständige Begleitung bei Benutzung von öffentlichen Verkehrsmitteln angewiesen) zuerkannt sind, sich nur im Rollstuhl fortbewegen kann und bei bzw. nach körperlicher Anstrengung vorübergehend schwer und vernehmbar atmet, kann das Merkzeichen „RF" nicht beanspruchen, weil er nicht ständig gehindert ist, an öffentlichen Veranstaltungen teilzunehmen (LSG Brandenburg Urteil vom 20. Juli 2001 – L 6 SB 6/99 = E-LSG SB-030 bestätigt durch BSG Urteil vom 7. November 2001 – B 9 SB 1/01 R = VersorgVerw 2002, 26 [Kurzwiedergabe]).

Trotz schwerer **Bewegungsstörung und Unfallgefährdung** infolge **verringerter Knochendichte** kann ein behinderter Mensch ggf. in zumutbarer Weise mit seinem Rollstuhl und einer Begleitperson einen großen Teil öffentlicher Veranstaltungen besuchen, auch wenn er Veranstaltungen mit großen Menschenansammlungen meiden muss. Zu berücksichtigen ist bei der Beurteilung auch, dass im Allgemeinen auf einen Rollstuhlfahrer in der Öffentlich-

212

keit mehr Rücksicht genommen wird als auf einen Menschen, der nicht offensichtlich schwerbehindert ist (🏛 Bayer. LSG Urteil vom 30. Juni 2005 – L 15 SB 106/04, zit. nach Sozialrecht online 6/2005).

213 Der Nachteilsausgleich „RF" ist auch demjenigen zuzuerkennen, der wegen einer **psychischen Störung** ständig an öffentlichen Veranstaltungen nicht teilnehmen kann (🏛 BSG Urteil vom 28. Juni 2000 – B 9 SB 2/00 R = NJW 2001, 1966 = SozR 3-3870 § 4 Nr. 26).

214 Erfüllt ein behinderter Mensch ausweislich eines Feststellungsbescheides die Voraussetzung eines **„Hirngeschädigten"** i. S. des § 27e BVG, ist gem. § 2 Abs. 2 Ziff. 4 der SchwbAwV im Schwerbehindertenausweis das Merkzeichen „RF" einzutragen (🏛 LSG Sachsen-Anhalt Urteil vom 22. April 1999 – L 5 SB 11/97, zit. nach JURIS).

215 Aus der Tatsache, dass die Bundesknappschaft bei einem Behinderten Erwerbsunfähigkeit festgestellt und ihm die Versorgungsbehörde das Merkzeichen „aG" zuerkannt hat, kann ein Anspruch auf Feststellung des Merkzeichens „RF" nicht hergeleitet werden (🏛 LSG Sachsen-Anhalt Urteil vom 17. Dezember 1996 – L 5 Vs 16/96, zit. nach JURIS).

216 Die Feststellung von Merkzeichen aufgrund einer nach DDR-Recht vorgenommenen Einstufung als Schwerbeschädigter wird im Einigungsvertrag nicht geregelt, sodass auch ein Fortbestand der **zu DDR-Zeiten gewährten Befreiung** von der Rundfunkgebührenpflicht aus dem Einigungsvertrag nicht abgeleitet werden kann (🏛 LSG Sachsen-Anhalt Urteil vom 17. Dezember 1996 – L 5 Vs 16/96, zit. nach JURIS).

217 Macht ein Rundfunkteilnehmer geltend, wegen einer nicht nur vorübergehenden Behinderung von 80% an öffentlichen Veranstaltungen ständig nicht teilnehmen zu können, so ist die begehrte **Gebührenbefreiung** so lange nicht möglich, wie nicht in seinem **Schwerbehindertenausweis der RF-Vermerk eingetragen** ist (🏛 VGH Baden-Württemberg Urteil vom 29. Juni 1993 – 2 S 3062/92 = VGHBW-Ls 1993, Beilage 9, B6).

Zu g) Merkzeichen Gl: gehörlos

218 Das durch das SGB IX und § 3 Abs. 1 Nr. 4 SchwbAwV neu eingefügte Merkzeichen „Gl" berechtigt gemäß § 145 Abs. 1 Satz 1 SGB IX zur **unentgeltlichen Beförderung** im öffentlichen Personenverkehr.

219 Das Zeichen „Gl" ist vor allem dann von Bedeutung für gehörlose Menschen, wenn es an den Voraussetzungen für das Merkzeichen „G" fehlt (🏛 BSG Urteil vom 10. Dezember 2003 – B 9 SB 4/02 R = BSGE 79, 223; BSG Urteil vom 10. Dezember 2003 = VersVerw 2004, 65). Weitere selbstständige, insbesondere steuerrechtliche Rechtsfolgen sind damit jedoch nicht verknüpft. „Gehörlos" sind nicht nur Menschen mit vollständigem Hörverlust auf beiden Ohren. Wer gehörlos im Sinne von § 145 Abs. 1 SGB IX ist, wird **gesetzlich nicht definiert**. Auch die AHP 2008 verhalten sich zu dieser Frage nicht. Jedoch lässt sich den Gesetzesmaterialien (BT-Drucks. 14/5074, S. 129 f.) entnehmen, dass das besondere Merkzeichen für Gehörlose im Schwerbehindertenausweis solchen hörbehinderten Menschen zuerkannt werden soll, bei denen **Taubheit beiderseits** vorliegt, sowie hörbehinderten Menschen mit einer **an Taubheit grenzenden Schwerhörigkeit** beiderseits, wenn daneben schwere Sprachstörungen (schwer verständliche Lautsprache, geringer Sprachschatz) gegeben sind (🏛 LSG Hamburg Urteil vom 12. April 2005 – L 4 SB 24/03, zit. nach JURIS).

220 In der Regel sind dies behinderte Menschen, bei denen die an Taubheit grenzende Schwerhörigkeit **angeboren oder in der Kindheit erworben** worden ist. Hingegen werden bei Hörverlust zwischen 60 und 80% auf beiden Ohren (= hochgradige Schwerhörigkeit) oder bei hochgradiger Schwerhörigkeit auf einem Ohr und an Taubheit grenzender Schwerhörigkeit (80–95% Hörverlust) auf dem anderen Ohr die Voraussetzungen der Freifahrtberechtigung verneint (krit. hierzu GK-SGB IX / *Spiolek* § 145 Rdnr. 33 f.).

Zu h) Merkzeichen I. Kl: Benutzung der 1. Wagenklasse

Dieses Merkzeichen ermöglicht im öffentlichen Personenverkehr die Benutzung der 1. Wagenklasse mit einem Ausweis der 2. Klasse. Der Nachteilsausgleich steht nur Schwerkriegsbeschädigten mit einer MdE von mindestens 70% zu, deren Zustand die Unterbringung in der ersten Wagen-Klasse erfordert (vgl. § 2 Abs. 1 Nr. 1 bis 4 und Abs. 3 des Gesetzes über die unentgeltliche Beförderung von Kriegs- und Wehrdienstbeschädigten sowie von anderen Behinderten im Nahverkehr vom 27. August 1965 (BGBl. I S. 978), zuletzt geändert durch Art. 41 des Zuständigkeitsanpassungs-Gesetzes vom 18. März 1975 (BGBl. I S. 705). 221

E) zu Abs. 5

1. Ausweis

Auf Antrag des behinderten Menschen stellen die nach Abs. 1 zuständigen Behörden aufgrund der getroffenen Feststellungen über die Behinderung einen Ausweis aus. Dieser weist die **Eigenschaft** als schwerbehinderter Mensch **sowie den GdB** nach. Liegen weitere gesundheitliche Merkmale als Voraussetzung für die Inanspruchnahme von Nachteilsausgleichen im Sinne von Abs. 4 vor, werden diese ebenfalls in den Ausweis eingetragen. Damit ist aber nur kenntlich gemacht, dass die Versorgungsbehörde diese Feststellungen getroffen hat. Der Beweis der Vollständigkeit soll dadurch nicht geführt werden. Der Schwerbehindertenausweis als **öffentliche Urkunde gem. § 417 ZPO** erbringt den vollen Beweis seines Inhalts, nicht aber auch den vollen Beweis der darin bezeugten Tatsachen, wie § 418 Abs. 1 ZPO verdeutlicht (⊞ BSG Urteil vom 26. Februar 1986 – 9a RVs 4/83 = BSGE 60, 11 = BehindertenR 1986, 43 = SozR 3870 § 3 Nr. 21; ⊞ BVerwG Urteil vom 17. Dezember 1982 – 7 C 11/81 = BVerwGE 66, 315 = DÖV 1983, 509). 222

2. Nachweis der Eigenschaft als schwerbehinderter Mensch

Die förmliche Feststellung und ihr Nachweis sind keine gesetzlichen Voraussetzungen für die Eigenschaft als schwerbehinderter Mensch. Denn nach § 2 Abs. 2 SGB IX folgt diese Eigenschaft allein daraus, dass ein nicht nur vorübergehender GdB von mindestens 50 vorliegt. Ein behinderter Mensch kann sich also auch **schon vor Feststellung des GdB und vor Ausstellung eines** entsprechenden **Ausweises** nach Abs. 5 auf seine Eigenschaft als Schwerbehinderter berufen. Im Streitfall muss er nur nachweisen, dass tatsächlich ein GdB von wenigstens 50 vorliegt (GK-SGB IX / *Schimanski* § 69 Rdnr. 250), z. B. durch ein evidentes äußeres Erscheinungsbild. Jedoch **erleichtert die Vorlage eines Ausweises** die Inanspruchnahme der Teilhaberechte der schwerbehinderten Menschen: Er dient dem Nachweis für die Inanspruchnahme von Leistungen und sonstigen Hilfen, die ihnen im Rahmen des SGB IX oder nach anderen Vorschriften zustehen. Bei Regelungen über die gesundheitlichen Voraussetzungen eines Nachteilsausgleichs wird z. T. unmittelbar an das Vorliegen eines Ausweises angeknüpft (z. B. § 145 Abs. 1 SGB XI und § 65 DV zum EStG). 223

Die **Statusentscheidungen der Versorgungsämter** bzw. der sonst zuständigen Behörden für schwerbehinderte Menschen **binden** bei der Prüfung inhaltsgleicher Tatbestandsvoraussetzungen für in anderen Gesetzen geregelte Vergünstigungen bzw. Nachteilsausgleiche die hierfür jeweils zuständigen **anderen Verwaltungsbehörden** (⊞ BVerwG Urteil vom 17. Dezember 1982 – 7 C 11/81 = BVerwGE 66, 315 = DÖV 1983, 509; ⊞ BVerwG Urteil vom 27. Februar 1992 – 5 C 48/88 = BVerwGE 90, 65 = ZfSH/SGB 1992, 364 = NVwZ 1993, 586). Für die Gewährung des behinderungsbedingten **Mehrbedarfs in der Sozialhilfe** nach § 23 Abs. 1 Satz 1 Nr. 2 BSHG (nunmehr § 30 Abs. 4 SGB XII) ist auf den Besitz des Schwerbehindertenausweises, nicht aber auf den Zeitpunkt der Antragstellung beim Sozialhilfeträger abzustellen (⊞ OVG Lüneburg Beschluss vom 16. Juli 2001 – 12 PA 2413/01 = FEVS 53, 445 = BehindertenR 2003, 90). 224

3. Inhalt und Gültigkeitsdauer

225 Nähere Einzelheiten über die Eintragungen in den Ausweis, seine Gültigkeitsdauer und das Verwaltungsverfahren sind in der **Ausweisverordnung Schwerbehindertengesetz (SchwbAwV)** geregelt. In den Ausweis sind der Grad der Behinderung einzutragen und die Merkzeichen über die Zugehörigkeit zu Sondergruppen (§ 2 SchwbAwV) für die Inanspruchnahme von Nachteilsausgleichen, nicht hingegen die einzelnen Behinderungen. Der Ausweis wird mit einem Lichtbild des Ausweisinhabers versehen. Auf der Rückseite ist die Gültigkeitsdauer einzutragen (§ 6 SchwbAwV).

226 Die **Gültigkeitsdauer** war nach dem bis zum 30. April 2004 geltenden Recht zwingend zu befristen. Aus der ergänzenden Vorschrift des § 6 Abs. 2 Satz 1 SchwbAwV folgt eine **Regelfrist von längstens fünf Jahren** vom Monat der Ausstellung an. In den Fällen, in denen eine neue Feststellung wegen einer wesentlichen Änderung in den gesundheitlichen Verhältnissen des Antragstellers nicht zu erwarten und gewährleistet war, dass die für den Ausweisinhaber zuständige Behörde regelmäßig über seine persönlichen Verhältnisse unterrichtet wurde, konnte die Gültigkeitsdauer des Ausweises auf längstens fünfzehn Jahre vom Monat der Ausstellung an befristet werden (§ 6 Abs. 2 Satz 2 SchwbAwV).

227 Im Vermittlungsverfahren zum Gesetz vom 23. April 2004 wurde auf Vorschlag des Vermittlungsausschusses die zwingende Vorgabe, dass der Ausweis **zu befristen** sei, durch eine **Soll-Vorschrift** ersetzt. Zugleich wurde durch Neufassung des § 6 Abs. 2 Satz 2 SchwbAwV Folgendes bestimmt: „In den Fällen, in denen eine Neufeststellung wegen einer wesentlichen Änderung in den gesundheitlichen Verhältnissen, die für die Feststellung maßgebend gewesen sind, nicht zu erwarten ist, kann der Ausweis **unbefristet** ausgestellt werden." Damit wird in gewissem Umfang eine Verwaltungsvereinfachung ermöglicht, weil bei voraussichtlich auf längere Sicht unverändert bleibendem Grad der Behinderung eine turnusmäßige Überprüfung mit dem Ziel der Neuausstellung des Schwerbehindertenausweises entfällt. Ist der gesetzliche Schutz schwerbehinderter Menschen erloschen, wird der Ausweis eingezogen. Dies ist aber erst dann der Fall, wenn die Schutzfrist nach § 116 Abs. 1 SGB IX abgelaufen ist. Falls eine Neufeststellung unanfechtbar geworden ist, wird der Ausweis berichtigt.

228 Verlegt ein schwerbehinderter Mensch seinen **Wohnsitz dauerhaft** ins **Ausland**, und hat er auch keine Beschäftigung mehr im Inland, darf der seinen GdB feststellende Verwaltungsakt nur dann aufgehoben werden, wenn davon keine in Deutschland konkret erreichbaren Vergünstigungen abhängen (BSG Urteil vom 5. Juli 2007 – B 9/9a SB 2/06 R, zit. nach JURIS; vgl. hierzu auch eingehend oben Rdnr. 28).

F) Gerichtliche Anfechtung von Ablehnungsbescheiden

1. Rechtsnatur des Ablehnungsbescheids

229 Ein Bescheid, mit dem die Feststellung eines begehrten GdB oder der gesundheitlichen Voraussetzungen eines Nachteilsausgleichs abgelehnt wird, ist ein **Verwaltungsakt ohne Dauerwirkung**. Er entfaltet keine Wirkung für die Zukunft, sondern schließt lediglich das Verfahren ab. Sein Regelungsgehalt beschränkt die Feststellung, dass zum Zeitpunkt seines Erlasses die Voraussetzungen der vom Antragsteller begehrten Feststellung nicht vorgelegen haben (BSG Urteil vom 20. Oktober 1999 – B 9 SB 4/98 R = SozR 3-1500 § 153 Nr. 8 = Breithaupt 2000, 608).

230 Bei einem erneuten Antrag hat der **Ablehnungsbescheid keine Bindungswirkung**. Vielmehr ist die Versorgungsverwaltung gehalten, den Antrag unter allen tatsächlichen und rechtlichen Gesichtspunkten inhaltlich neu zu prüfen. Der Eintritt einer wesentlichen Änderung i. S. von § 48 SGB X im Vergleich zu den Verhältnissen, die dem Ablehnungsbescheid zugrunde gelegen haben, ist nicht erforderlich (BSG Urteil vom 20. Oktober 1999 a. a. O.).

231 Ist die Gewährung eines **Nachteilsausgleichs** durch Bescheid abgelehnt worden, bindet das folglich die Versorgungsverwaltung bei einem erneuten Antrag nicht. Sie muss vielmehr in

eine neue inhaltliche Prüfung eintreten. Dabei sind die gesundheitlichen Verhältnisse zum Zeitpunkt der Entscheidung maßgebend.

Wird zwar die Feststellung eines begehrten GdB abgelehnt, aber ein **geringerer GdB** festgestellt, handelt es sich um einen Verwaltungsakt mit belastendem (Ablehnung des begehrten GdB) und begünstigendem (Feststellung eines GdB) Inhalt, also um einen **Verwaltungsakt mit Doppelwirkung**. Das gilt auch für einen Feststellungsbescheid, in dem der GdB festgestellt, aber das Vorliegen der gesundheitlichen Voraussetzungen eines Nachteilsausgleiches verneint wird. 232

Die spätere Abänderung oder Aufhebung des begünstigenden Teils eines solchen bestandskräftigen Verwaltungsakts richtet sich nach § 44 Abs. 2 und §§ 45, 48 SGB X. Hinsichtlich des belastenden Teils ist § 44 Abs. 2 SGB X anwendbar (vgl. hierzu eingehend Anhang 1 zu dieser Kommentierung). 233

2. Klageart und Verfahrensgegenstand

Gegen einen Ablehnungsbescheid ist eine **kombinierte Anfechtungs- und Leistungsklage** eröffnet (§ 54 Abs. 4 SGG). Fehlt ein solcher **Ablehnungsbescheid**, z. B. bei einer erstmals im gerichtlichen Anfechtungsverfahren geltend gemachten Verschlimmerung, so ist eine Umstellung einer isolierten Anfechtungsklage auf eine kombinierte Anfechtungs- und Leistungsklage unzulässig (LSG NRW Urteil vom 16. Dezember 1998 – L 10 SB 20/98, zit. nach JURIS). Ein **Widerspruchsbescheid** ist aus prozessökonomischen Gründen dann **nicht mehr erforderlich**, wenn sich aus der **Klageerwiderung** ergibt, dass die Sache **erneut überprüft** wurde und der Widerspruchsbescheid voraussichtlich nichts anderes enthalten würde als die Klageerwiderung (LSG NRW Urteil vom 10. Juli 2003 – L 7 SB 136/00, zit. nach JURIS). 234

Die **isolierte Anfechtung des Widerspruchsbescheids** kommt in Betracht, wenn dieser **nicht über den gestellten Antrag entscheidet** (SG Aachen Gerichtsbescheid vom 11. Januar 2005 – S 18 SB 212/04, zit. nach JURIS). Das ist dann der Fall, wenn ein Widerspruch sich ausdrücklich nicht gegen die Versagung des Merkzeichens „aG", sondern gegen die Ablehnung der Feststellung eines höheren GdB richtet und die zur Auslegung herzuziehenden tragenden Entscheidungsgründe eindeutig erkennen lassen, dass ausschließlich eine Entscheidung zum Merkzeichen „aG" getroffen werden sollte (SG Aachen Gerichtsentscheid vom 11. Januar 2005 a. a. O.). Ohne die Möglichkeit, isoliert den Widerspruchsbescheid anzufechten, wäre dem Kläger eine Instanz des Verwaltungsverfahrens genommen (vgl. *Leitherer* in Meyer-Ladewig / Keller / *Leitherer* SGG, § 95 Rdnr. 3b). 235

Im Übrigen ist ein schützenswertes Interesse des Betroffenen, im Rahmen eines Verpflichtungsbegehrens lediglich den ablehnenden Widerspruchsbescheid isoliert aufheben zu lassen, nur dann anzuerkennen, wenn die Widerspruchsbehörde über einen Ermessens- oder Beurteilungsspielraum verfügt (BVerwG Beschluss vom 13. Januar 1999 – 8 B 266/98 = NVwZ 1999, 641; VG Berlin Urteil vom 21. Mai 2003 – 19 A 442.02, zit. nach JURIS Rdnr. 19 f). Dies ist im Bereich des Schwerbehindertenrechts nicht der Fall, da es sich bei der **Widerspruchsentscheidung** um eine **gebundene Entscheidung** handelt (LSG NRW Urteil vom 16. Dezember 2009 – L 10 SB 39/09 = SozialVerw 2010, 8). 236

Ein Widerspruchsbescheid, der **nicht zugestellt** wird, gilt am am 3. Tag nach der Aufgabe zur Post als bekannt gegeben (§ 37 SGB X); ab diesem Zeitpunkt läuft die **Klagefrist**. Dies gilt auch dann, wenn der Widerspruchsführer den Widerspruchsbescheid tatsächlich schon vorher erhalten hat (Sächs. LSG Beschluss vom 23. September 2002 – L 3 AL 78/02; LSG Berlin-Brandenburg Urteil vom 16. Dezember 2010 – L 11 SB 127/10, jeweils zit. nach JURIS). 237

Liegt **keine Entscheidung** der Verwaltungsbehörde **zu einem Nachteilsausgleich** vor, ist die Einbeziehung dieses Nachteilsausgleichs in einen Rechtsstreit über die Höhe des GdB oder andere Nachteilsausgleiche unter keinem rechtlichen Gesichtspunkt möglich. Die **Klage** ist 238 insoweit **unzulässig** (LSG Berlin-Brandenburg Urteil vom 14. September 2006 – L 11 SB 24/05, zit. nach www.vsbinfo.de).

239 Mit dem im Berufungsverfahren gestellten **Antrag auf Zuerkennung des Merkzeichens „G"** wird ein **neuer Streitgegenstand** eingeführt und nicht lediglich der Klageantrag auf einen höheren GdB erweitert oder ergänzt, da der Nachteilsausgleich „G" unabhängig von der Feststellung des GdB zuerkannt werden kann (BSG Beschluss vom 12. Dezember 1995 – 9 BVs 28/95 zit. nach JURIS unter Hinweis auf BSG Urteil vom 10. Dezember 1987 – 9a RVs 11/87 = BSGE 62, 273 = SozR 3870 § 60 Nr. 2 = BehindertenR 1988, 86). Treten in einem Verfahren auf Feststellung der Voraussetzungen eines Nachteilsausgleichs (hier: „aG") unmittelbar vor der mündlichen Verhandlung gravierende Unfallfolgen – Rippenbrüche und Oberschenkelbruch – hinzu, sind weitere **Sachverhaltsermittlungen** zumindest dann nicht gerechtfertigt, wenn über den **Verlauf der Rehabilitation** und die spätere Notwendigkeit von Hilfsmitteln keine **Prognose** möglich ist (LSG NRW Urteil vom 1. Juni 2006 – L 7 SB 6/06, zit. nach Sozialrecht online 5/2006).

240 Im Rechtsstreit über die Feststellung der gesundheitlichen Voraussetzungen eines bestimmten Nachteilsausgleichs (hier: Nachteilsausgleich RF) wird nicht einbezogen ein **später ergangener weiterer Bescheid nach § 96 Abs. 1 SGG**, mit dem der Antrag auf Feststellung der gesundheitlichen Voraussetzungen eines anderen Nachteilsausgleichs (hier: Nachteilsausgleich aG) abgelehnt worden ist. Das gilt auch dann, wenn die Feststellung dieses Nachteilsausgleichs im ersten Bescheid formularmäßig mit abgelehnt worden war (LSG Rheinland-Pfalz Beschluss vom 24. Mai 1995 – L 4 Vs 128/94, zit. nach JURIS).

241 Eine sog. **Ausführungsbenachrichtigung** des Versorgungsamtes, mit der ohne Rechtsmittelbelehrung eine weitere Behinderung festgestellt wird, ist ihrer Rechtsnatur nach ein Verwaltungsakt i. S. des § 31 SGB X. Diese – im Rahmen eines zum Versorgungsamt bestehenden Dauerrechtsverhältnisses – getroffene Regelung zur Frage der Anerkennung weiterer gesundheitlicher Beeinträchtigungen wird entsprechend § 96 SGG Gegenstand des rechtshängigen Gerichtsverfahrens. Im Berufungsverfahren entscheidet das LSG insoweit als erste Instanz, d. h. auf Klage und nicht auf Berufung (BSG Urteil vom 30. Januar 1963 – 2 RU 35/60 = BSGE 18, 231 = SozR Nr. 17 zu § 96 SGG und BSG Urteil vom 23. August 1972 – 2 RU 35/60 = BSGE 34, 255 = SozR Nr. 3 zu § 624 RVO; Hess. LSG Urteil vom 18. Juli 1993 – 5/Vb-390/90, zit. nach JURIS).

242 Enthält ein Widerspruchsbescheid die **Rechtsbehelfsbelehrung**, dass der **Klageschrift Abschriften** für die Beteiligten beizufügen sind, ist die Belehrung **unrichtig**; sie trägt zur Erschwerung der Rechtsverfolgung bei. Es gilt deshalb anstelle der einmonatigen Klagefrist die **einjährige Klagefrist** nach § 66 Abs. 2 Satz 1 SGG (SG Lüneburg Urteil vom 2. Oktober 2006 – S 15 SB 174/05, zit. nach www.vsbinfo.de).

243 Die Zuerkennung der Schwerbehinderteneigenschaft im **Verfahren des einstweiligen Rechtsschutzes** ist grundsätzlich ausgeschlossen. Antragsteller sind auf das Hauptsacheverfahren zu verweisen. Nur in eng begrenzten Ausnahmefällen kann ein Anordnungsgrund in Verfahren nach dem SGB IX angenommen werden. Dann muss allerdings eine besondere Härte vorliegen (BayLSG Beschluss vom 4. März 2009 – L 15 SB 26/09 B ER, zit. nach JURIS). Eine einstweilige Anordnung zur Regelung eines vorläufigen Zustandes setzt u. a. eine **besondere Dringlichkeit** voraus. Wird ein **GdB** von 50 begehrt und eine Eilbedürftigkeit mit dem besonderen Schutz schwerbehinderter Menschen im Arbeitsrecht sowie der **Sorge um den Arbeitsplatz** begründet, so reicht dies zur Begründung einer Eilbedürftigkeit nicht. Es besteht nämlich die Möglichkeit, einen Antrag auf Gleichstellung Behinderter mit schwerbehinderten Menschen zu stellen (LSG Berlin-Brandenburg Beschluss vom 20. April 2011 – L 13 SB 69/11 B ER , zit. nach JURIS).

244 Für eine **einstweilige Anordnung**, das Vorliegen der gesundheitlichen Voraussetzungen für das Merkzeichen „**RF**" festzustellen, fehlt der Anordnungsgrund. Dem behinderten Menschen drohen keine unzumutbaren Nachteile, wenn seinem Feststellungsbegehren nicht so-

fort entsprochen wird. Vielmehr ist es ihm zuzumuten, die Gebühren für Fernsehen und Rundfunk in Höhe von monatlich 17,98 Euro;, deren Befreiung letztlich dem Begehren zugrunde liegt, einstweilen selbst zu tragen (LSG Berlin-Brandenburg – Beschluss vom 30. Juni 2011 – L 13 SB 63/11 B ER , zit. nach JURIS).

Ein auf **Einzelfeststellung von Behinderungen** gerichtetes Begehren ist **unzulässig**. Im Bescheid nach § 69 Abs. 1 SGB IX wird allein über die Feststellung des Gesamt-GdB entschieden. Angesichts dieser gesetzlichen Vorgabe besteht ein Anspruch nur auf die Feststellung des (zutreffenden) Gesamt-GdB, nicht aber auf die Feststellung einzelner Normabweichungen (BSG Urteile vom 24. Juni 1998 – B 9 SB 17/97 R = und B 9 SB 18/97 R = LSG NRW Beschluss vom 15. August 2000 – L 10 B 8/00 SB, zit. nach JURIS und Urteil – Urteil vom 26. Januar 2010 – L 6 SB 52/09 = SozialVerw 2010, 62). **245**

Gerichtlich **nicht einklagbar** sind auch **anders oder erweitert formulierte Bezeichnungen der Behinderung** (etwa statt „Allergieneigung" eine „allergische Diathese bei vielfältiger Allergie mit wiederholten allergischen Hautreaktionen, allergischen Reaktionen des Bronchialsystems und allergischen Allgemeinreaktionen". Die Bezeichnung von Behinderungen und deren gutachterliche Bewertung mit einem Einzel-GdB im Vorfeld dieser Entscheidung dient allein der Begründung des Gesamt-GdB (LSG NRW Beschluss vom 26. November 2007 – L 10 B 22/07 SB, zit. nach JURIS). **246**

3. Prozessvertretung und PKH

Das in der Sozialgerichtsbarkeit herrschende Amtsermittlungsprinzip ersetzt nicht die **Beratung und Unterstützung durch einen Rechtsanwalt**; den Beteiligten soll nicht zugemutet werden, sich darauf zu verlassen, dass das Gericht schon aufgrund der Offizialmaxime zu einer richtigen Entscheidung gelangen werde (BayLSG Beschluss vom 18. Februar 1999 – L 18 B 141/98 SB PKH = Breithaupt 1999, 807). **247**

Allerdings vertritt der **15. Senat des BayLSG** in ständ. Rspr. folgende Auffassung: In Verfahren nach § 69 SGB IX sei die **Beiordnung** eines Rechtsanwalts im Rahmen einer Prozesskostenhilfe **nicht erforderlich**. Denn der Ausgang des Verfahrens hänge regelmäßig vom Ergebnis der **Sachverhaltsermittlung** im Sinne der §§ 103 ff. SGG ab; insoweit bedürfe es keiner anwaltlichen Vertretung (Beschluss vom 3. November 2006 – L 15 B 799/06 SB PKH m. w. Nachw., zit. nach www.vsbinfo.de).

Wenn die Entscheidung in der Hauptsache von der Bedeutung einer schwierigen Rechtsfrage abhängt, läuft es dem Gebot der **Rechtsschutzgleichheit** zuwider, dem Unbemittelten wegen fehlender Erfolgsaussicht seines Begehrens **Prozesskostenhilfe** zu verweigern. Ungeklärte oder schwierige Rechtsfragen können im Prozesskostenhilfe-Verfahren nicht durchentschieden werden (LSG Berlin Beschluss vom 17. März 2003 – L 15 KR 38/02, zit. nach JURIS). **248**

Wird die **Erhöhung des GdB** begehrt, kann Prozesskostenhilfe in der Regel nicht mit der Begründung verneint werden, dass der Antragsteller aus einem günstigen Urteil auf absehbare Zeit wohl keinen **Vorteil** ziehen kann. Nach dem System des Schwerbehindertenrechts hat jeder behinderte Mensch Anspruch auf Feststellung des maßgeblichen GdB unabhängig davon, ob sich seine gegenwärtige rechtliche und / oder wirtschaftliche Situation dadurch unmittelbar verbessert. Ein besonderes Feststellungsinteresse bzw. **Rechtsschutzbedürfnis** ist nicht erforderlich (LSG NRW Beschluss vom 29. September 2009 – L 6 B 25/09 SB –, zit. nach http://vsbinfo.de/content/view/558/58/). **249**

Im Prozesskostenhilfeverfahren kann auch bei einer Erstfeststellung aufgrund des SGB IX die **Vertretung durch einen Rechtsanwalt** i. S. des § 121 Abs. 2 Satz 1 ZPO erforderlich sein, wenn die Schwerbehinderteneigenschaft strittig ist und die damit verbundenen Vorteile nach den Umständen des Einzelfalles eine besondere Bedeutung des Rechtsstreits für den Antragsteller begründen (LSG NRW Beschluss vom 3. Juni 1991 – L 7 S 27/90, zit. nach JURIS). **250**

251 Die Voraussetzungen für die Gewährung von **Prozesskostenhilfe** sind für einen nach dem Ausländergesetz geduldeten **Asylbewerber** im Klageverfahren wegen der Anerkennung der Schwerbehinderteneigenschaft in der Regel gegeben. Sofern die Feststellung der Behinderung für die Frage des Abschiebeschutzes wegen fehlender medizinischer Versorgung im Heimatland von Bedeutung ist, muss dies bei der Prüfung, ob Prozesskostenhilfe zu bewilligen ist, besonders berücksichtigt werden (🏛 BayLSG Beschluss vom 18. Februar 1999 – L 18 B 141/98 SB PKH = Breithaupt 1999, 807).

252 Das Erfordernis der **Beiordnung eines Rechtsanwalts** kann nicht mit der Begründung verneint werden, der Betroffene könne sich im Klageverfahren kostenfrei durch einen Prozessbevollmächtigten der Gewerkschaft vertreten lassen, wenn nur der **Ehepartner Gewerkschaftsmitglied** ist. Denn Gewerkschaften sind nur für ihre Mitglieder vertretungsbefugt, nicht jedoch für die Ehegatten ihrer Mitglieder (🏛 Hess. LSG Beschluss vom 19. Januar 2011 – L 4 SB 71/10 B = FamRZ 2011, 1746 [Ls.]). Auch schließt die Möglichkeit, mit einer Person als Beistand in der mündlichen Verhandlung zu erscheinen (§ 73 Abs. 7 SGG) nach § 73a Abs. 2 SGG die Bewilligung von Prozesskostenhilfe unter Beiordnung eines Rechtsanwalts nicht aus (Hess. LSG Beschluss vom 19. Januar 2011 a. a. O.).

253 Der durch eine Selbstbeteiligung nicht gedeckte Kostenanteil einer **Rechtsschutzversicherung** kann Gegenstand eines PKH-Antrages sein (LSG Schleswig-Holstein Beschluss vom 27. Januar 2003 = JurBüro 2004, 146).

Nach § 73 Abs. 2 SGG ist im sozialgerichtlichen Verfahren die **schriftliche Vollmacht eines Prozessbevollmächtigten** zu den Akten zu reichen. Allerdings ist die Vollmachtsurkunde nicht im Original einzureichen; die Vorlage einer Vollmacht **als Telefax ist ausreichend** (🏛 LSG Baden-Württemberg Urteil vom 9. November 2006 – L 6 SB 1439/06, zit. nach www.vsbinfo.de).

4. Maßgeblicher Prüfungszeitpunkt

254 Im Klageverfahren wegen der Feststellung eines höheren Grades der Behinderung (GdB) nach § 69 SGB IX sind alle Behinderungen zu berücksichtigen, die **zum Zeitpunkt der letzten mündlichen Verhandlung** vorliegen. Auch bis dahin nicht durch Bescheid festgestellte Behinderungen sind der Ermittlung des GdB mit zugrunde zu legen, ohne dass darin eine Klageerweiterung nach § 99 SGG liegt. Eine teilweise Klageabweisung mit der Begründung, dass wegen der neu geltend gemachten Behinderung zunächst ein erneutes Verwaltungsverfahren nach § 48 SGB X durchzuführen sei, kommt insoweit nicht in Betracht (🏛 LSG Rheinland-Pfalz Urteil vom 3. Juli 1997 – L 4 Vs 68/96 = BehindertenR 1998, 19).

5. Aufhebbarkeit des Ablehnungsbescheids bei Anhörungsmangel

255 Der Bescheid leidet an einem formellen Mangel, wenn vor seinem Erlass die **erforderliche Anhörung gemäß § 24 SGB X** nicht ordnungsgemäß durchgeführt und auch nicht im Widerspruchsverfahren nachgeholt worden ist. Der Kläger kann deshalb die Aufhebung des angegriffenen Bescheides verlangen (§ 42 Satz 2 SGB X), wobei der Mangel **von Amts wegen zu beachten** ist (vgl. BSG – GS – Beschluss vom 19. Februar 1992 – GS 1/89 = BSGE 70, 133 = NJW 1992, 2444 = SozR 3-1300 § 24 Nr. 6) und allenfalls eine Unbeachtlichkeit bei ausdrücklichem Verzicht in Betracht kommt (🏛 BSG Urteil vom 1. Dezember 1992 – 4 RJ 45/82 = HVGBG RdSchr VB 19/83). Zu näheren Einzelheiten und zur Möglichkeit der Heilung durch nochmalige Anhörung vgl. Anhang 1 Rdnrn. 23 ff. und 30 ff.

256 Der Begriff der **entscheidungserheblichen Tatsachen** i. S. dieser Vorschrift ist weit zu fassen. Entscheidungserheblich sind im Verfahren nach § 69 SGB IX z. B. die Tatsachen, welche die „anzuerkennenden" Behinderungen und den durch sie bedingten GdB betreffen (vgl. 🏛 BSG Urteil vom 7. Februar 1985 – 9a RVs 10/83 = ZfSH/SGB 1985, 364 = SozR 1300 § 24 Nr. 7). Dazu gehören Erfahrungstatsachen und Wertungen, ferner die Mitteilung der Beweisergebnisse, insbesondere auch eingeholte medizinische Sachverständigengutachten.

Dabei sind auch Tatsachen von Bedeutung, von denen der beabsichtigte Verwaltungsakt lediglich abhängen „kann". Das gilt auch für **Befundberichte**, zu deren möglichem Einfluss auf die beabsichtigte Entscheidung über die Höhe des GdB der Betroffene vor der abschließenden Entscheidung der Verwaltung Stellung nehmen können muss (LSG Bremen Urteil vom 15. Juli 1998 – L 3 Vs 58/97, zit. nach JURIS).

Gelegenheit zur Äußerung zu diesen Tatsachen erfordert die **Mitteilung der wesentlichen (Haupt-)Tatsachen durch die Behörde** im Anhörungsschreiben. Dazu gehören bei Herabsetzung des GdB nach dem SGB IX wegen wesentlicher Besserung Angaben über die maßgeblichen Befunde und ihre Änderung gegenüber den vorhergehenden sowie die Quellen und die versorgungsärztliche Beurteilung der Besserung und des neuen GdB, ggf. unter Berücksichtigung neu aufgetretener Gesundheitsstörungen. Der **bloße formelhafte Hinweis** auf eine vorgenommene Überprüfung und die wesentliche Änderung (Besserung) des anerkannten Leidens gibt dem Betroffenen **keine ausreichenden Informationen**, die ihn zu einer qualifizierten Stellungnahme befähigen (LSG Bremen Urteil vom 15. Juli 1998 a. a. O.). 257

Der Anhörungsmangel wird durch den Erlass des Bescheids und die Möglichkeit der Äußerung im Widerspruchsverfahren nicht geheilt, wenn die wesentlichen Tatsachen auch im Ausgangsbescheid nicht benannt sind (LSG Bremen Urteil vom 15. Juli 1998 a. a. O.).

6. Amtsermittlungsgrundsatz und Beweiserhebungen

a) Amtsermittlungsgrundsatz gem. § 103 Satz 1 SGG

Nach dem Amtsermittlungsgrundsatz des § 103 Satz 1 SGG erforschen die Gerichte der Sozialgerichtsbarkeit den Sachverhalt von Amts wegen. Für die **Amtsermittlung** erstinstanzlicher Gerichte gelten die gleichen Anforderungen, die das BSG an die Sachverhaltsaufklärung durch die Landessozialgerichte stellt. Zur Aufklärung eines Sachverhalts in medizinischer Hinsicht bedarf es im gerichtlichen Verfahren **regelmäßig** der Einholung eines **Sachverständigengutachtens**, wobei sowohl im Hinblick auf das jeweilige medizinische Fachgebiet als auch im Hinblick auf die sozialmedizinischen Erfordernisse auf eine hinreichende Qualifikation und Erfahrung von Sachverständigen zu achten ist (LSG Berlin-Brandenburg Urteil vom 12. Mai 2011 – L 13 SB 49/11, zit. nach JURIS). 258

Die **Amtsermittlungspflicht** ist **verletzt**, wenn der dem SG **bekannte Sachverhalt** von seinem materiell-rechtlichen Standpunkt aus **nicht für das gefällte Urteil ausreicht**, sondern das Gericht sich zu weiteren Ermittlungen hätte gedrängt fühlen müssen, d. h. hier: zur Abklärung des „aktuellen" Gesundheitszustandes einer Krebspatientin, deren GdB nach Eintritt der Heilungsbewährung herabgesetzt wurde (LSG NRW Urteil vom 12. Juni 2002 – L 7 SB 65/02, zit. nach JURIS). 259

Bei Streit u. a. über das Vorliegen der Voraussetzungen für die Inanspruchnahme des Nachteilsausgleichs „RF" können auch **medizinische Laien** – hier die Ehefrau des behinderten Klägers – zur Aufklärung des entscheidungserheblichen Sachverhalts beitragen, in dem sie z. B. zu dessen tatsächlicher Bewegungsfähigkeit oder zu sonstigen Gegebenheiten seiner Lebensführung befragt werden. Eine solche Vernehmung ist kein völlig ungeeignetes **Beweismittel**; einem entsprechenden Beweisanerbieten ist mithin nachzugehen (BSG Beschluss vom 7. April 2011 – B 9 SB 47/10 B, zit. nach JURIS). 260

Ist ein **Prozessbeteiligter rechtskundig vertreten**, gilt sein schriftsätzlich während des Verfahrens gestellter **Beweisantrag** nur dann als bis zum Schluss der mündlichen Verhandlung **aufrechterhalten**, wenn er als solcher zur Niederschrift der mündlichen Verhandlung **wiederholt** oder im Urteil des LSG erwähnt wird; eine protokollierte Kritik an einem gerichtlich eingeholten Sachverständigengutachten reicht insoweit nicht aus (BSG Beschluss vom 29. März 2007 – B 9a VJ 5/06 B = SozR 4-1500 § 160 Nr. 13). 261

Die Frage, ob ein Beteiligter seinen Beweisantrag nicht mehr aufrechterhält, ist dann von Amts wegen aufzuklären, wenn der Beteiligte nicht durch einen berufsmäßigen Rechtsbeistand vertreten wird (BSG Beschluss vom 2. Dezember 2010 – B 9 SB 20/10 B, zit. nach JURIS).

b) Rechtliches Gehör

262 Die Sozialgerichte benutzen dabei jedes ihnen bekannte oder bekannt werdende Beweismittel. Hierbei ist der Grundsatz des rechtlichen Gehörs (§ 62, § 128 Abs. 2 SGG, Art. 103 Abs. 1 GG) zu beachten.

Er besagt, dass der Beteiligte zum jeweiligen Verfahren herangezogen werden und Gelegenheit haben muss, sich vor Erlass der Entscheidung zum Prozessstoff zu äußern und gehört zu werden (Maunz / Dürig / Herzog Art. 103 Abs. 1 GG Rdnr. 66). Der Entscheidung dürfen nur solche Tatsachen zugrunde gelegt werden, zu denen sich die Beteiligten **äußern konnten** (§ 128 Abs. 2 SGG).

Eine **„formlose"** Ladung zu einem Termin zur mündlichen Verhandlung durch einfachen Brief birgt die Gefahr eines **Verstoßes gegen den Grundsatz des rechtlichen Gehörs**. Das ist dann der Fall, wenn der so Geladene nicht zum Termin erscheint, dennoch verhandelt wird und der Geladene nachfolgend angibt, die Ladung nicht erhalten zu haben. Ein solcher Verfahrensmangel kann zur Zurückverweisung führen (LSG Rheinland-Pfalz Urteil vom 27. Mai 2009 – 4 SB 44/09, zit. nach JURIS).

263 Der Grundsatz des rechtlichen Gehörs verlangt auch, dass das Gericht die **Ausführungen der Beteiligten zur Kenntnis nehmen** und in Erwägung ziehen muss. Ein spätes Vorbringen allein rechtfertigt deshalb nicht die Unterlassung einer weiteren Sachaufklärung oder gar das Übergehen wegen „verspäteten Vorbringens" durch das Gericht. Die – auch nur sinngemäße – Anwendung der im Zivilprozess geltenden Regeln über ein verspätetes Vorbringen ist im sozialgerichtlichen Verfahren ausgeschlossen (LSG Rheinland-Pfalz Beschluss vom 15. April 1999 – L 4 Vs 109/98, zit. nach JURIS).

264 Der Anspruch eines Beteiligten auf rechtliches Gehör wird in der Regel verletzt, wenn das Gericht im Anschluss an den erstmaligen Vortrag eines Gutachtens durch den Sachverständigen in der mündlichen Verhandlung ein darauf gestütztes Urteil erlässt, obwohl der Beteiligte **zur näheren Prüfung des Gutachtens hilfsweise Vertagung beantragt** hatte (BSG Urteil vom 22. August 2000 – B 2 U 15/00 R = SozR 3-1500 § 128 Nr. 14). Das Gebot rechtlichen Gehörs hat Vorrang gegenüber der Vorschrift des § 106 SGG, das gerichtliche Verfahren möglichst in einer mündlichen Verhandlung abzuschließen (BSG Urteil vom 23. August 1960 – 9 RV 1042/57 = SozR Nr. 13 zu § 106 SGG = Breithaupt 1961, 89). Es ist Sache des Gerichts, die mündliche Verhandlung durch rechtzeitige Einholung und Übermittlung von Sachverständigengutachten so vorzubereiten, dass die Streitsache ohne Vertagung verfahrensfehlerfrei erledigt werden kann (vgl. BSG Urteil vom 19. März 1991 – 2 RU 28/90 = NJW 1991, 2310 = SozR 3-1500 § 62 Nr. 5).

265 Eine **Hinweispflicht des Gerichts** ist u. a. dann gegeben, wenn es Anforderungen an den Sachvortrag stellen oder Umstände als entscheidungserheblich zugrunde legen will, mit denen ein gewissenhafter und kundiger Prozessbeteiligter selbst unter Berücksichtigung der Vielfalt vertretbarer Rechtsauffassungen nach dem bisherigen Prozessverlauf nicht zu rechnen brauchte. Dafür reicht es aber nicht aus, dass ein bestimmter Gesichtspunkt im unmittelbar vorangehenden Verfahren nicht angesprochen worden ist. Vielmehr kommt es darauf an, ob der Beteiligte auch aufgrund sonstiger naheliegender Erkenntnisquellen nicht auf den Gedanken kommen konnte, dass es darauf ankommen würde (BSG Beschluss vom 11. Oktober 2006 – B 9a VJ 4/06 B, zit. nach JURIS).

266 Wird ein **Beweisantrag in einem vorbereitenden Schriftsatz** gestellt, ist er dann nicht i. S. des § 160 Abs. 2 Nr. 3 Halbsatz 2 SGG übergangen worden, wenn aus den näheren Umständen zu entnehmen ist, dass er in der maßgebenden mündlichen Verhandlung nicht mehr aufrechterhalten wurde. Dies ist bei rechtskundig vertretenen Beteiligten regelmäßig dann anzunehmen, wenn in der letzten mündlichen Verhandlung nur noch ein Sachantrag gestellt

Feststellung der Behinderung, Ausweise § 69

und der Beweisantrag nicht wenigstens hilfsweise – auch durch eine ausdrückliche Bezugnahme auf den früher gestellten Antrag – wiederholt wird. Dasselbe hat dann zu gelten, wenn ein sonstiger Verfahrensantrag hilfsweise gestellt wird, der nicht die Aufrechterhaltung des früher schriftsätzlich gestellten Beweisantrags erkennen lässt (BSG Beschluss vom 3. März 1999 – B 9 VJ 1/98 B = SGb 2000, 269 unter Hinweis auf BSG Beschluss vom 23. Juni 1998 – B 9 V 31/98 B, zit. nach JURIS).

Grundsätzlich stellt allein der Umstand, dass ein Beteiligter außer Stande ist, zur mündlichen Verhandlung zu erscheinen, und dies vorher mitteilt, noch keinen zwingenden Grund für eine **Terminverlegung** dar. Wird jedoch ein Terminverlegungsgrund geltend gemacht oder beantragt, den Termin zu verlegen, und folgt das Gericht dem nicht, so verstößt das gegen den Rechtsanspruch auf rechtliches Gehör (BSG Urteil vom 12. Februar 2003 – B 9 SB 5/02 R, zit. nach JURIS; BSG Beschluss vom 7. Juli 2011 – B 14 AS 35/11 B, zit. nach JURIS). Eine **Erkrankung als Verlegungsgrund** ist nicht zwingend bei Antragstellung durch Attest glaubhaft zu machen. Wenn der Betroffene nicht anwaltlich vertreten ist, ist das Gericht auch bei kurzfristig gestellten Anträgen auf Terminsverlegung zu einem Hinweis verpflichtet oder zur Aufforderung an den Betroffenen, seinen Vortrag zu ergänzen, bzw. zu eigenen Nachforschungen (BSG Beschluss vom 7. Juli 2011 – B 14 AS 35/11 B, zit. nach JURIS). 267

Wird hingegen bei **anwaltlicher Vertretung** eine Terminverlegung wegen Erkrankung des Klägers erst einen Tag vor der mündlichen Verhandlung beantragt, so muss der **Verhinderungsgrund so dargelegt** sein, dass das Gericht **ohne weitere Nachforschungen** selbst beurteilen kann, ob Verhandlungs- bzw. Reiseunfähigkeit besteht. Es muss eine substanziierte ärztliche Bescheinigung vorgelegt werden, aus der sich Art, Schwere und voraussichtliche Dauer der Erkrankung in einer Weise entnehmen lassen, dass das Gericht auf ihrer Grundlage die Frage der Verhandlungsunfähigkeit selbst beurteilen kann (BSG Beschluss vom 13. Oktober 2010 – B 6 KA 2/10 B = SozR 4-1500 § 110 Nr. 1). 268

Entscheidet das Gericht den Rechtsstreit in **Abwesenheit des Klägers**, obwohl der Kläger rechtzeitig vor Beginn der mündlichen Verhandlung **telefonisch mitgeteilt** hatte, dass er sich wegen eines Verkehrsstaus **kurzfristig verspäten** würde, so verstößt das Gericht gegen den Anspruch auf **rechtliches Gehör** (LSG NRW Urteil vom 30. Juli 2003 – L 10 SB 44/02, zit. nach „Anhaltspunkte Neuigkeiten" Zeitung online 5/2003). 269

c) Befundberichte und Sachverständigenbeweis

Befundberichte haben als Mitteilung des behandelnden Arztes im Vergleich zu einem Sachverständigengutachten (§§ 402 ff. ZPO) grundsätzlich nur **eingeschränkten Beweiswert**. Was unter einem Befundschein / Befundbericht zu verstehen ist, ergibt sich **mangels gesetzlicher Definition** aus dem Anforderungsschreiben des Leistungsträgers (hier Versorgungsträgers) an den behandelnden Arzt, das gegebenenfalls nach § 133 BGB aus der Sicht eines verständigen Empfängers auszulegen ist (vgl. z. B. BSG Urteil vom 4. Juli 1989 – 9 RVs 5/88, zit. nach JURIS) sowie dem Gegenstand des der Anforderung zugrunde liegenden Verfahrens. 270

Regelmäßig will der Leistungsträger von dem „in Dienst genommenen" Arzt im Hinblick auf den mitgeteilten Verwendungszweck Angaben erfragen, die er zur Erfüllung seiner Aufgabe benötigt. Für ein Verfahren nach § 69 SGB IX benötigt die Versorgungsverwaltung **Daten**, die Anhaltspunkte für das Vorliegen **wesentlicher, auf Krankheit(en) beruhender Funktionsstörungen** liefern, deren Auswirkungen möglicherweise zu einer Behinderung messbaren Grades führen oder Voraussetzungen gem. § 69 Abs. 4 SGB IX sein können.

Ein Befundbericht muss geeignet sein, der Erfüllung dieses Zwecks zu dienen. Das ist der Fall, wenn er **objektiv gemessene Daten**, z. B. Bewegungseinschränkungen, Stoffwechselstörungen, Blutdruck oder Auswertungen von EKG bzw. Röntgenuntersuchungen sowie die Beschreibung von wesentlichen Funktionsstörungen eines Patienten enthält (vgl. BSG Ur- 271 teil vom 11. November 1987 – 9a RVs 3/86 = Breithaupt 1988, 700 = SozR 1925 § 8 Nr. 1 sowie 🏛 Urteil vom 26. November 1991 – 9a RV 25/90, zit. nach JURIS; 🏛 BSG Urteil vom 9. Februar 2000 – B 9 SB 8/98 R = SozR 3-1925 § 11 Nr. 1 = Breithaupt 2000, 588).

272 **Von der beklagten Behörde im Verwaltungsverfahren eingeholte Gutachten** oder gutachterliche Stellungnahmen sind bei der Beweiswürdigung als **Urkundsbeweis** zu berücksichtigen und können auch alleinige Grundlage der gerichtlichen Entscheidung sein. Ergeben sich weder aus dem Vorbringen der Beteiligten noch aus anderen medizinischen Äußerungen Zweifel an der Schlüssigkeit derartiger Gutachten, so kann sich das Gericht auf das in den Verwaltungsakten enthaltene Gutachten stützen (🏛 BayLSG Urteil vom 13. Juni 2006 – L 18 V 5/04 zit. nach www.vsbinfo.de). Deshalb muss in Verfahren nach dem Schwerbehindertenrecht ein medizinischer Sachverhalt nicht zwingend und immer durch Sachverständigengutachten geklärt werden. Von der Einholung von Gutachten kann z. B. abgesehen werden, wenn im Verwaltungsverfahren eingeholte Gutachten als Urkundsbeweis ausreichen, um die relevanten Fragen zu beantworten, oder wenn die entscheidungserheblichen Fragen sich durch die Mitteilung schlichter messtechnischer Daten klären lassen.

273 Wird ein **Arzt** vom Gericht zur **Abgabe eines Befundberichts aufgefordert**, und kommt er dieser Aufforderung nicht nach, kann er zu einem **Vernehmungstermin** geladen werden. Erscheint der Arzt zu diesem Termin nicht, ist ihm ein **Ordnungsgeld** aufzuerlegen. Das gilt auch dann, wenn er den Befundbericht noch am Tag des Vernehmungstermins, aber zeitlich nach dem Termin einreicht (🏛 BayLSG Beschluss vom 11. September 2009 – L 2 SB 22/09 B SF, zit. nach JURIS).

274 Ansonsten ist die Einholung von Gutachten allerdings in der Regel geboten, zumal **Befundberichte** als Mitteilungen der behandelnden Ärzte **im Vergleich zu einem Sachverständigengutachten grundsätzlich nur** einen **minderen Beweiswert** haben (🏛 LSG NRW Urteil vom 19. Dezember 2007 – L 10 SB 101/07, zit. nach Sozialrecht online 2/2008).

Denn für die Höhe des GdB ist maßgebend **nicht die medizinische Normabweichung**, sondern das Ausmaß der hierdurch bedingten **Einschränkung der Teilhabe** am Leben in der Gesellschaft (§ 69 Abs. 1 SGB IX). Ein Befundbericht oder ärztlicher Behandlungsbericht enthält hierzu regelhaft keinerlei Aussage und ist zur Festlegung des GdB nur bedingt geeignet. Im Allgemeinen muss das Gericht den entscheidungserheblichen Sachverhalt daher durch das **Beweismittel „Sachverständigenbeweis"** aufklären (🏛 LSG NRW Beschluss vom 4. Februar 2002 – L 10 B 30/01 SB, zit. nach JURIS).

275 Die **Anhaltspunkte** für die ärztliche Gutachtertätigkeit im sozialen Entschädigungsrecht und nach dem Schwerbehindertengesetz (AHP) bzw. die nunmehr geltenden Versorgungsmedizinischen Grundsätze **ersetzen** als antizipierte Gutachten **nicht** die Einholung von **Sachverständigengutachten**. Art und Ausmaß der Behinderung sind gutachtlich festzustellen. Erst dann kann gerichtlich geprüft werden, ob der auf der Grundlage des konkret ermittelten medizinischen Sachverhalts geschätzte Grad der Behinderung sich im Rahmen der Bewertungsgrundsätze der AHP bewegt (🏛 BayLSG Urteil vom 27. Oktober 1999 – L 18 SB 48/98 = SGb 2000, 265 = Breithaupt 2000, 478).

276 Ein Gericht kann von der Einholung eines Gutachtens nach § 109 SGG nicht absehen, weil es dies nicht für notwendig oder den Sachverständigen nicht für geeignet hält (🏛 LSG NRW – Urteil vom 29. Januar 2003 – L 10 SB 97/02, zit. nach JURIS).

277 Der Sachverständige muss auf dem einschlägigen **Fachgebiet kompetent** sein. Entscheidet das SG darüber, ob der Kläger ständiger Begleitung bedarf, ohne ein Sachverständigengutachten auf orthopädischem Gebiet einzuholen, allein auf der Grundlage der Stellungnahme eines Internisten und Lungenarztes, verletzt es den Grundsatz der Amtsermittlung gem. § 103 SGG (🏛 BayLSG Urteil vom 5. Juni 2002 – L 18 SB 29/01, zit. nach JURIS).

278 Strittig ist, wie weit die **eigene Untersuchungspflicht des Sachverständigen** reicht. Hierzu haben der 9. Senat des BSG und ihm zunächst folgend der 2. Senat die nachstehende Auffassung vertreten:

Ein vom Gericht bestellter medizinischer **Sachverständiger** muss den Kläger mindestens auch (mit-)**untersuchen**. Zwar können einzelne Untersuchungen anlässlich des Gutachtens **delegiert** werden, der Sachverständige selbst muss sich aber ein eigenes Bild vom Kläger machen. Der häufig gebrauchte Zusatz **„einverstanden aufgrund eigener Urteilsbildung" ist nicht ausreichend** (BSG Beschluss vom 18. September 2003 – B 9 VU 2/03 B = NZS 2004, 559 = SozR 4-1750 § 407a Nr. 1). Die Grenze der erlaubten Mitarbeit anderer sachkundiger Personen bei der Erstellung des Gutachtens eines vom Gericht bestellten Sachverständigen ist dann mit der Folge der Unverwertbarkeit überschritten, wenn aus Art und Umfang der Mitarbeit gefolgert werden kann, der beauftragte Sachverständige habe seine das Gutachten prägenden und regelmäßig in einem unverzichtbaren Kern von ihm selbst zu erbringenden Zentralaufgaben nicht selbst wahrgenommen, sondern **delegiert** (BSG Beschluss vom 30. Januar 2006 – B 2 U 358/05 B, zit. nach JURIS).

Eine **fehlende Information über den Umfang der Mitarbeit** des anderen Arztes als Verstoß gegen § 407a Abs. 2 Satz 2 ZPO führt dann zur **Unverwertbarkeit**, wenn dadurch dem Beteiligten die Möglichkeit genommen wurde, die Grenzen der erlaubten Mitarbeit zu überprüfen; Voraussetzung ist, dass der Beteiligte objektiv ein **berechtigtes Interesse** an den Angaben nach § 407a Abs. 2 Satz 2 ZPO hat und das Gericht seinen Antrag, vom Sachverständigen die Informationen nach dieser Vorschrift anzufordern, übergangen hat (BSG Beschluss vom 30. Januar 2006 unter Hinweis auf BSG Beschluss vom 15. Juli 2004 – B 9 V 24/03 B = NZS 2005, 444 = SozR 4-1750 § 407a Nr. 2). 279

In Abgrenzung hierzu hat allerdings später der **2. Senat** (Beschluss vom 17. November 2006 – B 2 U 58/05 B = SozR 4-1750 § 407a Nr. 3) entschieden: Ein vom Gericht zur Beurteilung von Unfallfolgen auf neurologischem Gebiet eingeholtes Gutachten ist nicht deshalb unverwertbar, weil der Sachverständige **die körperliche Untersuchung des Probanden und die Erhebung der organmedizinischen Befunde** einem ärztlichen **Mitarbeiter übertragen** hat. Zur Begründung wird ausgeführt: Der 9. Senat des BSG habe im Beschluss vom 18. September 2003 a. a. O. **nur im Fall einer psychiatrischen Begutachtung** wegen der Besonderheiten dieses Fachgebiets die persönliche Begegnung des Sachverständigen mit dem Probanden unter Einschluss eines explorierenden Gesprächs als unverzichtbar für die eigene verantwortliche Urteilsbildung angesehen. Dagegen gehörten, wenn es um die Beurteilung neurologischer oder anderer organmedizinischer Krankheitsbilder gehe, weder die Durchführung der körperlichen Untersuchung noch die schriftliche Abfassung des Gutachtens in jedem Fall zu den Tätigkeiten, die der Sachverständige zwingend selbst erledigen müsse. Soweit sich nicht aus der Eigenart des Gutachtenthemas ergebe, dass für bestimmte Untersuchungen die spezielle Sachkunde und Erfahrung des Sachverständigen benötigt wird, reiche es aus, wenn dieser **die von Hilfskräften erhobenen Daten und Befunde nachvollziehe**. Entscheidend sei, dass der Sachverständige die Schlussfolgerungen seines Mitarbeiters überprüft und durch seine Unterschrift die volle Verantwortung für das Gutachten übernimmt (vgl. Krasney/Udsching, Handbuch des sozialgerichtlichen Verfahrens, 4. Aufl 2005, III. Kapitel Rdnr. 65 f. *Meyer-Ladewig* in: Meyer-Ladewig / Keller / Leitherer, SGG, 9. Aufl., § 118 Rdnr. 11g m. w. Nachw.). 280

Zur Feststellung der Höhe des Grades der Behinderung (GdB) sowie einer erheblichen Beeinträchtigung der Bewegungsfähigkeit im Straßenverkehr (Merkzeichens G) reicht es nicht aus, auf ein **mehrere Jahre altes Sachverständigengutachten zurückzugreifen**. Das gilt auch dann, wenn sich der Betroffene nicht in fachärztlicher Behandlung befindet (BSG Beschluss vom 25. März 2004 – B 9 SB 43/03 B, zit. nach JURIS). Es gibt keinen allgemeinen Erfahrungssatz, dass eine Verschlechterung des Gesundheitszustandes nur dann angenommen werden kann, wenn der Betroffene sich in regelmäßiger fachärztlicher Behandlung befindet. Außerdem darf ein entsprechender Beweisantrag mit dem Ziel der Klärung einer Verschlimmerung nicht übergangen werden (BSG Beschluss vom 25. März 2004 a. a. O.). 281

Verstößt die Behörde im Verwaltungsverfahren gegen die oben genannten Grundsätze, so können ihr auch dann die **Kosten** eines Widerspruchs oder Klageverfahrens auferlegt wer- 282 den, wenn Klage oder Widerspruch erfolglos waren (vgl. ⚖ SG Frankfurt Beschluss vom 11. Dezember 1997 – S 16 J 3308/96 = Breithaupt 1999, 391 = HVBG-INFO 1999, 1270; ⚖ SG Berlin Beschluss vom 26. November 2001 – S 48 SB 503/97 = Breithaupt 2002, 635).

d) Mitwirkungspflichten des Klägers

283 Auch für das sozialgerichtliche Verfahren gilt, dass sich die Anforderungen an die Amtsermittlungspflicht verringern, wenn Beteiligte ihrer Mitwirkungspflicht nicht nachkommen (*Leitherer* in Meyer-Ladewig / Keller / Leitherer, SGG, 9. Aufl., § 103 Rdnr. 16 m. w. Nachw.). Eine Verletzung der Mitwirkungspflicht bei der Sachaufklärung ist bedeutsam für die Beweiswürdigung; sie kann zur Folge haben, dass die anspruchsbegründenden Tatsachen nicht als erwiesen anzusehen sind (§ 128 Abs. 1 Satz 1 SGG). Dann ist der Klageanspruch nicht begründet. So geht etwa der Umstand, dass sich eine erhebliche Gehbehinderung nicht hat feststellen lassen, zulasten des Klägers. Denn ihm obliegt, da er aus den von ihm behaupteten, aber nicht beweisbaren Tatsachen ein Recht herleiten will, die alleinige Beweis- und Feststellungslast – **Grundsatz der objektiven Beweislast** – (⚖ LSG NRW Urteil vom 30. Juli 2003 – L 10 SB 44/02, zit. nach Sozialrecht online 5/2003).

284 **Weigert sich ein Kläger** im Rahmen einer Klage wegen Neufeststellung des GdB, sich einer gutachterlichen Untersuchung zu stellen, können von ihm behauptete Verschlechterungen nicht zu seinen Gunsten unterstellt werden (⚖ LSG Rheinland-Pfalz Urteil vom 4. April 2001 – L 4 SB 64/99, zit. nach JURIS). Vielmehr geht es in Feststellungsverfahren nach dem SGB IX zulasten des Anspruchstellers, wenn dieser nicht bereit ist, sich einer sachdienlich erscheinenden persönlichen Untersuchung durch einen gerichtlich bestellten Sachverständigen zu unterziehen und sich das Gericht daher auf Gutachten stützen muss, die nach Aktenlage eingeholt worden sind (⚖ BayLSG Urteil vom 28. Juli 2009 – L 15 SB 151/06, zit. nach JURIS).

285 Der Kläger ist nach § 103 Satz 1 Halbsatz 2 SGG zur Mitwirkung an der Ermittlung des Sachverhalts verpflichtet. Die **Mitwirkungspflicht** besteht immer dann, wenn das Gericht den Sachverhalt ohne Mitwirkung des Klägers nicht oder nicht selbstständig erforschen kann (⚖ BSG Urteil vom 4. Februar 1988 – 5/5b RJ 96/86 = SozR 1500 § 103 Nr. 27), wobei sich die **Grenzen** der zumutbaren Mitwirkung aus dem Art. 2 Abs. 2 GG konkretisierenden § 65 Abs. 2 SGB I ergeben. Danach besteht keine Mitwirkungs- und Duldungspflicht bei Untersuchungen, bei welchen im Einzelfall ein Schaden für Leben oder Gesundheit nicht ausgeschlossen werden kann oder die mit erheblichen Schmerzen verbunden sind oder die einen erheblichen Eingriff in die körperliche Unversehrtheit bedeuten. Das Gericht muss den Beteiligten hinreichend über seine Mitwirkungspflicht und über die Auswirkungen einer unbegründeten Weigerung **belehren** (BSG Urteil vom 13. August 1986 = SozR 1500 § 103 Nr. 23 = Breithaupt 1988, 79 m. w. Nachw.).

286 **Verweigert ein Beteiligter die ihm zumutbare Mitwirkung**, so verletzt das Gericht nicht seine Pflicht aus § 103 SGG zur Aufklärung von Amts wegen, wenn es keine weiteren Ermittlungen anstellt. Vielmehr gilt, dass auf der Grundlage des bisherigen Ermittlungsergebnisses **nach der objektiven Beweislast zu entscheiden** ist (⚖ LSG NRW Urteil vom 19. Januar 2006 – L 2 KN 8/04 P, zit. nach JURIS). Die Weigerung zur Teilnahme an einer sozialgerichtlich angeordneten ambulanten Untersuchung führt dazu, dass das Vorliegen der vom Kläger behaupteten dauernden Funktionsbeeinträchtigungen und deren jeweiliges Ausmaß nicht nachgewiesen sind (SG Lüneburg Gerichtsbescheid vom 25. Juli 2007, zit. nach JURIS).

287 Mit Wirkung vom 1. April 2008 wurde durch Neufassung des § 102 SGG die **Fiktion der Klagerücknahme** für die Fälle eingeführt, in denen die Klagepartei ungeachtet einer Aufforderung des Gerichts nicht fristgemäß die vom Gericht gebotenen Mitwirkungshandlung erbringt oder hinreichend substanziiert darlegt, warum die geforderte Handlung nicht vorgenommen werden kann. Die Klagerücknahmefiktion ist an § 92 Abs. 2 VwGO angelehnt. Sie gilt auch im einstweiligen Verfahren. Der Eintritt der Klagerücknahmefiktion ist durch Beschluss mit Kostenentscheidung festzustellen.

Mangels einer **Begründungspflicht** für ein Klagebegehren kann eine **Betreibensaufforderung** i. S. d. § 102 Abs. 2 Satz 1 SGG nicht schlicht auf eine Begründung der Klage gerichtet werden, wenn das Klagebegehren (hier GdB von mindestens 50 und Zuerkennung des Merkzeichens „G") ersichtlich ist. Im Übrigen muss die Aufforderung, das Verfahren zu betreiben, vom zuständigen Richter mit vollem Namen unterzeichnet werden, wenn sie eine wirksame Fristsetzung erzeugen soll (LSG Berlin-Brandenburg Beschluss vom 26. September 2011 – L 13 SB 126/11 B PKH, zit. nach JURIS). 288

Wird zur Feststellung der Höhe des GdB eine Untersuchung durch einen gerichtlich bestellten Sachverständigen angeordnet, besteht kein Anspruch des Probanden darauf, dass an der Untersuchung eine **mitgebrachte Protokollantin teilnimmt**. Dies gilt umso mehr bei psychiatrischen Krankheitsbildern, weil die neurologisch-psychiatrische Untersuchung und Anamnese sinnvoll nur ohne die Gegenwart von Begleitern durchgeführt werden kann und ansonsten eine Verfälschung des Untersuchungsergebnisses zu besorgen ist (SG Aachen Urteil vom 3. August 2005 – S 17 SB 2/04, zit. nach Sozialrecht online 6/2007). 289

Gegen einen Beteiligten, dessen **persönliches Erscheinen** das Gericht angeordnet hat und der im Termin nicht erscheint, kann ein **Ordnungsgeld** festgesetzt werden. Die Grundlage des Ordnungsgeldbeschlusses darf aber nicht rechtswidrig sein; so steht u. a. hinreichend entschuldigter Urlaub am Terminstag einem Ordnungsgeld entgegen (LSG NRW Beschluss vom 24. September 2010 – L 17 SB 151/10 B –, zit. nach vsbinfo.de). 290

e) Befragung des Sachverständigen

Der Verfahrensbeteiligte hat grundsätzlich zur Gewährleistung des rechtlichen Gehörs ein **Recht auf Befragung eines Sachverständigen**, der ein – schriftliches – Gutachten erstattet hat (§ 116 Satz 2, § 118 Abs. 1 SGG i. V. m. §§ 397, 402, § 411 Abs. 4 ZPO; § 62 SGG). Die entsprechende Anregung („Antrag") ist allerdings regelmäßig schon vor dem Termin vorzubringen und deren Sachdienlichkeit darzulegen (BSG Urteil vom 16. Januar 1986 = SozR 1750 § 411 Nr. 2). Das Fragerecht besteht unabhängig von dem pflichtgemäßen Ermessen des Gerichts, bei einem erläuterungsbedürftigen schriftlichen Gutachten nach § 411 Abs. 3 ZPO das Erscheinen des Sachverständigen anzuordnen (vgl. BSG Beschluss vom 3. März 1999 – B 9 VJ 1/98 B = SGb 2000, 269; BGH Urteil vom 18. Juni 1997 – XII ZR 96/95 = NJW-RR 1997, 1487 = SGb 1998, 218; BVerfG Kammerbeschluss vom 3. Februar 1998 – 1 BvR 909/94 = NJW 1998, 2273 = DB 1998, 1506). Dieses Fragerecht ist Ausfluss des **Anspruchs auf rechtliches Gehör** gem. Art. 103 Abs. 1 GG (BSG Beschluss vom 24. April 2008 – B 9 SB 58/07 B, zit. nach JURIS) und darf nur bei Missbrauch ausgeschlossen werden. 291

Eine **Pflicht des Gerichts, den Sachverständigen** zur mündlichen Verhandlung **zu laden**, besteht jedoch nur dann, wenn der Sachverhalt noch nicht zweifelsfrei geklärt ist und die bestehenden Zweifel durch schriftliche Nachfragen nur unzulänglich geklärt werden können. Der Kläger muss ggf. darlegen, welche konkreten Fragen an und durch den Sachverständigen gerade einer Erklärung und Erläuterung in einer mündlichen Verhandlung bedurft hätten. Hierzu genügt lediglich der Hinweis auf ein „komplexes Krankheitsbild" nicht (BSG Beschluss vom 27. April 2006 – B 7a AL 242/05 B, zit. nach JURIS). Andererseits **müssen die dem Sachverständigen zu stellenden Fragen nicht formuliert** werden. Es reicht vielmehr aus, die erläuterungsbedürftigen Punkte hinreichend konkret zu bezeichnen, z. B. auf **Lücken oder Widersprüche hinzuweisen**. Einwendungen in diesem Sinne sind dem Gericht rechtzeitig mitzuteilen, vgl. § 411 Abs. 4 ZPO (BSG Beschluss vom 24. April 2008 a. a. O.). 292

Liegen hingegen die Voraussetzungen für die Einholung eines zweiten Gutachtens vor, etwa weil – wegen mangelnder Schlüssigkeit oder wegen Zugrundeliegens falscher Voraussetzungen – die Einholung des ersten Gutachtens nicht ausreicht, um die Ermittlungspflicht des Tatsachengerichts zu erfüllen, so hat der Beteiligte, der einen Antrag auf Erläuterung des Sachverständigengutachtens stellt, ein **Recht auf Ladung des gerichtlichen Sachverständi-** 293 gen (⊞ BSG Urteil vom 12. April 2000 – B 9 SB 2/99 R = SGb 2000, 478 [Kurzwiedergabe]). Bei Vorliegen unterschiedlicher medizinischer Beurteilungen kann das Fragerecht nicht mit der Begründung abgeschnitten werden, das Gericht sehe den medizinischen Sachverhalt aufgrund der – für den Versicherten negativen – Äußerungen des beauftragten ärztlichen Sachverständigen als geklärt an (⊞ BSG Urteil vom 20. August 1987 – 5a RKn 1/87, zit. nach JURIS). Hat ein Beteiligter rechtzeitig den Antrag gestellt, einen Sachverständigen zur Erläuterung seines Gutachtens anzuhören, und dabei schriftlich Fragen in dem oben dargelegten Sinne angekündigt, die objektiv sachdienlich sind, so liegen diese Voraussetzungen vor und **muss das Gericht dem Antrag folgen**, soweit er aufrechterhalten bleibt. Das gilt auch dann, wenn das Gutachten nach Auffassung des Gerichts ausreichend und überzeugend ist und keiner Erläuterung bedarf (⊞ BSG Beschluss vom 24. April 2008 a. a. O.). Denn die Beteiligten haben nach § 116 Satz 2 SGG auch dann das Recht, sachdienliche Fragen an den Sachverständigen richten zu lassen, **wenn das Gericht dessen Gutachten nicht für erklärungsbedürftig hält** (⊞ BSG Beschluss vom 27. November 2007 – B 5a/5 R 60/07 unter Anschluss an ⊞ BVerfG Kammerbeschluss vom 3. Februar 1998 – 1 BvR 909/94 = NJW 1998, 2273).

294 Die Ladung des Sachverständigen ist nicht notwendig, wenn dieser die **Fragen bereits beantwortet** hat oder wenn es dem Antragsteller nicht um die Behebung von Zweifeln im Zusammenhang mit einem schriftlich erstellten Gutachten geht, sondern mit der Befragung **nur auf die gerichtliche Überzeugungsbildung eingewirkt** werden soll (⊞ BSG Beschluss vom 9. Januar 2006 – B 1 KR 52/05 B, zit. nach JURIS).

295 Das Recht auf Anhörung des Sachverständigen in der mündlichen Verhandlung besteht auch dann, wenn dieser Sachverständige ein **Gutachten auf Antrag eines Beteiligten gemäß § 109 SGG** erstellt hat (vgl. ⊞ BSG Urteil vom 12. April 2000 – B 9 VS 2/99 R = SozR 3-1750 § 411 Nr. 1 = NVwZ-RR 2001, 111). Der Antrag eines Prozessbeteiligten, einen bestimmten Arzt nach § 109 SGG gutachtlich zu hören, kann aber abgelehnt werden, wenn ersichtlich ist, dass er in der Absicht gestellt ist, das Verfahren zu verschleppen. Dabei ist das gesamte Verhalten des Prozessbeteiligten im gerichtlichen Verfahren zu berücksichtigen (⊞ LSG NRW Urteil vom 21. Februar 2006 – L 6 (3) P 4/04, zit. nach JURIS).

296 Das Anhörungsrecht besteht nur hinsichtlich solcher Gutachten, **die im selben Rechtszug erstattet** worden sind (vgl. ⊞ BGH Urteil vom 20. September 1961 – V ZR 46/60 = BGHZ 35, 370 = NJW 1961, 2308; ⊞ BSG Urteil vom 16. Januar 1986 – 4b RV 27/85 = SozR 1750 § 411 Nr. 2). Macht der Beteiligte von seinem Fragerecht nicht innerhalb desselben Rechtszugs Gebrauch, in dem das Gutachten eingeholt worden ist, so kann er die Anhörung des Sachverständigen nur noch verlangen, wenn die Voraussetzungen für eine **notwendige Anhörung** des gerichtlichen Sachverständigen zur Erläuterung seines Gutachtens gemäß § 411 Abs. 3 ZPO vorliegen und die Ablehnung des entsprechenden Antrags durch die nunmehr tätige Instanz **ermessenswidrig** wäre (⊞ BSG Beschluss vom 3. März 1999 – B 9 VJ 1/98 B = SGb 2000, 269).

297 Die **Ladung des gerichtlichen Sachverständigen**, damit dieser sein schriftliches Gutachten erläutere (§ 118 Abs. 1 SGG i. V. m. § 411 Abs. 3 ZPO), steht grundsätzlich **im Ermessen des Tatsachengerichts**. Der Ermessensfreiraum verdichtet sich dann zu einer Verpflichtung des Gerichts zur Ladung des gerichtlichen Sachverständigen, wenn diese beantragt ist und noch **Ermittlungsbedarf** besteht, d. h. wenn sich das Gericht hätte gedrängt fühlen müssen, hinsichtlich des von dem Sachverständigen in seinem schriftlichen Gutachten behandelten Beweisthemas noch weitere Sachaufklärung zu betreiben (⊞ LSG NRW Urteil vom 12. Juni 2002 – L 7 SB 65/02, zit. nach JURIS unter Hinweis auf ⊞ BSG Beschluss vom 3. März 1999 a. a. O.).

Eine Form für die Befragung ist gesetzlich nicht vorgeschrieben, sodass sie sowohl mündlich als auch schriftlich vorgenommen werden kann (⊞ BSG Beschluss vom 24. April 2008 a. a. O.).

f) Ablehnung des Sachverständigen wegen Befangenheit

Ein gerichtlich bestellter Sachverständiger kann auf Antrag eines Prozessbeteiligten **wegen Besorgnis der Befangenheit abgelehnt** werden (§ 118 Abs. 1 Satz 1 SGG i. V. m. § 42, 406 ZPO). 298

Gründe, die zu einer **Ablehnung eines Sachverständigen** führen können und aus der konkreten Untersuchungssituation resultieren, sind **unverzüglich geltend** zu machen, und zwar spätestens innerhalb der 14-tägigen Frist des § 406 Abs. 2 Satz 2 ZPO und nicht erst nach Bekanntgabe des schriftlichen Gutachtens (BayLSG Beschluss vom 10. März 2010 – L 2 VS 14/09 B, zit. nach JURIS).

Über einen derartigen Antrag muss das SG bzw. das LSG gemäß § 406 Abs. 5 ZPO, auf den § 118 Abs. 1 SGG für das sozialgerichtliche Verfahren ebenfalls Bezug nimmt, **unmittelbar nach Anbringung des Ablehnungsgesuchs** in einem von der Endentscheidung getrennten Beschluss – sogar nicht einmal erst in den Gründen der Endentscheidung – befinden. Der Gesetzgeber hat die Frage, ob ein Ablehnungsgrund gegen einen Sachverständigen vorliegt, rasch und endgültig bereinigt sehen wollen und zu diesem Zweck ein besonderes Verfahren mit einer selbstständigen Anfechtbarkeit der Entscheidung eingerichtet. 299

Unterlässt das Gericht, welches das Gutachten verwertet hat, eine solche **gesonderte, der Sachentscheidung vorausgehende Beschlussfassung**, so ist dies rechtsfehlerhaft (vgl. BSG Urteil vom 31. Juli 1975 – 9 RV 540/74 = SozR 1750 § 406 Nr. 1 = Breithaupt 1976, 160 und Beschluss vom 29. April 1982 – 2 BU 42/82 = SozR 1500 § 160 Nr. 48 = Breithaupt 1982, 1014; BAG Urteil vom 31. Mai 1960 – 5 AZR 326/58 = BB 1960, 864; BFH Beschluss vom 17. Februar 1987 – IX R 172/84 = BB 1987, 1592; BGH Urteil vom 14. November 1978 – X ZR 11/75 = MDR 1979, 398, jeweils m. w. Nachw.). Verwertet das Berufungsgericht ein Sachverständigengutachten, ohne über die substantiiert begründete Ablehnung des Sachverständigen zu entscheiden, so liegt darin ein **Verfahrensmangel**, der bei Entscheidungserheblichkeit der betroffenen Tatsachenfeststellung zur **Zurückverweisung** führt (BSG Urteil vom 15. März 1995 – 5 RJ 54/94 = SozR 3-1500 § 170 Nr. 5 = NZS 1995, 575). 300

Ergibt sich der Grund zur Ablehnung des Sachverständigen wegen Besorgnis der Befangenheit **aus dem Inhalt des schriftlichen Gutachtens**, läuft im Allgemeinen die Frist zur Ablehnung des Sachverständigen gleichzeitig mit der vom Gericht gesetzten **Frist zur Stellungnahme** nach § 411 Abs. 4 ZPO ab, wenn sich die Partei zur Begründung des Antrags mit dem Inhalt des Gutachtens auseinandersetzen muss (BGH Beschluss vom 15. März 2005 – VI ZB 74/04 = NJW 2005, 1869). 301

Der **Ablehnungsgrund** kann allerdings **nicht ausschließlich** auf Umstände gestützt werden, die aus dem **sachlichen Inhalt des schriftlichen Gutachtens** des gerichtlichen Sachverständigen abgeleitet werden. Mangel an Sachkunde, Unzulänglichkeiten oder Fehlerhaftigkeit mögen das Gutachten entwerten, rechtfertigen für sich allein aber nicht die Ablehnung des Sachverständigen wegen Befangenheit (vgl. BGH Urteil vom 5. November 2002 – X ZR 178/01 = FF 2003, Sonderheft 1, 101). Rügt der Kläger, der Sachverständige habe das Gutachten erstellt, ohne dass ihm originale Krankenunterlagen oder ärztliche Dokumentationen vorgelegen hätten, er habe die Tatsachen unzureichend erfasst und sei deshalb von einem unrichtigen Sachverhalt ausgegangen, erhebt er den Vorwurf einer **fehlerhaften Gutachtenserstattung aufgrund mangelnder Sorgfalt**. Dieser Vorwurf begründet aber regelmäßig nicht die Besorgnis der Befangenheit, weil er nicht die Unparteilichkeit des Sachverständigen betrifft. Der mangelnden Sorgfalt eines Sachverständigen sehen sich beide Parteien in gleicher Weise ausgesetzt. Das Prozessrecht gibt in den §§ 411, 412 ZPO dem Gericht und den Parteien ausreichende Mittel an die Hand, solche Mängel zu beseitigen und auf ein Gutachten hinzuwirken, das als Grundlage für die gerichtliche Entscheidung geeignet ist (BGH Beschluss vom 15. März 2005 – VI ZB 74/04 = NJW 2005, 1869). 302

303 Ein Sachverständiger, der **in der ersten Instanz im Rahmen der Beweisaufnahme vernommen** worden ist, kann **im Berufungsverfahren nicht** in entsprechender Anwendung des § 41 Nr. 5 oder Nr. 6 ZPO **abgelehnt** werden (LSG Schleswig-Holstein Beschluss vom 23. Juli 2007 – L 7 R 105/06 = NZS 2008, 392 m. w. Nachw.).

g) Beweiswürdigung und -verwertung

304 Ein Richter kann ärztliche Äußerungen kritisch würdigen und sich bei divergierenden Gutachten für eine Auffassung entscheiden. Die **Grenzen freier Beweiswürdigung** sind aber überschritten, wenn er in einer medizinischen Frage trotz fehlender Sachkenntnis seine eigene **abweichende Meinung an die Stelle derjenigen des ärztlichen Gutachtens** setzt. Die Feststellung von **Gesundheitsstörungen auf verschiedenen Fachgebieten** erfordert die Einholung von **entsprechenden Fachgutachten** und kann durch die Anhörung eines Sozialmediziners nicht ersetzt werden (BayLSG Beschluss vom 13. Juni 2006 – L 18 B 351/06 SB, zit. nach JURIS). Will das Tatsachengericht bei der Bildung des Gesamt-GdB von den medizinischen Feststellungen und Einschätzungen eines Sachverständigen abweichen, bedarf es einer eindeutigen Aussage darüber, auf welchem Grund die Abweichung beruht, welche Kompetenz dem Gericht für seine auf medizinischem Gebiet liegende Beurteilung zukommt und worauf diese medizinische Sachkunde gestützt wird (ständ. Rspr. des BSG; vgl. nur Urteil vom 11. November 2004 – B 9 SB 1/03, zit. nach JURIS).

305 Es verstößt gegen den Grundsatz der Amtsermittlung gemäß § 103 SGG, wenn das SG über den Anspruch der Klägerin (hier: Vorliegen des Merkzeichens „B") auf der Grundlage eines durch einen **nicht fachkompetenten Sachverständigen** erstellten Gutachtens entschieden hat, obwohl es sich zur Einholung eines fachärztlichen Gutachtens hätte gedrängt fühlen müssen (Bayer. LSG Urteil vom 5. Juni 2002 – L 18 SB 29/01 = SGb 2002, 618 [Kurzwiedergabe]).

Liegen **unterschiedliche Angaben der behandelnden Ärzte** zu der umstrittenen Gehfähigkeit (Nachteilsausgleich „G") eines Beteiligten vor, muss sich das Gericht zu einer weiteren Beweiserhebung gedrängt fühlen (BSG Beschluss vom 2. Dezember 2010 – B 9 SB 20/10 B, zit. nach JURIS).

306 Ob und in welchem Grad **Gesundheitsstörungen entstellend** wirken, lässt sich regelmäßig nicht nach dem Eindruck eines Sachverständigen oder nach Fotografien beurteilen. Maßgebend ist der unmittelbare Eindruck des Gerichts, den es sich grundsätzlich durch **Augenschein** zu verschaffen hat (BSG Urteil vom 26. Januar 1994 – 9 RV 25/93 = SozR 3-1750 § 372 Nr. 1 = MDR 1994, 812).

307 Beabsichtigt das Gericht, von dem bisherigen Beweisergebnis abzuweichen und im Rahmen der ihm obliegenden abschließenden Einschätzung den GdB höher festzustellen, als es der Sachverständige vorgeschlagen hat, dann entspricht es den Regeln des fairen Verfahrens zur **Vermeidung einer Überraschungsentscheidung**, den davon Betroffenen vorab in Kenntnis zu setzen und ihm die Möglichkeit zu gezielten Einwendungen oder zum Antrag auf mündliche Verhandlung zu geben (LSG NRW Urteil vom 16. Dezember 1998 – L 10 SB 20/98, zit. nach JURIS).

308 Auch wenn **der Zeitablauf zwischen Erstellung eines Gutachtens und gerichtlicher Entscheidung**, die auf das Gutachten gestützt wird, erheblich ist, so ist dies allein kein zwingender Grund für eine weitere Beweiserhebung, solange Anhaltspunkte für eine Verschlechterung des Gesundheitszustands fehlen. Trägt der Kläger jedoch detailliert vor, sein Gesundheitszustand habe sich verschlechtert, so ist dieses Vorbringen beachtlich und muss zu einer weiteren Aufklärung des Sachverhaltes führen (BSG Urteil vom 9. April 2003 – B 5 RJ 34/02 R, zit. nach JURIS).

7. Rechtsmitteleinlegung

Nach § 151 Abs. 1 SGG ist die Berufung beim Landessozialgericht **innerhalb eines Monats nach Zustellung des Urteils** schriftlich oder zur Niederschrift des Urkundsbeamten der Geschäftsstelle einzulegen. Die Berufungsfrist ist nach § 151 Abs. 2 SGG auch gewahrt, wenn die Berufung innerhalb der Frist bei dem Sozialgericht, welches das Urteil erlassen hat, eingelegt wird. Nach § 64 Abs. 1 SGG beginnt der Lauf der Berufungsfrist mit dem Tag nach der Zustellung des Urteils. Die Einhaltung der Berufungsfrist ist von Amts wegen zu prüfen und Zulässigkeitsvoraussetzung für die Berufung (vgl. *Leitherer* in Meyer-Ladewig / Leitherer SGG, 9. Aufl., § 151 Rdnr. 1). 309

Eine **E-Mail wahrt die Berufungsfrist nicht**, weil sie dem gesetzlichen Schriftformerfordernis nicht genügt. Die von § 151 Abs. 1 Satz 1 SGG vorausgesetzte Schriftform verlangt grundsätzlich einen unterschriebenen Schriftsatz, aus dem der Inhalt der Erklärung und die abgebende Person zuverlässig entnommen werden können. Eine einfache E-Mail genügt diesen Anforderungen schon deshalb nicht, weil bei ihr der Absender nicht zuverlässig feststeht. Die Einlegung durch ein elektronisches Dokument gemäß § 65a SGG ist in NRW mangels der erforderlichen Rechtsverordnung noch nicht möglich. Zudem hätte auch dafür eine einfache E-Mail ohne qualifizierte elektronische Signatur nicht ausgereicht (LSG NRW Beschluss vom 12. Juli 2010 – L 13 VS 39/10; ebenso für Bayern BayLSG Urteil vom 9. Juni 2011 – L 9 AL 16/10, zit. nach JURIS). 310

Eine Ausnahme von dem Erfordernis einer eigenhändigen Unterschrift bei einer **Berufungseinlegung durch Telefax** kommt nur dann in Betracht, wenn auf andere Weise gewährleistet ist, dass dem Schriftstück der Inhalt der Erklärung, die abgegeben werden soll, und die Person, von der sie ausgeht, hinreichend zuverlässig entnommen werden kann und feststeht, dass es sich bei dem Schriftstück nicht um einen Entwurf handelt, sondern dass es mit Wissen und Wollen des Berechtigten dem Gericht zugeleitet worden ist (BSG Urteil vom 30. Januar 2002 – B 5 RJ 10/01 R, RdNr. 15 zitiert nach JURIS). Diese Voraussetzungen können durch ein nicht unterschriebenes Telefax ohne Absendervermerk nicht erfüllt werden BayLSG Urteil vom 9. Juni 2011 a. a. O.). 311

Nach § 67 Abs. 1 SGG ist **Wiedereinsetzung in den vorigen Stand** nur zu gewähren, wenn jemand ohne Verschulden verhindert war, eine gesetzliche Verfahrensfrist einzuhalten. Eine gesetzliche Frist ist dann ohne Verschulden versäumt worden, wenn der Beteiligte diejenige Sorgfalt angewandt hat, die einem gewissenhaften Prozessführenden nach den gesamten Umständen nach allgemeiner Verkehrsauffassung vernünftigerweise zuzumuten ist (BSG Urteil vom 31. März 1993 – B 13 RJ 9/92 = BSGE 72, 158). Eine Erkrankung schließt Verschulden nur aus, wenn der Beteiligte so schwer erkrankt ist, dass er außerstande ist, seine Angelegenheiten selbst wahrzunehmen oder einen Dritten hiermit zu beauftragen. Eine solche Verhinderung im Sinne einer Handlungsunfähigkeit muss nicht einmal während der Dauer eines Krankenhausaufenthaltes angenommen werden (BayLSG Beschluss vom 16. März 2006 – L 13 R 757/05 –, zit. nach JURIS, m. w. Nachw.). Vielmehr ist für eine gesundheitsbedingt unverschuldete Fristversäumnis erforderlich, dass der Beteiligte krankheitsbedingt gehindert war, die fristwahrende Handlung selbst vorzunehmen oder eine andere Person damit zu betrauen (LSG NRW Beschluss vom 21. Januar 2009 – L 6 SB 122/08, zit. nach vsb.info.de). 312

Versäumt ein **blinder Mensch** die Berufungsfrist, ist ihm **Wiedereinsetzung** zu gewähren, wenn er nicht auf seinen Anspruch hingewiesen wurde, die **Zugänglichmachung der angefochtenen Entscheidung** verlangen zu können. Nach § 191a Abs. 1 Satz 1 GVG kann eine blinde oder sehbehinderte Person nach Maßgabe der Zugänglichmachungsverordnung verlangen, dass ihr die für sie bestimmten gerichtlichen Dokumente auch in einer für sie wahrnehmbaren Form zugänglich gemacht werden, soweit dies zur Wahrnehmung ihrer Rechte im Verfahren erforderlich ist (BSG Beschluss vom 3. März 2009 – B 1 KR 69/08 B = NZS 2010, 119). 313

8. Aufhebung ohne Sachentscheidung bei weiterem Aufklärungsbedarf

314 Nach § 131 Abs. 5 Sätze 1 und 4 SGG kann das Gericht binnen sechs Monaten seit Eingang der Behördenakten bei Gericht den Verwaltungsakt und den **Widerspruchsbescheid aufheben, ohne in der Sache selbst zu entscheiden**, wenn es eine **weitere Sachaufklärung** für erforderlich hält, nach Art oder Umfang die noch erforderlichen Ermittlungen erheblich sind und die Aufhebung auch unter Berücksichtigung der Belange der Beteiligten sachdienlich ist. Diese Möglichkeit soll dem Gericht eine zeit- und kostenintensive Ermittlung ersparen, die eigentlich der Behörde obliegt, weil nach Beobachtungen der Praxis die erforderliche Sachverhaltsaufklärung von den Verwaltungsbehörden zum Teil unterlassen werde, was zu einer sachwidrigen Aufwandsverlagerung auf die Gerichte führe (vgl. BT-Drucks. 15/1508 – 29; BR-Drucks. 378/03 – 67).

315 Eine **Zurückverweisung** (an die Verwaltungsbehörde) i. S. des § 131 Abs. 5 SGG ist auch bei Leistungs- und Verpflichtungsklagen zulässig (LSG Rheinland-Pfalz Urteil vom 14. Juni 2006 – L 4 SB 24/06; Sächs. LSG Urteil vom 4. Januar 2006 – L 6 U 150/05; LSG NRW Urteil vom 11. Mai 2005 – L 8 RJ 141/04, jeweils zit. nach JURIS; a. A. z. B. *Meyer-Ladewig* in ders. / Keller / Leitherer, SGG, 9. Aufl., § 133 Rdnr. 18; *Bienert* SGb 2005, 84 ff.).

316 Voraussetzung ist aber, dass die begründete Möglichkeit besteht, die noch erforderlichen, erheblichen **Ermittlungen** würden wegen der personellen und sachlichen Ausstattung der Behörde dort **schneller** vor sich gehen als bei Gericht. Weitere Voraussetzung ist, dass die von der Behörde unterlassene Ermittlung wegen des Interesses der Allgemeinheit an einer funktionierenden Verwaltung **nicht mehr hinzunehmen** ist, d. h., wenn die Verwaltung ihre Aufgabe, den Sachverhalt von Amts wegen zu ermitteln, nicht wahrgenommen, sondern unterlassen hat, wenn also keine für die Beurteilung des Streitgegenstandes verwertbare Ermittlung vorliegt und die Sachverhaltsaufklärung der Behörde daher ausgefallen ist. Dies ist nicht nur gegeben, wenn überhaupt keine Sachverhaltsaufklärung erfolgt ist, sondern auch dann, wenn das Ermittlungsergebnis für die Beurteilung des Streitgegenstandes nicht verwertbar ist, weil das Gericht die erforderliche Ermittlung zumindest zum Teil erstmals selbst durchführen muss (LSG Rheinland-Pfalz Urteil vom 14. Juni 2006 a. a. O.). Das ist uneingeschränkt vom Rechtsmittelgericht überprüfbar (Sächs. LSG Urteil vom 4. Januar 2006 a. a. O.; LSG Rheinland-Pfalz Urteil vom 14. Juni 2006 a. a. O.; ebenso *Meyer-Ladewig / Keller / Leitherer* § 131 SGG Rdnr. 19 f.).

9. Kostenentscheidung

a) Erstattung von Auslagen

317 Das Verfahren ist für den behinderten Menschen als Kläger gerichtskostenfrei (§ 183 Satz 1 SGG). Bei der Kostenentscheidung kann es somit nur um die Erstattung von Auslagen, insbesondere Fahrt- und Anwaltskosten, gehen.

Eine **falsche Sachbehandlung**, fehlende oder fehlerhafte Begründung des Bescheids, unrichtige Beratung oder unzutreffende Rechtsmittelbelehrung sind im Rahmen der Kostenentscheidung des **§ 193 SGG** zu berücksichtigen. Gleichermaßen ist das **Verhalten des Klägers** zu würdigen (z. B. verspätete Vorlage einer Vollmacht oder unzureichender Sachvortrag). Für die Kostenentscheidung wesentlich ist ferner, ob sich die **Sach- und Rechtslage nach Erlass des Bescheides** geändert hat; trägt ein Beteiligter dem sofort Rechnung, hat er ggf. keine Kosten zu tragen (LSG NRW Beschluss vom 4. Februar 2002 – L 10 B 30/01 SB, zit. nach JURIS).

318 Denn in Verfahren nach dem Schwerbehindertenrecht ist es unbillig, dem Beklagten das **Kostenrisiko einer nachträglichen Verschlechterung des Gesundheitszustandes** eines Klägers aufzuerlegen, wenn er der Änderung Rechnung trägt und auch ansonsten kein Grund zur Annahme besteht, dass er Veranlassung zur Klageerhebung gegeben habe (LSG NRW Beschluss vom 27. Oktober 2006 – L 6 B 10/06 SB m. w. Nachw. – zit. nach www.vsbinfo.de; LSG Niedersachsen-Bremen Beschluss vom 1. November 2005 – L 13 B 5/05 SB = Breit-

haupt 2006, 436; weitergehend wohl ⊞ Hess. LSG Beschluss vom 7. Februar 2003 – L 12 B 93/02 RJ = NZS 2003, 445 = Breithaupt 2003, 470: sofortiges Anerkenntnis nicht erforderlich; a. A. ⊞ Bay LSG Beschluss vom 3. Juni 2005 – L 15 B 595/04 SB zit. nach JURIS, wenn es sich um eine chronisch fortschreitende Erkrankung handelt). War der angefochtene Bescheid im Zeitpunkt seines Erlasses rechtmäßig und hätte das Sozialgericht die Klage bei sofortiger Entscheidung abweisen müssen, ist es unbillig, dem Beklagten das Risiko einer nachträglichen Verschlechterung des Gesundheitszustandes des Klägers aufzuerlegen.

Der Beklagte ist aber dann an den Kosten des Klägers zu beteiligen, wenn er durch sein Verhalten nach Klageerhebung Einfluss auf die Verfahrensdauer nimmt. Das ist der Fall, wenn eine Änderung im Laufe des Verfahrens eintritt und der Beklagte trotz Kenntnis dieser Änderung keine Bereitschaft zeigt, der Änderung Rechnung zu tragen. Dann hat er zwar keine Veranlassung zur Klageerhebung, wohl aber zur Fortführung des Verfahrens gegeben (⊞ LSG NRW Beschluss vom 4. Februar 2002 a. a. O.). 319

Ein **Anerkenntnis** muss unverzüglich (§ 121 Abs. 1 BGB) abgegeben werden, um kostenrechtlich beachtlich zu sein. Eine angemessene Prüfungsfrist ist der Behörde einzuräumen (⊞ LSG NRW Beschluss vom 4. Februar 2002 a. a. O.). 320

Nach Nrn. 5 und 6 der „Anhaltspunkte" ist **im Verwaltungsverfahren** immer dann eine **Untersuchung der Antragsteller** durchzuführen, wenn die eingeholten Befundberichte nicht ein überzeugendes Bild von der Art und dem Ausmaß aller geltend gemachten Behinderungen vermitteln. Verstößt die Verwaltung gegen diesen Grundsatz, hat sie Anlass zur Klageerhebung gegeben und muss auch dann die außergerichtlichen Kosten der Klägerseite erstatten, wenn die Klage in der Hauptsache erfolglos war (⊞ LSG Berlin Beschluss vom 12. April 2000 – L 11 B 5/00 SB; ⊞ SG Düsseldorf Beschluss vom 12. Dezember 2002 – S 31 SB 550/01 , jeweils zit. nach Rehadat – Informationssystem zur beruflichen Rehabilitation – Recht, abgerufen am 31. Januar 2012). 321

b) Auferlegung von Kosten bei missbräuchlicher Rechtsverfolgung

Die **Auferlegung von Kosten wegen Missbräuchlichkeit der Rechtsverfolgung oder -verteidigung** (§ 192 SGG) setzt vom Vorsitzenden die Darlegung der Missbräuchlichkeit unabhängig davon voraus, ob der Beteiligte die Missbräuchlichkeit kennt oder nicht kennt. Die seitens des Gerichts gegebene Begründung muss für einen einsichtigen Beteiligten nachvollziehbar sein. Hierdurch soll auch der unbelehrbare Beteiligte vor der Kostenfolge einer Fortführung des Rechtsstreits gewarnt werden. Wegen dieser **Warnfunktion** darf der Vorsitzende auch schon bei der vorangegangenen **Belehrung** an der Missbräuchlichkeit einer Fortführung des Rechtsstreits keinen Zweifel lassen (⊞ LSG Sachsen-Anhalt Beschluss vom 1. Juni 2006 – L 7 V 2/06 = NJ 2006, 384 [Ls.], zit. nach JURIS). Die Auferlegung von Kosten nach § 192 SGG setzt allerdings **nicht** voraus, dass der Betroffene zuvor im Termin persönlich über die Missbräuchlichkeit der Fortführung des Verfahrens belehrt wird. Es reicht aus, wenn in einem **Sitzungsprotokoll** darauf verwiesen wird und der unentschuldigt nicht erschienene Betroffene mit der Übersendung des Protokolls rechtliches Gehör erhält. Setzt er dennoch das Verfahren fort, können ihm im nachfolgenden Termin, zu dem er wiederum nicht erscheint, Kosten nach § 192 SGG auferlegt werden (⊞ LSG NRW Urteil vom 21. Februar 2006 – L 6 (3) P 4/04, zit. nach JURIS). 322

Mit Wirkung ab 1. April 2008 setzt durch **Neufassung des § 192 SGG** die Verhängung der Missbrauchsgebühr nach Abs. 1 Nr. 2 der Vorschrift **nicht mehr einen Hinweis in der Verhandlung** voraus. Es genügt, wenn der Hinweis durch eine gerichtliche Verfügung, also **schriftlich, erteilt** wird. Die Verhängung von Verschuldenskosten wird auch bei einer Entscheidung durch Beschluss möglich. 323

Die Beschwerde gegen die Verhängung der Missbrauchsgebühr nach § 192 Abs. 2 SGG (vormals Abs. 1a) ist ausgeschlossen, wenn in der Hauptsache kein Rechtsmittel gegeben ist und der Wert des Beschwerdegegenstandes 200 Euro nicht übersteigt (§ 172 Abs. 3 Nr. 4 SGG). 324

§ 69   Feststellung der Behinderung, Ausweise

325 Wegen offensichtlicher Aussichtslosigkeit ist die Fortführung des Rechtsstreits nur dann missbräuchlich, wenn **tatsächlich keine andere Rechtsauffassung oder Würdigung der erheblichen Tatsachen vertretbar ist** (LSG Sachsen-Anhalt Beschluss vom 1. Juni 2006 a. a. O.).

326 In Anlehnung an die Rechtsprechung des BVerfG zu § 34 Abs. 2 BVerfGG – vgl. z. B. Kammerbeschluss vom 6. November 1995 – 2 BvR 1806/95 = NJW 1996, 1273) ist ein Missbrauch im Sinne des § 192 SGG dann gegeben, wenn eine Rechtsverfolgung offensichtlich unzulässig oder unbegründet ist und sie **von jedem Einsichtigen als völlig aussichtslos angesehen** werden muss. Der Tatbestand der „offensichtlichen Aussichtslosigkeit" ist ein Unterfall der „Missbräuchlichkeit" der Rechtsverfolgung (BT-Drucks. 14/6335 S. 35). Eine vom SG ohne großen Aufwand begründbare Klageabweisung ist nicht schon mit der völligen Aussichtslosigkeit der Klage gleichzusetzen (Sächs. LSG Urteil vom 31. März 2005 – L 2 U 124/04, zit. nach JURIS).

327 Die Missbräuchlichkeit der Rechtsverfolgung ist zudem auch und vor allem durch ein **subjektives Handlungselement** geprägt. Die Auferlegung von Kosten kommt nur in Betracht, wenn sich der Beteiligte der Missbräuchlichkeit seiner Rechtsverfolgung bewusst ist oder sie bei gehöriger Anstrengung zumindest erkennen kann. Abzustellen ist dabei auf die (objektivierte) **Einsichtsfähigkeit eines vernünftigen Verfahrensbeteiligten** und damit auf den „Einsichtigen" im Sinne der ständigen Rechtsprechung des BVerfG. Es kommt nicht auf die konkrete subjektive Sicht des erstmalig und mit seinem einzelnen gelagerten Fall betroffenen Beteiligten an. Anders als beim Begriff des „Mutwillens", der bereits nach dem Wortlaut ein subjektives Element enthält, ist nach der neuen Fassung des § 192 SGG für den Missbrauch nicht mehr erforderlich, dass der Beteiligte subjektiv weiß, die Rechtsverfolgung sei aussichtslos und er führe nun entgegen besserer Einsicht den Prozess weiter (Sächs. LSG Urteil vom 31. März 2005 a. a. O.; LSG Baden-Württemberg Urteil vom 12. Juli 2006 – L 5 KR 4868/05, zit. nach JURIS).

328 Spiegelbildlich zu dieser Regelung kann seit 1. April 2008 **auch missbräuchliches vorprozessuales Verhalten der Behörde sanktioniert** werden: Durch gesonderten Beschluss kann das Gericht der Behörde ganz oder teilweise die Kosten auferlegen, die dadurch verursacht werden, dass sie erkennbare und notwendige Ermittlungen im Verwaltungsverfahren unterlassen hat, die im gerichtlichen Verfahren nachgeholt wurden (§ 192 Abs. 4 SGG).

10. Prozesskostenhilfe und Anwaltsgebühren

a) Prozesskostenhilfebewilligung im Schwerbehindertenrecht

329 Einem Unbemittelten ist in einem Rechtsstreit auf Prozesskostenhilfeantrag ein Rechtsanwalt beizuordnen, wenn die Vertretung durch einen **Rechtsanwalt erforderlich** erscheint. Erforderlichkeit kann nicht im Hinblick darauf verneint werden, dass es sich um ein Verfahren nach dem Schwerbehindertenrecht handelt. In einem solchen Verfahren sind nämlich sowohl eine **medizinische als auch eine rechtliche Würdigung des Sachverhalts notwendig.** Auch ein Bemittelter würde deshalb vernünftigerweise einen Rechtsanwalt mit der Wahrnehmung seiner Interessen beauftragen. Der Amtsermittlungsgrundsatz steht nicht entgegen; denn die Aufklärungs- und Beratungspflicht des Anwalts geht über die Reichweite der Amtsermittlungspflicht des Richters hinaus (LSG NRW Beschluss vom 2007 – L 7 B 19/07 SB, zit. nach Sozialrecht online 6/2007).

b) Geschäftsgebühr im Verwaltungsverfahren

330 Die **Höhe der Vergütung des Rechsanwalts** für ein Tätigwerden im Verwaltungsverfahren bestimmt sich nach dem VV, das dem RVG als Anlage 1 angefügt ist. Nach Abschnitt 4 (Vertretung in bestimmten sozialrechtlichen Angelegenheiten) Nr. 2500 des VV beträgt die **Geschäftsgebühr in sozialrechtlichen Angelegenheiten**, in denen im gerichtlichen Verfahren Betragsrahmengebühren entstehen (§ 3 RVG), **40 bis 520 Euro**. Im Normalfall, also

wenn die Bedeutung der Angelegenheit, der Umfang und die Schwierigkeit der anwaltlichen Tätigkeit sowie die Vermögens- und Einkommensverhältnisse des Auftraggebers nach den Kriterien des § 14 Abs. 1 S. 1 RVG durchschnittlich sind, ist die **Mittelgebühr von 280 Euro** wegen des Zusatzes zu VV 2500 aber nur anzusetzen, **wenn Umfang oder Schwierigkeit über dem Durchschnitt** liegen. Die Einschränkung des Zusatzes zu VV 2500 bei „durchschnittlichen" Fällen greift damit nicht ein, wenn die anwaltliche „Tätigkeit umfangreich oder schwierig" war. War sie es nicht, ist statt der Regelmittelgebühr die **„Schwellengebühr" von 240 Euro** als „billig" i. S. des § 14 Abs. 1 Satz 1 RVG anzusetzen (LSG Rheinland-Pfalz Urteil vom 8. März 2006 – L 4 SB 174/05, zit. nach JURIS).

Die Schwellengebühr hat die **Mittelgebühr nicht ersetzt**. Die Einführung der Schwellengebühr hat aber zur Folge, dass die in einem ersten Schritt, ausgehend von der Mittelgebühr, zu bestimmende Gebühr in einem zweiten Schritt in Höhe des Schwellenwertes gekappt wird, wenn weder der Umfang noch die Schwierigkeit der anwaltlichen Tätigkeit mehr als durchschnittlich sind (BSG Urteil vom 1. Juli 2009 – B 4 AS 21/09 R = BSGE 104, 30 = SozR 4-1935 § 14 Nr. 2, dort Rdnr. 16). **331**

Bei der Einordnung, ob die **rechtliche Schwierigkeit einer anwaltlichen Tätigkeit durchschnittlich** bzw. über- oder unterdurchschnittlich ist, ist es nicht angebracht, nach einzelnen Rechtsgebieten bzw. Teilrechtsgebieten zu differenzieren (BSG Urteil vom 1. Juli 2009 a. a. O.). Abzustellen ist also in jedem Rechtsgebiet auf den konkreten Einzelfall unter Berücksichtigung aller Umstände (BSG Urteil vom 5. Mai 2010 – B 11 AL 14/09 R = AGS 2011, 27 m. w. Nachw.). **332**

Eine **überdurchschnittlich schwierige Tätigkeit des Rechtsanwalts** kommt in Betracht, wenn erhebliche, sich üblicherweise nicht stellende Probleme auftreten, die sowohl im tatsächlichen als auch im juristischen Bereich liegen können. Abzustellen ist auf einen Rechtsanwalt, der sich bei Wahrnehmung des Mandats darauf beschränken kann und darf, den Fall mit den einschlägigen Rechtsvorschriften, gegebenenfalls unter Heranziehung von Rechtsprechung und Literatur, zu bearbeiten (BSG Urteil vom 5. Mai 2010 a. a. O.).

Der Umfang der anwaltlichen Tätigkeit ist ferner als überdurchschnittlich anzusehen, wenn ein Widerspruchsverfahren überdurchschnittlich lang dauert. Als Anhaltspunkt für die überdurchschnittliche Dauer kann dabei § 88 Abs. 2 SGG dienen. Diese Vorschrift geht von einer vom Gesetzgeber im Regelfall für angemessen erachteten Frist zur Bearbeitung des Widerspruchs von drei Monaten aus (LSG NRW Urteil vom 6. Februar 2008 – L 10 (6) P 61/07, zit. nach Sozialrecht online 3/2008). **333**

c) Erledigungsgebühr

Die **Einlegung und Begründung des Widerspruchs genügt nicht, die Erledigungsgebühr** entstehen zu lassen. Daneben ist ein weiteres, gezielt auf die einvernehmliche Beilegung des Streites gerichtetes Tätigwerden des Rechtsanwalts erforderlich (BSG Urteil vom 7. November 2006 – B 1 KR 23/06 R = NZS 2007, 612 = JurBüro 2007, 584 m. w. Nachw.; BSG Urteil vom 21. März 2007 – B 11a AL 53/06 R = SGb 2007, 291). Diese **qualifizierte erledigungsgerichtete Mitwirkung muss** über das Maß hinausgehen, das schon durch den allgemeinen Gebührentatbestand für das anwaltliche Auftreten im Widerspruchsverfahren abgegolten wird (BSG Urteil vom 5. Mai 2010 – B 11 AL 14/09 R = AGS 2011, 27 m. w. Nachw.). **334**

Das ergibt sich aus dem Wortlaut der Nr. 1005 VV RVG, ihrem systematischem Zusammenhang mit vergleichbaren Gebührenpositionen, Sinn und Zweck der Regelung sowie ihrer Entstehungsgeschichte (vgl. näher hierzu BSG Urteil vom 7. November 2006 a. a. O.). Weder das Beschaffen von Verwaltungsvorschriften noch die Akteneinsicht stellen insoweit eine die Erledigungsgebühr rechtfertigende anwaltliche Tätigkeit dar (LSG NRW Urteil vom 31. Mai 2007 – L 16 KR 229/06, zit. nach JURIS).

335 Eine derartige Mitwirkung kann aber vorliegen, wenn ein **Anwalt den Mandanten mühsam davon überzeugen muss**, dass Anerkenntnis der Gegenseite anzunehmen (LSG NRW Urteil vom 23. März 2010 – L 6 SB 64/09, zit. nach JURIS).

Bei einem **Teilanerkenntnis und einer Teilrücknahme** besteht die qualifizierte erledigungsgerichtete Mitwirkung ggf. darin, dass der **Anwalt dahingehend auf seinen Mandanten einwirkt**, dass dieser das Verfahren bezüglich des nicht anerkannten Teiles seines Anspruchs nicht weiterverfolgt (SG Oldenburg Beschluss vom 21. Juni 2007 – S 10 SF 103/07, zit. nach JURIS).

d) Terminsgebühr

336 Die anwaltliche **Terminsgebühr nach Nr. 3106 VV RVG** entsteht für die Vertretung in einem Verhandlungs-, Erörterungs- oder Beweisaufnahmetermin sowie bei der Wahrnehmung eines von einem gerichtlich bestellten Sachverständigen anberaumten Termins. Sie entsteht ferner für die Mitwirkung an Besprechungen ohne Beteiligung des Gerichts, die auf die Vermeidung oder Erledigung des Verfahrens gerichtet sind. Auch entsteht die Gebühr, wenn in einem Verfahren, für das mündliche Verhandlung vorgeschrieben ist, im Einverständnis mit den Parteien **ohne mündliche Verhandlung entschieden** wird oder nach § 105 Abs. 1 SGG eine Entscheidung ohne mündliche Verhandlung durch Gerichtsbescheid ergeht. Die Gebühr entsteht schließlich auch, wenn das Verfahren **nach angenommenem Anerkenntnis ohne mündliche Verhandlung** endet. Denn nach § 101 Abs. 2 SGG erledigt auch das angenommene Anerkenntnis des geltend gemachten Anspruchs den Rechtsstreit in der Hauptsache. Bis zum Inkrafttreten des RVG hatte der Rechtsanwalt nach § 116 Abs. 1 BRAGebO in diesen Fällen eine angemessene Betragsrahmengebühr ohne Kürzung erhalten. Das RVG trägt dem Rechnung, indem es dem Rechtsanwalt nach Nr. 3104 Anm. 1 Abs. 2 und Nr. 3106 Anm. Nr. 3 VV die Terminsgebühr zuerkennt. Mit Regelung der Terminsgebühr nach Anerkenntnis ohne mündliche Verhandlung verfolgt der Gesetzgeber das Ziel, möglichst frühzeitig gütliche Einigungen zu fördern (vgl. hierzu *Wendt* AnwBl 2005, 722). Hingegen entsteht die Terminsgebühr **nicht bei schriftsätzlicher Annahme eines Vergleichsangebots** (LSG NRW Beschluss vom 10. Mai 2006 – L 10 B 13/05 SB, zit. nach JURIS).

e) Höhe der Verfahrens- und der Terminsgebühr

337 Für die **Höhe der Verfahrens- und der Terminsgebühr** sind die Kriterien des § 14 RVG jeweils gesondert zu prüfen (Schleswig-Holst. LSG Beschluss vom 12. September 2006 – L 1 B 320/05 SF SK = SchlHA 2006, 443). Die Terminsgebühr vor den Sozialgerichten ist in Höhe der **Mittelgebühr** festzusetzen, wenn die Verhandlung – mit oder ohne Beweisaufnahme – 50 Minuten gedauert hat und Besonderheiten des Einzelfalles nicht hervorgetreten sind (Schleswig-Holst. LSG Beschluss vom 12. September 2006 a. a. O.).

338 Bei **Erledigung durch Anerkenntnis ohne mündliche Verhandlung** entsteht eine fiktive Verhandlungsgebühr. Hierfür knüpft die einschlägige Vorschrift (§ 2 Abs. 2 Satz 1 Anl. 1 – Vergütungsverzeichnis – VV-RVG – Nr. 3106 Ziff. 3) nicht an die Verfahrensgebühr an und führt nicht automatisch zur Mindestgebühr, vielmehr ist der **volle Gebührenrahmen eröffnet** (SG Lüneburg Beschluss vom 7. Mai 2007 – S 15 SF 48/06, zit. nach JURIS). Bei der Bestimmung der Angemessenheit dieser fiktiven Verhandlungsgebühr ist jedoch zu beachten, dass der **anwaltliche Aufwand** für einen Termin, in dem lediglich ein schriftsätzlich abgegebenes Angebot hätte angenommen werden müssen, **weit unterdurchschnittlich** ist (SG Lüneburg Beschluss vom 7. Mai 2007 a. a. O.).

339 Eine **fiktive Terminsgebühr von mehr als der Hälfte der Mittelgebühr** der Nr. 3106 VV-RVG ist nach § 14 Abs. 1 RVG **unbillig**, wenn der **Umfang der anwaltlichen Tätigkeit weit unterdurchschnittlich** und die Schwierigkeit nicht durchschnittlich sind, auch wenn die übrigen Kriterien sich im Durchschnitt halten. Der Schwierigkeitsgrad eines Rechtsstreits, in dem es um die **Zuerkennung der Schwerbehinderteneigenschaft** geht, ist unter Berück-

sichtigung der sonstigen bei dem Sozialgerichten zu behandelnden Streitigkeiten unterdurchschnittlich, wenn nicht ein ausführliches schriftliches Sachverständigengutachten auszuwerten und zu erörtern ist (⌂ SG Lüneburg Beschluss vom 7. Mai 2007 a. a. O.).

Eine **Kürzung der Verfahrensgebühr** auf 170 Euro mit der Begründung, dass die Prozesskostenhilfebewilligung und die **Beiordnung** erst ab einem Zeitpunkt nach Klageerhebung wirken, ist nicht gerechtfertigt. Mit seiner Beiordnung hat der Anwalt ein normales Klageverfahren in zeitlich gedrängter Weise zu führen. Im Übrigen ist eine mit dem Zeitpunkt der Beiordnung begründete Kürzung der Verfahrensgebühr ohnehin nicht zulässig, denn das Rechtsanwaltsvergütungsgesetz bietet keine Grundlage für eine Betrachtungsweise, die auf eine Quotelung der Gebühr hinauslaufen würde. Insbesondere lässt sich eine solche Kürzung nicht darauf stützen, dass bei der Abwägung nach § 14 Abs. 1 Satz 1 RVG auch der Umfang der anwaltlichen Tätigkeit zu berücksichtigen ist. Bei der Beurteilung des Umfangs der anwaltlichen Tätigkeit ist der im gesamten Verfahren aufgewendete Arbeits- und Zeitaufwand zu würdigen, nicht nur der Arbeits- und Zeitaufwand nach dem Wirksamwerden der Beiordnung (⌂ BayLSG Beschluss vom 25. August 2010 – L 15 SF 131/10 B E, zit. nach JURIS). 340

Für das **Entstehen der Terminsgebühr** reicht nicht aus, dass das Gericht im Einverständnis der Parteien nach § 124 Abs. 2 SGG ohne mündliche Verhandlung durch Urteil entscheidet, oder wenn ohne eine mündliche Verhandlung nach § 105 SGG ein Gerichtsbescheid ergeht, oder das Verfahren nach § 101 Abs. 2 SGG nach einem vom Kläger angenommenen Anerkenntnis des/der Beklagten ohne eine mündliche Verhandlung endet (⌂ Bayer. LSG Beschluss vom 22. Juni 2007 – L 15 B 200/07 P KO, zit. nach Sozialrecht online 5/2007). Eine **Terminsgebühr fällt nicht an**, wenn in einem Verfahren vor dem Sozialgericht, für das eine mündliche Verhandlung vorgesehen ist, ein **schriftlicher Vergleich** geschlossen wird. Das ergibt sich aus der Gesetzesbegründung in BT-Drucks. 15/1971 S. 212 (⌂ LSG NRW Beschluss vom 29. August 2007 – L 2 B 13/06 KN, zit. nach JURIS). Eine planwidrige ausfüllungsbedürftige Regelungslücke besteht nicht. Deshalb ist eine analoge Anwendung der Nummern 3202, 3104 VV ausgeschlossen (⌂ LSG NRW Beschluss vom 29. August 2007 a. a. O.). 341

f) Kostenerstattung auch für Nichtanwälte (z. B. Verbandsvertreter) als Bevollmächtigte

§ 63 Abs. 2 SGB X ist als eine begünstigende Spezialregelung für die darin angesprochenen Bevollmächtigten in dem Sinne zu sehen, dass die auf der Grundlage einer gesetzlichen Gebührenordnung berechneten Gebühren immer als „notwendig für die Rechtsverfolgung", also als erstattungsfähig anzuerkennen sind, sofern es notwendig war, einen entsprechenden Bevollmächtigten hinzuzuziehen. Die Vorschrift bestimmt mithin nicht abschließend, dass nur für diese Bevollmächtigten auf Zeit- und Arbeitsaufwand beruhende Kosten erstattungsfähig sind. Vielmehr kann bei anderen **Bevollmächtigten** auf § 63 Abs. 1 Satz 1 SGB X als **allgemeine Regelung** für die Kostenerstattung zurückgegriffen werden. Kosten, die durch die Beauftragung anderer als durch Abs. 2 erfasster Bevollmächtigter entstehen, sind mithin unter dem Tatbestandsmerkmal der **„notwendigen Aufwendungen"** des Abs. 1 zu prüfen (⌂ BSG Urteil vom 29. März 2007 – B 9a SB 6/05 R = SGb 2008, 181 m. zust. Anm. *Groß* = Breithaupt 2008, 166 = SozR 4-1300 § 63 Nr. 6 unter Abweichung von ⌂ BSG Urteil vom 24. April 1996 – 5 RJ 44/95 = BSGE 78, 159). 342

11. Verwaltungsrechtsweg für Akteneinsicht und Sachverständigenaufsicht

Für Klagen, die wegen verweigerter Akteneinsicht und angeblich nicht oder unzulänglich ausgeübter Fachaufsicht über ärztliche Sachverständige im Verwaltungsverfahren nach dem SGB IX gegen die Landesärztekammer erhoben werden, ist nicht der Sozialgerichtsweg, sondern der Rechtsweg zu den allgemeinen Verwaltungsgerichten eröffnet (⌂ LSG Sachsen-Anhalt Beschluss vom 16. Oktober 1995 – L 1 S 35/95 = JMBl. LSA 1996, 92 [93]). 343

IV. Literatur

Benz, Manfred, Die Festsetzung des Gesamt-GdB (Schwerbehindertenrecht) und der Gesamt-MdE (gesetzliche Unfallversicherung), SGb 2009, 699

Benz, Manfred, Der Grad der Behinderung (GdB) im Schwerbehindertenrecht bei Mehrfachbehinderungen, SGb 2011, 625

Birnbaum, Ralf, Die Voraussetzungen für die Gewährung des Merkzeichens „H" anhand der Rechtsprechung, SGb 2011, 630

Braun, Werner, Wie sich der „Gesamt-GdB" zusammensetzt – Zu den Anhaltspunkten im Schwerbehindertenrecht, SuP 2006, 249

Bürck, Harald, Die Merkzeichen im Schwerbehindertenrecht, ihre rechtlichen Voraussetzungen und Vorteile, ZfS 1998, 97

Dolata, Ralf, Die Grundlagen für die Feststellung eines Grades der Behinderung im Schwerbehindertenrecht und die Frage: Ist die Festsetzung eines Grades der Behinderung ein Anachronismus oder ein unabdingbar notwendiges Kriterium zur Schaffung von Einzelfallgerechtigkeit?, BehindertenR 2004, 1

Gaa-Unterpaul, Birgitta, Die Nachteilsausgleiche nach dem Sozialgesetzbuch – Neuntes Buch (SGB IX) unter Berücksichtigung der jüngeren Rechtsprechung des BSG, NZS 2002, 406

Gagel, Alexander, Rückwirkende Entscheidungen über Schwerbehinderung, Schwerbehindertenausweis sowie Merkzeichen und ihre Folgen, BehindertenR 2009, 189

Griebel, Wolfgang / **Dahm**, Dirk Einige Anmerkungen zur Versorgungsmedizin-Verordnung (VersMedV) – auch unter Berücksichtigung neuer Rechtsprechung, WZS 2010, 69

Hansen, Hans-Georg, „Hilflosigkeit" im Schwerbehindertenrecht, BehindertenR 2007, 157

Jaritz, Susanne / **Koss**, Michael, SGB IX (Schwerbehindertenrecht) – Einschränkung der Gehfähigkeit und Nachteilsausgleiche im Spiegel der Rechtsprechung, MEDSACH 2006, 227

Kleinschmidt, Joachim Th. / **Kleinschmidt**, Jürgen G., Die Begutachtung der Osteopenie / Osteoporose im Schwerbehindertenrecht, MEDSACH 2002, 19

Knickrehm, Sabine, Die Feststellungen nach § 69 SGB IX im Lichte des „modernen" Behinderungsbegriffs, SGb 2008, 220

Kube, Hanno, Komplementarität und Eigenständigkeit – Zum Verhältnis zwischen Steuerrecht und Sozialrecht am Beispiel von § 33b Abs. 6 EStG (Bespr. zu BSG Urteil vom 12. Februar 2003, BehindertenR 2003, 148 = SozR 4-3250 § 69 Nr. 1), NZS 2004, 458

Losch, Eberhard, Anmerkungen zur gutachtlichen Beurteilung von malignen Tumoren im HNO-Gebiet nach dem Schwerbehindertenrecht, MEDSACH 2002, 17

Losch, Eberhard, Die Bildung des Gesamt-GdB bei Begutachtungen nach dem Schwerbehindertenrecht, MEDSACH 2008, 236

Mälicke, Jürgen, Schwerbehindertenrecht – GdB-Festsetzung – Anwendbarkeit der AHP 1996 – neuere Erkenntnisse der medizinischen Wissenschaft – konkreter Hinweis – Prüfung der AHP, Anm. zu dem Urteil des BSG vom 18. September 2003 – B 9 SB 3/02 R = SGb 2004, 378 in SGb, 2004, 382

Masuch, Peter, Die Beeinträchtigung der Teilhabe in der Gesellschaft – Die Rechtsprechung des Bundessozialgerichts auf dem Weg zum neuen Behinderungsbegriff, Festschrift 50 Jahre Bundessozialgericht, 2004, S. 199

Ockenga, Edzard, Demokratiedefizit des SGB IX und antizipiertes Sachverständigengutachten, ZfSH/SGB 2004, 587

Palm, Ulrich, Schwerbehindertenrecht – Merkzeichen H – Beurteilung der Hilflosigkeit – Hilfebedarf – berücksichtigungsfähige Verrichtungen – wirtschaftlicher Wert der Hilfeleistung – täglicher Zeitaufwand – Bereitschaftszeiten (Anm. zum Urteil des BSG vom 12. Februar 2003 – B 9 SB 1/02 R), SGb 2003, 702

Raddatz, G. Umweltbezogene Krankheiten – Begutachtung nach dem Schwerbehindertenrecht (SGB IX) MEDSACH 2001, 230

Rösner, Norbert, Das professionelle Gutachten – Besonderheiten im sozialen Entschädigungsrecht und Schwerbehindertenrecht, MEDSACH 2008, 111

Schimanski, Werner, Die Crux mit den leichten Behinderungen, BehindertenR 2005, 6

Schorn, Ulrich, Anhaltende Versäumnisse des Gesetzgebers – Der Grad der Behinderung im SGB IX, SozSich 2002, 127

Schumacher, Norbert, Zu den Voraussetzungen für die Anerkennung des gesundheitlichen Merkmals Hilflosigkeit (Merkzeichen „H") – Anm. zum Urteil des BSG vom 12. Februar 2003 – B 9 SB 1/02 R = RdLH 2003, 84 –, RdLH 2003, 85

Siegmann, N., Computergestützte Beurteilung behinderter Menschen in Frage gestellt, VersorgVerw 2005, 46

Steinäcker, Harald von, Rückwirkende Feststellungen der Versorgungsverwaltung im Schwerbehindertenrecht, BehindertenR 2006, 98

Straßfeld, Elisabeth, Kriterien für die GdB-Bildung, SGb 2003, 613

Straßfeld, Elisabeth, Aufhebung und Rücknahme von Bescheiden nach § 69 SGB IX, SGb 2003, 88

Straßfeld, Elisabeth, Der Nachteilsausgleich „aG", VersorgVerw 2003, 21

Ungewitter, Siegfried / **Widmann**, Theo, Faire Anwendung der „Anhaltspunkte" ist möglich – Software kann das Problem der verschiedenen Bewertung lösen, SuP 2004, 767

Wendtlandt, Carsten, Schwerbehindertenrecht – GdB-Festsetzung – Teilhabe am Leben in der Gesellschaft – Finalitätsprinzip – Zustand nach Tumorentfernung – Heilungsbewährung – abgrenzbare und nennenswerte Schäden an anderen Organen, SGb 2010, 376

Wolber, Kurt, Die Schwerbehindertenvertretung als Verbindungsstelle zu den Versorgungsämtern und Rehabilitationsträgern, ZBVR 2003, 186

Wolber, Kurt, Kritische Betrachtung der Festsetzung des Gesamtgrades der Behinderungen, ZBVR 2004, 20

Anhang zu § 69 SGB IX

Rücknahme und Änderung von Feststellungsbescheiden nach § 69 Abs. 1 bis 4 SGB IX

Wird eine bestimmte Höhe des GdB nach § 69 Abs. 1 bis 3 SGB IX festgestellt, ist der entsprechende Bescheid ein **begünstigender Verwaltungsakt mit Dauerwirkung** (BSGE 79, 223 = SozR 3-1300 § 48 Nr. 57 m. w. Nachw.) Dasselbe gilt für einen Feststellungsbescheid, mit dem das Vorliegen der gesundheitlichen Voraussetzungen für einen Nachteilsausgleich nach § 69 Abs. 4 SGB IX festgestellt wird (BSGE 60, 287 = Breithaupt 1987, 86). Es handelt sich jeweils um eine Statusentscheidung mit feststellendem Charakter, die keine Sozialleistung i. S. von § 11 SGB I gewährt (BSGE 89, 79 = SozR 3-3870 § 59 Nr. 1 m. w. Nachw.).

Die Rücknahme und die Änderung eines solchen Feststellungsbescheids richten sich nach den Vorschriften der **§§ 44, 45, 48 SGB X** (vgl. z. B. BSGE 60, 287 = BehindertenR 1987, 86; BSGE 69, 14 = SozR 3-1300 § 44 Nr. 3).

§ 69　Rücknahme und Änderung von Feststellungsbescheiden

Uneingeschränkt möglich ist die Rücknahme zugunsten des Betroffenen bei zulässigem Wiederaufgreifen des Verwaltungsverfahrens **entsprechend § 51 VwVfG**, d. h. bei neuen günstigen Beweismitteln oder bei Vorliegen eines Wiederaufnahmegrundes nach **§ 580 ZPO** (BSGE 88, 75 SozR 3-2200 § 1265 Nr. 20).

ÜBERSICHT

1 Änderung des Feststellungsbescheids zum Nachteil des behinderten Menschen (Rdnr. 1)
  1.1 Rücknahme eines Feststellungsbescheids nach § 45 SGB X
    1.1.1 Allgemeine Voraussetzungen (Rdnr. 2)
      a) Rechtswidrigkeit des Bescheids im Erlasszeitpunkt (Rdnrn. 3–12)
      b) Ordnungsgemäße Interessenabwägung (Rdnrn. 13–15)
      c) Einwandfreie Ermessensausübung (Rdnrn. 16–18)
      d) Wahrung der Fristen gem. § 45 Abs. 3 und 4 SGB X (Rdnrn. 19–22)
      e) Einhaltung der Verfahrensvorschriften, insbesondere zur Anhörung (Rdnrn. 23–32)
    1.1.2 Umdeutung der Rücknahme in Aufhebung (Rdnr. 33)
    1.1.3 Wirkung des Rücknahmebescheids (Rdnr. 34)
    1.1.4 Gerichtliche Anfechtung des Rücknahmebescheids (Rdnr. 35)
  1.2 Aufhebung des Feststellungsbescheides nach § 48 Abs. 1 Satz 1 SGB X
    1.2.1 Allgemeine Voraussetzungen (Rdnr. 36)
      a) Änderung im Gesundheitszustand des Betroffenen (Rdnrn. 37–44)
      b) Änderung infolge Zeitablaufs (Rdnrn. 45–49)
      c) Änderung gesetzlicher Vorschriften oder der „Anhaltspunkte" (Rdnrn. 50–53)
    1.2.2 Beweislast für Änderung (Rdnrn. 54–55)
    1.2.3 Verwirkung der Änderungsbefugnis durch die Verwaltung (Rdnrn. 56–57)
    1.2.4 Verböserungsverbot im Rechtsbehelfsverfahren (Rdnrn. 58–60)
    1.2.5 Anhörung des Betroffenen vor Änderung (Rdnr. 61)
    1.2.6 Keine Umdeutung der Aufhebung in Rücknahme (Rdnr. 62)
    1.2.7 Wirkung des Aufhebungsbescheids (Rdnrn. 63–66)
    1.2.8 Gerichtliche Anfechtung
      a) Klageart (Rdnrn. 67–68)
      b) Maßgeblicher Beurteilungszeitpunkt (Rdnr. 69)
      c) Klageänderung (Rdnrn. 70–71)
2 Änderung eines Feststellungsbescheides zugunsten des behinderten Menschen (Rdnr. 72)
  2.1 Erhöhung des GdB wegen nachträglicher Änderung der Verhältnisse nach § 48 Abs. 1 Satz 1 SGB X (Rdnr. 73)
    2.1.1 Allgemeine Voraussetzungen (Rdnr. 74)
      a) Änderung des Gesundheitszustandes und der Funktionsbeeinträchtigungen (Rdnrn. 75–80)
      b) Änderung der GdB-Bewertung (Rdnr. 81)
    2.1.2 Verböserungsverbot hinsichtlich nicht angefochtener Feststellungen (Rdnr. 82)
    2.1.3 „Abschmelzung" bei ursprünglich zu hoch angesetztem GdB (Rdnrn. 83–85)
    2.1.4 Rechtsmittel gegen Ablehnung der Erhöhung des GdB (Rdnrn. 86–87)
  2.2 Erhöhung des GdB ohne Änderung der Verhältnisse
    2.2.1 Anwendbare Vorschrift (Rdnr. 88)
    2.2.2 Allgemeine Voraussetzungen (Rdnr. 89)
    2.2.3 Rückwirkende Rücknahme als Ermessensentscheidung (Rdnrn. 90–92)
    2.2.4 Rechtsmittel gegen Ablehnung der Rücknahme (Rdnrn. 93–94)

2.3 Wiederaufgreifen eines abgeschlossenen Verwaltungsverfahrens auf Antrag des Betroffenen entsprechend § 51 VwVfG (Rdnrn. 95–97)
2.4 Restitutionsklage (Rdnr. 98)

1. Änderung des Feststellungsbescheids zum Nachteil des behinderten Menschen

Ein Feststellungsbescheid nach § 69 SGB IX kann durch einen „Herabsetzungsbescheid" oder „Entziehungsbescheid" zu Ungunsten eines behinderten Menschen geändert werden. Das ist der Fall, wenn die GdB-Höhe herabgesetzt oder ein Nachteilsausgleich entzogen wird. Eine solche Änderung ist nur zulässig unter den Voraussetzungen des § 45 oder § 48 Abs. 1 Satz 1 SGB X, also durch Rücknahme oder Aufhebung des Feststellungsbescheids.

1.1 Rücknahme eines Feststellungsbescheids nach § 45 SGB X

1.1.1 Allgemeine Voraussetzungen

Die Rücknahme eines Feststellungsbescheids nach § 45 SGB X ist rechtmäßig, wenn
a) der Bescheid zum Zeitpunkt seines Erlasses rechtswidrig war,
b) die Interessenabwägung nach § 45 Abs. 3 Satz 1 SGB X ordnungsgemäß vorgenommen wurde,
c) das Ermessen einwandfrei ausgeübt wurde,
d) die Fristen des § 45 Abs. 3 und Abs. 4 SGB X gewahrt worden sind und
e) die Verfahrensvorschriften, insbesondere § 24 SGB X, eingehalten worden sind.

a) Rechtswidrigkeit des Bescheids im Erlasszeitpunkt

Eine Rücknahme ist nur zulässig, wenn der Feststellungsbescheid zum Zeitpunkt seines Erlasses rechtswidrig war. Hierfür trägt die **Versorgungsverwaltung** die volle **Beweislast**. Es genügt nicht, dass sie einen solchen Feststellungsbescheid nach neuerem Erkenntnisstand nicht mehr erlassen würde. Vielmehr darf der Bescheid unter keinem rechtlichen Gesichtspunkt haltbar sein (BSG BehindertenR 1991, 47 = SozR 3870 § 4 Nr. 3).

Wird ein GdB bei einer späteren Untersuchung niedriger bewertet als bei einer früheren Festsetzung, ist **zu vermuten**, dass dies auf eine **Besserung** und nicht auf einen Fehler bei der vorangegangenen Festsetzung zurückzuführen ist. Bis zum Beweis des Gegenteils ist der **Erfahrungssatz** zugrunde zu legen, dass die Festsetzung eines GdB zutreffend war (BSG Breithaupt 1993, 853 = SozR 3-1300 § 48 Nr. 25).

Die **Festsetzung des GdB** beruht auf einer wertenden Zusammenstellung von unterschiedlichen Faktoren und ist deshalb **nicht in vollem Umfang gerichtlich überprüfbar**. Sie setzt eine ärztliche Bemessung der tatsächlichen Funktionsbeeinträchtigungen voraus. Auf ihrer Grundlage sind die Auswirkungen auf die Teilhabe am Leben in der Gesellschaft zu bewerten. Eine Fehlerhaftigkeit dieser Bewertung ist kaum nachweisbar, wenn das Gesetz beachtet und die danach maßgebenden Tatsachen, insbesondere die festgestellten und vom behinderten Menschen glaubhaft gemachten Funktionsbeeinträchtigungen, gewürdigt worden sind. Der tatsächliche Umfang der Behinderung kann später nicht mehr durch Untersuchung und Begutachtung, sondern nur noch aktenmäßig festgestellt werden. Schließlich können sich mit den Krankheiten, die den Funktionsstörungen zugrunde liegen, auch die Funktionsbeeinträchtigungen und ihre Auswirkungen ändern. **Rechtswidrigkeit** liegt dann vor, wenn die Versorgungsverwaltung bei der erstmaligen Festsetzung ihren **Wertungsspielraum überschritten** hat. Ohne Anlass für die Annahme eines solchen Wertungsfehlers ist eine volle Tatsachenermittlung jedenfalls dann ausgeschlossen, wenn sich die Entscheidung im Rahmen der Anhaltspunkte für die ärztliche Gutachtertätigkeit – AHP – hält. (BSG SuP 1995, 459; BehindertenR 1995, 160 = SozR 3-3870 § 4 Nr. 10; vgl. näher zu den AHP unten Rdnrn. 50–53).

6 Ein in **Übereinstimmung mit den Anhaltspunkten** ergangener Bescheid kann somit – bei unterstellter zutreffender Tatsachenermittlung – nur dann unrichtig und damit rechtswidrig i. S. von § 45 SGB X sein, wenn zugleich mit Erfolg behauptet werden kann, die Anhaltspunkte selbst seien unrichtig; nachträglich müsse ein anderer richtiger Bewertungsmaßstab angewandt werden (BSG BehindertenR 1991, 47 = SozR 3870 § 4 Nr. 3).

7 Die **fehlerhafte Beurteilung einer Krankheit**, die der Funktionsbeeinträchtigung zugrunde liegt, durch die Versorgungsverwaltung ist für die Beurteilung der Rechtmäßigkeit eines Bescheides **ohne Bedeutung**. Die Ausführungen der Versorgungsverwaltung, welche regelwidrigen körperlichen, geistigen oder seelischen Zustände mit welchen Funktionsstörungen nach dem Ergebnis der Ermittlungen bei dem behinderten Menschen vorliegen, dienen der Bestimmbarkeit des Verwaltungsaktes, der Verständlichkeit für den Empfänger und der Nachprüfbarkeit durch die Gerichte. Die zur Stützung der Feststellung der Höhe des GdB ermittelten Krankheitsbilder und Funktionsbeeinträchtigungen („Behinderung") sind kein Verfügungssatz, der bestandskräftig werden könnte. Sie sind nur **unselbstständige Begründungselemente** des Feststellungsbescheids (BSGE 82, 176 = BehindertenR 1999, 36). Im SGB IX kommt es – im Gegensatz zum BVG – grundsätzlich nicht auf die Bezeichnungen der Ursachen von Funktionsstörungen an. Der GdB ist nicht bereits dann falsch eingeschätzt, wenn er auf einer fehlerhaften Bezeichnung einer Gesundheitsstörung (Fehldiagnose) beruht, sondern nur, wenn die Folgen der vorhandenen Funktionsbeeinträchtigungen falsch eingeschätzt werden (vgl. BSG SozR 3-1300 § 48 Nr. 25 sowie SozR 3870 § 4 Nr. 1 und 3). Das Amtsermittlungsprinzip verpflichtet die Gerichte nicht zur Durchführung einer Ausschlussdiagnostik bei der Feststellung des GdB. Für die Sachaufklärung ist hinreichend, wenn das Ausmaß der durch die (unbenannte) Behinderung verursachten Funktionsstörung zuverlässig abgeschätzt werden kann (Bayer. LSG Urteil vom 23. 7. 2003 – L 18 SB 8/02).

8 Auch kommt den für die Festsetzung des Gesamt-GdB zugrunde gelegten **einzelnen GdB** für die jeweiligen Behinderungen **keine Bindungswirkung** zu. Das Schwerbehindertenrecht kennt nur einen Gesamtzustand der Behinderung. Dieser kann auf den Auswirkungen mehrerer zugleich vorliegender Funktionsbeeinträchtigungen beruhen. Ein GdB wird nur für den Gesamtzustand der Behinderung festgestellt, nicht für einzelne Funktionsbeeinträchtigungen. Liegen nämlich mehrere Funktionsbeeinträchtigungen vor, ist der GdB nach deren Auswirkungen in ihrer Gesamtheit unter Berücksichtigung ihrer wechselseitigen Beziehungen festzustellen. Dabei ist auch zu prüfen, ob die Auswirkungen einander etwa verstärken oder sich neutralisieren (BSG Breithaupt 1998, 210 = SozR 3-3870 § 4 Nr. 19).

9 Für die Frage, ob eine Gesundheitsstörung, d. h. die von ihr ausgehende Funktionsbeeinträchtigung bei der Bemessung des (Gesamt-)GdB zu berücksichtigen ist, kommt es nicht darauf an, ob dieser Zustand schon mehr als sechs Monate lang besteht, sondern ob seine Dauer prognostisch sechs Monate überschreitet (BSG SozR 3-3870 § 3 Nr. 9 = SuP 2000, 670–674).

10 Soweit die Versorgungsverwaltung hierfür nach den „Anhaltspunkten für die ärztliche Gutachtertätigkeit – AHP" **einzelne Grade** der Behinderung anzugeben hat, handelt es sich lediglich um Bewertungsfaktoren für die Einschätzung des (Gesamt-)GdB. Diese erscheinen nicht im Verfügungssatz des Verwaltungsakts und sind nicht isoliert anfechtbar. Sie erwachsen auch nicht in Bindung. Es handelt sich um **bloße Messgrößen** für mehrere zugleich vorliegende Funktionsbeeinträchtigungen, die in dem Gesamt-GdB aufgehen (BSGE 81, 50 = ZfS 1998, 178). Während eine kleine Teil-Behinderung mit einem GdB von 20 nicht in jedem Fall zu einem höheren Gesamt-GdB führt, ist eine Teil-Behinderung mit einem GdB von 30 nach den Anhaltspunkten zwingend erhöhend um wenigstens 10 bei der Bildung des Gesamt-GdB zu berücksichtigen, auch wenn dieser GdB von 30 im Einzelfall (z. B. operativ versorgter Hydrocephalus) lediglich einen „Schwellenwert" darstellt (LSG Rheinland-Pfalz Beschluss vom 25. 10. 2001 – L 4 SB 56/01).

11 Jedenfalls kann die Bildung des Gesamt-GdB nicht mit Erfolg durch die isolierte Beanstandung eines Einzel-GdB gerügt werden (BSG SozR 3-3870 § 4 Nr. 5 = Breithaupt 1993, 943).

Wird die Festlegung eines Einzel-GdB mit Revisionsrügen angegriffen, muss zugleich dargetan werden, dass sich hierdurch der Gesamt-GdB ändert (BSG a. a. O.).

Die Einschätzung des Grades der Behinderung (GdB) gemäß § 69 Abs. 1 Satz 1 SGB IX stellt eine **Rechtsfrage** dar, die vom Gericht aufgrund eigener richterlicher Urteilsbildung zu entscheiden ist und zu der ein Sachverständiger lediglich die relevanten Befunde mitzuteilen hat. Soweit der Sachverständige eigene GdB-Vorschläge macht, handelt es sich deshalb um für das Gericht unverbindliche Vorschläge (☞ LSG Rheinland-Pfalz Beschluss vom 16. 9. 2002 – L 4 SB 46/02).

b) Ordnungsgemäße Interessenabwägung

Allerdings darf auch ein rechtswidriger begünstigender Verwaltungsakt nicht zurückgenommen werden, soweit der Begünstigte auf den Bestand des Verwaltungsaktes vertraut hat und sein **Vertrauen unter Abwägung des öffentlichen Interesses an einer Rücknahme schutzwürdig** ist (§ 45 Abs. 2 Satz 1 SGB X). Die Vertrauensschutzprüfung hat sachlichen und zeitlichen Vorrang vor einer Ermessensentscheidung. Für das Vorliegen des Vertrauens spricht eine Vermutung. Der Bürger darf sich grundsätzlich auf die Rechtmäßigkeit des Handelns der Versorgungsverwaltung verlassen. Bei der Interessenabwägung sind zu berücksichtigen

– das öffentlichen Interesse an der Beseitigung eines rechtswidrigen Dauerzustandes,
– die alleinige Verantwortung der Versorgungsverwaltung für das Zustandekommen des rechtswidrigen Verwaltungsaktes
– die Stärkung des Vertrauens des Bürgers in die Bestandskraft des Bescheides durch grobe Fehler der Versorgungsverwaltung oder Zeitablauf
– die wirtschaftliche Lage des Begünstigten
– Vermögensdispositionen des behinderten Menschen nach Erhalt des Bescheides, die nicht mehr oder nur unter unzumutbaren Nachteilen rückgängig zu machen sind (vgl. BSGE 81, 156 = SozR 3-1300 § 45 Nr. 37).

Im Rahmen der Vertrauensschutzprüfung gem. § 45 SGB X wird zwar mit zunehmendem **zeitlichen Abstand** vom Zeitpunkt der Leistungsbewilligung oder des Feststellungsbescheides die Stellung des rechtswidrig Begünstigten gestärkt (vgl. BSG a. a. O.). Liegt die rechtswidrige Bewilligung aber bei Rücknahme des Bescheides nicht bereits mehrere Jahre, sondern noch nicht einmal ein Jahr zurück, reicht dieser Zeitraum nicht aus, um ihn bei der Vertrauensschutzprüfung zugunsten des Begünstigten heranzuziehen (BSG SozR 3-3100 § 85 Nr. 1 = SuP 1999, 736).

Überwiegt das öffentliche Interesse an der Rücknahme des rechtswidrigen Bescheides, ist eine **Rücknahme zulässig**. Bei Verwaltungsakten, die einen rechtlichen Vorteil auf Dauer gewähren, ist das öffentliche Interesse an der Beseitigung des rechtswidrigen Zustandes in der Regel höher einzuschätzen als bei einer ungerechtfertigten Gewährung einmaliger Leistungen (BSGE 59, 157 = SozR 1300 § 45 Nr. 19).

c) Einwandfreie Ermessensausübung

Stellt sich heraus, dass der Vertrauensschutz zu versagen ist und dass für eine Ermessensausübung keine Gesichtspunkte übrig geblieben sind, ist das Ermessen der Versorgungsverwaltung **auf Null reduziert**. In diesem Falle kann nur eine Entscheidung richtig sein, nämlich die Leistungsbewilligung zurückzunehmen (BSGE 81, 156 = SozR 3-1300 § 45 Nr. 37).

Eine Ermessensabwägung entfällt jedenfalls dann, wenn es an **Tatsachen** für eine Abwägung im Rahmen des Ermessens fehlt. Rügt ein Betroffener die unterlassene Ermessensabwägung, hat er auf berücksichtigungsfähige Tatsachen hinzuweisen, soweit sie nicht aktenkundig sind (BSGE 67, 232 = SozR 3-4100 § 155 Nr. 2). Gesichtspunkte, welche die gerichtlich voll überprüfbare Interessenabwägung bestimmen, sind nicht zugleich Ermessensgesichtspunkte (vgl. BSG HVBG-INFO 1994, 726).

18 Keine Bedeutung für die Ermessensentscheidung hat der Gesichtspunkt, dass der geänderte Gesamt-GdB nach Klärung des Einzel-GdB (z. B. für eine Sehbehinderung) ohne erneute körperliche Untersuchung zur Frage des Gesamt-GdB allein aufgrund der Aktenlage festgesetzt wurde (BSG HVBG-INFO 1994, 726).

d) Wahrung der Fristen gem. § 45 Abs. 3 und 4 SGB X

19 Ein Feststellungsbescheid kann nur **bis zum Ablauf von zwei Jahren nach seiner Bekanntgabe** mit Wirkung für die Zukunft zurückgenommen werden (§ 45 Abs. 3 Satz 1 SGB X). Diese Zweijahresfrist beginnt mit Bekanntgabe des Feststellungsbescheides zu laufen. Zu diesem Zeitpunkt muss der behinderte Mensch gutgläubig gewesen sein. Erlangt er nach der Bekanntgabe Kenntnis oder grobfahrlässig keine Kenntnis von der Rechtswidrigkeit des Feststellungsbescheides, hindert das weder den Ablauf der Zweijahresfrist noch wird dadurch eine Zehnjahresfrist i. S. von § 45 Abs. 3 Satz 3 SGB X in Lauf gesetzt (BSG SozR 3-1300 § 45 Nr. 39 = HVBG-INFO 1999, 2996).

20 Die **Gutgläubigkeit** eines behinderten Menschen bei der Bekanntgabe ist **zu verneinen**, wenn die Tatbestände des § 45 Abs. 2 Satz 3 Nr. 2 (vorsätzliche oder grob fahrlässige Angaben von unrichtigen oder unvollständigen Tatsachen) oder Nr. 3 (Kenntnis oder grob fahrlässige Unkenntnis von der Rechtswidrigkeit des Feststellungsbescheides) SGB X erfüllt sind (BSG a. a. O.).

21 In einem solchen Fall kann der Feststellungsbescheid **innerhalb von zehn Jahren** mit Wirkung für die Zukunft oder Vergangenheit zurückgenommen werden (§ 45 Abs. 3 Satz 3 SGB X). Die Rücknahme mit **Wirkung für die Vergangenheit** setzt nach § 45 Abs. 4 SGB X neben der Einhaltung der Zehnjahresfrist voraus, dass noch nicht mehr als **ein Jahr** vergangen ist seit Kenntnis der Tatsachen, welche die Rücknahme eines rechtswidrigen Verwaltungsaktes für die Vergangenheit rechtfertigen (§ 45 Abs. 4 Satz 2 SGB X). Diese Jahresfrist beginnt erst dann zu laufen, wenn die Behörde entweder objektiv eine sichere Kenntnis der Tatsachen hatte, welche die Rücknahme eines rechtswidrigen begünstigenden Verwaltungsaktes für die Vergangenheit rechtfertigen, oder subjektiv von der Richtigkeit und Vollständigkeit der ihr vorliegenden Informationen überzeugt war; dies ist regelmäßig erst nach der gemäß § 24 SGB X durchgeführten Anhörung des Betroffenen der Fall (BSGE 77, 295 = SozR 3-1300 § 45 Nr. 27). Zu der **Behörde**, auf deren Tatsachenkenntnis § 45 Abs. 4 Satz 2 SGB X abstellt, gehören auch diejenigen Sachbearbeiter des Leistungsträgers, die mit der Vorbereitung einer Rücknahmeentscheidung betraut sind (BSG a. a. O.). Es kommt also nicht erst auf die Kenntnis des eigentlichen Entscheidungsträgers innerhalb der Behörde an.

22 Nach der Rechtsprechung des BSG hat sich die **Kenntnis** i. S. von § 45 Abs. 4 Satz 2 SGB X sowohl auf diejenigen **Tatsachen** zu erstrecken, aus denen sich die Rechtswidrigkeit des begünstigenden Verwaltungsaktes ergibt, als auch auf die, welche in § 45 Abs. 2 Satz 3 oder Abs. 3 Satz 2 SGB X vorausgesetzt werden (vgl. BSGE 65, 221/ 225 f. = SozR 1300 § 45 Nr. 45; BSG SozR 3-1300 § 45 Nr. 2). Dabei ist der Anwendungsbereich des § 45 Abs. 4 Satz 2 SGB X nicht auf die Fälle beschränkt, in denen die Behörde bei Erlass des begünstigenden Verwaltungsaktes von einem falschen, d. h. unrichtig oder unvollständig ermittelten Sachverhalt ausgegangen ist und dies nachträglich aufgrund neuer Tatsachen erkennt. Das BSG wendet diese Vorschrift vielmehr auch auf Sachverhalte an, bei denen eine fehlerhafte Rechtsanwendung bei vollständig und richtig ermittelten Tatsachen vorliegt (vgl. z. B. BSGE 65, 221= SozR 1300 § 45 Nr. 45). Folglich werden von § 45 Abs. 4 Satz 2 SGB X auch die – dazwischen liegenden – Fälle erfasst, in denen die Behörde ihr bekannte Tatsachen falsch interpretiert und deshalb noch im tatsächlichen Bereich, also nicht erst bei der Rechtsanwendung, falsche Schlüsse zieht (BSGE 77, 295 = SozR 3-1300 § 45 Nr. 27; vgl. dazu auch BVerwGE 70, 357 ff.).

e) Einhaltung der Verfahrensvorschriften, insbesondere zur Anhörung

Mit der Herabsetzung des GdB oder dem Entzug eines Nachteilsausgleiches greift die Versorgungsverwaltung in die Rechte des behinderten Menschen ein. Diesem ist deshalb vor Erlass eines Rücknahmebescheides nach § 24 SGB X Gelegenheit zu geben, sich **zu den entscheidungserheblichen Tatsachen zu äußern**. Einerseits soll durch die Vorschrift sichergestellt werden, dass der Betroffene aktiv auf das Verfahren der Sozialverwaltung und deren Entscheidung Einfluss nehmen kann; der Bürger soll vor Überraschungsentscheidungen und vor vorschnellen und vermeidbaren Eingriffen geschützt werden; darüber hinaus soll durch diese Verfahrensweise das Vertrauensverhältnis zwischen Bürger und Sozialleistungsträger gestärkt werden (vgl. hierzu BSG SozR 3-1300 § 24 Nr. 14 = Breithaupt 1999, 1086; BSG SozR 1200 § 34 Nr. 1; BSGE 46, 57/ 58 = BSG SozR 1200 § 34 Nr. 3, Nr. 4). Andererseits soll die Verwaltung vor Erlass des Verwaltungsaktes anhand der Stellungnahme des Betroffenen prüfen können, ob diese Veranlassung gibt, von dem Verwaltungsakt abzusehen oder ihn erst nach weiteren Ermittlungen, in anderer Form oder zu einem späteren Zeitpunkt zu erlassen (vgl. hierzu BSG Urteil vom 30. 3. 1982 – 2 RU 15/81 = USK 8238). Eine derartige rechtserhebliche Äußerung des Betroffenen setzt jedoch voraus, dass ihm die für die Entscheidung erheblichen Tatsachen in einer Weise unterbreitet werden, dass er sie als solche erkennen und sich zu ihnen sachgerecht äußern kann. Dies erfordert eine hinreichende Information durch die Sozialverwaltung (vgl. hierzu BSGE 69, 247/251 f.; SozR 3-1300 § 24 Nr. 4; SozR 1200 § 34 Nr. 1).

Deshalb ist dem Betroffenen das **Ergebnis des jeweiligen Befundberichts mitzuteilen**. Dies schließt den Namen des Arztes ein, der diesen Bericht erstattet hat (BSG SozR 3-1300 § 24 Nr. 15). Die in den Befundberichten mitgeteilten Ergebnisse, die Grundlage der versorgungsärztlichen Stellungnahmen sind, müssen lediglich zusammengefasst und dem Betroffenen als entscheidungserhebliche Tatsache bekannt gegeben werden. Dies gilt auch dann, wenn nur die Möglichkeit besteht, dass der Bericht Tatsachen enthält, die bei Festsetzung des „Gesamt-GdB" zu berücksichtigen sind (BSG SozR 3-1300 § 24 Nr. 14 = Breithaupt 1999, 1086).

Aufgrund einer derartigen Mitteilung wird der Betroffene in die Lage versetzt zu entscheiden, ob er sogleich dazu Stellung nehmen will, inwieweit sich sein Gesundheitszustand gegenüber den Verhältnissen bei Erlass des früheren Bescheides tatsächlich gebessert hat, oder ob er zunächst den **Befundbericht anfordern** soll, um sodann – gegebenenfalls mit Hilfe eines Arztes – sachgerechte Einwendungen zu erheben (BSG SozR 3-1300 § 24 Nr. 15). Allerdings ist die Versorgungsverwaltung nicht verpflichtet, im Rahmen der Anhörung dem behinderten Menschen von vornherein sämtliche beigezogenen Befundberichte zu übersenden (BSG SozR 1300 § 24 Nr. 4; Krasney in KassKomm § 24 SGB X Rdnr. 12). Widerspricht der Betroffene jedoch der Einschätzung der Versorgungsverwaltung und begehrt er zur weiteren Information Einsicht in einen Befundbericht, so ist ihm dieser zu übermitteln (BSG SozR 1300 § 24 Nr. 2).

Für einen etwaigen Rechtsstreit ist allerdings zu beachten: Befundberichte haben als Mitteilung des behandelnden Arztes im Vergleich zu einem Sachverständigengutachten (§§ 402 ff. ZPO) grundsätzlich nur eingeschränkten Beweiswert. Für die Höhe des GdB ist maßgebend nicht die medizinische Normabweichung, sondern das Ausmaß der hierdurch bedingten Einschränkung der Teilhabe am Leben in der Gesellschaft (§ 69 Abs. 1 SGB IX). Ein Befundbericht oder ärztlicher Behandlungsbericht enthält hierzu regelhaft keinerlei Aussage und ist zur Festlegung des GdB schwerlich geeignet. Grundsätzlich muss das Gericht den entscheidungserheblichen Sachverhalt daher durch das Beweismittel „Sachverständigenbeweis" aufklären (LSG NRW Beschluss vom 4. 2. 2002 – L 10 B 30/01 SB).

Fehlt im Anhörungsschreiben nach § 24 Abs. 1 SGB X der **Hinweis**, dass es sich bei einer Rücknahme nach § 45 SGB X um eine **Ermessensentscheidung** handelt, so wird ein etwaiger Verstoß gegen das Anhörungsgebot geheilt durch den Hinweis im Rücknahmebescheid, dass die Verwaltung von dem ihr eingeräumten Ermessen nach den in der Anhörung vorge-

28 Die Verletzung der Anhörungspflicht im Verwaltungsverfahren führt zur **Rechtswidrigkeit des Verwaltungsaktes** und ist deshalb bei der Entscheidung des Gerichts auch dann zu berücksichtigen, wenn sich der Betroffene nicht darauf berufen hat (BSGE 70, 133 = NJW 1992, 2444). Der Aufhebungsanspruch besteht selbst dann, wenn offensichtlich ist, dass der Anhörungsmangel die Entscheidung in der Sache nicht beeinflusst hat, es sei denn, der Betroffene verzichtet auf ihn oder verwirkt ihn (BSG SozR 3-1300 § 24 Nr. 22 in Fortführung von BSG SozR 3-8850 § 5 Nr. 3). Auf das Recht, Akteneinsicht nach § 25 SGB X zu beantragen, kann der Betroffene insoweit nicht verwiesen werden. Denn die Möglichkeit zur **Akteneinsicht ersetzt nicht** das Recht auf **ordnungsgemäße Anhörung** (vgl. BSG SozR 1300 § 24 Nr. 9).

29 Tritt der **Anhörungsmangel** nicht im Verwaltungsverfahren auf, sondern **erst im Widerspruchsverfahren** – im Zusammenhang mit weiterer Sachverhaltsaufklärung –, ist der fehlerhafte Widerspruchsbescheid durch das Gericht aufzuheben und das Gerichtsverfahren zwecks Nachholung der Anhörung und Erlass eines neuen Widerspruchsbescheides auszusetzen (BSG SozR 3-1300 § 24 Nr. 13 = Breithaupt 1997, 464; SozR 3-1300 § 24 Nr. 14 = Breithaupt 1999, 1086).

30 Allerdings kann ein Anhörungsfehler **durch nachträgliche Anhörung geheilt** werden (vgl. § 41 Abs. 1 SGB X). Eine fehlerhafte Anhörung im Verwaltungsverfahren kann durch Wiedergabe der Entscheidungsgrundlage im Ausgangsbescheid geheilt werden oder durch eine Nachholung der Anhörung oder durch Akteneinsicht im Widerspruchsverfahren. Nach der Neufassung des § 41 Abs. 2 SGB X zum 1. 1. 2001 ist auch eine Behebung des Mangels im Gerichtverfahren möglich (BSG SozR 3-1300 § 24 Nr. 22 m. w. Nachw.) Der anspruchsvernichtende Einwand der wirksamen Nachholung der Anhörung ist nur gegeben, wenn die Behörde alle vor dem Eingriff geschuldeten und noch nicht vollzogenen Anhörungshandlungen nachträglich vornimmt und sodann eine Regelung darüber trifft, ob der erfolgte Eingriff bestätigt, geändert oder aufgehoben wird (BSG a. a. O. in Fortführung von u. a. BSG SozR 1300 § 24 Nr. 6; BSGE 69, 247 = SozR 3-1300 § 24 Nr. 4; BSG SozR 3-8850 § 5 Nr. 5). Der Einwand greift nicht ein, wenn die Behörde die Anhörungspflicht vorsätzlich, rechtsmissbräuchlich oder durch Organisationsverschulden verletzt hat.

31 Das BSG a. a. O. hat hierzu ausgeführt: „§ 41 Abs. 1 und 2 SGB X n. F. ermächtigen den Verwaltungsträger, auch einen der Kontrolle durch die rechtsprechende Gewalt überantworteten Verwaltungsakt so zu behandeln, als sei er noch nicht endgültig aus dem Verfügungsbereich der vollziehenden Gewalt gelangt. Voraussetzungen hierfür sind, dass bis zur letzten Tatsacheninstanz ein Verfahrensfehler i. S. von § 41 Abs. 1 SGB X entdeckt wird und dass der Verwaltungsträger diesen Verfahrensfehler nicht vorsätzlich, rechtsmissbräuchlich oder durch Organisationsverschulden begangen hat. Denn die verfassungsrechtliche Bindung (Art. 20 Abs. 3 GG) des Verwaltungsträgers an das Recht aus § 24 Abs. 1 SGB X **schließt eine „Heilung" bei gewolltem Rechtsbruch aus.**

32 Im Übrigen bleiben bei einer Nachholung während des Gerichtsverfahrens die prozessrechtlichen, kostenrechtlichen, amtshaftungsrechtlichen und disziplinarrechtlichen Folgen des Anhörungsfehlers weiterhin von Bedeutung. Der Verwaltungsträger muss also vor Abschluss der gerichtlichen Tatsacheninstanzen die Handlungen vornehmen, die er nach § 24 Abs. 1 SGB X bereits vor Erlass des Eingriffsaktes hätte vornehmen müssen. Er muss also dem Betroffenen spontan alle Haupttatsachen mitteilen, auf die er seinen Eingriff gestützt hat oder jetzt stützt. Soweit dies bereits geschehen ist, genügt ein entsprechender Hinweis. Er muss dem Betroffenen eine angemessene Frist zur Äußerung ihm gegenüber geben. Nimmt der Betroffene gegenüber der eingreifenden Behörde Stellung, so muss sie sein Vorbringen zur Kenntnis nehmen und (erkennbar und belegbar) überprüfen, ob sie weitere eigene Ermittlungen (§ 20 SGB X) für geboten hält und ob sie den angefochtenen Verwaltungsakt ganz oder teilweise aufhebt oder aber ihn bestätigt. Äußert sich der Betroffene gegenüber

der eingreifenden Behörde nicht, muss diese gleichwohl ihm und dem Gericht ihre Entscheidung darüber mitteilen, ob sie den angefochtenen Verwaltungsakt, d. h. die mit dem Staatsakt getroffene Regelung, bestätigt, aufhebt oder ändert. Diese **Entscheidung über die Aufhebung, Abänderung oder Bestätigung** der im Gerichtsverfahren angefochtenen Regelung **ist selbst ein Verwaltungsakt**, der gemäß § 96 Abs. 1 SGG (gegebenenfalls an Stelle des bislang angefochtenen Verwaltungsakts) zum Gegenstand der Klage wird."

1.1.2 Umdeutung der Rücknahme in Aufhebung

Ein Rücknahmebescheid kann in einen Aufhebungsbescheid nach § 48 SGB X **umgedeutet** werden. Nach § 43 Abs. 1 SGB X kann ein fehlerhafter Verwaltungsakt in einen anderen Verwaltungsakt umgedeutet werden, wenn er auf das gleiche Ziel gerichtet ist, von der erlassenden Behörde in der geschehenen Verfahrensweise und Form rechtmäßig hätte erlassen werden können und wenn die Voraussetzungen für dessen Erlass erfüllt sind. Verfügt der auf § 45 SGB X gestützte Bescheid nicht die rückwirkende Aufhebung, sondern nur die Aufhebung für die Zukunft, ist er auf das gleiche Ziel gerichtet wie ein auf § 48 SGB X gestützter Bescheid, soweit er ebenfalls nur für die Zukunft ergehen könnte (vgl. § 48 Abs. 1 SGB X). Die Umdeutung ist Aufgabe der Versorgungsverwaltung wie auch der Gerichte (BSG Breithaupt 1993, 853 = SozR 3-1300 § 48 Nr. 25; BSG HVBG-INFO 1999, 1439). Ein Rücknahmebescheid ist im Gerichtsverfahren in einen Änderungsbescheid umzudeuten, wenn die ursprüngliche Unrichtigkeit des zu berichtigenden Bescheids nicht nachgewiesen werden kann. Eine Umdeutung scheidet aus, wenn der GdB ursprünglich zu hoch bewertet wurde und keine wesentliche Änderung stattgefunden hat (BSG Breithaupt 1993, 853 = SozR 3-1300 § 48 Nr. 25).

33

1.1.3 Wirkung des Rücknahmebescheids

Ein Rücknahmebescheid nach § 45 SGB X hat **keine Dauerwirkung**. Zwar ist der zurückgenommene Feststellungsbescheid ein Verwaltungsakt mit Dauerwirkung. Der Rücknahmebescheid erschöpft sich aber in dem vollständigen oder teilweisen Entzug des vormals bewilligten Status (vgl. BSG HVBG-INFO 1994, 726).

34

1.1.4 Gerichtliche Anfechtung des Rücknahmebescheids

Ein Rücknahmebescheid kann mit der **Anfechtungsklage** nach § 54 Abs. 1 Satz 1 SGG angegriffen werden. Maßgeblicher Prüfungszeit ist die Sach- und Rechtslage zum Zeitpunkt des Erlasses des aufgehobenen Bescheides. Spätere Ereignisse, neuere Erkenntnisse aus der Beweisaufnahme oder eine Änderung der Sach- und Rechtslage im Verlauf des Gerichtsverfahrens beeinflussen die Rechtmäßigkeit bzw. Rechtswidrigkeit des Rücknahmebescheides nicht und sind deshalb im Rahmen der Anfechtungsklage unbeachtlich (BSG SozR 3-3870 § 4 Nr. 5 = Breithaupt 1993, 943; BSG HVBG-INFO 1994, 726).

35

1.2 Aufhebung des Feststellungsbescheides nach § 48 Abs. 1 Satz 1 SGB X
1.2.1 Allgemeine Voraussetzungen

Ein Herabsetzungs- oder Entziehungsbescheid kann erlassen werden, wenn eine wesentliche Änderung in den Verhältnissen i. S. von § 48 SGB X zu Ungunsten des behinderten Menschen eingetreten ist. Das setzt eine Veränderung der für den Verwaltungsakt objektiv maßgeblichen, d. h. von der Rechtsordnung für maßgeblich erklärten, Umstände voraus (vgl. BSGE 67, 204 = SozR 3-3870 § 4 Nr. 1; BSG HVBG-INFO 1994, 508). Sie kann beruhen auf

36

a) einer Änderung im Gesundheitszustand des Betroffenen
b) Zeitablauf
c) einer Änderung gesetzlicher Vorschriften oder der Anhaltspunkte.

a) Änderung im Gesundheitszustand des Betroffenen

37 Eine **Änderung** im Gesundheitszustand ist **wesentlich**, wenn sie eine **GdB-Differenz von mindestens 10** zu Lasten des behinderten Menschen zur Folge hat. Der Vergleich des gegenwärtigen mit dem verbindlich festgestellten Gesundheitszustand eines Behinderten muss eine GdB-Differenz von mindestens 10 ergeben (vgl. Nr. 24 Abs. 2 der Anhaltspunkte für die ärztliche Gutachtertätigkeit im sozialen Entschädigungsrecht und nach dem Schwerbehindertenrecht – Anhaltspunkte –). Denn nach § 69 Abs. 1 Satz 3 SGB IX sind die Auswirkungen auf die Teilhabe in der Gesellschaft als **GdB nach Zehnergraden abgestuft festzustellen**. Deshalb ist es unzulässig, den GdB genauer als in Zehnergraden anzugeben (BSGE 87, 289 = SozR 3-3100 § 31 Nr. 5).

38 Wesentlich ist eine Änderung ferner, wenn sie zum **Wegfall** der – festgestellten – gesundheitlichen Voraussetzungen für einen **Nachteilsausgleich** führt (BSG SuP 1995, 459). An einer wesentlichen Änderung fehlt es, wenn der ursprüngliche Feststellungsbescheid unrichtig war und somit der Betroffene schon damals keinen Anspruch auf den Nachteilsausgleich hatte (BSG a. a. O.).

39 Abzustellen ist auf den Gesundheitszustand des behinderten Menschen und die dadurch bedingte Funktionsbeeinträchtigungen mit ihren Auswirkungen auf die Teilhabe am Leben in der Gesellschaft **bei Abschluss des Änderungsverfahrens**, also zum Zeitpunkt des Erlasses des Widerspruchsbescheides. Dieser Zustand ist mit dem zum Zeitpunkt des Feststellungsbescheides zu vergleichen. Bei der Entziehung eines Nachteilsausgleiches muss eine Änderung in Bezug auf gerade diejenige Behinderung eingetreten sein, die Anlass für die Gewährung des Nachteilsausgleiches war. Beim Vergleich ist grundsätzlich auf die Verhältnisse abzustellen, die beim Erlass des Ausgangsbescheides **tatsächlich vorgelegen** haben. Für die Prüfung der Änderung des Gesundheitszustandes kommt es also nicht auf den Inhalt des Feststellungsbescheides an (BSGE 65, 302 = SozR 1300 § 48 Nr. 60).

40 Das folgt aus dem Wortlaut des § 48 SGB X, der von den Verhältnissen spricht, die beim Erlass des Verwaltungsakts „vorgelegen haben". Bei der Prüfung, ob eine Änderung eingetreten ist, sind alle damals vorgelegenen Behinderungen zu berücksichtigen, die den GdB rechtfertigen. Sind diese Behinderungen geringer geworden, geht es dem Behinderten also heute besser als damals, ist der GdB herabzusetzen (BSG SozR 3-3870 § 4 Nr. 10 = BehindertenR 1995, 160).

41 Ob dem behinderten Menschen die ursprünglichen Verhältnisse oder ihre Änderung bekannt waren oder bekannt sein mussten, ist unerheblich. Bei der Prüfung, ob eine Änderung eingetreten ist, sind **alle damals vorgelegenen Gesundheitsstörungen einzubeziehen**, welche die in dem Ausgangsbescheid enthaltene Feststellung zur Höhe des GdB oder zur Zuerkennung eines Nachteilsausgleich rechtfertigten.

42 Zu berücksichtigen sind **alle zwischenzeitlich eingetretenen Änderungen** im Gesundheitszustand. Dies kann die Verbesserung eines Leidens – z. B. der Wegfall der mit der überstandenen Krebserkrankung verbundenen Behinderung – ebenso wie eine Verschlimmerung oder der Hinzutritt eines neuen Einzelleidens (BSGE 87, 126 = SozR 3-1300 § 45 Nr. 43). Die Verwaltung darf sich nicht auf die Prüfung des Vorliegens einer Besserung beschränken; entscheidend ist, ob der **Gesamt-Behinderungszustand in der Zusammenschau aller Funktionsbeeinträchtigungen** mit ihren Auswirkungen auf die Teilhabe am Leben in der Gesellschaft einen geringeren GdB oder den Wegfall der gesundheitlichen Voraussetzungen eines Nachteilsausgleiches verursacht. Das Auftreten einer bei Erlass des ursprünglichen Feststellungsbescheids noch nicht vorhanden gewesenen Erkrankung kann für den Bescheid, der diesen Feststellungsbescheid aufhebt und durch einen ungünstigeren ersetzt, durchaus eine entscheidungserhebliche Tatsache sein. Denn die Minderung des anerkannten GdB durch die Besserung von Leidenszuständen, die beim Erlass des Ursprungsbescheides Berücksichtigung fanden, kann inzwischen durch neu hinzugetretene andere Leidenszustände kompensiert worden sein (BSG HVBG-INFO 1999, 2698 = SozSich 1999, 379 [Ls.]).

Die Verwaltung ist nach § 48 SGB X berechtigt, eine Änderung zugunsten und eine Änderung zuungunsten des Behinderten in einem Bescheid festzustellen und im Ergebnis eine Änderung zu versagen, wenn sich beide **Änderungen gegenseitig aufheben** (BSGE 75, 176–180 = SozR 3-3870 § 3 Nr. 5).   43

Nicht herabzusetzen ist der GdB allerdings dann, wenn sich eine Behinderung gebessert hat, die auf den GdB keinen Einfluss haben durfte, weil der Behinderte selbst die Feststellung dieser Behinderung ausgeschlossen hatte (BSGE 60, 11/17 = SozR 3870 § 3 Nr. 21).   44

b) Änderung infolge Zeitablaufs

Zwar liegt im reinen Zeitablauf keine wesentliche Änderung der Verhältnisse (BSG SozR 3-1300 § 48 Nr. 60 = Breithaupt 1998, 213). Beruht aber eine Verwaltungsentscheidung auf veröffentlichten Maßstäben, die für ein einheitliches Verwaltungshandeln herangezogen werden, sind Tatsachen, auf die in diesen Maßstäben abgestellt wird, bei Statusfeststellungen im Rechtssinne wesentlich. Deshalb tritt eine **Änderung** in den tatsächlichen Verhältnissen i. S. von § 48 SGB X **durch reinen Zeitablauf** ein, wenn die Verwaltung in veröffentlichten Maßstäben den Ablauf einer Zeitspanne als anspruchsbegründend ansieht und dadurch ihrer Entscheidung objektiv erkennbar den Zeitablauf als tatsächlichen Umstand für den Erlass eines begünstigenden Bescheides zugrunde gelegt hat. Die „Anhaltspunkte" sind veröffentlichte Maßstäbe im Sinne dieser Rechtsprechung. Daher handelt es sich bei dem in den Anhaltspunkten enthaltenen Institut der **Heilungsbewährung** z. B. bei Herzinfarkten (bis 31. 12. 1996) oder malignen Geschwulsterkrankungen – vgl. Nr. 26.10 AHP – um eine nach § 48 Abs. 1 SGB X zu berücksichtigende Tatsache (BSG SozR 3-1300 § 48 Nr. 60 = Breithaupt 1998, 213; SozR 3-3870 § 4 Nr. 21 = Breithaupt 1998, 327).   45

Der Begriff „Heilungsbewährung" kennzeichnet den Gesundheitszustand nach einem gewissen Zeitablauf, erlaubt aber keine Aussage zur anfänglichen Bewertung des GdB – etwa nach Operationen oder bei chronischen langwierigen Erkrankungen, die zu Rezidiven neigen, oder nach denen die volle Belastbarkeit nur schrittweise erreicht wird (vgl. BSGE 62, 243 = SozR 1300 § 48 Nr. 43). Die Änderung der Verhältnisse liegt hier nicht in der nachträglichen Erkenntnis einer Fehlbewertung der des GdB; vielmehr kann der **Verdacht** auf eine schwerwiegende Erkrankung und die nach ärztlicher Meinung gebotene Schonung **zunächst die Höherbewertung des GdB** zulassen. So gilt z. B. der GdB-Wert 50 nach Entfernung eines Magenfrühkarzinoms während einer Heilungsbewährungszeit von 2 Jahren (Nr. 26.10 AHP). Entfällt der Verdacht – sei es auch nur durch Zeitablauf –, tritt eine wesentliche Änderung der tatsächlichen Verhältnisse ein, die eine Entscheidung nach § 48 Abs. 1 Satz 1 SGB X rechtfertigt. Diese Verdachtsdiagnosen, die die Höhe des GdB beeinflussen, müssen jedoch in den Bescheid aufgenommen werden (BSG SozR 3870 § 4 Nr. 3 = BehindertenR 1991, 47).   46

Hat die Versorgungsverwaltung einen GdB von 50 wegen Entfernung eines Brustdrüsentumors im Stadium der Heilungsbewährung festgestellt, bedingt nach Ablauf der Heilungsbewährung der Verlust einer Brust einen GdB von nur 30 (Nr. 26.14 AHP).   47

Der Begriff Heilungsbewährung beschreibt nicht nur, dass nach Ablauf der Bewährungszeit keine erhebliche Rezidivgefahr mehr besteht. Heilungsbewährung erfasst daneben auch die vielfältigen Auswirkungen, die mit der Feststellung, Beseitigung und Nachbehandlung des Tumors in allen Lebensbereichen verbunden sind. Diese umfassende Berücksichtigung körperlicher und seelischer Auswirkungen der Erkrankung nötigt andererseits dazu, den **GdB herabzusetzen**, wenn die Krebskrankheit **nach rückfallfreiem Ablauf der Heilungsbewährungszeit** aufgrund medizinischer Erfahrungen mit hoher Wahrscheinlichkeit überwunden ist und außer der unmittelbaren Lebensbedrohung damit auch die vielfältigen Auswirkungen der Krankheit auf die gesamte Lebensführung entfallen sind (Sächs. LSG Urteil vom 20. Oktober 1999 – L 4 SB 23/97).   48

49 Eine ebenfalls nach § 48 Abs. 1 SGB X im Sinne eines Zeitablaufs zu berücksichtigende Tatsache ist die **Gewährung des Nachteilsausgleiches „H" bei Kindern** bis zur Erreichung eines bestimmten Lebensalters gem. Nr. 21 der „Anhaltspunkte" (BSGE 67, 204 = SozR 3-3870 § 4 Nr. 1; BSG Urteil vom 12. 11. 1996 – 9 RVs 18/94, Kurzwiedergabe in Versorg-Verw 1997, 27).

c) Änderung gesetzlicher Vorschriften oder der „Anhaltspunkte"

50 Eine tatsächliche Änderung in den Verhältnissen liegt nicht nur in der Änderung von Umständen, auf die ein begünstigender Verwaltungsakt zu Recht gestützt worden ist, sondern auch in einer nachträglichen **Änderung von Tatsachen**, welche die Versorgungsverwaltung bei Erlass eines Feststellungsbescheides unter Anwendung von Rechtsvorschriften oder veröffentlichten Maßstäben **zu Unrecht für rechtlich erheblich und damit wesentlich erachtet** hat. Dies gilt vor allem für eine Änderung der **„Anhaltspunkte"**. Bei den Anhaltspunkten handelt es sich um ein geschlossenes Beurteilungsgefüge zum GdB, auf das auch die Gerichte angewiesen sind (BSGE 75, 176 = SozR 3-3870 § 3 Nr. 5; BSG Urteil vom 18. 9. 2003 – B 9 SB 3/02 R, Kurzwiedergabe in ZfS 2003, 337). Nach der Rechtsprechung sind sie antizipierte Sachverständigengutachten, deren Beachtlichkeit im konkreten Verwaltungs- und Gerichtsverfahren sich zum einen daraus ergibt, dass eine dem allgemeinen Gleichheitssatz entsprechende Rechtsanwendung nur dann gewährleistet ist, wenn die verschiedenen Behinderungen nach gleichen Maßstäben beurteilt werden; zum anderen stellen die AHP 1996 (ebenso wie ihre Vorgänger) nach den Erfahrungen des BSG ein geeignetes, auf Erfahrungswerten der Versorgungsverwaltung und Erkenntnissen der medizinischen Wissenschaft beruhendes Beurteilungsgefüge zur Einschätzung des GdB dar (vgl. BSGE 72, 285/286 f. = SozR 3-3870 § 4 Nr. 6; BSGE 75, 176/177 f. = SozR 3-3870 § 3 Nr. 5; BVerfG SozR 3-3870 § 3 Nr. 6). Die „Anhaltspunkte" wirken insofern normähnlich. Ihre generelle Richtigkeit kann deshalb durch Einzelfallgutachten nicht widerlegt werden. Sie sind allerdings – wie untergesetzliche Rechtsnormen – zu prüfen: auf ihre Vereinbarkeit mit Gesetz und Verfassung, auf Berücksichtigung des gegenwärtigen Kenntnisstandes der sozialmedizinischen Wissenschaft sowie auf Lücken in Sonderfällen, die wegen der individuellen Verhältnisse gesondert zu beurteilen sind. Im Hinblick auf eine so bemessene richterliche Kontrolle hat es das BVerfG im Jahre 1995 noch nicht für angezeigt erachtet, gegen die Anwendung der AHP einzuschreiten (vgl. BVerfG SozR 3-3780 § 3 Nr. 6 S. 12).

51 Etwas anderes gilt nur in Fällen, in denen **Zweifel an der Aktualität der AHP** bestehen, etwa weil eine ernst zu nehmende Stimme eine abweichende Auffassung vertritt. Solchen Zweifeln haben die Gerichte nachzugehen und sie auszuräumen oder zu bestätigen. In diesem Fall ist dann ggf. auch der Ärztliche Sachverständigenbeirat (bzw. für diesen die Versorgungsverwaltung) verpflichtet, im jeweiligen Verfahren die seiner Beurteilung zugrunde liegenden Erwägungen und wissenschaftlichen Erkenntnisse vollständig offen zu legen. Nur so wird sich feststellen lassen, ob dem in der einschlägigen AHP-Regel liegenden „antizipierten Sachverständigengutachten" – weiterhin – zu folgen ist (BSG Urteil vom 18. 9. 2003 – B 9 SB 3/02 R, Kurzwiedergabe in ZfS 2003, 337).

52 Nach der vom BVerfG (SozR 3-3870 § 3 Nr. 6) gebilligten Rechtsprechung des BSG (vgl. BSGE 75, 176/177 f. = SozR 3-3870 § 3 Nr. 5) sind derartige Änderungen im Rahmen des § 48 SGB X **wie Änderungen der rechtlichen Verhältnisse** zu beurteilen, da die AHP als allgemein angewandte Beurteilungskriterien einen normähnlichen Charakter haben (BSG Urteil vom 18. 9. 2003 – B 9 SB 3/02 R).

53 Die **erstmalige Aufnahme** eines Krankheitsbildes in die AHP bewirkt keine wesentliche Änderung des § 48 SGB X, wenn auch zuvor Funktionsstörungen, die auf einem entsprechenden Krankheitsbild beruhen, ohne weiteres bei Feststellungen nach dem SGB IX (bzw. dem früheren SchwbG) berücksichtigt werden konnten. Die AHP enthalten keinen numerus clausus der berücksichtigungsfähigen Gesundheitsstörungen, wie Nr. 26.1 Abs. 2 AHP 1983

und 1996 betont (☞ LSG NRW Urteil vom 28. 11. 2000 – L 6 SB 46/98 zum Fibromyalgie-Syndrom).

1.2.2 Beweislast für Änderung

Die **Beweislast** für den Eintritt einer wesentlichen Änderung zu Ungunsten des behinderten Menschen trägt die Versorgungsverwaltung (BSG SozR 3-3870 § 4 Nr. 5 = Breithaupt 1993, 943). 54

Wendet der Betroffene ein, dass trotz nachgewiesener Änderung der Verhältnisse der ursprüngliche Bescheid rechtswidrig, aber wegen Zeitablaufs bindend sei, obliegt ihm die Beweislast für den Nachweis der Rechtswidrigkeit. Denn die Verwaltung will nicht einen von ihr für unrichtig gehaltenen Verwaltungsakt durch einen rechtmäßigen ersetzen; vielmehr will ein Behinderter mit dem Ziel, eine Rechtsposition zu behalten, die Rechtsposition nachträglich für rechtswidrig erklären lassen. Er leitet aus der behaupteten Rechtswidrigkeit Vorteile her (BSG BehindertenR 1991, 47 = SozR 3870 § 4 Nr. 3). 55

1.2.3 Verwirkung der Änderungsbefugnis durch die Verwaltung

Zur Frage, ob die Versorgungsverwaltung ihre Befugnis zur Änderung verwirken kann, hat das BSG ausgeführt (☞ Urteil vom 12. 2. 1997 – 9 RVs 12/95; Kurzwiedergabe in rv 1997, 135): 56

„Allerdings hat der Senat in der bereits zitierten Entscheidung (BSGE 72, 1 = SozR 3-1300 § 48 Nr. 22) erwogen, ob der Leistungsträger seine Befugnis zur Aufhebung eines Verwaltungsaktes nach den Grundsätzen von Treu und Glauben verwirken kann. Aber auch ein solcher Fall liegt hier nicht vor, weil eine erkennbare Bezugnahme des Beklagten auf das Verstreichen einer Phase der Heilungsbewährung und erst recht ein Hinweis darauf, dass er auch in Zukunft keine Folgerungen daraus ziehen wolle, fehlen. Zudem fehlt ein für die Verwirkung ausreichender Ablauf eines längeren Zeitraumes, während dessen der Kläger den Eindruck gewinnen konnte, der Beklagte sei sich zwar seiner Befugnis zur Aufhebung des alten Bescheides bewusst, wolle sie aber nicht geltend machen. Angesichts der Tatsache, dass die Herleitung von Gestaltungsrechten der Sozialbehörden aus einer Änderung der Verhältnisse jedenfalls für die Zukunft grundsätzlich zeitlich unbeschränkt zulässig ist (vgl. BSGE 72, 1 = SozR 3-1300 § 48 Nr. 22) ist für den Eintritt der Verwirkung der Aufhebungsbefugnis aus § 48 Abs. 1 Satz 1 SGB X jedenfalls eine **erhebliche Zeitspanne nach Kenntnis des Änderungsgrundes** zu fordern. Diese Zeitspanne müsste jedenfalls deutlich länger sein als die in § 48 Abs. 4 Satz 1 i. V. m. § 45 Abs. 4 Satz 2 SGB X geregelte Jahresfrist. Denn deren Versäumung zieht den Verlust der Aufhebungsbefugnis nur für die Vergangenheit nach sich, während es hier um die Verwirkung des Rechts zur Aufhebung für die Zukunft geht. Selbst wenn man in diesem Zusammenhang zur Gewinnung eines zeitlichen Maßstabes auf die gegen den Leistungsträger wegen dessen Ansprüchen gegen den Leistungsberechtigten laufenden kurzen Verjährungsfristen zurückgreifen wollte (z. B. auf die für die Rückforderung von Leistungen – § 50 Abs. 4 SGB X – und die für die Erhebung von Beiträgen – § 25 Abs. 1 Satz 1 SGB IV – geltenden vierjährigen Verjährungsfristen), wäre hier noch keine für die Annahme einer Verwirkung ausreichende Zeitspanne verstrichen." 57

1.2.4 Verböserungsverbot im Rechtsbehelfsverfahren

Im Widerspruchsverfahren und Gerichtsverfahren ist die **Bindungswirkung des Herabsetzungsbescheides** zu beachten. Ein behinderter Mensch darf im Widerspruchsverfahren und anschließenden sozialgerichtlichen Verfahren nicht schlechter gestellt werden als er gestanden hätte, wenn er die Entscheidung hingenommen hätte. Deshalb darf grundsätzlich im Rechtsbehelfsverfahren ein Herabsetzungsbescheid nicht zu Ungunsten eines Behinderten abgeändert werden (**Verbot der „reformatio in peius"**) . Ein solches Verbot folgt zwar nicht unmittelbar aus dem Gesetz . Es ergibt sich aber „aus dem Zusammenspiel von § 39 SGB X und § 77 SGG", dass ein begünstigender Verwaltungsakt, soweit er nicht angefochten wird, 58 zugunsten des Berechtigten und zulasten der Verwaltung bindend wird (BSG SozR 3-3870 § 4 Nr. 5 = Breithaupt 1993, 943). Eine weiterer Verschlechterung der Rechtsposition eines Behinderten ist nur durch Erlass eines gesonderten Bescheides nach § 45 SGB X oder § 48 SGB X zulässig (BSG a. a. O. und BSG SozR 3-1300 § 45 Nr. 46).

59 Ist ein Feststellungsbescheid rechtswidrig, muss die **Bestandskraft des Bescheides** hinsichtlich einer bestimmten Höhe des GdB oder der gesundheitlichen Voraussetzungen eines Nachteilsausgleiches beachtet werden. Eine Verschlechterung der Rechtsposition des behinderten Menschen, also die Herabsetzung des GdB oder der Entzug eines Nachteilsausgleichs, durch Erlass eines Änderungsbescheides nach § 48 Abs. 1 Satz 1 SGB X, ist nur zulässig, wenn sich die von der Versorgungsverwaltung zu Unrecht für maßgeblich gehaltenen oder fehlbeurteilten Umstände zulasten des Behinderten **nachträglich geändert** haben. Bei anderen Änderungen kann eine ursprünglich unrichtige Feststellung nicht im Wege des § 48 Abs. 1 Satz 1 SGB X korrigiert werden, sondern nur nach § 45 oder § 48 Abs. 3 SGB X (BSGE 87, 126 = SozR 3-1300 § 45 Nr. 43).

60 Hat etwa die Versorgungsverwaltung 1999 einen GdB von 50 wegen beiderseitiger hochgradiger Schwerhörigkeit festgestellt, obwohl nur einseitige hochgradige Schwerhörigkeit bestand, und in 2001 den GdB wegen der Entfernung eines Magenfrühkarzinoms auf 80 ohne eine Abschmelzung nach § 48 Abs. 3 SGB X erhöht, darf nach Ablauf der Heilungsbewährung kein niedrigerer GdB als 50 festgestellt werden. Denn eine Änderung in der Beeinträchtigung zulasten des Behinderten ist nicht eingetreten. Die Bestandskraft des Bescheides aus 1999 ist zu beachten.

1.2.5 Anhörung des Betroffenen vor Änderung

61 Vor Erlass eines Herabsetzungs- oder Entziehungsbescheides ist der behinderte Mensch nach § 24 SGB X **anzuhören** (vgl. oben Rdnrn. 23–32).

1.2.6 Keine Umdeutung der Aufhebung in Rücknahme

62 Eine Umdeutung eines Aufhebungsbescheides nach § 48 SGB X in einen Rücknahmebescheid nach § 45 SGB X ist **nicht zulässig**. Das betrifft namentlich den Fall, dass der GdB ursprünglich zu hoch bewertet wurde und keine wesentliche Änderung eingetreten ist. Ein Verwaltungsakt, der auf § 48 SGB X gestützt ist, aber einen von Anfang an rechtswidrigen Verwaltungsakt aufhebt, der nur nach § 45 SGB X aufgehoben werden könnte, ist nicht mittels Umdeutung aufrechtzuerhalten. Das folgt aus § 43 Abs. 3 SGB X, wonach eine Entscheidung, die nur als gesetzlich gebundene Entscheidung ergehen kann, nicht in eine Ermessensentscheidung umgedeutet werden kann (BSG SozR 3-1300 § 48 Nr. 25 = Breithaupt 1993, 853).

1.2.7 Wirkung des Aufhebungsbescheids

63 Der Bescheid nach § 48 Abs. 1 Satz 1 SGB X zulasten des behinderten Menschen ist ein belastender **Verwaltungsakt ohne Dauerwirkung**. Sein Regelungsgehalt erschöpft sich in dem **Entzug** des vorher festgestellten GdB bzw. der gesundheitlichen Voraussetzungen eines Nachteilsausgleichs (BSGE 81, 50 = BehindertenR 1998, 74).

64 Wird in einem Herabsetzungsbescheid der **GdB neu festgestellt**, bindet dies nach Eintritt der Bestandskraft als Statusfeststellung für die Zukunft ebenso wie ein erstmaliger Festsetzungsbescheid. Denn ein Feststellungsbescheid nach § 69 SGB IX, mit dem nach einer Änderung der Verhältnisse zugunsten des Betroffenen unter Einbeziehung eines früher rechtswidrig festgestellten GdB ein zu hoher neuer GdB festgestellt wird, ist ein rechtswidriger **Verwaltungsakt mit Dauerwirkung**. Ein derartiger Neufeststellungsbescheid wegen einer Änderung der Verhältnisse kann nur dann ohne Rücksicht auf den rechtswidrigen Altbescheid „zurückgenommen" werden, wenn die Voraussetzungen des § 45 SGB X auch hin-

sichtlich des rechtswidrigen Altbescheides (noch) vorliegen (BSGE 87, 126 = SozR 3-1300 § 45 Nr. 43).

Hat z. B. die Versorgungsverwaltung einen GdB von 50 wegen beidseitiger hochgradiger Schwerhörigkeit anerkannt, obwohl tatsächlich nur eine einseitige hochgradige Schwerhörigkeit (20) besteht und tritt eine Erkrankung mit einem Einzel-GdB von 50 im Zustand der Heilungsbewährung hinzu, die zu einem Gesamt-GdB von 80 führt, wäre nach Ablauf der Heilungsbewährung der GdB auf höchstens 50 „abzuschmelzen" (vgl. unten Rdnrn. 83–85). **65**

Ist die Abschmelzung gem. § 48 Abs. 3 SGB X des rechtswidrigen Altbescheides bei der ersten Gelegenheit anlässlich der Änderung der Verhältnisse zugunsten des Betroffenen versäumt worden, kann eine spätere Änderung zuungunsten des Betroffenen nur dann zur Festsetzung eines geringeren als des ursprünglich festgesetzten (unrichtigen) GdB führen, wenn diese (auch) die durch den Altbescheid geregelten Verhältnisse betrifft (BSGE 87, 126 = SozR 3-1300 § 45 Nr. 43). Denn durch die Zugunstenänderung des Altbescheides allein können dem Betroffenen die aus der Bestandskraft dieses Bescheides erwachsenen Rechtsvorteile nicht verloren gehen. Zwar gibt es die Rechtsprechung des BSG zur „konstitutiven Fehlerwiederholung", wonach ein Bescheid, mit dem ein fehlerhafter Dauerbescheid den geänderten Verhältnissen angepasst wird, bevor dessen Fehlerhaftigkeit festgestellt wurde, als rechtmäßig anzusehen ist. Diese passt aber nicht auf die Berücksichtigung eines fehlerhaft festgestellten GdB bei der Ermittlung eines neuen, aufgrund des Hinzutritts eines Leidens neu zu beurteilenden Gesamt-GdB. Denn bei einer derartigen Neufestsetzung im Rahmen einer auf § 48 Abs. 1 SGB X gestützten Aufhebung wegen einer Änderung der Verhältnisse zugunsten des Betroffenen handelt es sich nicht um eine reine Hochrechnung des im alten Bescheid festgestellten Gesamt-GdB, sondern um dessen Neuermittlung unter Berücksichtigung der gegenseitigen Beeinflussung der verschiedenen Leiden (vgl. BSGE 81, 50 = SozR 3-3870 § 3 Nr. 7). **66**

1.2.8 Gerichtliche Anfechtung

a) Klageart

Gegen einen Herabsetzungs- oder Entziehungsbescheid ist die **Anfechtungsklage** nach § 54 Abs. 1 Satz 1 SGG eröffnet. Eine Leistungsklage ist wegen fehlenden Rechtsschutzbedürfnisses unzulässig. Obsiegt der behinderte Mensch, wird der belastende Bescheid aufgehoben. Der durch ihn aufgehobene bzw. abgeänderte ursprüngliche Feststellungsbescheid wird wieder uneingeschränkt rechtswirksam (BSGE 81, 50 = BehindertenR 1998, 74). **67**

Wird das Klagebegehren von vornherein auf eine **Teilanfechtung** beschränkt – Beibehaltung eines Grades der Behinderung (GdB) von mindestens 50 – und ändert die beklagte Versorgungsverwaltung im Klageverfahren die angefochtenen Bescheide im Wege eines Anerkenntnisses entsprechend ab, so war die Klage in vollem Umfang erfolgreich mit der Konsequenz einer vollen Kostenerstattung seitens des Beklagten gem. § 193 Abs. 1 Satz 3 SGG (✠ SG Lübeck Beschluss vom 24. 6. 2002 – S 12 SB 150/01 = ASR 2002, 106). **68**

b) Maßgeblicher Beurteilungszeitpunkt

Maßgeblicher Zeitpunkt für die Prüfung der Rechtmäßigkeit des Herabsetzungs- oder Entziehungsbescheides ist der **Erlass des Widerspruchsbescheides**. Änderungen der Sach- und Rechtslage im Verlauf des Gerichtsverfahrens – wie z. B. eine spätere Änderung im Gesundheitszustand des Klägers – beeinflussen die Rechtmäßigkeit oder Rechtswidrigkeit des Herabsetzungsbescheides nicht (BSGE 81, 50 =BehindertenR 1998, 74). Die Rechtmäßigkeit eines Bescheids, der Feststellungen zulasten eines Schwerbehinderten aufhebt, richtet sich auch dann nach der **Sach- und Rechtslage der letzten Verwaltungsentscheidung**, wenn die Vollziehung des Aufhebungsbescheides ausgesetzt ist oder dieser aus sonstigen Gründen bis **69** zum Abschluss des gerichtlichen Verfahrens keine praktische Wirksamkeit entfaltet (BSGE 79, 223 = SozR 3-1300 § 48 Nr. 57).

c) Klageänderung

70 Änderungen der Sach- und Rechtslage können nur im Wege einer zulässigen Klageänderung berücksichtigt werden. Zulässig ist eine Klageänderung, wenn die Versorgungsverwaltung eingewilligt hat, zum Beispiel durch rügeloses Einlassen auf die geänderte Klage. Eine erneute Entscheidung der Versorgungsverwaltung über die rechtliche Bewertung der eingetretenen Änderung braucht nicht zu ergehen, wenn nach dem prozessualen Verhalten der Beteiligten eine Streitbeilegung ohne gerichtliche Entscheidung nicht zu erwarten und der Rechtsstreit entscheidungsreif ist (BSG SozR 3-3870 § 4 Nr. 13 =ZfS 1997, 211).

71 Der **Nachholung eines förmlichen Widerspruchsverfahrens** bedarf es dann **nicht**, wenn die prozessführende Behörde mit der Widerspruchsbehörde identisch ist, die Rechtmäßigkeit des angefochtenen Verwaltungsaktes im gerichtlichen Verfahren verteidigt und Fragen des Ermessens oder der Zweckmäßigkeit des Verwaltungshandelns keine Rolle spielen (vgl. BSG SozR 1500 § 78 Nrn. 8 und 15), so dass das Prozessvorbringen seinem Inhalt nach einer Widerspruchsentscheidung entspricht oder daraus jedenfalls mit Sicherheit zu entnehmen ist, dass auch bei Nachholung des Widerspruchsverfahrens eine gerichtliche Auseinandersetzung nicht zu vermeiden ist (vgl. BSG SozR 4100 § 136 Nr. 4). In diesen Fällen könnte das Vorverfahren seinen Zweck, die Verwaltung in die Lage zu versetzen, ihr Handeln im Wege der Selbstkontrolle zu überprüfen und die Gerichte vor unnötiger Inanspruchnahme zu schützen, nicht mehr erreichen; seine Durchführung wäre reiner Formalismus. Ein Widerspruchsverfahren als Prozessvoraussetzung für die geänderte Klage ist in einem solchen Fall nicht erforderlich (BSG SozR 3-3870 § 4 Nr. 13 =ZfS 1997, 211).

2. Änderung eines Feststellungsbescheides zugunsten des behinderten Menschen

72 Die Änderung eines Feststellungsbescheides zugunsten eines behinderten Menschen kommt nur in Betracht, wenn der darin festgestellte GdB erhöht werden soll. Die einzelnen Nachteilsausgleiche sind nicht in sich abgestuft.

2.1 Erhöhung des GdB wegen nachträglicher Änderung der Verhältnisse nach § 48 Abs. 1 Satz 1 SGB X

73 Ein bestandskräftiger Feststellungsbescheid ist als Verwaltungsakt mit Dauerwirkung zugunsten eines behinderten Menschen mit Wirkung für die Zukunft abzuändern, soweit in den tatsächlichen oder rechtlichen Verhältnissen, die beim Erlass des Feststellungsbescheides vorgelegen haben, eine wesentliche Änderung eintritt. Wesentlich ist eine Änderung, wenn sie rechtserheblich ist.

2.1.1 Allgemeine Voraussetzungen

74 Eine Änderung im Ausmaß der Behinderung kann eintreten durch eine Änderung
  a) des Zustandes des Behinderten und der dadurch bedingten Funktionsbeeinträchtigungen mit ihren Auswirkungen auf die Teilhabe am Leben in der Gesellschaft,
  b) der GdB-Bewertung von Behinderungen.

a) Änderung des Gesundheitszustandes und der Funktionsbeeinträchtigungen

75 Eine wesentliche Änderung der tatsächlichen Verhältnisse setzt eine Veränderung der für den Verwaltungsakt objektiv maßgeblichen, d. h. von der Rechtsordnung für maßgeblich erklärten, Umstände voraus (vgl. oben Rdnrn. 37–44).

76 Der Vergleich des gegenwärtigen mit dem verbindlich festgestellten Gesundheitszustand eines Behinderten muss eine GdB-Differenz von mindestens 10 ergeben (vgl. oben Rdnr. 37).

Bei der Neufeststellung des Gesamt-GdB als Folge einer Änderung der Verhältnisse zugunsten des Behinderten handelt es sich **nicht** um eine **bloße Hochrechnung** des im alten Bescheid festgestellten Gesamt-GdB. Vielmehr wird der Wert unter Berücksichtigung der gegenseitigen Beeinflussung der verschiedenen Leiden **neu ermittelt** (BSGE 81, 50 = SozR 3-3870 § 3 Nr. 7; BSGE 87, 126 = SozR 3-1300 § 45 Nr. 43). 77

Hat z. B. die Versorgungsverwaltung einen GdB von 50 wegen einer Bewegungseinschränkung der Kniegelenke (20), der Erblindung eines Auges (30) und wegen eines Wirbelsäulenschadens (30) festgestellt und tritt nachträglich eine coronare Herzerkrankung (30) hinzu, ist im Änderungsverfahren nur zu prüfen: Welchen Gesamt-GdB bedingen die Funktionseinschränkungen in den vier Funktionssystemen aufgrund ihrer wechselseitigen Beziehungen? Die Frage lautet also nicht, ob – ausgehend von einem GdB von 50 für die Funktionseinschränkungen in den drei Funktionssystemen „Augen", „Rumpf" und „Beine" – der Gesamtwert nunmehr allein wegen der Funktionseinschränkungen im Funktionssystem „Herz / Kreislauf" zu erhöhen ist. 78

Bei der Neufeststellung des Gesamt-GdB ist auf den Gesundheitszustand des behinderten Menschen und die dadurch bedingten Funktionsbeeinträchtigungen mit ihren Auswirkungen auf die Teilhabe am Leben in der Gesellschaft **bei Abschluss des Änderungsverfahrens** abzustellen. Dieser Zustand ist mit dem zum Zeitpunkt der letzten bestandskräftigen Feststellungsbescheids zu vergleichen. Die Versorgungsverwaltung darf eine Änderung zugunsten und gleichzeitig eine Änderung zuungunsten des Behinderten in einem Verfahren prüfen. Im Ergebnis kann sie eine Erhöhung des GdB ablehnen, wenn sich die Änderungen in ihren Auswirkungen gegenseitig aufheben (BSGE 75, 176 = SozR 3-3870 § 3 Nr. 5). 79

Das ist z. B. der Fall, wenn die Versorgungsverwaltung einen GdB von 70 wegen Erblindung eines Auges (30) und Entfernung eines malignen Brustdrüsentumors (50) festgestellt hat. Nachträglich tritt zwar eine coronare Herzerkrankung (30) hinzu; andererseits ist die Heilungsbewährung für die Tumorerkrankung zum Zeitpunkt des Änderungsantrages abgelaufen. 80

b) Änderung der GdB-Bewertung

Die Änderung der Anhaltspunkte (AHP), insbesondere der GdB-Bewertungen, ist wie eine Änderung der rechtlichen Verhältnisse zu beurteilen. Die Anhaltspunkte haben nach der gefestigten Rechtsprechung des BSG normähnliche Wirkung und sind von den Sozialgerichten wie untergesetzliche Normen anzuwenden (vgl. oben Rdnr. 50–53). 81

2.1.2 Verböserungsverbot hinsichtlich nicht angefochtener Feststellungen

Im Widerspruchsverfahren gilt das Verböserungsverbot (Verbot der „reformatio in peius"). Die **Bindungswirkung des angegriffenen Bescheides** im Änderungsverfahren **hinsichtlich der nicht angefochtenen Feststellungen** ist im Änderungsverfahren grundsätzlich zu beachten. Deshalb darf der GdB wegen zwischenzeitlich eingetretenen Änderungen der Verhältnisse – z. B. dem Ablauf einer Heilungsbewährung – im laufenden Änderungsverfahren zuungunsten des behinderten Menschen nur nach § 45 und 48 SGB X geändert werden. Es muss also ein gesonderter Bescheid unter Einhaltung der Verfahrensvorschriften erlassen werden (BSG SozR 3-3870 § 4 Nr. 5 = Breithaupt 1993, 943). 82

2.1.3 „Abschmelzung" bei ursprünglich zu hoch angesetztem GdB

Ist im Feststellungsbescheid der GdB zu hoch angesetzt worden und hat sich nachträglich der Gesundheitszustand des Betroffenen verschlechtert, ist die Vorschrift des § 48 Abs. 3 SGB X anzuwenden. Der neu festzustellende Gesamt-GdB soll nicht über den GdB-Wert hinausgehen, der sich ohne Berücksichtigung der Bestandskraft ergibt. Der GdB darf **nicht durch Aufstockung** auf den bisher bestandskräftig anerkannten GdB erhöht werden, sondern ist im Wege des **Abschmelzungsverfahrens neu festzustellen** (BSGE 60, 287 = SozR 83

1300 § 48 Nr. 29; SozR 1300 § 45 Nr. 48 = Breithaupt 1990, 421; BSGE 87, 126 = SozR 3-1300 § 45 Nr. 43).

84 Die Abschmelzung ist in zwei Schritten vorzunehmen:
- zunächst die Rechtswidrigkeit des Feststellungsbescheides nach § 45 SGB X in Form eines Teils des Abschmelzungsbescheides oder als selbstständiger Bescheid festzustellen.
- sodann ist die Abschmelzung festzustellen.

85 Bei der Abschmelzung ist der **Besitzstand des Betroffenen** zu wahren. Es darf also kein geringerer GdB als in dem rechtswidrigen Feststellungsbescheid festgesetzt werden. Hat z. B. die Versorgungsverwaltung einen GdB von 50 wegen beidseitiger hochgradiger Schwerhörigkeit anerkannt, obwohl tatsächlich nur eine einseitige hochgradige Schwerhörigkeit (20) besteht und tritt eine weitere Erkrankung mit einem GdB von 50 im Zustand der Heilungsbewährung hinzu, die zu einem Gesamt-GdB von 80 führt, wäre nach Ablauf der Heilungsbewährung der GdB auf höchstens 50 „abzuschmelzen".

2.1.4 Rechtsmittel gegen Ablehnung der Erhöhung des GdB

86 Ein Bescheid, in dem die Erhöhung des GdB wegen einer zwischenzeitlich eingetretenen Änderung der Verhältnisse abgelehnt wird, ist mit der **kombinierten Anfechtungs- und Leistungsklage (§ 54 Abs. 4 SGG)** anzufechten. Für die Entscheidung des Gerichts sind die Verhältnisse zum Zeitpunkt der letzten mündlichen Verhandlung maßgebend. Änderungen im Gesundheitszustand des Klägers oder in den rechtlichen Verhältnissen, die nach Erlass des Widerspruchsbescheides eingetreten sind, hat das Gericht zu berücksichtigen. Der behinderte Mensch trägt die Beweislast hinsichtlich des Nachweises der Änderung zu seinen Gunsten.

87 Beantragt ein Kläger **erstmals in einem Berufungsverfahren**, das wegen der Feststellung von Nachteilsausgleichen nach dem SGB IX geführt wird, die **Feststellung eines höheren GdB**, fehlt es an einem anfechtbaren Verwaltungsakt und damit an einer notwendigen Prozessvoraussetzung, wenn der Kläger keinen Antrag bei der Verwaltung gestellt und diese infolge dessen keinen den Kläger möglicherweise belastenden Verwaltungsakt (und Widerspruchsbescheid) erlassen hatte. Wegen fehlender Beschwer wäre die Klage unzulässig. Ein solcher prozessualer Antrag kann nicht im Wege einer Klageänderung gemäß § 99 SGG zulässig werden. Auch bezüglich des geänderten bzw. neuen Streitgegenstandes müssen grundsätzlich die Sachurteilsvoraussetzungen vorliegen; sie können nicht durch die Zustimmung des Beklagten ersetzt werden (LSG Rheinland-Pfalz Urteil vom 20. 5. 1999 – L 4 Vs 76/98).

2.2 Erhöhung des GdB ohne Änderung der Verhältnisse
2.2.1 Anwendbare Vorschrift

88 Ein Feststellungsbescheid nach § 69 SGB IX kann nicht nach der Vorschrift des § 44 Abs. 1 SGB X zurückgenommen werden. Denn es handelt sich nicht um einen Bescheid, der eine Sozialleistung i. S. von § 11 SGB I gewährt. Anwendbar ist vielmehr die Vorschrift des § 44 Abs. 2 SGB X (BSGE 69, 14 = SozR 3-1300 § 44 Nr. 3).

2.2.2 Allgemeine Voraussetzungen

89 Voraussetzung für die Rücknahme eines Feststellungsbescheides – d. h. für die Feststellung eines höheren GdB – nach § 44 Abs. 2 SGB X ist, dass
- die Bewertung des Gesamtbehinderungszustandes in dem zu überprüfenden Feststellungsbescheid zu niedrig und
- nach Erlass des Bescheides keine Änderung in den Verhältnissen im Sinne von § 48 Abs. 1 Satz 1 SGB X eingetreten ist.

2.2.3 Rückwirkende Rücknahme als Ermessensentscheidung

Ein rechtswidriger begünstigender Feststellungsbescheid ist nach § 44 Abs. 2 SGB X mit Wirkung für die Zukunft ganz oder teilweise zurückzunehmen. Soweit die Rücknahme eines solchen Feststellungsbescheids auch mit Wirkung für die Vergangenheit in Betracht kommt, handelt es sich um eine Ermessensentscheidung nach § 44 Abs. 2 Satz 1 SGB X. Es ist nicht ermessenswidrig, **die Rückwirkung auf grundsätzlich vier Jahre zu beschränken**. Denn der Anwendungsbereich des § 44 Abs. 2 SGB X entspricht dem des Abs. 1 der Vorschrift; insoweit ist die Vierjahresfrist nach § 44 Abs. 4 SGB X von Bedeutung (BSGE 69, 14 = SozR 3-1300 § 44 Nr. 3). Das gilt auch dann, wenn das Finanzamt eine mehr als 4 Jahre zurückreichende Statusänderung anerkennen würde. Denn Steuervorteile sind, auch wenn sie Anlass zu einem Feststellungsverfahren gegeben haben, nur eine der möglichen Folgen des feststellenden Verwaltungsaktes. Sie prägen das sozialrechtliche Statusverfahren nicht, das auf die Gesamtheit der Berechtigungen und Nachteilsausgleiche von Schwerbehinderten ausgerichtet ist (BSG a. a. O.).

90

Die **Änderung des Status des Schwerbehinderten wirkt prinzipiell nur in die Zukunft**; eine beschränkte Rückwirkung auf den Zeitpunkt der Antragstellung gem. § 6 Abs. 1 Satz 1 SchwbAwV trägt dem Interesse der behinderten Menschen daran Rechnung, dass sie nicht durch die Dauer eines Verwaltungsverfahrens unzumutbar benachteiligt werden. Nach Antragstellung können sie auch bei allen wesentlichen Belangen bereits auf ein laufendes Verfahren zur Anerkennung hinweisen. Die weitere Rückwirkung eines Antrags, wie sie in § 6 Abs. 1 Satz 2 SchwbAwV vorgesehen ist, muss daher auf offenkundige Fälle beschränkt werden. Ein „besonderes Interesse" an der rückwirkenden Feststellung eines GdB i. S. des § 6 Abs. 1 Satz 2 SchwbAwV ist im Regelfall zu verneinen, wenn die rückwirkende Feststellung der Schwerbehinderteneigenschaft allein mit der Begründung begehrt wird, dass für die nachträglichen Anerkennungszeiten noch Steuervorteile gegenüber der Finanzverwaltung geltend gemacht werden könnten (LSG Saarland Beschluss vom 5. 11. 2002 – L 5 B 12/01 SB; vgl. aber insoweit LSG Rheinland-Pfalz Urteil vom 27. 5. 1992 – L 4 Vs 3/91:

91

„Die von der Versorgungsverwaltung vorzunehmenden Statusentscheidungen sind ab dem Zeitpunkt der Antragstellung mit Wirkung für die Zukunft zu treffen; sie können sich nur in der Zukunft auf die Gestaltung verschiedener Rechtsverhältnisse auswirken. Deshalb fehlt es regelmäßig bei Klagen auf „rückwirkende" Feststellung von Behinderungen, eines – höheren – GdB oder von Nachteilsausgleichen an dem erforderlichen Rechtsschutzbedürfnis, so dass die entsprechende Klage unzulässig ist. Etwas anderes kann nur dann gelten, wenn substanziiert vorgebracht und gegebenenfalls belegt wird, dass die Feststellung etwa aus steuerlichen Gründen noch sinnvoll ist, etwa weil durch die Finanzverwaltung ein Vorbehalt in den entsprechenden Steuerbescheid für den vergangenen Veranlagungszeitraum aufgenommen worden ist.")

92

2.2.4 Rechtsmittel gegen Ablehnung der Rücknahme

Die Ablehnung der Rücknahme nach § 44 Abs. 2 SGB X ist ein belastender Verwaltungsakt ohne Dauerwirkung. Der Bescheid kann mit einer **kombinierten Anfechtungs- und Leistungsklage gem. § 54 Abs. 4 SGG** angegriffen werden. Für eine derartige Klage ist der Sach- und Streitstand zum Zeitpunkt der letzten mündlichen Verhandlung in der Tatsacheninstanz maßgeblich (BSG SozR 3-3870 § 3 Nr. 9 = SuP 2000, 670). Der behinderte Mensch trägt die Beweislast für sein Vorbringen.

93

Ein gemäß § 44 Abs. 2 SGB X erteilter Überprüfungsbescheid wird nicht gemäß § 96 Abs. 1 SGG Gegenstand eines Verfahrens, das die Herabsetzung des Grades der Behinderung gemäß § 48 Abs. 1 SGB X betrifft. Dies widerspricht wegen der Einbeziehung zusätzlicher Rechtsfragen der Prozessökonomie (LSG NRW vom 5. 12. 1996 – L 7 Vs 107/96).

94

2.3 Wiederaufgreifen eines abgeschlossenen Verwaltungsverfahrens auf Antrag des Betroffenen entsprechend § 51 VwVfG

95 Die Voraussetzungen eines strikten (Rechts-)Anspruchs auf eine Sachprüfung der Behörde darüber, ob sie einen unanfechtbaren Verwaltungsakt aufhebt oder ändert (Wiederaufgreifen des Verfahrens), ergeben sich aus der lückenfüllend anzuwendenden Maßstabsnorm des § 51 des Verwaltungsverfahrensgesetzes des Bundes – VwVfG – (BSGE 88, 75 = SozR 3-2200 § 1265 Nr. 20).

96 Das bedeutet: Es müssen entweder **neue Beweismittel** vorliegen, die eine dem Betroffenen günstigere Entscheidung herbeigeführt haben würden oder es müssen **Wiederaufnahmegründe entsprechend § 580 ZPO** gegeben sein (vgl. § 51 Abs. 1 Nr. 2 und 3 VwVfG; die Änderung der Sach- und Rechtslage nach Nr. 1 hat hier keine Bedeutung wegen der spezialgesetzlichen Regelung in §§ 44, 45 und § 48 SGB X).

97 Der Antrag ist nur **zulässig**, wenn der Betroffene ohne grobes Verschulden außerstande war, den Grund für das Wiederaufgreifen in dem früheren Verfahren, insbesondere durch Rechtsbehelf, geltend zu machen (§ 51 Abs. 2 VwVfG). Der Antrag muss binnen drei Monaten gestellt werden. Die Frist beginnt mit dem Tage, an dem der Betroffene von dem Grund für das Wiederaufgreifen Kenntnis erhalten hat (§ 51 Abs. 3 VwVfG). Liegen diese Voraussetzungen vor, muss die Behörde die Aufhebbarkeit des früheren Verwaltungsaktes in der Sache prüfen und bescheiden.

2.4 Restitutionsklage

98 Ist ein **gerichtliches Verfahren** über einen Feststellungsbescheid rechtskräftig abgeschlossen, kommt nur eine **Restitutionsklage gem. § 179 SGG i. V. m. § 580 ZPO** in Betracht. Diese ist kein Rechtsmittel, sondern ein außergewöhnlicher Rechtsbehelf, der nur unter ganz besonderen Zulässigkeitsvoraussetzungen gegen rechtskräftige Endurteile stattfindet, d. h. gerade dann, wenn ein Verfahren über einen früheren Bescheid nicht mehr schwebt, sondern rechtskräftig entschieden ist. Von praktischer Bedeutung für Entscheidungen über Feststellungsbescheide mag allenfalls die Vorschrift des § 580 Nr. 7 ZPO sein, nämlich wenn die Partei

a) ein in derselben Sache erlassenes, früher rechtskräftig gewordenes Urteil oder

b) eine andere Urkunde auffindet oder zu benutzen in den Stand gesetzt wird, die eine ihr günstigere Entscheidung herbeigeführt haben würde.

Allerdings ist fachärztliches Gutachten keine Urkunde i. S. des § 580 Nr. 7b ZPO (OVG Bremen NJW 1990, 2337).

§ 70
Verordnungsermächtigung

Die Bundesregierung wird ermächtigt, durch Rechtsverordnung mit Zustimmung des Bundesrates nähere Vorschriften über die Gestaltung der Ausweise, ihre Gültigkeit und das Verwaltungsverfahren zu erlassen.

ERLÄUTERUNGEN

I. Bedeutung der Vorschrift

Die Vorschrift ermächtigt die Bundesregierung durch Rechtsverordnung mit Zustimmung des Bundesrates Einzelheiten über die Gestaltung der Ausweise, ihre Gültigkeit und das Verwaltungsverfahren zu regeln. Sie entspricht dem bisherigen § 4 Abs. 5 Satz 5 SchwbG. Von dieser Ermächtigung hatte die Bundesregierung durch Erlass der SchwbAwV in der Fassung der Bekanntmachung vom 3. April 1984 (BGBl. I S. 509) und durch Art. 6 Nr. 104 des Gesetzes vom 27. Dezember 1993 (BGBl. I S. 2378) Gebrauch gemacht.

1

II. Fassung

Die Vorschrift wurde unverändert aus dem Regierungsentwurf (BT-Drucks. 14/5531 i. V. m. 14/5074) übernommen.

2

KAPITEL 2
Beschäftigungspflicht der Arbeitgeber

§ 71
Pflicht der Arbeitgeber zur Beschäftigung schwerbehinderter Menschen

(1) ¹Private und öffentliche Arbeitgeber (Arbeitgeber) mit jahresdurchschnittlich monatlich mindestens 20 Arbeitsplätzen im Sinne des § 73 haben auf wenigstens 5 Prozent der Arbeitsplätze schwerbehinderte Menschen zu beschäftigen. ²Dabei sind schwerbehinderte Frauen besonders zu berücksichtigen. ³Abweichend von Satz 1 haben Arbeitgeber mit jahresdurchschnittlich monatlich weniger als 40 Arbeitsplätzen jahresdurchschnittlich je Monat einen schwerbehinderten Menschen, Arbeitgeber mit jahresdurchschnittlich monatlich weniger als 60 Arbeitsplätzen je Monat zwei schwerbehinderte Menschen zu beschäftigen.

(2) *(aufgehoben)*

(3) Als öffentliche Arbeitgeber im Sinne des Teils 2 gelten

1. jede oberste Bundesbehörde mit ihren nachgeordneten Dienststellen, das Bundespräsidialamt, die Verwaltungen des Deutschen Bundestages und Bundesrates, das Bundesverfassungsgericht, die obersten Gerichtshöfe des Bundes, der Bundesgerichtshof, jedoch zusammengefasst mit dem Generalbundesanwalt, sowie das Bundeseisenbahnvermögen,
2. jede oberste Landesbehörde und die Staats- und Präsidialkanzleien mit ihren nachgeordneten Dienststellen, die Verwaltungen der Landtage, die Rechnungshöfe (Rechnungskammern), die Organe der Verfassungsgerichtsbarkeit der Länder und jede sonstige Landesbehörde, zusammengefasst jedoch diejenigen Behörden, die eine gemeinsame Personalverwaltung haben,
3. jede sonstige Gebietskörperschaft und jeder Verband von Gebietskörperschaften,
4. jede sonstige Körperschaft, Anstalt oder Stiftung des öffentlichen Rechts.

ERLÄUTERUNGEN

ÜBERSICHT

I. Bedeutung der Vorschrift (Rdnrn. 1–14)
II. Fassung (Rdnrn. 15–18)
   A) durch das SGB IX vom 19. Juni 2001 (BGBl. I S. 1046) mit Wirkung vom 1. Juli 2001 (Rdnrn. 15–16)
   B) durch das Gesetz zur Änderung von Fristen und Bezeichnungen im Neunten Buch Sozialgesetzbuch und zur Änderung anderer Gesetze vom 3. April 2003 (BGBl. I S. 462) mit Wirkung vom 1. Januar 2003 (Rdnr. 17)
   C) durch das Gesetz zur Förderung der Ausbildung und Beschäftigung schwerbehinderter Menschen vom 23. April 2004 (BGBl. I S. 606) mit Wirkung vom 1. Mai 2004 (Rdnr. 18)
III. Anmerkungen (Rdnrn. 19–57)
   A) zu Abs. 1
      1. Begriff der Arbeitgeber (Rdnrn. 19–20)
      2. Mindestzahl von Arbeitsplätzen (Rdnr. 21)
      3. Beschäftigungspflicht (Rdnrn. 24–48)
      4. Folgen bei Verstoß gegen die Beschäftigungspflicht (Rdnr. 49)
   B) zu Abs. 3
      1. Öffentliche Arbeitgeber (Rdnrn. 50–57)
IV. Literatur

Beschäftigungspflicht § 71

I. Bedeutung der Vorschrift

Die Vorschrift legt Arbeitgebern eine Beschäftigungspflicht auf: Verfügen sie über **mindestens 20 Arbeitsplätze** im Sinne des § 73 SGB IX, haben sie **auf wenigstens 5%** hiervon schwerbehinderte Menschen zu beschäftigen. Schwerbehinderte Frauen sind hierbei besonders zu berücksichtigen (**Abs. 1**). 1

Erfüllt der Arbeitgeber die Pflichtquote nicht, muss er eine **Ausgleichsabgabe** entrichten. Ihre Höhe hängt gem. § 77 Abs. 2 SGB IX u. a. davon ab, in welchem Umfang die Quote verfehlt wird. Ein Teil der Ausgleichsabgabe fließt in den vom Bundesministerium für Arbeit und Sozialordnung verwalteten Ausgleichsfonds (§ 77 Abs. 6, § 78 SGB IX); den Rest verwendet das Integrationsamt für besondere Leistungen zur Förderung der Teilhabe schwerbehinderter Menschen am Arbeitsleben einschließlich begleitender Hilfe im Arbeitsleben (§ 77 Abs. 5 SGB IX). 2

Beschäftigungspflicht und Ausgleichsabgabe sollen Arbeitgeber unter anderem **dazu anhalten**, durch eigene Bemühungen wenigstens für einige Gruppen schwerbehinderter Menschen **Arbeitsplätze bereitzustellen und gezielt nach solchen Arbeitnehmern zu suchen** (BVerfG Urteil vom 26. Mai 1981 – 1 BvL 56/78 = BVerfGE 57, 139 [168]; Beschluss vom 1. Oktober 2004 – 1 BvR 2221/03 u. a. = BehindertenR 2004, 202 = AP Nr. 1 zu § 72 SGB IX = NZA 2005, 102). 3

Grundsätzlich ist **jedes Unternehmen** unabhängig von seiner Größe, seiner Struktur oder seinem Gegenstand **in der Lage, schwerbehinderte Menschen einzustellen** (vgl. BVerfG Beschluss vom 10. November 2004 – 1 BvR 1785/01 u. a. = NZA 2005, 216 = BehindertenR 2005, 105). Die Erscheinungsformen körperlicher, geistiger und seelischer Behinderung im Sinne des § 2 Abs. 1 Satz 1 SGB IX sind vielfältig. Viele behinderte Menschen können, ggf. nach Maßnahmen der Rehabilitation, in unterschiedlichen Berufen arbeiten (BVerfG Beschluss vom 11. November 2004 a. a. O. unter Hinw. auf BT-Drucks. 7/1515 S. 5). 4

Die Regelungen über die Beschäftigungspflicht schwerbehinderter Menschen und zur Zahlung einer Ausgleichsabgabe sind auch **verfassungsgemäß**: Sie stellen zwar eine Berufsausübungsregelung i. S. von Art. 12 Abs. 1 GG dar. Sie sind aber verfassungsrechtlich gerechtfertigt und genügen dem Grundsatz der Verhältnismäßigkeit (BVerfG Beschluss vom 1. Oktober 2004 a. a. O.). 5

Insbesondere sind sie **geeignet**, das gem. Art. 3 Abs. 3 Satz 2 GG **legitime Ziel der beruflichen Integration behinderter Menschen** zu erreichen. Sie sind nach wie vor auch erforderlich und zumutbar, da **überproportional viele schwerbehinderte Menschen arbeitslos** sind und die Arbeitgeber hierdurch nicht unverhältnismäßig belastet werden (BVerfG Beschluss vom 1. Oktober 2004 a. a. O.). Weder die gesetzliche Pflichtquote in Höhe 5% ab 20 Arbeitsplätzen noch die gestaffelte Ausgleichsabgabe gem. § 77 Abs. 2 SGB IX erscheinen überhöht (BVerfG Beschluss vom 1. Oktober 2004 a. a. O.)

Eine **gleichheitswidrige Benachteiligung deutscher Unternehmen** i. S. von Art. 3 Abs. 1 GG im Verhältnis zu ausländischen Unternehmen ist **nicht ersichtlich**, da auch in mindestens neun Mitgliedsstaaten der EU eine Beschäftigungspflicht für schwerbehinderte Menschen besteht (BVerfG Beschluss vom 1. Oktober 2004 a. a. O; näher hierzu Bundesministerium für Arbeit und Soziales, Sozialkompass Europa 2007, S. 211 ff. = www.bmas.bund.de/ Rubrik Publikationen). 6

Im Übrigen begründet es keinen Verstoß gegen Art. 3 Abs. 1 GG, wenn die Bundesrepublik Deutschland Regelungen erlässt, die von jenen in anderen Mitgliedstaaten der EU abweichen. Denn der deutsche Gesetzgeber ist nur innerhalb seines Herrschaftsbereichs an den Gleichheitssatz gebunden (BVerfG Beschluss vom 1. Oktober 2004 a. a. O.).

Für **Kleinbetriebe unter 60 Arbeitsplätzen** gelten **Sonderregelungen**: Bei jahresdurchschnittlicher monatlicher Beschäftigung auf bis zu 39 Arbeitsplätzen muss jahresdurch- 7 schnittlich je Monat ein schwerbehinderter Mensch beschäftigt werden; bei entsprechenden Arbeitsplatzzahlen bis 59 sind es zwei schwerbehinderte Arbeitnehmer.

8   In **Abs. 3** wird konkretisiert, wer als „öffentlicher Arbeitgeber" im Sinne der Beschäftigungsvorschriften für schwerbehinderte Menschen zu gelten hat.

9   Entgegen zwischenzeitlichen Absichten des Gesetzgebers **bleibt es bis auf weiteres bei der Beschäftigungspflichtquote von 5%**.

10 Die Senkung der Pflichtquote zum 1. Januar 2001 hatte der Gesetzgeber **zunächst mit einer auflösenden Bedingung verknüpft**: Sie sollte zum 1. Januar 2003 **wieder auf 6% steigen**, wenn die Zahl der arbeitslosen schwerbehinderten Menschen – gemessen am Vergleichszeitraum Oktober 1999 – im Oktober 2002 nicht um mindestens 25% verringert sein werde. Dieses Ziel wurde zwar knapp verfehlt: Bis Ende Oktober 2002 sank die Arbeitslosigkeit schwerbehinderter Menschen um rund 23,9%. Gleichwohl bewertete der Gesetzgeber die entsprechenden Bemühungen als erfolgversprechend: Um sie fortführen zu können und um in der Zwischenzeit ein Konzept zur Weiterentwicklung der Zielvorgaben zu erarbeiten, sollte der Zeitpunkt für die Anhebung der Pflichtquote **auf den 1. Januar 2004 verschoben** werden.

11 Für das Jahr 2003 blieb es somit bei der Pflichtquote von 5%. Vorbehaltlich einer weiteren Gesetzesänderung wurde hingegen durch das Gesetz vom 3. 4. 2003 (BGBl. I S. 462) die Pflichtquote ab 1. Januar 2004 für Arbeitgeber ab 60 Beschäftigte auf 6% erhöht, ohne dass etwa weitere statistische Daten für einen Jahresvergleich herangezogen wurden. Das Gesetz wurde nicht dahingehend geändert, dass zum Oktober 2003 ein neuer Vergleich der Beschäftigungszahlen für schwerbehinderte Menschen zu Oktober 1999 zu ziehen und im Erfolgsfall die Regelung der Pflichtquote weiter auszusetzen wäre.

12 Nunmehr hat der Gesetzgeber im Gesetz vom 23. 4. 2004 (BGBl. I S. 606) durch **Aufhebung des bisherigen Absatzes 2** der Vorschrift die Beschäftigungspflichtquote **weiterhin bei 5%** belassen und dies wie folgt begründet (BT-Drucks. 15/1783 S. 14):

„Die Vorschrift, nach der zum 1. Januar 2004 die Beschäftigungspflichtquote auf 6 Prozent ansteigen sollte, wird aufgehoben, so dass es über das Jahr 2003 hinaus bei einer Beschäftigungspflichtquote von 5 Prozent bleibt. Allerdings wird die Beschäftigungspflichtquote zum 30. Juni 2007 überprüft. Hierauf wird die Bundesregierung in dem zu diesem Termin zu erstattenden Bericht nach § 160 ... eingehen."

13 Der im **Juli 2007** erstattete „**Bericht der Bundesregierung** über die Wirkung der Instrumente zur Sicherung von Beschäftigung und zur betrieblichen Prävention" (BT-Drucks. 16/6044 S. 8 ff.) kommt zu folgendem Ergebnis: Gemessen an der Aussage im Koalitionsvertrag vom 11. 11. 2005, wonach die berufliche Integration von Menschen mit Behinderungen intensiviert werden solle, habe sich die **Situation zwischenzeitlich verbessert**. Er belegt dies unter anderem damit, dass in 2005 rund 914 000 schwerbehinderte und gleichgestellte behinderte Menschen auf dem allgemeinen Arbeitsmarkt beschäftigt waren und damit ihre Zahl im Vergleich zum Jahr 2003 um 1,2% gestiegen ist, bei den schwerbehinderten Frauen sogar um 4%. Gleichzeitig hat sich die Zahl der besetzten Pflichtarbeitsplätze von 2001 bis 2005 um 4% erhöht und die Beschäftigungsquote ist von 3,8 auf 4,2% gestiegen. Nach Auffassung der Bundesregierung besteht deshalb **kein Anlass, die Beschäftigungspflichtquote** von derzeit 5% für Arbeitgeber, die mindestens 20 Arbeitsplätze haben, **zu verändern**.

Hingewiesen wurde allerdings auf die zu hohe Zahl von über **32 000 Arbeitgebern**, die trotz Beschäftigungspflicht **keinen einzigen schwerbehinderten Menschen** beschäftigen. Der Bericht hält insoweit eine Erhöhung der Ausgleichsabgabe für diese Gruppe für erwägenswert (BT-Drucks. 16/6044 S. 4).

14 Auch der „**Bericht der Bundesregierung** über die Lage behinderter Menschen und die Entwicklung ihrer Teilhabe" (BT-Drucks. 16/13829 vom **17. Juli 2009**) kommt zu folgenden positiven Schlussfolgerungen:

„Die Beschäftigung schwerbehinderter Menschen hat sich deutlich erhöht. Von 2003 bis 2006 stieg sie um 5%; die Zahl der beschäftigten schwerbehinderten Frauen stieg in diesem Zeitraum sogar um 7,5% (neuere Daten liegen noch nicht vor). Hervorzuheben ist die Quote der bei den Bundesbehörden beschäftigten schwerbehinderten Menschen: Sie ist von 7,3% (2005) auf 8,5% (2006) gestiegen. Bei privaten Arbeitgebern und Arbeitgeberinnen ist die Beschäftigungsquote schwerbehinderter Menschen von 4,0% (2003) auf 4,3% (2006) angestiegen ..."

II. Fassung

A) durch das SGB IX vom 19. Juni 2001 (BGBl. I S. 1046) mit Wirkung vom 1. Juli 2001

Die Vorschrift wurde unverändert aus dem Regierungsentwurf (BT-Drucks. 14/5531 i. V. m. 14/5074) übernommen.

15

Sie entspricht weitgehend dem früheren § 5 SchwbG in der Fassung des Gesetzes zur Bekämpfung der Arbeitslosigkeit Schwerbehinderter (SchwbBAG) vom 29. September 2000 (BGBl. I Nr. 44 S. 1394). Die dort in § 5 Abs. 2 vorgesehene Ermächtigung der Bundesregierung zur Änderung des Pflichtsatzes durch Rechtsverordnung mit Zustimmung des Bundesrates ist nunmehr in § 79 Nr. 1 SGB IX enthalten.

16

B) durch das Gesetz zur Änderung von Fristen und Bezeichnungen im Neunten Buch Sozialgesetzbuch und zur Änderung anderer Gesetze vom 3. April 2003 (BGBl. I S. 462) mit Wirkung vom 1. Januar 2003

Durch dieses rückwirkend zum 1. 1. 2003 in Kraft getretene Gesetz wurden in Abs. 1 Satz 1 die Worte „jahresdurchschnittlich monatlich" eingefügt. Außerdem wurde in Abs. 1 der neue Satz 3 bezüglich der Beschäftigungsverpflichtung in Kleinbetrieben mit weniger als 60 Arbeitsplätzen angefügt und in Absatz 2 jeweils die Jahreszahl „2003" in „2004" geändert. Schließlich wurde die Bezeichnung des bisher zuständigen Bundesministeriums für Arbeit und Sozialordnung angepasst in „Bundesministerium für Gesundheit und Soziale Sicherung".

17

C) durch das Gesetz zur Förderung der Ausbildung und Beschäftigung schwerbehinderter Menschen vom 23. April 2004 (BGBl. I S. 606) mit Wirkung vom 1. Mai 2004

a) mit Wirkung vom 1. Mai 2004:

18

In Abs. 1 Satz 3 die wurde die Angabe „bis zu 39" durch die Angabe „weniger als 40" und die Angabe „bis zu 59" durch die Angabe „weniger als 60" ersetzt.

b) mit Wirkung vom 1. Januar 2004:

Abs. 2 wurde aufgehoben.

Die Vorschrift hatte folgenden Inhalt:

Die Pflichtquote nach Abs. 1 Satz 1 beträgt vom 1. Januar 2003 an 6 Prozent, wenn die Zahl der arbeitslosen schwerbehinderten Menschen im Monat Oktober 2002 nicht um mindestens 25% geringer ist als die Zahl der arbeitslosen schwerbehinderten Menschen im Monat Oktober 1999. In die Zahl der im Oktober 2002 arbeitslosen schwerbehinderten Menschen ist die Zahl der schwerbehinderten Menschen einzubeziehen, um die die im Monat Oktober 2002 in Arbeitsbeschaffungsmaßnahmen nach den §§ 260 bis 271 des Dritten Buches und in Strukturanpassungsmaßnahmen nach den §§ 272 bis 279 des Dritten Buches beschäftigten schwerbehinderten Menschen die Zahl der im Oktober 1999 in solchen Maßnahmen beschäftigten schwerbehinderten Menschen übersteigt. Das Bundesministerium für Gesundheit und Soziale Sicherung gibt die Veränderungsrate nach Satz 1 und die von 1. Januar 2003 an geltende Pflichtquote im Bundesanzeiger bekannt.

III. Anmerkungen
A) zu Abs. 1
1. Begriff der Arbeitgeber

19 Die Beschäftigungspflicht nach Abs. 1 trifft grundsätzlich **private und öffentliche Arbeitgeber.** Dies ist jeder, der über Arbeitsplätze im Sinne des § 73 SGB IX verfügt, also auch der öffentlich-rechtliche Dienstherr (BSG Urteil vom 29. September 1992 – 11 RAr 83/91 = ZBR 1993, 266 = SozR 3-3870 § 33 Nr. 1 = AUB 1993, 246).

20 Neben natürlichen und juristischen Personen des Privatrechts und des öffentlichen Rechts kommen auch nicht rechtsfähige Personengemeinschaften, z. B. Vereine, Stiftungen, Gesellschaften des Bürgerlichen und des Handelsrechts, in Betracht (*Müller-Wenner* / Schorn Rdnr. 7).

2. Mindestzahl von Arbeitsplätzen

21 Die Pflichtquote trifft sämtliche Arbeitgeber, die über **mindestens 20 Arbeitsplätze** im Sinne des § 73 SGB IX verfügen. Diese Zahl wurde durch die letzte Änderung des SchwbG mit Wirkung vom 1. Januar 2001 erhöht und in das SGB IX übernommen worden; vorher waren nur 16 Arbeitsplätze Voraussetzung für die Beschäftigungspflicht.

Die **Befreiung** der Arbeitgeber mit **weniger als 20 Arbeitsplätze** von der Beschäftigungspflicht **verstößt nicht gegen das europarechtliche Beihilfeverbot** des Art. 87 EGV. Denn die Befreiung stellt keine – indirekte – Beihilfe dar, sondern konkretisiert den gesetzgeberischen Willen, für Kleinarbeitgeber einen besonderen rechtlichen Rahmen zu erstellen, der sie von finanziellen Lasten ausnimmt, welche ihre Entwicklung behindern können (so OVG NRW Urteil vom 31. Oktober 2002 – 12 A 2567/02 = NWVBl. 2004, 67 zum früheren Art. 92 Abs. 1 EGV). Sie steht im Übrigen im Einklang mit dem im EG-Vertrag verankerten Gedanken, allgemein durch staatliche Maßnahmen im Bereich der Sozialpolitik kleine Unternehmen zu schützen (HK-SGB IX/*Trenk-Hinterberger* Rdnr. 13 unter Hinweis auf Art. 137 Abs. 1 EGV).

22 Der Gesetzgeber unterstellt damit, dass jeder Arbeitgeber, der über mindestens 20 Arbeitsplätze verfügt, auch schwerbehinderte Menschen im Umfang der Pflichtquote beschäftigen kann. Bei Vorliegen der gesetzlichen Mindestzahl von Arbeitsplätzen sind Arbeitgeber **auch dann beschäftigungspflichtig**, wenn sie im Einzelfall nachweislich **nicht in der Lage** sind, jedenfalls in ihrem Hauptbetätigungsfeld schwerbehinderte Menschen zu beschäftigen (*Cramer* Rdnr. 7a zu § 5 SchwbG). So darf auch ein Fußballverein, der sich am Berufsfußball beteiligt, zur Ausgleichsabgabe herangezogen werden (Bad. Württ. VGH Urteil vom 7. Mai 1984 – 14 S 258/83 = BwVPr 1985, 280; OVG Saarlouis, Urteil vom 12. April 1991 – 1 R 215/89, zit. nach JURIS). Immerhin könnten grundsätzlich geeignete Arbeitsplätze im Organisations- und Verwaltungsbereich des Vereins bestehen bzw. geschaffen werden (so auch HK-SGB IX / *Trenk-Hinterberger* Rdnr. 12).

23 Die Beschäftigungspflicht entfällt auch dann nicht, wenn auf dem maßgeblichen regionalen Arbeitsmarkt keine oder zumindest keine für den Arbeitgeber „geeigneten" schwerbehinderten Menschen zur Verfügung stehen. Insbesondere kann der Arbeitgeber sich nicht dadurch von der Beschäftigungspflicht befreien, dass er die Anforderungen an die Eignung aus betriebsbezogenen oder sonstigen Gründen zu hoch ansetzt (ebenso LPK / SGB IX / *Düwell* Rdnr. 5).

3. Beschäftigungspflicht

24 Arbeitgeber, die über die gesetzliche Mindestzahl von Arbeitsplätzen im Sinne des § 73 SGB IX verfügen, haben **auf wenigstens 5% ihrer Arbeitsplätze** schwerbehinderte Menschen zu beschäftigen.

Für öffentliche Arbeitgeber des Bundes gilt aufgrund der Sonderregelung des § 159 Abs. 1 SGB IX unter den dort genannten Voraussetzungen eine Pflichtquote von 6%.

Allerdings ist es für die Erfüllung der Pflichtquote – anders als im Grundsatz (vgl. Erl. zu § 2 SGB IX Rdnr. 53) – nicht ausreichend, dass die Schwerbehinderung eines Arbeitnehmers tatsächlich besteht. Ist sie nicht offenkundig wie etwa im Fall einer Beinamputation, muss sie vielmehr **förmlich festgestellt** sein (⌂ BVerwG Urteil vom 21. Oktober 1987 – 5 C 42/84 = NZA 1988, 431, [432 f.] = ZfS 1989, 21; *Wolf* BB 1991, 1720). 25

Nicht erforderlich ist dagegen, dass der schwerbehinderte Mensch **neu eingestellt** wird. Er ist vielmehr auch dann mit Wirkung für die Zukunft auf die Pflichtquote anzurechnen, wenn die Schwerbehinderung erst während des bereits bestehenden Arbeitsverhältnisses festgestellt wird. 26

Die nach § 2 Abs. 3 (i. V. mit § 68 Abs. 2, § 69 SGB IX) **Gleichgestellten** – nicht aber die nach § 68 Abs. 4 SGB IX Gleichgestellten – genießen im Kap. 2 des SGB IX denselben Status wie schwerbehinderte Menschen, sobald ihre Gleichstellung förmlich anerkannt ist (ErfK / *Rolfs* Rdnr. 6). Deshalb wird die Pflichtquote auch durch die Beschäftigung Gleichgestellter erfüllt. 27

Die in § 71 SGB IX geregelte **Beschäftigungspflicht ist nicht mit Einstellungspflicht gleichzusetzen**. Gibt es in einem Unternehmen eine genügende Anzahl von Arbeitnehmern, die im Lauf des Arbeitsverhältnisses schwerbehindert oder nach § 68 Abs. 2 SGB IX einem Schwerbehinderten gleichgestellt werden, so kann der Arbeitgeber ohne Neueinstellung seine gesetzliche Mindestbeschäftigungspflicht erfüllen. Er muss dann nur deren Beschäftigung behinderungsgerecht nach Maßgabe des § 81 Abs. 4 SGB IX gestalten (LPK-SGB IX / *Düwell* Rdnr. 5; vgl. aber auch unten Rdnr. 39 zur Unterscheidung zwischen öffentlich-rechtlicher Beschäftigungspflicht und individualrechtlichen Verpflichtungen aus dem Arbeitsverhältnis). 28

Durch die Novellierung der Vorschrift im Gesetz vom 3. 4. 2003 wurde für den Beginn der Beschäftigungspflicht auf eine **jahresdurchschnittliche Betrachtungsweise** umgestellt: Zuvor war eine monatsbezogene Ermittlung vorgeschrieben. Ein Arbeitgeber konnte also in einigen Monaten des Jahres beschäftigungspflichtig sein, weil die Zahl der monatlichen Beschäftigten über 19 lag, in anderen Monaten hingegen nicht. Dies harmonierte aber nicht mit der bei der Bemessung der Ausgleichsabgabe gem. § 77 Abs. 1 Satz 3 SGB IX bereits vorgeschriebenen Ermittlung einer jahresdurchschnittlichen Beschäftigungsquote. 29

Die Beschäftigungspflicht richtet sich nunmehr nach der Zahl der Arbeitsplätze, die sich im Jahresdurchschnitt im Monat ergibt: Die Zahl der **monatlichen Arbeitsplätze** wird **zu einer Jahressumme addiert**. Diese Summe ist anschließend **durch die Monate der Betriebstätigkeit zu teilen**. Hieraus ergibt sich die jahresdurchschnittlich monatliche Zahl der Arbeitsplätze (vgl. BT-Drucks. 15/124). Diese Berechnungsweise erlaubt Arbeitgebern, schon innerhalb eines Kalenderjahres Monate mit Übererfüllung der Beschäftigungspflicht gegen solche mit Untererfüllung zu verrechnen (HK-SGB IX / *Trenk-Hinterberger* Rdnr. 11). 30

Beispiel:

Januar	18
Februar	17
März	21
April	25
Mai	28
Juni	27
Juli	29
August	26

September	28
Oktober	33
November	34
Dezember	<u>29</u>
	315

geteilt durch 12 Monate Betriebstätigkeit = 26,25

Im Beispiel sind somit 26 Arbeitsplätze als jahresdurchschnittliche Monatszahl zugrunde zu legen (unter Anwendung der Rundungsregel des § 74 Abs. 2 SGB IX). Hierbei ist es unerheblich, ob gerade aus betriebswirtschaftlicher Sicht entsprechende Beschäftigungsmöglichkeiten bestehen.

31 Für **Kleinbetriebe** (unter 60 Arbeitsplätzen) wurde durch Anfügung des **Satzes 3** eine **Sonderregelung** geschaffen: Arbeitgeber mit jahresdurchschnittlich monatlich **unter 40** Arbeitsplätzen haben jahresdurchschnittlich je Monat einen schwerbehinderten Menschen, Arbeitgeber mit monatlich **unter 60** Arbeitsplätzen jahresdurchschnittlich je Monat **zwei** schwerbehinderte Menschen zu beschäftigen. Die Regelung soll sicherstellen, dass es für kleinere Betriebe infolge der – nach der Umstellung auf die jahresdurchschnittliche Betrachtung der Beschäftigungspflicht und ihres Umfangs – am Jahresende vorzunehmenden Rundung gemäß § 74 Abs. 2 SGB IX nicht zu einer stärkeren Beschäftigungsverpflichtung kommt.

32 Der Gesetzgeber hielt es für erforderlich, im Gesetz vom 23. 4. 2004 die bisherigen Zahlenangaben „bis zu 39" bzw. „bis zu 59" durch „unter 40" bzw. „unter 60" zu ersetzen. Nach seiner Ansicht hätte die bisherige Formulierung dahingehend missverstanden werden können, dass es sich um Arbeitgeber mit jeweils weniger als 39 oder 59 handeln müsse und Arbeitgeber mit 39 oder 59 Arbeitsplätzen damit bereits der jeweils nächsten Gruppe hinzuzurechnen wären.

33 Da nicht auf Art und Ort der Beschäftigung abzustellen ist, sondern die Tatsache der Beschäftigung den Ausschlag gibt, kann grundsätzlich **nur das (Vertrags-)Arbeitsverhältnis von Bedeutung** sein (vgl. BVerwG Urteil vom 13. Dezember 2001 – 5 C 26/01 = BVerwGE 115, 312 = NZA 2002, 385 = BehindertenR 2002, 133). Arbeitgeber von **Leiharbeitnehmern** ist allein der Verleiher (BVerwG Urteil vom 13. Dezember 2001 a. a. O.). Nur für den Fall der Unwirksamkeit des Leiharbeitsverhältnisses wegen fehlender Erlaubnis fingiert § 10 Abs. 1 AÜG aus Gründen des Leiharbeitnehmerschutzes ein Arbeitsverhältnis zwischen dem Entleiher und dem Leiharbeitnehmer (vgl. auch Erl. zu § 73 SGB IX Rdnr. 21 ff.).

34 Ferner kommt es jeweils auf die Summe der **Arbeitsplätze im Direktionsbereich ein und desselben Arbeitgebers** an, unabhängig davon, ob die Arbeitsplätze über mehrere Betriebe verteilt sind oder nicht (BVerwG Beschluss vom 17. April 2003 – 5 B 7/03 = Buchholz 436.61 § 5 SchwbG Nr. 2 = BehindertenR 2003, 222). Dieses **„Zusammenrechnungsprinzip"** im Rahmen eines **formalen Arbeitgeberbegriffs** wirkt sich zum einen vorteilhaft für Arbeitgeber mit mehreren Betrieben aus: Wer in einem Betrieb die Beschäftigungsquote nicht erreicht, kann deshalb seiner Beschäftigungspflicht genügen, wenn er **in einem anderen Betrieb die Beschäftigungsquote übererfüllt** (BSG Beschluss vom 19. Januar 1999 – B 7 AL 62/98 R = BehindertenR 1999, 112; BVerwG Beschluss vom 17. April 2003 a. a. O.).

35 Es bedeutet zum anderen aber auch, dass ein **Unternehmen mit unselbstständigen Filialbetrieben**, die für sich genommen nicht beschäftigungspflichtig wären, der Beschäftigungspflicht unterliegt.

Deshalb ist es nicht zu beanstanden, wenn die auf zahlreiche Filialbetriebe verteilten Arbeitsplätze im Direktionsbereich einer Dienstleistungs-GmbH (hier: Friseurbetriebe) bei der Berechnung der Pflichtquote für die Beschäftigung schwerbehinderter Menschen zusammengefasst, werden. Voraussetzung ist, dass die Einzelbetriebe nicht wirtschaftlich völlig verselbstständigt sind. Eine solche Verselbstständigung liegt nicht vor, wenn die Einzelbetriebe von einem Bereichsleiter betreut werden, der z. B. für Einsatzplanung und Kontrolle des

Personals sowie für die Grobplanung und Überwachung von Zielvorgaben zuständig ist (🏛 OVG Münster Urteil vom 31. Oktober 2002 – 12 A 2567/02 = NWVBl. 2004, 67, bestätigt durch BVerwG Urteil vom 17. April 2003 a. a. O. und 🏛 BVerfG Beschluss vom 10. November 2004 – 1 BvR 1785/01 u. a. = NZA 2005, 216 = BehindertenR 2005, 105).

Der Gesetzgeber durfte bei einer generalisierenden Betrachtung auch davon ausgehen, dass ein **größeres Filialunternehmen schwerbehinderte Menschen beschäftigen kann** (BVerfG Beschluss vom 10. November 2004 a. a. O.). Da es über eine entsprechend große Anzahl von Arbeitsplätzen verfügt, kann es die am besten zur Erfüllung der Beschäftigungspflicht geeigneten Standorte und Betriebe aussuchen. Im Vergleich zu anderen größeren Unternehmen mit wenigen Betriebsstätten hat es bessere Möglichkeiten, schwerbehinderte Bewerber zu finden; es kann ihnen insbesondere einen wohnortnahen Arbeitsplatz anbieten. Die nötigen Aufwendungen für die Einrichtung behindertengerechter Arbeitsplätze sind einem größeren Unternehmen unabhängig von seiner Struktur auch zumutbar (BVerfG Beschluss vom 10. November 2004 a. a. O).

36

Hingegen wird bei **Konzernunternehmen**, die ihre **Betriebsstätten als selbstständige juristische Personen** und damit als eigene Arbeitgeber im Sinne des § 71 SGB IX ausgestaltet haben, die Zahl der für die Erhebung der Abgabe maßgeblichen Arbeitsplätze **nach den einzelnen Betriebsstätten berechnet**. Diese Differenzierung ist gerechtfertigt (BVerfG Beschluss vom 10. November 2004 a. a. O.). Bei typisierender Betrachtungsweise kann auf solche selbstständigen Einheiten von Seiten der Konzernleitung weniger Einfluss genommen und daher nicht durch Ausübung des Direktionsrechts sichergestellt werden, dass alle Pflichtplätze besetzt werden.

37

Welche Folgerungen die Fachgerichte und ggf. der Gesetzgeber zu ziehen haben, wenn Unternehmen eine solche Struktur schaffen, ohne den entsprechenden Einfluss auf die verbundenen Unternehmen zu verlieren, oder sich **rechtsmissbräuchlich** für diese Struktur entscheiden, um sich der Beschäftigungspflicht des § 71 SGB IX zu entziehen, hat das BVerfG a. a. O. offen gelassen. In diesen Fällen dürfte der formale Arbeitgeberbegriff zugrunde zu legen sein (vgl. oben Rdnr. 34). Allerdings wird eine Missbrauchsabsicht in der Praxis selten und auch schwer nachzuweisen sein (HK-SGB IX / *Trenk-Hinterberger* Rdnr. 20).

Möglich ist auch, dass zwei oder mehrere Unternehmen einen **Gemeinschaftsbetrieb** bilden und die wirtschaftliche und organisatorische Dispositionsbefugnis über die Arbeitsleistung der Arbeitnehmer gemeinsam ausüben (vgl. Schönhöft/ Lermen BB 2008, 2515, 2516; zu näheren Anforderungen an den Begriff des Gemeinschaftsbetriebs 🏛 BAG Urteil vom 11. Dezember 2007 – 1 AZR 824/06 = DB 2008, 1163 = NZA – RR 2008, 298).

37a

Die beteiligten Unternehmen müssen sich zumindest stillschweigend **zu einer gemeinsamen Führung rechtlich verbunden** haben. Hierfür reicht nicht jede Form des Zusammenwirkens aus. Der Gemeinschaftsbetrieb wird vielmehr dadurch geprägt, dass „die wesentlichen Funktionen des Arbeitgebers in sozialen und personellen Angelegenheiten" **institutionell einheitlich für die beteiligten Unternehmen** ausgeübt werden. (🏛 BAG Beschluss vom 22. Juni 2005 – 7 ABR 57/04 = AP Nr 23 zu § 1 BetrVG 1972 Gemeinsamer Betrieb = NZA 2005, 1248, DB 2005, 2643). Die wirtschaftliche und organisatorische Dispositionsbefugnis über die Arbeitsleistung des Arbeitnehmers obliegt hierbei dem Gemeinschaftsbetrieb und dieser hat auch den Nutzen davon. Auch in einem Gemeinschaftsbetrieb bleibt aber aus der Sicht des jeweiligen Beschäftigten der Vertragsarbeitgeber das jeweilige Unternehmen, mit dem Arbeitsvertrag geschlossen wurde (vgl. zum Ganzen *Schönhöft / Brahmstaedt* BB 2009, 1585).

Für die Pflichtplatzberechnung sind **alle Arbeitsplätze im Gemeinschaftsbetrieb zusammenzufassen** (*Schönhöft / Brahmstaedt* a. O. S. 1587). Der Arbeitgeberbegriff des § 71 SGB IX muss nach dem Sinn und Zweck der Regelung an der **realen Verfügungsmöglichkeit über Arbeitsplätze ausgerichtet** sein: Der über eine gemeinsame Personalverwaltung hinausgehende einheitliche Leitungsapparat verbindet die beteiligten Unternehmen funktio-

37b

nal so eng, so dass sie **faktisch als gemeinsamer Arbeitgeber** anzusehen sind. Auf Grund der dem Gemeinschaftsbetrieb zugrunde liegenden Besonderheiten kommt es zwar nicht zum Wechsel des Vertragsarbeitgebers, aber zur vertraglichen Übertragung von wesentlichen Arbeitgeberfunktionen auf den Gemeinschaftsbetrieb und dessen Leitungsapparat. Eine nur auf die äußere Rechtsform abstellende Trennung der Beschäftigungspflicht ist daher nicht gerechtfertigt (*Schönhöft / Brahmstaedt* a. a. O S. 1587).

Diese Betrachtung **verhindert** zugleich, dass durch betriebswirtschaftliche mögliche und rechtlich allgemein zulässige Gestaltungen im Ergebnis die **Beschäftigungspflicht umgangen** wird. Hinzu kommt folgende Erwägung: Sind in einem Unternehmen kaum geeignete Arbeitsplätze vorhanden in dem anderen dafür aber umso mehr, kann die Zusammenfassung einen **Ausgleich bewirken**. Bei getrennter Beurteilung hingegen bestünde für das Unternehmen, das über mehr geeignete Plätze verfügt, kein **Anreiz, die Pflichtquote zu übererfüllen** und mehr Schwerbehinderte als nötig einzustellen.

38 Beschäftigt ein Arbeitgeber neben den betrieblichen Arbeitnehmern in seinem Privathaushalt eine **Hausangestellte**, ist deren Arbeitsverhältnis bei der Erfüllung der Beschäftigungspflicht mit zu berücksichtigen (Ernst / Adlhoch / Seel / *Kuhlmann* Rdnr. 20).

39 Die Beschäftigungspflicht besteht zugunsten von schwerbehinderten Menschen, wobei **schwerbehinderte Frauen „besonders zu berücksichtigen"** sind. Denn sie haben als Frauen und zugleich als schwerbehinderte Menschen regelmäßig besondere Schwierigkeiten mögliche Arbeitgeber von ihrer Leistungsfähigkeit zu überzeugen (HK-SGB IX / *Trenk-Hinterberger* Rdnr. 14). Die Regelung stellt zugleich eine Konkretisierung des § 1 Satz 2 SGB IX dar, welcher gebietet, den besonderen Bedürfnissen behinderter und von Behinderung bedrohter Frauen Rechnung zu tragen.

Insoweit sind allerdings weder eine besondere Quote noch Sanktionen vorgesehen. Es handelt sich um einen **Appell des Gesetzgebers** an Arbeitgeber und die weiteren bei der Einstellung mitwirkenden Stellen wie Integrationsamt, Agentur für Arbeit, Betriebs- bzw. Personalrat und Schwerbehindertenvertretung: schwerbehinderte Frauen sollen möglichst bevorzugt behandelt werden (Neumann u. a. / *Neumann* Rdnr. 23). Insoweit besteht allenfalls die Hoffnung, dass die Regelung auf längere Sicht zu mehr Aufgeschlossenheit insbesondere auf Arbeitgeberseite beitragen kann.

Unberührt hiervon bleibt allerdings die **individuellen Schadensersatz- und Entschädigungsansprüche** diskriminierter schwerbehinderter Frauen als Folge geschlechtsbezogener Benachteiligung bei der Einstellung gemäß § 15 Abs. 1 bis 5 AGG.

40 Allerdings ist Voraussetzung, dass die durch die öffentlich-rechtliche Einstellungspflicht allgemein begünstigten schwerbehinderten Menschen der **Arbeitsvermittlung** im Sinne des § 119 Abs. 2 SGB III **zur Verfügung stehen**. Nicht entscheidend ist die Bereitschaft, in Vollzeit beschäftigt zu werden. Vielmehr sind nach § 75 Abs. 2 SGB IX auch schwerbehinderte Menschen, die **18 Stunden und mehr wöchentlich** beschäftigt werden, ohne Weiteres anrechenbar. Bei einer kürzeren wöchentlichen Arbeitszeit kommt es darauf an, ob die Agentur für Arbeit die Anrechnung auf einen der Pflichtarbeitsplätze wegen Art oder Schwere der Behinderung zugelassen hat (vgl. § 75 Abs. 2 Satz 2 SGB IX).

41 Der Arbeitgeber kann seine Beschäftigungspflicht nicht nur durch die Beschäftigung schwerbehinderter Menschen erfüllen, sondern auch durch die Beschäftigung von nach § 2 Abs. 3 SGB IX **Gleichgestellten** und sonstigen anrechenbaren Personen (z. B. Inhabern eines Bergmannsversorgungsscheins i. S. von § 75 Abs. 4 SGB IX).

42 Nachdem das Gesetz **keine Altersgrenze** kennt, kann der Arbeitgeber seine Beschäftigungspflicht auch durch Beschäftigung eines schwerbehinderten Menschen erfüllen, der das **65. Lebensjahr bereits vollendet** hat (BVerwG Urteil vom 13. Dezember 1990 – 5 C 74/86 = BVerwGE 87, 205 = BehindertenR 1991, 96 = NJW 1991, 1127).

Die Mitarbeit eines **Ehegatten** im Betrieb des anderen auf familienrechtlicher Grundlage bleibt unberücksichtigt. Vertragsverhältnisse zwischen Ehegatten sind im Rahmen von §§ 71 ff. SGB IX nur zu berücksichtigen, wenn sie nachweislich vereinbart sind, dem zwischen Fremden Üblichen entsprechen und auch tatsächlich durchgeführt werden (BVerwG Urteil vom 13. Dezember 1990 a. a. O.).

43

Die Beschäftigungspflicht besteht aber nur als **öffentlich-rechtliche Pflicht** gegenüber dem Staat. Sie gibt dem einzelnen schwerbehinderten Menschen **keinen individualrechtlich einklagbaren Anspruch auf Einstellung** und / oder Beschäftigung bei einem bestimmten Arbeitgeber (BAG Urteil vom 1. August 1985 – 2 AZR 101/83 unter II 3 c der Gründe = BAGE 49, 214 = AP Nr. 30 zu § 123; BAG Urteil vom 5. Oktober 1995 – 2 AZR 923/94 unter B II 2b der Gründe = BAGE 81, 120 = NZA 1996, 371 = BehindertenR 1996, 121 = DB 1996, 580; Neumann u. a. / *Neumann* Rdnr. 3 m. w. Nachw.). Das folgt auch aus § 81 Abs. 2 Nr. 2 SGB IX i. V. m. § 15 Abs. 6 AGG, wonach selbst im Fall eines Verstoßes gegen das Benachteiligungsverbot kein Anspruch auf Einstellung, sondern nur auf finanzielle Entschädigung besteht (*Müller-Wenner* / *Schorn* Rdnr. 13).

44

Für den **öffentlichen Dienst** ist hingegen eine **besondere Rechtslage** zu beachten: **Art. 33 Abs. 2 GG** gewährleistet den Anspruch auf den gleichen Zugang zu öffentlichen Ämtern. Das gilt unabhängig davon, ob es sich um ein Arbeitsverhältnis oder um ein öffentlich-rechtliches Beschäftigungsverhältnis handelt. Deshalb sind benachteiligte Bewerber **nicht auf einen finanziellen Schadensersatz beschränkt**; § 15 Abs. 6 AGG steht einem Einstellungsanspruch nicht entgegen, wenn dieser auf einem anderen Rechtsgrund beruht (vgl. LPK-SGB IX / *Düwell* Rdnr. 22). Die Sicherung des verfassungsrechtlich verfolgten Ziels erfordert ausnahmsweise einen derartigen unmittelbar aus Art. 33 Abs. 2 GG abgeleiteten **Einstellungsanspruch**, sofern sämtliche Einstellungsvoraussetzungen in der Person des Bewerbers erfüllt sind und dessen Einstellung die einzig rechtmäßige Entscheidung der Behörde ist, weil jede andere Entscheidung sich als rechtswidrig oder ermessensfehlerhaft darstellen würde (BAG Urteil vom 9. November 1994 – 7 AZR 19/94 zu I 1 der Gründe = BAGE 78, 244 = AP Nr. 33 zu Art. 33 Abs. 2 GG = NZA 1995, 781; Urteil vom 24. März 2009 – 9 AZR 277/08 = NZA 2009, 901 = PersR 2009, 376).

45

Gemäß **Art. 33 Abs. 2 GG** hat jeder Deutsche nach seiner Eignung, Befähigung und fachlichen Leistung **gleichen Zugang zu jedem öffentlichen Amt**. Jede Bewerbung muss nach diesen Kriterien beurteilt werden. Dies gilt nicht nur für Einstellungen, sondern auch für den beruflichen Aufstieg innerhalb des öffentlichen Dienstes. Öffentliche Ämter i. S. des Art. 33 Abs. 2 GG sind sowohl Beamtenstellen als auch solche Stellen, die von Arbeitnehmern besetzt werden können.

46

Art. 33 Abs. 2 GG dient zum einen dem **öffentlichen Interesse** an der bestmöglichen Besetzung der Stellen des öffentlichen Dienstes, dessen fachliches Niveau und rechtliche Integrität gewährleistet werden sollen. Zum anderen trägt diese Grundgesetz-Bestimmung dem **berechtigten Interesse des Bewerbers** an seinem beruflichen Fortkommen Rechnung (st. Rspr., vgl. BAG Urteil vom 24. März 2009 a. a. O.; Urteil vom 19. Februar 2008 – 9 AZR 70/07 = AP Nr. 69 zu Art. 33 Abs. 2 GG).

Die Bestimmung begründet ein **grundrechtsgleiches Recht auf rechtsfehlerfreie Einbeziehung in die Bewerberauswahl** und auf deren Durchführung anhand der in Art. 33 Abs. 2 GG genannten Auswahlkriterien (BAG Urteil vom 23. Januar 2007 – 9 AZR 492/06 = BAGE 121, 67; vgl. auch BVerwG Urteil vom 25. November 2004 – 2 C 17.03 – BVerwGE 122, 237). Die Bewerber können verlangen, dass die Auswahlentscheidung nach den in Art. 33 Abs. 2 GG genannten Kriterien getroffen wird. Nur der am besten geeignete Bewerber für die ausgeschriebene Stelle **hat einen Besetzungsanspruch** (BAG Urteil vom 21. Januar 2003 – 9 AZR 72/02 zu A II 2 a aa (1) der Gründe = BAGE 104, 295).

47

Ist ein Ausnahmefall, der einen unmittelbaren Einstellungsanspruch begründen könnte (vgl. oben Rdnr. 45), nicht gegeben, so kann der benachteiligte Bewerber für ein öffentlich-rechtliches Dienstverhältnis **Neubescheidung** verlangen: Der Bewerber für ein zu begründendes Arbeitsverhältnis hat Anspruch auf **Fortsetzung des noch nicht abgeschlossenen Auswahlverfahrens** (BAG Urteil vom 15. März 2005 – 9 AZR 142/04 = BAGE 114, 80 = NZA 2005, 1185).

48 Der Arbeitgeber kommt im Übrigen seiner öffentlich-rechtlichen Beschäftigungspflicht bereits durch den Abschluss eines entsprechenden Arbeitsvertrages oder die Begründung eines beamtenrechtlichen Dienstverhältnisses nach. **Nicht erforderlich ist eine tatsächliche Beschäftigung**, wie auch aus § 73 Abs. 2 Nr. 7 SGB IX folgt, wonach die Pflichtquote auch durch ein ruhendes Beschäftigungsverhältnis erfüllt werden kann (*Müller-Wenner / Schorn* Rdnr. 13; Hauck / Noftz / *Schneider* Rdnr. 10; Erk / *Rolfs* Rdnr. 7; a. A. Neumann u. a. / *Neumann* Rdnr. 8). Zwar hat der schwerbehinderte Arbeitnehmer ein erhöhtes **Interesse**, aus Gründen der Integration auch mit einer **angemessenen Arbeit** betraut zu werden. Jedoch kann ein Anspruch hierauf allenfalls im Rahmen des **Arbeits- oder Dienstverhältnisses durchgesetzt** werden, nicht aufgrund des öffentlich-rechtlichen Beschäftigungsanspruchs nach § 71 SGB IX (Hauck / Noftz / *Schneider* a. a. O.).

4. Folgen bei Verstoß gegen die Beschäftigungspflicht

49 Erfüllt der Arbeitgeber die Beschäftigungspflicht nicht im vorgeschriebenen Umfang, hat er – unabhängig von den Gründen hierfür – die **Ausgleichsabgabe** nach § 77 SGB IX zu zahlen. Deren Zahlung hebt aber die Pflicht zur Beschäftigung schwerbehinderter Menschen nicht auf (§ 77 Abs. 1 Satz 2). Die schuldhafte Nichterfüllung der Beschäftigungspflicht nach § 71 Abs. 1 Satz 1 kann als **Ordnungswidrigkeit** nach § 156 Abs. 1 Nr. 1 SGB IX geahndet werden. Insoweit kommt es also darauf an, ob der Arbeitgeber alle Möglichkeiten zur Einstellung ausgeschöpft hat (LPK-SGB IX / *Düwell* Rdnr. 6).

Ein Arbeitgeber der öffentlichen Hand kann auch im Wege der **Dienstaufsicht** oder durch Einleitung eines Disziplinarverfahrens gegenüber dem jeweils Verantwortlichen zur Erfüllung seiner Pflicht angehalten werden (GK-SGB IX / *Großmann* Rdnr. 160; Cramer Rdnr. 21 zu § 5 SchwbG).

B) zu Abs. 3

1. Öffentliche Arbeitgeber

50 Die Vorschrift konkretisiert, welche Institutionen als Arbeitgeber der öffentlichen Hand im Sinne des Abs. 1 gelten, und zwar in Nr. 1 für den Bund, Nr. 2 für die Länder, Nr. 3 für die Gemeinden und sonstigen Gebietskörperschaften und Nr. 4 für die sonstigen Körperschaften, Anstalten und Stiftungen des öffentlichen Rechts.

51 Durch Abs. 3 wird verdeutlicht, dass im Bereich des öffentlichen Dienstes **nicht alle Dienststellen eines öffentlichen Arbeitgebers zusammengefasst** werden können. Andernfalls wären alle Dienststellen aller Bundesbehörden bei der Berechnung der Beschäftigungspflicht nach Abs. 1 zusammenzurechnen. Deshalb ist insbesondere bei den Bundesbehörden eine Trennung nach Geschäftsbereichen vorzusehen.

Hierbei ist der Begriff „**Dienststelle" als Oberbegriff** für die einzelnen Behörden, Verwaltungen und Betriebe zu verstehen (GK-SGB IX / *Großmann* Rdnr. 93). **Öffentliche Betriebe** (Krankenhäuser, Bibliotheken, Theater, Museen, Sparkassen, Schlachthöfe, Verkehrsbetriebe usw.) zählen nur dann zu den Dienststellen, wenn sie als Eigenbetrieb öffentlich-rechtlich organisiert sind und ihr Träger eine juristische Person des öffentlichen Rechts ist. **Regiebetriebe**, die privatrechtlich betrieben werden, sind den privaten Arbeitgebern zuzurechnen, auch wenn Kapitaleigner allein die öffentliche Hand ist (GK-SGB IX / *Großmann* Rdnr. 95).

Im Einzelnen:

52 a) **Oberste Bundesbehörden** sind das Bundeskanzleramt und die einzelnen Bundesministerien. Zu den obersten Bundesbehörden nachgeordneten Stellen gehört die gesamte Bundesverwaltung (vgl. Art. 86 und 87 GG), d. h. die Bundesoberbehörden (Art. 87

Abs. 3 Satz 1 GG, z. B. der Deutsche Wetterdienst), die Zentralstellen (Art. 87 Abs. 1 Satz 2 GG, z. B. das Bundesamt für Verfassungsschutz) sowie alle Mittel- und Unterbehörden samt Verwaltungsstellen und Betrieben.

Als eigenständige Arbeitgeber auf Bundesebene gelten nach der Aufzählung in Abs. 3 Nr. 1 das Bundespräsidialamt, die Verwaltungen des Deutschen Bundestages und des Bundesrats, das Bundesverfassungsgericht, die obersten Gerichtshöfe des Bundes, der BGH, jedoch zusammengefasst mit dem Generalbundesanwalt, sowie das Bundeseisenbahnvermögen (vgl. Art. 6 Abs. 103 des Gesetzes zur Neuordnung des Eisenbahnwesens – EneuOG vom 27. Dezember 1993, BGBl. I S. 2378).

b) Entsprechend der Regelung auf Bundesebene sind auch in den Ländern die einzelnen **obersten Landesbehörden** (namentlich die Landesministerien) und ihre nachgeordneten Dienststellen als Arbeitgeber zu betrachten. Welche nachgeordneten Behörden zum Geschäftsbereich einer obersten Landesbehörde gehören, ist dem Staatshandbuch für die Bundesrepublik Deutschland zu entnehmen. 53

Die **Gerichte** sind einbezogen in das für ihre Aufsicht zuständige Fachministerium, welches nicht stets das Justizministerium sein muss; denn nur ein Teil der Länder verfügt über Rechtspflegeministerien, während überwiegend die „Fachgerichtsbarkeiten" dem jeweiligen Ressort zugeordnet sind, z. B. die Verwaltungsgerichtsbarkeit dem Innenministerium, die Arbeitsgerichte dem Arbeitsministerium usw. 54

Als eigenständige Arbeitgeber sind die Verwaltungen des Landtags, die Rechnungshöfe, die Verfassungsgerichte der Länder und alle sonstigen Landesbehörden aufgeführt. Allerdings verkleinert sich der Kreis der Arbeitgeber auf Landesebene dadurch erheblich, dass alle Behörden mit einer gemeinsamen Personalverwaltung zusammengefasst werden. 55

c) **Gebietskörperschaften** sind mit Gebietshoheit ausgestattete Körperschaften des öffentlichen Rechts, die von allen Personen mit Wohnsitz in ihrem Gebiet als ihren Mitgliedern getragen werden (vgl. BVerfG Beschluss vom 8. Dezember 1952 – 1 PBvV 1/52 = BVerfGE 2, 95 [117]). Nachdem Bund und Länder bereits durch Abs. 3 Nr. 1 und 2 erfasst werden, sind sonstige Gebietskörperschaften im Sinne der Nr. 3 die Gemeinden (Art. 28 Abs. 1 und 2 Satz 2 GG). Zu den Verbänden von Gebietskörperschaften zählen z. B. die Samtgemeinden in Niedersachsen sowie in Nordrhein-Westfalen, Rheinland-Pfalz, Saarland und Schleswig-Holstein, die Landschaftsverbände Rheinland und Westfalen sowie die Bezirke in Bayern und Rheinland-Pfalz (vgl. im Einzelnen GK-SGB IX / *Großmann* Rdnrn. 106 ff.). 56

d) Als „**sonstige Körperschaft, Anstalt oder Stiftung des öffentlichen Rechts**" sind alle öffentlich-rechtlichen juristischen Personen zu verstehen, denen hoheitliche Befugnisse übertragen worden sind und die öffentliche Aufgaben erfüllen. 57

Hierzu gehören **als Körperschaften** vor allem berufsständische Kammern und Vereinigungen der Rechtsanwälte, Notare, Wirtschaftsprüfer, Steuerberater, Patentanwälte, Architekten, Apotheker, Ärzte und Zahnärzte, Landwirte, Handwerker, Handels- und Industrieunternehmer und schließlich der Arbeitnehmer in Bremen und im Saarland („Arbeitnehmerkammern", vgl. hierzu BVerfG Beschluss vom 18. Dezember 1974 – 1 BvR 430/65 u. a. = BVerfGE 38, 281). Körperschaften der sozialen Selbstverwaltung sind namentlich die Träger der Krankenversicherung (Orts-, Betriebs- und Innungskrankenkassen, Ersatzkassen, vgl. § 21 Abs. 2 SGB I), Träger der Unfallversicherung (z. B. Berufsgenossenschaften, vgl. § 22 Abs. 2 SGB I) und Träger der Rentenversicherung (Bundesversicherungsanstalt für Angestellte, Landesversicherungsanstalten, landwirtschaftliche Alterskassen usw., § 23 Abs. 2 SGB I). Öffentlich-rechtliche Körperschaften sind ferner die öffentlich-rechtlichen Religionsgesellschaften.

Anstalten des öffentlichen Rechts sind z. B. Banken wie die Deutsche Bundesbank, Lastenausgleichsbank, Deutsche Genossenschaftsbank, Deutsche Girozentrale, öffentliche Sparkassen. Ferner rechnen hierzu die Deutsche Bibliothek, öffentlich-rechtliche Museen und Theater, die öffentlich-rechtlichen Rundfunk- und Fernsehanstalten.

Zu den **Stiftungen** des öffentlichen Rechts gehören vor allem die Stiftung preußischer Kulturbesitz und die Stiftung Volkswagenwerk.

IV. Literatur

Braun, Stefan, Änderungen des SGB IX – Förderung der Ausbildung und Beschäftigung von schwerbehinderten Arbeitnehmern, MDR 2005, 62

Dolata, Ralf, Sind die derzeitigen Regelungen des SGB IX für schwerbehinderte Menschen ein Beschäftigungshemmnis? BehindertenR 2004, 128

Pulte, Peter, Betriebsgröße und Arbeitsrecht, BB 2005, 549

Schönhöft, Andreas / **Lermen,** Anke, Der Gemeinschaftsbetrieb im Vergleich zur Arbeitnehmerüberlassung – eine Alternative zur Personalkostensenkung? BB 2008, 2515

Schönhöft, Andreas / **Brahmstaedt,** Johanna, Die Ermittlung der Schwerbehindertenquote im Gemeinschaftsbetrieb, BB 2009, 1585

§ 72
Beschäftigung besonderer Gruppen schwerbehinderter Menschen

(1) Im Rahmen der Erfüllung der Beschäftigungspflicht sind in angemessenem Umfang zu beschäftigen
1. schwerbehinderte Menschen, die nach Art oder Schwere ihrer Behinderung im Arbeitsleben besonders betroffen sind, insbesondere solche,
   a) die zur Ausübung der Beschäftigung wegen ihrer Behinderung nicht nur vorübergehend einer besonderen Hilfskraft bedürfen oder
   b) deren Beschäftigung infolge ihrer Behinderung nicht nur vorübergehend mit außergewöhnlichen Aufwendungen für den Arbeitgeber verbunden ist oder
   c) die infolge ihrer Behinderung nicht nur vorübergehend offensichtlich nur eine wesentlich verminderte Arbeitsleistung erbringen können oder
   d) bei denen ein Grad der Behinderung von wenigstens 50 allein infolge geistiger oder seelischer Behinderung oder eines Anfallsleidens vorliegt oder
   e) die wegen Art oder Schwere der Behinderung keine abgeschlossene Berufsbildung im Sinne des Berufsbildungsgesetzes haben,
2. schwerbehinderte Menschen, die das 50. Lebensjahr vollendet haben.

(2) ¹Arbeitgeber mit Stellen zur beruflichen Bildung, insbesondere für Auszubildende, haben im Rahmen der Erfüllung der Beschäftigungspflicht einen angemessenen Anteil dieser Stellen mit schwerbehinderten Menschen zu besetzen. ²Hierüber ist mit der zuständigen Interessenvertretung im Sinne des § 93 und der Schwerbehindertenvertretung zu beraten.

ERLÄUTERUNGEN

ÜBERSICHT

I. Bedeutung der Vorschrift (Rdnrn. 1–3)
II. Fassung
   A) durch das SGB IX vom 19. Juni 2001 (BGBl. I S. 1046) mit Wirkung vom 1. Juli 2001 (Rdnr. 4)
   B) durch das Gesetz zur Förderung der Ausbildung und Beschäftigung schwerbehinderter Menschen vom 23. April 2004 (BGBl. I S. 606) mit Wirkung vom 1. Mai 2004 (Rdnrn. 4a–4f)

III. Anmerkungen (Rdnrn. 5–19)
    A) zu Abs. 1
        1. Personenkreis (Rdnrn. 5–14)
        2. Beschäftigungspflicht für benachteiligte schwerbehinderte Menschen (Rdnrn. 15–15a)
    B) zu Abs. 2
        1. Ausbildungspflicht (Rdnrn. 16–19)

I. Bedeutung der Vorschrift

Die Bestimmung verpflichtet den Arbeitgeber, bei der Erfüllung der Beschäftigungspflicht auch schwerbehinderte Menschen, deren Eingliederung in das Arbeits- und Berufsleben erfahrungsgemäß auf besondere Schwierigkeiten stößt, in angemessenem Umfang zu berücksichtigen.   **1**

In der nicht abschließenden Aufzählung in **Abs. 1** werden verschiedene Gruppen von Behinderten besonders hervorgehoben, um deren Beschäftigung sich Arbeitgeber, Betriebs- bzw. Personalräte und die Schwerbehindertenvertretung verstärkt bemühen sollen. Allerdings wurde eine bestimmte Pflichtquote für den Umfang der Beschäftigung dieser schwerstbehinderten Menschen nicht festgesetzt.   **2**

Nach **Abs. 2** haben die Arbeitgeber, die über Ausbildungsplätze verfügen, im Rahmen der Erfüllung ihrer Beschäftigungspflicht auch in angemessenem Umfang schwerbehinderte Auszubildende zu beschäftigen. Sie sind verpflichtet, hierüber mit der zuständigen Interessenvertretung (z. B. Betriebs- oder Personalrat) sowie mit der Schwerbehindertenvertretung zu beraten.   **3**

II. Fassung

A) durch das SGB IX vom 19. Juni 2001 (BGBl. I S. 1046) mit Wirkung vom 1. Juli 2001

Die Vorschrift wurde unverändert aus dem Regierungsentwurf (BT-Drucks. 14/5531 i. V. m. 14/5074) übernommen. Sie entspricht dem inhaltsgleichen bisherigen § 6 SchwbG.   **4**

B) durch das Gesetz zur Förderung der Ausbildung und Beschäftigung schwerbehinderter Menschen vom 23. April 2004 (BGBl. I S. 606) mit Wirkung vom 1. Mai 2004

In Abs. 2 wurde als Satz 2 angefügt: **4a**

„Hierüber ist mit der zuständigen Interessenvertretung im Sinne des § 93 und der Schwerbehindertenvertretung zu beraten."

Diese Textfassung beruht auf einem Vorschlag des Vermittlungsausschusses (BT-Drucks. 15/2830).

Der Fraktionsentwurf von SPD und Bündnis 90/DIE GRÜNEN (BT-Drucks. 15/1783) hatte zunächst folgenden Satz 2 an Abs. 2 anfügen wollen:

„Satz 1 gilt für Arbeitgeber mit jahresdurchschnittlich wenigstens 100 Arbeitsplätzen mit der Maßgabe, dass sie wenigstens fünf Prozent ihrer Stellen zur beruflichen Ausbildung mit behinderten und schwerbehinderten Menschen besetzen sollen",

und dies wie folgt begründet (a. a. O. S. 14):

„Die betriebliche Ausbildung ist für die Beschäftigungssituation junger behinderter und schwerbehinderter Menschen von elementarer Bedeutung. Die allgemein gesunkene Bereitschaft von Unternehmen, Jugendliche auszubilden, geht besonders zulasten behinderter Jugendlicher. Die zur Beschäftigung schwerbehinderter Menschen verpflichteten Arbeitgeber verfügten im Jahre 2000 über rund 1,1 Millionen betriebliche Ausbildungsplätze. Sie haben jedoch nur auf rund 5300 dieser Ausbildungsplätze schwerbehinderte Menschen beruflich ausgebildet.

Die Verbesserung der betrieblichen Ausbildung und die Erleichterungen für ausbildungsbereite Arbeitgeber werden, auch in Verbindung mit der Förderung von neuen Ausbildungsplätzen durch das Programm „Kapital für Arbeit" und der befristeten Aussetzung der Ausbildereignungsverordnung, flankiert durch die Neuregelung in § 72 Abs. 2 Satz 2 hinsichtlich der Besetzung von Stellen zur beruflichen Bildung mit Auszubildenden im Rahmen der Erfüllung der Beschäftigungspflicht. In Ergänzung der bisherigen Regelung, einen angemessenen Anteil der Stellen nach § 72 Abs. 1 mit schwerbehinderten Auszubildenden zu besetzen, sollen Arbeitgeber generell mehr behinderte Jugendliche ausbilden.

Daher sollen Arbeitgeber mit jahresdurchschnittlich wenigstens 100 Arbeitsplätzen mindestens fünf Prozent ihrer Stellen zur beruflichen Ausbildung mit behinderten und schwerbehinderten Menschen besetzen. Die Fünfprozentquote entspricht in etwa dem Anteil behinderter Jugendlicher, die wegen Art oder Schwere ihrer Behinderung besondere Hilfen zur Teilhabe am Arbeitsleben benötigen, einschließlich lernbehinderter und schwerbehinderter Jugendlicher an der Gesamtzahl der Berufsausbildungsstellen. Die Beurteilung, wer behindert oder schwerbehindert ist, richtet sich nach § 2.

Die Vergabe von Ausbildungsplätzen bei öffentlichen Arbeitgebern erfolgt nach Eignung, Befähigung und fachlicher Leistung. Auch bei der Einstellung behinderter und schwerbehinderter Bewerber ist der Leistungsgrundsatz zu beachten. Von ihnen wird indes nur ein Mindestmaß an körperlicher Eignung verlangt.

Ziel ist es, das möglichst alle besonders betroffenen Jugendlichen einen Ausbildungsplatz erhalten. Die Bundesvereinigung der Deutschen Arbeitgeberverbände und der Zentralverband des Deutschen Handwerks haben gegenüber dem Bundesministerium für Gesundheit und Soziale Sicherung zugesagt, sich dafür einzusetzen, dass die Betriebe verstärkt behinderte Jugendliche ausbilden."

4b Hingegen hatte der Bundesrat (BT-Drucks.15/2318 S. 15) die Streichung des Vorschlags verlangt mit folgender

Begründung:

Die faktische Einführung einer 5-Prozent-Quote für die berufliche Ausbildung schwerbehinderter Menschen in Unternehmen ab 100 Beschäftigten könnte der Einstieg für eine sanktionsbewehrte gesetzliche Ausbildungspflicht hinsichtlich schwerbehinderter Menschen sein. Eine derartige gesetzliche Regulierung der beruflichen Ausbildung wäre im Hinblick auf das Ziel kontraproduktiv, die Ausbildungsbereitschaft der Wirtschaft bezüglich schwerbehinderter Menschen zu steigern. Sie könnte im Extremfall sogar dazu führen, dass die Zahl der generell bereitgestellten beruflichen Ausbildungsplätze abgesenkt würde, um eine entsprechende Ausbildungspflicht für behinderte Menschen zu vermeiden.

Unabhängig davon wäre diese Quote in kleineren Unternehmen mit wenig mehr als 100 Beschäftigten in den meisten Fällen auf etwas Unmögliches gerichtet. Denn bei einem Unternehmen mit 100 Beschäftigten würde die vorgesehene 5-Prozent-Quote rechnerisch erst dann zu einem ganzen Ausbildungsplatz für schwerbehinderte Menschen führen, wenn das Unternehmen insgesamt mindestens 20 betriebliche Ausbildungsplätze bereitstellen würde und die Ausbildungsquote als Relation der Auszubildenden zu der Gesamtbelegschaft bei 20 Prozent liegen würde. Eine solche Ausbildungsquote ist jedoch kaum realistisch.

Wie in der Begründung des Gesetzentwurfs ausgeführt ist, haben die Bundesvereinigung der Deutschen Arbeitgeberverbände und der Zentralverband des Deutschen Handwerks gegenüber dem Bundesministerium für Gesundheit und Soziale Sicherung zugesagt, sich dafür einzusetzen, dass die Betriebe verstärkt behinderte Jugendliche ausbilden.

Die geltende gesetzliche Regelung, welche die Besetzung eines „angemessenen Anteils" betrieblicher Ausbildungsplätze mit schwerbehinderten Menschen vorsieht sowie die von der Wirtschaft zugesagte Freiwilligkeitslösung verspricht eine bessere Zielerreichung bei der beruflichen Ausbildung schwerbehinderter Menschen als der nach dem Gesetzentwurf vorgesehene faktische Einstieg in eine gesetzliche Ausbildungspflicht Schwerbehinderter in Unternehmen ab 100 Beschäftigten.

In ihrer Gegenäußerung (BT-Drucks. 15/2318 S. 21) hatte die Bundesregierung dem Verlangen des Bundesrates mit folgenden Argumenten widersprochen: **4c**

„Eine Sanktionsbewehrung ist nicht vorgesehen. Im Übrigen haben Arbeitgeber mit Stellen zur beruflichen Bildung bereits nach geltendem Recht einen angemessenen Anteil dieser Stellen mit schwerbehinderten Menschen zu besetzen".

Der Ausschuss für Gesundheit und Soziale Sicherung hatte in seine Beschlussempfehlung den Vorschlag des Fraktionsentwurfs unverändert übernommen (BT-Drucks. 15/2357). **4d**

Hiergegen hatte der Bundesrat den Vermittlungsausschuss angerufen und dies wie folgt begründet (BT-Drucks. 15/2557 S. 1): **4e**

„Die faktische Einführung einer 5-Prozent-Quote für die berufliche Ausbildung schwerbehinderter Menschen in Unternehmen ab 100 Beschäftigten könnte der Einstieg für eine sanktionsbewehrte gesetzliche Ausbildungspflicht hinsichtlich schwerbehinderter Menschen sein. Eine derartige gesetzliche Regulierung der beruflichen Ausbildung wäre im Hinblick auf das Ziel kontraproduktiv, die Ausbildungsbereitschaft der Wirtschaft bezüglich schwerbehinderter Menschen zu steigern. Sie könnte im Extremfall sogar dazu führen, dass die Zahl der generell bereitgestellten beruflichen Ausbildungsplätze abgesenkt würde, um eine entsprechende Ausbildungspflicht für behinderte Menschen zu vermeiden.

Unabhängig davon wäre diese Quote in kleineren Unternehmen mit wenig mehr als 100 Beschäftigten in den meisten Fällen auf etwas Unmögliches gerichtet. Denn bei einem Unternehmen mit 100 Beschäftigten würde die vorgesehene 5-Prozent-Quote rechnerisch erst dann zu einem ganzen Ausbildungsplatz für schwerbehinderte Menschen führen, wenn das Unternehmen insgesamt mindestens 20 betriebliche Ausbildungsplätze bereitstellen würde und die Ausbildungsquote als Relation der Auszubildenden zu der Gesamtbelegschaft bei 20 Prozent liegen würde. Eine solche Ausbildungsquote ist jedoch kaum realistisch.

Wie in der Gesetzesbegründung ausgeführt ist, haben die Bundesvereinigung der Deutschen Arbeitgeberverbände und der Zentralverband des Deutschen Handwerks gegenüber dem Bundesministerium für Gesundheit und Soziale Sicherung zugesagt, sich dafür einzusetzen, dass die Betriebe verstärkt behinderte Jugendliche ausbilden.

Die geltende gesetzliche Regelung, welche die Besetzung eines „angemessenen Anteils" betrieblicher Ausbildungsplätze mit schwerbehinderten Menschen vorsieht sowie die von der Wirtschaft zugesagte Freiwilligkeitslösung verspricht eine bessere Zielerreichung bei der beruflichen Ausbildung schwerbehinderter Menschen als der nach dem Gesetzentwurf vorgesehene faktische Einstieg in eine gesetzliche Ausbildungspflicht Schwerbehinderter in Unternehmen ab 100 Beschäftigten."

Der Vermittlungsausschuss hat schließlich die nunmehr Gesetz gewordene Fassung vorgeschlagen (BT-Drucks. 15/2830). **4f**

III. Anmerkungen

A) zu Abs. 1

1. Personenkreis

Die Vorschrift bedeutet eine auf besonders schutzbedürftige Personengruppen bezogene spezielle **Ergänzung der allgemeinen öffentlich-rechtlichen Beschäftigungspflicht** nach § 71 SGB IX. Deshalb können grundsätzlich auch nur diejenigen Personen unter § 72 fallen, **5** für die eine Beschäftigungspflicht nach § 71 besteht. Dies folgt aus den Worten „im Rahmen der Erfüllung der Beschäftigungspflicht" (vgl. auch GK-SGB IX / *Großmann* Rdnr. 10). Damit gilt die Regelung sowohl für schwerbehinderte Menschen als auch die ihnen Gleichgestellten im Sinne von § 2 Abs. 3 SGB IX.

6 Die Vorschrift hebt **zwei Personengruppen** hervor, die in angemessenem Umfang zu beschäftigen sind. Dies sind zum einen schwerbehinderte Menschen, die nach Art oder Schwere ihrer Behinderung im Arbeitsleben besonders betroffen sind, zum anderen schwerbehinderte Menschen nach Vollendung des 50. Lebensjahres.

7 Hinsichtlich der **„besonderen Betroffenheit"** handelt es sich um einen unbestimmten Rechtsbegriff, der durch die unter Buchst. a – e aufgeführten Beispielfälle konkretisiert wird. Die besondere Betroffenheit zeigt sich vor allem an den Schwierigkeiten bei der Erlangung eines Arbeitsplatzes. Deshalb sind eine vorhandene Arbeitslosigkeit, ihre bisherige Dauer und die Einschätzung der Chancen zu ihrer künftigen Behebung besonders zu berücksichtigen. Ist etwa ein schwerbehinderter Mensch schon länger als ein Jahr arbeitslos, ist regelmäßig die Annahme der besonderen Betroffenheit im Arbeits- und Berufsleben gerechtfertigt (GK-SGB IX / *Großmann* Rdnr. 47).

In der Vorschrift sind beispielhaft fünf Personengruppen hervorgehoben:

8 a) Personen, die zur Ausübung der Beschäftigung wegen ihrer Behinderung nicht nur vorübergehend einer besonderen **Hilfskraft** bedürfen.

Eine Hilfskraft ist vor allem für Blinde zum Zweck des Vorlesens erforderlich. Gleiches gilt für Gehörlose, die auf einen Dolmetscher in der Gebärdensprache angewiesen sind. Ferner kann jede arbeitsbegleitende Betreuung und persönliche Hilfe bei der Ausübung einer Tätigkeit, insbesondere im Sinne der nach § 102 Abs. 4 SGB IX ebenfalls geförderten Arbeitszeitassistenz, in Betracht kommen (Neumann u. a. / *Neumann* Rdnr. 4).

Das zeitliche Merkmal **„nicht nur vorübergehend"** wird durch den in § 2 Abs. 1 SGB IX genannten Zeitraum von sechs Monaten konkretisiert, der insoweit für das gesamte Recht der schwerbehinderten Menschen gilt (Neumann u. a. / *Neumann* Rdnr. 3; *Müller-Wenner* / Schorn Rdnr. 2; Hauck / Noftz / *Schneider* Rdnr. 4).

9 b) Personen, deren Beschäftigung infolge ihrer Behinderung nicht nur vorübergehend mit **außergewöhnlichen Aufwendungen für den Arbeitgeber** verbunden ist.

Diese Schwierigkeiten können vor allem in der besonderen Ausstattung des Arbeitsplatzes, der besonderen Ausgestaltung von Arbeitsräumen, in Hilfen für die Durchführung der Arbeit oder notwendigen zusätzlichen Geräten liegen (Cramer Rdnr. 10 zu § 6 SchwbG). Hierzu gehören z. B. Schreibgeräte für Blinde, Spezialtoiletten für Teilgelähmte oder Darmerkrankte, Fahrstühle für Rollstuhlfahrer, Transportfahrzeuge für Arbeitswege (GK-SGB IX / *Großmann* Rdnr. 67).

9a Die Aufwendungen dürfen nicht nur vorübergehend, also z. B. in der Einarbeitungsphase, entstanden sein.

9b Die Arbeitshilfen und Ausstattungen von Arbeitsplatz und Arbeitsräumen sind abzugrenzen von denen, zu deren Einrichtung bzw. Anschaffung der Arbeitgeber nach § 81 Abs. 4 Nr. 4 und 5 SGB IX verpflichtet ist, weil sie nicht unzumutbar und eben nicht mit unverhältnismäßigen Aufwendungen verbunden sind (*Müller-Wenner* / Schorn Rdnr. 5).

10 c) Personen, die infolge ihrer Behinderung nicht nur vorübergehend offensichtlich nur eine **wesentlich verminderte Arbeitsleistung** erbringen können.

Es kommt also darauf an, dass die schwerbehinderten Menschen länger als sechs Monate nur eine im Vergleich zu nicht Behinderten in vergleichbarer Funktion wesentlich geringere Arbeitsleistung erbringen können, wobei überwiegend auf einen Prozentsatz von 30% und mehr abgestellt wird (Hauck / Noftz / *Schneider* Rdnr. 4; GK-SGB IX / *Großmann* Rdnr. 71).

11 d) Personen, bei denen ein Grad der Behinderung von wenigstens 50 allein infolge **geistiger oder seelischer Behinderung** oder eines **Anfallsleidens** vorliegt.

Für diese Personengruppe ist erfahrungsgemäß nur unter besonderen Schwierigkeiten ein geeigneter Arbeitsplatz zu finden. Deshalb verzichtet das Gesetz für ihre Privilegierung auf weitere Voraussetzungen zeitlicher oder sachlicher Art. Die medizinischen Voraussetzungen müssen nicht förmlich festgestellt sein. Integrationsamt und Agentur für Arbeit können im Rahmen der finanziellen Förderung bzw. Mehrfachanrechnung gegebenenfalls Gutachten im Wege der Amtshilfe, z. B. vom Versorgungsärztlichen Dienst, einholen (GK-SGB IX / *Großmann* Rdnr. 73).

e) Personen, die wegen Art oder Schwere der Behinderung **keine abgeschlossene Berufsausbildung** im Sinne des Berufsbildungsgesetzes haben. 12

Entgegen ihrer missverständlichen Fassung (vgl. GK-SGB IX / *Großmann* Rdnr. 77) meint die Regelung eine fehlende **Berufs**ausbildung, die zudem **nicht auf das BBiG** beschränkt ist. Offensichtlich sollte nur eine Definitionsgrundlage in Anlehnung an § 1 Abs. 2 BBiG geliefert werden. Deshalb fallen unter diese Bestimmung alle schwerbehinderten Menschen, die wegen Art oder Schwere ihrer Behinderung keine abgeschlossene Berufsausbildung nach dem BBiG oder nach anderen gesetzlichen Vorschriften haben (GK-SGB IX / *Großmann* a. a. O.; Neumann u. a. / *Neumann* Rdnr. 8). Fehlende Berufsausbildung ist ein besonderer Erschwernisgrund im Hinblick auf die höhere Qualifizierung, die durch den technischen Fortschritt bedingt an sehr vielen Arbeitsplätzen verlangt wird. Deshalb ist für diese Personengruppe besondere Berücksichtigung und Hilfe notwendig (vgl. BT-Drucks. 10/3138 S. 18). 13

Besonders zu berücksichtigen sind schließlich schwerbehinderte Menschen, die das **50. Lebensjahr vollendet** haben. Hierbei kommt es nicht auf die besondere Betroffenheit dieser Personen an. Der Grund für die Privilegierung von schwerbehinderten Menschen über 50 Jahren ergibt sich daraus, dass der Anteil der arbeitslosen älteren erwerbsunfähigen schwerbehinderten Menschen insgesamt überproportional hoch ist (GK-SGB IX / *Großmann* Rdnr. 80). 14

2. Beschäftigungspflicht für benachteiligte schwerbehinderte Menschen

Das Gesetz verpflichtet zwar den Arbeitgeber, dafür zu sorgen, dass sich unter den schwerbehinderten Menschen, die er zu beschäftigen hat, auch eine ausreichende Anzahl schwerstbehinderter oder über 50 Jahre alter schwerbehinderter Menschen befindet. Jedoch ist hierfür **keine bestimmte Pflichtquote** festgesetzt. Die Verletzung dieser Vorschrift bleibt sanktionslos, nachdem die Möglichkeit zur Verhängung einer Geldbuße nicht mehr besteht. Deshalb ist es Aufgabe der Schwerbehindertenvertretung und des Betriebs- bzw. Personalrates, den Arbeitgeber mit geeigneten Vorschlägen auf die Beschäftigung besonderer Gruppen Schwerbehinderter hinzuweisen. 15

Im Übrigen hat der Gesetzgeber insoweit einige Anreize für Arbeitgeber vorgesehen. So kann die Agentur für Arbeit nach § 76 Abs. 1 SGB IX die Anrechnung eines besonders betroffenen schwerbehinderten Menschen auf mehr als einen Pflichtarbeitsplatz, höchstens jedoch auf drei Pflichtarbeitsplätze, zulassen, wenn dessen Teilhabe am Arbeitsleben auf besondere Schwierigkeiten stößt. Ferner können Arbeitgeber Darlehen oder Zuschüsse bis zur vollen Höhe der entstehenden notwendigen Kosten zu den Aufwendungen erhalten, die für die Schaffung neuer, behinderungsgerecht ausgestatteter Arbeitsplätze für besonders betroffene schwerbehinderte Menschen entstehen (§ 15 SchwbAV). Auch können Zuschüsse zur Abgeltung außergewöhnlicher Belastungen an Arbeitgeber gezahlt werden, die mit der Beschäftigung eines besonders betroffenen schwerbehinderten Menschen i. S. des § 72 Abs. 1 Nr. 1a verbunden sind (§ 27 SchwbAV; vgl. auch § 102 Abs. 3 Nr. 2b SGB IX). Das kann auch eine besondere Belastung wegen eines Betreuungsaufwands betreffen (vgl. Ernst / Adlhoch / Seel / *Kuhlmann* Rdnr. 12). 15a

B) zu Abs. 2
1. Ausbildungspflicht

16 Nach dieser Vorschrift sind Plätze für **Auszubildende** und zur sonstigen **beruflichen Bildung** in angemessenem Anteil auch mit schwerbehinderten Menschen zu besetzen, weil diese im Wettbewerb um einen Ausbildungsplatz erheblich benachteiligt sind (Neumann u. a. / *Neumann* Rdnr. 13). Dieser Nachteil soll durch den zusätzlichen Anreiz einer mehrfachen Anrechnung und die Hervorhebung in Abs. 2 ausgeglichen werden.

17 Die Vorschrift knüpft allerdings **nicht an die Voraussetzungen des Abs. 1** an. Deshalb genügt der Arbeitgeber seiner Pflicht bereits, wenn er überhaupt einen schwerbehinderten Menschen ausbildet, auch wenn dieser nicht nach Art und Schwere der Behinderung besonders betroffen ist (Ernst / Adlhoch / Seel / *Kuhlmann* Rdnr. 13).

18 Die Regelung gilt aber nicht für schwerbehinderte Menschen, die wegen Art und Schwere der Behinderung auf eine berufliche Bildung in einer besonderen außerbetrieblichen Einrichtung angewiesen sind oder für eine berufliche Bildung im Sinne des BBiG ungeeignet sind (Kossens u. a. / *Kossens* Rdnr. 12).

19 Durch die mit Wirkung vom 1. 5. 2004 vorgenommene Ergänzung der Vorschrift um einen Satz 2 ist beschäftigungspflichtigen Arbeitgebern nunmehr auferlegt, über Fragen der Ausbildungspflicht mit der zuständigen **Interessenvertretung** i. S. des § 93 SGB IX (also dem Betriebs- oder Personalrat usw.) und der **Schwerbehindertenvertretung zu beraten**. Diese Vorschrift ist ein vom Vermittlungsausschuss gefundener **Kompromiss** zwischen der ursprünglich sehr weit gehenden Absicht des Fraktionsentwurfs von SPD und Bündnis 90/ DIE GRÜNEN, eine Pflichtquote von mindestens fünf Prozent der vorhandenen Ausbildungsplätze mit behinderten und schwer behinderten Menschen und besetzen, und der ablehnenden Haltung des Bundesrates hierzu (vgl. oben. Rdnrn. 4a–4f). Letztlich stellt die Vorschrift einen **Appell an den guten Willen zur Zusammenarbeit** dar, weil das Gesetz weder Einzelheiten zu Art und Umfang der vorgeschriebenen Beratung vorgibt noch die Verletzung dieser Beratungspflicht mit Sanktionen belegt.

§ 73
Begriff des Arbeitsplatzes

(1) Arbeitsplätze im Sinne des Teils 2 sind alle Stellen, auf denen Arbeitnehmer und Arbeitnehmerinnen, Beamte und Beamtinnen, Richter und Richterinnen sowie Auszubildende und andere zu ihrer beruflichen Bildung Eingestellte beschäftigt werden.

(2) Als Arbeitsplätze gelten nicht die Stellen, auf denen beschäftigt werden
1. behinderte Menschen, die an Leistungen zur Teilhabe am Arbeitsleben nach § 33 Abs. 3 Nr. 3 in Betrieben oder Dienststellen teilnehmen,
2. Personen, deren Beschäftigung nicht in erster Linie ihrem Erwerb dient, sondern vorwiegend durch Beweggründe karitativer oder religiöser Art bestimmt ist, und Geistliche öffentlich-rechtlicher Religionsgemeinschaften,
3. Personen, deren Beschäftigung nicht in erster Linie ihrem Erwerb dient und die vorwiegend zu ihrer Heilung, Wiedereingewöhnung oder Erziehung erfolgt,
4. Personen, die an Arbeitsbeschaffungsmaßnahmen nach dem Dritten Buch teilnehmen,
5. Personen, die nach ständiger Übung in ihre Stellen gewählt werden,
6. *(gestrichen)*,
7. Personen, deren Arbeits-, Dienst- oder sonstiges Beschäftigungsverhältnis wegen Wehr- oder Zivildienst, Elternzeit, unbezahltem Urlaub, wegen Bezugs einer Rente auf Zeit oder bei Altersteilzeitarbeit in der Freistellungsphase (Verblockungsmodell) ruht, solange für sie eine Vertretung eingestellt ist.

(3) Als Arbeitsplätze gelten ferner nicht Stellen, die nach der Natur der Arbeit oder nach den zwischen den Parteien getroffenen Vereinbarungen nur auf die Dauer von höchstens acht Wochen besetzt sind, sowie Stellen, auf denen Beschäftigte weniger als 18 Stunden wöchentlich beschäftigt werden.

ERLÄUTERUNGEN

ÜBERSICHT

I. Bedeutung der Vorschrift (Rdnrn. 1–3)
II. Fassung (Rdnrn. 4–5f)
   A) durch das SGB IX vom 19. Juni 2001 (BGBl. I S. 1046) mit Wirkung vom 1. Juli 2001 (Rdnrn. 4–5)
   B) durch das Dritte Gesetz für moderne Dienstleistungen am Arbeitsmarkt vom 23. Dezember 2003 (BGBl. I S. 2848) mit Wirkung vom 1. Januar 2004 (Rdnr. 5a)
   C) durch das Gesetz zur Einordnung des Sozialhilferechts in das Sozialgesetzbuch vom 25. Dezember 2003 (BGBl. I S. 3022) mit Wirkung vom 1. Januar 2005 (Rdnr. 5b)
   D) durch das Gesetz zur Förderung der Ausbildung und Beschäftigung schwerbehinderter Menschen vom 23. April 2004 (BGBl. I S. 606) mit Wirkung vom 1. Mai 2004 (Rdnrn. 5c–5f)
III. Anmerkungen (Rdnrn. 6–19)
   A) zu Abs. 1
      1. Begriff des „Arbeitsplatzes" (Rdnrn. 6–31)
      2. Arbeitsplätze Auszubildender (Rdnrn. 32–38)
   B) zu Abs. 2
      1. Nicht als Arbeitsplätze geltende Stellen (Rdnrn. 39–49)
   C) zu Abs. 3
      1. Vorübergehend oder kurzzeitig Beschäftigte (Rdnrn. 50–56)

I. Bedeutung der Vorschrift

Die Vorschrift enthält eine Definition des Arbeitsplatzes im Sinne des Rechts der Teilhabe schwerbehinderter Menschen. Sie hat damit zugleich Bedeutung für die Berechnung des rechtlichen Beginns und des Umfangs der Beschäftigungspflicht im Sinne des § 71 SGB IX, also der Mindestzahl der Arbeitsplätze von 20 und der Zahl zu beschäftigender schwerbehinderter Menschen.   **1**

In **Abs. 1** wird ein allgemeiner Begriff des Arbeitsplatzes im Sinne des Schwerbehindertenrechts festgelegt. In **Abs. 2** werden sechs Gruppen von Beschäftigungsstellen hiervon ausgenommen.   **2**

In **Abs. 3** wird eine weitere Ausnahme für Stellen vorübergehend sowie in Teilzeit von weniger als 18 Stunden wöchentlich Beschäftigter geschaffen.   **3**

II. Fassung

A) durch das SGB IX vom 19. Juni 2001 (BGBl. I S. 1046) mit Wirkung vom 1. Juli 2001

Die Vorschrift wurde im Wesentlichen unverändert aus dem Regierungsentwurf (BT-Drucks. 14/5531 i. V. m. 14/5074) übernommen. Die Regelung überträgt inhaltsgleich den bisherigen § 7 SchwbG. Der zuvor in § 7 Abs. 2 Nr. 7 SchwbG gebrauchte Begriff „Erziehungsurlaub" ist durch Gesetz vom 30. November 2000 (BGBl. I S. 1638) durch den Begriff „Elternzeit" ersetzt worden. Die Streichung des letzten Halbsatzes *„die einen Rechtsanspruch auf Einstellung haben"* – eine Regelung, die hauptsächlich Rechts- und Studienreferendare   **4** und -referendarinnen betrifft – war notwendig, damit die Integrationsämter auch für solche Beschäftigungsverhältnisse Leistungen der begleitenden Hilfe im Arbeitsleben nach §§ 102 Abs. 2 ff. SGB IX erbringen können.

5 Der **BT-Ausschuss für Arbeit und Sozialordnung** hat in Abs. 2 Nr. 1 den Zusatz „nach § 33 Abs. 3 Nr. 3" eingefügt. Damit soll redaktionell klargestellt werden: „Es bleibt beim geltenden Recht, dass nur die Stellen, auf denen schwerbehinderte Menschen an innerbetrieblichen Maßnahmen der beruflichen Anpassung und Weiterbildung teilnehmen, nicht als Arbeitsplätze gelten und infolgedessen auch nicht bei der Berechnung der Mindestanzahl von Arbeitsplätzen und der Zahl der Pflichtarbeitsplätze mitzählen" (BT-Drucks. 14/5800 S. 35).

B) durch das Dritte Gesetz für moderne Dienstleistungen am Arbeitsmarkt vom 23. Dezember 2003 (BGBl. I S. 2848) mit Wirkung vom 1. Januar 2004

5a In Abs. 2 Nr. 4 wurden die Wörter „und Strukturanpassungsmaßnahmen" gestrichen. Es handelt sich um eine Folgeänderung zu der Aufhebung der §§ 272 – 279 SGB III durch dasselbe Gesetz.

C) durch das Gesetz zur Einordnung des Sozialhilferechts in das Sozialgesetzbuch vom 25. Dezember 2003 BGBl. I S. 3022) mit Mitwirkung vom 1. Januar 2005

5b In Abs. 2 wurde die Fallgruppe Nr. 6 *(Personen, die nach § 19 BSHG in Arbeitsverhältnissen beschäftigt werden)* ersatzlos gestrichen.

D) durch das Gesetz zur Förderung der Ausbildung und Beschäftigung schwerbehinderter Menschen vom 23. April 2004 (BGBl. I S. 606) mit Wirkung vom 1. Mai 2004

5c a) In **Abs. 2 Nr. 7** wurden die Wörter „Urlaub oder" durch das Wort „Urlaub" ersetzt. Nach dem Wort „Zeit" wurden die Worte „**oder bei Altersteilzeit in der Freistellungsphase (Verblockungsmodell)**" eingefügt.

Dieser Vorschlag wurde unverändert aus dem Fraktionsentwurf von SPD und Bündnis 90/DIE GRÜNEN (BT-Drucks. 15/1783) übernommen. Dort ist auf S. 14 zur Begründung ausgeführt:

„Durch die Ergänzung werden künftig auch die Stellen von Beschäftigten, die sich in der Freistellungsphase der Altersteilzeitarbeit befinden, bei der Berechnung der Zahl der Arbeitsplätze und des Umfangs der Beschäftigungspflicht nicht mehr gezählt, wenn der Arbeitgeber den Arbeitsplatz aus Anlass des Übergangs des Beschäftigten in die Altersteilzeit nach den altersteilzeitrechtlichen Vorschriften wieder besetzt hat."

5d b) Der Fraktionsentwurf sah **ursprünglich die Anfügung eines neuen Abs. 4** mit folgendem Wortlaut vor:

„(4) Als Arbeitsplätze gelten auch nicht Stellen mit besonderen gesetzlichen oder behördlichen Anforderungen an die gesundheitliche Eignung, die eine Beschäftigung schwerbehinderter Menschen auf diesen Stellen ausschließt. Dies gilt nicht für öffentliche Arbeitgeber nach § 71 Abs. 3."

Dies wurde a. a. O. S. 14 wie folgt begründet:

„Die Vorschrift bestimmt, dass bei privaten Arbeitgebern Stellen mit besonderen gesetzlichen oder behördlichen Anforderungen an die gesundheitliche Eignung, die eine Beschäftigung schwerbehinderter Menschen ausschließt, bei der Berechnung der Zahl der Arbeitsplätze und des Umfangs der Beschäftigungspflicht nicht mehr gezählt werden. Die Regelung ist mit der in § 77 Abs. 2a neu getroffenen Regelung (Nummer 15 Buchstabe b) in Zusammenhang zu sehen. Ziel dieser Regelungen ist, für die Arbeitgeber zusätzliche Belastungen aus der Staffelung der Ausgleichsabgabe im Hinblick auf die beschriebenen Stellen zu vermeiden.

Begriff des Arbeitsplatzes § 73

Unter Anwendung der Pflichtquote sollen diese Stellen dann entsprechend der Ausgleichsfunktion der Ausgleichsabgabe einheitlich mit einem Betrag von 105 Euro belegt werden. Satz 2 stellt klar, dass diese Regelung nicht für öffentliche Arbeitgeber nach § 71 Abs. 3 gilt."

5e

In seiner Stellungnahme (BT-Drucks. 15/2318 S. 15) hatte der **Bundesrat** die **Streichung** dieses Vorschlags **gefordert** mit folgender Begründung:

a) Die hier vorgesehene Regelung, dass bei privaten Arbeitgebern Stellen mit besonderen gesetzlichen oder behördlichen Anforderungen an die gesundheitliche Eignung, die eine Beschäftigung schwerbehinderter Menschen ausschließt, bei der Berechnung der Zahl der Arbeitsplätze und des Umfangs der Beschäftigungspflicht nicht mehr gezählt werden, wird in der Folge eine entsprechende Antragsflut auslösen, führt statt Deregulierung zu einem Bürokratieaufbau und erscheint insgesamt nicht praktikabel.

Insbesondere wird die Vorschrift aber dem Umstand, dass Menschen mit Behinderungen eben nicht nur Rollstuhlfahrer sind, sondern eine Vielzahl individueller Einschränkungen haben können, nicht gerecht. Ziel sollte es sein, Menschen mit Behinderungen nicht mehr allein mit dem Bild des Rollstuhlfahrers in Verbindung zu bringen. Mit dieser Regelung wird das Gegenteil erreicht und diesem weit verbreiteten Vorurteil eher Vorschub geleistet.

b) Diese Sonderregelungen sind sachlich nicht gerechtfertigt. Sie sind zum einen ein Einfallstor für weitere Ausnahmen von der Beschäftigungspflicht, zum anderen sind sie ein unberechtigter Bruch des Systems der Beschäftigungspflicht und Ausgleichsabgabe. Von dem Grundsatz, dass bei der Begründung der Beschäftigungspflicht alle Stellen zu berücksichtigen sind, auf denen Arbeitnehmer, Beamte, Richter, Auszubildende und andere zu ihrer beruflichen Bildung Eingestellten beschäftigt werden, darf nur bei Personen abgewichen werden, die aus anderen als beruflichen bzw. aus sozialpolitischen Gründen beschäftigt werden oder in keinem persönlichen Abhängigkeitsverhältnis zum Arbeitgeber stehen oder nur kurzfristig tätig sind. Hinzu kommt, dass diese Vorschrift zu unbestimmt ist und deshalb erhebliche rechtliche Probleme und einen hohen Verwaltungsaufwand nach sich ziehen würde."

In ihrer Gegenäußerung (BT-Drucks. 15/2318 S. 21) hatte die Bundesregierung zugesagt, die Ablehnungsgründe im weiteren Gesetzgebungsverfahren zu prüfen.

5f

Der **Ausschuss für Gesundheit und Soziale Sicherung** hat die Einfügung des Abs. 4 in § 73 SGB IX **nicht übernommen** und dies wie folgt begründet (BT-Drucks. 15/2357 S. 24):

„Die bisher .... vorgesehene Regelung wird entsprechend einem Vorschlag des Bundesrates und einem Anliegen aus der Sachverständigenanhörung gestrichen. Eine eingehende Prüfung der bekannt gewordenen Regelungen hat ergeben, dass es Tauglichkeitsprüfungen zwar an bestimmten Arbeitsplätzen, zum Beispiel beim fliegenden Personal oder bei der Bahn, gibt. Diese Tauglichkeitsprüfungen schließen eine Besetzung solcher Stellen mit schwerbehinderten Menschen aber nicht generell aus".

III. Anmerkungen

A) zu Abs. 1

1. Begriff des „Arbeitsplatzes"

Arbeitsplätze sind **alle Stellen**, auf denen Arbeiter, Angestellte, Beamte, Richter, Auszubildende und andere zu ihrer beruflichen Bildung Eingestellte beschäftigt werden, sofern nicht einer der in Abs. 2 und 3 genannten **Ausnahmefälle** vorliegt.

6

Zwar wird im allgemeinen Sprachgebrauch die räumliche Stelle, an der eine Person ihrer Beschäftigung nachgeht, als Arbeitsplatz bezeichnet. Jedoch kann eine derartige **rein funktionale Betrachtung** nach dem Ziel der Vorschrift **nicht maßgebend** sein (*Müller-Wenner* /

Schorn Rdnr. 5; LPK-SGB IX / *Düwell* Rdnr. 9). Die Regelung soll sicherstellen, dass alle Arbeitnehmer, Beamte Richter sowie Auszubildende usw., die in Betrieben, Dienststellen und Haushalten beschäftigt werden, erfasst werden, ohne dass es zu Mehrfachzählungen bei verhinderungsbedingten Vertretungen kommt (LPK-SGB IX / *Düwell* a. a. O).

7   Deshalb kommt es **nicht allein auf eine räumlich-gegenständliche, sondern auch** auf eine **rechtlich-funktionale Betrachtungsweise** an (HK-SGB IX / *Trenk-Hinterberger* Rdnr. 6): Arbeitsplatz im Sinne dieser Vorschrift ist der einem Arbeitnehmer in einem Betrieb zugewiesene Tätigkeitsbereich mit allen sich daraus ergebenden Rechten und Pflichten (vgl. BVerwG Urteil vom 21. Oktober 1987 – 5 C 42/84 = NZA 1988, 431; BayVGH Urteil vom 26. November 2008 – 12 BV 07.2529 = BayVBl. 2009, 667).

Teilen sich mehrere Arbeitnehmer eine Stelle (**„Job sharing"**), ist **für jeden** dieser **Arbeitnehmer ein eigener Arbeitsplatz** im Sinne des § 73 Abs. 1 SGB IX anzunehmen. Werden beispielsweise Arbeitnehmer in einem Call-Center im Schichtdienst beschäftigt, gilt grundsätzlich jedes der Beschäftigungsverhältnisse als Arbeitsplatz (VG Ansbach Urteil vom 28. Juni 2007 – AN 14 K 06.02988 u. a., zit. nach JURIS).

Etwas anderes gilt nur dann, wenn diese Arbeitnehmer weniger als 18 Stunden wöchentlich beschäftigt werden. Dann zählen ihre Stellen wegen Abs. 3 der Vorschrift nicht als Arbeitsplätze (LPK-SGB IX / *Düwell* Rdnr. 23).

8   Diese **personenbezogene Definition** ergibt sich auch aus Abs. 2 der Vorschrift. Dieser regelt die Ausnahmen vom Vorliegen eines Arbeitsplatzes und stellt hierbei jeweils auf die Person des Arbeitnehmers ab. Dies gilt ferner für Abs. 3, 1. Alt., wonach als Arbeitsplätze nicht Stellen gelten, die nach der Natur der Arbeit oder nach den zwischen den Parteien getroffenen Vereinbarungen nur auf die Dauer von höchstens acht Wochen besetzt sind (VG Ansbach Urteil vom 28. Juni 2007 a. a. O.).

9   **Ausschlaggebend** für die Zahl der Arbeitsplätze ist mithin im Grundsatz die Zahl **der auf den vorhandenen Stellen beschäftigten Arbeitnehmer** (vgl. BayVGH Urteil vom 26. November 2008 a. a. O.; HK-SGB IX / *Trenk-Hinterberger* Rdnr. 7; Hauck / Noftz / *Schneider* Rdnr. 4). Dieser Begriff des Arbeitsplatzes wird lediglich durch die nach ihrem Wortlaut abschließenden Bestimmungen in Abs. 2 und 3 der Vorschrift eingeschränkt.

10 Arbeitsplatz im Sinne des § 73 Abs. 1 SGB IX ist somit **nicht lediglich ein Vollzeitarbeitsplatz** mit einer regelmäßigen wöchentlichen Arbeitszeit von 40 Stunden, sondern jeder Arbeitsplatz, auf dem Arbeitnehmer **mehr als 18 Stunden wöchentlich** beschäftigt werden. Dies folgt aus Abs. 3, 2. Halbs. der Vorschrift, wonach als Arbeitsplätze nicht Stellen gelten, auf denen Beschäftigte weniger als 18 Stunden wöchentlich beschäftigt werden (VG Ansbach Urteil vom 28. Juni 2007 – AN 14 K 06.02988 u. a., zit. nach JURIS). Eine weitere Differenzierung hinsichtlich der wöchentlichen Arbeitszeit trifft das Gesetz nicht und es ist auch kein Raum für eine dahingehende Auslegung.

Gegen eine solche Auslegung spricht bereits der eindeutige Wortlaut des Gesetzes sowie die mit Abs. 3 korrespondierende Vorschrift des **§ 75 Abs. 2 SGB IX**. Danach werden Arbeitnehmer, die wenigstens 18 Stunden teilzeitbeschäftigt sind, ohne Weiteres auf einen vollen Pflichtplatz angerechnet. Dies gilt auch beim sogenannten **Job-Sharing** oder in den Fällen, in denen auf einem Arbeitsplatz zwei Arbeitnehmer beschäftigt werden, Wenn es sich um zwei schwerbehinderte Menschen handelt, werden dabei auch zwei Arbeitnehmer voll auf den Pflichtplatz angerechnet, selbst wenn sie innerhalb des Betriebes nur einen Arbeitsplatz innehaben, der für zwei Schwerbehinderte geteilt worden ist (VG Ansbach Urteil vom 28. Juni 2007 a. a. O.; Neumann u. a. / *Neumann* § 75 SGB IX Rdnr. 7).

11 **Jeder Platz**, der Gegenstand eines **Arbeits- oder sonstigen abhängigen Beschäftigungsverhältnisses** ist, zählt als „Arbeitsplatz". Hierbei bestimmt sich der Begriff des Arbeitnehmers nach dem Arbeitsrecht (vgl. BVerwG Urteil vom 24. Februar 1994 – 5 C 44/92 = NJW 1994, 1252 = BehindertenR 1994, 164).

Arbeitnehmer ist, wer aufgrund eines privatrechtlichen Vertrags im Dienste eines anderen zur Leistung **weisungsgebundener, fremdbestimmter Arbeit in persönlicher Abhängigkeit** verpflichtet ist (BAG Urteil vom 25. Mai 2005 – 5 AZR 347/04 = BAGE 115, 1 zu I der Gründe). Das **Weisungsrecht** kann Inhalt, Durchführung, Zeit, Dauer und Ort der Tätigkeit betreffen. Arbeitnehmer ist derjenige Mitarbeiter, der **nicht im Wesentlichen frei seine Tätigkeit gestalten und seine Arbeitszeit bestimmen** kann (vgl. § 84 Abs. 1 Satz 2, Abs. 2 HGB; BAG Urteil vom 25. Mai 2005 a. a. O.). Dabei sind alle Umstände des Einzelfalls in Betracht zu ziehen und in ihrer Gesamtheit zu würdigen. Der jeweilige Vertragstyp ergibt sich aus dem **wirklichen Geschäftsinhalt**.

Die zwingenden gesetzlichen Regelungen für Arbeitsverhältnisse können nicht dadurch abbedungen werden, dass die Parteien ihrem Arbeitsverhältnis eine andere Bezeichnung geben (vgl. BAG Urteil vom 22. August 2001 – 5 AZR 502/99 – AP BGB § 611 Abhängigkeit Nr. 109 = NZA 2003, 66 zu II 2 a der Gründe m. w. Nachw.). Der objektive Geschäftsinhalt ist den ausdrücklich getroffenen **Vereinbarungen und der praktischen Durchführung** des Vertrags zu entnehmen. Widersprechen sich Vereinbarung und tatsächliche Durchführung, ist letztere maßgebend (BAG Urteil vom 25. Mai 2005 a. a. O.; zum Ganzen auch BAG Urteil vom 15. März 2007 – 5 AZR 499/06 = AP Nr. 13 zu § 611 BGB Arbeitnehmerähnlichkeit = NZA-RR 2007, 424 m. w. Nachw.).

Auf die **Wirksamkeit des Arbeitsvertrages** kommt es nicht an. Ist ein durch Arbeitsaufnahme in Funktion gesetzter Arbeitsvertrag aufgrund von Rechtsmängeln unwirksam, so besteht nach ständiger Rechtsprechung ein „**faktisches Arbeitsverhältnis**" (BAG Urteil vom 25. April 1963 – 5 AZR 398/62 = BAGE 14, 180 = DB 1963, 933; BAG Urteil vom 7. Juni 1972 – 5 AZR 512/71 = BB 1973, 291 = AP Nr. 18 zu § 611 BGB Faktisches Arbeitsverhältnis). Da dieses nur mit Wirkung für die Zukunft aufhebbar ist, fällt es ebenfalls unter den Arbeitsplatzbegriff des § 73 SGB IX (Ernst / Adlhoch / Seel / *Kuhlmann* Rdnr. 10; LPK-SGB IX / *Düwell* Rdnr. 8). 12

Für die Einstufung als Arbeitsplatz im Sinne der Vorschrift ist es **unerheblich, ob** auf der jeweiligen Stelle **tatsächlich schwerbehinderte Menschen beschäftigt werden können**. Auch die Stellen der bei einem Fußballverein beschäftigten Berufsfußballspieler sind Arbeitsplätze i. S. d. § 73 SGB IX (OVG Saarlouis Urteil vom 12. April 1991 – 1 R 215/89, zit. nach JURIS). 13

Das BVerfG hat die **Ausgleichsabgabe als Sonderabgabe allein wegen ihrer Ausgleichsfunktion** für **gerechtfertigt** erklärt, und zwar auch in derartigen Fällen, in denen mit ihrer Entrichtung kein Antriebseffekt für die Einstellung Schwerbehinderter verbunden sein kann (BVerfG Urteil vom 26. Mai 1981 – 1 BvL 56/78 = BVerfGE 57, 139 [167 f.] = BehindertenR 1981, 64). Dies gilt auch dann, wenn Arbeitgeber Schwerbehinderte aus arbeitsmarktbedingten oder aus betrieblichen Gründen nicht einstellen können, weil die von ihnen gewählte Betriebsstruktur keine geeigneten Arbeitsplätze aufweist. In allen diesen Fällen ist die Ausgleichsabgabe aus Gründen der **Lastengleichheit** gerechtfertigt.

Aus der Funktion der Ausgleichsabgabe als Ersatzleistung für eine den Arbeitgebern vorrangig obliegende Naturalleistungspflicht folgt nicht, dass sie dort nicht gefordert werden darf, wo dem konkreten Arbeitgeber die Erfüllung der Primärpflicht unmöglich ist. Die **objektive Möglichkeit, Schwerbehinderte in Arbeit und Beruf einzugliedern**, hat typischerweise jeder Arbeitgeber. Wenn er diese durch eine bestimmte Strukturierung seines Betriebs im konkreten Einzelfall ausschließt, beruht dies auf seiner freien **unternehmerischen Entscheidung** und macht ihm die Erfüllung der naturalen primären Pflicht allenfalls subjektiv unmöglich. Ein Absehen von der Ausgleichsabgabe in solchen Fällen scheidet aus Gründen der Gewährleistung der **Belastungsgleichheit für alle Arbeitgeber** aus, da es andernfalls der einzelne Arbeitgeber in der Hand hätte, sich durch die Wahl einer bestimmten Betriebsstruktur gegenüber anderen Arbeitgebern Vorteile zu verschaffen. Das aber würde der **Funktion der Abgabe** widersprechen, die darauf zielt, die Belastungen auszugleichen zwischen denjenigen Arbeitgebern, die der Einstellungspflicht genügen und denjenigen, die diese Ver- 14 pflichtung – aus welchen Gründen auch immer – „nicht erfüllen" (BVerfG Urteil vom 26. Mai 1981 a. a. O.; vgl. auch BVerwG Urteil vom 13. Dezember 2001 – 5 C 26/01 = BVerwGE 115, 312 = BehindertenR 2002, 133).

15 Zu berücksichtigen sind auch **befristete Arbeitsverhältnisse**. Zu beachten ist lediglich Abs. 3 der Vorschrift, d. h. die Befristung muss über acht Wochen hinausgehen. Wird ein unbefristetes Arbeitsverhältnis vereinbart, der Arbeitnehmer jedoch tatsächlich weniger als acht Wochen beschäftigt, so ist der Arbeitsplatz mitzuzählen, falls nicht der Arbeitsvertrag vor Ablauf der acht Wochen beendet wurde (Ernst / Adlhoch / Seel / *Kuhlmann* Rdnr. 4).

16 Hierbei kommt es – wie aus § 80 Abs. 2 SGB IX folgt – auf die **Gegebenheiten in jedem Monat** an. Zu berücksichtigen sind alle Arbeitsplätze, die an mindestens einem Tag im jeweiligen Monat existieren. Eine **stichtagsbezogene Ermittlung scheidet aus** (BSG Urteil vom 6. Mai 1994 – 7 RAr 68/93 = BSGE 74, 176 = BehindertenR 1995, 95 = SozR 3-3870 § 13 Nr. 2). Wird als Ersatz für ein während des Monats beendetes Beschäftigungsverhältnis ein neues Beschäftigungsverhältnis (**Ersatzbeschäftigungsverhältnis**) begründet, so handelt es sich nicht um einen weiteren Arbeitsplatz im Sinne des § 73 Abs. 1 SGB IX (BSG Urteil vom 6. Mai 1994 a. a. O.).

17 Das gesetzliche Tatbestandsmerkmal der Beschäftigung verlangt zwar eine tatsächlich aufgenommene Tätigkeit (LPK-SGB IX / *Düwell* Rdnr. 9). Für die Zurechnung als Arbeitsplatz **kommt es nicht auf eine ununterbrochene Beschäftigung an.** Deshalb sind auch Arbeitnehmer, die wegen **Krankheit, Kur, Urlaub, Ruhen** des Arbeitsverhältnisses etwa bei **Wehrdienst, Mutterschutz** oder aus anderen Gründen ggf. längerfristig nicht beschäftigt sind, dennoch als auf Arbeitsplätzen Beschäftigte zu zählen (LPK-SGB IX / *Düwell* Rdnr. 9 f.). Das gilt wegen Abs. 2 Nr. 7 der Vorschrift allerdings nur, solange **keine Vertretung** eingestellt wurde.

Für die Einbeziehung einer vertretungsfreien ruhenden Beschäftigung als Arbeitsplatz ist allein entscheidend, dass die **Wiederaufnahme der Beschäftigung erwartet** werden kann.

18 Deshalb sind auch Stellen von Arbeitnehmern, deren Arbeitszeit im Rahmen von **Kurzarbeit** herabgesetzt worden ist, als Arbeitsplätze zu zählen (LPK-SGB IX / *Düwell* Rdnr. 22; HK-SGB IX / *Trenk-Hinterberger* Rdnr. 10). Denn der Sinn der Kurzarbeit liegt in der Erhaltung der konkreten Arbeitsplätze. Das Kurzarbeitergeld gem. §§ 169 ff. SGB III wird in der Erwartung gezahlt, dass der Arbeitsausfall nur vorübergehend ist.

Anders lag dies bei der vorübergehend **auf dem Gebiet der ehemaligen DDR** geltenden **Kurzarbeit „null"**. Grundlage des dafür vorgesehenen Kurzarbeitergeldes war gerade nicht die Erwartung der Erhaltung der bisherigen Arbeitsplätze auf Dauer, weshalb diese bei der Zählung der für die Berechnung der Ausgleichsabgabe maßgebenden Anzahl der Arbeitsplätze herausgenommen wurden (Thüring. OVG Urteil vom 6. Juli 1995 – 2 KO 11/94 = ThürVBl 1996, 11; Brandenburg. OVG Urteil vom 27. Mai 1998 – 4 A 133/97, zit. nach JURIS; HK-SGB IX / *Trenk-Hinterberger* a. a. O.).

19 Hingegen sind **frei gewordene Arbeitsplätze** vor ihrer Wiederbesetzung **nicht** im Rahmen von § 73 Abs. 1 mitzuzählen. Vielmehr sind nur besetzte Arbeitsplätze, d. h. rechtlich existente Arbeits- oder sonstige Beschäftigungsverhältnisse einzubeziehen; dies gilt auch im öffentlichen Dienst für **Planstellen**. Wer schon dauerhaft aus Betrieb, Dienststelle oder Haushalt ausgeschieden ist, wird selbst dann nicht mehr „beschäftigt", wenn sein Arbeitsverhältnis rechtlich noch fortbesteht.

20 Ein in der **Freistellungsphase der Altersteilzeit** befindlicher Arbeitnehmer ist nicht mehr im betriebsverfassungsrechtlichen Sinne beschäftigt (vgl. BAG Urteil vom 25. Oktober 2000 – 7 ABR 18/00 = BAGE 96, 163 zur Wählbarkeit für die Einigungsstelle gem. § 76 BetrVG). Denn nach dem Willen der Vertragsparteien handelt es sich nicht mehr um eine vorübergehende Unterbrechung der Tätigkeit; mit dem Beginn der Freistellungsphase innerhalb des Blockmodells **beendet** der Arbeitnehmer seine **Tätigkeit** im Betrieb **endgültig** und ist daher nicht mehr bei den für die Bemessung der Ausgleichsabgabe zu zählenden Arbeits-

plätzen mitzurechen (LPK-SGB IX /*Düwell* Rdnr. 9 und Rdnr. 43; vgl. näher hierzu unten Rdnr. 49).

Leiharbeitnehmer sind Betriebsangehörige des Verleiherbetriebs. Sie stehen nach § 1 Abs. 1 AÜG zu dem Betriebsinhaber in einem Arbeitsverhältnis. Durch ihre vorübergehende Eingliederung in die Betriebsorganisation eines fremden Betriebs wird ihre Zuordnung zum Entsendebetrieb nicht aufgehoben, wie aus § 14 Abs. 1 AÜG folgt (BAG Beschluss vom 19. Juni 2001 – 1 ABR 43/00 = BAGE 98, 60 = NZA 2001, 1263 = AP Nr. 1 zu § 87 BetrVG 1972 Leiharbeitnehmer). Deshalb wird ihr Arbeitsplatz i. S. des § 73 Abs. 1 SGB IX **dem Entsendebetrieb zugerechnet** (BVerwG Urteil vom 13. Februar 2001 – 5 C 26/01 = BVerwGE 115, 312 = NZA 2002, 385; LSG Baden-Württemberg Urteil v. 18. Oktober 2001 – L 12 AL 3608/99 = EzAÜG SGB IX Nr. 2). 21

Eine Zurechnung zum Entleiherbetrieb kommt nur in Betracht, wenn eine Verleiherlaubnis fehlt und deshalb nach § 10 Abs. 1 Satz 1 AÜG ein Arbeitsverhältnis zum Entleiher fingiert wird (LPK-SGB IX / *Düwell* Rdnr. 27).

Diese Grundsätze gelten auch dann, wenn der Leiharbeitnehmer **nicht nur kurzfristig im Entleiherbetrieb** eingesetzt wird (Ernst / Adlhoch / Seel / *Kuhlmann* Rdnr. 16). 22

Allerdings wird im Schrifttum auch vertreten, dass nach einer gewissen Dauer des Einsatzes – die angegebene Zeitspanne reicht von acht Wochen (GK-SGB IX / *Großmann* Rdnr. 55) über drei Monate (*Müller-Wenner* / Schorn Rdnr. 6) bis zu mehr als zwölf Monaten (Neumann u. a. / *Neumann* Rdnr. 23) – der entsendete Arbeitnehmer (zumindest auch) dem Entleiherbetrieb zugerechnet werden müsse. Andernfalls könnten sich Arbeitgeber durch wiederholten und verstärkten Einsatz von Leiharbeitnehmern ihrer Beschäftigungspflicht gegenüber schwerbehinderten Menschen entziehen (so *Müller-Wenner* / Schorn Rdnr. 6).

Zwar kann diesem Argument zumindest theoretisch eine gewisse Berechtigung nicht abgesprochen werden; auch mag ein entsprechendes Ergebnis rechtspolitisch wünschenswert sein. Jedoch muss nach derzeitiger Rechtslage auf die vertraglichen Beziehungen zwischen Arbeitgeber und Arbeitnehmer abgestellt werden, sodass es bei der Zurechnung zum Entsendebetrieb bleibt (Ernst / Adlhoch / Seel / *Kuhlmann* Rdnr. 16; LPK-SGB IX / *Düwell* Rdnr. 27; HK-SGB IX / *Trenk-Hinterberger* Rdnr. 11).

Hiergegen kann auch nicht eingewandt werden, dass der Gesetzgeber durch Neufassung des § 7 Satz 2 BetrVG und § 14 Abs. 2 Satz 1 AÜG mit Wirkung vom 28. Juli 2001 Leiharbeitnehmern im Entleiherbetrieb nunmehr das **aktive Wahlrecht zum Betriebsrat** eingeräumt hat, wenn sie dort länger als drei Monate eingesetzt werden (vgl. hierzu *Müller-Wenner* / Schorn a. a. O.). In der Begründung zu dieser Neuregelung (vgl. BT-Drucks. 14/5741 S. 28) ist ausdrücklich darauf hingewiesen worden, dass damit Leiharbeitnehmer lediglich „betriebsverfassungsrechtlich aus der Randbelegschaft an die Stammbelegschaft herangeführt werden" sollen, ohne – wie das BVerwG hinzufügt – sie in rechtlich unzutreffender Weise als Arbeitnehmer des Entleiherbetriebes einzustufen" (vgl. BVerwG Urteil vom 13. Februar 2001 a. a. O.). 23

Nicht im Rahmen der Arbeitsplatzzählung erfasst werden **Heimarbeiter**, die zwar wirtschaftlich, aber nicht persönlich abhängig sind (Neumann u. a. / *Neumann* Rdnr. 7; Hauck / Noftz / *Schneider* Rdnr. 4). Zwar gelten sie nach § 5 Abs. 1 Satz 2 BetrVG im betriebsverfassungsrechtlichen Sinne als Arbeitnehmer. Jedoch ist die Beschäftigung schwerbehinderter Menschen in Heimarbeit für den Bereich des SGB IX **in § 127 abschließend geregelt**. Diese Bestimmung sieht keine Berücksichtigung von Heimarbeitern bei der Erfassung der Arbeitsplätze vor (LPK-SGB IX / *Düwell* Rdnr. 26). 24

Vorstandsmitglieder juristischer Personen oder Gesellschafter von Personengesellschaften gelten – wie im Rahmen des § 5 Abs. 2 Nr. 1 BetrVG – nicht als Arbeitnehmer, sodass deren Beschäftigung auch nicht als Arbeitsplatz zählt (*Müller-Wenner* / Schorn Rdnr. 8 m. w. Nachw.). Dasselbe trifft für den schwerbehinderten **Mehrheitsgesellschafter einer GmbH** zu, der **zugleich Geschäftsführer** ist (BVerwG Urteil vom 24. Februar 1994 – 5 C 25

44/92 = BehindertenR 1994, 164 = ZfSH / SGB 1994, 642 und ⊞ BVerwG Urteil vom 25. Juli 1997 – 5 C 16/96 = NZA 1997, 1166 = ZFSH / SGB 1998, 430).

26 Ein „**Fremdgeschäftsführer**"; also ein Vertretungsorgan der Gesellschaft, das nicht auch selbst Gesellschafter – auch nicht einer beteiligten Gesellschaft – ist, wird jedenfalls dann nicht auf einem Arbeitsplatz im Sinne des § 73 Abs. 1 SGB IX beschäftigt, wenn ihm durch den Anstellungsvertrag eine **für arbeitgebergleiche Personen charakteristische Selbstständigkeit** eingeräumt ist (vgl. ⊞ BVerwG Urteil vom 26. September 2002 – 5 C 53/01 = BehindertenR 2003, 146 = NZA 2003, 1094). Für seine rechtliche Einordnung ist die Bezeichnung des Anstellungsvertrages als „Geschäftsführerdienstvertrag" unerheblich (s. auch ⊞ BAG Urteil vom 8. Juni 1967 – 5 AZR 461/66 = BAGE 19, 324 [329]; ⊞ BAG Urteil vom 14. Februar 1974 – 5 AZR 298/73 = BAGE 25, 505 = AP Nr. 12 zu § 611 BGB Abhängigkeit; ⊞ BAG Urteil vom 13. August 1980 – 4 AZR 592/78 = BAGE 34, 111 [118]; ⊞ BAG Urteil vom 10. April 1991 – 4 AZR 467/90 = NZA 1991, 856 = AP Nr. 54 zu § 611 BGB Abhängigkeit m. w. Nachw.).

27 Hat der **alleinige Geschäftsführer einer KG und zugleich der Komplementär-GmbH** die verantwortliche geschäftsführende Tätigkeit für die Hauptbuchhaltung, das gesamte Finanz-, Bank-, Versicherungs-, Steuer- und Personalwesen sowie die Zahlung der Löhne und Gehälter übernommen und enthält der Anstellungsvertrag keine Regelungen hinsichtlich der Arbeitsbedingungen, der Arbeitszeit und des Urlaubs, fehlt ferner eine Berichtspflicht und bedarf der Geschäftsführer nur für bestimmte außerordentliche Maßnahmen der Zustimmung der Gesellschafter, liegt ein **Dienstvertrag** und **kein Arbeitsverhältnis** vor (BVerwG Urteil vom 26. September 2002 a. a. O.).

28 Die **einheitliche vertragliche Grundlage der Tätigkeit eines Geschäftsführers** kann nicht in einen Arbeitsvertrag als Grundlage für die Tätigkeit als leitender Angestellter und einen freien Dienstvertrag als Grundlage für die Geschäftsführertätigkeit aufgespalten werden (⊞ BadWürtt. VGH Urteil vom 6. September 2001 – 2 S 1428/99 = VGHBW-Ls 2001, Beilage 12, B 5). Eine **Drittanstellung bei einer Kommanditgesellschaft** hat auf den Status des Geschäftsführers der an ihr als Komplementärin beteiligten GmbH als freien Dienstnehmer dann keinen Einfluss, wenn ein sog. einheitlich gemischter Vertrag vorliegt (BadWürtt. VGH a. a. O. im Anschluss an ⊞ BAG Urteil vom 24. August 1972 – 2 AZR 437/71 = DB 1972, 2358 = BB 1973, 91).

29 Ein schwerbehindertes geschäftsführendes **Vorstandsmitglied eines eingetragenen Vereins** wird jedenfalls dann nicht auf einem Arbeitsplatz i. S. des § 73 Abs. 1 SGB IX beschäftigt, wenn es maßgeblichen Einfluss auf die Entscheidungen des Vereins hat (⊞ BVerwG Urteil vom 8. März 1999 – 5 C 5/98 = BehindertenR 1999, 169 = ZFSH / SGB 2000, 39). Hat das Vorstandsmitglied neben seiner Organstellung noch eine weitere dienstvertragliche Rechtsstellung aus einem Anstellungsvertrag als Geschäftsführer, gilt jedenfalls dann nichts anderes, wenn die jeweils wahrzunehmenden Aufgaben weitgehend deckungsgleich sind (⊞ OVG NRW Urteil vom 12. Dezember 1997 – 24 A 7234/95 als Vorinstanz zu BVerwG Urteil vom 8. März 1999 a. a. O.).

30 Ein **Prokurist** ist, auch wenn er zur selbstständigen Einstellung und Entlassung von Arbeitnehmern berechtigt ist, Arbeitnehmer und hat daher einen Arbeitsplatz im Sinne des § 73 SGB IX inne (vgl. ⊞ OVG Rheinland-Pfalz Urteil vom 2. Mai 1985 – 12 A 117/83, zit. nach JURIS).

31 Hingegen zählen nicht als Arbeitsplätze die Anstellungsverhältnisse von **mitarbeitenden Familienangehörigen**, sofern nicht ein Arbeitsverhältnis ernsthaft vereinbart wurde, dessen Inhalt dem zwischen Fremden Üblichen entspricht und auch tatsächlich durchgeführt wird. Dies ist regelmäßig anhand des **Arbeitsvertrages** und ggf. der **Sozialversicherungspflicht** des Angehörigen zu überprüfen (⊞ BSG Urteil vom 21. April 1993 – 11 RAr 67/92 = NJW 1994, 341 = BB 1994, 146 = AP Nr. 67 zu § 611 BGB Abhängigkeit). Allerdings steht der Annahme eines Arbeitsverhältnisses grundsätzlich nicht entgegen, dass das – hierfür typi-

scherweise prägende – **Weisungsrecht** unter Familienmitgliedern möglicherweise eingeschränkt wird (vgl. BSG Urteil vom 23. Juni 1994 – 12 RK 50/93 = BSGE 74, 275 = AP Nr. 4 zu § 611 Ehegattenarbeitsverhältnis).

2. Arbeitsplätze Auszubildender

Die Stellen, auf denen Auszubildende und andere zu ihrer beruflichen Bildung Eingestellte beschäftigt werden, sind ebenfalls Arbeitsplätze im Sinne des Teils 2 des SGB IX. Für den Begriff des „**Auszubildenden**" sind die Definitionen der §§ 1 und 3 BBiG maßgebend. Auszubildender ist, wer aufgrund eines Ausbildungsvertrages vom Ausbildenden zu seiner Berufsausbildung eingestellt und beschäftigt wird. 32

Zu ihrer beruflichen Bildung „eingestellt" sind auch Personen, die zu ihrer beruflichen Umschulung i. S. v. § 58 BBiG beschäftigt werden. Dasselbe gilt für **Volontäre** (vgl. § 82a HGB), da auch sie i. S. v. § 26 BBiG zum Erwerb von Kenntnissen und Erfahrungen und somit zu ihrer beruflichen Bildung eingestellt werden (LPK-SGB IX / *Düwell* Rdnr. 32; *Müller-Wenner* / Schorn Rdnr. 12). 33

Die Arbeitsplätze Auszubildender sind nur dann im Sinne des Abs. 1 mitzuzählen, wenn sie in vergleichbarer Weise **wie sonstige Arbeitnehmer in den Betrieb eingegliedert** sind. Findet die praktische Berufsausbildung hingegen in einem **reinen Ausbildungsbetrieb** als sonstiger Berufsbildungseinrichtung im Sinne von § 2 Abs. 1 BBiG statt, so gehören diese Auszubildenden nicht zur Belegschaft des Ausbildungsbetriebes (vgl. die Rspr. zu § 5 Abs. 1 Satz BetrVG: BAG Beschluss vom 21. Juli 1993 – 7 ABR 35/92 = BAGE 74, 1 = AP Nr. 8 zu § 5 BetrVG 1972 Ausbildung; BAG Beschluss vom 26. Januar 1994 – 7 ABR 13/92 = BAGE 75, 312 = NZA 1995, 120; BAG Beschluss vom 12. September 1996 – 7 ABR 61/95 = NZA 1997, 273 = AP Nr. 11 zu § 5 BetrVG 1972 Ausbildung). 34

Der Begriff des „Auszubildenden" umfasst auch **Beamtenanwärter**, weil auch sie zur Ausbildung eingestellt sind und öffentliche und private Arbeitgeber insoweit nicht unterschiedlich zu behandeln sind (BSG Urteil vom 29. Juli 1993 – 11 RAr 41/92, zit. nach JURIS). 35

Hingegen zählen **Praktikumsstellen** Studierender nicht zu den Arbeitsplätzen im Sinne des § 73 SGB IX (vgl. Bayer. LSG Urteil vom 29. Oktober 1998 – L 9 AL 167/96, zit. nach JURIS). Ihre Tätigkeit ist regelmäßig Bestandteil des Studiums oder der Fortbildung, weshalb sie nicht zur beruflichen Bildung eingestellt sind. Ist allerdings das **Praktikum Bestandteil einer staatlich geregelten Ausbildung**, so handelt es sich auch dann um Berufsausbildung im Sinne von § 10 Abs. 1 BBiG, wenn eine Zusammenarbeit von Schule und Praxisstellen vorgeschrieben ist (LPK-SGB IX / *Düwell* Rdnr. 32 mit dem Beispiel des Berufspraktikums „Ausbildung zum Erzieher" nach dem ErzG). Es kommt darauf an, ob das Praktikum nach Maßgabe einer staatlichen Ausbildungsordnung Bestandteil einer **zu einem ersten beruflichen Abschluss** führenden Bildungsmaßnahme ist (BVerwG Urteil vom 6. Dezember 2004 – 5 C 70/03 = BVerwGE 122, 322 = NJW 2005, 1674; HK-SGB IX / *Trenk-Hinterberger* Rdnr. 17). 36

Ist das Praktikantenverhältnis aber als Ausbildungsverhältnis i. S. von § 26 BBiG ausgestaltet, zählt die Praktikantenstelle auch als Ausbildungsplatz (vgl. zur früheren Gesetzesfassung in § 19 BBiG a. F., *Müller-Wenner* / Schorn Rdnr. 12 m. w. Nachw.). 37

Obwohl Ausbildungsplätze Arbeitsplätze im Sinne des Gesetzes und der zu ihm erlassenen Rechtsverordnungen sind, gilt für die **Zählung** dieser Stellen bei der Berechnung der Mindestzahl von 20 Beschäftigten nach § 71 SGB IX und der Mindestzahl zu beschäftigender schwerbehinderter Menschen und Gleichgestellter (Pflichtplatzzahl) eine Ausnahme: Sie sind gem. § 74 Abs. 1 SGB IX nicht einzubeziehen. 38

Die 1974 eingeführte Regelung der Mitzählung der Ausbildungsplätze wurde von den Arbeitgebern als ausbildungshemmend und zusätzliche Belastung für ausbildungswillige Betriebe empfunden und deshalb im Rahmen des SchwbG 1986 zunächst befristet abgeschafft.

Die erstmals bis Jahresende 1989 vorgesehene Befristung wurde sodann bis Jahresende 1995 und weiter bis zum 31. Dezember 2000 verlängert.

Durch das am 1. Oktober 2000 in Kraft getretene Gesetz zur Bekämpfung der Arbeitslosigkeit Schwerbehinderter wurde die Befristung endgültig gestrichen. Dies sollte nach Auffassung der Bundesregierung bewirken, dass bei der Festsetzung der Zahl der zu beschäftigenden schwerbehinderten Menschen weiterhin **rund 1 Mio. Ausbildungsplätze nicht gezählt** werden. Hierdurch soll die Ausbildungsbereitschaft der Arbeitgeber gegenüber schwerbehinderten und nicht behinderten Menschen gefördert werden.

B) zu Abs. 2
1. Nicht als Arbeitsplätze geltende Stellen

39   Die Vorschrift enthält einen Katalog von sechs Stellenarten, die nicht als Arbeitsplätze gelten. Dies sind Stellen, auf denen beschäftigt werden:

a) **Behinderte Menschen, die an Leistungen zur Teilhabe am Arbeitsleben in Betrieben oder Dienststellen teilnehmen.**

Diese Ausnahme nimmt Bezug auf die Regelung über Teilhabeleistungen zur beruflichen Anpassung und Weiterbildung in § 33 Abs. 3 Nr. 3 SGB IX. Sie soll die Bereitschaft von Arbeitgebern fördern, Plätze zur beruflichen Rehabilitation von behinderten Menschen zur Verfügung zu stellen. Denn sie müssen nicht befürchten, dass sie infolge der Zählung dieser Plätze gemäß Abs. 1 („zu ihrer beruflichen Bildung Eingestellte") durch Erreichen der Mindestzahl von 20 Arbeitsplätzen erstmals beschäftigungspflichtig werden oder durch Erreichen einer der maßgebenden Grenzzahlen und Schwellenwerte eine höhere Zahl von schwerbehinderten Menschen beschäftigen müssen.

40   b) **Personen, deren Beschäftigung nicht in erster Linie ihrem Erwerb dient, sondern vorwiegend durch Beweggründe karitativer oder religiöser Art bestimmt ist, und Geistliche öffentlich-rechtlicher Religionsgemeinschaften.**

Hierzu gehören neben den ausdrücklich genannten Geistlichen z. B. Diakonissen, Ordensbrüder und Ordensschwestern, Rotkreuzschwestern u. a. (vgl. BAG Beschluss vom 6. Juli 1995 – 5 AZB 9/93 = BAGE 80, 256 = AP Nr. 22 zu § 5 ArbGG 1979 = NZA 1996, 33; BVerwG Beschluss vom 29. April 1966 – VII P 16.64 = BVerwGE 24, 76 = PersV 1966, 131; GK-SGB IX / *Großmann* Rdnr. 112). Nachdem diese Personen nicht aufgrund eines Arbeitsvertrages tätig werden, ist auch ihre Arbeitnehmereigenschaft zu verneinen, sodass sie nicht auf Arbeitsplätzen im Sinne des § 73 Abs. 1 beschäftigt werden.

41   c) **Personen, deren Beschäftigung nicht in erster Linie ihrem Erwerb dient und die vorwiegend zu ihrer Heilung, Wiedergewöhnung oder Erziehung erfolgt.**

Die Vorschrift stimmt weitgehend mit § 5 Abs. 3 Nr. 4 BetrVG überein.

Erfasst werden damit Personen, bei denen die **Beschäftigung als Mittel zur Behebung physischer bzw. psychischer Schwierigkeiten** oder sonstiger persönlich bedingter Mängel eingesetzt wird und nicht darauf gerichtet ist, einen Erwerb zu erzielen. wie etwa **Kranke, Süchtige und geistig behinderte Menschen** in Kliniken, Heil- und Pflegeanstalten (BAG Beschluss vom 15. März 2006 – 7 ABR 39/05 – zit. nach JURIS). Auch Personen, die aufgrund sozialer Schwierigkeiten im Sinne von § 67 SGB XII aus arbeitstherapeutischen Gründen beschäftigt werden, fallen hierunter, ferner Jugendliche, die aus erzieherischen Gründen beschäftigt werden sowie Strafgefangene bei Beschäftigung in der JVA (und nicht aufgrund eines Arbeitsverhältnisses außerhalb als sog. Freigänger).

42   Nicht mitgezählt werden auch die nach § 74 SGB V bzw. § 28 SGB IX **zur Wiedereingliederung Beschäftigten** (vgl. BAG Urteil vom 19. April 1994 = AP Nr. 2 zu § 74 Nr. 2 SGB V = NZA 1995, 123). Denn die vom Gesetz bei der Zählung als Arbeitsplatz ausgenommene Beschäftigung muss nicht allein auf die Ziele der Heilung, sittlichen Besserung

oder Erziehung ausgerichtet sein. Sie kann auch der **Wiederherstellung eines normalen Verhältnisses** der betroffenen Personen **zum allgemeinen Erwerbsleben** dienen.

Das Gesetz zielt nur auf diejenigen, die durch die Beschäftigung in die Lage versetzt werden sollen, überhaupt einer geregelten Arbeit nachzugehen. **Nicht erfasst** von der Ausnahmeregelung wird, wer diese Fähigkeit besitzt, aber Kenntnisse und Fertigkeiten für die **Aufnahme einer Tätigkeit auf einem bestimmten Gebiet** erwerben soll (BAG Beschluss vom 25. Oktober 1989 – 7 ABR 1/88 = BAGE 63, 188 = AP Nr. 40 zu § 5 BetrVG 1972). Derartig Beschäftigte gehören ggf. zu den zur Ausbildung Eingestellten (LPK-SGB IX / *Düwell* Rdnr. 36).

Berufliche Rehabilitanden nach § 97 SGB III fallen nicht unter diese Ausnahmebestimmung. Sie sollen befähigt werden, trotz ihrer Behinderung zu arbeiten (BAG Urteil vom 13. Mai 1992 – 7 ABR 72/91 = BAGE 70, 215 = AP Nr. 4 zu § 5 BetrVG 1972 Ausbildung). Ob behinderte Menschen, die in einer Behindertenwerkstatt beschäftigt werden, Arbeitnehmer sind, hängt davon ab, ob ihre Beschäftigung vorwiegend zu therapeutischen Zwecken dient oder auf einem Berufsausbildungsvertrag bzw. einem Arbeitsvertrag beruht.

d) **Personen, die an Arbeitsbeschaffungsmaßnahmen nach §§ 260–271 SGB III teilnehmen.**

Auch mit der Nichtanrechnung von Arbeitsplätzen, auf denen Teilnehmer an Maßnahmen der Arbeitsbeschaffung beschäftigt werden, soll die Beschäftigung von Arbeitslosen erleichtert werden. Zur weiteren Motivationssteigerung der Arbeitgeber werden schwerbehinderte Menschen, die auf diesen Stellen beschäftigt werden, nach § 75 Abs. 1 SGB IX angerechnet.

e) **Personen, die nach ständiger Übung in ihre Stellen gewählt werden.**

Diese Ausnahmeregelung beruht darauf, dass **im Falle der Wahl** der **Arbeitgeber nicht über die Besetzung der Stelle entscheiden** kann. Sie betrifft z. B. Wahlbeamte bei den Kommunen, die Richter des BVerfG und der obersten Bundesgerichte sowie Richter, die nach Landesrecht gewählt werden (etwa den Landesverfassungsgerichten).

Ferner gehören hierzu Personen, die in Vereinen, Verbänden und politischen Parteien aufgrund der maßgeblichen Rechtsgrundlagen in ihre Funktion gewählt werden, sofern sie ansonsten Arbeitnehmer sind und unter den Arbeitsplatzbegriff des Abs. 1 fallen (HK-SGB IX / *Trenk-Hinterberger* Rdnr. 25).

Werden **Personal- bzw. Betriebsratsmitglieder** und **Schwerbehindertenvertretungen** durch Beschluss des jeweils zuständigen Gremiums **freigestellt**, ist die gesetzliche Regelung **nicht einschlägig**. Die entsprechenden Stellen der freigestellten Arbeitnehmervertreter zählen weiterhin mit (vgl. z. B. Kossens u. a. / *Kossens* Rdnr. 16; Hauck / Noftz / *Schneider* Rdnr. 7; HK-SGB IX / *Trenk-Hinterberger* Rdnr. 26; a. A. Neumann u. a. / *Neumann* Rdnr. 55). Zwar wird ein von der beruflichen Tätigkeit freigestellter Arbeitnehmervertreter mit Beginn der Freistellung nicht mehr im Sinne von § 73 Abs. 1 auf einer Stelle beschäftigt. Der Arbeitgeber kann ihn nämlich nicht mehr anweisen. Allerdings ist die **Beschäftigung für die Zeit der Freistellung nur unterbrochen**. Da nach Ablauf der Freistellung mit der Wiederaufnahme der Beschäftigung auf dem alten Arbeitsplatz zu rechnen ist, ist die Unterbrechung unschädlich. Die Stelle ist daher jede wie andere Stelle, auf der vorübergehend nicht beschäftigt wird, bei der Zählung und auch bei der Anrechnung nach § 75 Abs. 1 SGB IX zu berücksichtigen (vgl. zu dieser Begründung LPK-SGB IX / *Düwell* Rdnr. 39).

f) **Personen, deren Arbeits-, Dienst- oder sonstiges Beschäftigungsverhältnis wegen Wehr- oder Zivildienst, Elternurlaub, unbezahltem Urlaub, wegen Bezug einer Rente auf Zeit oder bei Altersteilzeit in der Freistellungsphase (Verblockungsmodell) ruht, solange für sie ein Vertreter eingestellt ist.**

Diese Vorschrift hat ihr Vorbild in der ausdrücklichen Regelung für die Elternzeit in § 21 Abs. 7 Satz 1 BEEG sowie in § 231 Abs. 2 SGB III für die Vertretung bei beruflicher

Weiterbildung. Sie dient im weiteren Sinne einer positiven Einstellung der Arbeitgeber gegenüber Arbeitnehmern, die etwa Elternzeit oder unbezahlten Urlaub in Anspruch nehmen bzw. zum Wehr- oder Zivildienst einberufen werden. Denn damit wird eine Doppelzählung zulasten des Arbeitgebers durch Anrechnung des ruhenden Beschäftigungsverhältnisses ausgeschlossen.

49 Nach der Gesetzesänderung zum 1. Mai 2004 scheint auch die **Freistellungsphase der Altersteilzeit** im Blockmodell vom Gesetzgeber als „ruhendes" Arbeitsverhältnis betrachtet zu werden mit der Folge, dass die Anrechnung des betreffenden Arbeitsplatzes nur dann zu unterbleiben hätte, wenn eine **„Vertretung"** eingestellt wurde. Jedoch weist *Düwell* (in LPK SGB IX Rdnr. 43) zutreffend auf die **sprachliche und gedankliche Unstimmigkeit** dieser Regelung hin: Der aus dem Betrieb endgültig ausgeschiedene Arbeitnehmer hat die Stelle freigemacht und diese wird ggf. wieder besetzt. Der Begriff der „Vertretung" ist in diesem Zusammenhang somit irreführend.

Zwar wäre der vom Gesetzgeber bezweckte Schutz des Arbeitgebers vor Doppelzählungen von Arbeitsplätzen jedenfalls dann erreicht, wenn der Arbeitgeber „auf dem freigemachten oder auf einem in diesem Zusammenhang durch Umsetzung frei gewordenen Arbeitsplatz" eine Neueinstellung vornehmen würde. Beide Alternativen werden in **§ 3 Abs. 1 Nr. 2a AltTZG** gleichbehandelt, soweit es um den Anspruch des Arbeitgebers auf Leistungen der Agentur für Arbeit wegen der von ihm bewilligten Altersteilzeit geht. Jedoch sollte weitergehend auch derjenige einstellungsfreudige Arbeitgeber geschützt werden, der andere oder neue Plätze besetzt, ohne dass aus Anlass der Altersteilzeit eine Umsetzung stattfindet (so zutreffend LPK-*Düwell* a. a. O.). Deshalb erscheint es vorzugswürdig, an dem systematisch folgerichtigen **Grundsatz festzuhalten**, dass mit dem Eintritt in die Freistellungsphase der Altersteilzeit im Blockmodell **der betreffende Arbeitsplatz nicht mehr zu zählen** ist. Die überflüssige und verwirrende gesetzliche Einschränkung in Abs. 2 Nr. 7, die den Eindruck erweckt, dies hänge von einer „Vertretung" des ausgeschiedenen Arbeitnehmers ab, ist demnach unbeachtlich (LPK-SGB IX / *Düwell* a. a. O.).

C) zu Abs. 3

1. Vorübergehend oder kurzzeitig Beschäftigte

50 Die Vorschrift nimmt Stellen vorübergehend und kurzzeitig Beschäftigter vom Arbeitsplatz-Begriff aus. **Vorübergehend** sind Personen beschäftigt, die nach der Natur der Arbeit (Aushilfen, Saisonarbeitskräfte) oder nach den zwischen den Vertragsparteien getroffenen Vereinbarungen auf die Dauer von höchstens acht Wochen beschäftigt werden. Die Regelung entspricht § 8 Abs. 1 Nr. 2 SGB IV („längstens zwei Monate"). Nicht hierunter fällt ein **befristetes Probearbeitsverhältnis**, weil die Befristung nicht vertragstypisch ist, sondern die Parteien beabsichtigen, ein auf Dauer angelegtes Arbeitsverhältnis einzugehen (*Müller-Wenner* / Schorn Rdnr. 22; Neumann u. a. / *Neumann* Rdnr. 57).

51 Begründet ein Arbeitnehmer in einem Kalenderjahr bei demselben Arbeitgeber nacheinander **mehrere befristete Arbeitsverhältnisse**, die insgesamt die Höchstdauer von acht Wochen überschreiten, zählt der Arbeitsplatz bei der Berechnung nach § 71 Abs. 1 SGB IX nicht mit. Denn es kann insoweit keinen Unterschied bedeuten, ob der Arbeitgeber mit mehreren Arbeitnehmern jeweils ein vorübergehendes Beschäftigungsverhältnis vereinbart oder mit ein und demselben Arbeitnehmer mehrere derartige Arbeitsverträge schließt (so auch Ernst / Adlhoch / Seel / *Kuhlmann* Rdnr. 36).

52 **Kurzzeitig** beschäftigt sind Teilzeitbeschäftigte, deren Beschäftigung der Natur der Sache nach auf weniger als 18 Stunden wöchentlich beschränkt zu sein pflegt oder im Voraus durch einen Arbeitsvertrag entsprechend beschränkt ist. Darunter fallen vor allem geringfügig Beschäftigte gem. § 8 Abs. 1 Nr. 1 SGB IV, deren wöchentliche Arbeitszeit häufig weniger als 18 Stunden betragen wird.

Zwar ist es rechtspolitisch sinnvoll, dass nicht jede geringfügige Beschäftigung zu einer bürokratischen Belastung führen soll. **Fragwürdig** ist aber der **Schwellenwert** von weniger als 18 Stunden, den der Gesetzgeber offenbar aus § 102 AFG übernommen hat. Jedoch ist jene Begrenzung inzwischen aufgehoben worden. Sozialversicherungsrechtlich war zwischenzeitlich bis 1999 für die Geringfügigkeit im Sinne von § 8 a. F. SGB IV eine Begrenzung auf 15 Stunden in der Woche maßgebend. Allerdings ist diese bereichsspezifische Grenze inzwischen entfallen.

Die Beibehaltung der Grenze von 18 Stunden kann zu **Problemen** führen, wenn Arbeitnehmer, für welche die **35-Stunden-Woche** gilt, **kontinuierliche Altersteilzeit** in Anspruch nehmen. Dann wird der Schwellenwert von weniger als 18 Stunden unterschritten. Hierdurch werden einerseits Arbeitgeber bei der Beschäftigungspflicht nach § 71 Abs. 1 SGB IX ungerechtfertigt entlastet. Andererseits entfallen bei wörtlicher Anwendung die Ansprüche der schwerbehinderten Menschen aus § 81 Abs. 4 Nr. 4 und Nr. 5 SGB IX in Bezug auf Gestaltung und Ausstattung ihres Arbeitsplatzes (LPK-SGB IX / *Düwell* Rdnr. 21). **53**

Auch **erleichtert** ein **hoch angesetzter Grenzwert** für die – nicht mitzuzählende – kurzfristige Beschäftigung den Arbeitgebern das **Vermeiden der Pflicht zur Beschäftigung schwerbehinderter Menschen**: Große Dienstleistungsunternehmen sind von der Beschäftigungspflicht befreit, wenn sie ihren Geschäftsbetrieb so organisieren, dass sie bis zu 19 Vollbeschäftigte und viele geringfügige Beschäftigte einstellen (krit. hierzu LPK-SGB IX / *Düwell* Rdnr. 21 mit der rechtspolitischen Forderung, aus Gründen der Gleichheit vor dem Gesetz eine teilweise Anrechnung der Teilzeitstellen nach dem Vorbild der Regelung in § 23 Abs. 1 S. 4 KSchG vorzuschreiben). **54**

Sieht der Arbeitsvertrag keine wöchentliche Arbeitsleistung vor, sondern z. B. nur einmal monatlich oder alle zwei Wochen, so ist auf die **wöchentliche Durchschnittsarbeitszeit** abzustellen. Falls ein Arbeitnehmer z. B. alle zwei Wochen 20 Stunden arbeitet, ist er wöchentlich weniger als 18 Stunden beschäftigt, weshalb das Arbeitsverhältnis nicht mitzählt (Ernst / Adlhoch / Seel / *Kuhlmann* Rdnr. 37). **55**

Der Inhalt dieser Vorschrift ist sinngemäß auch auf Beamte und Richter anzuwenden, weil sonst die Beschäftigungspflicht gem. § 71 SGB IX bei diesen Personen strenger ausgestaltet wäre als bei Arbeitnehmern (GK-SGB IX / *Großmann* Rdnr. 170). **56**

§ 74
Berechnung der Mindestzahl von Arbeitsplätzen und der Pflichtarbeitsplatzzahl

(1) ¹Bei der Berechnung der Mindestzahl von Arbeitsplätzen und der Zahl der Arbeitsplätze, auf denen schwerbehinderte Menschen zu beschäftigen sind (§ 71), zählen Stellen, auf denen Auszubildende beschäftigt werden, nicht mit. ²Das Gleiche gilt für Stellen, auf denen Rechts- oder Studienreferendare und -referendarinnen beschäftigt werden, die einen Rechtsanspruch auf Einstellung haben.

(2) Bei der Berechnung sich ergebende Bruchteile von 0,5 und mehr sind aufzurunden, bei Arbeitgebern mit jahresdurchschnittlich weniger als 60 Arbeitsplätzen abzurunden.

ERLÄUTERUNGEN

ÜBERSICHT

I. Bedeutung der Vorschrift (Rdnrn. 1–2)
II. Fassung (Rdnrn. 3–3a)
    A) durch das SGB IX vom 19. Juni 2001 (BGBl. I S. 1046) mit Wirkung vom 1. Juli 2001 (Rdnr. 3)

B) durch das Gesetz zur Förderung der Ausbildung und Beschäftigung schwerbehinderter Menschen vom 23. April 2004 (BGBl. I S. 606) mit Wirkung vom 1. Mai 2004 (Rdnr. 3a)
III. Anmerkungen (Rdnrn. 4–8)
  A) zu Abs. 1
    1. Nichtzählung von Ausbildungsplätzen (Rdnrn. 4–5d)
  B) zu Abs. 2
    1. Aufrundung der Bruchteile von 0,5 (Rdnrn. 6–6a)
    2. Abrundung auf 0,5 (Rdnrn. 7–8)

I. Bedeutung der Vorschrift

1 Die Vorschrift bestimmt, dass bei der Berechnung der Mindestzahl von Arbeitsplätzen und der Zahl der Pflichtplätze nach § 71 SGB IX Stellen, auf denen Auszubildende beschäftigt werden, nicht mitzählen. Das Gleiche gilt für Stellen, auf denen Rechts- oder Studienreferendare und -referendarinnen beschäftigt werden, die einen Rechtsanspruch auf Einstellung haben (**Abs. 1**).

2 In **Abs. 2** wird festgelegt, dass bei der Berechnung sich ergebende Bruchteile von 0,5 und mehr aufzurunden sind. Bei Arbeitgebern mit jahresdurchschnittlich weniger als 60 Arbeitsplätzen sind die Bruchteile hingegen abzurunden.

II. Fassung

A) durch das SGB IX vom 19. Juni 2001 (BGBl. I S. 1046) mit Wirkung vom 1. Juli 2001

Die Vorschrift wurde unverändert aus dem Regierungsentwurf (BT-Drucks. 14/5531 i. V. m. 14/5074) übernommen.

3 Sie überträgt weitgehend inhaltsgleich den bisherigen § 8 SchwbG. Durch die Einfügung des Satzes 2 wird zusätzlich erreicht, dass trotz Streichung des letzten Halbsatzes – „*die einen Rechtsanspruch auf Einstellung haben*" – des bisherigen § 7 Abs. 3 SchwbG (nunmehr § 73 Abs. 3 SGB IX) die Beschäftigung von Rechts- und Studienreferendaren und -referendarinnen ohne Auswirkung auf die Beschäftigungspflicht des Arbeitgebers bleibt.

Die Aufteilung in zwei Absätze – der letzte Satz der bisherigen Regelung wird ein eigenständiger Absatz – stellt klar, dass sich die Regelung nicht nur auf Berechnungen nach dem bisherigen Satz 1 bezieht.

B) durch das Gesetz zur Förderung der Ausbildung und Beschäftigung schwerbehinderter Menschen vom 23. April 2004 (BGBl. I S. 606) mit Wirkung vom 1. Mai 2004:

3a In Abs. 2 wurde die Angabe „bis zu 59" durch die Angabe „weniger als 60" ersetzt.

III. Anmerkungen

A) zu Abs. 1

1. Nichtzählung von Ausbildungsplätzen

4 Ausbildungsplätze sind zwar „Arbeitsplätze" im Sinne von § 73 Abs. 1 SGB IX, sodass alle Vorschriften für auf „Arbeitsplätzen" beschäftigte schwerbehinderte Menschen auch für solche auf Ausbildungsplätzen anwendbar sind. Nur für die Zählung dieser Stellen **bei der Berechnung der Mindestzahl von 20 Beschäftigten** gemäß § 71 Abs. 1 SGB IX und der Mindestzahl zu beschäftigender schwerbehinderter Menschen und Gleichgestellter („Pflichtplatzzahl") gilt die **Ausnahme des Abs. 1 Satz 1**. Danach zählen bei der Berechnung der

Mindestzahl von Arbeitsplätzen und der Zahl der Pflichtplätze Stellen, auf denen Auszubildende beschäftigt werden, nicht mit.

Diese Ausnahme war zunächst bis zum 31. Dezember 1989 und sodann bis zum 31. Dezember 1995 verlängert worden. Durch Gesetz vom 26. Juli 1994 (BGBl. I S. 1792) wurde sie erneut bis zum 31. 12. 2000 verlängert. Durch das Gesetz zur Bekämpfung der Arbeitslosigkeit Schwerbehinderter (SchwbGBAG) vom 29. September 2000 (BGBl. I S. 1394) wurde die Befristung endgültig aufgegeben. Dies bewirkt nach Auffassung der Bundesregierung, dass bei der Feststellung der Zahl der zu beschäftigenden schwerbehinderten Menschen weiterhin **rund 1 Mio. Ausbildungsplätze nicht gezählt** werden. Folglich müssen die Arbeitgeber ca. 50 000 Pflichtarbeitsplätze weniger für schwerbehinderte Menschen zur Verfügung stellen. Hiermit soll die Ausbildungsbereitschaft der Arbeitgeber gegenüber schwerbehinderten und nicht behinderten Menschen gefördert werden (vgl. Ernst / Adlhoch / Seel / *Kuhlmann* Rdnr. 2). 4a

Die Regelung knüpft an § 73 Abs. 1 SGB IX an, wonach (auch) Stellen, auf denen „Auszubildende und andere zu ihrer beruflichen Bildung Eingestellte"; beschäftigt werden, „Arbeitsplätze"; im Sinne des Gesetzes darstellen. Infolge der Verknüpfung von § 74 mit § 73 SGB IX ist davon auszugehen, dass der **Begriff „Auszubildende"; in beiden Vorschriften dieselbe Bedeutung hat** (vgl. BVerwG NJW 2005, 1674 = NZA-RR 2005, 364). Daraus, dass § 73 Abs. 1 „Auszubildende"; neben „andere(n) zu ihrer beruflichen Bildung Eingestellte(n)"; erwähnt, ist darum zu folgern, dass § 74 Abs. 1 Satz 1 SGB IX nur den Personenkreis erfasst, der im engeren Sinne eine „Ausbildung"; erhält (vgl. BVerwG a. a. O.). 5

Der **Begriff der „Ausbildung";** wird in der Terminologie der Sozialgesetze, insbesondere z. B. als „Berufsausbildung"; (§ 573 RVO), nicht einheitlich verwendet; er ist auch in der Terminologie des SGB IX, wie § 73 Abs. 1 zeigt, dem Begriff der „beruflichen Bildung"; in einem Zusammenhang zur Seite gestellt, der darauf schließen lassen könnte, als sei er deren Unterbegriff. Dies zwingt dazu, ihn aus Sinn und Zweck des SGB IX heraus auszulegen, zumal die Abgrenzung einer beruflichen Bildungsmaßnahme ohnehin nicht einheitlich für alle Rechtsgebiete möglich ist (vgl. auch BSG, Urteil vom 5. August 1993 – 2 RU 24/92 = SozR 3-2200 § 573 Nr. 2). Die Zielsetzung des § 74 Abs. 1 Satz 1 SGB IX, die Entstehung von Ausbildungsstellen für Schwerbehinderte zu fördern (vgl. BT-Drucks. 10/5701, S. 5 f.), legt es nahe, den dort verwendeten Begriff der „Ausbildung"; **ohne Beschränkung auf Ausbildungen im Sinne des Berufsbildungsgesetzes** angelehnt **auch** an die Bedeutung dieses **Begriffs im Arbeitsförderungsrecht** zu verstehen. Dort ist eine Ausbildung in Abgrenzung zur Fortbildung oder Umschulung **(nur) die erste zu einem beruflichen Abschluss führende Bildungsmaßnahme** (ebenso BSG, Urteil vom 5. August 1993, a. a. O.). 5a

Demnach werden z. B. **Praktikanten** und **Volontäre** von der Regelung in § 74 Abs. 1 SGB IX **nicht erfasst** (Neumann u. a. / *Neumann* Rdnr. 9). Das gilt jedenfalls dann, wenn sie nicht zu einer regelmäßigen Arbeitsleistung verpflichtet sind und ihre Beschäftigung, ohne dass eine geregelte fachliche Ausbildung beabsichtigt ist, dazu dient, ihnen einen allgemeinen Überblick über die Arbeit im Betrieb oder der Verwaltung zu verschaffen und ihre Kenntnisse zu vertiefen und zu erweitern (BVerwG a. a. O.; Neumann, a. a. O.). Allerdings kann ein Praktikum auch entweder ein Ausbildungsbestandteil sein oder aber eine Beschäftigung, die einer (abgeschlossenen) beruflichen Bildungsmaßnahme folgt und der Erlangung der staatlichen Anerkennung oder der staatlichen Erlaubnis zur Ausübung des Berufes dient; im letztgenannten Fall ist das Praktikum nicht Bestandteil einer Ausbildungsmaßnahme (vgl. BSG AuB 1983, 283 für ein Nachpraktikum zur Erlangung der staatlichen Erlaubnis zur Ausübung des Berufs „Masseur"; und „Medizinischer Bademeister";). Wie im Falle der Ärzte im Praktikum muss gegebenenfalls ermittelt werden, ob das Praktikum nach Maßgabe einer Ausbildungsordnung Bestandteil einer zu einem ersten beruflichen Abschluss führenden Bildungsmaßnahme ist (BVerwG a. a. O.). 5b

5c Hingegen sind **Beamtenanwärter** in einem Vorbereitungsdienst als Auszubildende zu betrachten und bei der Berechnung der Arbeitsplätze nicht mitzuzählen (BSG Urteil vom 29. 7. 1993 – 11 RAr 41/92 = DBlR 4065a, SchwbG / § 8).

5d Bei der Berechnung der Pflichtplatzzahl nicht mitgezählt werden ferner Stellen, auf denen **Rechts- oder Studienreferendare** und -referendarinnen beschäftigt werden, die einen Rechtsanspruch auf Einstellung haben. Gemeint ist damit der Anspruch auf Einstellung in den öffentlichen Dienst zur Ableistung eines Vorbereitungsdienstes. Der gesonderten Nennung dieser Gruppe lässt sich entnehmen, dass der Gesetzgeber sie nicht als „Auszubildende" ansieht, sondern als eigenständige Gruppe. Deshalb gelten für diese auch nicht die Möglichkeit der automatischen Doppelanrechnung auf zwei Pflichtarbeitsplätze bzw. die Zulassung der Mehrfachanrechnung auf drei Pflichtarbeitsplätze gem. § 76 Abs. 2 Satz 1 und 2 SGB IX (vgl. Ernst / Adlhoch / Seel / *Kuhlmann* Rdnr. 4).

B) zu Abs. 2
1. Aufrundung der Bruchteile von 0,5

6 Obwohl die Vorschrift sich auch auf die Berechnung der Mindestzahl von Arbeitsplätzen nach § 71 Abs. 1 SGB IX bezieht, hat sie insoweit keine praktische Bedeutung. Denn die Mindestzahl beträgt stets 20 Arbeitsplätze. Folglich ist die Berechnungsregel **nur für die Zahl der „Pflichtplätze"** aktuell. Der als Prozentsatz aufgestellte Pflichtsatz beträgt nach § 71 Abs. 1 SGB IX 5% der Zahl der rechnerischen Arbeitsplätze. Bei der Berechnung sich ergebende Bruchteile von 0,5 und mehr sind nach **Abs. 2 Halbs. 1** aufzurunden. Unterhalb dieser Grenze ist abzurunden, vor allem gibt es keine Aufrundung auf 0,5 (GK-SGB IX / *Großmann* Rdnr. 30).

Beispiel: Ein Betrieb hat 129 anrechnungspflichtige Arbeitsplätze. Die Pflichtplatzzahl von 5% dieser Arbeitsplätze beträgt sechs (129 x 0,05 = 6,45). Es ist nicht auf 6,50 und dann auf sieben aufzurunden, sondern auf sechs abzurunden.

6a Bei dem geltenden Pflichtsatz von 5% sind demnach ab 60 Arbeitsplätzen drei schwerbehinderte Arbeitnehmer zu beschäftigen. Ab 70 Arbeitsplätzen sind es vier, weil das rechnerische Ergebnis (70 x 0,05 = 3,5) entsprechend aufzurunden ist. Ab 90 Arbeitsplätzen ergeben sich auf diese Weise fünf Pflichtplätze usw.

2. Abrundung auf 0,5

7 Die bereits seit 1. Januar 2001 geltende und durch das SchwbBAG vom 29. September 2000 eingeführte Regelung steht in Zusammenhang mit der Neuregelung der bei Nichterfüllung der Beschäftigungspflicht zu zahlenden Ausgleichsabgabe. Sie soll neben anderen Vorschriften sicherstellen, dass es für kleinere Betriebe u. a. durch Rundungsregelungen nicht zu einer stärkeren Beschäftigungsverpflichtung kommt. Hiervon profitieren **Arbeitgeber mit 30 bis 59 Arbeitsplätzen**. Denn bei Anwendung der allgemeinen Rundungsregelung wäre ab einer Beschäftigtenzahl von 30 das Ergebnis der Pflichtplatzermittlung 30 x 0,05 = 1,5 und damit auf 2 aufzurunden. Das wird durch die spezielle Regelung in Abs. 2. Halbsatz 2 ausgeschlossen, so dass es bei einem Pflichtplatz bleibt. Entsprechendes gilt für Arbeitgeber ab 50 regulären Arbeitsplätzen, für die nicht die rechnerische Quote von 2,5 gilt, sondern die gesetzlich festgelegte Zahl von zwei Pflichtarbeitsplätzen.

8 Der Gesetzgeber hielt es für erforderlich, im Gesetz vom 23. 4. 2004 die bisherige Zahlenangabe „bis zu 59" durch **„unter 60"** zu ersetzen. Nach seiner Ansicht hätte die frühere Formulierung dahingehend missverstanden werden können, dass es sich um Arbeitgeber mit jeweils *weniger als 59* Arbeitsplätzen handeln müsse und bei solchen mit 59 Arbeitsplätzen damit bereits die allgemeine Aufrundungsregel greife (vgl. auch die entsprechende Änderung bei § 71 SGB IX).

§ 75
Anrechnung Beschäftigter auf die Zahl der Pflichtarbeitsplätze für schwerbehinderte Menschen

(1) Ein schwerbehinderter Mensch, der auf einem Arbeitsplatz im Sinne des § 73 Abs. 1 oder Abs. 2 Nr. 1 oder 4 beschäftigt wird, wird auf einen Pflichtarbeitsplatz für schwerbehinderte Menschen angerechnet.

(2) ¹Ein schwerbehinderter Mensch, der in Teilzeitbeschäftigung kürzer als betriebsüblich, aber nicht weniger als 18 Stunden wöchentlich beschäftigt wird, wird auf einen Pflichtarbeitsplatz für schwerbehinderte Menschen angerechnet. ²Bei Herabsetzung der wöchentlichen Arbeitszeit auf weniger als 18 Stunden infolge von Altersteilzeit gilt Satz 1 entsprechend. ³Wird ein schwerbehinderter Mensch weniger als 18 Stunden wöchentlich beschäftigt, lässt die Bundesagentur für Arbeit die Anrechnung auf einen dieser Pflichtarbeitsplätze zu, wenn die Teilzeitbeschäftigung wegen Art oder Schwere der Behinderung notwendig ist.

(2a) Ein schwerbehinderter Mensch, der im Rahmen einer Maßnahme zur Förderung des Übergangs aus der Werkstatt für behinderte Menschen auf den allgemeinen Arbeitsmarkt (§ 5 Abs. 4 Satz 1 der Werkstättenverordnung) beschäftigt wird, wird auch für diese Zeit auf die Zahl der Pflichtarbeitsplätze angerechnet.

(3) Ein schwerbehinderter Arbeitgeber wird auf einen Pflichtarbeitsplatz für schwerbehinderte Menschen angerechnet.

(4) Der Inhaber eines Bergmannsversorgungsscheins wird, auch wenn er kein schwerbehinderter oder gleichgestellter behinderter Mensch im Sinne des § 2 Abs. 2 oder 3 ist, auf einen Pflichtarbeitsplatz angerechnet.

ERLÄUTERUNGEN

ÜBERSICHT

I. Bedeutung der Vorschrift (Rdnrn. 1–4)
II. Fassung (Rdnrn. 5–5i)
    A) durch das SGB IX vom 19. Juni 2001 (BGBl. I S. 1046) mit Wirkung vom 1. Juli 2001 (Rdnr. 5)
    B) durch das Vierte Gesetz für moderne Dienstleistungen am Arbeitsmarkt vom 24. Dezember 2003 (BGBl. I S. 2954) mit Wirkung vom 1. Januar 2004 (Rdnr. 5a)
    C) durch das Gesetz zur Förderung der Ausbildung und Beschäftigung schwerbehinderter Menschen vom 23. April 2004 (BGBl. I S. 606) mit Wirkung vom 1. Mai 2004 (Rdnrn. 5b–5h)
    D) durch das Gesetz zur Förderung der Ausbildung und Beschäftigung schwerbehinderter Menschen vom 23. April 2004 (BGBl. I S. 606) mit Wirkung vom 1. Januar 2005 (Rdnr. 5i)
III. Anmerkungen (Rdnrn. 6–12)
    A) zu Abs. 1
        1. Grundsatz der Anrechnung (Rdnrn. 6–6c)
    B) zu Abs. 2
        1. Teilzeitbeschäftigte schwerbehinderte Menschen (Rdnrn. 7–10)
    C) zu Abs. 2a
        1. Anrechnung bei Übergangsmaßnahmen aus der WfbM (Rdnr. 10a)

D) zu Abs. 3
  1. Anrechnung eines schwerbehinderten Arbeitgebers (Rdnrn. 11–11b)
E) zu Abs. 4
  1. Inhaber von Bergmannsversorgungsscheinen (Rdnr. 12)

I. Bedeutung der Vorschrift

1 Die Vorschrift regelt Fragen der Anrechenbarkeit und Anrechnung von Beschäftigten auf Pflichtarbeitsplätze für schwerbehinderte Menschen.
Schwerbehinderte Menschen und ihnen Gleichgestellte können nur angerechnet werden, wenn sie auf einem Arbeitsplatz im Sinne des § 73 Abs. 1 oder des Abs. 2 Nr. 1, 4 oder 6 SGB IX beschäftigt sind (**Abs. 1**).

2 **Abs. 2** ermöglicht die Anrechnung von teilzeitbeschäftigten schwerbehinderten Menschen auf einem Pflichtplatz bei einer wöchentlichen Arbeitszeit von mindestens 18 Stunden. Das gilt auch bei herabgesetzter Arbeitszeit infolge von Altersteilzeit. Bei kürzerer wöchentlicher Beschäftigung hat die Agentur für Arbeit die Anrechnung zuzulassen, wenn die Teilzeitbeschäftigung wegen Art oder Schwere der Behinderung notwendig ist (Abs. 2 Satz 2).

2a **Abs. 2a** bestimmt, dass ein schwerbehinderter Mensch auch dann auf die Zahl der Pflichtarbeitsplätze angerechnet wird, wenn er zeitweise im Rahmen einer Maßnahme zur Förderung des Übergangs aus einer Werkstatt für behinderte Menschen auf den allgemeinen Arbeitsmarkt beschäftigt wird.

3 **Abs. 3** sieht vor, dass ein schwerbehinderter Arbeitgeber auf einen Pflichtarbeitsplatz für schwerbehinderte Menschen angerechnet wird.

4 **Abs. 4** regelt die Anrechnung der Inhaber eines Bergmannsversorgungsscheines auf einen Pflichtarbeitsplatz.

II. Fassung

A) **durch das SGB IX vom 19. Juni 2001 (BGBl. I S. 1046) mit Wirkung vom 1. Juli 2001**

5 Die Vorschrift wurde unverändert aus dem Regierungsentwurf (BT-Drucks. 14/5531 i. V. m. 14/5074) übernommen. Sie überträgt inhaltsgleich den bisherigen § 9 SchwbG.

B) **durch das Vierte Gesetz für moderne Dienstleistungen am Arbeitsmarkt vom 24. Dezember 2003 (BGBl. I S. 2954) mit Wirkung vom 1. Januar 2004**

5a Durch dieses Gesetz wurde in Abs. 2 Satz 3 in der Vorschrift die Bezeichnung „das Arbeitsamt" durch „die Bundesagentur für Arbeit" ersetzt.

Das Inkrafttreten der Bestimmung wurde rückwirkend vorverlegt durch Art. 14 Nr. 4b des Kommunalen Optionsgesetzes vom 30. Juli 2004 (BGBl. I S. 2014).

C) **durch das Gesetz zur Förderung der Ausbildung und Beschäftigung schwerbehinderter Menschen vom 23. April 2004 (BGBl. I S. 606) mit Wirkung vom 1. Mai 2004**

5b a) In **Abs. 2** wurde als neuer **Satz 2** eingefügt:
„Bei Herabsetzung der wöchentlichen Arbeitszeit auf weniger als 18 Stunden infolge von Altersteilzeit gilt Satz 1 entsprechend."
Das entspricht dem Vorschlag des Fraktionsentwurfs von SPD und Bündnis 90 / DIE GRÜNEN (BT-Drucks. 15/1783 S. 4).

5c b) Nach Abs. 2 wurde folgender **Abs. 2a** eingefügt:
„Ein schwerbehinderter Mensch, der im Rahmen einer Maßnahme zur Förderung des Übergangs aus der Werkstatt für behinderte Menschen auf den allgemeinen Arbeits-

markt (§ 5 Abs. 4 Satz 1 der Werkstättenverordnung) beschäftigt wird, wird auch für diese Zeit auf die Zahl der Pflichtarbeitsplätze angerechnet."

Diese Fassung erhielt die Vorschrift erst während der Beratungen des Ausschusses für Gesundheit und Soziale Sicherung (vgl. BT-Drucks. 15/2357).

Der **ursprüngliche Vorschlag des Fraktionsentwurfs** von SPD und Bündnis 90/DIE GRÜNEN (BT-Drucks. 15/1783 S. 4) sah Folgendes vor: 5d

„(2a) Ein schwerbehinderter Mensch, der einem Arbeitgeber zur Arbeitsleistung überlassen wird, wird im Falle der Übernahme in ein Arbeits- oder Beschäftigungsverhältnis rückwirkend auch für die Zeit der Überlassung auf die Zahl der Pflichtarbeitsplätze angerechnet. Die Anrechnung ist beschränkt auf das Kalenderjahr der Übernahme. Das Gleiche gilt bei Übernahme eines im Rahmen einer Maßnahme zur Förderung des Übergangs aus der Werkstatt für behinderte Menschen auf den allgemeinen Arbeitsmarkt (§ 5 Abs. 4 Satz 1 der Werkstättenverordnung) beschäftigten schwerbehinderten Menschen."

Hinzu führte der Fraktionsentwurf (S. 14 f.) aus: 5e

„Mit der Einfügung des Absatzes 2a sollen Arbeitgeber unterstützt werden, die schwerbehinderte Menschen in ein Arbeits- oder Beschäftigungsverhältnis übernehmen, nachdem diese Arbeitnehmer dem Betrieb zunächst von einem Verleiher (z. B. einer Personal-Service-Agentur) zur Arbeitsleistung überlassen wurden. Mit dieser zeitlich begrenzten Doppelanrechnung wird das Ziel verfolgt, möglichst viele schwerbehinderte Menschen in eine dauerhafte Beschäftigung zu bringen. Die zeitlich beschränkte rückwirkende Anrechnung auf die Zahl der Pflichtarbeitsplätze können auch Arbeitgeber in Anspruch nehmen, die schwerbehinderte Menschen im Rahmen einer Maßnahme zur Förderung des Übergangs aus der Werkstatt für behinderte Menschen auf den allgemeinen Arbeitsmarkt in ein Arbeitsverhältnis übernommen haben."

Der **Bundesrat** verlangte in seiner Stellungnahme (BT-Drucks. 15/2318 S. 15) die Streichung der Vorschrift mit folgender Begründung: 5f

„Die Regelung verkompliziert das Schwerbehindertenrecht zusätzlich. Die beabsichtigten Anreize sind relativ gering und zudem nur für einen Teil der Arbeitgeber wirksam."

Die **Bundesregierung** sagte in ihrer Gegenäußerung (BT-Drucks. 15/2318 S. 21) zu, dem Anliegen Rechnung zu tragen. Allerdings solle der Übergang aus Werkstätten für behinderte Menschen auf den allgemeinen Arbeitsmarkt durch eine besondere Anrechnungsregelung gefördert werden. 5g

Diese hat dann der **Ausschuss für Gesundheit und Soziale Sicherung** mit der jetzigen Fassung vorgeschlagen. In seinem Bericht (BT-Drucks. 15/2357 S. 24) wird hierzu bemerkt: 5h

„Die bisher unter Buchstabe b ebenfalls vorgesehene Regelung zur Anrechnung von schwerbehinderten Menschen auf einen Pflichtarbeitsplatz nach Arbeitnehmerüberlassung wird entsprechend einem Vorschlag des Bundesrates sowie einem in der Sachverständigenanhörung geäußerten Wunsch des Zentralverbandes des Deutschen Handwerks und der Bundesvereinigung der Deutschen Arbeitgeberverbände gestrichen. Es bleibt aber dabei, dass der Übergang aus Werkstätten für behinderte Menschen auf den allgemeinen Arbeitsmarkt durch eine besondere Anrechnungsregelung gefördert werden soll."

D) durch das Gesetz zur Förderung der Ausbildung und Beschäftigung schwerbehinderter Menschen vom 23. April 2004 (BGBl. I S. 606) mit Wirkung vom 1. Januar 2005

In **Abs. 1** wird die Angabe „Abs. 2 Nr. 1, 4 oder 6" durch die Angabe „Abs. 2 Nr. 1 oder 4" ersetzt. Es handelt sich um eine Folgeänderung zur Streichung des § 73 Abs. 2 Nr. 6 SGB IX durch Art. 8 Nr. 10 des Gesetzes zur Einordnung des Sozialhilferechts in das SGB vom 27. Dezember 2003 (BGBl. I S. 3022). 5i

III. Anmerkungen

A) zu Abs. 1

1. Grundsatz der Anrechnung

6 Alle schwerbehinderten Menschen und die ihnen Gleichgestellten als Beschäftigte auf einem Arbeitsplatz im Sinne des § 73 Abs. 1 SGB IX werden auf einen Pflichtarbeitsplatz angerechnet. Grundsätzlich ausgenommen sind die schwerbehinderten Menschen auf Stellen gem. § 73 Abs. 2 und 3 SGB IX. Wiederum als Ausnahme hiervon werden allerdings die behinderten Menschen auf Stellen im Sinne von § 73 Abs. 2 Nr. 1 und 4 SGB IX angerechnet. Dies betrifft schwerbehinderte Menschen in betrieblichen Rehamaßnahmen und in Werkstätten (§ 73 Abs. 2 Nr. 1 SGB IX) sowie in Arbeitsbeschaffungsmaßnahmen (§ 73 Abs. 2 Nr. 4 SGB IX). Die bisher vorgeschriebene Anrechnung auch von Arbeitsverhältnissen nach § 19 BSHG (§ 73 Abs. 2 Nr. 6 SGB IX) entfällt zum 1. 1. 2005 (vgl. oben Rdnr. 5i).

6a **Behinderte Menschen in WfbM** können aber nur dann über Abs. 1 angerechnet werden, wenn es sich um eine **Maßnahme der innerbetrieblichen Rehabilitation** handelt. Die gesetzlich vorgesehene doppelte Begünstigung von Arbeitgebern – durch Anrechnung dieser Schwerbehinderten auf die Pflichtplätze ohne Anrechnung auf die für die Pflichtplatzzahl maßgebliche Gesamtzahl der Arbeitsplätze – soll einen Anreiz dafür schaffen, durch innerbetriebliche Maßnahmen der Rehabilitation und unternehmensinterne WfbM den Bereich des allgemeinen Arbeitsmarktes für diesen Personenkreis (also behinderte Menschen, die dem allgemeinen Arbeitsmarkt nicht zur Verfügung stehen) zu erweitern. Dieser Gedanke rechtfertigt die Beschränkung dieser Begünstigung auf Arbeitgeber, die sich nicht ohnehin die Betreuung von Behinderten zur Aufgabe gemacht haben, da andernfalls der Gesetzeszweck gerade in Rehabilitationseinrichtungen nicht mehr gewährleistet wäre. Denn sie wären wegen der Zahl der betreuten schwerbehinderten Menschen nicht mehr gehalten, bei ihrem Verwaltungs- und Pflegepersonal die Pflichtzahl von Schwerbehinderten zu beschäftigen. Daher können **im Arbeitstrainings- und Arbeitsbereich einer WfbM** beschäftigte Schwerbehinderte, die nicht an einer innerbetrieblichen Maßnahme der Rehabilitation bzw. der beruflichen Anpassung oder Weiterbildung teilnehmen, nicht unter Anwendung des § 75 Abs. 1 SGB IX den auf die Zahl der Pflichtarbeitsplätze anzurechnenden beschäftigten Schwerbehinderten gleichgestellt werden (LSG Hamburg Urteil vom 11. März 2004 – L 5 AL 47/00, zit. nach JURIS, unter Hinw. auf BSG NZA 1993, 335 = SozR 3-3870 § 9 Nr. 1 zu § 9 SchwbG).

6b Auch schwerbehinderte Arbeitnehmer, die **nach Vollendung des 65. Lebensjahres** weiter beschäftigt werden, sind auf einen Pflichtarbeitsplatz anzurechnen (Hauck / Noftz / *Schneider* Rdnr. 3; Neumann u. a. / *Neumann* Rdnr. 5).

6c **Voraussetzung** für die Anrechnung ist die **förmliche Feststellung der Schwerbehinderteneigenschaft** (BVerwG NZA 1988, 431 = ZfS 1989, 213; *Müller-Wenner* / Schorn Rdnr. 4; Hauck / Noftz / *Schneider* Rdnr. 6; LPK-SGB IX / *Düwell* Rdnr. 8; a. A. GK-SGB IX / *Großmann* Rdnr. 26). Denn die Belastungen des Arbeitgebers folgen nicht allein aus der Schwerbehinderteneigenschaft, sondern treten erst ein, wenn sich der Arbeitnehmer hierauf beruft. Daher ist es folgerichtig, auch die Anrechnung auf die Pflichtplatzquote von der förmlichen Anerkennung abhängig zu machen.

B) zu Abs. 2

1. Teilzeitbeschäftigte schwerbehinderte Menschen

7 Nach **Abs. 2 Satz 1** ist kraft Gesetzes jeder schwerbehinderte Mensch und Gleichgestellte auf einen Pflichtplatz auch dann ohne weiteres anrechenbar, wenn er zwar kürzer als betriebsüblich, aber **wenigstens 18 Stunden in der Woche beschäftigt** wird. Damit wird Arbeitgebern die Erfüllung der Beschäftigungspflicht erleichtert. Sie erfüllen diese nicht nur dann, wenn sie einen schwerbehinderten Menschen zur Beschäftigung in betriebsüblicher Arbeitszeit einstellen, sondern auch, wenn sie ihn in Teilzeit beschäftigen, sofern die Arbeitszeit wenigstens 18 Stunden in der Woche beträgt. Das gilt auch bei „job sharing" oder aus anderen Gründen gemäß § 13 TzBfG **geteilten Arbeitsplätzen** (*Müller-Wenner* / Schorn Rdnr. 10). Die Anrechenbarkeit entfällt nicht bei allgemeiner Kurzarbeit eines Betriebes (Neumann u. a. / *Neumann* Rdnr. 12; *Müller-Wenner* / Schorn Rdnr. 10).

Anrechenbar bleibt ein Arbeitsplatz, wenn die wöchentliche Arbeitszeit infolge von **Altersteilzeit** aufgrund des anzuwendenden Tarifvertrages auf weniger als 18 Stunden wöchentlich herabgesetzt wurde (**Abs. 2 Satz 2**). 7a

Die Vorschrift hat einen Bezug zu § 73 Abs. 3 SGB IX: Ebenso wie nach dieser Vorschrift Teilzeitarbeitsplätze mit wenigstens 18 Stunden in der Woche voll und nicht anteilig als „Arbeitsplätze" zählen, wird ein schwerbehinderter Mensch, der von einem Arbeitgeber in Teilzeit wenigstens 18 Stunden in der Woche beschäftigt wird, voll und nicht etwa anteilig angerechnet (vgl. *Müller-Wenner* / Schorn Rdnr. 10). 8

Wird ein schwerbehinderter Mensch weniger als 18 Stunden in der Woche beschäftigt, kann die Anrechnung auf die Pflichtplatzzahl **im Einzelfall durch Verwaltungsakt zugelassen** werden, wenn diese kürzere Arbeitszeit wegen Art oder Schwere der Behinderung notwendig ist. Dies gilt z. B. für Nierenkranke, die regelmäßig an die Dialyse angeschlossen werden müssen. 9

Zuständig für die Zulassung der Anrechnung ist die **Agentur für Arbeit an der Betriebsstätte** (Neumann u. a. / *Neumann* Rdnr. 8; Kossens u. a. / *Kossens* Rdnr. 5; GK-SGB IX / *Großmann* Rdnr. 44 ; a. A. LPK-SGB IX / *Düwell* Rdnr. 4.: Arbeitsagentur am Sitz des Arbeitgebers). Es bedarf keines förmlichen Antrags. Die Zulassung kann auf Anregung des schwerbehinderten Menschen, des Arbeitgebers, des Integrationsamtes oder auch auf Hinweis von dritter Seite bzw. von Amts wegen ausgesprochen werden (*Müller-Wenner* / Schorn Rdnr. 12). Hierbei hat die Agentur für Arbeit keinen Ermessensspielraum. Liegen die Voraussetzungen vor, muss die Anrechnung zugelassen werden (Kossens u. a. / *Kossens* Rdnr. 7; GK-SGB IX / *Großmann* Rdnr. 47). 10

C) zu Abs. 2a

1. Anrechnung bei Übergangsmaßnahmen aus der WfbM

Werden schwerbehinderte Menschen im Rahmen einer Maßnahme zur Förderung des Übergangs aus einer Werkstatt für behinderte Menschen auf den allgemeinen Arbeitsmarkt beschäftigt, hat dies für den Arbeitgeber den Vorteil, dass sie auch für diese Zeit auf die Zahl der Pflichtarbeitsplätze angerechnet werden. Der Gesetzgeber verspricht sich von dieser zum 1. 5. 2004 eingeführten Neuregelung einen Anreiz für die verstärkte Beschäftigung schwerbehinderter Menschen. Ursprünglich weiter gehende Vorstellungen, die auf eine Anrechnung schwerbehinderter Menschen auch im Rahmen einer Arbeitnehmerüberlassung zielten, sind nicht Gesetz geworden (vgl. dazu oben Rdnrn. 5c–5h). 10a

D) zu Abs. 3

1. Anrechnung eines schwerbehinderten Arbeitgebers

Ein schwerbehinderter Arbeitgeber wird auf einen Pflichtarbeitsplatz für schwerbehinderte Menschen angerechnet (**Abs. 3**). Das gilt unabhängig von der Größe des Betriebs (GK-SGB IX / *Großmann* Rdnr. 49). Die Regelung wird zu Recht als systemwidrig kritisiert (*Müller-Wenner* / Schorn Rdnr. 13; GK-SGB IX / *Großmann* a. a. O.). Sie beruht allein auf der wirtschaftspolitischen Überlegung, mittelständischen Betrieben die Erfüllung der Pflichtquote zu erleichtern. Neben der Schwerbehinderteneigenschaft gem. § 2 Abs. 2 SGB IX muss die betreffende Person aber die **Arbeitgebereigenschaft als solche** besitzen, also nicht lediglich Arbeitgeberfunktionen ausüben (BVerwG NZA 1997, 1166 = ZfSH/SGB 1998, 430 = AP Nr. 2 zu § 7 SchwbG 1986; *Müller-Wenner* / Schorn Rdnr. 13). Deshalb fallen hierunter nicht Mitglieder einer Personengesamtheit und Organmitglieder juristischer Personen (BSG MDR 1993, 456 = BehindertenR 1993, 170; BT-Drucks. 10/5701 S. 10). Regelmäßig wird es 11 sich um Einzelunternehmer, d. h. Alleininhaber von Betrieben, handeln. Hierzu gehören Geschäftsführer einer GmbH selbst dann nicht, wenn sie gleichzeitig Gesellschafter mit einem nicht unerheblichen Anteil sind (BVerwG BehindertenR 1994, 164 = NZA 1995, 428; BSG a. a. O.). Allerdings kann die Anrechnung eines schwerbehinderten Fremdgeschäftsführers, wenn er auf einem Arbeitsplatz im Sinne des § 73 Abs. 1 SGB IX beschäftigt wird, gem. § 75 Abs. 1 SGB IX in Betracht kommen; bei einem Geschäftsführer mit Gesellschafterstellung ist das aber nur möglich bei geringer Beteiligung und fehlendem maßgeblichen Einfluss auf die Gesellschaft (BVerwG NZA 1997, 1166; *Müller-Wenner* / Schorn Rdnr. 13 m. w. Nachw.).

Arbeitgeber im Sinne von Abs. 3 sind **nur natürliche Personen** (LSG NRW Urteil vom 8. Dezember 1999 – L 12 AL 79/99 zit. nach JURIS). Regelmäßig wird es sich um Einzelunternehmer, das heißt Alleininhaber von Betrieben, handeln. Personengesamtheiten – wie eine GbR – zählen dagegen nicht zu den Arbeitgebern i. S. der vorgenannten Vorschrift (LSG NRW a. a. O.).

11a **Geschäftsführer einer GmbH** gehören selbst dann nicht zu den Arbeitgebern, wenn sie gleichzeitig Gesellschafter mit einem nicht unerheblichen Anteil sind (BVerwG BehindertenR 1994, 164 = NZA 1995, 428; BSG a. a. O.). Diese Beurteilung gilt auch für den Fall, dass der Betreffende nicht (nur) als GmbH-Geschäftsführer Organ einer juristischen Person, sondern (auch) allein zur Führung der Geschäfte und Vertretung einer Personalgesellschaft (namentlich einer Kommanditgesellschaft; vgl. §§ 114, 125 i. V. m. § 161 Abs. 2, §§ 164, 170 HGB) bestellt ist. Der Betreffende ist damit nicht selbst Arbeitgeber, sondern eine „arbeitgebergleiche Person";, die Arbeitgeberfunktionen lediglich wahrnimmt (BVerwG BehindertenR 2003, 146 = NZA 2003, 1094).

11b Im öffentlichen Dienst ist die Vorschrift nicht anwendbar. Auch ist **keine Gleichstellung bei Arbeitgebern** möglich, da bei ihnen die Erlangung oder Erhaltung eines Arbeitsplatzes gem. § 2 Abs. 3 SGB IX nicht in Betracht kommt.

E) zu Abs. 4

1. Inhaber von Bergmannsversorgungsscheinen

12 Inhaber von Bergmannsversorgungsscheinen nach entsprechenden **Landesgesetzen in Nordrhein-Westfalen, Niedersachsen und dem Saarland** werden auf die Pflichtzahl angerechnet. Bergmannsversorgungsscheine können Bergleute erhalten, wenn sie als Folge ihrer bergmännischen Arbeit berufsunfähig geworden sind (hierzu näher Neumann u. a / *Neumann* Rdnrn. 17 ff.). Inhaber des Bergmannsversorgungsscheines werden unabhängig davon, ob sie als Schwerbehinderte oder Gleichgestellte anerkannt sind, auf den Pflichtarbeitsplatz angerechnet. Über die Anrechenbarkeit hinaus stehen ihnen aber sonstige Rechte wie etwa Zusatzurlaub usw. nicht zu, wenn sie nicht zugleich schwerbehinderte Menschen oder Gleichgestellte sind (Neumann u. a / *Neumann* Rdnr. 23 m. w. N.).

§ 76
Mehrfachanrechnung

(1) ¹Die Bundesagentur für Arbeit kann die Anrechnung eines schwerbehinderten Menschen, besonders eines schwerbehinderten Menschen im Sinne des § 72 Abs. 1 auf mehr als einen Pflichtarbeitsplatz, höchstens drei Pflichtarbeitsplätze für schwerbehinderte Menschen zulassen, wenn dessen Teilhabe am Arbeitsleben auf besondere Schwierigkeiten stößt. ²Satz 1 gilt auch für schwerbehinderte Menschen im Anschluss an eine Beschäftigung in einer Werkstatt für behinderte Menschen und für teilzeitbeschäftigte schwerbehinderte Menschen im Sinne des § 75 Abs. 2.

(2) ¹Ein schwerbehinderter Mensch, der beruflich ausgebildet wird, wird auf zwei Pflichtarbeitsplätze für schwerbehinderte Menschen angerechnet. ²Satz 1 gilt auch wäh-

rend der Zeit einer Ausbildung im Sinne des § 35 Abs. 2, die in einem Betrieb oder einer Dienststelle durchgeführt wird. ³Die Bundesagentur für Arbeit kann die Anrechnung auf drei Pflichtarbeitsplätze für schwerbehinderte Menschen zulassen, wenn die Vermittlung in eine berufliche Ausbildungsstelle wegen Art oder Schwere der Behinderung auf besondere Schwierigkeiten stößt. ⁴Bei Übernahme in ein Arbeits- oder Beschäftigungsverhältnis durch den ausbildenden oder einen anderen Arbeitgeber im Anschluss an eine abgeschlossene Ausbildung wird der schwerbehinderte Mensch im ersten Jahr der Beschäftigung auf zwei Pflichtarbeitsplätze angerechnet; Absatz 1 bleibt unberührt.

(3) Bescheide über die Anrechnung eines schwerbehinderten Menschen auf mehr als drei Pflichtarbeitsplätze für schwerbehinderte Menschen, die vor dem 1. August 1986 erlassen worden sind, gelten fort.

ERLÄUTERUNGEN

ÜBERSICHT

I. Bedeutung der Vorschrift (Rdnrn. 1–3)
II. Fassung (Rdnrn. 4–9)
    A) durch das SGB IX vom 19. Juni 2001 (BGBl. I S. 1046) mit Wirkung vom 1. Juli 2001 (Rdnr. 4)
    B) durch das Vierte Gesetz für moderne Dienstleistungen am Arbeitsmarkt vom 24. Dezember 2003 (BGBl. I S. 2954) mit Wirkung vom 1. Januar 2004 (Rdnr. 5)
    C) durch das Gesetz zur Förderung der Ausbildung und Beschäftigung schwerbehinderter Menschen vom 23. April 2004 (BGBl. I S. 606) mit Wirkung vom 1. Mai 2004 (Rdnrn. 6–9)
III. Anmerkungen (Rdnrn. 10–34)
    A) zu Abs. 1
        1. Mehrfachanrechnung (Rdnrn. 10–13)
        2. Besondere Schwierigkeiten (Rdnrn. 14–16)
        3. Anrechnung von teilzeitbeschäftigten schwerbehinderten Menschen (Rdnrn. 17–18)
        4. Entscheidung der Bundesagentur für Arbeit (Rdnrn. 19–23)
    B) zu Abs. 2
        1. Mehrfachanrechnung schwerbehinderter Menschen in Ausbildung (Rdnrn. 24–30)
        2. Befristete Mehrfachanrechnung bei Übernahme eines Ausgebildeten (Rdnrn. 21–33)
    C) zu Abs. 3
        1. Fortgeltung früherer Bescheide (Rdnr. 34)

I. Bedeutung der Vorschrift

Die Vorschrift regelt die Mehrfachanrechnung auf Pflichtarbeitsplätze für schwerbehinderte Menschen. Durch sie soll die Bereitschaft der Arbeitgeber erhöht werden, im Rahmen der Beschäftigungspflicht auch die in § 72 Abs. 1 SGB IX genannten besonderen Gruppen schwerbehinderter Menschen zu berücksichtigen. Die Mehrfachanrechnung bewirkt eine spürbare Entlastung bei der Ausgleichsabgabe gemäß § 77 SGB IX.

1

Die Arbeitsagentur kann die Anrechnung eines schwerbehinderten Menschen auf mehr als einen Arbeitsplatz zulassen. Die höchstzulässige Mehrfachanrechnung ist auf drei Arbeitsplätze begrenzt (**Abs. 1**).

Ein schwerbehinderter Mensch in beruflicher Ausbildung wird von Gesetzes wegen auf zwei Pflichtplätze angerechnet. Die Agentur für Arbeit kann bei besonderen Schwierigkeiten der

2

Vermittlung wegen Art oder Schwere der Behinderung die Anrechnung auf drei Pflichtplätze zulassen. Übernimmt der Arbeitgeber einen schwerbehinderten Menschen im Anschluss an dessen Ausbildung in ein Arbeits- oder Beschäftigungsverhältnis, wird dies im ersten Jahr der Beschäftigung durch die Anrechnung auf zwei Pflichtarbeitsplätze belohnt (**Abs. 2**).

3   Nach früherem Recht erlassene Bescheide über die Anrechnung eines schwerbehinderten Menschen auf mehr als drei Pflichtarbeitsplätze gelten fort (**Abs. 3**).

II. Fassung

A) durch das SGB IX vom 19. Juni 2001 (BGBl. I S. 1046) mit Wirkung vom 1. Juli 2001

4   Die Vorschrift wurde unverändert aus dem Regierungsentwurf (BT-Drucks. 14/5531 i. V. m. 14/5074) übernommen. Sie ist inhaltsgleich mit § 10 SchwbG a. F.

B) durch das Vierte Gesetz für moderne Dienstleistungen am Arbeitsmarkt vom 24. Dezember 2003 (BGBl. I S. 2954) mit Wirkung vom 1. Januar 2004

5   Durch dieses Gesetz wurde im nunmehrigen Abs. 2 Satz 3 der Vorschrift die Bezeichnung „Arbeitsamt" durch „Bundesagentur für Arbeit" ersetzt.

Das Inkrafttreten der Bestimmung wurde rückwirkend vorverlegt durch Art. 14 Nr. 4b des Kommunalen Optionsgesetzes vom 30. Juli 2004 (BGBl. I S. 2014).

C) durch das Gesetz zur Förderung der Ausbildung und Beschäftigung schwerbehinderter Menschen vom 23. April 2004 (BGBl. I S. 606) mit Wirkung vom 1. Mai 2004

6   1. Entsprechend dem Vorschlag im Gesetzentwurf der Fraktionen SPD/ BÜNDNIS 90/DIE GRÜNEN (BT-Drucks. 15/1783) wurden in **Absatz 1 Satz 2** nach dem Wort „für" die Wörter „schwerbehinderte Menschen im Anschluss an eine Beschäftigung in einer Werkstatt für behinderte Menschen und für" eingefügt.
Dies wird im Entwurf (S. 15) wie folgt begründet:
„Die Ergänzung benennt die schwerbehinderten Menschen, die im Anschluss an eine Beschäftigung in einer anerkannten Werkstatt für behinderte Menschen beschäftigt werden, ausdrücklich neben den in § 72 Abs. 1 benannten Personengruppen und den in § 75 Abs. 2 genannten teilzeitbeschäftigten schwerbehinderten Menschen. Bei den zuvor in Werkstätten beschäftigten schwerbehinderten Menschen kann davon ausgegangen werden, dass ihre Teilhabe am Arbeitsleben auf besonderen Schwierigkeiten stößt und eine Mehrfachanrechnung somit geboten ist."

2. **Absatz 2** wurde wie folgt geändert:

7   a) Nach Satz 1 wurde auf Beschluss des Ausschusses für Gesundheit und Soziale Sicherung (BT-Drucks. 15/2357) folgender **Satz 2 eingefügt**:
„Satz 1 gilt auch während der Zeit einer Ausbildung im Sinne des § 35 Abs. 2, die in einem Betrieb oder einer Dienststelle durchgeführt wird."
Der bisherige Satz 2 wurde Satz 3.

8   b) Nach Satz 3 wurde folgender **Satz 4** angefügt:
„Bei Übernahme in ein Arbeits- oder Beschäftigungsverhältnis durch den ausbildenden oder einen anderen Arbeitgeber im Anschluss an eine abgeschlossene Ausbildung wird der schwerbehinderte Mensch im ersten Jahr der Beschäftigung auf zwei Pflichtarbeitsplätze angerechnet; Absatz 1 bleibt unberührt."

Das wurde im Gesetzentwurf der Fraktionen SPD und BÜNDNIS 90/DIE GRÜNEN (BT-Drucks. 15/1783 S. 15) wie folgt begründet:

„Die Neuregelung soll die Bereitschaft der Arbeitgeber zur Übernahme schwerbehinderter Auszubildender in ein Arbeits- oder Beschäftigungsverhältnis erhöhen. Daher wird bei Übernahme eines schwerbehinderten Auszubildenden in ein Beschäftigungsverhältnis die Mehrfachanrechnung fortgeführt. Im ersten Jahr nach der Übernahme erfolgt eine Anrechnung auf zwei Pflichtarbeitsplätze für schwerbehinderte Menschen. Diese Mehrfachanrechnung erfolgt auch dann, wenn der schwerbehinderte Jugendliche nach Abschluss seiner Ausbildung von einem anderen Betrieb übernommen wird. Die Möglichkeit einer weitergehenden Anrechnung nach Absatz 1 bleibt unberührt.

Nur eine anschließende Übernahme eines schwerbehinderten Menschen in ein Beschäftigungsverhältnis führt zu einer Mehrfachanrechnung. Es muss also ein zeitlicher Zusammenhang (Anschluss) zwischen dem Ende der Berufsausbildung und der Beschäftigung bestanden haben. Der zeitliche Zusammenhang ist gewahrt, wenn die Beschäftigung bis zum Ablauf des Kalendermonats beginnt, der dem Kalendermonat der Beendigung der Ausbildung folgt."

Weitergehend hatte der **Bundesrat** (BT-Drucks. 2318 S. 16) gefordert, in dieser Neuregelung die Wörter „im ersten Jahr" durch die Wörter „in den ersten drei Jahren" zu ersetzen und zwar mit folgender Begründung: **9**

„In Zeiten hoher Arbeitslosigkeit fällt es gerade behinderten Menschen besonders schwer, einen Arbeitsplatz zu finden. Die Bereitschaft der Betriebe, schwerbehinderte Auszubildende zu übernehmen, muss daher gestärkt werden. Die zu diesem Zweck im Gesetzentwurf vorgesehene Vergünstigung bei der Übernahme eines schwerbehinderten Auszubildenden ist nicht ausreichend. Die vorgesehene doppelte Anrechnung sollte daher drei Jahre lang erfolgen."

Hierzu hat sich die **Bundesregierung** ablehnend wie folgt geäußert (BT-Drucks. 2318 S. 21):

„Die Bundesregierung ist der Auffassung, dass eine Mehrfachanrechnung im ersten Jahr der Übernahme nach der Berufsausbildung als Anreiz zur Übernahme ausreichend ist. Die Zulässigkeit der Mehrfachanrechnung sollte ansonsten – von der Beschäftigung besonders betroffener Personengruppen abgesehen – auf die Fälle der Berufsausbildung beschränkt bleiben. Eine Mehrfachanrechnung für eine Dauer von drei Jahren nach Beendigung der Berufausbildung könnte sich negativ auf die Beschäftigung eines weiteren schwerbehinderten Auszubildenden auswirken."

III. Anmerkungen

A) zu Abs. 1

1. Mehrfachanrechnung

Schwerbehinderte Menschen, vor allem aber Schwerstbehinderte im Sinne des § 72 Abs. 1 SGB IX, können von der Agentur für Arbeit auf mehr als einen Pflichtarbeitsplatz angerechnet werden. Je nach den Umständen des Falles ist eine **Anrechnung auf zwei oder drei Arbeitsplätze möglich**. Eine Bruchteilanrechnung (etwa auf 1,5 oder 2,5 Pflichtarbeitsplätze) ist nicht vorgesehen. **10**

Grundsätzlich ist die Mehrfachanrechnung **auch bei Gleichgestellten** zulässig (*Müller-Wenner* / Schorn Rdnr. 3; Hauck / Noftz / *Schneider* Rdnr. 3; LPK-SGB IX / *Düwell* Rdnr. 4). Jedoch wird ein Bedürfnis hierfür wohl selten bestehen. Denn § 76 SGB IX verlangt insoweit „besondere Schwierigkeiten", auf welche die Teilhabe am Arbeitsleben stoßen muss. Dies wird bei Gleichgestellten wohl nicht häufig vorliegen (Neumann u. a. / *Neumann* Rdnr. 3). **11**

Als **Ausnahmevorschrift**, die vorrangig den in § 72 genannten schwerstbehinderten Menschen zugute kommen soll, ist sie im Übrigen **eng auszulegen** (Neumann u. a. / *Neumann* Rdnr. 5). Das gilt schon für die doppelte Anrechnung und erst recht für die Anrechnung auf drei Pflichtplätze (LPK-SGB IX / *Düwell* Rdnr. 4 und 17). **12**

13 Problematisch ist die Mehrfachanrechnung eines **unkündbaren Arbeitnehmers**. Die Arbeitsverwaltung verneint auf der Grundlage eines Runderlasses der Bundesanstalt für Arbeit vom 27. September 1979 (286/79, zit. nach Ernst / Adlhoch / Seel / *Kuhlmann* Rdnr. 8) diese Möglichkeit im Regelfall bei unkündbaren Arbeitnehmern im öffentlichen Dienst wie in der Privatwirtschaft sowie bei Richtern und Beamten auf Lebenszeit. Lediglich im Fall der Zulassung der Mehrfachanrechnung *vor* Eintritt der Unkündbarkeit oder Verbeamtung auf Lebenszeit könne in begründeten Ausnahmefällen an der getroffenen Entscheidung festgehalten werden. Jedoch kann bei diesem Personenkreis trotz der Unkündbarkeit oder Verbeamtung nicht in jedem Fall ein vollständig gesichertes Arbeitsverhältnis unterstellt werden. Eine schwere Behinderung kann durchaus zu einer Gefährdung des Arbeitsverhältnisses durch eine außerordentliche Kündigung oder Versetzung in den Ruhestand führen. Eine Mehrfachanrechnung sollte deshalb auch in diesen Fällen nicht grundsätzlich ausgeschlossen werden (ebenso Ernst / Adlhoch / Seel / *Kuhlmann* a. a. O.).

2. Besondere Schwierigkeiten

14 Die Anrechnung auf mehr als einen Pflichtarbeitsplatz setzt voraus, dass die Eingliederung des schwerbehinderten Menschen in das Arbeits- oder Berufsleben auf besondere Schwierigkeiten stößt. Dies kann sich **nicht nur** auf die **Einstellung**, sondern **auch auf** den **Erhalt eines Arbeitsplatzes** beziehen (Hauck / Noftz / *Schneider* Rdnr. 4; *Müller-Wenner* / Schorn Rdnr. 4). Die Mehrfachanrechnung ist im letztgenannten Fall dann gerechtfertigt, wenn das Arbeitsverhältnis gefährdet ist. Maßstab hierfür ist, ob das Integrationsamt einem Kündigungsantrag zustimmen würde (Ernst / Adlhoch / Seel / *Kuhlmann* Rdnr. 2).

15 **Gründe für besondere Schwierigkeiten können z. B. sein:**
   – Art und Schwere der Behinderung, soweit hieraus bezogen auf den konkreten Arbeitsplatz eine wesentliche Leistungsminderung folgt; diese wird im Allgemeinen bei einer Leistungsminderung von 30% angenommen (*Müller-Wenner* / Schorn Rdnr. 4 m. w. N.), wobei diese Grenze aber nicht schematisch gehandhabt werden darf (Neumann u. a. / *Neumann* Rdnr. 8),
   – die besondere Ausstattung des Arbeitsplatzes mit technischen Arbeitshilfen nach § 81 Abs. 4 Nr. 4 und 5 SGB IX,
   – die Notwendigkeit der Einstellung einer besonderen Hilfskraft, wie z. B. die Vorlesekraft für einen Blinden,
   – die Notwendigkeit der Stellung eines Kraftfahrzeugs oder des Transports für den täglichen Arbeitsweg.

16 In allen genannten Fällen ist die Beschäftigung von schwerbehinderten Menschen mit **finanziellen Belastungen für den Arbeitgeber** verbunden, die durch die Mehrfachanrechnung zumindest zum Teil ausgeglichen werden sollen (Ernst / Adlhoch / Seel / *Kuhlmann* Rdnr. 2).

Das Vorliegen „**besonderer Schwierigkeiten**" bei der Teilhabe am Arbeitsleben muss **nicht in Zusammenhang mit der Behinderung** stehen; auch andere jeweils im Einzelfall zu prüfende Gründe können eine Mehrfachanrechnung rechtfertigen, z. B. bereits länger bestehende Arbeitslosigkeit, fortgeschrittenes Lebensalter, Vorstrafen, nicht behinderungsbedingte Minderleistung, fehlende Qualifikation und auch besondere Verhältnisse am jeweiligen Arbeitsplatz (*Müller-Wenner* / Schorn Rdnr. 4; Hauck / Noftz / *Schneider* Rdnr. 4).

3. Anrechnung von schwerbehinderten Menschen aus WfbM sowie in Teilzeit

17 Die Anrechnung kann insbesondere für schwerbehinderte Menschen, die **im Anschluss an eine Beschäftigung in einer anerkannten Werkstatt** für behinderte Menschen beschäftigt werden, in Betracht kommen (**Abs. 1 Satz 2, 1. Alt.**). Das stellt das Gesetz nun durch ausdrückliche Nennung dieser Personengruppe klar. Bei den zuvor in Werkstätten beschäftigten schwerbehinderten Menschen kann allgemein davon ausgegangen werden, dass ihre Teilha-

be am Arbeitsleben auf besondere Schwierigkeiten stößt und eine Mehrfachanrechnung somit geboten ist (vgl. auch oben Rdnr. 6).

Auch **teilzeitbeschäftigte schwerbehinderte Menschen** im Sinne des § 75 Abs. 2 SGB IX können nach **Abs. 1 Satz 2, 2. Alt.** auf mehr als einen Pflichtplatz angerechnet werden. Allerdings wird die Anrechnung unter den besonderen Voraussetzungen **in der Regel nur auf zwei Pflichtplätze** angebracht sein (Neumann u. a. / *Neumann* Rdnr. 9). Voraussetzung der Mehrfachanrechnung ist allerdings, dass der schwerbehinderte Arbeitnehmer nach § 75 Abs. 2 SGB IX *grundsätzlich* angerechnet werden kann. Das ist bei Beschäftigten, die infolge von Altersteilzeit unter 18 Stunden wöchentlich arbeiten, nach Abs. 2 Satz 2 jener Vorschrift von Gesetzes wegen der Fall. Ansonsten muss bei einer unter 18 Stunden in der Woche liegenden Arbeitszeit eine Zulassungsentscheidung der Agentur für Arbeit nach § 75 Abs. 2 Satz 3 SGB IX vorliegen (Hauck / Noftz / *Schneider* Rdnr. 4; *Müller-Wenner* / Schorn Rdnr. 5).

18

Die Mehrfachanrechnung ist auch für **Heimarbeiter** möglich, wenn sie hauptsächlich für den gleichen Auftraggeber tätig sind (§ 127 Abs. 1 SGB IX).

4. Entscheidung der Bundesagentur für Arbeit

Über die Mehrfachanrechnung entscheidet die Bundesagentur für Arbeit. **Örtlich zuständig** ist die Arbeitsagentur an der jeweiligen Betriebsstätte bzw. der Beschäftigungsdienststelle, bei arbeitslosen Schwerbehinderten die Agentur für Arbeit an deren Wohnsitz. Im Regelfall ergeht die Entscheidung auf **Antrag** des Arbeitgebers oder des schwerbehinderten Menschen; dieser kann selbst die Mehrfachanrechnung beantragen, weil seine Interessen von einer positiven oder negativen Entscheidung berührt sind (LPK-SGB IX / *Düwell* Rdnr. 14; Kossens u. a. / *Kossens* Rdnr. 11). Der Antrag ist an keine Form oder Frist gebunden.

19

Das Verfahren kann aber auch von Amts wegen eingeleitet werden, etwa aufgrund einer entsprechenden Anregung der Schwerbehindertenvertretung, des Betriebs- / Personalrats oder des Integrationsamts. Von diesem geht die Initiative häufig dann aus, wenn der Verlust des Arbeitsplatzes durch Kündigung gegenüber dem schwerbehinderten Menschen droht. Das Angebot einer Mehrfachanrechnung kann manchmal den Arbeitgeber von seinem Kündigungsentschluss abbringen, weil er durch den hieraus folgenden finanziellen Vorteil eher bereit ist, besondere Belastungen durch die Beschäftigung eines bestimmten schwerbehinderten Menschen zu tragen (Ernst / Adelhoch / Seel / *Kuhlmann* Rdnr. 14).

Über die Anrechnung auf mehr als einen Pflichtplatz entscheidet die Agentur für Arbeit nach **pflichtgemäßem Ermessen**. Die Voraussetzung der „besonderen Schwierigkeiten" ist ein unbestimmter Rechtsbegriff, der gerichtlich überprüfbar ist (HK-SGB IX / *Trenk-Hinterberger* Rdnr. 9). Jedoch steht die anschließende Schlussfolgerung, ob unter Abwägung aller einzelnen Umstände die Agentur für Arbeit die doppelte oder sogar eine dreifache Anrechnung zulässt, in ihrem Ermessen (*Müller-Wenner* / Schorn Rdnr. 7; Neumann u. a. / *Neumann* Rdnr. 6; GK-SGB IX / *Großmann* Rdnr. 43). Ein Anspruch hierauf besteht weder bei den schwerstbehinderten Menschen nach § 72 Abs. 1 SGB IX noch bei sonstigen Schwerbehinderten. Allerdings ist ein Anspruch auf **fehlerfreie Ermessensausübung** gegeben (§ 39 Abs. 1 Satz 2 SGB I).

20

Die Entscheidung ist ein **Verwaltungsakt gemäß §§ 31 ff. SGB IX**, der – im Fall der Ablehnung – durch Widerspruch und Klage beim zuständigen Sozialgericht angegriffen werden kann. Anfechtungsberechtigt sind sowohl der Arbeitgeber als auch der schwerbehinderte Arbeitnehmer (LPK-SGB IX / *Düwell* Rdnr. 14; *Müller-Wenner* / Schorn Rdnr. 9). Geht die ablehnende Entscheidung auf eine Anregung der Schwerbehindertenvertretung, des Betriebs- / Personalrats oder des Integrationsamts zurück, sind diese Stellen mangels eigener Rechtsbetroffenheit nicht anfechtungsbefugt.

21

Die Anfechtung kann darauf gestützt werden, dass entweder der unbestimmte Rechtsbegriff der „besonderen Schwierigkeiten" verkannt wurde oder die Agentur für Arbeit ihr Ermessen fehlerhaft gebraucht habe.

22 Wird die Anrechnung ausgesprochen, wirkt sie **nur für die Zukunft**. Eine rückwirkende Anrechnung oder Mehrfachanrechnung auf Pflichtarbeitsplätze ist nicht vorgesehen. Das gilt auch für die Entscheidung des Widerspruchsausschusses (VG Arnsberg Urteil vom 6. Dezember 1989 – 7 K 126/89 = BehindertenR 1991, 21; Neumann u. a. / *Neumann* Rdnr. 6). Insoweit gilt der allgemeine Grundsatz des § 39 Abs. 1 Satz 1 SGB X.

23 Ausnahmsweise kann die Mehrfachanrechnung auch **befristet** werden, wenn Anhaltspunkte für das nur vorübergehende Vorliegen der Voraussetzungen erkennbar sind, etwa wenn eine wesentliche Verbesserung des Gesundheitszustandes des schwerbehinderten Menschen zu erwarten ist. Ist die Mehrfachanrechnung – wie im Regelfall – unbefristet zugelassen, kann sie nur unter den Voraussetzungen des § 47 SGB X mit Wirkung für die Zukunft **widerrufen** werden, wenn die Voraussetzungen nicht mehr vorliegen (LPK-SGB IX / *Düwell* Rdnr. 22; Ernst / Adlhoch / Seel / *Kuhlmann* Rdnr. 11).

B) zu Abs. 2

1. **Mehrfachanrechnung schwerbehinderter Menschen in Ausbildung**

24 Die Vorschrift ermöglicht mit **Abs. 2 Satz 1** eine besondere **Mehrfachanrechnung** für schwerbehinderte Menschen, die zu ihrer **Ausbildung oder sonstigen beruflichen Bildung** beschäftigt werden. Hiermit sind – wie in der grundlegenden Vorschrift des § 72 Abs. 2 SGB IX – die berufliche Ausbildung gem. § 3 BBiG und die berufliche Fortbildung und Umschulung gemeint. Der Anwendungsbereich der Vorschrift ist somit weiter als derjenige des § 74 Abs. 1 SGB IX, der nur Ausbildungsverhältnisse betrifft (Neumann u. a. / *Neumann* Rdnr. 11; *Müller-Wenner* / Schorn Rdnr. 10; Ernst / Adlhoch / Seel / *Kuhlmann* Rdnr. 17; a. A. Hauck / Noftz / *Schneider* Rdnr. 5 „aus Gründen der Rechtsklarheit").

25 Damit sind z. B. auch **Umschüler** sowie **Praktikanten** – wenn das Praktikum Bestandteil der Ausbildung ist – umfasst. Auszubildende im Sinne dieser Vorschrift sind auch Teilnehmer der **Einstiegsqualifizierung gemäß § 14 SGB III** im Rahmen des Sonderprogramms „Einstiegsqualifizierung Jugendlicher – EQJ –" (aufzurufen unter www.bmas/portal/20346/2007_10_11_Dokumente+zum+EQJ-Programm.html, vgl. den Erlass des BMAS vom 3. August 2007 – Va2 58110-2). Ebenso sind **Beamtenanwärter** im Rahmen eines Vorbereitungsdienstes in den Anwendungsbereich einbezogen (BSG Urteil vom 29. Juli 1993 – 11 RAr 41/92, zit. nach JURIS; BVerwG Urteil vom 16. Dezember 2004 – 5 C 70/03 = BVerwGE 122, 322 = NJW 2005, 1674).

26 Schwerbehinderte Aus- und Fortzubildende sind **von Gesetzes wegen** in jedem Fall **auf zwei Pflichtplätze anzurechnen**. Hierdurch sollen die Chancen schwerbehinderter Auszubildender auf dem Arbeitsmarkt verbessert werden. Das gilt auch dann, wenn im Einzelfall keine besonderen Schwierigkeiten bei der Eingliederung in das Arbeitsleben erkennbar sind. Es bedarf hierzu also weder eines Antrags noch einer Entscheidung der Agentur für Arbeit.

27 Die Doppelanrechnung gilt mit entsprechendem Zeitanteil auch für eine Ausbildung, die zwar in einer **Einrichtung der beruflichen Rehabilitation** ausgeführt wird, bei der aber – wie durch § 35 Abs. 2 SGB IX ausdrücklich als Zielsetzung gefordert – Teile hiervon in Betrieben und Dienststellen durchgeführt werden (**Abs. 2 Satz 2**). Hierdurch kann ebenfalls die Bereitschaft von Arbeitgebern gefördert werden, entsprechende Ausbildungsplätze zur Verfügung zu stellen. Die besondere Erwähnung dieser Fallgruppe ist erforderlich, weil die betreffenden schwerbehinderten Auszubildenden keinen Ausbildungsvertrag mit dem Arbeitgeber geschlossen haben, was im Regelfall Voraussetzung für die Anrechnung im Rahmen der Ausgleichsabgabe ist.

28 Nach der **Gesetzessystematik** bezieht sich die Verweisung auf den Personenkreis der Auszubildenden nach § 35 Abs. 2 SGB IX nur auf schwerbehinderte, **nicht** aber auch auf **nur**

behinderte junge Menschen. Zwar sind nach § 68 Abs. 4 Satz 1 SGB IX behinderte Jugendliche und junge Erwachsene während der Zeit einer Berufsausbildung in Betrieben und Dienststellen schwerbehinderten Menschen gleichgestellt, auch wenn der Grad der Behinderung weniger als 30 beträgt oder ein GdB nicht festgestellt ist. Jedoch sind nach Satz 3 der Vorschrift die besonderen Regelungen für schwerbehinderte Menschen – mit Ausnahme des § 102 Abs. 3 Nr. 2c SGB IX – nicht anzuwenden. Zu diesen besonderen Regelungen zählen auch die §§ 71 ff. SGB IX und damit das Ausgleichsabgabeverfahren. Jedoch befürwortet das BMAS die Doppelanrechnung für den Arbeitgeber bzw. den Ausbildungsbetrieb für den Zeitraum der betrieblichen Ausbildung im Falle einer sogenannten **Verzahnten Ausbildung** auch für den Personenkreis der nur behinderten Jugendlichen (vgl. www.bmas.de/portal/ 19094/property=pdf/a725_verzahnte_ausbildung.pdf). Verzahnt bedeutet, dass die Berufsbildungswerke bei der Ausbildung von jungen Menschen mit Behinderungen eng mit der Wirtschaft zusammenarbeiten. Bis zu 12 Monate ihrer Ausbildung absolvieren die jungen Menschen in den kooperierenden Unternehmen. Daher lässt die Bundesagentur für Arbeit **über die gesetzliche Systematik hinaus eine entsprechende Anrechnung** zu (Ernst / Adlhoch / Seel / *Kuhlmann* Rdnr. 18a).

Die Agentur für Arbeit kann nach pflichtgemäßem Ermessen durch Verwaltungsakt die **Anrechnung auf drei Arbeitsplätze** zulassen, wenn die Vermittlung in eine berufliche Ausbildungsstelle wegen Art und Schwere der Behinderung auf besondere Schwierigkeiten stößt (**Abs. 2 Satz 3**). Hieraus folgt, dass die Dreifachanrechnung nur bei *arbeitslosen* schwerbehinderten Menschen in Betracht kommt, nicht aber zur Sicherung eines bereits bestehenden Ausbildungsverhältnisses (Ernst / Adlhoch / Seel / *Kuhlmann* Rdnr. 19). 29

Zudem müssen die besonderen Schwierigkeiten – anders als in Abs. 1 – **im Zusammenhang mit der Schwerbehinderung** stehen; das kann namentlich auf Taubstumme oder Blinde zutreffen sowie auf Ohnhänder oder Doppelamputierte. Hingegen können andere Umstände, die ihren Grund nicht in der Behinderung haben, nicht zu einer Dreifachanrechnung führen (Neumann u. a. / *Neumann* Rdnr. 12).

Die Entscheidung über die Dreifachanrechnung setzt z. B. voraus, dass sich der Arbeitgeber zur Ausbildung eines arbeitslosen schwerbehinderten Menschen unter erheblichen Aufwendungen bereit erklärt, etwa durch besondere Ausgestaltung eines Arbeitsplatzes für einen schwer Gehbehinderten oder einen Blinden oder durch Schaffung eines barrierefreien Zugangs zum Arbeitsplatz nach § 81 Abs. 4 Nr. 4 SGB IX. Insoweit wird die dreifache Anrechnung eher die Ausnahme bleiben. Für die Anfechtung entsprechender Entscheidungen der Bundesagentur für Arbeit gelten die Hinweise in Rdnr. 21 sinngemäß. 30

2. Befristete Mehrfachanrechnung bei Übernahme eines Ausgebildeten

Übernimmt ein Arbeitgeber einen schwerbehinderten Menschen im **Anschluss an dessen Ausbildung** in ein Arbeits- oder Beschäftigungsverhältnis, bewirkt dies für die Dauer eines Jahres von Gesetzes wegen die Anrechnung auf **zwei Pflichtarbeitsplätze** (**Abs. 2 Satz 4, Halbsatz 1**). Die Neuregelung soll nach dem Willen des Gesetzgebers die Bereitschaft der Arbeitgeber fördern, schwerbehinderte Auszubildende in ein Arbeits- oder Beschäftigungsverhältnis zu übernehmen. 31

Unerheblich ist, ob der schwerbehinderte Beschäftigte **im eigenen oder in einem anderen Unternehmen** ausgebildet worden ist. Damit wird auch der Wechsel aus Werkstätten für behinderte Menschen erfasst (LPK-SGB IX / *Düwell* Rdnr. 8).

Es muss nur ein **zeitlicher Zusammenhang** zwischen dem Ende der Berufsausbildung und dem Abschluss des Arbeitsvertrages mit dem schwerbehinderten Menschen bestehen. Dieser ist gewahrt, wenn die Beschäftigung bis zum Ablauf des Kalendermonats beginnt, der dem Kalendermonat der Beendigung der Ausbildung folgt (BT-Drucks. 15/1783 S. 15; oben Rdnr. 8). Endet die Ausbildung im Juli und wird der schwerbehinderte Mensch im nächstfolgenden Monat in ein Arbeitsverhältnis übernommen, kann der Arbeitgeber von August 32 bis einschließlich Juli des Folgejahres eine Anrechnung auf zwei Pflichtplätze vornehmen (Ernst / Adlhoch / Seel / *Kuhlmann* Rn. 21).

33 Die Möglichkeit einer **weitergehenden Anrechnung** auf höchstens drei Pflichtplätze durch Entscheidung der Arbeitsagentur bleibt **unberührt**. Dasselbe gilt für eine fortgesetzte Doppelanrechnung im Anschluss an das erste Beschäftigungsjahr, die ebenfalls durch die Arbeitsverwaltung bei Vorliegen der besonderen Voraussetzungen bewilligt werden kann. Das folgt aus **Abs. 2 Satz 4 Halbsatz 2**.

C) zu Abs. 3
1. Fortgeltung früherer Bescheide

34 Nach früherem Recht war die Anrechnung eines schwerbehinderten Menschen auf mehr als drei Pflichtarbeitsplätze zulässig. Nach der Rechtsänderung zum 1. August 1986 hätten entsprechende Bescheide wegen wesentlicher Änderung der rechtlichen Verhältnisse gem. § 48 SGB X aufgehoben werden müssen. Aus Gründen des **Vertrauensschutzes** und der **Besitzstandswahrung** hat der Gesetzgeber aber die Fortgeltung der früher erlassenen Anrechnungsentscheidungen angeordnet.

Da der Bescheid vor dem 1. August 1986 erlassen sein muss, hat die Vorschrift **infolge Zeitablaufs keine praktische Bedeutung** mehr (GK-SGB IX / *Großmann* Rdnr. 58).

§ 77
Ausgleichsabgabe

(1) ¹Solange Arbeitgeber die vorgeschriebene Zahl schwerbehinderter Menschen nicht beschäftigen, entrichten sie für jeden unbesetzten Pflichtarbeitsplatz für schwerbehinderte Menschen eine Ausgleichsabgabe. ²Die Zahlung der Ausgleichsabgabe hebt die Pflicht zur Beschäftigung schwerbehinderter Menschen nicht auf. ³Die Ausgleichsabgabe wird auf der Grundlage einer jahresdurchschnittlichen Beschäftigungsquote ermittelt.

(2) ¹Die Ausgleichsabgabe beträgt je unbesetzten Pflichtarbeitsplatz
1. 105 Euro bei einer jahresdurchschnittlichen Beschäftigungsquote von drei Prozent bis weniger als dem geltenden Pflichtsatz,
2. 180 Euro bei einer jahresdurchschnittlichen Beschäftigungsquote von zwei Prozent bis weniger als drei Prozent,
3. 260 Euro bei einer jahresdurchschnittlichen Beschäftigungsquote von weniger als zwei Prozent.

²Abweichend von Satz 1 beträgt die Ausgleichsabgabe je unbesetzten Pflichtarbeitsplatz für schwerbehinderte Menschen
1. für Arbeitgeber mit jahresdurchschnittlich weniger als 40 zu berücksichtigenden Arbeitsplätzen bei einer jahresdurchschnittlichen Beschäftigung von weniger als einem schwerbehinderten Menschen 105 Euro und
2. für Arbeitgeber mit jahresdurchschnittlich weniger als 60 zu berücksichtigenden Arbeitsplätzen bei einer jahresdurchschnittlichen Beschäftigung von weniger als zwei schwerbehinderten Menschen 105 Euro und bei einer jahresdurchschnittlichen Beschäftigung von weniger als einem schwerbehinderten Menschen 180 Euro.

(3) ¹Die Ausgleichsabgabe erhöht sich entsprechend der Veränderung der Bezugsgröße nach § 18 Abs. 1 des Vierten Buches. ²Sie erhöht sich zum 1. Januar eines Kalenderjahres, wenn sich die Bezugsgröße seit der letzten Neubestimmung der Beträge der Ausgleichsabgabe um wenigstens 10 Prozent erhöht hat. ³Die Erhöhung der Ausgleichsabgabe erfolgt, indem der Faktor für die Veränderung der Bezugsgröße mit dem jeweiligen Betrag der Ausgleichsabgabe vervielfältigt wird. ⁴Die sich ergebenden Beträge sind auf den nächsten durch fünf teilbaren Betrag abzurunden. ⁵Das Bundesmi-

nisterium für Arbeit und Soziales gibt den Erhöhungsbetrag und die sich nach Satz 3 ergebenden Beträge der Ausgleichsabgabe im Bundesanzeiger bekannt.

(4) ¹Die Ausgleichsabgabe zahlt der Arbeitgeber jährlich zugleich mit der Erstattung der Anzeige nach § 80 Abs. 2 an das für seinen Sitz zuständige Integrationsamt. ²Ist ein Arbeitgeber mehr als drei Monate im Rückstand, erlässt das Integrationsamt einen Feststellungsbescheid über die rückständigen Beträge und zieht diese ein. ³Für rückständige Beträge der Ausgleichsabgabe erhebt das Integrationsamt nach dem 31. März Säumniszuschläge nach Maßgabe des § 24 Absatz 1 des Vierten Buches; für ihre Verwendung gilt Abs. 5 entsprechend. ⁴Das Integrationsamt kann in begründeten Ausnahmefällen von der Erhebung von Säumniszuschlägen absehen. ⁵Widerspruch und Anfechtungsklage gegen den Feststellungsbescheid haben keine aufschiebende Wirkung. ⁶Gegenüber privaten Arbeitgebern wird die Zwangsvollstreckung nach den Vorschriften über das Verwaltungszwangsverfahren durchgeführt. ⁷Bei öffentlichen Arbeitgebern wendet sich das Integrationsamt an die Aufsichtsbehörde, gegen deren Entscheidung es die Entscheidung der obersten Bundes- oder Landesbehörde anrufen kann. ⁸Die Ausgleichsabgabe wird nach Ablauf des Kalenderjahres, das auf den Eingang der Anzeige bei der Bundesagentur für Arbeit folgt, weder nachgefordert noch erstattet.

(5) ¹Die Ausgleichsabgabe darf nur für besondere Leistungen zur Förderung der Teilhabe schwerbehinderter Menschen am Arbeitsleben einschließlich begleitender Hilfe im Arbeitsleben (§ 102 Abs. 1 Nr. 3) verwendet werden, soweit Mittel für denselben Zweck nicht von anderer Seite zu leisten sind oder geleistet werden. ²Aus dem Aufkommen an Ausgleichsabgabe dürfen persönliche und sächliche Kosten der Verwaltung und Kosten des Verfahrens nicht bestritten werden. ³Das Integrationsamt gibt dem Beratenden Ausschuss für behinderte Menschen bei dem Integrationsamt (§ 103) auf dessen Verlangen eine Übersicht über die Verwendung der Ausgleichsabgabe.

(6) ¹Die Integrationsämter leiten den in der Rechtsverordnung nach § 79 bestimmten Prozentsatz des Aufkommens an Ausgleichsabgabe an den Ausgleichsfonds (§ 78) weiter. ²Zwischen den Integrationsämtern wird ein Ausgleich herbeigeführt. ³Der auf das einzelne Integrationsamt entfallende Anteil am Aufkommen an Ausgleichsabgabe bemisst sich nach dem Mittelwert aus dem Verhältnis der Wohnbevölkerung im Zuständigkeitsbereich des Integrationsamtes zur Wohnbevölkerung im Geltungsbereich dieses Gesetzbuches und dem Verhältnis der Zahl der im Zuständigkeitsbereich des Integrationsamtes in den Betrieben und Dienststellen beschäftigungspflichtiger Arbeitgeber auf Arbeitsplätzen im Sinne des § 73 beschäftigten und der bei den Argenturen für Arbeit arbeitslos gemeldeten schwerbehinderten und diesen gleichgestellten behinderten Menschen zur entsprechenden Zahl der schwerbehinderten und diesen gleichgestellten behinderten Menschen im Geltungsbereich dieses Gesetzbuchs.

(7) ¹Die bei den Integrationsämtern verbleibenden Mittel der Ausgleichsabgabe werden von diesen gesondert verwaltet. ²Die Rechnungslegung und die formelle Einrichtung der Rechnungen und Belege regeln sich nach den Bestimmungen, die für diese Stellen allgemein maßgebend sind.

(8) Für die Verpflichtung zur Entrichtung einer Ausgleichsabgabe (Absatz 1) gelten hinsichtlich der in § 71 Abs. 3 Nr. 1 genannten Stellen der Bund und hinsichtlich der in § 71 Abs. 3 Nr. 2 genannten Stellen das Land als ein Arbeitgeber.

ERLÄUTERUNGEN

ÜBERSICHT

I. Bedeutung der Vorschrift (Rdnrn. 1–8)
II. Fassung (Rdnrn. 9–14)
    A) durch das SGB IX vom 19. Juni 2001 (BGBl. I S. 1046) mit Wirkung vom 1. Juli 2001 (Rdnr. 9)
    B) durch das „Gesetz zur Änderung von Fristen und Bezeichnungen im Neunten Buch Sozialgesetzbuch und zur Änderung anderer Gesetze" vom 3. April 2003 (BGBl. I S. 462) mit Wirkung vom 1. Januar 2003 (Rdnr. 10)
    C) durch das Vierte Gesetz für moderne Dienstleistungen am Arbeitsmarkt vom 24. Dezember 2003 (BGBl. I S. 2954) mit Wirkung vom 1. Januar 2004 (Rdnr. 11)
    D) durch das Gesetz zur Förderung der Ausbildung und Beschäftigung schwerbehinderter Menschen vom 23. April 2004 (BGBl. I S. 606) mit Wirkung vom 1. Mai 2004 (Rdnrn. 12–13)
    E) durch das Gesetz zur Förderung der Ausbildung und Beschäftigung schwerbehinderter Menschen vom 23. April 2004 (BGBl. I S. 606) mit Wirkung vom 1. Januar 2005 (Rdnr. 14)
III. Anmerkungen (Rdnrn. 15–85)
    A) zu Abs. 1
        1. Zweck und Rechtsnatur der Ausgleichsabgabe (Rdnrn. 15–22)
        2. Beschäftigungspflicht trotz Ausgleichsabgabe (Rdnr. 23)
        3. Bemessungsgrundlage (Rdnrn. 24–30)
    B) zu Abs. 2
        1. Höhe der Ausgleichsabgabe (Rdnrn. 31–37)
    C) zu Abs. 3
        1. Dynamisierung der Ausgleichsabgabe (Rdnrn. 38–38a)
    D) zu Abs. 4
        1. Ermittlung der Ausgleichsabgabe (Rdnrn. 39–50)
        2. Verfahren bei Zahlungsrückstand (Rdnrn. 51–67)
        3. Ausschlussfrist für Nachforderungen und Erstattungen (Rdnrn. 68–73)
    E) zu Abs. 5
        1. Zweckbindung (Rdnrn. 74–78)
    F) zu Abs. 6
        1. Verteilung der Mittel (Rdnrn. 79–83)
    G) zu Abs. 7
        1. Verwaltung der Mittel (Rdnr. 84)
    H) zu Abs. 8
        1. Ausgleich innerhalb des Bundes und der Länder (Rdnr. 85)

I. Bedeutung der Vorschrift

1   Die Vorschrift verpflichtet Arbeitgeber, die ihrer Beschäftigungspflicht nach § 71 SGB IX nicht nachkommen, zur Zahlung einer Ausgleichsabgabe für jeden nicht besetzten Pflichtarbeitsplatz. Hierdurch wird aber die Pflicht zur Beschäftigung schwerbehinderter Menschen nicht aufgehoben. Grundlage der Ausgleichsabgabe ist eine jahresdurchschnittlich zu ermittelnde Beschäftigungsquote (**Abs. 1**).

2   Die Höhe der Ausgleichsabgabe für jeden unbesetzten Pflichtplatz ist gestaffelt und davon abhängig, in welchem Umfang ein Arbeitgeber seine Beschäftigungspflicht erfüllt (**Abs. 2 Satz 1**). Für kleinere Betriebe (weniger als 60 zu berücksichtigende Arbeitsplätze) ist eine niedrigere Ausgleichsabgabe vorgeschrieben (**Abs. 2 Satz 2**).

Ausgleichsabgabe § 77

In **Abs. 3** ist eine Dynamisierung der Ausgleichsabgabe entsprechend der Lohnentwicklung vorgesehen. 3

Die Ausgleichsabgabe ist vom Arbeitgeber jährlich dem zuständigen Integrationsamt zu zahlen. Dieses erhält Kenntnis von den maßgebenden Verhältnissen hinsichtlich der Beschäftigung schwerbehinderter Menschen durch die gleichzeitig von der Agentur für Arbeit zu erstellende Anzeige nach § 80 Abs. 2 SGB IX; die BA hat dem Integrationsamt einen Durchschlag zu übermitteln. Bei mehr als dreimonatigem Rückstand hat das Integrationsamt die rückständigen Beiträge festzusetzen und einzuziehen, wobei grundsätzlich Säumniszuschläge zu erheben sind (**Abs. 4**). 4

Die Ausgleichsabgabe ist zweckgebunden für besondere Leistungen zur Förderung der Teilhabe schwerbehinderter Menschen am Arbeitsleben einschließlich begleitender Hilfen zu verwenden, soweit hierfür nicht vorrangig zweckidentische Mittel von anderer Seite erbracht werden. Persönliche und sächliche Verwaltungs- und Verfahrenskosten dürfen aus dem Aufkommen an Ausgleichsabgabe nicht bestritten werden. Das Integrationsamt ist dem Beratenden Ausschuss für behinderte Menschen auf dessen Verlangen rechenschaftspflichtig über die Verwendung der Ausgleichsabgabe (**Abs. 5**). 5

Ein bisher 45% betragender und ab 1. 1. 2005 durch eine Rechtsverordnung nach § 79 SGB IX bestimmter Anteil des Aufkommens an Ausgleichsabgabe ist an den Ausgleichsfonds nach § 78 SGB IX weiterzuleiten. Zwischen den einzelnen Integrationsämtern wird ein Ausgleich herbeigeführt: Gemessen an der Zahl der zu betreuenden schwerbehinderten Menschen soll jedem Integrationsamt ein annähernd gleiches Aufkommen aus der Ausgleichsabgabe zur Verfügung gestellt werden (**Abs. 6**). 6

Die bei den Integrationsämtern verbleibenden Mittel der Ausgleichsabgabe sind von diesen gesondert zu verwalten (**Abs. 7**). 7

Die Höhe der zu zahlenden Ausgleichsabgabe für den Bund und die Länder hat sich unbeschadet der Aufgliederung in § 71 Abs. 3 Nr. 1 und 2 SGB IX nach den unbesetzten Pflichtplätzen aller Dienststellen des Bundes und der Länder zu bemessen. Damit wird eine gegenseitige Verrechnungsmöglichkeit und somit ein interner Ausgleich innerhalb der verschiedenen Verwaltungszweige zugelassen (**Abs. 8**). 8

II. Fassung

A) durch das SGB IX vom 19. Juni 2001 (BGBl. I S. 1046) mit Wirkung vom 1. Juli 2001

Die Vorschrift wurde im Wesentlichen unverändert aus dem Regierungsentwurf (BT-Drucks. 14/5531 i. V. m. 14/5074) übernommen. 9

Allerdings hatte der Bundesrat vorgeschlagen, in **Abs. 4** folgenden **Satz 4** anzufügen:

„Die Hauptfürsorgestelle kann in begründeten Ausnahmefällen Ausnahmen von der Erhebung von Säumniszuschlägen zulassen.

B e g r ü n d u n g

Mit der Änderung wird der Hauptfürsorgestelle die Möglichkeit eröffnet, in besonders begründeten Ausnahmefällen auf die Erhebung eines Säumniszuschlages zu verzichten. Die Regelung entspricht einem Bedürfnis der Praxis und trägt dem Ansinnen des Schwerbehindertengesetzes, nicht über Androhung von Zwangsmaßnahmen zu einer Verbesserung der Beschäftigungssituation von schwerbehinderten Menschen zu kommen, eher als die bisherige Regelung Rechnung. Für den Regelfall verbleibt es bei der jetzigen Handhabung."

Nachdem die Bundesregierung dem zugestimmt hatte (BT-Drucks. 14/5639 S. 2), hat auch der BT-Ausschuss für Arbeit und Sozialordnung die Anregung aufgegriffen. Die Änderung ermögliche, „bei der Erhebung von Säumniszuschlägen die Gegebenheiten des konkreten Einzelfalles flexibler zu berücksichtigen" (BT-Drucks. 14/5800 S. 36).

§ 77   Ausgleichsabgabe

Im Übrigen entspricht die Regelung inhaltlich dem bisherigen § 11 SchwbG in der ab 1. Januar 2001 maßgebenden Fassung durch das SchwbBAG vom 29. September 2000 (BGBl. I Nr. 44 S. 1394).

B) durch das „Gesetz zur Änderung von Fristen und Bezeichnungen im Neunten Buch Sozialgesetzbuch und zur Änderung anderer Gesetze" vom 3. April 2003 (BGBl. I S. 462) mit Wirkung vom 1. Januar 2003

10   In Abs. 1 Satz 1 wurde das Wort „monatlich" gestrichen sowie in Abs. 1 Satz 3 die Worte „indem aus den monatlichen Beschäftigungsdaten der Mittelwert der Beschäftigungsquote eines Kalenderjahres gebildet wird".

Ferner wurden in Abs. 2 und 3 die Worte *„Monat und"* gestrichen und in Abs. 3 die Bezeichnung des nunmehr zuständigen Bundesministeriums angepasst.

C) durch das Vierte Gesetz für moderne Dienstleistungen am Arbeitsmarkt vom 24. Dezember 2003 (BGBl. I S. 2954) mit Wirkung vom 1. Januar 2004

11   Durch dieses Gesetz wurden in **Abs. 4 Satz 8** die Wörter „beim Arbeitsamt" durch die Wörter „bei der Bundesagentur für Arbeit" und in **Abs. 6 Satz 3** das Wort „Arbeitsämtern" durch die Wörter „Agenturen für Arbeit" ersetzt.

Das Inkrafttreten der Bestimmung wurde rückwirkend vorverlegt durch Art. 14 Nr. 4b des Kommunalen Optionsgesetzes vom 30. Juli 2004 (BGBl. I S. 2014).

D) durch das Gesetz zur Förderung der Ausbildung und Beschäftigung schwerbehinderter Menschen vom 23. April 2004 (BGBl. I S. 606) mit Wirkung vom 1. Mai 2004

12   1. **Abs. 2 Satz 2** wurde wie folgt geändert:
   a) In **Nummer 1** wurde die Angabe „bis zu 39" durch die Angabe „weniger als 40" ersetzt.
   b) In **Nummer 2** wurde die Angabe „bis zu 59" durch die Angabe „weniger als 60" ersetzt.

Der Gesetzentwurf der Fraktionen SPD und Bündnis 90/DIE GRÜNEN (BT-Drucks. 15/1783 S. 15) bezeichnet dies als „Klarstellung, dass die Sonderregelungen zur Ausgleichsabgabe nach Abs. 2 Satz 2 für Arbeitgeber mit jahresdurchschnittlich weniger als 40 bzw. 60 Arbeitsplätzen gelten."

13   2. In **Abs. 3 Satz 2** wurden nach dem Wort „Neubestimmung" die Wörter „der Beträge der Ausgleichsabgabe" eingefügt.

Hierbei handelt es sich um eine in der Beschlussempfehlung des Ausschusses für Gesundheit und Soziale Sicherung (BT-Drucks. 15/2357 S. 8) vorgenommene redaktionelle Klarstellung.

E) durch das Gesetz zur Förderung der Ausbildung und Beschäftigung schwerbehinderter Menschen vom 23. April 2004 (BGBl. I S. 606) mit Wirkung vom 1. Januar 2005

14   **Abs. 6 Satz 1** wurde wie folgt gefasst:

„Die Integrationsämter leiten den in der Rechtsverordnung nach § 79 bestimmten Prozentsatz des Aufkommens an Ausgleichsabgabe an den Ausgleichsfonds (§ 78) weiter."

Das ist eine Folgeänderung zur Änderung des § 79 SGB IX.

III. Anmerkungen

A) zu Abs. 1

1. Zweck und Rechtsnatur der Ausgleichsabgabe

Arbeitgeber, die ihrer Beschäftigungspflicht nach § 71 Abs. 1 Satz 1 SGB IX nicht oder nicht vollständig nachkommen, haben **für jeden unbesetzten Pflichtarbeitsplatz** eine Ausgleichsabgabe zu zahlen (**Abs. 1 Satz 1**). Die Verpflichtung zur Zahlung der Ausgleichsabgabe entfällt grundsätzlich nur bei einer endgültigen Betriebseinstellung bzw. wenn die Zahl der Arbeitsplätze jahresdurchschnittlich unter die Zahl 20 sinkt. **15**

Die Ausgleichsabgabe ist eine **nichtsteuerliche Sonderabgabe** (BVerfG Urteil vom 26. Mai 1981 – 1 BvL 56/78 u. a. = BVerfGE 57, 139 [165] = BehindertenR 1981, 65). Sie hat eine Doppelfunktion: Zum einen sollen nach § 71 SGB IX beschäftigungspflichtige Arbeitgeber angehalten werden, schwerbehinderte Menschen mindestens im gesetzlich vorgeschriebenen Umfang einzustellen und zu beschäftigen (**Antriebsfunktion**). Zum anderen sollen aus Wettbewerbsgründen die unterschiedlichen Belastungen zwischen den Arbeitgebern, die die Verpflichtung erfüllen, und denjenigen, die ihr nicht ausreichend nachkommen, ausgeglichen werden (**Ausgleichsfunktion**). Die aus der Nichterfüllung der Beschäftigungspflicht erwachsenen wirtschaftlichen Vorteile werden jedenfalls zu einem Teil abgeschöpft (*Deinert* in Deinert / Neumann HB-SGB IX § 17 Rdnr. 58). **16**

Das **Gesamtaufkommen** der Ausgleichsabgabe im Bundesgebiet belief sich im Jahr **2009** auf **518,15 Mio. Euro** (nach 519,50 Mio. Euro im Vorjahr). Einzelheiten zur Entwicklung seit 2006 und zur Verteilung des Aufkommens auf die Bundesländer sind den Jahresberichten der BIH – Bundesarbeitsgemeinschaft der Integrationsämter und Hauptfürsorgestellen – zu entnehmen; vgl. zuletzt JB 2009/2010 S. 15 (www.integrationsaemter.de/files/11/JB_BIH10_screen.pdf). **17**

Die Ausgleichsabgabe genügt **verfassungsrechtlichen Anforderungen**: Als Regelung der Berufsausübung im Sinne von Art. 12 Abs. 1 GG entspricht sie dem Grundsatz der **Verhältnismäßigkeit**. Insbesondere ist sie geeignet, das gemäß Art. 3 Abs. 3 Satz 2 GG legitime Ziel der beruflichen Integration behinderter Menschen anzustreben. Sie ist nach wie vor auch **erforderlich und zumutbar**, da überproportional viele schwerbehinderte Menschen arbeitslos sind und die Arbeitgeber hierdurch nicht unverhältnismäßig belastet werden (BVerfG Nichtannahmebeschluss vom 1. Oktober 2004 – 1 BvR 2221/03 = NJW 2005, 737 = BehindertenR 2004, 202; OVG NRW Beschluss vom 24. Februar 2009 – 12 A 3220/08 = BehindertenR 2009, 177 m. w. Nachw.; GK-SGB IX / *Großmann* Rdnr. 16 ff). **18**

Sie ist insbesondere nicht deshalb als ungeeignet anzusehen, weil sie **auch Unternehmen treffen** kann, die ihrem Gegenstand und ihrer Organisation nach **keine schwerbehinderten Arbeitnehmer beschäftigen** oder finden **können**. In diesem Fall erhält sie ihre verfassungsrechtliche Rechtfertigung schon allein aus der dem Gleichheitssatz des Art. 3 Abs. 1 GG entsprechenden Herstellung der Lastengleichheit: Denn diese erfordert einen Ausgleich der Belastungen zwischen denjenigen Arbeitgebern, die der Beschäftigungspflicht genügen und denjenigen, die diese Verpflichtung „aus welchen Gründen auch immer" nicht erfüllen (vgl. BVerfG Urteil vom 26. Mai 1981 a. a. O.; OVG NRW Beschluss vom 24. Februar 2009 a. a. O.). **19**

Dass die Abgabe über das ursprüngliche Motiv des Gesetzgebers hinaus auch eine **Finanzierungsfunktion** erhalten hat (so ausdrücklich auch *Adlhoch* BehindertenR 1993, 161), ist nach Ansicht des BVerfG im Urteil vom 26. Mai 1981 a. a. O. [dort Rdnr. 102 in JURIS] verfassungsrechtlich unbedenklich; überhaupt kritisch gegen die Annahme einer Finanzierungsfunktion der Ausgleichsabgabe aber *Deinert* in Deinert / Neumann HB-SGB IX § 17 Rdnr. 59; Hauck / Noftz / *Schneider* Rdnr. 3; unabhängig von der Frage, ob Motiv des Gesetzgebers zur Erhebung der Ausgleichsabgabe auch die Schaffung einer Finanzierungsquelle für Maßnahmen der begleitenden Hilfe im Arbeitsleben usw. war, hat die Abgabe aber je- **20** denfalls insoweit eine unbestreitbare Nebenfunktion erhalten, vgl. Ernst / Adlhoch / Seel / *Kuhlmann* Rdnr. 3).

21 Eine gleichheitswidrige Benachteiligung deutscher Unternehmen im Sinne von Art. 3 Abs. 1 GG im **Verhältnis zu ausländischen Unternehmern** ist nicht ersichtlich, da auch in mindestens neun Mitgliedsstaaten der EU eine Beschäftigungspflicht für schwerbehinderte Menschen besteht. Im Übrigen begründet es keinen Verstoß gegen Art. 3 Abs. 1 GG, wenn die Bundesrepublik Deutschland Regelungen erlässt, die von jenen in anderen Mitgliedstaaten der EU abweichen (BVerfG Nichtannahmebeschluss vom 1. Oktober 2004 a. a. O).

22 Die seit dem 3. Oktober 1990 auch im Beitrittsgebiet und auch im Osten Berlins geltende Pflicht zur Zahlung der Ausgleichsabgabe ist trotz der unterschiedlichen Lebensverhältnisse verfassungsrechtlich nicht zu beanstanden (Brandenburgisches OVG Urteil vom 27. Mai 1998 – 4 A 133/97 = BehindertenR 1998, 193).

2. Beschäftigungspflicht trotz Ausgleichsabgabe

23 Die Zahlung der Ausgleichsabgabe hebt die Pflicht zur Beschäftigung schwerbehinderter Menschen nicht auf (**Abs. 1 Satz 2**). Der Arbeitgeber kann also wegen Verstoßes gegen die ihm nach § 71 Abs. 1 Satz 1 SGB IX obliegenden Pflichten mit einer Geldbuße gemäß § 156 Abs. 1 Nr. 1 SGB IX belegt werden. Hierbei kann er mit dem Argument, er zahle bereits Ausgleichsabgabe, nicht gehört werden (vgl. Neumann u. a. / *Neumann* Rdnr. 5; Kossens u. a. / *Kossens* Rdnr. 4). Deshalb ist die verbreitete **Meinung irrig**, der Arbeitgeber habe kraft Gesetzes ein **Wahlrecht** zwischen der Beschäftigung schwerbehinderter Menschen und der Zahlung der Ausgleichsabgabe (so zutreffend HK-SGB IX / *Trenk-Hinterberger* Rdnr. 10).

3. Bemessungsgrundlage

24 Die Ausgleichsabgabe wird nach Abs. 1 Satz 3 auf der Grundlage einer **jahresdurchschnittlichen Beschäftigungsquote** ermittelt. Das deckt sich mit § 71 Abs. 1 Satz 1 SGB IX, wonach die Pflichtquote jahresdurchschnittlich zu erfüllen ist (GK-SGB IX / *Großmann* Rdnr. 21).

Mit der Berechnung nach dem Jahresdurchschnitt soll bei **schwankender Beschäftigung** innerhalb eines Kalenderjahres ein Ausgleich geschaffen werden. Das kann vor allem auf Saisonbetriebe zu treffen, kommt aber letztlich allen Arbeitgebern zugute, die in einzelnen Monaten schwerbehinderte Menschen in unterschiedlicher Anzahl beschäftigen (Neumann u. a. / *Neumann* Rdnr. 10 unter Hinweis auf BT-Drucks. 14/3372 S. 17). Zugleich wird damit ein Anreiz geschaffen, durch Übererfüllung der Beschäftigungspflicht im Laufe eines Kalenderjahres die Zahlung von Ausgleichsabgabe zu verringern oder zu vermeiden (BT-Drucks. 14/3372 a. a. O.).

25 Die jahresdurchschnittliche Beschäftigungsquote wird festgestellt, „indem die Zahl der am Jahresende tatsächlich mit schwerbehinderten Menschen besetzten Arbeitsplätzen" in das Verhältnis gesetzt wird zur Zahl der Jahresarbeitsplätze. Hierbei sind nur die für die Pflichtquote in Betracht kommenden Arbeitsplätze gemäß §§ 73 und 74 SGB IX einzuberechnen.

Entgegen der ungenauen Formulierung in der Begründung ist aber **nicht** etwa maßgebend die Zahl der **am Stichtag „Jahresende"** mit schwerbehinderten Menschen besetzten Arbeitsplätze, sondern der Anteil, der rückschauend **im Jahresverlauf für jeden Monat** zu verzeichnen ist (GK SGB IX – *Großmann* Rdnr. 21).

26 Dies erfordert folgende **Berechnungsschritte** (verdeutlicht an einem **Beispiel**, unter Anwendung der Rundungsvorschrift in § 74 Abs. 2 SGB IX)

Ausgleichsabgabe § 77

a) die **Feststellung der für die Pflichtquote** gemäß § 71 Abs. 1 SGB IX **in Betracht kommenden Arbeitsplätze** gemäß den §§ 73 und 74 SGB IX:

Im Januar
Arbeitsplätze in einem Unternehmen ohne Auszubildende   300
Hiervon abzuziehen nach § 73 Abs. 2 und 3 SGB IX
                           Arbeitsbeschaffung   − 5
                           Aushilfe bis acht Wochen   − 6
                           weniger als 18 Stunden   − 19
                                                                      270

Fortführung der Berechnung im Jahresverlauf:

	Arbeitsplätze gemäß §§ 73, 74 SGB IX insgesamt
Januar	270
Februar	268
März	271
April	271
Mai	272
Juni	275
Juli	277
August	278
September	283
Oktober	284
November	284
Dezember	282
	3316 : 12 = **276,3**

b) Ermittlung der sich aus der Summe dieser Arbeitsplätze und der Pflichtquote nach § 71 Abs. 1 SGB IX ergebenden **Pflichtplatzzahl**

276 x 0,05 = 13,8, aufgerundet **14**

c) Feststellung der auf die Pflichtplatzzahl einfach oder mehrfach **anrechenbaren schwerbehinderten Menschen** (§ 75 und 76 SGB IX)

Januar bis Juni		
	schwerbehinderte Menschen	8
	Bergmannversorgungsschein	1
	schwerbehinderter Arbeitgeber	1
		10 Pflichtplätze erfüllt
Im Juli wird eingestellt	ein schwerbehinderter Mensch	1
		11 Pflichtplätze erfüllt
Im September wird eingestellt	ein schwerbehinderter Auszubildender (= Mehrfachanrechnung gem. § 75 Abs. 2 SGB IX)	2
		13 Pflichtplätze erfüllt

27

28

§ 77　　　　　　　　　　　　　　　　　　　　　　　　　　　　Ausgleichsabgabe

Im November wird eingestellt　ein schwerbehinderter Mensch　1
　　　　　　　　　　　　　　　　　　　　　　　　　　　14 Pflichtplätze erfüllt

Der Jahresdurchschnitt beträgt ([6 x 10 =] 60 + [2 x 11 =] 22 + [2 x 13 =] 26 + [2 x 14 =] 28) = 136 : 12 = 11,33

29　d) Feststellung der **Erfüllung der Pflichtplatzquote im Jahresdurchschnittschnitt**

11 erfüllte Pflichtplätze bei 276 Arbeitsplätzen = 4%

Da die im Jahresdurchschnitt tatsächlich erreichte Quote unter 5% liegt, ist grundsätzlich die Ausgleichsabgabe fällig.

Maßgebend ist die im jeweiligen Monat gegebene Differenz der anzurechnenden schwerbehinderten Beschäftigten zur Zahl der Pflichtarbeitsplätze (= 14). In den ersten sechs Monaten betrug diese Differenz 4, ab Juli 3 und ab September 2.

Im Monat Dezember war die Pflichtquote erfüllt und deshalb keine Ausgleichsabgabe fällig.

Die monatliche Abgabe (zur Höhe vgl. Abs. 2, unten Rdnr. 31 ff.) beträgt damit für die Monate

Januar bis Juni	[4 x 105 =] 420 x 6	=	2520 Euro
Juli und August	[3 x 105 =] 315 x 2	=	630 Euro
September und Oktober	[2 x 105 =] 210 x 2	=	420 Euro
November und Dezember	0 Euro	=	0 Euro
			3570 Euro

30　Hat der Arbeitgeber **mehrere Betriebe oder Dienststellen**, bedarf es im ersten Schritt einer **Einzelermittlung der Zahl der Arbeitsplätze** nach §§ 73, 74 SGB IX für jeden Betrieb bzw. jede Dienststelle. Denn die jeweils zuständige Arbeitnehmervertretung muss die Angaben überprüfen können (HK-SGB IX / *Trenk-Hinterberger* Rdnr. 11). Anschließend sind die **bereinigten Zahlen** der für jeden Betrieb und jede Dienststelle zu berücksichtigenden Arbeitsplätze **zu addieren**. In einem weiteren Berechnungsschritt muss die Anzahl der Pflichtplätze für alle Betriebe und Dienststellen festgestellt und schließlich in Bezug zur Zahl der einfach und nach § 76 SGB IX mehrfach anrechenbaren Personen gesetzt werden (HK-SGB IX / *Trenk-Hinterberger* a. a. O.).

B) zu Abs. 2

1. Höhe der Ausgleichsabgabe

31　Auch die Höhe der Ausgleichsabgabe war mit Wirkung vom 1. Januar 2001 durch das SchwbBAG neu geregelt worden. Zuvor galt ein einheitlicher Satz von 200 DM, also umgerechnet 105 Euro je unbesetztem Pflichtarbeitsplatz. Dies ist aber der mit der Ausgleichsabgabe verbundenen Antriebsfunktion nicht ausreichend gerecht geworden. Nunmehr ist die Höhe der Ausgleichsabgabe davon abhängig, in welchem Umfang ein Arbeitgeber seine Beschäftigungspflicht erfüllt. Dies soll durch eine **gestaffelte Ausgleichsabgabe** erreicht werden (**Abs. 2 Satz 1**).

32　Danach haben Arbeitgeber bei einer Erfüllung der Beschäftigungsquote **zwischen 3 und 5%** weiterhin den (200 DM ungefähr entsprechenden) Betrag von 105 Euro für jeden am Jahresende unbesetzten Pflichtarbeitsplatz zu zahlen (**Nr. 1**). Dass der Betrag monatsbezogen ist, die Summe je unbesetztem Arbeitsplatz also jährlich 1260 Euro beträgt, wurde ungeachtet der ungenauen Gesetzesfassung schon oben dargelegt (vgl. Rdnr. 25). Bei einer Beschäftigungsquote **zwischen nur 2 und 3%** steigt die Höhe der Ausgleichsabgabe auf **180 Euro** (**Nr. 2**). Bei einer Quote **zwischen 0 und 2%** sind **260 Euro** je unbesetztem Pflichtarbeitsplatz zu zahlen (**Nr. 3**).

Ausgleichsabgabe § 77

Der Gesetzgeber bezweckt damit, dass für Arbeitgeber, die ihrer Beschäftigungspflicht in größerem Umfang nicht nachkommen oder diese gröblich verletzen, durch die Staffelung entsprechend dem Grad der Pflichtverletzung ein **Anreiz zur verstärkten Beschäftigung** schwerbehinderter Menschen geschaffen wird (vgl. BT-Drucks. 14/3372 S. 17). Diese Staffelung der Ausgleichsabgabenbeträge in Abs. 2 Satz 1 ist sachlich vertretbar und verstößt daher nicht gegen den allgemeinen Gleichheitssatz aus Art. 3 Abs. 1 GG (VG Hannover Urteil vom 22. April 2008 – 3 A 3267/05, zit. nach JURIS). 33

Allerdings ist **für kleinere Betriebe** eine **Ausnahme** vorgesehen (**Abs. 2 Satz 2**). Diese können durch die Staffelung der Ausgleichsabgabe erheblich benachteiligt werden, weil die höheren Ausgleichsabgabebeträge auch dann zu zahlen wären, wenn nur eine Verpflichtung zur Beschäftigung von einem oder zwei schwerbehinderten Menschen besteht und diese nicht erfüllt ist. Deshalb sollen Betriebe mit jahresdurchschnittlich weniger als 40 zu berücksichtigenden Arbeitsplätzen bei einer jahresdurchschnittlichen Beschäftigung von weniger als einem schwerbehinderten Menschen 105 Euro monatlich zahlen (**Abs. 2 Satz 2 Nr. 1**). Arbeitgeber mit **bis zu 39 Arbeitsplätzen**, die einen Schwerbehinderten zu beschäftigen haben, zahlen also 105 Euro Ausgleichsabgabe, wenn sie diesen Pflichtplatz nicht besetzen. 34

Arbeitgeber mit jahresdurchschnittlich **mehr als 40, aber weniger als 60** zu berücksichtigenden Arbeitsplätzen haben bei einer jahresdurchschnittlichen Beschäftigung von weniger als zwei schwerbehinderten Menschen **105 Euro** und bei einer jahresdurchschnittlichen Beschäftigung von weniger als einem schwerbehinderten Menschen **180 Euro** monatlich zu entrichten (**Abs. 2 Satz 2 Nr. 2**). Das bedeutet: Arbeitgeber mit bis zu 59 Arbeitsplätzen müssen zwei schwerbehinderte Menschen beschäftigen. Sie bezahlen 105 Euro, wenn sie nur einen Pflichtplatz besetzen, und 180 Euro, wenn sie keine Schwerbehinderten beschäftigen. 35

Die **Erleichterung** wirkt sich für diese **mittelständischen Betriebe** also übersichtlich dargestellt wie folgt aus (vgl. HK-SGB IX / Trenk-*Hinterberger* Rdnr. 14): 36

Jahresdurchschnittliche Arbeitsplätze	Jahresdurchschnittlich beschäftigte sb Menschen	Ausgleichsabgabe
mindestens 20, jedoch < 40	< 1	105 Euro
mindestens 40, jedoch < 60	< 2 (aber zumindest einen)	105 Euro
mindestens 40, jedoch < 60	< 1	180 Euro

Die **Ausgleichsabgabe verringert sich**, wenn der Arbeitgeber **Aufträge an anerkannte Werkstätten für behinderte Menschen** vergibt. Er kann dann 50% des auf die Arbeitsleistung der WfbM entfallenden Rechnungsbetrages auf die Ausgleichsabgabe anrechnen (§ 140 SGB IX). In der Praxis wird diese Möglichkeit besonders von kleineren und mittleren Arbeitgebern **oft nicht genutzt**. Teilweise dürfte ihnen die Möglichkeit zur Anrechnung der Ausgleichsabgabe nicht bekannt sein. Auch lässt sich vermuten: Zwischen der Abteilung für Personalverwaltung, die die Ausgleichsabgabe jährlich berechnet und zahlt, und der Einkaufsabteilung findet zu diesem Thema keine oder zu wenig Kommunikation statt. 37

C) zu Abs. 3
1. Dynamisierung der Ausgleichsabgabe

In Abs. 3 ist eine Dynamisierung der Ausgleichsabgabe vorgesehen. Diese wurde bereits mit Wirkung ab 1. Januar 2001 durch § 11 Abs. 1b SchwbG i. d. F. des SchwbBAG eingeführt. Die Ausgleichsabgabe erhöht sich **entsprechend der Lohnentwicklung**. Maßgebender Bezugspunkt ist die Entwicklung der Bezugsgröße nach § 18 Abs. 1 SGB IV in den alten Bundesländern. Ist diese seit der letzten Neufestsetzung der Ausgleichsabgabe um mindestens 10% gestiegen, ist die Ausgleichsabgabe in entsprechendem Umfang anzuheben. Die hiernach errechnete Anrechnung ist auf den nächsten durch 5 teilbaren Betrag abzurunden. Das 38

Bundesministerium für Arbeit und Soziales gibt den Erhöhungsbetrag und die sich durch die Abrundung ergebenden Beträge der Ausgleichsabgabe im Bundesanzeiger bekannt.

Die automatische Anhebung gewährleistet zum einen, dass die Ausgleichsabgabe auch bei einer Veränderung der volkswirtschaftlichen Grunddaten ihre Funktionen des Antriebs und des Ausgleichs erfüllen kann. Zum anderen wird hierdurch eine **Gesetzesänderung entbehrlich** (Ernst / Adlhoch / Seel / *Kuhlmann* Rdnr. 24).

38a Der **Zeitpunkt der letzten Neubestimmung** der Beträge der Ausgleichsabgabe ist der **1. Januar 2002**, weil zu diesem Zeitpunkt die Beträge auf Euro umgestellt und dabei maßvoll aufgerundet worden sind (GK-SGB IX / *Großmann* Rdnr. 30; Neumann u. a. / *Neumann* Rdnr. 19; a. A. Hauck / Noftz / *Schneider* Rdnr. 8 und Feldes u. a. / *Appelt* Rdnr. 24, die auf den 1. Januar 2001 abstellen wollen). Zum damaligen Zeitpunkt betrug die Bezugsgröße nach § 18 Abs. 1 SGB IV **2345 Euro** monatlich (VO vom 3. Dezember 2001 – BGBl. I 3302). 10% hiervon sind 234,50 Euro. Demnach setzt eine Erhöhung der Beträge der Ausgleichsabgabe eine **Steigerung der Bezugsgröße auf mindestens 2579,50 Euro** voraus. Die Bezugsgröße für 2011 beträgt 2555 Euro. Somit erscheint nicht ausgeschlossen, dass die Ausgleichsabgabe ab dem Jahr 2012, spätestens aber ab 2013 wegen Erreichens des Schwellenwerts angehoben werden könnte.

Wird der Grenzwert erreicht, sind die monatlichen Beträge der Ausgleichsabgabe mit dem Erhöhungsfaktor der Bezugsgröße zu multiplizieren und auf die nächsten durch fünf teilbaren Beträge abzurunden. Bei einer **angenommenen Erhöhung um 11%** ergäbe sich beispielsweise folgende Rechnung: 105 + 10,55 = 115,55, abgerundet 115 Euro (vgl. GK-SGB IX / *Großmann* Rdnr. 31).

D) zu Abs. 4

1. Ermittlung der Ausgleichsabgabe

39 Die Höhe der Ausgleichsabgabe haben die Arbeitgeber im Rahmen einer **Selbstveranlagung** zu errechnen (**Abs. 4 Satz 1**). Die Abführungspflicht hängt nicht von einem Festsetzungsbescheid ab; sie entsteht vielmehr kraft Gesetzes mit dem 31. März für das abgelaufene Kalenderjahr (Neumann u. a. / *Neumann* Rdnr. 20).

40 Hierbei ist für die Berechnung der Zahl der zu besetzenden Pflichtarbeitsplätze maßgebend die Zahl der Arbeitsplätze, die sich nach den §§ 73 und 74 SGB IX ergibt. Aus der Zahl der Arbeitsplätze und der jahresdurchschnittlichen Beschäftigungsquote folgt die Zahl der zu besetzenden Pflichtarbeitsplätze. Der errechnete Betrag ist jährlich **an das zuständige Integrationsamt abzuführen**. Da nach 71 SGB IX sämtliche Arbeitsplätze eines Arbeitgebers zusammengefasst werden, ist einzugsberechtigt nur das Integrationsamt, welches nach dem Sitz bzw. Wohnort des Arbeitgebers zuständig ist. Das gilt auch für Betriebe und Arbeitsplätze, die sich außerhalb seines Bezirks befinden. Jeder Arbeitgeber ist somit nur gegenüber einem einzigen Integrationsamt abführungspflichtig. Der Ausgleich zwischen den einzelnen Integrationsämtern wird im Rahmen von Abs. 6 der Vorschrift bewirkt.

41 Zugleich mit der Abführung der Beträge hat der Arbeitgeber **die Anzeige nach § 80 Abs. 2 SGB IX** mit den maßgebenden Daten über die Beschäftigung schwerbehinderter Menschen gegenüber der Bundesagentur für Arbeit zu erstatten. Die Agentur für Arbeit **informiert das Integrationsamt** durch Übersendung eines Durchschlags der Anzeige.

Die **Pflicht zur Zahlung** der Ausgleichsabgabe besteht allerdings **auch dann**, wenn diese **Anzeige nicht eingereicht** wird (HK-SGB IX / *Trenk-Hinterberger* Rdnr. 21). Hält sich ein Arbeitgeber nicht für beschäftigungspflichtig im Sinne des SGB IX und wirkt deshalb nicht bei der Feststellung der Zahl seiner Arbeitsplätze mit, fällt es in seinen Risikobereich, wenn gleichwohl Feststellungen des Integrationsamts hierzu getroffen werden. Einwendungen hiergegen könnten nur Erfolg haben, wenn diese Feststellung auf einer deutlich ungeeigneten Grundlage beruhen würde. Das trifft nicht zu, wenn die Arbeitsagentur und ihm folgend das Integrationsamt Lohnsteueranmeldungen zugrundelegen, auch wenn diese im Einzelfall – etwa bei kurzfristigen Beschäftigungen – nicht mit der Zahl der für die Berechnung der Ausgleichsabgabe maßgeblichen Arbeitsplätze übereinstimmen mögen (⌂ OVG Hamburg Beschluss vom 4. März 1996 – Bs I 4/95 = BehindertenR 1997, 19).

Das Integrationsamt hat die Erfüllung der Zahlungspflicht der Arbeitgeber zu **überwachen** und zu **überprüfen**, ob die Beträge der Ausgleichsabgabe richtig berechnet worden sind.

Die Regelung des § 77 Abs. 4 SGB IX in Verbindung mit der Anzeigepflicht nach § 80 Abs. 2 SGB IX ist nämlich nicht dahingehend zu verstehen, dass das Integrationsamt die Angaben des Arbeitgebers in seiner Anzeige ungeprüft zu übernehmen habe. Damit würde das Integrationsamt seiner **Kontrollfunktion** nicht gerecht. Nach § 80 Abs. 3 SGB IX sind die Arbeitgeber auch ihm gegenüber verpflichtet, die Auskünfte zu erteilen, die zur Durchführung des Gesetzes notwendig sind. Folglich korrespondieren ein **Prüfungsrecht** und die **Prüfungspflicht** des Integrationsamts, ob die Angaben und Berechnungen der Arbeitgeber zur Ausgleichsabgabe in der nach § 80 Abs. 2 SGB IX gebotenen Anzeige zutreffend sind (⌂ BVerwG Urteil vom 16. Dezember 2004 – 5 C 70/03 = NJW 2005, 1674 = NZA-RR 2005, 364). 42

Dementsprechend findet das Verfahren nach § 77 Abs. 4 Satz 2 SGB IX mit dem Erlass eines Feststellungsbescheids des Integrationsamts auch schon bei nur falsch berechneter Ausgleichsabgabe statt (BVerwG Urteil vom 16. Dezember 2004 a. a. O.). Denn die Befugnisse **des Integrationsamtes** sind insoweit **nicht etwa nur beschränkt auf eine Kassen- und Beitreibungsstelle** für die Ausgleichsabgabe, welche die Angaben von Arbeitgebern über die Zahl der Arbeits- und Pflichtplätze zusammen mit der danach berechneten Ausgleichsabgabe ungeprüft entgegenzunehmen habe und lediglich für die Einziehung des sich aus den Meldungen rein rechnerisch ergebenden Ausgleichsabgabenbetrages sorgen müsse (BVerwG Urteil vom 16. Dezember 2004 a. a. O.). 43

Es besteht auch dann **keine Bindung** an die Anzeigen der Arbeitgeber, wenn im Einzelfall die in der Anzeige enthaltenen Angaben des Arbeitgebers **von der Agentur für Arbeit unbeanstandet geblieben** sind sind (LPK-SGB IX / *Düwell* Rdnr. 16). Nach § 80 Abs. 3 Satz 1 SGB IX erlässt die Agentur für Arbeit, wenn ein Arbeitgeber die vorgeschriebene Anzeige bis zum 30. Juni nicht, nicht richtig oder nicht vollständig erstattet, einen Feststellungsbescheid über die anzuzeigenden Verhältnisse. Die Arbeitsagentur hat folglich die Anzeigen der Arbeitgeber auf Richtigkeit und Vollständigkeit hin zu überprüfen. Hieraus kann aber nicht gefolgert werden, dass von ihr nicht beanstandete Anzeigen des Arbeitgebers vom Integrationsamt akzeptiert werden müssen (BVerwG Urteil vom 16. Dezember 2004 a. a. O.) 44

Das BVerwG (⌂ Urteil vom 26. September 2002 – BVerwG 5 C 53.01 = Buchholz 436.61 § 7 SchwbG Nr. 5) hat sich ausdrücklich auf das ⌂ Urteil des BSG vom 6. Mai 1994 (7 RAr 68/93 = BSGE 74, 176 [178 f.]) berufen; die dort begründete Rechtsprechung hat das BSG inzwischen fortgeführt (vgl. ⌂ Urteil vom 19. Januar 1999 – B 7 AL 62/98 R = SozR 3-3870 § 13 Nr. 3 und vom ⌂ 20. Januar 2000 – B 7 AL 26/99 R = BSGE 85, 246): Die frühere Hauptfürsorgestelle – jetzt Integrationsamt – war danach **bei der Festsetzung der Ausgleichsabgabe an Feststellungsbescheide** der vormaligen Bundesanstalt für Arbeit nach § 13 Abs. 2 Satz 2 SchwbG **nicht gebunden**. 45

Das entspricht der zwar aufeinander bezogenen, aber doch unterschiedlichen Aufgabenstellung von Arbeitsverwaltung und Hauptfürsorgestelle bzw. Integrationsamt: Das Schwerbehindertenrecht unterliegt einem „**Kooperationsprinzip**"; (⌂ BVerwG Urteil vom 16. Dezember 2004 – 5 C 70/03 NJW 2005, 1674 m. w. Nachw.), welches zur Integration schwerbehinderter Menschen eine Aufgabenerfüllung durch die daran beteiligten Behörden einerseits in enger Zusammenarbeit miteinander (vgl. § 99 SGB IX), andererseits **in eigener Verantwortung der jeweiligen Dienststelle** verlangt. 46

Der Zuweisung der Aufgaben des SGB IX sowohl an die Agenturen für Arbeit als auch an die Integrationsämter zu gemeinsamer Aufgabenerfüllung auch bei der Erhebung der Ausgleichsabgabe entspricht beispielsweise die Regelung, dass die Arbeitgeber die **Anzeige nach § 80 Abs. 2 Satz 2 SGB IX** der für ihren Sitz zuständigen Arbeitsagentur zugleich mit einer 47

Durchschrift für das Integrationsamt zuleiten müssen. Das Integrationsamt nimmt mit der Aufgabe nach § 77 Abs. 4 Satz 3 SGB IX, rückständige Beträge der Ausgleichsabgabe festzustellen und die Einziehung der Rückstände zu betreiben, eine wichtige Funktion im Rahmen des Systems wahr, das der Gesetzgeber mit der Ausgleichsabgabe und ihrer Verwendung geschaffen hat, um die Beschäftigung Schwerbehinderter durch den Einsatz finanzieller Mittel zu fördern.

48 Durch die Einbindung auch der Agenturen für Arbeit in dieses Verfahren ist gewährleistet, dass sowohl die arbeitsmarkt- als auch die sozialpolitischen Aufgaben und Ziele des Gesetzes berücksichtigt werden. Diese bleiben aber letztlich jeweils **derjenigen Verwaltung überantwortet**, die für sie in erster Linie **fachlich zuständig** ist. Hinsichtlich der arbeitsmarktpolitischen Belange ist dies in erster Linie die Arbeitsverwaltung, hinsichtlich der sozialpolitischen Belange vor allem das Integrationsamt. Diesem obliegt es daher auch im Verfahren der Erhebung der Ausgleichsabgabe nach § 102 Abs. 1 Nr. 1 SGB IX, den **„Rechtsgesichtspunkt der speziellen Schwerbehindertenfürsorge";** (BVerwG Urteil vom 19. Oktober 1995 – 5 C 24/93 = BVerwGE 99, 336, [340]) zur Geltung zu bringen. Wäre das Integrationsamt an Bewertungen und Einschätzungen der Agentur für Arbeit zu den Berechnungsgrundlagen der Abgabenerhebung gebunden, könnte es diese Aufgabe nicht wirksam erfüllen (BVerwG Urteil vom 16. Dezember 2004 – 5 C 70/03 = NJW 2005, 1674 = NZA-RR 2005, 64).

49 Zwar ist diese Auslegung **im Schrifttum für das seit dem 1. Juli 2001 geltende SGB IX verschiedentlich in Zweifel gezogen** worden (vgl. *Müller-Wenner* / Schorn Rdnr. 20; Ernst / Adlhoch / Seel / *Kuhlmann* Rdnr. 30). Nach dieser Auffassung sei die anders lautende Rechtsprechung des BSG a. a. O. durch die Neufassung des Gesetzes mit § 80 Abs. 3 SGB IX überholt, nachdem nunmehr die Agentur für Arbeit vor ihrem Feststellungsbescheid den Sachverhalt „in tatsächlicher und rechtlicher Hinsicht" zu prüfen habe. Damit habe der Gesetzgeber eine klare Kompetenzverteilung zwischen der insoweit sachnäheren Agentur für Arbeit und dem Integrationsamt erreichen wollen (vgl. näher *Müller-Wenner* / Schorn a. a. O.). Jedoch überzeugen mehr die **Argumente des BVerwG**, die zwar in einer Entscheidung zum früheren Recht enthalten sind, gleichwohl aber **auch für die geltende Rechtslage** herangezogen werden können (ebenso VG Köln Urteil vom 14. Februar 2008 – 26 K 1650/07, zit. nach JURIS Rdnr. 21 ff.; HK-SGB IX / *Trenk-Hinterberger* Rdnr. 22. Auch Neumann u. a. / *Neumann* Rdnr. 13 legt zugrunde, dass die Rechtsprechung, die bisher eine Bindungswirkung der Bescheide der Arbeitsagentur verneinte, auch für die geltende Gesetzesfassung zu beachten sei.)

50 Die **Arbeitsverwaltung** hat somit **keine Monopolstellung im Schwerbehindertenrecht**. Ersetzt sie durch einen Feststellungsbescheid nach § 80 Abs. 3 SGB IX eine fehlende, falsche oder unvollständige Anzeige des Arbeitgebers, bindet dies das Integrationsamt nicht für die Einziehung der Ausgleichsabgabe. Das **Integrationsamt** kann vielmehr die maßgeblichen Verhältnisse selbst und abweichend von der Bundesagentur für Arbeit feststellen sowie eine **vom Arbeitgeber erstattete Meldung ggf. korrigieren**, wenn es den Gegenbeweis führt (BSG Urteil vom 6. Mai 1994 – 7 RAr 68/93 = BSGE 74, 176 [178 f.] sowie die unter Rdnr. 45 zit. Rspr.; HK-SGB IX / *Trenk-Hinterberger* Rdnr. 23).

2. Verfahren bei Zahlungsrückstand

51 Die Anzeige nach § 80 Abs. 2 SGB IX ist jährlich bis spätestens zum 31. März für das vorangegangene Kalenderjahr zu erstatten. Zu diesem Datum wird auch die Ausgleichsabgabe fällig. Eine Anmahnung ausstehender Zahlungen durch das Integrationsamt ist nicht erforderlich (VG Würzburg Beschluss vom 1. März 1994 – W 3 K 93.227 = BehindertenR 1994, 187).

Für die **Rechtzeitigkeit der Zahlung** als Schickschuld im Sinne von § 270 BGB genügt die Veranlassung der ordnungsgemäßen Überweisung durch den Arbeitgeber vor Fristablauf; nicht erforderlich ist, dass die Zahlung auch bis zum 31. März auf dem Konto des Integrationsamts eingegangen ist (vgl. ⌘ VG Meiningen Gerichtsbescheid vom 28. August 2000 – 8 K 1290/98.Me, zit. nach JURIS; Ernst / Adlhoch / Seel / *Kuhlmann* Rdnr. 27 m. w. Nachw.). Im Hinblick auf **§ 676a BGB** ist zugrunde zu legen, dass Zahlungen, die **binnen drei Bankgeschäftstagen** nach dem 31. März beim Integrationsamt eingehen, durch rechtzeitige Überweisung veranlasst wurden.

Ist ein Arbeitgeber mehr als drei Monate im Rückstand – dies ist demnach ab dem jeweiligen 1. Juli des Folgejahres der Fall –, erlässt das Integrationsamt nach Abs. 4 Satz 2 einen **Feststellungsbescheid** über die rückständigen Beträge. Hierbei ist das Integrationsamt an Feststellungsbescheide der Agentur für Arbeit nach § 80 Abs. 3 SGB IX nicht gebunden (vgl. oben Rdnr. 44ff.). Der Bescheid ist ein Verwaltungsakt, für den die Regelung über das Verfahren nach dem SGB X gelten. **52**

Der betroffene Arbeitgeber kann innerhalb von einem Monat nach Zugang des Bescheids **Widerspruch** beim Widerspruchsausschuss des Integrationsamts einlegen (§§ 118 f. SGB IX). Der Widerspruch ist Voraussetzung für eine **Anfechtungsklage** vor dem Verwaltungsgericht, falls dem Widerspruch nicht stattgegeben wird. Widerspruch und Anfechtungsklage gegen den Feststellungsbescheid haben **keine aufschiebende Wirkung (Abs. 4 Satz 5)**. Andernfalls wäre die besondere Funktion der Abgabe gefährdet, wenn ihre Beitreibbarkeit allein durch Rechtsmittel gegen den Feststellungsbescheid hinausgeschoben werden könnte. Allerdings kann das Gericht die aufschiebende Wirkung nach § 80 Abs. 5 VwGO anordnen (⌘ OVG Hamburg Beschluss vom 4. März 1996 – Bs I 4/95 = BehindertenR 1997, 19). Dies wird regelmäßig nur angenommen werden können, wenn entweder ernstliche Zweifel an der Rechtmäßigkeit des angefochtenen Verwaltungsaktes bestehen oder wenn die Vollziehung für den Pflichtigen eine unbillige, nicht durch überwiegende öffentliche Interessen gebotene Härte zur Folge hätte (OVG Hamburg Beschluss vom 4. März 1996 a. a. O.). **53**

Streitigkeiten um die Erhebung der Ausgleichsabgabe sind im Übrigen **nicht nach § 188 Satz 2 VwGO gerichtskostenfrei**; denn sie betreffen nicht den Bereich der „Schwerbehindertenfürsorge" (⌘ VG Köln Urteil vom 14. Februar 2008 – 26 K 1650/07, zit. nach JURIS Rdnr. 25 ff., im Anschluss an ⌘ BVerwG Beschluss vom 8. Mai 1990 – 7 ER 101/90 = BehindertenR 1990, 165 zu Verfahren über die Erstattung von Fahrgeldausfällen durch die unentgeltliche Beförderung von Schwerbehinderten im öffentlichen Personennahverkehr). **54**

Im Einzelfall kommt in Betracht, dass die Höhe der Ausgleichsabgabe von einer **Vorfrage** abhängt. Das kann etwa die Ablehnung der Anerkennung schwerbehinderter Menschen auf mehr als einen Pflichtplatz sein oder die Anerkennung Auszubildender auf mehr als zwei Pflichtplätze (§ 76 SGB IX). Insoweit ablehnende Entscheidungen können ebenfalls angefochten werden. Allerdings ist wegen der **Zuständigkeit der Bundesagentur für Arbeit** der bei ihr gemäß § 120 SGB IX bestehende Widerspruchsausschuss anzurufen und anschließend Klage beim Sozialgericht zu erheben. Auch vor endgültiger Klärung einer solchen Vorfrage muss **gegen einen Festsetzungsbescheid des Integrationsamts Widerspruch** erhoben werden, um dessen Bestandskraft zu verhindern. Denn unanfechtbare Bescheide können nicht rückwirkend, sondern nur für die Zukunft geändert werden. Allerdings ist dann in der Regel bis zur Entscheidung über die Vorfrage bei der Agentur für Arbeit bzw. dem Sozialgericht das Verfahren gegen das Integrationsamt auszusetzen (Neumann u. a. / *Neumann* Rdnr. 27). **55**

Das Integrationsamt zieht aufgrund des Festsetzungsbescheids die rückständigen Beträge ein. Hierbei erhebt es nach dem Fälligkeitstermin 31. März **Säumniszuschläge** nach Maßgabe des § 24 Abs. 1 SGB IV (**Abs. 4 Satz 3**). Diese sollen ein Druckmittel gegenüber säumig zahlenden Arbeitgebern bieten und daneben als Zinsersatz sowie zur Abdeckung zusätzlichen Verwaltungsaufwands dienen. **56**

Der Säumniszuschlag nach § 24 SGB IV beträgt **1% des rückständigen, auf 50 Euro nach unten abgerundeten Betrages** für jeden Monat der Säumnis nach Fälligkeit, also nach dem

31. März jeden Jahres. Bei rückwirkender Festsetzung der Zahlungspflicht ist der Zuschlag dann nicht zu erheben, wenn glaubhaft gemacht wird, dass die Kenntnis der ggf. höheren Zahlungspflicht unverschuldet fehlte (§ 24 Abs. 2 SGB IV).

57 Wird die **Festsetzung von Säumniszuschlägen angefochten**, ohne dass die sofortige Vollziehung des Bescheids angeordnet wird, hat das Rechtsmittel **aufschiebende Wirkung**. Denn bei der Erhebung von Säumniszuschlägen besteht kein vergleichbares Beschleunigungsinteresse wie beim Feststellungsbescheid nach Abs. 4 Satz 2 (VG Augsburg Beschluss vom 9. Mai 2007 – Au 3 S 07 00407, zit. nach JURIS, m. w. Nachw.).

58 Auch die Säumniszuschläge dürfen – wie die Ausgleichsabgabe selbst – **nur zweckbestimmt** im Sinne des Abs. 5 verwendet werden, nämlich für besondere Leistungen zur Förderung der Teilhabe schwerbehinderter Menschen am Arbeitsleben einschließlich begleitender Hilfe im Arbeitsleben (HK-SGB IX / *Trenk-Hinterberger* Rdnr. 26).

59 In begründeten Ausnahmefällen kann das Integrationsamt von der Erhebung **von Säumniszuschlägen absehen (Abs. 4 Satz 4)**. Damit sollen entsprechend einem Vorschlag des Bundesrats (vgl. oben Rdnr. 9) die Gegebenheiten des Einzelfalles flexibler berücksichtigt werden können, etwa das Verhältnis der Höhe des Säumniszuschlags zum erforderlichen Verwaltungsaufwand, z. B. bei der Klärung einer unübersichtlichen Rechtslage.

60 Gegenüber privaten Arbeitgebern kann das Integrationsamt nach den Vorschriften über das Verwaltungszwangsverfahren **vollstrecken (Abs. 4 Satz 6)**. Es gilt gem. § 66 Abs. 3 SGB X das Vollstreckungsrecht des Landes, in dem das Integrationsamt seinen Sitz hat.

Zahlt der Arbeitgeber eine fällige Ausgleichsabgabe nicht, so kann im Wege der **Beitreibung** in sein bewegliches und unbewegliches Vermögen vollstreckt werden. Als **Vollstreckungstitel dient der Feststellungsbescheid** des Integrationsamts, den dieses nach drei Monaten Rückstand auf der Grundlage der Meldungen nach § 80 SGB IX zu erlassen hat.

61 Das anwendbare Haushalts- und Vollstreckungsrecht des jeweiligen Landes gibt auch vor, ob die Zahlung gestundet oder niedergeschlagen werden kann. Eine **Stundung** der Abgabe ist möglich, wenn der Arbeitgeber nicht in der Lage ist, die gesamte Schuld sofort zu tilgen und eine Zwangsvollstreckung eine besondere Härte für ihn bedeuten würde. Dasselbe gilt dann, wenn ein sicherer Anhalt dafür besteht, dass eine sofortige Zwangsvollstreckung erfolglos sein würde, der Geldbetrag aber nach Ablauf der Stundungsfrist entrichtet werden wird. Hingegen kommt eine **Niederschlagung** der festgesetzten Ausgleichsabgabe, d. h. der Verzicht auf eine einziehbare Forderung nur in Betracht, wenn die Einziehung nach Lage des Einzelfalles für den Arbeitgeber eine **besondere Härte** bedeuten würde (Neumann u. a. / *Neumann* Rdnr. 21).

62 Wird bei **Insolvenz des Arbeitgebers** ein Betrieb durch den Insolvenzverwalter zeitweise weitergeführt, entsteht die Ausgleichsabgabe auch für diesen Zeitraum bei Vorliegen der sonstigen Voraussetzungen (vgl. für die frühere vergleichbare Rechtslage nach der KO und dem SchwBG VGH Bad.-Württ. Urteil vom 16. Juni 1989 – 14 S 890/88 –, zit. nach JURIS). Allerdings muss bei der Berechnung der Ausgleichsabgabe berücksichtigt werden, dass mit Insolvenzeröffnung sehr häufig die **Zahl der Beschäftigten eines Betriebes stark verringert** wird (VG Braunschweig Urteil vom 7. September 2006 – 3 A 217/06, zit. nach JURIS). Zwar ist die Ausgleichsabgabe gemäß § 77 Abs. 4 Satz 1 SGB IX grundsätzlich nur einmal nachträglich zu entrichten; sie wird aber nach Abs. 2 für jeden Monat ermittelt, in dem Pflichtarbeitsplätze für schwerbehinderte Menschen nicht entsprechend § 71 i. V. m. § 72 SGB IX besetzt sind.

63 Die Insolvenzeröffnung hat zur Folge, dass die vor ihrer Eröffnung entstandenen Ausgleichsabgabeverpflichtungen **Insolvenzforderungen** werden (§ 38 InsO). Hingegen werden die nach der Verfahrenseröffnung entstandenen Ausgleichsabgaben zu **Masseverbindlichkeiten** im Sinne des § 55 Abs. 1 Nr. 1 Alt. 2 InsO, welche gemäß § 53 InsO grundsätzlich vom Insolvenzverwalter vorweg zu befriedigen sind. Zu den Masseverbindlichkeiten in diesem Sinne gehören z. B. die Entgeltansprüche derjenigen Arbeitnehmer, deren Arbeitsleistung

der Insolvenzverwalter für die Insolvenzmasse tatsächlich in Anspruch genommen hat. Hat der Insolvenzverwalter aber nach Anzeige der Masseunzulänglichkeit Arbeitnehmer freigestellt, wozu er berechtigt ist, sind die **Vergütungsansprüche der freigestellten Arbeitnehmer nachrangige Masseschulden** gemäß § 209 Abs. 1 Nr. 3 InsO (vgl. hierzu 🏛 LAG Hamm Beschluss vom 12. Februar 2001 – 4 Ta 277/00 = NZA-RR 2002, 157).

Aus dem Insolvenzrecht folgt die Notwendigkeit, die **Ausgleichsabgabe aufzuteilen** in Insolvenzverbindlichkeiten und Masseverbindlichkeiten. Bei der Berechnung der Ausgleichsabgabe nach § 77 SGB IX ist daher zwischen den Beschäftigungsquoten **für die Zeit vor Insolvenzeröffnung und nach Insolvenzeröffnung** zu unterscheiden (VG Braunschweig Urteil vom 7. September 2006 a. a. O.). Hierfür spricht auch, dass die Insolvenzeröffnung eine wesentliche Änderung für die Fortführung des Unternehmens bedeutet (nämlich durch die Rechtsstellung des Insolvenzverwalters; in manchen Fällen wird auch von der Arbeitsagentur eine neue Betriebsnummer vergeben). 64

Die Regelung des SGB IX, wonach die Ausgleichsabgaben nach einer jahresdurchschnittlichen Beschäftigtenquote zu berechnen ist, dient der Vereinfachung des Berechnungsverfahrens und muss im Insolvenzfall, in dem ohnehin zwischen der Abgabe für die Zeit vor und nach Insolvenzeröffnung zu entscheiden ist, aus den genannten, das SGB IX überlagernden Grundsätzen des Insolvenzrechts zurücktreten. Die Ausgleichsabgabe ist der Höhe nach **auf die Summe zu beschränken**, die sich **unter Zugrundelegung der auch nach Eröffnung des Insolvenzverfahrens noch weiter Beschäftigten** – der Zahl nach geringeren Arbeitnehmer – **errechnet**. Nur wenn die Ausgleichsabgabe für die Zeit nach Insolvenzeröffnung gesondert berechnet wird, kann sie als sog. Neumasseschuld gem. § 209 Abs. 1 Nr. 2 InsO vorrangig vom Insolvenzverwalter befriedigt werden (VG Braunschweig Urteil vom 7. September 2006 a. a. O.). 65

Für **Säumniszuschläge im Insolvenzverfahren** ist zu beachten: Die jeweils ab dem 1. April und vor der Insolvenzeröffnung entstandenen Säumniszuschläge sind Insolvenzforderungen im Sinne von § 38 InsO; das gilt unabhängig davon, ob der Bescheid über die Festsetzung der Säumniszuschläge erst nach der Insolvenzeröffnung erlassen wurde (🏛 VG Meiningen Urteil vom 3. Juli 2008 – 8K 115/07 Me, zit. nach JURIS). Nach § 87 InsO können Insolvenzgläubiger ihre Forderungen nur nach den Vorschriften über das Insolvenzverfahren verfolgen. Ansprüche, die als Insolvenzforderung gemäß § 174 Abs. 1 InsO zur Eintragung in die Tabelle anzumelden sind, dürfen nach Eröffnung des Insolvenzverfahrens nicht mehr mittels Leistungsbescheid geltend gemacht und auch nicht mehr festgesetzt werden. Ein gleichwohl **entgegen § 87 InsO erlassener Bescheid ist nichtig** (VG Meiningen Urteil vom 3. Juli 2008 a. a. O. unter Hinweis auf BFH Urteil vom 18. Dezember 2002 = BFHE 201, 392 = NJW 2003, 2335; 🏛 OVG Mecklenburg-Vorpommern Beschluss vom 25. September 2006 – 2 L 391/05; 🏛 VG Braunschweig Beschluss vom 31. August 2007 – 8 B 134/07, jeweils zit. nach JURIS). 66

Bei **säumigen öffentlichen Arbeitgebern** kann das Integrationsamt nicht vollstrecken, sondern lediglich die zuständige Aufsichtsbehörde einschalten, gegen deren Entscheidung es die Oberste Bundes- oder Landesbehörde anrufen kann (**Abs. 4 Satz 7**). 67

3. Ausschlussfrist für Nachforderungen und Erstattungen

Nach Ablauf des Kalenderjahres, das auf den Eingang der Anzeige beim Arbeitsamt folgt, wird die Ausgleichsabgabe weder nachgefordert noch erstattet (**Abs. 4 Satz 8**). Diese Ausschlussfrist soll einen nachträglichen Streit um die Höhe der Ausgleichsabgabe vermeiden, d. h. Integrationsamt und Arbeitgeber sollen damit **vor einer aufwendigen Wiederaufnahme bereits abgeschlossener Bearbeitungsverfahren geschützt** werden (Neumann u. a. / *Neumann* Rdnr. 20 unter Hinw. auf BT-Drucks. 10/3138 S. 19 und 10/5701 S. 10). Die Frist beginnt mit dem Eingang der Anzeige des Arbeitgebers und endet mit Ablauf des darauf folgenden Kalenderjahres. Sie beträgt somit **regelmäßig 21 Monate**: Soweit der Arbeitgeber seinen Anzeige- und Zahlungspflichten nachkommt, kann das Integrationsamt nur inner- 68 halb der Ausschlussfrist eine zu niedrige Berechnung korrigieren und durch einen entsprechenden Feststellungsbescheid Nachforderungen stellen. Dasselbe gilt, wenn der Arbeitgeber seiner Zahlungspflicht nicht nachkommt und das Integrationsamt einen Feststellungsbescheid nach Abs. 4 Satz 2 erlassen hat und diesen später berichtigen will. Insoweit stellt die Vorschrift eine **Sonderregelung zu den Rücknahmeregelungen in §§ 44, 45 SGB X** dar.

69 Die Ausschlussfrist gilt auch für **Rückerstattungsverlangen des Arbeitgebers**. Haben anrechnungsfähige Arbeitnehmer zunächst ihre Schwerbehinderung verschwiegen und offenbaren sie sich innerhalb von zwei Jahren, kann der Arbeitgeber bei einer entsprechenden Nachmeldung Erstattung verlangen. Geben die betreffenden Beschäftigten ihre Schwerbehinderung hingegen erst nach Ablauf der Ausschlussfrist bekannt, entsteht dem Arbeitgeber hierdurch ein endgültiger Vermögensschaden (LPK-SGB IX / *Düwell* Rdnr. 13).

70 Zu unterscheiden von der Ausschlussfrist ist die **Verjährungsfrist** für die selbst errechnete oder behördlich festgesetzte Ausgleichsabgabe. Zwar fehlt eine ausdrückliche Regelung für den Beginn und die Länge dieser Frist in § 77 SGB IX. Jedoch bietet sich insoweit eine Analogie an zu den Bestimmungen über die Verjährung von sozialrechtlichen Beiträgen und Erstattungsansprüchen in § 25 Abs. 1 Satz 1, § 27 Abs. 2 Satz 1 SGB IV (OVG Lüneburg Urteil vom 22. Februar 1989 – 4 L 8/89 = NZA 1989, 722 = BehindertenR 1989, 139; im Ergebnis ebenso, allerdings unter entsprechender Anwendung der Vorschrift über die Verjährung von Ansprüchen auf Sozialleistungen in § 45 Abs. 1 SGB I; VG Würzburg Entscheidung vom 1. März 1994 – W 3 K 93.227 = BehindertenR 1994, 187). Die Verjährungsfrist für den Anspruch des Integrationsamtes auf die Ausgleichsabgabe beginnt demnach **mit Ablauf des Jahres**, in welchem der **Anspruch entstanden** ist und beträgt **vier Jahre** (im Erg. ebenso Kossens u. a. / *Kossens* Rdnr. 19; auch LPK-SGB IX / *Düwell* Rdnr. 14, der allerdings bei Selbstveranlagung die Frist bereits mit Eingang der Anzeige bei der Agentur für Arbeit beginnen lassen will).

71 **Nicht überzeugend** ist demgegenüber die Annahme einer fünfjährigen Verjährungsfrist in entsprechender **Anwendung von § 228 AO** (so aber VGH Bad.-Württ. Urteil vom 7. Oktober 1996 – 2 S 632/95 = BehindertenR 1997, 111). Da es sich um eine nichtsteuerliche Sonderabgabe im Rahmen des SGB IX handelt, liegt die Heranziehung steuerrechtlicher Vorschriften ferner als die Analogie zu den allgemeinen Regelungen über sozialrechtliche Ansprüche nach dem Sozialgesetzbuch.

Dasselbe gilt sinngemäß für einen Rückgriff auf die **Verjährungsbestimmungen des BGB**. Wenn der Gesetzgeber für bestimmte sozialrechtliche Verhältnisse Verjährungsbestimmungen geschaffen hat, sind diese eher analogiefähig als die Vorschriften des Zivilrechts. Zwar hat das OVG NRW gleichwohl im Urteil vom 3. April 1986 (10 A 732/84 = DB 1987, 392) aus der damaligen Verjährungsbestimmung über wiederkehrende Leistungen in § 197 BGB a. F. eine vierjährige Verjährungsfrist abgeleitet. Jedoch gilt insoweit seit der Neuregelung im BGB zum 1. Januar 2002 auch insoweit eine allgemeine Verjährungsfrist von drei Jahren, so dass die Annahme einer vierjährigen Frist jedenfalls nicht mehr auf diese Begründung gestützt werden kann (übersehen von Neumann u. a. / *Neumann* Rdnr. 22).

72 Für die **Wirkung der Verjährung** sowie ihre Hemmung und Unterbrechung gelten nach § 45 SGB I, § 25 SGB IV die Vorschriften des BGB entsprechend.

73 Der Arbeitgeber hat keinen Anspruch gegen das Integrationsamt auf **Verzinsung des Anspruchs auf Erstattung** überzahlter Ausgleichsabgaben. Weder gilt ein allgemeines Verzinsungsgebot für die Träger öffentlicher Verwaltung noch sind in diesem Fall spezialgesetzliche Vorschriften mit einer entsprechenden Rechtsfolge anwendbar (näher hierzu Ernst / Adlhoch / Seel / *Kuhlmann* Rdnr. 37).

E) zu Abs. 5

1. Zweckbindung

Die Ausgleichsabgabe darf nach **Abs. 5 Satz 1** nur zweckgebunden für besondere Leistungen zur Förderung der Teilhabe schwerbehinderter Menschen und Gleichgestellter am Arbeitsleben einschließlich begleitender Hilfe im Arbeitsleben nach § 102 Abs. 1 Nr. 3 SGB IX verwendet werden.

74

Ergänzende Bestimmungen für die Verwendung der Ausgleichsabgabe enthält die Schwerbehinderten-Ausgleichsabgabeverordnung (SchwbAV) vom 28. März 1988, zuletzt geändert durch Art. 7 des Gesetzes vom 22. Dezember 2008 BGBl. I S. 2959).

Als **Leistungen** kommen beispielsweise in Betracht: Hilfe für die Aufnahme einer Erwerbstätigkeit, technische Arbeitshilfen, Hilfen zum Erreichen des Arbeitsplatzes, zur Selbstständigkeit, für eine behindertengerechte Wohnung, zur Erhaltung der Arbeitskraft. Auch Leistungen der Kfz-Hilfe, die der Beschaffung eines Kraftfahrzeugs oder dessen behindertengerechter Ausstattung dienen, sind nach der Kraftfahrzeughilfe-Verordnung aus Mitteln der Ausgleichsabgabe möglich.

75

An Arbeitgeber können Leistungen zur Beschaffung und Bereitstellung von Arbeits- und Ausbildungsplätzen für schwerbehinderte Menschen und bei außergewöhnlichen Belastungen erbracht werden. Auch Leistungen **an Integrationsfachdienste und Integrationsfirmen** sind aus der Ausgleichsabgabe zu zahlen (Ernst / Adlhoch / Seel / *Kuhlmann* Rdnr. 44).

Allerdings gilt insoweit der Grundsatz des **Nachrangs**, als Mittel für denselben Zweck nicht von anderer Seite zu leisten sind oder geleistet werden, insbesondere von einem Rehabilitationsträger oder dem Arbeitgeber oder auch von sonstigen Organisationen, Stellen, Personen oder Sozialleistungsträgern. Vorrangig sind also Mittel zu verwenden, die zu demselben Zweck von anderen Sozialleistungsträgern, insbesondere von Rehabilitationsträgern, geleistet werden (LPK-SGB IX / *Düwell* Rdnr. 17).

76

Dieser Subsidiaritätsgrundsatz gilt auch dann, wenn ein **anderer Träger ohne Rechtspflicht** in Ausübung seines Ermessens entsprechende Leistungen erbracht hat. Sind Leistungen anderer Träger unzureichend, ist eine **Aufstockung** durch Leistungen der Integrationämter aus Mitteln der Ausgleichsabgabe möglich. Denn nach dem Gesetzeswortlaut ist der Einsatz dieser Mittel dann zulässig, „soweit Mittel für denselben Zweck nicht von anderer Seite geleistet werden". Ein Aufstockungsverbot besteht nach § 102 Abs. 5 Satz 2 letzter Halbs. SGB IX allerdings dann, wenn ein Rehabilitationsträger bereits Leistungen erbracht hat (Ernst / Adlhoch / Seel / *Kuhlmann* Rdnr. 45).

Persönliche und sächliche **Kosten der Verwaltung** und Kosten des Verfahrens dürfen nach Abs. 5 Satz 1 weder von dem Integrationsamt noch dem Bundesministerium für Arbeit und Soziales als Verwalter des Ausgleichsfonds gem. § 78 SGB IX aus dem ihnen zur Verfügung stehenden Aufkommen an Ausgleichsabgabe bestritten werden.

77

Das Integrationsamt hat den **Beratenden Ausschuss** gemäß § 103 SGB IX auf dessen Verlangen eine **Übersicht über die Verwendung** der Ausgleichsabgabe zu geben (**Abs. 5 Satz 3**). Allerdings erstreckt sich die Kontrolle nur darauf, ob die Mittel den gesetzlichen Bestimmungen entsprechend verwendet werden. Die rechnerische Prüfung obliegt der Aufsichtsbehörde bzw. dem Landesrechnungshof. Der Ausschuss kann zwar die Verwendung kritisieren, jedoch keine diesbezüglichen Anweisungen an das Integrationsamt geben. Eine Einflussnahme ist nur über die Aufsichtsbehörde möglich (Neumann u. a. / *Neumann* Rdnr. 32).

78

F) zu Abs. 6

1. Verteilung der Mittel

Die Integrationsämter hatten **ursprünglich 45%** des Aufkommens an Ausgleichsabgabe an den **Ausgleichsfonds des Bundes** nach § 78 SGB IX abzuführen. Ab 1. Januar 2005 trat an

79

die Stelle dieses starren Verteilungsschlüssels der in **der Rechtsverordnung nach § 79 SGB IX bestimmte Prozentsatz (Abs. 6 Satz 1).**

Die bisher letzte Änderung in der einschlägigen SchwbAV wurde durch das Gesetz zur Einführung unterstützter Beschäftigung vom 22. Dezember 2008 – (BGB I S. 2959 –) vorgenommen. Danach sind vom Aufkommen durch die Integrationsämter ab 2009 an den Ausgleichsfonds 20% weiterzuleiten (§ 36 Satz 1 SchwbAV). Aus diesem 20%-Anteil müssen wiederum 16% an die Bundesagentur für Arbeit weitergereicht werden (§ 41 Abs. 1 Nr. 1 SchwbAV).

80 **Abzuführen** ist allein das **im maßgeblichen Zeitraum** eingegangene **Aufkommen an Ausgleichsabgabe**. Nachforderungen in Folgejahren für das entsprechende Kalenderjahr werden nicht berücksichtigt. Ebenso gehören zum Aufkommen weder Säumniszuschläge noch Zinseinnahmen aus der Anlage der vereinnahmten Ausgleichsabgabe (Ernst / Adlhoch / Seel / *Kuhlmann* Rdnr. 50).

81 Zwischen den Integrationsämtern ist ein **Finanzausgleich** herbeizuführen (**Abs. 6 Satz 2**). Die Notwendigkeit hierfür folgt daraus, dass für jeden Arbeitgeber unabhängig von der örtlichen Lage seiner Betriebe und damit seiner Arbeitsplätze jeweils nur ein Integrationsamt für die Einziehung der Ausgleichsabgabe zuständig ist. Hierdurch kann ein starkes **Ungleichgewicht** eintreten, wenn der Arbeitgeber Ausgleichsabgaben für **Arbeitsplätze** abführt, die **in anderen Bezirken** liegen (Neumann u. a. / *Neumann* Rdnr. 33).

82 Die Ausgleichszahlungen unter den Integrationsämtern sind nach **Abs. 6 Satz 3 und 4 jährlich** wie folgt zu berechnen: Zunächst wird das Verhältnis gebildet zwischen der Wohnbevölkerung innerhalb des Zuständigkeitsbereichs des Integrationsamts zur Wohnbevölkerung aller Integrationsämter. Die entsprechenden Angaben liefert das Statistische Bundesamt. Anschließend ist die Zahl der schwerbehinderten Arbeitnehmer und Gleichgestellten, soweit sie beschäftigt oder arbeitslos gemeldet sind, innerhalb der Integrationsämter zu sämtlichen Integrationsämtern herzustellen. Maßgebend hierfür sind Meldungen aufgrund der Anzeige nach § 80 Abs. 2 SGB IX an die Bundesagentur für Arbeit. Dabei werden schwerbehinderte Menschen bei nicht beschäftigungspflichtigen Arbeitgebern und auf Stellen, die nicht als Arbeitsplätze gelten, nicht mitgezählt.

83 **Ausgleichspflichtig** sind diejenigen Integrationsämter, die **im Verhältnis zur Wohnbevölkerung unterdurchschnittlich wenig schwerbehinderte Menschen** bzw. Gleichgestellte aufweisen. Hingegen sind ausgleichsberechtigt die Integrationsämter, die im Verhältnis zur Wohnbevölkerung überdurchschnittlich viele schwerbehinderte bzw. gleichgestellte Arbeitnehmer zu betreuen haben. Der Ausgleichsanspruch eines Integrationsamts richtet sich gegen die Gesamtheit der ausgleichspflichtigen Integrationsämter. Der Ausgleich lässt sich also durch **Abzug oder Aufstockung der gezahlten Beträge** herbeiführen (zum Ganzen Neumann u. a. / *Neumann* Rdnr. 33; Ernst / Adlhoch / Seel / *Kuhlmann* Rdnr. 52).

G) zu Abs. 7

1. Verwaltung der Mittel

84 Die Vorschrift bestimmt, dass und in welcher Weise die Integrationsämter die ihnen verbleibenden Mittel der Ausgleichsabgabe **gesondert zu verwalten** haben. Hierdurch soll die Einhaltung der strengen Zweckbestimmung nach Abs. 5 Satz 1 abgesichert werden (*Müller-Wenner* / Schorn Rdnr. 29). Insbesondere ist eine haushaltsmäßige Vermengung der Ausgleichsabgabe mit den Mitteln unzulässig, die das zuständige Land dem Integrationsamt für personelle und sächliche Verwaltungs- und Verfahrenskosten zugewiesen hat. Für Rechnungslegung, Rechnungen und Belege gelten die üblichen landesrechtlichen Bestimmungen des Haushaltsrechts.

H) zu Abs. 8

1. Ausgleich innerhalb des Bundes und der Länder

Die Vorschrift stellt klar, dass der Bund und die einzelnen Länder jeweils als ein Arbeitgeber gelten. Wird beispielsweise die Pflichtquote bei einer Bundesbehörde untererfüllt, kann dies durch eine Überfüllung bei einer anderen kompensiert werden. Dasselbe gilt bei den Behörden eines Bundeslandes (Neumann u. a / *Neumann* Rdnr. 35). Hingegen zählen Landkreise und Gemeinden sowie Körperschaften, Anstalten und Stiftungen für die Ausgleichsabgabe jeweils als ein Arbeitgeber, so dass dort ein Ausgleich nur innerhalb des jeweiligen Bereichs möglich ist. 85

§ 78
Ausgleichsfonds

¹Zur besonderen Förderung der Einstellung und Beschäftigung schwerbehinderter Menschen auf Arbeitsplätzen und zur Förderung von Einrichtungen und Maßnahmen, die den Interessen mehrerer Länder auf dem Gebiet der Förderung der Teilhabe schwerbehinderter Menschen am Arbeitsleben dienen, ist beim Bundesministerium für Arbeit und Soziales als zweckgebundene Vermögensmasse ein „Ausgleichsfonds für überregionale Vorhaben zur Teilhabe schwerbehinderter Menschen am Arbeitsleben" gebildet. ²Das Bundesministerium für Arbeit und Soziales verwaltet den Ausgleichsfonds.

ERLÄUTERUNGEN

I. Bedeutung der Vorschrift

Sie regelt, dass ein Ausgleichsfonds für Maßnahmen zur Eingliederung schwerbehinderter Menschen in Arbeit, Beruf und Gesellschaft als ein nicht rechtsfähiges Sondervermögen des Bundes mit eigener Wirtschafts- und Rechnungsführung gebildet wird. Dieser Fonds erhält seine Mittel aus der Ausgleichsabgabe nach § 77 SGB IX. Er ist vom Bundesministerium für Arbeit und Sozialordnung zu verwalten. 1

II. Fassung

Die Vorschrift wurde unverändert aus dem Regierungsentwurf (BT-Drucks. 14/5531 i. V. m. 14/5074) übernommen. Sie entspricht im Wesentlichen dem bisherigen § 12 Abs. 1 SchwbG. 2

III. Anmerkungen

1. Ausgleichsfonds als Sondervermögen

Der Ausgleichsfonds ist nach **Satz 1** beim Bundesministerium für Arbeit und Sozialordnung zu bilden und auch von diesem zu verwalten (**Satz 2**). Einzelheiten der Fondverwaltung sind in §§ 35 ff. der SchwbAV geregelt. Der Fonds bildet ein **rechtsfähiges Sondervermögen des Bundes mit eigener Wirtschafts- und Rechnungsführung** (§ 35 SchwbAV). Für seine Verwaltung sind die Bestimmungen der Bundeshaushaltsordnung maßgebend (§ 37 SchwbAV). Hierfür wird ein Wirtschaftsplan aufgestellt, bei dessen Feststellung gem. § 39 SchwbAV der Bundesminister für Finanzen und der Beirat nach § 64 SGB IX zu beteiligen sind. 3

2. Verwendungszwecke des Fonds

Die Mittel des Ausgleichsfonds werden für **zwei Zwecke** eingesetzt: für die Förderung der Einstellung und Beschäftigung schwerbehinderter Menschen auf Arbeitsplätzen (vgl. §§ 1, 41 Abs. 1 SchwbAV) sowie für die Förderung von Einrichtungen und Maßnahmen, die länderübergreifenden Interessen auf dem Gebiet der Förderung der Teilhabe schwerbehinderter 4

Menschen am Arbeitsleben dienen (vgl. hierzu näher § 41 Abs. 2 Nr. 2 und 4 SchwbAV). Es handelt sich um überregionale Modellvorhaben zur Weiterentwicklung der Arbeits- und Berufsförderung schwerbehinderter Menschen, der Entwicklung technischer Arbeitshilfen, der Aufklärung, Fortbildung und Forschung auf dem Gebiet der Eingliederung schwerbehinderter Menschen in das Arbeits- und Berufsleben, sofern diesen Maßnahmen überregionale Bedeutung zukommt.

§ 79
Verordnungsermächtigungen

Die Bundesregierung wird ermächtigt, durch Rechtsverordnung mit Zustimmung des Bundesrates

1. die Pflichtquote nach § 71 Abs. 1 nach dem jeweiligen Bedarf an Arbeitsplätzen für schwerbehinderte Menschen zu ändern, jedoch auf höchstens 10 Prozent zu erhöhen oder bis auf 4 Prozent herabzusetzen; dabei kann die Pflichtquote für öffentliche Arbeitgeber höher festgesetzt werden als für private Arbeitgeber,
2. nähere Vorschriften über die Verwendung der Ausgleichsabgabe nach § 77 Abs. 5 und die Gestaltung des Ausgleichsfonds nach § 78, die Verwendung der Mittel durch ihn für die Förderung der Teilhabe schwerbehinderter Menschen am Arbeitsleben und das Vergabe- und Verwaltungsverfahren des Ausgleichsfonds zu erlassen,
3. in der Rechtsverordnung nach Nummer 2
    a) den Anteil des an den Ausgleichsfonds weiterzuleitenden Aufkommens an Ausgleichsabgabe entsprechend den erforderlichen Aufwendungen zur Erfüllung der Aufgaben des Ausgleichfonds und der Integrationsämter,
    b) den Ausgleich zwischen den Integrationsämtern auf Vorschlag der Länder oder einer Mehrheit der Länder abweichend von § 77 Abs. 6 Satz 3 sowie
    c) die Zuständigkeit für die Förderung von Einrichtungen nach § 30 der Schwerbehinderten-Ausgleichsabgabeverordnung abweichend von § 41 Abs. 2 Nr. 1 dieser Verordnung und von Integrationsbetrieben und -abteilungen abweichend von § 41 Abs. 1 Nr. 3 dieser Verordnung
   zu regeln,
4. die Ausgleichsabgabe bei Arbeitgebern, die über weniger als 30 Arbeitsplätze verfügen, für einen bestimmten Zeitraum allgemein oder für einzelne Bundesländer herabzusetzen oder zu erlassen, wenn die Zahl der unbesetzten Pflichtarbeitsplätze für schwerbehinderte Menschen die Zahl der zu beschäftigenden schwerbehinderten Menschen so erheblich übersteigt, dass die Pflichtarbeitsplätze für schwerbehinderte Menschen dieser Arbeitgeber nicht in Anspruch genommen zu werden brauchen.

ERLÄUTERUNGEN

I. Bedeutung der Vorschrift

1 Die Vorschrift fasst verschiedene Verordnungsermächtigungen zusammen, die bisher in einzelnen Bestimmungen des SchwbG enthalten waren.

II. Fassung

2 Die Vorschrift wurde inhaltlich unverändert aus dem Regierungsentwurf (BT-Drucks. 14/5531 i. V. m. 14/5074) übernommen.

III. Begründung

In dem Regierungsentwurf (BT-Drucks. 14/5074 S. 112) wird zu der Vorschrift ausgeführt:

„Die Regelungen zu den **Nummern 1, 2 und 4** übertragen inhaltsgleich die bisherigen Regelungen der § 5 Abs. 2, § 11 Abs. 3 und 6 und § 12 Abs. 2 des Schwerbehindertengesetzes.

Durch die Regelung der **Nummer 2** wird die Bundesregierung ermächtigt, mit Zustimmung des Bundesrates in der **Schwerbehinderten-Ausgleichsabgabeverordnung** die Förderung der Teilhabe schwerbehinderter Menschen mit den Mitteln der Ausgleichsabgabe näher zu regeln. Die Mittel der Ausgleichsabgabe können für Leistungen an Arbeitgeber zur Förderung des Arbeits- und Ausbildungsplatzangebots, für Arbeitsmarktprogramme für schwerbehinderte Menschen, für Leistungen an schwerbehinderte Menschen zur begleitenden Hilfe im Arbeitsleben, für sonstige Leistungen, darunter auch Leistungen an Integrationsfachdienste und Integrationsfirmen, und für Leistungen für Einrichtungen zur Teilhabe schwerbehinderter Menschen am Arbeitsleben verwendet werden.

Durch die Regelung der **Nummer 3** wird die Bundesregierung ermächtigt, in der Schwerbehinderten-Ausgleichsabgabeverordnung für den an den Ausgleichsfonds weiterzuleitenden Anteil des Aufkommens an den Ausgleichsfonds und damit für die **Aufteilung der Ausgleichsabgabe** zwischen dem Bund (Ausgleichsfonds) und den Ländern (Integrationsämtern) einen anderen Prozentsatz festzusetzen, wenn ein solcher für die Erfüllung der Aufgaben des Ausgleichsfonds und der Integrationsämter erforderlich ist. Zu den hierbei in Betracht zu ziehenden Gesichtspunkten siehe auch Begründung zu § 160. Sie wird ferner ermächtigt, für den Ausgleich zwischen den Integrationsämtern (§ 77 Abs. 6 Satz 2 SGB IX) einen anderen **Verteilerschlüssel** zu regeln, wenn dies die Länder oder eine Mehrheit der Länder vorschlagen.

Eine Änderung der **Aufteilung der Ausgleichsabgabe zwischen Bund und Ländern** wird erforderlich sein, wenn die Zuständigkeit für die Förderung von Einrichtungen nach § 30 der Schwerbehinderten-Ausgleichsabgabeverordnung und von Integrationsbetrieben und -abteilungen nach § 41 Abs. 1 Nr. 3 der Schwerbehinderten-Ausgleichsabgabeverordnung geändert werden sollte. Dazu wird die Bundesregierung in der Verordnungsermächtigung mit Zustimmung des Bundesrates ermächtigt. Auf diesem Wege ist auch eine Übertragung der Zuständigkeit für die Förderung von Integrationsbetrieben und -abteilungen vom Ausgleichsfonds auf die Länder (Integrationsämter) möglich. Die Übertragung der Zuständigkeit für die Förderung von Einrichtungen, insbesondere von Werk- und Wohnstätten, ist bereits auf der Grundlage der Verordnungsermächtigung in § 11 Abs. 3 und § 12 des Schwerbehindertengesetzes möglich."

KAPITEL 3
Sonstige Pflichten der Arbeitgeber; Rechte der schwerbehinderten Menschen
§ 80
Zusammenwirken der Arbeitgeber mit der Bundesagentur für Arbeit und den Integrationsämtern

(1) Die Arbeitgeber haben, gesondert für jeden Betrieb und jede Dienststelle, ein Verzeichnis der bei ihnen beschäftigten schwerbehinderten, ihnen gleichgestellten behinderten Menschen und sonstigen anrechnungsfähigen Personen laufend zu führen und dieses den Vertretern oder Vertreterinnen der Bundesagentur für Arbeit und des Integrationsamtes, die für den Sitz des Betriebes oder der Dienststelle zuständig sind, auf Verlangen vorzulegen.

(2) ¹Die Arbeitgeber haben der für ihren Sitz zuständigen Agentur für Arbeit einmal jährlich bis spätestens zum 31. März für das vorangegangene Kalenderjahr, aufgegliedert nach Monaten, die Daten anzuzeigen, die zur Berechnung des Umfangs der Beschäftigungspflicht, zur Überwachung ihrer Erfüllung und der Ausgleichsabgabe notwendig sind. ²Der Anzeige sind das nach Absatz 1 geführte Verzeichnis sowie eine Kopie der Anzeige und des Verzeichnisses zur Weiterleitung an das für ihren Sitz zuständige Integrationsamt beizufügen. ³Dem Betriebs-, Personal-, Richter-, Staatsanwalts- und Präsidialrat, der Schwerbehindertenvertretung und dem Beauftragten des Arbeitgebers ist je eine Kopie der Anzeige und des Verzeichnisses zu übermitteln.

(3) Zeigt ein Arbeitgeber die Daten bis zum 30. Juni nicht, nicht richtig oder nicht vollständig an, erlässt die Bundesagentur für Arbeit nach Prüfung in tatsächlich und rechtlicher Hinsicht einen Feststellungsbescheid über die zur Berechnung der Zahl der Pflichtarbeitsplätze für schwerbehinderte Menschen und der besetzten Arbeitsplätze notwendigen Daten.

(4) Die Arbeitgeber, die Arbeitsplätze für schwerbehinderte Menschen nicht zur Verfügung zu stellen haben, haben die Anzeige nur nach Aufforderung durch die Bundesagentur für Arbeit im Rahmen einer repräsentativen Teilerhebung zu erstatten, die mit dem Ziel der Erfassung der in Absatz 1 genannten Personengruppen, aufgegliedert nach Bundesländern, alle fünf Jahre durchgeführt wird.

(5) Die Arbeitgeber haben der Bundesagentur für Arbeit und dem Integrationsamt auf Verlangen die Auskünfte zu erteilen, die zur Durchführung der besonderen Regelungen zur Teilhabe schwerbehinderter und ihnen gleichgestellter behinderter Menschen am Arbeitsleben notwendig sind.

(6) ¹Für das Verzeichnis und die Anzeige des Arbeitgebers sind die mit der Bundesarbeitsgemeinschaft der Integrationsämter und Hauptfürsorgestellen, abgestimmten Vordrucke der Bundesagentur für Arbeit zu verwenden. ²Die Bundesagentur für Arbeit soll zur Durchführung des Anzeigeverfahrens in Abstimmung mit der Bundesarbeitsgemeinschaft ein elektronisches Übermittlungsverfahren zulassen.

(7) Die Arbeitgeber haben den Beauftragten der Bundesagentur für Arbeit und dem Integrationsamt auf Verlangen Einblick in ihren Betrieb oder ihre Dienststelle zu geben, soweit es im Interesse der schwerbehinderten Menschen erforderlich ist und Betriebs- oder Dienstgeheimnisse nicht gefährdet werden.

(8) Die Arbeitgeber haben die Vertrauenspersonen der schwerbehinderten Menschen (§ 94 Abs. 1 Satz 1 bis 3 und § 97 Abs. 1 bis 5) unverzüglich nach der Wahl und ihren Beauftragten für die Angelegenheiten der schwerbehinderten Menschen (§ 98 Satz 1) unverzüglich nach der Bestellung der für den Sitz des Betriebes oder der Dienststelle zuständigen Agentur für Arbeit und dem Integrationsamt zu benennen.

ERLÄUTERUNGEN

ÜBERSICHT

I. Bedeutung der Vorschrift (Rdnrn. 1–10)
II. Fassung (Rdnrn. 11–11b)
   A) durch das SGB IX vom 19. Juni 2001 (BGBl. I S. 1046) mit Wirkung vom 1. Juli 2001 (Rdnr. 11)
   B) durch das Vierte Gesetz für moderne Dienstleistungen am Arbeitsmarkt vom 24. Dezember 2003 (BGBl. I S. 2954) mit Wirkung vom 1. Januar 2004 (Rdnr. 11a)
   C) durch das Gesetz zur Förderung der Ausbildung und Beschäftigung schwerbehinderter Menschen vom 23. April 2004 (BGBl. I S. 606) mit Wirkung vom 1. Mai 2004 (Rdnr. 11b)
III. Anmerkungen (Rdnrn. 12–23)
   A) zu Abs. 1
      1. Pflichten zur Führung eines Verzeichnisses (Rdnr. 12)
      2. Form und Inhalt des Verzeichnisses (Rdnrn. 13–14)
   B) zu Abs. 2
      1. Jährliche Anzeigepflicht (Rdnrn. 15–16)
   C) zu Abs. 3
      1. Erlass eines Feststellungsbescheids (Rdnr. 17)
   D) zu Abs. 4
      1. Anzeigepflicht für nicht beschäftigungspflichtige Arbeitgeber (Rdnr. 18)
   E) zu Abs. 5
      1. Pflichten zur Erteilung notwendiger Auskünfte (Rdnr. 19)
   F) zu Abs. 6
      1. Vordruckzwang (Rdnr. 20)
   G) zu Abs. 7
      1. Einblick in Betriebe oder Dienststellen (Rdnr. 21)
   H) zu Abs. 8
      1. Benennung der Vertrauensperson bzw. des Arbeitgeberbeauftragten (Rdnr. 22)
   I) zu Abs. 9
      1. Übersicht über die Beschäftigungsquote bei öffentlichen Arbeitgebern (Rdnr. 23)

I. Bedeutung der Vorschrift

Die Vorschrift regelt das Zusammenwirken der Arbeitgeber mit der Bundesagentur für Arbeit und den Integrationsämtern. Abweichend von der bisherigen Gesetzesfassung des § 13 SchwbG werden bereits in der Überschrift nicht mehr einseitig die „Pflichten" der Arbeitgeber gegenüber der Bundesagentur für Arbeit und den – früheren – Hauptfürsorgestellen betont. 1

In **Abs. 1** ist die Pflicht zur Führung von Namensverzeichnissen über die beschäftigten Schwerbehinderten, Gleichgestellten und sonstigen anrechnungsfähigen Personen festgelegt. Diese muss der Arbeitgeber auf Verlangen der zuständigen Behörde jeweils vorlegen. 2

Ferner treffen den Arbeitgeber jährliche Anzeigepflichten gegenüber dem Integrationsamt über die betrieblichen Verhältnisse und die Beschäftigung schwerbehinderter Menschen (**Abs. 2**). 3

Bei Verletzung der Anzeigepflicht erlässt die Agentur für Arbeit einen Feststellungsbescheid über die zur Berechnung der Zahl der Pflichtarbeitsplätze und der besetzten Arbeitsplätze notwendigen Daten (**Abs. 3**). 4

5 Soweit Arbeitgeber keine Beschäftigungspflicht gegenüber schwerbehinderten Menschen trifft, sind sie nur nach Aufforderung durch die Bundesagentur für Arbeit anzeigepflichtig. Die Meldung dient dann einer im fünfjährigen Turnus durchzuführenden repräsentativen Teilerhebung mit dem Ziel der Erfassung aller beschäftigten schwerbehinderten, gleichgestellten und sonstigen anrechnungsfähigen Arbeitnehmer, aufgegliedert nach Bundesländern (**Abs. 4**).

6 Die privaten und öffentlichen Arbeitgeber haben den Agenturen für Arbeit und dem Integrationsamt alle Auskünfte zu erteilen, die zur Durchführung der Regelungen zur Teilhabe schwerbehinderter und gleichgestellter behinderter Menschen am Arbeitsleben notwendig sind (**Abs. 5**).

7 Für die Führung des Verzeichnisses und die Anzeige des Arbeitgebers wird die Verwendung von Vordrucken der Bundesagentur für Arbeit vorgeschrieben. Diese soll ein elektronisches Übermittlungsverfahren zulassen (**Abs. 6**).

8 Die Arbeitgeber sind verpflichtet, Beauftragten der Bundesagentur für Arbeit und dem Integrationsamt auf Verlangen Einblick in den Betrieb oder die Dienststelle zu geben. Voraussetzung ist, dass dies im Interesse der schwerbehinderten Menschen erforderlich ist und Betriebs- oder Dienstgeheimnisse nicht gefährdet werden (**Abs. 7**).

9 Ferner trifft die Arbeitgeber die Pflicht zur Information gegenüber der zuständigen Arbeitsagentur und dem Integrationsamt, sobald die Schwerbehindertenvertretung gewählt und ein Beauftragter des Arbeitgebers für die Schwerbehinderten ernannt ist (**Abs. 8**).

10 Schließlich hat die Bundesagentur für Arbeit jährlich eine Übersicht über die Beschäftigungsquote schwerbehinderter Menschen bei den einzelnen öffentlichen Arbeitgebern zu erstellen (**Abs. 9**).

II. Fassung

A) durch das SGB IX vom 19. Juni 2001 (BGBl. I S. 1046) mit Wirkung vom 1. Juli 2001

11 Die Vorschrift wurde inhaltlich weitgehend unverändert aus dem Regierungsentwurf (BT-Drucks. 14/5531 i. V. m. 14/5074) übernommen. Geändert wurde vor allem die Bezeichnung der „Hauptfürsorgestelle" in „Integrationsamt". Außerdem wurden in Absatz 3 nach dem Wort „Arbeitsamt" die Worte „nach Prüfung in tatsächlicher und rechtlicher Hinsicht" eingefügt.

Sie entspricht im Wesentlichen dem bisherigen § 13 SchwbG mit einigen Änderungen, die nach der Gesetzesbegründung eine Vereinfachung des Anzeigeverfahrens für die Arbeitgeber bewirken sollen.

B) durch das Vierte Gesetz für moderne Dienstleistungen am Arbeitsmarkt vom 24. Dezember 2003 (BGBl. I S. 2954) mit Wirkung vom 1. Januar 2004

11a Durch dieses Gesetz wurde in der Vorschrift die Bezeichnung „Arbeitsamt" durch „Bundesagentur für Arbeit" bzw. „Agentur für Arbeit" ersetzt.

Das Inkrafttreten der Bestimmung wurde rückwirkend vorverlegt durch Art. 14 Nr. 4b des Kommunalen Optionsgesetzes vom 30. Juli 2004 (BGBl. I S. 2014).

C) durch das Gesetz zur Förderung der Ausbildung und Beschäftigung schwerbehinderter Menschen vom 23. April 2004 (BGBl. I S. 606) mit Wirkung vom 1. Mai 2004

Abs. 6 wurde durch Art. 1 Nr. 17 wie folgt geändert: 11b

a) In **Satz 1** wurden die Wörter „Arbeitsgemeinschaft, in der sich die Integrationsämter zusammengeschlossen haben" durch die Wörter „Bundesarbeitsgemeinschaft der Integrationsämter und Hauptfürsorgestellen" ersetzt.

b) In **Satz 2** wurde das Wort „Arbeitsgemeinschaft" durch das Wort „Bundesarbeitsgemeinschaft" ersetzt.

Es handelt sich um eine redaktionelle Änderung aufgrund des zwischenzeitlichen Zusammenschlusses der Integrationsämter und Hauptfürsorgestellen zu einer Bundesarbeitsgemeinschaft.

III. Anmerkungen

A) zu Abs. 1

1. Pflicht zur Führung eines Verzeichnisses

Alle Arbeitgeber, die mindestens einen schwerbehinderten oder gleichgestellten Arbeitnehmer oder eine sonstige anrechnungsfähige Person beschäftigen, haben hierüber ein Verzeichnis laufend zu führen. Dies betrifft sowohl private wie öffentliche Arbeitgeber und auch solche, die über weniger als 20 Arbeitsplätze im Sinne des § 73 verfügen. Denn die Vorschrift soll den Arbeitsagenturen und den Integrationsämtern die Erfassung aller Betriebe und Dienststellen ermöglichen, in denen schwerbehinderte Menschen und die übrigen genannten Personen beschäftigt sind. Deshalb kommt es nicht auf eine bestehende Beschäftigungspflicht nach § 71 SGB IX oder eine Ausgleichsabgabepflicht nach § 77 SGB IX an (Kossens u. a. / *Steck* Rdnr. 2; *Müller-Wenner* / *Schorn* Rdnr. 3). Ferner ist unerheblich, ob die beschäftigten schwerbehinderten Menschen usw. eine Vollzeitbeschäftigung, eine Aushilfstätigkeit oder nur eine vorübergehende Tätigkeit ausüben. 12

2. Form und Inhalt des Verzeichnisses

Das Verzeichnis ist „gesondert" für jeden Betrieb und jede Dienststelle ständig und lückenlos zu führen. Durch **Abs. 6** wird erstmals ein Vordruckzwang für die früher formfreie Führung des Verzeichnisses eingeführt (wenngleich es sich schon zuvor empfohlen hatte, die von den Arbeitsämtern vorgehaltenen Vordrucke zu verwenden). 13

Nachdem das Verzeichnis den Vertretern der zuständigen Arbeitsagentur und des Integrationsamts auf Verlangen vorzulegen ist bedeutet dies: Das Verzeichnis muss **jederzeit bei Kontrollen** im Betrieb bzw. in der Dienststelle **zur Verfügung stehen** und deshalb laufend aktualisiert sein. Verstöße gegen die Pflicht zur richtigen, formgerechten und vollständigen Führung des Verzeichnisses sowie zum Vorzeigen gegenüber den in § 80 Abs. 1 SGB IX genannten Personen können als Ordnungswidrigkeit nach § 156 Abs. 1 Nr. 2 SGB IX geahndet werden. Hingegen kommt ein Bußgeld wegen Nichtführens des Verzeichnisses „in der vorgeschriebenen Form" nicht in Betracht, da gesetzliche Formvorschriften in § 80 Abs. 1 nicht enthalten sind. 14

B) zu Abs. 2

1. Jährliche Anzeigepflicht

Alle beschäftigungspflichtigen Arbeitgeber haben der für ihren Sitz zuständigen Arbeitsagentur einmal jährlich bis spätestens zum 31. März für das vorangegangene Kalenderjahr die Daten anzuzeigen, die zur Berechnung des Umfangs der Beschäftigungspflicht, zur Überwachung ihrer Erfüllung und der Ausgleichsabgabe notwendig sind (**Abs. 2 Satz 1**). Dass die Anzeigepflicht **nur beschäftigungspflichtige Arbeitgeber** trifft, ergibt ein Umkehr- 15 schluss aus Abs. 4. Im Gegensatz zur zuvor geltenden Fassung des § 13 Abs. 2 Satz 1 SchwbG enthält das Gesetz nicht mehr ausdrücklich genannte Datenkomplexe (Zahl der Gesamtarbeitsplätze einschließlich der Plätze für Auszubildende sowie der Stellen, die nach – nunmehr – § 73 Abs. 2 und 3 SGB IX nicht als Arbeitsplätze gelten, gesondert für jeden Betrieb und jede Dienststelle; die Zahl der in den einzelnen Betrieben und Dienststellen beschäftigten schwerbehinderten Personen, gleichgestellten und sonstigen anrechnungsfähigen Personen, darunter die Zahlen der zur Ausbildung und der zur sonstigen beruflichen Bildung eingestellten schwerbehinderten und gleichgestellten Menschen, gesondert nach ihrer Zugehörigkeit zu einer dieser Gruppen; Mehrfachanrechnungen und Gesamtbetrag der geschuldeten Ausgleichsabgabe). Jedoch dürften diese Angaben – auch wenn sie nicht mehr ausdrücklich genannt sind – nach wie vor im Wesentlichen notwendig sein, um den Umfang der Beschäftigungspflicht zu berechnen, ihre Erfüllung zu überwachen und die Ausgleichsabgabe zu ermitteln. Für die Anzeige besteht Vordruckzwang (vgl. Abs. 6).

16 Der Anzeige ist das nach **Abs. 1** geführte **Verzeichnis beizufügen**. Ferner müssen eine Kopie der Anzeige und des Verzeichnisses zur Weiterleitung an das zuständige Integrationsamt beigefügt werden. Ebenfalls eine Kopie der Anzeige und des Verzeichnisses hat der Arbeitgeber dem Betriebs-, Personal-, Richter-, Staatsanwalts- und Präsidialrat, der Schwerbehindertenvertretung und dem Beauftragten des Arbeitgebers zu übermitteln.

C) zu Abs. 3

1. Erlass eines Feststellungsbescheids

17 Falls ein Arbeitgeber die in Abs. 2 Satz 1 bestimmte Anzeige bis zum 30. Juni, also drei Monate über die Fälligkeit hinaus, nicht, nicht richtig oder nicht vollständig erstattet, hat die Agentur für Arbeit einen Feststellungsbescheid über die zur Berechnung der Zahl der Pflichtarbeitsplätze für schwerbehinderte Menschen und der besetzten Arbeitsplätze notwendigen Daten zu erlassen. Dieser **Feststellungsbescheid ersetzt oder korrigiert** die fehlenden oder fehlerhaft gemeldeten **Daten des Arbeitgebers** (BSG, BehindertenR 1995, 95). Der Bescheid ist Verwaltungsakt im Sinne des § 31 Abs. 1 Satz 1 SGB X und kann mit einer Anfechtungsklage nach § 54 Abs. 1 SGG angefochten werden (BSG, SozR 3-3870 § 9 Nr. 1 = NZA 1993, 335). Ein bestandskräftiger Feststellungsbescheid bindet das Integrationsamt bei der Festsetzung der Ausgleichsabgabe (LPK-SGB IX / *Düwell* Rdnr. 10; *Müller-Wenner* / *Schorn* Rdnr. 17 m. w. N.).

D) zu Abs. 4

1. Anzeigepflicht für nicht beschäftigungspflichtige Arbeitgeber

18 Arbeitgeber, die zur Beschäftigung schwerbehinderter Menschen nicht verpflichtet sind, haben die jährliche Anzeige nach Absatz 2 nicht zu erstatten. Vielmehr müssen sie die entsprechenden **Daten nur nach Aufforderung durch die Bundesagentur für Arbeit** liefern. Diese führt alle fünf Jahre eine repräsentative Teilerhebung durch, um gesicherte statistische Erkenntnisse über den bei nicht beschäftigungspflichtigen Arbeitgebern tätigen schwerbehinderten Menschen und Gleichgestellten zu erhalten. Eine solche Untersuchung wurde erstmals 1979 ohne gesetzlichen Auftrag durchgeführt und aufgrund der dabei gewonnenen Erfahrungen gesetzlich festgeschrieben (vgl. Dörner Rdnr. 15 zu § 13 SchwbG).

E) zu Abs. 5

1. Pflicht zur Erteilung notwendiger Auskünfte

19 **Alle privaten und öffentlichen Arbeitgeber** haben der Arbeitsagentur, dem Landesarbeitsamt und dem Integrationsamt alle Auskünfte zu erteilen, die zur Durchführung der besonderen Regelungen zur Teilhabe schwerbehinderter und ihnen gleichgestellter behinderter Menschen am Arbeitsleben notwendig sind. Diese **Auskunftspflicht** trifft auch **Arbeitgeber, die über weniger als 20 Arbeitsplätze** verfügen und deshalb zur Einstellung Schwerbehin-

derter nicht verpflichtet sind (Neumann u. a. / *Neumann* Rdnr. 17). Das Auskunftsverlangen muss nicht auf statistische Erhebungen beschränkt sein. Es kann sich auch auf den Arbeitsplatz, auf die Arbeitsbedingungen im Betrieb und auf die Leistungen der schwerbehinderten Menschen erstrecken. Der Arbeitgeber muss auf Verlangen auch erläutern, welche technischen Vorrichtungen er in seinem Betrieb für eine dauernde Beschäftigung schwerbehinderter Menschen getroffen hat, z. B. ausgewiesene Parkplätze und Toiletten für Behinderte sowie behindertengerechte Aufzüge.

F) zu Abs. 6

1. Vordruckzwang

Die Arbeitgeber haben sowohl für das Verzeichnis nach Abs. 1 als auch für die jährliche Anzeige gem. Abs. 2 Vordrucke zu verwenden. Diese werden von der Bundesagentur für Arbeit festgestellt nach Abstimmung mit der Bundesarbeitsgemeinschaft, zu der sich die Integrationsämter und die Hauptfürsorgestellen zusammengeschlossen haben. Zur Erleichterung der Datenübermittlung soll die Bundesagentur für Arbeit in Abstimmung mit der Bundesarbeitsgemeinschaft ein elektronisches Übermittlungsverfahren zulassen.

G) zu Abs. 7

1. Einblick in Betriebe oder Dienststellen

Die Arbeitgeber haben sowohl die Beauftragten der Bundesagentur für Arbeit als auch Mitarbeitern der Integrationsämter jederzeit auf Verlangen Einblick in ihren Betrieb oder ihre Dienststelle zu geben. Voraussetzung hierfür ist, dass dies im Interesse der schwerbehinderten Menschen erforderlich ist und Betriebs- oder Dienstgeheimnisse nicht gefährdet werden. Verstöße gegen diese Pflicht sind ordnungswidrig gem. § 156 Abs. 1 Nr. 6 SGB IX. Die Beauftragten der Bundesagentur unterliegen ihrerseits der Schweigepflicht.

H) zu Abs. 8

1. Benennung der Vertrauensperson bzw. des Arbeitgeberbeauftragten

Sobald die Vertrauenspersonen der schwerbehinderten Menschen gewählt sind bzw. ein Arbeitgeber den Beauftragten für die Angelegenheiten der schwerbehinderten Menschen gem. § 98 Satz 1 SGB IX bestellt hat, ist dies der für den Sitz des Betriebes oder der Dienststelle zuständigen Arbeitsagentur und dem Integrationsamt mitzuteilen. Die Vorschrift soll gewährleisten, dass beide Stellen unverzüglich erfahren, wer ihre jeweiligen Ansprechpartner sind.

Die Verletzung der Mitteilungspflicht stellt eine Ordnungswidrigkeit im Sinne von § 156 Abs. 1 Nr. 8 SGB IX dar.

I) zu Abs. 9

1. Übersicht über die Beschäftigungsquote bei öffentlichen Arbeitgebern

Der Bundesagentur für Arbeit ist auferlegt, jährlich eine Übersicht über die Beschäftigungsquote schwerbehinderter Menschen bei den einzelnen öffentlichen Arbeitgebern zu veröffentlichen. Die Vorschrift soll die besondere Verantwortung öffentlicher Arbeitgeber für die Beschäftigung schwerbehinderter Menschen unterstreichen und insofern Transparenz herstellen, als nachprüfbar ist, welche öffentlichen Arbeitgeber die Beschäftigungsquote erfüllen oder gar übererfüllen und welche nicht.

§ 81
Pflichten des Arbeitgebers und Rechte schwerbehinderter Menschen

(1) [1]Die Arbeitgeber sind verpflichtet zu prüfen, ob freie Arbeitsplätze mit schwerbehinderten Menschen, insbesondere mit bei der Agentur für Arbeit arbeitslos oder arbeitsuchend gemeldeten schwerbehinderten Menschen, besetzt werden können. [2]Sie nehmen frühzeitig Verbindung mit der Agentur für Arbeit auf. [3]Die Bundesagentur für Arbeit oder ein Integrationsfachdienst schlägt den Arbeitgebern geeignete schwerbehinderte Menschen vor. [4]Über die Vermittlungsvorschläge und vorliegende Bewerbungen von schwerbehinderten Menschen haben die Arbeitgeber die Schwerbehindertenvertretung und die in § 93 genannten Vertretungen unmittelbar nach Eingang zu unterrichten. [5]Bei Bewerbungen schwerbehinderter Richter und Richterinnen wird der Präsidialrat unterrichtet und gehört, soweit dieser an der Ernennung zu beteiligen ist. [6]Bei der Prüfung nach Satz 1 beteiligen die Arbeitgeber die Schwerbehindertenvertretung nach § 95 Abs. 2 und hören die in § 93 genannten Vertretungen an. [7]Erfüllt der Arbeitgeber seine Beschäftigungspflicht nicht und ist die Schwerbehindertenvertretung oder eine in § 93 genannte Vertretung mit der beabsichtigten Entscheidung des Arbeitgebers nicht einverstanden, ist diese unter Darlegung der Gründe mit ihnen zu erörtern. [8]Dabei wird der betroffene schwerbehinderte Mensch angehört. [9]Alle Beteiligten sind vom Arbeitgeber über die getroffene Entscheidung unter Darlegung der Gründe unverzüglich zu unterrichten. [10]Bei Bewerbungen schwerbehinderter Menschen ist die Schwerbehindertenvertretung nicht zu beteiligen, wenn der schwerbehinderte Mensch die Beteiligung der Schwerbehindertenvertretung ausdrücklich ablehnt.

(2) [1]Arbeitgeber dürfen schwerbehinderte Beschäftigte nicht wegen ihrer Behinderung benachteiligen. [2]Im Einzelnen gelten hierzu die Regelungen des Allgemeinen Gleichbehandlungsgesetzes.

(3) [1]Die Arbeitgeber stellen durch geeignete Maßnahmen sicher, dass in ihren Betrieben und Dienststellen wenigstens die vorgeschriebene Zahl schwerbehinderter Menschen eine möglichst dauerhafte behinderungsgerechte Beschäftigung finden kann. [2]Abs. 4 Satz 2 und 3 gelten entsprechend.

(4) [1]Die schwerbehinderten Menschen haben gegenüber ihren Arbeitgebern Anspruch auf

1. Beschäftigung, bei der sie ihre Fähigkeiten und Kenntnisse möglichst voll verwerten und weiterentwickeln können,
2. bevorzugte Berücksichtigung bei innerbetrieblichen Maßnahmen der beruflichen Bildung zur Förderung ihres beruflichen Fortkommens,
3. Erleichterungen im zumutbaren Umfang zur Teilnahme an außerbetrieblichen Maßnahmen der beruflichen Bildung,
4. behinderungsgerechte Einrichtung und Unterhaltung der Arbeitsstätten einschließlich der Betriebsanlagen, Maschinen und Geräte sowie der Gestaltung der Arbeitsplätze, des Arbeitsumfeldes, der Arbeitsorganisation und der Arbeitszeit, unter besonderer Berücksichtigung der Unfallgefahr,
5. Ausstattung ihres Arbeitsplatzes mit den erforderlichen technischen Arbeitshilfen

unter Berücksichtigung der Behinderung und ihrer Auswirkungen auf die Beschäftigung. [2]Bei der Durchführung der Maßnahmen nach Nummern 1, 4 und 5 unterstützt die Bundesagentur für Arbeit und die Integrationsämter die Arbeitgeber unter Berücksichtigung der für die Beschäftigung wesentlichen Eigenschaften der schwerbehinderten Menschen. [3]Ein Anspruch nach Satz 1 besteht nicht, soweit seine Erfüllung für den Arbeitgeber nicht zumutbar oder mit unverhältnismäßigen Aufwendungen verbunden wäre oder soweit die staatlichen oder berufsgenossenschaftlichen Arbeitsschutzvorschriften oder beamtenrechtliche Vorschriften entgegenstehen.

(5) ¹Die Arbeitgeber fördern die Einrichtung von Teilzeitarbeitsplätzen. ²Sie werden dabei von den Integrationsämtern unterstützt. ³Schwerbehinderte Menschen haben einen Anspruch auf Teilzeitbeschäftigung, wenn die kürzere Arbeitszeit wegen Art oder Schwere der Behinderung notwendig ist; Absatz 4 Satz 3 gilt entsprechend.

ERLÄUTERUNGEN

ÜBERSICHT

I. Bedeutung der Vorschrift (Rdnrn. 1–7)
II. Fassung (Rdnrn. 8–10)
    A) durch das SGB IX vom 19. Juni 2001 (BGBl. I S. 1046) mit Wirkung vom 1. Juli 2001 (Rdnr. 8)
    B) durch das Dritte Gesetz für moderne Dienstleistungen am Arbeitsmarkt vom 23. Dezember 2003 (BGBl. I S. 2848) mit Wirkung vom 1. Januar 2004 (Rdnr. 9)
    C) durch das Allgemeine Gleichbehandlungsgesetz (AGG) vom 14. August 2006 (BGBl. I S. 1897) mit Wirkung vom 18. August 2006 (Rdnr. 10)
III. Anmerkungen (Rdnrn. 11–308)
    A) zu Abs. 1
        1. Prüfungspflicht des Arbeitgebers (Rdnrn. 11–43)
            a) Grundsatz und Umfang (Rdnrn. 11–12h)
            b) Anwendung auf Zeitarbeitnehmer (Rdnrn. 13–22)
            c) Interne Stellenbesetzung (Rdnrn. 23–27)
            d) Arbeitsplatzbeschreibung und Anforderungsprofil (Rdnrn. 28–35)
            e) Stellenausschreibung (Rdnrn. 36–39)
            f) Rechtsfolgen bei Verstoß gegen die Prüfungspflicht (Rdnrn. 40–43)
        2. Frühzeitige Verbindung mit der Agentur für Arbeit (Rdnrn. 44–48)
        3. Informations- und Beteiligungspflichten (Rdnrn. 49–87)
            a) Arbeitgeberpflicht zur Kenntnisnahme von Bewerberhinweisen auf Schwerbehinderung (Rdnrn. 49–52)
            b) Informationspflicht gegenüber betrieblichen Vertretungen über Bewerbungseingang (Rdnrn. 53–57)
            c) Hinzuziehungspflicht gegenüber Schwerbehindertenvertretung (Rdnrn. 58–65)
            d) Besondere Erörterungspflicht von beschäftigungspflichtigen Arbeitgebern (Rdnr. 66)
            e) Anhörungspflicht gegenüber schwerbehinderten Bewerbern (Rdnrn. 67–71)
            f) Information durch Arbeitgeber über Einstellungsentscheidung (Rdnrn. 72–78)
            g) Zusammenfassender Überblick über die Beteiligung der Schwerbehindertenvertretung (Rdnr. 79)
            h) Rechtsfolgen bei Verstoß gegen Beteiligungs- und Informationspflichten (Rdnrn. 80–87)
    B) zu Abs. 2
        1. Allgemeines Benachteiligungsverbot (Rdnrn. 88–92)
        2. Umsetzung der EU-Richtlinie 2000/78 (Rdnrn. 93–102)
        3. Konkretisierung von Art. 3 Abs. 3 Satz 2 GG (Rdnr. 103)
        4. Reichweite des Benachteiligungsverbots (Rdnrn. 104–126)
            a) Arbeits- und Beschäftigungsverhältnisse (Rdnr. 104)
            b) Verbotene Benachteiligungen wegen der Schwerbehinderung (Rdnrn. 105–123)
            c) Zulässige unterschiedliche Behandlung (Rdnrn. 124–126)

5. Darlegungs- und Beweislast (Rdnrn. 127–153)
      a) Grundsätze (Rdnrn. 127–132)
      b) Indizienbeweis für Benachteiligungsvermutung (Rdnrn. 133–143)
      c) Gegenbeweis der Arbeitgeber (Rdnrn. 144–153)
   6. Entschädigungspflicht bei Verstoß gegen das Benachteiligungsverbot (Rdnrn. 154–202)
      a) Grundsatz (Rdnrn. 154–156)
      b) Schadensersatz nach § 15 Abs. 1 AGG (Rdnrn. 157–171)
         aa) Verschuldensmaßstab (Rdnr. 159)
         bb) Notwendige Kenntnis des Arbeitgebers von der Schwerbehinderung (Rdnrn. 160–165)
         cc) Höhe des Schadensersatzes (Rdnrn. 166–169)
         dd) Schadensersatz für Diskriminierung beim beruflichen Aufstieg (Rdnrn. 170–171)
      c) Entschädigung nach § 15 Abs. 2 AGG (Rdnrn. 172–186)
         aa) Haftungsmaßstab (Rdnrn. 172–175)
         bb) Höhe der Entschädigung (Rdnrn. 176–186)
      d) Geltendmachung der Entschädigungsansprüche (Rdnrn. 187–202)
         aa) Ausschlussfrist zur Geltendmachung (Rdnrn. 187–197)
         bb) Leistungsklage (Rdnrn. 198–202)
C) zu Abs. 3
   1. Geeignete Maßnahmen zur Beschäftigung (Rdnrn. 203–206)
D) zu Abs. 4
   1. Ziel und Wirkung der Vorschrift (Rdnrn. 207–209)
   2. Beschäftigung entsprechend Fähigkeiten und Kenntnissen (Rdnrn. 210–242)
      a) Grundsatz (Rdnrn. 210–212)
      b) Einklagbarer Anspruch des schwerbehinderten Menschen (Rdnrn. 213–223)
      c) Grenzen der Beschäftigungspflicht (Rdnrn. 224–225)
      d) Freimachung eines besetzten Arbeitsplatzes (Rdnrn. 226–227)
      e) Mitbestimmungsrechte des Betriebsrats gegenüber Beschäftigungsanspruch (Rdnrn. 228–235)
      f) Kein Anspruch auf bevorzugte Beförderung (Rdnr. 236)
      g) Anspruch auf stufenweise Wiedereingliederung (Rdnrn. 237–242)
   3. Bevorzugte Berücksichtigung bei innerbetrieblichen Bildungsmaßnahmen (Rdnrn. 243–245)
   4. Erleichterte Teilnahme an außerbetrieblichen Berufsbildungsmaßnahmen (Rdnrn. 246–247)
   5. Behindertengerechte Einrichtung der Arbeitsstätten (Rdnrn. 248–252)
   6. Ausstattung des Arbeitsplatzes (Rdnrn. 253–260)
   7. Vorbehalt der Unzumutbarkeit oder Unverhältnismäßigkeit (Rdnrn. 261–268)
E) zu Abs. 5
   1. Förderung der Einrichtung von Teilzeitarbeitsplätzen (Rdnrn. 269–272)
   2. Einklagbarer Anspruch auf Teilzeitbeschäftigung (Rdnrn. 273–293)
      a) Grundsatz (Rdnrn. 273–276)
      b) Entstehung und Geltendmachung des Anspruchs (Rdnrn. 277–281)
      c) Rechtliche Unterschiede zum allgemeinen Teilzeitanspruch nach § 8 Abs. 4 TzBfG (Rdnrn. 282–288)
      d) Konkurrenz der Ansprüche auf Teilzeitbeschäftigung (Rdnrn. 289–293)
   3. Ablehnungsgründe gegenüber dem Teilzeitanspruch (Rdnrn. 294–308)
IV. Literatur
Anhang: Richtlinie 2000/78/EG des Rates zur Festlegung eines allgemeinen Rahmens für die Verwirklichung der Gleichbehandlung in Beschäftigung und Beruf

I. Bedeutung der Vorschrift

Ziel der mit 19 Sätzen zu den umfangreichsten Bestimmung des SGB IX gehörenden Vorschrift ist die verbesserte Teilhabe schwerbehinderter Menschen am Arbeitsleben durch Förderung der Beschäftigung. Sie erlegt den Arbeitgebern Verpflichtungen bei der Einrichtung und Besetzung der Arbeitsplätze und der Gestaltung der Beschäftigung auf.

Die Vorschrift verpflichtet sämtliche Arbeitgeber, vor der Neubesetzung von Arbeitsplätzen zu prüfen, ob diese mit schwerbehinderten Menschen, insbesondere solchen, die als arbeitslos oder arbeitsuchend gemeldet sind, besetzt werden können. Arbeitgeber haben insoweit frühzeitig Verbindung mit der Agentur für Arbeit aufzunehmen, welche – ggf. unter Beauftragung eines Integrationsfachdienstes – geeignete schwerbehinderte Menschen vorschlägt. Hinsichtlich der Vermittlungsvorschläge und vorliegenden Bewerbungen von schwerbehinderten Menschen müssen die Schwerbehindertenvertretung und der Betriebs- bzw. Personalrat sowie die sonstigen Gremien nach § 93 SGB IX beteiligt werden. In bestimmten Fällen ist eine beabsichtigte Entscheidung des Arbeitgebers mit diesen zu erörtern, wobei auch der betroffene schwerbehinderte Mensch angehört werden muss (**Abs. 1**).

Abs. 2 verbietet allgemein, schwerbehinderte Beschäftigte wegen ihrer Behinderung zu benachteiligen. Dies wird im Folgenden durch Verweisung auf das Allgemeine Gleichbehandlungsgesetz (AGG) konkretisiert.

Eine wesentliche Rechtsfolge hieraus ist vor allem die finanzielle Sanktion bei einem Verstoß gegen das Benachteiligungsverbot, das unter erweiternder Einbeziehung behinderter Menschen in § 7 i. V. m. § 1 AGG normiert ist: Bei einem schuldhaften Verstoß gegen das Benachteiligungsverbot ist der Arbeitgeber verpflichtet, den hierdurch entstandenen Schaden zu ersetzen (§ 15 Abs. 1 AGG). Ersatzfähig ist ggf. auch ein immaterieller Schaden (§ 15 Abs. 2 AGG).

Beschäftigungspflichtige Arbeitgeber sind zu geeigneten Maßnahmen verpflichtet, die wenigstens der vorgeschriebenen Zahl schwerbehinderter Menschen eine möglichst dauerhafte behinderungsgerechte Beschäftigung gewährleisten. Dies gilt mit der Einschränkung, dass dies für den Arbeitgeber zumutbar und nicht mit unverhältnismäßigen Aufwendungen verbunden ist bzw. dass nicht staatliche oder berufsgenossenschaftliche Arbeitsschutzvorschriften oder beamtenrechtliche Vorschriften entgegenstehen (**Abs. 3**).

Schwerbehinderte Menschen haben gegenüber ihrem Arbeitgeber verschiedene Individualrechte (**Abs. 4 Satz 1**). Hierzu gehören eine persönlichkeitsangemessene Beschäftigung (**Nr. 1**), die bevorzugte Berücksichtigung bei innerbetrieblichen Bildungsmaßnahmen (**Nr. 2**), Erleichterung in zumutbarem Umfang zur Teilnahme an außerbetrieblichen Berufsbildungsmaßnahmen (**Nr. 3**), behinderungsgerechte Einrichtung und Unterhaltung der Arbeitsstätten (**Nr. 4**) sowie Ausstattung des Arbeitsplatzes mit den erforderlichen technischen Arbeitshilfen (**Nr. 5**). In den Fällen der Nr. 1, 4 und 5 unterstützen die Agenturen für Arbeit und die Integrationsämter die Arbeitgeber. Ein Individualanspruch des schwerbehinderten Menschen nach Satz 1 ist ausgeschlossen, soweit seine Erfüllung für den Arbeitgeber unzumutbar oder mit unverhältnismäßigen Aufwendungen verbunden wäre oder soweit staatliche oder berufsgenossenschaftliche Arbeitsschutzvorschriften oder beamtenrechtliche Vorschriften entgegenstehen (**Abs. 4 Satz 2**).

Schließlich fördern die Arbeitgeber die Einrichtung von Teilzeitarbeitsplätzen mit Unterstützung der Integrationsämter. Grundsätzlich haben schwerbehinderte Menschen einen Anspruch auf Teilzeitbeschäftigung, wenn die kürzere Arbeitszeit wegen Art oder Schwere der Behinderung notwendig ist. Auch insoweit gilt die Einschränkung, dass dies für den Arbeitgeber nicht unzumutbar oder nur mit unverhältnismäßigen Mitteln finanzierbar sein darf und nicht arbeitsschutz- oder beamtenrechtliche Vorschriften entgegenstehen (**Abs. 5**).

II. Fassung

A) durch das SGB IX vom 19. Juni 2001 (BGBl. I S. 1046) mit Wirkung vom 1. Juli 2001

8 Die Vorschrift wurde im Wesentlichen unverändert aus dem Regierungsentwurf (BT-Drucks. 14/5531 i. V. m. 14/5074) übernommen. Allerdings hat der BT-Ausschuss für Arbeit und Sozialordnung durch Einfügung der Formulierung „sind verpflichtet zu prüfen" statt „Prüfen" in Abs. 1 Satz 1 den Gebotscharakter der Regelung stärker betont. Bei Verstoß gegen die Prüfpflicht bestehe – auch nach der Rechtsprechung des BAG – für den Betriebsrat ein Zustimmungsverweigerungsrecht (BT-Drucks. 14/5800 S. 35).

Im Übrigen entspricht die Regelung weitgehend dem vorherigen § 14 SchwbG; neu eingefügt wurde der Abs. 2. Die Bezeichnung der Hauptfürsorgestelle wurde durch „Integrationsamt" ersetzt.

B) durch das Dritte Gesetz für moderne Dienstleistungen am Arbeitsmarkt vom 23. Dezember 2003 (BGBl. I S. 2848) mit Wirkung vom 1. Januar 2004

9 Durch Art. 9 Nr. 8 Buchst. a und b wurde in der Vorschrift jeweils das Wort „Bundesanstalt" durch das Wort „Bundesagentur" ersetzt.

C) durch das Allgemeine Gleichbehandlungsgesetz (AGG) vom 14. August 2006 (BGBl. I 1897) mit Wirkung vom 18. August 2006

10 Durch Art. 3 Abs. 10 Nr. 2 AGG wurde der bisherige Abs. 2 Satz 2 mit folgendem Wortlaut

Im Einzelnen gilt hierzu Folgendes:

1. *Ein schwerbehinderter Beschäftigter darf bei einer Vereinbarung oder einer Maßnahme, insbesondere bei der Begründung des Arbeits- oder sonstigen Beschäftigungsverhältnisses, beim beruflichen Aufstieg, bei einer Weisung oder einer Kündigung, nicht wegen seiner Behinderung benachteiligt werden. Eine unterschiedliche Behandlung wegen der Behinderung ist jedoch zulässig, soweit eine Vereinbarung oder eine Maßnahme die Art der von dem schwerbehinderten Beschäftigten auszuübenden Tätigkeit zum Gegenstand hat und eine bestimmte körperliche Funktion, geistige Fähigkeit oder seelische Gesundheit wesentliche und entscheidende berufliche Anforderung für diese Tätigkeit ist. Macht im Streitfall der schwerbehinderte Beschäftigte Tatsachen glaubhaft, die eine Benachteiligung wegen der Behinderung vermuten lassen, trägt der Arbeitgeber die Beweislast dafür, dass nicht auf die Behinderung bezogene, sachliche Gründe eine unterschiedliche Behandlung rechtfertigen oder eine bestimmte körperliche Funktion, geistige Fähigkeit oder seelische Gesundheit wesentliche und entscheidende berufliche Anforderung für diese Tätigkeit ist.*

2. *Wird gegen das in Nummer 1 geregelte Benachteiligungsverbot bei der Begründung eines Arbeits- oder sonstigen Beschäftigungsverhältnisses verstoßen, kann der hierdurch benachteiligte schwerbehinderte Bewerber eine angemessene Entschädigung in Geld verlangen; ein Anspruch auf Begründung eines Arbeits- oder sonstigen Beschäftigungsverhältnisses besteht nicht.*

3. *Wäre der schwerbehinderte Bewerber auch bei benachteiligungsfreier Auswahl nicht eingestellt worden, leistet der Arbeitgeber eine angemessene Entschädigung in Höhe von höchstens drei Monatsverdiensten. Als Monatsverdienst gilt, was dem schwerbehinderten Bewerber bei regelmäßiger Arbeitszeit in dem Monat, in dem das Arbeits- oder sonstige Beschäftigungsverhältnis hätte begründet werden sollen, an Geld- und Sachbezügen zugestanden hätte.*

4. *Ein Anspruch auf Entschädigung nach den Nummern 2 und 3 muss innerhalb von zwei Monaten nach Zugang der Ablehnung der Bewerbung schriftlich geltend gemacht werden.*

5. *Die Regelungen über die angemessene Entschädigung gelten beim beruflichen Aufstieg entsprechend, wenn auf den Aufstieg kein Anspruch besteht.*

ersetzt durch die Worte:

„Im Einzelnen gelten hierzu die Regelungen des Allgemeinen Gleichbehandlungsgesetzes."

III. Anmerkungen

A) zu Abs. 1

1. Prüfungspflicht des Arbeitgebers

a) Grundsatz und Umfang

Vor einer **Neubesetzung eines freien Arbeitsplatzes** muss jeder Arbeitgeber prüfen, ob dieser mit einem schwerbehinderten Menschen, insbesondere mit einem bei der Agentur für Arbeit als arbeitslos oder arbeitssuchend gemeldeten, besetzt werden kann (**Abs. 1 Satz 1**). Die Prüfungspflicht gilt für alle Arbeitgeber ohne jede Ausnahme (LPK-SGB IX / *Düwell* Rdnr. 85; HK-SGB IX / *Trenk-Hinterberger* Rdnr. 5; Kossens u. a. / *Kossens* Rdnr. 1). Sie besteht unabhängig von einer Beschäftigungspflicht nach § 71 Abs. 1 SGB IX und sogar dann, wenn die Zahl der anrechenbaren schwerbehinderten Beschäftigten des Arbeitgebers bereits die Zahl der Pflichtplätze nach §§ 75, 76 SGB IX übersteigt. Die Beschäftigung schwerbehinderte Menschen soll gefördert werden, soweit es die dienstlichen oder betrieblichen Verhältnisse zulassen (vgl. BAG Beschluss vom 17. November 1989 – 1 ABR 88/88 = BAGE 63, 226 = NZA 1990, 368 = BehindertenR 1990, 111; Urteil vom 17. August 2010 – 9 AZR 839/08 = NJW 2011, 550 = NZA 2011, 153; LPK-SGB IX / *Düwell* a. a. O). Die Erfüllung der Quote entbindet den Arbeitgeber deshalb nicht von seinen Förderungspflichten. Sie befreit ihn lediglich von der Zahlung der Ausgleichsabgabe nach § 77 SGB IX (BAG Urteil vom 17. August 2010 a. a. O.). 11

Die Prüfungspflicht bezieht sich nur auf Arbeitsplätze i. S. v. § 73 Abs. 1 SGB IX. Diese Vorschrift legt den Arbeitsplatzbegriff für alle Bestimmungen des Teils 2 des SGB IX einheitlich fest (LPK-SGB IX / *Düwell* Rdnr. 86; HK-SGB IX / *Trenk-Hinterberger* Rdnr. 5). Allerdings wird auch im Sinne einer funktionalen Betrachtung vertreten, dass z. B. **Teilzeitstellen** unterhalb von 18 Stunden in der Woche gem. § 73 Abs. 3 SGB IX einzubeziehen seien. Der Schutzzweck des Gesetzes und die Förderverpflichtung in § 81 Abs. 5 verbiete, bestimmte Teilzeitstellen von vornherein von der Prüfung auszunehmen, ob sie mit schwerbehinderten Menschen besetzt werden können. Dies gelte umso mehr, als Stellen mit reduzierter Arbeitszeit für schwerbehinderte Arbeitnehmer besonders geeignet sein könnten (*Müller-Wenner* / Winkler Rdnr. 6; vgl. auch GK-SGB IX / *Großmann* Rdnr. 25; Ernst / Adlhoch / Seel / *Adlhoch* Rdnr. 12b). Diese Auslegung ist aber mit dem eindeutigen Gesetzeswortlaut unvereinbar (LPK-SGB IX / *Düwell* a. a. O.). 12

Ferner muss der **Arbeitsplatz** (i. S. von § 73 Abs. 1 SGB IX) **frei** sein. Das ist dann der Fall, wenn er tatsächlich neu besetzt werden soll, weil er frei geworden ist oder neu geschaffen wurde (HK-SGB IX / *Trenk-Hinterberger* Rdnr. 8). Dem Arbeitgeber steht grundsätzlich die unternehmerische Entscheidungsfreiheit zu, einen frei werdenden Arbeitsplatz nicht wieder zu besetzen; unberührt bleibt das allgemeine Gebot in § 81 Abs. 3 Satz 1 SGB IX, durch geeignete Maßnahmen sicherzustellen, dass wenigstens die vorgeschriebene Zahl schwerbehinderter Menschen eine Beschäftigung finden kann (LPK-SGB IX / *Düwell* Rdnr. 88). 12a

Die Prüfungspflicht nach Abs. 1 Satz 1 **beschränkt sich nicht auf bei der Agentur für Arbeit arbeitslos oder arbeitssuchend gemeldete** Menschen. Das folgt schon aus dem Gesetzeswortlaut. Danach hat der Arbeitgeber zu prüfen, ob freie Arbeitsplätze „insbesondere" mit arbeitslos oder arbeitssuchend gemeldeten schwerbehinderten Menschen besetzt werden können. Die Hervorhebung dieser Personengruppe weist darauf hin, dass die Pflicht auch gegenüber anderen nicht arbeitslosen oder arbeitssuchenden schwerbehinderten Menschen bestehen soll. Damit ist der Arbeitgeber auch verpflichtet zu prüfen, ob der freie Arbeitsplatz mit einem bereits bei ihm beschäftigten schwerbehinderten Arbeitnehmer besetzt werden kann (BAG Urteil vom 17. August 2010 – 9 AZR 839/08 = NJW 2011, 550 = NZA 2011, 153; vgl. Neumann u. a. / *Neumann* Rdnr. 2; GK-SGB IX / *Großmann* Rdnr. 146). 12b

Das Prüfungsgebot nach Abs. 1 Satz 1 besteht **unabhängig davon**, ob **bereits Bewerbungen schwerbehinderter Menschen** vorliegen (ErfK / *Rolfs* Rdnr. 1). Sie sollte auch nicht erst dann einsetzen, wenn schon Bewerbungen eingegangen sind, darunter womöglich auch von schwerbehinderten Menschen. Soweit nicht aus den Umständen des Einzelfalles eine Beschäftigung schwerbehinderter Arbeitnehmer ausscheidet – wobei Beurteilungsgrundlage immer der der Behinderung angepasste und nicht der tatsächlich angebotene Arbeitsplatz ist (vgl. Däubler / Bertzbach / *Brors* § 15 AGG Rdnr. 36), muss **von vornherein auch die Einstellung schwerbehinderter Menschen in Betracht gezogen** werden (Neumann u. a. / *Neumann* Rdnr. 2; *Schmidt* SchwbArGR Rdnr. 149).

b) Anwendung auf Zeitarbeitnehmer

13 § 81 SGB IX gilt grundsätzlich auch für **Zeitarbeitnehmer** (*Edenfeld* NZA 2006, 126). Deren Arbeitgeber müssen prüfen, ob freie Arbeitsplätze mit schwerbehinderten Menschen besetzt werden könnten.

14 Strittig war, ob im Fall **erlaubter Arbeitnehmerüberlassung** diese Pflicht den Entleiher oder den **Verleiher** trifft. Davon hängt ab, ob Entleiherbetriebe **ohne vorherige Durchführung des Verfahrens nach § 81 Abs. 1 SGB IX** innerbetriebliche Arbeiten durch Drittfirmen ausführen lassen können (bejahend LAG Niedersachsen Beschluss vom 19. November 2008 – 15 TaBV 159/07, zit. nach JURIS, Rechtsbeschwerde eingelegt zum BAG zu 1 ABR 2/09; LAG Düsseldorf Beschluss vom 30. Oktober 2008 – 15 TaBV 114/08, zit. nach JURIS, Rechtsbeschwerde zum BAG eingelegt unter 1 ABR 12/09; *Edenfeld* a. a. O.; Schüren / *Hamann* AÜG 3. Aufl. § 14 Rdnr. 193a). Hierfür spricht, dass der Entleiher aufgrund einer **freien unternehmerischen Entscheidung** gerade keine eigenen Arbeitnehmer einstellen will und folglich auch nicht zur Prüfung nach § 81 Abs. 1 Satz 1 SGB IX verpflichtet sein soll. Aus dem systematischen Zusammenhang der gesetzlichen Regelung könnte gefolgert werden, dass „Arbeitsplatz" i. S. des § 81 Abs. 1 SGB IX der Arbeitsplatz gem. § 73 Abs. 1 SGB IX ist, wobei sich diese auf die Pflichtquote in § 71 SGB IX bezieht. Arbeitsplatz i. S. des 2. Teils des SGB IX ist folglich der Arbeitsplatz, den der Arbeitgeber mit einem **Vertragsarbeitnehmer** besetzt (LAG Niedersachsen Beschluss vom 19. November 2008 a. a. O.; weiterführend *Edenfeld* NZA 2006, 126).

15 Allerdings war bereits das **Hess. LAG** (Beschluss vom 24. April 2007: 4 TaBV 24/07, zit. nach JURIS) unter Berufung auf GK-SGB IX / *Großmann* Rdnr. 61 f. der Meinung, bei der Einstellung von Zeitarbeitnehmern bzw. Leiharbeitnehmern über einen bestimmten Zeitraum hinaus seien die **Arbeitgeberpflichten** nach § 81 Abs. 1 SGB IX vom **Entleiherbetrieb** zu beachten (ebenso LPK-SGB IX / *Düwell* Rdnr. 78 unter Hinweis auf die mitgeteilte Auffassung des zuständigen Bundesministeriums – BMWA – vom 11. November 2004 Az. 512-96-Weltlich/04; Kossens u. a. / *Kossens* Rdnr. 4; Neumann u. a. / *Neumann* § 73 SGB IX Rdnr. 23). Die dem Arbeitgeber obliegende Prüfung habe er bei der **Einstellung jeglicher Art von Mitarbeitern** durchzuführen, folglich auch vor der Überlassung von Leiharbeitnehmern zur Arbeitsleistung (so schon ArbG Frankfurt a. M. Beschluss vom 7. März 2006 – 22 BV 856/05, zit. nach JURIS). Auch in diesen Fällen solle immerhin versucht werden, den Arbeitgeber zu überzeugen, stattdessen einen oder mehrere schwerbehinderte Menschen fest anzustellen. Dass er nicht gezwungen werden kann, von seinem Beschluss abzurücken, räumt auch die Kammer ein. Wie realistisch dann dieser Ansatz ist, mag dahingestellt bleiben.

16 Die Rechtsfrage ist nunmehr **höchstrichterlich entschieden** durch Beschluss des BAG vom 23. Juni 2010 (7 ABR 3/09 = NZA 2010, 1361 = DB 2010, 2511 m. krit. Anm Fabritius BB 2011, 317): **Auch in diesem Fall** bestehe die **Prüfungspflicht des Arbeitgebers** nach § 81 Abs. 1 Satz 1 SGB IX. Dafür spreche bereits der einschränkungslose Wortlaut des § 81 Abs. 1 Satz 1 SGB IX. Voraussetzung für die Prüfpflicht des Arbeitgebers sei allein die beabsichtigte Besetzung eines freien Arbeitsplatzes. Darum handle es sich auch, wenn ein frei werdender oder neu geschaffener Arbeitsplatz mit einem Leiharbeitnehmer besetzt werden

soll. Diese Auslegung entspreche Sinn und Zweck der in § 81 Abs. 1 Satz 1 und 2 SGB IX normierten Prüf- und Konsultationspflicht. Deren Befolgung durch den Arbeitgeber soll es noch nicht im Betrieb beschäftigten schwerbehinderten Menschen ermöglichen, sich um freie Arbeitsplätze zu bewerben und dadurch ihre Einstellungschancen zu verbessern. Das sei auch dann nicht von vornherein ausgeschlossen, wenn der Arbeitgeber beabsichtigt, einen freien Arbeitsplatz mit einem Leiharbeitnehmer zu besetzen. Der Leiharbeitnehmer wird zwar im Regelfall von dem Verleiher dem Arbeitgeber zur Verfügung gestellt, ohne dass dieser selbst eine Auswahlentscheidung trifft oder an einer solchen beteiligt wird. Es sei jedoch möglich, dass der Arbeitgeber nach einer § 81 Abs. 1 Satz 1 und 2 SGB IX entsprechenden Prüfung von der zunächst beabsichtigten Besetzung des Arbeitsplatzes mit einem Leiharbeitnehmer Abstand nimmt und stattdessen einen geeigneten schwerbehinderten Bewerber selbst einstellt (BAG Beschluss vom 23. Juni 2010 a. a. O.).

Die letztgenannte Erwägung bezweifelt allerdings für den Regelfall nicht ohne Grund *Fabritius* BB 2011, 317. Nach dessen Auffassung verzögere das Prüfverfahren die Einstellungen von Leiharbeitnehmern lediglich. Denn die Prüfpflicht nach Satz 1 des § 81 Abs. 1 SGB IX ist kein rein interner Vorgang, sondern muss nach Abs. 1 Satz 6 transparent unter Anhörung der Schwerbehindertenvertretung und des Betriebsrats vorgenommen werden. Erfüllt der Arbeitgeber die Pflichtquote nach § 71 SGB IX nicht, hat außerdem eine Erörterung nach Satz 7 stattzufinden. Über seine Entscheidung hat der Arbeitgeber die Beteiligten unverzüglich und unter Darlegung der Gründe zu unterrichten (Abs. 1 Satz 9).   17

Eine Verletzung der nach § 81 Abs. 1 Satz 1 und 2 SGB IX bestehenden Prüf- und Konsultationspflicht durch den Arbeitgeber berechtigt den **Betriebsrat** auch bei der Einstellung eines Leiharbeitnehmers zur **Verweigerung der Zustimmung** nach § 99 Abs. 2 Nr. 1 BetrVG (BAG Beschluss vom 23. Juni 2010 a. a. O.). Bei der Einstellung eines Leiharbeitnehmers wird der frei gewordene oder neu geschaffene Arbeitsplatz mit einem externen, bislang noch nicht im Betrieb beschäftigten Arbeitnehmer besetzt. Der Arbeitgeber trifft zwar bei der Besetzung eines Arbeitsplatzes mit einem Leiharbeitnehmer in der Regel keine Auswahlentscheidung, da der Leiharbeitnehmer vom Verleiher ausgewählt und dem Arbeitgeber zur Arbeitsleistung überlassen wird. Gleichwohl vollzieht sich die Besetzung des freien Arbeitsplatzes – anders als bei einer Versetzung – **nicht ausschließlich betriebsintern.** Vielmehr wird dem Arbeitsmarkt ein an sich zur Verfügung stehender Arbeitsplatz zu Lasten der Gruppe der schwerbehinderten Menschen „entzogen", ohne dass diese zuvor die Gelegenheit erhalten haben, sich um den mit einem Externen zu besetzenden Arbeitsplatz zu bewerben. Dies widerspricht dem Zweck des § 81 Abs. 1 Satz 1 und 2 SGB IX. Die Einstellung eines Leiharbeitnehmers hat daher zu unterbleiben, solange der Arbeitgeber seiner Prüf- und Konsultationspflicht aus § 81 Abs. 1 Satz 1 und 2 SGB IX nicht nachgekommen ist (BAG Beschluss vom 23. Juni 2010).   18

Zweckmäßig sollte der Arbeitgeber die Information über die Durchführung des Prüf- und Konsultationsverfahrens nach § 81 Abs. 1 Satz 1 und 2 SGB IX **mit der Unterrichtung nach § 99 Abs. 1 Satz 1 BetrVG verbinden** (so auch *Hamann* jurisPR-ArbR 46/2010 Anm. 2) So kann er den Betriebsrat unter Beifügung entsprechender Unterlagen darüber informieren, dass die Agentur für Arbeit bestimmte oder keine Vermittlungsvorschläge unterbreitet hat und die Schwerbehindertenvertretung mit welchem Ergebnis angehört wurde. Solange diese Auskünfte nicht erteilt werden, beginnt die Wochenfrist nach § 99 Abs. 3 Satz 1 BetrVG nicht zu laufen. Die Zustimmung des Betriebsrats wird in diesem Fall nicht nach Ablauf der Wochenfrist gem. § 99 Abs. 3 Satz 2 BetrVG ersetzt. Der Arbeitgeber muss diese Information nachholen und im Falle der Zustimmungsverweigerung das Zustimmungsersetzungsverfahren gem. § 99 Abs. 4 BetrVG einleiten (*Hamann* a. a. O.).   19

Bei kurzfristig beabsichtigtem Einsatz eines Leiharbeitnehmers kann der Arbeitgeber die Maßnahme **vorläufig gem. § 100 BetrVG durchführen.** Zwar verweist § 14 Abs. 3 Satz 1 AÜG nur auf § 99 BetrVG und nicht auch auf § 100 BetrVG. Doch sind die §§ 100, 101 BetrVG als Annexvorschriften auf den Einsatz von Leiharbeitnehmern ebenfalls anzuwen-   20 den, wenn es um den Einsatz von Leiharbeitnehmern geht (Thüsing / Thüsing AÜG 2. Aufl. 2008, § 14 Rdnr. 175). Bestreitet der Betriebsrat, dass der Einsatz des Leiharbeitnehmers aus sachlichen Gründen dringend erforderlich ist, muss der Arbeitgeber den Einsatz entweder spätestens nach Ablauf von drei Tagen beenden, oder er beantragt zusätzlich beim Arbeitsgericht die Feststellung, dass die Personalmaßnahme aus sachlichen Gründen dringend erforderlich war (§ 100 Abs. 1 Satz 3 BetrVG). Andernfalls kann der Betriebsrat beim Arbeitsgericht die Anordnung erwirken, zur Meidung eines Zwangsgeldes die Maßnahme aufzuheben (*Hamann* a. a. O.).

21 Nach korrekter Durchführung des Prüf- und Konsultationsverfahrens ist der **Arbeitgeber** allerdings **nicht verpflichtet, auf den freien Arbeitsplatz einen schwerbehinderten Menschen einzustellen.** Ebenso wenig hat er darauf hinzuwirken, dass ihm der Verleiher einen schwerbehinderten Leiharbeitnehmer zur Verfügung stellt. Die ihn in jedem Fall aber treffenden Pflichten nach § 81 Abs. 1 SGB IX kann der Arbeitgeber nur vermeiden, wenn er die entsprechenden Aufgaben **durch einen freien Mitarbeiter oder im Rahmen von Werk-, Dienst- oder anderen Geschäftsbesorgungsverträgen** erledigen lässt. Nicht eingeschränkt durch § 81 Abs. 1 SGB IX wird die nicht willkürliche unternehmerische Entscheidung, einen Arbeitsplatz zu streichen und die Tätigkeit fremd zu vergeben (LPK- SGB IX *Düwell* Rdnr. 76).

22 Allerdings erweist sich die unternehmerische Entscheidung, einen leidensgerechten Arbeitsplatz wegfallen zu lassen, dann als **unsachlich bzw. willkürlich**, wenn der Arbeitgeber aus **§ 81 Abs. 4 SGB IX** gleich wieder verpflichtet wäre, einen solchen zu schaffen (LArbG Berlin-Brandenburg Urteil vom 30. März 2010 – 7 Sa 58/10, zit. nach JURIS). Jedenfalls bedarf die Streichung behinderungsgerechter Beschäftigungsmöglichkeiten einer eingehenden Begründung. Dazu gehört der Vortrag, dass eine Beibehaltung bisheriger behinderungsgerechter Beschäftigung und auch eine anderweitige organisatorische oder sonstige Veränderung nicht möglich oder zumutbar waren. Nur nachhaltige Gründe für eine unternehmerische Entscheidung, die den Wegfall von Arbeitsplätzen zum Inhalt hat, können als vernünftig akzeptiert werden. Das ist regelmäßig bei zeitgleicher Vereinbarung von Kurzarbeit nicht der Fall (*Gagel* jurisPR-ArbR 31/2010 Anm. 2).

c) Interne Stellenbesetzung

23 Noch nicht höchstrichterlich geklärt ist, ob § 81 Abs. 1 Satz 1 – und auch Satz 2 – SGB IX auch dann Anwendung findet, wenn sich ein Arbeitgeber bei der Besetzung eines frei werdenden oder neu geschaffenen Arbeitsplatzes von vornherein auf eine **interne Stellenbesetzung** festlegt und die Einstellung möglicher externer Bewerber ausschließt. Dies hat das BAG offen gelassen im Beschluss vom 17. Juni 2008 – 1 ABR 20/07 = BAGE 127, 51 = NZA 2008, 1139 = BehindertenR 2008, 204 = AP Nr. 46 zu § 99 BetrVG 1972 Versetzung; jedenfalls rechtfertige ein Verstoß des Arbeitgebers gegen seine Pflichten aus § 81 Abs. 1 Satz 1 und 2 SGB IX die Verweigerung der Zustimmung des Betriebsrats zu einer Versetzung nicht; ebenso LAG Düsseldorf Beschluss vom 30. Oktober 2008 – 15 TaBV 114/08, zit. nach JURIS).

Zwar sind hierbei insbesondere zugunsten der bereits beschäftigten schwerbehinderten Arbeitnehmer die Bestimmungen in **§ 81 Abs. 2 Satz 1 und Abs. 4 Satz 1 SGB IX zu beachten** und kann deren Verletzung die Zustimmungsverweigerung begründen (BAG Beschluss vom 22. November 2005 – 1 ABR 49/04 = BAGE 116, 223 = NZA 2006, 389). Durch die **Versetzung eines bereits beschäftigten Arbeitnehmers** auf einen frei gewordenen oder neu geschaffenen Arbeitsplatz verwirklichen sich aber nach Ansicht des 1. Senats des BAG für arbeitslose schwerbehinderte Menschen nicht die mit der Schwerbehinderung verbundenen erhöhten Schwierigkeiten bei der Suche nach einem Arbeitsplatz. Sie konkurrieren nicht mit anderen, nicht schwerbehinderten externen Bewerbern, sondern seien wie diese zugunsten schon beschäftigter Arbeitnehmer von der Stellenbesetzung ausgeschlossen. Die Gruppe der

Pflichten und Rechte § 81

schwerbehinderten arbeitslosen Menschen erfahre **keine potenzielle, auf ihrer Schwerbehinderung beruhende Benachteiligung** (BAG Beschluss vom 17. Juni 2008 a. a. O.).

Der zu vermutende **Grund für** ihre **Nichtberücksichtigung liege hier nicht in der Schwerbehinderteneigenschaft,** sondern in dem Umstand, dass der versetzte Arbeitnehmer bereits beim Arbeitgeber beschäftigt ist und dieser die Versetzung – etwa aus Kostengründen, weil er die Kenntnisse, Leistungen und Fähigkeiten des bereits beschäftigten Arbeitnehmers besser beurteilen kann oder weil er betriebsinternen Auswahlrichtlinien genügen will – einer Neueinstellung vorzieht (BAG Beschluss vom 17. Juni 2008 a. a. O.). Außerdem werde durch die Versetzung eines bereits beschäftigten, nicht schwerbehinderten Menschen dem Arbeitsmarkt kein zur Verfügung stehender Arbeitsplatz zu Lasten der Gruppe der schwerbehinderten Menschen „entzogen". 24

Sofern der Arbeitgeber den durch die Versetzung frei werdenden Arbeitsplatz nicht mehr besetzen, sondern auf diesem Wege Personal abbauen wolle, gebe es ohnehin **keinen dem Arbeitsmarkt zur Verfügung stehenden Arbeitsplatz**. Wenn er beabsichtigt, den durch die Versetzung frei werdenden Arbeitsplatz im Wege einer Einstellung neu zu besetzen, steht nunmehr dieser Arbeitsplatz dem Arbeitsmarkt und einer möglichen Besetzung mit einem arbeitslosen schwerbehinderten Menschen zur Verfügung (BAG Beschluss vom 17. Juni 2008 a. a. O.; ebenso LAG Düsseldorf Beschluss vom 30. Oktober 2008 – 15 TaBV 114/08, zit. nach JURIS; hiergegen kritisch LPK / *Düwell* Rdnr. 109 § 99 Abs. 1 Nr. 1 BetrVG sei keiner derartigen einschränkenden Auslegung zugänglich. Lägen Sachgründe für eine Versetzung vor, die ein Absehen von Einstellungschancen für schwerbehinderte Menschen rechtfertigten, so könnten diese vom Arbeitgeber im Zustimmungsersetzungsverfahren vorgebracht werden. Das Gericht habe dann zu entscheiden, ob diese Sachgründe nur vorgeschoben sein oder die Zustimmungsersetzung rechtfertigen). 25

Das **Schrifttum** geht zu Recht überwiegend von einer entsprechenden **Prüfpflicht** des Arbeitgebers auch in diesen Fällen aus (vgl. etwa Hauck / Noftz / *Schröder* Rdnr. 4; Neumann u. a. / *Neumann* Rdnr. 2; HK- SGB IX – *Trenk-Hinterberger* Rdnr. 6; LPK-SGB IX/ *Düwell* Rdnr. 109; Kossens u. a. / *Kossens* Rdnr. 4; *Braun* BehindertenR 2000, 66; ebenso Hess. LAG Beschluss vom 24. April 2007 – 4 TaBV 24/07, zit. nach Juris). Entscheidend ist nach dem Wortlaut der Vorschrift die Prüfung, ob ein Arbeitsplatz frei wird, der mit einem schwerbehinderten Menschen besetzt werden kann. Dafür kommt auch ein bereits bei dem Arbeitgeber beschäftigter schwerbehinderter Mensch in Betracht, wie aus der Gesetzesformulierung „insbesondere mit bei der Agentur für Arbeit arbeitslos oder arbeitssuchend gemeldeten" folgt. Hieraus wird deutlich, dass die externe Wiederbesetzung nur einen – wenn auch hervorgehobenen – Fall der Besetzungsmöglichkeiten darstellt. Schwerbehinderte Menschen, die schon in den Betrieben beschäftigt sind, werden nicht als so genannte interne Bewerber aus der vom Arbeitgeber geschuldeten Prüfungspflicht ausgenommen. Auch diese internen Bewerber können ein erhebliches Interesse an der zu besetzenden Stelle haben. 26

Jedoch sollten die Obliegenheiten des Arbeitgebers **auf die entsprechende Prüfung nach Abs. 1 Satz 1 beschränkt** bleiben, um im Rahmen der beabsichtigten internen Ausschreibung bereits beschäftigten schwerbehinderten Menschen die Chance einer erfolgreichen Bewerbung zu eröffnen (a. A. die zuvor zitierten Literaturstellen, die insoweit nicht zwischen Prüf- und Konsultationspflicht unterscheiden). Ist der Arbeitgeber entschlossen, die Stelle nur intern zu besetzen, erscheint die weitergehende spezifische Pflicht zur Konsultation der Agentur für Arbeit nach Abs. 1 Satz 2 wenig zielführend. Wäre eine Informationspflicht gegenüber der Arbeitsagentur auch bei internen Stellenbesetzungen anzunehmen, würde dies bedeuten: Die Agentur für Arbeit leitet diese Informationen an stellensuchende schwerbehinderte Menschen weiter und diese , bewerben sich ggf. um daraufhin vom Arbeitgeber die Mitteilung zu erhalten, dass ihre Bewerbung wegen der z. B. haushaltsrechtlichen Vorgabe, keine externe Stellenbesetzung vornehmen zu dürfen, ohnehin nicht berücksichtigt werden könnte. Die Informationsweitergabe würde daher zu Bewerbungen führen, die von vornherein zum Scheitern verurteilt wären. In einem solchen Fall kann eine Informations- 26a und Meldepflicht nicht für sinnvoll erachtet werden (LAG Köln Beschluss vom 8. Februar 2010 – 5 TaBV 73/09 = ZTR 2010,488 [Ls.] = PersV 2011, 74 [Ls.];LAG Saarland Beschluss vom 13. Februar 2008 – 1TaBV 15/07 = BehindertenR 2008, 208; ebenso Juris-PK SGB IX / *Fabritius* Rdnr. 16).

26b Nach der zwischenzeitlichen höchstrichterlichen Festlegung der Arbeitgeberpflichten vor dem Entschluss, Aufgaben durch **Zeit- bzw. Leiharbeitnehmer** ausführen zu lassen (vgl. oben Rdnr. 13 ff.), erscheint aber wohl die Voraussage nicht fernliegend, dass der zuständige 9. Senat des BAG auch die dortigen **Erwägungen auf die hier zu entscheidende Fallgestaltung übertragen** könnte: Wenn die Prüf- und Konsultationspflichten dazu dienen sollen, ggf. die Vorfestlegung auf Zeitarbeit zugunsten der Festeinstellung eines schwerbehinderten Menschen zu revidieren – mit welcher konkreten Erfolgsaussicht auch immer – wäre es nur folgerichtig, diesen Ansatz auch auf die Absicht zu einer rein betriebsinternen Stellenausschreibung zu übertragen. Insoweit bleibt die weitere Entwicklung der Rechtsprechung abzuwarten.

27 Die Rechtsfrage ist aber jedenfalls dann nicht entscheidungserheblich, wenn der Arbeitgeber trotz eines offiziellen Einstellungsstopps **dennoch mit externen Bewerbern Bewerbungsgespräche** führt. Dann wird die Prüf- und Konsultationspflicht des Arbeitgebers nach § 81 Abs. 1 Satz 1, 2 und 6 SGB IX ausgelöst (BAG Beschluss vom 17. Juni 2008 a. a. O. unter B II 2 a aa [2]).

d) Arbeitsplatzbeschreibung und Anforderungsprofil

28 Die Prüfung sollte **noch vor der Ausschreibung des freien Arbeitsplatzes** vorgenommen werden. Nur so ist gewährleistet, dass schwerbehinderte Menschen die Chance einer Beschäftigung bekommen, bevor personalpolitische Entscheidungen getroffen werden (*Schmidt* a. a. O.). Die Prüfung ist folglich nicht abstrakt, sondern **konkret für den ausgeschriebenen oder zu besetzenden Arbeitsplatz** vorzunehmen (*Müller-Wenner* / *Winkler* Rdnr. 4).

29 Dies verlangt eine **arbeitsplatzorientierte Beurteilung von Behinderungsauswirkungen** im Sinne einer Qualifikationsanalyse. Auf der Grundlage der Arbeitsplatz- und Stellenbeschreibungen sind die Anforderungen im Einzelnen, möglichst anhand von **Anforderungsprofilen**, festzulegen. Hierdurch werden die ursprünglich subjektiven Vorstellungen des Arbeitgebers über die Anforderungen einer Stelle an den Arbeitsplatzinhaber festgeschrieben, wobei die Anforderungen nach einheitlichen Kriterien in einem festgelegten, nachvollziehbaren Verfahren ermittelt werden müssen (vgl. BAG Beschluss vom 31. Mai 1983 – 1 ABR 6/80 = BAGE 43, 26 = NZA 1984, 49 = DB 1983, 2311). Derartige Anforderungsprofile sind **keine** gem. § 95 BetrVG **mitbestimmungspflichtigen Auswahlrichtlinien** (BAG Beschluss vom 31. Mai 1983 a. a. O.).

30 Auch unterliegt die Gestaltung des Anforderungsprofils eines Arbeitsplatzes der **Unternehmerdisposition des Arbeitgebers**. Soweit für die sachgerechte Erledigung der Arbeitsaufgabe bestimmte persönliche oder sachliche Voraussetzungen erforderlich sind, kann die unternehmerische Entscheidung, welche Anforderungen an den Stelleninhaber zu stellen sind, **nur auf offenbare Unsachlichkeit gerichtlich überprüft** werden. Demnach ist die Entscheidung des Arbeitgebers, bestimmte Tätigkeiten nur von Arbeitnehmern mit bestimmten Qualifikationen ausführen zu lassen, von den Arbeitsgerichten grundsätzlich jedenfalls dann **zu respektieren**, wenn die **Qualifikationsmerkmale** einen **nachvollziehbaren Bezug** zur Organisation der auszuführenden Arbeiten haben (BAG Urteil vom 7. August 2005 – 2 AZR 399/04 – AP KSchG 1969 § 1 Betriebsbedingte Kündigung Nr. 138 = NZA 2006, 266; Urteil vom 10. Juli 2008 – 2 AZR 1111/06 = NZA 2009, 312).

31 Der **Arbeitgeber des öffentlichen Dienstes** hat vor der Besetzung jeder Stelle **zwingend ein Anforderungsprofil festzulegen**. Nur der am besten geeignete Bewerber für die ausgeschriebene Stelle hat nach Art. 33 Abs. 2 GG einen Besetzungsanspruch. Eine **leistungsbezo-**

gene Auswahl setzt im Verfahren voraus, dass zuvor für die zu besetzende Stelle ein konkretes Anforderungsprofil festgelegt wird. Dieses allein ermöglicht eine sachgerechte Prognose, wer von den Bewerbern die zukünftigen Aufgaben am besten erfüllen würde. Durch die Bestimmung des Anforderungsprofils werden zugleich die **Leistungskriterien für die Auswahl der Bewerber** näher konkretisiert (BAG Urteil vom 21. Januar 2003 – 9 AZR 72/02 = BAGE 104, 295 = AP Nr. 59 zu Art. 33 Abs. 2 GG zu A II 2 a aa (1) der Gründe; BVerwG Urteil vom 16. August 2001 – 2 A 3.00 = BVerwGE 115, 58 = DÖV 2001, 1044). Das Auswahlprofil stellt damit die Verbindung her zwischen dem vom öffentlichen Arbeitgeber zu bestimmenden Charakter der Stelle und den von den Bewerbern zu erfüllenden Voraussetzungen (BAG Urteil vom 15. März 2005 – 9 AZR 142/04 – BAGE 114, 80 = NZA 2005, 1185 zu III 2 b aa der Gründe m. w. Nachw.).

Ein bloßer **Hinweis auf die vorgesehene Vergütungsgruppe** ist unzureichend, wenn sich die konkreten Anforderungen der zu besetzenden Stelle aus ihr nicht feststellen lassen. Das Anforderungsprofil muss zur Gewährleistung eines hinreichenden Rechtsschutzes des unterlegenen Bewerbers nach Art. 19 Abs. 4 GG so **dokumentiert** sein, dass die **Auswahlentscheidung nach** den Kriterien des Art. 33 Abs. 2 GG **überprüft** werden kann (BAG Urteil vom 21. Januar 2003 – 9 AZR 72/02 = BAGE 104, 295, zu A II 2 a aa [1] und [2] der Gründe; Urteil vom 19. Februar 2008 – 9 AZR 70/07 = NZA 2008, 1016 = AP Nr. 69 zu Art. 33 Abs. 2 GG). 32

Die Arbeitsplatzanforderungen sind im Hinblick auf **mögliche Leistungseinschränkungen bei den Bewerbern** näher festzustellen, insbesondere mit Bezug zu den dabei konkret auftretenden körperlichen Belastungen (vgl. GK-SGB IX / *Großmann* Rdnr. 78 m. w. Nachw.). 33

Aus der Arbeitsplatzbeschreibung sollte hervorgehen (nach *Schmidt* Schwb-ArbR Rdnr. 156):
– Welche Anforderungen stellt der zu besetzende Arbeitsplatz an einen Arbeitnehmer?
– Welche berufliche Qualifikation ist erforderlich?
– Handelt es sich um eine körperlich leichte oder schwere Tätigkeit?
– Erfordert die Tätigkeit ständiges Gehen, Stehen oder Sitzen oder wechselnde Körperhaltungen bzw. Zwangshaltungen. Ist sie mit Heben oder Tragen verbunden? Wenn ja: Um welche Lasten geht es?
– Bestehen besondere Anforderungen an die Gebrauchsfähigkeit der Hände? Ist häufiges Bücken erforderlich oder das Ersteigen von Treppen, Leitern oder Gerüsten?
– Ist die Tätigkeit mit besonderen Anforderungen an das Konzentrations-/Reaktions-, Umstellungs- und Anpassungsvermögen verbunden?
– Besteht eine Verantwortung für Personen und Maschinen?
– Ist der Arbeitnehmer mit der Überwachung und/oder der Steuerung komplexer Arbeitsvorgänge betraut?
– Ist die Tätigkeit mit Publikumsverkehr verbunden?
– Ist der Arbeitsplatz besonderen Belastungsfaktoren ausgesetzt (z. B. Nässe, Kälte, Zugluft, extrem schwankende Temperaturen, inhalative Belastungen, Allergene, Lärm, Erschütterungen, Vibrationen oder Tätigkeiten mit erhöhter Unfallgefahr)?
– Handelt es sich um Schichtarbeit oder eine Tätigkeit mit häufig wechselnden Arbeitszeiten?

Die so festgestellte Qualifikationsstruktur des jeweiligen Arbeitsplatzes kann ergeben, dass bestimmte Behinderungen den Einsatz hierauf ausschließen. Andererseits stehen zahlreiche Behinderungen einer oft auch körperlich beanspruchenden Tätigkeit nicht entgegen, wie etwa bei Funktionsbeeinträchtigungen innerer Organe, geistig-seelischen Behinderungen oder Suchtkrankheiten, während Krankheiten des Bewegungsapparates oder der Sinnesorgane wiederum auf anderen Arbeitsplätzen eine uneingeschränkte Tätigkeit erlauben (GK-SGB IX / *Großmann* Rdnrn. 79 und 102 m. w. N.). Oft gleichen zudem schwerbehinderte 34

Menschen eine Leistungsminderung durch erhöhten Einsatz, stärkere Motivation und Bindung an den Betrieb aus. Die **Prüfungspflicht gem. Abs. 1 Satz 1 darf sich jedenfalls nicht an höheren Anforderungen ausrichten, als sie nach dem konkreten Arbeitsplatz geboten sind** (vgl. 🕮 BAG Beschluss vom 31. Mai 1983 – 1 ABR 6/80 = BAGE 43, 26 = NZA 1984, 49 = DB 1983, 2311 unter B II 4 der Gründe, wonach die fachliche und persönliche Eignung „naturgemäß an den Anforderungen des zu besetzenden Arbeitsplatzes zu messen" sei).

35 Die Prüfung hat zudem die Frage einzuschließen, ob der Arbeitsplatz durch eine **behindertengerechte Gestaltung** auch schwerbehinderten Bewerbern besser zugänglich gemacht werden kann. Denn beschäftigungspflichtige Arbeitgeber sind nach § 81 Abs. 3 SGB IX gehalten, durch geeignete Maßnahmen sicherzustellen, dass sie ihre Beschäftigungspflicht erfüllen können. Dies ist **bereits bei der Personalauswahl** und im Vorfeld einer Besetzungsentscheidung jeweils mit zu prüfen (*Müller-Wenner* / Winkler Rdnr. 4).

e) Stellenausschreibung

36 Über eine **außerbetriebliche Stellenausschreibung** bestimmt der Arbeitgeber allein; er kann aber mit dem Betriebsrat darüber Vereinbarungen treffen (*Großmann* BehindertenR 2003, 125 [128]). **Bewerbungen schwerbehinderter Menschen dürfen nicht ausgeschlossen werden**, weil hierdurch entgegen dem Wortlaut und Zweck von § 81 Abs. 1 SGB IX von vornherein eine Prüfung ihrer Beschäftigungsmöglichkeiten verhindert würde. Umgekehrt besteht aber **keine gesetzliche Verpflichtung**, schon bei der Ausschreibung die **bevorzugte Einstellung schwerbehinderter Menschen** bei gleicher Eignung **in Aussicht zu stellen** (🕮 LAG Köln Urteil vom 21. Januar 2009 – 3 Sa 1369/08, zit. nach JURIS).

37 Ein solcher Vermerk kann dem Arbeitgeber aber durch Tarifvertrag oder Betriebsvereinbarung aufgegeben sein, ggf. auch in einer Integrationsvereinbarung gem. § 83 Abs. 2 SGB IX. Bei **Stellenausschreibungen im öffentlichen Dienst** entspricht es verbreiteter Praxis – zum Teil aufgrund von Verwaltungsvorschriften –, bereits in der Ausschreibung anzukündigen, dass schwerbehinderte Menschen bei im Wesentlichen gleicher fachlicher und persönlicher Eignung gegenüber anderen Bewerbern bevorzugt würden.

38 Überdies kann der **Betriebsrat verlangen**, dass Arbeitsplätze, die besetzt werden sollen, allgemein oder für bestimmte Arten von Tätigkeiten vor ihrer Besetzung **innerhalb des Betriebs ausgeschrieben werden** (§ 93 BetrVG).

Nach § 99 Abs. 2 Nr. 5 BetrVG kann der Betriebsrat seine **Zustimmung verweigern**, wenn eine nach § 93 BetrVG erforderliche Ausschreibung unterblieben ist (vgl. hierzu 🕮 BAG Beschluss vom 14. Dezember 2004 – 1 ABR 54/03 = BAGE 113, 102 = NZA 2005, 424 zu B II 3 b aa der Gründe). Das Gesetz enthält keine ausdrücklichen Bestimmungen dazu, welche Anforderungen an Inhalt, Form und Frist einer Ausschreibung sowie deren Bekanntmachung zu stellen sind. Die konkrete Ausgestaltung obliegt dem Arbeitgeber. Näheres kann in einer Betriebsvereinbarung geregelt werden; ein erzwingbares Mitbestimmungsrecht hat der Betriebsrat insoweit nicht (🕮 BAG Beschluss vom 27. Oktober 1992 – 1 ABR 4/92 = BAGE 71, 259 = NZA 1993, 607 zu B II 2 a der Gründe m. w. Nachw.; 🕮 Beschluss vom 6. Oktober 2010 – 7 ABR 18/09 = DB 2011, 658).

39 Die **Mindestanforderungen an Inhalt und Form einer Ausschreibung** ergeben sich aus ihrem Zweck. Dieser geht dahin, die zu besetzende Stelle den in Betracht kommenden Arbeitnehmern zur Kenntnis zu bringen und ihnen die Möglichkeit zu geben, ihr Interesse an der Stelle kundzutun und sich darum zu bewerben. Aus der Ausschreibung muss daher hervorgehen, um welchen Arbeitsplatz es sich handelt und welche Anforderungen ein Bewerber erfüllen muss (🕮 BAG Beschluss vom 23. Februar 1988 – 1 ABR 82/86 = NZA 1988, 551 = AP BetrVG 1972 § 93 Nr. 2 zu B I 1 der Gründe). Außerdem muss die Bekanntmachung so vorgenommen werden, dass alle als Bewerber in Betracht kommenden Arbeitnehmer die Möglichkeit haben, von der Ausschreibung Kenntnis zu nehmen (BAG Beschluss vom 17. Juni 2008 a. a. O. m. w. Nachw.). Eine bestimmte Form der Bekanntmachung ist

Pflichten und Rechte § 81

nicht vorgeschrieben. Regelmäßig erforderlich, aber auch ausreichend ist es, wenn die Ausschreibung in der Weise **bekannt gemacht** wird, die der **üblichen Information der Arbeitnehmer** entspricht (BAG Beschluss vom 17. Juni 2008 a. a. O. m. w. Nachw.; Beschluss vom 6. Oktober 2010 a. a. O.).

f) Rechtsfolgen bei Verstoß gegen die Prüfungspflicht

Der Arbeitgeber genügt seiner Prüfungspflicht jedenfalls, wenn er im Vorfeld der Einstellung **mit der Agentur für Arbeit Kontakt** aufgenommen hat und ihm **kein geeigneter schwerbehinderter Arbeitnehmer benannt** worden ist. Eine Pflichtverletzung, an die irgendwelche Rechtsfolgen geknüpft werden könnten, kann ihm dann nicht vorgeworfen werden (BAG Beschluss vom 10. November 1992 – 1 ABR 21/92 = BAGE 71, 337 = AP Nr. 100 zu § 99 BetrVG 1972 = NZA 1993, 376; Beschluss vom 5. Oktober 1995 – 1 ABR 21/92 = BAGE 81, 120 = AP Nr. 40 zu § 123 BGB = BehindertenR 1996, 121; ErfK / *Rolfs* Rdnr. 1). Keinesfalls ist der Arbeitgeber verpflichtet, sich aktiv um Bewerbungen schwerbehinderter oder gleichgestellter behinderter Menschen zu bemühen (HK-SGB IX / *Trenk-Hinterberger* Rdnr. 13).

40

Verstößt der Arbeitgeber gegen die in § 81 Abs. 1 festgelegte Prüfungspflicht, stellt dies – anders als die Verletzung von Beteiligungs- und Anhörungsrechten – **keine Ordnungswidrigkeit** i. S. v. § 156 SGB IX dar. Jedoch kann die Verletzung der Prüfpflicht indirekt geahndet werden, wenn der Arbeitgeber die gesetzliche Beschäftigungspflicht nicht erfüllt (vgl. § 156 Abs. 1 Nr. 1 SGB IX). Auch steht dem **Betriebsrat** ein **Zustimmungsverweigerungsrecht** entsprechend § 99 Abs. 2 Nr. 1 BetrVG zu, da ein das Einstellungsverfahren betreffender Gesetzesvorstoß vorliegt (vgl. BAG Beschluss vom 14. November 1989 – 1 ABR 88/88 = BAGE 63, 226 = BehindertenR 1990, 111 = NZA 1990, 368; BAG Beschluss vom 10. November 1992 a. a. O.; ErfK / *Rolfs* Rdnr. 1; HK-SGB IX / *Trenk-Hinterberger* Rdnr. 11; LPK-SGB IX / *Düwell* Rdnr. 108; *Düwell* BB 2001, 1527 [1528 f.]). Dasselbe gilt für gesetzliche Zustimmungserfordernisse im Personalvertretungsrecht; früher anders lautende verwaltungsgerichtliche Rechtsprechung (z. B. für das LPVG BW: VGH Bad.-Württ. Beschluss vom 13. Dezember 1988 – 15 S 2173/88 = PersR 1990, 149 = Zeitschrift für Kommunalfinanzen [ZKF] 1989, 107), die schon mit dem SchwbG kaum vereinbar war, dürfte inzwischen überholt sein (eingehend LPK-SGB IX / *Düwell* Rdnr. 112; ebenso HK-SGB IX / *Trenk-Hinterberger* Rdnr. 11).

41

Gegenüber Arbeitgebern ohne entsprechende Beschäftigungspflicht lässt sich die Obliegenheit, die Einstellung schwerbehinderter Menschen auf freien Arbeitsplätzen zu prüfen, nicht durch Zwangsmaßnahmen unmittelbar durchsetzen. Sie stellt vielmehr einen **Appell des Gesetzgebers** an die Arbeitgeber dar (Neumann u. a. / *Neumann* Rdnr. 4). Lediglich gegenüber öffentlichen Arbeitgebern kann im Wege der Dienstaufsicht durch entsprechende Einstellungsregeln eine bevorzugte Berücksichtigung schwerbehinderter Menschen bei der Besetzung freier Stellen auch praktisch durchgesetzt werden, weshalb in § 82 SGB IX für sie eine Sonderregelung gilt.

42

Allerdings kann die Verletzung der auf der allgemeinen Prüfungspflicht beruhenden konkreten Obliegenheit zur Kontaktaufnahme mit der Agentur für Arbeit nach Abs. 1 Satz 2 ein Indiz für eine Benachteiligung abgelehnter schwerbehinderter Stellenbewerber sein und deshalb in einem Verfahren auf Schadensersatz bzw. Entschädigung nach § 15 Abs. 1 und 2 AGG Berücksichtigung finden (vgl. dazu unten Rdnr. 127 ff.).

Jedenfalls entspricht es allgemeiner Auffassung, dass sich aus der Vorschrift des § 81 Abs. 1 SGB IX **kein Anspruch eines behinderten Menschen auf Einstellung** ableiten lässt (Neumann u. a. / *Neumann* Rdnr. 9; *Müller-Wenner* / Winkler Rdnr. 5; LPK-SGB IX / *Düwell* Rdnr. 83). Dies folgt nicht zuletzt aus § 81 Abs. 2 i. V. m. § 15 Abs. 6 AGG. Der Arbeitgeber kann grundsätzlich über seinen Personaleinsatz frei entscheiden. Lediglich **bei den beschäftigungspflichtigen Arbeitgebern** ist das **Auswahlermessen** bei der Besetzung von Arbeitsplätzen **eingeschränkt**, weil die Prüfpflicht darauf zielt, zumindest die Erfüllung der gesetzli-

43

chen Beschäftigungspflicht zu erreichen. Diese Arbeitgeber sollen bei gleicher Qualifikation dem schwerbehinderten Bewerber den Vorzug einzuräumen (LPK-SGB IX / *Düwell* Rdnr. 84; *Müller-Wenner* / Winkler a. a. O.). Allerdings besteht die Sanktion für den Arbeitgeber, der seine Prüfungspflicht nicht beachtet und deshalb nicht die Mindestbeschäftigungsquote erfüllt, lediglich in der Ahndung der Ordnungswidrigkeit nach § 156 Abs. 1 Nr. 1 SGB IX bzw. einer zivilrechtlichen Entschädigungspflicht gegenüber einem hierdurch benachteiligten schwer behinderten Bewerber.

2. Frühzeitige Verbindung mit der Agentur für Arbeit

44 Bei **Neueinstellungen** haben Arbeitgeber **frühzeitig Verbindung mit der Agentur für Arbeit** aufzunehmen (**Abs. 1 Satz 2**). Hierdurch wird die Prüfungspflicht des Abs. 1 Satz 1 konkretisiert (BAG Beschluss vom 17. Juni 2008 – 1 ABR 20/07 = NZA 2008, 1139 = BehindertenR 2008, 204): Der Bundesagentur für Arbeit oder einem Integrationsfachdienst wird die Möglichkeit eröffnet, dem Arbeitgeber geeignete schwerbehinderte Menschen vorzuschlagen. Denn die als schwerbehinderte Stellenbewerber vorrangig zu berücksichtigenden Personen werden in erster Linie der Arbeitsverwaltung bekannt sein (vgl. auch § 101 Abs. 1 Nr. 2 SGB IX).

Zu empfehlen ist eine Kontaktaufnahme mit der Agentur für Arbeit **möglichst etwa eine Woche vor der externen oder internen Stellenausschreibung**, ggf. auch per Fax oder E-Mail. Hierbei sollte eine möglichst genaue Arbeitsplatzbeschreibung gegeben werden (*Schmidt* Schwb-ArbR Rdnr. 149).

45 Auch wenn sich schon schwerbehinderte Menschen aus eigener Initiative um eine Stelle beworben haben, soll mit der Arbeitsagentur Verbindung aufgenommen werden, um möglichst vielen geeigneten Schwerbehinderten die Chance auf einen Arbeitsplatz zu eröffnen (Neumann u. a. / *Neumann* Rdnr. 3). Angesichts der hohen Dauerarbeitslosigkeit unter schwerbehinderten Menschen kommt deren Eingliederung besondere Bedeutung zu. Die frühzeitige Kontaktaufnahme mit der Agentur für Arbeit dient der **Prüfung, ob arbeitslos gemeldete schwerbehinderte Menschen beschäftigt werden können**.

46 Die Verbindungsaufnahme mit der Agentur für Arbeit schließt ein, dieser **alle vorhandenen Unterlagen** über Stellenbeschreibungen und Anforderungsprofile **zur Verfügung zu stellen**. Selbstverständlich muss der Arbeitgeber über den zu besetzenden Arbeitsplatz wahrheitsgetreu informieren, also nicht etwa eine unbefristet zu besetzende Stelle lediglich als befristet melden (HK-SGB IX / *Trenk/Hinterberger* Rdnr. 13).

Er muss der der Agentur für Arbeit **ausreichend Zeit zur Prüfung** einräumen, ob ein konkret ausgeschriebener Arbeitsplatz mit einem arbeitssuchenden schwerbehinderten Menschen besetzt werden kann (LAG Rheinland-Pfalz Beschluss vom 10. September 2010 – 6 TaBV 10/10 = BB 2011, 704 m. Anm *Reinsch*). Es reicht nicht aus, wenn er der Agentur für Arbeit den Arbeitsplatz nur telefonisch beschreibt und auf deren Antwort, sie habe keinen geeigneten Schwerbehinderten, einen anderen Arbeitnehmer einstellt (LAG Rheinland-Pfalz Beschluss vom 10. September 2010 a. a. O.). Sachliche Gründe, die es erforderlich machen einen bestimmten Bewerber vorläufig einzustellen, können nur aus einer ordnungsgemäßen Betriebsführung erwachsen. Persönliche Wünsche des Bewerbers nach vorläufiger Einstellung ohne zusätzliche Erfordernisse sind unerheblich. Auch die Befürchtung des Arbeitgebers, im Falle einer Verzögerung bei der Einstellung einen bestimmten Arbeitnehmer nicht mehr für das Unternehmen zu gewinnen, stellt für sich gesehen keinen Vorläufigkeitsgrund dar (LAG Rheinland-Pfalz Beschluss vom 10. September 2010 a. a. O.).

47 Die Arbeitsagentur oder ein von ihr beauftragter Integrationsfachdienst im Sinne von § 109 SGB IX **schlägt dem Arbeitgeber geeignete schwerbehinderte Menschen** vor (**Abs. 1 Satz 3**). Da aber die Bundesagentur für Arbeit kein Vermittlungsmonopol hat, sind auch Vorschläge anderer Stellen gem. § 291 SGB III möglich und von den Arbeitgebern in die Prüfung einzubeziehen.

Obwohl Anforderungen an die Art der Vorschläge gesetzlich nicht festgelegt sind, sollte selbstverständlich sein, dass diese auf eingehender Prüfung beruhen und für den Arbeitgeber aussagekräftig sind, so dass er sie zielgerichtet bei der Entscheidung über die zu besetzende Stelle verwerten kann. Die Arbeitsagentur ist allerdings auf Vorschläge beschränkt und an der weiteren Einstellungsentscheidung nicht beteiligt.

Geeignete Vermittlungsvorschläge über schwerbehinderte Bewerber können mit dem **Hinweis auf eine finanzielle Förderung** verbunden und dadurch für den Arbeitgeber zusätzlich interessant werden. In Betracht kommt z. B. ein Eingliederungszuschuss nach § 218 Abs. 2 SGB III bzw. ein Zuschuss zur Ausbildungsvergütung nach § 235a SGB III. Die Bewilligung obliegt der Agentur für Arbeit auf Antrag des Arbeitgebers. Diese hat auch die Fördermöglichkeiten anderer Rehabilitationsträger und des Integrationsamts aufzuzeigen. 48

3. Informations- und Beteiligungspflichten

a) Arbeitgeberpflicht zur Kenntnisnahme von Bewerberhinweisen auf Schwerbehinderung

Neben Vermittlungsvorschlägen sind auch **unmittelbare Bewerbungen schwerbehinderter Menschen** bei der Besetzung des Arbeitsplatzes zu berücksichtigen. Hierbei ist es unerheblich, ob es sich um so genannte Vorratsbewerbungen bzw. um Bewerbungen auf externe oder interne Ausschreibungen handelt (LPK-SGB IX / *Düwell* Rdnr. 95). Solche Bewerbungen haben etwaige **aus der Behinderung folgende Leistungseinschränkungen mitzuteilen**, sofern dem Arbeitgeber diese nicht ohnehin bekannt sind. Eine derartige Offenbarung ist erforderlich, um dem Bewerber die Schutzwirkung des § 81 SGB IX zugute kommen zu lassen, welche gerade vom Feststehen der Behinderung abhängt. Deshalb gelten hier nicht die Erwägungen, welche gegenüber Bewerbern, die sich nicht von vornherein auf eine Behinderung berufen, die entsprechende Frage des Arbeitgebers ohne Bezug zu konkreten Arbeitsplatzanforderungen verbieten (vgl. Erl. zu § 68 SGB IX Rdnrn. 37 ff. und unten Rdnr. 110 ff.). 49

Mitzuteilen sind nicht die medizinischen Befunde und Diagnosen, sondern die darauf beruhenden **Einschränkungen des Leistungsvermögens**. Bei Unklarheiten über die gesundheitliche Eignung des Bewerbers kann mit seinem Einverständnis eine Tauglichkeitsuntersuchung durch einen Arbeitsmediziner vorgenommen werden. Dieser darf gegen den Willen des schwerbehinderten Menschen die Diagnose dem Arbeitgeber nicht bekannt geben, sondern muss sich auf die Mitteilung der hieraus folgenden Beeinträchtigungen für die Tätigkeit beschränken (GK-SGB IX / *Großmann* Rdnr. 100). 50

Teilt ein Bewerber im Bewerbungsschreiben seine Schwerbehinderung mit, ist der **Arbeitgeber verpflichtet**, das **Bewerbungsschreiben** bei seinem Eingang **vollständig zur Kenntnis zu nehmen** (⌘ BAG Urteil vom 16. September 2008 – 9 AZR 791/07 = BAGE 127, 367 = NZA 2009, 79 = BehindertenR 2009, 86 = AP Nr. 15 zu § 81 SGB IX; ⌘ LAG Hamm Urteil vom 28. September 2010 – 9 Sa 865/10 = NZA-RR 2011, 8). Übersehen die für den Arbeitgeber handelnden Personen den Hinweis auf die Schwerbehinderteneigenschaft und verstößt der Arbeitgeber deshalb gegen seine Pflichten aus § 81 SGB IX, wird eine **Benachteiligung wegen einer Behinderung** vermutet (⌘ BAG Urteil vom 16. September 2008 a. a. O.). Die unterlassene Kenntnisnahme der in seinem Einflussbereich eingesetzten Personen wird dem Arbeitgeber als objektive Pflichtverletzung zugerechnet. Auf ein Verschulden der handelnden Personen kommt es nicht an (⌘ BAG Urteil vom 16. September 2008 a. a. O.; LAG Hamm Urteil vom 28. September 2010 a. a. O.). 51

Allerdings besteht keine **generelle Vermutung** dafür, dass ein Arbeitgeber oder die für ihn tätigen Personalsachbearbeiter tatsächlich **Kenntnis von einer objektiv vorhandenen Behinderung** hätten (LPK-SGB IX / *Düwell* Rdnr. 97). Die Annahme erscheint lebensfremd, dass der Arbeitgeber die Anlagen von Bewerbungen konzentriert nach Hinweisen auf eine bestehende Behinderung durchsehe. Hält er die Bewerbung aufgrund des Anschreibens, des 52

Lebenslaufs und womöglich des letzten Arbeitszeugnisses für nicht hinreichend interessant, wird er kaum weitere Zeit hierin investieren (so auch ArbG Düsseldorf Urteil vom 18. September 2007 – 7 CA 1969/07, zit. nach JURIS). Deshalb kann der Bewerber ohne **deutlichen Hinweis im Bewerbungsschreiben** nicht erwarten, dass der Arbeitgeber Kenntnis von der Behinderung erlangt (LPK-SGB IX / *Düwell* a. a. O.).

Macht ein schwerbehinderter Bewerber im Bewerbungsschreiben **unklare Angaben** über den Grad und die Art seiner Behinderung, so trifft den Arbeitgeber keine Pflicht, sich im Hinblick auf § 1 AGG über den Grad und die Art der Behinderung zu erkundigen (LAG Baden-Württemberg Urteil vom 6. September 2010 – 4 Sa 18/10 = BB 2010, 2956 [Ls.]; Rev. anhängig unter Az. 8 AZR 608/10). Andererseits kann der Arbeitgeber aber auch nicht verlangen, dass der Bewerber seine Schwerbehinderung durch **Vorlage des amtlichen Ausweises oder eines Feststellungsbescheids** nachweise, weil der Arbeitgeber seine Unterrichtungspflichten nach Abs. 1 Satz 4 unmittelbar nach Eingang der entsprechenden Bewerbungen erfüllen muss. Jedoch kann er die Einbeziehung des Bewerbers in das weitere Auswahlverfahren von dem entsprechenden Nachweis abhängig machen. In jedem Fall ist es zweckmäßig, dass bei Stellenbewerbungen schwerbehinderter Menschen von vornherein eine Kopie des Schwerbehindertenausweises bzw. des Gleichstellungsbescheids als Anlage beigefügt und im Bewerbungsschreiben darauf hingewiesen wird (zum Ganzen LPK-SGB IX / *Düwell* Rdnr. 97).

b) Informationspflicht gegenüber betrieblichen Vertretungen über Bewerbungseingang

53 Über Vermittlungsvorschläge sowie über bereits vorliegende Bewerbungen von schwerbehinderten Menschen haben die Arbeitgeber **unverzüglich die Schwerbehindertenvertretung** und den **jeweiligen Betriebs-, Personal-, Richter-, Staatsanwalts- bzw. Präsidialrat zu informieren (Abs. 1 Satz 4 und 5).** Der Arbeitgeber ist nicht befugt, die eingegangenen Bewerbungen zunächst zu sammeln (ArbG Marburg Urteil vom 29. Juli 2005 – 2 Ca 65/05, zit. nach JURIS).

54 Hierbei ist stets die **Schwerbehindertenvertretung** als eigenständiges Organ der Dienststelle **gesondert zu unterrichten**; allein mit der Informationserteilung an den Betriebs- oder Personalrat kann der Arbeitgeber die ihm nach Abs. 1 Satz 4 obliegende Pflicht zur Unterrichtung über vorliegende Bewerbungen von schwerbehinderten Menschen nicht erfüllen. Der Personalrat ist nicht zuständig für den Empfang von Mitteilungen, die an die Schwerbehindertenvertretung zu richten sind (BAG Urteil vom 15. Februar 2005 – 9 AZR 635/03 = BAGE 113, 361 = BAG AP Nr. 7 zu § 81 SGB IX = NZA 2005, 870 = BehindertenR 2005, 168 unter B IV 1 b bb (2) der Gründe; LAG Hamm Urteil vom 16. Dezember 2005 – 15 Sa 1698/05, zit. nach JURIS).

55 Eine **unverzügliche Information** liegt nur dann vor, wenn sie so früh gegeben wird, dass die Schwerbehindertenvertretung sich darüber eine eigene Meinung bilden kann, um an einer später zu treffenden Entscheidung entsprechend ihren Beteiligungsrechten teilhaben zu können (LAG München Urteil vom 19. November 2008 – 5 Sa 556/08, zit. nach JURIIS; GK-SGB IX / *Schimanski*, § 95 SGB IX Rdnr. 72). Von einer Information und erst recht einer Anhörung kann nicht die Rede sein, wenn der Arbeitgeber die Schwerbehindertenvertretung darauf verweist, sie könne sich schwerbehinderte Bewerber aus einem Stapel von Bewerbungsunterlagen heraussuchen – und zwar im Rahmen einer Sitzung des Gesamtpersonalrates, in der dieser bei der Einstellung eines anderen, von dem Arbeitgeber bereits ausgesuchten, Bewerbers beteiligt wird (LAG München Urteil vom 19. November 2008 a. a. O.).

56 **Verstößt der Arbeitgeber gegen die Unterrichtungspflicht** über den Eingang einer Bewerbung eines schwerbehinderten Menschen, sodass die Schwerbehindertenvertretung ihre gesetzlich zugewiesene Funktion nicht erfüllen kann, spricht eine **Vermutung für die Benachteiligung des ihr verschwiegenen** schwerbehinderten Stellenbewerbers (BAG Urteil vom 15. Februar 2005 a. a. O.; BAG Urteil vom 16. September 2008 a. a. O.; LAG

Hamm Urteil vom 16. Dezember 2005 a. a. O.). Denn es gehört zur Aufgabe der Schwerbehindertenvertretung, die Eingliederung arbeitssuchender schwerbehinderter Menschen in den Betrieb zu fördern (§ 95 Abs. 1 Satz 1 SGB IX) und darüber zu wachen, dass der Arbeitgeber schwerbehinderte Bewerber nicht entgegen § 81 Abs. 2 SGB IX benachteiligt (§ 95 Abs. 1 Satz 2 Nr. 1 SGB IX).

Dazu hat der Gesetzgeber ihr ausdrücklich das Recht eingeräumt, in die Bewerbungsunterlagen auch der nicht behinderten Bewerber Einblick zu nehmen und an den Vorstellungsgesprächen aller Bewerber teilzunehmen (§ 95 Abs. 2 Satz 3 SGB IX; vgl. auch unten Rdnr. 60). Denn die Schwerbehindertenvertretung soll die Möglichkeit haben, durch einen **Vergleich der Qualifikation die benachteiligungsfreie Stellenbesetzung zu überprüfen** (vgl. LPK-SGB IX / *Düwell* Rdnr. 98). 57

c) Hinzuziehungspflicht gegenüber Schwerbehindertenvertretung

Der Arbeitgeber ist verpflichtet, die **Schwerbehindertenvertretung bei Bewerbungen** von schwerbehinderten Menschen **hinzuzuziehen (Abs. 1 Satz 6)**. Sobald der Arbeitgeber erkennen kann, dass es sich bei einem Bewerber um einen schwerbehinderten Menschen handelt, muss die Vertrauensperson der Schwerbehinderten beteiligt werden. **„Beteiligung"** bedeutet im Zusammenhang mit § 95 Abs. 2 SGB IX, dass eine sachliche Auseinandersetzung mit ihren Äußerungen erforderlich ist. Die bloße Einräumung einer Gelegenheit zur Stellungnahme genügt dazu nicht; die Stellungnahme muss auch inhaltlich gewürdigt werden, ohne dass der Arbeitgeber aber verpflichtet wäre, ihr zu folgen (vgl. Neumann [Hg]. HB-SGB IX / *Deinert* § 17 Rdnr. 88; *Schmidt* Schwb-ArbR Rdnr. 151). 58

Die Schwerbehindertenvertretung sollte hierbei von Anfang an **eng mit dem Betriebsrat zusammenarbeiten** (näher hierzu *Schwarzbach* AiB 2002, 621).

Bei einer größeren Zahl von Bewerbern auf eine Stelle muss die Schwerbehindertenvertretung bereits bei der **Vorauswahl** beteiligt und ihr die beabsichtigte Auswahlentscheidung mitgeteilt werden. Dazu ist ihr gem. § 95 Abs. 2 Satz 1 i. V. m. § 81 Abs. 1 Satz 6 SGB IX Gelegenheit zur Stellungnahme zu geben und anschließend das Ergebnis der Vorauswahlentscheidung mitzuteilen (*Müller-Wenner* / Winkler Rdnr. 15; LPK-SGB IX / *Düwell* Rdnr. 101). 59

Die Schwerbehindertenvertretung hat weiterhin gem. § 95 Abs. 2 Satz 3 SGB IX das **Recht auf Teilnahme an Vorstellungsgesprächen und Einsicht in die entscheidungsrelevanten Teile der Bewerbungsunterlagen**. Das bezieht sich auch auf Vorstellungsgespräche und Unterlagen nicht behinderter Bewerber, wenn diese um die Einstellung mit einem schwerbehinderten Menschen konkurrieren. Denn über die Eignung des schwerbehinderten Bewerbers kann sich die Schwerbehindertenvertretung nur im Vergleich aller Bewerber eine fundierte Meinung bilden (BAG Urteil vom 15. Februar 2005 – 9 AZR 635/03 = BAGE 113, 361 = NZA 2005, 870 = BehindertenR 2005, 168 unter IV 1 b bb [2]; *Müller-Wenner* / Winkler § 95 SGB IX Rdnr. 44; *Hansen* NZA 2001, 986 [988]; Hauck / Noftz / *Schröder* Rdnr. 9; Neumann [Hg]. HB-SGB IX / *Deinert* § 17 Rdnr. 88; vgl. in diesem Sinne auch die Stellungnahme des BR zum RegE in BT-Drucks. 14/5531 S. 10 f. sowie den Bericht des BT-Ausschusses für AuS BT-Drucks. 14/5800 S. 30). 60

Die Schwerbehindertenvertretung ist bei Bewerbungen schwerbehinderter Menschen allerdings dann nicht zu beteiligen, wenn der Betroffene diese Beteiligung **ausdrücklich ablehnt (Abs. 1 Satz 10)**. Hierfür ist keine Form vorgeschrieben; die Ablehnung kann schriftlich oder mündlich erklärt werden. Adressat der Ablehnungserklärung ist nach den Regelungszusammenhang der Arbeitgeber, der seinerseits die Schwerbehindertenvertretung über die Ablehnung informieren muss, bevor sie im Bewerbungsverfahren weiter tätig wird, z. B. Einblick in die Bewerbungsunterlagen erhält (HK-SGB IX / *Trenk-Hinterberger* Rdnr. 26). 61

Eine solche Ablehnung berührt nicht die Beteiligungsrechte der betrieblichen Interessenvertretungen, da Betriebs- bzw. Personalrat auch die Interessen anderer nicht schwerbehinderter Arbeitnehmer vertreten (*Müller-Wenner* / *Winkler* Rdnr. 25). Außerdem gilt stets das **allgemeine Beteiligungsrecht der Schwerbehindertenvertretung** gem. § 95 Abs. 2 SGB IX, da hier kein Ablehnungsgrund geregelt ist. Die Anhörungs- und Unterrichtungsrechte der Schwerbehindertenvertretung werden deshalb durch die Ablehnung ihrer individuellen Mitwirkung seitens eines einzelnen schwerbehinderten Bewerbers nicht ausgeschlossen. Er kann lediglich die Erörterung seiner Bewerbung durch diese und deren Teilnahme an seinem eigenen Vorstellungsgespräch ablehnen. Über eine solche behauptete Ablehnung kann die Schwerbehindertenvertretung ggf. vom Arbeitgeber einen Nachweis verlangen.

62 Die Ablehnung muss **auf Initiative des schwerbehinderten Bewerbers** zurückgehen. Der Arbeitgeber kann ihn zwar anlässlich der Einladung zu einem Vorstellungsgespräch in allgemeiner Form auf dieses Ablehnungsrecht hinweisen. **Unzulässig** wäre aber die **ausdrückliche Nachfrage**, ob der Bewerber die Beteiligung der Schwerbehindertenvertretung wünsche. Dies könnte nämlich dem Betroffenen möglicherweise den Eindruck vermitteln, die als gesetzlicher Regelfall vorgesehene Einschaltung der Schwerbehindertenvertretung sei dem Arbeitgeber nicht willkommen und daher eine Ablehnung ihrer Beteiligung durch den Bewerber erwünscht. Es liegt auf der Hand, dass der auf den Erfolg seiner Bewerbung hoffende schwerbehinderte Mensch dann vielleicht aus sachfremden Gründen auf die zur Wahrung seiner Interessen vorgesehene Mitwirkung der Schwerbehindertenvertretung verzichten könnte. Damit liefe aber ein **Verlangen des Arbeitgebers nach einer ausdrücklichen Entscheidung** des Stellenbewerbers dem Sinn der gesetzlichen Regelung in Abs. 1 Satz 6 und 10 zuwider, nämlich grundsätzlich durch die Beteiligung der Schwerbehindertenvertretung bereits dem Anschein einer Benachteiligung der schwerbehinderten Bewerber entgegenzuwirken und hiervon nur dann abzusehen, wenn dies der Bewerber selbst – aus von ihm subjektiv wohl erwogenen Gründen – bewusst ablehnt.

Die Ablehnungserklärung ist auch noch zu einem späteren Zeitpunkt **im Verlauf des Bewerbungsverfahrens möglich**; die Schwerbehindertenvertretung muss dann ihre Tätigkeit in Bezug auf diese Bewerbung einstellen. Allerdings hat der Arbeitgeber den Verzichtenden im Rahmen des bestehenden Anbahnungsverhältnisses gemäß § 311 Abs. 2 i. V. m. § 241 Abs. 2 BGB über die Rechtsfolgen seines Verzichts aufzuklären (HK-SGB IX / *Trenk-Hinterberger* Rdnr. 26). Diese Aufklärung sollte den Hinweis einschließen, dass die Schwerbehindertenvertretung im Fall der Einbeziehung weiterer schwerbehinderter Bewerber in die Auswahl für die Stellenbesetzung ohnehin das Recht auf Teilnahme an Vorstellungsgesprächen und Einsicht in die Bewerbungsunterlagen hat und sich also auch indirekt weiterhin mit dem betroffenen Bewerber befassen muss (vgl. oben Rdnr. 60).

63 Nach Abschluss des Bewerbungsverfahrens hat der Arbeitgeber die Schwerbehindertenvertretung über die **beabsichtigte Einstellungsentscheidung zu informieren** und sie **anzuhören** (vgl. § 95 Abs. 2 Satz 1 SGB IX). Ihr ist Gelegenheit zur Stellungnahme zu geben, wobei eine besondere Form hierfür nicht vorgeschrieben ist. Stets sind aber alle maßgeblichen Unterlagen mitzuteilen, damit eine ordnungsgemäße Beurteilung ermöglicht wird. Die Stellungnahme kann sowohl mündlich als auch schriftlich abgegeben werden.

64 Die Durchführung oder Vollziehung einer ohne Beteiligung der Schwerbehindertenvertretung nach § 95 Abs. 2 Satz 1 SGB IX getroffenen Entscheidung, d. h. die Einstellung eines Arbeitnehmers, ist auf deren Verlangen **auszusetzen**. Die Beteiligung ist innerhalb von sieben Tagen nachzuholen; sodann ist endgültig zu entscheiden (§ 95 Abs. 2 Satz 2 SGB IX). Die **Einstellung** eines Arbeitnehmers ist **nicht unwirksam**, wenn der Arbeitgeber die Schwerbehindertenvertretung nicht nach § 95 Abs. 2 SGB IX schon bei der Einstellung beteiligt (*Schmidt* Schwb-ArbR Rdnr. 161; Kossens u. a. / *Kossens* § 95 Rdnr. 19; näher hierzu Erl. zu § 95 SGB IX Rdnr. 44). Jedoch hat der Arbeitgeber die Unterrichtung und Beteiligung der Schwerbehindertenvertretung nachzuholen.

Der Anspruch der Schwerbehindertenvertretungen auf Aussetzung der Entscheidung nach § 95 Abs. 2 SGB IX kann **im arbeitsgerichtlichen Beschlussverfahren**, ggf. im einstweiligen Rechtsschutz, durchgesetzt werden (näher hierzu Erl. zu § 95 SGB IX Rdnr. 45), im Fall der

Aussetzung ist die Entscheidung des Arbeitgebers **schwebend unwirksam**; sie darf nicht durchgeführt werden (*Schmidt* Schwb-ArbR Rdnr. 161; Erl. zu § 95 SGB IX Rdnr. 44).

Holt der Arbeitgeber die Unterrichtung der Schwerbehindertenvertretung **nicht nach**, bleibt die **Einstellung wirksam** (Kossens u. a. / *Kossens* § 95 SGB IX Rdnr. 22). Die Schwerbehindertenvertretung kann nicht verlangen, eine ohne ihre Beteiligung durchgeführte Entscheidung rückgängig zu machen (*Schmidt* Schwb-ArbR Rdnr. 161). Allerdings ist das Unterlassen des Arbeitgebers **bußgeldbewehrt** (§ 156 Abs. 1 Nr. 9 SGB IX). 65

d) Besondere Erörterungspflicht von beschäftigungspflichtigen Arbeitgebern

Eine **besondere Erörterungspflicht** ist **bei beschäftigungspflichtigen Arbeitgebern** vorgesehen. Diese kommt zum Tragen, wenn der Arbeitgeber die Pflichtquote nicht erfüllt hat; sonstige Arbeitgeber müssen sich für ihre Einstellungsentscheidung nicht rechtfertigen (HK-SGB IX / *Trenk-Hinterberger* Rdnr. 19). Andererseits muss die Schwerbehindertenvertretung oder die zuständige betriebliche Interessenvertretung zum Ausdruck gebracht haben, dass sie mit der beabsichtigten Einstellungsentscheidung nicht einverstanden ist (**Abs. 1 Satz 7**). 66

Obwohl nicht vorgeschrieben ist, in welcher Frist und Form das fehlende Einverständnis zu erklären ist, empfiehlt sich schon aus Gründen der Praktikabilität eine schriftliche Erklärung unter Mitteilung von Gründen, die im Regelfall spätestens eine Woche nach Unterrichtung durch den Arbeitgeber diesem zugehen sollte (HK-SGB IX / *Trenk-Hinterberger* Rdnr. 20).

Der von dieser Vorschrift erfasste Arbeitgeber muss dann die beabsichtigte Einstellungsentscheidung mit der Schwerbehindertenvertretung und der betrieblichen Interessenvertretung **in einem Gespräch** erörtern und im Einzelnen **begründen**. Allein der Austausch gegensätzlicher schriftlicher Stellungnahmen genügt dem nicht (BAG Urteil vom 15. August 2006 – 9 AZR 571/05 = BAGE 119, 181 = NZA 2007, 1310 unter II 2a der Gründe). „**Erörtern**" bedeutet den **Austausch der Argumente und Meinungen** mit dem Ziel, zu einer Verständigung zu gelangen (GK-SGB XI / *Großmann* Rdnr. 112) und die Führung eines persönlichen oder telefonischen Gesprächs, in dem die von der Vertretung „vorgetragenen Einwände erörtert werden" (*Müller-Wenner* / Winkler Rdnr. 20; *Diller* NZA 2007, 1321 [1323]). Hierbei ist insbesondere darzulegen, weshalb die Einstellung des schwerbehinderten Bewerbers trotz Nichterfüllung der Beschäftigungspflicht abgelehnt werden soll.

e) Anhörungspflicht gegenüber schwerbehinderten Bewerbern

Unter den Voraussetzungen des Abs. 1 Satz 7 muss der Arbeitgeber außerdem alle von der beabsichtigten Entscheidung betroffenen **schwerbehinderten Bewerber anhören** (**Abs. 1 Satz 8**). Das ist sowohl im Rahmen der Erörterungen mit der Schwerbehindertenvertretung und dem Betriebs- / Personalrat als auch in einem eigenen Gesprächstermin möglich. Bei diesem sind Schwerbehindertenvertretung und betriebliche Interessenvertretungen teilnahmeberechtigt (Hauck / Noftz / *Schröder* Rdnr. 10). Zumindest aber muss der Arbeitgeber dem Bewerber die Gründe für die geplante Nichtberücksichtigung mitteilen und ihm Gelegenheit zur Stellungnahme geben. Diese ist ggf. wiederum der widersprechenden Interessenvertretung zuzuleiten und mit ihr dieser durch den Arbeitgeber nochmals zu erörtern (*Schmidt* Schwb-ArbR Rdnr. 153). 67

Die Anhörungspflicht besteht **gegenüber allen abgelehnten schwerbehinderten Bewerbern**. Der Arbeitgeber darf nach dem Gesetzeswortlaut nicht etwa einzelne Bewerbungen im Wege einer Vorauswahl von der Anhörung oder Erörterung ausschließen (*Müller-Wenner* / Winkler Rdnr. 22; a. A. HK-SGB IX / *Trenk-Hinterberger* Rdnr. 21). Unerheblich ist auch, ob es sich um externe oder betriebsinterne Bewerbungen handelt (*Müller-Wenner* / Winkler a. a. O. m. w. Nachw.). Im Fall einer persönlichen Anhörung sind dem jeweiligen Bewerber ggf. Reisekosten zu erstatten (LPK-SGB IX / *Düwell* Rdnr. 103). 68

Ein **Bewerber** ist **nicht verpflichtet, an der Anhörung teilzunehmen**. Jedoch liegt dies durchaus im eigenen Interesse. Er kann z. B durch ein ärztliches Attest etwaige Bedenken 69 des Arbeitgebers gegen seine Eignung auszuräumen versuchen oder durch seinen Eindruck bei der Anhörung die Meinung über seine Eignung bzw. Nichteignung beeinflussen (*Großmann* BehindertenR 2003, 125 [133]).

70 Dieses **Verfahren ist aufwändig und bürokratisch**. Der Gesetzgeber hat es aber bewusst gewählt, um den Arbeitgeber, der seine Beschäftigungspflicht nicht erfüllt, zur Einstellung schwerbehinderter Menschen anzuhalten (LPK-SGB IX / *Düwell* Rdnr. 103; ähnlich Neumann [Hg]. HB-SGB IX / *Deinert* § 17 Rdnr. 90).

71 Der Arbeitgeber soll sich nur nach reiflicher Überlegung und unter Berücksichtigung aller Umstände gegen einen schwerbehinderten Bewerber entscheiden. Der **Zwang für den Arbeitgeber, im Erörterungsgespräch die Ablehnungsgründe offenlegen** zu müssen, erleichtert dem abgelehnten Bewerber, einen Verstoß gegen das Benachteiligungsverbot gem. § 81 Abs. 2 glaubhaft machen zu können, falls der Arbeitgeber nicht nur sachliche Gründe vorbringt (*Müller-Wenner* / Winkler Rdnr. 23; LPK-SGB IX / *Düwell* Rdnr. 103).

f) Information durch Arbeitgeber über Einstellungsentscheidung

72 Ist die **Einstellungsentscheidung endgültig getroffen**, hat der Arbeitgeber die Schwerbehindertenvertretung unverzüglich, d. h. hier in der Regel sofort, gem. § 95 Abs. 2 Satz 1 SGB IX zu informieren. Darüber hinaus müssen **alle Beteiligten**, also auch die betriebliche Interessenvertretung und die abgelehnten schwerbehinderten Bewerber, vom Arbeitgeber **unterrichtet** werden (**Abs. 1 Satz 9**). Nach weitergehender Ansicht (HK-SGB IX / *Trenk-Hinterberger* Rdnr. 23) sollen auch die Agentur für Arbeit und ggf. ein Integrationsfachdienst zu informieren sein. Diese sind aber nicht Beteiligte des Einstellungsverfahrens. Das gilt selbst dann, wenn sie Vorschläge für die Stellenbesetzung unterbreitet haben sollten. Auch erschließt sich der Sinn einer Unterrichtung dieser Stellen nicht ohne Weiteres.

73 Das BAG hat zwar entschieden, diese Vorschrift sei nur auf Arbeitgeber anzuwenden, die die gesetzliche **Beschäftigungsquote** nicht erfüllten und daher nach Abs. 1 Satz 7 und 8 zu einem Erörterungsgespräch verpflichtet seien (Urteil vom 15. Februar 2005 – 9 AZR 635/03 = BAGE 113, 361 = NZA 2005, 870 = BehindertenR 2005, 168 [zu B IV 1b bb (2)]). Der Senat hat aber in einer späteren Entscheidung offen gelassen, ob er an seiner Rechtsprechung zum Geltungsbereich der Unterrichtungspflicht festhalten kann angesichts der in § 81 Abs. 1 SGB IX vorgegebenen Handlungspflichten des Arbeitgebers, die auf eine umfassende Gewährleistung des Schwerbehindertenschutzes durch das Verfahren zielen (BAG Urteil vom 18. November 2008 – 9 AZR 643/07 = NZA 2009, 728 = AP Nr. 16 zu § 81 SGB IX).

Aufgrund dieser Überlegung ist die Unterrichtungspflicht nicht davon abhängig, dass **zuvor eine Erörterung und Anhörung nach Abs. 1 Satz 7 und 8** stattgefunden hat (*Großmann* BehindertenR 2003, 125 [133]; und GK-SGB IX / *Großmann* Rdnr. 178; Schmidt Schwb-ArbR Rdnr. 166 LPK-SGB IX / *Düwell* Rdnr. 104; a. A. *Müller-Wenner* / Winkler Rdnr. 24; *Diller* NZA 2007, 1321 [1323]). Denn die Regelung hat eine eigenständige und von den vorhergehenden Sätzen unabhängige Stellung und Bedeutung. Die **Pflicht zur Unterrichtung** besteht also **auch dann, wenn** der Arbeitgeber seine **Beschäftigungspflicht nicht verletzt** hat bzw. das zumindest behauptet (a. A. unter Verweis auf die bisherige Rechtsprechung des BAG a. a. O. HK-SGB IX / *Trenk-Hinterberger* Rdnr. 24). Auch wenn das im Abs. 1 Satz 7 und 8 geregelte Verfahren nicht stattgefunden hat, weil eine Interessenvertretung nicht widersprochen hat oder überhaupt kein Betriebs-/Personalrat bzw. keine Schwerbehindertenvertretung bestehen, bleibt der Arbeitgeber zur unverzüglichen Unterrichtung der in Betracht kommenden Beteiligten und vor allem des abgelehnten Bewerbers verpflichtet.

Wurde eine Interessenvertretung bisher zu Unrecht nicht beteiligt, muss sie ebenfalls unterrichtet werden (*Großmann* a. a. O.).

74 Das schließt nach dem Wortlaut des Gesetzes **nicht nur die Mitteilung der Entscheidung**, sondern **auch ihrer Begründung** ein (BAG Urteil vom 18. November 2008 – 9 AZR 643/

07 = NZA 2009, 728 = AP Nr. 16 zu § 81 SGB IX). Dem abgelehnten schwerbehinderten Bewerber sind die Tatsachen mitzuteilen, die den Arbeitgeber zu seiner Auswahlentscheidung bestimmt haben. Es ist zu verdeutlichen, weshalb die Bewerbung aus Sicht des Arbeitgebers keinen Erfolg hatte. Dem schwerbehinderten Bewerber soll ermöglicht werden, die Entscheidungsgründe des Arbeitgebers **gerichtlich nachprüfen zu lassen** (BAG Urteil vom 18. November 2008 a. a. O. unter Hinweis auf BT-Drucks. 14/3372 S. 15 und 18 zur Einfügung der Vorgängervorschrift § 14 SchwbG).

Denn der Bewerber kann innerhalb von zwei Monaten nach Zugang der Ablehnungsentscheidung schriftlich einen **Entschädigungsanspruch** geltend machen, wenn er geltend macht, im Verlauf des Bewerbungs- und Einstellungsverfahrens wegen seiner Behinderung unzulässig benachteiligt worden zu sein (§ 81 Abs. 2 Satz 2 i. V. m. § 15 Abs. 4 AGG; vgl. dazu näher unten Rdnr. 157 ff.).

Aus den Schutzzwecken Transparenz und Überprüfbarkeit wird teilweise abgeleitet der Arbeitgeber könne die Vermutung einer Benachteiligung nicht mit Gründen widerlegen, die er dem betroffenen Bewerber im Rahmen seiner Unterrichtung nicht mitgeteilt habe. Ein **Nachschieben nicht mitgeteilter Gründe** komme grundsätzlich nicht in Betracht. Der Arbeitgeber könne sonst das Benachteiligungsverbot „unter Missachtung der Formvorschriften" umgehen. Anderes gelte ausnahmsweise, wenn der Arbeitgeber sie vorher nicht habe geltend machen können, weil sie ihm beispielsweise nicht bekannt gewesen seien (so Hess. LAG Urteil vom 22. März 2006 – 2 Sa 1686/05, zit. nach JURIS Rdnr. 26, und Urteil vom 7. November 2005 – 7 Sa 473/05 = NZA-RR 2006, 312). 75

Das **BAG** hat jedoch einen **solchen Ausschluss ausdrücklich abgelehnt** (Urteil vom 18. November 2008 – 9 AZR 643/07 = NZA 2009, 728 = AP Nr. 16 zu § 81 SGB IX, JURIS Rdnr. 53 ff.; Urteil vom 17. August 2010 – 9 AZR 839/08 = NJW 2011, 550 = NZA 2011, 153; ebenso LAG Hamm Urteil vom 28. September 2010 –9 Sa 865/10 = NZA-RR 2011, 8) Die Parteien eines arbeitsgerichtlichen Rechtsstreits können materiellrechtlich regelmäßig alle Tatsachen vortragen, aus denen sich das Bestehen des erhobenen Anspruchs oder sein Nichtbestehen ergeben soll. Das Verbot des Nachschiebens bestimmter Tatsachen kann über Gewinn oder Verlust des Rechtsstreits entscheiden. Diese einschneidende Rechtsfolge kann deshalb nur angenommen werden, wenn sie sich aus dem materiellen Recht unzweifelhaft herleiten lässt. Dem **Wortlaut der Vorschrift ist aber nichts für eine Präklusion zu entnehmen**. Die Rechtsfolgen, die sich aus einer Verletzung der Unterrichtungspflicht für einen Rechtsstreit über einen Entschädigungsanspruch wegen einer behinderungsbezogenen Benachteiligung ergeben, sind nicht geregelt. Nach § 156 Abs. 1 Nr. 7 SGB IX wird die schuldhafte Verletzung der Unterrichtungspflicht als Ordnungswidrigkeit verfolgt. Die staatliche Sanktion zeigt, dass der Gesetzgeber der Unterrichtungspflicht zur Verbesserung der Chancen schwerbehinderter Menschen erhebliches Gewicht beimisst. 76

Die Ausgestaltung der Norm spricht gleichwohl gegen ein umfassendes Verbot des Nachschiebens. Denn die Unterrichtungspflicht ist lediglich zeitlich gebunden. Sie muss „unverzüglich" erfüllt werden, also ohne schuldhaftes Zögern (vgl. § 121 BGB).

Dagegen ist **dem Arbeitgeber überlassen**, in welcher **Form** er die Beteiligten unterrichtet. Er ist **nicht verpflichtet**, seine Auswahlentscheidung **schriftlich zu begründen** (BAG Urteil vom 18. November 2008 a. a. O.; a. A. GK-SGB IX / *Großmann* Rdnr. 182). Die Beteiligten können auch in persönlichen Gesprächen oder fernmündlich informiert werden. Die gerichtliche Überprüfung würde zwar durch eine schriftliche Begründung erleichtert. Das gilt insbesondere hinsichtlich des Laufs der Geltendmachungsfrist von zwei Monaten, die mit dem Zugang der Ablehnung der Bewerbung beginnt (§ 15 Abs. 4 Satz 2 AGG). Jedoch rechtfertigen Zweckmäßigkeitsüberlegungen nach Auffassung des BAG a. a. O. nicht die Annahme einer zwingenden Schriftform, die im Gesetz nicht vorgegeben ist. 77

Deshalb kann zur Rechtfertigung eines Verbots des Nachschiebens nicht mitgeteilter Gründe auch **nicht allein auf den Schutzzweck der Norm abgestellt** werden. Bei einer nur mündli- 78 chen Erläuterung müsste zunächst im Wege der Beweisaufnahme geklärt werden, welche Tatsachen der Arbeitgeber dem betroffenen Arbeitnehmer und den anderen Beteiligten mitgeteilt hat, um anschließend je nach dem Ergebnis weiteren Sachvortrag zuzulassen oder nicht. Das hat das BAG a. a. O. nicht für sinnvoll gehalten; ebenso LPK-SGB IX / *Düwell* Rdnr. 104.

g) Zusammenfassender Überblick über die Beteiligung der Schwerbehindertenvertretung

79 Die **Beteiligung der Schwerbehindertenvertretung am Einstellungsverfahren** lässt sich übersichtlich wie folgt zusammenfassen (vgl. *Müller-Wenner* / Winkler Rdnr. 27).

– Unterrichtung über alle **eingegangenen Bewerbungen** schwerbehinderter und nicht schwerbehinderter Bewerber sowie über die Vermittlungsvorschläge der Agentur für Arbeit (Abs. 1 Satz 4),
– Unterrichtung über die **beabsichtigte Vorauswahl** bei größerem Bewerberkreis, Gelegenheit zur Stellungnahme und sodann Mitteilung der getroffenen Vorauswahlentscheidung mit Gelegenheit zur Stellungnahme hierzu (Abs. 1 Satz 6, § 95 Abs. 2 Satz 1 SGB IX),
– Einsicht in **Bewerbungsunterlagen** und Teilnahme an **Vorstellungsgesprächen aller Bewerber** (§ 95 Abs. 2 Satz 3 SGB IX),
– Unterrichtung über eine **beabsichtigte Einstellungsentscheidung** und Gelegenheit zur Stellungnahme (§ 95 Abs. 2 Satz 1 SGB IX),
– besondere **Erörterung der beabsichtigten Entscheidung** bei Nichterfüllung der Beschäftigungspflicht unter ablehnender Stellungnahme der Schwerbehindertenvertretung (Abs. 1 Satz 7 SGB IX), ggf. **Teilnahme an Anhörung** abgelehnter schwerbehinderter Bewerber gem. Satz 8,
– **Mitteilung der getroffenen Entscheidung** und ihrer Begründung gem. Abs. 1 Satz 9.

Bei Widerspruch eines schwerbehinderten Bewerbers gegen die Beteiligung entfällt nur die Einsichtnahme in dessen Unterlagen sowie die Teilnahme an dessen Vorstellungsgespräch gem. Abs. 1 Satz 10; vgl. aber auch oben Rdnr. 63.

h) Rechtsfolgen bei Verstoß gegen Beteiligungs- und Informationspflichten

80 Ein Verstoß gegen das gesetzliche Beteiligungsverfahren kann eine **Ordnungswidrigkeit** darstellen bei Verletzung der Unterrichtungspflichten gem. § 156 Nr. 7 SGB IX sowie bei Verstoß gegen die Erörterungspflicht nach § 156 Nr. 8 SGB IX (näher hierzu *Neumann* BehindertenR 2004, 103). Das gilt nicht, wenn die Beteiligungspflicht allein deshalb entfällt, weil der schwerbehinderte Bewerber eine Beteiligung der Schwerbehindertenvertretung nach Abs. 1 Satz 10 ausdrücklich abgelehnt hat.

81 Verstößt der Arbeitgeber gegen die **Unterrichtungspflicht** über den Eingang einer Bewerbung eines schwerbehinderten Menschen, kann die **Schwerbehindertenvertretung** diese ihr gesetzlich zugewiesene Funktion nicht erfüllen. Dann spricht eine Vermutung für die Benachteiligung des verschwiegenen schwerbehinderten Stellenbewerbers (🕮 BAG Urteil vom 15. Februar 2005 = 9 AZR 635/03 = AP Nr. 7 zu § 81 SGB IX = NZA 2005, 870 = BehindertenR 2005, 168; 🕮 Urteil vom 16. September 2008 – 9 AZR 791/07 = BAGE 127, 367 = AP Nr. 15 zu § 81 SGB IX = NZA 2009, 79 = BehindertenR 2009, 86).

82 Die **Förderung der Eingliederung schwerbehinderter Menschen** gehört ausdrücklich **zur Aufgabe des Betriebsrats** nach § 80 Abs. 1 Nr. 4 BetrVG. Dasselbe gilt nach § 68 Abs. 1 Nr. 4 BPersVG für den Personalrat. Die Betriebs- und Personalräte haben nach § 99 BetrVG bzw. § 75 Abs. 1 und § 76 Abs. 1 BPersVG **Mitbestimmungsrechte bei personellen Einzelmaßnahmen**. So können sie etwa die Zustimmung zur Einstellung von Arbeitnehmern verweigern, wenn der Arbeitgeber seiner Prüfungspflicht nicht nachgekommen ist, die Schwerbehindertenvertretung hierbei nicht gehört hat oder bei Neueinstellungen nicht bei der Agentur für Arbeit nachgefragt wurde. Sie haben insbesondere nach § 99 Abs. 2 Nr. 1

BetrVG bzw. § 77 Abs. 2 BPersVG das Recht, die Zustimmung zu einer personellen Maßnahme zu verweigern, wenn damit gegen ein Gesetz verstoßen wird. Nach höchstrichterlicher Rechtsprechung verstößt die Einstellung eines nicht schwerbehinderten Arbeitnehmers gegen ein Gesetz i. S. von § 99 Abs. 2 Nr. 1 BetrVG, wenn der Arbeitgeber nicht zuvor gem. § 81 Abs. 1 SGB IX geprüft hat, ob der freie Arbeitsplatz mit einem schwerbehinderten Menschen besetzt werden kann(vgl. ⊞ BAG Beschluss vom 14. November 1989 – 1 ABR 88/88 = BAGE 63, 226 = BehindertenR 1990, 111; ⊞ BAG Beschluss vom 17. Juni 2008 – 1 ABR 20/07 = AP Nr. 46 zu § 99 BetrVG 1972 Versetzung = NZA 2008, 1139 = BehindertenR 2008, 204).

Zwar verstößt die Einstellung eines nicht schwerbehinderten Arbeitnehmers als solche nicht gegen ein Beschäftigungsverbot. Der mit § 81 Abs. 1 Satz 1 und 2 SGB IX vom Gesetzgeber verfolgte Zweck kann aber nur dadurch erreicht werden, dass die **endgültige Einstellung des nicht schwerbehinderten Arbeitnehmers jedenfalls zunächst unterbleibt.** Durch die Einstellung eines nicht schwerbehinderten Arbeitnehmers verwirklichen sich für die Gruppe der schwerbehinderten Menschen in typischer Weise die mit ihrer Schwerbehinderung verbundenen erhöhten Schwierigkeiten bei der Arbeitsplatzsuche, die durch die in § 81 Abs. 1 Satz 1 und 2 SGB IX normierte Prüf- und Konsultationspflicht gemindert werden sollen (BAG Beschluss vom 17. Juni 2008 a. a. O.). Die Einstellung eines nicht schwerbehinderten Arbeitslosen stellt sich als **potenzielle Benachteiligung der Gruppe arbeitsloser schwerbehinderter Menschen** dar und kann damit das Benachteiligungsverbot des § 7 Abs. 1 AGG i. V. m. § 1 AGG verletzen. Die Nichteinschaltung der Agentur für Arbeit ist geeignet, die Vermutung einer Benachteiligung wegen der Schwerbehinderung zu begründen (vgl. zu § 81 Abs. 2 Satz 2 Nr. 1 Satz 3 SGB IX a. F. ⊞ BAG Urteil vom 12. September 2006 – 9 AZR 807/05 = BAGE 119, 262 = NZA 2007, 507 = BehindertenR, 134). Auch wird dem Arbeitsmarkt durch die Einstellung des nicht schwerbehinderten Menschen ein zur Verfügung stehender Arbeitsplatz zu Lasten der Gruppe der schwerbehinderten Menschen „entzogen", deren Beschäftigungsinteressen § 81 Abs. 1 Satz 1 und 2 SGB IX dienen (BAG Beschluss vom 17. Juni 2008 a. a. O.).

83

Insoweit besteht für den **Betriebsrat ein wichtiges und wirksames Druckmittel**, um auf die Einstellung schwerbehinderter Menschen hinzuwirken (Neumann u. a. / *Neumann* Rdnr. 7 m. w. Nachw.). Ungeachtet des nicht gleichermaßen ausgeprägten Verweigerungsrechts im Personalvertretungsrecht gilt aber auch dort: Der Personalrat kann seine Zustimmung nach § 77 Abs. 2 Nr. 1 BPersVG verweigern, wenn die Maßnahme gegen § 81 Abs. 1 SGB IX verstößt (Neumann u. a. / *Neumann* a. a. O.; vgl. auch oben Rdnr. 41).

84

Der Betriebsrat kann aber die Zustimmung zur Einstellung eines Bewerbers nicht nach § 99 Abs. 2 Nr. 1 BetrVG mit der Begründung verweigern, der Arbeitgeber habe seine Pflichten aus § 81 SGB IX verletzt, wenn dieser die Arbeitsagentur und die Schwerbehindertenvertretung von bestimmten frei gewordenen Arbeitsplätzen unterrichtet, Bewerbungen schwerbehinderter Menschen auf diese Arbeitsplätze nicht eingehen, stattdessen sich Schwerbehinderte um andere Arbeitsplätze bewerben und hierauf der Arbeitgeber den einzigen – nicht behinderten – Bewerber einstellt (vgl. ⊞ BAG Beschluss vom 10. November 1992 – 1 ABR 21/92 = BAGE 71, 337 = NZA 1993, 376).

Auch berechtigt die fehlende gesonderte Information der Schwerbehindertenvertretung darüber, dass die **innerbetrieblich ausgeschriebene Stelle** behindertengeeignet ist, nicht zur Zustimmungsverweigerung, wenn sich auf die Stelle **kein Schwerbehinderter beworben** hat (⊞ LAG Köln Beschluss vom 29. September 2008 – 2 TaBV 44/08 = ZTR 2009, 228 [Ls.]).

Die **Zustimmung eines Betriebsrats** zu einer personellen Maßnahme kann unabhängig davon, aus welchen Gründen der Betriebsrat widersprochen hat, nur ersetzt werden, wenn die **Stellungnahmefrist** von § 99 Abs. 3 Satz 1 BetrVG in Gang gesetzt wurde. Dies setzt eine den gesetzlichen Anforderungen entsprechende **Unterrichtung des Betriebsrats** voraus. Nach § 99 Abs. 1 Satz 1 BetrVG hat der Arbeitgeber dem Betriebsrat vor jeder Versetzung nicht nur die **Bewerbungsunterlagen** vorzulegen, sondern auch **Auskunft über die**

85

Person der Beteiligten zu geben. Beteiligte sind sämtliche Bewerber um den zu besetzenden Arbeitsplatz (Hess. LAG Beschluss vom 27. November 2007 – 4 TaBV 134/07, zit. nach JURIS). Die Auskünfte über deren Person haben sich auf Namen und Personalien sowie auf die **fachlichen und persönlichen Voraussetzungen für den in Aussicht genommenen Arbeitsplatz** zu erstrecken. Soweit sich die Daten aus Unterlagen ergeben, kommt der Arbeitnehmer seiner Auskunftspflicht durch deren Vorlage nach. Andernfalls muss er ihm bekannte Daten auf andere Weise mitteilen (Hess. LAG Beschluss vom 27. November 2007 a. a. O.).

86 Ergeben sich für die Auswahlentscheidung maßgebliche Umstände **aus den mit den Bewerbern um die Stelle geführten Gesprächen,** muss der Arbeitgeber den Betriebsrat über den wesentlichen Inhalt dieser Gespräche unterrichten. Der Betriebsrat hat zwar kein Recht zur Teilnahme an den Gesprächen. Ein privater Arbeitgeber ist auch nicht zur Anfertigung schriftlicher Aufzeichnungen über die Vorstellungsgespräche verpflichtet, wohl aber zur **Information des Betriebsrats über für die Auswahlentscheidung relevante Ergebnisse derartiger Gespräche** (Hess. LAG Beschluss vom 27. November 2007 a. a. O.). Er genügt seiner Unterrichtungspflicht nicht durch eine pauschalisierende Gesamtbewertung, sondern muss den Betriebsrat über die seiner Bewertung zugrunde liegenden Tatsachen unterrichten.

87 **Nicht erforderlich** ist dagegen eine Rechtfertigung der getroffenen Auswahl durch eine **eingehende Begründung der Auswahlentscheidung** (Hess. LAG Beschluss vom 27. November 2007 a. a. O.). Regelmäßig erforderlich ist die Vorlage vom Arbeitgeber **tatsächlich und ohne Rechtspflicht hierzu** erstellter Aufzeichnungen der Bewerbungsgespräche (Hess. LAG Beschluss vom 27. November 2007 a. a. O.). Ein Arbeitgeber darf nicht von einer ausreichenden Unterrichtung ausgehen, wenn er dem Betriebsrat jegliche Information über die für die Auswahl relevanten Ergebnisse der Bewerbungsgespräche vorenthält (Hess. LAG Beschluss vom 27. November 2007 a. a. O.).

B) zu Abs. 2
1. Allgemeines Benachteiligungsverbot

88 Die Vorschrift enthält ein allgemeines Verbot der Benachteiligung schwerbehinderter Menschen (**Abs. 2 Satz 1**). Sie war in ihrer näheren Ausgestaltung durch Abs. 1 Satz 2 Nr. 1 bis 5 in der **bis 17. August 2006** geltenden Fassung **dem geschlechtsbezogenen Benachteiligungsverbot in § 611a a. F. BGB nachgebildet.** Deshalb bestand Einigkeit, dass Kommentierungen und Rechtsprechung zu jener Vorschrift sehr weitgehend auch für die Auslegung des § 81 Abs. 2 SGB IX herangezogen werden konnten (vgl. BAG Urteil vom 15. Februar 2005 – 9 AZR 635/03 = BAGE 113,361 = AP Nr. 7 zu § 81 SGB IX m. Anm. *Maties* = NZA 2005, 870). Die genannte BGB-Vorschrift ist **mit dem Inkrafttreten des Allgemeinen Gleichbehandlungsgesetzes** (AGG) mit Wirkung vom 18. August 2006 **aufgehoben** worden. Ihr wesentlicher Inhalt ist nunmehr in den Bestimmungen jenes Gesetzes enthalten. Das gilt insbesondere für die §§ 1, 2, 7 AGG und namentlich für die Regelung über Entschädigung und Schadensersatz in § 15 AGG. Folgerichtig verweist deshalb nunmehr **Abs. 1 Satz 2** auf die **Geltung der Regelungen des AGG.**

89 Insoweit wird auf die gesonderte Kommentierung dieser Vorschriften im Werk Bezug genommen. Nachstehend soll die Konkretisierung des allgemeinen Benachteiligungsverbots durch das AGG im spezifischen Zusammenhang mit der unzulässigen Diskriminierung schwerbehinderter Menschen erläutert werden.

90 Das Verbot der Benachteiligung schwerbehinderter Beschäftigter nach Abs. 2 **bindet auch die Tarif- und Betriebsparteien** (BAG Urteil vom 18. November 2003 – 9 AZR 122/03 = BAGE 108, 333 = AP Nr. 4 zu § 81 SGB IX = NZA 2004, 545). Das ergibt ihr Zweck, die Benachteiligung schwerbehinderter Menschen im Arbeitsleben auszuschließen. Andernfalls könnte dieser Zweck nicht erreicht werden. Zudem verlangt Art. 16b der Rahmenrichtlinie (hierzu näher unten Rdnr. 93 ff), dass die mit dem Gleichbehandlungsgrundsatz nicht zu

vereinbarenden Bestimmungen in Tarifverträgen und Betriebsordnungen für nichtig erklärt werden können.

Diese Bindung der Tarifvertragsparteien ist **mit der** europarechtlich und verfassungsrechtlich gewährleisteten **Tarifautonomie vereinbar** (⌨ BAG Urteil vom 18. November 2003 a. a. O.): Verfassungsrechtlich ist die Tarifautonomie durch Art. 9 Abs. 3 GG geschützt. In sie kann jedenfalls dann eingegriffen werden, wenn der Gesetzgeber **mit den Eingriffen den Schutz der Grundrechte Dritter bezweckt** und wenn die Eingriffe den Grundsatz der Verhältnismäßigkeit wahren (⌨ vgl. BVerfG Beschluss vom 3. April 2001 – 1 BvL 32/97 = BVerfGE 103, 293 = DB 2001, 1367). Hier dient die gesetzliche Regelung auch der Verhinderung der Benachteiligung wegen einer Behinderung und damit der Verwirklichung des Grundrechts aus Art. 3 Abs. 3 Satz 2 GG. 91

Die Vorschrift des § 81 Abs. 2 SGB IX ist auch **verhältnismäßig**. Trotz ihrer Bindung an das Verbot, Menschen wegen ihrer Behinderung zu benachteiligen, steht den **Tarifvertragsparteien ein Spielraum** zu bei der Beurteilung, welche der in § 81 Abs. 2 Satz 2 Nr. 1 Satz 2 und 3 a. F. SGB IX (vgl. nunmehr § 8 Abs. 1 und § 20 Abs. 1 AGG) genannten Gründe eine unterschiedliche Behandlung rechtfertigen (⌨ BAG Urteil vom 29. November 2001 – 4 AZR 762/00 = AP Nr. 296 zu Art. 3 Abs. 1 GG = BAG-Report 2002, 310 für den allgemeinen Gleichheitssatz; ⌨ BAG Urteil vom 18. November 2003 – 9 AZR 122/03 = BAGE 108, 333 = AP Nr. 4 zu § 81 SGB IX unter B I 2 c aa der Gründe). 92

2. Umsetzung der EU-Richtlinie 2000/78

Die Regelung dient der Umsetzung der EU-Richtlinie 2000/78 vom 27. 11. 2000, die **Benachteiligungen im Arbeitsleben** u. a. **auch wegen einer Behinderung verbietet** und in Art. 17 wirksame Sanktionen für den Fall der Nichtbeachtung fordert (Der Wortlaut der Richtlinie ist im Anhang zu dieser Vorschrift abgebildet). Die Richtlinie gilt für alle Personen in öffentlichen und privaten Betrieben bezüglich der Zugangsbedingungen für Erwerbstätigkeiten, des Zugangs zur Berufsberatung und Berufsbildung, der Beschäftigungs- und Arbeitsbedingungen und der Mitgliedschaft und Mitwirkung in einer Arbeitnehmer- oder Arbeitgeberorganisation (Art. 3 Abs. 1). In diesen Bereichen sind **Diskriminierungen unmittelbarer und mittelbarer Art untersagt** (Art. 2 Abs. 1). 93

Die EU-Mitgliedstaaten müssen die **Richtlinie umsetzen** und hatten zu diesem Zweck die erforderlichen Rechts- und Verwaltungsvorschriften bis zum 2. 12. 2003, ggf. innerhalb einer Zusatzfrist von weiteren drei Jahren bis zum 2. 12. 2006, zu erlassen (Art. 18). In Deutschland ist die Richtlinie **in wesentlichen Teilen durch das SGB IX transformiert** worden, vor allem mit den Regelungen in § 81 (BT-Drucks. 14/5074 S. 113 zu § 81). Einen weiteren Schritt der Umsetzung stellt das AGG dar (vgl. BT-Drucks. 16/1780 S. 20). 94

Die **SGB IX-Vorschrift** weist **folgenden Bezug zur Richtlinie** auf (vgl. *Großmann* BehindertenR 2003, 165 [166]): 95
– **Abs. 1 Satz 1** (generelle Prüfung der Einstellung von schwerbehinderten Menschen anhand der Auswahlkriterien und Einstellungsbedingungen) setzt Art. 3 Satz 1 Buchst. a um.
– **Abs. 2 Satz 1** (Verbot der Benachteiligung wegen der Behinderung bei personellen Einstellungsmaßnahmen) transformiert Art. 2 und Art. 3 Abs. 1 Buchst. a.
– **Abs. 2 Satz 2 i. V. m. § 8 Abs. 1 AGG** (Berücksichtigung der berufsbezogenen Anforderungen) hat eine Entsprechung in Art. 4 Abs. 1.
– **Abs. 4 Satz 3** (unzumutbare Vorkehrungen zur Beschäftigung) hat Bezug zu Art. 5.

Allerdings wurde **in der Literatur z. T. bezweifelt**, dass die Richtlinie allein durch die Regelungen des SGB IX und besonders durch die Entschädigungsregelung in § 81 Abs. 2 a. F. vor dem Inkrafttreten des AGG **ausreichend umgesetzt** worden war (vgl. *Thüsing* NZA 2001, 1061 [1063]; *von Roetteken* NZA 2001, 414 [417]). Das betrifft insbesondere behinderte Menschen, die nicht zu den Schwerbehinderten und den diesen gleichgestellten Personen 96 gehören und **für die die Richtlinie ebenfalls gilt** (*Großmann* a. a. O., vgl. auch ErfK / *Rolfs* Rdnr. 5; *Rolfs / Paschke* BB 2002, 1260 [1261]; *Welti* SozSich 2001, 146 [147]).

97 Hierzu hat der 🔲 **EuGH** mit Urteil vom **23. Februar 2006** (C-43/05 = NZA 2006, 553) festgestellt: „Die **Bundesrepublik Deutschland hat ihre Verpflichtungen aus der Richtlinie 2000/78/EG** zur Festlegung eines allgemeinen Rahmens für die Verwirklichung der Gleichbehandlung in Beschäftigung und Beruf verletzt, indem sie nicht alle Rechts- und Verwaltungsvorschriften erlassen hat, die notwendig sind, um dieser Richtlinie in Bezug auf die **Diskriminierung wegen einer Behinderung** nachzukommen." Entgegen der Annahme der Bundesrepublik Deutschland reichte nämlich das in § 81 Abs. 2 a. F. SGB IX geregelte Diskriminierungsverbot nicht aus, um die Umsetzungspflicht zu erfüllen.

98 Dieser **Kritik hat sich das BAG angeschlossen** (🔲 Urteil vom 3. April 2007 – 9 AZR 823/06 = BAGE 122, 54 = AP Nr. 14 zu § 81 SGB IX = NZA 2007, 1098). Es hat festgestellt, dass die gesetzliche Regelung in **§ 81 Abs. 2 SGB IX a. F. keine gemeinschaftsrechtskonforme Umsetzung** der Richtlinie darstellte und dass die Bundesrepublik Deutschland diese nicht vollständig in nationales Recht umgesetzt hatte. Der gemeinschaftsrechtliche Begriff der Behinderung ist nicht auf behinderte Menschen beschränkt, bei denen eine Schwerbehinderung mit einem Grad der Behinderung von wenigstens 50 vorliegt, oder die diesen Menschen gleichgestellt sind.

99 Es widersprach deshalb den Vorgaben aus Art. 2, 5 und 17 der Richtlinie, den Geltungsbereich der zur Bekämpfung der Diskriminierung für erforderlich gehaltenen Schutzvorschriften und Sanktionen **auf schwerbehinderte und gleichgestellte behinderte Beschäftigte zu verengen**. Dadurch wurde die Gruppe der Einfach-Behinderten in von der Richtlinie nicht zugelassener Weise aus dem Schutzbereich des Umsetzungsgesetzes herausgenommen, wie der 🔲 EuGH mit Urteil vom 23. Februar 2006 a. a. O. zuvor festgestellt hatte.

100 Da ansonsten Verstöße gegen das Benachteiligungsverbot sanktionslos bleiben, müssen die Entschädigungsansprüche nach § 81 Abs. 2 Satz 2 Nr. 2 und 3 SGB IX a. F. auch für nicht schwerbehinderte und nicht gleichgestellte behinderte Beschäftigte gelten. Zur Gewährleistung des rechtlichen Schutzes des Gemeinschaftsrechts müssen die gemeinschaftsrechtswidrigen Bestimmungen gemeinschaftsrechtskonform **auf alle Bewerber mit einer Behinderung im Sinne der Richtlinie angewendet** werden.

101 Diese sich aus der Richtlinie ergebende Verpflichtung **obliegt allen öffentlichen Stellen** der Mitgliedsstaaten, weshalb auch das im Streitfall beklagte Land die Richtlinie unmittelbar anwenden musste (vgl. nunmehr auch 🔲 LArbG Berlin-Brandenburg Urteil vom 31. Januar 2008 – 5 Sa 1755/07, zit. nach JURIS).

102 Die Problematik dürfte sich wohl **durch das Inkrafttreten des AGG** mit seinem weitgehenden Diskriminierungsverbot auch wegen einer Behinderung ohne Rücksicht auf deren Schweregrad **erledigt** haben. Unabhängig davon bleibt die Richtlinie wegen ihres umfassenden Gestaltungsrahmens nach wie vor für die Anwendung des SGB IX bedeutsam (vgl. 🔲 BAG Urteil vom 15. Februar 2005 – 9 AZR 635/03 = BAGE 113, 361 = AP Nr. 7 zu § 81 SGB IX m. Anm. *Maties* = NZA 2005, 870 = BehindertenR 2005, 168 = AiB 2006, 248 m. Anm. *Braun*). Die Vorschriften des nationalen Rechts sind stets richtlinienkonform auszulegen (🔲 EuGH Urteil vom 14. Juli 1994 – C-91/92 = NJW 1994, 2473 und 🔲 Urteil vom 5. Oktober 2004 – C-397/01 9 u. a. = NJW 2004, 3547 = NZA 2004, 1145).

3. Konkretisierung von Art. 3 Abs. 3 Satz 2 GG

103 Außerdem wird durch die Vorschrift der Art. 3 Abs. 3 Satz 2 GG konkretisiert, wonach niemand wegen seiner Behinderung benachteiligt werden darf. Allerdings ist der Anwendungsbereich des § 81 Abs. 2 insoweit in zweifacher Hinsicht verengt: Die Vorschrift verpflichtet zum einen nur Arbeitgeber, zum anderen schützt sie nach ihrem Wortlaut nur die schwerbehinderten Menschen bzw. die diesen gleichgestellten Personen, wie sich bereits aus der amtlichen Überschrift zu § 81 SGB IX ergibt (vgl. *Großmann* BehindertenR 2003, 165). Insoweit

ist aber das Gebot der gemeinschaftsrechtskonformen Auslegung auch zugunsten behinderter Menschen ohne die Beschränkung auf Schwerbehinderte und Gleichgestellte zu beachten (s. o. Rdnr. 98 ff.)

4. Reichweite des Benachteiligungsverbots

a) Arbeits- und Beschäftigungsverhältnisse

Das in § 81 Abs. 2 geregelte Benachteiligungsverbot betrifft **alle Arbeitgeber** ohne Rücksicht darauf, ob sie zur Beschäftigung schwerbehinderter Menschen verpflichtet sind oder nicht. Es erstreckt sich auf **alle Arbeits- und Beschäftigungsverhältnisse**, z. B. auch auf vorübergehende und kurzzeitige Arbeitsverträge. Soweit § 73 Abs. 2 und 3 SGB IX bestimmte Arbeitsverhältnisse bei der Berechnung der Beschäftigungspflicht nach § 71 ausnimmt, hat dies für die Reichweite des Benachteiligungsverbots keine Auswirkungen. Sonstige Beschäftigungsverhältnisse i. S. von Abs. 2 Satz 1 sind z. B. die der Beamten und Richter (vgl. § 128 Abs. 1 und 3 SGB IX). Hingegen fallen **Soldaten nicht** unter diese Vorschrift, wie sich aus § 128 Abs. 4 SGB IX ergibt. 104

Im Übrigen ist der **Begriff des Beschäftigungsverhältnisses weit auszulegen** (vgl. Art. 3 Abs. 1 der Richtlinie). Er schließt z. B. auch die arbeitnehmerähnlichen Personen ein (*Großmann* BehindertenR 2003, 166).

b) Verbotene Benachteiligungen wegen der Behinderung

Verboten sind Arbeitgebern Benachteiligungen behinderter Menschen wegen ihrer Behinderung insbesondere bei 105

- den **Bedingungen für die Einstellung**, einschließlich Auswahlkriterien und Einstellungsbedingungen, unabhängig von Tätigkeitsfeld und beruflicher Position, **sowie für den beruflichen Aufstieg (Abs. 2 Satz 2 i. V. mit § 2 Abs. 1 Nr. 1 AGG);**
- den **Beschäftigungs- und Arbeitsbedingungen**, einschließlich Arbeitsentgelt und Entlassungsbedingungen, insbesondere in individual- und kollektivrechtlichen Vereinbarungen und Maßnahmen bei der Durchführung und Beendigung eines Beschäftigungsverhältnisses sowie beim beruflichen Aufstieg **(Abs. 2 Satz 2 i. V. mit § 2 Abs. 1 Nr. 2 AGG);** 106
- den Zugang zu allen Formen und allen Ebenen der beruflichen Weiterbildung und der Umschulung sowie der praktischen Berufserfahrung **(Abs. 2 Satz 2 i. V. mit § 2 Abs. 1 Nr. 2 AGG);** 107
- dem **Sozialschutz**, einschließlich der **sozialen Sicherheit** und der **Gesundheitsdienste** (Abs. 2 Satz 2 i. V. mit § 2 Abs. 1 Nr. 2 AGG). 108

Das **Benachteiligungsverbot umfasst alle Umstände, die zum Arbeitsverhältnis gehören** (Neumann u. a. / *Neumann* Rdnr. 12). Hierbei kommt es nicht darauf an, ob die ungleiche Behandlung im Rahmen eines Rechtsgeschäfts oder eines Realaktes geschieht (ErfK / *Rolfs* Rdnr. 5). 109

Zu den Auswirkungen des Benachteiligungsverbots auf die **Offenbarungspflicht über die Schwerbehinderteneigenschaft** und das **Fragerecht des Arbeitgebers** vgl. eingehend Erl. zu § 68 SGB IX Rdnrn. 37 ff. 110

Durch die Bestimmung des § 81 Abs. 2 Satz 1 SGB IX sind die früheren **Unterscheidungen zum Fragerecht nach der Schwerbehinderung weitgehend gegenstandslos** geworden. Die Frage nach dem Vorliegen einer Schwerbehinderung bzw. danach, ob eine Gleichstellung nach § 2 Abs. 1 SGB IX vorliegt oder ein entsprechender Antrag gestellt wurde, muss **grundsätzlich als unzulässig** angesehen werden (⚖ Hess. LAG Teilurteil vom 24. März 2010 – 6/7 Sa 1373/09, zit. nach JURIS; Rev. eingelegt unter Az. 2 AZR 396/10).

Das gilt jedenfalls dann, wenn sie der Vorbereitung eines Verstoßes gegen das Diskriminierungsverbot nach § 7 AGG und somit der Ungleichbehandlung des behinderten Menschen dient (*Joussen* NZA 2007, 174 m. w. Nachw.).

111 **Ausnahmsweise** ist die Frage **zulässig**, wenn sie **für den zu besetzenden Arbeitsplatz von Bedeutung** ist. Das ist dann anzunehmen, wenn wegen der Art der auszuübenden Tätigkeit oder der Bedingungen ihrer Ausübung eine Nichtbehinderung wesentliche und entscheidende berufliche Anforderung ist (§ 8 Abs. 1 AGG; *Schmidt* Schwb-ArbR Rdnr. 142).

112 In allen anderen Fällen **muss die unzulässige Frage vom Bewerber nicht wahrheitsgemäß beantwortet** werden. Der Bewerber hat also nicht lediglich ein Schweigerecht. Denn sein Schweigen auf eine unzulässige Frage würde den Verdacht erregen, der Bewerber habe etwas zu verbergen, sodass seinen Schutzinteressen nicht ausreichend Rechnung getragen würde. Vielmehr hat er das Recht, die Unwahrheit zu sagen, also ein vielfach sogenanntes **„Recht zur Lüge"** (vgl. *Wohlgemuth* ArbuR 1992, 46 [49]; *Joussen* NJW 2003, 2857 [2858] m. w. Nachw. und NZA 2007, 174 [176]; *Schmidt* Schwb-ArbR Rdnr. 143). Folglich steht dem Arbeitgeber auch **kein auf arglistige Täuschung gestütztes Anfechtungsrecht** gem. § 123 BGB mehr zu, falls der Bewerber eine Schwerbehinderung auf entsprechende Nachfrage nicht offen legt (*Braun* MDR 2004, 64 [69] m. w. Nachw; *Joussen* a. a. O. S. 2860 und S. 176; *Schmidt* a. a. O.; vgl. im Übrigen die ausführlichen Nachweise in Erl. zu § 68 SGB IX Rdnr. 37 ff., 43).

113 Fragt der Arbeitgeber nach der Schwerbehinderteneigenschaft, so riskiert er vielmehr die **Verurteilung zu einer Entschädigungszahlung**, wenn er nicht den Gegenbeweis führen kann, dass die Ablehnung des Bewerbers tatsächlich auf sachlichen Gründen beruht. Das gilt umso mehr, als § 81 Abs. 2 Nr. 1 Satz 2 a. F. eine Ungleichbehandlung nur dann ausnahmsweise zuließ, wenn u. a. eine bestimmte körperliche Funktion, geistige Fähigkeit oder seelische Gesundheit wesentliche und entscheidende berufliche Anforderung für diese Tätigkeit ist (vgl. im selben Sinne nunmehr § 8 Abs. 1, § 20 Abs. 1 AGG). Entgegen früherer Rechtsprechung (vgl. BAG Urteil vom 5. Oktober 1995 – 2 AZR 923/94 = BAGE 81, 120 = AP Nr. 40 zu § 123 BGB = BehindertenR 1996, 121) kann deshalb die Frage nach der Schwerbehinderteneigenschaft nicht mehr auch dann zugelassen werden, wenn die Behinderung, auf der die Anerkennung beruht, tätigkeitsneutral ist; näher hierzu *Rolfs / Paschke* BB 2002, 1260 [1261]).

114 Ausnahmsweise kann die **Frage zulässig** sein, wenn eine **Integrationsvereinbarung** vorliegt oder wenn der Arbeitgeber deutlich macht und beweisen kann, dass es ihm um **eine positive Maßnahme i. S. von** § 5 AGG geht (*Joussen* NZA 2007, 174 [178]; *Messingschlager* NZA 2003, 301 [304]). Denn der Arbeitgeber kann einen schwerbehinderten Arbeitnehmer nur dann gezielt einstellen, wenn er die Schwerbehinderteneigenschaft kennt. Verneint der Bewerber gleichwohl wahrheitswidrig die Frage, scheidet auch in einem solchen Fall eine Anfechtung des Arbeitgebers wegen arglistiger Täuschung nach § 123 BGB aus. Es **fehlt** an der erforderlichen **Kausalität zwischen Täuschung und Einstellung** (*Schmidt* Schwb-ArbR Rdnr. 145: Hätte der Arbeitnehmer seine Schwerbehinderteneigenschaft offenbart, hätte ihn der Arbeitgeber erst recht eingestellt. Zumindest wäre die Anfechtung rechtsmissbräuchlich, weil der Arbeitgeber mit der Einstellung eines Schwerbehinderten, den er nunmehr auf die Pflichtquote anrechnen kann, genau das erreicht hätte, was in seiner ursprünglichen Absicht lag (*Messingschlager* a. a. O.).

Im Übrigen plant der Gesetzgeber im Rahmen des Regierungsentwurfs zur Regelung des **Beschäftigtendatenschutzes** (BT-Drucks. 17/4230), der am 25. Februar 2011 in erster Lesung vom Bundestag beraten wurde, folgende ausdrückliche Regelung als § 32 Abs. 3 – E einzuführen: „Der Arbeitgeber darf von dem Beschäftigten keine Auskunft darüber verlangen, ob eine Schwerbehinderung oder Gleichstellung mit einer Schwerbehinderung nach § 68 des Neunten Buches Sozialgesetzbuch vorliegt" (vgl. zu dem Entwurf *Forst* NZA 2010, 1043 und *Düwell* dbr 2010, 16).

115 Was unter einer **Benachteiligung wegen der Behinderung** zu verstehen ist, lässt sich den Begriffsbestimmungen des § 3 AGG (vgl. hierzu eingehend Erl. zu § 3 AGG Rdnr. 16 ff. und 34 ff.) entnehmen. Eine **unmittelbare Benachteiligung** liegt danach vor, wenn eine Person wegen ihrer Behinderung eine weniger günstige Behandlung erfährt als eine andere Person

in einer vergleichbaren Situation erfährt, erfahren hat oder erfahren würde (§ 3 Abs. 1 Satz 1 AGG).

Eine **mittelbare Benachteiligung** liegt vor, wenn dem Anschein nach neutrale Vorschriften, Kriterien oder Verfahren Personen wegen einer Behinderung gegenüber anderen Personen in besonderer Weise benachteiligen können, es sei denn die betreffenden Vorschriften, Kriterien oder Verfahren sind durch ein rechtmäßiges Ziel sachlich gerechtfertigt und die Mittel sind zur Erreichung dieses Ziels angemessen und erforderlich (§ 3 Abs. 2 AGG). Beispielsweise ist eine mittelbare Benachteiligung anzunehmen, wenn die Gewährung bestimmter Leistungen an Voraussetzungen geknüpft ist, die gesunde Beschäftigte eher erfüllen als behinderte (vgl. näher Däubler / Bertzbach / *Däubler* § 7 AGG Rdnr. 67 ff.). **116**

So hat das BAG im Fall der Nichteinstellung eines schwerbehinderten Menschen geprüft, ob das **Erfordernis „Schreibmaschinenkenntnisse"** mittelbar benachteiligend sei. Ferner hat es zugunsten des abgewiesenen Bewerbers unterstellt, dass **Schwerbehinderte häufiger hierdurch negativ betroffen** sein können (BAG Urteil vom 15. Februar 2005 – 9 AZR 635/03 = BAGE 113, 361 = NZA 2005, 870 [873] = BehindertenR 2005, 168 = AP Nr. 7 zu § 81 SGB IX m. Anm. *Maties*). Im konkreten Fall waren allerdings an dem betreffenden Arbeitsplatz derartige Kenntnisse notwendig, sodass diese Anforderung **durch ein rechtmäßiges Ziel sachlich gerechtfertigt** war.

Problematisch können vor allem Anforderungen sein, die für den fraglichen Arbeitsplatz **nützlich, aber nicht erforderlich** sind. So ist eine mittelbare Diskriminierung dann zu bejahen, wenn eine **„uneingeschränkte Belastbarkeit"** auf dem Arbeitsplatz verlangt wird, obwohl dies nicht durch die Aufgabe geboten ist (*Schmidt* Schwb-ArbR Rdnr. 184; Däubler / Bertzbach / *Däubler* § 7 AGG Rdnr. 68 m. w. Nachw.). **117**

Eine Stellenausschreibung, die für eine Stelle als **Kfz-Mechaniker im Kleinbetrieb** die Eigenschaften **„flexibel und belastbar"** aufführt, stellt allerdings noch kein Indiz dafür dar, dass behinderten Bewerbern Nachteile drohen würden (LAG Nürnberg Urteil vom 19. Februar 2008 – 6 Sa 675/07 = NZA 2009, 148). Gerade bezogen auf die Tätigkeit eines Kfz-Mechanikers erscheint Flexibilität nach dem allgemeinen Sprachverständnis als Anforderung dafür, dass ein schnelles Umstellen auf verschiedenartige Arbeiten erwartet wird. Mit der Frage, ob ein Mitarbeiter behindert ist im Sinne des SGB IX oder des AGG, hat dies nicht erkennbar zu tun. Ähnliches gilt für das Merkmal „belastbar". Es gibt **keine wissenschaftliche Erkenntnis, dass ein behinderter Mitarbeiter nicht belastbar** wäre und auch kein diesbezügliches allgemeines Verständnis oder ein solches Verständnis im Kfz-Gewerbe. Vielmehr handelt es sich um **allgemein verwendete Floskeln**, die die **Selbstverständlichkeit** deutlich machen sollen, dass für ein vielfältiges Aufgabengebiet auch **erhebliches Engagement** verlangt wird. Dies gilt zumindest dann, wenn die Ausschreibung sich allgemein an alle richtet; anderes könnte sich nur dann ergeben, wenn – etwa anlässlich einer Absage – ein konkreter Bezug dieser Merkmale zu bestimmten Personen oder gar behinderten Menschen erst hergestellt wird (LAG Nürnberg Beschluss vom 19. Februar 2008 a. a. O.).

Verboten ist auch die **Anweisung zur Benachteiligung** wegen einer Behinderung (§ 3 Abs. 5 Satz 1 AGG). Eine solche Anweisung liegt nach Satz 2 der Vorschrift im beruflichen Bereich insbesondere vor, wenn jemand eine Person zu einem Verhalten bestimmt, das einen Beschäftigten oder eine Beschäftigte wegen einer Behinderung benachteiligt oder benachteiligen kann. Verboten ist damit namentlich die Erteilung von Weisungen durch Vorgesetzte an ihre Mitarbeiter, Maßnahmen zu ergreifen oder aufrechtzuerhalten, die unmittelbar oder mittelbar diskriminierende Wirkung haben. **118**

Ob im Einzelfall eine Benachteiligung vorliegt, ist somit durch einen **Vergleich der Situation der betroffenen Personen mit der Lage anderer Personen** festzustellen (*Großmann* BehindertenR 2003, 167). Bei der Begründung von Arbeits- und Beschäftigungsverhältnissen wäre eine unmittelbare Benachteiligung zu bejahen, wenn der Arbeitgeber sich z. B. bei Einstellungen von vornherein gegen den schwerbehinderten Bewerber entscheiden würde. Der **119** schwerbehinderte Mensch wäre demnach **unmittelbar diskriminiert**, wenn er **ausschließlich wegen seiner Schwerbehinderteneigenschaft** für die ausgeschriebene Stelle nicht in Betracht gezogen worden wäre (🕮 vgl. BAG Urteil vom 15. Februar 2005 – 9 AZR 635/03 = BAGE 113, 361 = AP Nr. 7 zu § 81 SGB IX = NZA 2005, 870 = BehindertenR 2005, 168). Ein Nachteil im Rahmen einer Auswahlentscheidung, insbesondere bei einer Einstellung und Beförderung, liegt bereits vor, wenn der Beschäftigte nicht in die Auswahl einbezogen wird. Die Benachteiligung liegt in der Versagung der Chance (🕮 BAG Urteil vom 21. Juli 2009 – 9 AZR 431/08 = NJW 2009, 3319 = NZA 2009, 1087 = AP Nr. 1 zu § 82 Nr. 1 SGB IX = BehindertenR 2010, 18; 🕮 Urteil vom 28. Mai 2009 – 8 AZR 536/08 = AP Nr. 1 zu § 8 AGG; 🕮 Urteil vom 17. August 2010 – 9 AZR 839/08 = NJW 2011, 550 = NZA 2011, 153). Dies wird durch § 15 Abs. 2 Satz 2 AGG bestätigt. Danach wird für den Fall, dass der Bewerber auch bei benachteiligungsfreier Auswahl nicht eingestellt worden wäre, nicht der Anspruch ausgeschlossen, sondern lediglich die Entschädigungshöhe begrenzt (BAG Urteil vom 17. August 2010 a. a. O.).

Das gilt insbesondere dann, wenn das Verfahren nach § 81 Abs. 1 ganz oder in wesentlichen Teilen nicht beachtet wird (🕮 vgl. BVerfG Beschluss vom 16. November 1993 – 1 BvR 258/86 = BVerfGE 89, 276 [287 ff.] = NJW 1994, 647 zur geschlechtsspezifischen Diskriminierung gem. § 611a a. F. BGB). Als Vermutungstatsachen für einen Zusammenhang mit der Behinderung kommen alle Pflichtverletzungen in Betracht, die der Arbeitgeber begeht, indem er Vorschriften nicht befolgt, die zur Förderung der Chancen der schwerbehinderten Menschen geschaffen wurden (BAG Urteil vom 17. August 2010 a. a. O. unter Hinweis auf LPK-SGB IX / *Düwell* Rdnr. 56).

120 Von einer **mittelbaren Benachteiligung** könnte gesprochen werden, wenn in einem derartigen Verfahren – das grundsätzlich auch die Einstellung von nicht behinderten Bewerbern zulässt, also insoweit neutral ist – ein schwerbehinderter **Bewerber abgelehnt** würde, **ohne dass dies sachlich gerechtfertigt, angemessen und erforderlich ist**. Von einer solchen Rechtfertigung kann jedenfalls dann keine Rede sein, wenn der schwerbehinderte Bewerber besser qualifiziert ist als der nicht behinderte Mitbewerber.

Die für alle Bewerber vorgeschriebene Durchführung eines **Assessment-Centers** im Rahmen der Besetzung eines Arbeitsplatzes mit Führungsaufgaben kann allerdings – auch wenn Menschen mit bestimmten Behinderungen wegen ihrer Behinderung an diesem Auswahlverfahren nicht erfolgreich teilnehmen können – nach § 3 Abs. 2 AGG gerechtfertigt sein. Für die fehlende Rechtfertigung trägt der Anspruchsteller die Darlegungs- und Beweislast; jedoch finden die Grundsätze der abgestuften Darlegungslast Anwendung (🕮 ArbG Düsseldorf Urteil vom 23. April 2010 – 10 Ca 7038/09, zit. nach JURIS; teilw. krit. hierzu *Gagel* jurisPR-ArbR 43/2010 Anm. 3).

121 Bei **annähernd gleicher Qualifikation** der Bewerber z. B. nach Ausbildung und beruflicher Erfahrung können soziale Umstände wie Alter, Familienstand, Kinderzahl und auch die **in der Regel größere Schutzbedürftigkeit der schwerbehinderten Menschen** ergänzend ins Gewicht fallen und bei Nichtberücksichtigung eine Benachteiligung begründen. Ferner kann eine unzulässige Diskriminierung etwa darin liegen, dass der Arbeitgeber von einer Einstellung deshalb Abstand nimmt, weil er trotz bestehender Eignung aufgrund bloßer spekulativer Erwägungen eine erfolgreiche Einarbeitung bezweifelt oder einen späteren Leistungsabfall erwartet; hierfür bestehen keine fundierten allgemeinen Erkenntnisse (*Großmann* a. a. O.).

122 Hingegen darf allein aus der **Nichterfüllung der Pflichtquote** nach § 71 SGB IX nicht ohne Weiteres eine Benachteiligung i. S. v. § 81 Abs. 2 abgeleitet werden, weil diese Regelung nicht im Individualinteresse geschaffen wurde und deshalb nicht unmittelbar auf das einzelne Arbeitsverhältnis einwirkt (vgl. insoweit auch die Parallele zu § 611a a. F. BGB, wonach eine geschlechtsbezogene Benachteiligung noch nicht aus der Unterrepräsentation eines Geschlechts in der betrieblichen Arbeitnehmerschaft gefolgert werden kann – hierzu 🕮 EuGH

Urteil vom 17. Oktober 1995 – C-450/93 = NJW 1995, 3109 = NZA 1995, 1095; vgl. aber auch unten Rdnr. 142).

Im Fall einer **den Arbeitnehmer betreffenden Organisationsänderung** genügt nicht die abstrakte, nicht auszuschließende Möglichkeit, dass die Änderung der dienstlichen Tätigkeit auf die Gesundheit ungünstige Auswirkungen haben könnte, um eine drohende Benachteiligung anzunehmen, zu deren Verhinderung der Dienstherr Maßnahmen hätte ergreifen müssen. Erst recht gilt dies, wenn zu diesem Zeitpunkt nicht erkennbar ist, ob die nicht völlig auszuschließenden gesundheitlichen Folgen der Tätigkeitsänderung in irgendeinem Zusammenhang mit der Behinderung stehen könnten. Dieser Zusammenhang müsste im Hinblick auf § 81 Abs. 4 Satz 1 Nr. 1 SGB IX jedoch schon erkennbar sein, um eine drohende Benachteiligung wegen einer Behinderung in Erwägung ziehen zu können (⚖ VG Frankfurt Urteil vom 26. Juni 2006 – 9 E 3404/05, zit. nach JURIS). 123

c) Zulässige unterschiedliche Behandlung

Eine unterschiedliche Behandlung schwerbehinderter Menschen ist ausnahmsweise zulässig, wenn wegen der Behinderung ein **sachlicher Grund** vorliegt (**Abs. 2 Satz 2 i. V. m. § 8 sowie § 20 AGG**). Das kann insbesondere der Fall sein, wenn ihnen für die auszuübende Tätigkeit **eine wesentliche und entscheidende berufliche Anforderung** fehlt. Dies gilt sowohl für die unmittelbare als auch für die mittelbare Diskriminierung (⚖ BAG Urteil vom 15. Februar 2005 – 9 AZR 635/03 = AP Nr. 7 zu § 81 SGB IX = NZA 2005, 870 = BehindertenR 2005, 168). Eine unterschiedliche Behandlung kann zulässig sein, soweit eine bestimmte körperliche Funktion, geistige Fähigkeit oder seelische Gesundheit unverzichtbare Voraussetzung für die Tätigkeit ist (vgl. insoweit den Wortlaut von Abs. 2 Satz 2 Nr. 2 a. F.). **Entscheidend ist, ob die Tätigkeit wegen der Behinderung nicht ordnungsgemäß erbracht werden kann.** Grundsätzlich ist das nach den Arbeitsplatzbeschreibungen und Arbeitsplatzanforderungen zu beurteilen (vgl. oben Rdnr. 28 ff.). Hierfür können auch verlangte „gute Schreibmaschinenkenntnisse" maßgebend sein, sofern sie für die ausgeschriebene Stelle notwendig sind (vgl. ⚖ BAG Urteil vom 15. Februar 2005 a. a. O., vgl. oben Rdnr. 116). Aber auch berufsrechtliche oder unfallversicherungsrechtliche Hindernisse sind zu beachten; insbesondere müssen die Vorschriften der Berufsgenossenschaften eingehalten werden (Neumann u. a. / *Neumann* Rdnr. 13). 124

Ist der schwerbehinderte Bewerber demnach **wegen seiner Behinderung für die ausgeschriebene Stelle nicht geeignet**, so kann der Arbeitgeber von einer Einstellung absehen; eine unzulässige Benachteiligung liegt nicht vor. Allerdings dürfen **an den schwerbehinderten Menschen keine höheren Anforderungen** gestellt werden, als sie durch die Ausschreibung i. V. m. dem Arbeitsvertrag festgelegt sind. Entscheidend sind letztlich nicht schematisierende Einordnungen, sondern der Einzelfall (*Großmann* BehindertenR 2003, 165 [168]). 125

Geprüft werden muss aber stets, ob ein **Ausgleich durch Maßnahmen nach Abs. 4** – insbesondere eine behindertengerechte Umgestaltung des Arbeitsplatzes – möglich ist oder nur mit unzumutbaren Aufwendungen verbunden wäre. Bei der Eignungsprüfung ist zu berücksichtigen, dass der Arbeitgeber – auch nach Art. 5 der Richtlinie 2000/78/EG – gehalten ist, den **Arbeitsplatz in zumutbarem Maße anzupassen**. Unterlässt er dies, liegt in der Versagung selbst eine Diskriminierung (Däubler / Bertzbach / *Brors* § 8 AGG Rdnr. 36 m. w. Nachw.). Bevor der Arbeitgeber sich also auf berufsbezogene Rechtfertigungsgründe nach § 8 Abs. 1 AGG berufen kann, muss feststehen, dass **Beurteilungsgrundlage der angepasste und nicht nur der tatsächlich angebotene Arbeitsplatz ist** (*Schmidt* Schwb-ArbR Rdnr. 189; Däubler / Bertzbach / *Brors* § 8 AGG Rdnr. 36 m. w. Nachw.). Kann der Arbeitgeber etwa den Zugang zum Arbeitsplatz ohne größere finanzielle Aufwendungen durch eine Rampe schaffen, kann er den gehbehinderten Bewerber nicht unter Hinweis auf erschwerte Zugangsmöglichkeiten zum Arbeitsplatz ablehnen (Däubler / Bertzbach / *Brors* a. a. O.). 126

5. Darlegungs- und Beweislast

a) Grundsätze

127 Für den Fall eines Rechtsstreits zwischen dem schwerbehinderten Menschen und dem Arbeitgeber gilt die **Beweislastregelung** des § 22 AGG. Sie entlastet den Benachteiligten von der vollen Beweislast für das Vorliegen einer Diskriminierung.

128 Der **schwerbehinderte Mensch** hat danach lediglich **Indizien zu beweisen**, die eine **Benachteiligung** wegen der Behinderung **vermuten lassen**. Damit muss er nicht, entsprechend dem üblichen Beweismaß, zur vollen Überzeugung des Gerichts i. S. v. § 286 ZPO nachweisen, dass die Schwerbehinderung ursächlich für seine Benachteiligung war. Ein solcher Nachweis wäre auch regelmäßig nur schwer einem Beweis zugänglich. Vielmehr hat der Anspruchsteller nur das **herabgesetzte Beweismaß der Vermutung** zu erbringen, also der überwiegenden Wahrscheinlichkeit für den Ursachenzusammenhang zwischen Behinderung und Benachteiligung. Diese Vermutung kann auf **Indizien als „Hilfstatsachen"** gestützt werden (BAG Urteil vom 12. September 2006 – 9 AZR 807/05 = BAGE 119, 262 = NZA 2007, 507 = BehindertenR 2007, 134 = AP Nr. 13 zu § 81 SGB IX; Urteil vom 21. Juli 2009 – 9 AZR 431/08 = NJW 2009, 3319 = NZA 2009, 1087 = BehindertenR 2010, 18; Bauer / Göpfert / Krieger Rdnr. 6; Wendeling-Schröder / *Stein* Rdnr. 20, jeweils zu § 22 AGG). Solche sind Tatsachen, aus denen sich Rückschlüsse auf die Motivation des Arbeitgebers ergeben, etwa dessen Äußerungen gegenüber dem schwerbehinderten Menschen oder gegenüber Dritten. Diese müssen allerdings, sofern sie bestritten werden, zur vollen Überzeugung des Gerichts nachgewiesen werden.

129 Behauptet etwa ein abgelehnter Bewerber, der Arbeitgeber habe eine Stelle unter Verstoß gegen das **Gebot zur neutralen Stellenausschreibung in § 11 AGG** ausgeschrieben und wird dies bestritten, muss der abgelehnte Bewerber den Vollbeweis für die diskriminierende Ausschreibung erbringen, z. B. durch Vorlage der Ausschreibung oder Stellenanzeige. Gelingt der Nachweis dieser „Hilfstatsache", greift die Beweiserleichterung ein. Das Gericht kann es dann allein aufgrund der fehlerhaften Stellenausschreibung als überwiegend wahrscheinlich ansehen, dass der Bewerber wegen eines Benachteiligungsgrundes nicht eingestellt wurde (Bauer / Göpfert / Krieger AGG § 22 Rdnr. 7).

130 Wird ein Indiz für eine verbotene Diskriminierung nachgewiesen, trägt der **Arbeitgeber** die **Beweislast** dafür, dass kein Verstoß gegen die Bestimmungen zum Schutz vor Benachteiligung vorgelegen habe, also unabhängig von der Behinderung **sachliche Gründe** die unterschiedliche Behandlung rechtfertigen. Ebenso hat der Arbeitgeber nachzuweisen, dass **vom Bewerber nicht erfüllbare berufliche Anforderungen** gegeben sind, d. h. eine bestimmte körperliche Funktion, geistige Fähigkeit oder seelische Gesundheit wesentliche und entscheidende Voraussetzung für die Tätigkeit ist (Kossens u. a. / *Kossens* Rdnr. 22).

131 Mit dieser Vorschrift wird der im Wesentlichen gleich lautende **Art. 10 Abs. 1 der Richtlinie 2000/78 umgesetzt**. Außerdem wird angeknüpft an die Rechtsprechung des EuGH zur Beweislastverteilung bei Diskriminierungen wegen des Geschlechts (vgl. z. B. EuGH Urteil vom 26. Juni 2001 – C-381/99 = DB 2001, 1620 = NZA 2001, 883) sowie an die EG-Richtlinie 97/80 vom 15. Dezember 1997 über die Beweislast bei Diskriminierungen aufgrund des Geschlechts (ABl. Nr. L 14/6 20. 1. 1998). Es handelt sich um eine **ausgewogene Lösung**, welche sowohl die Schwierigkeit des Nachweises einer vom Arbeitgeber in seinem Einflussbereich veranlassten Benachteiligung als auch die Schutzbedürftigkeit der schwerbehinderten Menschen gebührend berücksichtigt (vgl. *Großmann* BehindertenR 2003, 165 [169] zur Vorgängerregelung des § 81 Abs. 2 Satz 2 Nr. 1 Satz 3 a. F. SGB IX).

132 Mit der Neuregelung hat der Gesetzgeber die schon zuvor in § 611a Abs. 1 Satz 3 a. F. BGB sowie in § 81 Abs. 2 SGB IX bestehende Rechtslage im Wesentlichen übernommen. Ein „Umsetzungsdefizit" ist hierin nicht zu sehen (vgl. Bauer / Goepfert / Krieger § 22 AGG Rdnr. 3; a. A. aber *Thüsing* in Bauer / Thüsing / Schunder NZA 2006, 773 [774]).

b) Indizienbeweis für Benachteiligungsvermutung

133 Ein schwerbehinderter Mensch, der als Bewerber abgelehnt wurde oder bei Vereinbarungen oder Maßnahmen erfolglos geblieben ist, kann demnach eine Benachteiligung wie folgt geltend machen: Er hat grundsätzlich die dazu **erheblichen Tatsachen vorzutragen**, und zwar im Zivilprozess nach dem Beibringungsgrundsatz gem. §§ 128, 282 ZPO, im verwaltungsgerichtlichen Verfahren aufgrund seiner Mitwirkungspflicht gem. § 86 VwGO. Im Bestreitensfall muss er also den **Bewerbungsvorgang** nachweisen, z. B. durch Vorlage der Bewerbungsunterlagen, sowie auch die **behauptete Benachteiligung als solche**. Der letztgenannte Nachweis kann vor allem durch Vorlage einer mit Gründen versehenen Entscheidung des Arbeitgebers gem. § 81 Abs. 1 Satz 9 SGB IX erbracht werden.

134 Ferner muss der abgelehnte Bewerber Indizien vortragen, aus denen das Gericht die **Überzeugung einer überwiegenden Wahrscheinlichkeit für die Kausalität zwischen Schwerbehinderteneigenschaft und Nachteil** gewinnen kann (vgl. schon BAG Urteil vom 5. Februar 2004 – 8 AZR 112/03 = BAGE 109, 265 = NZA 2004, 540 für den Fall der Diskriminierung wegen des Geschlechts; BAG Urteil vom 15. Februar 2005 – 9 AZR 635/03 = AP Nr. 7 zu § 81 SGB IX = NZA 2005, 870 = BehindertenR 2005, 168; vgl. auch Bad.-Württ. VGH Urteil vom 21. September 2005 – 9 S 1357/05 = NJW 2006, 538 = BehindertenR 2006, 138). Die Voraussetzungen für eine solche „Vermutung" sind dann erfüllt, wenn nach der Überzeugung des Gerichts aus der **Sicht einer objektiv verständigen Person** im Einzelfall nach **allgemeiner Lebenserfahrung** die **überwiegende Wahrscheinlichkeit** für die Kausalität zwischen Behinderung und Nachteil besteht (vgl. BayVGH Beschluss vom 12. März 2009 – 3 CE 08.2616, zit. nach JURIS; MKBGB / *Thüsing* § 22 AGG Rdnr. 10 m. w. Nachw.; Palandt / *Grüneberg* BGB 70. Aufl. 2011 § 22 AGG Rdnr. 2).

134a Der Kausalzusammenhang zwischen nachteiliger Behandlung und Behinderung ist bereits dann gegeben, wenn die **Benachteiligung an die Behinderung anknüpft oder durch sie motiviert ist** (vgl. BT-Drucks. 16/1780 S. 32). Ausreichend ist, dass die Behinderung Bestandteil eines **Motivbündels** ist, das die Entscheidung beeinflusst hat (BAG Urteil vom 21. Juli 2009 – 9 AZR 431/08 = NJW 2009, 3319 = NZA 2009, 1087 = BehindertenR 2010, 18; Urteil vom 17. August 2010 – 9 AZR 839/08 = NJW 2011, 550 = NZA 2011, 153; Meinel / Heyn / Herms AGG § 3 Rdnr. 7; Däubler / Bertzbach / *Schrader* / *Schubert* AGG § 3 Rdnr. 37). Es genügt, wenn vom Arbeitgeber unterlassene Maßnahmen **objektiv geeignet** sind, schwerbehinderten Menschen keine oder schlechtere Chancen einzuräumen (BAG Urteil vom 16. September 2008 – 9 AZR 791/07 = BAGE 127, 367 = NZA 2009, 79 = BehindertenR 2009, 86; Urteil vom 17. August 2010 – 9 AZR 839/08 = NJW 2011, 550 = NZA 2011, 153). Ein schuldhaftes Handeln oder gar eine Benachteiligungsabsicht ist nicht erforderlich (Bauer / Göpfert / Krieger § 3 AGG Rdnr. 10; Däubler / Bertzbach / *Schrader* / *Schubert* § 3 AGG Rdnr. 38; *Kamanabrou* RdA 2006, 321, [325]; a. A. *Adomeit* / *Mohr* NZA 2007, 179 [180 ff.]).

135 Hierfür genügt es, wenn der Kläger entsprechende Tatsachen vorträgt, z. B. **Äußerungen des Arbeitgebers etwa im Vorstellungsgespräch** oder gegenüber den betrieblichen Interessenvertretungen und allgemein eine unterbliebene oder fehlerhafte Prüfung nach § 81 Abs. 1 SGB IX. Die **Nichteinschaltung der Bundesagentur für Arbeit** nach Abs. 1 Satz 1 und 2 ist geeignet, die Vermutung der Benachteiligung wegen einer Schwerbehinderung zu begründen (BAG Urteil vom 12. September 2006 – 9 AZR 807/05 = BAGE 119, 262 = AP Nr. 13 zu § 81 SGB IX = NZA 2007, 507 = BehindertenR 2007, 134). Dasselbe gilt für die Obliegenheit **öffentlicher Arbeitgeber** gem. § 82 Satz 1 SGB IX, schwerbehinderte Bewerber zu einem **Vorstellungsgespräch** zu laden (BAG Urteil vom 12. September 2006 a. a. O.). Hingegen sind **sonstige Arbeitgeber nicht verpflichtet**, den schwerbehinderten Bewerber zu einem Vorstellungsgespräch einzuladen, so dass aus einem Unterbleiben einer derartigen Einladung auch nicht auf eine Benachteiligungsabsicht geschlossen werden kann (LAG Hamm Urteil vom 28. September 2010 – 9 Sa 865/10 = NZA-RR 2011, 8).

136 Es kommt nicht darauf an, dass der Arbeitgeber möglicherweise **nicht beabsichtigt** hatte, behinderte Bewerber zu benachteiligen. Vielmehr genügt, dass seine unterlassenen Maßnahmen (Meldung an die Arbeitsagentur und Einladung zum Vorstellungsgespräch) **objektiv geeignet** sind, schwerbehinderten Bewerbern keine oder schlechtere Chancen einzuräumen (BAG Urteil vom 12. September 2006 a. a. O.).

Das gilt aber **nicht, wenn die fragliche Stelle auch betriebsintern ausgeschrieben war**, sodass schwerbehinderte Betriebsangehörige hierdurch angesprochen wurden und sich auf diese Stelle bewerben konnten: In diesem Fall kann ein abgelehnter betriebsinterner schwerbehinderter Bewerber die unterbliebene Einschaltung der BA nicht als Indiz für eine Benachteiligung im Sinne von § 22 AGG anführen (LAG Hamm Urteil vom 26. Juni 2008 – 15 Sa 198/08, zit. nach JURIS; Revision eingelegt unter Az. 8 AZR 839/08).

137 **Unterlässt der Arbeitgeber** entgegen der gesetzlichen Verpflichtung in § 81 Abs. 1 Satz 4 **die Beteiligung der Schwerbehindertenvertretung** bei Bewerbungen von schwerbehinderten Menschen, stellt dies ein Indiz für eine verbotene Benachteiligung wegen einer Behinderung dar (BAG Urteil vom 15. Februar 2005 a. a. O.; Urteil vom 17. August 2010 a. a. O. LAG München Urteil vom 19. November 2008 – 5 Sa 556/08, zit. nach JURIS). Das gilt allerdings nur, wenn der Arbeitgeber **von der Schwerbehinderung wusste**, insbesondere durch einen Hinweis des Bewerbers im Anschreiben an den Arbeitgeber (vgl. dazu oben Rdnr. 49 ff.).

138 Der Umstand, dass eine **ausgeschriebene Stelle bereits vor Eingang einer Bewerbung besetzt** wurde, schließt nicht generell eine Benachteiligung i. S. von § 3 Abs. 1 AGG aus (BAG Urteil vom 17. August 2010 – 9 AZR 839/08 = NJW 2011, 550 = NZA 2011, 153). Denn die Chance auf Einstellung oder Beförderung kann dem Bewerber oder Beschäftigten auch durch eine diskriminierende Gestaltung des Bewerbungsverfahrens genommen werden, z. B. weil ein Arbeitgeber die ausgeschriebene Stelle vor Ablauf einer von ihm gesetzten Bewerbungsfrist besetzt oder er das Verfahren nach § 81 Abs. 1 Satz 4 SGB IX vermeiden will oder ein diskriminierendes Verhalten des Arbeitgebers den Bewerber von einer früheren Bewerbung abhielt (vgl. auch EuGH Urteil vom 10. Juli 2008 – C-54/07 [Feryn] = NZA 2008, 929).

Im Fall einer **betriebsinternen Ausschreibung** dürfen sich die schwerbehinderten Arbeitnehmer, solange der Arbeitgeber nicht selbst die Abkürzung der Bewerbungsfrist betriebsintern bekannt gibt, darauf einstellen, dass **bis zum Fristablauf eingehende Bewerbungen** noch bei der Auswahlentscheidung berücksichtigt wurden. Mit einer vorzeitigen Stellenbesetzung verhindert der Arbeitgeber, dass die Schwerbehindertenvertretung über Bewerbungen von schwerbehinderten Arbeitnehmern noch sinnvoll gemäß § 81 Abs. 1 Satz 4 SGB IX unterrichtet werden kann, Damit zeigt der Arbeitgeber ein Verhalten, das objektiv geeignet ist, schwerbehinderten Beschäftigten keine oder schlechtere Chancen als die ihnen gesetzlich zustehenden einzuräumen (BAG Urteil vom 17. August 2010 a. a. O.).

139 Ein als Indiz tauglicher solcher Verfahrensfehler kann namentlich auch in einem **Unterlassen der in Abs. 1 Satz 9 vorgeschriebenen Anhörung** liegen (LAG Hessen Urteil vom 7. November 2005 – 7 Sa 473/05 = NZA-RR 2006, 312 m. w. Nachw.; Urteil vom 22. März 2006 – 2 Sa 1686/05, zit. nach JURIS). Die **Nichtmitteilung der Gründe für die Ablehnung** kann somit ein Anhaltspunkt für eine verbotene Benachteiligung des schwerbehinderten Bewerbers sein (Bauer / Göpfert / Krieger AGG § 22 Rdnr. 11 „Absageschreiben"). Ausreichend als Indiz ist ferner der Vortrag, dass der Arbeitgeber die beruflichen Kenntnisse und Erfahrungen nicht geprüft oder nicht zutreffend gewürdigt oder die **Behinderung zu Unrecht als Leistungshindernis angesehen** habe (*Großmann* BehindertenR 2003, 165 [169]). Gegebenenfalls kann auch die Tatsache, dass ein schwerbehinderter Bewerber trotz formaler Erfüllung der Einstellungsvoraussetzungen von einem öffentlichen Arbeitgeber entgegen § 82 Satz 2 SGB IX erst gar nicht zum Vorstellungsgespräch eingeladen worden ist, insoweit ausreichen (LAG München Urteil vom 19. November 2008 – 5 Sa 556/08, zit. nach JURIS.; Hess. LAG Urteil vom 5. Oktober 2010 –13 Sa 488/10, zit. nach JURIS; Rev. eingelegt unter Az. 8 AZR 697/10).

Allerdings kann der Kläger **nicht lediglich mit Nichtwissen bestreiten**, dass die Schwerbehindertenvertretung bei der Beklagten nicht ordnungsgemäß beteiligt worden sei. Es stellt keinen ausreichenden Tatsachenvortrag dar, wenn der Kläger erkennbar lediglich ins Blaue hinein die Beteiligung der Schwerbehindertenvertretung bestreitet, ohne hierzu irgendwelche **Informationen eingeholt** zu haben (ArbG Münster Urteil vom 30. September 2005 – 4 Ca 1279/05, zit. nach JURIS).

140

Auch im Übrigen müssen Indizien, auf die sich der Anspruchsteller beruft, substanziiert dargelegt und in vollem Umfang bewiesen werden. **Behauptungen ins Blaue** hinein stellen keinen ausreichenden Tatsachenvortrag dar und sind deshalb nicht geeignet, die Vermutung einer verbotenen Benachteiligung zu begründen (BT-Drucks. 16/1780 S. 47). Trägt etwa ein zum Vorstellungsgespräch nicht eingeladener Bewerber vor, der Arbeitgeber habe einen nicht behinderten Bewerber eingestellt, der schlechter qualifiziert sei, so stellt dies noch keinen ausreichenden Tatsachenvortrag dar. Der Bewerber muss vielmehr **darlegen, weshalb er nach seiner Auffassung besser geeignet sei** als der eingestellte Bewerber. Verfügt er nicht über die erforderlichen Informationen, kann er sich diese **nicht über einen Auskunftsanspruch vom Arbeitgeber beschaffen**. Er ist allenfalls auf Informationen Dritter angewiesen, etwa einen „Tipp" des Betriebsrats (vgl. Bauer / Göpfert / Krieger AGG § 22 Rdnr. 11).

141

Im Zweifel kann auch eine **wesentliche Unterschreitung der Pflichtquote** gem. § 71 SGB IX um rund 50 % die Vermutung einer Benachteiligung wegen der Behinderung im Streitfall stützen. Denn sie kann ein Anhaltspunkt dafür sein, dass der Arbeitgeber auch im zu entscheidenden Einzelfall den schwerbehinderten Menschen wegen seiner Behinderung zu Unrecht benachteiligt hat (*Großmann* BehindertenR 2003, 169 unter Hinw. auf BAG Urteil vom 23. September 1992 – 4 AZR 30/92 = BAGE 71, 195 = DB 1993, 737 zur Glaubhaftmachung einer geschlechtsbezogenen Benachteiligung durch Vortrag einer wesentlich größeren Zahl begünstigter Arbeitnehmer des anderen Geschlechts; vgl. aber auch oben Rdnr. 122).

142

Trägt der Anspruchsteller ausreichend Indizien vor, die eine verbotene Benachteiligung vermuten lassen, kann der **Arbeitgeber** diese **substanziiert bestreiten**. In diesem Fall ist hierüber nach allgemeinen prozessualen Regeln **Beweis zu erheben**; eine Beweiserleichterung gibt es insoweit nicht (Bauer / Göpfert / Krieger AGG § 22 Rdnr. 12).

143

c) Gegenbeweis des Arbeitgebers

Wird der Beweis geführt oder erkennt der Arbeitgeber die Hilfstatsachen durch nicht ausreichendes Bestreiten an, **kehrt sich die Darlegungs- und Beweislast um**. Es ist dann Sache des Arbeitgebers, den vollen Beweis zu führen, dass keine verbotene Benachteiligung wegen der Behinderung stattgefunden habe. Auf diese Umkehr der Beweislast muss das Gericht ggf. nach § 139 ZPO hinweisen.

144

Der Arbeitgeber muss das Gericht davon überzeugen, dass die Benachteiligung nicht – auch – auf der Schwerbehinderung beruht. Damit muss er Tatsachen vortragen und ggf. beweisen, aus denen sich ergibt, dass es ausschließlich andere Gründe waren als die Behinderung, die zu der weniger günstigen Behandlung führten (vgl. BAG Urteil vom 21. Juli 2009 – 9 AZR 431/08 = NJW 2009, 3319 = NZA 2009, 1087 = BehindertenR 2010, 18; BAG Urteil vom 17. August 2010 – 9 AZR 839/08 = NJW 2011, 550 = NZA 2011, 153) und in seinem Motivbündel weder die Behinderung als negatives noch die fehlende Behinderung als positives Kriterium enthalten war.

Die Ungleichbehandlung beruht nur dann nicht auf der Behinderung als Benachteiligung, wenn diese für die **betreffende Handlung „überhaupt keine Rolle"** gespielt hat (BAG Urteil vom 5. Februar 2004 – 8 AZR 112/03 = BAGE 109, 265 = NZA 2004, 540 [544]). Dieser Nachweis setzt voraus, dass der Arbeitgeber die maßgebenden Erwägungen für seine Handlung glaubwürdig darlegen und hierfür Beweis anbieten kann, weil nur dann erkennbar ist, dass die behaupteten Tatsachen bereits zum Zeitpunkt der Entscheidung vorgelegen

145

und diese getragen haben. Der Arbeitgeber muss die **Gründe für seine Entscheidung jedenfalls stichwortartig dokumentiert** haben, da er andernfalls kaum glaubwürdig das Gericht davon überzeugen kann, dass der vermutete Benachteiligungsgrund keinen Einfluss hierauf hatte (Bauer / Göpfert / Krieger AGG § 22 Rdnr. 13).

146 So muss der Arbeitgeber bei der Besetzung von Arbeitsplätzen zunächst die Beachtung der Pflichten aus § 81 Abs. 1 nachweisen, d. h. den korrekten Ablauf des vorgeschriebenen Verfahrens.

147 Insbesondere in **zwei Fallgruppen** kann der Arbeitgeber die Vermutung einer rechtswidrigen Benachteiligung wegen der Behinderung widerlegen: Er kann zum einen nachweisen, dass für die Entscheidung **keine behinderungsrelevanten Gründe maßgebend** waren. Hierfür kann er z. B. unter Beweis stellen, dass dem schwerbehinderten Menschen **formale Qualifikationen** im Ausbildungsbereich, aber auch anderweitig erworbene **Kenntnisse und Erfahrungen fehlen** (vgl. BAG Urteil vom 28. Mai 1975 – 5 AZR 172/74 = NJW 1975, 2265 = DB 1975, 2330; BAG Urteil vom 29. September 1979 – 4 AZR 887/77 = BAGE 32, 105 = DB 1980, 405; vgl. auch BAG Beschluss vom 31. Mai 1983 – 1 ABR 6/80 = BAGE 43, 26 = DB 1983, 2311 zur Bedeutung von Anforderungsprofilen).

148 **Erfüllt der schwerbehinderte Bewerber ganz offensichtlich nicht das Anforderungsprofil der ausgeschriebenen Stelle**, ist er also für diese von vornherein nicht geeignet, so kann in der Ablehnung der Bewerbung durch den Arbeitgeber keine Benachteiligung wegen der Schwerbehinderung gesehen werden (LAG Hamm Urteil vom 4. Juni 2004 – 15 Sa 2047/03 = BehindertenR 2005, 172 = AuA 2005, 56).

149 Möglich ist aber auch eine Entlastung durch den **Nachweis einer größeren sozialen Schutzbedürftigkeit des berücksichtigten Bewerbers**, zum Beispiel nach Alter, Familienstand, Kinderzahl und Unterhaltsverpflichtungen (BAG Urteil vom 29. September 1979 a. a. O.; vgl. auch BAG Urteil vom 24. März 1983 – 2 AZR 21/82 = BAGE 42, 151 = NJW 1984, 78 zur Sozialauswahl im Kündigungsschutz).

150 Zum anderen kann der Arbeitgeber aber auch **darlegen**, dass auf dem Arbeitsplatz bzw. für die Maßnahme körperliche, geistige oder seelische **Eigenschaften unerlässlich** sind, die der antragstellende **schwerbehinderte Mensch nicht vorweisen** kann. Hierfür muss der Arbeitgeber Beschaffenheit und Anforderungsprofil des Arbeitsplatzes nachweisen und im Vergleich dazu das nicht ausreichende Leistungsvermögen des schwerbehinderten Menschen. Soweit hierfür schriftliche Unterlagen, z. B. die Arbeitsplatzausschreibung, die Bewerbung und die Entscheidung nach Abs. 1 Satz 9, nicht ausreichen, kommt Beweis durch Zeugen oder – arbeitswissenschaftliche bzw. medizinische – Sachverständige in Betracht.

Jedenfalls bleibt es dem **Arbeitgeber** überlassen, das **Anforderungsprofil einer zu besetzenden Stelle festzulegen**. Entspricht der Bewerber nicht dem Anforderungsprofil, auch wenn er höher qualifiziert ist, und wird er deswegen nicht im Auswahlverfahren berücksichtigt, liegt selbst dann keine Diskriminierung wegen der Schwerbehinderung vor, wenn der Arbeitgeber bei der Bewerbung Verfahrensvorschriften nicht eingehalten hat – etwa durch unterlassene Mitteilung an die Bundesagentur für Arbeit und unterbliebene Einladung zum Vorstellungsgespräch (LAG Rheinland-Pfalz Urteil vom 1. September 2005 – 4 Sa 865/04 = ZTR 2006, 20).

151 Allerdings kann ein **Arbeitgeber des Öffentlichen Dienstes** die Vermutung nicht allein mit dem Hinweis widerlegen, der schwerbehinderte Bewerber erfülle nicht den in der Stellenausschreibung verlangten **formalen Ausbildungsabschluss** einer bestimmten Hochschulart. Der öffentliche Arbeitgeber ist gehalten, das **Anforderungsprofil ausschließlich nach objektiven Kriterien** festzulegen. Ansonsten würde der Arbeitgeber des Öffentlichen Dienstes das durch Art. 33 Abs. 2 GG gewährleistete Recht auf Zugang zu einem öffentlichen Amt einschränken, ohne dass dies durch Gründe in der Eignung, Befähigung und fachlichen Leistung des Bewerbers gerechtfertigt wäre. Daher ist es unzulässig, einen für die Art der auszuübenden Tätigkeit nicht erforderlichen Ausbildungsabschluss einer bestimmten Hoch-

schulart (hier: Fachhochschuldiplom) zu verlangen. Bewerber mit gleichwertigen Bildungsabschlüssen dürfen nicht ausgeschlossen werden (⚖ BAG Urteil vom 12. September 2006 – 9 AZR 807/05 = BAGE 119, 262 = AP Nr. 13 zu § 81 SGB IX = NZA 2007, 507 = BehindertenR 2007, 134 unter Aufhebung des Urteils des ⚖ LAG Rheinland-Pfalz vom 1. September 2005 a. a. O.).

Jedenfalls sind die vom Arbeitgeber vorgetragenen Gründe, welche die unterschiedliche Behandlung rechtfertigen sollen, **kritisch zu würdigen**. Andernfalls könnte die gesetzliche Beweislastumkehr im Ergebnis weitgehend leer laufen, weil sich häufig ein Ablehnungsgrund wie Ausbildungsdefizite oder Mangel an Erfahrung finden lässt (*Müller-Wenner* / *Winkler* Rdnr. 49 unter Hinweis auf *Körner* NZA 2001, 1046 [1048] zu § 611a a. F. BGB). **152**

Nicht **unzulässig** ist ein **Nachschieben von Gründen**, die eine rechtswidrige Benachteiligung ausschließen sollen (⚖ BAG Urteil vom 18. November 2008 – 9 AZR 643/07 = NZA 2009, 728 = AP Nr. 16 zu § 81 SGB IX, JURIS Rdnr. 53 ff.; ⚖ Urteil vom 17. August 2010 – 9 AZR 839/08 = NJW 2011, 550 = NZA 2011, 153; ebenso ⚖ LAG Hamm Urteil vom 28. September 2010 – 9 Sa 865/10 = NZA-RR 2011, 84; eingehend dazu oben Rdnr. 74 ff.; a. A. ⚖ Hess. LAG Urteil vom 7. November 2005 – 7 Sa 473/05 = NZA-RR 2006, 312 = BehindertenR 2007, 113; LPK-SGB IX / *Düwell* Rdnr. 55; Wendeling-Schröder / *Stein* § 22 AGG Rdnr. 34 unter Hinweis auf ⚖ BVerfG Beschluss vom 16. November 1993 – 1 BvR 258/86 = BVerfGE 89, 276; Däubler / Bertzbach / *Bertzbach* § 22 AGG Rdnr. 64). **153**

6. Entschädigungspflicht bei Verstoß gegen das Benachteiligungsverbot

a) Grundsatz

Bei Verstoß gegen das Benachteiligungsverbot hat der schwerbehinderte Mensch einen Anspruch auf Schadensersatz bzw. Entschädigung (**Abs. 2 Satz 2 i. V. m. § 15 Abs. 1 Satz 1 und Abs. 2 AGG**). Dieser Anspruch kann sich nur auf **Benachteiligungen in Zusammenhang mit der Begründung eines Arbeitsverhältnisses oder dem beruflichen Aufstieg** beziehen. Für das bestehende Arbeitsverhältnis trifft das Gesetz hingegen – abgesehen von § 81 Abs. 5 SGB IX – keine gesonderte Regelung. Diese ist auch nicht erforderlich, weil eine negative Vereinbarung oder Maßnahme gem. § 134 BGB in Verbindung mit § 81 Abs. 2 Satz 1 SGB IX nichtig ist. Das gilt insbesondere auch für eine Kündigung, die unabhängig von der Anwendbarkeit des KSchG rechtsunwirksam ist (ErfK / *Rolfs* Rdnr. 9). Allerdings geht die gesetzliche Sanktion für die Verletzung des Benachteiligungsverbots bei einer verweigerten Einstellung nicht über einen Entschädigungsanspruch hinaus. Der **Anspruch auf Einstellung** – und dementsprechend ein Anspruch auf beruflichen Aufstieg – wird durch § 15 Abs. 6 AGG ausdrücklich **ausgeschlossen** (vgl. oben Rdnr. 21). **154**

Der Bewerber kann sowohl **materielle als auch immaterielle Schadensersatzansprüche** nach § 15 AGG geltend machen, sofern er sich subjektiv ernsthaft um die Stelle beworben hat und objektiv geeignet war (*Kania* / *Merten* ZIP 2007, 8 [14] m. w. Nachw.). **155**

Hinsichtlich des Schadens ist **zweifach zu differenzieren**: zum einen nach dem materiellen und dem immateriellen Schadensersatz und zum anderen danach, ob der Bewerber bei benachteiligungsfreier Auswahl eingestellt worden wäre. **156**

b) Schadensersatz nach § 15 Abs. 1 AGG

Ein Anspruch auf **materiellen Schadensersatz** nach **§ 15 Abs. 1 AGG** setzt einen Verstoß gegen das Benachteiligungsverbot i. S. v. § 7 Abs. 1 AGG voraus (⚖ BAG Urteil vom 28. Mai 2009 – 8 AZR 536/08 = NJW 2009, 3672 = NZA 2009, 1016; ⚖ Urteil vom 18. März 2010 – 8 AZR 77/09 = NZA 2010, 872 = DB 2010, 1534). Diese Voraussetzung ist erfüllt, wenn dem Arbeitgeber eine unmittelbare Benachteiligung i. S. des § 3 Abs. 1 AGG zuzurechnen ist, die nicht aufgrund der §§ 8 bis 10 AGG oder nach § 5 AGG zulässig ist (vgl. zu Einzelheiten Erl. zu § 15 AGG Rdnr. 19 bis 27 a). **157**

158 Liegt eine verbotene Benachteiligung vor, kommt es grundsätzlich nicht darauf an, ob der **Arbeitgeber selbst oder ein betriebsangehöriger Dritter** diese begangen hat, wenn dessen Verhalten dem Arbeitgeber nach § 278 BGB zugerechnet werden kann (vgl. BT-Drucks. 16/1780 S. 38). Bedient sich der Arbeitgeber bei der Anbahnung eines Arbeitsverhältnisses eigener Mitarbeiter oder Dritter, so trifft ihn eine Verantwortlichkeit für deren Verhalten (so bereits zur Regelung in § 611a BGB a. F: BAG Urteil vom 5. Februar 2004 – 8 AZR 112/03 – zu II 2 b bb (2) der Gründe = BAGE 109, 265 = AP Nr. 23 zu§ 611 a BGB; vgl. auch BAG Urteil vom 17. Dezember 2009 – 8 AZR 670/08 = NZA 2010, 383). Dafür muss der Dritte als **Erfüllungsgehilfe des Arbeitgebers** hinsichtlich der Pflichten aus dem AGG anzusehen sein; bei Arbeitnehmern setzt das eine Weisungsbefugnis voraus (*Kock* MDR 2006, 1088 [1091]). Der Arbeitgeber haftet also z. B., wenn der Abteilungsleiter einen ihm Unterstellten bei der Beförderung benachteiligt.

aa) Verschuldensmaßstab

159 Allerdings kann der Arbeitgeber nicht auf Schadensersatz in Anspruch genommen werden, wenn er nachweisen kann, dass er die Pflichtverletzung nicht **zu vertreten** hat (§ 15 Abs. 1 Satz 2 AGG). Aus der Formulierung der Vorschrift folgt, dass bei einer ausreichend dargelegten Verletzung des Benachteiligungsverbots das Verschulden des Arbeitgebers grundsätzlich vermutet wird und diesem die Darlegung obliegt, dass er die Pflichtverletzung nicht zu vertreten hat (Rust / Falke / *Bücker* § 15 AGG Rdnr. 14). Hierfür gelten die Regeln in §§ 276 ff. BGB. Haftungsmaßstab ist § 276 Abs. 1 Satz 1 BGB, das heißt der Arbeitgeber haftet für Vorsatz und jede Form von Fahrlässigkeit (*Seel* MDR 2006, 1321 [1323]).

bb) Notwendige Kenntnis des Arbeitgebers von der Schwerbehinderung

160 Gleichwohl ist nicht **die Benachteiligungsmaßnahme als solche entscheidend**, sondern **der Benachteiligungsgrund** (Neumann u. a. / *Majerski-Pahlen* Rdnr. 14). Damit setzt der Entschädigungsanspruch aber zwingend die **Kenntnis des Arbeitgebers von dem Merkmal nach § 1 AGG** voraus. Das ist insbesondere im Fall einer **Behinderung** bzw. Schwerbehinderung bedeutsam; ohne Kenntnis der Schwerbehinderung kann diese kein Motiv bzw. Beweggrund für eine ablehnende Entscheidung sein.

161 Diese Frage ist **zu trennen von der Frage der Notwendigkeit eines Verschuldens**. Damit genügt es für einen Entschädigungsanspruch nicht, wenn etwa der Bewerber objektiv schwerbehindert ist und der Arbeitgeber objektiv die Pflichten der §§ 81 f. SGB IX verletzt hat (vgl. dazu LAG Nürnberg Beschluss vom 1. April 2004 – 7 SHa 4/04 = AP Nr. 6 zu § 81 SGB IX = NZA-RR 2004, 601 [Ls.]). Das LAG Nürnberg a. a. O. hatte eine Benachteiligung wegen der Behinderung verneint, wenn die Personen, die die gesetzlichen Pflichten der §§ 81 f. SGB IX in Vertretung des Arbeitgebers zu erfüllen haben, von der Behinderung keine Kenntnis erlangt haben, z. B. weil eine Bürokraft auf dem von ihr für jeden Bewerber anzulegenden Übersichtsblatt die im Bewerbungsschreiben angegebene Behinderung nicht aufgeführt hat. Jedoch dürfte dieser Einwand dem Arbeitgeber im Hinblick auf die neuere Rechtsprechung des BAG verwehrt sein (vgl. Urteil vom 16. September 2008 – 9 AZR 791/07 = BAGE 127, 367 = NZA 2009, 79 = BehindertenR 2009, 86 = AP Nr. 15 zu § 81 SGB IX [vgl. oben Rdnr. 51]).

162 Allerdings ist durch § 15 Abs. 3 AGG eine **Haftungserleichterung bei der Anwendung kollektivrechtlicher Vereinbarungen** eingeführt worden. Kommt es dabei zu Benachteiligungen, ist der Arbeitgeber nur dann zum Schadensersatz nach § 15 Abs. 1 Satz 1 AGG verpflichtet, wenn er vorsätzlich oder grob fahrlässig handelt. Schuldhaft in diesem Sinn handelt der Arbeitgeber, wenn er weiß oder grob fahrlässig nicht weiß, dass eine kollektivrechtliche Regelung benachteiligend ist und er sie dennoch anwendet (*Kania / Merten* ZIP 2007, 8 [14]). Eine Haftung wegen einfacher Fahrlässigkeit oder gar bei fehlendem Verschulden ist ausgeschlossen (kritisch dazu Thüsing in Bauer / Thüsing / Schunder NZA 2005, 32 [35]). Der Gesetzgeber begründet das Haftungsprivileg mit der „höheren Richtigkeitsge-

währ" solcher kollektivrechtlichen Regelungen, die es rechtfertige, die Rechtsfolgen anders auszugestalten als bei Maßnahmen in alleiniger Verantwortlichkeit des Arbeitgebers (BT-Drucks. 16/1780 S. 38; oben Rdnr. 12).

Dieser Begründungsansatz ist aber kaum überzeugend (ebenso *Walker* NZA 2009, 5 [6 f.]: Die Richtigkeitsgewähr von Kollektivvereinbarungen kann sich nur auf die angemessene Berücksichtigung der Interessen beider Vertragsparteien beziehen, die es etwa rechtfertigt, Tarifverträge und Betriebsvereinbarungen von der AGB-Inhaltskontrolle auszunehmen (vgl. § 310 Abs. 4 Satz 1 BGB). Dagegen gibt es keine Vermutung einer Rechtmäßigkeit von Kollektivvereinbarungen (*Kamanabrou* RdA 2006, 335; Wendeling-Schröder / *Stein* AGG § 15 Rdnrn. 58 f.). Verstößt eine kollektivrechtliche Vereinbarung gegen das Benachteiligungsverbot des AGG, ist sie unwirksam (§ 7 Abs. 2 AGG) und darf nicht vollzogen werden. Glaubt der Arbeitgeber, zu einer Anwendung der unwirksamen Kollektivvereinbarung berechtigt – oder gar verpflichtet – zu sein, befindet er sich in einem Rechtsirrtum. Zweifelhaft erscheint, warum gerade dieser Rechtsirrtum beachtlich sein soll. Selbst bei der Anwendung eines diskriminierenden Gesetzes (z. B. § 14 Abs. 3 TzBfG a. F.) kann der Arbeitgeber nicht ohne Weiteres mit Vertrauensschutz rechnen (*Walker* a. a. O. unter Hinweis auf BAG Urteil vom 26. April 2006 – 7 AZR 500/04 = NZA 2006, 1162 [1169]). **163**

Deshalb wird nicht ohne Grund **bezweifelt, dass § 15 Abs. 3 AGG**, wonach der Arbeitgeber bei der Anwendung kollektivrechtlicher Vereinbarungen nur dann zur Entschädigung verpflichtet ist, wenn er vorsätzlich oder grob fahrlässig gehandelt hat, **europarechtskonform** ist und ob diese Vorschrift angewandt werden darf (vgl. dazu Meinel / Heyn / Herms § 15 AGG Rdnr. 58 ff.; Däubler/Bertzbach/*Deinert* § 15 AGG Rdnrn. 86 ff.). Das BAG hat das im Urteil vom 22. Januar 2009 – 8 AZR 906/07 = NZA 2009, 945) offengelassen. **164**

Hält man die Regelung aber für anwendbar, ist zu bedenken: **165**

Nach ihrem **Wortlaut** gilt die Bestimmung **nur für „Entschädigungsansprüche"** im Sinne von § 15 Abs. 2 AGG. Das Argument einer höheren Richtigkeitsgewähr – legt man es der Gesetzesauslegung nach der amtlichen Begründung zugrunde – betrifft aber nicht nur Entschädigungsansprüche, sondern gleichermaßen auch Schadensersatzansprüche infolge der Anwendung einer kollektivrechtlichen Vereinbarung. Deshalb ist § 15 Abs. 3 AGG über seinen Wortlaut hinaus dahingehend **auszulegen**, dass er **auch einen Schadensersatzanspruch** nach § 15 Abs. 1 AGG bei einfach fahrlässigem Verhalten des Arbeitgebers ausschließt (Bauer / Göpfert / Krieger AGG § 15 Rdnr. 45; *Bauer / Evers* NZA 2006,897; a. A. Däubler / Bertzbach / *Deinert* § 15 AGG Rdnr. 116).

cc) Höhe des Schadensersatzes

Macht ein **bestqualifizierter schwerbehinderter Bewerber** geltend, dass er unter Verstoß gegen ein Benachteiligungsverbot nicht eingestellt wurde, **haftet der Arbeitgeber auf das Erfüllungsinteresse** gem. § 249 BGB (Bauer / Göpfert / Krieger Rdnr. 24; Adomeit / Mohr Rn. 23, je zu § 15 AGG; Rust / Falk / *Bücker* § 15 AGG Rdnr. 17 ff. a. A. Wendeling-Schröder / *Stein* § 15 AGG Rdnr. 20; *Heyn / Meinel* NZA 2009, 20: Ersatzanspruch beschränkt auf negatives Interesse, also Kosten für Erstellung und Versand der Bewerbungsunterlagen, Kosten einer nicht vom Arbeitgeber aus anderem Rechtsgrund zu erstattenden Anreise zum Vorstellungsgespräch; das erscheint aber vor dem Hintergrund des Schutzzwecks des § 15 Abs. 1 AGG zu eng). Das Gesetz hat zwar keine Obergrenze vorgesehen. Überwiegend wird jedoch die Ansicht vertreten, dass sich der Arbeitgeber auf eine **hypothetische Kündigung als beachtliche „Reserveursache"** berufen könne (*Seel* MDR 2006, 1321 [1323]; *Kania / Merten* ZIP 2007, 1321 (1323)). Zur Eingrenzung des Schadensersatzanspruchs ist deshalb auf den Zeitpunkt abzustellen, zu dem der Arbeitgeber das Arbeitsverhältnis frühestens wieder hätte kündigen können. Das entspricht den Grundsätzen, die zu § 628 Abs. 2 BGB entwickelt wurden (vgl. BAG Urteil vom 26. Juli 2001 – 8 AZR 739/00 = BAGE 98, 275 = NJW 2002, 1593 = AP Nr. 13 zu § 628 BGB). **166**

167 Jedoch sind hierbei **mindestens sechs Monatsgehälter** zugrunde zu legen (so zutreffend *Kock* MDR 2006, 1088 [1091]; a. A. Adomeit / Mohr § 15 AGG Rdnr. 27: regelmäßig ein Bruttomonatsgehalt). Im Regelfall ist der erste hypothetische Kündigungstermin zu kurz gegriffen, weil der neue Stelleninhaber zumeist einen Bewährungsbonus genießen dürfte: Ein verständig urteilender Arbeitgeber wird auch bei anfänglichen Schwächen nicht die erste Kündigungsmöglichkeit ergreifen. Typischerweise wird eine Entscheidung nach rund fünf Monaten getroffen, weil eine Probezeit nach § 622 Abs. 3 BGB auf maximal sechs Monate begrenzt werden kann. Derselbe Zeitraum ist im Übrigen maßgebend für die Anwendung des KSchG in größeren Betrieben (§ 1 KSchG) sowie nach § 90 Abs. 1 SGB IX für den Sonderkündigungsschutz schwerbehinderter Arbeitnehmer (*Kock* a. a. O.).

168 Eine **Schadensersatzleistung** ist **kein Arbeitsentgelt**. Wie eine Abfindung für den Verlust des Arbeitsplatzes ist sie weder beitragspflichtig noch wird sie auf das Arbeitslosengeld angerechnet. Sie stellt aber steuerpflichtiges Einkommen dar (*Müller-Wenner* / *Winkler* Rdnr. 60).

169 Der **nicht Bestqualifizierte** hingegen wäre auch bei benachteiligungsfreier Auswahl nicht eingestellt worden, sodass ihm **kein ersatzfähiger materieller Schaden entsteht** (*Kania / Merten* ZIP 2007, 8 [14]). Der Ersatz von Vorstellungskosten richtet sich nach allgemeinen Grundsätzen (vgl. ErfK / *Preis* § 611 BGB Rdnrn. 296 ff. BGB, s. hierzu auch *Lunger* AuA 2006, 524).

dd) Schadensersatz für Diskriminierung beim beruflichen Aufstieg

170 Auch bei **rechtswidrigen Benachteiligungen im Zusammenhang mit einem beruflichen Aufstieg** ist Schadensersatz nach § 15 Abs. 1 AGG zu leisten; ein Anspruch des schwerbehinderten Arbeitnehmers auf den Aufstieg besteht nicht. Beruflicher Aufstieg ist **jede Verbesserung** in der Position des Arbeitnehmers oder des Beamten bzw. Richters, die zu einer **qualifizierteren Beschäftigung** und / oder einer **höheren Bezahlung** führt (*Großmann* BehindertenR 2003, 174). Das gilt insbesondere für **Beförderungen**, bei denen regelmäßig ein anderer Arbeitsplatz übertragen und ein neuer Arbeitsvertrag abgeschlossen wird. Ob eine rechtswidrige Benachteiligung beim beruflichen Aufstieg vorliegt, ist nach denselben Voraussetzungen zu beurteilen wie bei der Begründung von Arbeits- oder sonstigen Beschäftigungsverhältnissen (vgl. auch Art. 3 Abs. 1a i. V. m. Art. 5 Satz 2 der Richtlinie 2000/78).

171 Für den Fall, dass der schwerbehinderte Arbeitnehmer ohne die Benachteiligung befördert worden wäre, ist die **Differenz** des dann maßgebenden **zum bisherigen Gehalt** zu zahlen (*Bauer / Evers* NZA 2006, 893 [895]). Nach Neumann u. a. / *Neumann* Rdnr. 20 soll diese Verpflichtung ggf. auf unbestimmte Zeit bestehen. Überzeugender erscheint hingegen, den **Rechtsgedanken der §§ 9, 10 KSchG** heranzuziehen (*Bauer / Evers* a. a. O; Adomeit / Mohr § 15 AGG Rdnr. 31 unter Hinweis auf BAG Urteil vom 22. April 2004 – 8 AZR 269/03 = AP Nr. 18 zu § 628 BGB): § 10 Abs. 1 KSchG setzt den Wert eines Arbeitsplatzes fest auf einen Betrag von grundsätzlich 12 Monatsverdiensten. Der Anspruch bezieht sich hier also auf maximal das 12-fache der monatlichen Gehaltsdifferenz.

c) Entschädigung nach § 15 Abs. 2 AGG

aa) Haftungsmaßstab

172 Ein unter Verstoß gegen ein Benachteiligungsverbot nicht berücksichtigter Bewerber kann ferner nach **§ 15 Abs. 2 Satz 1 AGG** eine angemessene Entschädigung verlangen für den **immateriellen Schaden**, der nicht in einer Vermögenseinbuße besteht (hierzu eingehend *Walker* NZA 2009, 5). Dieser Anspruch soll **unabhängig davon** bestehen, ob ein **Verschulden des Arbeitgebers** vorliegt (BT-Drucks. 16/1780 S. 38; *Seel* MDR 2006, 1321 [1324]; *Walker* a. a. O. S. 6). Das entspricht der st. Rspr. des EuGH vgl. z. B. Urteil vom 8. Novem-

Pflichten und Rechte § 81

ber 1990 – C-177/88 = NJW 1991, 628 = NZA 1991, 171; ⊞ Urteil vom 22. April 1997 – C-180/95 = NJW 1997, 1839 = NZA 1997, 645; vgl. auch *Stürmer* NZA 2001, 526 [528]).

Allerdings erschließt sich das aus der Gesetzesformulierung nicht, weil Abs. 2 lediglich eine **Rechtsfolgenregelung** im Sinne einer Haftungsausfüllung enthält. Für die Frage, unter welchen Voraussetzungen eine Entschädigung nach dieser Vorschrift zu leisten ist, muss grundsätzlich auf den Tatbestand des § 15 Abs. 1 AGG zurückgegriffen werden (Bauer / Göpfert / Krieger Rdnr. 31; Adomeit / Mohr Rdnr. 35; Meinel / Heyn / *Herms* Rdnr. 33, je zu § 15 AGG). Die Regelung ist deshalb **europarechtskonform** so **auszulegen**, dass ein **Verschulden des Arbeitgebers nicht Tatbestandsvoraussetzung** für einen Anspruch auf Entschädigung ist (Bauer / Göpfert / Krieger § 15 AGG Rdnr. 32; *Richardi* NZA 2006, 881 [885]; *Perreng / Nollert-Borasio* AiB 2006, 459 [463]). Sie setzt lediglich voraus, dass gegen das Benachteiligungsverbot verstoßen wird und dieser Verstoß dem Arbeitgeber zuzurechnen ist (*Simon / Greßlin* BB 2007, 1782 [1783]; *Müller-Wenner* / Winkler Rdnr. 55; krit. zu den sehr weitreichenden Pflichten, die dem Arbeitgeber im Arbeitsverhältnis und insbesondere im Rahmen von Stellenbesetzungsverfahren auferlegt werden, *Braun* FA 2005, 36: Deren Verletzung könne schnell zu Verfahrensfehlern führen. Diese Rechtslage werde daher den Erfordernissen der Praxis nicht gerecht und, da sie sich kontraproduktiv auswirken könnte, auch nicht den Interessen der schwerbehinderten Menschen). 173

Die Entschädigung kann **neben materiellem Schadensersatz** verlangt werden. Liegen die Anspruchsvoraussetzungen nach § 15 Abs. 1 AGG vor, besteht immer auch ein Entschädigungsanspruch nach Abs. 2 der Vorschrift (Bauer / Göpfert / Krieger § 15 AGG Rdnr. 69). Für dessen Bemessung ist aber zu berücksichtigen: Die Entschädigung hat wie bei anderen Persönlichkeitsrechtsverletzungen **ausschließlich Genugtuungsfunktion**. Dagegen spielt die Ausgleichsfunktion keine oder allenfalls eine untergeordnete Rolle. Zur Genugtuung kann auch der Ausgleich eines materiellen Schadens beitragen und deshalb den Entschädigungsanspruch mindern (*Walker* NZA 2009, 5 [9]; Adomeit / Mohr Rdnr. 37; Bauer / Göpfert / Krieger Rdnr. 36, je zu § 15 AGG). Wird dem Anspruchsteller bereits Schadensersatz nach § 15 Abs. 1 AGG zugesprochen, wirkt sich das mindernd auf den daneben bestehenden Entschädigungsanspruch gem. Abs. 2 der Vorschrift aus. 174

Eigenständige Bedeutung hat der Entschädigungsanspruch namentlich dann, wenn den **Arbeitgeber kein Verschulden** an der verbotenen Benachteiligung trifft, weil in diesem Fall kein Schadensersatz nach Abs. 1, wohl aber eine Entschädigung nach § 15 Abs. 2 AGG verlangt werden kann. Ebenso kommt allein der Entschädigungsanspruch nach dieser Vorschrift in Betracht, wenn sich der nachgewiesenermaßen im Rahmen der Einstellung diskriminierte **Bewerber nicht** darauf berufen kann, als **Bestqualifizierter** ohne die Benachteiligung voraussichtlich eingestellt worden zu sein. 175

bb) Höhe der Entschädigung

Die Vorschrift des § 15 Abs. 2 entspricht § 253 BGB. Dies bedeutet, dass dem Gericht ein **Beurteilungsspielraum bezüglich der Höhe der Entschädigung** eingeräumt wird, um bei der Prüfung der Angemessenheit der Entschädigung die Besonderheiten jedes einzelnen Falles berücksichtigen zu können (⊞ BAG Urteil vom 22. Januar 2009 – 8 AZR 906/07 = NZA 2009, 945 = DB 2009, 2045; ⊞ Urteil vom 17. August 2010 – 9 AZR 839/08 = NJW 2011, 550 = NZA 2011, 153; vgl. insoweit auch BT-Drucks. 16/1780 S. 38). 176

Hängt die Höhe des Entschädigungsanspruchs von einem Beurteilungsspielraum ab, ist die Bemessung des Entschädigungsanspruch grundsätzlich **Aufgabe des Tatrichters** (⊞ BAG Urteile vom 16. Mai 2007 – 8 AZR 709/06 = BAGE 122, 304 = AP Nr. 5 zu § 611 BGB Mobbing und vom ⊞ 25. Oktober 2007 – 8 AZR 593/06 zu einem Schmerzensgeldanspruch nach § 253 Abs. 2 BGB = BAGE 124, 295 = AP Nr. 6 zu § 611 BGB Mobbing). Die Festsetzung der angemessenen Entschädigung obliegt demnach nur **einer eingeschränkten Überprüfung durch das Revisionsgericht**. Dabei ist revisionsrechtlich zu überprüfen, ob das Urteil das Bemühen um eine angemessene Berücksichtigung aller maßgeblichen Umstände 177 erkennen lässt und ob es gegen Rechtssätze, Denkgesetze und Erfahrungssätze verstoßen hat (⚖ BGH Urteil vom 12. Mai 1998 – VI ZR 182/97 = BGHZ 138, 388 = NJW 1998, 2741).

178 Bei der Festsetzung einer angemessenen Entschädigung durch das Tatgericht sind **alle Umstände des Einzelfalles zu berücksichtigen**. Zu diesen zählen etwa die Schwere und Art der Benachteiligung, ihre Dauer und Folgen, der Anlass und der Beweggrund des Handelns, der Grad der Verantwortlichkeit des Arbeitgebers, etwa geleistete Wiedergutmachung oder erhaltene Genugtuung und das Vorliegen eines Wiederholungsfalles. Ferner ist der Sanktionszweck der Norm zu berücksichtigen, sodass die Höhe auch danach zu bemessen ist, was zur **Erzielung einer abschreckenden Wirkung** erforderlich ist. Der Arbeitgeber soll von künftigen Diskriminierungen abgehalten werden, wobei die Entschädigung in einem angemessenen Verhältnis zum erlittenen Schaden stehen muss (⚖ BAG 22. Januar 2009 – 8 AZR 906/07 – JURIS Rdnr. 82 m. w. Nachw. = NZA 2009, 945 = DB 2009, 2045; BT-Drucks. 16/1780 S. 38; Wendeling-Schröder / *Stein* § 15 AGG Rdnr. 39 f.; Bauer / Göpfert / Krieger § 15 AGG Rdnr. 36).

179 **Angemessen** ist dabei ein Betrag, der auf der einen Seite **nicht nur geringfügig-symbolisch**, auf der anderen Seite **nicht überzogen ausufernd** ist (OLG Köln Urteil vom 29. Juli 2010 a. a. O.; ErfK / *Schlachter* § 15 AGG Rdnr. 8). Nach Meinung des OLG Köln a. a. O. sei das entgangene Gehalt kaum ein geeignetes Kriterium für die Bemessung, weil sich die Betroffenheit durch eine solche Benachteiligung nicht in der Höhe eines Gehalts niederschlägt (OLG Köln Urteil vom 29. Juli 2010 a. a. O.; ebenso ErfK / *Schlachter* a. a. O.). Selbst wenn man das Gehalt als Bezugsgröße wähle, so entbinde dies nicht von der Einzelfallbeurteilung (vgl. Prütting / Wegen / Weinreich / *Lingemann*, § 15 AGG Rdnr. 7). Wird neben der immateriellen Entschädigung auch materieller Schadenersatz in Gestalt entgangenen Gehalts geltend gemacht, so ist die materielle Entschädigung mindernd beim Anspruch auf immateriellen Schadenersatz zu berücksichtigen (OLG Köln Urteil vom 29. Juli 2010 a. a. O.; Prütting / Wegen / Weinreich / *Lingemann* Rdnr. 8).

180 Im Falle einer **diskriminierenden Kündigung** ist bei erheblicher Schwere der Diskriminierung eine Entschädigung von **drei Bruttomonatsverdiensten** des Arbeitnehmers festzusetzen, und zwar auch dann, wenn sich der Arbeitnehmer gegen eine Probezeitkündigung von einem Monat nicht hätte wehren können (⚖ LAG Bremen Urteil vom 29. Juni 2010 – 1 Sa 29/10 = BB 2010, 1916 [Ls.]).

181 Eine **Obergrenze** für die Entschädigung sieht Abs. 2 Satz 2 nur für den Fall der Nichteinstellung eines Bewerbers vor. Sie beträgt **drei Monatsgehälter**, wobei die Begriffsbestimmung in § 10 Abs. 3 KSchG herangezogen werden kann. Diese Begrenzung ist mit dem europäischen Recht vereinbar (vgl. ⚖ EuGH Urteil vom 22. April 1997 – C-180/95 = NJW 1997, 1839 = AP Nr. 13 zu § 611 a BGB). Maßstab für den Monatsverdienst ist die Brutto-Vergütung, die der Bewerber im Arbeitsverhältnis erzielt hätte (⚖ BAG Urteil vom 17. August 2010 – 9 AZR 839/08 = NJW 2011, 550 = NZA 2011, 153; Meinel / Heyn / Herms Rdnr. 45; Wendeling-Schröder / *Stein* Rdnr. 45). Dabei ist der **Bruttowert aller Geld- und Sachbezüge** zu berücksichtigen, die er im ersten Monat des Arbeitsverhältnisses erhalten hätte Anteilig einzubeziehen sind auch zusätzliche Leistungen durch Urlaubs- oder Weihnachtsgeld, sofern insoweit ein Anspruch bestanden hätte (Müller-Wenner / Winkler Rdnr. 59). Bei Anspruch auf Akkordlohn oder Provisions- bzw. Prämienzahlungen ist auf den mutmaßlichen Verdienst abzustellen (Hauck / Noftz / *Schröder* Rdnr. 27), der sich an durchschnittlich erzielten Leistungen vergleichbarer Mitarbeiter orientieren kann. Zu den Sachbezügen gehören z. B. das Zurverfügungstellen eines PKW oder die unentgeltliche Überlassung von Wohnraum; bei diesen kann der tatsächliche Marktwert der Nebenleistungen berücksichtigt werden (Hauck / Noftz / *Schröder* a. a. O.).

182 Voraussetzung für das Eingreifen dieser Obergrenze – im Rahmen des § 15 Abs. 2 AGG – ist, dass der Bewerber **auch bei benachteiligungsfreier Auswahl nicht eingestellt worden wäre**. Das ist dann der Fall, wenn er die ausgeschriebene Stelle wegen der besseren Qualifikation des eingestellten Bewerbers auch bei diskriminierungsfreier Auswahl nicht erhalten hät-

Pflichten und Rechte § 81

te (Bauer / Göpfert / Krieger AGG § 15 Rdnr. 36). Hierfür trägt der **Arbeitgeber** die **Beweislast** (vgl. 🕮 EuGH Urteil vom 22. April 1997 a. a. O.; 🕮 BAG Urteil vom 17. August 2010 – 9 AZR 839/08 = NJW 2011, 550 = NZA 2011, 153; Schiek / Kocher AGG § 15 Rdnr. 48;).Das ergibt sich bereits aus der Gesetzesformulierung und Systematik, weil durch § 15 Abs. 2 Satz 2 AGG von dem in § 15 Abs. 2 Satz 1 AGG aufgestellten Grundsatz der nur durch das Kriterium der Angemessenheit begrenzten Entschädigungshöhe eine Ausnahme zugunsten des Arbeitgebers geschaffen wird. Diese Verteilung der Beweislast schließt allerdings nicht aus, dass der Beschäftigte im Rahmen einer abgestuften Darlegungslast geltend machen muss, dass er bei einer benachteiligungsfreien Auswahl eingestellt worden wäre (BAG Urteil vom 17. August 2010 a. a. O.)

Für den **bestqualifizierten Bewerber** gilt zwar diese Obergrenze ebenfalls, wenn er die Entschädigung nach § 15 Abs. 2 AGG beansprucht. Hat er daneben aber Anspruch auf Schadensersatz nach § 15 Abs. 1 AGG, was u. a. Verschulden des Arbeitgebers an der Benachteiligung wegen seiner Behinderung voraussetzt, ist diese Obergrenze auf jenen Anspruch nicht anwendbar. Ein tatsächlich zugesprochener Schadensersatz hat allerdings zugleich Genugtuungsfunktion und kann sich somit mindernd auf den Ersatz des immateriellen Schadens nach Abs. 2 auswirken (vgl. oben Rdnr. 167). 183

Aber auch in den übrigen Fällen wird der Anspruch auf Ersatz des immateriellen Schadens wohl **nur in Ausnahmefällen und bei besonders leistungsfähigen Arbeitgebern eine Höhe im fünfstelligen Bereich** erreichen können. Denn bei der Festsetzung der entsprechenden Entschädigung muss auch das Verhältnis zu den im deutschen Recht geltenden Maßstäben für Schmerzensgeldansprüche wegen Körperverletzungen oder Schadensersatzansprüchen bei Verletzung des allgemeinen Persönlichkeitsrechts gewahrt bleiben (vgl. Bauer / Göpfert / Krieger a. a. O.). 184

Die vorstehend dargelegten Grundsätze gelten sinngemäß für eine diskriminierende Benachteiligung beim **beruflichen Aufstieg**. Wäre auch bei richtiger Beurteilung der diskriminierte Beschäftigte nicht beruflich aufgestiegen, bleibt es bei der Entschädigung in Höhe von höchstens drei Monatsgehältern als Ersatz für den immateriellen Schaden (🕮 BAG Urteil 17. August 2010 – 9 AZR 839/08 NJW 2011, 550 = NZA 2011, 153, JURIS Rdnr. 61). 185

Dies war nach § 81 Abs. 2 Satz 2 Nr. 5 SGB IX a. F. kraft Verweisung auf § 81 Abs. 2 Satz 2 Nr. 3 SGB IX a. F. ausdrücklich so bestimmt. Eine entsprechende Regelung fehlt in § 15 AGG. Dies wird zum Teil für ein Redaktionsversehen gehalten (so *Walker* NZA 2009, 5, [7] m. w. Nachw.). Für eine Beschränkung der Entschädigungszahlung auf drei Monatsgehälter in den Fällen, in denen ein bereits beschäftigter Arbeitnehmer auch bei benachteiligungsfreier Auswahl nicht die Beförderungsstelle erhalten hätte, spricht der sog. **Erst-Recht-Schluss** (BAG Urteil vom 17. August 2010 a. a. O.; vgl. auch Meinel / Heyn / Herms Rdnr. 52; a. A. Schiek / *Kocher* Rdnr. 47; Wendeling-Schröder / *Stein* Rdnr. 48, jeweils zu § 15 AGG).

Der Gesetzeswortlaut lässt es aber nicht zu, die Entschädigungssumme im Fall des beruflichen Aufstiegs von vornherein nur auf die **dreifache Vergütungsdifferenz** zu beschränken, wenn der Beschäftigte die Stelle auch bei benachteiligungsfreier Auswahl nicht erhalten hätte (BAG Urteil vom 17. August 2010 a. a. O.; Däubler / Bertzbach / *Deinert* § 15 AGG Rdnr. 65). Auch vom Gesetzeszweck lässt sich diese Auslegung nicht begründen. Die Entschädigung wird allein wegen des immateriellen Schadens gewährt. Die Persönlichkeitsverletzung muss im Fall der Auswahl bei Aufstiegsentscheidungen keine geringere sein als bei einer unterbliebenen erstmaligen Einstellung (vgl. Däubler / Bertzbach-Deinert a. a. O.). Denn auch die Schwere der Verstöße ist bei der Höhe der Entschädigung zu berücksichtigen. 186

d) Geltendmachung der Entschädigungsansprüche

aa) Ausschlussfrist zur Geltendmachung

Im Interesse der Rechtssicherheit insbesondere für den Arbeitgeber sieht Abs. 2 Satz 2 i. V. m. § 15 Abs. 4 AGG eine **Ausschlussfrist** vor: Sämtliche in Betracht kommenden Ent- 187 schädigungsansprüche müssen grundsätzlich **innerhalb von zwei Monaten schriftlich** geltend gemacht werden, sofern nicht die Tarifvertragsparteien etwas anderes vereinbart haben.

Sinn und Zweck der Ausschlussfrist nach Abs. 4 ist es, die aus der Beweislastverteilung in § 22 AGG folgende Notwendigkeit zur Dokumentation der Einhaltung der den Arbeitgeber treffenden Obliegenheiten im Rahmen zu halten (LAG München Urteil vom 21. Januar 2009 – 5 Sa 385/08, zit. nach JURIS). Dem Arbeitgeber sollte nicht zugemutet werden, Dokumentationen über Einstellungsverfahren usw. bis zum Ablauf der allgemeinen Verjährungsfrist von drei Jahren aufbewahren zu müssen (BT-Drucks. 16/1780, S. 38). Dementsprechend wurden im Gesetzgebungsverfahren, nachdem der ursprüngliche Entwurf der Bundesregierung noch eine Frist von drei Monaten vorgesehen hatte, die Frist auf Drängen des Bundesrats und des Rechtsausschusses **auf die jetzigen zwei Monate verkürzt** (vgl. Erl. zu § 15 AGG Rdnr. 7).

188 Für die Frist gilt die allgemeine Berechnungsvorschrift des § 187 BGB. Sie **beginnt** nach § 15 Abs. 4 Satz 2 AGG mit dem Zeitpunkt des **Zugangs der Bewerbungsablehnung** – auch der mit Gründen versehenen Entscheidung gem. Abs. 1 Satz 9 – bzw. der Mitteilung **über einen versagten beruflichen Aufstieg**. Hierbei wird nicht vorausgesetzt, dass die Benachteiligung bereits erkennbar ist oder aus der Ablehnung erkennbar wird (Neumann u. a. / Neumann Rdnr. 19; krit. hierzu Treber NZA 1998, 856). Im Regelfall dürften aber zwei Monate ausreichen, um auch nicht offenkundige Verstöße gegen das Benachteiligungsverbot in Erfahrung zubringen. In sonstigen Fällen einer Benachteiligung beginnt die Frist nach § 15 Abs. 4 Satz 2 AGG zu dem Zeitpunkt, in dem der Beschäftigte von der Benachteiligung Kenntnis erlangt.

189 Diese Frist ist **mit den europarechtlichen Vorgaben vereinbar** (EuGH Urteil vom 8. Juli 2010 – C-246/09 = NZA 2010, 869 m. Anm. *Fischinger* NZA 2010, 1048 = NJW 2010, 2713 m. Anm. *Kock*; BAG Urteil vom 24. September 2009 – 8 AZR 705/08 = NZA 2010, 387 = DB 2010, 618). Die Vorschrift des Abs. 4 ist allerdings **richtlinienkonform** dahingehend auszulegen, dass die Frist auch im Fall einer Bewerbung oder Beförderung erst zu dem Zeitpunkt beginnt, zu dem der Beschäftigte von der behaupteten Diskriminierung **Kenntnis erlangt** (EuGH Urteil vom 8. Juli 2010 a. a. O.).

190 Nach Ansicht des EuGH a. a. O. ist die Ausgestaltung von Verfahren zur Geltendmachung von Ansprüchen Sache der Mitgliedstaaten. Das Unionsrecht erfordere nur, dass diese Verfahren nicht weniger günstig gestaltet sein dürfen als bei entsprechenden Klagen, die nur innerstaatliches Recht betreffen (**Grundsatz der Äquivalenz**), und dass sie die Ausübung der durch die Unionsrechtsordnung verliehenen Rechte nicht praktisch unmöglich machen oder übermäßig erschweren dürfen (**Grundsatz der Effektivität**). Bezogen auf den Grundsatz der Äquivalenz verweist der EuGH auf die kurzen Klagefristen z. B. in § 4 KSchG und § 17 TzBfG. Allerdings sei dem nationalen Gericht die Prüfung überlassen, ob es sich bei diesen Verfahrensfristen um mit der Geltendmachungsfrist nach § 15 Abs. 4 AGG vergleichbare Fristen handelt.

191 Einen Verstoß gegen den **Grundsatz der Effektivität** hat der EuGH verneint. Es sei nicht ersichtlich, dass die Festlegung der Geltendmachungsfrist auf zwei Monate die Ausübung der vom Unionsrecht verliehenen Rechte unmöglich machen oder übermäßig erschweren könnte. Eine Einschränkung macht der EuGH aber insoweit, als nach dem Wortlaut von § 15 Abs. 4 Satz 2 AGG die Frist im Fall einer Bewerbung oder Beförderung unabhängig von der Kenntnis des Kandidaten von einer möglichen Benachteiligung mit dem **Zugang der Ablehnung** beginnt. Die Vorschrift sei richtlinienkonform so auszulegen, dass die Geltendmachungsfrist auch in diesen Fällen erst zu dem Zeitpunkt beginnt, zu dem der Arbeitnehmer **von der behaupteten Diskriminierung Kenntnis** erlangt.

192 Diese Einschränkung ist **nachteilig für Arbeitgeber**. Denn der genannte Zeitpunkt kann ggf. deutlich nach dem Zugang der Ablehnung liegen, wenn der Kandidat etwa erst nachträglich von der Einstellung oder Beförderung eines anderen Bewerbers erfährt. Der im

Interesse der Rechtssicherheit eingeführten Sonderregelung für Einstellungs- und Beförderungsverfahren in Abs. 4 Satz 2 kommt nach der vom EuGH verlangten richtlinienkonformen Auslegung nur noch die Bedeutung einer **Beweislastregel** zu. Danach ist grundsätzlich davon auszugehen, dass ein Bewerber mit Erhalt der Ablehnung Kenntnis von den die mögliche Benachteiligung begründenden Umständen hat und daher die Geltendmachungsfrist zu laufen beginnt. Kann der Bewerber aber nachweisen, dass er erst nachträglich von den entsprechenden Tatsachen erfahren hat, beginnt die Frist erst mit Kenntniserlangung zu laufen (vgl. zum Ganzen *Krieger* ArbR Aktuell 2010, 393).

Angesichts der eindeutigen gesetzlichen Regelung, wonach im Fall einer Bewerbung oder eines beruflichen Aufstiegs die Frist erst mit dem Zugang der Ablehnung beginnt (vgl. auch S / S / V / *Voigt* § 15 AGG Rdnr. 74), wird die Frist nicht dadurch in Gang gesetzt, dass der Bewerber statt oder vor einer Ablehnung **auf andere Weise erfährt**, dass er die Stelle nicht bekommen hat (so aber Bauer / Göpfert / Krieger Rdnr. 54). Da der Arbeitgeber es in der Hand hat, den Zugang für die Ablehnung zu bewirken, besteht keine Notwendigkeit für eine nicht am Wortlaut orientierte Auslegung der gesetzlichen Regelung (BAG Urteil vom 17. August 2010 – 9 AZR 839/08 = NJW 2011, 550 = NZA 2011, 153). Hat der Arbeitgeber eine Bewerbung **nicht ausdrücklich abgelehnt,** sondern den Kandidaten lediglich nicht zum Vorstellungsgespräch oder Probevorspielen eingeladen, beginnt die Ausschlussfrist nicht zu laufen (LAG Köln Urteil vom 26. November 2009 – 13 Sa 794/09, zit. nach JURIS, Rdnr. 14). 193

Zur Wahrung der Ausschlussfrist ist die **schriftliche Geltendmachung** erforderlich. Dafür gelten §§ 125 ff. BGB. Dies spricht an sich für das Erfordernis einer Urkunde mit eigenhändiger Unterschrift (§ 126 Abs. 1 BGB). Ob Telefax und E-Mail als Textform nach § 126b BGB genügen, war zunächst strittig (verneinend *Annuß* BB 2006, 1629, [1635]; *Düwell* BB 2006, 1741 [1744]). 194

Nunmehr hat das BAG im Urteil vom 19. August 2010 –8 AZR 530/09 = NZA 2010, 1412 die Textform nach § 126b BGB und damit auch ein **Telefax** für **ausreichend** gehalten. Die Geltendmachung eines Anspruchs i. S. v. § 15 Abs. 4 Satz 1 AGG sei keine Willenserklärung, sondern eine einseitige rechtsgeschäftsähnliche Handlung. Sie sei nicht auf die Herbeiführung einer Rechtsfolge kraft rechtsgeschäftlichen Willens gerichtet, sondern darauf, dass eine im Gesetz angeordnete Rechtsfolge, nämlich das Fortbestehen des Anspruchs nur bei rechtzeitiger Geltendmachung, eintritt.

Eine analoge Anwendung von § 126 BGB auf die Geltendmachung nach § 15 Abs. 4 Satz 1 AGG sei nicht gerechtfertigt. Angesichts der im Geschäftsleben festzustellenden Üblichkeit der Erklärungsübermittlung per Telefax bestehe kein Grund, das Erfordernis der Originalunterschrift in entsprechender Anwendung von § 126 BGB auf Geltendmachungsschreiben zu übertragen, die ihren Sinn und Zweck der Schaffung eines Rechtsfriedens und der Herbeiführung von Rechtssicherheit auch erfüllen, wenn durch lediglich namentliche Bezeichnung die Identität des Erklärenden feststeht. Nach der objektiven Sach- und Interessenlage der Beteiligten sei bei der Geltendmachung von Schadensersatz- und Entschädigungsansprüchen nach § 15 Abs. 1, 2 AGG die **entsprechende Anwendung von § 126b BGB geboten und ausreichend.** Nach dieser Bestimmung muss, wenn Textform vorgeschrieben ist, die Erklärung in einer Urkunde oder auf andere zur dauerhaften Wiedergabe in Schriftzeichen geeignete Weise abgegeben, die Person des Erklärenden genannt und der Abschluss der Erklärung durch Nachbildung der Namensunterschrift oder anders erkennbar gemacht werden. Auf diese Weise stellt § 126b BGB auch ohne das Erfordernis eigenhändiger Unterzeichnung sicher, dass die Identitäts- und Vollständigkeitsfunktionen einer schriftlichen Erklärung neben der ohnehin gegebenen Dokumentationsfunktion gewahrt sind (vgl. zu § 99 Abs. 3 Satz 1 BetrVG: BAG Beschluss vom 10. März 2009 – 1 ABR 93/07 – AP Nr. 127 zu § 99 BetrVG 1972). 195

Zwar kann eine schriftliche Geltendmachung nach allgemeiner Ansicht **auch in einer Klage** bestehen, der Zugang beim Arbeitgeber liegt dann aber **erst in der Zustellung der Klage-** 196

schrift (⚖ LAG München Urteil vom 21. Januar 2009 – 5 Sa 385/08, zit. nach JURIS). Für eine Anwendung des § 167 ZPO besteht nur insoweit ein Bedürfnis, als ein Gläubiger darauf angewiesen ist, sich der Mitwirkung der Gerichte zu bedienen, um bestimmte Fristen zu wahren. Wird dagegen die Form der Klageerhebung gewählt, obwohl die Frist – wie hier – auch in anderer Form, z. B. durch einfaches Schreiben, eingehalten werden kann, bedarf es dieses Schutzes nicht (LAG München Urteil vom 21. Januar 2009 a. a. O.).

Hingegen wird auch durch das Gebot der „Schriftlichkeit" des Entschädigungsverlangens **weder eine konkrete Bezifferung noch eine Begründung vorgeschrieben** (⚖ BAG Urteil vom 15. Februar 2005 – 9 AZR 635/03 = AP Nr. 7 zu § 81 SGB IX = NZA 2005, 870 = BehindertenR 2005, 168 unter III der Gründe; ⚖ Urteil vom 22. Januar 2009 – 8 AZR 906/07, JURIS Rdnr. 85 = NZA 2009, 945 = AP Nr. 1 zu § 15 AGG), wenngleich beide zweckmäßig sein können (*Großmann* BehindertenR 2003, 174).

197 Ist der Beginn der **Ausschlussfrist strittig**, trägt der Arbeitgeber die Beweislast für den Zugang seiner Entscheidung. Hingegen muss der Arbeitnehmer im Streitfall beweisen, dass sein Schreiben innerhalb der Frist dem Arbeitgeber zugegangen ist (Hauck / Noftz / *Schröder* Rdnr. 29). Das setzt die Möglichkeit der rechtzeitigen Kenntnisnahme durch diesen voraus (⚖ BAG Urteil vom 25. April 1996 – 2 AZR 13/95 = BAGE 83, 73 = DB 1996, 2235). Deshalb genügt die Absendung des Schreibens am letzten Tag der Frist nicht; wohl aber reicht eine persönliche Übergabe aus. Aus dem Schreiben des Arbeitnehmers muss allerdings erkennbar sein, dass dieser eine Entschädigung beanspruchen will, die auch abschätzbar ist.

bb) Leistungsklage

198 Der schwerbehinderte Mensch kann eine erfolglos geltend gemachte Entschädigungsforderung durch eine **Leistungsklage** beim Arbeitsgericht gem. § 2 Satz 1 Nr. 3 ArbGG weiterverfolgen. Geht es um einen Verstoß gegen das Benachteiligungsverbot bei der Bewerbung um **Einstellung als Beamter oder Richter**, sind die **Verwaltungsgerichte** zuständig (⚖ vgl. LAG Hamm Beschluss vom 6. Oktober 2005 – 2 Ta 402/05 = NZA-RR 2006, 157). Es handelt sich insoweit um einen Anspruch vorbeamtenrechtlicher Art mit einer dem Beamtenrecht zugeordneten Anspruchsgrundlage, denn die gesetzliche Pflicht zur Beschäftigung schwerbehinderter Menschen gem. §§ 71 ff. SGB IX richtet sich sowohl an private wie auch an öffentliche Arbeitgeber (LAG Hamm Beschluss vom 6. Oktober 2005 a. a. O.).

199 Für eine **Klage zum Arbeitsgericht** gilt – zusätzlich zur zweimonatigen Geltendmachungsfrist nach § 15 Abs. 4 AGG – eine **dreimonatige Klagefrist** (§ 61b Abs. 1 ArbGG). Obwohl die verfahrensrechtliche Vorschrift nur von Entschädigung spricht, erfasst sie über ihren zu eng gefassten Wortlaut hinaus alle Ansprüche wegen einer verbotenen Benachteiligung, also auch Schadensersatz nach § 15 Abs. 1 AGG (Bauer / Göpfert / Krieger AGG § 15 Rdnr. 57; *Willemsen / Schweibert* NJW 2006, 2583 [2591]). Die Klage muss **innerhalb von drei Monaten nach der schriftlichen Geltendmachung des Anspruchs** erhoben werden. Die Frist beginnt unabhängig davon zu laufen, ob der Arbeitgeber auf die schriftliche Geltendmachung Stellung nimmt oder nicht. Auf eine Ablehnung des Anspruchs kommt es nicht an (Hauck / *Helml* ArbGG § 61b Rdnr. 4).

200 Beide Fristen addieren sich **nur dann zu einer Gesamtfrist von fünf Monaten**, wenn der Anspruchsteller die Entschädigung erst am letzten Tag der Zweimonatsfrist nach § 15 Abs. 4 AGG verlangt. Erklärt der Betroffene hingegen noch am Tag der Benachteiligung schriftlich, er werde den Arbeitgeber in einer bestimmten Höhe auf Schadensersatz in Anspruch nehmen, so endet die Klagefrist nach Ablauf von drei Monaten ab dem Tag der Benachteiligung (Bauer / Göpfert / Krieger AGG § 15 Rdnr. 59).

201 Die Frist wird durch **Eingang der Klage beim Arbeitsgericht** und alsbaldige Zustellung an den Arbeitgeber gewahrt (vgl. § 270 Abs. 3 ZPO). Da es sich um eine Ausschlussfrist handelt, kommt eine Wiedereinsetzung in den vorigen Stand oder eine Zulassung verspäteter Klagen entsprechend § 5 KSchG nicht in Betracht.

Die Klage ist zulässig mit dem Antrag, den beklagten Arbeitgeber zu einer in **das Ermessen des Gerichts zu stellenden Entschädigungsleistung** zu verurteilen. Insbesondere ist eine solche Klage bestimmt genug im Sinne von § 253 Abs. 2 Nr. 2 ZPO. Ein derartiger Klageantrag ist stets zulässig, wenn die Bestimmung des Betrags von einer gerichtlichen Schätzung oder billigem Ermessen des Gerichts abhängig ist (vgl. BAG Urteil vom 22. April 2004 – 8 AZR 620/02 = AP Nr. 3 zu § 211 BGB = ZTR 2004, 496). Der Kläger muss dann jedoch die **Tatsachen**, die das Gericht für die Schätzung heranziehen soll, benennen und die **Größenordnung der geltend gemachten Forderung** angeben (BAG Urteil vom 22. Januar 2009 – 8 AZR 906/07 = AP Nr. 1 zu § 15 AGG; Urteil vom 16. September 2008 – 9 AZR 791/07 = BAGE 127, 367 = AP Nr. 15 zu § 81 Nr. SGB IX). Hierfür genügt eine Bezugnahme auf die gesetzliche Regelung des § 15 Abs. 2 Satz 2 AGG, wonach der Entschädigungsanspruch auf drei Monatsverdienste beschränkt ist, wenn der schwerbehinderte Bewerber auch bei benachteiligungsfreier Auswahl nicht eingestellt worden wäre. Ferner muss der Kläger die Umstände seiner Bewerbung und ihrer Ablehnung darlegen (LAG Hamm Urteil vom 16. Dezember 2005 – 15 Sa 1698/05, zit. nach JURIS). 202

C) zu Abs. 3
1. Geeignete Maßnahmen zur Beschäftigung

Arbeitgeber, die der Beschäftigungspflicht nach § 71 SGB IX unterliegen, haben die Voraussetzungen für die **Beschäftigung wenigstens der vorgeschriebenen Zahl** schwerbehinderter Menschen in einer möglichst dauerhaften behinderungsgerechten Beschäftigung zu schaffen. Durch diese Regelung soll vor allem dem Arbeitgeber der Einwand abgeschnitten werden, er verfüge über keine für schwerbehinderte Menschen geeigneten Arbeitsplätze (*Müller-Wenner* / Winkler Rdnr. 66). Das Gesetz verlangt nicht nur die Nutzung vorhandener, sondern auch die Schaffung behindertengerechter Arbeitsplätze zur Erfüllung der Pflichtquote. Mit dieser Regelung wird die **unternehmerische Organisationsfreiheit** mit dem Ziel der Beschäftigungsförderung für schwerbehinderte Arbeitnehmer **beschränkt**. 203

Abweichend von der früheren Fassung des § 14 Abs. 3 Satz 1 SchwbG zählt das Gesetz an dieser Stelle nicht mehr konkrete Maßnahmen auf. Jedoch ergibt sich aus der Regelung des Abs. 4 Nr. 4 und 5, welche **geeigneten Maßnahmen** zu ergreifen sind. Diese können eine entsprechende Gestaltung des Arbeitsplatzes, des Arbeitsumfeldes, der Sozialräume, der Arbeitsorganisation oder der Arbeitszeit betreffen. In Betracht kommen aber auch Maßnahmen zur Ausstattung einzelner Arbeitsplätze oder einzelner Betriebsvorrichtungen mit technischen Arbeitshilfen. 204

Bei den geeigneten Maßnahmen werden die Arbeitgeber durch die Agenturen für Arbeit und die Integrationsämter unterstützt (**Abs. 4 Satz 2 entsprechend**). Diese Unterstützung kann von technischer bzw. arbeitswissenschaftlicher Beratung bis hin zu finanzieller Förderung reichen (vgl. näher unten Rdnr. 258). 205

Arbeitgeber sind nicht verpflichtet, Maßnahmen zur Beschäftigung schwerbehinderter Menschen zu ergreifen, soweit die Erfüllung dieser Pflicht für sie **nicht zumutbar** oder mit unverhältnismäßigen Aufwendungen verbunden wäre oder soweit die staatlichen oder berufsgenossenschaftlichen Arbeitsschutzvorschriften oder beamtenrechtliche Vorschriften entgegenstehen (**Abs. 4 Satz 3 entsprechend**). Insoweit wird auf die Anmerkungen in Rdnrn. 176 ff. verwiesen. 206

D) zu Abs. 4
1. Ziel und Wirkung der Vorschrift

Die Vorschrift stärkt das Individualrecht und die Rechtsposition schwerbehinderter Menschen gegenüber dem Arbeitgeber, indem diesen **konkrete Ansprüche** eingeräumt werden. Verweigert oder verletzt der Arbeitgeber seine Verpflichtungen, die sich aus den Ansprüchen des einzelnen schwerbehinderten Menschen ergeben, so können die betroffenen Arbeitneh- 207 mer ihre Ansprüche **gerichtlich durchsetzen** (LPK-SGB IX / *Düwell* Rdnr. 117). Die Vorschrift ist darüber hinaus ein **Schutzgesetz** i. S. v. § 823 Abs. 2 BGB, sodass der Arbeitgeber in Höhe der entgangenen Vergütung auch schadensersatzpflichtig sein kann, wenn er diese Verpflichtungen schuldhaft nicht erfüllt (vgl. BAG Urteil vom 12. November 1980 – 9 AZR 348/97 = BAGE 34, 250 = DB 1981, 899; Urteil vom 10. Juli 1991 – 5 AZR 383/90 = BAGE 68, 141 = DB 1991, 2488; Urteil vom 4. Oktober 2005 – 9 AZR 632/04 = BAGE 116, 121 = NJW 2006, 1691 = BehindertenR 2006, 135; LAG Köln Urteil vom 19. Juni 2008 – 13 Sa 1540/07, zit. nach JURIS). Auf den Schutz durch die Vorschrift kann der schwerbehinderte Mensch nicht wirksam verzichten (vgl. BAG Urteil vom 4. Mai 1962 – 1 AZR 128/61 = BAGE 13, 109 = NJW 1962, 1836).

208 Der Schadensersatzanspruch kann auf § 280 BGB gestützt werden, wenn der Verstoß des Arbeitgebers gegen die in § 81 Abs. 4 SGB IX normierten Verpflichtungen eine **Verletzung des Arbeitsvertrags** darstellt.

Eine Schadensersatzforderung nach beiden möglichen Anspruchsgrundlagen setzt aber stets die **vorherige ordnungsgemäße Geltendmachung des Beschäftigungsanspruchs** nach Abs. 4 Nr. 1–5 der Vorschrift voraus (*Schmidt* Schwb-ArbR Rdnr. 268 m. w. Nachw.)

209 Zudem besteht eine **Wechselwirkung zu § 84 SGB IX**. Jene Vorschrift enthält **Verfahrensregelungen**, die das Ziel haben, möglichst frühzeitig die Erfordernisse und Möglichkeiten für die Erhaltung des Arbeitsplatzes zu erkennen und die erforderlichen Schritte einzuleiten. Hingegen begründet § 81 Abs. 4 SGB IX **materiellrechtliche Ansprüche** zur Sicherung der Beschäftigung. Diese Ansprüche sind im Rahmen eines betrieblichen Eingliederungsmanagements zu prüfen und zu berücksichtigen; sie dienen dem Ziel der Arbeitsplatzerhaltung. Der Arbeitnehmer kann seine Ansprüche zwar auch außerhalb von § 84 SGB IX geltend machen, jedoch ist der Arbeitgeber gut beraten, auch in solchen Fällen die Möglichkeiten eines Eingliederungsmanagements umfassend zu prüfen, damit für den Arbeitnehmer die beste und für den Arbeitgeber die wirtschaftlich sinnvollste Lösung gefunden wird (vgl. auch *Gagel / Schian / Schian*, iqpr-Forum B Diskussionsbeitrag Nr. 1/2006, S. 5).

2. Beschäftigung entsprechend Fähigkeiten und Kenntnissen

a) Grundsatz

210 Schwerbehinderte Menschen können von ihrem Arbeitgeber im Rahmen der betrieblichen Möglichkeiten eine Beschäftigung verlangen, bei der sie ihre **Fähigkeiten und Kenntnisse möglichst voll verwerten und weiterentwickeln** können (Abs. 4 Satz 1 Nr. 1). Es geht also nicht nur darum, für schwerbehinderte Menschen irgendeinen Arbeitsplatz zu finden. Vielmehr sind die dem schwerbehinderten Menschen eigenen körperlichen und geistigen Fähigkeiten und seine persönlichen Neigungen zu erkennen und ggf. zu fördern. In der Regel wird der **erlernte bzw. ein verwandter Beruf** den **beste Ansatz für eine Teilhabe** des schwerbehinderten Menschen sein. Deshalb sollten gering qualifizierte Beschäftigungsmöglichkeiten, etwa als Bote, Pförtner oder Wachpersonal nur solchen schwerbehinderten Menschen vorbehalten werden, für die eine andere eignungsgerechte Tätigkeit nicht eröffnet ist. Der schwerbehinderte Mensch soll als gleichberechtigter und aufgrund seiner Leistung gleichgeachteter Mitarbeiter im Betrieb tätig sein (Neumann u. a. / *Neumann* Rdnr. 22).

211 Der Arbeitgeber erfüllt den Beschäftigungsanspruch nach Abs. 4 Satz 1 Nr. 1 regelmäßig dadurch, dass er dem Arbeitnehmer die im **Arbeitsvertrag vereinbarte Arbeit** zuweist. Ist der schwerbehinderte Arbeitnehmer nicht mehr in der Lage, die damit verbundenen Tätigkeiten wegen Art oder Schwere seiner Behinderung wahrzunehmen, kann er **Anspruch auf eine anderweitige Beschäftigung** haben (BAG Urteil vom 3. Dezember 2002 – 9 AZR 481/01 = BAGE 104, 45 = AP Nr. 2 zu § 81 SGB IX = BehindertenR 2003, 114) und, soweit der bisherige Arbeitsvertrag diese Beschäftigungsmöglichkeit nicht abdeckt, auf eine entsprechende **Vertragsänderung** (BAG Urteil vom 10. Mai 2005 – 9 AZR 230/04 = BAGE 114, 299 = AP Nr. 8 zu § 81 SGB IX = BehindertenR 2006, 79; BAG Urteil vom 14. März

2006 – 9 AZR 411/05 = AP Nr. 11 zu § 81 SGB IX = NZA 2006, 1214 = BehindertenR 2007, 76).

Auch wenn die Frage, **an welchem konkreten Ort die Arbeitsleistung von dem schwerbehinderten Mitarbeiter zu erbringen** ist, in dem Katalog des § 81 Abs. 4 Satz 1 nicht ausdrücklich erwähnt wird, so kann dies unter den Oberbegriff der „Beschäftigung" i. S. von Abs. 4 Satz 1 Ziffer 1 eingeordnet werden. Sinn und Zweck dieser Vorschrift ist es, den schwerbehinderten Menschen eine Beschäftigung zu ermöglichen, bei welcher ihr (Rest-) Leistungsvermögen optimal zur Geltung kommt. Das erforderliche Korrektiv, welches den Arbeitgeber vor Überforderungen schützt, ist in Abs. 4 Satz 3 enthalten. Die Vorschrift des § 81 Abs. 4 SGB IX würde ihren Zweck verfehlen, wenn eine im Einzelfall ohne großen Aufwand mögliche Änderung des Arbeitsortes schon von vornherein vom Katalog der vom Arbeitgeber zu erwägenden Anpassungsmaßnahmen ausgeschlossen wäre (LAG Niedersachsen Urteil vom 6. Dezember 2010 – 12 Sa 860/10, zit. nach JURIS, Rev. eingelegt unter Az. 9 AZR 38/11). Im entschiedenen Fall folgt nach Ansicht des LAG a. a. O. aus Abs. 4 Satz 1 Ziffer 1 ein Anspruch des Klägers, dass der Arbeitgeber ihm an zwei nicht aufeinanderfolgenden Arbeitstagen die Erbringung seiner Arbeitsleistung von seiner Wohnung aus gemäß bestehenden betrieblichen Richtlinien gestatte. 212

b) Einklagbarer Anspruch des schwerbehinderten Menschen

Jedenfalls hat der schwerbehinderte Arbeitnehmer einen **einklagbaren privatrechtlichen Anspruch auf eine seinen Kenntnissen und Fähigkeiten angepasste Beschäftigung** (ständige Rspr. z. B. BAG Urteil vom 10. Juli 1991 – 5 AZR 383/90 = BAGE 68, 141 = DB 1991, 2488; BAG Urteil vom 3. Dezember 2002 – 9 AZR 481/01 = BAGE 104, 45 = AP Nr. 2 zu § 81 SGB IX = BehindertenR 2003, 114 = NZA 2003, 1215 = DB 2003, 1230; LAG Schleswig-Holstein Urteil vom 7. Juni 2005 – 5 Sa 68/05 = NZA-RR 2005, 514; Neumann u. a./ *Neumann* Rdnr. 25 m. w. Nachw.). 213

Für die Feststellung, ob eine behinderungsgerechte Beschäftigungsmöglichkeit entsprechend den Fähigkeiten und Kenntnissen des schwerbehinderten Arbeitnehmers besteht, gilt eine **abgestufte Darlegungs- und Beweislast** (BAG Urteil vom 10. Mai 2005 – 9 AZR 230/04 = BAGE 114, 299 = AP Nr. 8 zu § 81 SGB IX = NZA 2006, 155 = BehindertenR 2006, 79): 214

– Der **Anspruch ist bereits dann schlüssig vorgetragen**, wenn der Arbeitnehmer unter Darlegung seines eingeschränkten Leistungsvermögens – ggf. unter Vorlage ärztlicher Bescheinigungen – seine Weiterbeschäftigung geltend macht und **Beschäftigungsmöglichkeiten aufzeigt**, die seinen Fähigkeiten und Kenntnissen entsprechen sollen (BAG Urteil vom 10. Mai 2005 a. a. O.; LAG Rheinland-Pfalz Urteil vom 31. August 2006 – 6 Sa 996/05, zit. nach JURIS). Hierzu gehört auch, die **begehrte leidensgerechte Beschäftigung nach Art und Umfang zu konkretisieren**, etwa durch Nennung der Berufsbezeichnung, z. B. Bäcker, Sekretärin, oder Umschreibung der Tätigkeit, etwa Haushaltshilfe, Schreibkraft (LAG Schleswig-Holstein Urteil vom 7. Juni 2005 a. a. O.).

– Hierauf hat sich der **Arbeitgeber substanziiert einzulassen** und die Tatsachen vorzutragen, aus denen sich ergibt, dass keine für den Arbeitnehmer geeignete behinderungsgerechte Beschäftigung besteht. Hierzu gehört auch die Darlegung, dass kein entsprechender freier Arbeitsplatz vorhanden sei und auch nicht durch Versetzung freigemacht werden könne (BAG Urteil vom 10. Mai 2005 a. a. O. und Urteil vom 14. März 2006 a. a. O.). 215

– Es obliegt dann dem Arbeitnehmer, die Tatsachen zu konkretisieren und ggf. zu beweisen, aus denen gleichwohl auf eine bestehende Beschäftigungsmöglichkeit zu schließen ist. Dem **Arbeitnehmer** hat also den **Nachweis** zu führen, dass **entgegen der Behauptung des Arbeitgebers** ein **freier Arbeitsplatz** zur Verfügung steht oder vom Arbeitgeber frei gemacht werden kann (BAG Urteil vom 10. Mai 2005 a. a. O.). Steht fest, dass der Arbeitnehmer seine Arbeitspflicht nur nach einer Umgestaltung oder besonderer Ausstattung seines Arbeitsplatzes erfüllen kann, hat er zumindest nachvollziehbar darzulegen, welche Maßnahmen hierzu notwendig sind. Ansonsten zeigt er nicht schlüssig anderweite 216

Beschäftigungsmöglichkeiten auf (BAG Urteil vom 4. Oktober 2005 – 9 AZR 632/04 = BAGE 116, 121 = NJW 2006, 1691 = BehindertenR 2006, 135).

217 Diese Anforderungen an die Darlegungslast des schwerbehinderten Arbeitnehmers gelten allerdings nicht, wenn der Arbeitgeber seinen Pflichten zur rechtzeitigen Beteiligung des Integrationsamts und der Schwerbehindertenvertretung im **Präventionsverfahren nach § 84 Abs. 1 SGB IX** nicht nachgekommen ist. Ziel dieser gesetzlichen Prävention ist die frühzeitige Klärung, ob und welche Maßnahmen zu ergreifen sind, um eine möglichst dauerhafte Fortsetzung des Beschäftigungsverhältnisses zu erreichen. Dem Arbeitgeber wird damit eine aktive Rolle für Eingliederung und gegen Ausgliederung des schwerbehinderten Arbeitnehmers zugewiesen. Diese Pflichten begründen nicht nur eine privatrechtlich gesteigerte Fürsorgepflicht gegenüber dem schwerbehinderten Arbeitnehmer (BAG vom 10. Mai 2005 – 9 AZR 230/04 = BAGE 114, 299 = NZA 2006, 155 = BehindertenR 2006, 79).

218 Vielmehr soll die Beteiligung sachkundiger Stellen auch gewährleisten, dass alle Möglichkeiten zur Fortsetzung des Arbeitsverhältnisses fachkundig untersucht und deren technische sowie wirtschaftliche Realisierbarkeit geprüft werden. Dem schwerbehinderten Arbeitnehmer fehlen zumeist zur Beurteilung der Frage, wie eine behinderungsgerechte Beschäftigungsmöglichkeit gefunden oder geschaffen werden kann, die notwendigen Fähigkeiten und Kenntnisse. Verletzt der Arbeitgeber seine gesetzlichen Erörterungspflichten, verhindert er damit die Durchführung dieses Präventionsverfahrens. Das hat Folgen für die Darlegungslast. Hat die primär darlegungspflichtige Partei keine nähere Kenntnis der maßgeblichen Tatsachen, kann dem Gegner eine sekundäre Behauptungslast auferlegt werden. Das setzt zwar in der Regel voraus, dass der Prozessgegner die erforderliche Kenntnis hat (Urteil vom BAG 10. Mai 2005 a. a. O.). Das Wissen, wie ein behindertengerechter Arbeitsplatz in seinem Betrieb einzurichten und auszustatten ist, kann zwar bei einem Arbeitgeber nicht unterstellt werden. Auf dieses fehlende Wissen kann sich der Arbeitgeber jedoch nicht berufen, wenn er seinen Pflichten gemäß § 84 Abs. 1 SGB IX nicht nachgekommen ist. Denn die Erörterung mit den dort genannten fachkundigen Stellen dient gerade dazu, dass er sich das entsprechende Wissen verschafft. Fand diese Erörterung allerdings statt und kamen die fachkundigen Stellen unter Beteiligung der Schwerbehindertenvertretung zu dem Ergebnis, es gebe keine Möglichkeiten zur Sicherung der Beschäftigung des Arbeitnehmers, bleibt es bei der primären Darlegungslast des schwerbehinderten Arbeitnehmers. Er hat dann vorzutragen, welche konkreten technischen oder organisatorischen Veränderungen seine behinderungsgerechte Beschäftigung ermöglichen (BAG Urteil vom 4. Oktober 2005 a. a. O.).

219 – Will der **Arbeitgeber** geltend machen, die Beschäftigung des Arbeitnehmers sei **unzumutbar**, so trägt er für diesen anspruchsausschließenden Grund die **Beweislast** (BAG Urteil vom 10. Mai 2005 a. a. O.).

220 Der **Arbeitgeber** ist aufgrund seiner gesteigerten **Fürsorgepflicht** gegenüber dem schwerbehinderten Menschen nach Abs. 4 Satz 1 Nr. 1 verpflichtet, die diesem verbliebenen körperlichen und geistigen Fähigkeiten und damit seine **behindertengerechten Einsatzmöglichkeiten feststellen zu lassen**, es sei denn insoweit bestünden keinerlei Unklarheiten (LAG Schleswig-Holstein Urteil vom 7. Juni 2005 a. a. O.). Der **Arbeitgeber** trägt, soweit er sich auf das Fehlen einer behindertengerechten Einsatzmöglichkeit beruft, ohne seiner Feststellungspflicht nachgekommen zu sein, die **Darlegungs- und Beweislast** über den Umfang der real beim schwerbehinderten Menschen verbliebenen körperlichen und geistigen Fähigkeiten und die sich daraus ergebenden Auswirkungen für eine behindertengerechte Beschäftigung sowie ggf. deren Unzumutbarkeit und Nichterfüllbarkeit (LAG Schleswig-Holstein Urteil vom 7. Juni 2005 a. a. O.).

221 Sind die **verbliebenen Fähigkeiten noch nicht vollständig abgeklärt**, ist aber unstritig eine sinnvolle Beschäftigung an sich möglich, hat der Arbeitgeber konstruktiv und ernsthaft zu prüfen, ob und wie er ggf. bis zur abschließenden Abklärung der langfristigen Einsatzfä-

higkeit oder bis zu einer angestrebten Beendigung des Arbeitsverhältnisses unter Einschaltung des Integrationsamtes durch eine Umorganisation **zumindest vorübergehend eine behindertengerechte Beschäftigung** ermöglicht (LAG Schleswig-Holstein Urteil vom 7. Juni 2005 a. a. O.). Verstößt er gegen seine Feststellungs- und Erkundigungspflicht, und / oder ist er nicht zu an sich zumutbaren, gegebenenfalls nur vorübergehenden, Umorganisationsmaßnahmen bereit und schickt stattdessen den schwerbehinderten Menschen, der keinen Annahmeverzug auslösen kann, nach Hause, kann dies eine Schadensersatzpflicht des Arbeitgebers begründen (LAG Schleswig-Holstein Urteil vom 7. Juni 2005 a. a. O.).

Nur **bei völliger Arbeitsunfähigkeit** besteht auch **kein Anspruch auf Beschäftigung.** Der Arbeitgeber gerät dann nicht mit der Annahme der Dienste in Verzug. In diesen Fällen hat der schwerbehinderte Mensch auch keinen Anspruch auf Fortzahlung der Arbeitsvergütung (BAG Urteil vom 10. Juli 1991 – 5 AZR 383/90 = BAGE 68, 141 = DB 1991, 2488 = NZA 1992, 27; Urteil vom 23. Januar 2001 – 9 AZR 287/99 = BAGE 97, 23 = NZA 2001, 1020 = BehindertenR 2001, 170). 222

Auch in einem **Kündigungsstreit** wirkt sich die besondere Beschäftigungspflicht gegenüber schwerbehinderten Menschen aus. So ist der Arbeitgeber, der einen schwerbehinderten Arbeitnehmer fristlos entlassen will, bis zum Eingang der hierfür notwendigen Zustimmung des Integrationsamtes nicht berechtigt, den Arbeitnehmer unbezahlt von der Arbeit freizustellen (BAG Urteil vom 20. Dezember 1976 – 5 AZR 736/75 = AP Nr. 1 zu § 18 SchwbG = DB 1977, 587). 223

c) Grenzen der Beschäftigungspflicht

Allerdings wird dem schwerbehinderten Arbeitnehmer durch Abs. 4 Nr. 1 **kein Anspruch auf einen bestimmten Arbeitsplatz eingeräumt**, der seinen Wünschen und Neigungen entgegenkommt (vgl. BAG Urteil vom 3. Dezember 2002 – 9 AZR 481/01 = NZA 2003, 1215 = BehindertenR 2003, 114 = AP Nr. 2 zu § 81 SGB IX; LAG Düsseldorf Urteil vom 25. Januar 2008 – 9 Sa 991/07, zit. nach JURIS; LPK-SGB IX / *Düwell* Rdnr. 118). Vor allem muss der Arbeitgeber **keinen neuen Arbeitsplatz schaffen**, um den Arbeitnehmer dort nach einer Änderung des Arbeitsvertrags behindertengerecht beschäftigen zu können (BAG Urteil vom 28. April 1998 – 9 AZR 348/97 = AP SchwbG 1986 § 14 Nr. 2 = BehindertenR 1999, 30 = NZA 1999, 152 zu III 4 der Gründe; Urteil vom 10. Mai 2005 – 9 AZR 230/04 = AP Nr. 8 zu § 81 SGB IX = NZA 2006, 155, zu B II 1 der Gründe). Vielmehr beschränkt sich der Anspruch darauf, **den bereits vorhandenen Arbeitsplatz des schwerbehinderten Menschen entsprechend auszustatten**, ihn behindertengerecht einzurichten und ggf. umzugestalten oder ihm einen anderen freien Arbeitsplatz zuzuweisen, soweit erforderlich nach einer entsprechenden Vertragsänderung (*Müller-Wenner* / Winkler Rdnr. 70; LPK-SGB IX / *Düwell* Rdnr. 118). 224

Im Fall einer **notwendigen Vertragsänderung** muss der Arbeitnehmer nicht zuerst auf eine Änderung seines Arbeitsvertrages klagen, sondern kann **unmittelbar eine Beschäftigung auf der angestrebten Stelle gerichtlich geltend machen** (BAG Urteil vom 28. April 1998 a. a. O.; BAG Urteil vom 19. September 1979 – 4 AZR 887/77 = BAGE 32, 105 = DB 1980, 405; offen gelassen in BAG Urteil vom 3. Dezember 2002 – 9 AZR 481/01 = NZA 2003, 1215 im Hinblick auf eine tarifvertragliche Versetzungsregelung).

Ist der infolge eines Betriebsunfalls schwerbehinderte Arbeitnehmer nicht mehr in der Lage, seine bisherige vertraglich geschuldete Tätigkeit auszuüben und steht dem Arbeitgeber ein **freier Arbeitsplatz zur Verfügung**, auf dem eine den Fähigkeiten und Kenntnissen des Arbeitnehmers entsprechende Beschäftigung möglich ist, so ist dem Arbeitnehmer der Abschluss eines Arbeitsvertrags zu den betriebsüblichen Bedingungen anzubieten, der die dem Schwerbehinderten mögliche Arbeitsaufgabe zum Inhalt hat (BAG Urteil vom 28. April 1998 a. a. O.). Der Arbeitgeber ist aber **nicht verpflichtet**, für den schwerbehinderten Arbeitnehmer einen **zusätzlichen Arbeitsplatz einzurichten** (BAG Urteil vom 28. April 225

1998 a. a. O.; 🏛 LAG Rheinland-Pfalz Urteil vom 9. Februar 2004 – 7 Sa 1099/03 = LAGE § 81 SGB IX Nr. 2 m. krit. Anm. *Leder*).

d) Freimachung eines besetzten Arbeitsplatzes

226 Die **Freikündigung** eines leidensgerechten Arbeitsplatzes, der von einem anderen Arbeitnehmer besetzt wird, ist nach der Rechtsprechung des BAG zwar grundsätzlich zulässig, allerdings auf solche Ausnahmefälle beschränkt, in denen der zu kündigende Arbeitnehmer nicht ebenfalls behindert ist und die Entlassung für ihn aus besonderen Gründen keine soziale Härte darstellt (🏛 BAG Urteil vom 28. April 1998 a. a. O. und 🏛 Urteil vom 10. Juli 1991 – 5 AZR 383/90 = BAGE 68, 141 = NZA 1992, 27 [30]). Da dies aber nur eine sehr theoretische Konstellation darstellen dürfte, sind auch nach höchstrichterlicher Rechtsprechung Freikündigungen **praktisch ausgeschlossen** (*Müller-Wenner* / Winkler Rdnr. 72).

227 Soweit aber der Arbeitgeber durch **Ausübung des Direktionsrechts** gegenüber dem bisherigen Arbeitsplatzinhaber den schwerbehinderten Arbeitnehmer auf einen für ihn besonders geeigneten Arbeitsplatz versetzen könnte und dies sowohl betriebsorganisatorisch möglich als auch für den betroffenen anderen Arbeitnehmer zumutbar ist, hat der schwerbehinderte Mensch einen Anspruch auf **Zuweisung einer leidensgerechten Beschäftigung durch einen Arbeitsplatztausch** (🏛 BAG Urteil vom 29. Januar 1997 – 2 AZR 9/96 = BAGE 85, 107 = NZA 1997, 709 [710]; 🏛 BAG Urteil vom 3. Dezember 2002 – 9 AZR 481/01 = NZA 2003, 1215 = DB 2003, 1230).

Auf betriebsorganisatorische Gegengründe kann sich der Arbeitgeber dann nicht berufen, wenn er zielgerichtet die **Beschäftigung des schwerbehinderten Arbeitnehmers auf diesem Arbeitsplatz verhindert** hat (🏛 BAG Urteil vom 28. April 1998 – 9 AZR 348/97 = NZA 1999, 153 = BehindertenR 1999, 30). Das kann insbesondere dann zu bejahen sein, wenn er in Kenntnis der eingetretenen Gesundheitsbeeinträchtigung den **leidensgerechten Arbeitsplatz anderweitig besetzt** hat (🏛 vgl. BAG Urteil vom 10. Juli 1991 – 5 AZR 383/90 = BAGE 68, 141 = NZA 1992, 27 [30]) oder durch Organisationsmaßnahmen wie die Auslagerung bestimmter Betriebsteile (z. B. Wach- oder Pfortendienst) **Schonarbeitsplätze abgeschafft** hat (*Müller-Wenner* / Winkler Rdnr. 71).

e) Mitbestimmungsrechte des Betriebsrats gegenüber Beschäftigungsanspruch

228 Allerdings bleiben **Mitbestimmungsrechte des Betriebsrats nach § 99 BetrVG unberührt** (🏛 BAG Urteil vom 3. Dezember 2002 – 9 AZR 481/01 = NZA 2003, 1215 = DB 2003, 1230). Soweit für die Erfüllung des Beschäftigungsanspruchs des schwerbehinderten Menschen z. B. im Fall der Versetzung in einen anderen Betrieb eine Zustimmung des Betriebsrats gem. § 99 Abs. 2 BetrVG erforderlich ist, **muss der Arbeitgeber diese Zustimmung einholen**. Wird sie verweigert und steht nicht fest, dass dem Betriebsrat objektiv Zustimmungsverweigerungsgründe nach jener Vorschrift zustehen, ist **strittig**, ob der schwerbehinderte Mensch auch einen **Anspruch auf Durchführung des gerichtlichen Zustimmungsverfahrens nach § 99 Abs. 4 BetrVG** hat (so **BAG** Urteil vom 3. Dezember 2002 – **9. Senat** – a. a. O. in Abgrenzung von 🏛 BAG Urteil vom 29. Januar 1997 – 2 AZR 9/96 = BAGE 85, 107 = NZA 1997, 709; dort hatte der 2. Senat des BAG den Arbeitgeber nicht für verpflichtet gehalten, das an sich mildere Mittel einer Organisationsänderung vor der Kündigung wegen Krankheit einzusetzen, wenn hierzu ein Zustimmungsersetzungsverfahren notwendig sei. Dies sei dem Arbeitgeber in der Regel wegen des damit verbundenen erheblichen Prozessrisikos nicht zumutbar. In der neueren Entscheidung des 9. Senats wurde das frühere Urteil des 2. Senats als nicht entgegenstehend bezeichnet, weil es dort um die Umsetzung von Richterrecht, hier aber um die Verwirklichung eines gesetzlichen Anspruchs gehe).

229 Anschließend hat der **2. Senat** im Urteil vom 🏛 22. September 2005 – 2 AZR 519/04 = BAGE 116, 7 = NZA 2006, 486 = AP Nr. 10 zu § 81 SGB IX = BehindertenR 2006, 197 seine **frühere Auffassung ausdrücklich bekräftigt und hierzu ausgeführt:**

„Es würde die Grenzen der Zumutbarkeit nach § 81 Abs. 4 Satz 3 SGB IX unzulässig zulasten des Arbeitgebers verschieben, würde man von ihm im Fall der Verweigerung der Zustimmung des Betriebsrats zur Änderung der Arbeitsbedingungen des schwerbehinderten Arbeitnehmers stets ohne Berücksichtigung der besonderen Umstände die Durchführung eines entsprechenden Beschlussverfahrens verlangen. Er könnte dann die Monatsfrist des § 88 Abs. 3 SGB IX regelmäßig nicht mehr einhalten, obwohl möglicherweise das Verfahren vor dem Integrationsamt ergeben hat, dass die fragliche Weiterbeschäftigungsmöglichkeit nicht besteht.

Im Normalfall ist dem Arbeitgeber die Durchführung des Zustimmungsersetzungsverfahrens gem. § 99 Abs. 4 BetrVG damit unzumutbar, weil eine solch erhebliche Verzögerung des Kündigungsverfahrens nach erteilter Zustimmung des Integrationsamts mit nach § 81 Abs. 4 Satz 3 SGB IX unverhältnismäßigen Aufwendungen verbunden wäre (vgl. zu einer ähnlichen Fallgestaltung im Rahmen des § 1 KSchG ☞ BAG Urteil vom 29. Januar 1997 a. a. O.). 230

Das gilt jedenfalls dann, wenn – wie wohl in der überwiegenden Mehrzahl der Fälle – es sich um **Weiterbeschäftigungsmöglichkeiten** für den schwerbehinderten Arbeitnehmer handelt, die **in dem Verfahren vor dem Integrationsamt geprüft** worden sind mit dem Ergebnis, dass sie keine Lösungsmöglichkeit zur Aufrechterhaltung des Arbeitsverhältnisses darstellen. In derartigen Fällen ist regelmäßig davon auszugehen, dass der **Widerspruch des Betriebsrats auf vertretbaren Gründen beruht**, die von der Stelle, die nach dem Gesetz für die Prüfung derartiger Weiterbeschäftigungsmöglichkeiten zuständig ist, erwogen und für zutreffend befunden worden sind. Dem **Arbeitgeber** ist es dann mangels besonderer Umstände **nicht zuzumuten**, das **Verfahren** durch die Einleitung eines Beschlussverfahrens nach § 99 BetrVG **weiter zu verzögern** und damit zu riskieren, dass er nach Ersetzung der Zustimmung des Betriebsrats durch die Arbeitsgerichte möglicherweise erneut die Zustimmung des Integrationsamts zu einer dann auszusprechenden Kündigung beantragen müsste. 231

Eine solche **Verzögerung liegt auch nicht ohne Weiteres im Interesse des schwerbehinderten Arbeitnehmers**. Immerhin ist nach der einschlägigen Rechtsprechung des Bundesarbeitsgerichts (☞ vgl. BAG Urteil vom 23. Januar 2001 – 9 AZR 287/99 = BAGE 97, 23 = NZA 2001, 1020 = BehindertenR 2001, 170) der **Arbeitgeber nicht mit der Annahme der Dienste in Verzug**, wenn ein schwerbehinderter Arbeitnehmer oder Gleichgestellter außerstande ist, die arbeitsvertraglich geschuldete Leistung zu erbringen und es lediglich um eine andere behindertengerechte Beschäftigung geht. Der Arbeitnehmer würde damit riskieren, dass ihm für die Dauer eines derartigen Beschlussverfahrens nach § 99 BetrVG **Ansprüche auf Annahmeverzugslohn nach § 615 BGB nicht zustehen**. Lediglich beim Vorliegen besonderer Umstände kann danach eine Pflicht des Arbeitgebers angenommen werden, gegen den Betriebsrat nach § 99 Abs. 4 BetrVG vorzugehen und durch ein entsprechendes Beschlussverfahren ggf. die Zusammenarbeit mit dem Betriebsrat zu belasten. Zu denken ist hier an einen offensichtlich unbegründeten Widerspruch des Betriebsrats. Entsprechendes hat in den Fällen zu gelten, in denen der Widerspruch des Betriebsrats auf einem kollusiven Zusammenwirken zwischen Arbeitgeber und Betriebsrat beruht." 232

Auch nach der weitergehenden Auffassung des **9. Senats** (vgl. ☞ Urteil vom 3. Dezember 2002 – 9 AZR 481/01 = NZA 2003, 1215 = DB 2003, 1230; oben Rdnr. 228) ist der Arbeitgeber allerdings dann **nicht verpflichtet**, das Zustimmungsersetzungsverfahren durchzuführen, wenn feststeht, dass die vom Betriebsrat geltend gemachten **Zustimmungsverweigerungsgründe objektiv vorliegen** und die Ablehnung der Zustimmung rechtlich tragen. Denn es ist dem Arbeitgeber unzumutbar, ein gerichtliches Ersetzungsverfahren einzuleiten, wenn dieses keine Aussicht auf Erfolg hat. Diese Frage kann allenfalls in einem Klageverfahren, mit dem der schwerbehinderte Mensch die Durchführung des Zustimmungsersetzungsverfahrens durchsetzt, geprüft werden (☞ BAG Urteil vom 3. Dezember 2002 a. a. O.). Der Klageantrag eines solchen Verfahrens richtet sich darauf, beim Betriebsrat die für die Be- 233 schäftigung des Klägers auf einem bestimmten Arbeitsplatz erforderliche Zustimmung gem. § 99 BetrVG einzuholen, einschließlich der Durchführung des Zustimmungsersetzungsverfahrens.

234 An dem **Beschlussverfahren** ist der **schwerbehinderte Mensch nicht beteiligt** (BAG Urteil vom 27. Mai 1982 – 6 ABR 105/79 = BAGE 39, 102 = AP Nr. 3 zu § 80 ArbGG 1979; Urteil vom 3. Dezember 2002 – 9 AZR 481/01 = BAGE 104, 45 = NZA 2003, 121 = BehindertenR 2003, 114). Er muss sich auf die bestandskräftige Entscheidung eines Beschlussverfahrens verweisen lassen. Zur Beschäftigungsklage unter dem Vorbehalt der Zustimmung des Betriebsrats vgl. näher *Gagel* EWiR 2003, 615.

235 Führt der Arbeitgeber das gerichtliche Zustimmungsersetzungsverfahren schuldhaft unzureichend durch, indem er z. B. ein **aussichtsreiches Rechtsmittel nicht einlegt**, kann das einen **Schadensersatzanspruch** begründen (BAG Urteil vom 3. Dezember 2002 a. a. O.).

f) Kein Anspruch auf bevorzugte Beförderung

236 Der schwerbehinderte Arbeitnehmer hat auch **keinen allgemeinen** aus Abs. 4 Satz 1 Nr. 1 abzuleitenden **Anspruch auf bevorzugte Beförderung** (BAG Urteil vom 19. September 1979 – 4 AZR 887/77 = BAGE 32, 105 = DB 1980, 405 = BehindertenR 1980, 88; OVG NRW Beschluss vom 21. September 1994 – 12 B 1760/94 = BehindertenR 1994, 191 = ZBR 1995, 80; Niedersächs. OVG Beschluss vom 14. April 2003 – 2 ME 129/03 = BehindertenR 2003, 224). Allerdings kann im Einzelfall der Arbeitgeber aufgrund der erweiterten Beschäftigungspflicht gehalten sein, bei der Besetzung von Stellen den schwerbehinderten Bewerber bei gleicher Qualifikation gegenüber anderen vorzuziehen, wenn dessen Beschäftigung auf der höherwertigen Stelle keine betrieblichen Gründe entgegenstehen (BAG Urteil vom 12. November 1980 – 4 AZR 779/78 = BAGE 34, 250 = DB 1981, 899; Urteil vom 28. April 1998 – 9 AZR 348/97 = NZA 1999, 152 = DB 1999, 1609 = BehindertenR 1999, 30; vgl. auch LAG Düsseldorf Urteil vom 25. Januar 2008 –9 Sa 991/07, zit. nach JURIS).

g) Anspruch auf stufenweise Wiedereingliederung

237 Ein Arbeitnehmer, der nach ärztlichen Feststellungen seine bisherige Tätigkeit nur teilweise auszuüben vermag, kann nach Abs. 4 Satz 1 Nr. 1 die **Beschäftigung zur stufenweisen Wiedereingliederung** i. S. v. § 28 SGB IX verlangen (BAG Urteil vom 13. Juni 2006 – 9 AZR 229/05 = BAGE 118, 252 = NZA 2007, 91 = BehindertenR 2007, 79; eingehend hierzu *Nebe* DB 2008, 1801). Dies hat das BAG a. a. O. namentlich mit dem Zusammenwirken der Regelungen in § 28, § 84 Abs. 1 SGB IX sowie dem durch § 84 Abs. 2 SGB IX vorgeschriebenen Eingliederungsmanagement begründet: Mit den Präventions- und Teilhabevorschriften des SGB IX sei ein Anschauungswandel verbunden. Zeiten lang andauernder Arbeitsunfähigkeit seien nicht mehr Zeiten des „Ruhens", sondern Zeiten für betriebliche Eingliederungsmaßnahmen (vgl. *Gagel* NZA 2004, 1359). Daraus werde deutlich: Das SGB IX wolle der Ausgrenzung der behinderten Menschen aus dem Arbeitsleben entgegenwirken und deren Teilhabe stärken. Das sei ohne Mitwirkung des Arbeitgebers nicht zu erreichen. Dem **Arbeitgeber** sei deshalb in § 99 Abs. 1 SGB IX die **Pflicht auferlegt**, zusammen mit anderen Stellen die **Teilhabe schwerbehinderter Arbeitnehmer am Arbeitsleben zu ermöglichen** und zwar ggf. auch durch die Möglichkeit der stufenweisen Wiedereingliederung (vgl. hierzu Erl. zu § 28 SGB IX Rdnr. 21 ff.).

238 Allerdings setzt diese besondere Mitwirkungspflicht des Arbeitgebers voraus, dass ihm der Arbeitnehmer eine **ärztliche Bescheinigung** vorlegt, die ordnungsgemäß nach den Vorschriften des Sozialrechts erstellt ist und dem Arbeitgeber hinreichend deutlich macht, dass **mit dem Eingliederungsplan auch eine betrieblich nutzbare Tätigkeit wiedererlangt** werden kann (hierzu näher *Schwarz-Seeberger* ZMV 2007, 102).

Kein Anspruch besteht auf eine Mitwirkung an einer nur therapeutischen Erprobung, ohne dass in absehbarer Zeit das „Ob" und „Wie" einer möglichen Fortsetzung des Arbeitsverhältnisses ersichtlich wären (⚖ BAG Urteil vom 13. Juni 2006 a. a. O.). Der insoweit beweisbelastete Arbeitnehmer hat spätestens bis zum Schluss der mündlichen Verhandlung vor dem LAG eine ärztliche Bescheinigung seines behandelnden Arztes vorzulegen, aus der sich **Art und Weise der empfohlenen Beschäftigung, Beschäftigungsbeschränkungen, Umfang der täglichen oder wöchentlichen Arbeitszeit sowie die Dauer der Maßnahme** ergeben. Sie muss ggf. auch eine Prognose enthalten, wann „voraussichtlich" mit der Wiederaufnahme der Tätigkeit zu rechnen ist (⚖ BAG Urteil vom 13. Juni 2006 a. a. O.).

Der Arzt hat seine **Feststellungen auf dem Vordruck der Sozialversicherungsträger** zu bescheinigen. Der Arzt muss eine **Prognose zur Arbeitsfähigkeit** des Arbeitnehmers nach Durchführung der Maßnahme abgeben. Eine konkrete Zeitangabe ist dann bei Beginn der Maßnahme nicht zwingend. Auch muss sich die **Prognose nicht zwingend auf das Ziel der Wiederherstellung der vollen Arbeitsfähigkeit** richten, wenngleich dieses mit der stufenweisen Wiedereingliederung regelmäßig verfolgt wird (⚖ BAG Urteil vom 28. Juli 1999 – 4 AZR 192/98 = NZA 1999, 595). Vielmehr kann auch die Befähigung zu einer nach Art, Dauer, zeitlicher und räumlicher Lage veränderten Arbeitstätigkeit das Ziel einer Wiedereingliederung in das Erwerbsleben sein.

239

Im Verlauf der stufenweisen Wiedereingliederung muss daher prognostisch nicht die letzte Stufe im Sinne einer vollen Wiedererlangung der Fähigkeit zur Ausübung erreicht werden (⚖ BAG Urteil vom 13. Juni 2006 a. a. O. unter Hinweis auf *Gagel / Schian* BehindertenR 2006, 53; *Schmidt* Schwb-ArbR Rdnr. 279). Das Wiedereingliederungsverhältnis ist nicht auf die für Arbeitsverhältnisse typische Leistungsbeziehung „Arbeit gegen Lohn" gerichtet. Der Arbeitnehmer unterliegt deshalb im Wiedereingliederungsverhältnis nicht seiner ursprünglichen Arbeitspflicht. Vielmehr kann er die Arbeit unterbrechen, wenn nachteilige Folgen zu erkennen oder zu befürchten sind (⚖ BAG Urteil vom 13. Juni 2006 a. a. O.).

240

Die nach den oben dargelegten Grundsätzen erstellte Bescheinigung ist **dem Arbeitgeber vorzulegen**. Andernfalls kann er nicht beurteilen, ob er an der Wiedereingliederung mitwirken muss oder wegen der Art oder der voraussichtlichen Dauer der Maßnahme berechtigt ist, sie als unzumutbar im Sinne von § 81 Abs. 4 Satz 3 SGB IX abzulehnen (⚖ BAG Urteil vom 13. Juni 2006 a. a. O.).

241

Schwerbehinderten oder gleichgestellten Arbeitnehmern wird damit eine günstigere Rechtsposition bei der stufenweisen Wiedereingliederung eingeräumt als nicht behinderten Arbeitnehmern. Diese haben weder einen Beschäftigungsanspruch nach § 81 Abs. 4 Satz 1 Nr. 1 SGB IX noch ist der Arbeitgeber verpflichtet, generell deren Teilhabe am Arbeitsleben zu fördern. Bei ihnen ist deshalb die stufenweise Wiedereingliederung von der freiwilligen Zustimmung des Arbeitgebers abhängig (⚖ BAG Urteil vom 28. Juli 1999 – 4 AZR 192/98 = NZA 1999, 595; ⚖ BAG Urteil vom 13. Juni 2006 a. a. O.; Kossens u. a. / *Gerke* § 28 SGB IX Rdnr. 4; *Schmidt* Schwb-ArbR Rdnr. 281).

242

3. Bevorzugte Berücksichtigung bei innerbetrieblichen Bildungsmaßnahmen

Schwerbehinderte Menschen haben ferner Anspruch auf bevorzugte Berücksichtigung bei innerbetrieblichen Maßnahmen der beruflichen Bildung zur Förderung ihres beruflichen Fortkommens **(Abs. 4 Nr. 2)**. Berufliche Bildungsmaßnahmen können solche der Berufsausbildung, der beruflichen Fortbildung und der beruflichen Umschulung sein, z. B. in Form von Lehrgängen oder Ausbildungsstationen. Der Arbeitgeber wird allerdings nicht verpflichtet, überhaupt derartige innerbetrieblichen Bildungsmaßnahmen anzubieten (*Schmidt* Schwb-ArbR Rdnr. 248). Werden solche aber durchgeführt, haben schwerbehinderte Menschen einen Vorrang bei der Zulassung zu diesen Bildungsveranstaltungen, sofern sie mindestens gleiche Qualifikation aufweisen wie die übrigen Interessenten. Auch dieser Anspruch ist einklagbar, da der schwerbehinderte Mensch bei gleichen Voraussetzungen verlangen kann, die Förderung bevorzugt vor anderen, nicht schwerbehinderten Arbeitnehmern zu erhalten (Neumann u. a. / *Neumann* Rdnr. 26; Kossens u. a. / *Kossens* Rdnr. 26).

243

Zu beachten ist das **qualifizierte Mitbestimmungsrecht des Betriebsrats** nach § 98 BetrVG bei der Auswahl von Personen, die an innerbetrieblichen Fortbildungsmaßnahmen teilnehmen (*Schmidt* Schwb-ArbR Rdnr. 249 unter Hinweis auf die hieraus folgende Unterstützungspflicht bei der Eingliederung schwerbehinderter Menschen; Entsprechendes gilt für den Personalrat).

244 Auch der **Einstellung** eines schwerbehinderten **Auszubildenden** ist nach dieser Vorschrift der Vorzug zu geben (Hauck / Noftz / *Schröder* Rdnr. 36; *Müller-Wenner* / Winkler Rdnr. 78). Die berufsbegleitende Weiterbildung und Qualifizierung kann vom Integrationsamt aus Mitteln der Ausgleichsabgabe gefördert werden (näher hierzu *Seidel* BehindertenR 2002, 67).

Der schwerbehinderte Mensch kann darüber hinaus auch eine **Förderung** dahingehend verlangen, dass er **auf verschiedenen Arbeitsplätzen** tätig wird, dort Kenntnisse erwirbt und die Fähigkeit erlangt, eine höhere oder Vorgesetztenstellung einzunehmen (Kossens u. a. / *Kossens* Rdnr. 48; *Schmidt* Schwb-ArbR Rdnr. 247).

245 Erwirbt der schwerbehinderte Mensch im Laufe des Beschäftigungsverhältnisses mit Wissen und Willen des Arbeitgebers durch Prüfungen oder Fortbildung **zusätzliche Kenntnisse** und Fähigkeiten, ist er auf einer entsprechend **höherwertigen Stelle** zu beschäftigen; auch darauf besteht ein klagbarer Anspruch, sofern es dem Arbeitgeber möglich und zumutbar ist, den schwerbehinderten Menschen in einer solchen Stelle einzusetzen (BAG Urteil vom 7. August 1964 – 1 AZR 27/64 = BAGE 16, 193 = NJW 1965, 652). Kommt der Arbeitgeber dieser Verpflichtung schuldhaft nicht nach, so haftet er dem schwerbehinderten Arbeitnehmer auf Schadensersatz (BAG Urteil vom 7. August 1964 a. a. O.).

4. Erleichterte Teilnahme an außerbetrieblichen Berufsbildungsmaßnahmen

246 Schwerbehinderte Menschen haben Anspruch auf Erleichterungen in zumutbarem Umfang zur Teilnahme an außerbetrieblichen Maßnahmen der beruflichen Bildung (**Abs. 4 Satz 1 Nr. 3**). Dies ist vor allem für Klein- und Mittelbetriebe von Bedeutung, die keine innerbetrieblichen Bildungsmaßnahmen durchführen können. In Betracht kommen Bildungsveranstaltungen von **Trägern jeder Art**, sofern diese in einem geregelten Rahmen als **Kurse oder Seminare** durchgeführt werden.

247 Der Arbeitgeber hat in zumutbarem Umfang die Teilnahme nicht nur zu dulden, sondern **zu erleichtern**. Hierzu gehört eine Informationspflicht gegenüber dem schwerbehinderten Menschen und – soweit möglich – Einflussnahme auf die Aufnahme in die Veranstaltung. Bei Verweigerung besteht ein einklagbarer Anspruch des schwerbehinderten Menschen ggf. im Wege einer einstweiligen Verfügung (vgl. GK-SGB IX / *Großmann* Rdnr. 354).

5. Behinderungsgerechte Einrichtung der Arbeitsstätten

248 Der schwerbehinderte Arbeitnehmer kann die behinderungsgerechte **Einrichtung und Unterhaltung der Arbeitsstätten** einschließlich der Betriebsanlagen, Maschinen und Geräte sowie **der Gestaltung der Arbeitsplätze, des Arbeitsumfeldes, der Arbeitsorganisation und der Arbeitszeit** unter besonderer Berücksichtigung der Unfallgefahr verlangen (**Abs. 4 Satz 1 Nr. 4**). Hierzu können z. B. ausreichende Behindertenparkplätze, Rollstuhlfahrerrampen, barrierefreie Zugänge zu den Betriebsanlagen und entsprechende sanitäre Einrichtungen gehören. Ferner sind besondere Sitzgelegenheiten, behinderungsgerechte Werkzeuge und Maschinen oder geeignete Transportmittel als sächliche und technische Ausstattung des Betriebes zu berücksichtigen. Auch kommen besondere Pausen- und Erholungsräume in Betracht.

249 Bei spezifischen Behinderungen (z. B. Anfallskranke, Epileptiker, Gehörlose, Blinde, aber auch Menschen mit erheblich eingeschränkter körperlicher Belastungsfähigkeit) kann eine **Umgestaltung von Arbeitsabläufen** notwendig werden. Dies kann etwa dann verlangt werden, wenn der Arbeitnehmer nur noch einen Teil der geschuldeten Arbeitsleistung erbringen

Pflichten und Rechte   § 81

kann. Dann muss der Arbeitgeber die Beschäftigung des schwerbehinderten Menschen durch eine **andere Verteilung der Arbeiten** sichern (vgl. *Müller-Wenner* / Winkler Rdnr. 81 mit Praxisbeispielen; ⌘ LAG Hamm Urteil vom 14. Januar 1999 – 8 Sa 2175/97, zit. nach JURIS: Kann der schwerbehinderte Arbeitnehmer aus gesundheitlichen Gründen nur noch Gewichte bis 15 kg bewegen, so ist eine hierauf gestützte krankheitsbedingte Kündigung sozialwidrig, wenn eine leidensgerechte Beschäftigung durch geringfügige Änderungen der Betriebsorganisation und durch Ausstattung des Arbeitsplatzes mit technischen Hebehilfen ermöglicht werden kann und die hierfür entstehenden Kosten aus Mitteln der Ausgleichsabgabe aufgebracht werden; vgl. auch ⌘ LAG Stuttgart Urteil vom 22. Juni 2005 – 2 Sa 11/05 = BehindertenR 2006, 83 bestätigt durch ⌘ BAG Urteil vom 14. März 2006 – 9 AZR 411/05 = NJW 2006, 3740 = NZA 2006, 1214: Kann der schwerbehinderte Arbeitnehmer nach ärztlichem Gutachten nur noch Werkstücke bis 10 kg heben, hat er dennoch Anspruch auf Beschäftigung als Flachschleifer, wenn es bei sachgerechter Organisation des Arbeitsablaufs möglich ist, ihm aus den verschiedenen Aufträgen nur noch Werkstücke bis 10 kg zuzuweisen).

Allerdings besagt etwa die von einem orthopädischen Gutachter attestierte Fähigkeit, 10 bzw. 15 kg zu heben, wenig, wenn nicht **beschrieben** wird, **wie oft und aus welcher Lage und bis zu welcher Höhe** dies bewältigt werden muss. Auch müssen diese Erkenntnisse zu den **konkreten Fähigkeiten bzw. Einschränkungen des Betroffenen**, auch unter Würdigung von Vorerkrankungen, in Bezug gesetzt werden. Ein genaues Bild der Leistungsfähigkeit kann nur durch ein **Gutachten auf der Grundlage eines der gängigen Profilvergleichsysteme** (z. B. des Systems IMBA) gewonnen werden, die auch bei Arbeitsplatzbesetzungen in der Industrie und in Verfahren der Bundesagentur für Arbeit eingesetzt werden. Bei derartigen Gutachten wird anhand eines einheitlichen Rasters das Leistungsprofil des Probanden mit dem Anforderungsprofil des Arbeitsplatzes verglichen. Nur so kann nachvollziehbar aufgezeigt werden, wo die Grenzen der Leistungsfähigkeit liegen und welche Veränderungen notwendig wären, um den Arbeitsplatz zu erhalten oder eine andere Beschäftigung zu ermöglichen (vgl. auch *Gagel / Schian / Schian*, iqpr-Forum B Diskussionsbeitrag Nr. 1/2006 S. 3 f.)

250

Die zum alten Schwerbehindertenrecht (§ 14 Abs. 3 Satz 1 SchwbG a. F. bis zum Inkrafttreten von § 14 Abs. 3 Satz 1 SchwbG n. F. am 1. Oktober 2000) ergangene ⌘ **Entscheidung des BAG vom 23. Januar 2001** (9 AZR 287/99 = AP Nr. 1 zu § 81 SGB IX), wonach ein Eingriff in die Betriebsorganisation des Arbeitgebers nicht zulässig ist, wenn der Arbeitgeber seine **Beschäftigungsquote** erfüllt hat und dann keine überobligationsmäßigen Anstrengungen schulde, ist nach Inkrafttreten des § 81 Abs. 4 Satz 1 SGB IX **überholt** (⌘ LAG Stuttgart Urteil vom 22. Juni 2005 – 2 Sa 11/05 = BehindertenR 2006, 83, bestätigt durch ⌘ BAG Urteil vom 14. März 2006 – 9 AZR 411/05 = NJW 2006, 3740 = NZA 2006, 1214: Um eine behinderungsgerechte Beschäftigung zu ermöglichen, ist der Arbeitgeber nach Satz 1 Nr. 4 der Vorschrift auch zu einer **Umgestaltung der Arbeitsorganisation** verpflichtet (⌘ BAG Urteil vom 14. März 2006 a. a. O.). Der Arbeitgeber ist jedoch nach Abs. 4 Satz 3 dann nicht zur Beschäftigung des schwerbehinderten Arbeitnehmers verpflichtet, wenn ihm die Beschäftigung unzumutbar oder eine solche mit unverhältnismäßig hohen Aufwendungen verbunden ist. Der **Arbeitgeber hat substanziiert vorzutragen**, weshalb die möglichen organisatorischen Veränderungen für ihn **unzumutbar** oder mit **unverhältnismäßigen Aufwendungen** verbunden wären (⌘ BAG Urteil vom 14. März 2006 a. a. O.).

251

Zur behindertengerechten Umgestaltung kann auch die **Veränderung der Arbeitszeit** gehören. Dieser Anspruch besteht z. B., wenn der schwerbehinderte Arbeitnehmer aus gesundheitlichen Gründen nicht mehr in Nachtschicht oder in Wechselschichten arbeiten kann (⌘ BAG Urteil vom 3. Dezember 2002 – 9 AZR 462/01 = BAGE 104, 73 = AP Nr. 1 zu § 124 SGB IX = NZA 2004, 1219 = BehindertenR 2003, 150). Aus der Vorschrift ergibt sich aber kein Recht auf Reduzierung des Arbeitspensums, das über die **durch die Schwerbehinderung bedingte Verlangsamung des Arbeitstempos** hinausgeht. Weder das SGB IX noch das ArbZG enthalten einen ausdrücklichen Anspruch des schwerbehinderten Menschen auf

252

erweiterte Pausen (⌾ LAG Rheinland-Pfalz Urteil vom 14. Juli 2005 – 11 Sa 253/05, zit. nach JURIS).

6. Ausstattung des Arbeitsplatzes

253 Schwerbehinderte Menschen können die Ausstattung ihres Arbeitsplatzes mit den erforderlichen **technischen Arbeitshilfen** unter Berücksichtigung der Behinderung und ihre Auswirkungen auf die Beschäftigung verlangen (**Abs. 4 Satz 1 Nr. 5**). Technische Arbeitshilfen für schwerbehinderte Menschen sind Vorrichtungen, die Arbeitsleistungen und -verrichtungen auf einem bestimmten Arbeitsplatz ermöglichen sollen, die der schwerbehinderte Mensch wegen seiner körperlichen Beeinträchtigung andernfalls nicht erbringen könnte.

Technische Arbeitshilfen können sowohl **an der Betriebseinrichtung** in Gestalt von Werkzeug, Vorrichtungen, Geräten usw. als auch **am Körper** des schwerbehinderten Menschen angebracht werden. Hier kommt eine große Variationsbreite von technischen Möglichkeiten in Betracht (z. B. einfache Stehhilfen für einen Geh- und Stehbehinderten, aber auch eine Hebehilfe für einen Rückgratgeschädigten oder eine Lesehilfe für einen stark Sehbehinderten bzw. ein angepasster PC für einen blinden Mitarbeiter). Hingegen sind **keine vom Arbeitgeber zu stellenden Hilfsmittel** solche, die der allgemeinen Minderung oder Beseitigung der behinderungsbedingten Beeinträchtigungen dienen wie **Körperersatzstücke**, etwa Prothesen usw. (vgl. ⌾ BSG Urteil vom 22. September 1981 – 1 RA 11/80 = BSGE 52, 117 = SozR 2200 § 1237a Nr. 18).

254 Dieser Ausstattungsanspruch besteht im Übrigen **unabhängig davon**, ob der Arbeitgeber gemäß § 71 Abs. 1 SGB IX das **Pflichtkontingent** für schwerbehinderte Arbeitnehmer **erfüllt** und ob der betroffene schwerbehinderte Arbeitnehmer zu diesem Pflichtkontingent gehört. Denn im Gegensatz zum alten, bis 30. September 2000 geltenden § 14 Abs. 3 Satz 1 SchwbG verknüpft das Gesetz ebenso wie schon im zuletzt vom 1. Oktober 2000 bis 30. Juni 2001 geltenden – damals neu gefassten § 14 Abs. 3 SchwbG – nicht mehr die Arbeitsplatzausstattungspflicht des Arbeitgebers mit der Pflicht, durch geeignete Maßnahmen sicherzustellen, dass die vorgeschriebene Zahl schwerbehinderter Arbeitnehmer beschäftigt wird; dies ist jetzt stattdessen in § 81 Abs. 3 SGB IX gesondert geregelt (⌾ SG Dresden Urteil vom 28. Februar 2011 – S 24 KN 625/09, zit. nach JURIS; GK-SGB IX / *Großmann* Rdnr. 355).

255 Ansprüche des behinderten Menschen auf sozialrechtliche Leistungen zur Rehabilitation gehen Ansprüchen nach dem Schwerbehindertenrecht vor (⌾ BSG Urteil vom 22. September 1981 a. a. O.; SG Dresden Urteil vom 28. Februar 2011 a. a. O.). Nur soweit kein Anspruch auf solche Rehabilitationsleistungen besteht, kommt ergänzend eine Ausstattungspflicht des Arbeitgebers gemäß § 81 Abs. 4 Satz 1 Nr. 4 und 5 SGB IX in Betracht.).

Dies folgt zum einen aus **§ 101 Abs. 2 SGB IX**. Danach bleiben die den Rehabilitationsträgern nach den geltenden Vorschriften obliegenden Aufgaben unberührt, wenn – gemäß § 101 Abs. 1 SGB IX, auf den § 101 Abs. 2 SGB IX Bezug nimmt – die besonderen Regelungen zur Teilhabe schwerbehinderter Menschen am Arbeitsleben nicht durch freie Entschließung der Arbeitgeber erfüllt werden und deshalb diese Regelungen von den Integrationsämtern und der Bundesagentur für Arbeit in enger Zusammenarbeit durchgeführt werden. Die Rehabilitationsträger haben somit ihre Leistungen auch dann zu erbringen, wenn der Arbeitgeber seiner Ausstattungspflicht nicht nachkommt und nunmehr für ihn das Integrationsamt (zusammen mit der Bundesagentur für Arbeit) tätig wird, insbesondere die nötige Arbeitsplatzausstattung nach § 102 Abs. 3 Satz 1 Nr. 1 Buchst. a SGB IX bereitstellt. Da aber Doppelleistungen bei der Arbeitsplatzausstattung nicht in Betracht kommen, kann § 101 Abs. 2 SGB IX nur als Regelung über den Vorrang der Rehabilitationsleistungen vor den Leistungen der Arbeitgeber und an deren Stelle der Integrationsämter bzw. der Bundesagentur für Arbeit verstanden werden (SG Dresden Urteil vom 28. Februar 2011 a. a. O.).

256 Zudem legt **§ 102 Abs. 5 Satz 2 Halbsatz 1 SGB IX** fest, dass Leistungen der Rehabilitationsträger nach § 6 Abs. 1 Nr. 1 bis 5 SGB IX, auch wenn auf sie ein Rechtsanspruch nicht

besteht, nicht deshalb versagt werden dürfen, weil nach den besonderen Regelungen für schwerbehinderte Menschen entsprechende Leistungen vorgesehen sind. Hieraus wird besonders deutlich, dass **zunächst die nötigen Rehabilitationsleistungen nach Teil 1 des SGB IX zu erbringen** sind, bevor die Leistungen nach den besonderen Regelungen für schwerbehinderte Menschen erbracht werden, wie sie in Teil 2 des SGB IX vorgesehen sind.

Schließlich ergibt sich der Vorrang der Teilhabeleistungen der Rehabilitationsträger ausdrücklich auch aus **§ 77 Abs. 5 Satz 1 SGB IX**, wonach die **Ausgleichsabgabe** nur für besondere Leistungen zur Förderung der Teilhabe schwerbehinderter Menschen am Arbeitsleben verwendet werden darf, soweit Mittel für denselben Zweck **nicht von anderer Seite zu leisten** sind oder geleistet werden (vgl. zum Ganzen in: GK-SGB IX / *Spiolek* § 101 SGB IX Rdnr. 43 f.; Hauck / Noftz / *Großmann* SGB III, Stand: Juli 2009, § 109 Rdnr. 261; jeweils m. w. Nachw.).

Dies entspricht zudem der Rechtsprechung des BSG (Urteil vom 22. September 1981 – 1 RA 11/80 –, SozR 2200 § 1237a Nr. 18) zum SchwbG, das in der damaligen, bis 31. Juli 1986 geltenden Fassung in § 11 Abs. 3 Satz 2, § 27 und § 28 Abs. 4 Satz 2 SchwbG identische Regelungen zu den heutigen Vorschriften in § 81 Abs. 4 Satz 1 Nr. 5, § 101 und § 102 Abs. 5 Satz 2 SGB IX enthielt, aus denen das BSG den Vorrang der Rehabilitationsleistungen (heute Teilhabeleistungen) vor den Leistungen der Arbeitgeber nach den besonderen Regelungen des SchwbG (heute nach Teil 2 des SGB IX) mit den gleichen Argumenten, wie oben dargelegt, hergeleitet hat. Daran hat sich seitdem nichts geändert. Vielmehr sollte diese Rechtslage nach dem Willen des Gesetzgebers auch unter Geltung des SGB IX ausdrücklich beibehalten werden (vgl. BT-Drs. 14/5074, S. 112 [zu §§ 75 bis 78] und S. 113/114 [zu den §§ 101 und 102]; zum Ganzen SG Dresden Urteil vom 28. Februar 2011 a. a. O.). 257

Bei der Beschaffung technischer Arbeitshilfen kommt die Möglichkeit einer zumindest teilweisen **Übernahme der Kosten aus Mitteln der Ausgleichsabgabe** in Betracht (vgl. § 77 Abs. 5, § 102 Abs. 3 SGB IX i. V. m. §§ 15, 26 SchwbAV). Der Arbeitgeber muss sich in einem angemessenen Verhältnis an den Gesamtkosten beteiligen (vgl. § 15 Abs. 2, § 26 SchwbAV). Auch können zusätzliche Hilfen in Form von Zuschüssen zur behindertengerechten Ausgestaltung von Ausbildungs- und Arbeitsplätzen nach § 237 SGB III gewährt werden. In jedem Fall kann sich der Arbeitgeber bei Maßnahmen zur Einrichtung des Arbeitsplatzes von Arbeitsagentur und Integrationsamt beraten und unterstützen lassen (vgl. Neumann u. a. / *Neumann* Rdnr. 44). Insbesondere die Ingenieur-Fachdienste der Integrationsämter können hierbei wertvolle Hilfestellung geben (*Seidel* BehindertenR 2002, 50). 258

Verbleiben dann noch Restarbeiten, deren Erfüllung dem Arbeitnehmer wegen seiner Behinderung nicht möglich ist, kann der schwerbehinderte Arbeitnehmer grundsätzlich verlangen, dass er **nur mit leichteren Arbeiten beschäftigt** wird, sofern im Betrieb die Möglichkeit zu einer solchen Aufgabenumverteilung besteht. Das folgt aus Abs. 4 Satz 1 Nr. 4. Danach hat der schwerbehinderte Arbeitnehmer Anspruch auf eine **behinderungsgerechte Gestaltung der Arbeitsorganisation** (BAG Urteil vom 4. Oktober 2005 – 9 AZR 632/04 = BAGE 116, 121 = NJW 2006, 1691 = NZA 2006, 442 = BehindertenR 2006, 135 unter II 1 c aa der Gründe). 259

Die schuldhafte Verletzung der Pflicht des Arbeitgebers zur behinderungsgerechten Einrichtung von Arbeitsstätte und Ausstattung des Arbeitsplatzes kann **Schadensersatzansprüche des Arbeitnehmers** aus § 280 Abs. 1 BGB und § 823 Abs. 2 BGB i. V. m. § 81 Abs. 4 Satz 1 SGB IX begründen. Diese sind auf Ersatz der entgangenen Vergütung gerichtet (BAG Urteil vom 4. Oktober 2005 a. a. O. unter II 1 der Gründe; vgl. auch oben Rdnr. 207). Der **Arbeitnehmer** hat nach den allgemeinen Regeln grundsätzlich die primäre **Darlegungs- und Beweislast** für die anspruchsbegründenden Voraussetzungen des Schadensersatzanspruchs. Hat der Arbeitgeber allerdings seine **Erörterungspflichten nach § 84 Abs. 1 SGB IX verletzt**, trifft ihn die sekundäre Darlegungslast dafür, dass ihm auch unter Berücksichtigung der besonderen Arbeitgeberpflicht nach § 81 Abs. 4 SGB IX eine zumutbare Beschäftigung 260 des schwerbehinderten Arbeitnehmers nicht möglich war (BAG Urteil vom 4. Oktober 2005 a. a. O.).

7. Vorbehalt der Unzumutbarkeit oder Unverhältnismäßigkeit

261 Sämtliche in Abs. 4 Satz 1 genannten Ansprüche des Arbeitnehmers stehen unter dem Vorbehalt, dass ihre Erfüllung für den Arbeitgeber nicht unzumutbar und auch nicht mit unverhältnismäßigen Aufwendungen verbunden sein darf (**Abs. 4 Satz 3**). Auch dürfen nach dieser Bestimmung die staatlichen oder berufsgenossenschaftlichen Arbeitsschutzvorschriften oder beamtenrechtliche Vorschriften nicht entgegenstehen.

262 **Unverhältnismäßig** sind Maßnahmen, die nur mit einem **besonders hohen finanziellen Aufwand** durchgeführt werden können. Hierbei sind aber stets Unterstützungsleistungen durch Agentur für Arbeit, Integrationsamt und Rehabilitationsträger zu berücksichtigen.

263 Das **LAG Hamm** hatte im Urteil vom 9. August 2004 – 8 (17) Sa 1416/02, zit. nach JURIS, folgende Ansicht vertreten:

Eine über die Bereitstellung bestimmter technischer Hilfsmittel und die Änderung der Arbeitsorganisation hinausgehende **vollständige Umorganisation der Betriebsstätte sei** dem Arbeitgeber in der Regel **unzumutbar**. Die Vorschriften des Schwerbehindertenschutzes böten keine Grundlage dafür, dem Arbeitgeber den Verzicht auf eine bestimmte bürger- bzw. kundenfreundliche Dienstleistung – hier: Hilfe für Gemeindebürger beim Transport und Ausladen von Sperrmüll durch Müllwerker – allein deshalb vorzugeben, weil der einzelne schwerbehinderte Arbeitnehmer den hierbei auftretenden körperlichen Belastungen nicht gewachsen ist (LAG Hamm Urteil vom 9. August 2004 a. a. O.).

264 Dem hat aber das **BAG** als Revisionsinstanz im Urteil vom 4. Oktober 2005 (9 AZR 632/04 = BAGE 116, 121 = NJW 2006, 1691 = NZA 2006, 442 = BehindertenR 2006, 135) **widersprochen**: Der Arbeitgeber ist nach § 81 Abs. 4 Satz 1 Nr. 5 SGB IX verpflichtet, den Arbeitsplatz des schwerbehinderten Arbeitnehmers mit den erforderlichen technischen Arbeitshilfen auszustatten, wenn hierdurch eine Beschäftigung möglich wird. Verbleiben dann noch Restarbeiten, deren Erfüllung dem Arbeitnehmer wegen seiner Behinderung nicht möglich ist, kann der schwerbehinderte Arbeitnehmer verlangen, dass er nur mit leichteren Arbeiten beschäftigt wird, sofern im Betrieb die **Möglichkeit** zu einer solchen **Aufgabenumverteilung** besteht. Denn nach § 81 Abs. 4 Satz 1 Nr. 4 SGB IX hat der schwerbehinderte Arbeitnehmer **Anspruch auf eine behinderungsgerechte Gestaltung der Arbeitsorganisation**. Der Anspruch des schwerbehinderten Arbeitnehmers auf behinderungsgerechte Gestaltung und Ausstattung des Arbeitsplatzes nach § 81 Abs. 4 Satz 1 Nr. 1 bis 5 SGB IX besteht gem. Abs. 4 Satz 3 der Vorschrift nur dann nicht, wenn dies dem Arbeitgeber nicht zumutbar oder mit unverhältnismäßigen Aufwendungen verbunden wäre (BAG Urteil vom 4. Oktober 2005 a. a. O.).

265 Die **Unverhältnismäßigkeit** ist besonders dann zu bejahen, wenn der finanzielle Aufwand nicht sicher zu einer Dauerbeschäftigung des schwerbehinderten Menschen führt oder der umgestaltete Arbeitsplatz nur noch für begrenzte Zeit wegen des absehbaren Rentenbezugs genutzt werden kann (*Müller-Wenner* / Winkler Rdnr. 85; Hauck / Noftz / *Schröder* Rdnr. 41).

266 **Unzumutbar** können geforderte Maßnahmen insbesondere dann sein, wenn hierdurch andere Arbeitsplätze gefährdet werden oder gravierende sonstige Nachteile für andere Arbeitnehmer entstehen (z. B. erhebliche Belastungen durch eine andere Verteilung körperlich besonders schwerer Arbeiten mit der Gefahr körperlicher Beeinträchtigungen). So ist der Arbeitgeber z. B. berechtigt, Teilzeitarbeit nach Abs. 5 Satz 3 zu verweigern, wenn er deshalb Änderungen in der Arbeitsorganisation vornehmen müsste, die einen Eingriff in andere Arbeitsverhältnisse erforderten, nämlich durch Abgabe von Aufgaben eines anderen vollzeitbeschäftigten Mitarbeiters (LAG Schleswig Holstein Urteil vom 23. Oktober 2001 – 3 Sa 393/01 = LAG-Report 2002, 29), nicht aber nur deshalb, weil er befürchtet, dass es zu Ausei-

nandersetzungen über die Verteilung der Arbeitszeit kommen wird (🏛 ArbG Frankfurt a. M. Urteil vom 27. März 2002 – 2 Ca 5484/01 = NZA-RR 2002, 573 [574]; ErfK / *Rolfs* Rdnr. 16).

Soweit verlangte Maßnahmen die **wirtschaftliche Lage des Unternehmens überfordern**, können sie ebenfalls unzumutbar sein. Allerdings sind auch hier mögliche Unterstützungsleistungen insbesondere durch das Integrationsamt und die Agentur für Arbeit zu berücksichtigen. Auch kommt es vor allem auf die Größe und wirtschaftliche Leistungsfähigkeit des Unternehmens an. Nicht zuletzt ist in eine etwaige Abwägung die Frage einzubeziehen, ob das Unternehmen seine Beschäftigungspflicht bereits erfüllt hat (vgl. *Müller-Wenner* / *Winkler* Rdnr. 86). 267

Jedenfalls aber hat der **Arbeitgeber substanziiert vorzutragen**, weshalb die möglichen organisatorischen Veränderungen für ihn unzumutbar oder mit unverhältnismäßigen Aufwendungen verbunden wären (🏛 BAG Urteil vom 14. März 2006 – 9 AZR 411/05 = NJW 2006, 3740 = NZA 2006, 1214 = BehindertenR 2007, 76). 268

E) zu Abs. 5

1. Förderung der Einrichtung von Teilzeitarbeitsplätzen

Die Arbeitgeber sind verpflichtet, die Einrichtung von Teilzeitarbeitsplätzen zu fördern (**Abs. 5 Satz 1**). Diese seit Langem bestehende Vorschrift hat allerdings nur noch geringe praktische Bedeutung. Denn der Anspruch auf Verringerung der Arbeitszeit ist allgemein in § 8 TzBfG geregelt und speziell für schwerbehinderte Menschen in Abs. 5 Satz 3. Beide Ansprüche bestehen nebeneinander. Der schwerbehinderte Arbeitnehmer kann sich neben Abs. 5 Satz 3 auch auf den allgemeinen Anspruch nach dem TzBfG berufen (*Müller-Wenner* / *Winkler* Rdnr. 88; *Hanau* NZA 2001, 1168 [1173]; vgl. auch Rdnr. 279). 269

Die **allgemeine Förderungspflicht** des Arbeitgebers wirkt sich allerdings bei **Neueinstellungen** aus, da es keinen Anspruch auf Begründung eines Teilzeitarbeitsverhältnisses gibt (Neumann [Hrsg.] HB-SGB IX / *Deinert* § 18 Rdnr. 34). 270

Einen **Anreiz** schafft insoweit die Möglichkeit, Teilzeitarbeitsplätze von mehr als 18 Wochenstunden **auf die Pflichtplatzquote als vollen Arbeitsplatz anzurechnen** (vgl. § 75 Abs. 2 Satz 3 SGB IX). Teilzeitarbeitsplätze sind nach der **Legaldefinition in § 2 TzBfG** Stellen mit kürzerer wöchentlicher Arbeitszeit als der eines vollzeitbeschäftigten Arbeitnehmers, welche einer gleichen oder ähnlichen Tätigkeit im Betrieb nachgeht. Falls ein vergleichbarer Arbeitnehmer im Betrieb nicht vorhanden ist, wird auf einen vergleichbaren Arbeitnehmer nach dem anwendbaren Tarifvertrag abgestellt bzw. auf den Tarifvertrag, der anwendbar wäre, wenn Tarifbindung vorläge. 271

Arbeitgeber werden bei der Einrichtung von Teilzeitarbeitsplätzen von den **Integrationsämtern** unterstützt (**Abs. 5 Satz 2**). 272

2. Einklagbarer Anspruch auf Teilzeitbeschäftigung

a) Grundsatz

Schwerbehinderte Menschen haben einen einklagbaren Anspruch auf Teilzeitbeschäftigung, wenn die kürzere Arbeitszeit wegen Art oder Schwere der Behinderung notwendig ist (**Abs. 5 Satz 3 Halbsatz 1**). Aus dieser Vorschrift kann sich ein Anspruch auf Reduzierung der wöchentlichen Arbeitszeit ergeben. Ein Recht auf eine **konkrete Verteilung der wöchentlichen Arbeitszeit** ist hieraus jedoch **nicht** unmittelbar **abzuleiten** (🏛 LAG Köln Urteil 5. vom November 2009 – 5 Sa 601/09 = BehindertenR 2010, 212 unter 2 a der Gründe; vgl. auch unten Rdnrn. 276 und 290). 273

Teilzeitarbeit stellt einen wesentlichen Beitrag zur Eingliederung schwerbehinderter Menschen in das Arbeitsleben dar (vgl. hierzu eingehend *Seidel* BehindertenR 2001, 153; *Hamann* BB Beilage 2005 Nr. 6, 2; *Blens* ZMV 2003, 58). Die **Notwendigkeit** muss nach den jeweiligen Umständen des Einzelfalles bestimmt werden. Sie kann darauf beruhen, dass der 274 schwerbehinderte Arbeitnehmer Schwierigkeiten bei der Ausübung der Tätigkeit selbst hat, z. B. durch Ermüdungserscheinungen und Konzentrationsprobleme nach einer bestimmten zeitlichen Beanspruchung. Jedoch kann die Art der Behinderung auch deshalb kürzere Arbeitszeiten erfordern, weil längere An- und Abfahrtszeiten andernfalls zu überlanger Abwesenheit von der Wohnung führen (Neumann u. a. / *Neumann* Rdnr. 46). Die Voraussetzungen sind vom Arbeitnehmer darzulegen und unter Beweis zu stellen, z. B. durch ein ärztliches Attest oder auch ein medizinisches Sachverständigengutachten (Hauck / Noftz / *Schröder* Rdnr. 46). Legt der schwerbehinderte Arbeitnehmer eine ärztliche Bescheinigung vor, dergemäß eine Verkürzung der Arbeitszeit aus gesundheitlichen Gründen indiziert ist, obliegt es dann ggf. dem Arbeitgeber, deren Beweiskraft zu erschüttern (🏛 ArbG Frankfurt a. M. Urteil vom 27. März 2002 – 2 Ca 5484/01 = NZA-RR 2002, 573).

275 Der **Teilzeitanspruch des schwerbehinderten Menschen** ist in mehrfacher Hinsicht gegenüber dem in § 8 Abs. 1 TzBfG geregelten allgemeinen Anspruch auf Verringerung der Arbeitszeit **privilegiert**. Er kann **auch in Kleinbetrieben** geltend gemacht werden und ist nicht davon abhängig, dass das **Arbeitsverhältnis mindestens sechs Monate** besteht. Außerdem kann auch eine zeitlich befristete Herabsetzung der Arbeitszeit beansprucht werden (🏛 vgl. BAG Urteil vom 14. Oktober 2003 – 9 AZR 100/03 = BAGE 108, 77 = AP Nr. 3 zu § 81 SGB IX = NZA 2004, 614 = BehindertenR 2004, 119). Wie beim allgemeinen Teilzeitanspruch sieht das Gesetz keinerlei Beschränkungen des Umfangs der Arbeitszeitverringerung vor. Auch eine Verringerung der Arbeitszeit um mehr als $^2/_3$ ist grundsätzlich nicht ausgeschlossen (🏛 vgl. ArbG Essen Urteil vom 19. Juni 2002 – 5 Ca 1373/01 = NZA-RR 2001, 573 zu § 8 TzBfG).

276 Der Arbeitnehmer kann nur die Verringerung der arbeitsvertraglich vereinbarten Arbeitszeit und die **Verteilung innerhalb des vereinbarten Arbeitszeitmodells, z. B. Wochen- oder Monatsarbeitszeit**, nicht jedoch eine davon losgelöste Aufteilung z. B. in monatlichen Phasen voller Arbeitsleistung und Phasen gänzlicher Arbeitsbefreiung beanspruchen (🏛 LAG Düsseldorf Urteil vom 17. Mai 2006 – 12 Sa 175/06 = DB 2006, 1682; a. A. 🏛 LAG Düsseldorf Urteil vom 1. März 2002 – 18 (4) Sa 1269/01 = NZA-RR 2002, 407 = DB 2002, 1222, vgl. auch oben Rdnrn. 273 und 276).

b) Entstehung und Geltendmachung des Anspruchs

277 Für die Geltendmachung dieses Anspruchs ist des Weiteren weder eine Form noch eine Frist noch ein Verfahren vorgeschrieben. Deshalb kann der schwerbehinderte Mensch bei Verschlimmerung seines Leidens den Anspruch **mit sofortiger Wirkung geltend machen** (LPK-SGB IX / *Düwell* Rdnr. 117).

278 Die Vorschrift begründet i. V. m. Abs. 4 Nr. 1 für den schwerbehinderten Menschen einen **individualrechtlichen Anspruch auf tatsächliche Beschäftigung mit der verringerten Arbeitszeit**, die wegen Art und Schwere der Behinderung notwendig ist. Dieser schwerbehindertenrechtliche Beschäftigungsanspruch **entsteht unmittelbar bei Vorliegen der gesetzlichen Voraussetzungen** (🏛 BAG Urteil vom 14. Oktober 2003 – 9 AZR 100/03 = BAGE 108, 77 = AP Nr. 3 zu § 81 SGB IX = NZA 2004, 614 = BehindertenR 2004, 119 unter Hinw. auf 🏛 BAG Urteil vom 10. Juli 1991 – 5 AZR 383/90 = BAGE 68, 141 [149] m. w. Nachw. sowie auf 🏛 BAG Urteil vom 3. Dezember 2002 – 9 AZR 481/01 = BAGE 104, 45 = AP Nr. 2 zu § 81 SGB IX = BehindertenR 2003, 114).

279 Die Vorschrift begründet i. V. m. § 81 Abs. 4 Nr. 1 SGB IX für den schwerbehinderten Menschen einen **individualrechtlichen Anspruch auf tatsächliche Beschäftigung mit der verringerten Arbeitszeit**, die wegen Art und Schwere der Behinderung notwendig ist. Dieser schwerbehindertenrechtliche Beschäftigungsanspruch entsteht unmittelbar bei Vorliegen der gesetzlichen Voraussetzungen. Es bedarf **keiner vorhergehenden Vertragsänderung** (🏛 BAG Urteil vom 14. Oktober 2003 – 9 AZR 100/03 = BAGE 108, 77 = AP Nr 3 zu § 81 SGB IX = BehindertenR 2004, 119; Weyand / Schubert Das neue Schwerbehindertenrecht 2. Aufl. Rdnrn. 185 f.; LPK-SGB IX / *Düwell* Rdnr. 118 und *Müller-Wenner* / Winkler

Rdnr. 100, jeweils unter Aufg. der in d. Voraufl. vertr. Ansicht; a. A. ⚖ ArbG Frankfurt a. M. Urteil vom 27. März 2002 – 2 Ca 5484/0 1 = NZA-RR 2002, 573) und damit **keiner Leistungsklage** des Arbeitnehmers mit dem Ziel, die **Willenserklärung des Arbeitgebers zu ersetzen** (so aber ⚖ ArbG Bonn Urteil vom 20. Juni 2001 – 2 Ca 1414/01 EU = NZA 2001, 974).

Der Wortlaut des § 81 Abs. 5 Satz 3 SGB IX bietet keinen Anhalt für die Annahme, der Arbeitgeber müsse zuvor einem Verlangen des Arbeitnehmers auf Arbeitszeitverringerung zustimmen (⚖ BAG Urteil vom 14. Oktober 2003 a. a. O.). Der schwerbehinderte Mensch kann vielmehr – **ohne an Formen und Fristen gebunden** zu sein – **jederzeit verlangen, nur noch in einem seiner Behinderung Rechnung tragenden zeitlichen Umfang** eingesetzt zu werden. Ihm soll ermöglicht werden, ohne Gefährdung seiner Gesundheit weiterhin aktiv am beruflichen Leben teilzuhaben. Ihm wird deshalb ermöglicht, durch den Zugang seines Verlangens beim Arbeitgeber eine behinderungsgerechte Verringerung der vertraglich geschuldeten Arbeitszeit zu bewirken. Wird entsprechend die Arbeitszeit verkürzt, besteht nach § 81 Abs. 4 Nr. 1 SGB IX ein dem verbliebenen Leistungsvermögen entsprechender Anspruch auf tatsächliche Beschäftigung (⚖ BAG Urteil vom 14. Oktober 2003 a. a. O.). **280**

Allerdings ist der schwerbehinderte Arbeitnehmer folgerichtig auch **an sein Verlangen auf Reduzierung der Arbeitszeit gebunden**, sobald es als empfangsbedürftige Willenserklärung dem Arbeitgeber zugegangen ist. Diese ist nicht frei widerruflich (vgl. § 130 Abs. 1 BGB). Nur wenn der Arbeitgeber bei erneuter Meinungsänderung des Betroffenen mit einer Beibehaltung der bisherigen Arbeitszeit einverstanden ist, kann dies nach allgemeinen Vertragsgrundsätzen die durch das Teilzeitverlangen bewirkte Änderung aufheben. Auch bei Verbesserung der Leistungsfähigkeit kann – spiegelbildlich zu den vom ⚖ BAG im Urteil vom 3. Dezember 2002 dargelegten Rechtsgrundsätzen – die Verringerung wieder rückgängig gemacht werden (LPK-SGB IX / *Düwell* Rdnr. ##). **281**

c) Rechtliche Unterschiede zum allgemeinen Teilzeitanspruch nach § 8 Abs. 4 TzBfG

Hierin unterscheidet sich der Anspruch aus § 81 Abs. 5 SGB IX von dem allgemeinen Recht des Arbeitnehmers auf Teilzeitbeschäftigung nach § 8 Abs. 4 Satz 1 TzBfG: Begehrt ein Arbeitnehmer die – vom Arbeitgeber vorgerichtlich verweigerte – Zustimmung zur Verringerung seiner Arbeitszeit nach jener Vorschrift, hat er die **Verurteilung zur Abgabe einer Willenserklärung** zu verlangen (vgl. ⚖ BAG Urteil vom 18. Februar 2003 – 9 AZR 164/02 = BAGE 105, 107 = NJW 2004, 386 = AP Nr. 2 zu § 8 TzBfG; ⚖ Urteil vom 27. April 2004 – 9 AZR 522/03 = BAGE 110, 232 = NZA 2004, 1225 = AP Nr. 12 zu § 8 TzBfG; ErfK / *Preis* § 8 TzBFG Rdnr. 2 m. w. Nachw.). Diese Willenserklärung gilt im Falle einer Verurteilung der Beklagten **mit der Rechtskraft des Urteils als abgegeben** (§ 894 ZPO). Wird der Arbeitgeber im Zusammenhang mit der Ablehnung eines Teilzeitwunsches verurteilt, die verkürzte Arbeitszeit in bestimmter Weise festzulegen, so wird gem. § 894 ZPO eine entsprechende Weisung des Arbeitgebers zwar erst mit Rechtskraft des Urteils fingiert. Auch eine **Verurteilung zu einer rückwirkenden Verringerung der Arbeitszeit** ist seit 1. Januar 2002 zulässig (⚖ BAG Urteil vom 27. April 2004 – 9 AZR 522/03 = BAGE 110, 232 = AP Nr. 12 zu § 8 TzBfG = NZA 2004, 1225 unter Hinweis auf § 311a Abs. 1 BGB i. d. F. des Gesetzes zur Modernisierung des Schuldrechts vom 26. November 2001, BGBl. I. 3138). **282**

Nach allgemeiner Auffassung kann der Anspruch des Arbeitnehmers auf Verringerung seiner Arbeitszeit gem. § 8 Abs. 1 TzBfG auch im Wege des **vorläufigen Rechtsschutzes** durch Erlass einer **einstweiligen Verfügung** durchgesetzt werden (⚖ LAG Düsseldorf Beschluss vom 4. Dezember 2003 – 11 Sa 1507/03 = NZA-RR 2004, 181; ⚖ LAG Hamm Urteil vom 6. Mai 2002 – 8 Sa 641/02 = NZA-RR 2003, 178; ⚖ LAG Berlin Urteil vom 20. Februar 2002 – 4 Sa 2243/01 = NZA 2002, 858; ErfK / *Preis* § 8 TzBfG Rdnr. 52 m. w. Nachw.). Rechtsgrundlage für den Erlass der einstweiligen Verfügung sind die Vorschriften der §§ 935 ff. ZPO. Eine solche einstweilige Verfügung kommt allerdings **nur in Ausnahmefällen** in Betracht. Weil die Hauptsache vorweggenommen wird und es sich um eine Befriedigungsverfügung **283** handelt, ist ein Verfügungsgrund nur dann gegeben, wenn der Arbeitnehmer seinerseits Gründe darlegen kann, welche ergeben, dass er **auf die Arbeitszeitreduzierung dringend angewiesen** ist (ErfK / *Preis* a. a. O.). Für den Anspruch auf Teilzeit nach § 8 TzBfG wird der Verfügungsgrund vor allem dann bejaht, wenn die Verringerung der Arbeitszeit aus familiären Gründen dringend und unumgänglich ist (vgl. z. B.: ⌨ LAG Düsseldorf Beschluss vom 4. Dezember 2003 a. a. O.).

284 Auch wenn derartige Umstände auf Seiten des Arbeitnehmers vorliegen, ist kein Raum für eine einstweilige Verfügung, wenn der Verfügungsanspruch nicht gegeben ist. Der Arbeitgeber kann auch im Rahmen des einstweiligen Verfügungsverfahrens **entgegenstehende betriebliche Gründe** geltend machen (ErfK / *Preis* § 8 TzBfG Rz. 52).

285 An Darlegung und Glaubhaftmachung von Verfügungsanspruch und Verfügungsgrund sind **strenge Anforderungen** zu stellen. Weil durch den Erlass einer Leistungsverfügung die Hauptsache teilweise vorweggenommen wird, kommt eine entsprechende gerichtliche Entscheidung nur in Betracht, wenn ein Obsiegen des Verfügungsklägers in der Hauptsache überwiegend wahrscheinlich und die angestrebte einstweilige Regelung dringend geboten ist. Ferner muss die Abwägung der beiderseitigen Interessen ergeben, dass dem Verfügungsbeklagten eher als dem Verfügungskläger das Risiko zuzumuten ist, die weitere Aufklärung des Sachverhalts im Hauptsacheverfahren könne dort zu einer abweichenden Beurteilung der Rechtslage führen (⌨ LAG Hamm Urteil vom 6. Mai 2002 a. a. O.; ⌨ LAG Hamburg Urteil vom 4. September 2006 – 4 Sa 41/06 = NZA-RR 2007, 122). Eine **Beschränkung auf Notfälle** (so aber ⌨ ArbG Stuttgart Urteil vom 14. Oktober 2005 – 18 Ga 110/05, zit. nach JURIS) als Maßstab erscheint allerdings **zu eng** (ebenso ⌨ LAG Hamburg Urteil vom 4. September 2006 a. a. O.; ⌨ LAG Berlin Urteil vom 20. Februar 2002 a. a. O.). Vielmehr ist bei der Interessenabwägung auf die Wahrscheinlichkeit des Obsiegens in der Hauptsache und das Gewicht des drohenden Nachteils auf beiden Seiten abzustellen.

286 Zusammengefasst ist zu **prüfen**, ob der Erlass einer **einstweiligen Verfügung zur Sicherung des effektiven Rechtsschutzes dringend geboten** ist, um einen Verfügungskläger auch verfahrensmäßig abzusichern, da die Versagung einer einstweiligen Verfügung ebenso einen endgültigen Zustand zuungunsten des Verfügungsklägers herbeiführt wie eine Vorwegnahme der Hauptsache durch Erlass der einstweiligen Verfügung auf Seiten des Verfügungsbeklagten (⌨ LAG Berlin Urteil vom 20. Februar 2002 a. a. O.).

287 Auf der Grundlage dieses Beurteilungsmaßstabes folgt für den Fall einer einstweiligen Verfügung auf Verringerung der Arbeitszeit und deren Verteilung: Die dem nach § 8 Abs. 1 TzBfG glaubhaft gemachten Verfügungsanspruch des Arbeitnehmers seitens des Arbeitgebers entgegengesetzten betrieblichen Gründe gem. § 8 Abs. 4 Satz 1 TzBfG müssen zwar nicht dringend sein, jedoch muss die **wunschgemäße Verringerung der Arbeitszeit mit wesentlichen Nachteilen verbunden** sein, um den Arbeitgeber zur **Ablehnung der Arbeitszeitverkürzung** zu berechtigen (so auch ⌨ LAG Rheinland-Pfalz Urteil vom 12. April 2002 – 3 Sa 161/02 = NZA 2002, 856). Darüber hinausgehende strengere Maßstäbe sind auch für den einstweiligen Rechtsschutz auf Verringerung der Arbeitszeit nicht gefordert. Mit einer Prüfung von Verfügungsanspruch und Verfügungsgrund entsprechend den oben dargelegten Rechtsgrundsätzen ist bereits ein besonders strenger Maßstab gesetzt, der die Anforderungen an einstweiligen Rechtsschutz für beide Parteien hinreichend und angemessen umschreibt. Andernfalls wäre der verfassungsrechtlich gestützte Anspruch auf effektiven Rechtsschutz, der einstweilige Regelungen auch im Falle der Verringerung der Arbeitszeit gebietet, infrage gestellt (⌨ LAG Hamburg Urteil vom 4. September 2006 a. a. O.).

288 Die durch das Arbeitsgericht im Wege einer einstweiligen Verfügung angeordnete vorläufige Arbeitszeitregelung kann vom Arbeitgeber nicht mittels einer Änderungskündigung angegriffen werden (⌨ LAG Schleswig-Holstein Urteil vom 18. Dezember 2003 – 4 Sa 96/03, zit. nach JURIS).

d) Konkurrenz der Ansprüche auf Teilzeitbeschäftigung

Die **Ansprüche aus § 81 Abs. 5 Satz 3 und § 8 TzBfG stehen nebeneinander** (vgl. *Hanau* NZA 2001, 1168 [1173]; ErfK / *Rolfs* Rdnr. 20). Grundsätzlich ist der von einem schwerbehinderten Menschen erhobene Anspruch unter beiden Gesichtspunkten auf seine Berechtigung zu prüfen (*Rolfs* RdA 2001, 129 [138 f.]). Für den Anspruch aus § 8 TzBfG ist es unerheblich, aus welchen Gründen der Arbeitnehmer seine Arbeitszeit verringern möchte (BAG Urteil vom 9. Dezember 2003 – 9 AZR 16/03 = BAGE 109, 81 = AP Nr. 8 zu § 8 TzBfG = NZA 2004, 921). 289

Ist tarifvertraglich für Vollzeitbeschäftigte eine durchschnittlich **wöchentliche Arbeitszeit** von 39 Stunden festgelegt, bildet die **Arbeitswoche den Bezugsrahmen** und zugleich die **Grenze für die Verteilung der Arbeitszeit**. Zwar kann die – verringerte – Arbeitszeit innerhalb einer Arbeitswoche auch abweichend verteilt werden; andererseits ist damit aber auch festgelegt, dass in jeder Arbeitswoche Arbeitsstunden zu leisten sind und ein Nullarbeitszeit für Arbeitswochen nicht aus § 8 TzBfG beansprucht werden kann (ebenso LAG Düsseldorf Urteil vom 17. Mai 2006 – 12 Sa 175/06 = DB 2006, 1682; LAG Köln Urteil vom 23. November 2009 – 5 Sa 601/09 = BehindertenR 2010, 212). Aus § 8 TzBfG lässt kein Anspruch darauf herleiten, die durch die Verringerung der Arbeitszeit auf die Hälfte verbleibende Arbeitszeit in der Weise zu verteilen, dass im Wechsel ein Monat gearbeitet wird und ein Monat arbeitsfrei ist (LAG Köln Urteil vom 23. November 2009 a. a. O.). 290

Darüber hinaus kann ein schwer behinderter Mensch, der seine Arbeitszeit bereits nach § 81 Abs. 5 SGB IX vermindert hat, eine **weitere Reduzierung** auf der Grundlage des § 8 TzBfG **auch vor Ablauf der Zweijahresfrist des § 8 Abs. 6 TzBfG** verlangen. Diese gilt nämlich nur im Verhältnis mehrerer auf das TzBfG gestützte Ansprüche zueinander; sie betrifft nicht die Kombination von Teilzeitansprüchen nach unterschiedlichen Gesetzen (ErfK / *Rolfs* Rdnr. 20). Allerdings schließen Sinn und Zweck des § 81 Abs. 5 Satz 3 SGB IX ein **anschließendes Verlängerungsverlangen nach § 9 TzBfG** aus, es sei denn, der gesundheitliche Zustand des schwerbehinderten Menschen hätte sich soweit verbessert, dass eine Teilzeitbeschäftigung wegen Art und Schwere der Behinderung nicht mehr notwendig wäre (*Rolfs* RdA 2001, 129 [139]). 291

Aus dem Anspruch des schwerbehinderten Menschen auf Teilzeitbeschäftigung gem. Abs. 5 Satz 3 ergibt sich aber **kein Vorrecht** bei der Begründung eines **Altersteilzeitarbeitsverhältnisses** mit den tariflich bestimmten Aufstockungsleistungen des Arbeitgebers. Der Anspruch ist nicht auf Herabsetzung der Arbeitszeit unter Inanspruchnahme der Vorteile der Altersteilzeit nach § 1 Abs. 1 AltersteilzeitG gerichtet (BAG Urteil vom 26. Juni 2001 – 9 AZR 244/00 = BAGE 98, 114 = NZA 2002, 44 = AP Nr. 2 zu § 3 ATG; LPK-SGB IX / *Düwell* Rdnr. 121). Die Vertragsfreiheit des Arbeitgebers hinsichtlich des Abschlusses von Altersteilzeitvereinbarungen wird durch Abs. 5 Satz 3 also nicht eingeschränkt. 292

Der Teilzeitanspruch führt nicht etwa zu einem Entgeltausgleich. Vielmehr besteht nur ein entsprechend **anteilig verminderter Vergütungsanspruch** (vgl. LAG Hamm Urteil vom 18. Februar 2002 – 8 Sa 620/01 = NZA 2002, 793 [797]; ErfK / *Preis* TzBfG § 8 Rdnr. 5 m. w. Nachw.; *Braasch* BehindertenR 2001, 177 [181]). 293

3. Ablehnungsgründe gegenüber dem Teilzeitanspruch

Auch der Anspruch des schwerbehinderten Menschen auf Teilzeitarbeit steht unter dem Vorbehalt, dass seine Erfüllung für den Arbeitgeber nicht unzumutbar oder nicht mit unverhältnismäßigen Aufwendungen verbunden sein darf. Die Vorschrift des Abs. 4 Satz 3 gilt entsprechend (**Abs. 5 Satz 3 Halbsatz 2**). Hierbei werden anders als in der für den allgemeinen Teilzeitanspruch geltenden Vorschrift des § 8 Abs. 4 TzBfG betriebliche Ablehnungsgründe nicht erwähnt. 294

Schon für den allgemeinen Teilzeitanspruch gem. § 8 TzBfG entspricht es ganz überwiegender Auffassung, dass ihn der **Arbeitgeber nur ablehnen** darf, wenn seine hiergegen ange- 295 führten **Gründe rational und nachvollziehbar** sind und ein **deutliches Gewicht** haben (🏛 BAG Urteil vom 18. Februar 2002 – 9 AZR 164/02 = BAGE 105, 107 = NJW 2004, 386; 🏛 BAG Urteil vom 14. Oktober 2003 – 9 AZR 636/02 = BAGE 108, 103 = AP Nr. 6 zu § 8 TzBfG). Insbesondere muss sich der Arbeitgeber auf eine **wesentliche Beeinträchtigung durch die Teilzeitarbeit** berufen können; weniger wesentliche Beeinträchtigungen müssen hingenommen werden (🏛 LAG Düsseldorf Urteil vom 19. April 2002 – 9 (12) Sa 11/02, zit. nach JURIS; 🏛 ArbG Stuttgart Urteil vom 5. Juli 2001 – 21 Ca 2762/01 = NZA 2001, 968; *Müller-Wenner* / Winkler Rdnr. 91 m. w. Nachw.).

296 Hieraus wird zutreffend gefolgert, dass die **Teilzeittätigkeit eines schwerbehinderten Menschen** für den Arbeitgeber nur beim Vorliegen **zwingender Gründe unzumutbar** sei (Hauck / Noftz / *Schröder* SGB IX Rdnr. 45; *Müller-Wenner* / Schorn Rdnr. 81). Die Beweislast hierfür trägt der Arbeitgeber.

297 Folgende **Fallgruppen** kommen in Betracht (vgl. *Müller-Wenner* / Winkler Rdnrn. 93 ff.):
– **Unzumutbare Änderungen der Arbeitsorganisation** oder im Arbeitsablauf.

Allerdings schließt nicht jeder Eingriff in die vom Arbeitgeber festgelegte Organisationsstruktur von vornherein die Zumutbarkeit aus. Insbesondere kann der Arbeitgeber nicht allein mit dem Einwand gehört werden, in dem Einsatzbereich des schwerbehinderten Arbeitnehmers seien **bislang nur Vollzeitkräfte** beschäftigt (vgl. 🏛 ArbG Hannover Urteil vom 31. Januar 2002 – 10 Ca 419/01 = NZA-RR 2002, 294 [296]). Denn nach Abs. 4 Nr. 4 kann der schwerbehinderte Arbeitnehmer auch behindertengerechte Veränderungen der Arbeitsorganisation verlangen (vgl. auch 🏛 LAG Köln Urteil vom 15. März 2006 – 3 Sa 1593/05 = NZA-RR 2006, 515 zur Darlegungslast des Arbeitgebers bei Berufen auf Vollschichtbetrieb im Rahmen von § 8 TzBfG).

298 – **Kein Ausgleich der Arbeitszeitreduzierung durch zusätzliches Personal möglich.**

An diese Behauptung sind allerdings **strenge Anforderungen** zu stellen. Insbesondere muss der Arbeitgeber konkret darlegen, welche Bemühungen er aufgrund von Stellenausschreibungen und Anfragen beim Arbeitsamt unternommen hat (vgl. für den Teilzeitanspruch nach § 15 Abs. 7 BErzGG *Lindemann / Simon* NJW 2001, 258 [262]). Bereits gegenüber dem allgemeinen Teilzeitanspruch reicht die Behauptung bloßer Schwierigkeiten bei der Suche nach geeigneten Teilzeitkräften nicht aus. Entgegenstehende betriebliche Gründe im Sinne des § 8 Abs. 4 Satz 1 TzBfG liegen vor, wenn der Arbeitgeber **nachweist**, dass eine dem **Berufsbild des teilzeitarbeitenden Arbeitnehmers entsprechende zusätzliche Arbeitskraft weder im Betrieb selbst noch auf dem für ihn maßgeblichen Arbeitsmarkt** zur Verfügung steht (🏛 LAG Hamm Urteil vom 15. November 2004 – 10 Sa 232/02, zit. nach JURIS). Dazu bedarf es regelmäßig der Nachfrage bei der Agentur für Arbeit und der inner- und / oder außerbetrieblichen Stellenausschreibung (🏛 BAG Urteil vom 27. April 2004 – 9 AZR 522/03 = BAGE 110, 232 = AP Nr. 12 zu § 8 TzBfG = NZA 2004, 1225). Dies erfordert die Ausschreibung der Stelle als Teilzeitarbeitsplatz (🏛 ArbG Essen Urteil vom 19. Juni 2001 – 5 Ca 1373/01 = NZA-RR 2001, 573). Hierbei darf der Arbeitgeber in der Stellenausschreibung aber **nicht Anforderungen aufstellen**, die **nicht erforderlich** sind (🏛 BAG Urteil vom 14. Oktober 2003 – 9 AZR 636/02 = BAGE 108, 103 = AP Nr. 6 zu § 8 TzBfG). Der Umstand, dass der Arbeitgeber zu hohe fachliche Anforderungen an die einzustellende Ersatzkraft gestellt hat, ist nur dann unbeachtlich, wenn feststeht, dass eine Ersatzkraft auch ohne diese spezielle Qualifikation auf dem Arbeitsmarkt nicht zur Verfügung stand (🏛 LAG Hamm Urteil vom 15. November 2004 a. a. O.).

299 – **Unteilbarer Arbeitsplatz aufgrund besonderer Qualifikation des schwerbehinderten Arbeitnehmers** oder wegen besonderer Anforderungen an diesem Arbeitsplatz.

Auch hieran sind aber strenge Anforderungen zu stellen, um dem Teilzeitanspruch des schwerbehinderten Menschen die Wirksamkeit zu erhalten. Deshalb **genügt nicht der pauschale Hinweis** des Arbeitgebers **auf die Unteilbarkeit des Arbeitsplatzes**, die möglichst effektive Verwirklichung des Organisationskonzepts und Gestaltung des Arbeitsablaufs und den zusätzlichen Aufwand durch „Übergaben" oder „Dokumentationen". Allein ein solcher Hinweis vermag nicht betrieblichen Gründen ein derartiges Gewicht beizumessen, dass sie zwingend den Einsatz von ausschließlich Vollzeitkräften erforderten (vgl. BAG Urteil vom 18. Mai 2004 – 9 AZR 319/03 = BAGE 110, 356 = NZA 2005, 108 zu § 8 TzBfG).

Sind **im selben Bereich bereits Teilzeitbeschäftigungen vorhanden**, greift der Einwand nicht durch. In jedem Fall muss geprüft werden, inwieweit eine Verkleinerung des Zuständigkeitsbereichs des schwerbehinderten Arbeitnehmers ggf. die Einhaltung bestimmter arbeitsvertraglicher Pflichten auch bei Teilzeitbeschäftigung erleichtern kann (vgl. ArbG Freiburg Urteil vom 4. September 2001 – 7 Ca 143/01 = NZA 2002, 216; *Lindemann* BB 2001, 146 [149] zum allgemeinen Teilzeitanspruch). 300

– **Unverhältnismäßige Aufwendungen.** 301

Bereits gegenüber dem allgemeinen Teilzeitanspruch ist anerkannt, dass allein durch die Einführung der Teilzeitarbeit und die Einstellung einer Zusatzkraft entstehende **Kosten vom Gesetzgeber in Kauf genommen** worden sind (ArbG Mönchengladbach Urteil vom 30. Mai 2001 – 5 Ca 1157/01 = NZA 2001, 970), auch in der Erwartung möglicher Kosteneinsparungen durch Produktivitätssteigerungen und bessere Kapitalnutzung (vgl. BT-Drucks. 14/4374 S. 3). Die zusätzliche **Kostenbelastung** muss deshalb **unverhältnismäßig** hoch sein, um einen Ablehnungsgrund abzugeben. Damit lässt der Gesetzgeber auch rein wirtschaftliche Gesichtspunkte als Ablehnungsgrund zu. Die Unverhältnismäßigkeit ist zu bejahen, wenn die wirtschaftlichen Auswirkungen **für den Arbeitgeber nicht mehr tragbar** sind (LAG Düsseldorf Urteil vom 19. April 2002 – 9 (12) Sa 11/02, zit. nach JURIS).

Unverhältnismäßige Aufwendungen können in diesem Zusammenhang deshalb nur **besondere Zusatzkosten** sein, die zu anderen Kostenfaktoren ins Verhältnis gesetzt werden müssen (vgl. ArbG Bonn Urteil vom 20. Juni 2001 – 2 Ca 1414/01 EU = NZA 2001, 973 [975]). Denkbar wären z. B. zusätzliche Transportkosten, wenn einzelne Arbeitnehmer zu unterschiedlichen Zeiten von Einsatzorten wie Baustellen abgeholt werden müssen; allerdings wären insoweit auch **Unterstützungsmöglichkeiten durch das zuständige Integrationsamt** oder andere **Rehabilitationsträger** zu prüfen. 302

Endet das Arbeitsverhältnis durch Rentenbezug ohnehin in absehbarer Zeit, können Aufwendungen des Arbeitgebers durch das Verlangen nach Teilzeitarbeit unverhältnismäßig sein. Dasselbe gilt bei einer hierdurch entstehenden Gefährdung von anderen Arbeitsplätzen bei einer schwierigen wirtschaftlichen Lage des Betriebs (Hauck / Noftz / *Schröder* Rdnr. 41). 303

Hingegen werden **staatliche oder berufsgenossenschaftliche Arbeitsschutzvorschriften** einem Verlangen nach Teilzeitarbeit in aller Regel nicht entgegenstehen. **Beamtenrechtliche Vorschriften** können ausnahmsweise bei Wahlämtern oder bei Stellen an der Spitze einer Behördenhierarchie eine Teilzeitbeschäftigung ausschließen. 304

Es stellt keine unzulässige mittelbare Diskriminierung schwerbehinderter Beschäftigter dar, wenn ein Tarifvertrag nur den Anspruch auf Abschluss solcher **Altersteilzeitarbeitsverträge** einräumt, die **enden** sollen, sobald der Arbeitnehmer berechtigt ist, eine **Altersrente ohne Abschläge** in Anspruch zu nehmen, wie das nach § 236a SGB VI möglich ist (BAG Urteil vom 18. November 2003 – 9 AZR 122/03 = BAGE 108, 333 = AP Nr. 4 zu § 81 SGB IX = NZA 2004, 545; ebenso *Rolfs* SAE 2004, 208; *Rehwald* AiB 2005, 260). 305

Die **Förderung von Altersteilzeitarbeit** durch das ATG dient objektiv dem **Ziel von Neueinstellungen**. Die Neueinstellung ist eine konkret im Gesetz vorgeschriebene **Fördervoraussetzung**. Es besteht auch ein innerer Zusammenhang zwischen diesem Ziel und der Beendigung der Förderung für Arbeitnehmer, die eine ungeminderte Altersrente in Anspruch nehmen können. Die Förderung soll durch den Einsatz öffentlicher Mittel ein **sozialverträgliches Ausscheiden von Arbeitnehmern aus dem Arbeitsmarkt** anregen. Eine weitere Förderung während der Zeit, in der der Arbeitnehmer eine ungeminderte Altersrente in An- 306 spruch nehmen kann und damit hinreichend sozial gesichert ist, bewirkte einen Verbleib auf dem Arbeitsmarkt bis zur Erreichung einer höheren Altersrente. Das stünde dem **Ziel, möglichst schnell in sozialverträglicher Weise Neueinstellungen zu ermöglichen**, entgegen und wäre hinsichtlich des Einsatzes der Förderungsmittel sogar „kontraproduktiv" (BAG Urteil vom 18. November 2003 a. a. O.). Entscheidend fällt dabei ins Gewicht, dass die soziale Absicherung des schwerbehinderten Menschen ihrerseits aus öffentlichen Kassen geschieht und aufgrund einer Regelung, welche die mit der Behinderung im Arbeitsleben und auf dem Arbeitsmarkt verbundenen Nachteile durch eine frühere soziale Absicherung ausgleicht (BAG Urteil vom 18. November 2003 a. a. O.).

307 Den **Tarifvertragsparteien** steht es aufgrund ihres Gestaltungsspielraums frei, Ansprüche auf **Altersteilzeitarbeit** nur solchen **Arbeitnehmern zu gewähren**, hinsichtlich derer der **Arbeitgeber grundsätzlich auch die Fördervoraussetzungen nach dem ATG** erfüllen kann. Es ist nicht zu beanstanden, wenn sich die Betriebsparteien – soweit ihnen ein Regelungsspielraum eröffnet ist – ihrerseits an der tarifvertraglichen Regelung orientieren. Außerdem führen Altersteilzeitarbeitsverträge im Betrieb selbst dann, wenn keine Neueinstellungen vorgenommen werden, wenigstens dazu, dass sich der Druck verringert, anderen Arbeitnehmern zu kündigen. Sie dienen auch insofern **sozialpolitischen Zielsetzungen**, die dem Ziel der Förderung von Neueinstellungen gleichwertig sind (BAG Urteil vom 18. November 2003 a. a. O.).

308 Dementsprechend ist es in der Rechtsprechung des BAG auch anerkannt, dass **Sozialplan- und ähnliche Leistungen**, die Risiken eines Arbeitnehmers auf dem Arbeitsmarkt abdecken sollen, zulässigerweise dann **entfallen** können, wenn der ehemalige Arbeitnehmer **zum Bezug einer Altersrente berechtigt ist** (BAG Urteil vom 20. November 1997 – 6 AZR 215/96 = NZA 1998, 1021 = AP ZPO § 551 Nr. 47; Urteil vom 3. August 1999 – 1 AZR 677/98 zit. nach JURIS; BAG Urteil vom 31. Juli 1996 – 10 AZR 45/96 = NZA 1997, 165 = AP Nr. 103 zu § 112 BetrVG 1972; ebenso bei einer Überbrückungsbeihilfe zur Unterstützung der Arbeitssuche BAG Urteil vom 30. März 2000 – 6 AZR 645/98 = AP Nr. 33 zu § 4 TVG Rationalisierungsschutz). Ebenso wie bei derartigen Fallgestaltungen ein innerer Zusammenhang zwischen der entfallenden Leistung und der Arbeitsmarktsituation besteht, liegt auch hier ein enger sachlicher Zusammenhang (dazu BAG Urteil vom 20. August 2002 – 9 AZR 750/00 = BAGE 102, 260 = AP Nr. 6 zu § 1 TVG Tarifverträge: Süßwarenindustrie = NZA 2003, 861) zwischen der Arbeitsmarktsituation und der Benachteiligung im TV ATZ und der Betriebsvereinbarung vor (BAG Urteil vom 18. November 2003 – 9 AZR 122/03 = BAGE 108, 333 = AP Nr. 4 zu § 81 SGB IX = NZA 2004, 545).

IV. Literatur

1. Allgemein zu § 81 SGB IX

a) Grundsätzliches

Düwel, Franz Josef, Neu geregelt: Die Stellung der Schwerbehinderten im Arbeitsrecht – Auswirkung des SGB IX auf Arbeitsrecht und Arbeitsverhältnisse –, BB 2001, 1527

Böhm, Monika, Der Bewerbungsverfahrensanspruch unter der Geltung des AGG, PersV 2008, 364

Rolfs, Christian / **Paschke**, Derk, Die Pflichten des Arbeitgebers und die Rechte schwerbehinderter Arbeitnehmer nach § 81 SGB IX, BB 2002, 1260

Schmidt, Bettina, Schwerbehindertenarbeitsrecht, Baden-Baden 2009, zit.: *Schmidt*, Schwb-ArbR

Schrader, Peter / **Klagges** Rhea-Christina, Arbeitsrecht und schwerbehinderte Menschen, NZA-RR 2009, 169

Seidel, Rainer, Schwerbehinderte haben Anspruch auf Integrationsmaßnahmen – SGB IX garantiert berufliche Rehabilitation – Arbeitgeber jetzt in der Pflicht, SuP 2002, 31

Welti, Felix, Chance und Verpflichtung – Das neue Recht der Teilhabe und Rehabilitation (SGB IX) – SozSich 2001, 146

b) Einstellung

Braun, Stefan, Die Pflicht des öffentlichen Arbeitgebers zur Einladung schwerbehinderter Bewerber, RiA 2004, 261

Däubler, Wolfgang, AGG: Neue Aufgaben für Betriebsräte – Keine Benachteiligung bei der Einstellung, AiB 2006, 614

Edenfeld, Stefan, Prüfungspflichten aus § 81 Abs. 1 SGB IX bei Leiharbeit, NZA 2006, 126

Gagel, Alexander, Zur Beschäftigungsklage unter dem Vorbehalt der Zustimmung des Betriebsrats (Anmerkung zum Urteil des BAG vom 3. 12. 2002, BAGE 104, 45 = BehindertenR 2003, 114 = NZA 2003, 1215), EWiR 2003, 615

Joussen, Jacob, Die Mitbestimmung der Mitarbeitervertretung bei der Einstellung und Versetzung schwerbehinderter Menschen, ZMV 2009, 6

Langer, Heiko, Erstattung von Vorstellungskosten – Was muss gezahlt werden? AuA 2006, 524

Neumann, Olaf, Die unterlassene Beteiligung der Agentur für Arbeit bei der Stellenbesetzung schwerbehinderter Menschen, BehindertenR 2004, 103

Schwarzbach, Marcus, Rechtliche Möglichkeiten zur Einstellung schwerbehinderter Menschen – Beispiel für die Wichtigkeit der Zusammenarbeit von Betriebsrat und Schwerbehindertenvertretung –, AiB 2002, 621

2. zum AGG

a) Kommentare

Adomeit, Klaus / Mohr, Jochen, Kommentar zum Allgemeinen Gleichbehandlungsgesetz, 2007

Bauer, Jobst-Hubertus / Göpfert, Burkhard / Krieger, Steffen, Allgemeines Gleichbehandlungsgesetz, 2. Aufl. München 2008

Däubler, Wolfgang / Bertzbach, Martin, Allgemeines Gleichbehandlungsgesetz, Baden-Baden 2. Aufl 2008

Meinel, Gernod / Heyn, Judith / Herms, Sascha, Allgemeines Gleichbehandlungsgesetz, München 2007

Nollert-Borasio, Christiane / Perreng, Martina, Allgemeines Gleichbehandlungsgesetz (AGG) – Basiskommentar zu den arbeitsrechtlichen Regelungen, Frankfurt am Main 2006

Schiefer, Bernd / Ettwig, Volker / Krych, Stefanie, Das Allgemeine Gleichbehandlungsgesetz, Leitfaden „Antidiskriminierung" mit Formularen, Mustern, Schulungsunterlagen, Empfehlungen und Kommentierung, Düsseldorf 2006

Schiek, Dagmar, (Hrsg.), Allgemeines Gleichbehandlungsgesetz (AGG) – Ein Kommentar aus europäischer Perspektive, 2007

Schleusener, Aino / Suckow, Jens / Voigt, Burkhard, AGG, Kommentar zum Allgemeinen Gleichbehandlungsgesetz, Neuwied 2007, zit. als S / S / V / *Bearbeiter*

Rust, Ursula / Falke, Josef, AGG, Allgemeines Gleichbehandlungsgesetz mit weiterführenden Vorschriften, Berlin, 2007

Wendeling-Schröder, Ulrike / Stein, Axel, Allgemeines Gleichbehandlungsgesetz, München, 2008

b) Monografien

Kolmhuber, Martin / **Schreiner**, Paul, Antidiskriminierung und Arbeitsrecht, Das neue Gleichbehandlungsgesetz in der Praxis, 2006

Roesner, Ralf, Das Allgemeine Gleichbehandlungsgesetz, 1. Aufl. 2006

Rühl, Wolfgang / **Viethen**, Hans-Peter / **Schmid**, Matthias, Allgemeines Gleichbehandlungsgesetz (AGG), München 2007

Schrader, Peter / **Schubert**, Jens M., Das neue AGG, Das Gleichbehandlungsrecht in der anwaltlichen Praxis, Baden-Baden, 2006

Thüsing, Gregor, Arbeitsrechtlicher Diskriminierungsschutz, Das neue Allgemeine Gleichbehandlungsgesetz und andere arbeitsrechtliche Benachteiligungsverbote, München 2007

c) Aufsätze (auch zu § 81 Abs. 2 SGB IX)

Adomeit, Klaus / **Mohr**, Jochen, Benachteiligung von Bewerbern (Beschäftigten) nach dem AGG als Anspruchsgrundlage für Entschädigung und Schadenersatz, NZA 2007, 179

Annuß, Georg, Das Allgemeine Gleichbehandlungsgesetz im Arbeitsrecht, BB 2006, 1629

Bayreuther, Frank, Kündigungsschutz im Spannungsfeld zwischen Gleichbehandlungsgesetz und europäischem Antidiskriminierungsrecht, DB 2006, 1842

Bauer, Jobst-Hubertus / **Thüsing**, Gregor / **Schunder**, Achim: Das Allgemeine Gleichbehandlungsgesetz – alter Wein in neuen Schläuchen?, NZA 2006, 775

Bauer, Jobst-Hubertus / **Evers**, Malte, Schadensersatz und Entschädigung bei Diskriminierung – Ein Fass ohne Boden? NZA 2006, 893

Bauer, Jobst-Hubertus / **Krieger**, Steffen, Das neue Antidiskriminierungsgesetz – Rechtliche und taktische Konsequenzen im arbeitsrechtlichen Mandat, AnwBl. 2006, 800

Bissels, Alexander / **Lützeler**, Martin, Aktuelle Entwicklung der Rechtsprechung zum AGG (Teil 1), BB 2009, 774

Braun, Stefan, Der Entschädigungsanspruch schwerbehinderter Beschäftigter gemäß § 81 SGB IX, FA 2005, 36

Braun, Stefan, Der Entschädigungsanspruch schwerbehinderter Menschen wegen der Benachteiligung in einem Beschäftigungsverhältnis, ZTR 2005, 174

Deinert, Olaf, Anwendungsprobleme der arbeitsrechtlichen Schadenersatzvorschriften im neuen AGG, DB 2007, 398

Diller, Martin, BB-Forum: „AGG-Hopping" – und was man dagegen tun kann! BB 2006, 1968

Diller, Martin / **Krieger**, Steffen / **Arnold**, Christian, Kündigungsschutzgesetz plus Allgemeines Gleichbehandlungsgesetz – Sind Arbeitnehmer in Zukunft doppelt vor Kündigungen geschützt? NZA 2006, 887

Düwell, Franz Josef, Die Neuregelung des Verbots der Benachteiligung wegen Behinderung im AGG, BB 2006, 1741

Gaul, Björn / **Süßbrich**, Katrin, Entschädigungspflicht wegen fehlerhafter Stellenausschreibung oder Bewerbungsverfahren bei Schwerbehinderten (Entscheidungsbesprechung zu BAG vom 15. 2. 2005 – 9 AZR 635/03 = BB 2005, 2816), BB 2005, 2811

Göpfert, Burkhard / **Siegrist**, Carolin, Diskriminierungsverdacht: Über den richtigen Umgang mit arbeitsrechtlichen Diskriminierungsfällen, ZIP 2006, 1710

Grobys, Marcel, Organisationsmaßnahmen des Arbeitgebers nach dem neuen allgemeinen Gleichbehandlungsgesetz, NJW 2006, 2950

Grobys, Marcel, Die Beweislast im Anti-Diskriminierungsprozess, NZA 2006, 898

Großmann, Ruprecht, Prüfungspflicht, Benachteiligungsverbot und Entschädigungsanspruch im Zusammenhang mit der Einstellung von schwerbehinderten Menschen nach § 81 SGB IX, BehindertenR 2003, 125 und 165

Herms, Sascha / **Meinel**, Gernod, Vorboten einer neuen Ära: Das geplante Antidiskriminierungsgesetz, DB 2004, 2370

Hoentzsch, Susanne, Europarechtskonformität und Auslegung der Beweislastregelung in § 22 AGG, DB 2006, 2631

Hunold, Wolf, Ausgewählte Rechtsprechung zum Antidiskriminierungsrecht, NZA-RR 2009, 113

Joussen, Jacob, Schwerbehinderung, Fragerecht und positive Diskriminierung nach dem AGG, NZA 2007, 174

Kaffenberger, Jens, Rechtsschutz vor Diskriminierung noch nicht der Königsweg – Wie die EU-Beschäftigungsrichtlinie durch § 81 SGB IX umgesetzt wird –, SuP 2006, 47

Kamanabrou, Sudabeh, Rechtsfolgen unzulässiger Benachteiligung im Antidiskriminierungsrecht, ZfA 2006, 327

Kania, Thomas / **Merten**, Sonja, Auswahl und Einstellung von Arbeitnehmern unter Geltung des AGG, ZIP 2007, 8

Kock, Martin, Allgemeines Gleichbehandlungsgesetz – Überblick über die arbeitsrechtlichen Regelungen, MDR 2006, 1088

Klumpp, Steffen, Beschäftigungsanspruch nach § 81 SGB IX und Anspruch auf Einleitung eines Zustimmungsersetzungsverfahrens (Zustimmende Anmerkung zur Entscheidung des BAG vom 3. 12. 2002 – 9 AZR 481/01), EzA § 81 SGB IX Nr. 1

Leder, Tobias, Beschäftigungsanspruch behinderter Menschen – Diskriminierungsschutz – § 81 Abs. 4 SGB 9, Anmerkung zu dem Urteil des LAG Rheinland-Pfalz vom 9. 2. 2004 – 7 Sa 1099/03 = LAGE § 81 SGB IX Nr. 2

Löwisch, Manfred, Kollektivverträge und Allgemeines Gleichbehandlungsgesetz, DB 2006, 1729

Maier, Götz A. / **Mehlich**, Tobias, Das Ende des richterlich entwickelten arbeitsrechtlichen Gleichbehandlungsgrundsatzes? DB 2007, 110

Maier-Reimer, Georg, Das Allgemeine Gleichbehandlungsgesetz im Zivilrechtsverkehr, NJW 2006, 2577

Marschner, Andreas, Diskriminierung wegen Schwerbehinderung, Anmerkung zur Entscheidung des BAG vom 15. 2. 2005 – 9 AZR 635/03 = EzBAT § 8 BAT Schadenersatzpflicht des Arbeitgebers Nr. 38

Marschner, Andreas, Entschädigung wegen Benachteiligung als Schwerbehinderter bei der Entscheidung über die Begründung eines Arbeitsverhältnisses – Gleichbehandlungsrahmenrichtlinie 2000/78/EG – unmittelbare Anwendung (Ablehnende Anmerkung zur Entscheidung des ArbG Berlin vom 13. 7. 2005, 86 Ca 24618/04 = EzBAT § 8 BAT Schadenersatzpflicht des Arbeitgebers Nr. 40 (s. auch NZA-RR 2005, 608))

Maties, Martin, Diskriminierung wegen Schwerbehinderung, Anmerkung zu BAG Urteil vom 15. 2. 2005 = AP Nr. 7 zu § 81 SGB IX

Medem, Andreas von, Beweis und Vermutung bei diskriminierender Einstellung NZA 2007, 545

Nollert-Borasio, Christiane, 2 Jahre AGG – praktische Auswirkungen und notwendige Änderungen ArbuR 2008, 332

Perreng, Martina, AGG – was hat's gebracht?, NZA Beilage 2008, Nr. 2, 102

Roetteken, Torsten, Anforderungen des Gemeinschaftsrechts an Gesetzgebung und Rechtsprechung – Am Beispiel der Gleichbehandlungs-, der Arbeitsschutz- und der Betriebsübergangsrichtlinie, NZA 2001, 414

Sagan, Adam, Die Sanktion diskriminierender Kündigungen nach dem Allgemeinen Gleichbehandlungsgesetz, NZA 2006, 1257

Schiek, Dagmar, Gleichbehandlungsrichtlinien der EU – Umsetzung im deutschen Arbeitsrecht, NZA 2004, 873

Schrader, Peter, Gestaltungsmöglichkeiten des Arbeitgebers nach Inkrafttreten des AGG, DB 2006, 2571

Schulte, Jens, Bewerbungsverfahren diskriminierungsfrei gestalten, AuA 2006, 724

Seel, Henning, AGG – Schadensersatz für Diskriminierungen im Bewerbungsverfahren, MDR 2006, 1321

Schwab, Dieter, Schranken der Vertragsfreiheit durch die Antidiskriminierungsrichtlinien und ihre Umsetzung in Deutschland, DNotZ 2006, 649

Richardi, Reinhard, Neues und Altes – ein Ariadnefaden durch das Labyrinth des allgemeinen Gleichbehandlungsgesetzes, NZA 2006, 882

Thüsing, Gregor, Das Arbeitsrecht der Zukunft? – Die deutsche Umsetzung der Anti-Diskriminierungsrichtlinien im internationalen Vergleich, Kongressvortrag NZA 2004, Sonderbeilage zu Heft 22, 3–16

Walker, Wolf-Dietrich, Der Entschädigungsanspruch nach § 15 II AGG, NZA 2009, 5

Wank, Rolf, Diskriminierung in Europa – Die Umsetzung der europäischen Antidiskriminierungsrichtlinien aus deutscher Sicht, Kongressvortrag, NZA 2004, Sonderbeilage zu Heft 22, 16

Welti, Felix, Europäische Gleichbehandlungsrichtlinien und deutsches Sozial- und Schwerbehindertenrecht BehindertenR 2007, 57

Wiedemann, Herbert, Neuere Rechtsprechung zur Verteilungsgerechtigkeit und zu den Benachteiligungsverboten, RdA 2005, 193

Willemsen, Heinz-Josef / **Schweibert**, Ulrike, Schutz der Beschäftigten im Allgemeinen Gleichbehandlungsgesetz, NJW 2006, 2583

Wisskirchen, Gerlind, Der Umgang mit dem Allgemeinen Gleichbehandlungsgesetz – Ein „Kochrezept" für Arbeitgeber, DB 2006, 1491

Zimmer, Reingard, Umsetzung der EU-Antidiskriminierungsrichtlinien ins deutsche Arbeitsrecht, AiB 2004, 296

3. Qualifizierung

Seidel, Rainer, Hilfen zur Teilnahme an Maßnahmen zur Erhaltung und Erweiterung beruflicher Kenntnisse und Fertigkeiten, BehindertenR 2002, 67

Seidel, Rainer, Berufliche Kenntnisse erhalten und erweitern – Schwerbehinderten die Teilnahme an Berufsförderungen ermöglichen, SuP 2007, 161

Welti, Felix, Arbeits- und sozialrechtliche Ansprüche behinderter Menschen auf Qualifizierung, ArbuR 2003, 445

4. Beschäftigungsanspruch

Gagel, Alexander / **Schian**, Hans-Martin / **Schian**, Marcus, Anforderungen und Zumutbarkeit der kenntnis- und fähigkeitsgerechten Beschäftigung nach § 81 Abs. 4 Satz Nr. 1

SGB IX, zu ⚖ LAG Stuttgart Urteil vom 22. 6. 2005 – 2 Sa 11/05, Diskussionsbeitrag Nr. 1/2006 in Forum B des Instituts für Qualitätssicherung in Prävention und Rehabilitation GmbH an der deutschen Sporthochschule Köln, www.iqpr.de

Helml, Ewald, Anspruch auf behindertengerechte und angemessene Beschäftigung – Schwerbehinderte Beschäftigte im Spannungsverhältnis zwischen Rechtslage und betrieblicher Umsetzung AiB 2008, 94

Nebe, Katja, (Re-)Integration von Arbeitnehmern: Stufenweise Wiedereingliederung und Betriebliches Eingliederungsmanagement – ein neues Kooperationsverhältnis, DB 2008, 1801

Schwarz-Seeberger, Gabriele, Stufenweise Wiedereingliederung schwerbehinderter Arbeitnehmer – Darlegungslast ZMV 2007, 102

5. Teilzeitarbeit

Blens, Dirk, Anspruch auf Verringerung der Arbeitszeit – Darstellung der verschiedenen Anspruchsgrundlagen und ihres Zusammenspiels –, ZMV 2003, 58

Hamann, Wolfgang, Der Anspruch auf Reduzierung der Arbeitszeit – Aktueller Stand zu einem umstrittenen Recht des Arbeitnehmers –, BB 2005, Beilage Nr. 6, 2

Hanau, Peter, Offene Fragen zum Teilzeitgesetz, NZA 2001, 1168

Messingschlager, Thomas, Benachteiligung behinderter Menschen bei Altersteilzeit (Anmerkung zu BAG Urteil vom 18. 11. 2003 – 9 AZR 122/0 = BAGE 108, 333 = NZA 2004, 545), AP Nr. 4 zu § 81 SGB IX

Rehwald, Rainer, Benachteiligung behinderter Menschen bei Altersteilzeit, (Zustimmende Anmerkung zum Urteil des BAG vom 18. 11. 2003 – 9 AZR 122/03 AiB 2005, 256), AiB 2005, 260

Rolfs, Christian, Das neue Recht der Teilzeitarbeit, RdA 2001, 129

Rolfs, Christian, Benachteiligung behinderter Menschen bei Altersteilzeit, (Zustimmende Anmerkung zur Entscheidung des BAG vom 18. 11. 2003 – 9 AZR 122/03, SAE 2004, 208

Seidel, Rainer, Der Anspruch der schwerbehinderten Menschen innerhalb bestehender Arbeitsverhältnisse auf Teilzeitbeschäftigung, BehindertenR 2001, 153

Richtlinie 2000/78/EG des Rates zur Festlegung eines allgemeinen Rahmens für die Verwirklichung der Gleichbehandlung in Beschäftigung und Beruf

Vom 27. November 2000 (ABl. L 303 S. 16)

DER RAT DER EUROPÄISCHEN UNION –

gestützt auf den Vertrag zur Gründung der Europäischen Gemeinschaft, insbesondere auf Artikel 13,

auf Vorschlag der Kommission[1],

nach Stellungnahme des Europäischen Parlaments[2],

nach Stellungnahme des Wirtschafts- und Sozialausschusses[3],

nach Stellungnahme des Ausschusses der Regionen[4],

in Erwägung nachstehender Gründe:

---

[1] ABl. C 177 E vom 27. 6. 2000, S. 42.
[2] Stellungnahme vom 12. Oktober 2000 (noch nicht im Amtsblatt veröffentlicht).
[3] ABl. C 204 vom 18. 7. 2000, S. 82.
[4] ABl. C 226 vom 8. 8. 2000, S. 1.

(1) Nach Artikel 6 Absatz 2 des Vertrags über die Europäische Union beruht die Europäische Union auf den Grundsätzen der Freiheit, der Demokratie, der Achtung der Menschenrechte und Grundfreiheiten sowie der Rechtsstaatlichkeit; diese Grundsätze sind allen Mitgliedstaaten gemeinsam. Die Union achtet die Grundrechte, wie sie in der Europäischen Konvention zum Schutze der Menschenrechte und Grundfreiheiten gewährleistet sind und wie sie sich aus den gemeinsamen Verfassungsüberlieferungen der Mitgliedstaaten als allgemeine Grundsätze des Gemeinschaftsrechts ergeben.

(2) Der Grundsatz der Gleichbehandlung von Männern und Frauen wurde in zahlreichen Rechtsakten der Gemeinschaft fest verankert, insbesondere in der Richtlinie 76/207/EWG des Rates vom 9. Februar 1976 zur Verwirklichung des Grundsatzes der Gleichbehandlung von Männern und Frauen hinsichtlich des Zugangs zur Beschäftigung, zur Berufsbildung und zum beruflichen Aufstieg sowie in Bezug auf die Arbeitsbedingungen[1]).

(3) Bei der Anwendung des Grundsatzes der Gleichbehandlung ist die Gemeinschaft gemäß Artikel 3 Absatz 2 des EG-Vertrags bemüht, Ungleichheiten zu beseitigen und die Gleichstellung von Männern und Frauen zu fördern, zumal Frauen häufig Opfer mehrfacher Diskriminierung sind.

(4) Die Gleichheit aller Menschen vor dem Gesetz und der Schutz vor Diskriminierung ist ein allgemeines Menschenrecht; dieses Recht wurde in der Allgemeinen Erklärung der Menschenrechte, im VN-Übereinkommen zur Beseitigung aller Formen der Diskriminierung von Frauen, im Internationalen Pakt der VN über bürgerliche und politische Rechte, im Internationalen Pakt der VN über wirtschaftliche, soziale und kulturelle Rechte sowie in der Europäischen Konvention zum Schutze der Menschenrechte und Grundfreiheiten anerkannt, die von allen Mitgliedstaaten unterzeichnet wurden. Das Übereinkommen 111 der Internationalen Arbeitsorganisation untersagt Diskriminierungen in Beschäftigung und Beruf.

(5) Es ist wichtig, dass diese Grundrechte und Grundfreiheiten geachtet werden. Diese Richtlinie berührt nicht die Vereinigungsfreiheit, was das Recht jeder Person umfasst, zum Schutze ihrer Interessen Gewerkschaften zu gründen und Gewerkschaften beizutreten.

(6) In der Gemeinschaftscharta der sozialen Grundrechte der Arbeitnehmer wird anerkannt, wie wichtig die Bekämpfung jeder Art von Diskriminierung und geeignete Maßnahmen zur sozialen und wirtschaftlichen Eingliederung älterer Menschen und von Menschen mit Behinderung sind.

(7) Der EG-Vertrag nennt als eines der Ziele der Gemeinschaft die Förderung der Koordinierung der Beschäftigungspolitiken der Mitgliedstaaten. Zu diesem Zweck wurde in den EG-Vertrag ein neues Beschäftigungskapitel eingefügt, das die Grundlage bildet für die Entwicklung einer koordinierten Beschäftigungsstrategie und für die Förderung der Qualifizierung, Ausbildung und Anpassungsfähigkeit der Arbeitnehmer.

(8) In den vom Europäischen Rat auf seiner Tagung am 10. und 11. Dezember 1999 in Helsinki vereinbarten beschäftigungspolitischen Leitlinien für 2000 wird die Notwendigkeit unterstrichen, einen Arbeitsmarkt zu schaffen, der die soziale Eingliederung fördert, indem ein ganzes Bündel aufeinander abgestimmter Maßnahmen getroffen wird, die darauf abstellen, die Diskriminierung von benachteiligten Gruppen, wie den Menschen mit Behinderung, zu bekämpfen. Ferner wird betont, dass der Unterstützung älterer Arbeitnehmer mit dem Ziel der Erhöhung ihres Anteils an der Erwerbsbevölkerung besondere Aufmerksamkeit gebührt.

(9) Beschäftigung und Beruf sind Bereiche, die für die Gewährleistung gleicher Chancen für alle und für eine volle Teilhabe der Bürger am wirtschaftlichen, kulturellen und

---

[1]) ABl. L 39 vom 14. 2. 1976, S. 40.

sozialen Leben sowie für die individuelle Entfaltung von entscheidender Bedeutung sind.
(10) Der Rat hat am 29. Juni 2000 die Richtlinie 2000/43/EG[1]) zur Anwendung des Gleichbehandlungsgrundsatzes ohne Unterschied der Rasse oder der ethnischen Herkunft angenommen, die bereits einen Schutz vor solchen Diskriminierungen in Beschäftigung und Beruf gewährleistet.
(11) Diskriminierungen wegen der Religion oder der Weltanschauung, einer Behinderung, des Alters oder der sexuellen Ausrichtung können die Verwirklichung der im EG-Vertrag festgelegten Ziele unterminieren, insbesondere die Erreichung eines hohen Beschäftigungsniveaus und eines hohen Maßes an sozialem Schutz, die Hebung des Lebensstandards und der Lebensqualität, den wirtschaftlichen und sozialen Zusammenhalt, die Solidarität sowie die Freizügigkeit.
(12) Daher sollte jede unmittelbare oder mittelbare Diskriminierung wegen der Religion oder der Weltanschauung, einer Behinderung, des Alters oder der sexuellen Ausrichtung in den von der Richtlinie abgedeckten Bereichen gemeinschaftsweit untersagt werden. Dieses Diskriminierungsverbot sollte auch für Staatsangehörige dritter Länder gelten, betrifft jedoch nicht die Ungleichbehandlungen aus Gründen der Staatsangehörigkeit und lässt die Vorschriften über die Einreise und den Aufenthalt von Staatsangehörigen dritter Länder und ihren Zugang zu Beschäftigung und Beruf unberührt.
(13) Diese Richtlinie findet weder Anwendung auf die Sozialversicherungs- und Sozialschutzsysteme, deren Leistungen nicht einem Arbeitsentgelt in dem Sinne gleichgestellt werden, der diesem Begriff für die Anwendung des Artikels 141 des EG-Vertrags gegeben wurde, noch auf Vergütungen jeder Art seitens des Staates, die den Zugang zu einer Beschäftigung oder die Aufrechterhaltung eines Beschäftigungsverhältnisses zum Ziel haben.
(14) Diese Richtlinie berührt nicht die einzelstaatlichen Bestimmungen über die Festsetzung der Altersgrenzen für den Eintritt in den Ruhestand.
(15) Die Beurteilung von Tatbeständen, die auf eine unmittelbare oder mittelbare Diskriminierung schließen lassen, obliegt den einzelstaatlichen gerichtlichen Instanzen oder anderen zuständigen Stellen nach den einzelstaatlichen Rechtsvorschriften oder Gepflogenheiten; in diesen einzelstaatlichen Vorschriften kann insbesondere vorgesehen sein, dass mittelbare Diskriminierung mit allen Mitteln, einschließlich statistischer Beweise, festzustellen ist.
(16) Maßnahmen, die darauf abstellen, den Bedürfnissen von Menschen mit Behinderung am Arbeitsplatz Rechnung zu tragen, spielen eine wichtige Rolle bei der Bekämpfung von Diskriminierungen wegen einer Behinderung.
(17) Mit dieser Richtlinie wird unbeschadet der Verpflichtung, für Menschen mit Behinderung angemessene Vorkehrungen zu treffen, nicht die Einstellung, der berufliche Aufstieg, die Weiterbeschäftigung oder die Teilnahme an Aus- und Weiterbildungsmaßnahmen einer Person vorgeschrieben, wenn diese Person für die Erfüllung der wesentlichen Funktionen des Arbeitsplatzes oder zur Absolvierung einer bestimmten Ausbildung nicht kompetent, fähig oder verfügbar ist.
(18) Insbesondere darf mit dieser Richtlinie den Streitkräften sowie der Polizei, den Haftanstalten oder den Notfalldiensten unter Berücksichtigung des rechtmäßigen Ziels, die Einsatzbereitschaft dieser Dienste zu wahren, nicht zur Auflage gemacht werden, Personen einzustellen oder weiter zu beschäftigen, die nicht den jeweiligen Anforderungen entsprechen, um sämtliche Aufgaben zu erfüllen, die ihnen übertragen werden können.
(19) Ferner können die Mitgliedstaaten zur Sicherung der Schlagkraft ihrer Streitkräfte sich dafür entscheiden, dass die eine Behinderung und das Alter betreffenden Bestimmun-

---

[1]) ABl. L 180 vom 19. 7. 2000, S. 22.

gen dieser Richtlinie auf alle Streitkräfte oder einen Teil ihrer Streitkräfte keine Anwendung finden. Die Mitgliedstaaten, die eine derartige Entscheidung treffen, müssen den Anwendungsbereich dieser Ausnahmeregelung festlegen.

(20) Es sollten geeignete Maßnahmen vorgesehen werden, d. h. wirksame und praktikable Maßnahmen, um den Arbeitsplatz der Behinderung entsprechend einzurichten, z. B. durch eine entsprechende Gestaltung der Räumlichkeiten oder eine Anpassung des Arbeitsgeräts, des Arbeitsrhythmus, der Aufgabenverteilung oder des Angebots an Ausbildungs- und Einarbeitungsmaßnahmen.

(21) Bei der Prüfung der Frage, ob diese Maßnahmen zu übermäßigen Belastungen führen, sollten insbesondere der mit ihnen verbundene finanzielle und sonstige Aufwand sowie die Größe, die finanziellen Ressourcen und der Gesamtumsatz der Organisation oder des Unternehmens und die Verfügbarkeit von öffentlichen Mitteln oder anderen Unterstützungsmöglichkeiten berücksichtigt werden.

(22) Diese Richtlinie lässt die einzelstaatlichen Rechtsvorschriften über den Familienstand und davon abhängige Leistungen unberührt.

(23) Unter sehr begrenzten Bedingungen kann eine unterschiedliche Behandlung gerechtfertigt sein, wenn ein Merkmal, das mit der Religion oder Weltanschauung, einer Behinderung, dem Alter oder der sexuellen Ausrichtung zusammenhängt, eine wesentliche und entscheidende berufliche Anforderung darstellt, sofern es sich um einen rechtmäßigen Zweck und eine angemessene Anforderung handelt. Diese Bedingungen sollten in die Informationen aufgenommen werden, die die Mitgliedstaaten der Kommission übermitteln.

(24) Die Europäische Union hat in ihrer der Schlussakte zum Vertrag von Amsterdam beigefügten Erklärung Nr. 11 zum Status der Kirchen und weltanschaulichen Gemeinschaften ausdrücklich anerkannt, dass sie den Status, den Kirchen und religiöse Vereinigungen oder Gemeinschaften in den Mitgliedstaaten nach deren Rechtsvorschriften genießen, achtet und ihn nicht beeinträchtigt und dass dies in gleicher Weise für den Status von weltanschaulichen Gemeinschaften gilt. Die Mitgliedstaaten können in dieser Hinsicht spezifische Bestimmungen über die wesentlichen, rechtmäßigen und gerechtfertigten beruflichen Anforderungen beibehalten oder vorsehen, die Voraussetzung für die Ausübung einer diesbezüglichen beruflichen Tätigkeit sein können.

(25) Das Verbot der Diskriminierung wegen des Alters stellt ein wesentliches Element zur Erreichung der Ziele der beschäftigungspolitischen Leitlinien und zur Förderung der Vielfalt im Bereich der Beschäftigung dar. Ungleichbehandlungen wegen des Alters können unter bestimmten Umständen jedoch gerechtfertigt sein und erfordern daher besondere Bestimmungen, die je nach der Situation der Mitgliedstaaten unterschiedlich sein können. Es ist daher unbedingt zu unterscheiden zwischen einer Ungleichbehandlung, die insbesondere durch rechtmäßige Ziele im Bereich der Beschäftigungspolitik, des Arbeitsmarktes und der beruflichen Bildung gerechtfertigt ist, und einer Diskriminierung, die zu verbieten ist.

(26) Das Diskriminierungsverbot sollte nicht der Beibehaltung oder dem Erlass von Maßnahmen entgegenstehen, mit denen bezweckt wird, Benachteiligungen von Personen mit einer bestimmten Religion oder Weltanschauung, einer bestimmten Behinderung, einem bestimmten Alter oder einer bestimmten sexuellen Ausrichtung zu verhindern oder auszugleichen, und diese Maßnahmen können die Einrichtung und Beibehaltung von Organisationen von Personen mit einer bestimmten Religion oder Weltanschauung, einer bestimmten Behinderung, einem bestimmten Alter oder einer bestimmten sexuellen Ausrichtung zulassen, wenn deren Zweck hauptsächlich darin besteht, die besonderen Bedürfnisse dieser Personen zu fördern.

(27) Der Rat hat in seiner Empfehlung 86/379/EWG vom 24. Juli 1986[1]) zur Beschäftigung von Behinderten in der Gemeinschaft einen Orientierungsrahmen festgelegt, der Beispiele für positive Aktionen für die Beschäftigung und Berufsbildung von Menschen mit Behinderung anführt; in seiner Entschließung vom 17. Juni 1999 betreffend gleiche Beschäftigungschancen für behinderte Menschen [2])hat er bekräftigt, dass es wichtig ist, insbesondere der Einstellung, der Aufrechterhaltung des Beschäftigungsverhältnisses sowie der beruflichen Bildung und dem lebensbegleitenden Lernen von Menschen mit Behinderung besondere Aufmerksamkeit zu widmen.

(28) In dieser Richtlinie werden Mindestanforderungen festgelegt; es steht den Mitgliedstaaten somit frei, günstigere Vorschriften einzuführen oder beizubehalten. Die Umsetzung dieser Richtlinie darf nicht eine Absenkung des in den Mitgliedstaaten bereits bestehenden Schutzniveaus rechtfertigen.

(29) Opfer von Diskriminierungen wegen der Religion oder Weltanschauung, einer Behinderung, des Alters oder der sexuellen Ausrichtung sollten über einen angemessenen Rechtsschutz verfügen. Um einen effektiveren Schutz zu gewährleisten, sollte auch die Möglichkeit bestehen, dass sich Verbände oder andere juristische Personen unbeschadet der nationalen Verfahrensordnung bezüglich der Vertretung und Verteidigung vor Gericht bei einem entsprechenden Beschluss der Mitgliedstaaten im Namen eines Opfers oder zu seiner Unterstützung an einem Verfahren beteiligen.

(30) Die effektive Anwendung des Gleichheitsgrundsatzes erfordert einen angemessenen Schutz vor Viktimisierung.

(31) Eine Änderung der Regeln für die Beweislast ist geboten, wenn ein glaubhafter Anschein einer Diskriminierung besteht. Zur wirksamen Anwendung des Gleichbehandlungsgrundsatzes ist eine Verlagerung der Beweislast auf die beklagte Partei erforderlich, wenn eine solche Diskriminierung nachgewiesen ist. Allerdings obliegt es dem Beklagten nicht, nachzuweisen, dass der Kläger einer bestimmten Religion angehört, eine bestimmte Weltanschauung hat, eine bestimmte Behinderung aufweist, ein bestimmtes Alter oder eine bestimmte sexuelle Ausrichtung hat.

(32) Die Mitgliedstaaten können davon absehen, die Regeln für die Beweislastverteilung auf Verfahren anzuwenden, in denen die Ermittlung des Sachverhalts dem Gericht oder der zuständigen Stelle obliegt. Dies betrifft Verfahren, in denen die klagende Partei den Beweis des Sachverhalts, dessen Ermittlung dem Gericht oder der zuständigen Stelle obliegt, nicht anzutreten braucht.

(33) Die Mitgliedstaaten sollten den Dialog zwischen den Sozialpartnern und im Rahmen der einzelstaatlichen Gepflogenheiten mit Nichtregierungsorganisationen mit dem Ziel fördern, gegen die verschiedenen Formen von Diskriminierung am Arbeitsplatz anzugehen und diese zu bekämpfen.

(34) In Anbetracht der Notwendigkeit, den Frieden und die Aussöhnung zwischen den wichtigsten Gemeinschaften in Nordirland zu fördern, sollten in diese Richtlinie besondere Bestimmungen aufgenommen werden.

(35) Die Mitgliedstaaten sollten wirksame, verhältnismäßige und abschreckende Sanktionen für den Fall vorsehen, dass gegen die aus dieser Richtlinie erwachsenden Verpflichtungen verstoßen wird.

(36) Die Mitgliedstaaten können den Sozialpartnern auf deren gemeinsamen Antrag die Durchführung der Bestimmungen dieser Richtlinie übertragen, die in den Anwendungsbereich von Tarifverträgen fallen, sofern sie alle erforderlichen Maßnahmen treffen, um jederzeit gewährleisten zu können, dass die durch diese Richtlinie vorgeschriebenen Ergebnisse erzielt werden.

---

[1]) ABl. L 225 vom 12. 8. 1986, S. 43.
[2]) ABl. C 186 vom 2. 7. 1999, S. 3.

(37) Im Einklang mit dem Subsidiaritätsprinzip nach Artikel 5 des EG-Vertrags kann das Ziel dieser Richtlinie, nämlich die Schaffung gleicher Ausgangsbedingungen in der Gemeinschaft bezüglich der Gleichbehandlung in Beschäftigung und Beruf, auf der Ebene der Mitgliedstaaten nicht ausreichend erreicht werden und kann daher wegen des Umfangs und der Wirkung der Maßnahme besser auf Gemeinschaftsebene verwirklicht werden. Im Einklang mit dem Verhältnismäßigkeitsprinzip nach jenem Artikel geht diese Richtlinie nicht über das für die Erreichung dieses Ziels erforderliche Maß hinaus –

HAT FOLGENDE RICHTLINIE ERLASSEN:

Kapitel I
Allgemeine Bestimmungen

Artikel 1 Zweck
Zweck dieser Richtlinie ist die Schaffung eines allgemeinen Rahmens zur Bekämpfung der Diskriminierung wegen der Religion oder der Weltanschauung, einer Behinderung, des Alters oder der sexuellen Ausrichtung in Beschäftigung und Beruf im Hinblick auf die Verwirklichung des Grundsatzes der Gleichbehandlung in den Mitgliedstaaten.

Artikel 2 Der Begriff „Diskriminierung"
(1) Im Sinne dieser Richtlinie bedeutet „Gleichbehandlungsgrundsatz", dass es keine unmittelbare oder mittelbare Diskriminierung wegen eines der in Artikel 1 genannten Gründe geben darf.

(2) Im Sinne des Absatzes 1
a) liegt eine unmittelbare Diskriminierung vor, wenn eine Person wegen eines der in Artikel 1 genannten Gründe in einer vergleichbaren Situation eine weniger günstige Behandlung erfährt, als eine andere Person erfährt, erfahren hat oder erfahren würde;
b) liegt eine mittelbare Diskriminierung vor, wenn dem Anschein nach neutrale Vorschriften, Kriterien oder Verfahren Personen mit einer bestimmten Religion oder Weltanschauung, einer bestimmten Behinderung, eines bestimmten Alters oder mit einer bestimmten sexuellen Ausrichtung gegenüber anderen Personen in besonderer Weise benachteiligen können, es sei denn:
  i) diese Vorschriften, Kriterien oder Verfahren sind durch ein rechtmäßiges Ziel sachlich gerechtfertigt, und die Mittel sind zur Erreichung dieses Ziels angemessen und erforderlich, oder
  ii) der Arbeitgeber oder jede Person oder Organisation, auf die diese Richtlinie Anwendung findet, ist im Falle von Personen mit einer bestimmten Behinderung aufgrund des einzelstaatlichen Rechts verpflichtet, geeignete Maßnahmen entsprechend den in Artikel 5 enthaltenen Grundsätzen vorzusehen, um die sich durch diese Vorschrift, dieses Kriterium oder dieses Verfahren ergebenden Nachteile zu beseitigen.

(3) Unerwünschte Verhaltensweisen, die mit einem der Gründe nach Artikel 1 in Zusammenhang stehen und bezwecken oder bewirken, dass die Würde der betreffenden Person verletzt und ein von Einschüchterungen, Anfeindungen, Erniedrigungen, Entwürdigungen oder Beleidigungen gekennzeichnetes Umfeld geschaffen wird, sind Belästigungen, die als Diskriminierung im Sinne von Absatz 1 gelten. In diesem Zusammenhang können die Mitgliedstaaten den Begriff „Belästigung" im Einklang mit den einzelstaatlichen Rechtsvorschriften und Gepflogenheiten definieren.

(4) Die Anweisung zur Diskriminierung einer Person wegen eines der Gründe nach Artikel 1 gilt als Diskriminierung im Sinne des Absatzes 1.

(5) Diese Richtlinie berührt nicht die im einzelstaatlichen Recht vorgesehenen Maßnahmen, die in einer demokratischen Gesellschaft für die Gewährleistung der öffentlichen Sicherheit, die Verteidigung der Ordnung und die Verhütung von Straftaten, zum Schutz der Gesundheit und zum Schutz der Rechte und Freiheiten anderer notwendig sind.

Artikel 3 Geltungsbereich

(1) Im Rahmen der auf die Gemeinschaft übertragenen Zuständigkeiten gilt diese Richtlinie für alle Personen in öffentlichen und privaten Bereichen, einschließlich öffentlicher Stellen, in Bezug auf

a) die Bedingungen – einschließlich Auswahlkriterien und Einstellungsbedingungen – für den Zugang zu unselbstständiger und selbstständiger Erwerbstätigkeit, unabhängig von Tätigkeitsfeld und beruflicher Position, einschließlich des beruflichen Aufstiegs;

b) den Zugang zu allen Formen und allen Ebenen der Berufsberatung, der Berufsausbildung, der beruflichen Weiterbildung und der Umschulung, einschließlich der praktischen Berufserfahrung;

c) die Beschäftigungs- und Arbeitsbedingungen, einschließlich der Entlassungsbedingungen und des Arbeitsentgelts;

d) die Mitgliedschaft und Mitwirkung in einer Arbeitnehmer oder Arbeitgeberorganisation oder einer Organisation, deren Mitglieder einer bestimmten Berufsgruppe angehören, einschließlich der Inanspruchnahme der Leistungen solcher Organisationen.

(2) Diese Richtlinie betrifft nicht unterschiedliche Behandlungen aus Gründen der Staatsangehörigkeit und berührt nicht die Vorschriften und Bedingungen für die Einreise von Staatsangehörigen dritter Länder oder staatenlosen Personen in das Hoheitsgebiet der Mitgliedstaaten oder deren Aufenthalt in diesem Hoheitsgebiet sowie eine Behandlung, die sich aus der Rechtsstellung von Staatsangehörigen dritter Länder oder staatenlosen Personen ergibt.

(3) Diese Richtlinie gilt nicht für Leistungen jeder Art seitens der staatlichen Systeme oder der damit gleichgestellten Systeme einschließlich der staatlichen Systeme der sozialen Sicherheit oder des sozialen Schutzes.

(4) Die Mitgliedstaaten können vorsehen, dass diese Richtlinie hinsichtlich von Diskriminierungen wegen einer Behinderung und des Alters nicht für die Streitkräfte gilt.

Artikel 4 Berufliche Anforderungen

(1) Ungeachtet des Artikels 2 Absätze 1 und 2 können die Mitgliedstaaten vorsehen, dass eine Ungleichbehandlung wegen eines Merkmals, das im Zusammenhang mit einem der in Artikel 1 genannten Diskriminierungsgründe steht, keine Diskriminierung darstellt, wenn das betreffende Merkmal aufgrund der Art einer bestimmten beruflichen Tätigkeit oder der Bedingungen ihrer Ausübung eine wesentliche und entscheidende berufliche Anforderung darstellt, sofern es sich um einen rechtmäßigen Zweck und eine angemessene Anforderung handelt.

(2) Die Mitgliedstaaten können in Bezug auf berufliche Tätigkeiten innerhalb von Kirchen und anderen öffentlichen oder privaten Organisationen, deren Ethos auf religiösen Grundsätzen oder Weltanschauungen beruht, Bestimmungen in ihren zum Zeitpunkt der Annahme dieser Richtlinie geltenden Rechtsvorschriften beibehalten oder in künftigen Rechtsvorschriften Bestimmungen vorsehen, die zum Zeitpunkt der Annahme dieser Richtlinie bestehende einzelstaatliche Gepflogenheiten widerspiegeln und wonach eine Ungleichbehandlung wegen der Religion oder Weltanschauung einer Person keine Diskriminierung darstellt, wenn die Religion oder die Weltanschauung dieser Person nach der Art dieser Tätigkeiten oder der Umstände ihrer Ausübung eine wesentliche, rechtmäßige und gerechtfertigte berufliche Anforderung angesichts des Ethos der Organisation darstellt. Eine solche Ungleichbehandlung muss die verfassungsrechtlichen Bestimmungen und Grundsätze der

Mitgliedstaaten sowie die allgemeinen Grundsätze des Gemeinschaftsrechts beachten und rechtfertigt keine Diskriminierung aus einem anderen Grund.

Sofern die Bestimmungen dieser Richtlinie im Übrigen eingehalten werden, können die Kirchen und anderen öffentlichen oder privaten Organisationen, deren Ethos auf religiösen Grundsätzen oder Weltanschauungen beruht, im Einklang mit den einzelstaatlichen verfassungsrechtlichen Bestimmungen und Rechtsvorschriften von den für sie arbeitenden Personen verlangen, dass sie sich loyal und aufrichtig im Sinne des Ethos der Organisation verhalten.

Artikel 5 Angemessene Vorkehrungen für Menschen mit Behinderung

Um die Anwendung des Gleichbehandlungsgrundsatzes auf Menschen mit Behinderung zu gewährleisten, sind angemessene Vorkehrungen zu treffen. Das bedeutet, dass der Arbeitgeber die geeigneten und im konkreten Fall erforderlichen Maßnahmen ergreift, um den Menschen mit Behinderung den Zugang zur Beschäftigung, die Ausübung eines Berufes, den beruflichen Aufstieg und die Teilnahme an Aus- und Weiterbildungsmaßnahmen zu ermöglichen, es sei denn, diese Maßnahmen würden den Arbeitgeber unverhältnismäßig belasten. Diese Belastung ist nicht unverhältnismäßig, wenn sie durch geltende Maßnahmen im Rahmen der Behindertenpolitik des Mitgliedstaates ausreichend kompensiert wird.

Artikel 6 Gerechtfertigte Ungleichbehandlung wegen des Alters

(1) Ungeachtet des Artikels 2 Absatz 2 können die Mitgliedstaaten vorsehen, dass Ungleichbehandlungen wegen des Alters keine Diskriminierung darstellen, sofern sie objektiv und angemessen sind und im Rahmen des nationalen Rechts durch ein legitimes Ziel, worunter insbesondere rechtmäßige Ziele aus den Bereichen Beschäftigungspolitik, Arbeitsmarkt und berufliche Bildung zu verstehen sind, gerechtfertigt sind und die Mittel zur Erreichung dieses Ziels angemessen und erforderlich sind.

Derartige Ungleichbehandlungen können insbesondere Folgendes einschließen:

a) die Festlegung besonderer Bedingungen für den Zugang zur Beschäftigung und zur beruflichen Bildung sowie besonderer Beschäftigungs- und Arbeitsbedingungen, einschließlich der Bedingungen für Entlassung und Entlohnung, um die berufliche Eingliederung von Jugendlichen, älteren Arbeitnehmern und Personen mit Fürsorgepflichten zu fördern oder ihren Schutz sicherzustellen;

b) die Festlegung von Mindestanforderungen an das Alter, die Berufserfahrung oder das Dienstalter für den Zugang zur Beschäftigung oder für bestimmte mit der Beschäftigung verbundene Vorteile;

c) die Festsetzung eines Höchstalters für die Einstellung aufgrund der spezifischen Ausbildungsanforderungen eines bestimmten Arbeitsplatzes oder aufgrund der Notwendigkeit einer angemessenen Beschäftigungszeit vor dem Eintritt in den Ruhestand.

(2) Ungeachtet des Artikels 2 Absatz 2 können die Mitgliedstaaten vorsehen, dass bei den betrieblichen Systemen der sozialen Sicherheit die Festsetzung von Altersgrenzen als Voraussetzung für die Mitgliedschaft oder den Bezug von Altersrente oder von Leistungen bei Invalidität einschließlich der Festsetzung unterschiedlicher Altersgrenzen im Rahmen dieser Systeme für bestimmte Beschäftigte oder Gruppen bzw. Kategorien von Beschäftigten und die Verwendung im Rahmen dieser Systeme von Alterskriterien für versicherungsmathematische Berechnungen keine Diskriminierung wegen des Alters darstellt, solange dies nicht zu Diskriminierungen wegen des Geschlechts führt.

Artikel 7 Positive und spezifische Maßnahmen

(1) Der Gleichbehandlungsgrundsatz hindert die Mitgliedstaaten nicht daran, zur Gewährleistung der völligen Gleichstellung im Berufsleben spezifische Maßnahmen beizube-

halten oder einzuführen, mit denen Benachteiligungen wegen eines in Artikel 1 genannten Diskriminierungsgrunds verhindert oder ausgeglichen werden.

(2) Im Falle von Menschen mit Behinderung steht der Gleichbehandlungsgrundsatz weder dem Recht der Mitgliedstaaten entgegen, Bestimmungen zum Schutz der Gesundheit und der Sicherheit am Arbeitsplatz beizubehalten oder zu erlassen, noch steht er Maßnahmen entgegen, mit denen Bestimmungen oder Vorkehrungen eingeführt oder beibehalten werden sollen, die einer Eingliederung von Menschen mit Behinderung in die Arbeitswelt dienen oder diese Eingliederung fördern.

Artikel 8 Mindestanforderungen

(1) Die Mitgliedstaaten können Vorschriften einführen oder beibehalten, die im Hinblick auf die Wahrung des Gleichbehandlungsgrundsatzes günstiger als die in dieser Richtlinie vorgesehenen Vorschriften sind.

(2) Die Umsetzung dieser Richtlinie darf keinesfalls als Rechtfertigung für eine Absenkung des von den Mitgliedstaaten bereits garantierten allgemeinen Schutzniveaus in Bezug auf Diskriminierungen in den von der Richtlinie abgedeckten Bereichen benutzt werden.

Kapitel II
Rechtsbehelfe und Rechtsdurchsetzung

Artikel 9 Rechtsschutz

(1) Die Mitgliedstaaten stellen sicher, dass alle Personen, die sich durch die Nichtanwendung des Gleichbehandlungsgrundsatzes in ihren Rechten für verletzt halten, ihre Ansprüche aus dieser Richtlinie auf dem Gerichts- und / oder Verwaltungsweg sowie, wenn die Mitgliedstaaten es für angezeigt halten, in Schlichtungsverfahren geltend machen können, selbst wenn das Verhältnis, während dessen die Diskriminierung vorgekommen sein soll, bereits beendet ist.

(2) Die Mitgliedstaaten stellen sicher, dass Verbände, Organisationen oder andere juristische Personen, die gemäß den in ihrem einzelstaatlichen Recht festgelegten Kriterien ein rechtmäßiges Interesse daran haben, für die Einhaltung der Bestimmungen dieser Richtlinie zu sorgen, sich entweder im Namen der beschwerten Person oder zu deren Unterstützung und mit deren Einwilligung an den in dieser Richtlinie zur Durchsetzung der Ansprüche vorgesehenen Gerichts- und / oder Verwaltungsverfahren beteiligen können.

(3) Die Absätze 1 und 2 lassen einzelstaatliche Regelungen über Fristen für die Rechtsverfolgung betreffend den Gleichbehandlungsgrundsatz unberührt.

Artikel 10 Beweislast

(1) Die Mitgliedstaaten ergreifen im Einklang mit ihrem nationalen Gerichtswesen die erforderlichen Maßnahmen, um zu gewährleisten, dass immer dann, wenn Personen, die sich durch die Nichtanwendung des Gleichbehandlungsgrundsatzes für verletzt halten und bei einem Gericht oder einer anderen zuständigen Stelle Tatsachen glaubhaft machen, die das Vorliegen einer unmittelbaren oder mittelbaren Diskriminierung vermuten lassen, es dem Beklagten obliegt zu beweisen, dass keine Verletzung des Gleichbehandlungsgrundsatzes vorgelegen hat.

(2) Absatz 1 lässt das Recht der Mitgliedstaaten, eine für den Kläger günstigere Beweislastregelung vorzusehen, unberührt.

(3) Absatz 1 gilt nicht für Strafverfahren.

(4) Die Absätze 1, 2 und 3 gelten auch für Verfahren gemäß Artikel 9 Absatz 2.

(5) Die Mitgliedstaaten können davon absehen, Absatz 1 auf Verfahren anzuwenden, in denen die Ermittlung des Sachverhalts dem Gericht oder der zuständigen Stelle obliegt.

Artikel 11 Viktimisierung
Die Mitgliedstaaten treffen im Rahmen ihrer nationalen Rechtsordnung die erforderlichen Maßnahmen, um die Arbeitnehmer vor Entlassung oder anderen Benachteiligungen durch den Arbeitgeber zu schützen, die als Reaktion auf eine Beschwerde innerhalb des betreffenden Unternehmens oder auf die Einleitung eines Verfahrens zur Durchsetzung des Gleichbehandlungsgrundsatzes erfolgen.

Artikel 12 Unterrichtung
Die Mitgliedstaaten tragen dafür Sorge, dass die gemäß dieser Richtlinie getroffenen Maßnahmen sowie die bereits geltenden einschlägigen Vorschriften allen Betroffenen in geeigneter Form, zum Beispiel am Arbeitsplatz, in ihrem Hoheitsgebiet bekannt gemacht werden.

Artikel 13 Sozialer Dialog
(1) Die Mitgliedstaaten treffen im Einklang mit den einzelstaatlichen Gepflogenheiten und Verfahren geeignete Maßnahmen zur Förderung des sozialen Dialogs zwischen Arbeitgebern und Arbeitnehmern mit dem Ziel, die Verwirklichung des Gleichbehandlungsgrundsatzes durch Überwachung der betrieblichen Praxis, durch Tarifverträge, Verhaltenskodizes, Forschungsarbeiten oder durch einen Austausch von Erfahrungen und bewährten Verfahren, voranzubringen.

(2) Soweit vereinbar mit den einzelstaatlichen Gepflogenheiten und Verfahren, fordern die Mitgliedstaaten Arbeitgeber und Arbeitnehmer ohne Eingriff in deren Autonomie auf, auf geeigneter Ebene Antidiskriminierungsvereinbarungen zu schließen, die die in Artikel 3 genannten Bereiche betreffen, soweit diese in den Verantwortungsbereich der Tarifparteien fallen. Die Vereinbarungen müssen den in dieser Richtlinie sowie den in den einschlägigen nationalen Durchführungsbestimmungen festgelegten Mindestanforderungen entsprechen.

Artikel 14 Dialog mit Nichtregierungsorganisationen
Die Mitgliedstaaten fördern den Dialog mit den jeweilgen Nichtregierungsorganisationen, die gemäß den einzelstaatlichen Rechtsvorschriften und Gepflogenheiten ein rechtmäßiges Interesse daran haben, sich an der Bekämpfung von Diskriminierung wegen eines der in Artikel 1 genannten Gründe zu beteiligen, um die Einhaltung des Grundsatzes der Gleichbehandlung zu fördern.

Kapitel III
Besondere Bestimmungen

Artikel 15 Nordirland
(1) Angesichts des Problems, dass eine der wichtigsten Religionsgemeinschaften Nordirlands im dortigen Polizeidienst unterrepräsentiert ist, gilt die unterschiedliche Behandlung bei der Einstellung der Bediensteten dieses Dienstes – auch von Hilfspersonal – nicht als Diskriminierung, sofern diese unterschiedliche Behandlung gemäß den einzelstaatlichen Rechtsvorschriften ausdrücklich gestattet ist.

(2) Um eine Ausgewogenheit der Beschäftigungsmöglichkeiten für Lehrkräfte in Nordirland zu gewährleisten und zugleich einen Beitrag zur Überwindung der historischen Gegensätze zwischen den wichtigsten Religionsgemeinschaften Nordirlands zu leisten, finden die Bestimmungen dieser Richtlinie über Religion oder Weltanschauung keine Anwendung auf die Einstellung von Lehrkräften in Schulen Nordirlands, sofern dies gemäß den einzelstaatlichen Rechtsvorschriften ausdrücklich gestattet ist.

Kapitel IV
Schlussbestimmungen

Artikel 16 Einhaltung
Die Mitgliedstaaten treffen die erforderlichen Maßnahmen, um sicherzustellen, dass
a) die Rechts- und Verwaltungsvorschriften, die dem Gleichbehandlungsgrundsatz zuwiderlaufen, aufgehoben werden;
b) die mit dem Gleichbehandlungsgrundsatz nicht zu vereinbarenden Bestimmungen in Arbeits- und Tarifverträgen, Betriebsordnungen und Statuten der freien Berufe und der Arbeitgeber- und Arbeitnehmerorganisationen für nichtig erklärt werden oder erklärt werden können oder geändert werden.

Artikel 17 Sanktionen
Die Mitgliedstaaten legen die Sanktionen fest, die bei einem Verstoß gegen die einzelstaatlichen Vorschriften zur Anwendung dieser Richtlinie zu verhängen sind, und treffen alle erforderlichen Maßnahmen, um deren Durchführung zu gewährleisten. Die Sanktionen, die auch Schadenersatzleistungen an die Opfer umfassen können, müssen wirksam, verhältnismäßig und abschreckend sein. Die Mitgliedstaaten teilen diese Bestimmungen der Kommission spätestens am 2. Dezember 2003 mit und melden alle sie betreffenden späteren Änderungen unverzüglich.

Artikel 18 Umsetzung der Richtlinie
Die Mitgliedstaaten erlassen die erforderlichen Rechts- und Verwaltungsvorschriften, um dieser Richtlinie spätestens zum 2. Dezember 2003 nachzukommen, oder können den Sozialpartnern auf deren gemeinsamen Antrag die Durchführung der Bestimmungen dieser Richtlinie übertragen, die in den Anwendungsbereich von Tarifverträgen fallen. In diesem Fall gewährleisten die Mitgliedstaaten, dass die Sozialpartner spätestens zum 2. Dezember 2003 im Weg einer Vereinbarung die erforderlichen Maßnahmen getroffen haben; dabei haben die Mitgliedstaaten alle erforderlichen Maßnahmen zu treffen, um jederzeit gewährleisten zu können, dass die durch diese Richtlinie vorgeschriebenen Ergebnisse erzielt werden. Sie setzen die Kommission unverzüglich davon in Kenntnis.

Um besonderen Bedingungen Rechnung zu tragen, können die Mitgliedstaaten erforderlichenfalls eine Zusatzfrist von drei Jahren ab dem 2. Dezember 2003, d. h. insgesamt sechs Jahre, in Anspruch nehmen, um die Bestimmungen dieser Richtlinie über die Diskriminierung wegen des Alters und einer Behinderung umzusetzen. In diesem Fall setzen sie die Kommission unverzüglich davon in Kenntnis. Ein Mitgliedstaat, der die Inanspruchnahme dieser Zusatzfrist beschließt, erstattet der Kommission jährlich Bericht über die von ihm ergriffenen Maßnahmen zur Bekämpfung der Diskriminierung wegen des Alters und einer Behinderung und über die Fortschritte, die bei der Umsetzung der Richtlinie erzielt werden konnten. Die Kommission erstattet dem Rat jährlich Bericht.

Wenn die Mitgliedstaaten derartige Vorschriften erlassen, nehmen sie in den Vorschriften selbst oder durch einen Hinweis bei der amtlichen Veröffentlichung auf diese Richtlinie Bezug. Die Mitgliedstaaten regeln die Einzelheiten der Bezugnahme.

Artikel 19 Bericht
(1) Bis zum 2. Dezember 2005 und in der Folge alle fünf Jahre übermitteln die Mitgliedstaaten der Kommission sämtliche Informationen, die diese für die Erstellung eines dem Europäischen Parlament und dem Rat vorzulegenden Berichts über die Anwendung dieser Richtlinie benötigt.

(2) Die Kommission berücksichtigt in ihrem Bericht in angemessener Weise die Standpunkte der Sozialpartner und der einschlägigen Nichtregierungsorganisationen. Im Ein-

klang mit dem Grundsatz der systematischen Berücksichtigung geschlechterspezifischer Fragen wird ferner in dem Bericht die Auswirkung der Maßnahmen auf Frauen und Männer bewertet. Unter Berücksichtigung der übermittelten Informationen enthält der Bericht erforderlichenfalls auch Vorschläge für eine Änderung und Aktualisierung dieser Richtlinie.

Artikel 20 Inkrafttreten
Diese Richtlinie tritt am Tag ihrer Veröffentlichung im Amtsblatt der Europäischen Gemeinschaften in Kraft.

Artikel 21 Adressaten
Diese Richtlinie ist an die Mitgliedstaaten gerichtet.

§ 82
Besondere Pflichten der öffentlichen Arbeitgeber

¹Die Dienststellen der öffentlichen Arbeitgeber melden den Agenturen für Arbeit frühzeitig frei werdende und neu zu besetzende sowie neue Arbeitsplätze (§ 73). ²Haben schwerbehinderte Menschen sich um einen solchen Arbeitsplatz beworben, oder sind sie von der Bundesagentur für Arbeit oder einem von dieser beauftragten Integrationsfachdienst vorgeschlagen worden, werden sie zu einem Vorstellungsgespräch eingeladen. ³Eine Einladung ist entbehrlich, wenn die fachliche Eignung offensichtlich fehlt. ⁴Einer Integrationsvereinbarung nach § 83 bedarf es nicht, wenn für die Dienststellen dem § 83 entsprechende Regelungen bereits bestehen und durchgeführt werden.

ERLÄUTERUNGEN

ÜBERSICHT

I. Bedeutung der Vorschrift (Rdnrn. 1–3)
II. Fassung (Rdnr. 4)
III. Anmerkungen (Rdnrn. 5–41)
   1. Geltungsbereich (Rdnr. 5)
   2. Meldepflicht (Rdnrn. 6–13)
   3. Einladung zum Vorstellungsgespräch (Rdnrn. 14–40)
   4. Integrationsvereinbarung (Rdnr. 41)
IV. Literatur

I. Bedeutung der Vorschrift

1 Die Vorschrift legt öffentlichen Arbeitgebern besondere zusätzliche Beschäftigungspflichten und Verfahrensanforderungen auf. Sie gilt für alle öffentlichen Arbeitgeber gem. § 71 Abs. 3 SGB IX. Diese haben den Arbeitsagenturen frühzeitig frei werdende und neu zu besetzende sowie neue Teilzeit- und Vollzeit-Arbeitsplätze im Sinne von § 73 SGB IX zu melden (**Satz 1**). Damit kommen besondere Fürsorgepflichten zum Ausdruck, die den öffentlichen Arbeitgebern in Abgrenzung zu den allgemeinen Fürsorgepflichten des Arbeitgebers abverlangt werden. Dies ist zugleich Ausdruck einer **Vorbildfunktion des öffentlichen Dienstes**. Schwerbehinderte Menschen, die sich um einen derartigen Arbeitsplatz beworben haben oder von der Agentur für Arbeit bzw. einem Integrationsfachdienst vorgeschlagen worden sind, müssen zu einem Vorstellungsgespräch eingeladen werden, wenn sie nicht offenkundig ungeeignet für die Stelle sind (**Satz 2 und 3**).

Besondere Pflichten § 82

Für die öffentlichen Arbeitgeber wird zusätzlich geregelt, dass keine verbindliche Integrationsvereinbarung nach § 83 SGB IX abgeschlossen werden muss, wenn bereits entsprechende Regelungen bestehen und durchgeführt werden (**Satz 4**). 2

Weitere Sonderregelungen für öffentliche Arbeitgeber enthalten § 80 Abs. 9 SGB IX (jährliche Übersicht der Bundesagentur für Arbeit über die Erfüllung der Beschäftigungsquote) sowie § 159 Abs. 1 SGB IX (Beibehaltung der Pflichtarbeitsplatzquote von 6% bei Übererfüllung der Quote zum 31. Oktober 1999). 3

II. Fassung

Die Vorschrift wurde unverändert aus dem Regierungsentwurf (BT-Drucks. 14/5531 i. V. m. 14/5074) übernommen. Sie baut auf § 14a SchwbG in der durch das SchwbBAG vom 29. September 2000 (BGBl. I S. 1394) eingeführten Fassung auf. Jedoch sind die darin enthaltenen und zuvor auf öffentliche Arbeitgeber des Bundes beschränkten Regelungen nunmehr auf alle öffentlichen Arbeitgeber erweitert worden. 4

III. Anmerkungen

1. Geltungsbereich

Die Vorschrift richtet sich **an alle öffentlichen Arbeitgeber** im Sinne des § 71 Abs. 3 SGB IX. Daher sind auch die öffentlichen Arbeitgeber nach Abs. 3 Nr. 2 bis 4 der Vorschrift, nämlich oberste Landesbehörden mit ihren nachgeordneten Dienststellen, sonstige Gebietskörperschaften und jede sonstige Körperschaft, Anstalt oder Stiftung des öffentlichen Rechts in die normierten Verpflichtungen, einbezogen. Die Norm ist daher in der Regel auch auf Kirchen, Kammern, Sozialversicherungen, Innungen und Betriebe nach BHO / LHO anzuwenden (B / F / K / R/ *Ritz* Rdnr. 4). 5

2. Meldepflicht

Die öffentlichen Arbeitgeber haben die frei werdenden und neu zu besetzenden Stellen gegebenenfalls schon aufgrund der allgemeinen Verpflichtung des § 81 SGB IX den Agenturen für Arbeit zu melden. Die Vorschrift **verstärkt und konkretisiert** diese Meldepflicht noch einmal durch die Betonung, dass dies **in jedem Falle** und „frühzeitig" zu geschehen habe. (**Satz 1**). Den öffentlichen Arbeitgebern steht insoweit kein Ermessen zu. 6

Diese Mitteilungspflicht besteht für Hochschulen auch im Bereich der **Drittmittelforschungsvorhaben** i. S. d. § 25 Abs. 5 Satz 1 HRG. Die diesem Bereich der Universität zugehörenden Arbeitsplätze genießen denselben schwerbehindertenrechtlichen Schutz wie die sonstigen Arbeitsplätze der Universität. Die sogenannten Drittmittelbediensteten unterfallen deshalb nicht dem Ausnahmekatalog des § 73 Abs. 2 SGB IX, der bestimmt, dass Stellen, auf denen bestimmte Personengruppen beschäftigt werden, nicht als Arbeitsplätze im Sinne des Teils 2 des SGB IX gelten (BAG Urteil vom 15. August 2006 – 9 ABR 61/05 = NZA 2007, 224). 7

Diese Meldepflicht tritt bei **frei werdenden Stellen** ein, wenn ein Ausscheiden des bisherigen Stelleninhabers feststeht und die Stelle im Stellenplan fortgeschrieben wird. Ein Kw-Vermerk („künftig wegfallend") löst keine Meldepflicht gegenüber der Agentur für Arbeit aus (Kossens u. a. / *Kossens* Rdnr. 1). Bei **neu eingerichteten Stellen** wird der Arbeitgeber meldepflichtig, sobald feststeht, dass eine solche geschaffen wird. Nicht erforderlich ist, dass der Haushalt bereits aufgestellt ist (Neumann u. a. / *Neumann* Rdnr. 4; *Braun* RiA 2004, 262 m. w. Nachw.). 8

Zu Erfüllung der Meldepflicht hat der Arbeitgeber der Agentur für Arbeit eine **Aufgaben- und Tätigkeitsbeschreibung** zu übermitteln, welcher die notwendige Qualifikation eines Bewerbers, persönliche Anforderungen, und Vergütungshöhe bzw. Eingruppierung zu entnehmen sind. Auch ist mitzuteilen, ob es sich um eine befristete oder unbefristete Stelle handelt (Kossens u. a. / *Kossens* Rdnr. 3). 9

10 Verstößt der Arbeitgeber gegen die Meldepflicht, liegt ein Grund für eine **Verweigerung der Zustimmung nach § 77 Abs. 2 Nr. 1 BPersVG** bzw. die entsprechenden landesrechtlichen Regelungen vor (*Müller-Wenner / Winkler* Rdnr. 4; HK-SGB IX / *Trenk-Hinterberger* Rdnr. 6 unter Hinweis auf VG Ansbach Beschluss vom 29. November 2007 – AN 8 PE 07.03299, zit. nach JURIS). Der Gesetzesverstoß wird auch **nicht etwa dadurch geheilt**, dass der Arbeitgeber die Stellenausschreibung **nachträglich der Agentur für Arbeit zur Kenntnis** bringt. Unabhängig davon, ob das jeweilige Personalvertretungsgesetz überhaupt die Heilung von Verfahrens- und Formfehlern im Rahmen des Mitbestimmungsverfahrens vorsieht, schreibt § 82 Satz 1 SGB IX ausdrücklich eine **frühzeitige Meldung** vor. Die Arbeitsagenturen sollen ausreichend prüfen können, ob geeignete Schwerbehinderte zur Verfügung stehen. Nach der höchstrichterlichen Rechtsprechung steht den Arbeitnehmervertretungen ein Zustimmungsverweigerungsrecht stets dann zu, wenn bei der Einstellung ein Auswahlverfahren nicht beachtet worden ist, das zu Gunsten besonders schutzwürdiger Mitbewerber vorgeschrieben ist (BAG Beschluss vom 28. März 2000 – 1 ABR 16/99 = BAGE 94, 169 = NZA 2000, 1294). Zwar schreibt § 82 SGB IX kein besonderes Auswahlverfahren zu Gunsten schutzwürdiger, d. h. hier schwerbehinderter, Mitbewerber vor, doch ist diese Rechtsprechung auf die Fälle des § 82 SGB IX zu übertragen, weil auch diese Vorschrift garantieren soll, dass die vom Gesetz jeweils besonders schutzwürdig angesehenen Schwerbehinderten nicht benachteiligt werden (VG Ansbach Beschluss vom 29. November 2007 a. a. O.).

Hingegen stellt der Verstoß gegen die Meldepflicht keine Ordnungswidrigkeit nach § 156 SGB IX dar (HK-SGB IX / *Trenk-Hinterberger* Rdnr. 6).

11 Bei **internen Stellenbesetzungen soll nach verbreiteter und überzeugender Ansicht in der Rechtsprechung keine Informationspflicht** gegenüber der Agentur für Arbeit bestehen, wie schon der Gesetzeswortlaut von § 81 Abs. 1 Satz 1, § 82 Satz 2 SGB IX ergebe (LAG Köln Beschluss vom 8. Februar 2010 – 5 TaBV 73/09 = ZTR 2010, 488 [Ls.] = PersV 2011, 74 [Ls.]; LAG Saarland Beschluss vom 13. Februar 2008 – 1 TaBV 15/07 = BehindertenR 2008, 208; a. A. GK-SGB IX / *Schimanski* Rdnr. 22; *Gagel* jurisPR-ArbR 26/2008 Anm. 4). Denn wenn sich der Arbeitgeber aus haushaltsrechtlichen Gründen entschließen muss, eine Stelle nur intern zu besetzen, liege kein freier, frei werdender, neu zu besetzender oder neuer Arbeitsplatz vor. Es handle sich bei der Besetzung eines solchen Arbeitsplatzes auch nicht um eine Einstellung. Denn bei einer internen Besetzung wird ein Arbeitsplatz nicht durch eine Einstellung besetzt, sondern durch eine Umsetzung, ggf. Versetzung und / oder Beförderung. Dass **zwischen Einstellung** einerseits **und Versetzung / Umsetzung** sowie Um- und Höhergruppierung andererseits **zu unterscheiden** sei, belege bereits die Vorschrift des § 99 BetrVG. Eine Besetzung des Arbeitsplatzes durch einen internen Umsetzungs-, Versetzungs- oder Beförderungsvorgang könne daher nicht mit einem Einstellungsvorgang gleichgesetzt werden (LAG Köln Beschluss vom 8. Februar 2010 a. a. O.).

12 Zu beachten sei zudem die **Organisationsfreiheit des Arbeitgebers.** In dessen Entscheidungskompetenz liege es, ob eine Stelle nur intern im Wege der Umsetzung, Versetzung und / oder Höhergruppierung besetzt werden solle, oder ob durch eine Neueinstellung der Personalbestand gegenüber der internen Besetzung um eine Stelle vergrößert werde (LAG Köln Beschluss vom 8. Februar 2010 a. a. O.). Im Bereich öffentlicher Arbeitgeber sei ein dem Art. 33 Abs. 2 GG entsprechendes Auswahlverfahren nur dann durchzuführen, wenn der öffentliche Arbeitgeber die zu besetzende Stelle unbeschränkt ausgeschrieben hat. Der **öffentliche Arbeitgeber ist nicht verpflichtet, stets alle Stellen auszuschreiben** und nach den Kriterien der Bestenauswahl zu besetzen. Vielmehr ist der Arbeitgeber frei, zwischen **Umsetzungen, Versetzungen oder Beförderungen** zu **wählen** (vgl. BAG Urteil vom 23. Januar 2007 – 9 AZR 492/06 = BAGE 121, 67 = NZA 2007, 145).

13 Auch der **Sinn und Zweck der Informationspflichten** in §§ 81, 82 SGB IX erfordere eine Informationspflicht an die Agentur für Arbeit nur dann wenn eine externe Stellenbesetzung möglich ist. Würde eine Informationspflicht auch bei internen Stellenbesetzungen angenommen, würde dies bedeuten, dass die Agentur für Arbeit diese Informationen an stellen-

Besondere Pflichten § 82

suchende schwerbehinderten Menschen weiterleiten würde, diese sich bewerben würden und daraufhin vom Arbeitgeber die Mitteilung erhalten müssten, dass ihre Bewerbung wegen der z. B. haushaltsrechtlichen Vorgabe, keine externe Stellenbesetzung vornehmen zu dürfen, ohnehin nicht berücksichtigt werden könne. Die Informationsweitergabe würde daher zu Bewerbungen führen, die von vornherein zum Scheitern verurteilt wären. In einem solchen Fall könne nicht eine Informations- und Meldepflicht angenommen werden (LAG Köln Beschluss vom 8. Februar 2010 a. a. O.; LAG Saarland Beschluss vom 13. Februar 2008; ebenso Juris-PK SGB IX / *Fabritius* Rdnr. 16).

3. Einladung zum Vorstellungsgespräch

Öffentliche Arbeitgeber müssen schwerbehinderte Bewerber und solche, die von der Agentur für Arbeit bzw. einem Integrationsfachdienst gemeldet werden, zu einem Vorstellungsgespräch einladen (**Satz 2**). Ein solcher persönlicher Kontakt soll dem Arbeitgeber bzw. dessen Personalreferenten einen **persönlichen Eindruck** vom Bewerber verschaffen, weil dies häufig die Einstellungschancen von Bewerbern verbessern kann. Über die schriftlichen Bewerbungsunterlagen hinaus soll sich der Arbeitgeber ein Bild von der Persönlichkeit des schwerbehinderten Bewerbers, seinem Auftreten, seiner Leistungsfähigkeit und seiner Eignung machen. Diese zwingende Pflicht besteht auch dann, wenn sich bereits abzeichnet, dass der **Bewerber nicht für die engere Auswahl vorgesehen** ist (Neumann u. a. / *Neumann* Rdnr. 5). 14

Bei der Vorschrifft handelt es sich um eine gesetzliche **positive Maßnahme i. S. d. § 5 AGG** (*Hinrichs* § 5 Rdnr. 45). Mit jener Bestimmung hat der Gesetzgeber von der Option nach Art. 7 Abs. 1 der RL 2000/78/EG Gebrauch gemacht: Auf ihrer Grundlage können die Mitgliedstaaten zur Gewährleistung der völligen Gleichstellung im Beruf spezifische Maßnahmen beibehalten bzw. einführen, um Benachteiligungen zu begegnen. Ermöglicht werden damit Maßnahmen, mit denen die bisher benachteiligte Gruppen durch den Gesetzgeber oder Arbeitgeber gezielt gefördert werden können; in Betracht kommen sowohl Maßnahmen zur Beseitigung bestehender Nachteile als auch präventive Maßnahmen, mit denen künftige Nachteile vermieden werden sollen (vgl. hierzu Erl. zu § 5 AGG Rdnr. 8 ff., 29 ff.). 15

Erlaubt ist damit auch die **gezielte Begünstigung schwerbehinderter Menschen bei Bewerbungen im öffentlichen Dienst**. § 82 Satz 2 SGB IX ist ein geeignetes und auch ein angemessenes Instrument i. S. des § 5 AGG, um bestehende Nachteile wegen einer Behinderung zu verhindern bzw. auszugleichen. Dass ein Nachteil in diesem Sinne vorliegt, gilt als indiziert, wenn eine Unterrepräsentanz der Merkmalsgruppe feststellbar ist (Wendeling-Schröder / *Stein* § 5 AGG Rdnr. 11). Das ist für Menschen mit Behinderungen statistisch nachweisbar: In 2003 waren EU-weit nur 40% der Menschen mit Behinderungen erwerbstätig, gegenüber 64,2% der nicht behinderten Menschen (vgl. Mitteilung der EU Kommission vom 28. November 2005 KOM(2005) 604 endgültig S. 4, in http://eur-lex.europa.eu/LexUriServ/LexUriServ.do?uri=SPLIT_COM:2005:0604(01):FIN:DE:PDF, 25. März 2011). 16

Der öffentliche Arbeitgeber ist nach § 82 Satz 2 SGB IX gehalten, den schwerbehinderten Bewerber besser zu stellen als den nicht schwerbehinderten Konkurrenten (LPK-SGB IX / *Düwell* Rdnr. 4), indem ihm durch die Einladung zum Vorstellungsgespräch ein **Chancenvorteil** gewährt wird (⌘ ArbG Cottbus Urteil vom 11. Juni 2008 – 7 Ca 108/08, zit. nach JURIS; JurisPK-SGB IX / *Fabritius* Rdnr. 9). Wird ihm diese Chance durch Verfahrensfehler des Arbeitgebers genommen, so wird eine Benachteiligung wegen der Behinderung vermutet.

Diese Regelung gilt nach § 68 Abs. 3 SGB IX **auch für gleichgestellte behinderte Bewerber** im Sinne von § 68 Abs. 2, § 2 Abs. 3 SGB IX (LPK-SGB IX / *Düwell* Rdnr. 4). Nicht anwendbar ist sie für Jugendliche und junge Erwachsene, die nach § 68 Abs. 4 SGB IX gleichgestellt sind. 17

18   Auch bei Aufnahme in das **Beamtenverhältnis auf Widerruf** – hier: Zuteilung eines Platzes zur Ableistung des Vorbereitungsdienstes im Rahmen einer Bedarfsausbildung (höherer Bibliothekendienst) – gilt der Grundsatz, dass schwerbehinderte Menschen, die sich um einen Arbeitsplatz beworben haben, zu einem Vorstellungsgespräch eingeladen werden (⌨ BayVGH Beschluss vom 7. Oktober 2004 – 3 CE 04.2770 = BehindertenR 2005, 174 = ZBR 2006, 137).

19   Die Pflicht zur Einladung gilt auch bei Bewerbungen schwerbehinderter Menschen im Rahmen einer **internen Stellenausschreibung** (ebenso *Gagel* jurisPR-ArbR 26/2008 Anm. 4: a. A. ⌨ LAG Saarbrücken Beschluss vom 13. Februar 2008 – 1 TaBV 15/07 = BehindertenR 2008, 208). Die Gründe, die gegen eine Informationspflicht des Arbeitgebers gegen der Agentur für Arbeit sprechen (vgl. oben Rdnr. 13), gelten nicht gleichermaßen für diesen Fall. Auch wenn der schwerbehinderte Bewerber dann im Regelfall schon länger beim Arbeitgeber beschäftigt ist und diesem insofern allgemein bekannt ist, kann es doch sachgerecht sein, ihm Gelegenheit zur persönlichen Darlegung seiner Eignung für die speziell ausgeschriebene Stelle zu geben. Richtig ist zwar, dass **Satz 2 der Vorschrift auf Satz 1 Bezug** nimmt. Bei einer am Sinn der gesetzlichen Regelung ausgerichteten Auslegung, die nicht am zu engen Wortlaut haften bleibt, erscheint es aber vertretbar, die Einladungspflicht zu Bewerbungsgesprächen auch bei Stellen zu bejahen, für die keine Informationspflicht gegenüber der Agentur für Arbeit anzunehmen ist.

20   Eine „Bewerbung" i. S. d. Vorschrift setzt die **Vollständigkeit der Bewerbungsunterlagen** voraus (⌨ Sächs. LAG Urteil vom 14. September 2005 – 2 Sa 279/05, zit. nach JURIS). Ferner muss die **Bewerbung ernsthaft** gemeint sein (⌨ BAG Urteil vom 21. Juli 2009 – 9 AZR 431/08 = NJW 2009, 3319 = NZA 2009, 1087 = BehindertenR 2010, 18). Eine Vielzahl erfolgloser Bewerbungen allein lässt nicht darauf schließen, der Bewerber sei nicht ernsthaft interessiert. Von einem solchen Ausnahmefall ist nur auszugehen, wenn von vornherein der Wille fehlt, die ausgeschriebene Stelle tatsächlich einzunehmen, also in Wirklichkeit nur eine Entschädigung angestrebt wird (⌨ BAG Urteil vom 16. September 2008 – 9 AZR 791/07 = BAGE 127, 367 = AP Nr. 15 zu § 81 SGB IX).

Selbst wenn ein Bewerber tatsächlich eine **Vielzahl von Entschädigungsklagen** gegen öffentliche Arbeitgeber angestrengt haben sollte, liegt darin für sich betrachtet kein ausreichendes Indiz für eine nicht ernsthafte Bewerbung (BAG Urteil vom 21. Juli 2009 a. a. O.; a. A. *Dahl* jurisPR-ArbR 4/2009 Anm. 1 zu D, der Serienklagen als „AGG-Hopping" ausreichen lassen will). Ein Bewerber ist nicht daran gehindert, aus seiner Sicht bestehende Rechte auszuüben (BAG Urteil vom 21. Juli 2009 a. a. O.).

21   Schließlich muss dem Arbeitgeber die **Schwerbehinderteneigenschaft des Bewerbers positiv bekannt** sein. Macht ein schwerbehinderter Bewerber im Bewerbungsschreiben unklare Angaben über den Grad und die Art seiner Behinderung, so trifft den Arbeitgeber keine Pflicht, sich im Hinblick auf § 1 AGG über den Grad und die Art der Behinderung zu erkundigen (⌨ LAG Baden-Württemberg Urteil vom 6. September 2010 – 4 Sa 18/10, zit. nach JURIS; Revision eingelegt unter Az. 8 AZR 608/10).

22   Die Einladungspflicht entfällt nur dann, wenn die **fachliche Eignung offensichtlich fehlt** (**Satz 3**). Ein schwerbehinderter Bewerber muss bei einem öffentlichen Arbeitgeber die Chance eines Vorstellungsgesprächs bekommen, wenn seine fachliche Eignung zweifelhaft, aber nicht offensichtlich ausgeschlossen ist. Selbst wenn sich der öffentliche Arbeitgeber aufgrund der Bewerbungsunterlagen schon die Meinung gebildet hat, ein oder mehrere Bewerber seien so gut geeignet, dass der schwerbehinderte Bewerber nicht mehr in die nähere Auswahl komme, muss er den Bewerber nach dem Gesetzesziel einladen. Der schwerbehinderte Bewerber soll den Arbeitgeber im Vorstellungsgespräch von seiner Eignung überzeugen können (⌨ BAG Urteil vom 12. September 2006 – 9 AZR 807/05 = BAGE 119, 262 = AP Nr. 13 zu § 81 SGB IX = BehindertenR 2007, 134; hierzu *von Medem* NZA 2007, 545).

Wird ihm diese Möglichkeit genommen, liegt darin eine weniger günstige Behandlung, als **23**
sie das Gesetz zur Herstellung gleicher Bewerbungschancen gegenüber anderen nichtbehinderten Bewerber für erforderlich hält. Der zugleich damit verbundene Ausschluss aus dem weiteren Bewerbungsverfahren stellt sich als Benachteiligung dar, die in einem ursächlichen Zusammenhang mit der Behinderung steht (BAG Urteil vom 12. September 2006 a. a. O.; BAG Urteil vom 16. September 2008 – 9 AZR 791/07 = BAGE 127, 367 = AP Nr. 15 zu § 81 SGB IX = NZA 2009, 79 = BehindertenR 2009, 86).

Diese Pflicht besteht gemäß **Satz 3** der Vorschrift nur dann nicht, wenn dem schwerbehinderten Menschen bereits die **fachliche Eignung offensichtlich fehlt**, er also „ganz augenscheinlich" für die ausgeschriebene Stelle nicht in Betracht kommen kann (vgl. LAG Schleswig-Holstein, Urteil vom 8. November 2005 – 5 Sa 277/05 = ArbuR 2006, 245 m. Anm. *Welti*; VGH Baden-Württemberg Urteil vom 4. August 2009 – 9 S 3330/08 = ZBR 2010, 128, Rev. zugelassen durch BVerwG Beschluss vom 26. Mai 2010 – 5 B 58/09, 5 B 58/09 [5 C 15/10] zit. nach JURIS). **24**

Das ist dann der Fall, wenn **zweifelsfrei erkennbar ist, dass der Bewerber den Tätigkeitsanforderungen der zu besetzenden Stelle nicht gewachsen** ist (Kossens u. a. / *Kossens* Rdnr. 5). Ferner ist ein Bewerber offensichtlich ungeeignet, wenn er die beamtenrechtlich zwingenden Einstellungsvoraussetzungen nicht erfüllt, z. B. nicht über die vorausgesetzte Schul- oder Hochschulausbildung verfügt. Ergibt sich aus dem beruflichen Werdegang eines Schwerbehinderten, dass er nicht im Ansatz Tätigkeiten verrichtet hat, die denen entsprechen, die im Rahmen der ausgeschriebenen Stelle verrichtet werden sollen, dann ist er für die ausgeschriebene Stelle offensichtlich ungeeignet. Dies hat zur Folge, dass er auch nicht zu einem Vorstellungsgespräch einzuladen ist (ArbG Münster Urteil vom 30. September 2005 – 4 Ca 1279/05, zit. nach JURIS).

Eine **Dienstvereinbarung** die bestimmt, dass die fachliche Eignung eines Bewerbers offensichtlich fehlt, wenn alle am Einstellungsverfahren Beteiligten einstimmig dieser Ansicht sind, verstößt gegen das Benachteiligungsverbot des § 7 Abs. 2 AGG. Der allgemeine Justizgewährungsanspruch wird hierdurch unterlaufen (Hess. LAG Urteil vom 5. Oktober 2010 – 13 Sa 488/10, zit. nach JURIS; Revision eingelegt unter Az. 8 AZR 697/10). **25**

Ob ein Bewerber offensichtlich nicht die notwendige fachliche Eignung hat, beurteilt sich **26**
nach den **Ausbildungs- oder Prüfungsvoraussetzungen für die zu besetzende Stelle** und den einzelnen Aufgabengebieten (BAG Urteil vom 12. September 2006 – 9 AZR 807/05 = BAGE 119, 262 = AP Nr. 13 zu § 81 SGB IX = BehindertenR 2007, 134; Urteil vom 16. September 2008 – 9 AZR 791/07 = NZA 2009, 79 = AP SGB IX § 81 Nr. 15). Diese Erfordernisse werden von den in der Stellenausschreibung geforderten Qualifikationsmerkmalen konkretisiert. Nach Art. 33 Abs. 2 GG hat jeder Deutsche nach seiner Eignung, Befähigung und fachlichen Leistung gleichen Zugang zu jedem öffentlichen Amt. Durch die Bestimmung des **Anforderungsprofils** für einen Dienstposten legt der Dienstherr die Kriterien für die Auswahl der Bewerber fest (vgl. BAG Urteil vom 12. September 2006 a. a. O.). Das Anforderungsprofil muss die objektiven Anforderungen der Stelle abbilden. Die Ausschreibung dient der Absicherung des Bewerbungsverfahrensanspruchs potenzieller Bewerber. Für das Auswahlverfahren bleibt die Dienstpostenbeschreibung verbindlich. Die Funktionsbeschreibung des Dienstpostens bestimmt objektiv die Kriterien, die der Inhaber erfüllen muss (BAG Urteil vom 15. März 2005 – 9 AZR 142/04 = BAGE 114, 80 = NZA 2005, 1185 [zu III 2b aa]).

Daher ist es unzulässig, einen für die Art der auszuübenden Tätigkeit **nicht erforderlichen** **27**
Ausbildungsabschluss zu verlangen (BAG Urteil vom 12. September 2006 a. a. O.; Urteil vom 16. September 2008 a. a. O.). Gleiches muss in Bezug auf geforderte **praktische Fähigkeiten und Kenntnisse** gelten, sofern sie für die auszuübende Tätigkeit nicht notwendig sind. Zwar muss der schwerbehinderte Bewerber bei der angestrebten Einstellung nicht bereits alle geforderten Kenntnisse und Erfahrungen besitzen, um sofort den Arbeitsplatz ausfüllen zu können. Allerdings muss der Stellenbewerber in der Lage sein, sich **fehlende**

Kenntnisse und Erfahrungen in einer zumutbaren Einarbeitungszeit anzuzeigen. Dies kann in der Regel nicht angenommen werden, wenn er über überhaupt keine praktischen Berufserfahrungen verfügt und das nach den Anforderungen der ausgeübten Tätigkeit ein zulässiges Kriterium im Anforderungsprofil der Stelle ist (Hess. LAG Urteil vom 28. August 2009 – 19/3 Sa 1636/08, zit. nach JURIS).

28 Der Arbeitgeber des Öffentlichen Dienstes hat zwar bei der Anwendung des Art. 33 Abs. 2 GG und damit auch bei der Festlegung des Anforderungsprofils und der Eignungsmerkmale einen **Beurteilungsspielraum**, der nur eingeschränkter gerichtlicher Kontrolle unterliegt (BVerfG Urteil vom 24. September 2003 – 2 BvR 1436/02 = BVerfGE 108, 282). Allerdings muss die Festlegung des Anforderungsprofils im Hinblick auf die Anforderungen der zu besetzenden Stelle sachlich nachvollziehbar sein (BAG Urteil v. 12. September 2006 a. a. O. und Urteil vom 18. September 2001 – 9 AZR 410/00 = BAGE 99, 67 = AP Nr. 52 zu Art. 33 Abs. 2 GG = NZA 2002, 271). Wird von etwaigen Stellenbewerbern in der Ausschreibung nicht ausdrücklich ein bestimmtes Anforderungsmerkmal verlangt (z. B. eine Sachkundeprüfung für das Bewachungsgewerbe gem. § 34a GewO), darf sich in einem späteren Klageverfahren der öffentliche Arbeitgeber nicht hierauf berufen (Hess. LAG Urteil vom 28. August 2009 – 19/3 Sa 1636/08, zit. nach JURIS).

29 Auch kann sich ein öffentlicher Arbeitgeber nur auf solche **Auswahlgründe** stützen, die **dokumentiert** sind. Im späteren gerichtlichen Verfahrens ist zwar die Ergänzung, nicht aber die Nachholung der Dokumentation zulässig (Hess. LAG Urteil vom 28. August 2009 – 19/3 Sa 1636/08, zit. nach JURIS).

30 Eine zu großzügige Handhabung des Merkmals offensichtlicher Nichteignung würde das gesetzgeberische Anliegen vereiteln, die Chancen schwerbehinderter Bewerber im Verfahren zu verbessern. Allerdings muss auch gesehen werden, dass ein nur „formales" Einstellungsgespräch zur Einhaltung gesetzlicher Vorgaben ohne ernsthafte Einstellungschancen durchaus demotivierende Wirkungen für den schwerbehinderten Arbeitsuchenden entfalten kann; der Gesetzgeber hat aber die entsprechende Regelung geschaffen und sie ist von Dienstherren bzw. öffentlichen Arbeitgebern sowie der Rechtsprechung zu beachten (VGH Baden-Württemberg Urteil vom 4. August 2009 a. a. O.).

31 Vor dem Hintergrund des § 33 Abs. 2 Satz 1 TVöD darf ein Arbeitgeber des öffentlichen Dienstes davon ausgehen, dass ein Bewerber um eine ausgeschriebene Vollzeitstelle für diese **gesundheitlich nicht geeignet** ist, wenn der Bewerber während des laufenden Bewerbungsverfahrens rückwirkend und für die Zukunft unbefristet als in vollem Umfang erwerbsgemindert anerkannt wird (LAG Köln Urteil vom 29. Januar 2009 – 7 Sa 980/08 = PersV 2010, 278 [Ls.]).

32 Ein **Verstoß** gegen § 82 Satz 2 SGB IX kann **geheilt** werden, wenn der Arbeitgeber des öffentlichen Dienstes den Stellenbewerber auf dessen Beanstandung hin in das unverändert noch laufende **Bewerbungsverfahren wieder aufnimmt** und zu einem Vorstellungstermin lädt (LAG Köln Urteil vom 29. Januar 2009 – 7 Sa 980/08 = PersV 2010, 278 [Ls.]). Für die Ernsthaftigkeit der Wiederaufnahme spricht ggf., dass der Arbeitgeber für den Bewerber keine Sonderveranstaltung abgehalten, sondern ihn in das regulär durchgeführte Assessment-Center aufgenommen hat, in dem Bewerber die Chance hatte, sich im direkten Vergleich mit den übrigen Kandidaten zu messen und den Arbeitgeber von seiner fachlichen Qualifikation zu überzeugen (LAG Köln Urteil vom 29. Januar 2009 a. a. O.).

33 Auch für den Verstoß gegen die Einladungspflicht zu einem Vorstellungsgespräch nach Satz 2 ist keine Bußgeldsanktion nach § 156 Abs. 1 SGB IX vorgesehen (LPK-SGB IX / *Düwell* Rdnr. 5). Jedoch kann der auf diese Weise übergangene schwerbehinderte oder gleichgestellte Bewerber ggf. eine **Entschädigung nach § 81 Abs. 2 SGB IX** in Verbindung mit § 15 AGG beanspruchen.

Verstößt der öffentliche Arbeitgeber gegen die Pflicht zur Einladung des schwerbehinderten Bewerbers zu einem Vorstellungsgespräch, so kann dies ein **Indiz für das Vorliegen einer**

Besondere Pflichten § 82

Benachteiligung wegen der Behinderung darstellen (LAG Frankfurt Urteil vom 11. März 2009 – 2/1 Sa 554/08 = BehindertenR 2009, 207; LAG München Urteil vom 19. November 2008 – 5 Sa 556/08, zit. nach JURIS; ArbG Cottbus Urteil vom 11. Juni 2008 – 7 Ca 108/08; ArbG Essen Urteil vom 27. Februar 2008 – 4 Ca 3490/07 = NZA-RR 2008, 510; Wendeling-Schröder / *Stein* AGG § 22 Rdnr. 23; ErfK / *Schlachter* § 22 AGG Rdnr. 3. Diese Auffassung hat das BAG bereits im Rahmen des Benachteiligungsverbots nach § 81 Abs. 2 SGB IX a. F. vor dem Inkrafttreten des AGG vertreten (BAG Urteil vom 12. September 2006 – 9 AZR 807/05 = BAGE 119, 262 = NZA 2007, 507 = BehindertenR 2007, 134; Urteil vom 16. September 2008 – 9 AZR 791/07 = BAGE 127, 367 = NZA 2009, 79 = BehindertenR 2009, 86; vgl. auch BVerwG Beschluss vom 22. Februar 2008 – 5 B 209/07 = BehindertenR 2008, 212).

Der schwerbehinderte bzw. gleichgestellte Bewerber muss hierfür beweisen, dass eine Einladung zum Vorstellungsgespräch unterblieb, **obwohl die Eignung nicht „offensichtlich fehlt"**. Hierbei bedeutet es einen zwar nur scheinbar kleinen aber doch wesentlichen Unterschied, ob man stattdessen den Nachweis des Bewerbers verlangt, dass seine Eignung „offensichtlich nicht fehlt" (so aber HK-SGB IX / *Trenk-Hinterberger* Rdnr. 13). Denn in strittigen Fällen, in denen die Eignung oder Nichteignung des Bewerbers nicht von vornherein auf der Hand liegt, wird ihm bei einer vom Gesetzeswortlaut abweichenden Anforderung ein Mehr an Nachweispflicht aufgebürdet, was nicht mit der gesetzgeberischen Absicht vereinbar wäre. 34

Wenn die festgestellten Tatsachen eine Benachteiligung wegen der Behinderung vermuten lassen, trägt der **Arbeitgeber nach § 22 AGG die Beweislast** dafür, dass eine solche **Benachteiligung nicht vorlag**. Der Arbeitgeber muss das Gericht davon überzeugen, dass die Benachteiligung nicht – auch – auf der Schwerbehinderung beruht. Damit muss er Tatsachen vortragen und ggf. beweisen, aus denen sich ergibt, dass es ausschließlich andere Gründe waren als die Behinderung, die zu der weniger günstigen Behandlung führten (BAG Urteil vom 17. August 2010 – 9 AZR 839/08 = NJW 2011, 550 = NZA 2011, 153). In dem Motivbündel des Arbeitgebers darf weder die Behinderung als negatives noch die fehlende Behinderung als positives Kriterium enthalten sein. 35

Dieser Nachweis des Arbeitgebers kann z. B. durch die Bezugnahme auf die in **den juristischen Staatsprüfungen erzielten Ergebnisse** geführt werden. Da bei einem Berufsanfänger fachliche Leistungen im engeren Sinne noch nicht vorliegen können, ist es zulässig und regelmäßig auch geboten, die Eignungsbeurteilung auf die Leistungen zu stützen, die der Bewerber **im Rahmen seiner Ausbildung** erbracht hat (vgl. BVerwG Beschluss vom 1. Februar 2006 – 2 PKH 3/05, zit. nach JURIS). Den in den juristischen Staatsprüfungen abgelegten Befähigungsnachweisen kommt daher für die Einstellung in den Justizdienst ausschlaggebende Bedeutung zu (VGH Baden-Württemberg Urteil vom 4. August 2009 – 9 S 3330/08 = ZBR 2010, 128). 36

Etwas anderes ergibt sich auch nicht im Hinblick auf eine geltend gemachte Schwerbehinderung eines Bewerbers. Vielmehr schreibt Art. 33 Abs. 2 GG den Bestenauslesegrundsatz im Interesse der bestmöglichen Besetzung der Stellen des öffentlichen Dienstes verfassungsunmittelbar und zwingend vor. Diese Vorgabe kann **auch nicht im Hinblick auf die Förderung schwerbehinderter Menschen durchbrochen** werden (vgl. nunmehr ausdrücklich § 9 BeamtStG); eine derartig weitreichende Förderung schwerbehinderter Menschen sieht das geltende Recht nicht vor (VGH Baden-Württemberg Urteil vom 4. August 2009 a. a. O.). 37

Allein der Verstoß gegen die Verpflichtung zur Durchführung eines Vorstellungsgesprächs löst den Entschädigungsanspruch damit nicht aus; diese Rechtsfolge ergibt sich nach dem gesetzlichen Regelungsgefüge vielmehr erst dann, wenn die **durch den Verstoß begründete Indizwirkung einer Benachteiligung nicht entkräftet** werden kann (VGH Baden-Württemberg Urteil vom 4. August 2009 a. a. O.). Der Arbeitgeber muss somit nachweisen, dass dem Bewerber die fachliche Eignung offensichtlich fehlt (vgl. HK-SGB IX / *Trenk-Hinterberger* Rdnr. 15). 38

39 Gelingt dem Arbeitgeber der Gegenbeweis nicht, wird der **Eintritt eines immateriellen Schadens** nach der Gesetzeskonzeption im Falle einer verbotenen Benachteiligung **unwiderleglich vermutet** (Bauer / Göpfert / Krieger AGG 2. Aufl. § 15 Rdnr. 36; Däubler / Bertzbach / Deinert AGG 2. Aufl. § 15 Rdnr. 51). Ein Verschulden des Arbeitgebers d ist nicht Tatbestandsvoraussetzung für einen Anspruch auf Entschädigung (BT-Drucks. 16/1780 S. 38; vgl. auch BAG Urteil vom 22. Januar 2009 – 8 AZR 906/07 = BAGE 129, 181 = AP Nr. 1 zu § 15 AGG; *Richardi* NZA 2006, 881 [885]).

40 Zur **Entschädigungshöhe** folgt aus § 15 Abs. 2 AGG, dass die Entschädigung angemessen sein muss. Kriterien sind insoweit Art und Schwere der Benachteiligung, ihre Dauer und Folgen, Anlass und Beweggrund des diskriminierenden Handelns, Grad der Verantwortlichkeit des Arbeitgebers, etwa geleistete Wiedergutmachung oder erhaltene Genugtuung, ggf. Vorliegen eines Wiederholungsfalles (BAG Urt. vom 22. Januar 2009 a. a. O.). Die Entschädigung muss ferner aufgrund ihres **Sanktionszwecks** geeignet sein, eine abschreckende Wirkung gegenüber dem Arbeitgeber zu haben und in jedem Fall in einem angemessenen Verhältnis zum erlittenen Schaden stehen. Wenn der Bewerber auch bei benachteiligungsfreier Auswahl nicht eingestellt worden wäre, darf die Entschädigung bei einer Nichteinstellung **drei Monatsgehälter** aber jedenfalls **nicht übersteigen**; dabei ist als Monatsverdienst i. S. v. § 15 Abs. 2 Satz 2 AGG der **Bruttoverdienst** anzusehen, den der Beschäftigte erzielt hätte, wenn er eingestellt worden wäre (BAG Urteil vom 17. August 2010 – 9 AZR 839/08 = NJW 2011, 550 = AiB 2011, 131 = NZA 2011, 153).

4. Integrationsvereinbarung

41 Für öffentliche Arbeitgeber ist eine Integrationsvereinbarungen nach § 83 SGB IX entbehrlich, wenn in ihrem Geschäftsbereich **bereits entsprechende bindende Regelungen** bestehen und auch tatsächlich durchgeführt werden. Voraussetzung ist, dass sie **unter Mitwirkung der Personalvertretungen** zustandegekommen sind und den Vorgaben des § 83 SGB IX gerecht werden (HK-SGB IX / *Trenk-Hinterberger* Rdnr. 83). Solche Regeln sind namentlich die **Schwerbehinderten-Richtlinien bzw. Fürsorgeerlasse** für schwerbehinderte Angehörige des öffentlichen Dienstes (Neumann u. a. / *Neumann* Rdnr. 7; LPK-SGB IX / *Düwell* Rdnr. 6; Kossens u. a. / *Kossens* Rdnr. 6; a. A. *Müller-Wenner* / Winkler Rdnr. 6, wonach nur dienststellenbezogene Zielvereinbarungen als Regelungen nach § 82 aufzufassen seien; ablehnend auch *Braasch* BehindertenR 2001, 177: *Cramer* DB 2000, 2219; Seel BehindertenR 2011, 61). Folglich müssen nur in Dienststellen, für die solche Erlasse nicht gelten, Integrationsvereinbarung nach § 83 SGB IX abgeschlossen werden. Das betrifft vor allem die in § 71 Abs. 3 Nr. 4 SGB IX genannten Körperschaften, Anstalten und Stiftungen des öffentlichen Rechts (Neumann u. a. / *Neumann* Rdnr. 8). Unberührt bleibt die Notwendigkeit, die bisherigen Erlasse und Richtlinien nachzubessern, soweit sie noch nicht ausreichend auf das SGB IX abgestellt sind und vor allem noch besondere Zielvereinbarungen fehlen; in Zweifelsfällen kommt auch eine Auslegung und Anwendung nach den Maßstäben des nunmehr geltenden Schwerbehindertenrechts in Betracht.

IV. Literatur

Braun, Stefan, Die Pflicht des öffentlichen Arbeitgebers zur Einladung schwerbehinderter Bewerber, RiA 2004, 261

von Medem, Andreas, Beweis und Vermutung bei diskriminierender Einstellung. Besprechung der Entscheidung des BAG vom 12. September 2006 – 9 AZR 807/05 = NZA 2007, 507, NZA 2007, 545

Welti, Felix, Benachteiligung eines Schwerbehinderten bei der Einstellung. Zustimmende und erläuternde Anmerkung zum Urteil des LAG Schleswig-Holstein vom 8. November 2005 – 5 Sa 277/05 = ArbuR 2006, 247

§ 83
Integrationsvereinbarung

(1) ¹Die Arbeitgeber treffen mit der Schwerbehindertenvertretung und den in § 93 genannten Vertretungen in Zusammenarbeit mit dem Beauftragten des Arbeitgebers (§ 98) eine verbindliche Integrationsvereinbarung. ²Auf Antrag der Schwerbehindertenvertretung wird unter Beteiligung der in § 93 genannten Vertretungen hierüber verhandelt. ³Ist eine Schwerbehindertenvertretung nicht vorhanden, steht das Antragsrecht den in § 93 genannten Vertretungen zu. ⁴Der Arbeitgeber oder die Schwerbehindertenvertretung können das Integrationsamt einladen, sich an den Verhandlungen über die Integrationsvereinbarung zu beteiligen. ⁵Der Agentur für Arbeit und dem Integrationsamt, die für den Sitz des Arbeitgebers zuständig sind, wird die Vereinbarung übermittelt.

(2) ¹Die Vereinbarung enthält Regelungen im Zusammenhang mit der Eingliederung schwerbehinderter Menschen, insbesondere zur Personalplanung, Arbeitsplatzgestaltung, Gestaltung des Arbeitsumfelds, Arbeitsorganisation, Arbeitszeit sowie Regelungen über die Durchführung in den Betrieben und Dienststellen. ²Bei der Personalplanung werden besondere Regelungen zur Beschäftigung eines angemessenen Anteils von schwerbehinderten Frauen vorgesehen.

(2a) In der Vereinbarung können insbesondere auch Regelungen getroffen werden
1. zur angemessenen Berücksichtigung schwerbehinderter Menschen bei der Besetzung freier, frei werdender oder neuer Stellen,
2. zu einer anzustrebenden Beschäftigungsquote, einschließlich eines angemessenen Anteils schwerbehinderter Frauen,
3. zu Teilzeitarbeit,
4. zur Ausbildung behinderter Jugendlicher,
5. zur Durchführung der betrieblichen Prävention (betriebliches Eingliederungsmanagement) und zur Gesundheitsförderung,
6. über die Hinzuziehung des Werks- oder Betriebsarztes auch für Beratungen über Leistungen zur Teilhabe sowie über besondere Hilfen im Arbeitsleben.

(3) In den Versammlungen schwerbehinderter Menschen berichtet der Arbeitgeber über alle Angelegenheiten im Zusammenhang mit der Eingliederung schwerbehinderter Menschen.

ERLÄUTERUNGEN

ÜBERSICHT

I. Bedeutung der Vorschrift (Rdnrn. 1–4)
II. Fassung (Rdnrn. 5–12)
   A) durch das SGB IX vom 19. Juni 2001 (BGBl. I S. 1046) mit Wirkung vom 1. Juli 2001 (Rdnrn. 5–6)
   B) durch das Dritte Gesetz für moderne Dienstleistungen am Arbeitsmarkt vom 23. Dezember 2003 (BGBl. I S. 2848) mit Wirkung vom 1. Januar 2004 (Rdnr. 7)
   C) durch das Gesetz zur Förderung der Ausbildung und Beschäftigung schwerbehinderter Menschen vom 23. April 2004 (BGBl. I S. 606) mit Wirkung vom 1. Mai 2004 (Rdnrn. 8–12)
III. Anmerkungen (Rdnrn. 13–78)
   A) zu Abs. 1
      1. Bedeutung der Integrationsvereinbarung (Rdnrn. 13–17)
      2. Rechtsnatur und Verbindlichkeit der Integrationsvereinbarung (Rdnrn. 18–20)
      3. Abschlusspflicht des Arbeitgebers (Rdnrn. 20–25)

4. Antragsrecht (Rdnrn. 26–28)
5. Beteiligung und Information von Integrationsamt und Agentur für Arbeit (Rdnrn. 29–32)
B) zu Abs. 2
 1. Aufbau einer Integrationsvereinbarung (Rdnr. 33)
 2. Verpflichtender Inhalt einer Integrationsvereinbarung (Rdnr. 34)
   a) Personalplanung (Rdnrn. 35–42)
   b) Arbeitsplatzgestaltung (Rdnrn. 43–44)
   c) Gestaltung des Arbeitsumfelds (Rdnrn. 45–46)
   d) Arbeitsorganisation (Rdnrn. 47–48)
   e) Arbeitszeit (Rdnrn. 49–52)
   f) Umsetzungsregelungen (Rdnrn. 53–60)
 3. Frauenförderung bei der Personalplanung (Rdnrn. 61–65)
C) zu Abs. 2a
 1. Weitere nichtobligatorische Regelungsgegenstände einer Integrationsvereinbarung (Rdnr. 66)
   a) Angemessene Berücksichtigung schwerbehinderter Menschen bei der Besetzung freier, frei werdender oder neuer Stellen (Nr. 1) (Rdnr. 67)
   b) Anzustrebende Beschäftigungsquote, einschließlich eines angemessenen Anteils schwerbehinderter Frauen (Nr. 2) (Rdnr. 68)
   c) Teilzeitarbeit (Nr. 3) (Rdnr. 69)
   d) Ausbildung behinderter Jugendlicher (Nr. 4) (Rdnr. 70)
   e) Durchführung der betrieblichen Prävention (betriebliches Eingliederungsmanagement) und Gesundheitsförderung (Nr. 5) (Rdnrn. 71–72)
   f) Hinzuziehung des Werks- oder Betriebsarztes auch für Beratungen über Leistungen zur Teilhabe sowie über besondere Hilfen im Arbeitsleben (Nr. 6) (Rdnrn. 73–74)
D) zu Abs. 3
 1. Berichtspflicht des Arbeitgebers (Rdnrn. 75–78)
IV. Literatur
V. Arbeitshilfen und Beispiele

I. Bedeutung der Vorschrift

1 Sie verpflichtet die Arbeitgeber, mit der Schwerbehindertenvertretung und dem Betriebs- bzw. Personalrat in Zusammenarbeit mit den Beauftragten des Arbeitgebers eine verbindliche Integrationsvereinbarung zu treffen (**Abs. 1 Satz 1**). Das Instrument der Integrationsvereinbarung gilt als eines der Kernstücke des mit dem SGB IX reformierten Schwerbehindertenrechts (*Fankhaenel / Ihme* BehindertenR 2003, 177). Hierbei handelt es sich um ein neues und vor Inkrafttreten des SGB IX noch wenig erprobtes Planungs- und Steuerungsinstrument. Es dient der Gestaltung einer auf Integration zielenden Personalpolitik. Insbesondere soll es betriebliche Integrations- und Rehabilitationsprozesse steuern und gestalten helfen. Integrationsvereinbarungen sollen dabei nach dem **Prinzip von Zielvereinbarungen** funktionieren: Die Festlegung von Zielen wird als Steuerungsgröße eingesetzt, um bestimmte Ergebnisse und Leistungen zu vereinbaren und zu erreichen.

2 Integrationsvereinbarungen können die Einflussmöglichkeiten der Interessenvertretungen auf die Personalpolitik und das Beschäftigungsverhalten der Unternehmen erweitern (LPK-SGB IX / *Düwell* Rdnr. 8). Einerseits hat der Arbeitgeber die Pflicht zum Abschluss von Vereinbarungen. Andererseits erhält die Schwerbehindertenvertretung ein eigenständiges Antrags- bzw. Initiativrecht (**Abs. 1 Satz 2**). Sie wird eine gleichberechtigte und verhandlungsführende Vertragspartei. Ist weder eine Schwerbehindertenvertretung gewählt noch nach § 97 Abs. 5 SGB IX die Gesamtschwerbehindertenvertretung zuständig, kann der Betriebsrat den Arbeitgeber um Verhandlungen über eine Integrationsvereinbarung ersuchen; er ist insoweit ersatzweise zuständig.

Die Vereinbarung soll **Regelungen im Zusammenhang mit der Eingliederung schwerbehinderter Menschen** enthalten. Dies betrifft insbesondere die Personalplanung, Arbeitsplatzgestaltung, Gestaltung des Arbeitsumfeldes, Arbeitsorganisation, Arbeitszeit sowie Regelung über die Durchführung in den Betrieben und Dienststellen (**Abs. 2 Satz 1**). Die Beschäftigung eines angemessenen Anteils von schwerbehinderten Frauen ist bei der Personalplanung durch besondere Regelungen vorzusehen (**Abs. 2 Satz 2**). 3

Das Gesetz benennt zudem einen Katalog von nicht obligatorischen Regelungsgegenständen, die Gegenstand von Integrationsvereinbarungen sein können (**Abs. 2a**). Er ist als Anregung für die Verhandlungsparteien gedacht. Neben allgemeinen Bestimmungen zur Beschäftigung schwerbehinderter Menschen und einer anzustrebenden Beschäftigungsquote namentlich für schwerbehinderte Frauen werden Regelungen zur Teilzeitarbeit, zur Ausbildung behinderter Jugendlicher, zum betrieblichen Eingliederungsmanagement und über die Hinzuziehung von Werks- und Betriebsärzten im Rahmen der Eingliederung vorgeschlagen. 3a

Der **Arbeitgeber** ist zur **Berichterstattung** in der Schwerbehindertenversammlung gem. § 95 Abs. 6 SGB IX über alle Angelegenheiten in Zusammenhang mit der Eingliederung schwerbehinderter Menschen verpflichtet (**Abs. 3**). Bisher hatte er ein Rederecht in der Schwerbehindertenversammlung. Dieses Recht zur Berichterstattung ist nunmehr in Bezug auf die Schwerbehindertenversammlung zu einer Pflicht umgestaltet worden. Systematisch richtiger wäre allerdings die Einordnung dieser Bestimmung in § 95 Abs. 6 SGB IX gewesen (vgl. LPK-SGB IX / *Düwell* Rdnr. 2). 4

II. Fassung

A) durch das SGB IX vom 19. Juni 2001 (BGBl. I S. 1046) mit Wirkung vom 1. Juli 2001

Die Vorschrift wurde inhaltlich unverändert aus dem Regierungsentwurf (BT-Drucks. 14/5531 i. V. m. 14/5074) übernommen. Der Begriff der Hauptfürsorgestelle wurde durch die Bezeichnung „Integrationsamt" ersetzt. 5

Die Regelung wurde erst durch das Gesetz zur Bekämpfung der Arbeitslosigkeit Schwerbehinderter (SchwbAG) vom 29. September 2000 (BGBl. I S. 1394) in das Gesetz eingefügt. Ergänzend wurde die Übermittlung der Integrationsvereinbarung auch an das Integrationsamt geregelt, damit durch eine Verbesserung der Information des Integrationsamts die Zusammenarbeit mit dem Arbeitsamt verbessert werden kann. 6

B) durch das Dritte Gesetz für moderne Dienstleistungen am Arbeitsmarkt vom 23. Dezember 2003 (BGBl. I S. 2848) mit Wirkung vom 1. Januar 2004

In Abs. 1 Satz 5 wurden die Wörter „dem Arbeitsamt" durch die Wörter „der Agentur für Arbeit" ersetzt. 7

C) durch das Gesetz zur Förderung der Ausbildung und Beschäftigung schwerbehinderter Menschen vom 23. April 2004 (BGBl. I S. 606) mit Wirkung vom 1. Mai 2004

Durch Art. 1 Nr. 19 wurde nach Abs. 2 folgender **Abs. 2a** eingefügt: 8

„In der Vereinbarung können insbesondere auch Regelungen getroffen werden

1. zur angemessenen Berücksichtigung schwerbehinderter Menschen bei der Besetzung freier, frei werdender oder neuer Stellen,
2. zu einer anzustrebenden Beschäftigungsquote, einschließlich eines angemessenen Anteils schwerbehinderter Frauen,
3. zu Teilzeitarbeit,

4. zur Ausbildung behinderter Jugendlicher,
5. zur Durchführung der betrieblichen Prävention (betriebliches Eingliederungsmanagement) und zur Gesundheitsförderung,
6. über die Hinzuziehung des Werks- oder Betriebsarztes auch für Beratungen über Leistungen zur Teilhabe sowie über besondere Hilfen im Arbeitsleben."

9 Im Gesetzentwurf der Fraktionen SPD und Bündnis 90/DIE GRÜNEN (BT-Drucks. 15/1783 S. 15) wird zur Begründung ausgeführt:

„Das Instrument der Integrationsvereinbarung ist hervorragend geeignet, betriebliche Belange im Zusammenhang mit der Eingliederung behinderter Menschen einvernehmlich zu regeln, den betrieblichen Erfordernissen Rechnung zu tragen, zum Betriebsfrieden beizutragen und damit störungsfreie Betriebsabläufe zu ermöglichen. Um dieses Instrument zu stärken, werden über die obligatorisch zu vereinbarenden Inhalte hinaus weitere sinnvolle Regelungsgegenstände genannt, die die Verhandlungen über die Inhalte von Integrationsvereinbarungen erleichtern sollen".

10 Der Fraktionsentwurf (BT-Drucks. 15/1783) sah ursprünglich folgende **weitere Regelung** vor:

„(2b) Die Rehabilitationsträger und die Integrationsämter können Arbeitgeber, die ein betriebliches Eingliederungsmanagement einführen, durch Prämien fördern."

Dies wurde in der Entwurfsbegründung a. a. O. S. 15 mit dem Ziel der „Stärkung der Prävention im Betrieb" begründet.

11 Jedoch hatte der **Bundesrat** (BT-Drucks. 15/2318 S. 16) die Streichung der vorgeschlagenen Vorschrift gefordert mit folgender Begründung:

„Das betriebliche Eingliederungsmanagement ist ein wichtiger Beitrag zur leistungsgerechten Beschäftigung und zur Wirksamkeit präventiver Maßnahmen sowie ein qualifiziertes Instrument zur Konkretisierung und Umsetzung der Arbeitgeberpflichten (§§ 81 und 84). Der Arbeitgeber kann bei der Erfüllung seiner Aufgaben und bei der Durchführung des Eingliederungsmanagements auf Dienste und Leistungen des Integrationsamtes zurückgreifen, das dazu auch die Integrationsfachdienste beteiligen kann (§ 102). Prämien sind deshalb nicht erforderlich, zumal sie hinsichtlich ihrer Zielsetzung und Ausgestaltung nicht näher bestimmt sind."

12 Hierzu hatte die **Bundesregierung** in ihrer Gegenäußerung (BT-Drucks. 15/2318 S. 22) Folgendes bemerkt:

„Um Missverständnisse auszuschließen, dass ein betriebliches Eingliederungsmanagement nur im Zusammenhang mit einer Integrationsvereinbarung unterstützt werden könne, wird die Bundesregierung eine dem Anliegen Rechnung tragende Regelung in § 84 SGB IX vorschlagen."

III. Anmerkungen

A) zu Abs. 1

1. Bedeutung der Integrationsvereinbarung

13 Mit der Integrationsvereinbarung wird Betrieben und Dienststellen, behinderten Beschäftigten und den Interessenvertretungen ein wichtiges **Gestaltungsinstrument** in die Hand gegeben: Es soll in Form von vereinbarten Richtlinien für eine **integrative Beschäftigungsstrategie** und eine **betriebliche Integrationsplanung** dazu beitragen, dass sich eine vorausschauende, auf Integration von behinderten Arbeitnehmern zielende Unternehmenspolitik etablieren und nachhaltig behaupten kann. Die Integrationsvereinbarung eignet sich als Instrument zur Herstellung von **Chancengleichheit und Gleichstellung behinderter Menschen im Betrieb** (Feldes, Handbuch Integrationsvereinbarung, S. 20). Sie verpflichtet den Arbeitgeber darauf, auf den Betrieb zugeschnittene Integrationsziele festzulegen und für eine zügige Umsetzung zu sorgen. Insbesondere präzisiert sie den gesetzlichen Auftrag an die Arbeitgeber zur Beschäftigungsförderung und Beschäftigungssicherung in § 81 Abs. 3 SGB IX. Nach dieser Vorschrift stellen die Arbeitgeber durch geeignete Maßnahmen sicher, dass in ihren Betrieben und Dienststellen mindestens die vorgeschriebene Zahl schwerbehinderter Menschen eine möglichst dauerhafte behinderungsgerechte Beschäftigung finden kann.

Als **Planungsinstrument** können Integrationsvereinbarungen die betriebliche Organisation und ihre Entscheidungsträger auf eindeutig und messbar formulierte Zielvorgaben dafür festlegen, wie Arbeit und Arbeitsbedingungen zu gestalten sind, damit Gesundheit und Leistungsvermögen älterer, gesundheitsbeeinträchtigter und behinderter Arbeitnehmer langfristig erhalten bleiben. Als **Steuerungsinstrument** strukturieren Integrationsvereinbarungen den weiteren Verlauf eines zielgerichteten Veränderungsprozesses in Phasen, die an die jeweiligen betrieblichen Gegebenheiten angepasst sind (LPK-SGB IX / *Düwell* Rdnr. 7). 14

Integrationsvereinbarungen sind **Zielvereinbarungen**. Sie treffen Aussagen darüber, was im Rahmen der betrieblichen Integrations- und Rehabilitationsarbeit erreicht bzw. vermieden werden soll (Feldes, Handbuch Integrationsvereinbarung, S. 43). Sinnvoll ist eine Integrationsvereinbarung nur, wenn sie konkrete, überprüfbare Zielsetzungen enthält, die auch im Betrieb bekannt gemacht werden und deren Erfüllung überwacht wird. Jedenfalls sind Integrationsvereinbarungen zu unterscheiden von den in größeren Unternehmen und Behörden herkömmlich existierenden Fürsorgeerlassen und Maßnahmenkatalogen, die sich häufig in einer bloßen Wiedergabe gesetzlicher Bestimmungen und in allgemeinen Absichtserklärungen erschöpften (vgl. Neumann, [Hrsg.] HB SGB IX / *Düwell* § 20 Rdnr. 301). 15

Der Erfolg einer Integrationsvereinbarung hängt im Wesentlichen davon ab, dass konkrete betriebliche Schwachstellen und Ursachen für Mängel in der Beschäftigung und Eingliederung schwerbehinderte Menschen ermittelt und benannt werden. Ihr muss daher stets eine genaue **Situationsanalyse** zur Ermittlung der vorhandenen Schwächen, aber auch Stärken vorausgehen. Denn bei aller Kritik und Veränderungswilligkeit sollten auch bereits erreichte Erfolge, betriebliche Stärken und funktionierende Bereiche nicht aus dem Blick verloren werden (Feldes Handbuch Integrationsvereinbarung S. 58 mit konkreten Empfehlungen für Vorbereitungsschritte zu einer Integrationsvereinbarung; vgl. auch *Fankhaenel / Ihme*, BehindertenR 2003, 177 zur Bedeutung von Fragebögen und die Hinweise zu Arbeitshilfen unter V.). Erst aufgrund dieser Ermittlung des Ist-Standes können Chancen und Gefahren beurteilt sowie Ziele festgelegt und Lösungskonzepte entwickelt werden (vgl. auch *Düwell* BB 2000, 2570 [2571]; *Müller-Wenner* / Schorn Rdnr. 9). 16

Hierbei ist zu beachten, dass Integrationsvereinbarungen **kein einmaliges, zeitlich begrenztes Projekt** sind. Da sie auf Dauer angelegt sind und einen kontinuierlichen, nachhaltig selbsttragenden Prozess zugunsten der Beschäftigung schwerbehinderter Arbeitnehmer in Gang setzen sollen, müssen sie offen für neue Entwicklungen formuliert sein (*von Seggern* AiB 2000, 717 [726]; Hauck / Noftz / *Schröder* Rdnr. 8). 17

2. Rechtsnatur und Verbindlichkeit der Integrationsvereinbarung

Das Gesetz bezeichnet in **Abs. 1 Satz 1** die Integrationsvereinbarung als „verbindlich". Sie stellt jedenfalls einen mehrseitigen kollektivrechtlichen Vertrag eigener Art dar (*Müller-Wenner* / Schorn Rdnr. 7; Hauck / Noftz / *Schröder* Rdnr. 21; Ernst / Adlhoch / *Seel* Rdnr. 12.; Weyand / Schubert, Das neue Schwerbehindertenrecht Rdnr. 236). 18

Fraglich ist allerdings, ob sie einer Betriebs- bzw. Dienstvereinbarung gleichgestellt ist (so Neumann u. a. / *Neumann* Rdnr. 8; Feldes Handbuch Integrationsvereinbarung S. 23; wohl auch GK-SGB IX / *Schimanski* Rdnr. 57, der vom „normativen Charakter" der Vereinbarung spricht; einschränkend allerdings Rdnr. 138, wo zwischen schuldrechtlichen und normativen Teilen der Integrationsvereinbarung unterschieden wird; ebenso in BehindertenR 2003, 93 [94 f.]). Mehr spricht für die Rechtsqualität einer **Regelungsabrede ohne Normcharak-** 19 ter, die ausschließlich im Verhältnis zwischen Arbeitgeber und Schwerbehindertenvertretung bzw. Betriebs- / Personalrat gilt (so LPK-SGB IX / *Düwell* Rdnr. 3; *Müller-Wenner* / Schorn a. a. O.; Ernst / Adlhoch / *Seel* Rdnr. 11; vgl. auch ⊞ LAG Bremen, unv. Urteil vom 9. 9. 2003 – 1 Sa 77/03 zit. nach JURIS). Individuelle Ansprüche schwerbehinderter Menschen werden erst begründet, wenn der Arbeitgeber die Vereinbarung arbeitsvertraglich umsetzt (*Braasch* BehindertenR 2001, 177 [182]). Je konkreter allerdings in der Vereinbarung die Verpflichtungen des Arbeitgebers ausgestaltet sind, Arbeitsplätze, Arbeitsumfeld und Arbeitsorganisation behindertengerecht zu gestalten, schwerbehinderte Menschen beruflich zu fördern und weiterzubilden sowie zur Beschäftigungssicherung bestimmte Maßnahmen zu ergreifen, desto eher können sich daraus auch individuelle Ansprüche vor allem i. V. m. § 81 Abs. 4 SGB IX ergeben (*Müller-Wenner* / Schorn Rdnr. 7).

20 Jedenfalls ist im Hinblick auf die bisher noch geringen praktischen Erfahrungen mit der rechtlichen Wirkung von Integrationsvereinbarungen und insbesondere auch fehlender einschlägiger Rechtsprechung zu empfehlen, diese – bei entsprechender Mitwirkungsbereitschaft des Arbeitgebers – durch den dazu befugten Betriebs- oder Personalrat **in Form einer Betriebsvereinbarung bzw. Dienstvereinbarung abzuschließen** und auszugestalten (so auch Feldes a. a. O.; GK-SGB IX / *Schimanski* Rdnr. 143; *Worseck* BehindertenR 2003, 136 [137]). Eine Betriebsvereinbarung gem. § 88 BetrVG begründet für die dort geregelten Rechte eine unmittelbare und zugunsten der schwerbehinderten Menschen zwingende Wirkung, wie sich aus § 77 Abs. 4 BetrVG ergibt (vgl. LPK-SGB IX / *Düwell* a. a. O.).

3. Abschlusspflicht des Arbeitgebers

21 Der Abschluss einer Integrationsvereinbarung steht nicht im Ermessen des Arbeitgebers. Vielmehr besteht im Grundsatz eine **Abschlusspflicht**. Diese trifft grundsätzlich alle Arbeitgeber, in deren Betrieb oder Dienststelle eine Schwerbehindertenvertretung bzw. ein Betriebs- oder Personalrat existiert. Unerheblich ist, ob der Arbeitgeber beschäftigungspflichtig i. S. des § 71 SGB IX ist oder die Beschäftigungsquote bereits erfüllt hat. Für öffentliche Arbeitgeber i. S. v. § 71 Abs. 3 SGB IX bedarf es jedoch dann keiner Integrationsvereinbarung, wenn für die Dienststelle eine § 83 entsprechende Regelung bereits besteht und durchgeführt wird (vgl. § 82 Satz 4 SGB IX).

22 Allerdings sieht das Gesetz **keine Sanktionen** für den Fall vor, dass sich der Arbeitgeber überhaupt weigert, Verhandlungen aufzunehmen oder die Verhandlungen und den Verhandlungsabschluss verschleppt (vgl. allgemein zu den Handlungsmöglichkeiten der Schwerbehindertenvertretung zur Durchsetzung des Abschlusses einer Integrationsvereinbarung *Worseck* BehindertenR 2003, 136). Ein Verstoß des Arbeitgebers gegen Verpflichtungen aus § 83 SGB IX wurde nicht in den Katalog der Ordnungswidrigkeiten des § 156 SGB IX aufgenommen (krit. hierzu GK-SGB IX / *Schimanski* Rdnr. 30). Jedoch folgt aus der Rechtspflicht des Arbeitgebers auf Abschluss einer Integrationsvereinbarung, dass die Schwerbehindertenvertretung bzw. die zuständige Interessenvertretung einen **einklagbaren Anspruch** hierauf hat. Das bedeutet allerdings nur, dass der Arbeitgeber im Wege des arbeitsgerichtlichen Beschlussverfahrens **zur Aufnahme von Verhandlungen angehalten** werden kann (LPK-SGB IX / *Düwell* Rdnr. 4; *von Seggern* AiB 2000, 717 [724]; *Worseck* BehindertenR 2003, 136 [139 f.]). Es ist nicht möglich, Klage gegen den Arbeitgeber **auf Verurteilung zur Unterschrift** über eine ihm **vorgelegte Vereinbarung** zu erheben(so nunmehr auch ⊞ LAG Hamm Beschluss vom 19. Januar 2007 – 13 TaBV 58/06 = NZA-RR 2007, 535 = BehindertenR 2007, 200). Überlegungen des Bundesministeriums für Gesundheit und Soziale Sicherung im Bericht nach § 160 SGB IX, die fehlende Zustimmung des Arbeitgebers zu einem vorgeschlagenen Text einer Integrationsvereinbarung durch das Arbeitsgericht ersetzen zu können, sind bisher nicht Gesetz geworden (vgl. Neumann [Hrsg.] HB SGB IX / *Düwell* § 20 Rdnr. 300 unter Hinweis auf BT-Drucks. 15/1295 S. 37 f.).

23 Ferner fehlt eine Konfliktlösungsprozedur, wenn sich die Parteien nicht über die Inhalte einer Integrationsvereinbarung einigen können. So ist nicht etwa – wie bei strittigen mitbe-

stimmungspflichtigen Angelegenheiten in § 76 BetrVG – von Gesetzes wegen die Anrufung einer Einigungsstelle vorgesehen. Allerdings kann ein **freiwilliges Einigungsstellenverfahren** entsprechend § 76 Abs. 6 BetrVG über Meinungsverschiedenheiten bei Abschluss einer Integrationsvereinbarung in Gang gesetzt werden, wenn Arbeitgeber und Betriebsrat sich insoweit vorweg über das Tätigwerden der Einigungsstelle verständigen (Hauck / Noftz / *Schröder* Rdnr. 22; *Müller-Wenner* / Schorn Rdnr. 6; GK-SGB IX / *Schimanski* Rdnr. 144; vgl. auch *Worseck*, BehindertenR 2003, 136[139 f.]). Die Zusammensetzung dieser Stelle sowie die Berufung eines neutralen Vorsitzenden und die Verbindlichkeit des Schiedsspruchs sollten vereinbart werden.

Andernfalls kann das **Integrationsamt eingeladen** werden, sich in der Rolle eines Moderators an den Verhandlungen zu beteiligen (hierzu näher *Worseck*, BehindertenR 2003, 136[137 f.]; ablehnend zur Moderationsfunktion und die Beraterrolle betonend aber *Fankhaenel / Ihme*, BehindertenR 2003, 177, [179]). Das ergibt sich sowohl aus der allgemein in § 99 Abs. 2 SGB IX geregelten Zusammenarbeit als auch aus der Sonderbestimmung über die Teilnahme des Integrationsamtes an den Verhandlungen auf Initiative einer der Vertragsparteien gem. Abs. 1 Satz 4 (vgl. hierzu näher unten Rdnr. 29). 24

Soweit die Inhalte der Integrationsvereinbarung auch Regelungen des Gesundheitsschutzes betreffen, kann allerdings der Betriebsrat sein Mitbestimmungsrecht gem. § 87 Abs. 1 Nr. 7 BetrVG geltend machen und insoweit den Abschluss einer Integrationsvereinbarung erzwingen (*von Seggern* AiB 2000, 717 [723]; *Müller-Wenner / Schorn* Rdnr. 6). Gesundheitsschutz nach dieser Bestimmung ist in einem weiten Sinne als Fürsorge für die menschengerechte Gestaltung der Arbeit zu verstehen (*Müller-Wenner* / Schorn a. a. O. m. w. N.). Zumindest Regelungen in einer Integrationsvereinbarung über die behinderungsgerechte Gestaltung der Arbeitsplätze, des Arbeitsumfelds und der Arbeitsorganisation gehören damit auch zum mitbestimmungspflichtigen Regelungsgegenstand des § 87 Abs. 1 Nr. 7 BetrVG; deshalb können Vereinbarungen auf Antrag des Betriebsrats durch ein Einigungsstellenverfahren durchgesetzt werden. Allerdings ist zu bedenken, dass mit einer Integrationsvereinbarung weitergehende Ziele im Sinne eines umfassenden Beschäftigungs- und Eingliederungskonzepts für schwerbehinderte Menschen verfolgt werden sollten und deshalb eine umfassende Konsenslösung anstelle von partiell durchsetzbaren Teilforderungen vorzugswürdig erscheint. 25

4. Antragsrecht

Das Antragsrecht auf Aufnahme von Verhandlungen steht vorrangig der **Schwerbehindertenvertretung** zu (**Abs. 1 Satz 2**). Das bedeutet für diese einen Bedeutungszuwachs – sowohl allgemein als auch im Verhältnis zum Betriebs- bzw. Personalrat –, der zugleich ihre Einflussmöglichkeiten auf die Personalpolitik und das Beschäftigungsverhalten der Unternehmen und Dienststellen ausdehnt. Die Schwerbehindertenvertretung wird zu einer **gleichberechtigten und verhandlungsführenden Vertragspartei**, während sich in der Vergangenheit häufig ihre Rolle schwerpunktmäßig auf die individuelle Beratung und Betreuung von schwerbehinderten Arbeitnehmern beschränkte (*Müller-Wenner* / Schorn Rdnr. 1; *Feldes* BehindertenR 2000, 187). 26

Ist eine Schwerbehindertenvertretung nicht vorhanden und auch keine Gesamtschwerbehindertenvertretung zuständig, kann die Interessenvertretung i. S. v. § 93 SGB IX, d. h. der Betriebs- oder Personalrat usw., die Verhandlungen beantragen (**Abs. 1 Satz 3**). Eine solche Initiative steht allerdings nicht im Ermessen des Betriebs- bzw. Personalrats, weil den Arbeitgeber eine Abschlusspflicht trifft (GK-SGB IX / *Schimanski* Rdnr. 48). 27

An den weiteren Verhandlungen und am Abschluss des Vertrages als Partei ist nach Abs. 1 Satz 1 in jedem Falle die zuständige **Interessenvertretung zu beteiligen**; der Betriebs- oder Personalrat wird somit Verhandlungs- und Vertragspartei der Integrationsvereinbarung. Ferner schreibt das Gesetz ausdrücklich die Zusammenarbeit mit dem Beauftragten des 28

Arbeitgebers gem. § 98 SGB IX vor; dieser wird allerdings nicht selbstständige Vertragspartei.

5. Beteiligung und Information von Integrationsamt und Agentur für Arbeit

29 Die Mitwirkung des für Betrieb oder Dienststelle zuständigen **Integrationsamtes** ist nicht zwingend vorgeschrieben. Allerdings können sowohl der Arbeitgeber als auch die Schwerbehindertenvertretung das Integrationsamt einladen, sich an den Verhandlungen über die Integrationsvereinbarung zu beteiligen (**Abs. 1 Satz 4**). Entsprechendes muss folgerichtig gelten, wenn bei Fehlen einer Schwerbehindertenvertretung der Betriebs- oder Personalrat bzw. eine sonstige Interessenvertretung als Verhandlungspartei gegenüber dem Arbeitgeber auftritt.

30 Die Beteiligung des Integrationsamtes ist nicht nur in einer Vermittlungsrolle sinnvoll (vgl. hierzu Rdnr. 24). Es kann allgemein durch sachverständige Begleitung zu betriebsnahen und umsetzbaren Integrationsvereinbarungen beitragen. Für betriebliche Integrationsziele können vielfach auch Leistungen der Integrationsämter und Arbeitsagenturen in Anspruch genommen werden (vgl. § 102 Abs. 3 Satz 1 Nr. 1a und f, Abs. 3a sowie § 104 Abs. 1 Nr. 3 und Abs. 5 SGB IX). Die frühzeitige Einbindung des Integrationsamtes ermöglicht gegebenenfalls die konkrete Einbeziehung von Fördermöglichkeiten in die Integrationsvereinbarung (vgl. *Ernst / Adlhoch / Seel* Rdnr. 22).

31 Eine Beteiligung der zuständigen **Agentur für Arbeit** an den Verhandlungen ist nicht vorgesehen. Jedoch ist ihr ebenso wie dem Integrationsamt nach Abschluss der Vereinbarung der **Text zu übermitteln (Abs. 1 Satz 5)**. Die Agentur für Arbeit erhält hierdurch Einblick in die besonderen innerbetrieblichen Verhältnisse und wird in die Lage versetzt, gezielter Bewerbungsvorschläge für freiwerdende Stellen zu unterbreiten, schwerbehinderte Arbeitnehmer zielgerichteter zu qualifizieren und die jeweiligen Arbeitgeber entsprechend den betrieblichen Verhältnissen besser zu beraten (*Müller-Wenner / Schorn* Rdnr. 8). Durch die Zuleitung der Vereinbarung an das Integrationsamt kann dieses sich einen Überblick über notwendige Beratungs- und Betreuungsangebote in dem Betrieb verschaffen (vgl. *Braasch* Behindertenrecht 2001, 177 [182]). Außerdem wird ihm durch den Vergleich bereits vorhandener Texte in seinem Zuständigkeitsbereich eine noch bessere Beratung im Fall der Hinzuziehung zu Verhandlungen über neu abzuschließende Integrationsvereinbarungen ermöglicht.

32 Das Gesetz lässt offen, ob die **Übermittlung der Integrationsvereinbarung** an beide Stellen jeweils **dem Arbeitgeber oder der Schwerbehindertenvertretung obliegt**. Zweckmäßigerweise sollte hierüber eine Absprache getroffen werden. Da es im Interesse der schwerbehinderten Beschäftigten liegt, dass das Integrationsamt und die Agentur für Arbeit Kenntnis vom Inhalt der abgeschlossenen Integrationsvereinbarung haben, sollte die Schwerbehindertenvertretung in jedem Fall sicherstellen, dass diesen je ein Exemplar übermittelt wird.

B) zu Abs. 2

1. Aufbau einer Integrationsvereinbarung

33 Als Gliederung einer Integrationsvereinbarung hat sich in der Praxis folgender Aufbau bewährt (vgl. *Müller-Wenner / Schorn* Rdnr. 13; Feldes, Handbuch Integrationsvereinbarung, S. 63 ff.):

– Vertragsparteien

 Diese sind im Regelfall Arbeitgeber, Schwerbehindertenvertretung und Betriebs- bzw. Personalrat. Hierbei sollten die vertragsschließenden Parteien – und besonders im Fall juristischer Personen die sie gegebenenfalls Vertretenden – so genau wie möglich bezeichnet werden.

- Präambel

    Ihre Bedeutung für eine Integrationsvereinbarung sollte nicht unterschätzt werden. Zunächst können die betroffenen Beschäftigten und andere betriebliche Benutzergruppen hieraus die Grundsätze und den Wert der Vereinbarung für sich ablesen und Überprüfungskriterien für eine spätere Evaluation der Vereinbarung ableiten. Sie kann aber auch als Orientierungsgröße bei Auslegungsfragen zu einzelnen Regelungen herangezogen werden, weil mit der Präambel der „Geist" der Integrationsvereinbarung umschrieben wird (Feldes Handbuch Integrationsvereinbarung, S. 68 f.).

- Geltungsbereich

    Es empfiehlt sich, entsprechend der Üblichkeit bei Betriebsvereinbarungen den personellen und räumlichen Geltungsbereich der Integrationsvereinbarung festzulegen. Insbesondere sollte der Personenkreis, für den die Vereinbarung gelten soll, klar definiert werden. In Betracht kommen neben den schwerbehinderten bzw. gleichgestellten Beschäftigten i. S. des § 2 Abs. 1 und 2 SGB IX die behinderten Arbeitnehmer im Sinne des § 2 Abs. 1 SGB IX, die Beschäftigten mit Einsatzeinschränkungen, die Rehabilitanden, die langzeitkranken Beschäftigten sowie die leistungsgewandelten Beschäftigten mit werksärztlich attestierter Tätigkeitseinschränkung (vgl. Feldes Handbuch Integrationsvereinbarung, S. 69).

- Ziele und Zielvereinbarungen

    (vgl. hierzu näher unten Rdnrn. 34–52, 67–74).

- Integrationsteam

    (vgl. hierzu näher unten Rdnrn. 53 ff.).

- Integrationsberichterstattung

    (vgl. hierzu näher unten Rdnr. 56).

- Verfahrensregelungen, insbesondere zur Beilegung von Streitigkeiten

    (vgl. hierzu näher unten Rdnrn. 58–60)

- Schlussbestimmungen

    Hierzu gehören vor allem Regelungen über das Inkrafttreten, die Laufzeit, gegebenenfalls die Dauer eines Erprobungszeitraums, Kündigungsmöglichkeiten sowie eine Vereinbarung über die Nachwirkung.

- Datum und Unterschriften.

2. Verpflichtender Inhalt einer Integrationsvereinbarung

In **Abs. 2 Satz 1** wird ein obligatorischer Mindestinhalt für Integrationsvereinbarungen vorgegeben: Diese haben Regelungen in Zusammenhang mit der Eingliederung schwerbehinderter Menschen zu enthalten, wobei insbesondere die Bereiche 34

a) Personalplanung,

b) Arbeitsplatzgestaltung,

c) Gestaltung des Arbeitsumfelds,

d) Arbeitsorganisation,

e) Arbeitszeit sowie

f) Regelungen über die Durchführung in den Betrieben und Dienststellen

vorgeschrieben sind. Hierbei handelt es sich nicht um eine abschließende Aufzählung von Regelungsgegenständen, wie nicht zuletzt die Anfügung des Abs. 2a belegt. In diesem Rahmen können u. a. folgende Einzelpunkte angesprochen werden (vgl. *Fankhaenel / Ihme*, BehindertenR 2003, 177 [178]; *Müller-Wenner* / Schorn Rdnr. 15 ff.; Feldes, Handbuch Integrationsvereinbarung S. 77 ff.):

a) Personalplanung

35 Gegenstände von Zielvereinbarungen zur Personalplanung können vor allem **Neueinstellungen und Ausbildung** behinderter Menschen sowie eine geregelte Organisation von **Versetzungen** auf behinderungs- und leistungsgerechte Arbeitsplätze in Unternehmen und Dienststelle sein. So kann etwa eine bestimmte Zahl von Neueinstellungen während der Geltungsdauer der Integrationsvereinbarung angestrebt bzw. das Erreichen der gesetzlichen Mindestquote als Ziel genannt werden. Erwägenswert ist auch, für den Fall des Überschreitens der gesetzlichen Mindestquote die dann vorhandene Zahl der mit schwerbehinderten Menschen besetzten Arbeitsplätze dauerhaft festzuschreiben, d. h. diese grundsätzlich schwerbehinderten Arbeitnehmern vorzubehalten.

36 Bei externen und internen **Stellenausschreibungen** kann die Integrationsvereinbarung Vorgaben für die Ausschreibungstexte festlegen, wie zum Beispiel das Erwünscht-Sein von Bewerbungen behinderter Menschen und ihre Einstellung bei gleicher Qualifikation.

37 Für **Neueinstellungen** sollte die Integrationsvereinbarung frühzeitige Kontakte mit Berufsbildungs- und Berufsförderungswerken sowie mit der Agentur für Arbeit vorsehen, damit Vermittlungsvorschläge mit dem Ziel der Übernahme ausgebildeter Fachkräfte eingeholt werden. Ferner sollten mit den örtlichen Arbeitsagenturen und der Zentralstelle für Arbeitsvermittlung unter Beteiligung der Schwerbehindertenvertretung sowie des Betriebs- oder Personalrates Verfahrensweisen festgelegt werden, die bei der Besetzung freier Arbeitsplätze den Anforderungen des Prüfungsverfahrens nach § 81 SGB IX Rechnung tragen.

38 In diesem Zusammenhang kann auch die Überprüfung von **Einstellungs- und Auswahlverfahren** angesprochen werden mit dem Ziel, sie so zu gestalten, dass sie für behinderte Menschen zugänglich und erfolgreich bestanden werden können (z. B. durch Erleichterungen und Hilfen im Bedarfsfall wie Verkürzung der Prüfungsdauer, Vorrang von mündlichen Tests sowie durch Schreib-, Lese- und Kommunikationshilfen). Klargestellt werden sollte auch, dass behinderungsbedingte Leistungsminderungen nicht zu einer negativen Bewertung von Testergebnissen führen dürfen.

39 Weitere Möglichkeiten von personalplanungsbezogenen Zielvorgaben können z. B. sein
 – die **Umwandlung befristeter Arbeitsverträge** behinderter Beschäftigter in dauerhafte Arbeitsverhältnisse,
 – der **Ausschluss der ordentlichen Kündigung** behinderter Beschäftigter während der Laufzeit der Integrationsvereinbarung,
 – die Zulässigkeit von **Versetzungen bzw. Umsetzungen** behinderter Beschäftigter nur auf Arbeitsplätze mit mindestens gleichwertigen bzw. besseren Arbeitsbedingungen, Entwicklungs- und Aufstiegsmöglichkeiten,
 – die Überprüfung von innerbetrieblichen **Auswahlrichtlinien** und ihre Anpassung entsprechend den gesetzlichen Pflichten des Arbeitgebers.

40 Weiterhin kann die Integrationsvereinbarung auch Zielvorgaben für die Teilnahme behinderter Beschäftigter an **Qualifizierungsmaßnahmen** setzen. Dazu gehört die regelmäßige Ermittlung des Qualifizierungs- bzw. Fort- und Weiterbildungsbedarfs für behinderte bzw. gesundheitsbeeinträchtigte Beschäftigte sowie das Unterbreiten konkreter Bildungsangebote.

41 Bei Qualifizierungs- und Umschulungsmaßnahmen in Berufen, welche zum Ausbildungs- und Beschäftigungsprogramm des Unternehmens gehören, könnte eine **Freistellung** bis zur Dauer von zwei Jahren bei gleichzeitig ruhendem Arbeitsverhältnis angeboten werden. Nach erfolgreicher Beendigung der Maßnahme sollte grundsätzlich ein der erworbenen Qualifikation entsprechender Arbeitsplatz in Aussicht gestellt werden.

42 Besonderes Augenmerk sollte auf die **Wiedereingliederung von Beschäftigten** gerichtet werden, die aus Langzeiterkrankung oder befristeter Erwerbsunfähigkeit zurückkehren. Für diese können ausdrückliche Angebote zur stufenweisen Wiedereingliederung vorgesehen

werden. Sofern Betroffene vorübergehend nicht auf ihrem früheren oder einem vergleichbaren anderen Arbeitsplatz eingesetzt werden können, ist die Einrichtung von **Rehabilitations-Arbeitsplätzen** erwägenswert. Die Beschäftigung hierauf dient auch der Belastungserprobung und der Wiedereingliederung in den Betrieb. Allerdings sollte sie im Regelfall einen Zeitraum von drei Monaten nicht überschreiten; danach ist ein der Leistung und Behinderung angemessener Arbeitsplatz anzubieten.

b) Arbeitsplatzgestaltung

Konkrete Maßnahmen setzen zunächst die rechtzeitige **Ermittlung des Gestaltungsbedarfs** an den Arbeitsplätzen voraus, die von behinderten oder schwerbehinderten Beschäftigten besetzt sind. Hierbei sind vorliegende Ergebnisse von Belastungs- und Gefährdungsanalysen zu berücksichtigen. 43

Empfehlenswert ist deshalb die Vorgabe einer regelmäßigen und im Übrigen anlassbezogenen **Information der Planungsbereiche** durch die Personalbereiche über die Beschäftigtenstruktur, den Gestaltungsbedarf und die Gestaltungsanforderungen am jeweiligen Standort. Weiterhin sollte die rechtzeitige **Einbindung des technischen Beraters des Integrationsamtes** bei Entscheidungen über Investitionsmaßnahmen verbindlich vorgeschrieben werden. Dasselbe gilt für den Antrag auf mögliche Förderleistungen zur Gestaltung bzw. Einrichtung von Arbeitsplätzen, Maschinen und Anlagen. Ferner ist die Notwendigkeit der Klärung der **Kostenübernahme** mit dem zuständigen Rehabilitationsträger bzw. mit dem Integrationsamt hervorzuheben. 44

c) Gestaltung des Arbeitsumfelds

Grundvoraussetzung für eine dauerhafte Beschäftigung behinderter Menschen, die in ihrer Mobilität beeinträchtigt sind (vor allem durch Schädigungen des Stütz- und Bewegungsapparates, aber auch durch Minderung ihrer Wahrnehmungsfähigkeit) ist eine **barrierefreie betriebliche Infrastruktur**. Integrationsvereinbarungen sollten deshalb Regelungen für Barrierefreiheit vor allem bei Neu- und Umbauten der Arbeitsstätten, des direkten Umfeldes des Arbeitsplatzes, der Sanitär- und Sozialräume und von Parkplätzen vorsehen. Insbesondere sollte die Einhaltung der entsprechenden DIN-Vorschriften 18024 und 18025 hervorgehoben werden. Eine Beteiligung der Betroffenen und ihrer Interessenvertretungen bereits in der Planungsphase sollte verpflichtend vorgesehen werden. 45

Als konkrete Maßnahmen können z. B. hervorgehoben werden 46

– die **arbeitsplatznahe** Einrichtung von **Sanitärräumen** und sonstigen betrieblichen **Sozialräumen** für behinderte und gesundheitsbeeinträchtigte Beschäftigte,

– die Reservierung von **Sonderparkplätzen** für schwerbehinderte Arbeitnehmer mit dem Merkzeichen „G" in unmittelbarer Nähe ihres Arbeitsplatzes einschließlich der Regelung etwaiger Einfahrtgenehmigungen sowie der Kontrolle der Benutzungsberechtigung durch den Werkschutz,

– die kontrastreiche Gestaltung des Arbeitsumfelds für sehbehinderte Arbeitnehmer sowie die Schaffung von **Orientierungshilfen für blinde Beschäftigte** (zum Beispiel Sprachausgabe in Aufzügen, Leitsysteme). Die erforderlichen Schutzmaßnahmen im Arbeitsumfeld seh- und hörbehinderter Menschen sind ebenfalls einer Regelung durch die Integrationsvereinbarung zugänglich.

d) Arbeitsorganisation

Integrationsvereinbarungen sollten bei der Einführung neuer Formen von Arbeitsorganisation vorgeben, dass für behinderte bzw. gesundheitsbeeinträchtigte Beschäftigte die erforderlichen technischen sowie organisatorischen Voraussetzungen geschaffen werden. Bei Mobilitäts- oder sonstiger Tätigkeitseinschränkung behinderter Arbeitnehmer sollte ge- 47 meinsam mit diesen geprüft werden, ob mit der Einrichtung eines **Tele- / Heim-Arbeitsplatzes** ihre Beschäftigungs- und Leistungsfähigkeit verbessert werden kann.

48   Bei **Team- / Gruppenarbeit** empfiehlt sich, die Anforderungen, Arbeitsumfänge und -inhalte so zu gestalten, dass die Rotation im Rahmen der Teamarbeit auch für schwerbehinderte Gruppenmitglieder ermöglicht wird. Durch das Vorsehen von entsprechenden Arbeits- und Leistungsbedingungen (wie längere Vorgabezeiten, Zeitzuschläge, höhere Personalbelegung, Zeitgutschriften, Lohnkostenausgleiche) kann die gegenseitige Unterstützung in der Gruppe verbessert werden. In diesem Zusammenhang kann festgehalten werden, dass Lohnkostenzuschüsse durch das Integrationsamt für Arbeitnehmer infolge behinderungsbedingter Minderleistung in Anspruch zu nehmen und der betreffenden Kostenstelle gutzuschreiben sind.

e) Arbeitszeit

49   Die der individuellen Situation des behinderten Menschen angepasste Lage, Dauer und Verteilung der Arbeitszeit kann die Beschäftigten deutlich entlasten. Zugleich wird ihre Leistungsfähigkeit unter Berücksichtigung ihrer behinderungsbedingten Bedürfnisse gestärkt. Hierzu kann etwa allgemein vereinbart werden, dass schwerbehinderte Beschäftigte von **Schicht- und Mehrarbeit** freigestellt werden. Ferner sollten Integrationsvereinbarungen Regelungen zur individuellen Gestaltung von **Pausenzeiten**, zur Einrichtung von **Teilzeitarbeitsplätzen** oder zur Inanspruchnahme von erweiterten Gleitzeitregelungen enthalten.

50   So können z. B. eine bestimmte Anzahl zusätzlich bezahlter **Pausen** bzw. verlängerte Pausenzeiten für behinderte oder gesundheitsbeeinträchtigte Beschäftigte mit erhöhtem Pausenbedarf vorgesehen werden. Für Diabetiker können zusätzliche Pausen zur Nahrungsaufnahme eingerichtet sowie für Herz / Kreislauf-Erkrankte und gehbehinderte Beschäftigte bei extremen Witterungslagen eine flexible Arbeitszeitregelung vereinbart werden. Für Dialysepatienten sollten individuell zugeschnittene Arbeitszeitmodelle befürwortet werden. Auch kann für behinderte Arbeitnehmer, die wegen medizinischer Rehabilitationsleistungen auf flexible Arbeitszeiten bzw. Gleitzeitregelungen ohne Kernzeit angewiesen sind, die Möglichkeit entsprechender einzelvertraglicher Regelungen befürwortet werden.

51   Empfehlenswert ist eine Vorgabe, dass sich die Anzahl und weitere Einrichtung von **Teilzeitarbeitsplätzen** am konkreten Bedarf von Beschäftigten mit Gesundheitseinschränkungen bzw. Behinderungen zu orientieren habe, wobei schwerbehinderte Frauen zu bevorzugen seien. Zeitliche Festlegungen, bis wann der Teilzeitarbeitsplatzbedarf zu ermitteln und danach eine entsprechende zusätzliche Zahl von Teilzeitarbeitsplätzen zu schaffen seien, können die Effektivität entsprechender Zielvereinbarungen erhöhen.

52   Auch das Angebot von **Jobsharing** durch Unternehmen oder Dienststellen sollte im Rahmen von Regelungen zur Arbeitszeit hervorgehoben werden.

f) Umsetzungsregelungen

53   Der Erfolg einer Integrationsvereinbarung hängt davon ab, dass alle Beteiligten, insbesondere die betrieblichen Vorgesetzten, hinter der Vereinbarung stehen und bereit sind, an der Umsetzung mitzuwirken (Neumann [Hrsg.] HB SGB IX / *Düwell* § 20 Rdnr. 301). Die Einführung und Durchsetzung einer Integrationsvereinbarung kann nach vorliegenden Erfahrungen besonders effektiv durch ein **Integrationsteam** begleitet werden (vgl. näher hierzu näher Feldes, Handbuch Integrationsvereinbarung, S. 88 ff.; Ernst / Adlhoch / *Seel* Rdnr. 13 m. w. N.). In diesem sollten neben der Schwerbehindertenvertretung jedenfalls – gegebenenfalls durch einen Vertreter oder eine Vertreterin – mitwirken: der Betriebs- bzw. Personalrat, der Beauftragte des Arbeitgebers, der Personalbereich, der Betriebsarzt, eine Fachkraft für Arbeitssicherheit, die Ausbildungsleitung sowie die Fertigungs- bzw. Fertigungsbereichsleitung. Das Integrationsteam sollte sich darauf verständigen, die Schwerbehindertenvertretung als Sprecher zu wählen. Im Bedarfsfall kann das Integrationsteam eigenständig innerbetriebliche Fachleute (z. B. aus Rehadienst, Sozialberatung,

Suchtbeauftragte, Fertigungsplanung und Arbeitsvorbereitung) sowie externe Fachleute (aus Integrationsamt, Agentur für Arbeit, Rehabilitationsträger, Beratungsstellen, Integrationsfachdienste) heranziehen.

Zu den **Aufgaben des Integrationsteams** gehören namentlich die Überwachung der Umsetzung der Integrationsvereinbarung, aber auch die Beratung des Arbeitgebers bezüglich der Förderung der Ausbildung und Beschäftigung behinderter Menschen, die Erstellung von Konzepten für betriebliche Integration und Rehabilitation sowie die Planung und Koordinierung von Einzelmaßnahmen und die Begleitung von Integrationsprojekten (Feldes Handbuch Integrationsvereinbarung, S. 89). **54**

Das Integrationsteam sollte auch einen **Qualitätszirkel „Integration"** einsetzen, der sich mehrheitlich aus behinderten Beschäftigten des Unternehmens bzw. der Dienststelle zusammensetzt und von einem Mitglied des Integrationsteams moderiert wird. Die Aufgabe dieses Gremiums ist die Erstellung eines **Qualitätssicherungskonzepts** zur Wahrung der Belange behinderter Arbeitnehmer. **55**

Die Umsetzung einer Integrationsvereinbarung setzt ein hohes Maß an Kommunikation zwischen den Beteiligten voraus, um sich wechselseitig zu informieren und die getroffenen Vereinbarungen nicht in Vergessenheit geraten zu lassen. Hierfür sind Verabredungen für eine „**Integrationsberichterstattung**" hilfreich: So sollte der Sprecher oder die Sprecherin des Integrationsteams in regelmäßigen Abständen im Betriebsausschuss, den Betriebs- / Personalratssitzungen, der Schwerbehindertenversammlung, den Betriebs- / Personalversammlungen sowie über innerbetriebliche Medien (Betriebszeitung, Intranet) über erreichte Ziele aus der Integrationsvereinbarung informieren. **56**

Ferner sollte das Unternehmen bzw. die Dienststelle regelmäßig die Entwicklung der Situation behinderter Beschäftigter und die Umsetzung der vereinbarten Ziele überprüfen. **57**

Zur Umsetzung einer Integrationsvereinbarung gehören auch **Verfahrensregeln** für Ergänzungen bzw. Änderungen sowie für Meinungsverschiedenheiten. Grundsätzlich empfiehlt sich die Festlegung, dass Änderungen und Ergänzungen zur Wirksamkeit der **Schriftform** bedürfen und keine mündliche Nebenabreden zu der Vereinbarung bestehen. Auch sollte das Recht der vertragsschließenden Parteien festgehalten werden, **Vorschläge über ergänzende Vereinbarungen** vorzubringen, wenn diese den Zielen der Integrationsvereinbarung dienen, und Verhandlungen darüber zu verlangen. **58**

Für den Fall von **Meinungsverschiedenheiten** über die Auslegung oder Anwendung der Integrationsvereinbarung empfiehlt sich die Verpflichtung der Vertragsparteien, unverzüglich eine gütliche Einigung anzustreben. Hierfür kann ein Schlichtungsversuch unter Beteiligung des Integrationsamtes vorgesehen werden. Falls eine Einigung nicht zustande kommt, sollte der Konflikt durch eine Entscheidung der Einigungsstelle gem. § 76 Abs. 5 BetrVG bzw. § 71 BPersVG gelöst werden. **59**

Falls die Integrationsvereinbarung keine eigene **Kündigungsregelung** enthält, ist in entsprechender Anwendung des § 77 Abs. 5 BetrVG die Möglichkeit einer Kündigung mit einer Frist von drei Monaten anzunehmen (*Müller-Wenner* / *Schorn* Rdnr. 7; Neumann u. a. / *Neumann* Rdnr. 11). Ähnlich wie bei freiwilligen Betriebsvereinbarungen, für die eine Nachwirkung generell abgelehnt wird (vgl. BAG Beschluss vom 21. August 1990 – 1 ABR 73/89 = BAGE 66, 8 = NZA 1991, 190; BAG Urteil vom 18. November 2003 – 1 AZR 604/02 = NZA 2004, 803 = DB 2004, 1508), ist auch bei Kündigung einer Integrationsvereinbarung eine **Nachwirkung** zu verneinen, es besteht insoweit nur ein Anspruch auf Neuverhandlung (Neumann u. a. / *Neumann* Rdnr. 12). Gleichwohl sind die Vertragsparteien aber frei, ausdrücklich eine Nachwirkung für den Fall der Kündigung oder des Auslaufens der Integrationsvereinbarung zu verabreden. **60**

3. Frauenförderung bei der Personalplanung

61 Innerhalb des verpflichtenden Regelungsgegenstandes „Personalplanung" wird den Vertragsparteien einer Integrationsvereinbarung gesondert aufgegeben, besondere Regelungen zur Beschäftigung eines angemessenen Anteils von schwerbehinderten Frauen vorzusehen (**Abs. 2 Satz 2**). Die Erwerbstätigenquote bei schwerbehinderten Frauen ist deutlich niedriger als bei den betroffenen Männern: Sie lag 1995 bei nur 13,3%, während immerhin 19,7% der schwerbehinderten Männer eine Erwerbstätigkeit ausübten (vgl. Hermes Frauen in der beruflichen Rehabilitation, 2001). Auch sind Frauen zudem durch Kindererziehung, Haushalt und oft auch Pflege von Angehörigen mehrfach belastet und nehmen daher seltener an Rehabilitationsmaßnahmen teil. So betrug z. B. der Frauenanteil bei den Berufsförderungswerken 1997 nur ca. 20% (Hermes a. a. O.).

62 Signifikant sind auch die Einkommensunterschiede: In 1995 bezogen zwei Drittel der behinderten Frauen, aber nur ein Drittel der behinderten Männer ein Einkommen von unter 1800 DM. Auf der anderen Seite hatten nur 3% der behinderten Frauen, aber 13% der behinderten Männer ein Einkommen von mehr als 3500 DM (Hermes a. a. O.).

63 Ein Auftrag an die Personalplanung in einer Integrationsvereinbarung muss somit sein, behinderten und insbesondere schwerbehinderten Frauen verbesserte Chancen im Berufsleben einzuräumen. Das entspricht auch der gesetzlichen Vorgabe in § 71 Abs. 1 Satz 2 SGB IX, bei der Erfüllung der Pflichtquote für Arbeitsplätze schwerbehinderter Menschen vor allem Frauen besonders zu berücksichtigen. Entscheidend hierfür ist aber nicht zuletzt die Verbesserung der konkreten Arbeitsplatzangebote, insbesondere durch Arbeitszeiten, die auf die Bedürfnisse schwerbehinderter Frauen zugeschnitten sind, durch vermehrte Teilzeitarbeitsplätze und durch Jobsharing. Ein besonders wichtiger Vereinbarungsgegenstand sind großzügige flexible Arbeitszeitregelungen für behinderte Frauen mit schulpflichtigen Kindern bzw. für Frauen mit behinderten Kindern.

64 Besondere Qualifizierungsangebote können vorgesehen werden für **schwerbehinderte Frauen** zum beruflichen Wiedereinstieg nach dem Erziehungsurlaub. Allgemein sollte Frauen durch entsprechende Weiter- und Fortbildung besonders der Zugang zu „frauenuntypischen" und besser entlohnten Beschäftigungsbereichen ermöglicht werden.

65 Im Hinblick auf die allgemeine **Zuständigkeit von Frauenbeauftragten** in Betrieben und Dienststellen sollte zur Vermeidung von Kompetenz- und Interessenkonflikten mit der Schwerbehindertenvertretung von vornherein die beiderseitige Zusammenarbeit mit dem Ziel einer gemeinsamen Konzeption für die Personalentwicklung behinderter Frauen gesucht werden.

C) zu Abs. 2a

1. Weitere nicht obligatorische Regelungsgegenstände einer Integrationsvereinbarung

66 Der Gesetzgeber hat es mit der Einfügung des Abs. 2a für angezeigt gehalten, „zur Stärkung des Instruments der Integrationsvereinbarung" über die verpflichtend zu vereinbarenden Inhalte hinaus weitere von ihm als sinnvoll erachtete Regelungsgegenstände ausdrücklich zu nennen, um damit die Verhandlungen über die Inhalte von Integrationsvereinbarungen zu erleichtern (vgl. oben Rdnr. 9).

Hierbei wurden folgende mögliche Regelungen hervorgehoben:

a) Angemessene Berücksichtigung schwerbehinderter Menschen bei der Besetzung freier, frei werdender oder neuer Stellen (Nr. 1)

67 Insoweit handelt es sich aber nicht um einen neuartigen Regelungsgegenstand. Vielmehr sollte dieses Thema im Mittelpunkt der Vereinbarungen zur Personalplanung stehen, die bereits nach Abs. 2 zwingend vorgeschrieben sind. Insoweit kann auf die obigen Rdnrn. 35–39 Bezug genommen werden.

b) Anzustrebende Beschäftigungsquote, einschließlich eines angemessenen Anteils schwerbehinderter Frauen (Nr. 2)

Auch insoweit spricht das Gesetz keinen wesentlich neuen Gesichtspunkt an. Entsprechende Überlegungen waren bereits bisher im Rahmen des Regelungsgegenstandes „Personalplanung" möglich und sogar verpflichtend (vgl. oben Rdnrn. 61 ff.). Die Bestimmung kann freilich als weitere Ermutigung für die Schwerbehindertenvertretung aufgefasst werden, eine entsprechende Zielvorgabe in den Verhandlungen anzustreben. **68**

c) Teilzeitarbeit (Nr. 3)

Die Möglichkeit des Ausbaus der Teilzeitarbeit für behinderte oder von Behinderung bedrohte Arbeitnehmer konnte ebenfalls bereits bisher im Rahmen der zwingend vorgegebenen Regelungen zur Arbeitszeit angesprochen werden (vgl. hierzu oben Rdnrn. 49 ff.). **69**

d) Ausbildung behinderter Jugendlicher (Nr. 4)

Es ist zu begrüßen, dass das Gesetz der Ausbildung behinderter Jugendlicher einen hohen Stellenwert einräumt, indem sie als eigenständiger Regelungspunkt einer Integrationsvereinbarung genannt wird. Eine mögliche Zielvorgabe kann etwa darin bestehen, zum nächsten Ausbildungsjahr einen **bestimmten Prozentsatz aller neuen Ausbildungsplätze** mit behinderten Menschen zu besetzen. Auch kann eine **verstärkte Öffentlichkeitsarbeit** durch Informationsveranstaltungen zum betrieblichen Ausbildungsangebot vereinbart werden (z. B. durch Informationsveranstaltungen für umliegende Sonderschulen, Berufsbildungs- und Berufsförderungswerke und Werkstätten für behinderte Menschen, durch Hinweise in Betriebszeitungen und Aushängen usw.). **70**

e) Durchführung der betrieblichen Prävention (betriebliches Eingliederungsmanagement) und Gesundheitsförderung (Nr. 5)

Eigenes Gewicht durch gesonderte Erwähnung erhält nunmehr auch der Gedanke der betrieblichen Prävention und der Gesundheitsförderung. Das Recht auf Gesundheit am Arbeitsplatz für alle nicht behinderten und behinderten Beschäftigten eines Unternehmens bedingt, sichere Arbeitsplätze einzurichten und die Arbeitsbedingungen erträglich und persönlichkeitsfördernd zu gestalten. Damit werden dauerhafte Gesundheitsschäden, Gesundheitsverschleiß und soziale Ausgrenzung behinderter Menschen vermieden (vgl. Feldes Handbuch Integrationsvereinbarung, S. 82). **71**

Diese Ziele können in einer Integrationsvereinbarung durch die gezielte Ermittlung von Gesundheitsgefahren, durch **betriebliche Gesundheitsförderungsmaßnahmen** für bestimmte Gruppen behinderter Beschäftigter (zum Beispiel Herz / Kreislauf-Geschädigte, Rheumatiker, Diabetiker, Wirbelsäulengeschädigte) und die Einrichtung von **Gesundheitszirkeln** angestrebt werden. Auch kann festgelegt werden, dass betriebliche Stellen bei diesen Maßnahmen mit den entsprechenden Leistungsträgern (Krankenkasse, Berufsgenossenschaft, Rentenversicherer) zusammenarbeiten. Empfehlenswert ist ferner eine Regelung darüber, dass vorliegende betriebliche Gesundheitsberichte unter dem Gesichtspunkt der Belastungen und Beeinträchtigungen der Gesundheit bei behinderten Arbeitnehmern ausgewertet und die Ergebnisse dem Integrationsteam zur Kenntnis gebracht werden. **72**

f) Hinzuziehung des Werks- oder Betriebsarztes auch für Beratungen über Leistungen zur Teilhabe sowie über besondere Hilfen im Arbeitsleben (Nr. 6)

Behinderte Arbeitnehmer brauchen häufiger ambulante und stationäre Rehabilitationsmaßnahmen, um einer Verschlechterung ihres Gesundheitszustandes entgegenzuwirken bzw. eine mit ihrem Gesundheitszustand vereinbare Qualifikation zu erlangen. **73**

Eine frühzeitige Beratung über erforderliche Teilhabeleistungen kann erreicht werden, wenn der Werks- oder Betriebsarzt auch zur Information der Betroffenen über die medizinischen **74**

Voraussetzungen und Möglichkeiten von Teilhabeleistungen sowie über besondere Hilfen im Arbeitsleben zur Verfügung steht. Deshalb ist eine entsprechende Regelung in einer Integrationsvereinbarung von besonderem Vorteil.

D) zu Abs. 3

1. Berichtspflicht des Arbeitgebers

75 Die Vorschrift verpflichtet den Arbeitgeber **in den Versammlungen der schwerbehinderten Menschen gem. § 95 Abs. 6 SGB IX** über alle Angelegenheiten im Zusammenhang mit der Eingliederung schwerbehinderter Menschen zu berichten. Diese Versammlung ist von der Schwerbehindertenvertretung mindestens einmal im Kalenderjahr einzuberufen. Die Berichtspflicht des Arbeitgebers steht nicht in unmittelbarem sachlichem Zusammenhang mit einer Integrationsvereinbarung, weshalb die entsprechende Regelung systematisch richtiger in § 95 Abs. SGB IX aufgehoben wäre. Denn die Berichtspflicht des Arbeitgebers besteht auch dann, wenn keine Integrationsvereinbarung geschlossen wurde bzw. eine solche von einem Vertragspartner gekündigt wurde (GK-SGB IX / *Schimanski* Rdnr. 149). Ist allerdings eine Integrationsvereinbarung abgeschlossen, muss deren Durchführung im Mittelpunkt des Berichts des Arbeitgebers stehen. Es handelt sich insoweit um einen Rechenschaftsbericht, der den Bericht der Schwerbehindertenvertretung ergänzen soll.

76 Allerdings bliebe eine Weigerung des Arbeitgebers sanktionslos, da sie nicht einmal den Tatbestand einer Ordnungswidrigkeit gem. § 156 SGB IX erfüllt.

77 Der Arbeitgeber ist nicht **zu einem persönlichen Erscheinen** in der Versammlung **verpflichtet**; eine juristische Person als Arbeitgeber muss nicht durch ein Vorstandsmitglied vertreten sein. Das folgt aus der entsprechenden Anwendung des Rechts der Betriebs- und Personalversammlungen in § 95 Abs. 6 Satz 2 SGB IX, denn dort ist die Berichtspflicht ausdrücklich dem Arbeitgeber *oder seinem Vertreter* auferlegt (vgl. § 43 Abs. 2 Satz 3 BetrVG). Insbesondere ist es möglich und sinnvoll, dass der **Beauftragte des Arbeitgebers** gem. § 98 SGB IX die Berichterstattung übernimmt, zumal er auch in Detailfragen regelmäßig besser über die Angelegenheiten der schwerbehinderten Menschen unterrichtet ist (Neumann u. a. / *Neumann* Rdnr. 15).

78 Das Gesetz schreibt für den Bericht keine besondere Form vor. Deshalb kann **sowohl mündlich als auch schriftlich** berichtet werden. Jedoch muss Gelegenheit zu Fragen und Diskussionen gegeben werden, denn die Berichtspflicht erschöpft sich nicht in einer einseitigen Darstellung, sondern muss vielmehr für Ergänzungen auf Nachfragen und neue, erst in der Versammlung auftretende Problemstellungen offen sein (Neumann u. a. / *Neumann* Rdnr. 14).

IV. Literatur

Braasch, Dietrich, Das nochmals reformierte Schwerbehindertenrecht, BehindertenR 2001, 177

Braun, Stefan, Schwerbehindertengesetz – Die zentralen Neuregelungen, MDR 2001, 63

Cramer, Horst H., Gesetz zur Bekämpfung der Arbeitslosigkeit Schwerbehinderter, DB 2000, 2217

Düwell, Franz Josef, Mehr Rechte für Schwerbehinderte und ihre Vertretung durch das SchwbBAG, BB 2000, 2570

Fankhaenel, Karin / **Ihme** Carla, Zwei Jahre Integrationsvereinbarung gem. § 83 SGB IX – Erfahrungen, Umsetzungsstand, Arbeitshilfen, BehindertenR 2003, 177

Feldes, Werner, Bekämpfung der Arbeitslosigkeit Schwerbehinderter – Anmerkungen zu Risiken und Nebenwirkungen der Novellierung des Schwerbehindertengesetzes, BehindertenR 2000, 187

Feldes, Werner, Die Gesetzesinitiative zur Bekämpfung der Arbeitslosigkeit Schwerbehinderter – Anmerkungen zu Risiken und Nebenwirkungen der Novellierung des Schwerbehindertengesetzes, AiB 2000, 371

Feldes, Werner, Integrationsvereinbarung nach § 14 SchwbG, AiB 2001, 193

Feldes, Werner, Nach der Wahl – Bühne frei für die neuen Schwerbehindertenvertretungen, BehindertenR 2003, 76

Feldes, Werner, Neugewählte Schwerbehindertenvertretung am Start, AiB 2003, 94

Feldes, Werner, Handbuch Integrationsvereinbarung, 2003

Feldes, Werner / **Scholz,** Igor, Die Integration behinderter Menschen durch Betriebsvereinbarung, AiB 2001, 327

Laschet, Ulrich, Integrationsvereinbarungen stärken Interessen von Behinderten, SuP 2002, 683

Peiseler, Manfred, Änderungen im Schwerbehindertenrecht und ihre Auswirkungen auf die Personalarbeit, PersR 2001, 3

Schimanski, Werner, Die verbindliche Integrationsvereinbarung, BehindertenR 2003, 93

Seggern, Burkhard von, Gesetz zur Bekämpfung der Arbeitslosigkeit Schwerbehinderter – Bedeutung für die Integrationspraxis in den Betrieben, AiB 2000, 717

Seidel, Reiner, Die Aufgaben der Schwerbehindertenvertretung, BehindertenR 2003, 80

Splanemann, Andreas, Schwerbehindertenvertretung und Betriebsrat: Wege zur Kooperation, AiB 2002, 404

Worseck, Thomas, Handlungsmöglichkeiten für die Schwerbehindertenvertretung / den Betriebsrat bei der Durchsetzung der Integrationsvereinbarung, BehindertenR 2003, 136

V. Arbeitshilfen und Beispiele

Praktische Hilfen für die Erarbeitung einer Integrationsvereinbarung bietet die Bundesarbeitsgemeinschaft Integrationsämter und Hauptfürsorgestellen unter www.Integrationsaemter.de. Sie bestehen u. a. aus

– Fragebogen zur Vorbereitung einer Integrationsvereinbarung für den öffentlichen Dienst,
– Fragebogen zur Vorbereitung einer Integrationsvereinbarung für die private Wirtschaft,
– Analyse der Ist-Situation,
– Entwurf einer Präambel,
– Überblick „Integrationsvereinbarung Schritt für Schritt",
– Tipps und Hinweise aus der Praxis.

Ein Beispiel für eine anonymisierte Integrationsvereinbarung mit einer Frankfurter Firma findet sich bei ver.di – Die Seite für die Schwerbehindertenvertretung unter www.schwbv.de; dort auch Links zu weiteren Integrationsvereinbarungen.

Ein aktuelles Beispiel aus dem öffentlichen Dienst ist die Integrationsvereinbarung des Justizministeriums und Ministeriums für Europaangelegenheiten des Landes Brandenburg vom 13. Juli 2004.

Ein Beispiel für eine Gesamtintegrationsvereinbarung findet sich bei der clariant GmbH unter www.unternehmensforum.org/service/s_best_practice_clariant_integrationsvereinbarung.pdf.

Aus der Vielzahl von inzwischen veröffentlichten Integrationsvereinbarungen sind als weitere Beispiele hervorzuheben:
- Universität Ulm www.sozialportal.de/IntegrVereinb/IV_Uni_Ulm.htm;
- Opel AG www.sozialportal.de/IntegrVereinb/IV_Opel.htm;
- Hess. Rundfunk www.sozialportal.de/IntegrVereinb/IV-hessischer_Rundfunk.htm.

§ 84
Prävention

(1) Der Arbeitgeber schaltet bei Eintreten von personen-, verhaltens- oder betriebsbedingten Schwierigkeiten im Arbeits- oder sonstigen Beschäftigungsverhältnis, die zur Gefährdung dieses Verhältnisses führen können, möglichst frühzeitig die Schwerbehindertenvertretung und die in § 93 genannten Vertretungen sowie das Integrationsamt ein, um mit ihnen alle Möglichkeiten und alle zur Verfügung stehenden Hilfen zur Beratung und mögliche finanzielle Leistungen zu erörtern, mit denen die Schwierigkeiten beseitigt werden können und das Arbeits- oder sonstige Beschäftigungsverhältnis möglichst dauerhaft fortgesetzt werden kann.

(2) [1]Sind Beschäftigte innerhalb eines Jahres länger als sechs Wochen ununterbrochen oder wiederholt arbeitsunfähig, klärt der Arbeitgeber mit der zuständigen Interessenvertretung im Sinne des § 93, bei schwerbehinderten Menschen außerdem mit der Schwerbehindertenvertretung, mit Zustimmung und Beteiligung der betroffenen Person die Möglichkeiten, wie die Arbeitsunfähigkeit möglichst überwunden werden und mit welchen Leistungen oder Hilfen erneuter Arbeitsunfähigkeit vorgebeugt und der Arbeitsplatz erhalten werden kann (betriebliches Eingliederungsmanagement). [2]Soweit erforderlich wird der Werks- oder Betriebsarzt hinzugezogen. [3]Die betroffene Person oder ihr gesetzlicher Vertreter ist zuvor auf die Ziele des betrieblichen Eingliederungsmanagements sowie auf Art und Umfang der hierfür erhobenen und verwendeten Daten hinzuweisen. [4]Kommen Leistungen zur Teilhabe oder begleitende Hilfen im Arbeitsleben in Betracht, werden vom Arbeitgeber die örtlichen gemeinsamen Servicestellen oder bei schwerbehinderten Beschäftigten das Integrationsamt hinzugezogen. [5]Diese wirken darauf hin, dass die erforderlichen Leistungen oder Hilfen unverzüglich beantragt und innerhalb der Frist des § 14 Abs. 2 Satz 2 erbracht werden. [6]Die zuständige Interessenvertretung im Sinne des § 93, bei schwerbehinderten Menschen außerdem die Schwerbehindertenvertretung, können die Klärung verlangen. [7]Sie wachen darüber, dass der Arbeitgeber die ihm nach dieser Vorschrift obliegenden Verpflichtungen erfüllt.

(3) Die Rehabilitationsträger und die Integrationsämter können Arbeitgeber, die ein betriebliches Eingliederungsmanagement einführen, durch Prämien oder einen Bonus fördern.

ERLÄUTERUNGEN

ÜBERSICHT

I. Bedeutung der Vorschrift (Rdnrn. 1–5)
II. Fassung (Rdnrn. 6–12)
    A) durch das SGB IX vom 19. Juni 2001 (BGBl. I S. 1046) mit Wirkung vom 1. Juli 2001 (Rdnr. 6)
    B) durch das Gesetz zur Förderung der Ausbildung und Beschäftigung schwerbehinderter Menschen vom 23. April 2004 (BGBl. I S. 606) mit Wirkung vom 1. Mai 2004 (Rdnrn. 7–12)

III. Anmerkungen (Rdnrn. 13–130)
   A) zu Abs. 1
      1. Zielsetzung der Prävention bei Gefährdung des Beschäftigungsverhältnisses (Rdnrn. 13–17)
      2. Schwierigkeiten mit Gefährdungswirkung für das Beschäftigungsverhältnis (Rdnrn. 18–28)
         a) Personenbezogene Schwierigkeiten (Rdnrn. 18–22)
         b) Verhaltensbedingte Schwierigkeiten (Rdnrn. 23–26)
         c) Betriebsbedingte Schwierigkeiten (Rdnrn. 27–28)
      3. Möglichkeiten und Hilfen zur Beseitigung der eingetretenen Schwierigkeiten (Rdnrn. 29–38)
         a) Innerbetriebliche Maßnahmen (Rdnrn. 30–35)
         b) Außerbetriebliche Hilfen (Rdnrn. 36–38)
      4. Zeitpunkt des Tätigwerdens (Rdnrn. 39–39a)
      5. Erörterungspflicht des Arbeitgebers (Rdnrn. 40–43)
      6. Rechtsfolgen einer Pflichtverletzung (Rdnrn. 44–56)
   B) zu Abs. 2
      1. Betriebliches Eingliederungsmanagement (Rdnrn. 57–74a)
         a) Zielsetzung (Rdnr. 57)
         b) Geschützter Personenkreis (Rdnrn. 58–64c)
         c) Verhältnis zu Abs. 1 (Rdnr. 65)
         d) Begriff (Rdnrn. 66–66e)
         e) Hinzuziehung eines Werks– oder Betriebsarztes (Rdnrn. 67–69)
         f) Integrationsamt (Rdnrn. 70–71)
         g) Beteiligung Gemeinsamer Servicestellen und des Integrationsamts (Rdnrn. 72–74a)
      2. Initiativpflicht des Arbeitgebers (Rdnrn. 75–93d)
      3. Zustimmung und Beteiligung der betroffenen Arbeitnehmer (Rdnrn. 94–108)
      4. Elemente des Eingliederungsmanagements (Rdnrn. 109–110)
      5. Rechtsfolgen bei unzureichendem oder fehlendem BEM (Rdnrn. 111–129a)
         a) Rechtscharakter des § 84 Abs. 2 SGB IX (Rdnrn. 111–114)
         b) Arbeitsrechtliche Auswirkungen auf krankheitsbedingte Kündigungen (Rdnrn. 115–129)
         c) Beamtenrechtliche Auswirkungen (Rdnr. 129a)
   C) zu Abs. 3
      1. Finanzielle Förderung der Einführung eines betrieblichen Eingliederungsmanagements (Rdnr. 130)
IV. Literatur

I. Bedeutung der Vorschrift

Sie verfolgt das Ziel, der Gefährdung bzw. dem Verlust des Arbeitsplatzes eines schwerbehinderten Menschen vorzubeugen. Schwierigkeiten verschiedenster Art und unterschiedlichster Ursache (personen-, verhaltens- oder betriebsbedingt) sollen in einem möglichst frühen Zeitpunkt erkannt, aufgegriffen und behoben werden (**Prävention**). Dazu muss der Arbeitgeber möglichst frühzeitig die Schwerbehindertenvertretung und den Betriebs- bzw. Personalrat einschalten (**Abs 1**). Mit ihnen sollen alle Möglichkeiten und alle zur Verfügung stehenden Hilfen zur Beratung und mögliche finanzielle Leistungen erörtert werden. Zur Abwendung von Gefahren kommt neben innerbetrieblichen Bemühungen vor allem die Einschaltung außerbetrieblicher Stellen in Betracht. Hierbei kann insbesondere das Integrationsamt im Rahmen seiner Aufgaben der begleitenden Hilfe mit konkreter Unterstützung (Beratung, technische Hilfen, finanzielle Leistungen) wirksam zur Beseitigung der Schwierigkeiten beitragen.

1

2 Für Beschäftigte, die innerhalb eines Jahres länger als sechs Wochen ununterbrochen oder wiederholt arbeitsunfähig sind, soll **nach Abs. 2** ein **„betriebliches Eingliederungsmanagement" BEM** greifen. Ob die Betroffenen behindert oder gar schwerbehindert sind, ist unerheblich. Vielmehr will das Gesetz entsprechend der Zielsetzung des § 1 SGB IX auch Personen schützen, die von Behinderung bedroht sind. Es soll der Grundsatz „Prävention vor Kündigung" gelten.

3 Der Arbeitgeber hat mit dem Betriebs- bzw. Personalrat oder der sonst zuständigen Interessenvertretung, bei schwerbehinderten Menschen außerdem mit der Schwerbehindertenvertretung, die Möglichkeiten zu klären, wie die Arbeitsunfähigkeit möglichst überwunden werden und mit welchen Leistungen oder Hilfen erneuter Arbeitsunfähigkeit vorgebeugt und der Arbeitsplatz erhalten werden kann. Hierzu bedarf es allerdings der **Zustimmung** und der Beteiligung des betroffenen Arbeitnehmers (**Abs. 2 Satz 1**). Erforderlichenfalls wird der **Werks- oder Betriebsarzt** hinzugezogen (**Abs. 2 Satz 2**). Zur Wahrung der **Persönlichkeitsrechte der Betroffenen** sind diese oder ihre gesetzlichen Vertreter zuvor auf die Ziele des betrieblichen Eingliederungsmanagements sowie auf Art und Umfang der hierfür erhobenen und verwendeten Daten hinzuweisen (**Abs. 2 Satz 3**). Der Arbeitgeber zieht die örtlichen **Gemeinsamen Servicestellen** hinzu, soweit Leistungen zur Teilhabe in Betracht kommen. Dasselbe gilt für das **Integrationsamt**, wenn begleitende Hilfen im Arbeitsleben Erfolg versprechend erbracht werden können (**Abs. 2 Satz 4**). Sowohl die Gemeinsame Servicestelle als auch das Integrationsamt wirken durch entsprechende Beratung und Prüfung darauf hin, dass die erforderlichen Leistungen und Hilfen unverzüglich beantragt und innerhalb der Dreiwochenfrist des § 14 Abs. 2 SGB IX erbracht werden (**Abs. 2 Satz 5**).

4 Wird der Arbeitgeber bei mindestens sechswöchiger Arbeitsunfähigkeit eines Beschäftigten nicht von sich aus aktiv, kann die zuständige Interessenvertretung bzw. die Schwerbehindertenvertretung die **Klärung verlangen** (**Abs. 2 Satz 6**). Diese haben auch eine **Überwachungspflicht** dahingehend, dass der Arbeitgeber die ihm im Rahmen des betrieblichen Eingliederungsmanagements obliegenden Verpflichtungen erfüllt (**Abs. 2 Satz 7**).

5 Als Anreiz für Arbeitgeber zur Einführung eines betrieblichen Eingliederungsmanagements ermöglicht **Abs. 3** der Vorschrift den Rehabilitationsträgern und den Integrationsämtern die Gewährung von **Prämien** bzw. Einräumung eines **Bonus** z. B. auf Beiträge oder Umlagen. Die Vorschrift wird ergänzt durch die in § 102 Abs. 3 Satz 1 Nr. 2c SGB IX vorgesehene Möglichkeit der Integrationsämter, Prämien zur Einführung eines BEM aus Mitteln der Ausgleichsabgabe zu zahlen.

II. Fassung

A) durch das SGB IX vom 19. Juni 2001 (BGBl. I S. 1046) mit Wirkung vom 1. Juli 2001

6 Die Vorschrift wurde unverändert aus dem Regierungsentwurf (BT-Drucks. 14/5531 i. V. m. 14/5074) übernommen. Der Begriff der „Hauptfürsorgestelle" wurde durch die Bezeichnung „Integrationsamt" ersetzt.

Abs. 1 entspricht dem durch das Gesetz zur Bekämpfung der Arbeitslosigkeit Schwerbehinderter (SchwbAG) vom 29. September 2000 (BGBl. I S. 1394) eingefügten § 14c SchwbG. Die Vorschrift wurde um den Abs. 2 ergänzt.

B) durch das Gesetz zur Förderung der Ausbildung und Beschäftigung schwerbehinderter Menschen vom 23. April 2004 (BGBl. I S. 606) mit Wirkung vom 1. Mai 2004

7 Durch Art. 1 Nr. 20 wurde **Abs. 2** wie folgt gefasst:

„Sind Beschäftigte innerhalb eines Jahres länger als sechs Wochen ununterbrochen oder wiederholt arbeitsunfähig, klärt der Arbeitgeber mit der zuständigen Interessenvertretung im Sinne des § 93, bei schwerbehinderten Menschen außerdem mit der Schwerbehindertenvertretung, mit Zustimmung und Beteiligung der betroffenen Person die Möglichkeiten, wie die Arbeitsunfähigkeit möglichst überwunden werden und mit welchen Leistungen oder Hilfen erneuter Arbeitsunfähigkeit vorgebeugt und der Arbeitsplatz erhalten werden kann (betriebliches Eingliederungsmanagement). Soweit erforderlich wird der Werks- oder Betriebsarzt hinzugezogen. Die betroffene Person oder ihr gesetzlicher Vertreter ist zuvor auf die Ziele des betrieblichen Eingliederungsmanagements sowie auf Art und Umfang der hierfür erhobenen und verwendeten Daten hinzuweisen. Kommen Leistungen zur Teilhabe oder begleitende Hilfen im Arbeitsleben in Betracht, werden vom Arbeitgeber die örtlichen gemeinsamen Servicestellen oder bei schwerbehinderten Beschäftigten das Integrationsamt hinzugezogen. Diese wirken darauf hin, dass die erforderlichen Leistungen oder Hilfen unverzüglich beantragt und innerhalb der Frist des § 14 Abs. 2 Satz 2 erbracht werden. Die zuständige Interessenvertretung im Sinne des § 93, bei schwerbehinderten Menschen außerdem die Schwerbehindertenvertretung, können die Klärung verlangen. Sie wachen darüber, dass der Arbeitgeber die ihm nach dieser Vorschrift obliegenden Verpflichtungen erfüllt."

Die Vorschrift entspricht – mit Ausnahme des letzten, vom Ausschuss für Gesundheit und Soziale Sicherung angefügten Satzes – dem Gesetzentwurf der Fraktionen SPD und Bündnis 90/DIE GRÜNEN (BT-Drucks. 15/1783). Dort ist auf S. 15 zur Begründung ausgeführt:

„Absatz 2 wird neu gefasst, um ein betriebliches Eingliederungsmanagement bei gesundheitlichen Störungen sicherzustellen. Ist der Beschäftigte innerhalb eines Jahres länger als sechs Wochen ununterbrochen oder wiederholt arbeitsunfähig, klären jetzt der Arbeitgeber, die Interessenvertretung nach § 93, bei schwerbehinderten Menschen zusammen mit der Schwerbehindertenvertretung und, soweit erforderlich, unter Hinzuziehung der Werks- oder Betriebsärzte mit Zustimmung und Beteiligung des Betroffenen, wie die Arbeitsunfähigkeit möglichst überwunden werden kann und welche Leistungen und Hilfen zur Unterstützung des Arbeitnehmers erforderlich sind. Gemeinsame Servicestellen oder Integrationsämter werden hinzugezogen, wenn es um die Abklärung von Leistungen zur Teilhabe oder begleitende Hilfen im Arbeitsleben geht. Diese Stellen wirken auch darauf hin, dass die erforderlichen Leistungen oder Hilfen innerhalb der dreiwöchigen Frist nach § 14 Abs. 2 Satz 2 erbracht werden."

Der **Bundesrat** hatte in seiner Stellungnahme (BT-Drucks. 2318 S. 16) die Streichung der vorgeschlagenen Vorschrift verlangt mit folgender Begründung: **8**

„Die Regelung ist mit dem allgemein anerkannten Bestreben nach Deregulierung und Verminderung des Verwaltungsaufwandes für Arbeitgeber nicht vereinbar. Der Erhöhung des Verwaltungsaufwandes für den Arbeitgeber stehen keine Vorteile gegenüber. Denn häufig kann nach der geplanten Sechs-Wochen-Frist noch nicht entschieden werden, ob und gegebenenfalls wie das Beschäftigungsverhältnis mit dem Betroffenen fortgesetzt werden kann. Auch für die Beschäftigungssituation behinderter Menschen ergeben sich keine konkreten Verbesserungen. Im Gegenteil erscheint es nach dem Wortlaut der geplanten Neuregelung möglich, dass der Arbeitgeber Schwerbehindertenvertretung und Interessenvertretung im Sinne des § 93 SGB IX ohne Einverständnis des Betroffenen einschaltet."

Hierzu hatte die **Bundesregierung** in ihrer Gegenäußerung (BT-Drucks. 2318 S. 22) bemerkt: **9**

„Nach Auffassung der Bundesregierung sollten die bisherigen Verfahrensregelungen zur betrieblichen Prävention zu einem wirksamen betrieblichen Eingliederungsmanagement fortentwickelt werden, um insbesondere durch Gesundheitsprävention das Arbeitsverhältnis möglichst dauerhaft zu sichern.

Künftig soll im Sinne von „Rehabilitation statt Entlassung" ein betriebliches Eingliederungsmanagement praktiziert werden. Denn Arbeitslosigkeit und vorzeitiger Rentenbezug von Menschen mit Behinderungen kosten um ein Vielfaches mehr als eine sinnvolle Prävention und Rehabilitation. Nach einer Studie der Bundesanstalt für Arbeitsschutz und Arbeitsmedizin aus dem Jahre 1998 führt unterlassene Prävention allein zu Produktionsausfällen infolge krankheitsbedingter Ausfalltage von jährlich ca. 45 Mrd. Euro.

Durch geeignete Prävention soll Erkrankungen, die letztlich zum Verlust des Arbeitsplatzes führen können, entgegengewirkt werden. Durch einen frühzeitigen Zugang zu den Betroffenen und eine frühzeitige Intervention könnte der weit überwiegende Teil chronisch kranker oder behinderter Menschen erfolgreich wieder eingegliedert werden. Durch den dauerhaften Erhalt des Arbeitsverhältnisses können Leid bei den Betroffenen vermieden und Arbeitgeber von erheblichen Kosten entlastet werden. Frühverrentungen wird vorgebeugt und damit ein wesentlicher Beitrag zur Verlängerung der Lebensarbeitszeit geleistet.

Im Übrigen können Arbeitgeber die Schwerbehindertenvertretung und die Interessenvertretung im Sinne des § 93 SGB IX nach dem ausdrücklichen Wortlaut der vorgesehenen Regelung nur mit Zustimmung und Beteiligung der betroffenen Person einschalten."

10 In der Beschlussempfehlung des **Ausschusses für Gesundheit und Soziale Sicherung** (BT-Drucks. 15/2357) wurde die vom Fraktionsentwurf vorgeschlagene Fassung um den Satz 7 ergänzt. Nach dem Bericht des Ausschusses (S. 24) wird darin „klargestellt ..., dass die betrieblichen Interessenvertretungen und die Schwerbehindertenvertretung darüber wachen, dass ein betriebliches Eingliederungsmanagement durchgeführt und ggf. erforderliche Leistungen zur Teilhabe sowie Hilfen zur Erhaltung des Arbeitsplatzes ausgeführt werden."

11 Durch Art. 1 Nr. 19 wurde ferner folgender Abs. 4 angefügt[1]):

„(4) Die Rehabilitationsträger und die Integrationsämter können Arbeitgeber, die ein betriebliches Eingliederungsmanagement einführen, durch Prämien oder einen Bonus fördern."

Die Vorschrift wurde vom Ausschuss für Gesundheit und Soziale Sicherung eingefügt. In der Beschlussempfehlung (BT-Drucks. 15/2357 S. 24) ist zur Begründung Folgendes ausgeführt:

„Es handelt sich um den bisherigen Absatz 2b der Nummer 19 aus der Bundestagsdrucksache 15/1783, erweitert um die Möglichkeit, Arbeitgebern als Anreiz zur Einführung eines betrieblichen Eingliederungsmanagements einen Bonus – etwa bei den von ihnen zu tragenden Anteilen an den Sozialversicherungsbeiträgen – anzubieten."

12 Zu den weiteren Gründen für die Anfügung der Vorschrift wird auf die Anmerkungen zu § 83 Rdnrn. 8 ff. Bezug genommen.

III. Anmerkungen

A) zu Abs. 1

1. Zielsetzung der Prävention bei Gefährdung des Beschäftigungsverhältnisses

13 Der Arbeitgeber hat bei Eintritt von personen-, verhaltens- oder betriebsbedingten Schwierigkeiten, die zur Gefährdung des Beschäftigungsverhältnisses eines schwerbehinderten Menschen führen können, möglichst **frühzeitig zu reagieren**: Er muss die Schwerbehindertenvertretung, den Betriebs- bzw. Personalrat (oder die sonstige in § 93 SGB IX genannte Interessenvertretung) sowie das Integrationsamt einschalten. Mit ihnen hat er alle Möglichkeiten und alle zur Verfügung stehenden Hilfen zur Beratung sowie in Betracht kommende finanzielle Leistungen zu erörtern. Ziel dieser Initiative ist die **Beseitigung** der aufgetretenen **Schwierigkeiten** und damit die möglichst **dauerhafte Fortsetzung des** Arbeits- oder sonstigen **Beschäftigungsverhältnisses**. Das Gesetz mutet dem Arbeitgeber grundsätzlich zu, mithilfe der genannten Stellen frühzeitig zu prüfen, ob und wie eine Gefährdung des Arbeitsverhältnisses und damit letztlich der **Ausspruch einer Kündigung vermieden** werden kann (BAG Urteil vom 7. Dezember 2006 – 2 AZR 182/06 = NJW 2007, 1995 = NZA 2007, 617

---

[1]) Der Abs. 4 wurde durch das Gesetz zur Vereinfachung der Verwaltungsverfahren im Sozialrecht (Verwaltungsvereinfachungsgesetz) vom 21. 3. 2005 zu Abs. 3 der Vorschrift; die Anpassung berücksichtigt den Wegfall des Abs. 3 im Zuge der grundlegenden Neufassung des Abs. 2 zum 1. 5. 2004.

= BehindertenR 2007, 140; ⚖ BAG Urteil vom 28. Juni 2007 – 6 AZR 750/06 = NZA 2007, 1049 = MDR 2007, 1202).

Die Vorschrift **konkretisiert den** das gesamte Kündigungsschutzrecht beherrschenden **Verhältnismäßigkeitsgrundsatz** (BAG Urteil vom 7. Dezember 2006 a. a. O. m. w. Nachw.). Eine **Kündigung** ist danach nur erforderlich (= „ultima ratio"), wenn sie nicht **durch mildere Maßnahmen zu vermeiden** ist (⚖ BAG Urteil vom 15. August 2002 – 2 AZR 514/01 = NZA 2003, 795 = AP Nr. 42 zu § 1 KSchG 1969 Verhaltensbedingte Kündigung; ⚖ Urteil vom 26. Januar 1995 – 2 AZR 649/94 = BAGE 79, 176 = NJW 1995, 1851; ⚖ Urteil vom 12. Januar 2006 – 2 AZR 179/05 = NZA 2006, 980 = AP Nr. 54 zu § 1 KSchG 1969 Verhaltensbedingte Kündigung). Eine Kündigung ist nicht gerechtfertigt, wenn es andere geeignete mildere Mittel gibt, um die Vertragsstörung zukünftig zu beseitigen (⚖ BAG Urteil vom 12. Januar 2006 a. a. O.). Solche Mittel können **beim Arbeitsverhältnis eines schwerbehinderten Menschen** die in **§ 84 Abs. 1 SGB IX** genannten Möglichkeiten und Hilfen zur Beratung und mögliche finanzielle Hilfen darstellen (⚖ BAG Urteil vom 7. Dezember 2006 a. a. O.). 14

Zielgruppe dieser Prävention sind ausschließlich **schwerbehinderte Menschen** und ihnen nach § 2 Abs. 3 SGB IX Gleichgestellte. Das ergibt sich aus dem ausdrücklichen Gebot an den Arbeitgeber zur Kontaktaufnahme mit der Schwerbehindertenvertretung sowie dem Integrationsamt (vgl. HK-SGB IX / *Trenk-Hinterberger* Rdnr. 12; LPK-SGB IX / *Düwell* Rdnr. 10). Das Gesetz nimmt nicht Bezug auf die Definition des Arbeitsplatzes mit geregelten Bereichsausnahmen für die bis zu 18 Stunden in der Woche Beschäftigten und für kurzfristige Saisonbeschäftigung, die hier nicht gelten (LPK-SGB IX / *Düwell* a. a. O.). 15

Die im Gesetz nach Kategorien aufgezählten Schwierigkeiten orientieren sich an den **Voraussetzungen einer sozial gerechtfertigten ordentlichen Kündigung nach § 1 Abs. 2 KSchG**. Jedoch können Schwierigkeiten i. S. v. Abs. 1 nur dann angenommen werden, wenn es sich um Unzuträglichkeiten handelt, die **noch nicht den Charakter von Kündigungsgründen** aufweisen (⚖ BAG Urteil vom 7. Dezember 2006 a. a. O.). Denn nach dem Gesetz sollen die präventiven Maßnahmen eine Gefährdung des Arbeitsverhältnisses verhindern, also einer solchen Gefährdung und damit dem Entstehen von Kündigungsgründen zuvorkommen. Sind solche **Gründe** aber **bereits entstanden**, so können sie nicht mehr verhindert werden. Das **Arbeitsverhältnis** ist dann bereits **„kündigungsreif"** und nicht etwa nur von Gefährdung bedroht. Eine Prävention, also eine **Vorbeugung**, kann es bei dieser Lage **nicht mehr** geben (⚖ BAG Urteil vom 7. Dezember 2006 a. a. O.). Liegt eine **erhebliche Vertragspflichtverletzung** vor, die den Arbeitgeber ohne Ausspruch einer Abmahnung zur ordentlichen Kündigung des Arbeitsverhältnisses berechtigt, kann auch ein Präventionsverfahren nur zu dem Ergebnis führen, dass die Weiterbeschäftigung in Ermangelung von Präventionsmöglichkeiten unzumutbar ist (⚖ BAG Urteil vom 7. Dezember 2006 a. a. O.). 16

Erst recht ist die Vorschrift nicht anwendbar, wenn bereits ein wichtiger Grund für eine *außerordentliche* Kündigung nach § 626 BGB vorliegt (Kossens u. a. / *Kossens* Rdnr. 3; Ernst / Adlhoch / Seel / *Seel* Rdnr. 20; a. A. LPK-SGB IX / *Düwell* Rdnr. 11 unter Berufung auf einen fehlenden Hinweis hierauf in der Gesetzesbegründung; im Ergebnis ebenso HK-SGB IX / *Trenk-Hinterberger* Rdnr. 9, da auch für eine außerordentliche Kündigung im Einzelfall nicht nur verhaltens-, sondern auch personen- und betriebsbedingte Gründe in Betracht kämen). Dies folgt zum einen aus dem Ziel der Vorschrift, nämlich der Beseitigung von Schwierigkeiten in den Bereichen, in denen eine ordentliche Kündigung drohen könnte. Zum anderen wären auch die im Rahmen von Abs. 1 anzustellenden Überlegungen und Erörterungen bezüglich der Erhaltung des Arbeitsplatzes mit den engen zeitlichen Vorgaben bei der außerordentlichen Kündigung in § 91 Abs. 2 SGB IX nicht vereinbar (Ernst / Adlhoch / Seel / *Seel* a. a. O.). 17

Das Arbeitsverhältnis ist sowohl bei einer möglicherweise drohenden ordentlichen **Beendigungskündigung** als auch bei einer möglichen **Änderungskündigung** nach § 2 KSchG gefährdet (LPK-SGB IX / *Düwell* Rdnr. 12).

2. Schwierigkeiten mit Gefährdungswirkung für das Beschäftigungsverhältnis

a) Personenbedingte Schwierigkeiten

18 Personenbedingte Schwierigkeiten äußern sich zumeist in Form einer **krankheitsbedingten Arbeitsunfähigkeit oder Minderleistung**. Die auf einer Erkrankung beruhende Unfähigkeit des Arbeitnehmers, seine Arbeitsleistung zu erbringen, kann unter bestimmten Voraussetzungen zur personenbedingten Kündigung berechtigen. Die krankheitsbedingte Kündigung – insbesondere aufgrund häufiger Kurzerkrankungen – wird in der Praxis als der Hauptfall der personenbedingten Kündigung angesehen (vgl. Kittner u. a. / *Kittner*, Kündigungsschutzrecht § 1 KSchG Rdnr. 72; *Kock* BB 2005, 2350).

19 Allerdings sind an die Rechtfertigung einer solchen Kündigung besonders strenge Maßstäbe anzulegen, welche die Rechtsprechung in einer **Drei-Stufen-Theorie** entwickelt hat. Die Kündigung ist sozial gerechtfertigt i. S. von § 1 Abs. 2 KSchG, wenn eine **negative Prognose hinsichtlich der voraussichtlichen Dauer der Arbeitsunfähigkeit** vorliegt – erste Stufe –, eine darauf beruhende **erhebliche Beeinträchtigung betrieblicher Interessen** festzustellen ist – zweite Stufe – und eine **Interessenabwägung** ergibt, dass die betrieblichen Beeinträchtigungen zu einer billigerweise nicht mehr hinzunehmenden Belastung des Arbeitgebers führen – dritte Stufe – (st. Rspr. des BAG, vgl. z. B. Urteil vom 12. April 2002 – 2 AZR 148/01 = BAGE 101, 39 = AP Nr. 65 zu § 1 KSchG 1969 = NZA 2002, 1081 m. w. Nachw.)

20 Zunächst ist eine **negative Prognose** hinsichtlich des voraussichtlichen Gesundheitszustandes des erkrankten Arbeitnehmers erforderlich. Es müssen – abgestellt auf den Kündigungszeitpunkt und die bisher ausgeübte Tätigkeit (vgl. BAG Urteil vom 19. April 2007 – 2 AZR 239/06 = NJW 2007, 3148 = AP Nr. 45 zu § 1 KSchG 1969) – objektive Tatsachen vorliegen, die die Besorgnis einer weiteren, längeren Erkrankung rechtfertigen. Liegt – bereits – eine **krankheitsbedingte dauernde Leistungsunfähigkeit** vor, ist eine negative Prognose hinsichtlich des voraussichtlichen Gesundheitszustandes indiziert.

Will der Arbeitnehmer dieser Indizwirkung entgegentreten, muss er im Rahmen seiner prozessualen Mitwirkungspflicht gemäß § 138 Abs. 2 ZPO erläutern, weshalb die Besorgnis weiterer Erkrankungen unberechtigt sein soll. Dieser Mitwirkungspflicht genügt der Arbeitnehmer aber schon dann, wenn er die Behauptungen des Arbeitgebers bestreitet und die ihn behandelnden Ärzte von der Schweigepflicht entbindet, sofern darin die Behauptung zu erblicken ist, die Ärzte hätten die künftige gesundheitliche Entwicklung ihm gegenüber positiv beurteilt (vgl. BAG Urteil vom 13. Juni 1990 – 2 AZR 527/89 und vom 6. September 1989 – 2 AZR 19/89 = NJW 1990, 2340 = NZA 1990, 307; LAG Hamm Urteil vom 21. Januar 2009 – 2 Sa 629/08; LAG Baden-Württemberg Urteil vom 17. Dezember 2008 – 10 Sa 43/08, jeweils zit. nach JURIS).

Steht fest, dass der Arbeitnehmer die (vertraglich) geschuldete Arbeitsleistung überhaupt nicht mehr erbringen kann oder ist die Wiederherstellung seiner Arbeitskraft völlig ungewiss (vgl. BAG Urteil vom 21. Mai 1992 – 2 AZR 399/91 = NZA 1993, 497 = AP Nr. 30 zu § 1 KSchG 1969 Krankheit), ist eine solche negative Prognose gerechtfertigt. Dabei steht die **Ungewissheit der Wiederherstellung der Arbeitsfähigkeit** der dauernden Leistungsunfähigkeit gleich, d. h. die Prognose ist schlecht, wenn nicht in absehbarer Zeit mit einer anderen positiven Entwicklung gerechnet werden kann. Als absehbare Zeit in diesem Zusammenhang hat das BAG einen **Zeitraum bis zu 24 Monaten** angesehen (vgl. Urteil vom 29. April 1999 – 2 AZR 431/98 = BAGE 91, 271 = NJW 2000, 893 = NZA 1999, 978).

21 Bei einer dauernden Unfähigkeit des Arbeitnehmers, seine geschuldete Arbeitsleistung zu erbringen, liegen die **erheblichen betrieblichen Beeinträchtigungen** auf der Hand. Der Arbeitgeber ist auf unabsehbare Zeit gehindert, sein Direktionsrecht ausüben zu können und die Arbeitsleistung des Arbeitnehmers abzurufen. Eine ordnungsgemäße Planung des Einsatzes des Arbeitnehmers ist nicht mehr möglich (BAG Urteil vom 21. Mai 1992 a. a. O.). Es bestehen deshalb keine schutzwürdigen Interessen des Arbeitnehmers mehr an der Aufrechterhaltung seines Arbeitsverhältnisses. Dies gilt auch im Hinblick auf die not-

wendige **Interessenabwägung**. Sie ist zwar auch bei einer Kündigung wegen dauernder oder auf nicht absehbare Zeit bestehender Arbeitsunfähigkeit erforderlich, kann aber **nur bei Vorliegen einer besonderen Schutzbedürftigkeit des Arbeitnehmers** zu dem Ergebnis führen, dass der Arbeitgeber trotz der erheblichen Störung des Arbeitsverhältnisses dessen Fortsetzung billigerweise weiter hinnehmen muss (vgl. im Einzelnen BAG Urteil vom 21. Mai 1992 a. a. O.; Urteil vom 10. November 2005 – 2 AZR 44/05 = NZA 2006, 655 = AP Nr. 42 zu § 1 KSchG 1969 Krankheit).

Bei **krankheitsbedingter dauernder Leistungsunfähigkeit** ist somit in aller Regel ohne Weiteres von einer **erheblichen Beeinträchtigung der betrieblichen Interessen** auszugehen. Die Ungewissheit der Wiederherstellung der Arbeitsfähigkeit steht einer krankheitsbedingten dauernden Leistungsunfähigkeit dann gleich, wenn **in den nächsten 24 Monaten** mit einer anderen Prognose nicht gerechnet werden kann (BAG Urteil vom 12. April 2002 a. a. O). Die spätere **Entwicklung einer Krankheit nach Ausspruch einer Kündigung** kann weder zur Bestätigung noch zur Korrektur der Prognose verwertet werden. Vielmehr ist allein auf den Kündigungszeitpunkt abzustellen (BAG Urteil vom 12. April 2002 a. a. O. m. w. Nachw.). 22

Steht die krankheitsbedingte dauernde Leistungsunfähigkeit eines Arbeitnehmers fest, kann es auf etwaige **Vertretungsmöglichkeiten** nicht mehr ankommen. Das gilt auch dann, wenn die Vertretungsmöglichkeit durch befristet eingestellte Arbeitnehmer über 24 Monate hinaus möglich ist, weil eine betriebliche Fachgruppe besteht, die ausdrücklich auch zur Vertretung langzeitig erkrankter Arbeitnehmer dienen soll (BAG Urteil vom 19. April 2007 – 2 AZR 239/06 = NJW 2007, 3148 = NZA 2007, 104).

b) Verhaltensbedingte Schwierigkeiten

Verhaltensbedingte Schwierigkeiten können ebenfalls zu einer sozial gerechtfertigten Kündigung führen. Sie setzt voraus, dass der Arbeitnehmer trotz vorangegangener **Abmahnung** in **rechtswidriger und schuldhafter Weise** gegen arbeitsvertragliche **Pflichten verstößt** (vgl. z. B. BAG Urteil vom 25. Oktober 1989 – 2 AZR 633/88 = AP Nr. 36 zu § 611 BGB Direktionsrecht = NZA 1990, 561; Kittner u. a. / *Kittner* KSchR § 1 KSchG Rdnrn. 154 ff m. w. Nachw.). 23

Auf Pflichtverletzungen beruhende Minderleistungen des Arbeitnehmers können geeignet sein, eine ordentliche Kündigung aus verhaltensbedingten Gründen zu rechtfertigen. Der Arbeitnehmer muss unter angemessener Ausschöpfung seiner persönlichen Leistungsfähigkeit arbeiten. Kennt der Arbeitgeber lediglich die **objektiv messbaren Arbeitsergebnisse**, so genügt er im Kündigungsschutzprozess seiner Darlegungslast, wenn er Tatsachen vorträgt, aus denen ersichtlich ist, dass die Leistungen des Arbeitnehmers deutlich – **mindestens ein Drittel** – **hinter denen vergleichbarer Arbeitnehmer** zurückbleiben, also die Durchschnittsleistung erheblich unterschreiten. Alsdann ist es Sache des Arbeitnehmers, hierauf zu entgegnen, z. B. darzulegen, warum er mit seiner deutlich unterdurchschnittlichen Leistung dennoch seine persönliche Leistungsfähigkeit ausschöpft. Trägt der Arbeitnehmer derartige Umstände nicht vor, gilt das schlüssige Vorbringen des Arbeitgebers nach § 138 Abs. 3 ZPO als zugestanden (BAG Urteil vom 11. Dezember 2003 – 2 AZR 667/02 = BAGE 109, 87 = AP Nr. 48 zu § 1 KSchG 1969 Verhaltensbedingte Kündigung = NZA 2004, 784; vgl. auch nachgehend LAG Hamm Urteil vom 1. Februar 2005 – 19 (11) Sa 1167/01 = BB 2005, 2245; zur **Problematik des Nachweises der geschuldeten Normal- bzw. Durchschnittsleistung** *Kock* BB 2005, 2350 [2354]). 24

Eine personenbedingte Kündigung wegen Minderleistungen setzt nicht voraus, dass der Arbeitnehmer gegen die subjektiv zu bestimmende Leistungspflicht verstößt. Es kommt darauf an, ob die **Arbeitsleistung die berechtigte Erwartung des Arbeitgebers** von der Gleichwertigkeit der beiderseitigen Leistungen **in einem Maße unterschreitet**, dass ihm ein Festhalten an dem (unveränderten) Arbeitsvertrag unzumutbar wird. Es ist dann davon auszugehen, 25 dass der Arbeitnehmer seine Leistungsfähigkeit nicht ausschöpft (BAG Urteil vom 11. Dezember 2003 a. a. O.).

26 Eine Kündigung wegen Minderleistung kann jedenfalls dann ernsthaft in Betracht kommen, wenn der Arbeitnehmer, dessen Leistung mehr als ein Drittel hinter der betrieblichen Leistung zurückbleibt, aus gesundheitlichen Gründen nicht in der Lage ist, die ihm übertragenen Tätigkeiten zu verrichten, zumal wenn zusätzlich häufige Arbeitsunfähigkeitszeiten auftreten.

c) Betriebsbedingte Schwierigkeiten

27 Betriebsbedingte Schwierigkeiten können insbesondere **Auftragsmangel, Produktionsstörungen** oder **Änderungen der Betriebsabläufe** sein. Sie vermögen auch die Arbeitsplätze schwerbehinderter Arbeitnehmer zu gefährden, wenn die wirtschaftliche Entwicklung eine Anpassung des vorhandenen Personalbestands an betriebswirtschaftliche Erfordernisse erzwingt.

28 Nach den Statistiken der Integrationsämter stehen bei den ordentlichen Kündigungen gegenüber schwerbehinderten Arbeitnehmern **betriebliche Kündigungsgründe** wie Betriebsauflösung bzw. wesentliche Betriebseinschränkung und der Wegfall des Arbeitsplatzes regelmäßig **mit weitem Abstand an der Spitze** der Kündigungsgründe (2008: 55,02% aller ordentlichen Kündigungen; vgl. Jahresbericht 2008/2009 der Bundesarbeitsgemeinschaft der Integrationsämter und Hauptfürsorgestellen S. 35); das entspricht mit gewissen Schwankungen einem längerfristigen Mittelwert (2000 waren dies 57,85%). Die häufigsten Kündigungsgründe betreffen damit Fälle, in denen es außerordentlich schwer ist, den Arbeitsplatz zu erhalten, weil dies entweder tatsächlich und rechtlich nicht möglich ist (Betriebsschließung, vgl. § 89 Abs. 1 Satz 1 SGB IX) oder von Gesetzes wegen das Ermessen der Integrationsämter reduziert ist wie nach § 89 Abs. 1 Satz SGB IX bei der wesentlichen Betriebseinschränkung (JB 2000/2001 S. 32).

3. Möglichkeiten und Hilfen zur Beseitigung der eingetretenen Schwierigkeiten

29 Den eingetretenen Schwierigkeiten kann – soweit nicht der Wegfall des Arbeitsplatzes etwa durch Betriebsauflösung unvermeidbar ist – sowohl durch innerbetriebliche Maßnahmen als auch durch außerbetriebliche Hilfen begegnet werden.

a) Innerbetriebliche Maßnahmen

30 Als innerbetriebliche Hilfe kommt namentlich ein **Wechsel auf einen leidensgerechten Arbeitsplatz** in Betracht. Denn ist ein Arbeitnehmer auf Dauer krankheitsbedingt nicht mehr in der Lage, die geschuldete Arbeit auf seinem bisherigen Arbeitsplatz zu leisten, so ist er zur Vermeidung einer Kündigung auf einem leidensgerechten Arbeitsplatz im Betrieb oder Unternehmen weiterzubeschäftigen, falls ein gleichwertiger oder jedenfalls zumutbarer Arbeitsplatz frei und der Arbeitnehmer für die dort zu leistende Arbeit geeignet ist (BAG Urteil vom 29. Januar 1997 – 2 AZR 9/96 = BAGE 85, 107 = NZA 1997, 709 = NJW 1997, 2700). Gegebenenfalls hat der Arbeitgeber einen solchen Arbeitsplatz **durch Ausübung seines Direktionsrechts** frei zu machen und sich auch um die etwa erforderliche Zustimmung des Betriebsrats zu bemühen (BAG Urteil vom 29. Januar a. a. O. und Urteil vom 12. Juli 2007 – 2 AZR 716/06, zit. nach JURIS).

31 Der schwerbehinderte Mensch hat Anspruch auf behinderungsgerechte Beschäftigung (§ 81 Abs. 4 Satz 1 Nr. 1 SGB IX). Zur Begründung dieses Anspruchs hat er im Streitfall regelmäßig bereits dann schlüssig vorgetragen, wenn er **Beschäftigungsmöglichkeiten aufzeigt**, die seinem infolge der Behinderung eingeschränkten Leistungsvermögen und seinen Fähigkeiten und Kenntnissen entsprechen. Der Arbeitgeber hat sich hierauf substanziiert einzulassen und die **Tatsachen vorzutragen**, aus denen sich ergibt, dass solche **behinderungsgerechte Beschäftigungsmöglichkeiten nicht bestehen oder deren Zuweisung** ihm **unzumutbar** ist.

Hierzu gehört auch die Darlegung, dass kein entsprechender freier Arbeitsplatz vorhanden ist und auch nicht durch Versetzung freigemacht werden kann. Es obliegt dann dem Arbeitnehmer der Nachweis, dass entgegen der Behauptung des Arbeitgebers ein freier Arbeitsplatz zur Verfügung steht oder vom Arbeitgeber frei gemacht werden kann. Eine Unzumutbarkeit der Beschäftigung des Arbeitnehmers hat der Arbeitgeber sowohl darzulegen als auch zu beweisen (vgl. zum Ganzen ⚖ BAG Urteil vom 10. Mai 2005 – 9 AZR 230/04 = AP Nr. 8 zu § 81 SGB IX = NZA 2006, 155 = BehindertenR 2006, 79).

In geeigneten Fällen kann durch eine zeitliche Anpassung oder einen anderen Aufgabenzuschnitt Abhilfe geschaffen werden (Ernst / Adlhoch / Seel / *Seel* Rdnr. 46). Auch die Einrichtung eines **Teilzeitarbeitsplatzes** kann eine mögliche Hilfe zur Abwendung von Schwierigkeiten sein; der Arbeitgeber ist gesetzlich verpflichtet, die Einrichtung von Teilzeitarbeitsplätzen zu fördern (vgl. § 81 Abs. 5 SGB IX). 32

Bei Qualifikationsdefiziten des schwerbehinderten Arbeitnehmers kann sich eine geeignete **innerbetriebliche beruflichen Bildungsmaßnahme** anbieten. Auf eine solche kann ein Anspruch nach § 81 Abs. 4 Satz 1 Nr. 2 SGB IX bestehen, wenn betriebsbedingte Schwierigkeiten einen Wechsel des Arbeitsplatzes erfordern, die notwendige Eignung des schwerbehinderten Menschen aber noch nicht gegeben ist (GK-SGB IX / *Großmann* § 81 Rdnr. 342). 33

Bei verhaltensbedingten Schwierigkeiten ist eine **Abmahnung** in Erwägung zu ziehen. Mit ihr rügt der Arbeitgeber ein genau bezeichnetes vertragswidriges Verhalten des Arbeitnehmers und kündigt zugleich an, dass dieser bei weiteren Vertragsverstößen mit **Konsequenzen für Inhalt oder Bestand des Arbeitsverhältnisses** rechnen muss (st. Rspr., vgl. z. B. ⚖ BAG Urteil vom 30. Mai 1996 – 6 AZR 537/95 = NZA 1997, 145 = AP Nr. 2 zu § 611 BGB Nebentätigkeit). Die Abmahnung dient auch dazu, eine sichere Prognosegrundlage für die Beurteilung der Rechtfertigung einer möglicherweise nachfolgenden Kündigung zu schaffen: Ein nach Abmahnung fortgesetzter Vertragsverstoß ist zur besseren Begründung einer Negativprognose geeignet, d. h. der Vorhersage, dass die Kündigungsgründe nicht nur vorübergehender Natur sind (vgl. zum Ganzen Kittner u. a. / *Kittner* Kündigungsschutzrecht, Einleitung Rdnr. 74 m. w. Nachw.). 34

Allerdings bedarf es im Einzelfall einer Klärung, ob die **verhaltensbezogenen Schwierigkeiten behinderungsbedingt** sind oder ob sie unabhängig von der Schwerbehinderung bestehen. Bei einem Zusammenhang mit der Behinderung wird eine Abmahnung kaum als – einzige – geeignete Maßnahmen in Betracht kommen. 35

b) Außerbetriebliche Hilfen

Als außerbetriebliche Hilfe ist die **Inanspruchnahme finanzieller Leistungen** zu erwägen. Solche können zum einen **an Arbeitgeber** erbracht werden zur behinderungsgerechten Einrichtung von Arbeitsplätzen sowie für außergewöhnliche Belastungen, die mit der Beschäftigung schwerbehinderter Menschen im Sinne des § 72 Abs. 1 Nr. 1a–d SGB IX verbunden sind, namentlich dann, wenn ohne diese Leistungen das Beschäftigungsverhältnis gefährdet würde (§ 102 Abs. 3 Nr. 2 SGB IX). 36

Andererseits können aber auch Geldleistungen **an schwerbehinderte Menschen** erbracht werden, insbesondere für die in § 102 Abs. 3 Nr. 1 SGB IX genannten Hilfen, etwa technische Arbeitshilfen sowie Hilfen zur Erweiterung beruflicher Kenntnisse und Fertigkeiten. Auch kommen finanzielle Leistungen für eine Arbeitsassistenz nach § 102 Abs. 4 SGB IX in Betracht. 37

Weiterhin können außerbetriebliche **Beratungsleistungen** gewährt werden. So stehen die Technischen Beratungsdienste der Integrationsämter zur Verfügung in allen Fragen, die mit der Arbeitsplatzeinrichtung und gegebenenfalls der behinderungsgerechten Ausgestaltung des Arbeitsplatzes zusammenhängen. Ihre Vorschläge können technischer Art sein, aber auch Lösungen im Bereich der Arbeitsorganisation und des Arbeitseinsatzes einschließen (Ernst / Adlhoch / Seel / *Seel* Rdnr. 50). Ferner bietet das Integrationsamt über die von ihm 38 beauftragten **Integrationsfachdienste** Hilfen in Form von Beratung und Betreuung an, wenn es etwa um psycho-soziale Fragen geht (vgl. *Ernst* BehindertenR 1998, 155).

4. Zeitpunkt des Tätigwerdens

39 Der Arbeitgeber hat bereits **unmittelbar nach Kenntnisnahme von Schwierigkeiten**, die das Arbeits- oder sonstige Beschäftigungsverhältnis konkret gefährden können, die Schwerbehindertenvertretung, den Betriebs- bzw. Personalrat und das Integrationsamt einzuschalten. „**Frühzeitig**" bedeutet dabei, dass der Arbeitgeber den eingeschalteten Stellen Gelegenheit geben muss, geeignete Lösungsvorschläge zu unterbreiten. Er kann also nicht bis zum Anhörungsverfahren nach § 102 BetrVG oder bis zur Einleitung des Verfahrens nach § 85 SGB IX warten, sondern muss **bereits im Vorfeld von Kündigungen** die Schwerbehindertenvertretung, die Vertretung nach § 93 SGB IX sowie das Integrationsamt informieren (LPK-SGB IX / *Düwell* Rdnr. 8).

39a Die Verfahren nach Abs. 1 bedarf – anders als das betriebliche Eingliederungsmanagement i. S. von Abs. 2 – **keiner Zustimmung des Betroffenen** (HK-SGB IX / *Trenk-Hinterberger* Rdnr. 18; LPK-SGB IX / *Düwell* Rdnr. 13). Denn Ausgangspunkt des Klärungsverfahrens ist die vom Arbeitgeber angenommene Gefährdung des Arbeitsplatzes. Da ein öffentliches Interesse an der Vermeidung der Arbeitslosigkeit von Schwerbehinderten besteht, wie nicht zuletzt §§ 71 und 85 SGB IX belegen, wäre ein Zustimmungserfordernis nicht gerechtfertigt. Überdies erscheint schwer vorstellbar, dass sich der betroffene Beschäftigte **nicht** mit dem vorgesehenen Maßnahmen zur Sicherung und Fortsetzung seines Arbeitsverhältnisses einverstanden erklären könnte.

5. Erörterungspflicht des Arbeitgebers

40 Der Arbeitgeber hat die genannten Stellen aber **nicht nur zu informieren**, sondern mit ihnen im Rahmen ihrer Möglichkeiten und Zuständigkeiten zu **erörtern, mit welchen Hilfen das Arbeitsverhältnis gesichert** werden kann. Diese können – wie aufgezeigt – von der fachlichen Beratung über die arbeitsbegleitende Unterstützung bis hin zu finanziellen Leistungen reichen. Dem Arbeitgeber wird damit eine **aktive Rolle für Eingliederung und gegen Ausgliederung des schwerbehinderten Arbeitnehmers** zugewiesen (BAG Urteil vom 4. Oktober 2005 – 9 AZR 632/04 = BAGE 116, 121 = NJW 2006, 1691). Diese Pflichten begründen nicht nur eine privatrechtlich gesteigerte Fürsorgepflicht gegenüber dem schwerbehinderten Arbeitnehmer (BAG Urteil vom 10. Mai 2005 – 9 AZR 230/04 = BAGE 114, 299 = DB 2006, 55 = BehindertenR 2006, 79). Vielmehr soll die **Beteiligung sachkundiger Stellen** auch gewährleisten, dass **alle Möglichkeiten zur Fortsetzung des Arbeitsverhältnisses fachkundig untersucht** und deren technische sowie wirtschaftliche Realisierbarkeit geprüft werden. Dem schwerbehinderten Arbeitnehmer fehlen zumeist zur Beurteilung der Frage, wie eine behinderungsgerechte Beschäftigungsmöglichkeit gefunden oder geschaffen werden kann, die notwendigen Fähigkeiten und Kenntnisse. Verletzt der Arbeitgeber seine gesetzlichen Erörterungspflichten, verhindert er damit die Durchführung dieses Präventionsverfahrens (BAG Urteil vom 4. Oktober 2005 a. a. O.).

41 **Erörterung** bedeutet den Austausch von Argumenten und Meinungen in Zusammenhang mit dem konkreten Einzelfall; das wird im Regelfall eine **Besprechung mit den Beteiligten** voraussetzen; ein schriftlicher Informationsaustausch oder eine bloße Anhörung genügen im Allgemeinen nicht.

42 Der Arbeitgeber muss sich vielmehr in einem Entscheidungsfindungsprozess mit Vorschlägen der Schwerbehindertenvertretung, des Betriebs- bzw. Personalrats sowie des Integrationsamts auseinandersetzen und ggf. eigene Vorschläge einbringen. Er ist **an die Auffassungen der zu beteiligenden Stellen nicht gebunden**, muss aber deren Überlegungen in seine zu treffende Entscheidung einbeziehen.

Es empfiehlt sich, entsprechende Regelungen für das Erörterungsverfahren abzustimmen und in einer **Integrationsvereinbarung** bzw. Betriebsvereinbarung nach § 83 SGB IX verbindlich festzuhalten (Ernst / Adlhoch / Seel / *Seel* Rdnr. 44; vgl. auch unten Rdnr. 73 ff.). **43**

6. Rechtsfolgen einer Pflichtverletzung

Eine Verletzung der Verpflichtungen des Arbeitgebers aus Abs. 1 hat **keine unmittelbaren Rechtsfolgen**. Insbesondere ist keine Straf- oder Bußgeldandrohung in § 156 SGB IX vorgesehen. Dennoch beschränkt sich die Bedeutung der Regelung **nicht lediglich** auf einen **Appell an den Arbeitgeber**, rechtzeitig und vorbeugend Schwierigkeiten in Beschäftigungsverhältnissen mit schwerbehinderten bzw. gleichgestellten Menschen gemeinschaftlich mit anderen verantwortlichen Stellen entgegenzuwirken und diese nach Möglichkeit zu beseitigen (BAG Urteil vom 7. Dezember 2006 – 2 AZR 182/06 = NJW 2007, 1995 = BehindertenR 2007, 140 = NZA 2007, 617). **44**

Denn Schwerbehindertenvertretung sowie Betriebs- / Personalrat können ihre **Unterrichtungs- und Beratungsrechte gerichtlich durchsetzen** (z. B. die Schwerbehindertenvertretung und der Betriebsrat im arbeitsgerichtlichen Beschlussverfahren, wobei zur Sicherung des Erörterungsanspruchs auch eine einstweilige Verfügung in Betracht kommt; vgl. hierzu Rdnr. 112 ff.). **45**

Spricht der Arbeitgeber eine **ordentliche Kündigung** aus, ohne das Verfahren nach Abs. 1 vorzuschalten, wird aber allein hierdurch die Kündigung **nicht unwirksam**. § 84 Abs. 1 SGB IX stellt kein Verbotsgesetz im Sinne des § 134 BGB dar (BAG Urteil vom 7. Dezember 2006 a. a. O.). Derartige Verbotsgesetze verhindern das Zustandekommen einer rechtsgeschäftlichen Regelung. Weder dem Wortlaut des Abs. 1 SGB IX noch der Gesetzesbegründung lässt sich entnehmen, dass Rechtsfolge einer Verletzung der Vorschrift stets die Unwirksamkeit einer Kündigung sein soll (BAG Urteil vom 7. Dezember 2006 a. a. O.; a. A. *Brose* RdA 2006, 149; *Schimanski* BehindertenR 2002, 121). **46**

Während **§ 85 SGB IX** ausdrücklich vorschreibt, dass die Kündigung des Arbeitsverhältnisses gegenüber einem schwerbehinderten Menschen durch den Arbeitgeber der Zustimmung des Integrationsamtes bedarf, und damit den Ausspruch der **Kündigung verbietet**, ihn jedoch unter einen **Erlaubnisvorbehalt** stellt, findet sich eine **solche Formulierung in § 84 Abs. 1 SGB IX nicht**. Die systematische Zuordnung der Vorschrift unter Kapitel 3: „Sonstige Pflichten der Arbeitgeber; Rechte der schwerbehinderten Menschen" statt unter Kapitel 4: „Kündigungsschutz" weist in dieselbe Richtung. Nach der Begründung zum Gesetz zur Bekämpfung der Arbeitslosigkeit Schwerbehinderter vom 29. September 2000 (BGBl. I S. 1394; BT-Drucks. 14/3372 S. 16) sollte durch den Ausbau der betrieblichen Prävention die Entstehung von Schwierigkeiten bei der Beschäftigung Schwerbehinderter möglichst verhindert bzw. sollten diese jedenfalls möglichst frühzeitig behoben werden. Dieser Zweck erfordert es zwar, **schwerbehinderte Arbeitnehmer vor Beeinträchtigungen** zu schützen, **nicht jedoch**, sie von vornherein – und damit möglicherweise auch grundlos – **besser zu stellen als Arbeitnehmer ohne Schwerbehinderung** (BAG Urteil vom 7. Dezember 2006 a. a. O.). **47**

Allerdings kann sich eine Kündigung ohne Präventionsverfahren im arbeitsgerichtlichen Kündigungsschutzprozess als **sozial ungerechtfertigt** im Sinne von § 1 Abs. 2 KSchG erweisen (vgl. oben Rdnr. 16 sowie auch unten Rdnrn. 115 ff.). Hierzu muss der schwerbehinderte Beschäftigte darlegen, dass Möglichkeiten bestanden haben, die Kündigung zu vermeiden. Ebenso ist Voraussetzung, dass der Arbeitgeber nicht darlegen und beweisen kann, dass die Kündigung das letzte ihm zur Verfügung stehenden Mittel war (näher zum „ultima-ratio-Prinzip" bei Kündigungen unten Rdnr. 100 f.). **48**

Da der Verhältnismäßigkeitsgrundsatz jedoch **außerhalb des Geltungsbereichs des KSchG** bei der Prüfung der Wirksamkeit einer Kündigung **keine Anwendung** findet (BAG Urteil vom 28. August 2003 – 2 AZR 333/02 = AP Nr. 17 zu § 242 BGB Kündigung) und § 84 **49**

Abs. 1 und 2 SGB IX den Verhältnismäßigkeitsgrundsatz konkretisiert, hat die unterbliebene Durchführung der dort genannten Verfahren auch **keine kündigungsrechtlichen Folgen** für Kündigungen, die **innerhalb der Wartezeit** ausgesprochen werden (🕮 BAG Urteil vom 28. Juni 2007 – 6 AZR 750/06 = NZA 2007, 1049 = MDR 2007, 1202). Selbst wenn der Arbeitgeber die Verfahren nach § 84 Abs. 1 und 2 SGB IX durchführt, ist er innerhalb der Wartezeit des § 1 Abs. 1 KSchG nicht verpflichtet, den Arbeitnehmer aufgrund der hierbei gewonnenen Erkenntnisse zur Vermeidung einer Kündigung auf einem anderen Arbeitsplatz zu beschäftigen (🕮 BAG Urteil vom 28. Juni 2007 a. a. O.).

50 Auch ist die Durchführung eines Präventionsverfahrens **keine Rechtmäßigkeitsvoraussetzung für die Zustimmungsentscheidung des Integrationsamtes** (🕮 BVerwG Beschluss vom 29. August 2007 – 5 B 77/07 = NJW 2008, 166 = BehindertenR 2007, 193 = ZTR 2008, 175). Die dem Arbeitgeber nach § 84 Abs. 1 SGB IX aufgegebenen Pflichten sind weder in dieser Vorschrift (am Ende des Kapitel 3 „Sonstige Pflichten der Arbeitgeber; Rechte der schwerbehinderten Menschen") noch in den §§ 85 ff. SGB IX (im Kapitel 4 „Kündigungsschutz") verknüpft mit der Aufgabe des Integrationsamtes, über die Zustimmung zur Kündigung eines schwerbehinderten Menschen zu entscheiden (🕮 BVerwG Beschluss vom 29. August 2007 a. a. O.).

51 Einer solchen Verknüpfung bedarf es auch nicht, weil im Kündigungsschutzverfahren **als eigenständige Aufgabe des Integrationsamts** bestimmt ist, dass dieses eine **Stellungnahme des Betriebsrats oder Personalrats und der Schwerbehindertenvertretung** einholt und den schwerbehinderten Menschen **anhört** (§ 87 Abs. 2 SGB IX) sowie nach Abs. 3 der Vorschrift in jeder Lage des Verfahrens auf eine gütliche Einigung hinwirkt (🕮 BVerwG Beschluss vom 29. August 2007 a. a. O.).

52 Auch wenn die Durchführung eines Präventionsverfahrens keine Rechtmäßigkeitsvoraussetzung für die Zustimmungsentscheidung des Integrationsamtes ist, kann dieses doch **im Rahmen seiner Ermessensentscheidung** ggf. zulasten des Arbeitgebers berücksichtigen, wenn bei gehöriger Durchführung des Präventionsverfahrens die Möglichkeit bestanden hätte, die Kündigung zu vermeiden (🕮 BVerwG Beschluss vom 29. August 2007 a. a. O. unter Hinweis auf 🕮 BAG Urteil vom 7. Dezember 2006 a. a. O. zur Beurteilung einer Kündigung als sozial ungerechtfertigt; ebenso 🕮 OVG NRW Beschluss vom 5. März 2009 – 12 A 122/09 = BehindertenR 2010, 104). Danach kann aber das Unterlassen von Präventionsmaßnahmen nur dann das Ergebnis der angefochtenen Zustimmung des Integrationsamts infrage stellen, wenn das **Ergreifen von Präventionsmaßnahmen im konkreten Fall die Kündigung als „ultima ratio"** hätte verhindern können. Hierzu bedarf es der substanziierten Darlegung der gebotenen und zumutbaren einzelnen Präventionsmaßnahmen und ihrer Auswirkungen auf die Aufrechterhaltung der Beschäftigung des schwerbehinderten Menschen im jeweiligen Betrieb (OVG NRW Beschluss vom 5. März 2009 a. a. O.).

53 Die **Entlassung eines schwerbehinderten Richters auf Probe** ist nicht allein deshalb rechtswidrig, weil die rechtzeitige Einschaltung des Integrationsamtes gemäß § 84 Abs. 1 SGB IX unterblieben ist. Der Verstoß gegen diese Vorschrift ist aber bei der Ausübung des in § 22 Abs. 1 DRiG eingeräumten Ermessens zu berücksichtigen (🕮 BGH Dienstgericht des Bundes Urteil vom 20. Dezember 2006 – RiZ (R) 2/06 = NVwZ-RR 2007, 328 = BehindertenR 2007, 172).

54 Eine **dienstliche Beurteilung** kann aber allein deshalb **rechtswidrig** sein, weil der Dienstherr hierbei das auch für Richter vorgeschriebene Verfahren nach § 84 Abs. 1 nicht eingehalten hat (🕮 OVG Mecklenburg-Vorpommern Beschluss vom 9. Oktober 2003 – 2 M 105/03 = BehindertenR 2005, 143).

55 Ein Nachweis der Verletzung der Vorschrift kann ggf. **Schadensersatzforderungen des Arbeitnehmers erleichtern**: Nach § 81 Abs. 4 Satz 1 Nr. 4 und 5 SGB IX haben schwerbehinderte Arbeitnehmer Anspruch auf **behinderungsgerechte Gestaltung und Ausstattung ihres Arbeitsplatzes**. Die schuldhafte Verletzung dieser Pflicht kann Schadensersatzansprüche

gegen den Arbeitgeber aus § 280 Abs. 1 BGB und § 823 Abs. 2 BGB i. V. mit § 81 Abs. 4 Satz 1 SGB IX begründen. Diese sind auf Ersatz der entgangenen Vergütung gerichtet (BAG Urteil vom 4. Oktober 2005 – 9 AZR 632/04 = BAGE 116, 121 = AP Nr. 9 zu § 81 SGB IX = NZA 2006, 442 = NJW 2006, 1691).

Der Arbeitnehmer hat nach den allgemeinen Regeln grundsätzlich die primäre Darlegungs- und Beweislast für die anspruchsbegründenden Voraussetzungen des Schadensersatzanspruchs. Hat der Arbeitgeber allerdings seine **Erörterungspflichten nach § 84 Abs. 1 SGB IX verletzt**, trifft ihn die sekundäre Darlegungslast dafür, dass ihm auch unter Berücksichtigung der besonderen Arbeitgeberpflicht nach § 81 Abs. 4 SGB IX eine **zumutbare Beschäftigung des schwerbehinderten Arbeitnehmers nicht möglich** war (BAG Urteil vom 4. Oktober 2005 a. a. O.). **56**

B) zu Abs. 2
1. Betriebliches Eingliederungsmanagement
a) Zielsetzung

Mit der Vorschrift werden alle Arbeitgeber aus Privatwirtschaft wie öffentlichem Dienst und unabhängig von der Unternehmens- oder Betriebsgröße zur Durchführung eines betrieblichen Eingliederungsmanagements (BEM) bei gesundheitlichen Störungen von Arbeitnehmern verpflichtet, um Entlassungen zu vermeiden. Durch betriebliche Prävention sollen krankheitsbedingte Kündigungen nach dem **Grundsatz „Rehabilitation statt Entlassung"** verhindert werden. Das BEM kommt nicht nur den betroffenen Beschäftigten zugute, sondern mittelbar auch den vom Arbeitgeber verfolgten Betriebszwecken (zur Kosten-Nutzen-Analyse des Betrieblichen Eingliederungsmanagements vgl. *Magin* BehindertenR 2006, 36). **57**

b) Geschützter Personenkreis

Es war zunächst umstritten, ob das betriebliche Eingliederungsmanagement nur für schwerbehinderte Arbeitnehmer bzw. Gleichgestellte oder alle Arbeitnehmer vorgesehen ist. **58**

Der **Standort der Vorschrift** im Teil 2 des SGB IX **scheint für die Beschränkung auf schwerbehinderte Menschen zu sprechen**, weil nach § 68 Abs. 1 SGB IX die Regelungen dieses Teils für schwerbehinderte und diesen gleichgestellte behinderte Menschen gelten (so *Brose* DB 2005, 390; *Namendorf / Natzel* BB 2005, 1794; *Balders / Lepping* NZA 2005, 854). **59**

Die **überwiegende Meinung** ist zurecht der Auffassung, dass die Vorschrift für **alle Arbeitnehmer des betreffenden Betriebs** gilt, die innerhalb eines Jahres länger als sechs Wochen ununterbrochen oder wiederholt arbeitsunfähig sind (BAG Urteil vom 12. Juli 2007 – 2 AZR 716/06 = BAGE 123, 234 = NZA 2008, 173 = BehindertenR 2008, 77; vgl. auch Ernst / Adlhoch / Seel / *Seel* Rdnr. 63; HK-SGB IX / *Trenk-Hinterberger* Rdnr. 28; *Braun* ZTR 2005, 630; *Britschgi* AiB 2005, 284; *Cramer* NZA 2004, 698 [703]; *Gaul / Süßbrich / Kulejewski* ArbRB 2004, 308; *Gagel* NZA 2004, 1359; *Feldes / Kossack* AiB 2004, 453 [456]; *Rehwald / Kossack* AiB 2004, 604 [608]; *Feldes* SozSich 2004, 270 [275]; *Löw* MDR 2005, 608 [609]; *Zorn* BehindertenR 2006, 42; ebenso *Düwell* FA 2004, 200 [201], wenngleich er den konkreten Standort innerhalb des SGB IX als verfehlt ansieht). **60**

Hierfür spricht vor allem die **zweifache Hervorhebung schwerbehinderter Menschen im Wortlaut**: Bei ihnen hat der Arbeitgeber auch die Schwerbehindertenvertretung zu beteiligen, während bei sonstigen Beschäftigten die einschlägigen Möglichkeiten der Überwindung der Arbeitsunfähigkeit und der Prävention allein mit „der zuständigen Interessenvertretung im Sinne des § 93" zu klären sind. Außerdem hat der Arbeitgeber bei schwerbehinderten Beschäftigten das Integrationsamt hinzuzuziehen, wenn Leistungen der Teilhabe oder begleitende Hilfen im Arbeitsleben in Betracht kommen. Aus Letzterem wird besonders deutlich, dass im Übrigen der **Begriff „Beschäftigte" in Abs. 2 in einem weiten Umfang** und nicht beschränkt auf schwerbehinderte Menschen **zu verstehen** ist. **61**

62 Dieses Ergebnis wird durch den **Sinn und Zweck der Regelung** bestätigt. Nach der Gesetzesbegründung (BT-Drucks. 15/1783 S. 15) sollen krankheitsbedingte Kündigungen bei allen Arbeitnehmern durch das BEM verhindert werden (BAG Urteil vom 12. Juli 2007 a. a. O.).

63 Es wäre zwar überzeugender gewesen, wenn der Gesetzgeber die Vorschrift entweder an anderer Stelle in das SGB IX eingefügt oder in ihrem Wortlaut oder wenigstens in der Begründung den Adressatenkreis noch deutlicher zum Ausdruck gebracht hätte. Gleichwohl erscheint aufgrund des oben dargelegten Arguments die Auslegung zwingend, dass das BEM **für alle Arbeitnehmer**, unabhängig von einer Schwerbehinderung, vorgesehen ist.

64 Es kommt lediglich auf ein **reguläres Beschäftigungsverhältnis** an. Daher gilt die Vorschrift **auch** für alle **Teilzeitkräfte** unabhängig von der wöchentlichen Stundenzahl. Der Arbeitsplatzbegriff des § 73 SGB IX mit seinen Ausnahmen ist hier ohne Bedeutung, da allein auf den „Beschäftigten" abzustellen ist.

64a Auch **Aushilfskräfte** fallen unter die Regelung, solange sie beschäftigt werden (*Zorn* BehindertenR 2006, 42). Ob bei einem **„Aushilfsverhältnis auf Abruf"** ein allgemeinen Regeln folgender Arbeitsvertrag anzunehmen ist, kann im Einzelfall zweifelhaft sein.

Eine häufig wiederkehrende kurzfristige Beschäftigung kann vertraglich als **unbefristetes Teilzeitarbeitsverhältnis** vereinbart sein.

64b Möglich ist aber auch eine Vertragsgestaltung nach **§ 12 Abs. 1 TzBfG**. Danach können Arbeitgeber und Arbeitnehmer vereinbaren, dass der Arbeitnehmer seine Arbeitsleistung entsprechend dem Arbeitsanfall zu erbringen hat (Arbeit auf Abruf). Die Vereinbarung muss eine bestimmte Dauer der wöchentlichen und täglichen Arbeitszeit festlegen. Wenn die Dauer der wöchentlichen Arbeitszeit nicht festgelegt ist, gilt eine Arbeitszeit von zehn Stunden als vereinbart. Wenn die Dauer der täglichen Arbeitszeit nicht festgelegt ist, hat der Arbeitgeber die Arbeitsleistung des Arbeitnehmers jeweils für mindestens drei aufeinanderfolgende Stunden in Anspruch zu nehmen.

64c Möglich sind aber auch **kurzfristige, nicht zusammenhängende befristete Arbeitsverträge**, die nicht selten innerhalb einer Rahmenvereinbarung ausgestaltet sind. Arbeitnehmer können damit auch nur für Kurzeinsätze beschäftigt werden, ohne mit ihnen sogleich einen unbefristeten Arbeitsvertrag zu begründen (vgl. LSG Berlin Beschluss vom 11. Mai 2004 – L 2 U 36/03, zit. nach JURIS, für die Beschäftigung eines Studenten als Postzusteller).

64d **Entscheidend für die Abgrenzung** ist u. a., ob dem Arbeitgeber über den einzelnen vereinbarten Einsatz hinaus von den Vertragsparteien das Recht eingeräumt worden ist, durch Ausübung eines Leistungsbestimmungsrechts die konkrete Leistungspflicht des Arbeitnehmers herbeizuführen (LAG Rheinland-Pfalz Urteil vom 18. März 2010 – 11 Sa 647/09 = BeckRS 2010, 70055). Allerdings kann **auch bei Abrufarbeit ein Dauerarbeitsverhältnis** dann entstehen, wenn die einzelnen Einsätze jeweils vorher verabredet werden. Das setzt aber voraus, dass der Arbeitnehmer häufig und über einen längeren Zeitraum herangezogen wird, er von seinem Ablehnungsrecht regelmäßig keinen Gebrauch macht und er darauf vertrauen kann, auch in Zukunft herangezogen zu werden. Ein Zeitraum von bis zu sechs Monaten reicht dazu im Regelfall nicht aus (BAG Urteil vom 22. April 1998 – 5 AZR 92/97 = NZA 1999, 82).

64e Für alle in Betracht kommenden Beschäftigungsverhältnisse gilt aber als Grundsatz: Es muss zumindest die Chance bestehen, dass ein Arbeitnehmer zum maßgeblichen Zeitpunkt überhaupt noch in der Lage ist, eine vernünftige Restbeschäftigung auszuüben. Ist der Arbeitnehmer **aus ärztlicher Sicht nicht mehr in der Lage am Arbeitsleben teilzunehmen**, ergibt sich bereits aus dieser Diagnose (hier: orthopädische und psychische Einschränkungen) **keine Verpflichtung des Arbeitgebers** zur Durchführung eines betrieblichen Eingliederungsmanagements (LAG Rheinland-Pfalz Urteil vom 7. März 2008 – 6 Sa 665/07, zit. nach JURIS).

c) Verhältnis zu Abs. 1

Liegen bei einem schwerbehinderten Arbeitnehmer die Voraussetzungen sowohl einer „Einschaltung" nach Abs. 1 als auch einer „Klärung" im Rahmen eines betrieblichen Eingliederungsmanagements nach Abs. 2 vor, ist das **BEM vorrangig** (ebenso LPK-SGB IX / *Düwell* Rdnr. 66; HK-SGB IX / *Trenk-Hinterberger* Rdnr. 27). 65

d) Begriff

Betriebliches Eingliederungsmanagement bedeutet nach der Legaldefinition des **Abs. 2 Satz 1**: Der Arbeitgeber muss unter Beteiligung des betroffenen Arbeitnehmers mit der zuständigen Interessenvertretung, in der Regel dem Betriebs- / Personalrat – und bei schwerbehinderten Menschen zusätzlich mit der Schwerbehindertenvertretung – **klären, wie die Arbeitsunfähigkeit des Arbeitnehmers möglichst überwunden** und mit welchen **Leistungen oder Hilfen erneuter Arbeitsunfähigkeit vorgebeugt** und das **Arbeitsverhältnis erhalten** werden kann. 66

Zwar enthält § 84 Abs. 2 SGB IX keine nähere gesetzliche Ausgestaltung des BEM (vgl. dazu LPK-SGB – SGB IX / *Düwell* Rdnr. 5; *Joussen* DB 2009, 286 [287]). Dieses ist ein rechtlich regulierter **„Suchprozess", der individuell angepasste Lösungen zur Vermeidung zukünftiger Arbeitsunfähigkeit** ermitteln soll (BAG Urteil vom 10. Dezember 2009 – 2 AZR 400/08 = DB 2010, 621 = NZA 2010, 398 = BehindertenR 2010, 102 unter Hinweis auf *Kohte* DB 2008, 582 [583]). Gleichwohl lassen sich aus dem Gesetz gewisse **Mindeststandards** ableiten. Zu diesen gehört es, die gesetzlich dafür vorgesehenen Stellen, Ämter und Personen zu beteiligen und zusammen mit ihnen eine an den gesetzlichen Zielen des BEM orientierte Klärung ernsthaft zu versuchen. Ziel des BEM ist es festzustellen, aufgrund welcher gesundheitlichen Einschränkungen es zu den bisherigen Ausfallzeiten gekommen ist und ob Möglichkeiten bestehen, sie durch bestimmte Veränderungen künftig zu verringern, um so eine Kündigung zu vermeiden (BAG Urteil vom 10. Dezember 2009 a. a. O.). 66a

Danach entspricht jedes Verfahren den **gesetzlichen Anforderungen**, das die zu beteiligenden Stellen, Ämter und Personen einbezieht, das keine vernünftigerweise in Betracht zu ziehende Anpassungs- und Änderungsmöglichkeit ausschließt und in dem die von den Teilnehmern eingebrachten Vorschläge sachlich erörtert werden (BAG Urteil vom 10. Dezember 2009 a. a. O.). 66b

Das Gesetz erlegt dem **Arbeitgeber** damit die **Initiative** für das BEM auf. Des Weiteren beschreibt es den anschließenden Klärungsprozess nicht als formalisiertes Verfahren, sondern lässt den Beteiligten jeden denkbaren **Spielraum** (BAG Urteil vom 10. Dezember 2009 – 2 AZR 198/09 = DB 2010, 1015 = NZA 2010, 639). Offenbar soll so erreicht werden, dass keine der vernünftigerweise in Betracht kommenden zielführenden Möglichkeiten ausgeschlossen wird. Das Gesetz schreibt weder bestimmte Mittel vor, die auf jeden – oder auf gar keinen – Fall in Erwägung zu ziehen sind, noch beschreibt es bestimmte Ergebnisse, die das Eingliederungsmanagement haben muss oder nicht haben darf (BAG Urteil vom 10. Dezember 2009 – 2 AZR 198/09 a. a. O.). 66c

Es besteht **keine Verpflichtung, eine Verfahrensordnung aufzustellen**, wenn dies auch sinnvoll sein mag (vgl. § 83 Abs. 2a Nr. 5 SGB IX; *Gagel* NZA 2004, 1359). Das Gesetz vertraut darauf, dass die Einbeziehung von Arbeitgeber, Arbeitnehmer, Betriebsrat und externen Stellen sowie die abstrakte Beschreibung des Ziels ausreichen, um die Vorstellungen der Betroffenen sowie internen und externen Sachverstand in ein **faires und sachorientiertes Gespräch** einzubringen, dessen Verlauf im Einzelnen und dessen Ergebnis sich nach den – einer allgemeinen Beschreibung nicht zugänglichen – **Erfordernissen des jeweiligen Einzelfalls** zu richten haben. Das Gesetz benennt auch keine Personen oder Stellen, denen die **Leitung des BEM** anvertraut wäre. Demnach geht es um die Etablierung eines unverstellten, verlaufs- und ergebnisoffenen Suchprozesses (BAG Urteil vom 10. Dezember 2009 – 2 AZR 66d

198/09 a. a. O. unter Hinweis auf *Gagel* NZA 2004, 1359; *Balders / Lepping* NZA 2005, 854; KR / *Griebeling* 9. Aufl. § 1 KSchG Rdnr. 324a f.).

66e Wird das durchgeführte Verfahren nicht einmal diesen Mindestanforderungen gerecht, kann das zur Unbeachtlichkeit des Verfahrens insgesamt führen (BAG Urteil vom 10. Dezember 2009 – 2 AZR 400/08 a. a. O.).

e) Hinzuziehung des Werks- oder Betriebsarztes

67 Soweit erforderlich ist der **Werks- oder Betriebsarzt** hinzuzuziehen (**Abs. 2 Satz 2**). Nach § 3 Abs. 1 des Gesetzes über Betriebsärzte, Sicherheitsingenieure und andere Fachkräfte für Arbeitssicherheit (ASiG) haben Betriebsärzte u. a. die **Aufgaben**
 – die Arbeitnehmer zu untersuchen, arbeitsmedizinisch zu beurteilen und zu beraten sowie die Untersuchungsergebnisse zu erfassen und auszuwerten;
 – Ursachen von arbeitsbedingten Erkrankungen zu untersuchen, die Untersuchungsergebnisse zu erfassen und auszuwerten und dem Arbeitgeber Maßnahmen zur Verhütung dieser Erkrankungen vorzuschlagen;
 – arbeitsphysiologischen, arbeitspsychologischen und sonstigen ergonomischen sowie arbeitshygienischen Fragen (z. B. zum Arbeitsrhythmus, zur Arbeitszeit, zur Gestaltung der Arbeitsplätze und des Arbeitsablaufs sowie der Arbeitsumgebung) nachzugehen;
 – insgesamt die Arbeitsbedingungen zu beurteilen;
 – Fragen des Arbeitsplatzwechsels sowie der Eingliederung und Wiedereingliederung behinderter Beschäftigter in den Arbeitsprozess zu klären.

68 Betriebsärzte haben ausdrücklich nicht die Aufgabe, Krankmeldungen der Arbeitnehmer auf ihre Berechtigung hin zu überprüfen (§ 3 Abs. 3 ASiG). Sie unterliegen nach § 8 Abs. 1 Satz 3 ASiG der ärztlichen Schweigepflicht und sind bei Anwendung ihrer arbeitsmedizinischen Fachkunde weisungsfrei.

69 Nach **Praxiserfahrungen** ist eine erfolgreiche Wiedereingliederung wesentlich davon abhängig, dass der Mitarbeiter mit einer vermuteten Langzeiterkrankung dem **Werksärztlichen Dienst so früh wie möglich bekannt** wird (vgl. *Michalak* BKK 2005, 198 [199]).

f) Integrationsteam

70 Im Betrieb bzw. der Dienststelle kann auch ein Integrationsteam gebildet werden. Es sollte regelmäßig aus der **Schwerbehindertenvertretung**, einem **Betriebs- oder Personalratsmitglied** sowie weiteren innerbetrieblichen Beteiligten wie dem Betriebsarzt und der Arbeitssicherheitsfachkraft bestehen. Der **Arbeitgeber** kann sich vertreten lassen durch den Vorgesetzten des betroffenen Beschäftigten oder auch einen Mitarbeiter der Personalabteilung bzw. den Beauftragten für die Belange schwerbehinderter Menschen in Betrieb. Jedenfalls sollte aber der Vertreter des Arbeitgebers selbst berechtigt sein, Entscheidungen zu treffen oder über Rückfragen schnell Entscheidungen des Arbeitgebers herbeiführen zu können, z. B. über eine Veränderung des Arbeitsplatzes oder eine Versetzung (*Zorn* BehindertenR 2006, 42 [45]).

71 Hat der Arbeitgeber den Erstkontakt zu dem betroffenen Arbeitnehmer hergestellt, kann er diesem Integrationsteam die weitere Durchführung des betrieblichen Eingliederungsmanagements übertragen.

g) Beteiligung Gemeinsamer Servicestellen und des Integrationsamts

72 Falls Leistungen zur Teilhabe oder begleitende Hilfen im Arbeitsleben durch die Integrationsämter in Betracht kommen, muss der Arbeitgeber auch die örtlichen **Gemeinsamen Servicestellen** der Rehabilitationsträger gem. § 23 SGB IX – und damit die Rehabilitationsträger selbst – bzw. bei schwerbehinderten Menschen das **Integrationsamt hinzuziehen** (**Abs. 2 Satz 4**).

Prävention § 84

Diese externen Beteiligten sollen ihre Leistungen zur Erhaltung der Erwerbsfähigkeit, zur ergonomischen Arbeitsplatzgestaltung, zur beruflichen Qualifizierung und zur Gewährleistung des Arbeitsschutzes und der Arbeitssicherheit in den Prozess des BEM einbringen. 73

Die Gemeinsamen Servicestellen bzw. das Integrationsamt haben darauf hinzuwirken, dass die erforderlichen Leistungen oder Hilfen unverzüglich beantragt oder innerhalb der Zwei-Wochen-Frist des § 14 Abs. 2 Satz 2 SGB IX erbracht werden (**Abs. 2 Satz 5**). 74

Für die **Beurteilung, welche externen Stellen hinzuziehen** sind, hat der Arbeitgeber u. a. folgende Gesichtspunkte zu beachten: 74a

– Regelmäßig wird bei Fällen von Arbeitsunfähigkeit die **zuständige Krankenkasse** als Ansprechpartner in Betracht kommen. Gegebenenfalls kann der Medizinische Dienst der Krankenkassen beteiligt werden, der bei Arbeitsunfähigkeit berät und begutachtet (vgl. §§ 275 ff. SGB V).
– Ist die Arbeitsunfähigkeit erkennbar auf eine **Berufskrankheit** zurückzuführen, ist die Einschaltung der Berufsgenossenschaft geboten.
– Bei endgültiger Gefährdung der Erwerbsfähigkeit des Arbeitnehmers ist die Beteiligung des **Rentenversicherers** empfehlenswert.
– Bei schwerbehinderten oder gleichgestellten behinderten Menschen wird im Regelfall die Einschaltung des **Integrationsamts** nahe liegen.
– Im Einzelfall kann aber auch die Hinzuziehung eines **Integrationsfachdienstes** hilfreich sein. Dieser wird als Beratungsstelle im Auftrag des Integrationsamts oder eines Rehabilitationsträgers tätig. Zu seinen Aufgaben gehört nach § 110 Abs. 2 Nr. 7 SGB IX auch, den Arbeitgeber über mögliche Leistungen zu informieren und diese Leistungen abzuklären (vgl. zum Ganzen auch Ernst / Adlhoch / Seel / *Seel* Rdnr. 95).

2. Initiativpflicht des Arbeitgebers

Der Arbeitgeber ist verpflichtet, initiativ zu werden und ein betriebliches Eingliederungsmanagement einzuleiten, wenn ein Arbeitnehmer **innerhalb eines Jahres länger als sechs Wochen ununterbrochen oder wiederholt arbeitsunfähig** ist ist (⌘ BAG Urteil vom 10. Dezember 2009 – 2 AZR 198/09 a. a. O.). Dabei ist im Hinblick auf den Schutzweck der Vorschrift auf einen Zeitraum von **zwölf Monaten** statt auf das Kalenderjahr abzustellen (HK-SGB IX / *Trenk-Hinterberger* Rdnr. 30; *Zorn* BehindertenR 2006, 42). 75

Der Zeitpunkt für die Intervention des Arbeitgebers zur Durchführung betrieblicher Präventionsmaßnahmen wurde auf den **Ablauf der Entgeltfortzahlungsfrist**, also nach **sechs Wochen Arbeitsunfähigkeit**, festgelegt (*Feldes* BehindertenR 2004, 187). 76

Der Sechswochenzeitraum kann auch durch die **Summe einzelner Fehltage** erfüllt werden. Die Frist ist auf der **Grundlage der üblichen Arbeitswoche** zu berechnen. Bei einer Fünf-Tage-Woche sind die Voraussetzungen für ein BEM erfüllt nach 30 Tagen Arbeitsunfähigkeit, bei einer Sechs-Tage-Woche sind es 36 Tage (Ernst / Adlhoch / Seel / *Seel* Rdnr. 66; *Zorn* BehindertenR 2006, 42; *Gagel / Schian* BehindertenR 2006, 46 [47]). 77

Bei **Arbeitsverhältnissen auf Abruf** (vgl. hierzu näher oben Rdnr. 64a ff.), bei denen der Arbeitnehmer ein **Stundenbudget** nach konkreter Aufforderung des Arbeitgebers abzuarbeiten hat, kann grundsätzlich nur der Zeitraum von sechs Wochen für die Dauer der Arbeitsunfähigkeit als Voraussetzung des BEM herangezogen werden. Soweit den Arbeitnehmer keine Pflicht zur Arbeitsleistung an konkret zusammenhängenden Arbeitstagen trifft, lässt sich schwerlich auf einzelne „Fehltage" abstellen. 77a

In die Berechnung der Sechs-Wochen-Frist fließen zunächst **alle Zeiten der Arbeitsunfähigkeit** mit ein, also auch AU-Zeiten wegen Kuren, Reha-Maßnahmen usw. Die Gründe für krankheitsbedingte Fehlzeiten werden erst im weiteren Verlauf des BEM berücksichtigt, regelmäßig bereits beim Erstgespräch (*Zorn* BehindertenR 2006, 42). 78

79 Für die zu zählenden Tage muss nicht sämtlich eine **Arbeitsunfähigkeitsbescheinigung** vorliegen. Häufig verlangt der Arbeitgeber erst ab dem dritten Tag einer Erkrankung eine solche ärztliche Bescheinigung. Bei den beiden ersten Tagen liegt jedoch eine Arbeitsunfähigkeitsmeldung vor, sodass beide Tage mitzuzählen sind (*Zorn* BehindertenR 2006, 42).

80 Der Arbeitgeber orientiert sich regelmäßig an der Zahl der Tage, für die ihm **Arbeitsunfähigkeitsbescheinigungen** vorliegen; berücksichtigt werden dabei auch **arbeitsfreie Tage**, für die Arbeitsunfähigkeit bescheinigt worden ist. In der Praxis ist das aber nicht unproblematisch, weil nicht alle Ärzte die Arbeitsunfähigkeit auch für die arbeitsfreien Tage bescheinigen, auf die sie sich erstreckt. Auch sieht der Beschäftigte nicht immer Anlass, sich an arbeitsfreien Tagen krankschreiben zu lassen oder zu melden. Dadurch spiegelt die Zahl der bescheinigten oder gemeldeten Arbeitsunfähigkeitstage nicht immer die tatsächliche Dauer der Arbeitsunfähigkeit wider (näher hierzu *Gagel / Schian* BehindertenR 2006, 46).

81 Für die Einleitung des betrieblichen Eingliederungsmanagements ist ausschließlich auf die zeitliche Komponente der wiederholten Arbeitsunfähigkeit abzustellen, nämlich die Sechs-Wochen-Frist. Welche **Ursachen** zu der **Arbeitsunfähigkeit** geführt haben, ist unerheblich (*Zorn* BehindertenR 2006, 42; *Gagel / Schian* BehindertenR 2006, 46 [48]). So können auch ganz unterschiedliche Symptome eine gemeinsame physische oder psychische Ursache haben. Diese ist allerdings im weiteren Verlauf abzuklären. Der Sinn und Zweck des BEM erfordert regelmäßig, dass die Arbeitsunfähigkeit jeweils auf dieselben Ursachen zurückzuführen ist oder zumindest auf solche Gründe, die in einem medizinischen Zusammenhang zueinander stehen; nur dann sind gezielte Präventionsmaßnahmen sinnvoll (vgl. *Balders / Lepping* NZA 2005, 854).

82 Ist ein Arbeitnehmer **in einem längeren zusammenhängenden Zeitraum erkrankt**, knüpft die Vorschrift nicht an die gesunde Rückkehr der betroffenen Person an. Das BEM ist kein „Krankenrückkehrgespräch" (*Zorn* BehindertenR 2006, 42 [43]). Deshalb ist grundsätzlich **auch während der Phase der Arbeitsunfähigkeit eine Kontaktaufnahme** mit der betroffenen Person erforderlich. Bei langfristigen schweren Erkrankungen kommen Maßnahmen am Arbeitsplatz allerdings erst nach fortgeschrittener Genesung in Betracht. Sind psychische Gründe Ursache der Erkrankung, können auch konkrete Maßnahmen am Arbeitsplatz für eine erfolgreiche Behandlung erforderlich sein (*Zorn* a. a. O. mit dem Beispiel einer Bankkassiererin, die wiederholt Opfer eines Überfalls wurde und der deshalb ggf. unverzüglich die Versetzung in eine interne Abteilung anzubieten ist).

83 Im Übrigen ist es empfehlenswert, dass in größeren Betrieben die **Personalabteilung prüft**, welche Beschäftigten zum Prüfungszeitpunkt insgesamt länger als sechs Wochen innerhalb des letzten Jahres krankheitsbedingt gefehlt haben (*Kciuk* DÖD 2005, 151 [152]).

84 Zwar haben **Betriebs- / Personalrat** und ggf. zusätzlich die **Schwerbehindertenvertretung** ein eigenes **Initiativrecht** zur Einleitung des Eingliederungsmanagements (**Abs. 2 Satz 6**). Jedoch bleibt die Verpflichtung des Arbeitgebers zu dessen Durchführung hiervon unberührt. Dieser muss also auch dann handeln, wenn keine Interessenvertretung nach § 93 SGB IX und keine Schwerbehindertenvertretung in seinem Betrieb existieren (*Zorn* BehindertenR 2006, 42 [43]).

85 Betriebliches Eingliederungsmanagement ist ein **Verfahren mit mehreren Beteiligten**. Obwohl das Gesetz keine entsprechende Verpflichtung formuliert, empfiehlt es sich für größere Arbeitgeber (etwa ab 200 Beschäftigten; vgl. *Zorn* BehindertenR 2006, 42 [45]), das BEM einzelfallübergreifend und in Abstimmung mit den Betriebspartnern **als System einzuführen**. Ein standardisiertes Verfahren mit Vereinbarungen zum Verfahrensablauf, zur Zuweisung von Verantwortlichkeiten (z. B. durch Einführung eines Integrationsteams), zu den Mitwirkungspflichten der einzelnen Beschäftigten, zum Datenschutz, zu Ergebniskontrolle und Fallauswertung zwecks allgemeiner Verbesserungen sowie zur Dokumentation erhöht die notwendige Transparenz und Akzeptanz für alle Beteiligten und nicht zuletzt auch für die Beschäftigten (Ernst / Adlhoch / Seel / *Seel* Rdnr. 99).

Regelungen zur Durchführung des betrieblichen Eingliederungsmanagements können etwa in einer **Betriebsvereinbarung** (vgl. *Feldes* AiB 2005, 546 mit Eckpunkten hierfür) bzw. **Dienstvereinbarung** (hierzu *Klaesberg* PersR 2005, 427; *Faber* PersV 2007, 333), aber auch in einer Integrationsvereinbarung geregelt werden (vgl. § 83 Abs. 2a Nr. 5 SGB IX; hierzu grundlegend *Gagel / Dalitz* BehindertenR 2006, 39; *Zorn* BehindertenR 2006, 42). **86**

Für die Frage, ob die eine oder andere Form der Vereinbarung gewählt werden sollte, ist zu bedenken: Die Form der **Integrationsvereinbarung** ist aus mehreren Gründen **empfehlenswert**. Zum einen ist Partner einer solchen Vereinbarung neben dem Arbeitgeber und den in § 93 genannten Vertretungen stets auch die Schwerbehindertenvertretung; ferner kann das Integrationsamt nach § 83 Abs. 1 Satz 3 SGB IX bei den Vorbereitungen einer Integrationsvereinbarungen beteiligt werden und dort Informationen über die möglichen Hilfen und Maßnahmen des Schwerbehindertenrechts einbringen. Zum anderen werden bei Integrationsvereinbarungen ohnehin Fragen der Personalplanung, der Arbeitsplatzgestaltung, der Arbeitszeit und der Hinzuziehung des Werks- oder Betriebsarztes auch für Beratungen über Leistungen zur Teilhabe im Arbeitsleben zu regeln sein (vgl. auch HK-SGB IX/ *Trenk-Hinterberger* Rdnr. 35). **87**

Integrationsvereinbarungen sind auch seit der Neufassung des § 83 SGB IX durch die Einfügung des Abs. 2a zum 1. Mai 2004 nicht mehr auf Regelungsgegenstände beschränkt, die **allein schwerbehinderte Menschen** betreffen. Sowohl zur Regelung des betrieblichen Eingliederungsmanagementsals auch die Möglichkeit der Vereinbarung von Maßnahmen betrieblicher Gesundheitsförderung (beides in Nr. 5 der Vorschrift) zeigen auf, dass Integrationsvereinbarungen insoweit **einheitliche Gestaltungsmöglichkeiten für den gesamten Betrieb** und damit alle Beschäftigten eröffnen (vgl. *Gagel / Dalitz* BehindertenR 2006, 39 [40]). **88**

Andererseits können durch **Betriebsvereinbarungen** zwischen Arbeitgeber und Betriebsrat gemäß § 77 BetrVG Rechte und Pflichten mit Normwirkung geschaffen werden (vgl. Abs. 4 jener Vorschrift). Betriebsvereinbarungen bieten also den Vorteil, dass der Arbeitnehmer hieraus unmittelbar Rechte ableiten kann, während Integrationsvereinbarungen diese Wirkungen nicht haben. **89**

Die **Integrationsvereinbarung** bietet sich vor allem an **für Experimentierphasen**, in denen zunächst lediglich der Arbeitgeber verpflichtet wird, ein bestimmtes Konzept einzusetzen und ggf. weiter zu entwickeln. Die endgültige Regelung kann dann einer späteren Betriebsvereinbarung vorbehalten bleiben (*Gagel / Dalitz* a. a. O. S. 41). **90**

Die **standardisierte Einführung** des betrieblichen Eingliederungsmanagements ist aber – wie bereits ausgeführt – **größeren Betrieben und Dienststellen** vorbehalten. Hingegen werden kleinere Arbeitgeber nur auf den Einzelfall reagieren können, um dabei zu versuchen, diesen mithilfe externer Partner (Rehabilitationsträger bzw. Gemeinsame Servicestelle, ggf. auch Integrationsamt) zu lösen. **91**

Sofern indessen der Arbeitgeber zur Erhebung der betroffenen Arbeitnehmer und zur Durchführung der Eingliederungsgespräche ein formalisiertes Verfahren einführt, könnten **Mitbestimmungsrechte nach § 87 Abs. 1 BetrVG** berührt sein. Denn § 84 Abs. 2 SGB IX schreibt gerade keine konkreten Maßnahmen vor, sondern verpflichtet den Arbeitgeber, – unabhängig vom jeweiligen Einzelfall – ein System mit strukturierten Abläufen zu entwickeln. Es enthält sowohl ein Frühwarnsystem als auch ein konkretes Maßnahmenspektrum, welches sämtliche Strategien für den Erhalt der Arbeits- und Beschäftigungsfähigkeit einschließt. An dieser Stelle könnten die Mitbestimmungsrechte des Betriebsrats nach § 87 Abs. 1 Nr. 1 und 7 BetrVG betroffen sein. **92**

Die Frage der **Mitbestimmungspflichtigkeit bei Maßnahmen nach § 84 Abs. 2 SGB IX** ist **höchstrichterlich noch nicht** geklärt. **93**

Sofern der Arbeitgeber das BEM in formalisierter Weise durchführen möchte, kommt ein Mitbestimmungsrecht des Betriebsrats nach § 87 Abs. 1 Nr. 1 BetrVG in Betracht (vgl.

🔗 LAG Hamburg Beschluss vom 21. Mai 2008 – H 3 TaBV 1/08 = AiB 2009, 232 m. zust. Anm. *Stefan Müller*). Dies hat das 🔗 BAG im Beschluss vom 8. November 1994 (1 ABR 22/94 = BAGE 78, 224 = AP Nr. 24 zu § 87 BetrVG 1972 Ordnung des Betriebes) für die Führung formalisierter Krankengespräche zur Aufklärung eines überdurchschnittlichen Krankenstandes ebenso beurteilt. Es gehe dabei um das Verhalten der Arbeitnehmer in Bezug auf die betriebliche Ordnung und nicht um das Verhalten bei der Arbeitsleistung selbst.

93a **Strittig ist aber, ob im Übrigen ein Mitbestimmungsrecht** nach § 87 Abs. 1 Nr. 7 BetrVG im Hinblick auf den Regelungsgegenstand „Gesundheitsschutz" besteht. Das wird von einem Teil der Literatur bejaht (*Steinau-Steinrück / Hagemeister* NJW-Spezial 2005, 129; *Britschgi* AiB 2005, 284 [287]; *Feldes* AiB 2005, 546 [548]; *Oppolzer* AiB 2007, 37 [43]; HK-BetrVG / *Kohte* 2. Aufl. § 87 Rdnr. 91), allerdings teilweise ohne vertiefte Begründung. *Kohte* a. a. O. führt aus, das BEM sei ein Verfahren, das systematisch und präventiv den – auch betrieblichen – Ursachen andauernder Arbeitsunfähigkeit nachgehe und auf geeignete Maßnahmen zu deren Überwindung ziele. § 84 Abs. 2 SGB IX stelle deswegen als Verfahren der gesundheitlichen Prävention auch auf die betrieblichen Gegebenheiten und den betrieblichen Arbeits- und Gesundheitsschutz ab. Es handle sich insoweit um eine gesetzliche Vorschrift i. S. von von § 87 Abs. 1 Nr. 7 BetrVG. Der Mitbestimmung unterlägen die grundlegenden Verfahrensregelungen des BEM.

93b Demgegenüber **verneinen zutreffend ein Mitbestimmungsrecht nach dieser Vorschrift** das 🔗 LAG Hamburg im Beschluss vom 21. Mai 2008 (H 3 TaBV 1/08 = AiB 2009, 232 m. zust. Anm. *Stefan Müller*) sowie *Balders / Lepping* NZA 2005, 854 ff.; *Namendorf / Natzel* DB 2005, 1794 ff.; *Leuchten* DB 2007, 2482). Nach § 87 Abs. 1 Nr. 7 habe der Betriebsrat bei betrieblichen Regelungen über den Gesundheitsschutz mitzubestimmen, die der Arbeitgeber zwar aufgrund einer öffentlich-rechtlichen Rahmenvorschrift zu treffen hat, bei deren Gestaltung ihm aber Handlungsspielräume verbleiben. Mitzubestimmen habe der Betriebsrat bei der Ausfüllung dieses Spielraums. Dadurch solle im Interesse der betroffenen Arbeitnehmer eine möglichst effiziente Umsetzung des gesetzlichen Arbeitsschutzes im Betrieb erreicht werden. Das Mitbestimmungsrecht setze ein, wenn eine gesetzliche Handlungspflicht objektiv bestehe und wegen Fehlens einer zwingenden Vorgabe **betriebliche Regelungen verlange, um das vom Gesetz vorgegebene Ziel des Arbeits- und Gesundheitsschutzes zu erreichen**. Ob die Rahmenvorschrift dem Gesundheitsschutz mittelbar oder unmittelbar dient, sei unerheblich. Keine Rolle spiele auch, welchen Weg oder welche Mittel die dem Gesundheitsschutz dienende Rahmenvorschrift vorsieht. Ebenso wenig komme es auf eine subjektive Regelungsbereitschaft des Arbeitgebers an (LAG Hamburg Beschluss vom 21. Mai 2008 a. a. O. unter Hinw. auf 🔗 BAG Beschluss vom 8. Juni 2004 – 1 ABR 4/03 = BAGE 111, 48 = AP Nr. 20 zu § 76 BetrVG 1972 Einigungsstelle = NZA 2005, 227 m. w. Nachw.).

93c Mit dem Tatbestandsmerkmal „Regelungen" in § 87 Abs. 1 Nr. 7 BetrVG würden damit Sachverhalte angesprochen, die gerade auf eine Mehrzahl von Adressaten ausgerichtet seien und damit an einen **Kollektivtatbestand** anknüpften. An Letzterem mangele es aber bei einer individuell auf den jeweils betroffenen Mitarbeiter bezogenen Maßnahme des BEM (*Namendorf / Natzel* a. a. O.; *Leuchten* a. a. O.; ähnlich *Balders / Lepping* a. a. O.). Die in § 84 Abs. 2 SGB IX genannten Maßnahmen dienten letztlich der Vermeidung der Kündigung und der Verhinderung von Arbeitslosigkeit erkrankter und kranker Menschen (LAG Hamburg Beschluss vom 21. Mai 2008 a. a. O. unter Hinw. auf 🔗 BAG Urteil vom 12. Juli 2007 – 2 AZR 716/06 = BAGE 123, 234 = NZA 2008, 173 = BehindertenR 2008, 77). Dies schließe allerdings nicht aus, dass das betriebliche **Eingliederungsmanagement zumindest mittelbar auch dem Gesundheitsschutz** dient. Daraus folge jedoch nicht, dass dem Betriebsrat bei dessen Durchführung ein Mitbestimmungsrecht nach § 87 Abs. 1 Nr. 7 BetrVG zustünde.

93d Außerdem habe der Gesetzgeber **dem Betriebsrat in § 84 Abs. 2 SGB IX ein Mitwirkungsrecht ausdrücklich zuerkannt**. Der Arbeitgeber solle mit dem Betriebsrat klären, wie die Arbeitsunfähigkeit möglichst überwunden werden und erneuter Arbeitsunfähigkeit vorgebeugt werden könne. Der Betriebsrat könne ebenso wie die Schwerbehindertenvertretung Klärung verlangen. Die Interessenvertretungen wachten darüber, dass der Arbeitgeber die ihm obliegenden Verpflichtungen erfülle. Mit den so ausdrücklich normierten Mitwirkungsrechten bestehe im Sinne des Einleitungssatzes zu § 87 Abs. 1 BetrVG eine **speziellere gesetzliche Regelung**, welche die Geltendmachung etwaiger Mitbestimmungsrechtsrechte sperre (LAG Hamburg Beschluss vom 21. Mai 2008 a. a. O.; *Namendorf / Natzel* a. a. O.).

Für die Durchführung eines BEM gemäß § 84 Abs. 2 Satz 1 SGB IX sei die **Zustimmung und Beteiligung der Betroffenen** zwingend erforderlich. Die Maßnahme habe also einen **rein individuellen Bezug**. § 87 Abs. 1 Nr. 7 BetrVG erfasse jedoch nur kollektive Tatbestände („Regelungen") und nicht auch Einzelmaßnahmen (BAG Beschluss vom 10. April 1979 – 1 ABR 34/77 = BAGE 31, 357 = AP Nr. 1 zu § 82 BetrVG 1972). Betriebliche Regelungen seien nicht erforderlich, um das von § 84 Abs. 2 SGB IX vorgegebene Ziel zu erreichen, die Kündigung erkrankter und kranker Menschen zu vermeiden und Arbeitslosigkeit zu verhindern (LAG Hamburg Beschluss vom 21. Mai 2008 a. a. O.).

3. Zustimmung und Beteiligung der betroffenen Arbeitnehmer

Ein betriebliches Eingliederungsmanagement setzt nach **Abs. 2 Satz 1** die – zumindest auch schriftlich einzuholende – Zustimmung des betroffenen Arbeitnehmers voraus. Diese ist nicht nur Ausdruck seiner **Selbstbestimmung**, sondern auch Vorbedingung erfolgreicher Maßnahmen für die Überwindung der gesundheitlichen Schwierigkeiten des Mitarbeiters (**für** eine **Pflicht zur Mitwirkung** unter dem Gesichtspunkt der **arbeitsrechtlichen Treuepflicht und Pflicht zur Rücksichtnahme** aber *Wetzling/Habel* NZA 2007, 1129 [1130] unter Hinweis auf BAG Urteil vom 2. März 2006 – 2 AZR 53/05 = NZA-RR 2006, 637. Das BAG a. a. O. hatte die Kündigung wegen einer Skireise des arbeitsunfähig erkrankten Arbeitnehmers u. a. deshalb für gerechtfertigt gehalten, weil ein **Arbeitnehmer** sich in diesem Fall **so verhalten** müsse, **dass er bald wieder gesund wird** und an seinen Arbeitsplatz zurückkehren kann. Er habe alles zu unterlassen, was seine Genesung verzögern könnte. Deshalb habe er insoweit auf die **schützenswerten Interessen des Arbeitgebers**, die sich aus der Verpflichtung zur Entgeltfortzahlung ergeben, Rücksicht zu nehmen).

94

Es geht vor allem darum, das **Vertrauen und die Bereitschaft des Betroffenen für Eingliederungsmaßnahmen** zu gewinnen. Deshalb kann die Bedeutung des Einstiegs nicht überschätzt werden, weil es hier besonderer Überzeugungsarbeit zur Überwindung von Ängsten der Arbeitnehmer bedarf. Sie müssen den ersten Schritt regelmäßig als Angebot auffassen, wobei ihnen das Bestehen und die Bedeutung eines Eingliederungsmanagements durch vorherige allgemeine Information bewusst sein sollten (vgl. *Gagel* NZA 2004, 1360 [1361]).

95

Ziel des Erstkontaktes ist es, dem betroffenen Mitarbeiter die positive Aufmerksamkeit des Betriebs zu signalisieren und sein Vertrauen zu gewinnen. Deshalb ist es besonders wichtig, dass die Kontaktaufnahme **behutsam und mit der erforderlichen Wertschätzung** vorgenommen wird. Ein Anschreiben beispielsweise sollte wohlwollend formuliert sein, die Fürsorge des Betriebs zum Ausdruck bringen und den Mitarbeiter nicht unter Druck setzen (ZB-InfO BEM S. 5).

95a

Im **Streitfall** muss allerdings der **Arbeitgeber beweisen, dass er den Arbeitnehmer tatsächlich zu einem BEM eingeladen** hat (LAG Köln Urteil vom 8. September 2008 – 5 Sa 618/08, zit. nach JURIS). Zulasten des Arbeitgebers kann es sich dabei auswirken, dass er weder das Nichterscheinen des Betroffenen zum Wiedereingliederungsgespräch noch das Fernbleiben bei einer ärztlichen Untersuchung zum Anlass einer Nachfrage und ggf. Vereinbarung eines Folgetermins genommen hat. Wenn das Eingliederungsmanagement mit dem Ziel betrieben werden soll, den Arbeitnehmer tatsächlich wieder einzugliedern, liegt ein solches Nachfassen nahe (LAG Köln Urteil vom 8. September 2008 a. a. O.).

95b

Ob die **Angabe des Arbeitnehmers, er wolle sich zur Frage seiner Zustimmung zum BEM nicht äußern**, eine endgültige Ablehnung des BEM bedeutet, hängt von den Umständen

95c

des Einzelfalls ab (LAG Berlin-Brandenburg Urteil vom 3. Juni 2009 – 17 Sa 161/09, zit. nach JURIS). Erklärt ein Arbeitnehmer in einem Personalgespräch, dass er sich zu einem BEM nicht äußern möchte, liegt darin zwar keine Zustimmung. Der Arbeitgeber darf diese Äußerung jedoch **nicht stets dahingehend verstehen, ein BEM werde vorbehaltlos und endgültig abgelehnt**, z. B. wenn die Bekundung „auf Empfehlung des Betriebsrats und der Schwerbehindertenvertretung" beruhte. Im konkreten Fall hätte für den Arbeitgeber erkennbar sein müssen, dass die zurückhaltende Äußerung ihre Ursache in der Auseinandersetzung über den Abschluss einer Betriebsvereinbarung zum BEM hatte und nicht in einer Weigerung des Arbeitnehmers, seine gesundheitliche Situation mit dem Arbeitgeber zu erörtern. Dies gilt umso mehr, wenn der Arbeitnehmer sich bis zu dem Personalgespräch zu keiner Zeit geweigert hatte, sich ärztlich untersuchen zu lassen bzw. an Wiedereingliederungsmaßnahmen teilzunehmen und eine andere als die bisherige Beschäftigung aufzunehmen.

95d Bei dieser Sachlage obliegt es dem Arbeitgeber, in Erfüllung der Verpflichtung nach Abs. 2 Satz 3 **näher auf die Ziele des BEM hinzuweisen** und die geplanten **Maßnahmen zu erläutern**. Der Arbeitnehmer soll dann entscheiden können und müssen, ob er sich im eigenen Interesse zu einer Mitwirkung entschließt oder im Interesse des Betriebsrats und der Schwerbehindertenvertretung hierauf verzichten will. Die bloße Frage, ob der Arbeitnehmer zur aktiven Mitwirkung zu einem BEM bereit war, greift demgegenüber in der konkreten Gesprächssituation zu kurz. Kann nach alledem nicht ausgeschlossen werden, dass sich der Arbeitnehmer nach der gebotenen Erläuterung für die Durchführung eines BEM entschieden hätte, darf sich der Arbeitgeber nicht darauf berufen, es fehle an dessen erforderlicher Zustimmung (LAG Berlin-Brandenburg Urteil vom 3. Juni 2009 a. a. O.).

96 Die nach Abs. 2 Satz 1 vorausgesetzte Zustimmung zum BEM ist einzuholen, **bevor der Arbeitgeber** die **Interessenvertretung** bzw. die **Schwerbehindertenvertretung** einschaltet. Erst wenn die jeweils betroffenen Beschäftigen ihre Zustimmung zur Durchführung des Eingliederungsmanagements erklärt haben, beginnt der eigentliche Klärungsprozess, wie die Arbeitsunfähigkeit überwunden und einer erneuten Arbeitsunfähigkeit vorgebeugt werden kann , nämlich „... mit Zustimmung und Beteiligung der betroffenen Person ..." (OVG Berlin-Brandenburg Beschluss vom 20. November 2008 – OVG 60 PV 9.07 = PersR 2009, 170 = ZTR 2009, 342 mit zust. Anm. *Timmermann* PersR 2009, 149).

96a Deshalb kann bei **Fehlen jeglicher Reaktion des Arbeitnehmers auf ein Angebot zu einem BEM** nicht gefolgert werden, der Arbeitgeber habe gleichwohl im Rahmen der „zwingenden Betriebsratsbeteiligung" beim BEM auch diese betriebliche Interessenvertretung informieren müssen, damit sie den Arbeitnehmer womöglich umstimme; somit müsse sich der Arbeitgeber im Rahmen der Interessenabwägung nach krankheitsbedingter Kündigung die Nichtbeteiligung des Betriebsrates zu seinen Lasten zurechnen lassen (so aber unzutreffend ArbG Marburg Urteil vom 11. April 2008 – 2 Ca 466/07, zit. nach JURIS).

96b Bei der Einholung der Zustimmung ist die betroffene Person – bzw. bei Minderjährigen der gesetzliche Vertreter – zuvor **auf die Ziele des betrieblichen Eingliederungsmanagements hinzuweisen (Abs. 2 Satz 3)**.

97 Ferner hat der Arbeitgeber über **Art und Umfang der hierfür erhobenen** und verwendeten **Daten** zu informieren. Die vorgeschriebenen Informationen sollten zumindest auch schriftlich gegeben werden.

98 Diese Verpflichtung schließt über den Wortlaut der Vorschrift hinaus auch die Möglichkeit einer **Einsichtnahme in die vorhandenen einschlägigen Datenbestände** ein (HK-SGB IX / *Trenk-Hinterberger* Rdnr. 58).

99 Der betroffene Arbeitnehmer sollte darüber informiert werden, dass **in die Personalakte** nur aufgenommen werden darf,
– dass die Durchführung eines BEM angeboten wurde;
– ob der Betroffene hiermit einverstanden war oder nicht;

– welche konkreten Maßnahmen angeboten wurden, soweit hiervon die nach dem Arbeitsvertrag geschuldete Tätigkeit verändert wird und
– ob eine Umsetzung mit Einverständnis des Betroffenen möglich war oder nicht.

Ärztliche Gutachten, Stellungnahmen der Rehabilitationsträger oder des Integrationsfachdienstes gehören nicht in die Personalakte, sondern z. B. in die Akte des betriebsärztlichen Dienstes (*Zorn* BehindertenR 2006, 42 [43]). **99a**

Die notwendige **Einhaltung des Datenschutzes durch die Mitglieder des Integrationsteams** ist in der Regel gewährleistet, weil diese einschlägigen gesetzlichen Regelungen unterliegen (für die Interessenvertretungen oder den Werksärztlichen Dienst) oder als externe Partner wie die Rehabilitationsträger oder der Integrationsfachdienst hierzu ebenfalls gesetzlich oder vertraglich verpflichtet sind. **100**

Allerdings kann ein **Vertreter des Arbeitgebers im Integrationsteam** im weiteren Verfahrensverlauf in **Konflikt zu seinen übrigen Aufgaben** geraten, wenn er unmittelbarer Vorgesetzter des betroffenen Arbeitnehmers oder Repräsentant der Personalabteilung ist. Deshalb sollte bei der Einführung des betrieblichen Eingliederungsmanagements konkret festgelegt werden, wer den Arbeitgeber in einem Integrationsteam vertritt. Falls es der Beauftragte des Arbeitgebers für schwerbehinderte Menschen ist, der nicht gleichzeitig der Personalabteilung angehört, könnte diesem eine **Schweigepflicht** auch gegenüber dem Arbeitgeber und der Personalabteilung auferlegt werden. Andernfalls muss möglicherweise die Diskussion im Integrationsteam auf die Auswirkungen der Erkrankung auf die Tätigkeit und mögliche betriebliche Ursachen beschränkt werden. **Die Art der Erkrankung und andere Fragen zur Gesundheitsprognose dürfen dann nicht besprochen werden**, weil der Arbeitgeber hierauf eine mögliche spätere Kündigung stützen könnte (*Zorn* BehindertenR 2006, 42 [44]). **101**

Zieht der betroffene Beschäftigte seine **Zustimmung später zurück**, muss das **BEM** in jeder Phase **abgebrochen werden** (Ernst / Adlhoch / Seel / *Seel* Rdnr. 67). Eine solche Entscheidung des Arbeitnehmers muss nicht begründet werden und hat auch keine unmittelbaren Folgen für ihn. Allerdings trägt dieser das **Risiko**, wenn bestimmte Maßnahmen nicht mehr umgesetzt werden können oder der Arbeitgeber insbesondere nach Ausspruch einer krankheitsbedingten Kündigung kein Interesse mehr an der Durchführung eines BEM hat (*Zorn* BehindertenR 2006, 42 [43]). Der Arbeitnehmer kann sich vor allem in einem möglichen Verfahren vor dem Arbeitsgericht nach Ausspruch einer krankheitbedingten Kündigung nicht darauf berufen, dass ein BEM nicht durchgeführt wurde oder eine leidens- oder behindertengerechte Anpassung des Arbeitsplatzes nicht versucht wurde (vgl. auch unten Rdnrn. 115 ff.). **102**

Soweit der betroffene Beschäftigte mit der Durchführung des BEM einverstanden ist, treffen ihn **Mitwirkungspflichten**. Insbesondere hat er die Auskünfte zu erteilen, die für ein erfolgreiches betriebliches Eingliederungsmanagement von Bedeutung sind (etwa über die Art der die Arbeitsunfähigkeit auslösenden Krankheit, über besondere Belastungen am Arbeitsplatz, Namen und Anschrift der behandelnden Ärzte). Die Mitwirkungspflicht kann auch darin bestehen, der **Auskunft durch Dritte zuzustimmen**, z. B. durch Schweigepflichtentbindung für den behandelnden Arzt oder die Krankenkasse wegen der Bekanntgabe der Krankheitsdiagnosen, die den Zeiten der Arbeitsunfähigkeit zugrunde liegen. Die Mitwirkungspflicht umfasst auch ärztliche Untersuchungen durch den Betriebsarzt oder einen Rehabilitationsmediziner zur Feststellung eines Bedarfs an medizinischer Rehabilitation (*Seel* BehindertenR 2006, 30 [32]). **103**

Diesen Mitwirkungspflichten entspricht das **Recht auf regelmäßige Unterrichtung** über den Stand der Angelegenheit durch den Arbeitgeber, der damit einen am Verfahren Beteiligten beauftragen kann. **104**

Die **zuständige Interessenvertretung** i. S. des § 93 SGB IX, in der Regel also Betriebsrat oder Personalrat, bei schwerbehinderten Menschen außerdem die Schwerbehindertenvertretung, können die **Klärung verlangen** (Abs. 2 Satz 6). **105**

Sie können damit aber erst dann initiativ werden, wenn der betreffende **Arbeitnehmer seine Zustimmung zum BEM erteilt** hat, und sodann den Klärungsprozess als individuelle Maßnahme durchsetzen. Gegen den Willen des Betroffenen kommt das nach der eindeutigen Regelung des Abs. 2 Satz 1 nicht in Betracht (HK-SGB IX – *Trenk-Hinterberger* Rdnr. 53; vgl. oben Rdnr. 94 ff.).

105a Die genannten Gremien **wachen darüber**, dass der Arbeitgeber die ihm nach dieser Vorschrift obliegenden **Verpflichtungen erfüllt (Abs. 2 Satz 7)**. Diese Aufgabe ist im Personalvertretungsrecht einerseits Ausprägung des Grundsatzes vertrauensvoller Zusammenarbeit im Sinne des § 2 Abs. 1 PersVG; andererseits ist sie besondere Ausformung der allgemeinen Überwachungsaufgabe der Personalvertretung, wie sie in § 71 Abs. 1, § 72 Abs. 1 Nr. 2 PersVG formuliert ist: Der Personalrat hat darüber zu wachen, dass die für die Dienstkräfte geltenden Rechts- und Verwaltungsvorschriften, Tarifverträge und Dienstvereinbarungen durchgeführt werden. Damit die zuständige Personalvertretung diese Aufgaben angemessen wahrnehmen kann, ist sie **rechtzeitig und umfassend zu unterrichten**; ihr sind sämtliche zur Durchführung ihrer Aufgaben erforderlichen Unterlagen zur Verfügung zu stellen (§ 73 Abs. 1 Satz 1 und 2 PersVG). Die sich aus der Überwachungspflicht ergebenden Rechte der Personalvertretung bestehen grundsätzlich nicht nur bei begründeten Zweifeln an einer rechtmäßigen Handhabung des in § 84 Abs. 2 SGB IX geregelten Verfahrens, sondern in jedem Fall des Ingangsetzens eines BEM (OVG Berlin-Brandenburg Beschluss vom 20. November 2008 – OVG 60 PV 9.07 = PersR 2009, 170 = ZTR 2009, 342 mit zust. Anm. *Timmermann* PersR 2009, 149).

105b Die Aufgabe der Personalvertretung nach § 84 Abs. 2 Satz 7, § 93 SGB IX besteht unter anderem darin, darauf zu achten, dass alle Beschäftigten, bei denen die **Voraussetzungen für die Inanspruchnahme eines BEM vorliegen**, vom Arbeitgeber **sachgerecht informiert** werden. Diese Aufgabenstellung schließt – das war stets unstrittig – das Recht auf Kenntnisnahme von dem (anonymisierte Muster-)Text der Schreiben des Arbeitgebers an die Betroffenen ein (OVG Berlin-Brandenburg Beschluss vom 20. November 2008 a. a. O.).

105c Umstritten war bisher, ob die betriebliche Interessenvertretung **Anspruch hat auf Vorab-Mitteilung der Daten** aller Arbeitnehmer, **welche die Voraussetzungen eines BEM erfüllen, also** innerhalb eines Jahres länger als sechs Wochen ununterbrochen oder wiederholt arbeitsunfähig waren. Das wurde **verneint von der bislang in der Rechtsprechung vorherrschenden Auffassung** (OVG Berlin-Brandenburg Beschluss vom 20. November 2008 a. a. O.; BayVGH Beschluss vom 30. April 2009 – 17 P 08.3389, zit. nach JURIS; VG Aachen Beschluss vom 25. September 2008 – 16 K 836/08.PVL = DuD 2008, 824; VG Köln Beschluss vom 1. Juli 2009 – 34 K 4172/08.PVL; VG München Beschluss vom 12. November 2008 – M 20 P 08.3530, jeweils zit. nach JURIS; im Erg ebenso Neumann u. a. / *Neumann* Rdnr. 9 und Kossen u. a. / *Kossens* Rdnr. 14). Das Persönlichkeitsrecht der betroffenen Arbeitnehmer und ihr Anspruch auf informationelle Selbstbestimmung stehe dem entgegen. Auch benötige die Personalvertretung die individuellen Daten nicht zu einer wirksamen Kontrolle der Einhaltung der Vorschriften zum BEM. Erst recht ausgeschlossen sei die Bekanntgabe der individualisierten Anschreiben des Arbeitgebers sowie der Antworten der Arbeitnehmer (OVG Berlin-Brandenburg Beschluss vom 20. November 2008 a. a. O.).

105d Die **Gegenauffassung** hatte zuvor jedenfalls den **Anspruch des Personalrats auf Mitteilung** der Beschäftigten bejaht, welche die Voraussetzungen für das BEM erfüllen VG Hamburg Beschluss vom 10. November 2006 – 23 FB 17/06 = PersR 2007, 130; *Zorn* BehindertenR 2006, 42 [43]; *Seel* BehindertenR 2006, 30 [33]; *Klaesberg* PersR 2008, 391 [394]).

106 Nunmehr ist die Streitfrage **höchstrichterlich geklärt** durch den Beschluss des **BVerwG vom 23. Juni 2010** (– 6 P 8.09, zit. nach lexetius.com/2010, 2300). Die Information der Dienststelle an den Personalrat stelle zwar einen gewichtigen Eingriff in das Recht auf informationelle Selbstbestimmung der betroffenen Beschäftigten dar. Jedoch könne der Personalrat **nur bei Kenntnis von jedem Anschreiben** seiner **Kontrollpflicht nachkommen**, nämlich vollständig überprüfen, ob der jeweils betroffene Beschäftigte überhaupt und ob er nach

Maßgabe von § 84 Abs. 2 Satz 3 SGB IX ordnungsgemäß unterrichtet wurde. Die Mitteilung eines anonymisierten Mustertextes reiche nicht aus.

Regelungen, wonach **Personalakten nur mit Einwilligung** des Betroffenen vorgelegt werden dürfen, seien hier **weder unmittelbar noch entsprechend** anzuwenden. Das Unterrichtungsschreiben des Beteiligten an den jeweils betroffenen Beschäftigten gemäß § 84 Abs. 2 Satz 3 SGB IX sei weit davon entfernt, jenes vollständige Bild über die Persönlichkeit des Beschäftigten zu liefern, das für Personalakten typisch ist. Auch die Möglichkeit aus dem Anschreiben die **Privatandresse des Beschäftigten** zu erfahren, sei angesichts des Schutzzweckes der Überwachungspflicht des Personalrats auch im Interesse des Beschäftigten keine ungerechtfertigte und unverhältnismäßige Beeinträchtigung (BVerwG Beschluss vom 23. Juni 2010 a. a. O.). 106a

Allerdings muss der Arbeitgeber den **Inhalt seines Anschreibens** auf diejenigen Gesichtspunkte **begrenzen**, die für eine ordnungsgemäße Belehrung nach § 84 Abs. 2 Satz 3 SGB IX unumgänglich sind. In dieser Hinsicht genügen eine abstrakte Bezeichnung der gesetzlich definierten Ziele des BEM sowie Angaben zur Datenerhebung und -verwendung. Die Dienststelle ist **nicht befugt**, in das Anschreiben **individuelle, auf die Art der Erkrankung hinweisende Angaben** aufzunehmen und sodann etwa unter Hinweis auf den Datenschutz das Kontrollrecht der Personalvertretung auszuschalten (BVerwG Beschluss vom 23. Juni 2010 a. a. O.). 106b

Der Arbeitgeber hat die Anschreiben **dem Vorsitzenden oder einem vom Personalrat zu bestimmenden Mitglied zur Kenntnis** zu geben. Die Beschränkung von Mitteilungen des Dienststellenleiters an den Personalrat auf einzelne Personalratsmitglieder ist ein in der Verwaltungsrechtsprechung anerkanntes Mittel, um dem Schutz besonders sensibler personenbezogener Daten der Beschäftigten Rechnung zu tragen. Es liegt nahe, darauf zurückzugreifen, wenn es wie im vorliegenden Fall um Gesundheitsdaten geht (BVerwG Beschluss vom 23. Juni 2010 a. a. O. m. w. Nachw.). 106c

Dagegen kann der Personalrat **nicht verlangen**, dass Arbeitgeber ihm die **Antwortschreiben der Beschäftigten ohne deren Zustimmung** zur Kenntnis bringt. Er benötigt nicht die Kenntnis aller Antwortschreiben, um sein Überwachungsrecht nach § 84 Abs. 2 Satz 7 SGB IX wahrnehmen zu können. Die Gewissheit, dass die für ein BEM in Betracht kommenden Arbeitnehmer **angeschrieben wurden, reicht aus** (BVerwG Beschluss vom 23. Juni 2010 a. a. O.). Eine gegenteilige Auslegung kann auch nicht damit gerechtfertigt werden, dass die Personalvertretung eine **fehlerhafte Zuordnung** derjenigen Antworten aufdecken kann, welche die Zustimmung zum BEM unter Beteiligung der Personalvertretung zum Ausdruck gebracht haben. Derartige selten vorkommende Fehler werden schon **durch Rügen der Betroffenen selbst korrigiert** werden, wenn der Klärungsprozess im Widerspruch zu ihrem Antwortschreiben nicht oder nicht mit Beteiligung der betrieblichen Interessenvertretung stattfindet. Den Persönlichkeitsrechten kommt insoweit bedeutend größeres Gewicht zu (BVerwG Beschluss vom 23. Juni 2010 a. a. O.). 106d

Werden dem Antragsteller die **Antwortschreiben** derjenigen Beschäftigten zur Kenntnis gebracht, die der Durchführung des BEM **nicht zugestimmt** haben, so erfährt er ohne Zustimmung der Betroffenen, welche Haltung diese zum gesetzlichen Angebot nach § 84 Abs. 2 Satz 1 SGB IX haben. Es handelt sich um eine Äußerung, die die Gesundheit der Beschäftigten mit Bezug zu ihrem Arbeitsplatz und zu ihrer beruflichen Existenz betrifft. Werden dem Antragsteller die Antwortschreiben derjenigen zur Kenntnis gebracht, die dem betrieblichen Eingliederungsmanagement nur **ohne Einschaltung der Personalvertretung zugestimmt** haben, so erfährt er, welche Beschäftigten ihm kein hinreichendes Vertrauen entgegenbringen (BVerwG Beschluss vom 23. Juni 2010 a. a. O.). 106e

Die Mitteilung der Antwortschreiben in den beiden vorbezeichneten Fallgruppen bringt einen **Eingriff in das Recht auf informationelle Selbstbestimmung von erheblicher Intensität** mit sich. So liegt es insbesondere bei den Beschäftigten, die die Beteiligung der Perso- 106f nalvertretung ablehnen. Im Fall der Mitteilung auch dieser Antwortschreiben an den Antragsteller würde dieser davon in Kenntnis gesetzt, dass der jeweilige Beschäftigte ihm (im Zusammenhang mit dem betrieblichen Eingliederungsmanagement) kein Vertrauen entgegenbringt (BVerwG Beschluss vom 23. Juni 2010 a. a. O.).

106g Der in der Bekanntgabe des Antwortschreibens liegende **Eingriff in das Persönlichkeitsrecht wäre nicht verhältnismäßig**, weil zu seiner Rechtfertigung nennenswerte Gefahren für gleich- oder höherrangige Rechtsgüter nicht in Rede stehen. Das Risiko, dass gerade die Nichtweiterleitung aller Antwortschreiben der Betroffenen an den Personalrat zum Arbeitsplatzverlust bei einem einzelnen Beschäftigten führt, ist nach dem beschriebenen typischen Geschehensabläufen rein theoretischer Natur. Hinzu kommt, dass in den Fällen der Ablehnung einer Personalratsbeteiligung **nicht ausgeschlossen** werden kann, dass einzelne Beschäftigte **bei zu erwartender Weiterleitung ihrer Antwort an den Personalrat auf die Teilnahme am BEM verzichten** und deswegen ihren Arbeitsplatz gefährden. Dies stünde im Widerspruch zu den Zielen, die der Gesetzgeber mit der Regelung in § 84 Abs. 2 SGB IX verfolgt (BVerwG Beschluss vom 23. Juni 2010 a. a. O.).

106h Das BVerwG a. a. O. hat damit zwar nicht ausdrücklich über die Frage entschieden, ob der Personalrat eine **routine- bzw. listenmäßige Mitteilung** der für ein BEM in Betracht kommenden Bediensteten verlangen kann. Im konkreten Fall hatte das erstinstanzliche VG durch eine bereits rechtskräftige anderweitige Entscheidung einen solchen Anspruch bejaht, woran auch das BVerwG im Ergebnis mittelbar gebunden war. Jedoch dürfte dem ausführlich und überzeugend begründeten höchstrichterlichen Beschluss im Sinne eines „Erst-Recht-Arguments" zu entnehmen sein, dass der Personalrat auch diese Art von Information beanspruchen kann, wenn ihm sogar das Recht auf Überlassung der individualisierten Einladungsschreiben zum BEM durch den Arbeitgeber zusteht.

107 Im Übrigen kann der betroffene Arbeitnehmer die **Beteiligung des Betriebs- / Personalrats oder der Schwerbehindertenvertretung** an dem BEM **ablehnen**. Die Vorschrift des Abs. 2 Satz 1 lässt den Beschäftigten auch die Wahl, dem betrieblichen Eingliederungsmanagement ohne Beteiligung der Personalvertretung zuzustimmen (BVerwG Beschluss vom 23. Juni 2010 – 6 P 8.09 zit. nach lexetius.com/2010,2300, in Leitsatz 3 sowie in Rdnr. 64 ff. unter Hinweis auf die Gesetzgebungsgeschichte). Die **aktive Beteiligung der zuständigen Interessenvertretung ist ein nützliches Element des BEM**. Sie ist geeignet, das nötige Vertrauen beim Beschäftigten zu wecken, ohne dessen Eigeninitiative das Konzept zum Scheitern verurteilt ist. Sie kann wesentlich dazu beitragen, dass die Gestaltungsmöglichkeiten des Arbeitgebers zur Erhaltung des Arbeitsplatzes und zur Vermeidung von Arbeitslosigkeit genutzt werden (BVerwG Beschluss vom 23. Juni 2010 a. a. O.).

107a Es ist gleichwohl **immer denkbar, dass einzelne Beschäftigte** – aus welchen Gründen auch immer – **kein Vertrauen zum Personalrat haben**. Wäre die Zustimmung zum betrieblichen Eingliederungsmanagement stets mit der Beteiligung des Personalrats verbunden, so würde dies bei einem derartigen Beschäftigten zu folgender Entscheidungsalternative führen (vgl. BVerwG Beschluss vom 23. Juni 2010 a. a. O.):

Entweder lehnt er die Einschaltung des Personalrats ab; damit verliert er zugleich die Chance auf Wiedereingliederung, welche die Durchführung des betrieblichen Eingliederungsmanagements verspricht. Oder er stimmt diesem Instrument zu; dann muss er die – mit der Unterrichtung über sensible Daten verbundene – Beteiligung des Personalrats hinnehmen, zu dem er kein Vertrauen hat; das sind keine günstigen Voraussetzungen für den Erfolg des Klärungsprozesses, der ohne die aktive, motivierte Mitwirkung des Betroffenen selbst nicht gelingen kann. Den **Beschäftigten einer** derartigen **Zwangslage auszusetzen, ist unverhältnismäßig** und mit Blick auf die Ziele des betrieblichen Eingliederungsmanagements kontraproduktiv. Es ist nicht ausgeschlossen, dass dem Beschäftigten auch ohne Beteiligung der Personalvertretung bei der Erhaltung seines Arbeitsplatzes im Sinne von § 84 Abs. 2 SGB IX effektiv geholfen wird. Diese Chance muss gewahrt bleiben. Die dahingehende Auslegung der Vorschrift respektiert das Selbstbestimmungsrecht des Beschäftigten und steht damit im

Einklang mit Vorstellungen, welche dem verfassungsrechtlich geschützten Persönlichkeitsrecht nach Art. 2 Abs. 1 GG zugrunde liegen (BVerwG Beschluss vom 23. Juni 2010 a. a. O.).

Grundsätzlich gilt das Ablehnungsrecht auch für den betriebsärztlichen Dienst, soweit der Arbeitgeber nicht aus anderen Gründen berechtigt ist, diesen heranzuziehen. Im Öffentlichen Dienst kann ein betroffener Arbeitnehmer gegen seinen Willen dann zum Amtsarzt geschickt werden, wenn dies aufgrund der allgemein hierfür bestehenden Vorschriften möglich ist. 107b

Der Betroffene muss dem Arbeitgeber oder dem Integrationsteam die **Diagnose der Erkrankung** nicht mitteilen. Allerdings ist ein BEM nur sinnvoll, wenn die Beteiligten über die derzeitigen oder dauerhaften Einschränkungen, die aufgrund der Erkrankung am Arbeitsplatz bestehen, informiert sind. Die Verweigerung dieser Informationen bedeutet daher im Ergebnis eine Ablehnung des BEM durch den Betroffenen (vgl. *Zorn* BehindertenR 2006, 42 [43]). 108

4. Elemente des Eingliederungsmanagements

Die Ausgestaltung des Verfahrens des Eingliederungsmanagements ist gesetzlich nicht geregelt; insbesondere werden **keine inhaltlichen Anforderungen** an die vom Arbeitgeber verlangte Klärung der Möglichkeiten des Erhalts des Arbeitsverhältnisses gestellt (vgl. oben Rdnr. 66 ff.). Jedenfalls sollte der Arbeitgeber die von ihm unternommenen **Schritte hinreichend dokumentieren**, zumal er im Kündigungsschutzverfahren darlegungs- und beweispflichtig ist (Kciuk DÖD 2005, 151 [152]; vgl. auch unten Rdnrn. 115 ff.). 109

Als **Elemente des Eingliederungsmanagements** kommen beispielsweise in Betracht 110
– das Mitarbeitergespräch;
– eine Arbeitsplatz- und Ablaufanalyse;
– eine ergonomische bzw. leidensgerechte Umgestaltung des Arbeitsplatzes nach den Bedürfnissen des Arbeitnehmers, ggf. mit finanzieller Unterstützung des Integrationsamts;
– der Wechsel des Arbeitsplatzes innerhalb des Betriebs;
– das Angebot einer speziellen medizinischen oder psychologischen Zusatzversorgung (z. B. die Sprechstunde durch einen Psychologen oder Suchtberater) oder
– eine ärztliche Untersuchung des Betroffenen.

5. Rechtsfolgen bei unzureichendem oder fehlendem BEM

a) Rechtscharakter des § 84 Abs. 2 SGB IX

Ein Verstoß des Arbeitgebers gegen die in Abs. 1 festgeschriebenen Verpflichtungen stellt **keine Ordnungswidrigkeit nach § 156 SGB IX** dar. Aus dem Fehlen einer Sanktion wird teilweise abgeleitet, dass der Vorschrift lediglich **Appellfunktion** gegenüber dem Arbeitgeber zukomme (ErfK / *Rolfs* § 84 Rdnr. 1; KR / *Etzel* vor §§ 85–92 SGB IX Rdnr. 36; *Balders / Lepping* NZA 2005, 854 [857]; *Schlewing* ZfA 2005, 485 [496 ff.]). 111

Jedoch folgt eine **Verbindlichkeit der Regelung aus Satz 6 und 7 der Vorschrift**, wonach die zuständigen Interessenvertretungen nicht nur die organisatorischen Voraussetzungen, sondern im Einzelfall auch die Einleitung eines Verfahrens einfordern können (*Braun* ZTR 2005, 630 [631]; *Brose* DB 2005, 390[391]). Betriebs- / Personalrat oder Schwerbehindertenvertretung können ggf. ihre Unterrichtungs- und Beteiligungsrechte im arbeitsgerichtlichen Beschlussverfahren nach § 2a Abs. 1 Nr. 3a, Abs. 2 i. V. mit § 80 f. ArbGG durchsetzen. 112

Das Klärungsrecht der Interessenvertretungen schließt aber **nicht den Anspruch** ein, **in allen Phasen** des betrieblichen Eingliederungsmanagements **beteiligt** zu werden. Ebenso wenig können sie dem Arbeitgeber Inhalt, Zweck, Zeitpunkt sowie Art und Weise der Durchführung des BEM vorgeben (*Seel* BehindertenR 2006, 30 [32]). 113

114 Hingegen hat ein **einzelner Arbeitnehmer keinen eigenen einklagbaren Anspruch** auf die Durchführung eines betrieblichen Eingliederungsmanagements. Die Vorschrift des § 84 Abs. 2 SGB IX ist vorrangig als öffentlich-rechtliche Verpflichtung des Arbeitgebers anzusehen, die keine individualrechtlichen Ansprüche begründen kann (*Zorn* BehindertenR 2006, 42 [45]).

b) Arbeitsrechtliche Auswirkung auf krankheitsbedingte Kündigungen

115 Zunächst war umstritten, welche Auswirkungen die Nichtvornahme des nach dieser Vorschrift vorgesehenen betrieblichen Eingliederungsmanagements auf die Wirksamkeit einer Kündigung hat.

116 Nach einer Ansicht sollte das Unterlassen eines BEM **unerheblich** für die Wirksamkeit der Kündigung sein, weil das **Gesetz insoweit keine ausdrückliche Regelung** enthalte (so *Balders / Lepping* NZA 2005, 854 [857]; *Namendorf / Natzel* DB 2005, 1794; *Schlewing* ZfA 2005, 485 [496 ff.]).

117 Teilweise wurde angenommen, eine krankheitsbedingte Kündigung ohne Durchführung einer solchen Maßnahme sei **in der Regel unverhältnismäßig und damit sozialwidrig** und unwirksam (*Gaul / Süßbrich / Kulejewski* ArbRB 2004, 308; *Brose* DB 2005, 390 [393]; *v. Steinau-Steinrück / Hagemeister* NJW-Spezial 2005, 130).

118 Das **BAG** hat erstmals im Urteil vom 12. Juli 2007 – 2 AZR 716/06 = BAGE 123, 234 = AP Nr. 28 zu § 1 KSchG 1969 Personenbedingte Kündigung = NZA 2008, 173 = BehindertenR 2008, 77; bekräftigt durch Urteile vom 23. April 2008 – 2 AZR 1012/06 = NZA-RR 2008, 515 und vom 10. Dezember 2009 – 2 AZR 400/08 = NZA 2010, 398 = BehindertenR 2010, 102) ausdrücklich klargestellt: Die Durchführung eines betrieblichen Eingliederungsmanagements nach § 84 Abs. 2 SGB IX ist **keine formelle Wirksamkeitsvoraussetzung für** den Ausspruch einer **krankheitsbedingten Kündigung**. Die Vorschrift ist kein Verbotsgesetz. Verbotsgesetze i. S. des § 134 BGB verhindern das Zustandekommen einer rechtsgeschäftlichen Regelung. Das Verbot muss sich aber gerade gegen die Vornahme des Rechtsgeschäfts richten. Weder aus dem Wortlaut des § 84 Abs. 2 SGB IX noch aus der Gesetzesbegründung folgt, dass eine Verletzung dieser Vorschrift stets als Rechtsfolge die Unwirksamkeit einer Kündigung nach sich zieht (BAG Urteil vom 12. Juli 2007 a. a. O.).

119 Während **§ 85 SGB IX** ausdrücklich vorschreibt, dass die Kündigung des Arbeitsverhältnisses gegenüber einem schwerbehinderten Menschen durch den Arbeitgeber der Zustimmung des Integrationsamtes bedarf, und damit den Ausspruch der Kündigung verbietet, ihn jedoch unter einen **Erlaubnisvorbehalt** stellt, findet sich eine **vergleichbare Formulierung in § 84 Abs. 2 SGB IX nicht**. Das Gesetz sieht vielmehr gar keine Rechtsfolge vor (BAG Urteil vom 12. Juli 2007 a. a. O.).

120 Auch die systematische Zuordnung der Vorschrift unter Kapitel 3: „Sonstige Pflichten der Arbeitgeber; Rechte der schwerbehinderten Menschen" statt unter Kapitel 4: „Kündigungsschutz" weist in dieselbe Richtung. Die gesetzliche Regelung steht gerade **außerhalb des besonderen Kündigungsschutzes für schwerbehinderte und ihnen gleichgestellte Menschen**. Nach der Gesetzesbegründung zum Gesetz zur Bekämpfung der Arbeitslosigkeit Schwerbehinderter vom 29. September 2000 (BGBl. I S. 1394; BT-Drucks. 14/3372 S. 16) sollte durch den Ausbau der betrieblichen Prävention und damit der Einführung des BEM die Entstehung von Schwierigkeiten bei der Beschäftigung Schwerbehinderter und von der Behinderung Bedrohter möglichst verhindert bzw. sollten diese jedenfalls möglichst frühzeitig behoben werden. Dieser Zweck erfordert es zwar, **schwerbehinderte Arbeitnehmer** vor gesundheitlichen Beeinträchtigungen **zu schützen, nicht jedoch**, sie von vornherein – und damit möglicherweise auch grundlos – **besser zu stellen als andere Arbeitnehmer** (BAG Urteil vom 12. Juli 2007 a. a. O.).

Prävention § 84

Jedoch stellt die Regelung des § 84 Abs. 2 SGB IX eine **Konkretisierung des** dem gesamten Kündigungsschutzrecht innewohnenden **Verhältnismäßigkeitsgrundsatzes** dar (BAG Urteil vom 12. Juli 2007 a. a. O.). **121**

Durch sie wird für den Fall der krankheitsbedingten Kündigung das im Kündigungsrecht ohnehin maßgebende **ultima-ratio–Prinzip verstärkend konkretisiert** (so schon LAG Berlin Urteil vom 27. Oktober 2005 – 10 Sa 783/05 = NZA-RR 2006, 184 = BehindertenR 2006, 165 m. *Anm. Gagel*; wohl auch LAG Niedersachsen Urteil vom 29. März 2005 – 10 Sa 783/05 = BB 2005, 1682 im Umkehrschluss zur Rechtslage vor dem 1. Mai 2004; *Braun* ZTR 2005, 630; *Gagel* Forum B, Diskussionsbeitrag Nr. 4/2004 unter www.iqpr.de; *Löw* MDR 2005, 608 [609]). **122**

Nach ständiger Rechtsprechung des BAG kann einem Arbeitnehmer **personenbedingt wegen Krankheit nur gekündigt** werden, wenn eine negative Gesundheitsprognose vorliegt, die prognostizierten Fehlzeiten bzw. Störungen die betrieblichen Interessen erheblich beeinträchtigen und eine umfassende Interessenabwägung ergibt, dass der Arbeitgeber die Beeinträchtigung nicht weiter hinzunehmen hat (vgl. z. B. BAG Urteil vom 20. Januar 2000 – 2 AZR 378/99 = BAGE 93, 255 = AP Nr. 38 zu § 1 KSchG 1969 Krankheit = NZA 2000, 768 [770]). Bei der Interessenabwägung ist zu berücksichtigen, dass die **Kündigung „ultima ratio"** sein muss, also kein zumutbares milderes Mittel zur Verfügung stehen darf. Eine Kündigung wegen krankheitsbedingter Leistungsminderung kann daher nur zulässig sein, wenn der **Arbeitgeber erfolglos geprüft** hat, ob der Leistungsminderung durch **zumutbare organisatorische Maßnahmen** (z. B. Änderung oder Umverteilung des Arbeitsablaufs) begegnet werden kann (*Braun* ZTR 2005, 630 [632]). **123**

Das BEM ist nicht selbst ein milderes Mittel. Mit seiner Hilfe können **aber mildere Mittel als die Kündigung**, z. B. eine Umgestaltung des Arbeitsplatzes oder eine Weiterbeschäftigung auf einem anderen – ggf. durch Umsetzungen freizumachenden – Arbeitsplatz, **erkannt und entwickelt** werden (BAG Urteil vom 10. Dezember 2009 – 2 AZR 400/08 unter I. 3 der Gründe = DB 2010, 621 = NZA 2010, 398 = BehindertenR 2010, 10). **123a**

Dabei wird das Verhältnismäßigkeitsprinzip nicht allein dadurch verletzt, dass kein BEM durchgeführt wurde. Es muss hinzukommen, dass **überhaupt Möglichkeiten einer alternativen (Weiter-)Beschäftigung** bestanden haben, die eine Kündigung vermieden hätten (BAG Urteil vom 23. April 2008 – 2 AZR 1012/06 = DB 2008, 2091 = NZA-RR 2008, 515 = BB 2008, 2409; Urteil vom 12. Juli 2007 – 2 AZR 716/06 = BAGE 123, 234 = AP Nr. 28 zu § 1 KSchG 1969 Personenbedingte Kündigung = NZA 2008, 173 = BehindertenR 2008, 77). **123b**

Hat der Arbeitgeber entgegen seiner gesetzlichen Pflicht überhaupt kein BEM durchgeführt, darf er sich dadurch **keine darlegungs- und beweisrechtlichen Vorteile verschaffen** (BAG Urteile vom 12. Juli 2007 und 23. April 2008 a. a. O). In diesem Fall kann sich der Arbeitgeber nicht darauf beschränken vorzutragen, er kenne keine alternativen Einsatzmöglichkeiten für den erkrankten Arbeitnehmer und es gebe keine leidensgerechten Arbeitsplätze, die der Arbeitnehmer trotz seiner Erkrankung noch einnehmen könne. Er hat vielmehr von sich aus denkbare oder vom Arbeitnehmer (außergerichtlich) bereits genannte Alternativen zu würdigen und im Einzelnen **darzulegen, aus welchen Gründen** sowohl eine **Anpassung des bisherigen** Arbeitsplatzes an dem Arbeitnehmer zuträgliche Arbeitsbedingungen **als auch die Beschäftigung auf einem anderen – leidensgerechten – Arbeitsplatz ausscheiden**. Erst dann ist es Sache des Arbeitnehmers, sich hierauf substanziiert einzulassen und darzulegen, wie er sich selbst eine leidensgerechte Beschäftigung vorstellt. **123c**

Das Gleiche gilt, wenn der Arbeitgeber zur Erfüllung seiner Verpflichtung aus § 84 Abs. 2 SGB IX ein Verfahren durchgeführt hat, das **nicht den gesetzlichen Mindestanforderungen an ein BEM genügt** (vgl. dazu oben Rdnr. 66a ff.). **123d**

Bei der kündigungsrechtlichen Anwendung des § 84 Abs. 2 SGB IX im Rahmen der Verhältnismäßigkeitsprüfung sind demnach **drei voneinander teilweise abhängige Aspekte** zu beachten (BAG Urteil vom 23. April 2008 unter B II 3 b dd der Gründe): Zunächst ist zu **123e**

Knittel SGB IX Kommentar 1151

fragen, ob ein **BEM stattgefunden** hat. Ist dies der Fall, so ist für die Frage der Weiterbeschäftigungsmöglichkeit das – positive oder auch negative – **Ergebnis des BEM maßgeblich zu berücksichtigen**. Der Arbeitgeber ist grundsätzlich verpflichtet, einen Vorschlag, auf den sich die Teilnehmer eines BEM verständigt haben, auch umzusetzen, ehe er eine Kündigung ausspricht.

123f Hat dagegen **kein BEM** stattgefunden, ist – zweitens – zu prüfen, ob es ein **positives Ergebnis hätte erbringen können**. Ist dies **nicht der Fall**, so kann dem Arbeitgeber aus dem Unterlassen des BEM kein Nachteil entstehen (BAG Urteil vom 23. April 2008 a. a. O.) Leidet etwa ein bisher als Maschinenführer eingesetzter Arbeitnehmer u. a. an epileptischen Anfällen, die eine Arbeit im Kontakt mit Maschinen wegen Eigen- und Fremdgefährdung ausschließen und verfügt der Arbeitgeber über keine maschinenfernen Arbeitsplätze in der Produktion, käme nur eine Tätigkeit des Arbeitnehmers in der Verwaltung in Betracht. Fehlt ihm aber die hierfür erforderliche Qualifikation und kann er sie auch nicht zeitnah erwerben, ist ein unterbliebenes BEM wegen fehlender Erfolgsaussicht unschädlich (LAG Rheinland-Pfalz Urteil vom 24. April 2009 – 9 Sa 683/08, zit. nach JURIS).

123g Wäre ein **positives Ergebnis dagegen möglich** gewesen, treten – drittens – die unten in Rdnr. 127 ff. näher beschriebenen Verschiebungen in der Darlegungslast ein (BAG Urteil vom 23. April 2008 a. a. O.).

124 Damit kann eine Kündigung zwar noch **nicht allein** deshalb wegen Verstoßes gegen das Verhältnismäßigkeitsprinzip als **sozial ungerechtfertigt** qualifiziert werden, **weil das BEM nicht durchgeführt** wurde. Es müssen vielmehr auch bei gehöriger Durchführung des BEM überhaupt **Möglichkeiten einer alternativen (Weiter-)Beschäftigung** bestanden haben, die eine Kündigung vermieden hätten (BAG Urteil vom 12. Juli 2007 a. a. O.; *Welti* NZS 2006, 623 [626]; vgl. für das Präventionsverfahren nach Abs. 1 BAG Urteil 7. Dezember 2006 – 2 AZR 182/06 = BAGE 120, 293 = BehindertenR 2007, 140 = AP Nr. 56 zu § 1 KSchG 1969 Verhaltensbedingte Kündigung; *Düwell* BB 2000, 2570 [2573]); im Umkehrschluss folgt daraus weiter, dass ein unterlassenes BEM einer Kündigung dann nicht entgegensteht, wenn sie auch durch das BEM nicht hätte verhindert werden können (BAG Urteil vom 12. Juli 2007 a. a. O.).

125 Von Bedeutung ist das Unterlassen eines BEM namentlich dann, wenn der Arbeitnehmer vorträgt, die **Krankheit** habe **betriebsbedingte Ursachen**. Denn schon nach bisheriger Rechtsprechung ist eine etwaige betriebliche Ursache der Erkrankung bei der Interessenabwägung zugunsten des Arbeitnehmers zu berücksichtigen (vgl. BAG Urteil vom 6. September 1989 = NZA 1990, 305 = NJW 1990, 2341 = AP Nr. 22 zu § 1 KSchG 1969 Krankheit).

Das betriebliche Eingliederungsmanagement dient nicht nur dazu, andere krankheitsgerechte Arbeitsplätze zu finden, auf denen der Arbeitnehmer eingesetzt werden kann, sondern auch **auf dem bisherigen Arbeitsplatz krankmachende Faktoren auszuschalten**; das gilt auch für psychische Erkrankungen in Zusammenhang mit erlittenem Mobbing (LAG Köln Urteil vom 26. Oktober 2009 – 2 Sa 292/09, zit. nach JURIS)

126 Wenn **betriebliche Verhältnisse** (z. B. Staubluft) nicht die alleinige oder primäre Ursache für krankheitsbedingte Fehlzeiten sind, sondern sich **nur in Verbindung mit einer besonderen Anlage des Arbeitnehmers** (etwa erhöhte Reizbarkeit des Bronchialsystems) auswirken können, sind sie zwar für die Interessenabwägung einer krankheitsbedingten Kündigung nicht unerheblich. Es ist aber nicht zu beanstanden, wenn das Arbeitsgericht dann im Rahmen des tatrichterlichen Beurteilungsspielraums einer möglichen **Mitursächlichkeit betrieblicher Umstände kein ausschlaggebendes Gewicht** zuerkennt (vgl. BAG Urteil vom 5. Juli 1990 – 2 AZR 154/90 = AP Nr. 26 zu § 1 KSchG 1969 Krankheit = BB 1990, 2265 = NZA 1991, 185). Bleibt allerdings der Arbeitgeber trotz Vorliegens der Voraussetzungen des § 84 Abs. 2 untätig, kündigt er aber später dem Mitarbeiter krankheitsbedingt und trägt dieser im Prozess vor, bei Durchführung von Maßnahmen des betrieblichen Eingliederungs-

managements durch den Arbeitgeber hätte sich sein Gesundheitszustand positiv entwickelt, kann sich die Kündigung als unwirksam erweisen.

Jedenfalls ist dem **Arbeitgeber anzuraten**, Angebot und Durchführung von **betrieblichen Eingliederungsmaßnahmen** in jedem Einzelfall sorgfältig zu **dokumentieren**, wenn die Möglichkeit einer krankheitsbedingten Kündigung im Raum steht (*Braun* ZTR 2005, 630 [632]). **127**

Hat das BEM zu einem **negativen Ergebnis**, also zur Erkenntnis geführt, es gebe keine Möglichkeiten, die Arbeitsunfähigkeit des Arbeitnehmers zu überwinden oder künftig zu vermeiden, genügt der Arbeitgeber seiner Darlegungslast nach § 1 Abs. 2 Satz 4 KSchG, wenn er **auf diesen Umstand hinweist und behauptet, es bestünden keine anderen Beschäftigungsmöglichkeiten**. Der nunmehr darlegungspflichtige Arbeitnehmer genügt seiner Darlegungslast grundsätzlich nicht dadurch, dass er auf alternative Beschäftigungsmöglichkeiten verweist, die während des BEM behandelt und verworfen worden sind. Auch der Verweis auf nicht behandelte Alternativen wird grundsätzlich ausgeschlossen sein. Der Arbeitnehmer muss diese bereits in das BEM einbringen. Er kann allenfalls auf Möglichkeiten verweisen, die sich erst nach Abschluss des BEM bis zum Zeitpunkt der Kündigung ergeben haben (⌕ BAG Urteil vom 10. Dezember 2009 – 2 AZR 400/08 = NZA 2010, 398 = DB 2010, 621 = BehindertenR 2010, 102). **127a**

Hat das BEM zu einem **positiven Ergebnis** geführt, ist der Arbeitgeber grundsätzlich **verpflichtet, die empfohlene Maßnahme** – soweit dies in seiner alleinigen Macht steht – vor Ausspruch einer krankheitsbedingten Kündigung als milderes Mittel **umzusetzen** (BAG Urteil vom 10. Dezember 2009 a. a. O. unter Hinweis auf *Joussen* DB 2009, 286 [290]). Kündigt er, ohne sie umgesetzt zu haben, muss er im Einzelnen und konkret darlegen, warum die Maßnahme entweder trotz Empfehlung undurchführbar war oder selbst bei einer Umsetzung diese keinesfalls zu einer Vermeidung oder Reduzierung von Arbeitsunfähigkeitszeiten geführt hätte. Dem wird der Arbeitnehmer regelmäßig mit einem einfachen Bestreiten entgegentreten können. **127b**

Insbesondere hat der Arbeitgeber vor Ausspruch einer krankheitsbedingten Kündigung eine (durch ein BEM) empfohlene **Rehabilitationsmaßnahme schon von sich aus in Erwägung zu ziehen** und ihre Durchführung in die Wege zu leiten. Bedarf es dazu der Einwilligung oder der Initiative des Arbeitnehmers, muss der Arbeitgeber um diese nachsuchen oder den **Arbeitnehmer hierzu auffordern**. Dazu kann er dem Arbeitnehmer eine Frist setzen. Der Arbeitgeber muss den Arbeitnehmer dabei deutlich darauf hinweisen, dass er im Weigerungsfall mit einer Kündigung rechnen müsse. Lehnt der Arbeitnehmer die Maßnahme dennoch ab oder bleibt er trotz Aufforderung untätig, braucht der Arbeitgeber die Maßnahme vor Ausspruch der Kündigung nicht mehr als milderes Mittel zu berücksichtigen (BAG Urteil vom 10. Dezember 2009 a. a. O.) Denn die Pflicht des Arbeitgebers, nach geeigneten Maßnahmen zu suchen, um eine Kündigung eines schwerbehinderten Arbeitnehmers zu verhindern, setzt die Bereitschaft des Arbeitnehmers zu einer entsprechenden Mitwirkung voraus (⌕ LAG Rheinland-Pfalz Urteil vom 12. Februar 2010 – 6 Sa 640/09, zit. nach JURIS). **127c**

Grundsätzlich aber gilt, dass immer dann, wenn ein Arbeitgeber eine Weiterbeschäftigungsmöglichkeit für die Re-Integration eines arbeitsunfähigen Arbeitnehmers kennt oder bei ordnungsgemäßer Durchführung des betrieblichen Eingliederungsmanagements kennen muss und diese **Beschäftigungsmöglichkeit durch anderweitige Besetzung treuwidrig beseitigt**, sich der Arbeitgeber nach dem Rechtsgedanken des § 162 BGB die zwischenzeitlich besetzte Stelle als im Zeitpunkt der Kündigung „frei" entgegenhalten lassen muss (⌕ LAG Berlin-Brandenburg Urteil vom 17. August 2009 – 10 Sa 592/09 = LAGE § 1 KSchG Krankheit Nr. 44a: vgl. dazu auch ⌕ LAG Berlin-Brandenburg Urteil vom 24. März 2009 – 12 Sa 1450/08, zit. nach JURIS). Eine solche treuwidrige Vereitelung der Weiterbeschäftigungsmöglichkeit liegt immer dann vor, wenn sich dem Arbeitgeber die Möglichkeit der Weiterbeschäftigung aufdrängen musste (st. Rspr., vgl. zuletzt ⌕ BAG Urteil vom 5. Juni 2008 – 2 AZR 107/07). War für den Arbeitgeber zum Zeitpunkt der Stellenbesetzung die Notwendig- **127d** keit einer Beschäftigungsmöglichkeit für den später gekündigten Arbeitnehmer bereits absehbar, so liegt ein treuwidriges, weil rechtsmissbräuchliches Verhalten vor (BAG Urteil vom 25. April 2002 – 2 AZR 260/01 = NZA 2003, 605 = AP Nr. 121 zu § 1 KSchG 1969 Betriebsbedingte Kündigung).

128 Findet das **KSchG keine Anwendung**, ist bei einem schwerbehinderten Mitarbeiter zu prüfen, ob sich die **Kündigung als willkürlich erweist**, wenn der Arbeitgeber sie ohne vorheriges betriebliches Eingliederungsmanagement ausgesprochen hat. Willkür kann nicht schon dann bejaht werden, wenn der Arbeitgeber nicht den durch § 84 Abs. 2 SGB IX vorgezeichneten Weg gegangen ist, sondern erst, wenn er die Zielsetzung dieses Gesetzes völlig ignoriert hat (LAG Schleswig-Holstein Urteil vom 17. November 2005 – 4 Sa 328/05 = BehindertenR 2006, 170).

129 Im entschiedenen Fall hat das LAG Schleswig-Holstein ausgeführt:

„Anhaltspunkte für ein solches willkürliches Verhalten unter Berücksichtigung des § 84 Abs. 2 SGB IX bestehen jedoch nicht. Zwar ist die Beklagte **nicht den formalen Weg** des § 84 Abs. 2 Satz 3 SGB IX gegangen und hat dem Kläger zunächst über die Ziele des betrieblichen Eingliederungsmanagements **aufgeklärt**. Ein solches Unterlassen **begründet aber noch nicht den Vorwurf willkürlichen Verhaltens** bei einer nachfolgenden Kündigung. Willkür kann allenfalls dann bejaht werden, wenn sich ein Arbeitgeber überhaupt nicht der Intention des § 84 Abs. 2 SGB IX bei einem Schwerbehinderten stellt, die **Zielsetzung dieses Gesetzes also völlig ignoriert**. Ziel des zum 1. Mai 2004 in Kraft getretenen § 84 Abs. 2 SGB IX ist es, durch betriebliche Prävention die krankheitsbedingte Kündigung bei dem betroffenen Arbeitnehmer nach dem Grundsatz „Rehabilitation statt Entlassung" zu verhindern. Diesem Ziel ist die Beklagte durch ihr Vorgehen vor Ausspruch der Kündigung gerecht geworden, auch wenn sie nicht den durch § 84 Abs. 2 SGB IX vorgezeichneten Weg gegangen ist. Denn sie hat sich vor Ausspruch der Kündigung darum bemüht, eine Klärung der Einsetzbarkeit des Klägers für die Zukunft herbeizuführen. Sie hat sich damit – bewusst oder unbewusst im Hinblick auf § 84 Abs. 2 SGB IX – **jedenfalls um Prävention statt Kündigung bemüht**. Sie hat sich diesem Ziel nicht gleichgültig verschlossen, sondern zu klären versucht, ob ein Einsatz des Klägers wieder möglich sein wird. Berücksichtigt man dabei, dass § 84 Abs. 2 SGB IX offen lässt, welche Maßnahmen konkret im Rahmen eines betrieblichen Eingliederungsmanagements in Frage kommen, und beachtet man weiterhin, dass der Kläger nur als Kraftfahrer im Betrieb eingesetzt werden konnte, weil es andere geeignete Arbeitsplätze unstreitig dort nicht gibt, so erweist sich die Vorgehensweise der Beklagten als dem Ziel der genannten Vorschrift entsprechend.

Schließlich steht der Annahme willkürlichen Verhaltens unter diesem Gesichtspunkt aber auch die **Entscheidung des Integrationsamts** entgegen. Wenn schon das Integrationsamt, das bei der beantragten Zustimmung zur beabsichtigten Kündigung den besonderen Schutz des Schwerbehinderten zu berücksichtigen hat, keine Veranlassung sah, im Hinblick auf § 84 Abs.2 SGB IX die Zustimmung zu verweigern, so kann erst recht die darauf erfolgte Kündigung seitens der Arbeitgeberin unter diesem Gesichtspunkt nicht als willkürlich betrachtet werden."

c) Beamtenrechtliche Auswirkungen

129a Die Durchführung eines BEM gem. § 84 Abs. 2 SGB IX ist nicht formelle Rechtmäßigkeitsvoraussetzung eines Bescheids, mit dem die **Versetzung eines Beamten in den Ruhestand wegen Dienstunfähigkeit** verfügt wird (OVG Schleswig-Holstein Urteil vom 19. Mai 2009 – 3 LB 27/08, zit. nach JURIS; OVG NRW Beschluss vom 21. Mai 2010 – 6 A 816/09 = IÖD 2010, 150; LPK-SGB IX / *Düwell* Rdnr. 84).

C) zu Abs. 3

1. Finanzielle Förderung der Einführung eines betrieblichen Eingliederungsmanagements

Die Vorschrift sieht vor, dass die Rehabilitationsträger und die Integrationsämter diejenigen Arbeitgeber, die ein betriebliches Eingliederungsmanagement einführen, durch eine **Prämie** oder einen **Bonus** fördern können. Die Vergabe einer solchen Prämie bzw. eines Bonus durch das Integrationsamt steht in dessen Ermessen. Es wird dabei vor allem auf die **Ausgestaltung des individuellen betrieblichen Ansatzes** zu achten haben, der jedenfalls über die gesetzlichen Mindestvorgaben hinausgehen soll. Zur näheren Einzelheiten wird auf die „Empfehlung zur Erbringung von Prämien zur Einführung eines betrieblichen Eingliederungsmanagements" der BIH verwiesen, die im Anhang wiedergegeben ist. Vgl. im Übrigen zur Frage der **Qualitätsmessung des BEM** *Hetzel / Flach / Mozdzanowski / Schian* BG 2006, 516 sowie Rehabilitation 2006, 316 und *Oppolzer* AiB 2007, 37.

130

IV. Literatur

Arnold, Christian / **Fischinger** Philipp S., Kündigungsschutz und § 84 SGB IX – der Nebel lichtet sich! BB 2007, 1894

Balders, Sven-Frederik / **Lepping**, Christian, Das betriebliche Eingliederungsmanagement nach SGB IX – Arbeits- und schwerbehindertenrechtliche Fragen –, NZA 2005, 854

Bogun, Marcel, Kündigung schwerbehinderter Menschen ohne vorheriges Präventionsverfahren, ArbuR 2007, 276

Braun, Stefan, Betriebliches Eingliederungsmanagement gem. § 84 Abs. 2 SGB IX, ZTR 2005, 630

Britschgi, Siggy, Betriebliches Eingliederungsmanagement – Das geht alle Arbeitnehmer an! –, AiB 2005, 284

Brose, Wiebke, Das betriebliche Eingliederungsmanagement nach § 84 Abs. 2 SGB IX als eine neue Wirksamkeitsvoraussetzung für die krankheitsbedingte Kündigung?, DB 2005, 390

Brose, Wiebke, Die Auswirkungen des § 84 Abs. 1 SGB IX auf den Kündigungsschutz bei verhaltensbedingten, betriebsbedingten und personenbedingten Kündigungen, RdA 2006, 149

Bundesregierung, Bericht über die Wirkung der Instrumente zur Sicherung der Beschäftigung und zur betrieblichen Prävention, BT-Drucks. 16/6044 vom 2. 7. 2007, 25 ff.

Cramer, Horst H., Die Neuerungen im Schwerbehindertenrecht des SGB IX, NZA 2004, 698

Düwell, Franz Josef, Prävention und betriebliches Eingliederungsmanagement – Neue Aufgaben für Arbeitgeber und Arbeitnehmervertretungen, in: Personalrecht im Wandel – Festschrift für Wolfdieter Küttner zum 70. Geburtstag, 2006, 139 ff.

Faber, Ulrich, Erste Rechtsprechung zum BEM, AiB 2006, 553

Faber, Ulrich, Betriebliches Eingliederungsmanagement – Bausteine einer Dienst-/Integrationsvereinbarung, PersR 2007, 333

Feldes, Werner, Das betriebliche Rehabilitationsmanagement – Grundzüge und Instrumente einer betrieblichen Präventionsstrategie –, BehindertenR 2005, 48

Feldes, Werner, Eingliedern statt Kündigen – Eckpunkte für eine Betriebsvereinbarung zum Eingliederungsmanagement –, AiB 2005, 546

Feldes, Werner, Vom Fehlzeiten- zum Eingliederungsmanagement – Ablösestrategien für die Betriebsratspraxis, AiB 2009, 222

Feldes, Werner / **Kossack**, Dagmar, Novellierung des Sozialgesetzbuches IX – Mehr Einschränkungen als Verbesserungen –, AiB 2004, 453

Gagel, Alexander, Betriebliches Eingliederungsmanagement – Rechtspflicht und Chance –, NZA 2004, 1359

Gagel, Alexander / **Dalitz**, Sabine, Regelung des betrieblichen Eingliederungsmanagements durch Integrationsvereinbarung und/oder Betriebsvereinbarung, BehindertenR 2006, 39

Gagel, Alexander / **Schian**, Marcus, Zur Berechnung der Sechs-Wochen-Frist des § 84 Abs. 2 SGB IX, BehindertenR 2006, 42

Gaul, Björn / **Süßbrich**, Katrin / **Kulejewski**, Darius, Keine krankheitsbedingte Kündigung ohne „betriebliches Eingliederungsmanagement", ArbRB 2004, 308

Grobys, Marcel, Zur Wirkung eines unterlassenen Präventionsverfahrens nach § 84 SGB IX, NJW 2007, 1998

Gundermann, Lukas / **Oberberg**, Max, Datenschutzkonforme Gestaltung des betrieblichen Eingliederungsmanagements und Beteiligung des Betriebsrates, ArbuR 2007, 19

Hetzel, Christian, / **Flach**, Torsten / **Mozdzanowski**, Matthias / **Schian**, Hans-Martin, Wie lässt sich die Qualität des betrieblichen Eingliederungsmanagements messen? BG 2006, 516

Hjort, Jens Peter, Mitbestimmung beim Betrieblichen Eingliederungsmanagement, AiB 2007, 427

Horcher, Michael, Vorrang der Änderungskündigung und betriebliches Eingliederungsmanagement, RdA 2009, 31

Hunold, Wolf, Eingliederungsmanagement, AuA 2005, 422

Hunold, Wolf, Krankheitsbedingte Kündigung – Betriebliches Eingliederungsmanagement; Anm. zum Urteil des LAG Hannover vom 29. März 2005 (14 Sa 1429/04 = BB 2005, 1682), BB 2005, 1684

Hunold, Wolf, Betriebliches Eingliederungsmanagement, BB 2007, 724

Kayser, Ulrike, Das betriebliche Eingliederungsmanagement – Unter besonderer Berücksichtigung der Leistungen des Integrationsamts, AuA 2007, 206

Kciuk, Katharina, Betriebliches Eingliederungsmanagement und krankheitsbedingte Kündigung, DÖD 2005, 151

Kiesche, Eberhard, Vertraulichkeit ist zwingend – Gespräche im betrieblichen Eingliederungsmanagement, dbr 2007, Nr. 12, S. 34

Kiesche, Eberhard Verhaltensbedingte Kündigung – krankheitsbedingte Kündigung – betriebliches Eingliederungsmanagement, AiB 2008, 303

Klaesberg, Sabrina, Das Betriebliche Eingliederungsmanagement gem. § 84 Abs. 2 SGB IX, PersR 2005, 427

Klaesberg, Sabrina, Das Betriebliche Eingliederungsmanagement in der Rechtsprechung – Ein Überblick über die wesentlichen Streitfragen, PersR 2008, 391

Koch, Andreas, Zu Problemen des Informationsanspruchs der Interessenvertretung im Rahmen des betrieblichen Eingliederungsmanagements nach § 84 Abs. 2 SGB IX, PersV 2008, 256

Kock, Martin, Rechtsprechungsübersicht zur personenbedingten Kündigung 2004/2005, BB 2005, 2350

Kock, Martin, Rechtsprechungsübersicht zur personenbedingten Kündigung 2007/2008, BB 2009, 270

Kock, Martin, BB-Rechtsprechungsreport zur personenbedingten Kündigung 2008/2009, BB 2010, 633

Köpke, Karl-Heinz, Praktische Erfahrungen mit dem betrieblichen Eingliederungsmanagement – Zwischenbilanz nach fünf Jahren, SozSich 2009, 68

Kohte, Wolfhard, Bessere Beschäftigungschancen für ältere Arbeitnehmer – aber wie? AuR 2008, 281

Kohte, Wolfhard, Betriebliches Eingliederungsmanagement und Bestandsschutz, DB 2008, 582

Kohte, Wolfhard, Wirksamkeit einer krankheitsbedingten Kündigung – Durchführung eines betrieblichen Eingliederungsmanagements, AiB 2009, 387

Leuchten, Alexius, Das Betriebliche Eingliederungsmanagement in der Mitbestimmung, DB 2007, 2482

Löw, Stefan, Betriebliches Eingliederungsmanagement – Die Auswirkungen auf krankheitsbedingte Kündigungen, MDR 2005, 608

Lorenz, Matthias / **Kissel**, Marcus, Mindestanforderungen eines ordnungsgemäßen betrieblichen Eingliederungsmanagements gem. § 84 Abs. 2 SGB IX, ArbRB 2008, 382

Magin, Johannes, Kosten-Nutzen-Analyse eines betrieblichen Eingliederungsmanagements, BehindertenR 2006, 36

Magin, Johannes / **Schnetter**, Bettina, Die Einführung des betrieblichen Eingliederungsmanagements – Erste Erfahrungen aus der Praxis – Pilotprojekt in einem bayerischen Unternehmen –, BehindertenR 2005, 52

Mehrhoff, Friedrich, Betriebliches Eingliederungsmanagement nach dem SGB IX – Neuland für Betriebe und soziale Versicherungen –, BG 2005, 329

Mehrhoff, Friedrich / **Schönle**, Paul Walter, Eingliederungsmanagement – Leistungsfähigkeit von Mitarbeitern sichern, Stuttgart 2005

Michalak, Markus, Ein Gewinn für BKK, Betrieb und Beschäftigte BKK 2005, 198

Moderegger, Christian, Betriebliches Eingliederungsmanagement – Handlungsleitfaden –, ArbRB 2005, 347

Müller, Stefan, Lehnt der betroffene Arbeitnehmer im Einzelfall die Durchführung eines BEM ab, ist der Arbeitgeber insoweit von der BEM-Pflicht befreit, BB 2008, 280

Müller, Stefan, Betriebliches Eingliederungsmanagement (§ 84 Abs. 2 SGB IX) und Mitbestimmungsrechte des Betriebsrates aus § 87 Abs. 1 BetrVG, AuR 2009, 29

Müller, Stefan, Mitbestimmungsrecht des Betriebsrats bei Maßnahmen des betrieblichen Eingliederungsmanagements, AiB 2009, 233

Müller, Stefan, Die Rechtsprechung der Arbeitsgerichte zum Betrieblichen Eingliederungsmanagement, FA 2009, 98

Namendorf, Annette / **Natzel**, Ivo, Betriebliches Eingliederungsmanagement – neue Wunderwaffe im Kündigungsrechtsstreit?, FA 2005, 162

Namendorf, Annette / **Natzel**, Ivo, Betriebliches Eingliederungsmanagement nach § 84 Abs. 2 SGB IX und seine arbeitsrechtlichen Implikationen, DB 2005, 1794

Nickel, Gerd, Betriebliches Eingliederungsmanagement – Praktische Tipps zu seiner Umsetzung, AiB 2009, 423

Niebe, Katja, (Re-)Integration von Arbeitnehmern: Stufenweise Wiedereingliederung und Betriebliches Eingliederungsmanagement – ein neues Kooperationsverhältnis, DB 2008, 1801

Oelkers, Felix / **Brugger**, Helen, BEM: Die Trumpfkarte im Kündigungsschutzprozess, NJW-Spezial 2010, 370

Oppolzer, Alfred, Zum Management-Charakter des BEM – Qualitätskriterien für das betriebliche Eingliederungsmanagement, AiB 2007, 37

Powietzka, Arnim, Aktuelle Rechtsprechung zum Kündigungsschutz schwerbehinderter Arbeitnehmer, BB 2007, 2118

Pulte, Peter, Beteiligungsrechte des Betriebsrats außerhalb der Betriebsverfassung, NZA-RR 2008, 113

Rehwald, Rainer / **Kossack**, Dagmar, Neue Kündigungsbestimmungen im SGB IX zum 1.5.2004, AiB 2004, 604

Rose, Franz-Josef / **Gilberger**, Christin, Wiedereingliederung: Schrankenloser Anspruch schwerbehinderter Menschen?, DB 2009, 1986

Schian, Marcus, Umsetzung des betrieblichen Eingliederungsmanagements – Geklärte Rechtsfragen und bleibende Unklarheiten, BG 2009, 206

Schilling, Antje / **Rath**, Anne- Kathrin, Betriebliches Eingliederungsmanagement – Best Practice, AuA 2009, 420

Schlewing, Anja, Das betriebliche Eingliederungsmanagement nach § 84 Abs. 2 SGB IX – Keine Wirksamkeitsvoraussetzung für die Kündigung wegen Krankheit, ZfA 2005, 485

Schlichtmann, Kirsten, Disability Manager – Schlüsselfigur beim Betrieblichen Eingliederungsmanagement, BG 2009, 411

Schulz, Constanze, Betriebliches Eingliederungsmanagement: Individual- und kollektivrechtliche Aspekte sowie aktuelle Rechtsprechung, PersV 2008, 244

Seel, Helga, Betriebliches Eingliederungsmanagement – Gesundheitsförderung als Unternehmensstrategie, BehindertenR 2006, 30

Seel, Hennig-Alexander, Rechtsfragen bei Kündigung schwerbehinderter Arbeitnehmer, MDR 2007, 499

Steinau-Steinrück von, Robert / **Hagemeister**, Volker, Das neue betriebliche Eingliederungsmanagement, NJW-Spezial 2005, 129

Timmermann, Maria, Information des Personalrats beim betrieblichen Eingliederungsmanagement Anmerkung zum Beschluss des OVG Berlin-Brandenburg vom 20.11.2008, PersR 2009, 149

Tschöpe, Ulrich, Krankheitsbedingte Kündigung und betriebliches Eingliederungsmanagement, NZA 2008, 398

Ubber, Thomas, Zum Erfordernis eines betrieblichen Eingliederungsmanagements. BB 2008, 217

Welti, Felix, Das betriebliche Eingliederungsmanagement nach § 84 Abs. 2 SGB IX – Sozial- und arbeitsrechtliche Aspekte, NZS 2006, 623

Wetzling, Frank / **Habel**, Maren, Betriebliches Eingliederungsmanagement und Mitwirkung des Mitarbeiters, NZA 2007, 1129

ZB-Info, Betriebliches Eingliederungsmanagement, herausgegeben von der Bundesarbeitsgemeinschaft der Integrationsämter und Hauptfürsorgestellen im Zusammenwirken mit der Bundesagentur für Arbeit. www.integrationsaemter.de/files/599/ZB_INFO_End.pdf

Zorn, Gerhard, Betriebliches Eingliederungsmanagement – Rechtsfragen zur praktischen Umsetzung im Betrieb, BehindertenR 2006, 42

Empfehlung Prämien § 84

Empfehlung zur Erbringung von Prämien zur Einführung eines betrieblichen Eingliederungsmanagements

BIH Bundesarbeitsgemeinschaft der Integrationsämter und Hauptfürsorgestellen, Karlsruhe
Stand: 24. März 2005

Rechtsgrundlage: § 102 Abs. 3 Nr. 2d SGB IX i. V. m. § 26c SchwbAV

Vorbemerkungen

Es mangelt an einer eindeutigen gesetzlichen Definition des Begriffes „betriebliches Eingliederungsmanagement". Der Gesetzgeber hat keinen Hinweis zur Abgrenzung der Prämien von den Leistungen der Rehabilitationsträger gegeben.

Eine Vergabepraxis in Abstimmung mit den Rehabilitationsträgern ist anzustreben. Inhalt einer Vereinbarung mit der Bundesarbeitsgemeinschaft für Rehabilitation sollte eine möglichst verwaltungsökonomische Zusammenarbeit auf regionaler Ebene sein. Ein unabgestimmtes Nebeneinander von Prämien sollte vermieden werden.

Voraussetzungen

Gemäß § 83 Abs. 2 Nr. 5 SGB IX können in einer Integrationsvereinbarung besondere Regelungen zur Durchführung einer betrieblichen Prävention (betriebliches Eingliederungsmanagement) und zur Gesundheitsförderung getroffen werden. Gemäß § 84 Abs. 3 SGB IX können die Rehabilitationsträger und die Integrationsämter Arbeitgeber, die ein betriebliches Eingliederungsmanagement einführen, durch Prämien oder einen Bonus fördern. Der Begriff betriebliches Eingliederungsmanagement wird entsprechend den Erläuterungen des BMGS wie folgt definiert: „Betriebliches Eingliederungsmanagement verfolgt das Ziel, im Betrieb, mit den dort vorhandenen Akteuren und Strukturen sowie unter Nutzung der dort gegebenen oder herstellbaren spezifischen Potenziale Menschen gesund und arbeitsfähig zu halten; es betrifft also nicht nur schwerbehinderte Menschen. Die Vorteile kommen allen zugute; den Unternehmen, den betroffenen Beschäftigten, aber auch den sozialen Sicherungssystemen."

Ein Konzept zum betrieblichen Eingliederungsmanagement sollte über die Mindestanforderungen der Prävention gemäß § 84 Abs. 2 SGB IX hinausgehen. Formal sollte die Vereinbarung über ein betriebliches Eingliederungsmanagement den Grundsätzen Spezifisch, Messbar, Akzeptabel, Realistisch und Terminiert (SMART) genügen.

Begünstigt werden alle öffentlichen und privaten Arbeitgeber,
– die ihre Beschäftigungsquote erfüllt haben oder nachweisbare und spürbare Maßnahmen ergriffen haben, um die Beschäftigungsquote zu steigern,
– über eine Interessenvertretung im Sinne der §§ 93 und 94 SGB IX verfügen sowie
– eine schriftliche Vereinbarung über die Einführung eines betrieblichen Eingliederungsmanagements in Form einer Integrationsvereinbarung, einer Betriebs / Dienstvereinbarung oder einer anderen verbindlichen Regelung abgeschlossen haben.

Die Vergabe einer Prämie sollte davon abhängig gemacht werden, dass deren Inhalte deutlich über die gesetzlichen Mindestvorgaben hinausgehen und möglichst konkrete Regelungen beinhalten. Ausgeschlossen ist die Prämierung von Integrationsprojekten, da diese Arbeitgebergruppe besonders umfangreich aus Mitteln der Ausgleichsabgabe gefördert wird.

Auswahlkriterien und Auswahlverfahren

Prämiert werden sollen Beispiele für ein besonders gutes Eingliederungsmanagement, das spezifische betriebliche Ideen beinhaltet. Es erscheint nicht sinnvoll, allgemeine Anhaltspunkte dazu vorzugeben. Es soll Wert darauf gelegt werden, dass die Vereinbarung „mit Leben" gefüllt ist. Eine Bewertung wird nur durch Auswertung verschiedener Vereinbarungen möglich. Die Beteiligung des Integrationsamtes soll kein Kriterium für die Bewertung sein. Da Wert auf die Einführung des Eingliederungsmanagements gelegt wird, kommt naturgemäß eine wiederholte Berücksichtigung von Vereinbarungen nicht in Betracht.

Für eine Prämierung kommen nur solche Arbeitgeber in Betracht,
- die entweder ihre Beschäftigungsquote erfüllt haben oder nachweisbare und spürbare Maßnahmen ergriffen haben, um ihre Beschäftigungsquote zu steigern, oder nicht einstellungspflichtig sind und
- bereits eine Integrationsvereinbarung abgeschlossen haben und diese um Regelungen zum Eingliederungsmanagement ergänzen bzw. diesbezügliche Regelungen zum Eingliederungsmanagement im Rahmen einer Integrationsvereinbarungen treffen. Soweit eine Integrationsvereinbarung nicht abgeschlossen ist bzw. wird, müssen vergleichbare Regelungen zugunsten schwerbehinderter Menschen im Zusammenhang mit einer verbindlichen Absprache zum betrieblichen Eingliederungsmanagement getroffen werden.

Inhaltlich müssen die Vereinbarungen zum betrieblichen Eingliederungsmanagement besondere Regelungen für schwerbehinderte Menschen beinhalten bzw. deren Belange in besonderer Weise berücksichtigen, sowie sich an den folgenden fünf Phasen orientieren und diesbezüglich Regelungen beinhalten:

1. Ein System zum Erkennen von Problemen,

    d. h. dass ein „Frühwarnsystem" im Betrieb bestehen muss. Zufällig (z. B. sich aus Gesprächen ergebende) und routinemäßig (Fehlzeiten, Ergebnisse betriebsmedizinischer Untersuchungen, Ergebnisse aus Mitarbeiterbefragungen etc.) ermittelte Daten müssen – unter Wahrung der Persönlichkeitsrechte der Betroffenen – gesichtet, bewertet und auf evtl. bestehenden Klärungs- und Handlungsbedarf beurteilt und verarbeitet werden.

2. Instrumente der Erfassung und Spezifizierung

    Häufig ist eine Verknüpfung der verschiedenen Daten erforderlich, um mögliche Handlungsbedarfe zu identifizieren. Weitere Maßnahmen zur Früherkennung und Erfassung sind denkbar.

3. Schaltstelle im Unternehmen

    Die Zusammenarbeit der verschiedenen betrieblichen Akteure in einem gemeinsamen Integrationsteam als zentrale Schaltstelle muss geregelt sein. Das Integrationsteam ist die Sammelstelle für alle Informationen aus den Phasen 1 und 2. Die Daten müssen im Integrationsteam erörtert, verarbeitet und bewertet werden.

    Das Integrationsteam steuert die internen und externen Prozesse. Es trifft die Entscheidungen für allgemeine oder individuelle Maßnahmen und behält die Verantwortung für die Umsetzung und Qualitätssicherung der eingeleiteten Maßnahmen bis zur Nachsorge. Schließlich arbeitet das Integrationsteam auch mit den externen Partnern zusammen und sorgt hier für eine hinreichende Vernetzung.

4. Maßnahmen

    Die Einleitung und Steuerung der konkret eingeleiteten Maßnahmen liegt beim Integrationsteam bzw. bei den von diesem bestimmten.

5. Dokumentation und Evaluierung

    Die Dokumentation ist eine Grundvoraussetzung für Ergebnissicherung, Verbesserungsprozesse, Auswertung und Erfolgskontrolle.

Eine Bekanntmachung in den Medien (z. B. Hinweis in der Zeitschrift „Behinderte Menschen im Beruf" oder / und in den Medien der Kammer) ist sinnvoll. Ein schriftlicher Antrag des Arbeitgebers ist erforderlich. Darin soll erklärt werden, bei welchen Stellen ebenfalls Anträge auf eine Prämie bzw. einen Bonus gestellt wurden. Die Auswahl und Prämierung soll einmal jährlich für Integrationsvereinbarungen, in denen ein betriebliches Eingliederungsmanagement enthalten ist bzw. für entsprechende Vereinbarungen, die im vergangenen Jahr abgeschlossen wurden (z. B. Prämierung 2005 für Vereinbarungen aus 2004) getroffen werden. Eine Überprüfung der Maßnahme soll durch einen Besuch bzw. durch Gespräche mit den Interessenvertretungen und dem Arbeitgeber erfolgen. Über die Prämierung soll eine Auswahlkommission entscheiden, die sich unter länderspezifischen Gesichtspunkten zusammensetzt und z. B. aus dem Beratenden Ausschuss bestehen kann.

Prämie
Die Höhe der Prämie wird jedem Integrationsamt anheim gestellt. Die Prämie soll spürbar sein und dem Aufwand der Betriebe bei der Erstellung einer Vereinbarung gerecht werden. Ein Betrag bis zu 20 000 Euro erscheint angemessen. Bei mehreren prämierungswürdigen Vereinbarungen soll deren Rangfolge nicht bewertet und identische Prämien vergeben werden. Entsprechend dem besonderen Charakter der Auszeichnung wird empfohlen, den Kreis der Begünstigten nicht über Gebühr auszudehnen und unter Berücksichtigung länderspezifischer Gesichtspunkte auf drei bis fünf prämierte Arbeitgeber jährlich zu begrenzen.

KAPITEL 4
Kündigungsschutz
§ 85
Erfordernis der Zustimmung

Die Kündigung des Arbeitsverhältnisses eines schwerbehinderten Menschen durch den Arbeitgeber bedarf der vorherigen Zustimmung des Integrationsamtes.

ERLÄUTERUNGEN

ÜBERSICHT

I. Bedeutung der Vorschrift (Rdnrn. 1–11)
II. Fassung (Rdnr. 12)
III. Anmerkungen (Rdnrn. 13–116)
   1. Kündigungsschutz für schwerbehinderte Menschen (Rdnrn. 13–27)
      a) Einbezogene Beschäftigungsverhältnisse (Rdnrn. 13-19)
      b) Anforderungen an Nachweis der Behinderung (Rdnrn. 20-25)
      c) Statistische Angaben (Rdnrn. 26-27)
   2. Ausnahmen vom Kündigungsschutz (Rdnrn. 28–42)
   3. Formwirksamkeit der Kündigung (Rdnrn. 43–45)
   4. Anhörung des Betriebs- / Personalrats sowie der Schwerbehindertenvertretung (Rdnrn. 46–66)
   5. Entscheidung des Integrationsamts (Rdnrn. 67–91)
      a) Entscheidungsmöglichkeiten (Rdnrn. 67–69)
      b) Formale Anforderungen an die Entscheidung (Rdnrn. 70)
      c) Kriterien für die Zustimmung (Rdnrn. 71–88)
      d) Statistische Ergebnisse (Rdnrn. 89–91)
   6. Gerichtlicher Schutz gegen Kündigungen (Rdnrn. 92–113)
      a) Widerspruch und Klage gegen die Zustimmung des Integrationsamts (Rdnrn. 92–97)
         aa) Widerspruchsfrist (Rdnr. 92)
         bb) Keine aufschiebende Wirkung (Rdnrn. 93–94)
         cc) Klage zum Verwaltungsgericht (Rdnrn. 95–97)
      b) Klage zum Arbeitsgericht (Rdnrn. 98–113)
         aa) Klagefrist (Rdnrn. 98–101)
         bb) Notwendiges Berufen auf Kündigungsverbot neben Sozialwidrigkeit (Rdnr. 102)
         cc) Prüfung der Zustimmung des Integrationsamts durch das Arbeitsgericht (Rdnrn. 103–107)
         dd) Überprüfung der Kündigungsbegründung durch das Arbeitsgericht (Rdnrn. 108–113)
   7. Weiterbeschäftigungsanspruch (Rdnrn. 114–116)
IV. Literatur

I. Bedeutung der Vorschrift

1 Die Vorschrift gewährt schwerbehinderten Menschen einen besonderen Kündigungsschutz. Ein Arbeitgeber braucht für die Kündigung gegenüber einem schwerbehinderten Arbeitnehmer die **Zustimmung des Integrationsamts** in Form eines **Verwaltungsaktes**. Erst nachdem dieses seine Zustimmung erteilt hat, darf der Arbeitgeber kündigen. Eine vorher ausgesprochene Kündigung ist nach § 134 BGB **unwirksam** (BVerwG Urteil vom 19. Oktober

1995 – 5 C 24/93 = BVerwGE 99, 336 = BB 1996, 1443 = NZA-RR 1996, 288; Neumann u. a. / *Neumann* Rdnr. 73). Der schwerbehinderte Arbeitnehmer hat einen **Weiterbeschäftigungsanspruch** (BVerwG Urteil vom 19. Oktober 1995 a. a. O.; vgl. auch unten Rdnrn. 114 ff.); Die nachträgliche Einholung der Zustimmung des Integrationsamts heilt den Mangel nicht. Der Arbeitgeber muss erneut die Kündigung unter Beachtung des Zustimmungserfordernisses aussprechen (Kossens u. a. / *Kossens* Rdnr. 25).

Es handelt sich um ein **Kündigungsverbot mit Erlaubnisvorbehalt:** Die Zustimmung des Integrationsamts zu der vom Arbeitgeber beabsichtigten Kündigung beseitigt die zunächst bestehende Kündigungssperre (BVerwG Urteil vom 10. September 1992 – 5 C 80/88 = Buchholz 436.61 § 18 SchwbG Nr. 6). Die Zustimmung stellt deshalb einen **Verwaltungsakt mit Drittwirkung** im Sinne von § 31 Abs. 1 SGB X dar. Allerdings gestaltet sie das Arbeitsverhältnis nicht unmittelbar; deshalb ist die häufig gebrauchte Bezeichnung „privatrechtsgestaltender Verwaltungsakt" (wie z. B. im Urteil des BVerwG vom 10. September 1992 – 5 C 80/88 = BVerwGE 91, 7 = NZA 1993, 76 = BehindertenR 1993, 17) ungenau (so zutreffend Hauck / Noftz / *Griebeling* Rdnr. 7). 2

Dieser Sonderkündigungsschutz soll **präventiv wirken:** Er unterwirft die Ausübung des arbeitgeberseitigen Kündigungsrechts einer vorherigen Kontrolle des Integrationsamts, um bereits im Vorfeld der Kündigung die **besonderen Schutzinteressen schwerbehinderter Arbeitnehmer** zur Geltung zu bringen und eine mit dem Schutzzweck des Gesetzes unvereinbare Kündigung zu verhindern (BVerwG Urteil vom 10. September 1992 = BVerwGE 91, 7 = NZA 1993, 76 = BehindertenR 1993, 17; A / P / S / *Vossen* Rdnr. 2). Mit der fürsorgerischen Inschutznahme des schwerbehinderten Arbeitnehmers sollen die aus seiner Behinderung folgenden **Benachteiligungen auf dem Arbeitsmarkt** möglichst ausgeglichen und seine **Wettbewerbsfähigkeit mit Nichtbehinderten** hergestellt werden (BVerwG Urteil vom 2. Juli 1992 – 5 C 39/90 = BVerwGE 90, 275 = DÖV 1993, 74 = BehindertenR 1992, 165). Auch sollen die besonderen **gesetzgeberischen Anstrengungen** zugunsten einer den Fähigkeiten und Kenntnissen angemessenen Beschäftigung dieses Personenkreises nicht dadurch unterlaufen werden, dass sich Arbeitgeber ihrer sozialpolitischen Pflicht zur Eingliederung von schwerbehinderten Arbeitnehmern in den Arbeitsprozess im Einzelfall durch Kündigung entziehen können (BAG Urteil vom 16. März 1994 – 8 AZR 688/92 = BAGE 76, 142 = NZA 1994, 879 = DB 1994, 2402). 3

Die Vorschrift ist **zwingendes Recht**. Ein von vornherein vereinbarter **Verzicht** auf die Zustimmung des Integrationsamts ist **nicht zulässig** und hätte keine Bindungswirkung (Neumann u. a. / *Neumann* Rdnr. 50; Hauck / Noftz / *Griebeling* Rdnr. 20). Auch **durch Tarifvertrag** kann der Schwerbehindertenschutz nach § 85 **nicht abbedungen** werden (BAG Urteil vom 30. April 1987 – 2 AZR 192/86 = BAGE 55, 236 = NJW 1987, 2766 = NZA 1988, 135 = BehindertenR 1987, 137). Allerdings kann der schwerbehinderte Mensch nach Ausspruch der Kündigung durch Vereinbarung mit dem Arbeitgeber auf den ihm zukommenden besonderen gesetzlichen Schutz wirksam verzichten (GK-SGB IX / *Steinbrück* Rdnr. 294). Im einverständlichen **Aufhebungsvertrag** liegt regelmäßig ein solcher Verzicht, der den Kündigungsschutz beseitigt (*Müller-Wenner* / Schorn Rdnr. 45; ErfK / *Rolfs* Rdnr. 13; vgl. dazu auch unten Rdnrn. 5 und 31 ff.). 4

Denn §§ 85 ff. SGB IX sollen nach ihrer Regelungskonzeption erkennbar **keinen umfassenden präventiven Schutz** schwerbehinderter Arbeitnehmer **vor einer Beendigung** ihres **Arbeitsverhältnisses** bieten. Allein aus einer etwa bestehenden besonderen Schutzbedürftigkeit kann nicht geschlossen werden, dass sich der präventive, verfahrensrechtliche Beendigungsschutz durch das Zustimmungserfordernis auch auf den jeweiligen Fall erstreckt. **Nicht der Zustimmung** des Integrationsamts unterliegen neben der Beendigung durch Aufhebungsvertrag auch der **Ablauf einer Befristung**, der Eintritt einer nicht von § 92 SGB IX erfassten Bedingung oder die **Anfechtung des Arbeitsvertrages** (BVerwG Beschluss vom 11. Mai 2006 – 5 B 24/06 = BehindertenR 2007, 107; Hauck / Noftz / *Griebeling* Rdnrn. 22 ff.; Neumann u. a. / *Neumann* Rdnrn. 44 ff.; näher hierzu unten Rdnrn. 29 ff.). 5

6   Bei einer **Ausgleichsquittung** wird es darauf ankommen, ob die Erklärung des Arbeitnehmers einen hinreichend klar formulierten Verzicht auf den Kündigungsschutz enthält, etwa durch die Erklärung, gegen die Kündigung keine Einwendungen zu erheben (Neumann u. a. / *Neumann* Rdnr. 50 mit umfangr. Nachw.). Nach ständiger Rechtsprechung des BAG muss der **Verzicht in der Urkunde selbst unmissverständlich zum Ausdruck** kommen z. B. durch die Erklärung des Arbeitnehmers, er wolle von seinem Recht, den Fortbestand des Arbeitsverhältnisses geltend zu machen, keinen Gebrauch machen oder hiervon Abstand nehmen (vgl. BAG Urteil vom 3. Mai 1979 – 2 AZR 679/77 = BAGE 32, 6 = NJW 1979, 2267 = AP Nr. 6 zu § 4 KSchG 1969; Urteil vom 13. Juni 2007 – 7 AZR 287/06, zit. nach JURIS m. w. Nachw.). Unterzeichnet der Arbeitnehmer im unmittelbaren Anschluss an eine Arbeitgeberkündigung eine solche Erklärung auf einem ihm vom Arbeitgeber vorgelegten Vordruck, unterliegt dies im Übrigen der **Wirksamkeitskontrolle Allgemeiner Geschäftsbedingungen** (AGB). Nach § 307 Abs. 1 Satz 1 BGB sind Bestimmungen in AGB unwirksam, wenn sie den Vertragspartner entgegen Treu und Glauben u**nangemessen benachteiligen**. Das ist regelmäßig anzunehmen, wenn der Arbeitnehmer **ohne Gegenleistung** auf diese Weise **auf die Erhebung einer Kündigungsschutzklage verzichtet**. Durch einen solchen Klageverzicht wird von der gesetzlichen Regelung des § 4 Satz 1 KSchG abgewichen (BAG Urteil vom 6. September 2007 – 2 AZR 722/06, zit. nach Pressemitteilung 64/07 des BAG).

7   Hingegen bedeutet die Formulierung, dass „**aus Anlass der Beendigung des Arbeitsverhältnisses keine Ansprüche mehr** gegeben" seien, **keinen Verzicht** auf Erhebung oder Durchführung einer Kündigungsschutzklage (BAG Urteil vom 3. Mai 1979 a. a. O.). Grundsätzlich sind bei schwerbehinderten Menschen wegen der weit reichenden Folgen eines Verzichts auf den Kündigungsschutz insoweit strenge Maßstäbe anzulegen (GK-SGB IX / *Steinbrück* Rdnr. 294.).

8   Der besondere Kündigungsschutz des schwerbehinderten Arbeitnehmers nach § 85 gilt unmittelbar für die **ordentliche Kündigung** und wegen der Verweisung in § 91 Abs. 1 SGB IX auch für die **außerordentliche Kündigung** des Arbeitsverhältnisses. Hat das Integrationsamt die Zustimmung zu einer außerordentlichen Kündigung erteilt, kommt die Umdeutung in eine solche zur ordentlichen Kündigung nicht in Betracht (BAG Urteil vom 16. Oktober 1991 – 2 AZR 197/91, zit. nach JURIS m. w. Nachw.; LAG Köln Urteil vom 11. August 1998 – 3 Sa 100/98 = NZA-RR 1999, 415).

9   Der Kündigungsschutz erstreckt sich sowohl auf Beendigungs- als **auch auf Änderungskündigungen** (BayVGH Urteil vom 14. November 2006 – 9 BV 06.1431, zit. nach JURIS). Ebenfalls kommt es nicht darauf an, ob der Arbeitgeber die Kündigung nur vorsorglich ausgesprochen hat (LAG Hamm Beschluss vom 12. Februar 2001 – 4 Ta 277/00 = NZA-RR 2002, 157 [158]).

Die Vorschrift gilt aber nur für **arbeitgeberseitige Kündigungen**. Eigenkündigungen des schwerbehinderten Arbeitnehmers bedürfen nicht der Zustimmung des Integrationsamts. Eine eigene Kündigung kann auch nicht etwa wegen Irrtums über die hiermit verbundene Aufgabe des Schutzes für schwerbehinderte Arbeitnehmer nach dem SGB IX angefochten werden (so zur vergleichbaren Rechtslage beim Mutterschutz BAG Urteil vom 6. Februar 1992 – 2 AZR 408/91 = NJW 1992, 2173 = AP Nr. 13 zu § 119 BGB). Gibt der schwerbehinderte Arbeitnehmer oder der ihm Gleichgestellte ohne berechtigten Grund seinen Arbeitsplatz auf, kann ihm das Integrationsamt aber zeitweise die Vorteile des Gesetzes entziehen (§ 117 Abs. 1 Satz 1 SGB IX).

10 Im Jahr **2006** sind bei den Integrationsämtern insgesamt **25 379 Neuanträge** auf Zustimmung zur Kündigung schwerbehinderter Menschen eingegangen (vgl. Jahresbericht 2006/2007 der BIH S. 35). Dies ist ein erneuter erheblicher Rückgang, und zwar um 21,06% gegenüber 2005. Bereits in jenem Jahr war ein Rückgang gegenüber 2004 um 9,62% zu verzeichnen gewesen.

Erfordernis der Zustimmung § 85

Die Zahl der Zustimmungsanträge zur Kündigung schwerbehinderter Arbeitnehmer hat damit von einem Spitzenwert von 35 572 im Jahr 2004 herab in etwa das Niveau von Anfang des Jahrzehnts erreicht: Im Jahr 2000 waren 26 646 neue Anträge gestellt worden (vgl. JB 2000/2001 S. 29). Erwartungsgemäß sind bei den Antragstellungen in den einzelnen Ländern erhebliche Abweichungen aufgrund von Besonderheiten der regionalen Arbeitsmärkte festzustellen. 11

II. Fassung

Die Vorschrift wurde inhaltlich unverändert aus dem Regierungsentwurf (BT-Drucks. 14/531 i. V. mit 14/5074) übernommen. Sie entspricht dem früheren § 15 SchwbG. Der Begriff der „Hauptfürsorgestelle" wurde durch die Bezeichnung „Integrationsamt" ersetzt. 12

III. Anmerkungen

1. Kündigungsschutz für schwerbehinderte Menschen

a) Einbezogene Beschäftigungsverhältnisse

Der Kündigungsschutz gilt grundsätzlich **für alle Arbeitnehmer,** soweit sie nicht Beamte, Richter und Soldaten sind (vgl. hierzu § 128 SGB IX). Er erstreckt sich auch auf Auszubildende (BAG Urteil vom 10. Dezember 1987 – 2 AZR 385/87 = BAGE 57, 136 = BB 1988, 1069 = BehindertenR 1988, 89) und Heimarbeiter (vgl. § 127 Abs. 2 Satz 2 SGB IX). Auch **Teilzeitbeschäftigte** fallen in den Anwendungsbereich der Vorschrift, selbst dann, wenn sie unterhalb der 18-Stunden-Grenze des § 73 Abs. 3 SGB IX tätig sind. Denn die in § 90 SGB IX geregelten Ausnahmen verweisen nur auf § 73 Abs. 2 Nr. 2 bis 6 SGB IX, nicht aber auf § 73 Abs. 3 SGB IX (A / P / S / *Vossen* Rdnr. 6a). Auch der schwerbehinderte Arbeitnehmer, der sich bei **Altersteilzeit** in der sog. Freistellungsphase des Blockmodells nach § 8 ATG befindet, kann sich bei einer Kündigung auf § 85 SGB IX berufen (vgl. *Kuhlmann* BehindertenR 2002, 1 [3 ff.]). 13

Mitglieder gesetzlicher Vertretungsorgane genießen den besonderen Kündigungsschutz des § 85 SGB IX nur dann, wenn ihr **Anstellungsvertrag ein Arbeitsverhältnis** begründet hat (vgl. OLG München Urteil vom 16. Mai 2007 – 14 U 399/04 = NZA-RR 2007, 579; Hauck / Noftz / *Griebeling* Rdnr. 4a m. w. Nachw.). Unerheblich ist hierfür, dass der **Fremdgeschäftsführer einer GmbH**, der als solcher am Stammkapital nicht beteiligt ist, im Sozialversicherungsrecht grundsätzlich als abhängig Beschäftigter im Sinn von § 1 S. 1 Nr. 1 SGB VI eingestuft wird (vgl. BSG Urteil vom 18. Dezember 2001 – B 12 KR 10/01 R = NJW-RR 2002, 758 = NZA-RR 2003, 325). Maßgeblich im Rahmen der Schutzvorschriften des SGB IX ist vielmehr, ob **nach der konkreten Ausgestaltung ein durch persönliche Abhängigkeit geprägtes arbeitnehmerähnliches Rechtsverhältnis** vorliegt. Dabei ist bei Anstellungsverträgen von **Organmitgliedern juristischer Personen regelmäßig** anzunehmen, dass es sich um ein **Dienstverhältnis** und nicht ein Arbeitsverhältnis handelt (vgl. BAG Beschluss vom 21. Februar 1994 – 2 AZB 28/93 = NJW 1995, 675 = NZA 1994, 905). 14

Soll ein schwerbehinderter Mensch, der aufgrund eines **Werkstattvertrags** im Rahmen von § 136 Abs. 1, § 137 Abs. 2 SGB IX beschäftigt ist, gekündigt werden und ist das Vertragsverhältnis nach Maßgabe des § 138 SGB IX als Arbeitsverhältnis zu werten, gilt der besondere Kündigungsschutz (ArbG Koblenz Urteil vom 9. August 2002 – 2 Ca 447/02 = NZA-RR 2003, 188; allgemein zur Kündigung des Werkstattverhältnisses mit Schwerbehinderten *Rühle* RdLH 2000, 31). 15

Auch für die Kündigung eines schwerbehinderten Arbeitnehmers durch eine **kirchliche Einrichtung** ist § 85 anwendbar (Bad.-Württ.VGH Urteil vom 26. Mai 2003 – 9 S 1077/02 = NZA-RR 2003, 629 und nachfolgend BVerwG Beschluss vom 19. August 2004 – 5 B 90/03, zit. nach JURIS). Das BVerwG a. a. O. erörtert insbesondere, ob ein **Kirchenaustritt** das dem Integrationsamt zustehende **Ermessen** gem. § 85 SGB IX grundsätzlich auf Null reduziert, so dass die erforderliche Zustimmung auch dann erteilt werden muss, wenn eine 16

Knittel SGB IX Kommentar 1165

Neueinstellung des Arbeitnehmers in Anbetracht seiner Behinderung und seines Alters nur schwerlich erwartet werden kann, eine Beschäftigungsalternative beim kirchlichen Arbeitgeber aber nicht vorhanden ist.

17 Auch **Arbeitnehmer über 65 Jahre** fallen grundsätzlich unter den besonderen Schutz der §§ 85 ff. SGB IX (vgl. BVerwG Urteil vom 13. Dezember 1990 – 5 C 74/86 = BVerwGE 87, 205 = NJW 1991, 1127 = BehindertenR 1991, 96). Allerdings ist für diese die Ausnahmeregelung des § 90 Abs. 1 Nr. 3a SGB IX für den Fall der finanziellen Absicherung durch einen Sozialplan zu beachten.

18 Voraussetzung ist aber, dass die **Beschäftigung innerhalb des Bundesgebiets** ausgeübt wird, weil der deutsche Gesetzgeber nach dem Territorialitätsprinzip grundsätzlich nur inländische Rechtsverhältnisse öffentlich-rechtlich regeln kann (BAG Urteil vom 30. April 1987 – 2 AZR 192/86 = BAGE 55, 236 = NJW 1987, 2766 = NZA 1988, 135; *Müller-Wenner* / Schorn Rdnr. 8). Der besondere Kündigungsschutz nach § 85 SGB IX gilt daher auch dann nicht bei einem Arbeitsverhältnis im Ausland, wenn als Arbeitsstatut nach Art. 30 Abs. 1 EGBGB deutsches Recht vereinbart wird (BAG Urteil vom 30. April 1987 a. a. O.; ErfK / *Rolfs* Rdnr. 2). Nur bei einer vorübergehend von einem deutschen Betrieb ausgehenden Auslandsbeschäftigung ist aufgrund der sog. **Ausstrahlung** ausnahmsweise § 85 SGB IX zu beachten (BAG Urteil vom 30. April 1987 a. a. O.; LPK-SGB IX / *Düwell* Rdnr. 5 vor § 85; vgl. allgemein zu anwendbaren Rechtsnormen bei der Kündigung ins Ausland entsandter Arbeitnehmer *Reiter* NZA 2004, 1246; *Wulff* AiB 2006, 140).

19 Die **Kündigung** eines schwerbehinderten Arbeitnehmers **durch den Insolvenzverwalter** nach § 113 Abs. 1 InsO erfordert auch dann die vorherige Zustimmung des Integrationsamts, wenn dem Schuldner die Zustimmung zuvor bereits erteilt wurde. Denn die Kündigung wird in diesem Fall auf eine neue Tatsache – die Insolvenzeröffnung – gestützt, sodass erneut alle formellen Wirksamkeitsvoraussetzungen der Kündigung erfüllt sein müssen (LAG Brandenburg Urteil vom 18. Juni 2003 – 7 Sa 63/03 = ZInsO 2003, 915). Schließt der Insolvenzverwalter mit dem Betriebsrat einen Interessenausgleich mit Namensliste, verzögert sich jedoch der Ausspruch einer beabsichtigten Kündigung wegen des behördlichen Zustimmungserfordernisses gem. § 85 SGB IX, und überträgt der Insolvenzverwalter den Betrieb sodann gem. § 613 a BGB auf einen Erwerber, so entfällt hiermit seine Arbeitgeberstellung und Kündigungsberechtigung (LAG Hamm Urteil vom 19. Mai 2005 – 8 Sa 2123/04 = LAG-Report 2005, 35; allgemein zum Kündigungsschutz Schwerbehinderter im Insolvenzverfahren *Kuhlmann* BehindertenR 2000, 159).

b) Anforderungen an Nachweis der Behinderung

20 Der besondere Kündigungsschutz erstreckt sich auf schwerbehinderte Menschen und ihnen nach § 2 Abs. 3 SGB IX Gleichgestellte.

21 Die Eigenschaft als schwerbehindert entsteht kraft Gesetzes, wenn die in § 2 SGB IX genannten Voraussetzungen vorliegen. Der **Feststellungsbescheid** des Versorgungsamts hat nach § 2 Abs. 2, § 69 SGB IX **keine rechtsbegründende** (konstitutive), sondern lediglich eine erklärende **(deklaratorische) Wirkung** (BAG Urteil vom 23. Februar 1978 – 2 AZR 462/76 = BAGE 30, 141 = DB 1978, 1227; Urteil vom 7. März 2002 – 2 AZR 612/00 = BAGE 100, 355 = NJW 2002, 3568 = NZA 2002, 1145; Urteil vom 20. Januar 2005 – 2 AZR 675/03 = BAG-Report 2005, 233 = NJW 2005, 2796 = NZA 2005, 689 = AP Nr. 1 zu § 85 SGB IX; vgl. auch Erl. zu § 69 SGB IX Rdnr. 12).

22 Die **rechtlichen Wirkungen des Sonderkündigungsschutzes** treten allerdings **nicht ohne weiteres** ein, d. h. schon bei bloß bestehender objektiver Eigenschaft als schwerbehindert. Voraussetzung ist vielmehr grundsätzlich, dass – bei nicht offenkundigen Behinderungen – schon **vor Zugang der Kündigung ein Bescheid** über die Eigenschaft als schwerbehindert ergangen ist. Das entspricht der ständigen Rechtsprechung des BAG (vgl. die Nachw. a. a. O.).

Bis zum 30. April 2004 reichte es für die Anwendung des § 85 aber auch aus, wenn der **23** Arbeitnehmer im Zeitpunkt des Kündigungszugangs einen **Antrag auf Anerkennung** seiner Schwerbehinderteneigenschaft nach § 69 Abs. 1 Satz 1 SGB IX **gestellt** hatte und dieser später **rückwirkend auf den Zeitpunkt der Antragstellung positiv beschieden** wurde und der Arbeitnehmer sich rechtzeitig auf die Stellung eines Antrags berufen hatte (vgl. die BAG-Urteile a. a. O.). Zur Vermeidung von Missbräuchen durch erst aus Anlass einer Kündigung gestellte Anträge auf Anerkennung bzw. Gleichstellung hat der Gesetzgeber allerdings die Anforderungen an den besonderen Kündigungsschutz verschärft (vgl. hierzu Erl. zu § 90 SGB IX Rdnrn. 10 und 36 ff.).

Seit Inkrafttreten des **§ 90 Abs. 2a SGB IX** zum 1. Mai 2004 muss im Zeitpunkt der Kündigung **24**

– die Schwerbehinderung entweder **offenkundig** sein (z. B. Prothese)

oder

– dem **Arbeitgeber bekannt** gegeben worden sein, etwa durch Mitteilung des Anerkennungsbescheids oder einen Hinweis auf einen gestellten Anerkennungsantrag; wird die Mitteilung nicht binnen einer Frist von drei Wochen nach Ausspruch der Kündigung nachgeholt, verwirkt der Arbeitnehmer den Sonderkündigungsschutz;

oder

– der Arbeitnehmer mindestens **drei Wochen vor Zugang der Kündigung** und zudem **ordnungsgemäß mit allen erforderlichen Angaben die Anerkennung beantragt** haben (vgl. BAG Urteil vom 1. März 2007 – 2 AZR 217/06 = DB 2007, 1702 = BehindertenR 2007, 166; vgl. hierzu näher Erl. zu § 90 SGB IX Rdnrn. **46 ff.**)

Auch die **Gleichstellung** muss innerhalb der genannten Dreiwochen-Frist vor der Kündigung beantragt worden sein. Der **Wortlaut** des § 90 Abs. 2a SGB IX erwähnt zwar nur schwerbehinderte Menschen, nicht aber Gleichgestellte. Dies **steht** jedoch einer Anwendung der Norm auf die Gleichgestellten **nicht entgegen**. Auf Grund der klaren **Generalverweisung des § 68 Abs. 3 SGB IX** sind auf gleichgestellte behinderte Menschen die besonderen Regelungen für schwerbehinderte Menschen (mit Ausnahme des § 125 und des Kapitels 13) anzuwenden. Ebenso wie die Kündigung eines Gleichgestellten anerkanntermaßen der Zustimmung des Integrationsamtes bedarf, obwohl auch § 85 SGB IX sich dem Wortlaut nach auf diese nicht bezieht, gilt § 90 Abs. 2a SGB IX auch für Gleichgestellte (BAG Urteil vom 1. März 2007 a. a. O.; näher hierzu Erl. zu § 90 SGB IX Rdnrn. 43 ff.). **25**

c) **Statistische Angaben**

Im Jahr **2006** wurden insgesamt **25.731** Verfahren über die Zustimmung zur **ordentlichen Kündigung** abgeschlossen. In **3827** Fällen ging es um **außerordentliche** Kündigungen. Nur **978** Verfahren betrafen die Zustimmung zu Änderungskündigungen; die entsprechende Zahl für das Jahr 2000 betrug noch 9129 Verfahren (vgl. JB 2000/2001 S. 34 und JB 2006/2007 S. 38). **26**

Bei den ordentlichen Kündigungen gegenüber schwerbehinderten Menschen standen **betriebsbedingte Gründe** (Insolvenzverfahren, Stilllegungen, Einschränkung von Betriebszweigen, Reduzierung von Arbeitsplätzen) mit fast 57,02% aller ordentlichen Kündigungen im Vordergrund; das entspricht mit gewissen Schwankungen einem längerfristigen Mittelwert (2000 waren dies 57,85%). Die häufigsten Kündigungsgründe betreffen damit Fälle, in denen es außerordentlich schwer ist, den Arbeitsplatz zu erhalten, weil dies entweder tatsächlich und rechtlich nicht möglich ist (Betriebsschließung, vgl. § 89 Abs. 1 Satz 1 SGB IX) oder von Gesetzes wegen das Ermessen der Integrationsämter reduziert ist wie nach § 89 Abs. 1 Satz SGB IX bei der wesentlichen Betriebseinschränkung (JB 2000/2001 S. 32). Die übrigen Gründe für ordentliche Kündigungen verteilen sich wie folgt: Fehlzeiten wegen Arbeitsunfähigkeit (14,38%), Leistungseinschränkungen wegen Krankheit und Behinderung (13,24%), verhaltensbedingte Gründe (13,29%) sowie behinderungsunabhängige Leistungsbeeinträchtigung (2,07%). Auch insoweit bleiben die Anteile mit geringfügigen Ausschlägen im langjährigen Mittel in etwa stabil.

27 Bei den **außerordentlichen Kündigungen** dominieren dagegen verhaltensbedingte Kündigungen mit 66,95% gegenüber Fehlzeiten wegen Arbeitsunfähigkeit (9,46%), Leistungseinschränkungen wegen Krankheit oder Behinderung (7,73%), behinderungsunabhängige Leistungsbeeinträchtigungen (2,19%) und Betriebsauflösungen / Wegfall des Arbeitsplatzes (5,07%). Allerdings darf nicht übersehen werden, dass außerordentliche Kündigungen nur 15,76% aller Beendigungskündigungen in Zustimmungsverfahren vor den Integrationsämtern ausmachen (JB 2006/2007 S. 37).

2. Ausnahmen vom Kündigungsschutz

28 Zu beachten sind die Ausnahmen vom erweiterten Kündigungsschutz. Diese betreffen nämlich

– Kündigungen innerhalb der **ersten sechs Beschäftigungsmonate** (§ 90 Abs. 1 Nr. SGB IX);

– bestimmte andere Kündigungen, z. B. bei Vorliegen eines **Sozialplans** oder aus **Witterungsgründen** (§ 90 Abs. 1 Nr. 3 und Abs. 2 SGB IX);

– die in **§ 73 Abs. 2 Nr. 2 bis 5 SGB IX genannten Beschäftigungsverhältnisse** (karitativer oder religiöser Art bzw. als Geistliche; zu Therapie-, Rehabilitations- oder Erziehungszwecken; Arbeitsbeschaffungsmaßnahmen nach dem SGB III; Wahlämter).

29 – **Zeitverträge oder befristete Arbeitsverträge;** diese enden ohne Kündigung automatisch durch Fristablauf. Allerdings kann eine Befristung wirksam **nur schriftlich** vereinbart werden (§ 14 Abs. 4 TzBfG). Eine nur mündlich vereinbarte Befristung ist nach § 125 Satz 1 BGB **nichtig.** Wird eine Befristung nicht wirksam vereinbart, **gilt der Arbeitsvertrag unbefristet** (BAG Urteil vom 1. Dezember 2004 – 7 AZR 198/04 = BAGE 113, 75 = NJW 2005, 2333 = NZA 2005, 575). Halten die Arbeitsvertragsparteien eine zunächst nur mündlich und damit formnichtig vereinbarte Befristung in einem nach Vertragsbeginn unterzeichneten Arbeitsvertrag schriftlich fest, führt dies nicht dazu, dass die Befristung rückwirkend wirksam wird (BAG Urteil vom 1. Dezember 2004 a. a. O.). Ausnahmsweise kann der Arbeitgeber verpflichtet sein, einen befristeten Arbeitsvertrag **auf unbestimmte Zeit fortzusetzen,** wenn er gegenüber dem Arbeitnehmer einen **Vertrauenstatbestand** geschaffen hat, etwa durch die Ankündigung, ihn bei Eignung zu übernehmen, und der Arbeitnehmer sich darauf verlassen konnte (BAG Urteil vom 16. März 1989 – 2 AZR 325/88 = BB 1989, 1823 = BehindertenR 1989, 41 = AiB 1990, 35);

30 – **Anfechtung** des Arbeitsverhältnisses, z. B. wegen falscher Angaben über die Schwerbehinderteneigenschaft (vgl. BAG Urteil vom 3. Dezember 1998 – 2 AZR 754/97 = BAGE 90, 251 = BehindertenR 1999, 116 = BB 1999, 796); allerdings muss **der Arbeitnehmer zur Offenbarung verpflichtet** gewesen sein oder auf eine **zulässige Frage** eine wahrheitswidrige Antwort gegeben haben. Der Arbeitgeber darf danach fragen, ob der Stellenbewerber an gesundheitlichen, seelischen oder ähnlichen Beeinträchtigungen leidet, durch die er zur Verrichtung der beabsichtigten vertraglichen Tätigkeit ungeeignet ist. Andernfalls ist die Frage nach der Schwerbehinderung bzw. Schwerbehinderteneigenschaft unzulässig, weil sie direkt an die von § 81 Abs. 2 SGB IX geschützte Eigenschaft „Schwerbehinderung" anknüpft und damit eine unmittelbare Diskriminierung darstellt (vgl. LAG Hamm Urteil vom 19. Oktober 2006 – 15 Sa 740/06, zit. nach JURIS m. w. Nachw.; eingehend zur Problematik der Frage nach der Schwerbehinderteneigenschaft und ihrer Offenbarung durch den Arbeitnehmer insbesondere im Einstellungsgespräch: Erl. zu § 68 SGB IX Rdnrn. 37–54).

31 – **Aufhebungsverträge,** in denen die einvernehmliche Beendigung oder Änderung des Arbeitsvertrages festgelegt wurde (vgl. OVG NRW Urteil vom 23. September 1996 – 24 A 4887/94 = BehindertenR 1997, 53). Allerdings kann das bloße **Schweigen auf eine arbeitgeberseitige Kündigung** nicht ohne Weiteres in einen Aufhebungsvertrag umge-

deutet werden (OVG NRW Urteil vom 23. September 1996 a. a. O.). Auch die Unterschrift des Arbeitnehmers auf dem Kündigungsschreiben genügt hierfür allein nicht (Hess. LSG Urteil vom 26. April 2000 – L 6 AL 832/99, zit. nach JURIS). Vielmehr kann eine schlüssige Annahme eines Angebots auf Vertragsaufhebung bejaht werden, wenn besondere Umstände vorliegen, aus denen das **Einverständnis des Arbeitnehmers mit einer einvernehmlichen Vertragsbeendigung** geschlossen werden kann, wie etwa dann, wenn der Arbeitnehmer die Kündigung „annimmt" (vgl. BAG Urteil vom 26. Juni 1980 – 2 AZR 682/78., zit. nach JURIS m. w. Nachw.).

Es ist nicht zu verkennen, dass bei Aufhebungsverträgen selten die Initiative vom schwerbehinderten Arbeitnehmer ausgehen wird. In der Praxis werden derartige Vereinbarungen zumeist **vom Arbeitgeber vorgeschlagen,** wobei sich der schwerbehinderte Mensch zuweilen unter Druck gesetzt fühlen kann, sei es durch die alternativ in Aussicht gestellte Kündigung oder die absehbare tatsächliche Änderung von Beschäftigungsmöglichkeiten. Auch wenn sich insoweit die „Freiwilligkeit" der Entschlussbildung auf Seiten des Arbeitnehmers mit gutem Grund bezweifeln lässt, unterliegt der Aufhebungsvertrag nicht dem besonderen Kündigungsschutz, d. h. er bedarf nicht der Zustimmung des Integrationsamts, weil hierin ein **grundsätzlich wirksamer Verzicht auf den Kündigungsschutz** liegt (vgl. OVG NRW Urteil vom 23. September 1996 a. a. O.). 32

Die äußerste Grenze derartiger Vereinbarungen bei Beeinträchtigung der freien Willensentschließung des Arbeitnehmers liegt in der **Anfechtbarkeit wegen widerrechtlicher Drohung** nach § 123 Abs. 1 BGB: Der Aufhebungsvertrag mit sofortiger Wirkung kann nach dieser Bestimmung von einem schwerbehinderten Arbeitnehmer angefochten werden, wenn der Arbeitgeber **mit einer fristlosen Kündigung gedroht** hat, **ohne den Sonderkündigungsschutz angesprochen** zu haben, obwohl er ihm bewusst war. Die im konkreten Fall zu bejahende Hinweispflicht des Arbeitgebers führt im Falle ihrer Verletzung zur Verwerflichkeit der Zweck-Mittel-Relation und damit zur Wirksamkeit der Anfechtung wegen widerrechtlicher Drohung. Bei bestehender Hinweispflicht sind im Fall ihrer Verletzung eine Bagatellisierung der Rechtsfolgen und das **Erzeugen einer unangemessenen Drucksituation** anzunehmen, wenn der Arbeitgeber allein auf den Vorzug eines Aufhebungsvertrags gegenüber einer fristlosen Kündigung hinweist (LAG Hamburg Urteil vom 2. Dezember 1996 – 8 Sa 68/96, zit. nach JURIS). 33

Eine **Anfechtung des Aufhebungsvertrags** mit dem Arbeitgeber nach § 123 Abs. 1 BGB kommt ausnahmsweise auch dann in Betracht, wenn zuvor der **Vertreter des Integrationsamts in widerrechtlicher Weise damit gedroht** hat, die **Zustimmung** zu einer Kündigung zu erteilen (vgl. BAG Urteil vom 26. November 1981 – 2 AZR 664/79, zit. nach JURIS). Auch diese Entscheidung belegt, dass Aufhebungsverträge mit schwerbehinderten Arbeitnehmern nicht der Zustimmung des Integrationsamts bedürfen; andernfalls hätte es in dem vom BAG entschiedenen Fall keiner Anfechtung bedurft, sondern der Vertrag hätte bereits mangels Zustimmung als nichtig gewertet werden müssen. Eine solche Folgerung wird aber weder in der Rechtsprechung noch im Schrifttum ernstlich erwogen. 34

Nach § 9 Abs. 1 Satz 2 i. V. m. Satz 1 KSchG ist auf Antrag des Arbeitgebers das Arbeitsverhältnis **gegen Zahlung einer angemessenen Abfindung aufzulösen**, wenn das Gericht in einem Kündigungsstreit feststellt: Das Arbeitsverhältnis ist nicht durch Kündigung aufgelöst worden, aber es liegen Gründe vor, die eine den Arbeitszwecken dienliche weitere Zusammenarbeit zwischen Arbeitgeber und Arbeitnehmer nicht erwarten lassen. Diese **Auflösung des Arbeitsverhältnisses durch arbeitsgerichtliches Urteil** erfasst § 85 SGB IX nicht (BVerwG Beschluss vom 11. Mai 2006 – 5 B 24/06 = BehindertenR 2007, 107; (Hauck/ Noftz/ *Griebeling* Rdnr. 32; von Hoyningen-Huene/ *Linck* KSchG § 9 Rdnr. 38b; Auch liegt keine Gesetzeslücke vor, die durch eine entsprechende Anwendung dieser Bestimmungen zu schließen wäre (BVerwG Beschluss vom 11. Mai 2006 a. a. O.; a. A. Nieders. OVG BehindertenR 1990, 114 = NZA 1990, 66 [Ls.]). 35

36 Strittig ist, ob ein **Arbeitgeber** nach einer von ihm ausgesprochenen **Kündigung,** die wegen fehlender Zustimmung des Integrationsamtes **unwirksam** ist, einen **Auflösungsantrag** nach § 9 Abs. 1 Satz 2 KSchG **stellen kann.** Das ist dann zu bejahen, wenn die notwendige Voraussetzung der festgestellten Sozialwidrigkeit der Kündigung im Sinne des § 1 Abs. 2 KSchG erfüllt ist. Somit kann der **Auflösungsantrag auch** gestellt werden, wenn die **Kündigung nicht nur sozialwidrig,** sondern auch aus anderen Gründen unwirksam ist (LAG Rheinland-Pfalz Urteil vom 19. April 2007 – 11 Sa 7/07, zit. nach JURIS; Dörner / Luczak / Wildschütz, HB FA ArbeitsR, 5. Aufl., D Rdnr.1866).

37 Nach h. M. hingegen kann ein **Arbeitgeber** eine **Auflösung** des Arbeitsverhältnisses **gemäß § 9 KSchG** nur verlangen, wenn die Kündigung **lediglich** nach § 1 KSchG **sozialwidrig** ist. Ist die Kündigung bereits **aus anderen Gründen unwirksam,** soll er er einen **Auflösungsantrag nicht stellen können** (BAG Urteil vom 9. Dezember 1979 – 6 AZR 1059/77 = BAGE 32, 122 = NJW 1980, 1484; Urteil vom 27. September 2001 – 2 AZR 176/00 = NJW 2002, 3192 [3195] = NZA 2002, 1277; BayVGH Urteil vom 27. November 2006 – 9 BV 05.2467, zit. nach JURIS). Diese Möglichkeit sei gleichsam ein Ausgleich für die dem Arbeitnehmer im Kündigungsschutzgesetz eingeräumten Rechtsvorteile, nicht jedoch für den besonderen Kündigungsschutz für Schwerbehinderte.

38 Überzeugender ist es jedoch, den **Auflösungsantrag des Arbeitgebers stets** zuzulassen, wenn die **Kündigung wegen Sozialwidrigkeit unwirksam** ist, unabhängig davon, ob noch weitere Unwirksamkeitsgründe vorliegen (vgl. dazu oben Rdnr. 36 und A / P / S / *Vossen* Rdnr. 29a; A / P / S / *Biebl* § 9 KSchG Rdnr. 11; KR-*Spilger* § 9 KSchG Rdnr. 27 ff. m.w.Nachw.; VG München Urteil vom 23. Juni 2005 – M 15 K 03.3092, zit. nach JURIS; die ausführlich begründete Entscheidung wurde allerdings durch Urteil des BayVGH vom 27. November 2007 a. a. O. aufgehoben).

39 **Weder** aus dem **Wortlaut noch** aus dem **Sinn und Zweck** des § 9 Abs. 1 KSchG lässt sich eine **Beschränkung** des Auflösungsantrags des Arbeitgebers **auf nur sozialwidrige Kündigungen** herleiten (KR-*Spilger* a. a. O.). Macht der Arbeitnehmer mit seiner Kündigungsschutzklage auch die Sozialwidrigkeit der Kündigung geltend, ist nicht einzusehen, warum der Arbeitgeber entgegen § 9 Abs. 1 Satz 2 KSchG nicht den Auflösungsantrag soll stellen können. Der Auflösungsantrag ist **nur dann unzulässig,** wenn sich der Arbeitnehmer nicht auf die Sozialwidrigkeit der Kündigung beruft, sondern **allein auf andere Unwirksamkeitsgründe.**

40 Da der **Arbeitnehmer** kraft seiner Dispositionsbefugnis den **Streitgegenstand** im arbeitsgerichtlichen Verfahren **bestimmt,** kann er durch die Geltendmachung ausschließlich anderer Unwirksamkeitsgründe dem **Arbeitgeber die Möglichkeit nehmen,** einen **Auflösungsantrag** zu stellen. Der vom Arbeitgeber gestellte Auflösungsantrag kann in diesem Fall den Streitgegenstand nicht auf die Sozialwidrigkeit erweitern (A / P / S / *Vossen* Rdnr. 29a; A / P /S / *Biebl* § 9 KSchG Rdnr. 11; KR-*Spilger* § 9 KSchG Rdnr. 27 ff. m. w. Nachw.). **Erweitert** aber der Arbeitnehmer seine Klage um **Unwirksamkeitsgründe des allgemeinen Kündigungsschutzes,** muss er auch mit den **weiteren Folgen des KSchG rechnen.** Er kann sich nicht nur die „Rosinen" des allgemeinen Kündigungsschutzes herauspicken. Jedenfalls im Bereich des besonderen Kündigungsschutzes für schwerbehinderte Menschen stehen die schutzwürdigen Belange des Schwerbehindertenschutzes einer gerichtlichen Auflösung nicht entgegen (vgl. hierzu näher VG München Urteil vom 23. Juni 2005 a. a. O.).

41 Eine **erneute Befassung des BAG** mit der Rechtsfrage steht zu erwarten, da gegen ein der h.M. folgendes Urteil des LAG Thüringen vom 18. Oktober 2007 (3 Sa 14/07, zit. nach JURIS) Revision eingelegt wurde (Az. des BAG: 2 AZR 949/07).

42 Die Beantwortung der arbeitsrechtlichen Vorfrage hat Auswirkungen für eine **verwaltungsgerichtliche Klage** gegen die Zustimmung des Integrationsamts nach § 85 SGB IX. Folgt man der h. M. besteht hierfür auch dann noch ein **Rechtsschutzbedürfnis,** wenn das ArbG bereits rechtskräftig festgestellt hat, dass das Arbeitsverhältnis durch die Kündigung aus

Erfordernis der Zustimmung § 85

Gründen des § 1 KSchG nicht aufgelöst wurde und sodann das Arbeitsverhältnis auf Antrag des Arbeitgebers gemäß § 9 Abs. 1 Satz 2 KSchG aufgelöst hat. Denn dann kann die Auflösung des Zustimmungsbescheids dem Kläger noch dazu dienen, bei den Arbeitsgerichten geltend zu machen, der **Auflösungsantrag sei unzulässig gewesen,** weil die Kündigung nicht nur wegen Sozialwidrigkeit, sondern auch wegen fehlender Zustimmung nach § 85 SGB IX unwirksam war (BayVGH Urteil vom 27. November 2006 – 9 BV 05.2467, zit. nach JURIS). Nach der hier für zutreffend gehaltenen Gegenauffassung fehlt hingegen das Rechtsschutzbedürfnis nach Rechtskraft eines entsprechenden arbeitsgerichtlichen Urteils bzw. ist die Hauptsache der verwaltungsgerichtlichen Klage gegen die Zustimmung des Integrationsamts insoweit erledigt (so VG München Urteil vom 23. Juni 2005 a. a. O.).

3. Formwirksamkeit der Kündigung

Die Kündigung muss formwirksam sein. Seit der Neufassung des § 623 BGB zum 1. 5. 2000 bedarf die Kündigung für beide Arbeitsvertragsparteien der **Schriftform,** die elektronische Form ist ausgeschlossen. Danach ist die Erklärung in einem Schriftstück erforderlich, das mit einer Unterschrift zu versehen ist. Eine mündliche, telegrafische oder durch Telefax bzw. E-Mail erklärte Kündigung wahrt die Form nicht und ist nach § 125 BGB nichtig. Der Verstoß gegen das Schriftformerfordernis kann auch nach Ablauf der gerichtlichen Klagefrist geltend gemacht werden, da in jedem Fall eine schriftliche Kündigung vorliegen muss. Es handelt sich insoweit also nicht um einen „sonstigen Unwirksamkeitsgrund" i. S. von § 4 KSchG (LAG Düsseldorf Urteil vom 18. April 2007 – 12 Sa 132/07, zit. nach JURIS; *Seel* MDR 2005, 1331 m. w. Nachw.). 43

Die Kündigung muss ferner als empfangsbedürftige Willenserklärung auch **zugegangen** sein; unter Anwesenden geht die Erklärung mit der Übergabe des Schriftstückes zu, unter Abwesenden muss sie so in den Bereich des Empfängers gelangt sein, dass dieser unter normalen Verhältnissen die Möglichkeit hat, vom Inhalt der Erklärung Kenntnis zu nehmen (vgl. § 130 BGB; hierzu BAG Urteil vom 11. November 1992 – 2 AZR 328/92 = NJW 1993, 1093 = NZA 1993, 259, zugleich zur Problematik einer unberechtigten Annahmeverweigerung). Eine Kündigung ist dem Arbeitnehmer nicht in der gesetzlich vorgeschriebenen Schriftform zugegangen, wenn ihm das **Kündigungsschreiben lediglich in Kopie** übergeben wird. Dass dem Empfänger anlässlich der Übergabe der Kopie das Originalschreiben zur Ansicht und nicht zur Mitnahme vorgelegt wird, **genügt nicht** für die in § 130 Abs. 1 BGB vorausgesetzte Erlangung der Verfügungsgewalt (LAG Düsseldorf Urteil vom 18. April 2007 a. a. O.). 44

Eine **Begründung der Kündigung** ist – mit Ausnahme der Kündigung eines Ausbildungsvertrages (§ 15 Abs. 3 BBiG) – **gesetzlich nicht vorgeschrieben,** d. h. nicht Wirksamkeitsvoraussetzung der Kündigung. Dies gilt unabhängig davon, ob der Arbeitnehmer einen – gesetzlichen – Kündigungsschutz in Anspruch nehmen kann. Auch die Kündigung eines schwerbehinderten Arbeitnehmers durch den Arbeitgeber bedarf von Gesetzes wegen keiner Begründung. Entsprechendes gilt für die außerordentliche Kündigung (BAG Urteil vom 17. September 1992 – 2 AZR 415/71 = BAGE 24, 401 = BB 1973, 481 = AP Nr. 65 zu § 626 BGB); allerdings muss in diesem Fall auf Verlangen des Betroffenen der Kündigungsgrund unverzüglich schriftlich mitgeteilt werden (§ 626 Abs. 2 Satz 2 BGB). Gleichwohl kann sich für den Arbeitgeber von vornherein eine – bei Verstoß zur Unwirksamkeit der Kündigung führende – **Begründungspflicht** aus dem Arbeitsvertrag, aus einer Betriebsvereinbarung oder aus einem Tarifvertrag ergeben. In diesem Fall muss der Kündigungsgrund im Kündigungsschreiben genau angegeben werden (*Seel* MDR 2005, 1331 [1332]). Unergiebige Schlagworte oder bloße Bezugnahme auf geführte Gespräche reichen nicht aus und führen zur (Form-)Nichtigkeit der Kündigung (BAG Urteil vom 10. Februar 1999 – 2 AZR 176/98 = BB 1999, 1710 = NZA 1999, 602 = AP Nr. 2 zu § 54 BMT-G II). 45

4. Anhörung des Betriebs- / Personalrats sowie der Schwerbehindertenvertretung

46 Vor jeder Kündigung gegenüber einem schwerbehinderten oder gleichgestellten Arbeitnehmer müssen der **Betriebsrat** bzw. **Personalrat** sowie die **Schwerbehindertenvertretung** angehört werden (§ 102 Abs. 1 BetrVG, § 79 Abs. 1 und 3 PersVG, § 95 Abs. 2 SGB IX). Diese Pflicht des Arbeitgebers besteht **neben der Pflicht des Integrationsamts**, gem. § 87 Abs. 2 SGB IX die **Stellungnahmen** der vorgenannten Gremien einzuholen. Dem Arbeitgeber steht es grundsätzlich frei, den Antrag auf Zustimmung zur Kündigung eines schwerbehinderten Menschen bei dem Integrationsamt vor, während oder erst nach der Betriebsrats- bzw. Personalratsbeteiligung zu stellen (vgl. BAG Urteil vom 18. Mai 1994 – 2 AZR 626/93 = NZA 1995, 65 = AP Nr. 3 zu § 108 BPersVG; LAG Rheinland-Pfalz Urteil vom 9. Oktober 2003 – 4 Sa 711/03, zit. nach JURIS).

47 Eine **ohne Anhörung des Betriebsrats** ausgesprochene **Kündigung** ist **unwirksam** (§ 102 Abs. 1 Satz 3 BetrVG). Entsprechendes gilt für die unterbliebene Beteiligung des Personalrats (§ 79 Abs. 4 PersVG). Die Nichtigkeit der Kündigung ist nicht heilbar, auch nicht durch nachträgliche Anhörung oder Zustimmung des Betriebs- bzw. Personalrats (vgl. BAG Beschluss vom 20. März 1975 – 2 ABR 111/74 = BAGE 27, 93 = DB 1975, 1321; Urteil vom 19. Juli 1998 – 2 AZR 142/98 = BAGE 89, 220 = NJW 1999, 444 = NZA 1998, 1273).

48 Der Arbeitgeber muss den Betriebs- bzw. Personalrat **vor der Kündigung,** also vor **Absenden des Kündigungsschreibens** unterrichten (BAG Urteil vom 13. November 1975 – 2 AZR 610/74 = BAGE 27, 331 = NJW 1976, 1766 = DB 1976, 969). Will er seine Anhörungspflicht nicht verletzen, kann er die Kündigung erst nach Ablauf der für die Äußerung des Betriebsrats gem. § 102 Abs. 2 BetrVG bestehenden Frist aussprechen, also bei einer **ordentlichen Kündigung** nach Ablauf von **einer Woche** und einer **außerordentlichen Kündigung** nach Ablauf von **drei Tagen** (BAG Urteil vom 18. November 1975 – 2 AZR 594/74 = BB 1976, 227 = AP Nr. 6 zu § 102 BetrVG 1972), es sei denn, der Betriebsrat äußert sich vorher abschließend. Das ist besonders dann von Bedeutung, wenn der Arbeitgeber erst nach Einholung der Zustimmung des Integrationsamts den Betriebs- bzw. Personalrat beteiligen will. Diese Beteiligung muss dann so rechtzeitig geschehen, dass die Frist zur ordentlichen und insbesondere zur außerordentlichen Kündigung nach § 626 Abs. 2 BGB eingehalten werden kann (vgl. auch BAG Beschluss vom 18. August 1977 – 2 ABR 19/77 = BAGE 29, 270 = BB 1978, 43 zur Kündigung gegenüber einem Betriebsratsmitglied).

49 Eine wirksame Anhörung nach Maßgabe des BetrVG § 102 Abs. 1 setzt mindestens voraus, dass der Arbeitgeber dem Betriebsrat die **Person des Arbeitnehmers,** dem gekündigt werden soll, bezeichnet, die **Art der Kündigung** (z. B. ordentliche oder außerordentliche), ggf. auch den **Kündigungstermin** angibt und die **Gründe für die Kündigung** mitteilt (BAG Urteil vom 28. Februar 1974 – 2 AZR 455/73 = BAGE 26, 27 = BB 1974, 836 = AP Nr. 2 zu § 102 BetrVG 1972). Hierbei hat der Arbeitgeber **vollständig** die Kündigungsgründe anzugeben, die für seinen Kündigungsentschluss maßgebend sind (BAG Urteil vom 11. Juli 1991 – 2 AZR 119/91 = NZA 1992, 38 = BB 1991, 2371). Denn der Betriebs- bzw. Personalrat muss in die Lage versetzt werden, die Rechtmäßigkeit der Kündigung zu überprüfen. Die Kündigungsgründe müssen vom Arbeitgeber so detailliert dargelegt werden, dass sich der **Betriebsrat** ein Bild über ihre Stichhaltigkeit machen und **beurteilen** kann, d. h. ob es **sinnvoll** ist, Bedenken zu erheben oder **Widerspruch gegen die Kündigung** einzulegen. Es ist daher keine ordnungsgemäße Anhörung, wenn der Arbeitgeber dem Betriebsrat den Sachverhalt **bewusst irreführend** – auch durch Verschweigen wesentlicher Umstände – schildert (BAG Urteil vom 22. September 1994 – 2 AZR 31/94 = BAGE 78, 39 = NZA 1995, 363 = AP Nr. 68 zu § 102 BetrVG 1972). Der Arbeitgeber trägt auch die **Beweislast** für die *nicht bewusste* Irreführung des Betriebsrats (BAG Urteil vom 22. September 1994 a. a. O.).

50 Die **pauschale Umschreibung des Kündigungsgrundes durch Werturteil** (z. B. nicht hinreichende Arbeitsleistung des Arbeitnehmers) erfüllt die Anforderungen an die Mitteilungspflicht nur dann, wenn der Arbeitgeber seine Motivation nicht mit konkreten Tatsachen

belegen kann (⌘ BAG Urteil vom 8. September 1988 – 2 AZR 103/88 = BAGE 59, 295 = DB 1989, 1575 = NZA 1989, 852).

Durch das Erfordernis einer Betriebs- / Personalratsanhörung vor Ausspruch einer Kündigung ist ein späteres **Nachschieben von Gründen im Kündigungsschutzverfahren grundsätzlich ausgeschlossen** (*Seel* MDR 2005, 1331 [1334]). Zwar können materiell-rechtlich allein unter dem Blickpunkt des § 626 BGB alle Kündigungsgründe, die bei Ausspruch der Kündigung bereits entstanden waren, dem Arbeitgeber aber erst später bekannt geworden sind, im Kündigungsschutzprozess uneingeschränkt nachgeschoben werden (⌘ BAG Urteil vom 18. Januar 1980 – 7 AZR 260/78 NJW 1980, 2486 = AP Nr. 1 zu § 626 BGB Nachschieben von Kündigungsgründen; ⌘ Urteil vom 4. Juni 1997 – 2 AZR 362/96 = BAGE 86, 88 = NJW 1998, 101). Ist bereits eine außerordentliche Kündigung ausgesprochen, so schränkt die Fristbestimmung des § 626 Abs. 2 Satz 1 BGB ein Nachschieben nachträglich bekannt gewordener und zeitlich vor Ausspruch der Kündigung liegender Gründe nicht ein (⌘ BAG Urteil vom 4. Juni 1997 a. a. O.).

51

Jedoch dürfen **betriebsverfassungsrechtlich** solche Kündigungsgründe im Kündigungsschutzprozeß vom Arbeitgeber nur dann nachgeschoben werden, wenn er zuvor den **Betriebsrat hierzu erneut angehört** hat (⌘ BAG Urteil vom 18. Dezember 1980 – 2 AZR 1006/78 = BAGE 34, 309 = AP Nr 22 zu § 102 BetrVG 1972). Insoweit ist hinsichtlich der später bekanntgewordenen Kündigungsgründe **§ 102 BetrVG entsprechend** anzuwenden: Das Nachschieben von Kündigungsgründen steht dem Ausspruch der Kündigung gleich und **erfordert eine weitere Anhörung** des Betriebsrates, bevor die zunächst unbekannten Kündigungsgründe vom Arbeitgeber geltend gemacht werden können. Durch dieses nachträgliche Anhörungsverfahren wird dem Sinn und Zweck des § 102 BetrVG hinreichend Rechnung getragen (⌘ BAG Urteil vom 11. April 1985 – 2 AZR 239/84 = BAGE 49, 39 = NJW 1986, 3159 = NZA 1986, 647).

52

Allerdings gilt dies nicht bei einer **fehlerhaften Erstanhörung** des Betriebsrats: Diese wird nicht nachträglich dadurch geheilt, dass der Arbeitgeber den Betriebsrat zu weiteren Sachverhalten zutreffend informiert. Bei einer fehlerhaften Betriebsratsanhörung ist deshalb ein **Nachschieben von Kündigungsgründen nicht möglich** (⌘ LAG Düsseldorf Urteil vom 24. Mai 2007 – 13 Sa 1287/06 zit. nach JURIS; Rev. eingelegt unter Az.: 2 AZR 474/07; KR-*Etzel* BetrVG § 102 Rdnr. 185b).

53

Lediglich eine **nachträgliche Substanziierung oder Konkretisierung** der mitgeteilten Gründe ist ohne weitere Anhörung des Betriebsrats möglich (⌘ BAG Urteil vom 11. April 1985 a. a. O.). Deshalb hat der Arbeitgeber darauf zu achten, die Kündigung auf sämtliche Gründe zu stützen, die zur Rechtfertigung infrage kommen, und den Betriebsrat hierüber ordnungsgemäß zu unterrichten.

54

Wird einem Arbeitnehmer krankheitsbedingt wegen häufiger **Kurzerkrankungen** gekündigt, sind nicht nur die bisherigen Fehlzeiten und die Art der Erkrankungen mitzuteilen, sondern auch die **wirtschaftlichen Belastungen des Arbeitgebers** und die Betriebsbeeinträchtigungen, die infolge der Fehlzeiten entstanden sind und mit denen in Zukunft gerechnet werden muss. Die Information über die Betriebsbeeinträchtigungen ist entbehrlich, wenn der Betriebsrat die Folgen der wiederholten Fehlzeiten genau kennt (⌘ BAG Urteil vom 24. November 1983 – 2 AZR 347/82 = BAGE 44, 249 = DB 1984, 1149 = NZA 1984, 93). Ist der **Arbeitnehmer dauernd arbeitsunfähig**, genügt es, wenn der Arbeitgeber dies dem Betriebsrat mitteilt (⌘ BAG Urteil vom 30. Januar 1986 – 2 AZR 668/84 = NZA 1987, 555).

Zur vollständigen Mitteilung der Kündigungsgründe bei einer **verhaltensbedingten Kündigung** gehört auch die Information des Betriebs- / Personalrats über eine **Gegenvorstellung** des Arbeitnehmers, etwa gegenüber einer Abmahnung. Der Grundsatz der vertrauensvollen Zusammenarbeit kann es dann gebieten, mit einer solchen Gegendarstellung dem Gremium auch Umstände mitzuteilen, die gegen den Ausspruch einer Kündigung sprechen (⌘ BAG

55

Urteil vom 31. August 1989 – 2 AZR 453/88= PersR 1990, 46 = DB 1990, 1928 [Ls.]), z. B. die Nichtbestätigung eines Verdachts einer Straftat durch einen Tatzeugen (🏛 BAG Urteil vom 2. November 1983 – 7 AZR 65/82 = BAGE 44, 201 = DB 1984, 407). Das gilt auch dann wenn der Arbeitgeber von den entlastenden Umständen erst nach Beginn des Anhörungsverfahrens und vor Ausspruch der Kündigung Kenntnis erlangt (🏛 LAG Baden-Württemberg Urteil vom 11. August 2006 – 2 Sa 10/06, zit. nach JURIS).

56 Bei einer **betriebsbedingten Kündigung** muss dem Betriebsrat im Einzelnen mitgeteilt werden, inwiefern der Arbeitsplatz des zu kündigenden Arbeitnehmers wegfällt; pauschale Hinweise auf Auftragsmangel, Arbeitsmangel oder Rationalisierungsmaßnahmen genügen nicht. Der Arbeitgeber muss seine tatsächlichen Angaben vielmehr so weit substantiieren, dass sie mit Gegentatsachen bestritten und objektiv überprüft werden können (vgl. 🏛 BAG Urteil vom 17. Juni 1999 – 2 AZR 456/98 = BAGE 92, 79 = NZA 1999, 1157). Bei einer **Sozialauswahl unter mehreren Arbeitnehmern** mit vergleichbarer Tätigkeit müssen dem Betriebsrat in den Grenzen des Persönlichkeitsschutzes auch die Gesichtspunkte für die vom Arbeitgeber beabsichtigte Sozialauswahl (Alter, Dauer der Betriebszugehörigkeit, Familienstand und Zahl der Kinder) mitgeteilt werden, und zwar auch hinsichtlich der Arbeitnehmer, denen nicht gekündigt werden soll (🏛 BAG Urteil vom 6. Juli 1978 – 2 AZR 810/76 = BAGE 30, 370 = NJW 1979, 1672 = BB 1979, 627). Der Arbeitgeber hat dem Betriebsrat von vornherein, auch ohne ein entsprechendes Verlangen, die Gründe mitzuteilen, die ihn zur Auswahl gerade dieses Arbeitnehmers veranlasst haben (🏛 BAG Urteil vom 29. März 1984 – 2 AZR 429/83 = NJW 1984, 2374 = BB 1984, 1426 = NZA 1984, 169).

57 Bei einer **Änderungskündigung** müssen dem Betriebsrat der Inhalt des Änderungsangebots und die Gründe für die beabsichtigte Änderung des Arbeitsverhältnisses mitgeteilt werden (🏛 BAG Urteil vom 30. November 1989 – 2 AZR 197/89 = BAGE 63, 351 = BB 1990, 704 = NZA 1990, 529). Hat sich der Arbeitgeber eine Beendigungskündigung vorbehalten und will sich dazu eine erneute Anhörung ersparen, muss er zugleich mitteilen, dass er **im Falle der Ablehnung** des Änderungsangebots durch den Arbeitnehmer **die Beendigungskündigung beabsichtigt** (🏛 BAG Urteil vom 30. November 1989 a. a. O.). Bleibt für den Betriebsrat offen, ob die Ablehnung des Änderungsangebotes die Beendigungskündigung zur Folge haben soll, so liegt keine ordnungsgemäße Anhörung vor (🏛 BAG Urteil vom 30. November 1989 a. a. O.).

58 Zur **Entgegennahme der Erklärungen** zur Kündigungsabsicht des Arbeitgebers ist im Grundsatz **nicht jedes beliebige Betriebsratsmitglied berechtigt,** sondern gemäß § 26 Abs. 3 Satz 2 BetrVG der Betriebsratsvorsitzende oder, falls dieser verhindert ist, sein Stellvertreter. Der Betriebsrat kann allerdings auch ein anderes Betriebsratsmitglied **zur Entgegennahme ermächtigen**. Mitteilungen, insbesondere über Kündigungsgründe, die der Arbeitgeber einem nicht nach diesen Grundsätzen zur Entgegennahme ermächtigten Mitglied des Betriebsrats macht, werden nur und erst dann für den Betriebsrat wirksam, wenn sie vom unzuständigen Mitglied als Erklärungsbote des Arbeitgebers an den Vorsitzenden oder ein zum Empfang ermächtigtes Mitglied des Betriebsrates weitergeleitet werden (🏛 BAG Urteil vom 5. April 1990 – 2 AZR 337/89, zit. nach JURIS).

59 Eine ausdrückliche **Aufforderung an den Betriebsrat**, zu der beabsichtigten Kündigung **Stellung zu nehmen**, ist nicht vorgeschrieben. Sie liegt regelmäßig in der Mitteilung der Kündigungsabsicht (🏛 BAG Urteil vom 28. Februar 1974 – 2 AZR 455/73 = BAGE 26, 27 = BB 1974, 836).

60 Der **Betriebsrat als Gremium** muss, bevor die Kündigung erklärt wird, die Möglichkeit der Stellungnahme haben. Ein einzelnes Betriebsratsmitglied, auch der Vorsitzende oder sein Stellvertreter, kann nicht allgemein ermächtigt werden, die Stellungnahme des Betriebsrats zu einer Kündigung abzugeben (🏛 BAG Urteil vom 28. Februar 1974 a. a. O.). Teilt ein einzelnes Betriebsratsmitglied vor Ablauf der Erklärungsfristen des BetrVG § 102 Abs. 2 dem Arbeitgeber eine Stellungnahme zu der vorgesehenen Kündigung zu einer Zeit mit, in der der Arbeitgeber weiß oder nach den Umständen annehmen muss, dass der Betriebsrat sich

noch nicht mit der Angelegenheit befasst hat, dann ist die Anhörung noch nicht vollzogen, eine daraufhin gleichwohl ausgesprochene Kündigung gemäß BetrVG § 102 Abs. 1 unwirksam ⚖ Urteil vom 28. Februar 1974 a. a. O.).

Ist der Betriebsrat vom Arbeitgeber von einer geplanten ordentlichen Kündigung ordnungsgemäß unterrichtet worden, kann er nach § 102 Abs. 2 Satz 1 BetrVG dem Arbeitgeber innerhalb einer **Frist** von einer Woche schriftlich und unter Angabe von Gründen **Bedenken gegen die Kündigung mitteilen**. Bei der außerordentlichen Kündigung muss sich der Betriebsrat unverzüglich, d. h. sobald es im ordnungsgemäßen Geschäftsgang möglich ist, spätestens jedoch innerhalb von drei Tagen äußern. **Äußert sich der Betriebsrat** innerhalb der Anhörungsfrist nicht, gilt **nach § 102 Abs. 2 Satz 2 BetrVG die Zustimmung als erteilt**; der Arbeitgeber kann die Kündigung wirksam aussprechen. Äußert sich der Betriebsrat, hat der Arbeitgeber diese Erklärung und ggf. weitere mündliche Erläuterungen zur Kenntnis zu nehmen. Eine Beratung mit dem Betriebsrat verlangt das Gesetz nicht. Vielmehr kann der Arbeitgeber die Kündigung nach Entgegennahme der Betriebsratserklärung aussprechen. **61**

Widerspricht der Betriebsrat einer ordentlichen Kündigung **aus den in § 102 Abs. 3 BetrVG genannten Gründen** (unzureichende Sozialauswahl, Richtlinienverstoß, Weiterbeschäftigungsmöglichkeit, ggf. unter bestimmten Voraussetzungen) hat der Arbeitgeber dem Arbeitnehmer **mit der Kündigung eine Abschrift der Stellungnahme des Betriebsrats zuzuleiten** (§ 102 Abs. 4 BetrVG). Hat der Betriebsrat einer ordentlichen Kündigung frist- und ordnungsgemäß widersprochen, und hat der Arbeitnehmer Kündigungsschutzklage erhoben, so muss der Arbeitgeber auf Verlangen des Arbeitnehmers diesen nach Ablauf der Kündigungsfrist bis zum rechtskräftigen Abschluss des Rechtsstreits bei unveränderten Arbeitsbedingungen **weiterbeschäftigen**. Auf Antrag des Arbeitgebers kann das Gericht ihn durch einstweilige Verfügung von der **Verpflichtung zur Weiterbeschäftigung** unter drei alternativen Voraussetzungen **entbinden:** Die Klage des Arbeitnehmers bietet keine hinreichende Aussicht auf Erfolg oder erscheint mutwillig. Die Weiterbeschäftigung des Arbeitnehmers würde zu einer unzumutbaren wirtschaftlichen Belastung des Arbeitgebers führen. Der Widerspruch des Betriebsrats war offensichtlich unbegründet (§ 102 Abs. 5 BetrVG). **62**

Hat der Arbeitgeber vor Einschaltung des Integrationsamts den Betriebsrat zur ordentlichen fristgerechten Kündigung eines schwerbehinderten Arbeitnehmers angehört, so ist bei unverändertem Sachverhalt eine **erneute Betriebsratsanhörung** auch dann nicht erforderlich, wenn die **Zustimmung des Integrationsamts erst nach jahrelangem verwaltungsgerichtlichen Verfahren erteilt** wird (⚖ BAG Urteil vom 18. Mai 1994 – 2 AZR 626/93 = BB 1994, 1857 = NZA 1995, 65 = AP Nr. 3 zu § 108 BPersVG). Hat der Arbeitgeber das Verfahren zur Anhörung des Betriebsrats vor der Kündigung eines schwerbehinderten Arbeitnehmers eingeleitet, bevor er den Antrag auf Zustimmung des Integrationsamts gestellt hat, so muss er bei längerer Dauer des Verfahrens vor dem Integrationsamt den Betriebsrat nur dann erneut anhören, wenn sich der Kündigungssachverhalt zwischenzeitlich geändert hat (⚖ LAG Hamm Urteil vom 5. September 1986 – 16 Sa 1017/86 = ARST 1988, 141 und Urteil vom 23. März 2000 – 4 Sa 587/99, zit. nach JURIS). **63**

Mit dem **Zugang einer (ersten) Kündigung** ist das einseitige Gestaltungsrecht ausgeübt und das **Anhörungsverfahren „verbraucht"**. Ist die Kündigungserklärung einmal zugegangen, so greift die ausdrückliche Pflicht des § 102 Abs. 2 Satz 1 BetrVG ein, den Betriebsrat vor jeder, also der nächsten, Kündigung erneut zu hören (⚖ BAG Urteil vom 16. September 1993 – 2 AZR 267/93 = BAGE 74, 185 = BB 1994, 429 = NZA 1994, 311 = AP Nr. 62 zu § 102 BetrVG). Eine Ausnahme von dem allgemeinen Grundsatz einer **Pflicht des Arbeitgebers zur Anhörung des Betriebsrats vor jeder Kündigung** ist nur für den Fall zuzulassen, dass eine Kündigung, zu der der Betriebsrat ordnungsgemäß angehört worden ist und der er ausdrücklich und vorbehaltlos zugestimmt hat, **wegen fehlenden Zugangs an den Arbeitnehmer unwirksam** war. Vor einer erneuten Kündigung ist in einem solchen Fall eine nochmalige Anhörung des Betriebsrates dann entbehrlich, wenn sie im engen zeitlichen Zusammenhang ausgesprochen und auf denselben Sachverhalt gestützt wird (⚖ BAG Urteil **64** vom 11. Oktober 1989 – 2 AZR 88/89 = NJW 1990, 2489 = BB 1990, 1701 = NZA 1990, 748 = AP Nr. 55 zu § 102 SchwbG 1972).

65 Aus § 95 Abs. 2 SGB IX folgt ferner die **Pflicht zur Anhörung der Schwerbehindertenvertretung**. Diese ist vom Arbeitgeber in allen Angelegenheiten, die einen einzelnen schwerbehinderten Menschen berühren, rechtzeitig und umfassend zu unterrichten und vor einer Entscheidung zu hören; die getroffene Entscheidung ist unverzüglich mitzuteilen. Dies gilt auch für jede ordentliche oder außerordentliche Kündigung eines schwerbehinderten Arbeitnehmers. Die Anhörung kann vom Arbeitgeber vor, während oder nach Durchführung des Zustimmungsverfahrens nach §§ 85 ff. vorgenommen werden, muss aber jedenfalls **vor Ausspruch der Kündigung abgeschlossen** sein (LPK-SGB IX / *Düwell* Rdnr. 55; *Adlhoch* BehindertenR 1983, 25). Die von Amts wegen vorgesehene Mitwirkung der Schwerbehindertenvertretung im Zustimmungsverfahren gemäß § 87 Abs. 2 SGB IX macht die Anhörung nach § 95 Abs. 2 SGB IX nicht entbehrlich (LPK-SGB IX *Düwell* a. a. O. m. w. Nachw.).

66 Die **unterbliebene Anhörung** der Schwerbehindertenvertretung führt allerdings nach h. M. **nicht zur Unwirksamkeit der Kündigung** (vgl. BAG Urteil vom 28. Juli 1983 – 2 AZR 122/82 = BAGE 43, 210 = BB 1984, 133 = BehindertenR 1984, 16 zur entsprechenden Vorschrift im SchwbG; BAG Urteil vom 28. Juni 2007 – 6 AZR 750/06 = NZA 2007, 1049 = MDR 2007, 1202; VG Halle Urteil vom 15. Dezember 2006 – 4 A 676/04, zit. nach JURIS; Neumann u. a. / *Pahlen* § 95 SGB IX Rdnr. 9; KR-*Etzel* vor §§ 85 – 92 SGB IX Rdnr. 37; A / P / S / *Vossen* § 85 SGB IX Rdnr. 31;*Cramer* NZA 2004, 705). Die Regelung des § 95 Abs. 2 SGB IX ist keine für das Zustimmungsverfahren an sich geltende Verfahrensbestimmung. Der Verstoß gegen die Anhörungspflicht bleibt aber nicht vollständig sanktionslos. Er kann als Ordnungswidrigkeit nach § 156 Abs. 1 Nr. 9 SGB IX geahndet werden.

5. Entscheidung des Integrationsamts

a) Entscheidungsmöglichkeiten

67 Das Integrationsamt hat drei Entscheidungsmöglichkeiten: Es kann zum einen der Kündigung **zustimmen**. Diese Zustimmung kann auch mit **Bedingungen bzw. Auflagen** verbunden werden, die sich aus dem SGB IX ergeben. Als solche kommen in Betracht: Die Zustimmung unter der Bedingung, dass der Betrieb stillgelegt wird, dass der Arbeitgeber dem schwerbehinderten Menschen für einen bestimmten Zeitraum Lohn oder Gehalt zu zahlen oder ihm einen anderen Arbeitsplatz zu gewähren habe (vgl. Neumann u. a. / *Neumann* Rdnr. 74 m. w. Nachw.). Zulässig ist auch die **Gewährung einer längeren Kündigungsfrist** (Neumann u. a. / *Neumann* a. a. O.; a. A. KR / *Etzel* §§ 85–90 Rdnr. 84a). Wird die Zustimmung unter anderen Einschränkungen oder Bedingungen erteilt, die nicht vom Ermessensspielraum des Integrationsamts gedeckt sind oder die Entscheidung unklar werden lassen, ist die Zustimmung insgesamt im Hinblick auf § 40 Abs. 4 SGB X nichtig (Neumann u. a. / *Neumann* a. a. O.; KR / *Etzel* a. a. O. Rdnr. 84a).

68 Das Integrationsamt kann ferner die Zustimmung **ablehnen** oder – als dritte Möglichkeit – durch ein **Negativattest** feststellen, dass die Kündigung nicht seiner Zustimmung bedarf. Im letztgenannten Fall handelt es sich nicht um eine Rechtsauskunft, sondern um einen **feststellenden Verwaltungsakt,** der die Kündigungssperre beseitigt. Einer etwa vorausgegangenen Zustimmung des Intergrationsamts zur Kündigung wird die Grundlage entzogen, wenn es später feststellt, eine solche Entscheidung sei im konkreten Fall überhaupt entbehrlich (vgl. BAG Urteil vom 10. Dezember 1964 – 2 AZR 369/63 = BAGE 17, 1 = AP Nr. 4 zu § 1 SchwbG; BAG Urteil vom 27. Mai 1983 – 7 AZR 482/81 = BAGE 42, 169 = BehindertenR 1984, 92 = AP Nr. 12 zu § 12 SchwbG; Hauck / Noftz / *Griebeling* Rdnr. 7). Dieser Bescheid kann allerdings vom Arbeitnehmer ebenso wie die Zustimmung selbst **angefochten** werden (Neumann u. a. / *Neumann* Rdnr. 82). Ist ein Feststellungsverfahren nach § 69 Abs. 1 Satz 1 SGB IX anhängig, darf kein Negativattest ausgestellt werden. In diesem Fall kann das Integrationsamt nur einen vorsorglichen Zustimmungsbescheid erteilen oder das bei ihr anhängige Zustimmungsverfahren vorläufig aussetzen (A / P / S / *Vossen* Rdnr. 3).

Zu beachten ist die **Zustimmungsfiktion bei außerordentlichen Kündigungen** gemäß § 91 Abs. 3 SGB IX. Nach Satz 1 der Bestimmung hat das Integrationsamt die Entscheidung innerhalb von zwei Wochen vom Tage des Eingangs des Antrags an zu treffen. Wird innerhalb dieser Frist eine Entscheidung nicht getroffen, so gilt die Zustimmung als erteilt (§ 91 Abs. 3 Satz 2 SGB IX; vgl. hierzu näher Erl. zu § 91 SGB IX Rdnrn. 29-31).

b) Formale Anforderungen an die Entscheidung

Die Entscheidung muss alle Anforderungen an einen **sozialrechtlichen VA** erfüllen. Insbesondere muss sie **schriftlich abgefasst und begründet** sowie mit einer **Rechtsbehelfsbelehrung** versehen werden (§ 35 Abs. 1, § 36 SGB X). Ferner muss sie inhaltlich hinreichend bestimmt sein (§ 33 Abs. 1 SGB X). Sie ist gem. § 88 Abs. 2 Satz 1 SGB IX dem Arbeitgeber und dem Arbeitnehmer **zuzustellen**. Hierfür sind nach § 65 Abs. 2 SGB X die Verwaltungszustellungsgesetze der Länder zu beachten.

Wirksam wird die Entscheidung mit der **Zustellung** des Zustimmungsbescheids **an den Arbeitgeber;** auf den Zeitpunkt, zu welchem der Bescheid dem Arbeitnehmer zugestellt wird, kommt es hingegen nicht an (BAG Urteil vom 16. Oktober 1992 – 2 AZR 332/91 = BAGE 68, 333 = NZA 1992, 503 = AP Nr. 1 zu § 18 SchwbG 1986). Erst nach der Zustellung an den Arbeitgeber ist somit der Ausspruch der Kündigung möglich. Allerdings kann der Arbeitgeber die **Kündigung nur innerhalb eines Monats** nach Zustellung erklären (§ 88 Abs. 3 SGB IX).

c) Kriterien für die Zustimmung

Das Integrationsamt trifft die Entscheidung über die Zustimmung nach **pflichtgemäßem Ermessen**. Es ist hierbei – sofern nicht die Ausnahmebestimmung des § 89 SGB IX eingreift – nach § 39 Abs. 1 SGB I nur **durch Sinn und Zweck der besonderen Vorschriften für schwerbehinderte Menschen** gebunden (BVerwG Urteil vom 28. November 1958 – V C 32.56 = BVerwGE 8, 46 [49] = BB 1959, 740; Urteil vom 19. Oktober 1995 – 5 C 24/93 = BVerwGE 90, 287 [293] = BB 1996, 1443 = NZA-RR 1996, 288). Die Entscheidung erfordert eine Abwägung des Interesses des Arbeitgebers an der Erhaltung seiner Gestaltungsmöglichkeiten gegen das Interesse des schwerbehinderten Arbeitnehmers an der Erhaltung seines Arbeitsplatzes (BVerwG Urteil vom 5. Juni 1975 – V C 57.73 = BVerwGE 48, 264 [266]; BVerwG Urteil vom 19. Oktober 1995 a. a. O.).

Das Integrationsamt muss zunächst untersuchen, **ob Kündigungsgründe überhaupt vorliegen** (BVerwG Urteil vom 28. November 1958 a. a. O.; BayVGH Beschluss vom 29. März 1990 – 12 B 89.1048 = BehindertenR 1990, 136).

Es darf nicht lediglich die Angaben des Arbeitgebers auf ihre Schlüssigkeit prüfen. Vielmehr hat es sämtliche – bestrittenen – Kündigungsgründe aufzuklären (grundlegend zur Rolle des Integrationsamts bei Kündigungen sowie zu Umfang und Grenzen der Amtsermittlung *Seidel* SuP 2006, 719). Das Integrationsamt muss im Rahmen seiner Amtsermittlungspflicht nach § 20 SGB X sicherstellen, dass **betriebsbedingte Kündigungsgründe** tatsächlich bestehen und **nicht lediglich vorgeschoben** werden (Sächs. OVG Beschluss vom 25. August 2003 – 5 BS 107/03 = BehindertenR 2004, 81). Macht der Arbeitgeber geltend, dass die bisherige Beschäftigungsmöglichkeit des Schwerbehinderten im Betrieb weggefallen sei und daher **betriebsbedingte Kündigungsgründe** vorlägen, so hat das Integrationsamt festzustellen, ob dies tatsächlich zutrifft (vgl. OVG NRW Urteil vom 23. Januar 1992 – 13 A 297/91 = NZA 1992, 844 = BehindertenR 1992, 113; VG Augsburg Urteil vom 24. Oktober 2006 – Au 3 K 06.88, zit. nach JURIS; LPK-SGB IX/*Haines* § 89 Rdnr. 14).

Organisation und Struktur eines Betriebes unterliegen jedoch allein der **unternehmerischen Entscheidung** und können weder vom Integrationsamt noch vom Gericht im Rahmen des Schwerbehindertenrechts überprüft werden (vgl. OVG NRW Urteil vom 23. Januar 1992 a. a. O.). Deshalb besteht insoweit nur die Verpflichtung zu prüfen, ob die arbeitsrechtliche Unwirksamkeit der Kündigung „ohne jeden vernünftigen Zweifel in rechtlicher und tatsächlicher Hinsicht offen zu Tage liegt und sich jedem Kundigen geradezu aufdrängt" (⚖ BVerwG Urteil vom 2. Juli 1992 – 5 C 39.90 = BVerwGE 90, 275 ff. = DVBl. 1992, 1490). An einer in diesem Sinne **offensichtlich rechtsmissbräuchlichen Antragstellung** fehlt es, wenn die vom Arbeitgeber genannten Gründe geeignet sind, eine ordentliche Kündigung zu tragen (⚖ BayVGH Urteil vom 16. November 1993 – 12 B 92.84 zit. nach JURIS).

75 Ferner muss das Integrationsamt ggf. prüfen, ob **behauptete Leistungsmängel** vorliegen und welchen Umfang sie haben (vgl. ⚖ BayVGH Beschluss vom 20. Juni 2006 – 9 ZB 06.930, zit. nach JURIS). Bei der Unfähigkeit des Arbeitnehmers, die vertraglich geschuldeten Dienste erbringen zu können, handelt es sich nach der Rechtsprechung des BAG (vgl. ⚖ Urteil vom 21. Mai 1996 – 2 AZR 455/95 = NZA 1996, 871 = NJW 1997, 1656) um einen **Dauerzustand**. Dieser wird einerseits von den **Überbrückungsmöglichkeiten** des Arbeitgebers beeinflusst und hängt andererseits von Faktoren wie **Art und Dauer der Erkrankung, Gesundungsprognose** und dergleichen mehr ab. Bei der Zulassung der Kündigung durch das Integrationsamt ist zu **prüfen, ob die Leistung des Schwerbehinderten** am Arbeitsplatz in dem vom Arbeitgeber behaupteten Umfang – ggf. bedingt durch die Behinderung – hinter den Anforderungen **zurückbleibt**. In die Abwägung für die Ermessensentscheidung ist daher, wenn die Kündigung auf behinderungsbedingte Leistungsdefizite in Form von Ausfallzeiten wegen Erkrankung gestützt wird, auch und vor allem einzubeziehen, welchen **Umfang und welche Auswirkungen** diese **Leistungsdefizite** haben (vgl. hierzu im Einzelnen ⚖ BVerwG Urteil vom 19. Oktober 1995 – 5 C 24/93 = BVerwGE 99, 336 = BB 1996, 1443 = ZfSH/SGB 1996, 472 = NZA-RR 1996, 288).

76 Das Integrationsamt muss ferner alles ermitteln, was die **Abwägung der gegensätzlichen Interessen** des schwerbehinderten Menschen und des Arbeitgebers ermöglicht. Entscheidungen, die auf unrichtigen Behauptungen beruhen, sind rechtswidrig und deswegen anfechtbar (⚖ BVerwG Urteil vom 2. Juli 1992 – 5 C 51/90 = BVerwGE 90, 287 = DVBl. 1992, 1490 und ⚖ BVerwG Urteil vom 19. Oktober 1995 a. a. O.; ⚖ Bad.-Württ. VGH Urteil vom 18. April 1994 – 7 S 1830/92 = BehindertenR 1995, 196). Maßgebend für das Integrationsamt ist aber der der Kündigung zugrunde liegende historische Sachverhalt, d. h. **nur die vom Arbeitgeber** gegenüber dem Integrationsamt **angegebenen Kündigungsgründe** sind mit dem Schutzinteresse des behinderten Arbeitnehmers abzuwägen, unabhängig davon, ob sie die Kündigung arbeitsrechtlich rechtfertigen.

77 Grundsätzlich beurteilt sich nämlich die Frage, ob ein Kündigungssachverhalt vorliegt, aus dem der Arbeitgeber das seinem Antrag zugrunde liegende Kündigungsinteresse herleitet, nach dem **historischen Sachverhalt**, der den **Kündigungsgrund** bildet und bis zum Zugang der Kündigungserklärung vorliegt (vgl. ⚖ BVerwG Beschluss vom 7. März 1991 – 5 B 114/89 = NZA 1991, 511 = BehindertenR 1991, 113; ⚖ OVG NRW Urteil vom 23. Januar 1992 – 13 A 297/91 = BehindertenR 1992, 113 = NZA 1992, 844; ⚖ Bad.-Württ.VGH Beschluss vom 15. Juli 1997 – 9 S 1490/96 = BehindertenR 1998, 75; ⚖ BayVGH Beschluss vom 29. Mai 2007 – 12 ZB 06.1134, zit. nach JURIS). **Wurde noch keine Kündigung ausgesprochen,** kommt es auf den **Zeitpunkt der beabsichtigten Kündigung** an (vgl. ⚖ OVG NRW Urteil vom 23. Januar 1992 a. a. O.), wobei dieser mit der Antragstellung bei der Behörde auf Zustimmung zur Kündigung zusammenfällt.

78 Für diesen Zeitpunkt hat die Behörde **für ihre Entscheidungsfindung alle diejenigen Umstände zu berücksichtigen,** die von den Beteiligten **an sie herangetragen** worden sind oder die sich **ihr aufdrängen mussten.** Denn nur die vom Arbeitgeber geltend gemachten Kündigungsgründe sind mit dem Schutzinteresse des behinderten Arbeitnehmers abzuwägen. **Tatsachen und Umstände,** die erst **nach diesem Zeitpunkt eingetreten** sind, gehören daher **nicht zu dem zugrunde zulegenden Sachverhalt.** Denn andernfalls würde die Behörde die Zustimmung zu einer Kündigung bestätigen oder versagen, die sich auf nicht vom Arbeitgeber geltend gemachte Kündigungsgründe stützen würde (vgl. ⚖ BVerwG Beschluss vom

7. März 1991 a. a. O.). Daran ändert auch eine beim Kündigungssachverhalt ggf. anzustellende **Zukunftsprognose** nichts. Auch diese ist auf der Grundlage der zu diesem maßgeblichen Zeitpunkt vorliegenden Tatsachen zu treffen (BayVGH Beschluss vom 29. Mai 2007 a. a. O.).

Allerdings hat das Integrationsamt nur einen **Sonderkündigungsschutz** zu gewähren, der der **besonderen Situation schwerbehinderter Arbeitnehmer** Rechnung tragen soll. Es gehört **nicht** zu seinen Aufgaben, die **allgemeinen sozialen Interessen** des einzelnen schwerbehinderten Menschen **als Arbeitnehmer zu wahren** (BVerwG Urteil vom 2. Juli 1992 a. a. O.). Das BVerwG führt dort wörtlich aus (Änderungen der seitherigen Rechtslage durch Kursivdruck berücksichtigt): „Der besondere Schutz des § 85 SGB IX ist dem Schwerbehinderten nämlich zusätzlich zum allgemeinen arbeitsrechtlichen Schutz gegeben. Das bedeutet, dass der Schwerbehinderte, wenn das Integrationsamt der Kündigung zugestimmt hat, auch den Schutz des KSchG in Anspruch nehmen und eine arbeitsgerichtliche Nachprüfung herbeiführen kann, ob die Kündigung sozial gerechtfertigt im Sinne dieses Gesetzes ist (vgl. BT-Drs. I/3430 S. 32). Deshalb hat **das Integrationsamt nicht** – gleichsam parallel zum Arbeitsgericht – **über die** Frage der **Sozialwidrigkeit der Kündigung zu befinden** ... Bei der Entscheidung, ob die Zustimmung erteilt oder versagt werden soll, können vielmehr **nur Erwägungen** eine Rolle spielen, die sich **speziell aus der Schwerbehindertenfürsorge** herleiten. Rechtfertigen solche Erwägungen eine Versagung der Zustimmung nicht, so hat die behördliche Zustimmung dem Kündigenden diejenige Rechtstellung zurückzugeben, die er hätte, wenn es keinen besonderen Kündigungsschutz für Schwerbehinderte gäbe." 79

Deshalb kann die Verweigerung der Zustimmung zu einer beabsichtigten Kündigung wegen **ihrer arbeitsrechtlichen Unzulässigkeit nur ausnahmsweise** bei offensichtlichen Fallkonstellationen in Betracht kommen. Die Beantwortung von Zweifelsfragen hinsichtlich der tatsächlichen Grundlagen und der rechtlichen Bewertung der beabsichtigten Kündigung obliegt allein den Arbeitsgerichten (Bad.-Württ. VGH Urteil vom 4. März 2002 – 7 S 1651/01 = NZA-RR 2002, 417 = BehindertenR 2003, 29). 80

Der Grundsatz, dass im Rahmen des Sonderkündigungsschutzes des § 85 SGB IX die arbeitsrechtliche Wirksamkeit einer Kündigung des schwerbehinderten Arbeitnehmers in aller Regel nicht zu prüfen ist, gilt **auch dann,** wenn das **Kündigungsschutzgesetz** aufgrund der Kleinbetriebsklausel in § 23 KSchG **keine Anwendung** findet und gemäß der Rechtsprechung des BVerfG (Beschluss vom 27. Januar 1998 – 1 BvL 15/87 = BVerfGE 97, 169 = NJW 1998, 1475) ein lediglich eingeschränkter Kündigungsschutz im Hinblick auf die Willkürfreiheit, eine gewisse soziale Rücksichtnahme sowie den Vertrauensschutz des Arbeitnehmers gegeben ist (vgl. hierzu *Kittner* NZA 1998, 731 f.). Denn der **Sonderkündigungsschutz des SGB IX** bezweckt, wie dargelegt, gerade keine Besserstellung des behinderten Arbeitnehmers im Hinblick auf den allgemeinen arbeitsrechtlichen Kündigungsschutz und **kann** deshalb den **Ausschluss der Anwendbarkeit des KSchG** aufgrund der Kleinbetriebsklausel **nicht kompensieren** (VG Schleswig Urteil vom 10. März 2004 – 15 A 269/03, zit. nach JURIS). 81

Bei der Entscheidung über die Zustimmung hat das Integrationsamt zu berücksichtigen, dass die **Kündigung nur als letztes Mittel** infrage kommen kann, wenn alle anderen Möglichkeiten für den Erhalt des Arbeitsplatzes zuvor geprüft und ausgeschöpft worden sind (vgl. BAG Urteil vom 27. September 1984 – 2 AZR 62/83 = BAGE 47, 26 = BB 1985, 1130 = NZA 1985, 355 zum allgemeinen Grundsatz für betriebsbedingte Kündigungen). Demgemäß muss der Arbeitgeber die in § 81 Abs. 4 Satz 1 Nr. 4 und 5 SGB IX vorgeschriebenen Anforderungen an die Arbeitsplätze erfüllen und nach Möglichkeit Integration und Prävention gem. §§ 83 und 84 SGB IX umsetzen. Die Durchführung eines **Präventionsverfahrens nach** § 84 Abs. 1 SGB IX ist zwar nach Wortlaut und Systematik des Gesetzes keine förmliche Rechtmäßigkeitsvoraussetzung für die Zustimmungsentscheidung des Integrationsamts (BVerwG Beschluss vom 29. August 2007 – 5 B 77/07, zit. nach JURIS; vgl. auch Erl. zu § 84 SGB IX Rdnr. 50). Es kann jedoch im Rahmen seiner Ermessensentscheidung 82 ggf. zulasten des Arbeitgebers berücksichtigen, dass bei gehöriger Durchführung des Präventionsverfahrens die Möglichkeit bestanden hätte, die Kündigung zu vermeiden (🕮 BVerwG Beschluss vom 29. August 2007 a. a. O. unter Hinweis auf 🕮 BAG Urteil vom 7. Dezember 2006 – 2 AZR 182.06 = NJW 2007, 1995 = BehindertenR 2007, 140 zur Beurteilung einer Kündigung als sozial ungerechtfertigt).

83 Ferner ist bei der Ermessensentscheidung über die Zustimmung zur Kündigung zu berücksichtigen, dass der Arbeitgeber die in § 102 Abs. 2 SGB IX genannten **Mittel des Integrationsamtes** in Anspruch nehmen kann. Bereits im Vorfeld eventueller Kündigungen ist es im Hinblick auf die angesprochenen Möglichkeiten also erforderlich, Einsatzmöglichkeiten festzustellen, die Ursachen für Behinderung oder Leistungswandlung abzustellen, Arbeitsplätze zu finden, technische Hilfsmittel einzusetzen, die Arbeitsplätze anzupassen und notfalls Versetzungen oder Umschulungen durchzuführen (vgl. auch 🕮 BAG Urteil vom 28. April 1998 – 9 AZR 348/97 = AiB 2000, 177 = BehindertenR 1999, 30 = ZfSH / SGB 1999, 29 = NZA 1999, 152 zum Anspruch des schwerbehinderten Arbeitnehmers auf Vertragsänderung, wenn er mit leichteren, ihm möglichen Arbeiten beschäftigt werden kann).

84 Ist z. B. ein Arbeitnehmer nach einem **Arbeitsunfall** darauf angewiesen, **blutgerinnungshemmende Mittel** einzunehmen, berechtigt die sich daraus ergebende Blutungsgefahr den Arbeitgeber noch nicht, eine Kündigung des Arbeitsverhältnisses auszusprechen. Der **Arbeitgeber** ist zunächst **gehalten,** eine **Überprüfung des Arbeitsplatzes,** ggf. unter Hinzuziehung einer Fachkraft für Arbeitssicherheit und / oder des Betriebsarztes, vorzunehmen. Der Arbeitnehmer ist ferner gehalten, den Arbeitnehmer auf einem **seinem Leiden entsprechenden Arbeitsplatz** im Betrieb weiterzubeschäftigen, sofern er einen solchen durch Ausübung seines Direktionsrechts freimachen oder durch organisatorische Maßnahmen dem Arbeitnehmer nur noch bestimmte Aufgaben aus dem bisherigen Gebiet zuweisen kann. Gegebenenfalls muss er zunächst eine Änderungskündigung aussprechen (🕮 LAG Schleswig-Holstein Urteil vom 29. Mai 2001 – 3 Sa 93/01 = ARST 2001, 233).

85 Der Arbeitgeber ist allerdings nicht verpflichtet, für den schwerbehinderten Arbeitnehmer einen zusätzlichen Arbeitsplatz einzurichten (🕮 BAG Urteil vom 28. April 1998 a. a. O.).

86 Bei der Interessenabwägung ist namentlich der **Zweck der Schutzvorschriften** für schwerbehinderte Menschen zu berücksichtigen. Das öffentliche Interesse an der beruflichen Eingliederung von schwerbehinderten Menschen und an dem Erhalt von Arbeitsplätzen ist besonders zu gewichten. Bei der Ausübung des Ermessens müssen deshalb Kündigungen besonders **sorgfältig und streng geprüft** werden, bei denen der **Kündigungsgrund mit der Behinderung in Zusammenhang** steht bzw. wenn ein anderer angemessener und zumutbarer **Arbeitsplatz nicht gesichert** ist (🕮 BVerwG Urteil vom 19. Oktober 1995 – 5 C 24/93 = BVerwGE 99, 336 = BB 1996, 1443 = ZfSH/SGB 1996, 472 = NZA-RR 1996, 288). Denn der Schwerbehindertenschutz gewinnt an Gewicht, wenn die Beendigung des Arbeitsverhältnisses auf Gründe gestützt wird, die in der Behinderung selbst ihre Ursache haben. In diesem Fall werden an die **Zumutbarkeitsgrenze für den Arbeitgeber** besonders **hohe Anforderungen** gestellt, damit der fürsorgerechtliche Schutzgedanke der Rehabilitation schwerbehinderter Menschen verwirklicht werden kann. So kann die Zustimmungsverweigerung in Ausnahmefällen sogar die Zumutung bedeuten, dass der Arbeitgeber den schwerbehinderten Arbeitnehmer „durchschleppen" muss (🕮 BVerwG Urteil vom 19. Oktober 1995 a. a. O.). Die gebotene Sicherung des Arbeitsplatzes findet allerdings dort ihre Grenze, wo eine Weiterbeschäftigung des schwerbehinderten Menschen allen Gesetzen wirtschaftlicher Vernunft widerspricht, insbesondere dem Arbeitgeber einseitig die Lohnzahlungspflicht auferlegen würde (🕮 BVerwG Urteil vom 19. Oktober 1995 a. a. O.).

87 Der Zustimmung zur Kündigung eines schwerbehinderten Arbeitnehmers aus Krankheitsgründen steht nicht bereits entgegen, dass sein Arbeitsverhältnis wegen des **Bezugs einer Zeitrente wegen Erwerbsunfähigkeit** gemäß § 59 Abs. 1 Satz 4 und 5 BAT im Zeitpunkt der Kündigung ruht. Dieser Umstand stellt vielmehr ein Element im Rahmen der Abwägung

der gegenläufigen Interessen von Arbeitgeber und Arbeitnehmer dar (Bad.-Württ. VGH Beschluss vom 15. Juli 1997 – 9 S 1490/96 = BehindertenR 1998, 75).

Das Integrationsamt soll die Entscheidung, falls erforderlich aufgrund mündlicher Verhandlung, **innerhalb eines Monats** vom Tage des Eingangs des Antrages an treffen (§ 88 Abs. 1 SGB IX). Hat es die Zustimmung zur Kündigung aufgrund einer mündlichen Verhandlung und des hierbei gewonnenen persönlichen Eindrucks von den Beteiligten verweigert, ist auch die Durchführung einer **mündlichen Verhandlung** vor dem Widerspruchsausschuss geboten (VG Frankfurt a. Main Urteil vom 22. November 2006 – 7 E 2923/05, zit. nach JURIS). 88

d) Statistische Ergebnisse

Auch im Jahr 2006 endeten mehr als die Hälfte der Zustimmungsverfahren vor den Integrationsämtern unstreitig, d. h. die Betroffenen erklärten sich während des Verfahrens mit der Kündigung einverstanden, schlossen einen Aufhebungsvertrag oder schieden aus anderen Gründen aus. Bei den streitig abgeschlossenen Verfahren über **ordentliche Kündigungen** konnte in **3866 Fällen (= 18,91%) der Arbeitsplatz erhalten** werden, bei **den außerordentlichen Kündigungen** war dies in **1.235 (= 32,27%)** aller abgeschlossenen Verfahren hierüber der Fall (JB 2006/2007 S. 37). 89

Statistisch gesehen endete damit **jedes vierte bis fünfte Kündigungsschutzverfahren** mit dem **Erhalt des Arbeitsplatzes**. Bei den abgeschlossenen Kündigungsschutzverfahren bewegt sich die Quote derjenigen Beschäftigungsverhältnisse, die danach weitergeführt werden, schon seit Jahren auf einem konstanten Niveau von **21–24%**. Im Jahr 2006 betrug sie genau 23,8%. Der **besodere Kündigungsschutz** für schwerbehinderte Menschen **führt damit keineswegs zur Unkündbarkeit** und kann damit auch **kein Einstellungshindernis** bedeuten (JB 2006/2007 a. a. O.). Andererseits konnte für 6134 schwerbehinderte Menschen mit Hilfe des besonderen Kündigungsschutzes eine Fortführung ihres Arbeitsverhältnisses erreicht werden. 90

Die **Versagung der Zustimmung** führt allerdings erfahrungsgemäß zu einer starken **Belastung des fortgesetzten Arbeitsverhältnisses** und nicht selten auch zu einem erneuten Zustimmungsantrag nach einiger Zeit. Deshalb ist es vorrangiges Ziel der Integrationsämter, eine möglichst den Interessen beider Seiten entsprechende dauerhafte Problemlösung zu suchen (JB 1999/2000 S. 33). Die unumgängliche Notwendigkeit, vor einer streitigen Trennung von schwerbehinderten Mitarbeiten das Integrationsamt einzuschalten, führt oft noch zu **Lösungsansätzen**, an die der Arbeitgeber vor einer fachlichen Beratung durch das Integrationsamt vielleicht nicht gedacht hatte. Beispielsweise bewirkt der „offensive Einsatz von **Lohnkostenzuschüssen**" nach § 27 SchwbAV nicht selten die Rücknahme von Anträgen auf Zustimmung zur Kündigung durch Arbeitgeber (JB 1999/2000 S. 34). 91

6. Gerichtlicher Schutz gegen Kündigungen

a) Widerspruch und Klage gegen die Zustimmung des Integrationsamts

aa) Widerspruchsfrist

Gegen die Zustimmung des Integrationsamts als Verwaltungsakt im Sinne von § 31 SGB IX kann der Arbeitnehmer innerhalb von einem Monat nach Zustellung der Entscheidung an ihn Widerspruch einlegen. Der Widerspruchsausschuss (§ 119 SGB IX) muss die Entscheidung überprüfen und den schwerbehinderten Menschen anhören. 92

bb) Keine aufschiebende Wirkung

Der Widerspruch hat ebenso wie eine spätere Anfechtungsklage **keine aufschiebende Wirkung** (§ 88 Abs. 4 SGB IX). Nach einer zustimmenden Entscheidung muss daher der Arbeitgeber die Kündigung auch dann innerhalb der Monatsfrist des § 88 Abs. 3 SGB IX aussprechen, wenn der Arbeitnehmer Widerspruch einlegt oder Anfechtungsklage erhebt. Das 93

Verwaltungsgericht kann die aufschiebende Wirkung des Widerspruchs **nach § 80 Abs. 5 VwGO herstellen**. Auch wenn nach der Zustimmung des Integrationsamts zur ordentlichen Kündigung eines Schwerbehinderten der Arbeitgeber die Kündigung bereits ausgesprochen hat, besteht für den Arbeitnehmer weiterhin ein **Rechtsschutzbedürfnis** für den Antrag auf Anordnung der aufschiebenden Wirkung seines Widerspruchs gegen die Zustimmung (Sächs.OVG Beschluss vom 25. August 2003 – 5 BS 107/03 = BehindertenR 2004, 81; OVG Hamburg Beschluss vom 11. Februar 1997 – Bs IV 312/96 = BehindertenR 1997, 139 = DVBl 1997, 1446 = ZfSH / SGB 1997, 607; OVG Bremen Beschluss vom 7. August 2001 – 2 B 257/01 = NordÖR 2002, 35; a. A. Bad.Württ. VGH Beschluss vom 31. Januar 1984 – 6 S 12/84, zit. nach JURIS; OVG NRW Beschluss vom 29. Dezember 2003 – 12 B 957/03, zit. nach JURIS; VG Aachen Beschluss vom 30. Juni 2003 – 2 L 523/03 = BehindertenR 2003, 194; VG Düsseldorf Beschluss vom 11. Januar 2006 – 19 L 2289/05 = BehindertenR 2007, 114).

94 Im Fall des **übereinstimmenden Auflösungsantrages nach § 9 KSchG** entfällt das Rechtsschutzbedürfnis für einen Antrag auf Anordnung der aufschiebenden Wirkung gegenüber der Zustimmung des Integrationsamts (Sächs. OVG Beschluss vom 25. August 2003 – 5 BS 107/03 = BehindertenR 2004, 81). In diesem Fall kann das Verfahren des vorläufigen Rechtsschutzes gegenüber der Zustimmungserklärung des Integrationsamts nicht zu einer Verbesserung der Rechtsposition des schwerbehinderten Menschen führen, weil **feststeht**, dass ein **Auflösungsgrund für das Arbeitsverhältnis** besteht (Schaub / *Linck* ARHB § 141 Rdnr. 8; KR-*Spilger* 5. Aufl. § 9 KSchG Rdnr. 66 m. w. Nachw. zur h. M.). Das Arbeitsgericht prüft in diesem Fall nur noch, ob die Kündigung sozial gerechtfertigt oder ungerechtfertigt war, sowie letzterenfalls, in welcher Höhe die Abfindung zu bemessen ist (Schaub / *Linck* a. a. O. m. w. Nachw.).

cc) Klage zum Verwaltungsgericht

95 Bestätigt der Widerspruchsausschuss die Zustimmung zur Kündigung, kann der schwerbehinderte Mensch **innerhalb eines Monats Klage** beim zuständigen Verwaltungsgericht erheben (vgl. BVerwG Urteil vom 8. November 1958 = BVerwGE 8, 46 = BB 1959, 740).

96 Auch das Verwaltungsgericht muss den Sachverhalt aufklären und sich so gut wie möglich mit den in Betracht kommenden Verhältnissen vertraut machen; denn es muss die Ermessenserwägungen, bei denen es auf feine Unterschiede ankommen kann, nachvollziehen, um sie damit auf ihre Rechtmäßigkeit überprüfen zu können (VG Freiburg Urteil vom 30. November 2000 – 5 K 1996/98 = NZA-RR 2001, 432). **Als Ermessensentscheidung** unterliegt die Zustimmung zur Kündigung nur einer **eingeschränkten verwaltungsrichterlichen Kontrolle**. Das Gericht prüft nach § 114 VwGO lediglich, ob die gesetzlichen **Grenzen des Ermessens überschritten** sind oder von dem Ermessen in einer dem Zweck der Ermächtigung nicht entsprechenden Weise Gebrauch gemacht ist. Dazu ist festzustellen, ob die Behörde in ihre Ermessenserwägungen **alle wesentlichen,** den Streit zwischen den Parteien kennzeichnenden **Gesichtspunkte eingestellt** hat, ob sie dabei von einem richtigen Sachverhalt ausgegangen ist, ihre sodann vorgenommene Gewichtung der widerstreitenden Interessen sachgerecht und vertretbar sowie das dabei gewonnene **Abwägungsergebnis nicht schlechterdings unzumutbar** ist. Hält die Kündigungszustimmung einer dahingehenden Überprüfung stand, ist sie allseits zu akzeptieren, d. h. auch vom Verwaltungsgericht nicht zu beanstanden, selbst wenn sie dessen Wertung nicht entspricht. Denn das **Verwaltungsgericht** ist **nicht befugt,** seine **eigene Ermessensentscheidung an die Stelle derjenigen der Behörde zu setzen** (OVG NRW Urteil vom 23. Januar 1992 – 13 A 297/91 = BehindertenR 1992, 113 = NZA 1992, 844).

97 Gegen die **verweigerte Zustimmung** kann seinerseits der **Arbeitgeber Widerspruch** bzw. **Klage erheben**. Auch bei der Entscheidung über die Verpflichtungsklage des Arbeitgebers ist nicht die Sachlage im Zeitpunkt der letzten mündlichen Tatsachenverhandlung, sondern im Zeitpunkt des Erlasses des Widerspruchsbescheides maßgebend (BVerwG Beschluss

vom 22. Januar 1993 – 5 B 80/92 = BehindertenR 1994, 21 = Buchholz 436.61 § 15 SchwbG 1986 Nr 7; ⊡ OVG Koblenz Urteil vom 29. Mai 1998 – 12 A 12950/97 = FEVS 49, 326).

b) Klage zum Arbeitsgericht

aa) Klagefrist

Gegen Kündigungen des Arbeitgebers kann der schwerbehinderte Mensch beim Arbeitsgericht klagen. **Ziel der Klage** ist die **Feststellung**, dass das **Arbeitsverhältnis durch die Kündigung vom ... nicht aufgelöst** worden ist. Soweit – wie im Regelfall – die Vorschriften des Kündigungsschutzgesetzes zu beachten sind (vgl. § 1 Abs. 1, § 23 Abs. 1 u. 3 KSchG), ist nach § 4 Satz 1 KSchG bei der ordentlichen Kündigung eine **dreiwöchige Klagefrist** zu wahren. Dieselbe Frist gilt nach Satz 2 der Vorschrift, wenn sich der Arbeitnehmer nach einer Änderungskündigung gegen die Änderung der Arbeitsbedingungen wehrt. Die Unwirksamkeit einer außerordentlichen Kündigung kann wegen der Verweisung in § Abs. 1 Satz 2 KSchG ebenfalls nur innerhalb der Drei-Wochen-Frist geltend gemacht werden.

98

Der Arbeitgeber soll nämlich alsbald Klarheit darüber erhalten, ob der Arbeitnehmer die Kündigung hinnehmen oder ihre Unwirksamkeit gerichtlich geltend machen will (vgl. ⊡ BAG Urteil vom 22. September 1994 – 2 AZR 719/93 = NJW 1995, 1173 = NZA 1995, 417 = AP Nr. 32 zu § 4 KSchG). Diese **Klagefrist beginnt** an sich mit **dem Zugang der Kündigung beim Arbeitnehmer**. Nicht erforderlich ist die Bestandskraft der Entscheidung des Integrationsamts über die Zustimmung. Kündigt der Arbeitgeber, nachdem das Integrationsamt, der Widerspruchsausschuss oder das VG die Zustimmung erteilt hat, muss der Arbeitnehmer innerhalb von drei Wochen nach Zugang der Kündigung die Kündigungsschutzklage erheben; das gilt selbst dann, wenn er gegen die Erteilung der Zustimmung Widerspruch einlegt oder Anfechtungsklage nach § 42 Abs. 1 VwGO erhebt.

99

Der **Fristbeginn** kann sich jedoch nach § 4 Satz 4 KSchG verzögern: Danach beginnt die dreiwöchige Klagefrist im Fall des Erfordernisses der vorherigen Zustimmung einer Behörde zur Kündigung erst **mit der Bekanntmachung der Behördenentscheidung gegenüber dem Arbeitnehmer**. Diese Bestimmung ist jedenfalls dann anzuwenden, wenn das Integrationsamt dem Arbeitgeber vor Ausspruch der Kündigung die Zustimmung erteilt hat, diese aber dem Arbeitnehmer erst nach Kündigungszugang bekannt gegeben worden ist (⊡ BAG Urteil vom 17. Februar 1982 – 7 AZR 846/79 = BAGE 38, 42 = NJW 1982, 2630 = BehindertenR 1983, 13).

Die Ausnahmeregelung des § 4 Satz 4 KSchG ist auch zu beachten, wenn der **Arbeitgeber kündigt**,

101

– **bevor** die nach § 85 erforderliche **Zustimmung vorliegt**. Die Klagefrist läuft ab Bekanntgabe der danach erteilten Zustimmung gegenüber dem Arbeitnehmer (A / P / S / *Vossen* Rdnr. 34a); für diesen Zeitpunkt ist der Arbeitnehmer ggf. beweispflichtig (⊡ LAG Köln Urteil vom 4. Dezember 2006 – 14 Sa 873/06 = NZA-RR 2007, 323);

– **ohne die erforderliche Zustimmung einzuholen**. In diesem Fall kommt es zu keiner Bekanntgabe im Sinne von § 4 Satz 4 KSchG. Deshalb ist das Recht zur Geltendmachung der Nichtigkeit der Kündigung im Rahmen der Klage nach § 4 Satz 1 KSchG nur durch die Grundsätze der **Verwirkung nach § 242 BGB** begrenzt (vgl. ⊡ BAG Urteil vom 3. Juli 2003 – 2 AZR 487/02 = BAGE 107, 50 = NJW 2004, 244 = AP Nr. 7 zu § 18 BErzGG; *Schmidt* NZA 2004, 79 [80]; A / P / S / *Vossen* Rdnr. 34a; a. A. *Bauer / Powietzka* NZA-RR 2004, 505 [514]; *Griebeling* NZA 2005, 494 [502]; *Löwisch* BB 2004, 154 [159]; *Schiefer / Worzalla* NZA 2004, 345 [346]; *Zeising / Kröpelin* DB 2005, 1626 [1628]; *Zwanziger* BB 2004, 824 [825]). Allerdings kann der schwerbehinderte Arbeitnehmer nur dann darauf vertrauen, dass die Klagefrist im Hinblick auf § 4 Satz 4 KSchG nicht zu laufen beginnt, wenn der **Arbeitgeber** vor Ausspruch der Kündigung die **Notwendigkeit der Zustimmung des Integrationsamtes kennt** (vgl. *Preis* DB 2004, 70 [77]; *Schmidt* NZA 2004, 79 [81]; *Löwisch* BB 2004, 154 [159]; *Quecke* RdA 2004, 86 [100]). Erfährt der Arbeitgeber

hiervon erst später, richtet sich der Beginn der Klagefrist ausschließlich nach § 4 Satz 1 KSchG (*Preis* a. a. O.; *Schmidt* a. a. O.; A / P / S / *Vossen* Rdnr. 34a);
– **obwohl der Antrag auf Zustimmung** zur Kündigung vom Integrationsamt **abgelehnt worden ist**. Die Klagefrist des § 4 Satz 4 KSchG beginnt dann mit der Bekanntgabe der ablehnenden Entscheidung des Integrationsamts an den Arbeitnehmer zu laufen. Die Fallgestaltung ist nicht etwa der vorherigen gleich zu erachten, in der dem Arbeitnehmer überhaupt keine Entscheidung des Integrationsamts bekannt gegeben wurde (so aber A / P / S / *Vossen* Rdnr. 34a).
Denn nunmehr weiß der schwerbehinderte Arbeitnehmer, dass der Arbeitgeber die Zustimmung zu einer Kündigung beantragt, aber nicht erhalten hat. In diesem Fall **besteht also nicht das Informationsdefizit**, welches bei Fehlen jeglicher Behördenentscheidung (mangels Antrags des Arbeitgebers) eine unbefristete Kündigungsschutzklage – vorbehaltlich der Verwirkung nach § 242 BGB – rechtfertigt (vgl. BAG Urteil vom 3. Juli 2003 – 2 AZR 487/02 = BAGE 107, 50 unter II 2a und b cc der Gründe).

Notwendiges Berufen auf Kündigungsverbot neben Sozialwidrigkeit

102 Hat der Arbeitnehmer rechtzeitig Kündigungsschutzklage nach § 4 Satz 1 KSchG erhoben und zunächst nur die Sozialwidrigkeit der Kündigung gemäß § 1 Abs. 1 KSchG geltend gemacht, muss er sich im Rahmen dieser Klage **auch auf das Kündigungsverbot nach § 85 berufen**; dies ist gemäß § 6 Satz 1 KSchG auch nach Ablauf der dreiwöchigen Klagefrist noch möglich. Andernfalls ist er im Fall einer **rechtskräftigen Klageabweisung,** die auf **fehlende Unwirksamkeit der Kündigung** gestützt ist, mit dem **Einwand ausgeschlossen,** die Kündigung sei nach § 85 SGB IX i. V. m. § 134 BGB nichtig (A / P / S / *Vossen* Rdnr. 34c). Denn nach der ständigen Rechtsprechung des BAG schließt die – stattgebende – rechtskräftige Entscheidung über einen Antrag nach § 4 Satz 1 KSchG zugleich die Feststellung ein, dass zum vorgesehenen Auflösungszeitpunkt zwischen den Parteien ein Arbeitsverhältnis bestanden hat (vgl. BAG Urteil vom 12. Januar 1977 – 5 AZR 593/75 = NJW 1977, 1895 = AP Nr. 3 zu § 4 KSchG 1969; BAG Urteil vom 5. Oktober 1995 – 2 AZR 909/94 = BAGE 81, 111 = DB 1996, 436 = AP Nr. 48 zu § 519 ZPO). Streitgegenstand des Kündigungsschutzprozesses ist nämlich die Frage, ob ein Arbeitsverhältnis aus Anlass einer ganz bestimmten Kündigung zu dem beabsichtigten Termin aufgelöst worden ist oder nicht (sog. **punktuelle Streitgegenstandstheorie**). Das muss folgerichtig auch dann gelten, wenn die Kündigungsschutzklage des Arbeitnehmers abgewiesen wird.

cc) Prüfung der Zustimmung des Integrationsamts durch das Arbeitsgericht

103 Das Arbeitsgericht überprüft zunächst, ob die Zustimmung des Integrationsamts vorliegt. Hat der schwerbehinderte Arbeitnehmer diese **angefochten**, ist eine Entscheidung des Arbeitsgerichts vor Abschluss des Verwaltungsgerichtsverfahrens nur möglich, wenn die **Kündigung ohnehin aus anderen Gründen unwirksam** ist, z. B. wegen fehlender bzw. fehlerhafter Anhörung des Betriebsrats (§ 102 Abs. 1 Satz 3 BetrVG) oder wegen Sozialwidrigkeit im Sinne von § 1 Abs. 1 KSchG. Hält das Arbeitsgericht hingegen die Kündigung für arbeitsrechtlich wirksam und deshalb an sich eine Klageabweisung für geboten, ist eine Abwägung erforderlich mit dem Beschleunigungsgebot für arbeitsgerichtliche Verfahren, das aus § 9 Abs. 1, § 64 Abs. 8 und § 61 a ArbGG folgt (vgl. A / P / S / *Vossen* Rdnr. 38 m. w. Nachw.): Es steht dann im pflichtgemäßen **Ermessen** des Gerichts, ob es den von einem schwerbehinderten Menschen anhängig gemachten **Kündigungsschutzprozess gem. § 148 ZPO aussetzt,** solange über die parallel betriebene Anfechtung der Zustimmung des Integrationsamts zu der Kündigung noch nicht rechtskräftig entschieden ist, und zwar auch dann, wenn es die Kündigung für sozial gerechtfertigt hält (BAG Urteil vom 26. September 1991 – 2 AZR 132/91 = BB 1992, 1930 = NZA 1992, 1073 = AP Nr. 28 zu § 1 KSchG 1969 Krankheit; LAG Köln Urteil vom 13. April 1999 – 13 Sa 1548/98 = NZA-RR 2000, 128 = BehindertenR 2001, 147; LAG Schlesw.-Holst. Urteil vom 6. April 2004 – 5 Sa 400/03 = NZA-RR 2004, 614).

Gegenüber dem vorrangigen Zweck einer Aussetzung – einander widersprechende Entscheidungen zu verhindern – sind der **Nachteil einer langen Verfahrensdauer** und die daraus für die Parteien entstehenden Folgen abzuwägen. Dabei kommt bei Bestandsschutzstreitigkeiten dem gesetzlich geregelten **Beschleunigungsgrundsatz** von § 9 Abs. 1, § 64 Abs. 8 und § 61a ArbGG eine **besondere Bedeutung** zu (BAG Urteil vom 26. September 1991 a.a.O.). Auf Grund dessen hat das Interesse der Parteien an der Verhinderung einander widersprechender Entscheidungen grundsätzlich zurückzutreten. Dem Kläger steht ggf. der **Restitutionsgrund des § 580 Nr. 7b ZPO analog** zur Verfügung, falls er später vor dem Verwaltungsgericht obsiegen sollte (BAG Urteil vom 2. März 2006 – 2 AZR 53/05 = NZA-RR 2006, 636 [641] = AP Nr. 14 zu § 626 BGB Krankheit, vgl. auch unten Rdnr. 106). Fehlt ersichtlich die Erfolgsaussicht für eine Abänderung des vorgreiflichen VA, sollte im Hinblick auf das Beschleunigungsgebot das arbeitsgerichtliche Urteilsverfahren ohnehin nicht ausgesetzt werden (LPK-SGB IX / *Düwell* Rdnr. 39).

104

Wird jedoch im verwaltungsgerichtlichen Verfahren die erteilte Zustimmung rechtskräftig aufgehoben, kommt dieser Entscheidung wiederum (Bindungs-) Wirkung auch gegenüber Dritten zu. Soweit nicht ausnahmsweise ein Nichtigkeitsgrund vorliegt, sind die **Gerichte für Arbeitssachen** im Rahmen eines Kündigungsrechtsstreits **nicht befugt**, die **verwaltungsgerichtliche Entscheidung** auf ihre Richtigkeit hin **zu überprüfen** oder gar **durch eine eigene Entscheidung zu ersetzen**. Wird die Zustimmung aufgehoben, steht mangels einer vorhandenen staatlichen Kündigungserlaubnis nachträglich die Unwirksamkeit der Kündigung fest (BAG Urteil vom 2. März 2006 a. a. O. m. w. Nachw.; Hauck / Noftz / *Griebeling* § 88 SGB IX Rdnr. 10; Neumann u. a. / *Neumann* § 89 SGB IX Rdnr. 17).

105

Hat das Arbeitsgericht die Kündigungsschutzklage rechtskräftig abgewiesen, ist allerdings möglich, dass anschließend die **Zustimmung des Integrationsamts verwaltungsgerichtlich aufgehoben** wird. Dann kann der schwerbehinderte Arbeitnehmer die Abänderung des arbeitsgerichtlichen Urteils erwirken, indem er die nunmehr rückwirkend feststehende Nichtigkeit der Kündigung im Wege **der Restitutionsklage nach § 580 Nr. 7b ZPO** geltend macht (BAG Urteil vom 25. November 1980 – 6 AZR 210/80 = BAGE 34, 275 = NJW 1981, 2023 = BehindertenR 1981, 39; BAG Urteil vom 2.März 2006 a. a. O.; Hauck / Noftz / *Griebeling* Rdnr. 39). Diese ist statthaft, wenn ein Urteil, auf welches das durch die Restitutionsklage angefochtene Urteil gegründet ist, durch eine andere rechtskräftige Entscheidung aufgehoben ist. Dem wird in der Rechtsprechung des BAG der Fall gleichgestellt, dass ein VA, der Wirksamkeitsvoraussetzung für eine rechtsgeschäftliche Willenserklärung ist, durch ein verwaltungsgerichtliches Urteil aufgehoben wird und hierdurch die **Grundlage für die frühere arbeitsgerichtliche Entscheidung** über die Wirksamkeit dieser Willenserklärung **entfällt** (BAG Urteil vom 25. November 1980 a. a. O. m. w. Nachw.; BAG Urteil vom 26. November 1991 – 2 AZR 132/91 = NZA 1992, 1073 = AP Nr. 28 zu § 1 KSchG 1969 Krankheit; Urteil vom 17. Juni 1998 – 2 AZR 519/97, zit. nach JURIS). Denn die Aufhebung des Zustimmungsbescheids führt rückwirkend zur Unwirksamkeit der Kündigung gemäß § 134 BGB i. V. m. § 85 SGB IX. Auch diese Unwirksamkeit ist vor den Arbeitsgerichten geltend zu machen.

106

Eine **Aussetzung** des Verfahrens nach § 148 ZPO ist auch geboten, wenn der Arbeitnehmer auf ein **noch nicht rechtskräftig abgeschlossenes Anerkennungsverfahren** nach § 69 Abs. 1 Satz 1 SGB IX hingewiesen hat (A / P / S / *Vossen* Rdnr. 39; KR / *Etzel* §§ 85–90 Rdnr. 145). Denn stellt das Versorgungsamt durch einen nach Rechtskraft eines klageabweisenden Kündigungsschutzurteils erlassenen Bescheid fest, dass der Kläger schon zum Zeitpunkt der Kündigung schwerbehindert war, ist dies ein Restitutionsgrund entsprechend § 580 Nr. 7b ZPO, weil die Kündigung rückwirkend wegen fehlender Zustimmung des Integrationsamts nichtig ist (BAG Urteil vom 15. August 1984 – 7 AZR 558/82 = NJW 1985, 1485 = AP Nr. 13 zu § 12 SchwbG).

107

dd) Überprüfung der Kündigungsbegründung durch das Arbeitsgericht

108 Auch im Fall der Kündigung eines schwerbehinderten Arbeitnehmers, zu der das Integrationsamt seine Zustimmung nach § 85 erteilt hat, ist der **Prüfungsmaßstab des Arbeitsgerichts die Sozialwidrigkeit der Kündigung** im Sinne von § 1 KSchG. Eine ordentliche Kündigung des Arbeitgebers ist unwirksam, wenn sie nicht durch Gründe, die in der Person oder im Verhalten des Arbeitnehmers liegen oder durch dringende betriebliche Erfordernisse, die einer Weiterbeschäftigung des Arbeitnehmers in diesem Betrieb entgegenstehen, bedingt ist (§ 1 Abs. 2 KSchG). Die Kündigung ist ferner **unwirksam**, wenn der **Betriebs – oder Personalrat zu Recht** aus einem der in § 1 Abs. 2 Satz 2 KSchG aufgeführten Gründe der Kündigung **schriftlich widerspricht.**

109 Bei der Beurteilung der sozialen Rechtfertigung nach § 1 Abs. 2 Satz 1 KSchG hat grundsätzlich eine **umfassende Interessenabwägung** stattzufinden (grundlegend BAG Urteil vom 7. Oktober 1954 – 2 AZR 6/54 = BAGE 1, 99 = AP Nr. 5 zu § 1 KSchG; Urteil vom 31. Oktober 1984 – 7 AZR 232/83 = BAGE 47, 144 = NZA 1985, 215; Urteil vom 20. Januar 2000 = BAGE 93, 255 = NJW 2001, 912 = BehindertenR 2000, 153). Das gilt jedenfalls für die **personen- und verhaltensbedingte** Kündigung (BAG Urteil vom 17. Januar 1991 – 2 AZR 375/90 = BAGE 67, 75 = NJW 1991, 1906 = AP Nr. 25 zu § 1 KSchG 1969 Verhaltensbedingte Kündigung). Bei der **betriebsbedingten** Kündigung scheidet eine Interessenabwägung allerdings aus: Diese ist sozial gerechtfertigt, wenn aufgrund dringender betrieblicher Erfordernisse keine weitere Beschäftigungsmöglichkeiten für den gekündigten Arbeitnehmer bestehen (BAG Urteil vom 29. März 1990 – 2 AZR 369/89 = BAGE 65, 61 = NJW 1991, 587 = NZA 1991, 181).

Im Kündigungsschutzprozess ist der Arbeitgeber, der sich nach § 4 Satz 1 KSchG auf die fehlende Sozialwidrigkeit der Kündigung beruft, **nicht auf die Gründe beschränkt, die Gegenstand des Zustimmungsverfahrens waren** (BVerwG Urteil vom 2. Juli 1992 – 5 C 51/90 = BVerwGE 90, 287 = MDR 1993, 1242; LAG Sachsen-Anhalt Urteil vom 24. November 1999 – 3 Sa 164/99 = BehindertenR 2001, 31 = BB 2000, 2051 [Ls.]; ErfK / *Rolfs* Rdnr. 12; KR / *Etzel* §§ 85–90 Rdnr. 140; A / P / S / *Vossen* Rdnr. 34b; a. A. ArbG Lüneburg Urteil vom 18. Mai 2000 – 2 Ca 726/00 = NZA-RR 2000, 530 [532]).

110 Denn erteilt das Integrationsamt seine Zustimmung durch einen Verwaltungsakt im Sinne von §§ 33 ff. SGB X, wird **nur der Entscheidungssatz** bzw. Verfügungssatz **verbindlich,** also die getroffene Entscheidung als solche, **nicht aber ihre Gründe** (vgl. BSG Urteil vom 5. März 1959 – 4 RJ 43/58 = BSGE 9, 196; Urteil vom 13. Mai 1987 – 7 RAr 90/85 = BSGE 61, 289 = SozR 4100 § 119 Nr. 31). Die Gründe nehmen an der Bindungswirkung des VA nicht teil, soweit dies nicht ausnahmsweise gesetzlich bestimmt ist (LAG Sachsen-Anhalt Urteil vom 24. November 1999 a. a. O. m. w. Nachw.) Das bedeutet, dass der schwerbehinderte Arbeitnehmer, wenn das Integrationsamt nach seinem spezifischen Prüfungsmaßstab der Kündigung zugestimmt hat, noch den Schutz des KSchG in Anspruch nehmen und eine arbeitsgerichtliche Nachprüfung herbeiführen kann, ob die Kündigung sozial gerechtfertigt im Sinne dieses Gesetzes ist (vgl. BVerwG Urteil vom 2. Juli 1992 a. a. O. unter Hinweis auf BT-Drucks. I/3430, S. 32). Hierüber ist keine bindende Entscheidung des Integrationsamts ergangen.

111 Nach der Rechtsprechung des BAG ist die **Schwerbehinderung** des Arbeitnehmers im Rahmen der Nachprüfung einer ordentlichen Kündigung auf ihre soziale Rechtfertigung (§ 1 Abs. 2 KSchG) einer der wesentlichen Umstände, die **bei der Interessenabwägung zu beachten** sind (vgl. schon BAG Urteil vom 17. Februar 1977 – 2 AZR 687/75 = BAGE 29, 17 = NJW 1977, 1701 = AP Nr. 1 zu SchwbG § 12; ferner BAG Urteil vom 20. Januar 2000 – 2 AZR 378/99 = BAGE 93, 255 = NJW 2001, 912 = BehindertenR 2000, 153 = NZA 2000, 768). Das Gericht kann aus denselben Gründen, die das Integrationsamt nach §§ 85 ff. SGB IX zu prüfen hat, die Kündigung als sozialwidrig erachten und der Kündigungsschutzklage stattgeben. Dabei ist insbesondere an **Gründe** zu denken, die – wie dies bei einer krankheitsbedingten Kündigung häufig der Fall sein kann – **im Zusammenhang mit der**

Behinderung stehen (vgl. § 91 Abs. 4 SGB IX vgl. Erl. Rdnrn. 61 ff.). Denn der Schutz der schwerbehinderten Menschen nach dem SGB IX bezweckt vor allem, ihnen den Arbeitsplatz zu erhalten und sie vor Kündigungen aus Gründen der Behinderung zu schützen. Auf diese Weise können die Gerichte für Arbeitssachen weitgehend oder sogar vollständig den Schutz gewähren, der dem schwerbehinderten Arbeitnehmer sonst im Zustimmungsverfahren des Integrationsamts zuteil wird (so ausdrücklich BAG Urteil vom 17. Februar 1977 a. a. O.).

Der schwerbehinderte Mensch ist in besonderem Maße sozial schutzbedürftig. Diese **Schutzbedürftigkeit** gilt es, **gegen die Interessen des Arbeitgebers abzuwägen**. Der durch Art. 3 Abs. 3 Satz 2 GG sogar verfassungsrechtlich gebotene Schutz der Schwerbehinderten lässt sich in den zahlreichen Fällen, in denen ein Sonderkündigungsschutz nach §§ 85 ff. SGB IX nicht eingreift (verspätete Mitteilung der Schwerbehinderteneigenschaft, GdB unter 50 usw.) anders nicht verwirklichen. Es wäre widersprüchlich, im Anwendungsbereich der §§ 85 ff. SGB IX, nach Wertung des Gesetzgebers also in den schwerwiegenderen Fällen, die Schwerbehinderung bei Prüfung des § 1 Abs. 2 KSchG unberücksichtigt zu lassen (BAG Urteil vom 20. Januar 2000 a. a. O.). **112**

Zwar ist es in den Fällen, in denen das Integrationsamt die Interessen des schwerbehinderten Menschen und die betrieblichen Interessen gegeneinander abgewogen und die **Zustimmung erteilt** hat, regelmäßig **schwer vorstellbar,** dass die **Arbeitsgerichte** bei einer vergleichbaren Interessenabwägung im Rahmen des § 1 Abs. 2 KSchG der **Schwerbehinderteneigenschaft** nunmehr das entscheidende Gewicht zumessen, das die **Kündigung als sozialwidrig** erscheinen lasse. Dies rechtfertigt es jedoch nicht, von vornherein die Schwerbehinderteneigenschaft des Arbeitnehmers nach Zustimmung des Integrationsamts überhaupt nicht mehr in die Interessenabwägung einzustellen. **In Grenzfällen** kann bei einer Interessenabwägung unter Berücksichtigung der nach § 1 Abs. 2 KSchG zu berücksichtigenden Interessen, die nicht unbedingt mit den vom Integrationsamt berücksichtigten Interessen identisch sein müssen, die **Schwerbehinderteneigenschaft des Arbeitnehmers den Ausschlag** geben (BAG Urteil vom 20. Januar 2000 a. a. O.). **113**

7. Weiterbeschäftigungsanspruch

Aus der Zweigleisigkeit des Rechtsschutzes kann in Einzelfällen eine **verhältnismäßig lange Verfahrensdauer** folgen (kritisch hierzu unter dem Gesichtspunkt einer „Rechtswegsperre" LPK-SGB IX / *Düwell* Rdnr. 40 m. w. Nachw. unter Hinweis auf Reformüberlegungen in Richtung auf eine Vereinheitlichung des Kündigungsschutzes schwerbehinderter Arbeitnehmer; vgl. hierzu auch *Düwell* FA 2005, 366; *Gagel* in: Festschrift für Peter Schwerdtner zum 65. Geburtstag, 2003, S. 397; *Hohmann* ZRP 2005, 159; *Gravenhorst* NZA 2005, 803; s. auch A / P / S / *Vossen* Rdnr. 38 m. w. Nachw.). Deshalb ist die vorläufige Weiterbeschäftigung von gekündigten schwerbehinderten Menschen von Bedeutung. Wegen der Nichtigkeit der Kündigung ohne Zustimmung des Integrationsamts steht dem schwerbehinderten Arbeitnehmer ein **Weiterbeschäftigungsanspruch** zu BAG – GS – Beschluss vom 27. Februar 1985 – GS 1/84 = BAGE 48, 122 = NJW 1985, 2968 = NZA 1985, 702; vgl. auch BVerwG Urteil vom 19. Oktober 1995 – 5 C 24/93 = BVerwGE 99, 336 [340] = BB 1996, 1443 = NZA-RR 1996, 288). Dieser kann zusammen mit der Kündigungsschutzklage nach § 4 Satz 1 KSchG im Wege der Klagehäufung, aber auch durch gesonderte **Feststellungsklage** gemacht werden. Ist die Kündigung offensichtlich unwirksam, was bei fehlender Zustimmung des Integrationsamts jedenfalls bei einem anerkannten Schwerbehinderten anzunehmen ist, kann dessen Weiterbeschäftigungsanspruch auch durch **einstweilige Verfügung** nach § 940 ZPO i. V. m. § 62 Abs. 2 Satz 1 ArbGG durchgesetzt werden (A / P / S / *Vossen* Rdnr. 35 m. w. Nachw.). Denn bei offensichtlicher Unwirksamkeit der Kündigung räumt das BAG (Beschluss vom 27. Februar 1985 a. a. O.) dem Arbeitnehmer den Weiterbeschäftigungsanspruch schon vor Erlass eines der Kündigungsschutzklage stattgebenden Instanzurteils ein. **114**

115 Mit Zugang der nach § 85 SGB IX i. V. mit § 134 BGB nichtigen außerordentlichen Kündigung – bzw. nach Ablauf der ordentlichen Kündigungsfrist bei einer nichtigen ordentlichen Kündigung – gerät der Arbeitgeber bis zur tatsächlichen Weiterbeschäftigung in **Annahmeverzug** nach § 296 Satz 1 BGB; hierzu bedarf es nicht noch eines wörtlichen Angebots des Arbeitnehmers gemäß § 295 Satz 1 BGB. Denn im Ausspruch der **Kündigung** liegt **zugleich** die **Erklärung**, der Arbeitgeber werde die **angebotene Arbeitsleistung nicht annehmen** (BAG Urteil vom 9. August 1984 – 2 AZR 374/83 = BAGE 46, 234 = NZA 1985, 119; Urteil vom 24. September 2003 – 5 AZR 500/02 = BAGE 108, 27 = NJW 2004, 316 = NZA 2004, 90). Der schwerbehinderte Arbeitnehmer kann **sein Entgelt** nach § 611 Abs. 1 BGB i. V. m. § 615 Satz 1 BGB **fordern**, sofern er nicht außer Stande ist, seine arbeitsvertraglich geschuldeten Leistung zu erbringen (A / P / S / *Vossen* Rdnr. 36 m. w. Nachw.). Im Regelfall ist es ihm auch zumutbar, der Aufforderung des Arbeitgebers nachzukommen, die Beschäftigung entsprechend der arbeitsgerichtlichen Entscheidung vorläufig wieder aufzunehmen (BAG Urteil vom 24. September 2003 a. a. O.).

116 Das gilt ausnahmsweise dann nicht, wenn der Arbeitgeber die Kündigung zunächst für wirksam halten konnte, weil der Arbeitnehmer **danach nicht seine Schwerbehinderteneigenschaft offenbart** oder auf ein schwebendes Anerkennungsverfahren hingewiesen hat. Insoweit sind dieselben **Grundsätze** heranzuziehen, die das BAG im Urteil vom 6. Juni 1974 – 2 AZR 278/73 = BAGE 26, 161 = NJW 1975, 229 = BB 1974, 1581) **für die Verletzung der Anzeigepflicht einer schwangeren Arbeitnehmerin** aufgestellt hat (KR / *Etzel* §§ 85–90 Rdnr. 30; LPK-SGB IX / *Düwell* Rdnr. 41; A / P / S / *Vossen* Rdnr. 36).

IV. Literatur

Bachmann, Gregor, Schwerbehindertenschutz durch Kündigungsschutz? ZfA 2003, 43

Bantle, Frank / **Waterschek,** Silke, Sonderkündigungsschutz – Für wen er gilt und wie er ausgestaltet ist –, AiB 2005, 404

Bantle, Frank / **Waterschek,** Silke, Sonderkündigungsschutz – Ein Überblick, AiB 2007, 586

Bauer, Jobst-Hubertus / **Powietzka,** Arnim, Kündigung schwerbehinderter Arbeitnehmer – Nachweis, Sozialauswahl, Klagefrist und Reformbedarf, NZA-RR 2004, 505

Berger-Delhey, Ulf, „Eulen nach Athen tragen"? – Zur Entscheidung des Integrationsamts im Kündigungsverfahren, ZTR 2004, 623

Bernhardt, Marion / **Barthel,** Thomas, Verwirkter Sonderkündigungsschutz bei Schwerbehinderung – Ehrlich währt am längsten –, AuA 2004, Nr. 8, 20

Berrisch, Hansjörg, § 4 KSchG n. F. und die behördliche Zustimmung zur Kündigung, FA 2004, 6

BIH- Bundesarbeitsgemeinschaft der Integrationsämter und Hauptfürsorgestellen (Hrsg.), Jahresberichte 1999/2000; 2000/2001; J 2002/2003; 2004/2005; 2005/2006 und Jahresbericht 2006/2007

Bitzer, Peter, Sonderkündigungsschutz schwerbehinderter Menschen – Rechtsprechung und Standpunkte zu § 90 IIa SGB IX, NZA 2006, 1082

Bogun, Marcel, Kündigung schwerbehinderter Menschen ohne vorheriges Präventionsverfahren, ArbUR 2007, 276

Brose, Wiebke, Die Auswirkungen des § 84 Abs. 1 SGB IX auf den Kündigungsschutz bei verhaltensbedingten, betriebsbedingten und personenbedingten Kündigungen, RdA 2006, 149

Cramer, Horst H., Die Neuerungen im Schwerbehindertenrecht des SGB IX – Gesetz zur Förderung der Ausbildung und Beschäftigung schwerbehinderter Menschen – NZA 2004, 698

Dolata, Ralf, Sind die derzeitigen Regelungen des SGB IX für schwerbehinderte Menschen ein Beschäftigungshemmnis? BehindertenR 2004, 128

Düwell, Franz Josef, Schwerbehinderte im reformierten Kündigungsrecht, DB 2003, 1574

Düwell, Franz Josef, Voraussetzungen des Kündigungsverbots nach § 85 SGB IX – Anmerkung zu ArbG Kassel, Urteil vom 19. November 2004, 3 Ca 323/04 jurisPR-ArbR 25/2005 Anm. 5

Düwell, Franz Josef, Das Gesetz zur Förderung der Ausbildung und Beschäftigung schwerbehinderter Menschen, FA 2004, 200

Düwell, Franz Josef, Reform des Rechtswegs bei Beendigung von Arbeitsverhältnissen schwerbehinderter Menschen, FA 2005, 366

Düwell, Franz Josef, Der besondere Kündigungsschutz für schwerbehinderte Menschen – Rechtsprobleme und Reformvorschläge, JbArbR 43, 91

Dusel, Jürgen, Förderung schwerbehinderter Menschen im Arbeitsleben – Aufgaben des Integrationsamtes nach dem SGB IX, ZMV 2003, 265

Etzel, Gerhard, Die unendliche Geschichte des Sonderkündigungsschutzes für Schwerbehinderte, in Festschrift zum 25-jährigen Bestehen der Arbeitsgemeinschaft Arbeitsrecht im Deutschen Anwaltverein, 2006, 241

Feldes, Werner / **Kossack,** Dagmar, Novellierung des Sozialgesetzbuches IX (SGB IX) – Mehr Einschränkungen als Verbesserungen –, AiB 2004, 453

Fischer, Ulrich, Kündigungsschutzrechtlicher Verdrängungswettbewerb – Betriebsratsmitglieder gegen Schwerbehinderte und vice versa, DB 2004, 2752

Friemel, Kilian / **Walk,** Frank, Kündigungsschutz für schwerbehinderte Menschen? – Ein Überblick über die gesetzlichen Einschränkungen –, AiB 2005, 598

Gagel, Alexander, Das Verhältnis von Zustimmungsverfahren nach § 85 SGB IX und Kündigungsschutzverfahren, Festschrift für Peter Schwerdtner zum 65. Geburtstag, 2003, S. 397

Ganz, Wilfried, Nicht gleich das Kind mit dem Bade ausschütten - Überlegungen zur Reform des Kündigungsschutzes für schwerbehinderte Menschen, NZA 2006, 24

Göttling, Wulfhard / **Neumann,** Michael, Leicht verständlicher Kündigungsschutz schwerbehinderter Menschen, NZA-RR 2007, 281

Gravenhorst, Wulf, Plädoyer für einen Systemwechsel beim Sonderkündigungsschutz behinderter Arbeitnehmer, NZA 2005, 803

Griebeling, Jürgen, Neues im Sonderkündigungsschutz schwerbehinderter Menschen, NZA 2005, 494

Grimm, Detlef / **Brock,** Martin/ **Windeln,** Norbert, Einschränkung des besonderen Kündigungsschutzes für Schwerbehinderte im SGB IX – Offene Rechtsfragen und Widersprüche des neu eingefügten § 90 Abs. 2a SGB IX –, DB 2005, 282

Grimme, Julia, Beginn des besonderen Kündigungsschutzes, Kritische Anmerkung zur Entscheidung des BAG vom 1. 3. 2007 – 2 AZR 217/06, AiB 2007, 616

Großmann, Rupprecht, § 90 Abs. 2a SGB IX und das rechtsstaatliche Bestimmtheitsgebot, ArbuR 2007, 70

Hohmann, Roger, Vereinheitlichung des Rechtsschutzes bei der Kündigung schwerbehinderter Menschen, ZRP 2005, 159

Hoß, Axel, Kündigung durch den Arbeitgeber – Ein Überblick über die wichtigsten Formalien, MDR 2000, 808

Kaiser, Anton, Verfahrensrechtliche Probleme für die Hauptfürsorgestellen im Rahmen des Schwerbehindertenrechts, BehindertenR 1999, 81

Kappelhoff, Ursel, Außerordentliche Kündigung gegenüber einem Schwerbehinderten, ArbRB 2002, 350

Kossens, Michael / **Wollschläger,** Frank, Gesetz zur Förderung der Ausbildung und Beschäftigung schwerbehinderter Menschen, ZfSH / SGB 2004, 346

Kuhlmann, Eva-Maria, Der Kündigungsschutz Schwerbehinderter im Insolvenzverfahren, BehindertenR 2000, 159

Kuhlmann, Eva-Maria, Auswirkungen der Altersteilzeit auf das Schwerbehindertenrecht, BehindertenR 2002, 1

Löwisch, Manfred, Die kündigungsrechtlichen Vorschläge der „Agenda 2010", NZA 2003, 689

Löwisch, Manfred, Neuregelungen des Kündigungs- und Befristungsrechts durch das Gesetz zu Reformen am Arbeitsmarkt, BB 2004, 154

Lorenz, Mathias, Bekanntes und Neues vom Sonderkündigungsschutz Schwerbehinderter, FA 2007, 198

Marschner, Andreas, Schwerbehindertenrecht – Neu zu beachtende Bestimmungen – AuA 2004, Nr. 7, 14

Osterheider, Guido, Die Schwerbehinderung als überflüssiges Sozialauswahlkriterium in § 1 Abs. 3 KSchG?, FA 2004, 171

Powietzka, Arnim, Aktuelle Rechtsprechung zum Kündigungsschutz schwerbehinderter Arbeitnehmer, BB 2007, 2118

Preis, Ulrich, Die „Reform" des Kündigungsschutzrechts, DB 2004, 70

Quecke, Martin, Die Änderung des Kündigungsschutzgesetzes zum 1. 1. 2004, RdA 2004, 86

Rehwald, Rainer / **Kossack,** Dagmar, Neue Kündigungsbestimmungen im SGB IX zum 1. 5. 2004, AiB 2004, 604

Reiter, Christian, Anwendbare Rechtsnormen bei der Kündigung ins Ausland entsandter Arbeitnehmer, NZA 2004, 1246

Rühle, Hans Gottlob, Kündigung des Werkstattverhältnisses mit Schwerbehinderten – zugleich Besprechung des Urteils des Arbeitsgerichts Mönchengladbach vom 11. 11. 1999, Az: 3 Ca 1756/99 – RdLH 2000, 31

Schiefer, Bernd, Auswirkungen des Kündigungsschutzes auf die betriebliche Praxis, ZfA 2002, 427

Schmidt, Jan, § 4 Satz 4 KSchG und Gesetz zu Reformen am Arbeitsmarkt (Entscheidungsbesprechung zu BAG Urteil vom 3. Juli 2003 – AZR 487/02 = NZA 2003, 1335), NZA 2004, 79

Schröder, Helmut / **Rauch,** Angela, Abbau der Arbeitslosigkeit schwerbehinderter Menschen – dringlicher denn je!, BehindertenR 2006, 1

Seel, Henning-Alexander, Formale Voraussetzungen und (Mindest-)Inhalt einer Kündigungserklärung, MDR 2005, 1331

Seel, Henning-Alexander, Rechtsfragen bei Kündigung schwerbehinderter Arbeitnehmer, MDR 2007, 499

Seidel, Rainer, Der Kündigungsschutz nach dem Sozialgesetzbuch IX, PersR 2002, 113

Seidel, Rainer, Rolle des Integrationsamts bei Kündigungen
Umfang und Grenzen der Amtsermittlung nach SGB IX, SuP 2006, 719

Staffhorst, Andreas, Schwerbehinderte Mitarbeiter, Kündigungsschutz verringert? AuA 2005, 35

Stevens-Bartol, Eckardt, Reduktion des besonderen Kündigungsschutzes, AiB 2004, 206

Westers, Birgit, Neuregelungen im Recht des besonderen Kündigungsschutzes nach dem Neunten Buch Sozialgesetzbuch (SGB IX), BehindertenR 2004, 93

Wulff, Manfred, Arbeitnehmereinsatz im Ausland – Was sollten Arbeitnehmer und Betriebsräte beachten? AiB 2006, 140

Zeising, Patrick / **Kröpelin,** Andrea, Die Geltung der Drei-Wochen-Frist des § 4 Satz 1 KSchG bei behördlichen Zustimmungserfordernissen – Realität oder bloße Fiktion? DB 2005, 1626

§ 86
Kündigungsfrist

Die Kündigungsfrist beträgt mindestens vier Wochen.

ERLÄUTERUNGEN

ÜBERSICHT

I. Bedeutung der Vorschrift (Rdnrn. 1–4)
II. Fassung (Rdnr. 5)
III. Anmerkungen (Rdnrn. 6–15)
   1. Mindestkündigungsfrist (Rdnrn. 6–10)
   2. Berechnung der Vier-Wochen-Frist (Rdnrn. 11–13)
   3. Kündigung bei nicht eingehaltener Frist (Rdnr. 14)
   4. Sonderfall: Kündigungsfrist in der Insolvenz (Rdnr. 15)

I. Bedeutung der Vorschrift

Die Vorschrift legt eine Kündigungsfrist von **vier Wochen** für ordentliche Beendigungs- oder Änderungskündigungen als **gesetzliche Mindestfrist** fest. Sie gilt als Schutzbestimmung zugunsten von schwerbehinderten und gleichgestellten Arbeitnehmern nur für Kündigungen **durch den Arbeitgeber** (Hauck / Noftz / *Griebeling* Rdnr. 5; Kossens u. a./ *Kossens* Rdnr. 9; LPK-SGB IX / *Düwell* Rdnr. 7; ErfK / *Rolfs* Rdnr. 1; A / P / S / *Vossen* Rdnr. 3; a. A. Neumann u. a. / *Neumann* Rdnr. 4 unter Hinweis auf den Wortlaut der Vorschrift; diesem kommt aber weniger Gewicht zu als dem systematischen Zusammenhang der Bestimmung). Folglich kann ein schwerbehinderter oder gleichgestellter Arbeitnehmer das Arbeitsverhältnis mit einer kürzeren Kündigungsfrist lösen, soweit eine solche durch eine anwendbare Tarifbestimmung vorgesehen ist. 1

Die Mindestkündigungsfrist ist **einseitig zwingend**, sie kann deshalb von den Beteiligten nicht von vornherein zulasten des schwerbehinderten Arbeitnehmers durch Vertrag verkürzt, wohl aber **verlängert** werden (Neumann u. a. / *Neumann* a. a. O.; A / P / S / *Vossen* a. a. O.). 2

Die Anwendung der vierwöchigen Mindestkündigungsfrist setzt allerdings voraus, dass auf das Arbeitsverhältnis bzw. die Kündigung die besonderen Schutzvorschriften der **§§ 85 ff. SGB IX** anwendbar sind. Deshalb gilt die Kündigungsfrist nicht für die in § 90 Abs. 1 und 2 SGB IX vorgesehenen Ausnahmen, welche „dieses Kapitel" und damit auch die Regelung des § 86 erfassen. 3

4 **Nicht anwendbar** ist die Mindestkündigungsfrist deshalb auf

– das **Probe- und Aushilfsarbeitsverhältnis**, sofern es nicht ausnahmsweise die **Dauer von sechs Monaten** übersteigt (vgl. § 90 Abs. 1 Nr. 1 SGB IX; ebenso A / P / S / *Vossen* Rdnr. 2; anders die frühere Rechtslage zu § 13 SchwbG, vgl. BAG Urteil vom 25. Februar 1981 – 7 AZR 25/79 = BAGE 35, 110 = NJW 1981, 2831). Stattdessen ist § 622 Abs. 3 BGB zu beachten: In einer vereinbarten Probezeit gilt bis zur Dauer von sechs Monaten eine gesetzliche Kündigungsfrist von zwei Wochen, die allerdings durch Tarifvertrag verkürzt werden kann (§ 622 Abs. 4 Satz 1 BGB). Maßgebend für die Beurteilung der Dauer des Arbeitsverhältnisses ist der Zugang der Kündigung. Diese kann grundsätzlich auch kurz vor Ablauf des Sechs-Monats-Zeitraums ausgesprochen werden zu einem Zeitpunkt nach dessen Ablauf, wobei noch die kürzere Frist gilt (BAG Urteil vom 18. August 1982 – 7 AZR 437/80 = BAGE 40, 42 [48] = NJW 1983, 2836 [2837]; Kossens u. a. / *Kossens* Rdnr. 8; Neumann u. a. / *Neumann* Rdnr. 8 m. w. Nachw.);

– die in **§ 73 Abs. 2 Nr. 2 bis 5 SGB IX genannten Beschäftigungsverhältnisse** (karitativer oder religiöser Art bzw. als Geistliche; zu Therapie-, Rehabilitations- oder Erziehungszwecken; Arbeitsbeschaffungsmaßnahmen nach dem SGB III; Wahlämter);

– bestimmte Kündigungen, z. B. bei Vorliegen eines **Sozialplans** oder aus **Witterungsgründen** bei gewährleisteter Wiedereinstellung (§ 90 Abs. 1 Nr. 3 und Abs. 2 SGB IX).

II. Fassung

5 Die Vorschrift wurde unverändert aus dem Regierungsentwurf (BT-Drucks. 14/5531 i. V. mit 14/5074) übernommen. Sie entspricht dem früheren § 16 SchwbG.

III. Anmerkungen

1. Mindestkündigungsfrist

6 Die regelmäßige **gesetzliche Kündigungsfrist** von Arbeitern und Angestellten beträgt **vier Wochen** zum 15. oder zum Ende eines Kalendermonats (§ 622 Abs. 1 BGB). Sie ist grundsätzlich auch bei der Kündigung von schwerbehinderten Menschen zu beachten. Insoweit kommt der Vorschrift des § 86 keine eigenständige Bedeutung zu.

7 **Bedeutsam** ist die zwingende Mindestfrist aber dann, wenn die gesetzlichen oder tariflichen **Kündigungsfristen kürzer** sind. Das ist z. B. der Fall, wenn für die Probezeit eine Kündigungsfrist von zwei Wochen vereinbart worden ist (§ 622 Abs. 3 BGB) oder wenn in Tarifverträgen – z. B. für die ersten Beschäftigungswochen und -monate – kürzere Fristen enthalten sind (§ 622 Abs. 4 BGB). So enthält § 12 des für allgemeinverbindlich erklärten Tarifvertrags für das Baugewerbe eine Kündigungsfrist von sechs Werktagen, die sich nach sechsmonatiger Dauer des Arbeitsverhältnisses auf 12 Werktage verlängert. § 20 des für allgemeinverbindlich erklärten Rahmentarifvertrags für die gewerblichen Arbeitnehmer im Gebäudereinigerhandwerk legt eine Kündigungsfrist von zwei Wochen fest, die sich nach zweijähriger Dauer des Arbeitsverhältnisses auf einen Monat zum Monatsende erhöht (vgl. LPK-SGB IX / *Düwell* Rdnr. 5).

In diesen Fällen ist statt der kürzeren allgemeinen Frist jeweils für schwerbehinderte und gleichgestellte Arbeitnehmer die Mindestkündigungsfrist des § 86 zu wahren. Deren Schutzwirkung beschränkt sich somit auf die geringe Zahl von längerfristigen Arbeitsverhältnissen, für die abweichend vom bürgerlichen Recht wirksam eine kürzere als die vierwöchige Kündigungsfrist vereinbart werden kann (LPK-SGB IX / *Düwell* Rdnr. 3).

8 Hingegen sind **längere gesetzliche oder tarifliche Kündigungsfristen** bei der Kündigung gegenüber schwerbehinderten Menschen **zu beachten**. Das bezieht sich vor allem auf die verlängerten Kündigungsfristen, die ein Arbeitgeber bei längerer Betriebszugehörigkeit des Arbeitnehmers einzuhalten hat. Diese betragen nach § 622 Abs. 2 Nrn. 1–7 BGB:

Betriebszugehörigkeit	Kündigungsfrist
zwei Jahre	ein Monat zum Monatsende
fünf Jahre	zwei Monate zum Monatsende
acht Jahre	drei Monate zum Monatsende
zehn Jahre	vier Monate zum Monatsende
zwölf Jahre	fünf Monate zum Monatsende
fünfzehn Jahre	sechs Monate zum Monatsende
zwanzig Jahre	sieben Monate zum Monatsende

Der Arbeitgeber hat nicht nur gegebenenfalls längere vertragliche bzw. gesetzliche Kündigungsfristen zu beachten: Vielmehr sind auch bestimmte auf diese Weise festgelegte **Kündigungstermine maßgebend**. 9

Die in § 622 Abs. 2 Satz 1 Nrn. 1 bis 7 BGB niedergelegten Kündigungstermine dienen nicht nur einer Erleichterung der Berechnung der Kündigungsfristen. Sie haben im Rahmen des durch die Kündigungsfristen gewährten zeitlichen Bestandsschutzes eine selbstständige Bedeutung, indem sie die Beendigungswirkung einer Kündigung auf einen bestimmten späteren Zeitraum verschieben. Damit soll gewährleistet werden, dass das **Arbeitsverhältnis nicht zu einem für den Gekündigten ungünstigen Zeitpunkt endet** (BAG Urteil vom 12. Juli 2007 – 2 AZR 492/05 = NZA 2008, 476; Urteil vom 18. April 1985 – 2 AZR 197/84 = NZA 1986, 229 = AP BGB § 622 Nr. 20). Die Kündigungstermine verfolgen deshalb primär den Zweck, Angebot und Nachfrage auf dem Arbeitsmarkt auf bestimmte Zeitpunkte zu konkretisieren. Auch entspricht es der allgemeinen Üblichkeit, langfristige Arbeitsverhältnisse zu einem „runden Datum" zu beenden. Eine Beendigung zu einem anderen Termin kann gerade einem neuen Arbeitgeber bei einem langjährig Beschäftigten Probleme oder Unregelmäßigkeiten signalisieren. Vor diesen möglichen nachteiligen Folgen sollen die langjährig beschäftigten Arbeitnehmer geschützt werden (BAG Urteil vom 18. April 1985 a. a. O.). Dem Schutzzweck entsprechend kann mit einem langjährig beschäftigten Arbeitnehmer deshalb auch **kein Kündigungstermin vereinbart werden, der nicht auf ein Monatsende fällt** (Stahlhacke / Preis / Vossen Kündigung und Kündigungsschutz im Arbeitsverhältnis 9. Aufl. Rdnr. 505; MünchKommBGB / *Hesse* 4. Aufl. § 622 Rdnr. 86). Eine Kündigung kann deshalb nicht zu einem anderen Termin als zum Monatsende ausgesprochen werden (BAG Urteil vom 12. Juli 2007 a. a. O.; *KR-Spilger* 8. Aufl. § 622 BGB Rdnr. 91). 9a

Ist eine ordentliche Kündigung gesetzlich nur zu bestimmten Endzeitpunkten möglich, z. B. zum 15., zum Ende eines Kalendermonats oder zum Quartalsschluss, sind diese auch im Rahmen des § 86 SGB IX einzuhalten (vgl. BAG Urteil vom 25. Februar 1981 – 7 AZR 25/79 = BAGE 35, 110 = NJW 1981, 2831; LPK-SGB IX / *Düwell* Rdnr. 8; A / P / S / *Vossen* Rdnr. 3). Deshalb sind bei der Kündigung gegenüber schwerbehinderten Arbeitnehmern mangels Spezialregelung die **in § 622 BGB enthaltenen Endtermine zu beachten** (*Müller-Wenner* / *Schorn* Rdnr. 11; Hauck / Noftz / *Griebeling* Rdnr. 6). Daher kann das Arbeitsverhältnis entweder zum 15. oder zum Ende eines Kalendermonats durch Kündigung beendet werden. Eine fristgerechte Kündigung zum „1. Januar 2010" kann als Kündigung zum 31. 12. 2009 ausgelegt werden, wenn im betroffenen Arbeitsverhältnis grundsätzlich eine Kündigung zum Monatsende möglich ist (vgl. BAG Urteil vom 25. September 2002 – 10 AZR 7/02 = BAGE 103, 1 = AP Nr. 27 zu §§ 22, 23 BAT Zuwendungs-TV = NZA 2003, 617; LAG Köln Urteil vom 26. Oktober 2001 – 11 Sa 832/01 = NZA-RR 2002, 355).

Dem Kündigenden steht es frei, freiwillig eine längere als die gesetzliche Kündigungsfrist einzuhalten, doch kommt auch dann als Kündigungstermin ausschließlich ein Monatsletzter in Betracht (BAG Urteil vom 12. Juli 2007 – 2 AZR 492/05 = NZA 2008, 476).

Für **Kleinbetriebe** mit regelmäßig weniger als 20 Beschäftigten gilt hingegen die Regelung des § 622 Abs. 5 Nr. 2 BGB; deshalb kann das Arbeitsverhältnis bei Einhaltung einer vierwöchigen Kündigungsfrist ohne festen Endtermin aufgelöst werden.

10 Soweit **tarifliche** Regelungen bestimmte **Endtermine** vorschreiben, sind diese maßgebend (BAG Urteil vom 25. Februar 1981 a. a. O.; BAG Urteil vom 17. Juli 2003 = BAG-Report 2003, 365 – 8 AZR 486/02 = AP Nr. 27 zu § 611 BGB Haftung des Arbeitgebers; LPK-SGB IX / *Düwell* Rdnr. 8).

2. Berechnung der Vier-Wochen-Frist

11 Die Kündigungsfrist **beginnt erst mit dem Zugang der Kündigungserklärung** beim schwerbehinderten Arbeitnehmer. Eine Vereinbarung, dass der Tag der Absendung des Kündigungsschreibens als Tag der Erklärung gelten soll, ist unwirksam (BAG Urteil vom 13. Oktober 1976 – 5 AZR 638/75 = AP Nr. 9 zu § 130 BGB). Für die Berechnung der Frist gelten §§ 186 ff. BGB, wie sich aus § 21 Abs. 1 und 3 SGB X ergibt. Der Tag, an dem die Kündigung zugeht, wird nicht mitgerechnet (§ 187 Abs. 1 BGB). Die Frist endet mit Ablauf des Tages, der durch seine Benennung dem Tag des Zugangs der Kündigung entspricht (§ 188 Abs. 2 BGB).

Beispiel:

Geht die Kündigung an einem Mittwoch zu, beginnt die Frist am Donnerstag und endet mit Ablauf des Wochentags „Mittwoch" der vierten Woche.

12 Die Frist **verlängert sich nicht**, wenn der **letzte Tag** ein **Sonnabend, Sonntag oder gesetzlicher Feiertag** ist. Denn die Bestimmung des § 193 BGB ist auf Kündigungserklärungen weder unmittelbar noch entsprechend anwendbar (vgl. BGH vom 17. Februar 2005 – III ZR 172/04 = BGHZ 162, 175 = NJW 2005, 1354; BAG Urteil vom 5. März 1970 – 2 AZR 112/69 = BAGE 22, 304 = NJW 1970, 1470 = AP Nr. 1 zu § 193 BGB; LAG Köln Urteil vom 26. Oktober 2001 – 11 Sa 832/01 = NZA-RR 2002, 355; Neumann [Hrsg.] HB-SGB IX / *Braasch* § 19 Rdnr. 93; Hauck / Noftz / *Griebeling* Rdnr. 7; a. A. Kossens u. a. / *Kossens* Rdnr. 13; LPK-SGB IX / *Düwell* Rdnr. 8).

13 Ebenso **verkürzt sich** die **Kündigungsfrist nicht** durch die genannte Vorschrift. Ist die Vier-Wochen-Frist nur durch Kündigung an einem Sonnabend, Sonntag oder Feiertag einzuhalten, beginnt sie nicht erst am nächsten Werktag (BGH Urteil vom 17. Februar 2005 a. a. O.; BAG Urteil vom 5. März 1970 a. a. O.; *Müller-Wenner* / Schorn Rdnr. 10; Neumann u. a. / *Neumann* Rdnr. 9).

Beispiel:

Der Arbeitgeber will zum 30. November kündigen. Die Vier-Wochen-Frist kann nur dann noch eingehalten werden, wenn die Kündigung dem schwerbehinderten Arbeitnehmer spätestens am 2. November – einem Sonnabend – zugeht.

Bei versäumtem Zugang der Kündigung zu dem genannten Termin kann der Arbeitgeber sich nicht darauf berufen, dass der Zugang am Montag, den 4. November noch ausreichend sei, um die Frist für eine Kündigung zum Monatsende zu wahren.

3. Kündigung bei nicht eingehaltener Frist

14 Eine Kündigung, die der Arbeitgeber zu einem **früheren Endzeitpunkt** als nach der Mindestkündigungsfrist ausspricht, ist wegen Gesetzesverstoßes nach § 134 BGB unwirksam. Sie **wirkt** nach allgemeiner Auffassung **erst zum nächstzulässigen Zeitpunkt**.

II. Fassung

A) durch das SGB IX vom 19. Juni 2001 (BGBl. I S. 1046) mit Wirkung vom 1. Juli 2001

Die Vorschrift entspricht – bis auf die Pflicht zur Antragstellung in doppelter Ausfertigung – dem bisherigen § 17 SchwbG. In Abweichung hiervon wollte allerdings der Regierungsentwurf (BT-Drucks. 14/5531 i. V. m. 14/5074) von der Einholung einer Stellungnahme des Arbeitsamtes absehen.   **3**

In der Begründung wird hierzu angemerkt, dass nach den Erfahrungen der Integrationsämter die Stellungnahme des Arbeitsamtes regelmäßig nur zu einer Verlängerung des Verfahrens geführt habe.

Jedoch hat der BT-Ausschuss für Arbeit und Sozialordnung die ursprüngliche Fassung wiederhergestellt und das wie folgt begründet (BT-Drucks. 14/5800 S. 35):

„An der nach dem bisherigen § 17 Abs. 2 des Schwerbehindertengesetzes bestehenden Verpflichtung, (auch) eine Stellungnahme des zuständigen Arbeitsamtes einzuholen, soll im Interesse frühzeitiger Einleitung von Maßnahmen durch die Arbeitsämter festgehalten werden, damit Arbeitslosigkeit schwerbehinderter Menschen vermieden wird."

B) durch das Vierte Gesetz für moderne Dienstleistungen am Arbeitsmarkt vom 24. Dezember 2003 (BGBl. I S. 2954) mit Wirkung vom 1. Januar 2004

Durch dieses Gesetz wurde in der Vorschrift die Bezeichnung „Arbeitsamt" durch „Bundesagentur für Arbeit" ersetzt.   **3a**

Das Inkrafttreten der Bestimmung wurde rückwirkend vorverlegt durch Art. 14 Nr. 4b des Kommunalen Optionsgesetzes vom 30. Juli 2004 (BGBl. I S. 2014).

C) durch das Gesetz zur Förderung der Ausbildung und Beschäftigung schwerbehinderter Menschen vom 23. April 2004 (BGBl. I S. 606) mit Wirkung vom 1. Mai 2004

Durch Art. 1 Nr. 20a wurde in Abs. 2 die Angabe „des zuständigen Arbeitsamtes" gestrichen.   **3b**

Dies geht zurück auf die Beschlussempfehlung des Ausschusses für Gesundheit und Soziale Sicherung (BT-Drucks. 15/2357), welche wiederum auf einem Vorschlag des Bundesrates (BT-Drucks. 15/2318 S. 16) beruht, den dieser wie folgt begründet hatte:

„Auf die Einholung einer Stellungnahme des Arbeitsamtes kann verzichtet werden. Diese Stellungnahme besteht in der Regel darin, dass im betreffenden Einzelfall bei Kündigung Arbeitslosigkeit droht, ohne auf den konkreten Einzelfall einzugehen. Wird aber nur formularmäßig geantwortet, führt die Beteiligung der Arbeitsämter lediglich zu einer unnötigen Verlängerung des Verfahrens."

III. Anmerkungen

A) zu Abs. 1

1. Schriftform

Der Arbeitgeber hat die Zustimmung des Integrationsamtes zur Kündigung gegenüber einem schwerbehinderten Menschen oder einem Gleichgestellten **schriftlich zu beantragen**. Das Integrationsamt wird nur auf Antrag tätig. Es kann nicht von Amts wegen ein Zustimmungsverfahren einleiten (LPK-SGB IX / *Düwell* Rdnr. 5). Setzt sich das Integrationsamt über das Antragserfordernis hinweg, ist das Verfahren fehlerhaft und der Zustimmungsbescheid auf Anfechtung aufzuheben (OVG Berlin Urteil vom 28. Juni 1989 – 4 S 38.89 = BehindertenR 1990, 44; LPK-SGB IX / *Düwell* a. a. O.).   **4**

4a Der Antrag muss demgemäß **durch den Arbeitgeber** selbst bzw. einen von ihm **hierzu Bevollmächtigten** gestellt werden. (Dies können neben dem hierzu befugten satzungsmäßigen bzw. gesellschaftsrechtlichen Organ (Vorstandsmitglied, Geschäftsführer) auch Personalsachbearbeiter oder Betriebsleiter sein. Nach allgemeinen arbeitsrechtlichen Grundsätzen reicht die Unterschrift eines zur Kündigung berechtigten Vertreters auch zum Ausspruch einer Kündigung aus. Es kommt allein darauf an, ob die betreffende Person eine Stellung bekleidet, mit der das Kündigungsrecht im Allgemeinen verbunden zu sein pflegt (vgl. ⚖ BAG Urteil vom 30. Mai 1972 – 2 AZR 298/71 = BAGE 24, 273 = NJW 1972, 1877; ⚖ Urteil vom 29. Oktober 1992 – 2 AZ 469/92 = NJW 1993, 1286 = AP Nr. 10 zu § 174 BGB). Insoweit können an das Zustimmungsverfahren nach §§ 85 ff. SGB IX keine höheren Anforderungen gestellt werden (so zutreffend *Schmidt* Schw-ArbR Rdnr. 505).

4b Eine Bevollmächtigung muss durch einen entsprechenden Zusatz zum Ausdruck gebracht werden, üblicherweise durch „i. V." Die Unterzeichnung mit „i. A." spricht nicht für einen Vertretungswillen, soweit sich dieser nicht aus dem Inhalt der Erklärung ergibt (⚖ LAG Rheinland-Pfalz Urteil vom 19. Dezember 2007 – 7 Sa 530/07 = NZA-RR 2008, 403 = DB 2008, 821).

Eine Antragstellung durch einen Vertreter ist nicht allein deshalb unwirksam, weil dieser dem **Antrag keine Vollmacht beigefügt** hat. Denn nach § 13 Abs. 1 Satz 3 SGB X hat ein Bevollmächtigter nur auf Verlangen seine Vollmacht schriftlich nachzuweisen (⚖ VG Karlsruhe Urteil vom 9. März 2004 – 5 K 3302/02 = BehindertenR 2004,114; Kossens u. a. / *Kossens* § 91 SGB IX Rdnr. 6; *Schmidt* Schwb-ArbR Rdnr. 505).

Anträge Dritter, etwa durch den Kommanditisten einer KG, sind nicht bearbeitungsfähig.

4c **Der Antrag muss** nach § 126 Abs. 1 BGB **eigenhändig unterzeichnet** sein. Das Integrationsamt stellt zur Verwaltungsvereinfachung Antragsformulare zur Verfügung, die in doppelter Ausfertigung auszufüllen und abzugeben sind, wobei die Zweitschrift für die zuständige Arbeitsagentur bestimmt ist. Ein in anderer Weise oder ohne Zweitschrift eingereichter Antrag ist gleichwohl zu bearbeiten. Die wirksame Antragstellung ist nicht von der Benutzung eines bestimmten Formulars abhängig, da das Gesetz nur Schriftlichkeit vorschreibt (vgl. ⚖ BSG Urteil vom 30. Mai 1978 – 7/12 RAr 100/76 = BSGE 46, 218 = AP Nr. 1 zu § 63 AFG; LPK-SGB IX / *Düwell* Rdnr. 6 und 12 m. w. Nachw.).

Zulässig ist auch die Übermittlung per **Telefax**, weil diese auch für die Einlegung von Rechtsmitteln bei Gericht allgemein zugelassen wird (*Müller-Wenner* / *Schorn* Rdnr. 5; Neumann u. a. / *Neumann* Rdnr. 1; a. A. LPK-SGB IX / *Düwell* Rdnr. 6 unter Aufgabe der in der Voraufl. vertretenen Ansicht). Deshalb ist z. B. ein Computerfax, d. h. die elektronische Übertragung einer Textdatei mit einer Faksimile-Unterschrift als formgerecht anzusehen (vgl. insoweit auch die Entscheidung des Gemeinsamen Senats der Obersten Gerichtshöfe des Bundes vom 5. April 2000 – GmS-OGB 1/98 = BGHZ 144, 160 = NJW 2000, 2340 = NZA 2000, 959 für bestimmende Schriftsätze an das Gericht). Die elektronische Form i. S. des § 126a BGB ist zugelassen, weil sie – im Gegensatz zu § 623 BGB – nicht ausdrücklich ausgeschlossen ist (vgl. § 126 Abs. 3 BGB). Allerdings bedarf es hierzu der – noch nicht weit verbreiteten – Verwendung einer elektronischen Signatur nach dem Signaturgesetz (§ 36a Abs. 2 SGB I). Die Antragstellung durch eine nicht signierte E-Mail erfüllt diese Anforderung nicht.

Hingegen ist eine mündliche oder telefonische Antragstellung unwirksam. Die Antragstellung durch den Arbeitgeber kann auch nicht durch eine Anfrage ersetzt werden, ob das Integrationsamt einer Kündigung zustimme.

4d Bei **Nichtbeachtung der Schriftform** darf das Integrationsamt das **Zustimmungsverfahren nicht einleiten**, da kein wirksamer Antrag vorliegt (vgl. § 18 Satz 2 Nr. 2 SGB X). Deshalb braucht es den unwirksam gestellten Anerkennungsantrag auch nicht förmlich zurückzuweisen (GK – SGB X / *Krause* § 18 Rdnr. 13; Hauck / Noftz / *Griebeling* Rdnr. 3; Neumann u. a. / *Neumann* Rdnr. 1; A / P / S / *Vossen* Rdnr. 4; a. A. KR / *Etzel* §§ 85–90 SGB IX näherer Maßgabe des § 4 Abs. 1 Satz 1 Nr. 2 BetrVG als selbstständiger Betrieb gelten; wenn sie organisatorisch abgrenzbar, relativ selbstständig und durch ihren Aufgabenbereich eigenständig ist (BAG Beschluss vom 19. Februar 2002 – 1 ABR 26/01 = NZA 2002, 1300 = AP Nr. 13 zu § 4 BetrVG 1972). Für die Geltung als selbstständiger Betrieb muss der Betriebsteil die Mindestgröße nach § 1 Abs. 1 Satz 1 BetrVG erfüllen.

Erfüllt ein **Kleinstbetrieb** die Voraussetzungen des § 1 BetrVG, ist er als selbstständiger Betrieb anzusehen, wie auch mittelbar aus § 4 Abs. 2 BetrVG folgt (A / P / S / *Vossen* Rdnr. 8). Der Kleinstbetrieb gilt lediglich dann nicht als selbstständig, sondern ist nach § 4 Abs. 2 BetrVG dem Hauptbetrieb zuzuordnen, wenn in ihm in der Regel weniger als fünf zur Betriebsratswahl wahlberechtigte oder weniger als drei wählbare Arbeitnehmer ständig beschäftigt sind und er somit nicht die Voraussetzungen des § 1 Abs. 1 Satz 1 BetrVG erfüllt.

„Dienststellen" im Sinne von Abs. 1 Satz 2 sind gem. BPersVG die einzelnen Behörden, Verwaltungsstellen und öffentlich-rechtlichen Betriebe des Bundes und der bundesunmittelbaren Körperschaften, Anstalten und Stiftungen des öffentlichen Rechts, außerdem die öffentlich-rechtlichen Betriebsverwaltungen und die Gerichte (Neumann u. a. / *Neumann* Rdnr. 13 ff.; *Müller-Wenner* / Schorn Rdnr. 23). Nebenstellen und Teile einer Dienststelle sind nach § 6 Abs. 3 BPersVG nur dann als selbstständige Dienststellen zu behandeln, wenn sie von der Hauptdienststelle räumlich entfernt liegen und die Mehrheit ihrer wahlberechtigten Beschäftigten die Selbstständigkeit in geheimer Abstimmung beschließt. Die Personalvertretungsgesetze der Länder enthalten überwiegend ähnliche Definitionen. 7

Ein bei einem örtlich unzuständigen Integrationsamt oder einer anderen Behörde, etwa der Agentur für Arbeit, eingereichter Antrag ist entsprechend § 16 Abs. 2 Satz 1 SGB I **unverzüglich an das örtlich zuständige Integrationsamt weiterzuleiten**. Der Antrag gilt aber erst mit seinem Eingang beim zuständigen Integrationsamt als gestellt. Denn ein Irrtum des Arbeitgebers darf sich nicht zum Nachteil des schwerbehinderten Menschen auswirken (Neumann u. a. / *Neumann* Rdnr. 2). Damit beginnen auch die Entscheidungsfristen des § 88 Abs. 1 und § 91 Abs. 3 Satz 1 SGB IX erst ab diesem Zeitpunkt. Auch die Antragsfrist des § 91 Abs. 2 Satz 1 SGB IX von zwei Wochen wird durch den Zugang des Antrags bei der unzuständigen Behörde nicht gewahrt; die Vorschrift des § 16 Abs. 2 Abs. 2 SGB I ist nicht – auch nicht entsprechend – anwendbar (Hauck / Noftz / *Griebeling* Rdnr. 6; *Müller-Wenner* / Schorn Rdnr. 24; LPK-SGB IX / *Düwell* Rdnr. 17). 8

In **Nordrhein-Westfalen** gilt eine landesrechtliche **Sonderregelung für die Zuständigkeit**: Abweichend von der bundesgesetzlichen Vorschrift des § 102 Abs. 1 Nr. 2 SGB IX sind die Aufgaben des Kündigungsschutzes aufgrund der Ermächtigung des § 107 Abs. 2 SGB IX vom Integrationsamt teilweise auf die örtlichen Fürsorgestellen bei den Kreisen, kreisfreien Städten sowie den größeren kreisangehörigen Städten übertragen worden. Während bei **ordentlichen Kündigungen** die Entgegennahme des Antrags sowie die Entscheidung beim Integrationsamt verbleibt, obliegt die **Ermittlung des Sachverhalts** und die Hinwirkung auf eine **gütliche Einigung** den **Fürsorgestellen**. Diese führen ggf. auch mündliche Verhandlungen gem. § 88 Abs. 1 SGB IX durch. 8a

Bei beabsichtigten **außerordentlichen Kündigungen** bleibt hingegen das Integrationsamt wegen der besonderen Eilbedürftigkeit für das gesamte Verfahren zuständig (vgl. zum Ganzen *Schmidt* Schwb-ArbR Rdnr. 513 f).

B) zu Abs. 2

1. Einholung von Stellungnahmen

Für das Antragsverfahren gelten – vorbehaltlich spezieller Regelungen im SGB IX – die **Bestimmungen** des SGB X. Das Verwaltungsverfahren ist einfach und zweckmäßig durchzuführen und an bestimmte Formen nicht gebunden (§ 9 SGB X). Verfahrensbeteiligte sind der Arbeitgeber als Antragsteller (§ 12 Abs. 1 Nr. 1 SGB X), ebenso wie der Arbeitnehmer als Antragsgegner (LPK-SGB IX / *Düwell* Rdnr. 27; Hauck / Noftz / *Griebeling* Rdnr. 9). 9

Keine Verfahrensbeteiligten sind die nach Abs. 2 zu befragenden Vertretungen (Schwerbehindertenvertretung, Betriebs-/Personalrat).

9a Das Integrationsamt hat den Sachverhalt **von Amts wegen** zu erforschen (§§ 20, 21 SGB X). Im Rahmen der vom Arbeitgeber gestellten Anträge und der von ihm mitgeteilten Kündigungsgründe ist zu ermitteln, was für eine Entscheidung über den Zustimmungsantrag oder eine gütliche Einigung erforderlich ist (LPK- SGB IX / *Düwell* Rdnr. 28). **Keinesfalls** darf sich das Integrationsamt auf eine **Schlüssigkeitsprüfung** der vom Arbeitgeber mitgeteilten Kündigungsgründe beschränken (BVerwG Urteil vom 28. November 1958 – V C 32.56 = BVerwGE 8, 46 = NJW 1959, 998; GK-SGB IX/ *Lampe* Rdnr. 41 m. w. Nachw.).

9b Das Integrationsamt bestimmt selbst Art und Umfang der Ermittlungen und ist weder an das Vorbringen noch an die Beweisanträge der Beteiligten gebunden (§ 20 Abs. 1 SGB X). Es hat sich im Rahmen des Untersuchungsgrundsatzes der **Beweismittel** zu bedienen, die es nach pflichtgemäßem Ermessen zur Ermittlung des Sachverhalts für erforderlich hält (§ 21 Abs. 1 Satz 1 SGB X).

9c Es kann insbesondere Auskünfte jeder Art einholen, Zeugen und Sachverständige vernehmen oder deren schriftliche Stellungnahme einholen (§ 21 SGB X). Weiter kann es Urkunden und Akten beiziehen und auch eine Betriebsbegehung (vgl. § 80 Abs. 7 SGB IX) im Beisein aller Beteiligten vornehmen.

9d Sowohl der Arbeitgeber als auch der schwerbehinderte Mensch haben bei der Ermittlung des Sachverhalts **mitzuwirken.** Sie sollen insbesondere die ihnen bekannten Tatsachen und Beweismittel angeben (§ 21 Abs. 2 SGB X). Ist das Integrationsamt – wie häufig – nicht in der Lage, den Sachverhalt ohne die Hilfe der Beteiligten in vollem Umfang aufzuklären, so endet seine Verpflichtung dort, wo ein Beteiligter seine Mitwirkungsobliegenheit nicht erfüllt. In einem solchen Fall kann sich der betreffende Beteiligte später nicht auf eine fehlende Sachaufklärung berufen (VG Düsseldorf Urteil vom 11. September 1984 – 17 K 1383/82, zit. nach JURIS).

9e Das Integrationsamt hat nach **Abs. 2** eine **Stellungnahme des Betriebs- oder Personalrats** zu der Kündigung einzuholen. Diese soll zur Aufklärung der innerbetrieblichen Verhältnisse und der vom Arbeitgeber angegebenen Kündigungsgründe beitragen. Das Integrationsamt soll hierdurch auch eventuelle innerbetriebliche Weiterbeschäftigungsmöglichkeiten oder das Erfordernis von organisatorischen und technischen Veränderungen im Sinne des § 80 Abs. 4 und 5 SGB IX besser einschätzen können (*Müller-Wenner* / Schorn Rdnr. 35). Hierfür ist es wichtig, dass die Stellungnahme möglichst konkret und im Einzelnen auf die von dem Arbeitgeber vorgetragenen Kündigungsgründe eingeht. Sie sollte auch erkennen lassen, was der Betrieb bzw. die Dienststelle in der Vergangenheit unternommen haben, um die Entlassung des schwerbehinderten Menschen abzuwenden. Hierzu gehört vor allem die Durchführung der **präventiven Maßnahmen nach § 84 Abs. 1 und Abs. 2 SGB IX** (*Schmidt* Schwb-ArbR Rdnr. 524).

Diese Stellungnahmen ersetzen nicht die Beteiligung des Betriebsrats gem. §§ 102, 103 BetrVG und des Personalrats gem. §§ 79, 108 BPersVG (Hauck / Noftz / *Griebeling* Rdnr. 14; LPK-SGB IX / *Düwell* Rdnr. 31). Umgekehrt ist die Stellungnahme auch dann einzuholen, wenn die betriebliche Interessenvertretung sich bereits im Rahmen der betriebsverfassungs- oder personalvertretungsrechtlichen Beteiligung geäußert hat. Denn das Integrationsamt soll seine Entscheidung aufgrund des aktuellen Kenntnisstandes treffen können, der sich jeweils aufgrund der konkreten Erklärungen ergibt (*Müller-Wenner* / Schorn Rdnr. 35; LPK-SGB IX / *Düwell* a. a. O.).

10 Nicht erforderlich ist die Stellungnahme des Betriebsrats bei der Kündigung eines **leitenden Angestellten**, weil nach § 5 Abs. 3 Satz 1 BetrVG der Betriebsrat nicht zu dessen Interessenvertretung legitimiert ist (vgl. LPK-SGB IX / *Düwell* Rdnr. 32; Hauck / Noftz / *Griebeling* Rdnr. 13; a. A. Neumann u. a. / *Neumann* Rdnr. 19; Kossens u. a. / *Kossens* Rdnr. 7; A / P / S / *Vossen* Rdnr. 8). Es ist vielmehr zweckmäßig, wenngleich rechtlich nicht geboten, dass

das Integrationsamt im Rahmen seiner Amtsermittlung bei der Kündigung eines leitenden Angestellten eine Stellungnahme des im Betrieb gebildeten Sprecherausschusses einholt (*Müller-Wenner / Schorn* Rdnr. 36; ebenso A / P / S / *Vossen* a. a. O. im Sinne einer zusätzlichen Stellungnahme).

2. Stellungnahme der Schwerbehindertenvertretung

Das Integrationsamt hat auch eine Stellungnahme der Schwerbehindertenvertretung einzuholen. Hiervon kann selbst dann nicht abgesehen werden, wenn der Arbeitgeber bereits in Erfüllung seiner Verpflichtung aus § 95 Abs. 2 Satz 1 SGB IX die Schwerbehindertenvertretung vor der Antragstellung angehört und das Ergebnis dem Integrationsamt mitgeteilt hat. Allerdings kann dann die Schwerbehindertenvertretung auf ihre gegenüber dem Arbeitgeber abgegebene Stellungnahme **Bezug nehmen**, sofern keine neuen Gesichtspunkte aufgetreten sind (LPK-SGB IX / *Düwell* Rdnr. 33; HK-SGB IX / *Trenk-Hinterberger* Rdnr. 27).

11

Das Integrationsamt hat im Zustimmungsverfahren zu prüfen, ob der Arbeitgeber seiner in der oben genannten Vorschrift festgelegten Pflicht genügt hat, die Schwerbehindertenvertretung vor Einreichung des Zustimmungsantrags nach § 87 SGB IX zu beteiligen. Ist dies **nicht geschehen**, hat es die Entscheidung über die Zustimmung zur beabsichtigten Kündigung **auszusetzen** (vgl. § 95 Abs. 2 Satz 2 Halbs. 1 SGB IX) und den Arbeitgeber darauf hinzuweisen, dass er die Beteiligung der Schwerbehindertenvertretung innerhalb von sieben Tagen nachholen muss. Erst dann kann das Integrationsamt seine Entscheidung über den Zustimmungsantrag treffen (LPK-SGB IX / *Düwell* Rdnr. 16; Hauck / Noftz / *Griebeling* Rdnr. 5; A / P / S / *Vossen* Rdnr. 12).

Die Beteiligung der Schwerbehindertenvertretung entspricht deren Verpflichtung zur Vertretung der Interessen des schwerbehinderten Menschen und speziell zur Beantragung geeigneter Maßnahmen bei den zuständigen Stellen nach § 95 Abs. 1 Satz 2 Nr. 2 SGB IX. Deshalb hat das Integrationsamt die Äußerung der Schwerbehindertenvertretung **gleichwertig neben den Stellungnahmen von Betriebs- oder Personalrat zu berücksichtigen**. Wegen der spezifischen Rolle der Schwerbehindertenvertretung wird es auf behinderungsrelevante Hinweise von deren Seite besonders zu achten haben.

11a

3. Rechtsfolgen unterbliebener Beteiligung

Die **Unterlassung** der Einholung von Stellungnahmen nach § 87 Abs. 2 führt zur **Fehlerhaftigkeit und Anfechtbarkeit der Entscheidung des Integrationsamts** (BVerwG Urteil vom 8. Februar 1967 – V C 167.65 = BVerwGE 26, 145 = DB 1967, 956 = Buchholz 436.6 § 16 SchwBG Nr. 1; Beschluss vom 15. Februar 1990 – 1 WB 36/88 = BVerwGE 86, 244 = ZBR 1990, 323; Neumann u. a. / *Neumann* Rdnr. 19; Kossens u. a. / *Kossens* Rdnr. 11). Die Verletzung der Verfahrensvorschrift des Abs. 2 ist allerdings unschädlich, wenn **keine andere Entscheidung** in der Sache hätte getroffen werden können (vgl. BVerwG Urteil vom 28. September 1995 – 5 C 14/94 = BVerwGE 90, 262 [267] = NZA-RR 1996, 290 [291] = BehindertenR 1996, 87; OVG Koblenz Urteil vom 15. Mai 1997 – 12 A 12213/96 = BehindertenR 1998, 18; OVG Saarlouis Urteil vom 12. Februar 1997 – 8 R 38/95, zit. nach JURIS; ErfK / *Rolfs* Rdnr. 4; Kossens u. a. / *Kossens* Rdnr. 11).

12

Im Übrigen kann ein Verstoß gegen die dem Integrationsamt nach Abs. 2 obliegenden Beteiligungspflichten gem. § 41 Abs. 1 Nr. 3 SGB X noch im Widerspruchsverfahren durch eine nachgeholte Anhörung geheilt werden (BVerwG Beschluss vom 10. Februar 1997 – 5 B 108/96 = Buchholz 436.61 § 17 SchwbG Nr. 7; Urteil vom 11. November 1999 – 5 C 23/99 = BVerwGE 110, 67 = NZA 2000, 146 = BehindertenR 2000, 83; OVG NRW Urteil vom 8. März 1996 – 24 A 3340/93 = BehindertenR 1997, 47; *Müller-Wenner / Schorn* Rdnr. 33; KR / *Etzel* §§ 85–90 SGB IX Rdnr. 76; Neumann u. a. / *Neumann* Rdnr. 19).

Das Integrationsamt sollte den in Abs. 2 genannten Stellen für die Äußerung eine **Frist setzen** und ihnen hierbei die Begründung des Arbeitgebers für seinen Zustimmungsantrag

12a

beifügen (A / P / S / *Vossen* Rdnr. 10). In Anlehnung an § 102 BetrVG, § 99 i. V. m. § 72 BPersVG ist bei einer ordentlichen Kündigung eine Frist von einer Woche, bei einer außerordentlichen Kündigung eine Frist von höchstens drei Tagen angemessen (*Schmidt* Schwb-ArbR Rdnr. 525; Neumann [Hrsg.] HB-SGB IX / *Braasch* § 19 Rdnr. 171).

Geht keine Stellungnahme ein, kann das Integrationsamt ohne sie entscheiden (BVerwG Urteil vom 11. November 1999 a. a. O.). Ob eine **Anmahnung** erforderlich ist, richtet sich gemäß § 20 Abs. 1 SGB X nach pflichtgemäßem Ermessen (BVerwG Urteil vom 11. November 1999 a. a. O.). Grundsätzlich sollte das Integrationsamt aber versuchen, die Stellungnahme doch noch zu erhalten. Bei einer unklaren oder klärungsbedürftigen Stellungnahme ist stets unter Hinweis auf die Mängel eine vollständige und klarstellende Äußerung einzuholen (OVG NRW Urteil vom 8. März 1996 a. a. O. S. 49; Neumann u. a. / *Neumann* Rdnr. 19; A / P / S / *Vossen* Rdnr. 10).

4. Anhörung des schwerbehinderten Menschen

13 Vor seiner Entscheidung muss das Integrationsamt den betroffenen schwerbehinderten Menschen hören. Nachdem hierzu keine bestimmte Form vorgeschrieben ist, ist die Anhörung **schriftlich oder mündlich** möglich. Auf Wunsch des schwerbehinderten Menschen ist die Anhörung stets mündlich durchzuführen. Denn der Begriff „Anhörung" wird hier als Gegensatz zu bloßen – auch schriftlich abzugebenden – „Stellungnahmen" gebraucht (vgl. *Müller-Wenner* / Schorn Rdnr. 13; Hauck / Noftz / *Griebeling* Rdnr. 28). Dasselbe gilt bei mündlicher Verhandlung gem. § 88 Abs. 1 SGB IX sowie bei einem Einigungsversuch nach § 87 Abs. 3.

14 Bei der Anhörung muss der schwerbehinderte Mensch Gelegenheit erhalten, sich zur Kündigungsabsicht des Arbeitgebers und den Auffassungen der übrigen Beteiligten zu äußern. Dies setzt eine **umfassende Information** voraus über alle tatsächlichen Umstände, die für oder gegen die Kündigung geltend gemacht werden. Hierzu gehören auch Angaben von Arbeitskollegen, denn die Entscheidung darf nicht auf einseitige Behauptungen gestützt werden; vielmehr ist von Amts wegen gem. § 20 SGB X zu ermitteln (vgl. BVerwG Urteil vom 2. Juli 1992 – 5 C 51/90 = BVerwGE 90, 287; Neumann u. a. / *Neumann* Rdnr. 21 m. w. Nachw.).

Es ist strikt darauf zu achten, dass der schwerbehinderte Mensch zur Wahrung seines **rechtlichen Gehörs** auch Kenntnis von allen entscheidungserheblichen Informationen erhält, die das Integrationsamt **bei seinen Ermittlungen** erlangt, z. B. im Rahmen einer Betriebsbegehung. Kann der Betroffene hieran nicht teilnehmen, muss er jedenfalls Gelegenheit haben, zum Ergebnis Stellung zu nehmen (*Schmidt* Schwb-ArbR Rdnr. 532). Geht das Integrationsamt von einem unvollständigen oder unrichtigen Sachverhalt aus oder verletzt es das Anhörungsgebot, so ist seine Entscheidung ermessensfehlerhaft und damit rechtswidrig.

Auf Verlangen ist dem schwerbehinderten Menschen gem. § 25 SGB X **Akteneinsicht** zu gewähren. Er hat das Recht, alle eigenen Erwägungen zur Kündigung vorzubringen; das Integrationsamt muss sich damit auseinandersetzen. Das Integrationsamt ist aber nicht verpflichtet, über die mündliche Anhörung des schwerbehinderten Arbeitnehmers eine **Niederschrift** zu fertigen (BVerwG Beschluss vom 1. Juli 1993 – 5 B 73/93 = BehindertenR 1994, 22 = Buchholz 436.61 § 17 SchwbG Nr. 3 = ZfS 1994, 50; KR/*Etzel* §§ 85–90 SGB IX Rdnr. 75; Kossens u. a. / *Kossens* Rdnr. 10). Dasselbe gilt, wenn das Integrationsamt zur Einholung der Stellungnahmen bzw. zur Durchführung der Anhörung von der Möglichkeit Gebrauch macht, eine **mündliche Verhandlung** anzusetzen, bei der mit den zu beteiligenden Stellen und dem schwerbehinderten Arbeitnehmer zugleich die vom Arbeitgeber beabsichtigte Kündigung erörtert wird (A / P / S / *Vossen* Rdnr. 15 m. w. Nachw.; vgl. auch Erl. zu § 88 SGB IX Rdnr. 6 ff.). Bleibt in diesem Fall einer der Beteiligten der mündlichen Verhandlung fern, muss das Integrationsamt ihn zur schriftlichen Stellungnahme auffordern (Neumann u. a. / *Neumann* Rdnr. 22; KR / *Etzel* §§ 85–90 SGB IX Rdnr. 75).

Eine **ohne** oder nur nach mangelhafter **Anhörung** des schwerbehinderten Menschen **getroffene Entscheidung** des Integrationsamts ist fehlerhaft und **anfechtbar**. Der Mangel kann allerdings durch Anhörung bis zum Erlass des Widerspruchsbescheids geheilt werden (OVG NRW Urteil vom 8. März 1996 – 24 A 3340/93 = BehindertenR 1997, 47; Neumann u. a. / *Neumann* Rdnr. 21). Bei unterbliebener und auch im Widerspruchsverfahren nicht nachgeholter Anhörung kann nach § 42 Satz 2 SGB X die Aufhebung des Bescheides des Integrationsamtes ohne Rücksicht darauf verlangt werden, ob im Fall der Anhörung eine andere Entscheidung in der Sache hätte getroffen werden können (VG Gelsenkirchen Urteil vom 2. Mai 1983 – 11 K 1502/82 = ZfSH / SGB 1983, 517; *Müller-Wenner* / Schorn Rdnr. 29).

15

C) zu Abs. 3
1. Gütliche Einigung

Das Integrationsamt hat in **jeder Lage des Verfahrens auf eine gütliche Einigung** zwischen dem schwerbehinderten Menschen und dem Arbeitgeber hinzuwirken. Das betrifft sowohl den Zeitpunkt der Ermittlungen als auch die Anhörung und das Widerspruchsverfahren.

16

Die gütliche Einigung kann der Befriedigung von heftig zerstrittenen Beteiligten ebenso dienen wie der Vermeidung vieler langwieriger und aufwendiger Auseinandersetzungen. Vor allem kann sie in geeigneten Fällen einer der Sachlage entsprechenden, auf dem den Rechtsweg nicht oder nur erschwert erreichbaren Lösung fördern (GK-SGB IX / *Lampe* Rdnr. 86).

Nach Möglichkeit soll dem Arbeitnehmer hierbei ein **Arbeitsplatz gesichert** werden (Hauck / Noftz / *Griebeling* Rdnr. 16; A / P / S / *Vossen* Rdnr. 18). Eine gütliche Einigung kann entweder in der Weiterbeschäftigung des schwerbehinderten Menschen – möglicherweise zu geänderten Bedingungen hinsichtlich des Arbeitsplatzes oder der Vergütung – bestehen. Hier kann das Integrationsamt womöglich vermittelnd durch das Angebot begleitender Hilfe im Arbeitsleben gem. § 102 Abs. 3 SGB IX einwirken.

16a

In Betracht kommt aber auch die **Auflösung des Arbeitsverhältnisses** auf andere Weise als durch Kündigung, wenn der schwerbehinderte Mensch bei einem anderen Arbeitgeber beschäftigt werden kann oder vollständig aus dem Erwerbsleben ausscheiden will oder muss. Grundsätzlich ist ein Aufhebungsvertrag zulässig, weil der schwerbehinderte Arbeitnehmer auf seinen Kündigungsschutz verzichten kann. Allerdings kann – sofern keine Sicherung durch anderweitige Beschäftigung oder Rentenbezug vorliegt – ein Aufhebungsvertrag vor allem im Hinblick auf **Sperrzeiten** zwischen drei und 12 Wochen beim **Bezug von Arbeitslosengeld nach § 144 SGB III** problematisch sein (HK-SGB IX / *Trenk-Hinterberger* Rdnr. 32). Deshalb ist dem Integrationsamt ggf. eine Abklärung mit der Arbeitsverwaltung im Wege der Amtshilfe zu empfehlen (HK-SGB IX / *Düwell* Rdnr. 36). Denn ein wichtiger Grund zur Lösung des Arbeitsverhältnisses kann angenommen werden, wenn das Integrationsamt zustimmt und den Weg der Trennung befürwortet (GK SGB IX / *Lampe* Rdnr. 89).

16b

Im Zweifel sollte der schwerbehinderte Arbeitnehmer unbedingt auf die **sozialrechtlichen Folgen eines Aufhebungsvertrages** hingewiesen werden und auf die Möglichkeit, sich hierzu ggf. anwaltlich beraten zu lassen, bevor er eine so weitreichende Entscheidung wie den Abschluss eines Aufhebungsvertrages trifft (*Schmidt* Schwb-ArbR Rdnr. 540).

Bei seinen Einigungsbemühungen hat das Integrationsamt darauf zu achten, dass es die in § 88 Abs. 1 bzw. § 91 Abs. 3 Satz 1 SGB IX festgelegten **Fristen für die Entscheidung** über eine vom Arbeitgeber beabsichtigte ordentliche oder außerordentlichen Kündigung einhält (Neumann u. a. / *Neumann* Rdnr. 22).

17

Für den Einigungsversuch sind besondere Formen nicht vorgeschrieben. Eine getroffene **Einigung** ist jedoch im Interesse des schwerbehinderten Menschen zu Beweiszwecken **schriftlich festzuhalten** (nur im Sinne einer Empfehlung hierzu Neumann u. a. / *Neumann* Rdnr. 22; A / P / S / *Vossen* Rdnr. 8).

18

19 Ein **Verstoß** gegen die Pflicht des Integrationsamts, in jeder Lage des Verfahrens auf eine gütliche Einigung hinzuwirken, **macht eine Zustimmungsentscheidung nicht rechtswidrig**, da keine Verfahrensrechte der Beteiligten, sondern nur eine allgemeine Amtspflicht des Integrationsamts verletzt werden (VG Karlsruhe Urteil vom 9. März 2004 – 5 K 3302/02 = BehindertenR 2004, 114; LPK-SGB IX / *Düwell* Rdnr. 38; a. A. KR / *Etzel* §§ 85–90 SGB IX Rdnr. 78; GK-SGB IX / *Lampe* Rdnr. 91; A / P / S / *Vossen* Rdnr. 17: Der Verstoß bewirke die Fehlerhaftigkeit des Verfahrens und stelle einen Anfechtungsgrund dar).

20 In der Praxis wird das Gebot zur Forderung gütlicher Einigungen mit durchaus bemerkenswertem Erfolg beachtet. Regelmäßig werden **mehr als die Hälfte der Kündigungsbegehren** im Zustimmungsverfahren einvernehmlich gelöst (vgl. Jahresbericht 2007/2008 der BIH – Bundesarbeitsgemeinschaft der Integrationsämter und Hauptfürsorgestellen S. 37).

§ 88
Entscheidung des Integrationsamtes

(1) Das Integrationsamt soll die Entscheidung, falls erforderlich aufgrund mündlicher Verhandlung, innerhalb eines Monats vom Tag des Eingangs des Antrages an treffen.

(2) ¹Die Entscheidung wird dem Arbeitgeber und dem schwerbehinderten Menschen zugestellt. ²Der Bundesagentur für Arbeit wird eine Abschrift der Entscheidung übersandt.

(3) Erteilt das Integrationsamt die Zustimmung zur Kündigung, kann der Arbeitgeber die Kündigung nur innerhalb eines Monats nach Zustellung erklären.

(4) Widerspruch und Anfechtungsklage gegen die Zustimmung des Integrationsamtes zur Kündigung haben keine aufschiebende Wirkung.

(5) ¹In den Fällen des § 89 Abs. 1 Satz 1 und Abs. 3 gilt Absatz 1 mit der Maßgabe, dass die Entscheidung innerhalb eines Monats vom Tage des Eingangs des Antrages an zu treffen ist. ²Wird innerhalb dieser Frist eine Entscheidung nicht getroffen, gilt die Zustimmung als erteilt. ³Die Absätze 3 und 4 gelten entsprechend.

ERLÄUTERUNGEN

ÜBERSICHT

I. Bedeutung der Vorschrift (Rdnrn. 1–4a)
II. Fassung (Rdnrn. 5–5d)
   A) durch das SGB IX vom 19. Juni 2001 (BGBl. I S. 1046) mit Wirkung vom 1. Juli 2001 (Rdnr. 5)
   B) durch das Vierte Gesetz für moderne Dienstleistungen am Arbeitsmarkt vom 24. Dezember 2003 (BGBl. I S. 2954) mit Wirkung vom 1. Januar 2004 (Rdnr. 5a)
   C) durch das Gesetz zur Förderung der Ausbildung und Beschäftigung schwerbehinderter Menschen vom 23. April 2004 (BGBl. I S. 606) mit Wirkung vom 1. Mai 2004 (Rdnrn. 5b–5d)
III. Anmerkungen (Rdnrn. 6–17)
   A) zu Abs. 1
      1. Mündliche Verhandlung (Rdnrn. 6–7a)
      2. Frist zur Entscheidung (Rdnr. 8)
   B) zu Abs. 2
      1. Zustellung der Entscheidung (Rdnrn. 9–10e)
      2. Abschrift an die Agentur für Arbeit (Rdnr. 11)
   C) zu Abs. 3
      1. Frist zur Kündigung nach Zustimmung (Rdnrn. 12–18)

D) zu Abs. 4
    1. Rechtsbehelfe des Arbeitnehmers (Rdnr. 19)
    2. Rechtsbehelfe des Arbeitgebers (Rdnrn. 20–21)
    3. Keine aufschiebende Wirkung (Rdnrn. 22–24)
E) zu Abs. 5
    1. Sonderregelungen für Kündigungen nach Betriebseinstellung (Rdnrn. 25–27)

I. Bedeutung der Vorschrift

Sie regelt weitere Einzelheiten des Verfahrens der Entscheidung des Integrationsamtes und deren arbeits- und verwaltungsrechtliche Rechtsfolgen.   **1**

Nach **Abs. 1** ist eine mündliche Verhandlung über die Zustimmung zur Kündigung gegenüber dem schwerbehinderten Menschen nicht zwingend vorgeschrieben, aber nach dem Ermessen des Integrationsamtes anzuberaumen. Für die Entscheidung ist eine Frist vorgesehen: Sie soll innerhalb eines Monats nach Antragseingang getroffen werden.

Die Entscheidung des Integrationsamtes ist dem Arbeitgeber und dem schwerbehinderten Menschen zuzustellen (**Abs. 2 Satz 1**). Die Agentur für Arbeit erhält eine Abschrift der Entscheidung (**Abs. 2 Satz 2**).   **2**

In **Abs. 3** ist eine Frist für den Ausspruch der Kündigung geregelt: Der Arbeitgeber kann sie nach Erteilung der Zustimmung durch das Integrationsamt nur innerhalb eines Monats nach Zustellung erklären. Durch Erteilung der Zustimmung zur Kündigung seitens des Integrationsamts wird die eigentlich zugunsten schwerbehinderter Menschen bestehende Kündigungssperre für die Dauer eines Monats aufgehoben. Innerhalb dieser Frist kann der Arbeitgeber dann die ordentliche Kündigung erklären. Das Gesetz sieht also einen zeitlich befristeten Wegfall des Sonderkündigungsschutzes vor.   **3**

Abs. 4 legt fest, dass Rechtsmittel des schwerbehinderten Menschen gegen die Zustimmung des Integrationsamtes zur Kündigung keine aufschiebende Wirkung haben. Der Arbeitgeber ist nicht allein deshalb an einer Kündigung gehindert, weil der Verwaltungsakt des Integrationsamtes durch Widerspruch und Klage angefochten wird.   **4**

Eine Sonderregelung für Kündigungen nach endgültiger Betriebseinstellung oder Auflösung einer Dienststelle sowie bei Eröffnung des Insolvenzverfahrens über das Arbeitgebervermögen enthält **Abs. 5**. In diesen Fällen, in denen das Ermessen des Integrationsamtes nach § 89 SGB IX eingeschränkt ist, muss die Entscheidung nunmehr zwingend innerhalb eines Monats nach Eingang des Antrags getroffen werden. Andernfalls gilt die Zustimmung als erteilt.   **4a**

II. Fassung

A) durch das SGB IX vom 19. Juni 2001 (BGBl. I S. 1046) mit Wirkung vom 1. Juli 2001

Die Vorschrift wurde unverändert aus dem Regierungsentwurf (BT-Drucks. 14/5531 i. V. m. 14/5074) übernommen. Sie entspricht inhaltlich dem bisherigen § 18 SchwbG.   **5**

B) durch das Vierte Gesetz für moderne Dienstleistungen am Arbeitsmarkt vom 24. Dezember 2003 (BGBl. I S. 2954) mit Wirkung vom 1. Januar 2004

Durch dieses Gesetz wurde in der Vorschrift die Bezeichnung „Arbeitsamt" durch „Bundesagentur für Arbeit" ersetzt.   **5a**

Das Inkrafttreten der Bestimmung wurde rückwirkend vorverlegt durch Art. 14 Nr. 4b des Kommunalen Optionsgesetzes vom 30. Juli 2004 (BGBl. I S. 2014).

C) durch das Gesetz zur Förderung der Ausbildung und Beschäftigung schwerbehinderter Menschen vom 23. April 2004 (BGBl. I S. 606) mit Wirkung vom 1. Mai 2004

5b Durch Art. 1 Nr. 21 wurde folgender **Abs. 5 angefügt**:

„In den Fällen des § 89 Abs. 1 Satz 1 und Abs. 3 gilt Absatz 1 mit der Maßgabe, dass die Entscheidung innerhalb eines Monats vom Tage des Eingangs des Antrages an zu treffen ist. Wird innerhalb dieser Frist eine Entscheidung nicht getroffen, gilt die Zustimmung als erteilt. Die Absätze 3 und 4 gelten entsprechend."

5c Die Fassung der Vorschrift entspricht im Wesentlichen dem Gesetzentwurf der Fraktionen SPD und Bündnis 90/DIE GRÜNEN (BT-Drucks. 15/1783). Dort ist auf S. 16 zur **Begründung** ausgeführt:

„Absatz 5 verpflichtet nunmehr die Integrationsämter, die Entscheidung innerhalb eines Monates zu treffen. Die Regelung führt zu mehr Rechtssicherheit in den Fällen, in denen das Ermessen der Integrationsämter eingeschränkt ist. Es ist nun nicht mehr zu prüfen, ob ein Sachverhalt vorliegt, der ein Abweichen von der regelmäßigen Monatsfrist in besonderen Fällen zulässt. Die Regelung führt zu einer Beschleunigung des Verfahrens und trägt dem berechtigten Interesse des Arbeitgebers an möglichst kurzfristiger Klärung der Frage Rechnung, ob die öffentlich-rechtlichen Wirksamkeitsvoraussetzungen für eine Kündigung vorliegen.

Satz 2 enthält wie bereits bei der außerordentlichen Kündigung die Fiktion einer positiven Entscheidung zugunsten des antragstellenden Arbeitgebers. Das heißt, dass alle Vorschriften und Grundsätze anwendbar sind, die maßgebend wären, wenn das Integrationsamt eine entsprechende Zustimmung ausdrücklich erteilt hätte. Auch die fingierte Zustimmung ist also mit Widerspruch und Anfechtungsklage angreifbar. Die entsprechende Geltung der Absätze 3 und 4 bedeutet, dass die Kündigung nur innerhalb eines Monats erklärt werden kann und Widerspruch und Anfechtungsklage auch in den Fällen der Zustimmungsfiktion keine aufschiebende Wirkung haben."

5d Die **ursprünglich vorgesehene Formulierung** „In den Fällen des § 89 gilt Absatz 1 ..." wurde **auf Vorschlag des Bundesrates** mit Zustimmung der Bundesregierung **abgeändert** in die vom Ausschuss für Gesundheit und Soziale Sicherung beschlossene Fassung „In den Fällen des § 89 Abs. 1 Satz 1 und Abs. 3 gilt Absatz 1". Der Bundesrat (BT-Drucks. 15/2318 S. 16) hatte diesen Vorschlag wie folgt begründet:

„Die im Interesse der Arbeitgeber beabsichtigte Beschleunigung des Kündigungsschutzverfahrens soll nicht für Änderungskündigungen gemäß § 89 Abs. 2 SGB IX gelten. In diesen Fällen müssen die Integrationsämter auch weiterhin zu einer ggf. umfangreichen Aufklärung des häufig mit der Schwerbehinderung des Beschäftigten in Zusammenhang stehenden Sachverhalts als Ursache der Kündigung in der Lage sein."

III. Anmerkungen

A) Zu Abs. 1

1. Mündliche Verhandlung

6 Das Integrationsamt hat, falls es dies für erforderlich hält, zur Vorbereitung der Entscheidung eine mündliche Verhandlung durchzuführen. Sie findet meist im Betrieb oder der Dienststelle statt. Ob das Integrationsamt mündlich verhandelt, steht in seinem pflichtgemäßen Ermessen (*Schmidt* Schwb-ArbR Rdnr. 543; KR-*Etzel* §§ 85 – 90 SGB IX Rdnr. 79; Neumann [Hrsg] HB-SGB IX / *Braasch* § 19 Rdnr. 185). Auch wenn hierzu keine Verpflichtung besteht – selbst nicht auf Wunsch eines Beteiligten – wird **in der Regel eine mündliche Verhandlung** zur Abklärung der gegensätzlichen Standpunkte und zur Diskussion der möglichen Lösungswege – nicht zuletzt wegen der Pflicht zu Einigungsbemühungen nach § 87 Abs. 3 SGB IX – erforderlich sein (LPK-SGB IX / *Düwell* Rdnr. 5). Eine mündliche Verhandlung ist vor allem dann erforderlich, wenn der schwerbehinderte Beschäftigte Einwendungen gegen die Kündigung geltend macht und es nicht ausreicht, diese lediglich schriftlich entgegenzunehmen (VG München Urteil vom 8. Oktober 2008 – M 18 K 08.1654, zitiert nach JURIS). Die mündliche Verhandlung ist jedoch keine Wirksamkeitsvoraussetzung für die Entscheidung des Integrationsamtes (VG München Urteil vom 8. Oktober 2008 a. a. O.; HK-SGB IX / *Trenk-Hinterberger* Rdnr. 27).

Die mündliche Verhandlung eröffnet die letzte Chance für eine Ergänzung des Sachvortrags der Beteiligten und für eine **gütliche Einigung**. Auch verschafft sie dem Integrationsamt einen persönlichen Eindruck von der Situation im Betrieb oder der Dienststelle; hierbei werden im sachlichen Gespräch möglicherweise Hintergründe offen gelegt, die zum besseren Verständnis für die Position der jeweiligen Gegenseite beitragen (*Schmidt* Schwb-ArbR Rdnr. 546). Während der mündlichen Verhandlung können etwa Möglichkeiten der behinderungsgerechten Arbeitsplatzgestaltung oder einer innerbetrieblichen Umsetzung des schwerbehinderten Mitarbeiters erörtert werden. Das Integrationsamt kann im Rahmen der mündlichen Verhandlung auch finanzielle Hilfen aus Mitteln der Ausgleichsabgabe für eine entsprechende Arbeitsplatzgestaltung anbieten (HK-SGB IX / *Trenk-Hinterberger* Rdnr. 25). Aus diesen Gründen ist sie in der Praxis ein **Kernpunkt des Verfahrens** (LPK-SGB IX / *Düwell* a. a. O.; *Müller-Wenner* / Schorn Rdnr. 3). Sie kann auch der Beschleunigung des Zustimmungsverfahrens dienen, da sie mit der Anhörung des schwerbehinderten Menschen und der betrieblichen Interessenvertretung sowie der Schwerbehindertenvertretung nach § 87 Abs. 2 SGB IX verbunden werden kann. **6a**

Entbehrlich ist eine mündliche Verhandlung allerdings, wenn die **Zustimmung versagt** werden soll, etwa weil der Antrag durch den Arbeitgeber nicht ordnungsgemäß gestellt wurde oder weil nach eigenem Vortrag des Arbeitgebers kein Kündigungsgrund vorliegt. **6b**

Die mündliche Verhandlung dient der **gemeinsamen Erörterung des Kündigungssachverhalts.** An ihr nehmen neben dem Arbeitgeber und dem schwerbehinderten Arbeitnehmer die Schwerbehindertenvertretung, ein bevollmächtigtes Mitglied des Betriebs-/Personalrats, sowie ein Vertreter des Integrationsamts oder der örtlichen Fürsorgestelle teil. Deshalb und wegen der etwaigen Zweckmäßigkeit eines Augenscheins sollte sie möglichst im Betrieb oder der Dienststelle stattfinden (vgl. oben Rdnr. 6). Lassen sich die Beteiligten durch Bevollmächtigte wie Rechtsanwälte oder Verbandsvertreter vertreten (vgl. § 13 SGB X), sind auch diese zur Verhandlung zu laden. **7**

Die mündliche Verhandlung ist **nicht an die Förmlichkeiten eines Gerichtsverfahrens gebunden.** Vor allem besteht keine Pflicht zum Erscheinen oder gar zur Aussage. Die Vorschrift des § 66 SGB I gilt nicht, da mit der Zustimmung zur Kündigung keine Sozialleistung beantragt wird (Neumann [Hrsg.] HB-SGB IX / *Braasch* § 19 Rdnr. 184). Jedoch trägt der Abwesende ggf. das Risiko der Nichtaufklärung des Sachverhalts.

Das Integrationsamt kann Zeugen und Sachverständige (z. B. Werksärzte oder technische Berater) laden und vernehmen. Möglich ist auch die Vornahme eines **Augenscheins.** Dieser wird häufig allein deshalb veranlasst sein, weil die Kenntnis der Gegebenheiten des Arbeitsplatzes entscheidungserheblich für die Zustimmung zur Kündigung sein kann. Das Ergebnis der Anhörung und ggf. des Augenscheins werden regelmäßig Grundlage der Tatsachenfeststellung sein. Jedoch **findet keine Beweisaufnahme unter Anwendung des Prozessrechts** statt (LPK-SGB IX / *Düwell* Rdnr. 6). **7a**

Die mündliche Verhandlung ist **nicht öffentlich**. Eine Protokollierung ist weitgehend üblich. Allerdings besteht keine Pflicht hierzu (*Müller-Wenner* / Schorn Rdnr. 4; ferner LPK-SGB IX / *Düwell* a. a. O.). Sieht der Verhandlungsführer von einer Protokollierung ab, hat er zeitnah einen schriftlichen Vermerk über die festgestellten Tatsachen zu verfassen; nur so ist eine rechtsstaatliche Überprüfbarkeit der Entscheidungsgrundlagen gewährleistet. **7b**

2. Frist zur Entscheidung

8 Das Integrationsamt **soll innerhalb eines Monats** nach Eingang des Antrags über die Zustimmung zur Kündigung **entscheiden.** Der Wortlaut des Gesetzes lässt demnach in begründeten Ausnahmefällen eine Fristüberschreitung zu, ohne dass sich daraus Rechtsfolgen ergeben. Ein Ausnahmefall liegt etwa vor, wenn umfangreiche Ermittlungen hinsichtlich des Kündigungssachverhalts durchzuführen sind oder wenn bei einer angekündigten Betriebsstilllegung noch Anhaltspunkte für eine Fortführung oder Übernahme des Betriebs bestehen (*Schmidt* Schwb-ArbR Rdnr. 552).

Hingegen wird bei einem zuvor durchgeführten Eingliederungsmanagement im Sinne des § 84 Abs. 2 SGB IX die Monatsfrist häufig nicht mehr ausgeschöpft werden müssen; weil das Integrationsamt bereits vorher am Verfahren beteiligt war. Ist es nach Prüfung aller Möglichkeiten dem Arbeitnehmer letztlich nicht zumutbar, den schwerbehinderten Menschen weiterzubeschäftigen, wird das Integrationsamt regelmäßig der Kündigung innerhalb eines kurzen Entscheidungszeitraumes zustimmen (HK-SGB IX / *Trenk-Hinterberger* Rdnr. 29).

8a Ungeachtet der Formulierung als „Soll"-Vorschrift enthält sie aber jedenfalls ein grundsätzliches **Beschleunigungsgebot**, weil die Beteiligten ein berechtigtes Interesse an baldmöglicher Klarheit über die Wirksamkeit der Kündigung haben. Jedoch besteht kein Anspruch des Arbeitgebers auf Einhaltung der Monatsfrist (vgl. BVerwG Urteil vom 9. Dezember 1964 – V C 94/63 = BVerwGE 20, 78 = AP Nr. 5 zu § 18 SchwBeschG; LPK-SGB IX / *Düwell* Rdnr. 47; Hauck / Noftz / *Griebeling* Rdnr. 15). Allein die Überschreitung der Frist führt deshalb weder zur Nichtigkeit noch zur Aufhebbarkeit einer Zustimmungsentscheidung, die auch bei rechtzeitigem Erlass nicht anders hätte getroffen werden können.

8b Hat das Integrationsamt ohne zureichenden Grund bis zum Ablauf von drei Monaten seit Antragstellung nicht entschieden, kann gem. §§ 42, 75 VwGO **Verpflichtungs- bzw. Untätigkeitsklage** vor dem Verwaltungsgericht erhoben werden (*Müller-Wenner* / Schorn Rdnr. 5; ErfK / *Rolfs* Rdnr. 1; *Seidel* MDR 1997, 804 [805]; Neumann [Hrsg] HB-SGB IX / *Braasch* § 19 Rdnr. 230 m. w. Nachw.). Freilich wird der praktische Nutzen eines solchen Rechtsbehelfs im Hinblick auf die üblicherweise lange Verfahrensdauer vor den Verwaltungsgerichten zu Recht bezweifelt (LPK-SGB IX / *Düwell* Rdnr. 7).

Bei schuldhafter erheblicher Überschreitung dieser Frist kann allerdings der Arbeitgeber wegen des Verzögerungsschadens einen **Amtshaftungsanspruch** nach Art. 34 GG i. V. m. § 839 BGB gegen das betreffende Bundesland geltend machen (ErfK / *Rolfs* Rdnr. 1; Kossens u. a. / *Kossens* Rdnr. 2; *Schmidt* Schwb-ArbR Rdnr. 553).

8c Ist ein laufendes Feststellungsverfahren über das Vorliegen und den Grad einer Behinderung nach § 69 Abs. 1 Satz 1 SGB IX noch nicht abgeschlossen, kann das Integrationsamt das **Zustimmungsverfahren aussetzen** (BAG Urteil vom 16. August 1991 – 2 AZR 241/90 = NZA 1992, 23 = AP Nr. 2 zu § 15 SchwbG 1986 unter II 4 a bb; Urteil vom 7. März 2002 – 2 AZR 612/00 = BAGE 100, 355 = NJW 2002, 3568 = BehindertenR 2002, 213 unter II 2 a; Kossens u. a. / *Kossens* Rdnr. 3; HK-SGB IX / *Trenk-Hinterberger* Rdnr. 47).

8d Hingegen wird im Schrifttum auch befürwortet, den Zustimmungsbescheid nach § 33 Abs. 2 Nr. 2 SGB X unter dem **Vorbehalt der rückwirkenden Feststellung** der Schwerbehinderteneigenschaft **bedingt** zu erlassen (Hauck / Noftz / *Griebeling* Rdnr. 6; LPK-SGB IX / *Düwell* Rdnr. 8 m. w. Nachw.; HK-SGB IX / *Trenk-Hinterberger* Rdnr. 47). Dabei komme es nicht auf den GdB an. Für die Entscheidung des Integrationsamts sei allein maßgebend, welche konkreten Beeinträchtigungen vorliegen; diese könnten im Zustimmungsverfahren aufgeklärt werden (LPK-SGB IX / *Düwell* a.a.O.).

Die Zulässigkeit vorsorglicher Verwaltungsakte hat das BVerwG jedenfalls **für die Zustimmung zur außerordentlichen Kündigung anerkannt** (Urteil vom 15. 12.1988 – 5 C 67/85 = BVerwGE 81, 84 = NZA 1989, 554). Danach kann das Integrationsamt bei beantragter, wenngleich nicht festgestellter Schwerbehinderteneigenschaft des Arbeitnehmers über Anträge des Arbeitgebers auf Zustimmung zur Kündigung entscheiden. Diese Entscheidung ergeht unter dem Vorbehalt, dass das Verfahren vor dem Versorgungsamt nach § 69 SGB IX zur Feststellung der Schwerbehinderteneigenschaft führt. Eine gleichartige Entscheidung ist auch für den Fall der ordentlichen Kündigung rechtlich unbedenklich (VG Karlsruhe Urteil vom 9. März 2004 – 5 K 3302/02 = BehindertenR 2004, 114).

Ein **Negativattest** darf in diesem Fall **nicht erteilt** werden, da – auch unter Berücksichtigung der Regelung in § 90 Abs. 2a SGB IX – der besondere Kündigungsschutz besteht (*Schmidt* Schwb-ArbR Rdnr. 554). **8e**

B) zu Abs. 2

1. Zustellung der Entscheidung

Die Entscheidung des Integrationsamtes über die Zustimmung zur Kündigung ist ein **Verwaltungsakt mit Drittwirkung** i. S. v. § 31 Abs. 1 SGB X. Er beseitigt die öffentlich-rechtliche Kündigungssperre des § 85 SGB IX, hat aber im Übrigen keine privatrechtsgestaltende Wirkung (vgl. LPK-SGB IX / *Düwell* Rdnr. 10). Ungenau ist deshalb die häufig gebrauchte Bezeichnung „privatrechtsgestaltender Verwaltungsakt" (vgl. BAG Urteil vom 17. Februar 1982 – 7 AZR 846/79 = BAGE 38, 42 [46] = BehindertenR 1983, 13 und Urteil vom 16. Oktober 1991 – 2 AZR 332/91 = BAGE 68, 333; LAG Baden-Württemberg Urteil vom 22. September 2006 – 18 Sa 28/06 = DÖD 2007, 96). **9**

Der Bescheid muss jedenfalls gem. § 31 SGB X **schriftlich abgefasst und begründet** werden. Die Begründung muss die wesentlichen tatsächlichen und rechtlichen Argumente enthalten, die die Behörde zu ihrer Entscheidung bewogen haben. Da es sich um eine Ermessensentscheidung handelt, muss sie auch die Gesichtspunkte erkennen lassen, von denen die Behörde bei der Ausübung ihres Ermessens ausgegangen ist (§ 35 Abs. 1 Satz 2 und 3 SGB X). **10**

Die schriftliche Begründung ist entbehrlich, wenn nach mündlicher Verhandlung der zuständige Sachbearbeiter den **anwesenden Beteiligten die Entscheidungsgründe mündlich mitteilt**, sofern ein Protokoll gefertigt und mit dem Bescheid versandt wird (LPK-SGB IX / *Düwell* Rdnr. 12; *Müller-Wenner* / *Schorn* Rdnr. 10). In diesem Fall wäre das Verlangen nach Wiederholung der den Beteiligten bereits im Termin eröffneten Begründung eine überflüssige Förmelei (so zutreffend *Müller-Wenner* / *Schorn* a. a. O.). Fehlt jegliche Begründung, ist die Entscheidung des Integrationsamts auf den Widerspruch der beschwerten Partei aufzuheben. Allerdings kann die Begründung im Widerspruchsverfahren nachgeholt werden (§ 41 Abs. 1 Nr. 2, Abs. 2 SGB X). Der Bescheid muss ferner eine **Rechtsbehelfsbelehrung** nach § 36 SGB X enthalten.

Die Entscheidung ist dem Arbeitgeber und dem schwerbehinderten Menschen **zuzustellen** (Abs. 2 Satz 1). Die förmliche Bekanntmachung an beide Verfahrensbeteiligten – die allerdings nicht gleichzeitig ergehen muss – ist deshalb erforderlich, weil die Entscheidung für den Bestand des Arbeitsverhältnisses bedeutsam ist und bestimmte Fristen mit der Zustellung beginnen. Da die Integrationsämter Landesbehörden sind, richtet sich die Zustellung ihrer Verwaltungsakte entsprechend § 65 Abs. 2 SGB X nach dem Verwaltungszustellungsgesetz des jeweiligen Landes (vgl. BAG Urteil vom 16. September 1993 – 2 AZR 267/93 = BAGE 74, 185 = NZA 1994, 311 [312] = AP Nr 62 zu § 102 BetrVG 1972). Die Zustellung ist durch Postzustellungsurkunde, durch eingeschriebenen Brief, durch die Behörde gegen Empfangsbekenntnis oder durch die Behörde mittels Vorlegen der Urschrift möglich (Neumann u. a. / *Neumann* Rdnr. 7). **10a**

Bei Zustellung mittels Einschreibens durch die Post wird der Bescheid gem. § 4 VwZG erst mit dem dritten Tage nach Aufgabe zur Post wirksam. Aus Gründen der Rechtsklarheit kommt es auf den vorangehenden tatsächlichen Zugang des Bescheides nicht an (LAG Hamm Urteil vom 9. November 2000 – 8 Sa 1016/00 = LAGE § 18 SchwbG 1986 Nr. 2); LAG Baden-Württemberg Urteil vom 22. September 2006 – 18 Sa 28/06 = DÖD 2007, 96). Denn der Gesetzgeber sieht eine Ausnahme von der Zustellungsfiktion ausschließlich **10b** in den Fällen vor, in denen das Schriftstück nicht oder nachweislich später zugegangen ist. Die Fälle des früheren Zuganges sind nicht geregelt. Daraus ist zu schließen, dass nach dem Wortlaut des Gesetzes im Falle des Zugangs **vor Ablauf der Drei-Tages-Frist der tatsächliche Zugangszeitpunkt irrelevant** ist. Es verbleibt in diesen Fällen bei der Fiktion des § 4 Abs. 1 VwZG (vgl. BVerwG Urteil 23. Juli 1965 – VII C 170.64 = BVerwGE 22, 11 = NJW 1965, 2363; BVerwG Urteil vom 3. Juli 1987 – 8 C 28/85 = NVwZ 1988, 63). Eine Rechtsmittelbelehrung ist im Sinne von § 58 Abs. 2 VwGO unrichtig – mit der Folge einer Anfechtungsmöglichkeit des Verwaltungsakts innerhalb einer Jahresfrist –, wenn sie auf den Fristlauf ab „Bekanntgabe" hinweist, der Bescheid aber aufgrund behördlicher Anordnung mittels Einschreiben zugestellt wird. Das gilt auch dann, wenn die Frist im Einzelfall bei allen denkbaren Fristberechnungen an demselben Tag endet (OVG NRW Beschluss vom 4. März 2009 – 5 A 924/07 = NJW 2009, 1832).

10c Bei einer Zustellung an einen Rechtsanwalt genügt das mit Datum und Unterschrift versehene Empfangsbekenntnis. Die Behörde kann unter anderem an Rechtsanwälte das Schriftstück auch auf andere Weise übermitteln, die Übermittlung des Schriftstückes kann durch die Übermittlung seines Inhaltes durch **Telefax** ersetzt werden. In diesen Fällen genügt als Nachweis der Zustellung das mit Datum und Unterschrift versehene Empfangsbekenntnis, das an die Behörde zurückzusenden oder dessen Inhalt durch Telefax zu übermitteln ist (vgl. z. B. § 5 Abs. 2 VwZG; hierzu LAG Baden-Württemberg Urteil vom 22. September 2006 – 18 Sa 28/06 = DÖD 2007, 96).

Die Behörde hat die Wahl zwischen den einzelnen Zustellungsarten (§ 2 Abs. 2 VwZG).

10d **Unterlässt das Integrationsamt die Zustellung an den Arbeitgeber, ist die Entscheidung unwirksam** (vgl. ArbG Heilbronn Urteil vom 17. September 1984 – 4 Ca 408/84 = ARST 1985, 40). Der Arbeitgeber kann die ordentliche Kündigung erst nach förmlicher Zustellung der Entscheidung an ihn aussprechen (BAG Urteil vom 16. Oktober 1991 – 2 AZR 332/91 = BAGE 68, 333 = NZA 1992, 503 m. umfangr. Nachw.; *Müller-Wenner* / *Schorn* Rdnr. 11), für die außerordentliche Kündigung gilt eine andere Regelung in § 91 Abs. 5 SGB IX, vgl. die Erl. zu dieser Bestimmung dort in Rdnrn. 74 ff.).

10e Das gilt auch dann, wenn der **Zustimmungsbescheid** dem Arbeitgeber bereits **vor dem Wirksamwerden der förmlichen Zustellung tatsächlich zugegangen** ist (LAG Hamm Urteil vom 9. November 2000 a. a. O.; LAG Baden-Württemberg Urteil vom 22. September 2006 a. a. O.). Eine gleichwohl zuvor ausgesprochene Kündigung wird allerdings wirksam, wenn der zustimmende Bescheid dem Arbeitgeber noch vor Zugang des Kündigungsschreibens an den schwerbehinderten Arbeitnehmer zugestellt wird (LPK-SGB IX / *Düwell* Rdnr. 15; vgl. auch unten Rdnr. 13).

10f Auch kann der **Arbeitgeber nach Zustellung** der Entscheidung in deren Rahmen eine **neue Kündigung** aussprechen. Denn bei gleichbleibendem Kündigungssachverhalt können ggf. innerhalb des Zeitfensters auch wiederholt Kündigungen ausgesprochen werden (z. B. wegen formeller Bedenken), ohne dass es einer erneuten Zustimmung bedarf. Ein „Verbrauch" des Kündigungsrechts tritt dann nicht ein (BAG Urteil vom 8. November 2007 – 2 AZR 425/06 = NZA 2008, 471 = NJW 2008, 1757 = BehindertenR 2008, 112).

Nutzt der Arbeitgeber auf diese Weise die Erlaubnis zur Kündigung, muss diese dem Arbeitnehmer aber noch in der Monatsfrist des Abs. 3 zugehen (LPK-SGB IX / *Düwell* Rdnr. 15).

10g Die **Zustellung an den schwerbehinderten Menschen** ist zwar ebenfalls vorgeschrieben, jedoch **nicht Wirksamkeitsvoraussetzung des Verwaltungsakts** (BAG Urteil vom 17. Februar 1982 – 7 AZR 846/79 = BAGE 38, 42 = BehindertenR 1983, 13; *Müller-Wenner* / *Schorn* Rdnr. 13; Hauck / Noftz / *Griebeling* Rdnr. 9; a. A. Neumann u. a. / *Neumann* Rdnr. 7 m. w. N.; Kossens u. a. / *Kossens* Rdnr. 4). Denn ein Verwaltungsakt mit Drittwirkung wird grundsätzlich mit dem Zeitpunkt der **Zustellung an den begünstigten Adressaten** und nicht erst mit dem Zeitpunkt der Bekanntgabe bzw. Zustellung an den weiteren Betroffenen wirksam, selbst wenn der Verwaltungsakt Letzterem zu einem späteren Zeitpunkt zugestellt wird (🔲 BVerwG Urteil vom 22. November 1963 – IV C 211/61 = BVerwGE 17, 148 = NJW 1964, 1041 und 🔲 Urteil vom 19. September 1969 – IV C 18.67 = NJW 1970, 263 = DVBl 1970, 62). Das Fehlen bzw. die Fehlerhaftigkeit der Zustellung einer zustimmenden Entscheidung des Integrationsamtes an den schwerbehinderten Menschen hindert den Arbeitgeber somit nicht am Ausspruch der Kündigung (🔲 BAG Urteil vom 17. Februar 1982 a. a. O.; 🔲 BayVGH Beschluss vom 27. Juni 1980 – 12 CS 80 A.853 = FEVS 29, 321).

Die **Zustellung** an den schwerbehinderten **Arbeitnehmer** hat allerdings eine **verwaltungsrechtliche und eine arbeitsrechtliche Bedeutung.** Mit der Zustellung an ihn wird die Monatsfrist zur Erhebung von Widerspruch und Anfechtungsklage in Gang gesetzt (vgl. dazu näher unten Rdnr. 19). Wird der Bescheid erst nach Zugang der Kündigung zugestellt, beginnt die Frist zur Erhebung der **Kündigungsschutzklage** ausnahmsweise gem. § 4 Satz 4 KSchG erst ab dem Zustellungszeitpunkt beim Arbeitnehmer (🔲 BAG Urteil vom 17. Februar 1982 – 7 AZR 846/79 = BAGE 38, 42 = BehindertenR 1983,13; *Müller-Wenner* / Schorn Rdnr. 13). **10h**

2. Abschrift an die Agentur für Arbeit

Das Integrationsamt hat auch der Agentur für Arbeit eine Abschrift der Entscheidung zu übersenden. Diese soll sich hierdurch auf erforderliche Maßnahmen zugunsten des Betroffenen (Gewährung von Arbeitslosengeld, Vermittlung eines anderen Arbeitsplatzes) einstellen können (zweifelnd zum Sinn der Regelung nach Wegfall der Pflicht zur Einholung einer Stellungnahme der Arbeitsagentur zur Vermittlungsfähigkeit des Betroffenen aber LPK-SGB IX / *Düwell* Rdnr. 16). Unterbleibt die Übermittlung einer Abschrift, berührt dies die Wirksamkeit des Bescheids des Integrationsamts gegenüber Arbeitgeber und schwerbehinderten Menschen nicht (*Müller-Wenner* / Schorn Rdnr. 14; LPK-SGB IX / *Düwell* a. a. O.). **11**

C) zu Abs. 3
1. Frist zur Kündigung nach Zustimmung

Mit der Zustellung der zustimmenden Entscheidung des Integrationsamts nach Abs. 2 beginnt die **Monatsfrist**, innerhalb derer der Arbeitgeber eine **ordentliche Kündigung** erklären kann (vgl. zur außerordentlichen Kündigung § 91 Abs. 5 SGB IX). Die Kündigungserklärungsfrist des Abs. 3 soll sicherstellen, dass der vom Integrationsamt festgestellte und seiner Entscheidung zugrunde gelegte Sachverhalt auch wirklich die Grundlage der Kündigung des Arbeitgebers bildet und dieser Bezug zur konkreten Kündigungslage nicht durch Zeitablauf verloren geht (🔲 BAG Urteil vom 8. November 2007 – 2 AZR 425/06 = NZA 2008, 471 = NJW 2008, 1757 = BehindertenR 2008, 112 m. w. Nachw.). Ohne die zeitliche Begrenzung könnte der Arbeitgeber geradezu auf „Vorrat" die Zustimmung zur Kündigung eines schwerbehinderten Menschen erwirken, um in der Zukunft diesen Arbeitnehmer jederzeit ohne Berücksichtigung des Zustimmungserfordernisses kündigen zu können (🔲 BAG Urteil vom 8. November 2007 a. a. O.). Versäumt der Arbeitgeber die Frist, verliert die Zustimmung ihre privatrechtsgestaltende Wirkung und die Kündigungssperre des § 85 SGB IX lebt wieder auf (ErfK / *Rolfs* Rdnr. 3). **12**

Die Frist beginnt mit der **Zustellung der Zustimmung an den Arbeitgeber.** Denn dieser will die Kündigung aussprechen und kann den Zeitpunkt der Zustellung an den schwerbehinderten Menschen nicht kennen. Deshalb ist es unerheblich, ob der Bescheid des Integrationsamts dem schwerbehinderten Menschen vorher, gleichzeitig oder später zugestellt wird (vgl. Neumann u. a. / *Neumann* Rdnr. 10). Die Monatsfrist beginnt auch dann erst mit der Zustellung, wenn der Arbeitgeber bereits anderweitig Kenntnis von der Zustimmung des Integrationsamts erhalten hat (🔲 BAG Urteil vom 17. Februar 1982 – 7 AZR 846/79 = BAGE 38, 42 = NJW 1982, 2630 = BehindertenR 1983, 13).

Trotz des missverständlichen Wortlauts der Vorschrift ist diese nach einhelliger Auffassung so zu lesen, dass die Kündigung **innerhalb der Frist** eines Monats dem Arbeitnehmer *zuge-* **13** hen muss (⚖ BAG Urteil vom 3. Juli 1980 – 2 AZR 340/78 = BAGE 34, 20 = BehindertenR 1981, 15 = AP Nr. 2 zu § 18 SchwbG; ⚖ LAG Köln Urteil vom 27. Februar 1997 – 5 Sa 1377/96 = NZA-RR 1997, 337; LPK-SGB IX / *Düwell* Rdnr. 31; *Müller-Wenner* / Schorn Rdnr. 25; Hauck / Noftz / *Griebeling* Rdnr. 13; Neumann u. a. / *Neumann* Rdnr. 14; Kossens u. a. / *Kossens* Rdnr. 7). Es genügt nicht, dass sie lediglich den Machtbereich des Arbeitgebers verlassen hat.

14 Die Monatsfrist ist **nach §§ 187 Abs. 1, 188 Abs. 2, 3 BGB zu berechnen**. Der Tag der Zustellung des Zustimmungsbescheids an den Arbeitgeber wird also nicht mitgerechnet. Die Frist endet mit dem Tag, der dem Tag der Zustellung entspricht. Geht die Zustimmung am 9. März zu, läuft die Frist, bis zu der die Kündigung zulässig ist, am 9. April ab. Fehlt in dem Monat des Fristablaufs der dem Tag der Zustellung entsprechende Tag, endet die Frist schon mit Ablauf des letzten Tages des Monats.

Ist der **letzte Tag der Frist ein Sonnabend, Sonn- oder Feiertag,** so läuft die Frist nicht erst am folgenden Werktag ab. Denn die Bestimmung des § 193 BGB ist auf Kündigungserklärungen weder unmittelbar noch entsprechend anwendbar (vgl. ⚖ BGH vom 17. Februar 2005 – III ZR 172/04 = BGHZ 162, 175 = NJW 2005, 1354; ⚖ BAG Urteil vom 5. März 1970 – 2 AZR 112/69 = BAGE 22, 304 = NJW 1970, 1470 = AP Nr. 1 zu § 193 BGB; ⚖ LAG Köln Urteil vom 26. Oktober 2001 – 11 Sa 832/01 = NZA-RR 2002, 355; Neumann [Hrsg.] HB-SGB IX / *Braasch* § 19 Rdnr. 93; Hauck / Noftz / *Griebeling* Rdnr. 7; a. A. Kossens u. va. / *Kossens* Rdnr. 13; LPK-SGB IX/ *Düwell* Rdnr. 8, jeweils zu § 86 SGB IX).

15 Die Monatsfrist ist eine materiellrechtliche **Ausschlussfrist** (⚖ BAG Urteil vom 16. Oktober 1991 – 2 AZR 332/91 = BAGE 68, 333 = NZA 1992, 503 [504]).Versäumt sie der Arbeitgeber, ist eine Wiedereinsetzung in den vorigen Stand nicht möglich (LPK-SGB IX / *Düwell* Rdnr. 30; *Müller-Wenner* / Schorn Rdnr. 22; Neumann u. a. / *Neumann* Rdnr. 12). Durch die Eröffnung des Insolvenzverfahrens wird die Erklärungsfrist nicht ausgesetzt, weil § 240 ZPO nicht entsprechend anwendbar ist (⚖ LAG Düsseldorf Urteil vom 3. März 1982 – 5 Sa 1532/81 = ZIP 1982, 737; LPK-SGB IX / *Düwell* a. a. O.). Auch die Beteiligung der betrieblichen Interessenvertretung führt nicht zu einer Hemmung der Erklärungsfrist (Hauck / Noftz / *Griebeling* Rdnr. 13; *Müller-Wenner* / Schorn Rdnr. 24).

16 Eine **verspätet ausgesprochene Kündigung** ist somit **unwirksam**, weil die bereits erteilte Zustimmung des Integrationsamtes hierfür nicht mehr gilt. Will der Arbeitgeber weiterhin die Kündigung erklären, müsste er erneut einen Antrag auf Erteilung der Zustimmung beim zuständigen Integrationsamt stellen (HK-SGB IX / *Trenk-Hinterberger* Rdnr. 43).

Die Kündigung des Arbeitgebers gegenüber dem schwerbehinderten Menschen kann folglich allein im Hinblick auf den Zeitablauf aus zwei Gründen unwirksam sein: Wenn sie dem Arbeitnehmer *vor Zustellung des Zustimmungsbescheids* an den Arbeitgeber zugeht (vgl. hierzu oben Rdnr. 10b) oder wenn der Zugangstermin der Kündigung erst *nach Ablauf* eines Monats nach dem Datum der Zustellung des Zustimmungsbescheids liegt. Im ersten Fall kann der Arbeitgeber die Kündigung wiederholen, sofern sie inhaltlich noch vom Zustimmungsbescheid gedeckt ist. Im letztgenannten Fall kann der Arbeitgeber einen neuen Antrag auf Erteilung der Zustimmung stellen.

17 Die Befristung der Kündigungsmöglichkeit gilt auch, wenn die **Zustimmung** zur Kündigung nicht vom Integrationsamt, sondern – auf Widerspruch des Arbeitgebers gegen eine ablehnende Entscheidung – **vom Widerspruchsausschuss** beim Integrationsamt gem. § 119 SGB IX erteilt wird. Auch dann ist die Kündigung binnen eines Monats nach Zustellung des Bescheids bzw. der gerichtlichen Entscheidung an den Arbeitgeber auszusprechen (⚖ BAG Urteil vom 16. Oktober 1991– 2 AZR 332/91 = BAGE 68, 333 = AP Nr. 1 zu § 18 SchwbG 1986; Neumann u. a. / *Neumann* Rdnr. 11).

18 Erklärt das Integrationsamt, dass der Sonderkündigungsschutz nicht bestehe und deshalb seine Zustimmung zur Kündigung nicht erforderlich sei („**Negativattest**"), gilt die Frist des Abs. 3 nicht (*Müller-Wenner* / Schorn Rdnr. 27; Hauck / Noftz / *Griebeling* Rdnr. 12).

D) zu Abs. 4

1. Rechtsbehelfe des Arbeitnehmers

Hat das Integrationsamt die Zustimmung oder ein Negativattest erteilt, kann der hierdurch beschwerte Arbeitnehmer den Bescheid mit dem **Widerspruch** gem. § 118 Abs. 1 Satz 1 SGB IX anfechten. Der Widerspruch ist nach § 70 VwGO innerhalb eines Monats nach Zustellung der Entscheidung an den Arbeitnehmer einzulegen. Ist mit dem Bescheid keine ordnungsgemäße schriftliche Rechtsbehelfsbelehrung erteilt worden, so gilt die Jahresfrist zur Anfechtung nach § 70 Abs. 2, § 58 Abs. 2 VwGO. Hilft der nach § 119 SGB IX zur Entscheidung zuständige Widerspruchsausschuss beim Integrationsamt nicht ab, kann der schwerbehinderte Arbeitnehmer beim Verwaltungsgericht **Anfechtungsklage** gegen den Widerspruchsbescheid erheben.

19

2. Rechtsbehelfe des Arbeitgebers

Lehnt das Integrationsamt die vom Arbeitgeber beantragte Zustimmung zur Kündigung ab, kann dieser hiergegen Widerspruch einlegen. Bestätigt der Widerspruchsausschuss beim Integrationsamt die Ablehnung, kann der Arbeitgeber **Verpflichtungsklage beim Verwaltungsgericht** erheben. Hat seine Klage Erfolg, kann das Verwaltungsgericht aber nicht unmittelbar die Zustimmung erteilen, sondern nur das Integrationsamt zu einer entsprechenden Entscheidung verpflichten, also entweder zur Zustimmung oder zu einer Entscheidung unter Beachtung der Rechtsauffassung des Gerichts (§ 113 Abs. 5 VwGO). Die Kündigungssperre infolge fehlender Zustimmung des Integrationsamtes wird somit nicht bereits mit der gerichtlichen Entscheidung, sondern erst mit der Zustellung des daraufhin durch das Integrationsamt erteilten Zustimmungsbescheids aufgehoben.

20

Hat zunächst das Integrationsamt die Zustimmung erteilt und gibt der Widerspruchsausschuss dem Rechtsbehelf des Arbeitnehmers hiergegen statt, kann der Arbeitgeber den ihn beschwerenden **Widerspruchsbescheid durch Anfechtungsklage** nach § 79 Abs. 1 Nr. 2 VwGO angreifen. Unterlässt er dies, würde seine bereits ausgesprochene Kündigung wegen der aufgehobenen behördlichen Zustimmung unwirksam (LPK-SGB IX / *Düwell* Rdnr. 27).

21

3. Keine aufschiebende Wirkung

Widerspruch und Anfechtungsklage des schwerbehinderten Arbeitnehmers gegen die Zustimmung des Integrationsamtes zur Kündigung haben nach **Abs. 4** keine aufschiebende Wirkung. Jede **Zustimmung** zur ordentlichen und außerordentlichen Kündigung wird damit **sofort wirksam**. Hat das Integrationsamt die beantragte Zustimmung erteilt und ist sie durch Zustellung an den Arbeitgeber wirksam geworden, so kann dieser kündigen, auch wenn der Arbeitnehmer Widerspruch oder – nach Bestätigung des Verwaltungsakts durch den Widerspruchsausschuss – Anfechtungsklage vor dem Verwaltungsgericht erhoben hat. Entsprechendes gilt, wenn die Zustimmung nicht von dem Integrationsamt, sondern im Rechtsbehelfsverfahren erstmals vom Widerspruchsausschuss erteilt worden ist und der schwerbehinderte Mensch Anfechtungsklage erhebt. Auch ein rechtswidriger Zustimmungsbescheid bindet daher so lange, bis er aufgrund des Widerspruchs oder der Anfechtungsklage des schwerbehinderten Menschen aufgehoben wird (LPK-SGB IX / *Düwell* Rdnr. 27).

22

Erweist sich allerdings im **Rechtsmittelverfahren** nachträglich die Zustimmung als rechtswidrig und damit die **Kündigung als rückwirkend unwirksam** (vgl. ⌘ Sächs. OVG Beschluss vom 25. August 2003 – 5 BS 107/03 = BehindertenR 2004, 81 f.; HK-SGB IX / *Trenk-Hinterberger* Rdnr. 63), muss der Arbeitgeber für die Zwischenzeit das Entgelt nachzahlen und den schwerbehinderten Menschen weiterbeschäftigen.

23

Zwar steht der Ausschluss der aufschiebenden Wirkung durch Abs. 4 einer **gerichtlichen Anordnung** nicht entgegen, durch die nach § 80 Abs. 5. i. V. m. § 80a Abs. 3 VwGO die aufschiebende Wirkung wiederhergestellt wird. Jedoch besteht hierfür in der Regel kein Rechtsschutzbedürfnis, weil eine solche Entscheidung die Rechtsposition des Arbeitnehmers

24

in einem arbeitsgerichtlichen Kündigungsschutzverfahren nicht verbessern würde. Die durch eine verwaltungsgerichtliche Entscheidung angeordnete aufschiebende Wirkung ließe den Bestand der Zustimmung unberührt, da die aufschiebende Wirkung nur die Vollziehbarkeit, nicht aber die Wirksamkeit eines Verwaltungsakts betrifft (OVG NRW Beschluss vom 29. Dezember 2003 – 12 B 957/03; VG Göttingen Beschluss vom 18. Dezember 2008 – 2 B 236/08; VG Hannover Beschluss vom 7. Mai 2008 – 3 B 1777/08 jeweils zitiert nach JURIS, Neumann u. a. / *Neumann* Rdnr. 16 m. w. Nachw;. a. A. Sächs. OVG Beschluss vom 25. August 2003 – 5 BS 107/03 = BehindertenR 2004, 81 f.; OVG Bremen Beschluss vom 7. August 2001 – 2 B 257/01 = NordÖR 2002, 35 ff.; OVG Hamburg Beschluss vom 11. Februar 1997 – Bs IV 312/96 = BehindertenR 1997, 139 ff.; HK-SGB IX / *Trenk-Hinterberger* Rdnr. 64).

E) zu Abs. 5

1. Sonderregelungen für Kündigungen nach Betriebseinstellung und Insolvenzeröffnung

25 In bestimmten Fällen ist die Ermessensentscheidung des Integrationsamtes bei der Zustimmung zur Kündigung eingeschränkt, nämlich bei der Kündigung aus Anlass einer Einstellung von Betrieben oder Auflösung von Dienststellen unter den Voraussetzungen des § 89 Abs. 1 Satz 1 SGB IX. Dasselbe gilt bei Eröffnung des Insolvenzverfahrens über das Vermögen des Arbeitgebers im Fall des § 89 Abs. 3 SGB IX.

Die **Entscheidung muss** dann **innerhalb eines Monats** vom Tage des Antragseingangs an getroffen werden (**Abs. 5 Satz 1**). Damit soll im Interesse der Rechtssicherheit eine Beschleunigung des Verfahrens erreicht werden. Denn die Arbeitgeber haben hier in besonderem Maße ein berechtigtes Interesse an einer möglichst kurzfristigen Klärung der Frage, ob die von ihnen ausgesprochene Kündigung öffentlich-rechtlich wirksam ist (vgl. oben Rdnr. 5c).

25a Zur **Wahrung der Frist** genügt es, wenn der Bescheid innerhalb eines Monats nach Eingang des Antrags beim Integrationsamt dessen Machtbereich verlassen hat (vgl. BAG Urteil vom 9. Februar 1994 – 2 AZR 720/93 = BAGE 75, 358 = AP Nr. 3 zu § 21 SchwbG 1986 zur vergleichbaren Regelung über die außerordentliche Kündigung, bei der das Integrationsamt nach – nunmehr – § 91 Abs. 3 SGB IX seine Entscheidung innerhalb von zwei Wochen nach Eingang des Antrags zu treffen hat). Die Entscheidung **muss dem Arbeitgeber** innerhalb der Frist **nicht schriftlich mitgeteilt oder zugestellt** werden; ausreichend ist vielmehr jede Art der Bekanntgabe, auch (fern)mündlich, per E-Mail oder durch Fax. Die Entscheidung muss allerdings bereits in schriftlicher Form beim Integrationsamt vorliegen (vgl. LAG Düsseldorf Urteil vom 29. Januar 2004 – 5 Sa 1588/03 = NZA-RR 2004. 406 [408]; *Griebeling* NZA 2005, 494 [500]). Die schriftliche Entscheidung bzw. Begründung kann dann nachgereicht werden (Kossens u. a. / *Kossens* Rdnr. 22; *Schmidt* Schwb-ArbR Rdnr. 560).

26 Wird die Entscheidung nicht innerhalb dieser Frist getroffen, gilt die Zustimmung als erteilt (**Abs. 5 Satz 2**). Damit wird – wie im Fall der außerordentlichen Kündigung nach § 91 Abs. 3 Satz 2 SGB IX – die Zustimmung des Integrationsamtes fingiert. Die dann vom Gesetz unterstellte positive Entscheidung zur beabsichtigten Kündigung ist ebenso zu behandeln wie eine ausdrückliche Zustimmungserklärung des Integrationsamts. Vor allem kann der schwerbehinderte Arbeitnehmer sie mit Widerspruch und Anfechtungsklage angreifen (*Cramer* NZA 2004, 694 [704]).

Um dem betroffenen Arbeitnehmer zu verdeutlichen, dass – wenn auch durch Fiktion – der Kündigung zugestimmt wurde, muss das Integrationsamt auch diese fiktive Zustimmung nach Abs. 5 dem betroffenen Arbeitnehmer mit schriftlichem Bescheid bekannt gegeben, der mit einer Rechtsbehelfsbelehrung zu versehen ist (so für § 91 Abs. 3 Satz 2 SGB IX: BVerwG Urteil vom 10. September 1992 = BVerWGE 91,7 = NZA 1993, 76 = BehindertenR 1993, 17; vgl. auch *Griebeling* NZA 2005, 494 [501]).

Die in **Abs. 5 Satz 3** verfügte entsprechende Geltung der Absätze 3 und 4 bedeutet: Die **Kündigung** kann **nur innerhalb eines Monats erklärt** werden. Wie bei der außerordentlichen Kündigung beginnt auch im Fall der Fiktionswirkung die Frist zur Erklärung der Kündigung für den Arbeitgeber **mit Eintritt der Fiktion oder Mitteilung über die Entscheidung** (*Schmidt* Schwb-ArbR Rdnr. 562). Ist die Monatsfrist abgelaufen und damit die Fiktion eingetreten, ist dieser Zeitpunkt für den Beginn der Frist zur Kündigungserklärung maßgebend (*Griebeling* NZA 2005, 494 [501]). Hierfür spricht der Beschleunigungszweck der Regelung und der Umstand, dass nach Abs. 5 Satz 2 die Zustimmung mit dem Eintritt der Fiktion nicht nur als getroffen, sondern als erteilt gilt. Die Vorschrift ist daher so zu verstehen, dass **auch die Zustellung fingiert** wird und die Kündigung sofort nach dem Ablauf der Entscheidungsfrist erklärt werden kann (*Griebeling* a. a. O.).

26a

Allerdings **erschwert** das **dem Arbeitgeber** ähnlich wie bei § 91 Abs. 5 SGB IX die **Bestimmung von Beginn und Ende der Frist** zur Erklärung der Kündigung. Daher sollte er nicht die Zustellung des die Fiktion feststellenden Bescheides abwarten, sondern sich nach Antragstellung beim Integrationsamt nach dem Zeitpunkt des Eingangs seines Antrags erkundigen und die Frist selbstständig berechnen. Hat das Integrationsamt bis zum Ablauf dieser Frist keine Entscheidung bekanntgegeben, ist es empfehlenswert, kurz nach Ablauf der selbst berechneten Frist beim Integrationsamt nachzufragen, ob die Erklärungsfrist aufgrund der Fiktion zu laufen begonnen hat (*Griebeling* a. a. O.).

26b

Widerspruch und Anfechtungsklage haben auch in den Fällen der Zustimmungsfiktion keine aufschiebende Wirkung (vgl. oben Rdnr. 5c).

26c

Für den schwerbehinderten Arbeitnehmer beginnt die **arbeitsgerichtliche Klagefrist** gegen eine nach fiktiver Entscheidung des Integrationsamts ausgesprochene Arbeitgeberkündigung immer erst mit Bekanntgabe der fiktiven Entscheidung durch das Integrationsamt ihm gegenüber (§ 4 Satz 4 KSchG). Wird ihm vom Integrationsamt die fiktive Zustimmung nach Abs. 5 nicht bekannt gegeben, so kann er nach § 4 Satz 4 KSchG ohne Begrenzung durch die Wochenfrist – bis zur Grenze der Verwirkung – Kündigungsschutzklage zum Arbeitsgericht erheben (vgl. BAG Urteil vom 3. Juli 2003 – 2 AZR 487/02 = BAGE 107, 50 = NJW 2004, 244 = NZA 2003,1335 [1336]; *Schmidt* Schwb-ArbR Rdnr. 563).

Die bei der Anfügung des Abs. 5 zunächst erwogene Erstreckung der Regelung auch auf **Änderungskündigungen** nach § 89 Abs. 2 SGB IX ist nicht Gesetz geworden. Der vom Bundesrat erhobene Einwand, dass die hierfür erforderliche umfangreiche Aufklärung des Sachverhalts, insbesondere des Zusammenhangs zwischen der Schwerbehinderung und der beabsichtigten Kündigung, vom Integrationsamt häufig nicht innerhalb eines Monats zu leisten sei, wurde von Bundesregierung und federführendem Ausschuss akzeptiert (vgl. oben Rdnr. 5d).

27

§ 89
Einschränkungen der Ermessensentscheidung

(1) ¹Das Integrationsamt erteilt die Zustimmung bei Kündigungen in Betrieben und Dienststellen, die nicht nur vorübergehend eingestellt oder aufgelöst werden, wenn zwischen dem Tag der Kündigung und dem Tag, bis zu dem Gehalt oder Lohn gezahlt wird, mindestens drei Monate liegen. ²Unter der gleichen Voraussetzung soll es die Zustimmung auch bei Kündigungen in Betrieben und Dienststellen erteilen, die nicht nur vorübergehend wesentlich eingeschränkt werden, wenn die Gesamtzahl der weiterhin beschäftigten schwerbehinderten Menschen zur Erfüllung der Beschäftigungspflicht nach § 71 ausreicht. ³Die Sätze 1 und 2 gelten nicht, wenn eine Weiterbeschäftigung auf einem anderen Arbeitsplatz desselben Betriebes oder derselben Dienststelle oder auf einem freien Arbeitsplatz in einem anderen Betrieb oder einer anderen Dienststelle desselben Arbeitgebers mit Einverständnis des schwerbehinderten Menschen möglich und für den Arbeitgeber zumutbar ist.

(2) Das Integrationsamt soll die Zustimmung erteilen, wenn dem schwerbehinderten Menschen ein anderer angemessener und zumutbarer Arbeitsplatz gesichert ist.

(3) Ist das Insolvenzverfahren über das Vermögen des Arbeitgebers eröffnet, soll das Integrationsamt die Zustimmung erteilen, wenn
1. der schwerbehinderte Mensch in einem Interessenausgleich namentlich als einer der zu entlassenden Arbeitnehmer bezeichnet ist (§ 125 der Insolvenzordnung),
2. die Schwerbehindertenvertretung beim Zustandekommen des Interessenausgleichs gemäß § 95 Abs. 2 beteiligt worden ist,
3. der Anteil der nach dem Interessenausgleich zu entlassenden schwerbehinderten Menschen an der Zahl der beschäftigten schwerbehinderten Menschen nicht größer ist als der Anteil der zu entlassenden übrigen Arbeitnehmer an der Zahl der beschäftigten übrigen Arbeitnehmer und
4. die Gesamtzahl der schwerbehinderten Menschen, die nach dem Interessenausgleich bei dem Arbeitgeber verbleiben sollen, zur Erfüllung der Beschäftigungspflicht nach § 71 ausreicht.

ERLÄUTERUNGEN

ÜBERSICHT

I. Bedeutung der Vorschrift (Rdnrn. 1–5)
II. Fassung (Rdnr. 6)
III. Anmerkungen (Rdnrn. 7–62)
   A) zu Abs. 1
      1. Zustimmung bei Stilllegung von Betrieben oder Dienststellen (Rdnrn. 7–16)
      2. Gehalts- oder Lohnzahlungen für mindestens drei Monate (Rdnrn. 17–25)
      3. Teilstilllegung (Rdnrn. 26–36)
      4. Anderer Arbeitsplatz beim Arbeitgeber (Rdnrn. 37–45)
   B) zu Abs. 2
      1. Sicherung eines anderen Arbeitsplatzes (Rdnrn. 46–52)
   C) zu Abs. 3
      1. Zustimmung bei Insolvenzverfahren des Arbeitgebers (Rdnrn. 53–62)

I. Bedeutung der Vorschrift

1 Sie enthält eine Ausnahmeregelung zu dem Grundsatz, dass das Integrationsamt bei der Zustimmung zur Kündigung gegenüber einem schwerbehinderten Menschen nach pflichtgemäßem Ermessen entscheidet, allerdings unter Beachtung des Schutzzwecks des 2. Teils des SGB IX und nach Prüfung der Kündigungsgründe. Die Vorschrift regelt drei Fälle, bei denen das Ermessen des Integrationsamtes gebunden ist und es die Zustimmung zu erteilen hat bzw. erteilen soll.

2 Bei **Stilllegungen** von Betrieben oder Dienststellen **muss** das Integrationsamt der beabsichtigten Kündigung zustimmen, falls nicht eine Weiterbeschäftigung auf einem anderen Arbeitsplatz möglich ist (**Abs. 1 Satz 1 und 3**). Allerdings muss gesichert sein, dass nach dem Tag der Kündigung mindestens drei Monate Lohn oder Gehalt gezahlt wird. Der besondere Kündigungsschutz beschränkt sich in diesen Fällen auf eine besondere Lohnsicherung.

3 Bei **Teilstilllegungen soll** das Integrationsamt die Zustimmung ebenfalls unter den vorgenannten Voraussetzungen erteilen, wenn die in § 71 SGB IX vorgeschriebene Beschäftigungspflicht auch in Zukunft erfüllt bleibt (**Abs. 1 Satz 2 und 3**).

Ferner **soll** das Integrationsamt die Zustimmung erteilen, wenn dem schwerbehinderten Menschen hierdurch kein Schaden entsteht, weil ein **anderer angemessener und zumutbarer Arbeitsplatz gesichert** ist (**Abs. 2**). 4

Schließlich gelten Einschränkungen des Ermessens im **Insolvenzverfahren**: Das Integrationsamt **soll** der Kündigung zustimmen, wenn der schwerbehinderte Mensch auf einer namentlichen Entlassungsliste in einem Interessenausgleich gem. § 125 InsO bezeichnet ist und drei weitere Voraussetzungen hinzukommen (**Abs. 3**). 5

Liegen die Voraussetzungen der Vorschrift für eine Ermessensbindung nicht vor, kann nicht etwa der Gegenschluss gezogen werden, dass die Zustimmung des Integrationsamts stets zu verweigern wäre. In diesem Fall verbleibt es grundsätzlich bei einer **nicht beschränkten Ermessensentscheidung** (VG München Urteil vom 14. Januar 2009 – M 18 K 08.414, zit. nach JURIS Rdnr. 25).

Stellt allerdings das Integrationsamt fest, dass ein **anderer Arbeitsplatz** zur Verfügung steht, der schwerbehinderte Mensch bereit ist, auf diesem Arbeitsplatz zu arbeiten und die Umsetzung auf diesen Arbeitsplatz dem Arbeitgeber zumutbar ist, entfällt nicht nur die Voraussetzung für eine Einschränkung des Ermessens. Vielmehr darf im Gegenteil auch bei der Ausübung des pflichtgemäßen Ermessens nach § 85 SGB IX regelmäßig keine Zustimmung mehr erteilt werden (VG Sigmaringen Urteil vom 14. Februar 2007 – 2 K 1206/06; LPK-SGB IX / *Düwell* Rdnr. 57; Neumann u. a. / *Neumann* Rdnr. 25).

II. Fassung

Die Vorschrift wurde unverändert aus dem Regierungsentwurf (BT-Drucks. 14/5531 i. V. m. 14/5074) übernommen. Sie ist inhaltsgleich mit § 19 SchwBG. 6

III. Anmerkungen

A) zu Abs. 1

1. Zustimmung bei Stilllegung von Betrieben oder Dienststellen

Im Regelfall ist es in das pflichtgemäße Ermessen des Integrationsamts gestellt, ob es dem Antrag des Arbeitgebers nachkommt oder die Zustimmung verweigert (vgl. BVerwG Urteil vom 28. November 1958 – V C 32.56 = BVerwGE 8, 46; Urteil vom 28. Februar 1968 – V C 33.66 = BVerwGE 29, 140; Urteil vom 19. Oktober 1995 – 5 C 24/93 = BVerwGE 99, 336 = NZA-RR 1996, 288). Das SGB IX Teil 2 verfolgt den **Zweck**, den **schwerbehinderten Menschen vor den besonderen Gefahren**, denen er wegen seiner Beeinträchtigung auf dem Arbeitsmarkt ausgesetzt ist, **zu bewahren** und sicherzustellen, dass er **gegenüber dem gesunden Arbeitnehmer nicht ins Hintertreffen** gerät (vgl. BVerwG, Urteil vom 12. Januar 1966 – 5 C 62.64 = BVerwGE 23, 123 [127]). Das ist auch Leitlinie bei der Ermessensentscheidung, ob der Kündigung des Arbeitsverhältnisses eines Schwerbehinderten zuzustimmen ist oder nicht. Diese Entscheidung erfordert deshalb eine **Abwägung des Interesses des Arbeitgebers** an der Erhaltung seiner Gestaltungsmöglichkeiten **gegen das Interesse des schwerbehinderten Arbeitnehmers** an der Erhaltung seines Arbeitsplatzes. Sie bestimmt die Grenzen dessen, was dem Arbeitgeber zur Verwirklichung der dem schwerbehinderten Menschen gebührenden weitgehenden Fürsorge zugemutet werden darf (vgl. BVerwG Urteil vom 2. Juli 1994 – 5 C 51/90 = BVerwGE 90, 287 = DVBl 1992, 1490 m. w. Nachw.). 7

Durch **Abs. 1 Satz 1** wird demgegenüber der **Ermessensspielraum wesentlich eingeschränkt**. Wird ein Betrieb oder eine Dienststelle eingestellt oder aufgelöst und dem schwerbehinderten Menschen noch für eine Zeit von drei Monaten nach dem Tag der Kündigung Arbeitsentgelt gezahlt, so muss das Integrationsamt die Zustimmung erteilen. Seine Feststellungen sind darauf beschränkt, ob die gesetzlich geforderten Voraussetzungen vorliegen und keine Ausnahmen nach Satz 3 gegeben sind (Neumann u. a. / *Neumann* Rdnr. 2). Die nicht nur vorübergehende Einstellung des Betriebs deckt sich mit der **Betriebsstilllegung** im Sin- 7a ne von § 15 Abs. 3 KSchG und § 111 Nr. 1 BetrVG (*Müller-Wenner* / Schorn Rdnr. 33; LPK-SGB IX / *Düwell* Rdnr. 35; Kossens u. a. / *Kossens* Rdnr. 5; A / P / S / *Vossen* Rdnr. 6 m. w. N.). Auch ohne gesetzliche Definition haben Rechtsprechung und Literatur hierzu eindeutige Kriterien entwickelt: Ein Betrieb wird danach stillgelegt, wenn der Arbeitgeber die **Betriebs- und Produktionsgemeinschaft mit der Belegschaft auflöst**. Dies geschieht in der Regel durch Produktionseinstellung und Beendigung der Arbeitsverhältnisse. Hierfür notwendig ist die Einstellung der bisherigen wirtschaftlichen Betätigung in der ernstlichen und endgültigen Absicht, den bisherigen Betriebszweck dauernd oder zumindest für eine wirtschaftlich erhebliche Zeit nicht mehr weiter zu verfolgen (vgl. BAG Urteil vom 27. Februar 1997 – 2 AZR 160/96 = BAGE 85, 194 = AP Nr. 1 zu § 1 KSchG 1969 Wiedereinstellung = NJW 1997, 2257; BAG Urteil vom 13. Februar 2003 – 8 AZR 654/01 = BAGE 104, 358 = AP Nr. 24 zu § 611 BGB Organvertreter = NZA 2003, 552).

8   Hierbei kommt es entscheidend auf den **Stilllegungswillen** des Arbeitgebers an. Ein Indiz hierfür kann etwa der formelle Stilllegungsbeschluss des zuständigen Gesellschaftsorgans einer juristischen Person sein, wenngleich ein solcher Beschluss nicht zwingende Voraussetzung der Betriebsstilllegung ist (BAG Urteil vom 5. April 2001 – 2 AZR 696/99 = AP Nr. 117 zu § 1 KSchG 1969 Betriebsbedingte Kündigung = NJW 2001, 3356; Urteil vom 8. April 2003 – 2 AZR 15/02 = BAGReport 2003, 329 = AP Nr. 40 zu § 113 BetrVG 1972). Der Stilllegungswille tritt noch nicht durch den Antrag auf Insolvenzeröffnung oder die Eröffnung des Insolvenzverfahrens selbst zutage. Hinzukommen muss die **Entscheidung des Insolvenzverwalters**, den Betrieb stillzulegen (BAG Urteil vom 11. November 1997 – 1 ABR 6/97 = NZA 1998, 723 = AP Nr. 42 zu § 111 BetrVG 1972 = BB 1998, 1315).

9   Zu berücksichtigen ist hierbei auch die **Dauer einer etwaigen Unterbrechung der betrieblichen Tätigkeit**. Bei alsbaldiger Wiedereröffnung des Betriebs oder Wiederaufnahme der Produktion durch einen Erwerber spricht eine tatsächliche Vermutung gegen die ernsthafte Absicht, den Betrieb stillzulegen (vgl. BAG Urteil vom 27. April 1995 – 8 AZR 197/94 = BAGE 80, 74 = AP Nr. 12 zu § 613a BGB = NJW 1995, 3404; Urteil vom 22. Mai 1997 – 8 AZR 101/96 = BAGE 86, 20 = AP Nr. 154 zu § 613a BGB = NJW 1997, 3188). Umgekehrt steht die über den geplanten Endzeitraum hinausgehende kurzzeitige Weiterbeschäftigung einiger weniger Mitarbeiter mit Abwicklungs- und Aufräumarbeiten der Annahme einer Betriebsstilllegung nicht entgegen (BAG Urteil vom 14. Oktober 1982 – 2 AZR 568/80 = BAGE 41, 72 = AP Nr. 1 zu § 1 KSchG 1969 Konzern = NJW 1984, 381).

10 Ein **Wechsel des Betriebszwecks** oder eine **Betriebsverlegung** stellen nicht ohne Weiteres eine Betriebsstilllegung dar, wenn ein wesentlicher oder erheblicher Teil der alten Belegschaft weiterbeschäftigt wird (HK-SGB IX / *Trenk-Hinterberger* Rdnr. 8).

11 Wechselt lediglich der Betriebsinhaber durch **rechtsgeschäftlichen Betriebsübergang**, liegt noch **keine Betriebsstilllegung** vor (BAG Urteil vom 16. Mai 2002 – 8 AZR 319/01 = NZA 2003, 93 = AP Nr. 237 zu § 613a BGB), denn die betriebliche Organisation bleibt erhalten. Der Erwerber tritt nach § 613a Abs. 1 Satz 1 BGB in die Arbeitsverhältnisse mit dem bisherigen Betriebsinhaber ein. Unter Austausch des Arbeitgebers kann der Betriebszweck fortgeführt werden (BAG Urteil vom 25. September 1997 – 8 AZR 493/96 = BAGE 86, 336 = AP Nr. 39 zu § 15 KSchG 1969 = NZA 1998, 640). Die Voraussetzungen des § 89 Abs. 1 Satz 1 SGB IX sind deshalb nicht erfüllt, wenn der Betrieb eines in der Insolvenz befindlichen Unternehmens von einer **Auffanggesellschaft** übernommen und **weitergeführt** wird (vgl. VGH Baden-Württemberg Urteil vom 14. Mai 1980 – 6 S 580/80 = BB 1981, 615). Jedoch kann der Betriebserwerber seinerseits den Betrieb durch eigenständigen Entschluss stilllegen.

12 Ebenfalls nicht unter Abs. 1 Satz 1 fällt die **Stilllegung einer Betriebsabteilung** (vgl. OVG Rheinland-Pfalz Urteil vom 29. Mai 1998 – 12 A 12950/97 = BehindertenR 1999, 202 [Ls.] = FEVS 49, 326; Neumann u. a. / *Neumann* Rdnr. 12). Diese kann aber gegebenenfalls den Tatbestand des Abs. 1 Satz 2 erfüllen.

Ermessenseinschränkung § 89

Das Integrationsamt hat für die Beurteilung der Voraussetzungen einer Stilllegung den **Zeit-** **13** **punkt der Kündigungserklärung** zugrunde zu legen, weil sein Zustimmungsbescheid eine alsbald nachfolgende Kündigung ermöglichen soll (vgl. OVG NRW Urteil vom 23. Januar 1992 – 13 A 297/91 = NZA 1992, 844 = BehindertenR 1992, 113; OVG Brandenburg Urteil vom 20. März 1996 – 4 A 171/95 zit. nach JURIS; HK-SGB IX / *Trenk-Hinterberger* Rdnr. 11). Die verwaltungsgerichtliche Kontrolle hat sich ebenfalls auf den Erkenntnisstand zu jenem Zeitpunkt zu beschränken (OVG NRW Urteil vom 23. Januar 1992 a. a. O.) Hierfür ist **nicht erforderlich, dass die Stilllegung zu diesem Zeitpunkt bereits abgeschlossen** ist. Es genügt vielmehr die entsprechende ernsthafte und endgültige Absicht des Arbeitgebers. Um Missbrauch auszuschließen, muss jedoch objektiv geprüft werden, ob zum Zeitpunkt der Kündigung bereits „greifbare Formen" der Stilllegung sichtbar waren, z. B. durch Bekanntgabe der Entscheidung gegenüber Geschäftspartnern oder begonnene Verhandlungen über einen Interessenausgleich gem. § 112 BetrVG (HK-SGB IX / *Trenk-Hinterberger* Rdnr. 10 m. w. Nachw.). Weiterhin muss eine vernünftige, betriebswirtschaftliche Betrachtung die Prognose rechtfertigen, dass bis zum Ende der einzuhaltenden Kündigungsfrist die geplante Maßnahme durchgeführt sein wird und der Arbeitnehmer somit entbehrt werden kann. Dem steht es nicht entgegen, wenn der Betrieb nach Ausspruch der Kündigung trotz der bisherigen Stilllegungsabsicht tatsächlich noch veräußert wird (OVG Brandenburg Urteil vom 20. März 1996 a. a. O. unter Hinweis auf BAG Urteil vom 19. Juni 1991 – 2 AZR 127/91 = NZA 1991, 891 = AP Nr. 53 zu § 1 KSchG 1969 Betriebsbedingte Kündigung; vgl. auch BAG Urteil vom 27. Februar 1997 – 2 AZR/96 = BAGE 85, 194 = NJW 1997, 2257).

Bei einem vom Arbeitgeber **wissentlich falsch** angegebenen Sachverhalt, der das Integrati- **13a** onsamt zu einer Zustimmung wegen Betriebsstilllegung veranlasst hat, obwohl von Anfang an ein Betriebsübergang geplant war, kommt allerdings eine **Rücknahme des Zustimmungsbescheids** nach § 44 Abs. 1 SGB IX in Betracht (LPK-SGB IX / *Düwell* Rdnr. 38; GK-SGB IX / *Großmann* Rdnr. 72; hierzu allgemein unten Rdnr. 24).

Ist **strittig**, ob ein Betrieb **voraussichtlich stillgelegt** werden wird oder ob ein **Betriebs-** **14** **gang** abzusehen ist bzw. eingetreten ist, darf das Integrationsamt die Zustimmung zur Kündigung nicht mit der Begründung verweigern, der Betrieb sei auf einen anderen Inhaber übergegangen. Denn eine verbindliche Entscheidung darüber, ob ein Betrieb stillgelegt worden oder auf einen anderen Erwerber nach § 613a Abs. 1 Satz 1 BGB übergegangen ist, können **nur die Arbeitsgerichte** treffen (vgl. OVG NRW Urteil vom 21. März 2000 – 22 A 5137/99 = NZA-RR 2000, 406 = BehindertenR 2000, 205; VG Ansbach Urteil vom 25. März 2010 – AN 14 K 09.02214, zit.nach JURIS; A / P / S / *Vossen* Rdnr. 6a). Ist diese Frage offen, muss das Integrationsamt **unterstellen, dass der jeweilige Antragsteller auch Arbeitgeber** ist (HK-SGB IX / *Trenk-Hinterberger* Rdnr. 12).

Eine Versagung der Zustimmung durch das Integrationsamt mit der Begründung, statt einer **15** behaupteten Stilllegung liege ein Betriebsübergang vor, liefe auf eine **Rechtsverweigerung für den Arbeitgeber** hinaus. Dieser hätte keine Möglichkeit, das Arbeitsverhältnis zu kündigen und die zwischen den Arbeitsvertragsparteien strittige Frage des Vorliegens bzw. Nichtvorliegens eines Betriebsübergangs in einem nachfolgenden Kündigungsschutzprozess zu klären, da die Unwirksamkeit einer Kündigung ohne die erforderliche Zustimmung wegen § 85 SGB IX schon feststeht. Deshalb würde der Arbeitgeber den arbeitsgerichtlichen Prozess allein aufgrund der fehlenden Zustimmung selbst dann verlieren, wenn das Arbeitsgericht entgegen der Auffassung der Verwaltungsbehörde einen Betriebsübergang verneinen sollte (VG Ansbach Urteil vom 25. März 2010 a. a. O.).

Im öffentlichen Dienst entspricht die Betriebseinstellung der **Auflösung einer Dienststelle** **16** (Neumann u. a. / *Neumann* Rdnr. 14; Kossens u. a. / *Kossens* Rdnr. 7). Eine solche liegt vor, wenn die vorgesetzte Behörde aufgrund ihrer Organisationsgewalt eine Behörde, selbstständige Verwaltungsstelle oder einen öffentlichen Betrieb auflöst (vgl. § 78 Abs. 1 Nr. 2 BPersVG; A / P / S / *Vossen* Rdnr. 6b m. w. Nachw.). In diesen Fällen darf das Integrationsamt nicht die Zweckmäßigkeit der Umstrukturierung überprüfen (🔲 Thüringer OVG Urteil vom 26. November 2003 – 3 KO 858/01 = ThürVBl 2004, 187; LPK-SGB IX / *Düwell* Rdnr. 41)

2. Gehalts- oder Lohnzahlung für mindestens drei Monate

17 Wird dem betroffenen schwerbehinderten Menschen noch für eine Zeit von mindestens drei Monaten nach dem Tag der Kündigung – gemeint ist der Zugang der Kündigungserklärung nach der Zustimmung, vgl. unten Rdnr. 21 – Gehalt bzw. Lohn fortgezahlt, muss das Integrationsamt grundsätzlich die Zustimmung erteilen. Die Vorschrift bezweckt, dem schwerbehinderten Menschen **einen Anspruch auf die Weiterzahlung von Lohn** bzw. Gehalt zur Sicherung seiner wirtschaftlichen Existenz **für drei Monate** zu sichern. Sie begründet für ihn aber keinen eigenständigen Entgeltfortzahlungsanspruch, weil der Sonderkündigungsschutz schwerbehinderte Menschen insoweit nicht besser stellen soll als nicht behinderte Beschäftigte (vgl. auch 🔲 BAG Urteil vom 23. Januar 2001 – 9 AZR 287/99 = BAGE 97, 23 = AP Nr. 1 zu § 81 SGB IX = BehindertenR 2001, 170).

18 Der Zweck der Regelung gebietet, dass allein **bei tatsächlicher Fortzahlung des Entgelts** die Zustimmung des Integrationsamts zu erteilen ist, d. h. der Arbeitgeber in diesen Fällen einen Anspruch auf die Zustimmung hat (ebenso HK-SGB IX / *Trenk-Hinterberger* Rdnr. 15; LPK-SGB IX / *Düwell* Rdnr. 55). Die bloße **vertragliche Verpflichtung** des Arbeitgebers **genügt somit nicht**, insbesondere wenn der Arbeitnehmer seinen Zahlungsanspruch noch im Klagewege durchsetzen muss (a. A. 🔲 OVG NRW Urteil vom 12. Dezember 1989 – 13 A 181/89 = BehindertenR 1991,66 [68]; offen gelassen von 🔲 BAG Urteil vom 12. Juli 1990 – 2 AZR 35/90 = NZA 1991, 348 = BehindertenR 1991, 68 unter Darstellung des Meinungsstandes und von 🔲 OVG Brandenburg Beschluss vom 17. Oktober 2003 – 4 B 59/03, zit. nach JURIS). Jedoch reicht es aus, wenn des Integrationsamt seine **Zustimmung mit einer Bedingung oder Auflage** dahingehend verbindet, dass der Arbeitgeber seiner Zahlungspflicht nachkommt (ErfK / *Rolfs* Rdnr. 6; HK-SGB IX / *Trenk-Hinterberger* Rdnr. 15; LPK-SGB IX / *Düwell* Rdnr. 55; vgl. dazu näher unten Rdnr. 22).

Die Höhe des Entgelts richtet sich regelmäßig nach den arbeits- bzw. tarifvertraglichen Vereinbarungen. Eine Abfindungszahlung reicht nicht aus (HK-SGB IX / *Trenk-Hinterberger* a. a. O.).

19 Erhält der schwer behinderte Arbeitnehmer eine **Entgeltersatzleistung**, die seine wirtschaftliche Existenz in vergleichbarer Weise sichert, entfällt eine Zahlungspflicht des Arbeitgebers. Das trifft namentlich zu auf das **Krankengeld** (🔲 LAG Düsseldorf Urteil vom 6. September 1989 – 11 Sa 782/89 = ZIP 1990, 529; HK-SGB IX / *Trenk-Hinterberger* Rdnr. 19; Neumann u. a. / *Neumann* Rdnr. 17) und das Urlaubsentgelt (Neumann u. a. / *Neumann* a. a. O.), nicht aber auf das Insolvenz- oder Arbeitslosengeld nach dem SGB III (*Müller-Wenner* / Schorn Rdnr. 49), Abfindungen wegen Verlusts des Arbeitsplatzes nach §§ 9, 10 KSchG, Sozialplanleistungen bzw. Nachteilsausgleichszahlungen gemäß §§ 112, 113 BetrVG oder Urlaubsabgeltung nach § 7 Abs. 4 BUrlG.

20 Die dreimonatige Entgeltzahlung **verlängert nicht die** für das Arbeitsverhältnis **maßgebende Kündigungsfrist**. Ist diese **kürzer als drei Monate**, tritt die Einschränkung des Entscheidungsermessens für das Integrationsamt nur dann ein, wenn der Arbeitgeber nachweist, dass er auch über den Zeitraum der Kündigungsfrist hinaus **für insgesamt drei Monate verpflichtet ist, das Entgelt weiterzuzahlen**. Zu diesem Zweck kann der Arbeitgeber gegenüber dem Arbeitnehmer – mit Nachweis gegenüber dem Integrationsamt – erklären, eine Kündigungsfrist von drei Monaten einzuhalten und für diesen Zeitraum Entgelt zu zahlen. Die Arbeitsvertragsparteien können aber auch einvernehmlich eine entsprechende Verlängerung der Kündigungsfrist vereinbaren, um die in Abs. 1 Satz 1 vorausgesetzte dreimonatige Entgeltfortzahlung zu gewährleisten (vgl. HK-SGB IX / *Trenk-Hinterberger* Rdnr. 16). Wird mit Dreimonatsfrist gekündigt, dauert das Arbeitsverhältnis fort und der schwerbehinderte

Arbeitnehmer hat auch die geschuldeten Dienste zu leisten (Neumann u. a. / *Neumann* Rdnr. 15).

Die **Dreimonatsfrist beginnt** mit dem Tag, an dem das Kündigungsschreiben dem Arbeitnehmer zugeht (BAG Urteil vom 12. Juli 1990 – 2 AZR 35/90 = BehindertenR 1991, 68 = NZA 1991, 348). Sie **endet** gemäß § 188 Abs. 2 BGB mit Ablauf desjenigen Tages des dritten Monats, welcher durch seine Zahl dem Monatstag entspricht, an dem das Kündigungsschreiben zugegangen ist (für Sonnabend, Sonntag und gesetzliche Feiertage vgl. § 193 BGB). 21

Beispiel:

Geht eine Kündigung am 16. September zu, endet die maßgebende Dreimonatsfrist am 16. Dezember.

Dem Integrationsamt ist es nach § 32 Abs. 1 SGB X versagt, die Dreimonatsfrist von sich aus zu verlängern (Neumann u. a. / *Neumann* Rdnr. 15; ErfK / *Rolfs* Rdnr. 6; A / P / S / *Vossen* Rdnr. 7).

Zur Sicherung der Zahlungspflicht des Arbeitgebers kann das Integrationsamt die Zustimmung zur Kündigung unter der **aufschiebenden Bedingung der Zahlung** zu einem bestimmten Stichtag erteilen (vgl. § 32 Abs. 2 Nr. 2 SGB X). Hält sich der Arbeitgeber nicht daran, ist die Kündigung nach § 85 SGB IX in Verbindung mit § 134 BGB nichtig, weil es an einer rechtswirksamen Zustimmung fehlt und das Arbeitsverhältnis ist demgemäß nicht beendet (BAG Urteil vom 12. Juli 1990 – 2 AZR 35/90 = BehindertenR 1991, 68 = BB 1991, 1731; A / P / S / *Vossen* Rdnr. 8 m. w. Nachw.). Es empfiehlt sich jedoch, den Bedingungseintritt der Zahlung an einen bestimmten Stichtag zu binden, damit der tatsächliche Eintritt der Bedingung festgestellt werden kann. Andernfalls ist die endgültige Wirkung der Zustimmung unklar (LPK-SGB IX / *Düwell* Rdnr. 55). 22

War die Zustimmung dagegen mit der **Auflage** verbunden, für drei Monate Lohn zu zahlen, bleibt die Kündigung durch den Arbeitgeber auch dann wirksam, wenn dieser die Zahlung nicht erbringt. In diesen Fall müsste das Integrationsamt die Zustimmung zur Kündigung als begünstigenden Verwaltungsakt nach § 47 Abs. 1 Nr. 2 SGB X mit Wirkung für die Zukunft widerrufen, sofern es überhaupt rechtzeitig davon erfährt (BAG Urteil vom 12. Juli 1990 a. a. O.). Gegebenenfalls ist im Wege der **Auslegung** zu ermitteln, ob das Integrationsamt die dreimonatige Entgeltfortzahlung als Voraussetzung für die Erteilung der Zustimmung durch eine Auflage oder eine Bedingung sicherstellen wollte (BAG Urteil vom 12. Juli 1990 a. a. O.). 23

Hingegen kommt die **Rücknahme der erteilten Zustimmung** nach den §§ 44 ff. SGB X nur dann in Betracht, wenn der Zustimmungsbescheid rechtswidrig ist und der Arbeitgeber durch falsche Angaben hierzu beigetragen hat. Neue Entwicklungen nach der Entscheidung des Integrationsamts, z. B. eine unvorhergesehene Übernahme des Betriebs, lassen die Wirksamkeit des Zustimmungsbescheids unberührt. Der schwerbehinderte Arbeitnehmer kann lediglich mit dem Widerspruch nach § 118 Abs. 1 Satz 1 SGB IX eine erneute Sach- und Rechtsprüfung erwirken, sofern der Zustimmungsbescheid noch nicht bestandskräftig ist. 24

Ist ein **Arbeitgeber nicht bereit**, Lohn oder Gehalt **für drei Monate fortzuzahlen**, hat er keinen Anspruch auf Erteilung der Zustimmung gemäß § 89 Abs. 1 Satz 1. Das Integrationsamt darf die ermessensbindenden Tatbestandsvoraussetzungen nicht etwa eigenständig durch Erlass einer Nebenbestimmung ohne Veranlassung durch eine entsprechende Zusage des Arbeitgebers herbeiführen (vgl. VG Bayreuth Beschluss vom 11. Juni 2007 – B 3 K 05.142; VG Dresden Urteil vom 1. April 2009 – 1 K 449/08, jeweils zit. nach JURIS). 25

In diesem Fall kann das Integrationsamt die Zustimmung uneingeschränkt nach freiem, pflichtgemäßem Ermessen gemäß § 32 Abs. 2 SGB X erteilen oder ablehnen (Kossens u. a. / *Kossens* Rdnr. 15; KR / *Etzel* §§ 85–90 SGB IX Rdnr. 87). Allerdings kann im Fall der vollständigen insolvenzbedingten Betriebsstilllegung im Sinne von Abs. 3 wiederum alles dafür sprechen, dass jede andere Entscheidung als die unbedingte Erteilung der beantragten Zustimmung zur Kündigung des schwerbehinderten Arbeitnehmers ermessensfehlerhaft wäre (vgl. OVG Brandenburg Beschluss vom 17. Oktober 2003 – 4 B 59/03; VG Dresden Urteil vom 1. April 2009 a. a. O.).

3. Teilstilllegung

26 Eine **Lockerung der Einschränkung des Ermessens** für das Integrationsamt bei der Zustimmung zur Kündigung besteht dann, wenn Betriebe oder Dienststellen „nicht nur vorübergehend wesentlich eingeschränkt werden" (**Abs. 1 Satz 2**). In diesen Fällen **soll** das Integrationsamt die Zustimmung erteilen, wenn der Arbeitgeber den **Lohn oder das Gehalt für drei Monate nach der Kündigung fortzahlt** und der Betrieb oder die Dienststelle noch so viele schwerbehinderte Arbeitnehmer weiterbeschäftigt, dass dies der **Beschäftigungspflicht des § 71 SGB IX** genügt. Im Unterschied zur Betriebsstilllegung nach Abs. 1 Satz 1 ist also die Zustimmung von einer weiteren Voraussetzung abhängig, nämlich Erfüllung der Beschäftigtenzahl nach § 71 SGB IX. Auch handelt es sich nur um eine Sollvorschrift. Das Integrationsamt kann also auch bei Vorliegen der gesetzlichen Voraussetzungen die Zustimmung im Einzelfall verweigern, wenn dies ein besonderer Grund rechtfertigt (A / P / S / *Vossen* Rdnr. 9).

27 Auch insoweit definiert das Gesetz den Begriff der „**Betriebseinschränkung**" nicht. Jedoch kann auf die Rechtsprechung zum vergleichbaren Begriff „Einschränkung des ganzen Betriebes oder von wesentlichen Betriebsteilen" nach **§ 111 Satz 3 Nr. 1 BetrVG** zurückgegriffen werden (vgl. OVG Rheinland-Pfalz Urteil vom 29. Mai 1998 – 12 A 12950/97 = BehindertenR 1999, 202 [Ls.] = FEVS 49, 326; OVG NRW Urteil vom 12. Dezember 1989 – 13 A 181/89 = BehindertenR 1991, 66 [67]; *Müller-Wenner* / *Schorn* Rdnr. 42; *Hauck* / *Noftz* / *Griebeling* Rdnr. 17). Eine Betriebseinschränkung liegt demnach vor, wenn der **Betriebszweck zwar weiterverfolgt** wird, dies jedoch unter einer **nicht nur vorübergehenden Herabsetzung der Betriebsleistung** geschieht. Sie kann sowohl mit einer Verringerung der sächlichen Betriebsmittel als auch mit einer Einschränkung der Zahl der beschäftigten Arbeitnehmer und damit der personellen Leistungsfähigkeit des Betriebs verbunden sein (BAG Urteil vom 28. April 1993 – 10 AZR 38/92 = NZA 1993, 1142 = AP Nr. 32 zu § 111 BetrVG 1972).

28 **Typische Fälle der Betriebseinschränkung** sind die Außerbetriebnahme von Anlagen und Maschinen und die Herabsetzung der Zahl der in der Regel beschäftigten Arbeitnehmer (ErfK / *Hanau* / *Kania* § 111 BetrVG Rdnr. 9). Eine Betriebseinschränkung wesentlicher Art liegt zumeist vor, wenn ganze Betriebsabteilungen stillgelegt werden (Neumann u. a. / *Neumann* Rdnr. 20). Auch die Übertragung von Teilen der Fertigung auf Fremdfirmen kann eine Betriebseinschränkung bedeuten. Die Aufgabe eines bestimmten Produktionszweiges ist regelmäßig eine wesentliche Betriebseinschränkung, namentlich wenn sie mit einer Änderung der Unternehmensorganisation verbunden ist (OVG NRW Urteil vom 12. Dezember 1989 a. a. O.). Eine nur vorübergehende geringere Auslastung der Betriebsanlagen ohne nennenswerte Verminderung des Personals genügt jedoch nicht (GK-BetrVG / *Fabricius* / *Oetker* § 111 Rdnrn. 89 ff.).

29 Auch der **Personalabbau** stellt einen wichtigen Anwendungsfall der Betriebseinschränkung dar (so das BAG in st. Rspr., vgl. z. B. Urteil vom 19. Januar 1999 – 1 AZR 342/98 = NZA 1999, 949 = AP Nr. 37 zu § 113 BetrVG 1972). Voraussetzung für die Annahme einer wesentlichen Einschränkung ist, dass der Personalabbau eine relevante Zahl von Arbeitnehmern erfasst. Maßgebend sind insoweit die **Zahlen entsprechend § 17 KSchG**, wobei aber in größeren Betrieben mindestens 5% der Belegschaft betroffen sein müssen (BAG Beschluss vom 22. Mai 1979 – 1 ABR 17/77 = BAGE 32, 14 = AP Nr. 4 zu § 111 BetrVG 1972; Urteil vom 2. August 1983 – 1 AZR 516/81 = BAGE 43, 222 = AP Nr. 12 zu § 111 BetrVG 1972). Dabei ist unerheblich, ob es sich um Teilzeit- oder Vollzeitbeschäftigte handelt.

Die Vorschrift des § 17 Abs. 1 KSchG schreibt eine **Anzeigepflicht** des Arbeitgebers gegenüber der Agentur für Arbeit vor, bevor er eine bestimmte Anzahl von Arbeitnehmern innerhalb von 30 Tagen entlässt. Diese Anzeigepflicht unterscheidet **drei Kategorien von Betrieben nach der Zahl der in der Regel beschäftigten Arbeitnehmer**, nämlich 30
- **mehr als 20 und weniger als 60:** Anzeigepflicht bei Entlassung von **mehr als fünf** Arbeitnehmern,
- **mindestens 60 und weniger als 500:** Anzeigepflicht bei Entlassung von mindestens 10% der im Betrieb regelmäßig beschäftigten Arbeitnehmer oder aber **mehr als 25** Arbeitnehmern,
- **mindestens 500:** Anzeigepflicht bei Entlassung von **mindestens 30 Arbeitnehmern.**

Ob der für die jeweilige Betriebsgröße maßgebliche Schwellenwert für die Zustimmung nach Abs. 1 Satz 2 erreicht wird, ist nach dem **unternehmerischen Plan zu bestimmen**, der Grundlage für den Personalabbau ist (vgl. OVG NRW Urteil vom 12. Dezember 1989 – 13 A 181/89 = BehindertenR 1991, 66; HK-SGB IX / *Trenk-Hinterberger* Rdnr. 27). Allerdings spielt der für die Anzeigepflicht wesentliche 30-Tage-Zeitraum wegen der unterschiedlichen Zweckbestimmung in diesem Zusammenhang keine Rolle: Der Personalabbau muss nicht innerhalb von 30 Tagen vollzogen werden; er kann sich auch über einen längeren Zeitraum erstrecken (OVG NRW Urteil vom 12. Dezember 1989 a. a. O.). 31

Die Betriebseinschränkung darf, wie die Betriebsstilllegung in Abs. 1 Satz 1, **nicht nur vorübergehend** sein, sondern muss sich auf eine verhältnismäßig lange, nicht überschaubare Zeit erstrecken (A / P / S / *Vossen* Rdnr. 11). Diese Voraussetzung erfüllen Saisonbetriebe nicht (Neumann u. a. / *Neumann* Rdnr. 20; LPK-SGB IX / *Düwell* Rdnr. 47; GK-SGB IX / *Großmann* Rdnr. 83). 32

Werden Betriebe oder Dienststellen nicht nur vorübergehend wesentlich eingeschränkt, besteht zwar keine unbedingte Pflicht des Integrationsamts zur Zustimmung zur Kündigung, wenn die Lohn- oder Gehaltsfortzahlung für mindestens drei Monate gesichert ist. Vielmehr **soll** in diesem Fall die Zustimmung zur Kündigung erklärt werden. Allerdings muss eine weitere Voraussetzung hinzutreten: Der Arbeitgeber muss die in **§ 71 SGB IX vorgeschriebene Beschäftigungspflicht auch künftig zahlenmäßig erfüllen**. Das bedeutet, dass die Gesamtzahl der verbleibenden schwerbehinderten Menschen zur Erfüllung der Verpflichtung nach § 71 SGB IX ausreichen muss. Es ist demnach die Zahl der nach der Betriebseinschränkung verbleibenden schwerbehinderten Arbeitnehmer nach der in § 71 SGB IX beschriebenen Formel zu berechnen. 33

Unerheblich ist dann, ob der Arbeitgeber in der Vergangenheit die Quote unterschritten oder übererfüllt hatte. Vielmehr ist allein der **Zustand nach der Betriebseinschränkung für die Zustimmung maßgebend** (LPK-SGB IX / *Düwell* Rdnr. 47). Reicht die Gesamtzahl der verbleibenden schwerbehinderten Menschen im Betrieb zur Erfüllung der Beschäftigungsquote nicht mehr aus oder entfällt die Beschäftigungspflicht nach § 71 Abs. 1 Satz 1 SGB IX, weil der Arbeitgeber nicht mehr über mindestens 20 Arbeitsplätze verfügt, ist Abs. 1 Satz 1 nicht anwendbar. Das Integrationsamt entscheidet dann über den Antrag pflichtgemäß ohne Ermessenseinschränkung. 34

Die Beschäftigungspflicht des § 71 SGB IX ist allerdings nicht auf einen Betrieb, sondern auf **Betriebe im Direktionsbereich des Arbeitgebers** bezogen. Dieser kann deshalb einen Abbau von Schwerbehinderten-Arbeitsplätzen ausgleichen durch vermehrte Einstellungen in anderen Betrieben, die seinem Direktionsrecht unterliegen. Die Zustimmung des Integrationsamts zu der beantragten Kündigung kann mit einer entsprechenden **Auflage** verbunden werden; kommt der Arbeitgeber ihr nicht nach, kann das Integrationsamt die Zustimmung nach § 47 Abs. 1 Nr. 2 SGB X widerrufen. Wurde hingegen der Zustimmungsbescheid unter der aufschiebenden Bedingung nach § 32 Abs. 2 Nr. 2 SGB X erteilt, dass der Arbeitgeber die Beschäftigungspflicht nach § 71 Abs. 1 SGB IX bis zu einem bestimmten Stichtag erfüllt haben müsse, wird bei Nichterfüllung dieser Bedingung die Zustimmung unwirksam. 35

In allen vorgenannten Fällen greift dann wieder die Kündigungssperre des § 85 SGB IX (LPK-SGB IX / *Düwell* Rdnr. 48).

36 Da Abs. 1 Satz 2 lediglich eine **Soll-Vorschrift** ist, kann auch bei Vorliegen ihrer Voraussetzungen eine Ablehnung der Zustimmung nach pflichtgemäßem Ermessen des Integrationsamts ausnahmsweise dann in Betracht kommen, wenn **besondere sachliche Gründe** dies rechtfertigen. Eine solche Besonderheit kann z. B. darin begründet sein, dass der Arbeitgeber bei der Auswahl der zur Entlassung anstehenden Arbeitnehmer behindertenrechtliche Gesichtspunkte überhaupt nicht beachtet hat und dadurch ein schwerbehinderter Arbeitnehmer benachteiligt wird (HK-SGB IX / *Trenk-Hinterberger* Rdnr. 24).

4. Anderer Arbeitsplatz beim Arbeitgeber

37 Die Einschränkungen des Ermessens des Integrationsamts bei den Entscheidungen nach Satz 1 bzw. Satz 2 gelten nicht, wenn der schwerbehinderte Arbeitnehmer auf einem anderen Arbeitsplatz in demselben oder einem anderen Betrieb desselben Arbeitgebers weiter beschäftigt werden kann. Hierbei ist allerdings zu bedenken, dass bei einer vollständigen Stilllegung des einzigen Betriebs des Arbeitgebers die Möglichkeit einer Weiterbeschäftigung von vornherein ausscheidet, was der Gesetzeswortlaut nicht hinreichend berücksichtigt (LPK-SGB IX / *Düwell* Rdnr. 56).

Entsprechend ist die Weiterbeschäftigung in derselben Dienststelle desselben Arbeitgebers zu beurteilen. Allerdings muss das **Einverständnis** des schwerbehinderten Menschen vorliegen und überdies die Weiterbeschäftigung dem Arbeitgeber nicht nur möglich, sondern auch **zumutbar** sein (**Abs. 1 Satz 3**).

38 Die Regelung ist **§ 1 Abs. 2 Nr. 1b und Nr. 2b KSchG nachgebildet** (Hauck / Noftz / *Griebeling* Rdnr. 15). Nach dieser Vorschrift ist eine Kündigung sozial ungerechtfertigt, wenn bei entsprechendem Widerspruch des Betriebsrats der Arbeitnehmer an einem anderen Arbeitsplatz in demselben Betrieb oder in einem anderen Betrieb des Unternehmens weiterbeschäftigt werden kann bzw. der Arbeitnehmer in derselben Dienststelle oder einer anderen Stelle desselben Verwaltungszweiges an demselben Dienstort weiterbeschäftigt werden kann. Allerdings bestehen folgende **Unterschiede**: In § 89 Abs. 1 Satz 3 SGB IX ist die Umsetzungsmöglichkeit nicht auf das Unternehmen, sondern auf den Arbeitgeber bezogen. Außerdem findet sich in der Vorschrift keine Beschränkung auf denselben Verwaltungszweig und denselben Dienstort. Schließlich muss das Einverständnis des schwerbehinderten Menschen mit der Umsetzung vorliegen und diese dem Arbeitgeber zumutbar sein. Unter Berücksichtigung dieser Differenzierung können Rechtsprechung und Literatur zu den genannten Vorschriften des KSchG herangezogen werden (A / P / S / *Vossen* Rdnr. 12; Neumann u. a. / *Neumann* Rdnr. 24 jeweils m. w. N.).

39 Ein **Arbeitsplatz** ist **frei** im Sinne dieser Bestimmung, wenn er zum Zeitpunkt der Kündigung unbesetzt ist oder zumindest absehbar ist, dass er bis zum Ablauf der Kündigungsfrist zur Verfügung steht. Arbeitsplätze, die erst nach Ablauf der Kündigungsfrist frei werden, sind im Rahmen der Zumutbarkeit einzubeziehen. Dabei ist zumutbar ein Zeitraum, der den zeitlichen Einarbeitungsbedarf eines neu einzustellenden Arbeitnehmers nicht übersteigt (vgl. BAG Urteil vom 15. Dezember 1994 – 2 AZR 327/94 = NZA 1995, 521 = AP Nr. 67 zu § 1 KSchG 1969 Betriebsbedingte Kündigung). Eine Orientierungshilfe bietet die Dreimonatsfrist des Abs. 1 Satz 1 für die Entgeltzahlung: Dem Arbeitgeber ist mindestens zuzumuten, die **Weiterbeschäftigung auf Arbeitsplätzen zu prüfen**, die **innerhalb von drei Monaten frei werden** (vgl. Hauck / Noftz / *Griebeling* Rdnr. 16; HK-SGB IX / *Trenk-Hinterberger* Rdnr. 38). In die Prüfung sind auch diejenigen Arbeitsplätze einzubeziehen, die gegebenenfalls durch geeignete Maßnahmen behinderungsgerecht eingerichtet bzw. gestaltet sowie behindertengerecht mit den erforderlichen technischen Arbeitshilfen ausgestaltet werden müssen (vgl. § 81 Abs. 3 sowie Abs. 4 Nr. 4 und Nr. 5 SGB IX).

Jedoch besteht **keine Verpflichtung des Arbeitgebers**, an Stelle des schwerbehinderten Menschen einen anderen Arbeitnehmer zu entlassen, um dadurch dessen Arbeitsplatz **freizukündigen** (BVerwG Beschluss vom 11. September 1990 – 5 B 63/90 = Buchholz 436.61 § 15 SchwbG 1986 Nr. 4; OVG Hamburg Urteil vom 27. November 1987 – Bf I 36/85 = BB 1989, 220 m. zust. Anm. *Meinert*; Thüringer OVG Urteil vom 26. November 2003 – 3 KO 858/01 = ThürVBl. 2004, 187; HK-SGB IX / *Trenk-Hinterberger* Rdnr. 37; LPK-SGB IX / *Düwell* Rdnr. 60). Die Vorschrift schließt mit der Forderung eines freien Arbeitsplatzes in einem anderen Betrieb oder einer anderen Dienststelle desselben Arbeitgebers eine soziale Auswahl zwischen der Kündigung des Schwerbehinderten und derjenigen eines Mitarbeiters des anderen Betriebes bzw. der anderen Dienststelle aus (BVerwG Beschluss vom 2. Juni 1999 – 5 B 130/99, zit. nach JURIS). **40**

Das **Integrationsamt** muss bei einer vom Arbeitgeber geltend gemachten wesentlichen Betriebs- oder Dienststelleneinschränkung **ermitteln**, ob ein **anderer Arbeitsplatz in demselben Betrieb** vorhanden ist, auf dem der Arbeitnehmer weiter beschäftigt werden kann. Hierzu können Stellungnahmen des Betriebsrats und der Schwerbehindertenvertretung eingeholt sowie der schwerbehinderte Mensch angehört werden. Gegebenenfalls ist auch die weitere Beschäftigung in einem anderen Betrieb oder einer anderen Dienststelle desselben Arbeitgebers zu prüfen. **41**

Für die **Zumutbarkeit** der Weiterbeschäftigung des schwerbehinderten Menschen für den **Arbeitgeber** ist zu unterscheiden: Diese ist stets gegeben, wenn ein freier Arbeitsplatz **gleicher Qualifikation** vorhanden ist, den der Arbeitnehmer nach seiner Ausbildung mit seinen Fähigkeiten ausfüllen kann (VG Sigmaringen Urteil vom 14. Februar 2007 – 2 K 1206/06, zit. nach JURIS). Soweit der Arbeitsplatz noch behinderungsgerecht eingerichtet oder ausgestaltet werden muss, beschränken die Grenzen der Verpflichtung des Arbeitgebers nach § 81 Abs. 4 Satz 3 SGB IX auch die Zumutbarkeit im hier interessierenden Sinn. Im Übrigen kann dem Arbeitgeber auch die **Zuweisung eines höherwertigen freien Arbeitsplatzes** zugemutet werden; dem schwerbehinderten Menschen ist dann gegebenenfalls mehr an Einarbeitungszeit einzuräumen als bei einem nicht behinderten Arbeitnehmer üblich wäre; dies folgt aus § 81 Abs. 4 Nr. 1 bis 3 SGB IX, wonach der Arbeitgeber das berufliche Fortkommen der schwerbehinderten Menschen zu fördern hat (VG Sigmaringen Urteil vom 14. Februar 2007 a. a. O.; HK-SGB IX / *Trenk-Hinterberger* Rdnr. 40; LPK-SGB IX / *Düwell* Rdnr. 59). Maßgebend sind aber stets die Fähigkeiten und Kenntnisse des schwerbehinderten Menschen und die Möglichkeit ihrer Weiterentwicklung. **42**

Zu einer solchen Umsetzung ist regelmäßig auch die **Zustimmung des Betriebs- oder Personalrats** einzuholen. Da aber auch diese verpflichtet sind, für die Unterbringung schwerbehinderter Menschen zu sorgen, dürfte hieran eine solche Umsetzung im Allgemeinen nicht scheitern (so zutreffend Neumann u. a. / *Neumann* Rdnr. 25). **43**

Unbedingte gesetzliche Voraussetzung ist aber das **Einverständnis des schwerbehinderten Menschen** mit der Weiterbeschäftigung auf dem anderen Arbeitsplatz: dieses hat das Integrationsamt gegebenenfalls einzuholen, bevor es die Zustimmung wegen zumutbarer Weiterbeschäftigungsmöglichkeit versagt. Wird das Einverständnis nicht erklärt, muss die Zustimmung zur Kündigung nach Abs. 1 Satz 2 erteilt werden. **44**

Hält hingegen das Integrationsamt die Umsetzung für den Arbeitgeber für zumutbar und liegt das Einverständnis des Arbeitnehmers hierzu vor, ist die Einschränkung des Ermessens nach Abs. 1 Satz 1 und 2 aufgehoben. Dann hat das Integrationsamt, wie auch sonst, nach seinem **freien, pflichtgemäßen Ermessen zu entscheiden** (Kossens u. a. / *Kossens* Rdnr. 16; Neumann u. a. / *Neumann* Rdnr. 26). **45**

B) zu Abs. 2

1. Sicherung eines anderen Arbeitsplatzes

46 Das Integrationsamt soll der Kündigung zustimmen, wenn dem schwerbehinderten Menschen ein anderer angemessener und zumutbarer Arbeitsplatz gesichert ist (**Abs. 2**). Auch hierin liegt eine **Auflockerung des strengen Kündigungsschutzes**, wenn der schwerbehinderte Mensch hierdurch keinen Schaden erleidet und betriebliche oder wirtschaftliche Notwendigkeiten eine Beendigung des Arbeitsverhältnisses erfordern (Neumann u. a. / *Neumann* Rdnr. 27).

47 Der Arbeitsplatz kann bei dem bisherigen Arbeitgeber, aber **auch bei einem anderen Arbeitgeber** bestehen. Es kann sich auch um denselben Arbeitsplatz mit geänderten Arbeitsbedingungen handeln (BVerwG Beschluss vom 29. Mai 1959 – V B 207.58 = NJW 1959, 1382 = BB 1959, 780 = DVBl. 1959, 746; HK-SGB IX / *Trenk-Hinterberger* Rdnr. 41). Die Ermessenseinschränkung setzt eine **rechtliche Sicherung des Arbeitsplatzes** voraus. Dies ist jedenfalls dann der Fall, wenn der schwerbehinderte Mensch einen vertraglichen Anspruch auf diesen Arbeitsplatz hat. Der Arbeitsvertrag muss unbefristet oder allenfalls mit einer länger als sechs Monate dauernden Probezeit abgeschlossen sein. Denn ist eine Probezeit während der ersten sechs Monate vereinbart, entfällt nach § 90 SGB IX der Kündigungsschutz, so dass der neue Arbeitsplatz nicht gesichert ist (Neumann u. a. / *Neumann* Rdnr. 29).

47a Der Hauptanwendungsfall der Vorschrift dürfte die Änderungskündigung sein (LPK-SGB IX / *Düwell* Rdnr. 63). Dann tritt der Sonderkündigungsschutz mithin bereits zurück, wenn der dem schwerbehinderten Menschen mit der Kündigung fest angebotene Arbeitsplatz angemessen und zumutbar ist. Die Bestimmung des § 89 Abs. 2 SGB IX enthält **für jede Art von Kündigung einen eigenständigen Tatbestand für eine Ermessenseinschränkung** (vgl. BayVGH Urteil vom 17. September 2009 – 12 B 09.52, zit nach JURIS). Sie gilt demnach auch für die außerordentliche Änderungskündigung im Sinne des § 91 SGB IX (VG Ansbach Urteil vom 25. Februar 2010 – AN 14 K 08.00537, zit. nach JURIS).

47b Die Begriffe „**angemessen**" und „**zumutbar**" sind unbestimmte Rechtsbegriffe, die der vollen gerichtlichen Nachprüfung unterliegen (OVG NRW Beschluss vom 3. Februar 2009 – 12 A 2931/08, zit. nach JURIS). Dabei sind Überschneidungen denkbar, sodass eine exakte juristische Trennung nicht bzw. nicht immer möglich ist (vgl. OVG Rheinland-Pfalz Urteil vom 28. November 1996 – 12 A 10.457/96 = BehindertenR 1997, 210; OVG NRW Beschluss vom 3. Februar 2009 a. a. O.). Die Zumutbarkeit des anderen Arbeitsplatzes wird teilweise von der Angemessenheit umfasst: Nur ein angemessener Arbeitsplatz kann auch zumutbar sein. Allerdings wird damit nicht verlangt, dass der neue im Verhältnis zum alten Arbeitsplatz gleichwertig oder gleichartig sein müsste (VG Ansbach Urteil vom 25. Januar 2007 – AN 14 K 06.02739, zit. nach JURIS).

48 Die **Angemessenheit** des anderen Arbeitsplatzes ist nicht nach der subjektiven Vorstellung des schwerbehinderten Menschen zu beurteilen, sondern objektiv nach der Art der Beschäftigung, der Höhe des Arbeitsentgelts und den sonstigen Arbeitsbedingungen (Neumann u. a. / *Neumann* Rdnr. 28). Maßgebend ist, ob Entgelt und Art der Tätigkeiten den Fähigkeiten, dem durch die Behinderung bedingten Einsatzmöglichkeiten und der Vorbildung des schwerbehinderten Menschen entsprechen (BVerwG Urteil vom 12. Januar 1966 – V C 62.64 = BVerwGE 23, 123 = AP Nr. 6 zu § 18 SchwBeschG). Hierbei kann auch der Verlust einer lange Zeit ausgeübten Vorgesetztenstellung mit entsprechender beruflicher Verantwortung gewürdigt werden (VG München Urteil vom 22. Oktober 2009 – M 15 K 08.1938, zit. nach JURIS, Rdnr. 51).

48a Mit dem neuen Arbeitsplatz kann gegebenenfalls eine **geringere Vergütung** verbunden sein (BVerwG Urteil vom 12. Januar 1966 a. a. O. für Herabgruppierung um eine Tarifgruppe mit Gehaltsminderung von 10%; VG Ansbach Urteil vom 25. Februar 2010 – AN 14 K 08.00537, zit. nach JURIS, für eine Gehaltsminderung um 15%; anders aber bei Verminderung von ca. 1283 zu 721 Euro, weil in diesem Bereich der Lebensunterhalt nicht mehr gesichert ist, 🕮 VG Ansbach Urteil vom 21. Januar 2010 – AN 14 K 09.00066, zit. nach JURIS; ebenso 🕮 OVG NRW Beschluss vom 3. Februar 2009 – 12 A 2931/08, zit. nach JURIS, bei Zurückstufung „in das Umfeld der Sozialhilfe").

Maßgebend für die Frage der Angemessenheit ist aus der Sicht des Schutzes schwerbehinderter Menschen nicht die Bruttovergütung, sondern allenfalls die **Nettovergütung** (🕮 BayVGH Urteil vom 14. November 2006 – 9 BV 06.1431 = ZTR 2008, 173; 🕮 Urteil vom 17. September 2009 – 12 B 09.52, zit. nach JURIS Rdnr. 53; a. A. wohl 🕮 OVG NRW Beschluss vom 3. Februar 2009 a. a. O.).

Bei einem Vergleich der Einkommen ist lediglich auf die **konkrete Differenz zur alten Bezahlung** abzustellen, nicht auf das „übliche Einkommen" auf dem neuen Arbeitsplatz (🕮 VG München Urteil vom 22. Oktober 2009 – M 15 K 08.1938, zit. nach JURIS, Rdnr. 51; Hauck / Noftz / *Griebeling* Rdnr. 19).

Eine Einkommensminderung ist insbesondere bei sinkendem Leistungsvermögen hinzunehmen (🕮 BayVGH Urteil vom 17. September 2009 a. a. O.; HK-SGB IX / *Trenk-Hinterberger* Rdnr. 44). Allerdings darf der schwerbehinderte Mensch nicht allein deshalb auf ein geringeres Einkommen verwiesen werden, weil ein anderer Arbeitsplatz gesichert ist (Neumann u. a. / *Neumann* Rdnr. 29). Berücksichtigt werden kann auch, dass der schwerbehinderte Arbeitnehmer mit seiner Vorgesetztenstellung den **Firmenwagen** und die Erstattung seiner privat für berufliche Belange aufgewendeten Telefonkosten verliert, also diverse weitere, seiner bisherigen Stellung entsprechende, geldwerte Privilegien (🕮 VG München Urteil vom 22. Oktober 2009 – M 15 K 08.1938, zit. nach JURIS, Rdnr. 51). **48b**

Auch **freiwillige Leistungen** wie Provisions- oder Gratifikationszahlungen sind in den Vergleich der Arbeitsbedingungen einzubeziehen (*Müller-Wenner* / Schorn Rdnr. 68; A / P / S / Vossen Rdnr. 16; Neumann u. a. / *Neumann* Rdnr. 29; a. A. 🕮 VG Bremen Urteil vom 16. Februar 1956 – I A 159/55 BB 1956,854, da freiwillige Leistungen nicht zum Nachteil des Arbeitgebers gereichen dürfen). **49**

Der gesicherte Arbeitsplatz muss dem schwerbehinderten Menschen auch **zumutbar** sein. Das schließt zunächst die Angemessenheit ein, weil nur ein angemessener Arbeitsplatz auch zumutbar ist. Die Zumutbarkeit geht aber über die Arbeitsbedingungen hinaus und stellt auf **alle Umstände** ab, die **mit dem neuen Arbeitsplatz im weiteren Sinn zusammenhängen** (HK-SGB IX / *Trenk-Hinterberger* Rdnr. 46; Neumann u. a. / *Neumann* Rdnr. 30). Hierzu gehören die Verhältnisse in der neuen Umgebung, die zu erwartende Zusammenarbeit und die Betreuung des schwerbehinderten Menschen am neuen Arbeitsplatz, die verkehrsmäßige Anbindung zur neuen Arbeitsstätte, die Folgekosten sowie die finanzielle, soziale und familiäre Situation des schwerbehinderten Menschen (🕮 OVG Rheinland-Pfalz Urteil vom 28. November 1996 – 12 A 10457/96 = BehindertenR 1997, 210). **50**

Ob die Voraussetzungen des Abs. 2 erfüllt sind, hat **das Integrationsamt selbst** durch Prüfung der unbestimmten Rechtsbegriffe der Arbeitsplatzsicherung, der Angemessenheit und der Zumutbarkeit **festzustellen**. Es darf diese Prüfung nicht Dritten, etwa der Agentur für Arbeit, überlassen, sondern hat selbst festzustellen, ob ein entsprechender Arbeitsplatz besteht. Ist dies zu bejahen, so hat das Integrationsamt **im Regelfall die Zustimmung zu erteilen**. Diese darf nur ausnahmsweise, d. h. bei Vorliegen besonderer Umstände versagt werden (🕮 BVerwG Beschluss vom 6. März 1995 – 5 B 59/94 = Buchholz 436.61 § 19 SchwbG Nr. 1). Nur bei festgestellten **Umständen, die den Fall als atypisch erscheinen lassen**, darf die Behörde anders verfahren als im Gesetz vorgesehen und den atypischen Fall nach pflichtgemäßem Ermessen entscheiden. Das dem Integrationsamt danach verbleibende „Restermessen" ist davon abhängig, dass der Kündigungssachverhalt Besonderheiten zugunsten des Schwerbehinderten aufweist, die eine Verweigerung der Zustimmung ausnahmsweise rechtfertigen können. Welche Umstände im Rahmen von § 89 Abs. 2 SGB IX einen atypischen Fall begründen können und welche Umstände gegebenenfalls bei einer **51**

Ermessensentscheidung für die jeweils gegensätzlichen Interessen des schwerbehinderten Arbeitnehmers einerseits und des Arbeitgebers andererseits mit welchem Gewicht maßgeblich sind, lässt sich nicht allgemein bestimmen. Insoweit entscheiden die Umstände des Einzelfalls (BVerwG Beschluss vom 6. März 1995 a. a. O.).

52 Falls eine oder mehrere Voraussetzungen des Abs. 2 nicht gegeben sind, ist das **Ermessen des Integrationsamts nicht eingeschränkt**. Es kann z. B. bei Vorhandensein eines geeigneten, aber nicht angemessenen Arbeitsplatzes die Zustimmung erteilen oder versagen. Dasselbe gilt, wenn überhaupt kein anderer Arbeitsplatz zur Verfügung steht. Es gibt keine Verpflichtung des Integrationsamts, jeder Kündigung nur bei Sicherung eines neuen Arbeitsplatzes zuzustimmen.

C) zu Abs. 3

1. Zustimmung bei Insolvenzverfahren des Arbeitgebers

53 Ist über das Vermögen des Arbeitgebers ein Insolvenzverfahren eröffnet, modifiziert § 125 InsO den allgemeinen Kündigungsschutz von Arbeitnehmern. Denn die InsO soll in erster Linie der Fortführung von Betrieben dienen und nicht – wie das frühere Konkursrecht – der Liquidation (LAG Hamm Urteil vom 19. Januar 2005 – 2 Sa 1156/04 =ZInsO 2006, 390). Beim Betriebsübergang und bei Betriebsänderungen sollen ein Interessenausgleich ermöglicht und langwierige Kündigungsschutzprozesse vermieden werden: Deshalb werden im Kündigungsrecht Vermutungen über die Betriebsbedingtheit von Kündigungen und Grundsätze zur sozialen Auswahl aufgestellt, die auch schwerbehinderte Menschen betreffen können (Neumann u. a. / *Neumann* Rdnr. 33).

54 Die Vorschrift des § 125 InsO setzt zunächst voraus, dass der Insolvenzverwalter eine **Betriebsänderung** im Sinne von § 111 BetrVG plant. Ferner muss zwischen Verwalter und Betriebsrat ein besonderer **Interessenausgleich** zustande kommen, in welchem die Arbeitnehmer, denen gekündigt werden soll, **namentlich bezeichnet** sind. Dieser Interessenausgleich muss entsprechend der allgemeinen Vorschrift des § 112 Abs. 1 Satz 1 BetrVG **schriftlich** niedergelegt und von beiden Betriebspartnern **unterschrieben** werden. Eine **Namensliste** der zu kündigenden Arbeitnehmer muss entweder in dem Interessenausgleich selbst enthalten sein oder – im Fall der Beifügung als Anlage – nochmals gesondert unterzeichnet werden. Eine bloße Bezugnahme auf eine lediglich als Anlage zum Interessenausgleich beigefügte Namensliste reicht nicht aus. Ausreichend für das Schriftformerfordernis ist allerdings, wenn der formgerechte Interessenausgleich mit einer nicht unterschriebenen Namensliste der zu kündigenden Arbeitnehmer mittels einer Heftmaschine fest verbunden ist (BAG Urteil vom 20. Mai 1999 – 2 AZR 278/98 = ZInsO 2000, 351 [Ls.]; FK-InsO / *Eisenbeis* § 125 Rdnr. 6).

55 Das Zustandekommen eines wirksamen Interessenausgleichs bewirkt zwei **Rechtsfolgen**: Zum einen wird **vermutet**, dass die **Kündigungen** der Arbeitsverhältnisse der bezeichneten Arbeitnehmer **durch dringende betriebliche Erfordernisse bedingt** sind, die einer Weiterbeschäftigung in diesem Betrieb oder einer Weiterbeschäftigung zu unveränderten Arbeitsbedingungen entgegenstehen (§ 125 Abs. 1 Nr. 1 InsO). Zum anderen kann die **soziale Auswahl** der Arbeitnehmer nur im Hinblick auf die Dauer der Betriebszugehörigkeit, das Lebensalter und die Unterhaltspflichten und insoweit **nur auf grobe Fehlerhaftigkeit nachgeprüft** werden. Sie ist nicht als grob fehlerhaft anzusehen, wenn eine ausgewogene Personalstruktur erhalten oder geschaffen wird (§ 125 Abs. 1 Nr. 2 InsO; vgl. zum Ganzen auch BAG Urteil vom 28. August 2003 – 2 AZR 368/02 = BB 2004, 2692 = NZA 2004, 432 = AP Nr. 1 zu § 125 InsO).

56 Die hieraus folgende Einschränkung des Kündigungsschutzes nach § 1 KSchG wirkt sich auch auf den Kündigungsschutz schwerbehinderter Menschen aus.

Das Integrationsamt **soll** demnach die **Zustimmung** zu einer Kündigung des Insolvenzverwalters **erteilen**, wenn der **schwerbehinderte Mensch in einem Interessenausgleich** namentlich als einer der zu entlassenden Arbeitnehmer bezeichnet ist (**Abs. 3 Nr. 1**). Mit dem Interessenausgleich im Sinne dieser Vorschrift kann nur eine Vereinbarung zwischen dem Insolvenzverwalter und dem Betriebsrat im Sinn des § 1 Abs. 1 S. 1 BetrVG gemeint sein (BayVGH Beschluss vom 24. August 2006 – 9 ZB 05.442, zit. nach JURIS).

Hinzukommen müssen aber kumulativ folgende weitere Voraussetzungen:

– Die **Schwerbehindertenvertretung** muss beim Zustandekommen des Interessenausgleichs gemäß § 95 Abs. 2 SGB IX **beteiligt** worden sein (**Abs. 3 Nr. 2**). Sie muss rechtzeitig und umfassend unterrichtet und vor der Entscheidung gehört werden (Neumann u. a. / *Neumann* Rdnr. 34). Ihre Zustimmung ist nicht erforderlich. Ist im Betrieb keine Schwerbehindertenvertretung gewählt worden, hat der Insolvenzverwalter nach § 97 Abs. 6 Satz 1, 2 SGB IX die Gesamt- oder die Konzernschwerbehindertenvertretung zu beteiligen, die ersatzweise für die schwerbehinderten Menschen ohne betriebliche Schwerbehindertenvertretung tätig wird. Gibt es hingegen überhaupt keine Schwerbehindertenvertretung, so entfällt die Ermessensbindung (Hauck / Noftz / *Griebeling* Rdnr. 34; *Müller-Wenner* / Schorn Rdnr. 75; HK-SGB IX / *Trenk-Hinterberger* Rdnr. 50; LPK-SGB IX / *Düwell* Rdnr. 68; a. A. Neumann u. a. / *Neumann* Rdnr. 34; A / P / S / *Vossen* Rdnr. 18; ErfK / *Rolfs* Rdnr. 10; KR / *Etzel* §§ 85–90 Rdnr. 96b). 57

– Der Anteil der nach dem Interessenausgleich zu entlassenden schwerbehinderten Menschen an der Zahl der beschäftigten schwerbehinderten Menschen darf nicht größer sein als der Anteil der zu entlassenden übrigen Arbeitnehmer an der Zahl der beschäftigten übrigen Arbeitnehmer (**Abs. 3 Nr. 3**). Das heißt: Es dürfen **proportional nicht mehr schwerbehinderte Menschen als übrige Beschäftigte entlassen** werden. 58

Beispiel:
Sind unter 100 Belegschaftsmitgliedern zehn schwerbehinderte Menschen und soll die Gesamtbelegschaft auf 50 herabgesetzt werden, dürfen nur fünf schwerbehinderte Menschen unter die zu Entlassenden fallen, selbst wenn die Quote mit fünf schwerbehinderten Menschen noch immer übererfüllt wird, weil sie bei 50 Arbeitnehmern nur zwei beträgt. Der Insolvenzfall soll nicht dazu genutzt werden, sich bei dieser Gelegenheit vorrangig von schwerbehinderten Mitarbeitern zu trennen (Neumann u. a. / *Neumann* Rdnr. 35).

– Die Gesamtzahl der schwerbehinderten Menschen, die nach dem Interessenausgleich bei dem Arbeitnehmer **verbleiben** sollen, muss zur **Erfüllung der Beschäftigungspflicht nach § 71 SGB IX ausreichen** (**Abs. 3 Nr. 4**). Das bedeutet: Auch nach Entlassung der im Interessenausgleich benannten schwerbehinderten Menschen muss noch die Pflichtquote von 5% erfüllt werden. Dies wird im Regelfall erreicht werden können, weil sich mit verminderter Arbeitnehmerzahl die Pflichtquote im gleichen Verhältnis ermäßigt. Jedoch besteht in Grenzfällen, insbesondere bei nicht voller Erfüllung der Pflichtquote in der Vergangenheit, Anlass zur besonderen Prüfung dieser Frage. 59

Das Integrationsamt hat demnach zunächst das Vorliegen der **Voraussetzungen des Abs. 3 zu prüfen**. Hierzu gehört auch, ob die Tatbestandsmerkmale des § 125 InsO, auf die Abs. 3 Nr. 1 verweist, überhaupt erfüllt sind. Fehlt es an einer Voraussetzung, z. B. weil die Proportionalität nicht eingehalten wurde oder die Pflichtzahl in Zukunft nicht erfüllt wird, entfällt die Soll-Bindung des Integrationsamts. Das gilt dann für die Entlassungsabsicht bezüglich aller zu kündigenden schwerbehinderten Menschen. Es ist nicht zulässig, eine Auswahl bis zur Einhaltung der Proportionalität oder der künftigen Pflichtquote zu treffen (Neumann u. a. / *Neumann* Rdnr. 37; LPK-SGB IX / *Düwell* Rdnr. 71). 60

Beispiel:
Wird die Belegschaft von 100 auf 50 herabgesetzt und werden von zehn schwerbehinderten Menschen statt fünf insgesamt sechs benannt, greift die Soll-Vorschrift für alle sechs nicht ein; es ist insgesamt nur nach pflichtgemäßem Ermessen zu entscheiden.

Auch kann nicht etwa nach Verweigerung einer einzigen Zustimmung für die restlichen fünf die Soll-Vorschrift angewandt werden, da die Auswahl einer ersten Entscheidung zwangsläu- 61 fig willkürlich sein muss (Neumann u. a. / *Neumann* a. a. O). Allerdings hat im Rahmen des pflichtgemäßen Ermessens das Integrationsamt zu berücksichtigen, dass bei Übererfüllung der Pflichtquote und wenigstens teilweiser Einhaltung der Proportionalität auch die Entlassung schwerbehinderten Menschen im Insolvenzverfahren noch gerechtfertigt sein kann. Hierzu bedarf es aber einer Würdigung der Einzelfälle und nicht zuletzt der Aussichten der schwerbehinderten Menschen auf dem Arbeitsmarkt.

62 **Liegen** aber **die Tatbestandsvoraussetzungen des Abs. 3 sämtlich** vor, **muss** grundsätzlich die **Zustimmung zur Kündigung erteilt** werden. Denn es handelt sich um eine ermessenseinschränkende „Soll"-Vorschrift im Sinne der Rechtsprechung des BVerwG (vgl. z. B. Urteil vom 2. Juli 1992 – 5 C 39/90 = BVerwGE 90, 275 = BehindertenR 1992, 165 = Buchholz 436.61 § 21 SchwbG 1986 Nr. 3 und oben Rdnr. 51). Eine Zustimmungsverweigerung kommt deshalb nur bei **atypischen Fallgestaltungen** in Betracht (BayVGH Beschluss vom 17. Dezember 2009 – 12 CS 09.2691, zit. nach JURIS, Rdnr. 21; Hauck / Noftz / *Griebeling* Rdnr. 11).

Dies könnte etwa dann der Fall sein, wenn nach Ausspruch der Kündigungen zwar die Pflichtquote nach § 71 SGB IX noch erfüllt wird, von dem Personalabbau aber überproportional die in § 72 Abs. 1 SGB IX genannten Personengruppen betroffen sind und diese danach nicht mehr in angemessenem Umfang beschäftigt werden. Denn auch § 72 Abs. 1 SGB IX enthält eine gesetzliche Vorgabe für die Personalstruktur, die auch von den Betriebsparteien bei Abschluss eines Interessenausgleiches mit Namensliste zu beachten ist.

§ 90
Ausnahmen

(1) Die Vorschriften dieses Kapitels gelten nicht für schwerbehinderte Menschen,
1. deren Arbeitsverhältnis zum Zeitpunkt des Zugangs der Kündigungserklärung ohne Unterbrechung noch nicht länger als sechs Monate besteht oder
2. die auf Stellen im Sinne des § 73 Abs. 2 Nr. 2 bis 5 beschäftigt werden oder
3. deren Arbeitsverhältnis durch Kündigung beendet wird, sofern sie
   a) das 58. Lebensjahr vollendet haben und Anspruch auf eine Abfindung, Entschädigung oder ähnliche Leistung aufgrund eines Sozialplanes haben oder
   b) Anspruch auf Knappschaftsausgleichsleistung nach dem Sechsten Buch oder auf Anpassungsgeld für entlassene Arbeitnehmer des Bergbaus haben,

wenn der Arbeitgeber ihnen die Kündigungsabsicht rechtzeitig mitgeteilt hat und sie der beabsichtigten Kündigung bis zu deren Ausspruch nicht widersprechen.

(2) Die Vorschriften dieses Kapitels finden ferner bei Entlassungen, die aus Witterungsgründen vorgenommen werden, keine Anwendung, sofern die Wiedereinstellung der schwerbehinderten Menschen bei Wiederaufnahme der Arbeit gewährleistet ist.

(2a) Die Vorschriften dieses Kapitels finden ferner keine Anwendung, wenn zum Zeitpunkt der Kündigung die Eigenschaft als schwerbehinderter Mensch nicht nachgewiesen ist oder das Versorgungsamt nach Ablauf der Frist des § 69 Abs. 1 Satz 2 eine Feststellung wegen fehlender Mitwirkung nicht treffen konnte.

(3) Der Arbeitgeber zeigt Einstellungen auf Probe und die Beendigung von Arbeitsverhältnissen schwerbehinderter Menschen in den Fällen des Absatzes 1 Nr. 1 unabhängig von der Anzeigepflicht nach anderen Gesetzen dem Integrationsamt innerhalb von vier Tagen an.

Ausnahmen § 90

ERLÄUTERUNGEN

ÜBERSICHT

I. Bedeutung der Vorschrift (Rdnrn. 1–7)
II. Fassung (Rdnrn. 8–11)
   A) durch das SGB IX vom 19. Juni 2001 (BGBl. I S. 1046) mit Wirkung vom 1. Juli 2001 (Rdnr. 8)
   B) durch das Gesetz zur Förderung der Ausbildung und Beschäftigung schwerbehinderter Menschen vom 23. April 2004 (BGBl. I S. 606) mit Wirkung vom 1. Mai 2004 (Rdnrn. 9–10)
   C) durch das Gesetz zur Förderung der Ausbildung und Beschäftigung schwerbehinderter Menschen vom 23. April 2004 (BGBl. I S. 606) mit Wirkung vom 1. Januar 2005 (Rdnr. 11)
III. Anmerkungen (Rdnrn. 12–69)
   A) zu Abs. 1
      1. Kein Kündigungsschutz im ersten Halbjahr (Rdnrn. 12–19)
      2. Ausgenommene Personengruppen (Rdnrn. 20–21)
      3. Kündigung nach dem 58. Lebensjahr (Rdnrn. 22–26)
   B) zu Abs. 2
      1. Entlassungen aus Witterungsgründen (Rdnrn. 27–35)
   C) zu Abs. 2 a
      1. Kündigung bei nicht offenkundiger Schwerbehinderung (Rdnrn. 36–42)
         a) Nachweisobliegenheit des schwerbehinderten Arbeitnehmers (Rdnr. 36)
         b) Anhängiges Feststellungsverfahren (Rdnr. 37–40)
         c) Zur grundsätzlichen Kritik an der Gesetzesfassung (Rdnrn. 41–42)
      2. Geltung auch für Gleichgestellte (Rdnrn. 43–45)
      3. Sachgerechte Auslegung der 2. Alt. der Vorschrift (Rdnrn. 46–55)
      4. Darlegungs- und Beweislast (Rdnrn. 56–58)
      5. Geltung der Vorschrift auch bei rückwirkender Feststellung bzw. Gleichstellung (Rdnr. 59)
      6. Verzögerung durch Verschlimmerungsantrag (Rdnr. 60)
      7. Frist für nachträgliche Mitteilung des Arbeitnehmers (Rdnrn. 61–62)
   D) zu Abs. 3
      1. Anzeigepflicht (Rdnrn. 63–69)
         a) Einstellung auf Probe (Rdnr. 64)
         b) Beendigungen nach Abs. 1 Nr. 1 (Rdnrn. 65–69)
IV. Literatur

I. Bedeutung der Vorschrift

Sie regelt in Abs. 1 und Abs. 2 Ausnahmen vom besonderen Kündigungsschutz für schwerbehinderte Menschen durch das Erfordernis der vorherigen Zustimmung des Integrationsamtes nach § 85 SGB IX: Diese Zustimmung ist nicht erforderlich für die Kündigung gegenüber schwerbehinderten Menschen, deren Arbeitsverhältnis im Zeitpunkt des Zugangs der Kündigungserklärung ohne Unterbrechung noch nicht länger als sechs Monate besteht (**Abs. 1 Nr. 1**). 1

Ferner sind ausgenommen die gem. § 73 Abs. 2 Nr. 2–5 SGB IX atypisch beschäftigten Personen, also Beschäftigte aus karitativen Gründen und Geistliche; vorwiegend zur Heilung, Wiedereingewöhnung oder Erziehung Beschäftigte; Teilnehmer an Arbeitsbeschaffungs- und Strukturanpassungsmaßnahmen nach dem SGB III sowie Peronen, die nach ständiger Übung in ihre Stellen gewählt werden, sowie Beschäftigte nach § 19 BSHG (**Abs. 1 Nr. 2**). 2

3 Eine erleichterte Kündigungsmöglichkeit besteht auch gegenüber schwerbehinderten Arbeitnehmern, die das 58. Lebensjahr vollendet haben, soweit sie Anspruch auf Abfindung o. Ä. aus einem Sozialplan haben, ihnen die Kündigungsabsicht rechtzeitig mitgeteilt wurde und sie der beabsichtigten Kündigung nicht widersprechen (**Abs. 1 Nr. 3a**).

4 Dasselbe gilt schließlich für Personen, die Anspruch auf Knappschaftsausgleichsleistungen nach dem SGB VI oder auf Anpassungsgeld für entlassene Arbeitnehmer des Bergbaus haben (**Abs. 1 Nr. 3b**).

5 Außerdem entfällt der besondere Kündigungsschutz bei Entlassungen aus Witterungsgründen, wenn der Arbeitgeber sich verpflichtet, den Arbeitnehmer bei Wiederaufnahme der Tätigkeit wieder einzustellen (**Abs. 2**).

6 Der besondere Kündigungsschutz gilt ferner dann nicht, wenn zum Zeitpunkt der Kündigung nicht feststeht, dass der Arbeitnehmer schwerbehindert ist oder dieser eine Feststellung der zuständigen Behörde hierüber durch fehlende Mitwirkung vereitelt hat (**Abs. 2a**). Die Vorschrift wird allerdings allgemein als missglückt angesehen (vgl. z. B. *Seel* MDR 2007, 499; *Powietzka* BB 2007, 2118 [2122]). Zu Recht wird vor allem die systematische Einordnung in der Regelung über Ausnahmetatbestände in § 90 SGB IX kritisiert, da es sich um Voraussetzungen für den Sonderkündigungsschutz nach § 85 SGB IX handelt (*Seel* a. a. O.). Auch erschließt sich der Regelungsgehalt der Vorschrift aus dem Gesetzestext allenfalls unzureichend (*Powietzka* a. a. O., der von einem „Orakel" spricht; vgl. näher hierzu unten Rdnrn. 47 sowie ✠ LAG Rheinland-Pfalz Urteil vom 26. April 2006 – 9 Sa 29/06, zit. nach JURIS; dazu unten Rdnr. 41).

7 In **Abs. 3** ist eine Anzeigepflicht des Arbeitgebers gegenüber dem Integrationsamt für bestimmte Personalmaßnahmen festgelegt, die nicht der Zustimmung des Integrationsamtes bedürfen.

II. Fassung

A) durch das SGB IX vom 19. Juni 2001 (BGBl. I S. 1046) mit Wirkung vom 1. Juli 2001

8 Die Vorschrift wurde unverändert aus dem Regierungsentwurf (BT-Drucks. 14/5531 i. V. m. 14/5074) übernommen. Sie überträgt inhaltsgleich den bisherigen § 20 SchwbG.

B) durch das Gesetz zur Förderung der Ausbildung und Beschäftigung schwerbehinderter Menschen vom 23. April 2004 (BGBl. I S. 606) mit Wirkung vom 1. Mai 2004

9 Eingefügt wurde folgender **Abs. 2 a:**

„Die Vorschriften dieses Kapitels finden ferner keine Anwendung, wenn zum Zeitpunkt der Kündigung die Eigenschaft als schwerbehinderter Mensch nicht nachgewiesen ist oder das Versorgungsamt nach Ablauf der Frist des § 69 Abs. 1 Satz 2 eine Feststellung wegen fehlender Mitwirkung nicht treffen konnte."

10 Diese vom Ausschuss für Gesundheit und Soziale Sicherung vorgenommene Änderung wurde in der Beschlussempfehlung (BT-Drucks. 15/2357 S. 24) wie folgt begründet:

„Die Ergänzung stellt sicher, dass der Arbeitgeber zur Kündigung gegenüber einem schwerbehinderten Menschen nicht der vorherigen Zustimmung des Integrationsamtes bedarf, wenn zum Zeitpunkt der beabsichtigten Kündigung die Eigenschaft als schwerbehinderter Mensch nicht nachgewiesen ist, also entweder nicht offenkundig ist, so dass es eines durch ein Feststellungsverfahren zu führenden Nachweises nicht bedarf oder der Nachweis über die Eigenschaft als schwerbehinderter Mensch nicht durch einen Feststellungsbescheid nach § 69 Abs. 1 erbracht ist; diesem Bescheid stehen Feststellungen nach § 69 Abs. 2 gleich. Der Kündigungsschutz gilt daneben nur in den Fällen, in denen ein Verfahren auf Feststellung der Eigenschaft als schwerbehinderter Mensch zwar anhängig ist, das Versorgungsamt aber

Ausnahmen § 90

ohne ein Verschulden des Antragstellers noch keine Feststellung treffen konnte. Die Regelung schließt damit aus, dass ein besonderer Kündigungsschutz auch für den Zeitraum gilt, in dem ein in der Regel aussichtsloses Anerkennungsverfahren betrieben wird. Im Übrigen wird mit der Neufassung grundsätzlich einem Anliegen aus der Sachverständigenanhörung und des Bundesrates Rechnung getragen."

C) durch das Gesetz zur Förderung der Ausbildung und Beschäftigung schwerbehinderter Menschen vom 23. April 2004 (BGBl. I S. 606) mit Wirkung vom 1. Januar 2005

In **Abs. 1 Nr. 2** wurde die Angabe „6" durch die Angabe „5" ersetzt. Es handelt sich um eine Folgeänderung zur Streichung des § 73 Abs. 2 Nr. 6 durch Art. 81 Nr. 10 des Gesetzes zur Einordnung des Sozialhilferechts in das SGB vom 27. Dezember 2003 (BGBl. I S. 3022). **11**

III. Anmerkungen

A) zu Abs. 1

1. Kein Kündigungsschutz im ersten Halbjahr

Der besondere Kündigungsschutz für schwerbehinderte Menschen gilt nicht während der ersten sechs Monate des Arbeitsverhältnisses. Die an § 1 Abs. 1 KSchG angelehnte Vorschrift wurde mit Wirkung vom 1. August 1986 eingeführt. Sie bezweckt, die Einstellung schwerbehinderter Menschen zu erleichtern (vgl. BT-Drucks. 10/3138, S. 21). Vor allem sollen **psychologische Einstellungshemmnisse abgebaut** werden, indem verhindert wird, dass Arbeitgeber von der Einstellung schwerbehinderter Menschen Abstand nehmen, weil nach einer möglicherweise tariflich kurzen Probezeit sofort der besondere Kündigungsschutz beginnt (BT-Drucks. 10/5701 S. 7). Der Arbeitgeber soll die **fachliche und persönliche Eignung** des schwerbehinderten Arbeitnehmers **sechs Monate lang** ohne die Bindung der §§ 85 ff. SGB IX **überprüfen** können (vgl. BAG Urteil vom 9. Juni 2007 – 2 AZR 94/06 = NZA 2007, 1103). Wegen der Anlehnung an **§ 1 KSchG** sind die von der Rechtsprechung hierzu entwickelten **Grundsätze übertragbar** (BAG Urteil vom 9. Juni 2007 a. a. O.). **12**

Die Kündigung bedarf nicht der Zustimmung des Integrationsamtes, wenn das Arbeitsverhältnis im Zeitpunkt des Zugangs der **Kündigungserklärung** noch nicht länger als sechs Monate ohne Unterbrechung besteht. Sie muss also ausgesprochen und **zugegangen** sein, ehe das Arbeitsverhältnis **mehr als sechs Monate** andauert. Unerheblich ist, dass die vor Ablauf ausgesprochene und dem schwerbehinderten Menschen zugegangene Kündigung das Arbeitsverhältnis erst nach Ablauf der Frist beendet (vgl. BAG Urteil vom 10. Februar 1967 – 2 AZR 91/66 = BAGE 19, 213 = NJW 1967, 1438 = AP Nr. 6 zu § 19 SchwbeschG). Deshalb ist eine **noch am letzten Tag der 6-Monats-Frist** ausgesprochene und **zugegangene Kündigung zustimmungsfrei** (Neumann u. a. / *Neumann* Rdnr. 7). Nur bei einem nachweisbaren Rechtsmissbrauch im Einzelfall durch eine kurz vor Ablauf der Wartezeit erklärte Kündigung kann in entsprechender Anwendung des § 162 BGB ein Eintritt des Kündigungsschutzes bejaht werden (Neumann u. a. / *Neumann* a. a. O.). **13**

Für die Berechnung der 6-Monats-Frist ist **auf die rechtliche Dauer des Arbeitsverhältnisses abzustellen**. Eine tatsächliche Unterbrechung der Arbeit durch Krankheit, Urlaub, Streik usw. ist unschädlich (LPK-SGB IX / *Düwell* Rdnr. 5; Neumann u. a. / *Neumann* Rdnr. 7). Für die Halbjahresfrist ist ein unmittelbar vorausgehendes befristetes Arbeitsverhältnis mit demselben Arbeitgeber anzurechnen. Maßgebend ist die **tatsächliche Beschäftigungsdauer beim selben Arbeitgeber,** nicht das einzelne Arbeitsverhältnis im Rechtssinne (BAG Urteil vom 23. Februar 1976 – 2 AZR 309/75 = BAGE 28, 176 = NJW 1977, 1311 = AP Nr. 1 zu § 1 KSchG 1969 Wartezeit m. Anm. *Hueck;* BAG Urteil vom 4. Februar 1993 – 2 AZR 416/92 = NZA 1994, 214 = BehindertenR 1994, 132 m. w. Nachw.; Neumann u. a. / *Neumann* Rdnr. 8). Denn wenn das Gesetz die sechsmonatige Wartezeit an einen ununterbrochenen rechtlichen Bestand des Arbeitsverhältnisses anknüpft, so **schadet allein vom Wort-** **14** laut der Vorschrift her jede rechtliche Unterbrechung des Arbeitsverhältnisses, sei es auch nur von kurzer Dauer. Eine solch enge, formalistische Sichtweise würde jedoch dem **Sinn und Zweck des Gesetzes** nicht gerecht. Die Vorschrift bedarf daher einer einschränkenden Auslegung im Sinne einer teleologischen Reduktion des Gesetzeswortlauts (vgl. *Powietzka* BB 2007, 2118 [2122]). Wird das Arbeitsverhältnis **allein auf Veranlassung des Arbeitgebers für einen verhältnismäßig kurzen Zeitraum unterbrochen,** so kann sich je nach den Umständen der Arbeitgeber auf die von ihm selbst gesetzte Ursache der Unterbrechung des Arbeitsverhältnisses **nicht berufen** (vgl. § 162 BGB). So würde es etwa dem Regelungszweck des Gesetzes widersprechen, ein Arbeitsverhältnis, das an einem Freitag auf Veranlassung des Arbeitgebers beendet worden ist, trotz Wiedereinstellung des Arbeitnehmers am darauffolgenden Montag auch dann als „rechtlich unterbrochen" anzusehen, wenn an dem in die Zeit der Unterbrechung fallenden Wochenende nicht einmal eine Arbeitspflicht bestand (vgl. BAG Urteil vom 9. Juni 2007 a. a. O.).

15 Insoweit kann auf die von der Rechtsprechung entwickelten Kriterien zur **Wartezeit für den allgemeinen Kündigungsschutz** nach § 1 Abs. 1 KSchG zurückgegriffen werden (*Powietzka* a. a. O.): Hierzu ist anerkannt, dass Zeiten eines früheren Arbeitsverhältnisses mit demselben Arbeitgeber anrechenbar sein können, wenn es mit dem neuen Arbeitsverhältnis in einem engen sachlichen Zusammenhang steht (vgl. BAG Urteil vom 20. August 1998 – 2 AZR 76/98 = BB 1998, 1480; BAG Urteil vom 27. Juni 2002 – 2 AZR 270/01 = BB 2003, 583).

16 Werden **mehrere Arbeitsverhältnisse** unmittelbar nacheinander **im zeitlichen Zusammenhang** abgewickelt, sind sie demnach für die Berechnung der Sechsmonatsfrist **zusammenzuzählen**. Liegt zwischen mehreren sachlich zusammenhängenden Arbeitsverhältnissen eine kurzfristige Unterbrechung von nur wenigen Tagen, wird diese im Allgemeinen unschädlich sein; die betreffenden Beschäftigungszeiten werden zusammengerechnet, wobei die Zeit der Unterbrechung nicht mitzählt (LPK-SGB IX / *Düwell* Rdnr. 6).

17 Bei längerer rechtlicher **Unterbrechung von mehreren Wochen oder sogar Monaten** wird dagegen eine **neue Wartezeit** anzunehmen sein (Neumann u. a. / *Neumann* Rdnr. 8 m. w. N.). Allerdings kann es bei längeren Unterbrechungen auf den Anlass der Unterbrechung sowie die Ähnlichkeit der Beschäftigung nach der Wiedereinstellung ankommen (BAG Urteil vom 20. August 1998 – 2 AZR 83/98 = BAGE 89, 307 = DB 1998, 2475 = AP Nr. 10 zu § 1 KSchG 1969 Wartezeit). Jedenfalls dürfen dann beim **Erfordernis des engen sachlichen Zusammenhangs** zwischen beiden Arbeitsverhältnissen **keine zu geringen Anforderungen** gestellt werden (*Powietzka* a. a. O.). Mit einer bestimmten Dauer der Unterbrechung allein kann ein enger sachlicher Zusammenhang mit dem früheren Arbeitsverhältnis in der Regel nicht verneint werden; je länger die zeitliche Unterbrechung währt, umso gewichtiger müssen aber die für einen sachlichen Zusammenhang sprechenden Umstände sein (BAG Urteil vom 20. August 1998 a. a. O.). Eine **Unterbrechung von sechs Wochen** ist schon so erheblich, dass nur aufgrund besonderer Umstände noch von einem rechtlich „ununterbrochenen" Arbeitsverhältnis ausgegangen werden kann (BAG Urteil vom 9. Juni 2007 a. a. O.). Nach Auffassung des LAG Hamm (Urteil vom 14. Dezember 2006 – 15 Sa 1137/06, zit. nach JURIS) soll dies sogar bereits nach drei Wochen anzunehmen sein.

18 Solche besonderen Umstände liegen vor, wenn ein Arbeitgeber – im konkreten Fall ein Bundesland – **Arbeitsverhältnisse mit Lehrern** jeweils für die **Dauer der Schulferien** rechtlich beendet (BAG Urteil vom 9. Juni 2007 a. a. O.).

19 Die **Wirksamkeit einer Kündigung in der Wartezeit** hängt nicht davon ab, ob der Arbeitgeber zuvor ein **Präventionsverfahren** und / oder ein **betriebliches Eingliederungsmanagement** (§ 84 Abs. 1 und 2 SGB IX durchgeführt hat (BAG Urteil vom 28. Juni 2007 – 6 AZR 750/06 = NZA 2007, 1049 = ZTR 2007, 560; vgl. hierzu näher Erl. zu § 84 SGB IX Rdnr. 49).

Ausnahmen § 90

2. Ausgenommene Personengruppen

Den besonderen Kündigungsschutz durch Beteiligung des Integrationsamtes haben ferner nicht Personen, die auf Stellen beschäftigt werden, welche gem. § 73 Abs. 2 Nr. 2 – 5 SGB IX nicht als Arbeitsplätze im Sinne des SGB IX zählen. Auch gilt für diese Personen nicht die Mindestkündigungsfrist des § 86 SGB IX. Die genannten Personen stehen meist nicht in einem echten Arbeitsverhältnis (**vgl. § 73 Abs. 2 Nr. 2, 3**) oder aber das Arbeitsverhältnis lässt wegen seiner besonderen Gestaltung (**§ 73 Abs. 2 Nr. 4**) bzw. im Hinblick auf demokratische Wahlvorschriften (**§ 73 Abs. 2 Nr. 5**) den besonderen Kündigungsschutz als unangemessen erscheinen (Neumann u. a / *Neumann* Rdnr. 10). Aus denselben Gründen sehen das Kündigungsschutzgesetz und das Betriebsverfassungsgesetz vergleichbare Ausnahmen vor (vgl. § 14 KSchG; § 5 ArbGG; § 5 BetrVG). 20

Ausdrücklich sind nach § 90 Abs. 1 Nr. 2 ausgenommen: 21

– Personen, deren Beschäftigung nicht in erster Linie ihrem Erwerb dient, sondern vorwiegend durch Beweggründe karitativer oder religiöser Art bestimmt ist, und Geistliche öffentlich-rechtlicher Religionsgemeinschaften (**§ 73 Abs. 2 Nr. 2**).
– Personen, die vorwiegend für ihre Heilung, Wiedereingewöhnung oder Erziehung beschäftigt werden (**§ 73 Abs. 2 Nr. 3**).
– Teilnehmer an Arbeitsbeschaffungsmaßnahmen und Strukturanpassungsmaßnahmen nach dem SGB III (**§ 73 Abs. 2 Nr. 4**).
– Personen, die nach ständiger Übung in ihre Stellen gewählt werden (**§ 73 Abs. 2 Nr. 5**).

Im Einzelnen wird auf die Kommentierung zu § 73 verwiesen.

3. Kündigung nach dem 58. Lebensjahr

Die Vorschrift des **Abs. 1 Nr. 3** schließt den besonderen Kündigungsschutz für **schwerbehinderte Arbeitnehmer** aus, die **nach Vollendung des 58. Lebensjahres Anspruch** auf Leistungen aus einem **Sozialplan** haben (Buchst. a) oder die **Knappschaftsausgleichsleistungen** oder **Anpassungsgeld** wegen Entlassungen im Bergbau beanspruchen können (Buchst. b). Die Regelung legt zugrunde, dass in diesen Fällen eine soziale Absicherung der betroffenen Personen vorliegt, die den Kündigungsschutz entbehrlich macht (BT-Drucks. 10/3138 S. 21 zu Nr. 15). Weitere Voraussetzung ist, dass der Arbeitgeber dem schwerbehinderten Arbeitnehmer die **Kündigungsabsicht** so **rechtzeitig mitteilt,** dass dieser nach reiflicher Überlegung entweder Einwendungen gegen die beabsichtigte Kündigung geltend machen oder sich dazu entschließen kann, der beabsichtigten Kündigung nicht zu widersprechen. Falls gegenüber einem schwerbehinderten Menschen unter solchen Umständen die Kündigung erklärt wird, ohne dass er vorher gegen die beabsichtigte Kündigung Einwände erhoben hat, ist der besondere Kündigungsschutz entbehrlich. 22

Rechtzeitige Mitteilung bedeutet, dass der schwerbehinderte Mensch ausreichend Zeit haben muss, sich über Ansprüche aus dem Sozialplan, über seine soziale Sicherung nach dem Ausscheiden (z. B. Vorruhestand, Arbeitslosigkeit, Rente) sowie über mögliche Aussichten auf dem Arbeitsmarkt zu informieren. Eine Frist zwischen Mitteilung und Ausspruch der Kündigung von **nur einer Woche** in Anlehnung an § 102 Abs. 2 BetrVG (befürwortet z. B. von LPK-SGB IX / *Düwell* Rdnr. 14; KR-*Etzel* §§ 85–90 SGB IX Rdnr. 48) erscheint deshalb generell als **zu kurz**. Als Richtschnur kann die Klagefrist im Kündigungsschutzverfahren nach § 4 KSchG gelten (Neumann u. a. / *Neumann* Rdnr. 17 ; Kossens u. a. / *Kossens* Rdnr. 7; *Müller-Wenner* / Schorn Rdnr. 25; Neumann [Hrsg.] HB-SGB IX / *Braasch* § 19 Rdnr. 125 m. w. Nachw. in Fn. 234). 23

Der **Widerspruch des Arbeitnehmers** ist nicht formgebunden. Es genügt, dass der schwerbehinderte Mensch dem Arbeitgeber nach Mitteilung über eine beabsichtigte Kündigung zu erkennen gibt, dass er damit nicht einverstanden sei. Diese Erklärung muss aber **vor Zugang der Kündigung ausgesprochen** werden. Deshalb muss die Mitteilung des Arbeitgebers auch 24 angeben, wann die Kündigung ausgesprochen werden soll, damit der Arbeitnehmer weiß, bis wann er seinen Widerspruch erklären kann (Neumann u. a. / *Neumann* Rdnr. 18).

Der Widerspruch kann jederzeit zurückgenommen werden (Neumann [Hrsg.] HB SGB IX / *Braasch* § 19 Rdnr. 125).

25 Das Gesetz verlangt nur einen **fehlenden Widerspruch** des Arbeitnehmers, nicht aber ein ausdrückliches Einverständnis. Bei **Schweigen** des schwerbehinderten Menschen nach einer ausreichenden Frist seit Mitteilung der Kündigungsabsicht kann der Arbeitgeber eine Kündigung nach Abs. 1 Nr. 3 ohne Zustimmung des Integrationsamtes aussprechen. Allerdings muss ggf. geprüft werden, ob der **Widerspruch** des Arbeitnehmers sich nicht **aus sonstigen Erklärungen oder aus seinem Verhalten** ergibt.

26 Jedenfalls kann **aus dem Schweigen des Arbeitnehmers** auf die Mitteilung des Arbeitgebers über seine Kündigungsabsicht **kein Aufhebungswille** oder gar ein **Verzicht** auf die Rechte aus dem KSchG abgeleitet werden.

B) zu Abs. 2

1. Entlassungen aus Witterungsgründen

27 Der gesamte Kündigungsschutz des SGB IX, also das Erfordernis der Zustimmung des Integrationsamtes und die vierwöchige Kündigungsfrist entfallen, wenn die **Entlassung aus Witterungsgründen** ausgesprochen wird und wenn die **Wiedereinstellung** des schwerbehinderten Arbeitnehmers bei Wiederaufnahme der Arbeit **gewährleistet** ist.

28 Die aus Witterungsgründen ausgesprochene Entlassung ist sozial gerechtfertigt, weil für die Tätigkeit wegen Unmöglichkeit oder Unzumutbarkeit der Arbeitsleistung kein Bedürfnis mehr vorhanden ist. Hierfür ist eine vollständige Stilllegung der Arbeitsstelle oder des Betriebes nicht erforderlich (Neumann u. a. / *Neumann* Rdnr. 20).

29 Die Ausschlussbestimmung ist nicht auf das Baugewerbe begrenzt, wo sie im Übrigen wegen § 12 Nr. 2 des allgemeinverbindlichen Bundesrahmentarifvertrages **(BRTV-Bau)** kaum Bedeutung hat; nach dieser Regelung kann das Arbeitsverhältnis in der gesetzlichen Schlechtwetterzeit vom 1. November bis 31. März nicht aus Witterungsgründen gekündigt werden, weshalb entsprechende Kündigungen unwirksam sind (LPK-SGB IX / *Düwell* Rdnr. 16).

30 Der Ausschluss des besonderen Kündigungsschutzes betrifft vielmehr **alle Wirtschaftszweige,** in denen **aus Witterungsgründen** die Arbeit nicht mehr durchgeführt werden kann, z. B. in den Bereichen Land- und Forstwirtschaft, Gartenbau und Gärtnereien, Fischerei, Schifffahrt und Flößerei, Tagebergbau, Steinbrüche und Ziegeleien (Neumann u. a. / *Neumann* Rdnr. 20). Zu den Witterungsgründen gehören alle **Klimaeinflüsse,** die die Arbeiten ganz oder im wesentlichen Umfang unmöglich oder zumindest unzumutbar machen wie etwa Frost, Schnee, Hagel, Regen, Nässe, Überschwemmung, aber auch Trockenheit – z. B. Flößerei –, Dürre, Sturm (Neumann u. a. / *Neumann* a. a. O.; LPK-SGB IX / *Düwell* Rdnr. 17).

31 Die konkret geschuldeten Arbeiten müssen wegen der Wetterlage unterbrochen worden sein. Eine zustimmungsfreie Entlassung i. S. v. Abs. 2 kann nicht angenommen werden, wenn dem Arbeitgeber **Aufträge aus Witterungsgründen fehlen** und Arbeitnehmer deshalb nicht beschäftigt werden können, zumal auch der ursächliche Zusammenhang zwischen Auftragsrückgang und Witterung häufig schwer nachweisbar sein dürfte (Neumann u. a. / *Neumann* Rdnr. 20; LPK-SGB IX / *Düwell* Rdnr. 17; a. A. LAG München Urteil vom 24. Oktober 1986 – 3 Sa 438/86 = DB 1987, 1444 [Ls.] = NZA 1987, 522 [Ls.]).

32 Der Ausnahmetatbestand gilt nur für Beschäftigte in **Außenberufen**. Kann Innendienstpersonal wegen Wegfalls der Außenarbeiten nicht mehr beschäftigt werden, so ist für die Kündigung eines schwerbehinderten oder gleichgestellten behinderten Menschen die vorherige Zustimmung erforderlich (Kossens u. a. / *Kossens* Rdnr. 10; Neumann u. a. / *Neumann*

Rdnr. 20; Neumann [Hrsg.] HB-SGB IX / *Braasch* § 19 Rdnr. 127; a. A. Hauck / Noftz / *Griebeling* Rdnr. 16).

Der Kündigungsschutz ist gemäß § 90 Abs. 2 aber nur ausgeschlossen, wenn die **Wiedereinstellung** des schwerbehinderten Arbeitnehmers bei Wiederaufnahme der Arbeit **gewährleistet** ist. Eine solche Verpflichtung kann sich aus einer rechtsverbindlichen – nicht notwendig schriftlichen – Erklärung des Arbeitgebers, aber auch aus einem Tarifvertrag, einer Betriebsvereinbarung oder dem jeweiligen Arbeitsvertrag ergeben (LPK-SGB IX / *Düwell* Rdnr. 18). Fehlt eine entsprechende Zusage, so ist die ohne vorherige Zustimmung des Integrationsamtes erklärte Kündigung unwirksam. Bei Streit um die Wirksamkeit der Kündigung ist der Arbeitgeber für das Vorliegen der entsprechenden Zusage beweispflichtig (Neumann[Hrsg.] HB-SGB IX / *Braasch* § 19 Rdnr. 130). 33

Kommt der **Arbeitgeber** seiner **Verpflichtung zur Wiedereinstellung** aus von ihm zu vertretenden Gründen **nicht nach,** ist der Ausnahmetatbestand des Abs. 2 nicht erfüllt und die ausgesprochene Kündigung wegen Fehlens der Zustimmung des Integrationsamtes **von Anfang an unwirksam** (Neumann u. a. / *Neumann* Rdnr. 22, Neumann [Hrsg.] HB SGB IX / *Braasch* § 19 Rdnr. 130; a. A. LPK-SGB IX / *Düwell* Rdnr. 18; Kossens u. a. / *Kossens* Rdnr. 11: nur Anspruch auf Wiedereinstellung nach der Wiederaufnahme der Arbeit oder Anspruch auf Schadensersatz wegen Nichterfüllung). Denn eine Wiedereinstellung, die unterbleibt, war auch nicht gewährleistet, weshalb der **Ausnahmefall des Abs. 2 nicht** vorliegt (Neumann u. a. / *Neumann* Rdnr. 22). Außerdem spricht der Sinn und Zweck der Regelung für die Unwirksamkeit der ausgesprochenen Kündigung bei Verletzung der Arbeitgeberpflicht zur Wiedereinstellung bei Wiederaufnahme der Arbeit: Ein Arbeitgeber, der Arbeitnehmer in Außenberufen beschäftigt, soll ohne langwieriges Zustimmungsverfahren nach § 88 SGB IX aus Witterungsgründen Kündigungen aussprechen dürfen, um damit auf von ihm nicht beeinflussbare Ereignisse rasch reagieren zu können. Das **Gesetz unterstellt** hierbei jedoch die Voraussetzung, dass dem schwerbehinderten Arbeitnehmer der **Arbeitsplatz auch tatsächlich erhalten** bleibt (Neumann [Hrsg.] HB-SGB IX / *Braasch* Rdnr. 13). 34

Können allerdings die Arbeiten **aus einem von dem Arbeitgeber nicht zu vertretenden Grund** überhaupt nicht wieder aufgenommen werden, so ist die ohne Zustimmung ausgesprochene Kündigung trotzdem **wirksam** und es bestehen auch keine Schadensersatzansprüche (Neumann u. a. / *Neumann* Rdnr. 22 m. w. N.; a. A. Neumann(Hrsg.] HB-SGB IX / *Braasch* Rdnr. 131 a. E.) 35

C) zu Abs. 2a

1. Kündigung bei nicht offenkundiger Schwerbehinderung

a) Nachweisobliegenheit des schwerbehinderten Arbeitnehmers

Die arbeitgeberseitige Kündigung bedarf auch dann nicht der Zustimmung des Integrationsamts, wenn zum Zeitpunkt der Kündigung die **Eigenschaft als schwerbehinderter Mensch** nicht nachgewiesen ist. Ist die Schwerbehinderung nicht (wie im Fall einer sichtbaren Prothese) offenkundig, muss also der Nachweis durch den Bescheid des Versorgungsamtes – bzw. der kraft Landesrechts zuständigen Behörde – über das Vorliegen einer Behinderung und deren Grad (§ 69 Abs. 1 SGB IX) oder durch eine vergleichbare anderweitige Entscheidung nach § 69 Abs. 2 SGB IX geführt werden. 36

b) Anhängiges Feststellungsverfahren

Ist ein Verfahren auf Feststellung anhängig, hat das das Versorgungsamt nach § 69 Abs. 1 Satz 2 SGB IX **binnen drei Wochen nach Eingang des Antrags zu entscheiden,** wenn kein Sachverständigengutachten eingeholt werden muss. Ist für die Feststellung des Rehabilitationsbedarfs ein **Gutachten** erforderlich, erstellt der Gutachter das Gutachten innerhalb von zwei Wochen und die Entscheidung über die Feststellung ergeht nach weiteren zwei Wochen, insgesamt damit sieben Wochen nach Antragseingang (§ 14 Abs. 2 Satz 4, Abs. 5 Satz 2 und 37

5 SGB IX). Weiter nimmt § 69 Abs. 1 Satz 2 SGB IX Bezug auf § 60 Abs. 1 SGB I, der Regelungen über die **Mitwirkungspflichten** für Antragsteller von Sozialleistungen enthält.

38 Danach hat der Antragsteller auf Sozialleistungen alle **Tatsachen anzugeben,** die für die Leistung erheblich sind. Er muss auf Verlangen der zuständigen Leistungsträger der Erteilung der erforderlichen Auskünfte durch Dritte zustimmen bzw. **Beweismittel bezeichnen** und auf Verlangen des zuständigen Leistungsträgers Beweisurkunden vorlegen oder ihrer Vorlage zustimmen.

39 In diesem Fall gilt der besondere Kündigungsschutz nur, wenn das Versorgungsamt **ohne ein Verschulden des Antragstellers** bisher keine Entscheidung treffen konnte. Mit dieser Regelung soll ausgeschlossen werden, dass die Zustimmung des Integrationsamtes zur Kündigung auch in solchen Fällen eingeholt werden muss, in denen ein **von vornherein aussichtsloses Verfahren auf Anerkennung** als schwerbehinderter Mensch betrieben wird (vgl. oben Rdnr. 10).

40 Positiv formuliert bedeutet das, dass der besondere Kündigungsschutz stets dann besteht, wenn zum Zeitpunkt der Kündigung die Eigenschaft als schwerbehinderter Mensch nachgewiesen oder offenkundig ist (LAG Düsseldorf Urteil vom 22. März 2005 – 6 Sa 1938/04 = BehindertenR 2005, 198).

c) Zur grundsätzlichen Kritik an der Gesetzesfassung

41 Im Übrigen gilt die Bestimmung aber weithin als sprachlich missglückt, zumal die beiden gesetzlichen Alternativen, bei denen kein Sonderkündigungsschutz bestehen soll, sich gegenseitig – wenn dem Wortlaut gefolgt wird – ausschließen (vgl. z. B. LAG Rheinland-Pfalz Urteil vom 26. April 2006 – 9 Sa 29/06. zit. nach JURIS). Denn die zweite Alternative geht letztlich davon aus, dass zum Kündigungszeitpunkt eine Feststellung der Schwerbehinderteneigenschaft noch nicht getroffen ist und die erste Alternative lässt nach ihrem Wortlaut den Sonderkündigungsschutz gerade in diesen Sachverhalten entfallen. Aus der Gesetzesbegründung ergibt sich aber, dass dies eigentlich vom Gesetzgeber nicht gewollt war (LAG Rheinland Pfalz Urteil vom 26. April 2006 a. a. O.; zu den Konsequenzen vgl. unten Rdnrn. 46 ff.).

42 Auch hat der Gesetzgeber die für eine schnelle Rehabilitation gedachten Fristen in § 14 SGB IX unreflektiert auf die Antragstellung im Schwerbehindertenverfahren übernommen (kritisch hierzu *Göttling / Neumann* NZA – RR 2007, 281 [282]).

2. Geltung auch für Gleichgestellte

43 Die Vorschrift des § 90 Abs. 2a SGB IX **gilt auch für gleichgestellte Arbeitnehmer** (BAG Urteil vom 1. März 2007 – 2 AZR 217/06 = DB 2007, 1702 = BehindertenR 2007, 166; *Göttling / Neumann* NZA-RR 2007, 281 [284]; KR/*Etzel* 8. Aufl. §§ 85-90 SGB IX Rdnr. 53j; *Griebeling* NZA 2005, 494 [496]; *ders.*. in Hauck / Noftz Rdnr. 20; Kossens u. a. / *Kossens* Rdnr 18; *Grimm / Brock / Windeln* DB 2005, 282 [284]; *Westers* BehindertenR 2004, 93 [96]; *Rolfs / Barg* BB 2005, 1678 [1680 f.]; a. A. *Düwell* BB 2004, 2811 [2813]; *Bauer / Powietzka* NZA-RR 2004, 505 [507 Fn. 15]); *Schlewing* NZA 2005, 1218 [1224]; die abw. Ansicht argumentiert vor allem mit dem Wortlaut der Vorschrift, da das Gesetz nur von den „Versorgungsämtern" und von schwerbehinderten Menschen spricht).

44 Der **Wortlaut** des § 90 Abs. 2a SGB IX erwähnt in der Tat nur schwerbehinderte Menschen, nicht aber Gleichgestellte. Dies **steht** jedoch einer Anwendung der Norm auf die Gleichgestellten **nicht entgegen**. Auf Grund der klaren **Generalverweisung des § 68 Abs. 3 SGB IX** sind auf gleichgestellte behinderte Menschen die besonderen Regelungen für schwerbehinderte Menschen (mit Ausnahme des § 125 und des Kapitels 13) anzuwenden. Ebenso wie die Kündigung eines Gleichgestellten anerkanntermaßen der Zustimmung des Integrationsamtes bedarf, obwohl auch § 85 SGB IX sich dem Wortlaut nach auf diese nicht bezieht, gilt § 90 Abs. 2a SGB IX auch für Gleichgestellte (BAG Urteil vom 1. März 2007 a. a. O.).

Diese Auslegung entspricht auch der **gesetzgeberischen Zielsetzung,** dem **Missbrauch des** **45** **Kündigungsschutzes** in den Fällen entgegenzuwirken, in denen Arbeitnehmer ein von vornherein aussichtsloses Feststellungs- oder Gleichstellungsverfahren nur mit dem Ziel in die Wege leiten, die Regelungen über den Kündigungsschutz für die Zeit dieses Verfahrens in Anspruch zu nehmen (BR-Drucks. 746/2/03 S. 23). Da der Gesetzgeber Missbrauch nicht lediglich beim Sonderkündigungsschutz für schwerbehinderte Menschen, sondern **auch bei der Anerkennung als einem schwerbehinderten Menschen Gleichgestellter** erkannt hatte (vgl. hierzu näher BAG Urteil vom 1. März 2007 a. a. O.), gebietet der Sinn und Zweck der Vorschrift ihre Anwendung auch auf Gleichgestellte. Dies gilt umso mehr, als die gegenteilige Auffassung zu dem widersprüchlichen Ergebnis führen würde, dass während des Gleichstellungsverfahrens nach wie vor – bei nachträglicher Anerkennung – von Beginn an Sonderkündigungsschutz bestünde, während „echte" schwerbehinderte Arbeitnehmer den Einschränkungen des § 90 Abs. 2a SGB IX unterlägen. Dass der Gesetzgeber eine derartige Ungleichbehandlung beabsichtigt habe, ist nicht anzunehmen (BAG Urteil vom 1. März 2007 a. a. O.).

3. Sachgerechte Auslegung der 2. Alt. der Vorschrift

Die Eigenschaft als schwerbehinderter Mensch ist nachgewiesen, wenn das Versorgungsamt **46** einen Grad der Behinderung (**GdB**) **von 50 oder mehr bereits festgestellt** hat oder ein **Gleichstellungsbescheid** der Agentur für Arbeit vorliegt. **Nachgewiesen** im Sinne von § 90 Abs. 2a 1. Alt. SGB IX verlangt dabei **nicht die vorherige Vorlage des entsprechenden Bescheides beim Arbeitgeber.** Die diesbezüglich eindeutige Formulierung des Vorschlages des Bundesrates, wonach die entsprechenden Bescheide dem Arbeitgeber vorgelegt sein mussten, hat der Gesetzgeber nicht aufgegriffen. Die Begründung zum Gesetz stellt ausdrücklich nicht auf die Vorlage des Ausweises, sondern **allein auf den Feststellungsbescheid ab,** wobei der geforderte Nachweis dem Arbeitgeber nicht vor Zugang der Kündigung geführt worden sein muss (LAG Düsseldorf Urteil vom 22. März 2005 – 6 Sa 1938/04 = BehindertenR 2005, 198; ArbG Bonn Urteil vom 25. November 2004 – 7 Ca 2459/04 = NZA-RR 2005, 193; ArbG Kassel Urteil vom 19. November 2004 – 3 Ca 323/04 = BehindertenR 2005, 85; *Düwell* BB 2004, 2811 [2812]; *Cramer* NZA 2004, 698 [704]; *Westers* BehindertenR 2004, 93 [95]; *Kuhlmann* BehindertenR 2004, 181 [182]; *Griebeling* NZA 2005, 494 [496 f.]; *ders.* in Hauck / Noftz Rdnr. 22; Kossens u. a. / *Kossens* Rdnr. 20; *Grimm / Brock / Windeln* DB 2005, 282 [285]; *Rolfs / Barg* BB 2005, 1678 [1679]; *Schlewing* NZA 2005, 1218 [1219]; a. A. *Bauer / Powietzka* NZA-RR 2004, 505 [507]; *Cramer* NZA 2004, 698 [704]; *Böhm* ArbRB 2004, 377). Das BAG Urteil vom 1. März 2007 a. a. O. die Frage als nicht entscheidungserheblich offen gelassen; allerdings sprechen nach Ansicht des Senats die besseren Gründe für die erstgenannte Auslegung).

Ausweislich der Gesetzesmaterialien (vgl. oben Rdnr. 10) sind die am Gesetzgebungsverfahren Beteiligten von der Vorstellung ausgegangen, der Schutz solle nach der 1. Alt. des § 90 **47** Abs. 2a SGB IX **bereits mit der behördlichen Feststellung** beginnen. Dazu passt auch, dass die 2. Alt. dieser Vorschrift ebenfalls auf die „Feststellung" abstellt, nämlich darauf, dass bei rechtzeitiger und ordnungsgemäßer Antragstellung des Arbeitnehmers das Versorgungsamt die Feststellung der Schwerbehinderung bereits zum Zeitpunkt der Arbeitgeberkündigung getroffen hätte.

Denn aus der Gesetzesbegründung folgt zugleich, dass die gesetzlich geregelte 2. Alt. des **48** § 90 Abs. 2a SGB IX den Fall betrifft, dass ein **Verfahren auf Feststellung** der Schwerbehinderteneigenschaft **zum Zeitpunkt des Kündigungszugangs anhängig** ist und der Arbeitnehmer deshalb seine Schwerbehinderung noch nicht mittels eines Bescheides nach § 69 Abs. 1 SGB IX nachweisen kann. In diesen Fällen greift der besondere Kündigungsschutz nur noch ein, wenn das **Versorgungsamt ohne Verschulden des Arbeitnehmers innerhalb der Fristen des § 69 Abs. 1 Satz 2 SGB IX keine Feststellungen treffen** konnte (BAG Urteil vom 1. März 2007 a. a. O.; *Düwell.* BB 2004, 2811 [2812]; *Griebeling* NZA 2005, 494 [497 f.]; *ders.* in Hauck / Noftz Rdnr. 23; *Grimm / Brock / Windeln* DB 2005, 282 [283];

Westers BehindertenR 2004, 93 [96]). Die Vorschrift verweist auf die Fristen des § 14 Abs. 2 sowie Abs. 5 Satz 2 und 4 SGB IX, die sich auf die Feststellung von Rehabilitationsbedarf beziehen. Muss für diese Feststellung ein Gutachten nicht eingeholt werden, entscheidet der Rehabilitationsträger innerhalb von drei Wochen nach Antragseingang (§ 14 Abs. 2 Satz 2 SGB IX).

49 Bei dieser Auslegung stehen **beide Alternativen sinnvoll nebeneinander** und zwar dergestalt, dass bei nicht offenkundigen Behinderungen **in der ersten Alternative** ein **Bescheid** vorliegt über die Anerkennung als schwerbehinderter Mensch bzw. ein Gleichstellungsbescheid, während bei der **zweiten Alternative** ein derartiger **Bescheid zwar beantragt** ist, aber ohne Mitwirkungsverschulden des Arbeitnehmers vom Versorgungsamt nicht innerhalb der gesetzlichen Fristen **beschieden** worden ist (LAG Düsseldorf Urteil vom 22. März 2005 a. a. O.).

50 Diese Auffassung trägt dem Willen des Gesetzgebers Rechnung, **einem Missbrauch des besonderen Kündigungsschutzes** für schwerbehinderte Menschen **entgegenzuwirken,** weil oftmals Anträge in der Vergangenheit darauf beruhen, dass Mitarbeiter unmittelbar vor Zugang der Kündigung ein in der Regel aussichtsloses Anerkennungsverfahren beim Versorgungsamt betrieben haben (vgl. insoweit *Feldes / Kossack* AiB 2004, 453 [454]; *Cramer* NZA 2004, 698 [704]; *Düwell* BB 2004, 2811 [2812]). Nach dem Gesetzeswortlaut greifen demnach die Ausnahmeregelungen gem. § 90 Abs. 2a SGB IX in zwei Fällen nicht ein: Es liegt entweder bereits ein Feststellungsbescheid vor, oder aber ein Feststellungsverfahren ist anhängig und deshalb kann noch kein Nachweis durch Bescheid zum Zeitpunkt der Kündigung geführt werden. Es handelt sich um zwei unterschiedliche gesetzliche Tatbestände, deren Voraussetzungen jeweils zu überprüfen sind (LAG Düsseldorf Urteil vom 22. März 2005 a. a. O.).

51 Demnach bleibt gem. § 90 Abs. 2a, 2. Alt. SGB IX der Sonderkündigungsschutz trotz fehlenden Nachweises (nur) bestehen, wenn der Antrag so frühzeitig vor Kündigungszugang gestellt worden ist, dass eine Entscheidung vor Ausspruch der Kündigung – bei ordnungsgemäßer Mitwirkung des Antragstellers – binnen der Frist des § 69 Abs. 1 Satz 2 SGB IX möglich gewesen wäre. Dies hat folgende Konsequenz: Der **Antrag** muss **mindestens drei Wochen vor der Kündigung gestellt** sein. § 90 Abs. 2a, 2. Alt. SGB IX erweist sich damit als **Bestimmung einer Vorfrist** (BAG Urteil vom 1. März 2007 a. a. O.; im gleichen Sinne schon OVG Münster Urteil vom 13. Juni 2006 – 12 A 1778/06 = BehindertenR 2007, 26).

52 Da ein sich endgültig als aussichtslos erweisendes Anerkennungsverfahren auch nach bisheriger Rechtslage keinen besonderen Kündigungsschutz begründen konnte, kann das Gesetz nur dahingehend verstanden werden, dass mit § 90 Abs. 2a SGB IX **Rechtssicherheit** geschaffen werden sollte. Das setzt voraus, dass ein Antrag auf Anerkennung der Schwerbehinderteneigenschaft (bzw. Gleichstellung mit einem schwerbehinderten Menschen) so **frühzeitig – d. h. unter Einhaltung der Drei-Wochen-Frist** des § 69 Abs. 1 Satz 2, § 14 Abs. 2 SGB IX – und zudem **ordnungsgemäß mit allen erforderlichen Angaben** gestellt werden muss, dass eine positive Entscheidung vor Ausspruch der Kündigung bei ordnungsgemäßer Bearbeitung möglich gewesen wäre. Dabei ist, da § 90 Abs. 2a SGB IX allein auf „die Frist" des § 69 Abs. 1 Satz 2 SGB IX verweist, **nur die dreiwöchige Grundfrist maßgeblich.** Ein anderes Verständnis – je nach Lage drei- oder siebenwöchige Frist – würde dem Ziel des Gesetzgebers zuwiderlaufen, Rechtssicherheit in die, wie schon der Wortlaut des Gesetzes zeigt, durch verfahrensrechtliche Komplikationen erheblich befrachtete Materie hinein zu tragen (BAG Urteil vom 1. März 2007 a. a. O.).

53 Eine **sonstige Verletzung der Mitwirkungspflicht** seitens des schwerbehinderten Arbeitnehmers, der die Anerkennung als schwerbehinderter Mensch anstrebt, nach § 60 Abs. 1 SGB I dürfte **in der Praxis die absolute Ausnahme** darstellen (*Göttling / Neumann* NZA – RR 2007, 281 [286]). In der Regel hat er ein **Interesse an einer zeitnahen Entscheidung** über seinen Antrag. Einer Aufforderung der Behörde, eine Erklärung über die Entbindung von der Schweigepflich einzureichen oder die Ärzte bzw. die Kliniken zu benennen, in denen

er in letzter Zeit in Behandlung war, wird er regelmäßig nachkommen. Andernfalls bleibt für die Frage, ob sein **Fehlverhalten ursächlich** für die zu späte Entscheidung der Behörde wurde, zu prüfen, ob diese auch bei Erfüllung der Mitwirkungspflichten durch den Antragsteller die Fristen des § 14 Abs. 2 Satz 2 und Abs. 5 Satz 2 und 4 SGB IX eingehalten hätte, was aber höchst selten zutreffen dürfte (*Göttling / Neumann* a. a. O.). Somit kommt dem im Gesetz genannten Fall, dass die **Behörde nach Ablauf der Frist** des § 69 Abs. 1 Satz 2 SGB IX **keine Feststellung wegen fehlender Mitwirkung** treffen konnte, **kaum praktische Bedeutung** zu.

Die **Vorschrift** muss deshalb **wie folgt gelesen** werden (vgl. *Göttling / Neumann* NZA-RR 2007, 281 [287[): „Die Vorschriften dieses Kapitels finden ferner keine Anwendung, wenn zum Zeitpunkt der Kündigung die Eigenschaft als schwerbehinderter Mensch nicht nachgewiesen bzw. dem Arbeitgeber nicht bekannt ist oder der Arbeitnehmer außerhalb der Fristen des § 14 Abs. 2 Satz 2 bzw. Abs. 5 Satz 2 und 4 SGB IX keinen Antrag auf Anerkennung als schwerbehinderter Mensch bzw. auf Gleichstellung gestellt hat". 54

Hat der schwerbehinderte Arbeitnehmer den **Antrag bei einer unzuständigen Behörde** gestellt, reicht dies aus. Verzögerungen bei der Weiterleitung und Bearbeitung eines gestellten Antrages können dem Arbeitnehmer nicht als unterlassene Mitwirkung gemäß § 90 Abs. 2a SGB IX zugerechnet werden (⌂ LAG Köln Urteil vom 27. November 2006 – 14 Sa 396/06, zit. nach JURIS). 55

4. Darlegungs- und Beweislast

Der **Arbeitgeber,** der sich auf die Ausnahmeregelung in § 90 Abs. 2a 2. Alt. SGB IX beruft, ist **darlegungs- und beweispflichtig** dafür, dass die Frist des § 69 Abs. 2 Satz 2 SGB IX verstrichen ist, weil der behinderte Mensch **pflichtwidrig nicht mitgewirkt** hat und deshalb die Entscheidung des Versorgungsamtes verzögert hat (⌂ LAG Düsseldorf Urteil vom 22. März 2005 a. a. O.; *Cramer* NZA 2004, 698 [704]; *Düwell* BB 2004, 2811 [2812]; *Grimm / Brock / Windeln* DB 2005, 282 [283]; *Rehwald / Kossack* AiB 2004, 604 [607]; *Bauer / Powietzka,* NZA 2004, 505 [507]). 56

Da diese Umstände in der Sphäre des Arbeitnehmers liegen und der Arbeitgeber vom Verlauf des Anerkennungsverfahrens regelmäßig keine Kenntnis hat, ist nach den Grundsätzen der **abgestuften Darlegungs- und Beweislast** zu verlangen, dass sich der **Arbeitnehmer nach § 138 Abs. 2 ZPO substantiiert zur Erfüllung seiner Mitwirkungspflichten erklärt,** wenn der Arbeitgeber bei feststehender Fristüberschreitung pauschal die Verletzung von Mitwirkungspflichten des Arbeitnehmers behauptet (⌂ LAG Düsseldorf Urteil vom 22. März 2005 a. a. O.; *Bauer / Powietzka* a. a. O.). 57

Bleibt zwischen Arbeitgeber und Arbeitnehmer **strittig,** ob die **Kündigung zustimmungsbedürftig** ist, muss hierüber **im arbeitsgerichtlichen Verfahren** entschieden werden. Die **Beweislast trifft den Arbeitnehmer,** der sich auf die Voraussetzungen des besonderen Kündigungsschutzes beruft. 58

5. Geltung der Vorschrift auch bei rückwirkender Feststellung bzw. Gleichstellung

Die Vorschrift des § 90 Abs. 2a 2. Alt. SGB IX bezieht sich **nicht nur auf Erstverfahren beim Versorgungsamt bis zu dessen Abschluss.** Hat das Versorgungsamt erstinstanzlich einen GdB unterhalb von 50 festgestellt und wird die Entscheidung **auf Rechtsmittel** dahingehend abgeändert, dass der **GdB oberhalb von 50 festgesetzt** wird, greift ebenfalls der besondere Kündigungsschutz nach § 85 ein (⌂ LAG Düsseldorf Urteil vom 22. März 2005 a. a. O.; ⌂ LAG Nürnberg Urteil vom 4. Oktober 2005 – 6 Sa 263/05, zit. nach JURIS; ⌂ LAG Köln Urteil vom 16. Juni 2006 – 12 Sa 168/06 = BB 2007, 163 = NZA-RR 2007, 133; ⌂ LAG Hamm Urteil vom 10. Mai 2007 – 8 Sa 263/07, zit. nach JURIS; Rev. eingelegt unter 2 AZR 522/07; *Rolfs / Barg* BB 2005, 1678 [1680]; ErfK/*Rolfs* Rdnr. 6; vgl. auch *Bitzer* NZA 2006, 1082); a. A. *Kuhlmann* BehindertenR 2005, 181 [182] unter III; *Powietzka* BB 2007, 2118 59

[2124]). Das gilt jedenfalls dann, wenn die **neue Entscheidung** auf einer **anderen Bewertung** des **Sachverhalts** und **nicht auf neuem Vorbringen des schwerbehinderten Menschen** beruht. Denn die Voraussetzungen des Kündigungsschutzes können nicht allein deshalb entfallen, weil das Versorgungsamt erstinstanzlich eine falsche Entscheidung trifft (LAG Hamm Urteil vom 10. Mai 2007 a. a. O.). Es war die Zielsetzung der Gesetzesnovellierung, bei missbräuchlichen Antragstellungen den Sonderkündigungsschutz zu versagen. Ein solcher Missbrauchsfall liegt aber in dieser Konstellation nicht vor (*Rolfs / Barg* a. a. O.). Außerdem ist infolge der **Rückwirkung von Widerspruchsbescheid** und verwaltungsgerichtlichem Verpflichtungsurteil zum Zeitpunkt der Kündigungserklärung ein Nachweis der Schwerbehinderung gegeben (*Rolfs / Barg* a. a. O.; krit. hierzu aber *Powietzka* a. a. O. mit dem Argument, dass dann die Vorschrift des Abs. 2a insgesamt leer liefe und das Ziel der Rechtssicherheit verfehlt würde).

6. Verzögerung durch Verschlimmerungsantrag

60 Hat der Arbeitnehmer zeitlich weit **vor Zugang der Kündigung** einen **Gleichstellungsantrag** gestellt und den Arbeitgeber hierüber binnen eines Monats unterrichtet, bleibt der Gleichstellungsantrag jedoch unbeschieden, weil der Arbeitnehmer aufgrund eines kurz vor Zugang der Kündigung gestellten **Verschlimmerungsantrags** die Anerkennung als Schwerbehinderter rückwirkend zum Zeitpunkt der Antragstellung erlangt, so kann sich der Arbeitnehmer erfolgreich auf die **Unwirksamkeit** der ohne Zustimmung des Integrationsamtes erklärten **Kündigung** berufen, auch wenn er den Arbeitgeber **nicht über den zusätzlichen Verschlimmerungsantrag unterrichtet** hat (LAG Hamm Urteil vom 10. Mai 2007 a. a. O.).

7. Frist für nachträgliche Mitteilung des Arbeitnehmers

61 Vor Einführung des § 90 Abs. 2a SGB IX war in ständiger Rechtsprechung eine **Regelfrist von einem Monat** zugrunde gelegt wurden, in welcher der Arbeitnehmer **nach Zugang der Kündigung** den Arbeitgeber auf seine anerkannte – aber nicht offenkundige – Schwerbehinderung bzw. das zum Zeitpunkt des Kündigungszugangs laufende Antragsverfahren beim Versorgungsamt hinweisen musste. Verletzte der Arbeitnehmer diese Mitteilungsobliegenheit, **verwirkte** er den **Sonderkündigungsschutz** nach § 85 SGB IX (vgl. z. B. BAG Urteil vom 7. März 2002 – 2 AZR 612/00 = BAGE 100, 355 = NJW 2002, 3568 = BehindertenR 2002, 213; Urteil vom 20. Januar 2005 – 2 AZR 675/03 = NJW 2005, 2796 = NZA 2005, 689). Allerdings hat das BAG hinsichtlich der Länge der Frist eine **mögliche Rechtsprechungsänderung** angekündigt: Seit der Änderung der Regelung über die **Klagefrist in § 4 KSchG** muss der Arbeitnehmer **innerhalb von drei Wochen nach Zugang der Kündigung Klage** erheben, wenn er die Unwirksamkeit der Kündigung wegen fehlender Zustimmung des Integrationsamts nach § 85 SGB IX geltend machen will. Der Zweite Senat des BAG erwägt deshalb, **künftig** eine **Regelfrist von drei Wochen** nach Kündigungszugang zugrunde zu legen, innerhalb derer der Arbeitnehmer den Arbeitgeber auf seine Schwerbehinderung oder den anhängigen Feststellungsantrag beim Versorgungsamt hinweisen muss (vgl. BAG Urteil vom 12. Januar 2006 – 2 AZR 539/05 = NZA 2006, 1035 = AP Nr. 3 zu § 85 SGB IX).

62 Eine solche **Harmonisierung** der Klagefrist und der Frist für die Mitteilung der Schwerbehinderung durch Rechtsfortbildung ist **zu begrüßen** (so auch *Powietzka* BB 2007, 2118 [2124]). Allerdings hat das **LAG Hamm** in einem Urteil vom 10. Mai 2007 (8 Sa 263/07, zit. nach JURIS) hiergegen **Bedenken** erhoben, weil kein **sachlicher Zusammenhang** zwischen der Dauer der Klagefrist und der Regelfrist für die Obliegenheit des schwerbehinderten Arbeitnehmers zur Mitteilung an den Arbeitgeber bestehe. Da gegen die letztgenannte Entscheidung Revision eingelegt wurde (Az. des BAG: 2 AZR 522/07), dürfte in absehbarer Zeit eine endgültige Klärung dieser derzeit offenen Rechtsfrage zu erwarten sein.

D) zu Abs. 3

1. Anzeigepflichten

Jeder Arbeitgeber – unabhängig von einer Beschäftigungspflicht nach § 71 – hat dem Integrationsamt in zwei Fällen unabhängig von der Anzeigepflicht nach anderen Gesetzen innerhalb von vier Tagen Mitteilung zu machen: 63

a) Einstellungen auf Probe

Einstellungen von schwerbehinderten Menschen auf Probe sind unabhängig davon anzuzeigen, wie lang die Probezeit ist und ob das Probearbeitsverhältnis befristet oder unbefristet abgeschlossen wird. 64

b) Beendigungen nach Abs. 1 Nr. 1

Die Beendigung von Arbeitsverhältnissen während der ersten sechs Monate ist ebenfalls dem Integrationsamt anzuzeigen. **Anzeigepflichtig** sind aber **nur** die Beendigungen nach Abs. 1 Nr. 1, also die **Kündigungen** von Arbeitsverhältnissen bis zur Dauer von sechs Monaten. Beendigungen ohne Kündigung, z. B. infolge Fristablaufs oder Aufhebungsvertrags, werden von Abs. 1 Nr. 1 nicht berührt, weshalb sich die Anzeigepflicht hierauf auch nicht erstreckt (LPK-SGB IX / *Düwell* Rdnr. 19; Hauck / Noftz / *Griebeling* Rdnr. 8; Kossens u. a. / *Kossens* Rdnr. 14; *Müller-Wenner* / Schorn Rdnr. 35; a. A. Neumann u. a. / *Neumann* Rdnr. 24; Neumann [Hrsg.], HB SGB IX / *Braasch* Rdnr. 132). 65

Die Anzeige muss der Arbeitgeber **innerhalb von vier Tagen** erstatten. Die Frist beginnt bei der Einstellung eines schwerbehinderten Menschen zur Probe mit dem **Tag des vereinbarten Antritts des Arbeitsverhältnisses** (LPK-SGB IX / *Düwell* Rdnr. 21; *Müller-Wenner* / Schorn Rdnr. 38). Bei noch nicht länger als sechs Monate ununterbrochen bestehenden Arbeitsverhältnissen i. S. von Abs. 1 Satz 1 beginnt die Frist nach dem Wortlaut des Gesetzes mit der **tatsächlichen Beendigung** (Neumann u. a. / *Neumann* Rdnr. 24 mit m. w. Nachw. aus dem Schrifttum zu § 20 SchwbG). Auf den Tag des Ausspruchs einer Kündigungserklärung (so LPK-SGB IX / *Düwell* Rdnr. 19; Kossens u. a. / *Kossens* Rdnr. 15) oder ihres Zugangs (so *Müller-Wenner* / Schorn Rdnr. 38; Hauck / Noftz / *Griebeling* Rdnr. 8) kommt es hingegen nicht an. 66

Die **Vorschrift** erscheint insoweit **rechtspolitisch nicht geglückt**. Ihr unbestrittenes **Ziel** ist die Möglichkeit der **Hilfestellung durch das Integrationsamt** im Rahmen seiner Aufgaben nach § 102 Abs. 1 und 2 SGB IX, z. B. durch das Angebot begleitender Hilfen im Arbeitsleben (Neumann [Hrsg.], HB-SGB IX / *Braasch* Rdnr. 132; LPK-SGB IX / *Düwell* Rdnr. 19). Insoweit ist eine **Unterscheidung** zwischen Beendigungen von noch kurzzeitigen Arbeitsverhältnissen durch **arbeitgeberseitige Kündigung oder durch sonstige Gründe** (z. B. Aufhebung, Kündigung des schwerbehinderten Menschen) **wenig überzeugend** (so auch LPK-SGB IX / *Düwell* a. a. O.). Zum anderen kann es im Einzelfall sicher hilfreich sein, wenn derartige **Hilfsangebote bereits vor der endgültigen Trennung** zwischen Arbeitgeber und schwerbehindertem Beschäftigten unterbreitet werden, damit der Arbeitgeber u. U. durch Zusage von Leistungen nach § 102 Abs. 3 Nr. 2 SGB IX zur Fortsetzung des Arbeitsverhältnisses bewogen werden kann. Es wäre deshalb zu begrüßen, wenn der Gesetzgeber den ersichtlich zu eng gefassten Wortlaut der Vorschrift in den genannten beiden Richtungen erweitern würde. 67

Eine besondere **Form** für die Anzeige ist nicht vorgesehen, sodass auch eine mündliche Information des Integrationsamtes ausreichen würde. Aus Beweisgründen empfiehlt sich jedoch die Schriftform. 68

Eine **Verletzung der Anzeigepflicht** bleibt **sanktionslos,** sie wird nicht von einem der Bußgeldtatbestände des § 156 SGB IX erfasst. Insbesondere wird eine zustimmungsfreie Kündigung nicht etwa nunmehr von der Zustimmung des Integrationsamtes abhängig (BAG Urteil vom 21. März 1980 – 7 AZR 314/78 = AP Nr. 1 zu § 17 SchwbG = DB 1980, 1701). 69

Deshalb kommt der Vorschrift **keine große praktische Bedeutung** zu (*Müller-Wenner / Schorn* Rdnr. 39; LPK-SGB IX / *Düwell* Rdnr. 20). Allerdings kann der Arbeitgeber gegenüber dem schwerbehinderten Arbeitnehmer **aus positiver Vertragsverletzung schadensersatzpflichtig** sein, wenn dem Arbeitnehmer durch die Unterlassung der Meldung ein Schaden erwachsen ist, zum Beispiel wegen verspäteter Geldleistungen des Integrationsamtes, bei deren – rechtzeitiger – Gewährung der Arbeitgeber das Arbeitsverhältnis nicht beendet hätte (BAG Urteil vom 21. März 1980 a. a. O.). Nach weitergehender Ansicht soll in einem derartigen Fall sogar im Wege der Wiederherstellungspflicht ein **Wiedereinstellungsanspruch** in Betracht kommen (LPK-SGB IX / *Düwell* Rdnr. 20 m. w. N.). Jedoch sind derartige Überlegungen eher theoretischer Natur, weil der entsprechende **Nachweis der Ursächlichkeit zwischen Unterlassung und Schaden kaum zu führen** sein wird (*Müller-Wenner / Schorn* Rdnr. 39).

IV. Literatur

Cramer, Horst H., Die Neuerungen im Schwerbehindertenrecht des SGB IX, NZA 2004, 698

Bauer, Jobst-Huberus / **Powietzka,** Arnim, Kündigung schwerbehinderter Arbeitnehmer – Nachweis, Sozialauswahl, Klagefrist und Reformbedarf, NZA-RR 2004, 505

Bitzer, Peter, Sonderkündigungsschutz schwerbehinderter Menschen – Rechtsprechung und Standpunkte zu § 90 Abs. 2a SGB IX, NZA 2006, 1082

Düwell Franz Josef, Der Kündigungsschutz schwerbehinderter Beschäftigter nach der Novelle vom 23. 4. 2004, BB 2004, 2811

Friemel, Kilian / **Walk,** Frank, Kündigungsschutz für schwerbehinderte Menschen? Ein Überblick über die gesetzlichen Einschränkungen, AiB 2005, 598

Göttling, Wulfhard / **Neumann,** Michael, Leicht verständlicher Kündigungsschutz schwerbehinderter Menschen, NZA – RR 2007, 281

Griebeling, Jürgen, Neues im Sonderkündigungsschutz schwerbehinderter Menschen, NZA 2005, 494

Grimm, Detlef / **Brock,** Martin / **Windeln,** Norbert, Einschränkung des besonderen Kündigungsschutzes für Schwerbehinderte im SGB IX, DB 2005, 282

Großmann, Ruppert, § 90 Abs. 2a SGB IX und das rechtsstaatliche Bestimmtheitsgebot, ArbuR 2007, 70

Powietzka, Armin, Aktuelle Rechtsprechung zum Kündigungsschutz schwerbehinderter Arbeitnehmer, BB 2007, 2118

Rolfs, Christian / **Barg,** Eric Sebastian, Kein Sonderkündigungsschutz bei fehlendem Nachweis der Schwerbehinderung – der neue § 90 Abs. 2a SGB IX BB 2005, 1678

Schlewing, Anja, Der Sonderkündigungsschutz schwerbehinderter Menschen nach der Novelle des SGB IX -Zur Auslegung des neu eingeführten § 90 IIa SGB IX, NZA 2005, 1218

Seel, Henning-Alexander, Rechtsfragen bei Kündigung schwerbehinderter Arbeitnehmer, MDR 2007, 499

Westers, Birgit, Neuregelungen im Recht des besonderen Kündigungsschutzes nach dem Neunten Buch Sozialgesetzbuch (SGB IX), BehindertenR 2004, 93

§ 91
Außerordentliche Kündigung

(1) Die Vorschriften dieses Kapitels gelten mit Ausnahme von § 86 auch bei außerordentlicher Kündigung, soweit sich aus den folgenden Bestimmungen nichts Abweichendes ergibt.

(2) ¹Die Zustimmung zur Kündigung kann nur innerhalb von zwei Wochen beantragt werden; maßgebend ist der Eingang des Antrages bei dem Integrationsamt. ²Die Frist beginnt mit dem Zeitpunkt, in dem der Arbeitgeber von den für die Kündigung maßgebenden Tatsachen Kenntnis erlangt.

(3) ¹Das Integrationsamt trifft die Entscheidung innerhalb von zwei Wochen vom Tage des Eingangs des Antrages an. ²Wird innerhalb dieser Frist eine Entscheidung nicht getroffen, gilt die Zustimmung als erteilt.

(4) Das Integrationsamt soll die Zustimmung erteilen, wenn die Kündigung aus einem Grunde erfolgt, der nicht im Zusammenhang mit der Behinderung steht.

(5) Die Kündigung kann auch nach Ablauf der Frist des § 626 Abs. 2 Satz 1 des Bürgerlichen Gesetzbuchs erfolgen, wenn sie unverzüglich nach Erteilung der Zustimmung erklärt wird.

(6) Schwerbehinderte Menschen, denen lediglich aus Anlass eines Streiks oder einer Aussperrung fristlos gekündigt worden ist, werden nach Beendigung des Streiks oder der Aussperrung wieder eingestellt.

ERLÄUTERUNGEN

ÜBERSICHT

I. Bedeutung der Vorschrift (Rdnrn. 1–6)
II. Fassung (Rdnr. 7)
III. Anmerkungen (Rdnrn. 8–87)
  A) zu Abs. 1
    1. Außerordentliche Kündigung (Rdnrn. 8–18)
  B) zu Abs. 2
    1. Zustimmung des Integrationsamts (Rdnrn. 19–21)
    2. Ausschlussfrist von zwei Wochen (Rdnrn. 22–47)
  C) zu Abs. 3
    1. Zweiwochenfrist zur Entscheidung (Rdnrn. 48–50)
    2. Zustimmungsfiktion bei Nichtentscheidung (Rdnrn. 51–56)
  D) zu Abs. 4
    1. Regelmäßige Zustimmung bei nicht behinderungsbedingter Kündigung (Rdnrn. 57–73)
  E) zu Abs. 5
    1. Zeitpunkt der Kündigung durch den Arbeitgeber (Rdnrn. 74–84)
  F) zu Abs. 6
    1. Wiedereinstellungspflicht nach Arbeitskämpfen (Rdnrn. 85–88)
IV. Literatur

I. Bedeutung der Vorschrift

Der besondere Kündigungsschutz gegenüber schwerbehinderten Arbeitnehmern gilt auch für außerordentliche, fristlose Kündigungen durch den Arbeitgeber. Allerdings ist hierfür die Kündigungsfrist nach § 86 SGB IX nicht anwendbar. Im Übrigen bedürfen sie aber der 1

Zustimmung des Integrationsamtes nach §§ 85, 87 – 90 SGB IX, soweit sich aus den Abs. 2 – 6 keine Einschränkungen ergeben (**Abs. 1**).

2   Die Zustimmung zur Kündigung kann nur innerhalb einer Zweiwochenfrist beantragt werden. Diese beginnt mit dem Zeitpunkt der Kenntnis des Arbeitgebers von dem Vorliegen eines wichtigen Grundes zur Kündigung. Innerhalb dieser Frist muss der Antrag auf Zustimmung bei dem Integrationsamt eingegangen sein (**Abs. 2**).

3   Abweichend von § 88 Abs. 1 SGB IX ist das Integrationsamt zu einer beschleunigten Entscheidung über den Antrag gehalten. Diese muss innerhalb von zwei Wochen nach Eingang des Antrags getroffen werden. Andernfalls gilt die Zustimmung als erteilt (**Abs. 3**).

4   Das Ermessen des Integrationsamtes ist insofern eingeschränkt, als die Zustimmung grundsätzlich erteilt werden muss, wenn die beabsichtigte fristlose Kündigung aus einem wichtigen Grund erfolgen soll, der mit der Behinderung nicht im Zusammenhang steht (**Abs. 4**).

5   Stimmt das Integrationsamt der Kündigung zu, muss der Arbeitgeber diese unverzüglich erklären (**Abs. 5**).

6   In **Abs. 6** wird eine Sonderregelung für Kündigungen aus Anlass eines Streiks oder einer Aussperrung getroffen: Nach Beendigung einer solchen Arbeitskampfmaßnahme sind schwerbehinderte Menschen, denen lediglich aus diesem Anlass fristlos gekündigt wurde, wieder einzustellen.

II. Fassung

7   Die Vorschrift wurde unverändert aus dem Regierungsentwurf (BT-Drucks. 14/5531 i. V. m. 14/5074) übernommen. Sie ist inhaltsgleich mit § 21 SchwbG a. F.

III. Anmerkungen

A) zu Abs. 1

1. Außerordentliche Kündigung

8   Eine wirksame außerordentliche Kündigung löst das befristete oder unbefristete Arbeitsverhältnis vorzeitig. Sie muss aber auf einen **wichtigen Grund** i. S. von **§ 626 BGB** und der hierzu ergangenen Rechtsprechung gestützt werden. Diese Vorschrift bestimmt, dass aus wichtigem Grund gekündigt werden kann, wenn Tatsachen vorliegen, aufgrund derer dem Kündigenden unter Berücksichtigung aller Umstände des Einzelfalles und unter Abwägung der Interessen beider Vertragsteile die Fortsetzung bis zum Ablauf der Kündigungsfrist oder bis zur vereinbarten Beendigung des Arbeitsverhältnisses **nicht zugemutet werden** kann. Ob das Verhalten eines schwerbehinderten Menschen einen „wichtigen Grund" darstellt, lässt sich zumeist nicht ohne **Berücksichtigung der Behinderung und ihrer Folgen** beurteilen. Ein Verhalten, dass bei nicht Behinderten ein Grund zur fristlosen Kündigung sein kann, ist möglicherweise unter den besonderen Umständen, die mit der Behinderung in Zusammenhang stehen, bei dem betreffenden schwerbehinderten Arbeitnehmer kein wichtiger Grund (Cramer § 21 SchwbG Rdnr. 4, vgl. im Übrigen unten Rdnrn. 62–64). Im Übrigen setzt die fristlose Kündigung gegenüber dem schwerbehinderten Arbeitnehmer nicht stets dessen Verschulden voraus; der wichtige Grund kann ebenso **in den objektiven Verhältnissen** und in Ausnahmefällen sogar beim Arbeitgeber selbst vorliegen. Ob die Fortsetzung des Arbeitsverhältnisses weiter zumutbar ist, muss durch die erforderliche **Abwägung der beiderseitigen Interessen** ermittelt werden (Neumann u. a. / *Neumann* Rdnr. 10).

9   Im **Regelfall** wird die außerordentliche Kündigung **fristlos** ausgesprochen und damit das Arbeitsverhältnis sofort mit ihrem Zugang beendet. Der Arbeitgeber kann aber auch außerordentlich kündigen mit einer „**Auslauffrist**", die nicht unbedingt der maßgebenden ordentlichen Kündigungsfrist entsprechen muss. Eine solche Kündigung stellt **ebenfalls eine außerordentliche Kündigung nach § 626 Abs. 1 BGB** dar (A / P / S / *Vossen* Rdnr. 4 m. w. Nachw.).

Nach § 626 Abs. 2 Satz 1 BGB kann eine außerordentliche Kündigung wirksam nur **innerhalb von zwei Wochen** erklärt werden. Diese Frist beginnt nach § 626 Abs. 2 Satz 2 BGB in dem Zeitpunkt, in dem der Kündigungsberechtigte von den für die Kündigung maßgebenden Tatsachen Kenntnis erlangt. **10**

Diese Vorschrift ist ein gesetzlich **konkretisierter Verwirkungstatbestand** (BAG Urteil vom 2. Februar 2006 – 2 AZR 57/05 = NZA-RR 2006, 440 = AP Nr. 204 zu § 626 BGB). Sie dient dazu, dem betroffenen Arbeitnehmer rasch Klarheit darüber zu verschaffen, ob der Kündigungsberechtigte einen Sachverhalt zum Anlass für eine außerordentliche Kündigung nimmt. **11**

Die **Ausschlussfrist** des § 626 Abs. 2 BGB **beginnt**, wenn der Kündigungsberechtigte eine zuverlässige und möglichst vollständige positive **Kenntnis von den für die Kündigung maßgebenden Tatsachen** hat und ihm deshalb die Entscheidung über die Zumutbarkeit einer Fortsetzung des Arbeitsverhältnisses möglich ist (BAG Urteil vom 2. März 2006 – 2 AZR 46/05 = BAGE 117, 168 = NZA 2006, 1211 = AP Nr. 6 zu § 91 SGB IX; Urteil vom 2. Februar 2006 a. a. O.). Auch grob fahrlässige Unkenntnis ist insoweit ohne Bedeutung (BAG Urteil vom 29. Juli 1993 – 2 AZR 90/93 = AP Nr. 31 zu § 626 BGB Ausschlussfrist; Urteil vom 15. November 1995 – 2 AZR 974/94 = AP Nr. 73 zu § 102 BetrVG 1972; KR-Fischermeier 7. Aufl. § 626 BGB Rdnr. 319 m. w. Nachw.). **12**

Zu den **maßgeblichen Tatsachen** gehören sowohl die für als auch die gegen die Kündigung sprechenden Umstände. Ohne eine umfassende Kenntnis des Kündigungsberechtigten vom Kündigungssachverhalt kann sein Kündigungsrecht nicht verwirken. Der Kündigungsberechtigte, der Anhaltspunkte für einen Sachverhalt hat, der zur außerordentlichen Kündigung berechtigen könnte, kann Ermittlungen anstellen und den Betroffenen anhören, ohne dass die Frist zu laufen beginnt. Es genügt nicht allein die Kenntnis des konkreten, die Kündigung auslösenden Anlasses, d. h. des „Vorfalls", der einen wichtigen Grund zur außerordentlichen Kündigung darstellen soll. Bei einer vom Arbeitgeber erklärten außerordentlichen Kündigung **gehören auch solche Aspekte** zum Kündigungssachverhalt, **die für den Arbeitnehmer und gegen die Kündigung sprechen**. Außerdem gehört es zu den vom Kündigungsberechtigten zu ergründenden maßgeblichen Umständen, **mögliche Beweismittel für eine ermittelte Pflichtverletzung zu beschaffen** und zu sichern (BAG Urteil vom Februar 2006 a. a. O.; Urteil vom 17. März 2005 – 2 AZR 245/04 = AP Nr. 46 zu § 626 BGB Ausschlussfrist). **13**

Dabei sollen die zeitlichen Grenzen des § 626 Abs. 2 BGB den Arbeitgeber **weder zu hektischer Eile** bei der Kündigung antreiben noch ihn veranlassen, ohne eine genügende Prüfung des Sachverhalts oder vorhandener Beweismittel **voreilig zu kündigen** (BAG Urteil vom 17. März 2005 a. a. O.; Urteil vom 15. November 1995 a. a. O.). Solange der Kündigungsberechtigte die zur Aufklärung des Sachverhalts nach pflichtgemäßem Ermessen notwendig erscheinenden Maßnahmen durchführt, **läuft die Ausschlussfrist nicht an**. Dies gilt nur solange, wie der Kündigungsberechtigte **aus verständlichen Gründen mit der gebotenen Eile noch Ermittlungen** anstellt, die ihm eine weitere, umfassende und zuverlässige Kenntnis des Kündigungssachverhalts und der notwendigen Beweismittel verschaffen sollen (BAG Urteil vom 6. Juli 1972 – 2 AZR 386/71 = BAGE 24, 341; Urteil vom 31. März 1993 – 2 AZR 492/92 = BAGE 73, 42; Urteil vom 17. März 2005 a. a. O.). **14**

Sind die **Ermittlungen jedoch abgeschlossen** und hat der Kündigungsberechtigte hinreichende Kenntnisse vom Kündigungssachverhalt und von den erforderlichen Beweismitteln, **beginnt** der Lauf der **Ausschlussfrist**. Dabei spielt es keine Rolle, ob die Ermittlungsmaßnahmen etwas zur Aufklärung des Sachverhalts beigetragen haben oder im Ergebnis überflüssig waren. Allerdings besteht für weitere Ermittlungen **kein Anlass** mehr, wenn der **Sachverhalt bereits geklärt ist** oder der Gekündigte ihn **sogar zugestanden** hat (BAG Urteil 5. Dezember 2002 – 2 AZR 478/01 = DB 2003, 1685 = AP Nr. 63 zu § 123 BGB). **15**

16 Der **Kündigungsberechtigte** ist für die Einhaltung der Ausschlussfrist **darlegungs- und beweispflichtig** (BAG Urteil vom 17. August 1972 – 2 AZR 359/71 = BAGE 24, 383; Urteil vom 31. März 1993 a. a. O.). Wer eine Kündigung aus wichtigem Grund ausspricht, muss darlegen und ggf. beweisen, dass er von den für die Kündigung maßgebenden Tatsachen **erst innerhalb der letzten zwei Wochen vor ihrem Ausspruch erfahren** hat. Diese Darlegungspflicht ist nicht bereits erfüllt, wenn der Kündigende lediglich allgemein vorträgt, er kenne die Kündigungsgründe nicht länger als zwei Wochen vor Ausspruch der Kündigung. Er muss vielmehr **die Umstände schildern**, aus denen sich ergibt, **wann und wodurch er von den maßgebenden Tatsachen erfahren** hat. Um den Zeitpunkt, in dem der Wissensstand des Kündigungsberechtigten ausreicht, bestimmen zu können, und um es dem Gekündigten zu ermöglichen, die behauptete Schilderung zu überprüfen und ggf. qualifiziert zu bestreiten, muss grundsätzlich angegeben werden, wie es zu der Aufdeckung des Kündigungsgrundes gekommen sein soll (BAG Urteil vom 17. August 1972 a. a. O.; A / P / S / *Dörner* § 626 BGB Rdnr. 169; Stahlhacke / Preis / *Vossen-Preis* Kündigung und Kündigungsschutz im Arbeitsverhältnis 9. Aufl. Rdnr. 856).

17 Hat der **Kündigungsberechtigte noch Ermittlungen durchgeführt**, muss er hierzu weiter darlegen, welche Tatsachenbehauptungen unklar und daher ermittlungsbedürftig waren, und welche – sei es auch nur aus damaliger Sicht – weiteren Ermittlungen er zur Klärung der Zweifel angestellt hat (BAG Urteil vom 1. Februar 2007 – 2 AZR 333/06 = NZA 2007, 744).

18 Auf die außerordentliche Kündigung gegenüber einem schwerbehinderten Arbeitnehmer sind – wie **Abs. 1** festlegt – **grundsätzlich dieselben Kündigungsschutzvorschriften wie bei ordentlichen Kündigungen** anwendbar. Ausgenommen ist lediglich die Mindestkündigungsfrist von vier Wochen gem. § 86 SGB IX. Im Übrigen gelten die sich aus den **Absätzen 2 bis 6** ergebenden **Besonderheiten**.

B) zu Abs. 2

1. Zustimmung des Integrationsamts

19 Soweit die übrigen Voraussetzungen des Kündigungsschutzes für schwerbehinderte Menschen vorliegen, bedarf auch die außerordentliche Kündigung der Zustimmung des Integrationsamts gem. § 85 SGB IX. Das hierfür vorgeschriebene Verfahren ist einzuhalten. **Das gilt auch** für die außerordentliche, mit einer **sozialen Auslauffrist ausgesprochene Kündigung** eines schwerbehinderten wie eines gleichgestellten behinderten Arbeitnehmers (vgl. BAG Urteil vom 12. August 1999 – 2 AZR 748/98 = NZA 1999, 1267 = BehindertenR 1999, 205 = AP Nr. 7 zu § 21 SchwbG 1986; LAG Baden-Württemberg Urteil vom 6. September 2004 – 15 Sa 39/04 = NZA-RR 2005, 297 = LAGE § 91 SGB IX Nr. 2; Neumann u. a. / *Neumann* Rdnrn. 4 und 6; KR-*Etzel* Rdnr. 2; Neumann [Hrsg.] HB-SGB IX / *Braasch* § 19 Rdnr. 99).

20 Die Zustimmung des Integrationsamtes ist ein **Verwaltungsakt mit Drittwirkung**, der mit Widerspruch nach § 69 VwGO und Anfechtungsklage gem. § 113 Abs. 1 Satz 1 VwGO angegriffen werden kann (A / S / P / *Vossen* Rdnr. 12 m. w. Nachw.). Die häufig gebrauchte Bezeichnung „privatrechtgestaltender Verwaltungsakt" ist allerdings ungenau (vgl. Erl. zu § 85 SGB IX Rdnr. 4).

21 Eine **Kündigung ohne Zustimmung** des Integrationsamts ist **unwirksam** (§ 85, § 91 Abs. 1 SGB IX i. V. m. § 134 BGB). Das gilt **auch dann**, wenn die Zustimmung zunächst erteilt, aber nach Kündigungsausspruch **von einer Rechtsmittelinstanz aufgehoben** wird, und zwar selbst dann, wenn der Arbeitgeber nun seinerseits gegen die Aufhebung der Zustimmung Rechtsmittel einlegt (LAG Köln Urteil vom 11. Oktober 2002 – 11 Sa 431/02 = AuR 2003, 196 [Ls.]; KR-*Etzel* §§ 85–90 SGB IX Rdnr. 106). Die Begründung der die Zustimmung aufhebenden Entscheidung hat das Arbeitsgericht nicht auf ihre Stichhaltigkeit hin zu prüfen, auch wenn sie angefochten und noch nicht formell rechtskräftig ist (LAG Köln Urteil vom 11. Oktober 2002 a. a. O.).

2. Ausschlussfrist von zwei Wochen

Nach § 626 Abs. 2 Satz 1 BGB kann die außerordentliche Kündigung **nur innerhalb von zwei Wochen** nach Kenntnis von den hierfür maßgebenden Tatsachen erklärt werden. Der Arbeitgeber kann aber **auch die erforderliche Zustimmung** des Integrationsamts zur Kündigung nur innerhalb von zwei Wochen beantragen (**Abs. 2 Satz 1 Halbs. 1**). Die Vorschrift des Abs. 2 Satz 1 SGB IX **verdrängt die Kündigungserklärungsfrist des § 626 Abs. 2 BGB nicht**. Mit dem bestandskräftigen, zustimmenden Verwaltungsakt des Integrationsamts steht auch nicht etwa zugleich fest, dass die Zweiwochenfrist des § 626 Abs. 2 Satz 1 BGB gewahrt ist. Die **Arbeitsgerichte** haben die Einhaltung der Frist des § 626 Abs. 2 Satz 1 BGB **eigenständig zu prüfen** (BAG Urteil vom 2. März 2006 – 2 AZR 46/05 = BAGE 117, 168 = AP Nr. 6 zu § 91 SGB IX = NZA 2006, 1211).

Nur wenn die Frist des § 626 Abs. 2 BGB **nach Erteilung der Zustimmung durch das Integrationsamt** bereits abgelaufen ist, will § 91 Abs. 5 SGB IX dem Umstand Rechnung tragen, dass es dem Arbeitgeber regelmäßig nicht möglich ist, bis zum Ablauf der zweiwöchigen Ausschlussfrist des § 626 Abs. 2 Satz 1 BGB die Zustimmung des Integrationsamtes einzuholen (BAG Urteil vom 7. November 2002 – 2 AZR 475/01 = BAGE 103, 277 [286]; Urteil vom 21. April 2005 – 2 AZR 255/04 = AP Nr. 4 zu § 91 SGB IX). Die **Fristen** des § 626 Abs. 2 Satz 1 BGB und § 91 Abs. 2 Satz 1 SGB IX **stehen** somit **selbstständig nebeneinander** und **verdrängen einander nicht** gegenseitig (BAG Urteil vom 2. März 2006 a. a. O: LPK-SGB IX / *Düwell* Rdnr. 9, 12; Hauck / Noftz / *Griebeling* SGB IX Rdnr. 5, 8a; Neumann [Hrsg.] HB-SGB IX / *Braasch* § 19 Rdnr. 193; *Fenski* BB 2001, 570 [571]; *Joussen* DB 2002, 2162 [2163]; a. A ErfK / *Müller-Glöge* § 626 BGB Rdnr. 289).

Mit der **eigenständigen Prüfung** der Ausschlussfrist des § 626 Abs. 2 Satz 1 BGB **durch die Arbeitsgerichte** ist **keine Aussage** über die verwaltungsrechtliche Frage verbunden, **ob § 91 Abs. 2 Satz 1 SGB IX** als Voraussetzung einer wirksamen Zustimmung des Integrationsamts **eingehalten** ist (BAG Urteil vom 2. März 2006 a. a. O.).

Die Einhaltung der Frist des § 91 Abs. 2 SGB IX unterliegt **allein der Prüfungskompetenz der Integrationsämter** und im Falle der Anfechtung der **Verwaltungsgerichte**. An deren Entscheidung sind alle anderen Behörden und Gerichte wegen der sogenannten **Tatbestandswirkung** (vgl. Kopp / Ramsauer VwVfG 9. Aufl. § 43 Rdnr. 18 f.; Knack VwVfG 8. Aufl. § 43 Rn. 17 f.) gebunden, sofern die Entscheidung nicht ausnahmsweise nichtig ist (BAG Urteil vom 11. Mai 2000 – 2 AZR 276/99 = BAGE 94, 313 [323]; BVerwG Beschluss vom 2. Mai 1996 – 5 B 186/95 = Buchholz 436.61 SchwbG § 21 Nr. 7; KR / *Etzel* Rdnr. 10; ErfK / *Rolfs* Rdnr. 4; A / P / S / *Vossen* Rdnr. 8.; MünchKommBGB / *Hesse* 4. Aufl. vor § 620 Rdnr. 256; Neumann u. a./ *Majerski-Pahlen* Rdnr. 17; LPK-SGB IX / *Düwell* Rdnr. 12; a. A LAG Köln Urteil vom 4. August 2003 – 2 Sa 400/03 = LAGE SGB IX § 91 Nr. 1: Die Frist nach § 91 Abs. 2 Satz 1 SGB IX stelle eine materielle arbeitsrechtliche Frist dar, deren Einhaltung im arbeitsgerichtlichen Verfahren überprüft werden könne).

Soweit die **Arbeitsgerichte** die Einhaltung der **Ausschlussfrist des § 626 Abs. 2 Satz 1 BGB** als Voraussetzung der außerordentlichen Kündigung **prüfen**, steht **nicht die Wirksamkeit des zustimmenden Verwaltungsaktes** zur Kontrolle an. Die Überprüfung, ob der Verwaltungsakt rechtmäßig ist, insbesondere **ob das Integrationsamt** das Einhalten der **Ausschlussfrist des § 91 Abs. 2 Satz 1 SGB IX zu Recht bejahte**, wird durch die Prüfung der Ausschlussfrist nach § 626 Abs. 2 Satz 1 BGB **durch die Arbeitsgerichte nicht berührt** (BAG Urteil vom 2. März 2006 a. a. O.; Hauck / Noftz / *Griebeling* Rdnr. 8a; *Fenski* BB 2001, 570 [571]; *Joussen* DB 2002, 2162 [2163]).

Anders wäre es nur dann, wenn der **zustimmenden Entscheidung des Integrationsamtes** nicht **nur Tatbestandswirkung**, sondern auch Feststellungswirkung zukäme. Auf Grund der Tatbestandswirkung haben **alle Behörden und Gerichte** die Tatsache, dass ein Verwaltungsakt ergangen ist, und die durch den Verwaltungsakt getroffene **Regelung oder Feststellung auch weiteren Entscheidungen zugrunde zulegen**, d. h. ohne dass sie die Rechtmäßigkeit des Verwaltungsaktes nochmals überprüfen dürften oder müssten. Die Tatbestandswirkung **entspricht** deshalb hinsichtlich der damit verbundenen Bindungswirkung im Wesentlichen der von **gerichtlichen Urteilen** (Kopp / Ramsauer VwVfG 9. Aufl. § 43 Rdnr. 19, 22). Bei einer zustimmenden Entscheidung nach §§ 85, 91 SGB IX ist daher die **Erteilung der Zustimmung zur außerordentlichen Kündigung von der Tatbestandswirkung umfasst.**

28 Der **Verwaltungsakt** hat hingegen **grundsätzlich keine Feststellungswirkung**, d. h. Bindung an die ihm zugrunde liegenden tatsächlichen Feststellungen oder die Beurteilung vorgreiflicher Inzidentfragen (vgl. Kopp / Ramsauer VwVfG 9. Aufl. § 43 Rdnr. 26; Knack VwVfG 8. Aufl. § 43 Rdnr. 22) . § 91 Abs. 2 Satz 1 SGB IX ordnet **nicht etwa ausnahmsweise eine Feststellungswirkung** an. Das folgt aus der vom Gesetz vorgegebenen **Zweigleisigkeit des Sonderkündigungsschutzes für schwerbehinderte Menschen.**

29 Außerdem **richtet sich § 91 Abs. 2 SGB IX** nicht an die Parteien des arbeitsgerichtlichen Kündigungsschutzverfahrens, sondern **an die Beteiligten des verwaltungsgerichtlichen Verfahrens** (*Fenski* BB 2001, 570 [571]; *Joussen* DB 2002, 2162 [2163]). Die zustimmende Entscheidung des Integrationsamtes bejaht deshalb zwar die Vorfrage, ob die Antragsfrist nach § 91 Abs. 2 Satz 1 SGB IX von der Beklagten eingehalten wurde. Diese Beurteilung des Integrationsamtes ist jedoch **für das Arbeitsgericht** bei der Prüfung der Zweiwochenfrist des § 626 Abs. 2 Satz 1 BGB **nicht bindend** (BAG Urteil vom 2. März 2006 a. a. O.).

30 Daher kann die bereits eingetretene **Fristversäumung** nach § 626 Abs. 2 Satz 1 BGB **nicht allein dadurch „geheilt"** werden, dass der Arbeitnehmer erst danach das Vorliegen einer Schwerbehinderung bzw. eine entsprechende Antragstellung mitteilt und sodann das Integrationsamt auf einen entsprechenden Antrag des Arbeitgebers die Zustimmung zu einer beabsichtigten außerordentlichen Kündigung erteilt (BAG Urteil vom 2. März 2006 a. a. O.).

31 Die **Kenntnis des Arbeitgebers von der festgestellten bzw. beantragten Schwerbehinderteneigenschaft** des Arbeitnehmers gehört zwar zu den für die positive Kenntnis nach § 91 Abs. 2 Satz 2 SGB IX und damit den Fristbeginn maßgeblichen Tatsachen (BAG Urteil vom 14. Mai 1982 – 7 AZR 1221/79 = BAGE 39, 59; Hauck / Noftz / *Griebeling* Rdnr. 7 LPK-SGB IX / *Düwell* Rdnr. 11). Hieraus folgt jedoch nicht, dass einem Arbeitgeber, der trotz vollständiger Kenntnis von den sonstigen kündigungsbegründenden Umständen innerhalb der Frist von § 626 Abs. 2 Satz 1 BGB darauf nicht reagiert hat, nur deshalb über § 91 SGB IX der Weg zu einer außerordentlichen Kündigung (wieder) eröffnet wird, weil er einige Zeit nach Erlangung dieser Kenntnisse auch von der festgestellten bzw. beantragten Schwerbehinderteneigenschaft erfährt und deshalb eine neue Zweiwochenfrist nach § 626 Abs. 2 Satz 1 BGB zu laufen begönne. Für den Beginn der Ausschlussfrist des **§ 626 Abs. 2 Satz 1 BGB** ist die **fehlende Kenntnis von der Schwerbehinderteneigenschaft** grundsätzlich **unerheblich**. Soweit die Schwerbehinderung bei der Prüfung der Wirksamkeit einer Kündigung – z. B. im Rahmen der Interessenabwägung oder Sozialauswahl – Berücksichtigung findet, ist die fehlende Kenntnis von der beantragten bzw. festgestellten Schwerbehinderteneigenschaft nicht ursächlich dafür, dass ein Arbeitgeber trotz Kenntnis der sonstigen kündigungsbegründenden Umstände keine Kündigung ausspricht. Die **Schwerbehinderung ist in aller Regel nicht Teil des „wichtigen Grundes" nach § 626 Abs. 1 BGB** (BAG Urteil vom 2. März 2006 a. a. O.).

32 Zu berücksichtigen ist auch, dass die **Ausschlussfrist des § 626 Abs. 2 Satz 1 BGB** innerhalb begrenzter Zeit **für den betroffenen Arbeitnehmer Klarheit** darüber schaffen soll, ob ein Sachverhalt zum **Anlass für eine außerordentliche Kündigung genommen** wird (BAG Urteil vom 10. Juni 1988 – 2 AZR 25/88 = AP Nr. 27 zu § 626 BGB Ausschlussfrist; BAG Urteil vom 21. April 2005 – AZR 255/04 = AP Nr. 4 zu § 91 SGB IX; KR-*Fischermeier* § 626 BGB Rdnr. 312; A / P / S / *Dörner* § 626 BGB Rdnr. 116; ErfK / *Müller-Glöge* § 626 BGB Rdnr 246). Hiermit wäre es nicht zu vereinbaren und würde auch eine nicht zu vertretende Schlechterstellung des schwerbehinderten Menschen darstellen, wenn dem Arbeitgeber nach Ablauf der Frist des § 626 Abs. 2 Satz 1 BGB noch eine Möglichkeit zur außerordentlichen

Kündigung nur deshalb eröffnet würde, weil er erst jetzt erfahren hat, dass der Arbeitnehmer schwerbehindert ist (BAG Urteil vom 2. März 2006 a. a. O.; LPK-SGB IX / *Düwell* Rdnr. 9,12; Hauck / Noftz / *Griebeling* Rdnr. 7).

Daran **ändert auch § 91 Abs. 5 SGB IX nichts**. Für den Fall, dass die Zweiwochenfrist des § 626 Abs. 2 Satz 1 BGB nach Erteilung der Zustimmung bereits abgelaufen ist, verlangt die Vorschrift die unverzügliche Kündigung. Damit ist klargestellt, dass **nach erteilter Zustimmung keine neue Ausschlussfrist** zu laufen beginnt. § 91 Abs. 5 SGB IX will ferner dem Umstand Rechnung tragen, dass es dem Arbeitgeber regelmäßig nicht möglich ist, bis zum Ablauf der zweiwöchigen Ausschlussfrist des § 626 Abs. 2 Satz 1 BGB bei einem schwerbehinderten Menschen auch noch die Zustimmung des Integrationsamtes einzuholen (BAG Urteil vom 21. April 2005 a. a. O.; Urteil vom 15. November 2001 – 2 AZR 380/00 = BAGE 99, 358 [365]). § 91 Abs. 5 SGB IX dehnt damit zwar die Zweiwochenfrist des § 626 Abs. 2 Satz 1 BGB aus (BAG Urteil vom 27. November 2003 – 2 AZR 601/02 = AP Nr. 11 zu § 626 BGB Krankheit; Urteil vom 13. Mai 2004 – 2 AZR 36/04 = AP Nr. 12 § 626 BGB Krankheit). Der Anwendungsbereich des § 91 Abs. 5 SGB IX ist aber gar **nicht erst eröffnet**, wenn die **Zweiwochenfrist des § 626 Abs. 2 Satz 1 BGB** bereits vor Kenntnis der beantragten bzw. festgestellten Schwerbehinderung und der Antragstellung beim Integrationsamt **abgelaufen war** (BAG Urteil vom 2. März 2006 a. a. O.). 33

Die Frist nach Abs. 2 Satz 1 Halbs. 1 gilt **unabhängig davon**, ob dem Arbeitgeber eine **ordentliche Kündigung tarifrechtlich verschlossen** ist (BAG Urteil vom 12. August 1999 – 2 AZR 748/98 = NZA 1999, 1267 = AP Nr. 7 zu § 21 SchwbG 1986; Bad.-Württ. VGH Urteil vom 5. August 1996 – 7 S 483/95 = ESVGH 47, 75 = NZA-RR 1997, 90 [Ls.]). 34

Der Antrag muss **innerhalb der Zweiwochenfrist beim zuständigen Integrationsamt eingegangen** sein (**Abs. 2 Satz 1 Halbs. 2**). Maßgebend ist der Zeitpunkt, in dem die Behörde tatsächlich die Verfügungsmacht über den Schriftsatz erlangt hat (A / P / S / *Vossen* Rdnr. 6). Geht der Antrag erst nach Ablauf der Ausschlussfrist ein, hat das Integrationsamt ohne weitere Aufklärung des Sachverhalts die **Zustimmung zu versagen** (BAG Urteil vom 17. Februar 1977 – 2 AZR 687/75 = BAGE 29, 17 [25] = NJW 1977, 1701 [1703]; ErfK / *Rolfs* Rdnr. 4). Eine **Wiedereinsetzung** in den vorigen Stand ist **ausgeschlossen** (BAG Urteil vom 3. Juli 1980 – 2 AZR 340/78 = BAGE 34, 20 = NJW 1981, 1322 = AP Nr. 2 zu § 18 SchwbG). Der Arbeitgeber verliert hierdurch endgültig sein Recht zur außerordentlichen Kündigung. Er kann dann nur noch einen **neuen Antrag auf Zustimmung zu einer ordentlichen Kündigung** stellen (Münch ArbR / *Cramer* Erg-Bd § 236 Rdnr. 83). 35

Hat das Integrationsamt die erforderliche **Zustimmung** zu einer außerordentlichen Kündigung gegenüber einem Arbeitnehmer **trotz Versäumung der Zweiwochenfrist** des § 91 Abs. 2 SGB IX erteilt und ist dieser Bescheid nicht ausnahmsweise nach § 40 Abs. 1 SGB X nichtig, so kann der schwerbehinderte Arbeitnehmer unter Berufung auf die Fristversäumnis Widerspruch einlegen und den Mangel ggf. im verwaltungsgerichtlichen Klageverfahren rügen. Unterbleibt dies, ist der Arbeitgeber zu einer unverzüglichen Kündigung i. S. von Abs. 5 befugt (A / P / S / *Vossens* Rdnr. 9 m. w. Nachw.). 36

Jedenfalls kann der Arbeitnehmer **nicht im Verfahren vor dem Arbeitsgericht geltend machen**, die **Zustimmung sei rechtswidrig** erteilt worden. Die Anwendung des § 626 Abs. 2 BGB wird insoweit von den Regeln des § 91 Abs. 2 und Abs. 5 SGB IX verdrängt (BAG Urteil vom 5. November 2001 = BAGE 99, 358 = AP Nr. 45 zu § 626 BGB Ausschlussfrist = BehindertenR 2002, 180; Neumann u. a. / *Neumann* Rdnr. 17; Hauck / Noftz / *Griebeling* Rdnr. 8; ErfK / *Rolfs* Rdnr. 4; a. A. LAG Köln AuR 2004, 37). Diese „Verdrängungswirkung" bleibt auch dann erhalten, wenn der Arbeitnehmer nach Ausspruch der Kündigung seinen Anerkennungsantrag und die verwaltungsgerichtliche Klage gegen den Zustimmungsbescheid des Integrationsamtes zurücknimmt. Im Übrigen kann der Arbeitnehmer, der durch die Geltendmachung des Schwerbehindertenschutzes eine entsprechende Herauszögerung der Kündigung bewirkt hat, sich nach Treu und Glauben nachträglich nicht darauf berufen, 37 die Regeln des § 91 SGB IX seien gar nicht anwendbar (LAG Hamm Urteil vom 4. November 2004 = 8 Sa 292/04, zit. nach JURIS).

38 Wie bei § 626 Abs. 2 BGB **beginnt die Frist** mit dem Zeitpunkt, in dem der Arbeitgeber eine möglichst zuverlässige und vollständige **Kenntnis vom Kündigungssachverhalt** hat (**Abs. 2 Satz 2**), ggf. nach entsprechenden Maßnahmen der Aufklärung wie der Anhörung des Arbeitnehmers (vgl. dazu oben Rdnr. 12 ff.). Diesen Zeitpunkt hat der Arbeitgeber mit seinem Antrag nachzuweisen. Zu den **maßgebenden Tatsachen** gehören sowohl die Zugehörigkeit des betroffenen Arbeitnehmers zum durch die Vorschrift geschützten Personenkreis als auch diejenigen Umstände, die eine außerordentliche Kündigung arbeitsrechtlich begründen können.

39 Die Frage, **wann** der Arbeitgeber **Kenntnis erlangt** hat, ist **entsprechend** den zu **§ 626 Abs. 2 BGB** und der dortigen Zweiwochenfrist entwickelten Grundsätzen zu beantworten (vgl. BVerwG Beschluss vom 2. Mai 1996 – 5 B 186/95 = Buchholz 436.61 § 21 SchwbG Nr. 7; Beschluss vom 15. September 2005 – 5 B 48/05, zit. nach JURIS; VG Oldenburg Urteil vom 21. Januar 2003 – 13 A 3791/02 = BehindertenR 2003, 226; *Müller-Wenner / Schorn* Rdnr. 7; LPK SGB IX / *Düwell* Rdnr. 10). Danach kommt es für den Fristbeginn auf **die zuverlässige und möglichst vollständige positive Kenntnis des Arbeitgebers über den Kündigungssachverhalt** an, also auf die für die Kündigung maßgebenden Tatsachen, die ihm die Entscheidung ermöglichen, ob die Fortsetzung des Arbeitsverhältnisses zumutbar ist oder nicht. Selbst grob fahrlässige Unkenntnis genügt nicht (vgl. z. B. BAG Urteil vom 31. März 1993 – 2 AZR 492/92 = NZA 1994, 409 = AP Nr. 32 zu § 626 BGB; BAG Urteil vom 15. November 1995 – AZR 974/94 = NJW 1996, 1556 = NZA 1996, 419 = AP Nr. 73 zu § 102 BetrVG 1972).

40 Zum Kündigungssachverhalt gehören auch die für den Arbeitnehmer und gegen eine außerordentliche Kündigung sprechenden Gesichtspunkte, die regelmäßig ohne **Anhörung des Arbeitnehmers** nicht hinreichend vollständig erfasst werden können. Solange der Arbeitgeber zur Aufklärung des hierauf bezogenen Sachverhalts die nach pflichtgemäßem Ermessen notwendig erscheinenden Maßnahmen durchführt, ist daher der **Beginn der Ausschlussfrist** des § 626 Abs. 1 wie des § 91 Abs. 2 SGB IX **gehemmt**. Das gilt aber nur für den Zeitraum, in dem der Arbeitgeber „aus verständigen Gründen mit der gebotenen Eile noch Ermittlungen anstellt, die ihm eine umfassende und zuverlässige Kenntnis des Kündigungssachverhalts verschaffen sollen" (BVerwG Beschluss vom 2. Mai 1996 – 5 B 186/95 = Buchholz 436.61 § 21 SchwbG Nr. 7; BAG Urteil vom 10. Juni 1988 – 2 AZR 25/88 = NJW 1989, 733 [734] und Urteil vom 29. Juli 1993 – 2 AZR 90/93 = NZA 1994, 171 [173]).

41 Für die Frage, ob von einer Hemmung in diesem Sinne auszugehen ist, ist der **Arbeitgeber darlegungspflichtig**. Das Integrationsamt hat diese – letztlich arbeitsrechtliche – Frage als Tatbestandsmerkmal des § 91 SGB IX hinsichtlich der Antragsfrist zu prüfen, obwohl ihm im Übrigen eine Prüfung regelmäßig versagt ist, ob ein wichtiger Grund für eine außerordentliche Kündigung nach § 626 Abs. 1 BGB vorliegt (vgl. unten Rdnr. 60).

42 Der Lauf der Frist des § 91 Abs. 2 SGB IX ist darüber hinaus **gehemmt**, solange dem Arbeitgeber die **Schwerbehinderteneigenschaft des Arbeitnehmers** bzw. die entsprechende Gleichstellung **nicht bekannt** ist. Denn zu den für die Kündigung maßgebenden Tatsachen im Sinne des Abs. 2 Satz 2 gehören auch die bereits festgestellte, aber ebenso die erst beantragte Schwerbehinderteneigenschaft des Arbeitnehmers (BAG Urteil vom 23. Februar 1978 – 2 AZR 462/76 = BAGE 30, 141 = AP Nr. 3 zu § 12 SchwbG = DB 1978, 1227; BAG Urteil vom 14. Mai 1982 – 7 AZR 1221/79 = BAGE 39, 59 = BehindertenR 1983, 21 = AP Nr. 4 zu § 18 SchwbG, BVerwG Beschluss vom 5. Oktober 1995 – 5 B 73/94 Buchholz 436.61 § 21 SchwbG Nr. 6; A / P / S / *Vossen* Rdnr. 7; krit. hierzu *Müller-Wenner* / *Schorn* Rdnr. 9; LPK-SGB IX / *Düwell* Rdnr. 11). Bis zur Kenntnisnahme besteht für den Arbeitgeber weder ein rechtlicher noch ein tatsächlicher Grund, das Zustimmungsverfahren nach § 91 SGB IX einzuleiten. Die zweiwöchige **Ausschlussfrist** des § 91 Abs. 2 Satz 1 SGB IX

beginnt also erst ab dem Zeitpunkt der **Kenntnis des Arbeitgebers von einer bereits festgestellten Schwerbehinderteneigenschaft** bzw. Anerkennung der Gleichstellung zu laufen.

Die **Kenntnis vom Antrag auf Gleichstellung** setzt die **Frist nicht in Lauf** (Bad.-Württ. VGH Urteil vom 20. Juni 2006 – 9 S 604/06 = BehindertenR 2007, 23). Erst dann, wenn ein behinderter Mensch durch Gleichstellungsbescheid gem. § 68 Abs. 2 SGB IX einem Schwerbehinderten gleichgestellt ist, gelten für ihn die Sonderkündigungsschutzregelungen des SGB IX. **Der Gleichstellungsbescheid hat konstitutiven Charakter.** Somit kann erst die Kenntnis vom Gleichstellungsbescheid die zweiwöchige Zustimmungsantragsfrist in Lauf setzen (vgl. BVerwG Beschluss vom 5. Oktober 1995 – 5 B 73/94 = Buchholz 436.61 § 21 SchwbG Nr. 6. Dass im Gleichstellungsbescheid dessen Rückwirkung auf den Zeitpunkt der Antragstellung ausgesprochen wird, ändert hieran nichts. Eine rückwirkende Kenntnis ist denklogisch ausgeschlossen. Der Arbeitgeber konnte vor Ergehen und Kenntnis des Gleichstellungsbescheides nicht wissen, dass der Arbeitnehmer die gleiche Rechtsstellung besitzt wie ein Schwerbehinderter. Dass er möglicherweise ab Kenntnis vom Gleichstellungsantrag damit rechnen musste, ist ohne Belang (Bad.-Württ. VGH Urteil vom 20. Juni 2006 a. a. O.).

43

Beruft sich ein Arbeitnehmer **erstmals mit der Klage** gegen die außerordentliche Kündigung des Arbeitsverhältnisses hierauf, kann der Arbeitgeber innerhalb von zwei Wochen nach Kenntnisnahme von der Schwerbehinderteneigenschaft die Zustimmung des Integrationsamtes zu einer (erneuten) außerordentlichen Kündigung beantragen.

44

Hat der Arbeitgeber vor einer beabsichtigten außerordentlichen Kündigung von einem **Antrag des Arbeitnehmers auf Anerkennung** der Schwerbehinderteneigenschaft nach § 69 Abs. 1 Satz 1 SGB IX Kenntnis erlangt und beantragt deshalb innerhalb der zweiwöchigen Frist des § 91 Abs. 1 Satz 1 Halbs. 1 SGB IX **vorsorglich die Zustimmung des Integrationsamtes**, darf sich der Arbeitnehmer nach Treu und Glauben gem. § 242 BGB auch dann nicht auf die Versäumung der Frist des § 626 Abs. 1 BGB berufen, wenn sein Anerkennungsantrag wegen **fehlender Schwerbehinderung** nach § 2 Abs. 2 SGB IX **letztlich zurückgewiesen** wird und deshalb die Zustimmung des Integrationsamtes zur außerordentlichen Kündigung nicht erforderlich war (BAG Urteil vom 27. Februar 1987 – 7 AZR 632/85 = NZA 1988, 429 = AP Nr. 26 zu § 626 BGB Ausschlussfrist = DB 1988, 763). Allerdings muss der Arbeitgeber in entsprechender Anwendung des § 91 Abs. 5 SGB IX die Kündigung unverzüglich nach der Kenntnisnahme vom endgültigen Fehlen der Schwerbehinderteneigenschaft erklären (KR / *Etzel* Rdnr. 9a; A / P / S / *Vossen* Rdnr. 8).

Die **Frist** des § 91 Abs. 2 SGB IX ist jedenfalls dann stets **gewahrt**, wenn der Arbeitgeber seine Kündigung damit **begründet** hat, der schwerbehinderte Arbeitnehmer könne infolge **Arbeitsunfähigkeit** die vertraglich vereinbarte Leistung nicht mehr erbringen. Damit macht er einen **Dauertatbestand** geltend, der sich fortlaufend neu verwirklicht (BAG Urteil vom 13. Mai 2004 – 2 AZR 36/04 = NZA 2004, 1271 = BehindertenR 2005, 22; für den Fall dauernder Krankheitsanfälligkeit: BAG Urteil vom 18. Oktober 2000 – 2 AZR 627/99 = BAGE 96, 65 = NJW 2001, 1229 = NZA 2001, 219).

45

Den Arbeitgeber trifft die Obliegenheit, die für ihn maßgeblichen Kündigungsgründe innerhalb der Antragsfrist zu benennen. Ein **Nachschieben von Kündigungsgründen** ist grundsätzlich **nicht zulässig**, denn es ist Sache des Arbeitgebers zu bestimmen, welche Gründe er als maßgeblich für seine beabsichtigte Kündigungsentscheidung ansieht, d. h. ob und ggf. welche Gründe ihn zur Kündigung veranlassen. In diesem Zusammenhang trifft ihn dann aber auch die Obliegenheit zur Offenlegung dieser Gründe innerhalb der Antragsfrist, und zwar vor allem deshalb, weil **dem Integrationsamt nur so eine ordnungsgemäße Prüfung des Zustimmungsantrags** und eine Entscheidung über diesen – innerhalb der nach Abs. 3 Satz 1 geltenden Entscheidungsfrist von zwei Wochen ab Antragseingang – ermöglicht wird (vgl. BVerwG Urteil vom 2. Juli 1992 – 5 C 39/90 = BVerwGE 90, 275 [285] = BehindertenR 1992, 165; Bad.-Württ. VGH Urteil vom 5. August 1996 – 7 S 483/95 ESVGH 47, 75 = NZA-RR 1997, 90 [Ls.]). Ein Nachschieben von „für die Kündigung maßgeblichen Tatsa-

46

chen" auch noch nach Ablauf der Zweiwochenfrist ist daher grundsätzlich ebenso wenig zulässig wie die Geltendmachung von Kündigungsgründen, die der Arbeitgeber schon früher als zwei Wochen vor dem Zustimmungsantrag kannte (BVerwG Urteil vom 2. Juli 1992 a. a. O.; Bad.-Württ. VGH Urteil vom 5. August 1996 a. a. O.). Ist die Kenntnis der Kündigungsgründe beim Arbeitgeber vorhanden, so wird der Fristlauf durch weitere Ermittlungen nicht gehindert (BGH, Urteil vom 24. November 1975 – II ZR 104/73 = NJW 1976, 797; vgl. auch Bad-Württ. VGH Beschluss vom 20. Juni 1989 – 15 S 896/89 = BehindertenR 1991, 115 = ZBR 1990, 130 [131]).

47 Für einen mit einem **zurückgenommenen Zustimmungsantrag** inhaltsgleichen **Zweitantrag** läuft keine neue Antragsfrist (Bad.-Württ. VGH Urteil vom 5. August 1996 a. a. O.).

C) zu Abs. 3

1. Zweiwochenfrist zur Entscheidung

48 Das Integrationsamt muss die **Entscheidung binnen zwei Wochen nach Antragseingang** treffen (**Abs. 3 Satz 1**). Die Frist endet nach §§ 187, 188 BGB, § 26 Abs. 1 SGB X mit dem Ablauf des 14. Tages nach dem Tag des Antragseingangs. Fällt der 14. Tag auf einen Sonnabend, Sonntag oder Feiertag, so tritt nach § 193 BGB i. V. mit § 26 Abs. 3 SGB X der nächste Werktag an dessen Stelle. Eine Verlängerung der Frist ist selbst bei Einvernehmen aller Beteiligten ausgeschlossen.

49 Mit „Entscheidung" i. S. von Abs. 3 ist eine **Entscheidung in der Hauptsache** gemeint. Ein Beschluss über die Erhebung von Beweisen oder eine vorläufige Entscheidung reicht nicht aus. Das Integrationsamt darf die beantragte Zustimmung auch nicht mit der Begründung ablehnen, eine Prüfung sei innerhalb der Frist nicht möglich gewesen. Eine derartige Entscheidung müsste im Rechtsmittelzug schon allein deshalb aufgehoben werden, weil sie angesichts des abschließenden Entscheidungszwangs rechtsfehlerhaft wäre (A / P / S / *Vossen* Rdnr. 11). Kann das Integrationsamt infolge **noch nicht abgeschlossener Ermittlungen** den Sachverhalt nach seiner Auffassung nicht ausreichend beurteilen, kann und darf es überhaupt nicht entscheiden. Vielmehr greift dann die **Fiktion des Abs. 3 Satz 2** ein (vgl. Hauck / Noftz / *Griebeling* Rdnr. 13; *Müller-Wenner* / Schorn Rdnr. 16). Eine Verweigerung der Zustimmung zur außerordentlichen Kündigung mit der Begründung, das Integrationsamt habe die Ermittlungen innerhalb der vorgegebenen Zweiwochenfrist nicht abschließen können, wäre eine **Amtspflichtverletzung gegenüber dem Arbeitgeber** nach § 839 Abs. 1 Satz 1 BGB i. V. m. Art. 34 GG, die ggf. zur Schadensersatzpflicht führen könnte (vgl. Neumann u. a. / *Neumann* Rdnr. 19; A / P / S *Vossen* Rdnr. 11 m. w. Nachw.). Der Schaden bestünde im Fortbestand des Arbeitsverhältnisses mit der Pflicht zur Entgeltzahlung, obwohl dem Arbeitgeber eine Weiterbeschäftigung nicht zuzumuten wäre und ihm also keine Gegenleistung für das geschuldete Arbeitsentgelt zufließen würde (vgl. KR / *Etzel* Rdnr. 14; Kossens u. a. *Kossens* Rdnr. 8; Neumann u. a. / *Neumann* Rdnr. 19).

50 Die Entscheidung über die Zustimmung zur Kündigung ist innerhalb der Zweiwochenfrist **getroffen**, wenn sie den Machtbereich des Integrationsamtes verlassen hat, also die Entscheidung abgesandt bzw. zur Post gegeben wurde. Das Integrationsamt muss diesen Zeitpunkt beweiskräftig festhalten. Auf eine Bekanntgabe oder Zustellung gegenüber dem Arbeitgeber kommt es nach nunmehr herrschender Auffassung in der Rechtsprechung nicht an (vgl. BAG Urteil vom 16. März 1983 – 7 AZR 96/81 = BAGE 44, 22 = BehindertenR 1984, 39 = AP Nr. 6 zu § 18 SchwbG; BAG Urteil vom 9. Februar 1994 – 2 AZR 720/93 = BAGE 75, 358 = NZA 1994, 1030 = BB 1994, 1627; Niedersächs. OVG Urteil vom 27. Juli 1994 – 4 L 1547/94 = BehindertenR 1995, 128).

2. Zustimmungsfiktion bei Nichtentscheidung

51 Wird innerhalb der Zweiwochenfrist eine Entscheidung nicht getroffen, gilt die Zustimmung als erteilt (**Abs. 3 Satz 2**). Das Gesetz stellt also die **Fiktion einer positiven Entschei-**

Außerordentliche Kündigung § 91

dung zugunsten des Arbeitgebers** auf (⚖ BVerwG Urteil vom 15. Dezember 1988 – 5 C 67/85 = BVerwGE 81, 84 [90]; ⚖ Urteil vom 10. September 1992 – 5 C 39/88 = BVerwGE 91,7 = BehindertenR 1993, 17 = NZA 1993, 76). Sie steht als privatrechtsgestaltender Verwaltungsakt einer ausdrücklich erteilten Zustimmung gleich mit der Folge, dass der Arbeitnehmer sie ebenfalls durch Widerspruch und Anfechtungsklage angreifen kann (⚖ BVerwGE Urteil vom 10. September 1992 a. a. O.; ⚖ Niedersächs. OVG Beschluss vom 31. Januar 1978 – IV A 64/78 = FEVS 28, 326; Kossens u. a. / *Kossens* Rdnr. 20).

Allerdings setzt die Fiktion des Abs. 3 Satz 2 einen **schriftlichen Antrag** des Arbeitgebers voraus. Eine lediglich mündliche Bitte um Zustimmung zur außerordentlichen Kündigung genügt nicht (⚖ LAG Rostock Urteil vom 22. Juli 2004 – 1 Sa 62/04, zit. nach JURIS). 52

Die gesetzliche Fiktion lässt die Verpflichtung des Integrationsamtes unberührt, die Entscheidung über die außerordentliche Kündigung dem Arbeitgeber und dem schwerbehinderten Arbeitnehmer **zuzustellen** (vgl. § 88 Abs. 2 i. V. mit § 91 Abs. 1 SGB IX). Beiden Parteien muss also eine schriftliche Bestätigung der fingierten Zustimmung zugehen, wobei die an den schwerbehinderten Arbeitnehmer gerichtete mit einer **Rechtsbehelfsbelehrung** gem. § 36 SGB X zu versehen ist (A / P / S / *Vossen* Rdnr. 12). Hierdurch wird für ihn die einmonatige Widerspruchsfrist nach § 70 Abs. 1 VwGO ausgelöst (⚖ BVerWG Urteil vom 10. September 1992 a. a. O. S. 10). 53

Hingegen tritt die für den Arbeitgeber wichtige Rechtsfolge – nämlich der **Beginn der Ausschlussfrist für die nunmehr zu erklärende außerordentliche Kündigung nach Abs. 5** – nicht erst mit der Mitteilung des Integrationsamtes ein, sondern bereits am Tag nach dem Ablauf der Zweiwochenfrist des Abs. 3 Satz 2, in der eine Entscheidung des Integrationsamtes nicht getroffen wurde. Da die Kündigungserklärungsfrist des Abs. 5 von der Erteilung der Zustimmung durch das Integrationsamt an zu laufen beginnt, muss der Arbeitgeber sicherstellen, dass er den **Fristbeginn auch im Falle der Zustimmungsfiktion ermitteln** kann. Deshalb muss er sich alsbald nach Absendung des Zustimmungsantrags beim Integrationsamt **erkundigen**, wann der Antrag dort eingegangen ist, weil dieser Zeitpunkt maßgebend für den Beginn der Zweiwochenfrist des Abs. 3 ist (vgl. ⚖ BAG Urteil vom 3. Juli 1980 – 2 AZR 340/78 = BAGE 34, 20 = NJW 1981, 1332 = BAG AP Nr. 2 zu § 18 SchwbG). 54

Wird dem die Zustimmung begehrenden Arbeitnehmer innerhalb der gesetzlichen Frist weder mündlich noch fernmündlich die Zustimmung durch das Integrationsamt mitgeteilt, ist jedoch eine für ihn **positive Entscheidung getroffen** und die **Entscheidung zur Post gegeben** worden, **greift die Zustimmungsfiktion des Abs. 3 Satz 2 SGB IX nicht ein**. Dies ist für den Fall der **ablehnenden Entscheidung** bereits höchstrichterlich entschieden (vgl. ⚖ BAG Urteil vom 16. März 1983 – 7 AZR 96/81 = BAGE 44, 22 = AP Nr. 6 zu § 18 SchwbG = BehindertenR 1984, 39; ⚖ BAG Urteil vom 9. Februar 1994 – 2 AZR 720/93 = BAGE 75, 358 = AP Nr. 3 zu § 21 SchwbG 1986 = NZA 1994, 1030). Danach kommt die Zustimmungsfiktion nicht zum Zuge, wenn die ablehnende Entscheidung innerhalb der gesetzlichen Frist den Machtbereich der Behörde verlassen hat. Es reicht aus, wenn der ablehnende Bescheid am letzten Tag der gesetzlichen Frist zur Post gegeben worden ist, jedoch erst danach zugeht. Für den **zustimmenden Bescheid gilt dieser Grundsatz entsprechend** (⚖ LAG Baden-Württemberg Urteil vom 6. September 2004 – 15 Sa 39/04 = LAGE § 91 SGB IX Nr. 2 = NZA-RR 2005, 297). Zwar kann der Arbeitgeber sowohl im Falle einer für ihn positiven Entscheidung als auch dann, wenn objektiv die Zustimmung als erteilt gilt, die beabsichtigte Kündigung erklären. Kann jedoch die Zustimmungsfiktion nicht eingreifen, weil das Integrationsamt fristgerecht eine Entscheidung getroffen hat, so kann nur die bekannt gegebene Entscheidung Grundlage für eine Kündigung sein (⚖ LAG Baden-Württemberg Urteil vom 6. September 2004 a. a. O.). 55

Durch die bloße **Ankündigung** des Integrationsamts, es sei beabsichtigt, die Frist des Abs. 3 Satz 2 **verstreichen zu lassen**, wird klargestellt, dass das Integrationsamt **innerhalb dieser Frist keine positive Entscheidung** über den Zustimmungsantrag des Arbeitgebers treffen will. Wird bereits im Laufe des Tages, an dem zu Mitternacht die Frist des Abs. 3 Satz 2 56 abläuft, die betreffende **Kündigung** ausgesprochen, ist diese **rechtsunwirksam** (BAG Urteil vom 19. Juni 2007 – 2 AZR 226/06 = NJW 2007, 3454 = NZA 2007, 1153).

D) zu Abs. 4
1. Regelmäßige Zustimmung bei nicht behinderungsbedingter Kündigung

57 Grundsätzlich hat das Integrationsamt über die Zustimmung zur außerordentlichen Kündigung – ebenso wie im Fall einer ordentlichen Kündigung – nach seinem freien **pflichtgemäßen Ermessen** i. S. von § 39 SGB I zu entscheiden (OVG Bremen Beschluss vom 7. August 2001 – 2 B 257/01 = NordÖR 2002, 35 [36]; Bad.-Württ. VGH Urteil vom 24. November 2005 – 9 S 2178/05 = NZA-RR 2006, 183; Neumann u. a. / *Neumann* Rdnr. 22). Es hat eine **Interessenabwägung** vorzunehmen; hierbei sind zu berücksichtigen die berechtigten Belange des Arbeitgebers, eine außerordentliche Kündigung aufgrund des – innerhalb der Zweiwochenfrist des Abs. 3 Satz 1 ermittelten – Sachverhalts auszusprechen, aber auch der Ausgleich behinderungsbedingter Nachteile auf dem Arbeitsmarkt, der durch das Kündigungsverbot bezweckt wird (A / P / S / *Vossen* Rdnr. 19 m. w. Nachw.). Diese Ermessensentscheidung ist **nur eingeschränkt** einer **gerichtlichen Prüfung** zugänglich (§ 114 Satz 1 VwGO). Dem Gericht ist es versagt, die behördlichen Ermessenserwägungen durch eigene zu ersetzen. Vielmehr kann nur geprüft werden, ob die gesetzlichen Grenzen des Ermessens überschritten sind oder von dem Ermessen in einer dem Zweck der Ermächtigung nicht entsprechenden Weise Gebrauch gemacht wurde (vgl. VG München Urteil vom 17. November 2005 – M 15 K 04.2557, zit. nach JURIS; Kopp / Schenke, VwGO, § 114 Rdnr. 4).

58 Bei einer außerordentlichen Kündigung eines Schwerbehinderten oder eines gleichgestellten Arbeitnehmers aus einem Grund, der **nicht im Zusammenhang mit der Behinderung** steht, ist die **Zustimmung nach SGB IX in aller Regel durch das Integrationsamt zu erteilen** und das ihm verbleibende „Restermessen" davon abhängig, dass der Kündigungssachverhalt Besonderheiten zugunsten des Schwerbehinderten aufweist, die eine Verweigerung der Zustimmung ausnahmsweise rechtfertigen können. Nur bei Vorliegen von Umständen, die den **Fall** als **atypisch** erscheinen lassen, darf die Behörde **anders verfahren** als im Gesetz vorgesehen und den atypischen Fall nach pflichtgemäßem Ermessen entscheiden (vgl. BVerwG Urteil vom 2. Juli 1992 – 5 C 39/90 = BVerwGE 90, 275 = BehindertenR 1992, 165). Ein erkennbares beständiges intensives Bemühen des Arbeitgebers, das Arbeitsverhältnis mit dem schwerbehinderten Arbeitnehmer zu beenden, rechtfertigt die Annahme eines atypischen Falles (VG Augsburg Urteil vom 2. Juni 2005 – AN 14 K 04.00302, zit. nach JURIS).

59 Die Vorschrift verlangt vom Integrationsamt **nicht die Prüfung**, ob die Kündigung aus **wichtigem Grund** erfolgt, sondern **ob der Grund**, aus dem die Kündigung erfolgt, **mit der Behinderung in Zusammenhang** steht oder nicht. Der Grund, aus dem die Kündigung erfolgt, ist aber immer der vom Arbeitgeber genannte Kündigungsgrund, unabhängig davon, ob er die Kündigung arbeitsrechtlich rechtfertigt. Die Kündigung „erfolgt" aus dem Grund, den der Arbeitgeber zu ihrer Rechtfertigung angibt. § 91 Abs. 4 SGB IX **verweist deshalb auf die Begründung der Kündigung, nicht** aber auf ihre **Begründetheit** (vgl. BVerwG Urteil vom 2. Juli 1992 a. a. O.).

60 Hingegen hat das **Integrationsamt** den Sachverhalt **nicht** darauf **zu überprüfen**, ob die **Voraussetzungen** für eine **außerordentliche Kündigung** nach § 626 Abs. 1 BGB vorliegen. Die Kontrolle über die Berechtigung des Arbeitgebers, nach jener Vorschrift außerordentlich kündigen zu können, liegt grundsätzlich bei den **Arbeitsgerichten** (BVerwG Urteil vom 2. Juli 1992 – 5 C 39/90 = BVerwGE 90, 275 = BehindertenR 1992, 165; Bad.-Württ. VGH Urteil vom 24. November 2005 a. a. O.; A / P / S / *Vossen* a. a. O). Eine Ausnahme kann allenfalls dann bejaht werden, wenn sich die arbeitsrechtliche Unbegründetheit der außerordentlichen Kündigung offensichtlich aufdrängt (vgl. dazu unten Rdnr. 70).

Das Ermessen des Integrationsamtes bei seiner Entscheidung ist jedoch in einem in der Praxis häufig vorkommenden Fall zugunsten des Arbeitgebers **eingeschränkt**, und zwar für Kündigungen, die **keinen Zusammenhang mit der Behinderung** aufweisen. Hierbei kommt es auf die Behinderungen an, die im Verfahren nach § 68 SGB IX festgestellt worden sind (Niedersächs. OVG Urteil vom 28. Oktober 1992 – 4 L 2706/92, zit. nach JURIS). **61**

Ob ein solcher Zusammenhang besteht, bedarf der Feststellung im Einzelfall. Die Kündigung beruht jedenfalls dann unmittelbar auf der Behinderung, wenn sie wegen einer darauf dauerhaft zurückzuführenden **Dienst- oder Arbeitsunfähigkeit** ausgesprochen wird. Bei **verhaltensbedingten Kündigungen** kommt es auf die Art der Behinderung an. Vor allem psychische Behinderungen, auch zerebrale Erkrankungen, Kreislaufschäden und Störungen des Hormonhaushalts können zu schweren Verhaltensstörungen führen. Auch häufiges Fehlen oder Zuspätkommen kann die Folge eines Gesundheitsschadens sein. Für die Annahme eines dem schwerbehinderten Menschen günstigen Zusammenhangs zwischen der Kündigung und der Behinderung genügt es deshalb, wenn das vorgeworfene Verhalten durch **die Behinderung mittelbar verursacht worden** ist (BayVGH Beschluss vom 6. Oktober 1997 – 12 B 94.2091 = BehindertenR 1998, 174; OVG NRW Urteil vom 23. Mai 2000 – 22 A 3145/98 = NZA-RR 2000, 587 = BehindertenR 2000, 176 = AP Nr. 1 zu § 88 SGB IX) oder eine solche mittelbare Kausalität nach der Eigenart der Behinderung jedenfalls **nicht auszuschließen** ist (Niedersächs. OVG Urteil vom 9. März 1994 – 4 L 3927/92 = ND MBl. 1994, 1050 [Ls.], zit. nach JURIS). Für diese Prüfung gelten keine strengen Kausalitätsgrundsätze, vielmehr kann ein derartiger Zusammenhang auch **nach allgemeiner Lebensanschauung** aufgrund einer weiten Auslegung dieses Begriffs vermutet werden, ohne dass es hierfür zwingend sachverständiger Begutachtung bedürfte. Um die Rechtsfolgen einer behinderungsbedingten Kündigung auszulösen, genügt es deshalb, dass ein **Zusammenhang nicht völlig ausgeschlossen** werden kann (VG Augsburg Urteil vom 23. Januar 2001 – Au 3 K 00.875 = VwRR BY 2001, 272, zit. nach JURIS). **62**

Das Integrationsamt kann zur Feststellung eines Zusammenhangs zwischen Behinderung und Kündigungsgrund zwar ein **Sachverständigengutachten** nach § 21 Abs. 1 Satz 2 Nr. 2 SGB X einholen; verpflichtet hierzu ist es aber nicht (BVerwG Beschluss vom 18. Mai 1988 – 5 B 135/87 = Buchholz 436.61 § 15 SchwbG 1986 Nr. 1). Im Streitfall trägt die **Beweislast** für den fehlenden Zusammenhang zwischen Kündigung und Behinderung der Arbeitgeber (*Müller-Wenner* / Schorn Rdnr. 41; Neumann u. a. / *Neumann* Rdnr. 25; KR / *Etzel* Rdnr. 21). **63**

Auf dem Gesundheitsschaden, welcher der Behinderung zugrunde liegt, können z. B. beruhen Beleidigungen durch Hirnverletzte (BAG Urteil vom 25. Februar 1963 – 2 AZR 313/62 = BB 1963, 690 = AP Nr. 4 zu § 19 SchwbG), unsittliche Belästigung durch Hirnverletzte (BAG NJW 1956, 1331) oder häufiges Fehlen (BAG NJW 1961, 1885 [Ls.]). **64**

Hingegen **fehlt es an einem solchen Zusammenhang** z. B. bei einer außerordentlichen Kündigung wegen Betrugs gegenüber einem Arbeitnehmer mit Hüftgelenkschädigung (BayVGH Beschluss vom 6. Oktober 1997 – 12 B 94.2091 = BayVBl. 1998, 758 = BehindertenR 1998, 174) oder bei vorsätzlich falscher Bedienung eines Zeiterfassungsgeräts durch einen Blinden (VG Augsburg Urteil vom 23. Januar 2001 a. a. O.). **65**

Beruht die außerordentliche Kündigung des Arbeitsverhältnisses eines Schwerbehinderten auf einem angegeben **Grund**, der **nicht mit der Behinderung im Zusammenhang** steht, hat nach der Soll-Vorschrift des Abs. 4 das Integrationsamt **im Regelfall die Zustimmung zu erteilen** (BVerwG Urteil vom 2. Juli 1992 – 5 C 39/90 = BVerwGE 90, 275 = DVBl 1992, 1487 = BehindertenR 1992, 165). Nur bei Vorliegen von Umständen, die den Fall als atypisch erscheinen lassen, darf das Integrationsamt nach pflichtgemäßem Ermessen entscheiden (BVerwG Urteil vom 2. Juli 1992 a. a. O. und die Parallelentscheidung Urteil vom 2. Juli 1992 – 5 C 31/91 = NZA 1993, 123). Das dem Integrationsamt danach verbleibende „Restermessen" ist davon abhängig, dass der Kündigungssachverhalt **Besonderheiten zugunsten des Schwerbehinderten** aufweist, die eine Verweigerung der Zustimmung aus- **66** nahmsweise rechtfertigen können (BVerwG Beschluss vom 6. März 1995 – 5 B 59/94 = Buchholz 436.61 § 19 SchwbG Nr. 1).

67 Ob ein atypischer Fall vorliegt, der eine Ermessensentscheidung ermöglicht und gebietet, ist als **Rechtsvoraussetzung** im Rechtsstreit von den Gerichten zu überprüfen und zu entscheiden. Ein **atypischer Fall** liegt vor, wenn die außerordentliche Kündigung den schwerbehinderten Menschen in einer die Schutzzwecke des SGB IX berührenden Weise besonders hart trifft, ihm im Vergleich zu den der Gruppe der Schwerbehinderten im Falle außerordentlicher Kündigung allgemein zugemuteten Belastungen ein **Sonderopfer** abverlangt (BVerwG Urteil vom 2. Juli 1992 – 5 C 39/90 = BVerwGE 90, 275 = BehindertenR 1992, 165). Hierfür sind grundsätzlich weder ausreichend allgemeine Schwierigkeiten, denen schwerbehinderte Menschen als Gruppe bei der Arbeitsplatzsuche bis hin zur nahezu völligen Chancenlosigkeit einer anderweitigen Vermittlung auf dem Arbeitsmarkt ausgesetzt sind, noch das Alter des Arbeitnehmers, dessen familiären Verhältnisse oder die Dauer von dessen Betriebszugehörigkeit zum maßgeblichem Zeitpunkt. Diese Gesichtspunkte sind vielmehr in die bei der gesetzgeberischen Grundentscheidung in § 91 Abs. 4 SGB IX getroffene Wertung eingegangen (BVerwG Urteil vom 2. Juli 1992 a. a. O.; VG Saarlouis Urteil vom 5. Oktober 2005 – 10 K 39/05, zit. nach JURIS).

68 Das **Integrationsamt** hat über das Vorliegen eines wichtigen Grundes i. S. des § 626 Abs. 1 BGB nicht zu urteilen. § 91 Abs. 4 SGB IX verlangt von ihm **nicht die Prüfung, ob die Kündigung aus wichtigem Grund erfolgt**, sondern ob der Grund, aus dem die Kündigung erfolgt, mit der Behinderung in Zusammenhang steht oder nicht (BVerwG Urteil vom 2. Juli 1992 a. a. O.). Der Grund, aus dem die Kündigung erfolgt, ist aber immer **der vom Arbeitgeber genannte Kündigungsgrund**, unabhängig davon, ob er die Kündigung arbeitsrechtlich rechtfertigt. Die Kündigung „erfolgt" aus dem Grund, den der Arbeitgeber zu ihrer Rechtfertigung angibt. § 91 Abs. 4 SGB IX verweist deshalb auf die Begründung der Kündigung, nicht aber auf ihre Begründetheit (BVerwG Urteil vom 2. Juli 1992 a. a. O.).

69 Der Baden-Württembergische VGH hat zu der Problematik der Prüfung der Begründetheit der Kündigung durch das Integrationsamt in einem Beschluss vom 24. November 2005 – 9 S 2178/05 (zit. nach JURIS) ausgeführt:

„Der Wortlaut des § 91 Abs. 4, § 85 SGB IX deutet nicht auf ein solches Prüfungsrecht oder gar eine Prüfungspflicht hin. Aber auch der Zweck des Sonderkündigungsschutzes für Schwerbehinderte erfordert nicht, dem Integrationsamt die Prüfung eines wichtigen Grundes i. S. von § 626 Abs. 1 BGB abzuverlangen, bevor es der außerordentlichen Kündigung seine Zustimmung erteilt. Der **öffentlich-rechtliche Sonderkündigungsschutz** des SGB IX ist **präventiver Art**. Er unterwirft die Ausübung des arbeitgeberseitigen Kündigungsrechts einer vorherigen Kontrolle des Integrationsamts, indem er die Kündigung einem Verbot mit Erlaubnis- (Zustimmungs-)Vorbehalt unterstellt, um bereits im Vorfeld der Kündigung die spezifischen Schutzinteressen schwerbehinderter Arbeitnehmer zur Geltung zu bringen und eine mit den Schutzzwecken des Gesetzes unvereinbare Kündigung zu verhindern. Es ist dagegen **nicht Aufgabe des Sonderkündigungsschutzes**, den von den Arbeitsgerichten nach erfolgter Kündigung zu gewährenden **arbeitsrechtlichen Kündigungsschutz zu ersetzen** oder gar überflüssig zu machen. Dem Integrationsamt ist nicht die umfassende Abwägung aller den Kündigungsstreit zwischen Arbeitgeber und Arbeitnehmer bestimmenden widerstreitenden Interessen aufgetragen, sondern **nur die Einbringung bestimmter vom Schutzzweck des Schwerbehindertenrechts erfasster Interessen**. Es ist auch nicht Sinn des Gesetzes, dem Schwerbehinderten die Unannehmlichkeiten und Belastungen eines Kündigungsschutzstreites mit dem Arbeitgeber abzunehmen. Derartige Lasten können alle Arbeitnehmer treffen; der Schwerbehinderte hat insoweit grundsätzlich keinen besonderen Schutzanspruch. Das Gesetz will ihn nicht gegenüber Nichtbehinderten bevorzugen, sondern **lediglich seine behinderungsbedingten Nachteile ausgleichen**. Der Behinderte muss sich deshalb, was die privatrechtliche Wirksamkeit der Kündigung anlangt, auf die Überprüfung durch die Arbeitsgerichte verweisen lassen. Dies gilt auch unter Berücksichtigung des

Umstandes, dass dadurch dem Arbeitgeber in Fällen von vorgetäuschten Kündigungsgründen die Zustimmung zu erteilen ist, wenn die angegebenen Gründe in keinem Zusammenhang mit der Behinderung stehen. Den Schwerbehinderten **vor vorgetäuschten Kündigungsgründen zu schützen**, ist grundsätzlich **nicht Aufgabe des Integrationsamtes**, sondern der Arbeitsgerichte. Denn der Gefahr, mit vorgetäuschten Kündigungsgründen überzogen zu werden, ist der nichtbehinderte Arbeitnehmer gleichermaßen ausgesetzt, sodass es auch insoweit gerechtfertigt ist, den Schwerbehinderten wie jeden anderen Arbeitnehmer auf den repressiven Rechtsschutz durch die Arbeitsgerichte zu verweisen (vgl. zum Ganzen 🏛 BVerwG, Urteil vom 2. Juli 1992, a. a. O.)."

Eine **Ausnahme** von dem Grundsatz, dass das Integrationsamt nicht über die Wirksamkeit der Kündigung zu befinden habe, kann allenfalls dann erwogen werden, wenn die **offensichtliche Unwirksamkeit** der Kündigung ohne jeden vernünftigen Zweifel in **rechtlicher und tatsächlicher Hinsicht** offen zu Tage tritt und sich jedem Kundigen geradezu **aufdrängt** (BVerwG Urteil vom 2. Juli 1992 a. a. O.). Die Annahme einer offensichtlich arbeitsrechtlich unwirksamen außerordentlichen Kündigung scheidet bereits dann aus, wenn zu ihrer Bewertung eine weitere Sachaufklärung hinsichtlich arbeitsrechtlicher Fragestellungen, die erkennbar in keinem Zusammenhang mit der Behinderung stehen, seitens des Integrationsamtes erforderlich wäre. Ein arbeitsrechtlich streitiger Sachverhalt, erst recht diesbezügliche Beweisangebote der Beteiligten – auch in einem eventuell bereits eingeleiteten Kündigungsschutzverfahren –, sprechen daher gegen eine offensichtliche Unwirksamkeit der Kündigung im fraglichen Sinn (🏛 VG Saarlouis Urteil vom 5. Oktober 2005 – 10 K 39/05 zit. nach JURIS). 70

So ist **Krankheit** nicht grundsätzlich **als wichtiger Grund** i. S. des § 626 BGB ungeeignet. An eine Kündigung wegen Erkrankung eines Arbeitnehmers ist zwar schon bei einer ordentlichen Kündigung ein strenger Maßstab anzulegen. Dies schließt aber nicht aus, dass **in eng zu begrenzenden Ausnahmefällen die Fortsetzung des Arbeitsverhältnisses dem Arbeitgeber unzumutbar** i. S. d. § 626 Abs. 1 BGB sein kann. Da die Einhaltung der Kündigungsfrist dem Arbeitgeber regelmäßig zumutbar sein dürfte, wird eine Kündigung aus wichtigem Grund aber nur ganz ausnahmsweise, z. B. bei einem Ausschluss der ordentlichen Kündigung aufgrund tarifvertraglicher oder einzelvertraglicher Vereinbarung in Betracht kommen, wobei grundsätzlich die der ordentlichen Kündigungsfrist entsprechende **Auslauffrist** einzuhalten ist (🏛 BAG Urteil 27. November 2003 – 2 AZR 601/02 = AP Nr. 11 zu § 626 BGB Krankheit m. w. Nachw.). Weitere Voraussetzung ist, dass das **Arbeitsverhältnis** als Austauschverhältnis **auf Dauer erheblich gestört ist** (🏛 BAG Urteil vom 13. Mai 2004 – 2 AZR 36/04 = NZA 2004, 1271 = BehindertenR 2005, 22 m. w. Nachw.). 71

Hat das Integrationsamt einer außerordentlichen Kündigung zugestimmt aus Gründen, die nicht im Zusammenhang mit der Behinderung stehen, liegt hierin **nicht zugleich die Zustimmung zu einer ordentlichen Kündigung** (🏛 BAG Urteil vom 16. Oktober 1991 – 2 AZR 197/91 zit. nach JURIS; 🏛 LAG Köln Urteil vom 11. August 1998 – 3 Sa 100/98 = NZA-RR 1999, 415; 🏛 LAG Rostock, Urteil vom 22. Juli 2004 – 1 Sa 581/03, zit. nach JURIS; *Müller-Wenner* / Schorn Rdnr. 43; A / P / S / *Vossen* Rdnr. 23). Das ist deshalb gerechtfertigt, weil das Integrationsamt in diesen Fällen einen anderen Ermessensrahmen bei seiner Entscheidung hat. Das gilt auch dann, wenn die Zustimmung nach Abs. 3 Satz 2 fingiert wird (A / P / S / *Vossen* Rdnr. 24). 72

Nach zutreffender h. M. im Schrifttum gilt dies auch dann, wenn das Integrationsamt der außerordentlichen Kündigung zugestimmt hat und die Kündigung auf **Gründe** gestützt wird, die **mit der Behinderung in Zusammenhang stehen** (Hauck / Noftz / *Griebeling* Rdnr. 20; Kossens u. a. / *Kossens* Rdnr. 3; Neumann u. a. / *Neumann* Rdnr. 7; A / P / S / *Vossen* Rdnr. 23 m. w. Nachw.; a. A. KR / *Etzel* Rdnr. 35 mit der Begründung, es sei kein Grund ersichtlich, dass das Integrationsamt die Zustimmung zur ordentlichen Kündigung als mildere Maßnahme verweigern könne). In der Rechtsprechung haben eine **weitere ausdrückliche Zustimmung** für **erforderlich** gehalten: 🏛 LAG Berlin Urteil vom 9. Juli 1984 – 73

12 Sa 18/84 = NZA 1985, 95; 🏛 ArbG Mannheim Urteil vom 13. Januar 1982 – 5 Ca 399/81 = BB 1982, 1174. Offen gelassen wurde die Frage von 🏛 BAG Urteil vom 16. Oktober 1991 – 2 AZR 197/91, zit. nach JURIS; LAG Schleswig-Holstein Urteil vom 8. September 1998 – 1 Sa 111/98 = LAGE § 21 SchwbG 1986 Nr. 2).

E) zu Abs. 5

1. Zeitpunkt der Kündigung durch den Arbeitgeber

74 Die Regelung des Abs. 5 stellt klar, dass nach einer vom Integrationsamt erteilten Zustimmung **keine neue Ausschlussfrist** gem. § 626 Abs. 2 Satz 1 BGB beginnt (🏛 BAG Urteil vom 12. Mai 2005 – 2 AZR 159/04 = NZA 2005, 1173 = NJW 2005, 3514). Deshalb kann die Kündigung auch nach Ablauf dieser Frist ausgesprochen werden, wenn sie **unverzüglich nach Erteilung der Zustimmung des Integrationsamtes** erklärt wird. § 91 Abs. 5 SGB IX dient somit dem Schutz des Arbeitgebers und seinem Beschleunigungsinteresse (BAG Urteil vom 12. Mai 2005 a. a. O). Denn das Verfahren vor dem Integrationsamt dauert regelmäßig mindestens zwei Wochen, sodass bei seinem Abschluss die Ausschlussfrist für die außerordentliche Kündigung nach § 626 Abs. 1 Satz 1 BGB verstrichen ist.

75 Ist das nicht der Fall, bedarf es der Ausnahmevorschrift des Abs. 5 nicht. Die zum Schutz des Arbeitgebers geschaffene Regelung würde sich sonst sogar in ihr Gegenteil verkehren und dem Arbeitgeber die allgemein geltende Frist des § 626 Abs. 2 Satz 1 BGB verkürzen (A / P / S / *Vossen* Rdnr. 21a). Deshalb verbleibt es bei der Frist der BGB-Bestimmung, wenn **noch während deren Laufs eine Zustimmung des Integrationsamtes zur außerordentlichen Kündigung vorliegt** (🏛 BAG Urteil vom 15. November 2001 – 2 AZR 380/00 = NZA 2002, 970 = AP Nr. 45 zu § 626 BGB Ausschlussfrist unter Aufgabe früher abw. Rspr.; *Müller-Wenner* / *Schorn* Rdnr. 24; Neumann u. a. / *Neumann* Rdnr. 26; ErfK / *Rolfs* Rdnr. 7). Erst recht greift Abs. 5 nicht ein, wenn der Kündigungsgrund einen Dauertatbestand darstellt – z. B. bei Arbeitsunfähigkeit wegen Erkrankung – und deshalb der Lauf der Frist des § 626 Abs. 2 Satz 1 BGB bei Zustimmung des Integrationsamtes noch nicht einmal begonnen hatte (BAG 🏛 Urteil vom 7. November 2002 – 2 AZR 475/01 = BAGE 103, 277 = NZA 2003, 719 = AP Nr. 19 zu § 620 BGB Kündigungserklärung).

76 Die Vorschrift setzt zunächst eine im Einzelfall tatsächlich bereits – nach Ablauf der Frist des § 626 Abs. 2 Satz 1 BGB erteilte – **Zustimmung des Integrationsamtes** voraus. Allerdings muss diese **nicht zwingend bei ihrer Bekanntgabe bereits in schriftlicher Form** vorliegen. Nach Sinn und Zweck der gesetzlichen Regelung des § 91 Abs. 3 SGB IX reicht es aus, wenn die Zustimmungsentscheidung vom Integrationsamt „getroffen" worden ist. Es ist lediglich der **Abschluss des behördeninternen Entscheidungsvorgangs** zu fordern (vgl. 🏛 BAG Urteil vom 13. Mai 1981 – 7 AZR 144/79 = BAGE 35, 268 = NJW 1982, 1015 = BehindertenR 1982, 18; 🏛 BAG Urteil vom 12. Mai 2005 – 2 AZR 159/04 = NZA 2005, 1173 = NJW 2005, 3514 = BehindertenR 2006, 18). Die **mündliche Mitteilung durch das Integrationsamt** an den Arbeitgeber reicht somit aus; sie muss aber im Streitfall nachgewiesen werden.

77 Der Arbeitgeber kann also die außerordentliche Kündigung gegenüber einem schwerbehinderten Menschen bzw. gleichgestellten behinderten Arbeitnehmer schon dann erklären, wenn ihm das Integrationsamt seine Zustimmung innerhalb der zweiwöchigen Entscheidungsfrist **mündlich oder fernmündlich bekannt gegeben** hat (🏛 LAG Baden-Württemberg Urteil vom 6. September 2004 – 15 Sa 39/04 = LAGE § 91 SGB IX Nr. 2 = NZA-RR 2005, 297). Dies gilt auch im Fall einer außerordentlichen Kündigung unter Gewährung einer **Auslauffrist** gegenüber einem ordentlich unkündbaren schwerbehinderten Arbeitnehmer (🏛 BAG Urteil vom 12. August 1999 – 2 AZR 748/98 = NZA 1999, 1267 = BehindertenR 1999, 205).

78 **Fehlt es an einer solchen Bekanntgabe**, hat das Integrationsamt jedoch die beantragte Zustimmung innerhalb der Entscheidungsfrist erteilt und den Bescheid zur Post gegeben,

kann der Arbeitgeber **erst dann wirksam kündigen**, wenn ihm der Bescheid auf andere Weise – namentlich durch postalische Übersendung – **zugegangen** ist (§ 39 Abs. 1 SGB X). Zur Kündigung bei Eintritt der gesetzlichen Zustimmungsfiktion nach Abs. 3 Satz 2 vgl. oben Rdnr. 51.

Wird die Zustimmung zur außerordentlichen Kündigung eines schwerbehinderten Menschen erst **vom Widerspruchsausschuss erteilt**, so muss die Kündigung unverzüglich erklärt werden, sobald der Arbeitgeber sichere Kenntnis davon hat, dass der Widerspruchsausschuss zustimmt. Hierfür reicht die mündliche Bekanntgabe aus, dass dem Widerspruch stattgegeben wird (BAG Urteil vom 21. April 2005 – AZR 255/04 – BAGE 114, 264 = NZA 2005, 991 = BehindertenR 2006, 16). **79**

„Unverzüglich" bedeutet nach der Legaldefinition des § 121 Abs. 1 BGB „ohne schuldhaftes Zögern". Das heißt aber nicht, dass der Arbeitgeber sofort nach Vorliegen der Zustimmung des Integrationsamtes kündigen muss. Vielmehr ist ihm eine angemessene Überlegungsfrist zuzubilligen (BAG Urteil vom 27. Mai 1983 – 7 AZR 482/81 = BAGE 42, 169 = BehindertenR 1984, 92; BAG Urteil vom 3. Juli 1980 – 2 AZR 340/78 = 34, 20 = AP Nr. 2 zu § 18 SchwbG, zu II 3 b aa der Gründe). Diese Frist muss allerdings sehr knapp sein, nachdem der Arbeitgeber die Zustimmung selbst beantragt hat und der schwerbehinderte Arbeitnehmer möglichst umgehend Klarheit über den Ausspruch der Kündigung erhalten soll (BAG Urteil vom 3. Juli 1980 a. a. O.). **80**

Die Frist verlängert sich allerdings zwangsläufig, wenn **Betriebs- bzw. Personalrat oder die Schwerbehindertenvertretung** angehört werden müssen. Hatte der Arbeitgeber den Betriebsrat noch nicht vor oder während des Zustimmungsverfahrens nach § 102 Abs. 1 BetrVG angehört, muss auch dies **unverzüglich nach Erteilung der Zustimmung** geschehen; Gleiches gilt für die Beteiligung der Personalvertretung nach § 79 BPersVG bzw. der entsprechenden landesrechtlichen Vorschrift (A / P / S / *Vossen* Rdnr. 52). Grundsätzlich muss der Arbeitgeber das Anhörungs- bzw. Beteiligungsverfahren noch am ersten Arbeitstag nach der Bekanntgabe an oder – wenn diese unterblieben ist – nach Zustellung des Zustimmungsbescheids einleiten (BAG Urteil vom 3. Juli 1980 a. a. O.; LAG Hamm Urteil vom 7. November 1996 – 8 Sa 355/96 = BehindertenR 1998, 45). **81**

Das gilt entsprechend bei Erteilung eines sog. **Negativattests** (BAG Urteil vom 27. Mai 1983 – 7 AZR 482/81 = 42, 169 = AP Nr. 12 zu § 12 SchwbG = BehindertenR 1984, 929), also der Mitteilung, dass die Kündigung keiner Zustimmung des Integrationsamtes bedürfe. Beruht die Zustimmung auf der Fiktion des Abs. 3 Satz 2, hat der Arbeitgeber regelmäßig am 15. Tage nach dem Eingang des Zustimmung des Antrags bei dem Integrationsamt entsprechend zu handeln (A / P / S / *Vossen* Rdnr. 23). **82**

In diesen Fällen ist der Arbeitgeber im Hinblick auf Abs. 5 gehalten, grundsätzlich am ersten Arbeitstag **nach Eingang der Stellungnahme** des Betriebsrats bzw. der Personalvertretung oder nach Ablauf der entsprechenden gesetzlichen Stellungnahmefrist **für einen Zugang der außerordentlichen Kündigung zu sorgen** (BAG NJW 1984, 1420 = AP Nr. 12 zu § 12 SchwbG; LAG Hamm Urteil vom 7. November 1996 – 8 Sa 355/96 = BehindertenR 1998, 45).

Denn die außerordentliche Kündigung ist nur dann gem. Abs. 5 unverzüglich erklärt, wenn sie innerhalb der hiernach in Betracht zu ziehenden Zeit dem schwerbehinderten Arbeitnehmer nach den allgemeinen Regelungen **zugegangen** ist; die **unverzügliche Absendung** des Kündigungsschreibens **genügt nicht** (BAG Urteil vom 3. Juli 1980 – 2 AZR 340/78 = BAGE 34, 20 = NJW 1981, 1332 = AP Nr. 2 zu § 18 SchwbG; BAG Urteil vom 7. November 2002 – 2 AZR 475/01 = BAGE 103, 277 = NZA 2003, 719 = AP Nr. 19 zu § 620 BGB Kündigungserklärung). Eine nicht unverzüglich ausgesprochene Kündigung ist grundsätzlich unwirksam. **83**

Allerdings kann es dem Arbeitnehmer nach **Treu und Glauben** gem. § 242 BGB verwehrt sein, sich auf den verspäteten Zugang zu berufen, wenn er die **Verzögerung mit zu verant-** **84** worten hat. Das kann der Fall sein, wenn der Arbeitnehmer weiß, dass ein Zustimmungsverfahren beim Integrationsamt abhängig ist und er den Benachrichtigungsschein über die Einschreibsendung tatsächlich erhält, diese aber bei der Postanstalt nicht abholt (BAG Urteil vom 7. November 2002 a. a. O.).

F) zu Abs. 6

1. Wiedereinstellungspflicht nach Arbeitskämpfen

85   Die Vorschrift des Abs. 6 begründet einen **gesetzlichen Anspruch auf Wiedereinstellung** nach Streik oder Aussperrung zugunsten von schwerbehinderten Arbeitnehmern und Gleichgestellten, denen lediglich aus Anlass des Arbeitskampfes – mit Zustimmung des Integrationsamtes – fristlos gekündigt worden ist.

86   Die Bestimmung hat im Hinblick auf die Fortentwicklung des Arbeitskampfrechts durch die Rechtsprechung nur noch eine sehr begrenzte Bedeutung; sie betrifft in erster Linie **rechtswidrige Arbeitskämpfe**. Denn der rechtmäßige Streik bietet keinen Anlass zu einer Kündigung des Arbeitgebers (A / P / S / *Vossen* Rdnr. 26); nach ständiger Rechtsprechung führt die Teilnahme am Streik zum Ruhen der beiderseitigen Hauptpflichten aus dem Arbeitsverhältnis (BAG Urteil vom 3. August 1999 = BAGE 92, 154 = AP Nr. 156 zu Art. 9 GG Arbeitskampf = NZA 2000, 487 m. w. Nachw.). Bei legaler Streikteilnahme kann Abs. 6 nur dann Wirkung entfalten, wenn der Arbeitgeber dennoch und mit vorheriger Zustimmung des Integrationsamtes außerordentlich kündigt und der Arbeitnehmer gegen diese rechtswidrigen Entscheidungen keine Kündigungsschutzklage erhebt, sodass das Arbeitsverhältnis als rechtswirksam beendet gilt.

87   Hingegen ist **bei rechtswidrigem Streik** der Arbeitgeber grundsätzlich zur fristlosen Entlassung der streikenden Arbeitnehmer berechtigt, wenn sie trotz wiederholter Aufforderung die Arbeit nicht aufnehmen (vgl. KR / *Etzel* Rdnr. 45 f.; Hauck / Noftz / *Griebeling* Rdnr. 21). Zur Kündigung gegenüber schwerbehinderten Arbeitnehmern ist die vorherige Zustimmung des Integrationsamtes erforderlich. Schwerbehinderte Menschen, die daraufhin wegen der Teilnahme an einem solchen Streik fristlos entlassen worden sind, haben nach Beendigung des Streiks aus Abs. 6 einen Wiedereinstellungsanspruch. Das gilt allerdings nur dann, wenn die Kündigung lediglich aus Anlass des Arbeitskampfes ausgesprochen wurde, also der schwerbehinderte Arbeitnehmer ohne Rücksicht auf besonderes Verhalten **allein wegen seines Fernbleibens von der Arbeit** außerordentlich gekündigt worden ist (Neumann u. a. / *Neumann* Rdnr. 37). Hingegen besteht kein Wiedereinstellungsanspruch nach dieser Vorschrift, wenn der schwerbehinderte Arbeitnehmer zu einem rechtswidrigen Arbeitskampf beigetragen oder während eines rechtmäßigen Arbeitskampfes strafbare Handlungen – z. B. Sachbeschädigung oder Beleidigung des Arbeitgebers – begangen hat (LPK-SGB IX/*Düwell* Rdnr. 22; *Müller-Wenner* / Schorn Rdnr. 51; Neumann u. a. / *Neumann* Rdnr. 7).

88   Auch schwerbehinderte Arbeitnehmer dürfen **suspendierend ausgesperrt** werden (BAG Urteil vom 7. Juni 1988 – 1 AZR 597/86 = BAGE 58, 332 = NJW 1989, 315 = AP Nr. 107 zu Art. 9 GG Arbeitskampf). Sie verlieren dann ihren Lohnanspruch, selbst für die Dauer einer Arbeitsunfähigkeit (BAG Urteil vom 7. Juni 1998 a. a. O.). Hierzu bedarf es keiner Zustimmung des Integrationsamtes. Nachdem aber das Arbeitsverhältnis weiter besteht, ist auch keine Wiedereinstellung nötig.

IV. Literatur

Berger-Delhey, Ulf, „Eulen nach Athen tragen"? – Zur Entscheidung des Integrationsamts im Kündigungsverfahren, ZTR 2004, 623

Böhm, Annett, Tücken der Klagefrist im Schwerbehindertenrecht, ArbRB 2005, 253

Cramer, Horst H, Die Neuerungen im Schwerbehindertenrecht des SGB IX – Gesetz zur Förderung der Ausbildung und Beschäftigung schwerbehinderter Menschen –, NZA 2004, 698

Düwell, Franz Josef, Der Kündigungsschutz schwerbehinderter Beschäftigter nach der Novelle vom 23. 4. 2004, BB 2004, 2811

Ernst, Karl-Friedrich, Zu einer Novellierung des Schwerbehindertengesetzes und zu einem Sozialgesetzbuch IX, BehindertenR 1999, 157

Fenski, Martin, Außerordentliche Kündigung von Schwerbehinderten – Über das Spannungsverhältnis zwischen § 21 Abs. 2 und Abs. 5 SchwbG einerseits und § 626 Abs. 2 Satz 1 BGB andererseits –, BB 2001, 570

Grimm, Detlef / **Baron**, Patrick, Einhaltung der Kündigungserklärungsfrist nach § 626 Abs. 2 BGB bei scheinbarer Schwerbehinderung eines Arbeitnehmers, DB 2000, 570

Joussen, Jacob, Die Kündigungsfristen bei der außerordentlichen Kündigung von Schwerbehinderten, DB 2002, 2162

Kaiser, Anton, Verfahrensrechtliche Probleme für die Hauptfürsorgestellen im Rahmen des Schwerbehindertenrechts, BehindertenR 1999, 81

Kappelhoff, Ursel, Außerordentliche Kündigung gegenüber einem Schwerbehinderten, ArbRB 2002, 350

Künzl, Reinhard, Zur Kündigung eines Schwerbehinderten, Anmerkung zum Urteil des BAG vom 15. November 2001 (BAGE 99, 358 = NZA 2002, 970), EWiR 2002, 665

Künzl, Reinhard, Zur außerordentlichen Kündigung eines schwerbehinderten Arbeitnehmers, Anmerkung zum Urteil des LAG Köln vom 18. Januar 2002, (LAG-Report 2002, 273), EWiR 2002, 707

Möller-Bierth, Ulrike, Alkohol am Arbeitsplatz und besonderer Kündigungsschutz – Alkoholsucht ist eine Krankheit und kann daher Behinderung sein – SuP 1995, 110

Möller-Bierth, Ulrike, Alkohol am Arbeitsplatz als Kündigungsgrund im besonderen Kündigungsschutz für Schwerbehinderte, BehindertenR 1994, 44

Powietzka, Arnim, Aktuelle Rechtsprechung zum Kündigungsschutz schwerbehinderter Arbeitnehmer, BB 2007, 2118

Seel, Henning-Alexander, Rechtsfragen bei Kündigung schwerbehinderter Arbeitnehmer, MDR 2007, 499

Seidel, Rainer, Der Kündigungsschutz nach dem Sozialgesetzbuch IX, PersR 2002, 113

Westers, Birgit, Neuregelungen im Recht des besonderen Kündigungsschutzes nach dem Neunten Buch Sozialgesetzbuch (SGB IX), BehindertenR 2004, 93

§ 92
Erweiterter Beendigungsschutz

¹Die Beendigung des Arbeitsverhältnisses eines schwerbehinderten Menschen bedarf auch dann der vorherigen Zustimmung des Integrationsamtes, wenn sie im Falle des Eintritts einer teilweisen Erwerbsminderung, der Erwerbsminderung auf Zeit, der Berufsunfähigkeit oder der Erwerbsunfähigkeit auf Zeit ohne Kündigung erfolgt. ²Die Vorschriften dieses Kapitels über die Zustimmung zur ordentlichen Kündigung gelten entsprechend.

ERLÄUTERUNGEN

ÜBERSICHT

I. Bedeutung der Vorschrift (Rdnrn. 1–4)
II. Fassung (Rdnr. 6)

III. Anmerkungen (Rdnrn. 7–17)
1. Neuregelung der Rentensystematik bei Erwerbsminderung (Rdnr. 7)
2. Voraussetzung der Erwerbsminderung (Rdnrn. 8–9)
3. Erwerbsminderungsrenten nur noch auf Zeit (Rdnr. 10)
4. Entsprechende Geltung der Vorschriften über die ordentliche Kündigung (Rdnrn. 11–13)
5. Entscheidung des Integrationsamts (Rdnrn. 14–17)

I. Bedeutung der Vorschrift

1 Die Vorschrift hat nur eine verhältnismäßig **geringe praktische Bedeutung**. Sie durchbricht den in § 85 SGB IX festgelegten Grundsatz, dass die Beendigung eines Arbeitsverhältnisses eines schwerbehinderten Menschen oder eines Gleichgestellten durch den Arbeitgeber nur dann der **Zustimmung des Integrationsamts** bedarf, wenn sie auf einer Kündigung beruht. Dieser besondere Schutz wird vielmehr auf die Fälle ausgedehnt, in denen ein schwerbehinderter Arbeitnehmer auch **ohne Kündigung des Arbeitnehmers** ausscheidet, nämlich bei **Eintritt einer auflösenden Bedingung**.

2 Diese kann in Tarifverträgen, Betriebsvereinbarungen, Dienstvereinbarungen oder in Einzelarbeitsverträgen enthalten sein und beispielsweise bestimmen, dass das **Arbeitsverhältnis bei Eintritt von verminderter Erwerbsfähigkeit endet**, ohne dass es einer Kündigung bedarf. Das Zustimmungserfordernis nach § 92 soll dann bewirken, dass das Integrationsamt bei seiner Entscheidung die Möglichkeit prüft, ob der schwerbehinderte Mensch durch Änderung der Arbeitsbedingungen, durch Umsetzung auf einen anderen Arbeitsplatz und durch andere Maßnahmen weiter beschäftigt werden kann.

3 Die Vorschrift **gilt nicht**, wenn aus Anlass einer Erwerbsminderung oder Erwerbsunfähigkeit ein **Aufhebungsvertrag** zwischen Arbeitgeber und Arbeitnehmer vereinbart wird, weil die Auflösung des Arbeitsverhältnisses im gegenseitigen Einvernehmen auch durch den Bestandsschutz des § 92 SGB IX nicht verhindert werden kann (GK-SGB IX / *Schimanski* Rdnr. 31).

4 Die Vorschrift ist entsprechend anzuwenden auf sog. **Dienstordnungsangestellte**, die bei Sozialversicherungsträgern beschäftigt werden und auf deren Arbeitsverhältnis Beamtenrecht anzuwenden ist (*Müller-Wenner* / Schorn Rdnr. 5). Werden sie wegen Dienstunfähigkeit in den Ruhestand versetzt, gilt nicht § 128 Abs. 2 SGB IX. Vielmehr ist die Zustimmung des Integrationsamts einzuholen (BAG Urteil vom 20. Oktober 1977 AP Nr. 1 zu § 19 SchwbG = DB 1978, 990; Hauck / Noftz / *Griebeling* Rdnr. 3; Neumann u. a. / *Neumann* Rdnr. 7). Die Dienstunfähigkeit schließt auch die Erwerbsunfähigkeit auf Zeit und Berufsunfähigkeit mit ein, sodass sich auch deshalb die entsprechende Anwendung rechtfertigt. Beantragt allerdings der Dienstordnungsangestellte die Versetzung in den Ruhestand entsprechend § 43 BBG, ist die Zustimmung des Integrationsamts dann ebenso wenig erforderlich wie bei einem Aufhebungsvertrag (Neumann u. a. / *Neumann* a. a. O. m. w. Nachw.).

5 Die Vorschrift schützt sowohl schwerbehinderte Menschen als auch Gleichgestellte i. S. von § 2 Abs. 3, § 68 Abs. 2 SGB IX; sie gilt aber nicht für den in § 90 SGB IX genannten Personenkreis.

II. Fassung

6 Die Vorschrift wurde unverändert aus dem Regierungsentwurf (BT-Drucks. 14/5531 i. V. m. 14/5074) übernommen. Sie entspricht dem bisherigen § 22 SchwbG.

III. Anmerkungen

1. Neuregelung der Rentensystematik bei Erwerbsminderung

Zum 1. 1. 2001 hat der Gesetzgeber die Systematik der Berufs- und Erwerbsunfähigkeitsrenten grundlegend neu geregelt (BGBl. I 2000 S. 2998). Die **Unterscheidung zwischen Berufs- und Erwerbsunfähigkeit** ist beim Rentenbeginn **ab 1. 1. 2001 entfallen**. Es wird nur noch eine Rente wegen teilweiser oder voller Erwerbsminderung gewährt. Die Rente wegen teilweiser Erwerbsminderung bei Berufsunfähigkeit wird im Wege einer Übergangsregelung in § 42 SGB VI nur noch an Personen gezahlt, die vor dem 2. 1. 1961 geboren und berufsunfähig sind. Deshalb hat die Vorschrift des **§ 92 aktuelle Bedeutung** nur noch für Fälle, in denen eine **Rente wegen Erwerbsminderung** gezahlt wird.

7

2. Voraussetzungen der Erwerbsminderung

Voll erwerbsgemindert sind Versicherte, die wegen Krankheit oder Behinderung auf nicht absehbare Zeit außer Stande sind, unter den üblichen Bedingungen des allgemeinen Arbeitsmarktes mindestens drei Stunden täglich erwerbstätig zu sein (§ 43 Abs. 2 Satz 2 SGB VI). Hierzu gehören ferner Versicherte nach § 1 Satz 1 Nr. 2 SGB VI, die wegen Art oder Schwere der Behinderung nicht auf dem allgemeinen Arbeitsmarkt tätig sein können (§ 42 Abs. 2 Satz 2 Nr. 1 SGB VI), sowie Versicherte, die bereits vor Erfüllung der allgemeinen Wartezeit voll erwerbsgemindert waren, in der Zeit einer nicht erfolgreichen Eingliederung in den allgemeinen Arbeitsmarkt (§ 43 Abs. 2 Satz 2 Nr. 2 SGB VI).

8

Rente wegen **teilweiser Erwerbsminderung** erhält, wer wegen Krankheit oder Behinderung auf nicht absehbare Zeit objektiv außer Stande ist, unter den üblichen Bedingungen des allgemeinen Arbeitsmarktes mindestens sechs Stunden täglich in jedem denkbaren Beruf erwerbstätig zu sein (§ 43 Abs. 1 SGB VI; vgl. näher Joussen NZS 2002, 294 [295]). Wer hingegen auf dem allgemeinen Arbeitsmarkt sechs Stunden und länger erwerbstätig sein kann, erhält keine Erwerbsminderungsrente.

9

3. Erwerbsminderungsrenten nur noch auf Zeit

Renten wegen teilweiser und voller Erwerbsminderung werden **grundsätzlich nur noch auf Zeit** geleistet (§ 102 Abs. 2 Satz 1 SGB VI). Die Befristung wird auf **drei Jahre nach Rentenbeginn** vorgenommen und kann **wiederholt** werden (§ 102 Abs. 2 Sätze 2 und 3 SGB VI). Besteht der Anspruch auf eine Erwerbsminderungsrente unabhängig von der Arbeitsmarktlage, ist also die Erwerbsfähigkeit auf unter drei Stunden täglich herabgesunken, so wird die Rente wegen voller Erwerbsminderung nur dann unbefristet und auf Dauer gewährt, wenn es unwahrscheinlich ist, dass die Minderung der Erwerbsfähigkeit behoben werden kann; hiervon ist auch nach einer **Gesamtdauer der Befristung von neun Jahren** auszugehen (§ 102 Abs. 2 Satz 4 SGB VI).

10

4. Entsprechende Geltung der Vorschriften über die ordentliche Kündigung

Die Bestimmung schreibt in **Satz 2** die entsprechende Geltung der Vorschriften über die Zustimmung zur ordentlichen Kündigung vor. Das bedeutet im Einzelnen:

11

Die Zustimmung des Integrationsamts muss **vor der Beendigung des Arbeitsverhältnisses** vorliegen. Sie ist zu beantragen, wenn dem Arbeitnehmer der **Rentenbescheid zugestellt** wurde und dem Arbeitgeber die Schwerbehinderung bekannt ist (*Müller-Wenner* / Schorn Rdnr. 9). Die Schwerbehinderteneigenschaft folgt nicht aus der Tatsache der Berufs- oder zeitweisen Erwerbsunfähigkeit allein (BAG Urteil vom 16. November 1982 = AP Nr. 4 zu § 62 BAT), sodass der Arbeitnehmer sich unverzüglich nach Feststellung der Erwerbsminderung auf den Schutz berufen muss. Insoweit gilt nunmehr auch hier § 90 Abs. 2a SGB IX, weshalb der Schutz nur bei Vorlage der Feststellung zum Zeitpunkt des Bescheids oder rechtzeitiger Antragstellung bzw. Offenkundigkeit besteht (Neumann u. a. / *Neumann* Rdnr. 6). Erwerbsgeminderten Arbeitnehmern ist daher dringend zu raten, spätestens bei Beantragung einer Erwerbsminderungsrente auch einen Antrag auf Feststellung der Schwerbehinderung beim Versorgungsamt zu stellen und darüber hinaus auch einen Gleichstellungsantrag nach § 68 Abs. 2 SGB IX bei der dafür zuständigen Agentur für Arbeit, wenn nur ein geringerer GdB als 50, aber wenigstens GdB von 30 durch das Versorgungsamt festgestellt wird (§ 2 Abs. 3 SGB IX).

12   Kennt der Arbeitgeber die Schwerbehinderung, ist ihm aber der Rentenbescheid noch nicht bekannt, besteht das Arbeitsverhältnis so lange fort, bis die Zustimmung des Integrationsamts eingeholt worden ist (Hauck / Noftz / *Griebeling* Rdnr. 4; LPK-SGB IX / *Düwell* Rdnr. 6).

13   Der Arbeitgeber ist bei seinem **Zustimmungsantrag nicht an eine Frist gebunden** (HK-SGB IX / *Trenk-Hinterberger* Rdnr. 20). Er kann die Zustimmung auch noch längere Zeit nach Kenntnisnahme vom Rentenbescheid beantragen (Hauck / Noftz / *Griebeling* a. a. O). Ohne Zustimmung wird auch eine in der tariflichen Regelung enthaltene **Auslauffrist gehemmt**; sie beginnt erst mit der Zustimmungserteilung (*Müller-Wenner* / Schorn Rdnr. 9).

5. Entscheidung des Integrationsamts

14   Die Entscheidung des Integrationsamts hat nach Feststellung des Sachverhalts und Anhörung der Beteiligten im Rahmen pflichtgemäßen Ermessens zu ergehen. Hierbei **gelten** die **Ermessenseinschränkungen** des § 89 Abs. 1 SGB IX **nicht**. Für die Entscheidung ist maßgebend, aus welchem Grund die auflösende Bedingung eingetreten ist (wobei im Folgenden nur noch die weiterhin praktisch bedeutsamen Fallgestaltungen erörtert werden):

15   – Bei Eintritt einer **teilweisen Erwerbsminderung** besteht noch ein **Restleistungsvermögen**. Die Rente wegen teilweiser Erwerbsminderung wird nur gewährt, wenn der Arbeitnehmer noch **zwischen drei und sechs Stunden** unter den üblichen Bedingungen des Arbeitsmarktes tätig sein kann. Sie ist also nur eine **Teilrente**, wobei der Gesetzgeber zu Grunde legt, dass der Betroffene tatsächlich noch in Teilzeit erwerbstätig ist. Deshalb ist der **Anspruch des schwerbehinderten Menschen auf angemessene Beschäftigung und auf Teilzeitarbeit** im Rahmen der Zustimmungsentscheidung durch das Integrationsamt besonders zu berücksichtigen. Dem schwerbehinderten Arbeitnehmer, dem eine Rente wegen teilweiser Erwerbsminderung gewährt wird, soll möglichst ein Teilzeitarbeitsplatz in seinem bisherigen Betrieb erhalten bleiben (vgl. § 81 Abs. 5 Satz 2 SGB IX). Jedenfalls ist es möglich, das bisherige Vollzeitarbeitsverhältnis für die Dauer der befristeten Rente in ein Teilzeitarbeitsverhältnis zu ändern. Das Integrationsamt hat im Rahmen einer **gütlichen Einigung** nach § 87 Abs. 3 SGB IX auf eine solche Möglichkeit hinzuwirken (HK-SGB IX / *Trenk-Hinterberger* Rdnr. 13).

16   – Bei Eintritt einer **vollen Erwerbsminderung auf Zeit**, also einem Herabsinken der Erwerbsfähigkeit auf unter drei Stunden täglich, ist in aller Regel eine **Weiterbeschäftigung nicht möglich**; folglich muss die Zustimmung des Integrationsamts erteilt werden. Allerdings ist zu prüfen, ob für die Dauer des Bezugs der Zeitrente dem Arbeitgeber ein **Freihalten des Arbeitsplatzes** zugemutet werden kann (Hauck / Noftz / *Griebeling* Rdnr. 5; LPK-SGB IX / *Düwell* Rdnr. 7), etwa durch befristete Einstellung einer Vertretung. Gegebenenfalls hat das Integrationsamt eine solche Möglichkeit im Rahmen des Versuchs einer gütlichen Einigung vorzuschlagen (*Müller-Wenner* / Schorn Rdnr. 12).

17   – Bei Eintritt einer **vollen Erwerbsminderung auf Dauer** muss die Zustimmung des Integrationsamts nach § 90 SGB IX nicht eingeholt werden. Beantragt der Arbeitgeber dennoch die Zustimmung, hat ihn das Integrationsamt auf die Entbehrlichkeit der Zustimmung hinweisen oder ihm ein Negativattest erteilen (*Müller-Wenner* / Schorn Rdnr. 13).

KAPITEL 5
Betriebs-, Personal-, Richter-, Staatsanwalts- und Präsidialrat, Schwerbehindertenvertretung, Beauftragter des Arbeitgebers

§ 93
Aufgaben des Betriebs-, Personal-, Richter-, Staatsanwalts- und Präsidialrates

¹Betriebs-, Personal-, Richter-, Staatsanwalts- und Präsidialrat fördern die Eingliederung schwerbehinderter Menschen. ²Sie achten insbesondere darauf, dass die dem Arbeitgeber nach den §§ 71, 72 und 81 bis 84 obliegenden Verpflichtungen erfüllt werden; sie wirken auf die Wahl der Schwerbehindertenvertretung hin.

ERLÄUTERUNGEN

I. Bedeutung der Vorschrift

Sie legt Betriebsräten bzw. Personalvertretungen einschließlich denjenigen in der Justiz als gesonderte Pflicht auf, die Eingliederung schwerbehinderter Menschen zu fördern. Insbesondere haben diese darauf zu achten, dass der Arbeitgeber seine Beschäftigungspflicht nach §§ 71, 72 SGB IX erfüllt, verbindliche Integrationsvereinbarungen nach § 83 SGB IX schließt sowie seinen Obliegenheiten zur Prävention nach § 84 nachkommt. Personalvertretungen in Dienststellen öffentlicher Arbeitgeber haben zu beobachten, dass diese ihren besonderen Pflichten nach § 82 (Meldung geeigneter Arbeitsplätze gegenüber den Arbeitsämtern; Einladung von schwerbehinderten Menschen zu Vorstellungsgesprächen) nachkommen. Außerdem haben alle Personalvertretungen auf die Wahl der Schwerbehindertenvertretung nach § 94 SGB IX hinzuwirken.

1

II. Fassung

Die Vorschrift wurde unverändert aus dem Regierungsentwurf (BT-Drucks. 14/5531 i. V. m. 14/5074) übernommen. Sie entspricht dem bisherigen § 23 SchwbG.

2

III. Anmerkungen

1. Betriebsrat

In allen Betrieben mit regelmäßig mindestens fünf wahlberechtigten Arbeitnehmern, von denen drei wählbar sind, sind Betriebsräte zu wählen (§ 1 BetrVG).

3

2. Personalrat

Personalräte werden nach § 12 BPersVG in allen Dienststellen gebildet, die in der Regel mindestens fünf Wahlberechtigte beschäftigen, von denen drei wählbar sind. Für die Personalvertretungsgesetze der Länder gilt Entsprechendes.

4

3. Richterrat

Ein Richterrat wird nach §§ 49, 50 DRiG gewählt. Er ist das Personalvertretungsorgan der Richter, weil er die Aufgaben wahrnimmt, die der Personalvertretung für Beamte zustehen (§ 52 DRiG). Bei gemeinsamen Aufgaben entsendet der Richterrat Mitglieder in die Personalvertretung, sodass gemeinsame Beschlüsse gefasst werden können (§ 53 Abs. 1 DRiG).

5

4. Präsidialrat

Der nach §§ 49, 54 DRiG gebildete Präsidialrat ist an jeder Ernennung oder Wahl eines Richters zu beteiligen (§ 55 DRiG). Seine Stellungnahme ist Voraussetzung für die Wahl oder Ernennung eines Richters (§ 57 Abs. 3 DRiG).

6

5. Staatsanwaltsrat

7 Staatsanwaltsräte gibt es nur nach Landesrecht (vgl. z. B. §§ 88, 89 LRichterG Baden-Württemberg; Art. 86 a BayPersVG;).

6. Aufgaben gegenüber schwerbehinderten Menschen

8 Die allgemeine Pflicht zur Förderung der Eingliederung schwerbehinderter Menschen folgt für den Betriebsrat schon aus § 80 Abs. 1 Nr. 4 BetrVG, für den Personalrat aus der entsprechenden Bestimmung des § 68 Abs. 1 Nr. 4 BPersVG. Die Vorschrift des § 93 wiederholt und präzisiert dies dahingehend, dass vor allem auf die **Erfüllung der dem Arbeitgeber nach den genannten Bestimmungen obliegenden Verpflichtungen** zu achten ist, nämlich über die Beschäftigung schwerbehinderter Menschen und deren Förderung nach Fähigkeiten und Kenntnissen. Dass die Schwerbehindertenvertretung nach § 95 Abs. 1 Nr. 1 SGB IX die gleiche Aufgabenstellung hat, schmälert die Gesamtverantwortung der Betriebs- und Personalräte für die schwerbehinderten Arbeitnehmer nicht. Ferner wird deutlich, dass sie insoweit die Arbeit der Schwerbehindertenvertretungen zu unterstützen haben, insbesondere bei unkooperativem Verhalten des Arbeitgebers (Basiskommentar Rdnr. 5 zu § 23 SchwbG).

7. Hinwirken auf Wahl der Schwerbehindertenvertretung

9 Als besondere Verpflichtung ist den Betriebs- und Personalräten auferlegt worden, auf die Wahl der Schwerbehindertenvertretung nach § 94 hinzuwirken. Der Betriebs- oder Personalrat kann hierzu z. B. nach § 94 Abs. 6 Satz 4 SGB IX gegenüber dem zuständigen Integrationsamt anregen, dass dieses zu einer Versammlung schwerbehinderter Menschen zum Zwecke der Wahl eines Wahlvorstandes einlädt. Jedoch hat der Betriebs- oder Personalrat insoweit auch ein **eigenes Initiativrecht**, d. h., er kann selbst eine Versammlung zur Wahl eines Wahlvorstandes einberufen oder zu einer Wahlversammlung einladen.

10 Allerdings geht das Recht der Arbeitnehmervertretung nicht über die Einberufung einer solchen Versammlung der Schwerbeschädigten hinaus: Insbesondere sind die genannten Gremien nicht befugt, selbst einen Wahlvorstand zu bestellen (Neumann/Pahlen Rdnr. 16; Cramer Rdnr. 5 je zu § 23 SchwbG). Denn die Bestellung eines **Wahlvorstandes** für die Wahl der Schwerbehindertenvertretung ist in der entprechenden **Wahlordnung** – SchwbWO – geregelt. Danach kann ein Wahlvorstand durch die amtierende Schwerbehindertenvertretung spätestens acht Wochen vor Ablauf ihrer Amtszeit einberufen werden (§ 1 Abs. 1 SchwbWO). Ist eine Schwerbehindertenvertretung nicht vorhanden, werden der Wahlvorstand und dessen Vorsitzender in einer Versammlung der Schwerbehinderten und Gleichgestellten gewählt. Für diese Versammlung können drei Wahlberechtigte oder der Betriebs- oder Personalrat einladen. Das Recht des Integrationsamts, zu einer solchen Versammlung nach § 94 Abs. 6 Satz 4 SGB IX einzuladen, bleibt unberührt (§ 1 Abs. 2 SchwbWO). Für kleinere Betriebe gilt das **vereinfachte Wahlverfahren** nach § 18 f. SchwbWO. Danach sind bei Fehlen einer Schwerbehindertenvertretung drei Wahlberechtigte, der Betriebs- oder Personalrat oder die Integrationsamt zur Einladung zur Wahlversammlung befugt (§ 19 Abs. 2 SchwbWO).

§ 94
Wahl und Amtszeit der Schwerbehindertenvertretung

(1) ¹In Betrieben und Dienststellen, in denen wenigstens fünf schwerbehinderte Menschen nicht nur vorübergehend beschäftigt sind, werden eine Vertrauensperson und wenigstens ein stellvertretendes Mitglied gewählt, das die Vertrauensperson im Falle der Verhinderung durch Abwesenheit oder Wahrnehmung anderer Aufgaben vertritt. ²Ferner wählen bei Gerichten, denen mindestens fünf schwerbehinderte Richter oder Richterinnen angehören, diese einen Richter oder eine Richterin zu ihrer Schwerbehin-

dertenvertretung. ³Satz 2 gilt entsprechend für Staatsanwälte oder Staatsanwältinnen, soweit für sie eine besondere Personalvertretung gebildet wird. ⁴Betriebe oder Dienststellen, die die Voraussetzungen des Satzes 1 nicht erfüllen, können für die Wahl mit räumlich nahe liegenden Betrieben des Arbeitgebers oder gleichstufigen Dienststellen derselben Verwaltung zusammengefasst werden; soweit erforderlich können Gerichte unterschiedlicher Gerichtszweige und Stufen zusammengefasst werden. ⁵Über die Zusammenfassung entscheidet der Arbeitgeber im Benehmen mit dem für den Sitz der Betriebe oder Dienststellen einschließlich Gerichten zuständigen Integrationsamt.

(2) Wahlberechtigt sind alle in dem Betrieb oder der Dienststelle beschäftigten schwerbehinderten Menschen.

(3) ¹Wählbar sind alle in dem Betrieb oder der Dienststelle nicht nur vorübergehend Beschäftigten, die am Wahltag das 18. Lebensjahr vollendet haben und dem Betrieb oder der Dienststelle seit sechs Monaten angehören; besteht der Betrieb oder die Dienststelle weniger als ein Jahr, so bedarf es für die Wählbarkeit nicht der sechsmonatigen Zugehörigkeit. ²Nicht wählbar ist, wer kraft Gesetzes dem Betriebs-, Personal-, Richter- Staatsanwalts- oder Präsidialrat nicht angehören kann.

(4) Bei Dienststellen der Bundeswehr, bei denen eine Vertretung der Soldaten nach dem Bundespersonalvertretungsgesetz zu wählen ist, sind auch schwerbehinderte Soldaten und Soldatinnen wahlberechtigt und auch Soldaten und Soldatinnen wählbar.

(5) ¹Die regelmäßigen Wahlen finden alle vier Jahre in der Zeit vom 1. Oktober bis 30. November statt. ²Außerhalb dieser Zeit finden Wahlen statt, wenn

1. das Amt der Schwerbehindertenvertretung vorzeitig erlischt und ein stellvertretendes Mitglied nicht nachrückt,
2. die Wahl mit Erfolg angefochten worden ist oder
3. eine Schwerbehindertenvertretung noch nicht gewählt ist.

³Hat außerhalb des für die regelmäßigen Wahlen festgelegten Zeitraumes eine Wahl der Schwerbehindertenvertretung stattgefunden, wird die Schwerbehindertenvertretung in dem auf die Wahl folgenden nächsten Zeitraum der regelmäßigen Wahlen neu gewählt. ⁴Hat die Amtszeit der Schwerbehindertenvertretung zum Beginn des für die regelmäßigen Wahlen festgelegten Zeitraums noch nicht ein Jahr betragen, wird die Schwerbehindertenvertretung im übernächsten Zeitraum für regelmäßige Wahlen neu gewählt.

(6) ¹Die Vertrauensperson und das stellvertretende Mitglied werden in geheimer und unmittelbarer Wahl nach den Grundsätzen der Mehrheitswahl gewählt. ²Im Übrigen sind die Vorschriften über die Wahlanfechtung, den Wahlschutz und die Wahlkosten bei der Wahl des Betriebs-, Personal-, Richter-, Staatsanwalts- oder Präsidialrates sinngemäß anzuwenden. ³In Betrieben und Dienststellen mit weniger als 50 wahlberechtigten schwerbehinderten Menschen wird die Vertrauensperson und das stellvertretende Mitglied im vereinfachten Wahlverfahren gewählt, sofern der Betrieb oder die Dienststelle nicht aus räumlich weit auseinander liegenden Teilen besteht. ⁴Ist in einem Betrieb oder einer Dienststelle eine Schwerbehindertenvertretung nicht gewählt, so kann das für den Betrieb oder die Dienststelle zuständige Integrationsamt zu einer Versammlung schwerbehinderter Menschen zum Zwecke der Wahl eines Wahlvorstandes einladen.

(7) ¹Die Amtszeit der Schwerbehindertenvertretung beträgt vier Jahre. ²Sie beginnt mit der Bekanntgabe des Wahlergebnisses oder, wenn die Amtszeit der bisherigen Schwerbehindertenvertretung noch nicht beendet ist, mit deren Ablauf. ³Das Amt erlischt vorzeitig, wenn die Vertrauensperson es niederlegt, aus dem Arbeits-, Dienst- oder Richterverhältnis ausscheidet oder die Wählbarkeit verliert. ⁴Scheidet die Vertrauensperson vorzeitig aus dem Amt aus, rückt das mit der höchsten Stimmenzahl gewählte stellvertretende Mitglied für den Rest der Amtszeit nach; dies gilt für das stellvertretende

Mitglied entsprechend. ⁵Auf Antrag eines Viertels der wahlberechtigten schwerbehinderten Menschen kann der Widerspruchsausschuss bei dem Integrationsamt (§ 119) das Erlöschen des Amtes einer Vertrauensperson wegen grober Verletzung ihrer Pflichten beschließen.

ERLÄUTERUNGEN

ÜBERSICHT

I. Bedeutung der Vorschrift (Rdnr. 1)
II. Fassung (Rdnr. 2)
III. Anmerkungen (Rdnrn. 3–205)
    A) zu Abs. 1
        1. Wahlvoraussetzungen (Rdnrn. 3–23)
           a) Mindestzahl von schwerbehinderten Arbeitnehmern (Rdnrn. 3–6)
           b) Betrieb (Rdnrn. 7–13)
               aa) Betriebsbegriff (Rdnr. 7)
               bb) Abweichende Regelung durch Tarifvertrag (Rdnrn. 8–13)
           c) Dienststelle (Rdnr. 14)
           d) Gericht (Rdnrn. 15–17)
           e) Zusammenfassung von Betrieben, Dienststellen oder Gerichten (Rdnrn. 18–23)
        2. Wahl von Vertrauensperson und stellvertretendem Mitglied (Rdnrn. 24–27)
    B) zu Abs. 2
        1. Aktives Wahlrecht (Rdnrn. 28–39)
           a) Grundsatz (Rdnrn. 28–33)
           b) Geltung für besondere Gruppen (Rdnrn. 34–39)
        2. Unerheblichkeit der Geschäftsfähigkeit (Rdnr. 40)
    C) zu Abs. 3
        1. Wählbarkeit (Rdnrn. 41–49)
           a) Erweiterung gegenüber dem aktiven Wahlrecht (Rdnr. 41)
           b) Einschränkungen gegenüber dem aktiven Wahlrecht (Rdnrn. 42–49)
               aa) Mindestalter 18 Jahre (Rdnr. 43)
               bb) Nicht nur vorübergehende Beschäftigung (Rdnrn. 44–46)
               cc) Mindestbetriebszugehörigkeit sechs Monate (Rdnrn. 47–49)
        2. Ausdrückliche Nichtwählbarkeit (Rdnrn. 50–54)
           a) Wegen Unzulässigkeit der Mitgliedschaft in Betriebs- / Personalrat (Rdnrn. 50–52b)
           b) Von Leiharbeitnehmern im Entleihbetrieb (Rdnr. 53)
           c) Bei strafgerichtlicher Aberkennung der Wählbarkeit zu öffentlichen Ämtern (Rdnr. 54)
    D) zu Abs. 4
        1. Aktives und passives Wahlrecht von Soldaten (Rdnrn. 55–59)
    E) zu Abs. 5
        1. Einheitliche Wahltermine (Rdnrn. 60–63a)
    F) zu Abs. 6
        1. Wahlgrundsätze (Rdnrn. 64–70)
        2. Wahlverfahren (Rdnrn. 71–123)
           a) Förmliches Wahlverfahren (Rdnrn. 73–105)
               aa) Wahlvorstand (Rdnrn. 73–79)
               bb) Wählerliste (Rdnrn. 80–81)
               cc) Wahlausschreiben (Rdnrn. 82–85)
               dd) Wahlvorschläge (Rdnrn. 86–92)

ee) Stimmabgabe (Rdnrn. 93–98)
ff) Ermittlung der Gewählten (Rdnrn. 99–102)
gg) Aufgaben nach Durchführung der Wahl (Rdnrn. 103–105)
b) Vereinfachtes Wahlverfahren (Rdnrn. 106–122)
aa) Voraussetzungen (Rdnrn. 106–113)
bb) Ablauf (Rdnrn. 114–122)
c) Sonderregelungen (überbetriebliche Schwerbehindertenvertretungen; Justiz) (Rdnr. 123)
3. Wahlschutz (Rdnrn. 124–134)
4. Wahlkosten (Rdnrn. 135–143)
5. Wahlanfechtung (Rdnrn. 144–173)
a) Abgrenzung zur Nichtigkeit der Wahl (Rdnrn. 145–155)
b) Gerichtliche Zuständigkeit für Wahlanfechtung (Rdnrn. 156–157)
c) Förmliche Voraussetzungen der Wahlanfechtung (Rdnrn. 158–164c)
aa) Frist (Rdnrn. 158–159)
bb) Anfechtungsberechtigung (Rdnrn. 160–164c)
d) Anfechtungsgrund (Rdnrn. 165–172b)
e) Wirkung der Anfechtung (Rdnr. 173)
G) zu Abs. 7
1. Amtszeit der Schwerbehindertenvertretung (Rdnrn. 174–178)
2. Verlust der Organfähigkeit von Betrieb oder Dienststelle (Rdnrn. 179–181)
3. Auswirkungen von Reorganisation und Umstrukturierung (Rdnr. 182)
a) Betriebsstilllegung (Rdnr. 182)
b) Betriebsaufspaltung und -zusammenlegung (Rdnrn. 183–187)
c) Betriebsabspaltung (Rdnrn. 188–189)
d) Betriebsabspaltung und Zusammenfassung mit einem anderen Betrieb (Rdnrn. 190–196)
e) Betriebsübergang (Rdnrn. 197–198)
f) Änderungen von Dienststellenstrukturen im Bereich des öffentlichen Dienstes (Rdnrn. 198a–198b)
4. Erlöschen des Amtes wegen grober Pflichtverletzung (Rdnrn. 199–205)
IV. Literatur

I. Bedeutung der Vorschrift

Sie regelt in den Absätzen 1–6 die Wahl der Schwerbehindertenvertretung in Betrieben und Dienststellen bei nicht nur vorübergehender Beschäftigung von wenigstens fünf schwerbehinderten Menschen. Als Schwerbehindertenvertretung sind eine Vertrauensperson und wenigstens ein stellvertretendes Mitglied zu wählen. 1

In Abs. 7 wird die Amtszeit der Schwerbehindertenvertretung festgelegt.

II. Fassung

Die Vorschrift wurde inhaltlich unverändert aus dem Regierungsentwurf (BT-Drucks. 14/ 5531 i. V. m. 14/5074) übernommen. Sie ist in wesentlichen Teilen aus dem bisherigen § 24 SchwbG übertragen worden. Die in der Vorschrift des § 24 Abs. 7 SchwbG a. F. enthaltene Verordnungsermächtigung hinsichtlich der Vorbereitung und Durchführung der Wahl der Schwerbehindertenvertretung ist nunmehr in § 100 SGB IX enthalten. 2

III. Anmerkungen

A) zu Abs. 1

1. Wahlvoraussetzungen

a) Mindestzahl von schwerbehinderten Arbeitnehmern

3   Eine Schwerbehindertenvertretung muss nach **Abs. 1 Satz 1** in allen Betrieben und Dienststellen gewählt werden, in denen **mindestens fünf schwerbehinderte Menschen** bzw. nach § 2 Abs. 3 SGB IX Gleichgestellte **nicht nur vorübergehend beschäftigt sind**. Eine „vorübergehende Beschäftigung" liegt – in Anlehnung an § 2 Abs. 1 Satz 1 SGB IX – vor bei einem auf mindestens sechsmonatige Dauer angelegten Arbeitsverhältnis (vgl. *Kossens* u. a. / *Kossens* Rdnr. 7; *Neumann* u. a. / *Pahlen* Rdnr. 7; a. A. *Müller-Wenner* / *Schorn* Rdnr. 14: zeitliche Höchstgrenze acht Wochen in Orientierung an § 73 Abs. 3 SGB IX; ähnlich im Sinne eines Anhaltspunktes HK-SGB IX / *Trenk-Hinterberger* Rdnr. 12).

4   Nach dem Gesetzeswortlaut **kommt es allein auf die Beschäftigung an**, also nicht auf die Art des Beschäftigungsverhältnisses und den Umfang der Arbeitszeit. Deshalb sind z. B. **mitzuzählen** schwerbehinderte bzw. gleichgestellte

- Menschen, die auf Arbeitsplätzen im Sinne des § 73 Abs. 2 SGB IX beschäftigt werden, ferner die in § 73 Abs. 3 SGB IX genannten Beschäftigten;
- leitende Angestellte (anders als in § 5 BetrVG; vgl. *Neumann* u. a. / *Pahlen* Rdnr. 5; *Müller-Wenner* / *Schorn* Rdnr. 15);
- Auszubildende (bei Ausbildung in verschiedenen Betrieben des Ausbildungsunternehmens wird der schwerbehinderte Auszubildende dem zentral lenkenden Stammbetrieb zugeordnet (BAG Beschluss vom 13. März 1991 – 7 ABR 89/89 = BAGE 67, 320 = AP Nr. 2 zu § 60 BetrVG 1972 = DB 1992, 99);
- Rehabilitanden in Berufsbildungs- und Berufsförderungswerken (vgl. näher unten Rdnr. 35);
- Beauftragte des Arbeitgebers (§ 98 SGB IX);
- Mitarbeiter, die arbeitsunfähig sind oder deren Arbeitsverhältnis ruht (z. B. in Elternzeit oder bei befristetem Bezug einer Rente wegen Erwerbsminderung; vgl. auch unten Rdnr. 37);
- Beamtinnen und Beamte, Soldatinnen und Soldaten sowie Arbeitnehmer des öffentlichen Dienstes einschließlich der zu ihrer Berufsausbildung Beschäftigten, die in Betrieben privatrechtlich organisierter Unternehmen tätig sind (vgl. § 5 Abs. 1 Satz 3 BetrVG in der seit 4. August 2009 geltenden Fassung).

5   Hingegen bleiben **unberücksichtigt**:

- der schwerbehinderte Arbeitgeber und schwerbehinderte Personen, die Arbeitgeberfunktionen ausüben;
- nicht im Betrieb beschäftigte Heimarbeiter;
- die im Rahmen von sog. „Ein-Euro-Jobs" tätigen Personen (§ 16 Abs. 3 Satz 2 SGB II);
- Mitarbeiter in Altersteilzeit nach dem sog. Blockmodell in der Freistellungsphase (vgl. hierzu unten Rdnr. 38);
- Leiharbeitnehmer, sofern sie nicht länger als drei Monate im Betrieb des Entleihers eingesetzt sind (vgl. § 14 Abs. 1 AÜG; § 7 Satz 2 BetrVG).

6   Hierbei genügt es, wenn die **erforderliche Mindestzahl am Tag der Wahl** gegeben ist (vgl. aber auch unten Rdnr. 108 zur Maßgeblichkeit des Zeitpunkts der Einleitung des Wahlverfahrens für dessen Art als förmlich oder vereinfacht).

b) Betrieb

aa) Betriebsbegriff

Der **Begriff des Betriebs** bestimmt sich gemäß § 87 Abs. 1 Satz 2 SGB IX nach dem BetrVG. Damit sind für die Bestimmung der Organisationseinheit, in der die Schwerbehindertenvertretung zu wählen ist, grundsätzlich die Vorschriften der §§ 1, 4 BetrVG maßgebend. Dort wird der Betriebsbegriff nicht eigenständig festgelegt, sondern anhand der höchstrichterlichen Rechtsprechung vorausgesetzt. **Unter „Betrieb" im arbeitsrechtlichen Sinne** ist eine organisatorische Einheit zu verstehen, in der Personen mit Hilfe sachlicher Mittel bestimmte arbeitstechnische Zwecke fortgesetzt verfolgen (st. Rspr., vgl. BAG Beschluss vom 14. Dezember 1994 – 7 ABR 26/94 = BAGE 79, 47 = AP Nr. 3 zu § 5 BetrVG 1972 Rotes Kreuz zu B I 1 a der Gründe m. w. Nachw.; BAG Beschluss vom 31. Mai 2000 – 7 ABR 78/98 = BAGE 95, 15 = AP Nr. 12 zu § 1 BetrVG 1972 Gemeinsamer Betrieb zu B III 1 der Gründe; zu näheren Einzelheiten vgl. Erl. zu § 87 SGB IX Rdnrn. 6a ff.).

7

bb) Abweichende Regelung durch Tarifvertrag

Allerdings können nach § 3 Abs. 1 Nrn. 1 bis 3 BetrVG **durch Tarifvertrag** unter bestimmten Voraussetzungen von §§ 1, 4 BetrVG abweichende **betriebsratsfähige Organisationseinheiten festgelegt** werden. Diese Organisationseinheiten gelten nach § 3 Abs. 5 Satz 1 BetrVG als Betriebe im Sinne des Gesetzes. Damit sind diese **Organisationseinheiten auch Betriebe i. S. des § 94 Abs. 1 Satz 1 SGB IX** (BAG Beschluss vom 10. November 2004 – 7 ABR 17/04 = AP Nr. 4 zu § 3 BetrVG 1972 = BehindertenR 2005, 107; Neumann / Düwell Rehabilitation und Teilhabe behinderter Menschen § 20 Rdnr. 70; Fitting BetrVG 22. Aufl. § 3 Rdnr. 79; *Müller-Wenner* / Schorn Rdnr. 7; GK-SGB IX / *Schimanski* Rdnr. 18a).

8

Dafür spricht auch § 97 Abs. 1 Satz 1 SGB IX, der die Bildung von Gesamtschwerbehindertenvertretungen regelt. Diese werden von den Schwerbehindertenvertretungen „der einzelnen Betriebe" gewählt, wenn für mehrere Betriebe des Arbeitgebers ein Gesamtbetriebsrat errichtet ist. Daraus ist zu schließen, dass die betriebsverfassungsrechtlichen **Organisationseinheiten**, in denen **Schwerbehindertenvertretungen gewählt** werden, **diejenigen** sind, in denen auch **die am Gesamtbetriebsrat beteiligten Betriebsräte bestehen**. Das sind gegebenenfalls auch Organisationseinheiten, die nach § 3 Abs. 1 Nrn. 1 bis 3 BetrVG durch **Tarifvertrag festgelegt** werden (BAG Beschluss vom 10. November 2004 a. a. O.).

Diese Auslegung entspricht Sinn und Zweck des § 94 Abs. 1 Satz 1 SGB IX. Die Schwerbehindertenvertretung arbeitet nach § 99 Abs. 1 SGB IX zur Teilhabe schwerbehinderter Menschen am Arbeitsleben in dem Betrieb eng mit dem Betriebsrat zusammen. Sie hat nach § 95 Abs. 4 Satz 1 SGB IX das Recht, an allen Sitzungen des Betriebsrats beratend teilzunehmen. Deshalb ist die **Schwerbehindertenvertretung grundsätzlich für den Betrieb im betriebsverfassungsrechtlichen Sinne zu wählen**. Das ist die Organisationseinheit, in der auch der Betriebsrat besteht. Etwas anderes gilt allenfalls für die von § 3 Abs. 3 und § 4 Abs. 2 BetrVG geregelten Fälle, in denen die vom Gesetz abweichende Bildung von Betriebsräten nicht auf der Grundlage eines Tarifvertrags oder einer Betriebsvereinbarung beruht. Das ändert aber nichts an dem aus dem Gesetz zu entnehmenden Grundsatz, dass **Betriebsrat und Schwerbehindertenvertretung in der Regel in der identischen, als Betrieb i. S. des BetrVG geltenden Organisationseinheit gewählt** werden sollen (BAG Beschluss vom 10. November 2004 a. a. O.).

9

Dem **steht § 94 Abs. 1 Satz 4 SGB IX nicht entgegen**. Danach können Betriebe, in denen nicht mindestens fünf schwerbehinderte Menschen beschäftigt sind, für die Wahl der Schwerbehindertenvertretung mit räumlich nahe liegenden Betrieben des Arbeitgebers zusammengefasst werden, wobei nach § 94 Abs. 1 Satz 5 SGB IX über die Zusammenfassung der Arbeitgeber im Benehmen mit dem für den Sitz des Betriebs zuständigen Integrationsamt entscheidet. Diese Bestimmungen regeln lediglich einen **Ausnahmefall**, ohne an dem

10

auf das BetrVG und damit auch auf dessen § 3 Abs. 5 Satz 1 verweisenden Betriebsbegriff etwas zu ändern (BAG Beschluss vom 10. November 2004 a. a. O.).

11 Nach § 3 Abs. 1 Nrn. 2 und 3 BetrVG ist zwar **eine unternehmensübergreifende Bildung betriebsratsfähiger Organisationseinheiten grundsätzlich möglich**. Die Bildung von „Standortbetriebsräten" kommt aber allein nach § 3 Abs. 1 Nr. 3 BetrVG in Betracht. Danach können andere, von §§ 1, 4 BetrVG abweichende Arbeitnehmervertretungsstrukturen bestimmt werden, soweit dies insbesondere aufgrund der Betriebs-, Unternehmens- oder Konzernorganisation oder aufgrund anderer Formen der Zusammenarbeit von Unternehmen einer wirksamen und zweckmäßigen Interessenvertretung der Arbeitnehmer dient.

12 Allerdings ist eine **tarifvertragliche Regelung** mit § 3 Abs. 1 Nr. 3 BetrVG nicht vereinbar, wenn sie die vom Gesetz abweichenden Arbeitnehmervertretungsstrukturen für die Dauer der Geltung der Tarifverträge nicht **abschließend selbst regelt**, sondern es den Arbeitnehmern überlässt, durch Abstimmung vor einer Betriebsratswahl zu entscheiden, ob bei den beteiligten Arbeitgebern jeweils eigene Betriebsräte gewählt werden sollen. Eine derartige Handhabung ermöglicht § 3 Abs. 1 BetrVG ebenso wenig wie die Vorgängerregelung. Das Gesetz sieht eine **Entscheidungsbefugnis der Arbeitnehmer nur in den in § 3 Abs. 3 und § 4 Abs. 2 BetrVG genannten Fällen** vor. Nach § 3 Abs. 3 BetrVG können die Arbeitnehmer eines Unternehmens, in dem kein Betriebsrat und keine tarifliche Regelung besteht, mit Stimmenmehrheit beschließen, dass ein unternehmenseinheitlicher Betriebsrat gewählt wird. Nach § 4 Abs. 2 BetrVG können die Arbeitnehmer eines Betriebsteils, in dem kein eigener Betriebsrat besteht, mit Stimmenmehrheit beschließen, an der Wahl des Betriebsrats im Hauptbetrieb teilzunehmen. In anderen Fällen sieht das Gesetz eine Entscheidungsbefugnis der Arbeitnehmer nicht vor, insbesondere nicht für die Rückkehr von einer tariflich festgelegten Arbeitnehmervertretungsstruktur zu einem Betriebsrat nach den gesetzlichen Bestimmungen der §§ 1, 4 BetrVG.

13 Eine hiervon **abweichende tarifvertragliche Regelung** entspricht nicht dem Gesetz und kann deshalb **nicht Grundlage für die Wahl eines Betriebsrats oder einer Schwerbehindertenvertretung** sein. Die Vorschrift in § 3 Abs. 1 BetrVG über die tarifliche Festlegung anderer, von §§ 1, 4 BetrVG abweichender Arbeitnehmervertretungen ist – ebenso wie § 3 BetrVG a. F. – abschließend. Die organisatorischen Vorschriften des BetrVG sind zwingend und Änderungen durch Tarifvertrag nur zugänglich, wenn und soweit es das Gesetz ausdrücklich zulässt (BAG Beschluss vom 10. November 2004 a. a. O.; Fitting BetrVG § 3 Rdnr. 21; GK-BetrVG / *Kraft* § 3 Rdnr. 5).

c) Dienststelle

14 Ebenso richtet sich der Begriff der **Dienststelle** gemäß § 87 Abs. 1 Satz 2 SGB IX nach den Vorschriften des Bundespersonalvertretungsgesetzes. Gemäß **§ 6 BPersVG** sind Dienststellen die einzelnen Behörden, Verwaltungsstellen und Betriebe des Bundes und der unmittelbaren Körperschaften, Anstalten und Stiftungen des öffentlichen Rechts und die Betriebsverwaltungen. Die Personalvertretungsgesetze der Länder rechnen zu diesem Kreis auch die gleichen Einrichtungen auf der Ebene der Länder und Gemeinden, die Einrichtungen der Gemeindeverbände und der bundesunmittelbaren Körperschaften, Anstalten und Stiftungen der Länder und Gemeinden. Der Begriff der Dienststelle des § 6 BPersVG ist grundsätzlich auch für die Wahl der Schwerbehindertenvertretung maßgebend.

d) Gericht

15 Obwohl die **Gerichte** Dienststellen sind (vgl. § 6 BPersVG), gilt für diese in **Abs. 1 Satz 2** eine Sonderregelung: Bei Gerichten, denen **mindestens fünf schwerbehinderte Richter** oder Richterinnen angehören, wählen diese einen Richter oder eine Richterin zu ihrer Schwerbehindertenvertretung. Dies gilt nach **Abs. 1 Satz 3** entsprechend für **Staatsanwälte** oder Staatsanwältinnen, soweit für diese eine besondere Personalvertretung durch einen

Staatsanwaltsrat gebildet wurde. Ist dies nicht der Fall, nehmen sie an der Wahl der Schwerbehindertenvertretung ihrer Behörde teil.

Wird die Mindestzahl von jeweils fünf schwerbehinderten Richtern bzw. Staatsanwälten nicht erreicht, kann eine **Zusammenlegung** mit schwerbehinderten Gruppenangehörigen anderer Gerichte nach **Abs. 1 Satz 4 Halbs. 2** vorgenommen werden, oder die Gesamtschwerbehindertenvertretung nach § 97 Abs. 1 SGB IX übernimmt die Vertretung dieser Gruppe. 16

An einem Gericht können die **eigenständigen Schwerbehindertenvertretungen** der Richter und der übrigen Bediensteten **nur getrennt gewählt werden**; die Bildung einer gemeinsamen Schwerbehindertenvertretung ist nicht zulässig (🕮 BVerwG Beschluss vom 8. Dezember 1999 – 6 P 11/98 = BVerwGE 110, 163 = PersR 2000, 207 = NZA-RR 2000, 333 = DÖV 2000, 600). Das gilt auch dann, wenn die Mindestzahl der schwerbehinderten Richter wie auch der sonstigen schwerbehinderten Beschäftigten nicht erreicht wird. In diesem Fall kommt eine Zusammenfassung nach Abs. 1 Satz 4 in Betracht. 17

e) Zusammenfassung von Betrieben, Dienststellen oder Gerichten

Betriebe und Dienststellen, die die **Mindestzahl von fünf beschäftigten schwerbehinderten Menschen bzw. Gleichgestellten nicht erfüllen**, können nach Abs. 1 Satz 4 Halbs. 1 für die Wahl der Schwerbehindertenvertretung mit räumlich nahe liegenden Betrieben des gleichen Arbeitgebers oder mit gleichstufigen Dienststellen derselben Verwaltung zusammengefasst werden. 18

Der Gesetzestext lässt nicht eindeutig erkennen, ob es auch für die Zusammenfassung **gleichstufiger Dienststellen** erforderlich ist, dass diese **räumlich nahe beieinander** liegen. Sinn und Zweck der Vorschrift – nämlich eine Schwerbehindertenvertretung zu wählen, die auch den kleinen Betrieb bzw. die kleine Dienststelle ohne umständliche Dienstreisen mitbetreut – legen aber nahe, dass auch für die Zusammenfassung von Dienststellen deren räumliche Nähe notwendig ist Ernst / Adlhoch / See / *Adlhoch* Rdnr. 46; Neumann u. a./ *Pahlen* Rdnr. 10; Wahlbroschüre 2010 S. 13).

Entgegen dem missverständlichen Wortlaut ist die Zusammenfassung nicht davon abhängig, dass beide oder sämtliche **zusammengefassten** Einheiten weniger als fünf schwerbehinderte Menschen beschäftigen. Auch wenn ein oder mehrere Betriebe oder Dienststellen fünf oder mehr schwerbehinderte Menschen beschäftigen, erlaubt das Gesetz eine Zusammenfassung mit Betrieben oder Dienststellen, in denen weniger als fünf schwerbehinderte Menschen tätig sind (Neumann u. a. / *Pahlen* Rdnr. 12).

Für die **Gerichte** gilt insoweit nach **Abs. 1 Satz 4 Halbs. 2** die Ausnahme, dass – wenn erforderlich – auch Gerichte **unterschiedlicher Gerichtszweige und Stufen** zusammengefasst werden können, wenn sie räumlich nahe liegen und die Mindestzahl von fünf beschäftigten schwerbehinderten Menschen (einschließlich der schwerbehinderten Richter) nicht erreichen. So können etwa in einer Stadt das Amtsgericht, das Landgericht und das Oberlandesgericht für die Wahl der Schwerbehindertenvertretung zusammengefasst werden. Es ist aber auch möglich, z. B das Arbeitsgericht, das Landgericht und das Finanzgericht zusammenzufassen. Allerdings wird es sich anbieten, möglichst die Wahl für einen Gerichtszweig gemeinsam durchzuführen, z. B. durch Zusammenfassung der schwerbehinderten Menschen des Amts- und Landgerichts bzw. gegebenenfalls auch des Oberlandesgerichts. 19

Über die Zusammenfassung **entscheidet nach Abs. 1 Satz 5** der **Arbeitgeber** in eigener Zuständigkeit im Benehmen mit dem zuständigen Integrationsamt. Der Arbeitgeber hat hierbei seine Entscheidung mit dem Integrationsamt zu erörtern, ist aber an dessen Stellungnahme nicht gebunden (Hauck / Noftz / *Masuch* Rdnr. 8). Zuständig sind die Integrationsämter, in deren Bereich die zusammengefassten Betriebe oder Dienststellen liegen. Sind mehrere Integrationsämter betroffen, müssen alle hierzu gehört werden (Kossens u. a. / *Kossens* Rdnr. 12; Neumann u. a. / *Pahlen* Rdnr. 16). 20

21 Die Entscheidung über die Zusammenfassung von Dienststellen und Gerichten ist nach pflichtgemäßem Ermessen zu treffen. Liegen die gesetzlichen Voraussetzungen vor, hat der Arbeitgeber die Zusammenfassung vorzunehmen (BVerwG Beschluss vom 8. Dezember 1999 – 6 P 11/98 = BVerwGE 110, 163 = PersR 2000, 207). Dessen Entscheidung unterliegt somit einer stärkeren gerichtlichen Kontrolle als im Bereich privater Unternehmen und kann auf Antrag der Personalvertretung gerichtlich überprüft werden (LPK-SGB IX / *Düwell* Rdnr. 27; *Müller-Wenner* / Schorn Rdnr. 19).

22 Die Entscheidung des Arbeitgebers über die Zusammenfassung ist **nicht an eine bestimmte Form** gebunden. Es muss lediglich für die Wahl feststehen, welche Betriebe und Dienststellen die Schwerbehindertenvertretung gemeinsam wählen (Neumann u. a. / *Pahlen* Rdnr. 18). Deshalb hat der Arbeitgeber seine Entscheidung mit angemessenem Zeitabstand vor der Wahl der Schwerbehindertenvertretung zu treffen.

Zweckmäßig ist die **schriftliche Bekanntmachung** durch Rundschreiben oder Aushang. Es genügt aber auch die rechtzeitige Bekanntgabe an den Wahlvorstand. Zu unterrichten sind der Betriebs- oder Personalrat und auch das Integrationsamt.

23 Der Arbeitgeber kann auch die **Auflösung der Zusammenfassung** beschließen, etwa dann, wenn die einzelnen Dienststellen oder Betriebe jeweils mehr als fünf schwerbehinderte Menschen beschäftigen. Entfallen die Voraussetzungen einer Zusammenlegung nach der Wahl, bleibt das allerdings ohne Einfluss auf die Rechtsstellung der gewählten Schwerbehindertenvertretung; diese bleibt bis zum Ende ihrer Amtszeit im Amt (Kossens u. a. / *Kossens* Rdnr. 13).

2. Wahl von Vertrauensperson und stellvertretendem Mitglied

24 Liegen die Voraussetzungen des Abs. 1 Satz 1 vor, ist **eine Vertrauensperson** sowie **mindestens ein stellvertretendes Mitglied** für den Vertretungsfall zu wählen. Es können auch mehrere stellvertretende Mitglieder gewählt werden. Hierbei entscheidet allein das Ergebnis der Stellvertreterwahl über die Reihenfolge als 1. bzw. 2. stellvertretendes Mitglied usw. Es kann also nicht von vornherein festgelegt werden, wer sich um die 1. Stellvertretung oder die 2. Stellvertretung usw. bewirbt. Auch ein einvernehmliches Tauschen der Plätze der gewählten Stellvertreter wäre nicht statthaft.

24a Damit **unterscheidet sich die Regelung von den Vorschriften über die Wahl des Betriebsrats**. Nach § 14 Abs. 1 BetrVG wird „der Betriebsrat" nach den dort bestimmten Grundsätzen gewählt. Eine **Wahl von Stellvertretern der gewählten Betriebsratsmitglieder** ist im BetrVG **nicht vorgesehen**. Ersatzmitglieder sind gerade nicht zu Betriebsratsmitgliedern gewählt worden, sondern haben die hierfür erforderliche Stimmenzahl nicht erhalten. Das folgt aus § 25 Abs. 1 BetrVG; es ergibt sich aber auch aus der Wahlordnung für den Betriebsrat (vgl. § 16 Abs. 1 Nr. 6, § 17 Abs. 1 und 2 der Ersten Verordnung zur Durchführung des BetrVG vom 11. Dezember 2001 – BGBl. I S. 3494).

Diese Vorschriften bezeichnen **lediglich die Betriebsratsmitglieder als gewählt** und nicht die in den Vorschlagslisten benannten Bewerber, diese können nur bei Ausscheiden eines Mitglieds oder im Verhinderungsfall in den Betriebsrat nachrücken. Der Bewerber ohne ausreichende Stimmenzahl wird in § 17 Abs. 2 WO ausdrücklich als nicht gewählt bezeichnet (vgl. BAG Beschluss vom 29. Juli 2009 – 7 ABR 91/07 = BehindertenR 2009, 205).

24b Demgegenüber werden die **stellvertretenden Mitglieder der Schwerbehindertenvertretung gewählt**. Hierbei handelt es sich um eine gegenüber der Wahl der Vertrauensperson **eigenständige Wahl**. Die Schwerbehindertenvertretung ist anders als der Betriebsrat kein Kollegialorgan. Sie besteht nur aus einer Person (BAG Beschluss vom 7. April 2004 – 7 ABR 35/03 zu B II 1 a der Gründe = BAGE 110, 146 = AP SGB IX § 95 Nr. 2). Der insoweit womöglich mißverständliche Begriff der „Schwerbehindertenvertretung" ist nur zur geschlechtsneutralen Umschreibung der vor dem Inkrafttreten des SGB IX verwandten Bezeichnungen „Vertrauensmann" oder „Vertrauensfrau" eingeführt worden (LPK-SGB IX / *Düwell* Rdnr. 31).

Die **regelmäßig einzeln handelnde Vertrauensperson** ist nur unter den Voraussetzungen des § 95 Abs. 1 Satz 4 und 5 SGB IX berechtigt, einen oder mehrere der gewählten **stellvertretenden Mitglieder** der Schwerbehindertenvertretung – über die echten Vertretungsfälle hinaus – **zu bestimmten Aufgaben heranzuziehen** (vgl. unten Rdnr. 27). Dies führt aber nicht dazu, dass die Wahl der stellvertretenden Mitglieder keine eigenständige Bedeutung hätte und nicht gesondert angefochten werden könnte (BAG Beschluss vom 29. Juli 2009 a. a. O.; vgl. dazu unten Rdnr. 144).

Für die insoweit eigenständige Wertigkeit der Stellvertreter-Wahl sprechen vielmehr folgenden Argumente: Das SGB IX und die zu seiner Durchführung ergangene „Wahlordnung Schwerbehindertenvertretungen" (SchwbVWO vom 19. Juni 2001 – BGBl. I S. 1046) bezeichnen die **stellvertretenden Mitglieder ausdrücklich als „gewählt"** (z. B. in § 95 Abs. 1 Satz 4 und 5, § 96 Abs. 4 Satz 4, Abs. 8 Satz 2 SGB IX; § 2 Abs. 4, § 5 Abs. 1 Nr. 6, § 13 Abs. 2 Satz 1 und Abs. 3, § 14 Abs. 1 und 2, §§ 15, 17 SchwbVWO). **24c**

Das **Wahlrecht** wird **getrennt** für die Wahl der Schwerbehindertenvertretung und des stellvertretenden Mitglieds **ausgeübt**. Die Schwerbehindertenvertretung und das stellvertretende Mitglied werden nicht in einem, sondern **in zwei getrennten Wahlgängen** gewählt (§ 9 Abs. 2 Satz 2, § 5 Abs. 1 Nr. 7 SchwbVWO). Es sind **unterschiedliche Vorschlagslisten** für die beiden Wahlen einzureichen (§ 6 Abs. 1, § 5 Abs. 1 Nr. 8 SchwbVWO), wobei die Wahlbewerber sowohl für die Wahl der Schwerbehindertenvertretung als auch für die Wahl des Stellvertreters vorgeschlagen werden können (§ 6 Abs. 1 Satz 4, Abs. 3 Satz 1 SchwbVWO). Schließlich kann eine **gesonderte Nachwahl des stellvertretenden Mitglieds** unter den in §§ 17, 21 SchwbVWO bestimmten Voraussetzungen stattfinden (vgl. BAG Beschluss vom 29. Juli 2009 a. a. O.). **24d**

Die **gleichzeitige Stimmabgabe** der Wahlberechtigten für die Wahl der Schwerbehindertenvertretung und des stellvertretenden Mitglieds steht der Annahme einer getrennten Wahl der Schwerbehindertenvertretung und ihrer stellvertretenden Mitglieder nicht entgegen. Vielmehr ist zugrunde zu legen, dass der Gesetzgeber die Stimmabgabe für die beiden Wahlgänge zur **Reduzierung des mit dem Wahlverfahren verbundenen Aufwands** zusammengefasst hat (BAG Beschluss vom 29. Juli 2009 a. a. O.). **24e**

Obwohl die Wahl eines stellvertretenden Mitglieds gesetzlich vorgeschrieben ist, hängt die Wirksamkeit der Wahl einer Vertrauensperson nicht davon ab, dass auch tatsächlich ein Stellvertreter gewählt wird (Neumann u. a. / *Pahlen* Rdnr. 19; Kossens u. a. / *Kossens* Rdnr. 16). **25**

Für die Vertrauenspersonen der **Richter und Staatsanwälte** nach Abs. 1 Satz 2 und 3 ist im Gesetz kein Stellvertreter vorgesehen; jedoch ist die Wahl eines oder sogar mehrerer stellvertretender Mitglieder nicht unzulässig (Neumann u. a. / *Pahlen* Rdnr. 21). Die Verfahrensvorschrift des § 25 SchwbWO sieht vielmehr ausdrücklich die Möglichkeit der Wahl von stellvertretenden Mitgliedern der Schwerbehindertenvertretung der Richter vor, was entsprechend auch für Staatsanwälte gilt. **26**

Das stellvertretende Mitglied **vertritt** nach Abs. 1 Satz 1 die Vertrauensperson **im Fall der Verhinderung** durch Abwesenheit oder Wahrnehmung anderer Aufgaben. Es ist also nicht zur Unterstützung oder zur gemeinsamen Tätigkeit mit der Vertrauensperson vorgesehen, sondern nur zur Vertretung im Verhinderungsfall. **27**

Lediglich in Betrieben und Dienststellen mit in der Regel **wenigstens 100 schwerbehinderten Menschen** kann das mit der höchsten Stimmenzahl gewählte stellvertretende Mitglied zusätzlich zur Wahrnehmung der **laufenden Aufgaben der Vertrauensperson herangezogen** werden; sind im Betrieb oder der Dienststelle mehr als 200 schwerbehinderte Menschen beschäftigt, kann auch das mit der nächst höheren Stimmenzahl gewählte weitere stellvertretende Mitglied herangezogen werden (§ 95 Abs. 1 Satz 4 SGB IX).

B) zu Abs. 2

1. Aktives Wahlrecht

a) Grundsatz

28 Wahlberechtigt sind alle im Betrieb oder in der Dienststelle beschäftigten schwerbehinderten Menschen **ohne Rücksicht auf Lebensalter oder Dauer der Betriebszugehörigkeit**. Wählen kann deshalb auch, wer kurz vor der Wahl die Beschäftigung aufgenommen hat oder unmittelbar nach der Wahl ausscheidet (Neumann u. a. / *Pahlen* Rdnr. 23; *Sieg* NZA 2002, 1064 [1065]).

29 Dabei kommt es auf die **tatsächliche überwiegende Beschäftigung** des Arbeitnehmers in dem betreffenden Betrieb an und nicht auf das Bestehen eines Arbeitsvertrages mit dem Betriebsinhaber (Hess. LAG Beschluss vom 10. Dezember 1992 – 12 TaBVGa 199/92 = BB 1993, 1284 [Ls.]).

30 Schon im Wortlaut der Vorschrift reicht der **Begriff der „Beschäftigung" weiter als** der der „Arbeit". Außerdem ist es **Aufgabe der Schwerbehindertenvertretung, die Interessen aller schwerbehinderten Menschen** im Betrieb zu vertreten und nicht nur die der schwerbehinderten Arbeitnehmer (vgl. BAG Beschluss vom 27. Juni 2001 – 7 ABR 50/99 = BAGE 98, 151 = BehindertenR 2001, 203 = NZA 2002, 50; BAG Beschluss vom 16. April 2003 – 7 ABR 27/02 = BAGE 106, 57 = AP Nr. 1 zu § 95 SGB IX = BehindertenR 2003, 188; *Müller-Wenner* / *Schorn* Rdnr. 22 m. w. Nachw.).

31 Daher sind **wahlberechtigt z. B. auch ABM-Kräfte**, Personen mit einer Beschäftigung aus karitativen oder religiösen Gründen oder überwiegend zu ihrer Heilung, Wiedereingewöhnung oder Erziehung nach § 73 Abs. 2 Nr. 2 und 3 SGB IX sowie Teilzeitbeschäftigte mit einer Arbeitszeit von **weniger als 18 Stunden** wöchentlich (vgl. Neumann u. a. / *Pahlen* Rdnr. 23 f.)

32 **Unerheblich** ist der **Ort**, an dem die **Arbeitsleistung erbracht** wird. Deshalb sind auch Außendienstmitarbeiter wahlberechtigt (Kossens u. a. / *Kossens* Rdnr. 19; GK-SGB IX / *Schimanski* Rdnr. 45; vgl. auch § 5 Abs. 1 BetrVG). Dasselbe gilt für **in Heimarbeit beschäftigte Arbeitnehmer**, wenn sie **hauptsächlich für einen Auftraggeber** arbeiten und deshalb nach § 127 Abs. 1 SGB IX auf einen Pflichtplatz angerechnet werden können (GK-SGB IX / *Schimanski* Rdnr. 44; Neumann u. a. / *Pahlen* Rdnr. 23; Kossens u. a. / *Kossens* Rdnr. 20). Jedenfalls besteht an ihrer betriebsverfassungsrechtlichen Zuordnung zum Betrieb gem. § 5 Abs. 1 Satz 2 und damit ihrem Wahlrecht zum Betriebsrat nach § 7 BetrVG kein Zweifel (vgl. LAG Hamm Beschluss vom 17. Dezember 2008 – 10 TaBV 137/07, zit. nach JURIS dortige Rdnr. 127 m. w. Nachw.).

33 **Gleichgestellte** sind **vom Zeitpunkt der Gleichstellung an** ebenfalls wahlberechtigt. Trotz der Rückwirkung der Gleichstellung nach § 68 Abs. 2 Satz 2 SGB IX genügt die bloße Antragstellung nicht zur Wahlberechtigung, da bis zur Gleichstellung noch keine Gewissheit über den Status des Betroffenen besteht (BayVGH Beschluss vom 1. Juli 1987 – 18 C 87.00852 = PersV 1988, 278 [Ls.]; *Müller-Wenner* / *Schorn* Rdnr. 22). Jedenfalls kann das **Wahlrecht zur Schwerbehindertenvertretung nicht rückwirkend** in Anspruch genommen werden, d. h. nicht, bevor sich der Arbeitnehmer im Betrieb bzw. gegenüber seinem Arbeitgeber auf die Schwerbehinderung oder einen Gleichstellungsantrag beruft (BSG Beschluss vom 15. März 1994 – 11 BAr 139/93, zit. nach JURIS). Zur Klarstellung sei angemerkt, dass eine Rückwirkung bezüglich der Wahlberechtigung allenfalls in Zusammenhang mit der Anfechtung eines Wahlergebnisses wegen Übergehens von vermeintlich Wahlberechtigten in Betracht käme (vgl. auch GK-SGB IX / *Schimanski* Rdnr. 48).

b) Geltung für besondere Gruppen

34 Wahlberechtigt sind ferner **leitende Angestellte** nach § 5 Abs. 3 BetrVG (Neumann u. a. / *Pahlen* Rdnr. 23; Kossens u. a. / *Kossens* Rdnr. 20; Hauck / Noftz / *Masuch* Rdnr. 10). Der

Arbeitgeber selbst ist auch als schwerbehinderter Mensch nicht „Beschäftigter" im Sinne des Gesetzes und deshalb auch nicht aktiv wahlberechtigt (GK-SGB IX / *Schimanski* Rdnr. 47). Hingegen ist ein **schwerbehinderter Beauftragter des Arbeitgebers** wahlberechtigt, da er gemäß § 98 SGB IX nicht den Arbeitgeber in seiner Arbeitgeberfunktionen vertritt (*Müller-Wenner* / Schorn Rdnr. 22; Neumann u. a. / *Pahlen* Rdnr. 23; GK-SGB IX / *Schimanski* Rdnr. 47).

Schwerbehinderte Menschen, die an Maßnahmen zur Rehabilitation in einem privatwirtschaftlichen Berufsbildungswerk teilnehmen (**Rehabilitanden**) sind bei der Wahl der Schwerbehindertenvertretung **wahlberechtigt** (BAG Beschluss vom 27. Juni 2001 = 7 ABR 50/99 = BAGE 98, 151 = BehindertenR 2001, 203 = NZA 2002, 50; BAG Beschluss vom 16. April 2003 – 7 ABR 27/02 = BAGE 106, 57 = AP Nr. 1 zu § 95 SGB IX = BehindertenR 2003, 188). Sie sind zwar nach § 36 Satz 2 SGB IX keine Arbeitnehmer im Sinne des BetrVG, sondern wählen zu ihrer Mitwirkung besondere Vertretungen. Diese Vertretungen nach § 36 Satz 2, 2. Halbs. SGB IX sind aber nicht etwa besondere Schwerbehindertenvertretungen in Einrichtungen der beruflichen Rehabilitation. Denn nicht alle Rehabilitanden sind schwerbehindert. Diese Vertretungen sind ein Ersatz dafür, dass die Rehabilitanden nicht von dem in der Einrichtung gewählten Betriebsrat vertreten werden. Die zusätzliche Vertretung schwerbehinderter Rehabilitanden durch die Schwerbehindertenvertretung wird dadurch nicht überflüssig. 35

Vielmehr spricht zusätzlich für das Wahlrecht von Rehabilitanden: Nach § 95 Abs. 1 Satz 1 SGB IX fördert die Schwerbehindertenvertretung die Eingliederung schwerbehinderter Menschen in den Betrieb, vertritt ihre Interessen in dem Betrieb und steht ihnen beratend und helfend zur Seite. Der Gesetzgeber hat die **Schwerbehindertenvertretung** somit **nicht auf die Interessenwahrnehmung der schwerbehinderten Arbeitnehmer beschränkt**, sondern sie auf die Vertretung der Interessen **aller schwerbehinderten Menschen in dem Betrieb** ausgedehnt (BAG Beschluss vom 16. April 2003 a. a. O.). 36

Der Bezug einer **befristeten Rente wegen Erwerbsminderung** führt weder zur Beendigung des Arbeitsverhältnisses noch zum Verlust der für die Wahlberechtigung nach Abs. 2 erforderlichen Zugehörigkeit zum Betrieb. Bei der nur befristeten Rentenbewilligung ist davon auszugehen, dass der Arbeitnehmer nach Fristablauf wieder in den Betrieb zurückkehren wird. Das **Arbeitsverhältnis ruht** lediglich während der Dauer der Rentenbewilligung (vgl. BAG Beschluss vom 16. April 2003 – 7 ABR 53/02 = BAGE 106, 64 = AP Nr. 7 zu § 9 BetrVG 1972), ähnlich wie bei Arbeitnehmern, die vorübergehend **Elternzeit** in Anspruch nehmen (BAG Beschluss vom 25. Mai 2005 – 7 ABR 45/04 = AP Nr. 13 zu § 24 BetrVG 1972 = NZA 2005, 1002) oder **Wehr- bzw. Zivildienst** ableisten (BAG Beschluss vom 29. März 1974 – 1 ABR 27/73 = BAGE 26, 107 = AP Nr. 2 zu § 19 BetrVG 1972). Dadurch wird jeweils die **Zugehörigkeit zum Betrieb nicht endgültig aufgehoben**. 37

Dasselbe gilt auch bei der Inanspruchnahme von **Pflegezeit** zur zeitweiligen Pflege naher Angehöriger in der häuslichen Umgebung (vgl. § 3 des Pflegezeitgesetzes vom 28. Mai 2008 – BGBl. I S. 874, 896).

Die Wahlberechtigung **entfällt hingegen mit dem Eintritt in die Freistellungsphase der Altersteilzeit** (vgl. BAG Beschluss vom 16. April 2003 – 7 ABR 53/02 = BAGE 106, 64 = AP Nr. 7 zu § 9 BetrVG 1972 zu II 2 b der Gründe zur Betriebszugehörigkeit nach § 9 BetrVG; vgl. auch BVerwG Beschluss vom 15. Mai 2002 – 6 P 18/01 = BehindertenR 2004, 146 = PersR 2002, 438 für das Wahlrecht zum Personalrat; *Müller-Wenner* / Schorn Rdnr. 22; *Sieg* NZA 2002, 1064). Ein schwerbehinderter Mensch steht dann zwar noch in einem Arbeitsverhältnis zum Arbeitgeber. **Er ist aber nicht mehr in die Betriebsorganisation eingegliedert.** Eine Rückkehr in den Betrieb ist nicht vorgesehen, sondern der unmittelbare Eintritt in den Ruhestand nach dem Ende der Freistellungsphase. Der Arbeitnehmer scheidet daher mit dem Ende der aktiven Tätigkeit endgültig aus dem Betrieb aus (BAG Beschluss vom 16. April 2003 a. a. O.). Damit endet auch die Wahlberechtigung zur Schwerbehindertenvertretung. 38

39 **Leiharbeitnehmer** sind gemäß § 7 Satz 2 BetrVG wahlberechtigt, wenn sie länger als drei Monate im fremden Betrieb tätig werden (GK-SGB IX / *Schimanski* Rdnr. 45).

2. Unerheblichkeit der Geschäftsfähigkeit

40 **Unerheblich** ist, ob ein Wahlberechtigter wegen geistiger Behinderung oder psychischer Erkrankung **geschäftsunfähig** im Sinne von § 104 Nr. 2 BGB ist. Auch eine beschränkte Geschäftsfähigkeit wegen Minderjährigkeit steht der Wahlberechtigung nicht entgegen. Da gerade Geschäftsunfähige oder beschränkt geschäftsfähige schwerbehinderte Menschen auf die Interessenvertretung durch die Schwerbehindertenvertretung besonders angewiesen sind, ist ihnen auch das Wahlrecht zuzubilligen (*Müller-Wenner* / Schorn Rdnr. 22; *Sieg* NZA 2002, 1064; HK-SGB IX / *Trenk-Hinterberger* Rdnr. 25; a. A. Ernst / Adlhoch / Seel / *Adlhoch* Rdnr. 28 mit Umkehrschluss aus § 139 Abs. 1 Satz 1 SGB IX, der die Mitwirkung behinderter Menschen im Werkstattrat ausdrücklich „unabhängig von ihrer Geschäftsfähigkeit" regle. Das Argument erscheint aber nicht zwingend, da der Begriff der „*Mitwirkung*" offensichtlich weiter gefasst ist als die Wahlberechtigung nach § 139 Abs. 3 SGB IX. Insoweit scheint die dortige gesetzliche Hervorhebung sinnvoll, dass die Mitwirkung nicht von der Geschäftsfähigkeit abhänge. Für einen Umkehrschluss zur Wahlberechtigung gem. § 94 SGB IX gibt das wenig her).

C) zu Abs. 3

1. Wählbarkeit

a) Erweiterung gegenüber dem aktiven Wahlrecht

41 Die Wählbarkeit nach **Abs. 3 Satz 1 Halbs. 1** geht in einem wesentlichen Punkt über das aktive Wahlrecht hinaus. Die Vertrauensperson bzw. die Stellvertreter brauchen **nicht selbst schwerbehinderte Menschen** zu sein. Vielmehr kann jeder dem Betrieb oder der Dienststelle angehörende Beschäftigte gewählt werden ohne Rücksicht darauf, ob und in welchem Grade er behindert ist. Das Gesetz spricht nicht einmal eine entsprechende Empfehlung aus (Neumann u. a. / *Pahlen* Rdnr. 27).

Auch Beschäftigte, die bereits dem **Betriebsrat oder dem Personalrat angehören**, sind wählbar (Kossens u. a. / *Kossens* Rdnr. 24). Das Amt der Schwerbehindertenvertretung besteht unabhängig von den genannten Gremien und betrifft einen eigenständigen Verantwortungsbereich. Die gleichzeitige Mitgliedschaft im Betriebsrat bzw. Personalrat ist zulässig (ErfK / Koch § 32 BetrVG Rdnr. 1; allg. Meinung). Jedoch bereitet eine solche **Personalunion in der Praxis** zuweilen **Probleme**: So ist beispielsweise die Aussetzung von Betriebs-/Personalratsbeschlüssen gem. § 95 Abs. 4 SGB IX nicht auf die gleichzeitige Mitgliedschaft der Vertrauensperson in dem jeweiligen Gremium zugeschnitten. Außerdem können Interessenkonflikte zwischen der Gruppe der schwerbehinderten Arbeitnehmer einerseits und der vom Betriebs-/Personalrat ebenso zu vertretenden übrigen Belegschaft andererseits auftreten (vgl. Wahlbroschüre 2010 S. 12). Ferner können auch **Mitglieder des Wahlvorstands** zur Schwerbehindertenvertretung gewählt werden (vgl. BAG Beschluss vom 4. Oktober 1977 – 1 ABR 37/77 = AP Nr. 2 zu § 18 BetrVG 1972 = DB 1978, 449 zur Bertriebsratswahl).

b) Einschränkungen gegenüber dem aktiven Wahlrecht

42 Andererseits ist die Wählbarkeit im Gegensatz zu dem sonst weit gefassten aktiven Wahlrecht **in mehrfacher Hinsicht eingeschränkt**.

aa) Mindestalter 18 Jahre

43 Zunächst müssen die Kandidaten am Wahltag das **18. Lebensjahr** vollendet haben. Das ist auch dann der Fall, wenn ein Wahlbewerber am Wahltag seinen 18. Geburtstag begeht (vgl. § 187 Abs. 2, § 188 Abs. 2 BGB).

bb) nicht nur vorübergehende Beschäftigung

Ein Wahlbewerber darf ferner in dem in Betrieb oder der Dienststelle **nicht nur vorübergehend beschäftigt** sein, d. h. nicht nur von vornherein für eine kurze Aushilfstätigkeit eingestellt worden sein (*Müller-Wenner* / Schorn Rdnr. 23). Denn bei nur kurzfristig Beschäftigten wäre die Wahl zur Vertrauensperson nicht sinnvoll.

Der **Umfang der Beschäftigung** ist grundsätzlich **unerheblich**. Neben Vollzeitarbeitsverhältnissen kommen auch Teilzeitbeschäftigungen in Betracht. Zur Bedeutung der Mindestgrenze von unter 18 Stunden allein im öffentlichen Dienst vgl. unten Rdnr. 52.

Nicht wählbar sind ferner in **Heimarbeit** Beschäftigte, selbst wenn diese in der Hauptsache für den Betrieb arbeiten, weil es in § 94 an einer dem § 8 Abs. 1 Satz 1 BetrVG entsprechenden Regelung fehlt (Neumann u. a. / *Pahlen* Rdnr. 28; a. A. GK-SGB IX / *Schimanski* Rdnr. 58).

cc) Mindestbetriebszugehörigkeit sechs Monate

Weiterhin sind nur Arbeitnehmer wählbar, die dem Betrieb oder der Dienststelle **seit sechs Monaten angehören**. Bei der Dauer der Betriebs- oder Dienstzugehörigkeit werden vorangegangene Beschäftigungszeiten in einem anderen Betrieb desselben Arbeitgebers bzw. derselben Dienststelle entsprechend § 8 Abs. 1 Satz 2 BetrVG auf die Beschäftigungszeit angerechnet (GK-SGB IX / *Schimanski* Rdnr. 58). Dasselbe gilt im Fall eines Betriebsübergangs nach § 613a BGB oder einer befristeten Vorbeschäftigung beim selben Arbeitgeber (*Müller-Wenner* / Schorn Rdnr. 23).

Ebenso können Zeiten eines **früheren Arbeitsverhältnisses mit demselben Arbeitgeber anzurechnen** sein, wenn das neue Arbeitsverhältnis in einem **engen sachlichen Zusammenhang** mit dem früheren Arbeitsverhältnis steht; dabei kommt es insbesondere auf Anlass und Dauer der Unterbrechung sowie auf die Art der Weiterbeschäftigung an (vgl. BAG Urteil vom 20. August 1998 = – 2 AZR 83/98 = BAGE 89, 307 = AP Nr. 10 zu § 1 KSchG 1969 Wartezeit; Hauck / Noftz / *Masuch* Rdnr. 13).

Besteht der Betrieb oder die Dienststelle **weniger als ein Jahr**, so entfällt diese Beschränkung nach **Abs. 2 Satz 1 Halbs. 2** vollständig. Wählbar ist dann jeder, der am Wahltag 18 Jahre alt ist und nicht nur vorübergehend im Betrieb oder in der Dienststelle beschäftigt wird, selbst wenn er erst kurz vor Beginn der Wahlvorbereitungen die Beschäftigung aufgenommen hatte (GK-SGB IX / *Schimanski* Rdnr. 60).

Mit dem **endgültigen Ausscheiden aus dem Beschäftigungsverhältnis** entfällt nicht nur das aktive, sondern auch das passive Wahlrecht. Das trifft zu für den Eintritt in die Freistellungsphase der Altersteilzeit im Blockmodell (oben Rdnr. 38), nicht hingegen bei bloß **ruhendem Arbeitsverhältnis** z. B. infolge Wehr- oder Zivildienst, Elternzeit, Pflegezeit oder befristetem Bezug einer Erwerbsunfähigkeitsrente (hierzu oben Rdnr. 37).

Die Wählbarkeit eines **gekündigten Arbeitnehmers** bleibt erhalten, wenn seiner vor der Wahl erhobenen Kündigungsschutzklage nach Durchführung der Wahl stattgegeben wird (vgl. BAG Beschluss vom 14. Mai 1997 – 7 ABR 26/96 = BAGE 85, 370 = NZA 1997, 1245 zur Betriebsratswahl). Verkennt der Wahlvorstand die Wählbarkeit eines gekündigten Arbeitnehmers und schließt ihn deswegen von der Wahl zur Schwerbehindertenvertretung aus, liegt darin ein Verstoß gegen wesentliche Vorschriften über die Wählbarkeit. Dieser kann im Anfechtungsverfahren geltend gemacht werden (vgl. BAG Beschluss vom 14. Mai 1997 a. a. O.).

2. Ausdrückliche Nichtwählbarkeit

a) Wegen Unzulässigkeit der Mitgliedschaft in Betriebs- / Personalrat und weiterer Sonderfälle

50 **Ausgenommen von der Wählbarkeit** zur Vertrauensperson bzw. zum Stellvertreter sind nach **Abs. 3 Satz 2** weiter alle Angehörigen des Betriebs oder der Dienststelle, die dem **Betriebs-, Personal- oder Richterrat nicht angehören dürfen**. Das sind vor allem die **leitenden Angestellten** im Sinne des § 5 BetrVG. Im **öffentlichen Dienst** ist auf die jeweiligen Vorschriften des BPersVG und der Landespersonalvertretungsgesetze über die Wählbarkeit zum Personalrat abzustellen. Bei Dienststellen des Bundes gilt demgemäß § 14 Abs. 3 BPersVG entsprechend. Danach sind der **Dienststellenleiter**, sein **Vertreter** und Personen, die zu **selbstständigen Entscheidungen in Personalangelegenheiten** der Dienststelle befugt sind, nicht wählbar. Das BVerwG beschränkt den letztgenannten Personenkreis und damit den Ausschluss von der Wählbarkeit allerdings auf solche Personen, die *mitbestimmungspflichtige* Personalmaßnahmen selbstständig entscheiden (Beschluss vom 11. März 1982 – 6 P 8/80 = BVerwGE 65, 127 = PersV 1983, 405; kritisch dazu im Hinblick auf die Wahl der Schwerbehindertenvertretung Riebe BehindertenR 1995, 183). Das Landespersonalvertretungsrecht geht zum Teil darüber hinaus und erklärt auch Personalsachbearbeiter, die lediglich Entscheidungen vorbereiten, für nicht wählbar (z. B. § 12 LPVG Baden-Württemberg); vgl. zum Ganzen Wahlbroschüre 2010 S. 21). Nicht wählbar sind ferner die Gerichtspräsidenten.

50a Der Ausschluss der Wählbarkeit betrifft aber auch die **Gleichstellungsbeauftragten nach Bundesrecht** und ihre Stellvertreterin. Diese dürfen nach § 16 Abs. 5 BGleiG keiner Personalvertretung angehören und nur in ihrer Eigenschaft als Gleichstellungsbeauftragte mit Personalangelegenheiten befasst sein. Ob jeweils gleichgerichtete landesrechtliche Regelungen bestehen, bedarf im Einzelfall näherer Prüfung. Enthält das jeweilige Landesgleichstellungsgesetz keine dem § 16 Absatz 5 BGleiG entsprechende Vorschrift, sind Gleichstellungsbeauftrage zur Schwerbehindertenvertretung wählbar.

50b Das Amt der Schwerbehindertenvertretung bei einer **Kommunalverwaltung** ist **unvereinbar mit einer Mitgliedschaft im Stadtrat / Gemeiderat** derselben Kommune. Der Gemeinderat ist deren „Hauptorgan". Daher ist das Amt eines (stellvertretenden) Mitglieds der Schwerbehindertenvertretung erloschen ab Beginn des Gemeinderatsmandats, da dann nach Abs. 3 Satz 2 kein passives Wahlrecht mehr für die Schwerbehindertenvertretung besteht. Hier verhält es sich ebenso wie beim Personalrat.(vgl. z. B. Art. 14 Abs. 4 , Art. 29 Abs. 1 Buchst. e BayPVG, Art. 29 Bayer. Gemeindeordnung).

50c Ob der betriebsangehörige Beauftragte des Arbeitgebers in Angelegenheiten schwerbehinderter Menschen gemäß § 98 SGB IX als Schwerbehindertenvertretung gewählt werden kann, ist strittig. Bejaht wird das von Kossens u. a. / *Kossens* Rdnr. 24. Die gegenteilige Auffassung vertreten Ernst / Adlhoch / Seel / *Adlhoch* Rdnr. 50; *Sieg* NZA 2002, 1064 [1065] sowie das VG Aachen im Beschluss vom 25. November 1999 – 16 K 371/99.PV = PersR 2000, 131 = http://www.schwbv.de/urteile/pdf/vg_aachen_wahlrecht_baschwb.pdf) mit folgenden Entscheidungsgründen:

Zwar beschränke sich das Gesetz darauf, nur denjenigen als nicht wählbar zu bezeichnen, der kraft Gesetzes dem Betriebs- oder Personalrat nicht angehören kann. Der Regelung lasse sich jedoch nicht entnehmen, dass der Gesetzgeber bewusst den Beauftragten des Arbeitgebers in Angelegenheiten der Schwerbehinderten trotz dieser Funktion als wählbar für die Schwerbehindertenvertretung ansehe. Vielmehr habe der Gesetzgeber es offensichtlich **für selbstverständlich gehalten**, dass eine Person **nicht gleichzeitig beide Funktionen** in sich vereinigen könne.

50d Der Beauftragte des Arbeitgebers in Angelegenheiten der Schwerbehinderten **vertrete den Arbeitgeber** gem. § 98 SGB IX. Er trete also in der Aufgabenerfüllung an die Stelle des Arbeitgebers und habe darauf zu achten, dass dessen Verpflichtungen nach dem SGB IX erfüllt werden. Der Beauftragte sei zwar **nicht ausdrücklich Interessenvertreter** des Arbeitgebers, andererseits könne er von diesem – der Rechtstellung als Stellvertreter entsprechend – jederzeit **an Weisungen gebunden** werden. Zumindest in Einzelbereichen könnten deshalb beide Funktionen in eine **Interessenkollision** geraten.

Kaum vorstellbar sei, dass die Schwerbehindertenvertretung **Anregungen und Beschwerden von Schwerbehinderten** entgegennehme und, falls letztere berechtigt erscheinen, mit sich selbst als dem Beauftragten des Arbeitgebers in Verhandlungen über die Erledigung der Probleme trete. Auch bei der Hinzuziehung der Schwerbehindertenvertretung zur **Einsicht in Personalakten** sowie bei der Teilnahme an **Betriebsratssitzungen** seien Rollenkonflikte und Argwohn Dritter nicht auszuschließen.

Diese **Gründe** sind nicht von der Hand zu weisen und **sprechen gegen die Ausübung beider Funktionen durch eine Person**. Andererseits wäre es verfehlt, damit alternativlos das dauerhaft fehlende passive Wahlrecht eines Arbeitgeberbeauftragten zugrunde zu legen. Zutreffend erscheint folgender Standpunkt: **Will ein Beauftragter** des Arbeitgebers für die Schwerbehindertenvertretung **kandidieren**, hat der Arbeitgeber ihn, spätestens zum Zeitpunkt der Einreichung der Wahlvorschläge, von **seiner Funktion zu entbinden**. Dies gilt gleichermaßen für Beamte und Arbeitnehmer. Andernfalls würde der Arbeitgeber / der Dienstherr den Beauftragten in der **Ausübung seines passiven Wahlrechts beschränken** und verstieße damit gegen § 20 Abs. 1 Satz 2 BetrVG, § 24 Abs. 1 Satz 2 BPersVG und die entsprechenden Vorschriften des Landespersonalvertretungsrechts, z. B. § 21 Abs. 1 Satz 2 LPVG NW und Art. 24 Abs. 1 Satz 2 BayPVG (vgl. www.integrationsaemter.de/files/601/Wahl_der_SBV_Stand_7_2009.pdf#page=22). 50e

Nicht wählbar ist auch, wer **nicht in einem Arbeits- oder Ausbildungsverhältnis** steht. Deshalb scheiden auch alle Beschäftigten aus, die aus religiösen oder karitativen Gründen arbeiten oder in erster Linie zu ihrer Heilung, Wiedereingewöhnung oder Erziehung beschäftigt werden (§ 73 Abs. 2 Nr. 2 und 3 SGB IX). Zu ihrer Berufsausbildung Beschäftigte sind nur dann wählbar im Sinne des BetrVG, wenn sich ihre Ausbildung auf der Grundlage eines privatrechtlichen Ausbildungsvertrages im Rahmen der arbeitstechnischen Zwecksetzung des jeweiligen Ausbildungsbetriebs vollzieht. Deshalb sind **Rehabilitanden** in reinen Berufsausbildungswerken **keine zum Betriebsrat wählbaren Arbeitnehmer** (vgl. 🕮 BAG Beschluss vom 21. Juli 1993 – 7 ABR 35/92 = BAGE 74, 1 = AP Nr. 8 zu § 5 BetrVG 1972 Ausbildung) und deshalb nicht für die Schwerbehindertenvertretung passiv wahlberechtigt. 51

Im **öffentlichen Dienst** waren von der Wählbarkeit zum Personalrat und damit auch zur Schwerbehindertenvertretung ausgeschlossen Personen, die **wöchentlich weniger als 18 Stunden beschäftigt** sind (§ 14 Abs. 2 BPersVG; teilweise abweichend das jeweilige Landesrecht, z. B. § 11 Abs. 2b LPVG NRW: 2/5 der regelmäßigen Arbeitszeit). Seit 1. Januar 2005 ist die bundesrechtliche Einschränkung aber aufgehoben. Das passive Wahlrecht entfällt demnach nicht mehr bei einer Arbeitszeit im öffentlichen Dienst **unter 18 Wochenstunden**, so dass theoretisch sogar Beschäftigte mit nur einer Wochenstunde zum Personalrat oder zur Schwerbehindertenvertretung gewählt werden können. 52

Allerdings sind gegebenenfalls weiterhin bestehende Einschränkungen nach Landesrecht zu beachten (z. B für **Hessen**: in **§ 91 Abs. 1 HPVG:** „*Die Lehrer, Erzieher, Sozialpädagogen sowie die sonstigen in Erziehung und Unterricht tätigen Personen wählen eigene Personalvertretungen.* **Wahlberechtigt** *sind alle Beschäftigten, die mit mindestens vier Wochenstunden beschäftigt sind.* **Wählbar** *sind alle Wahlberechtigten, die mindestens mit der Hälfte der wöchentlichen Pflichtstunden ihrer Lehrergruppe beschäftigt sind*"; für **Niedersachsen** in **§ 4 Abs. 3 NPersVG:** „*Beschäftigte im Sinne dieses Gesetzes sind nicht 3. Personen, die innerhalb eines Jahres bis zu einer Dauer von zwei Monaten mit weniger als* **15 Stunden** *wöchentlich beschäftigt werden oder die nebenamtlich oder nebenberuflich mit weniger als* **18 Stunden** *wöchentlich tätig sind*". 52a

52b Hingegen verlangte das BetrVG für die Wählbarkeit von jeher keine Mindestdauer der wöchentlichen Beschäftigung (vgl. Ernst / Adlhoch / Seel / *Adlhoch* Rdnr. 48).

b) Von Leiharbeitnehmern im Entleihbetrieb

53 Ebenfalls nicht passiv wahlberechtigt sind **Leiharbeitnehmer im Betrieb des Entleihers**, so ausdrücklich § 14 Abs. 2 Satz 1 AÜG.

c) Bei strafgerichtlicher Aberkennung der Wählbarkeit zu öffentlichen Ämtern

54 Nicht wählbar ist ferner, wer aufgrund einer **strafgerichtlichen Verurteilung** die Fähigkeit, Rechte aus öffentlichen Wahlen zu erlangen, nicht besitzt (§ 8 Abs. 1 Satz 3 BetrVG und § 15 Abs. 1 Satz 2 BPersVG). Diese Rechtsfolge – beschränkt auf fünf Jahre nach Rechtskraft des Urteils – tritt immer dann ein, wenn eine Verurteilung wegen eines Verbrechens zu einer Mindestfreiheitsstrafe von einem Jahr ausgesprochen wird (§ 45 Abs. 1 StGB), außerdem dann, wenn das Strafgericht diese Fähigkeit in den gesetzlich dafür vorgesehenen Fällen für die Dauer von zwei bis fünf Jahren aberkennt.

D) zu Abs. 4

1. Aktives und passives Wahlrecht von Soldaten

55 In Abs. 4 wird eine Sonderregelung für das aktive und passive Wahlrecht zur Schwerbehindertenvertretung von Soldatinnen und Soldaten der **Dienststellen der Bundeswehr** getroffen, in denen eine **Vertretung der Soldaten nach dem BPersVG** zu wählen ist. Dies ist wegen der Besonderheiten im militärischen Bereich **meist nicht der Fall** (vgl. *Müller-Wenner* / Schorn Rdnr. 21).

56 In den Einheiten, Stäben und Schulen der Bundeswehr werden in der Regel keine Personalvertretungen gewählt, sondern nur sog. **Vertrauenspersonen** nach § 1 Abs. 1, 1. Alt. des **Soldatenbeteiligungsgesetzes (SBG)** i. d. F. d. Bek. vom 15. April 1997 (BGBl. I S. 766).

57 Nur in Dienststellen und Einrichtungen, die nicht in § 2 Abs. 1 SBG genannt sind, wählen die Soldaten Personalvertretungen. Hierzu gehören kraft ausdrücklicher Regelung in § 48 Abs. 1 Satz 2 SBG auch die Stäbe der Kommandos, der Wehrbereichskommandos und der Wehrbereichskommandos / Divisionen und regelmäßig der Korps sowie entsprechende Dienststellen.

58 Allerdings müssen im jeweiligen Einzelfall die **Voraussetzungen zur Wahl eines Personalrates** vorliegen: Nur in Dienststellen, die in der Regel mindestens fünf wahlberechtigte Beamte, Angestellte und Arbeiter beschäftigen, von denen drei wählbar sind, werden Personalräte gebildet (vgl. § 12 Abs. 1 BPersVG); hierbei werden Soldaten nicht mitgezählt. Aber auch solche Dienststellen scheiden aus, in denen die Beamten, Angestellten und Arbeiter aus anderen Gründen als der Größe keinen Personalrat bilden, da auch dort keine Vertretung nach dem BPersVG, sondern eine Vertrauensperson nach § 1 Abs. 2 SBG gewählt wird (§ 50 SBG).

59 Sind allerdings die Voraussetzungen für die Wahl eines Personalrats aus § 48, § 49 Abs. 1 SBG erfüllt, können nach Abs. 4 **auch der Dienststelle angehörende Soldaten und Soldatinnen** – und nicht nur Zivilbedienstete – zur Schwerbehindertenvertretung **wählen oder gewählt werden**. Wahlberechtigt sind alle schwerbehinderten und gleichgestellten Soldaten und Soldatinnen; wählbar sind auch nicht schwerbehinderte Soldaten und Soldatinnen (Neumann u. a. / *Pahlen* Rdnr. 32).

E) zu Abs. 5

1. Einheitliche Wahltermine

60 Für die regelmäßigen Wahlen zur Schwerbehindertenvertretung legt das Gesetz in **Abs. 5 Satz 1** einen **einheitlichen Zeitkorridor** fest: Die Wahl muss alle **vier Jahre in der Zeit vom**

1. Oktober bis zum 30. November stattfinden. Die letzten Wahlen wurden in den Jahren 1998, 2002 und 2006 durchgeführt; die nächste regelmäßige Wahl ist im Herbst 2010 abzuhalten.

Der Zeitraum ist auf die Wahl zum Betriebs- und Personalrat abgestimmt, die ebenfalls in vierjährigem Turnus in der Zeit vom 1. März bis 31. Mai durchgeführt wird.

Um die Einheitlichkeit des Wahltermins zu wahren, finden **Zwischenwahlen** nur aus den in **Abs. 5 Satz 2 Nr. 1–3** genannten Gründen statt. 61

Eine vorzeitige Wahl ist demnach erforderlich, wenn
- das Amt der Schwerbehindertenvertretung nach Abs. 7 Satz 3 oder 5 vorzeitig erlischt und kein Stellvertreter nachrücken kann;
- die Wahl mit Erfolg angefochten worden ist (vgl. dazu unten Rdnrn. 144 ff);
- eine Schwerbehindertenvertretung – gleich aus welchem Grund – noch nicht gewählt worden ist.

Die Zwischenwahl gilt immer nur bis **zum Zeitpunkt der nächsten regelmäßigen Wahlen** (**Abs. 5 Satz 3**). Die nächste Wahl findet somit wieder im regelmäßigen Turnus statt, auch wenn dies zu einer verkürzten Amtsperiode der Schwerbehindertenvertretung führt. 62

Beispiel:

Die Schwerbehindertenvertretung wurde außerplanmäßig im Mai 2007 gewählt. Ihre Amtszeit endet anlässlich der allgemein für Herbst 2010 vorgeschriebenen Neuwahlen.

Ist allerdings bei Beginn des für die regelmäßigen Wahlen festgelegten Zeitraums **noch kein Jahr vergangen**, gilt nach **Abs. 5 Satz 4** die Zwischenwahl für die Zeit bis zu den übernächsten regelmäßigen Wahlen. Damit sollen zu kurze Amtsperioden und Neuwahlen in zu kurzen Abständen vermieden werden (*Müller-Wenner* / Schorn Rdnr. 27). In diesen Fällen kann sich die Amtszeit also ausnahmsweise auf **bis zu fünf Jahre verlängern**. 63

Beispiel:

Die Zwischenwahl fand im Januar 2010 statt. Am 1. Oktober 2010 ist noch kein Jahr vergangen. Die Neuwahl ist dann erst im Herbst 2014 vorzunehmen.

Diese Regelung gilt nach Wortlaut und Zweck des Gesetzes nur für die Schwerbehindertenvertretung selbst. Sie findet **keine Anwendung auf nachgewählte Stellvertreter**, weil deren Mandat mit dem Amt der Schwerbehindertenvertretung verzahnt ist. Wird beispielsweise ein Stellvertreter zehn Monate vor Ende des Regelwahlzeitraums nachgewählt, endet sein Mandat mit Ende dieses Zeitraums. Für das Amt des Stellvertreters ist eine reguläre Neuwahl erforderlich. (vgl. Wahlbroschüre 2010 S. 19).

Abweichende Wahltermine können sich aus dem **Kirchenrecht** ergeben: Aufgrund des Sonderstatus der Kirchen in Deutschland gem. Art. 140 GG i. V. m. Art. 137 WRV finden die allgemeinen Gesetze (und damit auch das SGB IX und die SchwbVWO) auf sie solange und soweit Anwendung, wie die jeweiligen Kirchen bzw. kirchlichen Einrichtungen nicht eigene Spezialregelungen getroffen haben. Solche sind für die die Vertrauensperson und ihre Wahl im Bereich der **evangelischen Kirche** in den §§ 50–52 MVG.EKD sowie in der Wahlordnung zum Kirchengesetz über Mitarbeitervertretungen enthalten. 63a

Gemäß § 50 Abs. 1 in Verbindung mit § 11 Abs. 2 MVG.EKD gilt für die Wahl der Vertrauensperson die Wahlordnung zum Kirchengesetz über Mitarbeitervertretungen in der Evangelischen Kirche in Deutschland. Deren § 15 Abs. 2 erklärt für die Wahl der Vertrauensperson der Schwerbehinderten die Vorschriften über die Wahl der Mitarbeitervertretung für entsprechend anwendbar.

Nach § 15 Absatz 2 MVG.EKD finden somit die regelmäßigen Mitarbeitervertretungswahlen (und damit auch die Wahl der Vertrauensperson) alle vier Jahre in der Zeit vom 1. Januar bis 30. April statt (vgl. Wahlbroschüre 2010 S. 15).

F) zu Abs. 6

1. Wahlgrundsätze

64 Die Vertrauensperson und das stellvertretende Mitglied der Schwerbehindertenvertretung (bzw. die stellvertretenden Mitglieder) werden in **geheimer** und **unmittelbarer Wahl** nach den Grundsätzen der **Mehrheitswahl** gewählt (**Abs. 6 Satz 1**).

65 Der Grundsatz der **geheimen Wahl** ist von grundlegender Bedeutung. Er dient der Sicherung der freien Wahl und besagt: Bei der Stimmabgabe muss jede Möglichkeit ausgeschlossen sein, dass andere Personen beobachten oder Kenntnis davon erlangen können, wie der Wahlberechtigte wählt oder gewählt hat. Der Wahlberechtigte soll hierdurch in die Lage versetzt werden, seine Stimme unbeeinflusst von Dritten abgeben zu können.

Die Geheimhaltung erfordert schriftliche Abstimmung (Ernst / Adelhoch / Seel / *Adelhoch* Rdnr. 75). Daher stellt **jede Form einer offenen Stimmabgabe**, wie etwa durch Zuruf oder Handaufheben, einen **eklatanten Verstoß** gegen den Wahlrechtsgrundsatz der geheimen Wahl dar (OVG NRW Beschluss vom 7. April 2004 – 1 A 4778/03.PVL = BehindertenR 2006, 20).

66 Ein Verstoß hiergegen ist so schwerwiegend, dass er die **Nichtigkeit der Wahl zur Folge** hat (OVG NRW Beschluss vom 7. April 2004 a. a. O.; vgl. auch BAG Urteil vom 12. Oktober 1961 – 5 AZR 423/60 = BAGE 11, 318 = NJW 1962, 268 zur Wiederwahl eines Betriebsrats durch Akklamation). Der zwingende Grundatz der geheimen Wahl steht nicht zur Disposition. Selbst wenn im Einzelfall sämtliche Beteiligten mit einer offenen Durchführung der Wahl der Vertrauensperson einverstanden sind, ist das unerheblich. Vielmehr soll durch das Gebot der geheimen Wahl die unbeeinflusste Entscheidung des Wählers objektiv-rechtlich, d. h. vom jeweiligen Willen der Betroffenen unabhängig und ggf. auch gegen deren Willen, geschützt werden (OVG NRW Beschluss vom 7. April 2004 a. a. O.; zur Bedeutung des Wahlgeheimnisses für eine etwaige Beweisaufnahme des Arbeitsgerichts über behauptete Wahlmanipulationen vgl. unten Rdnr. 172a ff.).

67 Wurde die **Vertrauensperson** gesetzeswidrig nicht in geheimer Wahl gewählt, erstreckt sich im Ergebnis die **Nichtigkeit auch auf die Wahl der Stellvertreter**, selbst wenn der Wahlvorgang für diese geheim durchgeführt wurde (OVG NRW Beschluss vom 7. April 2004 a. a. O.; LPK-SGB IX / *Düwell* Rdnr. 20). Ein Nachrücken gemäß Abs. 7 Satz 4 findet nicht statt, da das Amt der Vertrauensperson zu keinem Zeitpunkt wirksam bestanden hat, also nicht (nur) vorzeitig endete endete (ebenso OVG Rheinland-Pfalz Beschluss vom 14. Dezember 1988 – 4 A 3/88 = ZBR 1989, 181 für den Fall der Nichtigkeit aufgrund der Teilnahme eines nicht Wahlberechtigten an einer Wahl, wenn zwischen zwei Kandidaten ein Unterschied von nur einer Stimme besteht).

68 **Unmittelbarkeit** der Wahl bedeutet, dass die Stimme nur persönlich, wenn auch schriftlich, in Form einer „Urwahl" und nicht etwa durch Einschaltung von „Wahlmännern" abgegeben werden darf.

69 Für die Schwerbehindertenvertretung ist *eine* Person zu wählen. Die Geltung des **Mehrheitsprinzips** bedeutet, dass bei mehreren Kandidaten die Person mit den meisten Stimmen gewählt ist. Für die Stellvertretung können auch mehrere Mitglieder gewählt werden, sofern im förmlichen Verfahren der Wahlvorstand – und im vereinfachten Wahlverfahren die Wahlversammlung – das beschließt. Gewählt sind dann jeweils die Bewerber mit den meisten Stimmen.

70 Anders als die Personalratswahl ist die Wahl der Schwerbehindertenvertretung nach den einschlägigen Vorschriften als eine **reine Personenwahl** und nicht als eine Listenwahl ausgestaltet worden. Die in den Betrieben vertretenen **Gewerkschaften** können insbesondere nicht selbst Kandidaten für die Wahl vorschlagen und wirken auch an der Bestellung des Wahlvorstands nicht mit (vgl. OVG NRW Beschluss vom 7. April 2004 – 1 A 4778/03.PVL = BehindertenR 2006, 20).

2. Wahlverfahren

Für das Wahlverfahren gilt seit 1. Mai 1990 die von der Bundesregierung erlassene **Wahlordnung** Schwerbehindertenvertretung (SchwbVWO) i. d. F. der Bek. vom 23. April 1990, zuletzt geändert durch Gesetz vom 19. Juni 2001 (BGBl. I S. 1046). Sie regelt in §§ 1–17 ein **förmliches Wahlverfahren**; daneben enthält sie Vorschriften für das in § 94 Abs. 6 Satz 3 ermöglichte **Vereinfachte Wahlverfahren** in Betrieben und Dienststellen mit weniger als 50 wahlberechtigten schwerbehinderten Menschen. Zwischen beiden Verfahrensarten besteht **keine Auswahlmöglichkeit**; liegen die Voraussetzungen des Vereinfachten Verfahrens vor, muss dieses durchgeführt werden (vgl. unten Rdnr. 107 ff.) 71

Für die Wahl der Schwerbehindertenvertretung der **Richter** gelten die §§ 24 bis 27 SchwbWO. Sie sehen Anlehnung an die Vorschriften des DRiG für die Wahl des Richterrates ein besonderes vereinfachtes Verfahren für die Wahl der Schwerbehindertenvertretung vor. 72

a) Förmliches Wahlverfahren

aa) Wahlvorstand

Ist die Wahl im förmlichen Wahlverfahren durchzuführen, hat die Schwerbehindertenvertretung nach § 1 Abs. 1 SchwbVWO spätestens acht Wochen vor Ablauf ihrer Amtszeit einen **Wahlvorstand zu bestellen** – d. h. ohne Wahl zu berufen –, der nach § 2 Abs. 1 Satz 1 SchwbVWO die Wahl vorbereitet und durchführt. Der Wahlvorstand besteht aus drei volljährigen in dem Betrieb oder der Dienststelle Beschäftigten; einer oder eine von ihnen ist zum Vorsitz zu bestellen. Die Mitglieder des Wahlvorstandes müssen nicht schwerbehinderte Menschen sein. 73

Ist keine Schwerbehindertenvertretung vorhanden, können auch die betriebliche Interessenvertretung, das Integrationsamt oder mindestens drei Wahlberechtigte zu einer **Versammlung** einberufen, in der **ein Wahlvorstand gewählt** werden soll (§ 1 Abs. 2 SchwbVWO). Die zur Einladung entschlossenen Wahlberechtigten haben keinen Anspruch darauf, dass ihnen der Arbeitgeber Auskünfte über die im Betrieb beschäftigten schwerbehinderten Menschen erteilt (vgl. www.integrationsaemter.com/webcom/show_article.php/_c-633/_nr-1/i.html, im Folgenden zitiert „BIH Fragen und Antworten"). 74

Kein Einladungsrecht haben die im Betrieb bzw. der Dienststelle vertretenen Gewerkschaften.

Derartige **konkurrierende Einladungsrechte** hängen aber vom **Nichtvorhandensein einer Schwerbehindertenvertretung** im Betrieb oder der Dienststelle ab. Als vorhanden im Sinne von § 1 Abs. 2 Satz 2 und § 19 Abs. 2 SchwbVWO muss auch eine Schwerbehindertenvertretung angesehen werden, wenn sie zwar im Betrieb oder der Dienststelle nicht gewählt worden ist, aber als **Gesamtschwerbehindertenvertretung** nach § 97 Abs. 6 Satz 1 oder als **Konzernschwerbehindertenvertretung** nach § 97 Abs. 6 Satz 2 SGB IX die in dem Betrieb oder in der Dienststelle beschäftigten schwerbehinderten Menschen kraft gesetzlichen Auftrags vertritt (LPK-SGB IX / *Düwell* § 93 Rdnr. 20). 74a

Dann bedarf es einer **Initiative des Betriebsrats nur**, wenn die Gesamt- oder Konzernschwerbehindertenvertretung trotz Aufforderung **untätig** bleibt. Es soll insoweit keinen Wettlauf zwischen den zuständigen Gesamt- bzw. Konzernschwerbehindertenvertretungen einerseits und dem Betriebsrat / Personalrat andererseits geben. Dieser ist aus gutem Grund nicht in § 94 Abs. 6 SGB IX allgemein zur Einberufung von Wahlversammlungen ermächtigt. (LPK-SGB IX / *Düwell* § 93 Rdnr. 20).

Folglich sind dann **auch nicht etwa drei wahlberechtigte Beschäftigte** befugt, zu einer Versammlung zur Wahl des Wahlvorstands nach § 1 Abs. 2 SchwbVWO einzuladen. Der örtliche **Wahlvorstand wird von der Stufenvertretung bestimmt**, weshalb keine Versammlung der Wahlberechtigten zur Wahl des örtlichen Wahlvorstands vorgesehen ist. Dieses Ergebnis erweist sich gerade bei überregional tätigen Betrieben als verfahrensökonomisch, 74b

§ 94   Wahl und Amtszeit der Schwerbehindertenvertretung

da in solchen Fällen aufwändig zu organisierende und Reisekosten für die Beschäftigten verursachende Versammlungen zur Wahl des örtlichen Wahlvorstands entbehrlich sind.

74c Das **Privileg** zur Bestimmung eines örtlichen Wahlvorstands fällt jedenfalls dann der **Konzern-Schwerbehindertenvertretung** zu, wenn noch keine örtliche Schwerbehindertenvertretung für den Betrieb existiert sowie **keine Gesamt-SBV** und auch **keine örtliche SBV im Sinne des § 97 Abs. 2 Satz 2 SGB IX** für das betroffene Konzern-Unternehmen besteht.

75 Die Einladung zu dieser Versammlung ist an keine Frist oder Form gebunden. Sie muss allerdings so rechtzeitig ergehen und so bekannt gemacht werden, dass **alle Wahlberechtigten teilnehmen können**. Sonst ist gegebenenfalls die Wahl des Wahlvorstandes und damit die gesamte Wahl zur Schwerbehindertenvertretung nichtig (HK-SGB IX / *Trenk-Hinterberger* Rdnr. 49; vgl. auch unten Rdnr. 147). Die Einladung muss die Berechtigung des oder der Einladenden erkennen lassen (Wahlbroschüre 2010 S. 23).

76 Die **Versammlung** findet **während der Arbeitszeit** statt. Wenn in dieser Versammlung irgendein Arbeitnehmer das Wort ergreift und sich damit zum Leiter der Versammlung macht, so ist das nicht zu beanstanden (vgl. BAG Beschluss vom 14. Dezember 1965 – 1 ABR 6/65 = BAGE 18, 41 zum Wahlvorstand für die Betriebsratswahl).

Zu wählen sind jedenfalls **drei Mitglieder** des Wahlvorstands. Zweckmäßig ist aber die Wahl von **Ersatzmitgliedern**, da andernfalls Nachwahlen stattfinden müssten, wenn ein reguläres Mitglied ausscheidet.

Für die **Stimmabgabe zum Wahlvorstand** ist keine besondere Form und insbesondere keine geheime Abstimmung vorgesehen. Vielmehr ist es ausreichend, wenn aus dem Verlauf der Versammlung hervorgeht, dass die Anwesenden in ihrer Mehrheit mit der Wahl der vorgeschlagenen Kandidaten einverstanden sind, und keine berechtigten Zweifel darüber bestehen können, wer gewählt wird. Wenn sich keine Gegenstimme erhebt und auch niemand erklärt, er enthalte sich der Stimme – mag danach gefragt sein oder nicht –, so sind die vorgeschlagenen Kandidaten nach dem Willen der Mehrheit der anwesenden Arbeitnehmer wirksam gewählt (BAG Beschluss vom 14. Dezember 1965 a. a. O.).

76a Die Wahl ist aber auch durch **Handzeichen** möglich. Zur Wahl jedes einzelnen Mitglieds ist dann die positive Mehrheit der an der Versammlung teilnehmenden Arbeitnehmer erforderlich (GK-BetrVG / *Kreutz*, § 17 Rdnr. 33 m. w. Nachw.). Kommt eine solche Mehrheit auch nur für ein einzelnes Mitglied nicht nachweislich zustande – etwa weil das im Protokoll verzeichnete Stimmenergebnis nicht mit der Mehrzahl der als anwesend vermerkten Teilnehmer übereinstimmt –, ist diese konkrete Wahl nichtig und besteht deshalb kein – zwingend dreiköpfiger – Wahlvorstand (LAG München Beschluss vom 16. Juni 2008 – 11 TaBV 50/08, zit. nach JURIS).

76b Kommt es auch nach Einladung zu dieser Versammlung nicht zur Wahl eines Wahlvorstandes, kann das **Arbeitsgericht** auf Antrag von drei Wahlberechtigten oder des Betriebsrats den **Wahlvorstand** bestellen (in entsprechender Anwendung des § 17 Abs. 4 BetrVG; Neumann u. a. / *Pahlen* § 1 SchwbVWO Rdnr. 5). Im Bereich des öffentlichen Dienstes kann der Leiter der Dienststelle entsprechend § 22 BPersVG den Wahlvorstand bestellen (Neumann u. a. / *Pahlen* a. a. O.).

76c Verringert sich die Zahl der Wahlvorstandsmitglieder dadurch, dass ein **Mitglied oder mehrere Mitglieder ausscheiden**, unter drei, so muss eine **Nachwahl oder Nachbestellung** vorgenommen werden. Sind ein Mitglied und ein Ersatzmitglied ausgeschieden, so reicht es aus, wenn nur ein Mitglied nachgewählt oder nachbestellt wird. Es ist in diesem Falle aber auch unschädlich, wenn zwei Mitglieder nachgewählt oder nachbestellt werden, von denen eins als Ersatzmitglied vorgesehen ist (BAG Beschluss vom 14. Dezember 1965 a. a. O.).

76d Der **Vorsitzende** des in der Versammlung gewählten Wahlvorstands wird entweder durch die Versammlung oder, wenn das nicht geschehen ist, durch den Wahlvorstand selbst gewählt. Dabei genügt es bei der Wahl durch den Wahlvorstand, wenn die zur Zeit der Wahl verfügbaren Wahlvorstandsmitglieder anwesend sind (BAG Beschluss vom 14. Dezember 1965 a. a. O.).

Sind Mitglieder des Wahlvorstands ausgeschieden, ist jedoch **nicht der Vorsitzende selbst ausgeschieden**, so bleibt dieser auch nach Vornahme einer Nachwahl oder Nachbestellung Wahlvorstandsvorsitzender. Eine erneute Wahl ist nicht erforderlich. BAG Beschluss vom 14. Dezember 1965 a. a. O.). 76e

Der Wahlvorstand fasst seine **Beschlüsse mit einfacher Stimmenmehrheit** und hält sie in der **Sitzungsniederschrift** fest, die vom Vorsitzenden und einem weiteren Mitglied unterschrieben wird (§ 2 Abs. 2 SchwbVWO). Die Sitzungsniederschriften gehören zu den Unterlagen, die von der Schwerbehindertenvertretung mindestens bis zum Ende ihrer Amtszeit aufzubewahren sind (§ 16 SchwbVWO). 77

Der Wahlvorstand ist berechtigt, **Wahlhelfer** heranzuziehen, die ihn insbesondere bei dem eigentlichen Wahlvorgang unterstützen (§ 2 Abs. 1 Satz 2 SchwbVWO). Diese müssen volljährig und im Betrieb bzw. der Dienststelle beschäftigt sein.

Der **Arbeitgeber** hat den **Wahlvorstand** bei der Erfüllung seiner Aufgaben zu **unterstützen**. Insbesondere muss er ihm alle für die Erstellung der Wählerliste erforderlichen Auskünfte und Unterlagen geben (*Sieg* NZA 2002, 1064 [1046]). Dieser Anspruch kann gegebenenfalls durch einstweilige Verfügung durchgesetzt werden (⊞ LAG Hamm Beschluss vom 14. März 2005 – 10 TaBV 31/05 = NZA-RR 2005, 373). Ferner hat der Arbeitgeber ein geeignetes Wahllokal sowie ausreichende Flächen für Aushänge zur Verfügung zu stellen (*Sieg* a. a. O.). 78

Der Wahlvorstand ist verpflichtet, die **Wahl unverzüglich einzuleiten** (§ 2 Abs. 3 SchwbVWO). Sie soll nach dieser Vorschrift innerhalb von sechs Wochen, spätestens jedoch eine Woche vor dem Tag stattfinden, an dem die Amtszeit der Schwerbehindertenvertretung abläuft. Daraus ergibt sich, dass die Wahl möglichst noch **während der Amtszeit der bisherigen Schwerbehindertenvertretung** stattfinden soll, damit die neu gewählte Schwerbehindertenvertretung ihre Tätigkeit entsprechend der Regelung in § 94 Abs. 7 Satz 2 SGB IX unmittelbar danach aufnehmen kann. Dadurch soll eine kontinuierliche Vertretung der schwerbehinderten Menschen im Betrieb gewährleistet werden. 79

Der Wahlvorstand soll dafür sorgen, dass **ausländische Wahlberechtigte** rechtzeitig über das Wahlverfahren, die Aufstellung der Liste der Wahlberechtigten, die Wahlvorschläge, den Wahlvorgang und die Stimmabgabe in geeigneter Weise, d. h. regelmäßig in ihrer Muttersprache unterrichtet werden (§ 2 Abs. 5 SchwbVWO).

bb) Wählerliste

Hierfür hat der Wahlvorstand unverzüglich die **Wählerliste** aufzustellen und auszulegen (§ 3 SchwbVWO). In dieser sind die Wahlberechtigten mit Familiennamen, Vornamen, erforderlichenfalls Geburtsdatum sowie Betriebs- / Dienststelle in alphabetischer Reihenfolge aufzuführen. Ein Abdruck der Wählerliste (ohne die Geburtsdaten der Wahlberechtigten) und ein Abdruck der Wahlordnung sind vom Tage des Erlasses des Wahlausschreibens an bis zum Abschluss der Stimmenabgabe an geeigneter Stelle im Betrieb / in der Dienststelle **zur Einsichtnahme auszulegen**. Das Auslegen der Wählerliste dient der Kontrolle und der Möglichkeit eines Einspruchs. Deshalb ist die Einsichtnahme in die gesamte Wählerliste zu ermöglichen (Wahlbroschüre 2010 S. 24). 80

Die Auslegung der Liste der Wahlberechtigten **an mehreren Stellen** eines Betriebes/ einer Dienststelle ist zulässig und in größeren Betrieben/ Dienststellen zweckmäßig. Besteht der Betrieb aus mehreren Betriebsstätten an verschiedenen Orten Deutschlands, so ist die Liste der Wahlberechtigten **in allen Betriebsstätten** auszulegen, in denen wahlberechtigte schwerbehinderte Menschen beschäftigt sind (Wahlbroschüre 2010 S. 24).

Werden nach Anfertigung der Wählerliste Wahlberechtigte neu beschäftigt oder scheiden Wahlberechtigte aus, so ist die Wählerliste bis zum Tage vor dem Beginn der Stimmenabgabe entsprechend **zu berichtigen**.

81 Innerhalb von zwei Wochen nach Erlass des Ausschreibens kann jeder Wahlberechtigte beim Wahlvorstand schriftlich **Einspruch gegen die** Richtigkeit der **Wählerliste** einlegen (§ 4 SchwbVWO). Andere im Betrieb / in der Dienststelle Beschäftigte sind nur einspruchsberechtigt, wenn sie ein berechtigtes Interesse an einer ordnungsgemäßen Wahl glaubhaft machen können. Der Wahlvorstand hat über Einsprüche **unverzüglich durch Beschluss zu entscheiden**. Hält er den Einspruch für begründet, ist die Wählerliste zu berichtigen und der Einspruchsführer zu informieren. Nach Ablauf der Einspruchsfrist kann die Wählerliste nur noch bei Schreibfehlern, offenbaren Unrichtigkeiten oder in Erledigung rechtzeitig eingelegter Einsprüche berichtigt werden.

cc) **Wahlausschreiben**

82 Weiterhin hat der Wahlvorstand das **Wahlausschreiben** zu erstellen und bekannt zu machen (§ 5 SchwbVWO). Es muss vom Vorsitzenden und mindestens einem weiteren stimmberechtigten Mitglied des Wahlvorstands unterschrieben sein. Darin muss der Hinweis enthalten sein, wo und wann die Liste der Wahlberechtigten zur Einsicht ausliegt (§ 5 Abs. 1 Nr. 4 SchwbVWO). Damit ist gewährleistet, dass jeder schwerbehinderte Arbeitnehmer überprüfen kann, ob er als registrierter Wahlberechtigter an der Wahl teilnehmen kann.

83 Das Wahlausschreiben muss weiterhin **zwingend folgende Angaben** enthalten:
– das Datum seines Erlasses;
– die Namen der Mitglieder des Wahlvorstands;
– die Voraussetzungen der Wählbarkeit zur Schwerbehindertenvertretung;
– dass nur solche Personen wählen oder gewählt werden können, die in der Wählerliste eingetragen sind, und dass Einsprüche gegen die Wählerliste nur vor Ablauf von zwei Wochen seit dem Erlass des Wahlausschreibens schriftlich beim Wahlvorstand eingelegt werden können; der letzte Tag der Frist ist anzugeben;
– die Zahl der zu wählenden stellvertretenden Mitglieder der Schwerbehindertenvertretung; diese legt der Wahlvorstand nach billigem Ermessen fest (LPK-SGB IX / *Düwell* Rdnr. 32; Neumann u. a. / *Pahlen* Rdnr. 20). Es sollten mindestens drei sein (Feldes u. a. / *Pohl* Rdnr. 40). Der Arbeitgeber darf hierauf keinen Einfluss nehmen;

84 – den Hinweis, dass Schwerbehindertenvertretung und stellvertretende Mitglieder in zwei getrennten Wahlgängen gewählt werden und dass sich aus den Wahlvorschlägen ergeben muss, wer als Schwerbehindertenvertretung und wer als stellvertretendes Mitglied vorgeschlagen wird;
– den Hinweis, dass Wahlberechtigte sowohl einen Wahlvorschlag für die Wahl der Schwerbehindertenvertretung als auch für die Wahl des stellvertretenden Mitglieds unterzeichnen können und dass ein Bewerber sowohl als Schwerbehindertenvertretung als auch als stellvertretendes Mitglied vorgeschlagen werden kann;
– die Aufforderung, Wahlvorschläge innerhalb von zwei Wochen seit dem Erlass des Wahlausschreibens beim Wahlvorstand einzureichen; der letzte Tag der Frist ist anzugeben;
– die Mindestzahl von Wahlberechtigten, von denen ein Wahlvorschlag unterzeichnet sein muss;

85 – den Hinweis, dass die Stimmabgabe an die Wahlvorschläge gebunden ist und dass nur solche Wahlvorschläge berücksichtigt werden dürfen, die fristgerecht eingereicht sind;
– die Bestimmung des Ortes, an dem die Wahlvorschläge bis zum Abschluss der Stimmabgabe durch Aushang oder in sonst geeigneter Weise bekannt gegeben werden;
– Tag und Zeit der Stimmabgabe; in Groß- oder Schichtbetrieben können auch mehrtägige Wahltermine festgesetzt werden (Feldes u. a. / *Pohl* Rdnr. 40 a. E.);

- den Hinweis auf die Möglichkeit der Briefwahl, falls der Wahlvorstand nicht allgemein die schriftliche Stimmabgabe beschlossen hat;
- Ort, Tag und Zeit der öffentlichen Stimmenauszählung und der Sitzung des Wahlvorstands, in der das Wahlergebnis abschließend festgestellt wird;
- den Ort, an dem Einsprüche, Wahlvorschläge und sonstige Erklärungen gegenüber dem Wahlvorstand abzugeben sind (Betriebsadresse des Wahlvorstands).

Eine **elektronische Bekanntmachung** des Wahlausschreibens ist – anders als bei der Betriebsratswahl – im Schwerbehindertenrecht **nicht zulässig**, weil § 5 Abs. 2 SchwbVWO nur den Aushang des Wahlausschreibens vorsieht (⊞ LAG Köln Beschluss vom 11. April 2008 – 11 TaBV 80/07 = BehindertenR 2009, 91).

Bei einem Betrieb, der aus mehreren Betriebsstätten in verschiedenen Orten Deutschlands besteht, muss **in jeder Betriebsstätte** ein Abdruck des Wahlausschreibens **ausgehängt** werden, sofern dort schwerbehinderte Wahlberechtigte tätig sind (vgl. ⊞ BAG Beschluss vom 5. Mai 2004 – 7 ABR 44/03 = BAGE 110, 288 – NZA 2004, 1285 = BB 2005, 108).

dd) Wahlvorschläge

Innerhalb einer Ausschlussfrist von zwei Wochen nach Erlass des Wahlausschreiben können die Wahlberechtigten **schriftliche Wahlvorschläge** einreichen (§ 6 SchwbVWO).   **86**

Hierbei ist der Wahlvorstand ist von Gesetzes wegen nicht berechtigt, die Einreichung von Wahlvorschlägen am letzten Tag der Frist auf eine bestimmte Uhrzeit – etwa 12 Uhr mittags – **zu begrenzen** (⊞ BVerwG Beschluss vom 17. Juli 1980 – 6 P 4/80 = PersV 1981, 498; ⊞ Hess. LAG Beschluss vom 31. August 2006 – 9 TaBV 16/06 = NZA-RR 2007, 198). Jedoch kann das Ende der Frist auf das **Ende der Arbeitszeit** gelegt werden, vorausgesetzt, dass es sich um das Ende der Arbeitszeit der ganz überwiegenden Mehrzahl der Arbeitnehmer handelt (⊞ BAG Beschluss vom 4. Oktober 1977 – 1 ABR 37/77 = AP Nr. 2 zu § 18 BetrVG 1972 = BB 1978, 254).

Bestimmt das Wahlausschreiben ein bestimmtes Datum (ohne begrenzende Uhrzeitangabe) als Ende der Frist für das Einreichen von Wahlvorschlägen, so muss sich der Wahlvorstand – mindestens eines seiner Mitglieder, im Zweifel der/die Wahlvorstandsvorsitzende – **jedenfalls bis zum Ende der betrieblichen Arbeitszeit** am fraglichen Tag zur Empfangnahme von Wahlvorschlägen bereit halten (⊞ Hess. LAG Beschluss vom 7. Februar 1991 – 12 TaBV 177/90 = NZA 1992, 78 [Ls.]).

Bei der Angabe des letzten Tages der Frist zur Einreichung von Vorschlägen im Wahlausschreiben hat der Wahlvorstand **keinen Entscheidungsspielraum**. Er muss vielmehr den sich aus § 6 SchwbVWO ergebenden Tag angeben. Der Wahlvorstand ist nicht zur einer Verlängerung der Zwei-Wochen-Frist befugt (vgl. ⊞ BAG Beschluss vom 9. Dezember 1992 – 7 ABR 27/92 = NZA 1993, 765 zur Betriebsratswahl).   **86a**

Jeder Vorschlag muss nach Abs. 2 der Vorschrift von einem Zwanzigstel der Wahlberechtigten unterzeichnet sein, **mindestens** jedoch **drei Stützunterschriften** enthalten. Fraglich ist, ob stets **aufzurunden** ist, wie in der Wahlbroschüre 2010 S. 24 behauptet wird. Sind etwa 62 Wahlberechtigte vorhanden, wäre die Quote von einem Zwanzigstel exakt 3,1. Das Verlangen, aufgerundet vier Stützunterschriften beizubringen, lässt sich aber schwerlich mit dem Argument begründen, § 6 Abs. 2 SchwbVWO spreche von „mindestens drei". Damit wird nur die absolute Untergrenze vorgegeben, nicht aber eine spezielle Rundungsregel aufgestellt. Gleichwohl sind die Initiatoren von Wahlvorschlägen gut beraten, lieber eine Stützunterschrift mehr beizubringen als einen möglichen Wahlfehler zu riskieren. Familienname, Vorname, Geburtsdatum sowie Art der Beschäftigung, gegebenenfalls auch Betrieb / Dienststelle des Bewerbers sind anzugeben. Die schriftliche Zustimmung der Bewerber ist beizufügen.   **86b**

86c Finden die Stützunterschriften auf dem Wahlvorschlag nicht genügend Platz, müssen Wahlvorschlag und weitere Blätter der Unterschriftenliste vor Unterzeichnung **sicher miteinander verbunden** werden; hierfür reichen Metallheftklammern nicht aus, vielmehr muss ein zeitweiliges spurloses Trennen zuverlässig verhindert werden (Hess. LAG Beschluss vom 16. März 1987 – 12 TaBVGa 29/87 = DB 1987, 1204 = NZA 1987, 572).

Beigefügt werden muss die **schriftliche Zustimmung der Bewerber**. Diese können einen Wahlvorschlag, mit dem sie vorgeschlagen werden, auch selbst unterschreiben, wenn sie wahlberechtigt sind (BAG Beschluss vom 12. Februar 1960 – 1 ABR 13/59 = DB 1960, 471; Hess. LAG Beschluss vom 20. April 1989 – 12 TaBV-Ga 46/89 = NZA 1990, 117; LAG Baden-Württemberg Beschluss vom 12. März 2003– 4 Sa 45/02 BehindertenR 2003, 154 [156] zum Recht, sich auf einer Wahlversammlung nach § 20 Abs. 2 Satz 3 SchwbVWO selbst als Wahlbewerber vorzuschlagen). Der Wahlvorschlag muss in diesem Fall nur deutlich ausweisen, dass die Unterschrift des Bewerbers die Funktion sowohl der bestätigten Bereiterklärung zur Kandidatur als auch einer „Stütz"-Unterschrift für den Wahlvorschlag haben soll (Hess. LAG Beschluss vom 20. April 1989 a. a. O.).

86d Die Wahlvorschläge mit Stützunterschriften müssen **im Original** beim Wahlvorstand eingehen. Die Einreichung von Telekopien genügt nicht. Der Wahlvorstand muss das Vorliegen der erforderlichen Unterschriften zuverlässig prüfen können. Dies kann er nur, wenn ihm die Originalunterschriften vorliegen. Allerdings müssen sich **nicht sämtliche Stützunterschriften auf demselben Blatt** befinden. Es muss aber gewährleistet sein, dass sich die Unterschriften auf den Wahlvorschlag und nicht auf eine andere Erklärung beziehen. Dies kann beispielsweise durch die **körperliche Verbindung mehrerer Blätter** oder durch die **AAngabe eines gemeinsamen Kennworts** auf sämtlichen Blättern geschehen (BAG Beschluss vom 20. Januar 2010 – 7 ABR 39/08, hier zit. nach Pressemitteilung des BAG Nr. 5/10).

Auch ein **Mitglied des Wahlvorstands** kann einen Wahlvorschlag unterzeichnen (vgl. BAG Beschluss vom 4. Oktober 1977 – 1 ABR 37/77 = AP Nr. 2 zu § 18 BetrVG 1972 = BB 1978, 254 zur Betriebsratswahl).

87 Die **Unterschrift** eines Wahlberechtigten **zählt nur auf *einem* Wahlvorschlag** (§ 6 Abs. 4 SchwbVWO). Der Vorstand hat einen Wahlberechtigten, der mehrere Wahlvorschläge unterzeichnet hat, schriftlich gegen Empfangsbestätigung aufzufordern, binnen drei Arbeitstagen seit dem Zugang der Aufforderung zu erklären, welche Unterschrift er aufrechterhält. Gibt der Wahlberechtigte diese Erklärung nicht fristgerecht ab, zählt seine Unterschrift auf keinem Wahlvorschlag.

88 Ein **Bewerber** kann ebenfalls **nur auf *einem* Wahlvorschlag benannt** werden, es sei denn, er ist in dem einen Wahlvorschlag als Schwerbehindertenvertretung, in einem anderen als stellvertretendes Mitglied benannt. Eine solche zweifache Kandidatur ist möglich. Sie ist jedoch nur zulässig, wenn der Bewerber in zwei verschiedenen Wahlvorschlägen für jeweils eines der Ämter (Schwerbehindertenvertretung und Stellvertretung) benannt ist (§ 6 Abs. 3 Satz 1 SchwbVWO). Allerdings darf er im Fall der Wahl nur ein Amt ausüben.

Ist eine Person auf mehreren Vorschlägen für dasselbe Amt aufgeführt, hat sie nach Aufforderung durch den Wahlvorstand binnen drei Arbeitstagen zu erklären, welche Bewerbung sie aufrechterhält; anderenfalls wird sie auf allen Vorschlägen gestrichen (§ 6 Abs. 3 SchwbVWO).

89 Der Wahlvorstand nimmt die **Wahlvorschläge** entgegen und setzt ggf. eine Nachfrist von einer Woche, wenn keine ausreichenden Vorschläge gemacht werden (§ 7 Abs. 1 SchwbVWO). Wird nicht innerhalb der Nachfrist mindestens ein gültiger Wahlvorschlag eingereicht, findet die Wahl nicht statt. Darauf ist in der Bekanntmachung hinzuweisen.

Eine **Nachfrist** ist auch dann zu setzen, wenn für die **Wahl der stellvertretenden Mitglieder kein gültiger Wahlvorschlag** eingeht oder wenn die Zahl der für dieses Amt gültig vorgeschlagenen Bewerber oder Bewerberinnen nicht der vom Wahlvorstand beschlossenen Zahl der stellvertretenden Mitglieder entspricht. (§ 7 Abs. 3 SchwbVWO). Gehen innerhalb der

Nachfrist keine gültigen ausreichenden Wahlvorschläge für Stellvertreter ein, wird die Wahl dennoch durchgeführt.

Problematisch kann folgende besondere Konstellation werden: Der Wahlvorstand beschließt, dass neben der Vertrauensperson **zwei Stellvertreter zu wählen** sind. Es gehen **lediglich zwei Bewerbungen** ein wie folgt: 89a
– Kandidat A bewirbt sich gleichzeitig als Vertrauensperson und als Stellvertreter;
– Kandidat B bewirbt sich gleichzeitig als Vertrauensperson und als Stellvertreter.

Damit erscheinen zwar zwei Kandidaten auf dem Wahlzettel als Stellvertreter. **Im Ergebnis können aber keine zwei Stellvertreter gewählt werden**, weil aller Voraussicht nach einer der beiden Kandidaten als Vertrauensperson gewählt wird. Zwar ist formal dem Normtext Genüge getan: Die Zahl der beiden Wahlvorschläge für die Stellvertreterwahl ist ausreichend. Andererseits steht von vornherein fest, dass es hier nicht zur Wahl von *zwei* Stellvertretern kommen und damit nicht der Zweck des § 7 Abs. 3 SchwbVWO erreicht werden kann. In diesem Fall sollte der Wahlvorstand dem Sinn der Vorschrift folgen und eine **Nachfrist von einer Woche für die Einreichung von Wahlvorschlägen für die Stellvertreterwahl** setzen.

Die eingereichten Vorschläge werden **unverzüglich**, möglichst binnen einer Frist von zwei Arbeitstagen nach Eingang (vgl. § 7 Abs. 2 Satz 2 WahlO BetrVG) **vom Wahlvorstand geprüft**. 90

Ungültig ist ein Wahlvorschlag (vgl. zum Folgenden auch *Sieg* NZA, 2002, 1064 [1067] jeweils m. w. Nachw.), 91
– der nicht fristgerecht eingereicht worden ist;
– bei dem nicht erkennbar ist, ob der Bewerber als Schwerbehindertenvertretung oder als Stellvertreter vorgeschlagen wird;
– auf dem die Bewerber für die stellvertretenden Mitglieder der Schwerbehindertenvertretung nicht in erkennbarer Reihenfolge aufgeführt sind;
– der bei Einreichung nicht die erforderliche Anzahl von Unterschriften aufweist;
– auf dem nicht Familienname, Vorname, Geburtsdatum und Art der Beschäftigung der Bewerber angegeben sind; die Angabe des Betriebs / der Dienststelle ist nur erforderlich, wenn anderenfalls die Identität des Bewerbers nicht sichergestellt ist;
– bei dem die schriftliche Zustimmung der Bewerber zur Aufnahme in den Wahlvorschlag fehlt;
– bei dem infolge von Streichung von Wahlberechtigten, die durch ihre Unterschrift mehrere Wahlvorschläge zugleich unterstützt hatten, nicht drei Unterstützer des Wahlvorschlags vorhanden sind.

Nach ihrer Prüfung müssen die **gültigen Wahlvorschläge** spätestens **eine Woche vor dem Wahltermin bekannt gegeben** werden (§ 8 SchwbVWO), und zwar in alphabetischer Reihenfolge, getrennt nach Bewerbungen für die Schwerbehindertenvertretung und das stellvertretende Mitglied. Die Wahlvorschläge müssen bis zum Abschluss der Stimmabgabe in gleicher Weise wie das Wahlausschreiben bekannt gemacht werden. 92

ee) **Stimmabgabe**

Gewählt wird geheim durch **Abgabe eines Stimmzettels** in einem **Wahlumschlag** in eine Wahlurne (§§ 9, 10 SchwbVWO). Bei Abwesenheit vom Betrieb zum Zeitpunkt der Wahl ist **Briefwahl** möglich (§ 11 Abs. 1 SchwbVWO). 93

Der Wahlvorstand kann aber nach Abs. 2 der Vorschrift **auch allgemein die schriftliche Stimmabgabe** beschließen. 93a

Diese Entscheidung steht in seinem Ermessen. Schriftliche Stimmabgabe kann sich z. B. anbieten, wenn die Wege zum Wahllokal lang und für Gehbehinderte beschwerlich sind oder wenn die behinderten Menschen Schwierigkeiten haben, sich aus den Arbeitsabläufen zu lösen. Der Wahlvorstand kann die schriftliche Stimmabgabe generell anordnen oder sie nur für Betriebsteile und Nebenbetriebe beschließen bzw. für Nebenstellen oder Teile einer Dienststelle, die räumlich weit vom Hauptbetrieb oder der Dienststelle entfernt sind (Feldes u. a. / *Pohl* Rdnr. 40).

93b Bei Anordnung der Briefwahl muss der Wahlvorstand **allen Wahlberechtigten aufgefordert die Wahlunterlagen übersenden**. Hierfür setzt die Wahlordnung keinen Termin. Jedoch ist dafür Sorge zu tragen, dass keine Wahlberechtigten von der Wahl ausgeschlossen werden. Deshalb sind die Unterlagen möglichst frühzeitig zu versenden, sobald die Bewerber feststehen, spätestens eine Woche vor Beginn der Stimmabgabe, entsprechend § 8 SchwbVWO (Feldes u. a. / *Pohl* Rdnr. 43).

Bei der schriftlichen Stimmabgabe ist dem Wahlberechtigten mit den Briefwahlunterlagen auch eine **vorgedruckte Erklärung** nach § 11 Abs. 1 Satz 2 VWO auszuhändigen. In dieser hat er zu versichern, dass er den **Stimmzettel persönlich gekennzeichnet** hat oder ihn durch eine Person seines Vertrauens kennzeichnen ließ, falls er infolge seiner Behinderung in der Stimmabgabe beeinträchtigt ist. Fehlt die unterschriebene Erklärung, ist die Stimme als ungültig anzusehen (Neumann u. a. / *Pahlen* § 11 SchwbVWO Rdnr. 5). Unterlässt es der Wahlvorstand bei einer Briefwahl, die vorgeschriebene Erklärung an die Wahlberechtigten zu übersenden, kann dies einen Wahlanfechtungsgrund darstellen.

93c Bei einer angeordneten Briefwahl werden die Wahlunterlagen von den Wählern zwar regelmäßig durch die Post zurückgesandt. Jedoch ist auch **die Übersendung durch einen Boten** möglich, wenn gegen dessen Zuverlässigkeit keine Bedenken bestehen (BVerwG Beschluss vom 6. Februar 1959 – VII P 9.58 = BVerwGE 8, 144 = ZBR 1959, 130; LAG Hamm Beschluss vom 19. September 2008 – 10 TaBV 53/08, zit. nach JURIS).

Sofern keine Anhaltspunkte dafür vorliegen, dass der Bote das in ihn gesetzte Vertrauen durch Wahlfälschung missbraucht haben könnte, darf der **Wahlvorstand die Entgegennahme des Freiumschlages nicht verweigern**. (LAG Hamm Beschluss vom 19. September 2008 a. a. O.). Im Übrigen trägt der Wähler das Risiko von Verzögerungen außerhalb des Machtbereichs des Wahlvorstands, insbesondere die Gefahr einer Zustellungsverzögerung bei Übersendung auf dem Postweg.

94 Wird durch persönliche Abgabe eines Stimmzettels gewählt, hat der Wahlvorstand hierfür geeignete **Vorkehrungen für die unbeobachtete Kennzeichnung** der Stimmzettel im Wahlraum zu treffen (§ 10 Abs. 1 SchwbVWO), z. B. durch Aufbau einer Wahlkabine (auch ein Nebenraum kann als „Wahlzelle" genutzt werden, wenn er ausschließlich vom Wahlraum aus betreten und der Eingang vom Tisch des Wahlvorstands aus überblickt werden kann, (vgl. Hess. VGH Beschluss vom 29. Januar 1986 – HPV TL 1436/85 = ZBR 1987, 381 = PersV 1990, 389)). Während der Wahlhandlung müssen mindestens zwei stimmberechtigte Mitglieder des Wahlvorstandes oder ein stimmberechtigtes Mitglied und ein Wahlhelfer anwesend sein (§ 10 Abs. 2 SchwbVWO).

Ein Wähler, der durch seine **Behinderung in der Stimmabgabe beeinträchtigt** ist, kann eine Person bestimmen, die ihm hierbei behilflich ist. Wahlbewerber, Mitglieder des Wahlvorstandes und Wahlhelfer dürfen dabei nicht zur **Hilfeleistung** herangezogen werden. Die Hilfeleistung beschränkt sich auf die Erfüllung der Wünsche des Wählers oder der Wählerin zur Stimmenabgabe; die Hilfspersonen darf gemeinsam mit diesen die Wahlzelle aufsuchen (§ 10 Abs. 4 Satz 1 bis 3 SchwbVWO).

95 In einem **gemeinsamen Wahlgang** werden durch **getrennte Stimmenabgabe** die Schwerbehindertenvertretung und das stellvertretende Mitglied (ggf. die stellvertretenden Mitglieder) gewählt. Es kann also nur eine Stimme für die Vertrauensperson und eine weitere für das stellvertretende Mitglied abgegeben werden. Sind mehrere stellvertretende Mitglieder vorgesehen, können entsprechend viele Stimmen hierfür abgegeben werden (Neumann u. a. / *Pahlen* Rdnr. 37). Allerdings wird nicht etwa getrennt über ein 1. stellvertretendes Mitglied, ein 2. stellvertretendes Mitglied usw. abgestimmt. Vielmehr handelt es sich nur um eine einzige Stellvertreterwahl, deren Ergebnis über die Reihenfolge der gewählten Stellvertreter entscheidet (vgl. auch oben Rdnr. 24).

Die **Stimmzettel** müssen die Kandidaten, getrennt nach Vertrauensperson und Stellvertreter, in alphabetischer Reihenfolge aufführen und einen Hinweis darüber enthalten, wie viele Bewerber der Wähler im Höchstfall ankreuzen darf (§ 9 Abs. 2 und 3 SchwbVWO). Ob hierfür ein einheitlicher Stimmzettel verwendet wird oder getrennte Stimmzettel für die Wahl von Vertrauensperson und Stellvertreter, ist unerheblich. Wichtig ist nur, dass optisch eindeutig zwischen beiden Stimmabgaben unterschieden wird.

Der Stimmzettel darf nur mit einem X hinter den Kandidatennamen versehen werden. Der Stimmzettel für die Stellvertreter ist ungültig, wenn er mit dem Zusatz „1." und „2." versehen wird (LAG Brandenburg Beschluss vom 17. Oktober 2003 – 8 TaBV 7/03 zit. nach JURIS). Ein **Zusatz des Wählers** auf dem für alle Wähler gleichen Wahlzettel führt dazu, dass diese **Stimme als ungültig anzusehen** ist (LAG Brandenburg Beschluss vom 17. Oktober 2003 a. a. O.). Der Wähler hat keine Möglichkeit, die Reihenfolge der Besetzung der Stellvertreter durch seinen Wahlzettel selbst zu bestimmen. 96

Nach Abschluss der Wahl – gegebenenfalls auch erst am nächsten Arbeitstag – findet eine **öffentliche Stimmenauszählung** statt (§ 13 Abs. 1 SchwbVWO). Das Gebot der Öffentlichkeit erfordert auch, dass **Ort und Zeit** der Auszählung **vorher öffentlich bekannt** gemacht werden (BAG Beschluss vom 15. November 2000 – 7 ABR 53/99 = BAGE 96, 233 = AP Nr. 10 zu § 18 BetrVG 1972 = NZA 2001, 853 = BB 2001, 1534). Durch die öffentliche Auszählung der Stimmen sollen interessierte Personen die Möglichkeit erhalten, die Ordnungsmäßigkeit der Feststellung des Wahlergebnisses beobachten zu können, damit der Verdacht von Wahlergebnismanipulationen „hinter verschlossenen Türen" nicht aufkommen kann (BAG Beschluss vom 15. November 2000 a. a. O.). Diese Möglichkeit ist **nicht auf die Wahlberechtigten** beschränkt; auf Wunsch müssen z. B. auch Vertreter des Integrationsamtes oder der Bundesagentur für Arbeit Zugang zur Stimmenauszählung haben (Neumann u. a. / *Pahlen* § 13 SchwbVWO Rdnr. 2). 97

Zur Stimmenauszählung gehört auch die Prüfung der Stimmzettel auf Gültigkeit. **Ungültig sind Stimmzettel**, 98
– die mit einem besonderen Merkmal versehen sind;
– aus denen sich der Wille des Wählers nicht unzweifelhaft ergibt oder
– die andere Angaben als die Wahlvorschläge, Zusätze oder sonstige Änderungen enthalten (vgl. oben Rdnr. 96).

ff) Ermittlung der Gewählten

Findet die **Stimmauszählung** nicht unmittelbar nach Beendigung der Wahl statt, so ist die Wahlurne zu versiegeln (§ 10 Abs. 5 SchwbVWO). Der Einsatz von Datenverarbeitungsanlagen zur Auswertung der Stimmzettel ist zulässig. Die gesetzlich vorgeschriebene Öffentlichkeit der Stimmauszählung wird auch bei der Benutzung einer EDV-Anlage gewahrt, sofern Interessenten die Anwesenheit möglich ist (LAG Berlin Beschluss vom 16. November 1987 – 12 TaBV 6/87 = NZA 1988, 481= DB 1988, 505; *Sieg* NZA 2002, 1064 [1068]). 99

Nach der Stimmauszählung **stellt der Wahlvorstand das Ergebnis fest** (§ 13 Abs. 1 SchwbVWO). Gewählt für das Amt der Schwerbehindertenvertretung oder als stellvertretendes Mitglied ist der Bewerber oder die Bewerberin mit der jeweils höchsten Stimmenzahl (§ 13 Abs. 2 Satz 1 SchwbVWO). 100

Für den Fall der Stimmengleichheit ist ein **Losentscheid** durch den Wahlvorstand vorgesehen (§ 13 Abs. 2 Satz 2 SchwbVWO). Dessen Einzelheiten sind gesetzlich nicht festgelegt; es muss lediglich die Chancengleichheit sichergestellt sein (Neumann u. a. / *Pahlen* § 13 SchwbVWO Rdnr. 3). Allerdings stellt das **„Streichholzziehen"** keinezulässige Form des Losentscheids dar, weil dieses Verfahren wenig transparent ist und es die Gefahr der Mani- 101 pulation verstärkt in sich birgt (☞ BVerwG Beschluss vom 15. Mai 1991 – 6 P 15/89 = BVerwGE 88, 183 = NJW 1991, 3231 = AP Nr .2 zu § 25 BPersVG). Hingegen ist der **Münzwurf** eine mögliche Art des Losens, wenn die Münze genügend hochgeworfen wurde und durch ihr Auftreffen auf einer harten Unterlage in mehrfache Umdrehung versetzt worden ist (☞ BayVGH Beschluss vom 13. Februar 1991 – 17 P 90.3560 = NJW 1991, 2306).

102 Allerdings schreibt das Gesetz nicht ausdrücklich vor, dass ein „**zweiter Wahlvorgang**" überhaupt nicht mehr stattfinden dürfe und **sofort der Losentscheid herbeizuführen** sei. Der Losentscheid enthält letztlich die Kollisionsregelung, falls der Wahlvorgang keine eindeutige Entscheidung durch Stimmenmehrheit erbracht hat; dem Gesetzgeber schwebt daher prinzipiell vor, dass durch das demokratische Mittel der Wahl schnell ein eindeutiges Ergebnis erzielt wird (☞ LAG München Beschluss vom 27. September 2005 – 8 TaBV 29/05; vgl. auch für die Personalratswahl ☞ VG Stuttgart Beschluss vom 4. Juni 2008 – PL 22 K 4503/07, jeweils zit. nach JURIS).

gg) Aufgaben nach Durchführung der Wahl

103 Nach Ermittlung der gewählten Mitglieder der Schwerbehindertenvertretung hat der Wahlvorstand in einer **Niederschrift** gemäß § 13 Abs. 4 SchwbVWO, die von dem Vorsitzenden und von mindestens einem weiteren Stimmberechtigten Mitglied des Wahlvorstands zu unterschreiben ist**, festzustellen**:
– die Zahl der abgegebenen gültigen und ungültigen Stimmzettel;
– die auf jeden Bewerber entfallenen Stimmenzahlen;
– die Namen der in die Schwerbehindertenvertretung gewählten Bewerber;
– gegebenenfalls besondere Zwischenfälle und sonstige Ereignisse.

104 Unverzüglich nach der Stimmenauszählung bzw. dem Losentscheid **benachrichtigt** der Wahlvorstand die gewählte Vertrauensperson und das gewählte stellvertretende Mitglied schriftlich gegen Empfangsbestätigung. Die **Wahl gilt als angenommen**, sofern nicht danach innerhalb von drei Arbeitstagen eine Erklärung beim Wahlvorstand eingeht (§ 14 Abs. 1 SchwbVWO). Im Fall der Ablehnung kommt nach Abs. 2 der Vorschrift der Bewerber mit der nächst höheren Stimmenzahl zum Zuge.

Wird die **Wahl zunächst angenommen** und **dann** – auch innerhalb der drei Tage – **abgelehnt**, rückt das **stellvertretende Mitglied**, und nicht der Bewerber mit der nächsthöheren Stimmzahl, nach. Denn in diesem Fall ist die Ablehnung als Niederlegung des Amtes anzusehen. Der Bewerber mit der nächsthöheren Stimmzahl rückt nur dann nach, wenn der Gewählte die Wahl direkt nicht annimmt (§ 14 Abs. 2 SchwbVWO).

Bei Ablehnung des Amtes als Vertrauensperson kann die Wahl als stellvertretendes Mitglied zum Zuge kommen und auch angenommen werden (Neumann u. a. / *Pahlen* Rdnr. 37).

105 Das Wahlergebnis wird durch einen **zweiwöchigen öffentlichen Aushang** bekannt gemacht und auch dem Arbeitgeber sowie dem Betriebs- bzw. Personalrat mitgeteilt (§ 15 SchwbVWO). Diese förmliche Bekanntgabe der Gewählten setzt voraus, dass sie endgültig **feststehen**. Die Schwerbehindertenvertretung einschließlich der Stellvertreter stehen endgültig fest, wenn sie die Annahme der Wahl erklärt haben oder die Frist zur Ablehnung (drei Tage nach Zugang der Benachrichtigung der Gewählten) abgelaufen ist, die Wahl also als angenommen gilt (§ 14 SchwbVWO).

Die **Bekanntgabe** ist auch **vor Ablauf dieser Frist** möglich, wenn die Gewählten vorher die Wahl annehmen oder ein Gewählter vor Ablauf der Frist die Wahl ablehnt und der Bewerber mit der nächsthöheren Stimmzahl die Wahl sodann annimmt.

b) Vereinfachtes Wahlverfahren
aa) Voraussetzungen

In Betrieben mit **weniger als 50 wahlberechtigten** schwerbehinderten Menschen werden die Vertrauensperson und das stellvertretende Mitglied im **vereinfachten Wahlverfahren** gewählt, sofern der **Betrieb nicht aus räumlich weit auseinanderliegenden Teilen** besteht (**Abs. 6 Satz 3**). Angesichts des relativ kleinen Kreises von betroffenen Arbeitnehmern und überschaubaren betrieblichen Verhältnissen soll die Wahl der Schwerbehindertenvertretung nicht durch ein unverhältnismäßig kompliziertes Wahlverfahren erschwert werden. **106**

Die Vorschrift eröffnet **nicht lediglich die Möglichkeit**, die Schwerbehindertenvertretung im vereinfachten Wahlverfahren zu wählen, sondern ordnet dieses Wahlverfahren bei Vorliegen der Voraussetzungen **zwingend** an (BAG Beschluss vom 16. November 2005 – 7 ABR 9/05 = AP Nr. 4 zu § 94 SGB IX = NZA 2006, 340 = BehindertenR 2006, 105; Ernst / Adelhoch / Seel / *Adelhoch* Rdnr. 76; a. A. Neumann u. a. / *Pahlen* § 18 SchwbVWO Rdnr. 3). **107**

Ob die Wahl der Schwerbehindertenvertretung im vereinfachten Wahlverfahren durchzuführen ist, hängt von der **Anzahl** der dem Betrieb angehörenden wahlberechtigten schwerbehinderten Menschen **im Zeitpunkt der Einleitung der Wahl** ab. Dies ist bei der Wahl im förmlichen Wahlverfahren der Erlass des Wahlausschreibens (§ 5 SchwbVWO), bei der Wahl im vereinfachten Wahlverfahren die Einladung zu der Wahlversammlung nach § 19 Abs. 1 SchwbVWO (BAG Beschluss vom 16. November 2005 a. a. O.). **108**

Es kommt **nicht auf die Anzahl der schwerbehinderten Menschen** des Betriebs **am Wahltag** an (so aber Neumann u. a./ *Pahlen* § 18 SchwbVWO Rdnr. 1; GK-SGB IX / *Schimanski* § 94 Rdnr. 16 und 43). Für Letzteres könnte zwar sprechen, dass grundsätzlich alle Voraussetzungen für eine wirksame Wahl *am Wahltag* vorliegen müssen. Dem steht jedoch entgegen das den Wahlvorschriften zu entnehmende Ziel, eine kontinuierliche Vertretung schwerbehinderter Menschen im Betrieb sicherzustellen. Dies gebietet es, die Art des Wahlverfahrens nach der Anzahl der dem Betrieb angehörenden schwerbehinderten Menschen im Zeitpunkt der Einleitung der Wahl zu bestimmen (BAG Beschluss vom 16. November 2005 a. a. O.).

Die unbestimmten Rechtsbegriffe der „**nicht aus räumlich weit auseinanderliegenden Teilen**" in Abs. 6 Satz 3 SGB IX und in § 18 SchwbVWO sind nicht durch die Festlegung einer bestimmten Entfernung in Kilometern (z. B. über 20 Kilometer) näher zu bestimmen. Auch die Festsetzung einer festen Zeitspanne, innerhalb derer Mitarbeiter aus dem einen Betriebsteil einen anderen Betriebsteil erreichen können, ist hierfür ungeeignet. Vielmehr ist der **unbestimmte Rechtsbegriff unter Berücksichtigung der jeweiligen Umstände des Einzelfalls auszufüllen** (BAG Beschluss vom 7. April 2004 – 7 ABR 42/03 = AP Nr. 3 zu § 94 SGB IX = NZA 2004, 745 = BehindertenR 2004, 176). **109**

Hierbei ist eine **gegenüber § 4 Abs. 1 Satz 1 BetrVG eigenständige Auslegung** vorzunehmen. Das gebietet nicht nur der gegenüber § 4 Abs. 1 Satz 2 Nr. 1 BetrVG abweichende Wortlaut, sondern auch der unterschiedliche Zweck der Vorschriften. § 4 BetrVG dient dazu, nicht betriebsratsfähige Betriebsteile von den betriebsratsfähigen Betriebsteilen abzugrenzen und damit die Wahleinheit festzulegen, für die ein, zwei oder mehrere Betriebsräte gewählt werden können. Bei der Auslegung des unbestimmten Rechtsbegriffs der „räumlich weiten Entfernung" in § 4 Abs. 1 Satz 1 Nr. 1 BetrVG geht es also um die Bewertung, wer für die Mitarbeiter eines Betriebsteils für die Dauer einer Amtszeit betriebsverfassungsrechtlich und schwerbehindertenrechtlich zuständig ist. **110**

§ 94 Abs. 6 Satz 3 SGB IX und § 18 SchwbVWO dienen dagegen der Feststellung, **ob in einem Betrieb wegen der überschaubaren Anzahl der Wahlberechtigten sowie der Lage des Betriebs und seiner Teile auf das förmliche Wahlverfahren mit Wahlvorstand**, Wählerliste, Wahlausschreiben und schriftlichen Wahlvorschlägen **verzichtet werden kann** und stattdessen die Wahl vereinfacht in einer Wahlversammlung nach den §§ 19, 20 SchwbVWO durchgeführt werden kann, mit anderen Worten, ob die Wahlberechtigten die ansonsten im **111** förmlichen Wahlverfahren vermittelten Kenntnisse über die Wahlbewerber erlangen können und die Verständigung der Wahlberechtigten über Art und Inhalt der Wahl trotz der gegenüber dem förmlichen Wahlverfahren erheblich kürzeren Vorbereitungszeit möglich ist.

112 Bei der Auslegung der unbestimmten Rechtsbegriffe im SGB IX und in der SchwbVWO kommt es nicht darauf an, ob die Mehrheit der wahlberechtigten schwerbehinderten Mitarbeiter in Betriebsteilen beschäftigt wird, die räumlich nah zum Sitz des Betriebsrats gelegen sind. Die Bestimmungen von § 94 Abs. 6 Satz 3 SGB IX und des § 18 SchwbVWO stellen **nicht auf die räumlich weit entfernte Beschäftigung der Wahlberechtigten** ab, sondern auf die **Lage der Betriebsteile eines aus zwei oder mehr Teilen bestehenden Betriebs** (BAG Beschluss vom 7. April 2004 – 7 ABR 42/03 = AP Nr. 3 zu § 94 SGB IX = NZA 2004, 745 = BehindertenR 2004, 176).

112a **Kein Fall für ein vereinfachtes Wahlverfahren** dürfte folgende praxisrelevante Konstellation sein: Ein bundesweit tätiges Unternehmen hat eine Betriebsstätte (Deutschland- und Europazentrale) und dieser zugeordnet insgesamt nur etwa 20 schwerbehinderte Wahlberechtigte, die sämtlich als **Außendienstmitarbeiter in anderen Bundesländern „Heimarbeitsplätze"** haben. Die Außendienstmitarbeiter haben untereinander kaum Kontakt und kommen höchstens, wenn überhaupt, nur zweimal jährlich zusammen bei Betriebs- bzw. Schwerbehindertenversammlungen. Es gibt zwar noch zwei weitere Betriebsstätten, in denen jedoch keine schwerbehinderten Menschen beschäftigt sind.

In diesem Fall besteht zwar nicht der Betrieb aus „räumlich weit voneinander entfernten Teilen" mit Beschäftigung schwerbehinderter Arbeitnehmer; die **fehlende tatsächliche Eingliederung der Mitarbeiter in ihre einzige Betriebsstätte** in einer üblichern Weise spricht aber nach dem Sinn der Vorschriften über die Wahlvereinfachung gegen deren Anwendung, sodass es bei dem förmlichen Wahlverfahren zu verbleiben hat.

113 Wird die Schwerbehindertenvertretung eines Betriebs nach Abs. 6 Satz 3 im **vereinfachten Wahlverfahren** gewählt, **obwohl dem Betrieb nicht weniger als 50 wahlberechtigte schwerbehinderte Menschen angehören**, berechtigt dies zur **Anfechtung** der Wahl nach § 94 Abs. 6 Satz 2 SGB IX i. V. m. § 19 BetrVG (BAG Beschluss vom 16. November 2005 – 7 ABR 9/05 = BAGE 116, 205 = AP Nr. 4 zu § 94 SGB IX = NZA 2006, 340 = BehindertenR 2006, 105).

bb) Ablauf

114 Im vereinfachten Wahlverfahren hat die amtierende Schwerbehindertenvertretung spätestens drei Wochen vor Ende ihrer Amtszeit zu einer **Wahlversammlung** einzuladen, in der die Wahl stattfindet. Bei Fehlen einer Schwerbehindertenvertretung können auch der Betriebs- oder Personalrat, drei Wahlberechtigte oder das Integrationsamt einladen (§ 19 Abs. 1 und 2 SchwbVWO). Sinnvoll ist es, im Rahmen der Wahlvorbereitungen eine aktuelle Liste aller Wahlberechtigten von der Personalabteilung zu beschaffen, um z. B. auch zwischenzeitliche Gleichstellungen, die der Schwerbehindertenvertretung nicht mitgeteilt wurden, erfassen zu können.

115 Gemäß Abs. 1 der Vorschrift sind die Wahlberechtigten **durch Aushang oder sonst in geeigneter Weise zur Wahlversammlung einzuladen**. Die von einer vorangegangenen Schwerbehindertenvertretung gewählte Form, einzelne bekannte Wahlberechtigte zur Wahl **persönlich brieflich** einzuladen, ist **keine Einladung in geeigneter Weise** (LAG Brandenburg Beschluss vom 17. Oktober 2003 – 8 TaBV 7/03, zit. nach JURIS). Sie kann jedenfalls bei einer Betriebsgröße über 1000 Mitarbeitern dazu führen, dass einzelne schwerbehinderte Menschen nicht eingeladen werden und deshalb ihr aktives Wahlrecht nicht ausüben können. Eine persönliche Einladung an ausgesuchte Mitarbeiter des Betriebes beschränkt darüber hinaus auch alle anderen Mitarbeiter in der Ausübung ihres passiven Wahlrechts (LAG Brandenburg Beschluss vom 17. Oktober 2003 a. a. O.), denn dieses besteht unabhängig von einer Schwerbehinderung (vgl. oben Rdnr. 41).

Unzulässig ist es, die **Wahl ohne vorherige Ankündigung** auf der einmal jährlich stattfindenden **Versammlung der schwerbehinderten Mitarbeiter** gem. § 95 Abs. 6 SGB IX durchzuführen. Es kann also nicht spontan beschlossen werden, dass die Jahresversammlung nunmehr als Wahlversammlung im Sinne der §§ 19 und 20 SchwbVWO dienen solle (Feldes u. a. / *Pohl* Rdnr. 45). Vielmehr ist die Wahlversammlung eine **eigenständige Einrichtung** im Rahmen der Wahl, für die besondere Fristen und Formen hinsichtlich der Einleitung und der Abwicklung zu beachten sind. Zwar können die Wahlversammlung und die Jahresversammlung der schwerbehinderten Menschen **am selben Tag stattfinden**. Jedoch sind beide Versammlungen **streng voneinander abzugrenzen** und die Tagesordnungen entsprechend abzufassen (Feldes u. a. / *Pohl* Rdnr. 46). 115a

Teilnahmeberechtigt an der Wahlversammlung sind die **aktiv Wahlberechtigten,** also schwerbehinderte Beschäftigte und Gleichgestellte, sofern nicht ein besonderer persönlicher Ausschlussgrund vorliegt. Allein die **Wählbarkeit sonstiger Personen** unabhängig von einer Schwerbehinderung gibt diesen **kein Recht zur Anwesenheit**. Soweit allerdings aufgrund konkreter Vorschlagsabsichten aus dem Teilnehmerkreis die Möglichkeit besteht, dass ein nicht Teilnahmeberechtigter gewählt werden könnte, sollte zumindest dessen – möglichst schriftlich erklärtes – Einverständnis mit einer eventuellen Wahl, ggf. auch die unverzügliche Erreichbarkeit während der Versammlung, sichergestellt werden, um seine Bereitschaft zur Annahme einer Wahl vorweg bzw. alsbald klären zu können. 115b

Folgende Personen haben neben den aktiv Wahlberechtigten eine **Teilnahmeberechtigung an der Wahlversammlung**: 115c
– Die amtierende Vertrauensperson, selbst wenn sie nicht wahlberechtigt ist. Sie hat hieran ein berechtigtes Interesse. Nur von der Wahl selbst ist sie ausgeschlossen;
– Wahlleiter und Wahlhelfer, die nicht notwendigerweise wahlberechtigt sind;
– Personen, die hilfsbedürftigen Wahlberechtigten Hilfe leisten. Ausdrücklich regelt § 10 Abs. 4 SchwbVWO das Teilnahmerecht der unterstützenden Personen nur für den Wahlvorgang im förmlichen Verfahren. Allerdings muss den Hilfeleistenden die Teilnahme im vereinfachten Verfahren auch möglich sein, um die Ausübung des Wahlrechts der Wahlberechtigten auch hierbei zu gewährleisten.

Kein Teilnahmerecht haben grundsätzlich der Arbeitgeber, der Beauftragte des Arbeitgebers, Gewerkschaften, der Betriebsrat und das Integrationsamt ohne Funktion sowie Kandidaten ohne Stimmrecht. Gleichwohl kann die Wahlversammlung ihre Teilnahme beschließen (vgl. BIH Fragen und Antworten).

Vorschriften über die **Beschlussfähigkeit** bestehen nicht. Theoretisch genügt also die Anwesenheit eines einzigen stimmberechtigten Beschäftigten in der Wahlversammlung.

Die Wahlversammlung bestimmt mit einfacher Stimmenmehrheit die **Wahlleitung** (§ 20 Abs. 1 Satz 1 SchwbVWO). Da die Bestimmung insoweit nur von einer „Person" spricht, kann der Wahlleiter selbst wahlberechtigt sein, d. h. zu den schwerbehinderten oder gleichgestellten Beschäftigten gehören. Das ist aber nicht zwingende Voraussetzung, weshalb auch sonstige Teilnahmeberechtigte wie etwa Betriebs-/Personalratsmitglieder zur Wahlleitung gewählt werden können (✠ OVG NRW Beschluss vom 27. September 2000 – 1 A 1541/99.PVB; Feldes u. a. / *Pohl* Rdnr. 48; Ernst / Adlhoch / Seel / *Adlhoch* Rdnr. 95; a. A. ohne überzeugende Begründung ✠ LAG Brandenburg Beschluss vom 17. Oktober 2003 – 8 TaBV 7/03, zit. nach JURIS; Neumann u. a. / *Pahlen* Rdnr. 38). 116

In der Wahlversammlung wird mit Stimmenmehrheit beschlossen, **wie viele stellvertretende Mitglieder** gewählt werden (§ 20 Abs. 2 Satz 1 SchwbVWO). Hierbei ist empfehlenswert, mindestens zwei zu wählen. 117

Jeder Wahlberechtigte kann Wahlvorschläge ohne Stützunterschriften abgeben; es ist nicht zulässig, vorab schriftliche Wahlvorschläge einzureichen mit der Begründung, der Vorschlagende könne an der Versammlung nicht teilnehmen.

Danach wird das Wahlrecht durch die **Abgabe von Stimmzetteln in einem Wahlumschlag** ausgeübt (§ 20 Abs. 3 Satz 1 SchwbVWO).

118 Die Stimmzettel werden abweichend von einer früheren Rechtslage nicht von den Wahlberechtigten selbst mit den Namen der Bewerber versehen, weil das über das Schriftbild eine Zuordnung des Wahlzettel zu einem Wähler ermöglichen konnte (Neumann u. a. / *Pahlen* § 20 SchwbVWO Rdnr. 4). Vielmehr hat die **Wahlleitung Stimmzettel und Umschläge bereitzustellen**, die in Größe, Farbe, Beschaffenheit und Beschriftung jeweils identisch sein müssen. Auf den Stimmzetteln werden die **vorgeschlagenen Personen in alphabetischer Reihenfolge aufgeführt** (§ 20 Abs. 3 Satz 2 SchwbVWO). Die aufgrund der Vorschläge gefertigte Stimmzettel-Vorlage kopiert der Wahlleiter in der notwendigen Anzahl. Das Original wird sodann vernichtet, also nicht genutzt. Nähere Einzelheiten zur Durchführung der Wahl – insbesondere zum Schutz der geheimen Stimmenabgabe – sind in § 20 Abs. 3 Satz 3 bis 5 SchwbVWO geregelt.

Beim vereinfachten Wahlverfahren ist eine schriftliche Stimmabgabe außerhalb der Wahlversammlung (Briefwahl) nicht möglich.

119 Nach der Wahl der Vertrauensperson wird in einem getrennten Wahlgang die **Stellvertretung gewählt**. Für mehrere stellvertretende Mitglieder ist ein gemeinsamer Wahlgang vorgesehen (§ 20 Abs. 2 Satz 2 SchwbVWO).

Nach Abschluss der Wahl findet die **öffentlicher Stimmenauszählung** statt. „Öffentlich" bedeutet, dass alle Interessierten, die ein berechtigtes Interesse an dem Ergebnis der Wahl vorweisen können, der Auszählung beiwohnen können (§ 13 Abs. 1 SchwbVWO). Dazu gehören neben den Angehörigen des Betriebes oder der Dienststelle ggf. auch Vertreter des Integrationsamts oder der Bundesagentur für Arbeit. Nach Beendigung der Wahlhandlung darf daher der oben genannte Personenkreis bei der Auszählung anwesend sein. An der Versammlung im vereinfachten Verfahren darf die „Öffentlichkeit" jedoch nicht teilnehmen.

120 Danach wird das **Wahlergebnis unverzüglich festgestellt** (§ 20 Abs. 3 Satz 6 SchwbVWO).

Bei Stimmengleichheit ist zwar ebenso wie im förmlichen Verfahren ein **Losentscheid** vorgesehen (§ 20 Abs. 4 i. V. m. § 13 Abs. 2 SchwbVWO). Es ist aber nicht zu beanstanden, wenn die Wahlberechtigten im zeitlichen Zusammenhang mit der Wahlversammlung einen **zweiten Wahlgang** durchführen (LAG München Beschluss vom 27. September 2005 – 8 TaBV 29/05, zit. nach JURIS). Er bewegt sich auch im Rahmen des vom Gesetzgeber primär gewollten eindeutigen Wahlergebnisses und verdient daher den Vorzug vor einem Zufallselement, jedenfalls dann, wenn damit gerade keine wesentliche Verzögerung eintritt oder ein besonderer Aufwand der Wahl getrieben werden muss. Ein zweiter Wahlgang entspricht daher eher dem vom Gesetzgeber vorrangig verfolgten Ziel einer Legitimation der Schwerbehindertenvertretung durch eine demokratische Wahl als durch einen Losentscheid mit Zufallselement (LAG München Beschluss vom 27. September 2005 a. a. O.).

121 Für die **Benachrichtigung** des Gewählten und für die **Bekanntmachung** gelten die Vorschriften des förmlichen Verfahrens entsprechend (§ 20 Abs. 4 SchwbVWO; vgl. dazu oben Rdnr. 104 f.).

Die Wahlordnung sieht für das Vereinfachte Wahlverfahren nicht zwingend vor, dass über das Ergebnis der Wahl eine **Niederschrift** zu fertigen ist. Jedoch empfiehlt sich dies stets allein im Hinblick auf die Möglichkeit, dass bei der Wahl mehrere Stellvertreter gewählt worden sind und der mit der höchsten Stimmenzahl Gewählte in das Amt der Vertrauensperson nachrückt oder vorzeitig aus dem Amt ausscheidet. Hier ist es dann eindeutig möglich, aus der Niederschrift abzulesen, welcher der gewählten weiteren Stellvertreter in das Amt des ersten Stellvertreters aufrückt (Feldes u. a. / *Pohl* Rdnr. 48).

122 Trotz der Vereinfachung sind selbstverständlich **grundlegende Wesensmerkmale einer jeden demokratischen Wahl zu beachten**. Hierzu gehören nicht nur die Grundsätze einer **geheimen** und **unmittelbaren** Wahl (vgl. Abs. 6 Satz 1), sondern auch die einer **allgemeinen**

und ungehinderten Durchführung der Wahl (vgl. § 20 BetrVG), auf deren Einhaltung nicht rechtswirksam verzichtet werden kann (🏛 LAG Brandenburg Beschluss vom 17. Oktober 2003 – TaBV 7/03, zit. nach JURIS).

c) **Sonderregelungen (überbetriebliche Schwerbehindertenvertretungen; Justiz)**

Für die Wahl der Konzern-, Gesamt-, Bezirks und Hauptschwerbehindertenvertretung und die entsprechenden Vertretungen die Richter und Staatsanwälte gelten die §§ 22 ff. SchwbVWO. 123

3. Wahlschutz

Hinsichtlich des Schutzes der Wahl sieht **Abs. 6 Satz 2** eine sinngemäße Anwendung der Vorschriften im Betriebsverfassungs- und Personalvertretungsrecht vor. 124

Wahlschutz bedeutet zum einen, dass die **Wahl von niemandem behindert oder in unerlaubter Weise beeinflusst** werden darf (vgl. § 20 Abs. 1 BetrVG, § 24 Abs. 1 BPersVG). 125

Unter **Wahlbehinderung** versteht man jede Beeinträchtigung oder Beschränkung eines Beteiligten in der Ausübung seiner Rechte, Befugnisse oder Aufgaben, gleichgültig in welcher Weise sie geschieht und von wem sie ausgeht (ErfK / *Koch* § 20 BetrVG Rdnr. 2). Der **Begriff „Wahl"** umfasst alle mit ihr zusammenhängenden oder ihr dienenden Handlungen, Betätigungen und Geschäfte. Neben der eigentlichen Durchführung der Wahl sind beispielsweise **folgende Betätigungen geschützt**: Einberufung bzw. Durchführung der Versammlung zur Wahl eines Wahlvorstands, Betätigung im Wahlvorstand oder als Wahlhelfer, Aufstellung von Wahlvorschlägen, Betreiben eines arbeitsgerichtlichen Verfahrens im Zusammenhang mit der Wahl, Stimmauszählung, Bekanntgabe des Wahlergebnisses, Durchführung eines Wahlanfechtungsverfahrens. 126

Eine **Behinderung** ist jede Verhinderung, Erschwerung oder Verzögerung der Aufgabenerfüllung durch aktives Tun oder pflichtwidriges Unterlassen. Ein Verschulden ist nicht erforderlich (🏛 OVG NRW, Fachsenat für Bundespersonalvertretungssachen, Beschluss vom 14. April 2004 – 1 A 4408/02.PVB, zit. nach JURIS). 126a

Verboten ist damit insbesondere, einen Arbeitnehmer in der **Ausübung des aktiven oder passiven Wahlrechts zu beschränken (vgl. § 20 Abs. 1 Satz 2 BetrVG)**. Eine unzulässige Beschränkung kann in der Anweisung des Arbeitgebers liegen, eine nicht zu diesem Zeitpunkt erforderliche Geschäftsreise zu unternehmen oder in der Weigerung, notwendige Arbeitsbefreiung zur Stimmabgabe sowie für die Tätigkeit als Wahlvorstand / Wahlhelfer zu gewähren (ErfK / *Koch* a. a. O. Rdnr. 4). Auch bedeutet es eine Behinderung der Wahl, wenn der Arbeitgeber während der Zeit der geplanten Wahlversammlung eine Erste-Hilfe-Ausbildung anordnet (🏛 ArbG Berlin Beschluss vom 29. Mai 2009 – 16 BVGa 9922/09 = BB 2009, 1928 [Ls.] m. Anm. *Koeppen*). 126b

Die **Wahlbehinderung** kann **durch jedermann**, auch durch den zur Wahlversammlung Einladenden, begangen werden (🏛 LAG Schleswig-Holstein Beschluss vom 9. Juli 2008 – 6 TaBV 3/08, zit. nach JURIS), z. B. durch die – rechtsirrige – Mitteilung an einen wahlberechtigten und wählbaren Arbeitnehmer, er sei leitender Angestellter und deshalb nicht wahlberechtigt bzw. wählbar. Das gilt jedenfalls dann, wenn die Mitteilung nicht eindeutig als eine unverbindliche Meinungsäußerung, sondern als Aufforderung oder Wunsch für ein bestimmtes Verhalten zu verstehen ist (LAG Schleswig-Holstein Beschluss vom 9. Juli 2008 a. a. O.). 126c

Verboten ist auch jede **Wahlbeeinflussung** durch Zufügung oder Androhung von Nachteilen sowie durch die Gewährung von Vorteilen (vgl. § 20 Abs. 2 BetrVG). Vor allem der **Arbeitgeber** unterliegt einem strikten **Neutralitätsgebot** (🏛 LAG Baden-Württemberg Beschluss vom 1. August 2007 – 12 TaBV 7/07, zit. nach JURIS). Das Verbot der Wahlbeeinflussung im vorgenannten Sinne richtet sich aber gegen jedermann und untersagt folglich auch **konkurrierenden Wahlbewerbern**, die Wahlberechtigten einem unzulässigen Druck auszu- 127

127a Das in § 20 Abs. 2 BetrVG enthaltene Verbot der Wahlbeeinflussung dient auch der **Integrität der Wahl**. Diese soll alleine auf der freien Entscheidung der Betriebsangehörigen beruhen (🏛 BVerfG Beschluss vom 24. Februar 1999 – 1 BvR 123/93 = BVerfGE 100, 214 = NJW 1999, 2657 in II 2 b cc der Gründe; 🏛 BAG Beschluss vom 6. Dezember 2000 – 7 ABR 34/99 = BAGE 96, 326 = AP Nr. 48 zu § 19 BetrVG 1972 in II 3 a der Gründe).

127b Das Verbot schützt damit die **Freiheit der Willensbildung**. Jede Begünstigung oder Benachteiligung von Wahlbeteiligten ist untersagt, die darauf einwirkt, dass sie ihre Wahlbefugnisse nicht nach eigenem Entschluss, sondern im Interesse eines Dritten ausüben (ErfK / *Koch* § 20 BetrVG Rdnr. 6). Es reicht das **Androhen von Nachteilen und das Versprechen von Vorteilen** unabhängig davon, ob sie Erfolg haben (GK-BetrVG / *Kreutz* § 20 BetrVG Rdnr. 25). Die angesprochenen Nachteile und Vorteile können materieller oder immaterieller Art sein. Es kann um Kündigung, Versetzung auf einen schlechteren Arbeitsplatz, Beförderung, Lohn- und Gehaltserhöhung, Versetzung auf einen bevorzugten Arbeitsplatz, Geschenke oder sonstige Zuwendungen gehen. Auf moralische Anstößigkeit kommt es nicht an (GK-BetrVG / *Kreutz* Rdnr. 26; ErfK / *Koch* a. a. O Rdnr. 6).

127c Aus dem allgemeinen Grundsatz der Freiheit der Wahl folgt die Verpflichtung des Wahlvorstands, während der laufenden Wahl **Dritten keine Einsichtnahme in die mit den Stimmabgabevermerken versehene Wählerliste** zu gestatten. Gewährt der Wahlvorstand einzelnen Wahlbewerbern diese Einsichtnahme, verletzt er neben diesem Grundsatz außerdem den ungeschriebenen Grundsatz der Chancengleichheit der Wahlbewerber (BAG Beschluss vom 6. Dezember 2000 a. a. O.).

127d **Keine Wahlbeeinflussung** liegt vor, wenn die **Betriebsleitung den Wahlvorstand zutreffend über die rechtlichen Bestimmungen informiert**, um Wahlanfechtungen nach Möglichkeit auszuschließen (*Sieg* NZA 2002, 1064 [1068] m. w. Nachw. in Fn. 20). Auch ist dem Arbeitgeber der Hinweis gestattet, dass kein Vergütungsanspruch besteht, wenn ein Arbeitnehmer der Stimmauszählung zusehen will (🏛 LAG Schleswig-Holstein Urteil vom 26. Juli 1989 – 3 Sa 228/89 = AP Nr. 14 zu § 20 BetrVG 1972 = NZA 1990, 118).

127e **Wahlwerbung** ist **grundsätzlich zulässig**. Sie ist bei Betriebsratswahlen nicht nur durch Art. 5 Abs. 1 GG, sondern für Koalitionen auch durch Art. 9 Abs. 3 GG geschützt (BAG Beschluss vom 6. Dezember 2000 a. a. O.; 🏛 LAG Niedersachsen Beschluss vom 16. Juni 2008 – 9 TaBV 14/07, zit. nach JURIS). Zu einer zulässigen Wahlwerbung gehört es auch, wenn Wahlberechtigte generell oder individuell dazu aufgefordert werden, ihr **Wahlrecht überhaupt oder in einer bestimmten Weise auszuüben**. Die hiermit verbundene Ansprache und Beeinflussung des Wahlberechtigten ist, solange keine unzulässigen Mittel verwandt werden, Bestandteil eines demokratischen Wahlverfahrens (BAG Beschluss vom 6. Dezember 2000 a. a. O.; 🏛 LAG München Beschluss vom 27. Februar 2007 – 8 TaBV 89/06, zit. nach JURIS).

127f Dem **Arbeitgeber ist nach h. M. jegliche Wahlwerbung untersagt**, da die Betriebsratswahl – und damit auch die Wahl der Schwerbehindertenvertretung – allein Sache der Arbeitnehmer des Betriebs ist und er als Gegenspieler des Betriebsrats sich des Einflusses auf dessen Zusammensetzung zu enthalten hat (🏛 ArbG Heilbronn Beschluss vom 18. März 1999 – 1 BV 1/99, zit. nach JURIS; ErfK / *Koch* § 20 BetrVG Rdnr. 7; Fitting / Engels / Schmidt / Trebinger / Linsenmaier § 20 BetrVG Rdnr. 24; Vogt BB 1987, 189 [190]; DKK/ *Schneider* BetrVG § 20 Rdnr. 19; a. A GK-BetrVG / *Kreutz* § 20 BetrVG Rdnr. 30; *Rieble / Triskatis* NZA 2006, 233 [239]). Unzulässig ist auch die finanzielle oder sonstige tatsächliche Unterstützung von Wahlpropaganda einer oder mehrerer bestimmter Vorschlagslisten durch den Arbeitgeber (BAG Beschluss vom 4. Dezember 1986 = BAGE 53, 385 = NZA 1987, 166 = AP BetrVG 1972 § 19 Nr. 13). Das gilt entsprechend in Bezug auf einzelne Kandidaten zur Wahl der Schwerbehindertenvertretung.

Weiterhin schließt der Schutz der Wahl ein, dass die Mitglieder des Wahlvorstandes und die **128** Wahlbewerber denselben **besonderen Kündigungsschutz** genießen wie die Wahlvorstände und Wahlbewerber bei Betriebs- bzw. Personalratswahlen (vgl. § 15 Abs. 3 KSchG, § 103 BetrVG, §§ 24, 27 BPersVG; ⚖ LAG Baden-Württemberg Urteil vom 12. März 2003 – 4 Sa 45/02 = BehindertenR 2003, 154; ⚖ ArbG Stuttgart Urteil vom 24. April 2008 – 10 Ca 1658/07, zit nach JURIS). Erklärt der Arbeitgeber gegenüber diesen Personen eine **ordentliche Kündigung**, ist sie gem. § 134 BGB **nichtig** (⚖ BAG Urteil vom 7. Oktober 2004 – 2 AZR 81/04 = AP Nr. 56 zu § 15 KSchG 1969 = NZA 2005, 156). Diese Rechtsfolge tritt auch dann ein, wenn ein wichtiger Grund zur fristlosen Kündigung vorgelegen hat, eine außerordentliche Kündigung jedoch nicht ausgesprochen worden ist (⚖ BAG Urteil vom 5. Juli 1979 – 2 AZR 521/77 = NJW 1980, 359 = AP Nr. 6 zu § 15 KSchG 1969 § 15). Die Nichtigkeit kann gem. § 13 Abs. 3, § 4 KSchG nur innerhalb der gesetzlichen Dreiwochenfrist geltend gemacht werden.

Unzulässig ist die ordentliche Kündigung eines Mitglieds des **Wahlvorstandes** vom Zeit- **129** punkt seiner Bestellung bzw. Wahl an bis zum Ablauf von sechs Monaten nach Bekanntgabe des Wahlergebnisses. Das gilt auch für ordentliche **Änderungskündigungen** (vgl. BAG Beschluss vom 6. März 1986 = BAGE 51, 200 = NZA 1987, 102; ErfK / *Kiel* § 15 KSchG Rdnr. 22; MK-BGB / *Hergenröder* § 15 KSchG Rdnr. 75). Hingegen kann eine außerordentliche Kündigung bei Vorliegen der Voraussetzungen des § 626 BGB ausgesprochen werden (vgl. aber unten Rdnr. 131).

Der besondere Kündigungsschutz besteht nicht, wenn die **Wahl des Wahlvorstands** nichtig ist (⚖ BAG Urteil vom 7. Mai 1986 – 2 AZR 349/85 = NZA 1986, 753 = BehindertenR 1988, 43). Mitglieder des Wahlvorstandes, die vor Durchführung der Wahl ihr **Amt niederlegen**, erwerben vom Zeitpunkt der Amtsniederlegung an den sechsmonatigen nachwirkenden Kündigungsschutz des § 15 Abs. 3 Satz 2 KSchG (⚖ BAG Urteil vom 9. Oktober 1986 – 2 AZR 650/85 = BAGE 53, 152 = NZA 1987, 279).

Wahlbewerber – sofern sie wählbar sind – haben denselben Kündigungsschutz vom Zeit- **130** punkt der **Aufstellung des Wahlvorschlags an bis zum Ablauf von sechs Monaten nach Bekanntgabe des Wahlergebnisses**. Der Kündigungsschutz beginnt schon in dem Zeitpunkt, in dem der Wahlvorstand bestellt ist und für diesen Wahlbewerber ein Wahlvorschlag vorliegt, der die erforderliche Mindestzahl von Unterschriften aufweist (vgl. § 6 Abs. 2 SchwbVWO). Auf die Einreichung des Wahlvorschlags beim Wahlvorstand kann für den Beginn des Kündigungsschutzes nicht abgestellt werden (⚖ BAG Urteil vom 4. März 1976 – 2 AZR 620/74 = BAGE 28, 30 = NJW 1976, 1652).

Darüber hinaus bedarf eine **außerordentliche Kündigung** gegenüber Mitgliedern des Wahl- **131** vorstands oder Wahlbewerbern in dem maßgebenden Zeitraum bis zur Bekanntgabe des Wahlergebnisses der **Zustimmung des Betriebs- / Personalrats** bzw. der Zustimmungsersetzung durch das Arbeitsgericht (vgl. § 15 Abs. 3 Satz 1 KSchG).

Ist der **nachwirkende besondere Kündigungsschutz beendet**, kann der Arbeitgeber dem **132** erfolglosen Wahlbewerber allerdings wieder wie jedem anderen Arbeitnehmer kündigen. Die Kündigung kann auch mit arbeitsvertraglichen Pflichtverletzungen begründet werden, die der Arbeitnehmer **während der Schutzfrist** begangen hat, sofern kein Zusammenhang mit seiner Wahlbewerbung besteht (⚖ BAG Urteil vom 13. Juni 1996 – 2 AZR 431/95 = NZA 1996, 1032 = AP Nr. 2 zu § 15 KSchG 1969 Wahlbewerber). Das gilt ebenso für Wahlvorstandsmitglieder (⚖ BAG Urteil vom 14. Februar 2002 – 8 AZR 175/01 = NZA 2002, 1027).

Der besondere Kündigungsschutz ist seit Inkrafttreten des „Gesetzes zur Reform des Be- **133** triebsverfassungsgesetzes" am 26. Juni 2001 auch auf **Personen** ausgedehnt worden, die zur Betriebsversammlung zur Einrichtung eines Betriebsrats einladen oder die Bestellung des Wahlvorstands einleiten (§ 15 Abs. 3a Satz 1 KSchG). Er gilt **für die ersten drei** in der Einladung oder Antragstellung auf Bestellung des Wahlvorstands **aufgeführten Arbeitnehmer**.

Wird ein Betriebsrat nicht gebildet, besteht der Kündigungsschutz vom Zeitpunkt der Einleitung oder Antragstellung an drei Monate lang (§ 15 Abs. 3a Satz 2 KSchG).

134 Wahlvorstände und Wahlbewerber im **öffentlichen Dienst** haben neben dem Kündigungsschutz noch einen besonderen **Versetzungs- und Abordnungsschutz** (vgl. z. B. § 20 Abs. 1 Satz 3 BetrVG, § 24 Abs. 2 Satz 1 und 2 BPersVG). Sie dürfen gegen ihren Willen nur dann versetzt oder abgeordnet werden, wenn dies auch unter Berücksichtigung ihrer Mitgliedschaft im Wahlvorstand bzw. ihrer Kandidatur **aus wichtigen dienstlichen Gründen** unvermeidbar ist. Dieser Versetzungs- und Abordnungsschutz beginnt bei Wahlvorstandsmitgliedern mit dem Zeitpunkt ihrer Bestellung, bei Bewerbern mit dem Zeitpunkt der Aufstellung des Wahlvorschlags (vgl. hierzu BVerwG Beschluss vom 11. Dezember 1964 – VII P 7.64 = BVerwGE 20, 109 = AP Nr. 2 zu § 21 PersVG); er endet grundsätzlich mit der Bekanntgabe des Wahlergebnisses.

4. Wahlkosten

135 Die **Kosten der Wahl** hat der **Arbeitgeber** zu tragen. Das ergibt sich aus der Verweisung in Abs. 6 Satz 2 auf die maßgebenden Vorschriften in § 20 Abs. 3 Satz 1 BetrVG und § 24 Abs. 2 BPersVG. Hierzu gehören die bei der Vorbereitung und Durchführung der Wahl entstehenden Kosten, soweit sie zur ordnungsgemäßen Wahldurchführung **erforderlich** sind (BAG Beschluss vom 8. April 1992 – 7 ABR 56/91 = BAGE 70, 126 = AP Nr. 15 zu § 20 BetrVG 1972). Hierfür hat der **Wahlvorstand** einen **Beurteilungsspielraum** (BAG Beschluss vom 3. Dezember 1987 – 6 ABR 79/85 = BAGE 57, 106 = AP Nr. 13 zu § 20 BetrVG 1972).

136 Erforderliche Kosten sind die **Sachkosten** der Wahl (z. B. für die Geschäftsführung des Wahlvorstands, die erforderlichen Räume, Büroeinrichtung und -material, Gesetzestexte und Kommentarliteratur, Stimmzettel, Schreibkraft, Telefongebühren, Porto, gegebenenfalls ein PKW für Reisen und Transport usw.). Nicht erforderlich sind Kosten für Lichtbilder, die der Vorschlagsliste hinzugefügt werden sollen (BAG Beschluss vom 3. Dezember 1987 a. a. O.).

137 Vom Arbeitgeber zu tragen sind ferner die erforderlichen **persönlichen Kosten** der Wahlvorstandsmitglieder, u. a. Fahrtkosten zu Sitzungen des Wahlvorstandes (LAG Rheinland-Pfalz Beschluss vom 27. März 1987 – 6 TaBV 3/87 = PersR 1988, 168). Benutzen Mitglieder des Wahlvorstands das **eigene Fahrzeug**, ist die betriebsübliche Kilometerpauschale zu ersetzen (BAG Beschluss vom 3. März 1983 – 6 ABR 4/80 = BAGE 42, 71 = AP Nr. 8 zu § 20 BetrVG 1972).

Entsteht ein **Unfallschaden am Pkw**, gelten die gleichen Grundsätze für die Ersatzpflicht des Arbeitgebers wie bei einem Unfall eines privaten Pkws bei Einsatz auf einer Dienstfahrt (BAG Beschluss vom 3. März 1983 a. a. O.; GK-BetrVG / *Kreutz* § 20 Rdnr. 53). Der Ersatz kommt daher in Betracht, wenn der Arbeitgeber den Einsatz des Fahrzeugs gewünscht hat oder dieser für die Erfüllung der gesetzlichen Aufgaben des Wahlvorstands erforderlich war, weil der Arbeitgeber kein Fahrzeug zur Verfügung gestellt hat (BAG Beschluss vom 3. März 1983 a. a. O.).

138 Zu den persönlichen Kosten der Mitglieder des Wahlvorstandes gehören auch die **Kosten einer notwendigen und angemessenen Schulung**, um sie in geeigneter Weise auf ihre Aufgaben vorzubereiten (BAG Beschluss vom 7. Juni 1984 – 6 AZR 3/82 = AP Nr. 10 zu § 20 BetrVG 1972 = NZA 1985, 66). Dabei ist der halbtägige Besuch einer Schulungsveranstaltung eines erstmals in den Wahlvorstand bestellten Mitglieds **auch ohne nähere Darlegung des Fehlens ausreichender Kenntnisse** der Wahlvorschriften als erforderlich anzusehen (BAG Beschluss vom 7. Juni 1984 a. a. O.).

138a Der Senat a. a. O. hat das überzeugend wie folgt begründet: „Die Beachtung der Wahlvorschriften ist von außerordentlicher Bedeutung für die Wirksamkeit der Wahl. Angesichts der Gefahr einer drohenden Wiederholung und dem damit verbundenen hohen Kostenrisiko für den Arbeitgeber ist eine **möglichst genaue Kenntnis der Wahlvorschriften durch die Mitglieder des Wahlvorstandes erforderlich**. Bei der Erforderlichkeit der Schulungsteilnahme ist auch der zeitliche Umfang einer anderweitigen Unterrichtung zu beachten. Die Tätigkeit des Wahlvorstandes findet grundsätzlich **während der Arbeitszeit** statt, so dass das Selbststudium der Wahlvorschriften dementsprechend ebenfalls ein Versäumnis von Arbeitszeit, und zwar angesichts fehlender didaktischer Aufbereitung in der Regel in einem größeren zeitlichen Umfang erfordert, als dies bei der Teilnahme an einer zeitlich begrenzten Schulung der Fall ist."

Selbst wenn der Vorsitzende des Wahlvorstands **Jahre zuvor bereits eine Wahl geleitet** hat, kann eine Schulung zur **Aktualisierung des Wissens** notwendig sein (🏛 BAG Beschluss vom 26. April 1995 = – 7 AZR 874/94 = BAGE 80, 54 = AP Nr. 17 zu § 20 BetrVG 1972).

Bei der **Auswahl des Anbieters** der Schulungsveranstaltungen und **des Seminarortes** ist der Wahlvorstand ebenso wie der Betriebsrat an die Grundsätze des § 40 BetrVG gebunden, wonach die **Verhältnismäßigkeit gewahrt** sein soll. Hierbei steht dem Wahlvorstand für die Auswahl von Seminarort und Seminardauer der gleiche **Beurteilungsspielraum** zu, der auch für den Betriebsrat gilt. Dieser ist beispielsweise nicht gehalten, die billigste Schulungsmaßnahme auszuwählen. Einer qualitativ höherwertigen Schulung ist der Vorrang zu geben, wenn hierdurch eine effektivere Ausbildung möglich ist (*Ahlburg* AiB 2009, 399 [401]). **138b**

Vom Arbeitgeber zu tragen sind die Kosten von **Anfechtungsverfahren oder gerichtlichen Verfahren** zur Klärung von Streitfragen im Laufe des Wahlverfahrens, soweit die Rechtsverfolgung nicht mutwillig oder offensichtlich aussichtslos ist (🏛 BAG Beschluss vom 8. April 1992 = – 7 ABR 56/91 = BAGE 70, 126 = AP Nr. 15 zu § 20 BetrVG 1972). Hierzu gehören auch die erforderlichen Kosten eines arbeitsgerichtlichen Beschlussverfahrens zwischen Arbeitgeber und Wahlvorstand zur Klärung der Befugnisse des Wahlvorstands (BAG Beschluss vom 8. April 1992 a. a. O.). **139**

Zu beachten ist hierbei: Arbeitsgerichtliche Beschlussverfahren sind **gerichtskostenfrei**. In ihnen ergeht grundsätzlich keine Kostenentscheidung. Für die in Beschlussverfahren entstehenden **außergerichtlichen Kosten** gibt es **keinen prozessualen Erstattungsanspruch**. Ein materiell-rechtlicher Anspruch auf Erstattung der in einem Beschlussverfahren entstehenden außergerichtlichen Kosten (Rechtsdurchsetzungskosten) besteht grundsätzlich nur dann, wenn das BetrVG oder das BPersVG sowie das SGB IX einen entsprechenden Kostenerstattungsanspruch vorsieht (vgl. zum Ganzen 🏛 BAG Beschluss vom 2. Oktober 2007 – 1 ABR 59/06 = NZA 2008, 372). **139a**

Darf der Anfechtungsberechtigte oder Wahlvorstand eine anwaltliche Vertretung bei vernünftiger Betrachtung für erforderlich halten, sind auch die **Anwaltskosten** in diesem Verfahren zu erstatten (BAG Beschluss vom 8. April 1992 a. a. O. sowie 🏛 Beschluss vom 7. Juli 1999 – 7 ABR 4/98 = AP Nr. 19 zu § 20 BetrVG 1972 = NZA 1999, 1232). Der Wahlvorstand kann nicht darauf verwiesen werden, anstelle eines Rechtsanwalts einen Gewerkschaftsvertreter mit der Vertretung zu beauftragen (vgl. 🏛 LAG Düsseldorf Beschluss vom 29. Oktober 1985 – 8 TaBV 96/85 = BB 1986, 1016). **139b**

Entsprechend § 20 Abs. 3 Satz 2 BetrVG ist das Entgelt für notwendige durch die Wahl bedingte Arbeitsversäumnis nach dem Lohnausfallprinzip zu zahlen. Hierzu gehört insbesondere die **Lohnfortzahlung** für die **Betätigung als Wahlvorstand** einschließlich der Schulung zum Zweck einer ordnungsgemäßen Vorbereitung und Durchführung der Wahl (vgl. 🏛 BAG Urteil vom 5. März 1974 – 1 AZR 50/73 = AP Nr. 5 zu § 20 BetrVG 1972 = DB 1974, 1534). Denn die Tätigkeit des Wahlvorstands findet grundsätzlich während der Arbeitszeit statt. Dem Mitglied des Wahlvorstands ist entsprechende **Arbeitsbefreiung bei Fortzahlung des Arbeitsentgelts** zu gewähren (🏛 BAG Urteil vom 26. April 1995 – 7 AZR 874/94 = BAGE 80, 54 = NZA 1996, 160 = AP Nr. 17 zu § 20 BetrVG 1972). **140**

Zur Betätigung im Wahlvorstand gehört auch die Tätigkeit von **Wahlhelfern**, die der Wahlvorstand zur Unterstützung heranzieht (ErfK / *Koch* § 20 BetrVG Rdnr. 11).

141 Ein Wahlvorstandsmitglied, das Anspruch auf Fortzahlung des Arbeitsentgelts trotz Versäumnis von Arbeitszeit geltend macht, hat darzulegen und gegebenenfalls zu beweisen, dass die Arbeitsversäumnis „zur Betätigung im Wahlvorstand **erforderlich**" war (BAG Urteil vom 5. März 1974 a. a. O.). Dem Wahlvorstand steht ein **Beurteilungsspielraum** bezüglich der Erforderlichkeit seiner Tätigkeit zu (🕮 BAG Urteil vom 24. Juli 1991 – 7 AZR 61/90 zit. nach JURIS). Die Erforderlichkeit ist nicht nach Erfahrungs- und Richtwerten zu bemessen. Sie richtet sich **nach den Umständen des Einzelfalles** (🕮 BAG Urteil vom 15. März 1995 – 7 AZR 643/94 = BAGE 79, 263 = AP Nr. 105 zu § 37 BetrVG 1972 = NZA 1995, 961).

141a Der Arbeitgeber ist unter dem Gesichtspunkt des **Gebotes der vertrauensvollen Zusammenarbeit** (§ 2 Abs. 1 BetrVG) nicht berechtigt, dem Wahlvorstand bezüglich der von ihm zu leistenden Tätigkeit ein **Stundenkontingent** vorzugeben (🕮 LAG Schleswig-Holstein Urteil vom 15. Dezember 2004 – 3 Sa 269/04 = NZA-RR 2005, 253). Auch die Wahlvorstandsmitglieder sind aufgrund dieses Gebotes der vertrauensvollen Zusammenarbeit verpflichtet, unter Berücksichtigung der Interessen des Betriebes und ihrer individuellen Fähigkeiten die **Wahlvorstandstätigkeit möglichst zügig und effektiv auszuführen** (LAG Schleswig-Holstein Urteil vom 15. Dezember 2004 a. a. O.).

142 Notwendig in Sinne von § 20 Abs. 3 Satz 2 BetrVG ist auch die durch das **Ausüben des aktiven und passiven Wahlrechts** entstehende Arbeitsversäumnis. Denn die Wahl findet während der Arbeitszeit statt (ErfK / *Koch* § 20 BetrVG Rdnr. 11; GK-BetrVG / *Kreutz* § 20 Rdnr. 57). Hingegen werden das **Sammeln von Stützunterschriften** und die **Vorstellung als Wahlbewerber** meist nicht während der Arbeitszeit notwendig sein (🕮 LAG Berlin Beschluss vom 9. Januar 1979 – 3 TaBV 6/78 = BB 1979, 1036). Die **Anwesenheit bei der öffentlichen Stimmauszählung** stellt keine notwendige durch die Wahl bedingte Arbeitsversäumnis dar (🕮 LAG Schleswig-Holstein Beschluss vom 26. Juli 1989 – 3 Sa 228/89 = AP Nr. 14 zu § 20 BetrVG 1972 = NZA 1990, 118 [Ls.]).

143 Bei **Streitigkeiten** über die Notwendigkeit der Kosten und ihrer Übernahme durch den Arbeitgeber entscheiden die **Arbeitsgerichte** im **Beschlussverfahren** (§ 2a Abs. 1 Nr. 3a ArbGG). Das gilt nach der nunmehrigen Gesetzesfassung auch dann, wenn es sich um einen Arbeitgeber des öffentlichen Dienstes handelt (vgl. dazu näher unten Rdnr. 156). Streitigkeiten über die **Lohnfortzahlung** sind im **Urteilsverfahren** auszutragen (🕮 BAG Beschluss vom 11. Mai 1973 – 1 ABR 3/73 = AP Nr. 4 zu § 20 BetrVG 1972 = DB 1973, 1659). Die Darlegungs- und Beweislast liegt beim Anspruchssteller (🕮 BAG Beschluss vom 26. Juni 1973 – 1 ABR 21/72 = BAGE 25, 236 = DB 1973, 1954).

5. Wahlanfechtung

144 Für die Wahlanfechtung verweist **Abs. 6 Satz 2** auf die entsprechenden Vorschriften über die **Wahlanfechtung im Betriebsverfassungs- bzw. Personalvertretungsrecht**. Neben den dort geltenden allgemeinen Grundsätzen sind insbesondere § 19 BetrVG und § 25 BPersVG – bzw. die entsprechenden landesrechtlichen Vorschriften – heranzuziehen.

Grundsätzlich sind Gesetzesvorschriften über die Betriebsratswahl und damit auch über die Wahl der Schwerbehindertenvertretung so auszulegen, dass der Zweck des Gesetzes nach Möglichkeit erreicht wird. Das bedeutet insbesondere, dass hierbei **kein übertriebener Formalismus angebracht** ist (so schon 🕮 BAG, Beschluss vom 14. Dezember 1965 – 1 ABR 6/65 = BAGE 18, 41 = AP Nr. 5 zu § 16 BetrVG; (🕮 LAG München Beschluss vom 16. Juni 2008 – 11 TaBV 50/08, zit. nach JURIS). Allerdings können schwerwiegende Gesetzesverstöße zur Anfechtbarkeit oder gar Nichtigkeit der Wahl führen.

144a Zur **Anfechtung der Wahl des stellvertretenden Mitglieds** der Schwerbehindertenvertretung bedarf es nicht zugleich der Anfechtung der Wahl der Vertrauensperson. Es handelt sich insoweit nicht um eine unzulässige Teilanfechtung einer einheitlichen Wahl. Vielmehr werden die Vertrauensperson und das stellvertretende Mitglieds **in zwei getrennt durchge-**

führte Wahlen gewählt (BAG Beschluss vom 29. Juli 2009 – 7 ABR 91/07 = BehindertenR 2009, 205; vgl. näher hierzu oben Rdnr. 24a ff.).

Fehler bei der Wahl des Stellvertreters haben somit auch **keinen Einfluss auf die Wirksamkeit der Wahl der Vertrauensperson** (a. A. noch LAG Hamm Beschluss vom 19. September 2008 – 10 TaBV 53/08, zit. nach JURIS vor der danach ergangenen Entscheidung des BAG vom 2. Juli 2009 a. a. O). Dasselbe gilt umgekehrt im Fall der bloßen Anfechtbarkeit der Wahl der Vertrauensperson für die Wirksamkeit der Wahl des Stellvertreters. Ist allerdings die **Wahl der Vertrauensperson nichtig**, gilt dieselbe Rechtsfolge **auch für die Wahl der Stellvertretung** (vgl. oben Rdnr. 67).

a) Abgrenzung zur Nichtigkeit der Wahl

Die Anfechtung einer Wahl wegen Verstößen gegen das Wahlrecht ist von vornherein entbehrlich, wenn die **Wahl nichtig** ist. Das ist allerdings nur dann der Fall, wenn ein so **grober und offensichtlicher Verstoß** gegen wesentliche Grundsätze des gesetzlichen Wahlrechts vorliegt, dass **nicht einmal der Anschein einer dem Gesetz entsprechenden Wahl** der Schwerbehindertenvertretung oder des stellvertretenden Mitglieds vorliegt (vgl. BVerwG Beschlüsse vom 3. Oktober 1958 – VII P 9.57 = BVerwGE 7, 251, vom 13. Mai 1987 – 6 P 20/85 = PersV 1987, 193 = ZBR 1987, 401 = PersV 1988, 401 und vom 18. Januar 1990 – 6 P 8/88 = PersR 1990, 108; BAG Urteil vom 11. Juli 1991 – 2 AZR 633/90 = PersR 1992, 35 = PersV 1992, 259 sowie Beschlüsse vom 29. April 1998 – 7 ABR 42/97 = BAGE 88, 322 und vom 22. März 2000 – 7 ABR 34/98 = BAGE 94, 144 = NZA 2000, 1119).

145

Die Nichtigkeit einer Wahl ist nur in extremen Ausnahmefällen anzunehmen; erforderlich ist insoweit ein sowohl offensichtlicher als auch besonders grober Verstoß gegen wesentliche Wahlvorschriften (LAG Hamm Beschluss vom 19. September 2008 – 10 TaBV 53/08, zit. nach JURIS).

Der Begriff der „**Offensichtlichkeit**" ist vom Standpunkt desjenigen zu verstehen, der den Wahlvorgang kennt und Einblick in die Betriebsinterna hat (BAG Beschluss vom 24. Januar 1964 – 1 ABR 14/63 = BAGE 15, 235 = NJW 1964, 1338). Die Wahl muss „**den Stempel der Nichtigkeit auf der Stirn tragen**" (BAG Beschluss vom 19. November 2003 – 7 ABR 25/03 = BAG-Report 2004, 156 = AP Nr. 55 zu § 19 BetrVG 1972 m. w. Nachw.).

146

Als **Nichtigkeitsgründe** kommen z. B. in Betracht:

147

– Verstoß gegen den Grundsatz der geheimen Wahl bei **Wahl durch Zuruf** oder **Akklamation** (OVG NRW Beschluss vom 7. April 2004 – 1 A 4778/03.PVL1 ABR 14/63 = BehindertenR 2006, 20).
– **Ausschluss auswärtiger Belegschaftsmitglieder**, für die die Voraussetzungen der Briefwahl vorliegen, von der Teilnahme an der Wahl (BAG Beschluss vom 24. Januar 1964 a. a. O. bezüglich Betriebsratswahl).
– Fehlende Abstimmung, wenn sich mehr als drei Personen um das Amt als Wahlvorstand bewerben (ArbG Bielefeld – 4 BV 9/87 = NZA 1987, 680 für eine Betriebsratswahl) bzw. fehlerhafte Abstimmung über ein Wahlvorstandsmitglied und damit Besetzung des Wahlvorstands mit nur zwei gewählten Mitgliedern (LAG München Beschluss vom 16. Juni 2008 – 11 TaBV 50/08, zit. nach JURIS; vgl. auch oben Rdnr. 76a). Denn auch die **nichtige Wahl eines Wahlvorstands** führt zur Nichtigkeit der ansonsten ordnungsgemäß durchgeführten Betriebsratswahl (LAG München Beschluss vom 16. Juni 2008 a. a. O; GK-BetrVG / *Kreutz*. § 16 Rdnr. 5; a. A. Fitting / Kaiser / Heither / Engels / *Schmidt* BetrVG § 19 Rdnr. 5; offen gelassen vom BAG im Beschluss vom 19. November 2003 – 7 ABR 25/03 = BAG Report 2004, 156 = AP Nr. 55 zu § 19 BetrVG 1972 unter I 3.)
– die **Wahl eines „zweiten Wahlvorstandes"** in einer späteren Versammlung, wenn bereits zu einer Betriebsversammlung nach § 17 Abs. 2 BetrVG eingeladen worden war (LAG Düsseldorf Beschluss vom 25. Juni 2003 – 12 TaBV 34/03 = ArbuR 2004, 78 [Ls.]).

§ 94 Wahl und Amtszeit der Schwerbehindertenvertretung

- die **vorzeitige Öffnung der Wahlurne und Stimmenauszählung** vor Abschluss des Wahlgangs und unter Ausschluss der Öffentlichkeit (ArbG Bochum DB 1972, 1730).
- die **Teilnahme eines nicht Wahlberechtigten** an einer Wahl, wenn zwischen zwei Kandidaten ein Unterschied von nur einer Stimme besteht (OVG Rheinland-Pfalz Beschluss vom 14. Dezember 1988 – 4 A 3/88 = ZBR 1989, 181 (vgl. aber auch unter Rndnr. 166).

148 Hingegen führt nach ständiger höchstrichterlicher Rechtsprechung die **Verkennung des Betriebsbegriffs** bei der Betriebsratswahl nicht zu deren **Nichtigkeit**. Die Wahl ist nur anfechtbar (BAG Beschlüsse vom 31. Mai 2000 – 7 ABR 78/98 = BAGE 95, 15 = NZA 2000, 1350 m. w. Nachw. und vom 19. November 2003 – 7 ABR 25/03 = BAGReport 2004, 156 = AP Nr. 55 zu § 19 BetrVG 1972).

149 Führen Verstöße gegen Wahlvorschriften des BetrVG und der Wahlordnung 2001 jeder für sich genommen nicht zur Nichtigkeit der Wahl, kann sich auch aus einer **Gesamtwürdigung der einzelnen Verstöße** nicht ergeben, dass die Betriebsratswahl nichtig ist (BAG Beschluss vom 19. November 2003 – 7 ABR 24/03 = BAGE 108, 375 = AP Nr. 54 zu § 19 BetrVG 1972 = NZA 2004, 395). Mit dieser Entscheidung hat das BAG seine frühere gegenteilige Auffassung im Beschluss vom 27. April 1976 (1 AZR 482/75 = AP Nr. 4 zu § 19 BetrVG 1972 = NJW 1976, 2229) aufgegeben.

150 Die Nichtigkeit der Wahl kann von jedermann, zu jeder Zeit und in jeder Form geltend gemacht werden, sofern ein **berechtigtes Interesse an dieser Feststellung** besteht. Das trifft z. B. auf den unterlegenen Wahlbewerber zu (HK-SGB IX / *Trenk-Hinterberger* Rdnr. 57). Wegen ihrer personalvertretungs- bzw. betriebsverfassungsrechtlichen Stellung gilt dies auch für die **Personal- und Betriebsräte** (ArbG Kaiserslautern Beschluss vom 26. Juni 1984 – 2 BV 11/84 = NZA 1984, 331).

Hingegen hat kein derartiges berechtigtes Feststellungsinteresse bezüglich der Wahl der Schwerbehindertenvertretung eine im Betrieb oder in der Dienststelle vertretene Gewerkschaft (OVG NRW Beschluss vom 7. April 2004 – 1 A 4778/03 PVL = BehindertenR 2006, 20; Ernst / Adlhoch / Seel / *Adlhoch* Rdnr. 122; Neumann u. a. / *Pahlen* Rdnr. 42).

151 Ist ein berechtigtes Interesse an der Feststellung zu bejahen, sind **nicht** mehr die **formellen Voraussetzungen einer Wahlanfechtung** nach § 19 BetrVG, § 25 BPersVG zu prüfen (HK-SGB IX / *Trenk-Hinterberger* Rdnr. 57). Insbesondere gilt nicht die Frist für eine Wahlanfechtung. Die Nichtigkeit tritt von Rechts wegen ein und ihre Geltendmachung ist an keine Form gebunden.

152 Die Feststellung der Nichtigkeit setzt kein bestimmtes gerichtliches Verfahren voraus. Sie kann zum Gegenstand eines **arbeitsgerichtlichen Beschlussverfahrens** gemacht werden (§ 2a Abs. 1 Nr. 3a ArbGG). Die Zuständigkeit des Arbeitsgerichts gilt nach der nunmehrigen Gesetzesfassung auch dann, wenn es sich um einen Arbeitgeber des öffentlichen Dienstes handelt (vgl. dazu näher unten Rdnr. 156). Über die Nichtigkeit kann aber **auch als Vorfrage**, z. B. im Rahmen einer Kündigungsschutzklage, entschieden werden (vgl. BAG Urteil vom 27. April 1976 – 1 AZR 482/75 = NJW 1976, 2229 = AP Nr. 4 zu § 19 BetrVG 1972; ErfK-*Koch* § 19 BetrVG Rdnr. 13). Ist bei einer Wahlanfechtung die **Feststellung der Unwirksamkeit der Wahl beantragt** worden, ist der Antrag regelmäßig dahingehend **auszulegen**, dass sowohl die **Anfechtbarkeit** als auch die **Nichtigkeit** überprüft werden soll (BAG Beschluss vom 24. Januar 1964 = – 1 ABR 14/63 BAGE 15, 235 = AP Nr. 6 zu § 3 BetrVG = NJW 1964, 1338).

153 Möglich ist auch, gegen ein fehlerhaftes Wahlverfahren mit einer **einstweiligen Verfügung des Arbeitsgerichts** vorzugehen, wenn der Fehler nicht beseitigt werden kann und die Nichtigkeit der Wahl zur Folge hätte (zum vorläufigen Rechtsschutz im betriebwahlverfahren *Rieble / Triskatis* NZA 2006, 233). Im Allgemeinen kann durch einstweilige Verfügung in eine laufende (Betriebsrats-)Wahl nur eingegriffen werden, wenn die Wahl mit Sicherheit als nichtig anzusehen wäre (LAG Düsseldorf Beschluss vom 25. Juni 2003 – 12 TaBV 34/03 zit. nach JURIS; Hess. LAG Beschluss vom 5. April 2002 – 9 Ta BV Ga 61/02, zit. nach

JURIS; LAG Köln Beschluss vom 29. März 2001 – 5 TaBV 22/01 = MDR 2001, 1176). Allerdings sind zum Abbruch der Wahl auch Wahlfehler geeignet, die zwar lediglich zur Anfechtung einer Betriebsratswahl berechtigen, jedoch so schwerwiegend sind, dass sie mit Sicherheit einer zu erwartenden Wahlanfechtung zum Erfolg verhelfen, und die auch nicht im Rahmen des Anfechtungsverfahrens korrigiert werden können (LAG Baden-Württemberg Beschluss vom 16. September 1996 = – 15 TaBV 10/96 LAGE § 19 BetrVG 1972 Nr. 15 = NZA-RR 1997, 141; LAG Düsseldorf Beschluss vom 25. Juni 2003 a. a. O. m. w. Nachw.; vgl. auch Rieble / Triskatis a. a. O. S. 238 mit Auflistung von Verfügungsmöglichkeiten bei typischen Wahlfehlern in der Betriebsratswahl).

Aufgrund der vom Arbeitsgericht im Tenor ausgesprochenen **Verpflichtung des Wahlvorstands, die Wahl abzubrechen**, muss dieser einen entsprechenden Beschluss fassen. Die Zwangsvollstreckung eines solchen Beschlusses richtet sich nach **§ 894 ZPO**. Mit der Rechtskraft des Beschlusses gilt der Beschluss des Organs als gefasst (Germelmann-Matthes ArbGG 6. Aufl. § 85 Rdnr. 14 ff. 19), sodass es der Androhung eines Ordnungsgelds nicht bedarf (LAG München Beschluss vom 16. Juni 2008 – 11 TaBV 50/08, zit. nach JURIS). 153a

Anders als im Wahlanfechtungsverfahren kommt es im Verfahren der Feststellung der Nichtigkeit der Wahl nicht zusätzlich darauf an, ob der **Mangel für das Wahlergebnis ursächlich** war (BAG Beschluss vom 24. Januar 1964 – 1 ABR 14/63 = BAGE 15, 235 = NJW 1964, 1338; OVG NRW Beschluss vom 7. April 2004 – 1 A 4778/03.PVL = BehindertenR 2006, 20). Dies rechtfertigt sich aus den umfassenden Folgen einer nichtigen Wahl, die als nicht geschehen gilt. Diese Rechtsfolge tritt unabhängig davon ein, wie bei einer Vermeidung des Fehlers das Wahlergebnis sonst ausgefallen wäre (OVG NRW Beschluss vom 7. April 2004 a. a. O.). 154

Die **Nichtigkeit** einer Wahl zum Betriebsrat und damit auch einer Wahl der Schwerbehindertenvertretung **wirkt zurück**. Ihre rechtskräftige Feststellung hat nur **deklaratorische Bedeutung** (BAG Beschluss vom 29. April 1998 – 7 ABR 42/97 = BAGE 88, 322 = AP Nr. 58 zu § 40 BetrVG 1972 = NZA 1998, 1133). Mitbestimmungs- und Mitwirkungsrechte bestanden und bestehen für die aus nichtiger Wahl hervorgegangene betriebliche Vertretung nicht (BAG Beschluss vom 27. April 1976 – 1 AZR 482/75 = AP Nr. 4 zu § 19 BetrVG 1972 = NJW 1976, 2229; GK-BetrVG / *Kreutz* § 19 Rdnr. 139). 155

b) Gerichtliche Zuständigkeit für Wahlanfechtung

Für ein Verfahren über die **Anfechtung der Wahl der Schwerbehindertenvertretung** sind nach § 2a Abs 1 Nr. 3a ArbGG in der seit dem 1. Juli 2001 geltenden Fassung die **Gerichte für Arbeitssachen ausschließlich zuständig**. Das gilt auch dann, wenn die Wahl der Schwerbehindertenvertretung im Bereich des öffentlichen Dienstes angefochten wird (BAG Beschluss vom 11. November 2003 – 7 AZB 40/03 = AP Nr. 1 zu § 94 SGB IX = BehindertenR 2004, 12 = NZA-RR 2004, 657). 156

Sowohl das BVerwG als auch das BAG hatten zuvor die Auffassung vertreten, dass sich die gerichtliche Zuständigkeit für die Anfechtung der Wahl einer Schwerbehindertenvertretung nach den bundes- und landesrechtlichen Vorschriften richte, die für die Wahl des Betriebs-, Personal- oder Richterrats gelten. Daraus wurde auf den Grundsatz geschlossen, für die Schwerbehindertenvertretungen in den Dienststellen der Verwaltung seien die Verwaltungsgerichte und für die Wahlen in den Betrieben privater Rechtsträger die Arbeitsgerichte zuständig. Nachdem der Gesetzgeber das ArbGG mit Wirkung vom 1. Mai 2000 geändert hatte, war in der Literatur u. a. von *Düwell* (in LPK-SGB IX 1. Aufl. § 95 Rdnr. 31) und *Dörner* (in GK-ArbGG § 2a Rdnr. 71) die Auffassung vertreten worden, dieser bisherige richterrechtliche Grundsatz könne nicht aufrechterhalten werden. Der Gesetzgeber habe die herkömmliche Aufteilung der Zuständigkeiten nach der Zugehörigkeit zur Betriebs- oder Dienststellenverfassung für den Bereich der Schwerbehindertenvertretungen aufgegeben. Dem hat sich das BAG angeschlossen.

157 **Örtlich zuständig** ist nach § 82 Satz 1 ArbGG das Arbeitsgericht, in dessen Bezirk der Betrieb seinen Sitz hat.

c) **Förmliche Voraussetzungen der Wahlanfechtung**

aa) **Frist**

158 Die Wahl muss innerhalb der nach § 19 Abs. 2 Satz 2 BetrVG einzuhaltenden **Anfechtungsfrist von zwei Wochen nach der Bekanntgabe des Wahlergebnisses** angefochten werden.

Besondere Fristen gelten im Bereich des **Bundespersonalvertretungsgesetzes (vgl. § 25)** sowie nach einigen Landespersonalvertretungsgesetzen, wo auf Arbeitstage abgestellt wird. Arbeitstage sind hier die Tage von Montag bis Freitag, ausschließlich der gesetzlichen Feiertage (vgl. Wahlbroschüre 2010 S. 50).

Die Frist beginnt gemäß § 187 Abs. 1 BGB einen Tag nach dem Aushang des Wahlergebnisses. Sie endet nach § 188 Absatz 2 BGB mit Ablauf des Wochentages, der dem Tag entspricht, an dem das Wahlergebnis zwei Wochen zuvor ausgehängt worden ist.

Die Anfechtung muss innerhalb dieser Frist beim Arbeitsgericht eingegangen sein. Das Anfechtungsverfahren kann allerdings schon vor Fristbeginn angestrengt werden (LAG München Beschluss vom 23. Februar 1952 = BB 1952, 319).

159 Hierbei handelt es sich um eine **Ausschlussfrist, die nicht verlängert werden kann**. Mit ihrem Ablauf erlischt die Anfechtungsmöglichkeit. Eine Wiedereinsetzung in den vorigen Stand ist nicht möglich (LPK-SGB IX / *Düwell* Rdnr. 52).

bb) **Anfechtungsberechtigung**

160 Die Wahl kann von **drei Wahlberechtigten angefochten** werden (vgl. § 19 Abs. 2 Satz 1 BetrVG). Die Wahlberechtigung des die Wahl anfechtenden Arbeitnehmers muss **nur zum Zeitpunkt der Wahl** gegeben sein. Ein späterer Wegfall der Wahlberechtigung durch Ausscheiden aus dem Betrieb nimmt dem Arbeitnehmer die Anfechtungsbefugnis nicht (BAG Beschluss vom 15. Februar 1989 – 7 ABR 9/88 = BAGE 61, 125 = AP Nr. 17 zu § 19 BetrVG 1972 zu B der Gründe). Nur wenn **sämtliche die Wahl anfechtenden Arbeitnehmer aus dem Betrieb ausscheiden**, wird der Antrag unzulässig, da für die Fortführung des Wahlanfechtungsverfahrens in diesem Fall **kein Rechtsschutzbedürfnis** mehr besteht (BAG Beschluss vom 15. Februar 1989 a. a. O. zur Anfechtung der Betriebsratswahl; BAG Beschluss vom 16. November 2005 – 7 ABR 9/05 = BAGE 116, 205 = BehindertenR 2006, 105 = AP Nr. 4 zu § 94 SGB IX).

161 Anfechtungsberechtigt ist entsprechend § 19 Abs. 2 BetrVG der **Arbeitgeber**, in dessen Betrieb die Wahl stattgefunden hat.

162 Eine Wahl, die in einem **gemeinsamen Betrieb mehrerer rechtlich selbstständiger Unternehmen** durchgeführt wurde, kann **nur von allen** an dem Gemeinschaftsbetrieb beteiligten Rechtsträgern **gemeinsam angefochten** werden (so BAG Beschluss vom 28. November 1977 – 1 ABR 36/76 = BAGE 29, 392 = AP BetrVG 1972 § 19 Nr. 6; offen gelassen von BAG im Beschluss vom 10. November 2004 – 7 ABR 17/04 = AP Nr. 4 zu § 3 BetrVG 1972 = BehindertenR 2005, 107).

163 Das BAG hat im zuletzt genannten Beschluss ebenfalls offen gelassen, ob dies auch für die **Wahl in einer durch Tarifvertrag nach § 3 BetrVG festgelegten Organisationseinheit** anzunehmen ist. Denn dies kann allenfalls dann gelten, wenn die Existenz der unternehmensübergreifenden Organisationseinheit, für die die Arbeitnehmervertretung gewählt wurde, unstreitig feststeht, nicht jedoch, wenn die**Wahlanfechtung gerade auf das Fehlen einer unternehmensübergreifenden Organisationseinheit gestützt** und geltend gemacht wird, es hätten gesonderte Wahlen für die Betriebsstätten der jeweiligen Rechtsträger durchgeführt werden müssen. In diesem Fall ist Arbeitgeber i. S. des § 19 Abs. 2 BetrVG derjenige,

geltend macht, in seinem eigenständigen Betrieb hätte eine eigene Arbeitnehmervertretung gewählt werden müssen.

Nicht anfechtungsberechtigt sind die im Betrieb bzw. in der Dienststelle vertretenen **Gewerkschaften**, weil das SGB IX – anders als das Betriebsverfassungs- und Personalvertretungsrecht – keine gewerkschaftliche Beteiligung bei der Wahl der Schwerbehindertenvertretung vorsieht (BAG Beschluss vom 29. Juli 2009 – 7 ABR 25/08 = NZA 2009, 1221 = PersR 2009, 493 m. w. Nachw.; OVG NRW Beschluss vom 7. April 2004 – 1 A 4778/03.PVL = BehindertenR 2006, 20; VG Ansbach Beschluss vom 4. September 1995 – AN 8 P 94.0221 = PersV 1996, 371; Kossens u. a. / *Kossens* Rdnr. 36). Auch in § 99 SGB IX, der die Zusammenarbeit der Schwerbehindertenvertretung mit dem Arbeitgeber und sonstigen in den Betrieben und Dienststellen bestehenden Stellen regelt, werden Gewerkschaften nicht erwähnt (BAG Beschluss vom 29. Juli 2009 a. a. O.). **164**

Den **fehlenden eigenen gesetzlichen Befugnissen** der in Betrieb oder Dienststelle vertretenen Gewerkschaften **bei der Wahl** der Schwerbehindertenvertretung entspricht bei einer sinngemäßen Anwendung der Vorschriften über die Anfechtung der Betriebs-/Personalratswahl die fehlende Anfechtungsberechtigung der Gewerkschaften. Es ist weder zur Sicherung eigener Rechte der Gewerkschaften noch aus sonstigen Gründen veranlasst, den im Betrieb oder in der Dienststelle vertretenen Gewerkschaften als an der Wahl Unbeteiligten ein eigenes Anfechtungsrecht zuzuerkennen (BAG Beschluss vom 29. Juli 2009 a. a. O.). **164a**

Dies ist **auch nicht aus verfassungsrechtlichen Gründen** geboten. Durch die fehlende Anfechtungsberechtigung bei der Wahl der Schwerbehindertenvertretung wird die durch Art. 9 Abs. 3 GG geschützte koalitionsmäßige Betätigung der Gewerkschaften, die sich auch auf den Bereich der Personalvertretung erstreckt, nicht eingeschränkt. Die Gewerkschaften können auch ohne eigenes Wahlanfechtungsrecht die Bildung einer Schwerbehindertenvertretung in der Dienststelle fördern und hierfür werben (BAG Beschluss vom 29. Juli 2009 a. a. O.). **164b**

Auch **Betriebs- und Personalräte** haben kein Anfechtungsrecht (BVerwG Beschluss vom 17. März 1983 – 6 P 30/82 = ZBR 1983, 278 = PersV 1984, 320). **164c**

d) Anfechtungsgrund

Voraussetzung für die Anfechtbarkeit der Wahl ist gemäß § 19 BetrVG, dass **gegen wesentliche Vorschriften** zum **Wahlrecht**, die **Wählbarkeit** oder das **Wahlverfahren** verstoßen wurde und eine Berichtigung nicht rechtzeitig bewirkt worden ist. Allerdings berechtigen zur Wahlanfechtung **nur erhebliche Verstöße**. **165**

Diese liegen vor, wenn nach der allgemeinen Lebenserfahrung und den konkreten Einzelumständen **nicht ganz unwahrscheinlich** ist, dass das **Wahlergebnis ohne den Verstoß anders ausgefallen** wäre. Lässt sich nicht sicher feststellen, ob sich der Verstoß ausgewirkt hat, ist eine Beeinflussung des Wahlergebnisses zu bejahen (BAG Beschluss vom 8. März 1957 – 1 ABR 5/55 = BAGE 4, 63 = NJW 1957, 1086).

Beispiele für wesentliche Verstöße sind **166**
– die Verkennung des Betriebsbegriffs durch den Wahlvorstand (BAG Beschluss vom 17. Januar 1978 – 1 ABR 71/76 = BAGE 30, 12 = AP Nr. 1 zu § 1 BetrVG 1972);
– die unzulässige Anwendung des vereinfachten Wahlverfahrens (BAG Beschluss vom 16. November 2005 – 7 ABR 9/05 = BAGE 116, 205 = BehindertenR 2006, 105 = NZA 2006, 340);
– die Nichtzulassung Wahlberechtigter zur Wahl (BAG Beschluss vom 25. Juni 1974 – 1 ABR 68/73 = AP Nr. 3 zu § 19 BetrVG 1972 = DB 1974, 2115);
– die Zulassung nicht wählbarer Personen als Wahlkandidaten (BAG Beschluss vom 28. November 1977 – 1 ABR 36/76 = BAGE 29, 392 = AP Nr. 6 zu § 19 BetrVG 1972, vgl. aber auch Rdnr. 147 und unten Rdnr. 170). Tritt die Wählbarkeitsvoraussetzung (z. B.

§ 94   Wahl und Amtszeit der Schwerbehindertenvertretung

sechsmonatige Beschäftigung) nachträglich ein, wird der Fehler bei der Wahl hierdurch geheilt (BAG Beschluss vom 7. Juli 1954 – 1 ABR 6/54 = BAGE 1, 43 = AP Nr. 1 zu § 24 BetrVG);

- das Fehlen einer Wählerliste (BAG Beschluss vom 27. April 1976 – 1 AZR 482/75 = NJW 1976, 2229 = AP Nr. 4 zu § 19 BetrVG 1972);
- das Fehlen der Auslegung zur Einsicht der Liste der Wahlberechtigten an geeigneter Stelle oder in allen in verschiedenen Orten in Deutschland gelegenen Betriebsstätten, in denen schwerbehinderte und/oder gleichgestellte Wahlberechtigte tätig sind, entgegen § 3 Abs. 2 SchwbVWO (BAG Beschluss vom 5. Mai 2004 – 7 ABR 44/03 = NZA 2004, 1285 = BB 2005, 108);
- die fehlende oder nicht ordnungsgemäße Bekanntgabe des Wahlausschreibens (BAG Beschluss vom 27. April 1976 a. a. O.);
- eine gegenüber dem Wahlausschreiben zeitlich vorgezogene Stimmauszählung, ohne dass vorher Ort und Zeitpunkt dieser vorgezogenen Stimmauszählung öffentlich im Betrieb bekannt gemacht worden sind. Dies gilt auch, wenn der Wahlvorstand hierbei vollzählig versammelt ist mangels Öffentlichkeit der Sitzung (LAG München Beschluss vom 10. März 2008 – 6 TaBV 87/07; LAG Nürnberg, Beschluss vom 27. November 2007 – 6 TaBV 46/07, jeweils zit. nach JURIS);
- die Nichtberücksichtigung von ordnungsgemäß eingegangenen Briefwahlstimmen wegen eines vermeintlichen Formfehlers, sofern deren Auszählung das Wahlergebnis hätte verändern können LAG Hamm Beschluss vom 19. September 2008 – 10 TaBV 53/08, zit. nach JURIS).

(Zu weiteren Beispielsfällen vgl. Wahlbroschüre 2010 S. 49 f.).

167 Das Arbeitsgericht hat als Folge des im Beschlussverfahren geltenden eingeschränkten Untersuchungsgrundsatzes **alle Anfechtungsgründe von Amts wegen zu berücksichtigen**, soweit der Vortrag der Beteiligten Anhaltspunkte liefert, unabhängig davon, ob sie sich darauf berufen oder nicht (BAG Beschluss vom 3. Juni 1969 – 1 ABR 1/69 = BAGE 22, 31 = AP Nr. 17 zu § 18 BetrVG; BAG Beschluss vom 4. Dezember 1986 – 6 ABR 48/85 = BAGE 53, 386 = AP Nr. 13 zu § 19 BetrVG 1972). Wenngleich das Arbeitsgericht den Sachverhalt somit von Amts wegen aufzuklären hat, müssen doch in der Antragsschrift oder innerhalb der Anfechtungsfrist solche **Gründe vorgetragen** werden, die geeignet sind, Zweifel an der Ordnungsgemäßheit der durchgeführten Wahl zu begründen (BAG Beschluss vom 3. Juni 1969 a. a. O und vom 4. Dezember 1986 a. a. O).

167a Es können auch noch **weitere Anfechtungsgründe nachgeschoben** werden (BAG Beschluss vom 3. Juni 1969 a. a. O; vgl. auch BVerwG Beschluss vom 13. Mai 1998 – 6 P 9/97 = BVerwGE 106, 378 = NZA-RR 1999, 108). Wird **innerhalb der Anfechtungsfrist kein Anfechtungsgrund vorgetragen**, kann dieser nicht nachgeschoben werden, da dies auf eine unzulässige Verlängerung der Frist hinausliefe (BAG Beschluss vom 24. Mai 1965 – 1 ABR 1/65 = BAGE 17, 165 = AP Nr. 14 zu § 18 BetrVG).

168 Ist die Wahlanfechtung bereits unter einem rechtlichen Gesichtspunkt begründet, wird damit die Prüfung der anderen geltend gemachten Anfechtungsgründe entbehrlich (LAG Düsseldorf Beschluss vom 25. März 2002 – 8 TaBV 70/02 = NZA-RR 2003, 475).

169 Der Verstoß gegen wesentliche Vorschriften rechtfertigt die Anfechtung nur, wenn er **nicht rechtzeitig korrigiert** wurde (ErfK / Koch Rdnr. 5; GK-BetrVG / Kreutz Rdnrn. 33 ff., jeweils zu § 19 BetrVG). Die Berichtigung wird in der Regel durch den Wahlvorstand bewirkt. **Grundsätzlich sind alle Wahlfehler reparabel** (BAG Beschluss vom 19. September 1985 – 6 ABR 4/85 = BAGE 50, 1 = AP Nr. 12 zu § 19 BetrVG 1972). Rechtzeitig ist die Berichtigung, wenn die Wahl danach noch ordnungsgemäß ablaufen kann. Daher kann ein Wahlausschreiben mit **unzutreffender Angabe des Wahlorts** berichtigt werden, wenn sich die Wahlberechtigten noch rechtzeitig über den Ort der Wahl informieren können und ihr

Wahlrecht dadurch nicht eingeschränkt wird (BAG Beschluss vom 19. September 1985 a. a. O.).

Der nicht berichtigte Vorstoß muss **potenziell ursächlich** für ein geändertes oder von ihm beeinflusstes Wahlergebnis sein. Es kommt nicht darauf an, dass das Wahlergebnis tatsächlich geändert oder beeinflusst wurde. Vielmehr genügt es, dass durch den Wahlfehler das **Ergebnis der Wahl objektiv beeinflusst werden konnte** (BAG Beschluss vom 14. September 1988 – 7 ABR 93/87 = BAGE 59, 328 = AP Nr. 1 zu § 16 BetrVG 1972; GK-BetrVG / *Kreutz*, § 19 Rdnrn. 40 ff.). Eine verfahrensfehlerhafte Wahl muss nur dann nicht wiederholt werden, wenn sich konkret feststellen lässt, dass bei einer Einhaltung der Wahlvorschriften kein anderes Wahlergebnis erzielt worden wäre (LAG Hamm Beschluss vom 19. September 2008 – 10 TaBV 53/08, zit. nach JURIS m. w. Nachw.). 170

Die Anfechtung ist deshalb nicht begründet, wenn **Nicht-Wahlberechtigte abgestimmt** haben, das Wahlergebnis aber bei Eliminierung ihrer Stimmen nicht anders aussehen würde (BAG BAG Beschluss vom 14. September 1988 a. a. O.).

Die **vorzeitige Schließung des Wahllokals** begründet keine Anfechtung, wenn feststeht, dass kein Wahlberechtigter von der Stimmabgabe abgehalten worden ist (BAG Beschluss vom 19. September 1985 – 6 ABR 4/85 = BAGE 50, 1 = AP Nr. 12 zu § 19 BetrVG 1972). Ist aber die **Öffentlichkeit der Stimmenauszählung** nicht gewährleistet, liegt der Verdacht einer Manipulation nahe und die Möglichkeit der Beeinflussung des Wahlergebnisses ist nicht völlig unwahrscheinlich (LAG Berlin Beschluss vom 16. November 1987 – 12 TaBV 6/87 = NZA 1988, 481= DB 1988, 505). 171

Wird die Wahl im **förmlichen Wahlverfahren** durchgeführt, obwohl zwingend das **vereinfachte Wahlverfahren vorgeschrieben** ist, kann regelmäßig nicht ausgeschlossen werden, dass die Wahl bei ordnungsgemäßer Durchführung anders ausgefallen wäre (BAG Beschluss vom 16. November 2005 – 7 ABR 9/05 = AP Nr. 4 zu § 94 SGB IX = NZA 2006, 340 = BehindertenR 2006, 105). 172

Die Behauptung einer **Wahlmanipulation** kann **nicht durch eidesstattliche Versicherungen von Wahlberechtigten** bzw. das Angebot ihrer Vernehmung unter Beweis gestellt werden (BVerwG Beschluss vom 21. Juli 1975 – VII P 1.74 = BVerwGE 49, 75 = NJW 1976, 259; LAG Hamm Beschluss vom 19. September 2008 – 10 TaBV 53/08, zit. nach JURIS m. w. Nachw.). Das Wahlverhalten einzelner Mitarbeiter ist nämlich einer Überprüfung durch die Arbeitsgerichte entzogen. Dies folgt aus dem Grundsatz der **geheimen Wahl**, der nach § 94 Abs. 6 Satz 1 SGB IX auch für die Wahl der Vertrauensperson der Schwerbehinderten gilt. Nach diesem Grundsatz ist ein Ausforschen, vor allem auch eine gerichtliche Nachprüfung, wie jemand gewählt hat, unzulässig. Insoweit besteht **nicht nur ein Zeugnisverweigerungsrecht**, sondern es ist auch die Verwertung einer freiwillig abgegebenen eidesstattlichen Versicherung von Wählern über ihre Stimmabgabe oder ihre Vernehmung als Zeuge darüber unzulässig (BVerwG Beschluss vom 21. Juli 1975 a. a. O.; LAG Hamm Beschluss vom 19. September 2008 a. a. O.). 172a

Der Grundsatz der geheimen Wahl verbietet es, einen Wähler darüber zu befragen, wie er abgestimmt hat. Das würde zu einem **unzulässigen Eindringen in das Wahlgeheimnis** führen. Der einzelne Wähler kann auch nicht dadurch auf das ihn schützende Wahlgeheimnis verzichten, dass er offen seine Stimmabgabe bekannt macht und bereit ist, sich gerichtlich darüber vernehmen zu lassen. Jede andere Auffassung würde letztlich darauf hinauslaufen, dass das Wahlgeheimnis völlig aufgehoben würde. Auch ein **Verzicht einzelner Wähler** auf ihre Rechte kann nicht dazu führen, sie über ihre Stimmabgabe zu vernehmen, weil dadurch **zwangsläufig in Rechte anderer** an der Wahrung des Wahlgeheimnisses eingegriffen würde. Mit der Vernehmung würde nämlich ihr Wahlgeheimnis gelüftet und allgemein bekannt, wen sie gewählt haben (LAG Hamm Beschluss vom 19. September 2008 a. a. O. m. w. Nachw.). 172b

e) Wirkung der Anfechtung

173 Die **erfolgreiche Anfechtung** der Wahl der Vertrauensperson entzieht der Schwerbehindertenvertretung die Grundlage für ein weiteres Bestehen. Sie hat keine rückwirkende Kraft, sondern **wirkt für die Zukunft** (vgl. BAG Beschluss vom 13. März 1991 – 7 ABR 5/90 = BAGE 67, 316 = AP Nr. 20 zu § 19 BetrVG 1972 = NZA 1991, 946). Alle bis zur rechtskräftigen Entscheidung von der Schwerbehindertenvertretung vorgenommen Rechtshandlungen sind und bleiben gültig. Die erforderliche **neue Wahl** der Schwerbehindertenvertretung kann aber nunmehr **nicht dadurch eingeleitet** werden, dass die **Schwerbehindertenvertretung, deren Wahl erfolgreich angefochten wurde**, einen **Wahlvorstand bestellt** (vgl. oben Rdnr. 73) oder zu einer Wahlversammlung einlädt (vgl. oben Rdnr. 114).

Hingegen lässt die **Anfechtung der Wahl des Stellvertreters** im Erfolgsfall die Wirksamkeit der Wahl der Vertrauensperson unberührt. Es sind dann lediglich Neuwahlen für die Stellvertretung durchzuführen.

G) zu Abs. 7

1. Amtszeit der Schwerbehindertenvertretung

174 Die Amtszeit der Schwerbehindertenvertretung beträgt **vier Jahre** (Abs. 7 Satz 1). Sie **beginnt** mit der **Bekanntgabe des Wahlergebnisses** und endet nach Ablauf von vier Jahren (**Abs. 7 Satz 2**). Ist zur Zeit der Wahl noch eine Schwerbehindertenvertretung im Amt, beginnt mit Ablauf ihrer Amtsperiode die Amtszeit der nachfolgenden Schwerbehindertenvertretung. Das Amt endet nach Ablauf der Amtszeit selbst dann, wenn keine neue Schwerbehindertenvertretung gewählt worden ist (Neumann u. a. / *Pahlen* Rdnrn. 33b und 43).

175 Vor Ablauf der Amtszeit erlischt das Amt **nach Abs. 7 Satz 3**, wenn die Vertrauensperson
– es **niederlegt**; hierfür ist eine – nicht formgebundene – Erklärung gegenüber dem Arbeitgeber erforderlich, der unverzüglich das Integrationsamt zu informieren hat (§ 80 Abs. 8 SGB VIII). Die Niederlegung des Amtes braucht nicht begründet zu werden. Als einseitige empfangsbedürftige Willenserklärung kann sie weder widerrufen noch zurückgenommen werden. Sie ist auch nicht wegen Irrtums anfechtbar (vgl. Niedersächs. OVG Beschluss vom 9. September 1994 – 17 L 2835/93 = PersR 1994, 564); eine von ihrem Amt „zurückgetretene" Vertrauensperson kann also nicht zu einem späteren Zeitpunkt ihr Amt einfach wieder aufnehmen, selbst wenn eine Neuwahl noch nicht stattgefunden hat und auch kein Stellvertreter ins Amt nachgerückt ist;

175a – **aus dem Beschäftigungsverhältnis ausscheidet**. Ist **strittig**, ob eine **Kündigung** gegenüber der Schwerbehindertenvertretung rechtens ist, so übt die Vertrauensperson das Amt bis **zur endgültigen gerichtlichen Entscheidung** aus.

Der Arbeitgeber kann ein eine Vertrauensperson während des Zustimmungsverfahrens nach § 103 BetrVG nur dann **einseitig von der Arbeitspflicht suspendieren**, wenn der Weiterbeschäftigung überwiegende und schutzwürdige Interessen des Arbeitgebers entgegenstehen, die eine Verhinderung der Beschäftigung geradezu gebieten. Eine einseitige Suspendierung ist während des laufenden Zustimmungsverfahrens **nur unter besonderen Voraussetzungen** zulässig, etwa wenn bei Weiterbeschäftigung erhebliche Gefahren für den Betrieb oder die dort tätigen Personen objektiv bestehen oder die durch konkrete Tatsachen begründete Besorgnis besteht, dass es zu Störungen des Betriebsfriedens oder des betrieblichen Ablaufs kommt. Eine einseitige Freistellung kann auch dann in Betracht kommen, wenn der durch objektive Tatsachen gesicherte dringende Verdacht einer **strafbaren Handlung** oder sonstigen schweren Arbeitsvertragsverletzung besteht (LAG Hamm Urteil vom 12. Dezember 2001 – 10 Sa 1741/01 = NZA-RR 2003, 311 zur vergleichbaren Rechtsstellung eines Betriebsratsmitglieds).

175b Die Schwerbehindertnvertretung darf gem. § 96 Abs. 2 SGB IX bei der Ausübung ihrer Tätigkeit nicht behindert werden. Da ihre Aufgaben regelmäßig im Betrieb zu erledigen sind, folgt aus dem **Recht auf ungestörte Amtsausübung** auch ein Recht auf **Zutritt zum Betrieb**. Es kann ggf. im Wege einer einstweiligen Verfügung durchgesetzt werden. Dieses Recht ist nicht auf bestimmte Zeiten beschränkt. Vielmehr kann eine Tätigkeit der Schwerbehindertenvertretung zu jeder Zeit im Betrieb erforderlich werden; die Schwerbehindertenvertretung muss deshalb auch jederzeit die Möglichkeit haben, den Betrieb zur Durchführung ihrer gesetzlichen Aufgaben zu betreten (vgl. ⌂ LAG Berlin-Brandenburg Beschluss vom 2. September 2009 – 17 TaBVGa 1372/09 = NZA 2009, 646 zur vergleichbaren Rechtsstellung des Betriebsratsmitglieds).

Das Zugangsrecht ist ausschließlich **an die Stellung als Schwerbehindertenvertretung gebunden.** Es wird weder von einer individualrechtlichen Freistellung von der Arbeit noch von der Absicht des Arbeitgebers berührt, das Arbeitsverhältnis der Vertrauensperson zu beenden. Auch die gerichtliche Anfechtung der Wahl der Schwerbehindertenvertretung hat auf den Bestand ihres Amtes – und damit auf das Zutrittsrecht zum Betrieb – keine Auswirkungen, solange nicht die Wahl rechtskräftig für unwirksam erklärt wurde (vgl. ⌂ LAG Berlin-Brandenburg Beschluss vom 2. September 2009 a. a. O.).

Der Arbeitgeber darf das Zutrittsrecht **nicht durch ein Hausverbot begrenzen**; dieses kann sich vielmehr ausschließlich auf die individualrechtliche Beziehung zwischen Arbeitgeberin und Vertrauensperson, nicht aber auf das Recht zur ungehinderten Amtsführung der Schwerbehindertenvertretung auswirken (⌂ vgl. LAG Berlin-Brandenburg Beschluss vom 2. September 2009 a. a. O.; einschränkend aber ⌂ LAG München Beschluss vom 19. März 2003 – 7 TaBV 65/02 = NZA-RR 2003, 641: Nach den **Umständen des Einzelfalls** könne es absolut untragbar sein, dem zur fristlosen Entlassung vorgesehenen Betriebsratsmitglied bis zum rechtskräftigen Abschluss des Verfahrens nach § 103 BetrVG uneingeschränkt Zutritt zum Betrieb zu gewähren. Bei der **Interessenabwägung** müssten die dem Betriebsratsmitglied angelasteten und glaubhaft gemachten **strafbaren Handlungen** und massiven Pflichtverletzungen, die sich über einen längeren Zeitraum hingezogen haben und die auch noch während der Freistellungsphase begangen worden seien, Berücksichtigung finden). **175c**

Eine Schwerbehindertenvertretung, die **Altersteilzeit** im sogenannten Blockmodell in Anspruch nimmt, verliert ihre Wählbarkeit, wenn sie in die **Freistellungsphase** eintritt. Denn sie scheidet dabei vollständig aus dem Betrieb/ der Dienststelle aus. Dadurch kommt es zum vorzeitigen Erlöschen des Amtes dieser Vertrauensperson (vgl. oben Rdnr. 39, 49). **175d**

Hingegen führt die Inanspruchnahme von **Elternzeit** gem. dem BEEG – früher: Erziehungsurlaub – nach dem Wahltag führt nicht zum Verlust der Wählbarkeit (vgl. oben Rdnr. 38, 49) und damit auch nicht zum Erlöschen der Amtsinhaberschaft als Schwerbehindertenvertretung.

Dasselbe gilt für **andere ruhende Arbeitsverhältnisse** (z. B. bei Wehr-/Zivildienst, Pflegezeit, befristetem EU-Rentenbezug. Insoweit liegt ein Fall der Vertretung vor, sodass ein stellvertretendes Mitglied während der Zeit des Ruhens des Beschäftigungsverhältnisses die Aufgaben wahrnimmt (Wahlbroschüre 2010 S. 16).

Bei der **Abordnung** einer Vertrauensperson **an eine andere Dienststelle** erlischt ihre Wählbarkeit und damit ihr Amt in der bisherigen Dienststelle in entsprechender Anwendung des § 29 Abs. 1 Nr. 4 BPersVG (⌂ OVG Hamburg Beschluss vom 2. April 2001 – 8 Bf 1/01.PVL = PersR 2002, 78 = BehindertenR 2002, 135 [136]; Ernst / Adlhoch / Seel / Adlhoch Rdnr. 57).

– aus anderen Gründen ihre **Wählbarkeit verliert**. Das kann aufgrund einer strafgerichtlichen Verurteilung nach § 45 StGB der Fall sein, aber auch durch den Verlust des passiven Wahlrechts zum Betriebs- bzw. Personalrat, etwa durch die Beförderung zum leitenden Angestellten (GK-SGB IX / *Schimanski* Rdnr. 174). **175e**

Bei vorzeitigem Ausscheiden der Vertrauensperson **rückt das mit der höchsten Stimmenzahl gewählte stellvertretende Mitglied** für den Rest der Amtszeit **nach**; dies gilt entsprechend für das vorzeitige Ausscheiden eines Stellvertreters (**Abs. 7 Satz 4**). Der Stellvertreter mit dem zweithöchsten Stimmenanteil wird dann erster Stellvertreter. Im Fall des Nachrückens gibt es folglich wieder eine amtierende Vertrauensperson Neuwahlen außerhalb des regelmäßigen Wahltermins sind daher nicht erforderlich.

Das Amt des stellvertretenden Mitglieds kann unter den gleichen Voraussetzungen wie das der Vertrauenssperson vorzeitig erlöschen (Feldes u. a. / *Pohl* Rdnr. 35). Eine Nachwahl ist erst dann erforderlich und zulässig, wenn kein (weiteres) stellvertretendes Mitglied zur Verfügung steht. Das muss endgültig feststehen, z. B. infolge Amtsniederlegung. Längere Verhinderung des einzigen Stellvertreters durch Krankheit, genügt nicht, solange dieser an seinem Mandat festhält.

Nicht möglich ist die Nachwahl eines stellvertretenden Mitglieds allein zu dem Zweck, die Zahl der Stellvertreter wieder auf zwei aufzufüllen, etwa nachdem der erste Stellvertreter als Vertrauensperson aufgerückt ist.

176 Scheidet der einzige Stellvertreter vorzeitig aus dem Amt aus (z. B. durch Nachrücken, Eintritt in den Ruhestand), so bestellt die Schwerbehindertenvertretung nach § 17 SchwbWVO unverzüglich einen Wahlvorstand, der ebenfalls unverzüglich die Wahl eines oder mehrerer Vertreter für den Rest der Amtszeit der Schwerbehindertenvertretung einzuleiten hat.

Abweichend von der regelmäßigen Wahl im vereinfachten Wahlverfahren kann nur die Schwerbehindertenvertretung zur Wahlversammlung nach § 21 SchwbWVO einladen.

177 **Kein Fall des Nachrückens** ist allerdings die Amtsbeendigung der Vertrauensperson aufgrund einer **erfolgreichen Wahlanfechtungs oder Nichtigkeitsklage** (Feldes u. a. / *Pohl* Rdnr. 34). In diesen Fällen endet zwar das Amt der Vertrauensperson mit der Rechtskraft der gerichtlichen Entscheidung. Weiterhin bleibt hiervon die Wirksamkeit der Wahl des Stellvertreters dann unberührt, wenn die Wahl der Vertrauensperson lediglich mit Erfolg angefochten und nicht etwa für nichtig erklärt wurde (vgl. oben Rdnr. 144a). Jedoch ist nach Sinn und Zweck einer Wahlanfechtung allein die **für ungültig erklärte Wahl der Vertrauensperson zu wiederholen** und nicht etwa nunmehr das Amt dem Stellvertreter zu überlassen (im Ergebnis ebenso Ernst / Adelhoch / Seel / *Adelhoch* Rdnr. 72, allerdings noch ohne Berücksichtigung der neueren BAG-Rechtsprechung zu getrennten Wahl von Vertrauensperson und Stellvertreter).

177a **Weigert sich der Stellvertreter**, das Amt der Schwerbehindertenvertretung zu übernehmen, liegt darin ein Rücktritt, sodass entsprechend Abs. 7 Satz 4 der nächste Stellvertreter nachrückt (GK-SGB IX / *Schimanski* Rdnr. 186).

178 **Scheidet** der **einzige Stellvertreter** vorzeitig aus dem Amt aus, so bestellt die Schwerbehindertenvertretung nach § 17 Satz 1 SchwbWVO unverzüglich einen Wahlvorstand, der ebenfalls unverzüglich die **Wahl eines oder mehrerer Vertreter für den Rest der Amtszeit** der Schwerbehindertenvertretung einzuleiten hat. Für das vereinfachte Wahlverfahren regelt § 21 SchwbWVO die Nachwahl des Stellvertreters, für die §§ 18 bis 20 entsprechend gelten. Abweichend von der regelmäßigen Wahl im vereinfachten Wahlverfahren kann nur die Schwerbehindertenvertretung zur Wahlversammlung einladen; dies muss zudem „unverzüglich" geschehen.

2. Verlust der Organfähigkeit von Betrieb oder Dienststelle

179 Vom Amtsverlust zu unterscheiden ist der Fall, dass die Zahl der nicht nur vorübergehend beschäftigten schwerbehinderten Menschen im Betrieb oder der Dienststelle unter fünf absinkt. Diese Konstellation ist im SGB IX nicht geregelt. Jedoch wird insoweit zum Teil eine Parallele zur Betriebsverfassung gezogen: Dort ist – bei ebenfalls fehlender gesetzlicher Regelung – seit jeher anerkannt, dass der **Betriebsrat** bei dem **Absinken der Zahl** der regelmäßig beschäftigten Arbeitnehmer unter die Grenze des § 1 Abs. 1 BetrVG **als Organ erlischt** (vgl. z. B. GK-BetrVG / *Kreutz* § 21 Rdnr. 37; ErfK / *Koch* § 1 BetrVG Rdnr. 20). Da der Gesetzgeber die **Organfähigkeit an eine bestimmte Betriebsgröße geknüpft** habe, entfalle die Organfähigkeit des Betriebs mit dem dauerhaften Absinken der Arbeitnehmerzahl unter die vom Gesetz für erforderlich gehaltene Größe.

Dies könne für die Organfähigkeit bezüglich einer betrieblichen **Schwerbehindertenvertretung** nicht anders beurteilt werden. Das **Organ gehe dann unter**, wenn die Zahl der nicht nur vorübergehend beschäftigten schwerbehinderten Menschen **unter fünf sinke** (so HK-SGB IX 7 *Trenk-Hinterberger* Rdnr. 39; im Ausgangspunkt ebenso ⚖ LAG Niedersachsen Beschluss vom 20. August 2008 – 15 TaBV 145/07, zit. nach JURIS mit dann allerdings nicht funktionierender Unterscheidung: Nur das Absinken der Zahl der **Gesamtbeschäftigten** unter fünf solle zum Verlust der Organfähigkeit führen, was ohnehin eine ziemlich theoretische Fallkonstellation darstellt, weitergehend: Dann solle es nach dem Willen des Gesetzgebers eben keine Schwerbehindertenvertretung mehr geben: Die **Mindestzahl sei nicht nur Voraussetzung für die Wahl**, sondern **auch für den Bestand** der Schwerbehindertenvertretung (HK-SGB IX / *Trenk-Hinterberger* a. a. O). 180

Aus Gründen der Rechtsklarheit könne auch nicht darauf abgestellt werden, ob möglicherweise nach Verlust der Organfähigkeit von Betrieb oder Dienststelle ein **Zusammenschluss mit einem anderen Betrieb oder einer anderen Dienststelle** möglich – wenngleich nicht gewiss – ist (in diese Richtung LAG Niedersachsen Beschluss vom 20. August 2008 a. a. O.). Auch dann bleibt die bisherige Schwerbehindertenvertretung nicht bis zur etwaigen Bildung einer neuen Organeinheit im Amt. Erst für die tatsächlich gebildete neue Einheit sei eine Neuwahl außerhalb des für die regelmäßigen Wahlen festgelegten Zeitraums nach Abs. 5 Satz 2 durchzuführen (HK-SGB IX / *Trenk-Hinterberger* a. a. O). 181

Diese Auffassung überzeugt allerdings schon deshalb nicht, weil die Schwerbehindertenvertretung nicht nur Aufgaben in Bezug auf die tatsächlich beschäftigten schwerbehinderten Arbeitnehmer wahrzunehmen hat. Ihr stehen auch **Beteiligungsrechte zum Zweck der Einstellung schwerbehinderter Menschen** zu (§§ 71, 81 Abs. 1, 95 Abs. 1 SGB IX). Nimmt man die in § 81 Abs. 1 SGB IX festgelegte Prüfungspflicht des Arbeitgebers hinsichtlich der Besetzung freier Arbeitsplätze mit schwerbehinderten Menschen ernst und sieht in den Mitwirkungsrechten der Schwerbehindertenvertretung hieran nicht bloßen inhaltsleeren Formalismus, so **verbietet sich eine Parallele zur Organfähigkeit im Betriebsverfassungsrecht**. Bei Absinken der Zahl der schwerbehinderten Menschen in Betrieb bzw. Dienststelle unter fünf Personen nach der Wahl erlischt das Amt der Schwerbehindertenvertretung folglich nicht, sondern dauert bis zum Ablauf der Wahlperiode fort (so Feldes u. a. / *Pohl* Rdnr. 33). Nur so wird gewährleistet, dass eine kompetente Stelle als Ansprechpartner und auch Überwachungsorgan den Arbeitgeber konstruktiv-kritisch bei der Erfüllung seiner gesetzlichen Pflicht begleitet, die Zahl der schwerbehinderten Beschäftigten in Betrieb oder Dienststelle wieder zu erhöhen.

3. Auswirkungen von Reorganisation und Umstrukturierung

a) Betriebsstillegung

Bei der Betriebsstilllegung **endet** mit deren Abwicklung **die Amtszeit** der Schwerbehindertenvertretung (HK-SGB IX / *Trenk-Hinterberger* Rdnr. 38). Allerdings gilt für den **Betriebsrat** eine Sonderregelung in **§ 21b BetrVG**: Er bleibt im Rahmen eines **Restmandats** solange im Amt, wie dies zur Wahrnehmung der mit der Betriebsstilllegung in Zusammenhang stehenden Mitwirkungs- und Mitbestimmungsrechte erforderlich ist. 182

Ein solches Restmandat jedenfalls bis **zur Beendigung des letzten Arbeitsverhältnisses eines schwerbehinderten Menschen** ist auch ohne gesetzliche Regelung aus der Natur der Sache heraus ebenfalls für die Schwerbehindertenvertretung anzunehmen. Denn ihr obliegt die Zusammenarbeit mit dem Betriebsrat im Hinblick auf ihre Beteiligungsrechte (HB-SGB IX [Hrsg. Deinert / Neumann] / *Düwell* § 20 Rdnr. 74), wozu insbesondere die Mitwirkung gem. § 95 Abs. 2 SGB IX an einem Sozialplan gehören kann (GK-SGB IX / *Schimanski* Rdnr. 162).

b) Betriebsaufspaltung und -zusammenlegung

183 Die **Fusion von Gesellschaften** oder die **Rechtsformänderung** allein haben **keinen Einfluss auf den Bestand des Betriebsrats**, sofern die **Identität des Betriebs** nicht berührt wird (⌨ BAG Beschluss vom 28. September 1988 – 1 ABR 37/87 = BAGE 59, 371 = AP Nr. 55 zu § 99 BetrVG). Bleibt dessen Integrität erhalten, so erlischt das Mandat des Betriebsrats selbst dann, wenn in dem Betriebsteil, der abgetrennt worden ist und nunmehr einen eigenen Betrieb bildet, ein Betriebsrat noch nicht wieder gewählt worden ist (⌨ LAG Hamburg Beschluss vom 19. August 1991 – 5 TaBV 9/91 = DB 1992, 587).

184 Dasselbe gilt folgerichtig **auch für die Schwerbehindertenvertretung**. Wird ein kleinerer Betrieb unter Verlust seiner Integrität in einen größeren Betrieb eingegliedert, so verliert die im aufgenommenen Betrieb gebildete Schwerbehindertenvertretung ihr Amt, wenn auch im aufnehmenden Betrieb eine Schwerbehindertenvertretung besteht (GK-SGB IX / *Schimanski* Rdnr. 162a). Ihr verbleibt auch **kein Übergangsmandat** (vgl. näher hierzu unten Rdnr. 190 ff.).

185 Werden **vollständige Betriebe zusammengelegt**, gehen die Ämter der für die integrierten Betriebe/Betriebsteile zuständig gewesenen „Alt"-Betriebsräte unter (⌨ Hess. LAG Frankfurt *Beschluss* vom 1. September 1988 – 12 TaBVGa 155/88 = DB 1989, 184). Allerdings nimmt der Betriebsrat des nach der Zahl der wahlberechtigten Arbeitnehmer größten Betriebs oder Betriebsteils das **Übergangsmandat** gem. § 21a Abs. 2 BetrVG wahr (vgl. unten Rdnr. 190 ff.)

186 Ebenso **endet die Amtszeit der Vertrauenspersonen in diesen Betrieben vorzeitig**, weil sie sämtlich ihre zunächst bei der Wahl bestandene Betriebszugehörigkeit als Wählbarkeitsvoraussetzung verlieren (HB-SGB IX [Hrsg. Deinert / Neumann] / *Düwell* § 20 Rdnr. 77; allerdings kann entsprechend der Regelung für den Betriebsrat auch insoweit ein Übergangsmandat für die Schwerbehindertenvertretung bejaht werden vgl. dazu näher unten Rdnr. 190 ff.; wohl ebenso HK-SGB IX / *Trenk-Hinterberger* Rdnr. 38: „im Amt bleibt nur die Schwerbehindertenvertretung des Betriebs/der Dienststelle mit der größten Zahl der Beschäftigten").

187 Ebenso geht ein einzelner Betrieb bei seiner *restlosen Aufspaltung* unter. Damit endet auch die Amtszeit der Schwerbehindertenvertretung. Dasselbe trifft zu für die Abspaltung so vieler Betriebsteile, dass der Restbetrieb seine Identität verliert *(„Atomisierung")*.

c) Betriebsabspaltung

188 Hiervon zu unterscheiden ist die bloße **Abspaltung eines kleineren Betriebsteils**. Der übrige Betrieb bleibt dann weiter bestehen, wenn seine Identität nach der Spaltung für einen Dritten noch erkennbar ist (etwa der Ausgliederung einer Wäscherei aus einem Krankenhausbetrieb).

Hat demnach die bloße Abspaltung eines Betriebsteils keinen Einfluss auf die Identität des fortbestehenden Restbetriebes, bleibt dort das Amt der **Schwerbehindertenvertretung bestehen**.

189 Allerdings verliert die Vertrauensperson ihre **Betriebszugehörigkeit als Voraussetzung der Wählbarkeit**, wenn sie zum **abgespaltenen Betrieb** gehört. Ihre Amtszeit endet dann vorzeitig und an ihre Stelle rückt das stellvertretende Mitglied nach (HB-SGB IX [Hrsg. Deinert / Neumann] / *Düwell* § 20 Rdnr. 77).

d) Betriebsabspaltung und Zusammenfassung mit einem anderen Betrieb

190 Im Fall der Abspaltung eines Betriebsteils und seiner Zusammenfassung mit einem anderen Betrieb verliert der hierin eingebrachte Betriebsteil seine Zugehörigkeit zur bisherigen betriebsverfassungsrechtlichen Einheit. Allerdings hat der bestehende **Betriebsrat ein Übergangsmandat** unter den Voraussetzungen des **§ 21a BetrVG**: Der abgespaltene Betriebsteil

muss in der Regel mindestens fünf ständige wahlberechtigten Arbeitnehmer haben, von denen drei wählbar sind. Ferner darf er nicht in einen Betrieb eingegliedert worden sein, in dem ein Betriebsrat besteht.

In diesem Fall **bleibt** der für **den abgespaltenen Teil bisher zuständige Betriebsrat im Amt** und führt insoweit die Geschäfte für diesen weiter. Der Betriebsrat hat insbesondere unverzüglich Wahlvorstände zu bestellen. Das Übergangsmandat endet, sobald in den Betriebsteilen ein neuer Betriebsrat gewählt und das Wahlergebnis bekannt gegeben ist, spätestens jedoch sechs Monate nach Wirksamwerden der Spaltung. Durch Tarifvertrag oder Betriebsvereinbarung kann das Übergangsmandat um weitere sechs Monate verlängert werden. 191

Für die **Schwerbehindertenvertretung** ist im SGB IX **kein entsprechendes Übergangsmandat** vorgesehen. Allerdings **verstößt** dies **gegen eine europarechtliche Vorgabe**: Die Mitgliedstaaten haben Vorkehrungen zu treffen, um im Falle eines Betriebsübergangs während der Übergangszeit die Vertretung der betroffenen Arbeitnehmer sicherzustellen (Art. 5 Abs. 1 Unterabs. 4 der europäischen **Betriebsübergangs-Richtlinie** 77/187/IPG, zuletzt geändert durch Richtlinie 98/50/EG vom 29. Juni 1998). Da die Schwerbehindertenvertretung eine eigenständige Vertretung für die Interessen aller schwerbehinderten Beschäftigten darstellt, bedarf es auch für sie eines Übergangsmandats, sofern keine andere Vertretungsregelung eingreift (HB-SGB IX [Hrsg. Deinert / Neumann] / *Düwell* § 20 Rdnr. 77). 192

Dieses Problem hat der **deutsche Gesetzgeber** offenbar **übersehen**. Zur Umsetzung der Richtlinie ist eine Regelung zum Erhalt der Interessenvertretung bei Betriebsspaltungen und -zusammenfassungen in § 21a BetrVG nur für den Betriebsrat eingefügt worden (Richardi / Thüsing BetrVG § 21a Rdnr. 26). 193

Allerdings verweist die Bestimmung über die Rechtsstellung der Vertrauenspersonen **in § 96 Abs. 3 Satz 1 SGB IX** auf das **Betriebsverfassungsrecht**. Dies ermöglicht im Sinne einer mit dem Gemeinschaftsrecht konformen Auslegung auch die **entsprechende Anwendung des § 21a BetrVG**, sodass ein **Übergangsmandat** in diesen Fällen **auch für die Schwerbehindertenvertretung** zu bejahen ist (HB-SGB IX [Hrsg. Deinert / Neumann] / *Düwell* § 20 Rdnr. 82; HK-SGB IX / *Trenk-Hinterberger* Rdnr. 38 und § 96 Rdnr. 14). 194

Hiergegen kann auch nicht eingewandt werden, dass schwerbehinderte Menschen vom Betriebsrat im Rahmen seines Übergangsmandats mit vertreten würden, weil die Schwerbehindertenvertretung insoweit eigenständige Aufgaben und Zuständigkeiten hat.

Wenn das Übergangsmandat des Betriebsrats aber daran geknüpft ist, dass auch im abgespaltenen Teil die Voraussetzungen der Wahl eines Betriebsrates im Sinne von § 1 Abs. 1 BetrVG gegeben sind, kann folgerichtig die entsprechende Anwendung auf die Schwerbehindertenvertretung nur bedeuten: **Im abgespaltenen Betriebsteil** müssen **wenigstens fünf schwerbehinderte Menschen nicht nur vorübergehend beschäftigt** sein. Denn dann sind entsprechend die Voraussetzungen des § 94 Abs. 1 Satz 1 SGB IX heranzuziehen, was so in der Literatur aber bisher nicht eindeutig ausgesprochen wurde. 195

Das Übergangsmandat ist allerdings **entbehrlich**, solange zumindest in einem Betrieb des Unternehmens eines Schwerbehindertenvertretung besteht. Denn diese vertritt dann als **Gesamtschwerbehindertenvertretung** die schwerbehinderten Beschäftigten im vertretungslosen Betrieb mit (§ 97 Abs. 6 Satz 1 Halbs. 1 i. V. m. Abs. 1 Satz 2 SGB IX). Dieser Regelung, nach der die Konzern-Schwerbehindertenvertretung auch die Interessen der schwerbehinderten Menschen in dem neu gegründeten Unternehmen des Konzerns wahrzunehmen hat, bietet einen **Auffangtatbestand** jedenfalls **für konzerninterne Umgliederungen** unter Auflösung eines vorhandenen Unternehmens mit Schwerbehindertenvertretungen. 196

Deshalb sieht beispielsweise auch *Düwell* (in LPK-SGB IX, 2. Aufl. § 94 Rdnr. 63) wegen der Anwendung des § 97 Abs. 6 SGB IX ein **Bedürfnis für ein Übergangsmandat** in analoger Anwendung von § 21a BetrVG allenfalls für *unternehmensübergreifende* Umstrukturierungsmaßnahmen (vgl. auch HK-BetrVG / *Düwell* 2. Aufl. § 21a Rdnr. 20a).

Überdies kann das Problem häufig schnell gelöst werden. Sind nur **bis zu 49 schwerbehinderte** Menschen getroffen, kann nach § 94 Abs. 6 Satz 3 SGB IX im **Vereinfachten Wahlverfahren** innerhalb weniger Tage für den neuen Betrieb eine neue Schwerbehindertenvertretung gewählt werden (HB-SGB IX [Hrsg. Deinert / Neumann] / *Düwell* § 20 Rdnr. 82).

e) Betriebsübergang

197 Ein Betriebsübergang im Sinne von **§ 613a Abs. 1 BGB** lässt regelmäßig die **Identität des bisherigen Betriebs unberührt** (BAG Beschluss vom 11. Oktober 1995 – 7 ABR 17/95 = AP Nr. 2 zu § 21 BetrVG 1972). Deshalb besteht die Amtszeit des Betriebsrats und der Schwerbehindertenvertretung fort. Das ist allerdings nicht der Fall, wenn die Rechtsform des Betriebs geändert wird, also zum Beispiel eine GmbH in eine KG umgewandelt wird (GK-SGB IX / *Schimanski* Rdnr. 169).

198 Zu beachten ist folgender **Sonderfall**: Wird ein Betrieb **von einem Rechtsträger der Privatwirtschaft an eine kirchliche Einrichtung** übertragen, endet nach **§ 118 Abs. 2 BetrVG** zwar die Betriebsverfassung und damit auch die Amtszeit des Betriebsrats. Jedoch gilt dies nicht für die Schwerbehindertenvertretung, weil ihre Amtsdauer unabhängig von der Geltung des Mitarbeitervertretungsrechts einer Religionsgemeinschaft besteht (HB-SGB IX [Hrsg. Deinert / Neumann] / *Düwell* § 20 Rdnr. 80).

f) Änderungen von Dienststellenstrukturen im Bereich des öffentlichen Dienstes

198a Die Folgen der Auflösung oder Umgliederung von Dienststellen ist im Geltungsbereich des BPersVG **nicht ausdrücklich geregelt**. Jedoch lassen sich folgende für die Personalvertretung entwickelten Rechtsgrundsätze entsprechend auf das Amt der Schwerbehindertenvertretung übertragen (vgl. hierzu Wahlbroschüre 2010 S. 17):

– Wird die **Dienststelle vollständig aufgelöst**, endet auch das Amt der Schwerbehindertenvertretung, weil dieses ohne zugehörige Dienststelle nicht bestehen kann (BVerwG Beschluss vom 13. Juni 1966 – VII P 2.66 = ZBR, 1967, 284 [Ls.]; OVG NRW Beschluss vom 25. Mai 2005 – 1 B 453/05.PVL = PersV 2006, 32 = NZA-RR 2005, 504)

– Wird eine Dienststelle **in eine andere Dienststelle eingegliedert**, so besteht die Schwerbehindertenvertretung der „aufnehmenden" Dienststelle weiter fort; die Schwerbehindertenvertretung der aufgelösten Dienststelle erlischt.

198b – Das Amt der Schwerbehindertenvertretung endet ebenfalls, wenn durch **Zusammenlegung mehrerer Behörden eine neue Dienststelle** entstanden ist, die mit keiner der früheren Dienststellen identisch ist (OVG NRW Beschluss vom 25. Mai 2005 a. a. O.; Ilbertz / Widmaier BPersVG, § 27 Rdnr. 2). In der Übergangszeit besteht das Amt der Schwerbehindertenvertretung bis zur Neuwahl nur dann weiter fort, wenn es für die Personalvertretung gesetzliche **Übergangsregelungen** gibt. Diese können z. B. in den Landespersonalvertretungsgesetzen enthalten sein (vgl. Art. 27a BayPVG; § 32 SächsPersVG; § 32 Brandenb. PersVG) oder in dem Gesetz, welches die Neustrukturierung regelt. Zumindest ist ein Erlass der jeweils obersten Dienstbehörde erforderlich.

Eine analoge Anwendung des **§ 21a BetrVG** kommt nicht in Betracht, da es an der erforderlichen planwidrigen Regelungslücke fehlt. Das BPersVG geht davon aus, dass es durchaus Dienststellen geben kann, in denen kein Personalrat existiert (vgl. OVG NRW Beschluss vom 25. Mai 2005 a. a. O.).

Zur Gewährleistung einer kontinuierlichen Vertretung schwerbehinderter Menschen bei einschlägigen Verwaltungsreformen im öffentlichen Dienst wären gesetzliche Regelungen insbesondere in den einzelnen Landesrechten wünschenswert.

4. Erlöschen des Amtes wegen grober Pflichtverletzung

Die Schwerbehindertenvertretung kann während ihrer Amtszeit nicht abgewählt werden. Auch gibt es keine Möglichkeit, die Auflösung der Schwerbehindertenvertretung beim Arbeitsgericht zu beantragen (vgl. *Düwell* ArbuR 1993, 347). 199

Jedoch kann ein Viertel der wahlberechtigten schwerbehinderten Menschen beim Widerspruchsausschuss des Integrationsamts (vgl. § 119 SGB IX) einen Antrag auf **Erlöschen des Amtes** der Vertrauensperson wegen grober Verletzung ihrer Pflichten stellen (**Abs. 7 Satz 5**). Die Antragsteller brauchen durch die Pflichtverletzung nicht betroffen zu sein (Neumann u. a. / *Pahlen* Rdnr. 44). Kein Antragsrecht auf Amtsenthebung haben der Arbeitgeber, der Betriebs- bzw. Personalrat sowie das Integrationsamt. 200

Eine solche **Pflichtverletzung** muss **schwerwiegend** sein. Eine einmalige grobe Pflichtverletzung reicht hierfür noch nicht aus (*Müller-Wenner* / Schorn Rdnr. 49; Hauck / Noftz / *Masuch* Rdnr. 43). Ein Verschulden der Vertrauensperson in Form von Vorsatz oder Fahrlässigkeit wird nicht vorausgesetzt (Kossens u. a. / *Kossens* Rdnr. 44; Neumann u. a. / Pahlen Rdnr. 45; a. A. *Müller-Wenner* / Schorn Rdnr. 49: „vorsätzlich oder grob fahrlässig"). 201

Hierzu können z. B. gehören: wiederholte Verstöße gegen die Schweigepflicht, die Nichtweiterleitung von berechtigten Anliegen der schwerbehinderten Menschen oder die ständige Nichtteilnahme an Sitzungen des Betriebs- bzw. Personalrats und ihrer Ausschüsse sowie die unbegründete gehässige Diffamierung von Betriebsrats- bzw. Personalratsmitgliedern (vgl. GK-SGB IX / *Schimanski* Rdnr. 178 m. w. Nachw.). 202

Der **Antrag** auf Amtsenthebung hat noch **keine unmittelbare Wirkung**. Die Vertrauensperson führt deshalb ihr Amt fort, bis der Widerspruchsausschuss bestandskräftig die Amtsenthebung beschlossen hat oder eine verwaltungsgerichtliche Klage der Vertrauensperson hiergegen rechtskräftig abgewiesen wurde. Erst zu diesem Zeitpunkt erlischt das Amt. 203

Widerspruch und Klage der Vertrauensperson **gegen die Amtsenthebung** haben grundsätzlich **aufschiebende Wirkung** (§ 80 Abs. 1 VwGO). In besonders dringenden Fällen kann aber das Integrationsamt als Widerspruchsbehörde nach Abs. 2 Nr. 4 der Vorschrift die **sofortige Vollziehung** des Amtsenthebungsbeschlusses anordnen, wenn das im öffentlichen oder überwiegenden Interesse eines Beteiligten liegt. Hiergegen kann sich die abgesetzte Vertrauensperson mit einem Antrag zum Verwaltungsgericht auf Aussetzung der Vollziehung nach § 80 Abs. 5 VwGO wehren. 204

Die Vorschrift hat **in der Praxis keine wesentliche Bedeutung** (so auch HK-SGB IX / *Trenk-Hinterberger* Rdnr. 77). 205

IV. Literatur

Adlhoch, Ulrich, Anfechtung der Wahl zur Schwerbehindertenvertretung im öffentlichen Dienst, NZA 2004, 1372

Ahlburg, Petra, Der Schulungsanspruch des Wahlvorstands, AiB 2009, 309

Bundesarbeitsgemeinschaft der Integrationsämter und Hauptfürsorgestellen (BIH), Fragen und Antworten zur Wahl der Schwerbehindertenvertretung, http://www.integrationsaemter.de/webcom/show_article.php/_c-633/_nr-1/i.html, zit. BIH, Fragen und Antworten

Düwell, Franz Josef, Heranziehung des stellvertretenden Mitglieds zur Schwerbehindertenvertretung, Anmerkung zur Entscheidung des BAG vom 7. 4. 2004, BAG-Report 2004, 336

Düwell, Franz Josef, Die Zusammenarbeit von Betriebsrat und Schwerbehindertenvertretung, ArbuR 1993, 345

Gottwald, Rainer, Zur Problematik des Rechtsweges bei Streitigkeiten zwischen der Schwerbehindertenvertretung und dem Arbeitgeber im öffentlichen Dienst, PersV 2004, 95

Kuhlmann, Eva-Maria, Auswirkungen der Altersteilzeit auf das Schwerbehindertenrecht, BehindertenR 2002, 1

Lamster, Martin, Anfechtung der Wahl zur Schwerbehindertenvertretung, NZA 2004, 301

Landschaftsverband Westfalen-Lippe LWL-Integrationsamt Westfalen, (Hsg.), bearbeitet von Ulrich Adlhoch, Christoph Beyer, Carla Ihme, Albin Göbel, Wahl der Schwerbehindertenvertretung, Stand: Juli 2009, zit. Wahlbroschüre 2010

Pflug-Simoleit, Ewald, Die Wahl der Schwerbehindertenvertretung, AiB 1998, 553

Riebe, Manfred, Nichtwählbarkeit leitender Beschäftigter des öffentlichen Dienstes bei der Wahl einer Schwerbehindertenvertretung, BehindertenR 1995, 183

Rieble, Volker / **Triskatis**, Claudiana, Vorläufiger Rechtsschutz im Betriebsratswahlverfahren, NZA 2006, 233

Sieg, Rainer, Wahl der Schwerbehindertenvertretung, NZA 2002, 1064

§ 95
Aufgaben der Schwerbehindertenvertretung

(1) [1]Die Schwerbehindertenvertretung fördert die Eingliederung schwerbehinderter Menschen in den Betrieb oder die Dienststelle, vertritt ihre Interessen in dem Betrieb oder der Dienststelle und steht ihnen beratend und helfend zur Seite. [2]Sie erfüllt ihre Aufgaben insbesondere dadurch, dass sie

1. darüber wacht, dass die zugunsten schwerbehinderter Menschen geltenden Gesetze, Verordnungen, Tarifverträge, Betriebs- oder Dienstvereinbarungen und Verwaltungsanordnungen durchgeführt, insbesondere auch die dem Arbeitgeber nach den §§ 71, 72 und 81 bis 84 obliegenden Verpflichtungen erfüllt werden,
2. Maßnahmen, die den schwerbehinderten Menschen dienen, insbesondere auch präventive Maßnahmen, bei den zuständigen Stellen beantragt,
3. Anregungen und Beschwerden von schwerbehinderten Menschen entgegennimmt und, falls sie berechtigt erscheinen, durch Verhandlung mit dem Arbeitgeber auf eine Erledigung hinwirkt; sie unterrichtet die schwerbehinderten Menschen über den Stand und das Ergebnis der Verhandlungen.

[3]Die Schwerbehindertenvertretung unterstützt Beschäftigte auch bei Anträgen an die nach § 69 Abs. 1 zuständigen Behörden auf Feststellung einer Behinderung, ihres Grades und einer Schwerbehinderung sowie bei Anträgen auf Gleichstellung an die Agentur für Arbeit. [4]In Betrieben und Dienststellen mit in der Regel mehr als 100 schwerbehinderten Menschen kann sie nach Unterrichtung des Arbeitgebers das mit der höchsten Stimmenzahl gewählte stellvertretende Mitglied zu bestimmten Aufgaben heranziehen, in Betrieben und Dienststellen mit mehr als 200 schwerbehinderten Menschen, das mit der nächsthöchsten Stimmzahl gewählte weitere stellvertretende Mitglied. [5]Die Heranziehung zu bestimmten Aufgaben schließt die Abstimmung untereinander ein.

(2) [1]Der Arbeitgeber hat die Schwerbehindertenvertretung in allen Angelegenheiten, die einen einzelnen oder die schwerbehinderten Menschen als Gruppe berühren, unverzüglich und umfassend zu unterrichten und vor einer Entscheidung anzuhören; er hat ihr die getroffene Entscheidung unverzüglich mitzuteilen. [2]Die Durchführung oder Vollziehung einer ohne Beteiligung nach Satz 1 getroffenen Entscheidung ist auszusetzen, die Beteiligung ist innerhalb von sieben Tagen nachzuholen; sodann ist endgültig zu entscheiden. [3]Die Schwerbehindertenvertretung hat das Recht auf Beteiligung am Verfahren nach § 81 Abs. 1 und beim Vorliegen von Vermittlungsvorschlägen der Bundesagentur für Arbeit nach § 81 Abs. 1 oder von Bewerbungen schwerbehinderter Menschen das Recht auf Einsicht in die entscheidungsrelevanten Teile der Bewerbungsunterlagen und Teilnahme an Vorstellungsgesprächen.

(3) ¹Der schwerbehinderte Mensch hat das Recht, bei Einsicht in die über ihn geführte Personalakte oder ihn betreffende Daten des Arbeitgebers die Schwerbehindertenvertretung hinzuzuziehen. ²Die Schwerbehindertenvertretung bewahrt über den Inhalt der Daten Stillschweigen, soweit sie der schwerbehinderte Mensch nicht von dieser Verpflichtung entbunden hat.

(4) ¹Die Schwerbehindertenvertretung hat das Recht, an allen Sitzungen des Betriebs-, Personal-, Richter-, Staatsanwalts- oder Präsidialrates und deren Ausschüssen sowie des Arbeitsschutzausschusses beratend teilzunehmen; sie kann beantragen, Angelegenheiten, die einzelne oder die schwerbehinderten Menschen als Gruppe besonders betreffen, auf die Tagesordnung der nächsten Sitzung zu setzen. ²Erachtet sie einen Beschluss des Betriebs-, Personal-, Richter-, Staatsanwalts- oder Präsidialrates als eine erhebliche Beeinträchtigung wichtiger Interessen schwerbehinderter Menschen oder ist sie entgegen Abs. 2 Satz 1 nicht beteiligt worden, wird auf ihren Antrag der Beschluss für die Dauer von einer Woche vom Zeitpunkt der Beschlussfassung an ausgesetzt; die Vorschriften des Betriebsverfassungsgesetzes und des Personalvertretungsrechtes über die Aussetzung von Beschlüssen gelten entsprechend. ³Durch die Aussetzung wird eine Frist nicht verlängert. ⁴In den Fällen des § 21e Abs. 1 und 3 des Gerichtsverfassungsgesetzes ist die Schwerbehindertenvertretung, außer in Eilfällen, auf Antrag eines betroffenen schwerbehinderten Richters oder einer schwerbehinderten Richterin vor dem Präsidium des Gerichtes zu hören.

(5) Die Schwerbehindertenvertretung wird zu Besprechungen nach § 74 Abs. 1 des Betriebsverfassungsgesetzes, § 66 Abs. 1 des Bundespersonalvertretungsgesetzes sowie den entsprechenden Vorschriften des sonstigen Personalvertretungsrechtes zwischen dem Arbeitgeber und den in Abs. 4 genannten Vertretungen hinzugezogen.

(6) ¹Die Schwerbehindertenvertretung hat das Recht, mindestens einmal im Kalenderjahr eine Versammlung schwerbehinderter Menschen im Betrieb oder in der Dienststelle durchzuführen. ²Die für Betriebs- und Personalversammlungen geltenden Vorschriften finden entsprechende Anwendung.

(7) Sind in einer Angelegenheit sowohl die Schwerbehindertenvertretung der Richter und Richterinnen als auch die Schwerbehindertenvertretung der übrigen Bediensteten beteiligt, so handeln sie gemeinsam.

(8) Die Schwerbehindertenvertretung kann an Betriebs- und Personalversammlungen in Betrieben und Dienststellen teilnehmen, für die sie als Schwerbehindertenvertretung zuständig ist, und hat dort ein Rederecht, auch wenn die Mitglieder der Schwerbehindertenvertretung nicht Angehörige des Betriebes oder der Dienststelle sind.

ERLÄUTERUNGEN

ÜBERSICHT

I. Bedeutung der Vorschrift (Rdnrn. 1–8)
II. Fassung (Rdnrn. 9–18)
   A) durch das SGB IX vom 19. Juni 2001 (BGBl. I S. 1046) mit Wirkung vom 1. Juli 2001 (Rdnrn. 9–11)
   B) durch das Vierte Gesetz für moderne Dienstleistungen am Arbeitsmarkt vom 24. Dezember 2003 (BGBl. I S. 2954) mit Wirkung vom 1. Januar 2004 (Rdnr. 12)
   C) durch das Gesetz zur Förderung der Ausbildung und Beschäftigung schwerbehinderter Menschen vom 23. April 2004 (BGBl. I S. 606) mit Wirkung vom 1. Mai 2004 (Rdnrn. 13–18)

III. Anmerkungen (Rdnrn. 19–77)
   A) zu Abs. 1
      1. Eingliederungsförderung und Interessenwahrnehmung (Rdnrn. 19–23)
      2. Unterstützung bei Anträgen auf Feststellung einer Behinderung (Rdnrn. 24–24a)
      3. Heranziehung eines stellvertretenden Mitglieds zu bestimmten Aufgaben (Rdnrn. 25–34)
   B) zu Abs. 2
      1. Informations- und Anhörungsrecht gegenüber dem Arbeitgeber (Rdnrn. 35–49a)
      2. Recht auf Beteiligung am Prüfverfahren nach § 81 SGB IX (Rdnr. 50)
   C) zu Abs. 3
      1. Einsichtnahme in Personalakte (Rdnrn. 51–54a)
   D) zu Abs. 4
      1. Beratende Teilnahme an Gremien (Rdnrn. 55–62a)
      2. Aussetzungsrecht gegenüber Beschlüssen des Betriebs- oder Personalrats (Rdnrn. 63–65)
      3. Anhörung durch Gerichtspräsidium (Rdnr. 66)
   E) zu Abs. 5
      1. Teilnahme an Besprechungen mit dem Arbeitgeber (Rdnrn. 67–67c)
   F) zu Abs. 6
      1. Versammlung schwerbehinderter Menschen (Rdnrn. 68–73)
   G) zu Abs. 7
      1. Zusammenarbeit mit der Schwerbehindertenvertretung der Richter (Rdnrn. 74–75)
   H) zu Abs. 8
      1. Teilnahme- und Rederecht in Betriebs- und Personalversammlungen bei zwecks Wahl zusammengefassten Betrieben (Rdnrn. 76–77)
IV. Literatur

I. Bedeutung der Vorschrift

1   Die Vorschrift regelt in **Abs. 1** die Aufgaben der Schwerbehindertenvertretung.

2   In **Abs. 2** sind Unterrichtungs- und Anhörungspflichten des Arbeitgebers gegenüber der Schwerbehindertenvertretung festgelegt.

3   Schwerbehinderte Menschen haben das Recht, bei Einsicht in sie betreffende Personalakten oder Daten des Arbeitgebers die Schwerbehindertenvertretung hinzuzuziehen; für diese wird eine besondere Schweigepflicht hierüber begründet (**Abs. 3**).

4   In **Abs. 4** wird das Recht der beratenden Teilnahme der Schwerbehindertenvertretung an allen Sitzungen des Betriebs- / Personalrats und der besonderen Personalvertretungen der Justiz geregelt. Sie hat Initiativrechte hinsichtlich der Tagesordnung. Auch können auf ihren Antrag Beschlüsse der genannten Gremien unter bestimmten Voraussetzungen für die Dauer einer Woche ausgesetzt werden.

5   In **Abs. 5** wird die Hinzuziehung der Schwerbehindertenvertretung zu den monatlichen bzw. ggf. außerordentlichen Besprechungen zwischen Betriebsrat bzw. Personalrat und Arbeitgeber nach § 74 BetrVG bzw. § 66 BPersVG geregelt.

6   Die Schwerbehindertenvertretung kann mindestens einmal kalenderjährlich eine Versammlung der schwerbehinderten Menschen im Betrieb oder in der Dienststelle durchführen (**Abs. 6**).

In **Abs. 7** wird gemeinschaftliches Handeln der Schwerbehindertenvertretungen von Richtern und übrigen Bediensteten in gemeinsam interessierenden Angelegenheiten grundsätzlich vorgesehen.

Die Schwerbehindertenvertretung hat ein Teilnahme- und Rederecht in Betriebs- und Personalversammlungen von Betrieben und Dienststellen, für die sie zuständig ist, und zwar auch dann, wenn ihre Mitglieder dem Betrieb oder der Dienststelle nicht angehören (**Abs. 8**).

II. Fassung

A) durch das SGB IX vom 19. Juni 2001 (BGBl. I S. 1046) mit Wirkung vom 1. Juli 2001

Die Vorschrift, die dem bisherigen § 25 SchwbG entspricht, wurde mit folgender Änderung aus dem Regierungsentwurf (BT-Drucks. 14/5531 i. V. m. 14/5074) übernommen:

Der **Bundesrat** hatte verlangt, Abs. 2 Satz 2 wie folgt zu fassen (BT-Drucks. 14/5531 S. 11):

„Die Schwerbehindertenvertretung hat das Recht auf Einsicht in Bewerbungsunterlagen und die Teilnahme an Vorstellungsgesprächen sowie auf Beteiligung am Verfahren nach § 81 Abs. 1".

Zur Begründung führt der Bundesrat a. a. O. aus:

„Aufgrund der in Niedersachsen für die Dienststellen der Landesverwaltung erlassenen Schwerbehindertenrichtlinien (Nds MBl. 1993 S. 361) wird die Schwerbehindertenvertretung in Personalauswahlverfahren auch für die persönlichen und leistungsbezogenen Daten der nicht schwerbehinderten Mitbewerberinnen und Mitbewerber unterrichtet. Sie hat außerdem das Recht, an Vorstellungsgesprächen teilzunehmen, sofern sich auch ein schwerbehinderter Mensch um die Stelle beworben hat.

Der Landesbeauftragte für den Datenschutz Niedersachsen hat beanstandet, dass für die Einsicht der Schwerbehindertenvertretung in Bewerbungsunterlagen und die Teilnahme an Vorstellungsgesprächen eine Rechtsgrundlage fehle und deshalb geschaffen werden müsse. Mit der Regelung soll dem Anliegen des Landesbeauftragten für Datenschutz Rechnung getragen werden."

Nachdem die **Bundesregierung** eine Prüfung des Vorschlags im weiteren Gesetzgebungsverfahren zugesagt hatte (BT- Drucks. 14/5639 S. 2), hat der **BT-Ausschuss für Arbeit und Sozialordnung** die nunmehrige Gesetzesfassung beschlossen und hierzu bemerkt (BT-Drucks. 14/5800 S. 36):

„Die Regelung entsprechend einem Vorschlag des Bundesrates stellt klar, dass die Schwerbehindertenvertretung auch das Recht hat, in Bewerbungsunterlagen nicht behinderter Dritter Einsicht zu nehmen und an Vorstellungsgesprächen teilzunehmen.

Damit die Schwerbehindertenvertretung im Rahmen ihrer Beteiligung eine begründete Stellungnahme abgeben kann, muss sie auch die Möglichkeit haben, die Eignung der schwerbehinderten Bewerberinnen und Bewerber mit der weiterer nicht behinderter Bewerberinnen und Bewerber zu vergleichen. Der Eignungsvergleich setzt voraus, dass die Schwerbehindertenvertretung Einsicht in die Bewerbungsunterlagen der schwerbehinderten und der nicht behinderten Bewerberinnen und Bewerber erhält und an den Vorstellungsgesprächen der schwerbehinderten und der nicht behinderten Bewerberinnen und Bewerber teilnimmt. Nur so kann die Schwerbehindertenvertretung zur Klärung der Frage beitragen, ob einer schwerbehinderten Bewerberin oder einem schwerbehinderten Bewerber der Vorzug zu geben ist. Aus Gründen des Persönlichkeitsschutzes ist das Einsichtsrecht auf die entscheidungsrelevanten Teile der Bewerbungsunterlagen beschränkt."

B) durch das Vierte Gesetz für moderne Dienstleistungen am Arbeitsmarkt vom 24. Dezember 2003 (BGBl. I S. 2954) mit Wirkung vom 1. Januar 2004

12 Durch dieses Gesetz wurde in Abs. 1 Satz 3 und in Abs. 2 Satz 3 der Vorschrift jeweils die Bezeichnung „Arbeitsamt" durch „Bundesagentur für Arbeit" ersetzt.

Das Inkrafttreten der Bestimmung wurde rückwirkend vorverlegt durch Art. 14 Nr. 4b des Kommunalen Optionsgesetzes vom 30. Juli 2004 (BGBl. I S. 2014).

C) durch das Gesetz zur Förderung der Ausbildung und Beschäftigung schwerbehinderter Menschen vom 23. April 2004 (BGBl. I S. 606) mit Wirkung vom 1. Mai 2004

13 1. In **Abs. 1 Satz 4** wurden die Angabe „200" durch die Angabe „100" geändert sowie folgender Absatz angefügt:

„in Betrieben und Dienststellen mit mehr als 200 schwerbehinderten Menschen, das mit der nächsthöchsten Stimmzahl gewählte weitere stellvertretende Mitglied."

14 Diese Änderung wurde im Gesetzentwurf der Fraktionen SPD und Bündnis 90/DIE GRÜNEN (BT-Drucks. 15/1783 S. 16) wie folgt begründet:

„Eine Vertrauensperson kann ihre Aufgaben nur dann erfüllen, wenn ausreichend Zeit besteht, um diese Aufgaben auch wahrnehmen zu können. Bei größeren Betrieben und Dienststellen mit einer erheblichen Zahl beschäftigter schwerbehinderter Menschen ist die Aufgabenbelastung so umfangreich, dass es angezeigt erscheint, die Einbeziehung des ersten Stellvertreters bereits in Betrieben und Dienststellen mit mehr als 100 beschäftigten schwerbehinderten Menschen vorzusehen. In Betrieben und Dienststellen mit mehr als 200 beschäftigten schwerbehinderten Menschen soll darüber hinaus die Einbeziehung des mit der nächsthöchsten Stimmenzahl gewählten weiteren stellvertretenden Mitglieds möglich sein.

Dies bedeutet, dass bei Arbeitgebern, die ihrer Verpflichtung, 5% schwerbehinderte Menschen zu beschäftigen, nachkommen und mindestens 2000 Arbeitsplätze haben, künftig die Vertrauensperson das erste stellvertretende Mitglied bei der Erfüllung ihrer Aufgaben einbeziehen kann, wenn der Arbeitgeber unterrichtet ist. Bei einem Arbeitgeber mit zum Beispiel 5000 Arbeitsplätzen und einer Beschäftigungsquote von 4% kann künftig zusätzlich auch das zweite stellvertretende Mitglied von der Vertrauensperson nach Unterrichtung des Arbeitgebers einbezogen werden."

15 Der **Bundesrat** hatte in seiner Stellungnahme (BT-Drucks. 2318 S. 16) die Streichung der vorgeschlagenen Vorschrift mit folgender Begründung verlangt:

„Die erweiterte Heranziehung von stellvertretenden Mitgliedern der Schwerbehindertenvertretung zu deren Aufgaben nach Nummer 22 Buchstabe a würde in zahlreichen Fällen zu einer zusätzlichen Kostenbelastung der Unternehmen bei der Beschäftigung schwerbehinderter Menschen führen, ohne dass sich die materiellrechtliche Situation der beschäftigten schwerbehinderten Menschen maßgeblich verbessern würde. Diese zusätzliche Kostenbelastung wäre ein weiteres Einstellungshemmnis für arbeitsuchende schwerbehinderte Menschen. Die vorgesehene Maßnahme erschwert damit die Erreichung des Ziels, die Integration schwerbehinderter Menschen in den regulären Arbeitsmarkt zu erleichtern."

Dem hatte die **Bundesregierung** in ihrer Gegenäußerung (BT-Drucks. 2318 S. 22) wie folgt widersprochen:

„Die Bundesregierung ist der Auffassung, dass es die zunehmende Aufgabenbelastung der Vertrauensperson in Betrieben dieser Größenordnung erforderlich macht, bei 200 beschäftigten schwerbehinderten Menschen ein weiteres stellvertretendes Mitglied der Schwerbehindertenvertretung zu bestimmten Aufgaben heranzuziehen und den Schwellenwert für die Heranziehung des ersten stellvertretenden Mitglieds auf 100 beschäftigte schwerbehinderte Menschen herabzusetzen."

2. Nach Satz 4 wurde folgender **Satz 5 angefügt**:

„Die Heranziehung zu bestimmten Aufgaben schließt die Abstimmung untereinander ein."

Diese Regelung wurde im Gesetzentwurf der Fraktionen SPD und Bündnis 90/DIE GRÜNEN (BT-Drucks. 15/1783 S. 16) mit dem Bedürfnis nach „Klarstellung" begründet.

Hingegen hatte der **Bundesrat** (BT-Drucks. 2318 S. 17) auch insoweit die Streichung der vorgesehenen Regelung angeregt und hierzu ausgeführt:

„Die vorgesehene „Klarstellung" in Nummer 22 Buchstabe b, wonach die Heranziehung stellvertretender Mitglieder der Schwerbehindertenvertretung zu bestimmten Aufgaben die Abstimmung untereinander einschließen soll, beinhaltet eine unnötige Regulierung. Es dürfte in der Realität fast ausnahmslos gewährleistet sein, dass sich die Schwerbehindertenvertretungen mit den stellvertretenden Mitgliedern abstimmen können. Einer solchen gesetzlichen Klarstellung bedarf es daher nicht."

Demgegenüber sprach sich die **Bundesregierung** in ihrer Gegenäußerung (BT-Drucks. 2318 S. 22) für die gesetzgeberische Klarstellung aus, durch die „im betrieblichen Alltag aufgetretene Schwierigkeiten beseitigt werden" sollen.

3. Nach Abs. 7 wurde folgender **Abs. 8** angefügt:

„Die Schwerbehindertenvertretung kann an Betriebs- und Personalversammlungen in Betrieben und Dienststellen teilnehmen, für die sie als Schwerbehindertenvertretung zuständig ist, und hat dort ein Rederecht, auch wenn die Mitglieder der Schwerbehindertenvertretung nicht Angehörige des Betriebes oder die Dienststelle sind."

In der **Beschlussempfehlung des Ausschusses für Gesundheit und Soziale Sicherung** (BT-Drucks. 15/2357 S. 25) wird zu dieser im ursprünglichen Fraktionsentwurf nicht enthaltenen Bestimmung Folgendes bemerkt:

„Mit der Regelung erfolgt eine Klarstellung des Rechts der Schwerbehindertenvertretung auf Teilnahme an Betriebs- und Personalversammlungen für die Fälle, in denen Betriebe oder Dienststellen zum Zwecke der Wahl einer Schwerbehindertenvertretung gemäß § 94 Abs. 1 Satz 4 zusammengefasst worden sind. Hierdurch kann die Schwerbehindertenvertretung auch an Betriebs- und Personalversammlungen in den Betrieben und Dienststellen teilnehmen, denen die Mitglieder (Vertrauensperson und stellvertretende Mitglieder) der Schwerbehindertenvertretung selbst nicht angehören. Damit wird Bedenken im Hinblick auf die Nichtöffentlichkeit von Betriebs- und Personalversammlungen sowie Bedenken gegen ein Recht auf Teilnahme betriebsfremder Personen an solchen Versammlungen begegnet. Die Vorschrift ist einer im Bundesgleichstellungsgesetz in Bezug auf die Gleichstellungsbeauftragte getroffenen Regelung nachgebildet."

III. Anmerkungen

A) zu Abs. 1

1. Eingliederungsförderung und Interessenwahrnehmung

Vorrangige Aufgabe der Schwerbehindertenvertretung ist es, die Eingliederung schwerbehinderter Menschen und gem. § 2 Abs. 3 SGB IX Gleichgestellter in den Betrieb bzw. die Dienststelle zu fördern. Sie ist also nicht nur den im Betrieb oder der Dienststelle bereits beschäftigten Schwerbehinderten verpflichtet, sondern auch denen, die sich um einen Arbeitsplatz bewerben (B / F / K /R / *Dusel / Hoff* Rdnr. 2). Die Förderung kann sich zum Beispiel auf Personalauswahlgespräche oder die behinderungsgerechte Gestaltung von Arbeitsplätzen beziehen.

Ferner hat die Schwerbehindertenvertretung die Interessen der Betroffenen in dem Betrieb oder der Dienststelle wahrzunehmen und ihnen beratend und helfend zur Seite zu stehen (**Abs. 1 Satz 1**). Die **Interessenvertretung** kann sich allgemein auf Konflikte der schwerbehinderten Arbeitnehmer mit dem Arbeitgeber beziehen, aber auch auf individuelle Probleme eines schwerbehinderten Menschen mit dem Arbeitgeber oder Mitarbeitern. Die Beistandleistung durch **Beratung und Hilfe** wird regelmäßig einzelfallbezogen geleistet, etwa im Hinblick auf mögliche Rehabilitationsmaßnahmen oder Ansprüche gegenüber dem Arbeitgeber oder auch durch Hilfestellung bei der Ausfüllung von Anträgen (HK-SGB IX / *Trenk-Hinterberger* Rdnr. 3).

19a Dabei bestimmt sich die Zuständigkeit der Schwerbehindertenvertretung nach der tatsächlich überwiegenden **Beschäftigung** der betreffenden Arbeitnehmer in dem Betrieb und **nicht nach dem Bestehen eines Arbeitsvertrags** mit dem Betriebsinhaber (Hess. LAG Beschluss vom 10. Dezember 1992 – 12 TaBVGa 199/92 = BB 1993, 1284 [Ls.]).

20 In Abs. 1 Satz 2 werden diese Pflichten durch eine nicht abschließende Aufzählung konkretisiert; diese entspricht dem Pflichtenkatalog des § 80 Abs. 1 BetrVG, § 68 BPersVG und § 52 DRiG, die für Betriebs- / Personalrat bzw. Richtervertretung gelten und unberührt bleiben.

Satz 2 Nr. 1 verpflichtet die Schwerbehindertenvertretung zur **Überwachung der Durchführung der Bestimmungen**, die zugunsten der schwerbehinderten Menschen gelten. Dies können Gesetze, Verordnungen, Tarifverträge, Betriebs- oder Dienstvereinbarung und Verwaltungsanordnungen sein. Hierzu zählen nicht nur die Normen, die sich ausdrücklich mit schwerbehinderten Menschen befassen, sondern **alle Normen**, die auch **Schwerbehinderten Rechte einräumen** und Schutz gewähren, soweit sie einen Bezug zur beruflichen Eingliederung in Betrieb oder Dienststellen haben (B / F / K / R / *Dusel* / *Hoff* Rdnr. 6).

20a Zur Überwachung gehört das **Einholen von Informationen** über das Verhalten des Arbeitgebers bezüglich dieser Verpflichtungen sowie die Auswertung der gesammelten Informationen. Hierbei sind **Verstöße des Arbeitgebers festzustellen**, zu rügen und die anderen Kollektivvertretungen sowie die schwerbehinderten Menschen darüber zu unterrichten. Zur Durchführung der Überwachungspflicht gehört es auch, die Schwerbehindertenvertretung zur Betriebsbesichtigung durch behördliche Kontrollorgane hinzuzuziehen (HK-SGB IX / *Trenk-Hinterberger* Rdnr. 4).

20b Hingegen hat die Schwerbehindertenvertretung **keine Befugnis**, die Erfüllung der Pflichten des Arbeitgebers **gerichtlich gegenüber diesem durchzusetzen**. Auch der Betriebsrat hat nach der Rechtsprechung des BAG (Beschluss vom 10. Juni 1986 – 1 ABR 59/84 = BAGE 52, 150 = AP Nr. 26 zu § 80 BetrVG 1972) zwar die Aufgabe, über die Durchführung der in § 80 Abs. 1 Nr. 1 BetrVG genannten Aufgaben zu wachen. Daraus folgt aber kein Anspruch, vom Arbeitgeber die zutreffende Durchführung dieser Vorschriften verlangen zu können. § 95 Abs. 1 Nr. 1 SGB IX enthält eine insofern vergleichbare Regelung. Es sind keine überzeugenden Gründe dafür ersichtlich, der Schwerbehindertenvertretung bei der Erfüllung ihrer Überwachungspflichten weitergehende Rechte als den Betriebsräten angesichts der entsprechenden Pflicht zuzugestehen (Hess. LAG Beschluss vom 7. September 2006 – 5 TaBV 185/04, zit. nach JURIS; HK-SGB IX / *Trenk-Hinterberger* Rdnr. 6). Die Schwerbehindertenvertretung hat ggf. den Arbeitgeber bzw. Leiter der Dienststelle auf Verstöße gegen entsprechende Vorschriften aufmerksam zu machen und sich zu bemühen, **auf gütlichem Weg Abhilfe** zu erreichen (GK-SGB IX / *Christians* Rdnr. 45). Weigert sich der Arbeitgeber, einen Verstoß zu korrigieren und wird dadurch ein **behinderter Mensch in seinen Rechten verletzt**, so kann **nur dieser eine gerichtliche Klärung** erzwingen.

20c Insbesondere hat die Schwerbehindertenvertretung darauf zu **achten**, dass der **Arbeitgeber seine Beschäftigungspflicht** nach § 71 SGB IX **erfüllt**. Dazu gehört, dass auch unter den zu beschäftigenden schwerbehinderten Menschen besonders schwer betroffene Personen nach § 72 SGB IX eingestellt werden und der Arbeitgeber gegenüber dem einzelnen schwerbehinderten Menschen seinen Pflichten gem. § 81 SGB IX nachkommt. Außerdem hat die Schwerbehindertenvertretung darüber zu wachen, dass der Arbeitgeber die weiteren in §§ 82 bis 84 SGB IX geregelten Pflichten erfüllt. Neben der Verpflichtung zu präventiven Maßnahmen ist hier insbesondere der Abschluss von Integrationsvereinbarungen auf Antrag der Schwerbehindertenvertretung nach § 83 SGB IX von Bedeutung.

Nach **Satz 2 Nr. 2** ist die Schwerbehindertenvertretung Schwerbehindertenvertretung verpflichtet, Maßnahmen, die schwerbehinderten Menschen dienen, **bei den zuständigen Stellen beantragen** (z. B. Maßnahmen der Teilhabe am Arbeitsleben nach § 33 SGB IX). Hierzu gehören auch die im Gesetz besonders hervorgehobenen präventiven Maßnahmen, wie etwa die rechtzeitige Versetzung auf einen behinderungsgerechten Arbeitsplatz (HK-SGB IX / *Trenk-Hinterberger* Rdnr. 7). Es muss sich um Maßnahmen handeln, die der Eingliederung schwerbehinderter Menschen in den Betrieb im Sinne von Abs. 1 Satz 1 dienen. Hierzu zählen z. B. die Einrichtung oder Verbesserung eines behinderungsgerechten Arbeitsplatzes, die Gestaltung flexibler, behindertengerechter Arbeitszeit usw. Aber auch die **allgemeine Förderung der Prävention** in Betrieben und Dienststellen durch Einbindung der Integrationsämter in die Erarbeitung von Integrationsvereinbarungen gehört zur Aufgabenerfüllung der Schwerbehindertenvertretung durch Anträge auf geeignete Maßnahmen.

21

Die Schwerbehindertenvertretung hat damit die Integration **aktiv** zu fördern und **nicht etwa erst auf konkreten Wunsch** einzelner Schwerbehinderter tätig zu werden (B / F / K / R / *Dusel / Hoff* Rdnr. 8). Sie muss also Ideen entwickeln und in Vorschläge umsetzen, was selbstverständlich nur im ständigen Kontakt mit den zu betreuenden schwerbehinderten Menschen möglich ist (Basiskommentar / *Peiseler* Rdnr. 7).

Die Vorschrift gibt ihr zugleich ein **Initiativrecht** gegenüber dem Arbeitgeber und anderen zuständigen Stellen innerhalb des Betriebes (Beauftragter nach § 98 SGB IX, Betriebsärzte und Sicherheitsfachkräfte, Betriebs- bzw. Personalräte) sowie den außerbetrieblichen Stellen (Bundesagentur für Arbeit, Integrationsamt, Rehabilitationsträger, Versorgungsträger). Vor der **Einschaltung außerbetrieblicher Stellen** hat die Schwerbehindertenvertretung aber regelmäßig den Arbeitgeber bzw. dessen Beauftragten **zu unterrichten**; das gebietet die Pflicht zur engen und damit zugleich vertrauensvollen Zusammenarbeit gem. § 99 Abs. 1 SGB IX (HK-SGB IX / *Trenk-Hinterberger* Rdnr. 7).

21a

Allerdings kann die Schwerbehindertenvertretung beantragte Maßnahmen nicht gegen den Willen des Arbeitgebers durchsetzen. Zwar kommen ihr weitgehende und zum Teil früh einsetzende **Mitwirkungs- und Beteiligungsrechte**, aber **keine Mitbestimmungsrechte** zu (🏛 Hess. LAG Beschluss vom 7. September 2006 – 5 TaBV 185/04, zit. nach JURIS; Rechtsbeschwerde eingelegt unter Az. 9 ABR 85/06; 🏛 ArbG Oldenburg Urteil vom 14. Februar 2007 – 2 Ca 140/06 = AE 2007, 224). Deshalb braucht die Schwerbehindertenvertretung für die Durchsetzung von Maßnahmen für schwerbehinderte Menschen die Unterstützung der Betriebs- bzw. Personalräte (zur Zusammenarbeit mit dem Betriebsrat vgl. *Splanemann* AiB 2002, 404).

22

Durch **Satz 2 Nr. 3** wird die Schwerbehindertenvertretung verpflichtet, **Anregungen und Beschwerden von schwerbehinderten Menschen** entgegenzunehmen und – im Fall ihrer mutmaßlichen Berechtigung – **durch Verhandlung mit dem Arbeitgeber** auf eine Erledigung hinzuwirken. Hierbei hat die Schwerbehindertenvertretung die beschwerdeführenden Arbeitnehmer nicht nur über das Endergebnis der Verhandlungen zu informieren, sondern ihnen ggf. zwischendurch auch den jeweiligen Verhandlungsstand mitzuteilen.

23

2. Unterstützung bei Anträgen auf Feststellung einer Behinderung

Die Schwerbehindertenvertretung hat Beschäftigte auch bei Anträgen nach § 69 SGB IX auf Feststellung einer Behinderung einschließlich ihres Grades und einer Schwerbehinderung sowie bei Anträgen auf Gleichstellung nach § 68 SGB IX zu unterstützen (**Abs. 1 Satz 3**). Hierdurch ist die **Berater- und Helferfunktion** der Schwerbehindertenvertretung **bereits im Vorfeld** der Feststellung, Anerkennung und Gleichstellung von schwerbehinderten Menschen präzisiert worden (näher hierzu *Wolber* ZBVR 2003, 186; *ders.* WzS 2003, 251). Das schließt die jeweilige Prüfung ein, ob überhaupt ein Antrag auf Feststellung einer Behinderung oder auf Gleichstellung Erfolg versprechend ist. Wird das bejaht, ist die Schwerbehindertenvertretung im weiteren Verfahren allerdings auf die bloße Unterstützung beschränkt;

24

das Gesetz sieht **keine Vertretungsbefugnis** für den Antragsteller gegenüber den zuständigen Behörden vor (HK-SGB IX / *Trenk-Hinterberger* Rdnr. 10).

24a Hat der Antragsteller auf Gleichstellung mit einem schwerbehinderten Menschen eine **Befragung des Arbeitgebers ausgeschlossen**, sich jedoch mit der Befragung des Betriebsrats und der **Schwerbehindertenvertretung einverstanden** erklärt, darf die Bundesagentur für Arbeit den Antrag nicht ohne weitere Ermittlungen wegen fehlender Mitwirkung ablehnen (LSG Rheinland-Pfalz Urteil vom 24. September 2009 – L 1 AL 59/08, zit. nach JURIS). Sie muss im Rahmen ihres Ermessens prüfen, ob nicht eine Befragung des Betriebsrats (vgl. § 93 SGB IX) bzw. der Schwerbehindertenvertretung ausreichend sein könnte. Das gilt jedenfalls dann, wenn nicht von vornherein ausgeschlossen werden kann, dass die zur Entscheidung notwendigen **Auskünfte auch ohne Mitwirkung des Arbeitgebers** erlangt werden können (LSG Rheinland-Pfalz Urteil vom 24. September 2009 a. a. O.)

3. Heranziehung eines stellvertretenden Mitglieds zu bestimmten Aufgaben

25 Die Schwerbehindertenvertretung ist anders als der Betriebsrat **kein Kollegialorgan**. Sie besteht nur aus einer Person (BAG Beschluss vom 7. April 2004 – 7 ABR 35/03 zu B II 1 a der Gründe = BAGE 110, 146 = AP SGB IX § 95 Nr. 2). Der insoweit womöglich missverständliche Begriff der „Schwerbehindertenvertretung" ist nur zur geschlechtsneutralen Umschreibung der vor dem Inkrafttreten des SGB IX verwandten Bezeichnungen „Vertrauensmann" oder „Vertrauensfrau" eingeführt worden (LPK-SGB IX / *Düwell* § 94 SGB IX Rdnr. 31).

In Betrieben und Dienststellen mit in der Regel mehr als 100 schwerbehinderten Beschäftigten kann aber die Schwerbehindertenvertretung nach Unterrichtung des Arbeitgebers den ersten **Stellvertreter** bzw. die erste Stellvertreterin **zu bestimmten Aufgaben heranziehen** (**Abs. 1 Satz 4 Halbsatz 1**). Das kann z. B. die Betreuung bestimmter schwerbehinderter Menschen (etwa nach Alphabet) sein oder die Wahrnehmung bestimmter Ausschüsse, aber auch die Betreuung bestimmter Betriebsteile, Betriebe oder Dienststellen.

Denn bei größeren Betrieben mit einer erheblichen Zahl schwerbehinderter Beschäftigter ist die **Aufgabenbelastung der Vertrauensperson regelmäßig so umfangreich und zeitintensiv**, dass eine Heranziehung des ersten Stellvertreters zur Entlastung und zur Erledigung der anfallenden Aufgaben gerechtfertigt ist, auch wenn dies wegen einer bezahlten Freistellung nach § 96 Abs. 3 S. 4 SGB IX zu einer zusätzlichen Kostenbelastung beim Arbeitgeber führt (HK-SGB IX / *Trenk-Hinterberger* Rdnr. 11 unter Hinweis auf BT-Drucks. 15/1783, 16 und BT-Drucks. 15/2318, 16 f.).

25a In Betrieben mit mehr als 200 schwerbehinderten Arbeitnehmern ist auch die Heranziehung eines weiteren stellvertretenden Mitglieds – nämlich des mit der nächst höheren Stimmenzahl gewählten – möglich (**Abs. 1 Satz 4 Halbsatz 2**). Die Heranziehung **zusätzlicher stellvertretender Mitglieder** ist nach dieser Bestimmung **nicht vorgesehen**. Das gilt auch bei vorübergehender Verhinderung des nach Abs. 1 Satz 4 herangezogenen stellvertretenden Mitglieds (BAG Beschluss vom 7. April 2004 – 7 ABR 35/03 = BAGE 110, 146 = NZA 2004, 1103 = BehindertenR 2004, 204). Die Vorschriften des SGB IX sehen auch eine **Vertretung des nach Abs. 1 Satz 4 herangezogenen stellvertretenden Mitglieds** im Falle seiner Verhinderung nicht vor. § 94 Abs. 1 Satz 1 SGB IX bestimmt lediglich, dass die Vertrauensperson im Falle der Verhinderung aufgrund von Abwesenheit oder Wahrnehmung anderer Aufgaben durch ein stellvertretendes Mitglied vertreten wird. Dem widerspräche es, wenn bei Verhinderung des nach § 95 Abs. 1 Satz 4 zu bestimmten Aufgaben herangezogenen stellvertretenden Mitglieds ein weiteres stellvertretendes Mitglied zur Aufgabenerledigung herangezogen werden könnte. Das liefe auf eine im Gesetz nicht vorgesehene Vertretung des herangezogenen stellvertretenden Mitglieds hinaus (BAG Beschluss vom 7. April 2004 a. a. O.).

Da als Voraussetzung der Heranziehung im Betrieb oder in der Dienststelle „in der Regel" mehr als 100 schwerbehinderte Menschen oder Gleichgestellte beschäftigt werden müssen, ist nicht auf die aktuelle Zahl der betroffenen Arbeitnehmer abzustellen. Es kommt darauf an, wie viele schwerbehinderte Arbeitnehmer im Allgemeinen – d. h. unter Außerachtlassung besonderer Situationen – im Betrieb oder in der Dienststelle beschäftigt werden. Hierbei ist auf einen nicht zu kurzen Zeitraum abzustellen, wobei sowohl die vergangene Beschäftigungslage berücksichtigt als auch die künftige Entwicklung eingeschätzt werden müssen (vgl. GK-SGB IX / *Christians* Rdnr. 62 m. w. Nachw.). Geringfügige Schwankungen der Beschäftigtenzahl bleiben danach unberücksichtigt, sofern nicht anzunehmen ist, dass über einen längeren Zeitraum die Zahl von 100 schwerbehinderten Beschäftigten unterschritten wird.

Obwohl sich nach dem Wortlaut der Vorschrift das Merkmal „in der Regel" nur auf den 1. Halbs. zu beziehen scheint, ist es bei sachgerechtem Verständnis der Regelung **auch auf den Fall der Heranziehung eines weiteren stellvertretenden Mitglieds** anzuwenden: Diese ist nicht nur dann zulässig, wenn der aktuelle Stand der Beschäftigung schwerbehinderter Menschen den **Schwellenwert von 200** überschreitet, sondern auch dann, wenn dies **in der Regel** der Fall ist. Es liegt jedenfalls kein überzeugender Grund vor, bei der Möglichkeit der Heranziehung von stellvertretenden Mitgliedern der Schwerbehindertenvertretung die jeweiligen Grenzwerte der Beschäftigungszahl unterschiedlich zu ermitteln.

Der **Arbeitgeber** ist jeweils **zu unterrichten**, damit er – soweit geboten – gem. § 96 Abs. 4 Satz 3 SGB IX den Stellvertreter von der Arbeit freistellen kann. Eine Genehmigung der Heranziehung durch den Arbeitgeber ist nicht erforderlich (Kossens u. a. / *Kossens* Rdnr. 11).

Durch **Neufassung des Gesetzes zum 1. Mai 2004** wurde die **Mindestzahl schwerbehinderter Beschäftigter** in Betrieb oder Dienststelle, bei deren Überschreiten das erste stellvertretende Mitglied zu bestimmten Aufgaben herangezogen werden kann, **herabgesetzt**. Ferner wurde die entsprechende Möglichkeit **auch für ein weiteres stellvertretendes Mitglied** eingeführt. Beides wurde mit der **regelmäßigen Aufgabenbelastung der Schwerbehindertenvertretung ab einer bestimmten Beschäftigtenzahl** begründet. Die Kritik des Bundesrates, dass hiermit eine zusätzliche Kostenbelastung für Arbeitgeber ohne wesentliche Verbesserung der materiell-rechtlichen Situation der schwerbehinderten Beschäftigten und damit ein weiteres Einstellungshemmnis geschaffen werde, fand bei Bundesregierung und federführendem Ausschuss kein Gehör (vgl. hierzu oben Rdnr. 15).

Ob und zu welchen Aufgaben die Vertrauensperson einen Stellvertreter oder eine Stellvertreterin heranzieht, ist ihr überlassen. Allerdings darf die **Heranziehung nicht willkürlich** sein; sie muss vielmehr zur Bewältigung der Aufgaben erforderlich sein (Neumann [Hrsg.] HB-SGB IX / *Düwell* § 20 Rdnr. 70; *Düwell* BB 2002, 2570 [2573]). Die Vertrauensperson kann die übertragenen Aufgaben auch jederzeit wieder **entziehen oder einschränken**. Grundsätzlich bedarf es hierfür keiner Begründung. Ist eine Heranziehung erforderlich, darf die Vertrauensperson diese jedoch nicht aus unsachlichen Gründen rückgängig machen (LPK-SGB IX / *Düwell* Rdnr. 11). Die Schwerbehindertenvertretung muss dem Arbeitgeber bzw. Dienststellenleiter aber den jeweiligen Umfang der übertragenen Aufgaben und deren Änderung mitteilen (GK-SGB IX / *Christians* Rdnr. 65).

Die Vertrauenspersonen ist **nicht frei in der Auswahl** des stellvertretenden Mitglieds, welches sie zu bestimmten Aufgaben heranziehen will. Vielmehr schreibt das Gesetz ausdrücklich vor, dass sich die Heranziehung **nach der Stimmenzahl bei der Wahl** in die Schwerbehindertenvertretung zu richten hat.

Durch die Heranziehung eines stellvertretenden Mitgliedes wird die Schwerbehindertenvertretung **nicht** zu einem **kollegialen Beschlussorgan**. Denn der Stellvertreter wird zuständig allein für die ihm übertragenen Aufgaben. Jedoch sind die Mitglieder der Schwerbehindertenvertretung bei ihrer Aufgabenwahrnehmung **zu wechselseitiger Abstimmung verpflichtet (Abs. 1 Satz 5). Der Gesetzgeber hat es für notwendig gehalten, diesen an sich selbstverständlichen Grundsatz entgegen der Kritik des Bundesrates an einer „unnötigen Regulierung" ausdrücklich festzuschreiben, um damit „im betrieblichen Alltag aufgetretene Schwierigkeiten" zu beseitigen (vgl. oben Rdnr. 10g).

33 Das herangezogene stellvertretende Mitglied hat für den ihm zur eigenen Erledigung übertragenen Wirkungskreis die **Rechtsstellung einer Vertrauensperson**. Das schließt insbesondere auch das Teilnahmerecht an Sitzungen des Personal- oder des Betriebsrats ein. Allerdings bedeutet dies nicht, dass Vertrauensperson und Stellvertreter gleichzeitig an der Sitzung teilnehmen können. Im Zweifel muss die Vertrauensperson bestimmen, wer bei welcher Sitzung die Schwerbehindertenvertretung vertritt (Neumann [Hrsg.] HB-SGB IX / *Düwell* § 20 Rdnr. 71).

34 Für die Zeit der Heranziehung hat das stellvertretende Mitglied auch die in § 96 SGB IX geregelte **persönliche Rechtsstellung** einer Vertrauensperson. Das betrifft insbesondere den Anspruch auf Dienstbefreiung unter Lohn- und Gehaltsfortzahlung bei der Verrichtung von Amtsgeschäften (GK-SGB IX / *Christians* Rdnr. 65).

B) zu Abs. 2

1. Informations- und Anhörungsrecht gegenüber dem Arbeitgeber

35 Der Schwerbehindertenvertretung ist ein umfassendes Informations- und Anhörungsrecht gegenüber dem Arbeitgeber in allen Angelegenheiten eingeräumt, in denen eine **Entscheidung** getroffen werden soll, die **zugunsten oder zulasten eines einzelnen schwerbehinderten Menschen** oder der Schwerbehinderten als Gruppe wirkt (**Abs. 2 Satz 1**). Die Vorschrift ist damit gesetzlicher Ausdruck des in § 99 Abs. 1 SGB IX verankerten Grundsatzes der engen Zusammenarbeit, um die Teilhabechancen der schwerbehinderten Menschen sicherzustellen.

35a Die sehr weitreichende Unterrichtungs- und Anhörungspflicht soll **vermeiden** helfen, dass eine **Entscheidung des Arbeitgebers ohne triftigen Grund die Belange der schwerbehinderten Menschen beeinträchtigt**. Deshalb muss die Schwerbehindertenvertretung als für die Eingliederung schwerbehinderter Menschen zuständige Sondervertretung vor jeder wesentlichen Entscheidung **unterrichtet werden**, um sodann aus ihrer fachlichen Sicht auf mögliche, ggf. nicht vom Arbeitgeber bedachte **Auswirkungen seiner Entscheidung hinweisen** zu können. (LAG Köln Beschluss vom 8. April 2009 – TaBV 113/08, zit. nach JURIS). Voraussetzung dafür ist allerdings, dass entweder die **spezifischen Belange** der Gruppe der schwerbehinderten Menschen oder die eines einzelnen schwerbehinderten Menschen „berührt" werden. Das ist nicht der Fall wenn es – ohne dass schwerbehinderte Menschen als Bewerber zu berücksichtigen sind – um die **Besetzung einer Stelle mit Personalleitungsfunktion** geht, der nachgeordnet auch schwerbehinderte Menschen zugeordnet sind (LAG Köln Beschluss vom 8. April 2009 a. a. O.; Rechtsbeschwerde eingelegt unter Az. 9 ABR 83/09).

So ist die Schwerbehindertenvertretung etwa dann zu unterrichten und ihr Gelegenheit zur Stellungnahme zu geben, wenn

36 – ein schwerbehinderter Arbeitnehmer vorübergehend auf einen anderen Arbeitsplatz **umgesetzt** werden soll (zur Abgrenzung von Versetzung, Abordnung und Umsetzung vgl. BVerwG Urteil vom 20. April 1977 – VI C 154.73 = Buchholz 232 § 26 BBG Nr. 18);

– ein schwerbehinderter Arbeitnehmer von seinen Vorgesetzten zur Leistung von **Überstunden** aufgefordert wird;

– bei einem schwerbehinderten Arbeitnehmer eine **Zeitaufnahme** durchgeführt werden soll;

– ein förmliches **Disziplinarverfahren** gegen einen schwerbehinderten Beamten eingeleitet wird (Hess. VGH Beschluss vom 19. Juni 1995 – DH 1836/91, zit. nach JURIS

m. w. Nachw., BayVGH Beschluss vom 28. Oktober 2008 – 16b D 07.1213, zit. nach JURIS);

Die Verpflichtung zur Anhörung der Schwerbehindertenvertretung gilt nur für den Arbeitgeber bzw. Dienstherrn, nicht aber für die Disziplinargerichte (BVerwG, Beschluss vom 5. November 1993 – 2 DW 4/93, zit. nach JURIS);

– eine **Bewerbung** eines schwerbehinderten Beamten auf eine **Beförderungsstelle** vorliegt (OLG Hamm Urteil vom 7. Februar 1997 – 11 U 160/96 =NVwZ-RR 1998, 535; OVG NRW Beschluss vom 19. Juni 2007 – 6 B 383/07 = PersR 2007, 359 = BehindertenR 2007, 175). Unterbleibt die Anhörung der Schwerbehindertenvertretung bei der Auswahl für eine Beförderungsstelle, führt dies ausnahmsweise nicht zur Rechtswidrigkeit der Auswahlentscheidung, wenn auszuschließen ist, dass auch bei einer Anhörung der Schwerbehindertenvertretung und der damit verbundenen Einbeziehung ihrer Überlegungen die Auswahlentscheidung zugunsten des schwerbehinderten Bewerbers ausgefallen wäre (Niedersächs. OVG Beschluss vom 14. April 2003 – 2 ME 129/03 = BehindertenR 2003, 224);

– ein schwerbehinderter Arbeitnehmer **eingestellt** werden soll (BVerwG, Beschluss vom 4. Oktober 1993 – 6 P 30/92 = PersR 1994, 26 = AP Nr. 6 zu § 25 SchwbG 1986 = PersV 1994, 550), vgl. im Übrigen die Informations- und Beteiligungsrechte der Schwerbehindertenvertretung gem. § 81 Abs. 1 SGB IX);

– ein **Zeitsoldat entlassen** werden soll (OVG Schleswig Urteil vom 4. Februar 1994 – 3 L 194/93 = NZWehrR 1994, 262 = ZBR 1994, 232 [Ls.]);

– ein schwerbehinderter Beamter wegen Dienstunfähigkeit in den Ruhestand versetzt werden soll (VG Berlin Urteil vom 18. August 2008 – 7 A 92.07, zit. nach JURIS); hierbei ist bereits vor der Anordnung einer amtsärztlichen Untersuchung nach den einschlägigen beamtenrechtlichen Vorschriften die Schwerbehindertenvertretung zu hören (VG Gelsenkirchen Urteil vom 25. Juni 2008 – 1 K 3679/07, zit. nach JURIS);

– ein schwerbehinderter **Ruhestandsbeamter** seine Reaktivierung beantragt (OVG NRW Urteil vom 21. Februar 1997 – 12 A 3259/95 = IÖD 1997, 222) bzw. gegen seinen Willen erneut berufen wird (Hess. VGH Beschluss vom 15. Dezember 1993 – 1 TH 1911/93 PersR 1994, 292 = IÖD 1994, 147).

Hingegen stellt die **dienstliche Beurteilung** von schwerbehinderten Beamten keine Regelung mit unmittelbaren Rechtswirkungen und damit keine Entscheidung im Sinne Abs. 2 Satz 1 dar (vgl. BVerwG Urteil vom 23. April 1998 – 2 C 16/97 = ZBR 2000, 417, und Beschluss vom 14. Dezember 1990 – 2 B 106/90 = ZBR 1991, 145; OVG NRW Beschluss vom 14. Oktober 1994 – 1 A 2213/91.PVL = ZBR 1995, 81). Die Beteiligung der Schwerbehindertenvertretung hieran kann aber in Verwaltungsrichtlinien festgeschrieben sein (vgl. hierzu OVG NRW Beschluss vom 4. Januar 2010 – 6 B 1482/09, zit. nach JURIS). 37

Allerdings setzt das Gebot der vorherigen Anhörung der Schwerbehindertenvertretung in § 95 Abs. 2 voraus, dass der schwerbehinderte **Arbeitnehmer / Beamte seine Rechte** aus dieser Eigenschaft vor der zu treffenden Maßnahme (z. B. Versetzung / Umsetzung) auch gegenüber dem Arbeitgeber / Dienstherrn **geltend macht** (Bad.-Württ. VGH Beschluss vom 22. Februar 1995 – 4 S 2359/94 zit. nach JURIS). Das bedeutet zumindest, dass der Beamte den Dienstherrn zunächst einmal **über seine Schwerbehinderung in Kenntnis setzen** muss, wenn diese nicht offensichtlich ist (OVG NRW Beschluss vom 4. Januar 2010 a. a. O.). Ein ordnungsgemäßer Hinweis des Bewerbers auf eine Schwerbehinderung liegt vor, wenn die Mitteilung in einer Weise in den Empfangsbereich des Arbeitgebers gelangt ist, die es ihm ermöglicht, die Schwerbehinderteneigenschaft des Bewerbers zur Kenntnis zu nehmen. Da die Schwerbehindertenvertretung nach Eingang der Bewerbung eines Schwerbehinderten **unverzüglich zu unterrichten** ist (§ 81 Abs. 1 Satz 4, § 95 Abs. 2 Satz 1 1. Halbs. SGB IX), kann der Arbeitgeber nicht abwarten, bis der Bewerber seinen Schwerbehindertenausweis oder den Feststellungsbescheid nach § 69 Abs. 1 Satz 1 SGB IX vorlegt 37a

(🏛 BAG Urteil vom 16. September 2008 – 9 AZR 791/07 = NZA 2009, 79 = BehindertenR 2009, 86).

37b Hatte der Dienstherr **im Beurteilungsverfahren keine Kenntnis** von der Schwerbehinderung des Beamten, führt die Nichtbeteiligung der Schwerbehindertenvertretung – hier entgegen den einschlägigen Verwaltungsrichtlinien – nicht zur Fehlerhaftigkeit seiner dienstlichen Beurteilung. Folglich kann auch der Beurteilte nach dem Abschluss des Beurteilungsverfahrens nicht unter Hinweis auf eine vorhandene, aber dem Dienstherrn im Beurteilungsverfahren nicht bekannte Schwerbehinderung mit Erfolg geltend machen, seine dienstliche Beurteilung sei mangels Beteiligung der Schwerbehindertenvertretung fehlerhaft (OVG NRW Beschluss vom 4. Januar 2010 a. a. O.).

Dementsprechend kann eine vorsorgliche Anhörung der Schwerbehindertenvertretung in den Fällen, in denen der Beamte einen **Antrag auf Gleichstellung** nach § 68 Abs. 2 SGB IX gestellt hat, nur in Betracht kommen, wenn der Beamte seinen Dienstherrn **vor der zu treffenden Entscheidung** über die Versetzung / Umsetzung auf den gestellten Gleichstellungsantrag hingewiesen hat (🏛 Bad.-Württ. VGH Beschluss vom 22. Februar 1995 a. a. O.). Ist dem Dienstherrn allerdings **anderweitig** – z. B. durch Hinweis der Bundesagentur für Arbeit – **bekannt**, dass der Beamte einen Gleichstellungsantrag gestellt hat, muss er von Amts wegen den Vertreter der Schwerbehinderten vor der Entscheidung anhören. Ein entsprechender „Antrag" des Klägers auf Beteiligung der Schwerbehindertenvertretung ist nicht erforderlich (🏛 VG Berlin Urteil vom 18. August 2008 – 7 A 92.07, zit. nach JURIS).

37c Die Pflicht zur Anhörung der Schwerbehindertenvertretung und damit die Rechtswidrigkeit der ohne Anhörung getroffenen Entscheidung entfallen nicht deswegen, weil der Beamte sich **erst im Widerspruchsverfahren auf seine Schwerbehinderung beruft**. Ergeht im Beamtenverhältnis die Entscheidung im Sinne des § 95 Abs. 2 Satz 1 und 2 SGB IX durch **Verwaltungsakt**, ist sie, jedenfalls wenn sie mit einem Widerspruch angegriffen wird, **erst mit dessen Bescheidung getroffen** (vgl. § 79 Abs. 1 Nr. 1, § 113 Abs. 1 Satz 1 VwGO). Nach allgemeinem Verwaltungsverfahrensrecht sind **Rechts- und Tatsachenänderungen**, die bis zum Erlass des Widerspruchsbescheids eintreten, **von der Widerspruchsbehörde zu berücksichtigen**, wenn das materielle Recht nichts anderes vorsieht (🏛 OVG NRW Beschluss vom 19. Juni 2007 – 6 B 383/07 = PersR 2007, 359 = BehindertenR 2007, 175). So ist es dem Dienstherrn überlassen, einen Zeitpunkt zu wählen, bis zu dem Tatsachen, die nur von dem Beförderungsbewerber selbst geltend gemacht werden können, vorgetragen sein müssen. **Verspätetes Vorbringen** muss der Dienstherr dann **nicht berücksichtigen** (OVG NRW Beschluss vom 19. Juni 2007 a. a. O). Entscheidet sich der Dienstherr im Rahmen seiner organisatorischen Dispositionsbefugnis gegen ein solches Verfahren, so hat er auch späteren Vortrag zu berücksichtigen, und zwar selbst dann, wenn seine Auswahlentscheidung bereits gefallen ist und es nur noch um deren Aufrechterhaltung gehen kann (OVG NRW Beschluss vom 19. Juni 2007 a. a. O.).

38 Wesentlich ist im Übrigen, dass allgemein **dem Betroffenen** die **Beteiligung der Schwerbehindertenvertretung nicht** gegen seinen Willen aufgedrängt werden darf (vgl. *Löbbert* PersV 2007, 54 [55] zum Disziplinarverfahren). Das setzt aber eine **ausdrückliche Ablehnung** seitens des Betroffenen voraus. Bei bloß fehlendem Wunsch nach Beteiligung der Schwerbehindertenvertretung geht der Arbeitgeber bzw. Dienstherr das Risiko ein, dass der Betroffene sich noch nachträglich auf seine Schwerbehinderung bzw. Gleichstellung berufen kann.

39 Die Schwerbehindertenvertretung ist vor einer Entscheidung des Arbeitgebers zu hören, d. h., ihr ist **Gelegenheit** zu geben, innerhalb einer angemessenen Frist **Stellung zu nehmen**. Ihre Überlegungen sind bei der Entscheidung des Arbeitgebers ernsthaft mit einzubeziehen. Das Gesetz sieht zwar keine bestimmte Form (mündlich oder schriftlich) für diese Anhörung vor, doch ist nach Sinn und Zweck der Regelung in § 95 Abs. 2 SGB IX zu fordern, dass die Schwerbehindertenvertretung gleichsam gezielt gefragt wird, ob der Schutz der Schwerbehinderten der beabsichtigten Maßnahme entgegensteht (🏛 Hess. VGH Urteil vom 11. Juli 1990 – 1 UE 1287/89 = HessVGRspr 1991, 33 unter Hinweis auf 🏛 BVerwG Urteil vom 17. September 1981 – 2 C 4/79 = ZBR 1982, 116 = DVBl. 1982, 582 = BehindertenR 1983, 41).

Wird eine Maßnahme gegenüber einem schwerbehinderten Menschen **ohne vorherige Anhörung** der Schwerbehindertenvertretung durchgeführt, kann dies als Ordnungswidrigkeit gem. § 156 Abs. 1 Nr. 9 SGB IX geahndet werden. Die Maßnahme selbst ist allerdings nach überwiegender Auffassung in Rechtsprechung und Schrifttum **nicht** wegen Verstoßes gegen ein gesetzliches Gebot nach § 134 BGB **unwirksam** (BAG Urteil vom 23. Juli 1983 – 2 AZR 122/82 = BAGE 43, 210 = AP Nr. 1 zu § 22 SchwbG = BehindertenR 1984, 16; Kossens u. a. / *Kossens* Rdnr. 12; Neumann u. a. / *Pahlen* Rdnr. 8; *Müller-Wenner* / Schorn Rdnr. 46; a. A. GK-SGB IX / *Schimanski* Rdnrn. 100 ff.). **40**

Insofern sind die **Beteiligungsrechte der Schwerbehindertenvertretung** nach § 95 SGB IX **nicht** als **echte Mitbestimmungsrechte** ausgestaltet, sondern als Anhörungsrechte; der Schwerbehindertenvertretung soll insoweit Gelegenheit zur Stellungnahme gegeben werden. Privatrechtliche Sanktionen wie die Unwirksamkeit der Maßnahme sind bei Unterlassung der Anhörung und Unterrichtung der Schwerbehindertenvertretung nicht vorgesehen (vgl. Neuman u. a. / *Pahlen* Rdnr. 9 und 11). Denn es fehlt eine dem § 102 Abs. 1 Satz 3 BetrVG entsprechende Unwirksamkeitsregelung. Gewerkschaftliche Forderungen bei der Anhörung zum Regierungsentwurf des SGB IX, ausdrücklich die Beteiligung der Schwerbehindertenvertretung nach § 95 Abs. 2 des Entwurfes zur Wirksamkeitsvoraussetzung für die jeweilige Maßnahme zu erklären, wurden vom Gesetzgeber nicht aufgegriffen (vgl. hierzu LPK-SGB IX / *Düwell* Rdnr. 19).

Wenn eine **Entscheidung** schon vollzogen ist, bleibt sie **wirksam**, auch wenn die Unterrichtung der Schwerbehindertenvertretung unterblieben ist (BVerwG Beschluss vom 15. Februar 1990 – 1 WB 36/88 = BVerwGE 86, 244 = NVwZ-RR 1990, 489 = ZBR 1990, 323; BVerwG Urteil vom 21. Juni 2007 – 2 A 6/06, zit. nach JURIS; OVG Brandenburg Beschluss vom 19. April 2004 – 3 B 128/03, zit. nach JURIS). Sie ist aber **regelmäßig rechtswidrig** und damit **aufhebbar** (BVerwG Beschluss vom 15. Februar 1990 a. a. O. und Urteil vom 21. Juni 2007 a. a. O.; OVG NRW Beschluss vom 19. Juni 2007 – 6 B 383/07 = PersR 2007, 359 = BehindertenR 2007, 175; LAG München Urteil vom 5. September 2007 – 9 Sa 1251/06, zit. nach JURIS für eine Änderung der Lage der Arbeitszeit eines schwerbehinderten Arbeitnehmers). **41**

Eine Rechtswidrigkeit muss nicht angenommen werden, wenn die Entscheidung entweder **nicht einschneidend in die Rechtssphäre** des Behinderten eingreift, etwa ggf. bei bloßer Umsetzung eines Beamten oder bei der Rücknahme eines begünstigenden Verwaltungsakts über Vordienstzeiten als ruhegehaltsfähig (vgl. BVerwG Urteil vom 11. Dezember 1985 – 2 C 40.82 = ZBR 1986, 274). **41a**

Dasselbe gilt, wenn zur Überzeugung des Gerichts feststeht, dass die **Entscheidung durch eine rechtzeitige Anhörung der Schwerbehindertenvertretung nicht** hätte **beeinflusst** werden können (BVerwG Beschluss vom 15. Februar 1990 a. a. O.; OVG Brandenburg Beschluss vom 19. April 2004 a. a. O.). Das setzt aber voraus, dass die unterbliebene Anhörung der Schwerbehindertenvertretung **von vornherein offensichtlich** nicht zu einer anderen Entscheidung in der Sache hätte führen können. Von einer solchen Offensichtlichkeit kann nur dann ausgegangen werden, wenn die Entscheidung selbst **mit der Schwerbehinderteneigenschaft nicht im Zusammenhang** steht (VG Berlin Urteil vom 18. August 2008 – 7 A 92.07, zit. nach JURIS). Im Fall der **Versetzung eines Beamten in den Ruhestand** ist aber zu beachten, dass für Schwerbehinderte hinsichtlich der Feststellung der Dienstunfähigkeit nicht die gleichen Maßstäbe gelten wie für nicht behinderte Beamte (vgl. OVG Berlin Urteil vom 8. Januar 2003 – 4 B 37.02 –, zit. nach JURIS). Kann nämlich der Beamte bei einer (zumutbaren) behindertengerechten Ausstattung seines Arbeitsplatzes volle oder nur unerheblich verminderte Leistungen erbringen, rechtfertigt die Behinderung nicht die Wertung, dass er dauernd dienstunfähig sei, auch wenn er unter den Bedingungen des amtsüblichen „Normalarbeitsplatzes" dessen Anforderungen nicht (mehr) genügen könnte. **41b**

Trotz zahlreicher Erkrankungen und Fehlzeiten ist nicht von vornherein auszuschließen, dass eine Stellungnahme der Schwerbehindertenvertretung die Entscheidung des Dienstherrn hätte beeinflussen können (OVG Berlin Urteil vom 8. Januar 2003 a. a. O.).

41c Wird die Schwerbehindertenvertretung vor der **Entlassung eines Soldaten auf Zeit** nicht angehört, macht dieser Verfahrensfehler die Entscheidung ausnahmsweise nicht rechtsfehlerhaft, wenn ausgeschlossen werden kann, dass sie hierdurch zugunsten des Betroffenen hätte beeinflusst werden können (OVG Schleswig Urteil vom 4. Februar 1994 – 3 L 194/93 = NZWehrR 1994, 262 = ZBR 1994, 232 [Ls.]). Auch die unterbliebene Beteiligung vor der Entscheidung, dass ein **Ruhestandsbeamter gegen seinen Willen reaktiviert** wird, führt zur Rechtswidrigkeit und damit Anfechtbarkeit des Verwaltungsakts (Hess. VGH Beschluss vom 15. Dezember 1993 – 1 TH 1911/93 = PersR 1994, 292 = IÖD 1994, 147 m. w. Nachw.).

41d Die Beteiligung kann auch **nicht mit heilender Wirkung nachgeholt** werden (BVerwG Urteil vom 13. Dezember 1963 – VI C 203.61 = BVerwGE 17, 279; Hess VGH Beschluss vom 15. Dezember 1993 a. a. O.). Das gilt allerdings dann nicht, wenn der Beamte sich **erst im Widerspruchsverfahren** zur **Aufdeckung und Geltendmachung seiner Schwerbehinderung** entschließt (OVG NRW Beschluss vom 19. Juni 2007 – 6 B 383/07 = PersR 2007, 359 = BehindertenR 2007, 175) oder erst zu diesem Zeitpunkt die Schwerbehinderung auf andere Weise bekannt wird (BVerwG Beschluss vom 15. Februar 1990 – 1 WB 36/88 = BVerwGE 86, 244 = ZBR 1990, 323).

42 Die unterbliebene Anhörung der Schwerbehindertenvertretung **vor Einleitung des förmlichen Disziplinarverfahrens** hat auf die Wirksamkeit der Einleitungsverfügung keinen Einfluss und kann deshalb nicht zur Einstellung des Verfahrens gem. § 87 Abs. 1 Satz 1 i. V. m. § 76 Abs. 3 Satz 1 und § 64 Abs. 1 Satz 1 Nr. 1 BDO führen (BVerwG Beschluss vom 5. November 1993 – 2 DW 4/93, zit. nach JURIS).

Ist nicht nur die Beteiligung der Schwerbehindertenvertretung unterblieben, sondern auch die vorgeschriebene **Anhörung des Integrationsamts**, wie z. B. vor dem 1. Mai 2004 durch § 128 Abs. 2 SGB IX vor der Zurruhesetzung eines schwerbehinderten Beamten vorgeschrieben, ist die Maßnahme formell rechtswidrig und kann auch nicht nachträglich geheilt werden (BVerwG Urteil vom 13. Dezember 1963 – VI C 203.61 = BVerwGE 17, 279 = ZBR 1965, 18; BVerwG Urteil vom 23. Oktober 1969 – II C 128.67 = BVerwGE 34, 133 [138 ff.] = ZBR 1970, 18; Hess. VGH Beschluss vom 17. August 1999 – 1 UE 4164/98 = PersR 2000, 34 = ZFSH/SGB 2000, 292 = BehindertenR 2001, 127 m. w. Nachw.). Erst recht gilt dies für die durch § 85 SGB IX vorgeschriebene vorherige Zustimmung des Integrationsamtes zu einer Kündigung (vgl. Erl. zu § 85 SGB IX Rdnr. 1).

43 Verstößt ein Arbeitgeber gegen die Unterrichtungspflicht aus § 95 Abs. 2 Satz 1 SGB IX, so kann eine **Benachteiligung wegen der Schwerbehinderung vermutet** werden (BAG Urteil vom 15. Februar 2005 – 9 AZR 635/03 = BAGE 113, 361 = NZA 2005, 870 = BehindertenR 2005, 168; Urteil vom 16. September 2008 – 9 AZR 791/07 = NZA 2009, 79 = BehindertenR 2009, 86).

44 Auch wenn die unterbliebene Beteiligung der Schwerbehindertenvertretung im Regelfall nicht zur Unwirksamkeit der Maßnahme führt, wird der Beachtung des Unterrichtungs- und Anhörungsrechts der Schwerbehindertenvertretung durch die **Aussetzungsregelung** in **Abs. 2 Satz 2** Nachdruck verliehen: Auf ihr Verlangen ist die Durchführung oder Vollziehung einer ohne Beteiligung der Schwerbehindertenvertretung getroffenen und noch nicht vollzogenen Entscheidung auszusetzen und die **Beteiligung innerhalb von sieben Tagen nachzuholen**. Das bedeutet: Erlangt die Schwerbehindertenvertretung von einer ohne ihre Beteiligung getroffenen Entscheidung Kenntnis und verlangt ausdrücklich – zweckmäßigerweise schriftlich mit kurzer Frist – förmlich die Mitteilung der beabsichtigten Maßnahme und deren Aussetzung bis zu ihrer Stellungnahme, beginnt mit der Mitteilung durch den Arbeitgeber zwecks Nachholung der Anhörung eine **siebentägige Frist**: Bis zu deren Ab-

lauf – für den gem. § 187 Abs. 1 BGB der Tag der Mitteilung nicht mit angerechnet wird – sind die **Arbeitgeberentscheidung** und ihre Vollziehung nicht endgültig, sondern vielmehr **schwebend unwirksam**. Die Maßnahme darf nicht durchgeführt werden und muss vom schwerbehinderten Menschen auch nicht beachtet werden (*Müller-Wenner* / Schorn Rdnr. 44; Hauck / Noftz / *Masuch* Rdnr. 36; GK-SGB IX / *Schimanski* Rdnr. 112). Hierüber sollte der betroffene Arbeitnehmer unverzüglich informiert werden.

Kommt der Arbeitgeber der Aufforderung zur Nachholung der Beteiligung nicht nach, kann der Anspruch auf Aussetzung der Entscheidung im **arbeitsgerichtlichen Beschlussverfahren** durchgesetzt und auch einstweiliger Rechtsschutz beantragt werden (BAG Beschluss vom 10. November 1992 – 1 ABR 21/92 = BAGE 71, 337 = NZA 1993,376 [378]; LPK-SGB IX / *Düwell* Rdnr. 21; Hauck / Noftz / *Masuch* Rdnr. 35; GK-SGB IX / *Schimanski* Rdnr. 112). 45

Teilt der Arbeitgeber von sich aus der Schwerbehindertenvertretung eine **noch nicht vollzogene Entscheidung** mit, zu der sie entgegen Abs. 2 Satz 1 nicht angehört worden war, beginnt mit diesem Zeitpunkt die siebentägige Frist. Die Durchführung oder Vollziehung ist auszusetzen, ohne dass es eines Antrags der Schwerbehindertenvertretung bedarf (GK-SGB IX / *Schimanski* Rdnr. 113). 46

Mit **Ablauf der Frist** wird die Maßnahme allerdings **nicht automatisch wirksam**. Voraussetzung ist vielmehr die **ordnungsgemäße Nachholung der Beteiligung der Schwerbehindertenvertretung**: Sie muss unterrichtet werden und Gelegenheit zur Stellungnahme erhalten; ferner muss ihr das Ergebnis die Überprüfung der Entscheidung durch den Arbeitgeber mitgeteilt werden. Deshalb dauert das **Verbot, die Maßnahme durchzuführen**, fort, solange der Arbeitgeber die Beteiligung auch nach Ablauf der Frist nicht nachgeholt hat (*Müller-Wenner* / Schorn a. a. O.). 47

Das Unterlassen der Beteiligung der Schwerbehindertenvertretung bei der Bewerbung eines schwerbehinderten Beamten auf eine Beförderungsstelle stellt zwar eine **Amtspflichtverletzung** des Dienstherrn dar. Amtspflichtverletzungen während des Auswahlverfahrens sind aber für den behaupteten Schaden des abgewiesenen Bewerbers nicht ursächlich, wenn nicht festgestellt werden kann, dass bei amtspflichtgemäßem Vorgehen die Auswahl nur auf den Bewerber hätte fallen können, er also hätte befördert werden müssen (OLG Hamm Urteil vom 7. Februar 1997 – 11 U 160/96 = NVwZ-RR 1998, 535; vgl. auch Nieders. OVG Beschluss vom 16. April 2003 – 2 ME 129/03 = BehindertenR 2003, 224: Unterbleibt die Anhörung der Schwerbehindertenvertretung bei der Auswahl für eine Beförderungsstelle, so führt dies ausnahmsweise nach § 95 Abs. 2 SGB IX nicht zur Rechtswidrigkeit der Auswahlentscheidung, wenn auszuschließen ist, dass auch bei einer Anhörung und der damit verbundenen Einbeziehung der Überlegungen der Schwerbehindertenvertretung in die Auswahlentscheidung diese Entscheidung zu Gunsten des Schwerbehinderten ausgefallen wäre). 48

Bei Personalmaßnahmen kommt ggf. die **Beteiligung der Frauenbeauftragten** hinzu; sie verdrängt keinesfalls die Beteiligungsrechte der Schwerbehindertenvertretung gem. § 95 Abs. 2 SGB IX (VG Kassel Beschluss vom 28. Februar 1996 – L 14/95 = PersR 1996, 336). 49

Die Vorschriften des **Abs. 2** über Beteiligungsrechte der Schwerbehindertenvertretung gelten **nicht für Einrichtungen der Katholischen oder Evangelischen Kirche**. Die Bestimmungen des SGB IX über die Schwerbehindertenvertretung sind auf Kirchen und deren karitative und erzieherische Einrichtungen unanwendbar (vgl. *Richardi* Arbeitsrecht in der Kirche, 4. Aufl. 2003 § 18 Rdnr. 99; Fey / Rehren MVG.EKD § 50 Rdnr. 1a; Baumann / Czichon MVG.EKD § 50 Rdnr. 1a.). Zwar nimmt das SGB IX Kirchen und Religionsgesellschaften nicht ausdrücklich aus seinem Geltungsbereich aus. Einer solchen ausdrücklichen Ausnahme bedarf es indessen nicht. **Kirchen und Religionsgesellschaften ordnen ihre Angelegenheiten im Rahmen der für alle geltenden Gesetze selbst** (Art. 140 GG, Art. 137 Abs. 3 WRV). Zum Inhalt des kirchlichen Selbstbestimmungsrechts gehört auch die Regelung über die Schwerbehindertenvertretung, hier über die Vertrauensperson der schwerbehinderten 49a

Mitarbeiter und Mitarbeiterinnen (Kirchengerichtshof der Evangelischen Kirche in Deutschland Beschluss vom 5. August 2004 – I-0124/H43-03 = ZMV 2004, 306).

In Ausübung dieses Rechts ist **im katholischen Bereich die MAVO** erlassen worden. Gemäß § 52 MAVO wird die Vertrauensperson der schwerbehinderten Mitarbeiter entsprechend den Vorschriften des SGB IX gewählt. Der Rechtsweg zur staatlichen Arbeitsgerichtsbarkeit ist nicht gegeben, sondern der zum Kirchlichen Gericht für Arbeitssachen, wenn die Beteiligten über Rechte der Schwerbehindertenvertretung in einer Einrichtung der Katholischen Kirche streiten (ArbG München Beschluss vom 7. Juli 2009 – 21 BV 181/08 = ZMV 2009, 338; sofortige Beschwerde eingelegt beim LAG München – 2 TaBV 64/09).

Für **die Evangelische Kirche** gilt das Beteiligungsrecht der Vertrauensperson nach **§ 51 Abs. 3 MVG.EKD**. Zu dessen Durchsetzung stellt das Kirchenrecht grundsätzlich ein entsprechend konkretes Feststellungsbegehren zur Verfügung, das – soweit hierfür ein Feststellungsinteresse gegeben ist – der kirchengerichtlichen Sachentscheidung zugänglich ist und im Fall der Stattgabe nach näherer Maßgabe des § 48 MVG.EKD durchgesetzt werden kann (Kirchengerichtshof der Evangelischen Kirche in Deutschland Beschluss vom 5. August 2004 a. a. O).

2. Recht auf Beteiligung am Prüfungsverfahren nach § 81 SGB IX

50 Die Schwerbehindertenvertretung hat das Recht auf Beteiligung am Verfahren der Prüfung zu § 81 SGB IX, ob freie Arbeitsplätze mit schwerbehinderten Menschen – insbesondere mit bei der Agentur für Arbeit arbeitslos oder arbeitsuchend gemeldeten schwerbehinderten Menschen – besetzt werden können (**Abs. 2 Satz 3**). Hierbei kann sie auch verlangen, Einsicht in einschlägige Teile von Bewerbungsunterlagen zu bekommen und an Vorstellungsgesprächen teilnehmen zu dürfen (vgl. hierzu Rdnr. 9 f. und Erl. zu § 81 SGB IX Rdnr. 29). Zum Unterrichtungsanspruch der Schwerbehindertenvertretung bei **Arbeitsplätzen an einer Hochschule**, die durch **Drittmittel** finanziert werden vgl. BAG Beschluss vom 15. August 2006 – 9 ABR 61/05 = NZA 2007, 224 = BehindertenR 2007, 170.

C) zu Abs. 3

1. Einsichtnahme in Personalakte

51 Bei der Einsichtnahme in ihre Personalakte können schwerbehinderte Arbeitnehmer die **Schwerbehindertenvertretung**, aber auch ggf. zusätzlich ein Betriebs- bzw. Personalratsmitglied gem. § 83 BetrVG und § 68 Abs. 2 Satz 3 BPersVG **hinzuziehen (Abs. 3 Satz 1)**. Für Arbeitnehmer in der Privatwirtschaft ist das Recht auf Einsichtnahme in die Personalakte in § 83 Abs. 1 Satz 1 BetrVG geregelt; für Beschäftigte im öffentlichen Dienst gelten § 13 Abs. 1 BAT und § 90 BBG. Durch die Hinzuziehung der Vertrauensperson soll dem schwerbehinderten Menschen insbesondere bei Fragen, die die Behinderung und ihre beruflichen Auswirkungen betreffen, ein **sachkundiger Vertreter beratend und helfend zur Seite stehen** (vgl. BT-Drucks. 7/1515 S. 12). Die Schwerbehindertenvertretung darf ebenso wie ein Betriebsratsmitglied diese Mitwirkung **nur aus wichtigem Grund ablehnen** (Erf / *Kania* Rdnr. 7; DKK / *Buschmann* Rdnr. 9, je zu § 83 BetrVG).

51a Unter **Personalakten** sind alle Unterlagen zu verstehen, die über einen bestimmten Beschäftigten gesammelt werden. Die Form der Sammlung ist unerheblich, insbesondere die Speicherung in einer Akte oder in einer elektronischen Datenbank. Soweit die Informationen auf **elektronischen Datenträgern** gespeichert sind, muss der Arbeitgeber sie **für die Akteneinsicht lesbar** machen (Richardi / Thüsing Rdnr. 18; Löwisch / Kaiser Rdnr. 3, je zu § 83 BetrVG).

Als Personalakten gelten nicht nur Dokumente, die der Arbeitgeber als solche gekennzeichnet hat. Maßgeblich ist der Begriff der Personalakte im materiellen Sinn. Er bezieht sich auf **alle Unterlagen, die mit dem Arbeitsverhältnis in innerem Zusammenhang stehen** (BAG Beschluss vom 16. Oktober 2007 – 9 AZR 110/07 = BAGE 124, 203 = NZA 2008,

367; ErfK / *Kania* § 83 BetrVG Rdnr. 2). Die Personalakten sollen möglichst vollständig und lückenlos über die Person des Angestellten und seine dienstliche Laufbahn Aufschluss geben (⊞ BAG Urteil vom 25. April 1972 – 1 AZR 322/71 = BAGE 24, 247 [256]; Beschluss vom 16. Oktober 2007 a. a. O.).

Die in Personalakten enthaltenen Angaben muss der Arbeitgeber **rechtmäßig erlangt** haben; zudem muss er an ihnen ein **sachliches Interesse** haben (⊞ LAG Niedersachsen Urteil vom 10. Juli 1980 – 6 Sa 35/80 = AP Nr. 85 zu § 611 BGB Fürsorgepflicht). **Regelmäßiger Inhalt** sind Arbeitsvertrag, Beurteilungen, (Zwischen-)Zeugnisse, Personalfragebögen, Testergebnisse und abgeschlossene Ermittlungsakten in Disziplinarsachen (⊞ LAG Bremen Urteil vom 4. März 1977 – 1 Sa 303/76 = DB 1977, 1006). Ferner werden typischerweise erfasst: Angaben zum Personenstand, zum beruflichen Werdegang, Abmahnungen, Lohn- und Gehaltsänderungen, Darlehen sowie Schriftwechsel zwischen Arbeitgeber und Arbeitnehmer.

51b

Hingegen zählen **nicht** zu den Personalakten sog. **Befundbogen** als Aufzeichnungen des **Betriebsarztes**, die dem Arbeitgeber aufgrund der in § 8 Abs. 1 Satz 2 ASiG geregelten ärztlichen Schweigepflicht nicht zugänglich sind. Auch **Prozessakten** aus anhängigen Rechtsstreitigkeiten zwischen Arbeitgeber und Arbeitnehmer gehören nicht in die Personalakten (⊞ BAG Urteil vom 8. April 1992 – 5 AZR 101/91 = RDV 1993, 171) und ferner nicht Erfassungen von Personaldaten mehrerer Arbeitnehmer in Form von Statistiken (ErfK / *Kania* Rdnr. 3).

Zu den Personalakten gehören auch Sonder- und Nebenakten, z. B. über Disziplinarmaßnahmen sowie Aufzeichnungen von Vorgesetzten oder des Werkschutzes. Auch auf diese erstreckt sich das Einsichtsrecht (LAG Bremen Urteil vom 4. März 1977 a. a. O.).

51c

Die Führung von **Geheimakten** ist **unzulässig**, weil das Einsichtsrecht sich auf alle über einen schwerbehinderten Menschen beim Arbeitgeber geführten Daten bezieht. Deshalb kann der Arbeitgeber nicht einwenden, es handle sich bei den betreffenden personenbezogenen Daten nicht um Bestandteile der Personalakte (*Müller-Wenner* / Schorn Rdnr. 48). Allerdings besteht **kein Anspruch auf Einsicht** in **Prozessakten** (GK-SGB IX / *Schimanski* Rdnr. 121) oder **werksärztliche Unterlagen**, die nicht Teil der Personalakte sind (Kossens u. a. / *Kossens* Rdnr. 15).

Die Einsicht in die Personalakten kann **während der Arbeitszeit** ohne Lohn- oder Gehaltskürzung vorgenommen werden (ErfK / *Kania* § 83 BetrVG Rdnr. 4). Der Arbeitnehmer darf sich bei der Einsichtnahme **Notizen** machen und auf eigene Kosten **Kopien** aus der Personalakte anfertigen (GK-BetrVG / *Wiese* / *Franzen* Rdnr. 38 f.). Nach § 87 Abs. 1 Nr. 1 BetrVG können durch **Betriebsvereinbarung** Art, Ort und Häufigkeit der Einsichtnahme in die Personalakten geregelt werden. Eine ggf. bestehende Betriebsvereinbarung gilt auch für schwerbehinderte Menschen (GK-SGB IX / *Schimanski* Rdnr. 122). Im öffentlichen Dienst regelt § 68 Abs. 2 BPersVG die Einsicht in die Personalakten (vgl. auch § 13 BAT).

52

Das Recht auf Einsicht in die Personalakten ist im Übrigen auf die Zeit vom Beginn **bis zur Beendigung des Arbeitsverhältnisses** beschränkt (⊞ BAG Urteil vom 8. April 1992 – 5 AZR 101/91 = RDV 1993, 171).

Die Schwerbehindertenvertretung hat über den Inhalt der Daten **Stillschweigen** zu bewahren, soweit der schwerbehinderte Mensch sie nicht von der Schweigepflicht ausdrücklich entbindet. Hierin liegt eine speziell geregelte Pflicht zur Verschwiegenheit, die über die allgemeine Vorschrift in § 96 Abs. 7 Nr. 1 SGB IX hinausgeht. Die **Verletzung der Schweigepflicht** durch die Vertrauensperson ist nach § 155 SGB IX strafbar. Sie kann ferner nach § 94 Abs. 7 Satz 5 SGB IX zum Erlöschen des Amtes einer Vertrauensperson führen (vgl. HK-SGB IX / *Trenk-Hinterberger* Rdnr. 28; Kossens u. a. / *Kossens* Rdnr. 27).

53

Die Schwerbehindertenvertretung kann **nicht von sich aus Einblick** in die Personalakten der im Betrieb bzw. in der Dienststelle beschäftigten schwerbehinderten Menschen oder Gleichgestellten nehmen (*Müller-Wenner* / Schorn Rdnr. 50; Kossens u. a. / *Kossens* Rdnr. 26; GK-SGB IX / *Schimanski* Rdnr. 120; vgl. auch ⊞ BAG Beschluss vom 20. Dezember 1988 –

54

1 ABR 63/87 = BAGE 60, 311 = NZA 1989, 393 unter II 1 b der Gründe zum fehlenden Einsichtsrecht des Betriebsrats im Rahmen von § 83 BetrVG).

54a **Streitigkeiten** zwischen Arbeitgeber und Arbeitnehmer über die in § 83 BetrVG gewährten Rechte auf Akteneinsicht sind im arbeitsgerichtlichen **Urteilsverfahren** auszutragen (LAG Bremen Urteil vom 4. März 1977 – 1 Sa 303/76 = DB 1977, 1006; vgl. auch BAG Urteil vom 8. April 1992 – 5 AZR 101/91 = RDV 1993, 17). Das Urteilsverfahren ist auch maßgeblich bei Auseinandersetzungen über die Rechte des Arbeitgebers aus dem BDSG sowie wenn dieser die Entfernung unrichtiger Angaben aus der Personalakte verlangt (Erf / *Kania* § 83 BetrVG Rdnr. 14). Den **Anspruch auf Hinzuziehung** eines Betriebsratsmitglieds oder der Schwerbehindertenvertretung bei der Einsichtnahme kann der **Arbeitnehmer nicht gerichtlich durchsetzen** (ErfK / *Kania* a. a. O. m. w. Nachw.). Allerdings könnte die Schwerbehindertenvertretung eine Verletzung ihrer Rechte im Beschlussverfahren geltend machen, wenn ihr die gewünschte Hinzuziehung bei der Einsicht eines schwerbehinderten Arbeitnehmers in seine Personalakten verweigert wird.

D) zu Abs. 4

1. Beratende Teilnahme an Gremien

55 Die Schwerbehindertenvertretung hat das **Recht zur Teilnahme an allen Sitzungen** des Betriebs-, Personal-, Richter-, Staatsanwalts- oder Präsidialrates und deren Ausschüssen sowie des Arbeitsschutzausschusses (**Abs. 4 Satz 1 Halbs. 1**). Sie soll damit auf die Willensbildung und Entscheidungsfindung dieser Gremien Einfluss nehmen können, damit auch die besonderen Belange der schwerbehinderten Arbeitnehmer Berücksichtigung finden (BAG Beschluss vom 21. April 1993 – 7 ABR 44/92 = BAGE 73, 93 = NZA 1994, 43 = BehindertenR 1995, 71).

Das gilt **auch für** die **konstituierende Sitzung** (VG Ansbach Beschluss vom 19. April 2005 – AN 7 P 04.00739 = BehindertenR 2006, 112 = ZfPR 2006, 101; a. A. BayVGH Beschluss vom 31. Juli 1996 – 17 P 96.1403 = Schütz BeamtR ES/D IV 3 Nr. 7 mit dem Argument, die Wahl des Vorstands des Personalrats solle als innerorganisatorischer Vorgang frei von Einflüssen außenstehender Dritter bleiben). Der Gesetzgeber hat insoweit **bewusst keine Einschränkung** vorgesehen, etwa auf Sitzungen, in denen Angelegenheiten der Schwerbehinderten auf der Tagesordnung stehen. Vielmehr hat er sogar in zwei Gesetzen – § 40 Abs. 1 BPersVG und § 95 Abs. 4 SGB IX – bestimmt, dass die Schwerbehindertenvertretung ein Teilnahmerecht an allen Sitzungen hat. Es ist auch kein überzeugender Grund für eine einschränkende Auslegung ersichtlich. Namentlich das **Rederecht der Schwerbehindertenvertretung** ist ein wichtiges Instrument, um den Interessen der Schwerbehinderten in den Personalvertretungsgremien Gehör zu verschaffen. Unabdingbare Voraussetzung dafür ist aber das Teilnahmerecht der Schwerbehindertenvertretung an ausnahmslos jeder Sitzung (VG Ansbach Beschluss vom 19. April 2005 a. a. O.). Diese Auffassung hat – wie den Gründen des Beschlusses zu entnehmen ist – auch der Bundesbeauftragte für die Belange behinderter Menschen in einem Schreiben vom 19. April 2004 vertreten.

Der **Vorsitzendes des Wahlvorstands** ist daher verpflichtet, die Schwerbehindertenvertretung **zur Konstituierenden Sitzung einzuladen**.

56 Das Recht der Schwerbehindertenvertretung zur beratenden Teilnahme an Sitzungen der genannten Gremien darf **nicht dadurch faktisch entwertet** werden, dass wesentliche Beteiligungsrechte eines solchen Gremiums einem **Teilorgan übertragen** werden und die Schwerbehindertenvertretung das ihr zustehende **Rederecht dort nicht ausüben** kann. Die Vertrauensperson hat deshalb ein Recht auf beratende Teilnahme an **Sitzungen des Personalratsvorstands**, soweit in diesen Sitzungen **Beteiligungsangelegenheiten** besprochen werden, die **an den Vorstand des Personalrats im Wege der Delegation übertragen** sind (LAG München Beschluss vom 14. November 2008 – 5 TaBV 36/08, zit. nach JURIS). Das wird zu Recht z. T. auch für das BPersVG vertreten, obwohl hier dem Vorstand des

Personalrats keine Aufgaben zur selbständigen Erledigung übertragen werden können (vgl. Richardi / Dörner / Weber / *Jacobs* Personalvertretungsrecht, 3. Aufl. 2008, § 40 Rdnr. 54, § 32 Rdnr. 68; a. A. Ilbertz / Widmaier BPersVG, § 40 Rdnr. 5b). Denn im Vorstand findet ein weitgehender Teil der Willensbildung des Personalrats statt, sodass dem Normzweck von § 95 Abs. 4 SGB IX nur dann hinreichend gedient ist, wenn die Beteiligung der Schwerbehindertenvertretung bereits bei der umfangreichen Vorbereitung der Personalratsbeschlüsse durch den Vorstand gewährleistet sei (vgl. Richardi / Dörner / Weber / *Jacobs* a. a. O., § 32 Rdnr. 68).

Das gilt **erst recht im Bereich des BayPVG**, denn hier besteht nach Art. 32 Abs. 4 BayPVG (anders als nach dem BPersVG) die Möglichkeit, soweit der Personalrat an Maßnahmen beteiligt ist, dem **Vorsitzenden die Entscheidung** im Einvernehmen mit den übrigen Vorstandsmitgliedern **durch einstimmigen Beschluss zu übertragen**. Durch die Übertragung hat der Vorstand dann ähnliche Funktionen wie die nach § 28 BetrVG gebildeten Ausschüsse des Betriebsrats. Die Funktion, Entscheidungen auf ein verkleinertes Gremium übertragen zu können, übernimmt nach Art. 32 Abs. 4 BayPVG der Vorstand; laufende Geschäfte führt der Vorsitzende nach Art. 32 Abs. 3 BayPVG. Das spricht nach Sinn und Zweck der Regelung in § 95 Abs. 4 SGB IX entscheidend dafür, der **Schwerbehindertenvertretung** ein **Teilnahmerecht** zumindest an denjenigen Sitzungen einzuräumen, die **delegierte Beteiligungsangelegenheiten zum Gegenstand** haben (LAG München Beschluss vom 14. November 2008 a. a. O.).

Soweit demgegenüber die Ansicht vertreten wird, dass bei einer solchen „aus Gründen der Verwaltungsvereinfachung ermöglichten" Kompetenzverlagerung auf den Vorstand insoweit keinerlei **Beteiligungsrechte der Schwerbehindertenvertretung** mehr bestünden, also das beratende Teilnahmerecht komplett entfallen würde (Ballerstedt / Schleicher / Faber Art. 32 Rdnr. 62), verstößt dies gegen den **Regelungszweck des § 95 Abs. 4 SGB IX**. Da die Schwerbehindertenvertretung ungeachtet ihrer Mitwirkungs- und Beteiligungsrechte kein eigenständiges Mitbestimmungsrecht hat und deshalb auf die Zusammenarbeit mit Betriebs- bzw. Personalrat angewiesen ist (vgl. oben Rdnr. 14), muss ihr auch die beratende Mitwirkung an der Beschlussfassung dieser Gremien gewährleistet sein. Überträgt das Gremium in zulässiger Weise die Beschlussfassung an ein Organ wie den Vorstand, kann eine folgerichtige Anwendung des in § 95 Abs. 4 Satz 1 geregelten Grundsatzes nur bedeuten, dass die **Schwerbehindertenvertretung das Recht zur beratenden Teilnahme an einschlägigen Vorstandssitzungen** hat. Das gilt umso mehr, als eine landesrechtliche Regelung – und sei es auch nur mittelbar im Wege einer Auslegung – nicht die zwingende bundesrechtliche Norm unterlaufen kann.

56a

Über die Ausübung und Sicherung des Rechts auf **Teilnahme** der Vertrauensperson der Schwerbehinderten **an Personalratssitzungen** ist durch die Verwaltungsgerichte im **personalvertretungsrechtlichen Beschlussverfahren** zu entscheiden, da es um die Geschäftsführung des Personalrats geht (VG Frankfurt a. M. Beschluss vom 16. Oktober 2003 – 23 LG 5583/03 (V) = ZfPR 2004, 201). Zur Gewährleistung des Rechts der Vertrauensperson auf Teilnahme an Personalratssitzungen kann eine **einstweilige Verfügung** ergehen, die auch das Ergebnis eines künftigen Hauptsacheverfahrens vorwegnehmen kann (VG Frankfurt a. M. Beschluss vom 16. Oktober 2003 a. a. O.).

57

Dem Recht zur Teilnahme entspricht gegenüber den schwerbehinderten Menschen die **Verpflichtung, an den Sitzungen teilzunehmen** und dort deren Interessen zu vertreten (GK-SGB IX / *Schimanski* Rdnr. 123).

58

In diesen Sitzungen hat die Schwerbehindertenvertretung regelmäßig kein Stimmrecht, sondern nur eine **beratende Funktion** (vgl. auch § 32 BetrVG und § 40 Abs. 1 BPersVG); bemerkenswert aber Art. 40 Abs. 2 Halbs. 2 BayVG, wonach die Schwerbehindertenvertretung in bestimmten Fällen in Personalratssitzungen stimmberechtigt ist. Bei Personalunion der Funktionen von Vertrauensperson und PR-Mitgliedschaft führt dies zu einem doppelten Stimmrecht.

59

59a Die Vertrauensperson der schwerbehinderten Menschen muss über die aus einer Personalratssitzung erlangten Kenntnisse die nötige **Verschwiegenheit** bewahren. Eine Verletzung dieser Verschwiegenheitspflicht kann im Einzelfall eine Behinderung der Personalratsarbeit darstellen. Droht Wiederholungsgefahr, kann der Personalrat gestützt auf das Behinderungsverbot die **Ausübung des Teilnahmerechts** der Vertrauensperson der Schwerbehinderten **untersagen** lassen (VG Frankfurt a. M. Beschluss vom 16. Oktober 2003 a. a. O.). Jedoch dürfen sachliche Meinungsverschiedenheiten zwischen der Vertrauensperson der Schwerbehinderten und dem Personalrat öffentlich gemacht werden (VG Frankfurt a. M. Beschluss vom 16. Oktober 2003 a. a. O.).

60 Die Schwerbehindertenvertretung hat auch das Recht, Angelegenheiten der Schwerbehinderten auf die **Tagesordnung** der nächsten Sitzung setzen zu lassen. Deshalb sind die Schwerbehindertenvertreter rechtzeitig über den Termin der nächsten Sitzung zu informieren, hierzu einzuladen und ist ihnen die Tagesordnung mitzuteilen.

61 Das Teilnahmerecht der Schwerbehindertenvertretung erstreckt sich auch auf die Sitzungen der **Ausschüsse der Betriebsräte**. Dies sind sowohl die Sitzungen des Betriebsausschusses gemäß § 27 BetrVG als auch die weiteren Ausschüsse wie Personal-, Sozial-, Ergonomieausschuss usw. (§ 28 BetrVG). Der Gesetzgeber wollte sicherstellen, dass die Schwerbehindertenvertretung an der Willensbildung und Entscheidungsfindung beratend mitwirken kann (BAG Beschluss vom 21. April 1993 – 7 ABR 44/92 = BAGE 73, 93 = NZA 1994, 43 = BehindertenR 1995, 71). Das könnte aber nicht verwirklicht werden, wenn sich die Entscheidungsfindung ohne Beteiligung der Schwerbehindertenvertretung nicht mehr im Plenum z. B. des Betriebsrats, sondern in Ausschüssen vollzieht, die selbstständig als eigenständige Organe der Betriebsverfassung entscheiden dürfen. Deshalb **wirkt die Schwerbehindertenvertretung überall dort beratend** mit, wo sich die **Willensbildung und Entscheidungsfindung** vollzieht (BAG Beschluss vom 21. April 1993 a. a. O.).

62 Das Teilnahmerecht der Schwerbehindertenvertretung gilt deshalb auch für **Ausschüsse**, die nach § 28 Abs. 2 BetrVG gemeinsam **aus Vertretern des Arbeitgebers und aus Mitgliedern des Betriebsrates** gebildet werden (BAG Beschluss vom 21. April 1993 a. a. O.). Dies sind z. B. Lohn- und Akkordausschüsse, Kommissionen zur Beurteilung von Verbesserungsvorschlägen, Ausschüsse zur Verwaltung von Sozialeinrichtungen, Wohnungsausschüsse, Ausschüsse für Arbeitssicherheit oder für die menschengerechte Gestaltung der Arbeit.

62a Vergleichbare **Ausschüsse sind im BPersVG nicht vorgesehen**. Insbesondere die in § 28a BetrVG vorgesehene Ermächtigung, dass an Stelle des Plenums ein Ausschuss des Betriebsrats entscheiden kann, kennt das Personalvertretungsrecht des Bundes nicht. Auch ein dem Wirtschaftsausschuss (§ 106 BetrVG) entsprechendes Gremium als Ausschuss des Personalrats ist dem BPersVG fremd. Allerdings kann der **Personalrat aufgrund seiner Geschäftsordnungshoheit** gem. § 42 BPersVG zur Erleichterung der Arbeit im Plenum entweder **für bestimmte Angelegenheiten oder auf Dauer Ausschüsse** bzw. Arbeitsgruppen einsetzen, z. B. für Arbeitsschutz und Soziales, IT, Personalüberleitung und TVÖD oder Statusgruppen für die Angelegenheiten der Arbeitnehmer, Beamten und Soldaten (vgl. Lorenzen u. a., BPersVG § 42 BPersVG Anm. 9). Der Personalrat kann der Schwerbehindertenvertretung die **Teilnahme** an Sitzungen derartiger Ausschüsse und Arbeitsgruppen **gestatten**. Einzelnen Personalratsmitgliedern steht dagegen kein Abwehranspruch zu (VG Oldenburg Beschluss vom 15. Juli 2008 – 8 A 2018/07, zit. nach JURIS).

2. Aussetzungsrecht gegenüber Beschlüssen des Betriebs- oder Personalrats

63 Die Schwerbehindertenvertretung kann einen Beschluss des Betriebs- oder Personalrats **auf ihren Antrag auf** die Dauer von einer Woche vom Zeitpunkt der Beschlussfassung an aussetzen **(Abs. 4 Satz 2)**. Dies setzt aber voraus, dass die Schwerbehindertenvertretung den Beschluss des Gremiums als eine **erhebliche Beeinträchtigung wichtiger Interessen** der Schwerbehinderten erachtet. Hierbei hat sie einen Beurteilungsspielraum, der vom Betriebs- bzw. Personalrat nur eingeschränkt überprüft werden kann. Die Interessenbeeinträchtigung muss nicht objektiv bestehen. Es genügt vielmehr, wenn die Schwerbehindertenvertretung eine Interessenbeeinträchtigung **als gegeben annimmt** (LPK-SGB IX / *Düwell* Rdnr. 25). Der Betriebs- oder Personalrat muss daher auf einen Antrag der Schwerbehindertenvertretung den gefassten Beschluss aussetzen. Diese Pflicht besteht ausnahmsweise nur dann nicht, wenn die Schwerbehindertenvertretung ihren Antrag überhaupt **nicht begründet** oder die angeführte **Begründung offensichtlich willkürlich** erscheint (LPK-SGB IX / *Düwell* a. a. O.). Die Schwerbehindertenvertretung ist allerdings nicht verpflichtet, Nachweise für eine ihrer Auffassung nach vorliegende erhebliche Beeinträchtigung von behinderten Menschen beizubringen (*Müller-Wenner* / Schorn Rdnr. 59).

Weigert sich der Betriebs- / Personalrat, den Beschluss für die Dauer einer Woche auszusetzen, kann die Schwerbehindertenvertretung durch **einstweilige Anordnung** beim Arbeits- oder Verwaltungsgericht die Aussetzung erzwingen (GK-SGB IX / *Schimanski* Rdnr. 146; *Müller-Wenner* / Schorn Rdnr. 61). Das ist allerdings nicht mehr möglich, wenn der Beschluss des Betriebs- oder Personalrats bereits vollzogen worden ist (Neumann u. a. / *Pahlen* Rdnr. 16). Insofern stellt sich das **Aussetzungsrecht als „stumpfes Schwert"** dar, welches den guten Willen und die Verständigungsbereitschaft der verschiedenen kollektiven Interessenvertretungen voraussetzt und vor allem **Gesprächsbereitschaft und Suche nach gemeinsamen Lösungen fördern** soll (*Müller-Wenner* / Schorn Rdnr. 61). 64

Die **Aussetzungsfrist** beginnt mit dem Zeitpunkt der Beschlussfassung und beträgt **eine Woche**. Innerhalb dieser Frist ist eine Verständigung mit dem Betriebs- bzw. Personalrat zu versuchen (vgl. § 35 Abs. 1 BetrVG; § 39 Abs. 1 Satz 2 BPersVG). Nach Ablauf der Frist muss **über die Angelegenheit neu beschlossen** werden. Falls der Beschluss der allgemeinen Interessenvertretung erneut bestätigt wird, kann die Schwerbehindertenvertretung den Antrag auf Aussetzung nicht wiederholen. Das gilt auch dann, wenn der erste Beschluss nur unerheblich geändert wird (*Düwell* AuR 1993, 345). Falls allerdings ein **wesentlich anderer Beschluss** ergeht, kann ein **zweiter Aussetzungsantrag** gestellt werden. Ergeht nach Ablauf der Wochenfrist kein neuer Beschluss, wird der erste Beschluss unangreifbar (GK-SGB IX / *Schimanski* Rdnr. 156). 65

3. Anhörung durch Gerichtspräsidium

Auf **Antrag** eines **schwerbehinderten Richters** ist in den Fällen des § 21e Abs. 1 und 3 GVG (namentlich bei Fragen der Spruchkörperbesetzung und der Geschäftsverteilung) die Schwerbehindertenvertretung vor dem Präsidium des Gerichts zu hören, soweit nicht ein Eilfall vorliegt **(Abs. 4 Satz 4)**. Falls eine besondere Schwerbehindertenvertretung der Richter nach § 94 Abs. 1 Satz 2 SGB IX besteht, ist diese zu hören, andernfalls die Schwerbehindertenvertretung, welche die Interessen aller Schwerbehinderten des Gerichts wahrzunehmen hat. Die Anhörung ist zwingend, wenn der betroffene Richter es beantragt. Das Präsidium hat die Stellungnahme der Schwerbehindertenvertretung zu würdigen. Eine Bindung hieran besteht jedoch nicht. Gegen den anschließenden Beschluss des Präsidialrates steht der Schwerbehindertenvertretung ggf. das Recht zu, die Aussetzung nach Abs. 4 Satz 2 zu beantragen. 66

E) zu Abs. 5

1. Teilnahme an Besprechungen mit dem Arbeitgeber

Arbeitgeber und Betriebsrat bzw. Dienststellenleiter und Personalrat sollen **mindestens einmal monatlich Besprechungen** über die Gestaltung des Dienstbetriebes, insbesondere alle für die Beschäftigten wesentlichen Vorgänge führen. Hierbei haben sie über strittige Fragen mit dem ernsten Willen zur Einigung zu verhandeln und Vorschläge für die Beilegung von Meinungsverschiedenheiten zu machen (vgl. § 74 Abs. 1 BetrVG, § 66 Abs. 1 BPersVG). In dem sog. **Monatsgespräch** sollen möglichst viele Angelegenheiten im gegenseitigen Einverständnis geregelt und Missverständnisse oder Meinungsverschiedenheiten ausgeräumt 67 werden (LAG München Beschluss vom 14. November 2008 – 5 TaBV 36/08, zit. nach JURIS).

67a Das Gesetz räumt in Abs. 5 der **Schwerbehindertenvertretung** das Recht ein, **zu allen derartigen Besprechungen hinzugezogen** zu werden. Es gilt unabhängig davon, ob jeweils Angelegenheiten behandelt werden, die schwerbehinderte Menschen besonders betreffen. **Unabhängig von den jeweiligen Themen der Tagesordnung** kann nicht ausgeschlossen werden, dass im Laufe des Gesprächs Fragen angesprochen werden, die behinderte Menschen besonders berühren. Es wäre wenig sinnvoll, die Schwerbehindertenvertretung erst nach einer Unterbrechung der Sitzung hinzuzubitten. Deshalb ist – abweichend von der ursprünglichen Konzeption des Regierungsentwurfs im Jahre 1986 – die grundsätzliche Beteiligung der Schwerbehindertenvertretung an den Besprechungen gesetzlich festgelegt worden (vgl. BT-Drucks. 10/5701 S. 11; zum Ganzen auch GK-SGB IX / *Schimanski* Rdnr. 139).

67b Allerdings ergibt sich **weder aus dem BetrVG noch aus dem SGB IX** ein **Anspruch** der Schwerbehindertenvertretung, **an allen Gesprächen**, die zwischen Betriebsrat bzw. Betriebsratsmitgliedern und Arbeitgeberseite geführt werden, **beratend teilzunehmen** (LAG Schleswig-Holstein Beschluss vom 10. September 2008 – 3 TaBV 26/08 = BehindertenR 2009, 118). Der Gesetzgeber hat dieses Teilnahmerecht ausdrücklich auf die sog. Monatsgespräche beschränkt. Die Schwerbehindertenvertretung soll nach Abs. 4 und 5 nur dort beraten, wo **in entscheidungsfähigen Gremien eine Willensbildung bzw. eine Information** zum Zwecke der vertrauensvollen Zusammenarbeit dieser Gremien stattfinden. Ihre beratende Mitwirkung soll nicht stattdessen schon bei allen Einzelaktivitäten, Gesprächen, Handlungen einzelner Betriebsratsmitglieder ansetzen (LAG Schleswig-Holstein Beschluss vom 10. September 2008 a. a. O.).

67c Auch nach Ansicht des LAG München (Beschluss vom 14. November 2008 a. a. O.) muss die Schwerbehindertenvertretung nicht zu jedem Erörterungsgespräch zwischen dem Vorstand bzw. Vorsitzenden des Personalrates und der Dienststellenleitung hinzugezogen werden. Allerdings soll dies nach Meinung der Kammer auch dann nicht gelten, wenn in diesen Erörterungsgesprächen **Beteiligungsangelegenheiten** besprochen werden, **die vom Personalrat an den Vorsitzenden oder den Vorstand delegiert** sind. Dementsprechend bedürfe es auch keiner vorherigen Information der Schwerbehindertenvertretung über das Stattfinden derartiger Besprechungen. Ein Teilnahmerecht an Besprechungen mit dem Arbeitgeber bzw. der Leitung der Dienststelle bestehe nach Maßgabe des Abs. 5 nur im Rahmen der sog. Monatsgespräche.

Das **überzeugt** deshalb **nicht**, weil die Vorschrift den **Regelfall** zugrunde legt, dass die entsprechenden Angelegenheiten auch **vom Personalrat insgesamt behandelt und mit dem Arbeitgeber beredet** werden. Ist das nicht der Fall, nämlich bei einer Delegation auf den Vorstand, muss folgerichtig der Schwerbehindertenvertretung ein Informations- und Mitberatungsrecht an den ersatzweise stattfindenden Besprechungen eingeräumt werden. Für Sitzungen des Personalratsvorstands, in denen **Beteiligungsangelegenheiten** besprochen werden, die **an den Vorstand des Personalrats im Wege der Delegation übertragen** sind, hat dies das LAG München a. a. O. zutreffend bejaht (vgl. oben Rdnr. 56). Dann ist aber kein Grund ersichtlich, hiervon Gespräche mit dem Arbeitgeber auszunehmen, in denen der Personalratsvorstand dieselben Angelegenheiten erörtert, die sonst der gesamte Personalrat im Rahmen der Monatsgespräche unter Beteiligung der Schwerbehindertenvertretung angesprochen hätte. Es handelt sich dann – im Sinne der zitierten Ausführungen des LAG Schleswig-Holstein a. a. O. – um ein „**entscheidungsfähiges Gremium**", das mit dem Arbeitgeber zwecks Vorbereitung einer Willensbildung bzw. zum Austausch von Informationen mit dem Ziel der vertrauensvollen Zusammenarbeit zusammentrifft. Die Schwerbehindertenvertretung hiervon auszuschließen, nur weil derartige Zusammenkünfte nicht ausdrücklich in § 95 Abs. 5 SGB IX genannt seien, verstößt gegen den Sinn der gesetzlichen Regelung.

F) zu Abs. 6

1. Versammlung schwerbehinderter Menschen

Die Schwerbehindertenvertretung hat das Recht, **mindestens einmal kalenderjährlich** eine Versammlung der schwerbehinderten und gleichgestellten Menschen im Betrieb oder in der Dienststelle durchzuführen (**Abs. 6 Satz 1**). Es liegt **im pflichtgemäßen Ermessen** der Schwerbehindertenvertretung, ob und wie viele Versammlungen sie durchführen will. Hierbei ist das berechtigte Interesse der schwerbehinderten Menschen zu beachten, über ihre besondere Lage im Betrieb oder in der Dienststelle sowie über anstehende Veränderungen rechtzeitig und ausführlich informiert zu werden. Nur solche zusätzlichen Versammlungen, die einem berechtigten Informationsbedürfnis entsprechen, lösen eine Vergütungspflicht des Arbeitgebers aus (vgl. BAG Urteil vom 23. Oktober 1991 – 7 AZR 249/90 = NZA 1992, 557 = AP Nr. 5 zu § 43 BetrVG 1972). **68**

Die entsprechende Anwendung der Vorschriften für Betriebs- und Personalversammlungen nach **Abs. 6 Satz 2** bedeutet weiterhin: **69**

Auf Wunsch von mindestens einem **Viertel der wahlberechtigten Schwerbehinderten** oder **des Arbeitgebers** ist eine Schwerbehindertenversammlung einzuberufen und der beantragte Beratungsgegenstand auf die Tagesordnung zu setzen (vgl. § 43 Abs. 3 BetrVG, § 49 Abs. 2 BPersVG).

An der Versammlung haben alle im Betrieb oder in der Dienststelle beschäftigten schwerbehinderten und gleichgestellten Menschen, die nach § 94 Abs. 2 SGB IX wahlberechtigt sind, ein **Teilnahmerecht**. Sie müssen zur Versammlung eingeladen werden. **70**

Die Schwerbehindertenversammlung ist **nicht öffentlich** (vgl. § 42 Abs. 1 Satz 2 BetrVG, § 48 Abs. 1 BPersVG). So sollen sachfremde Einflüsse von ihr ferngehalten werden. Sie ist daher grundsätzlich **in geschlossenen Räumen** abzuhalten. Nur dort lässt sich regelmäßig verhindern, dass Unbefugte anwesend sind (vgl. ErfK / Koch § 42 BetrVG Rdnr. 5). Stichwortartige **Notizen** ohne Namensnennung sind erlaubt (LAG Düsseldorf Beschluss vom 4. September 1991 – 4 TaBV 60/9 = DB 1991, 2552 [Ls.]). **Wortprotokolle** – auch einzelner Beiträge – dürfen vom Arbeitgeber nicht angefertigt werden (LAG Hamm Beschluss vom 9. Juli 1986 – 3 TaBV 31/86 = NZA 1986, 842; ErfK / Koch a. a. O.; a. A. LAG Baden-Württemberg Beschluss vom 27. Oktober 1978 – 9 TaBV 3/78 = DB 1979, 316). Denn damit würde eine wenigstens mittelbare Verfahrenskontrolle durch andere als die Teilnahmeberechtigten ermöglicht. Die Anfertigung eines Wortprotokolls durch den Arbeitgeber verstieße auch gegen den Zweck der Versammlung als einer Möglichkeit zu freier – allerdings durch die gesetzlichen und arbeitsvertraglichen Pflichten eingegrenzten – Meinungsäußerung der Arbeitnehmer (ArbG Herford Beschluss vom 14. November 1985 – 1 BV 11/85 als Vorinstanz zu LAG Hamm a. a. O.). **71**

Der **Arbeitgeber** ist unter Mitteilung der Tagesordnung **einzuladen**. Er hat nicht nur ein Rederecht in der Versammlung, sondern auch eine **Berichtspflicht** gem. § 83 Abs. 3 SGB IX (vgl. Erl. zu § 83 Rdnrn. 75 ff.). Teilnahmeberechtigt sind ebenfalls alle **Personen**, die nach **§ 99 SGB IX** gehalten sind, zur Eingliederung schwerbehinderter Menschen im Betrieb oder der Dienststelle zusammenzuarbeiten. Vertreter der **Integrationsämter**, der Agenturen für Arbeit und der übrigen Rehabilitationsträger haben auf Einladung durch die Schwerbehindertenvertretung das Recht auf beratende Teilnahme an den Versammlungen. **72**

Im Mittelpunkt der Versammlung sollte der **Tätigkeitsbericht der Schwerbehindertenvertretung und die Aussprache darüber** stehen. Im Übrigen dürfen in den Versammlungen alle Fragen erörtert werden, die zum Aufgabenbereich der Schwerbehindertenvertretung gehören und das Verhältnis zwischen Arbeitgeber und Arbeitnehmer betreffen. Ebenso können alle tarifpolitischen und wirtschaftlichen Themen Gegenstand der Versammlung sein (vgl. § 45 BetrVG, § 51 BPersVG). Allerdings muss grundsätzlich ein Bezugspunkt zum Betrieb bzw. den dort beschäftigten schwerbehinderten Arbeitnehmern dieses Betriebs bestehen (vgl. ErfK / Koch § 45 BetrVG Rdnr. 2 m. w. Nachw. zu Betriebsversammlungen). **73**

G) zu Abs. 7

1. Zusammenarbeit mit der Schwerbehindertenvertretung der Richter

74 Grundsätzlich kann nur jeweils eine Schwerbehindertenvertretung in einem Betrieb oder in einer Dienststelle tätig sein. Jedoch hat § 94 Abs. 1 Satz 2 SGB IX eine **Sonderregelung** dahingehend getroffen, dass bei **Gerichten**, denen mindestens fünf schwerbehinderte Richter oder Richterinnen angehören, diese einen Richter oder eine Richterin zu ihrer Schwerbehindertenvertretung wählen. Ist dies der Fall, amtieren im Gericht **zwei Schwerbehindertenvertretungen**. Entsprechendes gilt für die Vertretung von Staatsanwälten (vgl. § 94 Abs. 1 Satz 3 SGB IX). Während zum Aufgabenbereich der Schwerbehindertenvertretung der Richter und Staatsanwälte ausschließlich die Vertretung schwerbehinderter Richter und Staatsanwälte zählt, hat die Schwerbehindertenvertretung des Gerichts bzw. der Staatsanwaltschaft alle dort tätigen schwerbehinderten Menschen und Gleichgestellten ohne Rücksicht auf ihre Funktion und Dienststellung zu vertreten.

75 Durch Abs. 7 wird in Angelegenheiten, an welchen beide Schwerbehindertenvertretungen beteiligt sind, diesen eine **Zusammenarbeit abverlangt**. Sie können gemeinsam Anträge stellen und Stellungnahmen abgeben. Allerdings bedeutet gemeinsames Handeln nicht, dass sie auch eine gemeinsame Auffassung vertreten und verfolgen müssen. Sie können **in Einzelfragen unterschiedliche Auffassungen** vertreten, wobei allerdings der Versuch zu einem einheitlichen Vorgehen möglichst vorausgegangen sein sollte (GK-SGB IX / *Schimanski* Rdnr. 178).

H) zu Abs. 8

1. Teilnahme- und Rederecht in Betriebs- und Personalversammlungen bei zwecks Wahl zusammengefassten Betrieben

76 Die zum 1. Mai 2004 angefügte Vorschrift enthält eine **Klarstellung** für **Betriebe** und **Dienststellen**, die **zum Zwecke der Wahl** einer Schwerbehindertenvertretung gem. § 94 Abs. 1 Satz 4 SGB IX zusammengefasst worden sind. Es erscheint an sich selbstverständlich, dass eine kraft ihrer Wahl für einen bestimmten Betrieb oder eine Dienststelle **zuständige Vertrauensperson** bzw. ihr Stellvertreter das Recht haben müssen, an einer Betriebs- oder Personalversammlung **auch dann teilzunehmen**, wenn sie selbst dem **Betrieb oder der Dienststelle nicht angehören**. Ein Ausschluss vom Teilnahmerecht würde eine schwerwiegende Behinderung ihrer Möglichkeiten der Amtswahrnehmung bedeuten.

77 In der Vergangenheit wurden aber in Einzelfällen verschiedentlich Bedenken gegen eine solche Teilnahme „betriebsfremder Personen" geäußert, die gegen den Grundsatz der Nichtöffentlichkeit von Betriebs- und Personalversammlungen verstoße. Der Gesetzgeber sah sich deshalb gehalten, nunmehr ausdrücklich klarzustellen, dass die Schwerbehindertenvertretung in diesen Fällen sowohl das Recht zur Teilnahme an der Versammlung als auch ein Rederecht hat (vgl. oben Rdnr. 18).

IV. Literatur

Feldes, Werner, Neugewählte Schwerbehindertenvertretungen am Start – Hinweise zur Einarbeitung in das Aufgabenfeld, AiB 2003, 94

Feldes, Werner, Nach der Wahl – Bühne frei für die neuen Schwerbehindertenvertretungen, BehindertenR 2003, 76

Kossens, Michael, Die Arbeitsweise der Schwerbehindertenvertretung, ZfPR 2003, 16

Löbbert, Hans-Ludger, Beteiligungsrechte im Disziplinarverfahren PersV 2007, 54

Rolfs, Christian, Aufgaben der Schwerbehindertenvertretung, ZBVR 2003, 10

Schwab, Norbert, Teilnahme der Schwerbehindertenvertretung (jetzt Vertrauensperson der schwer behinderten Menschen) an Betriebsratssitzung, LAGReport 2002, 290

Seidel, Rainer, Die Aufgaben der Schwerbehindertenvertretung, BehindertenR 2003, 80

Splanemann, Andreas, Schwerbehindertenvertretung und Betriebsrat: Wege zur Kooperation, AiB 2002, 404

Stather, Wolfgang, Zuständigkeit der Schwerbehindertenvertretung in Einrichtungen der beruflichen Rehabilitation für schwerbehinderte Rehabilitanden, AiB 2004, 448

Thiel, Adolf, Die Vertrauensperson der schwerbehinderten Menschen, ZMV 2003, 105

Winkelmann, Brigitta, Personen des Vertrauens – Die Aufgaben der Schwerbehindertenvertretung, dbr 2006, Nr. 9, 31

Wolber, Kurt, Die Schwerbehindertenvertretung als Rechtsbeistand, WzS 2003, 251

Wolber, Kurt, Die Schwerbehindertenvertretung als Verbindungsstelle zu den Versorgungsämtern und Rehabilitationsträgern, ZBVR 2003, 186

§ 96
Persönliche Rechte und Pflichten der Vertrauenspersonen der schwerbehinderten Menschen

(1) Die Vertrauenspersonen führen ihr Amt unentgeltlich als Ehrenamt.

(2) Die Vertrauenspersonen dürfen in der Ausübung ihres Amtes nicht behindert oder wegen ihres Amtes nicht benachteiligt oder begünstigt werden; dies gilt auch für ihre berufliche Entwicklung.

(3) ¹Die Vertrauenspersonen besitzen gegenüber dem Arbeitgeber die gleiche persönliche Rechtsstellung, insbesondere den gleichen Kündigungs-, Versetzungs- und Abordnungsschutz wie ein Mitglied des Betriebs-, Personal-, Staatsanwalts- oder Richterrates. ²Das stellvertretende Mitglied besitzt während der Dauer der Vertretung und der Heranziehung nach § 95 Abs. 1 Satz 4 die gleiche persönliche Rechtsstellung wie die Vertrauensperson, im Übrigen die gleiche Rechtsstellung wie Ersatzmitglieder der in Satz 1 genannten Vertretungen.

(4) ¹Die Vertrauenspersonen werden von ihrer beruflichen Tätigkeit ohne Minderung des Arbeitsentgelts oder der Dienstbezüge befreit, wenn und soweit es zur Durchführung ihrer Aufgaben erforderlich ist. ²Sind in den Betrieben und Dienststellen in der Regel wenigstens 200 schwerbehinderte Menschen beschäftigt, wird die Vertrauensperson auf ihren Wunsch freigestellt; weiter gehende Vereinbarungen sind zulässig. ³Satz 1 gilt entsprechend für die Teilnahme an Schulungs- und Bildungsveranstaltungen, soweit diese Kenntnisse vermitteln, die für die Arbeit der Schwerbehindertenvertretung erforderlich sind. ⁴Satz 3 gilt auch für das mit der höchsten Stimmenzahl gewählte stellvertretende Mitglied, wenn wegen

1. ständiger Heranziehung nach § 95,
2. häufiger Vertretung der Vertrauensperson für längere Zeit,
3. absehbaren Nachrückens in das Amt der Schwerbehindertenvertretung in kurzer Frist

die Teilnahme an Bildungs- und Schulungsveranstaltungen erforderlich ist.

(5) ¹Freigestellte Vertrauenspersonen dürfen von inner- oder außerbetrieblichen Maßnahmen der Berufsförderung nicht ausgeschlossen werden. ²Innerhalb eines Jahres nach Beendigung ihrer Freistellung ist ihnen im Rahmen der Möglichkeiten des Betriebes oder der Dienststelle Gelegenheit zu geben, eine wegen der Freistellung unterbliebene berufliche Entwicklung in dem Betrieb oder der Dienststelle nachzuholen. ³Für Vertrauenspersonen, die drei volle aufeinanderfolgende Amtszeiten freigestellt waren, erhöht sich der genannte Zeitraum auf zwei Jahre.

(6) Zum Ausgleich für ihre Tätigkeit, die aus betriebsbedingten oder dienstlichen Gründen außerhalb der Arbeitszeit durchzuführen ist, haben die Vertrauenspersonen Anspruch auf entsprechende Arbeits- oder Dienstbefreiung unter Fortzahlung des Arbeitsentgelts oder der Dienstbezüge.

(7) ¹Die Vertrauenspersonen sind verpflichtet,
1. über ihnen wegen ihres Amtes bekannt gewordene persönliche Verhältnisse und Angelegenheiten von Beschäftigten im Sinne des § 73, die ihrer Bedeutung oder ihrem Inhalt nach einer vertraulichen Behandlung bedürfen, Stillschweigen zu bewahren und
2. ihnen wegen ihres Amtes bekannt gewordene und vom Arbeitgeber ausdrücklich als geheimhaltungsbedürftig bezeichnete Betriebs- oder Geschäftsgeheimnisse nicht zu offenbaren und nicht zu verwerten.

²Diese Pflichten gelten auch nach dem Ausscheiden aus dem Amt. ³Sie gelten nicht gegenüber der Bundesagentur für Arbeit, den Integrationsämtern und den Rehabilitationsträgern, soweit deren Aufgaben den schwerbehinderten Menschen gegenüber es erfordern, gegenüber den Vertrauenspersonen in den Stufenvertretungen (§ 97) sowie gegenüber den in § 79 Abs. 1 des Betriebsverfassungsgesetzes und den in den entsprechenden Vorschriften des Personalvertretungsrechtes genannten Vertretungen, Personen und Stellen.

(8) ¹Die durch die Tätigkeit der Schwerbehindertenvertretung entstehenden Kosten trägt der Arbeitgeber. ²Das Gleiche gilt für die durch die Teilnahme des mit der höchsten Stimmenzahl gewählten stellvertretenden Mitglieds an Schulungs- und Bildungsveranstaltungen nach Abs. 4 Satz 3 entstehenden Kosten.

(9) Die Räume und der Geschäftsbedarf, die der Arbeitgeber dem Betriebs-, Personal-, Richter-, Staatsanwalts- oder Präsidialrat für dessen Sitzungen, Sprechstunden und laufende Geschäftsführung zur Verfügung stellt, stehen für die gleichen Zwecke auch der Schwerbehindertenvertretung zur Verfügung, soweit ihr hierfür nicht eigene Räume und sächliche Mittel zur Verfügung gestellt werden.

ERLÄUTERUNGEN

ÜBERSICHT

I. Bedeutung der Vorschrift (Rdnrn. 1–8)
II. Fassung (Rdnr. 9)
III. Anmerkungen (Rdnrn. 10–129)
    A) zu Abs. 1
        1. Ehrenamt (Rdnr. 10)
        2. Unentgeltlichkeit (Rdnr. 11)
        3. Weisungsfreiheit (Rdnr. 12–13)
        4. Unfallversicherungsschutz (Rdnr. 14)
    B) zu Abs. 2
        1. Behinderungsverbot (Rdnrn. 15–19)
        2. Benachteiligungsverbot (Rdnr. 20)
        3. Begünstigungsverbot (Rdnr. 21–22)
    C) zu Abs. 3
        1. Kündigungsschutz (Rdnrn. 23–48)
            a) Unzulässigkeit ordentlicher Kündigungen (Rdnrn. 24–33)
                aa) Grundsatz (Rdnr. 24)
                bb) Rechtsfolge (Rdnrn. 25–26)

cc) Ausnahme bei Betriebsstilllegung (Rdnrn. 27–29)
dd) Weitere Ausnahme bei Stilllegung einer Betriebsabteilung (Rdnrn. 30–33)
b) Zulässigkeit außerordentlicher Kündigungen (Rdnrn. 34–46)
aa) Grundsatz (Rdnrn. 34–35)
bb) Fiktive Kündigungsfrist (Rdnr. 36)
cc) „Wichtiger Grund" bei arbeitsvertraglichen Pflichtverletzungen (Rdnr. 37)
dd) Keine Kündigung bei Amtspflichtverletzungen (Rdnr. 38)
ee) Außerordentliche Kündigung bei „Mischsituationen" (Rdnrn. 39–41)
ff) Erforderliche Zustimmung des Betriebs-/Personalrats (Rdnr. 42)
gg) Gerichtliche Ersetzung der Zustimmung (Rdnrn. 43–44)
hh) Frist für Ausspruch der Kündigung nach Zustimmung bzw. Ersetzung (Rdnrn. 45–46)
c) Kein verstärkter Schutz der Vertrauensperson bei sonstigen Beendigungen des Arbeitsverhältnisses und Abmahnungen (Rdnr. 47)
d) Kündigungsschutz schwerbehinderter Vertrauenspersonen (Rdnr. 48)
2. Versetzungs- und Abordnungsschutz (Rdnrn. 49–54)
a) Grundsatz und Begriff der Versetzung (Rdnrn. 49–49a)
b) Zustimmung von Betriebs- / Personalrat (Rdnrn. 50–51)
c) Regelungsunterschiede zwischen Betrieben und Dienststellen (Rdnr. 52)
d) Eingeschränkter Schutzzweck bei Organisationsmaßnahmen (Rdnr. 53)
e) Übergangsmandat bei Betriebsspaltung oder -zusammenlegung (Rdnr. 54)
3. Sonstige persönliche Rechtsstellung (Rdnr. 55)
4. Rechtsstellung der Stellvertreter (Rdnr. 56)

D) zu Abs. 4
1. Freistellung (Rdnrn. 57–69)
a) Grundsatz und Entgeltausfallprinzpip (Rdnr. 57)
b) Maßgebende bisherige Arbeitsvergütung (Rdnrn. 58–61)
c) Erforderlichkeit der Freistellung für Aufgabenerfüllung (Rdnrn. 62–63)
d) Ab- und Rückmeldepflicht (Rdnrn. 64–68)
e) Plausibilitätskontrolle für Entgeltfortzahlung (Rdnr. 69)
2. Vollständige Freistellung in Großbetrieben (Rdnr. 70)
3. Freistellung für Fortbildung (Rdnrn. 71–86)
a) Grundsatz (Rdnr. 71)
b) Erforderlichkeit der Fortbildung (Rdnrn. 72–82)
c) Beurteilungsspielraum der Vertrauensperson (Rdnrn. 83–86)
4. Freistellung zur Fortbildung stellvertretender Mitglieder (Rdnr. 87)

E) zu Abs. 5
1. Kein Ausschluss von Berufsförderungsmaßnahmen (Rdnrn. 88–90)

F) zu Abs. 6
1. Ausgleich für Tätigkeiten außerhalb der Arbeitszeit (Rdnr. 91)
2. Umfang des Freizeitausgleichs (Rdnr. 92)
3. Geltendmachung (Rdnrn. 93)
4. Fortzahlung des Arbeitsentgelts (Rdnr. 94)
5. Ausnahmsweise Abgeltung des Anspruchs auf Freizeitausgleich (Rdnrn. 95–96)
6. Freizeitausgleich für Teilnahme an Schulungsveranstaltungen (Rdnrn. 97–103)
a) Frühere Rechtslage (Rdnr. 97)
b) Neuregelung für Betriebsratsmitglieder (Rdnrn. 98–100)
c) Entsprechende Geltung für betriebliche Vertrauenspersonen (Rdnr. 101)
d) Sonderregelung für den öffentlichen Dienst (Rdnrn. 102–103)

G) zu Abs. 7
　1. Geheimhaltungspflicht (Rdnrn. 104–108)
　　a) Persönliche Verhältnisse von Beschäftigten (Rdnr. 104)
　　b) Betriebs- oder Geschäftsgeheimnisse (Rdnrn. 105–108)
　2. Sonstige Geheimhaltungspflichten (Rdnrn. 109–111)
　3. Einschränkungen der amtlichen Geheimhaltungspflicht (Rdnrn. 112–114)
　4. Verschwiegenheitspflicht nach Ausscheiden aus dem Amt (Rdnr. 115)
H) zu Abs. 8
　1. Kostentragung durch den Arbeitgeber (Rdnrn. 116–125)
　　a) Grundsatz (Rdnr. 116)
　　b) Notwendigkeit der Kosten (Rdnr. 117)
　　c) Umfang der Kostentragungspflicht (Rdnrn. 118–119)
　　d) Kosten für Schulungs- und Bildungsveranstaltungen (Rdnrn. 120–122)
　　e) Rechtsweg bei Streit über Kostentragungspflicht (Rdnrn. 123–124a)
　　f) Beauftragung eines Rechtsanwalts (Rdnr. 125)
I) zu Abs. 9
　1. Mitbenutzung von Sachmitteln der Interessenvertretung (Rdnrn. 126–129)
　　a) Räume (Rdnrn. 127–128)
　　b) Geschäftsbedarf (Rdnr. 129)
IV. Literatur

I. Bedeutung der Vorschrift

1 Sie regelt die persönlichen Rechte und Pflichten der Vertrauenspersonen schwerbehinderter Menschen während und teilweise nach ihrer Amtszeit.

Abs. 1 legt die unentgeltliche ehrenamtliche Tätigkeit der Vertrauenspersonen fest. Aus **Abs. 2** folgt – ähnlich wie für Betriebs- und Personalräte – ein Behinderungs-, Benachteiligungs- und Begünstigungsverbot.

2 Mit **Abs. 3** werden Vertrauenspersonen in ihrer persönlichen Rechtsstellung, insbesondere beim Kündigungsschutz und Schutz vor Versetzungen usw., den Betriebs- und Personalratsmitgliedern gleichgestellt. Das gilt auch für stellvertretende Mitglieder während der Dauer der Vertretung bzw. Heranziehung.

3 **Abs. 4** verpflichtet den Arbeitgeber zur Freistellung der Vertrauenspersonen von ihrer beruflichen Tätigkeit sowohl für die Durchführung ihrer Aufgaben wie auch für die Teilnahme an erforderlichen Schulungs- und Bildungsveranstaltungen. Zu dem letztgenannten Zweck muss unter bestimmten Voraussetzungen auch das mit der höchsten Stimmenzahl gewählte stellvertretende Mitglied befreit werden.

4 Freigestellte Vertrauenspersonen sollen aufgrund der Ausübung ihres Amtes keine beruflichen Nachteile erleiden und dürfen deshalb von inner- oder außerbetrieblichen Maßnahmen der Berufsförderung nicht ausgeschlossen werden. Nach Beendigung ihrer Freistellung soll ihnen möglichst Gelegenheit gegeben werden, eine deswegen unterbliebene berufliche Entwicklung nachzuholen (**Abs. 5**).

5 Vertrauenspersonen haben Anspruch auf Freizeitausgleich, wenn sie Tätigkeiten aus betriebsbedingten oder dienstlichen Gründen außerhalb der Arbeitszeit erbringen mussten (**Abs. 6**).

6 **Abs. 7** verpflichtet die Schwerbehindertenvertreter zum Stillschweigen über bestimmte Tatsachen, die ihnen wegen ihres Amtes bekannt geworden sind. Es handelt sich zum einen um persönliche Verhältnisse und Angelegenheiten der Beschäftigten, zum anderen aber auch um vom Arbeitgeber ausdrücklich als geheimhaltungsbedürftig bezeichnete Betriebs- oder Geschäftsgeheimnisse. Die Geheimhaltungspflichten gelten auch nach dem Ausscheiden aus

Vertrauenspersonen § 96

dem Amt. Sie werden ausdrücklich gegenüber bestimmten Stellen und Gremien eingeschränkt.

Die Kosten der Tätigkeit der Schwerbehindertenvertretung einschließlich etwaiger notwendiger Fortbildung des stellvertretenden Mitglieds trägt der Arbeitgeber (**Abs. 8**). 7

Der Schwerbehindertenvertretung müssen zur Erfüllung ihrer Aufgaben grundsätzlich alle Einrichtungen, die auch dem Betriebs- bzw. Personalrat zur Verfügung stehen, zugänglich sein, soweit sie nicht über eigene Räume und sächliche Mittel verfügt (**Abs. 9**). 8

II. Fassung

Die Vorschrift wurde unverändert aus dem Regierungsentwurf (BT-Drucks. 14/5531 i. V. m. 14/5074) übernommen. Sie ist inhaltsgleich mit § 26 SchwbG a. F. 9

III. Anmerkungen

A) zu Abs. 1

1. Ehrenamt

Vertrauenspersonen führen das Amt der Schwerbehindertenvertretung **unentgeltlich als Ehrenamt**. Sie sind insoweit den Betriebs- und Personalräten sowie den entsprechenden Gremien der Justiz vergleichbar (vgl. § 37 Abs. 1 BetrVG, § 46 Abs. 1 BPersVG). Dieser Grundsatz dient der **inneren und äußeren Unabhängigkeit** der Vertrauenspersonen. Sie können sich stets vergegenwärtigen, dass besondere Leistungen des Arbeitgebers auf ihr Verhalten und ihr Votum keinen Einfluss genommen haben können (vgl. BAG Urteil vom 5. März 1997 – 7 AZR 581/92 = BAGE 85, 224 = NZA 1997, 1242 = AP Nr. 123 zu § 37 BetrVG 1972 unter II 4 b bb der Gründe zur Betriebsratstätigkeit). Das Ehrenamtsprinzip trägt aber auch entscheidend dazu bei, dass die von der Vertrauensperson vertretenen Arbeitnehmer davon ausgehen können, dass deren Verhalten gegenüber dem Arbeitgeber nicht durch die Gewährung oder den Entzug materieller Vorteile beeinflussbar ist. Das begründet oder stärkt die Akzeptanz ihrer Tätigkeit im Interesse der schwerbehinderten Menschen (vgl. BAG Urteil vom 5. März 1997 a. a. O.). 10

2. Unentgeltlichkeit

Die Vertrauenspersonen üben ihr Amt **unentgeltlich** aus und dürfen daher für ihr Amt eine Vergütung weder fordern noch erhalten. Das gilt insbesondere für eine unmittelbare **Vergütung der aufgewendeten Zeit**. So kann etwa ein teilzeitbeschäftigter Arbeitnehmer, der als Schwerbehindertenvertretung an einer Schulungsveranstaltung teilnimmt, keine Vergütung über seine individuelle Teilzeittätigkeit hinaus beanspruchen. Aber auch im Übrigen ist an den Begriff der Unentgeltlichkeit ein **strenger Maßstab** anzulegen (vgl. BAG EuGH-Vorlage vom 20. März 1993 – AZR 581/92 = BAGE 74, 351 = DB 1994, 334 = NZA 1994, 278 = AP Nr. 90 zu § 37 BetrVG 1972). Ein Aufwendungsersatz nach Abs. 8 in Form einer Pauschale verstößt nur dann nicht gegen den Grundsatz der unentgeltlichen Amtsführung, wenn sie dem Durchschnitt der wirklichen Auslagen und Aufwendungen entspricht, also **keine versteckte Vergütung** enthält (*Müller-Wenner* / *Schorn* Rdnr. 3; *Hauck* / *Noftz* / *Masuch* Rdnr. 4). 11

3. Weisungsfreiheit

Der Grundsatz der Ehrenamtlichkeit schließt auch die **Weisungsfreiheit** der Schwerbehindertenvertretung ein (*Kossens u. a.* / *Kossens* Rdnr. 4; *LPK-SGB IX* / *Düwell* Rdnr. 4). Sie unterliegt weder Weisungen der schwerbehinderten Menschen oder des Arbeitgebers noch der Agentur für Arbeit und des Integrationsamtes. Auch Betriebs- oder Personalrat bzw. sonstige Interessenvertretungen können keine Weisungen erteilen (GK-SGB IX / *Schimanski* Rdnr. 18). Alle diese Stellen und Personen können allenfalls **Anregungen** gegenüber der 12

Schwerbehindertenvertretung und natürlich auch in angemessener Form **Kritik** an ihrer Amtsführung äußern.

13 Schließlich unterliegen die Vertrauenspersonen auch **keiner Kontrolle oder Rechenschaft hinsichtlich ihrer Arbeit**. Lediglich über Ausgaben, Zeitaufwand und Freistellung sowie Kosten müssen gegebenenfalls Nachweise in allgemeiner Form erbracht oder glaubhaft gemacht werden (Neumann u. a. / *Pahlen* Rdnr. 3; vgl. auch unten Rdnr. 69). Im Zweifel muss hieraus auf die **Erforderlichkeit der Amtstätigkeit** geschlossen werden können. Dazu gehört eine stichwortartige Beschreibung des Gegenstandes der Tätigkeit nach Art, Ort und Zeit, nicht dagegen eine nähere Darlegung ihres Inhalts, die dem Arbeitgeber etwa eine Kontrolle der Tätigkeit der Schwerbehindertenvertretung ermöglichen könnte (vgl. BAG Urteil vom 19. Juni 1979 – 6 AZR 638/77 = DB 1980, 546 = Nr. 36 zu § 37 BetrVG 1972 zum Lohnanspruch eines Betriebsratsmitglieds). Zur eigenen Absicherung der Schwerbehindertenvertretung ist eine tagebuchartige Dokumentation mit Stichworten in einem Kalender empfehlenswert (LPK-SGB IX / *Düwell* Rdnr. 5).

4. Unfallversicherungsschutz

14 Die Tätigkeit für die Schwerbehindertenvertretung gilt **sozialversicherungsrechtlich als Arbeitsleistung**. Wie die entsprechende Tätigkeit von Betriebs- und Personalräten dient auch sie auch dem Wohl des Betriebs (vgl. § 2 Abs. 1 BetrVG) oder der Dienststelle. Amtsbezogene Aktivitäten sind daher innerhalb und außerhalb des Betriebs versichert, z. B. in Zusammenhang mit Wahlen, Betriebsversammlungen, Gesprächen mit Gewerkschaften oder Arbeitgebern, Teilnahme an speziellen Schulungsveranstaltungen (KassKomm / *Ricke* § 8 SGB VII Rdnr. 59). Unversichert ist dagegen etwa die Teilnahme an allgemeinen sozialpolitischen Veranstaltungen (z. B. Gewerkschaftskongress, Demonstration).

In Ausübung von Amtsgeschäften erlittene Unfälle sind als **Betriebsunfälle** im Sinne von § 2 Abs. 1 Nr. 1, § 8 SGB VII zu entschädigen (vgl. BSG Urteil vom 20. Februar 2001 – B 2 U 7/00 R = BSGE 87, 294 = NJW 2002, 1446; BayLSG Urteil vom 15. April 2003 – L 3 U 311/02, zit. nach JURIS, jeweils zum früheren Recht; GK-BetrVG / *Weber* § 37 Rdnr. 14 m. w. Nachw. zur Betriebsratstätigkeit). Das gilt auch für Ersatzmitglieder, soweit sie nachrücken oder die Stellvertretung eines zeitweilig verhinderten Betriebsratsmitglieds wahrnehmen (BSG Urteil vom 20. Februar 2001 a. a. O.). Wird jedoch ein Betriebsratsmitglied **nicht in Erfüllung ihm gesetzlich zugewiesener Aufgaben** tätig, mag das zwar im Interesse des Betriebsrats liegen, hat seine Grundlage aber nicht im Gesetz. Dann besteht Versicherungsschutz nur, wenn eine wesentliche **konkrete Beziehung zum Beschäftigungsverhältnis** vorliegt. Für die Teilnehmer an einer Feier in einem Sportlerheim genügt es für den Versicherungsschutz nicht, dass diese Feier möglicherweise den Zwecken des Betriebsrats dienlich gewesen sei. Vielmehr wäre erforderlich, dass der jeweilige Arbeitnehmer im Unfallzeitpunkt einer versicherten Tätigkeit nachgehen würde, indem er betriebsdienliche Zwecke verfolgt oder zumindest eine Tätigkeit ausübt, die den Zwecken des Unternehmens zu dienen bestimmt war. Steht ein geselliges Zusammensein mit Kegeln im Vordergrund, ändert auch nichts die Dankansprache des Betriebsratsvorsitzenden, da dies auch ohne Weiteres bei anderer Gelegenheit hätte geschehen können (BSG Urteil vom 20. Februar 2001 a. a. O).

B) zu Abs. 2

1. Behinderungsverbot

15 Zur Sicherung der unabhängigen Amtsführung der Schwerbehindertenvertretung spricht das Gesetz ein Verbot der Behinderung, der Benachteiligung, aber auch der Begünstigung der Vertrauenspersonen aus, das sich auch auf deren berufliche Entwicklung bezieht. Diese Bestimmung entspricht § 78 BetrVG und § 8 BPersVG. Vertrauenspersonen dürfen also weder schlechter noch besser gestellt werden als andere Arbeitnehmer des Betriebs. Unzulässig wäre beispielsweise, sie von einer allgemein eingeführten Kurzarbeit auszunehmen (LPK-SGB IX / *Düwell* Rdnr. 7), vgl. Näheres hierzu unter Rdnr. 61.

Behinderung ist jeder unzulässige Eingriff in die Amtsführung der Schwerbehindertenvertretung, der sie an der ordnungsgemäßen Ausübung ihrer Amtsgeschäfte hindert oder zumindest ihre Arbeit erschwert. Sie kann in einer Handlung oder auch in einem Unterlassen bestehen. Eine gesetzwidrige Behinderung liegt allerdings nicht bereits dann vor, wenn der Arbeitgeber bzw. Dienststellenleiter eine Forderung der Schwerbehindertenvertretung als unberechtigt ablehnt. Hinzukommen muss eine **Pflichtwidrigkeit** (GK-SGB IX / *Schimanski* Rdnr. 19). 16

Ein **Verschulden** oder eine **Absicht ist** aber **nicht erforderlich** (BAG Beschluss vom 12. November 1997 = 7 ABR 14/97 = NZA 1998, 559 = AP Nr. 27 zu § 23 BetrVG 1972). Verboten ist auch diejenige Handlung, die nur eine unbeabsichtigte, jedoch objektiv feststellbare Beeinträchtigung der Amtstätigkeit ist (HK-SGB IX / *Trenk-Hinterberger* Rdnr. 6). Lediglich für einen eventuell aus der Behinderung folgenden **Schadensersatzanspruch** kann es auf Verschulden ankommen. 17

Jedenfalls sind **Anweisungen des Arbeitgebers**, die eine solche Beeinträchtigung darstellen, **unwirksam nach § 134 BGB**; ihre Missachtung kann deshalb auch nicht als Verletzung arbeits- bzw. dienstvertraglicher Pflichten gewertet werden (ebenso LPK-SGB IX / *Düwell* Rdnr. 11). 18

Eine **Behinderung liegt** etwa **vor, wenn** der Arbeitgeber sich weigert, der Schwerbehindertenvertretung das Verzeichnis der beschäftigten schwerbehinderten Menschen und Gleichgestellten in Abschrift zu überlassen (vgl. § 80 Abs. 2 Satz 3 SGB IX) oder die Schwerbehindertenvertretung nicht gemäß § 95 Abs. 2 SGB IX in den dort bestimmten Fällen unverzüglich und umfassend unterrichtet und vor einer Entscheidung anhört. **Weitere Beispiele** sind etwa die hartnäckige Verweigerung der Kostentragung bzw. das Vorenthalten von Sachmitteln wie Räume und Materialien sowie notwendiger Fachliteratur, die Verhinderung von Sprechstunden der Vertrauensperson, das Entfernen von Mitteilungen für Schwerbehinderte vom schwarzen Brett oder das Abraten gegenüber schwerbehinderten Menschen, die Versammlung nach § 95 Abs. 6 SGB IX zu besuchen (vgl. *Müller-Wenner* / Schorn Rdnr. 5; GK-SGB IX / *Schimanski* Rdnr. 21). Eine Behinderung kann auch darin liegen, dass der Arbeitgeber gegenüber der Belegschaft tendenziös die Kosten betont, die – in objektiv angemessenem Rahmen – durch die Amtstätigkeit der Interessenvertretung entstehen, ohne auf deren gesetzliche Grundlage hinzuweisen (BAG Beschluss vom 12. November 1997 a. a. O.). 19

Im Fall der Behinderung durch den Arbeitgeber steht der Schwerbehindertenvertretung wie auch der betrieblichen Interessenvertretung ein **Unterlassungsanspruch** zu (BAG Beschluss vom 12. November 1997 a. a. O.). Abweichend von der Rechtslage beim Betriebsrat fehlt allerdings eine § 119 Abs. 1 BetrVG entsprechende Strafbewehrung (LPK-SGB IX / *Düwell* Rdnr. 10).

2. Benachteiligungsverbot

Das Verbot der Benachteiligung bezieht sich nicht nur auf das **Amt** der Schwerbehindertenvertretung, sondern auch auf die **persönliche Stellung** der Vertrauenspersonen als Arbeitnehmer bzw. Bedienstete. Sie dürfen gegenüber anderen Beschäftigten, die nicht das Amt der Schwerbehindertenvertretung ausüben und auch nicht Mitglieder des Betriebs- oder Personalrats sind, weder zurückgesetzt noch schlechter gestellt werden, z. B. durch vermindertes Entgelt, Verweigerung besonderer Zuwendungen, Zuweisung geringer zu bewertender Arbeitsaufgaben. Dasselbe gilt für die Einhaltung von **Schutzvorschriften des Betriebsverfassungs- und Personalvertretungsrechts** wie z. B. § 37 Abs. 3 BetrVG (Anspruch auf entgeltmäßige Gleichbehandlung mit Arbeitnehmern bis zu einem Jahr nach Beendigung des Amts) oder § 57 Abs. 2 BPersVG (Einschränkung von Versetzungen und Abordnungen). Eine dennoch vorgenommene Benachteiligung der Vertrauensperson kann **Schadenersatzansprüche** nach **§ 823 Abs. 2 BGB** begründen; § 96 Abs. 2 ist **Schutzgesetz** im Sinne dieser BGB-Vorschrift (Kossens u. a. / *Kossens* Rdnr. 8; GK-SGB IX / *Schimanski* Rdnr. 31; Hauck / Noftz / *Masuch* Rdnr. 12). Allerdings ist auch die Benachteiligung oder Begünstigung der 20

Vertrauensperson – im Gegensatz zur Rechtslage beim Betriebsrat nach § 119 Abs. 1 Nr. 3 BetrVG – **nicht strafbewehrt**.

3. Begünstigungsverbot

21 Vertrauenspersonen dürfen **wegen ihres Amtes aber auch nicht begünstigt** werden, etwa durch Ausnahme von allgemein eingeführter Kurzarbeit, Gewährung von Zusatzurlaub über § 125 SGB IX hinaus oder Zubilligung von besonderen Sachbezügen (außergewöhnlich günstige Darlehen oder verbilligte Werks- bzw. Dienstwohnung; vgl. GK-SGB IX / *Schimanski* Rdnrn. 34, 37). Unerlaubt ist auch die Gewährung einer Zulage nach § 24 Abs. 1 BAT allein mit Rücksicht auf die Tätigkeit mit Schwerbehinderung; die irrtümliche wie auch die bewusst tarifwidrige Zahlung einer solchen Zulage verstößt gegen das Begünstigungsverbot des Abs. 2 SGB (LAG Köln Urteil vom 27. Februar 2002 – 7 Sa 863/01 = NZA-RR 2003, 221).

Begünstigung wäre auch eine gegenüber anderen Bewerbern **vorzeitige Beförderung** bzw. sachlich unbegründete tarifliche Höhergruppierung: Die Vertrauensperson ist vielmehr im Regelfall wie andere Arbeitnehmer nach der Reihenfolge des Dienst- oder Betriebsalters bei Beförderungen zu berücksichtigen; Ausnahmen nach der einen wie der anderen Seite bedürfen besonderer Begründung. Auch **überhöhte Zahlungen für Auslagen** und Reisekosten sind unzulässig (vgl. BAG Urteil vom 23. Juni 1975 – 1 ABR 104/73 = DB 1975, 1707 = AP Nr. 10 zu § 40 BetrVG, wonach für alle Arbeitnehmer geltende betriebliche Reisekostenregelungen auch für entsprechende Kosten der Amtsträger anzuwenden sind).

22 Derartige Vorteile aus der Amtsausübung wären mit dem **Prinzip der Ehrenamtlichkeit** nicht vereinbar und würden die **innere Unabhängigkeit** der Vertrauensperson beeinträchtigen (*Müller-Wenner* / *Schorn* Rdnr. 9: vgl. auch oben Rdnr. 10). Vereinbarungen, die eine unzulässige Begünstigung vorsehen, verstoßen gegen das Gesetz und sind daher gemäß **§ 134 BGB** nichtig (LAG Köln Urteil vom 27. Februar 2002 a. a. O.). In der Entgegennahme eines begünstigenden Vorteils durch die Vertrauensperson läge zudem eine grobe Amtspflichtverletzung mit der Möglichkeit der **Amtsenthebung** nach § 94 Abs. 7 Satz 5 SGB IX (vgl. HK-SGB IX / *Trenk-Hinterberger* Rdnr. 8).

C) zu Abs. 3

1. Kündigungsschutz

23 Vertrauenspersonen können bei ihrer Amtstätigkeit ebenso wie die Mitglieder von Betriebs- oder Personalrat in besondere Interessenkonflikte geraten. Deshalb benötigen sie gleichermaßen wie diese einen erhöhten **Arbeitsplatzschutz**: Das Gesetz räumt deshalb der Vertrauensperson die gleiche persönliche Rechtsstellung, insbesondere den gleichen Kündigungs-, Versetzungs- und Abordnungsschutz ein wie ihn ein vergleichbares Mitglied des Betriebs-, Personal-, Staatsanwalts- oder Richterrats hat (**Abs. 3 Satz 1**).

a) Unzulässigkeit ordentlicher Kündigungen

aa) Grundsatz

24 Während der Amtszeit und innerhalb eines Jahres nach Beendigung der Amtszeit ist eine **ordentliche Kündigung** einer Vertrauensperson grundsätzlich **unzulässig** (vgl. § 15 Abs. 1 und 2 KSchG). Das Kündigungsverbot nach dieser Vorschrift gilt auch für ordentliche **Änderungskündigungen** des Arbeitgebers (BAG Urteil vom 6. März 1986 – 2 ABR 15/85 = BAGE 51, 200 = NZA 1987, 102 = NZA 1987, 102; ErfK / *Ascheid* § 15 KSchG Rdnr. 20; HK-KSchG / *Dorndorf* § 15 Rdnr. 69) und nach Auffassung des BAG auch für die ordentliche **Massenänderungskündigung** z. B. zur Lohnabsenkung zwecks Betriebssanierung (BAG Urteil vom 7. Oktober 2004 – 2 AZR 81/04 = BAGE 112, 148 = NZA 2005, 156 = AP Nr. 56 zu § 15 KSchG 1969; APS / *Linck* § 15 KSchG Rdnr. 10; GK-BetrVG / *Kreutz* § 78 Rdnr. 51; krit. hierzu ErfK / *Kiel* § 15 Rdnr. 22) und zwar sowohl für den vollen Sonderkündi-

gungsschutz als auch den für Kündigungen im Nachwirkungszeitraum. Die kündigungsschutzrechtliche Spezialregelung in § 15 Abs. 1 und 2 KSchG, welche die Unabhängigkeit und Kontinuität der Amtsführung sowie die Wahrnehmung von Arbeitnehmerinteressen ohne Furcht vor Entlassung bezwecke, sei nicht durch das in § 78 Satz 2 BetrVG geregelte allg. Begünstigungsverbot zu beschränken. Allerdings versucht das BAG das Ergebnis seiner Rechtsprechung durch **Erweiterung der außerordentlichen Kündigungsmöglichkeit** abzuschwächen (so BAG Urteil vom 21. Juni 1995 – 2 ABR 28/94 = BAGE 80, 185 = NZA 1995, 1157 = AP Nr. 36 zu § 15 KSchG 1969; Urteil vom 7. Oktober 2004 – 2 AZR 81/04 = BAGE 112, 148 = NZA 2005, 156 = AP Nr. 56 zu § 15 KSchG 1969; Urteil vom 17. März 2005 – 2 ABR 2/04 = NZA 2005, 949 = AP Nr. 58 zu § 15 KSchG 1969 zur unternehmensweiten Abschaffung einer Führungsebene).

bb) Rechtsfolge

Ein Verstoß gegen das Verbot führt nach § 134 BGB zur **Nichtigkeit der ordentlichen Kündigung** (HK-KSchG / *Dorndorf* § 15 Rdnr. 66). Erklärt der Arbeitgeber gegenüber einer Vertrauensperson eine ordentliche Kündigung, so ist diese daher auch dann nichtig, wenn ein wichtiger Grund zur fristlosen Kündigung vorgelegen hat (BAG Urteil vom 5. Juli 1979 – 2 AZR 521/77 = DB 1979, 2327 = AP Nr. 6 zu § 15 Nr. 6 KSchG 1969). Eine nichtige fristgerechte Kündigung kann nicht in eine außerordentliche (fristlose) umgedeutet werden (GK-SGB IX / *Schimanski* Rdnr. 51).   25

Seit der Neufassung des KSchG zum 1. Januar 2004 ist die **Dreiwochenfrist** des § 4 Satz 1 KSchG **zur Erhebung der arbeitsgerichtlichen Feststellungsklage** auch bei Verstößen gegen § 15 KSchG maßgebend (A / P / S / *Linck* Rdnr. 6; ErfK / *Kiel* Rdnr. 4, jeweils zu § 15 KSchG).   26

cc) Ausnahme bei Betriebsstilllegung

Der **besondere Kündigungsschutz** für die Schwerbehindertenvertretung ist allerdings wesentlich **eingeschränkt** bei einer Betriebsstilllegung (vgl. § 15 Abs. 4 KSchG). Das Gesetz lässt in diesem Fall eine ordentliche Kündigung zu. Der Arbeitgeber kann **frühestens zum Zeitpunkt der Betriebsstilllegung** kündigen. Der durch § 15 KSchG geschützte Personenkreis darf in diesem Fall erst mit der letzten Gruppe entlassen werden (BAG Urteil vom 26. Oktober 1967 – 2 AZR 422/66 = DB 1968, 134 = AP Nr. 17 zu § 13 KSchG; ErfK / *Kiel* § 15 KSchG Rdnr. 44 m. w. Nachw.). Eine vorherige Kündigung ist nur zulässig, wenn sie durch **dringende betriebliche Erfordernisse zu einem früheren Zeitpunkt** bedingt ist. Dazu darf für den betroffenen Arbeitnehmer überhaupt keine Beschäftigungsmöglichkeit mehr bestehen (KR / *Etzel* § 15 KSchG Rdnr. 103). Ohnehin freigestellte Vertrauenspersonen können folglich von einer Kündigung vor Betriebsstilllegung nicht betroffen sein (vgl. ErfK / *Kiel* a. a. O.).   27

Ist eine ordentliche Kündigung nach § 15 Abs. 4 KSchG zulässig, ist ein vorhandener **Betriebsrat** vor Ausspruch der Kündigung **nach § 102 BetrVG zu hören**. Unterlässt der Arbeitgeber dies, ist die dennoch ausgesprochene Kündigung unwirksam (BAG Urteil vom 29. März 1977 – 1 AZR 46/75 = BAGE 29, 114 = AP Nr. 11 zu § 102 BetrVG 1972). Eine Zustimmung des Betriebsrats nach § 103 BetrVG scheidet aus, weil die Kündigung nach § 15 Abs. 4 keine außerordentliche ist (BAG Urteil vom 29. März 1977 a. a. O. und Urteil vom 20. Januar 1984 – 7 AZR 443/82 = BAGE 45, 26 = NZA 1984, 38 = AP Nr. 16 zu § 15 KSchG 1969).   28

Ist eine Kündigung nach § 15 Abs. 4 KSchG ausgesprochen worden, obwohl keine Betriebsstilllegung vorliegt (z. B. lediglich eine Betriebsveräußerung oder -verpachtung), ist sie unwirksam. Die Unwirksamkeit muss innerhalb der **Drei-Wochen-Frist** des § 4 Satz 1 KSchG geltend gemacht werden (ErfK / *Kiel* § 15 KSchG Rdnr. 41).   29

dd) Weitere Ausnahme bei Stilllegung einer Betriebsabteilung

30 Anders als bei der Betriebsstilllegung, bei welcher der Tätigkeitsbereich der geschützten Amtsträger völlig entfällt, bleibt er bei der **Stilllegung einer Betriebsabteilung** bestehen (vgl. § 15 Abs. 5 KSchG). Eine „Betriebsabteilung" ist ein organisatorisch abgegrenzter Teil eines Betriebs, der eine personelle Einheit erfordert, dem eigene technische Betriebsmittel zur Verfügung stehen und der einen eigenen Betriebszweck verfolgt, welcher auch in einem bloßen Hilfszweck bestehen kann (BAG Urteil vom 5. März 1987 – 2 AZR 623/85 = BAGE 55, 117 = NZA 1988, 32 = AP Nr. 30 zu § 15 KSchG 1969). Beispiele hierfür sind die Bauabteilung eines Produktionsbetriebs, die Konstruktionsabteilung einer Maschinenfabrik, die Kartonagenabteilung eines Schokoladenbetriebs, die Färberei in einem Textilunternehmen oder die Glasbläserei in einem metallverarbeitenden Unternehmen der Messtechnik (MK-BGB / *Hergenröder* § 15 KSchG Rdnr. 186 m. w. Nachw.), u. U. auch die Druckerei einer Dienststelle (BAG Urteil vom 22. September 2005 – 2 AZR 544/04 = NZA 2006, 558 = AP Nr. 59 zu § 15 KSchG 1969).

31 Wird eine Betriebsabteilung stillgelegt, besteht für den Arbeitgeber gem. § 15 Abs. 5 Satz 1 KSchG zunächst die Pflicht, den geschützten Arbeitnehmer **in eine andere Betriebsabteilung zu übernehmen**. Dabei ist ihm möglichst ein im Vergleich zu seiner gegenwärtigen Beschäftigung **gleichwertiger Arbeitsplatz anzubieten**. Das Angebot eines geringerwertigen Arbeitsplatzes mit niedrigerer Entlohnung reicht nicht aus (BAG Urteil vom 1. Februar 1957 – 1 AZR 478/54 = BAGE 3, 341 = AP Nr. 5 zu § 13 KSchG; ErfK / *Kiel* § 15 KSchG Rdnr. 47). Gegebenenfalls muss der Arbeitgeber in einer anderen Betriebsabteilung einen anderen Arbeitsplatz zugunsten des von § 15 Abs. 5 KSchG geschützten Arbeitnehmers **freikündigen**. (BAG Urteil vom 18. Oktober 2000 – 2 AZR 494/99 = BAGE 96, 78 = NJW 2001, 2420 = AP Nr. 49 zu § 15 KSchG 1969). Das BAG hat bisher **offen gelassen**, ob und in welchem Umfang eine **Abwägung** der vorrangigen Interessen der geschützten Personen mit den Weiterbeschäftigungsinteressen der übrigen Arbeitnehmer bzw. mit betrieblichen Interessen vorzunehmen ist (vgl. hierzu näher ErfK / *Kiel* § 15 KSchG Rdnr. 48).

32 Die **Übernahme** als solche kann aufgrund des Weisungsrechtes (§ 315 BGB), einvernehmlich durch Änderung des Arbeitsvertrages oder, wenn dies nicht möglich ist, durch eine Änderungskündigung (§ 15 Abs. 5 Satz 2 i. V. m. Abs. 4 KSchG) vollzogen werden. Kommt eine solche Übernahme aus betrieblichen Gründen nicht in Betracht, kann der Arbeitgeber nach Satz 2 der Vorschrift die ordentliche Kündigung aussprechen.

33 Dem **Arbeitgeber** obliegt es, substanziiert die **fehlende Weiterbeschäftigungsmöglichkeit nachzuweisen**. Weiterhin muss er darlegen, welche Arbeiten in den verbliebenen Betriebsabteilungen auszuführen sind und dass auch bei einer Kündigung von „sonstigen" Arbeitnehmern bzw. nach einer Umstrukturierung der Arbeitsabläufe **keine wirtschaftlich vertretbare Möglichkeit** bestünde, den von § 15 Abs. 5 KSchG geschützten Arbeitnehmer zu den alten oder zu neuen Arbeitsbedingungen **weiterzubeschäftigen** (vgl. BAG Urteil vom 25. November 1981 – 7 AZR 382/79 = BAGE 37, 128 = NJW 1982, 1719 = AP Nr. 11 zu § 15 KSchG 1969 unter III 3; HK-KSchG / *Dorndorf* § 15 Rdnr. 160). **Bestreitet der gekündigte Amtsträger** allerdings die fehlende Weiterbeschäftigungsmöglichkeit, hat er nachzuweisen, inwieweit eine Weiterbeschäftigung in Hinblick auf seine Qualifikation möglich wäre (LAG Berlin Urteil vom 27. Juni 1986 – 13 Sa 6/86 = DB 1987, 178).

b) Zulässigkeit außerordentlicher Kündigungen

aa) Grundsatz

34 Der Vertrauensperson kann allenfalls **außerordentlich aus wichtigem Grund** gemäß § 626 BGB gekündigt werden (vgl. § 15 Abs. 1 und 2 KSchG). Nicht erforderlich für die Wirksamkeit einer Kündigung aus wichtigem Grund im Sinne dieser Vorschriften ist, dass der Arbeitgeber auch tatsächlich **ohne Einhaltung einer Kündigungsfrist** kündigt. So ist es unschädlich, wenn er – etwa aus sozialen Erwägungen heraus – das Arbeitsverhältnis gegenüber dem

Amtsträger mit einer **Auslauffrist** kündigt. Er muss aber eindeutig zum Ausdruck bringen, dass er das Arbeitsverhältnis aus wichtigem Grunde außerordentlich kündigen will (⌘ BAG Urteil vom 5. Juli 1979 – 2 AZR 521/77 = DB 1979, 2327 = AP Nr. 6 zu § 15 KSchG 1969).

Für den Begriff des wichtigen Grundes gelten die **allgemeinen Regeln wie** für die außerordentliche Kündigung **gegenüber jedem anderen Arbeitnehmer** (⌘ BAG Urteil vom 18. Februar 1993 – 2 AZR 526/92 = NZA 1994, 74 = AP Nr. 35 zu § 15 KSchG 1969; ⌘ Urteil vom 17. März 2005 – 2 ABR 2/04 = NZA 2005, 949 = AP Nr. 58 zu § 15 KSchG 1969). 35

bb) Fiktive Kündigungsfrist

Bei der Beurteilung der Zumutbarkeit ist bei außerordentlichen Kündigungen von Arbeitnehmern, die nicht den besonderen Schutz von Funktionsträgern haben, zu prüfen, ob dem Arbeitgeber die **Fortsetzung des Arbeitsverhältnisses bis zum Ablauf der Kündigungsfrist zuzumuten** ist. Diese Regelung in § 626 Abs. 1 BGB kann bei Funktionsträgern nicht greifen, weil ihnen ordentlich nicht gekündigt werden kann. Zur Schließung dieser Regelungslücke ist bei der Zumutbarkeitsprüfung eine **fiktive Kündigungsfrist** zugrunde zu legen, und zwar diejenige, die gelten würde, **wenn** dem Funktionsträger ordentlich **gekündigt werden könnte** (vgl. z. B. ⌘ BAG Urteil vom 10. Februar 1999 – 2 ABR 31/98 = BAGE 91, 30 = AP Nr. 42 zu § 15 KSchG 1969). Für den Fall einer betriebsbedingten Massenänderungskündigung hat das BAG allerdings diese Rechtsprechung ausdrücklich aufgegeben (⌘ BAG Urteil vom 21. Juni 1995 – 2 ABR 28/94 = BAGE 80, 185 = NZA 1995, 1157 = AP Nr. 36 zu § 15 KSchG 1969. 36

cc) „Wichtiger Grund" bei arbeitsvertraglichen Pflichtverletzungen

Arbeitsvertragliche Pflichtverletzungen, die eine außerordentliche Kündigung auch gegenüber einem Funktionsträger rechtfertigen können, sind **beispielsweise** unrichtige Spesenabrechnung (⌘ BAG Urteil vom 22. August 1974 – 2 ABR 17/74 = BAGE 26, 219 = AP Nr. 1 zu § 103 BetrVG 1972; ⌘ LAG Hamm Urteil vom 23. April 2008 – 10 TaBV 117/07, zit. nach JURIS); Manipulationen bei der Zeiterfassung (⌘ BAG Urteil vom 24. April 1975 – 2 AZR 118/74 = BAGE 27, 113 = DB 1975, 1610 = AP Nr. 3 zu § 103 BetrVG 1972); Bereitschaft zur Falschaussage gegen den Arbeitgeber (⌘ BAG Urteil vom 16. Oktober 1986 – 2 ABR 71/85 = DB 1987, 1304 = AP Nr. 95 zu § 626 BGB; ⌘ LAG Bad.-Württ. Urteil vom 23. November 2007 – 7 Sa 118/06, zit. nach JURIS); vorsätzlich falsche Versicherung in einem Verfahren gegen den Arbeitgeber (⌘ BAG Urteil vom 20. November 1987 – 2 AZR 266/87, zit. nach JURIS); bewusst wahrheitswidrige, ehrenrührige Behauptungen über einen Vorgesetzten (⌘ BAG Urteil vom 25. Mai 1982 – 7 AZR 155/80, zit. nach JURIS); Vermögensdelikte (⌘ BAG Beschluss vom 10. Februar 1999 – 2 ABR 31/98 = BAGE 91, 30 = NZA 1999, 708 = AP Nr. 42 zu § 15 KSchG 1969); vorgetäuschte Arbeitsunfähigkeitsbescheinigung bzw. schwerwiegendes genesungswidriges Verhalten (⌘ LAG Berlin Urteil vom 3. August 1998 – 9 TaBV 4/98 = BB 1999, 421 = MDR 1999, 167; ⌘ LAG Hamm Urteil vom 16. September 2005 – 10 Sa 2425/04, zit. nach JURIS). 37

dd) Keine Kündigung bei Amtspflichtverletzungen

Verletzt der Funktionsträger allein **Pflichten** aus dem **Amt** (der Schwerbehindertenvertretung, des Betriebsrats usw.), rechtfertigt dies nicht den Ausspruch einer Kündigung. Vielmehr ist der Arbeitgeber auf das Verfahren der Amtsenthebung (z. B. nach § 23 Abs. 1 BetrVG) angewiesen (⌘ BAG Urteil vom 16. Oktober 1986 – 2 ABR 71/85 = DB 1987, 1304 = AP Nr. 95 zu § 626 BGB). 38

ee) außerordentliche Kündigung bei „Mischsituationen"

Verletzt der Funktionsträger **sowohl eine arbeitsvertragliche Pflicht als auch zugleich eine solche aus dem Amt**, kommt entweder die Abberufung z. B. nach § 23 Abs. 1 BetrVG oder auch eine außerordentliche Kündigung unter den Voraussetzungen des § 626 BGB in Be- 39

§ 96   Vertrauenspersonen

tracht. Hierbei ist bei einem Betriebsratsmitglied die tatsächlich vorhandene Situation zu werten, wenn es die arbeitsvertragliche Pflicht nur verletzt hat, weil es zugleich in seiner Funktion als Betriebsratsmitglied tätig war (ErfK / Kiel § 15 KSchG Rdnr. 30).

40 Nach der Rechtsprechung ist an die Wirksamkeit der außerordentlichen Kündigung insoweit ein **besonders strenger Prüfungsmaßstab** anzulegen. Er soll die freie Betätigung des Betriebsratsmitgliedes in seinem Amt gewährleisten (vgl. BAG Urteil 16. Oktober 1986 – 2 ABR 71/85 = AP Nr. 95 zu § 626 m. w. Nachw.). Eine Verletzung der Pflichten aus dem Arbeitsvertrag, die im Rahmen einer Amtstätigkeit begangen wird, kann aus einer **Konfliktsituation** entstanden sein, welcher ein anderer Arbeitnehmer nicht ausgesetzt ist. Dies ist beispielsweise der Fall, wenn es bei Verhandlungen zwischen Arbeitgeber und Betriebsrat im Verlauf längerer schwieriger und erregter Auseinandersetzungen je nach der Persönlichkeitsstruktur der Teilnehmer zu verbalen Beleidigungen kommt. Die in dem strengeren Prüfungsmaßstab zum Ausdruck kommende Tat- und Situationsgerechtigkeit ist in solchen Fällen keine verbotene Besserstellung des Betriebsratsmitglieds, sondern Folge der Beachtung der besonderen Sachlage (BAGE Urteil vom 16. Oktober 1986 a. a. O. m. w. Nachw.; BAG Urteil vom 25. Mai 1982 – 7 AZR 155/80, zit. nach JURIS).

41 Bei den sog. **Mischsituationen** hat die Rechtsprechung die Wirksamkeit einer außerordentlichen Kündigung nicht ausgeschlossen bei bewusst wahrheitswidrigen öffentlichen Äußerungen, die den Betriebsfrieden stören können (BAG Urteil vom 26. Mai 1977 – 2 AZR 632/76 = BAGE 29, 195 = NJW 1978, 239 = AP Nr. 5 zu § 611 BGB Beschäftigungspflicht); beleidigenden Äußerungen eines Betriebsratsmitglieds gegenüber dem Werksleiter in einer Sitzung: „KZ-Methoden" (BAG Urteil vom 2. April 1987 – 2 AZR 418/86 = NZA 1987, 808 = AP Nr. 96 zu § 626 BGB); schwerwiegenden Ehrverletzung anderer Arbeitnehmer im Betriebsratswahlkampf mit zugleich verfassungsfeindlicher Zielsetzung (BAG Urteil vom 13. Oktober 1977 – 2 AZR 387/76 = NJW 1978, 1872 = AP Nr. 1 zu § 1 KSchG Verhaltensbedingte Kündigung). Führt ein Betriebsratsmitglied unerlaubt und heimlich auf Kosten des Arbeitgebers erhebliche Privattelefonate (in drei Monaten für ca. 1400 Euro) und lässt er es auch noch zu, dass der Verdacht zunächst auf einen nicht beteiligten Kollegen fällt, kann das eine außerordentliche Kündigung rechtfertigen (BAG Urteil vom 4. März 2004 – 2 AZR 147/03 = BAGE 110, 1 = NJW 2004, 2612 = AP Nr. 50 zu § 103 BetrVG).

ff) Erforderliche Zustimmung des Betriebs- / Personalrats

42 Für die außerordentliche Kündigung ist außerdem die **Zustimmung des Betriebsrats erforderlich**. Andernfalls ist sie nach § 134 BGB unheilbar nichtig. Die Zustimmung muss **vor Ausspruch der Kündigung** vorliegen und kann nicht nachgeholt werden (st. Rspr., z. B. BAG Urteil vom 22. August 1974 – 2 ABR 17/74 = BAGE 26, 219 = NJW 1975, 181 = AP Nr. 1 zu § 103 BetrVG 1972; Urteil vom 30. Mai 1978 – 2 AZR 637/76 = BAGE 30, 320 = NJW 1980, 80 = AP Nr. 4 zu § 15 KSchG 1969). Das Erfordernis der Zustimmung entfällt im Zeitraum der Nachwirkung. Im Unterschied zu § 102 BetrVG bedeutet ein ungenutztes **Verstreichenlassen der Drei-Tage-Frist** nicht Zustimmung, sondern **Zustimmungsverweigerung** (ErfK / Kiel § 15 KSchG Rdnr. 31 m. w. Nachw.). Ist allerdings die Zustimmung rechtzeitig beantragt worden, kann der Betriebsrat noch nachträglich zustimmen (BAG Urteil vom 17. September 1981 – 2 AZR 402/79 = NJW 1982, 2891 = AP Nr. 14 zu § 103 BetrVG 1972). Ein bereits eingeleitetes Zustimmungsersetzungsverfahren wird damit gegenstandslos. Für die Zustimmung besteht **kein Schriftformzwang**. Das Betriebsratsmitglied kann daher die Kündigung nicht nach § 182 Abs. 3 BGB i. V. m. § 111 Satz 2, 3 BGB zurückweisen, weil ihm der Arbeitgeber die vom Betriebsrat erteilte Zustimmung nicht in schriftlicher Form vorlegt (BAG Urteil vom 4. März 2004 – 2 AZR 147/03 = BAGE 110, 1 = NJW 2004, 2612 = AP Nr. 50 zu § 103 BetrVG).

gg) Gerichtliche Ersetzung der Zustimmung

Verweigert der Betriebsrat die nach § 15 Abs. 1 und 2 erforderliche Zustimmung, kann das Arbeitsgericht auf Antrag des Arbeitgebers die Zustimmung ersetzen (§ 103 Abs. 2 BetrVG). Entsprechendes gilt nach § 15 Abs. 2 Satz 1 KSchG für den Personalrat im **öffentlichen Dienst**, wobei hier das **Verwaltungsgericht zuständig** ist (§§ 47, 108 BPersVG). Die vorherige ordnungsgemäße Mitwirkung des Betriebsrats ist **Zulässigkeitsvoraussetzung für das gerichtliche Ersetzungsverfahren**. Sie kann nicht dadurch umgangen werden, dass der Arbeitgeber bereits vor der Entscheidung des Betriebsrats einen Zustimmungsersetzungsantrag stellt. Der Zustimmungsantrag nach § 103 Abs. 2 BetrVG ist unheilbar **unwirksam**, wenn er **unter der Bedingung** gestellt wird, dass der Betriebsrat die Zustimmung zu der beabsichtigten außerordentlichen Kündigung verweigert (BAG Urteil vom 7. Mai 1986 – 2 ABR 27/85= BAGE 52, 50 = NZA 1986, 719 = AP Nr. 18 zu § 103 BetrVG 1972). Auch ein vor der Entscheidung des Betriebsrats gestellter unbedingter **(vorsorglicher) Ersetzungsantrag** ist **unzulässig** und wird nicht mit der Zustimmungsverweigerung zulässig (BAG Urteil vom 7. Mai 1986 a. a. O.). Durch einen solchen Antrag wird deshalb die Ausschlussfrist des § 626 Abs. 2 BGB nicht gewahrt, die mit der Kenntnis des Kündigungsberechtigten von den für die Kündigung maßgebenden Tatsachen beginnt, und innerhalb der ein Arbeitgeber auch den Ersetzungsantrag beim Arbeitsgericht stellen muss (vgl. BAG Urteil vom 18. August 1977 – 2 ABR 19/77 = BAGE 29, 270 = NJW 1978, 661 = AP Nr. 10 zu § 103 BetrVG 1972 und unten unter Rdnrn. 46 ff.).

43

Mit der rechtskräftigen **Ersetzung der Zustimmung** zur Kündigung wird zugleich die **für den nachfolgenden Kündigungsschutzprozess im Grundsatz bindende Feststellung** getroffen, dass die außerordentliche Kündigung unter Berücksichtigung aller Umstände **gerechtfertigt** ist. Wegen dieser Ausschlusswirkung kann der Arbeitnehmer im Kündigungsschutzprozess nur dann geltend machen, die Vorfrage sei unrichtig entschieden worden, wenn er **neue Tatsachen** vorträgt, die im Beschlussverfahren noch nicht berücksichtigt werden konnten (BAG Urteil vom 24. April 1975 – 2 AZR 118/74 = BAGE 27, 113 = DB 1975, 1610 = AP Nr. 3 zu § 103 BetrVG 1972; BAG Urteil vom 18. September 1997 – 2 ABR 15/97 = BAGE 86, 298 = NZA 1998, 189 = AP Nr. 35 zu § 103 BetrVG 1972).

44

hh) Frist für Ausspruch der Kündigung nach Zustimmung bzw. Ersetzung

Die Ausschlussfrist des **§ 626 Abs. 2 BGB** gilt auch für die außerordentliche Kündigung gegenüber Arbeitnehmern, die als **Funktionsträger den besonderen Kündigungsschutz** des § 15 KSchG genießen (vgl. BAG Urteil vom 18. August 1977 – 2 ABR 19/77 = BAGE 29, 270 = NJW 1978, 661 = AP Nr. 10 zu § 103 BetrVG 1972 m. w. Nachw.). Auch im Regelungsbereich des § 103 BetrVG beginnt die Zweiwochenfrist des § 626 Abs. 2 BGB mit der **Kenntnis des Arbeitgebers von den für die Kündigung maßgebenden Tatsachen** (BAG Urteil vom 18. August 1977 a. a. O.). Auf den Ablauf der Frist wirkt sich der Zeitraum, der dem Betriebsrat für seine Entscheidung über den Zustimmungsantrag gemäß § 103 Abs. 1 BetrVG zur Verfügung steht, nicht aus. Allerdings ist der **Betriebsrat verpflichtet**, entsprechend § 102 Abs. 2 Satz 3 BetrVG seine Entscheidung dem Arbeitgeber **unverzüglich, spätestens innerhalb von drei Tagen**, gegebenenfalls auch innerhalb einer längeren ihm vom Arbeitgeber eingeräumten Frist, **mitzuteilen**. Gibt der Betriebsrat innerhalb der Frist keine zustimmende Erklärung ab, so ist dies als Verweigerung der Zustimmung zu werten (BAG Urteil vom 18. August 1977 a. a. O.).

45

Demnach muss der Arbeitgeber, wenn er sein Kündigungsrecht nicht verlieren will, **innerhalb der Ausschlussfrist** des § 626 Abs. 2 BGB **nicht nur den Zustimmungsantrag** beim Betriebsrat stellen, sondern bei ausdrücklicher oder wegen Fristablaufs zu unterstellender Verweigerung der Zustimmung **auch das Verfahren auf Ersetzung der Zustimmung** beim Arbeitsgericht einleiten. Entsprechendes gilt für die Beteiligung des Personalrats: Hat der Arbeitgeber innerhalb der Frist des § 626 Abs. 2 BGB sowohl die erforderliche Zustimmung des Personalrats beantragt als auch bei verweigerter Zustimmung das weitere Mitbestim-

46

mungsverfahren eingeleitet, so kann demgemäß die Kündigung auch nach Ablauf der Frist des § 626 Abs. 2 BGB ausgesprochen werden, wenn sie **unverzüglich nach Erteilung der Zustimmung erklärt** wird (BAG Urteil vom 8. Juni 2000 – 2 AZR 375/99 = BAGE 95, 98 = NJW 2001, 1156 = AP Nr. 164 zu § 626 BGB). Es reicht nicht aus, dass der Arbeitgeber lediglich kurz vor Ablauf der Zweiwochenfrist beim Personalrat die Zustimmung zur Kündigung beantragt und nach Ablauf der Frist bei verweigerter Zustimmung das weitere Mitbestimmungsverfahren einleitet (BAG Urteil vom 8. Juni 2000 a. a. O.) Die Kündigung ist stets wegen Fristversäumnis unwirksam, wenn der **Arbeitgeber den Betriebs- / Personalrat so spät beteiligt**, dass deshalb das Verfahren innerhalb von zwei Wochen nach Kenntnis von dem Kündigungssachverhalt nicht mehr abgeschlossen werden kann (BAG Urteil vom 8. Juni 2000 a. a. O.)

c) **Kein verstärkter Schutz der Vertrauensperson bei sonstigen Beendigungen des Arbeitsverhältnisses und Abmahnungen**

47 § 15 Abs. 1 und 2 KSchG greift nicht ein bei sonstigen Beendigungen des Arbeitsverhältnisses, insbesondere nicht bei Aufhebungsverträgen. Der Schutz bezieht sich nur auf ordentliche Kündigungen. Eine **Abmahnung** gegenüber einer nach § 15 KSchG geschützten Person zur Vorbereitung einer verhaltensbedingten Kündigung nach Ablauf der Schutzfrist ist auch während der Schutzzeit zulässig (BAG Urteil vom 19. Juli 1983 – 1 AZR 307/81 = DB 1983, 2695 = AP Nr. 5 zu § 87 BetrVG 1972 Betriebsbuße).

d) **Kündigungsschutz schwerbehinderter Vertrauenspersonen**

48 Ist die **Vertrauensperson selbst schwerbehindert**, wird der aus ihrer Amtstätigkeit erwachsene Kündigungsschutz noch durch den besonderen Kündigungsschutz schwerbehinderter Menschen nach §§ 85 ff. SGB IX verstärkt.

2. **Versetzungs- und Abordnungsschutz**

a) **Grundsatz und Begriff der Versetzung**

49 Vertrauenspersonen haben ebenfalls den besonderen **Versetzungs- und Abordnungsschutz der Betriebs- bzw. Personalratsmitglieder**. Unter **Versetzung** wird jede nicht nur vorübergehende Zuweisung eines anderen Arbeitsplatzes oder Aufgabenbereichs, also eines anderen als des vertraglich vereinbarten Tätigkeitsfelds im Betrieb bzw. in der Dienststelle verstanden (GK-SGB IX / *Schimanski* Rdnr. 83).

49a Als **Versetzung im öffentlichen Dienst** gilt auch die mit einem Wechsel des Dienstortes verbundene Umsetzung innerhalb derselben Dienststelle; das Einzugsgebiet im Sinne des Umzugskostenrechts gehört zum Dienstort (§ 47 Abs. 2 Satz 1 und 2 BPersVG).

Die Vorschrift will die **ungestörte Amtsausübung und die Unabhängigkeit der Personalratsmitglieder** sicherstellen und sie vor nicht unbedingt notwendigen dienstrechtlichen Maßnahmen schützen (OVG Meckl.-Vorpommern Beschluss vom 27. Juni 2007 – 8 L 191/06). Die Maßnahmen müssen also zur Aufrechterhaltung des Dienstbetriebes **zwingend erforderlich** sein, etwa in dem Sinne, dass für die mit der Abordnung zu erfüllenden Aufgaben nur dieses bestimmte Personalratsmitglied in Betracht kommt (vgl. Fischer / Goeres GKÖD Bd. V k § 47 Rdnr. 40, 46). Die Abordnung darf nicht dem (primären) Zweck dienen, den Beamten zu disziplinieren, zumal auch die Abordnung als Disziplinarmaßnahme gesetzlich nicht vorgesehen ist. Hat sich der Beamte allerdings – ob disziplinarrechtlich relevant oder nicht – so verhalten, dass er in seiner bisherigen Dienststelle untragbar geworden ist, kommt auch die Abordnung eines Personalratsmitglieds in Betracht. Voraussetzung ist aber in jedem Fall, dass die Maßnahme zwingend erforderlich ist, was wohl auch dann bejaht werden kann, wenn das erforderliche Vertrauensverhältnis zum Dienstvorgesetzten zerstört ist. Ob diese Voraussetzungen vorliegen, ist verwaltungsgerichtlich uneingeschränkt zu überprüfen (OVG Meckl.-Vorp. Beschluss vom 27. Juni 2007; Fischer / Goeres a. a. O. Rdnr. 54).

b) Zustimmung von Betriebs- / Personalrat

Für den Personalrat war der Versetzungs- und Abordnungsschutz in § 47 Abs. 2 BPersVG seit Langem ausdrücklich geregelt. Für den öffentlichen Dienst der Länder und Gemeinden ergibt sich Entsprechendes aus dem Landespersonalvertretungsrecht. Seit der Novellierung des Betriebsverfassungsgesetzes vom 23. Juli 2001 sieht § 103 Abs. 3 BetrVG ausdrücklich auch einen Versetzungsschutz für Mitglieder des Betriebsrats vor. Er gilt nur für Versetzungen kraft Direktionsrechts, während Änderungskündigungen zur Versetzung nach wie vor von § 103 Abs. 1 und 2 BetrVG erfasst werden (ErfK / *Kania* § 103 BetrVG Rdnr. 6). Nach diesen über § 96 Abs. 3 Satz 1 SGB IX entsprechend anwendbaren Vorschriften bedarf somit die **Versetzung einer Vertrauensperson der Zustimmung des Betriebsrats bzw. des Personalrats**, wenn die Vertrauensperson mit ihrer Versetzung nicht einverstanden ist. Wird die Zustimmung verweigert, kann der Arbeitgeber entsprechend § 103 Abs. 3 Satz 2 BetrVG beim Arbeitsgericht beantragen, die Zustimmung zu der Versetzung zu ersetzen.

50

Eine **Versetzung ohne vorherige Zustimmung** des Betriebsrats gem. § 103 Abs. 3 BetrVG ist **aufzuheben** (vgl. LAG Berlin Beschluss vom 22. Dezember 2004 – 9 TaBV 2175/04 = AiB 2006, 516). Im Interesse des Schutzes der Betriebsratsmitglieder vor benachteiligenden Maßnahmen des Arbeitgebers und des Erhalts der Funktionsfähigkeit des Betriebsrates ist im Bereich dieser Vorschrift auch der Erlass einer **einstweiligen Verfügung** zulässig (ArbG Berlin Beschluss vom 10. September 2001 – 42 BVGa 23876/01 = AiB 2002, 49).

51

c) Regelungsunterschiede zwischen Betrieben und Dienststellen

Allerdings sind die materiellen Voraussetzungen des Versetzungsschutzes für Vertrauenspersonen **in Betrieben und öffentlichen Dienststellen unterschiedlich geregelt** (vgl. hierzu *Müller-Wenner* / Schorn Rdnr. 18): Der entsprechend anwendbare § 103 Abs. 3 BetrVG verlangt die Zustimmung des Betriebsrats nur für solche Versetzungen, die zu einem Amts- oder Wählbarkeitsverlust führen. Hingegen wird in § 47 Abs. 2 BPersVG ausdrücklich klargestellt, dass auch die mit einem Wechsel des Dienstortes verbundene Umsetzung *innerhalb einer Dienststelle* zustimmungsbedürftig ist, also auch bei Versetzungen, bei denen das Amt des Personalratsmitglieds erhalten bleibt. Ferner darf ein Personalratsmitglied gegen seinen Willen nur aus wichtigem dienstlichen Grund versetzt oder abgeordnet werden. Hingegen ist eine Versetzung nach § 103 Abs. 3 BetrVG schon zulässig, wenn der Arbeitgeber dringende betriebliche Erfordernisse für seine Maßnahmen nachweist und diese vorrangig gegenüber der Kontinuität der Amtsführung sind.

52

d) Eingeschränkter Schutzzweck bei Organisationsmaßnahmen

Freilich ist zu beachten: Der **Schutzzweck** der in § 47 Abs. 1 BPersVG bzw. entsprechenden Landesvorschriften getroffenen Regelung geht dahin, die **ungestörte Ausübung des Personalratsamtes** sicherzustellen und den Mitgliedern des Personalrats die für ihre Arbeit notwendige **Unabhängigkeit** gegenüber dienstlichen Maßnahmen zu geben, welche sie dauernd oder vorübergehend an der Ausübung ihres Personalratsamtes hindern könnten. Die Vorschrift schützt vor **Maßnahmen, die einzelne Personalratsmitglieder belasten**. Deshalb spricht in Fällen, in denen sich eine Umsetzung lediglich als **zwingende Folge einer umfassenden Organisationsmaßnahme** darstellt, vieles für eine einschränkende Auslegung der Vorschrift dahingehend, dass in derartigen Fällen einer Umsetzung maßgeblich auf die Unvermeidbarkeit aus wichtigen dienstlichen Gründen abzustellen ist und allein die fehlende Zustimmung des Personalrats den Dienstherrn nicht an der konsequenten Umsetzung der allgemeinen Organisationsmaßnahme hindern kann (OVG Saarlouis Beschluss vom 18. Januar 2006 – 1 W 18/05, zit. nach JURIS; vgl. auch BVerwG Beschluss vom 31. Januar

53

1994 – 2 B 1/94 = Buchholz 250 § 47 BPersVG Nr. 8 zur Versetzung nach Auflösung einer Dienststelle).

e) Übergangsmandat bei Betriebsspaltung oder -zusammenlegung

54 Für den **Betriebsrat** ist in § 21a BetrVG in den dort geregelten Fällen (z. B. **Spaltung eines Betriebs bzw. Zusammenlegung von Betrieben oder Betriebsteilen**) unter bestimmten Voraussetzungen ein **Übergangsmandat** vorgesehen. Zu den Auswirkungen von Reorganisation und Umstrukturierung auf die Schwerbehindertenvertretung vgl. Erl. zu § 94 SGB IX Rdnr. 182 ff.

3. Sonstige persönliche Rechtsstellung

55 Das Gleichbehandlungsgebot ist **nicht auf gesetzlich begründete Rechte** beschränkt. Es erstreckt sich auch auf in sonstiger Weise dem Betriebs- bzw. Personalrat eingeräumte Rechtsstellungen (BAG Urteil vom 14. August 1986 – 6 AZR 622/85 = BAGE 52, 335 = PersR 1987, 39 = AP Nr. 2 zu § 23 SchwbG). So begründet der einem Betriebsrat eingeräumte **Anspruch auf pauschalen Aufwendungsersatz** eine persönliche Rechtsstellung, aufgrund der ein Schwerbehindertenvertreter nach § 96 Abs. 3 Satz 1 eine Gleichbehandlung verlangen kann (BAG Urteil vom 14. August 1986 a. a. O.; vgl. auch ArbG Stuttgart, Beschluss vom 5. August 1999 – 14 BV 65/99, zit. nach JURIS. Im Einzelfall können allerdings ausnahmsweise im Amt oder der Person des Schwerbehindertenvertreters liegende Gründe eine abweichende Regelung sachlich rechtfertigen, wofür der Arbeitgeber darlegungspflichtig ist (ArbG Stuttgart Beschluss vom 5. Oktober 1999 a. a. O.).

4. Rechtsstellung der Stellvertreter

56 Das stellvertretende Mitglied besitzt während der Dauer der Vertretung bzw. der Heranziehung zu bestimmten Aufgaben nach § 95 Abs. 1 Satz 4 die **gleiche persönliche Rechtsstellung wie die Vertrauensperson (Abs. 3 Satz 2)**. Das gilt insbesondere für den Kündigungs-, Versetzungs- und Abordnungsschutz. Für den Zeitraum, in denen die Stellvertreter nicht tätig werden, haben sie die gleiche Rechtsstellung wie Ersatzmitglieder des Betriebs- bzw. Personalrats.

Ihnen kommt damit der nachwirkende Kündigungsschutz nach § 15 Abs. 1 Satz 2 KSchG zu: Danach ist die Kündigung eines Stellvertreters innerhalb eines Jahres, vom Ende der Vertretung an gerechnet, unzulässig. Eine **außerordentliche Kündigung** ist folglich auch hier nur mit Zustimmung des Betriebs- bzw. des Personalrats zulässig.

D) zu Abs. 4

1. Freistellung

a) Grundsatz und Entgeltausfallprinzip

57 Der Arbeitgeber ist nach **Abs. 4 Satz 1** verpflichtet, die Vertrauensperson zur Wahrnehmung und Erledigung ihrer Aufgaben nach § 95 SGB IX **von ihrer beruflichen Tätigkeit ohne Minderung des Arbeitsentgelts freizustellen**. Während der Freistellung besteht also Anspruch auf ungeminderte Entgeltfortzahlung, und zwar entsprechend dem **Entgeltausfallprinzip**: Die freigestellte Vertrauensperson soll nicht schlechter und nicht besser gestellt werden, als wenn sie gearbeitet hätte (vgl. BAG Urteil vom 30. April 1987 – 6 AZR 428/84 = BAGE 55, 255 = NZA 1988, 172 = BehindertenR 1988, 38 = AP Nr. 3 zu § 23 SchwbG). Für die Beurteilung sind die **vergleichbaren Mitarbeiter und deren Verdienst** heranzuziehen. Vergleichbar sind die Arbeitsplätze, auf denen die Vertrauenspersonen arbeiten müssten, wenn ihre Freistellung beendet wäre (BAG Urteil vom 30. April 1987 a. a. O.).

b) Maßgebende bisherige Arbeitsvergütung

Die Vertrauensperson behält also nach dem Entgeltausfallprinzip den **Anspruch auf die volle bisherige Arbeitsvergütung** einschließlich zusätzlicher Entgeltbestandteile wie Gratifikationen, Urlaubsgeld, Anwesenheitsprämien, vermögenswirksame Leistungen und sonstige allgemeine Zuwendungen, Zuschlägen für Nacht-, Mehr- und Sonntagsarbeit sowie Erschwernis- und Sozialzulagen (st. Rspr., vgl. BAG Urteil vom 23. Juni 2004 – 7 AZR 514/03 = NZA 2004, 1287 = DB 2004, 2702 = AP Nr. 139 zu § 37 BetrVG 1972), da diese Zulagen Bestandteil des Arbeitsentgelts und nicht etwa Aufwendungsersatz sind (*Müller-Wenner / Schorn* Rdnr. 26; *Neumann u. a. / Pahlen* Rdnr. 12). Gleiches gilt für freiwillige, jederzeit widerrufliche Zulagen (BAG Urteil vom 21. April 1983 – 6 AZR 407/80 = DB 1983, 2253 = AP Nr. 43 zu § 37 BetrVG 1972). Nicht weitergezahlt werden müssen lediglich **Leistungen mit reinem Aufwendungscharakter** wie etwa Fahrtkostenerstattung oder Fernauslösung nach dem Bundesmontage-TV (BAG Urteil vom 18. September 1991 – 7 AZR 41/90 = BAGE 68, 292 = NZA 1992, 936 = AP Nr. 82 zu § 37 BetrVG 1972). Eine Ausnahme gilt wiederum, wenn die entsprechende Leistung über bloßen Aufwendungsersatz hinausgeht und es sich dabei um einen Teil des Lohns handelt (BAG Urteil vom 10. Februar 1988 – 7 AZR 36/87 = BAGE 58, 1 = NZA 1989, 112 = AP Nr. 64 zu § 37 BetrVG 1972), wie etwa die Fahrentschädigung für Lokomotivführer und Zugbegleiter (BAG Urteil vom 5. April 2000 – 7 AZR 213/99 = NZA 2000, 1174 = AP Nr. 131 zu § 37 BetrVG 1972).

Bei **Akkordarbeit** der Vertrauensperson muss ihr der ausgefallene Akkordlohn weitergezahlt werden. Dieser ist nach der vorangegangenen durchschnittlichen Arbeitsleistung der Vertrauensperson zu vergüten; soweit sie nicht feststellbar ist, bleibt Maßstab die durchschnittliche Arbeitsleistung vergleichbarer Arbeitnehmer (GK-BetrVG / *Weber* zu § 37 BetrVG Rdnr. 59). Steht fest, dass ein Betriebsratsmitglied ohne Freistellung **Mehrarbeit** ebenso geleistet hätte wie vergleichbare Arbeitnehmer, umfasst der Anspruch auch die Mehrarbeitsvergütung (BAG Urteil vom 7. Februar 1985 – 6 AZR 72/82 = BAGE 48, 76 = AP Nr. 3 zu § 46 BPersVG).

Zum Bestandteil des Arbeitsentgelts zählt gegebenenfalls auch die Möglichkeit, einen im Rahmen eines Arbeitsverhältnisses überlassenen **Dienstwagen für private Fahrten zu nutzen**. Eine nach Abs. 4 Satz 2 von der beruflichen Tätigkeit vollständig befreite Vertrauensperson hat Anspruch auf Überlassung eines Firmenfahrzeugs zur privaten Nutzung, wenn ihr der Arbeitgeber vor der Freistellung zur Erfüllung ihrer dienstlichen Aufgaben ein Firmenfahrzeug zur Verfügung gestellt hatte und sie dieses aufgrund einer vertraglichen Vereinbarung auch privat nutzen durfte (vgl. BAG Urteil vom 23. Juni 2004 a. a. O.).

Wäre im Fall der Arbeitsleistung die Vertrauensperson von **Kurzarbeit** betroffen worden, erhält sie nur das verkürzte Arbeitsentgelt bzw. Kurzarbeitergeld der Bundesagentur für Arbeit. Wie § 37 Abs. 2 BetrVG für ein Betriebsratsmitglied stellt Abs. 4 Satz 1 lediglich sicher, dass die Vertrauensperson durch die Wahrnehmung von Amtsobliegenheiten keinen Lohnausfall erleidet. Entfällt aber der Lohnanspruch der übrigen Arbeitnehmer wegen einer für den Betrieb der Arbeitgeberin wirksam angeordneten Kurzarbeit, führt die Anwendung des Lohnausfallprinzips auch bei dem eine Schulungsveranstaltung besuchenden Betriebsratsmitglied zu einer dem Arbeitsausfall entsprechenden Lohnkürzung (BAG Urteil vom 12. Oktober 1994 – 7 AZR 398/93 = NZA 1995, 641 = DB 1995, 734 m. w. Nachw.: vgl. auch BAG Urteil vom 23. April 1974 – 1 AZR 139/73 = DB 1974, 1725 = AP Nr. 11 zu § 37 BetrVG 1972 bei Gewährung von Schlechtwettergeld).

c) Erforderlichkeit der Freistellung für Aufgabenerfüllung

Voraussetzung des Entgeltfortzahlungsanspruchs ist, dass die Freistellung im Einzelfall „erforderlich" ist (**Abs. 4 Satz 1**). Die Vertrauensperson wird somit grundsätzlich nicht pauschal für eine bestimmte Zeit von der Arbeit freigestellt, sondern **nur für den Zeitraum, der zur ordnungsgemäßen Aufgabenerfüllung notwendig** ist (vgl. BAG Beschluss vom 13. November 1991 – 7 ABR 5/91 = BAGE 69, 34 = DB 1992, 740 = NZA 1992, 414 =

AP Nr. 80 zu § 37 BetrVG 1972). Hierzu gehören alle Angelegenheiten, die der Vertrauensperson nach dem Schwerbehindertenrecht des SGB IX oder nach einer Betriebs- oder Integrationsvereinbarung obliegen. Unerheblich ist, ob die Tätigkeit innerhalb oder außerhalb des Betriebs oder der Dienststelle anfällt, etwa gegenüber dem Arbeitgeber oder gegenüber der Bundesagentur für Arbeit (HK-SGB IX / *Trenk-Hinterberger* Rdnr. 17). Nicht dazu gehören beispielsweise Tätigkeiten rein gewerkschaftlicher Natur oder die Teilnahme an Tarifverhandlungen.

63 Maßstab für die Beurteilung ist allein, ob die Schwerbehindertenvertretung ihre Amtstätigkeit **nach pflichtgemäßem Ermessen** aufgrund der ihr bekannten Tatsachen für notwendig erachten durfte. Dies kann nur **unter Abwägung aller bekannten Umstände**, nicht zuletzt im Hinblick auf die Zahl der zu betreuenden schwerbehinderten Menschen und Gleichgestellten unter Berücksichtigung der Interessen des Betriebes oder der Dienststelle beurteilt werden (LAG Düsseldorf Urteil vom 11. Juli 1977 – 19 Sa 39/77 = EzA § 23 SchwbG Nr. 2). Nach ständ. Rspr. des BAG kann die Erforderlichkeit einer Amtstätigkeit **nicht nach Erfahrungs- oder Richtwerten bemessen** werden, sondern erfordert stets eine **Einzelfallbetrachtung** (BAG Urteil vom 15. März 1995 – 7 AZR 643/94 = BAGE 79, 263 = AP Nr. 105 zu § 37 BetrVG 1972 = NZA 1995, 9 m. w. Nachw.). Die Darlegungs- und Beweislast obliegt insoweit der Vertrauensperson (LAG Sachsen-Anhalt Urteil vom 30. April 2002 – 11 Sa 782/01, zit. nach JURIS). Durfte eine Vertrauensperson nach gewissenhafter Prüfung zu der Einschätzung kommen, die Tätigkeit sei erforderlich, bleibt der **Entgeltanspruch** bestehen, auch wenn sich später herausstellt, dass die Erledigung der Aufgabe **objektiv nicht notwendig** war (vgl. BAG Urteil vom 16. März 1988 – 7 AZR 557/87 = AP BetrVG 1972 § 37 Nr. 63). Ebenso wenig ist in diesem Fall eine **Abmahnung** wegen Arbeitsversäumnis zulässig (vgl. BAG Urteil vom 6. August 1981 – 6 AZR 1086/79 = BehindertenR 1982, 67 = DB 1982, 758 = AP Nr. 40 zu § 37 BetrVG 1972; Urteil vom 31. August 1994 – 7 AZR 893/93 = NZA 1995, 225 = AP BetrVG 1972 § 37 Nr. 98).

d) Ab- und Rückmeldepflicht

64 Die Vertrauensperson bedarf aber **keinesfalls der Zustimmung des Arbeitgebers** bzw. Dienststellenleiters, wenn sie im Einzelfall im Rahmen ihres Amtes tätig werden will. Erforderlich ist allerdings eine ordnungsgemäße und rechtzeitige **Abmeldung** beim Verlassen des Arbeitsplatzes beim unmittelbaren Vorgesetzten, ohne dass der Arbeitgeber Anspruch darauf hätte, Einzelheiten der beabsichtigten Amtswahrnehmung zu erfahren, etwa welche schwerbehinderten Menschen die Vertrauensperson an ihren Arbeitsplätzen aufsuchen will (vgl. BAG Urteil vom 15. März 1995 – 7 AZR 643/94 = BAGE 79, 263 [267] = NZA 1995, 951 = AP Nr. 105 zu § 37 BetrVG 1972; Beschluss vom 13. Mai 1997 – 1 ABR 2/97 = NZA 1997, 1062 = DB 1997, 2131 = AP Nr. 119 zu § 37 BetrVG 1972).

65 Die Abmeldung ermöglicht dem Arbeitgeber notwendige **arbeitsorganisatorische Vorkehrungen** zu treffen, um den Arbeitsausfall zu überbrücken und Störungen des Betriebsablaufs zu vermeiden (vgl. BAG Beschluss vom 13. Mai 1997 a. a. O.). Für diesen Zweck muss bei der Abmeldung **Ort, Zeitpunkt und voraussichtliche Dauer der Amtstätigkeit**, nicht aber deren Art oder Inhalt angeben werden (vgl. BAG Urteil vom 15. 3. 1995 a. a. O. und Beschluss vom 13. 5. 1997 a. a. O.). Eine **genauere Darlegung** ist erforderlich, wenn der Arbeitgeber bei der Abmeldung seinerseits geltend macht, dass der Arbeitnehmer für die Zeit der beabsichtigten Tätigkeit als Schwerbehindertenvertretung **unabkömmlich** sei und betriebsbedingte Gründe eine zeitliche Verschiebung verlangen (vgl. BAG Urteil vom 15. März 1995 a. a. O.). Die Vertrauensperson muss dann prüfen, ob oder inwieweit die geplante Tätigkeit verschoben werden kann und ggf. darlegen, dass die Amtstätigkeit zu dringlich ist, um dem Verlangen des Arbeitgebers nachkommen zu können (BAG Urteil vom 15. März 1995 a. a. O.).

66 Auch vor Antritt einer **erforderlichen Reise** braucht die Vertrauensperson dem Arbeitgeber keine ins Einzelne gehenden Auskünfte über den Reisezweck zu erteilen, erst recht keine

Zustimmung zur Reise einzuholen (vgl. ErfK / *Koch* § 37 BetrVG Rdnr. 5). Erst im arbeitsgerichtlichen Beschlussverfahren über die Kostenerstattung ist der Reisezweck genauer darzulegen (BAG Beschluss vom 10. August 1994 – 7 ABR 35/93 = NZA 1995, 796 = BB 1995, 1034 m. abl. Anm. *Behrens*). Die Vertrauensperson muss dem Arbeitgeber ebenso ihre **Rückkehr** an den Arbeitsplatz **anzeigen**, damit er die erforderlichen Dispositionen treffen kann (BAG Beschluss vom 13. Mai 1997 a. a. O.; Erfk / *Koch* § 37 BetrVG Rdnr. 5).

Eine einseitige nähere **Regelung des Ab- und Rückmeldemeldeverfahrens** allein durch den Arbeitgeber ist **unwirksam**, soweit er damit sein **Weisungsrecht** gegenüber dem einzelnen Arbeitnehmer **überschreitet** oder gesetzwidrig ein **Weisungsrecht zur Ausübung der Tätigkeit der Vertrauensperson in Anspruch nimmt**. Solche Regelungen sind daher auch nicht mitbestimmungspflichtig (vgl. BAG Beschluss vom 23. Juni 1983 – 6 ABR 65/80 = BAGE 43, 109 = DB 1983, 2419 = AP Nr. 45 zu § 37 BetrVG 1972; BAG Beschluss vom 13. Mai 1997 a. a. O.; GK-BetrVG / *Weber* Rdnr. 52; ErfK / *Koch* Rdnr. 5, je zu § 37 BetrVG).

67

Verletzt die Vertrauensperson die **Abmeldepflicht**, kann dies zu einer **Abmahnung** führen (BAG Urteil vom 15. Juli 1992 – 7 AZR 466/91 = NZA 1993, 220 = AP Nr. 9 zu § 611 BGB Abmahnung). Darüber hinaus kann sie sich **schadensersatzpflichtig** machen (LAG Düsseldorf Beschluss vom 9. August 1985 – 2 TaBV 40/85 = DB 1985, 2463; GK-BetrVG / *Weber* § 37 Rdnr. 51). Besteht im Betrieb eine Pflicht zur **Zeiterfassung** bei Betreten und Verlassen des Betriebs, gilt diese – ebenso wie für Betriebsratsmitglieder – auch für Vertrauenspersonen bei amtsbedingten Unterbrechungen der Arbeit (LAG Berlin Urteil vom 9. Januar 1984 – 12 Sa 127/83 = DB 1984, 2098; ErfK / *Koch* § 37 BetrVG Rdnr. 5).

68

e) Plausibilitätskontrolle für Entgeltfortzahlung

Allerdings ersetzt eine ordnungsgemäße Abmeldung nicht die für die **Entgeltfortzahlung** entscheidende Prüfung, ob und inwieweit die Vertrauensperson die Arbeitsbefreiung zur Erledigung der gesetzlichen Aufgaben für erforderlich halten durfte (vgl. BAG Urteil vom 15. März 1995 – 7 AZR 643/94 = BAGE 79, 263 [267] = NZA 1995, 951 = AP Nr. 105 zu § 37 BetrVG 1972). Bezweifelt dies der Arbeitgeber aufgrund der konkreten betrieblichen Situation und des von der Vertrauensperson genannten Zeitaufwands, hat diese dem Arbeitgeber stichwortartige Angaben zu übermitteln, die zumindest eine **Plausibilitätskontrolle** ermöglichen. Andernfalls kann ein Zurückbehaltungsrecht an der Arbeitsvergütung bestehen (vgl. ErfK / *Koch* § 37 BetrVG Rdnr. 5). Eine **genaue Schilderung** der betreffenden Aufgabe ist in **keinem Fall erforderlich** (BAG Urteil vom 19. Juni 1979 – 6 AZR 638/77 = DB 1980, 546 = AP Nr. 36 zu § 37 BetrVG 1972). Die Schwerbehindertenvertretungen sind auch **nicht verpflichtet**, für den Arbeitgeber eine **schriftliche Dokumentation** ihrer Tätigkeit anzufertigen (vgl. ErfK / *Koch* § 37 BetrVG Rdnr. 5).

69

2. Vollständige Freistellung in Großbetrieben

Sind in den jeweiligen Betrieben und Dienststellen **in der Regel wenigstens 200 schwerbehinderte Menschen beschäftigt**, wird die Vertrauensperson auf ihren **Wunsch vollständig freigestellt**. Diese Vorschrift ist mit Wirkung ab 1. Januar 2001 durch das Gesetz zur Bekämpfung der Arbeitslosigkeit Schwerbehinderter (SchwbAG) vom 29. September 2000 eingefügt worden. Der Gesetzgeber legt zugrunde, dass allein das Erreichen dieser Zahl schon die völlige Freistellung der Vertrauensperson von der Arbeitspflicht rechtfertigt. Allerdings beeinflusst weniger die Anzahl der beschäftigten schwerbehinderten Menschen die völlige Freistellung als vielmehr der **Umfang der Aufgaben**, welche die Schwerbehindertenvertretung zu erfüllen hat. Der Zusammenhang der Vorschrift mit § 95 Abs. 1 Satz 4 SGB IX über die Hinzuziehung eines stellvertretenden Mitglieds zu bestimmten Aufgaben lässt darauf schließen, dass der Gesetzgeber ab der Beschäftigungszahl von 200 Personen zugrunde legt, dass selbst eine völlig freigestellte Schwerbehindertenvertretung nicht alle Amtspflichten vollständig und ordnungsgemäß allein erfüllen kann.

70

3. Freistellung für Fortbildung

a) Grundsatz

71 Vertrauenspersonen haben auch Anspruch darauf, für die **Teilnahme an Schulungs- und Bildungsveranstaltungen ohne Minderung des Arbeitsentgelts** freigestellt zu werden. Voraussetzung ist, dass diese Veranstaltungen Kenntnisse vermitteln, die für die Arbeit der Schwerbehindertenvertretung **erforderlich** sind (**Abs. 4 Satz 3**). Dass die Vertrauensperson schon seit mehr als zwei Jahren im Amt ist (z. B. als Gesamtschwerbehindertenvertreter und stellvertretender Konzernschwerbehinderten), steht der Annahme der Erforderlichkeit einer bestimmten Schulung nicht entgegen. Allein die **Wahrnehmung von Aufgaben** lässt **nicht den Schluss** zu, dass die **gesetzlichen Vorgaben im Einzelnen** bekannt und entsprechend wahrgenommen werden (LAG Düsseldorf Urteil vom 11. August 2009 – 17 Sa 430/09 = AE 2009, 339).

Die Vertrauensperson kann auch **nicht auf ein Selbststudium** mit der Gefahr von fehlerhafter Wissensaufnahme verwiesen werden (LAG Düsseldorf Urteil vom 11. August 2009 a. a. O.; GK-SGB IX / *Schimanski* Rdnr. 117). Der Schulungsbedürftige kann sich von entsprechend vorgebildeten Personen zur Wahrnehmung der Aufgaben schulen lassen.

b) Erforderlichkeit der Fortbildung

72 **Erforderlich** sind danach **Kenntnisse**, die nach Art und Umfang in der konkreten Situation des Betriebes von der Schwerbehindertenvertretung sofort oder demnächst benötigt werden, um ihre derzeitigen oder demnächst anfallenden Aufgaben zu erfüllen. Das vermittelte Wissen muss sich unmittelbar auf die Aufgaben der Schwerbehindertenvertretung gemäß § 95 SGB IX auswirken (LAG Hessen Beschluss vom 12. Oktober 2006 – 9 TaBV 57/06 = NZA 2008, 192 m. w. Nachw.). Die Vermittlung von Kenntnissen, die für die Tätigkeit **nur nützlich** sind, **genügt nicht**. (vgl. BAG Beschluss vom 19. Juli 1995 – 7 ABR 49/94 = EzA § 37 BetrVG 1972 Nr. 126 für die Schulung von Betriebsräten; LAG Hamm Beschluss vom 13. Januar 2006 – 10 TaBV 65/05 = NZA-RR 2006, 249).

73 Die Erforderlichkeit ist stets zu bejahen bei der Vermittlung von **Grundkenntnissen** für eine **erstmalig gewählte Vertrauensperson** (Hauck / Noftz / *Masuch* Rdnr. 30; *Müller-Wenner* / Schorn Rdnr. 36). Auch bei **Veranstaltungen des Integrationsamtes** ist die **Erforderlichkeit zu unterstellen** (VG Ansbach Urteil vom 17. März 1999 – AN 12 K 97.02199, zit. nach JURIS; *Müller-Wenner* / Schorn Rdnr. 37; GK-SGB IX / *Schimanski* Rdnr. 128). Das folgt bereits aus dessen gesetzlichem Auftrag, die Vertrauenspersonen zu schulen (vgl. § 102 Abs. 2 Satz 6 letzter Halbs. SGB IX). Hierfür entstehen regelmäßig nur Fahrt-, Verpflegungs- und Übernachtungskosten, da die eigentlichen Seminarkosten aus Mitteln der Ausgleichsabgabe getragen werden (vgl. § 29 SchwbAV).

74 Allerdings besteht insoweit **kein Schulungsmonopol des Integrationsamts** (HK-SGB IX / *Trenk-Hinterberger* Rdnr. 22). Auch von anderen Trägern durchgeführte Bildungsveranstaltungen führen zu einem Freistellungs- und Lohnfortzahlungsanspruch, wenn sie die entsprechenden Veranstaltungen des Integrationsamts ergänzen, ersetzen oder gar in Zusammenarbeit mit diesem durchgeführt werden (vgl. auch BAG Beschluss vom 16. August 1977 – 1 ABR 49/76 = DB 1977, 2287 = AP Nr. 1 zu § 23 SchwbG). Jedoch bedarf die Begründung für eine **Teilnahme einer sorgfältigen Prüfung** unter dem Gesichtspunkt der Erforderlichkeit und – bezüglich einer Kostenerstattung – ihrer Verhältnismäßigkeit (BAG Beschluss vom 16. August 1977 a. a. O.).

75 Denn bei Bildungsangeboten, die über eine Grundschulung für die Amtsführung der Schwerbehindertenvertretung hinausgehen bzw. nicht allein von den Integrationsämtern getragen werden, ist stets auch die **Verhältnismäßigkeit der Kosten zu beachten** und auf die Interessen des Betriebes und des Arbeitgebers Rücksicht zu nehmen (vgl. BAG Beschluss vom 31. Oktober 1972 – 1 ABR 7/72 = BAGE 24, 459 = DB 1973, 528 = AP Nr. 2 zu § 40 BetrVG 1972).

Erforderlich sind jedenfalls **Kenntnisse über die aktuelle Gesetzeslage** und Rechtsprechung des BAG sowie des BSG **im Schwerbehindertenrecht**. Allerdings ist die Schulung über **Gesetzentwürfe** jedenfalls dann nicht erforderlich, wenn nach dem Stand des Gesetzgebungsverfahrens nicht damit gerechnet werden kann, dass diese ohne wesentliche Änderungen verabschiedet werden (BAG Urteil vom 16. März 1988 – 7 AZR 557/87 = AP Nr. 63 zu § 37 BetrVG 1972). **76**

Erforderlich sind auch Schulungen über Ursachen von **Behinderungen**, Einsatzmöglichkeiten im Betrieb sowie die behinderungsgerechte Gestaltung von Arbeitsplätzen. Denn von der Schwerbehindertenvertretung werden im Rahmen von **Präventionsmaßnahmen** nach § 84 SGB IX sachgerechte Vorschläge hierzu erwartet. Auch Schulungen über Inhalt und Abschluss von **Integrationsvereinbarungen** nach § 83 SGB IX sind erforderlich. **77**

Die Erforderlichkeit kann **nicht beschränkt** werden auf Bildungsangebote, die sich **speziell an Schwerbehindertenvertretungen** richten. Vielmehr können auch Fortbildungsveranstaltungen zum Arbeitsschutz oder zu Arbeitssicherheit einschlägig sein. Dasselbe gilt für Themen wie Gestaltung von Arbeitsplätzen, Arbeitsablauf und Arbeitsumgebung, Lohngestaltung oder Arbeitszeit. **78**

Im Hinblick auf die intensive und umfassende Betreuungspflicht der Schwerbehindertenvertretung gegenüber schwerbehinderten Menschen nach § 95 Abs. 1 Satz 1 benötigt sie hierfür auch **umfassende und intensive Kenntnisse**, z. B. auch zu sozialversicherungsrechtlichen Themen (ArbG Dortmund Urteil vom 31. März 1995 – 1 Ca 4482/94 = BehindertenR 1997, 52; GK SGB IX / *Schimanski* Rdnr. 127). **79**

Jedenfalls ist der Themenbereich für eine Schulung in der **Aufzählung in § 95 Abs. 1 Satz 2 SGB IX nicht abschließend** geregelt. Eine Schulung nach § 96 Abs. 4 Satz 3 SGB IX muss nicht nur eine spezifische behindertenbezogen Thematik zum Inhalt haben (LAG Düsseldorf Urteil vom 11. August 2009 – 17 Sa 430/09 = AE 2009, 339). Schon aus der Verwendung des Worts „insbesondere" ergibt sich, dass es sich nicht um eine abschließende Aufzählung handelt.

Für die Beurteilung ist damit von Bedeutung, ob **sich die Thematik den Aufgaben der Schwerbehindertenvertretung nach § 95 SGB IX zuordnen lässt** (LAG Hessen Beschluss vom 12. Oktober 2006 a. a. O.). Die Interessenvertretung erschöpft sich nicht nur in der unmittelbaren Unterstützung des schwerbehinderten Menschen. Vielmehr hat sie auch **darüber zu wachen**, dass die zugunsten schwerbehinderter Menschen geltenden **Gesetze, Verordnungen, Tarifverträge, Betriebsvereinbarungen und Verwaltungsordnungen** durchgeführt werden, insbesondere auch die dem Arbeitgeber nach dem §§ 71, 72 und 81 bis 84 obliegenden Verpflichtungen erfüllt werden (§ 95 Abs. Satz 1 Nr. 1 SGB IX). Die Schwerbehindertenvertretung hat das Recht, an allen Sitzungen des Betriebs-, Personal-, Richter-, Staatsanwalt- oder Präsidialrats und deren Ausschüssen sowie des Arbeitsschutzausschusses beratend teilzunehmen; sie kann beantragen, Angelegenheiten, die einzelne oder schwerbehinderten Menschen als Gruppe besonders betreffen, auf die Tagesordnung der nächsten Sitzung zu setzen. Sie kann Beschlüsse der Gremien auf Antrag aussetzen lassen, wenn sie einen Beschluss als eine erhebliche Beeinträchtigung wichtiger Interessen schwerbehinderter Menschen ansieht oder gar nicht beteiligt worden ist. Sie wird zu Besprechungen der betrieblichen Vertretung herangezogen (§ 97 Abs. 4–8 SGB IX). Sie arbeitet mit dem Arbeitgeber und den betrieblichen Vertretungen zusammen (§ 99 SGB IX). **79a**

Daraus ergibt sich, dass die Schwerbehindertenvertretungen **nicht nur über Kenntnisse aus dem SGB IX, sondern auch aus anderen damit zusammenhängenden Rechtsgebieten verfügen müssen** (Neumann u. a. / *Pahlen* Rdnr. 14 ff.). Sie müssen zumindest Grundkenntnisse von den Sach- und Fachfragen besitzen, die in den Sitzungen besprochen werden. Vertrauensleute, die Aufgaben als Gesamtschwerbehindertenvertreter und Konzernschwerbehindertenvertreter wahrnehmen sollen, müssen folglich Kenntnisse über die Bildung der Gesamtschwerbehindertenvertretung und Konzernschwerbehindertenvertretung gemäß **79b**

§ 97 SGB IX, ihre Zuständigkeit, Aufgaben und die Gremien haben, mit den sie zusammenarbeiten. Eine Schulungsmaßnahme zum Thema „Die Gesamtschwerbehindertenvertretung und Konzernschwerbehindertenvertretung" lässt sich ohne Weiteres diesem Themenbereich zuordnen (LAG Düsseldorf Urteil vom 11. August 2009 a. a. O.).

80 Besteht im Betrieb ein **Wirtschaftsausschuss** gem. §§ 106 ff. BetrVG, an dem die Vertrauensperson beratend teilnimmt, ist auch die Teilnahme an einem Seminar „Wirtschaftsausschuss" erforderlich (LAG Hamburg Urteil vom 12. November 1996 – 6 Sa 51/96 = NZA-RR 1997, 348 = AiB 1997, 542 m. Anm. *Oberhofer*; LAG Köln Beschluss vom 5. Juli 2001 – 6 TaBV 34/01 = AP Nr. 3 zu § 26 SchwbG 1986).

81 Im Hinblick auf die erweiterten Beteiligungsrechte in §§ 81 bis 84 SGB IX sind auch die Anforderungen an die Amtsführung der Vertrauenspersonen gewachsen. Neben fachlicher Kompetenz sind Kommunikationsfähigkeit sowie Fertigkeiten in **Gesprächs- und Verhandlungsführung** gefordert. Deshalb werden gerade in größeren Betrieben auch Schulungen zur **Sprech- und Argumentationstechnik** bzw. Verhandlungsleitung erforderlich sein (vgl. auch BAG Urteil vom 15. Februar 1995 – 7 AZR 670/94 = NZA 1995, 1036 = AP Nr. 106 zu § 37 BetrVG 1972 unter Aufgabe des Urteils vom 20. Oktober 1993 – 7 ABR 14/93 = NZA 1994, 190 = AP Nr. 91 zu § 37 BetrVG 1972: In der letztgenannten Entscheidung hatte der Senat noch eine Schulungsveranstaltung „Sprechwirksamkeit – ich als Interessenvertreter in Rede und Gespräch" als nicht erforderlich für die Betriebsratstätigkeit gewertet).

82 Schulungsveranstaltungen, die **nur teilweise** dem konkreten und aktuellen Interesse der Tätigkeit der Schwerbehindertenvertretung notwendigerweise dienen, können **im Einzelfall insgesamt als nicht erforderlich** angesehen werden. Dies setzt allerdings voraus, dass der Teil, für den kein Schulungsbedarf besteht, von solchem Gewicht ist, dass es dem Mitglied der Schwerbehindertenvertretung zumutbar ist, eine andere Schulung zu besuchen, die sich auf die notwendigen Themen beschränkt (LAG Düsseldorf Urteil vom 11. August 2009 – 17 Sa 430/09 = AE 2009, 339) Zur Abgrenzung soll es darauf ankommen, ob der Anteil erforderlicher Themen **50% übersteigt** (LAG Rheinland-Pfalz Beschluss vom 16. März 2005 – 1 TaBV 40/04, zit. nach JURIS).

c) Beurteilungsspielraum der Vertrauensperson

83 Die **Erforderlichkeit der Teilnahme** an einer bestimmten Veranstaltung ist zwar von der Vertrauensperson unter Berücksichtigung aller Umstände, d. h. auch der Interessen von Betrieb oder Dienststelle darzulegen. Jedoch steht dem Schwerbehindertenvertreter insoweit ein **Beurteilungsspielraum** zu. Er hat die Frage der Erforderlichkeit allerdings nicht nach seinem subjektiven Ermessen zu beantworten, sondern sich auf den **Standpunkt eines vernünftigen Dritten** zu stellen, der die Interessen des Arbeitgebers einerseits, seines Amtes und der Schwerbehinderten andererseits abzuwägen hat (VG Ansbach Beschluss vom 17. März 1999 – AN 12 K 97.02199, zit. nach JURIS). Hierbei ist nach pflichtgemäßem Ermessen zu prüfen, ob die zu erwartenden Schulungskosten mit der **Größe und Leistungsfähigkeit des Betriebs** zu vereinbaren sind und ob der **Schulungszweck** in einem angemessenen Verhältnis zu den dafür **aufzuwendenden Mitteln** steht (vgl. BAG Beschluss vom 29. Januar 1974 – 1 ABR 34/73 = AP Nr. 8 zu § 37 BetrVG 1972; Beschluss vom 28. Juni 1995 – 7 ABR 55/94 = BAGE 80, 236 = NZA 1995, 1216 = AP Nr. 48 zu § 40 BetrVG 1972).

84 Bei dieser Prüfung können die Dauer der Veranstaltung im Hinblick auf die behandelten Themen und die örtliche Lage der Schulungsveranstaltung von Bedeutung sein (BAG Beschluss vom 27. September 1974 a. a. O.). Die Vertrauensperson muss aber **keine umfassende Marktanalyse** durchführen und den günstigsten Anbieter ermitteln, sondern kann ihre Auswahlentscheidung bei vergleichbaren Seminarinhalten vom Veranstalter selbst abhängig machen (vgl. BAG Beschluss vom 28. Juni 1995 a. a. O.). Allerdings wird diese in Bezug auf Betriebsräte vertretene höchstrichterliche Auffassung im Schrifttum teilweise als „sehr großzügig" bezeichnet (ErfK / *Koch* § 40 BetrVG Rdnr. 10) und von einem Teil der Literatur

abgelehnt (Richardi / Thüsing Rdnr. 40; Fitting Rdnr. 74; GK-BetrVG / Weber Rdnr. 58, jeweils zu § 40 BetrVG).

Die Schwerbehindertenvertretung darf jedenfalls die **qualitativ höhere Schulung vorziehen**, solange sich die Kosten nicht in einem unangemessenen Rahmen bewegen (vgl. BAG Beschluss vom 29. Januar 1974 – 1 ABR 34/73 = DB 1974, 1535 = AP Nr. 9 zu § 37 BetrVG 1972; ErfK / Koch § 40 BetrVG Rdnr. 10).

Hat der Schwerbehindertenvertreter vor mehr als sechs Jahren bereits an einer **identischen Schulungsveranstaltung** teilgenommen, kann die Erforderlichkeit einer erneuten Teilnahme nicht deswegen bestritten werden. Im Hinblick auf mögliche Änderungen der Rechtslage und die Nützlichkeit des „Auffrischens" entsprechender Kenntnisse ist die Fortbildung grundsätzlich als erforderlich zu erachten (VG Ansbach Beschluss vom 17. März 1999 – AN 12 K 97.02199, zit. nach JURIS). 85

Die **Dauer der Veranstaltungen** wird durch das Gesetz nicht in bestimmter Weise zeitlich begrenzt. Im Bereich des Personalvertretungs- bzw. Betriebsverfassungsrechts ist anerkannt, dass in der Regel eine 5-6-tägige Grundschulung zum Erwerb der erforderlichen Kenntnisse ausreicht (Grabendorf / Ilbertz / Widmaier BPersVG, § 46 Rdnr. 37 m. w. Rspr.-Nachw.). Allerdings kann bei einer Schwerbehindertenvertretung auch eine längere Dauer deshalb in Betracht kommen, weil die Vertrauensperson in ihrer Dienststelle die Belange der schwerbehinderten Menschen allein zu vertreten hat, mithin – anders als der Personalrat – **nicht auf die Unterstützung durch andere Funktionsträger zurückgreifen** kann (BayVGH Beschluss vom 30. Juni 1999 – 18 PC 99.1849, zit. nach JURIS). 86

4. Freistellung zur Fortbildung stellvertretender Mitglieder

Auch das **mit der höchsten Stimmenzahl gewählte stellvertretende Mitglied** hat Anspruch auf Freistellung für die Teilnahme an Fortbildungsveranstaltungen, soweit diese für die Arbeit der Schwerbehindertenvertretung erforderliche Kenntnisse vermitteln (**Abs. 4 Satz 4**). Allerdings gilt dies nicht uneingeschränkt. Vielmehr muss die Teilnahme an Bildungs- und Schulungsveranstaltungen **aus einem der drei im Gesetz genannten Gründe** erforderlich sein (ständige Heranziehung zu bestimmten Aufgaben nach § 95 Abs. 1 Satz 4 SGB IX in Betrieben mit regelmäßig mehr als 200 Beschäftigten, häufigere Vertretung der Vertrauensperson für längere Zeit oder absehbares Nachrücken in das Amt der Schwerbehindertenvertretung in kurzer Frist). Die Teilnahme der Vertrauensperson der Schwerbehinderten hat Vorrang vor der Teilnahme ihres Stellvertreters. Die Wahl zwischen beiden steht jedoch nicht in der Disposition des Betriebsrats (ArbG Dortmund Urteil vom 31. März 1995 – 1 Ca 4482/94 = BehindertenR 1997, 52). 87

E) zu Abs. 5

1. Kein Ausschluss von Berufsförderungsmaßnahmen

Freigestellte oder auch nur teilweise freigestellte Vertrauenspersonen sollen aufgrund der Ausübung ihres Amtes keine beruflichen Nachteile erleiden. Sie müssen davor geschützt werden, dass sie infolge der Freistellung berufliche Fertigkeiten und Kenntnisse verlieren und so den Anschluss an die betriebliche Entwicklung verpassen (Müller-Wenner / Schorn Rdnr. 50). Das gilt etwa im Fall der Einführung neuer EDV-Programme. Deshalb dürfen sie von inner- oder außerbetrieblichen **Maßnahmen der Berufsförderung nicht ausgeschlossen** werden (**Abs. 5 Satz 1**). Nachdem sie sich während der Freistellung nicht beruflich weiterbilden und für einen Aufstieg erforderliche Qualifikationen nicht erwerben oder die entsprechenden Prüfungen nicht ablegen konnten, bestimmt die an § 38 Abs. 4 BetrVG angelehnte Vorschrift in Satz 2 und 3: Der Vertrauensperson muss die Möglichkeit gegeben werden, binnen eines Jahres – oder nach drei vollen Amtszeiten binnen zwei Jahren – eine wegen der Freistellung unterbliebene berufliche Entwicklung nachzuholen. Die Frist beginnt mit dem Ende der Freistellung (also nicht erst nach Beendigung der Amtszeit der Vertrau- 88 ensperson). Der Anspruch besteht ohne Rücksicht auf die Dauer der Freistellung; jedoch werden mit einer kurzfristigen Freistellung zumeist keine Nachteile in der beruflichen Entwicklung verbunden sein (vgl. HK SGB IX / *Trenk-Hinterberger* Rdnr. 24). Allerdings darf die Vertrauensperson nur die **betrieblich übliche berufliche Entwicklung** nachholen. Sie hat insoweit keinen Anspruch auf bevorzugte Behandlung bei inner- oder außerbetrieblichen Berufsförderungsmaßnahmen (Neumann u. a. / *Pahlen* Rdnr. 17). Vielmehr ist sie so zu stellen, wie sie stünde, wenn sie nicht durch die Freistellung an der Teilnahme gehindert gewesen wäre.

89 Nach der entsprechenden Schulung hat die Vertrauensperson im Rahmen der betrieblichen Möglichkeiten **Anspruch auf Zuweisung einer Tätigkeit**, die derjenigen von vergleichbaren Arbeitnehmern mit betriebsüblicher beruflicher Entwicklung entspricht (GK-BetrVG / *Weber* Rdnr. 102; ErfK / *Koch* Rdnr. 11, je zu § 38 BetrVG zur Rechtslage bei Betriebsratsmitgliedern).

90 Die Regelung des Abs. 5 ist somit eine besondere **Ausprägung des allgemeinen Benachteiligungsverbots des Abs. 2**. Sie soll Vertrauenspersonen im Anschluss an ihre Freistellung eine möglichst schnelle und der betriebsüblichen Entwicklung anderer Arbeitnehmer vergleichbare Wiedereingliederung in das Berufsleben ermöglichen. Hierdurch kann auch die Bereitschaft gefördert werden, sich für die Erledigung von Aufgaben der Schwerbehindertenvertretung von der betrieblichen Tätigkeit freistellen zu lassen (HK-SGB IX / *Trenk-Hinterberger* Rdnr. 21).

F) zu Abs. 6

1. Ausgleich für Tätigkeiten außerhalb der Arbeitszeit

91 Führen Vertrauenspersonen aus betriebsbedingten Gründen Tätigkeiten außerhalb der Arbeitszeit durch, haben sie nach Abs. 6 **Anspruch auf Freizeitausgleich** unter Fortzahlung des Arbeitsentgelts oder der Dienstbezüge. Zwar wird in der Regel die Tätigkeit der Schwerbehindertenvertretung **während der Arbeitszeit** zu erbringen und hierfür der **Freistellungsanspruch** gegeben sein. Jedoch kann ausnahmsweise die Amtstätigkeit auch außerhalb der Arbeitszeit der betreffenden Vertrauensperson liegen, z. B. in mehrschichtigen Betrieben. In diesem Fall kann die Betreuung schwerbehinderter Arbeitnehmer, die **in einer anderen Schicht tätig** sind, nur außerhalb der eigenen Arbeitszeit wahrgenommen werden. Auch die **Teilnahme an Sitzungen** von Ausschüssen oder des Betriebs-, Personal-, Staatsanwalts- oder Richterrats kann u. U. außerhalb der eigenen Arbeitszeit liegen. Die Tätigkeit wird „außerhalb der Arbeitszeit" erbracht, wenn sie nicht **innerhalb der individuellen Arbeits- oder Dienstzeit** der Vertrauensperson – nach Maßgabe des Arbeitsvertrages – liegt. Das gilt auch für Vertrauenspersonen, die in **Teilzeit** beschäftigt sind (vgl. HK-SGB IX / *Trenk-Hinterberger* Rdnr. 27).

2. Umfang des Freizeitausgleichs

92 Die hierfür erforderliche Zeit ist dann als Freizeit in gleichem Umfang und ohne Zuschlag zu gewähren. Der Zeitausgleich umfasst auch erforderliche Aufwendungen für **Wegezeiten**, etwa zu einem entfernt gelegenen Betriebs- oder Dienststellenteil mit abweichender Arbeitszeit (vgl. BAG vom 11. November 2004 – 7 AZR 131/04 = BAGE 112, 322 = NZA 2005, 704 = AP Nr. 140 zu § 37 BetrVG 1972; BAG Urteil vom 16. April 2003 – 7 AZR 423/01 = BAGE 106, 87 = NZA 2004, 171 = AP Nr. 138 zu § 37 BetrVG 1972). Der Ausgleichsanspruch besteht **in dem Umfang, in dem die Vertrauensperson Tätigkeiten der Schwerbehindertenvertretung außerhalb der Arbeitszeit verrichtet** hat. Eine zeitliche Begrenzung des Ausgleichsanspruchs auf die *persönliche* Arbeitszeit der Vertrauensperson sieht das Gesetz nicht vor (BAG Urteil vom 25. August 1999 – 7 AZR 713/97 = BAGE 92, 241 = NZA 2000, 554 = AP Nr. 130 zu § 37 BetrVG 1972).

3. Geltendmachung

Der **Arbeitgeber hat die Arbeitsbefreiung zu gewähren**. Die Vertrauensperson darf allerdings der Arbeit ohne Gewährung der Freizeit **nicht einfach fernbleiben** (BAG Urteil vom 25. August 1999 a. a. O.). Der Ausgleichsanspruch lässt sich nicht mit dem Anspruch auf Freistellung zur Tätigkeit der Schwerbehindertenvertretung gleichsetzen. Es gelten vielmehr die **Grundsätze für die Urlaubsgewährung** entsprechend (ErfK / *Koch* Rdnr. 8; a. A. GK-BetrVG / *Weber* Rdnr. 94, je zu § 37 BetrVG). Der Freizeitanspruch hat damit grundsätzlich **Vorrang vor betrieblichen Interessen**. Soweit keine betriebsbedingten Gründe entgegenstehen, richtet sich die zeitliche Lage der Arbeitsbefreiung nach den Wünschen der Vertrauensperson (ErfK / *Koch* § 37 BetrVG Rdnr. 8 m. w. Nachw.). Notfalls kann der Anspruch mit einer **einstweiligen Verfügung** durchgesetzt werden (vgl. BAG Urteil vom 25. August 1999 a. a. O.).

93

4. Fortzahlung des Arbeitsentgelts

Für die Zeit der Arbeitsbefreiung ist das **Arbeitsentgelt fortzuzahlen**. Die außerhalb der Arbeitszeit durchgeführte Tätigkeit der Schwerbehindertenvertretung gilt **nicht automatisch als *zusätzliche* Arbeitszeit**, die entsprechend den gesetzlichen oder tarifvertraglichen Vorschriften zusätzlich als Mehrarbeit zu vergüten oder mit einer über den tatsächlichen Zeitaufwand hinausgehenden Arbeitsbefreiung abzugelten wäre. Vielmehr hat die Vertrauensperson, die aus betriebsbedingten Gründen außerhalb der Arbeitszeit Amtstätigkeiten wahrnehmen muss, nach Abs. 6 nur einen **Anspruch auf das Arbeitsentgelt**, das sie erhalten hätte, **wenn sie während dieser Zeit im Betrieb verblieben wäre und gearbeitet hätte**. Die Tätigkeit als Schwerbehindertenvertretung ist **nicht der beruflichen Tätigkeit gleichzusetzen**. Sie gilt daher – wenn sie außerhalb der Arbeitszeit durchgeführt werden muss – nicht als zusätzliche Arbeitszeit, die nach Gesetz oder Tarifvertrag wie Mehrarbeit anzusehen wäre (BAG Urteil vom 19. Juli 1977 – 1 AZR 376/74 = BAGE 29, 242 = AP Nr. 29 zu § 37 BetrVG; GK-BetrVG / *Weber* § 37 BetrVG Rdnr. 99).

94

5. Ausnahmsweise Abgeltung des Anspruchs auf Freizeitausgleich

Der Anspruch auf Arbeitsbefreiung wandelt sich nicht durch bloße Untätigkeit des Arbeitgebers in einen Vergütungsanspruch um. Erst nachdem die Vertrauensperson Freizeitausgleich geltend gemacht und der Arbeitgeber ihn **aus betriebsbedingten Gründen verweigert** hat, entsteht der Vergütungsanspruch (BAG Urteil vom 25. August 1999 – 7 AZR 713/97 = BAGE 92, 241 = NZA 2000, 554). Dabei muss – entsprechend der für Betriebsratsmitglieder geltenden Rechtslage – die **Abgeltung der Ausnahmefall** bleiben (vgl. ErfK / *Koch* § 37 BetrVG Rdnr. 8 m. w. Nachw.). Ein Abgeltungsanspruch kommt nur in Betracht, wenn aus objektiven Gründen für den Arbeitgeber die **Arbeitsbefreiung nicht zumutbar** erscheint, weil ein **ordnungsgemäßer Betriebsablauf** bei nur vorübergehender Abwesenheit der Vertrauensperson nicht mehr gewährleistet ist (vgl. auch GK-BetrVG / *Weber* Rdnr. 103).

95

Zum **Arbeitsentgelt im Rahmen der Abgeltung** gehören neben der Grundvergütung alle Zuschläge und Zulagen, die die Vertrauensperson ohne Arbeitsbefreiung verdient hätte, insbesondere Zuschläge für Mehr-, Über-, Nacht-, Sonn- und Feiertagsarbeit, Erschwernis- und Sozialzulagen, nicht aber Aufwandsentschädigungen, die Aufwendungen abgelten sollen, welche der Vertrauensperson infolge ihrer Befreiung von der Arbeitspflicht nicht entstehen (BAG Urteil vom 5. April 2000 = NZA 2000, 1174 = AP Nr. 131 zu § 37 BetrVG 1972). Der Abgeltungsanspruch ist „wie Mehrarbeit" zu vergüten, **sofern Überarbeit tatsächlich geleistet** wurde (vgl. BAG Urteil vom 7. Februar 1985 = DB 1985, 1346 = NZA 1985, 600 = AP Nr. 48 zu § 37 BetrVG; ErfK / *Koch* § 37 BetrVG Rdnr. 8). Sonst würden Schwerbehindertenvertretungen gegenüber anderen Beschäftigten bevorzugt, was Abs. 2 verbietet. Dies gilt auch für Teilzeitbeschäftigte, soweit Arbeitsvertrag oder Tarifvertrag nicht etwas anderes vorsehen (BAG Urteil vom 7. Februar 1985 a. a. O.).

96

6. Freizeitausgleich für Teilnahme an Schulungsveranstaltungen

a) frühere Rechtslage

97 Der **Anspruch auf Freizeitausgleich** wurde nach früherem Recht **nicht für** die Teilnahme an **außerhalb der Arbeitszeit stattfindenden Schulungs- und Bildungsveranstaltungen** gewährt (BAG Urteil vom 14. März 1990 – 7 AZR 147/89 = BAGE 64, 250 = NZA 1990, 698 = PersR 1991, 226 = AP Nr. 2 zu § 26). Denn **auch Betriebsratsmitglieder** konnten für die Teilnahme an Schulungs- und Bildungsveranstaltungen **nur Arbeitsbefreiung** unter Fortzahlung des Arbeitsentgelts nach § 37 Abs. 2 BetrVG, nicht aber Freizeitausgleich nach § 37 Abs. 3 BetrVG beanspruchen (BAG Urteil vom 18. September 1973 – 1 AZR 102/73 = BAGE 25, 305 [307] = NJW 1974, 335; BAG Urteil vom 19. Juli 1977 – 1 AZR 302/74 = DB 1977, 2458 = AP Nr. 31 zu § 37 BetrVG). Nach der Rechtsprechung des BAG zu § 37 Abs. 6 BetrVG in der bis zum 27. Juli 2001 geltenden Fassung beruhte die außerhalb der persönlichen Arbeitszeit liegende Teilnahme eines Betriebsratsmitglieds an einer Schulungs- oder Bildungsveranstaltung im Allgemeinen bereits deshalb **nicht auf betriebsbedingten Gründen**, weil die **zeitliche Lage der Schulung** nicht vom Arbeitgeber, sondern ausschließlich **vom Schulungsträger festgelegt** wird (vgl. etwa BAG Urteil vom 20. Oktober 1993 – 7 AZR 581/92 = BAGE 74, 351 = NZA 1994, 278 = AP Nr. 90 zu § 37 BetrVG 1972). Betriebsbedingte Gründe dafür, dass die Schulung außerhalb der Arbeitszeit stattfand, lagen daher allenfalls dann vor, wenn eine Schulung innerhalb der Arbeitszeit möglich war, das Betriebsratsmitglied aber **auf Veranlassung des Arbeitgebers** eine entsprechende Schulung **außerhalb seiner Arbeitszeit** besuchen musste (BAG vom 20. Oktober 1993 a. a. O. zu B II 2 der Gründe).

b) Neuregelung für Betriebsratsmitglieder

98 Durch das **Gesetz** zur Reform des Betriebsverfassungsgesetzes **vom 23. Juli 2001** wurden die **Ausgleichsansprüche von Betriebsratsmitgliedern** für die außerhalb der Arbeitszeit notwendige Teilnahme an Schulungs- und Bildungsveranstaltungen **neu geregelt**. Nach § 37 Abs. 6 Satz 1 BetrVG n. F. gilt für die Teilnahme an erforderlichen Schulungs- und Bildungsveranstaltungen nicht § 37 Abs. 2, sondern **auch § 37 Abs. 3 BetrVG entsprechend**. Daraus sowie aus der Vorschrift des § 37 Abs. 6 Satz 2 BetrVG n. F. ergibt sich, dass nunmehr **allein die Festlegung der zeitlichen Lage** der Schulung durch den **Schulungsträger** einem Ausgleichsanspruch des Betriebsratsmitglieds **nicht von vornherein entgegensteht** und sich betriebsbedingte Gründe i. S. von § 37 Abs. 3 BetrVG aus der betrieblichen Arbeitszeitgestaltung als Teil der betrieblichen Organisation ergeben können (BAG Urteil vom 10. November 2004 – 7 AZR 131/04 = BAGE 112, 322 = NZA 2005, 704 = AP Nr. 140 zu § 37 BetrVG 1972).

99 Das kann nach § 37 Abs. 6 Satz 1 i. V. mit Abs. 3 Satz 2 BetrVG n. F. der Fall sein, wenn die **Schulung wegen der unterschiedlichen Arbeitszeiten** der demselben Betrieb angehörenden Betriebsratsmitglieder **nicht innerhalb der persönlichen Arbeitszeit eines Betriebsratsmitglieds** in Anspruch genommen werden kann.

100 Außerdem kommt ein Ausgleichsanspruch nach § 37 Abs. 6 Satz 2 i. V. mit Abs. 3 Satz 1 BetrVG n. F. in Betracht, wenn wegen **der Besonderheiten der betrieblichen Arbeitszeitgestaltung** die Schulung des Betriebsratsmitglieds außerhalb seiner Arbeitszeit gelegt werden muss. Eine Besonderheit der betrieblichen Arbeitszeitgestaltung liegt vor, wenn die Arbeitszeit von der üblichen Arbeitszeit abweicht. Derartige **Abweichungen** können sich **sowohl hinsichtlich der Lage als auch hinsichtlich des Umfangs der Arbeitszeit** ergeben (BAG Urteil vom 10. November 2004 a. a. O.). Der betriebsübliche Umfang der Arbeitszeit ist derjenige eines vollzeitbeschäftigten Arbeitnehmers. Die **Teilzeitbeschäftigung** ist daher eine Besonderheit i. S. von § 37 Abs. 6 Satz 2 BetrVG (BT-Drucks. 14/574 S. 41; ErfK / *Koch* § 37 BetrVG Rdnr. 19; GK-BetrVG / *Weber* § 37 Rdnr. 212). Allerdings ist der Umfang des Ausgleichsanspruchs unter Einbeziehung der Arbeitsbefreiung nach § 37 Abs. 2 BetrVG pro

Schulungstag begrenzt auf die Arbeitszeit eines vollzeitbeschäftigten Arbeitnehmers (§ 37 Abs. 6 Satz 2 Halbs. 2 BetrVG).

c) Entsprechende Geltung für betriebliche Vertrauenspersonen

Angesichts dieser neuen Rechtslage lässt sich die bisherige Auslegung wohl nicht mehr halten. Im Hinblick auf die Verweisung in Abs. 3 Satz 1 (**gleiche persönliche Rechtsstellung von Vertrauensperson**) ist Abs. 6 entsprechend auch für den Freizeitausgleich bei Teilnahme an **Schulungs- und Bildungsveranstaltungen außerhalb der Arbeitszeit der Vertrauensperson** in Betrieben anzuwenden (ebenso HK-SGB IX / *Trenk-Hinterberger* Rdnr. 28; *Müller-Wenner* / Schorn Rdnr. 45). 101

d) Sonderregelung für den öffentlichen Dienst

Für **Personalratsmitglieder** enthält **§ 46 Abs. 6 BPersVG** eine eigenständige Sonderregelung für die Teilnahme an Schulungs- und Bildungsveranstaltungen. Danach führt die Teilnahme an einer solchen Veranstaltung lediglich zur **Freistellung vom Dienst unter Fortzahlung der Bezüge**. Die Gewährung von Freizeitausgleich gem. § 46 Abs. 2 Satz 2 BPersVG kommt dagegen nicht in Frage (BAG Urteil vom 14. März 1990 – 7 AZR 147/89 = BAGE 64, 250 = NZA 1990, 698). 102

Insoweit führt die Gleichbehandlung der Vertrauenspersonen im Geltungsbereich des BetrVG mit Betriebsratsmitgliedern zwangsläufig zu einer Bevorzugung gegenüber dem entsprechenden Freizeitausgleich von Funktionsträgern im öffentlichen Dienst. 103

G) zu Abs. 7

1. Geheimhaltungspflicht

Die Vorschrift verpflichtet die Schwerbehindertenvertretung zu Stillschweigen über zwei Gruppen von Tatsachen: 104

a) Persönliche Verhältnisse von Beschäftigten

Die Vertrauensperson muss Stillschweigen bewahren über die ihr wegen ihres Amtes bekannt gewordenen persönlichen Verhältnisse und Angelegenheiten von Beschäftigten im Sinne des § 73 SGB IX, die ihrer Bedeutung oder ihrem Inhalt nach einer vertraulichen Behandlung bedürfen, also nicht für Dritte oder die Öffentlichkeit bestimmt sind. Die Bezugnahme auf Arbeitsplätze im Sinne des § 73 SGB IX verdeutlicht, dass es nicht nur um Verhältnisse und Angelegenheiten schwerbehinderter Arbeitnehmer, sondern um **sämtliche Beschäftigte** geht. Vertraulich zu behandelnde Verhältnisse und Angelegenheiten sind z. B. besondere Familienverhältnisse, Vorstrafen, Krankheiten, Schwangerschaften usw., also sämtliche Tatsachen, die im weitesten Sinne die Intimsphäre der Beschäftigten berühren.

„**Stillschweigen bewahren**" bedeutet das Verbot unbefugter Offenbarung gegenüber Dritten. Hierunter fällt jede Mitteilung über die entsprechenden Tatsachen an einen Dritten, der diese noch nicht kennt, was auch durch Gewährung des Einblicks in entsprechende Akten oder Dokumente geschehen kann (vgl. HK-SGB IX / *Trenk-Hinterberger* Rdnr. 33). Eine Befugnis hierzu kann vor allem aus der **Einwilligung** des Betroffenen folgen.

b) Betriebs- oder Geschäftsgeheimnisse

Die Vertrauenspersonen dürfen ferner ihnen **wegen ihres Amtes** bekannt gewordene und vom Arbeitgeber ausdrücklich als geheimhaltungsbedürftig bezeichnete Betriebs- oder Geschäftsgeheimnisse weder offenbaren noch verwerten. **Der Begriff des Betriebs- oder Geschäftsgeheimnisses** ist gesetzlich nicht definiert. Nach der Rechtsprechung des BGH und des BAG, der sich das Schrifttum angeschlossen hat, wird hierunter **jede im Zusammenhang mit einem Betrieb stehende Tatsache** verstanden, die **nicht offenkundig**, sondern nur einem eng begrenzten Personenkreis bekannt ist und nach dem **Willen des Betriebsin-** 105 habers aufgrund eines **berechtigten wirtschaftlichen Interesses** geheim gehalten werden soll (BGH Urteil vom 15. März 1955 – I ZR 111/53 = LM Nr. 2 zu § 17 UWG; BAG Beschluss vom 26. Februar 1987 – 6 ABR 46/84 = BAGE 55, 96 = NZA 1988, 63 = AP Nr. 2 zu § 79 BetrVG 1972 m. w. Nachw.). Betriebs- oder Geschäftsgeheimnisse sind z. B. Kundenlisten, Unterlagen über neue technische Verfahren und Mängel hergestellter Waren, Konstruktionszeichnungen, Produktbestandteile, Absatzplanung, Kalkulation, Diensterfindungen, die Verwendung einer bestimmten Software, die Liquidität des Unternehmens (*Müller-Wenner* / Schorn Rdnr. 54). Die **Lohn- und Gehaltsdaten** sind Teil der betriebswirtschaftlichen Kalkulation über Umsätze und Gewinnmöglichkeiten und können ein Geschäftsgeheimnis darstellen (BAG Beschluss vom 26. Februar 1987 a. a. O.). Nicht hierzu gehören **Entlassungspläne** (Hauck / Noftz / *Masuch* Rdnr. 41; GK-SGB IX / *Schimanski* Rdnr. 186) oder beabsichtigte Betriebsänderungen (*Müller-Wenner* / Schorn a. a. O.).

106 Die Geheimhaltungspflicht entsteht erst durch die entsprechende **Bezeichnung seitens des Arbeitgebers oder eines Vertreters**. Eine Angelegenheit kann jedoch **nicht willkürlich** zum Geschäftsgeheimnis gemacht werden, vielmehr ist ein objektives Geheimhaltungsinteresse erforderlich (GK-BetrVG / *Oetker* § 79 BetrVG Rdnr. 8); das Geheimhaltungsinteresse muss legal und legitim sein (vgl. BAG Beschluss vom 26. Februar 1987 a. a. O.).

107 Für die Bezeichnung durch den Arbeitgeber ist eine bestimmte **Form nicht vorgeschrieben**. Es muss aber klar und unmissverständlich der **Wille des Arbeitgebers** zum Ausdruck kommen, dass diese Tatsachen aus seiner Sicht geheimhaltungsbedürftig sind, wozu es wiederum keiner besonderen Begründung oder Rechtfertigung bedarf (HK-SGB IX / *Trenk-Hinterberger* Rdnr. 31). Hingegen **genügt** die Deklarierung einer Tatsache als „**vertraulich**" nicht (GK-SGB IX/ *Schimanski* Rdnr. 170; a. A. ErfK / *Kania* § 79 BetrVG Rdnr. 7).

108 Die Vertrauensperson darf die geheimhaltungsbedürftige **Information nicht offenbaren und verwerten.** Diese darf also nicht an unberechtigte Dritte weitergegeben werden. Ferner darf sie nicht zu eigenen wirtschaftlichen Zwecken ausgenutzt werden (vgl. BVerwG Beschluss vom 25. Februar 1972 – II C 11.70 = BVerwGE 37, 265 = NJW 1971, 1229). Hierin kann zugleich ein mit Strafe bedrohter Verstoß gegen § 16 UWG liegen.

2. Sonstige Geheimhaltungspflichten

109 Geschützt sind in beiden Alternativen nur fremde Geheimnisse, die der Vertrauensperson **wegen ihres Amtes** bekannt geworden sind. Zwischen Amtstätigkeit und Kenntniserlangung muss ein ursächlicher Zusammenhang bestehen. Privat erlangte Informationen, z. B. am Arbeitsplatz oder in der Kantine, unterliegen nicht der amtlichen Schweigepflicht. Unabhängig hiervon kann aber die Offenbarung z. B. **arbeitsvertraglich unzulässig** sein (GK-SGB IX / *Schimanski* Rdnr. 174). Im Regelfall verstößt nämlich der Arbeitnehmer mit der Offenbarung von geheimhaltungspflichtigen Tatsachen gegen seine Schweigepflicht, die auf der **arbeitsvertraglichen Treuepflicht** beruht (BGH Urteil vom 20. Januar 1981 – VI ZR 162/79 = BGHZ 80, 25 = NJW 1981, 1065 = AP Nr. 4 zu § 611 BGB Schweigepflicht; BAG Urteil vom 15. Dezember 1987 – 3 AZR 474/86 = BAGE 57, 159 = NJW 1988, 1686 = AP Nr. 5 zu § 611 Betriebsgeheimnis). Diese Schweigepflicht umfasst über den Geheimnisbegriff der § 96 SGB IX, § 79 BetrVG hinaus alle Geheimnisse, vertraulichen und schützenswerten betrieblichen und persönlichen Angelegenheiten und gilt gegenüber jedermann. Unerheblich ist die Art und Weise der Kenntniserlangung; auch ist kein ausdrücklicher Hinweis des Arbeitgebers erforderlich (GK-BetrVG / *Oetker* Rdnr. 54; ErfK / *Kania* Rdnr. 16, je zu § 79 BetrVG). Darüber hinaus ist die Schwerbehindertenvertretung aufgrund des **Persönlichkeitsschutzes** (Recht auf informationelle Selbstbestimmung nach Art. 1 GG, vgl. BVerfG Urteil vom 15. Dezember 1983 – 1 BvR 209/83 u. a. = BVerfGE 65, 1 = NJW 1984, 419 „Volkszählungsurteil") verpflichtet, vertrauliche Informationen über Arbeitnehmer, von denen sie im Rahmen ihrer Amtstätigkeit Kenntnis erlangt hat, geheim zu halten. Betriebs- und Geschäftsgeheimnisse werden über die Schadensersatznorm des § 823 Abs. 1 BGB im Rahmen des **eingerichteten und ausgeübten Gewerbebetriebes** geschützt (vgl. BGH Urteil vom 25. Januar 1955 – I ZR 15/53 = BGHZ 16, 172 = NJW 1955, 383; BGH Urteil vom 18. März 1955 – I ZR 144/53 = BGHZ 17, 41 [51]).

Aber auch unabhängig von einem ausdrücklichen Verbot kann die Offenbarung privat erlangter Kenntnisse der Vertrauensperson z. B. über andere Arbeitnehmer jedenfalls unklug sein, weil sie die allgemeine Vertrauenswürdigkeit der Schwerbehindertenvertretung beeinträchtigen kann (vgl. GK-SGB IX / *Schimanski* Rdnr. 174). 110

Der rechtswidrige und schuldhafte Verstoß gegen das aus der Amtspflicht folgende Geheimhaltungsgebot wird durch § 155 SGB IX mit Strafe bedroht (vgl. die Erl. zu dieser Vorschrift). 111

3. Einschränkungen der amtlichen Geheimhaltungspflicht

Die Verschwiegenheitspflicht gilt **nicht** gegenüber der **Bundesagentur für Arbeit**, den **Integrationsämtern** und den **Rehabilitationsträgern**, soweit diese unterrichtet werden müssen, um ihre Aufgaben gegenüber den schwerbehinderten Menschen wahrzunehmen (**Abs. 7 Satz 3**). Diese Voraussetzung wird aber zumeist **nicht auf Betriebs- und Geschäftsgeheimnisse** zutreffen. Solche dürfen deshalb diesen Behörden in aller Regel nicht offenbart werden, sofern sie nicht im Einzelfall für die Beurteilung der Angelegenheit des schwerbehinderten Menschen wesentlich sind (Neumann u. a. / *Pahlen* Rdnr. 21). 112

Die Verschwiegenheitspflicht besteht ferner nicht gegenüber Personen bzw. Gremien, die **ihrerseits** wiederum der **Verschwiegenheitspflicht** unterliegen, wie Mitgliedern des Betriebs-, Personal-, Staatsanwalts- oder Richterrats, der Einigungs- oder Schlichtungsstelle oder einer betrieblichen Beschwerdestelle (vgl. § 79 BetrVG, § 10 BPersVG). Ebenfalls ausgenommen sind die Vertrauenspersonen in den Stufenvertretungen nach § 97 SGB IX. 113

Hat allerdings ein Arbeitnehmer der Vertrauensperson **persönliche Umstände anvertraut**, muss diese die Geheimhaltung auch gegenüber Mitgliedern der betrieblichen Interessenvertretung wahren, sofern nicht der Betroffene der Offenbarung ausdrücklich zustimmt. 114

4. Verschwiegenheitspflicht nach Ausscheiden aus dem Amt

Die Verschwiegenheitspflicht bleibt auch nach dem Ausscheiden aus dem Amt bestehen (**Abs. 7 Satz 2**). Sie endet auch **nicht mit Beendigung des Beschäftigungsverhältnisses**. Das Gesetz nennt keine Frist, bis zu der die Schweigepflicht gilt und danach endet. Deshalb dürfen Vertrauenspersonen **grundsätzlich lebenslang** nicht über Geheimnisse ihrer Amtstätigkeit berichten. Allerdings endet die Geheimhaltungspflicht bezüglich **von Betriebs- und Geschäftsgeheimnissen**, wenn die Tatsache entweder kein solches mehr ist oder vom Arbeitgeber als nicht mehr geheimhaltungsbedürftig erklärt wird (vgl. BAG Urteil vom 15. Dezember 1987 – 3 AZR 474/86 = BAGE 57, 159 = NJW 1988, 1686; Urteil vom 16. März 1982 – 3 AZR 83/79 = BAGE 41, 21 = NJW 1983, 134 = AP Nr. 1 zu § 611 BGB Betriebsgeheimnis; GK-BetrVG / *Oetker* § 79 Rdnr. 31). 115

Diese Grundsätze gelten **auch für stellvertretende Mitglieder.**

H) zu Abs. 8

1. Kostentragung durch den Arbeitgeber

a) Grundsatz

Der Arbeitgeber hat nach **Abs. 8 Satz 1** die **durch die Tätigkeit der Schwerbehindertenvertretung entstehenden persönlichen und sachlichen Kosten** zu tragen. Das entspricht den Regelungen für den Betriebs- und den Personalrat (§ 40 Abs. 1 BetrVG, § 44 Abs. 1 Satz 1 BPersVG). Hierbei handelt es sich um zwingendes Recht, das weder durch Tarifvertrag noch durch eine andere Vereinbarung abdingbar ist (GK-SGB IX / *Schimanski* Rdnr. 206). 116

b) Notwendigkeit der Kosten

117 Allerdings muss es sich um **notwendige Kosten** handeln, die zur pflichtgemäßen Aufgabenerfüllung erforderlich sind. Dafür reicht es aus, wenn die Schwerbehindertenvertretung die Ausgaben unter Anlegung eines verständigen Maßstabs und unter Beachtung des Grundsatzes der Verhältnismäßigkeit für erforderlich halten kann (HK-SGB IX / *Trenk-Hinterberger* Rdnr. 35; vgl. auch ⚖ BAG Beschluss vom 18. April 1967 – 1 ABR 11/66 = NJW 1967, 2377 = AP Nr. 7 zu § 39 BetrVG 1952). In diesem Fall bedarf es nicht der **Zustimmung des Arbeitgebers** zu den Ausgaben. Allerdings gebietet der Grundsatz der engen Zusammenarbeit nach § 99 Abs. 1 SGB IX, außergewöhnliche Aufwendungen mit dem Arbeitgeber oder dem Dienststellenleiter abzustimmen (vgl. auch BAG Beschluss vom 18. April 1967 a. a. O.).

c) Umfang der Kostentragungspflicht

118 Die Kostentragungspflicht gilt z. B. für Büroausstattung, Schreibmaterialien, Gesetzestexte und Fachliteratur. Die Schwerbehindertenvertretung kann auch ohne ausdrückliches vorheriges Einverständnis des Arbeitgebers die notwendigen Anschaffungen vornehmen.

119 Die Schwerbehindertenvertretung hat **kein Recht auf eigene Räume**, z. B. für Besprechungen oder Sprechstunden. Weist der Arbeitgeber ihr nicht freiwillig eigene Räume zu, folgt aus Abs. 9 das Recht der Schwerbehindertenvertretung auf die **Mitbenutzung der Räume und sachlichen Mittel anderer Gremien**.

d) Kosten für Schulungs- und Bildungsveranstaltungen

120 Zu den zu übernehmenden Kosten gehören neben notwendigen allgemeinen Reisekosten auch die Aufwendungen, die durch die Teilnahme an **Schulungs- oder Bildungsveranstaltungen** im Sinne des Abs. 4 entstehen, also neben der Fortzahlung des Arbeitsentgelts die entstehenden Fahrt-, Verpflegungs-, Übernachtungs- sowie Veranstaltungskosten (vgl. hierzu ⚖ BAG Beschluss vom 15. Januar 1992 – 7 ABR 23/90 = BAGE 69, 214 = NZA 1993, 189 = DB 1992, 2504).

121 Der Anspruch auf Kostenerstattung kann **an den Veranstalter abgetreten** werden (BAG Beschluss vom 15. Januar 1992 a. a. O.). Wenn eine **Gewerkschaft** den ihr abgetretenen Kostenerstattungsanspruch geltend macht, hat sie ihre erstattungsfähigen **tatsächlichen Kosten** im Einzelnen **anzugeben**. Denn die Kostenerstattungspflicht des Arbeitgebers ist durch den koalitionsrechtlichen Grundsatz eingeschränkt, dass die Gewerkschaft aus den Schulungsveranstaltungen zumindest **keinen Gewinn** erzielen darf (BAG Beschluss vom 15. Januar 1992 a. a. O.)

122 Diese koalitionsrechtlichen Einschränkungen der Kostenerstattungspflicht gelten **auch für Einrichtungen**, bei denen **die Mitgliedschaft kraft Satzung auf Gewerkschaften**, deren Mitglieder und gewerkschaftsnahe Personen **begrenzt** ist und bei denen die Gewerkschaften über den von ihnen gestellten Vorstand und / oder die von ihnen beherrschte Mitgliederversammlung **Inhalt, Organisation und Finanzierung von Schulungsmaßnahmen bestimmen** (⚖ BAG Beschluss vom 17. Juni 1998 – 7 ABR 25/97 = BAGE 89, 171 = NZA 1999, 163 = AP Nr. 63 zu § 40 BetrVG). Beschränkt sich aber ein in der Rechtsform eines gemeinnützigen Vereins geführter gewerkschaftlicher Schulungsveranstalter auf die Durchführung **betriebsverfassungsrechtlicher Schulungen**, kommt eine Aufschlüsselung pauschaler Schulungsgebühren erst bei **Vorliegen konkreter Anhaltspunkte für eine Gegnerfinanzierung** in Betracht (⚖ BAG Beschluss vom 17. Juni 1998 – 7 ABR 22/97 = NZA 1999, 161 = AP BetrVG 1972 § 40 Nr. 62; ErfK / *Koch* § 40 BetrVG Rdnr. 12).

e) Rechtsweg bei Streit über Kostentragungspflicht

123 Im Streitfall ist über die Kostentragungspflicht **nicht im Urteilsverfahren** vor den Arbeitsgerichten bzw. Verwaltungsgerichten zu entscheiden. Dieses ist Streitigkeiten aus der persönlichen Sphäre der Vertrauenspersonen als Arbeitnehmer bzw. Bedienstete vorbehalten (z. B.

über die Fortzahlung des Arbeitsentgelts oder die Höhe dieses Arbeitsentgelts bei Arbeitsbefreiung für die Aufgaben der Schwerbehindertenvertretung bzw. bei der Teilnahme an Schulungs- und Bildungsveranstaltungen).

Streitigkeiten über Rechte und Pflichten der Schwerbehindertenvertretung, soweit es sich um deren Beteiligungsrecht im weitesten Sinne gegenüber dem Arbeitgeber handelt, haben ihre Grundlage nicht im Arbeitsverhältnis der jeweiligen Vertrauensperson, sondern in dem von ihr wahrgenommenen Amt der Schwerbehindertenvertretung (BAG Urteil vom 21. September 1989 – 1 AZR 465/88 = BAGE 62, 382 = NZA 1990, 362 = AP Nr. 1 zu § 25 SchwbG 1986 mit Darstellung der zuvor uneinheitlichen Rspr.). Obwohl die Schwerbehindertenvertretung nicht zur Betriebs- oder Personalvertretung gehört, ist sie ebenso wie diese ein gesetzliches Organ der Verfassung des Betriebs oder der Dienststelle. Daher ist über eine Regelung dieser Streitsachen im **Beschlussverfahren**, wie es für die Betriebs- und Personalvertretungen gem. § 80 ArbGG vorgeschrieben ist, zu entscheiden (BAG Urteil vom 21. September 1989 a. a. O.).

Ist die Schwerbehindertenvertretung in einer **Dienststelle** errichtet, für die ein Personalvertretungsgesetz gilt, waren nach früherer Rechtslage für diese Rechtsstreitigkeiten die Verwaltungsgerichte zuständig (BAG Urteil vom 21. September 1989 a. a. O.). **124**

Nach zutreffender neuerer Auslegung ist der **Rechtsweg zu den Arbeitsgerichten** eröffnet **für sämtliche organschaftlichen Streitigkeiten der Schwerbehindertenvertretung** (LAG Nürnberg Beschluss vom 22. Oktober 2007 – 6 Ta 155/07 = ZTR 2008, 116; LAG Niedersachsen Beschluss vom 7. August 2008 – 7 TaBV 148/07, zit. nach JURIS; Sächs. LAG Beschluss vom 2. Oktober 2009 – 2 TaBVGa 4/09; zit. nach JURIS). Denn die Gerichte für Arbeitssachen sind ausschließlich zuständig für Angelegenheiten aus den §§ 94, 95, 139 SGB IX (vgl. **§ 2a Abs. 1 Nr. 3a ArbGG**). Diese Regelung wurde durch das **Arbeitsrechtsbeschleunigungsgesetz vom 30. März 2000** (BGBl. I 2000, 333) eingeführt. Durch diese Gesetzesänderung sind die von §§ 94, 95, 139 SGB IX erfassten organrechtlichen Streitigkeiten – gleichgültig, ob es sich um eine in der Privatwirtschaft oder im öffentlichen Dienst tätige Schwerbehindertenvertretung handelt – **abweichend von der bisherigen Rechtspraxis ausschließlich der Arbeitsgerichtsbarkeit** zugewiesen worden. Damit ist für die bisherige Auslegung, der Gesetzgeber des Schwerbehindertengesetzes habe die Rechtsstreitigkeiten über die Rechte und Pflichten des Organs „Schwerbehindertenvertretung" im Beschlussverfahren vor den Arbeitsgerichten (soweit Betriebe betroffen) oder vor den Verwaltungsrichten (soweit Dienststellen betroffen) entschieden haben wollen, kein Raum mehr (VG Köln Beschluss vom 17. August 2009 – 33 K 4297/09.PVB, zit. nach JURIS).

Die Neuregelung hatte die Zuständigkeit der Gerichte für Arbeitssachen im Beschlussverfahren zwar nur auf die in §§ 24, 25 SchwbG – im Wesentlichen wortgleich mit §§ 94, 95 SGB IX – geregelten Tatbestände bezogen. Die Regelungssachverhalte, die in § 26 SchwbG – jetzt **§ 96 SGB IX** – festgehalten sind, wurden **nicht erwähnt**. Es sind aber keine Anhaltspunkte dafür erkennbar, dass der Gesetzgeber bei der Ergänzung des § 2a Abs. 1 Nr. 3a ArbGG die Vorschrift des § 26 SchwbG bewusst nicht mit aufgenommen hätte (vgl. LAG Nürnberg Beschluss vom 27. Oktober 2007 a. a. O. mit ausführlicher Begründung). **124a**

Die Nichterwähnung des § 96 Abs. 8 SGB IX in § 2a Abs. 1 Nr. 3a ArbGG beruht offensichtlich auf einem **Versehen des Gesetzgebers**, weshalb die gesetzliche **Lücke durch** eine **entsprechende Anwendung** der letztgenannten Vorschrift **zu schließen** ist (LAG Niedersachsen Beschluss vom 7. August 2008 a. a. O.). Ziel des Gesetzgebers war, die Angelegenheiten der Schwerbehindertenvertretung **im Beschlussverfahren entscheiden** zu lassen (BT-Drs. 13/11289 vom 17. Juli 1998). Ausdrücklich erwähnt wurden dabei die §§ 24 und 25 SchwbG, die die Wahl und Amtszeit sowie die Aufgaben der Schwerbehindertenvertretung regelten (jetzt: §§ 94, 95 SGB IX). Der Gesetzgeber hat offenbar **übersehen**, dass die nicht in Bezug genommene Regelung des § 26 SchwbG (jetzt: **§ 96 SGB IX**) **ebenfalls Vorschriften** enthält, die nicht persönliche Rechte des jeweiligen Schwerbehindertenvertreters regeln, sondern **Rechte des Organs**. Dies betrifft insbesondere § 96 Abs. 8 SGB IX, der die Verpflichtung des Arbeitgebers zur Tragung der durch die Tätigkeit der Schwerbehindertenvertretung entstehenden Kosten bestimmt. Da der Gesetzgeber fast sämtliche organschaftlichen Fragen den Gerichten für Arbeitssachen übertragen hat, ist es gerechtfertigt, die wenigen organschaftlichen Streitpunkte, die in § 96 SGB IX geregelt sind, ebenso zu behandeln wie die in den §§ 94 und 95 SGB IX geregelten Sachverhalte. Der Gesichtspunkt der **Sachnähe** spricht daher ebenso wie die **Gesetzgebungsgeschichte** und die **Begründung des Gesetzgebers** dafür, alle organschaftlichen Streitpunkte der Schwerbehindertenvertretung dem arbeitsgerichtlichen Beschlussverfahren zuzuordnen (LAG Niedersachsen Beschluss vom 7. August 2008 a. a. O; so auch *Gagel* in jurisPR-ArbR 5/2008 Anm. 4; Germelmann-Matthes u. a. ArbGG 6. Aufl. 2008, § 2a Rdnr. 24; GK-*Dörner* § 2a ArbGG Rdnr. 72). Jedenfalls ist kein Grund ersichtlich, etwa die anlässlich der Schulung eines Schwerbehindertenvertreters entstandenen Kosten anders zu behandeln als die Kosten eines Betriebsratsmitglieds, die unstreitig im Beschlussverfahren zu klären sind.

f) Beauftragung eines Rechtsanwalts

125 Beauftragt eine Schwerbehindertenvertretung in dieser Eigenschaft einen Rechtsanwalt mit der Einleitung eines fachgerichtlichen Beschlussverfahrens, so gelten für die Frage einer **Erstattung** der so entstandenen **Rechtsanwaltskosten** nach § 96 Abs. 8 Satz 1 dieselben Grundsätze, wie sie für Personalräte zu § 44 Abs. 1 Satz 1 BPersVG entwickelt worden sind (vgl. BVerwG Beschluss vom 9. März 1992 – 6 P 11/90 = BVerwGE 90, 76 = DÖV 1992, 1010 = ZTR 1992, 433 = AP Nr. 1 zu § 44 BPersVG). Das bedeutet im Einzelnen: Der Schwerbehindertenvertretung steht eine **Teilrechtsfähigkeit** zu, die sie in Beschlussverfahren, in denen es um die Durchsetzung, Klärung oder Wahrung ihrer rechtlichen Befugnisse geht, zum Abschluss eines Vertrages mit dem hinzugezogenen Rechtsanwalt befähigt. Der Freistellungsanspruch bezüglich der Kosten gegen die Dienststelle nach § 96 Abs. 8 SGB IX ist in diesen Fällen dann nicht gegeben, wenn das **Beschlussverfahren mutwillig oder aus haltlosen Gründen** in Gang gesetzt wird. Von einer Haltlosigkeit ist auszugehen, wenn die Rechtsverfolgung von vornherein offensichtlich aussichtslos war. Eine Rechtsverfolgung ist insbesondere dann mutwillig, wenn von zwei gleichwertigen prozessualen Wegen der kostspieligere beschritten wird; ob eine Gleichwertigkeit gegeben ist, beurteilt sich dabei nach den Aufgaben, die der Schwerbehindertenvertretung obliegen. Scheitert der Freistellungsanspruch aus einem dieser beiden Gründe, so haftet die Dienststelle dem Rechtsanwalt mangels Verpflichtung aus dem Anwaltsvertrag auch nicht unmittelbar für seine Honorarforderungen.

I) zu Abs. 9

1. Mitbenutzung von Sachmitteln der Interessenvertretung

126 Die Schwerbehindertenvertretung hat nach Abs. 9 das Recht der Mitbenutzung an den Räumen und dem Geschäftsbedarf, die der Arbeitgeber dem **Betriebs-, Personal-, Richter-** oder **Staatsanwalts-** bzw. **Präsidialrat** für die Erfüllung seiner Aufgaben zur Verfügung stellt (vgl. z. B. § 40 BetrVG, § 44 BPersVG).

a) Räume

127 Bei Mitbenutzung der Räume der betrieblichen Interessenvertretung muss die Vertrauenspersonen zumindest über einen **abschließbaren Schrank** zur Aufbewahrung ihrer Unterlagen verfügen können (GK-SGB IX / *Schimanski* Rdnr. 212b). Nach Wortlaut („Verfügung") und Zweck des Gesetzes muss sichergestellt sein, dass die Schwerbehindertenvertretung in dieser Zeit **vertrauliche Gespräche** mit schwerbehinderten Arbeitnehmern und Gleichgestellten führen kann, ohne dass Dritte (z. B. Betriebs- oder Personalratsmitglieder) anwesend sind.

128 Das Recht zur Mitbenutzung gilt selbstverständlich nicht, soweit der Schwerbehindertenvertretung **eigene Räume** bereitgestellt werden. Auf Letzteres hat die Schwerbehindertenvertre-

tung allerdings grundsätzlich **keinen Anspruch** (Kossens u. a. / *Kossens* Rdnr. 38; HK-SGB IX / *Trenk-Hinterberger* Rdnr. 39; Neumann u. a. / *Pahlen* Rdnr. 24; einschränkend GK-SGB IX / *Schimanski* Rdnr. 211 unter Hinweis auf *Hermann* BehindertenR 1980, 36 und *Sauer* BehindertenR 1990, 97: „je nach Umfang der Amtstätigkeit"). Sind die Räume der Betriebs- oder Personalvertretung für die gleichzeitige Amtsführung der Schwerbehindertenvertretung **ungeeignet**, etwa weil dort die notwendigerweise vertraulichen Gespräche nicht geführt werden können, müssen ihr **andere Räume** einschließlich der entsprechenden Büroeinrichtung und -ausstattung zur Verfügung gestellt werden (GK-SGB IX / *Schimanski* Rdnr. 216).

b) Geschäftsbedarf

Zum Geschäftsbedarf gehören insbesondere Schreibmaterial sowie sächliche Büroausstattung. Die Möglichkeit der (Mit)Benutzung von Kopiergerät, Telefon und Telefax muss gegeben sein. Ferner zählen hierzu Gesetzestexte und **Fachliteratur**. Als Mindestausstattung kann die Schwerbehindertenvertretung wenigstens einen jeweils aktuellen Kommentar zum SGB IX und die Textausgabe der einschlägigen Sozialgesetze verlangen, ferner eine Fachzeitschrift zum Schwerbehindertenrecht sowie zu arbeits- und gesundheitsrechtlichen Fragen. Auch hat die Vertrauensperson Anspruch auf die Zurverfügungstellung und Unterhaltung eines **Schwarzen Brettes**, regelmäßig nicht aber auch auf Übernahme der Kosten für ein besonderes Mitteilungsblatt. Hingegen sind die Kosten eines **schriftlichen Tätigkeitsberichts** vom Arbeitgeber zu tragen. Besonderes **Büropersonal** (z. B. eine Schreibkraft) wird nur in großen Betrieben und Dienststellen zur Verfügung zu stellen sein, damit die schriftlichen Arbeiten ordnungsgemäß erledigt werden können (vgl. zum Ganzen auch GK-SGB IX / *Schimanski* Rdnr. 215 m. w. Nachw.).

129

IV. Literatur

Ilbertz, Wilhelm, Vertretung der Vertrauensperson nach § 94 Abs. 1 Satz 1 SGB IX, Zustimmende und erläuternde Anmerkung zu dem Beschluss des BAG vom 7. April 2004, Az: 7 ABR 35/03 ZBVR 2004, 252

Kossens, Michael, Die Arbeitsweise der Schwerbehindertenvertretung, ZBVR 2003, 16

Seidel, Rainer, Persönliche Rechte und Pflichten der Schwerbehindertenvertretung, PersR 2002, 458

Wulf, Renate, Die Interessenvertretung der schwerbehinderten Menschen – im Zwiespalt zwischen SGB IX und MAVO, ZMV 2004, 110

§ 97
Konzern-, Gesamt-, Bezirks- und Hauptschwerbehindertenvertretung

(1) ¹Ist für mehrere Betriebe eines Arbeitgebers ein Gesamtbetriebsrat oder für den Geschäftsbereich mehrerer Dienststellen ein Gesamtpersonalrat errichtet, wählen die Schwerbehindertenvertretungen der einzelnen Betriebe oder Dienststellen eine Gesamtschwerbehindertenvertretung. ²Ist eine Schwerbehindertenvertretung nur in einem der Betriebe oder in einer der Dienststellen gewählt, nimmt sie die Rechte und Pflichten der Gesamtschwerbehindertenvertretung wahr.

(2) ¹Ist für mehrere Unternehmen ein Konzernbetriebsrat errichtet, wählen die Gesamtschwerbehindertenvertretungen eine Konzernschwerbehindertenvertretung. ²Besteht ein Konzernunternehmen nur aus einem Betrieb, für den eine Schwerbehindertenvertretung gewählt ist, hat sie das Wahlrecht wie eine Gesamtschwerbehindertenvertretung.

(3) ¹Für den Geschäftsbereich mehrstufiger Verwaltungen, bei denen ein Bezirks- oder Hauptpersonalrat gebildet ist, gilt Abs. 1 sinngemäß mit der Maßgabe, dass bei den

Mittelbehörden von deren Schwerbehindertenvertretung und den Schwerbehindertenvertretungen der nachgeordneten Dienststellen eine Bezirksschwerbehindertenvertretung zu wählen ist. ²Bei den obersten Dienstbehörden ist von deren Schwerbehindertenvertretung und den Bezirksschwerbehindertenvertretungen des Geschäftsbereichs eine Hauptschwerbehindertenvertretung zu wählen; ist die Zahl der Bezirksschwerbehindertenvertretungen niedriger als zehn, sind auch die Schwerbehindertenvertretungen der nachgeordneten Dienststellen wahlberechtigt.

(4) ¹Für Gerichte eines Zweiges der Gerichtsbarkeit, für die ein Bezirks- oder Hauptrichterrat gebildet ist, gilt Absatz 3 entsprechend. ²Sind in einem Zweig der Gerichtsbarkeit bei den Gerichten der Länder mehrere Schwerbehindertenvertretungen nach § 94 zu wählen und ist in diesem Zweig kein Hauptrichterrat gebildet, ist in entsprechender Anwendung von Absatz 3 eine Hauptschwerbehindertenvertretung zu wählen. ³Die Hauptschwerbehindertenvertretung nimmt die Aufgabe der Schwerbehindertenvertretung gegenüber dem Präsidialrat wahr.

(5) Für jede Vertrauensperson, die nach den Absätzen 1 bis 4 neu zu wählen ist, wird wenigstens ein stellvertretendes Mitglied gewählt.

(6) ¹Die Gesamtschwerbehindertenvertretung vertritt die Interessen der schwerbehinderten Menschen in Angelegenheiten, die das Gesamtunternehmen oder mehrere Betriebe oder Dienststellen des Arbeitgebers betreffen und von den Schwerbehindertenvertretungen der einzelnen Betriebe oder Dienststellen nicht geregelt werden können, sowie die Interessen der schwerbehinderten Menschen, die in einem Betrieb oder einer Dienststelle tätig sind, für die eine Schwerbehindertenvertretung nicht gewählt ist; dies umfasst auch Verhandlungen und den Abschluss entsprechender Integrationsvereinbarungen. ²Satz 1 gilt entsprechend für die Konzern-, Bezirks- und Hauptschwerbehindertenvertretung sowie für die Schwerbehindertenvertretung der obersten Dienstbehörde, wenn bei einer mehrstufigen Verwaltung Stufenvertretungen nicht gewählt sind. ³Die nach Satz 2 zuständige Schwerbehindertenvertretung ist auch in persönlichen Angelegenheiten schwerbehinderter Menschen, über die eine übergeordnete Dienststelle entscheidet, zuständig; sie gibt der Schwerbehindertenvertretung der Dienststelle, die den schwerbehinderten Menschen beschäftigt, Gelegenheit zur Äußerung. ⁴Satz 3 gilt nicht in den Fällen, in denen der Personalrat der Beschäftigungsbehörde zu beteiligen ist.

(7) § 94 Abs. 3 bis 7, § 95 Abs. 1 Satz 4, Abs. 2, 4, 5 und 7 und § 96 gelten entsprechend, § 94 Abs. 5 mit der Massgabe, dass die Wahl der Gesamt- und Bezirksschwerbehindertenvertretungen in der Zeit vom 1. Dezember bis 31. Januar, die der Konzern- und Hauptschwerbehindertenvertretungen in der Zeit vom 1. Februar bis 31. März stattfindet.

(8) § 95 Abs. 6 gilt für die Durchführung von Versammlungen der Vertrauens- und der Bezirksvertrauenspersonen durch die Gesamt-, Bezirks- oder Hauptschwerbehindertenvertretung entsprechend.

ERLÄUTERUNGEN

ÜBERSICHT

I. Bedeutung der Vorschrift (Rdnrn. 1–7)
II. Fassung (Rdnrn. 8–8b)
    A) durch das SGB IX vom 19. Juni 2001 (BGBl. I S. 1046) mit Wirkung vom 1. Juli 2001 (Rdnr. 8)
    B) durch das Gesetz zur Gleichstellung behinderter Menschen und zur Änderung anderer Gesetze vom 27. April 2002 (BGBl. I S. 1467) mit Wirkung vom 1. Mai 2002 (Rdnr. 8a)

C) durch das Gesetz zur Förderung der Ausbildung und Beschäftigung schwerbehinderter Menschen vom 23. April 2004 (BGBl. I S. 606) mit Wirkung vom 1. Mai 2004 (Rdnr. 8b)
III. Anmerkungen (Rdnrn. 9–37)
  A) zu Abs. 1
    1. Gesamtschwerbehindertenvertretung (Rdnrn. 9–14)
  B) zu Abs. 2
    1. Konzernschwerbehindertenvertretung (Rdnrn. 15–17)
  C) zu Abs. 3
    1. Bezirksschwerbehindertenvertretung (Rdnrn. 18–19)
    2. Hauptschwerbehindertenvertretung (Rdnrn. 20–22)
  D) zu Abs. 4
    1. Stufenvertretungen schwerbehinderter Richter (Rdnrn. 23–24)
  E) zu Abs 5
    1. Stellvertreter (Rdnr. 25)
  F) zu Abs. 6
    1. Zuständigkeit der Gesamtschwerbehindertenvertretung (Rdnrn. 26–29)
  G) zu Abs. 7
    1. Entsprechende Anwendbarkeit der Vorschriften über die Schwerbehindertenvertretungen (Rdnrn. 30–35)
  H) zu Abs. 8
    1. Durchführung von Versammlungen der Vertrauens- und der Bezirksvertrauenspersonen(Rdnrn. 36–37)

I. Bedeutung der Vorschrift

Sie regelt Aufgaben und Rechtsstellung der so genannten Stufenvertretungen für schwerbehinderte Menschen. Das Gesetz kennt neben der Schwerbehindertenvertretung gemäß § 95 SGB IX, bestehend aus einer Vertrauensperson und einem oder mehreren stellvertretenden Mitgliedern, die Konzern-, Gesamt-, Bezirks- und Hauptschwerbehindertenvertretung. 1

In **Abs. 1** wird die Wahl einer Gesamtschwerbehindertenvertretung vorgeschrieben, wenn für mehrere Betriebe desselben Arbeitgebers ein Gesamtbetriebsrat oder für mehrere Dienststellen ein Gesamtpersonalrat errichtet ist. Eine nur in einem Betrieb oder einer Dienststelle gewählte Schwerbehindertenvertretung übt die Funktion einer Gesamt-Schwerbehindertenvertretung aus. 2

Besteht für mehrere Unternehmen ein Konzernbetriebsrat, wählen die Gesamtschwerbehindertenvertretungen auch eine Konzernschwerbehindertenvertretung (**Abs. 2**). 3

In **Abs. 3** werden Regelungen für die Einrichtung von Schwerbehindertenvertretungen bei mehrstufigen Verwaltungen getroffen. In **Abs. 4** finden sich entsprechende Regelungen für Gerichte. In **Abs. 5** wird die Wahl von stellvertretenden Mitgliedern für die Vertrauenspersonen der Stufenvertretungen geregelt. 4

Die Aufgaben der Stufenvertretungen werden in **Abs. 6** näher geregelt. 5

Durch **Abs. 7** werden in entsprechender Anwendung der Vorschriften über die Schwerbehindertenvertretung Regelungen über die Wahl sowie die Beteiligungsrechte der Stufenvertretungen und die persönlichen Rechte ihrer Mitglieder getroffen. 6

In **Abs. 8** wird die Durchführung von Versammlungen der entsprechenden Vertrauenspersonen durch die Gesamt-, Bezirks- oder Hauptschwerbehindertenvertretung geregelt. 7

II. Fassung

A) durch das SGB IX vom 19. Juni 2001 (BGBl. I S. 1046) mit Wirkung vom 1. Juli 2001

8 Die Vorschrift wurde mit einer einzigen Änderung aus dem Regierungsentwurf (BT-Drucks. 14/5531 i. V. m. 14/5074) übernommen: Durch Anfügung des Satzes 2 in **Abs. 2** hat der BT-Ausschuss für Arbeit und Sozialleistung „im Interesse der Rechtssicherheit" klargestellt, dass, soweit Konzernunternehmen nur aus einem Betrieb bestehen und für ihn eine Schwerbehindertenvertretung gewählt ist, diese insoweit wie eine Gesamtschwerbehindertenvertretung wahlberechtigt ist (BT-Drucks. 14/5800 S. 36).

Im Übrigen wurde inhaltsgleich die Regelung des bisherigen § 27 SchwbG übertragen.

B) durch das Gesetz zur Gleichstellung behinderter Menschen und zur Änderung anderer Gesetze vom 27. April 2002 (BGBl. I S. 1467) mit Wirkung vom 1. Mai 2002

8a Durch dieses Gesetz wurde in der Vorschrift in Absatz 4 die Angabe „Absatz 2" durch „Absatz 3" und in „Absatz 5" die Angabe „Absätze 1 bis 3" durch „Absätze 1 bis 4"ersetzt.

Es handelte sich um die Bereinigung redaktioneller Versehen bei der Erstfassung der Vorschrift durch das SGB IX.

C) durch das Gesetz zur Förderung der Ausbildung und Beschäftigung schwerbehinderter Menschen vom 23. April 2004 (BGBl. I S. 606) mit Wirkung vom 1. Mai 2004

8b In **Abs. 6 Satz 1** wurde folgende Halbsatz. angefügt:

„dies umfasst auch Verhandlungen und den Abschluss entsprechender Integrationsvereinbarungen"

In der Begründung zum Gesetzentwurf der Fraktionen SPD und Bündnis 90/DIE GRÜNEN (BT-Drucks. 15/1783) wird hierzu bemerkt:

„Die Ergänzung verdeutlicht, dass auch Stufenschwerbehindertenvertretungen über Integrationsvereinbarungen verhandeln und diese abschließen können, soweit es um die in dem Satz zuvor beschriebenen Angelegenheiten schwerbehinderter Menschen geht."

III. Anmerkungen

A) zu Abs. 1

1. Gesamtschwerbehindertenvertretung

9 Die Vorschrift des § 97 über die Stufenvertretung bezweckt eine ausreichende Vertretung der schwerbehinderten und gleichgestellten Menschen **auf allen Ebenen** der privaten Unternehmen und des öffentlichen Dienstes. Deshalb wird den vorhandenen Stufenvertretungen jeweils eine gesonderte Vertretung der Schwerbehinderten zugeordnet. Diese hat vor allem die Aufgabe, an den Sitzungen des **Gesamtbetriebsrats** oder des **Gesamtpersonalrats** teilzunehmen, um dort die Interessen der Schwerbehinderten wahrzunehmen.

10 Ist für mehrere Betriebe eines Arbeitgebers ein Gesamtbetriebsrat errichtet, wählen die Schwerbehindertenvertretungen **der einzelnen Betriebe** eine Gesamtschwerbehindertenvertretung. Ein Gesamtbetriebsrat ist zu errichten, wenn in einem Unternehmen mehrere Betriebsräte bestehen (§ 47 Abs. 1 BetrVG). Allerdings werden die Mitglieder des Gesamtbetriebsrats von den Betriebsräten gemäß § 47 Abs. 2 BetrVG bestimmt und nicht etwa von den Beschäftigten gewählt.

11 Hierin liegt der Unterschied zum Gesamtpersonalrat, der nach § 55 BPersVG in Behörden mit Nebenstellen und Teilen einer Dienststelle, die räumlich weit von dieser entfernt sind, neben den einzelnen Personalräten gewählt wird.

Ist ein Gesamtbetriebsrat oder ein Gesamtpersonalrat errichtet, **muss eine Gesamtschwerbehindertenvertretung gewählt werden (Abs. 1 Satz 1).** Wahlberechtigt sind die jeweiligen Vertrauenspersonen der einzelnen Betriebe oder Dienststellen. Es findet somit **keine Direktwahl** der gesamten Schwerbehindertenvertretung durch die schwerbehinderten Menschen statt. Jede Schwerbehindertenvertretung hat nur eine Stimme. Diese ist schriftlich abzugeben (§ 22 i. V. m. § 11 SchwbWO). Auch die Stufenvertretung besteht aus nur **einer Person**, die ebenfalls mindestens einen Stellvertreter hat. 12

Sind nur zwei Wahlberechtigte vorhanden, bestimmen sie im beiderseitigen Einvernehmen, wer die Funktion der Gesamtschwerbehindertenvertretung wahrnimmt und wer Stellvertreter ist. Kommt eine Einigung nicht zustande, entscheidet das Los (§ 22 Abs. 2 SchwbWO). 13

Ist in nur einem der Betriebe oder Dienststellen desselben Arbeitgebers eine Schwerbehindertenvertretung gewählt, so nimmt sie die Rechte und Pflichten der Gesamtschwerbehindertenvertretung wahr **(Abs. 1 Satz 2).** Dieses stellt sicher, dass der Gesamtbetriebsrat bzw. Gesamtpersonalrat auch immer eine Gesamtschwerbehindertenvertretung als Ansprechpartner hat. Diese Schwerbehindertenvertretung hat sich dann um die schwerbehinderten Menschen aller Betriebe und Dienststellen zu kümmern und diese auf der Ebene des Betriebes bzw. der Dienststelle sowie auf überörtlicher Ebene zu vertreten. Sie hat damit gleichzeitig die Rechtsstellung der Schwerbehindertenvertretung sowie der Gesamtschwerbehindertenvertretung. Durch diese **Doppelfunktion der örtlichen Schwerbehindertenvertretung** wird eine Vertretungslücke vermieden und eine Interessenvertretung auch auf Unternehmensebene sichergestellt (*Müller-Wenner* / *Schorn* Rdnr. 5). Die örtliche Schwerbehindertenvertretung nimmt in diesem Fall auch an den Sitzungen des Gesamtbetriebsrates und Gesamtpersonalrates teil. 14

B) zu Abs. 2

1. Konzernschwerbehindertenvertretung

Seit der Neufassung des früheren § 27 SchwbG mit Wirkung zum 1. Januar 2001 durch das „Gesetz zur Bekämpfung der Arbeitslosigkeit Schwerbehinderter" ist auch die Bildung von Konzernschwerbehindertenvertretungen möglich **(Abs. 2 Satz 1).** Voraussetzung ist, dass entsprechend der nicht zwingenden Vorschrift des § 54 Abs. 1 BetrVG ein **Konzernbetriebsrat** errichtet wurde, dessen Mitglieder nicht gewählt, sondern von den Gesamtbetriebsräten bestimmt werden. 15

Noch bei den parlamentarischen Beratungen zum SchwbWG 1974 wurde die Wahl einer Konzernschwerbehindertenvertretung im zuständigen Ausschuss des Bundestages mit großer Mehrheit abgelehnt, da das denkbare Betätigungsfeld einer Vertrauensperson auf Konzernebene derart gering sei, dass ein Bedürfnis für die Wahl einer Schwerbehindertenvertretung auf dieser Ebene nicht zu erkennen sei (vgl. *Cramer* Rdnr. 1 zu § 27 SchwbG). Mit der Novellierung der Vorschrift wurde der zunehmenden Unternehmenskonzentration Rechnung getragen und die Notwendigkeit einer Vertretung der Rechte der schwerbehinderten Menschen auch auf der Konzernebene anerkannt. 16

Die Konzernschwerbehindertenvertretung hat das Recht, an allen Sitzungen des Konzernbetriebsrates mit beratender Stimme teilzunehmen (§ 59a BetrVG). 16a

Gewählt wird die Konzernschwerbehindertenvertretung von den Vertrauenspersonen der einzelnen Gesamtschwerbehindertenvertretungen (*Müller-Wenner* / *Schorn* Rdnr. 7).

Eine Besonderheit gilt für Konzernunternehmen, die aus nur einem Betrieb bestehen: Eine dort gebildete Schwerbehindertenvertretung hat die Rechte und Pflichten einer Gesamtschwerbehindertenvertretung **(Abs. 2 Satz 2).** 17

C) zu Abs. 3

1. Bezirksschwerbehindertenvertretung

18 Bei mehrstufigen Verwaltungen schreibt **Abs. 3 Satz 1** die Wahl einer Bezirksschwerbehindertenvertretung **bei der Mittelbehörde** vor, sofern ein Bezirkspersonalrat nach § 53 Abs. 1 BPersVG besteht.

19 **Wahlberechtigt** sind die Schwerbehindertenvertretungen der Mittelbehörden sowie der nachgeordneten Dienststellen. Eine etwa bestehende Gesamtschwerbehindertenvertretung der nachgeordneten Dienststellen ist hingegen nicht wahlberechtigt, um eine Doppelrepräsentation zu vermeiden (Cramer Rdnr. 3 zu § 27 SchwbG).

2. Hauptschwerbehindertenvertretung

20 Ist bei mehrstufiger Verwaltung bei der **obersten Dienstbehörde** ein **Hauptpersonalrat** gemäß § 53 Abs. 1 BPersVG errichtet, ist auch die Wahl einer Hauptschwerbehindertenvertretung vorgeschrieben (**Abs. 3 Satz 2 Halbsatz 1**). Wahlberechtigt sind grundsätzlich die Schwerbehindertenvertretungen der oberen Dienstbehörde und die Bezirksschwerbehindertenvertretungen des Geschäftsbereichs.

21 Beträgt die Zahl der Bezirksschwerbehindertenvertretungen **weniger als zehn**, sind neben ihnen auch die Schwerbehindertenvertretungen der nachgeordneten Dienststellen wahlberechtigt (**Abs. 3 Satz 2 Halbsatz 2**). Die Vorschrift beruht auf der Überlegung, dass andernfalls wenige Bezirksvertrauenspersonen von „Bündelungsbehörden" wie Regierungspräsidien nahezu alle Hauptschwerbehindertenvertretungen bei den obersten Dienstbehörden wählen (Cramer Rdnr. 4 zu § 27 SchwbG unter Hinweis auf BT-Drucks. 10/3138 S. 23).

22 Ist eine Bezirksvertrauensperson zugleich Vertrauensperson einer nachgeordneten Dienststelle, hat sie bei der Wahl der Hauptschwerbehindertenvertretung in diesem Fall somit **doppeltes Stimmrecht**.

D) zu Abs. 4

1. Stufenvertretungen schwerbehinderter Richter

23 Die Bezirks- und Hauptvertrauenspersonen schwerbehinderter Richter werden nach demselben Verfahren gewählt, das für die Bezirks- und Hauptschwerbehindertenvertretungen bei den mehrstufigen Verwaltungen gilt (**Abs. 4 Satz 1**). Besteht ein Bezirks- und Hauptrichterrat, wird auch eine Bezirks- und Hauptschwerbehindertenvertretung für schwerbehinderte Richter gewählt. Diese **vertritt nur Richter**; für andere an Gerichten Beschäftigte gelten die übrigen Absätze der Vorschrift. Der Grundsatz, dass eine Stufenvertretung der Schwerbehinderten die Entsprechung zu dem allgemeinen Personalvertretungsgremium sein soll, wird durch **Abs. 4 Satz 2** durchbrochen: Sind in einem Zweig der Gerichtsbarkeit der Länder (z. B. der ordentlichen Justiz oder der Verwaltungsgerichtsbarkeit) mehrere Schwerbehindertenvertretungen nach § 94 SGB IX zu wählen und ist in diesem Zweig **kein Hauptrichterrat** gebildet, ist dennoch eine Hauptschwerbehindertenvertretung zu wählen, die die Aufgabe der Schwerbehindertenvertretungen wahrnimmt.

24 Die Schwerbehindertenvertretung der Richter auf Landesebene hat die zusätzliche Aufgabe, die Interessen der schwerbehinderten Richter **auch gegenüber dem Präsidialrat** wahrzunehmen, der für jeden Zweig der Gerichtsbarkeit besteht (**Abs. 4 Satz 3**). Sonderbestimmungen über die Wahl der Hauptschwerbehindertenvertretung für Richter enthalten die §§ 23 – 26 SchwbWO.

E) zu Abs. 5

1. Stellvertreter

Mit der jeweiligen Gesamt-, Bezirks- oder Hauptschwerbehindertenvertretung ist **mindestens ein Stellvertreter** zu wählen. Der Gesetzesformulierung ist zu entnehmen, dass eine entsprechende Pflicht besteht und überdies möglichst mehrere Stellvertreter für jede Stufenvertretung gewählt werden sollen. Über die Anzahl der stellvertretenden Mitglieder entscheidet gem. § 22 Abs. 3 Satz 2 i. V. m. § 20 Abs. 2 Satz 1 SchwbWO die Wahlversammlung der wahlberechtigten Vertrauenspersonen. Dies gilt auch für die Gerichtsbarkeit (§ 27 i. V. m. § 20 Abs. 1 SchwbWO). Bei mehreren Bewerbern gilt der mit dem zweithöchsten Stimmanteil als erster Stellvertreter; die anderen folgen nach ihrem Stimmanteil als weitere Stellvertreter. Bei Ausscheiden oder Verhinderung der jeweiligen Stufenvertretung der schwerbehinderten Menschen rückt der Stellvertreter mit der höchsten Stimmzahl nach (*Müller-Wenner* / Schorn Rdnr. 14).).

F) zu Abs. 6

1. Zuständigkeit der Gesamtschwerbehindertenvertretung

Die Gesamtschwerbehindertenvertretung vertritt die Interessen der schwerbehinderten Menschen auf ihrer Ebene nur hilfsweise, nämlich insoweit, als die Interessen nicht von der Schwerbehindertenvertretung des jeweiligen Betriebes oder der Dienststelle wahrgenommen werden können (**Abs. 6 Satz 1, 1. Alt**). Diese Bestimmung ist der Subsidiaritätsregelung des § 50 Abs. 1 BetrVG nachgebildet worden. Das bedeutet nicht, dass es objektiv unmöglich sein muss, die betreffenden Angelegenheiten durch die jeweilige Schwerbehindertenvertretung der Betriebe oder Dienststellen zu regeln (BAG AP Nr. 1 zu § 50 BetrVG 1972). Vielmehr ist die **Zuständigkeit** der besonderen Schwerbehindertenvertretungen dann anzunehmen, wenn bei vernünftiger Würdigung des Sachverhalts eine **zwingende sachliche Notwendigkeit für eine einheitliche Regelung** spricht (BAG AP Nr. 1 und 2 zu § 50 BetrVG 1972; AP Nrn. 63, 64, 66 zu § 611 BGB – Gratifikation; *Müller-Wenner* / Schorn Rdnr. 15 m. w. N.).

Die Zuständigkeit der Gesamtschwerbehindertenvertretung besteht auch dann, wenn **in einem Betrieb** oder in einer Dienststelle eine **Schwerbehindertenvertretung nicht gewählt** werden kann oder nicht gewählt worden ist, obwohl dies möglich gewesen wäre (**Abs. 6 Satz 1, 2. Alt**). Der Gesamtschwerbehindertenvertretung kommt dann die Rechtsstellung zu, welche die Schwerbehindertenvertretung hätte, an deren Stelle sie tätig wird (vgl. *Müller-Wenner* / Schorn Rdnr. 16). Sie ist bei der Anhörung vor Ausspruch einer Kündigung gem. § 95 Abs. 2 SGB IX hinzuzuziehen (vgl. BAG DB 1984, 133). Ferner kann sie zur Unterstützung bei Anträgen auf Anerkennung als schwerbehinderter Mensch gem. § 95 Abs. 1 Satz 2 SGB IX tätig werden und Betroffene bei der Einsicht in die Personalakte nach § 95 Abs. 3 SGB IX zu unterstützen. Auch kann die Gesamtschwerbehindertenvertretung mit den schwerbehinderten Menschen des Betriebes oder der Dienststelle, in denen eine Schwerbehindertenvertretung fehlt, eine Versammlung nach § 95 Abs. 6 SGB IX durchführen.

Zur Zuständigkeit der Gesamtschwerbehindertenvertretung bei Fehlen einer örtlichen Schwerbehindertenvertretung gehört auch der Abschluss einer Integrationsvereinbarung gem. § 83 SGB IX mit dem Arbeitgeber, wie durch die Anfügung des **Abs. 6 Satz 1 Halbsatz 2** zum 1. 5. 2004 ausdrücklich klargestellt wurde (vgl. oben Rdnr. 8b). Damit wird zugleich die Bedeutung dieses wichtigen Instruments für die Beschäftigung und betriebliche Eingliederung behinderter Arbeitnehmer nochmals betont.

Diese Regelung gilt entsprechend für die Konzern-, Bezirks- und Hauptschwerbehindertenvertretung sowie für die Schwerbehindertenvertretung der obersten Dienstbehörde, wenn bei einer mehrstufigen Verwaltung Stufenvertretungen nicht gewählt sind (**Abs. 6 Satz 2**). Die danach zuständige Schwerbehindertenvertretung ist **auch in persönlichen Angelegenheiten** schwerbehinderter Menschen, **über die eine übergeordnete Dienststelle entschei-**

det, zuständig. Dies entspricht der vergleichbaren Regelung der Personalvertretungsgesetze, wonach in persönlichen Angelegenheiten Bediensteter, über die eine übergeordnete Dienststelle entscheidet, in der Regel die dort errichtete Stufenvertretung des Personalrats zuständig ist (Cramer Rdnr. 8a zu § 27 SchwbG).

29 Werden persönliche Angelegenheiten eines schwerbehinderten Menschen nicht von dessen Dienststelle, sondern von einer übergeordneten Dienststelle behandelt, ist nach **Abs. 6 Satz 3** die dort eingerichtete Haupt- oder Bezirksschwerbehindertenvertretung zuständig. Diese muss allerdings der Schwerbehindertenvertretung bei der Dienststelle des schwerbehinderten Menschen Gelegenheit zur Äußerung geben. Das gilt wiederum nicht in den Fällen, in denen der Personalrat der Beschäftigungsbehörde zu beteiligen ist (**Abs. 6 Satz 4**).

G) zu Abs. 7

1. Entsprechende Anwendbarkeit der Vorschriften über die Schwerbehindertenvertretungen

30 Die für Schwerbehindertenvertretungen geregelten Grundsätze über die Wahlen (§ 94 SGB IX), die Aufgaben (§ 95 SGB IX) und die Rechte (§ 96 SGB IX) gelten weitgehend auch für die Gesamt-, Bezirks- und Hauptschwerbehindertenvertretungen.

Im Einzelnen seien hervorgehoben:

a) **Wahl und Wählbarkeit**

31 Hierzu gelten die Vorschriften in § 94 Abs. 3 – 6 SGB IX über die Wählbarkeit, die Grundsätze der Wahl, das Wahlverfahren, den Wahlschutz, die Wahlkosten und die Anfechtung entsprechend. Allerdings muss die Wahl der Gesamt- und Bezirksschwerbehindertenvertretung in der Zeit vom 1. Dezember bis 31. Januar, die der Konzern- und Hauptschwerbehindertenvertretung in der Zeit vom 1. Februar bis 31. März stattfinden.

b) **Amtszeit**

32 Die Amtszeit der Stufenvertretungen beträgt ebenfalls vier Jahre. Im Einzelnen kann auf die entsprechend anwendbare Vorschrift des § 94 Abs. 7 SGB IX verwiesen werden.

c) **Unterrichtungs- und Anhörungsrechte**

33 Auch die Arbeitgeber auf der Unternehmensebene bzw. bei den Mittel- und Obersten Landesbehörden sind verpflichtet, die Gesamt-, Bezirks- und Hauptschwerbehindertenvertretungen rechtzeitig und umfassend zu informieren und vor Entscheidungen zu hören. Auch deren Recht, die Durchführung oder Vollziehung einer Maßnahme auszusetzen, wenn seitens des Arbeitgebers eine entsprechende Beteiligung unterblieb, gilt nach § 95 Abs. 2 SGB IX entsprechend.

d) **Beratende Teilnahme an Sitzungen des Gesamtbetriebsrats usw.**

34 Die Gesamt-, Bezirks- und Hauptschwerbehindertenvertretungen haben das Recht, an den Sitzungen des Gesamtbetriebsrats oder des Gesamt- bzw. Hauptpersonalrats und seiner Ausschüsse beratend teilzunehmen. Dies ergibt sich aus der entsprechenden Anwendung des § 95 Abs. 4 SGB IX i. V. m. § 52 BetrVG, § 54 BPersVG. Falls auf der Ebene des Unternehmens beim Gesamtbetriebsrat ein Wirtschaftsausschuss gebildet wurde, hat die Gesamtschwerbehindertenvertretung ein entsprechendes Teilnahmerecht. Die Gesamtschwerbehindertenvertretung kann die **Aussetzung von Beschlüssen des Gesamtbetriebsrates** verlangen, wie aus Abs. 7 i. V. m. § 95 Abs. 4 SGB IX folgt (Neumann, Handbuch SGB IX / *Düwell* § 20 Rdnr. 155).

Ein entsprechendes Teilnahmerecht besteht auch an den regelmäßigen Besprechungen, die nach § 74 BetrVG und § 66 BPersVG zwischen Arbeitgeber und dem Gesamt-, Bezirks- oder Hauptpersonalrat stattfinden. Das folgt aus der entsprechenden Anwendung des § 95 Abs. 5 SGB IX.

e) Persönliche Rechte und Pflichten der Vertrauenspersonen

Die persönlichen Rechte und Pflichten der Vertrauenspersonen der schwerbehinderten Menschen gemäß § 96 SGB IX gelten im gleichen Maße auch für die Gesamt-, Bezirks- und Hauptschwerbehindertenvertretungen. Eine zuletzt in § 27 Abs. 6 SchwbG vor der Neufassung durch das Gesetz zur Bekämpfung der Arbeitslosigkeit Schwerbehinderter zum 1. Januar 2001 enthaltene Einschränkung ist nunmehr entfallen. Auch die mit der höchsten Stimmenzahl gewählten Vertretungspersonen der Gesamt-, Bezirks- und Hauptschwerbehindertenvertretungen haben nunmehr ein Recht auf Teilnahme an Schulungs- und Bildungsveranstaltungen unter den Voraussetzungen des § 96 Abs. 4 Satz 4 SGB IX.

H) zu Abs. 8

1. Durchführung von Versammlungen der Vertrauens- und der Bezirksvertrauenspersonen

Mindestens einmal in jedem Kalenderjahr kann die Gesamt-, Bezirks- und Hauptschwerbehindertenvertretung die einzelnen Schwerbehindertenvertretungen der Betriebe oder Dienststellen zu einer Versammlung einladen. Dies folgt aus der entsprechenden Anwendung des § 95 Abs. 6 SGB IX, die durch Abs. 8 dieser Vorschrift festgelegt wird. Dazu lädt die Gesamt- und Bezirksschwerbehindertenvertretung die Vertrauenspersonen der Schwerbehindertenvertretung ein und die Hauptschwerbehindertenvertretung die Vertrauenspersonen der Bezirksschwerbehindertenvertretungen. Entsprechend der Regelung des Abs. 3 Satz 2 sind bei einer Zahl von Bezirksschwerbehindertenvertretungen unter zehn auch die Schwerbehindertenvertretungen der nachgeordneten Behörden einzuladen (*Müller-Wenner* / Schorn Rdnr. 24).

Allerdings besteht **keine gesetzliche Verpflichtung** zur Einladung, falls **kein** entsprechender **Antrag** der Teilnahmeberechtigten eingeht (Neumann u. a. / *Pahlen* Rdnr. 15).

Die durch die Versammlung entstehenden **Kosten** hat der Arbeitgeber zu tragen, wie sich aus der entsprechenden Anwendbarkeit des § 95 Abs. 5 SGB IX durch Abs. 7 ergibt.

§ 98
Beauftragter des Arbeitgebers

¹Der Arbeitgeber bestellt einen Beauftragten, der ihn in Angelegenheiten schwerbehinderter Menschen verantwortlich vertritt; falls erforderlich, können mehrere Beauftragte bestellt werden. ²Der Beauftragte soll nach Möglichkeit selbst ein schwerbehinderter Mensch sein. ³ Der Beauftragte achtet vor allem darauf, dass dem Arbeitgeber obliegende Verpflichtungen erfüllt werden.

I. Bedeutung der Vorschrift

Jeder Arbeitgeber, der schwerbehinderte Menschen oder Gleichgestellte beschäftigt, ist zur Bestellung eines Beauftragten verpflichtet, der ihn in deren Angelegenheiten verantwortlich vertritt. Der Beauftragte ist Ansprechpartner für die schwerbehinderten Menschen, die Schwerbehindertenvertretungen, die Betriebs- / Personalräte sowie die Stufenvertretungen und hält insoweit Verbindung zur Agentur für Arbeit und zum Integrationsamt. Er hat ferner darauf zu achten, dass der Arbeitgeber seine gesetzlichen Verpflichtungen gegenüber schwerbehinderten Menschen erfüllt.

ERLÄUTERUNGEN

ÜBERSICHT

I. Bedeutung der Vorschrift (Rdnr. 1)
II. Fassung (Rdnr. 2)
III. Anmerkungen (Rdnrn. 3–28)
   1. Bestellungspflicht (Rdnrn. 3–9)
   2. Bestellung und Bekanntmachung (Rdnrn. 10–16)
   3. Rechtsstellung und Aufgaben (Rdnrn. 17–23)
   4. Amtszeit und Abberufung (Rdnrn. 24–25)
   5. Verfahrensrecht (Rdnrn. 26–28)

II. Fassung

2   Die Vorschrift wurde unverändert aus dem Regierungsentwurf (BT-Drucks. 14/5531 i. V. m. 14/5074) übernommen. Sie ist inhaltsgleich mit § 28 SchwG a. F.

III. Anmerkungen
1. Bestellungspflicht

3   Beschäftigt ein Arbeitgeber schwerbehinderte Menschen oder nach § 2 Abs. 3 SGB IX Gleichgestellte im Betrieb oder in der Dienststelle, ist er grundsätzlich zur **Bestellung eines Beauftragten** für die Angelegenheiten schwerbehinderter Menschen **verpflichtet**. Das gilt unabhängig davon, ob er nach § 71 SGB IX beschäftigungspflichtig ist oder nicht oder ob eine Schwerbehindertenvertretung nach § 95 SGB IX gewählt worden ist (*Braun* ZTR 2003, 18; Neumann u. a. / *Pahlen* Rdnr. 1). Gerade **bei Fehlen einer Schwerbehindertenvertretung** und der durch sie ausgeübten Kontrollfunktion kommt der **Bestellung des Beauftragten erhebliche Bedeutung** zu (Hauck / Noftz / *Masuch* Rdnr. 4).

4   Besteht eine Beschäftigungspflicht, muss sogar dann ein Beauftragter bestellt werden, wenn **gegenwärtig keine schwerbehinderten Menschen oder Gleichgestellte beschäftigt** werden, weil das Gesetz unabhängig hiervon z. B. in § 81 SGB IX dem Arbeitgeber Pflichten auferlegt (vgl. dazu unter Rdnr. 20; so auch GK-SGB IX / *Schimanski* Rdnr. 12; a. A. LPK-SGB IX / *Düwell* Rdnr. 3). Besteht keine Beschäftigungspflicht und beschäftigt der Arbeitgeber auch tatsächlich keine schwerbehinderten Menschen, muss kein Beauftragter bestellt werden (Neumann u. a. / *Pahlen* Rdnr. 1).

5   Grundsätzlich ist eine **Personenidentität zwischen Arbeitgeber und Beauftragten ausgeschlossen,** sodass der Arbeitgeber sich nicht selbst zum Beauftragten bestellen kann (*Müller-Wenner* / Schorn Rdnr. 4; Hauck / Noftz / *Masuch* Rdnr 7; a. A. Neumann u. a. / *Pahlen* Rdnr. 3). Das folgt daraus, dass die Bestellung auch der Kontrolle des Arbeitgebers dienen soll (vgl. § 98 Satz 3). In **Kleinbetrieben** mit bis zu 19 Arbeitsplätzen, d. h. ohne Beschäftigungspflicht nach § 71 SGB IX, kann der Arbeitgeber bei Beschäftigung eines oder mehrerer schwerbehinderter Menschen die Aufgaben des Beauftragten auch selbst übernehmen (GK-SGB IX / *Schimanski* Rdnr. 13; einschränkend *Müller-Wenner* / Schorn a. a. O.: „vorausgesetzt, der Arbeitgeber regelt auch sonst sämtliche Personalangelegenheiten allein").

6   Unterlässt der Arbeitgeber trotz Bestellungspflicht die Ernennung eines Beauftragten, liegt darin **keine Ordnungswidrigkeit,** da der Katalog des § 156 SGB IX diesen Tatbestand nicht erfasst. Allenfalls kann das Integrationsamt in einem derartigen Fall eine Feststellungsklage gegen den Arbeitgeber erheben (GK-SGB IX / *Schimanski* Rdnr. 3).

7   Mit der Bestellungspflicht soll sichergestellt werden, dass die im Betrieb beschäftigten schwerbehinderten Menschen einen **Ansprechpartner auf Arbeitgeberseite** haben, der Verständnis für ihre Probleme hat und dem Beschwerden und Anregungen vorgetragen werden

können. Auch ist ein Beauftragter deshalb erforderlich, weil § 99 Abs. 1 SGB IX die Zusammenarbeit des Beauftragten des Arbeitgebers u. a. mit der Schwerbehindertenvertretung und dem Betriebs- oder Personalrat regelt und hierbei voraussetzt, dass der Arbeitgeber einem Mitarbeiter dieser Aufgabe übertragen hat.

Regelmäßig wird nur *ein* Beauftragter zu ernennen sein. Der Arbeitgeber kann aber **mehrere Beauftragte** bestellen, **falls dies erforderlich** ist (**Satz 1 Halbs. 2**). Das wird im Allgemeinen der Fall sein, wenn mehrere räumlich voneinander getrennte Betriebe oder Dienststellen nicht von einem Beauftragten allein betreut werden können. Allerdings steht die Bestellung mehrerer Beauftragter im Ermessen des Arbeitgebers (Neumann u. a. / *Pahlen* Rdnr. 2; Hauck / Noftz / *Masuch* Rdnr. 3). **8**

Für den **öffentlichen Dienst** gelten als Arbeitgeber nur die in § 71 Abs. 3 SGB IX bezeichneten obersten Behörden und Körperschaften, Anstalten und Stiftungen: Diese haben sicherzustellen, dass genügend Beauftragte für alle nachgeordneten Dienststellen bestellt werden. Jedenfalls ist nicht zwingend für jede einzelne Dienststelle im Sinne des Personalvertretungsrechts ein Beauftragter zu bestellen (LPK-SGB IX / *Düwell* Rdnr. 5). **9**

2. Bestellung und Bekanntmachung

Für die **Auswahl** des Beauftragten schreibt **Satz 2** vor, dass dieser **nach Möglichkeit selbst schwerbehindert** sein soll. Die Vorschrift wurde mit Wirkung vom 1. Oktober 2000 bereits in § 18 SchwbG aufgenommen. Sie bezweckt, dass damit die besonderen Belange der schwerbehinderten Menschen in die Arbeit des Arbeitgeberbeauftragten einfließen können; zugleich wird dessen Akzeptanz bei allen Beteiligten gefördert (Neumann u. a. / *Pahlen* Rdnr. 3). Dieses Auswahlkriterium ist aber nicht zwingend, wie sich aus der Verwendung der einschränkenden Begriffe „nach Möglichkeit" und „soll" ergibt. **10**

Häufig werden als Beauftragte **Personalleiter** oder sonst im Personalwesen Verantwortliche bestellt (GK-SGB IX / *Schimanski*, Rdnr. 18; Hauck / Noftz / *Masuch* Rdnr. 7), was der gesetzlichen Anforderung an eine „verantwortliche" Vertretung entgegenkommt. Teilweise wird auch die Benennung von **Sicherheitsingenieuren** als Beauftragte befürwortet, da sie über die erforderlichen Fachkenntnisse verfügen und ohnehin mit der Gewerbeaufsicht zusammenarbeiten (Neumann u. a. / *Pahlen* Rdnr. 3; a. A. Cramer SchwbG § 28 Rdnr. 5, der diese für „weniger geeignet" hält). Das Gesetz schreibt im Übrigen nicht einmal vor, dass der Beauftragte des Arbeitgebers in einem aktiven Arbeitsverhältnis zu ihm stehen muss. Deshalb kommen sogar Außenstehende, etwa ein pensionierter Schwerbehinderter, in Betracht (GK-SGB IX / *Schimanski* Rdnr. 18). **11**

Die Interessenlage verbietet es allerdings, die Schwerbehindertenvertretung oder ein Mitglied der kollektiven Interessenvertretung damit zu beauftragen. Umgekehrt ist ein **Beauftragter des Arbeitgebers** im Sinne von § 98 SGB IX **von der Wahl zu Schwerbehindertenvertretung ausgeschlossen** (VG Aachen Beschluss vom 25. November 1999 – 16 K 31/99. PVL = PersR 2000, 131). **12**

Die Bestellung geschieht durch **einseitige Willenserklärung des Arbeitgebers,** die einen Auftrag im Sinne des § 662 BGB bedeutet. Schriftform hierfür ist nicht vorgeschrieben, aber zweckmäßig, auch im Hinblick auf die Festlegung von Rechten und Pflichten des Beauftragten im Innenverhältnis zum Arbeitgeber (vgl. dazu unten Rdnr. 18). **13**

Allerdings besteht **keine allgemeine Pflicht zur Übernahme** dieses Amtes, auch nicht aus arbeitsvertraglichen Verpflichtungen heraus. Anders ist dies nur, wenn sich ein Arbeitnehmer vertraglich verpflichtet hat, in bestimmtem Umfang als leitender Angestellter auch Arbeitgeberfunktionen zu übernehmen. **14**

Jedenfalls darf sich der Arbeitgeber nicht damit begnügen, die seiner Meinung nach in Betracht kommenden Personen lediglich zu befragen, ob sie die Funktion eines Beauftragten übernehmen möchten. Kraft seiner Autorität muss er auch darauf drängen, dass sich jemand bereit erklärt, dieses Amt zu übernehmen (vgl. BSG Urteil vom 28. Mai 1974 – 2 RU 79/ **15**

72 = BSGE 37, 262 = SozR 2200 § 719 Nr 1 zur Bestellung eines Sicherheitsbeauftragten; GK-SGB IX / *Schimanski* Rdnr. 14).

16 Der Arbeitgeber ist verpflichtet, den von ihm bestellten Beauftragten unverzüglich nach der Bestellung der zuständigen Agentur für Arbeit und dem **Integrationsamt zu benennen** (§ 80 Abs. 8 SGB IX). Die Verletzung dieser Pflicht kann nach § 156 Abs. 1 Nr. 6 SGB IX mit Bußgeld geahndet werden. Darüber hinaus erscheint es als selbstverständliche Obliegenheit, den im Betrieb oder in der Dienststelle beschäftigten schwerbehinderten Menschen sowie der Schwerbehindertenvertretung die Bestellung mitzuteilen, damit diese ihren Ansprechpartner kennen.

3. Rechtsstellung und Aufgaben

17 Dem Beauftragten des Arbeitgebers obliegt die „**verantwortliche Vertretung**" des Arbeitgebers in allen Angelegenheiten schwerbehinderter Menschen. Er ist damit befugt, nach außen **rechtsverbindliche Erklärungen** für und gegen den Arbeitgeber abzugeben (LPK-SGB IX / *Düwell* Rdnr. 7; *Braun* ZTR 2003, 18 [20]). Deshalb kommt einer **sorgfältigen Auswahl** des Beauftragten besondere Bedeutung zu. Er sollte nicht nur die erforderlichen fachlichen Qualitäten vorweisen und das Vertrauen des Arbeitgebers genießen, sondern als Persönlichkeit den Belangen des Behindertenrechts und der behinderten Mitarbeiter besondere Beachtung zukommen lassen (*Braun* a. a. O. S. 21).

18 Das Gesetz lässt das **Innenverhältnis zum Arbeitgeber** offen; jedoch ist der Beauftragte – wie in jedem Auftragsverhältnis – an **Weisungen** des Arbeitgebers gebunden. Die Kosten seiner Geschäftsführung trägt der Arbeitgeber. Der Beauftragte führt sein Amt unentgeltlich, d. h. als **Ehrenamt** und darf hierdurch – insbesondere in seiner Stellung als Arbeitnehmer – weder benachteiligt noch begünstigt werden (*Braun* a. a. O. m. w. Nachw.).

19 Weiterhin ergibt sich eine Aufgabenbeschreibung aus **§ 99 SGB IX,** wonach auch der Beauftragte des Arbeitgebers mit den dort genannten Stellen und Personen zur Teilhabe schwerbehinderter Menschen am Arbeitsleben in Betrieb oder Dienststelle zusammenzuarbeiten habe.

20 Schließlich ist die Aufgabe des Beauftragten des Arbeitgebers gesetzlich allgemein dahingehend umschrieben, dass er „vor allem" auf die **Erfüllung der dem Arbeitgeber obliegenden Verpflichtungen zu achten** habe (**Satz 3**). Zu diesen Verpflichtungen gehört, dass
– die Beschäftigungspflichtquote nach § 71 SGB IX erfüllt wird,
– besonders betroffene schwerbehinderte Menschen beschäftigt bzw. eingestellt werden (vgl. § 72 SGB IX),
– geprüft wird, ob freie Arbeitsplätze mit schwerbehinderten Menschen besetzt werden können und bei dieser Prüfung die Schwerbehindertenvertretung beteiligt wird (§ 81 Abs. 1 und 6 SGB IX),
– Bewerbungen von schwerbehinderten Menschen mit der Schwerbehindertenvertretung erörtert werden (§ 81 Abs. 1 Satz 4 SGB IX),
– schwerbehinderte Menschen so beschäftigt werden, dass diese möglichst ihre Fähigkeiten und Kenntnisse voll verwerten und weiterentwickeln können (§ 81 Abs. 4 Satz 1 Nr. 1 SGB IX),
– schwerbehinderte Menschen zur Förderung ihres beruflichen Fortkommens bei innerbetrieblichen Maßnahmen der beruflichen Bildung bevorzugt berücksichtigt werden (§ 81 Abs. 4 Satz 1 Nr. 2 SGB IX),
– die Schwerbehindertenvertretung in allen Angelegenheiten, die einen einzelnen oder die schwerbehinderten Menschen als Gruppe berühren, unverzüglich und umfassend unterrichtet und vor einer Entscheidung angehört wird (§ 95 Abs. 2 SGB IX),
– die Schwerbehindertenvertretung zu Besprechungen zwischen Arbeitgeber und Betriebsrat hinzugezogen wird (§ 99 Abs. 5 SGB IX),

– die Schwerbehindertenvertretung ihr Amt ohne Behinderung wahrnehmen kann (§ 96 Abs. 2 SGB IX).

Seine Aufgaben sind deshalb insgesamt als **Koordinierungsfunktion zur Erfüllung der innerbetrieblichen Schwerbehindertensorge** zu verstehen (*Braun* ZTR 2003, 18 [20]). Der Beauftragte ist zugleich Ansprechpartner in allen einschlägigen Fragen. Allerdings ist die Schwerbehindertenvertretung – ebenso wie ein einzelner schwerbehinderter Arbeitnehmer – nicht gezwungen, sich mit Anliegen an den Beauftragten des Arbeitgebers zu wenden. Sie können ggf. **auch direkt mit dem Arbeitgeber verhandeln** (Neumann u. a. / *Pahlen* Rdnr. 5). Dasselbe gilt für die Agentur für Arbeit, das Integrationsamt und andere Stellen im Rahmen der Zusammenarbeit nach § 99 SGB IX.

21

Ein **Verstoß des Beauftragten gegen die ihm obliegenden Pflichten** kann ggf. als **Ordnungswidrigkeit** geahndet werden. Das gilt insbesondere dann, wenn der Beauftragte des Arbeitgebers als Personalleiter selbstständig Einstellungen und Entlassungen vornehmen darf. Als **mögliche Bußgeldtatbestände nach § 156 SGB IX** kommen bei vorsätzlicher oder fahrlässiger Begehung namentlich in Betracht (vgl. GK-SGB IX / *Schimanski* Rdnr. 42):

22

– die Beschäftigung unterhalb der gesetzlichen Pflichtquote von 5% nach § 71 Abs. 1 SGB IX (§ 156 Abs. 1 Nr. 1 SGB IX);
– der Verstoß gegen die Übermittlungs-, Anzeige- oder Auskunftspflichten in § 80 Abs. 1, 2 und 5 SGB IX;
– die unterbliebene oder nicht rechtzeitige vollständige Unterrichtung der in § 80 Abs. 1 Satz 4 und 9 SGB IX genannten Vertretungen;
– die unterbliebene oder nicht rechtzeitige Unterrichtung der Schwerbehindertenvertretung und der weiteren Arbeitnehmervertretungen über die von der Agentur für Arbeit eingegangenen Vermittlungsvorschläge oder die sonstigen Bewerbungen von schwerbehinderten Menschen für eine freie Stelle gem. § 81 Abs. 1 Satz 4 SGB IX (§ 156 Abs. 1 Nr. 7 SGB IX);
– das Unterbleiben der Erörterung mit der Schwerbehindertenvertretung über Vorschläge der Agentur für Arbeit (§ 81 Abs. 1 S. 7 SGB IX);
– der Verstoß gegen Anhörungs- und Erörterungspflichten gegenüber der Schwerbehindertenvertretung gem. § 95 Abs. 2 Satz 1 SGB IX.

Die **Bestellung** des verantwortlichen Beauftragten **entbindet den Arbeitgeber** allerdings **nicht vollständig von seiner Verantwortung**. Er bleibt neben dem Beauftragten auch selbst für die Erfüllung seiner gesetzlichen Verpflichtungen nach Teil 2 des SGB IX verantwortlich. Gemäß § 130 OwiG handelt er ordnungswidrig, wenn er vorsätzlich oder fahrlässig erforderliche Aufsichtsmaßnahmen unterlässt, um Zuwiderhandlungen gegen Pflichten zu verhindern, die den Inhaber als solchen treffen und deren Verletzung mit Strafe oder Geldbuße bedroht ist. Er hat deshalb den Beauftragten sorgfältig auszuwählen und zu überwachen. Insbesondere muss sich der Arbeitgeber vergewissern, ob der Beauftragte auch die erforderlichen Kenntnisse des Schwerbehindertenrechts hat und sich der Bedeutung der Bestellung zum Arbeitgeberbeauftragten bewusst ist (LPK-SGB IX / *Düwell* Rdnr. 12 m. w. Nachw.). Er hat ihm deshalb auch die Teilnahme an geeigneten Schulungs- und Fortbildungsveranstaltungen zu ermöglichen.

23

4. Amtszeit und Abberufung

Der Arbeitgeber kann einen Beauftragten **für unbegrenzte Zeit oder befristet** bestellen. Die **Abberufung** und damit der Entzug der Vertretungsmacht ist jederzeit durch einseitige Willenserklärung des Arbeitgebers zulässig. Auch kann der Beauftragte selbst die Vertretung des Arbeitgebers **niederlegen,** wenn er aufgrund seines Arbeitsvertrages dazu berechtigt ist (GK-SGB IX / *Schimanski* Rdnr. 34; LPK-SGB IX / *Düwell* Rdnr. 8 ; *Müller-Wenner* / Schorn Rdnr. 11; **a. A.** Cramer SchwbG § 28 Rdnr. 8, der eine Niederlegung des Amtes nur mit Einverständnis des Arbeitgebers für zulässig hält).

24

25 Die **Arbeitnehmervertretungen** können eine **Abberufung** des Beauftragten **nicht erzwingen,** da es hierfür an einer gesetzlichen Regelung fehlt. Die Bestimmung in § 98 Abs. 2 BetrVG für die Abberufung der mit der betrieblichen Berufsbildung beauftragten Person ist auch nicht entsprechend anwendbar (LPK-SGB IX / *Düwell* Rdnr. 8). Allenfalls bei einer wiederholten und ernstlichen Störung des Betriebsfriedens durch gesetzwidriges Verhalten oder grobe Verletzung der in § 75 BetrVG und § 81 Abs. 2 SGB IX enthaltenen Grundsätze kann der Betriebsrat nach § 104 Satz 1 BetrVG vom Arbeitgeber verlangen, den Beauftragten zu entlassen oder zu versetzen, d. h. ihm andere Aufgaben zu übertragen. Allerdings setzt dies ein bestehendes Arbeitsverhältnis im Sinne von § 5 Abs. 1 BetrVG voraus (LPK-SGB IX / *Düwell* Rdnr. 8). Ist der Beauftragte ein leitender Angestellter, könnte somit seine Abberufung nicht verlangt werden (*Müller-Wenner* / Schorn Rdnr. 11).

5. Verfahrensrecht

26 Streitigkeiten im **Innenverhältnis zwischen dem Arbeitgeber und seinem Beauftragten** – z. B über den Umfang der Beauftragung – sind vor dem örtlich zuständigen Arbeitsgericht gemäß § 2 Abs. 1 Nr. 3 ArbGG auszutragen. Bei öffentlich-rechtlichen Dienstverhältnissen ist das Verwaltungsgericht zuständig. Wurde ein Außenstehender als Beauftragter bestellt, entscheidet das Amtsgericht im zivilrechtlichen Urteilsverfahren.

27 Wird die Tätigkeit des Beauftragten im **Außenverhältnis** als rechtswidrig oder unzulänglich angegriffen, ist hierfür die Klage vor den Arbeitsgerichten bzw. Verwaltungsgerichten eröffnet. Diese entscheiden im Beschlussverfahren (vgl. BAG Urteil vom 21. September 1989 – 1 AZR 465/88 = BAGE 62, 382 = NZA 1990, 362 = PersV 1990, 180).

28 Der Beauftragte ist außerdem in entsprechender Anwendung des § 10 Satz 1 ArbGG **beteiligungsfähig** (LPK-SGB IX / *Düwell* Rdnr. 13; *Müller-Wenner* / Schorn Rdnr. 14).

§ 99
Zusammenarbeit

(1) **Arbeitgeber, Beauftragter des Arbeitgebers, Schwerbehindertenvertretung und Betriebs-, Personal-, Richter-, Staatsanwalts- oder Präsidialrat arbeiten zur Teilhabe schwerbehinderter Menschen am Arbeitsleben in dem Betrieb oder der Dienststelle eng zusammen.**

(2) ¹**Die in Abs. 1 genannten Personen und Vertretungen, die mit der Durchführung des Teils 2 beauftragten Stellen und die Rehabilitationsträger unterstützen sich gegenseitig bei der Erfüllung ihrer Aufgaben.** ²**Vertrauensperson und Beauftragter des Arbeitgebers sind Verbindungspersonen zur Bundesagentur für Arbeit und zu dem Integrationsamt.**

ERLÄUTERUNGEN

ÜBERSICHT

I. Bedeutung der Vorschrift (Rdnrn. 1–2)
II. Fassung (Rdnr. 3)
III. Anmerkungen (Rdnrn. 4–19)
    A) zu Abs. 1
        1. Pflicht zur engen Zusammenarbeit (Rdnrn. 4–14)
    B) zu Abs. 1
        1. Außerbetriebliche Zusammenarbeit (Rdnrn. 15–16)
        2. Verbindungspersonen (Rdnrn. 17–19)

Zusammenarbeit § 99

I. Bedeutung der Vorschrift

Sie verpflichtet alle betrieblichen Stellen untereinander zu einer engen Zusammenarbeit zur Teilhabe schwerbehinderter Menschen am Arbeitsleben (**Abs. 1**). 1

In **Abs. 2** wird eine gegenseitige Unterstützungspflicht der innerbetrieblichen Funktionsträger, die für die Teilhabe für schwerbehinderte Menschen zuständig sind, sowie der Bundesagentur für Arbeit, der Integrationsämter und der Versorgungsämter und der Rehabilitationsträger festgelegt (**Satz 1**). Ferner werden Vertrauenspersonen und Beauftragte des Arbeitgebers zu Verbindungspersonen zur Bundesagentur für Arbeit und zum Integrationsamt bestimmt. 2

II. Fassung

Die Vorschrift wurde inhaltlich unverändert aus dem Regierungsentwurf (BT-Drucks. 14/5531 i. V. m. 14/5074) übernommen. Sie entspricht § 29 SchwbG a. F. 3

III. Anmerkungen

A) zu Abs. 1

1. Pflicht zur engen Zusammenarbeit

In Fragen der Teilhabe schwerbehinderter Menschen am Arbeitsleben können zwar durchaus natürliche und deutliche Interessenunterschiede und -gegensätze zwischen dem Arbeitgeber und seinem Beauftragten einerseits und der Schwerbehindertenvertretung sowie der kollektiven Interessenvertretung der Beschäftigten auf der anderen Seite bestehen. Gleichwohl verpflichtet Abs. 1 diese Personen bzw. Gremien zu enger **Zusammenarbeit bei der Wahrnehmung des gesetzlichen Auftrags des SGB IX**. Das Gebot richtet sich an den Arbeitgeber (vgl. zum Begriff § 71 SGB IX), seinen Beauftragten im Sinne von § 98 SGB IX, die Schwerbehindertenvertretung gemäß §§ 94 bis 97 SGB IX und die Personalvertretung, also Betriebs-, Personal-, Richter-, Staatsanwalts- oder Präsidialrat (vgl. dazu näher § 93 SGB IX). Die Verpflichtung zur engen Zusammenarbeit trifft **auch die Stufenvertretungen** sowohl auf Seiten der betrieblichen Interessenvertretung als auch auf Seiten der Schwerbehindertenvertretung (B / F / K / R / *Hoff* Rdnr. 3; *Müller-Wenner* / Schorn Rdnr. 5). 4

Die Beteiligten haben hierbei **nicht nur** Aufgaben **im Interesse der bereits** im Betrieb bzw. in der Dienststelle **beschäftigten schwerbehinderten Menschen**. Vielmehr obliegt ihnen darüber hinaus **allgemein die umfassende und dauerhafte Eingliederung schwerbehinderter Menschen** in die Betriebe und Dienststellen (BT-Drucks. 10/3138 S. 24). Im Vordergrund steht ihre Einstellung und Beschäftigung, die entsprechende Einrichtung der Arbeitsplätze und die Überwachung der einschlägigen Regelungen. Eingliederung bedeutet gemäß § 81 Abs. 4 SGB IX darüber hinaus, dass die schwerbehinderten Menschen ihren Kenntnissen und Fähigkeiten entsprechend beschäftigt werden und bevorzugt betriebliche Fortbildungsmaßnahmen besuchen können. 5

Da ein solches Gebot nicht mit rechtlichen Mitteln durchgesetzt werden kann, kommt der Vorschrift vor allem **Appellcharakt**er zu. Die Verpflichtung zur engen Zusammenarbeit ist insoweit aber auch eine **Generalklausel,** die zur Auslegung anderer Vorschriften und den sich hieraus ergebenden Rechten und Pflichten herangezogen werden kann (*Müller-Wenner* / Schorn Rdnr. 3). So könnte im Einzelfall eine an sich rechtmäßige Handlung vom Gericht beanstandet werden, wenn sie dem Gebot der engen und vertrauensvollen Zusammenarbeit entgegensteht bzw. dieses Gebot missachtet (GK-SGB IX / *Schimanski* Rdnr. 31). 6

Auch kann ggf. aus der Regelung in Satz 1 eine **konkrete Handlungspflicht** abgeleitet werden. So hat zum einen das BAG (Beschluss vom 16. April 2003 – 7 ABR 27/02 = BAGE 106, 57 = AP Nr 1 zu § 95 SGB IX = BehindertenR 2003, 188) den Arbeitgeber unter Berufung auf die Bestimmung für verpflichtet gehalten, der **Schwerbehindertenvertretung** die 7 bei ihm in Ausbildung befindlichen **schwerbehinderten Rehabilitanden namentlich zu benennen.**

8   Eine weitere Obliegenheit zu zielgerichtetem Tätigwerden wurde zum anderen in folgender Fallgestaltung bejaht: Hat etwa ein schwerbehinderter Arbeitnehmer gegen den Arbeitgeber einen **Anspruch auf behinderungsgerechte Beschäftigung** im Sinne von § 81 Abs. 4 Satz 1 Nr. 1 SGB IX und will ihn der Arbeitgeber durch entsprechende **Versetzung** erfüllen, bedarf diese u. U. der **Zustimmung des Betriebsrats** (vgl. § 99 Abs. 1 Satz 1, § 95 Abs. 3 BetrVG). Verweigert der Betriebsrat seine Zustimmung, lässt sich aus § 81 Abs. 4 Satz 1 in Verbindung mit der Zusammenarbeitspflicht nach § 99 Abs. 1 SGB IX folgern, dass der Arbeitgeber auch die **betriebsverfassungsrechtlichen Voraussetzungen für die behinderungsbedingte Beschäftigung schaffen** muss (vgl. BAG Urteil vom 3. Dezember 2002 – 9 AZR 481/01 = BAGE 104, 45 = AP Nr 2 zu § 81 SGB IX = BehindertenR 2003, 114). Das BAG hat hierzu bemerkt: „Dies wird durch § 99 Abs. 1 SGB IX bestätigt. Danach ist die Beklagte verpflichtet, eng mit dem Betriebsrat zusammenzuarbeiten, um die Teilhabe des Klägers am Arbeitsleben in ihren Betrieben sicherzustellen. Aus dieser den Betriebsparteien gesetzlich zugewiesenen gemeinsamen Verantwortung wird ein Arbeitgeber nicht schon dann entlassen, wenn der Betriebsrat eines aufnehmenden Betriebs Vorbehalte gegen die Versetzung eines schwerbehinderten Menschen äußert."

9   Somit muss der Arbeitgeber die **Zustimmungsverweigerungsgründe des Betriebsrats überprüfen** und ggf. versuchen, das Teilhabehindernis gemeinsam mit dem Betriebsrat zu beseitigen (notfalls durch **Einleitung des Zustimmungsersetzungsverfahrens** nach § 99 Abs. 4 BetrVG). Der Arbeitgeber kann sich nicht etwa darauf berufen, dass dadurch sein gutes Verhältnis zum Betriebsrat in anderen Fragen gefährdet würde (HK-SGB IX / *Trenk-Hinterberger* Rdnr. 6).

10 Die **Form der Zusammenarbeit für den Regelfall** ist **nicht vorgeschrieben,** sondern der Initiative der Beteiligten und den Erfordernissen des Einzelfalles überlassen. Der Gesetzgeber hat bewusst hierfür keinen „Dienstweg" oder Kompetenzzuweisungen vorgesehen (GK-SGB IX / *Schimanski* Rdnr. 29). Insbesondere besteht keine Verpflichtung, die Zusammenarbeit durch eine ständige „Helfergruppe" zu institutionalisieren (Kossens u. a. / *Kossens* Rdnr. 2), zumal nicht alle hier genannten Personen bzw. Gruppen als Helfer bezeichnet werden können und eine derartige Einbindung womöglich Initiativen und Aktivitäten einzelner Beteiligter eher hemmen als fördern könnte (Neumann u. a. / *Pahlen* Rdnr. 1). Allerdings ist es selbstverständlich zulässig, einige der genannten Personen und Vertretungen in geeigneten Fällen zu einem Team zusammenzufassen.

11 Ziel muss jedenfalls eine **unbürokratische, aber wirksame** Kooperation sein. Mittel der Zusammenarbeit sind die **gegenseitige Information, die gemeinsame Beratung und Erörterung sowie die gemeinsame Suche nach Lösungen** zur Erreichung der gesteckten Ziele (Hauck / Noftz / *Masuch* Rdnr. 4). Hierbei wird die Erwartung des Gesetzgebers an die vorausgesetzte Aufgeschlossenheit der Beteiligten vor allem durch die Hinzufügung des Adjektivs „enge" verstärkt. Denn eine enge Zusammenarbeit ist mehr als eine nur „vertrauensvolle" Zusammenarbeit, wie in § 2 Abs. 1 BetrVG gefordert; enge Zusammenarbeit ist **ohne gegenseitiges Vertrauen nicht möglich** (LPK-SGB IX / *Düwell* Rdnr. 3; vgl. auch Hauck / Noftz / *Masuch* Rdnr. 5; *Müller-Wenner* / Schorn Rdnr. 2).

12 Vertrauen kann freilich nicht gesetzlich angeordnet, sondern nur durch **gegenseitige Achtung und Wertschätzung** erworben werden (GK-SGB IX / *Schimanski* Rdnr. 13). Das schließt Fairness und Kompromissbereitschaft ein und verlangt von vornherein den Verzicht auf rechtsmissbräuchliche oder sittenwidrige Ausnutzung formaler Rechtsstandpunkte. Allerdings hindert es wiederum auch nicht die Schwerbehindertenvertretung, ihre **Auffassung im Sinne einer optimalen Interessenwahrnehmung nachdrücklich geltend zu machen,** wenn dafür vernünftige Gründe sprechen (vgl. BAG Beschluss vom 27. November 1973 – ABR 11/73 = BAGE 25, 415 = AP Nr 4 zu § 40 BetrVG 1972 zur entsprechenden Befugnis des Arbeitgebers gegenüber dem Betriebsrat in einer ungeklärten Rechtsfrage).

Das Gebot einer engen Zusammenarbeit verlangt vom Arbeitgeber nicht nur, dass er seine **13**
Verpflichtungen aus § 95 SGB IX erfüllt, sondern darüber hinaus etwa die Schwerbehindertenvertretung zu Gesprächen hinzuzieht, die er mit dem Integrationsamt oder der Agentur für Arbeit führt. Jedenfalls setzt eine enge Zusammenarbeit die **gegenseitige rechtzeitige und umfassende Unterrichtung** voraus. Die Schwerbehindertenvertretung und der Betriebs- bzw. Personalrat müssen von Anfang an **in alle Entscheidungsprozesse eingebunden** werden. Hierbei sind Beteiligungsrechte nicht nur formell zu beachten, sondern Stellungnahmen etwa im Rahmen der Einstellung von schwerbehinderten Menschen (§ 81 Abs. 1, § 95 Abs. 2 SGB IX) ernstzunehmen und tatsächlich im Entscheidungsprozess zu berücksichtigen. Auch müssen Verhandlungen mit der Schwerbehindertenvertretung etwa über eine Integrationsvereinbarung mit einem ernsthaften **Einigungswillen** geführt werden (*Müller-Wenner / Schorn* Rdnr. 3).

Allerdings verpflichtet das Gebot der Zusammenarbeit **auch die Schwerbehindertenvertretung zur Rücksichtnahme**. Zwar darf sie ihren interessenorientierten Rechtsstandpunkt **14**
nachdrücklich verfolgen. Bei tatsächlichen oder vermeintlichen Pflichtverletzungen des Arbeitgebers muss sie aber vorrangig auf innerbetriebliche Abhilfe dringen (LPK-SGB IX / *Düwell* Rdnr. 3; *Müller-Wenner / Schorn* Rdnr. 3). So wäre es mit dem Gebot einer engen und damit vertrauensvollen Zusammenarbeit nicht vereinbar, **erstmalige Verstöße des Arbeitgebers** gegen ihm auferlegte bußgeldbewehrte Pflichten **sofort als Ordnungswidrigkeit anzuzeigen,** ohne zuvor die Ursachen zu klären (LPK-SGB IX / *Düwell* a. a. O.).

B) zu Abs. 2

1. Außerbetriebliche Zusammenarbeit

Die in Abs. 1 genannten betrieblichen Funktionsträger werden ausdrücklich zur Zusammenarbeit mit der Bundesagentur für Arbeit sowie den Integrationsämtern verpflichtet. **15**
Diese sind nach § 101 SGB IX „die mit der Durchführung des Teils 2 beauftragten Stellen".

Eine Zusammenarbeit ist ferner mit den Rehabilitationsträgern im Sinne von § 6 SGB IX **16**
vorgeschrieben. Alle diese Stellen sind zu einer wechselseitigen Unterstützung bei der Erfüllung ihrer Aufgaben verpflichtet. Hierbei geht es vor allem um Unterrichtung, Auskünfte und Hinweise, die der Teilhabe am Arbeitsleben der im Betrieb bzw. der Dienststelle beschäftigten schwerbehinderten Menschen dienen.

2. Verbindungspersonen

In **Abs. 2 Satz 2** wird bestimmt, dass die Schwerbehindertenvertretung und der Beauftragte **17**
des Arbeitgebers „Verbindungspersonen" **zum Integrationsamt und zur Bundesagentur für Arbeit** sind. Beide Ämter sollen sich – ohne Einhaltung eines Dienstweges – an diese wenden, wenn es um Fragen geht, welche die schwerbehinderten Menschen des Betriebes oder der Dienststelle betreffen. Das gilt selbstverständlich auch umgekehrt; Arbeitsagentur und Integrationsamt haben von Gesetzes wegen in der Schwerbehindertenvertretung und den Beauftragten des Arbeitgebers Ansprechpartner, an die sie sich unmittelbar wenden können. Vertrauensperson und der Beauftragte des Arbeitgebers sind zudem **innerbetriebliche Anlaufstelle** für den Kontakt mit den für die Durchführung des zweiten Teils des SGB IX zuständigen Behörden. Allerdings bedeutet dies nicht, dass eine wechselseitige Kontaktaufnahme zwischen schwerbehinderten Menschen und diesen Behörden stets nur über die Vertrauensperson bzw. den Beauftragten des Arbeitgebers zulässig wäre (*Kossens* u. a. / *Kossens* Rdnr. 6).

Die Verbindungsfunktion von Schwerbehindertenvertretung und Beauftragtem des Arbeitgebers besteht auch zu anderen Stellen, die mit der Durchführung des Gesetzes beauftragt **18**
sind bzw. Belange von schwerbehinderten Menschen zu beachten haben. So sind etwa nicht die **Versorgungsämter** ausdrücklich genannt, obwohl diese mit der Durchführung des Verfahrens zur Feststellung der Eigenschaft als schwerbehinderter Mensch und der Ausstellung

von Ausweisen gem. § 69 SGB IX beauftragt sind. *Düwell* (in LPK-SGB IX Rdnr. 5) vermutet hierin sogar ein Redaktionsversehen des Gesetzgebers.

19 Schließlich können auch die **für Arbeitssicherheit zuständigen Stellen** wie die Gewerbeaufsichtsämter, Bergämter usw. mit Fragen schwerbehinderter Menschen befasst sein, sodass ein zielgerichteter Kontakt von und zu diesen Behörden über die Verbindungspersonen hergestellt werden kann.

§ 100
Verordnungsermächtigung

Die Bundesregierung wird ermächtigt, durch Rechtsverordnung mit Zustimmung des Bundesrates nähere Vorschriften über die Vorbereitung und Durchführung der Wahl der Schwerbehindertenvertretung und ihrer Stufenvertretungen zu erlassen.

ERLÄUTERUNGEN

I. Bedeutung der Vorschrift

1 Sie ermächtigt die Bundesregierung, durch Rechtsverordnung mit Zustimmung des Bundesrates die Wahl der Schwerbehindertenvertretung nach § 95 SGB IX sowie der Stufenvertretungen nach § 97 SGB IX zu regeln. Die Bundesregierung hat mit der Ersten Verordnung zur Durchführung des Schwerbehindertengesetzes (Wahlordnung Schwerbehindertengesetz – SchwbWO) vom 22. Juli 1975 (BGBl. I S. 1965) in der Fassung der Bekanntmachung von 23. April 1990 (BGBl. I S. 811) von ihrer Ermächtigung nach früherem Recht Gebrauch gemacht.

Die VO wurde durch Art. 47 des SGB IX geändert und in „Wahlordnung Schwerbehindertenvertretungen (SchwbVWO)" umbenannt.

II. Fassung

2 Die Vorschrift wurde unverändert aus dem Regierungsentwurf (BG-Drucks. 14/5531 i. V. m. 14/5074) übernommen. Sie entspricht dem bisherigen § 24 Abs. 7 SchwbG, der allerdings die Stufenvertretungen nicht enthielt.

KAPITEL 6
Durchführung der besonderen Regelungen zur Teilhabe schwerbehinderter Menschen

§ 101
Zusammenarbeit der Integrationsämter und der Bundesagentur für Arbeit

(1) Soweit die besonderen Regelungen zur Teilhabe schwerbehinderter Menschen am Arbeitsleben nicht durch freie Entschließung der Arbeitgeber erfüllt werden, werden sie
1. in den Ländern von dem Amt für die Sicherung der Integration schwerbehinderter Menschen im Arbeitsleben (Integrationsamt) und
2. von der Bundesagentur für Arbeit

in enger Zusammenarbeit durchgeführt.

(2) **Die den Rehabilitationsträgern nach den geltenden Vorschriften obliegenden Aufgaben bleiben unberührt.**

ERLÄUTERUNGEN

I. Bedeutung der Vorschrift

Sie legt – über einen Appell an die Arbeitgeber zur freiwilligen Erfüllung der ihnen obliegenden Verpflichtungen hinaus – die grundsätzliche Zuständigkeit der Integrationsämter und der Bundesagentur für Arbeit für die Durchführung der Regelungen in §§ 68 ff. SGB IX fest (**Abs. 1**).

In **Abs. 2** werden die Eigenständigkeit und der Vorrang der gesetzlichen Leistungen der Rehabilitationsträger im Sinne von § 6 SGB IX für die Leistungen zur Teilhabe schwerbehinderter Menschen betont.

II. Fassung

Die Vorschrift wurde unverändert aus dem Regierungsentwurf (BT-Drucks. 14/5531 i. V. m. 14/5074), übernommen. Neu ist die Bezeichnung „Integrationsamt" statt „Hauptfürsorgestelle" sowie die Betonung seines Bezuges zu den Ländern. Die Vorschrift entspricht § 30 SchwbG a. F.

III. Anmerkungen

A) zu Abs. 1

1. Erfüllung durch freie Entschließung

Das Gesetz bringt vorrangig die Wunschvorstellung zum Ausdruck, dass die Arbeitgeber ihre gesetzlichen Verpflichtungen möglichst durch „freie Entschließung" erfüllen. Hierin liegt einerseits ein **Appell**, nachdem bei den Beratungen zum SchwbG im Jahre 1953 die Regelungen als „ein Gesetz des guten Willens" beschrieben wurden (vgl. BT-Drucks. 1/4292 S. 4). Jedenfalls war aber nie zweifelhaft, dass der Arbeitgeber seinen Pflichten nicht entgehen kann, wenn er nicht von sich aus das Gesetz erfüllt (Cramer Rdnr. 1; Spiolek in GK-SchwbG Rdnr. 1 je zu § 30). Deshalb ist der Hinweis auf die „freie Entschließung" letztlich nur von **programmatischer Bedeutung**.

2. Durchführung des Gesetzes

Nach dem Wortlaut der Vorschrift wird bei Nichterfüllung der Verpflichtungen seitens der Arbeitgeber das Gesetz **durch die Integrationsämter und die Bundesagentur für Arbeit durchgeführt**. Jedoch haben beide Stellen das Gesetz nur dann und dort auszuführen, wenn und wo es ihnen ausdrücklich aufgetragen ist.

3. Durchführung durch die Integrationsämter

5   Die Integrationsämter gehen ursprünglich auf private Initiativen während des Ersten Weltkrieges zurück und fanden ihre fortgeltende Rechtsgrundlage in der „Verordnung über die soziale Kriegsbeschädigten- und Kriegshinterbliebenenfürsorge" vom 8. Februar 1919 (RGBl. S. 187; vgl. hierzu näher Spiolek in GK-SchwbG Rdnr. 5 und 13 zu § 31).

6   Die nähere Ausgestaltung der Integrationsämter unterliegt dem Landesrecht. In den Ländern Bremen, Hamburg, Saarland und Schleswig-Holstein sind sie direkt dem Sozialministerium zugeordnet, in Baden-Württemberg und Hessen den Landeswohlfahrtsverbänden, in Bayern den Bezirksregierungen, in Nordrhein-Westfalen den Landschaftsverbänden und in Niedersachsen, Brandenburg, Sachsen, Sachsen-Anhalt, Thüringen und Rheinland-Pfalz weiteren Landesbehörden. Nur in Mecklenburg-Vorpommern wurde keine direkte Eingliederung in eine bestimmte andere Behörde vorgenommen.

7   Bis auf Mecklenburg-Vorpommern sind die Integrationsämter keine eigenständigen Körperschaften oder zumindest Behörden, sondern rechtlich und organisatorisch anderen Landesbehörden eingegliedert. Jedoch sind sie im Rahmen der Aufgabenstellung nach dem SGB IX als rechtlich selbstständig agierende Sozialleistungsträger anzusehen, wie sich ausdrücklich aus den §§ 12, 20 Abs. 2, 29 Abs. 2 SGB I ergibt (vgl. Spiolek in GK-SchwbG Rdnr. 17 zu § 31).

8   Die Aufgaben der Integrationsämter sind in § 102 SGB IX – allerdings nicht erschöpfend – aufgezählt.

Insgesamt bestehen folgende **gesetzlich beschriebene Durchführungsaufgaben**:
– die Erhebung, Einziehung, Verwendung und Weiterleitung der Ausgleichsabgabe gemäß § 77 SGB IX,
– die Überwachung der generellen Beschäftigungspflicht gemäß § 71 SGB IX,
– die Unterstützung der Arbeitgeber bei der individuellen Beschäftigungspflicht nach § 81 Abs. 4 Satz 2 SGB IX,
– das Zustimmungsverfahren bei beabsichtigten Kündigungen gemäß § 85 SGB IX,
– die Mitentscheidung über die Zusammenfassung von Betrieben für die Wahl der Schwerbehindertenvertretung gemäß § 94 Abs. 1 Satz 6 SGB IX,
– die Einladung zur Versammlung der Schwerbehindertenvertretung zwecks Wahl eines Wahlvorstandes in bestimmten Fällen nach § 94 Abs. 6 Satz 6 SGB IX,
– die Unterstützung der Arbeitgeber und ihrer Beauftragten, der Interessenvertretung der Schwerbehinderten und der Rehabilitationsträger bei der Erfüllung ihrer Aufgaben gemäß § 99 Abs. 2 SGB IX,
– die begleitende Hilfe im Arbeitsleben nach § 102 Abs. 1 Nr. 2 SGB IX,
– die Bildung eins Beratenden Ausschusses für Behinderte gemäß § 103 SGB IX,
– die Mitwirkung im Beirat für die Teilhabe behinderter Menschen nach § 64 SGB IX,
– die zeitweilige Entziehung des Schwerbehindertenschutzes gemäß § 117 SGB IX,
– die Bildung des Widerspruchsausschusses nach § 119 SGB IX,
– das Anhörungsverfahren bei der beabsichtigten Zurruhesetzung oder Entlassung von Beamten und Richtern nach § 128 Abs. 2 und 3 SGB IX,
– die Erteilung von Auskünften für die Bundesstatistik gemäß § 131,
– die Verwendung des Aufkommens aus Geldbußen nach § 156 Abs. 5 SGB IX.

4. Durchführung durch die Bundesagentur für Arbeit

9   Die Bundesagentur für Arbeit ist eine bundesunmittelbare Anstalt des öffentlichen Rechts im Sinne des Artikel 87 Abs. 2 GG. Sie ist in drei Verwaltungsebenen gegliedert: die Arbeits-

ämter, die Landesarbeitsämter sowie die Hauptstelle (§ 368 Abs. 1 SGB III). Die Bundesagentur hat ihren Sitz in Nürnberg (§ 369 Abs. 1 SGB III).

Bei der Durchführung der Aufgaben des Schwerbehindertenrechts sind der Bundesagentur namentlich die **in § 104 SGB IX genannten Aufgaben** zugewiesen. 10

Daneben hat sie noch folgende **weitere Funktionen**:
– die Bildung eines Beratenden Ausschusses für behinderte Menschen gemäß § 105 SGB IX,
– die Mitwirkung im Beirat für die Teilhabe behinderter Menschen nach § 64 SGB IX,
– die Bildung des Widerspruchsausschusses gemäß § 120 SGB IX,
– die Erteilung von Auskünften für die Bundesstatistik aufgrund § 131 SGB IX,
– die Mitwirkung im Verfahren über Ordnungswidrigkeiten nach § 156 Abs. 3 SGB IX,

5. Durchführung durch andere Stellen

Obwohl § 101 nur die Integrationsämter und die Bundesagentur für Arbeit erwähnt, sind noch andere Institutionen mit der Durchführung des Gesetzes befasst, nämlich 11
– die Versorgungsbehörden bei der Feststellung der Behinderungen, der Erteilung der Ausweise und der Feststellung von Veränderungen gemäß § 69 SGB IX und bei Auskünften der Bundesstatistik nach § 131 SGB IX,
– das Bundesministerium für Gesundheit und soziale Sicherung bei der Bildung und Verwaltung des Ausgleichsfonds gemäß § 78 SGB IX und bei der Berufung und Geschäftsführung des Beirats für die Teilhabe behinderter Menschen nach § 64 SGB IX,
– der Bund und die Länder bei der Erstattung und Kostentragung hinsichtlich der unentgeltlichen Beförderung schwerbehinderter Menschen im öffentlichen Personenverkehr nach §§ 145 ff. SGB IX.

6. Grundsatz der engen Zusammenarbeit

Sowohl die Bundesagentur für Arbeit als auch die Integrationsämter haben gesetzlich genau umschriebene Aufgaben. Deren Erfüllung ist nicht von der Zustimmung des jeweils anderen Verwaltungsträgers abhängig. Dennoch sind beide zunächst zu gegenseitiger Rechts- und Amtshilfe verpflichtet. Außerdem ist die Zusammenarbeit der Leistungsträger untereinander durch § 17 Abs. 2 SGB I und §§ 86 – 96 SGB X allgemein verpflichtend festgelegt. Diese erfasst nach § 12, § 20 Abs. 2, § 29 Abs. 2 SGB I auch die Integrationsämter und die Bundesagentur für Arbeit. Die Bestimmungen über die enge Zusammenarbeit der Leistungsträger nach dem SGB X regeln z. B. die Bildung von Arbeitsgemeinschaften (§ 94), die Zusammenarbeit im Planungsstadium (§ 95) und die Durchführung und Verwertbarkeit von ärztlichen und psychologischen Untersuchungen (§ 96). 12

Darüber hinaus haben die Arbeitsgemeinschaft der deutschen Integrationsämter (früher: Hauptfürsorgestellen) und die Bundesagentur für Arbeit bereits 1978 eine **Vereinbarung** über die Durchführung des SchwbG (RdErl. der BA 290/78 vom 5. Oktober 1978) geschlossen, die allerdings inzwischen ergänzungsbedürftig ist. 13

B) zu Abs. 2
1. Aufgaben der Rehabilitationsträger

Die Regelungen des Schwerbehindertenrechts soll einen zusätzlichen Schutz für schwerbehinderte Menschen vor allem auf arbeitsrechtlichem und fürsorgerischem Gebiet darstellen, also insbesondere bei der Beschaffung und Erhaltung von Arbeitsplätzen und den wichtigsten begleitenden Hilfen im Arbeitsleben. Hierdurch soll jedoch der sich aus anderen Bestimmungen ergebende Anspruch auf Schutz, Hilfe und Unterstützung nicht geschmälert werden (Neumann/Pahlen Rdnr. 12 zu § 30 SchwbG). Deshalb unterstreicht Abs. 2, dass alle **Aufgaben der Rehabilitationsträger** im Sinne von § 6 SGB IX **unberührt** bleiben. Zusätz- 14 lich ist in § 102 Abs. 5 SGB IX bestimmt, dass Leistungen dieser Träger nicht deshalb versagt werden dürfen, weil auch nach den besonderen Regelungen für schwerbehinderte Menschen entsprechende Leistungen vorgesehen sind. Das gilt selbst dann, wenn solche anderen Leistungen ohne Rechtsanspruch gewährt werden.

15 Damit wird nicht nur die **Eigenständigkeit der Rehabilitationsregelungen** und der daraus abzuleitenden Ansprüche betont, sondern auch ihr **Vorgang gegenüber den Ansprüchen aus dem Schwerbehindertenrecht** des SGB IX. Die Leistungen nach dessen Teil 2 in §§ 68 ff. ersetzen nicht die Teilhabeleistungen der übrigen Rehabilitationsträger, sondern ergänzen und vervollständigen diese (Spiolek in GK-SchwbG Rdnr. 43; Cramer Rdnr. 3; Neumann / Pahlen Rdnr. 12, je zu § 30 SchwbG).

§ 102
Aufgaben des Integrationsamtes

(1) [1]Das Integrationsamt hat folgende Aufgaben:
1. die Erhebung und Verwendung der Ausgleichsabgabe,
2. den Kündigungsschutz,
3. die begleitende Hilfe im Arbeitsleben,
4. die zeitweilige Entziehung der besonderen Hilfen für schwerbehinderte Menschen (§ 117).

[2]Die Integrationsämter werden so ausgestattet, dass sie ihre Aufgaben umfassend und qualifiziert erfüllen können. [3]Hierfür wird besonders geschultes Personal mit Fachkenntnissen des Schwerbehindertenrechts eingesetzt.

(2) [1]Die begleitende Hilfe im Arbeitsleben wird in enger Zusammenarbeit mit der Bundesagentur für Arbeit und den übrigen Rehabilitationsträgern durchgeführt. [2]Sie soll dahin wirken, dass die schwerbehinderten Menschen in ihrer sozialen Stellung nicht absinken, auf Arbeitsplätzen beschäftigt werden, auf denen sie ihre Fähigkeiten und Kenntnisse voll verwerten und weiterentwickeln können, sowie durch Leistungen der Rehabilitationsträger und Maßnahmen der Arbeitgeber befähigt werden, sich am Arbeitsplatz und im Wettbewerb mit nicht behinderten Menschen zu behaupten. [3]Dabei gelten als Arbeitsplätze auch Stellen, auf denen Beschäftigte befristet oder als Teilzeitbeschäftigte in einem Umfang von mindestens 15 Stunden wöchentlich beschäftigt werden. [4]Die begleitende Hilfe im Arbeitsleben umfasst auch die nach den Umständen des Einzelfalles notwendige psychosoziale Betreuung schwerbehinderter Menschen. [5]Das Integrationsamt kann bei der Durchführung der begleitenden Hilfen im Arbeitsleben Integrationsfachdienste einschließlich psychosozialer Dienste freier gemeinnütziger Einrichtungen und Organisationen beteiligen. [6]Das Integrationsamt soll außerdem darauf Einfluss nehmen, dass Schwierigkeiten im Arbeitsleben verhindert oder beseitigt werden; es führt hierzu auch Schulungs- und Bildungsmaßnahmen für Vertrauenspersonen, Beauftragte der Arbeitgeber, Betriebs-, Personal-, Richter-, Staatsanwalts- und Präsidialräte durch. [7]Das Integrationsamt benennt in enger Abstimmung mit den Beteiligten des örtlichen Arbeitsmarktes Ansprechpartner, die in Handwerks- sowie in Industrie- und Handelskammern für die Arbeitgeber zur Verfügung stehen, um sie über Funktion und Aufgaben der Integrationsfachdienste aufzuklären, über Möglichkeiten der begleitenden Hilfe im Arbeitsleben zu informieren und Kontakt zum Integrationsfachdienst herzustellen.

(3) [1]Das Integrationsamt kann im Rahmen seiner Zuständigkeit für die begleitende Hilfe im Arbeitsleben aus den ihm zur Verfügung stehenden Mitteln auch Geldleistungen erbringen, insbesondere

1. an schwerbehinderte Menschen
   a) für technische Arbeitshilfen,
   b) zum Erreichen des Arbeitsplatzes,
   c) zur Gründung und Erhaltung einer selbstständigen beruflichen Existenz,
   d) Beschaffung, Ausstattung und Erhaltung einer behinderungsgerechten Wohnung,
   e) zur Teilnahme an Maßnahmen zur Erhaltung und Erweiterung beruflicher Kenntnisse und Fertigkeiten und
   f) in besonderen Lebenslagen,
2. an Arbeitgeber
   a) zur behinderungsgerechten Einrichtung von Arbeits- und Ausbildungsplätzen für schwerbehinderte Menschen,
   b) für Zuschüsse zu Gebühren, insbesondere Prüfungsgebühren, bei der Berufsausbildung besonders betroffener schwerbehinderter Jugendlicher und junger Erwachsener,
   c) für Prämien und Zuschüsse zu den Kosten der Berufsausbildung behinderter Jugendlicher und junger Erwachsener, die für die Zeit der Berufsausbildung schwerbehinderten Menschen nach § 68 Abs. 4 gleichgestellt worden sind,
   d) für Prämien zur Einführung eines betrieblichen Eingliederungsmanagements und
   e) für außergewöhnliche Belastungen, die mit der Beschäftigung schwerbehinderter Menschen im Sinne des § 72 Abs. 1 Nr. 1 Buchstabe a bis d, von schwerbehinderten Menschen im Anschluss an eine Beschäftigung in einer anerkannten Werkstatt für behinderte Menschen oder im Sinne des § 75 Abs. 2 verbunden sind, vor allem, wenn ohne diese Leistungen das Beschäftigungsverhältnis gefährdet würde,
3. an Träger von Integrationsfachdiensten einschließlich psychosozialer Dienste freier gemeinnütziger Einrichtungen und Organisationen sowie an Träger von Integrationsprojekten.
²Es kann ferner Leistungen zur Durchführung von Aufklärungs-, Schulungs- und Bildungsmaßnahmen erbringen.

(3a) Schwerbehinderte Menschen haben im Rahmen der Zuständigkeit des Integrationsamtes aus den ihm aus der Ausgleichsabgabe zur Verfügung stehenden Mitteln Anspruch auf Übernahme der Kosten einer Berufsbegleitung nach § 38a Abs. 3.

(4) Schwerbehinderte Menschen haben im Rahmen der Zuständigkeit des Integrationsamtes für die begleitende Hilfe im Arbeitsleben aus den ihm aus der Ausgleichsabgabe zur Verfügung stehenden Mitteln Anspruch auf Übernahme der Kosten einer notwendigen Arbeitsassistenz.

(5) ¹Verpflichtungen anderer werden durch die Abs. 3 und 4 nicht berührt. ²Leistungen der Rehabilitationsträger nach § 6 Abs. 1 Nr. 1 bis 5 dürfen, auch wenn auf sie ein Rechtsanspruch nicht besteht, nicht deshalb versagt werden, weil nach den besonderen Regelungen für schwerbehinderte Menschen entsprechende Leistungen vorgesehen sind; eine Aufstockung durch Leistungen des Integrationsamtes findet nicht statt.

(6) ¹§ 14 gilt sinngemäß, wenn bei dem Integrationsamt eine Leistung zur Teilhabe am Arbeitsleben beantragt wird. ²Das Gleiche gilt, wenn ein Antrag bei einem Rehabilitationsträger gestellt und der Antrag von diesem nach § 16 Abs. 2 des Ersten Buches Sozialgesetzbuch an das Integrationsamt weitergeleitet worden ist. ³Ist die unverzügliche Erbringung einer Leistung zur Teilhabe am Arbeitsleben erforderlich, so kann das Integrationsamt die Leistung vorläufig erbringen. ⁴Hat das Integrationsamt eine Leistung erbracht, für die ein anderer Träger zuständig ist, so erstattet dieser die auf die Leistung entfallenden Aufwendungen.

§ 102

(7) Das Integrationsamt kann seine Leistungen zur begleitenden Hilfe im Arbeitsleben auch als persönliches Budget ausführen. § 17 gilt entsprechend.

ERLÄUTERUNGEN

ÜBERSICHT
I. Bedeutung der Vorschrift (Rdnrn. 1–4a)
II. Fassung (Rdnrn. 5–10 l)
   A) durch das SGB IX vom 19. Juni 2001 (BGBl. I S. 1046) mit Wirkung vom 1. Juli 2001 (Rdnrn. 5–10)
   B) durch das Dritte Gesetz für moderne Dienstleistungen am Arbeitsmarkt vom 23. Dezember 2003 (BGBl. I S. 2848) mit Wirkung vom 1. Januar 2004 (Rdnr. 10a)
   C) durch das Gesetz zur Förderung der Ausbildung und Beschäftigung schwerbehinderter Menschen vom 23. April 2004 (BGBl. I S. 606) mit Wirkung vom 1. Mai 2004 (Rdnrn. 10b–10l)
III. Anmerkungen (Rdnrn. 11–69)
   A) zu Abs. 1
      1. Aufgabe der Integrationsämter (Rdnrn. 11–13b)
   B) zu Abs. 2
      1. Enge Zusammenarbeit mit der Bundesagentur (Rdnrn. 14–15)
      2. Unterstützung der betrieblichen Eingliederung (Rdnrn. 16–18)
      3. Psychosoziale Betreuung (Rdnr. 19)
      4. Beteiligung von Integrationsfachdiensten (Rdnrn. 20–20d)
      5. Schulungs- und Bildungsmaßnahmen (Rdnrn. 21–22c)
   C) zu Abs. 3
      1. Begleitende Hilfe durch finanzielle Leistungen (Rdnrn. 23–26)
      2. Finanzielle Leistungen an schwerbehinderte Menschen (Rdnrn. 27–35a)
      3. Leistungen an Arbeitgeber (Rdnrn. 36–39b)
      4. Leistungen an Träger von Integrationsfachdiensten usw. sowie an Träger von Integrationsprojekten (Rdnrn. 40–40d)
      5. Leistungen für Bildungsmaßnahmen (Rdnrn. 41–42)
   D) zu Abs. 4
      1. Kosten einer notwendigen Arbeitsassistenz (Rdnrn. 43–48)
   E) zu Abs 5
      1. Leistungen der Bundesagentur für Arbeit (Rdnr. 49)
      2. Andere Rehabilitationsträger (Rdnr. 50)
   F) zu Abs. 6
      1. Zuständigkeitsklärung des Integrationsamtes (Rdnrn. 51–61)
   G) zu Abs. 7
      1. Leistungen des Integrationsamtes als Persönliches Budget (Rdnrn. 62–69)

I. Bedeutung der Vorschrift

1 Sie regelt in **Abs. 1** die vier wichtigsten Aufgaben des Integrationsamtes, nämlich die Erhebung und Verwendung der Ausgleichsabgabe, den Kündigungsschutz, die begleitende Hilfe im Arbeitsleben sowie die zeitweilige Entziehung der besonderen Hilfen für schwerbehinderte Menschen nach § 117 SGB IX.

2 In den Abs. 2 – 4 werden nähere Bestimmungen für die begleitende Hilfe im Arbeitsleben getroffen. Deren Zielsetzung und Umfang wird in **Abs. 2** näher umschrieben. In **Abs. 3** wird festgelegt, dass das Integrationsamt für die begleitende Hilfe im Arbeitsleben auch

Aufgaben des Integrationsamtes § 102

Geldleistungen erbringen kann, wobei deren Zweck näher umschrieben wird. In **Abs. 4** wird ein Anspruch schwerbehinderter Menschen auf Übernahme der Kosten einer notwendigen Arbeitsassistenz festgelegt.

Abs. 5 verdeutlicht den Nachrang der Geldleistungen für begleitende Hilfe im Arbeitsleben durch das Integrationsamt gegenüber den Leistungen anderer Rehabilitationsträger. 3

Abs. 6 trifft in entsprechender Anwendung des § 14 SGB IX Regelungen über die beschleunigte Prüfung der Zuständigkeit des Integrationsamtes bei einem Antrag auf Leistungen zur Teilhabe. 4

Durch **Abs. 7** wird festgelegt, dass die Integrationsämter ihre Leistungen auch als persönliches Budget in sinngemäßer Anwendung des § 17 SGB IX erbringen können. 4a

II. Fassung
A) durch das SGB IX vom 19. Juni 2001 (BGBl. I S. 1046) mit Wirkung vom 1. Juli 2001

Die Vorschrift wurde mit folgenden Änderungen aus dem Regierungsentwurf (BT-Drucks. 14/5531 i. V. m. 14/5074) übernommen: 5

a) In **Abs. 3 Nr. 1d** ist die zunächst vorgesehen gewesene Geldleistung „zur Erhaltung der Arbeitskraft" entfallen.

Dies geht zurück auf einen Vorschlag des Bundesrates, den dieser wie folgt begründet hatte (BT-Drucks. 14/5531 S. 11):

„Die ersatzlose Streichung des Leistungstatbestands Erholungshilfe ist angezeigt, nachdem diese Leistungsart in der Verwaltungspraxis keine bzw. kaum mehr praktische Relevanz hat. Zudem löst die Vorschrift beim Betroffenen Erwartungen aus, die vom Leistungstatbestand nicht gedeckt sind und die in der Praxis immer wieder zu Rechtsstreitigkeiten führen."

Nachdem die Bundesregierung dem zugestimmt hatte (BT-Drucks. 14/5639 S. 2), hat der BT-Ausschuss für Arbeit und Sozialordnung die Streichung beschlossen (BT-Drucks. 14/5800 S. 36).

b) Stattdessen hat der Bundesrat die jetzige Fassung des **Abs. 3 Nr. 1 d** („Beschaffung, Ausstattung und Erhaltung einer behinderungsgerechten Wohnung") mit folgenden Erwägungen vorgeschlagen (BT-Drucks. 14/5531 S. 11): 6

„Die Änderung dient dazu, die Hilfen zur Beschaffung, Ausstattung und Erhaltung einer behindertengerechten Wohnung (Wohnungshilfen) – wenn auch im Leistungsumfang verändert – im Leistungskatalog der begleitenden Hilfen zu belassen.

Die in dem Gesetzentwurf vorgesehene ersatzlose Streichung der Wohnungshilfe aus dem Leistungskatalog der begleitenden Hilfe ist nicht sachgerecht. Entgegen der Begründung zum Gesetzentwurf decken die vorrangigen Leistungen der Rehabilitationsträger im Bereich der Wohnungshilfe den notwendigen Bedarf nicht vollständig ab. So gibt es beispielsweise für den anspruchsberechtigten Personenkreis der Beamten und Selbstständigen keinen vorrangigen Rehabilitationsträger."

Dem hat sich – nach zustimmender Gegenäußerung der Bundesregierung – auch der zuständige BT-Ausschuss angeschlossen (BT-Drucks. 14/5800 S. 36).

c) Durch Ergänzung des **Abs. 3 Nr. 3** wurde den Integrationsämtern die Förderung auch der von öffentlichen Arbeitgebern geführten Integrationsbetriebe und -abteilungen übertragen. 7

d) In **Abs. 5 Satz 2** hat der BT-Ausschuss nach „Leistungen der Rehabilitationsträger" die Worte „nach § 6 Abs. 1 Nr. 1 bis 5 eingefügt" und dies wie folgt begründet (BT-Drucks. 14/5800 S. 36) 8

„Mit der Einschränkung auf die in § 6 Absatz 1 Nr. 1 bis 5 aufgeführten Rehabilitationsträger wird dem Nachrang der Träger der Sozialhilfe nach § 2 des Bundessozialhilfegesetzes Rechnung getragen. Entsprechendes gilt auch für die Träger der öffentlichen Jugendhilfe – § 6 Absatz 1 Nr. 6 – siehe auch Änderungsantrag zu § 33 Absatz 8 Satz 3".

9 e) Schließlich hat der Ausschuss in **Abs. 6** den **Satz 2** eingefügt und hierzu bemerkt (BT-Drucks. a. a. O.):

„Klarstellung, dass die allgemeine Regelung des § 16 des Ersten Buches Sozialgesetzbuch Anwendung findet, wenn ein Antrag zunächst bei einem Rehabilitationsträger im Sinne des Teils 1 des Neunten Buches gestellt wird und von diesem nach dem in dieser Vorschrift vorgesehenen Verfahren an das Integrationsamt zugeleitet wird. Die Folge ist, dass der Antrag von dem Integrationsamt im Rahmen des in § 14 vorgesehenen Verfahrens an den für die Erbringung der Leistung in Betracht kommenden Rehabilitationsträger weitergeleitet werden kann. Wenn das Integrationsamt zu der Auffassung gelangt, es handele sich um eine Leistung, für die der ursprünglich angegangene Rehabilitationsträger zuständig ist, kann der Antrag auch an diesen Träger zurückgeleitet werden. Dieser muss dann über den Antrag nach § 14 entscheiden."

10 Im Übrigen wurde die Regelung im Wesentlichen inhaltsgleich aus dem bisherigen § 31 SchwbG übernommen.

Allerdings soll durch die Übernahme der Zuständigkeitsregelung des § 14 SGB IX in Abs. 6 sichergestellt werden, dass die Integrationsämter beim Eingang von Anträgen auf Leistungen zur Teilhabe wie die Rehabilitationsträger verfahren.

B) durch das Dritte Gesetz für moderne Dienstleistungen am Arbeitsmarkt vom 23. Dezember 2003 (BGBl. I S. 2848) mit Wirkung vom 1. Januar 2004

10a Durch dieses Gesetz wird in der Vorschrift die Bezeichnung „Bundesanstalt für Arbeit" durch „Bundesagentur für Arbeit" ersetzt.

C) durch das Gesetz zur Förderung der Ausbildung und Beschäftigung schwerbehinderter Menschen vom 23. April 2004 (BGBl. I S. 606) mit Wirkung vom 1. Mai 2004

10b 1. In **Abs. 1** wurden folgende Sätze angefügt:

„Die Integrationsämter werden so ausgestattet, dass sie ihre Aufgaben umfassend und qualifiziert erfüllen können. Hierfür wird besonders geschultes Personal mit Fachkenntnissen des Schwerbehindertenrechts eingesetzt."

Im Gesetzentwurf der Fraktionen SPD und Bündnis 90/DIE GRÜNEN (BT-Drucks. 15/1783 S. 16) wird zur Begründung Folgendes ausgeführt:

„Die Regelung trägt der Verantwortung der Integrationsämter für die Erfüllung ihrer Aufgaben im Zusammenhang mit der Teilhabe schwerbehinderter Menschen am Arbeitsleben Rechnung."

10c 2. In **Abs. 2** wurde nach Satz 6 folgender **Satz 7** angefügt:

„Das Integrationsamt benennt in enger Abstimmung mit den Beteiligten des örtlichen Arbeitsmarktes Ansprechpartner, die in Handwerks- sowie in Industrie- und Handelskammern für die Arbeitgeber zur Verfügung stehen, um sie über Funktion und Aufgaben der Integrationsfachdienste aufzuklären, über Möglichkeiten der begleitenden Hilfe im Arbeitsleben zu informieren und Kontakt zum Integrationsfachdienst herzustellen."

Der Gesetzentwurf der Fraktionen SPD und Bündnis 90/DIE GRÜNEN (BT-Drucks. 15/1783 S. 16) begründet den Vorschlag wie folgt:

„Mit den im Rahmen dieses Gesetzes getroffenen Regelungen wird die Strukturverantwortung für die Integrationsfachdienste von der Bundesagentur für Arbeit auf die Integrationsämter verlagert. Damit wird die Beteiligung der Integrationsfachdienste im Rahmen der Aufgaben der begleitenden Hilfe im Arbeitsleben, das heißt also auch die Beratung der Arbeitgeber in den Fragen der Sicherung von Beschäftigungsverhältnissen,

Aufgaben des Integrationsamtes § 102

zu einem wesentlichen Schwerpunkt ihrer Aufgaben. Den Integrationsämtern kommt deshalb die Aufgabe zu, dafür Sorge zu tragen, dass die Tätigkeit der Integrationsfachdienste bei den Arbeitgebern besser als in der Vergangenheit eingeführt wird. Deshalb sollen bei den Handwerkskammern und den Industrie- und Handelskammern Ansprechpartner für die Arbeitgeber zur Verfügung stehen, die die Arbeitgeber über die Aufgaben der Integrationsfachdienste aufklären, über Möglichkeiten der begleitenden Hilfe im Arbeitsleben informieren und die Kontakte herstellen."

3. In **Abs. 3 Satz 1** wurde **Nr. 2** wie folgt gefasst: 10d
„2. an Arbeitgeber
    a) zur behinderungsgerechten Einrichtung von Arbeits- und Ausbildungsplätzen für schwerbehinderte Menschen,
    b) für Zuschüsse zu Gebühren, insbesondere Prüfungsgebühren, bei der Berufsausbildung besonders betroffener schwerbehinderter Jugendlicher und junger Erwachsener,
    c) für Prämien und Zuschüsse zu den Kosten der Berufsausbildung behinderter Jugendlicher und junger Erwachsener, die für die Zeit der Berufsausbildung schwerbehinderten Menschen nach § 68 Abs. 4 gleichgestellt worden sind.
    d) für Prämien zur Einführung eines betrieblichen Eingliederungsmanagements und
    e) für außergewöhnliche Belastungen, die mit der Beschäftigung schwerbehinderter Menschen im Sinne des § 72 Abs. 1 Nr. 1 Buchstabe a bis d, von schwerbehinderten Menschen im Anschluss an eine Beschäftigung in einer anerkannten Werkstatt für behinderte Menschen oder im Sinne des § 75 Abs. 2 verbunden sind, vor allem, wenn ohne diese Leistungen das Beschäftigungsverhältnis gefährdet würde."

Die Fassung entspricht bis auf den Buchstaben d dem Gesetzentwurf der Fraktionen SPD und Bündnis 90/DIE GRÜNEN, der als Begründung hierzu anführt (BT-Drucks. 15/1783 S. 16):

„Zu den Leistungen der begleitenden Hilfe aus Mitteln der Ausgleichsabgabe an Arbeitgeber gehören künftig auch Zuschüsse zu den Gebühren, insbesondere Prüfungsgebühren bei der Berufsausbildung besonders betroffener schwerbehinderter Jugendlicher und junger Erwachsener. Zu den Leistungen gehören ferner Prämien und Zuschüsse zu den Kosten der Berufsausbildung behinderter Jugendlicher und junger Erwachsener, die für die Zeit der Berufsausbildung schwerbehinderten Menschen gleichgestellt sind (Artikel 1 Nr. 7 = § 68 Abs. 4 SGB IX). Die Einzelheiten werden in der Schwerbehinderten-Ausgleichsabgabeverordnung geregelt (Artikel 5 Nr. 5)".

Der **Bundesrat** hatte gefordert, die Prämien und Zuschüsse zu den Kosten der Berufsausbildung behinderter Jugendliche und junger Volljähriger gem. **Buchstabe c** nur dann vorzusehen, wenn diese *in Betrieben nichtbeschäftigungspflichtiger Arbeitgeber* ausgebildet werden und dies wie folgt begründet (BT-Drucks. 15/2318 S. 18): 10e

„Die Änderung zielt darauf, einen gerechten Ausgleich von Lasten herbeizuführen, da beschäftigungspflichtige Arbeitgeber durch die Regelung keinen zusätzlichen Vorteil erhalten sollen. Gerade nicht beschäftigungspflichtige Arbeitgeber sollen für eine Ausbildung behinderter junger Menschen besonders motiviert werden."

Die **Bundesregierung** war jedoch in ihrer Gegenäußerung der Auffassung, „dass Prämien und Zuschüsse zu den Kosten der Berufsausbildung nicht nur Arbeitgeber erbracht werden sollten, die nicht zur Beschäftigung schwerbehinderter Menschen verpflichtet sind" (BT-Drucks. 15/2318 S. 22). 10f

Der **Buchstabe d** wurde in der Beschlussempfehlung des Ausschusses für Gesundheit und Soziale Sicherung (BT-Drucks. 15/2357) eingefügt; dort ist zur Begründung Folgendes ausgeführt (S. 25): 10g

„Die Vorschrift korrespondiert mit der in § 84 Abs. 4 vorgesehenen Regelung für ein betriebliches Eingliederungsmanagement und schafft für die Integrationsämter eine entsprechende Leistungsmöglichkeit. Insoweit kommt eine Beteiligung der Integrationsämter an Gesamtprogrammen der Rehabilitationsträger, mit denen diese den Arbeitgebern Prämien oder einen Bonus, etwa bei Beiträgen oder Umlagen einräumen, in Betracht. Der Umfang der Beteiligung der Integrationsämter hängt von der Struktur des in die Maßnahmen der betrieblichen Prävention einbezogenen Personenkreises und von dem von den Rehabilitationsträgern zu übernehmenden Anteil ab."

10h 4. In **Abs. 3 Satz 1** wurde **Nr. 3** wie folgt gefasst:

„3. an Träger von Integrationsfachdiensten einschließlich psychosozialer Dienste freier gemeinnütziger Einrichtungen und Organisationen sowie an Träger von Integrationsprojekten."

Im Gesetzentwurf der Fraktionen SPD und Bündnis 90/DIE GRÜNEN (BT-Drucks. 15/1783 S. 17) wird zur Begründung folgendes ausgeführt:

„Die Vorschrift bestimmt, dass die Integrationsämter nunmehr für die Förderung von Integrationsprojekten nach dem Kapitel Elf insgesamt zuständig sind, also auch die Erbringung von Leistungen an Integrationsbetriebe und -abteilungen, für die bisher der Ausgleichsfonds beim Bundesministerium für Gesundheit und Soziale Sicherung zuständig war. Die notwendigen Änderungen in der Ausgleichsabgabeverordnung werden im Rahmen der Dritten Verordnung zur Änderung der Schwerbehinderten-Ausgleichsabgabeverordnung vorgenommen."

10i 5. In **Abs. 6** wurden nach Satz 2 folgende Sätze angefügt:

„Ist die unverzügliche Erbringung einer Leistung zur Teilhabe am Arbeitsleben erforderlich, so kann das Integrationsamt die Leistung vorläufig erbringen. Hat das Integrationsamt eine Leistung erbracht, für die ein anderer Träger zuständig ist, so erstattet dieser die auf die Leistung entfallenden Aufwendungen."

Der Gesetzentwurf der Fraktionen SPD und Bündnis 90/DIE GRÜNEN (BT-Drucks. 15/1783) sah ursprünglich das Wort „*gefährdet*" statt „erforderlich" vor. Auf S. 17 wird der Vorschlag wie folgt begründet:

„Mit der Regelung wird eine Vorleistung durch das Integrationsamt eingeführt, um in den Fällen, in denen eine unverzügliche Erbringung der Leistung zur Teilhabe am Arbeitsleben erforderlich ist, die Leistung ohne Zeitverzögerung erbringen zu können. Die Vorleistungsmöglichkeit ist auf diese Fälle beschränkt und erstreckt sich nicht auf die Fälle, in denen unklar ist, welcher Träger für die Erbringung der Leistung zuständig ist. Hierfür gilt § 14, das heißt, der Träger, an den das Integrationsamt den Antrag weiterleitet, muss die Leistung erbringen, auch wenn er nicht zuständig ist."

10j Der **Bundesrat** schlug in seiner Stellungnahme (BT-Drucks. 2318 S. 18) vor, das Wort „gefährdet" durch das Wort „erforderlich" zu ersetzen und begründete das wie folgt:

„Die Änderung macht deutlicher, dass eine Vorleistung durch das Integrationsamt erfolgen kann, wenn eine unverzügliche Erbringung der Leistung zur Teilhabe am Arbeitsleben erforderlich ist."

10k Nachdem die Bundesregierung in ihrer Gegenäußerung (BT-Drucks. 2318 S. 18) dem Vorschlag zugestimmt hatte, übernahm ihn auch der Ausschuss für Gesundheit und Soziale Sicherung. In seiner Beschlussempfehlung (BT-Drucks. 15/2357 S. 25) wird hierzu angemerkt:

„Entsprechend einem Vorschlag des Bundesrates wird mit der Änderung deutlicher, dass die Vorleistung des Integrationsamtes erfolgen kann, wenn ohne eine unverzügliche Erbringung von Leistungen zur Teilhabe am Arbeitsleben der Erhalt des Arbeitsplatzes gefährdet ist."

10l 6. Folgender **Abs. 7** wurde **angefügt**:

„(7) Das Integrationsamt kann seine Leistungen zur begleitenden Hilfe im Arbeitsleben auch als persönliches Budget ausführen. § 17 gilt entsprechend."

Hierbei handelt es sich um eine Folgeänderung zur Änderung des § 17, die durch das Gesetz zur Einordnung des Sozialhilferechts in das Sozialgesetzbuch vom 27. 12. 2003 (BGBl. I S. 3022) vorgenommen wird.

III. Anmerkungen

A) zu Abs. 1

1. Aufgaben der Integrationsämter

Die Vorschrift weist dem Integrationsamt **Aufgaben** zu, wobei diese Aufzählung jedoch nicht erschöpfend ist. 11

Die ausdrücklich genannten Aufgaben des Integrationsamtes sind 12

a) die Erhebung und Verwendung der **Ausgleichsabgabe (Nr. 1)**;
   diese ist in § 77 SGB IX näher geregelt.

b) der **Kündigungsschutz (Nr. 2)**;
   gemeint ist der besondere Kündigungsschutz für schwerbehinderte Menschen gem. §§ 85 ff. SGB IX, insbesondere das Zustimmungserfordernis bezüglich des Integrationsamtes.

c) die **begleitende Hilfe im Arbeitsleben (Nr. 3)**; 12a
   dies ist die **einzige konstitutive Aufgabe in dieser Vorschrift,** die nicht bereits in anderen Bestimmungen geregelt ist. Hierin liegt der **zentrale und eigentliche Regelungsgegenstand des § 102** (GK-SGB IX/*Spiolek* Rdnr. 20 f.). Die Aufgabe wurde zuletzt in § 31 Abs. 1 Nr. 3 SchwbG als „begleitende Hilfe im Arbeits- und Berufsleben" bezeichnet. Mit der Begriffsänderung ist keine Neubestimmung ihres Sinngehalts verbunden.
   Die begleitende Hilfe im Arbeitsleben umfasst Maßnahmen und Leistungen, die – über die von den Rehabilitationsträgern zu gewährenden medizinischen, berufsfördernden und ergänzenden Maßnahmen und Leistungen hinaus – erforderlich sind, um **schwerbehinderten Menschen einen angemessenen Platz im Arbeits- und Berufsleben** und damit zugleich in der Gesellschaft möglichst dauerhaft zu sichern (Cramer zu § 31 SchwbG Rdnr. 6). Dem Gesetzeszusammenhang (vor allem § 101 Abs. 2 und § 102 Abs. 5) ist zu entnehmen: **Die begleitende Hilfe ist**
   – **keine Rehabilitationsleistung,** das Integrationsamt insoweit kein Rehabilitationsträger;
   – **stets nachrangig** gegenüber Rehabilitationsleistungen zu gewähren.

Es handelt sich auch nur um Hilfen, die im engen Zusammenhang mit der **Eingliederung bzw. Wiedereingliederung in das Arbeitsleben** stehen oder zumindest Bezug hierzu haben. Deshalb scheiden Hilfen aus, die nur allgemein zur Eingliederung in die Gesellschaft und zur Teilnahme am Leben in der Gemeinschaft dienen. Ebenso können keine Leistungen erbracht werden, die der allgemeinen Fürsorge für schwerbehinderte Menschen dienen, welche nicht mehr im Arbeitsleben stehen und auch nicht (wieder) in das Arbeitsleben eingegliedert werden können. 12b

Der Wortlaut des Gesetzes verlangt **nicht,** dass ein „**Arbeitsplatz**" i. S. des § 73 Abs. 1 SGB IX vorliegt (vgl. BVerwG Urteil vom 14. November 2003 – 5 C 13.02 = BVerwGE 119, 200 ff.; OVG NRW Beschluss vom 5. Juli 2006 – 12 A 2228/06, zit. nach JURIS; OVG NRW Beschluss vom 21. Dezember 2007 – 12 A 2269/07 = NDV-RD 2008, 63), geschweige denn, dass der schwerbehinderte Mensch einen solchen innehat. Den Einzelregelungen, insbesondere auch Abs. 3 Nr. 1c („zur Gründung und Erhaltung einer selbstständigen beruflichen Existenz"), ist nicht zu entnehmen, dass das Vorliegen eines Arbeitsplatzes i. S. d. § 73 Abs. 1 SGB IX bzw. die Versorgung mit einem solchen generell rechtliche Voraussetzung oder Ziel einer Hilfe durch Geldleistungen wäre. In den Fällen gem. Abs. 3 Nr. 1c liefe dies dem ausdrücklichen Hilfeziel der beruflichen Verselbstständigung sogar eindeutig zuwider (OVG NRW Beschluss vom 5. Juli 2006 a. a. O.). 12c

Auch die **Systematik des § 102 SGB IX spricht gegen eine Begrenzung** auf Hilfen, die auf einen konkreten, bereits innegehabten oder in Aussicht stehenden Arbeitsplatz bezogen sind. Nach Abs. 2 Satz 2 soll darauf hingewirkt werden, dass schwerbehinderte Menschen auf „Arbeitsplätzen" beschäftigt werden, auf denen sie ihre Fähigkeiten und Kenntnisse voll verwerten und weiterentwickeln können sowie befähigt werden, „sich am Arbeitsplatz (...) zu behaupten." Nach Abs. 2 Satz 3 wird die Zuständigkeit des Integrationsamtes auch für befristete Voll- und für Teilzeitbeschäftigungsverhältnisse von mindestens 15 Stunden wöchentlich und damit gerade **unabhängig von den nach § 73 Abs. 3 SGB IX engeren Voraussetzungen für einen Arbeitsplatz** bestimmt. Beides lässt nicht den Schluss zu, dass damit generell für alle in Abs. 3 unter Nr. 1 ausdrücklich genannten Formen der begleitenden Hilfe im Arbeitsleben vom Arbeitsplatzbegriff des § 73 SGB IX auszugehen wäre (OVG NRW Beschluss vom 5. Juli 2006 und vom 21. Dezember 2007 a. a. O.).

12d Eine **Beschränkung** der Förderung schwerbehinderter Menschen durch die Integrationsämter auf arbeitsplatzbezogene Hilfen ergibt sich **auch nicht aus den Aufgaben der Bundesagentur** für Arbeit nach § 104 SGB IX im Bereich der Förderung schwerbehinderter Menschen (OVG NRW Beschluss vom 5. Juli 2006 a. a. O.). Das lassen schon die Regelungen des § 102 Abs. 5 SGB IX erkennen, wonach Verpflichtungen anderer durch die Absätze 3 und 4 nicht berührt werden. Demnach geht das Gesetz selbst davon aus, dass sich die einzelnen **Leistungskataloge der Leistungsträger inhaltlich überschneiden** können.

Für schwerbehinderte Menschen gelten nicht nur die speziell für sie geschaffenen Regelungen. Einschlägig sind vielmehr auch diejenigen Leistungsbestimmungen, die allgemein zu Gunsten behinderter Menschen Fördermaßnahmen für die berufliche Qualifizierung, etwa durch die Bundesagentur für Arbeit, ermöglichen und damit auch schwerbehinderte Menschen erfassen, die einen Arbeitsplatz haben (vgl. § 5 Nr. 2, § 6 Abs. 1 Nr. 2, 7, §§ 33 ff. SGB IX sowie speziell im Bereich der Arbeitsförderung §§ 97, 98, 100 und 103 SGB III). Hieraus folgt u. a. für den Bereich der beruflichen Qualifizierung eine **Konkurrenz zwischen Ansprüchen gegen die Bundesagentur für Arbeit und das jeweilige Integrationsamt.**

Sie wird geregelt durch die **Zuständigkeitsbestimmung** nach § 102 Abs. 6 i. V. m. § 14 SGB IX sowie durch das **Gebot der engen Zusammenarbeit** zwischen der Bundesagentur für Arbeit und den Integrationsämtern (§ 102 Abs. 2 Satz 1 SGB IX) und durch die Vorschrift des § 102 Abs. 5 SGB IX. Nach deren Satz 2, 2. Halbsatz findet **keine Aufstockung der Leistung der Rehabilitationsträger** durch Leistungen des Integrationsamtes statt. Diese Regelung wäre überflüssig, wenn eine materielle Konkurrenz von Ansprüchen schwerbehinderter Menschen gegen die Bundesagentur für Arbeit einerseits und gegen das jeweilige Integrationsamt andererseits schon auf der Ebene der Aufgabenzuweisung ausscheiden würde (OVG NRW Beschluss vom 5. Juli 2006 und vom 21. Dezember 2007 a. a. O.).

12e **Nähere Einzelheiten** hierzu sind **in den Absätzen 2–4** geregelt. Diese enthalten allgemeine Vorgaben (Abs. 2), Voraussetzungen für die Gewährung von Geldleistungen (Abs. 3 und 4) sowie Zuständigkeitsregelungen (Abs. 5 und 6). Der abschließende Abs. 7 legt eine Leistungsmodalität bei Geldzahlungen fest.

13 d) die **zeitweilige Entziehung der besonderen Hilfen** nach § 117 SGB IX;

Das Integrationsamt kann im Benehmen mit der Bundesagentur für Arbeit einem schwerbehinderten Menschen die besonderen Hilfen des Gesetzes zeitweilig entziehen, wenn dieser **durch sein Verhalten** seine **Teilnahme am Arbeitsleben schuldhaft vereitelt.** Das Gesetz nennt insbesondere die Zurückweisung oder Aufgabe eines Arbeitsplatzes ohne berechtigten Grund oder die unberechtigte Verweigerung der Teilnahme an einer Maßnahme zur Teilhabe am Arbeitsleben (§ 117 Abs. 1 SGB IX). Diese Vorschrift bildet das **Gegenstück zu den Pflichten der Arbeitgeber** nach diesem Gesetz: Dem schwerbehinderten Menschen wird seinerseits abverlangt, **durch positives Verhalten** seine **Eingliederung** in Arbeit und Beruf tatsächlich **zu ermöglichen** (Hauck/Noftz/*Seidel* Rdnr. 18). Allerdings ist die praktische Bedeutung dieser Regelung verhältnismäßig gering (vgl. die Erl. zu § 117 SGB IX).

Die Nennung auch dieser Aufgabe in Abs. 1 der Vorschrift ist somit deklaratorisch, nachdem sie an anderweitiger Stelle im SGB IX geregelt ist.

Neben diesem nicht abschließenden Aufgabenkatalog haben die Integrationsämter folgende **weitere Zuständigkeiten**: Ihnen obliegt jeweils im Zusammenwirken mit der Bundesagentur für Arbeit die **Überwachung der Beschäftigungspflicht** der Arbeitgeber nach § 80 SGB IX und die **Unterstützung der Arbeitgeber** bei der **behinderungsgerechten Ausgestaltung der Beschäftigung** schwerbehinderter Menschen gem. § 81 Abs. 4 Satz 2 SGB IX. Bei der Bildung von **Schwerbehindertenvertretungen** sind die Integrationsämter in bestimmten Fällen nach § 94 Abs. 1 Satz 5 und Abs. 6 Satz 4 SGB IX beteiligt. Sie können ferner auf Einladung an den Verhandlungen über eine **Integrationsvereinbarung** mitwirken (§ 83 Abs. 1 Satz 4 SGB IX). Rehabilitationsträger müssen das zuständige Integrationsamt zur Klärung eines Hilfebedarfs nach Teil 2 des SGB IX beteiligen (§ 11 SGB IX). Das Integrationsamt ist nach § 10 Abs. 2 SGB IX für die Koordinierung der Leistungen und sonstigen Hilfen für schwerbehinderte Menschen verantwortlich. Es beteiligt sich an den gemeinsamen örtlichen Servicestellen der Rehabilitationsträger bei der Beratung behinderter Menschen, ihrer Vertrauenspersonen und Personensorgeberechtigten über einen Hilfebedarf nach dem Schwerbehindertenrecht (§ 22 Abs. 1 Satz 3 SGB IX).

13a

Der Gesetzgeber hat es für erforderlich gehalten, mit den zum 1. Mai 2004 in Abs. 1 angefügten **Sätzen 2 und 3** Vorgaben für die **Ausstattung der Integrationsämter** zu setzen. Diese sollen hierdurch in die Lage versetzt werden, ihre Aufgaben „umfassend und qualifiziert" erfüllen zu können, wobei „besonders geschultes Personal mit Fachkenntnissen des Schwerbehindertenrechts" einzusetzen ist. Damit wird sowohl ein **ausreichender Personalbestand** als auch dessen **Qualifikation** vorausgesetzt. Tatsächlich setzen die Integrationsämter zur Aufgabenerfüllung u. a. ein: Ingenieure, Fachdienste für Blinde bzw. hochgradig Seh- und Hörbehinderte, ferner Psychologen, Sozialpädagogen mit Zusatzausbildung – z. B. Gebärdensprachkenntnisse – und Ergotherapeuten (Hauck / Noftz / *Seidel* Rdnr. 19).

13b

Eine derartige **Auflage** ist insofern **ungewöhnlich,** als zum einen der Bundesgesetzgeber hiermit – wenn auch allgemein gehaltene – Maßgaben **für die Ausstattung von Landesbehörden** erteilt. Zum anderen aber scheint die Vorschrift eine Selbstverständlichkeit zum Ausdruck zu bringen, die allerdings angesichts des vielerorts wahrzunehmenden Einsparungsdrucks in der öffentlichen Verwaltung in der Tat einer gesonderten Erwähnung wert ist. Dabei ist auch zu beachten, dass die Mittel der **Ausgleichsabgabe** gem. § 77 Abs. 5 Satz 2 SGB IX **nicht für** die dem Integrationsamt entstehenden **Personalkosten** verwendet werden dürfen.

13c

Hierin kann aber nicht mehr als ein **Appell des Gesetzgebers** an die jeweiligen Landesverwaltungen bzw. höheren Kommunalverbände gesehen werden, der allenfalls den Integrationsämtern als Argument bei Verhandlungen um Personalzuweisungen dienen mag. Abgesehen davon, dass die Vorgabe in Satz 2 keine zahlenmäßig überprüfbaren Größen enthält, ist sie auch **nicht mit Sanktionen durchsetzbar** (so auch Ernst / Adlhoch / Seel / *Adlhoch* Rdnr. 37 a. E.).

B) zu Abs. 2

1. Zusammenarbeit mit der Bundesagentur und anderen Rehabilitationsträgern

Die Vorschrift fordert für die Durchführung der begleitenden Hilfe im Arbeitsleben eine enge Zusammenarbeit mit der Bundesagentur für Arbeit und den übrigen Rehabilitationsträgern (**Abs. 2 Satz 1**). Diese sind die Träger der gesetzlichen Unfallversicherung, der gesetzlichen Rentenversicherung, der Kriegsopferversorgung und -fürsorge, der öffentlichen Jugendhilfe und der Sozialhilfe (§ 6 Abs. 1 Nrn. 3–7, § 6a SGB IX).

14

14a Die **Bundesagentur** ist für die **berufsfördernden und ergänzenden Leistungen** nach §§ 97 ff. SGB III zuständig. Diese umfassen im Wesentlichen die Beschaffung eines geeigneten, dauernden Arbeitsplatzes. Regelmäßig danach setzt die begleitende Hilfe ein, bei der es in erster Linie um Hilfe für schwerbehinderte Menschen geht, die bereits einen Platz im Arbeitsleben gefunden haben (Neumann [Hrsg.] HB-SGB IX / *Brünner* § 15 Rdnr. 46; vgl. auch Neumann u. a. / *Pahlen* Rdnr. 22; Kossens u. a. / *Steck* Rdnr. 4). Allerdings sollte nicht übersehen werden, dass auch die Integrationsämter durch Leistungen an Arbeitgeber zur Schaffung von Arbeits- und Ausbildungsplätzen für schwerbehinderte Menschen nach §§ 15, 16 SchwbAV beitragen und Leistungen für Einrichtungen gem. §§ 30 ff. SchwbAV erbringen können. Deshalb kommt es bei der Förderung des Arbeits- und Ausbildungsplatzangebots und der Unterstützung von Einrichtungen zu vielfältigen **Überschneidungen der Zuständigkeitsbereiche** (vgl. Neumann [Hrsg.] HB-SGB IX / *Brünner* § 15 Rdnr. 32).

15 Die Pflicht zur engen Zusammenarbeit des Integrationsamtes mit den Rehabilitationsträgern geht **über die bloße Anhörung hinaus** und schließt auch ein gemeinsames, **koordiniertes Tätigwerden** ein. Teilweise sind hierzu Verfahrens- bzw. Verwaltungsabsprachen getroffen worden (vgl. hierzu Anhang Nr. 2), die durch die Gemeinsamen Empfehlungen nach § 13 SGB IX ergänzt werden. Bei Fehlen einer einschlägigen Regelung bedarf es einer Kooperation und Koordinierung der beteiligten Personen und Institutionen im Einzelfall, um nach der bestmöglichen Lösung zu suchen.

2. Unterstützung der betrieblichen Eingliederung

16 Die Vorschrift nennt in **Abs. 2 Satz 2** drei **Einzelziele** für die begleitende Hilfe im Arbeitsleben. Sie soll dahin wirken, dass die schwerbehinderten Menschen
– in ihrer sozialen Stellung nicht absinken,
– auf Arbeitsplätzen beschäftigt werden, auf denen sie ihre Fähigkeiten und Kenntnisse voll verwerten und weiterentwickeln können, sowie
– durch Leistungen der Rehabilitationsträger und Maßnahmen der Arbeitgeber befähigt werden, sich am Arbeitsplatz und im Wettbewerb mit nicht behinderten Menschen zu behaupten.

17 Das an zweiter Stelle genannte Ziel entspricht dem individuellen **Recht der schwerbehinderten Menschen** gegenüber ihrem Arbeitgeber **auf eine entsprechende Beschäftigung nach § 81 Abs. 4 Satz 1 Nr. 1 SGB IX**. Aber auch die weiteren Ziele hängen jedenfalls mittelbar mit den Ansprüchen der schwerbehinderten Menschen gegen ihre Arbeitgeber nach § 81 Abs. 4 SGB IX zusammen. So kann etwa die bevorzugte Berücksichtigung bei innerbetrieblichen Bildungsmaßnahmen nach § 81 Abs. 4 Satz 1 Nr. 2 SGB IX dazu befähigen, sich am Arbeitsplatz und im Wettbewerb mit nicht behinderten Menschen zu behaupten. Dasselbe gilt für den Anspruch auf eine behinderungsgerechte Einrichtung und die Unterhaltung der Arbeitsstätten nach Abs. 4 Satz 1 Nr. 4 jener Vorschrift.

17a Durch **Abs. 2 Satz 3** wird ausdrücklich klargestellt, dass als **Arbeitsplätze**, für die begleitende Hilfen im Arbeitsleben in Betracht kommen, auch Stellen gelten, auf denen Beschäftigte **befristet** oder als **Teilzeitbeschäftigte** in einem Umfang von mindestens **15 Wochenstunden** beschäftigt werden. Die Regelung weicht damit von der allgemeinen Arbeitsplatzdefinition in § 73 SGB IX ab und geht dieser vor: Nach Abs. 3 jener Vorschrift zählen als Arbeitsplätze nicht Stellen, die nach der Natur der Arbeit oder nach den zwischen den Parteien getroffenen Vereinbarungen nur auf die Dauer von höchstens acht Wochen besetzt sind, sowie Stellen, wo Arbeitnehmer weniger als 18 Stunden wöchentlich beschäftigt werden (vgl. auch oben Rdnr. 12c).

17b Auf Leistungen der begleitenden Hilfe im Arbeitsleben besteht grundsätzlich **kein Rechtsanspruch**. Eine Ausnahme gilt für eine notwendige Arbeitsassistenz nach Abs. 4, bei der ausdrücklich eine Pflicht des Integrationsamtes zur Übernahme der Kosten aus den verfügbaren Mitteln der Ausgleichsabgabe festgelegt wurde. Im Übrigen liegt die Gewährung entsprechender Hilfen **im pflichtgemäßen Ermessen der Integrationsämter,** die hierbei auch berücksichtigen dürfen, dass die begleitende Hilfe aus dem **Aufkommen der Ausgleichsabgabe** zu finanzieren ist und insoweit nur **begrenzte finanzielle Mittel** zur Verfügung stehen (vgl. Hauck / Noftz / *Seidel* Rdnr. 24; Müller-Wenner / *Schorn* Rdnr. 6). Erweist sich allerdings eine konkrete Maßnahme der begleitenden Hilfe im Arbeitsleben als zwingend erforderlich, um einen behinderungsgerechten Arbeitsplatz i. S. v. Abs. 2 Satz 2 zu sichern, kann das Ermessen des Integrationsamtes dahingehend reduziert sein, dass nur eine Bewilligung in Betracht kommt (Müller-Wenner / *Schorn* a. a. O. m. w. N.; vgl. näher hierzu unten Rdnr. 25a).

Im Rahmen der begleitenden Hilfe im Arbeitsleben haben sich die **Integrationsämter von Amts wegen mit allen Problemen zu befassen**, die mit der **beruflichen Eingliederung schwerbehinderter** Menschen – namentlich ihrer Beschäftigung in den Betrieben oder Dienststellen – zusammenhängen und die Erreichung des Ziels einer optimalen dauerhaften beruflichen Eingliederung im Einzelfall gefährden. Dies gilt z. B. für Arbeitsbedingungen, Arbeitsentgelt, tarifliche Einstufung, Arbeitszeit, Arbeitsablauf, ausbildungsadäquaten behinderungsgerechten Arbeitsplatz, Arbeitsumfeld, berufliche Entwicklung, Weg zur Arbeitsstelle usw. (Cramer Rdnr. 7 zu § 31 SchwbG). Für diesen Zweck haben die Integrationsämter ihre **Rechte auf Einblick in die Betriebe und Dienststellen** sowie auf **Auskunft** nach § 80 Abs. 5 SGB IX zu nutzen und durch Betriebsbesuche die Verhältnisse an Ort und Stelle zu überprüfen. Sie haben sich hierzu mit dem Arbeitgeber und den innerbetrieblichen Funktionsträgern der Hilfe für schwerbehinderte Menschen sowie den zuständigen Rehabilitationsträgern in Verbindung zu setzen, zu beraten, Auskünfte zu erteilen und Empfehlungen zu geben (Cramer a. a. O.). 18

3. Psychosoziale Betreuung

Als begleitende Hilfe im Arbeitsleben wird ausdrücklich auch die nach den Umständen des Einzelfalls notwendige psychosoziale Betreuung schwerbehinderter Menschen aufgeführt (**Abs. 2 Satz 4**). Zu Grunde liegt die Erfahrung, dass schwerbehinderte Menschen, insbesondere mit psychischer Behinderung, häufiger auch einer **speziellen arbeits- und berufsbegleitenden** Betreuung bedürfen. Es gehört daher auch zu den begleitenden Hilfen im Arbeitsleben, Schwierigkeiten bei der Ausübung der Beschäftigung durch Aussprachen mit Arbeitgeber und Arbeitskollegen möglichst zu beseitigen (vgl. *Heuser* BehindertenR 1997, 1). 19

4. Beteiligung von Integrationsfachdiensten

Grundsätzlich hat das Integrationsamt die begleitende Hilfe im Arbeitsleben **mit eigenen Kräften zu leisten.** Steht ihm allerdings eigenes Fachpersonal nicht zur Verfügung, kann es im Wege der Rechts- und Amtshilfe das **Fachpersonal anderer Behörden** heranziehen. Die Pflicht zur Zusammenarbeit aller an der Durchführung des Schwerbehindertenrechts beteiligten Personen und Institutionen nach § 99 SGB IX ermöglicht aber auch, deren Sachverstand für die Erfüllung der Aufgaben des Integrationsamtes zu nutzen. 20

Es kann schließlich bei der Gewährung der begleitenden Hilfe im Arbeitsleben **Integrationsfachdienste** nach §§ 109 ff. SGB IX „einschließlich **psychosozialer Dienste freier gemeinnütziger Einrichtungen und Organisationen**" beteiligen. Die Formulierung schien – jedenfalls vor dem 1. Mai 2004 – insoweit nicht geglückt, als das Leistungsspektrum von Integrationsfachdiensten über die psychosoziale Betreuung hinausgeht (vgl. auch Neumann [Hrsg.], Handbuch SGB IX / *Brünner* § 15 Rdnr. 53 in Fn. 41). Den Gesetzgebungsmaterialien zur Vorgängervorschrift, dem § 31 SchwbG a. F., ist aber Folgendes zu entnehmen: Die Möglichkeit zur psychosozialen Betreuung durch Integrationsfachdienste war zunächst nicht ausdrücklich geregelt, wurde aber **in der Gesetzesbegründung als gegeben unterstellt** (vgl. BT-Drucks. 14 / 3372 S. 22). Jedoch formulierte die Begründung bereits damals das Ziel, dass die Integrationsämter – wie die damals so bezeichneten Arbeitsämter – **nur noch** 20a den im Arbeitsamtsbezirk bestehenden Integrationsfachdienst beauftragen sollten (BT-Drucks. 14 / 3372 S. 20). Mit § 102 Abs. 2 SGB IX wurde die jetzige Gesetzesformulierung eingeführt. Sie versucht offenbar, das **politische Ziel der vorrangigen Leistungserbringung durch Integrationsfachdienste** zu betonen, auch wenn daneben die Beauftragung von psychosozialen Diensten rechtlich möglich bleibt. Jedoch dürfte deren Bedeutung aufgrund der Zielvorstellungen des Gesetzgebers wohl zurückgehen (Neumann [Hrsg.], HB-SGB IX / *Brünner* a. a. O.). Das gilt umso mehr, als die Integrationsämter infolge der Neufassung des § 111 Abs. 5 SGB IX zum 1. Mai 2004 darauf hinwirken müssen, dass die berufsbegleitenden und psychosozialen Dienste **bei den von ihnen beauftragten Integrationsfachdiensten konzentriert** werden.

20b Durch die Einschaltung psychosozialer Dienste für die Durchführung von begleitenden Hilfen im Arbeitsleben entsteht ein **sozialrechtliches Dreiecksverhältnis** (Neumann [Hrsg.] HB-SGB IX / *Brünner* § 15 Rdnr. 52): Rechtsbeziehungen bestehen zwischen dem schwerbehinderten Menschen und dem Integrationsamt, zwischen diesem und dem Träger des psychosozialen Dienstes sowie schließlich zwischen diesem Träger und dem schwerbehinderten Menschen. Gleichwohl bleibt die **Gesamtverantwortung des Integrationsamtes** nach § 28 Abs. 1 SchwbAV unberührt (Müller-Wenner / *Schorn* Rdnr. 12), ohne dass die freien Träger hierdurch zu Erfüllungsgehilfen der Integrationsämter werden. Diese nehmen vielmehr eigene Aufgaben wahr, deren Selbstständigkeit die Integrationsämter zu achten haben (Neumann [Hrsg.] HB-SGB IX / *Brünner* § 15 a. a. O.).

20c Auch soweit das Integrationsamt bei der Durchführung der begleitenden Hilfe Integrationsfachdienste i. S. der §§ 109 ff. SGB IX beteiligt, bleibt es **für die Ausführung der Leistung verantwortlich** (§ 111 Abs. 1 Satz 2 SGB IX). Die näheren Einzelheiten zur Beauftragung, Zusammenarbeit, fachlichen Leitung, Aufsicht sowie Qualitätssicherung und Ergebnisbeobachtung sind zwischen dem Integrationsamt und dem Träger des Integrationsfachdienstes vertraglich zu vereinbaren (vgl. hierzu § 111 Abs. 4 SGB IX). Es darf somit die Beratung und Unterstützung schwerbehinderter Menschen und ihrer Arbeitgeber im Rahmen der begleitenden Hilfe **nicht vollständig auf Integrationsfachdienst und/oder psychosoziale Dienste** übertragen. Vielmehr muss es Kernbestandteile der begleitenden Hilfe mit eigenem Personal durchführen (Ernst / Adlhoch / Seel / *Adlhoch* Rdnr 81 m. w. Nachw.).

20d Im Übrigen hat das Integrationsamt den **Personal- und Sachaufwand** für die Erfüllung seiner Aufgaben **aus dem eigenen Haushalt** zu bestreiten. Nach dem Grundsatz des § 77 Abs. 5 Satz 2 SGB IX dürfen persönliche und sächliche Kosten der Verwaltung nicht aus dem Aufkommen an Ausgleichsabgabe bestritten werden.

5. Einflussnahme bei Schwierigkeiten im Arbeitsleben, insbesondere durch Schulungs- und Bildungsmaßnahmen

21 Das Gesetz weist den Integrationsämtern einen **allgemein formulierten Arbeitsschwerpunkt** zu: **Schwierigkeiten** bei der Beschäftigung schwer behinderter Menschen sollen **frühzeitig erkannt und aufgegriffen** werden (**Abs. 2 Satz 6, 1. Halbs.**). Die Formulierung „Einfluss nehmen" umfasst sowohl eine Reaktion auf entsprechende Hinweise – z. B. des Arbeitgebers, des Betroffenen oder auch der Schwerbehindertenvertretung – als auch eigene Initiativen (Ernst / *Adlhoch* / Seel / *Adlhoch* Rdnr. 86).

Die Schwierigkeiten im Arbeitsleben können innerbetriebliche, vor allem unmittelbar **arbeitsplatzbezogene Probleme** sein. Hierunter fallen **objektive Erschwernisse** wie Fragen der behinderungsgerechten Gestaltung sowohl der Arbeit als auch der Arbeitszeit, eine berufliche Anpassungsfortbildung und die konkrete bauliche Barrierefreiheit in Betrieb oder Dienststelle. Dazu gehören aber auch **subjektiv geprägte Konflikte** zwischen dem schwerbehinderten Arbeitnehmer und Kollegen bzw. Vorgesetzten oder dem Arbeitgeber. In diesen Fällen kann das Integrationsamt zur Konfliktvermeidung und -lösung beitragen, etwa durch Gespräche im Betrieb, ggf. auch unter Beteiligung des Integrationsfachdienstes (vgl. § 110 Abs. 2 Nrn. 5 und 7 SGB IX).

Die Aufgabe schließt darüber hinaus **außerbetriebliche Schwierigkeiten** ein, welche die Ausübung der Arbeit gefährden oder zumindest beeinträchtigen können. Beispielhaft zu nennen sind die Wege zur und von der Arbeit sowie eine behinderungsgerechte Wohnung (Ernst / Adlhoch / Seel / *Adlhoch* Rdnr. 86). 21a

Nach der Idealvorstellung des Gesetzgebers nimmt das Integrationsamt **präventiv Einfluss,** sodass Beschäftigungsprobleme bereits im Ansatz verhindert werden. Dies entspricht den in § 84 Abs. 1 SGB IX geregelten Präventionspflichten des Arbeitgebers. Zumindest aber ist das Integrationsamt gehalten, die eingetretenen **Schwierigkeiten so weit wie möglich zu beseitigen.**

Das **Gesetz gibt keine konkrete Handlungsmaxime vor** – weder für die Prävention noch die Lösung aufgetretener Probleme, zumal sich angesichts der Vielfalt denkbarer Schwierigkeiten auch ein schematisches Vorgehen verbieten würde. Häufig wird sich entweder die Erbringung von **Geldleistungen** im Sinne des Abs. 3 anbieten oder aber – namentlich bei Konflikten im zwischenmenschlichen Bereich die **Vermittlung** zwischen dem schwerbehinderten Beschäftigten und seinen Kollegen bzw. dem Arbeitgeber. Dem Integrationsamt kommt hier eine **Rolle als Gesprächsmoderator** zu, soweit es nicht unmittelbar einen Integrationsfachdienst hinzuzieht (Ernst / Adlhoch / Seel / *Adlhoch* Rdnr. 87).

Zur Verhinderung und Beseitigung von bei der Beschäftigung von schwerbehinderten Menschen auftretenden Schwierigkeiten hat das Integrationsamt die **Pflichtaufgabe,** für einen bestimmen Adressatenkreis **Schulungs- und Bildungsmaßnahmen** durchzuführen (GK-SGB IX / *Spiolek* Rdnr. 47). Das dient als einzelfallübergreifender Ansatz, an Beschäftigungsprobleme innerbetrieblich bzw. dienststellenintern heranzugehen. Das Integrationsamt hat hierzu die **Vertrauenspersonen** gem. § 94 SGB IX, die **Beauftragten der Arbeitgeber** gem. § 98 SGB IX **sowie Betriebs-, Personal-, Richter-, Staatsanwalts- und Präsidialräte** einzuladen. Diesen kommt als Ansprechpartnern wie als Multiplikatoren in gewisser Weise die Funktion eines „**Frühwarnsystems**" zu (Ernst / Adlhoch / Seel / *Adlhoch* Rdnr. 88). Zur Erfüllung dieser Aufgabe benötigen sie Handlungskompetenzen und Fachwissen. 21b

Ein Zwang zur Teilnahme an Schulungs- und Bildungsveranstaltungen besteht allerdings nicht. Jedoch **gehört die Teilnahme zu den Aufgaben der Vertrauensleute, Beauftragten, usw.,** sodass hierfür ggf. Freizeitausgleich zu gewähren ist und auch wegen der Teilnahme das Arbeitsentgelt nicht gemindert werden darf (Neumann u. a. / *Pahlen* Rdnr. 30). Das Integrationsamt hat die notwendig entstehenden Kosten (z. B. Dozentenhonorar, Raummiete) **aus Mitteln der Ausgleichsabgabe zu bestreiten** (§ 14 Abs. 1 Nr. 2 SchwbAV). Es kann sich aber auch finanziell an Bildungs- und Schulungsveranstaltungen anderer Träger beteiligen. Dies ergibt sich aus Abs. 3 Satz 2, der „Leistungen zur Durchführung von Aufklärungs-, Schulungs- und Bildungsmaßnahmen" ermöglicht.

Art und Inhalt der Maßnahmen liegen im pflichtgemäßen Ermessen des Integrationsamtes (GK-SGB IX / *Spiolek* Rdnr. 48). **Schulungsmaßnahmen** sind vor allem Vorträge (etwa zu gesetzlichen Neuregelungen), Lehrgänge, Seminare, Betriebsbesichtigungen vorbildlicher Einrichtungen oder Ausstellungen und Fachmessen über Arbeitshilfen sowie sonstige Informationsveranstaltungen. Hingegen ist der Begriff der **Bildungsmaßnahme** umfassender und schließt auch Aufklärung in anderen Formen ein, etwa durch Broschüren, Filmvorführungen, Gremiensitzungen (vgl. zum Ganzen Neumann u. a. / *Pahlen* Rdnrn. 30 ff.; Pohl / *Schlembach* BehindertenR 2006, 10). Allerdings müssen sich die **Inhalte im Rahmen des Schwerbehindertenrechts und der Zielsetzung des SGB IX** halten. 22

Typischerweise vom Integrationsamt **angebotene Schulungsthemen** können etwa sein
- Tätigkeitsfelder der SBV
- Anerkennungsverfahren nach dem SGB IX
- Gleichstellung, Nachteilsausgleich
- Mitwirken bei Personalentscheidungen

- Betriebliches Eingliederungsmanagement
- Anforderungen an eine personenbedingte Kündigung
- Behindertengerechte Arbeitsplatzgestaltung
- Psychosoziale Belastungen im Arbeitsleben
- Mobbing
- Information und Hilfen
- Arbeitskollegen
- Einführungsseminar
- Arbeitskollegen-Seminar für hörbehinderte Arbeitskollegen
- Beraten, Verhandeln, Konfliktbewältigung
- Integrationsvereinbarungen
- Aktuelles aus Arbeits-, Sozial-, Verwaltungsrecht.

Nicht zum Schulungsauftrag der Integrationsämter **gehören** allgemeinpolitische, sozialpolitische oder sozial- und arbeitsrechtliche Seminare ohne speziellen Bezug zu Themen und Fragestellungen der Rechtsstellung schwerbehinderter Menschen (Ernst / Adlhoch / Seel / *Adlhoch* Rdnr. 90, dort auch zu konkreten Inhalten differenzierter Bildungsangebote für Schwerbehindertenvertretungen, Betriebs- und Personalräte sowie die Beauftragten der Arbeitgeber).

Die Bundesarbeitsgemeinschaft der Integrationsämter und Hauptfürsorgestellen (BIH) hat im Oktober 2005 eine **Leitlinie für das Kursangebot der Integrationsämter** beschlossen. Sie ist aufzurufen unter http://www.integrationsaemter.de/files/691/BIH_Leitlinie_Broschuere.pdf

22a Der mit Wirkung vom 1. Mai 2004 neu eingefügte **Abs. 2 Satz 7** verpflichtet das Integrationsamt, in Handwerkskammern sowie in Industrie- und Handelskammern für die Arbeitgeber **Ansprechpartner** zur Verfügung zu stellen. Ihre Aufgabe ist es, über Funktion und Aufgaben der **Integrationsfachdienste aufzuklären.** Ferner sollen sie über Möglichkeiten der begleitenden Hilfe im Arbeitsleben nach § 102 Abs. 1 Nr. 3 SGB IX informieren sowie Kontakt zum Integrationsfachdienst i. S. v. §§ 109 ff. SGB IX herstellen. Diese Ansprechpartner sollen „in enger **Abstimmung mit den Beteiligten des örtlichen Arbeitsmarktes"** benannt werden. Das sind namentlich die Agenturen für Arbeit bzw. die Arbeitsgemeinschaften und die optierenden Kommunen nach dem SGB II, wobei in großen Kammerbezirken allerdings die entsprechende Abstimmung mit allen lokalen Dienststellen schwierig sein dürfte. In jedem Fall sind aber die im Bezirk tätigen Integrationsfachdienste einzubeziehen.

Die Vorschrift ist „unglücklich formuliert," da das Integrationsamt nicht eigenmächtig Mitarbeitern der jeweiligen Kammern ohne Benehmen mit diesen eine derartige Funktion übertragen kann (Ernst / Adlhoch / Seel / *Adlhoch* Rdnr. 99). Gemeint ist, dass das **Integrationsamt** dort den **Sinn und die Aufgaben eines Ansprechpartners darstellen** soll und im Übrigen die jeweilige Kammer die interne Benennung vornimmt.

22b Mit dieser Regelung soll eine Folgerung daraus gezogen werden, dass die **Strukturverantwortung für die Integrationsfachdienste** mit Wirkung ab 1. Januar 2005 von der Bundesagentur für Arbeit **auf die Integrationsämter verlagert** wurde (nämlich u. a. durch den Wegfall der Beauftragung der Integrationsfachdienste durch die Bundesagentur für Arbeit gem. § 109 Abs. 1 SGB IX sowie durch deren Rückzug aus den Aufgaben nach § 111 Abs. 4 und 5 SGB IX). Ein wesentlicher Schwerpunkt der Aufgaben der Integrationsämter ist daher nunmehr die **Beteiligung der Integrationsfachdienste im Rahmen der begleitenden Hilfe im Arbeitsleben,** wozu auch die Beratung der Arbeitgeber in den Fragen der Sicherung von Beschäftigungsverhältnissen gehört. Die Integrationsämter sind deshalb auch dafür verantwortlich, dass die Tätigkeit der Integrationsfachdienste bei den Arbeitgebern noch besser bekannt wird. Ein wichtiges Mittel einer offensiveren Informationspolitik soll nach der Vorstellung des Gesetzgebers die **Benennung von Ansprechpartnern** bei den Industrie- und Handelskammern sein (vgl. oben Rdnr. 10c).

Zugleich hat der Gesetzgeber mit der Einfügung des § 111 Abs. 3 Nr. 5 SGB IX **den Integrationsfachdiensten auferlegt,** mit den Handwerkskammern, den Industrie- und Handelskammern sowie den berufsständischen Organisationen, z. B. den Rechtsanwalts- oder Apothekenkammern, **zusammenzuarbeiten.** Diese sind gerade für kleinere und mittlere Arbeitgeber wichtige Ansprechpartner; deshalb können die Integrationsfachdienste bei entsprechender Zusammenarbeit die Arbeitgeber auf diesem Wege für Beratungsangebote erreichen und geeignete Arbeitsplätze für schwerbehinderte Menschen auf dem allgemeinen Arbeitsmarkt erschließen (vgl. BT-Drucks. 15 / 1783 S. 18). 22c

C) zu Abs. 3

1. Begleitende Hilfe durch finanzielle Leistungen

Die Vorschrift des Abs. 3 ermöglicht dem Integrationsamt, im Rahmen seiner Zuständigkeit für die begleitende Hilfe im Arbeitsleben auch **Geldleistungen** zu erbringen. Diese sind der Ausgleichsabgabe nach § 77 SGB IX zu entnehmen, soweit Mittel für denselben Zweck nicht von anderer Seite zu gewähren sind oder gewährt werden. Die näheren Einzelheiten sind ausführlich in §§ 14 – 34 SchwbAV geregelt. 23

Als **Empfänger der Leistungen** nach Abs. 3 kommen in Betracht
– schwerbehinderte Menschen (**Satz 1 Nr. 1**),
– Arbeitgeber (**Satz 1 Nr. 2**),
– Träger von Integrationsfachdiensten einschließlich psychosozialer Dienste freier gemeinnützige Einrichtungen und Organisationen sowie Träger von Integrationsprojekten (**Satz 1 Nr. 3**),
– Träger von Aufklärungs-, Schulungs- und Bildungsmaßnahmen (**Satz 2**).

Jedoch ist auch diese **Aufzählung nur beispielhaft.** Deshalb ist in § 17 Abs. 1 Satz 2 SchwbAV festgelegt, dass unter besonderen Umständen Leistungen auch an **Träger sonstiger Maßnahmen** erbracht werden können, die dazu dienen und geeignet sind, die Eingliederung schwerbehinderter Menschen in das Arbeitsleben auf dem allgemeinen Arbeitsmarkt zu ermöglichen, zu erleichtern oder zu sichern. Dies können z. B. Vereine oder Selbsthilfegruppen sein (vgl. GK-SchwbG / *Spiolek* Rdnr. 56 zu § 31). 24

Grundsätzlich besteht **kein Rechtsanspruch** auf finanzielle Leistungen seitens des Integrationsamtes nach § 102 Abs. 3. Eine Bestimmung in ministeriellen Richtlinien zur Ausübung des leistungsrechtlichen Ermessens durch das Integrationsamt, wonach eine Leistung der begleitenden Hilfe im Arbeitsleben nur auf Antrag erbracht wird und der Antrag vor Beginn der Maßnahme bzw. vor Abschluss des Vertrags gestellt werden muss, ist rechtswirksam (VG Köln Urteil vom 23. Januar 2002 – 21 K 9285/98 = BehindertenR 2002, 215). 25

Jedoch kann das dem Integrationsamt eingeräumte **Ermessen ggf. „bis auf null" reduziert** sein, wenn die Notwendigkeit von fördernden Maßnahmen besteht (vgl. BSG Urteil vom 19. März 1980 – 4 RJ 89/79 = BSGE 50, [51 = SozR 2200 § 1237a Nr. 12, Urteil vom 22. September 1981 = 1RA 11/80 = BSGE 52, 117 = SozR 2200 § 1237a Nr. 18; Ernst / Adlhoch / Seel / *Adlhoch* Rdnr. 103; Müller-Wenner / *Schorn* Rdnr. 6; vgl. auch oben Rdnr. 17b). Allerdings ist dies **nur unter engen Voraussetzungen** anzunehmen: Die Leistungserbringung durch das – im Rahmen seiner Nachrangigkeit gegenüber den Rehabilitationsträgern – zweifelsfrei zuständige Integrationsamt muss **dringend erforderlich** sein, um eine konkrete und ernsthafte Gefährdung der Teilhabe am Arbeitsleben abzuwenden. Hierbei muss eine ganz **bestimmte Hilfe allein sachgerecht** und wirtschaftlich angemessen sein. Schließlich müssen die gerade für die fragliche Maßnahme auch **Mittel der Ausgleichsabgabe** tatsächlich **zur Verfügung** stehen (Ernst / Adlhoch / Seel / *Adlhoch* Rdnr. 103). 25a

Selbst wenn das Handlungsermessen, also hinsichtlich der Frage, ob Leistungen erbracht werden, auf null reduziert ist, besteht ggf. weiterhin ein **Auswahlermessen** bei der Entscheidung, **wie die Leistungen erbracht** werden (VG Augsburg Beschluss vom 3. Juni 2008 – Au 3 E 08.136, zit. nach JURIS zur Kfz-Hilfe unter Hinweis auf BSG Urteil vom 21. März 2006 B 5 RJ 9/04 R = BehindertenR 2007, 108).

26 Finanzielle Leistungen nach Abs. 3 sind nach den Verfahrensvorschriften des SGB I und des SGB X zu bewilligen. Die Entscheidung ist durch **Verwaltungsakt** zu treffen, der hinreichend bestimmt sein und eine Rechtsbehelfsbelehrung enthalten muss. Er kann nur unter bestimmten Voraussetzungen zurückgenommen, widerrufen oder aufgehoben werden (vgl. §§ 44 ff. SGB X).

2. Finanzielle Leistungen an schwerbehinderte Menschen

27 Die Vorschrift des **Abs. 3 Satz 1 Nr. 1** zählt **nicht abschließend** die **Geldleistungen** auf, welche das Integrationsamt an schwerbehinderte Menschen und ihnen nach § 2 Abs. 3 SGB IX Gleichgestellte erbringen kann. **Ergänzende Regelungen** hierzu enthalten **§§ 18 Abs. 2, 19 – 25 SchwbAV.**

28 Danach können Leistungen an schwerbehinderte Menschen zur begleitenden Hilfe an Arbeits- und Berufsleben erbracht werden,
– wenn die **Eingliederung** in das Arbeits- und Berufsleben auf dem allgemeinen Arbeitsmarkt unter Berücksichtigung von Art oder Schwere der Behinderung **auf besondere Schwierigkeiten** stößt und durch die Leistungen ermöglicht, erleichtert oder gesichert werden kann (§ 18 Abs. 2 Nr. 1 SchwbAV) und
– wenn es dem schwerbehinderten Menschen wegen des behinderungsbedingten Bedarfs **nicht zuzumuten** ist, die erforderlichen **Mittel selbst aufzubringen.** In den übrigen Fällen sind seine Einkommensverhältnisse zu berücksichtigen (§ 18 Abs. 2 Nr. 2 SchwbAV).

29 Es kommt nicht darauf an, dass die Leistungen zur Erreichung des angestrebten Ziels notwendig sind; vielmehr **reicht die Feststellung** aus, dass die Leistungen **die Eingliederung ermöglichen, erleichtern oder sichern können.** Damit sind die Voraussetzungen weniger streng als für die Förderung der beruflichen Eingliederung nach § 97 Abs. 1 SGB III. Jene Vorschrift setzt nämlich voraus, dass die entsprechenden Leistungen „erforderlich" sind.

Dieser Leistungskatalog umfasst **nicht die Finanzierung eines Integrationshelfers** für berufliche Rehabilitationsmaßnahmen nach dem SGB III, nämlich zum Besuch einer Werkstatt für behinderte Menschen (VG Frankfurt Beschluss vom 4. Dezember 2008 – 7 L 3291/08.F, zit. nach JURIS). Hierfür hat ggf. der zuständige Jugendhilfeträger im Rahmen der Eingliederungshilfe für seelisch behinderte Kinder und Jugendliche gemäß § 35a SGB VIII aufzukommen.

30 Die Leistungen an schwerbehinderte Menschen umfassen im Einzelnen **Geldleistungen** für
a) **Technische Arbeitshilfen**

Hierbei handelt es sich um solche Geräte, die entweder nicht betriebsbezogen sind oder aber bei Betriebsbezogenheit im Eigentum des schwerbehinderten Menschen verbleiben, wie etwa **Spezialbrillen, Spezialgreifprothesen, spezielle Schutzschuhe,** besondere **Werkzeuge** und kleinere technische Arbeitsgeräte wie **Spezialcomputer** (vgl. Müller-Wenner / *Schorn* Rdnr. 19 m. w. N.). Hierunter können auch **Hörgeräte** fallen (VG Freiburg Urteil vom 15. September 2005 – 5 K 949/05 = BehindertenR 2006, 27). Sind diese auch im privaten Bereich außerhalb der Teilnahme am Arbeitsleben nutzbar, so kann ein **Eigenanteil** – im entschiedenen Fall 20 % – festgesetzt werden (VG Freiburg Urteil vom 15. September 2006 a. a. O.).

Die Kosten bis zur vollen Höhe können nicht nur für die **Beschaffung,** sondern auch für die **Wartung und Instandsetzung** der Geräte sowie die Ausbildung des schwerbehinderten Menschen in ihrem Gebrauch übernommen werden (§ 19 Satz 1 SchwbAV). Gleiches gilt nach Satz 2 der Vorschrift auch für die Ersatzbeschaffung und die Beschaffung zur Anpassung an die technische Weiterentwicklung. Die beschafften technischen Einrichtungen bleiben im Eigentum des Integrationsamtes. Können sie allerdings wegen einer notwendigen individuellen Anpassung nur von dem schwerbehinderten Menschen benutzt werden, ist es zweckmäßig, diesem das Eigentum hieran zu übertragen (vgl. Neumann u. a. / *Pahlen* Erl. zu § 19 SchwbAV).

b) **Hilfen zum Erreichen des Arbeitsplatzes**

Der Begriff des „Arbeitsplatzes" i. S. von Abs. 3 Satz 1 Nr. 1 Buchstabe b knüpft nicht an die gesetzliche Begriffsbestimmung des § 73 Abs. 1 SGB IX an. Er ist vielmehr in einem weiteren Sinne zu verstehen und erfasst generell Tätigkeiten im Arbeits- und Berufsleben. Damit ist auch die Tätigkeit des **Geschäftsführers einer GmbH** eingeschlossen (VG Magdeburg Urteil vom 8. Januar 2008 – 6 A 367/05 = NZA-RR 2008, 495 [Ls.] = NVwZ-RR 2008, 796 [Ls.]). Jedenfalls ist der Tätigkeitsort einer Rechtsreferendarin ein Arbeitsplatz in diesem Sinne (VG München Beschluss vom 1. Juni 2005 – M 6b E 05.1020, zit. nach JURIS). 31

Hilfen zum Erreichen des Arbeitsplatzes sind nach § 20 SchwbAV **Geldleistungen nach Maßgabe der Kraftfahrzeughilfe-Verordnung** (KfzHV) vom 28. September 1987 (BGBl. I S. 2251). Die Kfz-Hilfe umfasst Leistungen zur Beschaffung eines Kfz, für eine behinderungsbedingte Zusatzausstattung und zur Erlangung einer Fahrerlaubnis. Die Beschaffung eines Kraftfahrzeuges wird als einkommensbezogener **Zuschuss** bis zu einem Betrag in Höhe des Kaufpreises, höchstens jedoch **bis zu 9.500 Euro** gefördert. Hierbei bleiben die Kosten einer behinderungsbedingten Zusatzausstattung unberücksichtigt. Im Einzelfall kann ein höherer Betrag zu Grunde gelegt werden, wenn Art oder Schwere der Behinderung ein Kfz mit höherem Kaufpreis zwingend erfordert (§§ 5, 6 KfzHV).

In besonderen Härtefällen können auch die Kosten von Beförderungsdiensten geleistet werden (§ 9 KfzHV). Auch die Beförderung durch ein **Taxiunternehmen** stellt eine Beförderung durch einen Beförderungsdienst i. S. von § 9 Abs. 1 Satz 2 KfzHV dar (BayLSG Urteil vom 12. Juli 2001– L 9 AL 140/00 sowie im Nachgang BSG Urteil vom 20. Februar 2002 – B 11 AL 60/01 R = NZS 2003, 49 = SozR 3-5765 § 9 Nr. 2; VG München Beschluss vom 1. Juni 2005 a. a. O.).

Vgl. im Übrigen hierzu die eingehenden Erl. zu § 33 SGB IX Rdnr. 158–196

c) **Hilfen zur Gründung und Erhaltung einer selbstständigen beruflichen Existenz**

Diese Hilfeart, die vor der gesetzlichen Änderung durch das SchwbBAG vom 29. September 2000 „Hilfen zur wirtschaftlichen Selbstständigkeit" hieß, ist in § 21 SchwbAV näher geregelt. Danach können schwerbehinderte Menschen **Darlehen oder Zinszuschüsse** zur Gründung und zur Erhaltung einer selbstständigen beruflichen Existenz erhalten, wenn sie die erforderlichen persönlichen und fachlichen Voraussetzungen für die Ausübung der Tätigkeit erfüllen, ihren Lebensunterhalt hierdurch voraussichtlich auf Dauer im Wesentlichen sicherstellen können und die Tätigkeit unter Berücksichtigung von Lage und Entwicklung des Arbeitsmarktes zweckmäßig ist. Nähere Einzelheiten über die **Darlehenstilgung** enthält § 21 Abs. 2 SchwbAV. 32

d) **Hilfen zur Beschaffung, Ausstattung und Erhaltung einer behinderungsgerechten Wohnung**

Das Integrationsamt kann schwerbehinderten Menschen Leistungen gewähren 33
– zur Beschaffung von behinderungsgerechtem Wohnraum,
– zur Anpassung von Wohnraum und seiner Ausstattung an behinderungsgerechte Bedürfnisse und
– zum Umzug in eine behinderungsgerechte oder erheblich verkehrsgünstiger zum Arbeitsplatz gelegene Wohnung.

Es können **einkommensabhängige Zuschüsse, Zinszuschüsse und/oder Darlehen** gewährt werden.

Diese Hilfeart sollte nach dem Vorschlag des Regierungsentwurfs zum SGB IX zunächst entfallen. Der BT-Ausschuss für Arbeit und Sozialordnung hat sie aber auf Vorschlag des Bundesrates wieder eingefügt (vgl. oben Rdnr. 6), allerdings in gegenüber dem früheren § 31 Abs. 3 Nr. 1 d SchwbG leicht veränderter Fassung (dort: „Wohnung, die den besonderen Bedürfnissen des Schwerbehinderten entspricht"). Einzelheiten hierzu sind in § 22 SchwbAV geregelt.

33a Auch insoweit sind entsprechend dem Zweck, die Eingliederung in das Arbeits- und Berufsleben zu sichern, **nur Hilfen möglich,** die **in engem Zusammenhang mit der Eingliederung** bzw. Wiedereingliederung in Arbeit und Beruf stehen oder Bezug zum Arbeits- und Berufsleben haben, nicht allgemein Hilfen zur Eingliederung in die Gesellschaft und zur Teilnahme am Leben in der Gemeinschaft. Eine entsprechende Förderung ist daher überhaupt nur möglich, wenn die allgemeinen Leistungsvoraussetzungen des § 18 SchwbAV, insbesondere auch des § 18 Abs. 2 Nr. 1 SchwbAV, vorliegen, d. h. wenn die Eingliederung in das Arbeits- und Berufsleben auf dem allgemeinen Arbeitsmarkt unter Berücksichtigung von Art und Schwere der Behinderung auf besondere Schwierigkeiten stößt und durch die Leistungen, hier nach § 22 SchwbAV, ermöglicht, erleichtert oder gesichert werden kann. Eine **allgemeine Wohnfürsorge,** ohne dass sie mit der Beschäftigung im Zusammenhang stünde, ist **aus Mitteln der Ausgleichsabgabe** danach **nicht möglich** (VG Köln Urteil vom 23. Januar 2002 – 21 K 9285/98 = BehindertenR 2002, 215).

33b Das Integrationsamt kann **nur für Selbstständige und Beamte,** für die kein Rehabilitationsträger zuständig ist, Wohnungshilfe gewähren. Für alle anderen schwerbehinderten Menschen ist der vorrangig zur Leistung verpflichtete Reha-Träger (Rentenversicherung, Unfallversicherung, Agentur für Arbeit, Kriegsopferfürsorge) zuständig nach § 33 Abs. 8 Nr. 6 SGB IX. Leistungen der Rehabilitationsträger gehen den Leistungen des Integrationsamtes vor (§ 102 Abs. 5 SGB IX).

Maßnahmen, die zur persönlichen Lebensführung gehören, eine Verbesserung der Lebensqualität bewirken oder elementaren Grundbedürfnissen entsprechen (z. B. Bad, Küche, Schlafzimmer), sind **nicht förderfähig.**

Bei Hilfen zur Beschaffung von Wohnraum müssen die Fördervoraussetzungen nach dem **Wohnraumförderungsgesetz** vorliegen.

Zu weiteren Einzelheiten vgl. z. B. http://www.zbfs.bayern.de/integrationsamt/hilfen/leistungen/wohnungshilfen.html

e) **Hilfen zur Teilnahme an Maßnahmen zur beruflichen Förderung**

34 Schwerbehinderte Menschen, die an inner- oder außerbetrieblichen Maßnahmen der beruflichen Bildung zur Erhaltung und Erweiterung ihrer beruflichen Kenntnisse und Fertigkeiten oder zur Anpassung an die technische Entwicklung teilnehmen, können **Zuschüsse bis zur Höhe** der ihnen **durch die Teilnahme** an diesen Maßnahmen **entstehenden Aufwendungen** erhalten. Das sind namentlich Lehrgangskosten, Fahrt- und Unterbringungskosten, Prüfungsgebühren sowie die Kosten notwendiger Arbeitsausrüstung. Die Förderungsmöglichkeit betrifft vor allem besondere Fortbildungs- und Anpassungsmaßnahmen, die nach Art, Umfang und Dauer den Bedürfnissen dieser schwerbehinderten Menschen entsprechen. Hilfen können auch zum **beruflichen Aufstieg** erbracht werden (§ 24 SchwbAV).

Die Vorschrift kommt vor allem **Hör- und Sprachgeschädigten** zugute. Diese sind behinderungsbedingt nur eingeschränkt in der Lage, ihre beruflichen Kenntnisse und Fertigkeiten den sich verändernden Anforderungen auf dem Arbeitsmarkt anzupassen. Insbesondere im Zusammenhang mit der technischen Entwicklung sind sie auf besondere, ihren Bedürfnissen Rechnung tragende Anpassungsmaßnahmen angewiesen (Cramer Rdnr. 2 zu § 24 SchwbAV). Es kann sich hierbei auch um allgemeine Fortbildungs- und Ausbildungsmaßnahmen handeln. Vor allem aber geht es um besondere Maßnahmen,

Aufgaben des Integrationsamtes § 102

die nach Art, Umfang und Dauer den Bedürfnissen der teilnehmenden Schwerbehinderten entsprechen.

f) **Hilfen in besonderen Lebenslagen**

Andere Leistungen zur begleitenden Hilfe im Arbeitsleben als die vorgenannten können an schwerbehinderte Menschen erbracht werden, wenn und soweit sie unter Berücksichtigung von Art oder Schwere der Behinderung **erforderlich** sind, um die **Eingliederung** in das Arbeitsleben **auf dem allgemeinen Arbeitsmarkt** zu ermöglichen, zu erleichtern oder zu sichern (§ 25 SchwbAV). 35

Es handelt sich insoweit um einen **Auffangtatbestand**, der es ermöglicht, auch andere begleitende Hilfen im Arbeits- und Berufsleben an schwerbehinderte und gleichgestellte Menschen zu gewähren. Allerdings ist § 25 SchwbAV **kein Instrument,** um den **in den §§ 19 bis 24 SchwbAV festgelegten Leistungsumfang zu erweitern.** Eine derartige Auslegung würde diese Vorschriften weit gehend bedeutungslos machen. So regelt § 19 SchwbAV die Förderung technischer Arbeitshilfen abschließend (✠ OVG Schleswig-Holstein Beschluss vom 11. August 2003 – 2 LA 46/03 = BehindertenR 2004, 18). 35a

Zudem müssen die Leistungen **unmittelbar der Arbeits- und Berufsförderung dienen.** Medizinische Maßnahmen sowie Urlaubs- und Freizeitmaßnahmen sind durch § 17 Abs. 2 Satz 2 SchwbAV ausdrücklich ausgenommen.

Auch kann auf diesem Wege **nicht** etwa die **Teilnahme am Versehrtensport** gefördert werden (vgl. Neumann u. a. / *Pahlen* § 25 SchwbAV Rdnr. 1). Bei **technische Arbeitshilfen** fehlt die Voraussetzung der unmittelbaren Dienlichkeit für Arbeits- und Berufsförderung, wenn sie nur gelegentlich, selten oder überhaupt nicht am Arbeitsplatz benötigt werden (✠ OVG Schleswig-Holstein Beschluss vom 11. August 2003 a. a. O.).

Die Vorschrift des **§ 23 SchwbAV** sieht die Möglichkeit zur Gewährung individueller Leistungen (Zuschüsse) zur **Erhaltung der Arbeitskraft** im persönlich und sachlich eng umgrenzten Rahmen vor. Sie werden nur gewährt, wenn die üblichen Erholungsmöglichkeiten wegen der Art oder Schwere der Behinderungen nicht genutzt werden können und ein **Erholungsaufenthalt in besonderen Einrichtungen notwendig** ist. Nach der **Streichung dieser Vorschrift aus dem Leistungskatalog** der begleitenden Hilfe im Arbeitsleben gemäß § 102 Abs. 3 Nr. 1 SGB IX **fehlt eine Rechtsgrundlage** zur Erbringung von Erholungshilfen an schwerbehinderte Beschäftigte; eine solche Leistung kann **nicht aus § 25 SchwbAV** Hilfen in besonderen Lebenslagen **hergeleitet** werden (✠ VG Arnsberg Urteil vom 16. Juli 2003 – 11 K 2955/02 = BehindertenR 2003, 228). 35b

3. Leistungen an Arbeitgeber

Das Integrationsamt kann finanzielle Leistungen an Arbeitgeber in zwei Fällen gewähren: zur behinderungsgerechten Einrichtung von Arbeits- und Ausbildungsplätzen für schwerbehinderte Menschen und für außergewöhnliche Belastungen, die mit ihrer Beschäftigung verbunden sind (**Abs. 3 Satz 1 Nr. 2a und b**). 36

Daneben kommen aber auch **Geldleistungen** zur Schaffung von Arbeits- und Ausbildungsplätzen für schwerbehinderte Menschen nach **§ 15 SchwbAV** in Betracht.

Im Einzelnen handelt es sich um folgende Leistungen:

a) **Leistungen zur Schaffung von Arbeits- und Ausbildungsplätzen** 37

Obwohl diese Leistung in § 102 Abs. 3 Nr. 2 nicht erwähnt wird und daher nicht zur begleitenden Hilfe des Integrationsamts gehört, ist die Vorschrift des § 15 SchwbAV von der Verordnungsermächtigung des § 79 Nr. 2 i. V. m. § 77 Abs. 5 SGB IX gedeckt. Denn es handelt sich um besondere Leistungen zur Förderung der Teilhabe schwerbehinderter Menschen am Arbeitsleben, für welche Mittel der Ausgleichsabgabe verwendet werden können.

Arbeitgeber können danach **Darlehen oder Zuschüsse** bis zur vollen Höhe der entstehenden notwendigen Kosten **für die Schaffung neuer geeigneter, erforderlichenfalls** behinderungsgerecht ausgestatteter Arbeits- bzw. Ausbildungsplätze erhalten, wenn gewährleistet ist, dass die geförderten Plätze für einen nach Lage des Einzelfalles zu bestimmenden langfristigen Zeitraum schwerbehinderten Menschen vorbehalten bleiben (**§ 15 Abs.1 SchwbAV**). Hierbei wird im Regelfall eine angemessene **Eigenbeteiligung** des Arbeitgebers vorausgesetzt (§ 15 Abs. 2 Satz 1 SchwbAV). Die Leistungen sind nachrangig gegenüber Mitteln, die von anderer Seite zu erbringen sind oder erbracht werden (§ 15 Abs. 2 Satz 2 SchwbAV).

37a Ein **Zuschuss** kann mit der **Auflage** bewilligt werden, dass das Beschäftigungsverhältnis mit dem schwerbehinderten Arbeitnehmer mindestens 5 Jahre ab der Umsetzung auf dem neuen Arbeitsplatz zu dauern hat (**Bindungsfrist**). Wird das so geförderte Arbeitsverhältnis vor Ablauf der Fünf-Jahres-Frist beendet und auch nicht wieder mit einem anderen Schwerbehinderten besetzt, kann der **bewilligte Zuschuss zeitanteilig zurückgefordert** werden. Das Ermessen des Integrationsamtes ist insoweit eingeschränkt (VG Bremen Urteil vom 18. März 2005 – 7 K 454/03 = BehindertenR 2005, 180).

b) **Leistungen zur Einrichtung von Arbeits- und Ausbildungsplätzen**

38 Das Integrationsamt kann Geldleistungen zur behinderungsgerechten Einrichtung von Arbeitsplätzen für schwerbehinderte Menschen an Arbeitgeber erbringen (**Abs. 3 Satz 1 Nr. 2a**). Diese Möglichkeit wurde mit Wirkung ab 1. Mai 2004 auch auf Ausbildungsplätze erweitert. Hierbei handelt es sich um einen „klassischen Fall der begleitenden Hilfe" (GK-SGB IX / *Spiolek* Rdnr. 76). Nähere Einzelheiten sind in **§ 26 SchwbAV** geregelt.

Danach können **Darlehen oder Zuschüsse** bis zur vollen Höhe der entstehenden notwendigen Kosten gezahlt werden für

– die **behinderungsgerechte Einrichtung** und Unterhaltung der **Arbeitsstätten** einschließlich der Betriebsanlagen, Maschinen und Geräte (§ 26 Abs. 1 Satz 1 Nr. 1 SchwbAV),

– die Einrichtung von **Teilzeitarbeitsplätzen** für schwerbehinderte Menschen, insbesondere wenn eine Teilzeitbeschäftigung mit einer Dauer auch von weniger als 18 Stunden, wenigstens aber 15 Stunden wöchentlich wegen Art oder Schwere der Behinderung notwendig ist (§ 26 Abs. 1 Satz 1 Nr. 2 SchwbAV),

– die **Ausstattung** von Arbeits- oder Ausbildungsplätzen **mit notwendigen technischen Arbeitshilfen**, deren Wartung und Instandsetzung sowie die Ausbildung des schwerbehinderten Menschen im Gebrauch der nach den Nummern 1 – 3 geförderten Gegenstände (§ 26 Abs. 1 Satz 1 Nr. 3 SchwbAV),

– **sonstige Maßnahmen**, durch die eine möglichst **dauerhafte behinderungsgerechte Beschäftigung** schwerbehinderter Menschen in Betrieben oder Dienststellen ermöglicht, erleichtert oder gesichert werden kann (§ 26 Abs. 1 Satz 1 Nr. 4 SchwbAV),

– die **Ersatzbeschaffung** oder Beschaffung zur Anpassung an die technische Weiterentwicklung (§ 26 Abs. 1 Satz 2 SchwbAV).

Hierbei handelt es sich um die finanzielle **Unterstützung des Arbeitgebers** bei der **Erfüllung der Pflichten,** die ihn hinsichtlich der Ausstattung von Arbeitsplätzen **nach § 81 Abs. 4 Nr. 4 und 5 SGB IX** treffen. Diese Hilfen können insbesondere dann ansetzen, wenn die Erfüllung der Pflichten für den Arbeitgeber mit unverhältnismäßigen Aufwendungen im Sinne von § 81 Abs. 4 Satz 2 SGB IX verbunden wäre.

c) **Zuschüsse zu Gebühren, insbesondere Prüfungsgebühren**

38a Nach der zum 1. Mai 2004 eingefügten Vorschrift des **Absatz 3 Satz 1 Nr. 2b** können Arbeitgeber Zuschüsse des Integrationsamtes zu Gebühren, insbesondere Prüfungsgebühren, bei der Berufsausbildung besonders betroffener schwerbehinderter Jugendlicher und junger Erwachsener erhalten; diese dürfen mithin das **27. Lebensjahr noch nicht vollendet** haben. Die im Fraktionsentwurf angekündigte Regelung der Einzelheiten in der einschlägigen **Verordnung** (vgl. oben Rdnr. 10d) beschränkt sich insoweit aber darauf, die Förderungsmöglichkeiten auf solche Arbeitgeber zu beschränken, die *ohne Beschäftigungspflicht* besonders betroffene schwerbehinderte Menschen zur Berufsausbildung einstellen (§ 26a SchwbAV). Die Förderung ist deshalb auf **Arbeitgeber mit weniger als 20 Beschäftigten** (§ 71 Abs. 1 SGB IX) beschränkt.

Für die Auslegung des Merkmals „**besonders betroffen**" kann mangels genauerer Umschreibung in der Verordnung auf die in § 72 Abs. 1 Nr. 1a bis 1e SGB IX genannten Fallgruppen zurückgegriffen werden. **Förderungsfähig** sind Abschluss- bzw. Eintragungsgebühren; Prüfungsgebühren für das Ablegen der Zwischen- und Abschlussprüfung; Betreuungsgebühr für Auszubildene; Kosten für außerbetriebliche Ausbildungsabschnitte. 38b

Die Gebühren werden von den Handwerkskammern und den Industrie- und Handelskammern erhoben. Die **Höhe** der Zuschüsse ist in das **Ermessen des Integrationsamtes** gestellt.

Der Bestimmung dürfte wegen der vermutlich insgesamt geringen Anreizfunktion wohl weniger praktische Bedeutung als vielmehr **Symbolcharakter** zukommen, nämlich im Rahmen der gesetzgeberischen Zielsetzung „zur Förderung der Ausbildung und Beschäftigung schwerbehinderter Menschen".

d) **Prämien und Zuschüsse zu den Kosten der Berufsausbildung von nach § 68 SGB IX gleichgestellten schwerbehinderten jungen Menschen**

Mit Wirkung vom 1. Mai 2004 wurden durch Anfügung des **§ 68 Abs. 4 SGB IX** behinderte Jugendliche und junge Erwachsene während einer Berufsausbildung im Betrieb oder in einer Dienststelle von Gesetzes wegen schwerbehinderten Menschen gleichgestellt (vgl. Erl. Rdnr. 55 zu § 68 SGB IX). Diese **spezielle Gleichstellung,** die auch dann gilt, wenn der **GdB weniger als 30** beträgt oder überhaupt nicht förmlich festgestellt ist, löst nach § 68 Abs. 4 Satz 3 SGB IX keine allgemeinen weiteren Rechtsfolgen i. S. des Schwerbehindertenrechts aus. Sie dient aber in Verbindung mit der Einfügung des **Abs. 3 Satz 1 Nr. 2c** als **Grundlage dafür,** dass die Integrationsämter **Prämien und Zuschüsse zu den Kosten der Berufsausbildung** zahlen können. Die Förderungsmöglichkeit ist entgegen den Vorstellungen des Bundesrates nicht auf Arbeitgeber beschränkt worden, die nicht zur Beschäftigung schwerbehinderter Menschen verpflichtet sind (vgl. oben Rdnrn. 10e und f). Auch insoweit ist aber der Ankündigung näherer Regelungen in der einschlägigen **Verordnung** (vgl. oben Rdn. 10d) mit § 26b SchwbAV **nur eine spärliche Bestimmung** gefolgt, die sich in der Wiedergabe des Gesetzestextes beschränkt, ohne weitere Einzelheiten der Förderungsmöglichkeiten festzulegen. 38c

Nach der **Empfehlung der Bundesarbeitsgemeinschaft der Integrationsämter und Hauptfürsorgestellen** (BIH) vom 17. November 2004 (vgl. Anhang Nr. 5) soll die Leistung folgendermaßen ausgestaltet werden: 38d

„**Ausbildungskosten**

Die Leistungen der Agenturen für Arbeit, die sich auf Zuschüsse zu den Personalkosten des Auszubildenden beschränken (**§ 236** SGB III) sind vorrangig. Bei den verbleibenden Kosten des Ausbildungsbetriebs handelt es sich um folgende Kostenarten:

– Personalkosten der Ausbilder;
– Lehr- und Lernmaterial bzw. -medien;
– Gebühren der Kammern;
– Berufs- und Schutzkleidung;
– externe Ausbildung;
– Ausbildungsverwaltung.

Leistungen

Zuschüsse zu den Ausbildungskosten (ohne Gebühren) können pauschal bis zur Höhe von 2.000 Euro für jedes Ausbildungsjahr erbracht werden. Maßgeblich ist die tatsächliche Ausbildungsdauer; jede zulässige Wiederholung von Ausbildungsabschnitten bis zur

Abschlussprüfung ist förderungsfähig. Die Zahlung des Zuschusses wird vom Nachweis der tatsächlichen Beschäftigung abhängig gemacht (...). Weitere Leistungen nach der SchwbAV sind nicht zulässig."

e) Prämien zur Einführung eines betrieblichen Eingliederungsmanagements

38e Die Vorschrift des **Abs. 3 Satz 1 Nr. 2d** ermöglicht den Integrationsämtern, Prämien zur Einführung eines betrieblichen Eingliederungsmanagements zu zahlen. Dieser Begriff ist in **§ 84 Abs. 2 Satz 1 SGB IX,** der ebenfalls mit Wirkung vom 1. Mai 2004 eingefügt wurde, gesetzlich definiert. Hierunter sind **Maßnahmen des Arbeitgebers** zu verstehen, die dieser zu treffen hat, wenn **Beschäftigte innerhalb eines Jahres länger als sechs Wochen ununterbrochen oder wiederholt arbeitsunfähig** sind. Sie sollen dem Ziel „Prävention vor Kündigung" dienen und kommen nicht nur schwerbehinderten oder behinderten Arbeitnehmern zugute.

38f Der **Arbeitgeber** hat dann mit dem Betriebs- bzw. Personalrat oder der weiteren zuständigen Interessenvertretung, bei schwerbehinderten Menschen außerdem mit der Schwerbehindertenvertretung, und mit Zustimmung und Beteiligung des betroffenen Arbeitnehmers die **Möglichkeiten zu klären**, wie die **Arbeitsunfähigkeit möglichst überwunden** werden kann und mit welchen Leistungen oder Hilfen erneuter Arbeitsunfähigkeit vorgebeugt und der Arbeitsplatz erhalten werden kann. Soweit erforderlich wird der Werks- oder Betriebsarzt hinzugezogen. Wenn begleitende Hilfen im Arbeitsleben in Betracht kommen, muss der Arbeitgeber das **Integrationsamt hinzuziehen.** Dieses hat darauf hinzuwirken, dass die erforderlichen Leistungen unverzüglich beantragt und innerhalb der Fristen des § 14 Abs. 2 SGB IX erbracht werden.

38g Die Möglichkeit der **Förderung von Arbeitgebern,** die ein betriebliches Eingliederungsmanagement einführen, durch die Rehabilitationsträger und die Integrationsämter ist bereits **in § 84 Abs. 3 SGB IX** ausdrücklich festgelegt worden. Die von den Integrationsämtern hierfür zahlbaren Prämien können auch in einer Beteiligung an Gesamtprogrammen der Rehabilitationsträger bestehen, mit denen diese den Arbeitgebern Prämien oder einen Bonus, etwa bei Beiträgen oder Umlagen, einräumen (vgl. oben Rdnr. 10g). Die Gesetzesbegründung a. a. O. enthält insoweit nur eine allgemeine Umschreibung über den Umfang der Beteiligung; diese hänge „von der Struktur des in die Maßnahmen der betrieblichen Prävention einbezogenen Personenkreises und von dem von den Rehabilitationsträgern zu übernehmenden Anteil ab". Auch die neu eingefügte Bestimmung des § 26c SchwbAV wirkt insoweit nicht sehr erhellend, da sie lediglich den Gesetzestext wiederholt. Nähere Einzelheiten sind nunmehr der einschlägigen **BIH-Empfehlung** (vgl. Anhang Nr. 7) zu entnehmen.

f) Hilfen für außergewöhnliche Belastungen des Arbeitgebers

39 Die Vorschrift des **Abs. 3 Satz 1 Nr. 2f** ermöglicht Geldleistungen an Arbeitgeber für außergewöhnliche Belastungen, die mit der Beschäftigung schwerbehinderter Menschen im Sinne des § 72 Abs. 1 Nr. 1a – d oder des § 75 Abs. 2 SGB IX verbunden sind, vor allem wenn ohne diese Leistungen das Beschäftigungsverhältnis gefährdet würde.

39a Mit Wirkung vom 1. Mai 2004 wurde durch entsprechende Ergänzung der Vorschrift auch die Beschäftigung von schwerbehinderten Menschen **im Anschluss an eine Beschäftigung in einer anerkannten Werkstatt** für behinderte Menschen in die Förderungsmöglichkeit einbezogen. Hierdurch soll deren Übergang auf den allgemeinen Arbeitsmarkt erleichtert werden. Entsprechende Leistungen können auch in **Probebeschäftigungen und Praktika** erbracht werden, die ein in einer WfbM beschäftigter schwerbehinderter Mensch im Rahmen von Maßnahmen zur Förderung des Übergangs auf den allgemeinen Arbeitsmarkt absolviert, wenn die dem Arbeitgeber entstehenden außergewöhnlichen Belastungen nicht durch die in dieser Zeit erbrachten Leistungen der Rehabilitationsträger abgedeckt werden (§ 27 Abs. 1 Satz 2 SchwbAV).

39b **Einzelheiten der Leistungserbringung,** insbesondere die Voraussetzungen der „außergewöhnlichen Belastungen" sowie zur Höhe und Dauer des Zuschusses, sind in **§ 27**

Abs. 2 bis 4 SchwbAV geregelt. Der **Begriff der außergewöhnlichen Belastungen** ist dort in Abs. 2 näher bestimmt: Es muss sich um überdurchschnittliche finanzielle Aufwendungen oder sonstige Belastungen handeln, die einem Arbeitgeber bei der Beschäftigung eines schwerbehinderten Menschen auch nach Ausschöpfung aller Möglichkeiten entstehen und deren Kosten zu tragen dem Arbeitgeber nach Art oder Höhe unzumutbar ist. Es muss sich um **zusätzliche Belastungen** handeln, die über den normalen Arbeitslohn hinausgehen, wie z. B. Kosten für Begleitpersonen, Vorlesekräfte oder zusätzliche Leistungen für die Betreuung während der Arbeitszeit und in den Pausen (Neumann u. a. / *Pahlen* § 27 SchwbAV Rdnr. 2). Ob die Kostentragungspflicht für den Arbeitgeber jeweils **unzumutbar** ist, kann **nur nach den Umständen des Einzelfalles** bestimmt werden. Maßgebend ist aber hier die objektive Höhe der außergewöhnlichen Belastungen und nicht allein die Finanzkraft des jeweiligen Arbeitgebers. Diese kann allenfalls bei der Art und Höhe der Leistung als Zuschuss oder Darlehen berücksichtigt werden (Neumann u. a. / *Pahlen* § 27 SchwbAV Rdnr. 3).

Die Vorschrift des § 27 SchwbAV bedeutet bei einer Übertragung auf einen **selbstständigen Schwerbehinderten:** Er erhält Zuschüsse zur Abgeltung außergewöhnlicher Belastungen, die darin bestehen, dass er wegen der Art oder Schwere seiner eigenen Behinderung eine Hilfsperson beschäftigen muss, wenn ohne diese Leistungen seine eigene selbstständige Berufstätigkeit gefährdet sein würde (⇒ VGH Baden-Württemberg Urteil vom 4. Mai 2004 – 9 S 14/03 = BehindertenR 2004, 177).

39c

4. Leistungen an Träger von Integrationsfachdiensten usw. sowie an Träger von Integrationsprojekten

Für die Beteiligung der Träger von Integrationsfachdiensten und der psychosozialen Dienste freier gemeinnütziger Einrichtungen bzw. Organisationen sowie der Träger von Integrationsprojekten können nach **Abs. 3 Satz 1 Nr. 3** auch **Geldleistungen aus der Ausgleichsabgabe** verwendet werden. Die Vorschrift ist seit 1. Mai 2004 **gegenüber dem früheren Recht** wesentlich **erweitert:** Zuvor konnte das Integrationsamt nur Geldleistungen erbringen an „freie gemeinnützige Einrichtungen und Organisationen" zu den Kosten der begleitenden Hilfe einschließlich psychosozialer Dienste (vgl. hierzu oben Rdnr. 20a) sowie an „Träger von Integrationsunternehmen und an öffentliche Arbeitgeber, soweit sie Integrationsbetriebe und Integrationsabteilungen führen".

40

Die Neufassung der Vorschrift berücksichtigt, dass neben den Rehabilitationsträgern nunmehr die **Integrationsämter** – anstelle der Bundesagentur für Arbeit – für die Beauftragung von Integrationsfachdiensten bei der begleitenden Hilfe im Arbeitsleben **allein zuständig** sind und für diese auch die **Strukturverantwortung** haben (vgl. die Neufassung des § 111 Abs. 1 und Abs. 5 zum 1. Mai 2004). Tritt das **Integrationsamt als Auftraggeber** auf, erstattet es dem Integrationsfachdienst die entstandenen notwendigen Kosten aus Mitteln der Ausgleichsabgabe (§ 113 Abs. 1 Satz 1 und 2 SGB IX, § 27a SchwbAV).

40a

Die Einzelheiten der **Leistungserbringung an freie gemeinnützige Träger psychosozialer Dienste** – die weiterhin möglich ist, aber nach dem zum 1. Mai 2004 neu gefassten § 111 Abs. 5 SGB IX zulasten einer Konzentration bei den Integrationsfachdiensten zurückgedrängt werden soll –, sind in **§ 28 SchwbAV** geregelt. Die Vorschrift enthält in Abs. 2 nähere Anforderungen, die der psychosoziale Dienst als Voraussetzung für eine Beteiligung bei der Durchführung der begleitenden Hilfe im Arbeitsleben zu erfüllen hat. Er muss nach seiner **personellen, räumlichen und sächlichen Ausstattung** zur Durchführung von Maßnahmen der psychosozialen Betreuung geeignet sein. Insbesondere gehört hierzu eine Ausstattung mit Fachkräften, die über eine geeignete Berufsqualifikation, eine psychosoziale Zusatzqualifikation und ausreichende Berufserfahrung verfügen (§ 28 Abs. 2 Nr. 1 SchwbAV). Die **Maßnahmen** müssen nach Art, Umfang und Dauer auf die Aufnahme, Ausübung oder Sicherung einer möglichst dauerhaften Beschäftigung schwerbehinderter Menschen auf dem allgemeinen Arbeitsmarkt ausgerichtet und dafür geeignet sein. Sie müssen nach den Grundsätzen

40b

der **Wirtschaftlichkeit und Sparsamkeit** durchgeführt werden; insbesondere müssen die Kosten angemessen sein (§ 28 Abs. 2 Nr. 2 SchwbAV). Die Leistungen müssen aufgrund einer **Vereinbarung** zwischen dem Integrationsamt und dem Träger des psychosozialen Dienstes durchgeführt werden. Hierin sind auch die Voraussetzungen zu regeln, unter denen die schwerbehinderten Menschen die Leistungen des psychosozialen Dienstes unmittelbar in Anspruch nehmen können (§ 28 Abs. 2 Satz 2 SchwbAV). Diese Vereinbarung bestimmt auch das Nähere über die Höhe der zu übernehmenden Kosten, ihrer Erfassung, Darstellung und Abrechnung. Sie sollen **in der Regel bis zur vollen Höhe der notwendigen Kosten** für die im Einzelfall erforderlichen Maßnahmen vom Integrationsamt getragen werden (§ 28 Abs. 2 SchwbAV).

40c Weiterhin erhalten die Integrationsämter durch die Neufassung des Abs. 3 S. 1 Nr. 3 die Zuständigkeit für die **Förderung von Integrationsbetrieben** nach §§ 132 bis 135 SGB IX, also auch für die Erbringung von Leistungen an Integrationsbetriebe und -abteilungen, für die bisher der Ausgleichsfonds beim Bundesministerium für Gesundheit und Soziale Sicherung zuständig war (vgl. oben Rdnr. 10g).

40d Die ebenfalls neu gefasste Vorschrift des § 28a SchwbAV legt hierzu fest, dass **Integrationsprojekte i. S. von §§ 132 ff. SGB IX** Leistungen für Aufbau, Erweiterung, Modernisierung und Ausstattung einschließlich einer betriebswirtschaftlichen Beratung und besonderen Aufwand erhalten können.

5. Leistungen für Bildungsmaßnahmen

41 Das Integrationsamt kann Leistungen zur Durchführung von Aufklärungs-, Schulungs- und Bildungsmaßnahmen erbringen **(Abs. 3 Satz 2)**.

Gemeint sind zunächst derartige Maßnahmen für Vertrauenspersonen, Beauftragte der Arbeitgeber, Betriebs-, Personal-, Richter-, Staatsanwalts- und Präsidialräte sowie die Mitglieder der Stufenvertretungen, wenn es sich um **Veranstaltungen im Sinne des Abs. 2 Satz 6 Halbs. 2** handelt. Voraussetzung ist, dass die Maßnahmen erforderlich und die Integrationsämter an ihrer inhaltlichen Gestaltung maßgeblich beteiligt sind (§ 29 Abs. 1 SchwbAV).

42 Gefördert werden können aber auch Aufklärungs- sowie Schulungs- und Bildungsmaßnahmen **für andere Personen,** wenn sie die **Eingliederung schwerbehinderter Menschen in das Arbeitsleben** zum Gegenstand haben. Dies gilt insbesondere für notwendige Informationsschriften und -veranstaltungen über Rechte, Pflichten, Leistungen und sonstige Eingliederungshilfen sowie Nachteilsausgleiche nach dem SGB IX und anderen Vorschriften (§ 29 Abs. 2 SchwbAV).

D) zu Abs. 4

1. Kosten einer notwendigen Arbeitsassistenz

43 Die Vorschrift des Abs. 4 gewährt schwerbehinderten Menschen einen **Anspruch auf Übernahme der Kosten** einer notwendigen Arbeitsassistenz, soweit dem örtlich zuständigen Integrationsamt **Mittel der Ausgleichsabgabe zur Verfügung** stehen. Der Anspruch ist **Bestandteil der begleitenden Hilfe** im Arbeitsleben. Für ihn gelten daher die leistungsrechtlichen Vorschriften und Maßgaben des § 73 Abs. 1, des § 102 Abs. 2 Satz 3 (Teilzeitbeschäftigung ab 15 Stunden), der §§ 5, 6 und 14 SGB IX sowie des § 17 Abs. 2 und des § 18 SchwbAV.

44 Hierin liegt eine wichtige Neuerung, die als solche bereits durch das SchwbBAG vom 29. September 2000 eingeführt wurde. Unter „**Arbeitsassistenz**" versteht man praktische, begleitende Hilfen für den schwerbehinderten Menschen am Arbeitsplatz, wenn dieser Teile seiner Arbeit allein nicht bewältigen kann, aber im Übrigen die Anforderungen der Stelle erfüllt. „Arbeitsassistenz" bedeutet dabei eine **dauerhafte, regelmäßig und zeitlich nicht nur wenige Minuten täglich anfallende Unterstützung am Arbeitsplatz** (vgl. Handbuch Arbeitsassistenz, Hrsg. Bundesarbeitsgemeinschaft für Unterstützte Beschäftigung – BAG

UB e. V. –). Die exakte Definition der Empfehlungen der BIH zur Arbeitsassistenz, Stand: 16. Oktober 2007 – im Folgenden BIH-Empfehlungen – Nr. 1.1 hierzu lautet: „Arbeitsassistenz ist die über gelegentliche Handreichungen hinausgehende, zeitlich wie tätigkeitsbezogen regelmäßig wiederkehrende Unterstützung von schwerbehinderten Menschen bei der Arbeitsausführung in Form einer von ihnen beauftragten persönlichen Arbeitsplatzassistenz im Rahmen der Erlangung oder Erhaltung eines Arbeitsplatzes auf dem allgemeinen Arbeitsmarkt."

Der schwerbehinderte Mensch muss jedenfalls in der Lage sein, den das Beschäftigungsverhältnis inhaltlich prägenden **Kernbereich der arbeitsvertraglich geschuldeten Aufgaben selbstständig zu erfüllen** (vgl. Hauck / Noftz / *Seidel* Rdnr. 16; *Braasch* BehindertenR 2001, 177 [184]). Mit anderen Worten: Das Austauschverhältnis Arbeit gegen Entgelt muss im Wesentlichen gewahrt bleiben (BIH-Empfehlungen Nr. 1.1). Der Betroffene bedarf hierfür aber einer zeitlich wie tätigkeitsbezogen regelmäßig wiederkehrenden Unterstützung bei der Arbeitsausführung, die über gelegentliche Handreichungen hinausgeht. Ihr Ziel ist die Erlangung oder Erhaltung eines Arbeitsplatzes für den schwerbehinderten Menschen auf dem allgemeinen Arbeitsmarkt.

45

Die Unterstützung wird erbracht durch eine **von dem Betroffenen selbst beauftragte persönliche Arbeitsplatzassistenz** (vgl. *Müller-Wenner / Schorn* Rdnr. 34). Die Anwerbung der Assistenzkraft, die Vertragsgestaltung sowie die Organisations- und Anleitungskompetenz obliegen dem Assistenznehmer (BIH-Empfehlungen Nr. 1.2). Der schwerbehinderte Mensch nimmt entweder gegenüber dem Arbeitsplatzassistenten bzw. der -assistentin selbst Arbeitgeberfunktionen wahr oder beauftragt hiermit einen Anbieter von Assistenzleistungen für Behinderte (vgl. hierzu *Schneider / Adlhoch* BehindertenR 2001, 51 [55]). Die letztgenannte Form der selbst beschafften Arbeitsassistenz kann aber insgesamt zu einer Verteuerung führen, wie die Bundesregierung in einer Antwort vom 5. März 2002 zu einer Kleinen Anfrage – BT-Drucks. 14 / 8441 S. 29 – angemerkt hat). Jedenfalls ist das Integrationsamt nicht für die **inhaltliche Gestaltung und Organisation der Arbeitsassistenz** verantwortlich (Neumann [Hrsg.] HB-SGB IX / *Brünner* § 15 Rdnr. 57). Auch für die Einhaltung aller gesetzlichen Arbeitgeberpflichten im Verhältnis zur Assistenzkraft sind die Leistungsempfänger selbst verantwortlich (vgl. BIH-Empfehlungen Nr. 5.5).

46

In Betracht kommen insbesondere **Hilfstätigkeiten durch Vorlesekräfte** für Blinde und hochgradig Sehbehinderte sowie u. U. auch der Einsatz von **Gebärdendolmetschern,** sofern hierfür ein kontinuierlicher und langfristiger Bedarf besteht. Gelegentliche bzw. anlassbezogene Gebärdensprachdolmetscher-Einsätze hingegen werden nach den „Empfehlungen der BIH zur Bezuschussung von Kosten für Gebärdensprachdolmetscher/innen-Leistungen" in der jeweils aktuellen Fassung gefördert (vgl. hierzu Anhang Nr. 10).

47

Bei der Festsetzung des Bedarfs können **nur die unterstützenden Tätigkeiten** zugrunde gelegt werden, die der Assistenznehmer **behinderungsbedingt nicht selbst erledigen** kann, nicht jedoch solche Arbeiten, die üblicherweise im Rahmen einer abhängigen oder selbstständigen Beschäftigung durch Mitarbeiter (Assistenzkräfte) erledigt werden, z. B. Sekretariatstätigkeiten (BIH-Empfelungen Nr. 1.4). Soweit die **Assistenztätigkeit unabhängig von der Behinderung** für die jeweilige Berufsausübung **notwendig ist,** etwa als Sprechstundenhilfe, besteht **kein Kostenübernahmeanspruch** nach § 102 Abs. 4 SGB IX § 17 Abs. 1a SchwbAV, denn der Gesetzgeber hat insoweit keine Besserstellung der schwerbehinderten Menschen gegenüber Nichtbehinderten beabsichtigt (🏛 VG Halle / Saale Urteil vom 29. November 2001 – 4 A 496/99 = BehindertenR 2003, 195; ebenso 🏛 OVG NRW Beschluss vom 11. Mai 2005 – 12 E 984/04 = BehindertenR 2006, 175 für Fremdsprachendolmetscher/innen und 🏛 VG Stade Urteil vom 25. Juni 2003 – 4 A 1687/01 = BehindertenR 2004, 19 für Rechtsanwalts-/Notargehilfen).

48

Angesichts des weiten Begriffes der Arbeitsassistenz bedarf es einer **Konkretisierung durch eine Rechtsverordnung,** die die Bundesregierung nach **§ 108** SGB IX mit Zustimmung des Bundesrates erlassen kann. Bis dahin besteht aber bereits ein Rechtsanspruch auf Leistun-

49

gen. Lediglich hinsichtlich des unbestimmten Rechtsbegriffes „notwendig" hat das Integrationsamt einen Beurteilungsspielraum.

50 Da bisher keine Rechtsverordnung erlassen wurde, hat die Bundesarbeitsgemeinschaft der Integrationsämter und Hauptfürsorgestellen (BIH) zur Ausfüllung des Ermessens der Verwaltung bezüglich der Höhe und der Dauer der Leistung **Empfehlungen** entwickelt und mit den zuständigen Bundesministerium abgestimmt („Empfehlungen der Bundesarbeitsgemeinschaft der Integrationsämter und Hauptfürsorgestellen BIH für die Erbringung finanzieller Leistungen zur Arbeitsassistenz schwerbehinderter Menschen gemäß § 102 Abs. 4 SGB IX" – Stand: 16. Oktober 2007 – Anhang Nr. 9). Die Empfehlungen haben **keinen bindenden Rechtscharakter.** Sie werden aber in Ermangelung verbindlicher anderweitiger Regelungen durchaus **von der Rechtsprechung zugrunde gelegt,** insbesondere zur Beurteilung der Notwendigkeit einer Arbeitsassistenz und zur Höhe des Leistungsanspruchs (vgl. z. B. VG Mainz Urteil vom 23. März 2006 – 1 K 269/05.MZ; VG Halle/ Saale Beschluss vom 8. Dezember 2006 – 4 B 624/06, jeweils zit. nach JURIS; ablehnend hierzu aber VG Kiel Urteil vom 27. August 2003 – 15 A 267/01 = BehindertenR 2004, 111; vgl. dazu auch unten RdNr. 65).

51 Zur **Notwendigkeit der Arbeitsassistenz** führen die BIH-Empfehlungen in Nr. 1.5 aus:

„Notwendig ist die Arbeitsassistenz, wenn dem Assistenznehmer erst durch diese Leistung eine wettbewerbsfähige Erbringung der jeweils arbeitsvertraglich(en)/dienst-rechtlich(en) geschuldeten Tätigkeit(en) möglich wird(werden). Im Interesse einer selbstständigen Arbeitsausführung sollen **alle anderen Möglichkeiten nach dem SGB IX** sowie die **vorrangigen Leistungen ausgeschöpft** werden. Dazu gehören insbesondere
- die dem Fähigkeitsprofil der schwerbehinderten Menschen entsprechende Auswahl des Arbeitsplatzes (ggf. Umsetzung auf einen anderen Arbeitsplatz),
- die behinderungsgerechte Organisation, Einrichtung und Ausgestaltung des Arbeitsplatzes,
- die auf die individuellen Fähigkeiten abgestimmte berufliche Ausbildung und Einarbeitung sowie
- innerbetriebliche Maßnahmen der beruflichen Qualifizierung und
- Leistungen zur personellen Unterstützung durch Arbeitgeber (ggf. unter Inanspruchnahme von § 27 SchwbAV).

Das Integrationsamt wirkt in Abstimmung mit dem schwerbehinderten Menschen bei Arbeitgebern und den vorrangigen Leistungsträgern sowie im Rahmen seiner eigenen Leistungsmöglichkeiten darauf hin, dass die zuvor genannten Maßnahmen geprüft und durchgeführt werden."

52 Zu **sonstigen Leistungsvoraussetzungen** ist in Anlehnung an die Nrn. 1.6 – 1.10 der BIH-Empfehlungen zu bemerken:

Bei der Entscheidung über die Leistung wird dem **Wunsch- und Wahlrecht** des Leistungsberechtigten nach Maßgabe des **§ 9 SGB IX** entsprochen.

Die Leistung zur Arbeitsassistenz setzt voraus, dass der schwerbehinderte Mensch in **einem tariflich oder ortsüblich entlohnten Beschäftigungsverhältnis** auf einem Arbeitsplatz im Sinne von § 73 Abs. 1 und § 102 Abs. 2 Satz 3 SGB IX beschäftigt ist.

Die Leistungen des Integrationsamts sollen zusammen mit den laufenden Leistungen anderer Träger in Höhe und Dauer in einem **vertretbaren Verhältnis zu dem** von dem schwerbehinderten Menschen **erzielten Arbeitseinkommen** stehen.

Leistungsvoraussetzung ist eine schriftliche **Erklärung des Arbeitgebers / Dienstherrn,** dass er mit dem Einsatz einer nicht von ihm angestellten betriebsfremden Assistenzkraft einverstanden ist.

Diese Empfehlungen sind bei **selbstständig tätigen** schwerbehinderten Menschen **entsprechend anzuwenden** (§ 21 Abs. 4 SchwbAV; vgl. auch 🏛 VG Stade Urteil vom 25. Juni 2003 – 4 A 1687/01 = BehindertenR 2004, 19 zum Anspruch auf Kostenübernahme für eine Arbeitsassistenz bei einem blinden Rechtsanwalt). Auch hier muss ein angemessenes Verhältnis zwischen Leistungen des Integrationsamtes und erzieltem Einkommen des Assistenznehmers gewährleistet sein.

Zum **Verhältnis der Leistungsverpflichtung des Integrationsamts gegenüber den Verpflichtungen und Leistungen anderer** führen Nrn. 3.1. bis 3.5 der BIH- Empfehlungen aus: 53

Arbeitsassistenz als Leistung des Integrationsamtes ist gemäß § 102 Abs. 5 SGB IX und § 18 Abs. 1 Satz 1 SchwbAV **nachrangig** gegenüber entsprechenden Leistungen Dritter, insbesondere der Arbeitgeber sowie der Träger der Teilhabe am Arbeitsleben gemäß §§ 6 Abs. 1 Nr. 2 – 7, 6a SGB IX.

Erbringt ein **Rehabilitationsträger Leistungen zur Teilhabe am Arbeitsleben** nach § 33 Abs. 1, Abs. 3 Nrn. 1 und 6 und Abs. 8 Satz 1 Nr. 3 SGB IX als Hilfe zur Erlangung eines Arbeitsplatzes an einen schwerbehinderten Menschen selbst oder an seinen Arbeitgeber, sind zur Sicherung der Eingliederung die Kosten einer notwendigen Arbeitsassistenz zu übernehmen. Die Leistung wird durch das Integrationsamt in Abstimmung mit dem Rehabilitationsträger ausgeführt, dem der zuständige Rehabilitationsträger die Kosten nach § 33 Abs. 8 Sätze 2 und 3 SGB IX für die Dauer von drei Jahren erstattet.

Entsprechendes gilt für die Kostenübernahme einer Maßnahme gemäß § 270a Abs. 1 SGB III bzw. § 16 Abs. 1 Satz 2 SGB II i. V. m. § 270a SGB III.

Die Übernahme der Kosten einer Arbeitsassistenz durch das Integrationsamt setzt daher voraus, dass **alle Maßnahmen der Arbeitgeber sowie alle vorrangigen Verpflichtungen der Rehabilitations- und anderer Leistungsträger** im Sinne des Sozialgesetzbuchs **ausgeschöpft** sind. Eine Übernahme der Kosten einer Arbeitsassistenz durch das Integrationsamt erfolgt nicht, wenn die für die schwerbehinderten Menschen erforderlichen Unterstützungsmaßnahmen im Arbeitsverhältnis durch Dritte bereitgestellt und/oder durch Leistungen anderer (Reha-)Träger abgedeckt werden können. Dies ist insbesondere der Fall 54

– bei Leistungen zum Erreichen des Arbeitsplatzes nach der **Kraftfahrzeughilfe-Verordnung** durch die vorrangig verpflichteten Träger der Leistungen zur Teilhabe,
– wenn die Unterstützung am Arbeitsplatz durch **Integrationsfachdienste** im Rahmen ihrer Aufgabenstellung gemäß § 110 Abs. 2 Nrn. 3 bis 6 SGB IX ausreicht,
– bei einer Beschäftigung in einem **Integrationsprojekt** im Sinne des § 132 SGB IX mit arbeitsbegleitender Betreuung gemäß § 133 SGB IX.

Die **Bereitstellung personeller Unterstützung durch den Arbeitgeber** nach § 102 Abs. 3 Satz 1 Nr. 2 b SGB IX und § 27 SchwbAV im Rahmen des Rechtsanspruchs schwerbehinderter Menschen gegenüber dem Arbeitgeber auf behinderungsgerechte Gestaltung der Arbeitsorganisation gemäß **§ 81 Abs. 4 Satz 1 Nr. 4 SGB IX** ist in der Praxis eine wichtige Hilfestellung bei der Teilhabe schwerbehinderter Menschen am Arbeitsleben. Geht der Umfang der notwendigen Arbeitsassistenz allerdings über die vom Arbeitgeber bereitgestellte Unterstützung hinaus, können **beide Leistungen kombiniert erbracht** werden. 55

Soweit Träger der **Kranken- und Pflegeversicherung bzw. der Sozialhilfe** nach dem für sie geltenden Leistungsrecht für allgemeine pflegerische und betreuerische Maßnahmen, ggf. ganztags, zuständig sind, sind Leistungen zur Arbeitsassistenz gemäß § 102 Abs. 4 SGB IX nur in dem Umfang möglich, der sich **ausschließlich auf die Unterstützung im Arbeitsverhältnis** bezieht und nicht bereits durch die pflegerischen und betreuerischen Maßnahmen in der Zuständigkeit des anderen (vorrangigen) Leistungsträgers abgedeckt ist. 56

Zum Zwecke der **Leistungserbringung an den Assistenznehmer aus einer Hand** sowie zur Verwaltungsvereinfachung kann die Leistung des Integrationsamtes in Fällen dieser Art, falls sie nicht im Rahmen eines trägerübergreifenden persönlichen Budgets erfolgt, auch in der 57

Form erbracht werden, dass das **Integrationsamt** dem anderen (vorrangigen) Leistungsträger die **Kosten der notwendigen Arbeitsassistenz** in dem durch ihren Bewilligungsbescheid festgelegten Umfang **erstattet,** nachdem die schwerbehinderten Menschen ihren Anspruch nach § 102 Abs. 4 SGB IX an diesen abgetreten haben.

58 Die BIH-Empfehlungen sehen in Nr. 4.1 Leistungen an schwerbehinderte Menschen für die notwendige Arbeitsassistenz – abhängig von seinem individuellen Unterstützungsbedarf – vor, die **als monatliche Budgets** zur Verfügung gestellt werden. Diese betragen bei einem **durchschnittlichen arbeitstäglichen Unterstützungsbedarf** von

weniger als 1 Stunde	= bis zu	275,00 Euro
1 Stunde bis unter 2 Stunden	= bis zu	550,00 Euro
2 Stunden bis unter 3 Stunden	= bis zu	825,00 Euro
mindestens drei Stunden	= bis zu	1.100,00 Euro.

Bei der Berechnung des zeitlichen Umfangs der Arbeitsassistenz im konkreten Fall besteht **kein Anspruch auf Berücksichtigung von geleisteten Überstunden** (VG Mainz Urteil vom 23. März 2006 – 1 K 269/05.MZ, zit. nach JURIS).

Sofern Umsatzsteuerpflicht besteht, ist die **Umsatzsteuer zusätzlich** zu erstatten.

59 Als **Aufwandspauschale für Regiekosten** (z. B. Meldung zur Sozialversicherung, Entgeltberechnung, Lohnbuchhaltung, Abführung von Sozialversicherungsbeiträgen und Steuern) können die vorgenannten Beträge bei einer Fremdvergabe an Dritte um einen Betrag von **30 Euro pro Monat** erhöht werden.

Wenn neben dem eigentlichen Unterstützungsbedarf am Arbeitsplatz z. B. **Bereitschaftszeiten oder Reisekosten der Assistenzkraft** anfallen, die auch bei Ausschöpfen der vom Arbeitgeber bereitgestellten Unterstützungsmaßnahmen unvermeidlich sind, kann im Einzelfall der Leistungsrahmen erhöht werden.

60 **Hörbehinderte Menschen,** die zur Kommunikation im Arbeitsverhältnis auf eine regelmäßig wiederkehrende Unterstützung durch **Gebärden- bzw. Schriftsprachdolmetscher** angewiesen sind, erhalten unter Berücksichtigung des durchschnittlichen zeitlichen Umfangs des monatlichen Bedarfs bei Vollzeitbeschäftigung ein persönliches Arbeitsassistenzbudget von **bis zu 1.100,00 Euro pro Monat** für Dolmetschereinsätze, die nach den „Empfehlungen der BIH zur Bezuschussung von Kosten für Gebärdensprachdolmetscherinnen-Leistungen" abgewickelt werden (vgl. Anhang Nr. 10).

61 Soweit in einzelnen Monaten persönliche Arbeitsassistenzbudgets nicht in Anspruch genommen werden, können sie innerhalb des Bewilligungszeitraums **auf andere Monate übertragen** werden. Liegen die notwendigen tatsächlichen Ausgaben zum Ende des Bewilligungszeitraums unter dem bewilligten Budget, sind **zu viel gezahlte Beträge zurückzuerstatten** bzw. mit der nächsten Vorauszahlung zu verrechnen (BIH-Empfehlungen Nr. 4.2)

62 Bei **Erkrankung des Assistenznehmers** können die Leistungen bei bestehender arbeitsvertraglicher Verpflichtung höchstens bis zum Ende des Bewilligungszeitraums erbracht werden. Bei Erkrankung der Assistenzkraft wird im Einzelfall die Möglichkeit der Finanzierung einer Ersatzkraft geprüft (BIH-Empfehlungen Nr. 4.3.und 4.4).

63 Die Geldleistungen werden **frühestens vom Monat der Antragstellung** an erbracht, und zwar **monatlich im Voraus** (BIH-Empfehlungen Nr. 5.2 und 5.4).

Als Bewilligungszeitraum sind regelmäßig **zwei Jahre** vorgesehen; auf Antrag können die Leistungen bei unverändert vorliegenden Voraussetzungen **auch wiederholt erbracht** werden (BIH-Empfehlungen Nr. 5.3). Die zwecksprechende Verwendung der Geldleistungen ist dem Integrationsamt nachträglich durch Vorlage geeigneter Unterlagen nachzuweisen (BIH-Empfehlungen Nr 5.6).

Obwohl § 102 Abs. 4 SGB IX einen Rechtsanspruch des schwerbehinderten Menschen auf Arbeitsassistenz zu begründen scheint, ist doch zu beachten: Die Leistung ist nur **aus den zur Verfügung stehenden Mitteln der Ausgleichsabgabe** zu erbringen. Eine – im Rahmen der Ermessensentscheidung nach **§ 18 Abs. 2** SchwbAV grundsätzlich mögliche – Ablehnung einer Leistung zum Ausgleich eines behinderungsbedingten Nachteils könnte etwa darauf gestützt werden, dass die Mittel bereits erschöpft sind oder, soweit entsprechende Mittel noch vorhanden sein sollten, dass die Gewährung einer Leistung an den Antragsteller zu Gunsten einer anderweitigen Mittelverwendung zurückgestellt wird (⊞ VG Halle/Saale Urteil vom 29. November 2001 – 4 A 496/99 = BehindertenR 2003, 195). Die Verteilung begrenzter Mittel nach Kriterien, die gesetzlich nicht vorgegeben sind, ist **der Sache nach eine Ermessensentscheidung**, auch wenn der Gesetzgeber einen gesetzlichen Anspruch hat schaffen wollen (⊞ VG Minden Beschluss vom 22. Juli 2004 – 7 K 7681/03 = BehindertenR 2006, 175, bestätigt durch ⊞ OVG NRW Beschluss vom 11. Mai 2005 – 12 E 984/04 = BehindertenR 2006, 175). Der Anspruch steht unter dem **Vorbehalt der dem jeweiligen Integrationsamt zur Verfügung stehenden Mittel der Ausgleichsabgabe.** Damit hat der Gesetzgeber selbst auch eine Anspruchsbegrenzung vorgenommen (⊞ VG Minden Beschluss vom 22. Juli 2004 a. a. O. im Anschluss an ⊞ OVG Bremen Beschluss vom 15. Oktober 2003 – 2 B 304/03 = BehindertenR 2004, 84).

64

Die **pauschalierte Bewilligung der Mittel der Arbeitsassistenz** entsprechend den BIH-Richtlinien ist **nicht ermessensfehlerhaft** (⊞ VG Minden Beschluss vom 22. Juli 2004 a. a. O.; a. A. ⊞ VG Kiel Urteil vom 27. August 2003 – 15 A 267/01 = BehindertenR 2004, 111: § 102 Abs. 4 sei ausdrücklich als Anspruch des schwerbehinderten Menschen formuliert; hierfür spreche auch die Gegenüberstellung mit der als Ermessensnorm ausgestalteten Rechtsgrundlage des § 102 Abs. 3 SGB IX für Leistungen an Schwerbehinderte bzw. deren Arbeitgeber. Hätte der Gesetzgeber lediglich einen Anspruch auf fehlerfreie Ermessensausübung normieren wollen, so hätte er den Leistungskatalog des § 102 Abs. 3 Nr. 1 SGB IX entsprechend erweitern können).

65

E) zu Abs. 5

1. Leistungen der Bundesagentur für Arbeit

Die Vorschrift stellt in **Abs. 5 Satz 1** klar, dass Verpflichtungen anderer durch die Zuständigkeit der Integrationsämter für Geldleistungen als begleitende Hilfen im Arbeitsleben nach Abs. 3 und 4 nicht berührt werden. Dies ist maßgebend für das **Verhältnis zu den Leistungen der Bundesagentur für Arbeit nach § 104 SGB IX,** da insoweit ein Gleichrang besteht (vgl. hierzu auch oben Rdnr. 12d). Integrationsämter und Agentur für Arbeit müssen ihre Leistungserbringung koordinieren. Hat aber die Bundesagentur für Arbeit geleistet, kommt nach § 18 Abs. 1 SchwbAV eine gleichartige Leistung im Rahmen der begleitenden Hilfe durch das Integrationsamt nicht mehr in Betracht (Müller-Wenner / *Schorn* Rdnr. 42 m. w. N.).

66

2. Andere Rehabilitationsträger

In **Abs. 5 Satz 2** wird der **Vorrang der Leistungen der anderen Rehabilitationsträger** – ausgenommen Sozial- und Jugendhilfe – festgelegt. Die Rehabilitationsleistungen obliegen in erster Linie den hierzu gesetzlich verpflichteten Stellen, also Kranken- und Rentenversicherung, Unfallversicherung, Kriegsopferversorgung und Träger der sozialen Entschädigung. Diese dürfen ihre Leistungen nicht deshalb versagen, weil nach dem Schwerbehindertenrecht des SGB IX entsprechende Leistungen vorgesehen sind. Selbst eine **Aufstockung** durch Leistungen des Integrationsamtes ist **ausgeschlossen**, weil dies dem Grundsatz der Einheit der Rehabilitationsmaßnahmen widersprechen würde (Neumann u. a. / *Pahlen* Rdnr. 36). Jeder Rehabilitationsträger soll vielmehr im Rahmen seiner Zuständigkeit die nach Lage des Einzelfalles erforderlichen Leistungen vollständig und umfassend erbringen (LPK-SGB IX / *Dau* Rdnr. 20).

67

F) zu Abs. 6

1. Zuständigkeitsklärung des Integrationsamtes

68 Die Vorschrift des Abs. 6 Satz 1 regelt in **sinngemäßer Anwendung des § 14 SGB IX** das Verfahren, wenn bei dem Integrationsamt eine Leistung zur Teilhabe am Arbeitsleben beantragt wird. Dabei ist die **Gemeinsame Empfehlung** über die Ausgestaltung des in § 14 SGB IX bestimmten Verfahrens i. d. F. vom 8. November 2005 – GEzZ, abgebildet im Anhang zu § 14 SGB IX – zu beachten; in sie sind auch die Integrationsämter in Bezug auf Leistungen und sonstige Hilfen für schwerbehinderte Menschen eingebunden.

69 Das Integrationsamt hat **innerhalb von zwei Wochen nach Eingang des Antrags** festzustellen, ob es nach den Vorschriften des § 102 Abs. 1–5 **zuständig ist.** Stellt es bei der Prüfung fest, dass es für die Leistung nicht zuständig ist, leitet es den Antrag unverzüglich dem nach seiner Auffassung **zuständigen Rehabilitationsträger zu.** Muss für eine solche Feststellung die Ursache der Behinderung geklärt werden, und ist diese Klärung in der 2-Wochen-Frist nicht möglich, wird der Antrag unverzüglich dem Rehabilitationsträger zugeleitet, der die Leistung ohne Rücksicht auf die Ursache erbringt (§ 14 Abs. 1 Satz 1–3 entsprechend).

70 Leitet das Integrationsamt den Antrag nicht weiter, **stellt es den Rehabilitationsbedarf unverzüglich fest**. Ist dies ohne Einholung eines Gutachtens möglich, entscheidet es innerhalb von **drei Wochen** nach Antragseingang. Wird hingegen ein **Gutachten erforderlich,** hat es die Entscheidung innerhalb von zwei Wochen nach Vorliegen des Gutachtens zu treffen (§ 14 Abs. 2 Satz 1 und 2, 4 entsprechend).

71 Soweit das Integrationsamt Leistungen ohne Antrag **von Amts wegen** erbringt, gelten die vorgenannten Grundsätze entsprechend. An die Stelle des Tages der Antragstellung tritt dann der **Tag der Kenntnis des voraussichtlichen Rehabilitationsbedarfs** (§ 14 Abs. 3 entsprechend).

72 Stellt das Integrationsamt **nach Bewilligung** einer Leistung fest, dass ein **anderer Rehabilitationsträger** hierfür zuständig ist, **erstattet** dieser dem Integrationsamt dessen Aufwendungen nach den für das Integrationsamt geltenden Rechtsvorschriften (§ 14 Abs. 4 Satz 1 entsprechend).

73 Für die **Beauftragung von Gutachtern durch das Integrationsamt** gilt die Vorschrift des § 14 Abs. 5 entsprechend.

74 Hält das leistende Integrationsamt **weitere Leistungen zur Teilhabe** für **erforderlich,** die **außerhalb seiner Zuständigkeit** liegen, leitet es den Antrag unverzüglich dem nach seiner Auffassung zuständigen Rehabilitationsträger zu und unterrichtet die Leistungsberechtigten hierüber (§ 14 Abs. 6 entsprechend).

75 Dieses Verfahren ist auch dann anwendbar, wenn ein zunächst angegangener unzuständiger Leistungsträger den Antrag an das Integrationsamt weiterleitet. Die Vorschrift des **Abs. 6 Satz 2** verweist insoweit auf **§ 16 SGB I;** dort ist in Abs. 2 die Pflicht zur unverzüglichen Weiterleitung des Antrags durch den unzuständigen Träger geregelt. Ist die Sozialleistung von einem Antrag abhängig, gilt der Antrag zu dem Zeitpunkt gestellt, in dem er bei einem Leistungsträger oder einer anderen amtlichen, in § 16 Abs. 1 SGB IX genannten Stelle eingegangen ist.

76 **Integrationsämter dürfen** also einen an sie nach § 16 Abs. 2 SGB I **weitergeleiteten Antrag nochmals weiterleiten**, wenn sie nach Prüfung ihre Nichtzuständigkeit feststellen (vgl. auch § 3 Nr. 2 GEzZ).

77 Ist die unverzügliche Erbringung einer Leistung zur Teilhabe am Arbeitsleben erforderlich, kann das Integrationsamt die **Leistung vorläufig erbringen (Abs. 6 Satz 3)**. Diese Voraussetzung ist namentlich dann erfüllt, wenn andernfalls der Erhalt des Arbeitsplatzes gefährdet ist (vgl. oben Rdnr. 10k). Hat das Integrationsamt eine Leistung erbracht, für die ein anderer

Träger zuständig ist, so **erstattet** dieser die auf die Leistung entfallenden Aufwendungen (**Abs. 6 Satz 4**).

Durch diese zum 1. Mai 2004 in Kraft getretene Neuregelung wird das **Integrationsamt zur Vorleistung berechtigt und verpflichtet**. Es kann erforderliche Teilhabeleistungen ohne Zeitverzögerung erbringen und hat dann einen Erstattungsanspruch gegen den zuständigen Rehabilitationsträger. Allerdings ist die Vorleistungsmöglichkeit auf diese Fälle beschränkt. Leitet **bei unklarer Zuständigkeit** das Integrationsamt den Antrag an einen anderen Träger weiter, muss dieser die Leistung erbringen, auch wenn er nicht zuständig ist (vgl. oben Rdnr. 10i). 78

G) zu Abs. 7
1. Leistungen des Integrationsamtes als Persönliches Budget

Durch die zum 1. Mai 2004 in Kraft getretene Anfügung des **Abs. 7 Satz 1** wird den Integrationsämtern ermöglicht, ihre Leistung zur begleitenden Hilfe im Arbeitsleben auch in Form eines Persönlichen Budgets auszuführen. Diese Möglichkeit war für Leistungsansprüche gegenüber Rehabilitationsträgern bereits zum 1. Juli 2001 durch § 17 SGB IX eingeführt worden. Die grundlegende Neufassung dieser Vorschrift mit Wirkung vom 1. Juli 2004 hat die Bedeutung des Persönlichen Budgets für die Leistungserbringung an behinderte Menschen weiter gestärkt. Die dort formulierten Grundsätze gelten auch für Leistungen zur begleitenden Hilfe im Arbeitsleben durch die Integrationsämter, weil durch **Abs. 7 Satz 2** die Vorschrift des § 17 für **entsprechend anwendbar** erklärt wird. 79

Danach können **auf Antrag des schwerbehinderten Menschen** die Leistungen des Integrationsamtes nach § 102 Abs. 1 Satz 1 Nr. 3 SGB IX auch durch ein monatliches Persönliches Budget ausgeführt werden, um dem Leistungsberechtigten in eigener Verantwortung ein möglichst selbstbestimmtes Leben zu ermöglichen (§ 17 Abs. 2 Satz 1 entsprechend). Die Ausführung der Leistung als Persönliches Budget stand zunächst noch im Ermessen des Trägers. Seit 1. Januar 2008 muss einem Antrag hierauf entsprochen werden (§ 159 Abs. 5 SGB IX). 80

Das Persönliche Budget ist ein **Geldbetrag**, der einem behinderten Menschen **zur selbstbestimmten und selbstverantworteten Deckung** seines **gesetzlich gewährleisteten Hilfebedarfs** bereitgestellt wird. Mit diesem Betrag erwirbt er die benötigte Leistung unmittelbar bei einem Anbieter. Nur zwischen diesem und dem behinderten Menschen bestehen Rechtsbeziehungen, nicht aber zwischen den Anbieter und dem Rehabilitationsträger bzw. dem Integrationsamt (vgl. Neumann [Hrsg.] HB-SGB IX / *Neumann* § 6 Rdnr. 44 m. w. Nachw.). Das persönliche Budget kann insbesondere bei komplexen und lang anhaltenden Bedarfslagen sinnvoll sein, weil der **behinderte Mensch als „Experte in eigener Sache"** am besten die Leistungen koordinieren und aufeinander abstimmen kann. Auch werden Abstimmungsschwierigkeiten vermieden, wenn mehrere Träger für die einzelnen Leistungen zuständig sind (HK-SGB IX / *Welti* § 17 Rdnr. 18). 81

Die **Freiwilligkeit der Inanspruchnahme** ist ein Wesensmerkmal des Persönlichen Budgets. Es darf dem schwerbehinderten Menschen nicht aufgedrängt, sondern allenfalls angeboten werden. Regelmäßig setzt die Gewährung einen ausdrücklichen Wunsch voraus, über den der Rehabilitationsträger nach pflichtgemäßem Ermessen entscheidet (Neumann [Hrsg.] HB-SGB IX / *Neumann* § 6 Rdnr. 50). An die Entscheidung für ein persönliches Budget ist der schwerbehinderte Mensch **für die Dauer von sechs Monaten gebunden** (§ 17 Abs. 2 Abs. 6 entsprechend). 82

Bei der Ausführung des Persönlichen Budgets sind nach Maßgabe des individuell festgestellten Bedarfs auch die **Rehabilitationsträger** und die Pflegekassen beteiligt. Das Persönliche Budget wird im gegebenen Fall vom Integrationsamt **trägerübergreifend als Komplexleistung** erbracht (§ 17 Abs. 2 Satz 2 und 3 entsprechend). 83

Allerdings wird das **Integrationsamt regelmäßig** nur mit einer nach Volumen oder Leistungsdauer geringen Teilleistung an einem trägerübergreifenden Persönlichen Budget beteiligt sein. Das Leistungsspektrum gem. der SchwbAV sowie die Arbeitsplatzbezogenheit der Leistungen ergeben wenig Sachzusammenhänge oder Überschneidungen etwa mit Sozialhilfeleistungen oder Leistungen der Pflegeversicherung. Bei der **Arbeitsassistenz** hingegen wird die **trägerübergreifende Abwicklung** bereits seit Langem erfolgreich praktiziert. Deshalb kommt hier diese und im Übrigen beispielsweise für Pflege, Arbeitsassistenz und Haushaltshilfe ein trägerübergreifendes Budget in Betracht.

84 **Budgetfähige Leistungen** sind solche, die sich auf alltägliche, regelmäßig wiederkehrende und regiefähige Bedarfe beziehen und als Geldleistungen oder durch Gutscheine erbracht werden können.

Hierzu gehören vor allem die Leistungen für eine **Arbeitsassistenz.** Dabei hängt die Höhe des Budgets vom zeitlichen Umfang des Hilfebedarfs ab. Für ein Persönliches Budget eignen sich weiterhin **technische Arbeitshilfen,** z. B. eine Braillezeile für einen blinden Menschen. Die Leistung als solche ist i. d. R. eine einmalige Leistung an den schwerbehinderten Menschen selbst, doch können zur Instandhaltung laufende Kosten für Wartung und Reparatur anfallen, die förderfähig sind.

Weiterhin gehören dazu **Leistungen zur beruflichen Weiterbildung,** z. B. berufsbegleitende Qualifizierungsmaßnahmen, die sich über einen längeren Zeitraum erstrecken oder mehrere Veranstaltungen mit längeren Pausen dazwischen. Schließlich sind Leistungen für Einarbeitungshilfen, z. B. in Form eines Arbeitstrainings durch externe Fachkräfte, budgetfähig.

Eine Pauschalierung weiterer Leistungen bleibt unberührt (§ 17 Abs. 2 Satz 4 und 5 entsprechend).

85 Zu den **nicht budgetfähigen Leistungen** gehören vor allem einmalige Maßnahmen, die in die Organisations- und Eigentumsrechte des Arbeitgebers eingreifen, etwa die behinderungsgerechte Gestaltung von Arbeitsräumen, z. B. durch den Bau einer Rampe. Dasselbe gilt für eine besondere Arbeitsplatzausstattung, etwa durch eine spezielle Maschine. Die Geldleistungen für diese Zwecke erhält nicht der behinderte Mensch, sondern sein Arbeitgeber.

86 Persönliche Budgets werden in der Regel als **Geldleistung** ausgeführt, wobei in begründeten Fällen auch Gutscheine auszugeben sind (§ 17 Abs. 3 Satz 1 und 2 entsprechend). Sie werden im Verfahren nach § 10 SGB IX so bemessen, dass der individuell festgestellte Bedarf gedeckt ist und die erforderliche Beratung und Unterstützung gewährleistet werden kann. Dabei soll die Höhe des Persönlichen Budgets die Kosten aller bisher individuell festgestellten, ohne das Persönliche Budget zu erbringenden Leistungen nicht überschreiten (§ 17 Abs. 3 Satz 3 und 4 entsprechend).

87 Grundlage für die Umsetzung des Persönlichen Budgets ist die **Budgetverordnung** (BudgetV). Danach müssen der behinderte Mensch und die beteiligten Leistungsträger eine **Zielvereinbarung** abschließen, in der ein individueller Förder- und Hilfeplan aufgenommen wird. Außerdem wird der **Nachweis der Verwendung** des Budgets geregelt und welche Anforderungen an die Qualität der eingekauften Leistung zu stellen sind.

Für die Qualitätssicherung bildet die Zielvereinbarung (§ 4 BudgetV) die Grundlage. Die Zielvereinbarung ist möglichst konkret und nachvollziehbar zu formulieren. Die Inhalte sollten individuell gestaltet, auf den konkreten Arbeitsplatz bezogen und überprüfbar sein sowie einen zeitlichen Rahmen haben.

88 Wer aus dem Persönlichen Budget Hilfeleistungen einkauft, hat entsprechende **Nachweise vorzulegen.** Die Integrationsämter müssen auf diesen Nachweisen bestehen, weil die Leistungen aus Mitteln der Ausgleichsabgabe finanziert werden und ihre Verwendung daher nur für gesetzlich festgelegte Zwecke zulässig ist. Zielvereinbarungen reichen nicht aus, um diese gesetzlichen Anforderungen an die Nachweispflicht zu erfüllen.

Enthält das Persönliche Budget **Leistungen mehrerer Leistungsträger**, erlässt der nach § 14 erstangegangene und beteiligte Leistungsträger im Auftrag und im Namen der anderen beteiligten Leistungsträger den Verwaltungsakt und führt das weitere Verfahren durch (§ 17 Abs. 4 entsprechend). Somit kann auch das Integrationsamt – wenn es vom schwerbehinderten Menschen zuerst angegangen wird – verpflichtet sein, als verantwortlicher Träger Komplexleistungen in Form eines persönlichen Budgets zu erbringen, welches Teilhabeleistungen anderer beteiligter Rehabilitationsträger umfasst. 89

In der Zeit **vom 1. Juli 2004 bis zum 31. Dezember 2007** wurden Persönliche Budgets **erprobt**. Dabei sollen insbesondere modellhaft Verfahren zur Bemessung von budgetfähigen Leistungen in Geld und die Weiterentwicklung von Versorgungsstrukturen unter wissenschaftlicher Begleitung und Auswertung erprobt werden (§ 17 Abs. 6 entsprechend). Der **Abschlussbericht der wissenschaftlichen Begleitforschung** ist auf der Internetseite www.budget.bmas.de eingestellt. 90

Hier befindet sich auch **der Bericht der Bundesregierung** zur Ausführung der Leistungen des Persönlichen Budgets nach § 17 SGB IX. Die von der Bundesarbeitsgemeinschaft für Rehabilitation (BAR) erarbeiteten vorläufigen Handlungsempfehlungen zum Persönlichen Budget können im Internet unter **www.bar-frankfurt.de** aufgerufen werden.

Die von der **Bundesagentur für Arbeit** erarbeiteten **Handlungsempfehlungen** zum Persönlichen Budget vom 20. Juni 2006 sind unter (www.arbeitsagentur.de unter dem Suchbegriff „Handlungsempfehlungen Persönliches Budget" zu finden.

BIH-Empfehlung zur örtlichen Zuständigkeit

Stand 30. November 2006

Im Bereich der Begleitenden Hilfen bzw. der Verwendung der Ausgleichsabgabe gibt es keine gesetzliche Regelung über die örtliche Zuständigkeit. Dies wurde innerhalb der Bundesarbeitsgemeinschaft der Integrationsämter und Hauptfürsorgestellen (BIH) geregelt. Auf Beschluss des Arbeitsausschusses Schwerbehindertenrecht richtet sich die örtliche Zuständigkeit der Integrationsämter bei den verschiedenen Leistungsarten nach dem SGB IX i. V. m. der SchwbAV nach den im Folgenden aufgeführten Anhaltspunkten:

Leistungsart	örtliche Zuständigkeit
§ 15 SchwbAV Leistungen an Arbeitgeber zur Schaffung von Arbeits- und Ausbildungsplätzen für schwerbehinderte Menschen	Ort des geförderten Arbeitsplatzes
§ 19 SchwbAV Technische Arbeitshilfen	Ort des geförderten Arbeitsplatzes, für den die technische Arbeitshilfe bestimmt ist
§ 20 SchwbAV Hilfen zum Erreichen des Arbeitsplatzes	Wohnsitz des schwerbehinderten Menschen
§ 21 SchwbAV Hilfen zur Gründung und Erhaltung einer selbstständigen beruflichen Existenz	Firmensitz/Ort der wirtschaftlichen Existenz
§ 22 SchwbAV Hilfen zur Beschaffung, Ausstattung und Erhaltung einer behinderungsgerechten Wohnung	Ort der geförderten oder zu fördernden Wohnung

Leistungsart	örtliche Zuständigkeit
§ 22 Abs. 1 Nr. 3 SchwbAV Hilfen zum Umzug	Bei Umzug in den Zuständigkeitsbereich eines anderen Integrationsamtes bleibt das „alte" (abgebende) Integrationsamt zuständig
§ 24 SchwbAV Hilfen zur Teilnahme an Maßnahmen zur Erhaltung und Erweiterung beruflicher Kenntnisse und Fertigkeiten	1. Wohnsitz des Schwerbehinderten bei Einzelmaßnahmen 2. Beurteilung der Förderfähigkeit einer Fortbildung durch das Integrationsamt, in dessen Zuständigkeitsbereich der Schulungsträger seinen Sitz hat
§ 25 SchwbAV Hilfen in besonderen Lebenslagen	Wohnsitz des schwerbehinderten Menschen
§ 26 SchwbAV Leistungen zur behinderungsgerechten Einrichtung von Arbeits- und Ausbildungsplätzen für schwerbehinderte Menschen	Ort des geförderten Arbeitsplatzes
§ 26a SchwbAV Zuschüsse zu den Gebühren bei der Berufsausbildung besonders betroffener schwerbehinderter Jugendlicher und junger Erwachsener	Ort des ausbildenden Betriebes
§ 26b SchwbAV Prämien und Zuschüsse zu den Kosten der Berufsausbildung behinderter Jugendlicher und junger Erwachsener	Ort des ausbildenden Betriebes
§ 26c SchwbAV Prämien zur Einführung eines betrieblichen Eingliederungsmanagements	Sitz des Betriebes/der Dienststelle in dem/der das BEM eingeführt wurde und nicht der Sitz des Konzerns oder der Behördenleitung
§ 27 SchwbAV Leistungen bei außergewöhnlichen Belastungen	Ort des Arbeitsplatzes des schwerbehinderten Menschen
§ 29 Abs. 1 Satz 2 SchwbAV Leistungen zur Durchführung von Aufklärungs-, Schulungs- und Bildungsmaßnahmen anderer Träger	Ort der Veranstaltung
§ 29 Abs. 2 Satz 1 SchwbAV Leistungen zur Durchführung von Aufklärungs-, Schulungs- und Bildungsmaßnahmen für andere Personen	Arbeitsplatz des schwerbehinderten Menschen bzw. der Kollegen (Betriebssitz)

Leistungsart	örtliche Zuständigkeit
§ 83 SGB IX Beteiligung an Integrationsvereinbarungen	Zuständig ist das Integrationsamt, in dem der Sitz des Arbeitgebers/Betriebes liegt, für dessen Bereich die Vereinbarung abgeschlossen werden soll, z. B. – allgemeiner Teil für das Gesamtkonzept = Integrationsamt am Sitz des Konzerns – spezieller Teil für den Bereich eines einzelnen Betriebs = Integrationsamt am Sitz des Betriebs
§ 102 Abs. 2 Satz 4 SGB IX i. V. m. § 28 SchwbAV Psychosoziale Betreuung	Arbeitsplatz des betreuten behinderten Menschen
§ 102 Abs. 4 SGB IX Arbeitsassistenz	Bereich des Arbeitsplatzes. Bei Telearbeit bzw. alternierender Telearbeit Betriebssitz des Arbeitgebers
§ 102 Abs. 3 i. V. m. § 104 Abs. 3 SGB IX Bei alternierender Telearbeit (Heim- und Betriebsarbeitsplatz im örtlichen Zuständigkeitsbereich verschiedener Integrationsämter)	Die Zuständigkeit richtet sich nach dem Sitz des Betriebes, dem der Heimarbeitsplatz zugeordnet ist, auch dann, wenn im unmittelbaren betrieblichen Bereich Veränderungen nicht erforderlich sind
§ 104 Abs. 3 SGB IX Regionale Arbeitsmarktprogramme	Lohnkostenzuschüsse bei regionalen Arbeitsmarktprogrammen, wenn der Wohnsitz und der Arbeitsort des schwerbehinderten Menschen im Geltungsbereich verschiedener Arbeitsmarktprogramme liegen: Zuständig ist das Integrationsamt, in dessen Zuständigkeitsbereich der Betrieb (Förderungsempfänger) seinen Sitz hat
§§ 109, 113 SGB IX i. V. m. § 27 SchwbAV Integrationsfachdienste	Die Zuständigkeit des Integrationsfachdienstes richtet sich – im Rahmen der Vermittlung nach dem Wohnort des schwerbehinderten Menschen – im Rahmen der Betreuung nach dem Arbeitsplatz des schwerbehinderten Menschen – bei Arbeitsplatz- oder Wohnungswechsel ist der neue IFD und das neue Integrationsamt zu informieren und ggf. die Abgabe zu regeln
§§ 132, 134 SGB IX i. V. m. § 28 SchwbAV Förderung von Integrationsprojekten	Ort der geförderten Arbeitsplätze

Verwaltungsabsprache über die Gewährung von Leistungen der Begleitenden Hilfen im Arbeitsleben nach dem Zweiten Teil des SGB IX im Verhältnis zu den Leistungen zur Teilhabe am Arbeitsleben gem. Teil 1 SGB IX vom 24. 4. 2002

der Deutschen Rentenversicherung, vertreten durch den Verband der Deutschen Rentenversicherungsträger
der Bundesanstalt für Arbeit
der gesetzlichen Unfallversicherung, vertreten durch den Hauptverband der gewerblichen Berufsgenossenschaften, dem Bundesverband der Unfallkassen, den Bundesverband der landwirtschaftlichen Berufsgenossenschaften und
der Bundesarbeitsgemeinschaft der Integrationsämter und Hauptfürsorgestellen

0. Allgemeines

Im Wirkungs- und Handlungsbereich der begleitenden Hilfen im Arbeitsleben nach § 102 Abs. 1 Nr. 3 SGB IX durch die Integrationsämter einerseits und den Leistungen zur Teilhabe am Arbeitsleben nach § 33 SGB IX durch die Rehabilitationsträger andererseits ergibt sich die Schnittfläche einer gleichartigen Leistungserbringung. Hierbei handelt es sich in aller Regel um Leistungen für arbeitsplatzausgestaltende Maßnahmen (Arbeitsausrüstung, Hilfsmittel zur Berufsausübung oder technische Arbeitshilfen). Die Inhalte dieser Verwaltungsabsprache sollen die jeweiligen Aufgabengebiete und vorhandene Zuständigkeiten deutlich machen, die Zuordnung der Leitungsbegehren erleichtern sowie Rechtsstreitigkeiten vermeiden. Die Verwaltungsabsprache soll gleichfalls bewirken, dass die Leistungen vom jeweiligen Absprachepartner im Rahmen seiner Aufgabenstellung entsprechend § 4 Abs. 2 Satz 2 SGB IX vollständig, umfassend und in gleicher Qualität erbracht werden, sodass Leistungen des anderen Leistungsträgers nicht erforderlich werden.

1. Grundsätzliches

Arbeitgeber sind nach dem SGB IX Teil 2 (Schwerbehindertenrecht) im Rahmen des Zumutbaren verpflichtet, den Arbeitsplatz für schwerbehinderte Menschen oder gleichgestellte behinderte Menschen so einzurichten, dass sie dauernde Beschäftigung finden können. Hierbei werden die Arbeitgeber u. a. durch die Integrationsämter unterstützt. Die Leistungsverpflichtung der Arbeitgeber und Integrationsämter ist im Verhältnis zum Rehabilitationsträger im Rahmen der Leistungen zur Teilhabe am Arbeitsleben nachrangig. Der Vorrang des Trägers der Leistungen zur Teilhabe am Arbeitsleben beschränkt sich dabei jedoch unter Berücksichtigung der für ihn maßgeblichen Vorschriften ausschließlich auf die Förderung der Beschäftigungsbedingungen des einzelnen behinderten Menschen.

Soweit es um Maßnahmen zur Schaffung besonderer behindertengerechter betrieblicher Einrichtungen (z. B. Rollstuhlrampen, Aufzüge, Toilettenanlagen) zu Gunsten einer Mehrzahl von beschäftigten behinderten Menschen geht, besteht keine Leistungspflicht des Rentenversicherungsträgers. Eine Notwendigkeit der Leistungserbringung durch die Integrationsämter ergibt sich hier aber auch nur insoweit, als es um die Versorgung von schwerbehinderten oder gleichgestellten Beschäftigten in Ergänzung von Arbeitgeberpflichten geht.

2. Zuständigkeit

2.1 Rentenversicherung – BfA

Auf der Grundlage von Ziffer 1 ergibt sich eine Zuständigkeit der BfA alleine bei gesundheitsbedingter Einschränkung der Erwerbsfähigkeit, wenn also ohne die Gewährung entsprechender Leistungen deshalb von einer erheblichen Gefährdung bzw. dem drohenden Verlust des Arbeitsplatzes auszugehen ist. Hierbei bleibt der besondere Kündigungsschutz des betroffenen Personenkreises unberücksichtigt. Darüber hinaus erstreckt sich die Zuständigkeit der BfA auf behinderungsbedingt notwendige Maßnahmen, die in unmittelbarem Zusammenhang mit der Erlangung eines Arbeitsplatzes stehen, weil der behinderte Mensch ohne sie nicht in der Lage ist, die angestrebte berufliche Tätigkeit aufzunehmen; dies kann auch im Anschluss an eine Primärmaßnahme der BfA der Fall sein.

Die Fördermöglichkeit der BfA beschränkt sich auf die behinderungsbedingt notwendigen Mehraufwendungen für Maßnahmen im Rahmen der Leistungen zur Teilhabe am Arbeitsleben.

2.2 Integrationsamt

Besteht keine gesundheitsbedingte Gefährdung bzw. drohender Verlust des Arbeitsplatzes oder ergibt sich die Notwendigkeit einer Leistungserbringung aus anderen Gründen, die nicht unmittelbar durch die gesundheitliche Beeinträchtigung der Erwerbsfähigkeit ausgelöst wird, ist für die Prüfung von deren Förderfähigkeit das Integrationsamt zuständig.

Dies sind insbesondere betriebsbedingte Maßnahmen aufgrund von Modernisierung/technischer Weiterentwicklung, Verbesserungen der Beschäftigungsbedingungen, betrieblicher Innovation sowie Veränderungen des beruflichen Umfeldes bei Unternehmensentscheidungen aller Art. Darüber hinaus obliegt es den Integrationsämtern, bei Arbeitgeberwechsel, die auf eigene Initiative des behinderten Menschen aus behinderungsunabhängigen Gründen betrieben werden oder aufgrund von unternehmerischen Entscheidungen (Insolvenz) erfolgen, eine Leistungserbringung zu prüfen.

3. Besonderheiten bei der Wohnungshilfe

Die Leistungen der Wohnungshilfe umfassen finanzielle Hilfen für die Kosten der Beschaffung der Ausstattung und Erhaltung einer behindertengerechten Wohnung. Sie sollen eingesetzt werden, soweit sich eine berufsbezogene Notwendigkeit hierfür ergibt. Nach dem unter Ziffer 1 dargelegten Grundsatz der Nachrangigkeit der Integrationsämter besteht ihre Leistungspflicht insofern nur gegenüber den schwerbehinderten Menschen, die zur Erhaltung ihres Arbeitsplatzes auf solche Leistungen angewiesen sind, bei denen aber die Maßnahmen, die auch ohne Arbeitsbezug zwingend zum Bestandteil der persönlichen Lebensführung eines behinderten Menschen gehören, die Verbesserung der Lebensqualität bewirken oder sogar elementare Grundbedürfnisse befriedigen, sind nicht förderungsfähig. Leistungsverpflichtungen anderer Träger bleiben insoweit unberührt.

4. Leistungen der Arbeitsassistenz

Leistungen einer notwendigen Arbeitsassistenz werden vom Integrationsamt zur Erhaltung eines Arbeitsplatzes getragen und von den Rehabilitationsträgern zur Erlangung eines Beschäftigungsverhältnisses für die Dauer bis zu 3 Jahren. Die Ausführung der Leistung liegt indessen generell bei dem Integrationsamt. Die Ausführung der Leistung nach § 33 Abs. 8 Satz 2 SGB IX zur Erlangung eines Arbeitsplatzes durch das Integrationsamt kommt allerdings nur bei Beschäftigungsverhältnissen auf Arbeitsplätzen im Sinne des § 73 Abs. 1 ggf. i. V. m. § 102 Abs. 2 Satz 3 SGB IX in Betracht. Soweit der Rehabilitationsträger die Kosten einer notwendigen Arbeitsassistenz zu tragen hat, erfolgt zwischen ihm und dem Integrationsamt hierüber eine Abstimmung (§ 33 Abs. 8 Satz 2 SGB IX). Hierzu wird folgende Vorgehensweise vereinbart.

Sofern der Antrag unmittelbar beim Integrationsamt gestellt wird, erhält der Rehabilitationsträger zunächst Gelegenheit, unverzüglich den grundsätzlichen Rehabilitationsbedarf und die sonstigen Voraussetzungen seiner Zuständigkeit zu prüfen. Soweit diese festgestellt worden sind, erteilt der Rehabilitationsträger eine grundsätzliche Kostenzusage für die notwendige Arbeitsassistenz. Das Integrationsamt ermittelt gleichzeitig den zur Ausführung der Leistung individuellen Assistenzbedarf. Bei der Bemessung der Leistung gelten die „Vorläufigen Empfehlungen der Bundesarbeitsgemeinschaft der Integrationsämter und Hauptfürsorgestellen (BIH) für die Erbringung finanzieller Leistungen zur Arbeitsassistenz schwerbehinderter Menschen gemäß § 102 Abs. 4 SGB IX". Der Bescheid über den Leistungsumfang an den Leistungsberechtigten ergeht durch das Integrationsamt. Die Aufwendungen für die Leistungen einer notwendigen Arbeitsassistenz werden dem Integrationsamt anschließend nach § 33 Abs. 8 Satz 3 SGB IX bis zu 3 Jahren von Beginn der Leistungsgewährung an erstattet; die Abrechnung sollte jährlich vorgenommen werden. Das Verfahren findet gleichermaßen Anwendung, wenn der Antrag des behinderten Menschen direkt beim Rehabilitationsträger eingeht.

Die Vorschrift des § 33 Abs. 8 Sätze 2 bis 4 SGB IX geht der allgemeinen Regelung über die Zuständigkeitsklärung nach § 14 SGB IX vor.

5. Wiederholte Förderung

Der Kostenträger, der die Erstbeschaffung gefördert hat, ist auch für die Förderung einer notwendigen Ersatzbeschaffung unter Berücksichtigung inzwischen erfolgter technischer Entwicklungen zuständig. Zuständigkeitsregelungen im internen Verhältnis der Partner der Verwaltungsabsprache bzw. zu anderen Leistungsträgern bleiben davon unberührt.

6. Verfahren

Geht das Integrationsamt aufgrund der unter Ziffer 1 und 2 dargelegten Kriterien davon aus, dass ein schwerbehinderter Mensch zur Sicherung seiner beruflichen Eingliederung Leistungen benötigt, für die die BfA vorrangig zuständig ist, leitet es den Antrag einschließlich aller vorhandenen Unterlagen (Kopien) innerhalb der Frist des § 14 SGB IX an die BfA weiter (§ 102 Abs. 6 Satz 1 SGB IX). Dabei sollten von den Integrationsämtern die durch die BfA zur Verfügung gestellten REHA-Antragsvordrucke verwendet werden. Von dem Integrationsamt veranlasste ärztliche Gutachten oder Stellungnahmen des Technischen Beratungsdienstes werden als Grundlage bei den zu treffenden Entscheidungen berücksichtigt. In besonders gelagerten Fällen sollte im Hinblick auf eine Verfahrensbeschleunigung ein gemeinsames Abstimmungsgespräch bzw. eine telefonische Vorabstimmung erfolgen. Im Übrigen findet § 14 SGB IX Anwendung.

Benötigt ein Antragsteller Leistungen, für die nach Auffassung der BfA das Integrationsamt zuständig ist, wird der Antrag mit sämtlichen vorhandenen Unterlagen (Kopien) innerhalb der Frist des § 14 SGB IX an das zuständige Integrationsamt abgegeben. Nach § 102 Abs. 6 Satz 2 SGB IX ist dem Integrationsamt, soweit die Prüfung seiner Zuständigkeit zu einem negativen Ergebnis führt, allerdings eine Rückgabe oder Weiterleitung an einen anderen, nach seiner Meinung zuständigen Rehabilitationsträger möglich.

7. Inkrafttreten/Kündigung

Die Verwaltungsabsprache tritt am 1. August 2002 in Kraft. Sie kann von jedem Verfahrenspartner mit einer Frist von einem Jahr zum Ende eines Kalendervierteljahres gekündigt werden.

8. Sonstiges

Die Partner der Verwaltungsabsprache werden in angemessenen Zeitabständen prüfen, ob die Absprache aufgrund zwischenzeitlich gewonnener Erfahrungen verbessert oder wesentlich veränderten Verhältnissen angepasst werden muss.

BIH-Empfehlungen bei Anträgen von hörbehinderten Menschen auf Finanzierung von speziellen Hörhilfen aus Mitteln der Ausgleichsabgabe gem. §§ 18 Absatz 2 Ziffer 1, 19 SchwbAV

Stand: 16. April 2007

1. Allgemeines

Leistungen zur Teilhabe am Arbeitsleben können gemäß § 33 SGB IX durch die Rehabilitationsträger oder im Rahmen der begleitenden Hilfe im Arbeitsleben gemäß § 102 Absatz 1 Nr. 3 SGB IX durch die Integrationsämter erbracht werden. Nach § 102 Absatz 5 SGB IX sind Leistungen des Integrationsamtes nachrangig. Das Aufstockungsverbot ist zu beachten.

Zur allgemeinen Abgrenzung der Leistungen der begleitenden Hilfe von den Leistungen zur Teilhabe am Arbeitsleben durch die Träger der beruflichen Rehabilitation wird auf die Verwaltungsabsprache zwischen der Deutschen Rentenversicherung, der Bundesagentur für Arbeit, der gesetzlichen Unfallversicherung, dem Bundesverband der Unfallkassen, dem Bundesverband der landwirtschaftlichen Berufsgenossenschaften und der Bundesarbeitsgemeinschaft der Integrationsämter und Hauptfürsorgestellen über die Gewährung von Leistungen der begleitenden Hilfe im Arbeitsleben gemäß Teil 2 des SGB IX vom 24. 4. 2002, in Kraft mit Wirkung ab 1. 8. 2002, verwiesen.

2. Abgrenzung der Zuständigkeit zwischen der Gesetzlichen Krankenversicherung (GKV), den Trägern der beruflichen Rehabilitation und den Integrationsämtern

2.1 Vorrangige Zuständigkeit der Gesetzlichen Krankenversicherung (GKV)

Rechtsgrundlage für die (medizinische) Versorgung mit Hörhilfen ist § 33 SGB V. Danach haben Versicherte der GKV Anspruch auf die Versorgung mit Hörhilfen, die im Einzelfall erforderlich sind, um eine Behinderung auszugleichen, soweit die Hilfsmittel nicht als allgemeine Gebrauchsgegenstände des täglichen Lebens anzusehen sind.

Die GKV hat vor dem Hintergrund ihres gesetzlichen Auftrages und der mittlerweile bestehenden Rechtsprechung einen umfassenden Versorgungsauftrag. Der hörbehinderte Mensch hat demnach Anspruch auf Versorgung mit dem jeweils leistungsfähigsten Hörgerät als medizinischem Hilfsmittel mit dem Ziel des bestmöglichsten Ausgleichs der Behinderung orientiert am Hörvermögen nicht behinderter Menschen.

Aufgrund des umfassenden Versorgungsauftrages der GKV werden in der überwiegenden Zahl der Einzelfälle auch arbeitsplatz-/arbeitstätigkeitsbezogene Bedarfe abgedeckt werden. Eine vorläufige Leistungserbringung des Integrationsamtes gemäß § 102 Absatz 6 Satz 3 SGB IX im Zusammenhang mit Leistungen der medizinischen Rehabilitation ist ausgeschlossen. Grundsätzlich gilt auch im Verhältnis zu den Leistungen der medizinischen Rehabilitation des Aufstockungsverbots des § 102 Abs. 5 SGB IX, soweit sich nicht aus der nachfolgenden Ziffer 2.3. dieser Empfehlung etwas anderes ergibt.

2.2 Zuständigkeit der Träger der beruflichen Rehabilitation

Von den in § 6 SGB IX abschließend aufgeführten Trägern der beruflichen Rehabilitation kommen insbesondere die Träger der gesetzlichen Rentenversicherung (RV) sowie die Bundesagentur für Arbeit (BA) als zuständige Leistungsträger für Hörhilfen in Betracht.

Die Träger der beruflichen Rehabilitation sind dann zuständig, wenn ein Hilfsmittel ausschließlich für Verrichtungen bei bestimmten Berufen oder Berufsausbildungen notwendig wird und nicht allgemein dem medizinischen Ausgleich der Behinderung dient (und damit automatisch auch eine berufliche Tätigkeit ermöglicht). Weiter muss die Erwerbsfähigkeit wegen Krankheit oder Behinderung erheblich gefährdet oder gemindert sein.

Die versicherungsrechtlichen Voraussetzungen für die Leistung der RV ergeben sich aus § 11 SGB VI (regelmäßige Wartezeit von 15 Jahren nach Abs. 1 oder Fallgruppen des Abs. 2a SGB VI).

2.3 Zuständigkeit der Integrationsämter

2.3.1. Gehen Anträge auf Versorgung mit Hörhilfen ein, prüft das Integrationsamt die vorrangige Leistungsverpflichtung der GKV nach Ziffer 2.1 und der Träger der beruflichen Rehabilitation nach Ziffer 2.2. Hält es sich für unzuständig, leitet das Integrationsamt den Antrag innerhalb der Frist des § 14 SGB IX an den zuständigen Rehabilitationsträger weiter.

2.3.2. Liegt bereits ein ablehnender Bescheid der GKV vor oder beruft sich die GKV auf den Festbetrag als Obergrenze ihrer Leistungspflicht, ist eine Leistungsmöglichkeit durch das Integrationsamt erst dann zu prüfen, wenn nach Ausschöpfung des Rechtsweges gegen die Entscheidung der GKV durch ein Sozialgerichtsurteil festgestellt ist, dass keine weitergehende Leistungsverpflichtung der GKV besteht.

2.3.3. Die Integrationsämter sind im Einzelfall nur bei Vorliegen der nachfolgend abschließend aufgeführten Sachverhalte Kostenträger im Rahmen des § 102 Abs. 1 Ziffer 3 SGB IX in Verbindung mit § 19 SchwbAV. In diesen Fällen greift das Aufstockungsverbot nach § 102 Abs. 5 SGB IX nicht.

(1) Für Beschäftigte,
– für die kein Träger der beruflichen Rehabilitation zuständig ist und/oder die privat krankenversichert sind und
– bei denen die Leistungen der privaten Krankenversicherung bzw. der Beihilfe ausgeschöpft sind und
– einer der nachfolgend aufgeführten Bedarfstatbestände vorliegt. Es gilt der Grundsatz, dass dieser Personenkreis hinsichtlich der Bezuschussung nicht besser gestellt werden darf als in der GKV pflicht- oder freiwillig versicherte Beschäftigte.

(2) Bei einer Umsetzung auf einen anderen Arbeitsplatz oder einer Änderung der konkreten Tätigkeit, verbunden mit höheren kommunikativen Anforderungen, die betriebsbedingt erforderlich ist und nicht mit einer fachärztlichen Indikation im Zusammenhang steht. Zu prüfen ist hierbei immer, ob wegen des Nutzungszeitraumes der vorhandenen Hörgeräte eine Ersatz-/Neuversorgung mit Hörgeräten in Kostenträgerschaft der Krankenversicherung zum Zeitpunkt der Umsetzung oder Änderung nicht gleichwohl vorrangig in Betracht kommt.

(3) Bei hochgradig an Ertaubung grenzend schwerhörigen Beschäftigten, bei denen das Hörgerät für das Verständnis der Sprache zwar nur vernachlässigbare Gewinne bringt (sog. vernachlässigbarer Diskriminationsgewinn im Sprachaudiogramm), aber

a) sie durch die Versorgung mit technisch hochwertigen Hörgeräten gleichwohl eine nachweisbare Verbesserung des Absehens vom Munde und damit eine Verbesserung der Kommunikation am Arbeitsplatz und eine Reduzierung der Konzentrationsbelastung geltend machen können oder

b) nachweisbar die Arbeitssicherheit durch Verbesserung der auditiven Orientierung und Alarmierung im speziellen betrieblichen Zusammenhang erhöht wird.

(4) Bei notwendiger Nutzung zusätzlicher hörtechnischer Arbeitshilfen, wie beispielsweise Funkmikrofontechnik und Telefonverstärker, wenn diese Arbeitshilfen Hörgeräte außerhalb der Festbetragsbezuschussung der GKV als Grundversorgung technisch notwendig machen.

2.3.4. Aufgrund der privaten Nutzbarkeit der im Rahmen dieser Empfehlung geförderten Hörgeräte ist grundsätzlich eine Eigenbeteiligung der hörbehinderten Beschäftigten vorzusehen.

2.3.5. Die Integrationsämter beteiligen bei der Sachverhaltsermittlung die Fachkräfte für hörbehinderte Menschen der Integrationsfachdienste, die in fachdienstlichen Stellungnahmen die erforderlichen hörbehindertenfachlichen Feststellungen treffen können.

Richtlinien für die Erbringung von Hilfen zur Beschaffung, Ausstattung und Erhaltung einer behinderungsgerechten Wohnung an schwerbehinderte Menschen aus Mitteln der Ausgleichsabgabe nach § 22 in Verbindung mit §§ 14 und 18 der Schwerbehindertenausgleichsabgabeverordnung – SchwbAV

(Eine Arbeitsgruppe aus Vertretern der Länder und der Bundesarbeitsgemeinschaft der Integrationsämter und Hauptfürsorgestellen hat Richtlinien zur Durchführung des § 22 SchwAV erarbeitet, die eine bundeseinheitliche Verwaltungspraxis gewährleisten sollen. Sie sind z. B. bekannt gemacht worden durch Runderlass des Ministeriums für Wirtschaft und Arbeit NRW vom 19. Dezember 2002)

1. Rechtsgrundlage

Nach § 22 in Verbindung mit §§ 14 und 18 der Schwerbehinderten-Ausgleichsabgabeverordnung vom 28. März 1988 (BGBl. I S. 484) können schwerbehinderte Menschen, die auf Arbeitsplätzen des allgemeinen Arbeitsmarktes tätig sind oder einen solchen konkret in Aussicht haben, im Rahmen der zur Verfügung stehenden Mittel aus der Ausgleichsabgabe Zuschüsse und/oder Darlehen sowie Zinszuschüsse erhalten

– zur Beschaffung von behinderungsgerechtem Wohnraum im Sinne des § 16 des Wohnraumförderungsgesetzes,
– zur Anpassung von Wohnraum und seiner Ausstattung an die besonderen behinderungsbedingten Bedürfnisse und
– zum Umzug in eine behinderungsgerechte oder erheblich verkehrsgünstiger zum Arbeitsplatz gelegene Wohnung.

Voraussetzung ist, dass dadurch die Eingliederung in das Arbeitsleben auf dem allgemeinen Arbeitsmarkt ermöglicht, erleichtert oder gesichert werden kann.

2. Besonderheiten der Leistungsgewährung

2.1 Nachrang der Leistungen

Die Leistungen dürfen nur erbracht werden, soweit Leistungen für denselben Zweck nicht von einem Rehabilitationsträger, vom Arbeitgeber oder von anderer Seite zu erbringen sind oder auch ohne Bestehen eines Rechtsanspruches erbracht werden. Der Nachrang der Träger der Sozialhilfe gemäß § 2 des Bundessozialhilfegesetzes, das Verbot der Aufstockung von Leistungen der Rehabilitationsträger durch Leistungen des Integrationsamtes und die Pflicht des Integrationsamtes bleibt unberührt.

2.2 Anrechnung

Auf die in Betracht kommenden Leistungen sind Mittel von anderer Seite, die für denselben Zweck wegen der Behinderung zu erbringen sind oder erbracht werden, anzurechnen. Hierzu zählen zum Beispiel die Förderungsbeträge für schwerbehinderte Menschen nach dem Wohnraumförderungsgesetz.

2.3 Berücksichtigung der Einkommensverhältnisse

Bei der Bemessung der Leistungen sind die Einkommensverhältnisse nach Maßgabe von Nummer 3.1.1.3 zu berücksichtigen. Bei behinderungsbedingtem Bedarf ist es im Regelfall nicht zuzumuten, die Mehrkosten im Sinne der Nummer 4.1 selbst aufzubringen.

3. Leistungen zur Beschaffung von behinderungsgerechtem Wohnraum

3.1 Für den Bau oder zum Erwerb von Eigenheimen oder Eigentumswohnungen, deren Größe und Ausstattung den Wohnbauförderungsbestimmungen entsprechen und die bezüglich Zugang, baulicher Gestaltung, Ausstattung und Lage behinderungsgerecht sind, können Darlehen oder Zinszuschüsse erbracht werden.

Die Lage der Wohnung ist auch behinderungsgerecht, wenn von dort der Arbeitsplatz zumutbar mit öffentlichen Verkehrsmitteln oder mit Hilfe eines eigenen Kraftfahrzeuges erreicht werden kann.

3.1.1 Die Leistungen kommen in Betracht, wenn

3.1.1.1 die jetzige Wohnung nicht behinderungsgerecht im Sinne von Nummer 3.1 ist und

3.1.1.2 keine behinderungsgerechte Mietwohnung verfügbar ist und

3.1.1.3 nachgewiesen wird, dass Leistungen nach dem Wohnraumförderungsgesetz in Anspruch genommen werden beziehungsweise in Anspruch genommen werden könnten, und das Einkommen ausreicht, um die aus dem Bauvorhaben entstehenden Belastungen auf Dauer tragen zu können, ohne hilfsbedürftig im Sinne des Bundessozialhilfegesetzes zu werden.

3.1.2 Das Darlehen soll 30 000 Euro nicht übersteigen. Diese Obergrenze gilt in der Regel auch für das (Kapitalmarkt-)Darlehen, das der Bewilligung eines Zinszuschusses zu Grunde liegt.

3.1.3 Unabhängig davon kann ein Zuschuss nach Nummer 4 in Betracht kommen.

3.2 Für den Bau von Mietwohnungen, Wohnbesitzwohnungen und Wohnheimplätzen sowie für den Erwerb von Genossenschaftsanteilen können Darlehen erbracht werden, wenn hierdurch für schwerbehinderte Menschen behinderungsgerechter Wohnraum zweckentsprechend bereitgestellt wird.

3.2.1 Das Darlehen soll 10 vom Hundert der Baukosten nicht übersteigen, höchstens 15 000 Euro betragen und dinglich gesichert werden.

3.2.2 Wird die geförderte Wohnung oder der Wohnheimplatz nicht mindestens zehn Jahre zweckentsprechend in Anspruch genommen, ist das Darlehen in Höhe der Restschuld zur Rückzahlung fällig, es sei denn, die Wohnung wird einem anderen schwerbehinderten Menschen zur Verfügung gestellt.

3.2.3 Unabhängig davon kann ein Zuschuss nach Nummer 4 in Betracht kommen.

3.3 Für Mietvorauszahlungen oder Ähnliches können Darlehen erbracht werden, wenn die jetzige Wohnung nicht behinderungsgerecht ist, hierdurch behinderungsgerechter Wohnraum bereitgestellt wird und nachgewiesen wird, dass das Einkommen die Einkommensgrenze des Wohnraumförderungsgesetzes nicht übersteigt. Das Darlehen soll höchstens 3000 Euro betragen.

4. Leistungen zur Anpassung von Wohnraum und seiner Ausstattung an die besonderen behinderungsbedingten Bedürfnisse

4.1 Die Leistungen sollen erbracht werden, soweit wegen der Behinderung Mehrkosten der Bauausführung oder Kosten für eine nachträgliche bauliche Änderung oder für die bauliche Ausstattung des Wohnraumes entstehen. Mehrkosten der Bauausführung, die wegen behinderungsbedingter Bedürfnisse entstehen können, fallen zum Beispiel infolge Mehrflächen für Rollstuhlfahrer, besonderer sanitärer Einrichtungen oder infolge des Baues einer Rampe oder eines Aufzugs an. Bei Mietwohnungen sind auch die Kosten förderungsfähig, die durch die Wiederherstellung des ursprünglichen Zustandes am Ende des Mietverhältnisses anfallen.

4.2 Die Leistungen kommen in Betracht, wenn die Voraussetzungen der Nummern 3.1.1.1 und 3.1.1.2 vorliegen oder die Wohnung aus anderen Gründen gewechselt werden muss und keine behinderungsgerechte Mietwohnung vorhanden ist.

4.3 Art und Höhe der Leistungen bestimmen sich nach Art und Notwendigkeit der Maßnahme. Für Aufwendungen im Sinne der Nummer 4.1 sollen in der Regel Leistungen bis zur vollen Höhe erbracht werden.

4.4 Leistungen können auch für die Wartung und Instandsetzung der behinderungsbedingten Ausstattung des Wohnraumes erbracht werden. Die Einkommensverhältnisse sind hierbei nicht zu berücksichtigen.

5. Leistungen zum Umzug in eine behinderungsgerechte oder erheblich verkehrsgünstiger zum Arbeitsplatz gelegene Wohnung

5.1 Die Leistungen können als Zuschuss bis zur Höhe der entstehenden Transportkosten erbracht werden.

5.2 Soweit der Umzug unmittelbar behinderungsbedingt ist (zum Beispiel weil die bisherige Wohnung nicht behinderungsgerecht ist), werden die Kosten ohne Einkommensanrechnung übernommen; erfolgt der Umzug nur deshalb, weil die neue Wohnung erheblich verkehrsgünstiger zum Arbeitsplatz liegt, ist das Einkommen, das den Regelbedarf nach dem Bundessozialhilfegesetz übersteigt, zu 50 vom Hundert auf die Leistungen anzurechnen.

6. Verfahren

6.1 Die Leistungen werden auf Antrag erbracht, der Antrag muss vor Beginn der Maßnahme beziehungsweise vor Abschluss des Vertrages gestellt werden.

6.2 Zuständig für Leistungen nach den Nummern 3 und 4 ist das Integrationsamt, in dessen Bereich das Förderungsobjekt liegt. Zuständig für Leistungen nach Nummer 5 ist das Integrationsamt, in dessen Bereich die bisherige Wohnung liegt.

7. Verzinsung und Tilgung von Darlehen, Zinszuschüsse

7.1 Darlehen nach Nummer 3.1 sind zinslos zu erbringen und jährlich mit 4 vom Hundert zu tilgen.

7.2 Darlehen nach Nummer 3.2 sind mit 2 vom Hundert zu verzinsen und entsprechend der Dauer des Wohnrechts, längstens innerhalb von 25 Jahren zu tilgen.

7.3 Darlehen nach Nummer 3.3 sind zinslos zu erbringen und jährlich mit 10 vom Hundert zu tilgen.

7.4 Zinszuschüsse nach Nummer 3.1 können bewilligt werden, soweit die Finanzierung der Maßnahme nicht durch ein Darlehen gesichert werden kann.

8. Leistungen in Härtefällen

In Härtefällen kann von der Regelung der Nummern 3.1.1.3, 5.2, 6.1, 7.1 und 7.3 abgewichen werden, soweit es nach der Besonderheit des Einzelfalles geboten ist.

9. Inkrafttreten

Die Richtlinien treten mit Wirkung vom 1. 3. 2003 in Kraft.

BIH-Empfehlung zur Erbringung von Zuschüssen zu den Gebühren bei der Berufsausbildung besonders betroffener schwerbehinderter Jugendlicher und junger Erwachsener

Stand: 17. November 2004

Rechtsgrundlage: § 102 Abs. 3 Nr. 2b SGB IX in Verbindung mit § 26a SchwbAV

Voraussetzungen

Begünstigt werden öffentliche und private Arbeitgeber mit einer Beschäftigtenzahl unter 20 (§ 71 Abs. 1 SGB IX), die besonders betroffene schwerbehinderten Menschen im Sinne von § 72 Abs. 1 SGB IX zur Berufsausbildung einstellen. Als Berufsausbildung gelten alle Ausbildungen im Sinne des Berufsbildungsgesetzes und Beamtenverhältnisse im Vorbereitungsdienst. Als Jugendliche bzw. junge Erwachsene gelten Personen bis zur Vollendung des 27. Lebensjahres (§ 7 SGB VIII).

Ausbildungsgebühren

Leistungen der Rehabilitationsträger sind vorrangig. Diese übernehmen im Regelfall Leistungen gemäß § 235a SGB III zur Ausbildungsvergütung und gemäß § 237 SGB III zur behindertengerechten Gestaltung von Ausbildungs- oder Arbeitsplätzen. Bei den verbleibenden Gebühren der Industrie- und Handelskammern bzw. Handwerkskammern, die von den Ausbildungsbetrieben erhoben werden, handelt es sich im Wesentlichen um

– Abschluss- bzw. Eintragungsgebühren
– Prüfungsgebühren für die Ablegung der Zwischen- und der Abschlussprüfung
– Betreuungsgebühr für Auszubildende
– Kosten für überbetriebliche Ausbildungsabschnitte.

Im Einzelfall ist die Höhe der Gebühren durch eine Bescheinigung der zuständigen Kammer nachzuweisen.

Leistung

Zuschüsse können bis zur vollen Höhe der nachgewiesen Gebühren erbracht werden.

Erläuterungen

Ein wesentliches Ziel des Gesetzes zur Förderung der Ausbildung und Beschäftigung schwerbehinderter Menschen ist die Verbesserung der Ausbildungsbereitschaft von kleinen Betrieben. Unter Berücksichtigung dieser Zielsetzung ist es gerechtfertigt, den Leistungsumfang voll auszuschöpfen.

Die Gebühren der Kammern können je Ausbildungsberuf und -dauer mehrere Hundert Euro betragen, dies hängt vom jeweiligen Bundesland und Ausbildungsberuf ab.

Die Höhe der Gebühren wurde durch das Integrationsamt Münster bei der örtlichen Handwerkskammer ermittelt für:

– Eintragung des Ausbildungsvertrages 30,00 Euro,
– Zwischenprüfungen 190,00 Euro,
– Abschlussprüfungen 255,00 Euro.

Bei der Eintragung kann eine sogenannte Verspätungsgebühr von 60,00 Euro anfallen. Diese ist nicht förderbar. Bei Abschlussprüfungen entstehen Materialkosten, die nicht zu den Gebühren zu zählen sind.

Bei überbetrieblichen Ausbildungsabschnitten entstehen Gebühren bei:
- Elektroberufen mit einer Dauer von 10 Wochen und Kosten von 220,00 Euro je Woche,
- Metallberufen mit einer Dauer von 8 Wochen und Kosten von 252,00 Euro je Woche,
- Bauberufen mit einer Dauer von 32 Wochen und Kosten von 258,00 Euro je Woche.

Zusätzlich fallen Kosten für die Internatsunterbringung von 100,00 Euro je Woche an, die keine Gebühren und somit nicht förderbar sind.

Bei kaufmännischen Ausbildungen ist davon auszugehen, dass überbetriebliche Maßnahmen nicht üblich sind. Ausnahmen gelten im Bereich des Handwerks.

Es ergeben sich insgesamt folgende förderungsfähige Gebühren bei den Branchen:

- Elektroberufe   2675,00 Euro
- Metallberufe   2491,00 Euro
- Bauberufe   8731,00 Euro

Betriebe, die Bauberufe ausbilden, sind fast ausschließlich Mitglieder der Ausgleichskasse (aus der Schlechtwettergeld, Urlaubsgeld, Krankengeld und Ausbildungsgebühren gezahlt werden). Ein Nachweis über die angefallenen Gebühren kann in diesen Fällen nicht erbracht werden. Bei der Höhe der anfallenden Gebühren ist es nicht gerechtfertigt, diese Beträge unberücksichtigt zu lassen. Es wird daher empfohlen, den Zuschuss in diesen Fällen pauschal auf 5000,00 Euro zu begrenzen und die Zahlung von anderen Nachweisen (z. B. Teilnahmebescheinigungen) abhängig zu machen.

BIH-Empfehlung zur Erbringung von Prämien und Zuschüssen zu den Kosten der Berufsausbildung behinderter Jugendlicher und junger Erwachsener

Rechtsgrundlage: § 102 Abs. 3 Nr. 2c SGB IX in Verbindung mit § 26b SchwbAV

Voraussetzungen

Begünstigt werden alle öffentlichen und privaten Arbeitgeber, die behinderte Menschen einstellen, die für die Zeit der Berufsausbildung den schwerbehinderten Menschen gemäß § 68 Abs. 4 SGB IX gleichgestellt sind.

Als Berufsausbildung gelten alle Ausbildungen im Sinne des Berufsbildungsgesetzes und Beamtenverhältnisse im Vorbereitungsdienst. Als Jugendliche beziehungsweise junge Erwachsene gelten Personen bis zur Vollendung des 27. Lebensjahres (§ 7 SGB VIII).

Die Gleichstellung gemäß § 68 Abs. 4 wird durch einen Bescheid der Agentur für Arbeit nachgewiesen mit dem Leistungen für behinderte Menschen im Sinne des § 19 SGB III erbracht werden, oder durch eine Stellungnahme der Agentur für Arbeit, durch die die Zugehörigkeit zu diesem Personenkreis bestätigt wird.

Ausbildungskosten

Die Leistungen der Agenturen für Arbeit, die sich auf Zuschüsse zu den Personalkosten des Auszubildenden beschränken (§ 236 SGB III), sind vorrangig. Bei den verbleibenden Kosten des Ausbildungsbetriebes handelt es sich um folgende Kostenarten
- Personalkosten der Ausbilder,
- Lehr- und Lernmaterial bzw. -medien,
- Gebühren der Kammern,

- Berufs- und Schutzkleidung,
- externe Ausbildung und
- Ausbildungsverwaltung.

Leistungen

Zuschüsse zu den Ausbildungskosten (ohne Gebühren) können pauschal bis zur Höhe von 2000 Euro für jedes Ausbildungsjahr erbracht werden. Maßgeblich ist die tatsächliche Ausbildungsdauer, jede zulässige Wiederholung von Ausbildungsabschnitten bis zur Abschlussprüfung ist förderungsfähig. Die Zahlung des Zuschusses wird vom Nachweis der tatsächlichen Beschäftigung abhängig gemacht.

Als Prämie werden 2000 Euro an den Ausbildungsbetrieb in zwei gleichen Teilbeträgen gezahlt. Der erste Teilbetrag wird 3 Monate nach Beginn der Ausbildung gegen Vorlage des Ausbildungsvertrages und Nachweis der tatsächlichen Beschäftigung gezahlt. Der zweite Teilbetrag wird gegen Nachweis der bestandenen Abschlussprüfung ausgezahlt.

Weitere Leistungen nach der SchwbAV sind nicht zulässig.

Erläuterungen

Ein wesentliches Ziel des Gesetzes zur Förderung der Ausbildung und Beschäftigung schwerbehinderter Menschen ist die Verbesserung der Ausbildungssituation von behinderten Jugendlichen und die Erhöhung der Ausbildungsbereitschaft in den Betrieben. Um dieses Ziel zu erreichen, muss es zu einer wirklichen Entlastung der Arbeitgeber kommen.

In diesen Fällen bleibt unberücksichtigt, ob die Beschäftigungspflicht gemäß § 71 SGB IX erfüllt wird.

Das Bundesinstitut für Berufsbildung (BiBB) hat die Bruttokosten der betrieblichen Berufsausbildung in der Bundesrepublik Deutschland für das Jahr 2000 ermittelt. Der Anteil dieser Kosten (ohne die Personalkosten der Auszubildenden) belief sich danach auf 8166,00 Euro (Quelle: BWP 6/2002). Diese Feststellungen dienen als Maßstab für die Bemessung der Leistungen.

Eine verlässliche Prognose zur Höhe der Fallzahlen kann aus den Daten der Bundesagentur für Arbeit nicht abgeleitet werden. Die statistischen Daten der BA differenzieren nicht zwischen schwerbehinderten und behinderten Menschen. Daten der Regionaldirektion Niedersachsen-Bremen lassen auf eine eher geringe Fallzahl schließen.

Angesichts der Höhe der Kosten und der nicht bekannten Fallzahlen wird empfohlen, den Zuschuss zu den Ausbildungskosten und die Prämie zunächst auf jeweils 2000,00 Euro zu begrenzen. Die Höhe orientiert sich nicht nach Art und Schwere der Behinderung, sondern ist behinderungsbedingt unabhängig.

Hinsichtlich des Umfanges der Ausbildungsgebühren der Kammern wird auf die Erläuterungen zu § 26 SchbAV verwiesen.

Die Leistungen werden verwaltungsökonomisch erbracht. Die Rückforderung von Zuschüssen zu den Ausbildungskosten bzw. der Prämie sollte bei Ausbildungsabbrüchen ausgeschlossen sein.

BIH-Empfehlung zur Erbringung von Prämien zur Einführung eines betrieblichen Eingliederungsmanagements

Rechtsgrundlage: § 102 Abs. 3 Nr. 2d SGB IX in Verbindung mit § 26c SchwbAV

Vorbemerkungen

Es mangelt an einer eindeutigen gesetzlichen Definition des Begriffes „betriebliches Eingliederungsmanagement". Der Gesetzgeber hat keinen Hinweis zur Abgrenzung der Prämien von den Leistungen der Rehabilitationsträger gegeben.

Eine einheitliche Vergabepraxis unter Einbeziehung der Rehabilitationsträger ist anzustreben. Inhalt einer Vereinbarung mit der Bundesarbeitsgemeinschaft für Rehabilitation sollte eine möglichst verwaltungsökonomische Zusammenarbeit auf regionaler Ebene sein. Ein Nebeneinander von Prämien ist auszuschließen.

Voraussetzungen

Gemäß § 83 Abs. 2a Nr. 5 SGB IX können in einer Intregrationsvereinbarung insbesondere Regelungen zur Durchführung einer betrieblichen Prävention (betriebliches Eingliederungsmanagement) und zur Gesundheitsförderung getroffen werden. Gemäß § 84 Abs. 4 SGB IX können die Rehabilitationsträger und die Integrationsämter Arbeitgeber, die ein betriebliches Eingliederungsmanagement einführen, durch Prämien oder einen Bonus fördern.

Der Begriff „betriebliches Eingliederungsmanagement" wird entsprechend den Erläuterungen des BMGS wie folgt definiert:

„Betriebliches Eingliederungsmanagement verfolgt das Ziel, im Betrieb, mit den dort vorhandenen Akteuren und Strukturen sowie unter Nutzung der dort gegebenen oder herstellbaren spezifischen Potenziale Menschen gesund und arbeitsfähig zu halten; es betrifft also nicht nur schwerbehinderte Menschen. Die Vorteile kommen allen zugute: den Unternehmen, den betroffenen Beschäftigten, aber auch den sozialen Sicherungssystemen."

Ein Konzept zum betrieblichen Eingliederungsmanagement sollte über die Mindestanforderungen der Prävention gemäß § 84 Abs. 2 SGB IX hinausgehen. Formal sollte die Vereinbarung über ein betriebliches Eingliederungsmanagement den Grundsätzen Spezifisch, Messbar, Akzeptabel, Realistisch und Terminiert (SMART) genügen.

Begünstigt werden alle öffentlichen und privaten Arbeitgeber, die ihre Beschäftigungsquote erfüllt haben, über eine Interessenvertretung im Sinne der §§ 93 ff. SGB IX verfügen und eine schriftliche Vereinbarung über die Einführung eines betrieblichen Integrationsmanagements durch eine Integrationsvereinbarung oder eine Betriebsvereinbarung abgeschlossen haben. Die Vergabe einer Prämie sollte davon abhängig gemacht werden, dass deren Inhalte deutlich über die gesetzlichen Mindestvorgaben hinausgehen und möglichst konkrete Regelungen beinhalten. Ausgeschlossen ist die Prämierung von Integrationsprojekten, da diese Arbeitgebergruppe besonders umfangreich aus Mitteln der Ausgleichsabgabe gefördert wird.

Auswahlkriterien und Auswahlverfahren

Prämiert werden sollen Beispiele für ein besonders gutes Eingliederungsmanagement, das spezifische betriebliche Ideen beinhaltet. Es erscheint nicht sinnvoll, allgemeine Anhaltspunkte dazu vorzugeben. Es soll Wert darauf gelegt werden, dass die Vereinbarung „mit Leben" gefüllt ist. Eine Bewertung wird nur durch Auswertung verschiedener Vereinbarungen möglich. Die Beteiligung des Integrationsamtes soll kein Kriterium für die Bewertung sein. Da Wert auf die Einführung des Eingliederungsmanagement gelegt wird, kommt naturgemäß eine wiederholte Berücksichtigung von Vereinbarungen nicht in Betracht.

Für eine Prämierung kommen nur solche Arbeitgeber in Betracht,
- die ihre Beschäftigungsquote erfüllt haben bzw. nicht einstellungspflichtig sind
- und bereits eine Integrationsvereinbarung abgeschlossen haben und diese um Regelungen zum Eingliederungsmanagement ergänzen bzw. die Regelungen zum Eingliederungsmanagement im Rahmen einer Integrationsvereinbarung treffen.

Inhaltlich müssen die Vereinbarungen zum betrieblichen Eingliederungsmanagement besondere Regelungen für schwerbehinderte Menschen beinhalten bzw. deren Belange in besonderer Weise berücksichtigen sowie sich an den folgenden fünf Phasen orientieren und diesbezüglich Regelungen beinhalten:

1. **Ein System zum Erkennen von Problemen,**

   d. h. das ein „Frühwarnsystem" im Betrieb bestehen muss. Zufällig (z. B. sich aus Gesprächen ergebende) und routinemäßig (Fehlzeiten, Ergebnisse betriebsmedizinischer Untersuchungen, Ergebnisse aus Mitarbeiterbefragungen etc.) ermittelte Daten müssen – unter Wahrung der Persönlichkeitsrechte der Betroffenen – gesichtet, bewertet und auf evtl. bestehenden Klärungs- und Handlungsbedarf beurteilt und verarbeitet werden.

2. **Instrumente der Erfassung und Spezifizierung.**

   Häufig ist eine Verknüpfung der verschiedenen Daten erforderlich, um mögliche Handlungsbedarfe zu identifizieren. Weitere Maßnahmen zur Früherkennung und Erfassung sind denkbar.

3. **Schaltstelle im Unternehmen für die Verarbeitung, Entscheidung und Umsetzung.**

   Die Zusammenarbeit der verschiedenen betrieblichen Akteure in einem gemeinsamen Integrationsteam als zentrale Schaltstelle muss geregelt sein. Das Integrationsamt ist die Sammelstelle für alle Informationen aus den Phasen 1 und 2. Die Daten müssen im Integrationsteam erörtert, verarbeitet und bewertet werden.

   Das Integrationsteam steuert die internen und externen Prozesse. Es trifft die Entscheidungen für allgemeine oder individuelle Maßnahmen und behält die Verantwortung für die Umsetzung und Qualitätssicherung der eingeleiteten Maßnahmen bis zur Nachsorge. Schließlich arbeitet das Integrationsteam auch mit den externen Partnern zusammen und sorgt hier für eine hinreichende Vernetzung.

4. **Maßnahmen.**

   Die Einleitung und Steuerung der konkret eingeleiteten Maßnahmen liegt beim Integrationsteam.

5. **Dokumentation und Evaluierung.**

   Die Dokumentation ist eine Grundvoraussetzung für Ergebnissicherung, Verbesserungsprozesse, Auswertung und Erfolgskontrolle.

   Eine Bekanntmachung in den Medien (z. B. Hinweis in der Zeitschrift behinderte Menschen im Beruf oder/und in den Medien der Kammern) ist sinnvoll. Ein schriftlicher Antrag des Arbeitgebers ist erforderlich. Darin soll erklärt werden, bei welchen Stellen ebenfalls Anträge auf eine Prämie bzw. einen Bonus gestellt wurden. Die Auswahl und Prämierung soll einmal jährlich für Integrationsvereinbarungen, in denen ein betriebliches Eingliederungsmanagement enthalten ist, bzw. für entsprechende Betriebsvereinbarungen, die im vergangen Jahr abgeschlossen wurden (z. B. Prämierung 2005 für Vereinbarungen aus 2004), getroffen werden. Eine Überprüfung der Maßnahme soll durch einen Betriebsbesuch bzw. durch Gespräche mit den Interessenvertretungen und dem Arbeitgeber erfolgen. Über die Prämierung soll eine Auswahlkommission entscheiden, die sich unter länderspezifischen Gesichtspunkten zusammensetzt und z. B. aus dem Beratenden Ausschuss bestehen kann.

Prämie
Die Höhe der Prämie wird jedem Integrationsamt anheimgestellt. Die Prämie soll spürbar sein und dem Aufwand der Betriebe bei der Erstellung einer Vereinbarung gerecht werden. Ein Betrag bis zu 20 000,00 Euro erscheint angemessen. Bei mehreren prämierungswürdigen Vereinbarungen soll deren Rangfolge nicht bewertet und identische Prämien vergeben werden. Entsprechend dem besonderen Charakter der Auszeichnung wird empfohlen, den Kreis der Begünstigten nicht über Gebühr auszudehnen und unter Berücksichtigung länderspezifischer Gesichtspunkte auf drei bis fünf prämierte Arbeitgeber jährlich zu begrenzen.

BIH-Empfehlungen zur Gewährung von Leistungen des Integrationsamtes an Arbeitgeber zur Abgeltung außergewöhnlicher Belastungen

Stand 30. November 2006

Empfehlungen zu § 27 SchwbAV

1. Rechtsgrundlage

1.1 Arbeitgeber können im Rahmen der zur Verfügung stehenden Mittel aus der Ausgleichsabgabe Zuschüsse zur Abgeltung außergewöhnlicher Belastungen (insbesondere bei Minderleistung und personeller Unterstützung im Sinne der Ziff. 4.1.1 und 4.1.2 dieser Empfehlungen) nach § 102 Abs. 3 Nr. 2 Buchstabe b des Sozialgesetzbuches – Neuntes Buch (SGB IX) vom 19. 6. 2001 (BGBl. I S. 1046), in Verbindung mit § 27 der Schwerbehinderten-Ausgleichsabgabeverordnung (SchwbAV) in der jeweils geltenden Fassung, erhalten.

1.2 Im Übrigen gelten die Rechtsgrundsätze in der begleitenden Hilfe im Arbeitsleben, insbesondere § 102 Abs. 4 bis 6 SGB IX sowie § 18 Abs. 1 und 3 SchwbAV.

2. Nachrang der Leistungen

Die Leistungen sind gegenüber den zweckgleichen Leistungen der Rehabilitationsträger nach § 6 Abs. 1 bis 5 SGB IX sowie gegenüber Leistungen, die von anderer Seite für denselben Zweck erbracht werden, nachrangig. Deshalb kommt vor allem ein Minderleistungsausgleich nach diesen Empfehlungen nicht in Betracht, sofern ein Eingliederungszuschuss im Sinne von §§ 217 ff. SGB III oder § 34 Abs. 1 Nr. 2 SGB IX durch die Agentur für Arbeit oder einen anderen Träger erbracht wird. Ziffer 3.2 bleibt unberührt.

3. Allgemeine Voraussetzungen

3.1 Leistungen nach diesen Empfehlungen kommen in Betracht, wenn

– ein unbefristetes oder befristetes Arbeitsverhältnis auf einem Arbeitsplatz nach §§ 73 Abs. 1, 102 Abs. 2 Satz 3 SGB IX besteht, zumindest das tarifliche oder, soweit eine tarifliche Regelung nicht besteht, für die Beschäftigung ortsübliche Arbeitsentgelt gezahlt wird und

– ein vertretbares Austauschverhältnis von Arbeitsleistung und Arbeitsentgelt in Bezug auf die vorhandene Erwerbsfähigkeit besteht, d. h. die erbrachte Arbeitsleistung mindestens 50 v. H. der dem Arbeitsentgelt zu Grunde liegenden Arbeitsleistung entspricht, oder

– wenn dieses Austauschverhältnis in einem überschaubaren Zeitraum durch geeignete Maßnahmen erreicht werden kann.

3.2 Dabei kommen Leistungen in Form des Minderleistungsausgleichs oder der personellen Unterstützung in der Regel frühestens sechs Monate nach Beginn des Arbeitsverhältnisses in Betracht.

Leistungen in Form der personellen Unterstützung kommen in den ersten 6 Monaten nach Beginn des Arbeitsverhältnisses zusätzlich zu den Leistungen der Agentur für Arbeit nur für bestimmte Gruppen schwerbehinderter Menschen in Betracht, die aufgrund der Behinderung eine über die Einarbeitung hinausgehende zusätzliche Leistung benötigen, also z. B. für Vorlesekräfte für blinde Menschen, die nicht über Arbeitsassistenz finanziert werden können. Der Vorrang der Reha-Träger bleibt zu beachten.

4. Außergewöhnliche Belastungen

4.1 Belastungen im Sinne des § 27 Abs. 2 SchwbAV sind einmalige oder laufende finanzielle Aufwendungen sowie sonstige Belastungen des Arbeitgebers, die hervorgerufen werden insbesondere

4.1.1 durch eine gegenüber der betrieblichen Normalleistung auf einem vergleichbaren Arbeitsplatz nicht nur vorübergehend wesentlich verminderte Arbeitsleistung des schwerbehinderten Menschen (Minderleistung).

4.1.2 durch eine erforderliche personelle Unterstützung durch andere Beschäftigte des Arbeitgebers im Zusammenhang mit der Arbeitsausführung des schwerbehinderten Menschen (personelle Unterstützung). Eine solche personelle Unterstützung ist insbesondere gegeben bei längerer oder regelmäßig wiederkehrender fachlicher bzw. arbeitspädagogischer Unterweisung und Anleitung (insbesondere bei lern-/geistig behinderten Menschen), regelmäßiger arbeitsbegleitender Betreuung und Motivation zur Arbeitsausführung (insbesondere bei seelisch behinderten Menschen), regelmäßig erforderlichen tätigkeitsbezogenen Handreichungen und Hilfestellungen (z. B. Wege im Betrieb) bei der Arbeitsausführung sowie der Sicherstellung der Kommunikation am Arbeitsplatz (insbesondere für erheblich körperbehinderte und/oder sinnesbehinderten Menschen).

4.1.3 Belastungen, die durch Zeiten einer Arbeitsunfähigkeit entstehen, stellen für sich alleine keine außergewöhnliche Belastung im Sinne dieser Empfehlungen dar.

4.2 Die unter Ziffer 4.1 beschriebenen Aufwendungen sowie sonstige Belastungen müssen im Zusammenhang mit behinderungsbedingten Funktionseinschränkungen und deren Auswirkungen bei den konkreten Arbeitsplatzanforderungen stehen.

4.3 Überdurchschnittlich im Sinne von § 27 Abs. 2 SchwbAV sind die Aufwendungen sowie die sonstigen Belastungen des Arbeitgebers dann, wenn sie die im Betrieb oder Dienststelle üblicherweise für Beschäftigte mit vergleichbaren Arbeitsaufgaben anfallenden Kosten deutlich überschreiten.

Dies ist in der Regel der Fall

a) bei einer Minderleistung im Sinne der Ziffer 4.1.1, wenn die Arbeitsleistung des schwerbehinderten Menschen mindestens um 30 v. H. geringer ist als diejenige eines anderen Beschäftigten, der eine vergleichbare Tätigkeit/Funktion im Betrieb/der Dienststelle ausübt bzw.

b) bei innerbetrieblicher personeller Unterstützung im Sinne der Ziffer 4.1.2, wenn diese arbeitstäglich durchschnittlich mindestens 0,5 Stunden erforderlich ist.

4.4 Ziel der Leistung ist es, den schwerbehinderten Menschen über die personelle Unterstützung oder ergänzende Leistungen – insbesondere durch die Betreuung durch den IFD – in die Lage zu versetzen, eine annähernd betriebliche Normalleistung zu erbringen bzw. die eigene Arbeitsleistung selbstständig und unabhängig erbringen zu können.

4.5 Die Möglichkeiten, den schwerbehinderten Menschen zu einer von fremder Unterstützung unabhängigen und ihrem Arbeitsentgelt entsprechenden Arbeitsleistung zu befähigen, müssen ausgeschöpft sein. Dazu gehören insbesondere

– die dem Fähigkeitsprofil des schwerbehinderten Menschen entsprechende Auswahl des Arbeitsplatzes,

– gegebenenfalls die Versetzung auf einen anderen Arbeitsplatz,

— die behinderungsgerechte Einrichtung und Ausstattung des Arbeitsplatzes einschl. Arbeitszeitgestaltung und Arbeitsorganisation, die auf die Fähigkeiten abgestimmte berufliche Bildung und Einarbeitung einschl. innerbetrieblicher Maßnahmen zur beruflichen Qualifizierung.

Zur Umsetzung dieser Maßnahmen ist die aktive Mitwirkung des Arbeitgebers erforderlich.

4.6 Die Übernahme der Kosten der behinderungsbedingten außergewöhnlichen finanziellen Aufwendungen sowie sonstiger Belastungen im Sinne der Ziffern 4.1 bis 4.4 muss für den Arbeitgeber unzumutbar sein.

4.6.1 Das Maß der Unzumutbarkeit orientiert sich insbesondere an der Erfüllung der Beschäftigungspflicht gemäß § 77 Abs. 2 SGB IX. Ferner ist die Möglichkeit des Arbeitgebers zur Mehrfachanrechnung gemäß § 76 SGB IX zu berücksichtigen.

4.6.2 Im Übrigen sind an den Arbeitgeber bezüglich des ihm finanziell Zumutbaren besonders hohe Anforderungen zu stellen, wenn eine ordentliche (Änderungs-)Kündigung arbeitsvertraglich bzw. tarifvertraglich ausgeschlossen ist, Anspruch auf Verdienstsicherung besteht sowie bei Beamten auf Lebenszeit.

5. Berechnung und Höhe der Abgeltung der außergewöhnlichen Belastungen

5.1 Die Ermittlung der Leistungen erfolgt

a) für den Umfang der Minderleistung (4.1.1) in drei Bedarfsstufen

b) für den personellen Unterstützungsbedarf (4.1.2) in vier Bedarfsstufen.

5.1.1 Die Bedarfsstufen sind

a) bei Minderleistung
    Stufe 1: um 30%
    Stufe 2: um 40%
    Stufe 3: um 50%

b) bei personeller Unterstützung
    Stufe 1: ab 0,5 Stunden
    Stufe 2: mehr als 1 Stunde
    Stufe 3: mehr als 2 Stunden
    Stufe 4: mehr als 3 Stunden

5.1.2 Den Bedarfsstufen werden Beträge zugeordnet, die eine branchen-, regional- bzw. länderspezifische Entlohnung des schwerbehinderten Menschen bzw. der Unterstützungsperson sowie die Erfüllung der Beschäftigungspflicht durch den Arbeitgeber berücksichtigen.

Die Stufe 3 beim Minderleistungsausgleich und die Stufe 4 bei der personellen Unterstützung sind nur in besonders gelagerten Ausnahmefällen anzunehmen und bedürfen insoweit einer besonderen Begründung. Die Beiträge innerhalb einer Bedarfsstufe orientieren sich an den jeweiligen Bruttolöhnen oder -gehältern der Arbeitnehmerin/des Arbeitnehmers. Gratifikations- oder sonstige gewinnabhängige Zahlungen bleiben unberücksichtigt.

5.1.3 Die Zahlbeträge sind

a) bei Minderleistung
    Stufe 1: 100 bis 360 Euro
    Stufe 2: 150 bis 480 Euro
    Stufe 3: 200 bis 650 Euro.

Die vorgenannten Zahlbeträge entsprechen einer Vollzeitbeschäftigung und sind bei Teilzeitbeschäftigung anteilmäßig zu kürzen.

Eine Altersteilzeit im Blockmodell ist während der Arbeitsphase nicht als Teilzeit-, sondern wie eine Vollzeitbeschäftigung zu behandeln mit, der Folge, dass während der Freistellungsphase die Leistungen entfallen.

b) bei personeller Unterstützung
    Stufe 1: 80 bis 180 Euro
    Stufe 2: 140 bis 360 Euro
    Stufe 3: 210 bis 600 Euro
    Stufe 4: 280 bis 850 Euro.

5.2 Bei der abschließenden Gesamtbetrachtung soll die Höhe der jährlichen Leistung zur Abgeltung außergewöhnlicher Belastungen des Arbeitgebers (Minderleistung, personelle Unterstützung oder Kombination von beiden Leistungstatbeständen) 50% des Bruttojahreseinkommens des schwerbehinderten Menschen nicht überschreiten.

6. Antragstellung und Dauer der Leistung

6.1 Die Leistungen werden für einen Zeitraum von maximal zwei Jahren, beginnend mit dem Monat der Antragstellung, bewilligt. Leistungen können auf Antrag wiederholt erbracht werden. Auch bei unveränderter Leistungsvoraussetzung soll ab dem dritten Jahr, in dem Leistungen nach diesen Empfehlungen erbracht werden, eine Reduzierung erfolgen. Dies gilt insbesondere dann, wenn der Arbeitgeber die Beschäftigungspflicht nicht erfüllt.

6.2 Sie sollen insbesondere dann nur für ein Jahr bewilligt werden, wenn
– die Leistung erstmalig bewilligt wird oder
– der Umfang der außergewöhnlichen Belastung Veränderungen unterworfen sein kann.

6.3 Leistungen werden auch bei Abwesenheit des schwerbehinderten Menschen (insbesondere Urlaub, Arbeitsunfähigkeit) erbracht, solange nicht Lohnersatzleistungen von Dritten erbracht werden, bei Entgelt- oder Gehaltsfortzahlung längstens jedoch 6 Wochen.

6.4 Sollen Arbeitsverhältnisse beendet werden, entfallen die Leistungsvoraussetzungen in der Regel
– mit Erteilung der Zustimmung zur Kündigung durch das Integrationsamt,
– bei Aufhebungsverträgen vom Monat nach Unterzeichnung des Vertrages an,
weil dann eine Sicherung des Arbeitsverhältnisses nicht mehr gewährleistet werden kann.

7. Örtliche Zuständigkeit

Zuständig für Leistungen nach diesen Empfehlungen ist das Integrationsamt, in dessen Bereich der Arbeitsplatz liegt.

Bei Telearbeitsverhältnissen ist der Betriebssitz maßgebend.

8. Inkrafttreten

Diese Empfehlungen treten mit Wirkung vom 12. 4. 2007 in Kraft.

Tabellen zur Minderleistung und personellen Unterstützung
Tabelle Minderleistung
Zahlbeträge/Stundensatz des sbM

Umfang der Minderleistung	bis 12 Euro oder bis 1992 Euro/Monat	über 12 Euro oder über 1992 Euro/Monat
um 30%	180 Euro	270 Euro

Umfang der Minderleistung	bis 12 Euro oder bis 1992 Euro/Monat	über 12 Euro oder über 1992 Euro/Monat
um 40%	230 Euro	355 Euro
um 50%	280 Euro	465 Euro

Bei Teilzeitbeschäftigten erfolgt eine anteilige Kürzung.

Tabelle personelle Unterstützung

Umfang der Unterstützung	bis 16 Euro oder bis 2656 Euro/Monat	über 16 Euro oder über 2656 Euro/Monat
ab 0,5 bis 1 Std.	120 Euro	140 Euro
über 1 bis 2 Std.	180 Euro	240 Euro
über 2 bis 3 Std.	250 Euro	360 Euro
über 3 Std.	320 Euro	500 Euro

Kürzung der Tabellenwerte um %

1. Beschäftigungspflicht

nur mit betroffenem sbM erfüllt	auch mit betroffenem sbM nicht erfüllt
10%	20%

Maßgebend sind die Daten aus dem letzten Anzeigeverfahren, es sei denn, der Arbeitgeber weist neue Personalzahlen nach.

2. Ausschluss der ordentlichen Kündigung

Ordentliche Kündigung durch Arbeits- oder Tarifvertrag oder gesetzliche Bestimmungen ausgeschlossen
30%

Altfälle, die bereits am 1. 3. 2007 bewilligt waren und der sbM zu diesem Zeitpunkt bereits unkündbar war, werden nicht gekürzt. Ansonsten erfolgt die Reduzierung ab dem nächsten Bewilligungszeitraum nach Eintritt der Unkündbarkeit.

3. Zweckbindung aus Investitionsförderung

Während der Zweckbindung aus einer investiven Förderung
30%

Während der Zweckbindung aus investiver Förderung kann von einer Kürzung abgesehen werden, wenn es sich um ausschließlich behinderungsbedingte Aufwendungen ohne wirtschaftlichen Vorteil für den Arbeitgeber handelt.

Liegen mehrere Kürzungsgründe vor, erfolgt eine Addierung der jeweiligen Prozentsätze. Kürzungen erfolgen nur bis zu einem Sockelbetrag von 100 Euro (Mindestförderung).

In den ersten 6 Monaten erfolgt regelmäßig keine Förderung.

BIH-Empfehlungen für die Erbringung finanzieller Leistungen zur Arbeitsassistenz schwerbehinderter Menschen gemäß § 102 Abs. 4 SGB IX[1])

Arbeitsassistenz – ein wichtiger Baustein zur Teilhabe am Arbeitsleben

Stand: 16. Oktober 2007

1. Begriffsbestimmungen und Voraussetzungen

1.1 Arbeitsassistenz ist die über gelegentliche Handreichungen hinausgehende, zeitlich wie tätigkeitsbezogen regelmäßig wiederkehrende Unterstützung von schwerbehinderten Menschen (**Assistenznehmern**) bei der Arbeitsausführung in Form einer von ihnen beauftragten **Assistenzkraft** im Rahmen der Erlangung oder Erhaltung eines Arbeitsplatzes auf dem allgemeinen Arbeitsmarkt.

Die Leistung setzt voraus, dass der schwerbehinderte Mensch in der Lage ist, den das Beschäftigungsverhältnis inhaltlich prägenden **Kernbereich** der arbeitsvertraglich/dienstrechtlich geschuldeten Arbeitsaufgaben selbstständig zu erledigen. Das Austauschverhältnis Arbeit gegen Entgelt muss im Wesentlichen gewahrt bleiben.

1.2 Die Akquise der Assistenzkraft, die Vertragsgestaltung sowie die Organisations- und Anleitungskompetenz obliegen dem Assistenznehmer.

1.3 Arbeitsassistenzkräfte bieten insbesondere **unterstützende Tätigkeiten** bei der Erbringung der vom schwerbehinderten Menschen arbeitsvertraglich/dienstrechtlich geschuldeten Arbeitsleistung. Dazu zählen auch Vorlesekräfte für Blinde und hochgradig sehbehinderte sowie für hörgeschädigte Menschen – bei kontinuierlichem, umfangreicherem Bedarf – der Einsatz von Gebärden- bzw. Schriftsprachdolmetschern. Gelegentliche bzw. anlassbezogene Gebärdensprachdolmetschereinsätze hingegen werden nach den „Empfehlungen der BIH zur Bezuschussung von Kosten für Gebärdensprachdolmetscherinnen-Leistungen" in der jeweils aktuellen Fassung gefördert.

1.4 Bei der Festsetzung des Bedarfs können nur die unterstützenden Tätigkeiten zu Grunde gelegt werden, die der Assistenznehmer behinderungsbedingt nicht selbst erledigen kann, nicht jedoch solche Arbeiten, die üblicherweise im Rahmen einer abhängigen oder selbstständigen Beschäftigung durch Mitarbeiter (Assistenzkräfte) erledigt werden, z. B. Sekretariatstätigkeiten.

1.5 **Notwendig** ist die Arbeitsassistenz, wenn dem Assistenznehmer erst durch diese Leistung eine wettbewerbsfähige Erbringung der jeweils arbeitsvertraglich/dienstrechtlich geschuldeten Tätigkeit(en) möglich wird. Im Interesse einer selbstständigen Arbeitsausführung sollen alle anderen Möglichkeiten nach dem SGB IX sowie die vorrangigen Leistungen (s. dazu Ziffer 3.) ausgeschöpft werden. Dazu gehören insbesondere

– die dem Fähigkeitsprofil der schwerbehinderten Menschen entsprechende Auswahl des Arbeitsplatzes (ggf. Umsetzung auf einen anderen Arbeitsplatz),
– die behinderungsgerechte Organisation, Einrichtung und Ausgestaltung des Arbeitsplatzes,
– die auf die individuellen Fähigkeiten abgestimmte berufliche Ausbildung und Einarbeitung sowie
– innerbetriebliche Maßnahmen der beruflichen Qualifizierung Leistungen zur personellen Unterstützung durch Arbeitgeber (ggf. unter Inanspruchnahme von § 27 SchwbAV).

---

[1]) Aus Gründen der besseren Lesbarkeit wird in den „Empfehlungen" ausschließlich die männliche Schreibweise verwendet und auf die weibliche verzichtet. Frauen sind aber im selben Umfang gemeint wie Männer.

Das Integrationsamt wirkt in Abstimmung mit dem schwerbehinderten Menschen bei Arbeitgebern und den vorrangigen Leistungsträgern sowie im Rahmen seiner eigenen Leistungsmöglichkeiten darauf hin, dass die zuvor genannten Maßnahmen geprüft und durchgeführt werden.

1.6 Bei der Entscheidung über die Leistung wird dem Wunsch- und Wahlrecht des Leistungsberechtigten nach Maßgabe des § 9 SGB IX entsprochen.

1.7 Die Leistung zur Arbeitsassistenz setzt voraus, dass der schwerbehinderte Mensch in einem tariflich oder ortsüblich entlohnten Beschäftigungsverhältnis auf einem Arbeitsplatz im Sinne von § 73 Abs. 1 und § 102 Abs. 2 Satz 3 SGB IX beschäftigt ist.

1.8 Die Leistungen des Integrationsamtes sollen zusammen mit den laufenden Leistungen anderer Träger in Höhe und Dauer in einem vertretbaren Verhältnis zu dem von dem schwerbehinderten Menschen erzielten Arbeitseinkommen stehen.

1.9 Leistungsvoraussetzung ist eine schriftliche Erklärung des Arbeitgebers/Dienstherrn, dass er mit dem Einsatz einer nicht von ihm angestellten betriebsfremden Assistenzkraft einverstanden ist.

1.10 Diese Empfehlungen sind bei **selbstständig** tätigen schwerbehinderten Menschen entsprechend anzuwenden (§ 21 Abs. 4 SchwbAV). Auch hier muss ein angemessenes Verhältnis zwischen Leistungen des Integrationsamtes und erzieltem Einkommen des Assistenznehmers gewährleistet sein.

2. Rechtsgrundlagen und -charakter

2.1 Schwerbehinderte Menschen haben einen Anspruch auf Übernahme der Kosten einer notwendigen Arbeitsassistenz (§ 102 Abs. 4 SGB IX und § 17 Abs. 1a SchwbAV), soweit dem örtlich zuständigen Integrationsamt Mittel der Ausgleichsabgabe zur Verfügung stehen.

2.2 Der Anspruch ist Bestandteil der begleitenden Hilfe im Arbeitsleben gemäß § 102 SGB IX. Für ihn gelten daher die leistungsrechtlichen Vorschriften und Maßgaben des § 73 Abs. 1, des § 102 Abs. 2 Satz 3 (Teilzeitbeschäftigung ab 15 Stunden), der §§ 5, 6 und 14 SGB IX sowie des § 17 Abs. 2 und des § 18 SchwbAV.

2.3 Der Anspruch ist auf eine Geldleistung gerichtet.

3. Vorrangige Leistungsverpflichtungen/Leistungen Dritter

3.1 Arbeitsassistenz als Leistung des Integrationsamtes ist gemäß § 102 Abs. 5 SGB IX und § 18 Abs. 1 Satz 1 SchwbAV nachrangig gegenüber entsprechenden Leistungen Dritter, insbesondere der Arbeitgeber sowie der Träger der Teilhabe am Arbeitsleben gemäß §§ 6 Abs. 1 Nr. 2–7, 6a SGB IX.

3.2 Erbringt ein Rehabilitationsträger Leistungen zur Teilhabe am Arbeitsleben nach § 33 Abs. 1, Abs. 3 Nrn. 1 und 6 und Abs. 8 Satz 1 Nr. 3 SGB IX als Hilfe zur Erlangung eines Arbeitsplatzes an einen schwerbehinderten Menschen selbst oder an seinen Arbeitgeber, sind zur Sicherung der Eingliederung die Kosten einer notwendigen Arbeitsassistenz zu übernehmen. Die Leistung wird durch das Integrationsamt in Abstimmung mit dem Rehabilitationsträger ausgeführt, dem der zuständige Rehabilitationsträger die Kosten nach § 33 Abs. 8 Sätze 2 und 3 SGB IX für die Dauer von 3 Jahren erstattet.

Entsprechendes gilt für die Kostenübernahme einer Maßnahme gemäß § 270a Abs. 1 SGB III bzw. § 16 Abs. 1 Satz 2 SGB II i. V. m. § 270a SGB III.

3.3 Die Übernahme der Kosten einer Arbeitsassistenz durch das Integrationsamt setzt daher voraus, dass alle Maßnahmen der Arbeitgeber sowie alle vorrangigen Verpflichtungen der Rehabilitations- und anderer Leistungsträger im Sinne des Sozialgesetzbuchs ausgeschöpft sind. Eine Übernahme der Kosten einer Arbeitsassistenz durch das Integrationsamt erfolgt nicht, wenn die für die schwerbehinderten Menschen erforderlichen Unterstützungsmaßnahmen im Arbeitsverhältnis durch Dritte bereitgestellt und/oder durch Leistungen anderer (Reha-)Träger abgedeckt werden können. Dies ist insbesondere der Fall

a) bei Leistungen zum Erreichen des Arbeitsplatzes nach der Kraftfahrzeughilfe-Verordnung durch die vorrangig verpflichteten Träger der Leistungen zur Teilhabe,
b) wenn die Unterstützung am Arbeitsplatz durch Integrationsfachdienste im Rahmen ihrer Aufgabenstellung gemäß § 110 Abs. 2 Nrn. 3 bis 6 SGB IX ausreicht,
c) bei einer Beschäftigung in einem Integrationsprojekt im Sinne des § 132 SGB IX mit arbeitsbegleitender Betreuung gemäß § 133 SGB IX.

3.4 Die Bereitstellung personeller Unterstützung durch den Arbeitgeber nach § 102 Abs. 3 Satz 1 Nr. 2 b) SGB IX und § 27 SchwbAV im Rahmen des Rechtsanspruchs schwerbehinderter Menschen gegenüber dem Arbeitgeber auf behinderungsgerechte Gestaltung der Arbeitsorganisation gemäß § 81 Abs. 4 Satz 1 Nr. 4 SGB IX ist in der Praxis eine wichtige Hilfestellung bei der Teilhabe schwerbehinderter Menschen am Arbeitsleben. Geht der Umfang der notwendigen Arbeitsassistenz allerdings über die vom Arbeitgeber bereitgestellte Unterstützung hinaus, können beide Leistungen kombiniert erbracht werden.

3.5 Soweit Träger der Kranken- und Pflegeversicherung bzw. der Sozialhilfe nach dem für sie geltenden Leistungsrecht für allgemeine pflegerische und betreuerische Maßnahmen, ggf. ganztags, zuständig sind, sind Leistungen zur Arbeitsassistenz gemäß § 102 Abs. 4 SGB IX nur in dem Umfang möglich, der sich ausschließlich auf die Unterstützung im Arbeitsverhältnis bezieht und nicht bereits durch die pflegerischen und betreuerischen Maßnahmen in der Zuständigkeit des anderen (vorrangigen) Leistungsträgers abgedeckt ist.

Zum Zwecke der Leistungserbringung an den Assistenznehmer aus einer Hand sowie zur Verwaltungsvereinfachung kann die Leistung des Integrationsamtes in Fällen dieser Art, falls sie nicht im Rahmen eines trägerübergreifenden persönlichen Budgets erfolgt, auch in der Form erbracht werden, dass das Integrationsamt dem anderen (vorrangigen) Leistungsträger die Kosten der notwendigen Arbeitsassistenz in dem durch ihren Bewilligungsbescheid festgelegten Umfang erstattet, nachdem die schwerbehinderten Menschen ihren Anspruch nach § 102 Abs. 4 SGB IX an diesen abgetreten haben.

4. Persönliches Arbeitsassistenzbudget, Regelförderung

4.1 Für die notwendige Arbeitsassistenz werden dem Assistenznehmer – abhängig von seinem individuellen Unterstützungsbedarf – monatliche Budgets zur Verfügung gestellt. Diese betragen bei einem durchschnittlichen arbeitstäglichen Unterstützungsbedarf von

– weniger als 1 Stunde	= bis zu	275,00 Euro
– 1 Stunde bis unter 2 Stunden	= bis zu	550,00 Euro
– 2 Stunden bis unter 3 Stunden	= bis zu	825,00 Euro
– mindestens drei Stunden	= bis zu	1100,00 Euro

Sofern Umsatzsteuerpflicht besteht, ist die Umsatzsteuer zusätzlich zu erstatten.

Als Aufwandspauschale für Regiekosten (z.B. Meldung zur Sozialversicherung, Entgeltberechnung, Lohnbuchhaltung, Abführung von Sozialversicherungsbeiträgen und Steuern) können die vorgenannten Beträge bei einer Fremdvergabe an Dritte um einen Betrag von 30 Euro pro Monat erhöht werden.

Wenn neben dem eigentlichen Unterstützungsbedarf am Arbeitsplatz z. B. Bereitschaftszeiten oder Reisekosten der Assistenzkraft anfallen, die auch bei Ausschöpfen der vom Arbeitgeber bereitgestellten Unterstützungsmaßnahmen unvermeidlich sind, kann im Einzelfall der Leistungsrahmen erhöht werden.

Hörbehinderte Menschen, die zur Kommunikation im Arbeitsverhältnis auf eine regelmäßig wiederkehrende Unterstützung durch Gebärden- bzw. Schriftsprachdolmetscher im Sinne der Ziffer 2.1 angewiesen sind, erhalten unter Berücksichtigung des durchschnittlichen zeitlichen Umfangs des monatlichen Bedarfs bei Vollzeitbeschäftigung ein persönliches Arbeitsassistenzbudget von bis zu 1100,00 Euro pro Monat für Dolmetschereinsätze, die nach den „Empfehlungen der BIH zur Bezuschussung von Kosten für Gebärdensprachdolmetscherinnen-Leistungen" abgewickelt werden.

4.2 Soweit in einzelnen Monaten persönliche Arbeitsassistenzbudgets nicht in Anspruch genommen werden, können sie innerhalb des Bewilligungszeitraums auf andere Monate übertragen werden. Liegen die notwendigen tatsächlichen Ausgaben zum Ende des Bewilligungszeitraums unter dem bewilligten Budget, sind zu viel gezahlte Beträge zurückzuerstatten bzw. mit der nächsten Vorauszahlung zu verrechnen.

4.3 Bei Erkrankung des Assistenznehmers können die Leistungen bei bestehender arbeitsvertraglicher Verpflichtung höchstens bis zum Ende des Bewilligungszeitraums erbracht werden.

4.4 Bei Erkrankung der Assistenzkraft wird im Einzelfall die Möglichkeit der Finanzierung einer Ersatzkraft geprüft.

5. Örtliche Zuständigkeit und Verfahren

5.1 Örtlich zuständig ist das Integrationsamt, in dessen Bereich der Arbeitsplatz der/des schwerbehinderten Menschen liegt. Bei Telearbeit bzw. alternierender Telearbeit ist der Betriebssitz des Arbeitgebers maßgeblich. Leistungsfälle und finanzieller Aufwand sind durch das Integrationsamt in geeigneter Weise statistisch zu erfassen.

5.2 Die Geldleistungen werden frühestens vom Monat der Antragstellung an erbracht.

5.3 Der Bewilligungszeitraum beträgt in der Regel 2 Jahre. Notwendige Leistungen zu den Kosten einer Arbeitsassistenz werden auf Antrag weiterbewilligt, wenn die Voraussetzungen weiterhin vorliegen.

Der Weiterbewilligungsantrag kann auf die Angaben im Erstantrag gestützt werden, wenn die Leistungsvoraussetzungen weiter fortbestehen. Die Prüfung durch das Integrationsamt beschränkt sich dabei i. d. R. auf die Frage nach Veränderungen gegenüber der dem Erstbescheid zu Grunde liegenden Sachlage.

5.4 Die Auszahlung erfolgt in der Regel monatlich im Voraus.

5.5 Für die Einhaltung aller gesetzlichen Arbeitgeberpflichten im Verhältnis zur Assistenzkraft sind die Leistungsempfänger verantwortlich.

5.6 Die zweckentsprechende Verwendung der Geldleistungen ist dem Integrationsamt nachträglich durch Vorlage geeigneter Unterlagen gemäß Anlage 1 nachzuweisen.

5.7 Für die Bearbeitung des Antrages gelten die Fristen des § 14 SGB IX. In besonders begründeten Fällen – z. B. wenn das Beschäftigungsverhältnis zwingend von der Arbeitsassistenz abhängt – kann eine vorläufige Leistung erbracht werden.

Regelung der BIH mit dem Bundesverband der Gebärdensprachdolmetscherinnen

Die BIH hat mit dem Deutschen Gehörlosenbund und dem Bundesverband der Gebärdensprachdolmetscherinnen Deutschlands die folgende Regelung für die Übernahme von Kosten für Gebärdensprachdolmetsch-Leistungen vereinbart und allen Integrationsämtern zur bundeseinheitlichen Anwendung empfohlen:

§ 102 Regelung d. BIH mit dem Bundesverband d. Gebärdensprachdolmetscherinnen

1. Geltungsbereich

Es handelt sich um eine Empfehlung mit bundesweitem Charakter. Die Regelung bezieht sich ausschließlich auf die seitens der Integrationsämter geförderten Einsätze von Gebärdensprachdolmetschern/Dolmetscherinnen im Rahmen der begleitenden Hilfe im Arbeitsleben nach dem Schwerbehindertenrecht (SGB IX, Teil 2).

2. Einsatzzeiten

Dolmetsch-, Fahrt- und Wartezeiten:

Die Einsatzzeiten werden in gleicher Höhe pro volle Zeitstunden mit 40 Euro, je angefangene halbe Einsatzstunde mit 20 Euro vergütet. Vor- und Nachbereitungszeit wird nicht gesondert berechnet.

3. Wegstreckenentschädigung

Die Wegstreckenentschädigung wird in entsprechender Anwendung des Landesreisekostengesetzes NW erstattet; sie beträgt 0,27 Euro pro gefahrenen Kilometer.

4. Umsatzsteuer

Sofern Umsatzsteuerpflicht besteht, ist die Umsatzsteuer zusätzlich erstattungsfähig. Ein entsprechender Nachweis ist in Kopie der aktuellen Bestätigung des Finanzamtes über die Umsatzsteuerpflicht zu erbringen.

5. Ausfallkosten

Wird ein Ersatztermin innerhalb von drei Werktagen vor dem Einsatz abgesagt, können Ausfallkosten von 50% der Einsatzzeit erhoben werden. Wird der Termin einen Werktag vor dem Einsatz abgesagt, betragen die Ausfallkosten 100%; dies gilt nur, wenn kurzfristig kein anderer Einsatz statt des ausgefallenen Termins wahrgenommen werden kann. Zur Geltendmachung ist das Formblatt des Integrationsamtes zu verwenden.

6. Doppeleinsatz

Zurzeit unbesetzt, weil der Bundesverband der Gebärdensprachdolmetscherinnen e. V. und der Deutsche Gehörlosenbund konkrete inhaltliche nachprüfbare Kriterien noch nicht benannt haben, nach denen die Notwendigkeit eines Doppeleinsatzes beurteilt werden könnte.

7. Qualität

Diese Empfehlung gilt nur für Gebärdensprachdolmetscher-Leistungen aufgrund einer qualifizierten Ausbildung. Zu den anerkannten Qualifikationen/Qualifizierungsmaßnahmen und einschlägigen Prüfungen gehören:

Studiengänge und Qualifizierungsmaßnahmen.
- Diplomstudiengang der Universität Hamburg.
- Diplomstudiengang der Fachhochschule Magdeburg-Stendal.
- Diplomstudiengang der Westsächsischen Hochschule Zwickau.
- Modellversuch Gebärdensprachdolmetscher-Ausbildung NRW (MoVesDO).
- Berufsbegleitende Ausbildung am Gebärdensprachdolmetscher-Ausbildungszentrum in Zwickau.
- Weiterbildendes Studium Qualifikation zum Gebärdensprachdolmetscher und zur Gebärdensprachdolmetscherin der Fachhochschule Frankfurt/Main.

– Berufsbegleitende Ausbildung des Landesinstituts für Gebärdensprache in Essen.
– Berufsbegleitende Ausbildung des Berufsbildungswerkes Paulinenpflege Winnenden.

Ablegen einer Prüfung mit der Berechtigung, folgende Titel zu führen:
– Staatl. geprüfter Gebärdensprachdolmetscher, Prüfungsamt Darmstadt.
– Geprüfter Gebärdensprachdolmetscher, IHK Düsseldorf.

Es gilt eine Übergangsfrist bis Ende 2006 für derzeit professionell arbeitende Dolmetscher/innen ohne entsprechenden Qualifizierungsnachweis.

§ 103
Beratender Ausschuss für behinderte Menschen bei dem Integrationsamt

(1) ¹Bei jedem Integrationsamt wird ein Beratender Ausschuss für behinderte Menschen gebildet, der die Teilhabe der behinderten Menschen am Arbeitsleben fördert, das Integrationsamt bei der Durchführung der besonderen Regelungen für schwerbehinderte Menschen zur Teilhabe am Arbeitsleben unterstützt und bei der Vergabe der Mittel der Ausgleichsabgabe mitwirkt. ²Soweit die Mittel der Ausgleichsabgabe zur institutionellen Förderung verwendet werden, macht der beratende Ausschuss Vorschläge für die Entscheidungen des Integrationsamtes.

(2) Der Ausschuss besteht aus zehn Mitgliedern, und zwar aus zwei Mitgliedern, die die Arbeitnehmer und Arbeitnehmerinnen vertreten, zwei Mitgliedern, die die privaten und öffentlichen Arbeitgeber vertreten, vier Mitgliedern, die die Organisationen behinderter Menschen vertreten, einem Mitglied, das das jeweilige Land vertritt, einem Mitglied, das die Bundesagentur für Arbeit vertritt.

(3) ¹Für jedes Mitglied ist ein Stellvertreter oder eine Stellvertreterin zu berufen. ²Mitglieder und Stellvertreter oder Stellvertreterinnen sollen im Bezirk des Integrationsamtes ihren Wohnsitz haben.

(4) ¹Das Integrationsamt beruft auf Vorschlag der Gewerkschaften des jeweiligen Landes zwei Mitglieder, der Arbeitgeberverbände des jeweiligen Landes ein Mitglied, der zuständigen obersten Landesbehörde oder der von ihr bestimmten Behörde ein Mitglied, der Organisationen behinderter Menschen des jeweiligen Landes, die nach der Zusammensetzung ihrer Mitglieder dazu berufen sind, die behinderten Menschen in ihrer Gesamtheit zu vertreten, vier Mitglieder. ²Die zuständige oberste Landesbehörde oder die von ihr bestimmte Behörde und die Bundesagentur für Arbeit berufen je ein Mitglied.

ERLÄUTERUNGEN

I. Bedeutung der Vorschrift

Sie regelt die Einrichtung eines Beratenden Ausschusses für behinderte Menschen bei jedem Integrationsamt. Seine Aufgaben sind nur allgemein dahingehend umschrieben, die Teilhabe der behinderten Menschen am Arbeitsleben zu fördern, die Integrationsämter bei der Durchführung der für sie maßgebenden Regelungen für schwerbehinderte Menschen zur Teilhabe am Arbeitsleben zu unterstützen und bei der Vergabe der Mittel der Ausgleichsabgabe mitzuwirken (**Abs. 1 Satz 1**). Bei der Vergabe der Mittel der Ausgleichsabgabe zur institutionellen Förderung hat der Beratende Ausschuss nach (**Abs. 1 Satz 2**) ein Vorschlagsrecht, welches allerdings das Integrationsamt nicht bindet (vgl. insoweit die abweichende Regelung für den Beirat beim Bundesministerium für Arbeit und Sozialordnung, dessen Vorschläge für die Vergabe der Mittel des Ausgleichsfonds nach § 64 Abs. 1 Satz 2 bindend sind).

1

Die Zusammensetzung des aus zehn Mitgliedern bestehenden Beirats ist in **Abs. 2** geregelt.

In **Abs. 3** wird die Berufung von stellvertretenden Mitgliedern verlangt und als Sollvorschrift der Wohnsitz von Mitgliedern und ihren Stellvertretern im Bezirk des Integrationsamtes gefordert.

Das Berufungsverfahren einschließlich entsprechender Vorschlagsrechte ist in **Abs. 4** festgelegt.

II. Fassung

Die Vorschrift wurde unverändert aus dem Regierungsentwurf (BT-Drucks. 14/5531 i. V. m. 14/5074) übernommen. Sie ist inhaltsgleich mit § 32 SchwbG a. F.

§ 104
Aufgaben der Bundesagentur für Arbeit

(1) Die Bundesagentur für Arbeit hat folgende Aufgaben:
1. die Berufsberatung, Ausbildungsvermittlung und Arbeitsvermittlung schwerbehinderter Menschen einschließlich der Vermittlung von in Werkstätten für behinderte Menschen Beschäftigten auf den allgemeinen Arbeitsmarkt,
2. die Beratung der Arbeitgeber bei der Besetzung von Ausbildungs- und Arbeitsplätzen mit schwerbehinderten Menschen,
3. die Förderung der Teilhabe schwerbehinderter Menschen am Arbeitsleben auf dem allgemeinen Arbeitsmarkt, insbesondere von schwerbehinderten Menschen,
    a) die wegen Art oder Schwere ihrer Behinderung oder sonstigen Umständen im Arbeitsleben besonders betroffen sind (§ 72 Abs. 1),
    b) die langzeitarbeitslos im Sinne des § 18 des Dritten Buches sind,
    c) die im Anschluss an eine Beschäftigung in einer anerkannten Werkstatt für behinderte Menschen oder einem Integrationsprojekt eingestellt werden,
    d) die als Teilzeitbeschäftigte eingestellt werden oder
    e) die zur Aus- oder Weiterbildung eingestellt werden,
4. im Rahmen von Arbeitsbeschaffungsmaßnahmen die besondere Förderung schwerbehinderter Menschen,
5. die Gleichstellung, deren Widerruf und Rücknahme,
6. die Durchführung des Anzeigeverfahrens (§ 80 Abs. 2 und 4),
7. die Überwachung der Erfüllung der Beschäftigungspflicht,
8. die Zulassung der Anrechnung und der Mehrfachanrechnung (§ 75 Abs. 2, § 76 Abs. 1 und 2),
9. die Erfassung der Werkstätten für behinderte Menschen, ihre Anerkennung und die Aufhebung der Anerkennung.
10. *(gestrichen)*

(2) ¹Die Bundesagentur für Arbeit übermittelt dem Bundesministerium für Arbeit und Soziales jährlich die Ergebnisse ihrer Förderung der Teilhabe schwerbehinderter Menschen am Arbeitsleben auf dem allgemeinen Arbeitsmarkt nach dessen näherer Bestimmung und fachlicher Weisung. ²Zu den Ergebnissen gehören Angaben über die Zahl der geförderten Arbeitgeber und schwerbehinderten Menschen, die insgesamt aufgewandten Mittel und die durchschnittlichen Förderungsbeträge. ³Die Bundesagentur für Arbeit veröffentlicht diese Ergebnisse.

(3) ¹Die Bundesagentur für Arbeit führt befristete überregionale und regionale Arbeitsmarktprogramme zum Abbau der Arbeitslosigkeit schwerbehinderter Menschen, besonderer Gruppen schwerbehinderter Menschen, insbesondere schwerbehinderter Frauen, sowie zur Förderung des Ausbildungsplatzangebots für schwerbehinderte Men-

schen durch, die ihr durch Verwaltungsvereinbarung gemäß § 368 Abs. 2 Satz 2 und Abs. 3 Satz 1 des Dritten Buches unter Zuweisung der entsprechenden Mittel übertragen werden. ²Über den Abschluss von Verwaltungsvereinbarungen mit den Ländern ist das Bundesministerium für Arbeit und Soziales zu unterrichten.

(4) Die Bundesagentur für Arbeit richtet zur Durchführung der ihr in Teil 2 und der ihr im Dritten Buch zur Teilhabe behinderter und schwerbehinderter Menschen am Arbeitsleben übertragenen Aufgaben in allen Agenturen für Arbeit besondere Stellen ein; bei der personellen Ausstattung dieser Stellen trägt sie dem besonderen Aufwand bei der Beratung und Vermittlung des zu betreuenden Personkreises sowie bei der Durchführung der sonstigen Aufgaben nach Abs. 1 Rechnung.

(5) Im Rahmen der Beratung der Arbeitgeber nach Abs. 1 Nr. 2 hat die Bundesagentur für Arbeit
1. dem Arbeitgeber zur Besetzung von Arbeitsplätzen geeignete arbeitslose oder Arbeit suchende schwerbehinderte Menschen unter Darlegung der Leistungsfähigkeit und der Auswirkungen der jeweiligen Behinderung auf die angebotene Stelle vorzuschlagen,
2. ihre Fördermöglichkeiten aufzuzeigen, so weit wie möglich und erforderlich auch die entsprechenden Hilfen der Rehabilitationsträger und der begleitenden Hilfe im Arbeitsleben durch die Integrationsämter.

ERLÄUTERUNGEN

ÜBERSICHT

I. Bedeutung der Vorschrift (Rdnrn. 1–5)
II. Fassung (Rdnrn. 6–6f)
   A) durch das SGB IX vom 19. Juni 2001 (BGBl. I S. 1046) mit Wirkung vom 1. Juli 2001 (Rdnr. 6)
   B) durch das Dritte Gesetz für moderne Dienstleistungen am Arbeitsmarkt vom 23. Dezember 2003 (BGBl. I S. 2848) mit Wirkung vom 1. Januar 2004 (Rdnr. 6a)
   C) durch das Vierte Gesetz für moderne Dienstleistungen am Arbeitsmarkt vom 24. Dezember 2003 (BGBl. I S. 2954) mit Wirkung vom 1. Januar 2004 (Rdnr. 6b)
   D) durch das Gesetz zur Förderung der Ausbildung und Beschäftigung schwerbehinderter Menschen vom 23. April 2004 (BGBl. I S. 606) mit Wirkung vom 1. Januar 2005 (Rdnrn. 6c–6f)
III. Anmerkungen (Rdnrn. 7–62)
   A) zu Abs. 1
     1. Allgemeines (Rdnrn. 7–7g)
     2. Berufsberatung und Vermittlung schwerbehinderter Menschen (Rdnrn. 8–11)
     3. Beratung der Arbeitgeber (Rdnrn. 12–15)
     4. Förderung der Teilhabe am Arbeitsleben (Rdnrn. 16–29)
     5. Arbeitsbeschaffungsmaßnahmen (Rdnrn. 30–35)
     6. Gleichstellung, Widerruf und Rücknahme (Rdnrn. 36–39)
     7. Durchführung des Anzeigeverfahrens (Rdnrn. 40–41)
     8. Überwachung der Erfüllung der Beschäftigungspflicht (Rdnrn. 42–43)
     9. Zulassung der Anrechnung mit Mehrfachanrechnung (Rdnrn. 44–46)
     10. Erfassung und Anerkennung von Werkstätten (Rdnr. 47)
   B) zu Abs. 2
     1. Jährliche Berichte der Bundesagentur für Arbeit (Rdnr. 51)
   C) zu Abs. 3
     1. Überregionale und regionale Arbeitsmarktprogramme (Rdnr. 52)

D) zu Abs. 4
  1. Einrichtung besonderer Stellen (Rdnrn. 53–56)
E) zu Abs. 5
  1. Konkrete Beratung der Arbeitgeber bei der Stellenbesetzung (Rdnrn. 57–62)

I. Bedeutung der Vorschrift

1 In **Abs. 1** werden neun wesentliche Aufgaben der Bundesagentur für Arbeit bei der Durchführung des Schwerbehindertenrechts hervorgehoben.

2 In **Abs. 2** wird der Bundesagentur für Arbeit eine jährliche Berichtspflicht gegenüber dem Bundesministerium für Gesundheit und Soziale Sicherung über die Ergebnisse ihrer Förderung der Teilhabe von schwerbehinderten Menschen am Arbeitsleben auf dem allgemeinen Arbeitsmarkt auferlegt.

3 Nach **Abs. 3** kann die Bundesagentur für Arbeit befristete überregionale und regionale Arbeitsmarktprogramme zum Abbau der Arbeitslosigkeit schwerbehinderter Menschen sowie zur Förderung eines entsprechenden Ausbildungsplatzangebots durchführen, sofern ihr dies durch Verwaltungsvereinbarung mit der Bundesregierung bzw. den Landesregierungen unter Zuweisung der entsprechenden Mittel übertragen wurde.

4 Nach **Abs. 4** richtet die Bundesagentur in allen Agenturen für Arbeit zur Durchführung der ihr übertragenen entsprechenden Aufgaben besondere Stellen für behinderte und schwerbehinderte Menschen ein. Die Vorschrift setzt Vorgaben für die personelle Ausstattung dieser Stellen.

5 Durch **Abs. 5** wird der Bundesagentur auferlegt, bei der Vermittlung schwerbehinderter Bewerber Einzelheiten über deren Leistungsfähigkeit und die Auswirkungen der jeweiligen Behinderung auf die angebotene Stelle darzulegen sowie ihre Fördermöglichkeiten aufzuzeigen, ggf. unter Hinweis auf entsprechende Hilfen der Rehabilitationsträger und der begleitenden Hilfe im Arbeitsleben durch die Integrationsämter.

II. Fassung

A) durch das SGB IX vom 19. Juni 2001 (BGBl. I S. 1046) mit Wirkung vom 1. Juli 2001

6 Die Vorschrift wurde unverändert aus dem Regierungsentwurf (BT-Drucks. 14/5531 i. V. m. 14/5074) übernommen. Sie wurde im Wesentlichen unverändert aus § 33 SchwbG übertragen. Allerdings hatte bereits das Gesetz zur Bekämpfung der Arbeitslosigkeit Schwerbehinderter (SchwbBAG) vom 29. September 2000 die Vorschrift grundlegend umgestaltet (Anfügung der Nr. 10 in Abs. 1, Einfügung der Absätze 2 und 5, Wegfall des bisherigen Abs. 2 über Geldleistungen an Arbeitgeber zur besonderen Förderung der Einstellung von schwerbehinderten Menschen ohne entsprechende gesetzliche Verpflichtung).

B) durch das Dritte Gesetz für moderne Dienstleistungen am Arbeitsmarkt vom 23. Dezember 2003 (BGBl. I S. 2848) mit Wirkung vom 1. Januar 2004

6a Durch Art. 8 Nr. 19 wurden
  a) in **Abs. 1 Nr. 4** die Wörter „und Strukturanpassungsmaßnahmen" gestrichen,
  b) in **Abs. 3** die Angabe „§ 370" durch die Angabe „§ 368" ersetzt.

Es handelt sich jeweils um Folgeänderungen zu entsprechenden Änderungen im SGB III.

C) durch das Vierte Gesetz für moderne Dienstleistungen am Arbeitsmarkt vom 24. Dezember 2003 (BGBl. I S. 2954) mit Wirkung vom 1. Januar 2004

Durch Art. 9 Nr. 14 wurde

a) in der Vorschrift jeweils das Wort „Bundesanstalt" durch das Wort „Bundesagentur" und das Wort „Arbeitsämter" durch die Worte „Agenturen für Arbeit" ersetzt.

b) **Abs. 4 Satz 2 aufgehoben**.

Die Bestimmung hatte folgenden Wortlaut:

„Soweit in Geschäftsstellen solche besonderen Stellen nicht gebildet werden können, soll dort für die Beratung und Vermittlung eine fachliche Schwerpunktbildung erfolgen."

Das Inkrafttreten dieses Gesetzes wurde rückwirkend vorverlegt durch Art. 14 Nr. 4b des Kommunalen Optionsgesetzes vom 30. Juli 2004 (BGBl. I S. 2014).

D) durch das Gesetz zur Förderung der Ausbildung und Beschäftigung schwerbehinderter Menschen vom 23. April 2004 (BGBl. I S. 606) mit Wirkung vom 1. Januar 2005

In **Nr. 9** wurde am Ende nach dem Wort „Anerkennung" das Komma durch einen Punkt ersetzt und die Nr. 10 gestrichen. Für das Inkrafttreten der Neuregelung wurde – abweichend von den übrigen in Art. 7 des „Gesetzes zur Förderung der Ausbildung und Beschäftigung schwerbehinderter Menschen" genannten Daten – durch Abs. 4 der Vorschrift der 1. Januar 2005 festgelegt.

Es handelt sich um eine Folgeänderung zu der in § 109 SGB IX getroffenen Regelung, wonach die Integrationsfachdienste nicht mehr von den Arbeitsämtern – nunmehr: Agenturen für Arbeit – beauftragt werden. Die Agenturen für Arbeit erbringen damit auch keine Leistungen aus der Ausgleichsabgabe an die Integrationsfachdienste.

Der **Bundesrat** (BT-Drucks. 15/2318 S. 18) hatte demgegenüber die Beibehaltung der Nr. 10 mit folgender Fassung vorgeschlagen:

„10. die Erfassung, Beauftragung und Finanzierung der Integrationsfachdienste, soweit sie an der Durchführung von Aufgaben insbesondere nach Absatz 1 Nr. 1 und 2 beteiligt werden; § 111 Abs. 1 Satz 2 gilt entsprechend."

Begründung:

Nach Artikel 1 Nr. 26 bis 29 werden in den jeweiligen Bestimmungen der §§ 109 bis 113 die Wörter „der Bundesanstalt für Arbeit" gestrichen. Damit wird die Sonderrolle der Bundesanstalt für Arbeit gegenüber den Integrationsfachdiensten beseitigt und klargestellt, dass sie die Kosten für die Beauftragung mit der Arbeitsvermittlung selbst tragen muss. Aus diesem Grunde ist auch die Bestimmung des § 104 Abs. 1 Nr. 10 anzupassen und dort klarzustellen, dass die Bundesanstalt für Arbeit die Integrationsfachdienste weiter beauftragen und die Kosten tragen soll.

Dem hatte jedoch die **Bundesregierung** (BT-Drucks. 15/2318 S. 22) mit folgendem Argument widersprochen:

„Die vorgeschlagene Regelung ist nicht erforderlich, um der Bundesagentur für Arbeit die Beauftragung von Integrationsfachdiensten zu ermöglichen. Die Bundesagentur kann nach den Vorschriften des Dritten Buches Sozialgesetzbuch Dritte – und damit auch Integrationsfachdienste – mit der Wahrnehmung von Aufgaben beauftragen. Das schließt auch die Vereinbarung eines Honorars ein."

III. Anmerkungen

A) zu Abs. 1

1. Allgemeines

7 Die Vorschrift betont neun Aufgaben, die der Bundesagentur für Arbeit im Rahmen der Teilhabe schwerbehinderter Menschen am Arbeitsleben obliegen. Die Aufzählung ist nicht abschließend: So ist etwa die Funktion der Bundesagentur als Bußgeldbehörde nach § 156 Abs. 3 SGB IX zusätzlich zu nennen.

7a Weitere Aufgaben der Bundesagentur sind die Unterstützung der Arbeitgeber bei Errichtung und Ausstattung behinderungsgerechter Arbeitsplätze (§ 81 Abs. 4 Satz 2 SGB IX) sowie die Zusammenarbeit mit Vertrauenspersonen der schwerbehinderten Menschen und Beauftragten der Arbeitgeber (§ 99 Abs. 2 SGB IX).

7b Die Vorschrift ist das **Gegenstück** zu der Beschreibung der Aufgaben des **Integrationsamtes in § 102 SGB IX**. Beide Behörden haben ihre Aufgaben in enger Zusammenarbeit wahrzunehmen, wie sich aus § 101 Abs. 1 sowie § 102 Abs. 2 Satz 1 SGB IX ergibt.

7c Dabei bleiben die den Rehabilitationsträgern obliegenden Aufgaben unberührt (vgl. § 101 Abs. 2 SGB IX). Rehabilitationsleistungen sind gegenüber Leistungen des Schwerbehindertenrechts vorrangig (vgl. Erl. zu § 101 Rdnr. 15). Allerdings kann auch die **Bundesagentur für Arbeit als Rehabilitationsträger** nach § 6 Abs. 1 Nr. 2 SGB IX Leistungen zur Teilhabe behinderter Menschen am Arbeitsleben erbringen (vgl. §§ 33 ff. SGB IX, § 3 Abs. 1 Nr. 7 und §§ 97 ff. SGB III).

7d Ihre allgemeinen Rehabilitationsleistungen stehen grundsätzlich im **Ermessen** der Bundesagentur (vgl. § 100 SGB III). Ein **Rechtsanspruch** besteht nur auf die besonderen Leistungen zur Teilhabe am Arbeitsleben, insbesondere zur Förderung der beruflichen Aus- und Weiterbildung einschließlich berufsvorbereitender sowie blindentechnischer und vergleichbarer spezieller Grundausbildungen nach § 3 Abs. 1 Nr. 7, § 102 SGB III.

7e Jedoch ist die Bundesagentur für Arbeit für diese Leistungen insbesondere gegenüber den Trägern der gesetzlichen Rentenversicherung nur **nachrangig zuständig** (vgl. § 6 Abs. 1 Nr. 4 und § 7 Satz 2 SGB IX, § 220 Abs. 2 SGB III). Die Bundesagentur für Arbeit erbringt deshalb Rehabilitationsleistungen für jüngere behinderte Menschen, die die versicherungsrechtlichen Voraussetzungen für Teilhabeleistung aus der gesetzlichen Rentenversicherung gemäß §§ 11, 16 SGB VI nicht erfüllen (Müller-Wenner / *Schorn* Rdnr. 2).

7f Grundsätzlich werden die **Rehabilitationsleistungen** der Bundesagentur für Arbeit **nicht von** der Aufgabenbeschreibung in **§ 104 SGB IX erfasst**. Diese Vorschrift geht als Spezialregelung für die Durchführung der besonderen Regelungen zur Teilhabe schwerbehinderter Menschen vor (Kossens u. a. / *Steck* Rdnr. 2; Müller-Wenner / *Schorn* Rdnr. 2; vgl. auch Braasch BehindertenR 2001, 177 [184]). Jedoch ist nicht zu verkennen, dass die **Grenzen zwischen beruflicher Rehabilitation und begleitender Hilfe im Arbeitsleben** für schwerbehinderte Menschen zunehmend **unscharf** werden (vgl. Mrozynski § 33 Rdnr. 4). So enthält die Aufgabenbeschreibung in § 104 Abs. 1 Nrn. 1, 3 sowie 4 SGB IX Leistungen der begleitenden Hilfe, die auf eine individuelle berufliche Förderung und damit in Richtung auf eine beruflichen Rehabilitation durch die Bundesagentur für Arbeit zielen. Ferner sind Instrumente des Schwerbehindertenrechts wie die Arbeitsassistenz (§ 102 Abs. 4 SGB IX) sowie die Beteiligung von Integrationsfachdiensten gem. §§ 109 ff. SGB IX auch formell Bestandteil der beruflichen Rehabilitation geworden (§ 33 Abs. 6 Nr. 8 und Abs. 8 Nr. 3 SGB IX).

7g Daneben zählt § 104 Abs. 1 SGB IX auch allgemeine, **originäre Aufgaben** der Bundesagentur für Arbeit auf wie die Berufsberatung (§ 3 Absatz 1 Nr. 1 SGB III, §§ 29 ff. SGB III) und die Arbeitsvermittlung (§ 3 Abs. 1 Nr. 1 SGB III, §§ 35 ff. SGB III). Darin ist aber nur eine klarstellende Abgrenzung zur Aufgabenbeschreibung der Integrationsämter zu sehen.

2. Berufsberatung und Vermittlung schwerbehinderter Menschen

Die **Berufsberatung** ist eine **Pflichtaufgabe** der Arbeitsagenturen nach § 29 Abs. 1 SGB III. Sie umfasst die Erteilung von Auskunft und Rat 8
- zur Berufswahl, beruflichen Entwicklung und zum Berufswechsel,
- zur Lage und Entwicklung des Arbeitsmarktes und der Berufe,
- zu deren Möglichkeiten der beruflichen Bildung,
- zur Ausbildungs- und Arbeitsplatzsuche,
- zu Leistungen der Arbeitsförderung (§ 30 Satz 1 SGB III).

Bei der Berufsberatung sind Neigung, Eignung und Leistungsfähigkeit der Rat Suchenden sowie deren Beschäftigungsmöglichkeiten zu berücksichtigen (§ 31 SGB III). Mit Einverständnis der Rat suchenden Personen kann die Arbeitsagentur auch eine nachgehende Betreuung durchführen, soweit dies für die Festigung des Ausbildungs- oder Arbeitsverhältnisses erforderlich ist (§ 31 Abs. 2 SGB III). 9

Soweit dies für die Feststellung der Berufseignung oder Vermittlungsfähigkeit erforderlich ist, soll die Agentur für Arbeit Rat suchende Jugendliche und Erwachsene mit ihrem Einverständnis ärztlich und psychologisch untersuchen und begutachten (§ 32 SGB III).

Auch die **Ausbildungsvermittlung und Arbeitsvermittlung** ist eine Pflichtaufgabe der Arbeitsagentur. Sie umfasst alle Tätigkeiten, die darauf ausgerichtet sind, Ausbildungssuchende mit Arbeitgebern zur Begründung eines Ausbildungsverhältnisses und Arbeitssuchende mit Arbeitgebern zur Begründung eines Beschäftigungsverhältnisses zusammenzuführen (§ 35 Abs. 1 SGB III). Grundsätze und weitere Einzelheiten der Vermittlung sind in §§ 36 ff. SGB III geregelt. 10

Die Vorschrift des **Abs. 1 Nr. 1** weist der Bundesagentur für Arbeit speziell die Berufsberatung, Ausbildungsvermittlung und Arbeitsvermittlung schwerbehinderter Menschen zu. Besonders hervorgehoben seit der Neufassung der Vorschrift durch das SchwbAG zum 1. Oktober 2000 ist die Vermittlung von in Werkstätten für behinderte Menschen Beschäftigten auf den allgemeinen Arbeitsmarkt. Sie steht im Zusammenhang mit der Verpflichtung der Werkstätten aus § 136 Abs. 1 Satz 3 SGB IX, den Übergang geeigneter Personen auf den allgemeinen Arbeitsmarkt zu fördern. 11

Insbesondere die in Abs. 1 Nr. 1 genannten Aufgaben obliegen den nach Abs. 4 in allen Arbeitsagenturen einzurichtenden besonderen Stellen. Dies wird durch die ebenfalls zum 1. Oktober 2000 eingefügte Auflage verdeutlicht, wonach bei der personellen Ausstattung dieser Stellen die Bundesagentur für Arbeit dem besonderen Aufwand bei der Beratung und Vermittlung des zu betreuenden Personenkreises Rechnung zu tragen habe.

3. Beratung der Arbeitgeber

Nach § 29 Abs. 1 SGB III hat die Agentur für Arbeit den Arbeitgebern **Arbeitsmarktberatung** anzubieten. Diese soll dazu beitragen, die Arbeitgeber bei der Besetzung von Ausbildungs- und Arbeitsstellen zu unterstützen. Sie umfasst die Erteilung von Auskunft und Rat 12
- zur Lage und Entwicklung des Arbeitsmarktes und der Berufe,
- zur Besetzung von Ausbildungs- und Arbeitsplätzen,
- zur Gestaltung von Arbeitsplätzen, Arbeitsbedingungen und der Arbeitszeit,
- zur betrieblichen Aus- und Weiterbildung,
- zur Eingliederung förderungsbedürftiger Auszubildender und Arbeitnehmer,
- zu Leistungen der Arbeitsförderung (§ 34 Abs. 1 SGB III).

Hierbei soll die Agentur für Arbeit die Beratung auch zur Gewinnung von Ausbildungs- und Arbeitsplätzen für die Vermittlung nutzen. Sie soll von sich aus Verbindung zu den Arbeitnehmern aufnehmen und unterhalten (§ 34 Abs. 2 SGB III). Hierdurch soll die Ak- 13 zeptanz der Agenturen für Arbeit bei den Arbeitgebern erhöht werden, damit mehr offene Stellen gemeldet werden (so die Begr. des RegE in BT-Drucks. 13/4941).

14 Ferner soll die Agentur für Arbeit dem Arbeitgeber eine Arbeitsmarktberatung anbieten, wenn erkennbar wird, dass ein gemeldeter freier Ausbildungs- oder Arbeitsplatz durch ihre Vermittlung in nicht angemessener Zeit besetzt werden kann. Es soll diese Beratung spätestens nach drei Monaten anbieten (§ 40 SGB III).

15 Die Vorschrift des **Abs. 1 Nr. 2** unterstreicht, dass sich die **Beratung in besonderer Weise auf schwerbehinderte Menschen zu beziehen** hat. Sie konkretisiert die in § 81 Abs. 3 Satz 2 SGB IX festgeschriebene Aufgabe der Arbeitsagenturen, Arbeitgeber bei der Erfüllung ihrer Pflicht zur möglichst dauerhaften behinderungsgerechten Beschäftigung wenigstens der vorgeschriebenen Zahl schwerbehinderter Menschen zu unterstützen. Deshalb sollen geeignete schwerbehinderte Bewerber für die angebotenen Stellen vorgeschlagen werden. Auch sind nach Möglichkeit die Arbeitgeber zu einer entsprechenden Stellenbesetzung zu motivieren, wozu auch die Information über alle infrage kommenden Förderungsangebote bei der Einstellung von schwerbehinderten Menschen sowie Hilfestellung zur Erlangung dieser Förderungsmöglichkeiten gehören können. Nähere Einzelheiten hierzu sind in Abs. 5 geregelt (vgl. hierzu unten Rdnrn. 57 ff.).

4. Förderung der Teilhabe am Arbeitsleben

16 Die Vorschrift des **Abs. 1 Nr. 3** legt der Bundesagentur für Arbeit namentlich die Förderung der Teilhabe schwerbehinderter Menschen am Arbeitsleben auf dem allgemeinen Arbeitsmarkt auf. Dies bedeutet – wie der frühere Wortlaut des § 33 Abs. 1 Nr. 3 SchwbG a. F. zum Ausdruck brachte – „die besondere Förderung der Einstellung und Beschäftigung schwerbehinderter Menschen auf Arbeitsplätzen". Von zentraler Bedeutung sind insoweit die §§ 97–103 SGB III: Sie regeln die Maßnahmen zur Förderung der beruflichen Eingliederung behinderter Menschen, die die Bundesagentur für Arbeit zu erbringen hat.

17 Behinderten Menschen stehen demnach zunächst die **allgemeinen, behinderungsunspezifischen Förderleistungen** nach § 100 SGB III zu. Sie umfassen Leistungen
 – zur Unterstützung der Beratung und Vermittlung,
 – zu besseren Eingliederungsaussichten,
 – zur Förderung der Aufnahme einer Beschäftigung mit Ausnahme der Arbeitnehmerhilfe,
 – zur Förderung der Aufnahme einer selbstständigen Tätigkeit,
 – zur Förderung der Berufsausbildung,
 – zur Förderung der beruflichen Weiterbildung.

18 Die Herausnahme der **Arbeitgeberhilfe** aus dem Katalog der allgemeinen Rehabilitationsleistungen bewirkt, dass behinderte Menschen diese Leistungen nach § 56 SGB III auch erhalten können, wenn für sie ein anderer Rehabilitationsträger als die Bundesagentur für Arbeit zuständig ist (BT-Drucks. 14/873 S. 29).

19 Aus den allgemeinen Leistungen benennt **§ 101 Abs. 3 SGB III Bereiche, in denen behinderte Menschen höhere Leistungen** erhalten können als sonstige Arbeitnehmer. So können sie, auch ohne arbeitslos zu sein, Mobilitätshilfe nach § 101 Abs. 1 SGB III bekommen. Aus- und Weiterbildung für behinderte Menschen können sich auf ein weiteres Berufsspektrum beziehen als die allgemeine Weiterbildungsförderung durch die Bundesagentur für Arbeit (§ 101 Abs. 2 Satz 1 SGB III). Ferner sind zusätzliche Hilfen für Teilnehmer an der Weiterbildungsmaßnahme, die behindert sind, durch § 101 Abs. 2 Satz 2 SGB III vorgesehen. Schließlich werden die Voraussetzungen, unter denen eine berufliche Weiterbildung gewährt werden kann, nach § 101 Abs. 3 SGB III ausgeweitet.

20 Grundsätzlich sind behinderte Menschen auf die **allgemeinen Leistungen zur beruflichen Eingliederung nach §§ 100, 101 SGB III** verwiesen. Hierbei handelt es sich um Kannleistungen, auf die kein Rechtsanspruch besteht. Vielmehr hat die Bundesagentur für Arbeit ihr

Ermessen nach § 39 SGB I auszuüben. Eine Ausnahme besteht insoweit nur für die **Berufsausbildungsbeihilfe** nach § 101 Abs. 2 SGB III, auf die nach dem Wortlaut der Vorschrift – abweichend von der Grundnorm des § 97 Abs. 1 SGB III – ein Anspruch besteht.

Die allgemeinen Leistungen nach §§ 100, 101 SGB III gehen den besonderen vor (§ 98 Abs. 2 SGB III). Nur wenn die allgemeinen Leistungen eine berufliche Eingliederung behinderter Menschen nicht bewirken können, werden die besonderen Leistungen nach §§ 102–114 SGB III erbracht. Sie kommen vorwiegend denjenigen Arbeitnehmern zugute, die wegen Art und Schwere ihrer Behinderung auf eine Maßnahme in einer besonderen Einrichtung für behinderte Menschen angewiesen sind oder behindertenspezifische Maßnahmen benötigen. In diesem Fall besteht ein Rechtsanspruch auf die besonderen Leistungen (§ 102 Abs. 1 SGB III). 21

Damit sind im Wesentlichen die Leistungen der **Berufsbildungswerke** (für die berufliche Erstausbildung) und der **Berufsförderungswerke** (für die berufliche Weiterbildung) angesprochen. Die besonderen Leistungen hierfür umfassen nach § 103 SGB III 22
– das Übergangsgeld nach §§ 160 ff. SGB III,
– das Ausbildungsgeld nach §§ 104–108 SGB III, wenn ein Übergangsgeld nicht erbracht werden kann,
– die Übernahme der Teilnahmekosten für eine Maßnahme nach §§ 109–113 SGB III sowie
– die sonstigen Hilfen nach § 114 SGB III (Kraftfahrzeughilfe, unvermeidbarer Verdienstausfall des Behinderten oder einer erforderlichen Begleitperson für bestimmte Fahrten, Kostenübernahme für nicht orthopädische Hilfsmittel und für technische Arbeitshilfen, Wohnkosten).

Die Vorschrift des **Abs. 1 Nr. 3** hebt sodann fünf Gruppen von schwerbehinderten Menschen heraus, für die die Förderung der Teilhabe am Arbeitsleben auf dem allgemeinen Arbeitsmarkt „insbesondere" zu erbringen ist. Es handelt sich in den Fällen a)–c) um Personen, für die eine Vermittlung typischerweise schwieriger ist. Nicht ganz so überzeugend erscheint die undifferenzierte Förderung der Einstellung von Teilzeitbeschäftigten nach Buchst. d) (vgl. dazu unten Rdnr. 28). 23

Schließlich dient die besondere Förderung der Beschäftigung zur Aus- und Weiterbildung in e) wiederum der Herstellung von Chancengleichheit.

Die in Nr. 3 a)–e) mit Vorrang ausgestatteten Tatbestände erlangen vor allem dann Bedeutung, wenn die Bundesagentur für Arbeit zeitweilig nur über knappe Mittel verfügt, die nicht zu einer Förderung in allen Bedarfsfällen reichen. In diesem Fall müssen die Mittel auf die im Gesetz genannten besonderen Gruppen konzentriert werden. Die Förderung anderer Personen bedarf dann einer spezifischen Begründung, etwa hinsichtlich einer erschwerten Vermittelbarkeit oder anderer vordringlicher Gesichtspunkte des Einzelfalls. 24

Privilegiert zu fördern ist die Teilhabe am Arbeitsleben auf dem allgemeinen Arbeitsmarkt folgender Gruppen schwerbehinderter Menschen: 25
a) Die wegen *Art oder Schwere ihrer Behinderung* oder sonstiger Umstände im Arbeitsleben besonders betroffen sind (§ 72 Abs. 1 SGB IX).
   Es handelt sich hierbei insbesondere um solche,
   – die zur Ausübung der Beschäftigung wegen ihrer Behinderung nicht nur vorübergehend einer besonderen Hilfskraft bedürfen,
   – deren Beschäftigung infolge ihrer Behinderung nicht nur vorübergehend mit außergewöhnlichen Aufwendungen für den Arbeitgeber verbunden ist,
   – die infolge ihrer Behinderung nicht nur vorübergehend offensichtlich nur eine wesentlich verminderte Arbeitsleistung erbringen können,
   – bei denen ein Grad der Behinderung von wenigstens 50 allein infolge geistiger oder seelischer Behinderung oder eines Anfallsleidens vorliegt,

- die wegen Art oder Schwere der Behinderung keine abgeschlossene Berufsbildung im Sinne des Berufsbildungsgesetzes haben,

außerdem um schwerbehinderte Menschen, die das 50. Lebensjahr vollendet haben.

26 b) Die **langzeitarbeitslos** im Sinne des § 18 SGB III sind.

Langzeitarbeitslose sind nach der genannten Vorschrift Arbeitslose, die ein Jahr und länger arbeitslos sind.

27 c) Die im **Anschluss an eine Beschäftigung** in einer anerkannten Werkstatt für behinderte Menschen oder einem Integrationsprojekt eingestellt werden.

Es handelt sich hierbei um schwerbehinderte Menschen, die wegen Art oder Schwere der Behinderung zunächst nicht, noch nicht oder noch nicht wieder auf dem allgemeinen Arbeitsmarkt beschäftigt werden konnten und deshalb zunächst eine Berufsbildung in einer Werkstatt für behinderte Menschen nach §§ 136 ff. SGB IX durchlaufen oder Beschäftigung in einem Integrationsprojekt nach §§ 132 ff. SGB IX gefunden haben. Es liegt auf der Hand, dass ungeachtet der Berufsförderung in den genannten Einrichtungen die Vermittlung dieser behinderten Menschen auf besondere Schwierigkeiten stößt und deshalb auch eine vorrangige Förderung ihrer Beschäftigung rechtfertigt.

28 d) Die **als Teilzeitbeschäftigte eingestellt** werden.

Teilzeitbeschäftigte sind entsprechend § 119 Abs. 4 Nr. 2 SGB III Arbeitnehmer mit einer mindestens 15 Stunden wöchentlich umfassenden Beschäftigung. Grundsätzlich sind die Arbeitgeber nach § 81 Abs. 5 Satz 1 SGB IX zur Förderung der Einrichtung von Teilzeitarbeitsplätzen gehalten, wobei sie von den Integrationsämtern unterstützt werden. Schwerbehinderte Menschen haben sogar einen Anspruch auf Teilzeitbeschäftigung, wenn die kürzere Arbeitszeit wegen Art oder Schwere der Behinderung notwendig ist. Eine Ausnahme gilt allerdings, wenn die Teilzeitbeschäftigung für den Arbeitgeber nicht zumutbar wäre oder so weit etwa beamtenrechtliche Vorschriften entgegenstehen (§ 81 Abs. 5 Satz 3 i. V. m. Abs. 4 Satz 2 SGB IX).

Insoweit erscheint es zunächst folgerichtig, auch die Einstellung von Teilzeitbeschäftigten zu fördern. Allerdings ist dies nach dem Wortlaut des Gesetzes nicht auf Fälle begrenzt, in denen der schwerbehinderte Mensch von vorneherein eine Teilzeitbeschäftigung wünscht oder in denen behinderungsbezogene Erwägungen für eine Teilzeitbeschäftigung sprechen. Diese Vorschrift darf deshalb nicht dazu benutzt werden, schwerbehinderte Menschen mit Sperrfristdruck in Teilzeitbeschäftigung zu drängen.

29 e) Die **zur Aus- oder Weiterbildung eingestellt** werden.

Ausbildungsplätze gehören zwar zu den Arbeitsplätzen im Sinne von § 73 Abs. 1 SGB IX. Bei der Berechnung der Mindestzahl von Arbeitsplätzen und der Pflichtplatzzahl zählen sie aber nicht mit (§ 74 Abs. 1 Satz 1 SGB IX). Insoweit hat bereits der Gesetzgeber einen gewissen Anreiz für Arbeitgeber zur Einstellung von schwerbehinderten Menschen zum Zwecke der Ausbildung geschaffen.

Das Ziel einer Weiterbildung ist, Arbeitnehmer beruflich einzugliedern, drohende Arbeitslosigkeit abzuwenden oder fehlende Berufsabschlüsse zu kompensieren (§ 77 Abs. 1 SGB III). Sie kann an die bisherigen beruflichen Kenntnisse anknüpfen, auf ihnen aufbauen oder das Erlernen einer neuen Berufstätigkeit einschließen. Nach § 77 SGB III fördert die Bundesagentur für Arbeit die Weiterbildung durch Übernahme von Weiterbildungskosten und Leistungen von Unterhaltsgeld. Diese allen Arbeitnehmern offen stehenden Förderungsmöglichkeiten können auch schwerbehinderte Menschen in Anspruch nehmen.

Im Übrigen wird auf die speziell auf behinderte Menschen ausgerichtete Förderung der beruflichen Eingliederung nach §§ 97 ff. SGB III verwiesen (vgl. oben Rdnrn. 16 ff.).

5. Arbeitsbeschaffungsmaßnahmen

Die Vorschrift des **Abs. 1 Nr. 4** legt der Bundesagentur für Arbeit auf, im Rahmen von Arbeitsbeschaffungsmaßnahmen nach §§ 260 ff. SGB III schwerbehinderte Menschen besonders zu fördern. 30

In **Arbeitsbeschaffungsmaßnahmen** kann die Bundesagentur die Beschäftigung von zugewiesenen Arbeitnehmern durch Zuschüsse und Darlehen fördern, wenn 31
– in den Maßnahmen zusätzliche und im öffentlichen Interesse liegende Arbeiten durchgeführt werden und
– die Träger oder durchführenden Unternehmen Arbeitsverhältnisse mit von der Arbeitsagentur zugewiesenen förderungsbedürftigen Arbeitnehmern begründen, die durch die Arbeit beruflich stabilisiert oder qualifiziert und deren Eingliederungsaussichten dadurch verbessert werden können (§ 260 Abs. 1 SGB III).

Derartige Maßnahmen sind **bevorzugt zu fördern**, wenn
– durch sie die Voraussetzungen für die Schaffung von Dauerarbeitsplätzen erheblich verbessert werden, 32
– durch sie Arbeitsgelegenheiten für Arbeitnehmer unter besonderen Vermittlungserschwernissen geschaffen werden oder
– sie strukturverbessernde Arbeiten vorbereiten oder ergänzen, die soziale Infrastruktur verbessern oder der Verbesserung der Umwelt dienen (§ 260 Abs. 2 SGB III).

Hierbei zielt insbesondere die im zweiten Spiegelstrich des § 260 Abs. 2 genannte Voraussetzung auf die **besondere Förderung behinderter Menschen**. Können sie wegen Art oder Schwere ihrer Behinderung nur durch Zuweisung in die Maßnahme beruflich stabilisiert oder qualifiziert werden, brauchen sie nach § 263 Abs. 2 Nr. 4 SGB III keine weiteren Voraussetzungen für die Förderung einer Arbeitsbeschaffungsmaßnahme zu erfüllen. 33

Für diese Maßnahmen können dann höhere Zuschüsse gezahlt und die Maßnahmen für einen längeren Zeitraum geführt werden (§§ 264 Abs. 3 Satz 2, 267 Abs. 2, 3 SGB III).

(einstweilen frei) 34

(einstweilen frei) 35

6. Gleichstellung, Widerruf und Rücknahme

In § 2 Abs. 3 SGB IX ist die **Gleichstellung behinderter Menschen mit schwerbehinderten Menschen** vorgesehen. Vorausgesetzt ist, dass diese einen Grad der Behinderung zwischen 30 und 50 haben und infolge ihrer Behinderung ohne die Gleichstellung einen geeigneten Arbeitsplatz nicht erhalten oder nicht behalten können. Außerdem müssen sie ihren Wohnsitz, den gewöhnlichen Aufenthalt oder ihre Beschäftigung rechtmäßig in Deutschland haben. 36

Die Gleichstellung wird auf **Antrag** des behinderten Menschen **durch die Agentur für Arbeit** ausgesprochen (§ 68 Abs. 2 Satz 1 SGB IX). Vorausgehen muss eine Feststellung der Behinderung durch das Versorgungsamt gem. § 69 SGB IX. Die Gleichstellung bewirkt, dass die besonderen Regelungen des Schwerbehindertenrechts mit Ausnahme der Vorschrift über den Zusatzurlaub in § 125 SGB IX sowie der Regelungen über unentgeltliche Beförderung im öffentlichen Personenverkehr in §§ 145 ff. SGB IX auf die gleichgestellten behinderten Menschen angewendet werden. 37

Auch für den **Widerruf** oder die **Rücknahme** der Gleichstellung ist die Bundesagentur für Arbeit nach dieser Vorschrift zuständig. Dieser Widerruf ist nach § 116 Abs. 2 Satz 2 SGB IX zulässig, wenn die Voraussetzungen der Gleichstellung nach § 2 Abs. 3 SGB IX weggefallen sind, also sich z. B. der GdB unter 30 verringert hat oder der Gleichgestellte, z. B. durch eine neu erworbene berufliche Qualifikation, nunmehr auch ohne die Hilfe des Gesetzes eine neue Arbeit erhalten oder seinen Arbeitsplatz behalten kann. 38

Auch eine Rücknahme ist von der Arbeitsagentur auszusprechen, etwa wenn der unanfechtbar gewordene Bescheid über die Gleichstellung nachträglich als rechtswidrig erkannt wird – z. B. weil der GdB von vornherein unter 50 lag. Allerdings unterliegt die Rücknahme den Beschränkungen des § 45 Abs. 2–4 SGB X. Der Feststellungsbescheid kann nur mit Wirkung für die Zukunft aufgehoben werden.

39 Schließlich ist die Bundesagentur auch an der zeitweiligen Entziehung des Schwerbehindertenschutzes – als Strafmaßnahme für unberechtigte Zurückweisung eines zumutbaren Arbeitsplatzes usw. – beteiligt, nachdem das Integrationsamt gemäß § 117 Abs. 1 SGB IX hierbei im Benehmen mit ihr zu handeln hat (vgl. hierzu Erl. zu § 117 Rdnr. 19).

7. Durchführung des Anzeigeverfahrens

40 Die **Arbeitgeber** haben der für ihren Sitz zuständigen Arbeitsagentur einmal jährlich bis spätestens zum 31. März für das vorangegangene Kalenderjahr, aufgegliedert nach Monaten, die **Daten anzuzeigen**, die zur Berechnung des Umfangs der Beschäftigungspflicht, zur Überwachung ihrer Erfüllung und zur Berechnung der Ausgleichsabgabe notwendig sind. Der Anzeige sind das **Verzeichnis** über die bei ihnen beschäftigten schwerbehinderten und gleichgestellten behinderten Menschen und sonstigen anrechnungsfähigen Personen beizufügen (§ 80 Abs. 2 Satz 1 und 2 SGB IX). Nicht beschäftigungspflichtige Arbeitgeber haben die Anzeige nur nach Aufforderung durch die Bundesagentur für Arbeit im Rahmen einer repräsentativen Teilerhebung zu erstatten, die mit dem Ziel der Erfassung aller schwerbehinderten, gleichgestellten und sonstigen anrechnungsfähigen Arbeitnehmer, aufgegliedert nach Bundesländern, alle fünf Jahre durchgeführt wird (§ 80 Abs. 4 SGB IX).

41 Die Durchführung des Anzeigeverfahrens nach den genannten Bestimmungen ist der Bundesagentur für Arbeit durch die Vorschrift des **Abs. 1 Nr. 6** auferlegt. Sie hat demnach alle im Arbeitsagenturbezirk vorhandenen **Betriebe und Dienststellen zu erfassen**, ohne Rücksicht darauf, ob diese schwerbehinderte Menschen beschäftigen. Weiterhin sind die beschäftigungspflichtigen Betriebe und Dienststellen zu erfassen, um überprüfen zu können, ob diese die jährlich vorgeschriebenen Meldungen erstatten. Die Agenturen für Arbeit haben die entsprechenden Anzeigen auf Plausibilität und rechnerische Richtigkeit zu überprüfen und ggf. nach § 80 Abs. 5 SGB IX zusätzliche Auskünfte zu verlangen.

8. Überwachung der Erfüllung der Beschäftigungspflicht

42 Private und öffentliche Arbeitgeber mit mindestens 20 Pflichtarbeitsplätzen im Sinne des § 73 SGB IX müssen auf mindestens 5% der Arbeitsplätze schwerbehinderte Menschen beschäftigen (§ 71 Abs. 1 Satz 1 SGB IX). Andernfalls haben sie die Ausgleichsabgabe nach Maßgabe des § 77 SGB IX zu zahlen.

43 Die Vorschrift des **Abs. 1 Nr. 7** schreibt der Bundesagentur für Arbeit die Überwachung der Erfüllung der Beschäftigungspflicht als eigene Aufgabe zu. Dies ist aber **nur von begrenzter Bedeutung**, da weder Zwangseinstellungen möglich sind noch ein unmittelbarer Zwang zur Beschäftigung ausgeübt werden kann. Die Agenturen für Arbeit haben insoweit nur die Meldungen nach § 80 Abs. 2 SGB IX weiterzugeben, damit das Integrationsamt die ordnungsgemäße Abführung der Ausgleichsabgabe überprüfen kann. Allerdings kann die Nichtbeschäftigung unter den Voraussetzungen des § 156 Abs. 1 Nr. 1 SGB IX als Ordnungswidrigkeit geahndet werden. Dies setzt entsprechende tatsächliche Feststellungen der Agenturen für Arbeit im Rahmen ihrer Überwachungspflicht voraus.

9. Zulassung der Anrechnung und Mehrfachanrechnung

44 Grundsätzlich wird bei der Ermittlung, ob der Arbeitgeber seine Beschäftigungspflicht erfüllt, ein schwerbehinderter Mensch auch dann auf einen Pflichtarbeitsplatz angerechnet, wenn er in Teilzeitbeschäftigung kürzer als betriebsüblich, aber nicht weniger als 18 Stunden wöchentlich beschäftigt ist (§ 75 Abs. 2 Satz 1 SGB IX). Liegt die wöchentliche Beschäfti-

gungszeit **unter 18 Stunden**, lässt die Agentur für Arbeit dennoch die **Anrechnung** auf einen Pflichtarbeitsplatz zu, wenn die Teilzeitbeschäftigung wegen **Art oder Schwere der Behinderung notwendig** ist (§ 75 Abs. 2 Satz 2 SGB IX). Diese der Bundesagentur bereits kraft ausdrücklicher gesetzlicher Regelung zugewiesene Aufgabe wird deklaratorisch nochmals in der Vorschrift des **Abs. 1 Nr. 8** aufgeführt.

Dasselbe gilt für die Entscheidungen über **Mehrfachanrechnungen** nach § 76 SGB IX. Danach kann die Agentur für Arbeit die Anrechnung eines schwerbehinderten Menschen auf zwei, höchstens drei Pflichtarbeitsplätze zulassen, wenn dessen Teilhabe am Arbeitsleben auf besondere Schwierigkeiten stößt. Dies gilt auch für teilzeitbeschäftigte schwerbehinderte Menschen (§ 76 Abs. 1). Ein schwerbehinderter Mensch in beruflicher Ausbildung wird grundsätzlich auf zwei Pflichtarbeitsplätze angerechnet (§ 76 Abs. 2 Satz 1 SGB IX). Die Agentur für Arbeit kann aber die Anrechnung auf drei Pflichtarbeitsplätze zulassen, wenn die Vermittlung in eine berufliche Ausbildungsstelle wegen Art oder Schwere der Behinderung auf besondere Schwierigkeiten stößt.

45

Ein weiterer, hier nicht ausdrücklich erwähnter Fall der Anrechnung ist in § 127 Abs. 4 SGB IX geregelt. Danach können schwerbehinderte Menschen, die als **fremde Hilfskräfte eines Hausgewerbetreibenden** oder eines Gleichgestellten nach § 2 Abs. 6 des Heimarbeitsgesetzes beschäftigt werden, auf Antrag eines Arbeitgebers auch auf dessen Pflichtarbeitsplätze für schwerbehinderte Menschen angerechnet werden, wenn der Arbeitgeber in der Hauptsache für diesen Auftraggeber arbeitet. Auch hierfür ist die Agentur für Arbeit zuständig (§ 127 Abs. 4 Satz 2 SGB IX).

46

10. Erfassung und Anerkennung von Werkstätten

Werkstätten für behinderte Menschen im Sinne von § 136 SGB IX bedürfen der Anerkennung, wenn sie eine Vergünstigung nach § 140 (Anrechnung von Aufträgen auf die Ausgleichsabgabe) oder § 141 (bevorzugte Vergabe von Aufträgen durch die öffentliche Hand) in Anspruch nehmen wollen (§ 142 Satz 1 SGB IX). Über den **Antrag auf Anerkennung** entscheidet die Bundesagentur für Arbeit im Einvernehmen mit dem überörtlichen Träger der Sozialhilfe (§ 142 Satz 2 SGB IX). Die Bundesagentur für Arbeit führt auch ein **Verzeichnis** der anerkannten Werkstätten für behinderte Menschen. Darin werden auch Zusammenschlüsse anerkannter Werkstätten für behinderte Werkstätten aufgenommen (§ 142 Satz 3 und 4 SGB IX).

47

(einstweilen frei)   48

(einstweilen frei)   49

(einstweilen frei)   50

B) zu Abs. 2

1. Jährliche Berichte der Bundesagentur für Arbeit

Die bereits durch das Gesetz zur Bekämpfung der Arbeitslosigkeit Schwerbehinderter (SchwbBAG) vom 29. September 2000 neu eingefügte Vorschrift legt der Bundesagentur für Arbeit auf, jährlich dem Bundesministerium für Gesundheit und Soziale Sicherung über die **Ergebnisse ihrer Förderung** der Teilhabe schwerbehinderter Menschen am Arbeitsleben auf dem allgemeinen Arbeitsmarkt zu berichten. Das Ministerium kann für diese Berichte **fachliche Vorgaben** setzen. Mitzuteilen sind jedenfalls die Zahl der geförderten Arbeitgeber und schwerbehinderten Menschen, die insgesamt aufgewendeten Mittel und die durchschnittlichen Förderungsbeträge. Die Bundesagentur für Arbeit hat die Ergebnisse ihrer Förderungspolitik zu veröffentlichen. Die Berichterstattung soll die Förderung der Teilhabe schwerbehinderter Menschen auf dem allgemeinen Arbeitsmarkt nach dem SGB III aus Haushaltsmitteln der Bundesagentur für Arbeit unter Einbeziehung der ihr aus Mitteln der Ausgleichsabgabe zugewiesenen Geldern transparent machen (vgl. BT-Drucks. 14/3372, S. 21).

51

C) zu Abs. 3

1. Überregionale und regionale Arbeitsmarktprogramme

52 Die Vorschrift stellt klar, dass die Durchführung befristeter überregionaler und regionaler Arbeitsmarktprogramme zum Abbau der Arbeitslosigkeit schwerbehinderter Menschen, insgesamt besonderer Gruppen schwerbehinderter Menschen oder schwerbehinderter Frauen sowie zur Förderung des Arbeitsplatzangebots für schwerbehinderte Menschen aus Mitteln der Ausgleichsabgabe der Integrationsämter und des Ausgleichsfonds nach § 78 SGB IX Sache der Bundesagentur für Arbeit ist (**Satz 1**). Die Durchführung **überregionaler** Arbeitsmarktprogramme kann die Bundesregierung durch Verwaltungsvereinbarung der Bundesagentur gem. § 368 Abs. 2 Satz 2 SGB III übertragen. **Regionale** Arbeitsmarktprogramme können die Bundesagenturen durch Verwaltungsvereinbarung mit den Ländern übernehmen, wenn diese Arbeitsmarktprogramme die Tätigkeiten der Bundesagentur ergänzen, die Erledigung eigener Aufgaben dadurch nicht wesentlich beeinträchtigt wird und die Hauptstelle zugestimmt hat (§ 368 Abs. 3 Satz 1 SGB III). „Unter Zuweisung der entsprechenden Mittel" bedeutet, dass diese Mittel der Bundesagentur vom Bundesministerium für Gesundheit und Soziale Sicherung (Ausgleichsfonds) oder von den Ländern (Integrationsämter) zugewiesen werden. Über den Abschluss von Verwaltungsvereinbarungen mit den Ländern hat die Bundesagentur für Arbeit das übergeordnete Bundesministerium zu unterrichten (**Satz 2**).

D) zu Abs. 4

1. Einrichtung besonderer Stellen

53 In allen Arbeitsämtern müssen zur Durchführung des Schwerbehindertenrechts des SGB IX und der Aufgaben, welche der Bundesanstalt nach §§ 97 ff. SGB III bei der Förderung der beruflichen Eingliederung behinderter Menschen übertragen sind, „besondere Stellen" eingerichtet sein (**Abs. 4 Halbs. 1**). Diese führen die Bezeichnung „**Rehabilitations-Schwerbehinderten-Stelle (Reha-SB-Stelle)**".

54 Der zum 1. Oktober 2000 in die frühere Vorschrift des § 33 SchwbG eingefügte **Halbs. 2 des Abs. 4** setzt Vorgaben hinsichtlich der personellen Ausstattung dieser Stellen: Sie hat dem besonderen Aufwand bei der Beratung und Vermittlung des zu betreuenden Personenkreises sowie der Durchführung der sonstigen Aufgaben nach Abs. 1 Rechnung zu tragen. Bisher war nach dem Organisationserlass des Präsidenten der Bundesanstalt vom 9. Mai 1978 (RdErl. 129/78) die Reha-SB-Stelle mit zwei Arbeitsberatern, zwei Hauptvermittlern, zwei Sachbearbeitern und einem Bearbeiter besetzt. Die Arbeitsvermittler und Arbeitsberater haben die gleiche Vorbildung wie die anderen Vermittler und Arbeitsberater der Arbeitsagenturen; sie sind darüber hinaus durch besondere Fortbildungsmaßnahmen geschult (Spiolek in GK-SchwbG Rdnr. 106 zu § 33). Bei größeren Arbeitsagenturen bestehen ganze Reha-SB-Abschnitte, die aus mehreren Reha-SB-Stellen zusammengesetzt sind. In den Nebenstellen der Agenturen für Arbeit, deren Größe keine eigene Reha-SB-Stelle zulässt, hält ein Arbeitsberater der Reha-SB-Stelle der Hauptagentur regelmäßig Sprechstunden ab.

55 Insgesamt sind derzeit **rund 2000 Mitarbeiter** in den besonderen Stellen der Arbeitsämter für Rehabilitation und Schwerbehindertenvermittlung eingesetzt. Darunter sind ca. 500 Arbeitsberater, rund 360 Vermittler und über 370 Fachbearbeiter, die vor allem für Zahlungsfragen zuständig sind (vgl. Basiskommentar Rdnr. 108 zu § 33 SchwbG). Angesichts der besonderen Schwierigkeiten bei der Vermittlung schwerbehinderter Menschen müssen die Reha-SB-Stellen intensive Kontakte zu Arbeitgebern halten, um die von ihnen betreuten schwerbehinderten Menschen individuell zu empfehlen und ihnen gleichzeitig Angebote über Lohnkostenzuschüsse, etwa über Eingliederungszuschüsse nach § 218 SGB III, machen zu können. Die Beratung wirkt im Übrigen häufig auch nach der Einstellung hinsichtlich der Ausgestaltung des Arbeitsverhältnisses fort. Die damit verbundene Dienstleistung ist

auch insofern komplex, als die Reha-SB-Stellen den Arbeitgebern möglichst viel von der teilweise komplizierten Antragstellung auf Fördermittel abnehmen sollten.

Erfahrungsgemäß hängt der **Vermittlungserfolg** von **langfristigen Beziehungen zu Arbeitgebern** ab. Nur dann ist gewährleistet, dass die Arbeitsagenturen frühzeitig über frei werdende Stellen informiert werden und genügend Zeit für die Vorbereitung der schwerbehinderten Menschen auf frei werdende Stellen haben. Die derzeitige personelle Besetzung der Reha-SB-Stellen erscheint aber wohl insgesamt nicht ausreichend, um die **notwendigen Kontakte** gerade **auch zu kleinen Arbeitgebern** auf- und auszubauen. Gerade dort könnten aber noch zahlreiche Beschäftigungsmöglichkeiten für behinderte Menschen erschlossen werden, nachdem die Beschäftigtenzahl in kleineren Unternehmen tendenziell zunimmt, in größeren hingegen rückläufig ist. 56

E) zu Abs. 5

1. Konkrete Beratung der Arbeitgeber bei der Stellenbesetzung

Die durch das SchwbG zum 1. Oktober 2000 neu in den früheren § 33 SchwbG eingefügte Vorschrift legt den Arbeitsagenturen konkrete Pflichten im Rahmen der vorgeschriebenen Beratung der Arbeitgeber bei der Besetzung von Ausbildungs- und Arbeitsplätzen mit schwerbehinderten Menschen nach Abs. 1 Nr. 2 auf. Dem Arbeitgeber sind zur Besetzung von Arbeitsplätzen **geeignete arbeitslose oder Arbeit suchende schwerbehinderte Menschen** unter Darlegung der Leistungsfähigkeit und der Auswirkungen der jeweiligen Behinderung auf die angebotene Stelle **vorzuschlagen**. 57

Hierdurch sollen etwa bestehende Vorbehalte der Arbeitgeber gegenüber der Leistungsfähigkeit schwerbehinderter Stellenbewerber abgebaut werden. Die Betonung des Merkmals „geeignet" bedeutet zugleich, dass die Agentur für Arbeit sich gegebenenfalls frühzeitig um eine betriebsnahe Qualifizierung zu bemühen hat (vgl. BT-Drucks. 14/3372 S. 21 f.). 58

Ferner soll die Bundesagentur Arbeitgeber auch dadurch verstärkt zur Einstellung schwerbehinderter Bewerber motivieren, dass sie alle bestehenden Förderungsmöglichkeiten aufzeigt. Diese Hinweispflicht ist nicht auf die eigenen Fördermöglichkeiten beschränkt, sondern bezieht sich – so weit wie möglich und erforderlich – auch auf die entsprechenden Hilfen der Rehabilitationsträger und der begleitenden Hilfen im Arbeitsleben durch das Integrationsamt. 59

Die **eigenen Fördermöglichkeiten der Bundesagentur** bestehen vor allem in den Leistungen an Arbeitgeber zur Förderung der Teilhabe behinderter Menschen gem. **§§ 236 ff. SGB III**, namentlich Zuschüsse für die betriebliche Aus- oder Weiterbildung (§ 236 Abs. 3 SGB III) sowie für eine behinderungsgerechte Ausstattung von Ausbildungs- oder Arbeitsplätzen (§ 237 SGB III). Ferner können Arbeitgebern die Kosten für eine befristete Probebeschäftigung behinderter, schwerbehinderter und ihnen gleichgestellter Menschenbesorgung von drei Monaten erstattet werden (§ 238 SGB III). 60

Für besonders betroffene schwerbehinderte Menschen können **Eingliederungszuschüsse** und **Zuschüsse zur Ausbildungsvergütung** gewährt werden (vgl. § 104 Abs. 1 Nr. 3 SGB IX, §§ 222a und 235a SGB III). Das gilt auch dann, wenn ein anderer Rehabilitationsträger zuständig ist (§ 22 Abs. 2 Satz 2 SGB III). In diesem Fall werden Leistungen des anderen Trägers angerechnet. Diese Zuschüsse werden nicht aus Beitragsmitteln der Bundesagentur, sondern aus dem Ausgleichsfonds gemäß § 78 SGB IX i. V. m. § 41 Abs. 1 Satz 1 Nr. 1 SchwbAV finanziert. 61

Für andere als die von § 104 Abs. 1 Nr. 3a–d SGB IX erfassten schwerbehinderten Menschen können Eingliederungszuschüsse nach § 218a SGB III erbracht werden. 62

§ 105
Beratender Ausschuss für behinderte Menschen bei der Bundesagentur für Arbeit

(1) Bei der Zentrale der Bundesagentur für Arbeit wird ein beratender Ausschuss für behinderte Menschen gebildet, der die Teilhabe der behinderten Menschen am Arbeitsleben durch Vorschläge fördert und die Bundesagentur für Arbeit bei der Durchführung der in Teil 2 und im Dritten Buch zur Teilhabe behinderter und schwerbehinderter Menschen am Arbeitsleben übertragenen Aufgaben unterstützt.

(2) Der Ausschuss besteht aus elf Mitgliedern, und zwar aus zwei Mitgliedern, die die Arbeitnehmer und Arbeitnehmerinnen vertreten, zwei Mitgliedern, die die privaten und öffentlichen Arbeitgeber vertreten, fünf Mitgliedern, die die Organisationen behinderter Menschen vertreten, einem Mitglied, das die Integrationsämter vertritt, einem Mitglied, das das Bundesministerium für Arbeit und Soziales vertritt.

(3) Für jedes Mitglied ist ein Stellvertreter oder eine Stellvertreterin zu berufen.

(4) [1]Der Vorstand der Bundesagentur für Arbeit beruft die Mitglieder, die Arbeitnehmer und Arbeitgeber vertreten, auf Vorschlag ihrer Gruppenvertreter im Verwaltungsrat der Bundesagentur für Arbeit. [2]Er beruft auf Vorschlag der Organisationen behinderter Menschen, die nach der Zusammensetzung ihrer Mitglieder dazu berufen sind, die behinderten Menschen in ihrer Gesamtheit auf Bundesebene zu vertreten, die Mitglieder, die Organisationen der behinderten Menschen vertreten. [3]Auf Vorschlag der Bundesarbeitsgemeinschaft der Integrationsämter und Hauptfürsorgestellen, beruft er das Mitglied, das die Integrationsämter vertritt, und auf Vorschlag des Bundesministeriums für Arbeit und Soziales das Mitglied, das dieses vertritt.

ERLÄUTERUNGEN

ÜBERSICHT

I. Bedeutung der Vorschrift (Rdnrn. 1–4)
II. Fassung (Rdnrn. 5–5b)
    A) durch das SGB IX vom 19. Juni 2001 (BGBl. I S. 1046) mit Wirkung vom 1. Juli 2001 (Rdnr. 5)
    B) durch das Dritte Gesetz für moderne Dienstleistungen am Arbeitsmarkt vom 23. Dezember 2003 (BGBl. I S. 2848) mit Wirkung vom 1. Januar 2004 (Rdnr. 5a)
    C) durch das Gesetz zur Förderung der Ausbildung und Beschäftigung schwerbehinderter Menschen vom 23. April 2004 (BGBl. I S. 606) mit Wirkung vom 1. Mai 2004 (Rdnr. 5b)
III. Anmerkungen (Rdnrn. 6–18)
    A) zu Abs. 1
        1. Beratender Ausschuss bei der Hauptstelle (Rdnr. 6)
        2. Aufgaben (Rdnrn. 7–8)
    B) zu Abs. 2
        1. Zusammensetzung des Ausschusses (Rdnr. 9)
    C) zu Abs. 3
        1. Berufung von Stellvertretern (Rdnr. 10)
    D) zu Abs. 4
        1. Berufung von Mitgliedern (Rdnrn. 11–15)
        2. Amtszeit und Ehrenamt (Rdnr. 16)
        3. Vorsitz im Beratenden Ausschuss (Rdnr. 17)
        4. Beschlussfähigkeit (Rdnr. 18)

I. Bedeutung der Vorschrift

Die Vorschrift schreibt die Bildung eines beratenden Ausschusses für behinderte Menschen bei der Hauptstelle der Bundesagentur für Arbeit in Nürnberg vor. Er hat allgemein die Teilhabe der behinderten Menschen am Arbeitsleben durch Vorschläge zu fördern und die Bundesagentur bei der Durchführung ihrer einschlägigen Aufgaben nach dem SGB III und SGB IX zu unterstützen (**Abs. 1**). Es handelt sich um ein zentrales Beratungsgremium mit bundesweiter Reichweite, das eine gewisse Ähnlichkeit mit dem Beirat für die Teilhabe behinderter Menschen beim Bundesministerium für Gesundheit und Soziale Sicherung gem. § 64 SGB IX aufweist. Es hat keine konkreten Entscheidungsbefugnisse, sonden soll Vorschläge und Stellungnahmen zu übergreifenden Fragen der Teilhabe behinderter Menschen am Arbeitsleben von grundsätzlicher Bedeutung unterbreiten (Müller-Wenner / *Schorn* Rdnr. 1). 1

In **Abs. 2** ist die Zusammensetzung des aus elf Mitgliedern bestehenden Ausschusses geregelt. 2

Abs. 3 schreibt die Berufung von stellvertretenden Mitgliedern vor. 3

In **Abs. 4** werden Einzelheiten des Berufungsverfahrens, insbesondere das Vorschlagsrecht, bestimmt. 4

II. Fassung

A) durch das SGB IX vom 19. Juni 2001 (BGBl. I S. 1046) mit Wirkung vom 1. Juli 2001

Die Vorschrift wurde unverändert aus dem Regierungsentwurf (BT-Drucks. 14/5531 i. V. m. 14/5074) übernommen. Sie entspricht § 34 SchwbG a. F. 5

B) durch das Dritte Gesetz für moderne Dienstleistungen am Arbeitsmarkt vom 23. Dezember 2003 (BGBl. I S. 2848) mit Wirkung vom 1. Januar 2004

Durch Art. 8 Nr. 20 wurden ersetzt 5a

a) in der **Überschrift** das Wort „Bundesanstalt" durch das Wort „Bundesagentur"
b) in **Abs. 1** die Wörter „Hauptstelle der Bundesanstalt" durch die Wörter „Zentrale der Bundesagentur" und das Wort „Bundesanstalt" durch das Wort „Bundesagentur"
c) in **Abs. 4 Satz 1** jeweils das Wort „Bundesanstalt" durch das Wort „Bundesagentur".

C) durch das Gesetz zur Förderung der Ausbildung und Beschäftigung schwerbehinderter Menschen vom 23. April 2004 (BGBl. I S. 606) mit Wirkung vom 1. Mai 2004

Durch Art. 1 Nr. 36 wurden in **Abs. 4 Satz 3** die Wörter „Arbeitsgemeinschaft, in der sich die Integrationsämter zusammengeschlossen haben" durch die Wörter „Bundesarbeitsgemeinschaft der Integrationsämter und Hauptfürsorgestellen" ersetzt. 5b

III. Anmerkungen

A) zu Abs. 1

1. Beratender Ausschuss bei der Hauptstelle

Die Vorschrift schreibt zwingend die Einrichtung eines Beratenden Ausschusses für behinderte Menschen bei der Hauptstelle der Bundesagentur für Arbeit in Nürnberg vor. Hingegen sind entsprechende Gremien weder bei den Agenturen für Arbeit noch bei den bisherigen Landesarbeitsämtern zu bilden. Die bis 1974 bei den Landesarbeitsämtern einzurichtenden beratenden Ausschüsse hatten nach überwiegender Auffassung keine besondere Bedeutung erlangt (Cramer Rdnr. 1 zu § 34 SchwbG). 6

2. Aufgaben

7 Die Aufgaben des beratenden Ausschusses sind in Abs. 1 nur verhältnismäßig allgemein umschrieben. Auf eine beispielhafte Aufzählung wurde im nunmehr geltenden Recht bewusst verzichtet: Die Aufgabe des Ausschusses ist die **Unterstützung der Bundesagentur** bei der Durchführung der ihr obliegenden Aufgaben nach § 104 SGB IX, sowie – wegen des engen und häufig unmittelbaren Zusammenhangs – auch bei der Arbeits- und Berufsförderung für behinderte Menschen, soweit die Bundesagentur als Rehabilitationsträger zuständig ist. Es handelt sich um Leistungen nach §§ 97 ff. SGB III für Arbeitnehmer sowie um Leistungen an Arbeitgeber nach §§ 236 ff. SGB III und schließlich um Leistungen an Träger nach §§ 248 ff. SGB III.

8 Der Ausschuss kann im Rahmen seiner Beratungsfunktion Stellungnahmen und Empfehlungen abgeben sowie Anregungen und Vorschläge machen. Zu konkreten Entscheidungen ist er nicht befugt.

B) zu Abs. 2

1. Zusammensetzung des Ausschusses

9 Der beratende Ausschuss besteht aus **elf Mitgliedern**, die in ihrer Gesamtheit die **vom Gesetz betroffenen Gruppen** (schwerbehinderte Menschen und Arbeitgeber) sowie die das Gesetz **durchführenden Behörden repräsentieren** sollen.

Hierbei sind vertreten
– die Gewerkschaften mit zwei Mitgliedern,
– die privaten Arbeitgeberverbände mit einem Mitglied,
– die öffentlichen Arbeitgeber mit einem Mitglied,
– die Organisationen, welche behinderte Menschen vertreten, mit fünf Mitgliedern,
– die Integrationsämter mit einem Mitglied,
– das Bundesministerium für Gesundheit und Soziale Sicherung mit einem Mitglied.

C) zu Abs. 3

1. Berufung von Stellvertretern

10 Für jedes Mitglied ist ein Stellvertreter oder eine Stellvertreterin zu berufen. Diese vertreten das Mitglied bei Abwesenheit bzw. treten bei Ausscheiden an dessen Stelle. Es gibt hierbei **keine allgemeine Stellvertretung**. Vielmehr kann jedes Mitglied nur von der hierzu bestellten Person vertreten werden. Falls auch der Stellvertreter dauernd wegfällt, ist ein neues Mitglied zu berufen. Dies gilt aber nicht bei bloß vorübergehender Verhinderung eines Mitglieds und des Stellvertreters (Neumann u. a. / *Pahlen* Rdnr. 5).

D) zu Abs. 4

1. Berufung der Mitglieder

11 Sämtliche Mitglieder und Stellvertreter des Ausschusses werden durch den Vorstand der Bundesagentur für Arbeit berufen. Bei dieser Entscheidung in Form eines Verwaltungsaktes ist der Vorstand nicht frei, sondern **an bestimmte Vorschlagsrechte gebunden**.

Vorschlagsberechtigt sind

12 – für die Vertreter der **Arbeitnehmer** und **Arbeitgeber** die Gruppenvertreter im Verwaltungsrat der Bundesagentur (§ 376 Abs. 3 SGB III). Dieser besteht aus 51 Mitgliedern, die zu je einem Drittel Vertreter der Arbeitnehmer, der Arbeitgeber und der öffentlichen Körperschaften sind (§§ 376 Abs. 3, 380 Abs. 1 SGB III). Die Vertreter der Gewerkschaften und der Arbeitgeber im Verwaltungsrat stimmen jeweils getrennt über den Vorschlag als Mitglied oder Stellvertreter ab. Die Vorgeschlagenen brauchen nicht Mitglied im Ver-

– für die fünf Vertreter der **Organisationen behinderter Menschen** diejenigen Behindertenverbände, die nach der Zusammensetzung ihrer Mitglieder zur Vertretung der allgemeinen Interessen der behinderten Menschen, unabhängig von Art und Ursache der Behinderung, auf Bundesebene berufen sind (Cramer Rdnr. 7; Spiolek in GK-SchwbG, Rdnr. 27 je zu § 34). Diese Voraussetzung erfüllen z. B. VdK, Reichsbund, BAG „Hilfe für Behinderte e. V.". Dass es sich um einen Zusammenschluss von Verbänden in Form eines Spitzenverbandes handelt, ist nicht erforderlich, aber möglich. In diesem Fall ist es unschädlich, wenn die Mitgliederverbände nur einzelne Gruppen von behinderten Menschen vertreten (Cramer a. a. O.).

Das Recht, einen Vorschlag einzureichen, haben sämtliche Verbände dieser Art, die auf Bundesebene wirken. Bei Vorliegen mehrerer Vorschlagslisten sind nach den allgemeinen, für die Selbstverwaltung im sozialen Bereich geltenden Regeln die Sitze durch den Vorstand der Bundesagentur anteilmäßig nach der Zahl der Mitglieder der Verbände zu verteilen, allerdings unter Berücksichtigung eines angemessenen Minderheitenschutzes (Neumann u. a. / *Pahlen* Rdnr. 9).

– Für den Vertreter der **Integrationsämter** hat das Vorschlagsrecht die Arbeitsgemeinschaft der deutschen Integrationsämter und Hauptfürsorgestellen.

– Den Vertreter des **Bundesministeriums für Gesundheit und Soziale Sicherung** schlägt dieses selbst vor.

2. Amtszeit und Ehrenamt

Für das Amt der Mitglieder des beratenden Ausschusses gilt die allgemeine Vorschrift des § 106 Abs. 3 SGB IX. Danach üben die Mitglieder ihre Tätigkeit **ehrenamtlich** aus. Ihre Amtszeit beträgt vier Jahre.

3. Vorsitz im Beratenden Ausschuss

Den Vorsitz im Beratenden Ausschuss regelt die Vorschrift des § 106 Abs. 1 SGB IX. Danach wählt der Ausschuss jeweils für die Dauer eines Jahres einen Vorsitzenden oder eine Vorsitzende und deren Stellvertretung. Passiv wahlberechtigt sind die Gruppenvertreter der Arbeitnehmer, Arbeitgeber und der Organisationen behinderter Menschen. Vorsitzender und Stellvertreter dürfen nicht derselben Gruppe angehören. Die Reihenfolge im Vorsitz und der Stellvertretung des Vorsitzes hat jährlich zu wechseln (vgl. hierzu näher Erl. zu § 106 SGB IX).

4. Beschlussfähigkeit

Der Beratende Ausschuss ist beschlussfähig, wenn wenigstens die Hälfte der Mitglieder anwesend ist. Beschlüsse und Entscheidungen werden mit einfacher Stimmenmehrheit getroffen (vgl. § 106 Abs. 3 SGB IX).

§ 106
Gemeinsame Vorschriften

(1) ¹Die beratenden Ausschüsse für behinderte Menschen (§§ 103, 105) wählen aus den ihnen angehörenden Mitgliedern vonseiten der Arbeitnehmer, Arbeitgeber oder Organisationen behinderter Menschen jeweils für die Dauer eines Jahres einen Vorsitzenden oder eine Vorsitzende und einen Stellvertreter oder eine Stellvertreterin. ²Die Gewählten dürfen nicht derselben Gruppe angehören. ³Die Gruppen stellen in regelmäßig jährlich wechselnder Reihenfolge den Vorsitzenden oder die Vorsitzende und den Stellvertreter oder die Stellvertreterin. ⁴Die Reihenfolge wird durch die Beendigung der

Amtszeit der Mitglieder nicht unterbrochen. ⁵Scheidet der Vorsitzende oder die Vorsitzende oder der Stellvertreter oder die Stellvertreterin aus, wird er oder sie neu gewählt.

(2) ¹Die beratenden Ausschüsse für behinderte Menschen sind beschlussfähig, wenn wenigstens die Hälfte der Mitglieder anwesend ist. ²Die Beschlüsse und Entscheidungen werden mit einfacher Stimmenmehrheit getroffen.

(3) ¹Die Mitglieder der beratenden Ausschüsse für behinderte Menschen üben ihre Tätigkeit ehrenamtlich aus. ²Ihre Amtszeit beträgt vier Jahre.

ERLÄUTERUNGEN

I. Bedeutung der Vorschrift

1 Die Vorschrift enthält gemeinsame Vorschriften für die Beratenden Ausschüsse für behinderte Menschen bei den Integrationsämtern gem. § 103 SGB IX sowie bei der Hauptstelle der Bundesanstalt für Arbeit nach § 105 SGB IX. Sie gelten durch die gesetzliche Anordnung in § 65 Satz 2 SGB IX ferner entsprechend für den Beirat für die Teilhabe behinderter Menschen, der gemäß § 64 SGB IX beim Bundesministerium für Arbeit und Sozialordnung gebildet ist.

2 Außerdem gelten § 106 Abs. 1 und 2 entsprechend für den Widerspruchsausschuss bei dem Integrationsamt nach § 119 und den Widerspruchsausschuss beim Landesarbeitsamt gemäß § 120 SGB IX; dies ordnet die Vorschrift des § 121 Abs. 1 SGB IX an.

3 In **Abs. 1** wird die Wahl der jeweiligen Vorsitzenden und deren Stellvertreter geregelt, ferner das passive Wahlrecht und die Reihenfolge, in welcher bestimmte Gruppen den Vorsitzenden stellen dürfen.

4 In **Abs. 2** wird die Beschlussfähigkeit und die Beschlussfassung festgelegt.

5 **Abs. 3** enthält Bestimmungen über die Ehrenamtlichkeit der Mitgliedschaft in den beratenden Ausschüssen sowie über die Amtszeit der Mitglieder.

II. Fassung

6 Die Vorschrift wurde unverändert aus dem Regierungsentwurf (BT-Drucks. 14/5531 i. V. m. 14/5074) übernommen. Sie entspricht dem bisherigen § 36 SchwbG.

III. Anmerkungen

A) zu Abs. 1

1. Wahl des Vorsitzenden

7 Die Beratenden Ausschüsse wählen für die Dauer eines Jahres einen Vorsitzenden oder eine Vorsitzende und deren Stellvertreter oder Stellvertreterin. Aktiv wahlberechtigt sind alle Mitglieder der Beratenden Ausschüsse. Wählbar sind hingegen nur die Mitglieder vonseiten der Arbeitnehmer, der Arbeitgeber oder die Vertreter der Organisationen behinderter Menschen (**Abs. 1 Satz 1**). Vorsitzende und Stellvertreter dürfen nicht derselben Gruppe angehören (**Abs. 1 Satz 2**).

8 Damit die Vertreter aller drei wählbaren Gruppen gleichmäßig berücksichtigt werden, darf keine Gruppe zweimal hintereinander den Vorsitz bzw. den Stellvertreter stellen. Vielmehr schreibt **Abs. 1 Satz 3** eine **jährlich wechselnde Reihenfolge** vor. Wird bei der ersten Wahl beispielsweise ein Arbeitnehmervertreter Vorsitzender und ein Vertreter einer Behindertenorganisation Stellvertreter, muss im nächsten Jahr ein Arbeitgebervertreter entweder Vorsitzender oder Stellvertreter werden. Wird er Vorsitzender, kann Stellvertreter nur ein Vertreter der Arbeitnehmer sein, weil der Vertreter der Behindertenorganisation diese Funktion im vorangegangenen Jahr innehatte; die Funktionsausübung in zwei hintereinander folgenden Jahren wäre unzulässig. Im dritten Jahr hätte dann der Vertreter der Behindertenorganisati-

on den Vorsitz zu übernehmen, der Vertreter der Arbeitgeber die Stellvertretung. Insgesamt bestehen zwölf Möglichkeiten der Reihenfolge, die aber jedenfalls nach dem zweiten Jahr feststeht und sich für die späteren Jahre ständig wiederholt, auch über die Amtsdauer von vier Jahren hinweg (Neumann/Pahlen Rdnr. 4 zu § 36 SchwbG).

Scheidet der Vorsitzende oder ein Stellvertreter während der einjährigen Amtszeit, für die er gewählt ist, aus, so ist für den Rest seiner Amtszeit aus der Gruppe, aus der er gewählt worden ist, der Nachfolger im Amt zu wählen (**Abs. 1 Satz 3 und 4**). 9

Für die Wahl ist **Beschlussfähigkeit** nach Abs. 2 erforderlich. Sowohl der Vorsitzende als auch der Stellvertreter werden durch Stimmenmehrheit gewählt. Ist ein Mitglied bei dem Wahlakt verhindert, tritt das stellvertretende Mitglied an seine Stelle. Falls auch dieses verhindert ist, bleibt diese Stelle unbesetzt (Neumann/Pahlen Rdnr. 5 zu § 36). 10

B) zu Abs. 2

1. Beschlussfähigkeit

Beschlussfähig ist ein Ausschuss bzw. der Beirat nach § 64 SGB IX, wenn wenigstens die Hälfte der Mitglieder persönlich anwesend ist oder der jeweilige Stellvertreter teilnimmt. Nicht erheblich ist, ob alle Gruppen vertreten sind. Jedenfalls muss aber der Vorsitzende oder sein Stellvertreter anwesend sein, da nur diese zur Sitzungsleitung befugt sind (Cramer Rdnr. 3; Neumann/Pahlen Rdnr. 6; Spiolek in GK-SchwbG Rdnr. 9, jeweils zu § 36). 11

2. Beschlussfassung

Beschlüsse und Entscheidungen der Ausschüsse bzw. des Beirats werden **mit einfacher Mehrheit der anwesenden Stimmen** getroffen (**Abs. 2 Satz 2**). Bei Stimmengleichheit ist ein Antrag somit abgelehnt. In diesem Fall gibt nicht etwa die Stimme des Vorsitzenden den Ausschlag, wie dies das bis 1974 geltende Recht vorsah (Cramer Rdnr. 3; Spiolek Rdnr. 10, je zu § 36 SchwbG). Eine Enthaltung ist unzulässig (Hess. VGH vom 10. August 1993, 9 UE 1274/90, zit. nach Neumann/Pahlen Rdnr. 6 zu § 36 SchwbG). 12

C) zu Abs. 3

1. Ehrenamtliche Tätigkeit

Die Mitglieder der Ausschüsse sowie des Beirats nach § 64 SGB IX üben ihre Tätigkeit **ehrenamtlich** aus. Zur näheren Konkretisierung können die Regelungen in §§ 387–389 SGB III über die Mitglieder der Selbstverwaltungsorgane der Bundesanstalt für Arbeit herangezogen werden (Spiolek in GK-SchwbG Rdnr. 12 zu § 36). Insbesondere dürfen die Mitglieder in der Übernahme oder Ausübung des Ehrenamtes nicht behindert oder wegen der Übernahme oder Ausübung eines solchen Amtes nicht benachteiligt werden. Sie sind wie bei jedem Ehrenamt an keine Weisungen gebunden, sondern handeln nach bestem Wissen und Gewissen (Neumann/Pahlen Rdnr. 7 zu § 36). 13

Die Ehrenamtlichkeit bedeutet insbesondere auch, dass die Mitgliedschaft in den Ausschüssen bzw. im Beirat **unentgeltlich** wahrzunehmen ist, d. h. nicht besonders vergütet werden darf. Jedoch besteht Anspruch auf Erstattung von **Auslagen** (Fahrtkosten, Tagegelder, Verdienstausfall) nach den allgemeinen Grundsätzen bzw. nach den einschlägigen Satzungen, ggf. nach Landesrecht. Barauslagen sind von der Stelle zu erstatten, bei welcher der Ausschuss eingerichtet ist. Mittel der Ausgleichsabgabe dürfen hierfür nach § 77 Abs. 3 Satz 2 SGB IX nicht verwendet werden. 14

Mitglieder der Ausschüsse bzw. des Beirats nach § 64 trifft die allgemeine **Geheimhaltungspflicht aus § 130 SGB IX**.

2. Amtszeit

15 Die Amtszeit der Ausschuss- bzw. Beiratsmitglieder beträgt vier Jahre (**Abs. 3 Satz 2**). Sie beginnt mit der Berufung ins Amt, d. h. mit dem Zugang bzw. der Aushändigung der Berufungserklärung und endet vier Jahre später mit dem Tag, der dem Tag der Berufung entspricht (§§ 187 Abs. 1, 188 Abs. 2 BGB). Wird die Berufung allerdings für einen späteren Tag ausgesprochen (z. B. am 14. Mai mit Wirkung ab 1. Juni), endet die Frist nach vier Jahren ohne den entsprechenden Tag des Beginns, also am 31. Mai (vgl. §§ 187 Abs. 2, 188 Abs. 2 BGB).

16 Das Amt kann sowohl abgelehnt als auch **vorzeitig niedergelegt** werden (Cramer Rdnr. 5 zu § 36 SchwbG).

17 Eine **Abberufung** ist in entsprechender Anwendung des § 59 SGB IV bei grober Pflichtverletzung, aus wichtigem Grund oder bei Wegfall der Voraussetzungen der Wählbarkeit bzw. ihrem Nichtvorliegen möglich. Dies gilt z. B. dann, wenn das Mitglied oder der Stellvertreter nicht mehr der Gruppe zuzurechnen ist, für die es vorgeschlagen wurde. Für die von Behörden benannten Mitglieder muss es genügen, dass die Behörde selbst ein anderes Mitglied benennt, da dieses nicht für die Dauer der Amtszeit an einen bestimmten Vertreter gebunden sein darf (Neumann/Pahlen Rdnr. 9 zu § 36 SchwbG). Hingegen kann eine vorschlagende nichtbehördliche Stelle, die einem Mitglied ihr Vertrauen entzieht, nur versuchen, dieses zur Niederlegung des Amtes zu veranlassen. Eine „freie" Abberufung wäre mit dem Charakter der ehrenamtlichen Mitgliedschaft nicht vereinbar.

§ 107
Übertragung von Aufgaben

(1) ¹Die Landesregierung oder die von ihr bestimmte Stelle kann die Verlängerung der Gültigkeitsdauer der Ausweise nach § 69 Abs. 5, für die eine Feststellung nach § 69 Abs. 1 nicht zu treffen ist, auf andere Behörden übertragen. ²Im Übrigen kann sie andere Behörden zur Aushändigung der Ausweise heranziehen.

(2) Die Landesregierung oder die von ihr bestimmte Stelle kann Aufgaben und Befugnisse des Integrationsamtes nach Teil 2 auf örtliche Fürsorgestellen übertragen oder die Heranziehung örtlicher Fürsorgestellen zur Durchführung der den Integrationsämtern obliegenden Aufgaben bestimmen.

(3) *(aufgehoben)*

ERLÄUTERUNGEN

I. Bedeutung der Vorschrift

1 Die Vorschrift ermächtigt in den Abs. 1 und 2 die Landesregierungen oder von ihnen bestimmte Stellen zur Delegation einiger Aufgaben auf andere als die bundesgesetzlich festgelegten Behörden. Es handelt sich um
- die Verlängerung der Gültigkeitsdauer der Aufweise für schwerbehinderte Menschen nach § 69 Abs. 5 SGB IX – für deren Erstausstellung die Versorgungsämter zuständig sind –, sofern dabei keine Neufeststellung über das Vorliegen einer Behinderung und den GdB nach § 69 Abs. 1 SGB IX zu treffen ist. Auch können andere Behörden zur Aushändigung der Ausweise herangezogen werden (**Abs. 1**).
- die Übertragung von Aufgaben und Befugnissen der Integrationsämter nach §§ 68 ff. SGB IX auf örtliche Fürsorgestellen oder die Heranziehung örtlicher Fürsorgestellen zur Durchführung der den Integrationsämtern obliegenden Aufgaben (**Abs. 2**).

Ferner kann die Bundesagentur für Arbeit Aufgaben, die nach Teil 2 des SGB IX die Landes- 2
arbeitsämter wahrzunehmen haben, ganz oder teilweise den Arbeitsämtern übertragen.
Hiervon ausgenommen ist die Tätigkeit als Bußgeldbehörde nach § 156 Abs. 3 SGB IX.

II. Fassung

Die Vorschrift wurde unverändert aus dem Regierungsentwurf (BT-Drucks. 14/5531 i. V. m. 3
14/5074) übernommen. Sie entspricht dem bisherigen § 37 SchwbG.

III. Anmerkungen
A) zu Abs. 1
1. Verlängerung der Gültigkeitsdauer von Schwerbehindertenausweisen

Die Ausstellung von Ausweisen für schwerbehinderte Menschen obliegt nach § 69 Abs. 5 4
SGB IX grundsätzlich den Versorgungsämtern. Die Gültigkeitsdauer des Ausweises ist im
Regelfall auf fünf Jahre befristet, maximal auf 15 Jahre, wenn eine wesentliche Änderung in
den gesundheitlichen Verhältnissen nicht zu erwarten ist (§ 69 Abs. 5 Satz 3 i. V. m. § 6
Abs. 2 SchwbAwV). Damit sind grundsätzlich auch die **Versorgungsämter für die Verlängerung** der Ausweise **zuständig**. Steht aber nur eine Verlängerung an, ohne dass Feststellungen
zur Behinderung oder deren Grad nach § 69 Abs. 1 SGB IX zu treffen wären, können die
Landesregierungen oder die von ihnen bestimmten Stellen die Verlängerung der Gültigkeitsdauer der Ausweise auf andere Behörden übertragen. Hiervon haben Gebrauch gemacht
(vgl. Schimanski in GK-SchwbG Rdnr. 9 zu § 37):

– Baden-Württemberg (VO vom 29. Juni 1976, GVBl. S. 503),
– Nordrhein-Westfalen (VO vom 16.Juni 1975, GVBl. S. 478),
– Saarland (VO vom 26. Februar 1975, ABl. S. 372) und
– Schleswig-Holstein (LandesVO vom 14. Februar 1977, GVBl. S. 39).

Ferner kann vorgesehen werden, dass die Ausweise von anderen Behörden als den Versor- 5
gungsbehörden **ausgehändigt** werden (**Abs. 1 Satz 2**). Die Aushändigung kann dabei nicht
nur auf die örtlichen Fürsorgebehörden, sondern auch auf gemeindliche oder polizeiliche
Stellen übertragen werden, soweit es sich um Stellen des Landes oder der Gemeinden handelt.

B) zu Abs. 2
1. Örtliche Fürsorgestellen

Die Landesregierungen oder von ihnen zu bestimmende Stellen können Aufgaben und Be- 6
fugnisse des Integrationsamtes nach dem SGB IX auf örtliche Fürsorgestellen übertragen.
Die Errichtung und das Verwaltungsverfahren örtlicher Fürsorgestellen bestimmt das jeweilige Land. Als örtliche Fürsorgestellen kommen vor allem die kommunalen Gebietskörperschaften in Betracht, die ihrerseits bestimmen, welche Stellen die Aufgaben der örtlichen
Fürsorgestelle wahrnehmen (Cramer Rdnr. 7 zu § 37 SchwbG).

Ferner können die Landesregierungen bestimmen, dass örtliche Fürsorgestellen zur Durch- 7
führung von Aufgaben, die den Integrationsämtern obliegen, herangezogen werden. Die
Landesregierungen haben ein Ermessen hinsichtlich der Art und des Umfangs dieser Delegation.

C) zu Abs. 3
1. Aufgabenverlagerung von den Landesarbeitsämtern auf die Arbeitsämter

Die Vorschrift ermächtigt die Bundesagentur, Aufgaben, die nach Teil 2 des SGB IX den 8
Landesarbeitsämtern zugewiesen sind, auf die Arbeitsämter zu übertragen. Hiervon aus-

drücklich ausgenommen ist die Beteiligung des Landesarbeitsamts bei der Verfolgung von Ordnungswidrigkeiten nach § 156 SGB IX.

9 Die Vorschrift hat heute nur noch **geringe praktische Bedeutung**, weil den Landesarbeitsämtern durch das SGB IX nur noch die Beteiligung bei der Entziehung der besonderen Hilfe schwerbehinderter Menschen nach § 117 Abs. 1 SGB IX überlassen bleibt. Die Zuständigkeit für die früher in § 14 Abs. 3 SchwbG geregelte Unterstützung der Arbeitgeber, z. B. bei der behindertengerechten Ausstattung des Arbeitsplatzes, ist entfallen und nunmehr von Gesetzes wegen den Arbeitsämtern übertragen worden (vgl. § 81 Abs. 4 Satz 2 SGB IX).

§ 108
Verordnungsermächtigung

Die Bundesregierung wird ermächtigt, durch Rechtsverordnung mit Zustimmung des Bundesrates das Nähere über die Voraussetzungen des Anspruchs nach den §§ 33 Abs. 8 Nr. 3 und 102 Abs. 4 sowie über die Höhe, Dauer und Ausführung der Leistungen zu regeln.

ERLÄUTERUNGEN

I. Bedeutung der Vorschrift

1 Sie ermächtigt die Bundesregierung, durch Rechtsverordnung mit Zustimmung des Bundesrates Einzelheiten über die Voraussetzungen des Anspruchs auf Arbeitsassistenz nach § 33 Abs. 8 Nr. 3 und § 102 Abs. 4 SGB IX zu regeln. In dieser Verordnung sind auch die Höhe, Dauer und Ausführung der Leistungen festzulegen.

II. Fassung

2 Die Vorschrift wurde unverändert aus dem Regierungsentwurf (BT-Drucks. 14/5531 i. V. m. 14/5074) übernommen. Sie wurde aus § 31 Abs. 3a Satz 2 SchwbG in der durch das Gesetz zur Bekämpfung der Arbeitslosigkeit Schwerbehinderter (SchwbBAG) vom 29. September 2000 eingeführten Fassung übertragen.

KAPITEL 7
Integrationsfachdienste

§ 109
Begriff und Personenkreis

(1) Integrationsfachdienste sind Dienste Dritter, die bei der Durchführung der Maßnahmen zur Teilhabe schwerbehinderter Menschen am Arbeitsleben beteiligt werden.

(2) Schwerbehinderte Menschen im Sinne des Absatzes 1 sind insbesondere
1. schwerbehinderte Menschen mit einem besonderen Bedarf an arbeitsbegleitender Betreuung,
2. schwerbehinderte Menschen, die nach zielgerichteter Vorbereitung durch die Werkstatt für behinderte Menschen am Arbeitsleben auf dem allgemeinen Arbeitsmarkt teilhaben sollen und dabei auf aufwendige, personalintensive, individuellem arbeitsbegleitende Hilfen angewiesen sind, sowie
3. schwerbehinderte Schulabgänger, die für die Aufnahme einer Beschäftigung auf dem allgemeinen Arbeitsmarkt auf die Unterstützung eines Integrationsfachdienstes angewiesen sind.

(3) Ein besonderer Bedarf an arbeits- und berufsbegleitender Betreuung ist insbesondere gegeben bei schwerbehinderten Menschen mit geistiger oder seelischer Behinderung oder mit einer schweren Körper-, Sinnes- oder Mehrfachbehinderung, die sich im Arbeitsleben besonders nachteilig auswirkt und allein oder zusammen mit weiteren vermittlungshemmenden Umständen (Alter, Langzeitarbeitslosigkeit, unzureichende Qualifikation, Leistungsminderung) die Teilhabe am Arbeitsleben auf dem allgemeinen Arbeitsmarkt erschwert.

(4) ¹Der Integrationsfachdienst kann im Rahmen der Aufgabenstellung nach Absatz 1 auch zur beruflichen Eingliederung von behinderten Menschen, die nicht schwerbehindert sind, tätig werden. ²Hierbei wird den besonderen Bedürfnissen seelisch behinderter oder von einer seelischen Behinderung bedrohter Menschen Rechnung getragen.

ERLÄUTERUNGEN

ÜBERSICHT

I. Bedeutung der Vorschrift (Rdnrn. 1–3)
II. Fassung (Rdnrn. 4–7)
   A) durch das SGB IX vom 19. Juni 2001 (BGBl. I S. 1046) mit Wirkung vom 1. Juli 2001 (Rdnr. 4)
   B) durch das Dritte Gesetz für moderne Dienstleistungen am Arbeitsmarkt vom 23. Dezember 2003 (BGBl. I S. 2848) mit Wirkung vom 1. Januar 2004 (Rdnr. 5)
   C) durch das Gesetz zur Förderung der Ausbildung und Beschäftigung schwerbehinderter Menschen vom 23. April 2004 (BGBl. I S. 606) mit Wirkung vom 1. Mai 2004 (Rdnr. 6)
   D) durch das Gesetz zur Förderung der Ausbildung und Beschäftigung schwerbehinderter Menschen vom 23. April 2004 (BGBl. I S. 606) mit Wirkung vom 1. Januar 2005 (Rdnr. 7)
III. Begründung (Rdnrn. 8–12)

IV. Anmerkungen (Rdnrn. 13–30)
   A) zu Abs. 1
      1. Begriff des Integrationsfachdienstes (Rdnrn. 13–20)
      2. Fachpersonal der Integrationsfachdienste und statistische Angaben (Rdnrn. 21–23)
   B) zu Abs. 2 und 3
      1. Zielgruppen der Integrationsfachdienste (Rdnrn. 24–28)
   C) zu Abs. 4
      1. Eingliederung nicht schwerbehinderter Menschen (Rdnrn. 29–30)

I. Bedeutung der Vorschrift

1 Für besonders schwer zu vermittelnde schwerbehinderte Menschen ist auch unter Einsatz aller Fördermöglichkeiten eine Wiedereingliederung in den allgemeinen Arbeitsmarkt nur möglich, wenn dieser Eingliederungsprozess durch Fachdienste begleitet wird. Neben den in den Arbeitsagenturen bestehenden besonderen Stellen („Reha-SB-Stellen" nach § 104 Abs. 4 Satz 1 SGB IX) wurde deshalb die Institution der Integrationsfachdienste eingeführt.

2 **Abs. 1** definiert den Begriff der Integrationsfachdienste. In **Abs. 2** wird der Kreis der schwerbehinderten Menschen umschrieben, bei deren Wiedereingliederung in das Arbeitsleben Integrationsfachdienste beteiligt werden können. Hierbei werden an erster Stelle genannt: Schwerbehinderte Menschen mit einem besonderen Bedarf an arbeits- und berufsbegleitender Betreuung. Dieser Begriff wird in **Abs. 3** beispielhaft umschrieben.

3 In **Abs. 4** wird klargestellt, dass der Integrationsfachdienst auch zur beruflichen Eingliederung von behinderten, jedoch nicht schwerbehinderten, Menschen tätig werden kann. Hierbei ist den besonderen Bedürfnissen von Menschen mit psychischen Beeinträchtigungen Rechnung zu tragen.

II. Fassung

A) durch das SGB IX vom 19. Juni 2001 (BGBl. I S. 1046) mit Wirkung vom 1. Juli 2001

4 Die Vorschrift wurde nahezu unverändert aus dem Regierungsentwurf (BT-Drucks. 14/5531 i. V. m. 14/5074) übernommen. In den BT-Ausschussberatungen wurde lediglich die Bezeichnung „Integrationsamt" eingefügt und in Abs. 3 der Begriff der „psychischen" durch „seelische" Behinderung ersetzt. Die Regelung entspricht inhaltlich dem bisherigen § 37a SchwbG, der durch das Gesetz zur Bekämpfung der Arbeitslosigkeit Schwerbehinderter (SchwbBAG) vom 29. September 2000 eingefügt wurde.

B) durch das Dritte Gesetz für moderne Dienstleistungen am Arbeitsmarkt vom 23. Dezember 2003 (BGBl. I S. 2848) mit Wirkung vom 1. Januar 2004

5 Durch Art. 18 Nr. 21 wurde in **Abs. 1** das Wort „Bundesanstalt" durch das Wort „Bundesagentur" ersetzt.

C) durch das Gesetz zur Förderung der Ausbildung und Beschäftigung schwerbehinderter Menschen vom 23. April 2004 (BGBl. I S. 606) mit Wirkung vom 1. Mai 2004

6 **In Abs. 4 wurde folgender Satz 2 angefügt:**

„Hierbei wird den besonderen Bedürfnissen seelisch behinderter oder von einer seelischen Behinderung bedrohter Menschen Rechnung getragen."

Der Gesetzentwurf der Fraktionen SPD und Bündnis 90/DIE GRÜNEN (BT-Drucks. 15/1783 S. 17) begründete den Vorschlag wie folgt:

„Zu den Aufgaben der Integrationsfachdienste gehörte es bereits bisher, auch für behinderte Menschen tätig zu werden, die nicht schwerbehindert sind und für die infolgedessen die Leistungen nach den besonderen Regelungen zur Teilhabe schwerbehinderter Menschen nicht erbracht werden können. Zu der Personengruppe dieser behinderten Menschen gehören insbesondere die Menschen mit seelischer Behinderung, bei denen die Eigenschaft als schwerbehinderte Menschen oftmals nicht festgestellt oder nicht gegeben ist. Diese Personengruppe hat in der Regel aber andere Bedürfnisse als etwa Menschen mit einer Lernbehinderung. Satz 2 bestimmt deshalb ausdrücklich, dass die Integrationsfachdienste bei der Wahrnehmung ihrer Aufgaben den besonderen Bedürfnissen von Menschen mit seelischer Behinderung Rechnung zu tragen haben."

D) durch das Gesetz zur Förderung der Ausbildung und Beschäftigung schwerbehinderter Menschen vom 23. April 2004 (BGBl. I S. 606) mit Wirkung vom 1. Januar 2005

In **Abs. 1** wurden die Wörter „im Auftrag der Bundesagentur für Arbeit, der Rehabilitationsträger und der Integrationsämter" gestrichen. Für das Inkrafttreten der Neuregelung wurde – abweichend von den übrigen in Art. 7 des „Gesetzes zur Förderung der Ausbildung und Beschäftigung schwerbehinderter Menschen" genannten Daten – durch Abs. 4 der Vorschrift der 1. Januar 2005 festgelegt.

Zur Begründung wird im Gesetzentwurf der Fraktionen SPD und Bündnis 90/DIE GRÜNEN (BT-Drucks. 15/1783 S. 17) hierzu ausgeführt:

„Die Änderung trägt der Neuregelung der Strukturverantwortung in § 113 Rechnung ... Die besonderen Regelungen zur Beauftragung der Integrationsfachdienste durch die Bundes*anstalt* für Arbeit entfallen. Die Bundes*anstalt* für Arbeit kann jedoch nach den Vorschriften des Dritten Buches Sozialgesetzbuch Dritte (dies können auch Integrationsfachdienste sein) mit der Arbeitsvermittlung oder mit Teilaufgaben der Arbeitsvermittlung beauftragen. Für diese Vermittlungstätigkeit des Dritten kann ein Honorar vereinbart werden. Darüber hinaus kann je nach Einzelfallgestaltung auch der Einsatz des Instrumentes der Vermittlungsgutscheine sinnvoll sein, soweit der Vermittlungsgutschein auch von den Integrationsfachdiensten akzeptiert wird.

Soweit die Rehabilitationsträger für Rehabilitanden, die zur Teilhabe am Arbeitsleben besondere Hilfen benötigen, die Integrationsfachdienste in Anspruch nehmen, erfolgt diese Inanspruchnahme und die Erbringung von Leistungen auf der Grundlage der in § 33 getroffenen Regelungen."

III. Begründung

In der Begründung des Gesetzentwurfs der Fraktionen der SPD und Bündnis 90/ DIE GRÜNEN (BT-Drucks. 14/3372 S. 22) wird zu der Vorschrift – dem seinerzeitigen § 37a SchwbG – ausgeführt:

„Ein Teil der arbeitslosen Schwerbehinderten, bei denen es sich überwiegend um Ältere, Langzeitarbeitslose, unzureichend beruflich Qualifizierte oder wegen Art oder Schwere der Behinderung besonders Betroffene handelt, lässt sich – selbst unter Einsatz vorhandener Fördermöglichkeiten – auf den allgemeinen Arbeitsmarkt nur vermitteln, wenn bei der (Wieder-)Eingliederung in das Arbeitsleben besondere arbeits- und berufsbegleitende Fachdienste zur Verfügung stehen.

Die notwendige Unterstützung ist in diesen bestimmten Problemfällen sehr aufwendig und personalintensiv; sie kann deshalb von den Fachdiensten der Arbeitsämter – auch dann, wenn die Behörden den Grundanforderungen entsprechend ausgestattet sind – nicht immer in der erforderlichen Art und Weise und im ausreichenden Umfang geleistet werden.

Es ist deshalb notwendig, die Chancen Schwerbehinderter, soweit sie zur Beschaffung und Erhaltung eines Arbeitsplatzes besondere Unterstützung benötigen, durch besondere ergänzende Fachdienste zur Integration zu verbessern. Solche Fachdienste können die Arbeitsämter bei der Erfüllung ihrer diesbezüglichen Aufgaben, insbesondere bei der Beratung der Schwerbehinderten im Vorfeld der Arbeitsaufnahme, bei der Arbeitsplatzsuche, im Bewerbungsverfahren und nach der Arbeitsaufnahme und bei der Festigung der Schwerbehinderten unterstützen und den Betrieben und Verwaltungen mit Information, Beratung und Hilfestellung zur Seite stehen.

11 Die Fachdienste sollen außer für arbeitslose und von Arbeitslosigkeit bedrohte Schwerbehinderte auch beim Übergang von Schwerbehinderten auf Werkstätten für Behinderte tätig werden, desgleichen beim Übergang aus der Sonderschule in ein Beschäftigungsverhältnis auf dem allgemeinen Arbeitsmarkt, wenn anderenfalls nur eine Beschäftigung in einer Werkstatt für Behinderte in Betracht kommt.

12 Auf der Grundlage von Erfahrungen und Erkenntnissen, die derzeit im Rahmen von Modellprojekten gesammelt werden, soll ein flächendeckendes und ortsnahes Angebot von Fachdiensten zur Integration Schwerbehinderter in das Arbeitsleben (Integrationsfachdienste) unter Einbeziehung der vorhandenen Dienste zur Eingliederung Behinderter aufgebaut werden."

IV. Anmerkungen
A) zu Abs. 1
1. Begriff des Integrationsfachdienstes

13 Bestimmte Gruppen von schwerbehinderten Menschen lassen sich auf dem allgemeinen Arbeitsmarkt nur vermitteln, wenn **bei der (Wieder-)Eingliederung** in das Arbeitsleben **besondere arbeits- und berufsbegleitende Fachdienste** zur Verfügung stehen. Hierzu gehören namentlich ältere, langzeitarbeitslose und unzureichend qualifizierte schwerbehinderte Menschen, aber auch solche, die wegen Art und Schwere der Behinderung besonders betroffen sind. Die notwendige Unterstützung, die sehr zeitaufwändig und personalintensiv sein kann, ist insbesondere von den Fachdiensten der Agenturen für Arbeit nicht immer in ausreichendem Umfang zu leisten; das gilt selbst dann, wenn die behördeninternen Dienste den gesetzlichen Anforderungen nach § 104 Abs. 4 SGB IX entsprechend ausgestattet sind. Diese Funktion sollen Integrationsfachdienste ausfüllen, die z. T. **aus Mitteln der Ausgleichsabgabe finanziert** werden, im Übrigen aus Vergütungen der Rehabilitationsträger für einzelfallbezogene Leistungen. Ihre Inanspruchnahme orientiert sich am Vorbild der begleitenden Hilfe im Arbeitsleben durch psychosoziale Dienste freier gemeinnütziger Träger nach § 102 Abs. 2 Satz 5 SGB IX; jedoch geht der Aufgabenkreis der Integrationsfachdienste über die psychosoziale Betreuung hinaus (Neumann (Hg.) Handbuch-SGB IX / *Brünner* § 15 Rdnr. 76; Matzeder BehindertenR 1998, 29).

14 Integrationsfachdienste sind nach der gesetzlichen Definition in Abs. 1 **„Dienste Dritter"**, die bei der Durchführung der Maßnahmen zur Teilhabe schwer behinderter Menschen am Arbeitsleben beteiligt werden. Ihre **Auftraggeber** sind die Integrationsämter sowie die Rehabilitationsträger (vgl. § 111 Abs. 1 SGB IX). Die zunächst im Gesetz ausdrücklich vorgesehen gewesene Beauftragung auch durch die Bundesagentur für Arbeit ist mit Wirkung vom 1. 1. 2005 entfallen. Diese kann Aufträge an die Integrationsfachdienste nur noch in ihrer Eigenschaft als Rehabilitationsträger bzw. im Rahmen ihrer Vermittlungsaufgaben nach dem SGB III erteilen.

15 Integrationsfachdienste unterstützen ihre Auftraggeber bei der Erfüllung ihrer gesetzlichen Aufgaben, nämlich bei **Maßnahmen zur Teilhabe schwerbehinderter Menschen am Arbeitsleben**. Hierbei geht es vor allem um den Eingliederungsprozess von Menschen mit schwerwiegenden Behinderungen, die auch unter Einsatz aller Fördermöglichkeiten der Auftraggeber nicht in den allgemeinen Arbeitsmarkt integriert werden können. Sie bedürfen vielmehr hierfür einer Unterstützung mit hohem personellen Aufwand, den die Auftraggeber selbst mangels verfügbarer Personalkapazität nicht unmittelbar leisten können (Hauck /

Noftz / *Schröder* Rdnr. 5). Die Mitwirkung der Integrationsfachdienste soll – wie § 110 Abs. 1 SGB IX hervorhebt – der Aufnahme, Ausübung und Sicherung einer möglichst dauerhaften Beschäftigung dienen.

Die Unterstützung durch Integrationsfachdienste kann alle **Leistungen** umfassen, die in § 33 SGB IX geregelt sind, insbesondere die Arbeitsvermittlung, die Beratung des Arbeitgebers bei der Besetzung von Ausbildungs- und Arbeitsplätzen mit schwerbehinderten Menschen, und auch die Förderung der Teilhabe schwerbehinderter Menschen einschließlich der begleitenden Hilfe im Arbeitsleben nach § 102 Abs. 2 SGB IX. Für diese Aufgaben **bleiben die Auftraggeber** auch dann **verantwortlich**, wenn sie Integrationsfachdienste an ihrer Ausführung beteiligen (§ 111 Abs. 1 Satz 2 SGB IX). Die Aufgaben werden also nicht an Dritte delegiert, wie dies z. B. in anderen Bereichen sozialstaatlichen Handelns auf Verbände der freien Wohlfahrtspflege geschieht (vgl. *Ernst* / Adlhoch / Seel Rdnr. 5). 16

Das **Gesetz legt nicht näher fest, wer „Dritter" sein kann**. Im Gegensatz zu der einschränkenden Regelung in § 102 Abs. 2 Satz 4 SGB IX kommen als Integrationsfachdienste **nicht ausschließlich freie und gemeinnützige** Einrichtungen und Organisationen in Betracht. Andererseits fallen eigene und interne Dienste der Rehabilitationsträger sowie der Integrationsämter nicht unter die Bestimmungen der §§ 109 ff. SGB IX. 17

Inzwischen sind **mehr als 181 Integrationsfachdienste** flächendeckend in allen Arbeitsagenturbezirken eingerichtet. Beim Auf- und Ausbau wurde ganz überwiegend die Struktur der berufsbegleitenden bzw. psychosozialen Dienste der Integrationsämter als Basis genutzt, in einigen Ländern konnte die vormalige Struktur sogar vollständig übernommen und ausgebaut werden. 18

Die **Anschriften der Integrationsfachdienste** sind – nach Bundesländern geordnet und als bundesweite Gesamtliste – auf der Internetseite der Bundesarbeitsgemeinschaft der Integrationsämter und Hauptfürsorgestellen (www.integrationsaemter.de) abzurufen. 19

Die Interessen der Integrationsfachdienste nimmt die **Bundesarbeitsgemeinschaft für unterstützte Beschäftigung (BAGE UB)** wahr. Stellungnahmen „zur Situation der Integrationsfachdienste" vom Februar 2002 und März 2003 sowie „zum aktuellen Stand der Finanzierung und Beauftragung der Integrationsfachdienste ab 2005" sind auf der Internetseite www.bag-ub.de zu finden. 20

2. Fachpersonal der Integrationsfachdienste und statistische Angaben

Die Integrationsfachdienste müssen über **Fachpersonal mit entsprechender psychosozialer oder arbeitspädagogischer Qualifikation** verfügen. 21

Von den **1206 Fachberatern** der Integrationsfachdienste wurden seit 2000 insgesamt 84 943 schwerbehinderte Menschen **beruflich begleitet oder in den ersten Arbeitsmarkt integriert**. Im Rahmen der begleitenden Hilfe im Arbeitsleben wurden in 2003 im Auftrag der Integrationsämter 47 585 Personen fachdienstlich beraten und begleitet. Die Zahl der Klienten ist in diesem Bereich gegenüber 2002 um mehr als 10% angestiegen. Pro Fachberater wurden jahresdurchschnittlich 82 Personen qualifiziert beraten und/oder beruflich begleitet (ZB info 4/2004, 2). 22

Im Jahr 2001 haben die Integrationsfachdienste mehr als 4700 schwerbehinderte Menschen **in Beschäftigungen vermittelt**, im Jahre 2002 mehr als 8000; darunter rund 7600 auf den allgemeinen Arbeitsmarkt (vgl. den in 2003 erstatteten Bericht der Bundesregierung gem. § 160 SGB IX über die Beschäftigungssituation schwerbehinderter Menschen, zitiert nach der Internetseite des Beauftragten der Bundesregierung für die Belange behinderter Menschen www.sgb-ix-umsetzen.de). 23

B) zu Abs. 2 und 3

1. Zielgruppen der Integrationsfachdienste

24 In **Abs. 2** werden die Zielgruppen der Integrationsfachdienste genannt. Hierbei handelt es sich aber nicht um eine abschließende Aufzählung, wie bereits aus dem vorangestellten Wort „insbesondere" folgt.

25 Hierzu gehören schwerbehinderte Menschen mit einem **besonderen Bedarf an arbeitsbegleitender Betreuung (Nr. 1)**. Dieser ist – wie in der ergänzenden Bestimmung des **Abs. 3** betont wird – insbesondere gegeben bei schwerbehinderten Menschen mit **geistiger oder seelischer Behinderung**. Ferner besteht ein solcher Bedarf bei schwerbehinderten Menschen mit einer schweren **Körper-, Sinnes- oder Mehrfachbehinderung**, die sich im Arbeitsleben besonders **nachteilig auswirkt** und allein oder zusammen mit anderen vermittlungshemmenden Umständen die Teilhabe am Arbeitsleben auf dem allgemeinen Arbeitsmarkt erschwert. Im Gesetz werden **als solche Umstände ausdrücklich genannt**:
– das **Alter** (wobei ein Lebensalter ab 50 Jahren einschlägig sein kann),
– **Langzeitarbeitslosigkeit**, also eine Dauer der Arbeitslosigkeit von mehr als einem Jahr,
– **unzureichende Qualifikation**, das heißt ein fehlender Ausbildungsabschluss.

26 Diese vermittlungshemmenden Umstände müssen **in der Person** des schwerbehinderten Menschen liegen und können nicht etwa mit der allgemeinen Arbeitsmarktlage begründet werden.

27 Eine weitere wichtige Zielgruppe der Integrationsfachdienste sind schwerbehinderte Menschen, die **nach zielgerichteter Vorbereitung durch die Werkstatt für behinderte Menschen** am Arbeitsleben auf dem allgemeinen Arbeitsmarkt teilhaben sollen und dabei auf aufwändige, personalintensive, individuelle arbeitsbegleitende Hilfen angewiesen sind (**Nr. 2**).

28 Ein dritter Schwerpunkt sind Leistungen für schwer behinderte Schulabgänger, die für die Aufnahme einer Beschäftigung auf dem allgemeinen Arbeitsmarkt auf die Unterstützung eines Integrationsfachdienstes angewiesen sind (**Nr. 3**) Hiermit sind **schwerbehinderte Abgänger von Sonderschulen** gemeint.

C) zu Abs. 4

1. Tätigkeit für nicht schwerbehinderte Menschen

29 Satz 1 legt fest, dass ein Integrationsfachdienst auch Leistungen zur beruflichen Eingliederung für Menschen erbringen kann, die zwar **behindert, aber nicht schwerbehindert** sind. Seine Einschaltung gehört zu den Leistungen zur Teilhabe am Arbeitsleben nach § 33 Abs. 6 Nr. 8 SGB IX. Allerdings dürfen hierfür keine Mittel der Ausgleichsabgabe in Anspruch genommen werden. Vielmehr ist die Beauftragung des Integrationsfachdienstes in diesem Fall aus Haushaltsmitteln des zuständigen Rehabilitationsträgers zu finanzieren. Dies können die Agenturen für Arbeit in ihrer Funktion als Rehabilitationsträger sein, aber auch die Träger der gesetzlichen Rentenversicherung, der gesetzlichen Unfallversicherung oder die überörtlichen Träger der Sozialhilfe.

30 Für die Leistungen an behinderte Menschen hebt das Gesetz in **Satz 2** die besonderen Bedürfnisse der Menschen hervor, die **seelisch behindert** oder von einer **seelischen Behinderung bedroht** sind; ihnen sollen die Integrationsfachdienste Rechnung tragen. Diese Bedürfnisse unterscheiden sich vielfach von denjenigen anderer behinderter Menschen, z. B. solchen mit einer Lernbehinderung (vgl. oben Rdnr. 6).

§ 110
Aufgaben

(1) Die Integrationsfachdienste können zur Teilhabe schwerbehinderter Menschen am Arbeitsleben (Aufnahme, Ausübung und Sicherung einer möglichst dauerhaften Beschäftigung) beteiligt werden, indem sie
1. die schwerbehinderten Menschen beraten, unterstützen und auf geeignete Arbeitsplätze vermitteln,
2. die Arbeitgeber informieren, beraten und ihnen Hilfe leisten.

(2) Zu den Aufgaben des Integrationsfachdienstes gehört es,
1. die Fähigkeiten der zugewiesenen schwerbehinderten Menschen zu bewerten und einzuschätzen und dabei ein individuelles Fähigkeits-, Leistungs- und Interessenprofil zur Vorbereitung auf den allgemeinen Arbeitsmarkt in enger Kooperation mit den schwerbehinderten Menschen, dem Auftraggeber und der abgebenden Einrichtung der schulischen oder beruflichen Bildung oder Rehabilitation zu erarbeiten,
1a. die Bundesagentur für Arbeit auf deren Anforderung bei der Berufsorientierung und Berufsberatung in den Schulen einschließlich der auf jeden einzelnen Jugendlichen bezogenen Dokumentation der Ergebnisse zu unterstützen,
1b. die betriebliche Ausbildung schwerbehinderter, insbesondere seelisch und lernbehinderter Jugendlicher zu begleiten,
2. geeignete Arbeitsplätze (§ 73) auf dem allgemeinen Arbeitsmarkt zu erschließen,
3. die schwerbehinderten Menschen auf die vorgesehenen Arbeitsplätze vorzubereiten,
4. die schwerbehinderten Menschen, solange erforderlich, am Arbeitsplatz oder beim Training der berufspraktischen Fähigkeiten am konkreten Arbeitsplatz zu begleiten,
5. mit Zustimmung des schwerbehinderten Menschen die Mitarbeiter im Betrieb oder in der Dienststelle über Art und Auswirkungen der Behinderung und über entsprechende Verhaltensregeln zu informieren und zu beraten,
6. eine Nachbetreuung, Krisenintervention oder psychosoziale Betreuung durchzuführen sowie
7. als Ansprechpartner für die Arbeitgeber zur Verfügung zu stehen, über die Leistungen für die Arbeitgeber zu informieren und für die Arbeitgeber diese Leistungen abzuklären,
8. in Zusammenarbeit mit den Rehabilitationsträgern und den Integrationsämtern die für den schwerbehinderten Menschen benötigten Leistungen zu klären und bei der Beantragung zu unterstützen.

ERLÄUTERUNGEN

ÜBERSICHT

I. Bedeutung der Vorschrift (Rdnr. 1)
II. Fassung (Rdnrn. 2–3)
    A) durch das SGB IX vom 19. Juni 2001 (BGBl. I S. 1046) mit Wirkung vom 1. Juli 2001 (Rdnr. 2)
    B) durch das Gesetz zur Förderung der Ausbildung und Beschäftigung schwerbehinderter Menschen vom 23. April 2004 (BGBl. I S. 606) mit Wirkung vom 1. Mai 2004 (Rdnr. 3)
III. Anmerkungen (Rdnrn. 4–20)
    A) zu Abs. 1
        1. Rahmen für die Beteiligung der Integrationsfachdienste (Rdnrn. 4–5)

B) zu Abs. 2
1. Wichtigste Tätigkeitsfelder der Integrationsfachdienste (Rdnr. 6)
2. Aufgabenkatalog als gesetzlicher Rahmen (Rdnr. 7)
   a) Erstellung eines Profils (Nr. 1) (Rdnr. 8)
   b) Zusammenarbeit mit den Schulen (Nr. 1a) (Rdnr. 9)
   c) Begleitung der betrieblichen Berufsausbildung (Nr. 1b) (Rdnr. 10)
   d) Erschließung geeigneter Arbeitsplätze (Nr. 2) (Rdnrn. 11–12)
   e) Individuelle Vorbereitung auf geeignete Arbeitsplätze (Nr. 3) (Rdnrn. 13–15)
   f) Nachgehende Begleitung am Arbeitsplatz (Nr. 4) (Rdnr. 16)
   g) Informationen des betrieblichen Umfelds über die Behinderung (Nr. 5) (Rdnr. 17)
   h) Nachbetreuung einschließlich Krisenintervention und psychosoziale Betreuung (Nr. 6) (Rdnr. 18)
   i) Beratung des Arbeitgebers (Nr. 7) (Rdnr. 19)
   j) Unterstützung bei der Leistungsbeantragung (Nr. 8) (Rdnr. 20)

I. Bedeutung der Vorschrift

1 Sie legt die Aufgabe der Integrationsfachdienste fest. Zu diesen gehört es, die schwerbehinderten Menschen zu beraten, zu unterstützen und auf geeignete Arbeitsplätze zu vermitteln sowie dem Betrieb oder der Verwaltung die notwendige Information, Beratung und Hilfe anzubieten (**Abs. 1**). Die Aufgaben der Integrationsfachdienste werden nach Art eines Arbeitsprogramms in **Abs. 2** aufgeführt. Hierbei handelt es sich nicht um eine abschließende Aufzählung. Dieser Aufgabenkatalog kann im Rahmen des allgemein in Abs. 1 formulierten Auftrags und im Benehmen mit dem Auftraggeber ggf. erweitert werden.

II. Fassung

A) durch das SGB IX vom 19. Juni 2001 (BGBl. I S. 1046) mit Wirkung vom 1. Juli 2001

2 Die Vorschrift wurde unverändert aus dem Regierungsentwurf (BT-Drucks. 14/5531 i. V. m. 14/5074) übernommen. Sie entsprach § 37b SchwbG in der Fassung durch das Gesetz zur Bekämpfung der Arbeitslosigkeit Schwerbehinderter (SchwbAG) vom 29. September 2000.

B) durch das Gesetz zur Förderung der Ausbildung und Beschäftigung schwerbehinderter Menschen vom 23. April 2004 (BGBl. I S. 606) mit Wirkung vom 1. Mai 2004

3 a) In **Abs. 2** wurden nach Nummer 1 folgende **Nummern 1a und 1b** angefügt:
„1a. die Bundesagentur für Arbeit auf deren Anforderung bei der Berufsorientierung und Berufsberatung in den Schulen einschließlich der auf jeden einzelnen Jugendlichen bezogenen Dokumentation der Ergebnisse zu unterstützen,
1b. die betriebliche Ausbildung schwerbehinderter, insbesondere seelisch und lernbehinderter Jugendlicher zu begleiten".
Die Begründung des Gesetzentwurfs der Fraktionen SPD und Bündnis 90/DIE GRÜNEN (BT-Drucks. 15/1783 S. 17) führt hierzu aus:
„Mit der Regelung in Nummer **1a** soll die Zusammenarbeit der Integrationsfachdienste mit den Schulen verbessert werden, um die Chancen schwerbehinderter junger Menschen zur Teilhabe am Arbeitsleben zu erhöhen. Zukünftig gehört es zu der Aufgabe des Integrationsfachdienstes, die Bundesagentur für Arbeit bei ihren Maßnahmen zur Berufsorientierung und Berufsberatung in den Schulen zu unterstützen. Das gilt auch für die Zeiten von Praktika während der schulischen Ausbildung. Mit der Vorschrift soll

Aufgaben § 110

ein schneller und nahtloser Übergang schwerbehinderter junger Menschen in Ausbildungsverhältnisse ermöglicht werden.

Nummer **1b** regelt, dass der Integrationsfachdienst die betriebliche Berufsausbildung schwerbehinderter, geistig behinderter, seelisch- und lernbehinderter Jugendlicher zu begleiten hat. Damit wird analog zu der Änderung in § 35 Abs. 2 (Nummer 4) eine Begleitung des Integrationsfachdienstes während der betrieblichen Ausbildung sichergestellt. Damit werden bei Problemen während der Ausbildung sowohl Arbeitgeber als auch Auszubildende unterstützt und betreut. Ein Schwerpunkt der Aufgaben des Integrationsfachdienstes wird nunmehr die Betreuung der Jugendlichen beinhalten."

b) **Nummer 7** wurde wie folgt gefasst:

„7. als Ansprechpartner für die Arbeitgeber zur Verfügung zu stehen, über die Leistungen für die Arbeitgeber zu informieren und für die Arbeitgeber diese Leistungen abzuklären,".

Die Begründung des Gesetzentwurfs der Fraktionen SPD und Bündnis 90/Die GRÜNEN (BT-Drucks. 15/1783 S. 18) merkt hierzu an:

„Mit der Neuregelung soll die Einstellung schwerbehinderter Bewerber und Bewerberinnen verbessert werden. Bisher wurde die Einstellung häufig dadurch erschwert, dass Arbeitgeber über mögliche Förderleistungen unterschiedlicher Leistungsträger nicht ausreichend informiert waren, Anträge auf solche Leistungen nicht rechtzeitig bei den richtigen Leistungsträgern gestellt wurden und sich Verzögerungen bei der Leistungsbewilligung ergaben. Daher gehört es nun zu den Aufgaben des Integrationsfachdienstes, als Ansprechpartner für die Arbeitgeber zur Verfügung zu stehen, über die Leistungen für Arbeitgeber zu informieren und diese Leistungen abzuklären. Arbeitgeber können sich auch, wie bisher, an das Arbeitsamt, das Integrationsamt oder an die Rehabilitationsträger wenden. Über die Leistungen für Arbeitgeber entscheiden die jeweils zuständigen Träger. Die Regelung beinhaltet keine Ausweitung der Pflichten der Arbeitgeber."

c) Nach Nummer 7 wurde folgende **Nummer 8 angefügt**:

„8. in Zusammenarbeit mit den Rehabilitationsträgern und den Integrationsämtern die für den schwerbehinderten Menschen benötigten Leistungen zu klären und bei der Beantragung zu unterstützen."

Zur Begründung wird im Gesetzentwurf der Fraktionen SPD und Bündnis 90/DIE GRÜNEN (BT-Drucks. 15/1783 S. 18) hierzu ausgeführt:

„Auch mit dieser neuen Aufgabe des Integrationsfachdienstes sollen Einstellungshindernisse beseitigt werden. Danach sollen die Integrationsfachdienste für die Arbeitgeber in Zusammenarbeit mit den Rehabilitationsträgern und Integrationsämtern auch die für den schwerbehinderten Menschen benötigten Leistungen klären und bei der Beantragung dieser Leistungen unterstützen. Dazu sollen auch die gemeinsamen Servicestellen beteiligt werden. Die Klärung und Beantragung von Leistungen für schwerbehinderte Menschen setzt die Zustimmung des schwerbehinderten Menschen voraus. Auch hier entscheidet der jeweils zuständige Träger über die Leistung."

III. Anmerkungen

A) zu Abs. 1

1. Rahmen für die Beteiligung der Integrationsfachdienste

Die Vorschrift legt den **Rahmen für die Beteiligung der Integrationsfachdienste** an den Teilhabeleistungen für schwerbehinderte Menschen fest. Das **Ziel** ist die Aufnahme, Ausübung und Sicherung einer möglichst dauerhaften Beschäftigung. Hierzu können die Integrationsfachdienste zum einen die **schwerbehinderten Menschen selbst beraten, unterstützen und auf geeignete Arbeitsplätze vermitteln (Nr. 1)**. Zum anderen sollen sie aber auch die **Arbeitgeber informieren, beraten und ihnen Hilfe leisten (Nr. 2)**. Dies ist eine allgemeine Aufgabenstellung, die in Abs. 2 genauer umschrieben wird.

4

5 Der Begriff der „Beteiligung" verdeutlicht, dass die **Auftraggeber** für die dem Integrationsfachdienst zugewiesenen Einzelfälle **verantwortlich bleiben** (*Ernst* / Adlhoch / Seel Rdnr. 4). Das wird im Übrigen in § 111 Abs. 1 Satz 2 SGB IX nochmals ausdrücklich hervorgehoben. Es findet also keine Delegation der Verantwortung an den Integrationsfachdienst statt. Auch liegt die **Entscheidung über die Beteiligung beim Auftraggeber**, der auch die Kosten für die Inanspruchnahme des Integrationsfachdienstes zu übernehmen hat. Er ist jederzeit befugt, den erteilten Auftrag wieder zu entziehen. Weder der betroffene schwerbehinderte Mensch noch sein Arbeitgeber treten in unmittelbare Rechtsbeziehungen zu dem Integrationsfachdienst. Auch haben diese **keinen Rechtsanspruch** darauf, dass ein **Integrationsfachdienst beteiligt** wird.

B) zu Abs. 2
1. Wichtigste Tätigkeitsfelder der Integrationsfachdienste

6 Die Vorschrift des Abs. 2 hebt – nicht abschließend – **zehn wichtige Tätigkeitsfelder** der Integrationsfachdienste hervor, womit im Grundsatz auch **die zeitliche Abfolge des Eingliederungsprozesses** beschrieben wird. Allerdings müssen nicht in jedem Einzelfall alle Schritte erforderlich sein (*Ernst* / Adlhoch / Seel Rdnr. 5). Stets ist aber die berufliche Eingliederung besonders betroffener schwerbehinderter Menschen von intensiven Abklärungsmaßnahmen und einer engen Begleitung abhängig.

2. Aufgabenkatalog als gesetzlicher Rahmen

7 Der umfassende Aufgabenkatalog unterscheidet nicht nach Zuständigkeiten einzelner Rehabilitationsträger oder der Integrationsämter. Die konkreten Leistungen im Einzelfall richten sich nach der **vertraglichen Regelung zwischen Leistungsträger und Integrationsfachdienst** im Rahmen seiner Beauftragung. Der Katalog des Abs. 2 bildet somit lediglich den gesetzlichen Rahmen für trägerübergreifende umfassende Leistungen bei der Förderung der Teilhabe schwerbehinderter Menschen am Arbeitsleben (Neumann (Hrsg.) Handbuch SGB IX / *Brünner* Rdnr. 81).

a) Erstellung eines Profils (Nr. 1)

8 Eine wichtige Voraussetzung für die erfolgreiche Unterstützung durch den Integrationsfachdienst ist die Erstellung eines **Fähigkeits-, Leistungs- und Interessenprofils des schwerbehinderten Menschen**. Das soll gewährleisten, dass das Leistungsvermögen des schwerbehinderten Menschen und das Anforderungsprofil des zu suchenden Arbeitsplatzes übereinstimmen. Der Integrationsfachdienst hat hierzu die Fähigkeiten der zugewiesenen schwerbehinderten Menschen zu bewerten und einzuschätzen, wozu er sich standardisierter Hilfsmittel, etwa des in der Praxis verbreiteten MELBA-Verfahrens, bedienen kann. Das setzt selbstverständlich die Bereitschaft des schwerbehinderten Menschen zur engen Zusammenarbeit voraus. Die Integrationsfachdienste sind aber darüber hinaus gesetzlich verpflichtet, eine **„enge Kooperation"** mit dem **Auftraggeber** zu suchen sowie mit der **abgebenden Einrichtung der schulischen oder beruflichen Bildung oder der Rehabilitation**. Hierunter sind alle denkbaren Einrichtungen zu verstehen, die bei der Teilhabe schwerbehinderter Menschen mitwirken können, z. B. Sonderschulen für geistig Behinderte, Lernbehinderte und Körperbehinderte, Berufsbildungs- und Berufsförderungswerke und berufliche Trainingszentren. In Betracht kommen aber **auch Einrichtungen der medizinischen Rehabilitation**, etwa psychiatrische Kliniken und auch niedergelassene Ärzte (*Ernst* / Adlhoch / Seel Rdnr. 6).

b) Zusammenarbeit mit den Schulen (Nr. 1a)

9 Nach der zum 1. 5. 2004 eingeführten Vorschrift hat ein Integrationsfachdienst **auf Anforderung der Bundesagentur für Arbeit** diese bei der **Berufsorientierung und Berufsberatung in den Schulen** einschließlich der auf jedem einzelnen Jugendlichen bezogenen Dokumentation der Ergebnisse zu unterstützen. Das gilt auch für die Zeiten von Praktika während der schulischen Ausbildung. Mit der Vorschrift soll nach der Gesetzesbegründung ein schneller und nahtloser Übergang schwerbehinderter junger Menschen in Ausbildungsverhältnisse ermöglicht werden (vgl. oben Rdnr. 3 unter a).

c) Begleitung der betrieblichen Berufsausbildung (Nr. 1b)

Die ebenfalls seit 1. 5. 2004 geltende Bestimmung legt fest, dass der Integrationsfachdienst die betriebliche Berufsausbildung schwerbehinderter, geistig behinderter, seelisch und lernbehinderter Jugendlicher zu begleiten hat. Damit sollen **bei Problemen während der Ausbildung** sowohl Arbeitgeber als auch Auszubildende unterstützt und betreut werden. Nach der Gesetzesbegründung soll die Betreuung der Jugendlichen damit sogar ein „Schwerpunkt" der Aufgaben des Integrationsfachdienstes werden (vgl. oben Rdnr. 3 unter a). 10

d) Erschließung geeigneter Arbeitsplätze (Nr. 2)

Der Integrationsfachdienst hat geeignete Arbeitsplätze im Sinne des § 73 SGB IX zu erschließen. **Geeignet** sind solche Arbeitsplätze, deren Anforderungen dem erstellten Profil des schwerbehinderten Menschen entsprechen oder bei denen seine Fähigkeiten und sein Leistungsvermögen durch gezieltes Training entsprechend den Anforderungen des zukünftigen Arbeitsplatzes angepasst oder erweitert werden können (Hauck / Noftz / *Schröder* Rdnr. 11). Es geht also darum, den **für den schwerbehinderten Menschen passenden Arbeitsplatz** zu finden. Hierfür sind intensive, vor allem auch persönliche Kontakte mit den Arbeitgebern erforderlich (*Ernst* / Adlhoch / Seel Rdnr. 7). 11

Arbeitsplätze im Sinne des § 73 SGB IX sind **auch Ausbildungsplätze**. Im Übrigen hat bei der Erschließung von Arbeitsplätzen, wie schon aus Abs. 1 folgt, die Vermittlung in eine dauerhafte Beschäftigung den **Vorrang vor der Vermittlung in befristete Maßnahmen** wie z. B. Arbeitsbeschaffungsmaßnahmen. Jedoch ist es dem Integrationsfachdienst nicht grundsätzlich verwehrt, als Zwischenstufe bei der Vermittlung in ein reguläres Arbeitsverhältnis auch eine Arbeitsbeschaffungsmaßnahme vorzusehen. 12

e) Individuelle Vorbereitung auf geeignete Arbeitsplätze (Nr. 3)

Ein weiterer Schritt der Vermittlung schwerbehinderter Menschen in den allgemeinen Arbeitsmarkt ist ihre Vorbereitung auf die im Einzelfall vorgesehenen Arbeits- bzw. Ausbildungsplätze. Es geht darum, **zielgerichtet auf eine konkrete Tätigkeit** die vorhandenen Fähigkeiten, Fertigkeiten und Kenntnisse zu trainieren und zu festigen. Bei geistig Behinderten kann dies auch ein Fahrtraining für das pünktliche Erreichen des Arbeitsplatzes mit öffentlichen Verkehrsmitteln vor der eigentlichen Arbeitsaufnahme einschließen (*Ernst* / Adlhoch / Seel Rdnr. 8). 13

Bei **schwerbehinderten Schulabgängern** kann die individuelle Vorbereitung auf einen Arbeitsplatz auch durch Vermittlung in geeignete Berufsbildungswerke oder sonstige berufsbildende Einrichtungen geleistet werden (Hauck / Noftz / *Schröder* Rdnr. 13). 14

Als Vorstufe der Vermittlung in einen Arbeitsplatz kann schließlich ein mehrwöchiges **Praktikum** in Betracht kommen (GK-SGB IX / *Marschner* Rdnr. 8). 15

f) Nachgehende Begleitung am Arbeitsplatz (Nr. 4)

Über die Vermittlung eines Arbeitsplatzes hinaus bedarf es zur Sicherung des Eingliederungserfolgs häufig einer weiteren Begleitung der schwerbehinderten Menschen am Arbeitsplatz unmittelbar nach der Vermittlung. Für die Abgrenzung der **Finanzierungsverantwortung** ist entscheidend, ob diese nachgehende Begleitung noch der Vermittlung zuzurechnen ist und die Kosten daher von dem Rehabilitationsträger zu übernehmen sind oder ob es sich bereits um eine begleitende Hilfe im Arbeitsleben nach § 102 Abs. 1 Nr. 3 SGB IX handelt, für welche das Integrationsamt verantwortlich ist. Die Praxis verfährt danach, ob die **ar-** 16 beitsrechtliche Probezeit, die je nach tariflicher Regelung zwischen sechs Wochen und sechs Monaten liegen kann, bereits abgelaufen ist. Erst danach kann eine derartige Festigung des Arbeitsverhältnisses unterstellt werden, dass zur dauerhaften Sicherung der Teilhabe etwa noch notwendige Unterstützungsleistungen der Integrationsfachdienste als Nachbetreuung im Sinne von Abs. 2 Nr. 6 zu werten und deshalb als begleitende Hilfe im Arbeitsleben nach § 102 Abs. 2 Satz 4 und 5 SGB IX von dem Integrationsamt zu finanzieren sind (*Ernst / Adlhoch / Seel* Rdnr. 9).

g) Informationen des betrieblichen Umfelds über die Behinderung (Nr. 5)

17 Zu den Aufgaben der Integrationsfachdienste gehört es auch, insbesondere **Arbeitskollegen und Vorgesetzte** in Betrieb oder Dienststelle über Art und Auswirkungen der Behinderung und über entsprechende Verhaltensregeln zu informieren und zu beraten. Das betrifft namentlich **psychisch erkrankte Menschen**, bei denen absehbare Konfliktsituationen zu einer Gefährdung des Arbeitsplatzes führen können. Auch bei **gehörlosen Menschen** können Kommunikationsschwierigkeiten mit Hörenden erhebliche Missverständnisse und Problemsituationen zur Folge haben (*Ernst / Adlhoch / Seel* Rdnr. 10). Bei der Information und Beratung Dritter ist die vorherige **Zustimmung des schwerbehinderten Menschen** erforderlich, was schon aus Gründen des Datenschutzes geboten erscheint (*Hauck / Noftz / Schröder* Rdnr. 17).

h) Nachbetreuung einschließlich Krisenintervention und psychosoziale Betreuung (Nr. 6)

18 Integrationsfachdienste haben im Einzelfall eine Nachbetreuung, Krisenintervention und psychosoziale Betreuung zu leisten. Diese dient **punktuell und zeitlich begrenzt der Festigung des Arbeitsverhältnisses**, um den schwerbehinderten Menschen vor allem in Krisensituationen kurzfristig beistehen zu können. Insoweit werden die Integrationsfachdienste **im Auftrag der Integrationsämter** tätig (vgl. § 102 Abs. 2 Satz 4 und 5 SGB IX).

i) Beratung des Arbeitgebers (Nr. 7)

19 Entsprechend der schon in Abs. 1 allgemein formulierten Aufgabe der Integrationsfachdienste, die Arbeitgeber zu informieren, zu beraten und ihnen Hilfe zu leisten, wird nochmals als spezielles Tätigkeitsfeld normiert: Integrationsfachdienste haben den **Arbeitgebern als Ansprechpartner** zur Verfügung zu stehen, über ihre **Leistungen für Arbeitgeber zu informieren** und für sie diese **Leistungen abzuklären**. Mit der Hervorhebung der beiden letztgenannten Pflichten durch Neufassung der Vorschrift zum 1. 5. 2004 soll die Einstellung schwerbehinderter Menschen dadurch gefördert werden, dass Arbeitgeber rechtzeitig über entsprechende finanzielle Hilfen aufgeklärt und ihnen eine zielgerichtete Antragstellung ermöglicht wird (vgl. oben Rdnr. 3 unter b).

j) Unterstützung bei der Leistungsbeantragung (Nr. 8)

20 Durch Ergänzung des Katalogs in Abs. 2 um die Nr. 8 zum 1. 5. 2004 wurde den Integrationsfachdiensten auferlegt, in Zusammenarbeit mit den Rehabilitationsträgern und den Integrationsämtern die für den schwerbehinderten Menschen **benötigten Leistungen zu klären** und ihn bei der Beantragung zu unterstützen. Hierzu sind auch die gemeinsamen Servicestellen i. S. von § 22 SGB IX zu beteiligen. Nach der amtlichen Begründung (vgl oben Rdnr. 3 unter c) verspricht sich der Gesetzgeber hiervon ebenfalls die Beseitigung von Einstellungshemmnissen. Auch wenn dies im Gesetz nicht ausdrücklich gesagt ist, erfordert eine derartige Abklärung die **Zustimmung des betroffenen schwerbehinderten Menschen**.

§ 111
Beauftragung und Verantwortlichkeit

(1) ¹Die Integrationsfachdienste werden im Auftrag der Integrationsämter oder der Rehabilitationsträger tätig. ²Diese bleiben für die Ausführung der Leistung verantwortlich.

(2) Im Auftrag legt der Auftraggeber in Abstimmung mit dem Integrationsfachdienst Art, Umfang und Dauer des im Einzelfall notwendigen Einsatzes des Integrationsfachdienstes sowie das Entgelt fest.

(3) Der Integrationsfachdienst arbeitet insbesondere mit
1. den zuständigen Stellen der Bundesagentur für Arbeit,
2. dem Integrationsamt,
3. dem zuständigen Rehabilitationsträger, insbesondere den Berufshelfern der gesetzlichen Unfallversicherung,
4. dem Arbeitgeber, der Schwerbehindertenvertretung und den anderen betrieblichen Interessenvertretungen,
5. der abgebenden Einrichtung der schulischen oder beruflichen Bildung oder Rehabilitation mit ihren begleitenden Diensten und internen Integrationsfachkräften oder -diensten zur Unterstützung von Teilnehmenden an Leistungen zur Teilhabe am Arbeitsleben,
5a. den Handwerks-, den Industrie- und Handelskammern sowie den berufsständigen Organisationen,
6. wenn notwendig auch mit anderen Stellen und Personen,
eng zusammen.

(4) ¹Näheres zur Beauftragung, Zusammenarbeit, fachlichen Leitung, Aufsicht sowie zur Qualitätssicherung und Ergebnisbeobachtung wird zwischen dem Auftraggeber und dem Träger des Integrationsfachdienstes vertraglich geregelt. ²Die Vereinbarungen sollen im Interesse finanzieller Planungssicherheit auf eine Dauer von mindestens drei Jahren abgeschlossen werden.

(5) Die Integrationsämter wirken darauf hin, dass die berufsbegleitenden und psychosozialen Dienste bei den von ihnen beauftragten Integrationsfachdiensten konzentriert werden.

ERLÄUTERUNGEN

ÜBERSICHT

I. Bedeutung der Vorschrift (Rdnrn. 1–5)
II. Fassung (Rdnrn. 6–9)
   A) durch das SGB IX vom 19. Juni 2001 (BGBl. I S. 1046) mit Wirkung vom 1. Juli 2001 (Rdnr. 6)
   B) durch das Vierte Gesetz für moderne Dienstleistungen am Arbeitsmarkt vom 24. Dezember 2003 (BGBl. I S. 2954) mit Wirkung vom 1. Januar 2004 (Rdnr. 7)
   C) durch das Gesetz zur Förderung der Ausbildung und Beschäftigung schwerbehinderter Menschen vom 23. April 2004 (BGBl. I S. 606) mit Wirkung vom 1. Mai 2004 (Rdnr. 8)
   D) durch das Gesetz zur Förderung der Ausbildung und Beschäftigung schwerbehinderter Menschen vom 23. April 2004 (BGBl. I S. 606) mit Wirkung vom 1. Mai 2004 (Rdnr. 9)

III. Anmerkungen (Rdnrn. 10–38)
   A) zu Abs. 1
      1. Auftraggeber (Rdnrn. 10–11)
      2. Auftragsvergabe durch die Bundesagentur für Arbeit (Rdnrn. 12–14)
      3. Fortbestehende Verantwortlichkeit für Leistungsausführung (Rdnrn. 15–17)
   B) zu Abs. 2
      1. Festlegung des Auftrags (Rdnrn. 18–22)
      2. Abstimmung mit dem Integrationsfachdienst (Rdnr. 23)
   C. zu Abs. 3
      1. Kooperationspartner des Integrationsfachdienstes (Rdnrn. 24–26)
   D. zu Abs. 4
      1. Vereinbarung mit den Trägern des Integrationsfachdienstes (Rdnrn. 27–29)
      2. Mindestlaufzeit (Rdnr. 30)
   E. zu Abs. 5
      1. Konzentration berufsbegleitender und psychosozialer Dienste (Rdnrn. 31–32)
      2. Übernahme der Strukturverantwortung durch die Integrationsämter (Rdnrn. 33–37)
   Anhang: Bundesarbeitsgemeinschaft der Integrationsämter und Hauptfürsorgestellen – IFD Mustervereinbarung

I. Bedeutung der Vorschrift

1   In **Abs. 1** werden nochmals die bereits in § 109 SGB IX genannten möglichen Auftraggeber (Integrationsämter, Rehabilitationsträger) aufgezählt. Zugleich wird klargestellt, dass der jeweilige Auftraggeber für die Durchführung der ihm obliegenden Aufgaben verantwortlich bleibt.

2   Gemäß **Abs. 2** legt der Auftraggeber in Abstimmung mit dem Integrationsfachdienst Art, Umfang und Dauer des im Einzelfall notwendigen Einsatzes sowie das Entgelt fest.

3   **Abs. 3** bestimmt, dass die Integrationsfachdienste mit den zuständigen Stellen im Arbeitsamt, dem Integrationsamt, dem zuständigen Rehabilitationsträger, dem Arbeitgeber sowie – wenn notwendig – auch anderen Stellen und Personen eng miteinander zusammenzuarbeiten haben. Erfahrungsgemäß sind insbesondere Dauerkontakte zu Einzelpersonen und Institutionen in möglichen Beschäftigungsbetrieben von Nutzen, insbesondere zur Schwerbehindertenvertretung und zum Betriebsrat, aber auch zu bestimmten einzelnen Beschäftigten.

4   Auftraggeber und Träger des Integrationsfachdienstes regeln die Beauftragung, Zusammenarbeit, fachliche Leitung, Aufsicht sowie Qualitätssicherung und Ergebnisbeobachtung vertraglich. Die Vereinbarungen sollen eine Laufzeit von mindestens drei Jahren haben, um den Trägern der Fachdienste finanzielle Planungssicherheit zu gewährleisten (**Abs. 4 Satz 2**).

5   **Abs. 5** verpflichtet Integrationsämter auf eine Konzentration der berufsbegleitenden und psychosozialen Dienste bei den von ihnen beauftragten Integrationsfachdiensten hinzuwirken. Damit kommt zugleich die – von der bisher zuständigen Bundesagentur für Arbeit – auf die Integrationsämter übergegangene Strukturverantwortung zum Ausdruck.

II. Fassung

A) durch das SGB IX vom 19. Juni 2001 (BGBl. I S. 1046) mit Wirkung vom 1. Juli 2001

6   Die Vorschrift wurde unverändert aus dem Regierungsentwurf (BT-Drucks. 14/5531 i. V. m. 14/5074) übernommen. Sie entspricht im Wesentlichen dem bisherigen § 37c SchwbG in der durch das Gesetz zur Bekämpfung der Arbeitslosigkeit Schwerbehinderter vom 29. September 2000 eingeführten Fassung. Allerdings wird klargestellt, dass eine Beauftragung der

Integrationsfachdienste nicht nur durch die Bundesagentur für Arbeit, sondern auch durch die Integrationsämter und die Rehabilitationsträger möglich ist. Im Übrigen schreibt die neu eingefügte Regelung des Abs. 4 eine Mindestdauer der Vereinbarung von drei Jahren vor, damit finanzielle Planungssicherheit gewährleistet werden kann.

B) durch das Vierte Gesetz für moderne Dienstleistungen am Arbeitsmarkt vom 24. Dezember 2003 (BGBl. I S. 2954) mit Wirkung vom 1. Januar 2004

Durch Art. 9 Nr. 16 wurden ersetzt   7

a) in **Abs. 1 Satz 1, Abs. 4 Satz 1** und **Abs. 5 Satz 1** jeweils das Wort „Bundesanstalt" durch das Wort „Bundesagentur",

b) in **Abs. 3 Nr. 1** die Wörter „im Arbeitsamt" durch die Wörter „der Bundesagentur für Arbeit",

c) in **Abs. 5 Satz 2** das Wort „Arbeitsamtsbezirk" durch die Wörter „Bezirk einer Agentur für Arbeit".

(Das Inkrafttreten der Bestimmung wurde rückwirkend vorverlegt durch Art. 14 Nr. 4b des Kommunalen Optionsgesetzes vom 30. Juli 2004, BGBl. I S. 2014).

C) durch das Gesetz zur Förderung der Ausbildung und Beschäftigung schwerbehinderter Menschen vom 23. April 2004 (BGBl. I S. 606) mit Wirkung vom 1. Mai 2004

Durch Art. 1 Nr. 28 wurden   8

a) in **Abs. 3** folgende **Nr. 5a** eingefügt:

„Den Handwerks-, den Industrie- und Handelskammern sowie den berufsständigen Organisationen,"

Die Begründung des Gesetzentwurfs der Fraktionen SPD und Bündnis 90/DIE GRÜNEN (BT-Drucks. 15/1783 S.18) merkt hierzu an:

„Die neue Nummer 5a regelt, dass die Integrationsfachdienste, noch stärker als bisher, mit den jeweiligen Kammern und berufsständigen Organisationen eng zusammenarbeiten. Gerade für kleinere und mittlere Arbeitgeber sind die Kammern (z. B. Handwerkskammer, Industrie- und Handelskammer, Rechtsanwaltskammer oder Apothekerkammer) wichtige Ansprechpartner. Hier können die Integrationsfachdienste bei entsprechender Zusammenarbeit die Arbeitgeber beraten und geeignete Arbeitsplätze für schwerbehinderte Menschen auf dem allgemeinen Arbeitsmarkt erschließen."

b) **Abs. 5** wie folgt gefasst:

„Die Integrationsämter wirken darauf hin, dass die berufsbegleitenden psychosozialen Dienste bei den von ihnen beauftragten Integrationsfachdiensten konzentriert werden."

In der Begründung des Gesetzentwurfs der Fraktionen SPD und Bündnis 90/DIE GRÜNEN (BT-Drucks. 15/1783 S. 185) wird hierzu ausgeführt:

„Mit der Aufhebung des bisherigen Absatzes 5 wird klargestellt, dass der Aufbau der Integrationsfachdienste durch die Arbeitsämter erfolgreich abgeschlossen wurde. Inzwischen sind mehr als 181 Integrationsfachdienste flächendeckend in allen Arbeitsamtsbezirken eingerichtet.

Mit der Neufassung des Absatzes 5 sollen die Integrationsämter darauf hinwirken, dass bei den Integrationsfachdiensten die berufsbegleitenden und psychosozialen Fachdienste konzentriert werden."

D) durch das Gesetz zur Förderung der Ausbildung und Beschäftigung schwerbehinderter Menschen vom 23. April 2004 (BGBl. I S. 606) mit Wirkung vom 1. Mai 2004

9 Durch Art. 1 Nr. 28 wurden gestrichen
a) in **Abs. 1 Satz 1** die Wörter „der Bundesanstalt für Arbeit",
b) in **Abs. 4 Satz 1** folgende Wörter:
„unter Berücksichtigung der Grundsätze des § 86 des Dritten Buches auf der Grundlage einer bundesweiten Mustervereinbarung, die die Bundesanstalt für Arbeit entwickelt und im Rahmen der nach § 101 gebotenen Zusammenarbeit mit der Arbeitsgemeinschaft, in der sich die Integrationsämter zusammengeschlossen haben, unter Beteiligung der maßgeblichen Verbände, darunter der Bundesarbeitsgemeinschaft, in der sich die Integrationsfachdienste zusammengeschlossen haben, abgestimmt hat,"
Es handelt sich um Folgeänderungen zur Neufassung des § 113 SGB IX. Für das Inkrafttreten der Neuregelung b) wurde – abweichend von den übrigen in Art. 7 des „Gesetzes zur Förderung der Ausbildung und Beschäftigung schwerbehinderter Menschen" genannten Daten – durch Abs. 4 der Vorschrift der 1. Januar 2005 festgelegt.

III. Anmerkungen

A) zu Abs. 1

1. Auftraggeber

10 Die Vorschrift benennt in **Satz 1** die Auftraggeber des Integrationsfachdienstes. Das sind ab 1. 1. 2005 nur noch die **Integrationsämter und die Rehabilitationsträger.** Als solche sind hier jedenfalls zu nennen
– die Bundesagentur für Arbeit (§ 97 Abs. 1 SGB III, § 33 SGB IX),
– die Träger der gesetzlichen Unfallversicherung (§ 35 Abs. 1 SGB VII, § 33 SGB IX),
– die gesetzlichen Rentenversicherungsträger (§ 16 SGB VI, § 33 SGB IX),
– die Träger der öffentlichen Jugendhilfe – insoweit nämlich seelisch behinderte Jugendliche oder junge Volljährige betroffen sind (§ 35a Abs. 3 SGB VIII, § 33 SGB IX),
– die Träger der Sozialhilfe (§ 43 SGB XII, § 33 SGB IX).

11 Weder dem Gesetzestext noch der Begründung lässt sich aber eine **Beschränkung der als Auftraggeber in Betracht kommenden Rehabilitationsträger** auf diejenigen entnehmen, die Leistungen zur Teilnahme am Arbeitsleben erbringen, obwohl dies nach § 110 SGB IX eigentlich nahe gelegen hätte (*Ernst / Adlhoch / Seel* Rdnr. 3). Allerdings ergibt sich schon aus der Aufgabenstellung der Integrationsfachdienste, dass diese nur ausnahmsweise von anderen Rehabilitationsträgern beauftragt werden dürften. Denkbar ist dies im Bereich der **stufenweisen Wiedereingliederung** nach § 74 SGB V und § 28 SGB IX durch einen Träger der medizinischen Rehabilitation zur Begleitung des Wiedereingliederungsprozesses (*Ernst / Adlhoch / Seel* a. a. O.).

2. Auftragsvergabe durch die Bundesagentur für Arbeit

12 Die zuvor vorgesehene **eigenständige** Möglichkeit der **Beauftragung** von Integrationsfachdiensten auch **durch die Bundesagentur für Arbeit** mit der Folge einer Vergütung der Leistungen aus der Schwerbehindertenabgabe ist **entfallen.** Ab dem 1. 1. 2005 ist die **Strukturverantwortung** für die Integrationsfachdienste auf die Länder und damit die Integrationsämter übergegangen (vgl. hierzu unten Rdnr. 18). Daher werden auch die bisher der Bundesagentur für Arbeit für die Beauftragung von Integrationsfachdiensten aus der Ausgleichsabgabe zur Verfügung gestellten Mittel den Ländern zugewiesen.

13 Die Bundesagentur für Arbeit kann einen solchen Dienst noch in ihrer Eigenschaft **als Rehabilitationsträger** gem. § 6 Abs. 1 Nr. 2 SGB IX einschalten und damit aus ihren eigenen

Haushaltsmitteln vergüten. Im Übrigen kann sie aber auch weiterhin die **Integrationsfachdienste bei der Vermittlung von schwerbehinderten Menschen beteiligen**. Als arbeitsmarktpolitisches Instrument steht hierfür der **Vermittlungsgutschein nach § 421g SGB III** zur Verfügung. Diese nunmehr bis zum 31. 12. 2006 befristete Regelung sieht in Abs. 1 Satz 1 vor, dass Arbeitnehmer, die Anspruch auf Arbeitslosengeld haben und nach einer Arbeitslosigkeit von sechs Wochen innerhalb einer Frist von drei Monaten noch nicht vermittelt sind, Anspruch auf einen Vermittlungsgutschein haben. Dasselbe gilt für Arbeitnehmer, die in einer Arbeitsbeschaffungsmaßnahme sind oder waren oder früher an einer Strukturanpassungsmaßnahme teilgenommen haben. Mit dem Vermittlungsgutschein verpflichtet sich die Agentur für Arbeit, den **Vergütungsanspruch** eines vom Arbeitnehmer eingeschalteten **Vermittlers** zu erfüllen, der den Arbeitnehmer in eine sozialversicherungspflichtige Beschäftigung mit einer Arbeitszeit von mindestens 15 Stunden wöchentlich vermittelt hat. Der Vermittlungsgutschein einschließlich der hierauf entfallenden MwSt. wird nach § 421g Abs. 2 SGB III in Höhe von 2000 Euro ausgestellt. Die Hälfte hiervon wird nach einer sechswöchigen und der Restbetrag nach einer sechsmonatigen Dauer des Beschäftigungsverhältnisses unmittelbar an den Vermittler gezahlt.

Integrationsfachdienste gehören zu den „**Dritten**" im Sinne von **§ 37 SGB III**, die von den Agenturen für Arbeit mit der Vermittlung oder mit Teilaufgaben der Vermittlung von schwerbehinderten Menschen beauftragt werden können. 14

3. Fortbestehende Verantwortlichkeit für Leistungsausführung

In **Satz 2** wird betont, dass auch bei Vergabe eines Auftrags an einen Integrationsfachdienst der Rehabilitationsträger bzw. das Integrationsamt für die Ausführung der Leistungen verantwortlich bleibt. Dies entspricht auch dem Grundsatz, dass gem. § 109 Abs. 1 SGB IX die Dienste bei der Durchführung der Maßnahmen nur beteiligt werden, hingegen nicht deren selbstständige Ausführung auf sie übertragen wird (vgl. Erl. zu § 109 SGB IX Rdnr. 16). Schließlich bestimmt auch § 17 Abs. 1 Satz 2 SGB IX, dass der Rehabilitationsträger in jedem Fall für die Ausführung von Leistungen zur Teilhabe verantwortlich bleibt, auch wenn er diese z. B. durch Inanspruchnahme anderer Dienste oder Einrichtungen erbringt. 15

Die Verantwortung bezieht sich sowohl auf den **Inhalt** der Maßnahme als auch auf eine etwaige **Haftung**. In einem Rechtsstreit ist eine Klage des schwerbehinderten Menschen oder des Arbeitgebers nicht gegen den Integrationsfachdienst, sondern gegen den Auftraggeber zu richten (Hauck/Noftz/*Schröder* Rdnr. 6). 16

Die Verantwortlichkeit des Auftraggebers schließt aber auch ein, die Tätigkeit des Integrationsfachdienstes in geeigneter Weise zu begleiten und eine **Beauftragung im Einzelfall zurückzunehmen**, wenn der Integrationsfachdienst damit überfordert ist, den betreffenden schwerbehinderten Menschen beruflich zu integrieren (so auch der Runderlass der Bundesagentur für Arbeit 54/2000 vom 28. 9. 2000 S. 4). 17

B) zu Abs. 2

1. Festlegung des Auftrags

Der Auftraggeber, also das Integrationsamt oder der Rehabilitationsträger, hat **Art, Umfang und Dauer** des im Einzelfall notwendigen Einsatzes des Integrationsfachdienstes festzulegen. Der Auftrag muss auch die **Vergütung** nennen, wenn diese einzelfallbezogen erbracht wird (vgl. hierzu näher Erl. zu § 113 Rdnrn. 13 ff.). Hierbei ist die Abstimmung mit dem Integrationsfachdienst zu suchen. Die Notwendigkeit einer ausdrücklichen Vorschrift dieses Inhalts erscheint zweifelhaft. Der Auftragscharakter und auch die Rechtsbeziehungen zwischen dem Integrationsfachdienst und seinem Auftraggeber folgen schon aus Abs. 1. Im Übrigen dürfte es häufig schwierig sein, von Anfang an – wie vom Gesetz gefordert – den Umfang und die Dauer des Einsatzes im Einzelfall festzulegen. 18

19 Zwischen dem Träger des Integrationsfachdienstes und seinem Hauptauftraggeber, dem **Integrationsamt**, besteht regelmäßig eine **Grundlagenvereinbarung**, welche den Rahmen der Beauftragung im Einzelfall festlegt (vgl. das bei *Ernst* / *Adlhoch* / *Seel* als Anhang 1 zu § 113 SGB IX abgedruckte Beispiel). In dieser sind die Grundsätze der Beauftragung, fachliche Anforderungen, Verantwortung und Qualitätssicherung sowie die personelle Ausstattung und finanziellen Leistungen geregelt, ferner Informationspflichten des Trägers sowie Dokumentation und Meldeverfahren.

20 Der hierdurch geregelte generelle Auftrag wird im Einzelfall durch ein **standardisiertes Fallmeldungs- und Genehmigungsverfahren** konkretisiert, welches die ganz überwiegende Zahl der Integrationsämter verwendet (*Ernst* / *Adlhoch* / *Seel* Rdnr. 5).

21 Bei **Auftragserteilung durch einen Rehabilitationsträger** muss in jedem Fall der Auftrag im Einzelnen nach Maßgabe des Abs. 2 konkretisiert werden, sofern nicht ausnahmsweise vertragliche Beziehungen zwischen ihm und dem Integrationsfachdienst bestehen.

22 Selbstverständlich setzt der Auftrag im Einzelfall das **Einverständnis des schwerbehinderten Menschen** voraus. Da es sich um eine Leistung zur selbstbestimmten Teilhabe am Arbeitsleben handelt, muss das Angebot zur Einschaltung eines Integrationsfachdienstes auf Freiwilligkeit beruhen. Diese ist eine entscheidende Voraussetzung für den Erfolg der Maßnahme, weil der Integrationsfachdienst auf die Mitwirkung und Motivation des schwerbehinderten Menschen angewiesen ist. Seine Einverständniserklärung ist schriftlich zu dokumentieren. In ihr muss nicht nur der konkret zu beauftragende Integrationsfachdienst genannt sein, sondern auch das **Einverständnis zur Weitergabe persönlicher Daten** durch den Auftraggeber an diesen Dienst erklärt werden (Hauck / Noftz / *Schröder* Rdnr. 7 f.). Der Integrationsfachdienst unterliegt seinerseits der in **§ 35 SGB I** normierten Pflicht zur Wahrung des **Sozialgeheimnisses**, wie durch seine Einbeziehung in Abs. 1 Satz 4 jener Vorschrift verdeutlicht wurde.

2. Abstimmung mit dem Integrationsfachdienst

23 Das Gesetz hebt ausdrücklich die Notwendigkeit der Abstimmung des Auftrags mit dem Integrationsfachdienst hervor. Damit wird verdeutlicht, dass zwischen ihm und dem Auftraggeber **kein Verhältnis der Unterordnung** besteht, sondern im Interesse des Leistungserfolgs eine **enge und vertrauensvolle Zusammenarbeit** erforderlich ist. Das schließt auch die Möglichkeit des Integrationsfachdienstes ein, dem Auftraggeber fachliche Bedenken gegen die Zuweisung eines Einzelfalles mitzuteilen und dessen Übernahme im Ergebnis abzulehnen, wenn – nach Erstabklärung mit dem betroffenen schwerbehinderten Menschen – die Vermittlung eines Arbeitsplatzes nicht erreichbar erscheint (*Ernst* / *Adlhoch* / *Seel* Rdnr. 5).

C) zu Abs. 3

1. Kooperationspartner des Integrationsfachdienstes

24 Der Integrationsfachdienst hat **eng zusammenzuarbeiten** mit allen **Personen und Stellen**, die an der **beruflichen Eingliederung schwerbehinderter Menschen beteiligt** sind. Das ist nicht nur Voraussetzung für eine professionelle Koordination aller Leistungen; vielmehr wird hierdurch auch die Akzeptanz insbesondere in den Betrieben und damit die Wirksamkeit des Integrationsfachdienstes gestärkt (Hauck / Noftz / *Schröder* Rdnr. 12 m. w. N.). Erfahrungsgemäß sind insbesondere Dauerkontakte zu Einzelpersonen und Institutionen in möglichen Beschäftigungsbetrieben von Nutzen, vor allem zur Schwerbehindertenvertretung und zum Betriebsrat, aber auch zu bestimmten einzelnen Beschäftigten.

25 Als **Kooperationspartner** hebt das Gesetz namentlich hervor:
– die zuständigen Stellen der Bundesagentur für Arbeit, das sind vor allem Reha-SB-Stellen, technische Berater (**Nr. 1**),
– das Integrationsamt (**Nr. 2**),

Beauftragung und Verantwortlichkeit § 111

- den zuständigen Rehabilitationsträger, insbesondere Berufshelfer der gesetzlichen Unfallversicherung (**Nr. 3**),
- den Arbeitgeber, die Schwerbehindertenvertretung und die anderen betrieblichen Interessenvertretungen (**Nr. 4**),
- beim Übergang schwerbehinderter Schulabgänger, Rehabilitanden oder Menschen aus einer WfbM die abgebende Einrichtung sowie die dortigen internen Dienste und Integrationsfachdienste (**Nr. 5**),
- die Handwerks-, Industrie- und Handelskammern sowie die berufsständigen Organisationen (**Nr. 5a**).

Diese Aufzählung ist aber nicht abschließend. Das Gesetz verpflichtet vielmehr „wenn notwendig" auch zur engen Zusammenarbeit **mit anderen Stellen und Personen (Nr. 6)**. Das können z. B. Personen aus dem familiären und sozialen Umfeld des schwerbehinderten Menschen sein, wie Angehörige, rechtlicher Betreuer oder Kollegen. 26

D) zu Abs. 4

1. Vereinbarung mit dem Träger des Integrationsfachdienstes

Die Vorschrift verpflichtet dazu, zwischen dem Auftraggeber und dem Träger des Integrationsfachdienstes Näheres zur Beauftragung, fachlichen Leitung, Aufsicht sowie zur Qualitätssicherung und Ergebnisbeobachtung vertraglich zu regeln. 27

In der **seit 1. 1. 2005** geltenden Gesetzesfassung ist die zusätzliche **Vorgabe entfallen**, dass diese Verträge unter Berücksichtigung der Grundsätze des § 86 SGB III auf der Grundlage einer bundesweiten Mustervereinbarung zu schließen seien; diese Mustervereinbarung war von der Bundesagentur für Arbeit zu entwickeln und mit der Bundesarbeitsgemeinschaft der Integrationsämter und Hauptfürsorgestellen sowie der Bundesarbeitsgemeinschaft für unterstützte Beschäftigung abzustimmen (vgl. den Text der in BehindertenR 2001, 78 abgedruckten Fassung der Mustervereinbarung; weitere Fundstelle bei *Ernst* / *Adlhoch* / *Seel* § 111 SGB IX Anhang 1). Sie war von dem Grundgedanken geprägt, keine allzu konkreten Vorgaben zu setzen, um den Arbeitsagenturen genügend Spielraum für Anpassungen an regionale Besonderheiten zu geben (GK-SGB IX / *Marschner* Rdnr. 10). 28

Die Bundesarbeitsgemeinschaft der Integrationsämter und Hauptfürsorgestellen (BIH) schlägt nunmehr **Zielvereinbarungen** zur Zusammenarbeit zwischen den Integrationsfachdiensten und dem Integrationsamt vor. Ein Beispiel für den möglichen Inhalt einer derartigen Zielvereinbarung ist auf der Internetseite der BIH veröffentlicht (vgl. auch Anhang 1 zur Kommentierung dieser Vorschrift). 29

2. Mindestlaufzeit

Nach **Satz 2** sollen die grundlegenden Verträge zwischen Auftraggeber und dem Träger des Integrationsfachdienstes für einen Zeitraum von **mindestens drei Jahren** abgeschlossen werden. Diese Mindestlaufzeit soll eine ausreichende finanzielle **Planungssicherheit** gewährleisten. Längere Laufzeiten sind zulässig. Auch bleibt die Möglichkeit einer außerordentlichen Kündigung aus wichtigem Grund unberührt. 30

E) zu Abs. 5

1. Konzentration berufsbegleitender und psychosozialer Dienste

Die **bis zum 30. 4. 2004** maßgebende Fassung der Vorschrift gab der **Bundesagentur für Arbeit** auf, darauf hinzuwirken, dass Integrationsfachdienste in ausreichender Zahl eingerichtet werden. Grundsätzlich sollte in jedem Arbeitsagenturbezirk nur ein Integrationsfachdienst eines Trägers oder eines Verbundes verschiedener Träger beauftragt werden. Hierbei wurde vorausgesetzt, dass die Integrationsfachdienste berufsbegleitende und psychosoziale 31

Dienste umfassen, trägerübergreifend tätig werden und auch von dem regional zuständigen Integrationsamt beauftragt sind.

32 Die nunmehr deutlich verschlankte Fassung der Vorschrift sieht lediglich vor: Die **Integrationsämter** haben darauf hinzuwirken, dass die berufsbegleitenden psychosozialen Dienste bei den von ihnen beauftragten Integrationsfachdiensten konzentriert werden. Damit soll zunächst nach dem Willen des Gesetzgebers zum Ausdruck gebracht werden, dass der **Aufbau der Integrationsfachdienste** im Wesentlichen **abgeschlossen** ist, nachdem mit mehr als 181 derartigen Einrichtungen in jedem Arbeitsagenturbezirk mindestens ein entsprechender Dienst zur Verfügung steht (vgl. oben Rdnr. 8 unter b).

2. Übernahme der Strukturverantwortung durch die Integrationsämter

33 Des Weiteren wird zum Ausdruck gebracht, dass die Strukturverantwortung für die Integrationsfachdienste **nunmehr auf die Integrationsämter übergegangen** ist. Diese haben, anstelle der bisher zuständigen Bundesagentur für Arbeit, auf die Tätigkeit der Integrationsfachdienste Einfluss zu nehmen und dort für die **Konzentration der berufsbegleitenden und psychosozialen Dienste** zu sorgen. Damit ist die Erwartung einer Effizienzsteigerung der Leistungen verbunden, welche diese Dienste zu erbringen haben.

34 Im Übrigen enthält zwar das Gesetz den **Begriff der Strukturverantwortung** nicht. Er findet sich jedoch wiederholt in der Gesetzesbegründung.

35 Strukturverantwortung bedeutet vor allem **inhaltliche Vorgaben zu folgenden Punkten**:
– flächendeckende einheitliche Einrichtung der Integrationsfachdienste,
– personelle Ausstattung und Finanzierung,
– Entwicklung transparenter Regeln für die Beauftragung der Integrationsfachdienste (Einbeziehung des behinderten Menschen und des Arbeitgebers, Zielvereinbarungen zwischen den Auftraggebern und den Integrationsfachdiensten),
– Maßnahmen zur Zusammenarbeit und zur Vernetzung,
– fachliche Verantwortung, Steuerung der Aufsicht über die Integrationsfachdienste,
– Qualitätssicherung,
– Sicherstellung der Ergebnisdokumentation.

36 Hierbei ist das **Integrationsamt selbst Auftraggeber** des Integrationsfachdienstes, namentlich im Geschäftsfeld „Begleitung" und für den Personenkreis der schwerbehinderten und gleichgestellten Menschen. Darüber hinaus ist das Integrationsamt aber auch **Kooperationspartner und in gewisser Hinsicht „Anbieter"** gegenüber der Bundesagentur für Arbeit und den Rehabilitationsträgern. Diese Funktionen beziehen sich auf die Aufgaben, die der Integrationsfachdienst in deren Auftrag erbringt. Als Kooperationspartner muss das Integrationsamt mit der Bundesagentur für Arbeit und dem Rehabilitationsträger Vereinbarungen zur Beauftragung der Integrationsfachdienste treffen.

37 Bei der Beauftragung durch die Bundesagentur für Arbeit und die Rehabilitationsträger stehen die Integrationsfachdienste **im Wettbewerb mit anderen sozialen Diensten**. Deshalb liegt es auch in die Verantwortung des Integrationsamtes, das Angebot des Integrationsfachdienstes wettbewerbsfähig und für die Kooperationspartner attraktiv zu gestalten.

Bundesarbeitsgemeinschaft der Integrationsämter und Hauptfürsorgestellen – IFD Mustervereinbarung

A. Einführung – Zielvereinbarungen als Steuerungsinstrument

Um künftig die Strukturverantwortung gegenüber den IFD-Trägern und den anderen Auftraggebern des IFD wahrzunehmen, ist zunächst in den zuständigen Gremien der BIH, dann aber auch in der „Gemeinsamen Empfehlung zur Inanspruchnahme der IFD" nach § 113

SGB IX festgelegt worden, dass mit dem Instrument der Zielvereinbarung gearbeitet werden soll.

Auch die Finanzierung des IFD wird durch die Zielvereinbarung gesteuert: Es werden dem IFD-Träger zunächst 80% der Kosten erstattet, die restlichen 20% werden bei der Erfüllung der Ziele gezahlt.

Insoweit erhält das Instrument der Zielvereinbarung einen zentralen Stellenwert in der Zusammenarbeit mit dem IFD.

B. Das Verfahren

Die Zielvereinbarungen beziehen sich sowohl auf den Vermittlungs- als auch auf den Begleitungsbereich des IFD. Sie werden jährlich zwischen dem Integrationsamt und jedem IFD-Träger abgeschlossen. Auch die Rehabilitationsträger als Auftraggeber des IFD haben die Möglichkeit, mit dem IFD-Träger Zielvereinbarungen abzuschließen. Diese sollten im Rahmen des Koordinierungsausschusses besprochen werden.

Die Anzahl der Ziele pro Zielvereinbarung sollte in einem angemessenen Verhältnis zur Bedeutung der Zielvereinbarung stehen.

Der Abschluss der Zielvereinbarung ist für Oktober / November geplant. Die Zielvereinbarung tritt dann zum 1.1. des Folgejahres in Kraft. Eine erste Zwischenüberprüfung ist für März / April des Folgejahres vorgesehen. Eine endgültige Beurteilung wird im September / Oktober des Folgejahres vorgenommen.

Grundlage ist das QM-System KASSYS. Da sowohl bei KASSYS als auch bei dem in § 8 Abs. 1 der Gemeinsamen Empfehlung nach § 113 SGB IX genannten Gemeinsamen Empfehlung Qualitätssicherung nach § 20 Abs. 1 SGB IX auf die Qualitätsparameter der Struktur-, Prozess- und Ergebnisqualität Bezug genommen wird, sollen aus diesen drei Bereichen Ziele für die Zielvereinbarung abgeleitet werden. Es sollen sowohl quantitative als auch qualitative Ziele berücksichtigt werden.

Für die Erarbeitung einer Zielvereinbarung ist das SMART-Muster hilfreich. Damit sollen Zielvereinbarungen folgende Kriterien erfüllen:

S pezifisch

M essbar

A nspruchsvoll

R ealistisch

T erminiert

Berücksichtigt werden nur Ziele, deren Erreichbarkeit vom IFD auch beeinflussbar ist. Bei der Vereinbarung von Vermittlungszahlen (Bereich Ergebnisqualität) müssen diese unter Berücksichtigung der Leistungsfähigkeit des IFD (Ausstattung, Erfahrung, Professionalität) in Abhängigkeit zu den Leistungspotenzialen der Klientel, der Verfügbarkeit von Fördermitteln und sonstigen Unterstützungsmöglichkeiten durch Dritte sowie vom regionalen Arbeitsmarkt abhängig formuliert und die Zielerreichung unter diesen Aspekten bewertet werden. Der Prozess der Zielerreichung wird begleitet durch ein Controlling mit regelmäßigem Berichtswesen. Nur wenn der IFD schuldhaft die Ziele nicht erfüllt, sollen die entsprechenden Sanktionsmöglichkeiten greifen.

Beim Abschluss der Zielvereinbarung sollte darauf geachtet werden, dass das Gespräch in einer kooperativen Art und Weise geführt wird, dass aber dennoch eine Rollenklarheit herrscht: Das Integrationsamt (der Rehabilitationsträger / die Bundesagentur für Arbeit) ist Auftraggeber, der IFD ist Auftragnehmer und verantwortlich für die ordnungsgemäße Durchführung des Auftrags.

Deutlich werden muss, dass zwar das Integrationsamt die Zielfelder benennt, dass aber auch die Träger gefordert sind, an der Zielvereinbarung mitzuwirken.

Zielvereinbarung zwischen dem IFD xxx und dem Integrationsamt xxx für das Jahr 2005.

Im Folgenden sind Beispiele für einzelne Zielvereinbarungen aufgeführt, die deutlich machen sollen, auf welchem Abstraktionsniveau sich die Ziele befinden. Diese Aufzählung ist selbstverständlich weder abschließend noch bindend. Gerade die Systematik der Zielvereinbarung verlangt es, Zielfelder immer neu zu benennen und am jeweiligen, konkret vorhandenen, regionalen Bedarf auszurichten. Die Ziele orientieren sich an dem QM-System KAS-SYS.

Beispiele für Zielvereinbarungen:

1. Bereichsübergreifende Zielfelder

Zielvereinbarung zur Zusammenarbeit:

Die Arbeit erfordert eine enge Zusammenarbeit zwischen den IFD-Fachkräften und den Mitarbeitern des Integrationsamtes. Dafür gelten folgende Absprachen:

1.1 ....

1.2 ....

1.3 ....

2. Ziele aus dem Bereich der Strukturqualität

<u>Ziel 1</u>: Der IFD verpflichtet sich, innerhalb von drei Tagen auf eine Anfrage zu antworten und innerhalb von zwei Wochen nach Einschaltung des Dienstes ein Erstgespräch mit einem Klienten oder Arbeitgeber durchzuführen.

Um dieses zu überprüfen, wird die IFP im Jahr xxxx eine Dokumentationsliste anlegen, aus der der Tag der Einschaltung sowie der Termin des Erstgesprächs hervorgehen. Mindestens 90% der Gespräche müssen innerhalb von 14 Tagen geführt worden sein.

<u>Berichtswesen:</u>   Zahl der Anfragen: xx
Davon:
Beantwortung innerhalb von xx Tagen: xx
Beantwortung nach mehr als xx Tagen: xx
Erstgespräch innerhalb von xx Wochen: xx
Erstgespräch nach xx + 2 Wochen: xx
Erstgespräch nach mehr als xx +2 Wochen: xx

<u>Ziel 2</u>: Der IFD xxx intensiviert seine Öffentlichkeitsarbeit. Dazu werden im Jahr xxxx folgende Aktivitäten durchgeführt:

1. Der örtlichen Presse werden zwei Artikel über die erfolgreiche Integration schwerbehinderter Menschen angeboten.
2. Teilnahme am Tag der behinderten Menschen in xxxx.

Die Öffentlichkeitsarbeit erfolgt in enger Abstimmung mit dem Integrationsamt, die Eckpunkte zur Öffentlichkeitsarbeit des Integrationsamtes werden berücksichtigt.

3. Ziele aus dem Bereich der Prozessqualität

Ziel 3: Der IFD verpflichtet sich, bei jedem neuen Klienten das Betreuungsanliegen zu definieren und mit dem Klienten eine Zielvereinbarung über das Betreuungsverhältnis abzuschließen. Beides wird in das Dokumentationsverfahren innerhalb von 14 Tagen nach der Definition des Betreuungsanliegens respektive der Zielvereinbarung mit dem Klienten eingegeben.

Berichtswesen: im jeweiligen Datendokumentationssystem (KLIFD, BERFAS).

Ziel 4: Die genaue Kenntnis der Fähigkeiten der zu vermittelnden behinderten Menschen ist ein wesentliches Qualitätsmerkmal der Arbeit der IFD. Der IFD führt deswegen mit jedem Klienten, der ihm zur Vermittlung zugewiesen worden ist, eine Fähigkeitsdiagnostik durch.

Berichtswesen: Die Ergebnisse sind in der Klientenakte festzuhalten. Die Überprüfung der Erreichung des Zieles erfolgt stichprobenartig.

Ziel 5: Der IFD intensiviert zielgerichtet die Zusammenarbeit mit den Betrieben in der Region. Wissenschaftliche Untersuchungen haben ergeben, dass gerade kleine und mittelständische Unternehmen noch nicht genügend über die Beschäftigung von schwerbehinderten Menschen informiert sind. Der IFD verpflichtet sich, pro Quartal xx % der im Bezirk angesiedelten KMU-Betriebe in seiner Region anzusprechen und über den Einsatz von schwerbehinderten Menschen zu informieren. Dazu werden die vom Integrationsamt erstellten Materialien verwendet. Die Eckpunkte zur Öffentlichkeitsarbeit des Integrationsamtes werden angewendet.

Berichtswesen: Anzahl der KMU xx
                      Anzahl der Kontakte xx = xx%

4. Ziele aus dem Bereich der Ergebnisqualität

Ziel 6: Ein wichtiges Ergebnis der IFD-Arbeit ist das Erreichen einer nachhaltigen Vermittlung der zugewiesenen Klienten. xx % der Vermittlungen des Jahres 2004 sollen im Jahr 2006 noch Bestand haben. Um den Vermittlungserfolg abzusichern, hält der IFD in einem mit dem Arbeitgeber und dem Klienten vereinbarten Zeitraum Kontakt zum Betrieb und wird bei Hilfebedarf unverzüglich tätig.

Berichtswesen: die Vereinbarung mit dem Arbeitgeber und dem Klienten wird fixiert und aktenkundig gemacht. Die Überprüfung erfolgt stichprobenartig im Rahmen des jährlichen Qualitätsaudit.

Ziel 7: Die Zufriedenheit der Nutzer des IFD soll in den nächsten sechs Monaten überprüft und gegebenenfalls verbessert werden.

Den Nutzern des IFD wird zum Abschluss des Betreuungsverhältnisses / des Betriebskontakts der Fragebogen zur Zufriedenheit mit der Arbeit des IFD vorgelegt.

Ziel 8: Hauptaufgabe des Vermittlungsbereiches des IFD ist Vermittlung in Arbeitsverhältnisse des allgemeinen Arbeitsmarktes. Pro volle Fachkraftstelle soll der IFD pro Monat eine Vermittlung erreichen. Die Gesamtzahl der Vermittlungen für das Jahr xxxx beträgt somit xxx.

Berichtswesen: Anzahl der Personalstellen im IFD Vermittlungsbereich
                      Anzahl der Vermittlungen:
                      Ziel erfüllt?

            für den IFD-Träger   für das Integrationsamt
            ----------------------   ----------------------

§ 112
Fachliche Anforderungen

(1) Die Integrationsfachdienste müssen
1. nach der personellen, räumlichen und sächlichen Ausstattung in der Lage sein, ihre gesetzlichen Aufgaben wahrzunehmen,
2. über Erfahrungen mit dem zu unterstützenden Personenkreis (§ 109 Abs. 2) verfügen,
3. mit Fachkräften ausgestattet sein, die über eine geeignete Berufsqualifikation, eine psychosoziale oder arbeitspädagogische Zusatzqualifikation und ausreichende Berufserfahrung verfügen, sowie
4. rechtlich oder organisatorisch und wirtschaftlich eigenständig sein.

(2) [1]Der Personalbedarf eines Integrationsfachdienstes richtet sich nach den konkreten Bedürfnissen unter Berücksichtigung der Zahl der Betreuungs- und Beratungsfälle, des durchschnittlichen Betreuungs- und Beratungsaufwands, der Größe des regionalen Einzugsbereichs und der Zahl der zu beratenden Arbeitgeber. [2]Den besonderen Bedürfnissen besonderer Gruppen schwerbehinderter Menschen, insbesondere schwerbehinderter Frauen, und der Notwendigkeit einer psychosozialen Betreuung soll durch eine Differenzierung innerhalb des Integrationsfachdienstes Rechnung getragen werden.

(3) [1]Bei der Stellenbesetzung des Integrationsfachdienstes werden schwerbehinderte Menschen bevorzugt berücksichtigt. [2]Dabei wird ein angemessener Anteil der Stellen mit schwerbehinderten Frauen besetzt.

ERLÄUTERUNGEN

ÜBERSICHT

I. Bedeutung der Vorschrift (Rdnrn. 1–3)
II. Fassung (Rdnr. 4)
III. Begründung (Rdnr. 5)
IV. Anmerkungen (Rdnrn. 6–16)
    A) zu Abs. 1
        1. Allgemeine Anforderungen an Integrationsfachdienste (Rdnrn. 6–11)
    B) zu Abs. 2
        1. Personalbedarf des Integrationsfachdienstes (Rdnrn. 12–14)
    C) zu Abs. 3
        1. Beschäftigung schwerbehinderter Menschen in Integrationsfachdiensten (Rdnrn. 15–16)

I. Bedeutung der Vorschrift

1 Sie regelt die fachlichen Anforderungen, denen ein Integrationsfachdienst genügen muss. So müssen die Integrationsfachdienste nach ihrer personellen, räumlichen und sächlichen Ausstattung in der Lage sein, ihre gesetzlichen Aufgaben zu erfüllen. Sie müssen über Erfahrungen mit dem zu unterstützenden Personenkreis, wie er in § 109 Abs. 2 SGB IX umschrieben ist, verfügen und mit Fachkräften ausgestattet sein, die eine geeignete Berufsqualifikation, eine psychosoziale oder arbeitspädagogische Zusatzqualifikation und eine ausreichende Berufserfahrung mitbringen. Die Integrationsfachdienste können rechtlich selbstständig sein. Ist das nicht der Fall, müssen sie zumindest organisatorisch und wirtschaftlich selbstständig sein (**Abs. 1**).

2 Der Personalbedarf eines Integrationsfachdienstes richtet sich gemäß **Abs. 2** nach den konkreten Bedürfnissen unter Berücksichtigung der Zahl der Betreuungs- und Beratungsfälle,

des durchschnittlichen Betreuungs- und Beratungsaufwands, der Größe des regionalen Einzugsbereichs und der Zahl der zu beratenden Betriebe und Verwaltungen. Ein Personalschlüssel kann nach dem derzeitigen Erfahrungsstand nicht festgelegt werden (BT-Drucks. 14/3372 S. 23).

Zur angemessenen personellen Ausstattung gehört nach **Abs. 3** eine überdurchschnittliche Beschäftigung schwerbehinderter Menschen und ein angemessener Anteil schwerbehinderter Frauen. Diese Bevorzugung dient nicht allgemeinen arbeitsmarktpolitischen Zielen, sondern beruht auf der Erfahrung, dass schwerbehinderte Menschen selbst oft die kenntnisreicheren und einfühlsameren Unterstützungspersonen sind, weil sie Erfahrungen aus dem eigenen gesundheitlichen und beruflichen Schicksal einbringen können.

II. Fassung

Die Vorschrift wurde unverändert aus dem Regierungsentwurf (BT-Drucks. 14/5531 i. V. m. 14/5074) übernommen. Sie entspricht § 37d SchwbG in der durch das Gesetz zur Bekämpfung der Arbeitslosigkeit Schwerbehinderter (SchwbBAG vom 29. September 2000) eingeführten Fassung.

III. Begründung

In der Begründung des Gesetzentwurfs der Fraktionen der SPD und BÜNDNIS 90/Die Grünen zum SchwbBAG ist zu der Vorschrift u. a. ausgeführt:

„Als Träger kommen vor allem solche Träger in Betracht, die bereits jetzt Angebote zur Integration der in [§ 109 Abs. 2 SGB IX] genannten Personengruppen in das Arbeitsleben auf dem allgemeinen Arbeitsmarkt vorhalten. Dazu gehören auch Träger, die im Auftrag der Integrationsstellen die Betreuung von Schwerbehinderten wahrnehmen, die der psychosozialen Betreuung bedürfen. Die Integrationsfachdienste sollen nach Möglichkeit bereits bestehende psychosoziale und sog. berufsbegleitende Dienste für bestimmte Gruppen von Schwerbehinderten wie Blinde oder Gehörlose umfassen, damit insbesondere auch für Arbeitgeber ein einheitlicher Gesprächspartner gegeben ist. Ein Integrationsfachdienst kann auch durch den Träger eines Berufsbildungswerks, Berufsförderungswerks oder einer Werkstatt für Behinderte betrieben werden, sofern der Integrationsfachdienst die Anforderungen, die an einen solchen Dienst gestellt werden, erfüllt."

IV. Anmerkungen

A) zu Abs. 1

1. Allgemeine Anforderungen an Integrationsfachdienste

Die Vorschrift stellt **vier Anforderungen**, welche Integrationsfachdienste erfüllen müssen.

Nach ihrer personellen, räumlichen und tatsächlichen **Ausstattung** müssen sie in der Lage sein, ihre gesetzlichen Aufgaben wahrzunehmen (**Nr. 1**). Die Träger der Dienste müssen daher gewährleisten, dass die Aufgaben nach § 110 SGB IX mit ausreichendem Personal und angemessener Raum- und Sachausstattung erfüllt werden können. Im Verhältnis zu den Integrationsämtern ist dies unproblematisch, da diese regelmäßig nur nachgewiesene Personal- und Sachkosten erstatten.

Hingegen könnte die fallbezogene und pauschale Finanzierung der Aufträge durch die Rehabilitationsträger und – im Rahmen der Vermittlung – durch die Agentur für Arbeit einen Anreiz für sparsame Ausstattung darstellen, um das wirtschaftliche Ergebnis des Integrationsfachdienstes zu verbessern (*Ernst* / Adlhoch / Seel Rdnr. 3).

Weiterhin müssen Integrationsfachdienste über hinreichende **Erfahrungen** mit der beruflichen Eingliederung von schwerbehinderten Menschen verfügen (**Nr. 2**). Deshalb sind vorrangig solche Träger einzubeziehen, die bereits Angebote zur Unterstützung der Teilhabe schwerbehinderter Menschen am Arbeitsleben vorhalten und auch über ausreichende Kontakte zu Arbeitgebern verfügen. Neben den Trägern, die im Auftrag der Integrationsämter berufsbegleitende und psychosoziale Betreuung leisten, sind deshalb auch Träger eines Berufsbildungswerks, eines Berufsförderungswerks oder einer Werkstatt für behinderte Menschen besonders geeignet (vgl. Weyand / Schubert, Das neue Schwerbehindertenrecht, Rdnr. 261).

9   Ferner haben Integrationsfachdienste besonders **qualifizierte Fachkräfte** zu beschäftigen. Diese müssen kumulativ über eine geeignete Berufsqualifikation, eine psychosoziale oder arbeitspädagogische Zusatzqualifikation und über ausreichende Berufserfahrung verfügen (**Nr. 3**). In der Regel besteht das Fachpersonal eines Integrationsfachdienstes aus Sozialarbeitern, Sozialpädagogen, Psychologen und Angehörigen ähnlicher Berufsgruppen (*Ernst / Adlhoch / Seel* Rdnr. 3). Zur spezifischen Vorbereitung auf ihre Tätigkeit wird im Allgemeinen eine Hospitation bei den Auftraggebern der Integrationsfachdienste gehören, um deren Arbeit kennen zu lernen und eine zielgerichtete Zusammenarbeit zu fördern.

10 Die gesetzlich festgelegten Anforderungen schließen stillschweigend ein, dass der Integrationsfachdienst seine Mitarbeiter im notwendigen Umfang **fortbildet** und hierfür über ein geeignetes Qualitätsmanagement-System und Controllingverfahren verfügt (GK-SGB IX / *Marschner* Rdnr. 6; Hauck / Noftz / *Schröder* Rdnr. 6).

11 Schließlich müssen Integrationsfachdienste rechtlich oder organisatorisch und wirtschaftlich **eigenständig** sein (**Nr. 4**). Denn sie sollen nur solche Betreuungs- und Begleitungsmaßnahmen durchführen, die unmittelbar der beruflichen Eingliederung von schwerbehinderten Menschen dienen. Zwar ist keine bestimmte Rechtsform vorgeschrieben. Jedoch muss der Dienst fachlich und organisatorisch unabhängig von der Trägerorganisation sein und eine eigene Haushaltsführung haben. Die letztgenannte Voraussetzung ist besonders deshalb wichtig, damit die Auftraggeber im Sinne von § 111 Abs. 1 SGB IX nicht andere Aufgaben der Träger mitfinanzieren.

B) zu Abs. 2

1. Personalbedarf des Integrationsfachdienstes

12 Die Vorschrift legt in **Satz 1** abstrakt fest, nach welchen Kriterien der Personalbedarf eines Integrationsfachdienstes zu bemessen ist. Ein fester Personalschlüssel hierzu lässt sich nicht festlegen (vgl. auch oben Rdnr. 2). Die personalintensive Tätigkeit des Dienstes zwingt zu **effektivem Einsatz der Fachkräfte**, um überhöhte Personalkosten zu vermeiden. Deshalb wird der Personalbedarf nach „den konkreten Bedürfnissen" an die Zahl der Betreuungs- und Beratungsfälle, an die Größe des Einzugsbereichs – in der Regel der Bezirk der Agentur für Arbeit – die Zahl der betreuten Arbeitgeber sowie den durchschnittlichen Betreuungs- und Beratungsaufwand geknüpft. Dieser Maßstab ermöglicht, bei der Personalbemessung **regionalen Besonderheiten** Rechnung zu tragen, z. B. einer hohen Zahl von besonders betroffenen schwerbehinderten Menschen, für die der Übergang von einer WfbM in den allgemeinen Arbeitsmarkt in Betracht kommt (Hauck / Noftz / *Schröder* Rdnr. 9).

13 „Beratung" ist mehr als eine Auskunft oder Zuständigkeitsprüfung. Sie umfasst eine qualifizierte persönliche und fachdienstliche Auseinandersetzung mit dem Klienten, also Abklärung, Motivationsförderung und Entscheidungshilfe und erfordert **bis zu fünf** persönliche **Kontakte** (*Ernst* / Adlhoch / Seel Rdnr. 4 m. w. N.). Hingegen ist unter **Betreuung** die längerfristig angelegte zielgerichtete Fortsetzung der Beratung zu verstehen, die regelmäßig **mehr als fünf Kontakte** erfordert (*Ernst* / Adlhoch / Seel a. a. O.).

14 **Satz 2** verpflichtet die Integrationsfachdienste, den besonderen **Bedürfnissen besonderer Gruppen schwerbehinderter Menschen** durch eine Differenzierung der Zuständigkeit der Fachberater im Integrationsfachdienst Rechnung zu tragen. Beispielhaft werden hierbei schwerbehinderte Frauen und Menschen mit Bedarf an psychosozialer Betreuung aufgezählt. Bei geeigneter Größe des Integrationsfachdienstes kann es aber auch sinnvoll sein, Mitarbeitern die Zuständigkeit für die Probleme **seelisch behinderter oder geistig behin-**

derter Menschen zuzuweisen. Dasselbe kann für **gehörlose oder schwerhörige Menschen** gelten, für deren Kommunikationsprobleme in Gebärdensprache geschultes Personal hilfreich sein kann. Allerdings wird nicht jeder Integrationsfachdienst eine entsprechende Fachkraft beschäftigen können; insoweit kann eine Zusammenarbeit von Diensten über die Grenzen der Arbeitsagentur-Bezirke hinaus nützlich sein (*Ernst* / *Adelhoch* / *Seel* Rdnr. 5). Hingegen erfordern die Probleme **blinder und sehbehinderter Menschen** jedenfalls dann kein speziell geschultes Fachpersonal, wenn es um die technische Ausstattung der Arbeitsplätze geht, weil hierfür die technischen Beratungsdienste der Arbeitsagenturen und der Integrationsämter ausreichende Qualifikation und Erfahrung haben (*Ernst* / *Adelhoch* / *Seel* a. a. O.).

C) zu Abs. 3

1. Beschäftigung schwerbehinderter Menschen in Integrationsfachdiensten

Der Integrationsfachdienst ist verpflichtet, **Bewerbungen von schwerbehinderten Menschen bevorzugt zu berücksichtigen** und – soweit möglich – seine Stellen mit schwerbehinderten Menschen zu besetzen. Hierbei ist insbesondere ein angemessener Anteil **schwerbehinderter Frauen** anzustreben. Das ist auch deshalb sinnvoll, weil diese Beschäftigten aufgrund eigener Erfahrungen besonders dafür geeignet sind, andere schwerbehinderte Menschen zu beraten und zu betreuen. Diese Verpflichtung ist **Bestandteil der fachlichen Anforderungen** an den Träger des Integrationsfachdienstes (GK-SGB IX / *Marschner* Rdnr. 9; Hauck / Noftz / *Schröder* Rdnr. 11). Allerdings sind die unbestimmten Rechtsbegriffe „bevorzugt berücksichtigt" und „angemessener Anteil" im Zweifel nur in beschränktem Umfang gerichtlich nachprüfbar.

15

In der Praxis werden aber die **gesetzlichen Vorgaben** wohl weitgehend **erreicht**. So waren Ende 2001 fast 800 Personen mit der Umsetzung der Aufgaben bei den Integrationsfachdiensten beschäftigt, davon über 58% Frauen. Die dortige Beschäftigungsquote schwerbehinderter Menschen lag – bei leicht überwiegender Beschäftigung schwerbehinderter Frauen –, **bei fast 10%**. Ende Februar 2003 verzeichneten die Integrationsfachdienste insgesamt 670 Beschäftigte, davon 64,8% Frauen. Der Anteil der schwerbehinderten Menschen an den Beschäftigten betrug **12%**, absolut waren dies 81 Personen, davon waren 39 Frauen (vgl. den Bericht der Bundesregierung nach § 160 SGB IX aus dem Jahr 2003, zitiert nach der Internetseite des Beauftragten der Bundesregierung für die Belange behinderter Menschen www.sgb-ix-umsetzen.de).

16

§ 113
Finanzielle Leistungen

(1) ¹Die Inanspruchnahme von Integrationsfachdiensten wird vom Auftraggeber vergütet. ²Die Vergütung für die Inanspruchnahme von Integrationsfachdiensten kann bei Beauftragung durch das Integrationsamt aus Mitteln der Ausgleichsabgabe erbracht werden.

(2) ¹Die Bundesarbeitsgemeinschaft der Integrationsämter und Hauptfürsorgestellen vereinbart mit den Rehabilitationsträgern nach § 6 Abs. 1 Nr. 2 bis 5 unter Beteiligung der maßgeblichen Verbände, darunter der Bundesarbeitsgemeinschaft, in der sich die Integrationsfachdienste zusammengeschlossen haben, eine gemeinsame Empfehlung zur Inanspruchnahme der Integrationsfachdienste durch die Rehabilitationsträger, zur Zusammenarbeit und zur Finanzierung der Kosten, die dem Integrationsfachdienst bei der Wahrnehmung der Aufgaben der Rehabilitationsträger entstehen. ²§ 13 Abs. 7 und 8 gilt entsprechend.

ERLÄUTERUNGEN

ÜBERSICHT

I. Bedeutung der Vorschrift (Rdnr. 1)
II. Fassung (Rdnrn. 2–10)
   A) durch das SGB IX vom 19. Juni 2001 (BGBl. I S. 1046) mit Wirkung vom 1. Juli 2001 (Rdnr. 2)
   B) durch das Dritte Gesetz für moderne Dienstleistungen am Arbeitsmarkt vom 23. Dezember 2003 (BGBl. I S. 2848) mit Wirkung vom 1. Januar 2004 (Rdnr. 3)
   C) durch das Gesetz zur Förderung der Ausbildung und Beschäftigung schwerbehinderter Menschen vom 23. April 2004 (BGBl. I S. 606) mit Wirkung vom 1. Mai 2004 bzw. 1. Januar 2005 (Rdnrn. 4–10)
III. Anmerkungen (Rdnrn. 11–25)
   A) zu Abs. 1
      1. Finanzierung durch Auftraggeber (Rdnrn. 11–12)
      2. Höhe der Vergütung durch Rehabilitationsträger (Rdnrn. 13–17)
      3. Vergütung durch Integrationsamt (Rdnrn. 18–19)
   B) zu Abs. 2
      1. Rechtsgrundlage für Gemeinsame Empfehlung zur Inanspruchnahme durch Rehabilitationsträger (Rdnrn. 20–22)
      2. Verfahren für Gemeinsame Empfehlung (Rdnrn. 23–24)
      3. Inkrafttreten der Gemeinsamen Empfehlung „Integrationsfachdienste" von 16. 12. 2004 (Rdnr. 25)
Anhang: Gemeinsame Empfehlung nach § 113 Abs. 2 SGB IX zur Inanspruchnahme der Integrationsfachdienste durch die Rehabilitationsträger zur Zusammenarbeit und zur Finanzierung der Kosten, die dem Integrationsfachdienst bei der Wahrnehmung der Aufgaben der Rehabilitationsträger entstehen (Gemeinsame Empfehlung „Integrationsfachdienste")

I. Bedeutung der Vorschrift

1   Die Vergütung für die Inanspruchnahme des Integrationsfachdienstes ist zwischen dem Auftraggeber und dem Träger des Dienstes zu vereinbaren. Soweit es um die Eingliederung schwerbehinderter Menschen geht und Auftraggeber die Bundesagentur für Arbeit oder die Integrationsämter sind, kann die Vergütung auch aus Mitteln der Ausgleichsabgabe nach § 77 SGB IX erbracht werden. Hingegen sind die Kosten für die Vermittlung und nachfolgende Betreuung von behinderten Menschen, die nicht schwerbehindert sind, vom jeweiligen Auftraggeber, d. h. der Arbeitsverwaltung oder dem Rehabilitationsträger, aus deren jeweiligen Haushaltsmitteln zu tragen.

II. Fassung

A) durch das SGB IX vom 19. Juni 2001 (BGBl. I S. 1046) mit Wirkung vom 1. Juli 2001

2   Die Vorschrift wurde unverändert aus dem Regierungsentwurf (BT-Drucks. 14/5531 i. V. m. 14/5074) übernommen. Sie wurde ebenfalls unverändert aus § 37e SchwbG in der durch das Gesetz zur Bekämpfung der Arbeitslosigkeit Schwerbehinderter (SchwbBAG vom 29. September 2000) eingeführten Fassung übertragen.

B) durch das Dritte Gesetz für moderne Dienstleistungen am Arbeitsmarkt vom 23. Dezember 2003 (BGBl. I S. 2848) mit Wirkung vom 1. Januar 2004

3   Durch Art. 18 Nr. 22 wurde in **Satz 2** das Wort „Bundesanstalt" durch das Wort „Bundesagentur" ersetzt.

C) durch das Gesetz zur Förderung der Ausbildung und Beschäftigung schwerbehinderter Menschen vom 23. April 2004 (BGBl. I S. 606) mit Wirkung vom 1. Mai 2004 bzw. 1. Januar 2005

Durch Art. 1 Nr. 29 wurde die Vorschrift wie folgt geändert: **4**

a) Der bisherige Wortlaut wurde Abs. 1.

b) In **Abs. 1 Satz 2** wurden die Wörter „die Bundesagentur für Arbeit oder" gestrichen.

Für das Inkrafttreten dieser Neuregelung wurde – abweichend von den übrigen in Art. 7 des „Gesetzes zur Förderung der Ausbildung und Beschäftigung schwerbehinderter Menschen" genannten Daten – durch Abs. 4 der Vorschrift der **1. Januar 2005** festgelegt. Zur Begründung der Änderung vgl. unten zu c Rdnr. 5.

c) Es wurde folgender **Abs. 2** angefügt:

„(2) Die Bundesarbeitsgemeinschaft der Integrationsämter und Hauptfürsorgestellen vereinbart mit den Rehabilitationsträgern nach § 6 Abs. 1 Nr. 2 bis 5 unter Beteiligung der maßgeblichen Verbände, darunter der Bundesarbeitsgemeinschaft, in der sich die Integrationsfachdienste zusammengeschlossen haben, eine gemeinsame Empfehlung zur Inanspruchnahme der Integrationsfachdienste durch die Rehabilitationsträger, zur Zusammenarbeit und zur Finanzierung der Kosten, die dem Integrationsfachdienst bei der Wahrnehmung der Aufgaben der Rehabilitationsträger entstehen. § 13 Abs. 7 und 8 gelten entsprechend."

Der **Gesetzentwurf** der Fraktionen SPD und Bündnis 90/DIE GRÜNEN (BT-Drucks. 15/1783) **sah zunächst nur vor**, in § 113 Satz 2 a. F. die Wörter „die Bundesanstalt für Arbeit oder" zu streichen. Das wurde wie folgt begründet (a. a. O. S. 18): **5**

„Die besonderen Regelungen zur Beauftragung durch die Bundesanstalt für Arbeit entfallen. Die Bundesanstalt für Arbeit wird bei Beauftragung der Integrationsfachdienste mit der Arbeitsvermittlung oder mit Teilaufgaben der Arbeitsvermittlung ein Honorar vereinbaren. Darüber hinaus wird sie, soweit das Instrument des Vermittlungsgutscheines eingesetzt wurde und der schwerbehinderte Gutscheinbesitzer sich zur Vermittlung an den Integrationsfachdienst gewandt hat, den Gutschein im Erfolgsfall auszahlen.

Durch die Dritte Verordnung zur Änderung der Schwerbehinderten-Ausgleichsabgabeverordnung wird geregelt, dass die bisher aus dem Ausgleichsfonds geleisteten Finanzzuweisungen an die Bundesanstalt für Arbeit den Integrationsämtern zufließen und für die Vergütung der Integrationsfachdienste zur Verfügung stehen."

Die **vorgeschlagene Neuregelung** stand im Zusammenhang mit einer zunächst ebenfalls **vorgesehenen Änderung des § 13 Abs. 2 SGB IX** in Art. 1 Nr. 1 des Entwurfs, die folgenden Wortlaut haben sollte: **6**

In § 13 Abs. 2 wird in Nummer 9 des Wort „sowie" durch ein Komma ersetzt, in Nummer 10 der Punkt durch das Wort „sowie" ersetzt und folgende Nummer 11 angefügt:

„11. zur Inanspruchnahme der Integrationsfachdienste durch die Rehabilitationsträger, zur Zusammenarbeit und zur Finanzierung der Kosten, die dem Integrationsfachdienst bei der Wahrnehmung der Aufgaben der Rehabilitationsträger entstehen."

Hierzu hatte der Gesetzentwurf der Fraktionen SPD und Bündnis 90/DIE GRÜNEN (BT-Drucks. 15/1783 S. 12) ausgeführt: **7**

„Bereits nach geltendem Recht ist bestimmt, dass die Inanspruchnahme der Integrationsfachdienste von dem jeweiligen Auftraggeber zu vergüten ist. Diese ergänzende Regelung nimmt darauf Bezug und stellt sicher, dass die Rehabilitationsträger die Integrationsfachdienste im Rahmen der Aufgaben nach § 33 auch tatsächlich in Anspruch nehmen. Um dies zu gewährleisten, vereinbaren die Rehabilitationsträger eine gemeinsame Empfehlung zur Inanspruchnahme der Integrationsfachdienste, zur Zusammenarbeit und zur Finanzierung der Kosten, die dem Integrationsfachdienst durch die Inanspruchnahme von Rehabilitanden, die besondere Hilfen zur Teilhabe am Arbeitsleben benötigen, entstehen. Hierbei geht es in erster Linie um die Beteiligung der Integrationsfachdienste insbesondere zugunsten seelisch behinderter Menschen, die besonderer Hilfe bedürfen, bei denen aber die Eigenschaft als schwerbehinderter Mensch nicht feststeht und bei denen die Integrationsfachdienste infolgedessen nicht im Auftrag der Integrationsämter tätig werden können. Bei der Erarbeitung wird die Bundesarbeitsgemeinschaft der Integrationsämter und Hauptfürsorgestellen beteiligt."

8 Demgegenüber hatte der **Bundesrat** in seiner Stellungnahme (BT-Drucks. 2318 S. 12) gefordert, die vorgesehene Änderung des § 13 Abs. 2 zu streichen und das wie folgt begründet:

„Es ist unbestritten notwendig, dass die Rehabilitationsträger gemäß § 6 Abs. 1 SGB IX die Integrationsfachdienste auch tatsächlich in Anspruch nehmen. In der Vergangenheit war es bereits nach geltendem Recht möglich, dass Rehabilitationsträger die Integrationsfachdienste bei der Erfüllung ihrer Aufgaben durch konkrete Beauftragungen beteiligen können. In der Praxis wurde hiervon allerdings nur wenig Gebrauch gemacht. Den Integrationsämtern soll ab 2005 die alleinige Strukturverantwortung für die Integrationsfachdienste übertragen werden. Von daher ist es notwendig, ihnen auch den Abschluss entsprechender Vereinbarungen mit den Rehabilitationsträgern hinsichtlich einer Inanspruchname, zur Zusammenarbeit und zur Finanzierung zu ermöglichen. Die vorgesehene Änderung des § 13 SGB IX trägt dem nicht Rechnung, da eine gemeinsame Empfehlung nur von Rehabilitationsträgern abgeschlossen werden kann und somit die Integrationsämter, da sie kein Rehabilitationsträger sind, allenfalls bei der Erarbeitung dieser gemeinsamen Empfehlung beteiligt werden könnten. Zur Realisierung wird deshalb gegenüber vorstehender Regelung vorgeschlagen, in § 113 SGB IX eine entsprechende Regelung einzufügen."

9 Ferner hatte der Bundesrat a. a. O. gefordert, § 113 um folgenden Abs. 2 neu zu ergänzen:

„(2) Die Bundesarbeitsgemeinschaft der Integrationsämter und Hauptfürsorgestellen vereinbart mit den Rehabilitationsträgern nach § 6 Abs. 1 Nr. 2 bis 5 eine gemeinsame Empfehlung für die Inanspruchnahme der Integrationsfachdienste durch die Rehabilitationsträger, zur Zusammenarbeit und zur Finanzierung der Kosten, die dem Integrationsfachdienst bei der Wahrnehmung der Aufgaben der Rehabilitationsträger entstehen.

§ 13 Abs. 7 und 8 sowie § 16 gelten entsprechend."

und dies wie folgt begründet:

„Die Integrationsämter sollen ab dem Jahre 2005 die alleinige Strukturverantwortung für die Integrationsfachdienste erhalten. Damit ist es notwendig, dass zur Klärung der Zusammenarbeit und Finanzierung bei Inanspruchnahme dieser Dienste durch die Rehabilitationsträger nach § 6 SGB IX mit diesen entsprechende Vereinbarungen geschlossen werden, und zwar am besten in Form einer für alle Rehabilitationsträger gleichermaßen geltenden gemeinsamen Empfehlung. Da die Integrationsämter kein Rehabilitationsträger nach Maßgabe des § 6 SGB IX sind, ist die vorgeschlagene Ermächtigung zum Abschluss einer gemeinsamen Empfehlung in § 113 SGB IX notwendig. Nur so kann sichergestellt werden, dass die künftige Verantwortlichkeit der Integrationsämter für eine ausreichende und vor allem qualifizierte Struktur in Form eines flächendeckenden Angebots von Integrationsfachdiensten im Rahmen der zur Verfügung stehenden Ausgleichsabgabemittel sachgerecht realisiert wird.

Für das Vereinbarungsverfahren und die Möglichkeit einer Rechtsverordnung gelten die Vorschriften des § 13 Abs. 7 und 8 sowie § 16 entsprechend."

10 Nachdem die **Bundesregierung** dem Vorschlag **zugestimmt** hatte (vgl. BT-Drucks. 15/2318 S. 21), wurde er auch in der **Beschlussempfehlung des Ausschusses** für Gesundheit und Soziale Sicherung (BT-Drucks. 15/2357 S. 5 und 13) im Wesentlichen übernommen. Der Ausschuss hat hierzu Folgendes berichtet (a. a. O. S. 25):

„Mit dieser Änderung wird, entsprechend einem Vorschlag des Bundesrates, die bisher in Nummer 1 vorgesehene Regelung in § 113 verankert. Die Rehabilitationsträger und die Bundesarbeitsgemeinschaft der Integrationsämter und Hauptfürsorgestellen vereinbaren danach eine gemeinsame Empfehlung zur Inanspruchnahme der Integrationsfachdienste durch die Rehabilitationsträger, zur Zusammenarbeit und zur Finanzierung der Kosten, die dem Integrationsfachdienst durch die Inanspruchnahme von Rehabilitanden, die besondere Hilfen zur Teilhabe am Arbeitsleben benötigen, entstehen. Beim Abschluss der Vereinbarung sind die maßgeblichen Verbände, darunter die Bundesarbeitsgemeinschaft „Unterstützte Beschäftigung„, in der die meisten Integrationsfachdienste zusammengeschlossen sind, zu beteiligen. Für das Vereinbarungsverfahren gelten die Vorschriften des § 13 Abs. 7 und 8 entsprechend. Eine Verordnungsermächtigung ist für den Fall, dass eine gemeinsame Empfehlung nicht vereinbart wird, in § 115 Abs. 2 (Nr. 30a Buchstabe b) vorgesehen."

III. Anmerkungen

A) zu Abs. 1

1. Finanzierung durch Auftraggeber

Die Inanspruchnahme der Integrationsfachdienste wird vom Auftraggeber vergütet (**Satz 1**). Damit wird klargestellt, dass eine Mischfinanzierung durch verschiedene Leistungsträger grundsätzlich ausscheidet (GK-SGB IX / *Marschner* Rdnr. 4). 11

Auftraggeber sind alle gesetzlichen Leistungsträger, die sich der Unterstützung der Integrationsfachdienste bedienen können, namentlich die Integrationsämter, aber auch die Rehabilitationsträger. Diese kommen insbesondere als Auftraggeber nach § 109 Abs. 4 SGB IX in Betracht (*Ernst* / Adlhoch / Seel Rdnr. 3). 12

2. Höhe der Vergütung durch Rehabilitationsträger

Das Gesetz gibt keine bestimmte Form oder Höhe der Vergütung vor. Maßgebend ist nunmehr die auf der Grundlage des Abs. 2 der Vorschrift beschlossene **Gemeinsame Empfehlung** (vgl. unten Rdnr. 20). Sie sieht bei Inanspruchnahme der Integrationsfachdienste durch die Rehabilitationsträger eine **einzelfallbezogene Vergütung** vor, die zwischen Berufsbegleitung und Vermittlung unterscheidet. 13

Für den Bereich **Berufsbegleitung** orientiert sich die Vergütung an den durchschnittlichen Fallkosten pro Monat. Sie beträgt im ersten Monat pauschal 500 Euro, ab dem zweiten Beauftragungsmonat 250 Euro monatlich. Bei einer mehr als fünfmonatigen Beauftragung beträgt die Vergütungspauschale ab dem ersten Monat 250 Euro. 14

Für die **Vermittlung** wird ein monatlicher Grundbetrag in Höhe von 180 Euro vergütet. Bei Aufnahme einer Beschäftigung nach Abschluss eines Arbeitsvertrages erhält der Integrationsfachdienst zusätzlich eine einmalige Prämie in Höhe von 500 Euro. Nach erfolgreichem Ablauf der Probezeit wird eine Wiedereingliederungsprämie in Höhe von einmalig 700 Euro gezahlt. 15

Für die **isolierte Inanspruchnahme besonderer Leistungen**, z. B. Einholen einer Stellungnahme bei speziellen Behinderungsarten wie Schwerhörigkeit, Blindheit usw. gilt eine Vergütung von 180 Euro als vereinbart. Allerdings kann im Einzelfall vor Inanspruchnahme eine abweichende Regelung getroffen werden. 16

Die vereinbarte Vergütung wird **zum Ende des Beauftragungszeitraums fällig**. Bei nachgewiesener Umsatzsteuerpflicht wird **zusätzlich** die **MwSt.** vergütet. 17

3. Vergütung durch Integrationsamt

Beauftragt das Integrationsamt den Integrationsfachdienst, kann die Vergütung hierfür aus Mitteln der Ausgleichsabgabe erbracht werden (**Satz 2**). Als Rechtsgrundlage kommt zum einen § 102 Abs. 3 Nr. 3 SGB IX in Verbindung mit § 28 SchwbAV und andererseits § 113 18

SGB IX in Verbindung mit § 27a ff. SchwbAV in Betracht (krit. zum Nebeneinander dieser Vorschriften *Ernst* / Adlhoch / Seel § 109 Rdnr. 10) Es liegt im Ermessen des Integrationsamtes, welche Rechtsgrundlage es für die Finanzierung heranzieht, wobei im Ergebnis praktisch keine Unterschiede festzustellen sind.

19 In der Praxis finanzieren die Integrationsämter derzeit den auf ihre Aufgabe der Sicherung von Arbeitsverhältnissen entfallenden Bereich der Integrationsfachdienste **pauschal durch Übernahme von Personal- und Sachkosten** des Integrationsfachdienstes. Hierbei wird üblicherweise zugrunde gelegt, dass ein Fachberater eines Integrationsfachdienstes durchschnittlich 25 bis 30 schwerbehinderte Arbeitnehmer im Rahmen der psychosozialen Betreuung begleiten kann (*Ernst* / Adlhoch / Seel Rdnr. 5 unter Hinweis auf das im dortigen Anhang abgedruckte Beispiel einer Vereinbarung zwischen Integrationsamt und Träger eines Integrationsfachdienstes).

B) zu Abs. 2

1. Rechtsgrundlage für Gemeinsame Empfehlung zur Inanspruchnahme durch Rehabilitationsträger

20 Die Vorschrift schafft die Rechtsgrundlage für eine Gemeinsame Empfehlung zur Inanspruchnahme der Integrationsfachdienste durch die Rehabilitationsträger. Diese ist zwischen der Bundesarbeitsgemeinschaft der Integrationsämter und Hauptfürsorgestellen einerseits sowie der Bundesagentur für Arbeit, den Trägern der gesetzlichen Unfallversicherung, der gesetzlichen Rentenversicherung sowie den Trägern der sozialen Entschädigung als betroffene Rehabilitationsträger zu vereinbaren. Hierbei ist die „Bundesarbeitsgemeinschaft unterstützte Beschäftigung" als Interessenverband der Integrationsfachdienste zu beteiligen.

21 Die Gemeinsame Empfehlung hat auch die **Zusammenarbeit und die Finanzierung der Kosten** zu regeln, die dem Integrationsfachdienst bei der Wahrnehmung der Aufgaben der Rehabilitationsträger entstehen.

22 Die Schaffung einer besonderen Vorschrift war notwendig, weil gemeinsame Empfehlungen nach § 13 SGB IX nur zwischen Rehabilitationsträgern geschlossen werden können; hier ist aber die Mitwirkung der Integrationsämter wegen ihrer Finanzierungsverantwortung für die Integrationsfachdienste zwingend geboten.

2. Verfahren für Gemeinsame Empfehlung

23 Für das Verfahren gilt die Bestimmung aus **§ 13 Abs. 7 SGB IX entsprechend**: Die Gemeinsame Empfehlung ist auf der Grundlage eines von der Bundesarbeitsgemeinschaft für Rehabilitation (BAR) vorbereiteten Vorschlags im Benehmen mit dem Bundesministerium für Gesundheit und Soziale Sicherung und den Ländern zu vereinbaren. Der Bundesbeauftragte für den Datenschutz wird beteiligt. Dem Vorschlag wird gefolgt, wenn ihm berechtigte Interessen eines Rehabilitationsträgers nicht entgegenstehen, wobei Einwände innerhalb von vier Wochen nach Vorlage des Vorschlags auszuräumen sind.

24 Ferner haben die Rehabilitationsträger der BAR **jährlich** ihre **Erfahrungen** mit den Gemeinsamen Empfehlungen **mitzuteilen**. Die BAR stellt dem Bundesministerium für Gesundheit und Soziale Sicherung und den Ländern eine Zusammenfassung zur Verfügung (§ 13 Abs. 8 SGB IX entsprechend).

3. Inkrafttreten der Gemeinsamen Empfehlung „Integrationsfachdienste" vom 16. 12. 2004

25 Die in dem unter Nr. 2 beschriebenen Verfahren beschlossene Gemeinsame Empfehlung ist am 1. 3. 2005 in Kraft getreten (vgl. Anhang zur Kommentierung dieser Vorschrift).

Gemeinsame Empfehlung nach § 113 Abs. 2 SGB IX zur Inanspruchnahme der Integrationsfachdienste durch die Rehabilitationsträger zur Zusammenarbeit und zur Finanzierung der Kosten, die dem Integrationsfachdienst bei der Wahrnehmung der Aufgaben der Rehabilitationsträger entstehen

(Gemeinsame Empfehlung „Integrationsfachdienste")

Vom 16. 12. 2004

Präambel

Die Integrationsfachdienste (IFD) stellen ein Beratungs- und Betreuungsangebot zur Unterstützung der Arbeitgeber und Arbeitnehmer bereit, das neben die schon vorhandenen Leistungen und eigenen Unterstützungsangebote der Vereinbarungspartner zur Teilhabe am Arbeitsleben tritt.

Hierbei werden die IFD leistungsträgerübergreifend tätig. Die Beschäftigungssituation behinderter Menschen soll durch einen niederschwelligen Zugang zum IFD und durch dessen Aktivitäten im Rahmen der Prävention (§§ 3 und 84 SGB IX) nachhaltig verbessert werden. Ziel dieser Gemeinsamen Empfehlung ist die Schaffung einheitlicher und verbindlicher Kriterien zur Beauftragung, Verantwortung und Steuerung sowie zur Finanzierung und bedarfsgerechten Ausstattung der IFD.

Hierzu vereinbart die Bundesarbeitsgemeinschaft der Integrationsämter und Hauptfürsorgestellen mit

– der Bundesagentur für Arbeit,
– den Trägern der gesetzlichen Unfallversicherung,
– den Trägern der gesetzlichen Rentenversicherung und
– den Trägern der Kriegsopferversorgung und der Kriegsopferfürsorge im Rahmen des Rechts der sozialen Entschädigung bei Gesundheitsschäden

auf der Grundlage des § 113 Abs. 2 i. V. m. § 17 Abs. 1 Nr. 2 SGB IX nachfolgende Gemeinsame Empfehlung.

Nicht Gegenstand dieser Vereinbarung ist die Nutzung der IFD für schwerbehinderte Menschen im Rahmen der Aufgaben nach §§ 104 Abs. 1 Nr. 1 bis 3 und 110 Abs. 2 Nr. 1a und 1b SGB IX.

§ 1 Rechtsgrundlage. (1) IFD sind Dienste Dritter, die nach § 109 SGB IX bei der Durchführung von Maßnahmen zur Teilhabe am Arbeitsleben für von Behinderung bedrohte, behinderte und schwerbehinderte Menschen beteiligt werden. Sie können nach § 33 Abs. 6 SGB IX von den Rehabilitationsträgern im Rahmen ihrer jeweiligen Aufgabenstellung beauftragt werden.

(2) Die Strukturverantwortung liegt beim Integrationsamt. Dieses legt Näheres zur Beauftragung, Zusammenarbeit, fachlichen Leitung, Aufsicht sowie zur Dokumentation, Qualitätssicherung und Ergebnisbeobachtung nach einem auf Bundesebene entwickelten Mustervertrag fest. Das Integrationsamt schließt mit dem Träger des IFD einen Grundvertrag. Die Verträge sollen im Interesse finanzieller Planungssicherheit auf eine Dauer von mindestens drei Jahren abgeschlossen werden. Die Verantwortung für die Ausführung der Dienstleistung des IFD bleibt nach § 111 Abs. 1 Satz 2 SGB IX bei dem für den Einzelfall zuständigen Leistungsträger (Fallverantwortung). Die Verantwortung des IFD-Trägers nach § 112 SGB IX bleibt davon unberührt.

(3) Die Integrationsämter wirken nach § 111 Abs. 5 SGB IX darauf hin, dass die berufsbegleitenden und psychosozialen Dienste bei den von ihnen beauftragten IFD konzentriert werden. Alle Aufgabenbereiche werden im IFD zu einem Leistungsträger übergreifenden Dienstleis-

tungsangebot für arbeitssuchende und beschäftigte schwerbehinderte und behinderte Menschen, deren Arbeitgeber und deren sonstige Ansprechpartner zusammengefasst. In der Regel soll in jedem Bezirk der Agenturen für Arbeit nur ein, alle Aufgabenbereiche und Zielgruppen umfassender IFD vorgehalten werden. Abweichende Regelungen sind auf Länderebene möglich.

§ 2 Zielgruppen und Aufgaben der IFD. (1) Die IFD beraten, begleiten und unterstützen nach § 109 Abs. 2 bis 4 SGB IX arbeitssuchende und beschäftigte, besonders betroffene behinderte, schwerbehinderte oder von Behinderung bedrohte Menschen mit dem Ziel, diese auf geeignete Arbeitsplätze auf dem allgemeinen Arbeitsmarkt zu vermitteln, Arbeitsverhältnisse zu sichern und damit die Teilhabe am Arbeitsleben nachhaltig zu ermöglichen.

(2) Die IFD stehen in Zusammenarbeit mit den Rehabilitationsträgern und Integrationsämtern als Ansprechpartner den Arbeitgebern zur Verfügung, um diese zu beraten, über die erforderlichen Leistungen zu informieren, den Leistungsbedarf zu klären und bei der Beantragung zu unterstützen (§ 110 Abs. 2 Nr. 5 bis 8 SGB IX).

(3) Die IFD beraten Einrichtungen und Dienste der schulischen Bildung, der Krankenbehandlung und medizinischen Rehabilitation, der Erbringer von Leistungen zur Teilhabe am Arbeitsleben sowie deren Klientel und unterstützen frühzeitig bei Übergängen zum allgemeinen Arbeitsmarkt (§ 111 Abs. 3 SGB IX).

(4) Die IFD unterstützen die Auftraggeber durch qualifizierte Einschätzungen der Neigungen, der Leistungsfähigkeit und Belastbarkeit, der Motivation und Leistungsbereitschaft der Klienten des IFD sowie des Förderbedarfs in Bezug auf notwendige Leistungen nach dem Sozialgesetzbuch. Die IFD liefern mit fachdienstlichen Stellungnahmen entsprechende Entscheidungshilfen.

§ 3 Aufbau, Ausstattung und Entwicklung. (1) Die Integrationsämter sorgen im Rahmen ihrer Strukturverantwortung dafür, dass das komplette Dienstleistungsangebot nach § 110 SGB IX für alle Personengruppen nach § 109 SGB IX sowie unter Einhaltung der fachlichen Anforderungen nach § 112 SGB IX im Sinne des § 17 Abs. 1 Nr. 2 SGB IX für alle Vereinbarungspartner vorgehalten werden kann.

(2) Im Interesse der Planungssicherheit und bedarfsgerechten Ausstattung der IFD können regional Beauftragungskontingente zwischen Integrationsamt bzw. Integrationsfachdiensten und Rehabilitationsträgern vereinbart werden. Die Rehabilitationsträger beobachten die Entwicklung der Bedarfe und werden die IFD entsprechend beauftragen.

§ 4 Beauftragung. (1) Arbeitgeber sowie behinderte oder von Behinderung bedrohte Menschen sollen frühzeitig und unbürokratisch Beratung und Hilfestellung erhalten. Dies gilt insbesondere für Übergänge aus Maßnahmen der Krankenbehandlung bzw. der medizinischen Rehabilitation zum allgemeinen Arbeitsmarkt im Sinne des § 11 SGB IX sowie für entsprechende Übergänge aus schulischen Maßnahmen und aus Leistungen zur Teilhabe am Arbeitsleben.

(2) Nimmt ein behinderter, schwerbehinderter oder von Behinderung bzw. Schwerbehinderung bedrohter Mensch, ein Arbeitgeber oder eine sonstige Stelle (z. B. Klinik, Arzt, Rehabilitationseinrichtung oder Schule bzw. Werkstatt für behinderte Menschen) unmittelbar Kontakt mit dem IFD auf, erfolgt zunächst eine fachdienstliche Vorabklärung des Anliegens, der Zuständigkeit und der Kooperationsmöglichkeiten. Eine qualifizierte Beratung sowie Integrationsbegleitung des behinderten, schwerbehinderten oder von Behinderung bzw. Schwerbehinderung bedrohten Menschen ist nur mit einem Einzelfallauftrag des Integrationsamtes oder des Trägers der Leistungen zur Teilhabe am Arbeitsleben möglich. Näheres zu Art, Umfang und Dauer der Unterstützungsleistung im Einzelfall legen die jeweiligen Auftraggeber in Abstimmung mit dem IFD fest. Die Auftraggeber bleiben für die Ausführung der Leistung verantwortlich. Das zuständige Integrationsamt erhält eine Mitteilung über den Auftrag.

(3) Die Regelungen über die Vorleistungen nach § 102 Abs. 6 Satz 3 und 4 SGB IX bleiben unberührt. Der vermutlich zuständige Leistungsträger ist umgehend zu unterrichten.

§ 5 Finanzierung. (1) Die IFD werden für die Zielgruppe der schwerbehinderten Menschen durch die Integrationsämter flächen- und bedarfsdeckend eingerichtet, ausgestattet und nach einheitlichen Kriterien leistungsabhängig finanziert.

(2) Die Nutzung der IFD durch die Integrationsämter für schwerbehinderte Menschen wird aus Mitteln der Ausgleichsabgabe finanziert. Die Inanspruchnahme der IFD durch die Rehabilitationsträger nach § 33 Abs. 6 Nr. 8 SGB IX wird dem Integrationsfachdienst pro Einzelfall vergütet. Die Vergütung für den Bereich Berufsbegleitung orientiert sich an den durchschnittlichen Fallkosten pro Monat. Für den Bereich Vermittlung wird eine erfolgsabhängige Vergütung gezahlt.

(3) Für die Rehabilitationsträger gilt:

(a) Im Bereich der Berufsbegleitung beträgt die Kostenerstattung im ersten Monat 500,00 Euro. Ab dem zweiten Beauftragungsmonat wird eine Pauschale in Höhe von 250,00 Euro pro Monat vergütet. Bei einer mehr als fünfmonatigen Beauftragung beträgt die Vergütungspauschale ab dem ersten Monat 250,00 Euro.

(b) Für den Bereich Vermittlung wird ein monatlicher Grundbetrag in Höhe von 180,00 Euro vergütet. Bei Abschluss eines Arbeitsvertrages und Aufnahme der Beschäftigung wird zusätzlich eine einmalige Erfolgsprämie in Höhe von 500,00 Euro gezahlt. Nach erfolgreichem Ablauf der Probezeit wird eine Wiedereingliederungsprämie in Höhe von einmalig 700,00 Euro gezahlt.

(c) Für die isolierte Inanspruchnahme besonderer Leistungen, z. B. Einholen einer Stellungnahme bei speziellen Behinderungsarten wie Schwerhörigkeit, Blindheit etc., gilt eine Vergütung von 180,00 Euro als vereinbart, sofern nicht im Einzelfall vor Inanspruchnahme eine abweichende Regelung getroffen wird.

Die vereinbarte Vergütung wird zum Ende des Beauftragungszeitraumes fällig. Sofern Umsatzsteuerpflicht nachgewiesen ist, gelten die vorstehenden Beträge als Nettobeträge. Die Wiederaufnahme bereits abgeschlossener Fälle erfolgt nur mit Zustimmung des Leistungsträgers.

(4) Zwischen Integrationsamt, Integrationsfachdienst und Rehabilitationsträger können abweichende regionale Regelungen über die Zahlungsmodalitäten getroffen werden.

(5) Zur Vermeidung der Erstattung eines Aussteuerungsbetrages nach § 46 Abs. 4 SGB II können die Agenturen für Arbeit mit dem Integrationsfachdienst abweichend von Abs. 3b Satz 2 und 3 höhere Vergütungen vereinbaren.

§ 6 Zusammenarbeit im Landeskoordinierungsausschuss und in den Koordinierungsausschüssen. (1) Die Beteiligten auf Landesebene können sich im Rahmen des Landeskoordinierungsausschusses treffen, um alle Fragen zur landesweiten Umsetzung der gemeinsamen Empfehlung und zur Entwicklung der IFD zu behandeln. Dies umfasst Fragen zur bedarfsorientierten Beauftragung, zur Zielgruppenpräsenz, zur personellen Ausstattung mit entsprechender behinderungsspezifischer Fachkompetenz, zur Ergebnisbewertung, zur Zielerreichung, zum Förderrecht und zur gemeinsamen Öffentlichkeitsarbeit. Das Integrationsamt als strukturverantwortlicher Auftraggeber lädt ein. Die Verbände behinderter Menschen einerseits sowie die Integrationsfachdienste andererseits über deren Vertretungen sind durch jeweils eine(n) Vertreter(in) zu beteiligen.

(2) Des Weiteren kann zur regionalen Abstimmung und Kooperation mit den Auftraggebern und Beteiligten pro IFD ein örtlicher Koordinierungsausschuss eingerichtet werden.

Dieser begleitet insbesondere:
- die Umsetzung der Gemeinsamen Empfehlung vor Ort,
- die einheitliche Ausführung von Leistungen zur Teilhabe (insbesondere bei Komplexleistungen),
- die Auslastung des IFD,
- die Sicherung des niederschwelligen Zugangs zum IFD und
- die Beurteilung der Ergebnisse und der Zielerreichung.

§ 7 Dokumentation, Berichtswesen und Statistik. (1) Die Falldokumentation soll nach einheitlichen Kriterien erfolgen. Die Integrationsämter führen ein einheitliches Dokumentationssystem bei allen IFD ein.

(2) Der IFD dokumentiert alle wesentlichen Inhalte seiner Tätigkeit und erfasst die notwendigen personenbezogenen Daten der behinderten Menschen, für die er tätig wird. Ebenso erfasst er die Betriebe und sonstigen Kooperationspartner, mit denen er zusammenarbeitet. Zur Beauftragung im Einzelfall sind Betreuungsmitteilungen, Zwischen- und Abschlussberichte erforderlich.

(3) Daneben berichtet der IFD jährlich über seine Arbeit zusammenfassend. Dabei erläutert er aus seiner Sicht das Arbeitsergebnis zielgruppenspezifisch sowie nach Geschlechtern getrennt und beschreibt die Entwicklung der regionalen Zusammenarbeit nach § 114 SGB IX.

§ 8 Qualitätssicherung. (1) Für die Qualitätssicherung gilt die Gemeinsame Empfehlung nach § 20 SGB IX in der jeweils gültigen Fassung.

(2) Ein verbindliches System für Qualitätsmanagement und -sicherung wird auf der Grundlage eines von der BIH entwickelten Qualitätssystems weiterentwickelt. Es regelt verbindliche Vorgaben für die Arbeit der beauftragten Dienste zur Struktur-, Prozess- und Ergebnisqualität, zum Berichtswesen, zum Dokumentationsverfahren und zur Überprüfung der Qualität der Leistungserbringung.

§ 9 Datenschutz. (1) Die IFD sind nach §§ 35 SGB I, 130 SGB IX verpflichtet, die datenschutzrechtlichen Bestimmungen einzuhalten. Dabei sind insbesondere nur Daten zu erheben, die für die Teilhabe am Arbeitsleben der Betroffenen erforderlich sind. Persönliche und medizinische Daten von behinderten Menschen dürfen ohne deren Einwilligung nicht von den IFD gegenüber Personen oder Institutionen, die nicht unmittelbar an dem Eingliederungsprozess beteiligt sind, bekannt gegeben werden. Auf die Voraussetzungen des § 76 SGB X wird besonders hingewiesen.

Die IFD verpflichten sich, die zu betreuenden behinderten Menschen darüber zu informieren, welche personenbezogenen Daten erhoben und verarbeitet werden.

(2) Die Nutzer der IFD nach § 2 sind zur Beauftragung und zum Sozialdatenschutz durch die IFD zu Beginn der Zusammenarbeit aufzuklären. Ein entsprechendes Merkblatt zur Beauftragung und zum Sozialdatenschutz ist auszuhändigen. Der Erhalt und die Erläuterung dieses Merkblattes ist von den Nutzern nach § 2 Abs. 1 zu bestätigen und vom IFD entsprechend zu dokumentieren.

(3) Die IFD haben die Betriebs- und Geschäftsdaten von Rehabilitationsträgern und Unternehmen, die im Rahmen der Aufgabenerledigung bekannt werden, geheim zu halten.

(4) Der Träger haftet für seine Mitarbeiter und Beauftragten hinsichtlich der Einhaltung der datenschutzrechtlichen Vorschriften. Die Mitarbeiter sind über ihre Pflichten nach §§ 67 ff. SGB X zu belehren. Die erfolgte Belehrung der Mitarbeiter des IFD über ihre Pflichten ist zu dokumentieren.

§ 10 Geltungsdauer. (1) Die Gemeinsame Empfehlung tritt zum 1. 3. 2005 in Kraft.
(2) Die Vereinbarungspartner werden auf Ebene der Bundesarbeitsgemeinschaft für Rehabilitation in angemessenen Zeitabständen unter Einbeziehung der Verbände behinderter Menschen einschließlich der Verbände der freien Wohlfahrtspflege, der Selbsthilfegruppen und der Interessenvertretung behinderter Frauen sowie der für die Wahrnehmung der Interessen der ambulanten und stationären Rehabilitationseinrichtungen auf Bundesebene maßgeblichen Spitzenverbände prüfen, ob die Vereinbarung aufgrund zwischenzeitlich gewonnener Erfahrungen verbessert oder wesentlich veränderten Verhältnissen angepasst werden muss. Für diesen Fall erklären die Vereinbarungspartner ihre Bereitschaft, unverzüglich an der Überarbeitung einer entsprechenden zu ändernden gemeinsamen Empfehlung mitzuwirken.

§ 114
Ergebnisbeobachtung

(1) ¹Der Integrationsfachdienst dokumentiert Verlauf und Ergebnis der jeweiligen Bemühungen um die Förderung der Teilhabe am Arbeitsleben. ²Er erstellt jährlich eine zusammenfassende Darstellung der Ergebnisse und legt diese den Auftraggebern nach deren näherer gemeinsamer Maßgabe vor. ³Diese Zusammenstellung soll insbesondere geschlechtsdifferenzierte Angaben enthalten zu
1. den Zu- und Abgängen an Betreuungsfällen im Kalenderjahr,
2. dem Bestand an Betreuungsfällen,
3. der Zahl der abgeschlossenen Fälle, differenziert nach Aufnahme einer Ausbildung, einer befristeten oder unbefristeten Beschäftigung, einer Beschäftigung in einem Integrationsprojekt oder in einer Werkstatt für behinderte Menschen.

(2) ¹Der Integrationsfachdienst dokumentiert auch die Ergebnisse seiner Bemühungen zur Unterstützung der Bundesagentur für Arbeit und die Begleitung der betrieblichen Ausbildung nach § 110 Abs. 2 Nr. 1a und 1b unter Einbeziehung geschlechtsdifferenzierter Daten und Besonderheiten sowie der Art der Behinderung. ²Er erstellt zum 30. September 2006 eine zusammenfassende Darstellung der Ergebnisse und legt diese dem zuständigen Integrationsamt vor. ³Die Bundesarbeitsgemeinschaft der Integrationsämter und Hauptfürsorgestellen bereitet die Ergebnisse auf und stellt sie dem Bundesministerium für Arbeit und Soziales zur Vorbereitung des Berichtes nach § 160 Abs. 2 bis zum 31. Dezember 2006 zur Verfügung.

ERLÄUTERUNGEN

ÜBERSICHT

I. Bedeutung der Vorschrift (Rdnrn. 1–1b)
II. Fassung (Rdnrn. 2–5)
   A) durch das SGB IX vom 19. Juni 2001 (BGBl. I S. 1046) mit Wirkung vom 1. Juli 2001 (Rdnr. 2)
   B) durch das Gesetz zur Förderung der Ausbildung und Beschäftigung schwerbehinderter Menschen vom 23. April 2004 (BGBl. I S. 606) mit Wirkung vom 1. Mai 2004 (Rdnrn. 3–5)

I. Bedeutung der Vorschrift

Sie verpflichtet in **Abs. 1** den Integrationsfachdienst zur **Verlaufs- und Ergebnisdokumentation**. Diese ist jährlich zu erstellen und dem Auftraggeber vorzulegen. Hierbei handelt es sich um **zwei verschiedene Berichtsformen**: zum einen die zusammenfassende Darstellung mit den bloßen statistischen Daten nach den Nrn. 1 – 3 und stärker fallbezogene „erzählen-

1

1a Mit **Abs. 2** wurde dem Integrationsfachdienst eine weitere Dokumentationspflicht hinsichtlich der beiden **zum 1. 5. 2004 neu eingeführten Aufgaben gem. § 110 Abs. 2 Nr. 1a und 1b SGB IX auferlegt**. Es handelt sich dabei um die Unterstützung der Bundesagentur für Arbeit auf deren Anforderung bei der Berufsorientierung und Berufsberatung in den Schulen sowie um die Begleitung der betrieblichen Ausbildung schwerbehinderter, insbesondere seelisch und lernbehinderter Jugendlicher. Hierbei hat der Integrationsfachdienst geschlechtsdifferenzierte Daten und Besonderheiten sowie die Art der Behinderung einzubeziehen. **Zum 30. 9. 2006** ist eine **zusammenfassende Darstellung der Ergebnisse** zu erstellen und dem zuständigen Integrationsamt vorzulegen. Die Ergebnisse sind von der Bundesarbeitsgemeinschaft der Integrationsämter und Hauptfürsorgestellen aufzubereiten und dem zuständigen Bundesministerium bis zum 31. 12. 2006 zur Verfügung zu stellen. Diese benötigt sie für die Vorbereitung des Berichts nach § 160 Abs. 2 SGB IX.

Die Vorschrift wurde unverändert aus dem Regierungsentwurf (BT-Drucks. 14/5531 i. V. m. 14/5074) übernommen. Sie wurde ebenfalls unverändert aus § 37f SchwbG in der durch das Gesetz zur Bekämpfung der Arbeitslosigkeit Schwerbehinderter (SchwbBAG vom 29. September 2000) eingeführten Fassung übertragen.

1b Aus der Abfolge der genannten Daten ist zu schließen, dass – ungeachtet der missverständlichen Gesetzesfassung – die Berichte der Integrationsfachdienste **zum 30. 9. 2006 bereits dem jeweiligen Integrationsamt vorliegen** müssen und damit nicht etwa nur der Stichtag gemeint ist, auf den sich die Berichterstattung bezieht. Andernfalls wäre die von den Integrationsämtern geforderte Aufbereitung der Ergebnisse kaum fristgerecht zu bewältigen.

II. Fassung

A) durch das SGB IX vom 19. Juni 2001 (BGBl. I S. 1046) mit Wirkung vom 1. Juli 2001

2 Die Vorschrift wurde unverändert aus dem Regierungsentwurf (BT-Drucks. 14/5531 i. V. m. 14/5074) übernommen. Sie wurde ebenfalls unverändert aus § 37f SchwbG in der durch das Gesetz zur Bekämpfung der Arbeitslosigkeit Schwerbehinderter (SchwbBAG vom 29. September 2000) eingeführten Fassung übertragen.

B) durch das Gesetz zur Förderung der Ausbildung und Beschäftigung schwerbehinderter Menschen vom 23. April 2004 (BGBl. I S. 606) mit Wirkung vom 1. Mai 2004

3 Durch Art. 1 Nr. 30 wurde folgender **Abs. 2** angefügt:

„(2) Der Integrationsfachdienst dokumentiert auch die Ergebnisse seiner Bemühungen zur Unterstützung der Bundesagentur für Arbeit und die Begleitung der betrieblichen Ausbildung nach § 110 Abs. 2 Nr. 1a und 1b unter Einbeziehung geschlechtsdifferenzierter Daten und Besonderheiten sowie der Art der Behinderung. Er erstellt zum 30. September 2006 eine zusammenfassende Darstellung der Ergebnisse und legt diese dem zuständigen Integrationsamt vor. Die Bundesarbeitsgemeinschaft der Integrationsämter und Hauptfürsorgestellen bereitet die Ergebnisse auf und stellt sie dem Bundesministerium für Gesundheit und Soziale Sicherung zur Vorbereitung des Berichtes nach § 160 Abs. 2 bis zum 31. Dezember 2006 zur Verfügung."

4 Die **Fassung** der Vorschrift entspricht im Wesentlichen dem Gesetzentwurf der Fraktionen SPD und Bündnis 90/DIE GRÜNEN (BT-Drucks. 15/1783). Dort ist zur **Begründung** ausgeführt (S. 18):

„Mit der Dokumentation und zusammenfassenden Darstellung der Ergebnisse über die Zusammenarbeit der Integrationsfachdienste mit den Arbeitsämtern zur Unterstützung bei der Berufsorientierung und Berufsberatung sowie über die Begleitung der betrieblichen Ausbildung schwerbehinderter, insbesondere seelisch und lernbehinderter Jugendlicher soll die Wirksamkeit dieser Zusammenarbeit beobachtet werden, um ggf. Vorschläge über weiter zu treffende Maßnahmen machen zu können. Die Dokumentation und Darstellung berücksichtigen geschlechtsdifferenzierte Daten und Besonderheiten sowie die Arten der Behinderung."

Der Ausschuss für Gesundheit und Soziale Sicherung hat lediglich durch die Änderung der Bezeichnung in „Bundesagentur für Arbeit" die zum 1. Januar 2004 eingetretene Umbenennung der früheren „Bundesanstalt" durch das Dritte Gesetz für moderne Dienstleistungen am Arbeitsmarkt berücksichtigt (vgl. BT-Drucks. 15/2357 S. 25). 5

§ 115
Verordnungsermächtigung

(1) **Das Bundesministerium für Arbeit und Soziales wird ermächtigt, durch Rechtsverordnung mit Zustimmung des Bundesrates das Nähere über den Begriff und die Aufgaben des Integrationsfachdienstes, die für sie geltenden fachlichen Anforderungen und die finanziellen Leistungen zu regeln.**

(2) **Vereinbaren die Bundesarbeitsgemeinschaft der Integrationsämter und Hauptfürsorgestellen und die Rehabilitationsträger nicht innerhalb von sechs Monaten, nachdem das Bundesministerium für Arbeit und Soziales sie dazu aufgefordert hat, eine gemeinsame Empfehlung nach § 113 Abs. 2 oder ändern sie die unzureichend gewordene Empfehlung nicht innerhalb dieser Frist, kann das Bundesministerium für Arbeit und Soziales Regelungen durch Rechtsverordnung mit Zustimmung des Bundesrates erlassen.**

ERLÄUTERUNGEN

ÜBERSICHT

I. Bedeutung der Vorschrift (Rdnrn. 1–1a)
II. Fassung (Rdnrn. 2–4)
   A) durch das SGB IX vom 19. Juni 2001 (BGBl. I S. 1046) mit Wirkung vom 1. Juli 2001 (Rdnr. 2)
   B) durch das Gesetz vom 3. April 2003 (BGBl. I S. 462) mit Wirkung vom 1. Januar 2003 (Rdnr. 3)
   C) durch das Gesetz zur Förderung der Ausbildung und Beschäftigung schwerbehinderter Menschen vom 23. April 2004 (BGBl. I S. 606) mit Wirkung vom 1. Mai 2004 (Rdnr. 4)
III. Anmerkungen (Rdnrn. 5–7)
   A) zu Abs. 1 (Rdnrn. 5–6)
   B) zu Abs. 2 (Rdnr. 7)

I. Bedeutung der Vorschrift

Sie ermächtigt **in Abs. 1** das Bundesministerium für Gesundheit und Soziale Sicherung, durch Rechtsverordnung mit Zustimmung des Bundesrates Einzelheiten über den Begriff und die Aufgaben des Integrationsfachdienstes, die entsprechenden fachlichen Anforderungen und die finanziellen Leistungen zu regeln. 1

In **Abs. 2** wurde eine weitere Verordnungsermächtigung geschaffen, mit der das zuständige Bundesministerium mit Zustimmung des Bundesrates Regelungen zur Inanspruchnahme und Finanzierung der Integrationsfachdienste erlassen kann. Dies ist an die Voraussetzung geknüpft, dass eine gemeinsame Empfehlung hierzu nach § 113 Abs. 2 SGB IX nicht zustande kommt oder eine solche trotz Aufforderung durch das Ministerium im Bedarfsfall nicht geändert wird. 1a

II. Fassung

A) durch das SGB IX vom 19. Juni 2001 (BGBl. I S. 1046) mit Wirkung vom 1. Juli 2001

2   Die Vorschrift des jetzigen Abs. 1 wurde aus dem Regierungsentwurf (BT-Drucks. 14/5531 i. V. m. 14/5074) übernommen. Sie wurde unverändert aus § 37g SchwbG in der durch das Gesetz zur Bekämpfung der Arbeitslosigkeit Schwerbehinderter (SchwbBAG vom 29. September 2000) eingeführten Fassung übertragen.

B) durch das Gesetz vom 3. April 2003 (BGBl. I S. 462) mit Wirkung vom 1. Januar 2003

3   Hierdurch wurde im jetzigen **Abs. 1** die Ressortbezeichnung "Bundesministerium für Arbeit und Sozialordnung" durch die Bezeichnung „Bundesministerium für Gesundheit und soziale Sicherung" ersetzt.

C) durch das Gesetz zur Förderung der Ausbildung und Beschäftigung schwerbehinderter Menschen vom 23. April 2004 (BGBl. I S. 606) mit Wirkung vom 1. Mai 2004

4   Durch Art. 1 Nr. 30a wurde folgender **Abs. 2** angefügt:

„(2) Vereinbaren die Bundesarbeitsgemeinschaft der Integrationsämter und Hauptfürsorgestellen und die Rehabilitationsträger nicht innerhalb von sechs Monaten, nachdem das Bundesministerium für Gesundheit und Soziale Sicherung sie dazu aufgefordert hat, eine gemeinsame Empfehlung nach § 113 Abs. 2 oder ändern sie die unzureichend gewordene Empfehlung nicht innerhalb dieser Frist, kann das Bundesministerium für Gesundheit und Soziale Sicherung Regelungen durch Rechtsverordnung mit Zustimmung des Bundesrates erlassen."

Die zunächst im Gesetzentwurf der Fraktionen SPD und Bündnis 90/DIE GRÜNEN (BT-Drucks. 15/1783) nicht enthaltene Vorschrift wurde **vom Ausschuss für Gesundheit und Soziale Sicherung** vorgeschlagen. In der Beschlussempfehlung (BT-Drucks. und 15/2357 S. 25) wird hierzu angemerkt, dass der neue Absatz 2 "die Möglichkeit einer Rechtsverordnung nach dem Vorbild des § 16 SGB IX" eröffne.

III. Anmerkungen

A) zu Abs. 1

5   Die Vorschrift ermächtigt das zuständige Bundesministerium, im Verordnungswege die **Regelungsgehalte der §§ 109 ff. SGB IX** zu **konkretisieren**. Die Ermächtigung ist hinreichend bestimmt und genügt somit den Anforderungen des Art. 80 Abs. 1 GG (GK-SGB IX / *Marschner* Rdnr. 4).

6   Eine entsprechende **Rechtsverordnung ist bisher nicht ergangen** und wohl auch in absehbarer Zeit nicht zu erwarten. Zum einen ist der flächendeckende Aufbau der Integrationsfachdienste im Wesentlichen abgeschlossen, so dass insoweit ein unmittelbares Regelungsbedürfnis wohl nicht besteht. Zum anderen erscheint es vorzugswürdig, innerhalb des bestehenden gesetzlichen Rahmens die notwendigen Festlegungen auf vertraglicher Basis, etwa mit den Instrumenten der Zielvereinbarungen und der Gemeinsamen Empfehlungen, zu treffen. In jedem Fall bedarf es weiterer Erfahrungen mit dem verhältnismäßig neuen Instrument der Integrationsfachdienste; eine spätere Verordnung könnte vor allem zu korrigierenden Eingriffen dienen, wenn sich die bisherigen Ansätze zu einer Selbstregulierung der Beteiligten als nicht ausreichend herausstellen sollten.

B) zu Abs. 2

Die mit dem zum 1. 5. 2004 angefügten **Abs. 2** geschaffene Verordnungsermächtigung war nach dem Vorbild des § SGB IX als Druckmittel für den Fall gedacht, dass die in § 113 Abs. 2 SGB IX vorgesehene „Gemeinsame Empfehlung" zur Inanspruchnahme der Integrationsfachdienste und vor zu allem ihrer Finanzierung nicht oder nicht rechtzeitig zustande kommen sollte. Inzwischen ist aber die gemeinsame Empfehlung vom 16. 12. 2004 verabschiedet und mit Wirkung vom 1. 3. 2005 in Kraft gesetzt worden (vgl. Erl. zu § 113 Rdnr. 25 sowie den Anhang zu jener Vorschrift), so dass es der Ausschöpfung dieser Ermächtigung nicht mehr bedarf. Sie kann aber dann wieder Bedeutung erlangen, wenn die Gemeinsame Empfehlung sich im Lauf der weiteren Entwicklung als unzureichend herausstellen sollte und eine Aufforderung des Bundesministeriums für Gesundheit und Soziale Sicherung zu einer entsprechenden Änderung kein Gehör finden sollte.

7

KAPITEL 8
Beendigung der Anwendung der besonderen Regelungen zur Teilhabe schwerbehinderter und gleichgestellter behinderter Menschen

§ 116
Beendigung der Anwendung der besonderen Regelungen zur Teilhabe schwerbehinderter Menschen

(1) Die besonderen Regelungen für schwerbehinderte Menschen werden nicht angewendet nach dem Wegfall der Voraussetzungen nach § 2 Abs. 2; wenn sich der Grad der Behinderung auf weniger als 50 verringert, jedoch erst am Ende des dritten Kalendermonats nach Eintritt der Unanfechtbarkeit des die Verringerung feststellenden Bescheides.

(2) [1]Die besonderen Regelungen für gleichgestellte behinderte Menschen werden nach dem Widerruf oder der Rücknahme der Gleichstellung nicht mehr angewendet. [2]Der Widerruf der Gleichstellung ist zulässig, wenn die Voraussetzungen nach § 2 Abs. 3 in Verbindung mit § 68 Abs. 2 weggefallen sind. [3]Er wird erst am Ende des dritten Kalendermonats nach Eintritt seiner Unanfechtbarkeit wirksam.

(3) Bis zur Beendigung der Anwendung der besonderen Regelungen für schwerbehinderte Menschen und ihnen gleichgestellte behinderte Menschen werden die behinderten Menschen dem Arbeitgeber auf die Zahl der Pflichtarbeitsplätze für schwerbehinderte Menschen angerechnet.

ERLÄUTERUNGEN

ÜBERSICHT

I. Bedeutung der Vorschrift (Rdnrn. 1–3)
II. Fassung (Rdnr. 4)
III. Anmerkungen (Rdnrn. 5–15)
  A) zu Abs. 1
    1. Wegfall der Voraussetzungen nach § 2 Abs. 2 SGB IX (Rdnrn. 5–10)
    2. Schonfrist (Rdnrn. 11–12)
  B) zu Abs. 2
    1. Ende des Schutzes Gleichgestellter (Rdnrn. 13–14)
  C) zu Abs. 3
    1. Anrechnung auf Pflichtarbeitsplätze (Rdnr. 15)

I. Bedeutung der Vorschrift

1 Sie regelt den Fortfall der Schutzwirkung der besonderen Regelungen für schwerbehinderte Menschen. Diese werden nicht mehr angewendet, wenn die Voraussetzungen des § 2 Abs. 2 SGB IX entfallen sind. Dies trifft dann zu, wenn entweder der GdB unter 50 sinkt oder der schwerbehinderte Mensch seinen Wohnsitz oder gewöhnlichen Aufenthalt ins Ausland verlegt bzw. seinen inländischen Arbeitsplatz nicht mehr innehat (**Abs. 1 Halbs. 1**). Verringert sich der GdB auf weniger als 50, kommen dem schwerbehinderten Menschen aber noch bis zum Ende des dritten Kalendermonats nach Eintritt der Unanfechtbarkeit des Bescheids, der die Verringerung feststellt, die Schutzvorschriften nach §§ 68 ff. SGB IX zugute (**Abs. 1 Halbs. 2**).

2 **Abs. 2** trifft eine Bestimmung für gleichgestellte behinderte Menschen im Sinne von § 2 Abs. 3 SGB IX. Für diese entfällt der Schutz der Vorschriften für schwerbehinderte Menschen nur dann, wenn der Bescheid über die Gleichstellung gemäß § 68 Abs. 2 SGB IX widerrufen oder zurückgenommen wurde. Der Widerruf ist zulässig, wenn die Voraussetzun-

Besondere Regelungen – Beendigung § 116

gen der Gleichstellungen weggefallen sind (**Abs. 2 Satz 2**). Er wird erst am Ende des dritten Kalendermonats nach Eintritt seiner Unanfechtbarkeit wirksam (**Abs. 2 Satz 3**).

Solange die besonderen Regeln für schwerbehinderte und gleichgestellte Menschen noch anwendbar sind, werden die Betroffenen gem. § 75 SGB IX auf die Zahl der Pflichtarbeitsplätze angerechnet (**Abs. 3**). 3

II. Fassung

Die Vorschrift wurde unverändert aus dem Regierungsentwurf (BT-Drucks. 14/5531 i. V. m. 14/5074) übernommen. Sie entspricht im Wesentlichen dem bisherigen § 38 SchwbG. Terminologisch wurde jeweils die Wendung „der gesetzliche Schutz ... erlischt" ersetzt durch die Worte „die besonderen Regeln ... werden nicht (mehr) angewendet". 4

III. Anmerkungen

A) zu Abs. 1

1. Wegfall der Voraussetzungen nach § 2 Abs. 2 SGB IX

Die Vorschrift des § 2 Abs. 2 SGB IX verlangt als Voraussetzung der „Schwerbehinderung" im Sinne der §§ 68 ff. SGB IX, dass bei den Betroffenen ein GdB von wenigstens 50 vorliegt. Ferner müssen sie ihren Wohnsitz oder gewöhnlichen Aufenthalt oder ihre Beschäftigung auf einem Arbeitsplatz im Sinne des § 73 SGB IX rechtmäßig in Deutschland haben. 5

Damit entfällt die Anwendbarkeit der Vorschriften des Schwerbehindertenrechts dann automatisch, wenn der schwerbehinderte Mensch seinen **Wohnsitz** oder gewöhnlichen Aufenthalt **ins Ausland verlegt** oder aber nicht mehr auf einem inländischen Arbeitsplatz im Sinne des § 73 SGB IX beschäftigt ist. Hierzu bedarf es keiner weiteren förmlichen Feststellung. 6

Ein behinderter Mensch ist unter den in § 2 Abs. 2 SGB IX genannten örtlichen Voraussetzungen schwerbehindert, wenn bei ihm ein **GdB von wenigstens 50** vorliegt. Das bedarf keiner Feststellung durch Verwaltungsakt. An sich wäre es folgerichtig, auch den Wegfall der Eigenschaft als schwerbehinderter Mensch allein davon abhängig zu machen, dass der GdB unter 50 sinkt. Gleichwohl knüpft § 116 Abs. 1 SGB IX aus Gründen der **Rechtssicherheit** und des sozialen Schutzes den Verlust der Eigenschaft als schwerbehinderter Mensch an einen entsprechenden **Feststellungsbescheid** (GK-SGB IX / Schimanski Rdnr. 14). 7

Im Falle einer GdB-Reduzierung auf unter 50 endet somit die Eigenschaft als schwerbehinderter Mensch zwar mit Eintritt dieses Ereignisses; die Anwendbarkeit der besonderen Regelungen für schwerbehinderte Menschen endet aber erst mit Ablauf von drei Kalendermonaten nach Unanfechtbarkeit des Bescheids, der die Verringerung feststellt. 8

Bei diesem Bescheid wird es sich regelmäßig um die **Rücknahme** oder die **Aufhebung** eines **Bescheids nach § 69 Abs. 1 oder 2 SGB IX** handeln. Eine Rücknahme kommt unter den Einschränkungen des § 45 Abs. 2 – 4 SGB X in Betracht, wenn der Bescheid von Anfang an rechtswidrig war, etwa weil der GdB von vornherein unter 50 lag. Haben sich die Verhältnisse hingegen zwischenzeitlich geändert, kann der Bescheid ebenfalls mit Wirkung für die Zukunft aufgehoben werden. 9

Einem unanfechtbaren Feststellungsbescheid steht eine entsprechende rechtskräftige **Gerichtsentscheidung** oder ein unwiderruflicher **Vergleich vor dem Sozialgericht** über den GdB oder eine Klagerücknahme gleich (BAG Urteil vom 3. Januar 1957 – 2 AZR 281/56 = BAGE 3, 203 = DB 1957, 120; Neumann u.a. / *Majerski-Pahlen* Rdnr. 4).

Das Versorgungsamt hat vor einem die Verringerung feststellenden Bescheid den behinderten Menschen nach § 24 SGB X **anzuhören** und ihm auch ausreichend Gelegenheit zu geben, sich zu den für die Entscheidung erheblichen Tatsachen zu äußern. 10

2. Schonfrist

11 Die besonderen Regeln für schwerbehinderte Menschen sind erst am **Ende des dritten Kalendermonats nach Eintritt der Unanfechtbarkeit** des die Verringerung feststellenden Bescheides – bzw. der Rechtskraft der gerichtlichen Entscheidung, der Unwiderruflichkeit des Prozessvergleichs oder der Klagerücknahme – nicht mehr anzuwenden (**Abs. 1 Halbs. 2**).

Wird beispielsweise einem schwerbehinderten Menschen ein Bescheid am 27. Juli durch die Post zugestellt, wird dieser nach Ablauf eines Monats gem. § 77 SGG bindend, wenn hiergegen kein Widerspruch eingelegt wird. In diesem Fall wird der Entziehungsbescheid mit Ablauf des 27. August bestandskräftig. Die besonderen Regeln für schwerbehinderte Menschen sind noch bis zum Ablauf des dritten Kalendermonats nach der Unanfechtbarkeit des Bescheids anzuwenden, also bis zum 30. November.

12 Der behinderte Mensch, dessen GdB auf weniger als 50, aber wenigstens 30 festgestellt worden ist, kann sich während der Schonfrist bei der Agentur für Arbeit um eine Gleichstellung nach § 68 Abs. 2 SGB IX bemühen. Wird die Gleichstellung ausgesprochen, bleibt dem Betroffenen im Ergebnis der Schutz des Schwerbehindertenrechts – mit Ausnahme des Anspruchs auf Zusatzurlaub und auf Vergünstigungen bei öffentlichen Verkehrsmitteln – erhalten (vgl. Neumann u.a. / *Majerski-Pahlen* Rdnr. 6).

B) zu Abs. 2

1. Ende des Schutzes Gleichgestellter

13 Die Beendigung der Eigenschaft als gleichgestellter behinderter Mensch endet nicht mit dem Wegfall der Voraussetzungen in § 2 Abs. 3 SGB IX. Vielmehr werden die besonderen Regeln für diesen Personenkreis erst nach dem Widerruf oder der Rücknahme der Gleichstellung nicht mehr angewendet (**Abs. 2 Satz 1**). Der Widerruf ist zulässig, wenn die gesetzlichen Voraussetzungen weggefallen sind. Dies kann in erster Linie das Absinken des GdB auf weniger als 30 sein. In Betracht kommt aber auch der Wegfall der örtlichen Voraussetzungen (Wohnsitz oder g. A. bzw. Beschäftigung i. S. d. § 73 SGB IX in Deutschland). Möglich ist auch der Wegfall des Gleichstellungsgrundes in § 2 Abs. 3 SGB IX: So bedarf der Gleichgestellte der Hilfe des Gesetzes nicht mehr, um einen Arbeitsplatz zu erlangen oder zu behalten, wenn er z. B. zum Beamten auf Lebenszeit ernannt wurde (vgl. Basiskommentar Rdnr. 10 zu § 38 SchwbG).

14 **Zuständig** für den Widerruf oder die Rücknahme ist die **Agentur für Arbeit**. Denn auch die Begründung der Eigenschaft als Gleichgestellter obliegt nach § 68 SGB IX dieser Behörde. Widerruft die Agentur für Arbeit die Gleichstellung wegen Wegfalls der Voraussetzungen, wird dies erst am Ende des dritten Kalendermonats nach Eintritt der Unanfechtbarkeit wirksam. Zur Berechnung des Zeitraums vgl. oben zur entsprechenden Regelung in Abs. 1.

C) zu Abs. 3

1. Anrechnung auf Pflichtarbeitsplätze

15 Während der Schonfrist nach Abs. 1 bzw. Abs. 2 Satz 2 hat der Arbeitgeber den Betroffenen nach wie vor als schwerbehinderten Menschen bzw. Gleichgestellten zu behandeln. Deshalb werden die betroffenen Arbeitnehmer bis zum Ablauf des genannten Zeitraums auf die Zahl der Pflichtarbeitsplätze für schwerbehinderte Menschen angerechnet.

§ 117
Entziehung der besonderen Hilfen für schwerbehinderte Menschen

(1) [1]Einem schwerbehinderten Menschen, der einen zumutbaren Arbeitsplatz ohne berechtigten Grund zurückweist oder aufgibt oder sich ohne berechtigten Grund weigert, an einer Maßnahme zur Teilhabe am Arbeitsleben teilzunehmen, oder sonst durch

sein Verhalten seine Teilhabe am Arbeitsleben schuldhaft vereitelt, kann das Integrationsamt im Benehmen mit der Bundesagentur für Arbeit die besonderen Hilfen für schwerbehinderte Menschen zeitweilig entziehen. ²Dies gilt auch für gleichgestellte behinderte Menschen.

(2) ¹Vor der Entscheidung über die Entziehung wird der schwerbehinderte Mensch gehört. ²In der Entscheidung wird die Frist bestimmt, für die sie gilt. ³Die Frist läuft vom Tage der Entscheidung an und beträgt nicht mehr als sechs Monate. ⁴Die Entscheidung wird dem schwerbehinderten Menschen bekannt gegeben.

ERLÄUTERUNGEN

ÜBERSICHT

I. Bedeutung der Vorschrift (Rdnrn. 1–2)
II. Fassung (Rdnrn. 3–4)
   A) durch das SGB IX vom 19. Juni 2001 (BGBl. I S. 1046) mit Wirkung vom 1. Juli 2001 (Rdnr. 3)
   B) durch das Vierte Gesetz für moderne Dienstleistungen am Arbeitsmarkt vom 24. Dezember 2003 (BGBl. I S. 2954) mit Wirkung vom 1. Januar 2004 (Rdnr. 4)
III. Anmerkungen (Rdnrn. 5–29)
   A) zu Abs. 1
      1. Schuldhafte Vereitelung der Teilhabe am Arbeitsleben (Rdnrn. 5–16)
      2. Entzug der besonderen Hilfen (Rdnrn. 17–21)
      3. Anwendbarkeit auf gleichgestellte behinderte Menschen (Rdnr. 22)
   B) zu Abs. 2
      1. Befristung der Entscheidung (Rdnrn. 23–26)
      2. Anhörung und Bekanntgabe (Rdnrn. 27–29)

I. Bedeutung der Vorschrift

Sie regelt die zeitweilige Entziehung der besonderen Hilfen für schwerbehinderte Menschen bzw. Gleichgestellte: Diesen kann das Integrationsamt im Benehmen mit der Bundesagentur für Arbeit die besonderen Hilfen zeitweilig entziehen. Voraussetzung ist, dass der Betroffene seine Teilhabe am Arbeitsleben schuldhaft vereitelt. Das Gesetz nennt als Hauptbeispiele die Zurückweisung oder die Aufgabe eines zumutbaren Arbeitsplatzes ohne berechtigten Grund oder die unberechtigte Weigerung der Teilnahme an einer Maßnahme zur Teilhabe am Arbeitsleben (**Abs. 1**). 1

Das Integrationsamt hat vor der Entscheidung den schwerbehinderten Menschen anzuhören (**Abs. 2 Satz 1**). Werden die besonderen Hilfen entzogen, muss bestimmt werden, wie lange dies gelten soll. Die Frist beginnt mit dem Tag der Entscheidung und beträgt höchstens sechs Monate (**Abs. 2 Satz 2 und 3**). Die Entscheidung ist dem schwerbehinderten Menschen bzw. dem Gleichgestellten bekannt zu geben (**Abs. 2 Satz 4**). 2

II. Fassung

A) durch das SGB IX vom 19. Juni 2001 (BGBl. I S. 1046) mit Wirkung vom 1. Juli 2001

Die Vorschrift wurde unverändert aus dem Regierungsentwurf (BT-Drucks. 14/5531 i. V. m. 14/5074) übernommen. Sie entspricht inhaltlich dem bisherigen § 39 SchwbG. 3

B) **durch das Vierte Gesetz für moderne Dienstleistungen am Arbeitsmarkt vom 24. Dezember 2003 (BGBl. I S. 2954) mit Wirkung vom 1. Januar 2004**

4 Durch Art. 9 Nr. 17 wurden in **Abs. 1 Satz 1** die Wörter „dem Landesarbeitsamt" durch die Wörter „der Bundesagentur für Arbeit" ersetzt.

Das Inkrafttreten dieses Gesetzes wurde rückwirkend vorverlegt durch Art. 14 Nr. 4b des Kommunalen Optionsgesetzes vom 30. Juli 2004 (BGBl. I S. 2014).

III. Anmerkungen

A) zu Abs. 1

1. Schuldhafte Vereitelung der Teilhabe am Arbeitsleben

5 Voraussetzung für die Entziehung der besonderen Hilfen für schwerbehinderte Menschen ist, dass der Betroffene seine Teilhabe am Arbeitsleben **schuldhaft vereitelt**. Hierin liegt der Oberbegriff, den das Gesetz durch mehrere typisierende Anwendungsfälle konkretisiert. Hierzu gehört die **Zurückweisung eines zumutbaren Arbeitsplatzes ohne berechtigten Grund**. Gemeint ist ein Arbeitsplatz, der dem schwerbehinderten Menschen aufgrund der Vermittlung der Bundesagentur für Arbeit oder eines beteiligten Integrationsfachdienstes angeboten wird.

6 **Zumutbar** ist ein Arbeitsplatz für einen schwerbehinderten Menschen nur dann, wenn er den Anforderungen des § 81 Abs. 4 und 5 SGB IX genügt (Müller-Wenner / *Schorn* Rdnr. 7). Das gilt insbesondere für die behinderungsgerechte Einrichtung der Arbeitsstätten sowie die Ausstattung des Arbeitsplatzes mit den erforderlichen technischen Arbeitshilfen.

7 Entsprechend dem Maßstab des Arbeitsförderungsrechts ist im Übrigen zu verlangen, dass der Arbeitsplatz der **Arbeitsfähigkeit** des schwerbehinderten Menschen entspricht und nicht allgemeine oder personenbezogene Gründe der Zumutbarkeit einer Beschäftigung entgegenstehen (vgl. die Definition in § 121 Abs. 1 SGB III). Aus **allgemeinen Gründen** ist eine Beschäftigung insbesondere nicht zumutbar, wenn sie gegen gesetzliche, tarifliche oder in Betriebsvereinbarungen festgelegte Bestimmungen über Arbeitsbedingungen oder gegen Bestimmungen des Arbeitsschutzes verstößt (§ 121 Abs. 2 SGB III). Eine untertarifliche Bezahlung ist jedenfalls ein Indiz für die Unzumutbarkeit eines Arbeitsplatzes; jedoch muss der schwerbehinderte Mensch gegebenenfalls einen geringeren Verdienst infolge einer tariflichen Minderleistungsklausel hinnehmen (Neumann u. a. / *Majerski-Pahlen* Rdnr. 7).

8 Hingegen können die in § 121 Abs. 3 und 4 SGB III beispielhaft genannten **personenbezogenen Gründe**, aus denen eine Beschäftigung einem Arbeitslosen nicht zumutbar ist, nicht uneingeschränkt auf schwerbehinderte Menschen angewandt werden. So sind die in Abs. 4 der Vorschrift genannten Pendelzeiten (täglich mehr als zwei Stunden bei einer Arbeitszeit von sechs Stunden, bei längerer Arbeitszeit mehr als zweieinhalb Stunden) gegebenenfalls zu unterschreiten, wenn Art und Ausmaß der Behinderung das erfordern. Aus demselben Grund kann hier die Regel des § 121 Abs. 5 SGB III nicht einschränkungslos entsprechend gelten, nach der Arbeitslose eine Beschäftigung nicht allein wegen Befristung, vorübergehend getrennter Haushaltsführung oder Ausbildungsfremdheit ablehnen dürfen.

9 Der zumutbare Arbeitsplatz muss ferner **ohne berechtigten Grund** zurückgewiesen worden sei. Für diese Einschränkung kann der Begriff des „wichtigen Grundes" in der Sperrzeitregelung des **§ 144 Abs. 1 SGB III** und die hierzu ergangene Rechtsprechung zumindest im Ausgangspunkt als Vergleichsmaßstab gewählt werden. Ein wichtiger Grund für eine Arbeitsaufgabe oder -ablehnung sowie den Abbruch bzw. die Ablehnung einer beruflichen Eingliederungsmaßnahme liegt z. B. vor, wenn die Arbeit das körperliche oder geistige Leistungsvermögen des behinderten Menschen überfordert oder dieser arbeitsrechtlich berechtigt wäre, das Arbeitsverhältnis nach § 626 BGB fristlos zu kündigen (vgl. hierzu Lohre u. a. / Stevens-Bartol, Arbeitsförderungsrecht, 3. Aufl. § 144 Rdnrn. 24 und 31). Jedoch ermöglicht der „berechtigte Grund" in § 117 SGB IX auch die Berücksichtigung nicht arbeitsplatzbezo-

gener persönlicher Gründe, die sowohl wirtschaftlicher, familiärer, psychischer oder rein menschlicher Art sein können (vgl. BSGE 42, 184; Hauck / Noftz / *Masuch* Rdnr. 11).

Hierbei sind auch die **Ziele der begleitenden Hilfe im Arbeitsleben** nach § 102 Abs. 2 Satz 2 SGB IX zu berücksichtigen: Schwerbehinderte Menschen sollen in ihrer sozialen Stellung nicht absinken, zudem auf Arbeitsplätzen beschäftigt werden, auf denen sie ihre Fähigkeiten und Kenntnisse voll verwerten und weiterentwickeln können sowie durch Leistungen der Rehabilitationsträger und Maßnahmen der Arbeitgeber befähigt werden, sich am Arbeitsplatz und im Wettbewerb mit nicht behinderten Menschen zu behaupten. Gelingt dies im Einzelfall nicht, sollte nicht der Gedanke an Disziplinierung mit den Mitteln des § 117 SGB IX im Vordergrund stehen. Denn gibt ein schwerbehinderter Mensch seinen Arbeitsplatz aufgrund von Konflikten im Betrieb auf, stellt sich eher die Frage nach berufsbegleitenden psychosozialen Hilfen. Zu diesen kann auch eine Konfliktschlichtung unter den Beteiligten gehören, die Art und Auswirkungen der Behinderung einbezieht (Müller-Wenner / *Schorn* Rdnr. 6). 10

Ein weiterer Fall der „schuldhaften Vereitelung der Teilhabe am Arbeitsleben" ist die **Aufgabe eines Arbeitsplatzes** ohne berechtigten Grund. Sie kann sowohl bei Kündigung seitens des Arbeitnehmers gegeben sein als auch beim Aufhebungsvertrag im beiderseitigen Einvernehmen. Bei einer einvernehmlichen Aufhebung kann aber die Rechtfertigung beispielsweise in betriebsbedingten Gründen für die Beendigung des Arbeitsverhältnisses liegen. 11

Keine „Aufgabe" ist die **Kündigung durch den Arbeitgeber**, auch wenn sie fristlos aufgrund von Verfehlungen des schwerbehinderten Menschen ausgesprochen wird (Hauck / Noftz / *Masuch* Rdnr. 6; Müller-Wenner / *Schorn* Rdnr. 10; a. A. Kossens u. a. / *Kossens* Rdnr. 4; differenzierend Neumann u. a. / *Majerski-Pahlen* Rdnr. 11). Allerdings kann gegebenenfalls das der Kündigung vorangegangene Verhalten des schwerbehinderten Arbeitnehmers als schuldhafte Vereitelung seiner Teilnahme am Arbeitsleben gewertet werden. Denn hierzu können auch gravierende Störungen des Betriebsfriedens, hartnäckige Arbeitsverweigerung oder unangemessenes Verhalten bei Vorstellungsgesprächen gerechnet werden. 12

Mit Sanktionen belegt werden kann schließlich auch die Weigerung, an einer **Maßnahme zur Teilhabe am Arbeitsleben** teilzunehmen. Damit sind Maßnahmen der Rehabilitationsträger im Rahmen der Leistungen nach den §§ 33 ff. SGB IX gemeint, insbesondere in Berufsbildungswerken, Berufsförderungswerken und vergleichbaren Einrichtungen der beruflichen Rehabilitation (§ 35 SGB IX). Hingegen sind Betroffene nicht verpflichtet, gegen ihren Willen eine Beschäftigung in Werkstätten für behinderte Menschen aufzunehmen oder der Beteiligung eines externen Integrationsfachdienstes zuzustimmen (Müller-Wenner / *Schorn* Rdnr. 11). 13

Aus berechtigtem Grund abgelehnt werden kann schließlich auch die Teilnahme an einer Maßnahme, die nach den Umständen des Einzelfalles **nicht zumutbar** ist. Das gilt insbesondere dann, wenn sie nicht wohnortnah, zeitlich flexibel und in Teilzeit nutzbar angeboten wird, um die **Bewältigung von Familienpflichten** zu ermöglichen (vgl. § 1 Satz 2, § 9 Abs. 1 Satz 2 und 3, § 33 Abs. 2 SGB IX, § 8a SGB III). Ein Ablehnungsgrund ist schließlich auch dann zu bejahen, wenn die Maßnahme nicht dazu beiträgt, die Erwerbsfähigkeit des schwerbehinderten Menschen entsprechend seiner Leistungsfähigkeit zu erhalten, zu verbessern, herzustellen oder wiederherzustellen (vgl. § 33 Abs. 1 SGB IX), sondern zu einer **Dequalifizierung** gegenüber dem erreichten beruflichen Status führen kann (vgl. BSGE 39, 291 und BSG AuB 1977, 424; Müller-Wenner / *Schorn* Rdnr. 12; Hauck / Noftz / *Masuch* Rdnr. 8; a. A. Kossens u. a. / *Kossens* Rdnr. 5). 14

Das Verhalten des schwerbehinderten Menschen, welches mit einer Sanktion nach § 117 SGB IX belegt werden soll, muss „**schuldhaft**" sein. Insofern gilt ein subjektiver Verschuldensmaßstab; es kommt darauf an, ob der Betroffene die Sorgfalt angewendet hat, die ihm nach den gesamten Umständen nach allgemeiner Verkehrsanschauung zuzumuten ist (Müller-Wenner / *Schorn* Rdnr. 13). Er muss also entweder wissen und wollen oder aus Unacht- 15 samkeit nicht wissen, dass er durch sein Verhalten seine berufliche Eingliederung verhindert oder gefährdet (Neumann u. a. / *Majerski-Pahlen* Rdnr. 9). Die Verfehlung darf nicht auf Art und Ausmaß der Behinderung zurückzuführen sein.

16 Ein Hilfeentzug scheidet nach dem **Verhältnismäßigkeitsgrundsatz** aus, wenn mildere Mittel des Einwirkens auf den schwerbehinderten Menschen zur Verfügung stehen (vgl. Hauck / Noftz / *Masuch* Rdnr. 9).

2. Entzug der besonderen Hilfen

17 Die Entziehung der besonderen Hilfen hat zur Folge, dass die Schutzwirkungen des Schwerbehindertenrechts des SGB IX ruhen. Als **besondere Hilfen, die** nach § 117 insgesamt oder einzeln mit entsprechender Benennung im Bescheid **entzogen werden können**, kommen vor allem in Betracht
 – der **erweiterte Kündigungsschutz** gem. §§ 85 ff. SGB IX. Während des Ruhens des Schutzes dieser Vorschriften kann somit dem schwerbehinderten Menschen auch ohne vorherige Zustimmung des Integrationsamtes gekündigt werden. Auch Änderungskündigungen sind erlaubt;
 – der **Vorrang** des schwerbehinderten Menschen bei der bevorzugten **Einstellung und Beschäftigung** gem. § 122 SGB IX;
 – das Recht, **Mehrarbeit** abzulehnen (§ 124 SGB IX);
 – die **Freifahrtberechtigung** gem. §§ 145 ff. SGB IX im öffentlichen Personenverkehr. Auch diese kann auf Zeit entzogen werden.

18 Auch der Anspruch auf **Zusatzurlaub** (§ 125 SGB IX) kann als besondere Hilfe zeitweilig entzogen werden (Neumann u. a. / *Majerski-Pahlen* Rdnr. 14; Müller-Wenner / *Schorn* Rdnr. 20; Cramer SchwbG, § 39 Rdnr. 9; a. A. Hauck / Noftz / *Masuch* Rdnr. 18). Gegebenenfalls ist der Anspruch des schwerbehinderten Menschen von 5 Arbeitstagen im Urlaubsjahr entsprechend der Entzugsdauer anteilig zu kürzen (Müller-Wenner / *Schorn* a. a. O.).

19 Über den Entzug der besonderen Hilfen entscheidet das Integrationsamt nach **pflichtgemäßem Ermessen**. Es hat sich hierfür mit der Bundesagentur für Arbeit ins Benehmen zu setzen. Diese muss dazu Stellung nehmen können und es muss versucht werden, zu übereinstimmenden Standpunkten zu kommen. Eine Bindung an die Stellungnahme der Bundesagentur besteht jedoch nicht, da „im Benehmen" nicht mit „im Einvernehmen" gleichzusetzen ist. Auch muss das Integrationsamt nicht etwa Anträgen des Arbeitgebers oder einer Behörde Folge leisten.

20 Die Sanktionen sollen einerseits schuldhaft herbeigeführte Integrationsbehinderungen ahnden, zugleich aber auch den Betroffenen zu künftigem eingliederungskonformen Verhalten veranlassen (LPK-SGB IX / *Dau* Rdnr. 9). Auch wenn der Wortlaut des Gesetzes den **Totalentzug** sämtlicher besonderer Hilfen für schwerbehinderte Menschen zeitweilig zulässt, ist doch auch insoweit der **Verhältnismäßigkeitsgrundsatz** zu beachten. Das gilt insbesondere für den Entzug des Kündigungsschutzes (vgl. auch Müller-Wenner / *Schorn* Rdnr. 19). Wenn zu Recht gefordert wird, dass die Anwendung des § 117 SGB IX als „Strafmaßnahme" auf äußerst schwerwiegende Fälle beschränkt bleiben sollte (so Neumann u. a. / *Majerski-Pahlen* Rdnr. 2), gilt dies erst recht für den Entzug sämtlicher Hilfen. Das Integrationsamt wird daher im Rahmen seiner Ermessensentscheidung prüfen müssen, ob dem Einzelfall gerecht werdende Teilentziehungen ausreichen.

21 Wird der schwerbehinderte Mensch trotz des Entzugs der besonderen Hilfen weiter beschäftigt, ist er nach ganz h. M. auch während dieses Zeitraums auf die Pflichtplatzquote seines Arbeitgebers anzurechnen (Kossens u. a. / *Kossens* Rdnr. 8; Hauck / Noftz / *Masuch* Rdnr. 19; Müller-Wenner / *Schorn* Rdnr. 21; LPK-SGB IX / *Dau* Rdnr. 10; Cramer SchwbG § 39 Rdnr. 9; a. A. Neumann u. a. / *Majerski-Pahlen* Rdnr. 11). Denn der Betroffene verliert nicht seinen Status als schwerbehinderter Mensch. Es fehlt auch eine dem § 116 Abs. 3 SGB IX vergleichbare Regelung zur Beendigung der Anrechnung. Schließlich wäre es mit dem Geset-

zeszweck nicht vereinbar, den Arbeitgeber für ein Fehlverhalten des Arbeitnehmers zu bestrafen.

3. Anwendbarkeit auf gleichgestellte behinderte Menschen

Der zeitweilige Entzug der besonderen Hilfen ist nicht nur gegenüber schwerbehinderten Menschen zulässig, sondern auch gegenüber nach § 2 Abs. 3 SGB IX gleichgestellten behinderten Menschen (**Abs. 1 Satz 2**). 22

B) zu Abs. 2
1. Befristung der Entscheidung

Entzieht das Integrationsamt im Benehmen mit der Bundesagentur für Arbeit dem schwerbehinderten Menschen oder einem Gleichgestellten die besonderen Hilfen, muss in der Entscheidung die Frist bestimmt werden, für die diese gilt. Sie läuft vom Tag der Entscheidung ab und beträgt nicht mehr als sechs Monate (**Abs. 2 Satz 2 und 3**). Maßgebend ist also nicht der Tag, an dem der Betroffene den Bescheid erhält, sodass bis zur Bekanntgabe schon einige Zeit der Frist verstrichen sein kann. Für die Fristberechnung gelten die §§ 186 ff. BGB. 23

Das Integrationsamt hat ein Ermessen nicht nur hinsichtlich der Frage, ob und in welchem Umfang besondere Hilfen entzogen werden sollen, sondern auch hinsichtlich der Dauer dieser Maßnahme. 24

Mit Fristablauf leben die gesetzlichen Rechte des schwerbehinderten Menschen automatisch wieder auf. 25

Ein mehrmaliger Entzug ist möglich. Er bedarf aber jeweils einer gesonderten Entscheidung des Integrationsamtes (Neumann u. a. / *Majerski* / *Pahlen* Rdnr. 13). 26

2. Anhörung und Bekanntgabe

Vor dem Entzug der besonderen Hilfen ist der schwerbehinderte Mensch oder der Gleichgestellte zu hören (**Abs. 2 Satz 1**). Dem Betroffenen muss Gelegenheit zur Stellungnahme zu den Vorwürfen gegeben werden (vgl. § 28 Abs. 1 VwVfG). Wird er nicht gehört oder wird die Bundesagentur für Arbeit nicht ins Benehmen gesetzt, so ist die Entscheidung rechtswidrig und damit aufhebbar. Eine Heilung bei Nachholung der Anhörung gem. § 45 Abs. 1 Nr. 3 VwVfG kommt nicht in Betracht, weil Abs. 2 Satz 1 eine vorrangige Sondervorschrift ist (Neumann u. a. / *Majerski-Pahlen* Rdnr. 12). 27

Die Entscheidung über die Entziehung ist dem schwerbehinderten Menschen bzw. dem Gleichgestellten **bekannt zu geben (Abs. 2 Satz 4)**. Der Bescheid kann mit Widerspruch und anschließender Klage zum Verwaltungsgericht **angefochten** werden. Die Rechtsbehelfe können auch allein auf die Dauer des Entzugs beschränkt werden. 28

Widerspruch und gegebenenfalls Anfechtungsklage haben nach § 80 Abs. 1 VwGO **aufschiebende Wirkung**. In diesen Fällen tritt die Entziehung vorerst nicht in Kraft. Durch die Einlegung von Rechtsmitteln verschiebt sich aber der Entziehungszeitraum nicht; er dürfte bei Abschluss des Verfahrens regelmäßig abgelaufen sein (GK-SchwbG / *Schimanski* § 39 Rdnr. 1). Auch deshalb ist die Vorschrift in der Praxis wohl nur von begrenzter Bedeutung. 29

KAPITEL 9
Widerspruchsverfahren
§ 118
Widerspruch

(1) ¹Den Widerspruchsbescheid nach § 73 der Verwaltungsgerichtsordnung erlässt bei Verwaltungsakten der Integrationsämter und bei Verwaltungsakten der örtlichen Fürsorgestellen (§ 107 Abs. 2) der Widerspruchsausschuss bei dem Integrationsamt (§ 119). ²Des Vorverfahrens bedarf es auch, wenn den Verwaltungsakt ein Integrationsamt erlassen hat, das bei einer obersten Landesbehörde besteht.

(2) Den Widerspruchsbescheid nach § 85 des Sozialgerichtsgesetzes erlässt bei Verwaltungsakten, welche die Bundesagentur für Arbeit aufgrund des Teils 2 erlässt, der Widerspruchsausschuss der Bundesagentur für Arbeit.

ERLÄUTERUNGEN

ÜBERSICHT

I. Bedeutung der Vorschrift (Rdnrn. 1–3)
II. Fassung (Rdnrn. 4–6)
   A) durch das SGB IX vom 19. Juni 2001 (BGBl. I S. 1046) mit Wirkung vom 1. Juli 2001 (Rdnr. 4)
   B) durch das Vierte Gesetz für moderne Dienstleistungen am Arbeitsmarkt vom 24. Dezember 2003 (BGBl. I S. 2954) mit Wirkung vom 1. Januar 2004 (Rdnr. 5)
   C) durch das Gesetz zur Förderung der Ausbildung und Beschäftigung schwerbehinderter Menschen vom 23. April 2004 (BGBl. I S. 606) mit Wirkung vom 1. Mai 2004 (Rdnr. 6)
III. Anmerkungen (Rdnrn. 7–52)
   A) zu Abs. 1
      1. Widerspruch gegen Entscheidungen der Integrationsämter (Rdnrn. 7–10)
      2. Anfechtbarkeit des Widerspruchsbescheids im Verwaltungsrechtsweg (Rdnr. 11)
   B) zu Abs. 2
      1. Widerspruch gegen Verwaltungsakte der Bundesagentur für Arbeit (Rdnrn. 12–13)
      2. Rechtsweg gegen Widerspruchsbescheide der Bundesagentur für Arbeit (Rdnrn. 14–15)
      3. Zuständigkeit der Arbeitsgerichtsbarkeit für Kündigungsschutzklagen (Rdnr. 16)
   C) Form und Frist eines Widerspruchs
      1. Form (Rdnr. 17)
      2. Frist (Rdnrn. 18–21)
   D) Wirkung des Widerspruchs
      1. Abhilfemöglichkeit durch die erlassende Behörde (Rdnrn. 22–25)
      2. Aufschiebende Wirkung (Rdnrn. 26–30)
      3. Widerspruchsverfahren (Rdnrn. 31–34)
      4. Widerspruchsbescheid (Rdnrn. 35–39)
      5. Vorverfahren als Klagevoraussetzung (Rdnr. 40)
      6. Verfahren vor den Verwaltungsgerichten (Rdnrn. 41–50)
      7. Verfahren vor den Sozialgerichten (Rdnrn. 51–51)

Widerspruch § 118

I. Bedeutung der Vorschrift

Sie regelt Besonderheiten des Widerspruchsverfahrens bei Verwaltungsakten der Integrationsämter bzw. der örtlichen Fürsorgestellen nach Landesrecht gem. § 107 Abs. 2 SGB IX: Danach erlässt den Widerspruchsbescheid stets der **Widerspruchsausschuss**, der gemäß § 119 SGB IX **bei dem Integrationsamt** besteht (**Abs. 1 Satz 1**). Abweichend vom Grundsatz des § 68 Abs. 1 Satz 2 VwGO bedarf es der Durchführung eines Widerspruchsverfahrens auch dann, wenn der Verwaltungsakt von einem Integrationsamt erlassen worden ist, das – wie es in einigen Bundesländern der Fall ist – bei einer obersten Landesbehörde besteht (**Abs. 1 Satz 2**).

Abs. 2 bestimmt, dass der Widerspruchsbescheid bei Verwaltungsakten, welche die Agenturen für Arbeit aufgrund der Regelung der §§ 68 ff. SGB IX erlassen, abweichend von § 85 Abs. 2 Nr. 3 SGG von dem besonderen **Widerspruchsausschuss** erlassen wird, der gem. § 120 SGB IX **bei der Bundesagentur für Arbeit** gebildet wird.

Ergeht ein Widerspruchsbescheid, der dem Widerspruch nicht abhilft, ist zu unterscheiden: Gegen Verwaltungsakte der Integrationsämter ist der Rechtsweg zu den Verwaltungsgerichten nach den allgemeinen Bestimmungen der VwGO eröffnet. Soweit es sich um Verwaltungsakte der Bundesagentur für Arbeit handelt, ist der Rechtsweg zu den Sozialgerichten nach §§ 51 ff. SGG gegeben.

II. Fassung

A) durch das SGB IX vom 19. Juni 2001 (BGBl. I S. 1046) mit Wirkung vom 1. Juli 2001

Die Vorschrift wurde unverändert aus dem Regierungsentwurf (BT-Drucks. 14/5531 i. V. m. 14/5074) übernommen. Sie entspricht § 40 SchwbG a. F.

B) durch das Vierte Gesetz für moderne Dienstleistungen am Arbeitsmarkt vom 24. Dezember 2003 (BGBl. I S. 2954) mit Wirkung vom 1. Januar 2004

Durch Art. 9 Nr. 19 wurden in **Abs. 2** ersetzt die Wörter bzw. das Wort „Arbeitsämter und Landesarbeitsämter" durch die Wörter „Bundesagentur für Arbeit", „erlassen" durch das Wort „erlässt" und „beim Landesarbeitsamt" durch die Wörter „der Bundesagentur für Arbeit".

Das Inkrafttreten dieses Gesetzes wurde rückwirkend vorverlegt durch Art. 14 Nr. 4b des Kommunalen Optionsgesetzes vom 30. Juli 2004 (BGBl. I S. 2014).

C) durch das Gesetz zur Förderung der Ausbildung und Beschäftigung schwerbehinderter Menschen vom 23. April 2004 (BGBl. I S. 606) mit Wirkung vom 1. Mai 2004

Die Vorschrift wurde durch das vorgenannte Gesetz nicht verändert. Jedoch hatte der **Bundesrat** im Gesetzgebungsverfahren (BT-Drucks. 2318 S. 18) vorgeschlagen, nach Absatz 1 folgenden Absatz 1a einzufügen:

„(1a) § 88 Abs. 5 gilt für das Vorverfahren entsprechend.

Begründung

Durch die Zustimmungsfiktion in Absatz 1a wird auch im Vorverfahren eine erhebliche Beschleunigung für Bürger und Unternehmen in Fällen erreicht, in denen das Ermessen der Integrationsämter eingeschränkt ist."

Dem hat aber die **Bundesregierung** mit folgender Begründung widersprochen (BT-Drucks. 15/2318 S. 23):

„Für den Fall, dass ein schwerbehinderter Arbeitnehmer Widerspruch einlegt, ist nach der vorgeschlagenen Regelung unklar, ob durch die Fiktion dem Widerspruch abgeholfen wird oder die Zustimmung als erteilt gilt.

Nach Auffassung der Bundesregierung würde für eine Fiktion im Hinblick auf den in § 88 Abs. 4 SGB IX angeordneten Sofortvollzug auch kein Bedarf bestehen."

Der **Ausschuss für Gesundheit und Soziale Sicherung** hat in seiner Beschlussempfehlung (BT-Drucks. 15/2357) den Vorschlag des Bundesrates **nicht aufgegriffen**.

III. Anmerkungen

A) zu Abs. 1

1. Widerspruch gegen Entscheidungen der Integrationsämter

7 **Entscheidungen der Integrationsämter** sind Verwaltungsakte, die mit **Widerspruch und Anfechtungsklage nach der VwGO** angegriffen werden können. Das wird durch § 62 SGB X klargestellt: Die Vorschriften des SGB X gelten nicht für Verwaltungsprozesse, sofern dafür spezielle Regelungen bestehen.

8 Dasselbe gilt für Entscheidungen der **örtlichen Fürsorgestellen**, welche die Integrationsämter bei der Wahrnehmung ihrer Aufgaben nach § 102 SGB IX heranziehen (vgl. § 107 Abs. SGB IX).

9 Solche **Entscheidungen** im Rahmen des SGB IX können **insbesondere betreffen** (vgl. hierzu auch Neumann u. a. / *Pahlen* § 119 Rdnr. 27):
– die Festsetzung und Einziehung der Ausgleichabgabe nach § 77 Abs. 4 SGB IX. Widerspruchsberechtigt ist der private Arbeitgeber. Bei öffentlichen Arbeitgebern entscheidet die Aufsichtsbehörde,
– Auskunftsersuchen nach § 80 Abs. 5 SGB IX. Widerspruch einlegen kann der Arbeitgeber, von dem die Auskunft verlangt wird,
– das Verlangen von Einblick in den Betrieb gem. § 80 Abs. 7 SGB IX. Widerspruchsberechtigter ist der betroffene Arbeitgeber,
– die Unterstützung bei der Einrichtung von Arbeitsräumen, Maschinen und technischen Arbeitshilfen nach § 81 Abs. 4 SGB IX; sowohl der Arbeitgeber als auch der schwerbehinderte Mensch können Widerspruch einlegen,
– die Zustimmung oder Versagung der Zustimmung zur ordentlichen Kündigung gem. §§ 85 ff. SGB IX; inbegriffen sind Entscheidungen, welche die Notwendigkeit der Zustimmung verneinen. Widerspruchsberechtigt sind sowohl der schwerbehinderte Mensch als auch der Arbeitgeber,
– die Zustimmung oder die Ablehnung der Zustimmung zur außerordentlichen Kündigung eines schwerbehinderten Menschen nach § 91 SGB IX; hierzu gehört auch die ausdrückliche Verneinung der Zustimmungsbedürftigkeit durch das Integrationsamt. Der Widerspruch steht sowohl dem schwerbehinderten Menschen als auch dem Arbeitgeber zu,
– die Einladung zu einer Versammlung der schwerbehinderten Menschen gem. § 94 Abs. 6 SGB IX; die Widerspruchsberechtigung haben sowohl der Arbeitgeber als auch – bei Ablehnung – die schwerbehinderten Menschen,
– Maßnahmen der begleitenden Hilfe im Arbeitsleben einschließlich Hilfen für Wohnung, für Selbstständige, Geldleistungen und Teilnahme an Bildungsmaßnahmen (§ 102 Abs. 3 Satz 1SGB IX). Widerspruchsberechtigt sind schwerbehinderte Menschen, Arbeitgeber und Selbstständige,
– Schulungs- und Bildungsmaßnahmen (§ 102 Abs. 3 Satz 2 SGB IX). Zum Widerspruch berechtigt sind die Arbeitgeber, hinsichtlich der Kosten auch die Vertrauenspersonen, sowie Betriebs- / Personalratsmitglieder usw.,

- die Verlängerung von Ausweisen, wenn dies von der Versorgungsbehörde auf die Fürsorgestellen übertragen wird (§ 107 Abs. 1 SGB IX); Widerspruchsbefugt ist der schwerbehinderte Mensch,
- Entziehung der besonderen Hilfen für schwerbehinderte Menschen nach § 117 SGB IX; Widerspruch kann der schwerbehinderte Mensch einlegen.

Legt ein Betroffener in sonstigen Fällen Widerspruch gegen den von einer Verwaltungsbehörde erlassenen Verwaltungsakt ein, entscheidet hierüber grundsätzlich entweder die nächsthöhere Behörde (§ 73 Abs. 1 Satz 2 Nr. 1 VwGO) oder die Behörde, die den Verwaltungsakt erlassen hat (§ 73 Abs. 1 Satz 2 Nr. 2 VwGO). Jedoch geht nach § 73 Abs. 2 VwGO eine **spezialgesetzliche Aufgabenzuweisung** der allgemeinen Regelung vor. Eine solche Sonderregelung hat der Gesetzgeber mit **Abs. 1 Satz 1** der Vorschrift getroffen. Danach ist der Widerspruchsbescheid bei Verwaltungsakten der Integrationsämter sowie der örtlichen Fürsorgestellen durch einen Widerspruchsausschuss zu erlassen, der nach § 119 SGB IX bei dem Integrationsamt einzurichten ist. 10

2. Anfechtbarkeit des Widerspruchsbescheids im Verwaltungsrechtsweg

Der Widerspruchsbescheid des Integrationsamtes ist vor den Gerichten der allgemeinen Verwaltungsgerichtsbarkeit anfechtbar (§ 40 Abs. 1 VwGO). Es kann also nicht der ursprüngliche Verwaltungsakt unmittelbar angefochten werden. Vielmehr ist die Nachprüfung der Rechtmäßigkeit und Zweckmäßigkeit des Ausgangsbescheides in einem **Vorverfahren** obligatorische **Prozessvoraussetzung** für die Erhebung einer Anfechtungsklage (in deren Rahmen allerdings nur noch die Rechtmäßigkeit der Entscheidung überprüft werden kann). Zwar gilt dies grundsätzlich dann nicht, wenn den ursprünglichen Verwaltungsakt eine oberste Landesbehörde erlassen hat (§ 68 Abs. 1 Satz 2 VwGO). Durch **Abs. 1 Satz 2** wird aber eine Sonderregelung geschaffen: Ein Vorverfahren ist auch dann nötig, wenn den Verwaltungsakt ein **Integrationsamt** erlassen hat, das **bei einer obersten Landesbehörde** besteht. 11

B) zu Abs. 2

1. Widerspruch gegen Verwaltungsakte der Bundesagentur für Arbeit

Auch die **Bundesagentur für Arbeit** erlässt auf der Grundlage des SGB IX **Verwaltungsakte**, gegen die der Rechtsbehelf des Widerspruchs eingelegt werden kann. Es handelt sich insbesondere um Entscheidungen in folgenden Bereichen (vgl. Neumann u. a. / *Pahlen* § 120 Rdnr. 16): 12
- Gleichstellung behinderter Menschen nach § 2 Abs. 3, § 68 Abs. 2 SGB IX; widerspruchsberechtigt bei Ablehnung ist der schwerbehinderte Mensch, aber auch der Arbeitgeber wegen der Anrechnung auf den Pflichtplatz,
- Ablehnung der Anrechnung eines schwerbehinderten Menschen auf einen Pflichtplatz nach § 75 Abs. 2 SGB IX sowie Ablehnung der Anrechnung auf mehr als einen Pflichtplatz gem. § 76 Abs. 1 SGB IX; Ablehnung der Anrechnung des zur beruflichen Bildung beschäftigten schwerbehinderten Menschen auf drei Pflichtplätze (§ 76 Abs. 2 SGB IX); zur Einlegung des Widerspruchs befugt sind sowohl der schwerbehinderte Mensch als auch der Arbeitgeber,
- Maßnahmen im Zusammenhang mit der jährlichen Meldepflicht und der in fünfjährigem Turnus zu erstattenden Anzeige (§ 80 Abs. 2 bis 4 SGB IX); die Widerspruchsbefugnis hat nur der Arbeitgeber,
- Auskunftsersuchen nach § 80 Abs. 5 SGB IX; Widerspruch einlegen kann der Arbeitgeber,
- Verlangen zur Gewährung von Einblick in den Betrieb gem. § 80 Abs. 7 SGB IX; der Arbeitgeber ist widerspruchsberechtigt,

- Unterstützung bei der Einrichtung der Arbeitsräume, Maschinen, technischen Arbeitshilfen (§ 81 Abs. 4 SGB IX); zum Widerspruch befugt ist sowohl der schwerbehinderte Mensch als auch der Arbeitgeber,
- Widerruf oder Rücknahme der Gleichstellung nach § 71 Abs. 3 SGB IX; widerspruchsberechtigt ist sowohl der schwerbehinderte Mensch als auch der Arbeitgeber,
- Entscheidungen im Zusammenhang mit der Berufsberatung, der Förderung von Arbeitsplätzen und Arbeitsvermittlung von schwerbehinderten Menschen gem. § 104 Abs. 1 Nr. 1 bis 4 SGB IX, sofern sie nicht im Rahmen der allgemeinen Arbeitsvermittlung getroffen werden; die Widerspruchsbefugnis steht sowohl dem betroffenen schwerbehinderten Menschen als auch dem Arbeitgeber zu,
- Entscheidungen über die Gewährung von Geldleistungen zur besonderen Förderung der Einstellung und Beschäftigung schwerbehinderter Menschen aus Mitteln der Ausgleichabgabe in Arbeitsmarktprogrammen nach § 104 Abs. 3 SGB IX; Widerspruch einlegen können sowohl der betroffene schwerbehinderte Mensch als auch der Arbeitgeber,
- Anrechnung von schwerbehinderten Menschen und gleichgestellten behinderten Menschen, die von einem hauptsächlich für denselben Auftraggeber arbeitenden Hausgewerbetreibenden oder diesem Geichgestellten beschäftigt werden (§ 127 Abs. 4 SGB IX); nur der antragstellende Auftraggeber kann Widerspruch einlegen.

13 Für das **Widerspruchsverfahren** gegen Bescheide der Bundesagentur für Arbeit gelten nach § 62 SGB X die **§§ 78 ff. SGG**. Auch insoweit wird durch **Abs. 2** – abweichend von § 85 Abs. 2 Nr. 3 SGG – die Zuständigkeit eines besonderen Widerspruchsausschusses begründet, der bei der Bundesagentur für Arbeit eingerichtet wird (§ 120 SGB IX).

2. Rechtsweg gegen Widerspruchsbescheide der Bundesagentur für Arbeit

14 Gegen Widerspruchsentscheidungen der Bundesagentur für Arbeit ist nach § 51 Abs. 1 Nr. 4 SGG der **Rechtsweg zu den Sozialgerichten** eröffnet. Die Überprüfung des Ausgangsbescheides im Widerspruchsverfahren ist Prozessvoraussetzung für die Erhebung einer Anfechtungsklage (§ 78 Abs. 1 Satz 1 SGG).

15 Sozialgerichte entscheiden im Übrigen gem. § 51 Abs. 1 Nr. 7 SGG auch über Streitigkeiten im Zusammenhang mit der Statusfeststellung durch die Versorgungsämter nach § 69 SGB IX.

3. Zuständigkeit der Arbeitsgerichtsbarkeit für Kündigungsschutzklagen

16 Wendet sich ein schwerbehinderter Mensch mit der Kündigungsschutzklage gegen eine ihm zugegangene Kündigung, ist hierfür die Arbeitsgerichtsbarkeit zuständig (krit. gegen die Zersplitterung des Rechtsschutzes im Schwerbehindertenrecht Müller-Wenner / *Schorn* Rdnr. 2 mit der rechtspolitischen Forderung, die Sozialgerichtsbarkeit für sämtliche Angelegenheiten nach dem Sozialgesetzbuch für zuständig zu erklären. Möglicherweise wird das Ziel einer Vereinheitlichung aber auch in anderem Sinne durch die derzeit diskutierte Zusammenlegung von Verwaltungs- und Sozialgerichtsbarkeit erreicht).

C) Form und Frist eines Widerspruchs

1. Form

17 Der Widerspruch ist **schriftlich oder zur Niederschrift** bei der Stelle einzulegen, die den Verwaltungsakt erlassen hat (vgl. § 70 VwGO, § 84 SGG). Der Eingang bei einer anderen Behörde wahrt nach § 84 SGG die Frist; für den Anwendungsbereich der VwGO fehlt eine entsprechende Vorschrift.

2. Frist

Der Widerspruch muss innerhalb einer **Frist von einem Monat** nach Bekanntgabe der Anordnung oder Entscheidung eingelegt werden. Grundsätzlich beginnt der Lauf der Frist mit der Zustellung bzw. der Eröffnung oder Verkündung des Verwaltungsakts (§ 57 VwGO, § 64 SGG).

Für den **Lauf der Frist** sind §§ 222, 224 ZPO für entsprechend anwendbar erklärt worden (vgl. § 57 Abs. 2 VwGO, § 64 Abs. 2 SGG). Eine nach Monaten bestimmte Frist endet danach mit Ablauf desjenigen Tages des letzten Monats, welcher nach seiner Zahl dem Tage entspricht, in den die Zustellung bzw. Eröffnung oder Verkündung fällt.

Beispiel:

Ein Bescheid ist am 17. März zugestellt worden. Die Widerspruchsfrist läuft am 17. April ab.

Fehlt dem letzten Monat der entsprechende Tag, so endet die Frist mit diesem Monat.

Beispiel:

Ein Verwaltungsakt wurde am 31. Oktober eröffnet. Die Widerspruchsfrist läuft mit dem 30. November ab.

Ist der letzte Tag ein Sonnabend, Sonntag oder staatlich anerkannter Feiertag, so tritt an seine Stelle der nachfolgende Werktag.

Beispiel:

Ein Bescheid wurde am 5. Mai zugestellt. Der 5. Juni fällt auf den Sonnabend vor Pfingsten. Wegen des gesetzlichen Feiertags „Pfingstmontag" läuft die Frist am 8. Juni ab.

Die Frist beginnt nur dann zu laufen, wenn der Beteiligte zuvor über die Möglichkeit des Widerspruchs sowie über die Form und die Frist für die Einlegung **schriftlich belehrt** worden ist (§ 58 VwGO, § 66 SGG). Ohne eine solche schriftliche Belehrung oder bei unrichtiger Belehrung kann der Widerspruch innerhalb eines Jahres seit Zustellung, Eröffnung oder Verkündung eingelegt werden, außer wenn die Einlegung vor Ablauf der Jahresfrist infolge höherer Gewalt unmöglich war. Die Jahresfrist gilt auch dann nicht, wenn eine schriftliche Belehrung dahin lautete, dass ein Rechtsbehelf nicht gegeben sei.

Bei Fristversäumung kann gegebenenfalls **Wiedereinsetzung in den vorigen Stand** gewährt werden (§ 60 VwGO, § 67 SGG). Das setzt voraus, dass der Widerspruchsführer ohne sein Verschulden verhindert war, die Frist einzuhalten. Der Antrag ist nach § 60 Abs. 2 VwGO binnen zwei Wochen nach Wegfall des Hindernisses zu stellen. Bei einem Widerspruch gegen Verwaltungsakte der Bundesagentur für Arbeit kann der Wiedereinsetzungsantrag nach § 67 SGG sogar binnen eines Monats nach Wegfall des Hindernisses gestellt werden; die Vorschrift § 27 SGB X gilt hier nicht. Ist ein Jahr nach Ende der versäumte Frist vergangen, wird der Antrag unzulässig, außer wenn er zuvor infolge höherer Gewalt nicht gestellt werden konnte.

D) Wirkung des Widerspruchs

1. Abhilfemöglichkeit durch die erlassende Behörde

Das Integrationsamt bzw. die Bundesagentur für Arbeit, gegen deren Verwaltungsakt sich ein Widerspruch richtet, haben ihre Entscheidung nochmals zu überprüfen und dem **Widerspruch abzuhelfen**, wenn sie ihn für **begründet erachten**. Auch darf die vorgesetzte Behörde den Verwaltungsakt einer nachgeordneten Behörde von Amts wegen oder auf Antrag ändern oder aufheben – zum Beispiel durch Anweisung, anders zu entscheiden –, selbst wenn ein Widerspruchsverfahren läuft oder eine Klage anhängig ist (vgl. § 72 VwGO, § 85 SGG).

Eine **Abhilfemöglichkeit fehlt** allerdings für Entscheidungen, welche die **Zustimmung zur Kündigung** nach §§ 85 ff. SGB IX betreffen. Denn die Zustimmung wirkt sich unmittelbar rechtsgestaltend aus und der andere Partner des Arbeitsverhältnisses könnte seinerseits das Widerspruchsverfahren einleiten (vgl. Neumann u. a. / *Pahlen* Rdnr. 28).

24 Die Aufhebung oder Änderung durch **Abhilfe** ist ein selbstständiger Verwaltungsakt, gegen den gegebenenfalls wiederum Widerspruch eingelegt werden kann (vgl. Eyermann / Fröhler VwGO § 79 Rdnr. 2; s. auch § 86 SGG).

25 Lehnt die Behörde eine Abhilfe ab, muss sie die Widerspruchsschrift unverzüglich an den zuständigen Widerspruchsausschuss abgeben.

2. Aufschiebende Wirkung

26 Der Widerspruch gegen einen Verwaltungsakt des **Integrationsamtes** oder der örtlichen Fürsorgestelle hat grundsätzlich **aufschiebende Wirkung** (§ 80 Abs. 1 VwGO). Der erlassene Verwaltungsakt kann also bis zur Entscheidung über den Widerspruch und eine etwa anschließende Klage noch nicht als wirksam behandelt werden.

27 Allerdings kann die Behörde, die den Verwaltungsakt erlassen hat, oder die Widerspruchsstelle die **sofortige Vollziehung anordnen**, wenn dies im öffentlichen Interesse oder im überwiegenden Interesse eines Beteiligten liegt (§ 80 Abs. 2 Nr. 4 VwGO). Dasselbe gilt bei Verwaltungsakten mit Doppelwirkung auf Antrag des Begünstigten oder eines Dritten (§ 80 Abs. 1 Nr. 1, Abs. 2 VwGO). In diesen Fällen muss das besondere Interesse an der sofortigen Vollziehung des Verwaltungsaktes schriftlich begründet werden.

28 Gem. § 80b VwGO **endet die aufschiebende Wirkung** des Widerspruchs mit der Unanfechtbarkeit oder, wenn die Anfechtungsklage im ersten Rechtszug abgewiesen wurde, drei Monate nach Ablauf der gesetzlichen Begründungsfrist des Rechtsmittels, welches gegen die abweichende Entscheidung gegeben ist.

29 **Keine aufschiebende Wirkung** hat ein Rechtsmittel gegen die Zustimmung des Integrationsamtes zur Kündigung (§ 88 Abs. 4 SGB IX). Auch beim Widerspruch und der Anfechtungsklage gegen den Feststellungsbescheid über die Ausgleichabgabe ist nach § 77 Abs. 4 Satz 5 SGB IX die aufschiebende Wirkung ausdrücklich gesetzlich ausgeschlossen.

30 Für **Verwaltungsakte der Bundesagentur für Arbeit** gilt seit 2. 1. 2002 die Vorschrift des **§ 86a SGG**, der in Abs. 1 grundsätzlich die aufschiebende Wirkung parallel zu § 80 VwGO regelt. In Abs. 2 der Vorschrift sind Ausnahmen für bestimmte Fälle vorgesehen. So kann nach Abs. 2 Nr. 5 die sofortige Vollziehung angeordnet werden, die jedoch ihrerseits nach § 86b SGG durch das Gericht der Hauptsache wieder aufgehoben werden kann.

3. Widerspruchsverfahren

31 Besondere **Vorschriften für das Verfahren** vor den Widerspruchsausschüssen enthält das SGB IX nur in **§ 121 i. V. m. § 106 SGB IX**. Darin werden die Beschlussfähigkeit und Beschlussfassung geregelt und dem Betroffenen das Recht auf Anhörung sowie auf Ablehnung von Beisitzern des Ausschusses wegen Befangenheit eingeräumt.

32 Auch die VwGO bzw. das SGG enthalten keine besonderen Verfahrensvorschriften für das Vorverfahren. Nach § 68 VwGO sind **Rechtmäßigkeit und Zweckmäßigkeit** des Verwaltungsaktes in dem Vorverfahren aufgrund des Widerspruches nachzuprüfen. Dasselbe gilt nach § 78 Abs. 1 SGG für den Bereich der sozialrechtlichen Entscheidungen.

33 Die Widerspruchsausschüsse sind somit nicht auf die Nachprüfung beschränkt, ob das Integrationsamt bzw. die Bundesagentur für Arbeit die gesetzlichen Vorschriften beachtet und sich im Rahmen des gesetzlich eingeräumten Ermessens gehalten haben. Sie **entscheiden** vielmehr **in vollem Umfang selbstständig**. Sie können den Verwaltungsakt der Behörde abändern, aufheben und durch eine eigene Entscheidung ersetzen (Neumann u. a. / *Pahlen* Rdnr. 32). Insbesondere können sie dabei auch ihr eigenes Ermessen ausüben, so weit es sich um eine Ermessensentscheidung handelt. In einem derartigen Fall besteht kein Vertrau-

ensschutz für den Widerspruchsführer, der ein Verschlechterungsverbot begründen würde (vgl. BVerwGE 51, 310 = NJW 1977, 1894).

Hingegen erwächst eine einmal getroffene Entscheidung des Widerspruchsausschuss in **Bestandskraft**. Der Ausschuss kann sie weder ändern noch sich mit diesem Ziel mit derselben Angelegenheit befassen. Eine Aufhebung der Widerspruchsentscheidung kann nur durch Klage vor dem Verwaltungs- bzw. Sozialgerichten erreicht werden. 34

4. Widerspruchsbescheid

Der Widerspruchsausschuss kann dem Widerspruch stattgeben oder ihn zurückweisen bzw. mit bestimmten Maßgaben stattgeben. Wird dem Widerspruch stattgegeben, so entscheidet der Ausschuss aufgrund seiner eigenen Ermittlungen und Nachprüfungen selbst. Er hebt also nicht nur die Entscheidung des Integrationsamtes bzw. der Agentur für Arbeit auf, sondern erlässt nunmehr einen entsprechenden neuen Verwaltungsakt (vgl. Neumann u. a. / *Pahlen* Rdnr. 34). 35

Der Widerspruchsbescheid muss den gesetzlichen Vorgaben in § 73 VwGO, § 85 SGG entsprechen. Er muss **schriftlich abgesetzt** und mit **Gründen** versehen sein und den Beteiligten zugestellt werden. Auch wenn nach § 85 Abs. 3 SGG die Bekanntgabe ausreicht, sollte doch nach Abs. 3 Satz 2 der Vorschrift grundsätzlich zugestellt werden. Für die Zustellung sind die Bestimmungen des Verwaltungszustellungsgesetzes bzw. die entsprechenden Landesgesetze maßgebend (§ 56 Abs. 2 VwGO, § 63 Abs. 2 SGG). 36

In einer **Rechtsbehelfsbelehrung** müssen das für eine Anfechtungsklage zuständige Gericht sowie die Klagefrist benannt werden. 37

Der Widerspruchsbescheid entscheidet gegebenenfalls auch über die **Kosten des Vorverfahrens**. Es besteht Gebührenfreiheit nach § 64 SGB X. Hat der Rechtsbehelf Erfolg, sind die notwendigen Auslagen zu erstatten, die der Widerspruchsführer zur zweckentsprechenden Rechtsverfolgung aufwenden musste. Gebühren und Auslagen eines Rechtsanwalts oder sonstigen Bevollmächtigten sind allerdings nur erstattungsfähig, wenn die Beiziehung notwendig war. Das muss in der Kostenentscheidung festgestellt werden. Erstattungspflichtig ist die Behörde, bei der der Widerspruchsausschuss gebildet ist, also das Integrationsamt oder die Bundesagentur für Arbeit. Diese Behörde führt auch die Kostenfestsetzung durch (vgl. zum Ganzen § 63 SGB X). 38

Die Entscheidung des Widerspruchsausschusses bindet das Integrationsamt bzw. die Bundesagentur für Arbeit. Sie dürfen hiervon weder abweichen noch den Bescheid im Klageverfahren angreifen. 39

5. Vorverfahren als Klagevoraussetzung

Ein erfolglos eingelegter Widerspruch ist zugleich Voraussetzung für eine Klage im Verwaltungsrechtsweg (vgl. § 68 VwGO) oder vor den Sozialgerichten (§ 78 SGG). Schwerbehinderter Mensch und Arbeitgeber können den Klageweg erst nach Durchführung des Vorverfahrens beschreiten, welches insoweit auch eine „Filterfunktion" hat. Eine unmittelbar erhobene Klage wäre als unzulässig abzuweisen. 40

6. Verfahren vor den Verwaltungsgerichten

Für die Anfechtung von Verwaltungsakten ist das Verwaltungsgericht zuständig, soweit nicht die sachliche Rechtsmittelzuständigkeit ausdrücklich den ordentlichen Gerichten oder besonderen Verwaltungsgerichten übertragen wurde (vgl. § 40 VwGO). 41

Für Anfechtungsklagen gegen den Verwaltungsakt eines Integrationsamtes bzw. einer örtlichen Fürsorgestelle ist das Verwaltungsgericht **örtlich zuständig**, in dessen Bezirk der Verwaltungsakt erlassen wurde (§ 52 Nr. 3 VwGO). Ist dieser Verwaltungsakt von einer Behörde erlassen worden, deren Zuständigkeit sich über mehrere Verwaltungsgerichtsbezirke er- 42 streckt, so ist das Verwaltungsgericht zuständig, in dessen Bezirk der Beschwerte seinen Sitz oder Wohnsitz hat; bei Fehlen eines solchen bestimmt sich die Zuständigkeit nach dem Sitz der beklagten Behörde.

43 Die Klage muss nach § 74 VwGO **innerhalb eines Monats** nach Zustellung des Widerspruchsbescheids erhoben werden. Allerdings läuft diese Frist nur, wenn der Bescheid mit einer schriftlichen Belehrung über den Rechtsbehelf, das zuständige Gericht und die einzuhaltende Frist versehen worden ist. Ist die Belehrung zu Unrecht unterblieben oder unrichtig erteilt, so kann die Klage innerhalb eines Jahres seit Zustellung oder Eröffnung des Widerspruchsbescheids erhoben werden. Auch diese Jahresfrist ist nicht maßgebend, wenn die Einlegung vor ihrem Ablauf infolge höherer Gewalt unmöglich war oder eine schriftliche Belehrung dahingehend lautete, dass ein Rechtsbehelf nicht gegeben sei (§ 58 VwGO).

44 Die Klage kann gerichtet sein auf Aufhebung des erlassenen Verwaltungsaktes (§ 42 VwGO vorgegeben), auf Vornahme eines unterlassenen Verwaltungsaktes sowie auf Feststellung der Nichtigkeit eines Verwaltungsaktes, wenn der Kläger an der alsbaldigen Feststellung ein Interesse hat (vgl. §§ 42, 43 VwGO).

45 Der Kläger kann geltend machen, dass der ihn beschwerende Verwaltungsakt rechtswidrig oder nichtig sei. Bei einem Verstoß gegen Rechtsvorschriften ist der Verwaltungsakt in der Regel nur **anfechtbar**; er besteht weiter bis zur Aufhebung durch die Verwaltungsbehörde, den Widerspruchsausschuss oder das Verwaltungsgericht (vgl. BGHZ 9, 131). Das gilt etwa bei einer Gleichstellung ohne die Voraussetzungen des § 2 Abs. 3 SGB IX, einer Festsetzung der Ausgleichsabgabe trotz Erfüllung der Beschäftigungspflicht durch den Arbeitgeber oder bei Entscheidungen der Widerspruchsausschüsse in nach §§ 119, 120 SGB IX unvorschriftsmäßiger Besetzung (Neumann u. a. / *Pahlen* Rdnr. 56).

46 Eine Nichtigkeit des Verwaltungsaktes kommt nur bei schwer wiegenden Rechtsverstößen in Betracht (vgl. § 40 SGB X). Das kann gegeben sein bei einer Entscheidung durch eine sachlich völlig unzuständige Behörde, etwa einer Gleichstellung nach § 68 Abs. 2 SGB IX durch das Integrationsamt statt der Agentur für Arbeit. Nichtig kann ferner ein Verwaltungsakt sein, wenn wesentliche gesetzliche Formvorschriften missachtet wurden, z. B. das Abberufen einer Vertrauensperson nach § 94 Abs. 7 SGB IX, ohne dass ein Antrag gestellt ist. Auch das Anordnen von tatsächlich und rechtlich unmöglichen Folgen führt zur Nichtigkeit der Entscheidung (Neumann u. a. / *Pahlen* a. a. O.).

47 Ist der Behörde ein Ermessen eingeräumt – in der Regel durch gesetzliche Formulierungen wie „kann" oder „darf" –, so kann die Anfechtungsklage nur damit begründet werden, dass das Ermessen überschritten wurde oder fehlgebraucht worden sei (§ 114 VwGO). Das Verwaltungsgericht ist damit auf eine **rechtliche Überprüfung** beschränkt. Anders als der Widerspruchsausschuss kann es nicht frei entscheiden und selbst abändernde Verwaltungsakte erlassen.

48 Integrationsämter sowie Agenturen für Arbeiten entscheiden auf der Grundlage des SGB IX in der überwiegenden Zahl der Fälle nach **pflichtgemäßem Ermessen**. Das gilt z. B. für die Entscheidung des Integrationsamtes, ob es die Zustimmung zur Kündigung nach §§ 85 ff. SGB IX erteilt oder dem schwerbehinderten Menschen zeitweilig den gesetzlichen Schutz nach § 117 SGB IX entzieht. Die Agentur für Arbeit übt Ermessen bei der Entscheidung aus, ob sie eine Gleichstellung nach § 68 SGB IX ausspricht oder die Anrechnung von schwerbehinderten Menschen nach § 76 SGB IX auf mehr als einen Pflichtplatz zulässt.

49 Bei **Ermessensentscheidungen** beschränkt sich die **Rechtskontrolle des Gerichts** auf die Nachprüfung, ob das Ermessen überschritten ist. Das kann etwa der Fall sein, wenn die Behörde sich von einer irrigen Rechtsauffassung hat leiten lassen oder gegen das Prinzip der Gleichbehandlung verstoßen hat. Ein Ermessensmissbrauch ist dann gegeben, wenn die Behörde oder der Widerspruchsausschuss bei ihren Entscheidungen sachfremde Motive erkennbar werden ließen (vgl. z. B. BVerwGE 89, 199 = DÖV 1882, 493 zu Ermessenserwägungen des Dienstherrn im Beamtenrecht).

Hingegen darf das Verwaltungsgericht nicht seine abweichende Auffassung über die Notwendigkeit oder Zweckmäßigkeit einer Entscheidung an die Stelle der Auffassung der Behörde setzen.

7. Verfahren vor den Sozialgerichten

Örtlich zuständig ist das Sozialgericht, in dessen Bezirk der Kläger zur Zeit der Klageerhebung seinen Sitz oder Wohnsitz oder in Ermangelung dessen seinen Aufenthaltsort hat (§ 57 SGG). Die Klage muss binnen einer **Ausschlussfrist von einem Monat** nach Zustellung des Widerspruchsbescheids erhoben werden (§ 87 SGG).

Im Übrigen kann auf die Ausführungen über das Verfahren vor den Verwaltungsgerichten Bezug genommen werden.

§ 119
Widerspruchsausschuss beim Integrationsamt

(1) Bei jedem Integrationsamt besteht ein Widerspruchsausschuss aus sieben Mitgliedern, und zwar aus
zwei Mitgliedern, die schwerbehinderte Arbeitnehmer oder Arbeitnehmerinnen sind,
zwei Mitgliedern, die Arbeitgeber sind,
einem Mitglied, das das Integrationsamt vertritt,
einem Mitglied, das die Bundesagentur für Arbeit vertritt,
einer Vertrauensperson schwerbehinderter Menschen.

(2) Für jedes Mitglied wird ein Stellvertreter oder eine Stellvertreterin berufen.

(3) [1]Das Integrationsamt beruft
auf Vorschlag der Organisationen behinderter Menschen des jeweiligen Landes die Mitglieder, die Arbeitnehmer sind,
auf Vorschlag der jeweils für das Land zuständigen Arbeitgeberverbände die Mitglieder, die Arbeitgeber sind, sowie
die Vertrauensperson.
[2]Die zuständige oberste Landesbehörde oder die von ihr bestimmte Behörde beruft das Mitglied, das das Integrationsamt vertritt. [3]Die Bundesagentur für Arbeit beruft das Mitglied, das sie vertritt. [4]Entsprechendes gilt für die Berufung des Stellvertreters oder der Stellvertreterin des jeweiligen Mitglieds.

(4) [1]In Kündigungsangelegenheiten schwerbehinderter Menschen, die bei einer Dienststelle oder in einem Betrieb beschäftigt sind, der zum Geschäftsbereich des Bundesministeriums der Verteidigung gehört, treten an die Stelle der Mitglieder, die Arbeitgeber sind, Angehörige des öffentlichen Dienstes. [2]Dem Integrationsamt werden ein Mitglied und sein Stellvertreter oder seine Stellvertreterin von den von der Bundesregierung bestimmten Bundesbehörden benannt. [3]Eines der Mitglieder, die schwerbehinderte Arbeitnehmer oder Arbeitnehmerinnen sind, muss dem öffentlichen Dienst angehören.

(5) Die Amtszeit der Mitglieder der Widerspruchsausschüsse beträgt vier Jahre. Die Mitglieder der Ausschüsse üben ihre Tätigkeit unentgeltlich aus.

ERLÄUTERUNGEN

I. Bedeutung der Vorschrift

Sie legt fest, dass bei jedem Integrationsamt ein Widerspruchsausschuss zu bilden ist. Dieser hat aus **sieben Mitgliedern** zu bestehen. Zwei Mitglieder müssen selbst schwerbehinderte

Arbeitnehmer oder Arbeitnehmerinnen sein. Zwei weitere Mitglieder müssen selbst Arbeitgeber sein. Ein Mitglied vertritt das Integrationsamt, ein weiteres das Landesarbeitsamt. Schließlich gehört dem Widerspruchsausschuss eine Vertrauensperson schwerbehinderter Menschen an (**Abs. 1**).

2 Für jedes Mitglied wird ein Stellvertreter oder eine Stellvertreterin berufen (**Abs. 2**).

3 Das **Berufungsverfahren** ist in **Abs. 3** geregelt. Vorschlagsberechtigt für die Arbeitnehmervertreter sind die Organisationen behinderter Menschen des jeweiligen Landes. Die Arbeitgeber als Mitglieder sind von den jeweils für das Land zuständigen Arbeitgeberverbänden zu benennen. Die Vertrauensperson beruft das Integrationsamt ohne Bindung an Vorschläge. Das Mitglied, welches das Integrationsamt vertritt, wird von der zuständigen obersten Landesbehörde oder der von ihr bestimmten Behörde berufen. Schließlich wird der Vertreter des Landesarbeitsamtes vom jeweiligen Präsidenten dieser Behörde berufen.

4 **Abs. 4** trifft eine **Sonderregelung** für Kündigungsangelegenheiten schwerbehinderter Menschen im Geschäftsbereich des **Bundesministeriums der Verteidigung**. Sind diese Gegenstand eines Widerspruchsverfahrens, setzt sich der Widerspruchsausschuss anders zusammen: An die Stelle der privaten Arbeitgeber treten Angehörige des öffentlichen Dienstes. Diese werden dem Integrationsamt von den von der Bundesregierung bestimmten Bundesbehörden benannt. Auch muss einer der schwerbehinderten Arbeitnehmervertreter dem öffentlichen Dienst angehören (**Abs. 3 Satz 3**). In allen anderen Bereichen des öffentlichen Dienstes bleibt es auch bei Kündigungsangelegenheiten bei der normalen Zusammensetzung des Widerspruchsausschusses nach **Abs. 1**.

5 Die **Amtszeit** der Mitglieder der Widerspruchsausschüsse beträgt vier Jahre (**Abs. 5 Satz 1**). Ihre Mitglieder üben ihre Tätigkeit unentgeltlich aus (**Abs. 5 Satz 2**).

II. Fassung

6 Die Vorschrift wurde unverändert aus dem Regierungsentwurf (BT-Drucks. 14/5531 i. V. m. 14/5074) übernommen. Sie entspricht weitgehend dem Wortlaut des bisherigen § 41 SchwbG. Entfallen ist die durch die Beschränkung des Anwendungsbereiches des Abs. 4 auf den Geschäftsbereich des Bundesministeriums der Verteidigung überholte Erwähnung eines Vorschlagsrechts von Landesbehörden für die Zusammensetzung des Widerspruchsausschusses in Kündigungsangelegenheiten nach dieser Vorschrift.

§ 120
Widerspruchsausschüsse der Bundesagentur für Arbeit

(1) Die Bundesagentur für Arbeit richtet Widerspruchsausschüsse ein, die aus sieben Mitgliedern bestehen, und zwar aus

zwei Mitgliedern, die schwerbehinderte Arbeitnehmer oder Arbeitnehmerinnen sind,

zwei Mitgliedern, die Arbeitgeber sind,

einem Mitglied, das das Integrationsamt vertritt,

einem Mitglied, das die Bundesagentur für Arbeit vertritt,

einer Vertrauensperson schwerbehinderter Menschen.

(2) Für jedes Mitglied wird ein Stellvertreter oder eine Stellvertreterin berufen.

(3) ¹Die Bundesagentur für Arbeit beruft

die Mitglieder, die Arbeitnehmer oder Arbeitnehmerinnen sind, auf Vorschlag der jeweils zuständigen Organisationen behinderter Menschen, der im Benehmen mit den jeweils zuständigen Gewerkschaften, die für die Vertretung der Arbeitnehmerinteressen wesentliche Bedeutung haben, gemacht wird,

die Mitglieder, die Arbeitgeber sind, auf Vorschlag der jeweils zuständigen Arbeitgeber-

Verfahrensvorschriften § 121

verbände, soweit sie für die Vertretung von Arbeitgeberinteressen wesentliche Bedeutung haben, sowie

das Mitglied, das die Bundesagentur für Arbeit vertritt und

die Vertrauensperson.

(4) § 119 Abs. 5 gilt entsprechend.

ERLÄUTERUNGEN

I. Bedeutung der Vorschrift

Sie schreibt die Bildung eines Widerspruchsausschusses bei jedem Landesarbeitsamt vor. Dieser hat über Widersprüche gegen Verwaltungsakte der Arbeitsämter und der Landesarbeitsämter zu entscheiden, die von Arbeitsämtern oder Landesarbeitsämtern auf der Grundlage der Vorschriften der §§ 68 ff. SGB IX erlassen worden sind (vgl. § 118 Abs. 2 SGB IX). 1

Seine Mitgliederzahl und seine Zusammensetzung entspricht praktisch dem Widerspruchsausschuss beim Integrationsamt gem. § 119 SGB IX. Der einzige wesentliche Unterschied liegt im Verfahren der Berufung der schwerbehinderten Arbeitnehmervertreter. Diese werden durch den Präsidenten des Landesarbeitsamtes zwar auch auf Vorschlag der Organisation behinderter Menschen des jeweiligen Landesarbeitamtsbezirkes berufen. Dieser Vorschlag muss aber im Benehmen mit den für den Landesarbeitsamtsbezirk jeweils zuständigen Gewerkschaften, die für die Vertretung der Arbeitnehmerinteressen wesentliche Bedeutung haben, gemacht werden. 2

Im Übrigen wird die Amtszeit der Mitglieder der Widerspruchsausschüsse und ihre unentgeltliche Tätigkeit durch entsprechende Anwendung des § 119 Abs. 5 SGB IX geregelt. (Bei der Zitierung des § 119 Abs. *4* handelt es sich um einen redaktionellen Fehler des Gesetzgebers.) 3

II. Fassung

Die Vorschrift wurde unverändert aus dem Regierungsentwurf (BT-Drucks. 14/5531 i. V. m. 14/5074) übernommen. Sie entspricht § 42 SchwbG a. F. 4

§ 121
Verfahrensvorschriften

(1) Für den Widerspruchsausschuss bei dem Integrationsamt (§ 119) und die Widerspruchsausschüsse bei der Bundesagentur für Arbeit (§ 120) gilt § 106 Abs. 1 und 2 entsprechend.

(2) Im Widerspruchsverfahren nach Teil 2 Kapitel 4 werden der Arbeitgeber und der schwerbehinderte Mensch vor der Entscheidung gehört; in den übrigen Fällen verbleibt es bei der Anhörung des Widerspruchsführers.

(3) ¹Die Mitglieder der Ausschüsse können wegen Besorgnis der Befangenheit abgelehnt werden. ²Über die Ablehnung entscheidet der Ausschuss, dem das Mitglied angehört.

ERLÄUTERUNGEN

I. Bedeutung der Vorschrift

In Abs. 1 werden für die Widerspruchsausschüsse bei den Integrationsämtern bzw. den Landesarbeitsämtern die gemeinsamen Verfahrensvorschriften in § 106 über die Wahl und die 1

§ 121

Reihenfolge der Vorsitzenden sowie über die Beschlussfähigkeit und die Abstimmung mit einfacher Mehrheit für entsprechend anwendbar erklärt.

2 In **Abs. 2** wird die Anhörung von Arbeitgeber und schwerbehinderten Menschen bei Entscheidungen über den Kündigungsschutz nach §§ 85 – 92 SGB IX vorgeschrieben. In den übrigen Fällen ist jeweils nur dem Widerspruchsführer Gehör zu gewähren.

3 In **Abs. 3** wird festgelegt, dass Arbeitgeber und schwerbehinderte Menschen einzelne Mitglieder der Ausschüsse wegen Besorgnis der Befangenheit ablehnen können. Dies entspricht dem in allen gerichtlichen Verfahrensordnungen (z. B. § 42 ZPO, § 54 VwGO, § 60 SGG) und auch im sozialrechtlichen Verwaltungsverfahren (§ 17 SGB X) verankerten Ablehnungsrecht bei Vorliegen eines objektiven Grundes, der geeignet ist, bei einem Beteiligten Misstrauen gegen eine unparteiische Amtsausübung zu rechtfertigen. Über die Ablehnung entscheidet der jeweilige Ausschuss ohne das abgelehnte Mitglied (**Abs. 2 Satz 1**).

II. Fassung

4 Die Vorschrift wurde im Wesentlichen unverändert aus dem Regierungsentwurf (BT-Drucks. 14/5531 i. V. m. 14/5074) übernommen. Sie entspricht dem bisherigen § 43 SchwbG.

5 Die Beschränkung der Pflicht zur Anhörung von Arbeitgeber und schwerbehinderten Menschen auf das Verfahren über den besonderen Kündigungsschutz nach § 85 ff. SGB IX wurde vom Arbeits- und Sozialausschuss des Bundestages empfohlen. Dieser hat hierzu ausgeführt (BT-Drucks. 14/5800 S. 37): „Die Änderung erfolgte auf Vorschlag des Bundesrates. Die Anhörung des Arbeitgebers und des schwerbehinderten Menschen ergibt nur dann Sinn, wenn es sich um das zweiseitige Verwaltungsverfahren in Angelegenheiten des besonderen Kündigungsschutzes handelt. In allen anderen Fällen, in denen es z. B. um die Erbringung von Leistungen aus Mitteln der Ausgleichsabgabe geht, ist nur der jeweilige Widerspruchsführer zu hören."

KAPITEL 10
Sonstige Vorschriften

§ 122
Vorrang der schwerbehinderten Menschen

Verpflichtungen zur bevorzugten Einstellung und Beschäftigung bestimmter Personenkreise nach anderen Gesetzen entbinden den Arbeitgeber nicht von der Verpflichtung zur Beschäftigung schwerbehinderter Menschen nach den besonderen Regelungen für schwerbehinderte Menschen.

ERLÄUTERUNGEN

I. Bedeutung der Vorschrift

Sie begründet – entgegen der missverständlichen Überschrift – **keinen allgemeinen Vorrang** schwerbehinderter Menschen vor anderen Personen. Jedoch unterstreicht sie die Bedeutung des Schwerbehindertenschutzes auch im Hinblick auf Schutzbestimmungen für andere Personenkreise: Danach kann sich ein Arbeitgeber gegenüber den Verpflichtungen zur Einstellung und Beschäftigung schwerbehinderter Menschen nach §§ 71 ff. sowie 81 SGB IX nicht darauf berufen, dass er noch aufgrund anderer Gesetze gegenüber anderen Personenkreisen beschäftigungspflichtig sei. Die jeweiligen Beschäftigungspflichten bestehen unabhängig voneinander und sind nebeneinander zu erfüllen.

1

II. Fassung

Die Vorschrift wurde unverändert aus dem Regierungsentwurf (BT-Drucks. 14/5531 i. V. m. 14/5074) übernommen. Sie ist inhaltsgleich mit § 44 SchwbG a. F.

2

III. Anmerkungen

1. Kein allgemeiner Vorrang der schwerbehinderten Menschen

Nach allgemeiner Auffassung geht die amtliche Überschrift der Norm weit über ihren Regelungsgehalt hinaus (Cramer Rdnr. 2; Neumann/Pahlen Rdnr. 2; Dörner Anm. IX; Großmann in GK-SchwbG Rdnr. 1 zu § 44). Der Wortlaut der Regelung selbst begründet keinen Vorrang, sondern verbietet dem Arbeitgeber nur die Zurücksetzung von Pflichten gegenüber schwerbehinderten Menschen aus Anlass von Verpflichtungen gegenüber anderen Personenkreisen.

3

Ein nach §§ 71 ff SGB IX. beschäftigungspflichtiger Arbeitgeber ist verpflichtet, schwerbehinderte Menschen in dem festgelegten Umfang von 5% zu beschäftigen. Jedoch ist er frei in seiner Entscheidung, wen er einstellen will, um seine Beschäftigungspflicht zu erfüllen. Deshalb haben schwerbehinderte Menschen **keinen Individualanspruch** auf Einstellung oder Abschluss eines Arbeitsvertrages (Cramer Rdnr. 2; Neumann/Pahlen Rdnr. 2; Dörner Anm. V je zu § 44 SchwbG). Ein einzelner schwerbehinderter Mensch, der sich beim Arbeitgeber bewirbt, hat deshalb keinen Anspruch darauf, gegenüber einem anderen Bewerber bevorzugt zu werden. Er kann auch nicht verlangen, dass er bei Einstellung und Beschäftigung bei gleicher Qualifikation vorrangig zu berücksichtigen sei, solange der Arbeitgeber die vorgeschriebene Mindestquote nicht erfülle (BAG NJW 1975, 2265). Erst recht ist der Arbeitgeber nicht verpflichtet, einen Arbeitsplatz für einen schwerbehinderten Bewerber freizukündigen. Im Übrigen begründet dieses Ziel auch kein dringendes betriebliches Bedürfnis im Sinne des § 1 Abs. 2 KSchG (Cramer Rdnr. 2; Neumann/Pahlen Rdnr. 2; Großmann in GK-SchwbG Rdnr. 38 je zu § 44).

4

Der Inhalt der Vorschrift des § 122 beschränkt sich damit auf die Aussage: Die Beschäftigungspflicht zugunsten schwerbehinderter Menschen und gem. § 2 Abs. 3 Gleichgestellter nach dem SGB IX besteht **gleichrangig und unabhängig** von Verpflichtungen zur bevorzug-

5

ten Einstellung und Beschäftigung anderer Personenkreise nach anderen Vorschriften. Ein Arbeitgeber muss seine Beschäftigungspflicht nach §§ 71 ff., 81 SGB IX in jedem Falle erfüllen, ohne darauf verweisen zu können, dass er bereits nach anderen Gesetzen bei der Einstellung privilegierte Arbeitnehmer beschäftige.

2. Bevorzugte Personenkreise nach anderen Gesetzen

6   Sonstige Vorzugsregelungen im Sinne des § 122 SGB IX bestehen in zweifacher Hinsicht: Zum einen handelt es sich um Wiedergutmachungsregelungen zugunsten von Personen, die durch politische Verfolgung, Krieg und Kriegsfolgen ihren Arbeitsplatz verloren haben. Obwohl die entsprechenden Gesetze mehr als 45 Jahre nach Kriegsende kaum noch unmittelbar praktische Bedeutung haben, sind sie jedoch für die Rechtsentwicklung, speziell den Arbeitnehmerschutz, bedeutsam geblieben (Großmann in GK-SchwbG Rdnr. 7 zu § 44). Auf einige dieser Gesetze wurde z. B. durch das Gesetz zur Anpassung von Eingliederungsleistungen für Aussiedler und Übersiedler vom 22. Dezember 1989 (BGBl. I S. 2398) zurückgegriffen.

Im Einzelnen handelt es sich um folgende Gesetze:

7   – **Bundesentschädigungsgesetz** (BEG) i. d. F. vom 29. Juni 1956 (BGBl. I S. 562).

Es gewährt durch politische Verfolgung Geschädigten in §§ 34 und 35 auch einen grundsätzlichen privatrechtlichen Anspruch auf Wiedereinstellung. Für Beamte bestehen Sonderregelungen in §§ 41 ff. BEG.

8   – Bundesgesetz zur Regelung der **Wiedergutmachung nationalsozialistischen Unrechts für Angehörige des öffentlichen Dienstes** i. d. F. vom 15. Dezember 1965 (BGBl. I S. 2073).

Danach haben durch NS-Verfolgungs- und Unterdrückungsmaßnahmen Entlassene oder vorzeitig in den Ruhestand versetzte Beamte, Angestellte und Arbeiter des öffentlichen Dienstes einen grundsätzlichen Anspruch auf bevorzugte Wiedereinstellung in der Rechtsstellung und mit der Besoldung, die voraussichtlich ohne Entlassung oder Ruhestandsversetzung erreicht worden wäre. (§§ 9, 21).

9   – **Heimkehrergesetz** vom 19. Juni 1950 (BGBl. I S. 221).

Nach § 7 dieses Gesetzes lebt ein bei Beginn des fremden Gewahrsams bestandenes Arbeitsverhältnis wieder auf, wenn sich der Heimkehrer nach seiner Rückkehr ohne schuldhaftes Zögern beim Arbeitgeber zur Wiederaufnahme der Arbeit zurückmeldet. Außerdem sieht das Gesetz vor: einen zeitweilig erhöhten Kündigungsschutz im Hinblick auf die Folgen von Kriegsgefangenschaft oder Internierung (§ 8), den Anspruch auf bevorzugte Arbeitsvermittlung für Heimkehrer (§ 9) sowie auf Berufsfürsorge (§ 10). Diese Leistungen sind auch für ehemalige Häftlinge nach dem Häftlingsgesetz i. d. F. vom 4. Februar 1987 (BGBl. I S. 512) möglich, wie § 9 HHG festlegt.

10 – **Bundesvertriebenengesetz** i. d. F. vom 3. September 1971 (BGBl. I S. 1566).

Nach § 77 sind Vertriebene und Flüchtlinge, so lange sie unter den beschäftigten Arbeitnehmern noch unterrepräsentiert sind, von den Arbeitsämtern bevorzugt in Arbeit zu vermitteln. Allerdings sind diese Ansprüche durch Art. 4 des Gesetzes zur Anpassung von Eingliederungsleistungen für Aussiedler und Übersiedler eingeschränkt worden.

11 – **Bundesevakuiertengesetz** i. d. F. vom 13. Oktober 1961 (BGBl. I S. 1865).

Auch die Evakuierten sind gem. § 15 nach ihrer Rückkehr oder Rückführung von den Arbeitsämtern bevorzugt zu vermitteln.

12 Eine zweite Gruppe von Einstellungs- und Beschäftigungsgeboten enthalten Gesetze der Länder Niedersachsen, Nordrhein-Westfalen und des Saarlands für Inhaber von **Bergmannversorgungsscheinen**. Diese Regelungen sollen Bergleuten, die nach längerer Berufstätigkeit nicht mehr oder nur mit Gefahr völliger vorzeitiger Invalidität unter Tage Arbeit ausführen können, bevorzugt andere Beschäftigungen gewährleisten (Großmann in GK-SchwbG Rdnr. 13 zu § 44).

Entsprechende Regelungen sehen vor:
- das NdsBergmVersSchG vom 6. Januar 1949 – GVBl. I S. 741).
- das NRWBergmVersSchG vom 20. Dezember 1983 (GVBl. I S. 635).
- das SaarlBergmVersSchG vom 16. Oktober 1981 (ABl. S. 825).

Zum Inhalt der Regelungen vgl. die ausführliche Darstellung bei Großmann in GK-SchwbG Rdnr. 25 ff. zu § 44. In Niedersachsen sind die Inhaber eines Bergmannversorgungsscheins mit schwerbehinderten Menschen gleichgestellt; in Nordrhein-Westfalen und dem Saarland sind den Arbeitgebern ähnliche Verpflichtungen auferlegt, wie sie gegenüber schwerbehinderten Menschen nach § 81 SGB IX bestehen.

Diesen besonderen Pflichten der Arbeitgeber trägt § 75 Abs. 4 SGB IX durch die Anrechnung der Inhaber eines Bergmannversorgungsscheins auf einen Pflichtarbeitsplatz Rechnung, selbst wenn der betreffende Arbeitnehmer kein schwerbehinderter oder gleichgestellter behinderter Mensch im Sinne von § 2 Abs. 2 oder 3 SGB IX ist.

§ 123
Arbeitsentgelt und Dienstbezüge

(1) ¹Bei der Bemessung des Arbeitsentgelts und der Dienstbezüge aus einem bestehenden Beschäftigungsverhältnis werden Renten und vergleichbare Leistungen, die wegen der Behinderung bezogen werden, nicht berücksichtigt. ²Die völlige oder teilweise Anrechnung dieser Leistungen auf das Arbeitsentgelt oder die Dienstbezüge ist unzulässig.

(2) Abs. 1 gilt nicht für Zeiträume, in denen die Beschäftigung tatsächlich nicht ausgeübt wird und die Vorschriften über die Zahlung der Rente oder der vergleichbaren Leistung eine Anrechnung oder ein Ruhen vorsehen, wenn Arbeitsentgelt oder Dienstbezüge gezahlt werden.

ERLÄUTERUNGEN

I. Bedeutung der Vorschrift

Sie verbietet, bei der Festlegung der Lohn- bzw. Gehaltshöhe, z. B. der Eingruppierung, behinderungsbedingt bezogene Renten zu berücksichtigen (**Abs. 1**). Damit sollen schwerbehinderte Menschen vor „Lohndrückerei" geschützt werden.   1

Abs. 2 schränkt diesen Grundsatz für Zeiträume ein, in denen die Beschäftigung tatsächlich nicht ausgeübt wird. Weitere Voraussetzung ist, dass die Vorschriften über die Rentenzahlung eine Anrechnung oder ein Ruhen vorsehen, wenn Arbeitsentgelt oder Dienstbezüge bezahlt werden. Damit soll verhindert werden, dass – wie nach früherem Recht möglich – schwerbehinderte Menschen besser gestellt werden, indem sie bei Zusammentreffen von Krankenbezügen mit Bezügen aus der gesetzlichen Rentenversicherung nach Ablauf von zwei Monaten wegen Ruhens der Rentenbezüge ungekürzte Krankenbezüge erhalten.   2

II. Fassung

Die Vorschrift wurde unverändert aus dem Regierungsentwurf (BT-Drucks. 14/5531 i. V. m. 14/5074) übernommen. Sie entspricht dem inhaltsgleichen § 45 SchwbG a. F.   3

III. Anmerkungen

A) zu Abs. 1
1. Anrechnungsverbot

Die Vorschrift verbietet zwingend dem Arbeitgeber bzw. dem Dienstherrn, **bei der Bemessung des Arbeitsentgelts** und der Dienstbezüge aus einem bestehenden Beschäftigungsver-   4 hältnis **Renten** und vergleichbare behinderungsbedingt bezogene Leistungen **zu berücksichtigen**. Damit sollen schwerbehinderte Menschen vor Benachteiligungen durch Lohndrückerei geschützt werden. Schließlich wird Arbeitseinkommen auch sonst nicht nach der Höhe anderer Einkünfte festgelegt, sondern hat sich nach den tariflichen Merkmalen zu richten (Basiskommentar Rdnr. 1 zu § 45 SchwbG). Allerdings ist der Grund, dieses Verbot nochmals zu betonen, erklärbar mit den Bestimmungen vieler **Tarifverträge**, dass der **Lohn nach der Leistungsfähigkeit** gezahlt werde. Da Renten zumeist gewährt werden, um eine Minderung der körperlichen oder geistigen Leistungsfähigkeit auszugleichen, soll von vornherein dem folgenden vereinfachenden Schluss vorgebeugt werden: Der Behinderte sei in seiner Arbeit um so viel minderleistungsfähig, als der Grad der rechtmäßig festgestellten Minderung der Erwerbsfähigkeit betrage. Denn aus der Tatsache des Rentenbezuges kann nicht ohne weiteres auf Minderleistungsfähigkeit geschlossen werden. Die körperliche Beeinträchtigung drückt sich zunächst schon in der Art des Arbeitsplatzes und dem zu gewährenden Arbeitsentgelt aus. Für die ihm übertragene Arbeit kann der behinderte Mensch durchaus voll leistungsfähig sein. Jedenfalls steht nicht ohne weiteres fest, dass er auch für die vertragsmäßige Arbeit minderleistungsfähig sei (Neumann/Pahlen Rdnr. 6; Cramer Rdnr. 1, jeweils zu § 45 SchwbG).

5 **Abweichende Regelungen** dürfen **weder in Tarifverträgen noch** durch Bertriebsvereinbarungen oder **Individualvereinbarungen** der Parteien getroffen werden. Auch kann der schwerbehinderte Mensch auf die Wirkung dieser Schutzvorschrift nicht verzichten (vgl. BAGE 3, 274 und 26, 338; Großmann in GK-SchwbG Rdnr. 81; Dörner Anm. II 1; Neumann/Pahlen Rdnr. 2, je zu § 45 SchwbG). Unzulässig ist auch eine arbeitsvertraglich vereinbarte Abtretung der Rentenansprüche, welche auf das Ergebnis der Anrechnung hinausläuft (BAG DB 1983, 891 = BB 1983, 1349 = RdA 1983, 128).

6 Das Anrechnungsverbot gilt für schwerbehinderte Menschen und Gleichgestellte in jeglichem Beschäftigungsverhältnis als Arbeiter, Angestellte, Auszubildende, Beamte, Richter oder Soldaten (Cramer Rdnr. 3; Dörner Anm. II 1, jeweils zu § 45 SchwbG).

2. Arbeitsentgelt

7 Der Begriff ist nach allgemeiner Auffassung **weit auszulegen** und umfasst alle einmaligen oder laufenden geldwerten Leistungen aus dem Arbeitsverhältnis, also Lohn und Gehalt einschließlich Leistungsvergütungen und Lohnzulagen, Kinderzuschläge, Naturalleistungen und Sachbezüge (Großmann in GK-SchwbG Rdnr. 10 m. w. N.).

8 Hingegen gilt nicht als Arbeitsentgelt das **Übergangsgeld**, das beim Ausscheiden aus dem Beschäftigungsverhältnis mit Rücksicht auf die geleisteten Dienste für eine bestimmte Zeit gewährt wird, um die bisherigen Bezüge zu sichern bzw. die Umstellung auf verhinderte Lebensverhältnisse zu erleichtern (vgl. z. B. §§ 62 ff. BAT und die entsprechenden Vorschriften der Manteltarifverträge der Arbeiter für Bund, Länder und Gemeinden sowie der Manteltarifverträge der Sozialversicherungsträger). Dies folgt aus der seit 1982 geltenden Gesetzesfassung, in welche die Worte „aus einem bestehenden Beschäftigungsverhältnis" eingefügt wurden. Der Gesetzgeber wollte hiermit „**Doppelleistungen** bei der Gewährung von Übergangsgeld" **vermeiden** (vgl. BT-Drucks. 9/842 S. 52; näher hierzu auch Großmann in GK-SchwbG Rdnr. 21 ff. zu § 45). Nach h. M. ist deshalb bei schwerbehinderten Menschen eine Anrechnung von Renten nunmehr auf solche Arbeitsentgelte und Dienstbezüge möglich, die für Zeiträume nach Beendigung des Beschäftigungsverhältnisses gezahlt werden. Deshalb kann auch das **vorgezogene Altersruhegeld** auf das Übergangsgeld angerechnet werden, weil die entsprechende Bestimmung des § 63 Abs. 5 BAT – wieder – uneingeschränkt für schwerbehinderte Menschen gilt (BAG EzA § 42 SchwbG Nr. 9 und Nr. 14; BAGE 53, 371 = DB 1987, 2049; Cramer Rdnr. 5; Neumann/Pahlen Rdnr. 3; Dörner Anm. II 2, je zu § 45; krit. hierzu Großmann in GK-SchwbG Rdnr. 21 ff. zu § 45).

9 Auch **betriebliche Ruhegeld- und Pensionszahlungen** sind zwar auf das Arbeitsverhältnis zurückzuführen, werden aber erst nach seiner Beendigung laufend gezahlt. Bestehen inso-

weit Regelungen über die Anrechnung anderweitiger Sozialleistungen, z. B. in Form einer Gesamtversorgungsgrenze, wird die Anrechnung von Renten und vergleichbaren behinderungsbedingten Leistungen durch § 123 Abs. 1 SGB IX nicht ausgeschlossen (vgl. BAGE 43, 161 = ZfSH/SGB 1984, 19; BRGE 64, 327 = PersV 1991, 494; Dörner Anm. II 2 b; Großmann in GK-SchwbG Rdnr. 17 jeweils zu § 45).

3. Dienstbezüge

Der Begriff umfasst alle an **Beamte, Richter und Soldaten** zu gewährenden Leistungen. Auch hier sind alle geldwerten Leistungen aus dem Beschäftigungsverhältnis gemeint, insbesondere Grundgehälter, Zulagen, Ortszuschläge, Kindergelder, Sachbezüge, Beihilfen gemäß den Bestimmungen des BBesG und der Landesbesoldungsgesetze (Großmann in GK-SchwbG Rdnr. 18 zu § 45). 10

4. Renten

Der Begriff der Rente ist weit zu fassen. Renten, die wegen der Behinderung bezogen werden, sind z. B. die wegen der Behinderung bewilligten Renten nach dem BVG, die Unfallrente, die Rente wegen Erwerbsunfähigkeit und Berufsunfähigkeit – bzw. ab 1. Januar 2000: Rente wegen voller oder teilweiser Erwerbsminderung – und entsprechende Renten aus der zusätzlichen Alters- und Hinterbliebenenversorgung. Auch das von schwerbehinderten Menschen nach § 37 SGB VI vor Vollendung des 63. Lebensjahres in Anspruch genommene **flexible Altersruhegeld** sowie die aus diesem Anlass zustehende Rente aus der Zusatzversorgung gehören bis zur Vollendung des 63. Lebensjahres dazu (vgl. Cramer Rdnr. 4; Großmann in GK-SchwbG Rdnr. 64 ff. zu § 45). 11

Hingegen sind **Alters- und Hinterbliebenenrenten** aus der gesetzlichen Rentenversicherung ab der Altersgrenze von **63 Jahren** grundsätzlich auf das Arbeitsentgelt der schwerbehinderten Menschen anzurechnen, da sie nicht wegen der Behinderung bezogen werden (Neumann/Pahlen Rdnr. 4 § 45 SchwbG). 12

B) zu Abs. 2

1. Einschränkung des Anrechnungsverbots

Die Vorschrift lässt als **Ausnahme zu Abs. 1** die Anrechnung von Renten und vergleichbaren Leistungen, die wegen der Behinderung bezogen werden, auf die Bemessung des Arbeitsentgelts und der Dienstbezüge zu. Dies gilt nur für Zeiträume, in denen die **Beschäftigung tatsächlich nicht ausgeübt** wird. Hinzu kommen muss, dass die Vorschriften über die Gewährung der Rente oder vergleichbaren Leistung eine Anrechnung oder ein Ruhen vorsehen, wenn Arbeitsentgelt oder Dienstbezüge gezahlt werden. 13

Mit dieser zum 1. August 1986 eingefügten Neuregelung sollte eine vom Gesetzgeber nicht beabsichtigte **Besserstellung schwerbehinderter Menschen** gegenüber nicht behinderten Arbeitnehmern **vermieden** werden: 14

Nach der zuvor geltenden Fassung war es durch das Anrechnungsverbot auch den **Tarifvertragsparteien verwehrt**, tarifvertraglich vorgesehene **Leistungen einzuschränken**, wenn gleichzeitig Rente gezahlt wird. Erhielten nämlich schwerbehinderte Menschen während einer Erkrankung eine Rente wegen dieser Krankheit, war die Kürzung der Krankenbezüge für die Betroffenen unzulässig (BAG, AP Nr. 11 zu § 42 SchwbG). Hingegen mussten nicht schwerbehinderte Arbeitnehmer sich eine Kürzung der Krankenbezüge bei gleichzeitigem Bezug einer Rente gefallen lassen. Durch die Gesetzesänderung sollte vermieden werden, dass die Krankenbezüge über die Dauer von zwei Monaten hinaus ausschließlich an schwerbehinderte Menschen zu zahlen waren und für andere Arbeitnehmer es bei der vertraglichen Regelung blieb. Denn nach den damaligen § 61 AVG, § 1284 RVO und § 81 RKnG ruhte der Anspruch auf Berufsunfähigkeits- oder Erwerbsunfähigkeitsrente, wenn er für mehr als zwei Monate mit einem Anspruch auf Arbeitsentgelt zusammentraf. Statt der Rentenbezüge erhielten die schwerbehinderten Arbeitnehmer ausschließlich Krankenbezüge. Damit wurde aber die **Zahlung der Bezüge** von den Rentenversicherungsträgern **auf den Arbeitgeber verlagert**. Diese Konsequenz wollte der Gesetzgeber mit der Einfügung der Vorschrift des Abs. 2 vermeiden (vgl. hierzu Neumann/Pahlen Rdnr. 3a f.; Großmann in GK-SchwbG Rdnrn. 84 ff; Cramer Rdnr. 8 jeweils zu § 46 SchwbG).

§ 124
Mehrarbeit

Schwerbehinderte Menschen werden auf ihr Verlangen von Mehrarbeit freigestellt.

ERLÄUTERUNGEN

ÜBERSICHT

I. Bedeutung der Vorschrift (Rdnrn. 1–5)
II. Fassung (Rdnr. 6)
III. Anmerkungen (Rdnrn. 7–45)
   1. Geltung (Rdnrn. 7–15)
   2. Mehrarbeit (Rdnrn. 16–35)
   3. Anordnung von Mehrarbeit (Rdnrn. 36–37)
   4. Freistellung (Rdnrn. 38–43)
   5. Verfahrensfragen (Rdnrn. 44–45)
IV. Literatur

I. Bedeutung der Vorschrift

1   Die Regelung ermöglicht schwerbehinderten Menschen und Gleichgestellten, Mehrarbeit – im Vergleich zu der arbeitsrechtlich geschuldeten Arbeitszeit – abzulehnen. Sie sind deshalb, abgesehen von Notfällen, grundsätzlich nicht verpflichtet, ihre Leistung zu erbringen. Die Vorschrift enthält **kein absolutes Verbot der Mehrarbeit**. Der schwerbehinderte Arbeitnehmer soll aber gegen seinen Willen nicht zusätzlich belastet werden. Deshalb ist es ihm überlassen, ob er von seinem Recht auf Freistellung von Mehrarbeit Gebrauch macht oder nicht. Es kommt weder auf den GdB noch auf die Ursache der Behinderung an. Deshalb ist es unerheblich, ob die Mehrarbeit eine konkrete zusätzliche Belastung mit sich bringt oder nicht (Neumann u. a. / *Pahlen* Rdnr. 2). Vielmehr soll die Vorschrift nach ihrem **Schutzzweck** sicherstellen, dass die Leistungsfähigkeit schwerbehinderter Menschen nicht durch zu lange Arbeitszeiten überbeansprucht wird.

Daneben soll die gleichberechtigte **Teilhabe** der schwerbehinderten Menschen **am Leben in der Gemeinschaft** gem. § 1 SGB IX gefördert werden, weshalb ihnen ausreichend freie Zeit verbleiben muss, nicht zuletzt für die notwendigen täglich zu verrichtenden Angelegenheiten wie Einkaufen, Behördengänge usw. (BAG Urteil vom 3. Dezember 2002 – 9 AZR 462/01 = BAGE 104, 73 = NZA 2004, 1219 = AP Nr. 1 zu § 124 SGB IX = BehindertenR 2003, 150 unter Hinweis auf BT-Drucks. 7/1515 S. 15 f.; Bad.-Württ. VGH Urteil vom 6. September 2006 – 9 S 1119/06 = BehindertenR 2007, 144).

2   **In Ausnahmefällen** kann die Ausübung des Rechts zur Ablehnung von Mehrarbeit allerdings **missbräuchlich** sein, so bei verhältnismäßig seltenen und geringfügigen Arbeitszeitüberschreitungen.

3   Die Vorschrift ist **zwingendes Recht**; sie kann weder einzelvertraglich noch durch Tarifregelungen eingeschränkt oder aufgehoben werden. Ein vertraglicher Verzicht des schwerbehinderten Arbeitnehmers auf die Ausübung seines Rechts aus § 124 wäre unwirksam (Kossens u. a. / *Kossens* Rdnr. 2; GK-SGB IX / *Lampe* Rdnr. 33).

Der Anwendungsbereich ist auf zu leistende Mehrarbeit beschränkt. Die Vorschrift gibt den schwerbehinderten Arbeitnehmern nach allgemeiner Auffassung kein Recht, **Sonn-** oder **Feiertagsarbeit** bzw. **Nachtarbeit** und **Bereitschaftsdienst** generell abzulehnen (BAG Urteil vom 3. Dezember 2002 a. a. O.; LPK-SGB IX / *Düwell* Rdnr. 5). Insoweit besteht ein Unterschied zu Jugendlichen (vgl. §§ 14, 17, 18 JArbSchG) und werdenden oder stillenden Müttern (§ 8 MuSchG). Unter „Nachtarbeit" ist jede Arbeit zu verstehen, die mehr als 2 Stunden der Nachtzeit umfasst, d. h. der Zeit von 23 bis 6 Uhr, in Bäckereien und Konditoreien von 22 bis 5 Uhr (vgl. § 2 Abs. 3 und 4 ArbzG). 4

Allerdings haben schwerbehinderte Menschen nach § 81 Abs. 4 Nr. 4 SGB IX einen einklagbaren **Anspruch auf behinderungsgerechte Gestaltung der Arbeitszeit**, soweit dessen Erfüllung für den Arbeitgeber nicht unzumutbar oder mit unverhältnismäßigen Aufwendungen verbunden ist. Hieraus kann sich die Pflicht des Arbeitgebers ergeben, einen schwerbehinderten Arbeitnehmer nicht zur Nachtarbeit einzuteilen und dessen Arbeitszeit auf die Fünf-Tage-Woche zu beschränken (BAG Urteil vom 3. Dezember 2002 a. a. O.; vgl. auch Erl. zu § 81 Rdnr. 252). 5

II. Fassung

Die Vorschrift wurde unverändert aus dem Regierungsentwurf (BT-Drucks. 14/5531 i. V. m. 14/5074) übernommen. Sie ist wortgleich mit § 46 SchwbG a. F. 6

III. Anmerkungen

1. Geltung

Obwohl die Vorschrift nur von schwerbehinderten Menschen spricht, schließt sie auch gem. § 2 Abs. 3 SGB IX **Gleichgestellte** ein (vgl. § 68 Abs. 1 und 3 SGB IX). Das entspricht allgemeiner Auffassung (Kossens u. a. / *Kossens* Rdnr. 3; GK-SGB IX / *Lampe* Rdnr. 3, jeweils m. w. Nachw.). 7

Neben Arbeitern und Angestellten können auch **Beamte** Freistellung von Mehrarbeit verlangen. Nach § 87 Abs. 3 BBG i. V. m. § 3 Abs. 1 S. 1 AZV beträgt die regelmäßige Arbeitszeit 41 Stunden wöchentlich (landesrechtliche Regelungen sehen zwischen 40 und 42 Stunden vor, vgl. die Zusammenstellung unter http://de.wikipedia.org/wiki/Arbeitszeitverordnung). Sie darf für Bundesbeamte wöchentlich im Durchschnitt 44 Stunden nicht überschreiten (§ 87 Abs. 1 BBG). 8

Schwerbehinderte Beamtinnen und schwerbehinderte Beamte können nach § 3 Abs. 1 Satz 2 AZV eine **Verkürzung der regelmäßigen wöchentlichen Arbeitszeit auf 40 Stunden** beantragen. Diese Vorschrift gilt nur für Schwerbehinderte im Sinne von § 2 Abs. 2 SGB IX, **nicht** aber **für gleichgestellte** behinderte Menschen im Sinne von § 2 Abs. 3 SGB IX (BVerwG Urteil vom 29. Juli 2010 – 2 C 17/09 = BehindertenR 2011, 86 = ZBR 2011, 169), Nach Ansicht des BVerwG a. a. O. spreche die Systematik des § 3 Abs. 1 AZV gegen die Einbeziehung von Gleichgestellten in den Anwendungsbereich des § 3 Abs. 1 Satz 2 AZV. In Abs. 1 Satz 5 werde zwar auf § 116 Abs. 1 SGB IX bezüglich des Wegfalls der Schwerbehinderteneigenschaft verwiesen, nicht aber auf die Regelung in Abs. 2 derselben Vorschrift, die sich mit den Rechtsfolgen der Aufhebung der Gleichstellung befasst. 9

Ferner mache es der **Zweck der Gleichstellung** nach § 2 Abs. 3 SGB IX, nämlich die Gewährleistung der Teilhabe am Arbeitsleben bestimmten behinderten Menschen mit einem GdB zwischen 30 und 49, gerade nicht erforderlich, die Vorschrift so auszulegen, dass diese Vergünstigung auch diese Gruppe von Behinderten erfasst. Da diese Beamten aufgrund ihrer Rechtsstellung einen dauerhaft gewährleisteten Anspruch auf amtsangemessene Beschäftigung haben, kann es bei ihnen nur darum gehen, sie vor beruflicher Überforderung und einer darauf beruhenden vorzeitigen Versetzung in den Ruhestand zu bewahren. Diesen Schutz kann der Dienstherr in Wahrnehmung seiner Fürsorgepflicht gewähren, ohne dass 10 es dafür der pauschalen Reduzierung der regelmäßigen wöchentlichen Arbeitszeit um eine Stunde bedarf (BVerwG Urteil vom 29. Juli 2010 a. a. O.).

11 Als Mehrarbeit wird in § 88 Satz 1 BBG die Überschreitung der regelmäßigen wöchentlichen Arbeitszeit gewertet (ab fünf Stunden Mehrarbeit im Monat Freizeitausgleich gem. § 88 Satz 2 BBG).

12 Bei **Richtern**, für die keine festen Dienstzeiten gelten, ist der Rechtsgedanke des § 124 vom Präsidium bei der Geschäftsverteilung im Rahmen der Ermessensausübung zu berücksichtigen (🕮 BVerwG Beschluss vom 27. März 1985 – 2 B 126/83 = NJW 1985, 2779 = Buchholz 238.5 § 46 DRiG Nr. 4). Zu Einzelfragen vgl. näher GK-SGB IX / *Lampe* Rdnrn. 5 f.

13 Auch **Teilzeitbeschäftigte** sind grundsätzlich vor Mehrarbeit geschützt. Teilzeitbeschäftigt ist ein Arbeitnehmer, dessen regelmäßige wöchentliche Arbeitszeit kürzer ist als die vergleichbarer vollzeitbeschäftigter Betriebsangehöriger (vgl. § 2 Abs. 1 des „Gesetzes über Teilzeit und befristete Arbeitsverhältnisse" vom 21. Dezember 2000 – BGBl. I S. 1966). Wann Mehrarbeit bei einem teilzeitbeschäftigten Arbeitnehmer vorliegt, ist durch einen **Vergleich mit der Arbeitszeit entsprechender vollzeitbeschäftigter Arbeitnehmer** im Betrieb zu ermitteln; Mehrarbeit liegt nicht bereits in der Überschreitung der vereinbarten persönlichen Teilarbeitszeit (vgl. LAG Nürnberg Urteil vom 9. Januar 2007 = NZA-RR 2007, 357; Kossens u. a. / *Kossens* Rdnr. 4; Hauck / Noftz / *Masuch* Rdnr. 5; GK-SGB IX / *Lampe* Rdnr. 7).

Keine Teilzeitbeschäftigung liegt vor, wenn in bestimmten Berufen für schwerbehinderte Menschen die Arbeitszeit bzw. das **Arbeitspensum** ermäßigt wird, z. B. durch Pensenabschläge bei Richtern oder durch Stundenermäßigungen bei Lehrern aufgrund landesrechtlicher Vorschriften (GK-SGB IX / *Lampe* Rdnr. 8).

14 Die Regelung über den **Mutterschutz** in § 8 MuSchG geht dem § 124 vor (Hauck / Noftz / *Masuch* Rdnr. 14). Dort wird ein ausdrückliches Mehrarbeitsverbot für werdende und stillende Mütter festgelegt, wobei der Begriff der Mehrarbeit in § 8 Abs. 2 MuSchG spezialgesetzlich definiert wird.

15 Auch für **Jugendliche** gilt ein **spezieller Begriff der Mehrarbeit**: Ihre Beschäftigung ist auf täglich acht Stunden und wöchentlich 40 Stunden begrenzt (§ 8 Abs. 1 JArbSchG). Innerhalb der Woche ist eine Umverteilung bis zu arbeitstäglich 8,5 Stunden zulässig, sofern die Arbeitszeit an anderen Werktagen verkürzt wird (§ 8 Abs. 2a JArbSchG; zu Feiertagen und Sonderregelungen vgl. § 8 Abs. 2, 3 JArbSchG). Die darüber hinaus geleistete Arbeit ist Mehrarbeit im Sinne von § 21 Abs. 1 JArbSchG. Deshalb kann ein schwerbehinderter Jugendlicher die über 40 Stunden wöchentlich bzw. – vorbehaltlich einer zulässigen Umverteilung – über acht Stunden täglich hinausgehende Arbeit als Mehrarbeit ablehnen (Hauck / Noftz / *Masuch* Rdnr. 13).

2. Mehrarbeit

16 Das Gesetz definiert nicht den **Begriff der „Mehrarbeit"**. Er ist auch im Arbeitszeitgesetz (ArbzG) vom 6. Juni 1994 (BGBl. I S. 1170) nicht enthalten. Auch die vorher in Geltung gewesene Arbeitszeitordnung (AZO) vom 30. April 1938 (RGBl. I S. 447) enthielt keine Definition der Mehrarbeit. Lediglich wurde in § 3 AZO bestimmt, dass die regelmäßige werktägliche Arbeitszeit die Dauer von acht Stunden nicht überschreiten durfte. Hieraus wurde verschiedentlich geschlossen, dass die über acht Stunden täglich hinausgehende Arbeitszeit stets Mehrarbeit sei (so Neumann / *Pahlen* Rdnr. 3 zu § 46 SchwbG). Dies war aber weder mit dem Wortlaut noch der Systematik der AZO vereinbar (zutreffend GK-SGB IX / *Großmann* Rdnr. 25 ff. zu § 46 SchwbG).

17 Gleichwohl hat das **BAG** aus dem seinerzeit noch geltenden § 3 AZO den **Grundsatz des Achtstundentages** abgeleitet und hieraus geschlossen, dass **Mehrarbeit** diejenige Arbeit sei, die **über diesen Zeitraum hinausgehe** (🕮 BAG Urteil vom 8. November 1989 – 5 AZR 642/88 = BAGE 63, 221 = BB 1990, 560). Aus Gründen der Rechtsklarheit und Rechtssicherheit könne angesichts der unterschiedlichsten individualrechtlichen Regelungen nicht auf die

jeweils konkret geschuldete tägliche Arbeitszeit des Schwerbehinderten abgestellt werden; vielmehr bedürfe es des Rückgriffs auf eine **einheitliche Regelung**, die in § 3 AZO liege (BAG Urteil vom 8. November 1989 a. a. O.).

Nach der Aufhebung des § 3 AZO stellt das BAG (Urteil vom 3. Dezember 2002 – 9 AZR 462/01 = BAGE 104, 73 = NZA 2004, 1219 = AP Nr. 1 zu § 124 SGB IX = BehindertenR 2003, 150; Urteil vom 21. November 2006 – 9 AZR 176/06 = NZA 2007, 446 = BehindertenR 2007, 138) nunmehr auf **§ 3 Satz 1 ArbzG** ab und leitet daraus den **Grundsatz des Achtstundentages** her (vgl. auch BT-Drucks. 12/5888 S. 20). Durch die mögliche Verlängerung der Arbeitszeit auf bis zu zehn Stunden täglich nach § 3 Satz 2 ArbzG sollten nur die Rahmenbedingungen für flexible Arbeitszeiten verbessert werden. Es handle sich hierbei um eine Ausnahme von der regelmäßigen achtstündigen werktäglichen Arbeitszeit. 18

Der Grundsatz des Achtstundentages diene auch der **Rechtsklarheit**, da die betrieblichen und tarifvertraglichen Arbeitszeitmodelle keinen allgemein gültigen Maßstab für den Begriff der Mehrarbeit liefern könnten. Dies entspreche auch den gesetzlichen **Regelungen für andere schutzbedürftige Beschäftigte**. So dürfen Jugendliche nach § 8 Abs. 1 JArbSchG nicht mehr als acht Stunden täglich beschäftigt werden. Nach § 8 MuSchG liege verbotene Mehrarbeit vor für werdende und stillende Mütter unter 18 Jahren bei einer Arbeitszeit von mehr als 8 Stunden täglich (§ 8 Abs. 2 Nr. 1 MuSchG) oder bei einer mindestens 18-jährigen werdenden und stillenden Mutter bei einer Arbeitszeit von mehr als 8,5 Stunden täglich. **Jede über 8 Stunden hinausgehende tägliche Arbeitszeit** sei deshalb **Mehrarbeit i. S. des § 124 SGB IX** (BAG Urteil vom 3. Dezember 2002 a. a. O.; zustimmend *Müller-Wenner* / Winkler Rdnr. 4; HK-SGB IX / *Trenk-Hinterberger* Rdnr. 11; Kossens u. a. / Kossens Rdnr. 7; Feldes u. a. / *Faber* Rdnr. 12; Ernst / Adlhoch / Seel / *Schlembach* Rdnr. 11 sowie LPK-SGB XI / *Düwell* Rdnr. 4 und Neumann u. a. / *Pahlen* Rdnr. 3, beide unter Aufgabe ihrer in den Vorauflagen vertretenen Ansicht). 19

Damit könnte aber der schwerbehinderte Mensch eine ihm zugemutete Überschreitung der regelmäßigen tariflichen, betrieblichen oder einzelvertraglichen Arbeitszeit nicht ablehnen, solange die gesetzliche Arbeitszeit nicht überschritten wird. Das widerspräche jedoch dem **Schutzzweck des § 124**. Denn in Tarifverträgen wird schon die Überschreitung der 38,5-Stunden-Woche als Mehrarbeit definiert (vgl. § 19 Abs. 1 Satz 1 MTL II). Bei dem vom BAG zugrunde gelegten Verständnis der Vorschrift könnte ein schwerbehinderter Arbeitnehmer erst die 49. Wochenstunde als Mehrarbeit nach § 124 SGB IX ablehnen, obwohl schon die 39. Arbeitsstunde eine Überschreitung seiner regelmäßigen Arbeitszeit darstellen kann. 20

Deshalb ist **jegliche Form von Überarbeit** im Sinn von Überstunden und Überschichten **als Mehrarbeit** im Sinne von § 124 anzusehen. Mehrarbeit ist demnach die Zeit, die **über die tariflich, betrieblich oder einzelvertraglich festgelegte Arbeitszeit hinausgeht**, gleich ob sie täglich oder wöchentlich zu berechnen ist. Die von der Rechtsprechung herangezogene **Achtstundengrenze** kann dann als **zusätzliches Korrektiv** gegen Festlegungen zulasten des schwerbehinderten Arbeitnehmers dienen (ebenso GK-SGB IX / *Lampe* Rdnr. 16 ff. und Hauck / Noftz / *Masuch*, Rdnrn. 6–10, beide allerdings unter Abstellen auf die wöchentliche Arbeitszeit als Maßstab; Deinert / Neumann / *Jeschke* § 18 Rdnr. 58). 21

Bei diesem Verständnis der Vorschrift **erübrigt sich** auch **der vom BAG** im Urteil vom 3. Dezember 2002 a. a. O. **erhobene Einwand**, tarifliche Arbeitszeitverkürzungen gewährleisteten den erforderlichen Schutz der schwerbehinderten Menschen nicht, weil sie häufig die Arbeitszeitverkürzung erst innerhalb eines längeren Ausgleichszeitraums umsetzten und daher Arbeitnehmer zeitweilig längere tägliche und / oder wöchentliche Arbeitszeiten sowie damit erhebliche körperliche und geistige Belastungen hinnehmen müssten. Nach der hier vertretenen Auffassung ist die **individuelle bzw. tarifliche regelmäßige Arbeitszeit nicht der alleinige Maßstab** für die Bestimmung des Begriffs der Mehrarbeit nach § 124 SGB IX, sondern es gilt das Prinzip der **Meistbegünstigung** entweder durch die tarifliche oder gesetzliche Arbeitszeitbegrenzung. 22

§ 124   Mehrarbeit

23   Demgegenüber enthalten die **Beamtengesetze des Bundes und der Länder** eine gesetzliche Definition derMehrarbeit, vgl. § 44 Satz 1 und 2 BRRG, § 87 BBG, § 88 Satz 1 BBG i. V. m. § 3 Abs. 1 AZV (vgl. BVerwG Beschluss vom 30. Januar 2008 – 2 B 59/07 zit. nach JURIS).

Für hessische Beamte ist Mehrarbeit nach § 85 Abs. 2 Satz 1 und 2 HBG derjenige Dienst, der über die in § 85 Abs. 1 Satz 1 HBG i. V. m. § 1 Abs. 1 HAZVO festgelegte regelmäßige wöchentliche Arbeitszeit von 42 Stunden hinaus geleistet wird (BVerwG Beschluss vom 30. Januar 2008 a. a. O.).

24   Als Arbeitszeit i. S. d. § 2 Abs. 1 Satz 1 ArbZG gilt seit der Neufassung des Arbeitszeitgesetzes durch Art. 4b des Gesetzes zu Reformen am Arbeitsmarkt vom 24. Dezember 2003 (BGBl. I S. 3002) mit Wirkung ab 1. Januar 2004 auch der **Bereitschaftsdienst** (BAG Urteil 16. März 2004 – 9 AZR 93/03 = BAGE 110, 60 = NZA 2004, 927 = AP Nr. 2 zu § 2 ArbZG).

25   Hierbei sind mehrere Formen der Bereitschaft zu unterscheiden: **Arbeitsbereitschaft** in diesem Sinne bedeutet Anwesenheit im Betrieb im Zustand wacher Achtsamkeit mit ständiger Bereitschaft zur vollen Arbeitsleistung. Sie wurde seit Langem nach allgemeiner Auffassung als Arbeitszeit betrachtet (vgl. BT-Drucks. 15/1587 S. 29; Baeck / Deutsch ArbZG § 2 Rdnrn. 33, 39 m. w. Nachw.).

26   Abweichend gestaltet sich derjenige **Bereitschaftsdienst**, in dem sich der Arbeitnehmer – ohne dass von ihm wache Aufmerksamkeit gefordert wird – für Zwecke des Betriebs an einem vom Arbeitgeber bestimmten Ort innerhalb oder außerhalb des Betriebs aufzuhalten hat, um bei Bedarf seine Tätigkeit unverzüglich aufzunehmen (BAG Urteil vom 28. Januar 2004 – 5 AZR 530/02 = BAGE 109, 254 = NZA 2004, 656 m. w. Nachw.; Urteil vom 25. April 2006 – 6 AZR 799/06 = NZA 2007, 1108; dies entspricht auch der Definition des § 15 Abs. 6a BAT) Von praktischer Bedeutung ist der Bereitschaftsdienst vor allem **im Krankenhaus- und Rettungsdienstwesen**.

27   Bereitschaftsdienst, den ein Arbeitnehmer **in Form persönlicher Anwesenheit im Betrieb** des Arbeitgebers leistet, ist nach der Rechtsprechung des EuGH und nach der hieran anknüpfenden Neufassung des ArbZG **in vollem Umfang als Arbeitszeit** i. S. v. Art. 2 der Richtlinie 2003/88/EG anzusehen, ohne Rücksicht darauf, welche Arbeitsleistung der Betroffene während dieses Bereitschaftsdienstes tatsächlich erbringt (EuGH Urteil vom 1. Dezember 2005 – C-14/04 – [Dellas] Rdnr. 46, = NZA 2006, 89 m. w. Nachw.; BAG Urteil vom 23. Juni 2010 – 10 AZR 543/09 – Rdnr. 20 ff., = NZA 2010, 1081 = ZTR 2010, 568 = AP Nr. 4 zu § 7 ArbZG; Urteil vom 23. Februar 2011 – 10 AZR 579/09 = DB 2011, 114 [Ls.]).

28   Nach **Art. 2 Nr. 1 der Richtlinie** ist Arbeitszeit „jede Zeitspanne, während der ein Arbeitnehmer gemäß den einzelstaatlichen Rechtsvorschriften und / oder Gepflogenheiten arbeitet, dem Arbeitgeber zur Verfügung steht und seine Tätigkeit ausübt oder Aufgaben wahrnimmt". In der „Simap"-Entscheidung vom 3. Oktober 2000 – C-303/98 (NZA 2000, 1227, bestätigt im Beschluss vom 3. Juli 2001 – C-241/99 = EuGHE I 2001, 5139) erkannte der EuGH, dass Bereitschaftsdienst, den spanische Ärzte in Form persönlicher Anwesenheit in den Räumen einer öffentlichen Gesundheitseinrichtung leisteten, in vollem Umfang Arbeitszeit im Sinne dieser Vorschrift sei. In dem „Jaeger"-Urteil vom 9. September 2003 (C-151/02 = NJW 2003, 2971 = BB 2003, 2063) hat der EuGH entschieden, dass diese Zuordnung des Bereitschaftsdienstes zur Arbeitszeit im Sinne der Richtlinie auf die Verhältnisse in Deutschland übertragbar sei (so schon zuvor BAG Urteil vom 18. Februar 2003 – 1 ABR 2/02 = BAGE 105, 32 = NZA 2003, 742).

29   Gleichwohl hatte das BAG zunächst eine Anwendung des europäischen Arbeitszeitbegriffs auf das Arbeitszeitgesetz abgelehnt, weil das einer Teilaufhebung von § 5 Abs. 3 und § 7 Abs. 2 Nr. 1 ArbzG a. F. gleichkomme, welche der innerstaatlichen Kompetenzverteilung zwischen Gesetzgebung und Rechtsprechung widerspräche. Das Arbeitszeitgesetz werde in Bezug auf Arbeitsverhältnisse mit privaten Arbeitgebern nicht durch die Arbeitszeitrichtlinie verdrängt (BAG Urteil vom 18. Februar 2003 a. a. O.).

Hingegen war der nicht ordnungsgemäß umgesetzten Höchstarbeitszeitregelung der Arbeitszeitrichtlinie seit Ablauf der Umsetzungsfrist am 23. November 1996 **gegenüber öffentlichen Arbeitgebern** in Deutschland unmittelbare Wirkung zugekommen. Das gilt auch insoweit, als die öffentliche Hand pivatrechtlich handelt oder privatrechtliche Einrichtungen beherrscht (*C. Boerner / D. Boerner* NZA 2003, 883 [889] m. w. Nachw.). Die in diesen Einrichtungen Beschäftigten haben seitdem gem. Art. 6 Nr. 2 der Richtlinie Anspruch darauf, dass ihre durchschnittliche wöchentliche Arbeitszeit einschließlich der Bereitschaftsdienste 48 Stunden nicht überschreitet (BAG Urteil vom 5. Juni 2003 – 6 AZR 114/02 = NZA 2004, 164 = DB 2004, 138). 30

Durch die **Neufassung des § 7 ArbzG** zum 1. Januar 2004 – insbesondere die Einfügung eines Absatzes 2a – hat der deutsche Gesetzgeber die europäische Arbeitszeitrichtlinie und die Rechtsprechung des EuGH zur Frage der Bereitschaftsdienste **auf das deutsche Arbeitszeitrecht übertragen**. Bei der Berechnung der Arbeitszeit sind in den Fällen der Arbeitszeitverlängerung auch Bereitschaftsdienste zu berücksichtigen (vgl. *Reim* DB 2004, 186; *Bernig* NBB 2004, 101). Dem ist auch das BAG gefolgt (s. oben Rdnr. 27). 31

Deshalb ist nicht nur die Arbeitsbereitschaft, sondern auch der Bereitschaftsdienst mit dem Erfordernis bloßer Anwesenheit auf die Höchstarbeitszeit im Sinne des § 3 Abs. 1 ArbZG anzurechnen. Der schwerbehinderte Arbeitnehmer kann ihn nach § 124 SGB IX **ablehnen** (BAG Urteil vom 21. November 2006 – 9 AZR 176/06 = NZA 2007, 446 = BehindertenR 2007, 138 zur Nachtbereitschaft einer Heilerziehungspflegerin in einem Caritas-Jugendheim). Entgegenstehende Richtlinien des Arbeitgebers sind wegen Verstoßes gegen § 3 Abs. 1 ArbZG nichtig (BAG Urteil vom 21. November 2006 a. a. O.).

Unstrittig keine Arbeitszeit ist hingegen eine außerhalb des Betriebs zu leistende bloße **Rufbereitschaft** . Das ergibt sich aus § 5 Abs. 3 und § 7 Abs. 2 Nr. 1 ArbZG (vgl. auch BT-Drucks. 15/1587 S. 30). In dieser Arbeitsform ist der Arbeitnehmer lediglich verpflichtet, sich auf Abruf zur Arbeit an einem dem Arbeitgeber anzuzeigenden selbst gewählten Ort bereitzuhalten und zum Beispiel sein Mobiltelefon einzuschalten. Er muss nur zur alsbaldigen Aufnahme der Arbeit in der Lage sein. 32

Im Gegensatz zum Bereitschaftsdienst, der im Bedarfsfall die sofortige Arbeitsaufnahme ermöglichen soll und der deshalb regelmäßig im Betrieb bzw. der Dienststelle zu leisten ist, ermöglicht die Rufbereitschaft dem Arbeitnehmer grundsätzlich die **Gestaltung seiner an sich arbeitsfreien Zeit**. Der Arbeitnehmer muss die Möglichkeit haben, sich um persönliche und familiäre Angelegenheiten zu kümmern, an sportlichen oder kulturellen Veranstaltungen teilzunehmen, sich mit Freunden zu treffen usw. (BAG Urteil vom 31. Januar 2002 – 6 AZR 214/00 = NZA 1992, 560 [Ls.]). 33

Dies ist bei einer **zeitlichen Vorgabe** von 20 Minuten **zwischen Abruf und Arbeitsaufnahme** nicht möglich. Dann wäre der Arbeitnehmer faktisch gezwungen, sich in unmittelbarer Nähe des Arbeitsplatzes aufzuhalten, um die Arbeit bei Bedarf fristgerecht aufnehmen zu können. Dies ist mit dem Wesen der Rufbereitschaft nicht zu vereinbaren. Denn durch den Faktor Zeit bestimmt der Arbeitgeber – ebenso wie bei einer Zeitvorgabe von 10 Minuten zwischen dem Abruf und der Arbeitsaufnahme, die das BAG durch Urteil vom 19. Dezember 1991 (6 AZR 592/89 = NZA 1992, 560) für unzulässig angesehen hat – den Aufenthaltsort des Arbeitnehmers (BAG Urteil vom 31. Januar 2002 a. a. O.). 34

Lediglich die während der Rufbereitschaft **tatsächlich geleistete Arbeit** kann **als Arbeitszeit gewertet** werden (BT-Drucks. 15/1587 S. 30; LAG Hamm Urteil vom 30. März 2006 – 8 Sa 1992/04 = PflR 2006, 429 m. Anm. *Roßbruch; Müller-Wenner* / Winkler Rdnr. 6). Da der schwerbehinderte Arbeitnehmer nach § 124 SGB IX zur Mehrarbeit nicht verpflichtet ist und als Mehrarbeit nach h. M. die Überschreitung der gesetzlichen Arbeitszeit von 8 Stunden/Tag zählt, überschreitet eine Einteilung des Schwerbehinderten zur Rufbereitschaft im Anschluss an die dienstplanmäßig zu leistende Arbeitszeit von 7 Std. 42 Min. die Grenzen billigen Ermessens, sofern die bis zum Erreichen der gesetzlichen Arbeitszeit verbleibenden 35

Minuten keine sinnvolle Arbeitsleistung ergeben (LAG Hamm Urteil vom 30. März 2006 a. a. O.)

3. Anordnung von Mehrarbeit

36 Der Arbeitgeber kann Mehrarbeit anordnen, soweit dies arbeitsvertraglich, durch Betriebsvereinbarung oder aufgrund des Tarifvertrages zulässig ist. Diese Anordnung bedarf der **Zustimmung des Betriebsrats** gem. § 87 Abs. 1 Nr. 3 BetrVG. Ob der **Personalrat** im Rahmen von § 75 Abs. 3 Nr. 1 BPersVG vor der Anordnung von Mehrarbeit beteiligt werden muss, ist strittig. Das BVerwG (Beschluss vom 20. Juli 1984 – 6 P 16/83 = BVerwGE 70, 1 = PersV 1985, 71) hat das mit der Begründung verneint, nur die Verteilung der Arbeitszeit könne Gegenstand der Mitbestimmung sein, weil sich Anordnung und Umfang der Mehrarbeit aus dem Gesetz ergäben. Das Mitbestimmungsrecht des Personalrats werde erst berührt, wenn die Anordnung durch die Festlegung bestimmter Tage oder Tageszeiten, an denen die Mehrarbeit bzw. Überarbeit zu leisten sei, konkretisiert werden solle.

Hingegen sehen die landesrechtlichen Personalvertretungsgesetze ein mehr oder weniger weitgehendes Mitbestimmungsrecht des Personalrats bei der Anordnung von Mehrarbeit und Überarbeit vor (GK-SGB IX / *Lampe* Rdnr. 28).

37 Zu beteiligen ist jedenfalls die **Schwerbehindertenvertretung**, weil diese gem. § 95 Abs. 1 Nr. 1 SGB IX darüber zu wachen hat, dass der schwerbehinderte Arbeitnehmer sein Ablehnungsrecht wahrnehmen kann. Sie muss deshalb gem. § 95 Abs. 2 Satz 1 SGB IX vom Arbeitgeber rechtzeitig über die beabsichtigte Mehrarbeit unterrichtet und vor der Entscheidung angehört werden (GK-SGB IX / *Lampe* Rdnr. 14). Für den Arbeitgeber ist dies zugleich eine Abklärung, ob die betroffenen schwerbehinderten Menschen voraussichtlich die Mehrarbeit ablehnen werden und ob hieraus Folgerungen für die Entscheidung zur Mehrarbeit zu ziehen sind.

Ordnet in diesem Rahmen der Arbeitgeber Mehrarbeit an, hat der schwerbehinderte Arbeitnehmer sie grundsätzlich zu leisten, sofern er nicht eine Befreiung von der Mehrarbeit verlangt (Kossens u. a. / *Kossens* Rdnr. 11).

4. Freistellung

38 Die Weigerung des Schwerbehinderten, Mehrarbeit zu leisten, ist **keine Arbeitsverweigerung**, sondern die **Inanspruchnahme** eines ihm **gesetzlich zustehenden** und nicht der Dispositionsbefugnis des Arbeitgebers überantworteten **Rechts** (Bad.-Württ. VGH Urteil vom 6. September 2006 – 9 S 1119/06 = BehindertenR 2007, 144). Deshalb darf das Integrationsamt im Fall einer hierauf gestützten Kündigung nicht das Interesse des Arbeitgebers an der werktäglichen Mehrarbeit abwägen mit dem Interesse des behinderten Arbeitnehmers, aufgrund behinderungsbegründeter Einschränkungen hiervon verschont zu bleiben (Bad-Württ. VGH Urteil vom 6. September 2006 a. a. O.).

39 Der schwerbehinderte Mensch muss sein Verlangen nach Freistellung von Mehrarbeit nicht begründen, aber **ausdrücklich und möglichst frühzeitig erklären**. Das Verlangen ist so rechtzeitig zu stellen, dass sich der Arbeitgeber darauf einstellen kann (Kossens u. a. / *Kossens* Rdnr. 12; *Müller-Wenner* / Winkler Rdnr. 7). Jedenfalls darf er der Arbeit nicht ohne Freistellungsverlangen einfach fernbleiben oder den Arbeitsplatz nach Ende der regelmäßigen arbeitstäglichen Arbeitszeit verlassen (LPK-SGB IX / *Düwell* Rdnr. 9; GK-SGB IX / *Lampe* Rdnr. 29). Da Konflikte um die Freistellung nicht selten in verhaltensbedingte Kündigungen wegen Arbeitsverweigerung münden (vgl. z. B. LAG Nürnberg Urteil vom 9. Januar 2007 – 7 Sa 79/06 = NZA-RR 2007, 357), ist es empfehlenswert, zu **Nachweiszwecken** das Verlangen **schriftlich** zu stellen oder **vor Zeugen**, etwa durch Hinzuziehung der Schwerbehindertenvertretung oder eines Betriebsratsmitglied (Feldes u. a. / *Faber* Rdnr. 15, 18).

Allerdings muss auch der **Arbeitgeber vorher die Schwerbehindertenvertretung rechtzeitig informieren**, damit sich auch der schwerbehinderte Mensch auf die Mehrarbeit einstellen kann (GK-SGB IX / *Lampe* a. a. O.).

Die Freistellung von Mehrarbeit kann **auch für unbestimmte Zeit verlangt** werden (BAG Urteil vom 3. Dezember 2002 – 9 AZR 462/01 = BAGE 104, 73 = NZA 2004, 1219 AP Nr. 1 zu § 124 SGB IX = BehindertenR 2003, 150). Das Verlangen muss nicht für jeden Arbeitstag oder jede Arbeitswoche wiederholt werden (HK-SGB IX / *Trenk-Hinterberger* Rdnr. 19). Eine solche Beschränkung lässt sich dem Wortlaut der gesetzlichen Regelung nicht entnehmen und würde auch nicht dem Interesse des Arbeitgebers dienen. Ihm wäre andernfalls eine längerfristige Personalplanung und Dienstplangestaltung unmöglich, zumal § 124 SGB IX keine Erklärungsfrist vorsieht (BAG Urteil vom 3. Dezember 2002 a. a. O.).

40

Mit dem **Zugang des Freistellungsverlangens** beim Arbeitgeber tritt die gesetzliche Freistellung ein (BAG Urteil vom 3. Dezember 2002 a. a. O. unter Hinweis auf die vergleichbare Regelung des § 16 Abs. 1 BErzGG und hierzu BAG Urteil vom 22. Juni 1988 – 5 AZR 526/87 = BAGE 59, 62 = NZA 1989, 13). Einer **besonderen Freistellungserklärung** des Arbeitgebers **bedarf es** dann – anders als im Urlaubsrecht – **nicht** (HK-SGB IX / *Trenk-Hinterberger* Rdnr. 19). Da die Rechtsfolge der Freistellung bei Erfüllung der Anspruchsvoraussetzungen allein vom Verlangen des schwerbehinderten Menschen abhängt, schuldet er ab dem Zugang seiner Erklärung beim Arbeitgeber die geforderte Mehrarbeit nicht mehr (BAG Urteil vom 3. Dezember 2002 a. a. O.). Entgegen einer z. T. im Schrifttum vertretenen Auffassung (vgl. LPK-SGB IX / *Düwell* Rdnr. 9; GK-SGB IX / *Lampe* Rdnr. 31) hat der schwerbehinderte Arbeitnehmer nach Ansicht des BAG a. a. O. nicht nur ein Leistungsverweigerungsrecht i. S. von § 273 Abs. 1 BGB, sondern ist **überhaupt nicht zur Mehrarbeit verpflichtet** (so auch zutreffend Neumann u. a. / *Pahlen* Rdnr. 5; Kossens u. a / *Kossens* Rdnr. 14; Feldes u. a. / *Faber* Rdnr. 17). Die Unterscheidung kann im Einzelfall bedeutsam sein, weil sich der Schuldner auf ein Leistungsverweigerungsrecht als Einrede berufen muss; es ist nicht von Amts wegen zu berücksichtigen (vgl. BGH Urteil vom 27. Oktober 1982 – V ZR 136/8 = NJW 1983, 565; *Krüger* in MK-BGB 5. Aufl. 2007, § 273 Rdnr. 88 m. w. Nachw.).

41

Unter außergewöhnlichen Umständen, etwa in Notfällen oder wenn Rohstoffe bzw. Lebensmittel zu verderben bzw. Arbeitsergebnisse zu misslingen drohen, muss die notwendige Arbeit durchgeführt werden. Die Vorschrift des § 14 ArbZG ist hier ist sinngemäß anzuwenden (Neumann u. a. / *Pahlen* Rdnr. 4; HK-SGB IX / *Trenk-Hinterberger* Rdnr. 16; differenzierend für „Katastrophen" GK-SGB IX / *Lampe* Rdnr. 32).

Ein schwerbehinderter Arbeitnehmer / Beamter kann die Freistellung von Mehrarbeit nur wirksam geltend machen, wenn er sich **auf seine Schwerbehinderteneigenschaft beruft** (BVerwG 1. DiszSen Beschluss vom 9. 6. 1993 – 1 D 4/92, zit. nach JURIS). Es besteht kein Anspruch auf rückwirkende Herabsetzung der Pflichtstundenzahl bei nachträglicher Vorlage der Bescheinigung über die Schwerbehinderteneigenschaft (BVerwG Urteil vom 2. April 1981 – 2 C 1/81 = ZBR 1981, 317 = DÖV 1982, 86 [Ls]). Ebenso wenig besteht ein Anspruch auf rückwirkende Genehmigung oder Anordnung von Mehrarbeit, die einen daraus folgenden Anspruch auf Zahlung einer Mehrarbeitsvergütung auslösen würde (BVerwG Urteil vom 2. April 1981 a. a. O.).

42

Dem Arbeitgeber kann **untersagt** werden, einen schwerbehinderten Arbeitnehmer **zur** Leistung von **Mehrarbeit aufzufordern**, soweit es sich nicht um „Notarbeit" i. S. von § 14 ArbZG bzw. um einen der in § 15 ArbZG geregelten Ausnahmefälle einer behördlichen Genehmigung handelt (ArbG Hamburg Urteil vom 23. August 1990 – 15 Ca 40/90 AiB 1991, 438 m. Anm. *Hoyer*). Denn auch nach Ansicht des BAG (Urteil vom 3. Dezember 2002 a. a. O. unter II 1 b bb) ist es dem Arbeitgeber untersagt, die Erbringung der Mehrarbeit zu fordern.

43

5. Verfahrensfragen

44 Streitigkeiten zwischen schwerbehinderten Arbeitnehmern und dem Arbeitgeber über die Zulässigkeit der Anordnung oder Ablehnung von Mehrarbeit sind vor dem **Arbeitsgericht** auszutragen; bei Beamten ist das **Verwaltungsgericht** anzurufen. Ein **schwerbehinderter Richter** kann eine Entlastung im Wege der Klage aus dem Richterverhältnis verlangen, für die gem. § 126 Abs. 1 BRRG, § 71 Abs. 3 DRiG der Verwaltungsrechtsweg gegeben ist (BVerwG Urteil vom 27. November 1976 – III C 4.75 = BVerwGE 50, 11; OVG NRW Beschluss vom 30. Mai 1980 – 12 B 427/80 = RiA 1980, 200 = DÖD 1981, 46). Bei Richtern im Landesdienst ist die Klage gegen das jeweilige Land, vertreten durch den Justizminister, zu richten (OVG NRW Beschluss vom 30. Mai 1980 a. a. O.).

45 Besteht der Streit zwischen dem Arbeitgeber und dem Betriebsrat bzw. dem Personalrat, so ist er im **Beschlussverfahren** vor dem Arbeitsgericht oder dem Verwaltungsgericht auszutragen (BAG Beschluss vom 28. Juli 1981 – 1 ABR 90/79 = BAGE 36, 26 = NJW 1982, 1116; BAG Urteil vom 21. September 1989 – 1 AZR 465/88 = BAGE 62, 382 = PersV 1990, 180). Das Gleiche gilt beim Rechtsstreit zwischen dem Arbeitgeber und der Schwerbehindertenvertretung (BAG Beschluss vom 28. Juli 1981 a. a. O.).

IV. Literatur

Kossens, Michael, Mehrarbeit und Überstunden: Was gilt es zu beachten? ZBVR 2005, 88

Schmitz, Peter / **Baur**, Wera, Schwerbehinderte Menschen und Mehrarbeit, AiB 2005, 383

§ 125
Zusatzurlaub

(1) ¹Schwerbehinderte Menschen haben Anspruch auf einen bezahlten zusätzlichen Urlaub von fünf Arbeitstagen im Urlaubsjahr; verteilt sich die regelmäßige Arbeitszeit des schwerbehinderten Menschen auf mehr oder weniger als fünf Arbeitstage in der Kalenderwoche, erhöht oder vermindert sich der Zusatzurlaub entsprechend. ²Soweit tarifliche, betriebliche oder sonstige Urlaubsregelungen für schwerbehinderte Menschen einen längeren Zusatzurlaub vorsehen, bleiben sie unberührt.

(2) ¹Besteht die Schwerbehinderteneigenschaft nicht während des gesamten Kalenderjahres, so hat der schwerbehinderte Mensch für jeden vollen Monat der im Beschäftigungsverhältnis vorliegenden Schwerbehinderteneigenschaft einen Anspruch auf ein Zwölftel des Zusatzurlaubs nach Absatz 1 Satz 1. ²Bruchteile von Urlaubstagen, die mindestens einen halben Tag ergeben, sind auf volle Urlaubstage aufzurunden. ³Der so ermittelte Zusatzurlaub ist dem Erholungsurlaub hinzuzurechnen und kann bei einem nicht im ganzen Kalenderjahr bestehenden Beschäftigungsverhältnis nicht erneut gemindert werden.

(3) Wird die Eigenschaft als schwerbehinderter Mensch nach § 69 Abs. 1 und 2 rückwirkend festgestellt, finden auch für die Übertragbarkeit des Zusatzurlaubs in das nächste Kalenderjahr die dem Beschäftigungsverhältnis zugrunde liegenden urlaubsrechtlichen Regelungen Anwendung.

ERLÄUTERUNGEN

ÜBERSICHT

I. Bedeutung der Vorschrift (Rdnrn. 1–7)
II. Fassung (Rdnrn. 8–12)
   A) durch das SGB IX vom 19. Juni 2001 (BGBl. I S. 1046) mit Wirkung vom 1. Juli 2001 (Rdnr. 8)

B) durch das Gesetz zur Förderung der Ausbildung und Beschäftigung schwerbehinderter Menschen vom 23. April 2004 (BGBl. I S. 606) mit Wirkung vom 1. Mai 2004 (Rdnrn. 9–12)
III. Anmerkungen (Rdnrn. 13–82)
    A) zu Abs. 1
        1. Anspruchsberechtigte (Rdnrn. 13–15)
        2. Wesen des Zusatzurlaubs (Rdnrn. 16–30)
        3. Dauer des Zusatzurlaubs (Rdnrn. 31–40)
        4. Zulässigkeit verlängernder Regelungen (Rdnrn. 41–44)
    B) zu Abs. 2
        1. Entstehung des Anspruchs auf Zusatzurlaub (Rdnrn. 45–49)
    C) zu Abs. 3
        1. Erlöschen des Anspruchs (Rdnrn. 50–68)
    D) Finanzielle Fragen des Zusatzurlaubs
        1. Abgeltung des Anspruchs auf Zusatzurlaub (Rdnrn. 69–72)
        2. Urlaubsentgelt (Rdnrn. 73–74)
        3. Urlaubsgeld (Rdnr. 75)
    E) Sonstige Fragen des Zusatzurlaubs
        1. Einschränkungen des Zusatzurlaubs bzw. seiner Abgeltung nach Sonderregelungen (Rdnrn. 76–80)
        2. Mitbestimmung (Rdnr. 81)
        3. Rechtsdurchsetzung (Rdnr. 82)
IV. Literatur

I. Bedeutung der Vorschrift

Sie gewährt schwerbehinderten Arbeitnehmern neben dem allgemeinen Anspruch auf Erholungsurlaub das Recht auf einen bezahlten Zusatzurlaub von grundsätzlich fünf Arbeitstagen im Urlaubsjahr (**Abs. 1 Satz 1 Halbs. 1**). 1

Der zusätzliche Urlaub steht dem schwerbehinderten Arbeitnehmer unabhängig von seinem individuellen Erholungsbedürfnis zu. Dieses wird ebenso wie für den Anspruch nach BUrlG gesetzlich unwiderleglich vermutet (BAG Urteil vom 21. Februar 1995 – 9 AZR 166/94 = BAGE 79, 211 [215] = AP Nr. 7 zu § 47 SchwbG 1986 = DB 1995, 2222). 2

Das beruht auf der typisierenden Annahme, dass schwerbehinderte Menschen aufgrund ihrer gesundheitlichen Beeinträchtigung längere Zeiten der Regeneration zur Erhaltung ihrer Arbeitskraft benötigen als andere Beschäftigte. Auch sind die Belastungen im Arbeitsleben durch zunehmenden Arbeitsdruck gestiegen. Deshalb wird nach allgemeiner Auffassung die Gewährung von Zusatzurlaub nach wie vor als gerechtfertigt angesehen (BAG Urteil vom 24. Oktober 2006 – 9 AZR 669/05 = BAGE 120, 50 = NJW 2007, 1083; *Müller-Wenner* / Winkler Rdnr. 2; LPK-SGB IX / *Düwell* Rdnr. 4; Neumann u. a. / *Pahlen* Rdnr. 6; Feldes u. a. / *Faber* Rdnr. 1; *Dolata* BehindertenR 2004, 128; a. A. *Gravenhorst* NZA 2005, 803 [804]). Die Vorschrift stellt auch vor dem Hintergrund des allgemeinen Gleichheitssatzes in Art. 3 Abs. 1 GG einen sachlich gerechtfertigten Nachteilsausgleich dar (Neumann u. a. / *Pahlen* Rdnr. 7; HK-SGB IX / *Trenk-Hinterberger* Rdnr. 1). Der Normzweck ist mit § 124 SGB IX vergleichbar, weil dieser durch die Freistellung von Mehrarbeit ebenfalls gesundheits- bzw. behinderungsbedingten Mehrbelastungen schwerbehinderter Menschen entgegenwirken soll (Feldes u. a. / *Faber* Rdnr. 1). 3

Weicht die Verteilung der Arbeitszeit des schwerbehinderten Menschen ab vom Normalfall, d. h. von fünf Tagen in der Kalenderwoche, erhöht oder vermindert sich die Zahl der zusätzlichen Urlaubstage entsprechend (**Abs. 1 Satz 2 Halbs. 1**). Gelten für den schwerbehinderten Menschen günstigere tarifliche, betriebliche oder individualvertragliche Urlaubsregelungen, geht insoweit der Anspruch auf einen längeren Zusatzurlaub vor (**Abs. 1 Satz 2**). 4

5 Sofern die Schwerbehinderteneigenschaft im Laufe des Kalenderjahres entsteht oder wegfällt, hat der Arbeitnehmer auch nur einen entsprechenden anteiligen Anspruch auf Zusatzurlaub (**Abs. 2 Satz 1**). Für jeden vollen Monat, in dem die Schwerbehinderteneigenschaft besteht, steht ihm ein Zwölftel des zusätzlichen Urlaubs zu. Dabei sind Bruchteile von mindestens einem halben Tag auf volle Urlaubstage aufzurunden (**Abs. 2 Satz 2**). Der so ermittelte Zusatzurlaub tritt zum Erholungsurlaub hinzu. Falls das Beschäftigungsverhältnis nicht im gesamten Jahr besteht, kann der Zusatzurlaub nicht aus diesem Grund gekürzt werden (**Abs. 2 Satz 3**).

6 Bei rückwirkender Feststellung der Schwerbehinderteneigenschaft kann der Zusatzurlaub für zurückliegende Zeiträume nur insofern geltend gemacht werden, als der allgemeine Urlaubsanspruch in das nächste Kalenderjahr übertragbar ist (**Abs. 3**). Hierdurch wird eine Anhäufung von Ansprüchen auf Zusatzurlaub aus vorangegangenen Urlaubsjahren ausgeschlossen.

7 Der gesetzliche Zusatzurlaub aus § 125 SGB IX oder aus anderen Arbeitsschutzbestimmungen ist **nicht unionsrechtlich gewährleistet** (ErfK / *Schlachter* § 7 BUrlG Rdnr. 39 f.; *Bauer / Arnold* NJW 2009, 631 [634]; a. A. *Rummel* AuR 2009, 160 [163]; offen gelassen von *Gaul / Josten / Strauf* BB 2009, 497 [498 f.]). Der Schwerbehindertenzusatzurlaub wird nur mittelbar – durch seine nationale Abhängigkeit vom Mindesturlaubsanspruch aus § 1, 3 Abs. 1 BUrlG (sog. Akzessorietät) – von Art. 7 der Arbeitszeit-Richtlinie 2003/88/EG berührt (ausführlich dazu BAG Urteil vom 23. März 2010 – 9 AZR 128/09 Rdnr. 85 ff. = DB 2010, 1295 = NZA 2010, 810; vgl. auch unten Rdnr. 19 und 26).

II. Fassung

A) durch das SGB IX vom 19. Juni 2001 (BGBl. I S. 1046) mit Wirkung vom 1. Juli 2001

8 Die Vorschrift wurde unverändert aus dem Regierungsentwurf (BT-Drucks. 14/5531 i. V. m. 14/5074) übernommen. Sie überträgt inhaltsgleich den bisherigen § 47 SchwbG.

B) durch das Gesetz zur Förderung der Ausbildung und Beschäftigung schwerbehinderter Menschen vom 23. April 2004 (BGBl. I S. 606) mit Wirkung vom 1. Mai 2004

9 Durch Art. 1 Nr. 31 wurden die bisherigen Sätze zu Abs. 1. Danach wurden folgende **Absätze 2 und 3 angefügt**:

„(2) Besteht die Schwerbehinderteneigenschaft nicht während des gesamten Kalenderjahres, so hat der schwerbehinderte Mensch für jeden vollen Monat der im Beschäftigungsverhältnis vorliegenden Schwerbehinderteneigenschaft einen Anspruch auf ein Zwölftel des Zusatzurlaubs nach Absatz 1 Satz 1. Bruchteile von Urlaubstagen, die mindestens einen halben Tag ergeben, sind auf volle Urlaubstage aufzurunden. Der so ermittelte Zusatzurlaub ist dem Erholungsurlaub hinzuzurechnen und kann bei einem nicht im ganzen Kalenderjahr bestehenden Beschäftigungsverhältnis nicht erneut gemindert werden.

(3) Wird die Eigenschaft als schwerbehinderter Mensch nach § 69 Abs. 1 und 2 rückwirkend festgestellt, finden auch für die Übertragbarkeit des Zusatzurlaubs in das nächste Kalenderjahr die dem Beschäftigungsverhältnis zugrunde liegenden urlaubsrechtlichen Regelungen Anwendung."

10 In dem Gesetzentwurf der Fraktionen SPD und Bündnis 90/DIE GRÜNEN (BT-Drucks. 15/1783 S. 18) wird zur Begründung ausgeführt:

„**Absatz 2 Satz 1** bestimmt, dass der Anspruch auf Zusatzurlaub bei Eintritt oder Wegfall der Schwerbehinderteneigenschaft im Verlauf des Urlaubsjahres nicht in vollem Umfang, sondern nur anteilig bestehen soll, soweit die Schwerbehinderteneigenschaft im Beschäftigungsverhältnis vorliegt. Satz 2 vermeidet, dass Bruchteile von Urlaubstagen zu gewähren sind. Satz 3 legt fest, dass der so ermittelte Zusatzurlaub dem Erholungsurlaub hinzugerechnet wird und schließt eine mehrfache Kürzung des Zusatzurlaubs aus.

Durch **Absatz 3** wird eine Kumulation von Ansprüchen auf Zusatzurlaub aus vorangegangenen Urlaubsjahren ausgeschlossen. Auch wenn die Feststellung der Eigenschaft als schwerbehinderter Mensch durch das Versorgungsamt deklaratorischen und nicht konstitutiven Charakter hat, soll auch in den Fällen eines länger andauernden Feststellungsverfahrens und einer in ein oder unter Umständen auch mehreren vorangegangenen Urlaubsjahren rückwirkenden Feststellung der Eigenschaft im laufenden Urlaubsjahr ein Zusatzurlaub aus den vorangegangenen Jahren nicht beansprucht werden können. Dies wird durch die Anwendung urlaubsrechtlicher Regelungen gewährleistet."

Der **Bundesrat** hatte demgegenüber folgende Fassung der Vorschrift in den Absätzen 2 bis 4 vorgeschlagen:

11

„(2) Besteht die Schwerbehinderteneigenschaft nicht während des gesamten Kalenderjahres, so hat der schwerbehinderte Mensch für jeden vollen Monat der im Beschäftigungsverhältnis vorliegenden Schwerbehinderteneigenschaft einen Anspruch auf ein Zwölftel des Zusatzurlaubs nach Absatz 1 Satz 1. Dieser Anspruch kann bei einem nicht im ganzen Kalenderjahr bestehenden Beschäftigungsverhältnis nicht erneut gemindert werden.

(3) Am Ende der Berechnung des Zusatzurlaubs werden Bruchteile von Urlaubstagen, die mindestens einen halben Tag ergeben, auf volle Urlaubstage aufgerundet; geringere Bruchteile werden abgerundet. Der so ermittelte Zusatzurlaub ist dem Erholungsurlaub hinzuzurechnen.

(4) Wird die Eigenschaft als schwerbehinderter Mensch nach § 69 Abs. 1 und 2 rückwirkend festgestellt, so finden für die Übertragbarkeit des Zusatzurlaubs in das nächste Kalenderjahr die dem Beschäftigungsverhältnis zugrunde liegenden urlaubsrechtlichen Regelungen Anwendung."

Begründung:

„Die Praxis und Rechtsprechung zeigen, dass die Frage der Auf- und Abrundung bei der Berechnung des Zusatzurlaubs nicht eindeutig geregelt ist, sodass es zu unterschiedlichen Verfahrensweisen bei der Berechnung von Bruchteilen eines Urlaubstages kommen kann. Mit dem Antrag wird dies klargestellt und vereinfacht.

Nach der Begründung zu § 125 Abs. 2 Satz 2 des Gesetzentwurfs soll die Gewährung von Bruchteilen von Urlaubstagen vermieden werden. Dieses Ziel wird mit der bisherigen Fassung nicht erreicht, weil über Bruchteile von weniger als einem halben Tag im Gesetzentwurf ausdrücklich nichts gesagt wird.

Durch Absatz 3 Satz 1 der vorgeschlagenen Fassung wird dagegen erreicht, dass in jedem Fall entweder durch Auf- oder Abrundung nur volle Tage des Zusatzurlaubs gewährt werden. Diese Bestimmung wirkt auf die gesamte Berechnung des Zusatzurlaubs und trifft die Berechnung bei unterschiedlicher Verteilung der regelmäßigen wöchentlichen Arbeitszeit nach Absatz 1 sowie auch die Zwölftelung nach Absatz 2.

Die Änderung führt zu keinem Mehraufwand."

Die **Bundesregierung** stimmte in ihrer Gegenäußerung (BT-Drucks. 2318 S. 23) dem Vorschlag nicht zu, weil „er nicht mit den allgemeinen Regelungen des Bundesurlaubsgesetzes in Einklang" stehe.

12

III. Anmerkungen

A) zu Abs. 1

1. Anspruchsberechtigte

13 Anspruch auf Zusatzurlaub nach § 125 haben **nur schwerbehinderte Menschen**. Ob ihre Arbeitsplätze bei der Berechnung der Pflichtquote nach § 75 SGB IX mitzählen, ist unerheblich. Deshalb haben z. B. auch Auszubildende, Teilnehmer an Arbeitsbeschaffungsmaßnahmen, Beschäftigte in Werkstätten für behinderte Menschen usw. Anspruch auf Zusatzurlaub. Das gilt unabhängig davon, ob es sich um **Vollzeit- oder Teilzeitbeschäftigte** handelt (*Griese* in: jurisPK-SGB IX Rdnr. 7). Ebenfalls anspruchsberechtigt sind **geringfügig Beschäftigte**, weil auch sie in einem vollwertigen Arbeitsverhältnis stehen. Auch arbeitnehmerähnliche Personen sind einbezogen, weil sie nach § 2 BUrlG Anspruch auf den Mindesturlaub haben (LPK-SGB IX / *Düwell* Rdnr. 8).

14 Für **Heimarbeiter** gilt die Sonderregelung in § 127 SGB IX. Zusatzurlaub ist auch für **Beamte und Richter** zu gewähren. Der Anspruch steht nach § 128 Abs. 4 SGB IX auch **Soldaten** zu.

15 Ungeachtet der grundsätzlichen **Gleichstellung** von behinderten Menschen mit einem GdB zwischen 30 und 50 auf ihren Antrag durch die Agentur für Arbeit nach § 68 Abs. 2 SGB IX erwerben die Betroffenen nicht auch ein Recht auf zusätzlichen Urlaub, weil in § 68 Abs. 3 SGB IX die Bestimmung des § 125 SGB IX ausdrücklich ausgenommen ist (Neumann u. a. / *Pahlen* Rdnr. 4; *Griese* in: jurisPK-SGB IX Rdnr. 6; kritisch zu dieser „starren ausnahmslosen Regelung" im Hinblick auf „verfassungs- und vor allem gemeinschaftsrechtliche Ordnungsvorstellungen" Feldes u. a. / *Faber* Rdnr. 7).

2. Wesen des Zusatzurlaubs

16 Jeder Arbeitnehmer hat Anspruch auf **Erholungsurlaub**. Nach § 3 BUrlG beträgt der **gesetzliche Mindesturlaub 24 Werktage**. Bei einer Fünftagewoche entspricht dies 20 Arbeitstagen. Die meisten Tarifverträge räumen aber einen längeren Urlaub ein; in den westlichen Bundesländern beträgt er überwiegend 30 Arbeitstage.

17 Das BAG hat schon zum früheren Recht erkannt, der „natürliche **Anknüpfungspunkt** für den **Zusatzurlaub** des Schwerbeschädigten" sei „derjenige Urlaub, den **ein nicht schwerbeschädigter Arbeitnehmer unter sonst gleichen Bedingungen und Voraussetzungen erhält**" (Urteil vom 10. Februar 1956 – 1 AZR 76/54 = BAGE 2, 317). Es hat seine Rechtsprechung in der Folgezeit wiederholt bestätigt (z. B. im Urteil vom 4. Oktober 1962 – 5 AZR 2/62 = BAGE 13, 228 = NJW 1963, 221). Hieran hat es auch nach der Erweiterung des geschützten Personenkreises auf alle Behinderten mit einem Grad von mindestens 50 % ohne Rücksicht auf den Grund der Behinderung durch das SchwbG 1974 festgehalten (vgl. BAG Urteil vom 23. Juli 1981 – 6 AZR 898/78 = DB 1981, 2335 = BehindertenR 1982, 23). Von dieser **Aufstockung des Grundurlaubs durch den Zusatzurlaub** (vgl. BAG Urteil vom 6. März 19645 – 5 AZR 259/63 = BAGE 15, 284 = NJW 1964, 1043) ist das BAG auch in seinen Entscheidungen zu § 47 SchwbG 1986 ohne Weiteres ausgegangen (vgl. Urteil vom 8. März 1994 – 9 AZR 49/93 = BAGE 76, 74; Urteil vom 21. Februar 1995 – 9 AZR 166/94 = BAGE 79, 211 = NJW 1996, 76).

18 Für den seit dem 1. Juli 2001 in **§ 125 SGB IX** unter der Überschrift „Zusatzurlaub" geregelten zusätzlichen Urlaub schwerbehinderter Menschen **gilt nichts anderes** (BAG Urteil vom 24. Oktober 2006 – 9 AZR 669/05 = NJW 2007, 1083 = NZA 2007, 330 = AP Nr. 1 zu § 125 SGB IX; Urteil vom 23. März 2010 – 9 AZR 128/09 = NZA 2010, 810 = AP Nr. 3 zu § 125 SGB IX).

19 Das ergibt schon der Wortlaut der Vorschrift. „Zusätzlich" bedeutet nichts anderes als „außerdem" oder „extra". Geht es um die Begründung eines „zusätzlichen" Anspruchs, so setzt das notwendig einen **bereits bestehenden Anspruch** voraus. An diesen knüpft die **zusätz-**

lich zu gewährende Leistung an („urlaubsbrechtliche Akzessorietät"). Hat der Arbeitnehmer Anspruch auf mehr Urlaubstage als gesetzlich bestimmt, so kann von einem „zusätzlichen" Urlaub nur dann gesprochen werden, wenn er zu **dem Urlaub hinzutritt**, den der **Arbeitnehmer ohne seine Behinderung verlangen** kann (BAG Urteil vom 24. Oktober 2006 a. a. O.). Zudem ordnet Abs. 3 der Vorschrift „auch" für den Fall der rückwirkenden Feststellung der Schwerbehinderteneigenschaft die Anwendung der einschlägigen „urlaubsrechtlichen Regelungen" an (BAG Urteil vom 23. März 2010 a. a. O.).

Der Gesetzgeber hat auch **nicht etwa** trotz Kenntnis von der höchstrichterlichen Rechtsprechung bei der Überführung des § 47 SchwbG 1986 in § 125 SGB IX **lediglich an den gesetzlichen Mindesturlaub** anknüpfen wollen. In der Vorschrift selbst wird nicht auf § 3 BUrlG verwiesen (BAG Urteil vom 24. Oktober 2006 a. a. O.). 20

Zwar hat der Gesetzgeber die für bestimmte Arbeitnehmergruppen geltenden Urlaubsbestimmungen in den speziellen Schutzgesetzen geregelt (etwa § 17 BErzGG, § 17 MuSchG, § 19 JArbSchG, § 4 ArbPlSchG). **§ 125 SGB IX** ist jedoch **keine spezifisch arbeitsrechtliche Vorschrift**. Anspruch auf den gesetzlichen Zusatzurlaub haben vielmehr alle schwerbehinderten Menschen, die als Beschäftigte Anspruch auf Erholungsurlaub haben. Erfasst werden mithin nicht nur schwerbehinderte Arbeitnehmer, sondern **auch** die schwerbehinderten Menschen in einem **öffentlich-rechtlichen Beschäftigungsverhältnis**. Für Beamte, Soldaten oder Richter scheidet ein Rückgriff auf den für Arbeitnehmer geltenden Mindesturlaub nach § 3 BUrlG aus (BAG Urteil vom 24. Oktober 2006 a. a. O.). 21

In dem vom BAG a. a. O. entschiedenen Fall ist daher der Zusatzurlaub zu dem arbeitsvertraglich vereinbarten Erholungsurlaub von 29 Arbeitstagen hinzugetreten. Er hat nicht lediglich den gesetzlich für Arbeitnehmer geregelten Mindesturlaub nach § 3 BUrlG (24 Werktage = 20 Arbeitstage) aufgestockt. Die Dauer des Urlaubs, den der Arbeitnehmer ohne Behinderung beanspruchen könnte, hat sich um die Dauer des Zusatzurlaubs auf insgesamt 34 Arbeitstage verlängert (Gesamturlaub). 22

Der Zusatzurlaub verlängert daher den dem schwerbehinderten Menschen zustehenden **Grundurlaub**, wie ihn Gesetz, Tarifvertrag, Betriebsvereinbarung, Betriebsübung oder Einzelarbeitsvertrag festschreiben (BAG Urteil vom 24. Oktober 2006 a. a. O.). Es geht also nicht etwa nur um eine Verlängerung des gesetzlichen Mindesturlaubs (vgl. Neumann u. a. / *Pahlen* Rdnr. 14). Ist die **Urlaubsdauer weder arbeitsvertraglich** geregelt **noch** durch **tarifvertragliche Bestimmungen**, so sichert § 3 BUrlG den „Grundurlaub", zu dem der Zusatzurlaub hinzutritt. Werden ohne ausdrückliche einzelvertragliche Regelung betrieblich mehr als 24 Werktage gewährt, ist dieser Urlaub für den schwerbehinderten Menschen der Grundurlaub, zu dem der Zusatzurlaub hinzutritt. Sollte ein Arbeitgeber Urlaub mit unterschiedlicher Dauer gewähren, so hat der schwerbehinderte Arbeitnehmer Anspruch auf den Grundurlaub, den „seine" Gruppe erhält. Zusätzlich ist ihm Urlaub nach § 125 SGB IX zu gewähren (BAG Urteil vom 24. Oktober 2006 a. a. O.). 23

In einer **Werkstatt für behinderte Menschen** gibt es drei Gruppen von Beschäftigten, nämlich das Stamm- oder Regiepersonal, die behinderten Werkstattbeschäftigten und die schwerbehinderten Werkstattbeschäftigten. Maßgeblich ist hier der **Vergleich der behinderten Werkstattbeschäftigten mit den schwerbehinderten Werkstattbeschäftigten**. Denn nur für diese Beschäftigten werden Werkstattverträge verwendet. Die tarifunterworfenen Arbeitsverhältnisse des Stamm- oder Regiepersonals sind aufgrund ihres völlig andersartigen Beschäftigungsinhalts nicht vergleichbar (LAG Berlin-Brandenburg Urteil vom 22. Februar 2007 – 5 Sa 1861/06, zit. nach JURIS). 24

Auch der Zusatzurlaub nach § 125 ist ein gesetzlicher Mindesturlaub und deshalb nach § 13 Abs. 1 BUrlG **unabdingbar** (BAG Urteil vom 25. Juni 1996 – 9 AZR 182/95 = BAGE 83, 225 = NZA 1996, 1153 = BehindertenR 1996, 198). Beschränkende Regelungen durch Tarifvertrag, Betriebs- / Dienstvereinbarung oder auch durch einzelvertragliche Abreden sind unzulässig und als Verstoß gegen ein gesetzliches Verbot i. S. von § 134 BGB nichtig (Kos- 25 sens u. a. / *Kossens* Rdnr. 2; Feldes u. a. / *Faber* Rdnr. 3). Das betrifft z. B. tarifvertragliche Urlaubsregelungen, die den gesetzlichen Abgeltungsanspruch nach § 7 Abs. 4 BUrlG einschränken (BAG Urteil vom 25. Juni 1996 – 9 AZR 182/95 = BAGE 83, 225 = NZA 1996, 1153 = BehindertenR 1996, 198) oder die Kürzung der Dauer des Zusatzurlaubs durch eine Höchsturlaubsgrenze (BAG Urteil vom 14. Oktober 2006 – 9 AZR 669/05 = BAGE 120, 50 = NJW 2007, 1083 = AP Nr. 1 zu § 125 SGB IX).

Auf den Zusatzurlaub kann – ebenso wie beim gesetzlichen Mindesturlaub – **nicht verzichtet** werden, etwa durch eine Ausgleichsquittung oder im Rahmen eines Vergleichs (BAG Urteil vom 25. Juni 1996 a. a. O.; *Müller-Wenner* / *Winkler* Rdnr. 23).

26 Allerdings ist der Anspruch auf Zusatzurlaub **akzessorisch**, d. h. er knüpft an die Regelungen über den Grundurlaub an (vgl. oben Rdnr. 7 und 19). Dessen Voraussetzungen nach den einschlägigen Bestimmungen z. B. des BUrlG oder des Beamtenrechts müssen erfüllt sein, damit Zusatzurlaub gewährt werden kann. Aber auch die weiteren allgemeinen Regeln über die Urlaubsgewährung sind zu beachten.

Anzuwenden auf den Zusatzurlaub nach § 125 SGB IX sind danach vor allem die Vorschriften des BUrlG über das Urlaubsjahr (§ 1), die Wartezeit von sechs Monaten bis zum erstmaligen Erwerb des Urlaubsanspruchs (§ 4), den Teilurlaub (§ 5), den Ausschluss von Doppelansprüchen gegenüber mehreren Arbeitgebern (§ 6), den Zeitpunkt der Urlaubserteilung sowie die Übertragbarkeit und Abgeltung von Urlaubsansprüchen (§ 7), den Eintritt von Erkrankungen während des Urlaubs (§ 9) oder das Urlaubsentgelt (§ 11).

27 Dies gilt auch für den Grundsatz, dass Erholungsurlaub zusammenhängend zu nehmen ist (§ 7 Abs. 2 Satz 1 BUrlG). Zusatzurlaub ist deshalb **in zeitlichem Zusammenhang mit dem Grundurlaub zu nehmen**, soweit nicht begründete Ausnahmen zulässig sind (z. B. nach § 2 Abs. 2 EUrlV). Auch das allgemeine **Verbot** von mit dem Urlaubszweck nicht vereinbaren **Erwerbstätigkeiten** gilt für den Zusatzurlaub (Hauck / Nofz / *Masuch* Rdnr. 24).

28 Für die **zeitliche Festlegung** des Zusatzurlaubs sind – wie beim Grundurlaub – ausdrücklich bei der Geltendmachung geäußerte **Wünsche des schwerbehinderten Arbeitnehmers** zu berücksichtigen, die allerdings mit betrieblichen Belangen und Urlaubswünschen anderer Arbeitnehmer abgestimmt werden müssen (vgl. § 7 Abs. 1 S. 1 BUrlG). Falls nicht der Urlaubsplan oder entsprechende Regelungen zu berücksichtigen sind (vgl. § 75 Abs. 3 Nr. 3 BPersVG, § 87 Abs. 1 Nr. 5 BetrVG), entscheidet der Arbeitgeber aufgrund seines Direktionsrechts.

Ungeachtet solcher etwa entgegenstehenden Gründe besteht nach § 7 Abs. 1 Satz 2 BUrlG eine Pflicht zur Gewährung von Urlaub im Anschluss an eine Maßnahme der medizinischen Vorsorge oder Rehabilitation (vgl. hierzu ErfK / *Dörner* / *Gallner* § 7 BUrlG Rdnr. 20).

29 Allerdings kann **von § 7 BUrlG zuungunsten der Arbeitnehmer abgewichen** werden (vgl. § 13 Abs. 1 BUrlG). Das gilt damit auch für die zeitliche Lage des Zusatzurlaubs (*Müller-Wenner* / *Winkler* Rdnr. 9). Eine tarifliche Regelung, wonach im **Schulbereich** der Urlaub in die **Schulferien** zu legen ist, muss daher auch für den Zusatzurlaub beachtet werden. Dieser ist dadurch zu gewähren, dass die betroffenen Lehrkräfte zusätzlich zum regulären Erholungsurlaub für eine weitere Woche von ihren übrigen Dienstpflichten – z. B. schulischen Veranstaltungen während der Schulferien – freigestellt werden (BAG Urteil vom 13. Februar 1996 – 9 AZR 79/95 = BAGE 82, 161 = NZA 1996, 1103; LAG Köln Urteil vom 9. Oktober 2007 – 9 Ta 262/07 = NZA-RR 2008, 277). Entsprechendes gilt für **Hochschullehrer** während der Semesterferien (Kossens u. a. / *Kossens* Rdnr. 7). Für Beamte und Richter gelten entsprechende Grundsätze (vgl. §§ 2, 7 EUrlV).

30 Wie auf den Grundurlaub dürfen nachgewiesene Zeiten der **Arbeitsunfähigkeit** auch auf den Zusatzurlaub nicht angerechnet werden (§ 9 BUrlG). Hat der Arbeitnehmer ein ärztliches Attest vorgelegt, entsteht der Anspruch auf Nachgewährung des Urlaubs aus dem laufenden Kalenderjahr. Eine Handlung des Arbeitgebers ist nicht erforderlich (ErfK / *Dörner* / *Gallner* § 9 BUrlG Rdnr. 6).

3. Dauer des Zusatzurlaubs

Die Dauer des Zusatzurlaubs wird in § 125 **nach Arbeitstagen** bemessen, **nicht** – wie sonst im Urlaubsrecht (§ 3 Abs. 2 BUrlG) – **nach Werktagen**. Der damit eingeführte personenbezogene Begriff der jeweiligen Arbeitstage führt zu einer gleichmäßigen Dauer des Zusatzurlaubs von **einer Woche** (Neumann u. a. / *Pahlen* Rdnr. 12 unter Hinweis auf frühere Probleme mit dem 1974 vorübergehend eingeführten betriebsbezogenen Arbeitstagsbegriff). Dabei wird die **Fünftagearbeitswoche als Regelfall** zugrunde gelegt (HK-SGB IX / *Trenk-Hinterberger* Rdnr. 18). 31

Beträgt allerdings die **persönliche regelmäßige Arbeitszeit** des schwerbehinderten Menschen z. B. im Einzelhandel oder in vollkontinuierlichen Betrieben sechs Tage, hat er auch Anspruch auf Zusatzurlaub in Höhe von sechs Arbeitstagen. Falls hingegen die persönliche regelmäßige Arbeitszeit nur vier Tage in der Woche oder weniger beträgt, ist auch der Anspruch auf Zusatzurlaub auf vier Tage oder entsprechend weniger begrenzt (*Müller-Wenner* / *Winkler* Rdnr. 4). Dies kann z. B. Teilzeitbeschäftigte betreffen, die nur an einzelnen Tagen in der Woche arbeiten. Der Begriff „Kalenderwoche" ist auf einen am Montag 0.00 Uhr beginnenden und am darauf folgenden Sonntag 24.00 Uhr endenden Zeitabschnitt zu beziehen (BAG Urteil vom 28. September 1989 – 8 AZR 162/88, zit. nach JURIS). 32

Der (Gesamt-)Urlaubsanspruch eines teilzeitbeschäftigten schwerbehinderten Arbeitnehmers, dessen Arbeitsverhältnis dem BAT unterliegt, ist in seinem Umfang **getrennt nach den tariflichen und den gesetzlichen Merkmalen** im SGB IX **zu bestimmen** (vgl. BAG Urteil vom 31. Mai 1990 – 8 AZR 296/89 = BAGE 65, 176 = AP Nr. 15 zu § 5 BUrlG = NZA 1991, 105). In jedem Fall ist die **Berechnung** des Anspruchs auf den gesetzlichen Zusatzurlaub nach § 125 **gesondert vorzunehmen** (BAG Urteil vom 18. Februar 1997 – 9 AZR 738/95 = NZA 1997, 1123 = DB 1997, 2027 = BB 1997, 1644 [Ls]). 33

Ist die Arbeitszeit des schwerbehinderten Arbeitnehmers **unregelmäßig auf weniger als fünf Arbeitstage in der Kalenderwoche verteilt** – z. B. abwechselnd zwei bzw. drei Tage pro Woche –, ist die für den Arbeitnehmer individuell geltende Gesamtzahl der Arbeitstage des Jahres zu ermitteln und ins Verhältnis zur Arbeitszeit eines regelmäßig an fünf Tagen wöchentlich arbeitenden Arbeitnehmers zu setzen (BAG Urteil vom 31. Mai 1990 a. a. O. S. 180; BAG Urteil vom 22. Oktober 1991 – 9 AZR 373/90 = BAGE 68, 362 = NZA 1992, 797). Im vorgenannten Beispiel arbeitet der schwerbehinderte Mensch in 52 Kalenderwochen insgesamt 130 Tage, was einem Jahresdurchschnitt von 2,5 Arbeitstagen pro Kalenderwoche entspricht. 34

Als allgemeiner Maßstab gilt: Der Arbeitnehmer, dessen **regelmäßige Arbeitszeit** sich auf **fünf Arbeitstage** in der Woche verteilt, ist **im Urlaubsjahr** an **260 Arbeitstagen** zur Arbeitsleistung verpflichtet. Ist die Arbeitszeit im Urlaubsjahr während 39 Wochen auf fünf und während 13 Wochen auf sechs Arbeitstage verteilt, hat der schwerbehinderte Mensch an 273 Tagen im Urlaubsjahr zu arbeiten gehabt. Daraus ergibt sich ein Zusatzurlaubsanspruch von 5,25 Tagen, nämlich 273 : 260 x 5 (BAG Urteil vom 22. Oktober 1991 a. a. O; weitere Berechnungsbeispiele bei *Dörner* DB 1995, 1174 [1176]; vgl. zum Ganzen auch *Leinemann* / *Linck* DB 1999, 1498).

Eine **Auf- bzw. Abrundung** des über fünf Arbeitstage hinausgehenden Bruchteils kommt in diesen Fällen **nicht in Betracht**. Die in § 5 Abs. 2 BUrlG enthaltenen Rundungsregel ist auf Teilurlaubsansprüche bezogen. Bei der Berechnung der Urlaubsdauer nach § 125 Abs. 1 Satz 1 SGB IX wird demgegenüber der Vollurlaub errechnet, die hierbei entstehende Bruchteil ist durch entsprechende stundenweise Arbeitsfreistellung zu erfüllen (BAG Urteil vom 31. Mai 1990 a. a. O; LPK-SGB IX / *Düwell* Rdnr. 11; Neumann u. a. / *Pahlen* Rdnr. 12; Deinert / Neumann / *Jeschke* § 18 Rdnr. 63; *Dörner* DB 1995, 1174 [1176]). Eine analoge Anwendung von § 125 Abs. 2 Satz 2 kommt wegen des Ausnahmecharakters der Vorschrift nicht in Betracht. Dies ist allerdings strittig. Nach einer verbreiteten Gegenmeinung (z. B. *Fenski* NZA 2004, 1256; *Müller-Wenner* / *Winkler* Rdnr. 5; HK-SGB IX / *Trenk-Hinterberger* 35

Rdnr. 21; Feldes u. a. / *Faber* Rdnr. 9) soll durch entsprechende Anwendung des Abs. 2 Satz 2 vermieden werden, dass innerhalb einer Norm unterschiedliche Rundungsregelungen anwendbar seien.

36 Bei vollkontinuierlicher Wechselschicht sind **Freischichten**, die dem Arbeitnehmer aufgrund einer Betriebsvereinbarung zustehen, in die Berechnung arbeitszeitmindernd einzubeziehen (BAG Urt. v. 28. September 1989 – 8 AZR 162/88, zit. nach JURIS).

37 Für die Dauer des Urlaubs im jeweiligen Einzelfall kommt es zudem darauf an, ob der jeweilige Arbeitnehmer einen Anspruch auf **Teilurlaub** oder **Vollurlaub** hat.

Der Anspruch auf vollen Zusatzurlaub entsteht erst nach sechsmonatigem Bestehen des Arbeits- oder Dienstverhältnisses (**Wartezeit** gemäß § 4 BUrlG). Ist die Wartezeit noch nicht erfüllt, kommen nur Teilurlaubsansprüche nach Maßgabe des § 5 Abs. 1a und b BUrlG in Betracht.

Beispiele:
– Das Arbeitsverhältnis eines schwerbehinderten Menschen beginnt am 1. August eines Jahres. Die Wartezeit von sechs Monaten kann im laufenden Urlaubsjahr nicht mehr erfüllt werden, sodass Ansprüche auf Vollurlaub ausscheiden. Nach § 5 Abs. 1a BUrlG ist dann der Teilurlaubsanspruch für den Grundurlaub und ihm folgend den Zusatzurlaub für die Monate August bis Dezember zu gewähren.
– Das Arbeitsverhältnis beginnt am 1. April, endet jedoch bereits mit Ablauf des 31. August. Auch in diesem Fall steht dem Arbeitnehmer nur ein Teilurlaubsanspruch für fünf Monate zu (§ 5 Abs. 1b BUrlG).

38 **Besteht hingegen das Arbeitsverhältnis bereits sechs Monate** und ist damit die Wartezeit des § 4 BUrlG erfüllt, entsteht der Anspruch auf vollen Urlaub danach regelmäßig mit dem Beginn des Urlaubsjahres, d. h. am 1. Januar des Jahres (*Dörner* DB 1995, 1174). Beginnt also das Arbeitsverhältnis eines schwerbehinderten Menschen bei Verteilung der wöchentlichen Arbeitszeit auf fünf Tage am 1. Februar, erwirbt er nach Erfüllung der Wartezeit erstmals am 1. August den Anspruch auf vollen Grunderholungsurlaub und vollen Zusatzurlaub gemäß § 125 SGB IX; danach entsteht der Anspruch, solange das Arbeitsverhältnis besteht, regelmäßig immer wieder am 1. Januar (Feldes u. a. / *Faber* Rdnr. 13).

39 Der jeweils volle Grundurlaub bzw. Zusatzurlaub nach § 125 SGB IX wird nach bereits erfüllter Wartezeit auch dann am 1. Januar des Kalenderjahres erworben, wenn das **Arbeitsverhältnis im Verlauf des Urlaubsjahres endet**. Allerdings gilt insoweit die Sonderregelung des **§ 5 Abs. 1c BUrlG**: Scheidet der Arbeitnehmer in der zweiten Jahreshälfte aus, verbleibt ihm der volle Urlaub. Endet das Arbeitsverhältnis hingegen spätestens zum 30. Juni, besteht wiederum nur Anspruch auf Teilurlaub.

In allen Fällen eines **Teilurlaubsanspruchs** ist dieser und damit auch der akzessorische Zusatzurlaub nach § 5 Abs. 1 BUrlG **für jeden vollen Monat** des Bestehens des Arbeits-oder Dienstverhältnisses zu **zwölfteln**. Die dabei entstehenden Bruchteile von Urlaubstagen werden nach § 5 Abs. 2 BUrlG auf volle Urlaubstage **aufgerundet**, soweit sie mindestens einen halben Tag ergeben.

40 Hat aber der Arbeitnehmer bereits nach § 5 Abs. 1 BUrlG den **Anspruch auf Vollurlaub** erworben, bleibt der Zusatzurlaub **von einem tarifvertraglichen Zwölftelungsprinzip unberührt**, da es sich hier um einen gesetzlichen Urlaubsanspruch handelt, dessen Gehalt durch Tarifvertrag nicht geändert werden kann. Ein in der zweiten Jahreshälfte nach Erfüllung der Wartezeit ausscheidender Arbeitnehmer hat deshalb nach § 5 Abs. 1c BUrlG Anspruch auf den vollen Jahresurlaub (BAG Urteil vom 8. März 1994 – 9 AZR 49/93 = BAGE 76, 74 = AP Nr. 5 zu § 47 SchwBG 1986 = BehindertenR 1994, 187). Kann dieser wegen der Beendigung des Arbeitsverhältnisses nicht mehr gewährt werden, ist er nach § 7 Abs. 4 BUrlG selbst dann abzugelten, wenn der Arbeitgeber erst nach der Beendigung des Arbeitsverhältnisses von der Schwerbehinderung Kenntnis erlangt (BAG Urteil vom 25. Juni

1996 – 9 AZR 182/95 = BAGE 83, 225 = AP Nr. 11 zu § 47 SchwbG 1986 = BehindertenR 1996, 198).

4. Zulässigkeit verlängernder Regelungen

Regelungen, die einen verlängerten Zusatzurlaub vorsehen, bleiben nach **Abs. 1 Satz 2** unberührt. Dies kann aufgrund von Tarifverträgen, Betriebsvereinbarungen oder Arbeitsverträgen der Fall sein, aber auch aufgrund von landesrechtlichen Bestimmungen. Sie haben Vorrang vor der gesetzlichen Regelung. Dieses **Günstigkeitsprinzip** gilt für die Länge des Zusatzurlaubs für schwerbehinderte Menschen; beim Vergleich ist stets **nur der anderweitig geregelte Zusatzurlaub mit dem Zusatzurlaub nach § 125 zu vergleichen** (HK-SGB IX / *Trenk-Hinterberger* Rdnr. 22). Nicht gemeint ist etwa, dass günstigere tarifliche oder einzelvertragliche Regelungen über den Zusatzurlaub lediglich den gesetzlichen Mindesturlaub des § 3 Abs. 1 BUrlG aufstocken; dies würde in sinnwidriger Weise die gesetzlich gewollte Privilegierung schwerbehinderter Menschen gegenüber nichtbehinderten Beschäftigten einebnen (Feldes u. a. / *Faber* Rdnr. 10).

41

Eine landesrechtliche Sonderregelung galt im **Saarland** durch das Gesetz betreffend die Regelung des Zusatzurlaubs für kriegs- und unfallbeschädigte Arbeitnehmer in der Privatwirtschaft vom 22. Juni 1950 / 30. Juni 1951 (ABl. 1950 S. 759; 1951 S. 979). Danach erhielten Beschäftigte mit einem Behinderungsgrad von 25 bis 50 **drei Arbeitstage Zusatzurlaub** (vgl. Neumann u. a. / *Pahlen* Rdnr. 17). Durch das Gesetz Nr. 1436 zur Änderung des vorgenannten Gesetzes vom 23. Juni 1999 (Amtsbl. S. 1263) hat der Landesgesetzgeber das Zusatzurlaubsgesetz außer Kraft gesetzt (§ 1) und weiterhin in § 2 bestimmt:

42

„Anspruchsberechtigte, die nach dem in § 1 genannten Gesetz bis zum Inkrafttreten dieses Gesetzes Anspruch auf Zusatzurlaub hatten, erhalten diesen Zusatzurlaub weiter."

Diese Regelung **verstieß – bzw. verstößt** infolge ihrer Weitergeltung für „Altberechtigte" – **weder gegen das BUrlG noch gegen das Schwerbehindertenrecht des Bundes** und auch nicht gegen das Bestimmtheitsgebot des Art. 20 Abs. 3 GG (BAG Urteil vom 27. Mai 1997 – 9 AZR 484/96 = NZA 1998, 649 = ZTR 1998, 190 = RdA 1998, 123). Das Fehlen entsprechender Regelungen für den öffentlichen Dienst lässt nicht den landesrechtlichen Anspruch auf Zusatzurlaub für schwerbehinderte Arbeitnehmer der Privatwirtschaft entfallen (BAG Urteil vom 5. September 2002 – 9 AZR 355/01 = BAGE 102, 294 = NZA 2003, 1400). Für die Geltendmachung des Anspruchs auf Zusatzurlaub nach § 1 Abs. 2 des Landesgesetzes bedurfte es nicht des Vorbringens, dass die Behinderung des Arbeitnehmers auf einer Kriegs- oder Unfallbeschädigung beruhte. Es genügte die Darlegung einer Behinderung von mindestens 25 % und ihre gutachterliche Bestätigung durch das staatliche Gesundheitsamt (BAG Urteil vom 5. September 2002 a. a. O. unter teilweiser Aufgabe und Klarstellung zu BAG Urteil vom 8. März 1994 – 9 AZR 91/93 = NZA 1995, 530 = AP Nr. 2 zu § 1 Saarland ZusatzurlaubsG; zur Auslegung des Gesetzes im Hinblick auf den Begriff der „Privatwirtschaft": BAG Urteil vom 15. November 2005 – 9 AZR 633/04 = NZA 2006, 879 [Ls.]).

43

Weiterhin haben **in Hessen Landesbeamte** mit einem Grad der Behinderung von mindestens 25 und höchstens 49 wegen einer durch die Behinderung bedingten Erholungsbedürftigkeit einen **zusätzlichen Urlaubsanspruch von bis zu drei Arbeitstagen** im Kalenderjahr (§ 13 Abs. 1 UrlVO vom 12. Dezember 2006 (GVBl. I S. 671).

44

B) zu Abs. 2

1. Entstehung des Anspruchs auf Zusatzurlaub

Grundsätzlich entsteht der Anspruch auf Zusatzurlaub **mit der Eigenschaft als schwerbehinderter Mensch**, die nach § 2 Abs. 2 SGB IX von Gesetzes wegen eintritt. Auf eine behördliche Feststellung oder Ausstellung eines Ausweises hierüber kommt es nicht an (BAG Urteil vom 18. Januar 1982 – 6 AZR 636/79 = BAGE 37, 379 = DB 1982, 1329; BAG Urteil

45

vom 26. Juni 1982 – 8 AZR 266/84 = BAGE 52, 258 = NZA 1987, 98; BAG Urteil vom 26. April 1990 – 8 AZR 517/89 = BAGE 65, 122 = NZA 1990, 940). Der Bescheid nach § 2 Abs. 2, § 69 Abs. 1 SGB IX hat nur deklaratorische Bedeutung. Ein schwerbehinderter Mensch kann deshalb auch dann bereits einen Zusatzurlaub verlangen, wenn **noch kein entsprechender Feststellungsbescheid** vorliegt (LAG Rheinland-Pfalz Urteil vom 15. Mai 2007 – 3 Sa 73/07, zit. nach JURIS; *Müller-Wenner* / Winkler Rdnr. 11). Allerdings kann der Arbeitgeber die Gewährung des Zusatzurlaubs so lange verweigern, wie die Voraussetzungen hierfür vom Arbeitnehmer nicht nachgewiesen sind (Kossens u. a. / *Kossens* Rdnr. 11; Neumann u. a. / *Pahlen* Rdnr. 9). Ohne entsprechenden Feststellungsbescheid wird dieser in der Regel Schwierigkeiten haben, seine Schwerbehinderung nachzuweisen (vgl. BAG Urteil vom 26. Juni 1982 a. a. O. und Urteil vom 26. Juni 1986 – 8 AZR 75/83, JURIS Rdnr. 17 = BAGE 52, 254 = NZA 1987, 98 = AP Nr. 5 zu § 44 SchwbG).

46 Entsteht die Eigenschaft als schwerbehinderter Mensch erst im Laufe des Kalenderjahres, schreibt die seit 1. Mai 2004 geltende Fassung des Gesetzes in **Abs. 2 Satz 1** nunmehr eine **anteilige Berechnung** des Zusatzurlaubs vor. Bisher war nach ständiger höchstrichterlicher Rechtsprechung dem Arbeitnehmer der volle Zusatzurlaub und nicht nur ein Teilzusatzurlaub zu gewähren, weil das Gesetz hierfür keine Wartezeit vorsah (vgl. BAG Urteile vom 26. Juni 1982 a. a. O. und vom 26. April 1990 a. a. O.; BAG Urteil vom 21. Februar 1995 – 9 AZR 746/93 = NZA 1995, 1008 = BehindertenR 1994, 163 [Ls]). Ein Teilanspruch auf Zusatzurlaub kam nur in Betracht, wenn der schwerbehinderte Menschen im Jahr der Begründung eines Arbeitsverhältnisses die Wartezeit nach § 4 BUrlG (bzw. § 3 EUrlV oder einschlägigen Tarifvorschriften) nicht erfüllt hatte oder er in der ersten Hälfte des Kalenderjahres nach erfüllter Wartezeit aus dem Arbeitsverhältnis ausschied (vgl. hierzu oben Rdnr. 37 ff.; krit. zu dieser Rechtsprechung *Fenski* NZA 2004, 1255 [1256]). Dies wollte der Gesetzgeber mit der Neufassung korrigieren (vgl. oben Rdnr. 9 ff.). Der Sache nach handelt es sich hierbei um eine Teilurlaubsregelung, wie sie für den vollen Urlaub in ähnlicher Weise bei nicht erfüllter Wartezeit in §§ 4, 5 BurlG vorgesehen ist (LPK-SGB IX / *Düwell* Rdnr. 16).

47 Zugrunde zu legen ist die Zahl der Monate, in denen die Schwerbehinderteneigenschaft besteht, was zu einer **Zwölftelung** führt. Bruchteile, die mindestens einen halben Urlaubstag betragen, sind zu einem vollen Tag **aufzurunden (Abs. 2 Satz 2)**. Da es sich bei Grund- und Zusatzurlaub um jeweils eigenständige Ansprüche handelt, ist die **Aufrundung in jeder Urlaubsart getrennt** vorzunehmen.

48 Hingegen sieht das Gesetz **keine Abrundung** vor, sofern der anteilige Urlaubsanspruch weniger als einen halben Tag beträgt. Einem entsprechenden Vorschlag des Bundesrates (vgl. oben Rdnr. 11) hatte die Bundesregierung ausdrücklich widersprochen, weil er nicht mit den allgemeinen Regelungen des BUrlG in Einklang stehe. Denn das Gesetz kennt keinen Ausschlusstatbestand für Bruchteile, die weniger als einen halben Tag ausmachen. Sie sind vielmehr durch entsprechende stundenweise Arbeitsfreistellung zu gewähren (vgl. BAG Urteil vom 26. Januar 1989 – 8 AZR 730/87 = BAGE 61, 52 = NZA 1989, 756 = AP Nr. 13 zu § 5 BUrlG; BAG Urteil vom 22. Oktober 1991 – 9 AZR 373/90 = BAGE 68, 362 [366] = AP Nr. 1 zu § 47 SchwbG 1986 zu 1d bb der Gründe; *Müller-Wenner* / Winkler Rdnr. 10; LPK-SGB IX / *Düwell* Rdnr. 16).

Beispiel:

– Mit Bescheid des Versorgungsamtes vom 27. Oktober wird die Schwerbehinderteneigenschaft rückwirkend zum 1. März festgestellt. Der Anspruch auf Zusatzurlaub für das laufende Jahr beträgt $^{10}/_{12}$ = $^{5}/_{6}$ von 5 Tagen, also 4 Tage und $^{1}/_{6}$ Tag.

– Die Feststellung ergeht zum 1. Juli. Der Zusatzurlaub beträgt $^{6}/_{12}$ = $^{1}/_{2}$ von 5 Tagen. Es ist auf drei Tage aufzurunden.

49 Der so ermittelte Zusatzurlaub ist dem **allgemeinen Urlaubsanspruch hinzuzurechnen**. Er darf nicht aus anderen Gründen wieder vermindert werden, etwa wenn der Arbeitnehmer im Lauf des Kalenderjahres **aus dem Arbeitsverhältnis ausscheidet (Abs. 2 Satz 3)**. Damit

ist eine Kumulierung der Zwölftelungsgrundsätze bei Teilurlaub im Feststellungsjahr ausdrücklich ausgeschlossen (LPK-SGB IX / *Düwell* Rdnr. 16). Gemeint ist namentlich, dass das Beschäftigungsverhältnis infolge einer Kündigung in der ersten Jahreshälfte endet, so dass für den Grundurlaub kein Anspruch auf vollen Urlaub erworben wird (§ 5 Abs. 1c BUrlG). Da aber von vornherein nur für jeden Monat der **im Beschäftigungsverhältnis** vorliegenden Schwerbehinderung ein Zwölftel des Urlaubs gewährt wird, dürfte die Regelung wohl überflüssig sein (LPK-SGB IX / *Düwell* a. a. O.).

C) zu Abs. 3

1. Erlöschen des Anspruchs

Der Zusatzurlaub für schwerbehinderte Menschen muss grundsätzlich rechtzeitig innerhalb des jeweiligen Urlaubsjahres geltend gemacht werden, andernfalls verfällt er. Insoweit gelten die Regelungen für den Anspruch auf Erholungsurlaub (vgl. BAG Urteil vom 21. Februar 1995 – 9 AZR 675/93 = BAGE 79, 207 = NZA 1995, 746; BAG Urteil vom 21. Februar 1995 – 9 AZR 166/94 = BAGE 79, 211 = NZA 1995, 839; BAG Urteil vom 21. Februar 1995 – 9 AZR 746/93 = NZA 1995, 1008 = AP Nr. 8 zu § 47 SchwbG 1986). 50

Die bloße Erklärung des Arbeitnehmers, er mache den Zusatzurlaub **nur vorsorglich geltend** oder er wolle ihn anmelden, ist **nicht ausreichend**. Diese Erklärung stellt nicht das bestimmte Leistungsverlangen an den Arbeitgeber dar, er möge den Urlaub für das in Rede stehende Jahr nunmehr zeitlich festlegen (§ 7 Abs. 1 BUrlG). Ein solches Schreiben kann vielmehr auch als Mitteilung aufgefasst werden (§§ 133, 157 BGB), der Arbeitnehmer wolle den Urlaub erst endgültig fordern, nachdem seine Schwerbehinderteneigenschaft behördlich festgestellt sei. In diesem Fall sieht sich der Arbeitgeber keinem Leistungsverlangen gegenüber, durch das er zur alsbaldigen Gewährung des Urlaubs veranlasst werden sollte (BAG Urteil vom 26. Juni 1986 – 8 AZR 555/84, zit. nach JURIS). 51

Falls die gesetzlichen oder tariflichen Übertragungsvoraussetzungen vorliegen, kann der Zusatzurlaub wie der gesetzliche oder tarifliche Urlaub auch noch **bis zum 31. März des folgenden Jahres** genommen werden. Gemäß § 7 Abs. 3 BUrlG ist die Übertragung bis zu diesem Stichtag zulässig, wenn der Urlaub **aus dringenden betrieblichen oder in der Person des Arbeitnehmers liegenden Gründen** im Urlaubsjahr nicht genommen werden konnte. 52

Dringende betriebliche Gründe sind etwa gegeben, wenn die Auftragslage zum Jahresende die Anwesenheit des Mitarbeiters erfordert, eine besonders arbeitsintensive Zeit bevorsteht (Messe, Festspiele), bereits anderen Arbeitnehmern Urlaub gewährt worden ist u. Ä. Nicht ausreichend ist es, wenn es lediglich wünschenswert ist, dass der Arbeitnehmer im Betrieb bleibt, weil dann nur einfache betriebliche Gründe vorliegen (ErfK / *Dörner* / *Gallner* § 7 BUrlG Rdnr. 42).

Ein Grund in der Person des Arbeitnehmers liegt beispielsweise vor, wenn der Zusatzurlaub wegen Arbeitsunfähigkeit infolge einer Erkrankung im Urlaubsjahr nicht genommen werden konnte (vgl. auch § 9 BUrlG). Nicht ausreichend in diesem Sinne ist die Ungewissheit über die Schwerbehinderung (BAG Urteil vom 21. Februar 1995 – 9 AZR 675/93 a. a. O). In diesem Fall muss der schwerbehinderte Mensch seinen Anspruch eindeutig auf das jeweilige Urlaubsjahr bezogen geltend machen (BAG Urteil vom 21. Februar 1995 a. a. O.; Feldes u. a. / *Faber* Rdnr. 25).

In jedem Fall **erlischt** der Anspruch spätestens am 31. März des Folgejahres (§ 7 Abs. 3 Satz 3 BUrlG). 53

Es entsprach deshalb einer seit Jahrzehnten praktisch unangefochtenen Rechtsprechung des BAG, wonach gem. § 7 Abs. 3 BUrlG nicht genommener Urlaub am Jahresende, spätestens aber mit Ablauf des Übertragungszeitraums am 31. März des Folgejahrs verfiel (vgl. zuletzt Urteil vom 21. Juni 2005 – 9 AZR 200/04 = AP Nr. 11 zu § 55 InsO), und zwar unabhängig von den Gründen der unterbliebenen rechtzeitigen Geltendmachung. Das galt auch dann, wenn der Urlaub **wegen Krankheit im Übertragungszeitraum nicht genommen** werden konnte (vgl. BAG Urteil vom 28. November 1990 – 8 AZR 570/89 = BAGE 66, 288 = NZA 1991, 423). Hat der Arbeitnehmer im Übertragungszeitraum seinen Zusatzurlaub angetreten und erkrankt er während dieses Urlaubs, hatte er demnach keinen Anspruch darauf, dass ihm der Urlaub außerhalb des Übertragungszeitraumes nachgewährt wird (BAG vom 21. Januar 1997 – 9 AZR 791/95 = NZA 1997, 889 = AP Nr. 15 zu § 9 BUrlG).

54 Mit Urteil vom 20. Januar 2009 hat der **EuGH** in den Rechtssachen C-350/06 und C-520/06 (**Schultz-Hoff**, Stringer u. a. = NJW 2009, 495 = NZA 2009, 135) entschieden: Der Anspruch des Arbeitnehmers auf bezahlten Jahresurlaub sei als „besonders bedeutsamer Grundsatz des Sozialrechts der Gemeinschaft" anzusehen, von dem die Mitgliedstaaten grundsätzlich nicht abweichen dürften. **Art. 7 Abs. 1 der Richtlinie 2003/88/EG** sei dahingehend auszulegen, dass nationale Regelungen zwar einen Verlust des Urlaubsanspruchs am Ende eines Bezugszeitraums und eines Übertragungszeitraums vorsehen dürfen. Voraussetzung hierfür sei aber, dass der Arbeitnehmer, dessen Anspruch auf bezahlten Jahresurlaub erlösche, tatsächlich die Möglichkeit gehabt habe, den Urlaub zu nehmen. Da der Anspruch auf bezahlten Jahresurlaub jedem Arbeitnehmer unabhängig von seinem Gesundheitszustand zu gewähren sei, bestehe bei Beendigung des Arbeitsverhältnisses auch ein Anspruch auf finanzielle Vergütung nach Art. 7 Abs. 2 RL 2003/88/EG (EuGH Entscheidung vom 20. Januar 2009 a. a. O.). Der EuGH a. a. O. weist allerdings darauf hin, dass ein Verfall des Urlaubsanspruchs eintreten könne, wenn das Fernbleiben von der Arbeit in den Verantwortungsbereich des Arbeitnehmers falle, weil er dann die Möglichkeit habe, der Arbeit nachzugehen und von der Arbeitsleistung zum Zwecke der Urlaubserfüllung freigestellt zu werden.

55 Das **BAG** hat sich dieser Auffassung des EuGH **angeschlossen** und seine bisherige **Rechtsprechung geändert** (Urteile vom 24. März 2009 – 9 AZR 983/07, JURIS Rdnr. 47 ff. = BAGE 130, 119 = AP Nr. 39 zu § 7 BUrlG und vom 23. März 2010 – 9 AZR 128/09 = DB 2010, 1295 = NZA 2010, 810). Im Wege der teleologischen Reduktion hat das BAG aus den Vorgaben des EuGH gefolgert: Die **zeitlichen Beschränkungen des Urlaubsanspruchs** in § 7 Abs. 3 Satz 1, 3 und Abs. 4 BUrlG greifen **nicht im Fall der krankheitsbedingten Arbeitsunfähigkeit** bis zum Ende des Bezugs- und / oder Übertragungszeitraums. Das entspricht Wortlaut, Systematik und Zweck der innerstaatlichen Regelungen, wenn die Ziele des Art. 7 Abs. 1 und 2 der Richtlinie 2003/88/EG und der regelmäßig anzunehmende Wille des nationalen Gesetzgebers zur ordnungsgemäßen Umsetzung von Richtlinien berücksichtigt werden (BAG vom 24. März 2009 a. a. O.). Damit setzt auch das BAG der Anwendbarkeit des § 7 Abs. 3 und 4 BUrlG dann eine Grenze, wenn der Arbeitnehmer tatsächlich keine Möglichkeit gehabt habe, den Mindestjahresurlaub der Richtlinie und damit auch des BUrlG in Anspruch zu nehmen.

56 Der Schwerbehindertenzusatzurlaub und seine Abgeltung sind zwar nicht unionsrechtlich gewährleistet (BAG Urteil vom 23. März 2010 a. a. O. Rdnr. 85; vgl. auch dazu Rdnr. 7). Der Zusatzurlaubsanspruch nimmt jedoch durch seine nationale **Akzessorietät** an der unmittelbaren Wirkung von Art. 7 EGRL 88/2003, der Arbeitszeitrichtlinie gegenüber dem öffentlich-rechtlich organisierten Arbeitgeber teil (BAG Urteil vom 23. März 2010 Rdnr. 95).

57 Im Fall der **Arbeitsunfähigkeit** über den 31. März des Folgejahres hinaus **erlischt** daher auch der **Anspruch auf Zusatzurlaub für schwerbehinderte Menschen nicht** (BAG Urteil vom 23. März 2010 a. a. O; LAG Hamburg Urteil vom 28. Oktober 2009 – 2 Sa 146/09, zit. nach JURIS = LAG Bad.-Württ. Urteil vom 29. April 2010 – 11 Sa 64/09 = ZTR 2010, 415, Rev. anhängig unter Az. 9 AZR 353/10; LPK-SGB IX / *Düwell* Rdnr. 34; HK-SGB IX / *Trenk- Hinterberger* Rdnr. 16b; Müller-*Wenner* / Winkler Rdnr. 18; Deinert / Neumann / Jeschke § 18 Rdnr. 70).

Eine arbeitsvertraglich in Bezug genommene tarifvertragliche Fristenregelung gilt im Fall durchgehender Arbeitsunfähigkeit nicht für den vierwöchigen Mindesturlaub (BAG Urteil vom 24. März 2009 a. a. O.).

Dieser Grundsatz ist **auf tarifliche Urlaubsansprüche nicht anzuwenden**, wenn in dem Tarifvertrag eine **eigenständige Verfallsregelung** vorgesehen ist (BAG Urteil vom 23. März 2010 a. a. O.; ⌼ LAG Mecklenburg-Vorpommern Teilurteil vom 19. Mai 2010 – 2 Sa 10/10, zit. nach JURIS). Einem tariflich angeordneten Verfall des übergesetzlichen Urlaubsanspruchs und seiner Abgeltung steht nach dem klaren Richtlinienrecht und der gesicherten Rechtsprechung des EuGH kein Unionsrecht entgegen (BAG Urteil vom 23. März 2010 a. a. O.). Art. 7 der Richtlinie 2003/88/EG ist dahin auszulegen, dass diese Regelung tarifliche Ansprüche auf Abgeltung des Mehrurlaubs offenkundig nicht erfasst. Jedenfalls ist der bestehenden Rechtsprechung des EuGH zu entnehmen, dass das Unionsrecht einem tariflich angeordneten Verfall des Urlaubs- oder Abgeltungsanspruchs, der den von Art. 7 Abs. 1 der Arbeitszeitrichtlinie gewährleisteten Mindestjahresurlaub von vier Wochen übersteigt, nicht entgegensteht (vgl. BAG Urteil vom 23. März 2010 a. a. O.). **58**

Muss der Urlaub gemäß einer tarifvertraglichen Verfallsklausel spätestens bis zum 31. März des auf das Urlaubsjahr folgenden Kalenderjahres angetreten sein, so verfällt ein bestehender Resturlaub insgesamt, wenn er trotz krankheitsbedingter Arbeitsunfähigkeit des Arbeitnehmers bis kurz vor dem Verfallsdatum **zumindest angetreten werden konnte, aber nicht angetreten wurde** (⌼ LAG Rheinland-Pfalz Urteil vom 15. April 2010 – 10 Sa 755/09, zit. nach JURIS). **59**

Im Geltungsbereich der EUrlV beträgt gem. § 7 Abs. 2 die Verfallsfrist neun Monate. **60**

Diese Grundsätze sind auch dann anwendbar, wenn die **Schwerbehinderteneigenschaft rückwirkend** zu einem Zeitpunkt **festgestellt** wird, der in einem bereits abgelaufenen Kalenderjahr liegt. Ob der Arbeitnehmer noch – anteiligen – Zusatzurlaub für jenes Jahr geltend machen kann, hängt davon ab, ob die für seinen allgemeinen Urlaubsanspruch geltende Verfallsfrist bereits abgelaufen ist oder nicht (**Abs. 3**). Damit soll nach dem ausdrücklichen Willen des Gesetzgebers eine **Kumulation von Urlaubsansprüchen ausgeschlossen** werden, wenn sich das Feststellungsverfahren über längere Zeit hingezogen hat (vgl. oben Rdnr. 9). **61**

Beispiel: **62**
– Die Schwerbehinderteneigenschaft wird mit amtlichem Bescheid vom 18. Mai 2010 rückwirkend zum 1. Juli 2009 festgestellt. Auf das Urlaubsjahr 2009 entfielen somit drei Tage Zusatzurlaub. Ist für den allgemeinen Urlaubsanspruch des Arbeitnehmers die Verfallsfrist des § 7 Abs. 3 Satz 3 BUrlG maßgebend, kann nach Ablauf des 31. März 2010 kein Zusatzurlaub für 2009 mehr beansprucht werden.

In jedem Fall muss sich der Arbeitnehmer zur **Geltendmachung** seines Anspruchs auf seine Schwerbehinderteneigenschaft berufen und verlangen, dass der Arbeitgeber für ein bestimmtes Urlaubsjahr Zusatzurlaub gewährt. Jedenfalls bei erstmaliger Geltendmachung des Zusatzurlaubs genügt es dabei nicht, wenn sich der Arbeitnehmer gegenüber dem Arbeitgeber nur auf seine Schwerbehinderteneigenschaft beruft oder lediglich mitteilt, er habe einen Antrag auf Anerkennung gestellt. Er muss außerdem die **Gewährung zusätzlichen Urlaubs verlangen**, damit der Arbeitgeber erkennen kann, welche konkreten Rechte der Arbeitnehmer geltend machen will (⌼ BAG Urteil vom 28. Januar 1982 – 6 AZR 636/79 = BAGE 37, 379 = DB 1982, 1329 = BehindertenR 1982, 92; ⌼ BAG Urteil v. 27. Januar 1983 – 6 AZR 103/81, zit. nach JURIS). Auch die „vorsorgliche" Geltendmachung für den Fall der Anerkennung als schwerbehinderter Mensch genügt nicht (⌼ BAG Urteil vom 26. Juni 1982 – 8 AZR 266/84 = BAGE 52, 258 [262] = NZA 1986, 833 = NJW 1987, 1287). **63**

Eine **Tarifregelung**, die für den Erhalt des Urlaubsanspruchs auf die **Geltendmachung bis 31. März** abstellt, ist dahingehend auszulegen, dass der Urlaubsanspruch so geltend gemacht werden muss, **dass der Arbeitgeber ihn vor dem 31. März erfüllen kann** (⌼ BAG Urteil vom 23. Juni 1988 – 8 AZR 740/85, zit. nach JURIS; ⌼ BAG Urteil vom 6. November 1985 – 6 AZR 62/84 = BAGE 50, 112). **64**

Hat der Arbeitnehmer den Urlaubsanspruch erfolglos geltend gemacht, und war dem Arbeitgeber die Erteilung des Urlaubs möglich, muss der Arbeitgeber für die infolge des Erlö- **65** schens des Urlaubsanspruchs eingetretene Unmöglichkeit seiner Erfüllung einstehen. An die Stelle des ursprünglichen Urlaubsanspruchs tritt dann ein **Schadensersatzanspruch** gem. § 281 Abs. 1, § 280 Abs. 1, § 286 Abs. 1 BGB nämlich ein **Ersatzurlaubsanspruch** in gleicher Höhe (🏛 BAG Urteil vom 22. Oktober 1991 – 9 AZR 373/90 = BAGE 68, 362 [366] = AP Nr. 1 zu § 47 SchwbG 1986 zu 2b der Gründe; 🏛 BAG Urteil vom 26. Juni 1986 – 8 AZR 75/83 = BAGE 52, 254 [257]; 🏛 BAG Urteil vom 21. Februar 1995 – 9 AZR 166/94 = BAGE 79, 211 = NZA 1995, 839 = NJW 1976, 76).

66 Kann Urlaub, der als **Schadenersatz für verfallenen Urlaub** geschuldet wird, wegen **Beendigung des Arbeitsverhältnisses** nicht mehr gewährt werden, ist der Arbeitnehmer gem. § 251 BGB in Geld zu entschädigen (🏛 BAG Urteil vom 26. Juni 1986 – 8 AZR 75/83 = BAGE 52, 254 = BB 1986, 2277 = NZA 1987, 98 = AP Nr. 5 zu § 44 SchwbG; 🏛 Urteil vom 21. Februar 1995 – 9 AZR 746/93 = NZA 1995, 1008 = AP Nr. 8 zu § 47 SchwbG 1986; *Müller-Wenner* / *Winkler* Rdnr. 20; Feldes u. a. / *Faber* Rdnr. 27).

67 Der **Untergang von Urlaubsansprüchen** – auch von Ansprüchen des schwerbehinderten Arbeitnehmers auf Zusatzurlaub – nach urlaubsrechtlichen Grundsätzen **am Ende des Urlaubsjahres** ist nicht vergleichbar mit dem **Verfall von Ansprüchen aufgrund tariflicher Ausschlussfristen**; die Rechtsprechung, die sich mit Letzterem befasst (z. B. 🏛 BAG Urteil vom 22. Oktober 1991 – 9 AZR 373/90 = BAGE 68, 362 = AP Nr. 1 zu § 47 SchwbG 1986; 🏛 BAG Urteil vom 24. November 1992 – 9 AZR 549/91 = BB 1993, 654 = NZA 1993, 472), ist nicht übertragbar (LAG Köln Urteil vom 13. Mai 1997 = ZTR 1997, 520 [Ls] = PersV 1999, 47 [Ls]).

68 **Verliert ein schwerbehinderter Mensch diese Eigenschaft** im Verlauf des Urlaubsjahres gem. § 116 SGB IX, geht der Anspruch auf Zusatzurlaub insgesamt unter (vgl. 🏛 LAG Niedersachsen Urteil vom 25. März 1998 – 15 Sa 1660/97 = LAGE § 47 SchwbG Nr. 4 = DB 1998, 1292 [Ls] m. w. N.; Hauck / Noftz / *Masuch* Rdnr. 14; LPK-SGB IX / *Düwell* Rdnr. 17; *Müller-Wenner* / *Winkler* Rdnr. 13; a. A. *Dörner* DB 1995, 1174 [1177 f.]; Cramer u. a. / *Ritz* / *Welsch* Rdnr. 17). Allerdings ist § 116 Abs. 1 Halbs. 2 SGB IX zu beachten: Während der **Nachfrist von drei Monaten** besteht auch der Anspruch auf Zusatzurlaub.

Damit kann der – anteilige – Anspruch auf Zusatzurlaub noch bis zum Ende des dritten Kalendermonats, in welchem die Feststellung über den Wegfall der Schwerbehinderteneigenschaft bestandskräftig wurde, geltend gemacht werden.

Beispiel:
– Mit einem am 9. Juli zugestellten Bescheid wird festgestellt, dass die Schwerbehinderteneigenschaft durch Verringerung des GdB unter 50 entfallen ist. Nach ausbleibendem Widerspruch wird der Bescheid mit Ablauf des 9. August bestandskräftig. Die besonderen Regelungen für schwerbehinderte Menschen sind bis zum 30. November anwendbar.
– Der Anspruch des Arbeitnehmers auf Zusatzurlaub beträgt somit $^{11}/_{12}$ von 5 Tagen, aufzurunden auf volle 5 Tage. Er muss allerdings so rechtzeitig geltend gemacht werden, dass der Arbeitgeber ihn vor dem 30. November erfüllen kann (vgl. oben Rdnr. 38).

D) Finanzielle Fragen des Zusatzurlaubs

1. Abgeltung des Anspruchs auf Zusatzurlaub

69 Ein Anspruch auf Abgeltung des gesetzlichen Zusatzurlaubs nach § 7 Abs. 4 BUrlG erfordert nur, dass die Freizeitgewährung wegen Beendigung des Arbeitsverhältnisses unmöglich geworden ist. Der schwerbehinderte Arbeitnehmer muss **nicht zuvor seinen Freistellungsanspruch geltend gemacht** haben (🏛 BAG Urteil vom 25. Juni 1996 – 9 AZR 182/95 = BAGE 83, 225 = NZA 1996, 1153 = BehindertenR 1996, 198).

Der **Abgeltungsanspruch** besteht **auch dann**, wenn der **gesetzliche Mindesturlaubsanspruch** wegen **dauernder Arbeitsunfähigkeit** nicht gem. § 7 Abs. 3 BUrlG bis zum Ende des Kalenderjahres bzw. bis zum 31. März. des Folgejahres gewährt und genommen werden konnte (🏛 BAG Urteile vom 24. März 2009 – 9 AZR 983/07 – Rdnr. 47 ff. = BAGE 130, 119 = AP Nr. 39 zu § 7 BUrlG und 🏛 vom 23. März 2010 – 9 AZR 128/09 = DB 2010, 1295 = NZA 2010, 810, dazu eingehend oben Rdnr. 46 ff.)

Allerdings war nach der **früheren Rechtsprechung des BAG** der gesetzliche Urlaubsabgeltungsanspruch nach § 7 Abs. 4 BUrlG nicht als Abfindungsanspruch, sondern als Ersatz für den wegen der Beendigung des Arbeitsverhältnisses nicht mehr erfüllbaren Anspruch des Arbeitnehmers auf Befreiung von der Arbeitspflicht zu qualifizieren. Hieraus folgerte das BAG, der Abgeltungsanspruch sei – abgesehen von der Beendigung des Arbeitsverhältnisses – an die gleichen Voraussetzungen gebunden wie der Freistellungsanspruch selbst. Ebenso wie dieser erlösche der Abgeltungsanspruch aufgrund seiner Befristung spätestens mit Ende des Übertragungszeitraumes, wenn der Freistellungsanspruch bei einem fiktiv fortbestehenden Arbeitsverhältnis wegen Arbeitsunfähigkeit auch nicht hätte erfüllt werden können (sog. **Surrogattheorie**, vgl. nur 🏛 BAG, Urteil vom 10. Mai 2005 – 9 AZR 253/04 = ZTR 2006, 204). Diese Auffassung hat aber das BAG in den Urteilen vom 24. März 2009 a. a. O. und vom 23. März. 2010 a. a. O. aufgegeben (näher oben Rdnr. 48).

Bei **Altersteilzeit im Blockmodell** kann keine Urlaubsabgeltung verlangt werden für Urlaubstage, die auf die Freistellungsphase entfallen, weil das Arbeitsverhältnis noch nicht beendet ist und überdies insoweit kein Anspruch auf Urlaubsgewährung besteht. Zu diesem Zeitpunkt **offene Urlaubsansprüche** sind nur dann abzugelten, wenn sie zum Zeitpunkt der Beendigung des Arbeitsverhältnisses noch nicht verfallen sind und die in der Person des Arbeitnehmers liegenden Voraussetzungen für die Urlaubsgewährung erfüllt sind (🏛 BAG Urteil vom 15. März 2005 – 9 AZR 143/04 = BAGE 114, 89 = NZA 2005, 994). § 51 Abs. 1 BAT und der Tarifvertrag zur Regelung der Altersteilzeitarbeit vom 5. Mai 1998 enthalten keine davon abweichenden Regelungen (🏛 BAG Urteil vom 15. März 2005 a. a. O.). 70

Hat der **Arbeitgeber verschuldet**, dass der Arbeitnehmer seinen Urlaub in der Arbeitsphase nicht nehmen konnte, kommen **Schadenersatzansprüche des Arbeitnehmers** in Betracht (🏛 LAG Baden-Württemberg Urteil vom 11. Dezember 2000 – 13 Sa 65/00 = AiB 2002, 382). 71

Ist in einem **Manteltarifvertrag** die **Abgeltung des tariflichen Urlaubsanspruchs** unter bestimmten Voraussetzungen (z. B. Beendigung des Arbeitsverhältnisses wegen Berufs- oder Erwerbsunfähigkeit) vorgesehen, so fällt hierunter nicht der gesetzliche Zusatzurlaub nach § 125, sofern dieser nicht tarifvertraglich ausdrücklich dem tariflichen Urlaubsanspruch gleichgestellt wurde. Tarifparteien sind auch nicht gezwungen, gesetzliche Ansprüche, auf die sie in einer Tarifregelung hinweisen, deshalb ebenso zu behandeln wie tarifliche Ansprüche (🏛 BAG Urteil vom 30. Juli 1986 – 8 AZR 241/83 = BAGE 52, 301 = AP Nr. 7 zu § 44 SchwbG). Daran ändert auch nichts, dass nach dem Tarifvertrag das Entgelt für Tarifurlaub und Zusatzurlaub nach gleichen Grundsätzen zu berechnen ist (🏛 BAG Urteil vom 8. März 1990 – 8 AZR 645/88, zit. nach JURIS). 72

2. Urlaubsentgelt

Der Zusatzurlaub ist ein bezahlter zusätzlicher Urlaub. Die Berechnung des Urlaubsentgelts richtet sich nach den allgemeinen Grundsätzen, sofern eine andere Regelung fehlt (Cramer u. a. / *Ritz/Welsch* Rdnr. 12) Das **regelmäßig erzielte Arbeitsentgelt** ist wie für den Grundurlaub auch für den Zusatzurlaub weiter zu zahlen. Es bemisst sich gem. § 11 BUrlG nach dem **Durchschnittsverdienst der letzten dreizehn Wochen vor Urlaubsbeginn**. Das gilt auch für Teilzeitbeschäftigte. Wurden **Überstunden** geleistet, sind auch diese mit Ausnahme der zusätzlich gezahlten Zuschläge in die Berechnung einzubeziehen (🏛 BAG Urteil vom 9. November 1999 – 9 AZR 771/98 = BAGE 92, 343 = NJW 2000, 3228 = NZA 2000, 1335). Hingegen bleiben Verdienstausfälle aufgrund von Kurzarbeit gem. § 11 Abs. 1 S. 3 BUrlG außer Betracht. Zu weiteren Einzelheiten vgl. ErfK / *Dörner* / *Gallner* § 11 BUrlG Rdnr. 2 ff.). 73

Ist in einer **Tarifvorschrift** bestimmt, dass sich das Urlaubsentgelt nach dem durchschnittlichen Arbeitsverdienst der letzten drei Monate und einem **Zuschlag** von 50 % bemisst, so hat 74 auch der schwerbehinderte Arbeitnehmer **während des gesetzlichen Zusatzurlaubs** einen Anspruch auf Urlaubsentgelt **in dieser Höhe, sofern der Tarifvertrag keine Einschränkungen enthält** (🕮 BAG Urteil vom 23. Januar 1996 – 9 AZR 891/94 = AP Nr. 9 zu § 47 SchwbG 1986 = DB 1996, 1345 = NZA 1996, 831 vgl. auch 🕮 BAG Urteil vom 14. März 2006 – 9 AZR 312/05 = BAGE 117, 231 = AP Nr. 90 zu § 7 BUrlG Abgeltung = NZA 2006, 1232). Dies ist nur dann anders zu beurteilen, wenn sich das in einer selbstständigen Tarifbestimmung bezeichnete zusätzliche Urlaubsgeld ausdrücklich auf den tariflichen Erholungsurlaub bezieht (vgl. 🕮 BAG Urteil vom 20. Oktober 1983 – 6 AZR 142/82 = DB 1984, 935 = AP Nr. 4 zu § 44 SchwbG) oder das zusätzliche Urlaubsgeld für jeden tarifvertraglich festgesetzten Urlaubstag zu gewähren ist (🕮 BAG Urteil vom 30. Juli 1986 – 8 AZR 241/83 = BAGE 52, 301 = AP Nr. 7 zu § 44 SchwbG).

3. Urlaubsgeld

75 Ein Anspruch auf Urlaubsgeld bzw. Urlaubsgratifikation für den Zusatzurlaub für schwerbehinderte Menschen besteht nur, wenn dies **vereinbart** ist (🕮 BAG Urteil vom 30. Juli 1986 – 8 AZR 241/83 = BAGE 52, 301 = NZA 1986, 835 = DB 1986, 2684 = AP Nr. 7 zu § 44 SchwbG). Nimmt eine tarifliche Regelung für die Urlaubsdauer auf das SchwbG (bzw. nunmehr das SGB IX) Bezug und sieht sie ein zusätzliches Urlaubsgeld vor, das neben dem Urlaubsentgelt zu zahlen ist, so kann der schwerbehinderte Arbeitnehmer auch für den ihm zustehenden Zusatzurlaub Urlaubsgeld verlangen (BAG Urteil vom 30. Juli 1986 a. a. O.). Ist der Anspruch auf Urlaubsgeld im Tarifvertrag auf die tarifvertraglich festgelegte Urlaubsdauer begrenzt, scheidet ein Anspruch auf Urlaubsgeld für den Zusatzurlaub aus (🕮 BAG Urteil vom 30. Juli 1986 a. a. O.).

E) Sonstige Fragen des Zusatzurlaubs

1. Einschränkungen des Zusatzurlaubs bzw. seiner Abgeltung nach Sonderregelungen

76 Ein schwerbehinderter **Strafgefangener** kann nicht gem. § 125 SGB IX fünf Tage Zusatzurlaub über den nach § 13 StrVollzG möglichen Jahresurlaub hinaus beanspruchen (🕮 OLG Bremen Beschluss vom 12. April 1985 – Ws 219/84 = NStZ 1985, 334).

77 Gewährt ein Arbeitgeber aus Gründen der Betriebsorganisation allen Arbeitnehmern im Kalenderjahr mehr **bezahlte Freizeit** als jedem Arbeitnehmer an Erholungsurlaub zusteht, dann kann er zugleich bestimmen, dass mit der bezahlten Freizeit der Urlaubsanspruch jedes Arbeitnehmers erfüllt wird; er ist nicht gezwungen, Arbeitnehmern mit längerem Urlaubsanspruch oder mit Anspruch auf Zusatzurlaub über die den gesamten Urlaubsanspruch abdeckende Freizeitgewährung hinaus weiteren Urlaub einzuräumen. Eine derartige Regelung kann Gegenstand einer Betriebsvereinbarung sein (🕮 Hess. LAG Urteil vom 28. April 1987 – 11 Sa 609/86 NZA 1988, 257 [Ls]).

78 Eine **Abgeltung von Urlaubsansprüchen von Beamten** und damit auch des Zusatzurlaubs nach § 125 SGB IX ist nicht möglich, weil für diese eine dem § 7 Abs. 4 BUrlG vergleichbare Sonderregelung fehlt (🕮 BVerwG Urteil vom 12. Dezember 1962 – VI C 110.61 = ZBR 1963, 87; 🕮 Beschluss vom 31. Juli 1997 – 2 B 138/96, zit. nach JURIS).

79 Auch aus der **RL 2003/88/EG bzw. der RL 9304/EG** folgt nach Eintritt in den Ruhestand **kein unmittelbarer Anspruch eines Beamten auf Abgeltung von verfallenem Urlaub**, der krankheitsbedingt nicht eingebracht werden konnte (🕮 OVG Rheinland-Pfalz Urteil vom 30. März 2010 – 2 A 11321/09 = ZBR 2010, 320; 🕮 VG München Urteil vom 30. März 2011 – M 5 K 10.1183; 🕮 VG Koblenz Urteil vom 3. November 2009 – 2 K 180/09.KO; 🕮 VG Düsseldorf Urteil vom 4. Juni 2010 – 26 K 3499/09; 🕮 VG Freiburg Urteil vom 6. Juli 2010 – 3 K 1985/09, jeweils zit. nach JURIS). Die vorgenannten Entscheidungen verneinen teils die Anwendbarkeit der RL 2003/88/EG überhaupt, zum Teil aber auch die Zulässigkeit einer Urlaubsabgeltung, weil Art. 7 Abs. 2 RL 2003/88/EG keinen Abgeltungsanspruch begründe, sondern lediglich voraussetze. Zum Teil wird als Begründung aufgeführt, dass die beamten-

rechtlichen Regelungen zu Besoldung und Urlaub insgesamt günstiger seien als die von der Richtlinie vorausgesetzten Regelungen zur Urlaubsgewährung (vgl. von *Roetteken* jurisPR-ArbR 16/2011 Anm. 4).

Eine **verbreitete Gegenmeinung** nimmt allerdings an, dass Art. 7 Abs. 2 RL 2003/88/EG einen unionsrechtlichen Anspruch auf Urlaubsabgeltung in den streitigen Fällen begründe, der allerdings auf den unionsrechtlichen Mindesturlaub von vier Wochen beschränkt sei, sodass die im Beamtenrecht begründeten darüber hinaus gehenden Urlaubsansprüche nach nationalem Recht verfallen könnten, ohne dass eine Abgeltung an deren Stelle treten müsse (VG Gelsenkirchen Urteil vom 24. Januar 2011 – 12 K 5288/09; VG Düsseldorf Urteil vom 4. August 2010 – 13 K 8443/09, jeweils zit. nach JURIS; VG Berlin Urteil vom 10. Juni 2010 – 5 K 175/09 = ZBR 2010, 321; vgl. zum Ganzen *Zeißig / von Keitz* ZBR 2011, 119). In jedem Fall wäre allerdings auch von dieser Position her die Abgeltung von Zusatzurlaub gemäß § 125 SGB IX ausgeschlossen, weil dieser nicht unionsrechtlich verbürgt ist. 80

2. Mitbestimmung

Das Mitbestimmungsrecht des Betriebsrats in Urlaubsfragen nach § 87 Abs. 1 Nr. 5 BetrVG erstreckt sich auch auf den Zusatzurlaub für schwerbehinderte Arbeitnehmer (Hess. LAG Urteil vom 28. April 1987 a. a. O.). 81

3. Rechtsdurchsetzung

Schwerbehinderte **Arbeitnehmer** können ihren Anspruch auf Zusatzurlaub sowie Ansprüche auf Urlaubsabgeltung bzw. Schadensersatz wegen verfallenen Zusatzurlaubs vor den **Arbeitsgerichten** geltend machen. Im Regelfall kommt eine **Leistungsklage** in Betracht. Bei zeitnah geplantem Urlaubsantritt kann auch eine Entscheidung **im einstweiligen Rechtsschutz** beantragt werden (Feldes u. a. / *Faber* Rdnr. 34). Für entsprechende Rechtsstreitigkeiten zwischen **Beamten** und Dienstherrn sind die **Verwaltungsgerichte** zuständig. 82

IV. Literatur

Arlitt, Peter, Zusatzurlaub für Schwerbehinderte bereitet immer wieder Probleme – Entscheidend ist die Schwerbehinderung, nicht ihre Feststellung, SuP 1996, 689

Cramer, Horst. H., Die Neuerungen im Schwerbehindertenrecht des SGB IX – Gesetz zur Förderung der Ausbildung und Beschäftigung schwerbehinderter Menschen, NZA 2004, 698

Dörner, Hans-Jürgen, Die Rechtsprechung des Bundesarbeitsgerichts zum Zusatzurlaub nach dem Schwerbehindertengesetz, DB 1995, 1175

Dolata, Ralf, Sind die derzeitigen Regelungen des SGB IX für schwerbehinderte Menschen ein Beschäftigungshemmnis? BehindertenR 2004, 128

Düwell, Franz Josef, Änderungsbedarf beim Zusatzurlaub für schwerbehinderte Menschen?, FA 2003, 226

Fenski, Martin, Die Neuregelung des Zusatzurlaubs im Schwerbehindertenrecht, NZA 2004, 1255

Gravenhorst, Wulf, Plädoyer für einen Systemwechsel beim Sonderkündigungsschutz behinderter Arbeitnehmer, NZA 2005, 803

Leinemann, Wolfgang / **Linck**, Rüdiger, Berechnung der Urlaubsdauer bei regelmäßig und unregelmäßig verteilter Arbeitszeit, DB 1999, 1498

Peter, Gabriele, Zusatzurlaub für schwerbehinderte Menschen – Zustimmende Anmerkung zum Urteil des BAG vom 24. Oktober 2006 – 9 AZR 669/05, AiB 2007, 256

Powietzka, Armin / **Fallenstein**, Diana, Urlaubsklauseln in Arbeitsverträgen – Regelungsbedarf und Gestaltungsmöglichkeiten nach der „Schultz-Hoff" – Entscheidung, NZA 2010, 673

Rehwald, Rainer, Abgeltung für bei Vertragsende wegen Krankheit nicht genommenen bezahlten Jahresurlaub, AiB 2009, 242

Schuster, Norbert, Urlaub – auch wenn man ihn nicht mehr nehmen kann. Neues aus der Rechtsprechung, AiB 2011, 215

Subatzus, Volker, Übertragung von Urlaubsansprüchen bei Arbeitsunfähigkeit – Anmerkungen zum EuGH-Urteil vom 20.1.2009, DB 2009, 510

Zeißig, Rolf / **von Keitz**, Kostja, Anspruch auf Abgeltung nicht genommenen Erholungsurlaubs für in den Ruhestand versetzte Beamte, ZBR 2011, 119

§ 126
Nachteilsausgleich

(1) **Die Vorschriften über Hilfen für behinderte Menschen zum Ausgleich behinderungsbedingter Nachteile oder Mehraufwendungen (Nachteilsausgleich) werden so gestaltet, dass sie unabhängig von der Ursache der Behinderung der Art oder Schwere der Behinderung Rechnung tragen.**

(2) **Nachteilsausgleiche, die aufgrund bisher geltender Rechtsvorschriften erfolgen, bleiben unberührt.**

ERLÄUTERUNGEN

I. Bedeutung der Vorschrift

1 Die erstmals 1974 auf Empfehlung des BT-Ausschusses für Arbeit und Sozialordnung in das SchwbG a. F. aufgenommene Bestimmung hat den Charakter eines Programmsatzes für Gesetzgebung und Verwaltung. Sie enthält eine Begriffsdefinition des „Nachteilsausgleichs" als Hilfen für behinderte Menschen zum Ausgleich behinderungsbedingter Nachteile oder Mehraufwendungen. Der Begriff des Nachteilsausgleichs ersetzt seit 1. August 1986 den früheren Gesetzesausdruck „Vergünstigungen", der dem Missverständnis Vorschub leisten konnte, als handle es sich bei den Eingliederungshilfen für behinderte Menschen um Privilegien (vgl. Cramer Rdnr. 4a zu § 48 SchwbG).

2 Die Vorschrift besagt im Wesentlichen:
– Art und Umfang des Nachteilsausgleichs für behinderte Menschen müssen sich nach Art bzw. Schwere der Behinderung richten. Auf die Ursache der Behinderung kommt es nicht an.
– Nachteilsausgleiche, die aufgrund früher geltender Rechtsvorschriften gewährt wurden und nicht dem in Abs. 1 festgelegten Grundsatz entsprechen, haben weiterhin Rechtsbestand.

3 Als „Nachteilsausgleich" im Sinne dieser Vorschrift kommen vor allem in Betracht
– Steuererleichterungen, insbesondere Entlastungen bei der Lohn- und Einkommensteuer, Erbschaftsteuer, Umsatzsteuer und Hundesteuer,
– Erleichterungen im Personenverkehr nach §§ 145 ff. SGB IX,
– Erleichterungen bei der Kfz-Nutzung, z. B. Erlass oder Ermäßigung der Kfz-Steuer, Beitragsnachlass in der Kfz-Haftpflicht und Fahrzeugvollversicherung,
– Vergünstigungen bei Wohnungsbauförderung und Vermietung öffentlich geförderter Wohnungen, Wohngeld u. ä. (vgl. die ausführliche Zusammenstellung bei Dopatka in GK-SchwbG Anhang 7; vgl. auch Peutler, BehindertenR 1994, 148; Zeller, BehindertenR 1996, 33).

4 Die Vorschrift spricht von **„Hilfen für behinderte Menschen"** und geht daher – ungeachtet ihres Standorts im zweiten Teil des SGB IX – über das Schwerbehindertenrecht hinaus. Sie

betrifft auch behinderte Menschen mit einem GdB unter 30 (Dopatka in GK-SchwbG Rdnr. 9; **a. A.** Neumann/Pahlen Rdnr. 2, jeweils zu § 48).

II. Fassung

Die Vorschrift wurde unverändert aus dem Regierungsentwurf (BT-Drucks. 14/5531 i. V. m. 14/5074) übernommen. Sie ist inhaltsgleich mit dem bisherigen § 48 SchwbG.

5

§ 127
Beschäftigung schwerbehinderter Menschen in Heimarbeit

(1) Schwerbehinderte Menschen, die in Heimarbeit beschäftigt oder diesen gleichgestellt sind (§ 1 Abs. 1 und 2 des Heimarbeitsgesetzes) und in der Hauptsache für den gleichen Auftraggeber arbeiten, werden auf die Arbeitsplätze für schwerbehinderte Menschen dieses Auftraggebers angerechnet.

(2) ¹Für in Heimarbeit beschäftigte und diesen gleichgestellte schwerbehinderte Menschen wird die in § 29 Abs. 2 des Heimarbeitsgesetzes festgelegte Kündigungsfrist von zwei Wochen auf vier Wochen erhöht; die Vorschrift des § 29 Abs. 7 des Heimarbeitsgesetzes ist sinngemäß anzuwenden. ²Der besondere Kündigungsschutz schwerbehinderter Menschen im Sinne des Kapitels 4 gilt auch für die in Satz 1 genannten Personen.

(3) ¹Die Bezahlung des zusätzlichen Urlaubs der in Heimarbeit beschäftigten oder diesen gleichgestellten schwerbehinderten Menschen erfolgt nach den für die Bezahlung ihres sonstigen Urlaubs geltenden Berechnungsgrundsätzen. ²Sofern eine besondere Regelung nicht besteht, erhalten die schwerbehinderten Menschen als zusätzliches Urlaubsgeld zwei Prozent des in der Zeit vom 1. Mai des vergangenen bis zum 30. April des laufenden Jahres verdienten Arbeitsentgelts ausschließlich der Unkostenzuschläge.

(4) ¹Schwerbehinderte Menschen, die als fremde Hilfskräfte eines Hausgewerbetreibenden oder eines Gleichgestellten beschäftigt werden (§ 2 Abs. 6 des Heimarbeitsgesetzes), können auf Antrag eines Auftraggebers auch auf dessen Pflichtarbeitsplätze für schwerbehinderte Menschen angerechnet werden, wenn der Arbeitgeber in der Hauptsache für diesen Auftraggeber arbeitet. ²Wird einem schwerbehinderten Menschen im Sinne des Satzes 1, dessen Anrechnung die Bundesagentur für Arbeit zugelassen hat, durch seinen Arbeitgeber gekündigt, weil der Auftraggeber die Zuteilung von Arbeit eingestellt oder die regelmäßige Arbeitsmenge erheblich herabgesetzt hat, erstattet der Auftraggeber dem Arbeitgeber die Aufwendungen für die Zahlung des regelmäßigen Arbeitsverdienstes an den schwerbehinderten Menschen bis zur rechtmäßigen Beendigung seines Arbeitsverhältnisses.

(5) Werden fremde Hilfskräfte eines Hausgewerbetreibenden oder eines Gleichgestellten (§ 2 Abs. 6 des Heimarbeitsgesetzes) einem Auftraggeber gemäß Abs. 4 auf seine Arbeitsplätze für schwerbehinderte Menschen angerechnet, erstattet der Auftraggeber die dem Arbeitgeber nach Abs. 3 entstehenden Aufwendungen.

(6) Die den Arbeitgeber nach § 80 Abs. 1 und 5 treffenden Verpflichtungen gelten auch für Personen, die Heimarbeit ausgeben.

ERLÄUTERUNGEN

I. Bedeutung der Vorschrift

Sie trifft Regelungen für schwerbehinderte Menschen, die in Heimarbeit beschäftigt oder diesen gleichgestellt sind.
Arbeiten sie in der Hauptsache für den gleichen Arbeitgeber, werden sie auf dessen Arbeitsplätze für schwerbehinderte Menschen angerechnet (**Abs. 1**).

1

2 Ihre Kündigungsfrist beträgt abweichend vom § 29 Abs. 2 HAG vier Wochen. Der besondere Kündigungsschutz, insbesondere durch notwendige Zustimmung des Integrationsamtes, gilt auch für sie.

3 Die Bezahlung des ihnen zustehenden Zusatzurlaubs nach § 125 SGB IX richtet sich grundsätzlich nach den für die Bezahlung des sonstigen Urlaubs geltenden Berechnungssätzen, also nach § 12 BUrlG bzw. § 22 JugArbSchG. Sechs Arbeitstage werden 2 1/4 v.H. gleichgesetzt (**Abs. 3 Satz 1**).

4 Für die Höhe des Urlaubsentgelts und für den für seine Berechnung maßgebenden Zeitraum trifft **Abs. 3 Satz 2** abweichende Bestimmungen, sofern eine vorrangige Regelung z. B. durch Tarifvertrag nicht besteht. Das Urlaubsentgelt beträgt 2 v. H. des verdienten Arbeitsentgelts (ohne Unkostenzuschläge). Maßgebend ist das Arbeitsentgelt, das in der Zeit vom 1. Mai des vergangenen bis zum 30. April des laufenden Jahres verdient worden ist.

5 In **Abs. 4** wird die Möglichkeit der Anrechnung von schwerbehinderten Menschen, die als fremde Hilfskräfte eines Hausgewerbetreibenden oder eines Gleichgestellten beschäftigt werden, auf die Pflichtarbeitsplätze eines Auftraggebers vorgesehen. Voraussetzung ist, dass der Arbeitgeber hauptsächlich für diesen Auftraggeber arbeitet. Über die Anrechnung entscheidet das Arbeitsamt (**Abs. 4 Satz 1**). Kündigt der Arbeitgeber nach der Anrechnung dem schwerbehinderten Menschen, weil der Auftraggeber Aufträge nicht mehr oder nur noch in erheblich verringertem Umfang erteilt, muss der Auftraggeber dem Arbeitgeber die Aufwendungen für die Zahlung des regelmäßigen Arbeitsverdienstes an den schwerbehinderten Menschen bis zur rechtmäßigen Beendigung seines Arbeitsverhältnisses erstatten (**Abs. 4 Satz 2**).

6 Auch ist der Auftraggeber im Fall der Anrechnung nach Abs. 4 Satz 1 verpflichtet, dem Hausgewerbetreibenden das Urlaubsentgelt nach Abs. 3 zu erstatten (**Abs. 5**).

7 Personen, die Hausarbeit ausgeben, haben die einen Arbeitgeber nach § 80 Abs. 1 und 5 SGB IX treffenden Pflichten zur Führung von Verzeichnissen und zur Erteilung von Auskünften zu erfüllen (**Abs. 6**).

II. Fassung

8 Die Vorschrift wurde unverändert aus dem Regierungsentwurf (BT-Drucks. 14/5531 i. V. m. 14/5074) übernommen. Sie entspricht dem bisherigen § 49 SchwbG.

III. Anmerkungen

A) zu Abs. 1

1. In Heimarbeit Beschäftigte

9 In Heimarbeit Beschäftigte sind keine Arbeitnehmer, da sie in ihrer Arbeit nicht persönlich, sondern nur wirtschaftlich von dem Auftraggeber abhängig sind. Sie stehen in einem arbeitnehmerähnlichen Rechtsverhältnis, das im Heimarbeitsgesetz (HAG) näher geregelt ist.

In Heimarbeit beschäftigt sind danach Heimarbeiter (§ 2 Abs. 1 HAG) und Hausgewerbetreibende (§ 2 Abs. 2 HAG).

10 **Heimarbeiter** sind Personen, die in eigener Wohnung oder in einer anderen selbst gewählten Betriebsstätte allein oder mit ihren Familienangehörigen im Auftrag von Gewerbetreibenden oder Zwischenmeistern gewerblich arbeiten und die die Verwertung ihrer Arbeitsergebnisse den unmittelbar oder mittelbar auftragserteilenden Gewerbetreibenden überlassen. Neben traditionellen Formen der Heimarbeit wie der Herstellung und Bearbeitung von Gegenständen wie Kleidung und Spielzeug können auch Büroarbeiten in Heimarbeit erbracht werden (Großmann in GK-SchwbG Rdnr. 10; Dörner Anm. II 1, jeweils zu § 49).

11 **Hausgewerbetreibende** sind Personen, die in eigener Wohnung oder in eigener Betriebsstätte mit nicht mehr als zwei fremden Hilfskräften oder Heimarbeitern im Auftrag von Gewer-

betreibenden oder Zwischenmeistern Waren herstellen, bearbeiten oder verpacken. Sie sind damit Unternehmer kleinsten Ausmaßes, aber nur scheinbar wirtschaftlich unabhängig (Neumann/Pahlen Rdnr. 10 zu § 49 SchwbG). Kennzeichnend ist, dass der Hausgewerbetreibende wie ein gewerblicher Arbeiter produktiv mitarbeitet.

Zwischenmeister ist, wer ohne Arbeitnehmer zu sein, die ihm von Gewerbetreibenden übertragene Arbeit an Heimarbeiter oder Hausgewerbetreibende weitergibt (§ 2 Abs. 3 HAG). Der Zwischenmeister ist damit Mittler zwischen dem auftraggebenden Gewerbetreibenden und dem in Heimarbeit Beschäftigten. 12

2. In Heimarbeit beschäfige Gleichgestellte

Heimarbeitern und Hausgewerbetreibenden können bestimmte Personengruppen gleichgestellt werden mit der Folge, dass sie entweder voll oder teilweise den Schutz des HAG genießen. Die **Gleichstellung** kommt nach § 1 Abs. 2 Satz 1 HAG für vier **Gruppen** in Betracht, und zwar für Heimarbeiter, die eine nicht gewerbliche Tätigkeit für andere gegen Entgelt ausüben (Buchst. a), Hausgewerbetreibende, die mit mehr als zwei fremden Hilfskräften oder Heimarbeitern arbeiten (Buchst. b), in Lohnauftrag arbeitende und wie Hausgewerbetreibende wirtschaftlich abhängige Gewerbetreibende (Buchst. c) sowie Zwischenmeister (Buchst. d). 13

Die Gleichstellung wird widerruflich vom zuständigen **Heimarbeitsausschuss** gem. § 4 HAG festgestellt. Nach § 1 Abs. 3 HAG hat sie nur die Anwendung bestimmter – also nicht sämtlicher – Schutzvorschriften dieses Gesetzes zur Folge. Im Schwerbehindertenrecht führt sie aber durch § 127 Abs. 1 SGB IX zur völligen Gleichstellung mit den Heimarbeitern (Großmann in GK-SchwbG Rdnr. 16; Neumann/Pahlen Rdnr. 12 zu § 49 SchwbG). 14

3. Anrechnung auf Pflichtarbeitsplätze

Heimarbeiter, Hausgewerbetreibende und ihnen gleichgestellte Personen sind wegen ihrer nur arbeitnehmerähnlichen Stellung nicht auf Arbeitsplätzen im Sinne von § 73 SGB IX beschäftigt. Ihnen gegenüber besteht auch keine Beschäftigungspflicht ihrer Auftraggeber im Sinne von § 71 SGB IX. Dennoch sieht **Abs. 1** im Fall ihrer Schwerbehinderung oder ihrer Gleichstellung nach § 2 Abs. 3 SGB IX die Anrechnung auf die Pflichtarbeitsplätze ihrer Auftraggeber vor, wenn diese wegen anderer Arbeitnehmer im Sinne von § 73 Abs. 1 SGB IX Pflichtarbeitsplätze zu besetzen haben. Voraussetzung ist, dass sie in der Hauptsache für den gleichen Auftraggeber arbeiten, wobei es seit 1974 nicht mehr auf die Arbeitsmenge ankommt (vgl. Neumann/Pahlen Rdnr. 16; Dörner Anm. IV, jeweils zu § 49 SchwbG). Die schwerbehinderten Heimarbeiter müssen den überwiegenden Teil ihrer Beschäftigung für den Auftraggeber erbringen. Dies setzt eine dauerhafte Bindung zu dem Auftraggeber voraus sowie die Ausgabe einer Arbeitsmenge, die den Schwerpunkt der Tätigkeit des Heimarbeiters ausmacht (Großmann in GK-SchwbG Rdnr. 24 zu § 49). Ob aus der Beschäftigung überwiegend der Lebensunterhalt bestritten wird, ist hingegen nicht entscheidend (BAG AP Nr. 1 zu § 6 BetrVG 1972). 15

Der **Auftraggeber**, der sich auf die Anrechnung beruft, hat das mengenmäßige Schwergewicht **nachzuweisen**. Besteht kein eindeutiges Übergewicht, scheidet eine Anrechnung aus (Neumann/Pahlen Rdnr. 16; Cramer Rdnr. 3, jeweils zu § 49 SchwbG). 16

Grundsätzlich ist auch eine **Mehrfachanrechnung** auf bis zu drei Arbeitsplätze im Sinne von § 75 SGB IX durch die Vorschrift des Abs. 1 nicht ausgeschlossen. Sie wird aber wohl nur ausnahmsweise in Betracht kommen, etwa bei einem besonders betroffenen schwerbehinderten Menschen im Sinne von § 72 Abs. 1 Nr. 1 SGB IX, der ausschließlich Heimarbeit leisten kann und auf besondere Rücksichtnahme durch den Auftraggeber angewiesen ist (so Großmann in GK-SchwG Rdnr. 26 zu § 49). 17

B) zu Abs. 2

1. Kündigungsfrist

18 Das Beschäftigungsverhältnis eines in Heimarbeit Beschäftigten kann beiderseits an jedem Tag für den Ablauf des folgenden Tages gekündigt werden (§ 29 Abs. 1 HAG). Wird ein in Heimarbeit Beschäftigter von einem Auftraggeber oder Zwischenmeister länger als vier Wochen beschäftigt, so kann das Beschäftigungsverhältnis bds. nur mit einer Frist von zwei Wochen gekündigt werden (§ 29 Abs. 2 HAG). Diese Kündigungsfrist verlängert sich für in Heimarbeit Beschäftigte oder diesen gleichgestellte schwerbehinderte Menschen auf vier Wochen und entspricht damit der Kündigungsfrist des § 85 SGB IX (**Abs. 2 Satz 1**). Diese Vorschrift ist nicht Bestandteil des besonderen Kündigungsschutzes nach §§ 85 – 92 SGB IX. Deshalb kommt es auch nicht etwa darauf an, ob das Heimarbeitsverhältnis im Zeitpunkt des Zugangs der Kündigungserklärung bereits ohne Unterbrechung mindestens sechs Monate bestanden hat, wie es § 90 Abs. 1 Nr. 1 SGB IX für Arbeitsverhältnisse vorschreibt (Großmann in GK-SchwbG Rdnr. 37 zu § 49 m. w. N.).

19 Soweit in Heimarbeit Beschäftigte aufgrund der allgemeinen Vorschrift des § 29 Abs. 3 HAG bei überwiegender Beschäftigung von einem Auftraggeber oder Zwischenmeister nach mindestens fünf Jahren einen längeren Kündigungsschutz genießen, geht diese Regelung dem § 127 Abs. 2 SGB IX vor.

2. Entgelt während Kündigungsfrist

20 Während der Dauer der Kündigungsfrist behält der in Heimarbeit Beschäftigte seinen Anspruch auf Arbeitsentgelt nach Maßgabe des unmittelbar anwendbaren § 29 Abs. 5 HAG, d. h. in Höhe von 1/6 des Gesamtverdienstes in den der Kündigung vorausgehenden 24 Wochen (Cramer Rdnr. 4; Neumann/Pahlen Rdnr. 19, jeweils zu § 49 SchwbG).

3. Besonderer Kündigungsschutz

21 Der besondere Kündigungsschutz schwerbehinderter und gleichgestellter Menschen nach den §§ 85 – 92 SGB IX gilt für in Heimarbeit Beschäftigte und diesen gleichgestellte Personen (**Abs. 2 Satz 2**).

Das bedeutet insbesondere das Erfordernis der **Zustimmung des Integrationsamtes** zu jeder Kündigung durch den Auftraggeber oder Zwischenmeister einschließlich der Verringerung der Arbeitsmenge um mindestens 1/4 gem. § 29 Abs. 6 HAG (Großmann in GK-SchwbG Rdnr. 43 ff. zu § 49 m. w. N.). Allerdings sind auch die Ausnahmen vom Kündigungsschutz nach § 90 SGB IX zu beachten. Dies bedeutet insbesondere, dass nach § 90 Abs. 1 Nr. 1 SGB IX der Kündigungsschutz erst nach sechsmonatigem Bestehen des Heimarbeitsverhältnisses eingreift (Cramer Rdnr. 5; Großmann in GK-SchwbG, Rdnr. 43 zu § 49). Die Zustimmung des Integrationsamtes ist nicht erforderlich, wenn das Vertragsverhältnis im beiderseitigen Einverständnis gelöst wird oder von vornherein befristet war (Neumann/Pahlen Rdnr. 20 zu § 49).

Bei einer **außerordentlichen Kündigung** ist § 91 SGB IX zu beachten.

C) zu Abs. 3

1. Zusatzurlaub

22 Die Vorschrift des Abs. 3 legt zugrunde, dass den in Heimarbeit beschäftigten oder ihnen gleichgestellten schwerbehinderten Menschen auch Anspruch auf **Zusatzurlaub nach § 125 SGB IX** zusteht. Sie regelt nur die besondere Berechnung der Bezahlung dieses zusätzlichen Urlaubs (Cramer Rdnr. 6 zu § 49 SchwbG). Grundsätzlich sind nach **Abs. 3 Satz 1** die für die Bezahlung des sonstigen Urlaubs geltenden Berechnungsgrundsätze maßgebend, also § 12 BUrlG bzw. § 22 JugArbschG. Sechs Arbeitstage werden 2 1/4 v. H. gleichgesetzt. Da für Heimarbeiter usw. die betriebliche Freistellung entfällt, erhalten sie anstelle einer bezahlten

Freizeit ein Urlaubsentgelt von 6 3/4 Prozent des in der Zeit vom 1. Mai des vergangenen Jahres bis zum 30. April des laufenden Jahres verdienten Bruttoarbeitsentgelts ohne Unkostenzuschläge (§ 12 Nr. 1 BUrlG). Schwerbehinderte Menschen erhalten als zusätzliches Urlaubsentgelt 2% des in dem entsprechenden Zeitraum verdienten Arbeitsentgelts ausschließlich der Unkostenzuschläge (z. B. für Licht, Heizung, Mieten, Roh- und Hilfsstoffe und sonstige Auslagen).

Soweit tarif- und einzelvertragliche Regelungen getroffen worden sind, gehen diese vor.

Der Urlaubsanspruch des schwerbehinderten, in Heimarbeit beschäftigten Menschen wird am zweckmäßigsten dadurch erfüllt, dass zum laufenden, etwa monatlichen Arbeitsentgelt jeweils ein Zuschlag von 8 3/4 Prozent geleistet wird (Großmann in GK-SchwbG Rdnr. 62 zu § 49).

D) zu Abs. 4

1. Anrechnung von fremden Hilfskräften

Schwerbehinderte Menschen, die gemäß § 2 Abs. 6 HAG als fremde Hilfskräfte eines Hausgewerbetreibenden oder eines Gleichgestellten beschäftigt werden, können auf Antrag eines Auftraggebers auch **auf dessen Pflichtarbeitsplätze angerechnet** werden. Voraussetzung ist, dass der Arbeitgeber in der Hauptsache für diesen Auftraggeber arbeitet (**Abs. 4 Satz 1**). Hierfür ist das **Arbeitsamt** zuständig, wie sich aus **Abs. 4 Satz 2** ergibt. Wird die Anrechnung zugelassen, trifft das Kündigungsrisiko auch den Auftraggeber: Dieser hat dem Hausgewerbetreibenden die Aufwendungen für die Zahlung des regelmäßigen Arbeitsverdienstes an den schwerbehinderten Menschen zu ersetzen, bis das Arbeitsverhältnis rechtmäßig beendet ist (also die Zustimmung durch das Integrationsamt, die Kündigung und der Ablauf der vierwöchigen Frist vorliegen). Allerdings gilt diese Verpflichtung nur dann, wenn der Hausgewerbetreibende den schwerbehinderten Menschen entlässt, weil der Auftraggeber keine Arbeit mehr zuteilt oder die Zuteilung erheblich herabsetzt. Erheblich ist die Herabsetzung dann, wenn durch sie die Entlassung erforderlich wird (Neumann/Pahlen Rdnr. 26 zu § 49 SchwbG). 23

Die Zustimmung des Integrationsamtes muss der **Hausgewerbetreibende beantragen**, welcher Arbeitgeber des schwerbehinderten Menschen ist. Jedoch muss er sich um eine rechtzeitige Zustimmung bemühen. Der Auftraggeber kann seinerseits seine Ersatzpflicht dadurch gering halten, dass er dem Hausgewerbetreibenden rechtzeitig Mitteilung von einer künftigen Herabsetzung der Arbeitsmenge macht; in diesem Fall kann der Hausgewerbetreibende als Arbeitgeber rechtzeitig die Zustimmung zur Kündigung beantragen (Neumann/Pahlen a. a. O.). 24

E) zu Abs. 5

1. Erstattung des Urlaubsentgelts durch den Auftraggeber

Werden dem Auftraggeber schwerbehinderte fremde Hilfskräfte im Sinne von § 2 Abs. 6 HAG eines Hausgewerbetreibenden oder eines Gleichgestellten auf seine Pflichtplatzzahl gemäß Abs. 3 angerechnet, so muss der Auftraggeber dem Arbeitgeber die diesem durch den Zusatzurlaub des schwerbehinderten Menschen nach Abs. 3 entstehenden Aufwendungen erstatten. Die fremden Hilfskräfte erhalten allerdings als Arbeitnehmer des Hausgewerbetreibenden den Zusatzurlaub nicht nach Abs. 3 Satz 2 in Höhe von 2% des Arbeitsentgelts abgegolten, sondern nach § 125 SGB IX als einwöchige bezahlte Arbeitsfreistellung. 25

F) zu Abs. 6

1. Personen, die Heimarbeit ausgeben

Personen, die Heimarbeit ausgeben, sind die Hausgewerbetreibenden, Zwischenmeister, Gleichgestellten nach § 1 Abs. 2 Satz 1b und c HAG sowie die eigentlichen Auftraggeber. 26

2. Arbeitgeberverpflichtungen

27 Personen, die Heimarbeit ausgeben, haben auch die den Arbeitgeber nach § 80 Abs. 1 und 5 SGB IX treffenden Verpflichtungen zu erfüllen.

Sie müssen demnach Verzeichnisse über die beschäftigten schwerbehinderten Menschen, Gleichgestellten und sonst anrechnungsfähigen Personen führen und diese gegenüber dem Arbeitsamt und dem Integrationsamt auf Verlangen vorlegen. Die genannten Beschäftigungsverhältnisse im Rahmen von Heimarbeit sind deshalb stets mit den personellen Daten zu registrieren, damit Arbeitsamt und Integrationsamt die Möglichkeit der Kontrolle der Beschäftigung von schwerbehinderten Menschen haben (Großmann in GK-SchwbG Rdnr. 32 zu § 49).

28 Außerdem haben die Personen, die Heimarbeit ausgeben, der Bundesagentur für Arbeit und dem Integrationsamt auf Verlangen alle Auskünfte zu erteilen, die zur Durchführung der besonderen Regelungen nach §§ 68 ff. SGB IX notwendig sind. Die Auskunftspflicht erstreckt sich auf alle für die Beschäftigung erheblichen Tatsachen; bei der Heimarbeit kann dies auch die Arbeitsmenge sein, um festzustellen, für welchen Arbeitgeber in der Hauptsache gearbeitet wird (Großmann in GK-SchwbG Rdnr. 33 zu § 49).

§ 128
Schwerbehinderte Beamte und Beamtinnen, Richter und Richterinnen, Soldaten und Soldatinnen

(1) Die besonderen Vorschriften und Grundsätze für die Besetzung der Beamtenstellen sind unbeschadet der Geltung des Teils 2 auch für schwerbehinderte Beamte und Beamtinnen so zu gestalten, dass die Einstellung und Beschäftigung schwerbehinderter Menschen gefördert und ein angemessener Anteil schwerbehinderter Menschen unter den Beamten und Beamtinnen erreicht wird.

(2) *(aufgehoben)*

(3) Die Vorschriften des Absatzes 1 finden auf Richter und Richterinnen entsprechende Anwendung.

(4) ¹Für die persönliche Rechtsstellung schwerbehinderter Soldaten und Soldatinnen gelten die § 2 Abs. 1 und 2, §§ 69, 93 bis 99 und 116 Abs. 1 sowie die §§ 123, 125, 126 und 145 bis 147. ²Im Übrigen gelten für Soldaten und Soldatinnen die Vorschriften über die persönliche Rechtsstellung der schwerbehinderten Menschen, soweit sie mit den Besonderheiten des Dienstverhältnisses vereinbar sind.

ERLÄUTERUNGEN

ÜBERSICHT

I. Bedeutung der Vorschrift (Rdnrn. 1–3)
II. Fassung (Rdnrn. 4–7)
III. Anmerkungen (Rdnrn. 8–22)
    A) zu Abs. 1
        1. Geltung des SGB IX für schwerbehinderte Menschen (Rdnrn. 8–9)
        2. Geltung des SGB IX für Arbeitgeber des öffentlichen Dienstes (Rdnrn. 10–15)
    B) zu Abs. 3
        1. Einbeziehung schwerbehinderter Richter (Rdnr. 16)

C) zu Abs. 4
   1. Rechtsstellung schwerbehinderter Soldaten (Rdnrn. 17–19)
   2. Auf Soldaten anwendbare Vorschriften (Rdnr. 20)
   3. Auf Soldaten nicht anwendbare Vorschriften (Rdnr. 21)
   4. Einbeziehung schwerbehinderter Zivildienstleistender (Rdnr. 22)

I. Bedeutung der Vorschrift

In **Abs. 1** wird festgestellt, dass die Vorschriften der §§ 68 ff. SGB IX auch für schwerbehinderte Beamte in Bund und Ländern unmittelbar gelten. Im Übrigen werden die allgemeinen Vorschriften über die Pflichten zur Beschäftigung, Fürsorge und Förderung von schwerbehinderten Menschen nach §§ 71, 72 und 81 SGB IX ergänzt. 1

Die in Abs. 1 niedergelegten Grundsätze gelten für Richter entsprechend **(Abs. 3)**. 2

Für schwerbehinderte Soldaten werden bestimmte Vorschriften des Schwerbehindertenrechts im SGB IX für ausdrücklich anwendbar erklärt. Im Übrigen wird die Geltung der Vorschriften über die persönliche Rechtsstellung der schwerbehinderten Menschen für Soldaten unter den Vorbehalt gestellt, dass sie mit den Besonderheiten des Dienstverhältnisses vereinbar sein müssen **(Abs. 4)**. 3

II. Fassung

A) durch das SGB IX vom 19. Juni 2001 (BGBl. I S. 1046) mit Wirkung vom 1. Juli 2001

Die Vorschrift wurde unverändert aus dem Regierungsentwurf (BT-Drucks. 14/5531 i. V. m. 14/5074) übernommen. Sie entspricht dem bisherigen § 50 SchwbG. 4

B) durch das Gesetz zur Förderung der Ausbildung und Beschäftigung schwerbehinderter Menschen vom 23. April 2004 (BGBl. I S. 606) mit Wirkung vom 1. Mai 2004

Durch Art. 1 Nr. 32 wurde **Abs. 2 aufgehoben**. In **Abs. 3** wurde die Angabe „der Absätze 1 und 2" durch die Angabe „des Absatzes 1" ersetzt. Damit entfällt nunmehr die **Anhörung des** für die Dienststelle zuständigen **Integrationsamts**, wenn eine Entlassung oder Pensionierung eines schwerbehinderten Beamten nicht auf dessen Antrag zurückgeht. 5

Ebenso ist abweichend von der zuvor geltenden Rechtslage für diese Fälle nicht mehr ausdrücklich die **Beteiligung der Schwerbehindertenvertretung nach § 95 Abs. 2 SGB IX** angesprochen, die von der aufgehobenen Bestimmung über die Anhörung des Integrationsamtes „unberührt" bleiben sollte. An der Notwendigkeit der Beteiligung der Schwerbehindertenvertretung hat sich hierdurch jedoch nichts geändert (vgl. Cramer NZA 2004, 712; Neumann u. a. / *Pahlen* Rdnr. 12). Unterbleibt die Anhörung der Schwerbehindertenvertretung, so ist die dienstrechtliche Maßnahme wegen Fehlens eines gesetzlichen Erfordernisses fehlerhaft und anfechtbar (BVerwG DVBl. 1982, 582 = ZBR 1982, 116; GK-SGB IX / *Großmann* Rdnr. 88). 6

Eine Begründung für die Änderung lässt sich den Gesetzesmaterialien nicht entnehmen (so auch Neumann u. a. / *Pahlen* a. a. O.). 7

III. Anmerkungen

A) zu Abs. 1

1. Geltung des SGB IX für schwerbehinderte Beamte

Die Vorschrift stellt durch die Worte „unbeschadet der Geltung des Teils 2 auch für schwerbehinderte Beamte und Beamtinnen" zunächst klar, dass die **Regelungen in §§ 68 ff. SGB IX** in vollem Umfang nicht nur für Arbeiter und Angestellte, sondern **auch für Beamte** 8

gelten. Diese haben ebenso wie Arbeiter und Angestellte z. B. alle Rechte auf Schutz vor Benachteiligung nach § 81 Abs. 2, Förderung nach § 81 Abs. 4 Satz 1 Nr. 1–3, behinderungsgerechte Einrichtung und Unterhaltung der Arbeitsstätten (§ 81 Abs. 4 Satz 1 Nr. 4) und Ausstattung ihres Arbeitsplatzes mit den erforderlichen technischen Arbeitshilfen (§ 81 Abs. 4 Satz 2 Nr. 5 SGB IX) sowie auf Zusatzurlaub (§ 125 SGB IX).

9 Darüber hinaus enthält Abs. 1 eine **programmatische Ergänzung** zu den Vorschriften über die Arbeitgeberpflichten zur Beschäftigung, Fürsorge und Förderung von schwerbehinderten Menschen in §§ 71, 72 SGB IX.

2. Geltung des SGB IX für Arbeitgeber des öffentlichen Dienstes

10 Nach § 71 SGB IX sind auch die öffentlichen Arbeitgeber verpflichtet, auf wenigstens 5% der Arbeitsplätze im Sinne von § 73 SGB IX, also auch der Ausbildungsplätze sowie der Beamten- und Richterstellen, schwerbehinderte Menschen zu beschäftigen. Abweichend hiervon beträgt der Prozentsatz für die öffentlichen Arbeitgeber des Bundes weiterhin 6%, wenn sie am 31. Oktober 1999 auf mehr als 6% der Arbeitsplätze schwerbehinderte Menschen beschäftigt haben (§ 159 Abs. 1 Satz 1 SGB IX).

11 Die Regelung des Abs. 1 verpflichtet dazu, die besonderen Vorschriften und Grundsätze für die Besetzung von Beamtenstellen so zu gestalten, dass die **Einstellung und Beschäftigung schwerbehinderter Menschen gefördert** wird. Ziel ist es, einen angemessenen Anteil schwerbehinderter Menschen unter den Beamten zu erreichen. Damit soll auch im öffentlichen Dienst die Pflicht zur Beschäftigung schwerbehinderter Menschen nach § 71 Abs. 1 SGB IX für alle Beschäftigungsgruppen, also Arbeiter, Angestellte und Beamte, gleichmäßig erfüllt werden; die Zahl der Beamten unter den Schwerbehinderten soll dem Anteil der Beamten an der Gesamtzahl aller Beschäftigten entsprechen (Kossens u. a. / *Kossens* Rdnr. 2).

12 Hierbei ist zu beachten: Die Vorschriften zur **Förderung bei der Einstellung** schwerbehinderter Menschen in den §§ 81, 82 SGB IX gelten auch für schwerbehinderte Beamte. So hat der öffentliche Dienstherr den Agenturen für Arbeit frühzeitig freiwerdende und neu zu besetzende sowie neue Arbeitsplätze zu melden (§ 82 SGB IX).

13 Die **Förderung bei der Beschäftigung** schwerbehinderter Menschen im Beamtenverhältnis hat sich an den Vorgaben des § 81 Abs. 4 Nr. 1 und Nr. 4 zu orientieren: Danach soll der Dienstherr den schwerbehinderten Menschen so beschäftigen, dass dieser seine Fähigkeiten und Kenntnisse möglichst voll verwerten und weiter entwickeln kann und die Arbeitsplätze behindertengerecht ausstatten.

14 Eine der wenigen speziellen Regelungen zur Einstellungsförderung ist **§ 13 BLVO**, der in Abs. 1 und 2 vorschreibt, dass schwerbehinderte Menschen nur das **Mindestmaß an körperlicher Leistung** zu erbringen haben und dass im **Prüfungsverfahren** entsprechende und angemessene **Erleichterungen** vorzusehen sind. Bei der Beurteilung der Leistung schwerbehinderter Menschen ist nach § 13 Abs. 3 BLVO eine etwaige Minderung der Arbeits- und Verwendungsfähigkeit durch die Behinderung zu berücksichtigen. Ferner setzt § 14 Abs. 2 BLVO die Höchstgrenze der **Einstellung in den Vorbereitungsdienst** für schwerbehinderte Menschen von 32 auf 40 Jahre herauf.

15 Der Auftrag zur Förderung der Beschäftigung schwerbehinderter Menschen wird durch zahlreiche **Fürsorgeerlasse bzw. Integrationsvereinbarungen in Bund und Ländern** konkretisiert (vgl. die Zusammenstellung im Anhang zu dieser Vorschrift).

B) zu Abs. 3

1. Einbeziehung schwerbehinderter Richter

16 Die Verweisung in Abs. 3 erstreckt die Schutzwirkung des Abs. 1 auch auf schwerbehinderte Richterinnen und Richter. Da das Dienstverhältnis der Richter unbeschadet ihrer Unabhän-

gigkeit und der für sie geltenden besonderen Vorschriften im Wesentlichen wie das der Beamten ausgestaltet ist, ergeben sich insoweit keine wesentlichen inhaltlichen Abweichungen (GK-SGB IX / *Großmann* Rdnr. 99).

C) zu Abs. 4

1. Rechtsstellung schwerbehinderter Soldaten

Schwerbehinderte Menschen sind nicht automatisch wehrdienstunfähig im Sinne des WpflG. Deshalb kann es sowohl unter wehrpflichtigen Soldaten (§ 1 Abs. 2 SoldG) als auch unter Berufssoldaten (§ 1 Abs. 3 SoldG) schwerbehinderte Menschen geben (GK – SGB IX / *Großmann* Rdnr. 104).

17

In **Abs. 4 Satz 1** werden bestimmte Vorschriften des SGB IX für die persönliche Rechtsstellung schwerbehinderter Soldaten und Soldatinnen ausdrücklich für anwendbar erklärt. Hierbei handelt es sich um die Regelungen über

18

– die Schwerbehinderteneigenschaft, ihre Feststellung und ihren Wegfall (§ 2 Abs. 1 und 2, §§ 69, 116 Abs. 1 SGB IX),
– die Tätigkeit des Personalrats, der Schwerbehindertenvertretung und des Arbeitgeberbeauftragten gem. §§ 93–99 SGB IX,
– die Regelungen über Arbeitsentgelt, Zusatzurlaub und Nachteilsausgleich in §§ 123, 125, 126 SGB IX sowie über
– unentgeltliche Beförderung im öffentlichen Personenverkehr gem. §§ 145–147 SGB IX.

Im Übrigen gelten für Soldaten und Soldatinnen die Vorschriften über die persönliche Rechtsstellung der schwerbehinderten Menschen, soweit sie mit den Besonderheiten des Dienstverhältnisses vereinbar sind (**Abs. 4 Satz 2**). Durch diese Einschränkung soll der Dienstherr im Interesse der Verteidigungsbereitschaft im Rahmen der maßgebenden soldatenrechtlichen Vorschriften jederzeit frei darüber entscheiden können, wie er einen schwerbehinderten Soldaten einsetzt und ob er das Soldatenverhältnis vorzeitig beendet (Cramer Rdnr. 14 zu § 50 SchwbG; vgl. aber auch GK-SGB IX / *Großmann* Rdnr. 108, der darüber hinaus auch die Aufgaben des Soldaten im Rahmen der Art. 12a GG – Wehr- und Dienstpflicht –, 35 Abs. 2 und 3 GG – Katastrophenhilfe – und 87a Abs. 4 und 91 GG – Gefahrenabwehr als Maßstab für die Besonderheiten des Dienstverhältnisses heranziehen will).

19

2. Auf Soldaten anwendbare Vorschriften

Danach sind nach Abs. 4 Satz 2 **anwendbar** die Bestimmungen über

20

– Erleichterungen der Einstellungen von schwerbehinderten Menschen nach § 81 Abs. 1 SGB IX,
– Schutz- und Förderungsmaßnahmen bei der Beschäftigung nach § 81 Abs. 2, Abs. 4 SGB IX.

3. Auf Soldaten nicht anwendbare Vorschriften

Hingegen sind auf Soldaten **nicht anwendbar** die Regelungen über

– die Gleichstellung nach § 2 Abs. 3 SGB IX, weil insoweit kein Wettbewerb auf dem Arbeitsmarkt besteht,
– die generelle Beschäftigungspflicht der Arbeitgeber nach §§ 71 ff. SGB IX, weil es an der Einstellungsfreiheit fehlt,
– die Förderung der Einstellung durch Bundesagentur für Arbeit und Integrationsämter nach §§ 101 ff. SGB IX aus demselben Grund,
– der Kündigungsschutz nach §§ 85 ff. SGB IX mangels eines Arbeitsverhältnisses,
– die Werkstätten für behinderte Menschen nach §§ 136 ff. SGB IX, weil dort Soldaten nicht beschäftigt werden (vgl. zum Ganzen auch GK-SGB IX / Rdnr. 110).

21

4. Einbeziehung schwerbehinderter Zivildienstleistender

22 Die für schwerbehinderte Soldaten und Soldatinnen geltenden Vorschriften sind nach § 78 Abs. 2 ZDG auch auf schwerbehinderte Zivildienstleistende anwendbar (*Müller-Wenner / Schorn* Rdnr. 27; *Neumann u. a. / Pahlen* Rdnr. 20).

Integrationsvereinbarungen, Schwerbehindertenrichtlinien und Fürsorgeerlasse der Bundesministerien und Länder

Bundesministerien

Die früheren Schwerbehindertenrichtlinien bzw. Fürsorgeerlasse (vgl. die Zusammenstellung bei *Kossens u. a. / Kossens* zu § 128 Rdnr. 3) aus der Zeit vor Inkrafttreten des SGB IX wurden inzwischen überwiegend durch (zum Teil nicht veröffentlichte) Integrationsvereinbarungen ersetzt.

Als Anlage 1 wird beispielhaft die **Rahmenintegrationsvereinbarung für den Geschäftsbereich des Bundesministeriums für Wirtschaft und Technologie nach § 83 SGB IX** wiedergegeben.

Länder

Baden-Württemberg

Handreichung: Beschäftigung schwerbehinderter Menschen in der Landesverwaltung

Vom 27. Juni 2005 (Az.: 42-5116-128.1)

Bayern

Rehabilitation und Teilhabe behinderter Angehöriger des öffentlichen Dienstes in Bayern – „Fürsorgerichtlinien" 2005
(vgl. die Wiedergabe in Anlage 2)
Bekanntmachung des Bayerischen Staatsministeriums der Finanzen

vom 03. Dezember 2005 (FMBl. 2005 Nr. 10, S. 193)

Berlin

Verwaltungsvorschriften über die gleichberechtigte Teilhabe der behinderten oder von Behinderung bedrohten Menschen in der Berliner Verwaltung (VV Integration beh. Menschen)
Senatsverwaltung für Inneres und Sport Berlin

Vom 31. August 2006 (SenInn, I A 36 -0561/0020)

Brandenburg

Richtlinie für die Einstellung, Beschäftigung und begleitende Hilfe schwer behinderter und diesen gleichgestellte behinderte Menschen in der Landesverwaltung des Landes Brandenburg (Schwerbehindertenrichtlinien – SchwbRL)
Ministeriums des Innern des Landes Brandenburg

Verwaltungsvorschrift des Ministeriums des Innern vom 06. April 2005 (ABl. für Brandenburg Nr. 18 vom 11. Mai 2005)

Bremen

Integrationsvereinbarung im Sinne von § 83 Sozialgesetzbuch – Neuntes Buch – Rehabilitation und Teilhabe behinderter Menschen

Integrationsvereinbarungen, Schwerbehindertenrichtlinien und Fürsorgeerlasse § 128

Der Senator für Finanzen der Hansestadt Bremen
Der Senator für Arbeit,Frauen, Gesundheit, Jugend und Soziales der Hansestadt Bremen
Vom 01. Dezember 2001

Hamburg

Fürsorge- und Förderungsmaßnahmen für schwerbehinderte Beschäftigte im Hamburgischen Öffentlichen Dienst
Mitt.Verw 1990, S. 131

Hessen

Richtlinien zur Förderung der Einstellung und Beschäftigung von schwerbehinderten Menschen in der Landesverwaltung – Förderrichtlinien vom 29. November 2004
Hessisches Ministerium des Innern und für Sport
Vom 29. November 2004 (StAnz. 51/2004 S. 3826)

Mecklenburg-Vorpommern

Richtlinie über die Einstellung, Beschäftigung und begleitende Hilfe schwerbehinderter Menschen in der Landesverwaltung Mecklenburg-Vorpommern (Schwerbehindertenrichtlinie Mecklenburg-Vorpommern – SchwbRL M-V)
Erlass des Innenministeriums des Landes Mecklenburg-Vorpommern

vom 30. April 2003 (AmtsBl. S. 394)

Niedersachsen

Richtlinien zur gleichberechtigten und selbstbestimmten Teilhabe schwerbehinderter und ihnen gleichgestellter Menschen am Berufsleben im öffentlichen Dienst
Landesregierung Niedersachsen

Beschluss der Landesregierung vom 09. November 2004

Nordrhein-Westfalen

Richtlinie zur Durchführung der Rehabilitation und Teilhabe behinderter Menschen (SGB IX) im öffentlichen Dienst im Lande Nordrhein-Westfalen

Vom 14. November 2003 (MBl. NRW. 2003 S. 1498), geändert durch Runderlass des Innenministers NRW vom 20. Mai 2005 (MBl. NRW 2005 S. 670)

Rheinland-Pfalz

Anwendungsleitlinien zur Integration und Betreuung schwerbehinderter Menschen im öffentlichen Dienst des Landes Rheinland-Pfalz

Stand 01. Dezember 2006

Saarland

Richtlinien zur Integration und Gleichstellung von schwerbehinderten Menschen in der saarländischen Landesverwaltung (Integrationsrichtlinien)
Ministerium für Inneres, Familie, Frauen und Sport des Saarlandes

Vom 19. Dezmber 2005 (Az.: A 1-2143)

Sachsen

Verwaltungsvorschrift der Sächsischen Staatsregierung zur Durchführung des Sozialgesetzbuches – Neuntes Buch – (SGB IX) Rehabilitation und Teilhabe behinderter Menschen im öffentlichen Dienst im Freistaat Sachsen (VwV SGB IX)
Sächsische Staatsregierung

Vom 17. Dezember 2002 (Az.: 11-0304.1/8)

Sachsen-Anhalt

Richtlinie zur besonderen Förderung der Einstellung und Beschäftigung Schwerbehinderter aus Mitteln der Ausgleichsabgabe gemäß § 11 Abs. 3 und § 33 Abs. 3 des Schwerbehindertengesetzes „Sonderprogramm Arbeitsplätze für ältere Schwerbehinderte ab dem 50. Lebensjahr und alleinerziehende, schwerbehinderte Frauen und Männer"
Rd.Erl. des Ministeriums für Gesundheit und Soziales des Landes Sachsen-Anhalt

Vom 8. November 2001 (Az.: 33/3-43218; neu 34-43218)

Schleswig-Holstein

Vereinbarung nach § 59 Mitbestimmungsgesetz (MBG Schl.-H.) über die Neufassung der Richtlinien über die Einstellung, Beschäftigung und begleitende Hilfe Schwerbehinderter in der Landesverwaltung (Schwerbehindertenrichtlinien)
Bekanntmachung des Innenministeriums des Landes Schleswig-Holstein

Vom 10. Januar 2001 (Amtsbl. Schl.-H. 2001 S. 6)

Thüringen

Rahmenintegrationsvereinbarung zur gleichberechtigten Teilhabe behinderter Menschen am Arbeitsleben im Geschäftsbereich des Thüringer Ministeriums für Soziales, Familie und Gesundheit
Ministerium für Soziales, Familie und Gesundheit des Landes Thüringen

Vom 01. April 2004

Rahmenintegrationsvereinbarung für den Geschäftsbereich des Bundesministeriums für Wirtschaft und Technologie nach § 83 SGB IX

Vom 18. Juli 2006

Allgemeine Grundsätze

Der Dienstherr / Arbeitgeber hat gegenüber den schwerbehinderten Angehörigen seines Bereiches eine erhöhte Fürsorgepflicht.
Alle Beteiligten sind verpflichtet, den schwerbehinderten Menschen mit Verständnis zu begegnen und dabei eng und vertrauensvoll zusammenzuarbeiten.
Alle zugunsten schwerbehinderter Menschen getroffenen Bestimmungen sind großzügig auszulegen.

1 Personenkreis, Anwendung

Diese Vereinbarung ist auf diejenigen anzuwenden, die von den Versorgungsämtern als schwerbehinderte Menschen anerkannt oder von der Arbeitsverwaltung gleichgestellt wurden, sowie unter Vorbehalt auf diejenigen, die einen entsprechenden Antrag gestellt haben.

2 Einstellung und Ausbildung

2.1

Der Anteil schwerbehinderter Beschäftigter (Tarifbeschäftigte sowie Beamtinnen und Beamte) ist durch § 71 Abs. 1 SGB IX i. V. m. § 159 Abs. 1 SGB IX auf mindestens 6 v. H. der Arbeitsplätze festgelegt. Diese Quote ist für jede einzelne Dienststelle anzustreben. Dabei soll darauf geachtet werden, dass schwerbehinderte Menschen in allen Qualifikationsebenen eingestellt und dass schwerbehinderte Frauen sowie im angemessenen Umfang schwerbehinderte Menschen mit starken Beeinträchtigungen besonders berücksichtigt werden (§ 72 SGB IX).

Liegt der Anteil der mit schwerbehinderten Menschen zu besetzenden Arbeitsplätze in einer Dienststelle unter 6 v. H., darf diese freie Arbeitsplätze gegen den Widerspruch der Schwerbehindertenvertretung nur mit der vorherigen Zustimmung des Ministeriums mit Nichtbehinderten besetzen. Mit dem Antrag auf Zustimmung ist dem Ministerium im Einzelnen zu begründen, warum der Arbeitsplatz nicht mit einem schwerbehinderten Menschen besetzt werden soll. Das Ministerium entscheidet unverzüglich hierüber. Dienststellen, deren Quote unter 6 v. H. liegt, müssen das Ministerium jeweils zum Quartalsbeginn über die Entwicklung der Quote unterrichten.

Im Zusammenhang mit der Erstattung der Anzeige nach § 80 Abs. 2 SGB IX ist dem Ministerium jährlich darüber zu berichten, welche Maßnahmen zur Förderung der Einstellung und Beschäftigung schwerbehinderter Menschen in der Dienststelle ergriffen worden und welche Maßnahmen für die Zukunft beabsichtigt sind. Der Bericht ist vor Abgang der Schwerbehindertenvertretung zur Kenntnis zu geben.

2.2

Die Behördenleitungen und andere Stellen, die über die Einstellung und den Einsatz von Personal entscheiden, sind – auch bei Zeit- und Teilzeitarbeitsverträgen – zur Prüfung verpflichtet, ob freie Arbeits- und Ausbildungsplätze mit schwerbehinderten Menschen, insbesondere mit bei der Agentur für Arbeit arbeitsuchend gemeldeten schwerbehinderten Menschen besetzt werden können (§ 81 Abs. 1 SGB IX). Diese Prüfung ist rechtzeitig und sorgfältig vorzunehmen.

Ihr sollen vorausschauende Überlegungen vorangehen. Dabei sind das absehbare Ausscheiden von Beschäftigten und die daraus resultierenden Möglichkeiten der Umsetzung und Neueinstellung von schwerbehinderten Menschen einzubeziehen. Der Dienstherr / Arbeitgeber hat mit der Schwerbehindertenvertretung einmal jährlich die Quote der schwerbehinderten Beschäftigten, deren Personalentwicklung und ggf. Einstellungsmöglichkeiten zu erörtern.

Mit den örtlichen Agenturen für Arbeit bzw. der Zentralstelle für Arbeitsvermittlung und den Integrationsfachdiensten ist frühzeitig Kontakt aufzunehmen, damit diese über den absehbaren Einstellungsbedarf unterrichtet sind und in Betracht kommende Bewerberinnen und Bewerber suchen können. Die Verpflichtung zur Beteiligung der Schwerbehindertenvertretung gemäß § 95 Abs. 2 SGB IX und die Anhörung der Personalvertretung nach § 81 Abs. 1 SGB IX ist zu beachten.

2.3

Alle Bewerbungen sind mit der Schwerbehindertenvertretung zu erörtern und mit ihrer Stellungnahme der Personalvertretung mitzuteilen; dies gilt nicht, wenn die schwerbehinderten Bewerberinnen und Bewerber die Beteiligung der Schwerbehindertenvertretung ausdrücklich ablehnen (§ 81 Abs. 1 SGB IX).

2.4

Bei schwerbehinderten Bewerberinnen und Bewerbern soll die Dienststelle von besonderen, von ihr selbst aufgestellten Einstellungsvoraussetzungen absehen, wenn erkennbar ist, dass die schwerbehinderte Bewerberin oder der schwerbehinderte Bewerber diese Anforderungen allein wegen der Behinderung nicht erfüllt. Schwerbehinderten Bewerberinnen und Bewerbern ist grundsätzlich Gelegenheit zu einem Vorstellungsgespräch zu geben. Hiervon kann abgesehen werden, wenn die Bewerberin oder der Bewerber schon aufgrund der schriftlichen Bewerbungsunterlagen offensichtlich nicht in Betracht kommt; diese Entscheidung bedarf der Zustimmung der Schwerbehindertenvertretung.

2.5

Schwerbehinderten Bewerberinnen und Bewerbern ist bei sonst gleicher Eignung der Vorzug vor anderen zu geben. In Stellenausschreibungen ist grundsätzlich darauf hinzuweisen, dass schwerbehinderte Bewerberinnen und Bewerber bei gleicher Eignung bevorzugt eingestellt werden.

2.6

Bei der Einstellung, Anstellung und Beförderung schwerbehinderter Menschen als Beamte ist § 13 Abs. 1 BLV zu beachten. Danach darf von schwerbehinderten Menschen nur das Mindestmaß körperlicher Eignung verlangt werden. Die körperliche Eignung wird im Allgemeinen auch dann noch als ausreichend angesehen werden können, wenn der schwerbehinderte Mensch nur für die Wahrnehmung bestimmter Dienstposten der betreffenden Laufbahn geeignet ist.

Schwerbehinderte Menschen können auch dann angestellt werden, wenn als Folge ihrer Behinderung eine vorzeitige Dienstunfähigkeit nicht auszuschließen ist. In einem solchen Fall sollte jedoch mit der Bewerberin oder dem Bewerber die Folgen einer denkbaren Dienstunfähigkeit, insbesondere im Hinblick auf § 4 Abs. 1 Nr. 1 BeamtVG ausführlich erörtert werden.

Abweichend von den allgemeinen Lebensaltersgrenzen ist die Anstellung von schwerbehinderten Menschen in den Vorbereitungsdienst bis zu einem Höchstalter von 40 Jahren zulässig (§ 14 Abs. 2 BLV).

2.7

Werden schwerbehinderte Menschen probeweise eingestellt, ist dies dem Integrationsamt innerhalb von 4 Tagen anzuzeigen (§ 90 Abs. 3 SGB IX).

3 Angemessene Nachteilsausgleiche bei Prüfungen

3.1

Bei Prüfungen und prüfungsähnlichen Verfahren (z. B. verwaltungsinterne Prüfungen und Tests) sind der oder dem Vorsitzenden des Prüfungsausschusses vor der Prüfung der Grad der Behinderung der Prüflinge bekannt zu geben, ebenso die Art der Behinderung, es sei denn, dass der Prüfling nicht damit einverstanden ist.

Schwerbehinderten Menschen ist rechtzeitig vor Beginn der Prüfung von der oder dem Vorsitzenden des Prüfungsausschusses anzubieten, dass sie geeignete Nachteilsausgleiche in Anspruch nehmen können.

Vor der Prüfung ist die Schwerbehindertenvertretung zu unterrichten und anzuhören, es sei denn, dass der Prüfling nicht damit einverstanden ist.

3.2
Als Nachteilsausgleiche können z. B. gewährt werden:

Schwerbehinderte Menschen, die infolge ihrer Behinderung anderen Prüflingen gegenüber wesentlich beeinträchtigt sind, ist die Frist für die Ablieferung schriftlicher Arbeiten angemessen zu verlängern. Die Verlängerung darf bis zu 50 v. H. der regulären Bearbeitungszeit betragen.

Bei mündlichen Prüfungen können schwerbehinderte Prüflinge auf Antrag einzeln geprüft werden, soweit keine entgegenstehenden Regelungen bestehen.

Die Prüfungsdauer darf in besonderen Fällen, vor allem bei mündlichen oder praktischen Prüfungen, bis zu 50 v. H. verkürzt werden. Falls erforderlich, sind Erholungspausen einzulegen.

Prüfungsmodalitäten müssen in jedem Einzelfall der Art und Schwere der Behinderung Rechnung tragen. Z. B. sollen bei schriftlichen Arbeiten Blinden eine im Prüfungsfach nicht vorgebildete Hilfskraft zur Verfügung gestellt und Hörgeschädigten sowie stark Sprachbehinderten die mündlichen Fragen schriftlich vorgelegt werden. Gegebenenfalls kann eine Gebärdensprachdolmetscherin oder ein Gebärdensprachdolmetscher zur Verfügung gestellt werden.

3.3
Bei Prüfungen, die dem Betriebsschutz dienen, dürfen Nachteilsausgleiche nicht gewährt werden.

3.4
Durch die Nachteilsausgleiche dürfen die übrigen Prüfungsteilnehmerinnen oder Prüfungsteilnehmer nicht gestört werden. Falls Störungen, beispielsweise durch die Benutzung technischer Hilfsmittel, zu erwarten sind, soll der Prüfungsteil in einem anderen Raum oder zeitlich versetzt durchgeführt werden.

3.5
In geeigneten Fällen kann auf Teile der Prüfung verzichtet werden, wenn diese aufgrund der Behinderung besondere Schwierigkeiten mit sich bringen und für den zukünftigen Einsatz der oder des schwerbehinderten Beschäftigten nicht von Bedeutung sind, soweit keine zwingenden Normen entgegenstehen.

3.6
Schwerbehinderte Prüflinge mit einem Grad der Behinderung von mindestens 70 dürfen eine Prüfung einmal mehr wiederholen als sonstige Prüflinge, soweit nicht zwingende Rechtsvorschriften dem entgegenstehen. In diesem Rahmen darf die Wiederholungsprüfung auf die Fächer beschränkt werden, in denen die Leistungen des Prüflings geringer als ausreichend bewertet worden sind.

3.7
Die Schwerbehindertenvertretung ist berechtigt, während mündlicher und praktischer Prüfungen anwesend zu sein, es sei denn, dass der schwerbehinderte Prüfling nicht damit einverstanden ist.

3.8

Nachteilsausgleiche dürfen sich nicht nachteilig auf die Bewertung der Prüfungsleistung auswirken. In Zeugnissen dürfen Hinweise auf Nachteilsausgleiche nicht aufgenommen werden.

3.9

Die Ausbildungs- und Prüfungsordnungen sind im Sinne vorstehender Bestimmungen auszuführen.

4 Beschäftigung

4.1

Die Dienststelle hat die Schwerbehindertenvertretung in allen Angelegenheiten, die einen einzelnen oder die schwerbehinderten Menschen als Gruppe berühren, unverzüglich und umfassend zu unterrichten und vor einer Entscheidung zu hören (§ 95 Abs. 2 SGB IX). Die schwerbehinderten Beschäftigten haben das Recht, in persönlichen Angelegenheiten die Schwerbehindertenvertretung hinzuzuziehen.

4.2

Für schwerbehinderte Beschäftigte müssen die jeweils bestmöglichen Arbeitsbedingungen, die der Behinderung Rechnung tragen, geschaffen werden. Dazu gehören gegebenenfalls auch besondere Regelungen in der Geschäftsverteilung.

4.3

In Einzelfällen muss in Kauf genommen werden, dass schwerbehinderte Beschäftigte für eine Arbeit mehr Zeit benötigen als Nichtbehinderte.

4.4

Umsetzungen, Abordnungen und Versetzungen sollen in der Regel nur dann vorgenommen werden, wenn der oder dem schwerbehinderten Beschäftigten mindestens gleichwertige Arbeitsbedingungen oder Entwicklungsmöglichkeiten geboten werden.

4.5

Zur Erleichterung der Arbeit und Erhöhung der Leistungsfähigkeit sind die nach Art und Umfang der Behinderung erforderlichen Hilfsmittel bzw. eine Arbeitsassistenz (z. B. Vorlesekraft, Gebärdensprachdolmetscherin oder Gebärdensprachdolmetscher, Hilfskraft für Rollstuhlfahrer) sowie ggfs. deren Vertretung bereitzustellen; die Arbeitsplätze sind mit den notwendigen technischen Arbeitshilfen auszustatten (§ 81 Abs. 4 SGB IX).

Bei der Einrichtung von Telearbeitsplätzen gehören schwerbehinderte Beschäftige zum bevorzugten Personenkreis, soweit die Telearbeit geeignet ist, ihre persönliche Situation so entscheidend zu verbessern, dass sie ihre dienstlichen Aufgaben besser erfüllen können.

4.6

Die oder der unmittelbare Vorgesetzte soll sich über die Gesamtsituation der oder des schwerbehinderten Beschäftigten und die Auswirkungen der Behinderung auf das Leistungsbild und die Verwendungsfähigkeit informieren.

4.7
Bei der Besetzung freier Stellen sind solche schwerbehinderten Beschäftigten bevorzugt zu berücksichtigen, die bereits in der betreffenden Dienststelle auf geringer bewerteten Dienstposten tätig sind, wenn sie in gleicher Weise fachlich und persönlich geeignet sind wie sonstige Bewerberinnen und Bewerber. Dies gilt auch, wenn der Dienstposten überbehördlich ausgeschrieben wurde.

4.8
Die Schwerbehindertenvertretung ist berechtigt, bei der Prüfung von Arbeitsplätzen, auf denen schwerbehinderte Menschen beschäftigt sind bzw. eingesetzt werden sollen, anwesend zu sein, es sei denn, dass die schwerbehinderten Beschäftigten nicht damit einverstanden sind.

4.9
Besonderer Wert ist auf die berufliche Fortbildung der schwerbehinderten Beschäftigten zu legen (§ 81 Abs. 4 SGB IX). Ihnen ist die Gelegenheit zu geben, ihre Kenntnisse und Fähigkeiten zu erweitern. Bei innerbetrieblichen Maßnahmen der beruflichen Bildung sind sie bevorzugt zu berücksichtigen. Bei außerbetrieblichen Maßnahmen sollen ihnen die möglichen Erleichterungen gewährt werden.

4.10
Besondere Regelungen für die Arbeitszeit und Arbeitspausen können unter Berücksichtigung der individuellen Leistungsfähigkeit der schwerbehinderten Beschäftigten im Einzelfall angezeigt sein, z. B. dürfen der Beginn und das Ende der täglichen regelmäßigen Arbeitszeit verschoben werden.

Auf ihr Verlangen sind schwerbehinderte Beschäftigte von Mehrarbeit (§ 124 SGB IX) freizustellen. Dies gilt auch für Bereitschaftsdienste und ähnliche Dienstleistungen, soweit diese die regelmäßige wöchentliche Arbeitszeit überschreiten.

4.11
Die Arbeitsstätten sind so einzurichten und zu betreiben, dass die besonderen Belange von Menschen mit Behinderungen im Hinblick auf Sicherheit und Gesundheitsschutz berücksichtigt werden. Dies gilt insbesondere für die barrierefreie Gestaltung von Arbeitsplätzen (§ 3 Abs. 2 ArbStättV).

Bei der Planung von Neubauten und wesentlichen Umbauten ist in jedem Fall sicherzustellen, dass sowohl die Gebäude als auch die Inneneinrichtung nach Maßgabe des Behindertengleichstellungsgesetzes und der einschlägigen DIN-Vorschriften gestaltet werden. Darüber hinaus ist es Ziel, dass alle Gebäudeteile für alle schwerbehinderten Menschen erreichbar sind. Insbesondere ist u. a. sicherzustellen, dass Eingänge, Aufzüge, Sitzungsräume und einige Toiletten für Rollstuhlfahrerinnen und Rollstuhlfahrer zugänglich sind. Technische Vorrichtungen, wie Aufzüge und Zeiterfassungsterminals müssen nicht nur für Rollstuhlfahrerinnen und Rollstuhlfahrer erreichbar, sondern auch technisch so ausgestattet sein, dass blinden und sehbehinderten Menschen die Nutzung möglich ist. Ferner sind geeignete Hilfsmittel zur Evakuierung im Katastrophen- oder Brandfall zur Verfügung zu stellen. Bei baulichen Veränderungen sollen die Belange schwerbehinderter Menschen berücksichtigt werden. Die Schwerbehindertenvertretung und der Beauftragte des Arbeitgebers sind frühzeitig in die Planungen einzubeziehen und während der Durchführung der Baumaßnahmen ständig zu unterrichten.

Das Behindertengleichstellungsgesetz ist nicht nur auf Personen anzuwenden, mit denen die Dienststelle nach außen hin in Beziehung tritt, sondern auch auf die schwerbehinderten Beschäftigten der Dienststelle.

4.12
Die Schwerbehindertenvertretung erhält von der Dienststelle je eine Abschrift des Verzeichnisses und der Anzeigen nach § 80 Abs. 1, 2 SGB IX. Darüber hinaus sind ihr Zu- und Abgänge von schwerbehinderten Beschäftigten mitzuteilen.

5 Beurteilung, Leistungsbewertung

5.1
Vor jeder Beurteilung gibt die Verwaltung den Beurteilern eine Liste der schwerbehinderten Beschäftigten, die sie beurteilen. Ferner wird zur gleichen Zeit der Schwerbehindertenvertretung die gleiche Liste mit zusätzlichen Informationen wie z. B. Beginn und Abschluss der Beurteilung übermittelt. Vor Durchführung der Beurteilung gibt die Schwerbehindertenvertretung den Beurteilerinnen und Beurteilern Erläuterungen zu Art und Schwere von Behinderungen und zu den bei der Beurteilung zu berücksichtigenden Aspekten.

5.2
(a) Die Erstbeurteilerin oder der Erstbeurteiler führt mit der oder dem schwerbehinderten Beschäftigten ein Gespräch über den Umfang und die Auswirkungen ihrer oder seiner Behinderung auf das Arbeitsleben, die Endbeurteilerin oder der Endbeurteiler dann, wenn er von dem Votum der Erstbeurteilerin oder des Erstbeurteilers abweichen will.

(b) Wenn die oder der schwerbehinderte Beschäftigte nicht widerspricht, führt die Erstbeurteilerin oder der Erstbeurteiler ein solches Gespräch auch mit der Schwerbehindertenvertretung, die Endbeurteilerin oder der Endbeurteiler dann, wenn er von dem Votum der Erstbeurteilerin oder des Erstbeurteilers abweichen will.

(c) In den Gesprächen sowohl mit den schwerbehinderten Beschäftigten als auch der Schwerbehindertenvertretung sind die zukunftsbezogenen Aspekte des beruflichen Werdegangs und die Einsatzmöglichkeiten zu erörtern.

(d) Es ist zu dokumentieren und zu den Personalakten zu nehmen, wann die unter den Punkten 5.2 (a) – (c) geführten Gespräche stattgefunden haben.

5.3
Die Qualität der erbrachten Leistung ist grundsätzlich nach allgemeinen Maßstäben zu beurteilen. Eine möglicherweise geringere Quantität der Arbeitsleistung, soweit sie auf behinderungsbedingten Minderungen beruht, darf das Beurteilungsergebnis nicht negativ beeinflussen (siehe Urteil des BVerwG vom 25. Februar 1988, 2 C 72.85)

5.4
Bei Beförderungen, Höhergruppierungen, Einweisungen in Entwicklungsstufen sowie der Gewährung von Leistungsbezahlung (u. a. Leistungsentgelt, Zulagen, Prämien oder der vorzeitigen Einweisung in Leistungsstufen) ist zu berücksichtigen, dass schwerbehinderte Beschäftigte zur Erbringung gleichwertiger Leistungen vielfach mehr Energie und Willenskraft benötigen als Menschen ohne Behinderung.

5.5
Vor einer Entscheidung über die unter 5.4 genannten Maßnahmen ist die Schwerbehindertenvertretung zu beteiligen.

5.6
Vor Abschluss einer Zielvereinbarung mit einer oder einem schwerbehinderten Beschäftigten ist die Schwerbehindertenvertretung auf Wunsch zu beteiligen.

5.7 Verhältnis zum Bundesgleichstellungsgesetz (BGleiG)
Stehen schwerbehinderte Männer in Konkurrenz zu Frauen, so ist zusätzlich § 8 BGleiG zu beachten. Danach sind Frauen, soweit sie in einzelnen Bereichen unterrepräsentiert sind, bei der Vergabe von Ausbildungsplätzen, Einstellung, Anstellung und beruflichem Aufstieg bei Vorliegen von gleicher Eignung, Befähigung und fachlicher Leistung bevorzugt zu berücksichtigen. Dies gilt nur dann nicht, wenn in der Person eines Mitbewerbers liegende Gründe überwiegen. Ein solcher Grund kann die Schwerbehinderung eines Mannes sein. Die Entscheidung ist unter Beachtung der Gegebenheiten des Einzelfalles und der Zielsetzungen des SGB IX und des BGleiG zu treffen.

6 Ergänzende und allgemeine Maßnahmen
6.1 Abholdienst
Für Fahrten zwischen Dienststelle und Wohnung soll, soweit Dienstkraftwagen verfügbar sind, deren unentgeltliche Benutzung im Einzelfall zur Beförderung von schwerbehinderten Beschäftigten zugelassen werden, soweit diesen die Nutzung öffentlicher Verkehrsmittel nicht zumutbar ist.

6.2 Dienstreisen
Die Art und Schwere der Behinderung kann ein erhebliches dienstliches Interesse an der Benutzung des eigenen Pkw bei Dienstreisen im Sinne des Bundesreisekostengesetzes im Einzelfall begründen.

Schwerbehinderte Beschäftigte, die eine Dienstreise nur mit fremder Hilfe ausführen können, dürfen sich auch von einer Person, die nicht im Dienst des Bundes steht, begleiten lassen. Die dadurch entstehenden notwendigen Kosten werden ersetzt.

6.3 Parkmöglichkeiten
Schwerbehinderten Beschäftigten, die wegen ihrer Behinderung auf die Benutzung eines Kraftfahrzeuges für den Weg zur Dienststelle angewiesen sind, ist in der Nähe ihres Arbeitsplatzes oder auf den für die Dienststelle vorhandenen Parkplätzen für private Kraftfahrzeuge eine solche Fläche nach Möglichkeit zu schaffen, anzumieten oder zu erwerben. Anmietung oder Erwerb müssen wirtschaftlich vertretbar sein. Können Abstellflächen nicht bereitgestellt werden, ist von der Dienststelle für die schwerbehinderten Beschäftigten eine Ausnahmegenehmigung nach § 46 StVO dahingehend zu beantragen, dass sie ihr Fahrzeug während des Dienstes an einer Stelle mit Parkverbot abstellen dürfen.

6.4 Behindertensport und Mobilitätstraining
Die Teilnahme am ärztlich verordneten Behindertensport in Gruppen unter ärztlicher Betreuung im Sinne des § 44 Abs. 1 Nr. 3 SGB IX und die Teilnahme an einem Mobilitätstraining dienen nicht nur persönlichen Belangen, sondern auch der Erhaltung bzw. der Wiederherstellung der Dienstfähigkeit und damit dienstlichen Zwecken. Es bestehen daher keine Bedenken, schwerbehinderten Menschen und ihnen Gleichgestellten für diese Zwecke Son-

derurlaub (Arbeitsbefreiung) unter Fortzahlung der Dienstbezüge oder des Entgeltes zu gewähren, soweit die Teilnahme nicht außerhalb der Dienstzeit möglich ist (vgl. Rundschreiben des BMI vom 7. 11. 2005 – D I 3 – 211 413/12).

7 Personalakten

7.1
In die Personalakten ist eine Ablichtung des Schwerbehindertenausweises bzw. des Gleichstellungsbescheides und der Anzeige über einen Antrag auf Anerkennung der Schwerbehinderten- bzw. Gleichstellungseigenschaft aufzunehmen. Ggf. ist der Kostenträger für Behinderungsfolgen (Berufsgenossenschaft, Knappschaft-BahnSee, Versicherungen usw.) zu vermerken.

7.2
Die Personalakten sind äußerlich auf dem Aktendeckel und auf der ersten Seite des Personalbogens so zu kennzeichnen, dass die Schwerbehinderteneigenschaft sofort erkennbar ist.

Elektronisch erfasste Personaldateien sind ebenfalls mit Hinweis auf den Schwerbehindertenstatus besonders zu kennzeichnen.

7.3
Schwerbehinderte Beschäftigte haben das Recht, bei Einsicht in ihre Personalakten die Schwerbehindertenvertretung hinzuzuziehen (§ 95 Abs. 3 SGB IX).

7.4
In allen Berichten an die Leitung des Hauses über Personalangelegenheiten schwerbehinderter Beschäftigter ist auf die Schwerbehinderteneigenschaft unter Angabe des Grades der Behinderung hinzuweisen.

7.5
Alle Mitteilungen an die Personalvertretungen über beabsichtigte Personalmaßnahmen, die schwerbehinderte Menschen betreffen, müssen einen Hinweis auf die Schwerbehinderteneigenschaft enthalten.

8 Zusammenarbeit

Zum Wohle der schwerbehinderten Beschäftigten sollen die Dienststelle, die oder der Beauftragte des Arbeitgebers nach § 98 SGB IX, der Personalrat, die Gleichstellungsbeauftragte und die Schwerbehindertenvertretung eng und vertrauensvoll zusammenarbeiten. Die genannten Personen und Vertretungen sowie die mit der Durchführung des SGB IX betrauten Stellen sollen sich bei der Erfüllung ihrer Aufgaben gegenseitig unterstützen.

Die Schwerbehindertenvertretung und die oder der Beauftragte des Arbeitgebers sind eigenverantwortliche Verbindungsleute zur Bundesagentur für Arbeit und zum Integrationsamt (§ 99 SGB IX) und können in eigener Verantwortung Kontakte aufnehmen.

9 Ergänzende Integrationsvereinbarung

Um den Besonderheiten der einzelnen Dienststellen Rechnung zu tragen, sind in jeder Dienststelle nach § 83 SGB IX ergänzende Integrationsvereinbarungen zu treffen. Ist in einer Dienststelle keine Schwerbehindertenvertretung vorhanden, so wird die Vereinbarung zwischen der Verwaltung und dem Personalrat getroffen. In die ergänzende Integrationsvereinbarung sollen alle konkreten Regelungen, die die Integration der schwerbehinderten Be-

schäftigten der Behörde und evtl. Einzustellende betreffen, aufgenommen werden. Insbesondere müssen die absehbaren Einstellungsmöglichkeiten schwerbehinderter Menschen festgelegt werden. Beispielhaft für weitere Regelungen werden erwähnt:
- Durchführung der betrieblichen Prävention (betriebliches Eingliederungsmanagement) und Gesundheitsförderung;
- Einsichtnahme der Schwerbehindertenvertretung in die Bewerbungsunterlagen aller Bewerberinnen und Bewerber (auch nicht behinderter Menschen), wenn sich schwerbehinderte Menschen beworben haben;
- Förderungsmaßnahmen von besonders betroffenen schwerbehinderten Menschen in Einrichtungen, die speziell für schwerbehinderte Menschen ausgestattet sind, Kommunikationstraining für Gehörlose usw.;
- Anschaffung von technischen Hilfsmitteln und Einrichtung von speziellen Arbeitsplätzen;
- Regelungen zur Information und Beteiligung der Schwerbehindertenvertretung bei Umsetzungen;
- Regelungen zur Belegung von Dienstzimmern;
- besondere Pausen- und Gleitzeitregelungen für einzelne schwerbehinderte Beschäftigte;
- Dienstbefreiung bei extremen Wetterlagen;
- beabsichtigte Baumaßnahmen unter Berücksichtigung der Belange schwerbehinderter Menschen;
- besondere Parkplatzregelungen;
- Rettungsplan für schwerbehinderte Menschen;
- Bundeswohnungen.

10 Schlussbestimmungen

Diese Integrationsvereinbarung ist den Beauftragten des Arbeitgebers (§ 98 SGB IX), den Personalräten, den Schwerbehindertenvertretungen, allen Bearbeiterinnen und Bearbeitern von Personalangelegenheiten und allen Vorgesetzten unverzüglich nach dem Inkrafttreten bekannt zu geben.

Soweit bisher Verfahren entwickelt wurden, die für die Erreichung der mit dieser Integrationsvereinbarung verfolgten Ziele günstiger sind, bleiben diese unberührt.

Diese Vereinbarung tritt zwei Wochen nach Unterzeichnung in Kraft.

Zu diesem Zeitpunkt tritt die Rahmenintegrationsvereinbarung des BMWA außer Kraft.

Rehabilitation und Teilhabe behinderter Angehöriger des öffentlichen Dienstes in Bayern „Fürsorgerichtlinien" 2005 – Bekanntmachung des Bayerischen Staatsministeriums der Finanzen

Vom 3. Dezember 2005 (FMBl. S. 193)
Az.: PB – P 1132 – 002 – 40 617/05

Inhalt

I. Allgemeine Grundsätze
   1. Der Auftrag des Staates
   2. Besondere Fürsorgepflicht
   3. Anzeige der Schwerbehinderteneigenschaft
   4. Kollegiales und verständnisvolles Miteinander
   5. Aus- und Fortbildung
   6. Großzügige Auslegung und Anwendung der einschlägigen Vorschriften
   7. Zusammenarbeit

II. Personenkreis
 1. Allgemeines
 2. Schwerbehinderte Menschen (§ 2 Abs. 2 SGB IX)
 2.1 Voraussetzungen
 2.2 Nachweis
 3. Gleichgestellte behinderte Menschen (§ 2 Abs. 3 SGB IX)
 4. Gleichgestellte behinderte Jugendliche und junge Erwachsene (§ 68 Abs. 4 SGB IX)
 5. Erlöschen des Schwerbehindertenschutzes
III. Prävention
 1. Frühzeitige Prävention
 2. Betriebliches Eingliederungsmanagement bei längerer Arbeitsunfähigkeit (§ 84 Abs. 2 SGB IX)
 2.1 Persönlicher Anwendungsbereich
 2.2 Voraussetzungen und Ziele
 2.3 Umsetzung
IV. Einstellung von schwerbehinderten Beschäftigten
 1. Vorbildfunktion des Freistaates Bayern
 2. Beschäftigungspflicht der öffentlichen Arbeitgeber
 3. Anrechnung Beschäftigter auf die Zahl der Pflichtarbeitsplätze für schwerbehinderte Menschen
 3.1 Einfache Anrechnung
 3.2 Mehrfachanrechnung
 4. Verfahrensweise bei Einstellung
 4.1 Prüfungspflicht
 4.2 Besonderer Vermerk bei Stellenausschreibungen
 4.3 Meldung freier Stellen an die Agentur für Arbeit
 4.4 Vorschlag geeigneter schwerbehinderter Menschen und Bewerbungen
 4.5 Vorstellungsgespräch
 4.6 Erörterung der beabsichtigten Entscheidung und Unterrichtung der Beteiligten
 5. Konkurrenz schwerbehinderter Bewerber mit anderen Personengruppen
 5.1 Andere schutzbedürftige Personengruppen
 5.2 Bewerber aus Reformbereichen
 6. Besonderheiten bei der Besetzung von Beamtenstellen
 6.1 Vorrang bei gleicher Eignung (§ 14 Abs. 1 Satz 3 LbV)
 6.2 Körperliche Eignung (§ 14 Abs. 1 Satz 3 LbV)
 6.2.1 Mindestmaß an körperlicher Eignung
 6.2.2 Voraussichtliche Dauer der Dienstfähigkeit
 6.3 Höchstaltersgrenzen für Schwerbehinderte
 6.4 Vorgehensweise bei Fehlen der beamtenrechtlichen Einstellungsvoraussetzungen
 7. Haushaltsrechtliche Stellensperre
 8. Teilzeitarbeitsplätze
 9. Leistungen der Bundesagentur für Arbeit
 9.1 Förderung der Einstellung und Beschäftigung schwerbehinderter Menschen
 9.2 Beratung der Arbeitgeber
 9.3 Einschaltung der Integrationsfachdienste
 10. Leistungen der Integrationsämter

V. Nachteilsausgleich bei Prüfungen
   1. Anwendungsbereich
   1.1 Prüfungen im Sinn des Bayerischen Beamtengesetzes
   1.2 Klausuren während des Vorbereitungsdienstes
   1.3 Prüfungen für Arbeitnehmerinnen, Arbeitnehmer und Auszubildende
   2. Maßnahmen des Nachteilsausgleichs
   2.1 Arbeitszeitverlängerung
   2.2 Anderer angemessener Nachteilsausgleich
   2.2.1 Nachteilsausgleich aufgrund genereller Zustimmung des LPA
   2.2.2 Nachteilsausgleich aufgrund der Zustimmung des LPA im Einzelfall
   3. Benachteiligungsverbot
   4. Hinweispflicht
   5. Amtsärztliche Begutachtung
VI. Beschäftigung schwerbehinderter Menschen
   1. Allgemeines
   2. Behindertengerechte Ausbildung
   3. Behindertengerechte Beschäftigung
   3.1 Sorgfältige Einweisung am Arbeitsplatz
   3.2 Berufsbegleitende Hilfe am Arbeitsplatz
   4. Mehrarbeit
   5. Dienstposten-/Arbeitsplatzwechsel
   6. Besetzung freier Stellen
   7. Übertragung höherwertiger Tätigkeiten
   8. Fortbildung
   9. Mitarbeitergespräch
VII. Arbeitsbedingungen
   1. Schaffung bestmöglicher Arbeitsbedingungen
   2. Hilfsmittel
   3. Leistungen der Integrationsämter
   4. Arbeitsumfeld
   5. Tele- und Wohnraumarbeitsplätze
   6. Arbeitsräume
   7. Planung, Bau und Umbau von Verwaltungsgebäuden
   8. Dienstreisen
VIII. Berufsförderung besonderer Gruppen schwerbehinderter Menschen (§ 72 SGB IX)
   1. Besondere Unterstützung für den Personenkreis des § 72 Abs. 1 Nr. 1 SGB IX
   2. Übernahme in das Beamtenverhältnis
   3. Vorzeitige Beförderung
   4. Umwandlung einer Teilzeit- in eine Vollzeitbeschäftigung
IX. Dienstliche Beurteilung schwerbehinderter Beschäftigter
   1. Allgemeines
   2. Benachteiligungsverbot
   3. Besondere Angaben im Beurteilungsbogen
   4. Verwendungseignung für Führungsaufgaben
   5. Beteiligung
   5.1 Beteiligung der Schwerbehindertenvertretung
   5.2 Beteiligung der Schwerbehinderten
   6. Anwendung auf Arbeitnehmerinnen und Arbeitnehmer sowie Auszubildende

X. Versetzung in den Ruhestand und Entlassung schwerbehinderter Beamtinnen bzw. Beamter, Kündigung schwerbehinderter Arbeitnehmer
 1. Versetzung in den Ruhestand wegen Dienstunfähigkeit (Art. 56 BayBG)
 2. Begrenzte Dienstfähigkeit (Art. 56a BayBG)
 3. Beteiligung der Schwerbehindertenvertretung
 4. Schwerbehinderte Angestellte und Arbeiterinnen und Arbeiter
XI. Teilzeitbeschäftigung, stufenweise Wiedereingliederung nach längerer Krankheit, Altersteilzeit
 1. Teilzeitbeschäftigung
 2. Wiedereingliederung nach längerer Erkrankung
 3. Altersteilzeit
 3.1 Altersteilzeit für Beamtinnen und Beamte
 3.2 Altersteilzeit für Arbeitnehmerinnen und Arbeitnehmer
XII. Ergänzende und allgemeine Maßnahmen der Fürsorge für schwerbehinderte Menschen
 1. Dienstbefreiung bei extremen Wetterlagen
 2. Zusatzurlaub
 2.1 Kreis der Berechtigten
 2.2 Dauer des Zusatzurlaubs
 2.3 Entstehung des Zusatzurlaubs
 2.4 Übertragung des Zusatzurlaubs
 2.5 Teilurlaub
 2.6 Weitgehende Berücksichtigung der Urlaubswünsche schwerbehinderter Menschen
 3. Dienst- und Arbeitsbefreiung
 4. Maßnahmen der medizinischen Vorsorge oder Rehabilitation
 4.1 Allgemein
 4.2 Anrechnung von Abwesenheitszeiten
 5. Wohnungsfürsorge
 6. Abholdienst
 7. Parkmöglichkeiten
 8. Verkauf ausgesonderter Dienstkraftfahrzeuge
 9. Servicehunde
 10. Behindertensport
 11. Gebärdensprachedolmetscher
XIII. Aktenführung
 1. Personalakten
 2. Schreiben an übergeordnete Behörden
 3. Mitteilungen an die Personalvertretung
 4. Anträge von schwerbehinderten Menschen
 5. Hinzuziehung der Schwerbehindertenvertretung bei Einsicht in die Personalakten
XIV. Zusammenarbeit der zur Wahrung der Interessen schwerbehinderter Menschen besonders berufenen Stellen
 1. Beauftragter des Arbeitgebers
 1.1 Bestellung
 1.2 Aufgaben
 1.3 Fortbildung
 2. Integration schwerbehinderter Menschen als Personalführungsaufgabe

    3. Schwerbehindertenvertretung
    3.1 Wahl
    3.2 Aufgaben
    3.3 Beteiligung der Schwerbehindertenvertretung
    3.4 Information der Schwerbehindertenvertretung
    3.5 Versammlung der schwerbehinderten Menschen
    3.6 Stellung der Schwerbehindertenvertretung
    3.7 Freistellung der Schwerbehindertenvertretung
    3.8 Stellvertretende Schwerbehindertenvertretung
    3.9 Tragung der Kosten der Schwerbehindertenvertretung
    3.10 Ersatz von Reisekosten
    3.11 Fortbildung der Schwerbehindertenvertretung
    3.12 AGSV Bayern
    4. Die Personalvertretung
    5. Integrationsvereinbarung
XV. Schlussbestimmungen

I. Allgemeine Grundsätze
1. Der Auftrag des Staates

Menschen mit Behinderung stehen unter dem besonderen Schutz des Grundgesetzes und der Bayerischen Verfassung. Art. 3 Abs. 3 des Grundgesetzes und Art. 118a Satz 1 der Bayerischen Verfassung verbieten die Benachteiligung von Menschen mit Behinderung. Art. 118 Satz 2 BV richtet an den Staat den Auftrag, sich für gleichwertige Lebensbedingungen von Menschen mit und ohne Behinderung einzusetzen. Diese verfassungsrechtlichen Grundsätze werden in folgenden Gesetzen konkretisiert: Neuntes Buch des Sozialgesetzbuches – Rehabilitation und Teilhabe behinderter Menschen – (SGB IX in der jeweils gültigen Fassung), Bayerisches Gesetz zur Gleichstellung, Integration und Teilhabe von Menschen mit Behinderung (Bayerisches Behindertengleichstellungsgesetz – BayBGG in der jeweils gültigen Fassung).

2. Besondere Fürsorgepflicht

Nach dem Sozialgesetzbuch – Neuntes Buch – Rehabilitation und Teilhabe behinderter Menschen – (SGB IX) trifft den Arbeitgeber gegenüber den schwerbehinderten Beschäftigten eine besondere Fürsorge- und Förderungspflicht, die über die allgemeine Fürsorgepflicht nach Art. 86 des Bayerischen Beamtengesetzes (BayBG) bzw. nach den allgemeinen arbeitsrechtlichen Grundsätzen hinausgeht. Den besonderen Bedürfnissen behinderter Frauen ist Rechnung zu tragen. Die Fürsorgemaßnahmen obliegen in erster Linie der Leitung der Behörden, den Beauftragten der Dienststelle, den Stellen, die über die Personaleinstellung und -verwendung entscheiden, den unmittelbaren Vorgesetzten sowie allen mit der Bearbeitung von Personalangelegenheiten befassten Verwaltungsangehörigen. Sie haben die Beschäftigung von schwerbehinderten Menschen zu fördern und insbesondere auf die Erfüllung der nach § 71 Abs. 1 SGB IX vorgeschriebenen Beschäftigungspflicht hinzuwirken. Sie haben dafür Sorge zu tragen, dass schwerbehinderte Menschen so beschäftigt werden, dass diese ihre Fähigkeiten und Kenntnisse möglichst voll verwerten und weiterentwickeln können, und müssen ihnen in ihrem beruflichen Fortkommen in jeder vertretbaren Weise behilflich sein. Darüber hinaus sollen alle beteiligten Stellen den schwerbehinderten Menschen im Rahmen der gesetzlichen und verwaltungsmäßigen Möglichkeiten mit Verständnis und Wohlwollen begegnen.

3. Anzeige der Schwerbehinderteneigenschaft

Eine Verpflichtung zur Offenlegung der Schwerbehinderteneigenschaft besteht nicht. Der Freistaat Bayern kann als Dienstherr seiner erhöhten Fürsorgepflicht gegenüber seinen schwerbehinderten Angehörigen nur dann vollständig Rechnung tragen, wenn alle schwerbehinderten Beschäftigten bei Vorliegen der gesetzlichen Voraussetzungen ihre Schwerbehinderteneigenschaft feststellen lassen und diese den personalverwaltenden Stellen offen legen. Behördenleiterinnen und -leiter und unmittelbare Vorgesetzte sind deshalb gehalten, bei den Beschäftigten anzuregen, eine eventuelle Schwerbehinderteneigenschaft feststellen zu lassen. Alle Amtsangehörigen sollen darauf hingewiesen werden, dass es sich bei den Maßnahmen zur Förderung schwerbehinderter Menschen nicht um Privilegien handelt, sondern um notwendige Hilfen zur Vermeidung von Benachteiligungen sowie zur Herstellung von gleichwertigen Lebensbedingungen und Chancengleichheit (Nachteilsausgleich). Die Beschäftigten sind darauf aufmerksam zu machen, dass die Schwerbehinderteneigenschaft nicht zu Karrierenachteilen führen darf.

4. Kollegiales und verständnisvolles Miteinander

Vorgesetzte und Mitarbeiterinnen bzw. Mitarbeiter sind aufgefordert, sich auch über den unmittelbaren dienstlichen Bereich hinaus mit Verständnis und Einfühlungsvermögen der Beschäftigten mit Behinderung anzunehmen. Die Fürsorge soll auch in der Bereitschaft zur kollegialen Mithilfe zum Ausdruck kommen.

5. Aus- und Fortbildung

Bei Veranstaltungen auf dem Gebiet der Personalführung sowie bei Aus- und Fortbildungslehrgängen mit dienstrechtlichem Inhalt soll auf die besonderen Probleme der schwerbehinderten Beschäftigten eingegangen werden. Alle Behördenleiter und alle sonstigen mit der Personalführung oder Bearbeitung von Personalangelegenheiten betrauten Verwaltungsangehörigen sind verpflichtet, sich mit den Vorschriften zur Eingliederung und Beschäftigung schwerbehinderter Menschen vertraut zu machen und ihr Wissen regelmäßig zu aktualisieren. Bei Bedarf bietet sich der Besuch geeigneter Fortbildungsveranstaltungen an.

6. Großzügige Auslegung und Anwendung der einschlägigen Vorschriften

Alle zu Gunsten der schwerbehinderten Menschen ergangenen Bestimmungen sind großzügig auszulegen und anzuwenden.

7. Zusammenarbeit

In allen Fragen, die schwerbehinderte Menschen betreffen, arbeiten die mit der Entscheidung oder Bearbeitung von Personalangelegenheiten befassten Verwaltungsangehörigen, die oder der Beauftragte der Dienststelle, die Personalvertretung und die Schwerbehindertenvertretung unbeschadet ihrer Funktion eng zusammen (siehe auch § 99 SGB IX) und unterstützen sich gegenseitig bei der Erfüllung ihrer Aufgaben. Wenn besondere Umstände des Einzelfalls es erfordern, sollen medizinische oder psychologische Beraterinnen bzw. Berater hinzugezogen werden. Zu Anträgen und Vorschlägen der Schwerbehindertenvertretung soll die Dienststellenleitung innerhalb von 4 Wochen Stellung nehmen. Entspricht die Dienststelle einem Antrag der Schwerbehindertenvertretung nicht, so ist dies entsprechend zu begründen.

II. Personenkreis

1. Allgemeines

Zu den schwerbehinderten Menschen im Sinn dieser Bekanntmachung gehört der Personenkreis nach § 2 Abs. 2 SGB IX (schwerbehinderte Menschen) und nach § 2 Abs. 3 SGB IX (gleichgestellte behinderte Menschen). Für behinderte Menschen mit einem Grad der Behinderung von weniger als 50, aber mindestens 30, die nicht gleichgestellt im Sinn des § 2 Abs. 3 SGB IX sind, soll im Einzelfall geprüft werden, ob besondere, der Behinderung angemessene Fürsorgemaßnahmen nach dieser Richtlinie in Betracht kommen. Dies gilt auch für angemessene Fürsorgemaßnahmen zur Verbesserung der Berufsausbildung für die nach § 68 Abs. 4 SGB IX gleichgestellten behinderten Jugendlichen und jungen Erwachsenen.

2. Schwerbehinderte Menschen (§ 2 Abs. 2 SGB IX)
2.1 Voraussetzungen
Schwerbehinderte Menschen im Sinn des § 2 Abs. 2 SGB IX sind Personen mit einem Grad der Behinderung von wenigstens 50.

2.2 Nachweis
Die Schwerbehinderteneigenschaft als Voraussetzung für die Inanspruchnahme von Rechten und Nachteilsausgleichen, die schwerbehinderten Menschen nach dieser Bekanntmachung, dem SGB IX oder nach anderen Rechtsvorschriften zustehen, ist grundsätzlich durch Vorlage des Schwerbehindertenausweises (§ 69 Abs. 5 SGB IX) nachzuweisen. Ein Nachweis kann auch durch die Vorlage eines bestandskräftigen Rentenbescheides oder einer entsprechenden rechtskräftigen Verwaltungs- oder Gerichtsentscheidung geführt werden, in welchen das Vorliegen einer Behinderung und der Grad einer auf ihr beruhenden Minderung der Erwerbsfähigkeit festgestellt werden. Beschäftigte, die Schutz und Fürsorge nach diesen Vorschriften für sich in Anspruch nehmen, sollen frühzeitig die Feststellung der Schwerbehinderteneigenschaft bzw. die Verlängerung der Befristung des Schwerbehindertenausweises beim Zentrum Bayern Familie und Soziales beantragen und die Dienststelle hiervon schriftlich unterrichten. Bis zur Entscheidung über den Antrag sollen sie, soweit rechtlich möglich und sachlich zweckmäßig, unter Vorbehalt als schwerbehinderte Beschäftigte behandelt werden. In diesen Fällen sollen bei der dienstlichen Beurteilung, bei der Versetzung in den Ruhestand und der Entlassung des beamteten und richterlichen Personals, sowie bei Kündigung von Arbeitnehmerinnen/Arbeitnehmern die für schwerbehinderte Menschen geltenden verfahrensrechtlichen Vorschriften beachtet werden. Eine Stellenbesetzung oder Ernennung sowie die Gewährung von Zusatzurlaub nach § 125 SGB IX oder ähnliche Maßnahmen unter Vorbehalt oder aufgrundlage von Entscheidungen, die unter Vorbehalt ergangen sind, kommen dagegen grundsätzlich nicht in Betracht.

Ist die Schwerbehinderung offensichtlich (z. B. Beinamputation, Blindheit), gelten die Vorschriften ohne Einschränkung. Die Betroffenen sind gleichwohl aufgefordert, einen Schwerbehindertenausweis oder eine sonstige bestands- oder rechtskräftige Feststellung der Schwerbehinderteneigenschaft herbeizuführen und dem Dienstherrn vorzulegen.

3. Gleichgestellte behinderte Menschen (§ 2 Abs. 3 SGB IX)
Gleichgestellte behinderte Menschen sind Personen mit einem Behinderungsgrad von weniger als 50, aber wenigstens 30, wenn sie infolge ihrer Behinderung ohne die Gleichstellung einen geeigneten Arbeitsplatz nicht erlangen oder nicht behalten können. Die Gleichstellung erfolgt auf Antrag des behinderten Menschen aufgrund einer Feststellung durch die Agentur für Arbeit (§ 68 Abs. 2 Satz 1 SGB IX). Die Gleichstellung wird mit dem Tag des Eingangs des Antrags wirksam (§ 68 Abs. 2 Satz 2 SGB IX). Das bedeutet z. B., dass auf Kündigungen, die vor der Feststellung der Gleichstellung ausgesprochen werden, der besondere Kündigungsschutz nach §§ 85 ff. SGB IX dann Anwendung findet, wenn ein entsprechender Antrag vor Ausspruch der Kündigung gestellt wurde.

4. Gleichgestellte behinderte Jugendliche und junge Erwachsene (§ 68 Abs. 4 SGB IX)
Schwerbehinderten Menschen gleichgestellt sind auch behinderte Jugendliche und junge Erwachsene (§ 2 Abs. 1 SGB IX) während der Zeit einer Berufsausbildung in Dienststellen,

auch wenn der Grad der Behinderung weniger als 30 beträgt oder ein Grad der Behinderung nicht festgestellt ist. Der Nachweis der Behinderung wird durch eine Stellungnahme der Agentur für Arbeit oder durch einen Bescheid über Leistungen zur Teilhabe am Arbeitsleben erbracht. Nach § 102 Abs. 3 Nr. 2 Buchst. c SGB IX kann das Integrationsamt an den Arbeitgeber Prämien und Zuschüsse zu den Kosten der Berufsausbildung der gleichgestellten behinderten Jugendlichen und jungen Erwachsenen leisten. Im Übrigen finden die besonderen Regelungen für schwerbehinderte Menschen auf diesen Personenkreis jedoch keine Anwendung.

5. Erlöschen des Schwerbehindertenschutzes

Der Schwerbehindertenschutz endet

– gemäß § 116 Abs. 1 SGB IX für schwerbehinderte Menschen im Sinn des § 2 Abs. 2 SGB IX mit dem Wegfall der Voraussetzungen nach § 2 Abs. 2 SGB IX, bei Verringerung des Grades der Behinderung auf weniger als 50 jedoch erst am Ende des dritten Kalendermonats nach Eintritt der Unanfechtbarkeit des die Verringerung feststellenden Bescheides;

– im Fall der Gleichstellung gemäß § 116 Abs. 2 SGB IX mit der Rücknahme einer rechtswidrigen oder dem Widerruf einer rechtmäßigen Gleichstellung. Der Widerruf der Gleichstellung ist zulässig, wenn die Voraussetzungen des § 2 Abs. 3 in Verbindung mit § 68 Abs. 2 SGB IX weggefallen sind, wird aber erst am Ende des dritten Kalendermonats nach Eintritt seiner Unanfechtbarkeit wirksam (§ 116 Abs. 2 Sätze 2 und 3 SGB IX);

– im Fall der befristeten Gleichstellung nach § 68 Abs. 2 Satz 3 SGB IX mit Ablauf der Frist;

– bei schwerbehinderten oder gleichgestellten behinderten Menschen im Fall der zeitweiligen Entziehung des Schwerbehindertenschutzes nach § 117 SGB IX für die Dauer der Entziehung.

Das Erlöschen und den Entzug des Schwerbehindertenschutzes haben Beschäftigte der Dienststelle mitzuteilen. Führen dienstliche Maßnahmen zum Erlöschen, zur Entziehung oder zur Einschränkung des Schwerbehindertenschutzes (z. B. bei Auslandseinsätzen) sind die betroffenen Beschäftigten darauf hinzuweisen.

III. Prävention

1. Frühzeitige Prävention

Bei personen-, verhaltens- oder betriebsbedingten Schwierigkeiten im Arbeits- oder Dienstverhältnis, die zu dessen Gefährdung führen können, sind die Schwerbehindertenvertretung und die Personalvertretung sowie das Integrationsamt unverzüglich einzuschalten, um mit ihnen alle Möglichkeiten und alle zur Verfügung stehenden Hilfen zur Beratung und mögliche finanzielle Leistungen zu erörtern, mit denen die Schwierigkeiten beseitigt werden können und das Arbeits- oder Dienstverhältnis möglichst dauerhaft fortgesetzt werden kann (§ 84 Abs. 1 SGB IX).

2. Betriebliches Eingliederungsmanagement bei längerer Arbeitsunfähigkeit (§ 84 Abs. 2 SGB IX)

2.1 Persönlicher Anwendungsbereich

Die nachfolgenden Ausführungen zum betrieblichen Eingliederungsmanagement sind für alle Beschäftigten, Arbeitnehmerinnen bzw. Arbeitnehmer und Beamtinnen bzw. Beamte, anzuwenden. Soweit im Folgenden von Arbeitsunfähigkeit gesprochen wird, beinhaltet dies auch die vorübergehende Dienstunfähigkeit von Beamtinnen bzw. Beamten.

2.2 Voraussetzungen und Ziele

Sind Beschäftigte innerhalb eines Jahres länger als sechs Wochen ununterbrochen oder wiederholt arbeitsunfähig, hat die Dienststelle mit der Personalvertretung, bei schwerbehinderten Menschen außerdem mit der Schwerbehindertenvertretung, mit Zustimmung und Beteiligung der betroffenen Person die Möglichkeiten zu erörtern, wie die Arbeitsunfähigkeit möglichst überwunden werden kann und mit welchen Leistungen oder Hilfen erneuter Arbeitsunfähigkeit vorgebeugt und der Arbeitsplatz erhalten werden kann (betriebliches Eingliederungsmanagement). Soweit erforderlich, wird auch die Betriebsärztin, der Betriebsarzt hinzugezogen (§ 84 Abs. 1 und Abs. 2 SGB IX). Dies gilt unabhängig von einer Schwerbehinderung oder Gleichstellung für alle Beschäftigten.

Ziele des betrieblichen Eingliederungsmanagements sind:
− Überwindung der Arbeitsunfähigkeit;
− Vorbeugung vor erneuter Arbeitsunfähigkeit;
− Erhalt des Arbeitsplatzes/Vermeidung der Dienstunfähigkeit.

2.3 Umsetzung

Sind Beschäftigte innerhalb eines Jahres ununterbrochen oder wiederholt insgesamt länger als sechs Wochen arbeitsunfähig, hat die personalverwaltende Stelle zu klären, ob die oder der Beschäftigte mit der Beteiligung der Personalvertretung und der Schwerbehindertenvertretung einverstanden ist. Das Einverständnis – auch zur ggf. erforderlichen Hinzuziehung der Betriebsärztin, des Betriebsarztes – soll in den Fällen des § 84 SGB IX möglichst schriftlich eingeholt und erklärt werden. Die oder der Beschäftigte ist auf die Ziele des betrieblichen Eingliederungsmanagements sowie auf Art und Umfang der hierfür erhobenen und verwendeten Daten hinzuweisen.

Sofern das Einverständnis erteilt wurde, klärt die Dienststelle mit den genannten Stellen unter Beteiligung der oder des Beschäftigten die Möglichkeiten, wie die Arbeitsunfähigkeit möglichst überwunden werden kann und mit welchen Leistungen oder Hilfen erneuter Arbeitsunfähigkeit vorgebeugt und der Arbeitsplatz erhalten werden kann.

Wenn Leistungen zur Teilhabe oder begleitende Hilfen im Arbeitsleben in Betracht kommen, werden von der Dienststelle die örtlichen gemeinsamen Servicestellen der Rehabilitationsträger (§ 23 SGB IX) oder bei schwerbehinderten Beschäftigten das Integrationsamt hinzugezogen. Diese wirken darauf hin, dass die erforderlichen Leistungen oder Hilfen unverzüglich beantragt und fristgerecht erbracht werden.

Die einzelnen Dienststellen haben die Möglichkeit, ein weitergehendes betriebliches Eingliederungsmanagement in Gang zu setzen.

Prämien oder Boni der Rehabilitationsträger und der Integrationsämter (§ 84 Abs. 3 SGB IX) sollen für die Verbesserung der Arbeitsbedingungen eingesetzt werden.

IV. Einstellung von schwerbehinderten Beschäftigten

1. Vorbildfunktion des Freistaates Bayern

Die Eingliederung schwerbehinderter Menschen in das Berufsleben ist wesentliche Voraussetzung für die Schaffung gleichwertiger Lebensbedingungen. Dem Freistaat kommt als öffentlichem Arbeitgeber dabei auch eine besondere Vorbildfunktion zu.

2. Beschäftigungspflicht der öffentlichen Arbeitgeber

Öffentliche Arbeitgeber mit jahresdurchschnittlich monatlich mindestens 20 Arbeitsplätzen haben auf wenigstens 5% der Arbeitsplätze schwerbehinderte Menschen zu beschäftigen. Arbeitgeber mit jahresdurchschnittlich monatlich weniger als 40 Arbeitsplätzen haben davon abweichend jahresdurchschnittlich je Monat einen schwerbehinderten Menschen, Arbeitgeber mit weniger als 60 Arbeitsplätzen zwei schwerbehinderte Menschen zu beschäftigen.

Schwerbehinderte Frauen sind bei der Erfüllung der Beschäftigungspflicht besonders zu berücksichtigen (§ 71 Abs. 1 Satz 2 SGB IX).

Auf die Pflicht zur Beschäftigung von besonders betroffenen schwerbehinderten Menschen im Sinn des § 72 Abs. 1 SGB IX wird hingewiesen.

3. Anrechnung Beschäftigter auf die Zahl der Pflichtarbeitsplätze für schwerbehinderte Menschen

3.1 Einfache Anrechnung

Ein beschäftigter schwerbehinderter Mensch wird auf einen Pflichtarbeitsplatz für schwerbehinderte Menschen angerechnet (§ 75 Abs. 1 SGB IX). Die Anrechnung Teilzeitbeschäftigter, die weniger als 18 Stunden wöchentlich beschäftigt werden, auf einen der Pflichtarbeitsplätze lässt die Agentur für Arbeit zu, wenn die Teilzeitbeschäftigung wegen Art und Schwere der Behinderung notwendig ist (§ 75 Abs. 2 Satz 3 SGB IX). Bedienstete, deren wöchentliche Arbeitszeit infolge von Altersteilzeit auf weniger als 18 Stunden herabgesetzt wird, werden ohne Zulassung durch die Agentur für Arbeit auf einen Pflichtplatz angerechnet (§ 75 Abs. 2 Satz 2 SGB IX).

3.2 Mehrfachanrechnung

Die Agentur für Arbeit kann die Anrechnung eines schwerbehinderten Menschen, besonders eines schwerbehinderten Menschen im Sinn von § 72 SGB IX, auf mehr als einen Pflichtarbeitsplatz, höchstens jedoch auf drei Pflichtarbeitsplätze zulassen, wenn dessen Eingliederung in das Arbeits- oder Berufsleben auf besondere Schwierigkeiten stößt (§ 76 Abs. 1 Satz 1 SGB IX). Der Antrag auf Mehrfachanrechnung soll von der jeweiligen Beschäftigungsbehörde möglichst frühzeitig, d. h. im Zusammenhang mit der Einstellung, bei Beamtinnen und Beamten vor der Berufung in das Beamtenverhältnis auf Lebenszeit, gestellt werden. Schwerbehinderten Menschen entstehen hieraus keine Nachteile. Ein schwerbehinderter Mensch, der beruflich ausgebildet wird, wird auf zwei Pflichtarbeitsplätze für schwerbehinderte Menschen angerechnet (§ 76 Abs. 2 Satz 1 SGB IX).

4. Verfahrensweise bei Einstellung

Die Pflichten des Arbeitgebers bei der Einstellung ergeben sich aus § 81 Abs. 1 SGB IX. Diese für alle Arbeitgeber geltenden Pflichten werden durch § 82 SGB IX für die öffentlichen Arbeitgeber konkretisiert und ergänzt.

4.1 Prüfungspflicht

Jede Dienststelle ist verpflichtet zu prüfen, ob freie Arbeitsplätze mit schwerbehinderten Menschen, insbesondere mit bei der Agentur für Arbeit als arbeitslos oder arbeitsuchend gemeldeten schwerbehinderten Menschen, besetzt werden können (§ 81 Abs. 1 Satz 1 SGB IX). Dabei ist davon auszugehen, dass alle Arbeitsplätze beim Freistaat Bayern grundsätzlich zur Besetzung mit schwerbehinderten Menschen geeignet sind, soweit nicht in einzelnen Tätigkeitsbereichen besondere gesundheitliche Anforderungen an die Beschäftigten gestellt werden müssen. Die Schwerbehindertenvertretung ist im Rahmen der Prüfung unter unverzüglicher und umfassender Unterrichtung zu hören; die getroffene Entscheidung ist ihr unverzüglich mitzuteilen (§ 81 Abs. 1 Satz 6 und § 95 Abs. 2 SGB IX). Der Betriebs-, Personal-, Richter-, Staatsanwalt- und Präsidialrat ist im Rahmen des Bayerischen Personalvertretungsgesetzes (BayPVG) zu beteiligen.

4.2 Besonderer Vermerk bei Stellenausschreibungen

Bei externen und internen Stellenausschreibungen ist zu vermerken, ob die Stelle für die Besetzung mit schwerbehinderten Menschen geeignet ist und dass schwerbehinderte Bewerberinnen und Bewerber bei ansonsten im Wesentlichen gleicher Eignung bevorzugt eingestellt werden. Die Schwerbehindertenvertretung erhält eine Kopie der Stellenausschreibung.

4.3 Meldung freier Stellen an die Agentur für Arbeit

Die Dienststellen der öffentlichen Arbeitgeber nehmen frühzeitig Kontakt mit den Agenturen für Arbeit auf und melden diesen im Bereich der Arbeiterinnen, Arbeiter und Angestellten (einschließlich der einzelnen Beamtenverhältnissen vorgeschalteten Beschäftigungsverhältnisse) und im Bereich der Beamtenverhältnisse, bei denen die Laufbahnausbildung nicht im Rahmen der Bedarfsausbildung im Vorbereitungsdienst erfolgt, möglichst zeitgleich mit einer etwaigen Stellenausschreibung frühzeitig frei werdende und neu zu besetzende sowie neue Arbeitsplätze (§ 82 Satz 1 SGB IX). Bei akademischen Berufen kann zusätzlich eine Anfrage an die Zentralstelle für Arbeitsvermittlung in Bonn (Dienststelle der Bundesagentur für Arbeit) gerichtet werden. Die Anforderungen des zu besetzenden Arbeitsplatzes sollen beschrieben werden.

4.4 Vorschlag geeigneter schwerbehinderter Menschen und Bewerbungen

Die Agentur für Arbeit oder ein Integrationsfachdienst schlägt geeignete schwerbehinderte Menschen vor (§ 81 Abs. 1 Satz 3 SGB IX). Die Schwerbehindertenvertretung sowie der Betriebs-, Personal-, Richter-, Staatsanwalts- und Präsidialrat sind über die Vermittlungsvorschläge und vorliegende Bewerbungen von schwerbehinderten Menschen unmittelbar nach deren Eingang zu unterrichten (§ 81 Abs. 1 Satz 4 SGB IX). Bei Bewerbungen ist die Schwerbehindertenvertretung nicht zu beteiligen, wenn die schwerbehinderte Bewerberin, der schwerbehinderte Bewerber dies ausdrücklich ablehnen (§ 81 Abs. 1 Satz 10 SGB IX). Die Schwerbehindertenvertretung hat das Recht auf Einsicht in die entscheidungserheblichen Teile der Bewerbungsunterlagen aller schwer behinderten Menschen sowie die entscheidungserheblichen Unterlagen der Bewerberinnen und Bewerber, die in die engere Wahl kommen.

4.5 Vorstellungsgespräch

Schwerbehinderte Menschen, die sich auf einen Arbeitsplatz beworben haben (externe und interne Bewerberinnen und Bewerber) oder von der Agentur für Arbeit oder einem Integrationsfachdienst vorgeschlagen worden sind, sind zu einem Vorstellungsgespräch einzuladen (§ 82 Satz 2 SGB IX). Nach § 82 Satz 3 SGB IX ist die Einladung zu einem Vorstellungsgespräch nur dann entbehrlich, wenn die fachliche Eignung offensichtlich fehlt. In Anwendung dieser Regelung ist von dem Vorstellungsgespräch nur dann abzusehen, wenn zwischen Diensttherrn bzw. Arbeitgeber und der Schwerbehindertenvertretung Einvernehmen darüber besteht, dass die Bewerber für den freien Arbeitsplatz nicht in Betracht kommen, oder wenn eine Einstellung aufgrund der in einer Einstellungsprüfung oder in einem Auswahlverfahren erzielten Platzziffer ausscheidet. Die Schwerbehindertenvertretung hat bei Vorliegen von Bewerbungen schwerbehinderter Menschen nach § 95 Abs. 2 SGB IX das Recht, an allen Vorstellungsgesprächen im Zusammenhang mit der Stellenbesetzung teilzunehmen und Einsicht in alle entscheidungserheblichen Bewerbungsunterlagen der zum Vorstellungsgespräch geladenen (behinderten und nichtbehinderten) Bewerberinnen und Bewerber zu nehmen. Diese können allerdings die Teilnahme der Schwerbehindertenvertretung ablehnen; sie sind hierauf zu Beginn des Vorstellungsgesprächs hinzuweisen.

4.6 Erörterung der beabsichtigten Entscheidung und Unterrichtung der Beteiligten

Liegen Vermittlungsvorschläge oder Bewerbungen von schwerbehinderten Menschen vor und sind die Schwerbehindertenvertretung oder die vorgenannten Organe der Personalvertretung mit der beabsichtigten Entscheidung nicht einverstanden, ist die Entscheidung – unabhängig von der Erfüllung der Beschäftigungspflicht im Geschäftsbereich des jeweiligen Ressorts – mit diesen unter Darlegung der Gründe zu erörtern. Dabei sind die betroffen schwerbehinderten Bewerberinnen und Bewerber zu hören. Eine Erörterung ist nicht erforderlich, wenn die Dienststelle dem Vermittlungsvorschlag oder der Bewerbung der schwerbehinderten Menschen folgt. Alle Beteiligten sind vom Arbeitgeber über die getroffene Entscheidung unter Darlegung der Gründe unverzüglich zu unterrichten.

5. Konkurrenz schwerbehinderter Bewerber mit anderen Personengruppen

5.1 Andere schutzbedürftige Personengruppen

Die in anderen Gesetzen begründete Verpflichtung zur bevorzugten Einstellung und Beschäftigung bestimmter Personenkreise entbindet die Dienststelle nicht von der Verpflichtung zur Beschäftigung schwerbehinderter Menschen nach den besonderen Regelungen für schwerbehinderte Menschen (§ 122 SGB IX). Die Vorschrift beinhaltet ein Benachteiligungsverbot, begründet aber keinen Vorrang der schwerbehinderten Menschen gegenüber anderen schutzbedürftigen Personengruppen.

5.2 Bewerber aus Reformbereichen

Die Verpflichtungen der öffentlichen Arbeitgeber nach den §§ 81 und 82 SGB IX treffen regelmäßig auf das besondere Interesse des Dienstherrn, von der Struktur- und Aufgabenreform betroffenen Beschäftigten über den Marktplatz freie Stellen der Personalbörse öffentlicher Dienst einen zukunftssicheren Dienstposten oder Arbeitsplatz zu vermitteln.

Bewerbungen von Beamtinnen und Beamten, Arbeitnehmerinnen und Arbeitnehmern, die von der Struktur- und Aufgabenreform betroffen sind, sind stets sorgfältig und ernsthaft in die engere Wahl zu ziehen. Bei einer Konkurrenz mit Bewerbungen von schwerbehinderten Menschen ist die Bewerbung schwerbehinderter Menschen wohlwollend zu prüfen. Ein genereller Vorrang einer der beiden Bewerberkreise besteht nicht.

6. Besonderheiten bei der Besetzung von Beamtenstellen

Für die Besetzung von Beamtenstellen hat die Laufbahnverordnung (LbV) in Ausführung des § 128 Abs. 1 SGB IX und des Art. 88 Abs. 1 Nr. 3 BayBG folgende besondere Bestimmungen getroffen:

6.1 Vorrang bei gleicher Eignung (§ 14 Abs. 1 Satz 3 LbV)

Schwerbehinderte Bewerberinnen und Bewerber haben bei der Einstellung Vorrang vor gesetzlich nicht bevorrechtigten Bewerberinnen und Bewerbern mit im Wesentlichen gleicher Eignung, Befähigung und fachlicher Leistung. Dies gilt auch für die Einstellung von Arbeitnehmerinnen und Arbeitnehmern und Auszubildende.

6.2 Körperliche Eignung (§ 14 Abs. 1 Satz 1 LbV)

6.2.1 Mindestmaß an körperlicher Eignung

Bei der Einstellung von schwerbehinderten Menschen auf Beamtenstellen ist großzügig zu verfahren und auf die Art der Behinderung Rücksicht zu nehmen. Für die vorgesehene Tätigkeit darf nur das Mindestmaß körperlicher Eignung verlangt werden. Hierbei kann die körperliche Eignung im Allgemeinen auch dann noch als ausreichend angesehen werden, wenn schwerbehinderte Bewerberinnen und Bewerber nur für die Wahrnehmung bestimmter Dienstposten der Laufbahn, in der sie verwendet werden sollen, körperlich geeignet sind; eine Beschränkung der späteren freien Verwendbarkeit muss in Kauf genommen werden. Es ist aber auch zu berücksichtigen, dass in bestimmten Laufbahnen besondere Anforderungen an die körperliche Tauglichkeit aller Beamten gestellt werden müssen, so dass sich dort gewisse Beschränkungen bei der Einstellung von schwerbehinderten Menschen im Beamtenverhältnis ergeben können.

6.2.2 Voraussichtliche Dauer der Dienstfähigkeit

Schwerbehinderte Menschen können auch dann im Beamtenverhältnis eingestellt werden, wenn als Folge ihrer Behinderung eine vorzeitige Dienstunfähigkeit möglich ist. Schwerbehinderte Menschen sollen aber nach ärztlichem Zeugnis des Gesundheitsamtes voraussichtlich noch wenigstens fünf Jahre dienstfähig sein. Die Einstellungsbehörde hat den untersuchenden Arzt auf die für schwerbehinderte Menschen geltenden Sonderregelungen hinzuweisen. Im Begutachtungsauftrag soll dazu aufgefordert werden, von den Bewerberinnen und Bewerbern vorgelegte medizinische Gutachten des Zentrums Bayern Familie und Soziales und der behandelnden Ärzte mit einzubeziehen und in Zweifelsfällen die Ärzte des Zentrums Bayern Familie und Soziales oder die behandelnden Ärzte zu konsultieren. Dies gilt insbesondere im Hinblick auf die Auswirkungen behinderungsbedingter Gesundheitsbeeinträchtigungen auf die Dienstfähigkeit.

6.3 Höchstaltersgrenzen für Schwerbehinderte

Für schwerbehinderte Menschen wird die Höchstaltersgrenze allgemein auf den Zeitpunkt festgelegt, in dem sie für die Laufbahnen des
– einfachen Dienstes das 45. Lebensjahr
– mittleren Dienstes das 43. Lebensjahr
– gehobenen und höheren Dienstes das 42. Lebensjahr
noch nicht vollendet haben (§ 17 Abs. 3 LbV).

6.4 Vorgehensweise bei Fehlen der beamtenrechtlichen Einstellungsvoraussetzungen

Kommt im Einzelfall eine Einstellung im Beamtenverhältnis aufgrund der Einschränkungen der Verwendungsfähigkeit nicht in Betracht, gilt Folgendes:

Stellen, die dem Funktionsvorbehalt (Art. 33 Abs. 4 GG) unterliegen, sind in der Regel durch Beamtinnen bzw. Beamte zu besetzen. Die Dienststelle hat aber zu prüfen, ob in Ausnahmefällen auch schwerbehinderte Arbeitnehmerinnen und Arbeitnehmer in Frage kommen, die nicht die beamtenrechtlichen Einstellungsvoraussetzungen erfüllen. Bei Stellen ohne Funktionsvorbehalt soll bei fehlenden beamtenrechtlichen Einstellungsvoraussetzungen vor Ablehnung von schwerbehinderten Bewerberinnen und Bewerbern deren Beschäftigung als Arbeitnehmer verstärkt in Betracht gezogen werden.

7. Haushaltsrechtliche Stellensperre

Bei Neueinstellungen von schwerbehinderten Menschen im Sinn des § 2 Abs. 2 SGB IX (nicht von gleichgestellten behinderten Menschen im Sinn des § 2 Abs. 3 SGB IX) muss eine haushaltsrechtliche Stellensperre nicht eingehalten werden (Art. 6 Abs. 2 Satz 3 HG 2005/2006).

8. Teilzeitarbeitsplätze

Die Einrichtung von Teilzeitarbeitsplätzen für schwerbehinderte Menschen ist zu fördern (§ 81 Abs. 5 Satz 1 SGB IX). Schwerbehinderte Menschen haben im Rahmen der Zumutbarkeit einen Anspruch auf Teilzeitbeschäftigung. Dies gilt nicht, soweit beamtenrechtliche Vorschriften entgegenstehen.

9. Leistungen der Bundesagentur für Arbeit

9.1 Förderung der Einstellung und Beschäftigung schwerbehinderter Menschen

Aufgabe der Bundesagentur für Arbeit ist unter anderem die Förderung der Teilhabe schwerbehinderter Menschen am Arbeitsleben auf dem allgemeinen Arbeitsmarkt (§ 104 Abs. 1 Nr. 3 SGB IX). Die Bundesagentur für Arbeit kann im Rahmen ihrer Zuständigkeit zur besonderen Förderung der Einstellung und Beschäftigung schwerbehinderter Menschen Geldleistungen an Arbeitgeber gewähren. Eingliederungszuschüsse (auch für zeitlich begrenzte Arbeitsverhältnisse) sind in Anspruch zu nehmen. Für die Einstellung Verantwortliche haben sich vor der Einstellung neuer Beschäftigter bei den Agenturen für Arbeit, bei den Integrationsfachdiensten, bei dem Integrationsamt oder bei weiteren Kostenträgern über die aktuellen Einstellungszuschüsse zu informieren.

Für die betriebliche Aus- und Weiterbildung von schwerbehinderten Beschäftigten kann die Bundesagentur für Arbeit Zuschüsse gewähren.

9.2 Beratung der Arbeitgeber

Die Agenturen für Arbeit beraten die Arbeitgeber bei der Besetzung von Ausbildungs- und Arbeitsplätzen mit schwerbehinderten Menschen.

9.3 Einschaltung der Integrationsfachdienste

Zur Eingliederung von schwerbehinderten Menschen mit besonderem Betreuungsbedarf kann sich die Agentur für Arbeit der Integrationsfachdienste bedienen (§§ 109 ff. SGB IX). Zu den Aufgaben der Integrationsfachdienste rechnen neben der Beratung und Unterstützung der schwerbehinderten Menschen sowie der Vermittlung auf geeignete Arbeitsplätze auch die Beratung, Information und Hilfestellung für Arbeitgeber. Sie sollen die schwerbehinderten Beschäftigten, solange erforderlich, am Arbeitsplatz begleiten, die Mitarbeiterinnen und Mitarbeiter mit Zustimmung des schwerbehinderten Menschen in der Dienststelle über Art und Auswirkung der Behinderung und über entsprechende Verhaltensregeln informieren und beraten, eine Nachbetreuung und ggf. Krisenintervention oder psychosoziale Betreuung durchführen und dem Arbeitgeber als Ansprechpartner zur Verfügung stehen (§ 110 SGB IX). Die Leistungen der Integrationsfachdienste können einen wesentlichen Beitrag zum Gelingen der Integration auch von Problemfällen in die Dienststelle leisten und sollen daher, soweit verfügbar, umfassend genutzt werden.

10. Leistungen der Integrationsämter

Die Integrationsämter können Geldleistungen für die Schaffung neuer – erforderlichenfalls behindertengerecht ausgestatteter – Arbeits- und Ausbildungsplätze für schwerbehinderte Menschen gewähren (§ 102 Abs. 3 SGB IX, §§ 15, 26 Schwerbehinderten-Ausgleichsabgabeverordnung (SchwbAV)).

V. Nachteilsausgleich bei Prüfungen

§ 38 der Allgemeinen Prüfungsordnung (APO) in der Fassung der Bekanntmachung vom 14. Februar 1984 (GVBl S. 76, BayRS 2030-2-10-F), geändert durch Verordnung vom 24. März 1992 (GVBl S. 47), sieht die Möglichkeit eines Nachteilsausgleiches für schwerbehinderte Teilnehmer vor.

1. Anwendungsbereich

1.1 Prüfungen im Sinn des Bayerischen Beamtengesetzes

Die Allgemeine Prüfungsordnung gilt nach § 1 Abs. 1 APO für alle Prüfungen im Sinn des Bayerischen Beamtengesetzes (Einstellungs-, Zwischen-, Anstellungs- und Aufstiegsprüfungen).

1.2 Klausuren während des Vorbereitungsdienstes

Für die während des Vorbereitungsdienstes anzufertigenden Klausuren, die zur Bildung der Gesamtprüfungsnote der Anstellungsprüfung herangezogen werden, sind die Regelungen über den Nachteilsausgleich bei Prüfungen für schwerbehinderte und gleichgestellte Menschen sinngemäß anzuwenden.

1.3 Prüfungen für Arbeitnehmerinnen, Arbeitnehmer und Auszubildende

Die Regelungen über den Nachteilsausgleich finden ferner für schwerbehinderte Arbeitnehmerinnen, Arbeitnehmer und Auszubildende im öffentlichen Dienst entsprechende Anwendung.

2. Maßnahmen des Nachteilsausgleichs

2.1 Arbeitszeitverlängerung

Schwerbehinderten und gleichgestellten behinderten Teilnehmerinnen und Teilnehmern soll auf Antrag vom Prüfungsausschuss oder Prüfungsamt nach der Schwere der nachgewiesenen Prüfungsbehinderung eine Arbeitszeitverlängerung bis zu einem Viertel der normalen Arbeitszeit gewährt werden. In Fällen besonders weitgehender Prüfungsbehinderung (armamputierte, blinde, hirnbeschädigte Menschen und schwerbehinderte Menschen, die anderen Prüflingen gegenüber wesentlich beeinträchtigt sind) kann der Prüfungsausschuss oder das Prüfungsamt auf Antrag schwerbehinderter oder gleichgestellter behinderter Teilnehmerinnen und Teilnehmer die Arbeitszeit um bis zu 50 v. H. der normalen Arbeitszeit verlängern (§ 38 Abs. 1 APO).

2.2 Anderer angemessener Nachteilsausgleich

Neben oder anstelle der Arbeitszeitverlängerung kann schwerbehinderten Menschen oder Gleichgestellten mit Zustimmung des Landespersonalausschusses (LPA) ein anderer angemessener Ausgleich gewährt werden, soweit dieser den Wettbewerb nicht beeinträchtigt (§ 38 Abs. 2 APO).

2.2.1 Nachteilsausgleich aufgrund genereller Zustimmung des LPA

Prüfungsämter können aufgrund eines generellen Beschlusses des Landespersonalausschusses folgende Ausgleichsmaßnahmen – ohne nochmalige Beteiligung des Landespersonalausschusses – gewähren:

für schwerbehinderte Menschen mit Blindheit:
- Stellung eines eigenen Prüfungsraumes,
- Beiordnung einer Hilfskraft, die für die Prüfungsaufgabe fachlich nicht vorgebildet sein darf,
- Benutzung einer Punktschrift-Bogenmaschine sowie einer Schreibmaschine,
- Benutzung eines Personalcomputers,
- Erlass von manuellen Buchungsarbeiten und entsprechender Ausgleich durch Zusatzfragen,
- Ausformulierung von Aufgabenbestandteilen,

die in Vordrucken enthalten sind; für hörgeschädigte Bewerberinnen und Bewerber, die taub oder nahezu taub sind, soll auf Wunsch bei Auswahlverfahren zur Einstellung in Laufbahnen des gehobenen und des mittleren nichttechnischen Dienstes ein Gebärdensprachedolmetscher/eine Gebärdensprachedolmetscherin zur Verfügung gestellt werden.

2.2.2 Nachteilsausgleich aufgrund der Zustimmung des LPA im Einzelfall

Schwerbehinderten und gleichgestellten behinderten Teilnehmerinnen und Teilnehmern kann vom Prüfungsausschuss oder Prüfungsamt mit Zustimmung des Landespersonalausschusses neben oder anstelle einer Arbeitszeitverlängerung auch ein anderer angemessener Nachteilsausgleich gewährt werden, soweit dieser den Wettbewerb nicht beeinträchtigt (§ 38 Abs. 2 APO). In Betracht kommen insbesondere folgende Maßnahmen:

- Schädel-Hirn-Verletzten kann ein eigener Prüfungsraum zur Verfügung gestellt werden.
- Schädel-Hirn-Verletzten oder anderen schwerbehinderten Menschen, die erheblich schreibbehindert sind, kann bei schriftlichen Prüfungen eine im Prüfungsfach fachlich nicht vorgebildete Schreibkraft beigeordnet werden.
- Mündliche Prüfungen können im Interesse schwerbehinderter Teilnehmerinnen und Teilnehmer durch kurze Erholungspausen unterbrochen werden.
- Bei der Gestaltung einer praktischen Prüfung oder Sportübung ist die Behinderung angemessen zu berücksichtigen. Der Besitz des Deutschen Sportabzeichens für Versehrte/behinderte Menschen ist für die Note im Sport zu bewerten.
- für hörgeschädigte Bewerberinnen und Bewerber, die taub oder nahezu taub sind, kann auf Wunsch bei Prüfungen ein Gebärdensprachedolmetscher zur Verfügung gestellt werden.

3. Benachteiligungsverbot

Der Nachteilsausgleich darf sich nicht nachteilig auf die Bewertung der Prüfungsleistungen auswirken. In Zeugnissen dürfen Hinweise auf einen Nachteilsausgleich nicht aufgenommen werden.

4. Hinweispflicht

Schwerbehinderte Prüfungsteilnehmerinnen und -teilnehmer sind bei der Bekanntgabe des Prüfungstermins (§ 4 APO) auf die Möglichkeit eines Nachteilsausgleiches im Prüfungsverfahren hinzuweisen und zu rechtzeitiger Antragstellung zu veranlassen. Soweit die Bekanntgabe nicht öffentlich erfolgt, haben Prüfungsteilnehmerinnen und -teilnehmer den Hinweis zu bestätigen; eine Niederschrift ist zu den Prüfungsunterlagen zu nehmen. Den Prüfungsausschüssen bzw. -kommissionen (Prüfungsämtern) ist vor der Prüfung die Schwerbehinderteneigenschaft, der Grad und, soweit bekannt, die Art der Behinderung der Prüfungsteilnehmer bekannt zu geben, soweit diese nicht widersprechen.

5. Amtsärztliche Begutachtung

Die Begutachtung der im Rahmen der Entscheidung über den Nachteilsausgleich einzuholenden amtsärztlichen Gutachten soll nach Möglichkeit für alle Prüfungsteilnehmerinnen und -teilnehmer eines Termins durch denselben Amtsarzt durchgeführt werden. Die Hauptschwerbehindertenvertretung ist gemäß § 95 Abs. 2 SGB IX vom Prüfungsausschuss zu hören, wenn vom Vorschlag des begutachtenden Amtsarztes zuungunsten schwerbehinderter Prüfungsteilnehmerinnen und -teilnehmer abgewichen werden soll. Die Anhörung muss nicht zwingend in schriftlicher Form erfolgen, sie kann auch in sonst geeigneter Weise geschehen.

VI. Beschäftigung schwerbehinderter Menschen

1. Allgemeines

Schwerbehinderte Beschäftigte sehen es als selbstverständlich an, im Rahmen ihrer individuellen Leistungsfähigkeit ihre Dienstpflichten wie andere nichtbehinderte Angehörige des öffentlichen Dienstes zu erfüllen. Sie benötigen allerdings zur Erbringung gleichwertiger Leistungen einen größeren Einsatz an Energie und Engagement. Die Bemühungen schwerbehinderter Beschäftigter, trotz körperlicher, geistiger oder seelischer Beeinträchtigung vollwertige Arbeit zu leisten, sind von Vorgesetzten und Mitarbeiterinnen und Mitarbeitern nach Kräften zu unterstützen. Bei der Bewertung ihrer Leistungsfähigkeit ist ihnen das Gesamturteil zuzuerkennen, das sie erhalten würden, wenn ihre Arbeits- und Verwendungsfähigkeit nicht durch die Behinderung gemindert wäre. Dies gilt in besonderem Maße für schwerbehinderte Menschen im Sinn des § 72 SGB IX. Im täglichen Arbeitsgeschehen auftretende Schwierigkeiten und Spannungen, die auf dem Gesundheitszustand schwerbehinderter Beschäftigter beruhen können, müssen mit Verständnis ausgeglichen werden; falls erforderlich, ist eine psychosoziale Betreuung anzuregen und ergänzende Unterstützung der Integrationsfachdienste in Anspruch zu nehmen.

Es muss auch in Kauf genommen werden, dass in Einzelfällen schwerbehinderte Beschäftigte für eine Arbeit mehr Zeit benötigen. Bei der Zuteilung von Dienstgeschäften an schwerbehinderte Beschäftigte soll dies angemessen berücksichtigt werden, soweit es die ordnungsgemäße und zeitgerechte Abwicklung des Geschäftsganges zulässt.

2. Behindertengerechte Ausbildung

Bei schwerbehinderten Anwärterinnen, Anwärtern und Auszubildenden sind im Rahmen der beamtenrechtlichen und haushaltsmäßigen Möglichkeiten durch geeignete Maßnahmen die notwendigen Rahmenbedingungen für eine behindertengerechte und erfolgreiche Ausbildung zu schaffen. In Gesprächen zwischen Ausbildungsleitung und schwerbehinderten Beschäftigten ist rechtzeitig, ggf. auch bereits vor der Einstellung, festzustellen, in welchen Bereichen Unterstützung notwendig ist und in welchen Bereichen geholfen werden kann. Dabei soll unter Einbeziehung der entsprechenden Berufsbildungs- oder Berufsförderungswerke insbesondere festgestellt werden, auf welche Hilfsmittel die schwerbehinderten Anwärterinnen, Anwärter und Auszubildenden für ein erfolgreiches Durchlaufen der Ausbildung angewiesen sind. Soweit erforderlich, kann die Einstellung schwerbehinderter Bewerberinnen und Bewerber bereits einen Monat vor dem regulären Einstellungstermin erfolgen. Insbesondere für blinde Bewerberinnen und Bewerber kann in dieser Zeit ein Orientierungstraining an ihrem künftigen Ausbildungsplatz erfolgen.

3. Behindertengerechte Beschäftigung

Schwerbehinderte Menschen haben gemäß § 81 Abs. 4 Satz 1 Nr. 1 SGB IX Anspruch darauf, so beschäftigt zu werden, dass sie ihre Fähigkeiten und Kenntnisse möglichst voll verwerten und weiterentwickeln können. Dies gilt nicht, soweit die Erfüllung des Anspruchs für die Dienststelle nicht zumutbar ist oder mit unverhältnismäßigen Aufwendungen verbunden wäre oder soweit beamtenrechtliche Vorschriften entgegenstehen.

3.1 Sorgfältige Einweisung am Arbeitsplatz

Werden schwerbehinderte Menschen neu eingestellt oder übernehmen sie ein neues Arbeitsumfeld, so sind sie sorgfältig am Arbeitsplatz einzuweisen.

3.2 Berufsbegleitende Hilfe am Arbeitsplatz

Der Einstellung schwerbehinderter Menschen muss eine berufsbegleitende Hilfe am Arbeitsplatz folgen. Die jeweiligen Dienststellenleitungen und die betroffenen schwerbehinderten Beschäftigten können vom Integrationsamt unterstützt werden, das dabei mit der Bundesagentur für Arbeit und den Trägern der Rehabilitation zusammenarbeitet (vgl. § 102 Abs. 2 SGB IX; §§ 17 bis 29 SchwbAV).

Die Dienststellenleitung oder die Beauftragten des Arbeitgebers sollen sich um die schwerbehinderten Beschäftigten regelmäßig kümmern (z. B. Besuche am Arbeitsplatz). Im Rahmen der Erörterung der beruflichen Fortentwicklungswünsche und -möglichkeiten sowie bei

Fragen des Arbeitsumfeldes und der Zusammenarbeit ist (z. B. im Rahmen des jährlichen Mitarbeitergespräches) besonderes Augenmerk auf behinderungsbedingte Aspekte zu legen.

4. Mehrarbeit

Auf ihr Verlangen sind schwerbehinderte Menschen von Mehrarbeit freizustellen (§ 124 SGB IX). Von der Heranziehung zu Bereitschaftsdiensten, Überstunden, Urlaubs- und Krankheitsvertretungen kann auf Wunsch abgesehen werden.

5. Dienstposten-/Arbeitsplatzwechsel

Ein Dienstposten-/Arbeitsplatzwechsel oder die Übertragung anderer oder zusätzlicher Aufgaben kann für schwerbehinderte Bedienstete mit größeren Schwierigkeiten verbunden sein. Sie sollen daher grundsätzlich nur versetzt, abgeordnet oder umgesetzt werden, wenn ihnen hierbei mindestens gleichwertige oder bessere Arbeitsbedingungen, Entwicklungsmöglichkeiten oder Aufstiegschancen geboten werden. Betroffene schwerbehinderte Beschäftigte und die jeweilige Schwerbehindertenvertretung müssen vorher gehört werden. Begründeten Anträgen auf Versetzung oder sonstigen Wechsel des Arbeitsplatzes soll entsprochen werden. Die Schwerbehindertenvertretung ist nach § 95 Abs. 2 SGB IX zu beteiligen.

6. Besetzung freier Stellen

Bei der Besetzung freier Stellen sind solche schwerbehinderte Menschen bevorzugt zu berücksichtigen, die bereits in der betreffenden Dienststelle auf geringer bewerteten Dienstposten tätig sind, sofern sie im Wesentlichen in gleicher Weise fachlich und persönlich geeignet sind wie sonstige Bewerberinnen und Bewerber. Freigewordene für schwerbehinderte Beschäftigte besonders geeignete oder ausgestaltete Dienstposten/Arbeitsplätze sollen bevorzugt aus ihrem Kreise wiederbesetzt werden. Soweit sich geeignete schwerbehinderte Menschen dafür bewerben, soll von einer Ausschreibung im Einvernehmen mit der Schwerbehinderten- und Personalvertretung abgesehen werden.

7. Übertragung höherwertiger Tätigkeiten

Schwerbehinderten Arbeitnehmerinnen und Arbeitnehmern ist im Rahmen der vorhandenen Aufstiegsmöglichkeiten eine höherwertige Tätigkeit bevorzugt zu übertragen, wenn sie für diese Tätigkeit im Wesentlichen in gleicher Weise fachlich und persönlich geeignet sind wie sonstige Bewerberinnen und Bewerber. Bei der Übertragung von Dienstposten und bei Beförderungen darf, soweit es die Anforderungen des Dienstpostens zulassen, nur das Mindestmaß an körperlicher Eignung für die vorgesehene Tätigkeit verlangt werden (§ 14 Abs. 1 Satz 2 LbV). Schwerbehinderten Menschen sind angemessene Probe- und Bewährungszeiten einzuräumen. Es ist auch zu prüfen, ob entsprechende Aufstiegsmöglichkeiten im Rahmen der haushaltsrechtlichen Gegebenheiten durch Versetzung, Umsetzung oder eine andere Aufgabenzuweisung geschaffen werden können.

8. Fortbildung

Besonderer Wert ist auf die berufliche Fortbildung der schwerbehinderten Bediensteten zu legen. Ihnen ist Gelegenheit zu geben, ihre Kenntnisse und Fähigkeiten zu erweitern. Sie haben Anspruch auf bevorzugte Berücksichtigung bei dienstlichen Maßnahmen zur beruflichen Bildung (§ 81 Abs. 4 Satz 1 Nr. 2 SGB IX) und in zumutbarem Umfang auf Erleichterung der Teilnahme an entsprechenden außerdienstlichen Maßnahmen (§ 81 Abs. 4 Satz 1 Nr. 3 SGB IX). Die Kosten für solche Maßnahmen sollen nach Möglichkeit übernommen werden. Blinden und hochgradig sehbehinderten Bediensteten ist Fachschrifttum in Blindenschrift oder in akustischer bzw. digitalisierter Form bereitzustellen. Soweit erforderlich, ist für eine Vorlesekraft zu sorgen. Gemäß § 102 Abs. 3 Nr. 1 Buchst. e SGB IX, § 24 SchwbAV kann das Integrationsamt dem schwerbehinderten Beschäftigten Geldleistungen für die Teilnahme an Maßnahmen zur Erhaltung und Erweiterung der beruflichen Kenntnisse und Fertigkeiten gewähren; schwerbehinderte Beschäftigte sind erforderlichenfalls auf diese Möglichkeit hinzuweisen. Entsprechende Leistungen der Bundesagentur für Arbeit sind im Sozialgesetzbuch (SGB) Drittes Buch (III) – Arbeitsförderung – vorgesehen.

9. Mitarbeitergespräch

Das jährliche Mitarbeitergespräch soll auch zur Erörterung behinderungsbedingter Probleme und notwendiger Unterstützungen zur behindertengerechten Ausgestaltung der Arbeitsorganisation und des Arbeitsumfeldes genutzt werden. Ferner soll es sowohl bei den schwerbehinderten als auch bei den übrigen Beschäftigten genutzt werden, um etwaige mit der Behinderung im Zusammenhang stehende Spannungen im Arbeitsumfeld zu erkennen, ihre Ursachen zu analysieren und Lösungsansätze zu entwickeln. Im Rahmen des Mitarbeitergesprächs soll auch die Frage einer etwaigen Anerkennung der Schwerbehinderteneigenschaft thematisiert werden, soweit bei der jeweiligen Mitarbeiterin, dem jeweiligen Mitarbeiter konkrete Anzeichen hierfür vorliegen. Soweit dies von dem schwerbehinderten Beschäftigten gewünscht wird, ist die Vertrauensperson der schwerbehinderten Menschen hinzuzuziehen.

Über das Mitarbeitergespräch hinaus können aus akutem Anlass Gespräche zwischen Vorgesetzten und Mitarbeiterinnen bzw. Mitarbeitern notwendig werden. Es ist Aufgabe der Vorgesetzten, die Arbeitssituation zu beobachten und bei Anzeichen für auftretende Spannungen in offenen Gesprächen mit den Beschäftigten Lösungen zu erarbeiten.

Sie sollen ferner auf Beschäftigte zugehen und mit ihnen die Angelegenheit offen diskutieren, soweit sich Anzeichen und Auffälligkeiten zeigen, die auf eine etwaige Schwerbehinderung hindeuten. Sowohl im Rahmen des Mitarbeitergespräches als auch im Rahmen weiterer Gespräche soll versucht werden, etwaige Hinderungsgründe zu ermitteln, die Beschäftigte bisher von der Antragstellung auf Anerkennung oder von der Offenlegung der Schwerbehinderteneigenschaft abgehalten haben. In diesem Zusammenhang soll auch auf die nach dem SGB IX und dieser Bekanntmachung möglichen Nachteilsausgleiche hingewiesen werden.

VII. Arbeitsbedingungen

1. Schaffung bestmöglicher Arbeitsbedingungen

Für schwerbehinderte Menschen müssen die jeweils bestmöglichen Arbeitsbedingungen geschaffen werden. Unter Berücksichtigung der individuellen Leistungsfähigkeit schwerbehinderter Menschen kann eine besondere Regelung für die Arbeitszeit und die Arbeitspausen angezeigt sein. Die Verkehrsverhältnisse können ein Entgegenkommen hinsichtlich Dienstbeginn und Dienstschluss rechtfertigen.

2. Hilfsmittel

Zur Erleichterung der Arbeit und zur Erhöhung der Leistungsfähigkeit sind die nach Art und Umfang der Behinderung erforderlichen Hilfsmittel bereitzustellen; der Arbeitsplatz ist mit den notwendigen technischen Arbeitshilfen auszustatten (§ 81 Abs. 4 Satz 1 Nr. 4 und 5 SGB IX). Hierzu gehören unter anderem: Zur-Verfügung-Stellen einer Vorlesekraft, behindertengerechte EDV-Ausstattung, Diktiergeräte und Wörterbücher für blinde Beschäftigte, Spezialwähleinrichtungen und Vermittlungsanlagen für blinde Telefonisten, Bildtelefone für hörbehinderte Menschen (TeleSign) sowie visuelle Anzeigen für eingehende Anrufe und Warnsignale, besondere Vorrichtungen zur Telefonbedienung durch armamputierte Menschen, behindertengerechte Stühle (z. B. für oberschenkelamputierte und gelähmte Menschen, Sitzkissen). Diese Hilfsmittel sind haushaltsmäßig im Rahmen der vorhandenen Mittel und Stellen (einschließlich der Zuschüsse der Integrationsämter oder anderer Kostenträger) bereitzustellen.

3. Leistungen der Integrationsämter

Die Integrationsämter können an schwerbehinderte Menschen und den Dienstherrn Leistungen zur begleitenden Hilfe im Arbeits- und Berufsleben gewähren. So können an schwerbehinderte Menschen vom Integrationsamt unter anderem Geldleistungen für technische Arbeitshilfen und zum Erreichen des Arbeitsplatzes erbracht werden (§ 102 Abs. 3 Nr. 1 Buchst. a und b SGB IX in Verbindung mit § 19 ff. SchwbAV). Zur behindertengerechten Einrichtung von Arbeitsplätzen sowie zum Ausgleich außergewöhnlicher Belastungen, die mit der Beschäftigung schwerbehinderter Menschen im Sinn des § 72 Abs. 1 Nr. 1 Buchst. a bis d oder des § 75 Abs. 2 SGB IX verbunden sind (z. B. Stellung einer Vorlesekraft), können vom Integrationsamt Geldleistungen an den Dienstherrn (§ 102 Abs. 3 Nr. 2 Buchst. a und e SGB IX in Verbindung mit §§ 26 und 27 SchwbAV) gewährt werden. Insbesondere können die Dienststellen für Beschäftigte, welche die behinderten Mitarbeiterinnen bzw. Mitarbeiter in ihrer Arbeit unterstützen, Zuschüsse beantragen (§ 27 SchwbAV). Soweit eine solche innerbetriebliche Lösung nicht möglich erscheint, haben die schwerbehinderten Menschen die Möglichkeit, beim Integrationsamt eine Arbeitsassistenz zu beantragen (§ 102 Abs. 4 SGB IX).

4. Arbeitsumfeld

Schwerbehinderte Beschäftigte haben Anspruch auf behinderungsgerechte Einrichtung und Unterhaltung der Arbeitsräume, Betriebsvorrichtungen, Maschinen und Gerätschaften sowie Gestaltung der Arbeitsplätze, des Arbeitsumfeldes, der Arbeitsorganisation und der Arbeitszeit. Die bestehende Unfallgefahr ist besonders zu berücksichtigen (§ 81 Abs. 4 Satz 1 Nr. 4 SGB IX). Die erhöhte Fürsorgepflicht des Arbeitgebers für schwerbehinderte Menschen erstreckt sich auch auf Maßnahmen des Brand- und Katastrophenschutzes. Es ist sicherzustellen, dass wenigstens die vorgeschriebene Zahl schwerbehinderter Menschen in den Dienststellen eine möglichst dauerhafte behindertengerechte Beschäftigung finden kann (§ 81 Abs. 3 SGB IX).

5. Tele- und Wohnraumarbeitsplätze

Eine Verbesserung der Rahmenbedingungen kann auf Wunsch insbesondere für schwerbehinderte Beschäftigte, für die z. B. der tägliche Weg zum Arbeitsplatz wegen behinderungsbedingter Mobilitätsbeeinträchtigungen mit erheblichen Zusatzbelastungen verbunden ist oder bei welchen behinderungsbedingt eine besondere Arbeitszeitgestaltung notwendig ist (z. B. häufige Unterbrechungen), durch die Zuteilung von Tele- oder Wohnraumarbeitsplätzen erreicht werden. Sofern Tele- oder Wohnraumarbeitsplätze zur Verfügung stehen oder eingerichtet werden, ist bei der Vergabe der besonderen Situation schwerbehinderter Beschäftigter Rechnung zu tragen und eine Zuteilung unter angemessener Berücksichtigung der sozialen Belange der übrigen Mitarbeiter und der dienstlichen Erfordernisse bevorzugt an schwerbehinderte Mitarbeiter erfolgen.

6. Arbeitsräume

Die Arbeitsräume schwerbehinderter Beschäftigter sind so auszuwählen und auszustatten, dass die Leistungsfähigkeit sowie die Integration in das Arbeitsumfeld gefördert und erhalten werden; nach Möglichkeit ist ein Einzelzimmer zuzuteilen. Das gilt insbesondere für schädel-hirn-verletzte, blinde, tuberkulöse, querschnittsgelähmte und amputierte (doppel- und oberschenkelamputierte) sowie vergleichbare behinderte Menschen, die in der Regel besonders lärm- und temperaturempfindlich sind. Von der Zuweisung eines Einzelzimmers ist auf Wunsch des Betroffenen abzusehen, soweit arbeitsorganisatorische oder arbeitsmedizinische (etwa bei tuberkulösen Menschen) Gründe oder Belange der übrigen Mitarbeiter nicht entgegenstehen.

7. Planung, Bau und Umbau von Verwaltungsgebäuden

Bei der Planung, beim Bau und beim Umbau von Verwaltungsgebäuden sind die Belange der schwerbehinderten Menschen zu berücksichtigen (vgl. Art. 51 der Bayerischen Bauordnung sowie Art. 4 und 10 BayBGG). Dabei ist der Schwerbehindertenvertretung und dem kommunalen Behindertenbeauftragten rechtzeitig Gelegenheit zur Stellungnahme zu geben, insbesondere zu Fragen der barrierefreien Gestaltung des Gebäudezugangs, der Parkmöglichkeiten, der sanitären Anlagen sowie von Arbeits- und Sozialräumen.

8. Dienstreisen

Schwerbehinderte Beschäftigte sind bei Reisen zu Dienst-, Aus- und Fortbildungszwecken, die mit Übernachtungen verbunden sind, grundsätzlich berechtigt, ein Einzelzimmer in Anspruch zu nehmen. Schwerbehinderten Beschäftigten, die eine Dienstreise nur mit fremder Hilfe ausführen können und sich deshalb einer Begleitperson bedienen, die nicht im Dienst des Freistaates Bayern steht, können die insoweit notwendigen Auslagen als Nebenkosten i. H. der Reisekostensätze erstattet werden. Auf VV Nr. 6.2 zu Art. 6 BayRKG wird hingewiesen.

VIII. Berufsförderung besonderer Gruppen schwerbehinderter Menschen (§ 72 SGB IX)

1. Besondere Unterstützung für den Personenkreis des § 72 Abs. 1 Nr. 1 SGB IX

Schwerbehinderte Menschen, die dem in § 72 Abs. 1 Nr. 1 SGB IX aufgeführten Personenkreis (z. B. blinde, schädel-hirn-verletzte Menschen) angehören, bedürfen wegen der Art und Schwere ihrer gesundheitlichen Beeinträchtigung in besonderem Maße der Unterstützung.

2. Übernahme in das Beamtenverhältnis

Sind solche schwerbehinderte Menschen als Angestellte oder Arbeiter beschäftigt, können sie nach Maßgabe der Laufbahnverordnung und der jeweiligen Ausbildungs- und Prüfungsordnungen ohne Rücksicht auf ihr Eintrittsalter bis zu dem jeweiligen festgesetzten Übernahmehöchstalter in das Beamtenverhältnis übernommen werden. Die Übernahme dieser schwerbehinderten Beschäftigten in das Beamtenverhältnis des einfachen Dienstes ist im Rahmen der verfügbaren Stellen nach einer Dienstzeit von sechs Monaten auf ihren Antrag ohne Prüfung möglich. In diesen Fällen ist ein Wechsel in der Beschäftigung zur Unterbringung auf einem Beamtendienstposten nicht zu fordern, wenn Beschäftigte wegen ihrer Behinderung nicht in der Lage sind, die mit dem Dienstposten verbundenen Dienstgeschäfte wahrzunehmen.

3. Vorzeitige Beförderung

Bei Wehrdienstbeschädigten, bei Schwerkriegsbeschädigten sowie bei den in § 72 Abs. 1 Nr. 1 SGB IX genannten Personen, die als Beamtinnen bzw. Beamte infolge ihres vorgerückten Lebensalters oder wegen ihrer Behinderung vor Ablauf der regulären Dienstzeit ausscheiden müssen, ohne noch die nächstmögliche Beförderungsstelle ihrer Laufbahn zu erreichen, ist zu prüfen, ob im Rahmen vorhandener Planstellen und bei Vorliegen der gesetzlichen Beförderungsvoraussetzungen eine vorzeitige Beförderung angezeigt ist.

4. Umwandlung einer Teilzeit- in eine Vollzeitbeschäftigung

Um eine Vollzeitbeschäftigung zu erreichen, ist bei teilzeitbeschäftigten schwerbehinderten Bediensteten im Sinn des § 72 SGB IX zu prüfen, ob ihnen – je nach Lage des Einzelfalls – ein geeigneter Dienstposten übertragen oder für sie durch die Zusammenfassung mehrerer Aufgaben ein geeigneter Dienstposten geschaffen werden kann.

IX. Dienstliche Beurteilung schwerbehinderter Beschäftigter

1. Allgemeines

Auf die bei der Beschäftigung behinderter Menschen allgemein zu beachtenden Besonderheiten (Punkt VI. 1.) wird hingewiesen.

2. Benachteiligungsverbot

Bei der Beurteilung der Leistung schwerbehinderter Beamter ist eine etwaige Minderung der Arbeitsmenge oder der Verwendungsfähigkeit durch die Behinderung zu berücksichtigen (§ 14 Abs. 2 LbV). Schwerbehinderte Beamte dürfen aufgrund einer anerkannten Behinderung bei der Beurteilung nicht benachteiligt werden.

3. Besondere Angaben im Beurteilungsbogen

Hat die Behinderung eine Minderung der Arbeitsmenge oder Verwendungsfähigkeit zur Folge, ist in die Beurteilung ein Hinweis aufzunehmen, dass die Minderung der Arbeitsmenge oder Verwendungsfähigkeit infolge der Behinderung berücksichtigt wurde. Haben sich die Leistungen in einem Beurteilungszeitraum gegenüber einer früheren Beurteilung wesentlich verschlechtert, so ist in der Beurteilung zu vermerken, ob und inwieweit die nachlassende Arbeits- und Verwendungsfähigkeit ggf. auf die Behinderung zurückzuführen ist.

Im Kopf des Beurteilungsbogens ist neben Namen, Dienstbezeichnung etc. und der Tätigkeitsbeschreibung auch eine Aussage zur Schwerbehinderung (unter Angabe des Grades der Behinderung) zu treffen.

4. Verwendungseignung für Führungsaufgaben

Schwerbehinderte Beschäftigte sind für die Verwendung in Führungsaufgaben bzw. auf sonstigen höherwertigen Dienstposten und Funktionen, für die sie die Voraussetzungen grundsätzlich erfüllen, nur dann nicht geeignet, wenn auch bei wohlwollender Prüfung unüberwindbare behinderungsbedingte Einschränkungen bestehen. In jedem Fall soll dargelegt werden, inwieweit trotz der festgestellten behinderungsbedingten Einschränkungen alternative Möglichkeiten für die Übertragung der genannten Funktionen bestehen. Bei der Entscheidung ist zu berücksichtigen, dass es weder im wohlverstandenen Interesse schwerbehinderter Beschäftigter noch des Dienstherren liegt, schwerbehinderten Menschen Aufgaben zu übertragen, die sie nicht erfüllen können. Sofern derartige Einschränkungen bestehen, sind sie – ggf. nach Erörterung mit der Schwerbehindertenvertretung – in deren Beisein den schwerbehinderten Beschäftigten rücksichtsvoll und offen darzulegen.

5. Beteiligung

5.1 Beteiligung der Schwerbehindertenvertretung

Die Schwerbehindertenvertretung ist frühzeitig vor Erstellung der dienstlichen Beurteilung (z. B. bei der Erstellung von sog. Vorübersichten) über das Anstehen der dienstlichen Beurteilung und über das dem Beurteilenden bekannte Ausmaß der Behinderung zu informieren; dies gilt nicht, wenn schwerbehinderte Beschäftigte, die zu befragen sind, die Beteiligung ablehnen. Die Schwerbehindertenvertretung hat die Möglichkeit, Beurteilende ihrerseits über Wesen und Ausmaß der Behinderung zu unterrichten. Sie kann sie auf die Auswirkungen hinweisen, die aus ihrer Sicht die Behinderung auf die für die Beurteilung wesentlichen Tatsachen hat. Darüber hinaus kann sie mögliche Folgen der Beurteilung auf den Fortgang der Behinderung darlegen. Ein Anspruch, Auskunft über die Beurteilungsunterlagen und die Bewertungskriterien zu erhalten und auf die Beurteilung insgesamt Einfluss nehmen zu können, ist damit jedoch nicht verbunden. Erheben schwerbehinderte Beamte Einwendungen gegen die dienstliche Beurteilung und hat die Schwerbehindertenvertretung eine Stellungnahme abgegeben oder hat sie zu den Einwendungen Stellung genommen, ist diese Stellungnahme der vorgesetzten Dienstbehörde im Rahmen des § 54 Abs. 1 Satz 4 LbV mit vorzulegen.

5.2 Beteiligung der Schwerbehinderten

Vor Erstellen einer dienstlichen Beurteilung sind schwerbehinderte Beschäftigte darauf hinzuweisen, dass die Schwerbehindertenvertretung grundsätzlich über das Ausmaß ihrer Behinderung informiert wird um ihr die Möglichkeit zu geben, an dem Beurteilungsverfahren mitzuwirken (siehe Nr. 5.1 Sätze 2 ff.), sie eine Mitwirkung aber innerhalb einer Frist von zwei Wochen nach Erhalt des Schreibens ablehnen können.

6. Anwendung auf Arbeitnehmerinnen und Arbeitnehmer sowie Auszubildende

Bei schwerbehinderten Arbeitnehmerinnen, Arbeitnehmern und Auszubildenden gelten diese Grundsätze sinngemäß.

X. Versetzung in den Ruhestand und Entlassung schwerbehinderter Beamtinnen bzw. Beamter, Kündigung schwerbehinderter Arbeitnehmer

1. Versetzung in den Ruhestand wegen Dienstunfähigkeit (Art. 56 BayBG)

Schwerbehinderte Beamtinnen und Beamte sind gegen ihren Willen wegen Dienstunfähigkeit aufgrund ihrer gesundheitlichen Beeinträchtigung nur dann in den Ruhestand zu versetzen, wenn festgestellt wird, dass sie auch bei der gebotenen Rücksichtnahme nicht fähig sind, ihre Dienstpflichten zu erfüllen. Von der Versetzung in den Ruhestand ist gemäß Art. 56 Abs. 4 Satz 1 BayBG in der Regel abzusehen, wenn den schwerbehinderten Beamtinnen und Beamten ein anderes Amt derselben, einer entsprechenden, gleichwertigen oder einer anderen Laufbahn, für die sie die Befähigung unter Berücksichtigung ihrer Schwerbehinderung erwerben können, übertragen werden kann und wenn aufgrund eines amtsärztlichen Zeugnisses zu erwarten ist, dass sie den gesundheitlichen Voraussetzungen dieses Amtes voraussichtlich noch genügen.

2. Begrenzte Dienstfähigkeit (Art. 56a BayBG)

Von der Versetzung in den Ruhestand wegen Dienstunfähigkeit soll ferner bei Beamtinnen bzw. Beamten abgesehen werden, die unter Beibehaltung ihres Amts ihre Dienstpflichten noch während mindestens der Hälfte der regelmäßigen Arbeitszeit erfüllen können (begrenzte Dienstfähigkeit). Über das Vorliegen der begrenzten Dienstfähigkeit ist auf der Grundlage eines amtsärztlichen Gutachtens zu entscheiden. Der Dienstherr soll bei amtsärztlichen Gutachten neben einer Aussage zur Dienstfähigkeit, begrenzten Dienstfähigkeit oder Dienstunfähigkeit auch eine ärztliche Stellungnahme dazu anfordern, ob Beamtinnen und Beamte anderweitig uneingeschränkt oder eingeschränkt verwendet werden können. Die Arbeitszeit der Beamtinnen und Beamten wird entsprechend der begrenzten Dienstfähigkeit herabgesetzt.

3. Beteiligung der Schwerbehindertenvertretung

Ist beabsichtigt, schwerbehinderten Beamtinnen und Beamten die Arbeitszeit nach Art. 56a BayBG (begrenzte Dienstfähigkeit) herabzusetzen, sie vorzeitig in den Ruhestand zu versetzen oder zu entlassen, ist nach der allgemeinen Regelung des § 95 Abs. 2 SGB IX die Schwerbehindertenvertretung unverzüglich und umfassend zu unterrichten und vor einer Entscheidung anzuhören.

4. Schwerbehinderte Angestellte, Arbeiterinnen und Arbeiter

Bei schwerbehinderten Angestellten und Arbeitern richtet sich die Beendigung des Arbeitsverhältnisses wegen teilweiser oder voller Erwerbsminderung nach den tarifrechtlichen Bestimmungen (§ 59 Abs. 1 bis 4 BAT, § 62 Abs. 1 bis 4 MTArb). Ordentliche und außerordentliche Kündigungen des Arbeitsverhältnisses von schwerbehinderten Arbeitnehmerinnen und Arbeitnehmern durch den Arbeitgeber bedürfen – abgesehen von § 90 SGB IX – der vorherigen Zustimmung des Integrationsamtes (§§ 85, 91 SGB IX). Diese ist auch erforderlich, wenn das Arbeitsverhältnis ohne Kündigung durch Eintritt der Berufs- oder Erwerbsunfähigkeit endet (§ 92 SGB IX). Die vorstehenden Ausführungen finden dann keine Anwendung, wenn zum Zeitpunkt der Kündigung die Eigenschaft als schwerbehinderter Mensch nicht nachgewiesen ist oder das Zentrum Bayern Familie und Soziales nach Ablauf der Frist des § 69 Abs. 1 Satz 2 SGB IX eine Feststellung wegen fehlender Mitwirkung nicht treffen konnte (§ 90 Abs. 2a SGB IX). Eine Gleichstellung wird jedoch bereits mit dem Tag des Eingangs des Antrags wirksam (§ 68 Abs. 2 Satz 2 SGB IX), so dass auch der Kündigungsschutz ab Eingang des Antrags greift. Vor jeder beabsichtigten Kündigung ist die Schwerbehindertenvertretung zu hören (§ 95 Abs. 2 SGB IX). Es ist zu prüfen, ob durch Verwendung auf einem anderen Arbeitsplatz die Kündigung vermieden werden kann.

XI. Teilzeitbeschäftigung, stufenweise Wiedereingliederung nach längerer Krankheit, Altersteilzeit

1. Teilzeitbeschäftigung

Das Beamtenrecht sieht vielfältige Möglichkeiten für eine Teilzeitbeschäftigung vor. Gemäß Art. 80a Abs. 1 BayBG soll auf Antrag die Arbeitszeit bis zur Hälfte der regelmäßigen Arbeitszeit reduziert werden, sofern dienstliche Belange nicht entgegenstehen. Dabei ist, soweit entsprechende Arbeitszeitmodelle an den Dienststellen allgemein eingeführt wurden und dienstliche Belange nicht entgegenstehen, auch die ungleiche Verteilung der Arbeitszeit über einen längeren Zeitraum möglich (Art. 80a Abs. 4 BayBG). Bei familienpolitischer Teilzeit nach Art. 80b Abs. 1 und 2 BayBG kann die durchschnittliche Arbeitszeit auf bis zu durchschnittlich wöchentlich zehn Stunden reduziert werden. Im Rahmen dieser Vorschriften ist schwerbehinderten Beamtinnen und Beamten Teilzeitbeschäftigung zu gewähren, wenn die kürzere Arbeitszeit wegen Art und Schwere der Behinderung notwendig ist (§ 81 Abs. 5 Satz 3 in Verbindung mit Abs. 4 Satz 3 SGB IX).

Entsprechendes gilt für Arbeitnehmerinnen und Arbeitnehmer, wenn zwingende dienstliche oder betriebliche Belange nicht entgegenstehen (§ 81 Abs. 5 Satz 3 SGB IX, § 15b Abs. 2 BAT, § 15b Abs. 2 MTArb, § 8 des Teilzeit- und Befristungsgesetzes).

2. Wiedereingliederung nach längerer Erkrankung

Mit arbeitsunfähigen Arbeitnehmerinnen und Arbeitnehmern kann nach längerer Erkrankung im Einvernehmen mit dem zuständigen Rehabilitationsträger eine befristete Herabsetzung der wöchentlichen Arbeitszeit vereinbart werden, soweit sie nach ärztlicher Feststellung ihre bisherige Tätigkeit teilweise wieder verrichten können und sie nach ärztlicher Einschätzung durch eine stufenweise Wiederaufnahme ihrer Tätigkeit voraussichtlich wieder besser in das Erwerbsleben eingegliedert werden können. Die arbeitsvertraglich vereinbarte wöchentliche Arbeitszeit bleibt hiervon unberührt. Der Arzt soll nach § 74 Sozialgesetzbuch (SGB) Fünftes Buch (V) auf der Bescheinigung über die Arbeitsunfähigkeit Art und Umfang der möglichen Tätigkeiten angeben und dabei in geeigneten Fällen die Stellungnahme des Betriebsarztes oder mit Zustimmung der Krankenkasse die Stellungnahme des Medizinischen Dienstes (§ 275 SGB V) einholen. Auf Grund des Fortbestandes der Arbeitsunfähigkeit besteht während der Wiedereingliederungsphase Anspruch auf Krankenbezüge, nach deren Auslaufen besteht jedoch kein Anspruch auf Entgelt für die geleistete Tätigkeit; insoweit besteht Anspruch auf Krankengeld (§ 44 SGB V).

Schwerbehinderten Beamtinnen und Beamten soll eine entsprechende Arbeitszeit eingeräumt werden. Es handelt sich dabei nicht um Teilzeitbeschäftigung im Sinn von § 6 Abs. 1 des Bundesbesoldungsgesetzes (BBesG).

3. Altersteilzeit

3.1 Altersteilzeit für Beamtinnen und Beamte

Die Kompensation behinderungsbedingter Einschränkung verlangt von schwerbehinderten Beschäftigten erhöhten Einsatz. Sie können daher durch altersbedingte Leistungseinschränkungen in besonderem Maße betroffen sein. Durch die Altersteilzeit wird ein gleitender Übergang vom Erwerbsleben in den Ruhestand ermöglicht. Schwerbehinderten Beamtinnen und Beamten im Sinn des § 2 Abs. 2 SGB IX, die das 58. Lebensjahr vollendet haben, kann auf Antrag eine Teilzeitbeschäftigung mit der Hälfte der in den letzten fünf Jahren vor Beginn der Altersteilzeit durchschnittlich geleisteten Arbeitszeit bewilligt werden, wenn dringende dienstliche Belange nicht entgegenstehen. In Bereichen, in denen wegen grundlegender Verwaltungsreformmaßnahmen in wesentlichem Umfang Planstellen abgebaut werden, gilt unter bestimmten Voraussetzungen als Altersgrenze das 55. Lebensjahr (Art. 80d Abs. 5 Satz 1 BayBG). Bei der Ermessensausübung über die Bewilligung der Altersteilzeit sind die besonderen Bedürfnisse der behinderten Bediensteten angemessen zu berücksichtigen. Die während der Altersteilzeit insgesamt zu erbringende Arbeitszeit kann entsprechend den dienstlichen Erfordernissen entweder im Teilzeitmodell oder im Blockmodell erbracht werden. Im Teilzeitmodell arbeiten Beamtinnen und Beamte bis zum Beginn des Ruhestands im oben dargestellten reduzierten Umfang. Im Blockmodell wird die Arbeitszeit zunächst in einer Ansparphase über den in Art. 80d Abs. 1 Satz 1 BayBG genannten Umfang hinaus erhöht (siehe hierzu im Einzelnen: Art. 80d Abs. 2 Satz 1 Nr. 2 BayBG). Diese Arbeitszeiterhöhung wird dann in einer Freistellungsphase ausgeglichen. Eine Kombination der Altersteilzeit im Blockmodell mit dem Antragsruhestand ist für schwerbehinderte Menschen im Sinn von § 2 Abs. 2 SGB IX möglich. Bei Bewilligung der Altersteilzeit im Blockmodell muss die Beamtin, der Beamte schon mit Antritt der Altersteilzeit erklären, ob er mit Erreichen der gesetzlichen Altersgrenze in den Ruhestand treten wird oder ob er einen Antrag nach Art. 56 Abs. 5 Nr. 2 BayBG (Antragsruhestand ab vollendetem 60. Lebensjahr für schwerbehinderte Menschen im Sinn von § 2 Abs. 2 SGB IX) stellen will, da dies für die Laufzeit der Altersteilzeit von Bedeutung ist.

Die Altersteilzeit muss bis zum 1. Januar 2010 angetreten werden und einen Mindestbewilligungszeitraum von einem Jahr umfassen.

3.2 Altersteilzeit für Arbeitnehmerinnen und Arbeitnehmer

Arbeitnehmerinnen und Arbeitnehmer, die das 60. Lebensjahr vollendet haben, haben – soweit die übrigen Voraussetzungen erfüllt sind – nach dem Tarifvertrag zur Regelung der Altersteilzeit vom 5. Mai 1998 einen Anspruch auf Vereinbarung eines Altersteilzeitarbeitsverhältnisses. Mit Arbeitnehmerinnen und Arbeitnehmern, die das 55., aber noch nicht das 60. Lebensjahr vollendet haben, kann bei Vorliegen der übrigen Voraussetzungen ein Altersteilzeitarbeitsverhältnis vereinbart werden. Im Rahmen der erforderlichen Ermessensentscheidung über Anträge auf Altersteilzeit sind unter Abwägung aller einschlägigen Gesichtspunkte des Einzelfalls die besonderen Interessen schwerbehinderter Arbeitnehmerinnen und Arbeitnehmer angemessen zu berücksichtigen. Bei schwerbehinderten Arbeitnehmerinnen und Arbeitnehmern, die das 58. Lebensjahr vollendet haben, werden die Interessen der Arbeitnehmerin, des Arbeitnehmers die Interessen des Arbeitgebers regelmäßig überwiegen.

XII. Ergänzende und allgemeine Maßnahmen der Fürsorge für schwerbehinderte Menschen

1. Dienstbefreiung bei extremen Wetterlagen

An Tagen mit extremen Wetterlagen (z. B. große Hitze, große Kälte, Schnee- oder Eisglätte) soll schwerbehinderten Beschäftigten, denen die jeweilige Wetterlage besondere Erschwernisse bereitet, eine Erleichterung in der Gestaltung der Arbeitszeit oder in angemessenem Umfang Dienstbefreiung gewährt werden.

2. Zusatzurlaub

2.1 Kreis der Berechtigten

Schwerbehinderten Beschäftigten (§ 2 Abs. 2 SGB IX) wird sowohl neben dem nach arbeits- oder beamtenrechtlichen Vorschriften zustehenden Urlaub als auch neben dem tariflich geschuldeten Urlaub nach § 125 SGB IX ein Zusatzurlaub gewährt. Gleichgestellten behinderten Menschen steht Zusatzurlaub nicht zu (§ 68 Abs. 3 SGB IX). Günstigere tarifrechtliche Bestimmungen über einen Zusatzurlaub für Arbeitnehmerinnen und Arbeitnehmer mit einem Grad der Behinderung von weniger als 50 bleiben unberührt (vgl. § 49 Abs. 4 MTArb).

2.2 Dauer des Zusatzurlaubs

Schwerbehinderte Menschen haben Anspruch auf einen bezahlten zusätzlichen Urlaub von fünf Arbeitstagen im Urlaubsjahr.

Bei einer von der Fünf-Tage-Woche abweichenden Verteilung der regelmäßigen Arbeitszeit ist der Zusatzurlaub von fünf Arbeitstagen im Verhältnis der durchschnittlichen Verteilung der Arbeitstage auf die Kalenderwochen zur Fünf-Tage-Woche umzurechnen (§ 125 Abs. 1 Satz 1, Halbsatz 2 SGB IX). Ein sich hierbei ergebender Bruchteil von Arbeitstagen ist weder auf- noch abzurunden.

Beispiel: Der schwerbehinderte Beschäftigte arbeitet 3 Wochen zu je 5 Arbeitstagen im Wechsel mit 1 Woche zu 6 Arbeitstagen. Daraus ergeben sich pro Arbeitswoche durchschnittlich 5 ¼ Arbeitstage. Der Zusatzurlaub nach § 125 SGB IX beträgt danach 5 ¼ Arbeitstage.

Ändert sich bei Arbeitnehmerinnen und Arbeitnehmern die Verteilung der durchschnittlichen regelmäßigen wöchentlichen Arbeitszeit während des Urlaubsjahres vorübergehend oder auf Dauer (etwa wenn die regelmäßige Arbeitszeit durch Gewährung von Teilzeitarbeit von fünf auf drei Tage herabgesetzt wird), so sind die tarifrechtlichen Bestimmungen der §§ 48 Abs. 4 BAT und 48 Abs. 8 MTArb bei der Berechnung des Zusatzurlaubs entsprechend anzuwenden. Diese Vorschriften finden auch auf die Berechnung des Zusatzurlaubs schwerbehinderter Beamtinnen oder Beamter entsprechende Anwendung.

2.3 Entstehung des Zusatzurlaubs

Die Entstehung des Anspruchs auf Zusatzurlaub unterliegt den Vorschriften des Haupturlaubs. Für schwerbehinderte Arbeitnehmerinnen/Arbeitnehmer bedeutet dies, dass die Voraussetzungen für die Gewährung des gesetzlichen Jahresurlaubs nach dem Bundesurlaubsgesetz (BUrlG) erfüllt sein müssen. Für Beamtinnen bzw. Beamte müssen die Voraussetzungen nach dem Bayerischen Beamtengesetz in Verbindung mit der Verordnung über den Urlaub der bayerischen Beamten und Richter (Urlaubsverordnung – UrlV) erfüllt sein.

Der Anspruch auf den Zusatzurlaub entsteht ab dem Zeitpunkt des Eintritts der Schwerbehinderteneigenschaft unabhängig von dessen behördlicher Feststellung. Die bzw. der schwerbehinderte Beschäftigte hat die Schwerbehinderteneigenschaft jedoch nachzuweisen. Ist die Schwerbehinderung noch nicht gemäß § 69 Abs. 1 Satz 1 SGB IX festgestellt, so kann das Vorliegen der Schwerbehinderteneigenschaft auf andere Weise nachgewiesen werden. Der Dienstvorgesetzte entscheidet dann über den Beginn der Zusatzurlaubsberechtigung nach pflichtgemäßem Ermessen unter Würdigung aller vom Antragsteller vorgelegten Tatsachen. Dabei ist ein großzügiger Maßstab anzulegen. Lässt sich der Zeitpunkt des Eintritts der Schwerbehinderteneigenschaft aus einem für die Behinderung ursächlichen Ereignis (z. B. Unfall) bestimmen, ist dieser Zeitpunkt zugrunde zu legen. Falls sich der Zeitpunkt des schädigenden Ereignisses nicht eindeutig feststellen lässt (z. B. chronische Erkrankungen), ist vom Datum des Antrags nach § 69 Abs. 1 SGB IX (Eingang des Antrags beim Zentrum Bayern Familie und Soziales) auszugehen.

2.4 Übertragung des Zusatzurlaubs

Für die Übertragung des Zusatzurlaubs ins nächste Kalenderjahr und den Verfall gelten die Regelungen für den Haupturlaub entsprechend. Eine Ansparung des Zusatzurlaubs nach § 11 UrlV ist nicht möglich.

Wird die Schwerbehinderteneigenschaft rückwirkend für ein bereits abgelaufenes Urlaubsjahr festgestellt, so kann Zusatzurlaub für das abgelaufene Jahr nur in Anspruch genommen werden, wenn die oder der schwerbehinderte Beschäftigte seinen Anspruch rechtzeitig geltend gemacht hat.

2.5 Teilurlaub

Besteht die Schwerbehinderteneigenschaft nicht während des gesamten Kalenderjahres, so hat der schwerbehinderte Mensch nach § 125 Abs. 2 Satz 1 SGB IX für jeden vollen Monat der im Beschäftigungsverhältnis vorliegenden Schwerbehinderteneigenschaft einen Anspruch auf ein Zwölftel des Zusatzurlaubs. Abweichend von § 125 Abs. 2 Satz 1 SGB IX gilt im Anwendungsbereich der Fürsorgerichtlinien für die schwerbehinderten Beschäftigten, deren Berechtigung auf Zusatzurlaub nicht während des gesamten Urlaubsjahres besteht, folgende großzügigere Regelung:

Anspruch auf vollen Zusatzurlaub besteht, wenn
- die Schwerbehinderteneigenschaft im Laufe des Urlaubsjahres erworben bzw. beendet wird,
- das Arbeits- oder Dienstverhältnis von schwerbehinderten Arbeitnehmerinnen, Arbeitnehmern oder Beamtinnen, Beamten in der ersten Hälfte des Kalenderjahres beginnt,
- das Arbeits- oder Dienstverhältnis von schwerbehinderten Arbeitnehmern oder Beamten in der zweiten Hälfte des Kalenderjahres nach erfüllter Wartezeit von sechs Monaten endet.

Anspruch auf ein Zwölftel des Zusatzurlaubs für jeden angefangenen Monat des Bestehens des Dienst- oder Arbeitsverhältnisses besteht, wenn dieses
- in der ersten Hälfte des Kalenderjahres endet,
- in der zweiten Hälfte des Kalenderjahres beginnt,
- in der zweiten Hälfte des Kalenderjahres vor Erfüllung der Wartezeit endet.

Der Beginn der Freistellungsphase im Rahmen der Altersteilzeit im Blockmodell gilt insoweit als Beendigung des Dienstverhältnisses.

Bei der Berechnung des anteiligen Zusatzurlaubs sind Bruchteile, die mindestens einen halben Tag ergeben, auf volle Urlaubstage aufzurunden. Bruchteile von Urlaubstagen, die weniger als einen halben Tag betragen, sind dagegen nicht abzurunden, sondern in Höhe dieses Bruchteils zu gewähren.

2.6 Weitgehende Berücksichtigung der Urlaubswünsche schwerbehinderter Menschen

Den Wünschen von schwerbehinderten Beschäftigten hinsichtlich der Urlaubszeit ist nach Möglichkeit zu entsprechen.

3. Dienst- und Arbeitsbefreiung

Bei der Gewährung von Dienst- bzw. Arbeitsbefreiung aus Anlässen, welche die Interessen von Mitarbeitern mit Behinderung berühren, ist großzügig zu verfahren, insbesondere soweit auch ein dienstliches Interesse am Befreiungszweck besteht (z. B. Mobilitätstraining für blinde und hochgradig sehbehinderte Menschen, Fortbildungsveranstaltungen für besondere Gruppen von behinderten Menschen).

4. Maßnahmen der medizinischen Vorsorge oder Rehabilitation
4.1 Allgemein
Vom Zentrum Bayern Familie und Soziales genehmigte Maßnahmen der medizinischen Vorsorge oder Rehabilitation sind den schwerbehinderten Beschäftigten zu ermöglichen. Gleiches gilt für Maßnahmen der medizinischen Vorsorge oder Rehabilitation, die von den Sozialversicherungsträgern gewährt werden. Schwerbehinderte Bedienstete haben ihre Dienststelle über die Bewilligung der Maßnahme der medizinischen Vorsorge oder Rehabilitation rechtzeitig zu unterrichten. Soweit ein Anspruch auf eine vom Zentrum Bayern Familie und Soziales genehmigte medizinische Vorsorge oder Rehabilitation nicht besteht, gibt es die Möglichkeit einer „Heilkur". Arbeitnehmer haben hierzu eine Genehmigung ihrer Krankenkasse einzuholen. Bei Beamten und Beamtinnen muss die Maßnahme vor Beginn von der Beihilfefestsetzungsstelle als beihilfefähig anerkannt werden. Schwerbehinderten Lehrkräften kann eine stationäre Rehabilitation auch außerhalb der Ferienzeit gewährt werden. Im Übrigen sind § 19 UrlV und die einschlägigen urlaubsrechtlichen Bestimmungen (§ 10 BUrlG) anzuwenden. Die Fortzahlung der Bezüge von Arbeitnehmern richtet sich bei Maßnahmen der medizinischen Vorsorge oder Rehabilitation nach den tarifrechtlichen Bestimmungen (§ 37 Abs. 1 Unterabs. 2, § 71 Abs. 1 Unterabs. 2 BAT, § 42 Abs. 1 Unterabs. 2 MTArb).

4.2 Anrechnung von Abwesenheitszeiten
Auf VV 3.1.3 zu Art. 80 BayBG wird hingewiesen.

5. Wohnungsfürsorge
Bei der Zuweisung von Staatsbedienstetenwohnungen soll – soweit möglich – auf Art und Umfang der Behinderung, Entfernung zum Arbeitsplatz, Familienstand und sonstige persönliche Verhältnisse schwerbehinderter Beschäftigter Rücksicht genommen werden. Schwerbehinderte Bewerberinnen und Bewerber sind bei der Wohnungsvergabe gegenüber nicht schwerbehinderten Bewerberinnen und Bewerbern bei sonst gleichen persönlichen Verhältnissen vorrangig zu berücksichtigen.

6. Abholdienst
Zur Beförderung von schwerbehinderten Beschäftigten, die erheblich gehbehindert sind, kann für Fahrten zwischen Dienststelle und Wohnung ausnahmsweise die unentgeltliche Benutzung von Dienstkraftwagen zugelassen werden, soweit diese verfügbar sind. Auch ein vorübergehender Abholdienst kann bei witterungsbedingten oder besonderen persönlichen Erschwernissen (z. B. Glatteis, Bruch einer Beinprothese) in Betracht kommen. Voraussetzung ist, dass die Wohnung in vertretbarer Entfernung des Dienstortes liegt und die Benutzung eines öffentlichen Verkehrsmittels wegen der Art und Schwere der gesundheitlichen Beeinträchtigung unzumutbar ist. Die Fahrten zwischen Dienststelle und Wohnung sind nach Möglichkeit als Gemeinschaftsfahrt durchzuführen. Über die eingehend zu begründenden Anträge entscheidet die Dienststellenleitung. Die Personalvertretung und die Schwerbehindertenvertretung sind zu beteiligen. Die Genehmigung ist widerruflich zu erteilen und bei Fortfall der für die Erteilung maßgebenden Voraussetzungen zu widerrufen.

7. Parkmöglichkeiten
Schwerbehinderten Beschäftigten, die wegen ihrer Behinderung auf den Gebrauch eines Kraftfahrzeuges für den Weg zu und von der Dienststelle angewiesen sind, ist in der Nähe ihres Arbeitsplatzes auf den für die Dienststelle vorhandenen Parkplätzen für private Kraft-

fahrzeuge eine genügende Anzahl von Abstellflächen möglichst in der Nähe des Eingangs (Fahrstuhl) bereitzustellen. Falls nötig, sind diese Abstellflächen besonders zu kennzeichnen und nach Möglichkeit zu überdachen. Sind keine Parkplätze vorhanden, auf denen Abstellflächen für schwerbehinderte Beschäftigte bereitgestellt werden können, so sind solche Flächen nach Möglichkeit anzumieten oder zu erwerben. Anmietung und Erwerb müssen wirtschaftlich vertretbar sein. Die für Fahrzeuge von schwerbehinderten Beschäftigten bereitgestellten Abstellflächen sind nach Möglichkeit in die vorgesehene Bewachung der jeweiligen Dienststelle oder Anlage einzubeziehen. Können Abstellflächen nicht bereitgestellt werden, so ist von der Dienststelle für die schwerbehinderten Beschäftigten mit außergewöhnlicher Gehbehinderung eine Ausnahmegenehmigung dahingehend zu beantragen, dass sie ihr Fahrzeug während des Dienstes an einer Stelle mit Parkverbot abstellen dürfen (§ 45 Abs. 1b Nr. 2 und § 46 Abs. 1 Straßenverkehrsordnung).

8. Verkauf ausgesonderter Dienstkraftfahrzeuge

Schwerbehinderte Beschäftigte des Freistaates Bayern im Sinn von § 2 Abs. 2 SGB IX, die auf die Benutzung eines Kraftfahrzeugs angewiesen sind, können auf Antrag aussonderungsreife Dienstkraftfahrzeuge – abweichend von haushaltsrechtlichen Bestimmungen (VV Nr. 1.2 zu Art. 63 BayHO) – zum Schätzwert erwerben.

9. Servicehunde

Servicehunde (z. B. Blinden-, Rollstuhlbegleithunde) sind während der Dienstzeit am Arbeitsplatz unterzubringen.

10. Behindertensport

Der Behindertensport ist geeignet, zusätzliche Gesundheitsschäden zu verhüten, die Arbeitskraft zu stabilisieren und den Lebenswillen behinderter Menschen zu stärken. Daher ist die Teilnahme am Behindertensport zu fördern.

11. Gebärdensprachedolmetscher

Bei Schulungs- und Bildungsveranstaltungen, bei Personalgesprächen (z. B. Mitarbeitergesprächen) sowie bei Personal- und Schwerbehindertenversammlungen soll hörbehinderten Mitarbeitern auf Wunsch ein Gebärdensprachedolmetscher zur Verfügung gestellt werden. Soweit möglich sollen den hörbehinderten Menschen schriftliche Unterlagen ausgehändigt werden. Für Schulungs-und Bildungsveranstaltungen können beim Integrationsamt dazu Zuschüsse beantragt werden.

XIII. Aktenführung

1. Personalakten

Die Personalakten müssen eine Ablichtung des Schwerbehindertenausweises (§ 69 Abs. 5 SGB IX) enthalten. Für die Erfüllung der besonderen Fürsorgepflicht des Dienstherrn kann insbesondere bei der Besetzung herausgehobener Dienstposten oder von Dienstposten mit besonderen Anforderungen an die gesundheitliche Eignung das Wissen um die Art der Behinderung notwendig sein. Legt der schwerbehinderte Beschäftigte dies nicht ausreichend dar, z. B. durch die Vorlage des die Schwerbehinderung feststellenden Bescheids, so reicht zur Erfüllung der besonderen Fürsorgepflicht des Dienstherrn aus, dass auf die damit verbundenen Nachteile hingewiesen wird. Der schwerbehinderte Beschäftigte ist außerdem darauf hinzuweisen, dass Änderungen, die nach Ausstellung des bestandskräftigen Schwerbehindertenausweises eingetreten sind, unverzüglich der Dienststelle mitgeteilt werden müssen. Die Dienststelle hat die Änderung in der Personalakte zu vermerken und ggf. die Berichtigung der Personaldatei vorzunehmen und die Schwerbehindertenvertretung hiervon in Kenntnis zu setzen.

Die Dienststellen sind verpflichtet, ein Verzeichnis der bei ihnen beschäftigten schwerbehinderten Menschen zu führen (§ 80 Abs. 1 SGB IX). Darin sind auch diejenigen schwerbehinderten Menschen und ihnen Gleichgestellte aufzunehmen, deren Arbeitsplatz nach § 73 Abs. 2 und 3 SGB IX nicht anzurechnen ist.

Die Personalakten schwerbehinderter Beschäftigter sind so zu kennzeichnen, dass die Schwerbehinderteneigenschaft sofort erkennbar ist. Dies gilt entsprechend für die Verarbeitung und Nutzung personenbezogener Daten in automatisierten Dateien (DV-gestützte Personalverwaltungssysteme).

2. Schreiben an übergeordnete Behörden

In Schreiben an übergeordnete Behörden in Personalangelegenheiten schwerbehinderter Menschen ist auf die Schwerbehinderteneigenschaft unter Angabe des Grads der Behinderung hinzuweisen, soweit die Schwerbehinderteneigenschaft für die Personalangelegenheit von Bedeutung ist.

3. Mitteilungen an die Personalvertretung

Alle Mitteilungen an die Personalvertretung über beabsichtigte Personalmaßnahmen, die schwerbehinderte Menschen betreffen, sollen einen Hinweis auf die Schwerbehinderteneigenschaft enthalten.

4. Anträge von schwerbehinderten Menschen

Schwerbehinderte Beschäftigte brauchen bei Anträgen (z. B. Beihilfeanträgen) an die Dienststelle die Art ihrer Behinderung nicht anzugeben; ein Hinweis auf die Personalakten genügt.

5. Hinzuziehung der Schwerbehindertenvertretung bei Einsicht in die Personalakten

Schwerbehinderte Beschäftigte haben das Recht, bei Einsicht in die über sie geführten Personalakten die Schwerbehindertenvertretung hinzuzuziehen und ihr Vollmacht zur Akteneinsicht zu erteilen. Die Schwerbehindertenvertretung hat über den Inhalt der Personalakten Stillschweigen zu bewahren, soweit sie von schwerbehinderten Beschäftigten nicht von dieser Verpflichtung entbunden wird (§ 95 Abs. 3 SGB IX).

XIV. Zusammenarbeit der zur Wahrung der Interessen schwerbehinderter Menschen besonders berufenen Stellen

1. Beauftragter des Arbeitgebers

1.1 Bestellung

Gemäß § 98 SGB IX hat der Arbeitgeber jeweils eine oder einen Beauftragten zu bestellen, der ihn in Angelegenheiten schwerbehinderter Menschen verantwortlich vertritt. Für den staatlichen Bereich bedeutet dies, dass an jeder Dienststelle eine Beauftragte oder ein Beauftragter bestellt werden soll, der die Dienststelle in Angelegenheiten schwerbehinderter Menschen verantwortlich vertritt (Beauftragter der Dienststelle). Erforderlichenfalls können mehrere Beauftragte bestellt werden. Von einer Bestellung kann jedoch abgesehen werden, soweit die Bestellung gesonderter Beauftragter z. B. bei enger räumlicher Nähe von Dienststellen des gleichen Geschäftsbereichs, nicht zweckmäßig erscheint.

Die Bestellung oder Abberufung der oder des Beauftragten ist den personalbearbeitenden Stellen, der örtlichen Schwerbehindertenvertretung und der Personalvertretung anzuzeigen. Außerdem ist die oder der Beauftragte der zuständigen Agentur für Arbeit und dem Integrationsamt zu benennen (§ 80 Abs. 8 SGB IX). Er kann mit diesen Stellen unmittelbar in Verbindung treten.

1.2 Aufgaben

Die oder der Beauftragte der Dienststelle ist dazu berufen, ausgleichend und vermittelnd zu wirken und hat insoweit etwaige Entscheidungen der Dienststelle vorzubereiten. Diese Tätigkeit erfordert neben Lebens- und Verwaltungserfahrung auch Aufgeschlossenheit und Verständnis für die Belange schwerbehinderter Menschen und der Dienststelle.

Die oder der Beauftragte hat sich dafür einzusetzen, dass die zugunsten schwerbehinderter Menschen geltenden Gesetze, Rechtsverordnungen, Tarifverträge und Verwaltungsvorschriften in seiner Dienststelle ausgeführt werden; insbesondere hat er auf die Erfüllung der Beschäftigungsquote zu achten. Er soll sich auch dafür einsetzen, dass Beschäftigten der Dienststelle, welche die Voraussetzungen für die Anerkennung der Schwerbehinderteneigenschaft erfüllen, die Anerkennung beantragen und diese gegenüber dem Dienstherrn auch offen legen. Die oder der Beauftragte der Dienststelle soll dabei auf Beschäftigte, die Anzeichen für dauerhafte gesundheitliche Einschränkungen zeigen, offen und mit dem notwendigen Einfühlungsvermögen zugehen. Dabei soll auch über mögliche Nachteilsausgleiche und Arbeitserleichterungen nach den gesetzlichen Vorschriften und dieser Bekanntmachung informiert werden.

1.3 Fortbildung

Dem Beauftragten ist ausreichend Gelegenheit zu geben, seine Kenntnisse und Erfahrungen durch den Besuch einschlägiger Fortbildungsveranstaltungen zu vertiefen und zu erweitern.

2. Integration schwerbehinderter Menschen als Personalführungsaufgabe

Die Integration schwerbehinderter Mitarbeiterinnen und Mitarbeitern in das Arbeitsumfeld, der Ausgleich und die Vermeidung von Störungen und Spannungen mit nichtbehinderten Kolleginnen und Kollegen sowie Vorgesetzten und eine den Belangen und Fähigkeiten der schwerbehinderten Mitarbeiterinnen und Mitarbeitern sowie den dienstlichen Bedürfnissen angepasste Arbeitsorganisation sind wesentlicher Teil der Personalführungsaufgabe der Dienststellenleitung, des Beauftragten der Dienststelle und der mit Personalführungsaufgaben betrauten unmittelbaren Vorgesetzten. Sie sind daher aufgerufen, die hierfür erforderlichen Fähigkeiten und Kenntnisse durch geeignete Fortbildungen zu erwerben, zu aktualisieren und zu erweitern. Bei der Konzeption entsprechender Fortbildungsangebote zur Personalführung soll auf diesen Themenkomplex verstärkt eingegangen werden.

3. Schwerbehindertenvertretung

3.1 Wahl

Zur Wahrung ihrer Interessen wählen die schwerbehinderten Bediensteten einer Dienststelle, in der wenigstens fünf schwerbehinderte Menschen nicht nur vorübergehend beschäftigt sind, eine Vertrauensperson und wenigstens einen Stellvertreter (siehe auch §§ 94 ff. SGB IX).

3.2 Aufgaben

Die Schwerbehindertenvertretung hat die Eingliederung schwerbehinderter Menschen in den Betrieb oder die Dienststelle zu fördern, die Interessen der schwerbehinderten Beschäftigten in dem Betrieb oder der Dienststelle zu vertreten und ihnen beratend und helfend zur Seite zu stehen (§ 95 Abs. 1 SGB IX). Sie hat vor allem

– darüber zu wachen, dass die zugunsten der schwerbehinderten Menschen geltenden Gesetze, Verordnungen, Tarifverträge, Betriebs- oder Dienstvereinbarungen und Verwaltungsanordnungen durchgeführt, insbesondere auch die dem Arbeitgeber nach den §§ 71, 72 und 81 bis 84 SGB IX obliegenden Verpflichtungen erfüllt werden,
– Maßnahmen, die den schwerbehinderten Beschäftigten dienen, insbesondere auch präventive Maßnahmen, bei den zuständigen Stellen zu beantragen,

- Anregungen und Beschwerden von schwerbehinderten Beschäftigten entgegenzunehmen und, falls sie berechtigt erscheinen, durch Verhandlungen mit dem Arbeitgeber auf eine Erledigung hinzuwirken; sie hat die schwerbehinderten Beschäftigten über den Stand und das Ergebnis der Verhandlungen zu unterrichten.
- Sie hat die Beschäftigten auch bei Anträgen an das Zentrum Bayern Familie und Soziales auf Feststellung des Vorliegens einer Behinderung und ihres Grades sowie der Schwerbehinderteneigenschaft und bei Anträgen auf Gleichstellung an die Agentur für Arbeit zu unterstützen.

3.3 Beteiligung der Schwerbehindertenvertretung

Die Schwerbehindertenvertretung ist in allen Angelegenheiten, die einen einzelnen schwerbehinderten Menschen oder die schwerbehinderten Menschen als Gruppe berühren, von der Leitung der Dienststelle oder deren Beauftragten unverzüglich und umfassend zu unterrichten und vor einer Entscheidung zu hören; die getroffene Entscheidung ist ihr unverzüglich mitzuteilen (§ 95 Abs. 2 Satz 1 SGB IX). Die Durchführung oder Vollziehung einer ohne entsprechende Beteiligung getroffenen Entscheidung ist auszusetzen; die Beteiligung ist innerhalb von sieben Tagen nachzuholen; sodann ist endgültig zu entscheiden (§ 95 Abs. 2 Satz 2 SGB IX). Entscheidet eine übergeordnete Dienststelle über persönliche Angelegenheiten schwerbehinderter Beschäftigter, ist die bei der entscheidenden Dienststelle jeweils gebildete Bezirks- oder Hauptschwerbehindertenvertretung zu hören; diese hat der Schwerbehindertenvertretung der Dienststelle, in welcher der schwerbehinderte Mensch beschäftigt ist, Gelegenheit zur Äußerung zu geben. Dies gilt nicht in den Fällen, in denen der Personalrat der Beschäftigungsbehörde zu beteiligen ist (§ 97 Abs. 6 SGB IX).

Nach § 95 Abs. 2 SGB IX ist die Schwerbehindertenvertretung auch dann zu beteiligen, wenn dem Antrag schwerbehinderter Beschäftigter in vollem Umfang stattgegeben wird. Zur Vermeidung eines unnötigen Verwaltungsaufwands soll die Dienststellenleitung eine einvernehmliche Regelung mit der zuständigen Schwerbehindertenvertretung herbeiführen, die den beiderseitigen Aufwand für diese Fälle möglichst gering hält.

Bei Wahrnehmung ihrer Aufgaben ist die Schwerbehindertenvertretung insbesondere zur Verschwiegenheit verpflichtet (§ 96 Abs. 7 SGB IX). Die Verschwiegenheitspflicht gilt auch nach dem Ausscheiden aus dem Amt fort.

In Angelegenheiten, in denen die Schwerbehindertenvertretung / Bezirksschwerbehindertenvertretung selbst betroffen ist, ist die jeweils zuständige Bezirksschwerbehindertenvertretung / Hauptschwerbehindertenvertretung zu hören. In Angelegenheiten der Hauptschwerbehindertenvertretung ist ihre Stellvertretung zu hören.

3.4 Information der Schwerbehindertenvertretung

Um der Schwerbehindertenvertretung und im Fall des § 97 Abs. 6 SGB IX der Bezirks- bzw. Hauptschwerbehindertenvertretung einen laufenden Überblick über den zu betreuenden Personenkreis zu geben, sind Zu- und Abgänge von schwerbehinderten Beschäftigten unverzüglich mitzuteilen.

Verfügungen von allgemeiner Bedeutung sowie solche welche die schwerbehinderten Menschen als Gruppe besonders berühren, sollen an die Schwerbehindertenvertretung weitergegeben werden.

Die Vertrauenspersonen und die Bezirks- und Hauptschwerbehindertenvertretung sind über die jeweils laufenden Programme zur Integration und verstärkten Einstellung schwerbehinderter Menschen zu informieren.

3.5 Versammlung der schwerbehinderten Menschen

Im Rahmen der Beratung und Betreuung kann jede Schwerbehindertenvertretung eine Versammlung schwerbehinderter Menschen in der Dienststelle, jede Bezirksschwerbehindertenvertretung eine Versammlung der Schwerbehindertenvertretungen ihres Bezirks und die Hauptschwerbehindertenvertretung eine Versammlung der Bezirksschwerbehindertenvertretungen und der Schwerbehindertenvertretungen mindestens einmal im Kalenderjahr durchführen (§ 95 Abs. 6, § 97 Abs. 8 SGB IX). Der Versammlungsort ist so zu wählen und die Dauer der Versammlung so einzurichten, dass die Grundsätze der Wirtschaftlichkeit und Sparsamkeit beachtet werden.

3.6 Stellung der Schwerbehindertenvertretung

Die Arbeit der Schwerbehindertenvertretung ist unentgeltlich und ehrenamtlich (§ 96 Abs. 1 SGB IX). Die Schwerbehindertenvertretung darf in der Ausübung ihres Amtes nicht behindert oder wegen ihres Amtes nicht benachteiligt oder begünstigt werden; dies gilt auch für die berufliche Entwicklung (§ 96 Abs. 2 SGB IX). Ihre Rechtsstellung, insbesondere hinsichtlich des Kündigungs-, Versetzungs- und Abordnungsschutzes entspricht der eines Mitglieds der Personalvertretung (§ 96 Abs. 3 Satz 1 SGB IX). Erleidet die Schwerbehindertenvertretung (Bezirks-/ Hauptschwerbehindertenvertretung) bei der Ausübung ihrer Tätigkeit einen Unfall, so gilt dieser bei Beamtinnen oder Beamten als Dienstunfall (§ 96 Abs. 3 SGB IX, Art. 11 BayPVG), bei Arbeitnehmerinnen und Arbeitnehmern als Arbeitsunfall (§§ 2, 8 Sozialgesetzbuch [SGB] Siebtes Buch [VII]).

3.7 Freistellung der Schwerbehindertenvertretung

In Dienststellen, in denen in der Regel wenigstens 200 schwerbehinderte Menschen beschäftigt sind, sind die Vertrauenspersonen auf Wunsch freizustellen. Dies gilt entsprechend für die Bezirks- und Hauptschwerbehindertenvertretung. Im Übrigen werden die Vertrauenspersonen in angemessenem Umfang von ihrer beruflichen Tätigkeit befreit, soweit dies zur Durchführung ihrer Aufgaben erforderlich ist (§ 96 Abs. 4, § 97 Abs. 7 SGB IX). Bei der Bemessung des zeitlichen Umfangs der Freistellung können insbesondere die Anzahl der Beschäftigten und strukturelle Besonderheiten, wie z. B. die Lage der zu betreuenden Dienststellen oder Betreuung von schwerbehinderten Beschäftigten mit besonderem Betreuungsaufwand (insbesondere Mehrfachanrechnungen), von Bedeutung sein.

3.8 Stellvertretende Schwerbehindertenvertretung

Die stellvertretende Schwerbehindertenvertretung besitzt während der Dauer der Vertretung und der Heranziehung zu bestimmten Aufgaben nach § 95 Abs. 1 Satz 4 SGB IX die gleiche persönliche Rechtsstellung wie die Vertrauensperson; im Übrigen hat die Stellvertretung die gleiche Rechtsstellung wie Ersatzmitglieder der Personalvertretung (§ 96 Abs. 3 Satz 2 SGB IX).

Nach § 95 Abs. 1 Satz 4 SGB IX kann die Schwerbehindertenvertretung in Dienststellen mit in der Regel mehr als 100 schwerbehinderten Menschen nach Unterrichtung des Arbeitgebers das mit der höchsten Stimmenzahl gewählte stellvertretende Mitglied zu bestimmten Aufgaben heranziehen, in Dienststellen mit mehr als 200 schwerbehinderten Menschen das mit der nächsthöchsten Stimmzahl gewählte weitere stellvertretende Mitglied. Die Entscheidung über die Heranziehung der Stellvertretung zu bestimmten Aufgaben trifft die Schwerbehindertenvertretung nach pflichtgemäßem Ermessen. Die Vertrauenspersonen sollen mit der Delegation von Aufgaben verantwortungsvoll umgehen und die berechtigten Interessen des Arbeitgebers berücksichtigen.

3.9 Tragung der Kosten der Schwerbehindertenvertretung

Die durch die Geschäftsführung der Schwerbehindertenvertretung (Bezirks-/Hauptschwerbehindertenvertretung) entstehenden Kosten trägt die Dienststelle (§ 96 Abs. 8, § 97 Abs. 7 SGB IX). Sie hat ihr die für die Durchführung ihrer Aufgaben notwendige Unterstützung zu gewähren (z. B. Erledigung von Schreib- und Büroarbeiten). Der Schwerbehindertenvertretung ist, soweit erforderlich, ein Raum bereitzustellen, in dem sie sich mit den schwerbehinderten Beschäftigten ungestört besprechen kann. Für Bekanntmachungen sind geeignete Plätze (Anschlagtafeln) verfügbar zu halten (§ 96 Abs. 9 SGB IX, Art. 43 Abs. 2, Art. 44 Abs. 3 BayPVG).

3.10 Ersatz von Reisekosten

Für Reisen, die Vertrauenspersonen der schwerbehinderten Beschäftigten im Rahmen ihrer Tätigkeit als Schwerbehindertenvertretung, Bezirksschwerbehindertenvertretung oder Hauptschwerbehindertenvertretung unternehmen, erhalten sie Reisekostenvergütung in entsprechender Anwendung des Bayerischen Reisekostengesetzes (BayRKG). Hinsichtlich der Fahrtkostenerstattung werden sie den Beamtinnen/Beamten der übrigen Besoldungsgruppen im Sinn des Art. 5 Abs. 1 Satz 1 BayRKG gleichgestellt. Bezüglich der Erstattung von Auslagen für notwendige Begleitpersonen wird auf Punkt VII. 8. verwiesen.

3.11 Fortbildung der Schwerbehindertenvertretung

Die Schwerbehindertenvertretungen sowie ihre Vertreter haben einen Anspruch auf Teilnahme an Schulungs- und Bildungsveranstaltungen, soweit diese Kenntnisse vermitteln, die für die Arbeit der Schwerbehindertenvertretung erforderlich sind (§ 96 Abs. 4 Satz 3 und 4 SGB IX). Für die Kostentragung gilt § 96 Abs. 8 SGB IX. Im Übrigen gelten die Regelungen über die Kostenerstattung für die Teilnahme von Mitgliedern der Personalvertretung an Schulungs- und Bildungsveranstaltungen entsprechend.

3.12 AGSV Bayern

Die Hauptschwerbehindertenvertretungen und Schwerbehindertenvertretungen der obersten Landesbehörden des Freistaates Bayern können sich zu einer Arbeitsgemeinschaft der Schwerbehindertenvertretungen bei den obersten Bayerischen Landesbehörden – AGSV Bayern – zusammenschließen (Internet: www.agsv.bayern.de bzw. Behördennetz: www.agsv.bybn.de).

4. Die Personalvertretung

Die Personalvertretung hat auf die Eingliederung und berufliche Entwicklung schwerbehinderter Bediensteter hinzuwirken, für eine ihren Fähigkeiten und Kenntnissen entsprechende Beschäftigung zu sorgen und erforderlichenfalls Maßnahmen zur beruflichen Förderung schwerbehinderter Beschäftigter zu beantragen (Art. 69 Abs. 1 Buchst. d und e BayPVG). Die Personalvertretung hat auch darauf zu achten, dass die der Dienststelle nach §§ 71, 72 und 81 bis 84 SGB IX obliegenden Verpflichtungen erfüllt werden (§ 93 Satz 2 SGB IX). Sie wird an den Verhandlungen zum Abschluss von Integrationsvereinbarungen beteiligt (§ 83 Abs. 1 SGB IX).

Die Schwerbehindertenvertretung hat das Recht, an allen Sitzungen der Personalvertretung und ihrer Ausschüsse beratend teilzunehmen (§ 95 Abs. 4 SGB IX). Dies gilt auch dann, wenn der Personalrat durch Einzelpersonen oder eine Gruppe vertreten wird. Sie kann beantragen, Angelegenheiten, die einzelne schwerbehinderte Beschäftigte oder die schwerbehinderten Menschen als Gruppe besonders betreffen, auf die Tagesordnung der nächsten Sitzung zu setzen. Bei Beschlüssen, die überwiegend schwerbehinderte Menschen betreffen, hat die Schwerbehindertenvertretung Stimmrecht (Art. 40 Abs. 2 BayPVG). Sie ist daher über die Tagesordnung und den Zeitpunkt der Sitzung rechtzeitig zu informieren. (Art. 34

Abs. 2 Satz 3 BayPVG); der entsprechende Teil der Niederschrift über die Sitzung, an der sie teilgenommen hat, ist ihr im Abdruck zuzuleiten (Art. 41 Abs. 2 BayPVG). Erachtet sie einen Beschluss der Personalvertretung als eine erhebliche Beeinträchtigung wichtiger Interessen schwerbehinderter Beschäftigter oder ist sie entgegen § 95 Abs. 2 Satz 1 SGB IX vom Arbeitgeber nicht beteiligt worden, so ist auf ihren Antrag der Beschluss auf die Dauer von einer Woche vom Zeitpunkt der Beschlussfassung an auszusetzen; die Vorschriften des Personalvertretungsrechts über die Aussetzung von Beschlüssen gelten entsprechend. Die Aussetzung hat keine Verlängerung einer Frist zur Folge (§ 95 Abs. 4 SGB IX, Art. 39 Abs. 1 BayPVG).

Die Schwerbehindertenvertretung ist zu den gemeinsamen Besprechungen zwischen Dienststellenleitung und Personalvertretung (Art. 67 Abs. 1 BayPVG) hinzuzuziehen (§ 95 Abs. 5 SGB IX). Das Teilnahmerecht gilt unabhängig davon, ob für die einzelne Besprechung die Behandlung von Schwerbehindertenangelegenheiten vorgesehen ist oder nicht.

5. Integrationsvereinbarung

Diese Bekanntmachung ist eine dem § 83 Abs. 1 SGB IX entsprechende Regelung im Sinn von § 82 Satz 4 SGB IX.

In Einzelfällen können die Behörden im Sinn von § 71 Abs. 3 Nr. 2 SGB IX mit der Schwerbehindertenvertretung und den in § 93 SGB IX genannten Vertretungen zur Regelung spezifischer Besonderheiten eine weitergehende verbindliche Integrationsvereinbarung abschließen (§ 83 SGB IX).

XV. Schlussbestimmungen

1. Diese Bekanntmachung ist allen Dienststellenleitungen, den Beauftragten gemäß § 98 SGB IX, den Personalvertretungen, den Richtervertretungen, den Staatsanwaltsvertretungen, den Gleichstellungsbeauftragten und den Schwerbehindertenvertretungen zur Kenntnis und Beachtung zuzuleiten. Außerdem sind alle Bearbeiterinnen / Bearbeiter von Personalangelegenheiten über den Inhalt dieser Bekanntmachung zu unterrichten. Die Unterrichtung ist in jährlichem Abstand zu wiederholen. Die schwerbehinderten Beschäftigten sind in geeigneter Weise zu unterrichten.
2. Den Gemeinden, Gemeindeverbänden und den sonstigen der Aufsicht des Staates unterstehenden Körperschaften, Anstalten und Stiftungen des öffentlichen Rechts und den Trägern anerkannter Privatschulen wird empfohlen, entsprechend zu verfahren, soweit diese nicht bereits unmittelbar aufgrund gesetzlicher Vorschriften gelten.
3. Diese Bekanntmachung tritt am 16. Dezember 2005 in Kraft. Gleichzeitig tritt die Bekanntmachung über die Fürsorge für schwerbehinderte Angehörige des öffentlichen Dienstes in Bayern vom 17. April 2002 (FMBl. S. 187) außer Kraft.

Prof. Dr. Kurt Faltlhauser

§ 129
Unabhängige Tätigkeit

Soweit zur Ausübung einer unabhängigen Tätigkeit eine Zulassung erforderlich ist, soll schwerbehinderten Menschen, die eine Zulassung beantragen, bei fachlicher Eignung und Erfüllung der sonstigen gesetzlichen Voraussetzungen die Zulassung bevorzugt erteilt werden.

ERLÄUTERUNGEN

I. Bedeutung der Vorschrift

1   Sie will schwerbehinderten Menschen die Aufnahme einer selbstständigen Tätigkeit erleichtern, sofern diese von einer öffentlich-rechtlichen Zulassung abhängig ist. Diese soll ihnen auf ihre Bewerbung hin bei fachlicher Eignung und Erfüllung der sonstigen gesetzlichen Voraussetzungen bevorzugt erteilt werden. Dies gilt auch für nach § 2 Abs. 3 SGB IX Gleichgestellte. Sofern der schwerbehinderte Mensch die formell erforderlichen Zulassungsvoraussetzungen erfüllt, hat er als Bewerber grundsätzlich einen Rechtsanspruch auf Erteilung der Zulassung. Allerdings gibt es keinen unmittelbaren Rechtsanspruch auf eine Bevorzugung bei der Zulassung. Jedoch ist das Ermessen der zuständigen Behörde dahingehend gebunden, dass sie im Regelfall den schwerbehinderten oder gleichgestellten Bewerber zu bevorzugen hat.

2   Die Vorschrift ist von nur geringer praktischer Bedeutung, weil im Hinblick auf das allen Deutschen nach Artikel 12 Abs. 1 GG zustehende Recht der freien Berufswahl nur noch für wenige unabhängige Tätigkeiten eine behördliche Zulassung erforderlich ist.

II. Fassung

3   Die Vorschrift wurde unverändert aus dem Regierungsentwurf (BT-Drucks. 14/5531 i. V. m. 14/5074) übernommen. Sie entspricht inhaltlich § 51 SchwbG a. F.

III. Anmerkungen
1. Unabhängige Tätigkeit

4   Die Bezeichnung „unabhängige Tätigkeit" ist als Oberbegriff zu verstehen, die zum einen den „Beruf", zum anderen aber auch **sonstige unabhängige Tätigkeiten** umfasst (Dopatka in GK-SchwbG Rdnr. 5 zu § 51). Unter Beruf wird verstanden „jede auf Dauer berechnete und nicht nur vorübergehende, der Schaffung und Erhaltung einer Lebensgrundlage dienende Tätigkeit" (vgl. BVerwGE 1, 269 [271]; 2, 295 [298]; 22, 286 f.). Sie umfasst nicht nur traditionelle oder rechtlich fixierte Berufsbilder, sondern auch untypische Tätigkeiten wie z. B. Automaten aufstellen (BVerfGE 14, 19 [22]) oder den Betrieb eines Erfrischungsstandes mit Getränkeausschank (BVerwGE 1, 269 [271]; vgl. auch Dopatka Rdnr. 9).

5   Eine sonstige unabhängige Tätigkeit ist ebenfalls nicht an ein Berufsbild gebunden und erfordert nicht einmal das Kriterium der Dauerhaftigkeit wie z. B. der vorübergehende Betrieb eines Verkaufsstandes bei einer Flohmarktveranstaltung (Dopatka Rdnr. 10).

6   **Unabhängig** ist eine Tätigkeit, wenn sie nicht durch fremde Weisungsbefugnisse bestimmt wird. Hierzu gehört die freie Gestaltung der Tätigkeit und vor der Arbeitszeit (vgl. § 84 Abs. 1 Satz 2 HGB für den Begriff der „Selbstständigkeit").

7   Die Vorschrift des § 129 nimmt damit eine Sonderstellung im zweiten Teil des SGB IX ein, welcher sich überwiegend mit den Rechten schwerbehinderter Menschen als Arbeitnehmer und den entsprechenden Arbeitgeberpflichten befasst. Sie verdeutlicht aber neben der Regelung des § 102 Abs. 3 Nr. 1 c) SGB IX, welche dem Integrationsamt Geldleistungen an schwerbehinderte Menschen zur Gründung und Erhaltung einer selbstständigen beruflichen

Existenz ermöglicht, dass die Regelungen in den §§ 68 ff. SGB IX nicht nur den **Zugang** zu abhängigen Beschäftigungen, sondern **auch zur wirtschaftlichen Selbstständigkeit** ermöglichen sollen (Cramer Rdnr. 1; Dopatka in GK-SchwbG Rdnr. 1, jeweils zu § 51).

2. Zulassungserfordernis

Für bestimmte unabhängige Tätigkeiten sehen gesetzliche Regelungen Zulassungen vor, die je nach Regelungsgegenstand auch als Konzession, Erlaubnis oder Approbation bezeichnet werden. Unbeschadet der nach Art. 12 Abs. 1 GG gewährleisteten Freiheit der Berufswahl kann die **Aufnahme eines Berufs** an **persönliche und fachliche Voraussetzungen** wie Fachkenntnis, Befähigung, persönliche Eignung und Zuverlässigkeit geknüpft werden, deren Erfüllung die Bedingung für die Zulassung ist (Maunz/Dürig Anm. 56 ff.; Bonner Kommentar Anm. 4, jeweils zu Art. 12 GG). Solche Voraussetzungen sind etwa der große Befähigungsnachweis für das Handwerk oder die Approbation für Ärzte, Tierärzte, Hebammen (Neumann/Pahlen Rdnr. 3 zu § 51). Insoweit nimmt ein schwerbehinderter Bewerber keine Sonderstellung ein: Erfüllt er die erforderlichen subjektiven Zulassungsvoraussetzungen, darf ihm der Zugang zum Beruf nicht versagt werden. Er hat einen grundsätzlichen Rechtsanspruch auf Erteilung der Zulassung (BVerwGE 4, 250 [256]).

8

Allerdings hat der schwerbehinderte Bewerber insoweit auch **kein Recht auf Besserstellung bzw. Bevorzugung gegenüber Konkurrenten**, etwa durch Höhergewichtung einer Prüfungsnote (Dopatka in GK-SchwbG Rdnr. 17 zu § 51). Erfüllt der schwerbehinderte Bewerber die gesetzlich vorgeschriebene Mindestqualifikation und kann die Zulassung nur einem der Bewerber erteilt werden, gewährt § 129 zwar nach allgemeiner Auffassung keinen Rechtsanspruch auf Zulassung. Dies folgt aus der Fassung des Gesetzes als „Soll"-Vorschrift. Die bevorzugte Berücksichtigung liegt im **Ermessen** der Stelle, die über die Zulassung zu entscheiden hat (BGHZ 47, 84 [86]; BSGE 1, 119 [122]; Neumann/Pahlen Rdnr. 7; Cramer Rdnr. 4, jeweils zu § 51 SchwbG). Jedoch ist dieses Ermessen gebunden. In der Regel hat die zulassende Behörde die Pflicht zur Bevorzugung des schwerbehinderten Bewerbers, wenn dieser die gesetzlichen Zulassungsvoraussetzungen erfüllt (BGHZ 47, 84 [86]; und NJW 1998, 1281; Dopatka in GK-SchwbG Rdnr. 20; Cramer Rdnr. 4 jeweils zu § 51). Anders kann die Zulassungsstelle allerdings entscheiden, wenn einer bevorzugten Zulassung besonders gewichtige sachliche Gründe entgegenstehen, die im Einzelnen nachzuweisen sind (BGHZ 47, 84 [87], BSGE 11, 119 [122]; Dopatka a. a. O.). Dies können z. B. bei der Bewerbung eines schwerbehinderten Rechtsanwalts um eine Anwaltsnotarstelle Tatsachen sein, die näher bestimmten Erfordernissen einer geordneten Rechtspflege entgegenstehen (BGH a. a. O.); aber auch die überlegene Qualifikation eines Mitbewerbers (BGH DNotZ 1977 379 [381]). Hingegen darf die Bevorzugung eines schwerbehinderten Bewerbers nicht allein unter Hinweis auf seine schon gesicherte Existenz oder fehlende Bedürftigkeit versagt werden (BGHZ 47, 84, [86]).

9

3. Bevorzugte Zulassung Gleichgestellter

Die Bevorzugung nach § 129 gilt nicht nur für schwerbehinderte Menschen, sondern auch für die nach § 2 Abs. 3 SGB IX Gleichgestellten. Für diese sind nach § 68 Abs. 3 SGB IX alle besonderen Regeln für schwerbehinderte Menschen mit Ausnahme der Bestimmungen über den Zusatzurlaub nach § 125 SGB IX und über die unentgeltliche Beförderung im öffentlichen Personenverkehr gemäß §§ 145 ff. SGB IX anzuwenden. Dies gilt somit auch für die Vorschrift des § 129 (vgl. BGHZ 55, 324 ff.; Cramer Rdnr. 2; Dopatka in GK-SchwbG Rdnr. 18; Neumann/Pahlen Rdnr. 1, jeweils zu § 51).

10

§ 130

Geheimhaltungspflicht

(1) Die Beschäftigten der Integrationsämter, der Bundesagentur für Arbeit, der Rehabilitationsträger einschließlich ihrer Beschäftigten in gemeinsamen Servicestellen sowie der von diesen Stellen beauftragten Integrationsfachdienste und die Mitglieder der Ausschüsse und des Beirates für die Teilhabe behinderter Menschen (§ 64) und ihre Stellvertreter oder Stellvertreterinnen sowie zur Durchführung ihrer Aufgaben hinzugezogene Sachverständige sind verpflichtet,

1. über ihnen wegen ihres Amtes oder Auftrages bekannt gewordene persönliche Verhältnisse und Angelegenheiten von Beschäftigten auf Arbeitsplätzen für schwerbehinderte Menschen, die ihrer Bedeutung oder ihrem Inhalt nach einer vertraulichen Behandlung bedürfen, Stillschweigen zu bewahren, und
2. ihnen wegen ihres Amtes oder Auftrages bekannt gewordene und vom Arbeitgeber ausdrücklich als geheimhaltungsbedürftig bezeichnete Betriebs- oder Geschäftsgeheimnisse nicht zu offenbaren und nicht zu verwerten.

(2) ¹Diese Pflichten gelten auch nach dem Ausscheiden aus dem Amt oder nach Beendigung des Auftrages. ²Sie gelten nicht gegenüber der Bundesagentur für Arbeit, den Integrationsämtern und den Rehabilitationsträgern, soweit deren Aufgaben gegenüber schwerbehinderten Menschen es erfordern, gegenüber der Schwerbehindertenvertretung sowie gegenüber den in § 79 Abs. 1 des Betriebsverfassungsgesetzes und den in den entsprechenden Vorschriften des Personalvertretungsrechts genannten Vertretungen, Personen und Stellen.

ERLÄUTERUNGEN

ÜBERSICHT

I. Bedeutung der Vorschrift (Rdnrn. 1–3)
II. Fassung (Rdnr. 4)
III. Anmerkungen (Rdnrn. 5–16)
   A) zu Abs. 1
      1. Adressaten der Geheimhaltungspflicht (Rdnr. 5)
      2. Stillschweigen über persönliche Verhältnisse (Rdnrn. 6–8)
      3. Betriebs- und Geschäftsgeheimnisse (Rdnrn. 9–10)
   B) zu Abs. 2
      1. Fortwirkung der Geheimhaltungspflicht (Rdnr. 11)
      2. Ausnahmen der Geheimhaltungspflicht (Rdnrn. 12–13)
      3. Verstöße gegen die Geheimhaltungspflicht (Rdnrn. 14–16)

I. Bedeutung der Vorschrift

1 Sie legt bestimmten Personen, die bei der beruflichen oder ehrenamtlichen Anwendung des Schwerbehindertenrechts nach dem SGB IX Kenntnis von sensiblen Sozialdaten schwerbehinderter Arbeitnehmer oder von Betriebs- bzw. Geschäftsgeheimnissen eines Arbeitgebers erhalten, eine ausdrückliche Pflicht zur Geheimhaltung auf (**Abs. 1**).

2 Diese Pflicht gilt auch nach Ausscheiden aus dem Amt oder nach Beendigung des Auftrags (**Abs. 2 Satz 1**). Sie besteht nicht gegenüber der Bundesagentur für Arbeit, den Integrationsämtern und Rehabilitationsträgern, soweit deren Aufgaben gegenüber schwerbehinderten Menschen es erfordern. Ferner besteht keine Geheimhaltungspflicht gegenüber der Schwerbehindertenvertretung sowie gegenüber dem Betriebsrat und anderen in § 79 Abs. 1 BetrVG genannten Vertretungen, Personen und Stellen. Dasselbe gilt gegenüber dem Personalrat

Geheimhaltungspflicht § 130

und anderen in § 101 Abs. 2 BPersVG genannten Vertretungen, Personen und Stellen (**Abs. 2 Satz 2**).

Die Vorschrift ist im Wesentlichen inhaltsgleich mit der in § 96 Abs. 7 SGB IX geregelten Geheimhaltungspflicht für Vertrauenspersonen der schwerbehinderten Menschen. 3

II. Fassung

A) durch das SGB IX vom 19. Juni 2001 (BGBl. I S. 1046) mit Wirkung vom 1. Juli 2001

Die Vorschrift wurde unverändert aus dem Regierungsentwurf (BT-Drucks. 14/5531 i. V. m. 14/5074) übernommen. Sie entspricht dem bisherigen § 52 SchwbG. Ergänzend wird durch die Regelung des Abs. 1 klargestellt, dass die Geheimhaltungspflicht die in den gemeinsamen Servicestellen Tätigen als Beschäftigte der Rehabilitationsträger umfasst. Die Beschäftigten der Integrationsfachdienste unterliegen künftig ebenfalls der Geheimhaltungspflicht. 4

B) durch das Dritte Gesetz für moderne Dienstleistungen am Arbeitsmarkt vom 23. Dezember 2003 (BGBl. I S. 2848) mit Wirkung vom 1. Januar 2004

Durch Art. 18 Nr. 23 wurde in **Abs. 1** und **2 Satz 2** jeweils das Wort „Bundesanstalt"; durch das Wort „Bundesagentur"; ersetzt.

III. Anmerkungen

A) zu Abs. 1

1. Adressaten der Geheimhaltungspflicht

Die in der Vorschrift geregelten Pflichten zur Geheimhaltung werden in **Abs. 1** nicht Institutionen, sondern **einzeln bezeichneten Personengruppen** auferlegt. Es handelt sich um 5
- die **Beschäftigten der Integrationsämter** (die im Gegensatz zu § 52 SchwbG a. F. nicht mehr als „Vertreter" bezeichnet werden; zur Missverständlichkeit dieses Begriffs zutreffend GK-SchwbG/*Dopatka* § 52 Rdnr. 30),
- die **Beschäftigten der Bundesagentur für Arbeit,**
- die **Beschäftigten der Rehabilitationsträger** im Sinne von § 6 Abs. 1 SGB IX. Ihnen sind gleichgestellt die Beschäftigten in gemeinsamen Servicestellen nach § 23 SGB IX,
- die **Beschäftigten** der im Auftrag der Bundesagentur, der Integrationsämter und der Rehabilitationsträger tätig werdenden **Integrationsfachdienste** nach § 109 SGB IX,
- die Mitglieder und stellvertretenden Mitglieder des **Beirats für die Teilhabe** behinderter Menschen gem. § 64 SGB IX,
- die Mitglieder und ihre jeweiligen **Stellvertreter** bei folgenden Ausschüssen:
  - dem beratenden Ausschuss für behinderte Menschen bei der Hauptstelle der Bundesagentur für Arbeit (§ 105 SGB IX),
  - den beratenden Ausschüssen für behinderte Menschen bei den Integrationsämtern (§ 103 SGB IX),
  - den Widerspruchsausschüssen bei den Integrationsämtern (§ 119 SGB IX),
  - den Widerspruchsausschüssen bei den Regionaldirektionen der BA (§ 120 SGB IX), die gemäß § 367 Abs. 2 SGB III an die Stelle der früheren Landesarbeitsämter getreten sind,
- die Widerspruchsausschüsse bei den Integrationsämtern (§ 119 SGB IX),
- die Widerspruchsausschüsse bei den Landesarbeitsämtern (§ 120 SGB IX),
- die **Sachverständigen**, die zur Durchführung der Aufgaben der genannten Stellen hinzugezogen werden.

2. Stillschweigen über persönliche Verhältnisse

6 Die Vorschrift verpflichtet die zuvor genannten Personen zum Stillschweigen über ihnen wegen ihres Amtes oder ihres Auftrages bekannt gewordene persönliche Verhältnisse und Angelegenheiten von Beschäftigten auf Arbeitsplätzen für schwerbehinderte Menschen. Voraussetzung ist, dass diese Tatsachen ihrer Bedeutung oder ihrem Inhalt nach einer vertraulichen Behandlung bedürfen (**Nr. 1**). Das ist der Fall, wenn sie für Außenstehende nicht bestimmt und auch nicht bereits allgemein bekannt sind (GK-SGB IX / *Marschner* Rdnr. 9). Die Einwilligung der Betroffenen in die Offenbarung der Tatsachen bzw. Verhältnisse beseitigt nach allgemeinen Rechtsgrundsätzen die Geheimhaltungspflicht (GK-SGB IX / *Marschner* Rdnr. 12).

7 Die Vorschrift enthält eine in den Gesetzesmaterialien nicht näher erläuterte Einschränkung gegenüber § 52 SchwbG und insofern auch eine Abweichung zu der ansonsten korrespondierenden Regelung für die Schwerbehindertenvertretung in § 96 Abs. 7 SGB IX. In jenen anderen Vorschriften waren jeweils die persönlichen Verhältnisse und Angelegenheiten **von Beschäftigten im Sinne des** § 7 SchwbG bzw. nunmehr **§ 73 SGB IX** angesprochen. Damit waren bzw. sind **auch nicht schwerbehinderte Beschäftigte** gemeint, deren Sozialdaten dem in § 130 genannten Personenkreis im Rahmen ihrer Tätigkeit bekannt werden können. Es wird nicht deutlich, weshalb diese Personen nunmehr von der Geheimhaltungspflicht nach § 130 ausgenommen werden sollen. Vielmehr erscheint es geboten, die Vorschrift erweiternd dahingehend auszulegen, dass die persönlichen Verhältnisse aller Beschäftigten im Sinne des § 73 SGB IX geschützt sind, also der Angestellten, Arbeiter, Beamten, Richter, Auszubildenden und sonst zur beruflichen Bildung Beschäftigten. Das gilt unabhängig davon, ob es sich um schwerbehinderte Beschäftigte handelt oder nicht (Neumann u. a. / *Pahlen* Rdnr. 5). Auch die in § 73 Abs. 2 SGB IX genannten Personen fallen unter den Schutzzweck der Norm (Hauck / Noftz / *Masuch* Rdnr. 13 f.; Kossens u. a. / *Kossens* Rdnr. 8) ebenso wie die in Heimarbeit Beschäftigten (Neumann u. a. / *Pahlen* a. a. O.).

8 Zu den **persönlichen Verhältnissen** gehören vor allem die finanzielle und soziale Lage des Betroffenen, seine Familienverhältnisse, sein beruflicher Werdegang und sein Lebenslauf. Ferner gehört hierzu der Gesundheitszustand, also der gesamte körperliche und geistige Zustand. Geheimzuhalten sind namentlich Tatsachen, die eine Regelwidrigkeit betreffen, also Krankheiten im medizinischen Sinne, Verletzungen, geistige und seelische Störungen, Wahrscheinlichkeiten der Entstehung oder Verschlimmerung von Leiden aller Art (Neumann u. a. / *Pahlen* Rdnr. 5).

3. Betriebs- oder Geschäftsgeheimnisse

9 Die in § 130 genannten Personen sind ferner verpflichtet, ihnen wegen ihres Amtes oder Auftrages bekannt gewordene und vom Arbeitgeber ausdrücklich als geheimhaltungsbedürftig bezeichnete **Betriebs- oder Geschäftsgeheimnisse nicht zu offenbaren** und **nicht zu verwerten (Nr. 2)**.

10 Es handelt sich also um Tatsachen, die im Zusammenhang mit dem technischen Betrieb oder der wirtschaftlichen Betätigung des Unternehmens stehen. Sie dürfen **nicht offenkundig** sein, d. h., dass nur ein begrenzter Personenkreis Kenntnis hiervon hat. Außerdem muss ein **objektiv begründetes und feststellbares Interesse an der Geheimhaltung** bestehen. Ferner muss der Arbeitgeber den Willen bekundet haben, dass diese Tatsachen geheim gehalten werden sollen, weil ihre Geheimhaltung für den Betrieb oder das Unternehmen bedeutsam ist (Kossens u. a. / *Kossens* Rdnr. 11; Neumann u. a. / *Pahlen* Rdnr. 7, jeweils m. w. Nachw.). Hierbei kommt es nicht auf die Wahl der Worte oder eine bestimmte Form an. Entscheidend ist, dass der entsprechende Wille des Arbeitgebers zum Ausdruck kommt (Neumann u. a. / *Pahlen* a. a. O.). Die Vorschrift weicht damit von der allgemeinen Regelung in **§ 35 Abs. 4 SGB I** ab, die Betriebs- und Geschäftsgeheimnisse **ohne entsprechende Willensbekundung** Sozialdaten gleichstellt. Hieraus kann aber nicht geschlossen werden, dass die vom Gesetzgeber in Abs. 1 Nr. 2 aufgestellte zusätzliche Voraussetzung unbeachtlich sei (so aber GK-SchwbG / *Dopatka* § 52 Rdnr. 56).

B) zu Abs. 2

1. Fortwirkung der Geheimhaltungspflicht

Die Geheimhaltungspflicht gilt über das Ausscheiden aus dem Amt bzw. die Beendigung des Auftrages hinaus (**Abs. 2 Satz 1**). Sie besteht damit **praktisch lebenslang** (Neumann u. a. / *Pahlen* Rdnr. 8; Hauck Noftz / *Masuch* Rdnr. 19) . **11**

2. Ausnahmen von der Geheimhaltungspflicht

Von der Geheimhaltungspflicht ausgenommen sind **Stellen**, die ihrerseits **zur Verschwiegenheit verpflichtet** sind und die **Angaben zur Durchführung ihrer Aufgaben benötigen**. Dies sind zunächst die Bundesagentur für Arbeit, die Integrationsämter und die Rehabilitationsträger (**Abs. 2 Satz 2**). Zwar ist die **Erforderlichkeit für die Erfüllung ihrer Aufgaben** nur für diese Stellen ausdrücklich genannt. Sie muss aber auch gegenüber der Schwerbehindertenvertretung sowie gegenüber dem Betriebsrat und den weiteren in § 79 Abs. 1 BetrVG genannten Stellen (Gesamt-, Konzernbetriebsrat, Bordvertretung, Seebetriebsrat, Arbeitnehmer im Aufsichtsrat, Einigungsstelle, Schlichtungs- und Beschwerdestelle) sowie dem Personalrat und den entsprechenden Vertretungen, Personen und Stellen des Personalvertretungsrechts gelten. Es ist nicht ersichtlich, weshalb die in **Abs. 1** genannten Personen befugt sein sollten, höchst private und persönliche, vertrauliche Angelegenheiten der schwerbehinderten und gegebenenfalls anderen Arbeitnehmer ohne Notwendigkeit einem so weiten Kreis von Personen und Institutionen weiterzugeben (Neumann u. a. / *Pahlen* Rdnr. 8). **12**

Obwohl diese im Gesetz nicht ausdrücklich erwähnt sind, ist die Geheimhaltungspflicht auch gegenüber dem **Richter- und Präsidialrat** sowie dem **Staatsanwaltsrat** eingeschränkt, soweit die Offenbarung ihnen gegenüber zur Wahrnehmung der von ihnen zu vertretenden Interessen schwerbehinderter Menschen erforderlich ist (Hauck / Noftz / *Masuch* Rdnr. 24; Neumann u. a. / *Pahlen*, Rdnr. 9). **13**

3. Verstöße gegen die Geheimhaltungspflicht

Verstößt eine der in Abs. 1 genannten Personen gegen das Geheimhaltungsgebot dieser Vorschrift, kann der hierdurch Verletzte hiergegen mit einer Unterlassungsklage vorgehen (BSGE 47, 118 [119] m. w. N.). Bei erstmalig drohender Verletzung der Geheimhaltungspflicht besteht auch die Möglichkeit einer **vorbeugenden Unterlassungsklage** (BSGE a. a. O.; Hauck / Noftz / *Masuch* Rdnr. 26). Ist ein Schaden entstanden, kann ein deliktischer Anspruch nach **§ 823 Abs. 2 BGB** geltend gemacht werden, denn § 130 ist auch ein Schutzgesetz im Sinne dieser Vorschrift (Kossens u. a. / *Kossens* Rdnr. 16; GK-SGB IX / *Marschner* Rdnr. 15). Außerdem kann sich ein **Folgenbeseitigungsanspruch** ergeben, d. h. der Anspruch gegen eine öffentlich-rechtliche Stelle, die tatsächlichen Folgen einer nachteiligen und rechtswidrigen Auskunftserteilung zu beseitigen und den ursprünglichen Zustand der Geheimniswahrung wiederherzustellen (BSG SozSich 1980, 198; Dopatka a. a. O.). **14**

Die schuldhafte Verletzung der Geheimhaltungspflicht aus § 130 kann ferner gemäß **§ 203 StGB** mit Freiheitsstrafe bis zu einem Jahr oder mit Geldstrafe geahndet werden. **15**

Nach allgemeiner Auffassung ist auch die **Abberufung eines Ausschussmitgliedes** möglich, das sich einer wesentlichen Verletzung seiner Verschwiegenheitspflicht schuldig gemacht hat. Es handelt sich hierbei um ein allgemeines Rechtsprinzip, das für alle Ehrenämter gilt (Hauck / Noftz / *Masuch* Rdnr. 26; Kossens u. a. / *Kossens* Rdnr. 17; Neumann u. a. / *Pahlen* Rdnr. 11). So ist nach § 59 Abs. 3 SGB IV die Amtsenthebung von Ausschussmitgliedern bei Selbstverwaltungsorganen nach einem Verstoß gegen die Geheimhaltungspflicht möglich. **16**

Für die Mitglieder der in § 130 SGB IX angesprochenen Ausschüsse kann aber insoweit nichts Anderes gelten (Hauck / Noftz / *Masuch* a. a. O).

§ 131
Statistik

(1) ¹Über schwerbehinderte Menschen wird alle zwei Jahre eine Bundesstatistik durchgeführt. ²Sie umfasst folgende Tatbestände:
1. die Zahl der schwerbehinderten Menschen mit gültigem Ausweis,
2. persönliche Merkmale schwerbehinderter Menschen wie Alter, Geschlecht, Staatsangehörigkeit, Wohnort,
3. Art, Ursache und Grad der Behinderung.

(2) ¹Für die Erhebung besteht Auskunftspflicht. ²Auskunftspflichtig sind die nach § 69 Abs. 1 und 5 zuständigen Behörden.

ERLÄUTERUNGEN

I. Bedeutung der Vorschrift

1 Sie ordnet die Führung einer Bundesstatistik über schwerbehinderte Menschen im zweijährigen Turnus an(**Abs. 1 Satz 1**). Erfasst werden nur diejenigen Menschen, denen die Versorgungsämter einen gültigen Schwerbehindertenausweis gemäß § 69 SGB IX ausgestellt haben. Vorgeschriebene Erhebungsmerkmale sind das Alter, Geschlecht, die Staatsangehörigkeit und der Wohnort des schwerbehinderten Menschen sowie Art, Ursache und der Grad der Behinderung (**Abs. 1 Satz 2**). Hierbei sind personenbezogene Daten zu anonymisieren.

2 Entsprechend § 15 BStatG legt **Abs. 2 Satz 1** eine Auskunftspflicht fest. Diese trifft die nach § 69 Abs. 1 und 3 zuständigen Behörden, also die Versorgungsämter (**Abs. 2 Satz 2**).

II. Fassung

3 Die Vorschrift wurde unverändert aus dem Regierungsentwurf (BT-Drucks. 14/5531 i. V. m. 14/5074) übernommen. Sie entspricht inhaltsgleich dem bisherigen § 53 SchwbG.

KAPITEL 11
Integrationsprojekte
§ 132
Begriff und Personenkreis

(1) Integrationsprojekte sind rechtlich und wirtschaftlich selbstständige Unternehmen (Integrationsunternehmen) oder unternehmensinterne oder von öffentlichen Arbeitgebern im Sinne des § 71 Abs. 3 geführte Betriebe (Integrationsbetriebe) oder Abteilungen (Integrationsabteilungen) zur Beschäftigung schwerbehinderter Menschen auf dem allgemeinen Arbeitsmarkt, deren Teilhabe an einer sonstigen Beschäftigung auf dem allgemeinen Arbeitsmarkt aufgrund von Art oder Schwere der Behinderung oder wegen sonstiger Umständeg voraussichtlich trotz Ausschöpfens aller Fördermöglichkeiten und des Einsatzes von Integrationsfachdiensten auf besondere Schwierigkeiten stößt.

(2) Schwerbehinderte Menschen nach Abs. 1 sind insbesondere

1. schwerbehinderte Menschen mit geistiger oder seelischer Behinderung oder mit einer schweren Körper-, Sinnes- oder Mehrfachbehinderung, die sich im Arbeitsleben besonders nachteilig auswirkt und allein oder zusammen mit weiteren vermittlungshemmenden Umständen die Teilhabe am allgemeinen Arbeitsmarkt außerhalb eines Integrationsprojekts erschwert oder verhindert,
2. schwerbehinderte Menschen, die nach zielgerichteter Vorbereitung in einer Werkstatt für behinderte Menschen oder in einer psychiatrischen Einrichtung für den Übergang in einen Betrieb oder eine Dienststelle auf dem allgemeinen Arbeitsmarkt in Betracht kommen und auf diesen Übergang vorbereitet werden sollen sowie
3. schwerbehinderte Menschen nach Beendigung einer schulischen Bildung, die nur dann Aussicht auf eine Beschäftigung auf dem allgemeinen Arbeitsmarkt haben, wenn sie zuvor in einem Integrationsprojekt an berufsvorbereitenden Bildungsmaßnahmen teilnehmen und dort beschäftigt und weiterqualifiziert werden.

(3) ¹Integrationsunternehmen beschäftigen mindestens 25 Prozent schwerbehinderte Menschen im Sinne von Abs. 1. ²Der Anteil der schwerbehinderten Menschen soll in der Regel 50 Prozent nicht übersteigen.

ERLÄUTERUNGEN

I. Bedeutung der Vorschrift

Sie definiert den Begriff der Integrationsprojekte (**Abs. 1**). Diese sollen schwerbehinderten Menschen sowohl Beschäftigung als auch die Möglichkeit einer arbeitsbegleitenden Betreuung geben. Daneben kommt die berufliche Weiterqualifikation durch Teilnahme an inner- und außerbetrieblichen Maßnahmen in Betracht. Weiterhin unterstützt das Integrationsprojekt die Vermittlung in eine sonstige Beschäftigung auf dem allgemeinen Arbeitsmarkt. Integrationsprojekte stellen sich somit als „Brücke zur Eingliederung auf den allgemeinen Arbeitsmarkt" dar. 1

Sie können als Integrationsunternehmen entweder rechtlich und wirtschaftlich selbstständig sein. Möglich sind aber auch unternehmensinterne Betriebe oder Abteilungen. Rechtlich unselbstständige Integrationsbetriebe können auch von öffentlichen Arbeitgebern geführt werden. 2

Die Zielgruppe von Integrationsprojekten sind besonders betroffene schwerbehinderte Menschen bzw. solche mit spezifischen Behinderungen, bei denen auch die Einschaltung eines Integrationsfachdienstes und der Reha-SB-Abteilungen des Arbeitsamtes nicht zu einer Eingliederung führt. 3

Diese Zielgruppe wird in **Abs. 2** beispielhaft näher beschrieben. Die Aufzählung entspricht dem in § 109 Abs. 2 und 3 SGB IX genannten Personenkreis, für den die Einschaltung von Integrationsfachdiensten in Betracht kommt. Beide Maßnahmen können somit parallel wirken.

4 In **Abs. 3** wird den Integrationsunternehmen vorgeschrieben, mindestens 25% besonders betroffene schwerbehinderte Menschen im Sinne von Abs. 1 zu beschäftigen. Dieser Anteil soll aus Gründen ihrer Wirtschaftlichkeit und Wettbewerbsfähigkeit 50% nicht übersteigen.

5 Integrationsprojekte können aus Mitteln der Ausgleichsabgabe durch die Integrationsämter nach § 134 SGB IX finanziell gefördert werden.

II. Fassung

6 Die Vorschrift wurde im Wesentlichen unverändert aus dem Regierungsentwurf (BT-Drucks. 14/5531 i. V. m. 14/5074) übernommen. Sie entspricht § 53a SchwbG, der seinerseits durch das Gesetz zur Bekämpfung der Arbeitslosigkeit Schwerbehinderter (SchwbG) vom 29. September 2000 (BGBl. I Nr. 44 S. 1394) in das Gesetz eingefügt wurde.

7 In Ergänzung des RegE wurde vom BT-Ausschuss für Arbeit und Sozialordnung in Abs. 1 der Zusatz „oder von öffentlichen Arbeitgebern im Sinne des § 71 Abs. 3 geführte" eingefügt. Damit soll die Möglichkeit geschaffen werden, dass auch von öffentlichen Arbeitgebern Integrationsabteilungen oder Betriebe geführt werden können (BT-Drucks. 14/5800 S. 37).

Außerdem wurde in Abs. 2 Nr. 1 der Begriff der „psychischen" durch „seelische" Behinderung ersetzt.

III. Anmerkungen

A) zu Abs. 1

1. Begriff des Integrationsprojekts

8 Integrationsprojekte dienen der Beschäftigung von schwerbehinderten Menschen auf dem allgemeinen Arbeitsmarkt, deren Eingliederung in eine sonstige Beschäftigung auf dem allgemeinen Arbeitsmarkt aufgrund von Art und Schwere der Behinderung oder wegen sonstiger Umstände trotz Ausschöpfens aller Fördermöglichkeiten und des Einsatzes von Integrationsfachdiensten auf besondere Schwierigkeiten stößt. Weil die **Integrationsprojekte zum allgemeinen Arbeitsmarkt** zählen, können sie unbeschadet der besonderen Förderung nach § 134 SGB IX als Arbeitgeber des allgemeinen Arbeitsmarkt gefördert werden.

Das **Integrationsprojekt** ist der **Oberbegriff**. Er umfasst Integrationsunternehmen sowie Integrationsbetriebe und -abteilungen.

9 **Integrationsunternehmen** sind auf Dauer angelegt rechtlich und wirtschaftlich selbstständige Organisationen mit erwerbswirtschaftlicher Zwecksetzung. Sie müssen in der Rechtsform der Einzelkaufleute, Personengesellschaften oder Kapitalgesellschaften betrieben werden (Adlhoch BehindertenR 2001, 8 [9]).

10 Demgegenüber sind **Integrationsbetriebe** bzw. **Integrationsabteilungen** jeweils rechtlich unselbstständige Betriebe oder Betriebsabteilungen von Unternehmen, die selbst nicht Integrationsunternehmen sind. Die übergeordneten Unternehmen müssen aber jedenfalls erwerbswirtschaftliche Zwecke in Konkurrenz zu anderen kommerziellen Marktteilnehmern in wirtschaftlicher Selbstständigkeit und eigener Rechtsträgerschaft verfolgen. Deshalb sind **rechtlich unselbstständige Zweckbetriebe**, z. B. von Wohlfahrtsverbänden oder Werkstätten für Behinderte, **keine Integrationsprojekte** im Sinne von § 132 (Adlhoch a. a. O.).

11 Die Erweiterung der Vorschrift durch die Empfehlung des Ausschusses für Arbeit und Sozialordnung ermöglicht, dass **auch von öffentlichen Arbeitgebern** im Sinne des § 71 Abs. 3 SGB IX **geführte Betriebe oder Abteilungen** Integrationsbetriebe oder Integrationsabtei-

lungen zur Beschäftigung schwerbehinderter Menschen sein können und damit vor allem in den Genuss der Förderung nach § 134 SGB IX kommen.

B) zu Abs. 2
1. Zielgruppe

Die Vorschrift hebt unter den in Abs. 1 genannten besonders betroffenen insbesondere **vier Gruppen** hervor, und zwar schwerbehinderte Menschen 12
– mit geistiger oder psychischer Behinderung (**Nr. 1**),
– mit einer schweren Körper-, Sinnes- oder Mehrfachbehinderung, die sich im Arbeitsleben besonders nachteilig auswirkt und allein oder zusammen mit weiteren vermittlungshemmenden Umständen die Teilnahme am allgemeinen Arbeitsmarkt außerhalb eines Integrationsprojekts erschwert oder verhindert (**Nr. 1**),
– die zunächst in einer Werkstatt für behinderte Menschen oder in einer psychiatrischen Einrichtung für den Übergang auf den allgemeinen Arbeitsmarkt vorbereitet wurden und nun nach weiterer entsprechender Vorbereitung bedürfen (**Nr. 2**),
– die eine schulische Bildung beendet haben, bei denen aber ersichtlich ist, dass sie nur dann eine Aussicht auf Beschäftigung nach dem allgemeinen Arbeitsmarkt haben, wenn sie ein Integrationsprojekt durchlaufen haben (**Nr. 3**).

C) zu Abs. 3
1. Vorgaben für die Beschäftigung schwerbehinderter Menschen

Die Vorschrift des Abs. 3 setzt eine **Unter-** und eine **Obergrenze** für die Beschäftigung 13
schwerbehinderter Menschen in **Integrationsunternehmen**. Sie bezieht sich also nicht auf unselbstständige Integrationsbetriebe oder Abteilungen.

Integrationsunternehmen müssen **mindestens 25%** schwerbehinderte Menschen im Sinne 14
von Abs. 1 beschäftigen (**Abs. 3 Satz 1**). Andererseits soll der Anteil der schwerbehinderten Menschen an der Beschäftigungszahl dieser Unternehmen in der Regel **50% nicht übersteigen** (**Abs. 3 Satz 2**). In beiden Fällen fehlt die Bezugnahme auf die besonders betroffenen schwerbehinderten Menschen im Sinne von Abs. 1, sodass hierzu alle schwerbehinderten Menschen gemäß § 2 Abs. 2 SGB IX gehören. Zu diesen sind auch gemäß §§ 2 Abs. 3, 68 Abs. 2 SGB IX gleichgestellte schwerbehinderte Menschen zu rechnen, nachdem die Regelungen des Teils 2 des SGB IX mit Ausnahme der in § 68 Abs. 3 genannten Vorschriften auch auf diese Personengruppe anzuwenden sind.

Die Obergrenze für den Anteil schwerbehinderter Menschen im Integrationsunternehmen 15
soll der **Sicherung der Wirtschaftlichkeit und Wettbewerbsfähigkeit** dieser Unternehmen dienen (vgl. BT-Drucks. 14/3372 S. 24). Allerdings beschäftigen viele der heute schon bestehenden Integrationsunternehmen einen höheren Anteil schwerbehinderter Menschen, teilweise bis zu 70% (vgl. Basiskommentar Rdnr. 2 zu § 53a SchwbG). Diese sollen nach dem Willen des Gesetzgebers selbstverständlich nicht in ihrem Bestand gefährdet bzw. von der Förderung aus Mitteln der Ausgleichsabgabe ausgenommen werden. Deshalb sollen nach der Gesetzesbegründung zum SchwbBAG in Ausnahmefällen, in denen bereits bestehende Integrationsfirmen in der Praxis bewiesen haben, dass wirtschaftliche Ergebnisse auch mit einem höheren Anteil an beschäftigten schwerbehinderten Menschen erreicht werden können, solche höheren Prozentanteile hingenommen werden (vgl. auch Adlhoch S. 10).

IV. Literatur

Adlhoch, Ulrich, Die Förderung von Integrationsunternehmen im Sinne der §§ 53a ff. 16
SchwbG, BehindertenR 2001, 8.

Vorläufige Empfehlungen der Arbeitsgemeinschaft der deutschen Hauptfürsorgestellen zur Förderung von Integrationsprojekten nach §§ 53a ff. SchwbG, BehindertenR, Heft 1 2001, Beihefter Seiten I – IV.

§ 133
Aufgaben

Die Integrationsprojekte bieten den schwerbehinderten Menschen Beschäftigung und arbeitsbegleitende Betreuung an, soweit erforderlich auch Maßnahmen der beruflichen Weiterbildung oder Gelegenheit zur Teilnahme an entsprechenden außerbetrieblichen Maßnahmen und Unterstützung bei der Vermittlung in eine sonstige Beschäftigung in einem Betrieb oder einer Dienststelle auf dem allgemeinen Arbeitsmarkt sowie geeignete Maßnahmen zur Vorbereitung auf eine Beschäftigung in einem Integrationsprojekt.

ERLÄUTERUNGEN

I. Bedeutung der Vorschrift

1 Sie legt die Aufgaben der Integrationsprojekte fest. Diese bieten schwerbehinderten Menschen Beschäftigung auf Arbeitsplätzen im Sinne von §§ 73 Abs. 1, 102 Abs. 2, Satz 3 SGB IX an, also ggf. auch befristet oder als Teilzeitbeschäftigte in einem Umfang von mindestens 15 Stunden wöchentlich. Bei Bedarf wird den schwerbehinderten Arbeitnehmern auch arbeitsbegleitende Betreuung gewährt. Diese umfasst nach § 102 Abs. 2 Satz 4 SGB IX auch die nach den Umständen des Einzelfalles notwendige psychosoziale Betreuung. Sie muss von den Integrationsunternehmen bzw. -betrieben oder -abteilungen selbst gewährt werden. Die Beteiligung psychosozialer Dienste freier gemeinnütziger Einrichtungen und Organisationen würde dem Wesen der Integrationsprojekte widersprechen; denn das Gesetz setzt voraus, dass diese selbst in der Lage sind, die notwendige arbeitsbegleitende Betreuung zu bieten.

2 Der Aufgabenbereich „Beschäftigung und arbeitsbegleitende Betreuung" steht im Vordergrund der Tätigkeit der Integrationsprojekte.
Soweit erforderlich bieten sie auch berufliche Weiterbildungsmaßnahmen an oder ermöglichen die Teilnahme an außerbetrieblichen Weiterbildungsveranstaltungen.

3 Weiterhin unterstützen die Integrationsprojekte auch die Vermittlung in eine anderweitige Beschäftigung auf dem allgemeinen Arbeitsmarkt. Hierfür hat aber das Integrationsamt darauf hinzuwirken, dass vorrangig die Integrationsfachdienste nach §§ 109 ff. SGB IX tätig werden (vgl. vorläufige Empfehlungen der Arbeitsgemeinschaft der deutschen Integrationsämter Nr. 2.3).

4 Außerdem haben Integrationsprojekte die Aufgabe, durch geeignete Fördermaßnahmen schwerbehinderte Menschen auf eine Beschäftigung in einem Integrationsprojekt vorzubereiten.

II. Fassung

5 Die Vorschrift entspricht überwiegend dem Vorschlag des Regierungsentwurfs (BT-Drucks. 14/5531 i. V. m. 14/5074), der den bisherigen § 53b SchwbG übernommen hat. Auf Empfehlung des BT-Ausschusses für Arbeit und Sozialordnung wurden die Worte „sowie geeignete Maßnahmen zur Vorbereitung auf eine Beschäftigung im Integrationsprojekt" angefügt.

In dem Ausschussbericht (BT-Drucks. 14/5800 S. 37) ist hierzu angemerkt:

„Die Ergänzung ermöglicht es, in Integrationsprojekten auch solche, insbesondere seelisch schwerbehinderte Menschen durch geeignete Fördermaßnahmen mit Leistungen des zuständigen Rehabilitationsträgers nach § 33 auf eine Beschäftigung in einem Integrationsprojekt vorzubereiten, die noch nicht auf dem allgemeinen Arbeitsmarkt – auch nicht in einem Integrationsprojekt – beschäftigt werden können."

§ 134
Finanzielle Leistungen

Integrationsprojekte können aus Mitteln der Ausgleichsabgabe Leistungen für Aufbau, Erweiterung, Modernisierung und Ausstattung einschließlich einer betriebswirtschaftlichen Beratung und für besonderen Aufwand erhalten.

ERLÄUTERUNGEN

I. Bedeutung der Vorschrift

Sie ermöglicht den Integrationsämtern, aus Mitteln der Ausgleichsabgabe, den Aufbau, die Erweiterung, die Modernisierung und die Ausstattung von Integrationsprojekten einschließlich einer betriebswirtschaftlichen Beratung finanziell zu fördern und diesen besonderen Aufwand zu erstatten. **1**

II. Fassung

Die Vorschrift wurde inhaltlich unverändert aus dem Regierungsentwurf (BT-Drucks. 14/5531 i. V. m. 14/5074) übernommen. Sie entspricht dem bisherigen § 53c SchwbG, der durch das Gesetz zur Bekämpfung der Arbeitslosigkeit Schwerbehinderter (SchwbBAG) vom 29. September 2000 (BGBl. I S. 1394) eingefügt wurde. **2**

III. Anmerkungen

1. Finanzielle Leistungen für Integrationsprojekte

Bei den finanziellen Leistungen für Integrationsprojekte sind **zwei Arten der Förderung** zu unterscheiden: **3**

Integrationsunternehmen können nach § 102 Abs. 3 Nr. 3 SGB IX Geldleistungen des Integrationsamtes aus Mitteln der Ausgleichsabgabe erhalten. Dasselbe gilt für **öffentliche Arbeitgeber** im Sinne des § 71 Abs. 3 SGB IX, soweit sie Integrationsbetriebe und Integrationsabteilungen führen. Diese Leistungen des Integrationsamts sind zweckgebunden für Aufbau, Erweiterung, Modernisierung und Ausstattung einschließlich einer betriebswirtschaftlichen Beratung und für besonderen Aufwand.

Hierbei handelt es sich um eine Projektförderung im Rahmen der begleitenden Hilfe im Arbeits- und Berufsleben nach dem SGB IX.

Private Integrationsbetriebe und -abteilungen werden hingegen mit Mitteln aus dem Ausgleichsfonds durch die Bundesagentur für Arbeit gefördert (§ 41 Abs. 1 Nr. 3 SchwbGAV). **4**

Daneben können aber auch individuelle Leistungen des Integrationsamtes an schwerbehinderte Menschen und Arbeitgeber nach § 102 Abs. 3 Nr. 1 und 2 SGB IX erbracht werden. **5**

Für die Voraussetzungen und den Umfang der Förderung nach § 134 hat die Arbeitsgemeinschaft der deutschen Integrationsämter (vormals: Hauptfürsorgestellen) vorläufige Empfehlungen herausgegeben, welche im Folgenden der Kommentierung zugrunde gelegt werden (zit. als VE). **6**

2. Vorlage einer Konzeption

Die Förderung von Integrationsprojekten setzt die Vorlage einer Konzeption voraus. Diese muss erwarten lassen, dass sich die jeweiligen Integrationsprojekte in einem **wirtschaftlich Erfolg versprechenden Marktsegment** betätigen und dadurch dauerhaft existenzfähig sein **7** können. Die Konzeption soll erkennen lassen, dass die betriebswirtschaftliche Planung wesentlich darauf ausgerichtet ist, einen überwiegenden Teil der laufenden Kosten des Betriebs durch die Erzielung von Erlösen am Markt und **nur nachrangig durch laufende öffentliche Zuschüsse** zu decken. Deshalb sollen auch Erklärungen möglicher Auftraggeber über ihre Absicht, dem Integrationsprojekt Lieferaufträge zu erteilen, vorgelegt werden. Außerdem sollen „betriebswirtschaftliche Leitfragen" beantwortet werden, die in einer Anlage zu den Empfehlungen enthalten sind. Die Integrationsämter können ggf. auch die Vorlage eines betriebswirtschaftlichen Gutachtens verlangen oder sich eine prognostische Auskunft über die voraussichtliche wirtschaftliche Tragfähigkeit des Projekts durch Einschaltung anderer geeigneter sachverständiger Stellen, z. B. der IHK, erteilen lassen (VE 3.1).

3. Aufbau, Erweiterung, Modernisierung und Ausstattung

8   Die Förderung für den Aufbau, die Erweiterung, die Modernisierung und die Ausstattung der Integrationsprojekte umfasst Aufwendungen, die notwendig sind, um Arbeitsplätze für die beruflich besonders benachteiligten schwerbehinderten Menschen im Sinne von § 132 Abs. 1 und 2 SGB IX zu schaffen und zu erhalten. Hierzu gehören die Kosten für den Bau, Umbau und die Instandsetzung von **Gebäuden**, für **Einrichtungs- und Ausstattungsgegenstände**, insbesondere für Maschinen und Geräte zur Arbeitsplatzausstattung. Hingegen sind Grundstückskosten und Personalkosten nicht förderfähig.

9   **Bauinvestitionen** müssen in einem angemessenen Verhältnis zum geplanten Umfang des Betriebes und den sonstigen Förderleistungen stehen. Die Art und Höhe der Leistungen bestimmen sich nach den Umständen des Einzelfalles, insbesondere nach dem Anteil der auf Arbeitsplätzen nach §§ 71 Abs. 1, 102 Abs. 2 Satz 3 SGB IX beschäftigten schwerbehinderten Menschen. Der Antragsteller soll aber in der Regel einen **Eigenanteil** von 20% der gesamten Aufwendungen aufbringen.

10 **Modernisierungsinvestitionen** können gefördert werden, soweit diese Kosten nicht aus den Rücklagen aufgrund von Abschreibungen gedeckt werden können (VE 4.1).

4. Betriebswirtschaftliche Beratung

11 Diese kann die Existenzgründungsberatung, eine betriebswirtschaftliche Projekterarbeitung sowie die Durchführung von Marktrecherchen durch Dritte umfassen. In der Gründungsphase von Integrationsprojekten können derartige Beratungen mit **60%** der entstehenden Kosten, **höchstens aber mit DM 10.000** bezuschusst werden. Hiermit sollen auch die Kosten von Gutachten abgedeckt werden, welche das Integrationsamt wegen der voraussichtlichen wirtschaftlichen Tragfähigkeit des Projekts verlangt hat. Die Förderung der Gründungsberatung ist erst nach Vorlage eines vorläufigen und aussagekräftigen **Exposés** möglich (VE 4.2.1).

12 Soweit eine laufende betriebswirtschaftliche Beratung durch Dritte notwendig wird, z. B. zur Unterstützung der weiteren strategischen Unternehmensplanung, bei Investitionsentscheidungen, Projekt- und Produktkalkulationen, Erweiterungs- und Verlagerungsvorhaben, Kapazitätsberechnungen, dem Aufbau von Liquiditätsplanung und Kontrollen, können höchstens DM 5.000 an Zuschüssen gewährt werden (VE 4.2.2).

13 Soweit in Krisen- und Konsolidierungsphasen betriebswirtschaftliche Beratungen bezuschusst werden sollen, entscheidet das Integrationsamt hierüber nach den Notwendigkeiten des Einzelfalles unter Berücksichtigung der Betriebsgröße, der Situation am Markt und des beschäftigten Personenkreises (VE 4.2.3).

14 Anstelle einer Förderung in den vorgenannten Fällen kann die betriebswirtschaftliche Beratung auch durch Einrichtung einer festen Stelle bei Dritten gefördert werden (VE 4.2.4).

5. Besonderer Aufwand

Besonderer Aufwand im Sinne von § 134 ist ein über die typischen Kosten branchen- und größengleicher Unternehmen hinausgehender laufender Aufwand. Dieser muss auf die Beschäftigung einer das übliche Maß deutlich übersteigenden Zahl beruflich besonders betroffener schwerbehinderter Menschen auf Arbeitsplätzen im Sinne von §§ 73 Abs. 1, 102 Abs. 2 Satz 3 SGB IX sowie auf die Verfolgung auch qualifizierender und rehabilitativer Ziele zurückzuführen sein. Hierunter fällt insbesondere eine überdurchschnittlich aufwendige arbeitsbegleitende Unterstützung der schwerbehinderten Menschen einschließlich der Notwendigkeit zeitweiser oder dauerhafter psychosozialer Betreuung am Arbeitsplatz. Auch die Notwendigkeit, in einem überdurchschnittlichen Maß flexible und an die Fähigkeiten der Mitarbeiter angepasste Betriebsstrukturen und Prozesse vorzuhalten, kann einen besonderen Aufwand begründen (VE 4.3 Abs. 1).   **15**

Der besondere Aufwand kann dem Integrationsprojekt pauschaliert mit einem monatlichen Betrag bis zu DM 400 pro beschäftigtem schwerbehinderten Menschen ausgeglichen werden. Die Abgeltung des besonderen Aufwands ist auch bei Arbeitsunfähigkeit des schwerbehinderten Menschen oder bei seiner Abwesenheit aus sonstigen Gründen bis zu einer Dauer von sechs Wochen möglich. Sie kann auch neben laufenden Leistungen der Bundesagentur für Arbeit zur Eingliederung schwerbehinderter Menschen nach dem SGB III erbracht werden (VE 4.3 Abs. 2).   **16**

6. Projektförderung nach § 134 und individuelle Förderung

Die Projektförderung kann mit individueller Förderung nach § 102 Abs. 3 Nr. 1, 2 und Abs. 4 SGB IX i. V. m. § 15 SchwbAV zusammentreffen.   **17**

Hierfür sehen die vorläufigen Empfehlungen folgende Handhabung vor:

— Leistungen nach § 134 sind **vorrangig** gegenüber Leistungen nach § 15 SchwbAV und auch in ihren Voraussetzungen weiter gehend, weil sie auch Ersatzbeschaffungen im Rahmen von Modernisierungen zulassen. Deshalb wird anstelle der Leistungen nach § 15 SchwbAV eine Förderung nach § 134 erbracht (VE 5.1).   **18**

— Beim **Aufbau** der Integrationsprojekte wird regelmäßig die Förderung der behinderungsgerechten **Einrichtung von Arbeitsplätzen** nach **§ 26 SchwbAV** in den Leistungen nach § 134 enthalten sein; bei nachträglichen Anpassungen und Einzelmaßnahmen können aber zusätzlich Leistungen nach § 26 SchwbAV erbracht werden (VE 5.2).   **19**

— Leistungen an das Integrationsprojekt als Arbeitgeber auf **Ausgleich seiner außergewöhnlichen Belastungen** nach **§ 27 SchwbAV** sind möglich, soweit diese nicht bereits durch die Abgeltung des besonderen Aufwands nach § 134 ausgeglichen werden. Beide Leistungen können kombiniert erbracht werden. Für die Leistungsvoraussetzungen dem Grunde nach gelten die Richtlinien der einzelnen Bundesländer zu § 27 SchwbAV. Die Leistungen sollen bei Integrationsprojekten pauschaliert erbracht werden. Nach Stabilisierung der Leistung des schwerbehinderten Mitarbeiters und längerer Beschäftigungszeit kann die Pauschale auch degressiv gestaffelt werden. Die Gesamtheit der Leistungen nach § 27 SchwbAV und 134 SGB IX, die Leistungen der Bundesagentur für Arbeit im Rahmen der Eingliederungen nach dem SGB III und entsprechende Leistungen anderer Träger der beruflichen Rehabilitation sollen insgesamt in einem **angemessenen Verhältnis zum Bruttojahreseinkommen** (ohne Lohnnebenkosten des Arbeitgebers) **des schwerbehinderten Menschen** stehen. Erforderlichenfalls ist die Höhe der gewährten Leistung anzupassen (VE 5.3).   **20**

— **Individuelle Leistungen** an schwerbehinderte Menschen nach § 102 Abs. 3 Nr. 1 SGB IX können unter Beachtung der allgemeinen Fördervoraussetzungen für die begleitende Hilfe im Arbeits- und Berufsleben uneingeschränkt erbracht werden. Bei der Prüfung der Notwendigkeit einer persönlichen **Arbeitsassistenz** nach § 102 Abs. 4 SGB IX ist zu berücksichtigen, dass Integrationsprojekte aufgrund ihrer besonderen gesetzlichen Aufga-   **21** benstellung eine besondere arbeitsbegleitende Betreuung zu erbringen haben, für die sie entsprechende vorrangige Leistungen nach §§ 134 SGB IX, 27 SchwbAV erhalten können (VE 5.4).

7. Verfahren der Projektförderung

22 Für die Projektförderung und die individuelle Förderung einzelner Arbeitsverhältnisse in Integrations**unternehmen** ist nach § 102 Abs. 3 das **Integrationsamt** zuständig. Dasselbe gilt für die Förderung von öffentlichen Arbeitgebern, soweit sie Integrationsbetriebe und Integrationsabteilungen führen.

23 Hingegen wird die Projektförderung für private Integrations**betriebe** und Integrations**abteilungen** aus Mitteln des Ausgleichsfonds beim Bundesministerium für Arbeit und Soziales gemäß § 41 Abs. 1 Nr. 3 SchwbAV erbracht. Auch in diesen Fällen leistet die individuelle Förderung nach § 102 Abs. 3 Nr. 2 SGB IX aber das Integrationsamt. Örtlich zuständig ist das Integrationsamt, in dessen Bereich der Sitz des Betriebs oder Nebenbetriebs des Integrationsprojekts liegt.

24 Bei der individuellen Förderung ist der **Vorrang der Leistungen der Träger der beruflichen Rehabilitation** nach § 102 Abs. 5 SGB IX zu beachten (vgl. VE 6.1).

25 Leistungen werden frühestens vom Monat der Antragstellung an erbracht. Laufende Leistungen werden in der Regel vierteljährlich gegen Vorlage der entsprechenden Nachweise ausbezahlt (VE 6.2).

26 Die Anträge von Integrationsbetrieben und -abteilungen auf Förderung aus dem Ausgleichsfonds beim Bundesministerium für Arbeit und Soziales nach § 41 Abs. 1 Nr. 3 SchwbAV werden von dem Integrationsamt nach den VE vorgeprüft und mit einem befürwortenden oder ablehnenden Fördervorschlag an das Bundesministerium weitergeleitet (VE 6.3).

27 Integrationsprojekte haben dem Integrationsamt die zweckentsprechende **Verwendung der Geldleistungen nachzuweisen.** Bei der Erbringung von laufenden Pauschalbeträgen sind im vierteljährlichen Abstand ein Verzeichnis der beschäftigten Schwerbehinderten und Gehaltsnachweise vorzulegen (VE 6.4).

28 Zur Einhaltung der mit der Förderung investiver Aufwendungen im Förderbescheid ausgesprochenen Arbeitsplatzbindungen sind von den Integrationsprojekten geeignete **Sicherheiten** zu stellen. Über Art und Umfang der Sicherheit ist im Einzelfall zu entscheiden (VE 6.5).

29 Leistungsfälle und finanzieller Aufwand bei der Förderung von Integrationsprojekten (auch hinsichtlich der individuellen Förderung) sind von dem Integrationsamt statistisch gesondert zu erfassen (VE 6.6).

§ 135
Verordnungsermächtigung

Das Bundesministerium für Arbeit und Soziales wird ermächtigt, durch Rechtsverordnung mit Zustimmung des Bundesrates das Nähere über den Begriff und die Aufgaben der Integrationsprojekte, die für sie geltenden fachlichen Anforderungen, die Aufnahmevoraussetzungen und die finanziellen Leistungen zu regeln.

ERLÄUTERUNGEN

I. Bedeutung der Vorschrift

Sie ermächtigt das Bundesministerium für Arbeit und Soziales zum Erlass einer Rechtsverordnung mit Zustimmung des Bundesrates. In dieser können Einzelheiten über den Begriff und die Aufgaben der Integrationsprojekte, die für sie geltenden fachlichen Anforderungen, die Aufnahmevoraussetzungen und die finanziellen Leistungen geregelt werden. 1

II. Fassung

Die Vorschrift wurde unverändert aus dem Regierungsentwurf (BT-Drucks. 14/5531 i. V. m. 14/5074) übernommen. 2

KAPITEL 12
Werkstätten für behinderte Menschen
§ 136
Begriff und Aufgaben der Werkstatt für behinderte Menschen

(1) ¹Die Werkstatt für behinderte Menschen ist eine Einrichtung zur Teilhabe behinderter Menschen am Arbeitsleben im Sinne des Kapitels 5 des Teils 1 und zur Eingliederung in das Arbeitsleben. ²Sie hat denjenigen behinderten Menschen, die wegen Art oder Schwere der Behinderung nicht, noch nicht oder noch nicht wieder auf dem allgemeinen Arbeitsmarkt beschäftigt werden können,

1. eine angemessene berufliche Bildung und eine Beschäftigung zu einem ihrer Leistung angemessenen Arbeitsentgelt aus dem Arbeitsergebnis anzubieten und
2. zu ermöglichen, ihre Leistungs- oder Erwerbsfähigkeit zu erhalten, zu entwickeln, zu erhöhen oder wiederzugewinnen und dabei ihre Persönlichkeit weiterzuentwickeln.

³Sie fördert den Übergang geeigneter Personen auf den allgemeinen Arbeitsmarkt durch geeignete Maßnahmen. ⁴Sie verfügt über ein möglichst breites Angebot an Berufsbildungs- und Arbeitsplätzen sowie über qualifiziertes Personal und einen begleitenden Dienst. ⁵Zum Angebot an Berufsbildungs- und Arbeitsplätzen gehören ausgelagerte Plätze auf dem allgemeinen Arbeitsmarkt. ⁶Die ausgelagerten Arbeitsplätze werden zum Zwecke des Übergangs und als dauerhaft ausgelagerte Plätze angeboten.

(2) ¹Die Werkstatt steht allen behinderten Menschen im Sinne des Abs. 1 unabhängig von Art oder Schwere der Behinderung offen, sofern erwartet werden kann, dass sie spätestens nach Teilnahme an Maßnahmen im Berufsbildungsbereich wenigstens ein Mindestmaß wirtschaftlich verwertbarer Arbeitsleistung erbringen werden. ²Dies ist nicht der Fall bei behinderten Menschen, bei denen trotz einer der Behinderung angemessenen Betreuung eine erhebliche Selbst- oder Fremdgefährdung zu erwarten ist oder das Ausmaß der erforderlichen Betreuung und Pflege die Teilnahme an Maßnahmen im Berufsbildungsbereich oder sonstige Umstände ein Mindestmaß wirtschaftlich verwertbarer Arbeitsleistung im Arbeitsbereich dauerhaft nicht zulassen.

(3) Behinderte Menschen, die die Voraussetzungen für eine Beschäftigung in einer Werkstatt nicht erfüllen, sollen in Einrichtungen oder Gruppen betreut und gefördert werden, die der Werkstatt angegliedert sind.

ERLÄUTERUNGEN

ÜBERSICHT

I. Bedeutung der Vorschrift (Rdnrn. 1–3)
II. Fassung (Rdnr. 4)
III. Anmerkungen (Rdnrn. 5–36)
    A) zu Abs. 1
        1. Begriff der Werkstatt für behinderte Menschen (Rdnrn. 5–6a)
        2. Aufgaben der Werkstatt für behinderte Menschen (Rdnrn. 6b–10)
            a) Eingangsverfahren (Rdnrn. 6b–6f)
            b) Berufsbildungsbereich (Rdnr. 7)
            c) Arbeitsbereich (Rdnr. 8)
            d) Förderung des Übergangs auf den allgemeinen Arbeitsmarkt (Rdnrn. 9–10)
        3. Anforderungen an die WfbM (Rdnrn. 11–13b)
        4. Vergünstigungen für anerkannte Werkstätten (Rdnr. 14)
        5. Förderung behinderter Menschen im WfbM (Rdnrn. 15–23)

B) zu Abs. 2
   1. Zugang zur WfbM (Rdnrn. 24–28a)
C) zu Abs. 3
   1. Angegliederte Einrichtungen oder Gruppen (Rdnrn. 29–36)
IV. Literatur
Anhang: Förderung der beruflichen Eingliederung behinderter Menschen. Gemeinsame Arbeitshilfen für die Arbeit der Fachausschüsse in Werkstätten für behinderte Menschen (WfB) gem. § 2 Werkstättenverordnung (WVO) vom 16. Oktober 2002
Anhang: Gemeinsame Empfehlungen zur Fortbildung von Fachkräften zur Arbeits- und Berufsförderung in Werkstätten für Behinderte der Bundesagentur für Arbeit, der Bundesarbeitsgemeinschaft der überörtlichen Träger der Sozialhilfe und der Bundesarbeitsgemeinschaft Werkstätten für Behinderte (Stand: Juni 1996)

I. Bedeutung der Vorschrift

Bundesweit gibt es derzeit (Stand: 1. Januar 2009) **715** anerkannte oder vorläufig anerkannte Werkstätten für behinderte Menschen Menschen (das sind fünf mehr als zum selben Stichtag 2008). Sie verteilen sich mit 519 auf das Altbundesgebiet und mit 174 auf das Beitrittsgebiet (Quelle: www.bagwfbm.de/category/34). 1

Etwa 93 % der Einrichtungen sind in der **„Bundesarbeitsgemeinschaft Werkstätten für Behinderte"** (BAG:WfB) organisiert. Sie ist ein gemeinnütziger Verein, der 1975 als bundesweite Interessenvertretung der Werkstätten gegründet wurde. Ihr Sitz ist Sonnemannstr. 5, 60314 Frankfurt (www.bagwfb.de). Ein Verzeichnis aller anerkannten WfbM findet sich unter www.rehadat.de.

Die BAG:WfB gibt – mit Stand 28. Januar 2010 – die **Zahl der Werkstattbeschäftigten** in den ihr als Mitglied angeschlossenen Einrichtungen an mit 277 201, davon 33 809 im Berufsbildungsbereich, 231 369 im Arbeitsbereich, 12 023 im nicht sozialversicherten Förderbereich (www.bagwfbm.de/page/24). 1a

Die Gesamtzahl der in Werkstätten beschäftigten behinderten Menschen liegt aber darüber, da nicht alle WfbM in der BAG:WfB organisiert sind. Sie **steigt stetig an**: Im Behindertenbericht 2009 der Bundesregierung werden als Gesamtzahlen angegeben für 2003: 235 756, für 2007: 275 492. 1b

Derzeit absolvieren noch weit **über 90 Prozent aller Schulabgängerinnen und Schulabgänger mit einer geistigen Behinderung** eine Berufsausbildung im Berufsbildungsbereich anerkannter WfbM und finden danach eine Beschäftigung im Arbeitsbereich der Werkstätten (Behindertenbericht 2005 der Bundesregierung, BT-Drucks. 15/4575 S. 72). 1c

Träger der Werkstätten sind die Diakonie (29%), die Lebenshilfe (28%), Caritas (11%), Deutscher Paritätischer Wohlfahrtsverband (9%), Arbeiterwohlfahrt (3%), Deutsches Rotes Kreuz (2%) und sonstige (19%). Als Rechtsformen herrschen vor die gemeinnützige GmbH (44%), der eingetragene Verein (40%) und die Stiftung (10%). 1d

Zum Fallzahl- und Kostenanstieg und zur Frage der Alternativen zu WfbM vgl. *Vater* RdLH 2007, 7. Zu neueren Entwicklungen und Forschungsergebnissen bei Werkstätten vgl. auch den Behindertenbericht 2009 der Bundesregierung S. 60, http://www.bmas.de/portal/3524/property=pdf/a125_ behindertenbericht.pdf

Die Vorschrift definiert den Begriff und die Aufgaben der Werkstatt für behinderte Menschen. Dieser ist für das gesamte Sozialrecht maßgebend. Ferner werden Anforderungen an die Größe und personelle Ausstattung der WfbM festgelegt (**Abs. 1**). 2

In **Abs. 2** wird der Zugang zu WfbM geregelt. Dem dort genannten Personenkreis wird in § 137 SGB IX ein unmittelbarer Anspruch auf Aufnahme in die WfbM eingeräumt. Die 2a

Vorschrift sagt aber auch, welchen behinderten Menschen der Zugang zur WfbM nicht offen steht (**Abs. 2 Satz 2**).

3 In **Abs. 3** wird der WfbM aufgegeben, ein Leistungsangebot auch für die nicht „werkstattfähigen" behinderten Menschen im Sinne des Abs. 2 Satz 2 in Form von angegliederten Einrichtungen vorzuhalten.

II. Fassung

4 Die Vorschrift wurde unverändert aus dem Regierungsentwurf (BT-Drucks. 14/5531 i. V. m. 14/5074) übernommen. Sie entspricht im Wesentlichen § 54 SchwbG. Allerdings wird nunmehr der Begriff der „Eingliederung in das Arbeitsleben" ersetzt durch das Ziel der „Teilhabe behinderter Menschen am Arbeitsleben" und insoweit auf Kapitel 5 des 1. Teils, also auf die Vorschriften in §§ 33 bis 43 SGB IX, verwiesen. Außerdem ist der Begriff des „Arbeitstrainingsbereichs" wie auch in anderen einschlägigen Vorschriften durch „Berufsbildungsbereich" ersetzt worden.

III. Anmerkungen

A) zu Abs. 1

1. Begriff der Werkstatt für behinderte Menschen

5 Die Werkstatt für behinderte Menschen (WfbM) ist nach der Definition in **Abs. 1 Satz 1** eine **„Einrichtung zur Teilhabe behinderter Menschen am Arbeitsleben"** im Sinne der §§ 33 bis 43 SGB IX und zur Eingliederung in das Arbeitsleben. Der Begriff der WfbM wird damit für den gesamten Bereich des Sozialgesetzbuchs einheitlich definiert. Das gilt z. B. für die Voraussetzungen der Versicherungspflicht behinderter Menschen in der Kranken- oder Rentenversicherung (§ 5 Abs. 1 Nr. 7 SGB V, § 1 Satz 1 Nr. 2a SGB VI), aber auch für die Vorschriften des Sozialleistungsrechts (wie Eingliederungshilfe nach § 54 Abs. 1 Satz 1 Nr. 7 SGB XII, Leistungen zur Teilhabe am Arbeitsleben nach § 102 Abs. 2 SGB III, § 16 SGB VI, § 25 SGB VII).

5a Werkstätten für behinderte Menschen sind „vergleichbare Einrichtungen der beruflichen Rehabilitation" im Sinne von § 35 SGB IX. Sie stehen deshalb neben den Berufsförderungswerken für die Ausbildung und Umschulung *erwachsener* behinderter Menschen und den Berufsbildungswerken für die Ausbildung *jugendlicher* behinderter Menschen. Als Rehabilitationseinrichtungen haben WfbM einen **„Doppelcharakter"** (Müller-Wenner / *Schorn* Rdnr. 8; GK-SGB IX / *Schimanski* Rdnr. 21): Einerseits sollen sie die Teilhabe behinderter Menschen am Arbeitsleben vorbereiten, nämlich im Eingangs- und Berufsbildungsbereich. Andererseits bewirken sie die Eingliederung in das Arbeitsleben – allerdings abgeschottet vom allgemeinen Arbeitsmarkt – für diejenigen behinderten Menschen, deren Eingliederung in den allgemeinen Arbeitsmarkt trotz Förderung nicht möglich ist und die deshalb auf Dauer im Arbeitsbereich der WfbM verbleiben.

5b Die WfbM ist deshalb eine **berufliche Rehabilitationseinrichtung auf der Grundlage eines Produktions- bzw. Dienstleistungsbetriebs**. Mit diesem hat sie eine Aufgabe gegenüber denjenigen behinderten Menschen zu erfüllen, die in das Arbeitsleben eingegliedert werden können, also beruflich rehabilitationsfähig sind, aber auf dem allgemeinen Arbeitsmarkt wegen Art oder Schwere ihrer Behinderung dauernd oder zumindest zeitweise nicht beschäftigt werden können (**Abs. 1 Satz 2**). Die WfbM sind allerdings **keine bloßen Erwerbsbetriebe**; Produktion und Umsatz stehen nicht im Vordergrund der Werkstattarbeit (vgl. BSG Urteil vom 9. Dezember 2008 – B 8/9b SO 10/07 R = BSGE 102, 126 = SozR 4-3500 § 54 Nr. 3).

Menschen mit schweren (insbesondere geistigen oder psychischen) Behinderungen sind vom Arbeitsleben weitgehend ausgeschlossen und haben wegen Art und Schwere ihrer Behinderungen kaum die Möglichkeit, eine reguläre Beschäftigung auf dem allgemeinen Arbeitsmarkt zu finden, schon gar nicht ohne Förderung, Betreuung und schützende Begleitung. Ein regelmäßiges und lebensunterhaltsicherndes Einkommen durch eigene Arbeit können sie nicht erzielen. Werkstätten sollen deshalb durch berufliche und persönlichkeitsbildende Förderung helfen, einen gleichberechtigten Platz in der Gesellschaft zu erlangen. Ziel ist es, die **individuelle Leistungsfähigkeit der behinderten Erwachsenen zu entwickeln, wiederzugewinnen und** so **zu erhöhen,** dass sie entweder in der Werkstatt ein Mindestmaß an wirtschaftlich verwertbarer Arbeitsleistung erbringen oder sogar ins Erwerbsleben eingegliedert werden können (BSG Urteil vom 9. Dezember 2008 a. a. O.)

Charakter und Funktion der WfbM als berufliche Rehabilitationseinrichtung bedeuten also keinen Verzicht auf Aspekte der gesellschaftlichen Eingliederung (Teilhabe des behinderten Menschen am Leben in der Gesellschaft bzw. Gemeinschaft). Die WfbM verfolgt im Gegenteil ein **ganzheitliches Förderkonzept**, zu dem zwingend gehört, dass allen Behinderten in der WfbM ein **gemeinsames Mittagessen** angeboten wird. Sie hat nämlich unbeschadet ihrer eigentlichen Aufgabenerfüllung begleitend auch **Aufgaben der sozialen Rehabilitation, sozialpädagogische und sozialbetreuerische Aufgaben sowie Aufgaben der medizinischen Betreuung und der Pflege** entsprechend den Bedürfnissen des Personenkreises, für den sie bestimmt ist (vgl BSG Urteil vom 9. Dezember 2008 a. a. O.; Cramer WfbM-Komm Rdnr. 11).

5c

Die Leistungen im Arbeitsbereich sind deshalb ausdrücklich auch darauf gerichtet, die **Persönlichkeit der behinderten Menschen weiterzuentwickeln** (§ 39, § 41 Abs. 2 Nr. 2, § 136 Abs. 1 Satz 2 Nr. 2 SGB IX). Nach § 5 Abs. 3 WVO sollen zur Erhaltung und Erhöhung der (im Berufsbildungsbereich erworbenen) Leistungsfähigkeit und zur Weiterentwicklung der Persönlichkeit der behinderten Menschen **arbeitsbegleitend geeignete Maßnahmen** durchgeführt werden. So gehören zu den arbeitsbegleitenden Maßnahmen, die der Weiterentwicklung der Persönlichkeit dienen, nach Nr. 6.2 WE/BAGüS auch Maßnahmen, die die Fähigkeiten in den Bereichen Lesen, Schreiben, Rechnen, Mobilität und Orientierung, Kooperation und Kommunikation (mit anderen behinderten Menschen, Vorgesetzten und dem sonstigen sozialen Umfeld), eigenverantwortliche Lebensbewältigung und Festigung des Selbstwertgefühls in angemessenem Umfang erhalten, erhöhen oder entwickeln.

5d

Zur Erfüllung dieser Aufgaben führen die WfbM in ihrem **Berufsbildungsbereich** berufsfördernde Maßnahmen zur Rehabilitation durch und ergänzen mit dem in jeder WfbM eingerichteten **Arbeitsbereich** das Arbeitsplatzangebot des allgemeinen Arbeitsmarkts durch Arbeitsplätze für besonders benachteiligte Arbeitnehmer.

5e

Die Einrichtung ist somit kein Selbstzweck und keine bloße Beschäftigungsstätte für behinderte Menschen und dient erst recht nicht nur ihrer Aufbewahrung und Sammlung (Neumann u. a. / *Pahlen* Rdnr. 6 unter Hinweis auf ⊕ BAG Urteil vom 18. März 1987 – 4 AZR 274/86 = PersV 1988, 507 = AP Nr. 132 zu §§ 22, 23 BAT 1975). Die WfbM ist vielmehr auf **Arbeitsplätze** ausgerichtet und soll eine **wirtschaftlich verwertbare Leistung** erzielen (Neumann u. a. / *Pahlen* Rdnr. 7). Sie muss hierbei die Vorgaben der Werkstättenverordnung (WVO) – die früher als „Werkstättenverordnung Schwerbehindertengesetz (SchwbWV)" bezeichnet wurde – beachten. § 12 Abs. 1 WVO gibt der Werkstatt auf, sich nach betriebswirtschaftlichen Grundsätzen zu organisieren, nach kaufmännischen Grundsätzen Bücher zu führen und eine Betriebsabrechnung in Form einer Kostenstellenrechnung sowie einen Jahresabschluss zu erstellen. Die Werkstatt muss nach § 12 Abs. 3 WVO **wirtschaftliche Arbeitsergebnisse** anstreben, um an die im Arbeitsbereich Beschäftigten ein ihrer Leistung angemessenes Arbeitsentgelt zahlen zu können.

6

Dem Gesetz liegt die Konzeption der **„einheitlichen Werkstatt"** zugrunde (vgl. auch die Überschrift zu § 1 Abs. 1 WVO). Es sollen also nicht unterschiedlich strukturierte Einrichtungen nebeneinander bestehen, von denen einige eher auf Leistung und Produktion ausgerichtet sind, während andere mehr auf Beschäftigungstherapie, Betreuung und soziale Eingliederung ausgerichtet sind. Vielmehr soll der unterschiedlichen Art der Behinderung der betroffenen Menschen und ihren Auswirkungen insbesondere durch Bildung besonderer Gruppen im Berufsbildungs- und Arbeitsbereich der Werkstatt Rechnung getragen werden

6a

(§ 1 Abs. 2 WVO). Dies kommt insbesondere für schwerstkörperbehinderte, blinde und psychisch kranke Menschen in Betracht.

2. Aufgaben der Werkstatt für behinderte Menschen
a) Eingangsverfahren

6b In einem Eingangsverfahren von **regelmäßig vier Wochen Dauer**, das im Einzelfall auf drei Monate ausgedehnt werden kann, wird die Eignung der Werkstatt für die Teilhabe des behinderten Menschen am Arbeitsleben sowie für seine Eingliederung in das Arbeitsleben geprüft (§ 3 Abs. 1 und 2 WVO). Dieses Eingangsverfahren ist seit Inkrafttreten der Neuregelungen des SGB IX zum 1. Juli 2001 **obligatorisch** den Leistungen im Berufsbildungsbereich vorgeschaltet. Ohne ein Eingangsverfahren kommen Leistungen im Berufsbildungsbereich nicht in Betracht (LSG Baden-Württemberg Beschluss vom 14. August 2002 – L 13 AL 2380/02 ER-B m. Anm. *Wendt* in RdLH 2003, 33).

6c Wird die Eignung der Werkstatt bejaht, muss im Eingangsverfahren weiter geprüft werden, welche Bereiche der Werkstatt und welche Leistungen zur Teilhabe und ergänzende Leistungen in Betracht kommen. Außerdem ist ein **Eingliederungsplan** zu erstellen (vgl. hierzu näher Erl. zu § 40 Rdnrn. 17–21).

6d An der Prüfung dieser Fragen wirkt der bei jeder Werkstatt zu bildende **Fachausschuss** mit (vgl. § 2 WVO). Ihm gehören in gleicher Zahl Vertreter der Werkstatt, Vertreter der Bundesagentur für Arbeit sowie Vertreter des überörtlichen Trägers der Sozialhilfe an. Damit sind die beiden insoweit in der Praxis wichtigsten Rehabilitationsträger beteiligt, nämlich die Bundesagentur für Arbeit als für Leistungen im Berufsbildungsbereich zuständig sowie die überörtlichen Träger der Sozialhilfe als Leistungserbringer für die Beschäftigung eines behinderten Menschen im Arbeitsbereich (vgl. zur Zuständigkeit näher Erl. zu § 42 SGB IX). Der Fachausschuss soll auch Vertreter eines anderen Trägers hinzuziehen, wenn dessen Zuständigkeit für Leistungen zur Teilhabe am Arbeitsleben und für ergänzende Leistungen in Betracht kommt. Er kann auch andere Personen zur Beratung hinzuziehen und soll, soweit erforderlich, Sachverständige hören. Eine Auflistung sämtlicher **Aufgaben des Fachausschusses** enthält Nr. 5.2 der Werkstattempfehlungen (WE/BAGüS), vgl. Anhang zum Kommentar zu § 39 SGB IX. Das Verfahren des Ausschusses als beratendes Gremium wird in Nr. 5.4 behandelt. Vgl. im Übrigen die Gemeinsamen Arbeitshilfen für die Arbeit der Fachausschüsse – auch mit dem Muster einer Geschäftsordnung – (Anlage 2 zu den WE/BAGüS, abgebildet im Anhang zur Kommentierung dieser Vorschrift).

6e Der Fachausschuss gibt zum Abschluss des Eingangsverfahrens auf Vorschlag des Trägers der Werkstatt und nach Anhörung des behinderten Menschen, ggf. auch seines gesetzlichen Vertreters – bei Volljährigen also des rechtlichen Betreuers im Sinne von § 1896 ff. BGB – eine **Stellungnahme** gegenüber dem zuständigen Rehabilitationsträger ab. Diese hat alle Umstände des Einzelfalles zu würdigen, insbesondere auch die Persönlichkeit des behinderten Menschen und sein Verhalten während des Eingangsverfahrens (§ 3 Abs. 3 WVO). Die Stellungnahme bindet allerdings weder den Rehabilitationsträger noch etwa Gerichte im Fall eines Klageverfahrens über die Leistungserbringung (BSG Urteil vom 10. März 1994 – 7 RAr 22/93 = SozR 3-4100 § 58 Nr. 6 = BehindertenR 1994, 166).

6f Hält der Fachausschuss die Werkstatt hingegen für den betreffenden behinderten Menschen nicht für geeignet, soll er zugleich eine andere Einrichtung oder sonstige Maßnahme für ihn empfehlen. Er soll sich auch dazu äußern, nach welcher Zeit eine Wiederholung des Eingangsverfahrens zweckmäßig ist und welche Maßnahmen bzw. andere Leistungen zur Teilhabe in der Zwischenzeit durchgeführt werden sollen (§ 3 Abs. 4 WVO).

b) Berufsbildungsbereich

7 Weiterhin hat die Werkstatt im Benehmen mit dem zuständigen Rehabilitationsträger **Maßnahmen im Berufsbildungsbereich** (Einzelmaßnahmen und Lehrgänge) durchzuführen.

Sie zielen auf die Verbesserung der Teilhabe am Arbeitsleben und schließen angemessene Maßnahmen zur Weiterentwicklung der Persönlichkeit des behinderten Menschen ein (§ 4 Abs. 1 Satz 1 WVO). Die Werkstatt fördert die behinderten Menschen so, dass sie spätestens nach Teilnahme an Maßnahmen des Berufsbildungsbereichs in der Lage sind, wenigstens ein Mindestmaß wirtschaftlich verwertbarer Arbeitsleistung im Sinne von § 136 Abs. 2 SGB IX zu erbringen (§ 4 Abs. 1 Satz 2 WVO). Damit kommt die WfbM ihrer Aufgabe nach, eine „angemessene berufliche Bildung" im Sinne von **Abs. 1 Satz 2 Nr. 1** zu bieten und zugleich dem behinderten Menschen zu ermöglichen, seine Leistungs- oder Erwerbsfähigkeit zu erhalten, zu entwickeln, zu erhöhen oder wiederzugewinnen und dabei seine Persönlichkeit weiterzuentwickeln (**Abs. 1 Satz 2 Nr. 2**). Es müssen also bei dem behinderten Menschen Entwicklungsmöglichkeiten und in der Werkstatt Lerneinrichtungen vorhanden sein, damit die Leistungsfähigkeit auch entsprechend entwickelt werden kann. Einzelheiten über die hierbei anzubietenden Lehrgänge regelt § 4 Abs. 2 bis 5 WVO.

c) Arbeitsbereich

Ferner hat die WfbM die Aufgabe, behinderten Menschen **Beschäftigung anzubieten**, und zwar „zu einem ihrer Leistung angemessenen Arbeitsentgelt aus dem Arbeitsergebnis" (**Abs. 1 Satz 2 Nr. 1**). Deshalb ist der Haupttätigkeitsbereich der WfbM der **Arbeitsbereich**. In diesem sollen behinderte Menschen, die wegen der Behinderung nicht, noch nicht oder noch nicht wieder auf dem allgemeinen Arbeitsmarkt tätig werden können, einer sinnvollen Beschäftigung nachgehen. Hierbei sollen sie gleichzeitig – soweit möglich – für eine Vermittlung auf dem allgemeinen Arbeitsmarkt vorbereitet werden. Einzelheiten zum Arbeitsbereich der WfbM sind in § 5 Abs. 1 bis 3 WVO bestimmt; vgl. im Übrigen die eingehenden Erläuterungen in Rdnrn. 11 ff. zu § 41 SGB IX.

8

d) Förderung des Übergangs auf den allgemeinen Arbeitsmarkt

Die Werkstatt hat darüber hinaus aber auch den **Übergang** geeigneter Personen **auf den allgemeinen Arbeitsmarkt** durch geeignete Maßnahmen zu fördern (**Abs. 1 Satz 3**). Dies wird in § 5 Abs. 4 WVO konkretisiert. Insbesondere wird dort auch eine zeitweise Beschäftigung auf ausgelagerten Arbeitsplätzen als geeignete Maßnahme genannt. Dabei hat die Werkstatt die notwendige arbeitsbegleitende Betreuung in der Übergangsphase sicherzustellen und darauf hinzuwirken, dass der zuständige Rehabilitationsträger seine Leistungen und nach dem Ausscheiden des Behinderten aus der Werkstatt das Integrationsamt die begleitende Hilfe im Arbeits- und Berufsleben erbringen (§ 5 Abs. 4 Satz 2 WVO).

9

Auch bei der zeitweisen Beschäftigung auf ausgelagerten Arbeitsplätzen der Werkstatt in einem **Integrationsprojekt im Sinne von § 132 SGB IX** handelt es sich um den Einsatz auf ausgelagerten Arbeitsplätzen von WfbM. Zwar haben Integrationsprojekte eine Brückenfunktion für schwerbehinderte Menschen und nehmen damit auch eine soziale Aufgabe wahr; sie sind also nicht allein auf Gewinnerzielung ausgerichtet. Gleichwohl sind sie **dem allgemeinen Arbeitsmarkt** mit grundsätzlich regulären Beschäftigungsverhältnissen gemäß § 5 Abs. 4 Satz 1 WVO **zuzurechnen** (SG Berlin Urteil vom 30. Oktober 2008 – S 60 AL 753/07, zit. nach JURIS). Es entsteht auch keine Vermischung der Förderungen, da auch bei einer zeitweisen Beschäftigung auf einem ausgelagerten Arbeitsplatz im Integrationsprojekt eine personenbezogene Förderung vorliegt, die nachvollziehbar und überprüfbar ist, sodass eine Doppelförderung insoweit vermieden werden kann (SG Berlin Urteil vom 30. Oktober 2008 a. a. O.).

9a

Durch den neu angefügten Abs. 5 des § 5 WVO wird der **Fachausschuss** nach § 2 WVO ausdrücklich auch bei der Planung und Durchführung von Maßnahmen des Übergangs auf den allgemeinen Arbeitsmarkt beteiligt. So gibt der Fachausschuss auf Vorschlag des Trägers der Werkstatt oder des zuständigen Rehabilitationsträgers in regelmäßigen Abständen, wenigstens einmal jährlich, **gegenüber dem zuständigen Rehabilitationsträger eine Stellungnahme** dazu ab, welche behinderten Menschen für einen **Übergang auf den allgemeinen**

10

Arbeitsmarkt in Betracht kommen und welche übergangsfördernde Maßnahmen dazu erforderlich sind.

Wie schwierig der Weg von der WfbM zum allgemeinen Arbeitsmarkt ist, belegt der geringe Anteil der behinderten Menschen, denen dieser **Übergang gelingt**. Nach Erhebungen der Gesellschaft für Integration, Sozialforschung und Behindertenpädagogik GmbH (ISB) lag die Übergangsquote in 2000 bei 0,24% bei steigender Tendenz; die Hamburger Firma „conssens" hat für das selbe Jahr 0,32% ermittelt (vgl. den Bericht der Bundesregierung zu § 160 SGB IX vom 26. Juni 2003 BT-Drucks. 15/1295 S. 31 ff.). Hierbei kann aber auch ein möglicherweise geringes Interesse der WfbM an der Abgabe ihrer leistungsfähigsten behinderten Menschen eine Rolle spielen. Deshalb betont sowohl das Gesetz in Abs. 1 Satz 3 als auch die WVO in § 5 Abs. 4 die **Verpflichtung der WfbM zur Förderung des Übergangs** in den allgemeinen Arbeitsmarkt (vgl. hierzu auch *Ritz* BehindertenR, 2001, 197 und *Wendt* Rehabilitation 2001, 92).

3. Anforderungen an die WfbM

11 Die Anforderungen an die WfbM sind im Gesetz selbst nur sehr knapp formuliert. Abs. 1 Satz 4 legt fest, dass sie über ein „möglichst breites Angebot an Berufsbildungs- und Arbeitsplätzen" zu verfügen habe sowie „über qualifiziertes Personal und einen begleitenden Dienst". Dies wird in §§ 7 bis 11 WVO näher bestimmt.

12 Danach soll die Werkstatt in der Regel über **mindestens 120 Plätze** verfügen (§ 7 Abs. 1 WVO). Diese Mindestzahl kann auch innerhalb eines Werkstattverbundes gem. § 15 WVO erreicht werden (§ 7 Abs. 2 WVO).

Die **bauliche Gestaltung** und die **Ausstattung** der Werkstatt müssen ihrer Aufgabenstellung zur Teilhabe behinderter Menschen am Arbeitsleben und zu deren Eingliederung in das Arbeitsleben sowie den in § 136 SGB IX i. V. m. der WVO gestellten Anforderungen Rechnung tragen (§ 8 Abs. 1 Satz 1 WVO). **Standort und Einzugsgebiet** sind aufeinander abzustimmen (§ 8 Abs. 2 und 3 WVO). Sonst ist im Benehmen mit den zuständigen Rehabilitationsträgern ein Fahrdienst zu organisieren, um das Erreichen der Werkstatt in zumutbarer Zeit zu ermöglichen (§ 8 Abs. 4 WVO).

13 **Personelle Anforderungen** an die Zahl und Qualifikation der Fachkräfte sind in § 9 Abs. 1 und 3 WVO geregelt. Die Berufsqualifikation des **Werkstattleiters** wird in § 9 Abs. 2 WVO festgelegt. Dieser soll in der Regel über einen Fachhochschulabschluss im kaufmännischen oder technischen Bereich oder einen gleichwertigen Bildungsstand, über ausreichende Berufserfahrung sowie über eine sonderpädagogische Zusatzqualifikation verfügen. Für die Fachkräfte zur Arbeits- und Berufsförderung soll das **Zahlenverhältnis** zu den behinderten Menschen im Berufsbildungsbereich 1:6, im Arbeitsbereich 1:12 betragen.

13a Die Fachkräfte sollen **in der Regel Facharbeiter, Gesellen oder Meister** mit einer mindestens zweijährigen Berufserfahrung in Industrie oder Handwerk sein; sie müssen pädagogisch geeignet sein und über eine sonderpädagogische Zusatzqualifikation verfügen (§ 9 Abs. 3 Satz 2 und 3 WVO). Die Anforderungen hieran sind in der „Verordnung über die Prüfung zum anerkannten Abschluss Geprüfte Fachkraft zur Arbeits- und Berufsförderung in Werkstätten für behinderte Menschen" vom 25. Juni 2001 (BGBl. I S. 1239; vgl. Rechtssammlung Nr. 3.2.13) geregelt.

13b Ferner sind **pädagogische, soziale und medizinische Dienste** zwingend für jede WfbM vorgeschrieben. Dies gilt auch für eine erforderliche psychologische Betreuung (§ 10 Abs. 1 WVO). Für je 120 behinderte Menschen sollen in der Regel ein Sozialpädagoge oder ein Sozialarbeiter zur Verfügung stehen, darüber hinaus im Einvernehmen mit den zuständigen Rehabilitationsträgern pflegerische, therapeutische und nach Art und Schwere der Behinderung sonst erforderliche Fachkräfte (§ 10 Abs. 2 WVO). Die besondere **ärztliche Betreuung** der behinderten Menschen in der Werkstatt und die medizinische Betreuung des Fachpersonals sind durch einen Arzt vertraglich sicherzustellen. Dieser soll möglichst auch die an einen Betriebsarzt zu stellenden Anforderungen erfüllen (§ 10 Abs. 3 WVO).

Die Werkstatt hat dem Fachpersonal Gelegenheit zur Teilnahme an **Fortbildungsmaßnahmen** zu geben (§ 11 WVO).

4. Vergünstigungen für anerkannte Werkstätten

WfbM können in zweifacher Hinsicht Vergünstigungen erhalten. Zum einen durch die teilweise Anrechnung von Aufträgen, die Arbeitgeber an WfbM erteilen auf deren Ausgleichsabgabe nach Maßgabe des § 140 SGB IX. Ferner sind Aufträge der öffentlichen Hand, die von WfbM ausgeführt werden können, bevorzugt diesen Werkstätten anzubieten (§ 141 SGB IX). Voraussetzung ist jeweils die Anerkennung der WfbM durch die Bundesagentur für Arbeit im Einvernehmen mit dem überörtlichen Träger der Sozialhilfe (§ 142 SGB IX). 14

5. Förderung behinderter Menschen in WfbM

Die Anerkennung der WfbM nach § 142 SGB IX ist auch Voraussetzung dafür, dass für die darin beschäftigten Menschen **finanzielle Leistungen nach §§ 39 ff. SGB IX** erbracht werden können. Ziel dieser Leistungen ist, die Leistungs- oder Erwerbsfähigkeit der behinderten Menschen zu erhalten, zu entwickeln, zu verbessern oder wiederherzustellen, die Persönlichkeit dieser Menschen weiterzuentwickeln und ihre Beschäftigung zu ermöglichen oder zu sichern (§ 39 SGB IX). 15

Hierbei unterscheidet das Gesetz zwischen Leistungen im Eingangsverfahren und dem Berufsbildungsbereich einerseits sowie im Arbeitsbereich andererseits.

Leistungen im Eingangsverfahren können im Einzelfall bis zu drei Monaten erbracht werden (§ 40 Abs. 2 Satz 1 SGB IX). In dieser Zeit soll festgestellt werden, ob die Werkstatt eine geeignete Einrichtung für die Teilhabe des behinderten Menschen am Arbeitsleben ist sowie welche Bereiche der Werkstatt und welche Leistungen zur Teilhabe am Arbeitsleben für den behinderten Menschen in Betracht kommen. Ferner ist ein Eingliederungsplan zu erstellen (§ 40 Abs. 1 Nr. 1 SGB IX). Können die notwendigen Feststellungen in kürzerer Zeit bis zu vier Wochen getroffen werden, werden die Leistungen im Eingangsverfahren nur für den entsprechenden Zeitraum erbracht (§ 40 Abs. 2 Satz 2 SGB IX). 16

Danach werden sich häufig **Leistungen im Berufsbildungsbereich** der WfbM anschließen, wenn diese erforderlich sind, um die Leistungs- oder Erwerbsfähigkeit des behinderten Menschen soweit wie möglich zu entwickeln, zu verbessern oder wiederherzustellen. Ferner muss erwartet werden können, dass der behinderte Mensch nach Teilnahme an diesen Leistungen in der Lage ist, wenigstens ein Mindestmaß wirtschaftlich verwertbarer Arbeitsleistung im Sinne des § 136 Abs. 2 SGB IX zu erbringen. 17

Leistungen im Berufsbildungsbereich werden für zwei Jahre erbracht, aber regelmäßig zunächst für nur ein Jahr bewilligt. Sie werden für ein weiteres Jahr bewilligt, wenn die Leistungsfähigkeit des behinderten Menschen weiterentwickelt oder wiedergewonnen werden kann (§ 40 Abs. 3 SGB IX). 18

Leistungen im Eingangsverfahren und im Berufsbildungsbereich **erbringen im Rahmen ihrer jeweiligen Zuständigkeit** die Träger der Unfallversicherung, Rentenversicherung oder Kriegsopferfürsorge, im Übrigen die Bundesagentur für Arbeit (§ 42 Abs. 1 SGB IX). Diese ist – trotz der im Gesetzestext angelegten Nachrangigkeit ihrer Zuständigkeit – in der Praxis der wichtigste Leistungserbringer im Berufsbildungsbereich der WfbM (vgl. hierzu näher Erl. zu § 42 SGB IX Rdnr. 10). 19

Leistungen im Arbeitsbereich einer anerkannten WfbM erhalten behinderte Menschen, bei denen eine Beschäftigung auf dem allgemeinen Arbeitsmarkt oder Berufsvorbereitung, berufliche Anpassung und Weiterbildung oder berufliche Ausbildung wegen Art oder Schwere der Behinderung derzeit nicht in Betracht kommen. Sie müssen aber in der Lage 20 sein, wenigstens ein Mindestmaß an wirtschaftlich verwertbarer Arbeitsleistung zu erbringen (§ 41 Abs. 1 SGB IX). Diese Leistungen sind nach § 41 Abs. 2 SGB IX gerichtet auf

1. Aufnahme, Ausübung und Sicherung einer der Eignung und Neigung des behinderten Menschen entsprechenden Beschäftigung,
2. Teilnahme an arbeitsbegleitenden Maßnahmen zur Erhaltung und Verbesserung der im Berufsbildungsbereich erworbenen Leistungsfähigkeit und Weiterentwicklung der Persönlichkeit sowie
3. Förderung des Übergangs geeigneter behinderter Menschen auf den allgemeinen Arbeitsmarkt durch geeignete Maßnahmen.

20a Auch insoweit ist die nach dem Gesetzestext nachrangige **Zuständigkeit der Sozialhilfeträger** in der Praxis die wichtigste, weil die meisten Beschäftigungsverhältnisse in der WfbM als Eingliederungshilfe nach § 54 Abs. 1 Nr. 4 SGB XII durch den überörtlichen Träger der Sozialhilfe finanziert werden (vgl. hierzu näher Erl. zu § 42 SGB IX Rdnr. 15).

21 Hierfür erhalten die Werkstätten vom zuständigen Rehabilitationsträger angemessene **Vergütungen**. Diese müssen den Grundsätzen der Wirtschaftlichkeit, Sparsamkeit und Leistungsfähigkeit entsprechen. Bei Zuständigkeit des Sozialhilfeträgers sind die Vorschriften der §§ 75, 76 SGB XII anzuwenden.

Können die letztgenannten Werkstattkosten im Einzelfall nicht ermittelt werden, kann eine **Vergütungspauschale** für diese werkstattspezifischen Kosten der wirtschaftlichen Betätigung der Werkstatt vereinbart werden (§ 41 Abs. 3 Satz 4 SGB IX).

22 Zusätzlich erhalten die WfbM von dem zuständigen Rehabilitationsträger nach § 43 SGB IX ein **Arbeitsförderungsgeld**. Dieses ist an die im Arbeitsbereich beschäftigten behinderten Menschen auszuzahlen. Es beträgt monatlich 26 Euro für jeden im Arbeitsbereich beschäftigten behinderten Menschen, dessen Arbeitsentgelt zusammen mit dem Arbeitsförderungsgeld den Betrag von 325 Euro nicht übersteigt. Ist das Arbeitsentgelt höher als 299 Euro, beträgt das Arbeitsförderungsgeld monatlich den Unterschiedsbetrag zwischen dem Arbeitsentgelt und 325 Euro. Erhöhungen der Arbeitsentgelte aufgrund der Zuordnung der Kosten im Arbeitsbereich der Werkstatt nach § 41 Abs. 3 SGB IX können auf die Zahlung des Arbeitsförderungsgeldes angerechnet werden (vgl. näher die Erl. zu § 43 SGB IX).

23 Die **Leistungen im Arbeitsbereich erbringen** entweder die Träger der Unfallversicherung für durch Arbeitsunfälle Verletzte oder von Berufskrankheiten Betroffene, die Träger der Kriegsopferfürsorge nach § 27d Abs. 1 Nr. 6 BVG oder die Träger der öffentlichen Jugendhilfe als Eingliederungshilfe nach § 35a SGB VIII. In allen übrigen Fällen – das ist die ganz überwiegende Mehrzahl – sind die Träger der Sozialhilfe unter den Voraussetzungen des SGB IX zuständig (§ 42 Abs. 2 SGB IX).

B) zu Abs. 2

1. Zugang zur WfbM

24 Die Vorschrift des **Abs. 2 Satz 1** enthält eine **zweifache Zugangsbeschränkung:** Zunächst wird die Aufnahme behinderter Menschen in die WfbM durch Bezugnahme auf **Abs. 1** beschränkt auf diejenigen, die wegen Art oder Schwere der Behinderung derzeit nicht auf dem allgemeinen Arbeitsmarkt beschäftigt werden können. Sie müssen aber – wie aus Abs. 1 folgt – in das Arbeitsleben eingegliedert werden und am Arbeitsleben teilnehmen können.

Folglich ist es **Auftrag der Werkstatt**, nur behinderte Menschen aufzunehmen, beruflich zu bilden und zu beschäftigen die zwar beruflich rehabilitationsfähig sind, aber behinderungsbedingt, also unabhängig von konjunkturellen Gründen und der aktuellen Arbeitsmarktsituation, nicht die Voraussetzungen erfüllen für die Teilnahme an Maßnahmen im Sinne von § 33 Abs. 3 Nr. 2 bis 4, § 35, § 38a SGB IX zur

– individuellen betrieblichen Qualifizierung im Rahmen Unterstützter Beschäftigung,
– Berufsvorbereitung,

- beruflichen Anpassung und Weiterbildung oder
- beruflichen Ausbildung in Betrieben oder Einrichtungen der beruflichen Rehabilitation „oberhalb" der Werkstatt (z. B. Berufsbildungswerk, Berufsförderungswerk).

Ferner dürfen die betreffenden behinderten Menschen auch nicht mit Hilfe von **24a**
- Arbeitsassistenz (§ 33 Abs. 8 Nr. 3 SGB IX),
- Integrationsfachdienst (§ 33 Abs. 6 Nr. 8, §§ 109 ff. SGB IX) oder
- sonstigen Leistungen nach § 33 SGB IX sowie
- Leistungen im Rahmen der begleitenden Hilfe im Arbeitsleben durch das Integrationsamt (§ 102 Abs. 2 bis 4 SGB IX)

auf dem allgemeinen Arbeitsmarkt einschließlich einem Integrationsprojekt (§ 132 SGB IX) tätig sein können.

Werkstattbedürftig sind somit nur behinderte Menschen, die die vorstehenden Kriterien **24b** erfüllen. Zum Personenkreis des § 136 Abs. 1 Satz 2 SGB IX gehören demnach nur behinderte Menschen, die faktisch
- voll erwerbsgemindert i. S. d. § 43 Abs. 2 SGB VI bzw.
- nicht erwerbsfähig i. S. d. § 8 Abs. 1 SGB II

sind. Einer **formalen Feststellung bedarf es nicht** (vgl. zum Ganzen WE-BAGüS Nr. 3.2.1).

Durch die Vorschrift des Abs. 2 Satz 2 werden **drei Gruppen von Behinderten** ausdrücklich **25** vom Zugang zur WfbM **ausgeschlossen**:

- Behinderte Menschen, bei denen eine erhebliche **Selbst- oder Fremdgefährdung** zu erwarten ist, und dies trotz einer der Behinderung angemessenen Betreuung (bis zum 31. Juli 1996 wurden sie gem. § 1 SchwbWV a. F. als „nicht gemeinschaftsfähig" bezeichnet). Behinderte Menschen sollen demnach dann nicht Zugang zur WfbM erhalten, wenn sie deren Zweck – Rehabilitation, Arbeit und Beschäftigung für andere behinderte Menschen erfolgreich anzubieten – nachhaltig beeinträchtigen, obwohl ihnen angemessene Betreuung zukommt. **26**

  Eine Selbstgefährdung kann insbesondere vor dem Hintergrund zu beachtender **Unfallverhütungsvorschriften** anzunehmen sein, etwa bezüglich der Beschäftigung anfallskranker Menschen an laufenden Maschinen und gefährlichen Arbeitsplätzen.

  Zum anderen ist von einer erheblichen Selbst- oder Fremdgefährdung regelmäßig auszugehen, wenn das **Verhalten des behinderten Menschen** eine beständige ernstliche Gefahr für Gesundheit und Leben des behinderten Menschen selbst, für andere behinderte Menschen oder nicht behinderte Mitarbeiter der Werkstatt oder Sachen darstellt und deshalb der geordnete Betrieb der Werkstatt ernsthaft gestört ist (vgl. WE/BAGüS 3.2.5 b Abs. 2). Diese Voraussetzung kann z. B. auch erfüllt sein, wenn der behinderte Mensch häufig seinen Arbeitsplatz verlässt, dabei Gegenstände von den Tischen wirft und sich ohne Gefahrenbewusstsein größeren Maschinen nähert.

- Behinderte Menschen, bei denen das **Ausmaß der erforderlichen Betreuung und Pflege** **27** bereits die Teilnahme an Maßnahmen im Berufsbildungsbereich im Sinne von § 4 WVO dauerhaft nicht zulässt (bis zum 31. Juli 1996 wurden sie als „außerordentlich pflegebedürftig" bezeichnet; vgl. § 1 SchwbWV a. F.). Hierbei steht eine begleitend notwendige Pflege und Betreuung der Aufnahme in die WfbM nicht entgegen, wenn zu erwarten ist, dass der behinderte Mensch nach Durchlaufen des Berufsbildungsbereichs ein Mindestmaß wirtschaftlich verwertbarer Leistung im Arbeitsbereich erreichen kann. Nur wenn das Ausmaß der erforderlichen begleitenden Betreuung und Pflege ein **Mindestmaß wirtschaftlich verwertbarer Arbeitsleistung im Arbeitsbereich dauerhaft nicht zulässt**, liegt insoweit die Voraussetzung für eine Beschäftigung in der Werkstatt nicht – mehr – vor (vgl. WE/BAGüS Nr. 3.2.5 b Abs. 3 mit weiteren Hinweisen zu den pflegerischen Tätigkeiten und therapeutischen Anteilen im Rahmen der notwendigen Pflege).

Ein behinderter Mensch, der voraussichtlich für die gesamte Zeit seiner Teilnahme an einer Maßnahme im Berufsbildungsbereich eine ständige Einzelbetreuung und Einzelbeaufsichtigung benötigt, die sich mit dem nach § 9 Abs. 3 Satz 2 WVO für diesen Bereich vorgesehenen Personalschlüssel von 1:6 nicht verwirklichen lässt, hat keinen Anspruch auf Förderung seiner Teilnahme an der Maßnahme und damit Aufnahme in die WfbM (LSG Baden-Württemberg, Beschluss vom 14. August 2002 – L 13 AL 2380/02 ER-B m. Anm. *Wendt* in RdLH 2003, 33).

28 — Behinderte Menschen, bei denen sonstige Umstände ein **Mindestmaß wirtschaftlich vertretbarer Arbeitsleistung** im Arbeitsbereich im Sinne von § 5 WVO **dauerhaft nicht zulassen**. Wirtschaftlich vertretbar ist eine Arbeitsleistung, wenn ihr Ergebnis sich als Ware oder Dienstleistung verkaufen lässt. Dabei kommt es für das Mindestmaß nicht darauf an, ob Arbeits-, Sach- und Personalaufwand einerseits und das Arbeitsergebnis auf der anderen Seite in einem wirtschaftlichen Verhältnis zueinander stehen, ob der behinderte Mensch also die Kosten seines Platzes in der WfbM oder einen bestimmten Teil dieser Kosten erwirtschaftet oder ob er ein Mindesteinkommen erzielt (BSG Urteil vom 22. September 1981 – 1 RJ 12/80 = BSGE 52, 123 = SozR 2200 § 123a Nr. 19 = BSG Urteil vom 16. Dezember 1993 -13 RJ 21/93 = SozR 3-2200 § 1237a Nr. 2 = Breithaupt 1995, 226). Das Ergebnis der Arbeitsleistung muss lediglich für die Werkstatt wirtschaftlich verwertbar sein bzw. das Gesamtergebnis der Werkstatt bereichern. Hierfür **reicht ein Minimum an Arbeitsleistung aus** (vgl. WE/BAGüS Nr. 3.2.5 a und b Abs. 1 m. w. N.).

28a Wie schon die Vorgängerregelung in § 54 Abs. 2 SchwbG hält auch das SGB IX damit an dem Ansatz fest: Nur solche behinderten Menschen sollen in WfbM aufgenommen werden, bei denen eine entsprechende **positive Prognose** gestellt werden kann. Die Prognose ist an den Zielen der **beruflichen Integrationsfähigkeit auf dem allgemeinen Arbeitsmarkt oder im Bereich der Werkstatt** orientiert. Behinderte Menschen, die in diesem Sinne nicht „werkstattfähig" sind, werden von den Werkstätten gezielt ferngehalten (vgl. *Oppermann* in: Kasseler Handbuch des Arbeitsförderungsrechts, 2003, § 5 Rdnr. 98 m. w. Nachw.). Die **Feststellung dieser „Werkstattfähigkeit"** obliegt dabei nach allgemeinen Grundsätzen dem Rehabilitationsträger im Rahmen seiner Verpflichtung zur umfassenden – und neutralen – Sachaufklärung gem. § 20 Abs. 1 und 2 SGB X (LSG Niedersachsen-Bremen Beschluss vom 5. Dezember 2007 – L 12 AL 128/07 ER, L 12 B 25/07 AL, zit. nach JURIS).

Zumindest im gerichtlichen Verfahren kann bei einer hinreichenden Grundlage für eine Prognose **bereits das Absolvieren des Eingangsverfahrens abgelehnt** werden, da der Verwaltung bei der Entscheidung darüber, ob die Werkstatt die geeignete Einrichtung für den behinderten Menschen ist, kein Beurteilungsspielraum zusteht (SG Osnabrück Urteil vom 1. Dezember 2009 – S 16 AL 200/07, zit. nach JURIS).

C) zu Abs. 3

1. Angegliederte Einrichtungen oder Gruppen

29 Können behinderte Menschen nach den Ausnahmeregelungen des § 136 Abs. 2 SGB IX nicht – oder noch nicht – in die WfbM aufgenommen werden, sollen sie nach Abs. 3 in Einrichtungen oder Gruppen betreut oder gefördert werden, die der Werkstatt angegliedert sind.

Den Werkstätten wird damit aufgegeben, ein Leistungsangebot auch für diejenigen behinderten Menschen vorzuhalten, die wegen mangelnder „Werkstattfähigkeit" – das Gesetz verwendet den Begriff nicht mehr – keinen Zugang zur WfbM als Institution haben. Dasselbe gilt für behinderte Menschen, die altersbedingt oder aus gesundheitlichen Gründen in der Werkstatt nicht mehr beschäftigt werden können.

30 Die **Förder- und Betreuungsstätten (FBS)** tragen unterschiedliche Bezeichnungen und haben unterschiedliche Organisationsstrukturen, z. B. Förder- und Betreuungsbereiche, För-

der- und Betreuungsgruppe, Schwerstbehindertengruppe, Tagesförderstätte, Tagespflegegruppe, Altengruppe usw. (vgl. WE/BAGüS Nr. 14.1).

Die in Förder- und Betreuungsstätten angebotenen Maßnahmen haben zum **Ziel** 31
- die Förderung praktischer Kenntnisse und Fähigkeiten, die erforderlich und geeignet sind, dem behinderten Menschen die für ihn erreichbare Teilhabe am Leben in der Gemeinschaft zu ermöglichen,
- auf Maßnahmen der Teilhabe am Arbeitsleben, vor allem in WfbM, vorzubereiten,
- die pflegerische Versorgung sicherzustellen und
- angemessene tagesstrukturierende Hilfen für die aus der Werkstatt ausgeschiedenen behinderten Menschen anzubieten.

Im Einzelnen folgen hieraus nachstehende **Leistungen:** 32
- Förderung, Erhalt und Erwerb von Fähigkeiten und Fertigkeiten im persönlichen und lebenspraktischen Bereich,
- Entwicklung des Sozialverhaltens,
- Hilfen zur Förderung der Verständigung mit der Umwelt,
- Mobilitätstraining,
- Vermittlung von Kenntnissen und Fertigkeiten mit dem Ziel der Eingliederung in eine WfbM,
- pflegerische Versorgung.

Daneben tragen diese Einrichtungen dazu bei, die Angehörigen des behinderten Menschen 33
zu entlasten und damit eine vollstationäre Unterbringung zu vermeiden oder zumindest hinauszuzögern (vgl. WE/BAGüS Nr. 14.2).

Förder- und Betreuungsstätten sollen vorrangig in räumlichem oder organisatorischem Zu- 34
sammenhang mit einer anerkannten WfbM eingerichtet werden, als „verlängertes Dach der Werkstatt" (WE/BAGüS Nr. 14.3). Hinweise zur personellen Ausstattung enthält Nr. 14.4 der WE/BAGüS: In Betracht kommen vor allem Heilerziehungspfleger und Heilerzieher, aber auch Kranken- und Altenpflegekräfte. Allerdings sind diese **angegliederten Einrichtungen rechtlich nicht Bestandteil einer WfbM.** Behinderte Menschen, die in solche Einrichtungen aufgenommen werden, haben nicht dieselbe Rechtsstellung wie Angehörige einer WfbM.

Die Förder- und Betreuungsstätten sind **keine Einrichtungen zur Teilhabe am Arbeitsle-** 35
ben und zur Eingliederung in das Arbeitsleben. Die dort aufgenommenen Personen unterliegen weder der Sozialversicherungspflicht noch haben sie Anspruch auf Entgelt, da eine zu vergütende Arbeitsleistung nicht erbracht wird. Die in §§ 136 ff. SGB IX enthaltenen Regelungen sind nicht anwendbar (⊞ BVerwG Beschluss vom 7. Juli 2006 – 5 B 18/06, zit. nach JURIS; WE/BAGüS Nr. 14.6).

Vielmehr erbringen die FBS **Leistungen zur Teilhabe an der Gemeinschaft** gem. §§ 55 ff.
SGB IX. Sachlich zuständig ist – sofern nicht ausnahmsweise vorrangige Leistungspflichten bestehen – der überörtliche Träger der Sozialhilfe im Rahmen der Eingliederungshilfe (§ 6 Abs. 1 Nr. 7 SGB IX, § 55 Abs. 2 Nr. 3 und 7 SGB IX, § 54 Abs. 1 Nr. 4 SGB XII).

Behinderte Menschen haben unter den Voraussetzungen des Abs. 3 regelmäßig einen 36
Rechtsanspruch auf Aufnahme in die Einrichtung. Die Vorschrift ist „kein mehr oder weniger unverbindlicher organisationsrechtlicher Programmsatz, sondern im Regelfall rechtlich zwingend" (⊞ VG Potsdam Urteil vom 18. Juli 2008 – 11 K 2483/04, zit. nach JURIS; ebenso *Cramer* WfbM-Komm Rdnr. 101; a. A. LPK-SGB IX / *Haines* / *Jacobs* Rdnr. 17). Nur bei Vorliegen von Umständen, die den Fall als atypisch erscheinen lassen, darf die Behörde anders verfahren als im Gesetz vorgesehen und den atypischen Fall nach pflichtgemäßem Ermessen entscheiden.

Ein atypischer Fall liegt nicht allein deshalb vor, weil der behinderte Mensch auf absehbare Zeit nicht in der Lage ist, ein Mindestmaß an wirtschaftlich verwertbarer Arbeitsleistung zu erbringen, und die Wohnstätte eine geeignete interne Tagesstruktur anbietet (VG Potsdam Urteil vom 18. Juni 2008 a. a. O.)

IV. Literatur

Aretz, Dirk Ulrich, Die Rechtsstellung der Behinderten in Werkstätten für Behinderte, 1985

Baur, Fritz, Eingliederungshilfe für behinderte Menschen in Deutschland, ASP 2002, Nr. 9/10, 23

Baur, Fritz, Die Werkstatt für behinderte Menschen nach neuem Recht (§§ 136–144 SGB IX), ZFSH/SGB 2002, 707 und HVBG-INFO 2003, 102

Finke, Bernd, Die Auswirkungen des Gesetzes zur Reform des BSHG auf Werkstätten für Behinderte, BehindertenR 1996, 185

Finke, Bernd, Leistungsverbesserungen für Besucher von Werkstätten für behinderte Menschen durch das SGB IX, BehindertenR 2002, 5

Krock, Roland, Zur Verwendung des Arbeitsergebnisses durch Werkstätten für behinderte Menschen – Überblick über die wesentlichen Regelungen zu Arbeitsergebnisberechnung unter besonderer Berücksichtigung der Finanzierung von Ersatz- und Modernisierungsinvestitionen aus dem Arbeitsergebnis von Werkstätten, WPg 2003, 858

Ohne Verfasser, IDW – Stellungnahme zur Rechnungslegung: Ermittlung und Verwendung des Arbeitsergebnisses durch Werkstätten für Behinderte gemäß § 12 WPg 2001, 165

Quambusch, Erwin, Die beschützten Werkstätten – zur Dominanz der Bequemlichkeit in einem Rehabilitationsmonopol, ZFSH/SGB 2001, 515

Ritz, Hans-Günther, Maßnahmen zum Übergang von der Werkstatt ins Erwerbsleben, BehindertenR 2001, 197

Schell, Hans Peter / **Cleavenger**, Bettina, Verbesserungen in den Behindertenwerkstätten, BArbBl. 2001 Nr. 11, 22

Vater, Alexander, Gibt es zur Werkstatt für behinderte Menschen eine Alternative? RdLH 2007, 7

Wendt, Sabine, Einzelbetreuung im Berufsbildungsbereich einer WfbM, RdLH 2003, 30

Wendt, Sabine, Neustrukturierung des Sonderarbeitsmarkts für Menschen mit Behinderung durch die Reform des Reha-Rechts – Folgen für die Werkstatt für Behinderte, Rehabilitation 2001, 92

Förderung der beruflichen Eingliederung behinderter Menschen

Gemeinsame Arbeitshilfen für die Arbeit der Fachausschüsse in Werkstätten für behinderte Menschen (WfB) gem. § 2 Werkstättenverordnung (WVO)

BA-Info 24/2002 vom 16. Oktober 2002

Mit Inkrafttreten des SGB IX und der Änderung der Werkstättenverordnung (WVO) wurde die Aufgabenstellung der **Fachausschüsse** nach § 2 WVO in den Werkstätten für behinderte Menschen (WfB) neu bestimmt und erweitert. Die Bundesarbeitsgemeinschaft der überörtlichen Träger der Sozialhilfe, die Bundesarbeitsgemeinschaft der Werkstätten für Behinderte und die Bundesanstalt für Arbeit haben, um den Mitgliedern der **Fachausschüsse** Unterstützung und einheitliche Leitlinien zu geben, „Gemeinsame Arbeitshilfen für die Arbeit der **Fachausschüsse** in Werkstätten für **behinderte** Menschen" erarbeitet.

Der Fachausschuss hat nach den veränderten und erweiterten Regelungen der WVO nunmehr nicht nur Beratungspflichten in Einzelfällen, sondern auch eine allgemeine Beratungspflicht der Werkstatt zu speziellen Fragen, insbesondere zur Planung und Durchführung von Maßnahmen nach § 5 Abs. 3 und 4 WVO. Auch der Erstellung des Eingliederungsplanes nach § 3 Abs. 1 WVO kommt nach der Zielsetzung des SGB IX eine wesentliche Bedeutung zu. Der individuelle Eingliederungsplan soll in den aufeinanderfolgenden Stufen der Werkstatt weiterentwickelt und fortgeschrieben werden.

Die erweiterte Beratungspflicht der **Fachausschüsse** ist auch ein Element der Qualitätsentwicklung und Qualitätssicherung der WfB.

Die **Arbeitshilfe** umfasst inhaltlich die vollständige Aufgabenbeschreibung und Beteiligungsrechte des Fachausschusses, Hinweise zur Qualitätssicherung und -entwicklung in den WfB und Hinweise zu Verfahrensfragen.

Weitere Hilfen und Anregungen, insbesondere für den Aufgabenbereich Eingliederungsplan und Maßnahmen in WfB, stehen den Fachausschussmitgliedern über das vom Bundesministerium für Arbeit und Sozialordnung geförderte Modellprojekt „aktionbildung" (www.aktionbildung.de) zur Verfügung.

Gemeinsame Arbeitshilfen für die Arbeit des Fachausschusses in Werkstätten für behinderte Menschen

der Bundesarbeitsgemeinschaft der Werkstätten für behinderte Menschen (BAG:WfbM), der Bundesagentur für Arbeit (BA) und der Bundesarbeitsgemeinschaft der überörtlichen Träger der Sozialhilfe (BAGüS)

I. Grundsätzliches

Nach § 2 Abs. 1 der Werkstättenverordnung (WVO) ist bei jeder Werkstatt ein Fachausschuss (FA) zu bilden, dem in gleicher Zahl Vertreter
– der Werkstatt,
– der Bundesagentur für Arbeit und
– des zuständigen Trägers der Sozialhilfe
angehören.

Den Vorsitz führt der Vertreter der Werkstatt, ebenso obliegt die Geschäftsführung der Werkstatt (fachliche Anforderung an die Werkstatt gem. dem Ersten Abschnitt WVO).

Kommt die Zuständigkeit eines anderen Leistungsträgers in Betracht, zieht der FA zur Mitwirkung an der Stellungnahme auch Vertreter dieses Trägers hinzu (§ 2 Abs. 1 Satz 2 WVO).

Der FA kann auch andere Personen zur Beratung hinzuziehen und soll, soweit erforderlich, Sachverständige hören (§ 2 Abs. 1 Satz 3 WVO).

Bei Fragen des Übergangs auf den allgemeinen Arbeitsmarkt kommen als Sachverständige Mitarbeiter unterschiedlicher Stellen (insbesondere Mitarbeiter von Arbeitsagenturen, Handwerkskammern, Industrie- und Handelskammern, Integrationsämtern, Integrationsfachdiensten, Sonderschulen) in Betracht.

Der FA ist ein beratendes Gremium, das u. a. Stellungnahmen gegenüber dem zuständigen Träger der Leistungen zur Teilhabe am Arbeitsleben (zuständiger Leistungsträger) zu beschließen hat.

Die Beschlüsse des FA müssen nicht einstimmig, sondern können auch mit Mehrheit getroffen werden; das Stimmenverhältnis ist im Beschluss festzuhalten. Personen, die vom FA lediglich zur Beratung hinzugezogen oder als Sachverständige gehört werden, haben bei der Beschlussfassung über die Stellungnahme kein Stimmrecht.

Der FA kann auch im Umlaufverfahren Beschlüsse fassen, wenn kein Mitglied diesem Verfahren widerspricht.

Das Votum des FA bindet den zuständigen Leistungsträger grundsätzlich nicht (Ausnahme s. Ziffer II 2.1.), gleichwohl hat der für die Leistungserbringung zuständige Leistungsträger das Votum bei seiner Entscheidung zu berücksichtigen. Darüber hinaus kann der FA gegenüber den zuständigen Leistungsträgern und der Werkstatt Empfehlungen beschließen.

Die Mitglieder des FA nehmen ihre Beratungsaufgaben umfassend und kompetent wahr, auch wenn ein Beratungsgegenstand den Aufgabenbereich der vertretenen Stelle nicht berührt. Voraussetzung dafür ist, dass allen Mitgliedern die notwendigen Unterlagen rechtzeitig zugeleitet werden.

Allen Mitgliedern sind die erforderlichen Unterlagen (z. B. Reha-Antrag, ärztliche Gutachten, psychologische Gutachten, Eingliederungsplan bzw. Hilfeplan etc.) rechtzeitig, und zwar möglichst zwei Wochen vor der Sitzung, zuzuleiten. Die jeweilige verantwortliche Stelle stellt sicher, dass die notwendigen Unterlagen den Mitgliedern zur Verfügung gestellt werden. Datenschutzrechtliche Bestimmungen werden dabei berücksichtigt.

Werkstatt, BA und zuständiger Träger der Sozialhilfe tragen Sorge für eine möglichst hohe personelle Kontinuität in der Besetzung des FA und gewährleisten, dass die von ihnen entsandten Personen über das erforderliche Fachwissen verfügen.

Mit dem Inkrafttreten des SGB IX hat der Gesetzgeber die Werkstätten verpflichtet, im Eingangsverfahren einen Eingliederungsplan zu erstellen, der kontinuierlich fortzuschreiben ist. Dieser stellt eine wichtige Grundlage für die Beratungen im FA in allen Bereichen der Werkstatt dar.

Berät der FA über Angelegenheiten, die behinderte Menschen in ihren Rechten berühren, hat er die Anhörungsrechte nach § 3 Abs. 3 WVO zu beachten. Die Interessen und Wünsche des behinderten Menschen sind hierbei angemessen zu berücksichtigen.

Der Vertreter des zuständigen Leistungsträgers soll soweit möglich schon in der FA-Sitzung die Entscheidung über die Leistungsbewilligung treffen. Ist dies nicht möglich, soll unverzüglich nach der Sitzung entschieden werden.

II. Aufgaben des Fachausschusses

1. Eingangsverfahren

1.1 vor Aufnahme in das Eingangsverfahren

Nach dem gesetzlichen Auftrag (§ 2 Abs. 2 WVO) erörtert der FA folgende Fragen:

a) Benötigt der behinderte Mensch für seine Teilhabe am Arbeitsleben und zu seiner Eingliederung in das Arbeitsleben Leistungen einer Werkstatt oder

b) Kommen andere Leistungen zur Teilhabe am Arbeitsleben in Betracht?

In der Praxis wird es vielfach auch um die Frage gehen, ob ein Antragsteller wegen Art oder Schwere der Behinderung die Aufnahmevoraussetzungen zur Werkstatt (§ 136 Abs. 2 SGB IX) erfüllt.

Um in solchen Fällen die eigenständige Entscheidung des jeweiligen Leistungsträgers zu erleichtern, ist rechtzeitig (spätestens zwei Wochen vorher) ein Votum des Fachausschusses herbeizuführen, damit der zuständige Leistungsträger dieses Votum bei seiner Entscheidung mit berücksichtigen kann. Schließt sich der zuständige Leistungsträger diesem Votum nicht an, begründet er in seiner Entscheidung seine abweichende Auffassung.

1.2 zum Abschluss des Eingangsverfahrens

u. a. zu erörternde Fragen:

a) Ist die Werkstatt die geeignete Einrichtung für die Teilhabe des behinderten Menschen am Arbeitsleben und zur Eingliederung in das Arbeitsleben?

Wird die Werkstatt noch nicht als geeignete Einrichtung angesehen, hat sich der FA dazu zu äußern,

– nach welcher Zeit eine Wiederholung des Eingangsverfahrens zweckmäßig erscheint und
– welche anderen Leistungen zur Teilhabe in der Zwischenzeit durchgeführt werden sollen.
b) Welche Bereiche der Werkstatt (Berufsbildungsbereich oder Arbeitsbereich) und welche Beschäftigungsmöglichkeiten kommen für den behinderten Menschen in Betracht (z. B. Holz-, Metall- Verpackungsbereich oder besondere Förderbereiche)?
c) Welche Leistungen zur Teilhabe am Arbeitsleben, z. B. technische Arbeitshilfen, arbeitsbegleitende Maßnahmen, Fahrdienst (s. § 33 Abs. 4 bis 6 SGB IX) und ergänzende Leistungen (s. § 44 SGB IX) oder Leistungen zur Eingliederung in das Arbeitsleben (s. Beispiele unter d) sind erforderlich?
d) Welche andere Einrichtung oder sonstigen Maßnahmen zur Teilhabe kommen in Betracht, wenn die Werkstatt nicht die geeignete Einrichtung ist, z. B. Leistungen an Arbeitgeber, Integrationsfachdienste, Integrationsprojekte, berufsvorbereitende Bildungsmaßnahmen (BvB) Berufsausbildung oder Förderbereiche, die der Werkstatt angegliedert sind?

2. Berufsbildungsbereich

2.1 rechtzeitig (spätestens zwei Wochen) vor Ablauf des Grundkurses

u. a. zu erörternde Fragen:
a) Kann die Leistungsfähigkeit des behinderten Menschen weiterentwickelt oder wiedergewonnen werden?
b) Ist die Teilnahme an der Fortführung des Berufsbildungsbereiches (Aufbaukurs gem. § 4 Abs. 5 WVO) geboten?
c) Ist eine Wiederholung der absolvierten Maßnahme (i. d. R. Grundkurs) im Berufsbildungsbereich notwendig?

Der Stellungnahme des Fachausschusses zu a) kommt im Hinblick auf § 40 Abs. 3 Satz 3 SGB IX besondere Bedeutung zu.

2.2 rechtzeitig (spätestens 2 Wochen) vor Beendigung der Maßnahmen im Berufsbildungsbereich

u. a. zu erörternde Fragen:
a) Erscheint die Teilnahme an einer anderen oder weiterführenden beruflichen Bildungsmaßnahme inner- oder außerhalb der Werkstatt (Wechsel in eine andere oder weiterführende Rehabilitations- oder Berufsbildungseinrichtung) zweckmäßig?
b) Ist eine Wiederholung der absolvierten beruflichen Bildungsmaßnahme geboten?
c) Ist eine Beschäftigung im Arbeitsbereich der Werkstatt zweckmäßig oder die Eingliederung auf dem allgemeinen Arbeitsmarkt einschließlich einem Integrationsprojekt geboten?

2.3 rechtzeitig vor der vorzeitigen Beendigung oder einem Wechsel der Maßnahmen im Berufsbildungsbereich.

3. Beratungsaufgaben während der Maßnahmen im Arbeitsbereich

Der FA hat auch nach Beendigung des Eingangsverfahrens und des Berufsbildungsbereiches Beratungsaufgaben in Einzelfällen, und zwar:

3.1 bei der Planung und Durchführung von arbeitsbegleitenden Maßnahmen zur Erhaltung und Erhöhung der im Berufsbildungsbereich erworbenen Leistungsfähigkeit und zur Weiterentwicklung der Persönlichkeit des behinderten Menschen im Arbeitsbereich,

3.2 bei der Planung und Durchführung der notwendigen übergangsfördernden Maßnahmen, die im fortgeschriebenen Eingliederungsplan zu dokumentieren sind,

3.3 rechtzeitig vor einem erforderlichen Übergang in andere angemessene Förder- und Beschäftigungsmaßnahmen, wenn ein behinderter Mensch aus Altersgründen oder vorzeitig aus gesundheitlichen Gründen aus der Werkstatt ausscheiden soll,

3.4 vor Beendigung des arbeitnehmerähnlichen Rechtsverhältnisses zur Werkstatt, soweit das Ausscheiden nicht wegen des Alters oder auf Wunsch des Werkstattbeschäftigten erfolgen soll,

3.5 zur Frage, ob eine kürzere Beschäftigungszeit wegen Art oder Schwere der Behinderung oder zur Erfüllung des Erziehungsauftrages notwendig ist, wenn der behinderte Mensch eine solche kürzere Beschäftigungszeit im Einzelfall wünscht,

3.6 zur Frage der Beschäftigung einzelner behinderter Menschen auf ausgelagerten Arbeitsplätzen sowie der Dauer dieser Beschäftigung, und zwar in der Regel mit dem Ziel des Übergangs auf den allgemeinen Arbeitsmarkt.

4. weitere Beratungsaufgaben

4.1 vor Wiederaufnahme in die Werkstatt nach gescheitertem Arbeitsversuch auf dem allgemeinen Arbeitsmarkt (eine Wiederaufnahme entspricht rechtlich einer Aufnahme im Sinne des § 2 Abs. 2 Satz 2 WVO). In diesen Fällen ist die Beratung über den individuellen Förderbedarf und über die weiteren konkreten Maßnahmen innerhalb von 3 Monaten abzuschließen.

Obwohl weder im Gesetz noch in der WVO ausdrücklich als Aufgabe des FA bestimmt, kann es sinnvoll sein, auch zu folgenden Punkten eine Stellungnahme abzugeben:

4.2 In welcher Weise bzw. mit welchen Verkehrsmitteln kann die Werkstatt erreicht werden (z. B. zu Fuß, mit öffentlichen Verkehrsmitteln, Fahrdienst)?

4.3 Welcher Hilfebedarfsgruppe (§ 79 Abs. 1 Satz 1 Nr. 2 SGB XII) ist der behinderte Mensch zuzuordnen?

5. Beteiligungsrechte des Fachausschusses

Der FA hat nach § 5 Abs. 5 WVO neben den Beratungspflichten auch Beteiligungsrechte. Diese Rechte nimmt er in Zusammenarbeit mit der Werkstatt wahr, z. B.

5.1 bei der Planung und Durchführung arbeitsbegleitender Maßnahmen,

5.2 bei der Festlegung von Verfahrensabläufen und Auswahlkriterien der für den Übergang auf den allgemeinen Arbeitsmarkt in Frage kommenden Werkstattbeschäftigten,

5.3 bei der Planung und Durchführung von Maßnahmen zum Übergang auf den allgemeinen Arbeitsmarkt,

5.4 bei der Prüfung der Kompatibilität der geplanten Maßnahmen mit weiterführenden Bildungsangeboten und Erfordernissen des allgemeinen Arbeitsmarktes,

5.5 in allen grundsätzlichen Fragen, die im Zusammenhang mit der Förderung des Übergangs geeigneter Beschäftigter aus dem Arbeitsbereich auf den allgemeinen Arbeitsmarkt stehen.

III. Qualität und Qualifizierung

1. Qualitätsentwicklung und -sicherung

Damit die der Werkstattanerkennung zugrunde liegenden Förderkonzepte für den Berufsbildungs- und Arbeitsbereich eingehalten und weiterentwickelt werden, ist es erforderlich, dass die Förderkonzepte und -strukturen durch den FA kontinuierlich beobachtet werden. Im Rahmen seines Beratungsauftrages sind die Fördermaßnahmen auf Effektivität und Effizienz zu betrachten.

Das Rahmenprogramm der BAG:WfbM und der BA für das Eingangsverfahren und für Maßnahmen im Berufsbildungsbereich soll als Qualitätsgrundlage herangezogen werden.
Zur Verbesserung der Teilhabe am Arbeitsleben hat die Werkstatt
– im Berufsbildungsbereich berufsbildende und persönlichkeitsfördernde Maßnahmen,
– im Arbeitsbereich Maßnahmen zur Erhaltung und Erhöhung der im Berufsbildungsbereich erworbenen Leistungsfähigkeit,
– arbeitsbegleitend Maßnahmen zur Weiterentwicklung der Persönlichkeit und
– geeignete und besonders fördernde Maßnahmen zum Übergang auf den allgemeinen Arbeitsmarkt

durchzuführen. Durch konzeptionelle Empfehlungen kann der FA zur Optimierung des Förderprozesses beitragen.

2. Fachliche Qualifikation der Mitglieder des Fachausschusses

Zur sachgerechten und verantwortungsbewussten Mitwirkung im FA sollen die Mitglieder insbesondere über Fachwissen in folgenden Bereichen verfügen:
– Grundkenntnisse auf folgenden Gebieten:
  – Entwicklungs- und Lernfähigkeit schwerbehinderter Menschen einschließlich der Auswirkungen der wesentlichen Behinderungsarten und Behinderungsgrade auf den individuellen Prozess der Sozialisation,
  – Überblick über arbeitspädagogische und förderdiagnostische Modelle und Konzepte der beruflichen und persönlichkeitsbildenden Förderung,
  – Methodik und Didaktik der Wissensvermittlung und -stabilisierung bei körperlich, geistig, psychisch und schwerstmehrfachbehinderten Menschen;
– Kenntnisse zu Fragen, die mit dem Übergang aus der Werkstatt auf den allgemeinen Arbeitsmarkt zusammenhängen, insbesondere über die Arbeitsmarktsituation in der Region;
– Kenntnisse der Grundlagen der Arbeits- und Berufsförderung, der Rechte und Pflichten der Leistungsempfänger, Sozialleistungs- und Einrichtungsträger;
– Kenntnisse der Rechtsgrundlagen der für die Teilhabe am Arbeitsleben zuständigen Rehabilitationsträger (Sozialgesetzbuch I bis XII, BVG); insbesondere
  – Leistungen zur Teilhabe am Arbeitsleben (§§ 33 ff. SGB IX),
  – Aufgaben der Bundesanstalt für Arbeit nach § 104 SGB IX,
  – Aufgaben der Integrationsämter nach § 102 SGB IX i. V. mit der SchwbAV,
  – Integrationsfachdienste (§§ 109 ff. SGB IX),
  – Integrationsprojekte (§§ 132 ff. SGB IX),
  – Berufsbildungsrecht (BBiG, HwO).

IV. Verfahrensfragen

1. Geschäftsordnung

Der FA soll sich eine Geschäftsordnung geben. Einen Vorschlag für eine Geschäftsordnung enthält Anlage 1.

2. Eingliederungspläne

Eingliederungspläne, Fachausschussvorlagen, -berichte und -protokolle sollen auf Landesebene möglichst einheitlich gestaltet werden.
Das von der BA und der BAG:WfbM vereinbarte „Rahmenprogramm für das Eingangsverfahren und den Berufsbildungsbereich in Werkstätten für behinderte Menschen" (Veröffent-

lichung mit BA-INFO 10/2002 vom 11.9.2002) enthält Eckpunkte zum Eingliederungsplan (Anlage 2). Sie sind als Mindestanforderungen zu beachten.

Musterformulare für Fachausschussprotokolle für das Eingangsverfahren und den Berufsbildungsbereich (siehe Anlage 3a) und 3b).

3. Beteiligung des Werkstattrates

Der Werkstattrat hat in Angelegenheiten nach § 5 Abs. 1 Nr. 7 WMVO das Recht, bei Fragen
- der Fort- und Weiterbildung einschließlich der Maßnahmen zur Erhaltung und Erhöhung der Leistungsfähigkeit und zur Weiterentwicklung der Persönlichkeit sowie
- zur Förderung des Übergangs auf den allgemeinen Arbeitsmarktmitzuwirken.

Diese Mitwirkungsrechte sind weitgehend deckungsgleich mit den Aufgaben des FA. Daher sind dem FA entsprechende Beschlüsse des Werkstattrates zur Kenntnis zu geben.

Die Werkstatt stellt sicher, dass der Werkstattrat unterrichtet wird, wenn der FA zu Fragen der Beendigung des arbeitnehmerähnlichen Rechtsverhältnisses, der Versetzungen und Umsetzungen eine Stellungnahme abgibt (§ 7 WVMO).

V. Anlagen:

1. Muster einer Geschäftsordnung für Fachausschüsse
2. Eckpunkte zum Eingliederungsplan nach § 40 Abs. 1 Ziffer 1 SGB IX, § 3 Abs. 1 WVO (abgedruckt als Anhang 1, Anlage 1)
3. Musterformulare für Fachausschussprotokolle für das Eingangsverfahren (Anl. 3a) und den Berufsbildungsbereich (Anl. 3b)

Frankfurt, Münster, Nürnberg, den 1.7.2005

Anlage 1

Muster

Geschäftsordnung für die Arbeit des Fachausschusses (FA) in Werkstätten für behinderte Menschen

Inhaltsverzeichnis:

Allgemeines	§ 1
Mitglieder	§ 2
Sonstige Beteiligte	§ 3
Organisation	§ 4
Anhörung	§ 5
Stellungnahmen/Beschlüsse	§ 6
Fachausschusssitzungen	§ 7

§ 1 Allgemeines. Die Aufgaben des FA richten sich nach den gesetzlichen Vorgaben (§§ 2 bis 5 WVO) und orientieren sich an den *Gemeinsamen Arbeitshilfen* für die Arbeit des Fachausschusses in Werkstätten für behinderte Menschen der Bundesarbeitsgemeinschaft der Werkstätten für behinderte Menschen, der Bundesagentur für Arbeit und der Bundesarbeitsgemeinschaft der überörtlichen Träger der Sozialhilfe vom 1. 7. 2005.

Geschäftsordnung für die Arbeit des Fachausschusses § 136

§ 2 Mitglieder. (1) Dem FA gehören als Mitglieder an

a) .... als Vertreter/in der Werkstatt (zugleich Vorsitzender)

b) .... als Vertreter/in der Bundesagentur für Arbeit

c) .... als Vertreter/in des zuständigen Trägers der Sozialhilfe

(2) Die Mitglieder des FA sind schriftlich zu benennen. Sie können sich vertreten lassen.

(3) Der FA ist beschlussfähig, wenn die unter a) bis c) genannten Mitglieder anwesend sind.

§ 3 Sonstige Beteiligte. (1) Die Sozialleistungsträger nach § 42 Abs. 1 Nr. 2 bis 4 SGB IX (z. B. Rentenversicherungsträger) werden an der Beratung des FA im Einzelfall beteiligt, wenn diese für die Leistungserbringung zuständig sind.

(2) Sachverständige (Personen mit pädagogischer und psychologischer Kompetenz, Mitarbeiter von Arbeitsagenturen, Handwerkskammern, Industrie- und Handelskammern, Integrationsfachdiensten, örtlichen Sozialhilfeträgern, Gesundheitsämtern u. a. sowie weitere Personen werden hinzugezogen, wenn eines der Mitglieder des FA dies verlangt.

§ 4 Organisation. (1) Die Geschäftsführung umfasst unter anderem die Vorbereitung, die Einladung, Organisation und Durchführung der Sitzung.

(2) Über die Beratungsergebnisse im Einzelfall wird jeweils ein Protokoll gefertigt. Außerdem werden über eventuell behandelte grundsätzliche Themen und deren Beratungsergebnisse Niederschriften gefertigt.

(3) Die Protokolle über die Beratungen im Einzelfall müssen mindestens folgende Angaben enthalten:
– Personalien des behinderten Menschen,
– Teilnehmerliste der Sitzung des FA,
– die Stellungnahme des FA,
– bei abweichendem Votum eines FA-Mitgliedes die Begründung,
– Stellungnahmen nach § 3 hinzugezogener sonstiger Beteiligter,
– Stellungnahme zur Notwendigkeit der Teilnahme am Fahrdienst,
– ....
– ....

(4) Die Sitzung des FA findet spätestens zwei Wochen vor Beginn und Abschluss des Eingangsverfahrens bzw. Beendigung von berufsfördernden Maßnahmen im Berufsbildungsbereich statt, damit dem zuständigen Rehabilitationsträger rechtzeitig eine Bescheiderteilung für die weiteren Maßnahmen möglich ist.

(5) Zur Beratung der sonstigen Aufgaben vereinbaren die Mitglieder frühzeitig die notwendigen Termine.

(6) Allen Mitgliedern werden die erforderlichen Unterlagen (z. B. Reha-Antrag, ärztliche Gutachten, psychologische Gutachten, Eingliederungsplan etc.) rechtzeitig, und zwar spätestens _____Tage vor der Sitzung, zugeleitet.

(7) Der im FA besprochene Eingliederungsplan wird der / dem behinderten Menschen ausgehändigt und ggf. erläutert. Der zuständige Rehabilitationsträger erhält umgehend einen Abdruck.

§ 5 **Anhörung.** (1) Der FA hat die Aufgabe, vor seiner Meinungsbildung den behinderten Menschen und/oder seinen gesetzlichen Vertreter anzuhören (§ 3 Abs. 3, § 4 Abs. 6, § 5 Abs. 5 WVO) und die Interessen und Wünsche des behinderten Menschen in seine Beratungen einzubeziehen.

Die Anhörung erfolgt – im Einvernehmen mit dem behinderten Menschen und / oder seinem gesetzlichen Vertreter – in Vorbereitung der FA-Sitzung durch die Werkstatt (Sozialer Dienst). Das Ergebnis der Anhörung wird schriftlich festgehalten. Der behinderte Mensch kann eine Anhörung vor dem FA verlangen.

(2) Die Anhörung erfolgt in der Regel mündlich. Sie muss schriftlich erfolgen, wenn der behinderte Mensch bzw. sein gesetzlicher Vertreter dies wünschen.

§ 6 **Stellungnahme/Beschlüsse.** (1) Der FA als beratendes Gremium fasst nach Meinungsbildung unter Berücksichtigung des Wunsch- und Wahlrechtes der/des behinderten Menschen einen Beschluss, der als Empfehlung an den zuständigen Rehabilitationsträger herangetragen wird. Beschlüsse können in geeigneten Fällen auch im Umlaufverfahren getroffen werden.

(2) Jedes Mitglied des FA (s. § 2 Abs. 1 a) bis c) hat eine Stimme.

(3) Ergehen Stellungnahmen/Beschlüsse nicht einstimmig, sind abweichende Auffassungen im Protokoll festzuhalten und zu begründen.

§ 7 **Fachausschusssitzungen.** (1) Die Sitzungen des FA finden regelmäßig statt. Die Anlässe, zu denen der FA im Einzelnen zu beraten hat, ergeben sich aus Ziffer II der Gemeinsamen Arbeitshilfen.

(2) In besonderen Fällen wird eine Sitzung einberufen, wenn mindestens zwei benannte Mitglieder des FA dazu auffordern.

Protokoll der Sitzung des Fachausschusses – Eingangsverfahren –

.... am .... ☐ im Umlaufverfahren (WfbM)

1. Zur Person

Name .... Vorname .... Geburtsdatum ....

Anschrift:
Straße .... PLZ .... Ort ....

Familienstand .... Staatsangehörigkeit .... Aufenthaltsgen. ....

Erwerbsfähig im Sinne des § 8 Abs. 1 SGB II ☐ ja ☐ nein

2. Gesetzliche Betreuung

☐ keine gesetzliche Betreuung
☐ gesetzliche Betreuung in den Bereichen ....
☐ Name und Anschrift der Betreuungsperson ....

Geschäftsordnung für die Arbeit des Fachausschusses § 136

3. Anhörung

Anhörung ist erfolgt ☐ ja ☐ nein

Ergebnis der Anhörung: ....

Zustimmung zum Eingliederungsvorschlag ☐ ja ☐ nein
(s. hierzu bes. Protokoll)

4. Feststellung des Fachausschusses

4.1 Vor Aufnahme in das Eingangsverfahren

a) Zur Teilhabe am Arbeitsleben und zur Eingliederung in das Arbeitsleben sind Leistungen einer Werkstatt notwendig ☐ ja ☐ nein

b) Zur Teilhabe kommen andere Leistungen in Betracht ☐ ja ☐ nein

wenn ja, welche ....
....

c) Es kann erwartet werden, dass spätestens nach der Teilnahme an Maßnahmen im Berufsbildungsbereich wenigstens ein Mindestmaß an wirtschaftlich verwertbarer Arbeitsleistung erbracht wird ☐ ja ☐ nein

d) Trotz einer der Behinderung angemessenen Betreuung ist eine erhebliche Selbst- und Fremdgefährdung zu erwarten ☐ ja ☐ nein

4.2 Zum Abschluss des Eingangsverfahrens

a) die Werkstatt ist die geeignete Einrichtung zur Teilhabe am Arbeitsleben ☐ ja ☐ nein

<u>Wenn ja:</u>
☐ Teilnahme am Grundkurs im Berufsbildungsbereich
<u>Wenn nein:</u>
– Nach welcher Zeit ist eine Wiederholung des Eingangsverfahrens zweckmäßig?
....
– Welche anderen Maßnahmen sollen in der Zwischenzeit durchgeführt werden?
....
– Welche anderen Leistungen zur Teilhabe kommen in Betracht?
....

☐ Die berufliche Förderung und arbeitsbegleitenden Maßnahmen erfolgen entsprechend den Vorschlägen der Werkstatt im Eingliederungsplan
☐ Ergänzungen/Änderungen: ....
....
....

5. Empfehlung des Fachausschusses

☐ Durchführung des Eingangsverfahrens vom ....bis ....
☐ Übernahme in den Berufsbildungsbereich ab ....
☐ Beendigung der Maßnahme am ....(Ausscheiden aus WfbM)
☐ Wiedervorstellung
☐ nein
☐ ja, am/in
....
☐ Empfehlung weiterer Maßnahmen: ....
....
....
....

6. Abstimmungsergebnis

Der Beschluss ergeht mit ....Stimmen   Abweichendes Votum von ....
Begründung (ggf. ges. Protokoll) ....
....
....

7. Stellungnahme anderer Leistungsträger und Sachverständiger (sofern abweichend)

....
....

8. Regelung zur An- und Abreise

Grad der Behinderung ......%   Merkzeichen...........

☐ Fahr-   ☐ Öffentl. Personennahverkehr gegen Ent-   ☐ erforder-   ☐ nicht erfor-
  dienst   gelt   lich   derlich

Unterschriften

....
BA   SH-Träger   WfbM

Zuständiger Kosten- ☐ BA   ☐ LVA/BfA   ☐ sonstige
träger

Kostenzusage   ☐ wird erteilt   ☐ wird in Aussicht gestellt

Protokoll der Sitzung des Fachausschusses – Berufsbildungsbereich –

.... am   ....   ☐ im Umlaufverfahren
(WfbM)

Geschäftsordnung für die Arbeit des Fachausschusses § 136

1. Zur Person

Name .... Vorname .... Geburtsdatum ....

Anschrift:

Straße .... PLZ .... Ort ....

Familienstand .... Staatsangehörigkeit .... Aufenthaltsgen. ....

Erwerbsfähig im Sinne des § 8 Abs. 1 SGB II ☐ ja ☐ nein

2. Gesetzliche Betreuung

☐ keine gesetzliche Betreuung
☐ gesetzliche Betreuung in den Bereichen ....
☐ Name und Anschrift der Betreuungsperson ....

3. Anhörung

Anhörung ist erfolgt (ggf. auch gesetzlicher Vertreter) ☐ ja ☐ nein

Ergebnis der Anhörung: ....

Zustimmung zum Eingliederungsvorschlag ☐ ja ☐ nein (s. hierzu bes. Protokoll)

4. Feststellung des Fachausschusses

4.1 Vor Ablauf des Grundkurses

a) Die Leistungsfähigkeit kann weiterentwickelt oder wiedergewonnen werden ☐ ja ☐ nein

b) Die Fortführung von Maßnahmen im Aufbaukurs ist geboten ☐ ja ☐ nein

c) Eine Wiederholung der Maßnahme im Grundkurs ist notwendig ☐ ja ☐ nein

4.2 Vor Ablauf des Aufbaukurses bzw. Beendigung von Maßnahmen im Berufsbildungsbereich

a) Ein Mindestmaß wirtschaftlich verwertbarer Arbeitsleistung wird erbracht ☐ ja ☐ nein

   Wenn ja:
   ☐ Leistungen der Eingliederungshilfe im Arbeitsbereich sind angezeigt
   Maßnahmen zur Vorbereitung des Übergangs auf den allgemeinen Arbeitsmarkt sind
   ☐ sofort möglich ☐ vorerst nicht möglich
   ☐ auf voraussichtlich längere Zeit nicht möglich

b) Die Teilnahme an einer weiterführenden beruflichen ☐ ja ☐ nein
Bildungsmaßnahme ist zweckmäßig

Wenn ja:
Welche: ....

c) ☐ Die Voraussetzungen für den sofortigen Übergang auf den allgemeinen Arbeitsmarkt liegen vor. Eine Übernahme in den Arbeitsbereich erfolgt deshalb nicht.

4.3
☐ Die berufliche Förderung und arbeitsbegleitenden Maßnahmen erfolgen entsprechend den Vorschlägen der Werkstatt im Eingliederungsplan
  ☐ Ergänzungen/Änderungen: ....

5. Empfehlung des Fachausschusses

☐ Wechsel in den Arbeitsbereich ab ....
  ☐ einschl. Maßnahmen zur Förderung des Übergangs auf den allgemeinen Arbeitsmarkt
☐ Erneute Beratung im Fachausschuss zur Prüfung der Möglichkeiten des Übergangs auf den allgemeinen Arbeitsmarkt
  ☐ erfolgt nach Beendigung der übergangsfördernden Maßnahmen zum ....(Datum)
  ☐ erfolgt bis spätestens ....(Monat) ....(Jahr)
  ☐ vorerst nicht erforderlich
☐ Ausscheiden aus der Werkstatt am ....
  ☐ Es werden Maßnahmen zur Eingliederung auf den allgemeinen Arbeitsmarkt empfohlen.
  ☐ Es werden Maßnahmen in einer Tagesförderstätte empfohlen, und zwar
  ....

6. Abstimmungsergebnis

Der Beschluss ergeht mit ....Stimmen   Abweichendes Votum von ....
Begründung ....

....

....

7. Stellungnahme anderer Leistungsträger und Sachverständiger (sofern abweichend)

....

....

....

8. Regelung zur An- und Abreise

Grad der Behinderung ......%   Merkzeichen..........

☐ Fahr-   ☐ Öffentl. Personennahverkehr gegen Ent-   ☐ erforder-   ☐ nicht erfor-
dienst   gelt   lich   derlich

Unterschriften

....
BA   SH-Träger   WfbM

Zuständiger Kosten-   ☐ BA   ☐ LVA/BfA   ☐ sonstige
träger

Kostenzusage   ☐ wird erteilt   ☐ wird in Aussicht gestellt

Gemeinsame Empfehlungen zur Fortbildung von Fachkräften zur Arbeits- und Berufsförderung in Werkstätten für Behinderte der Bundesanstalt für Arbeit, der Bundesarbeitsgemeinschaft der überörtlichen Träger der Sozialhilfe und der Bundesarbeitsgemeinschaft Werkstätten für Behinderte[1])

Stand: Juni 1996

1. Qualifikationsstandard

Die Werkstätten für Behinderte müssen über Fachkräfte verfügen, die qualifiziert sind, um ihre Aufgaben entsprechend den jeweiligen Bedürfnissen der behinderten Beschäftigten, insbesondere unter Berücksichtigung der Notwendigkeit ihrer individuellen Förderung, erfüllen zu können (§ 9 Abs. 1 SchwbWV). Soweit es sich dabei um die Fachkräfte zur Arbeits- und Berufsförderung im Arbeitstrainings- und Arbeitsbereich handelt, werden neben einer abgeschlossenen qualifizierten Berufsausbildung, die eine Meisterprüfung durchaus einschließt (§ 9 Abs. 3 Satz 3 SchwbWV), pädagogische Eignung und der Nachweis einer entsprechenden Zusatzqualifikation gefordert (ebenda).

Vervollständigt wird der erwartete Qualifikationsstandard durch die Vorschriften der Werkstättenverordnung, die eine mindestens zweijährige Berufserfahrung in Industrie oder Handwerk fordert.

Die berufliche Aus- und Fortbildung der Fachkräfte umfasst Kenntnisse, Fähigkeiten und Fertigkeiten sowohl zur beruflichen Förderung als auch persönlichkeitsbildenden Entwicklung des behinderten Personenkreises. Sie sichert ein Qualifikationsniveau, durch das sich die Werkstatt den dynamischen Prozessen der wirtschaftlichen und technologischen Entwicklung anpassen, den sich ständig verändernden Anforderungen der Märkte stellen, neue pädagogische Erkenntnisse im Werkstattalltag anwenden und im Einzelfall behinderte Beschäftigte auf den Übergang in den allgemeinen Arbeitsmarkt vorbereiten kann.

---

[1]) Vgl. Verordnung über die Prüfung zum anerkannten Abschluss Geprüfte Fachkraft zur Arbeits- und Berufsförderung in Werkstätten für behinderte Menschen v. 25. 6. 2001 – BGBl. I S. 1239. Diese Verordnung wurde – außer in Niedersachsen – in allen Bundesländern umgesetzt; z. B in Bayern durch die Prüfungsordnung für die Prüfung zum anerkannten Abschluss Geprüfte Fachkraft zur Arbeits- und Berufsförderung in Werkstätten für Menschen mit Behinderung im Freistaat Bayern v. 23. 6. 2006.

2. Fortbildungsbedarf

Alle am Werkstattgeschehen Beteiligten sehen die Notwendigkeit zur ständigen angemessenen Fortbildung sowohl auf beruflichem wie pädagogischem Gebiet. Die Verpflichtung des Werkstattträgers, dem Fachpersonal dazu Gelegenheit zu geben, ist deshalb in der Werkstattverordnung ausdrücklich formuliert (vgl. § 11 SchwbWV).

Die Werkstatt hat einerseits die Aufgabe, im Arbeitsbereich geeignete Arbeitsplätze oder geeignete Tätigkeiten anzubieten, durch ein differenziertes Angebot an wirkungsvollen Eingliederungsleistungen die Leistungsfähigkeit der Beschäftigten so zu entwickeln, zu erhöhen oder wiederzugewinnen, damit sie ein angemessenes Arbeitsentgelt erreichen können. Andererseits bleibt sie als Einrichtung zur Eingliederung behinderter Menschen in das Arbeitsleben in der Pflicht, für jeden vermittelbaren Beschäftigten nach geeigneten Wegen ins Erwerbsleben zu suchen.

Dafür müssen Werkstätten für Behinderte am Markt agieren und mit der Erwerbswirtschaft konkurrieren. Das erfordert von den Fachkräften einen berufsfachlichen Qualifikationsstandard, der mit dem in der Erwerbswirtschaft vergleichbar ist, darüber hinaus um pädagogische Fähigkeiten ergänzt wird, um den heterogenen Personenkreis angemessen und differenziert zu fördern, die ständigen wirtschaftlichen und technologischen Veränderungen in ein wirkungsvolles und differenziertes Instrumentarium für den Werkstattalltag zu transformieren. Dabei müssen neue Erkenntnisse, insbesondere auf arbeits-, sozial-, heilpädagogischem und förderdiagnostischem Gebiet aufgegriffen und anwendungsgerecht angepasst werden.

Die Dynamik des Wirtschaftslebens und der technologischen Entwicklung findet ihre Entsprechung in dem sich ebenso dynamisch verändernden Personenkreis und seinen Anforderungen an berufsfördernde und persönlichkeitsbildende Leistungen. Der heutige behinderte Personenkreis besteht aus geistig behinderten, psychisch behinderten, schwerstkörperbehinderten Menschen, z. T. mit autistischen Verhaltensweisen, mit Verhaltens- und Orientierungsstörungen, mit zunehmend hochgradigen Mehrfachbehinderungen.

3. Fortbildungsschwerpunkte

Die bisherige sonderpädagogische Zusatzqualifikation reicht nicht mehr aus und muss durch arbeits-, heil- und sozialpädagogische Erkenntnisse ergänzt werden. Als Konsequenz aus dem Wirtschafts- und Technologiewandel ist methodisch-didaktisches Handwerkszeug für den Arbeits- und Berufsförderungsprozess wie zur Förderung der Persönlichkeit des behinderten Menschen notwendig.

Zur beruflichen Qualität der Fachkräfte für Arbeits- und Berufsförderung gehören berufsfachliche wie pädagogische Kenntnisse und Fähigkeiten. Ein Curriculum muss deshalb mindestens folgende Schwerpunkte anbieten:

1. Berufliche Förderung mit dem Ziel, ein Mindestmaß wirtschaftlich verwertbarer Arbeitsleistung zu erreichen;
2. berufliche Förderung als Weg zur Integration, Chancengleichheit, Gleichberechtigung und Erwerbsarbeit;
3. Elemente der wissenschaftlichen Grundlagen zur beruflichen Förderung: Arbeits-, Heil- und Sozialpädagogik, Psychologie, Medizin, Recht und Betriebswirtschaftslehre;
4. Auswirkungen der wesentlichen Behinderungsarten und -grade auf den individuellen Prozess der Sozialstation: Entwicklungs- und Lernfähigkeit schwerbehinderter Menschen;
5. arbeitspädagogische förderdiagnostische Modelle der beruflichen und persönlichkeitsbildenden Förderung;
6. Methodik und Didaktik der Wissensvermittlung und -stabilisierung bei geistig und psychisch schwerbehinderten Menschen;

7. Unternehmensziele und Methoden zu ihrer Verwirklichung; kaufmännisches Handeln bei der Erfüllung sozialpolitischer Aufgaben;
8. Rechtsgrundlagen der Arbeits- und Berufsförderung: Rechte und Pflichten der Leistungsempfänger, Sozialleistungs- und Einrichtungsträger;
9. praktische Übungen in Gruppen-, Einzelarbeit und Hospitationen.

4. Fortbildungswege und -organisation

Die Zusatzqualifizierung muss diese Inhalte berücksichtigen. Teile davon stellen zugleich Inhalte laufender Fortbildung der Fachkräfte dar.

Die Fortbildung muss praxisorientiert und problemnah erfolgen. Sie sollte in geeigneten Fortbildungsstätten und zumindest im Praxisteil werkstattnah stattfinden.

§ 137
Aufnahme in die Werkstätten für behinderte Menschen

(1) ¹Anerkannte Werkstätten nehmen diejenigen behinderten Menschen aus ihrem Einzugsgebiet auf, die die Aufnahmevoraussetzungen gemäß § 136 Abs. 2 erfüllen, wenn Leistungen durch die Rehabilitationsträger gewährleistet sind; die Möglichkeit zur Aufnahme in eine andere anerkannte Werkstatt nach Maßgabe des § 9 des Zwölften Buches oder entsprechender Regelungen bleibt unberührt. ²Die Aufnahme erfolgt unabhängig von

1. der Ursache der Behinderung,
2. der Art der Behinderung, wenn in dem Einzugsgebiet keine besondere Werkstatt für behinderte Menschen für diese Behinderungsart vorhanden ist, und
3. der Schwere der Behinderung, der Minderung der Leistungsfähigkeit und einem besonderen Bedarf an Förderung, begleitender Betreuung oder Pflege.

(2) Behinderte Menschen werden in der Werkstatt beschäftigt, solange die Aufnahmevoraussetzungen nach Absatz 1 vorliegen.

ERLÄUTERUNGEN

ÜBERSICHT

I. Bedeutung der Vorschrift (Rdnrn. 1–4)
II. Fassung (Rdnr. 5)
III. Anmerkungen (Rdnrn. 6–29)
   A) zu Abs. 1
     1. Aufnahmeanspruch (Rdnrn. 6–9)
     2. Persönliche Aufnahmevoraussetzungen (Rdnr. 10)
     3. Einzugsgebiet (Rdnrn. 11–16)
     4. Leistungszusage durch Rehabilitationsträger (Rdnr. 17)
     5. Ursache, Art oder Schwere der Behinderung (Rdnrn. 18–19)
     6. Beschäftigungsanspruch (Rdnr. 20)
   B) zu Abs. 2
     1. Aufenthaltsdauer (Rdnrn. 21–29)

I. Bedeutung der Vorschrift

Sie gewährt behinderten Menschen aus dem Einzugsgebiet einer anerkannten WfbM, welche die Aufnahmevoraussetzungen nach § 136 Abs. 2 SGB IX erfüllen, einen **Anspruch auf Auf-**   **1** nahme. Weitere Voraussetzung ist aber, dass **Leistungen durch die Rehabilitationsträger gewährleistet** sind.

Damit wird die Erfüllung des Individualanspruchs der behinderten Menschen auf Eingliederungshilfe aus § 54 Abs. 1 SGB XII institutionell abgesichert (B / F / K / R / *Baur* Rdnr. 2): Die Werkstatt ist verpflichtet, den behinderten Menschen aufzunehmen; es besteht **Kontrahierungszwang** (LPK-SGB IX / *Haines / Jacobs* Rdnr. 6). Zwischen dem behinderten Menschen und der Werkstatt wird hierdurch **ein privatrechtliches Rechtsverhältnis** begründet („Werkstattvertrag", vgl. auch § 138 Abs. 3 SGB IX).

2   Hiervon zu unterscheiden ist das **öffentlich-rechtliche Sozialleistungsverhältnis** zwischen dem behinderten Menschen und dem Reha-Träger, dessen Rechtsgrundlagen auf §§ 40 bis 42 SGB IX beruhen. Die dritte Seite des Dreiecksverhältnisses bildet schließlich das ebenfalls öffentlich-rechtliche **Verhältnis zwischen Träger und Werkstatt**, welches durch Verträge zu regeln ist (vgl. zur Rechtsnatur von Pflegesatzvereinbarungen zwischen Sozialhilfeträger und WfbM als öffentlich-rechtliche Verträge: BVerwG Urteil von 30. September 1993 – 5 C 41/91 = BVerwGE 94, 202 = NJW 1994, 3027; BGH Urteil vom 12. November 1991 – KZR 22/90 = BGHZ 116, 339 = NJW 1992, 1237).

3   Die Verpflichtung der WfbM zur Aufnahme des einzelnen behinderten Menschen besteht **unabhängig von der Ursache der Behinderung**. Auch die Art der Behinderung ist nicht zu berücksichtigen. Etwas anderes gilt nur, wenn im Einzugsgebiet eine besondere WfbM für diese Behinderungsart besteht. Schließlich hängt die Aufnahme nicht von der Schwere der Behinderung, der Minderung der Leistungsfähigkeit und einem etwaigen besonderen Förderungs-, Betreuungs- oder Pflegebedarf beim einzelnen behinderten Menschen ab (**Abs. 1**).

4   Die Verpflichtung der WfbM zur Beschäftigung des einzelnen behinderten Menschen bleibt bestehen, solange die Aufnahmevoraussetzungen nach § 136 Abs. 2 SGB IX vorliegen (**Abs. 2**). Der einzelne behinderte Mensch hat damit auch einen Rechtsanspruch gegenüber der WfbM, dort zu bleiben.

II. Fassung

5   Die Vorschrift wurde unverändert aus dem Regierungsentwurf (BT-Drucks. 14/5531 i. V. m. 14/5074) übernommen. Sie entspricht § 54a SchwbG a. F.

III. Anmerkungen

A) zu Abs. 1

1. Aufnahmeanspruch

6   Die Vorschrift verpflichtet die Träger der WfbM, behinderte Menschen unter **drei Voraussetzungen** aufzunehmen: Sie müssen
   – die persönlichen Aufnahmevoraussetzungen des § 136 Abs. 2 SGB IX erfüllen,
   – grundsätzlich im Einzugsgebiet der WfbM wohnen und
   – eine Kostenzusage des nach § 42 SGB IX zuständigen Rehabilitationsträgers haben.

7   Liegen diese Voraussetzungen vor, besteht **kein Ermessensspielraum** der WfbM bei der Aufnahmeentscheidung (Kossens u. a. / *Kossens* Rdnr. 2); das gilt auch dann, wenn die Kapazitätsgrenze der WfbM bereits überschritten ist.

Nach § 1 Abs. 1 WVO hat die Werkstatt zur Erfüllung ihrer gesetzlichen Aufgaben die **Voraussetzungen dafür zu schaffen**, dass sie die werkstattbedürftigen behinderten Menschen aus ihrem Einzugsgebiet **aufnehmen** kann (Grundsatz der einheitlichen Werkstatt). Der unterschiedlichen Art der Behinderung und ihren Auswirkungen soll innerhalb der Werkstatt durch geeignete Maßnahmen, insbesondere durch Bildung besonderer Gruppen im Berufsbildungs- und Arbeitsbereich, Rechnung getragen werden (§ 1 Abs. 2 WVO).

Indem die Werkstatt eine regionale Versorgung gegenüber allen berechtigten Personen sicherstellt, erfüllt sie eine **öffentlich-rechtliche Pflicht**. Hierzu muss sie durch **Vereinbarungen mit den Rehabilitationsträgern** in die Lage versetzt werden. Rechtsgrundlage dafür ist § 17 Abs. 1 Nr. 1 SGB I, wonach die Leistungsträger darauf hinzuwirken haben, dass jeder Berechtigte die ihm zustehende Leistung in zeitgemäßer Weise umfassend und zügig erhält. 8

Diese Vereinbarungen haben insbesondere den Vorhalteaufwand der WfbM zu berücksichtigen, namentlich die Abstimmung der Soll-Platzzahl mit der Zahl der aufzunehmenden Personen (vgl. §§ 75 und 76 SGB XII sowie § 12 Abs. Nr. 3 WVO). Die einschlägigen personellen Vorgaben sind § 9 WVO zu entnehmen. Der in Abs. 3 der Vorschrift genannte Personalschlüssel ist als eine für die Anerkennung der Werkstatt gem. § 142 SGB IX maßgebende Regelbesetzung zu verstehen; ein Unterschreiten ist anerkennungsrechtlich zu beanstanden (LPK-SGB IX / *Haines* / *Jacobs* Rdnr. 13).

Besteht gleichwohl im konkreten Fall eine **beschränkte Aufnahmekapazität**, bleibt die Aufnahmeverpflichtung der Werkstatt für ihr Einzugsgebiet hiervon unberührt. Sie kann sich nicht etwa unter mehreren Bewerbern besonders leistungsstarke heraussuchen oder nur Rehabilitanden einer bestimmten Konfession (bei einer kirchlichen Trägerschaft) auswählen (Deinert / Neumann / *Ritz* HB-SGB IX § 22 Rdnr. 58). Der Fachausschuss muss alle eingehenden Aufnahmeanträge gleichberechtigt prüfen. 9

Lehnt der Träger der WfbM im Einzelfall dennoch die Aufnahme des behinderten Menschen ab, kann der **Aufnahmeanspruch** mit einer **Klage vor dem Arbeitsgericht** durchgesetzt werden. Nach § 2 Abs. 1 Nr. 10 ArbGG sind die Gerichte für Arbeitssachen zuständig für bürgerliche Rechtsstreitigkeiten zwischen behinderten Menschen im Arbeitsbereich von WfbM und den Trägern der Werkstätten aus den in § 138 SGB IX geregelten arbeitnehmerähnlichen Rechtsverhältnissen. Die Bestimmung erfasst nicht nur Streitigkeiten über den Inhalt eines solchen Beschäftigungsverhältnisses, sondern auch über die Umsetzung des Aufnahmeanspruchs aus § 137 Abs. 1 SGB IX (Hess. LAG Beschluss vom 20. Juni 2008 – 3 Ta 131/08, zit. nach JURIS; GK-SGB IX / *Schimanski* Rdnr. 79). Es handelt sich auch insoweit um eine bürgerliche und nicht um eine öffentlich-rechtliche Rechtsstreitigkeit.

Die Klage ist auf **die Feststellung** gerichtet, dass die WfbM zur Aufnahme des behinderten Menschen verpflichtet ist (Kossens u. a. / *Kossens* Rdnr. 9).

2. Persönliche Aufnahmevoraussetzungen

Die Vorschrift verweist auf die **Aufnahmevoraussetzungen gem. § 136 Abs. 2 SGB IX**. Den Aufnahmeanspruch haben demnach behinderte Menschen, die wegen Art oder Schwere der Behinderung derzeit nicht auf dem allgemeinen Arbeitsmarkt beschäftigt werden können. Bei ihnen darf weder eine erhebliche Selbst- oder Fremdgefährdung zu erwarten sein noch das Ausmaß der erforderlichen Betreuung und Pflege die Teilnahme an Maßnahmen im Berufsbildungsbereich dauerhaft nicht zulassen. Auch muss die Erwartung gerechtfertigt sein, dass sie im Arbeitsbereich – spätestens nach Teilnahme an Maßnahmen im Berufsbildungsbereich – wenigstens ein **Mindestmaß wirtschaftlich verwertbarer Arbeitsleistung** erbringen werden. Im Einzelnen ist auf die Erläuterungen zu § 136 Abs. 2 SGB IX in Rdnrn. 24 ff. Bezug zu nehmen. 10

3. Einzugsgebiet

Der Aufnahmeanspruch besteht nach Abs. 1 Satz 1 nur für behinderte Menschen aus dem Einzugsgebiet der WfbM. Der Bewerber muss demnach seinen Wohnsitz in dem von der Landesplanung nach § 17 Abs. 1 Nr. 2 SGB I einer WfbM verbindlich zugewiesenen regionalen Gebiet haben. 11

Die Einzugsgebiete müssen nach § 8 Abs. 3 WVO so eingeteilt sein, dass die behinderten Menschen die Werkstatt mit öffentlichen oder sonstigen Verkehrsmitteln in zumutbarer Weise erreichen können. An- und Abfahrtszeiten von mehr als 45 Minuten je Fahrt sind regelmäßig als nicht zumutbar anzusehen. Örtliche Gegebenheiten können jedoch im Einzelfall zu einer anderen Beurteilung führen (vgl. WE-BAGüS Nr. 3.4.3 Abs. 4).

12 Das Einzugsgebiet einer Werkstatt kann entsprechend den getroffenen Vereinbarungen **von mehreren Trägern** der Sozialhilfe und sonstigen Reha-Trägern in Anspruch genommen werden, wenn es ihr Standort sinnvoll erscheinen lässt (vgl. WE-BAGüS Nr. 3.4.3 Abs. 3).

Ausnahmsweise kann eine Werkstatt, insbesondere für Menschen mit einer bestimmten Art der Behinderung (z. B. für mehrfach behinderte, blinde und gehörlose Menschen) im Einvernehmen mit den zuständigen Landesbehörden und den Anerkennungsbehörden auch ein **überregionales Einzugsgebiet** haben, das über die in § 8 Abs. 3 WVO genannten Grenzen hinausgeht.

13 Durch die Bezugnahme auf § 9 SGB XII „oder entsprechende Regelungen" stellt das Gesetz klar, dass auch dem **Wunsch** eines behinderten Menschen, der nicht in dem Einzugsgebiet einer bestimmen WfbM wohnt, unter bestimmten Voraussetzungen **ausnahmsweise entsprochen** werden soll.

Die Aufnahme in eine andere Werkstatt setzt zunächst voraus, dass der zuständige **Rehabilitationsträger Leistungen dort gewährleistet**. Dies bestimmt sich nach § 9 Abs. 2 und 3 SGB XII oder entsprechenden Regelungen.

Gemäß § 9 Abs. 2 Satz 1 SGB XII soll **Wünschen**, die sich auf die Gestaltung der Leistung richten, **entsprochen** werden, soweit sie **angemessen** sind. Das richtet sich vor allem danach, ob dem Rehabilitationsträger im Falle einer Aufnahme in eine Werkstatt, zu deren Einzugsgebiet *nicht* der Wohnsitz des behinderten Menschen gehört, **Mehrkosten** entstehen, also insbesondere höhere Vergütungen für die Leistungen der Werkstatt zu zahlen sind (§ 41 Abs. 3 SGB IX) und / oder zusätzliche Fahrtkosten zu übernehmen sind (vgl. WE-BAGüS Nr. 3.4.2 Abs. 2).

14 § 9 Abs. 2 Satz 3 SGB XII hebt hervor, dass in der Regel Wünschen nicht entsprochen werden soll, deren Erfüllung mit **unverhältnismäßigen Mehrkosten** verbunden wäre. Hierbei darf der Begriff der „unverhältnismäßige Mehrkosten" nicht eng ausgelegt werden; es reicht aus, wenn die entstehenden Mehrkosten (noch) verhältnismäßig sind. Ausgangspunkt für die entsprechende Prüfung sind die Kosten, die im Falle einer Aufnahme in die Werkstatt, in deren Einzugsgebiet der Wohnsitz des behinderten Menschen liegt, entstehen würden. Wie hoch diese Überschreitung sein kann, um noch als verhältnismäßig angesehen werden zu können, muss sich **nach den besonderen Verhältnissen des Einzelfalles** richten (BVerwG Urteil vom 11. Februar 1982 – 5 C 85/80 = BVerwGE 65, 52 = NJW 1983, 2586 = FEVS 31, 221; LSG Niedersachsen-Bremen Beschluss vom 7. Juni 2007 – L 8 SO 60/07 ER = FEVS 59, 73; SG Oldenburg Beschluss vom 15. Juni 2007 – S 2 SO 24/07 ER, zit. nach JURIS).

Das Wunschrecht findet auch dort seine Grenze, wo die Aufnahme in eine andere Werkstatt wegen der Entstehung **hoher zusätzlicher Fahrtkosten** durch einen Spezialtransport nicht mehr angemessen wäre (OVG Brandenburg Beschluss vom 22. Mai 2002 – 4 B 60/02 = FEVS 55, 38; Niedersächs. OVG Urteil vom 16. Februar 2004 – 4 ME 400/03 = FEVS 55, 454; WE-BAGüS Nr. 3.4.2 Abs. 4).

15 Wünschen, den Bedarf **stationär oder teilstationär** zu decken, soll gem. § 9 Abs. 2 Satz 2 SGB XII nur entsprochen werden, wenn es nach der Besonderheit des Einzelfalles erforderlich ist, weil der Bedarf anders nicht oder nicht ausreichend gedeckt werden kann und wenn Vereinbarungen mit der Einrichtung nach den Vorschriften des Zehnten Kapitel des SGB XII bestehen.

16 Die jeweiligen Entscheidungen über die Berücksichtigung der genannten Wünsche stehen im pflichtgemäßen Ermessen des zuständigen Rehabilitationsträgers (HK-SGB IX / *Vater* Rdnr. 5; LPK-SGB IX / *Haines* / *Jacobs* Rdnr. 12). Der Träger ist nicht an die Aufnahmeent-

scheidung der gewünschten Werkstatt gebunden. Umgekehrt besteht auch für diese keine Aufnahmepflicht.

4. Leistungszusage durch Rehabilitationsträger

Der Aufnahmeanspruch hängt von einer Leistungszusage des zuständigen Rehabilitationsträgers ab. Ob ein behinderter Mensch Anspruch auf Leistungen hat oder ob diese im Falle vorgesehener Ermessensleistungen bewilligt werden können, ergibt sich aus den speziellen Leistungsgesetzen der nach § 42 SGB IX in Betracht kommenden Träger i. V. m. §§ 33 ff., insbesondere §§ 39 bis 43 SGB IX. Soweit der überörtliche oder der durch Landesrecht bestimmte örtliche Träger der Sozialhilfe zuständig ist, sind maßgebend § 53 Abs. 1 Satz 1 und Satz 2, Abs. 3 und 4, § 54 Abs. 1 SGB XII i. V. m. § 17 EingliederungshilfeVO sowie i. V. m. §§ 33 ff., insbesondere §§ 39 und 41 ff. SGB IX. Auf die Erläuterungen zu § 136 in Rdnrn. 19 f. sowie 23 wird verwiesen. 17

Es kommt nicht darauf an, in welcher Form die Leistung bewilligt wird. Leistungen sind auch dann gewährleistet, wenn sie durch ein **persönliches Budget** im Sinne von § 17 SGB IX ausgeführt werden (Cramer WfbM-Komm. Rdnr. 8).

5. Ursache, Art oder Schwere der Behinderung

Der **Aufnahmeanspruch** des behinderten Menschen besteht grundsätzlich **unabhängig von Ursache, Art oder Schwere der Behinderung** (Abs. 1 Satz 2). Die Werkstatt kann nur nach der Aufnahme intern durch geeignete Maßnahmen, insbesondere durch Bildung besonderer Gruppen im Berufsbildungs- und Arbeitsbereich, der unterschiedlichen Art der Behinderung und ihren Auswirkungen Rechnung tragen (§ 1 Abs. 2 WVO). 18

Eine **Ausnahme** von dem Differenzierungsverbot bei der Aufnahme nach der Art der Behinderung besteht nach Abs. 1 Satz 2 Nr. 2. Der Aufnahmeanspruch gegenüber einer WfbM besteht dann nicht, wenn für Menschen mit einer speziellen Art der Behinderung eine andere, **besondere Werkstatt im Einzugsbereich** vorhanden ist. Es kann somit grundsätzlich Werkstätten für körperbehinderte, psychisch kranke oder sinnesbehinderte (z. B. taubblinde) Menschen geben. Mit dieser Regelung wurde der einheitliche Werkstattbegriff aus § 54 SchwbG gelockert, der zugrunde legte, das alle Arten von Behinderung „unter einem Dach" in der Werkstatt zu betreuen seien (Deinert / Neumann / *Ritz* HB-SGB IX § 22 Rdnr. 60 unter Hinw. auf *Baur* ZfS./SGB 2000, 707 [709]). 19

Der Aufnahmeanspruch richtet sich dann gegen diese spezielle Werkstatt. Allerdings bleibt die Ausübung des Wunschrechts nach § 9 SGB XII auch in diesem Fall unberührt (LPK-SGB IX / *Haines* / *Jacobs* Rdnr. 14).

6. Beschäftigungsanspruch

Liegen die Voraussetzungen des Abs. 1 vor, ist die WfbM nicht nur verpflichtet, den behinderten Menschen aufzunehmen, sondern auch zu beschäftigen, und zwar einschließlich der Betreuung und Förderung im Eingangsverfahren und im Berufsbildungsbereich (Luthe / *Trenk-Hinterberger* Rehabilitationsrecht 2 J Rdnr. 539). 20

B) zu Abs. 2

1. Aufenthaltsdauer

Behinderte Menschen sind in der Werkstatt zu beschäftigen, solange die Aufnahmevoraussetzungen nach Abs. 1 vorliegen. Das erfasst sowohl den Eingangs- als auch den Berufsbildungs- und Arbeitsbereich der WfbM. 21

Damit wird der **Aufnahmeanspruch gegen eine etwaige Umgehung abgesichert**, die sich aus einer auf die Aufnahme folgenden Kündigung des Werkstattvertrages trotz gleichbleibender Umstände ergeben könnte. Denn in diesem Fall hätte der behinderte Mensch bei gleichbleibenden Voraussetzungen ohnehin wieder den Anspruch auf sofortige Neuaufnahme (*Cramer* WfbM-Komm Rdnr. 10). Eine Beendigung ist daher nur möglich, wenn die Aufnahmevoraussetzungen entfallen sind (LPK-SGB IX / *Haines* Rdnr. 15).

22 Der Werkstattvertrag kann zwar vonseiten der Werkstatt ordentlich und im Ausnahmefall außerordentlich **gekündigt** werden. Die Vorschriften der §§ 622 und 626 BGB finden auf das Werkstattverhältnis zumindest analoge Anwendung (⚖ LAG Rheinland-Pfalz Urteil vom 16. Januar 2008 – 8 Sa 506/07, zit. nach JURIS). Eine Kündigung bedarf als Wirksamkeitsvoraussetzung der Schriftform, was aus § 138 Abs. 7 SGB IX und § 623 BGB analog folgt (LPK-SGB IX / *Haines* / *Jacobs* Rdnr. 18).

23 Die generelle Kündigungsmöglichkeit der Werkstatt ist jedoch **in § 137 Abs. 2 SGB IX erheblich eingeschränkt**. Die dort angesprochenen Aufnahmevoraussetzungen nach Abs. 1 der Vorschrift sind die „Werkstattfähigkeit" gem. § 136 Abs. 2 SGB IX sowie die Kostenübernahme durch den Sozialleistungsträger. Folglich kann nur **der Wegfall der Werkstattfähigkeit oder die Aufhebung des Leistungsbescheids durch den Sozialleistungsträger** oder beides zusammen zu einer Kündigung des Werkstattverhältnisses führen (LAG Rheinland-Pfalz Urteil vom 16. Januar 2008 a. a. O.).

24 Die **Werkstattfähigkeit kann** dadurch **entfallen**, dass trotz einer der Behinderung angemessenen Betreuung von dem behinderten Menschen eine erhebliche Gefährdung für sich selbst oder für andere ausgeht oder dass – statt der Teilnahme an Maßnahmen im Berufsbildungsbereich oder einer Beschäftigung im Arbeitsbereich – seine Betreuung und Pflege im Vordergrund steht (HK-SGB IX / *Vater* Rdnr. 7).

25 Die **Einstellung der Förderungsleistungen** durch den Kostenträger stellt einen außerordentlichen Grund für die Kündigung des Werkstattverhältnisses auf den Tag des Wegfalls der Leistungen nach § 626 BGB dar (⚖ LAG Baden-Württemberg Urteil vom 26. Januar 2009 – 9 Sa 60/08, zit. nach JURIS). Denn es ist dem Träger der Werkstatt nicht zuzumuten, seine Dienstleistungen im Sinne des § 136 Abs. 1 SGB IX zu erbringen, wenn er hierfür keine angemessene Gegenleistung durch den Sozialleistungsträger erhält. Zum Aufnahmeanspruch in die WfbM gehört, dass Leistungen durch den Rehabilitationsträger gewährleistet sind. Fallen aber diese Leistungen weg, so entfällt auch der Beschäftigungsanspruch der behinderten Menschen in der WfbM. Das Vorliegen einer schweren schuldhaften Vertragspflichtverletzung (so aber *Rühle* DB 2001, 1364 [1366]) ist nicht erforderlich (LAG Baden-Württemberg Urteil vom 26. Januar 2009 a. a. O.).

26 Ein Recht zur **Kündigung** des Werkstattverhältnisses **unter anderen, erweiterten Voraussetzungen** kann im Werkstattvertrag nicht vereinbart werden (vgl. *Cramer* in: Münchener Handbuch zum Arbeitsrecht, 2. Aufl., § 237 Rdnr. 49). Deshalb ist eine Minderung der Leistungsfähigkeit als solche nicht ausreichend. Auch genügt allein die Zunahme des betreuerischen Aufwands nicht (LPK-SGB IX / *Haines* / *Jacobs* Rdnr. 17).

27 In der Regel endet die Beschäftigungspflicht aber mit Erreichen der **rentenversicherungspflichtigen Altersgrenze** (HK-SGB IX / *Vater* Rdnr. 7). Deshalb besteht kein Anspruch auf Fortsetzung der Beschäftigung über das 65. Lebensjahr hinaus, weil der spezifische Zweck der Teilhabe am Arbeitsleben mit Erreichen der Ruhestandsgrenze entfallen ist (⚖ BVerwG Urteil vom 21. Dezember 2005 – 5 C 26.04 = FEVS 57, 501 = NVwZ-RR 2006, 406).

28 In der Rechtsprechung ist allerdings **in besonders gelagerten Fällen ein Anspruch auf Weiterbeschäftigung in einer Werkstatt auch über das 65. Lebensjahr** hinaus bejaht worden (vgl. ⚖ VG München Urteil vom 18. Juli 1988 – M 18 K 88.1487; ⚖ VG Lüneburg Beschluss vom 23. Oktober 1998 – 4 B 79/98; ⚖ VG Augsburg Urteil vom 4. März 2002 – AU 3 K 01.1051, jeweils zit. nach JURIS). Jedoch wurde jeweils eine Alternativlosigkeit der Werkstattbetreuung erkannt und lag eine Beschäftigung im Rahmen eines Konzepts vor, das nicht mehr der Eingliederung in das Arbeitsleben dient bzw. dieser nachgebildet ist. Vielmehr stand vorrangig der tagesstrukturierende und gewissermaßen ehrenamtliche Charak-

ter einer Ruhestandsbeschäftigung im Vordergrund (vgl. BVerwG Urteil vom 21. Dezember 2005 a. a. O.).

Hingegen kann ein **früheres Ausscheiden** zwischen den Vertragsparteien **vereinbart** werden (LPK-SGB IX / *Haines* / *Jacobs* Rdnr. 18a). 29

§ 138
Rechtsstellung und Arbeitsentgelt behinderter Menschen

(1) Behinderte Menschen im Arbeitsbereich anerkannter Werkstätten stehen, wenn sie nicht Arbeitnehmer sind, zu den Werkstätten in einem arbeitnehmerähnlichen Rechtsverhältnis, soweit sich aus dem zugrunde liegenden Sozialleistungsverhältnis nichts anderes ergibt.

(2) ¹Die Werkstätten zahlen aus ihrem Arbeitsergebnis an die im Arbeitsbereich beschäftigten behinderten Menschen ein Arbeitsentgelt, das sich aus einem Grundbetrag in Höhe des Ausbildungsgeldes, das die Bundesagentur für Arbeit nach den für sie geltenden Vorschriften behinderten Menschen im Berufsbildungsbereich zuletzt leistet, und einem leistungsangemessenen Steigerungsbetrag zusammensetzt. ²Der Steigerungsbetrag bemisst sich nach der individuellen Arbeitsleistung der behinderten Menschen, insbesondere unter Berücksichtigung von Arbeitsmenge und Arbeitsgüte.

(3) Der Inhalt des arbeitnehmerähnlichen Rechtsverhältnisses wird unter Berücksichtigung des zwischen den behinderten Menschen und dem Rehabilitationsträger bestehenden Sozialleistungsverhältnisses durch Werkstattverträge zwischen den behinderten Menschen und dem Träger der Werkstatt näher geregelt.

(4) Hinsichtlich der Rechtsstellung der Teilnehmer an Maßnahmen im Eingangsverfahren und im Berufsbildungsbereich gilt § 36 entsprechend.

(5) Ist ein volljähriger behinderter Mensch gemäß Absatz 1 in den Arbeitsbereich einer anerkannten Werkstatt für behinderte Menschen im Sinne des § 136 aufgenommen worden und war er zu diesem Zeitpunkt geschäftsunfähig, so gilt der von ihm geschlossene Werkstattvertrag in Ansehung einer bereits bewirkten Leistung und deren Gegenleistung, soweit diese in einem angemessenen Verhältnis zueinander stehen, als wirksam.

(6) War der volljährige behinderte Mensch bei Abschluss eines Werkstattvertrages geschäftsunfähig, so kann der Träger einer Werkstatt das Werkstattverhältnis nur unter den Voraussetzungen für gelöst erklären, unter denen ein wirksamer Vertrag seitens des Trägers einer Werkstatt gekündigt werden kann.

(7) Die Lösungserklärung durch den Träger einer Werkstatt bedarf der schriftlichen Form und ist zu begründen.

ERLÄUTERUNGEN

ÜBERSICHT

I. Bedeutung der Vorschrift (Rdnrn. 1–4)
II. Fassung (Rdnrn. 5–5a)
III. Anmerkungen (Rdnrn. 6–64)
   A) zu Abs. 1
      1. Rechtsstellung behinderter Menschen im Arbeitsbereich der WfbM (Rdnrn. 6–15)
         a) Arbeitsverhältnis (Rdnrn. 7–11)
         b) Arbeitnehmerähnliches Rechtsverhältnis (Rdnrn. 12–14)
         c) Rehabilitanden (Rdnr. 15)

2. Sozialversicherungspflicht (Rdnrn. 16–25)
   a) Krankenversicherung (Rdnrn. 16–19)
   b) Pflegeversicherung (Rdnr. 20)
   c) Rentenversicherung (Rdnrn. 21–23)
   d) Unfallversicherung (Rdnr. 24)
   e) Arbeitslosenversicherung (Rdnr. 25)
B) zu Abs. 2
   1. Arbeitsentgelt (Rdnrn. 26–41)
      a) Grundbetrag (Rdnrn. 27–37)
      b) Arbeitsförderungsgeld (Rdnrn. 38–41)
C) zu Abs. 3
   1. Werkstattverträge (Rdnrn. 42–53)
D) zu Abs. 4
   1. Rechtsstellung im Eingangsverfahren und im Berufsbildungsbereich (Rdnrn. 54–55)
E) zu Abs. 5–7
   1. Abschluss eines Werkstattvertrages durch geschäftsunfähige Volljährige (Rdnr. 56)
   2. Keine Rückabwicklung erbrachter Leistungen (Rdnrn. 57–59)
   3. Auflösungsschutz für behinderten Geschäftsunfähigen (Rdnr. 60)
   4. Schriftform für Lösungserklärung (Rdnrn. 61–64)
IV. Literatur

I. Bedeutung der Vorschrift

1 Sie regelt die Rechtsstellung von in WfbM beschäftigten Menschen zu dieser Einrichtung. Hierbei wird in den Abs. 1 bis 3 der Arbeitsbereich normiert, während sich Abs. 4 mit der Rechtsstellung der Teilnehmer an Maßnahmen im Eingangsverfahren und im Berufsbildungsbereich befasst.

2 Behinderte Menschen im Arbeitsbereich einer anerkannten WfbM stehen zu dieser in einem arbeitnehmerähnlichen Rechtsverhältnis, wenn sie nicht Arbeitnehmer sind und soweit sich aus dem zugrunde liegenden Sozialleistungsverhältnis nichts anderes ergibt (**Abs. 1**).

3 Hieraus folgt der Anspruch auf ein Arbeitsentgelt, dessen Höhe in **Abs. 2** näher geregelt ist. Der übrige Inhalt des arbeitnehmerähnlichen Rechtsverhältnisses wird durch Werkstattverträge zwischen den behinderten Menschen und dem Träger der Werkstatt näher geregelt. Hierbei ist das Sozialleistungsverhältnis zwischen den behinderten Menschen und dem Rehabilitationsträger zu berücksichtigen (**Abs. 3**).

4 Für die Teilnehmer an Maßnahmen im Eingangsverfahren und im Berufsbildungsbereich wird die Rechtsstellung durch entsprechende Anwendung des § 36 SGB IX definiert. Sie sind insbesondere nicht in den Betrieb der Einrichtungen eingegliedert und keine Arbeitnehmer im Sinne des BetrVG. Sie haben aber entsprechend den arbeitsrechtlichen Grundsätzen Anspruch auf Persönlichkeitsschutz sowie Erholungsurlaub. Außerdem ist ihre Haftung nach arbeitsrechtlichen Grundsätzen beschränkt. Ferner sind die Vorschriften über den Arbeitsschutz und die Gleichberechtigung von Männern und Frauen entsprechend anwendbar (**Abs. 4**).

Abs. 5 bis 7 enthalten Sonderregelungen für die rechtliche Behandlung von Werkstattverträgen, bei deren Abschluss der behinderte Mensch geschäftsunfähig war.

II. Fassung

5 Die Vorschrift wurde in **Abs. 1 bis 4** unverändert aus dem Regierungsentwurf (BT-Drucks. 14/5531 i. V. m. 14/5074) übernommen. Sie entspricht im Wesentlichen dem bisherigen § 54b SchwbG. Neu hinzugekommen ist die Regelung in Abs. 4 über die Rechtsstellung im Eingangsverfahren und im Berufsbildungsbereich.

Die **Absätze 5 bis 7** wurden angefügt durch Art. 30 des Gesetzes zur Änderung des Rechts der Vertretung durch Rechtsanwälte vor den Oberlandesgerichten (OLG-VertRÄndG) vom 23. Juli 2002 (BGBl. I S. 2850). 5a

III. Anmerkungen

A) zu Abs. 1

1. Rechtsstellung behinderter Menschen im Arbeitsbereich der WfbM

Behinderte Menschen im Arbeitsbereich anerkannter Werkstätten stehen, wenn sie nicht Arbeitnehmer sind, zu den Werkstätten in einem arbeitnehmerähnlichen Rechtsverhältnis, soweit sich aus dem zugrunde liegenden Sozialleistungsverhältnis nichts anderes ergibt (**Abs. 1**). Damit kann im Einzelfall eine von drei Rechtsstellungen auf den behinderten Menschen zutreffen: ein Arbeitsverhältnis, ein arbeitnehmerähnliches Rechtsverhältnis oder der Status eines Rehabilitanden aufgrund des Sozialleistungsverhältnisses 6

a) Arbeitsverhältnis

Das Gesetz lässt zwar die Möglichkeit zu, einen im Arbeitsbereich einer WfbM beschäftigten behinderten Menschen rechtlich als Arbeitnehmer zu behandeln. Allerdings wird sowohl aus der Fassung wie auch aus der Gesetzgebungsgeschichte deutlich, dass dies die Ausnahme sein soll: Der Gesetzgebung zu dieser Vorschrift liegt die Annahme zugrunde, dass **im Regelfall** zwischen den behinderten Menschen im Arbeitsbereich und der WfbM **kein Arbeitsverhältnis** besteht (LAG Baden-Württemberg Urteil vom 26. Januar 2009 – 9 Sa 60/08, zit. nach JURIS; Neumann u. a. / *Pahlen* Rdnr. 10; Mrozynski § 36 SGB IX Rdnr. 5; *Rühle* DB 2001, 1364, [1365]). Eine generelle Einordnung der Werkstattbeschäftigten als Arbeitnehmer im betriebsverfassungsrechtlichen Sinne wäre nicht sachgerecht, weil die im Arbeitsbereich einer Werkstatt tätigen behinderten Menschen regelmäßig nicht in der Lage sind, Rechte aus einem Arbeitsverhältnis wahrzunehmen und die entsprechenden Pflichten zu erfüllen (Ernst / Adlhoch / Seel / *Finke* / *Kadoke* Rdnr. 9). 7

Aufgrund der Zielsetzung und des gesetzlichen Auftrags einer WfbM wird man für die Arbeitnehmereigenschaft nicht allein auf die sonst üblichen Abgrenzungsmerkmale (Nichtselbstständigkeit, Eingliederung in fremde Arbeitsorganisation, Weisungsrecht des Arbeitgebers hinsichtlich Zeit, Dauer und Ort der Ausführung der versprochenen Dienste) abstellen können. Denn diese Kriterien sind bei behinderten Menschen im Arbeitsbereich einer WfbM regelmäßig erfüllt. Entscheidend ist vielmehr, ob mit der Beschäftigung ein wahrnehmbares **wirtschaftliches Ergebnis angestrebt** wird oder **therapeutische Überlegungen** im Vordergrund stehen, also der Betreuungscharakter der Beschäftigung überwiegt (LAG Saarland Urteil vom 15. Juli 1987 – 2 Sa 34/86, 2, zit. nach JURIS; LAG Berlin Beschluss vom 12. März 1990 – 9 TaBV 1/90 = BehindertenR 1990 139; Mrozynski § 36 SGB IX Rdnr. 5; Müller-Wenner / *Schorn* Rdnr. 5 m. w. Nachw.). 8

Dass der behinderte Mensch wenigstens ein *Mindestmaß* an wirtschaftlich verwertbarer **Arbeitsleistung** erbringt, ist kein Kennzeichen für ein Arbeitsverhältnis, sondern nach § 136 Abs. 2 Satz 1 SGB IX Aufnahmevoraussetzung für eine WfbM. Ein Arbeitsverhältnis liegt erst dann vor, wenn er wie ein Arbeitnehmer auch **in quantitativer Hinsicht wirtschaftlich verwertbare Leistungen** erbringt. Dies ist folglich dann der Hauptzweck seiner Beschäftigung. In diesem Fall dient sein Aufenthalt in der Werkstatt nicht nur dem Zweck des § 136 Abs. 1 Nr. 1 SGB IX, nämlich der Ermöglichung einer angemessenen Beschäftigung (LAG Baden-Württemberg Urteil vom 26. Januar 2009 – 9 Sa 60/08, zit. nach JURIS).

Dies kann nicht nach der **Höhe des** ausgezahlten **Entgelts** beurteilt werden, wenngleich diese ein Indiz dafür sein mag, dass im Einzelfall die Voraussetzungen für einen Arbeitnehmerstatus vorliegen (Ernst / Adlhoch / Seel / *Finke* / *Kadoke* Rdnr. 14; LPK-SGB IX / *Haines* / 9

Jacobs Rdnr. 14). Für den Arbeitnehmerstatus kann auch sprechen, dass der behinderte Mensch durch seine Förderung vor allem im Arbeitsbereich der WfbM **keine** spezifischen Leistungen nach **§ 41 Abs. 2 Nr. 2 SGB IX mehr benötigt** und grundsätzlich auf den allgemeinen Arbeitsmarkt vermittelt werden könnte. Allein die Notwendigkeit einer Rücksichtnahme am Arbeitsplatz auf die Behinderung des Beschäftigten steht einem Arbeitsverhältnis nicht entgegen; dasselbe gilt für eine erforderliche Anleitung und Überwachung des behinderten Menschen sowie ein Heranführen an neue Arbeitsgänge durch Fachpersonal (LAG Saarland Urteil vom 15. August 1987 a. a. O.).

10 Tritt ein Beschäftigter zur Stammbelegschaft, indem er etwa selbst Betreuungs- und Beaufsichtigungsaufgaben wahrnimmt – oder entspricht das wirtschaftliche Ergebnis seiner Arbeitsleistung aus betriebswirtschaftlicher Perspektive dem eines hauptamtlichen Beschäftigten der WfbM –, ist ausnahmsweise die Arbeitnehmereigenschaft zu bejahen (Neumann u. a. / *Pahlen* Rdnr. 10 f.). In diesem Fall besteht auch Versicherungspflicht in der Arbeitslosenversicherung (BSG Urteil vom 10. Mai 2007 – B 7a AL 30/06 R = SozR 4-4300 § 125 Nr. 2).

Der behinderte Mensch kann im Streitfall vor dem Arbeitsgericht seine **Arbeitnehmerstellung** im Arbeitsbereich der WfbM **einklagen**. Voraussetzung ist der Nachweis, dass seine Tätigkeit in der Werkstatt nicht durch den Zweck der Rehabilitation und Therapie geprägt wird, sondern durch die Produktion bzw. das Angebot von Dienstleistungen (LAG Saarland Urteil vom 15. Juli 1987 a. a. O. LAG Bad.-Württ. Urteil vom 26. Januar 2009 – 9 Sa 60/08, zit. nach JURIS). Nach Ansicht des ArbG Koblenz (Urteil vom 9. August 2002 – 2 Ca 447/02 = NZA-RR 2003, 188 = RdLH 2003, 73 m. Anm. *Wendt*) soll ein Zeitablauf von mehr als 15 Jahren dagegen sprechen, dass die Beschäftigung eines mittlerweile 33 Jahre alten behinderten Menschen in der WfbM vorwiegend der Behandlung, Wiedereingewöhnung oder Erziehung i. S. des § 73 Abs. 2 Nr. 2 SGB IX diene. Die Kündigung gegenüber dem Betroffenen soll dann der Zustimmung des Integrationsamtes gem. § 85 SGB IX bedürfen.

Allerdings muss die WfbM grundsätzlich auch in derartigen Fällen nach § 136 Abs. 1 Satz 3 SGB IX i. V. m. § 5 Abs. 4 und 5 WVO in Zusammenwirken mit dem Fachausschuss den Übergang des behinderten Menschen auf den allgemeinen Arbeitsmarkt durch konkrete Maßnahmen fördern (LPK-SGB IX / *Haines* / *Jacobs* Rdnr. 15 f.).

11 In der Praxis haben **nur wenige Arbeitnehmer in WfbM den Status als Arbeitnehmer**, weil der weit überwiegende Teil der Beschäftigten wegen ihrer Beeinträchtigungen umfassende Förderung und Betreuung benötigt (Ernst / Adlhoch / Seel / *Finke* / *Kadoke* Rdnr. 16). Soweit im Einzelfall die regelmäßigen spezifischen Leistungen nach § 41 Abs. 2 SGB IX nicht mehr erforderlich wären, bestünde auch kein Anspruch der Werkstatt auf Vergütung nach § 41 Abs. 3 SGB IX. Damit erhielten allerdings die Werkstätten die doch noch in gewissem Umfang benötigten Leistungen für den behinderten Menschen, wie Anleitung und Überwachung durch Fachpersonal, nicht vergütet (Ernst / Adlhoch / Seel / *Finke* / *Kadoke* a. a. O.).

b) Arbeitnehmerähnliches Rechtsverhältnis

12 Ist ein in einer WfbM beschäftigter behinderter Mensch nicht ausnahmsweise als Arbeitnehmer einzustufen, gibt ihm Abs. 1 regelmäßig den Status eines „arbeitnehmerähnlichen Rechtsverhältnisses". Dieser arbeitsrechtliche Begriff erfasst an sich Personen, die zwar aufgrund fehlender persönlicher Abhängigkeit bzw. Weisungsgebundenheit keine Arbeitnehmer sind, wegen wirtschaftlicher Abhängigkeit aber ein vergleichbares soziales Schutzbedürfnis haben (vgl. § 12a Abs. 1 Nr. 1 TVG; näher hierzu ErfK / *Franzen* § 12a TVG Rdnr. 4 ff.). Das Gesetz erweitert nunmehr durch Einbeziehung auch des hier in Rede stehenden Personenkreises in § 138 Abs. 1 SGB VIII die Definition des „arbeitnehmerähnlichen Rechtsverhältnisses" um weisungsabhängige Beschäftigte und erreicht auf diese Weise deren **Einbeziehung in bestimmte arbeitsrechtliche Schutzvorschriften**. Dem liegt zugrunde, dass das arbeitnehmerähnliche Verhältnis im Arbeitsbereich einer WfbM durch andere Hauptpflichten gekennzeichnet ist als ein herkömmliches Arbeitsverhältnis und diesem

gegenüber nachrangig ist. Sein Kern ist der Rehabilitationsauftrag (LPK-SGB IX / *Haines* / *Jacobs* Rdnr. 11).

Diese einbezogenen arbeitsrechtlichen Schutzvorschriften betreffen – wie § 4 Abs. 1 Nr. 1a WMVO beispielhaft hervorhebt – vor allem die Regelungen über Beschäftigungszeit einschließlich Teilzeitbeschäftigung sowie Erholungspausen und Zeiten der Teilnahme an Maßnahmen zur Erhaltung und Erhöhung der Leistungsfähigkeit und zur Weiterentwicklung der Persönlichkeit des Werkstattbeschäftigten. Es gilt ferner für Urlaub, Entgeltfortzahlung im Krankheitsfall und an Feiertagen, Elternzeit (früher „Erziehungsurlaub") und Mutterschutz sowie den Persönlichkeitsschutz und Haftungsbeschränkungen (Neumann u. a. / *Pahlen* Rdnr. 12; Cramer WfbM-Komm Rdnr. 18). 12a

So gelten gemäß **§ 2 Satz 2 BUrlG** die Bestimmungen des Gesetzes auch für arbeitnehmerähnliche Personen, die wegen ihrer wirtschaftlichen Unselbstständigkeit als Arbeitnehmer anzusehen sind. Im Hinblick auf den Schutzzweck der Vorschrift des § 138 Abs. 1 SGB IX ist sie unmittelbar auch für arbeitnehmerähnliche Personen in WfbM anzuwenden, ohne dass es auf das weitere Merkmal der wirtschaftlichen Unselbstständigkeit ankommt (Cramer WfbM-Komm Rdnr. 15). Deshalb steht dem im Arbeitsbereich beschäftigten behinderten Menschen ein **Urlaubsanspruch** nach diesem Gesetz zu, der für schwerbehinderte Beschäftigte auch einen Zusatzurlaub nach § 125 SGB IX umfasst (Neumann u. a. / *Pahlen* Rdnr. 12). 12b

Hingegen sind weitere gesetzliche Schutzvorschriften in den genannten Bereichen, wie etwa das EFZG, das MuSchG oder das ArbZG, zwar nicht unmittelbar anwendbar. Aufgrund der besonderen Schutzbedürftigkeit von behinderten Menschen im Arbeitsbereich der WfbM müssen die **entsprechenden Regelungen aber auch auf diese angewendet** werden (vgl. die Antwort der Bundesregierung zu einer Kleinen Anfrage vom 29. Oktober 1997, BT-Drucks. 13/8880). Allerdings empfiehlt es sich aus Gründen der Klarstellung, diese in den nach § 138 Abs. 3 abzuschließenden Werkstattvertrag ausdrücklich aufzunehmen (vgl. dazu unten Rdnrn. 28e und 29). 13

Rechtsstreitigkeiten zwischen der WfbM und behinderten Menschen, die in einem arbeitnehmerähnlichen Rechtsverhältnis gemäß § 138 Abs. 1 SGB IX stehen, sind nach § 2 Abs. 1 Nr. 10 ArbGG vor den **Arbeitsgerichten** auszutragen. Voraussetzung ist, dass der Rechtsstreit eines der in § 138 SGB IX geregelten Rechtsverhältnisse betrifft (⚖ Hess. LAG Beschluss vom 20. Juni 2008 – 3 Ta 131/08 = AE 2008, 332; ⚖ LAG Baden-Württemberg Urteil vom 26. Januar 2009 – 9 Sa 60/08, zit. nach JURIS; vgl. auch ⚖ SG Dresden Beschluss vom 7. Oktober 2003 – S 1 SF 13/03, zit. nach JURIS, zum Streit über die Rechtmäßigkeit einer Kündigung des Werkstattvertrags bzw. über das Fortbestehen des arbeitnehmerähnlichen Rechtsverhältnisses). Zu arbeitsgerichtlichen Fragen des Werkstattverhältnisses vgl. *Schröder* ArbuR 2001, 172; zur Kündigung der Werkstattverhältnisse von schwerbehinderten Menschen s. auch *Rühle* DB 2001, 1364. 14

Der Werkstattvertrag kann nur unter engen Voraussetzungen **beendet oder gekündigt** werden. Das gilt wegen § 137 Abs. 2 SGB IX namentlich dann, wenn die Aufnahmevoraussetzungen nicht mehr erfüllt sind (vgl. Erl. zu § 137 Rdnr. 22 ff.). Eine Kündigung unter Anwendung arbeitsrechtlicher Bestimmungen, insbesondere aus verhaltensbedingten Gründungen, scheidet daher aus (LPK-SGB IX / *Haines* / *Jacobs* Rdnr. 36).

c) Rehabilitanden

Lässt sich dem zugrunde liegenden Sozialleistungsverhältnis ausnahmsweise entnehmen, dass der behinderte Mensch in der Werkstatt **weder die Rechtsstellung eines Arbeitnehmers noch einer arbeitnehmerähnlichen Person** erhalten soll, hat er den Status eines „Rehabilitanden". Dies muss jedoch vom Leistungsträger **ausdrücklich klargestellt** werden, wobei auch zu begründen ist, welche Hindernisse des Leistungsrechts einer Einstufung des behinderten Menschen mindestens als „arbeitnehmerähnlich" entgegenstehen (Neumann 15

u. a. / *Pahlen* Rdnr. 13). Welche arbeitsrechtlichen Vorschriften und Grundsätze auf Rehabilitanden anwendbar sind, ist in **§ 36 SGB IX abschließend geregelt** (Müller-Wenner / Schorn Rdnr. 29; *Jobs* ZTR 2002, 515 [517]).

2. Sozialversicherungspflicht

a) Krankenversicherung

16 Versicherungspflichtig in der gesetzlichen Krankenversicherung sind behinderte Menschen, die in anerkannten WfbM tätig sind (**§ 5 Abs. 1 Nr. 7 SGB V**). Dasselbe gilt für behinderte Menschen, die für die Werkstatt in Heimarbeit tätig sind.

17 Damit sind **alle in einer WfbM beschäftigten behinderten Menschen** von der Sozialversicherungspflicht erfasst, nämlich diejenigen im Eingangsverfahren, im Berufsbildungsbereich sowie die in einem arbeitnehmerähnlichen Rechtsverhältnis stehenden behinderten Menschen im Arbeitsbereich nach § 138 Abs. 1 SGB IX.

18 Zwar können Beschäftigte in der WfbM **auch nach § 5 Abs. 1 Nr. 6 SGB V** versicherungspflichtig sein, nämlich als „Teilnehmer an Leistungen zur Teilhabe am Arbeitsleben" sowie an Abklärungen der beruflichen Eignung oder Arbeitserprobungen, es sei denn die Maßnahmen werden nach den Vorschriften des BVG erbracht. Jedoch fallen hierunter **nur medizinische Rehabilitationsmaßnahmen** wie Belastungserprobungen und Arbeitstherapie und nicht solche, die der dauerhaften Eingliederung in das Erwerbsleben dienen, wie das Eingangsverfahren und Maßnahmen im Berufsbildungsbereich (BSG Urteil vom 14. Dezember 1994 – 4 RK 1/93 = BehindertenR 1995, 157 = SozR 3-2500 § 5 Nr. 19). Deshalb stellt sich die Problematik des Zusammentreffens der Versicherungspflichten nach § 5 Abs. 1 Nr. 6 und Nr. 7 SGB VIII nicht; die **Versicherungspflichttatbestände des § 5 Abs. 1 SGB V** sind vielmehr so gegeneinander abgegrenzt, dass sie **sich gegenseitig ausschließen** (BSG Urteil vom 14. Februar 2002 – B 1 KR 1/00 R = SozR 3-2500 § 44 Nr. 8 = FEVS 53, 5). Außerdem bestimmt für diesen Fall § 5 Abs. 6 Satz 2 SGB V den Vorrang derjenigen Versicherungspflicht, nach der die höheren Beiträge zu zahlen sind.

19 **Beitragspflichtig** für die nach § 5 Abs. 1 Nr. 7 SGB V Versicherten sind die Träger der WfbM sowie die behinderten Menschen je zur Hälfte, soweit das Arbeitsentgelt 20 % der monatlichen Bezugsgröße übersteigt (vgl. § 251 Abs. 2 Satz 1 Nr. 2, § 249 Abs. 1, § 235 Abs. 3 SGB V). Ansonsten haben die Träger der WfbM den Betrag allein zu tragen. Der zuständige **Kostenträger** hat die **Beitragsanteile der Träger der WfbM** diesen zu **erstatten** (§ 251 Abs. 2 Satz 2 SGB V).

b) Pflegeversicherung

20 Versicherungspflichtig in der sozialen Pflegeversicherung sind die versicherungspflichtigen Mitglieder der gesetzlichen Krankenversicherung. Dies sind auch behinderte Menschen, die in anerkannten WfbM oder für diese Einrichtungen in Heimarbeit tätig sind (§ 20 Abs. 1 Satz 2 Nr. 7 SGB XI). Im Übrigen gilt für die Tragung der Beiträge § 251 SGB V entsprechend (§ 59 Abs. 1 Satz 1 SGB XI). Insoweit kann auf die Ausführungen zur gesetzlichen Krankenversicherung Bezug genommen werden.

c) Rentenversicherung

21 **Versicherungspflichtig** sind behinderte Menschen, die **in anerkannten WfbM** oder für diese Einrichtungen in Heimarbeit **tätig** sind (**§ 1 Nr. 2a SGB VI**). Auch insoweit macht es keinen Unterschied, ob der behinderte Mensch in den Arbeitsbereich der Werkstatt eingegliedert ist oder im Eingangsverfahren bzw. im Berufsbildungsbereich einer Werkstatt untergebracht ist (BSG Urteil vom 11. Juni 1980 – 12 RK 34/78 = SozR 5085 § 1 Nr. 2 = FEVS 31, 207; KassKomm / *Gürtner* § 1 SGB VI Rdnr. 18). Unerheblich ist auch, ob die erbrachte Leistung einen wirtschaftlichen Mindestwert im Rahmen von § 138 Abs. 2 SGB IX erreicht

und das bezahlte Arbeitsentgelt über der Geringfügigkeitsgrenze liegt. Der Eintritt von Versicherungsfreiheit wegen Geringfügigkeit ist ausgeschlossen (§ 5 Abs. 2 Satz 3 SGB VI).

Zur **Berechnung der Beiträge** wird – soweit das Arbeitsentgelt nicht höher liegt – ein **fiktives Mindesteinkommen von 80 % der monatlichen Bezugsgröße** nach § 18 SGB IV angenommen (§ 162 Nr. 2 SGB VI). Diese beträgt für das Jahr 2010 monatlich 2555 Euro, im Beitrittsgebiet 2170 Euro. Der hier maßgebende Wert von 80 % hiervon ist somit **2044 Euro (West)** und **1736 Euro (Ost)**. Wird ein Arbeitsentgelt nicht bezogen oder übersteigt es nicht 20 % der monatlichen Bezugsgröße (also 511 Euro West, 434 Euro Ost), werden die Beiträge allein vom Träger der Einrichtung getragen (§ 168 Abs. 1 Nr. 2 SGB VI). Im Übrigen haben die behinderten Menschen die Hälfte des Beitragsanteils von ihrem Arbeitsentgelt zu tragen, wenn dieses mehr als 20 % der monatlichen Bezugsgröße beträgt (§ 168 Abs. 1 Nr. 2 SGB VI). Übersteigt allerdings das monatliche Arbeitsentgelt 80 % der monatlichen Bezugsgröße nicht, hat der Träger der WfbM den Differenzbetrag zwischen Arbeitsentgelt und fiktivem Mindestentgelt von 80 % der Bezugsgröße zu tragen (§ 168 Abs. 1 Nr. 2 SGB VI).

22

Grundsätzlich hat der **Kostenträger** den Trägern der Einrichtung die von diesen getragenen Beiträge für behinderte Menschen **zu erstatten** (§ 179 Abs. 1 Satz 2 SGB VI). Die Beiträge für die Differenz zwischen tatsächlich monatlichem Arbeitsentgelt und fiktivem Arbeitsentgelt in Höhe von 80 % der monatlichen Bezugsgröße werden dem Träger der Einrichtung vom **Bund** erstattet (§ 179 Abs. 1 Satz 1 SGB VI).

23

Zur Frage des **Anspruchs auf medizinische Leistungen zur Rehabilitation für Erwerbsunfähigkeitsrentner**, die in einer WfbM beschäftigt sind vgl. *Friedrich* DRV 2001, 125 und *Lachwitz* SGb 2001, 337, jeweils als Besprechung des ⚖ BSG-Urt. vom 23. Februar 2000 – B 5 RJ 8/99 R = BSGE 85, 298 = SozR 3-2600 § 10 Nr. 2 = DRV 2001, 122.

d) Unfallversicherung

Die **Versicherungspflicht** in der gesetzlichen Unfallversicherung folgt aus § 2 Abs. 1 Nr. 4 SGB VII. Erfasst sind wiederum behinderte Menschen, die in anerkannten WfbM oder für diese Einrichtungen in Heimarbeit tätig sind – unbeschadet ihrer Einstufung nach Eingangs-, Berufsbildungs- oder Arbeitsbereich. Die Beiträge in der Unfallversicherung sind von den **Trägern der WfbM** für behinderte Menschen im Arbeitsbereich zu entrichten (§ 150 Abs. 1 Satz 1, § 136 Abs. 3 Nr. 1 SGB VII). Soweit ein **Rehabilitationsträger** die Kosten für das Eingangsverfahren oder für Maßnahmen im Berufsbildungsbereich trägt, ist dieser nach § 150 Abs. 1 Satz 1, § 136 Abs. 3 Nr. 3 SGB VII beitragspflichtig, weil die behinderten Menschen in diesen Fällen auch nach § 2 Abs. 1 Nr. 2 SGB VII pflichtversichert sind. Bei **doppelter Zugehörigkeit** zu versicherten Personenkreisen besteht eine Versicherungspflicht nach der Vorschrift, der die Tätigkeit des Versicherten vorrangig zuzurechnen ist (§ 135 Abs. 6 SGB VII). Zu Wegeunfällen von behinderten Menschen in anerkannten Werkstätten vgl. auch *Wolber* SozVers 2001, 294.

24

e) Arbeitslosenversicherung

Gegen Arbeitsentgelt Beschäftigte sind nach § 25 Abs. 1 Satz 1 SGB III **versicherungspflichtig**. Übersteigt das Arbeitsentgelt 20 % der monatlichen Bezugsgröße nicht, trägt der Arbeitgeber allein die Beiträge; im Übrigen sind sie vom behinderten Menschen und vom Träger der WfbM je zur Hälfte zu tragen (§ 346 Abs. 2 i. V. m. Abs. 1 SGB III).

25

Ist ein behinderter Mensch im Arbeitsbereich der WfbM wegen Minderung seiner Leistungsfähigkeit dauernd für die Arbeitsvermittlung nicht mehr verfügbar, besteht **Versicherungsfreiheit** nach § 28 Abs. 1 Nr. 2 SGB III von dem Zeitpunkt an, an dem die Agentur für Arbeit diese Minderung der Leistungsfähigkeit und der zuständige Träger der gesetzlichen Rentenversicherung volle Erwerbsminderung im Sinne der gesetzlichen Rentenversicherung festgestellt haben.

B) zu Abs. 2

1. Arbeitsentgelt

26 Die Vorschrift gewährt den im Arbeitsbereich beschäftigten behinderten Menschen einen **unmittelbaren gesetzlichen Anspruch auf Arbeitsentgelt**. Dieses ist also keine Leistung im Rahmen der Eingliederungshilfe für behinderte Menschen nach dem SGB XII oder einer Parallelvorschrift; der behinderte Mensch hat folglich gegenüber dem zuständigen Rehabilitationsträger keinen Anspruch auf Zahlung von Arbeitsentgelt (WE/BAGüS Nr. 8.2.3.a Abs. 1). **Der Anspruch richtet sich** allein **gegen die Werkstatt**.

Das Arbeitsentgelt setzt sich zusammen aus einem **Grundbetrag** und einem leistungsangemessenen Steigerungsbetrag. Dieser ist abhängig von der Ertragssituation der jeweiligen Werkstatt.

Allerdings ist nach der Neufassung der Vorschrift im SGB IX der Steigerungsbetrag nicht mehr – wie in § 54b SchwbG – daran geknüpft, dass „das Arbeitsergebnis die Zahlung zulässt". Dementsprechend ist auch die Vorschrift über das „Arbeitsergebnis" in § 12 Abs. 4 WVO neu gefasst worden. Dieses ist zwar nach wie vor als Differenz aus den Erträgen und den notwendigen Kosten des laufenden Betriebs der Werkstatt beschrieben. Die Kosten für die Arbeitsentgelte nach § 138 Abs. 2 SGB IX werden aber nicht mehr zu den notwendigen Kosten des laufenden Betriebs gerechnet (§ 12 Abs. 4 Satz 3 Halbs. 2 WVO).

a) Grundbetrag

27 Der gesetzlich gewährleistete **Grundbetrag ist** allen behinderten Menschen im Arbeitsbereich **einheitlich in gleicher Höhe** zu zahlen. Es wäre unzulässig, nach der individuellen Leistungsfähigkeit des einzelnen Empfängers zu unterscheiden (vgl. BAG Urteil vom 3. März 1999 – 5 AZR 162/98 = BAGE 91, 77 = NZA 1999, 825 = AP Nr. 1 zu § 54b SchwbG 1986). Die Werkstätten können somit erst dann Steigerungsbeträge auszahlen, wenn alle Beschäftigten den Grundbetrag erhalten haben. Folglich kann sich die Höhe der Steigerungsbeträge nicht an dem realen Leistungsvermögen der behinderten Mitarbeiter orientieren. Denn die Leistungsstärkeren müssen durch ihre Arbeitsleistung die Auszahlung des Betrages an die Leistungsschwächeren mitfinanzieren, die diese Summe nicht selbst erwirtschaften können. Dieser Konflikt muss nach Auffassung des BAG hingenommen werden, weil der Gesetzgeber das Problem zu Gunsten der leistungsschwächeren behinderten Menschen gelöst habe. Ein schlechtes Arbeitsergebnis gehe also zulasten des Steigerungsbetrages (so auch Deinert / Neumann / *Ritz* HB-SGB IX § 22 Rdnr. 83).

28 Der Grundbetrag entspricht der **Höhe des Ausbildungsgeldes**, das die Bundesagentur für Arbeit nach den für sie geltenden Vorschriften behinderten Menschen im Berufsbildungsbereich zuletzt leistet. Nach **§ 107 SGB III** werden als Bedarf bei Maßnahmen in einer WfbM im ersten Jahr **62 Euro** monatlich und danach **73 Euro** monatlich zugrunde gelegt; der Betrag gilt nunmehr einheitlich für das gesamte Bundesgebiet. Die Koppelung soll behinderten Menschen, die aus dem Berufsbildungsbereich **in den Arbeitsbereich** wechseln, ein Arbeitsentgelt gewährleisten, das in seiner Höhe mindestens **den zuvor von der Bundesagentur bezogenen Leistungen** entspricht. Hat der behinderte Mensch allerdings zuvor ausnahmsweise das höhere Übergangsgeld erhalten, verringern sich als Folge der Tätigkeit im Arbeitsbereich die ihm zufließenden Leistungen. Dies kann durch den gesetzlich vorgesehenen Steigerungsbetrag allenfalls teilweise ausgeglichen werden (Neumann u. a. / *Pahlen* Rdnr. 26).

29 Bei einer **Teilzeitbeschäftigung** nach dem TzBfG ist eine Kürzung des Grundbetrages bei Teilzeitbeschäftigung entsprechend der verringerten Arbeitszeit nach den in § 4 Abs. 1 Satz 2 TzBfG enthaltenen Grundsätzen zulässig (WE/BAGüS Nr. 8.2.3.a Abs. 3 unter Hinw. auf die abw. Ansicht des Bundesversicherungsamts im Schreiben vom 10.9.2009 – Z 3-3210-3294/ 2006). Die Einhaltung der vollen Beschäftigungsdauer durch den behinderten Menschen ist Grundlage der Berechnung des Grundbetrags; deshalb besteht ein Anspruch auf den vollen Grundbetrag nur bei voller Beschäftigungszeit. Andernfalls würde sowohl die Funktion der

Entgeltzahlung als Leistungsanreiz beeinträchtigt als auch die Kalkulationsgrundlage des Arbeitsergebnisses der WfbM gefährdet (LPK-SGB IX / *Haines* / *Jacobs* Rdnr. 19).

Beruht aber die vereinbarte verkürzte Beschäftigungszeit auf den in § 6 Abs. 2 WVO genannten Gründen (wegen Art oder Schwere der Behinderung oder zur Erfüllung des Erziehungsauftrages) und somit nicht auf der Anwendung des TzBfG, fehlt für eine Kürzung des Grundbetrages die Rechtsgrundlage (WE/BAGüS a. a. O.).

Der Anspruch des behinderten Menschen auf Zahlung des Arbeitsentgelts gegen die Werkstatt besteht auch, wenn er **in Betriebsstätten Dritter** während Maßnahmen **zur Förderung des Übergangs auf den allgemeinen Arbeitsmarkt** beschäftigt ist, z. B. während eines Praktikums oder der Beschäftigung auf einem ausgelagerten Arbeitsplatz zum Zwecke des Übergangs (WE/BAGüS Nr. 8.2.3.a Abs. 4). Es liegt deshalb im Interesse der jeweiligen Werkstatt, vor allem bei Erprobungsmaßnahmen auf dem allgemeinen Arbeitsmarkt, deren Dauer drei Monate überschreitet, entsprechend der wirtschaftich verwertbaren Arbeitsleistung des behinderten Menschen auch Entgelte zwischen der Werkstatt und dem Betrieb zu vereinbaren. Diese fließen in das Arbeitsergebnis der Werkstatt ein und dienen somit der Zahlung der Arbeitsentgelte gem. § 12 Abs. 3 bis 5 WVO (vgl. WE/BAGüS a. a. O.).

30

Die Höhe des **Steigerungsbetrages** ist nach der **individuellen Arbeitsleistung** des einzelnen behinderten Menschen zu bemessen (**Abs. 2 Satz 3**). Hierbei sind insbesondere die **Arbeitsmenge und Arbeitsgüte** zu berücksichtigen. Damit sind im Wesentlichen bei jedem einzelnen Werkstattbeschäftigten die Qualität und Quantität seiner Arbeitsleistung maßgeblich; jedoch können auch andere **Bemessungsfaktoren** einbezogen werden, wie z. B. Sorgfalt, Einsatzbereitschaft, Pünktlichkeit, Auffassungsgabe und körperliche Belastbarkeit (Ernst / Adlhoch / Seel / *Finke* / *Kadoke* Rdnr. 33). Je nach Konzept der Werkstatt können auch die Komplexität des Arbeitsplatzes, Schmutz- und Lärmzulagen, Lebensalter und die Werkstattzugehörigkeit berücksichtigt werden. Allerdings wären **Lohnabzüge** als pädagogische Strafmaßnahme **unzulässig**.

31

Damit ist **keine einheitliche Berechnungsmethode vorgeschrieben**; diese kann unter Beachtung der allgemeinen Grundsätze in jeder Werkstatt gesondert festgelegt werden (Neumann u. a. / *Pahlen* Rdnr. 27). Das Lohnsystem ist in einer **Entgeltordnung** unter Beachtung des Mitwirkungsrechts des Werkstattrats zu regeln, die Entgeltordnung ist Bestandteil des Werkstattvertrages (Ernst / Adlhoch / Seel / *Finke* / *Kadoke* Rdnr. 34). Das System muss die Kriterien für die Bemessung des Steigerungsbetrages benennen. Der Weg vom Arbeitsergebnis zum individuellen Arbeitsentgelt muss nachvollziehbar sein (LPK-SGB IX / *Haines* / *Jacobs* Rdnr. 254).

32

Die für den Steigerungsbetrag zur Verfügung stehenden Mittel hängen vom **Arbeitsergebnis** im Sinne von § 12 Abs. 4 WVO ab, also von der Differenz aus den Erträgen und den notwendigen Kosten des laufenden Betriebs im Arbeitsbereich der Werkstatt. In die Erträge fließen Umsatzerlöse, Zinserträge und sonstige Erträge aus der wirtschaftlichen Tätigkeit und den von den Rehabilitationsträgern erbrachten Kostensätzen ein (zu näheren Einzelheiten vgl. Ernst / Adlhoch / Seel / *Finke* / *Kadoke* Rdnrn. 37–45a; Müller-Wenner / *Schorn* Rdnrn. 16 ff.).

33

Das Arbeitsergebnis darf ausnahmslos **nur verwendet werden** für die Zahlung der **Arbeitsentgelte**, die Bildung einer zum Ausgleich von Ertragsschwankungen notwendigen **Rücklage** sowie für **Ersatz- und Modernisierungsinvestitionen** der Werkstatt (§ 12 Abs. 5 WVO). Den Werkstattträgern ist es danach verwehrt, Teile des Arbeitsergebnisses für sonstige eigene Zwecke zu verwenden, etwa zum Ausbau des Platzangebotes in der WfbM oder in angegliederten Behindertenwohnheimen. Auch darf das Arbeitsergebnis der Werkstatt nicht etwa zur Minderung der Vergütungen der Rehabilitationsträger verwendet werden; dieses **Verbot der Nettoerlösrückführung** folgt aus § 41 Abs. 4 Satz 3 SGB IX.

34

Für die Zahlung der **Arbeitsentgelte** ist in der Regel ein Anteil von mindestens **70 % des Arbeitsergebnisses** zu verwenden (§ 12 Abs. 5 Satz 1 Nr. 1 WVO). Die Rücklage zum Aus-

35

gleich von Ertragschwankungen darf höchstens bis zu einem Betrag gebildet werden, der zur Zahlung der Arbeitsentgelte für sechs Monate erforderlich ist (§ 12 Abs. 5 Satz 1 Nr. 2 WVO). Für Ersatz- und Modernisierungsinvestitionen in der Werkstatt gelten ebenfalls einschränkende Maßgaben (vgl. § 12 Abs. 5 Satz 1 Nr. 3 WVO).

36 Das Arbeitsergebnis hängt u. a. von der Leistungsfähigkeit der behinderten Menschen, der Auftragslage, den zu erzielenden Preisen, der Konkurrenzsituation, der Lage und der Ausstattung der WfbM sowie ihres Produkt- und Dienstleistungsangebots ab (Müller-Wenner / *Schorn* Rdnr. 17).

Die behinderten Beschäftigten tragen damit auch das wirtschaftliche Risiko: Entstehen zum Beispiel durch Managementfehler höhere Kosten des laufenden Betriebs, führen die daraus entstehenden Defizite automatisch zur Begrenzung der Lohnsumme (*Wendt* BehindertenR 2002, 205; Deinert / Neumann / *Ritz* HB-SGB IX § 22 Rdnr. 84).

Auf eine bestimmte fixierte Höhe des Steigerungsbetrages besteht kein Anspruch. Das gilt selbst dann, wenn die WfbM über längere Zeit hinweg einen bestimmten Betrag gezahlt hat (LPK-SGB IX / *Haines* / *Jacobs* Rdnr. 22).

37 Die Entscheidung des Trägers der Werkstatt über die Zahlung einer Vergütung ist zwar – innerhalb der durch das SGB IX und die WVO gesetzten Vorgaben – gemäß §§ 315, 316 BGB **nach billigem Ermessen** zu treffen. Sie kann aber nach § 315 Satz 3 BGB **arbeitsgerichtlich überprüft** werden. Im Streitfall unterliegt damit auch der Weg vom Arbeitsergebnis zum jeweiligen Arbeitsentgeltanspruch der richterlichen Kontrolle.

b) Arbeitsförderungsgeld

38 Durch § 43 SGB IX, der vom BT-Ausschuss für Arbeit und Sozialordnung eingefügt wurde, ist eine weitere finanzielle Leistung für die im Arbeitsbereich beschäftigten behinderten Menschen festgelegt worden: das **Arbeitsförderungsgeld**. Die WfbM erhalten **von dem zuständigen Rehabilitationsträger zur Auszahlung an die im Arbeitsbereich beschäftigten behinderten Menschen** zusätzlich zu den Vergütungen nach § 41 Abs. 3 SGB IX ein Arbeitsförderungsgeld. Dieses beträgt monatlich **26 Euro** für jeden im Arbeitsbereich beschäftigten behinderten Menschen, dessen Arbeitsentgelt zusammen mit dem Arbeitsförderungsgeld den Betrag von 325 Euro nicht übersteigt. Ist das Arbeitsentgelt höher als 299 Euro, entspricht das Arbeitsförderungsgeld monatlich dem Unterschiedsbetrag zwischen dem Arbeitsentgelt und 325 Euro. Erhöhungen der Arbeitsentgelte aufgrund der Zuordnung der Kosten im Arbeitsbereich der Werkstatt gemäß § 41 Abs. 3 SGB IX können auf die Zahlung des Arbeitsförderungsgeldes angerechnet werden.

39 Das Arbeitsförderungsgeld ist von der Werkstatt an jeden anspruchsberechtigten Beschäftigten **monatlich leistungsunabhängig zu zahlen**. Der Grundbetrag darf wegen des Arbeitsförderungsgeldes nicht gekürzt werden. Die Berechnung und Höhe des Steigerungsbetrages werden durch die Auszahlung des Arbeitsförderungsgeldes nicht berührt (LPK-SGB IX / *Haines* / *Jacobs* Rdnr. 26).

Bei Neueintritt in den Arbeitsbereich entsteht der Anspruch mit dem Werktag des Eintritts. Als Berechnungsgrundlage sind die verbleibenden Arbeitstage des jeweiligen Kalendermonats zugrunde zu legen.

Aus Gründen der Transparenz und Klarheit soll die monatliche Entgeltabrechnung des Beschäftigten den Grundbetrag, den Steigerungsbetrag und das Arbeitsförderungsgeld jeweils **gesondert ausweisen** (WE/BAGüS Nr. 8.2.3 b Abs. 5 und 7).

Das Arbeitsförderungsgeld ist als Teil der Entlohnung **wie das Arbeitsentgelt zu behandeln** mit allen arbeits-, sozialversicherungs- und ggf. steuerrechtlichen Folgerungen. An Krankheits-, Urlaubs- und sonstigen begründeten Abwesenheitstagen ist es im Rahmen der arbeitsrechtlichen bzw. werkstattvertraglichen Lohnfortzahlung ungekürzt zu zahlen (WE/BAGüS. Nr. 8.2.3 b Abs. 3).

Auch während der Durchführung **übergangsfördernder Maßnahmen in Betriebsstätten Dritter** auf dem allgemeinen Arbeitsmarkt, z. B. während eines Praktikums oder der Beschäftigung auf einem ausgelagerten Arbeitsplatz, besteht Anspruch auf Zahlung des Arbeitsförderungsgeldes (WE/BAGüS. Nr. 8.2.3 b Abs. 4). 40

Bei einer **Teilzeitbeschäftigung** ist eine Kürzung des Arbeitsförderungsgeldes unter folgenden Voraussetzungen gerechtfertigt: Eine Verkürzung der Beschäftigungszeit ist zwischen dem behinderten Menschen und der Werkstatt nach Beratung im Fachausschuss und im Einvernehmen mit dem zuständigen Rehabilitationsträger in entsprechender Anwendung des TzBfG vereinbart worden; die Werkstatt reduziert das Arbeitsentgelt entsprechend der verringerten Arbeitszeit zulässigerweise nach den in § 4 Abs. 1 Satz 2 TzBfG enthaltenen Grundsätzen.

Hingegen wirkt sich die Teilzeitbeschäftigung dann nicht mindernd oder verkürzend auf die Höhe des Arbeitsförderungsgeldes aus, wenn sie den Vorgaben des § 6 WVO folgt, also in der Behinderung oder in Erfüllung des Erziehungsauftrages liegt (WE/BAGüS Nr. 8.2.3 b Abs. 8).

Das **Durchschnittsentgelt** in den deutschen Werkstätten für behinderte Menschen betrug im **Jahr 2005 rund 150 Euro** im Monat, bei einer Mindestbeschäftigungszeit von **35 Stunden** in der Woche (nach Angaben des Statistischen Bundesamt, zitiert nach der Website der BAGWfbM, 10. 3. 2009). 41

C) zu Abs. 3

1. Werkstattverträge

Der **Inhalt des arbeitnehmerähnlichen Rechtsverhältnisses** nach Abs. 1 wird durch Werkstattverträge näher geregelt; diese haben das zwischen dem behinderten Menschen und dem Rehabilitationsträger bestehende Sozialleistungsverhältnis zu berücksichtigen **(Abs. 3)**. In dem Werkstattvertrag darf daher nicht geregelt sein, was dem zugrunde liegenden Anspruch auf Eingliederungshilfe in der Werkstatt widerspricht. Eingliederungsplan und Werkstattvertrag müssen aufeinander abgestimmt sein (Deinert / Neumann / *Ritz* HB-SGB § 22 Rdnr. 80). 42

Werkstattverträge sind zwischen den behinderten Menschen und dem Träger der Werkstatt zu schließen. Damit besteht ein **Rechtsanspruch auf einen Vertragsschluss**, wie sich auch aus § 13 Abs. 1 WVO ergibt (Hauck / Noftz / *Götze* Rdnr. 10; B / F / K / R / *Baur* Rdnr. 6) Nach Angaben im Schrifttum (Basiskommentar SchwbG § 54b Rdnr. 14) wurden Werkstattverträge in der Zeit vor Inkrafttreten des SGB IX nur in etwa der Hälfte der WfbM den behinderten Menschen angeboten.

Der Werkstattvertrag ist allerdings **nicht konstitutiv** für das arbeitnehmerähnliche Rechtsverhältnis zwischen dem behinderten Menschen und der WfbM. Dieses besteht, sobald die Aufnahme in den Arbeitsbereich der WfbM stattgefunden hat, auch wenn ein Werkstattvertrag nach Abs. 3 noch nicht geschlossen wurde (Cramer, WfbM-Komm Rdnr. 18; GK-SGB IX / *Schimanski* Rdnr. 23). 43

Der Abschluss des Werkstattvertrages setzt **Geschäftsfähigkeit** des behinderten Menschen voraus. Denn die von einem Geschäftsunfähigen abgegebene Willenserklärung ist nach § 105 BGB nichtig. Geschäftsunfähig ist, wer das siebte Lebensjahr noch nicht vollendet hat oder sich nicht nur vorübergehend in einem die freie Willensbestimmung ausschließenden Zustand krankhafter Störung der Geistestätigkeit befindet (§ 104 Nr. 2 BGB). 44

Häufig fehlt in Fällen geistiger Behinderung oder psychischer Erkrankung die Geschäftsfähigkeit. Da etwa **80 % der in WfbM beschäftigten behinderten Menschen geistig behindert** sind (vgl. GK-SGB IX / *Schimanski* Rdnr. 28), ist vielfach deren Geschäftsfähigkeit zumindest zweifelhaft oder eindeutig nicht vorhanden. 45

46 In diesem Fall muss der Volljährige bei Rechtsgeschäften durch einen **Betreuer nach §§ 1896 ff. BGB gesetzlich vertreten** werden (vgl. § 1902 BGB). Zu den Rechtsfolgen des Abschlusses eines Werkstattvertrages durch einen geschäftsunfähigen Volljährigen vgl. Abs. 5 bis 7 (Rdnrn. 33–38).

47 Sind **Minderjährige** infolge geistiger Behinderung oder psychischer Erkrankung **geschäftsunfähig** (§§ 106 ff. BGB), bedarf es für den Abschluss eines Werkstattvertrages stets der gesetzlichen Vertretung durch sorgeberechtigte Elternteile oder Vormund. Ist ein minderjähriger behinderter Mensch nicht aus den genannten Gründen geschäftsunfähig, gilt er als **beschränkt geschäftsfähig**. Ein von ihm abgeschlossener Werkstattvertrag ist bis zur Genehmigung durch den gesetzlichen Vertreter schwebend unwirksam (§ 108 Abs. 1 BGB). War allerdings der beschränkt geschäftsfähige behinderte Mensch entsprechend § 113 BGB ermächtigt, ein Arbeits- oder Dienstverhältnis einzugehen, ist der Vertragsschluss von vornherein wirksam.

48 Zur Gewährleistung von Klarheit und Rechtssicherheit schreibt § 13 WVO vor, dass Werkstattverträge der **Schriftform** bedürfen. In derselben Vorschrift wird auch allgemein der **Vertragsinhalt** vorgegeben. Danach haben Werkstattverträge das arbeitnehmerähnliche Rechtsverhältnis zu regeln, soweit hierauf die für einen Arbeitsvertrag geltenden Rechtsvorschriften oder Grundsätze nicht anwendbar sind. Folglich müssen allgemeine Rechtsvorschriften nicht in den Werkstattvertrag aufgenommen werden (GK-SGB IX / *Schimanski* Rdnr. 24). Die Aufnahme kann aber der Klarheit dienen.

49 Der Werkstattvertrag soll vor allem das **Arbeitsentgelt regeln** und der besonderen **Schutzbedürftigkeit des behinderten Arbeitnehmers Rechnung tragen**. Deshalb muss er die von dem behinderten Menschen zu erbringende Arbeit sowie die Grundsätze seiner Entlohnung einschließlich der Berechnung der Steigerungsbetrages angeben. Ferner müssen die Entgeltfortzahlung im Krankheitsfall und an Feiertagen, die Beschäftigungszeit und die in Frage kommenden Bildungsmöglichkeiten geregelt werden (GK-SGB IX / *Schimanski* Rdnr. 25).

50 In den Werkstattempfehlungen der BAGüS (Nr 8.22) wird darüber hinaus die **Regelung folgender Punkte empfohlen**:
– Beginn des arbeitnehmerähnlichen Rechtsverhältnisses,
– Ende bzw. Kündigung des arbeitnehmerähnlichen Rechtsverhältnisses,
– Pflichten der Werkstatt,
– Beschäftigungszeit / Teilzeitbeschäftigung,
– Pflichten des Mitarbeiters,
– Entlohnung
  – Arbeitsentgelt (§ 13 Abs. 2 WVO),
  – Arbeitsförderungsgeld (§ 43 SGB IX),
– Entgeltfortzahlung im Krankheitsfall und an Feiertagen (Entgeltfortzahlungsgesetz),
– Zahlungen zu den Sozialversicherungen,
– Urlaub einschl. Zusatzurlaub gem. § 125 SGB IX,
– Bildungsurlaub,
– Mutterschutz,
– Elternzeit,
– Persönlichkeitsschutz,
– Haftungsbeschränkung.

51 Im Rahmen der Vertragsfreiheit kann jede Werkstatt eigene **Vertragsmuster** entwickeln. Diese sind aber mit dem Werkstattrat abzustimmen (§ 4 Abs. 1c WMVO). Die Trägerverbände der Werkstätten haben für ihre Werkstätten Musterempfehlungen für Werkstattverträge herausgegeben (vgl. z. B. Bundesvereinigung Lebenshilfe, Werkstatt-Handbuch der Lebenshilfe O 4.1).

Das Gesetz verlangt die „Berücksichtigung des zwischen dem behinderten Menschen und dem Rehabilitationsträger bestehenden **Sozialleistungsverhältnisses** beim Abschluss des Werkstattvertrages". Als Rehabilitationsträger kommen nach § 42 Abs. 2 SGB IX die Träger der Unfallversicherung im Rahmen ihrer Zuständigkeit, die Träger der Kriegsopferfürsorge, die Träger der öffentlichen Jugendhilfe für Eingliederungshilfe nach § 35a SGB VIII sowie im Übrigen die Träger der Sozialhilfe nach dem SGB XII in Betracht. Dieses Rechtsverhältnis ist öffentlich-rechtlich geprägt, d. h. es kommt Sozialversicherungs- oder Verwaltungsrecht zur Anwendung (Neumann u. a. / *Pahlen* Rdnr. 16).

Die Vorschrift des § 13 Abs. 1 Satz 2 SchwbWV a. F. schrieb die vorherige **Zustimmung** der zuständigen **Sozialleistungsträger** für den Abschluss der Werkstattverträge vor. Die nunmehrige Fassung des § 13 Abs. 1 Satz 2 WVO verpflichtet hingegen die Träger der WfbM nur noch, die **zuständigen Rehabilitationsträger über die Vereinbarungen zu unterrichten**. Diesen soll hierdurch ermöglicht werden, die Inhalte der Werkstattverträge auf ihre Vereinbarkeit mit dem Sozialleistungsrecht, auf die mit der Werkstatt getroffenen Vergütungsvereinbarungen und die finanziellen Auswirkungen überprüfen zu können (B / F / K / R / *Baur* Rdnr. 7).

52

Richtiger Ansicht bezieht sich die Unterrichtungspflicht auf den **Werkstattvertrag als Mustervertrag** im Rahmen der Anforderungen zur Anerkennung als WfbM, nicht aber auf die einzelnen, individuellen Werkstattverträge (LPK-SGB IX / *Haines* / *Jacobs* Rdnr. 37, a. A. offenbar Cramer WfbM-Komm Rdnr. 21 unter Hinweis auf die Gesetzesmaterialien; die zunächst insoweit gleich lautende Auffassung in WE/BAGüS Nr. 8.2.2 wurde allerdings in die Neufassung zum 1. 1. 2010 nicht übernommen. Diese legt nunmehr zugrunde, dass der Werkstattvertrag beim für den Arbeitsbereich zuständigen Rehabilitationsträger „zusammen mit den übrigen Antragsunterlagen als Grundlage der Leistungsbewilligung eingereicht werden" solle).

Gegebenenfalls besteht ein **Beanstandungsrecht**, des zuständigen Trägers, das allerdings die Wirksamkeit eines gleichwohl abgeschlossenen Vertrages nicht berührt (Ernst / Adlhoch / Seel / *Finke* / *Kadoke* Rdnr. 25). Allerdings wirkt eine derartige Vereinbarung auch nicht zu Lasten des Sozialleistungsträgers (Cramer WfbM-Komm § 13 WVO Rdnr. 15).

53

D) zu Abs. 4

1. Rechtsstellung im Eingangsverfahren und im Berufsbildungsbereich

Behinderte Menschen, die in einer WfbM das Eingangsverfahren durchlaufen oder im Berufsbildungsbereich beschäftigt sind, stehen nicht in einem arbeitnehmerähnlichen Rechtsverhältnis. Für sie zahlt die Werkstatt insbesondere kein Arbeitsentgelt aus dem Arbeitsergebnis; sie erhalten kein Arbeitsförderungsgeld.

54

Für diese Personen wird in Abs. 4 die Vorschrift des **§ 36 SGB IX** über die **Rechtsstellung der Teilnehmenden in Einrichtungen der beruflichen Rehabilitation** für entsprechend anwendbar erklärt. Sie sind damit keine Arbeitnehmer im Sinne des BetrVG. Zu ihrer Mitwirkung wählen sie besondere Vertreter.

Während der Teilnahme im Eingangsverfahren bzw. im Berufsbildungsbereich der WfbM werden die arbeitsrechtlichen Grundsätze über den Persönlichkeitsschutz, die Haftungsbeschränkung sowie die gesetzlichen Vorschriften über den Arbeitsschutz, den Erholungsurlaub und die Gleichberechtigung von Männern und Frauen entsprechend angewendet (vgl. § 36 SGB IX).

55

E) zu Abs. 5–7

1. Abschluss eines Werkstattvertrages durch geschäftsunfähige Volljährige

Volljährige, die geschäftsunfähig sind, bedürfen grundsätzlich zum Abschluss wirksamer Rechtsgeschäfte der gesetzlichen Vertretung durch einen **gerichtlich bestellten Betreuer** mit

56

entsprechendem Aufgabenkreis (vgl. §§ 1896 ff. BGB). Von ihnen **selbst abgegebene Willenserklärungen** sind **nichtig** (§ 105 BGB; vgl. auch oben Rdnr. 44). Im Rahmen eines unwirksamen Vertrages mit einem Geschäftsunfähigen erbrachte Leistungen können nach §§ 812 ff. BGB von beiden Seiten zurückgefordert werden.

2. Keine Rückabwicklung erbrachter Leistungen

57 Schließt ein volljähriger geschäftsunfähiger behinderter Mensch ohne Mitwirkung eines gesetzlichen Vertreters einen Werkstattvertrag, bestand in der Vergangenheit eine Rechtsunsicherheit hinsichtlich der Abwicklung dieses Vertrages.

Diese Fragen löst nunmehr **Abs. 5** in Anlehnung an den Rechtsgedanken der neuen BGB-Vorschrift des **§ 105a BGB**: Sowohl den Werkstätten als auch dem Geschäftsunfähigen soll **Schutz vor Rückforderung** empfangener Leistungen gewährt werden. Außerdem soll der Geschäftsunfähige **vor sofortiger Vertragsbeendigung geschützt** werden (vgl. BT-Drucks. 14/9266 S. 53).

Der Gesetzgeber legt offenbar zugrunde, dass ein nicht unerheblicher Teil der behinderten Menschen bei Abschluss des Werkstattvertrages geschäftsunfähig ist und keinen rechtlichen Betreuer als gesetzlichen Vertreter hat (Ernst / Adlhoch / Seel / *Finke* / Kadoke Rdnr. 21; vgl. auch oben Rdnr. 45). Andererseits wäre es wenig sinnvoll, allein zum Zweck des Abschlusses eines Werkstattvertrages in einem aufwendigen Gerichtsverfahren einen rechtlichen Betreuer zu bestellen, wenn für diesen kein anderweitiger Handlungsbedarf im Sinne von § 1896 Abs. 1 BGB besteht.

58 Wird ein volljähriger behinderter Mensch in den Arbeitsbereich einer WfbM aufgenommen und war er zu diesem Zeitpunkt geschäftsunfähig, so **gilt** der von ihm geschlossene **Vertrag** „in Ansehung einer bereits erbrachten Leistung und deren Gegenleistung" **als wirksam**. Eine **gegenseitige Rückforderung**, insbesondere des Arbeitsentgelts seitens der Werkstatt, ist danach **ausgeschlossen**. Das setzt allerdings voraus, dass Leistung und Gegenleistung in einem angemessenen Verhältnis zueinander stehen. Die Angemessenheit des gezahlten Arbeitsentgelts ist nach dem gesetzlichen Maßstab des § 138 Abs. 2 SGB IX zu beurteilen (Müller-Wenner / *Schorn* Rdnr. 33).

59 Allerdings wird hierdurch nicht etwa der Vertrag insgesamt von Anfang für wirksam erklärt. Es können also **keine gegenseitigen Vertragspflichten** entstehen, die etwa dem Schutz des Geschäftsunfähigen zuwiderlaufen könnten (BT-Drucks. 14/266, S. 53).

Die Regelung des Abs. 5 gilt **nur für den Werkstattvertrag**: Sie beschränkt sich also auf behinderte Menschen, die in den Arbeitsbereich einer WfbM aufgenommen worden sind. Keine Geltung hat sie für behinderte Menschen, die in das Eingangsverfahren oder in den Berufsbildungsbereich aufgenommen werden und dann ausschließlich in einem Rehabilitanden-Verhältnis, nicht aber zugleich in einem arbeitnehmerähnlichen Rechtsverhältnis stehen (*Cramer* WfbM-Komm Rdnr. 81).

3. Auflösungsschutz für behinderten Geschäftsunfähigen

60 Gleichwohl soll der **Werkstattträger** durch den Vertragsschluss mit einem geschäftsunfähigen behinderten Menschen **nicht besser gestellt** werden, als wenn ein wirksamer Werkstattvertrag vorläge. Deshalb kann er das Werkstattverhältnis **nur unter den Voraussetzungen** für gelöst erklären, unter denen ein wirksamer Vertrag seitens des Trägers der Werkstatt **gekündigt** werden kann (**Abs. 6**). Das ist in der Regel nur dann anzunehmen, wenn die Aufnahmevoraussetzungen des § 137 Abs. 2 SGB IX nicht – mehr – vorliegen (Neumann u. a. / *Pahlen* Rdnr. 34a). Die Nichtigkeit oder das Fehlen des vorgeschriebenen Werkstattvertrages kann damit nicht bewirken, dass der Werkstattträger dem behinderten Menschen entlässt. Auch hat der Werkstattbeschäftigte einen gesetzlichen **Anspruch auf Leistungen des zuständigen Rehabilitationsträgers** nach dessen Leistungsrecht in Verbindung mit § 41

SGB IX; dieser Anspruch wird **durch einen nichtigen oder fehlenden Werkstattvertrag ebenfalls nicht berührt** (Ernst / Adlhoch / Seel / *Finke* / *Kadoke* Rdnr. 21).

4. Form- und Begründungszwang für Lösungserklärung

Erklärt der Träger der Werkstatt die Auflösung eines Vertrages mit einem behinderten Menschen, der in den Arbeitsbereich einer WfbM aufgenommen wurde und zu diesem Zeitpunkt geschäftsunfähig war, bedarf dies der **Schriftform** und einer **Begründung (Abs. 7)**. Diese Regelung soll der Rechtssicherheit dienen (BT-Drucks. 14/9266 S. 53). Sie folgt dem Grundsatz des § 623 BGB. Die Schriftform ist **Wirksamkeitsvoraussetzung** der Lösungserklärung. Nach dem Wortlaut der Vorschrift gilt dies nicht auch für die Begründung, welche die Nachvollziehbarkeit der Entscheidung und das Abschätzen von Prozessaussichten erleichtern soll (Neumann u. a. / *Pahlen* Rdnr. 34a; a. A. B / F / K / R / *Baur* Rdnr. 12 unter Hinweis auf LAG Bremen Urteil vom 2. September 1953 = DB 1954, 155 = AP Nr. 1 zu § 125 BGB). Gleichwohl dürfte es sich **empfehlen, die Begründung mit der Lösungserklärung zu verbinden**. 61

Nach dieser gesetzlichen Regelung unterliegt die Beendigung eines unwirksamen Werkstattvertrages **strengeren Beschränkungen als die Kündigung** eines *wirksamen* Werkstattvertrages, die mangels entsprechender Regelung an keine Form gebunden ist (B / F / K / R / *Baur* a. a. O., der dieses Ergebnis als „kurios" und wohl vom Gesetzgeber kaum beabsichtigt ansieht). 62

Freilich wird die Schriftform der Kündigung häufig im Werkstattvertrag selbst vereinbart sein (vgl. *Rühle* DB 2001, 1364 [1366]). Im Übrigen erfordert die gebotene Gleichbehandlung, den Schutzgedanken des Abs. 7 auch auf geschäftsfähige behinderte Menschen im Arbeitsbereich der Werkstatt anzuwenden (LPK-SGB IX / *Haines* / *Jacobs* Rdnr. 42). 63

Allerdings ist **die praktische Bedeutung des Unterschieds** gering, da sowohl Kündigung als auch Lösungserklärung nur unter den engen Voraussetzungen des § 137 SGB IX zulässig sind, also bei einem Wegfall der Aufnahmevoraussetzungen (vgl. hierzu Erl. zu § 137 SGB IX Rdnr. 22 ff.). Jedenfalls scheidet eine Kündigung oder Lösungserklärung aus, wenn sie aus verhaltensbedingten Gründen erklärt wird, welche die Werkstattfähigkeit des Betroffenen nicht berühren (vgl. LPK-SGB IX / *Haines* / *Jacobs* Rdnr. 41; B / F / K / R / *Baur* a. a. O).

Empfänger der Lösungserklärung wie auch der Kündigung ist der behinderte Beschäftigte. Soweit für den volljährigen geschäftsunfähigen Betroffenen ein gesetzlicher Betreuer gem. §§ 1896 ff. BGB bestellt ist, muss die Erklärung ihm zugestellt werden. Bei Fehlen eines solchen gesetzlichen Vertreters soll die schriftliche Bekanntgabe in der Form des Abs. 7 an die Person, die den behinderten Menschen tatsächlich betreut oder an einen Angehörigen ausreichend sein (so LPK-SGB IX / *Haines* / *Jacobs* Rdnr. 43). Das widerspricht aber der allgemeinen Systematik über das Wirksamwerden rechtsgeschäftlicher Willenserklärungen, da Willenserklärungen gegenüber Geschäftsfähigen erst mit dem Zugang an den gesetzlichen Vertreter wirksam werden (§ 131 Abs. 1 BGB). Eine Ausnahme ist wohl auch nicht durch den Zweck der Sonderregelungen in § 138 Abs. 5 bis 7 SGB IX gerechtfertigt. 64

IV. Literatur

Friedrich, Detlef, Medizinische Leistungen zur Rehabilitation für Erwerbsunfähigkeitsrentner in Behindertenwerkstatt (Anm. zum Urt. des BSG vom 23. Februar 2000, DRV 2001, 122), DRV 2001, 125

Lachwitz, Klaus, Zum Anspruch auf medizinische Leistungen zur Rehabilitation für EU-Rentenbezieher, die in einer Behindertenwerkstatt tätig sind, SGb 2001, 337

Rühle, Hans Gottlob, Kündigung der Werkstattverhältnisse von Schwerbehinderten, DB 2001, 1364

Schorn, Ulrich, Rechtsstellung und Arbeitsentgelt der Mitarbeiter, SozSich 2003, 19 und HVBG -INFO 2003, 465

Schröder, Wilfried, Arbeitsgerichtlichen Fragen des Werkstattverhältnisses, ArbuR 2001, 172

Wolber, K., Wegeunfälle von behinderten Menschen in anerkannten Werkstätten, SozVers 2001, 294

§ 139
Mitwirkung

(1) ¹Die in § 138 Abs. 1 genannten behinderten Menschen wirken unabhängig von ihrer Geschäftsfähigkeit durch Werkstatträte in den ihre Interessen berührenden Angelegenheiten der Werkstatt mit. ²Die Werkstatträte berücksichtigen die Interessen der im Eingangsverfahren und im Berufsbildungsbereich der Werkstätten tätigen behinderten Menschen in angemessener und geeigneter Weise, solange für diese eine Vertretung nach § 36 nicht besteht.

(2) Ein Werkstattrat wird in Werkstätten gewählt; er setzt sich aus mindestens drei Mitgliedern zusammen.

(3) Wahlberechtigt zum Werkstattrat sind alle in § 138 Abs. 1 genannten behinderten Menschen; von ihnen sind die behinderten Menschen wählbar, die am Wahltag seit mindestens sechs Monaten in der Werkstatt beschäftigt sind.

(4) ¹Die Werkstätten für behinderte Menschen unterrichten die Personen, die behinderte Menschen gesetzlich vertreten oder mit ihrer Betreuung beauftragt sind, einmal im Kalenderjahr in einer Eltern- und Betreuerversammlung in angemessener Weise über die Angelegenheiten der Werkstatt, auf die sich die Mitwirkung erstreckt, und hören sie dazu an. ²In den Werkstätten kann im Einvernehmen mit dem Träger der Werkstatt ein Eltern- und Betreuerbeirat errichtet werden, der die Werkstatt und den Werkstattrat bei ihrer Arbeit berät und durch Vorschläge und Stellungnahmen unterstützt.

ERLÄUTERUNGEN

I. Bedeutung der Vorschrift

1 Sie gewährt behinderten Menschen, die in einem arbeitnehmerähnlichen Rechtsverhältnis im Arbeitsbereich einer WfbM tätig sind, ein Mitwirkungsrecht in den ihre Interessen berührenden Angelegenheiten der Werkstatt durch die Wahl von Werkstatträten (**Abs. 1**).

2 In anerkannten Werkstätten wird unabhängig von ihrer Größe ein Werkstattrat gewählt, der sich aus mindestens drei Mitgliedern zusammensetzt (**Abs. 2**). Aktiv wahlberechtigt sind alle im Arbeitsbereich arbeitnehmerähnlich beschäftigten behinderten Menschen. Das passive Wahlrecht setzt zusätzlich voraus, dass sie am Wahltag seit mindestens sechs Monaten in der Werkstatt beschäftigt sind (**Abs. 3**).

3 Zusätzlich schreibt **Abs. 4 Satz 1** den Werkstätten eine Unterrichtungs- und Anhörungspflicht in Angelegenheiten der Mitwirkung gegenüber den gesetzlichen Vertretern und Betreuern der behinderten Menschen vor. Diese sind kalenderjährlich einmal zu einer Eltern- und Betreuerversammlung einzuladen. Schließlich kann im Einvernehmen mit der Werkstatt ein Eltern- und Betreuerbeirat mit beratenden Aufgaben gebildet werden (**Abs. 4 Satz 2**).

II. Fassung

Die Vorschrift wurde mit folgenden Änderungen aus dem Regierungsentwurf (BT-Drucks. 14/5531 i. V. m. 14/5074) übernommen: 4

a) In **Abs. 1** hat der BT-Ausschuss für Arbeit und Sozialordnung den Satz 2 zugefügt und dies wie folgt begründet:

„Die Änderung entspricht einem Vorschlag des Bundesrates. Durch die Anfügung des Satzes 2 werden die Werkstatträte verpflichtet, auch die Interessen derjenigen behinderten Menschen, die an Maßnahmen im Eingangsverfahren und im Berufsbildungsbereich teilnehmen, nach Abs. 3 aber nicht wahlberechtigt und wählbar zum Werkstattrat sind, in einer den jeweiligen Verhältnissen der einzelnen Werkstatt angepassten Weise zu berücksichtigen, solange diese behinderten Menschen nicht die in § 36 vorgesehene eigene Vertretung zur Wahrnehmung ihrer Interessen gewählt haben."

b) In **Abs. 4 Satz 1** hat der Ausschuss die zu der Eltern- und Betreuerversammlung einzuladenden Personen nicht mehr auf die gesetzlichen Vertreter von im Arbeitsbereich beschäftigten behinderten Menschen beschränkt und hierzu bemerkt: 5

„Die Änderung stellt sicher, dass auch die gesetzlichen Vertreter und Betreuer derjenigen behinderten Menschen, die an Maßnahmen im Eingangsverfahren und im Berufsbildungsbereich teilnehmen, in der Eltern- und Betreuerversammlung zu unterrichten und anzuhören sind."

c) Ferner wurde in **Abs. 3** der **Satz 2** angefügt, was der Ausschuss wie folgt begründete: 6

„Durch die Anfügung des Satzes 2 werden die in einer Vielzahl von Werkstätten bereits vorhandenen Eltern- und Betreuervertretungen auf eine gesetzliche Grundlage gestellt. Aufgabe der Eltern- und Betreuerbeiräte ist es, die Werkstatt und den Werkstattrat bei ihrer Arbeit zu unterstützen, Stellungnahmen abzugeben und Vorschläge zu unterbreiten."

Im Übrigen ist die Regelung weitgehend inhaltsgleich mit § 54c SchwbG a. F. Abweichend von jener Vorschrift wurde allerdings in Abs. 2 von einer Sonderregelung für Zweigwerkstätten abgesehen. Die zuvor in § 54c Abs. 4 SchwbG enthaltene Verordnungsermächtigung ist nunmehr in § 144 Abs. 2 SGB IX geregelt. 7

III. Anmerkungen

A) zu Abs. 1

1. Mitwirkungsberechtigte

Die Vorschrift räumt denjenigen behinderten Menschen ein Mitwirkungsrecht ein, die nach § 138 Abs. 1 SGB IX im Arbeitsbereich einer anerkannten Werkstatt in einem arbeitnehmerähnlichen Rechtsverhältnis beschäftigt sind (**Abs. 1 Satz 1**). Damit ist einerseits die kleine Gruppe der behinderten Menschen **ausgenommen**, die in einem **Arbeitsverhältnis** zur Werkstatt stehen. Für sie gelten die weitergehenden allgemeinen Beteiligungsrechte des Arbeitsrechts, d. h. das BetrVG bei privater Trägerschaft der WfbM und das PersVG bei öffentlich-rechtlichen Trägern. Allerdings ist die WfbM ein Tendenzbetrieb, sodass die Mitbestimmungsrechte stark eingeschränkt sind (BAG AP Nr. 16 zu § 118 BetrVG 1972; Neumann/Pahlen Rdnr. 2 zu § 14 SchwbWV). 8

Zum anderen erstreckt sich die **Mitwirkungsberechtigung nicht** auf behinderte Menschen im **Berufsbildungs- oder Eingangsbereich** der WfbM. Für die erstgenannte Gruppe schreibt zwar § 14 WVO vor, dass die Werkstatt ihnen eine „angemessene Mitwirkung in den ihre Interessen berührenden Angelegenheiten" zu ermöglichen habe. Jedoch ist diese als Anerkennungsvoraussetzung für die WfbM zu verstehende Vorschrift offen gehalten. Es bleibt letztlich den Werkstätten überlassen, ob sie dem betroffenen Personenkreis durch eine besondere Vertretung, durch Ausschüsse oder besondere Versammlungen Gelegenheit gibt, ihn betreffende Fragen zu erörtern oder gar mitzuentscheiden. Jedenfalls bestehen insoweit 9 keine Rechtsansprüche auf eine bestimmte Form der Mitwirkung (Cramer Rdnr. 6; Neumann/Pahlen Rdnr. 3, jeweils zu § 1 SchwbWV).

10 Allerdings schreibt das Gesetz nunmehr vor, dass die Werkstatträte die Interessen der im Eingangsverfahren und im Berufsbildungsbereich der Werkstätten tätigen behinderten Menschen „in angemessener und geeigneter Weise" zu berücksichtigen haben, solange für diese eine Vertretung nach § 36 SGB IX nicht besteht (**Abs. 1 Satz 2**).

2. Geschäftsfähigkeit

11 Das Mitwirkungsrecht der behinderten Menschen besteht **unabhängig von ihrer Geschäftsfähigkeit** nach § 104 Nr. 2 BGB. Der Gesetzgeber hat mit gutem Grund von dieser Voraussetzung abgesehen, weil die Betroffenen regelmäßig ihre – den überschaubaren werkstattinternen Bereich betreffenden – Interessen selbstständig vertreten können und es insoweit auch nicht sachgerecht wäre, hiermit stets die gesetzlichen Vertreter zu befassen (Neumann/Pahlen Rdnr. 4 zu § 54c SchwbG).

3. Angelegenheiten der WfbM

12 Hierzu gehören alle Angelegenheiten, die mit der Aufnahme in den Arbeitsbereich der WfbM, der Beschäftigung in diesem Bereich und dem Ausscheiden aus dem Arbeitsbereich oder aus der WfbM überhaupt zusammenhängen und sich zugunsten oder zulasten der behinderten Menschen auswirken. Das betrifft namentlich die Entgeltzahlung, die Gestaltung der täglichen Arbeitszeit, Angelegenheiten des Arbeitsablaufs und der Umsetzung von behinderten Menschen auf andere Arbeitsplätze, den Unfall- und Gesundheitsschutz, den einheitlichen Betriebsurlaub, die Gestaltung von Sanitär- und Aufenthaltsräumen, die Fort- und Weiterbildung sowie die Unterrichtung über die wirtschaftliche Lage der WfbM und das Arbeitsergebnis (Cramer Rdnr. 6 zu § 54c SchwbG).

4. Mitwirkung

13 Der Begriff der Mitwirkung bedeutet jedenfalls kein Zustimmungserfordernis. Vielmehr ist er als **Beteiligungsrecht des** Werkstattrats **beim Verfahren der Entscheidungsfindung** zu verstehen. Hierzu gehören Unterrichtungs- und Überwachungsrechte sowie die Möglichkeit der Mitsprache und Beratung vor einer Maßnahme seitens der WfbM (Dopatka in GK-SchwbG Rdnr. 9; Neumann/Pahlen Rdnr. 13, jeweils zu § 54c).

B) zu Abs. 2
1. Wahl des Werkstattrats

14 Das Gesetz legt nur noch fest, dass der Werkstattrat „in Werkstätten zu wählen sei". Dass es sich hierbei um nach § 142 SGB IX **anerkannte Werkstätten** handeln muss, ergibt sich bereits aus der Bezugnahme auf die Vorschrift des § 138 Abs. 1 in § 139 Abs. 1 SGB IX.

Das Gesetz sieht nunmehr von der noch in § 54c Abs. 2 SchwbG a. F. enthaltenen Differenzierung ab, wonach der Werkstattrat auch in **Zweigwerkstätten mit mehr als 20 wahlberechtigten Behinderten** zu wählen war. Der Begriff der Zweigwerkstatt ist im Gesetz nicht näher definiert. Insoweit kann auf die zum Zweigbetrieb im Sinne des § 4 BetrVG entwickelten Kriterien zurückgegriffen werden (Dörner Anm. II 1 b; Neumann/Pahlen Rdnr. 8, jeweils zu § 54c SchwbG). Hingegen trat in kleineren Zweigwerkstätten an die Stelle des Werkstattrates ein Sprecher oder eine Sprecherin (§ 54c Abs. 2 Satz 2 SchwbG a. F.). Aus der Gesetzesbegründung geht nicht hervor, ob nunmehr in Zweigwerkstätten gänzlich auf die Wahl von Werkstatträten oder Sprechern zu verzichten sei mit der Folge einer Vertretung der dort beschäftigten behinderten Menschen durch den Werkstattrat der Hauptwerkstatt. Da jedoch nicht ersichtlich erscheint, weshalb die Beteiligungsrechte der in Zweigwerkstätten Beschäftigten für den für sie überschaubaren Arbeitsbereich völlig entfallen sollten, ist die Vorschrift so zu verstehen, dass nunmehr ein Werkstattrat **auch für Zweigwerkstätten unabhängig von ihrer Größe** gewählt werden muss.

2. Mitgliederzahl

Der Werkstattrat besteht aus **mindestens drei Mitgliedern**. Hierbei handelt es sich um eine verbindliche Vorgabe. Es ist zu berücksichtigen, dass es eine Werkstatt für eine Anerkennung als WfbM nach § 7 WVO mindestens 120 Plätze bereitstellen und über einen dementsprechenden Anteil an Werkstattplätzen im Arbeitsbereich verfügen muss. Im Übrigen ist für die Größe des Werkstattrates eine Orientierung an § 9 BetrVG sinnvoll, solange das Bundesministerium für Arbeit und Sozialordnung nicht eine Verordnung nach § 144 Abs. 2 SGB IX erlassen hat (Dopatka in GK-SchwbG Rdnr. 4 zu § 54c).

15

C) zu Abs. 3

1. Aktives Wahlrecht

Aktiv wahlberechtigt zum Werkstattrat sind alle in § 138 Abs. 1 SGB IX genannten behinderten Menschen ohne Rücksicht auf die Dauer ihrer Zugehörigkeit zur WfbM.

16

2. Passives Wahlrecht

Die Wählbarkeit setzt zusätzlich voraus, dass der betreffende behinderte Mensch am Wahltag **mindestens sechs Monate in der Werkstatt** beschäftigt ist. Hierbei werden die Zeiten im Eingangsverfahren wie auch im Berufsbildungsbereich berücksichtigt (Cramer Rdnr. 9, Dopatka in GK-SchwbG Rdnr. 6; **a. A.** Dörner Anm. II 2 b; Neumann/Pahlen Rdnr. 11, jeweils zu § 54c). Das Gesetz verwendet den Begriff der „Beschäftigung" als Oberbegriff (vgl. §§ 136 Abs. 3, 137 Abs. 2 SGB IX). Sinn und Zweck der Regelung ist lediglich, dass die behinderten Menschen die Verhältnisse in der WfbM schon seit einer gewissen Zeit kennen. Ein bestimmtes Maß an Vertrautheit mit den Verhältnissen im Arbeitsbereich wird nicht vorausgesetzt.

17

D) zu Abs. 4

1. Eltern- und Betreuerversammlung

Die gesetzlichen Vertreter der behinderten Menschen, die in der Werkstatt beschäftigt sind, werden einmal im Kalenderjahr zu einer Eltern- und Betreuerversammlung eingeladen (**Abs. 4 Satz 1**). Die ursprünglich nur auf die gesetzlichen Vertreter von im Arbeitsbereich arbeitnehmerähnlich beschäftigten behinderten Menschen beschränkte Einladungspflicht ist nunmehr auf alle Eltern und Betreuer erweitert worden, also auch auf diejenigen, die im Eingangs- und Berufsbildungsbereich Tätige vertreten (vgl. oben Rdnr. 5).

18

Hierbei ist die gesetzliche Erwähnung der Personen, die „mit ihrer Betreuung beauftragt sind" an sich überflüssig. Denn ein Betreuer im Sinne von §§ 1896 ff. BGB vertritt in seinem Aufgabenkreis den Betreuten gerichtlich und außergerichtlich (§ 1902 BGB). Er hat dabei die Stellung eines gesetzlichen Vertreters (Diederichsen in Palandt, BGB, Rdnr. 2 zu § 1902; Knittel BtG, Erl. III Rdnr. 1 zu § 1902 BGB).

19

In dieser Versammlung sind die gesetzlichen Vertreter in angemessener Weise über die Angelegenheiten der Werkstatt, auf die sich die Mitwirkung erstreckt, zu informieren und anzuhören. Diese Regelung ist an die Stelle einer zunächst diskutierten Pflicht zur Errichtung einer Elternvertretung getreten (zu den Gründen vgl. Cramer Rdnr. 12 zu § 54c SchwbG). Die Unterrichtung und Anführung bezieht sich nach dem Wortlaut nur auf die der Mitwirkung des Werkstattrats unterliegenden Angelegenheiten (vgl. hierzu oben Rdnr. 12). Die WfbM ist darüber hinaus aber auch verpflichtet, über die Aktionen des Werkstattrats und die Reaktion des Trägers zu berichten. Nur auf diese Weise ist eine Kontrolle möglich, ob die Mitwirkungsrechte des Werkstattrats formell und inhaltlich beachtet werden (Dörner Anm. V; Neumann/Pahlen Rdnr. 15). Das Anhörungsrecht schließt die Möglichkeit ein,

20

Bedenken zu äußern und Anregungen zu geben. Allerdings besteht keine Pflicht der WfbM, diese durch entsprechende Maßnahmen aufzugreifen (Dopatka im GK-SchwbG Rdnr. 10).

2. Eltern- und Betreuerbeirat

21 Im Einvernehmen mit der Werkstatt kann schließlich auf freiwilliger Grundlage ein Eltern- und Betreuerbeirat gebildet werden. Dieser kann die Werkstatt und den Werkstattrat bei ihrer Arbeit beraten und durch Vorschläge sowie Stellungnahmen unterstützen (**Abs. 4 Satz 2**). Mit dieser vom BT-Ausschuss für Arbeit und Sozialordnung angefügten Ergänzung sollen die „in einer Vielzahl von Werkstätten" bereits existierenden Beiräte eine gesetzliche Grundlage erhalten.

§ 140
Anrechnung von Aufträgen auf die Ausgleichsabgabe

(1) ¹Arbeitgeber, die durch Aufträge an anerkannte Werkstätten für behinderte Menschen zur Beschäftigung behinderter Menschen beitragen, können 50 vom Hundert des auf die Arbeitsleistung der Werkstatt entfallenden Rechnungsbetrages solcher Aufträge (Gesamtrechnungsbetrag abzüglich Materialkosten) auf die Ausgleichsabgabe anrechnen. ²Dabei wird die Arbeitsleistung des Fachpersonals zur Arbeits- und Berufsförderung berücksichtigt, nicht hingegen die Arbeitsleistung sonstiger nichtbehinderter Arbeitnehmerinnen und Arbeitnehmer. ³Bei Weiterveräußerung von Erzeugnissen anderer anerkannter Werkstätten für behinderte Menschen wird die von diesen erbrachte Arbeitsleistung berücksichtigt. ⁴Die Werkstätten bestätigen das Vorliegen der Anrechnungsvoraussetzungen in der Rechnung.

(2) Voraussetzung für die Anrechnung ist, dass
1. die Aufträge innerhalb des Jahres, in dem die Verpflichtung zur Zahlung der Ausgleichsabgabe entsteht, von der Werkstatt für behinderte Menschen ausgeführt und vom Auftraggeber bis spätestens 31. März des Folgejahres vergütet werden und
2. es sich nicht um Aufträge handelt, die Träger einer Gesamteinrichtung an Werkstätten für behinderte Menschen vergeben, die rechtlich unselbstständige Teile dieser Einrichtung sind.

(3) Bei der Vergabe von Aufträgen an Zusammenschlüsse anerkannter Werkstätten für behinderte Menschen gilt Absatz 2 entsprechend.

ERLÄUTERUNGEN

I. Bedeutung der Vorschrift

1 Zur Förderung der Auftragslage der WfbM und damit der dortigen Beschäftigung von behinderten Menschen wird beschäftigungs- und ausgleichsabgabepflichtigen Arbeitgebern ein Anreiz gegeben, Aufträge an anerkannte WfbM zu vergeben: Sie können für solche Aufträge einen Teil des Rechnungsbetrages auf die von ihnen jeweils zu zahlende Ausgleichsabgabe anrechnen (**Abs. 1**).

2 Die Anrechnung setzt voraus, dass der Auftrag zeitgleich mit dem Entstehen der Verpflichtung zur Zahlung der Ausgleichsabgabe ausgeführt wurde und vom Auftraggeber bis zu dem Zeitpunkt vergütet wurde, in welchem der Arbeitgeber die Ausgleichsabgabe für das Vorjahr nach § 77 Abs. 4 Satz 1 SGB IX an das zuständige Integrationsamt abzuführen hat (**Abs. 2 Nr. 1**). Ausgenommen von der Anrechnung sind unternehmens- oder anstaltsinterne „Aufträge" einer Abteilung oder einer Einrichtung an eine andere (**Abs. 2 Nr. 2**).

3 Die Anrechnungsmöglichkeit besteht auch dann, wenn ein Arbeitgeber einen Auftrag an einen Zusammenschluss anerkannter WfbM vergibt (**Abs. 3**).

II. Fassung

Die Vorschrift wurde im Wesentlichen unverändert aus dem Regierungsentwurf (BT-Drucks. 14/5531 i. V. m. 14/5074 übernommen. Sie entspricht dem bisherigen § 55 SchwbG). Allerdings soll künftig bei der Anrechnung von Aufträgen an Werkstätten nur die Arbeitsleistung der behinderten Werkstattbeschäftigten berücksichtigt werden, nicht die Arbeitsleistung anderer Beschäftigter. Dies gilt nicht für die Arbeitsleistung des Fachpersonals zur Ausbildungs- und Berufsförderung. Diese ist nach der vom BT-Ausschuss für Arbeit und Sozialordnung beschlossenen Fassung ausdrücklich zu berücksichtigen. Nach dem Vorschlag des Regierungsentwurfs war diese Arbeitsleistung neben derjenigen der behinderten Werkstattbeschäftigten nicht im Gesetzestext erwähnt. Es sollte lediglich für die Anrechenbarkeit unschädlich sein, wenn das Fachpersonal der Werkstatt im Rahmen seiner Aufgabenerledigung an der Ausführung der Aufträge beteiligt ist (BT-Drucks. 14/5074 S. 115). 4

III. Anmerkungen

A) zu Abs. 1

1. Anerkannte Werkstätten

Die Vorschrift stellt – neben der bevorzugten Auftragsvergabe durch die öffentliche Hand nach § 141 SGB IX – eine wesentliche Vergünstigung für WfbM dar. Sie kommt nur solchen Werkstätten zugute, die **nach § 142 SGB IX anerkannt sind**. 5

2. Aufträge

Anrechnungsfähig können alle Aufträge sein, die zur Beschäftigung behinderter Menschen beitragen. Hierbei kommen – im Gegensatz zur Rechtslage bis 1986 – nicht nur die Lieferung in der WfbM hergestellter oder verarbeiteter Waren in Betracht, sondern **auch durch Werkstätten erbrachte Dienstleistungen**. 6

3. Anrechnungsbetrag

Arbeitgeber können nicht den gesamten Rechnungsbetrag der WfbM ansetzen. Vielmehr gelten folgende Einschränkungen: 7

– **Materialkosten** bleiben außer Betracht; sie sind vom Gesamtrechnungsbetrag abzuziehen. Unter Materialkosten sind diejenigen Kosten zu verstehen, die der Werkstatt durch externen Kauf von Fertigungs- und Verpackungsmaterial entstehen. Maßgeblich ist dabei regelmäßig der Einkaufspreis. Keine Materialkosten entstehen daher dann, wenn Produkte der Werkstatt aus nicht extern beschafften Materialien hergestellt werden, z. B. bei der Fertigung von Nahrungsmitteln aus landwirtschaftlich gezogenen Eigenprodukten. Hilfs- und Betriebsstoffe können unberücksichtigt bleiben (Bundesministerium für Arbeit und Sozialordnung, zitiert nach Basiskommentar Rdnr. 4 zu § 55 SchwbG). Materialkosten sind ferner die für den speziellen Auftrag abgrenzbaren Kosten des **Transports** (Dopatka in GK-SchwbG Rdnr. 5 zu § 55).

– Im Gegensatz zu § 55 Abs. 1 SchwbG zählt nicht mehr die Arbeitsleistung „der Werkstatt" als Bemessungsgrundlage. Vielmehr kommt es auf die Arbeitsleistung der in der Werkstatt beschäftigten behinderten Menschen im Sinne des § 136 Abs. 1 Satz 2 SGB IX an. Diese können nicht nur behinderte Menschen im Arbeitsbereich, sondern auch im Berufstrainingsbereich der Werkstatt sein. Soweit allerdings das Fachpersonal der Werkstatt im Rahmen seiner Aufgabenerledigung an der Ausführung der Aufträge beteiligt ist, kann auch dessen Arbeitsleistung in die Bemessungsgrundlage einbezogen werden (**Abs. 1 Satz 2**). 8

– Anrechenbar sind schließlich **nur 50% des Rechnungsbetrages, der auf die vorgenannte Arbeitsleistung entfällt**. Hierbei wird nicht mehr – wie bis 1996 – verlangt, dass der Rechnungsbetrag aus mindestens 30% Arbeitsleistung besteht. Diese Regelung war problematisch geworden, weil die Technisierung der Produktionsverfahren zunehmend zu einem wertmäßigen Überwiegen des Materialanteils führte. Die Unterschreitung der Min- 9 destarbeitsleistung stand dann aber einer Anrechnung auf die Ausgleichsabgabe entgegen (Dopatka in GK-SchwbG Rdnr. 2 zu § 55 unter Hinweis auf BT-Drucks. 13/2440, S. 32).

10 Wird dem Auftraggeber von der WfbM ein **Skonto** eingeräumt, ist nur der um diesen Abschlag geringere tatsächlich bezahlte Betrag anrechenbar (Cramer Rdnr. 9; Dopatka im GK-SchwbG Rdnr. 5, jeweils zu § 55; a. A. Neumann/Pahlen Rdnr. 4). Umgekehrt erhöhen aber **Verzugszinsen** und ähnliche Zuschläge für verspätete Zahlung den Rechnungsbetrag nicht (Neumann/Pahlen Rdnr. 4).

11 Die WfbM stellen den ermäßigten Mehrwertsteuersatz von 7% in Rechnung (vgl. § 68 Nr. 3 AO, § 12 Abs. 2 UStG). Ist der Arbeitgeber – wie regelmäßig – vorsteuerabzugsberechtigt, kommt eine Anrechnung des **Mehrwertsteueranteils** auf die Ausgleichsabgabe nicht in Betracht (Dopatka in GK-SchwbG Rdnr. 5; Cramer Rdnr. 9; Dörner Anm. III 4, jeweils zu § 55 SchwbG).

4. Weiterveräußerung

12 Die bloße Weiterveräußerung von Waren durch die WfbM schließt eine Anrechnung aus, da dies nicht zur Beschäftigung von behinderten Menschen beiträgt. Anders ist dies jedoch, wenn WfbM Erzeugnisse weiterveräußern, die von einer oder mehreren anderen WfbM hergestellt worden sind oder an deren Herstellung andere WfbM beteiligt waren. In diesem Fall ist die in der anderen WfbM erbrachte Arbeitsleistung dort beschäftigter behinderter Menschen zu berücksichtigen (**Abs. 1 Satz 3**). Obwohl der Wortlaut der Vorschrift gegenüber § 55 Abs. 1 Satz 2 SchwbG a. F. unverändert blieb, muss nach dem Sinn der Regelung die nunmehr in Abs. 1 Satz 1 eingeführte Einschränkung auf die Arbeitsleistung der in der Werkstatt beschäftigten behinderten Menschen einschließlich des Fachpersonals auch hier gelten.

5. Bestätigung der Anrechnungsvoraussetzungen

13 Die Werkstätten haben das Vorliegen der Anrechnungsvoraussetzungen in der Rechnung zu bestätigen (**Abs. 1 Satz 3**). Sie haben demnach in der Rechnung den Gesamtrechnungsbetrag, den Betrag der etwaigen Materialkosten und den auf die Arbeitsleistung der in der Werkstatt beschäftigten behinderten Menschen im Sinne von § 136 Abs. 1 Satz 2 SGB IX sowie auf das Fachpersonal entfallenden Betrag auszuweisen.

14 Diese Angaben hat der Arbeitgeber, der von seinem Anrechnungsrecht Gebrauch machen will, in die Anzeige nach § 80 Abs. 2 SGB IX zu übernehmen. Das **Integrationsamt** hat sodann das Vorliegen der Voraussetzungen des Anrechnungsrechts zu **prüfen** und von Amts wegen festzustellen. Falls keine gegenteiligen Anhaltspunkte vorliegen, wird regelmäßig die schriftliche Bestätigung der WfbM zur Überzeugungsbildung des Integrationsamtes über die Anrechnungsvoraussetzungen genügen (Cramer Rdnr. 10 zu § 55 SchwbG).

B) zu Abs. 2

1. Zeitlicher Zusammenhang

15 Die Zulässigkeit der Anrechnung hängt von einem engen zeitlichen Zusammenhang zwischen der geschuldeten Ausgleichsabgabe und dem Auftrag ab. Nach § 77 Abs. 4 SGB IX wird die Ausgleichsabgabe jährlich zum Ende eines Kalenderjahres geschuldet. Der beschäftigungspflichtige Arbeitgeber hat sie zugleich mit der spätestens zum 31. März für das vorangegangene Kalenderjahr beim Arbeitsamt einzureichenden Anzeige nach § 80 Abs. 2 SGB IX aufgrund einer Selbstveranlagung zu entrichten (§ 77 Abs. 4 Satz 1 SGB IX). Der **Auftrag** muss innerhalb des Jahres ausgeführt worden sein, für das die Verpflichtung zur Beschäftigung von schwerbehinderten Menschen bzw. zur Zahlung der Ausgleichsabgabe bestand. Die **Vergütung** muß der Arbeitgeber bis zum 31. März des Folgejahres bezahlt haben.

Hieraus folgt: Auf den Zeitpunkt der Auftragsvergabe kommt es nicht an. Maßgebend ist die **Ausführung** des Auftrages. Bezahlt ein Arbeitgeber die Vergütung für einen im Vorjahr ausgeführten und in Rechnung gestellten Auftrag erst nach dem 31. März des laufenden Jahres, scheidet eine Anrechnung auf die Ausgleichsabgabe aus.

2. Unselbstständige Teileinrichtungen

Ein beschäftigungspflichtiger Arbeitgeber kann – wenn er Träger einer Komplexeinrichtung ist – als Teileinrichtung auch eine WfbM führen. Werden von einer Teileinrichtung Aufträge an eine zu demselben Arbeitgeber gehörende WfbM vergeben, ist eine **Anrechnung ausgeschlossen**, da es sich dann um jeweils rechtlich unselbstständige Teile einer Gesamteinrichtung handelt (**Abs. 2 Nr. 2**). Denn ein Auftrag eines Arbeitgebers an den Rechtsträger einer anerkannten WfbM setzt den Abschluss eines Vertrages zwischen beiden voraus. Eine solche vertragliche Beziehung kann aber zwischen verschiedenen Einrichtungen derselben Rechtsperson nicht entstehen. Deshalb können Unternehmens- oder anstaltsinterne „Aufträge" einer Abteilung oder Einrichtung an eine andere nicht unter § 140 fallen und deshalb nicht zur Entlastung von der Ausgleichsabgabe führen. 16

C) zu Abs. 3
1. Zusammenschlüsse anerkannter Werkstätten

Die Bestimmung legt fest, dass die Anrechnungsregeln in Abs. 1 und 2 entsprechend für Zusammenschlüsse anerkannter WfbM gelten. Dies ist an sich selbstverständlich, da der Zusammenschluss nicht die rechtliche Selbstständigkeit einer WfbM beseitigt (vgl. auch § 142 Satz 4 SGB IX). Die Vorschrift hat deshalb lediglich deklaratorische Bedeutung (Dopatka in GK-SchwbG Rdnr. 9 zu § 55). 17

§ 141
Vergabe von Aufträgen durch die öffentliche Hand

¹Aufträge der öffentlichen Hand, die von anerkannten Werkstätten für behinderte Menschen ausgeführt werden können, werden bevorzugt diesen Werkstätten angeboten. ²Die Bundesregierung erlässt mit Zustimmung des Bundesrates hierzu allgemeine Verwaltungsvorschriften.

ERLÄUTERUNGEN

I. Bedeutung der Vorschrift

Die Vorschrift begünstigt anerkannte Werkstätten für behinderte Menschen. Geeignete öffentliche Aufträge müssen ihnen bevorzugt angeboten werden. 1

II. Fassung

Die Vorschrift wurde unverändert aus dem Regierungsentwurf (BT-Drucks. 14/5531 i. V. m. 14/5074) übernommen. Sie entspricht der bisherigen Regelung in § 141 Abs. 1 SchwbG. Entfallen ist aber die im bisherigen Abs. 2 der Vorschrift enthaltene Ermächtigung an den Bundesminister für Wirtschaft, im Einvernehmen mit dem Bundesminister für Arbeit und Sozialordnung hierfür allgemeine Richtlinien zu erlassen. Dies wurde im Regierungsentwurf wie folgt begründet (BT-Drucks. 14/5074 S. 115): 2

„Unter Berücksichtigung der jüngsten Rechtsprechung des Bundesverfassungsgerichts (BVerfGE 100, 249, 260 f.) können die Verwaltungsvorschriften – bisher Richtlinien – und die Aufträge der öffentlichen Hand, die bevorzugte Werkstätten für behinderte Menschen angeboten werden, ohne ausdrückliche gesetzliche Ermächtigung von der Bundesregierung erlassen werden. Die Zustimmung des Bundesrates ist erforderlich, da auch Aufträge von Landesverwaltungen erfasst werden sollen."

III. Anmerkungen

1. Aufträge der öffentlichen Hand

3   Aufträge der öffentlichen Hand sind alle von einer Körperschaft, Anstalt oder Stiftung des öffentlichen Rechts erteilten Aufträge. Hierzu gehören nach der Bahn- und Postreform nicht die deutsche Bahn AG und die aus der Bundespost hervorgegangenen Aktiengesellschaften (Neumann/Pahlen Rdnr. 3; **a. A.** Dörner Anm. III, jeweils zu § 56 SchwbG). Betriebe sind der öffentlichen Hand nur zuzurechnen, wenn sie als Eigenbetriebe geführt werden. Eigene Betriebe und Unternehmen, die privatrechtlich organisiert sind, fallen nicht unter diese Vorschrift, selbst wenn sich ihre Anteile ganz oder teilweise in Besitz der öffentlichen Hand befinden.

4   Aufträge können jeder Art sein. Sie können auch Dienstleistungen, Forschungsaufgaben, Schreibarbeiten oder andere Tätigkeiten betreffen (Neumann/Pahlen Rdnr. 3).

2. Ausführungsmöglichkeit

5   Vor einer Auftragsvergabe hat die öffentliche Hand zunächst zu prüfen, ob diese Arbeit oder Tätigkeit von anerkannten WfbM ausgeführt werden kann. Welche Arbeiten die einzelnen WfbM ausführen können, ist dem von der Bundesagentur für Arbeit laufend veröffentlichten Verzeichnis nach § 142 Satz 3 SGB IX zu entnehmen. Weitere Angaben enthält auch die Datenbank REHADAT beim Institut der deutschen Wirtschaft. Schließlich können geeignete Werkstätten bei den Landesauftragsstellen (Auftragsberatungsstellen) erfragt werden (Cramer Rdnr. 4 zu § 56 SchwbG).

3. Angebotspflicht an WfbM

6   Ergibt die Prüfung, dass zu vergebende Aufträge von anerkannten WfbM ausgeführt werden können, sind diese Aufträge bevorzugt diesen anzubieten. Die Angebotspflicht bedeutet aber noch nicht, dass damit der Auftrag auch erteilt werden muss. Vielmehr sollen Werkstätten selbst entscheiden können, ob sie nach Art und Umfang des Auftrags in der Lage sind, das Angebot anzunehmen. Dies wird nicht selten im Hinblick auf die Zeitvorstellungen des Auftraggebers näherer Prüfung bedürfen (Neumann/Pahlen Rdnr. 5 zu § 56 SchwbG).

4. Bevorzugte Auftragsvergabe

7   Die Vergabe öffentlicher Aufträge richtet sich nach der Verdingungsordnung für Leistungen und nach der Verdingungsordnung für Bauleistungen. Diese Bedingungen müssen grundsätzlich auch die WfbM erfüllen. Allerdings können sie insoweit bevorzugt werden, als bei Ausschreibungen das Angebot einer WfbM auch dann vorzuziehen ist, wenn es nur geringfügig über dem wirtschaftlichsten oder annehmbarsten Angebot liegt. Einzelheiten hierzu sind in den „Richtlinien für die Berücksichtigung bevorzugter Bewerber bei der Vergabe öffentlicher Aufträge (Vertriebene, Sowjetzonenflüchtlinge, Verfolgte, Evakuierte, Werkstätten für Behinderte und Blindenwerkstätten)" vom 11. August 1975 (BAnz. Nr. 152 vom 20. August 1975) geregelt.

8   Allerdings besteht kein Rechtsanspruch auf bevorzugte Auftragsvergabe für die einzelne WfbM. Die betroffene Werkstatt bzw. ihr Träger hat gleichwohl Anspruch auf eine ermessensfehlerfreie Entscheidung. Wird sie bei einer Auftragsvergabe aus unsachlichen, letztlich willkürlichen und mit den Vorschriften nicht in Einklang stehenden Gründen übergangen, ist hiergegen der Verwaltungsrechtsweg eröffnet (BVerwGE 34, 213; Cramer Rdnr. 9; Neumann/Pahlen Rdnr. 6).

§ 142
Anerkennungsverfahren

¹Werkstätten für behinderte Menschen, die eine Vergünstigung im Sinne dieses Kapitels in Anspruch nehmen wollen, bedürfen der Anerkennung. ²Die Entscheidung über die Anerkennung trifft auf Antrag die Bundesagentur für Arbeit im Einvernehmen mit dem überörtlichen Träger der Sozialhilfe. ³Die Bundesagentur für Arbeit führt ein Verzeichnis der anerkannten Werkstätten für behinderte Menschen. ⁴In dieses Verzeichnis werden auch Zusammenschlüsse anerkannter Werkstätten für behinderte Menschen aufgenommen.

ERLÄUTERUNGEN

ÜBERSICHT

I. Bedeutung der Vorschrift (Rdnrn. 1–2)
II. Fassung (Rdnr. 3)
   A) durch das SGB IX vom 19. Juni 2001 (BGBl. I S. 1046) mit Wirkung vom 1. Juli 2001 (Rdnr. 3)
   B) durch das Dritte Gesetz für moderne Dienstleistungen am Arbeitsmarkt vom 23. Dezember 2003 (BGBl. I S. 2848) mit Wirkung vom 1. Januar 2004 (Rdnr. 3)
III. Anmerkungen (Rdnrn. 4–32)
   1. Zweck der Anerkennung (Rdnr. 4)
   2. Wirkungen (Rdnrn. 5–6)
   3. Voraussetzungen (Rdnrn. 7–9)
   4. Ausnahmeregelung für Werkstättenverbund und Werkstätten im Aufbau (Rdnrn. 10–13)
   5. Abweichende Regelung für WfbM im Beitrittsgebiet (Rdnr. 14)
   6. Zuständige Behörde (Rdnrn. 15–16)
   7. Antrag und Verfahren (Rdnrn. 17–23)
   8. Wegfall der Anerkennung (Rdnrn. 24–30)
      a) Rücknahme (Rdnrn. 25–27)
      b) Widerruf (Rdnr. 28)
      c) Aufhebung (Rdnr. 29)
      d) Zuständige Behörde (Rdnr. 30)
   9. Verzeichnis anerkannter WfbM (Rdnrn. 31–32)

I. Bedeutung der Vorschrift

1 Werkstätten für behinderte Menschen können die Vergünstigungen nach §§ 140 und 141 SGB IX nur in Anspruch nehmen, wenn sie anerkannt sind (**Satz 1**). Die Anerkennung wird auf schriftlichen Antrag von der Bundesagentur für Arbeit ausgesprochen (**Satz 2**). Hierzu muss vorher das Einvernehmen mit dem zuständigen überörtlichen Träger der Sozialhilfe hergestellt werden. Nur wenn dieser zustimmt, ist die Anerkennung möglich. Das Verfahren richtet sich nach §§ 17, 18 WVO und im Übrigen nach den Bestimmungen des SGB X.

2 Die Bundesagentur für Arbeit muss ein Verzeichnis der anerkannten WfbM führen (**Satz 3**). Dieses wird laufend aktualisiert und dient namentlich interessierten Arbeitgebern für die Vergabe von Aufträgen.

In dieses Verzeichnis werden auch Zusammenschlüsse anerkannter Werkstätten aufgenommen (**Satz 4**).

II. Fassung

A) durch das SGB IX vom 19. Juni 2001 (BGBl. I S. 1046) mit Wirkung vom 1. Juli 2001

3   Die Vorschrift wurde unverändert aus dem Regierungsentwurf (BT-Drucks. 14/5531 i. V. m. 14/5074) übernommen. Sie entspricht § 57 Abs. 1 SchwbG a. F. Die in Abs. 2 jener Vorschrift normierte Verordnungsermächtigung ist nunmehr in § 144 Abs. 1 SGB IX enthalten.

B) durch das Dritte Gesetz für moderne Dienstleistungen am Arbeitsmarkt vom 23. Dezember 2003 (BGBl. I S. 2848) mit Wirkung vom 1. Januar 2004

Durch Art. 18 Nr. 25 wurde in **Satz 2 und 3** jeweils das Wort „Bundesanstalt" durch das Wort „Bundesagentur" ersetzt.

III. Anmerkungen

1. Zweck der Anerkennung

4   Werkstätten für behinderte Menschen benötigen eine förmliche Anerkennung durch die Bundesagentur für Arbeit im Einvernehmen mit dem jeweils zuständigen überörtlichen Träger der Sozialhilfe, wenn sie die in §§ 140 und 141 SGB IX genannten Vergünstigungen in Anspruch nehmen wollen. Hierdurch wird ein **bundeseinheitlicher Mindeststandard der Werkstätten** gewährleistet.

2. Wirkungen

5   Die Anerkennung als WfbM bewirkt zum einen die **Anrechnung von Aufträgen** an die Werkstatt **auf die Ausgleichsabgabe** nach § 140 SGB IX; sie soll einen Anreiz für Arbeitgeber darstellen, die Beschäftigung in einer WfbM durch Aufträge auch dann zu unterstützen, wenn deren Angebotspreise über denjenigen von Mitbewerbern liegen sollten. Allerdings wird ein höherer Preis der Werkstatt nicht selten durch eine bessere Qualität ihrer Produkte ausgeglichen (GK-SGB IX / *Schimanski* Rdnr. 12).

Weiterhin ist die **öffentliche Hand** gemäß § 141 SGB IX verpflichtet, den anerkannten WfbM **bevorzugt Aufträge zu erteilen**. Auch diese Vergünstigung wirkt sich nachhaltig auf die wirtschaftliche Existenzfähigkeit der Werkstätten aus.

6   Darüber hinaus hat die Anerkennung zahlreiche **weitere wichtige Rechtsfolgen**, namentlich:

– die Rechtsstellung der im Arbeitsbereich der WfbM beschäftigten Menschen (§ 138 SGB IX) und die Anwendung besonderer sozialversicherungsrechtlicher Vorschriften auf diese,

– die individuelle Leistungserbringung der Rehabilitationsträger für die behinderten Menschen in der Werkstatt (vgl. §§ 39 ff. SGB IX und § 5 Abs. 1 Nr. 7 SGB V, § 1 Nr. 20 SGB VI und § 2 Abs. 1 Nr. 4 SGB VII),

– die Investitionsförderung aus der Ausgleichsabgabe (§ 30 Abs. 1 Nr. 4 und § 41 Abs. 2 Nr. 1 SchwbAV),

– Dauer und Höhe der Eingliederungszuschüsse für Arbeitgeber bei der Einstellung schwerbehinderter Menschen im Anschluss an eine Beschäftigung in WfbM (§ 104 Abs. 1 Nr. 3c SGB IX, § 219 SGB III).

Die Vorschriften des SGB IX über Werkstätten und die einschlägigen Vorschriften im gesamten Sozialrecht setzen die förmliche Anerkennung dieser Werkstätten voraus (Ernst / Adlhoch / Seel / *Finke / Kadoke* Rdnr. 6). Sie ist darüber hinaus Voraussetzung für die Inanspruchnahme des geminderten Umsatzsteuersatzes nach § 12 Abs. 1 Nr. 8 UStG in Verbindung mit § 68 Abs. 1 Nr. 3 AO.

3. Voraussetzungen

Als Werkstätten können nur solche Einrichtungen anerkannt werden, welche die in § 136 SGB IX und die **in §§ 1 bis 16 WVO genannten Voraussetzungen** erfüllen (§ 17 Abs. 1 Satz 1 WVO). Maßgebend ist der Zeitpunkt der Entscheidung über die Anerkennung. Das ergibt sich aus § 17 Abs. 3 Satz 2 WVO in Verbindung mit allgemeinen verwaltungsrechtlichen Grundsätzen (vgl. Cramer § 17 WVO Rdnr. 11).

7

Liegen die Voraussetzungen der Anerkennung vor, steht die Entscheidung hierüber nicht im Ermessen der Anerkennungsbehörden; vielmehr besteht ein **Anspruch** auf Anerkennung (SG Nordhausen vom 14. April 1994 = Breithaupt 1995, 133).

Die **Prüfung der Anerkennungsvoraussetzungen** hat sich namentlich darauf zu erstrecken, ob

8

– der Antragsteller die Gewähr dafür bietet, den behinderten Menschen eine angemessene berufliche Bildung neben der behindertengerechten Beschäftigung zu einem ihrer Leistung angemessenen Arbeitsentgelt aus dem zu erwartenden Arbeitsergebnis zu gewähren und

– er sie so fördern kann, dass sie ihre Leistungs- oder Erwerbsfähigkeit erhalten, entwickeln oder wiedergewinnen können (vgl. GK-SGB IX / *Schimanski* Rdnr. 14 m. w. N.).

Hierbei sind insbesondere folgende **Kriterien** von Bedeutung.

9

Die Einrichtung muss bereit und in der Lage sein,

– den unterschiedlichen **Arten der Behinderung** und ihren Auswirkungen durch geeignete Maßnahmen **Rechnung zu tragen** (vgl. § 1 Abs. 2 WVO). Hierfür in Betracht kommt insbesondere die Bildung besonderer Gruppen im Berufsbildungsbereich (§ 4 WVO) mit besonderen Lehrgangs- oder Maßnahmezielen und -inhalten oder im Arbeitsbereich (§ 5 WVO) mit besonderen, auf die speziellen Bedürfnisse der behinderten Menschen abgestellten Arbeitsplätzen, angepassten Arbeitsinhalten und Arbeitsbedingungen. Das gilt z. B. für Schwerstkörperbehinderte, Blinde oder seelisch / psychisch behinderte Menschen (Cramer § 2 WVO Rdnr. 10);

Ausnahmen hiervon müssen durch einen besonderen sachlichen Grund im Einzelfall gerechtfertigt sein (§ 17 Abs. 1 2 WVO), z. B. wenn die für die Bildung einer besonderen Gruppe erforderliche Mindestzahl von behinderten Menschen, die in der VO nicht festgeschrieben ist, im Einzelfall nicht gegeben ist (Cramer Rdnr. 11);

– ein **Eingangsverfahren** (§ 3 WVO) durchzuführen und einen **Berufsbildungsbereich** (§ 4 WVO) einzurichten. Der **Arbeitsbereich** soll über ein möglichst breites Angebot an Arbeitsplätzen verfügen (§ 5 Abs. 1 WVO) und regelmäßig eine Beschäftigung von wenigstens 35 Wochenstunden garantieren (§ 6 WVO). Die Werkstatt soll über **mindestens 120 Plätze** verfügen, damit ihre Existenz gesichert werden kann (§ 7 Abs. 1 WVO). Nicht erforderlich ist, dass die Plätze in dieser Werkstatt auch in entsprechender Anzahl belegt sind (SG Nordhausen vom 14. April 1994 = Breithaupt 1995, 133);

– ihre **Räumlichkeiten behindertengerecht** zu gestalten und sich auszustatten, z. B. durch Rampen für Rollstuhlfahrer, behindertengerechte Toiletten usw. (vgl. § 8 Abs. 1 WVO). Auch müssen behinderte Menschen die Werkstatt in zumutbarer Zeit mit öffentlichen oder sonstigen Verkehrsmitteln erreichen können (§ 8 Abs. 3 WVO);

– **qualifiziertes Fachpersonal** zu beschäftigen, das neben den arbeitstechnischen Fertigkeiten insbesondere auch über pädagogische und soziale Kenntnisse verfügt und in der Lage ist, die Persönlichkeit der in der Werkstatt Beschäftigten zu fördern (vgl. § 9 Abs. 1 WVO). Das Zahlenverhältnis zwischen den Werkstattbeschäftigten und dem Fachpersonal richtet sich nach § 9 Abs. 3 WVO;

– die WfbM **nach kaufmännischen Grundsätzen zu** führen (§ 12 Abs. 1 WVO). Hierfür muss der Werkstattleiter im kaufmännischen oder technischen Bereich ausreichend qualifiziert sein (§ 9 Abs. 2 WVO). Er hat dafür zu sorgen, dass die Werkstatt nach betriebswirtschaftlichen Grundsätzen geführt wird. Sie muss über einen Stellen- und Organisationsplan mit der Funktionsbeschreibung des Personals verfügen (§ 12 Abs. 2 WVO) und gewährleisten, dass aus dem Arbeitsergebnis der Werkstatt ein angemessenes Arbeitsentgelt an die Werkstattbeschäftigten gezahlt werden kann (§ 12 Abs. 4 WVO).

4. Ausnahmeregelung bei Werkstättenverbund und Werkstätten im Aufbau

10 Einrichtungen, die zum Zeitpunkt der Entscheidung über den Antrag auf Anerkennung die Anforderungen nach § 17 Abs. 1 WVO zwar nicht voll erfüllen, aber **Teil eines Werkstattverbunds** im Sinne des § 15 WVO sind, können als Werkstatt anerkannt werden, wenn der **Werkstattverbund die Anforderungen erfüllt** (§ 17 Abs. 2 WVO). In diesem Fall kann die Einrichtung, die Teil des Werkstattverbunds ist, als Werkstatt anerkannt werden. Hingegen ist eine Anerkennung des Werkstattverbundes als solchem nicht vorgesehen. Als WfbM anzuerkennen sind allein die verschiedenen Einrichtungen, die dem Werkstattverbund im Rahmen der vertraglich vereinbarten Zusammenarbeit zwischen Werkstätten aus dem gleichen räumlichen Bereich als Teile angehören (Cramer § 17 WVO Rdnr. 17). Eine ausdrückliche Sonderregelung enthält zudem § 7 Abs. 2 WVO. Danach gilt die Mindestzahl der vorgeschriebenen Plätze in der Werkstatt als erfüllt, wenn der Werkstattverbund, dem die Werkstatt angehört, über diese Zahl von Plätzen verfügt.

11 **Werkstätten im Aufbau**, die die Anforderungen noch nicht voll erfüllen, aber bereit und in der Lage sind, sie in einer vertretbaren Anlaufzeit zu erfüllen, können **unter Auflagen befristet anerkannt** werden (§ 17 Abs. 3 Satz 1 WVO). Welcher Zeitraum in diesem Sinne vertretbar ist, muss unter maßgeblicher Berücksichtigung der Bedürfnisse der behinderten Menschen, die auf die Werkstatt angewiesen und in ihr beschäftigt sind, beurteilt werden. Der BA und dem überörtlichen Träger der Sozialhilfe steht ein Beurteilungsspielraum bei der Anwendung dieses unbestimmten Rechtsbegriffs zu (Cramer § 17 WVO Rdnr. 20; Ernst / Adlhoch / Seel / *Finke / Kadoke* Rdnr. 11).

12 Die Anerkennung ist in diesem Fall mit der Auflage (§ 32 Abs. 2 Nr. 4 SGB X) zu verbinden, die Schaffung der fehlenden Anforderungen zu gewährleisten. Sie ist ferner dahingehend zu befristen (§ 32 Abs. 2 Nr. 1 SGB X), dass der Zeitpunkt bestimmt wird, bis zu dem die Einrichtung gemäß der Auflage die fehlenden Voraussetzungen zu schaffen hat.

13 Erfüllt die Werkstatt im Aufbau nicht die in § 7 WVO vorgeschriebene Anforderung an die **Mindestgröße**, muss sie zum maßgeblichen Zeitpunkt **wenigstens** über **60 Plätze** verfügen (§ 17 Abs. 3 Satz 2 WVO). Hierbei ist unerheblich, ob diese im Berufsbildungs- oder Arbeitsbereich bestehen und in welchem Verhältnis zueinander sie gegebenenfalls stehen. Ferner muss gewährleistet sein, dass sie im Endausbau, spätestens nach fünf Jahren ab der Anerkennung, über 120 Plätze verfügt oder über diejenige geringere Zahl von Plätzen, die im Einzelfall ausnahmsweise genügt.

5. Abweichende Regelung für WfbM im Beitrittsgebiet

14 Für Werkstätten im Beitrittsgebiet enthält § 20 WVO Übergangsregelungen.

Im Beitrittsgebiet waren vom 1. Juli 1990 bis 2. Oktober 1990 Werkstätten für Behinderte zunächst durch die zentrale Arbeitsverwaltung der ehemaligen DDR und ab 3. Oktober 1990 durch die Bundesagentur für Arbeit befristet und unter Auflagen **als Werkstätten im Aufbau anerkannt** worden. Diese Werkstätten galten nach dem Einigungsvertrag (Anl. I Kap. VIII Sachgeb. E Abschnitt III Nr. 2) als Werkstätten im Aufbau im Sinne des § 17 Abs. 3 SchwbWV (jetzt § 17 Abs. Ziffer 3 WVO). Da diese vorläufigen Anerkennungen **bis zum 31. Dezember 1992 befristet** waren, bedurfte es der Übergangsregelung des § 20 SchwbWV bzw. nunmehr § 20 WVO, namentlich einer weiteren vorläufigen Anerkennung dieser Einrichtungen als Werkstätten nach Maßgabe des § 20 Nr. 3 WVO. Jedoch dürften diese Vorschriften angesichts des Zeitablaufs seit 1990 zunehmend an Bedeutung verlieren (Hauck / Noftz / *Götze* Rdnr. 8).

So ist die teilweise Befreiung des eingesetzten Fachpersonals von dem Erfordernis des sonderpädagogischen Zusatzqualifikation in § 20 Nr. 1 WVO endgültig am 31. Dezember 2001 abgelaufen. Auch die persönliche Befreiung von dieser Zusatzqualifikation für den in § 20 Nr. 2 WVO genannten Personenkreis dürfte inzwischen nur noch geringe praktische Bedeutung haben.

6. Zuständige Behörde

Über den Antrag auf Anerkennung entscheidet die **Bundesagentur für Arbeit** (die bis zum 31. Dezember 2003 durch § 18 Abs. 2 WVO a. F. gegeben gewesene Befugnis des Vorstandes der BA, die Entscheidung auf die Präsidenten der Landesarbeitsämter zu übertragen, wurde mit Wirkung von 1. Januar 2004 infolge der Umgestaltung der Landesarbeitsämter in Regionaldirektionen beseitigt). Hierdurch wird eine einheitliche Ausrichtung der WfbM im gesamten Bundesgebiet erreicht. 15

Die BA benötigt für ihre Entscheidung allerdings das **Einvernehmen des überörtlichen Trägers der Sozialhilfe**, in dessen Bereich die Einrichtung liegt (**Satz 2**) . Denn dieser ist für die weit überwiegende Zahl der in Werkstätten beschäftigten behinderten Menschen der zuständige Rehabilitationsträger. Die Bedeutung des überörtlichen Trägers der Sozialhilfe für das Anerkennungsverfahren wird dadurch unterstrichen, dass in § 12 Abs. 6 WVO ausdrücklich von „den **beiden Anerkennungsbehörden** nach § 142 Satz 2" die Rede ist, was nach dem Willen des Verordnungsgebers eine in diesem Sinne gemeinte Klarstellung sein soll (vgl. Ernst / Adlhoch / Seel / *Finke* / *Kadoke* Rdnr. 15 unter Hinweis auf BT-Drucks.14/5800 S. 44; kritisch hierzu aber LPK-SGB IX / *Jacobs* Rdnr. 8, weil eine Ausweitung der Anerkennungskompetenz auf zwei Behörden „der Aufgabenzuweisung des § 142 Satz 2" widerspreche). 16

Das vom Gesetz verlangte Einvernehmen beider Verwaltungen bedeutet jedenfalls, dass die beantragte Anerkennung nicht ausgesprochen werden kann, wenn der überörtliche Träger der Sozialhilfe seine Zustimmung verweigert (Ernst / Adlhoch / Seel / *Finke* / *Kadoke* Rdnr. 14).

7. Antrag und Verfahren

Die Anerkennung als WfbM setzt einen **schriftlichen Antrag** des Werkstattträgers voraus. Der Antragsteller hat die Voraussetzungen der Anerkennungsfähigkeit nachzuweisen (§ 18 Abs. 1 Satz 1 und 2 WVO). 17

Die Bundesagentur für Arbeit muss – nach Abstimmung mit dem überörtlichen Träger der Sozialhilfe – **schriftlich entscheiden**. Diese Entscheidung – ein Verwaltungsakt – soll **innerhalb von drei Monaten** seit Antragstellung getroffen werden (§ 18 Abs. 2 Satz 1und 2 WVO). Die Frist beginnt mit Eingang des schriftlichen Antrages bei der BA und nicht erst, wenn auch alle erforderlichen Nachweise vorliegen. Fehlt es an gebotenen Nachweisen, kann allerdings im Einzelfall von der Dreimonatsfrist abgewichen werden (Ernst / Adlhoch / Seel / *Finke* / *Kadoke* Rdnr. 17). 18

Erfüllt eine Einrichtung die in § 17 Abs. 1 WVO vorgeschriebenen Anforderungen nicht und liegt auch kein Ausnahmefall im Sinne der Abs. 2 und 3 vor, sollte vor der endgültigen Ablehnung des Antrags auf Anerkennung ein **Zwischenbescheid** erlassen werden. In diesem kann dem Träger der WfbM aufgegeben werden, innerhalb einer bestimmten Frist die fehlenden Voraussetzungen zu schaffen (Cramer § 17 WVO Rdnr. 15). 19

Gegebenenfalls kommt auch die Anerkennung mit Nebenbestimmungen, insbesondere mit **Auflagen und Befristungen**, gemäß § 32 SGB X in Betracht (Cramer a. a. O.). Die Anerkennung einer Werkstatt für behinderte Menschen darf nicht mit der Auflage versehen werden, dass der Grundbetrag des Arbeitsentgelts im Arbeitsbereich mindestens die Höhe der von der Bundesagentur für Arbeit im Arbeitstrainingsbereich gewährten Leistung haben muss (vgl. BSGE 72, 187 = SozR 3-3870 § 54 Nr. 1). Die Anerkennung wird stets mit der **Auflage** 20 verbunden, im Geschäftsverkehr auf die Anerkennung als WfbM **hinzuweisen** (§ 18 Abs. 3 WVO). Hierdurch soll für potenzielle Auftraggeber Klarheit über die Anwendbarkeit der §§ 140, 141 SGB IX geschaffen werden. Eine Verpflichtung der Einrichtung, bereits in ihrem Namen auf den Status einer anerkannten WfbM hinzuweisen, ist damit allerdings nicht verbunden.

21 Gegen die Ablehnung der Anerkennung ist der **Rechtsweg zu den Sozialgerichten** eröffnet. Statthaft ist eine **Verpflichtungsklage** (§ 54 Abs. 1 Satz 1 SGG). Das gilt auch im Fall einer modifizierenden Auflage, welche die Anerkennung und damit den Status der Werkstatt qualitativ verändert (BSGE 72, 187 = SozR 3-3870 § 54 Nr. 1).

22 Zielt hingegen die **Auflage** lediglich darauf, dass der Kläger den im Arbeitsbereich tätigen Behinderten ein bestimmtes **Mindestarbeitsentgelt** entrichtet, unterliegt diese der eigenständigen sozialgerichtlichen **Anfechtung** (BSG a. a. O.). Dann bedarf es vor der Erhebung der Anfechtungsklage nicht der Durchführung eines Vorverfahrens (§ 78 Abs. 1 Satz 1 SGG). Denn insofern findet, da der angefochtene Verwaltungsakt vom Präsidenten der BA erlassen wurde, die Sonderregelung des § 78 Abs. 1 Satz 2 Nr. 2 SGG Anwendung.

23 Eine WfbM wird **als einheitlicher Gegenstand anerkannt**. Die Aufgabe eines von mehreren Tätigkeitsbereichen einer Werkstatt führt nicht zum Entstehen einer neuen, mit der bisherigen nicht mehr identischen Einrichtung. Ebenso kommt der **Aufnahme eines weiteren Tätigkeitsbereiches** keine solche Wirkung zu. Etwas anderes wäre erst dann anzunehmen, wenn die WfbM ihre bisherige Tätigkeit vollständig oder im Wesentlichen einstellen würde, sei es durch Stilllegung der Einrichtung oder aber mit dem Ziel zur Aufnahme gänzlich neuer Tätigkeiten. Davon kann keine Rede sein, wenn es sich z. B. bei einer Gärtnerei um einen organisatorisch unselbstständigen, das gesamte Gepräge der anerkannten WfbM nur unwesentlich beeinflussenden Teil handelt (Bayer. LSG Urteil vom 30. Juni 1994 = Breithaupt 1994, 986).

8. Wegfall der Anerkennung

24 Einer Einrichtung kann die Eigenschaft als WfbM aberkannt werden, wenn die allgemeinen Voraussetzungen für die Rücknahme oder den Widerruf eines begünstigenden Verwaltungsaktes (vgl. § 45, § 47, § 48 SGB X) gegeben sind. Das Gesetz enthält insoweit keine Sonderregelungen.

a) Rücknahme

25 Die Voraussetzungen der **Rücknahme einer Anerkennung** sind in § 45 Abs. 2 bis 5 SGB X geregelt. Die Anerkennung darf nicht zurückgenommen werden, soweit der Träger der Werkstatt auf ihren Bestand vertraut hat und sein **Vertrauen** unter Abwägung des öffentlichen Interesses an einer Rücknahme **schutzwürdig** ist. In der Regel ist das Vertrauen schutzwürdig, wenn der Träger im Hinblick auf die ausgesprochene Anerkennung Vermögensdispositionen getroffen hat, die er nicht mehr oder nur unter unzumutbaren Nachteilen rückgängig machen kann.

Allerdings kann sich der Träger nicht auf Vertrauen berufen, soweit
– er die Anerkennung durch arglistige Täuschung, Drohung oder Bestechung erwirkt hat;
– die Anerkennung auf Angaben beruht, die der Träger der WfbM vorsätzlich oder grob fahrlässig in wesentlicher Beziehung unrichtig oder unvollständig gemacht hat, oder
– der Träger die Rechtswidrigkeit der Erteilung der Anerkennung kannte oder infolge grober Fahrlässigkeit nicht kannte. Grobe Fahrlässigkeit liegt dann vor, wenn der Träger der WfbM die erforderliche Sorgfalt in besonders schwerem Maße verletzt hat.

26 Eine Rücknahme der Anerkennung ist grundsätzlich nur **bis zum Ablauf von zwei Jahren** nach ihrer Bekanntgabe möglich. Dies gilt nicht, wenn Wiederaufnahmegründe entsprechend § 580 ZPO vorliegen. Bis zum Ablauf von zehn Jahren nach ihrer Bekanntgabe kann

die Anerkennung zurückgenommen werden, wenn ihr Erlass auf Angaben beruht, die der Träger der WfbM vorsätzlich oder grob fahrlässig in wesentlicher Beziehung unrichtig oder unvollständig gemacht hat, oder er die Rechtswidrigkeit der Anerkennung kannte oder infolge grober Fahrlässigkeit nicht kannte.

Grundsätzlich darf die Anerkennung nur **mit Wirkung für die Zukunft zurückgenommen** werden. Mit Wirkung für die Vergangenheit kann die Anerkennung lediglich in den Fällen fehlenden Vertrauensschutzes nach § 45 Abs. 2 Satz 3 SGB X und bei Vorliegen eines Wiederaufnahmegrundes (vgl. § 45 Abs. 3 Satz 2 SGB X) zurückgenommen werden. Das muss innerhalb eines Jahres seit Kenntnis der Tatsachen geschehen, welche die Rücknahme für die Vergangenheit rechtfertigen. 27

b) Widerruf

Der **Widerruf der Anerkennung** bestimmt sich nach § 47 Abs. 1 SGB X. Danach darf ein rechtmäßiger begünstigender Verwaltungsakt, auch nachdem er unanfechtbar geworden ist, ganz oder teilweise mit Wirkung für die Zukunft nur widerrufen werden, soweit 28
– der Widerruf durch Rechtsvorschrift zugelassen oder im Verwaltungsakt vorbehalten ist,
– mit dem Verwaltungsakt eine Auflage verbunden ist und der Begünstigte diese nicht oder nicht innerhalb einer ihm gesetzten Frist erfüllt hat.

c) Aufhebung

Die **Aufhebung der Anerkennung** mit Wirkung für die Zukunft ist nach § 48 SGB X möglich. Sie setzt voraus, dass in den tatsächlichen oder rechtlichen Verhältnissen, die beim Erlass dieses Verwaltungsaktes mit Dauerwirkung vorgelegen haben, eine wesentliche Änderung eintritt. Der Verwaltungsakt soll mit Wirkung vom Zeitpunkt der Änderung der Verhältnisse u. a. dann aufgehoben werden, soweit der Betroffene einer durch Rechtsvorschrift vorgeschriebenen Pflicht zur Mitteilung wesentlicher für ihn nachteiliger Änderungen der Verhältnisse vorsätzlich oder grob fahrlässig nicht nachgekommen ist. 29

d) Zuständige Behörde

Zuständig für die Rücknahme, den Widerruf und die Aufhebung der Anerkennung ist jeweils die **Bundesagentur für Arbeit**. Entsprechend dem Verfahren über die Anerkennung ist auch bei deren Beseitigung das Einvernehmen mit dem zuständigen überörtlichen Träger der Sozialhilfe erforderlich (Cramer § 17 WVO Rdnr. 36, 38). 30

9. Verzeichnis anerkannter WfbM

Die Bundesagentur für Arbeit hat nach **Satz 3 und 4** ein Verzeichnis der anerkannten WfbM zu führen, in das auch Zusammenschlüsse anerkannter Werkstätten aufgenommen werden. Dieses Verzeichnis soll privaten Arbeitgebern und Dienststellen der öffentlichen Hand den Zugang zu den WfbM ermöglichen, insbesondere im Hinblick auf die Vergabe von Aufträgen (vgl. § 140, § 141 SGB IX). 31

Das Verzeichnis wird grundsätzlich anhand der eigenen Angaben der Werkstätten erstellt. Es wurde zuletzt im **Dezember 2004 aktualisiert**. Das Werkstättenverzeichnis wird **nicht mehr als Printmedium** geführt, sondern nur noch **im Internet** (abzurufen bei Eingabe des Begriffs „Werkstättenverzeichnis" in der „Stichwortsuche" des Internetportals der BA).

Das Verzeichnis vermittelt den Überblick über die **Leistungsangebote sämtlicher anerkannter Werkstätten**, unterteilt nach Auftragsarbeit, Eigenfertigung und Dienstleistung. Außerdem werden Vertriebsgesellschaften aufgeführt, die im Auftrag anerkannter Werkstätten im eigenen Namen und für eigene Rechnung Waren vertreiben.

Die Aufnahme in das Verzeichnis hat lediglich **deklaratorische Wirkung**. Sie ist nicht konstitutiv für die Qualifikation als anerkannte Werkstatt und begründet insbesondere auch keinen Vertrauensschutz Dritter.

32 Zusätzlich hat das Institut der deutschen Wirtschaft in Köln im Auftrag des Bundesministeriums für Wirtschaft und Arbeit die Datenbank **REHADAT** aufgebaut, die umfangreiche Informationen zur Rehabilitation und Wiedereingliederung von behinderten Menschen enthält, unter anderem auch über das Leistungsangebot von WfbM. Die Datenbank kann über die Internetadresse www.rehadat.de aufgerufen werden.

§ 143
Blindenwerkstätten

Die §§ 140 und 141 sind auch zugunsten von aufgrund des Blindenwarenvertriebsgesetzes anerkannten Blindenwerkstätten anzuwenden.

ERLÄUTERUNGEN

I. Bedeutung der Vorschrift

1 Sie stellt Blindenwerkstätten im Sinne des Blindenwarenvertriebsgesetzes den Werkstätten für behinderte Menschen insofern gleich, als auch diese die Vergünstigungen nach §§ 140 und 141 SGB IX beanspruchen können. Betriebe, in denen ausschließlich Blindenwaren hergestellt und andere Personen als Blinde nur mit Hilfs- oder Nebenarbeiten beschäftigt werden, können gemäß § 5 des Blindenwarenvertriebsgesetzes als Blindenwerkstätten anerkannt werden. Für diese Werkstätten gelten bezüglich der Blindenwaren eine Reihe von Vergünstigungen nach dem Blindenwarenvertriebsgesetz. **Blindenwaren** sind Waren, die in ihren wesentlichen, das Erzeugnis bestimmenden Arbeiten von Blinden hergestellt sind. Sie werden in der VO vom 11. August 1965 (BGBl. I S. 807) im Einzelnen aufgezählt (Bürsten, Besen, Körbe, Matten, Web-, Strick-, Knüpf- und Häkelwaren, Töpfer- und Keramikwaren, Wäscheklammern, Arbeitsschürzen).

2 Die besonderen **Vergünstigungen des Blindenwarenvertriebsgesetzes** liegen darin, dass Blindenwaren mit der entsprechenden Kennzeichnung und unter Hinweis auf die Beschäftigung von Blinden oder die Fürsorge für Blinde vertrieben werden dürfen (§§ 1 – 4 Blindenwarenvertriebsgesetz; vgl. auch Neumann/Pahlen Rdnr. 2 zu § 58 SchwbG).

3 Nach § 143 SGB IX sind auch Aufträge von Arbeitgebern an Blindenwerkstätten nach Maßgabe des § 140 SGB IX auf die Ausgleichsabgabe anrechenbar. Ferner sind Aufträge der öffentlichen Hand bevorzugt Blindenwerkstätten anzubieten (§ 141 SGB IX).

Die Liste der anerkannten Blindenbetriebe ist in ANBA 4/1997 veröffentlicht.

II. Fassung

4 Die Vorschrift wurde unverändert aus dem Regierungsentwurf (BT-Drucks. 14/5531 i. V. m. 14/5074) übernommen. Sie entspricht § 58 SchwbG a. F.

§ 144
Verordnungsermächtigungen

(1) **Die Bundesregierung bestimmt durch Rechtsverordnung mit Zustimmung des Bundesrates das Nähere über den Begriff und die Aufgaben der Werkstatt für behinderte Menschen, die Aufnahmevoraussetzungen, die fachlichen Anforderungen, insbesondere hinsichtlich der Wirtschaftsführung sowie des Begriffs und der Verwendung des Arbeits-**

ergebnisses sowie das Verfahren zur Anerkennung als Werkstatt für behinderte Menschen.

(2) ¹Das Bundesministerium für Arbeit und Soziales bestimmt durch Rechtsverordnung mit Zustimmung des Bundesrates im Einzelnen die Errichtung, Zusammensetzung und Aufgaben des Werkstattrats, die Fragen, auf die sich die Mitwirkung erstreckt, einschließlich Art und Umfang der Mitwirkung, die Vorbereitung und Durchführung der Wahl, einschließlich der Wahlberechtigung und der Wählbarkeit, die Amtszeit sowie die Geschäftsführung des Werkstattrats einschließlich des Erlasses einer Geschäftsordnung und der persönlichen Rechte und Pflichten der Mitglieder des Werkstattrats und der Kostentragung. ²Die Rechtsverordnung kann darüber hinaus bestimmen, dass die in ihr getroffenen Regelungen keine Anwendung auf Religionsgemeinschaften und ihre Einrichtungen finden, soweit sie eigene gleichwertige Regelungen getroffen haben.

ERLÄUTERUNGEN

I. Bedeutung der Vorschrift

In ihr sind zwei bisher anderweitig geregelte Verordnungsermächtigungen zusammengefasst worden.
Abs. 1 übernimmt die zuvor in § 57 Abs. 2 SchwbG a. F. normierte Ermächtigung an die Bundesregierung, durch Rechtsverordnung mit Zustimmung des Bundesrates den **Begriff und die Aufgaben der Werkstatt für behinderte Menschen** näher zu regeln. Die Ermächtigung umfasst ferner die fachlichen Anforderungen an WfbM. In Abs. 1 ist – über die bisherige Fassung des § 57 Abs. 2 SchwbG hinaus – dies näher durch den Zusatz „insbesondere hinsichtlich der Wirtschaftsführung" konkretisiert worden. Ferner kann der Begriff und die Verwendung des Arbeitsergebnisses sowie das Verfahren zur Anerkennung als Werkstatt für behinderte Menschen in der Verordnung geregelt werden.

1

Diese Ermächtigung ist durch die Dritte Verordnung zur Durchführung des Schwerbehindertengesetzes (Werkstättenverordnung Schwerbehindertengesetz – SchwbWV vom 13. August 1980 (BGBl. I S. 365), zuletzt geändert durch Art. 4 des Gesetzes vom 29. September 2000 (BGBl. I S. 394) ausgeschöpft worden. Diese Verordnung führt nunmehr aufgrund der neuen Fassung durch Art. 48 SGB IX die Bezeichnung „Werkstättenverordnung (WVO)".

2

Abs. 2 übernimmt die bisher in § 54c Abs. 4 SchwbG a. F. enthaltene Ermächtigung an das Bundesministerium für Arbeit und Soziales, durch Rechtsverordnung mit Zustimmung des Bundesrates die den Werkstattrat im Sinne von § 139 SGB IX betreffenden Fragen zu regeln. Die Ermächtigung ist gegenüber deren bisheriger Gesetzesfassung in verschiedenen Punkten konkretisiert worden. Neu aufgenommen sind „Art und Umfang der Mitwirkung", die „Vorbereitung" der Wahl, „die Geschäftsführung des Werkstattrats einschließlich des Erlasses einer Geschäftsordnung" und die „persönlichen Rechte und Pflichten der Mitglieder des Werkstattrats" einschließlich der „Kostentragung". Auch der Satz 2 der Vorschrift über die Möglichkeit, Religionsgemeinschaften und ihre Einrichtungen von der Rechtsverordnung auszunehmen, soweit sie „eigene gleichwertige Regelungen" getroffen haben, geht über den bisherigen Gesetzeswortlaut hinaus.

3

Die entsprechende Rechtsverordnung steht bisher aus.

II. Fassung

a) **Abs. 1** der Vorschrift wurde unverändert aus dem Regierungsentwurf (BT-Drucks. 14/5531 i. V. m. 14/5074) übernommen.

4

Hierzu hatte der Bundesrat (BT-Drucks. 14/5531 S. 12) vorgeschlagen, „nach dem Wort „Begriffs" die Wörter „der Ermittlung, der Offenlegung," einzufügen.

Begründung
Die beabsichtigte größere Transparenz der Verwendung des Arbeitsergebnisses schließt eine Ermittlung und Offenlegung notwendig ein. Mit den Ergänzungen ist klargestellt, dass im Rahmen der Verordnungsermächtigung hierzu Regelungen zu treffen sind. Eine hohe Transparenz liegt im Interesse der Rehabilitationsträger. Erst durch Ermittlung und Offenlegung kann die Verwendung des Arbeitsergebnisses tatsächlich geprüft werden."

Dem hatte jedoch die Bundesregierung mit folgenden Erwägungen widersprochen (BT-Drucks. 14/5639 S. 3):

„In einer früheren Fassung des Gesetzentwurfs war in der Ermächtigung ausdrücklich vorgesehen, in der Rechtsverordnung auch das Nähere über die Ermittlung und die Verwendung des Arbeitsergebnisses zu bestimmen. Gegen diese Regelung sind insbesondere von der Bundesarbeitsgemeinschaft der Werkstätten für Behinderte Bedenken erhoben worden."

Diesen Bedenken wurde durch die Formulierung der Ermächtigungsvorschrift Rechnung getragen. Mit dem Begriff „Wirtschaftsführung" wird auf die Überschrift und die Vorschrift des § 12 der Werkstättenverordnung Bezug genommen. Die Verpflichtungen der Werkstätten zur Wirtschaftsführung sind in § 12 Werkstättenverordnung im Einzelnen geregelt. Hierzu gehört aufgrund des neu angefügten Abs. 6 nunmehr ausdrücklich auch die Offenlegung der Ermittlung des Arbeitsergebnisses (Abs. 4) und die Verwendung des Arbeitsergebnisses (Abs. 5). Dem Anliegen ist im Ergebnis also Rechnung getragen.

5 b) Zu **Abs. 2** hat der BT-Ausschuss für Arbeit und Sozialordnung Satz 1 erweitert und den Satz 2 angefügt und hierzu bemerkt (BT-Drucks. 14/5800 S. 37): „Abs. 2 überträgt in erweiterter Fassung den bisherigen § 54c Abs. 4 des Schwerbehindertengesetzes. Die Ermächtigungsvorschrift wird in ihrem Wortlaut erweitert, um alle die nach den Vorstellungen der Beteiligten notwendigen und in der Verordnung vorgesehenen Regelungen treffen zu können. Zur Regelung von Art und Umfang der Mitwirkung gehört auch die Bildung einer Vermittlungsstelle für die Fälle, in denen zwischen Werkstatt und Werkstattrat keine Einigung erzielt werden kann. Die nähere Regelung der „Geschäftsführung" schließt die Möglichkeit zum Erlass einer Geschäftsordnung durch Beschluss des Werkstattrats in sich ein.

Aufgrund der erweiterten gesetzlichen Ermächtigung kann in der Rechtsverordnung außerdem bestimmt werden, dass die in ihr getroffenen Regelungen insoweit keine Anwendung auf Religionsgemeinschaften und ihre Einrichtungen finden, als sie eigene gleichwertige Regelungen getroffen haben."

KAPITEL 13

Unentgeltliche Beförderung schwerbehinderter Menschen im öffentlichen Personenverkehr

§ 145
Unentgeltliche Beförderung, Anspruch auf Erstattung der Fahrgeldausfälle

(1) ¹Schwerbehinderte Menschen, die infolge ihrer Behinderung in ihrer Bewegungsfähigkeit im Straßenverkehr erheblich beeinträchtigt oder hilflos oder gehörlos sind, werden von Unternehmern, die öffentlichen Personenverkehr betreiben, gegen Vorzeigen eines entsprechend gekennzeichneten Ausweises nach § 69 Abs. 5 im Nahverkehr im Sinne des § 147 Abs. 1 unentgeltlich befördert; die unentgeltliche Beförderung verpflichtet zur Zahlung eines tarifmäßigen Zuschlages bei der Benutzung zuschlagpflichtiger Züge des Nahverkehrs. ²Voraussetzung ist, dass der Ausweis mit einer gültigen Wertmarke versehen ist. ³Sie wird gegen Entrichtung eines Betrages von 60 Euro für ein Jahr oder 30 Euro für ein halbes Jahr ausgegeben. ⁴Wird sie vor Ablauf der Gültigkeitsdauer zurückgegeben, wird auf Antrag für jeden vollen Kalendermonat ihrer Gültigkeit nach Rückgabe ein Betrag von 5 Euro erstattet, sofern der zu erstattende Betrag 15 Euro nicht unterschreitet; entsprechendes gilt für jeden vollen Kalendermonat nach dem Tod des schwerbehinderten Menschen. ⁵Auf Antrag wird eine für ein Jahr gültige Wertmarke, ohne dass der Betrag nach Satz 3 zu entrichten ist, an schwerbehinderte Menschen ausgegeben,

1. die blind im Sinne des § 72 Abs. 5 des Zwölften Buches oder entsprechender Vorschriften oder hilflos im Sinne des § 33b des Einkommensteuergesetzes oder entsprechender Vorschriften sind oder

2. Leistungen zur Sicherung des Lebensunterhalts nach dem Zweiten Buch oder für den Lebensunterhalt laufende Leistungen nach dem Dritten und Vierten Kapitel des Zwölften Buches, dem Achten Buch oder den §§ 27a und 27d des Bundesversorgungsgesetzes erhalten oder

3. die am 1. Oktober 1979 die Voraussetzungen nach § 2 Abs. 1 Nr. 1 bis 4 und Abs. 3 des Gesetzes über die unentgeltliche Beförderung von Kriegs- und Wehrdienstbeschädigten sowie von anderen Behinderten im Nahverkehr vom 27. August 1965 (BGBl. I S. 978), zuletzt geändert durch Artikel 41 des Zuständigkeitsanpassungsgesetzes vom 18. März 1975 (BGBl. I S. 705), erfüllten, solange der ein Grad der Schädigungsfolgen von mindestens 70 festgestellt ist oder von mindestens 50 festgestellt ist und sie infolge der Schädigung erheblich gehbehindert sind; das Gleiche gilt für schwerbehinderte Menschen, die diese Voraussetzungen am 1. Oktober 1979 nur deshalb nicht erfüllt haben, weil sie ihren Wohnsitz oder ihren gewöhnlichen Aufenthalt zu diesem Zeitpunkt in dem in Artikel 3 des Einigungsvertrages genannten Gebiet hatten.

⁶Die Wertmarke wird nicht ausgegeben, solange der Ausweis einen gültigen Vermerk über die Inanspruchnahme von Kraftfahrzeugsteuerermäßigung trägt. ⁷Die Ausgabe der Wertmarken erfolgt auf Antrag durch die nach § 69 Abs. 5 zuständigen Behörden. ⁸Die Landesregierung oder die von ihr bestimmte Stelle kann die Aufgaben nach Absatz 1 Sätze 3 bis 5 ganz oder teilweise auf andere Behörden übertragen. ⁹Für Streitigkeiten im Zusammenhang mit der Ausgabe der Wertmarke gilt § 51 Abs. 1 Nr. 7 des Sozialgerichtsgesetzes entsprechend.

(2) Das Gleiche gilt im Nah- und Fernverkehr im Sinne des § 147, ohne dass die Voraussetzung des Absatzes 1 Satz 2 erfüllt sein muss, für die Beförderung

1. einer Begleitperson eines schwerbehinderten Menschen im Sinne des Absatzes 1, wenn die Berechtigung zur Mitnahme einer Begleitperson nachgewiesen und dies im Ausweis des schwerbehinderten Menschen eingetragen ist, und

§ 145 Unentgeltliche Beförderung, Anspruch auf Erstattung der Fahrgeldausfälle

2. des Handgepäcks, eines mitgeführten Krankenfahrstuhls, soweit die Beschaffenheit des Verkehrsmittels dies zulässt, sonstiger orthopädischer Hilfsmittel und eines Führhundes; das Gleiche gilt für einen Hund, den ein schwerbehinderter Mensch mitführt, in dessen Ausweis die Berechtigung zur Mitnahme einer Begleitperson nachgewiesen ist.

(3) Die durch die unentgeltliche Beförderung nach den Absätzen 1 und 2 entstehenden Fahrgeldausfälle werden nach Maßgabe der §§ 148 bis 150 erstattet.

ERLÄUTERUNGEN

I. Bedeutung der Vorschrift

1   Sie gewährt drei Gruppen von schwerbehinderten Menschen das Recht auf unentgeltliche Beförderung im öffentlichen Personennahverkehr, nämlich
– denjenigen, die infolge ihrer Behinderung in ihrer Bewegungsfähigkeit im Straßenverkehr erheblich beeinträchtigt sind,
– den Gehörlosen sowie
– den infolge ihrer Behinderung Hilflosen.

2   Unentgeltlich befördert werden aber nur diejenigen behinderten Menschen, die einen entsprechenden Ausweis mit gültiger Werkmarke vorweisen können. Sie wird grundsätzlich gegen ein Entgelt von 120,00 DM jährlich ausgegeben. Anspruch auf eine unentgeltliche Werkmarke haben wiederum drei Gruppen von schwerbehinderten Menschen, nämlich diejenigen,
– die blind oder hilflos im Sinne einschlägiger Vorschriften sind oder
– die Arbeitslosenhilfe oder Hilfe zum Lebensunterhalt nach dem BSHG, dem SGB VIII oder dem BVG beziehen oder
– die bereits am 1. Oktober 1979 als Kriegs- und Wehrdienstbeschädigte und Verfolgte anerkannt waren bzw. einen Anspruch auf Versorgung nach dem BVG allein infolge ihres Wohnsitzes in der damaligen DDR nicht hatten.

3   Die Wertmarke wird nicht an schwerbehinderte Menschen ausgegeben, die Kraftfahrzeugsteuerermäßigung erhalten. Für die Ausgabe der Wertmarken sind die Versorgungsämter bzw. nach Landesrecht hierzu bestimmte Stellen zuständig. Streitigkeiten um die Wertmarke sind vor den Sozialgerichten auszutragen (**Abs. 1**).

4   Im Nah- und Fernverkehr sind außerdem notwendige Begleitpersonen unentgeltlich zu befördern, ohne dass eine Wertmarke auf dem Ausweis aufgeklebt sein muss (**Abs. 2 Nr. 1**). Stets unentgeltlich zu befördern ist im Nah- und Fernverkehr Handgepäck des schwerbehinderten Menschen sowie ein mitgeführter Krankenfahrstuhl, soweit die Beschaffenheit des Verkehrsmittels dies zulässt, sonstige orthopädische Hilfsmittel und ein Führhund (**Abs. 2 Nr. 2**).

5   Alle aus den Abs. 1 und 2 entstehenden Fahrgeldausfälle sind dem Unternehmer des öffentlichen Personenverkehrs nach den in §§ 148 – 150 SGB IX festgelegten Regeln zu erstatten (**Abs. 3**).

II. Fassung

6   Die Vorschrift wurde mit folgenden Abweichungen aus dem Regierungsentwurf (BT-Drucks. 14/5531 i. V. m. 14/5074) übernommen: In Abs. 1 Satz 4 wurde der Halbsatz 2 eingefügt („Entsprechendes gilt für jeden vollen Kalendermonat nach dem Tod des schwerbe-

hinderten Menschen"). Ferner wurde die zunächst als Abs. 1 Satz 8 vorgesehene Ermächtigung an die Bundesregierung zum Erlass einer Rechtsverordnung als neuer Abs. 1 in § 154 SGB IX eingefügt.

Im Übrigen entspricht die Vorschrift dem bisherigen § 59 SchwbG a. F.

III. Anmerkungen

A) zu Abs. 1

1. Freifahrtberechtigter Personenkreis

Die Freifahrtberechtigung steht schwerbehinderten Menschen zu, die infolge ihrer Behinderung in ihrer Bewegungsfähigkeit im Straßenverkehr erheblich beeinträchtigt oder hilflos oder gehörlos sind (**Abs. 1 Satz 1**).

7

a) Bewegungsbehinderung

Die Voraussetzungen des Merkmals „in seiner Bewegungsfähigkeit im Straßenverkehr erheblich beeinträchtigt" werden in § 146 Abs. 1 SGB IX näher beschrieben. Auf die Erläuterungen zu dieser Vorschrift wird Bezug genommen.

8

b) Hilflos

Hilflos im Sinne der Vorschrift ist, wer auf Dauer die gewöhnlichen und regelmäßig wiederkehrenden Verrichtungen, wie sie der Ablauf des täglichen Lebens erfordert, ohne fremde Hilfe und Pflege nicht bewältigen kann. Das trifft auch dann zu, wenn die Hilfe in Form einer Überwachung oder einer Anleitung zu den genannten Verrichtungen erforderlich ist oder wenn die Hilfe zwar nicht dauernd geleistet werden muss, jedoch eine ständige Bereitschaft zur Hilfeleistung erforderlich ist (vgl. § 33b Abs. 3 Satz 2, Abs. 6 Satz 2 und 3 EStG und § 35 Abs. 1 Satz 2 und 3 BVG). Dieser im EStG und übereinstimmend im BVG gebrauchte Begriff der Hilflosigkeit wird durch § 3 Abs. 1 Nr. 2 SchwbAwV auch im Anwendungsbereich von § 145 SGB IX für maßgebend erklärt.

9

Hilflos sind danach **insbesondere** Personen, die beim An- und Auskleiden, bei der Nahrungsaufnahme, der Körperpflege, beim Verrichten der Notdurft, bei der Mobilität sowie bei geistigen Anregungen und bei der Kommunikation dauernd fremde Hilfe benötigen (Basiskommentar Rdnr. 6 zu § 59 SchwbG). Diese Hilfe muss nicht unbedingt für alle Verrichtungen erforderlich sein. Es reicht aber nicht aus, dass bei einer einzelnen Verrichtung Hilfe geleistet werden muss, selbst wenn diese lebensnotwendig sein sollte. Allerdings darf es sich nicht nur um einzelne Verrichtungen handeln, selbst wenn diese lebensnotwendig sind. So liegt Hilflosigkeit nicht vor, wenn dreimal wöchentlich je acht Stunden Hilfeleistungen an der Heimdialyse erforderlich sind. Kommen zu den dialysepflichtigen Nierenleiden andere Behinderungen hinzu, kann die erforderliche Gesamtbetrachtung dennoch zur Annahme von Hilflosigkeit führen (BSG SozR 3100 § 35 Nr. 16 und SozSich 1988, 188).

10

Hauswirtschaftliche Verrichtungen wie z. B. Instandhaltung und Reinigung der Wohnung, Einkaufen von Lebensmitteln, Nahrungszubereitung und Wäschewaschen sind beim Begriff der Hilflosigkeit nicht zu berücksichtigen (⊞ BSG Urteil vom 2. Juli 1997 – 9 RVs 9/96, = SozSich 1998, 78 [Ls]). Dieser unterscheidet sich damit von dem der Pflegebedürftigkeit nach § 14 SGB XI.

11

c) Gehörlos

Hierunter sind nicht nur Menschen mit vollständigem Gehörverlust auf beiden Ohren zu verstehen. Vielmehr fallen hierunter auch Hörbehinderte mit einer an Taubheit grenzenden Schwerhörigkeit beiderseits, wenn daneben schwere Sprachstörungen (schwer verständliche Lautsprache, geringer Sprachschatz) vorliegen. In der Regel sind dies Hörbehinderte, bei denen die an Taubheit grenzende Schwerhörigkeit angeboren oder in der Kindheit erworben

12

worden ist (Cramer Rdnr. 6 zu § 59 SchwbG m. w. N.). Hingegen werden bei Hörverlust zwischen 60 und 80% auf beiden Ohren (gleich hochgradige Schwerhörigkeit) oder bei hochgradiger Schwerhörigkeit auf einem Ohr und an Taubheit grenzender Schwerhörigkeit (80 – 95% Hörverlust) auf dem anderen Ohr die Voraussetzungen der Freifahrtberechtigung verneint (näher und krit. hierzu Spiolek in GK-SchwbG Rdnr. 31 f.; Basiskommentar Rdnr. 5, jeweils zu § 59).

2. Öffentlicher Nahverkehr

13 Die Verpflichtung zur unentgeltlichen Beförderung besteht für Unternehmer, die öffentlichen Personenverkehr im Nahverkehr betreiben. Dieser Begriff ist in § 147 Abs. 1 SGB IX definiert.

3. Entsprechend gekennzeichneter Ausweis

14 Voraussetzung für den Anspruch auf die unentgeltliche Beförderung ist das Vorzeigen eines entsprechend gekennzeichneten und mit einer gültigen Wertmarke versehenen Ausweises. Dieser wird nach § 69 Abs. 5 SGB IX von der Versorgungsbehörde ausgestellt und muss die Kennzeichnung eines orangefarbenen Flächenaufdrucks enthalten (§ 1 Abs. 2 SchwbAwV). Nur wenn der schwerbehinderte Mensch den Ausweis vorzeigen kann, hat er Anspruch auf unentgeltliche Beförderung. Das gilt auch in Fällen einer offenkundigen Behinderung. Wird der Ausweis vergessen oder verloren oder ist er zur Zeit der Beförderung nicht auffindbar, muss das Fahrgeld entrichtet werden. Es besteht kein Anspruch darauf, das Fahrgeld später nach Vorlage des Ausweises erstattet zu erhalten (Neumann/Pahlen Rdnr. 8; Cramer Rdnr. 7, jeweils zu § 59 SchwbG).

4. Wertmarke

15 Der Ausweis muss mit einer gültigen Wertmarke versehen sein (**Abs. 1 Satz 2**). Diese wird gegen ein **Entgelt** von 120 DM für ein Jahr oder 60 DM für ein halbes Jahr von den für die Ausstellung des Ausweises nach § 69 Abs. 5 SGB IX zuständigen Versorgungsbehörden ausgegeben (**Abs. 1 Satz 3 und 7**). Auf der Wertmarke werden eingetragen das Jahr und der Monat, von dem an sie gültig ist, sowie das Jahr und der Monat, in dem die Gültigkeit abläuft (§ 3a Abs. 2 Satz 2 SchwbAwV). Über den Gültigkeitsbeginn kann der schwerbehinderte Mensch bestimmen.

16 Die Wertmarke kann vor Ablauf der Gültigkeitsdauer **zurückgegeben** werden. In diesem Fall wird auf Antrag für jeden vollen Kalendermonat ihrer Gültigkeit nach Rückgabe ein Betrag von zehn DM erstattet. Allerdings darf der zu erstattende Betrag 30 DM nicht unterschreiten. Die Jahreswertmarke muss demnach spätestens mit Ablauf des neunten Monats, die Halbjahresmarke mit Ablauf des dritten Monats zurückgegeben worden sein. Nach dem Tod des schwerbehinderten Menschen können die Erben in entsprechender Anwendung dieser Regelung Erstattung für die Restdauer einer nicht mehr benutzbaren Wertmarke verlangen (**Abs. 1 Satz 4 Halbs. 2**).

17 Streitigkeiten im Zusammenhang mit der Ausgabe der Wertmarke sind vor den **Sozialgerichten** auszutragen. Die Bestimmung des § 51 Abs. 4 SGG wird durch **Abs. 1 Satz 9** für entsprechend anwendbar erklärt.

5. Ausgabe unentgeltlicher Jahreswertmarken

18 Auf Antrag wird eine für ein Jahr gültige Wertmarke ohne Entrichtung des Entgelts von 120 DM an drei Gruppen schwerbehinderter Menschen ausgegeben (**Abs. 1 Satz 5**).

a) blinde oder hilflose Menschen

Der Begriff der Blindheit richtet sich nach § 76 Abs. 2a Nr. 3a BSHG. Blind ist ein schwerbehinderter Mensch, dem das Augenlicht vollständig fehlt oder dessen Sehschärfe auf keinem

Auge und auch nicht bei beidäugiger Prüfung mehr als 1/50 beträgt oder wenn andere Störungen des Sehvermögens von einem solchen Schweregrad vorliegen, dass sie dieser Beeinträchtigung der Sehschärfe gleichkommen (vgl. Anhaltspunkte 1996, 23).
Zum Begriff der Hilflosigkeit vgl. oben Rdnrn. 9 ff.

b) Empfänger bestimmter Sozialleistungen

Unentgeltlich befördert werden nach **Abs. 1 Satz 5 Nr. 2** auch schwerbehinderte Menschen, die Arbeitslosenhilfe oder laufende Leistungen zum Lebensunterhalt nach dem BSHG, dem SGB VIII oder nach §§ 27a, 27d BVG beziehen. 19

Die Voraussetzungen für den Bezug von Arbeitslosenhilfe sind in §§ 190 ff. SGB III geregelt. Danach hat Anspruch auf Arbeitslosenhilfe, wer arbeitslos ist, sich beim Arbeitsamt arbeitslos gemeldet hat, keinen Anspruch auf Arbeitslosengeld besitzt, weil die Anwartschaftszeit nicht erfüllt ist, bedürftig ist und die besonderen Anspruchsvoraussetzungen erfüllt (§ 190 Abs. 1, § 191 SGB III). Die Arbeitslosenhilfe soll jeweils für längstens ein Jahr bewilligt werden. Vor einer erneuten Bewilligung sind die Anspruchsvoraussetzungen zu prüfen (§ 190 Abs. 3 SGB III).

Bei wörtlichem Verständnis der Vorschrift wäre sie bei Sozialhilfeempfängern auf solche zu 20 beschränken, die Hilfe zum Lebensunterhalt nach §§ 11 – 26 BSHG beziehen, nicht aber die vom Leistungsumfang her bedeutsameren Hilfen in besonderen Lebenslagen nach §§ 27 – 75 BSHG. Diese Auslegung wäre jedoch im Vergleich zu den ebenfalls im Gesetz genannten Anspruchsberechtigten, die Leistungen nach § 27d BVG erhalten, widersprüchlich und unbillig, weil dort gerade Hilfen in besonderen Lebenslagen eingeschlossen werden. Deshalb sollte bei den schwerbehinderten Sozialhilfeempfängern nicht nach der Eigenart des Anspruchs differenziert werden, um sie nicht schlechter zu stellen als schwerbehinderte Versorgungsberechtigte (Spiolek in GK-SchwbG Rdnr. 55; ebenso Cramer Rdnr. 7c, je zu § 59 SchwbG).

Ferner sind anspruchsberechtigt schwerbehinderte Minderjährige, die laufende Leistungen 21 nach § 39 Abs. 1 SGB VIII beziehen. Dies sind Empfänger von Jugendhilfeleistungen in Form der Hilfe zur Erziehung in einer Tagesgruppe gem. § 32 SGB VIII, der Erziehung in Vollzeitpflege nach § 33 SGB VIII, der Hilfe zur Erziehung in Form von Heimerziehung oder sonstigen betreuten Wohnformen nach § 34 SGB VIII, der intensiven sozialpädagogischen Betreuung im Sinne des § 35 SGB VIII sowie der Eingliederungshilfe in Tageseinrichtungen für Kinder oder in anderen teilstationären Einrichtungen durch geeignete Pflegepersonen oder in Einrichtungen über Tag und Nacht sowie sonstigen Wohnformen nach § 35a Abs. 1 Satz 2 Nr. 2 – 4 SGB VIII.

Die genannten Hilfen sollen auch junge Volljährige als Hilfe für die Persönlichkeitsentwicklung und zu einer eigenverantwortlichen Lebensführung erhalten (§ 41 SGB VIII). Deshalb haben sie als schwerbehinderte Menschen auch kein Entgelt für die Wertmarke zu entrichten (Spiolek in GK-SchwbG Rdnr. 57 zu § 49).

Auch schwerbehinderte Menschen, die Anspruch auf ergänzende Hilfe zum Lebensunterhalt 22 nach § 27a BVG oder Hilfe in besonderen Lebenslagen nach § 27d BVG haben, sind freifahrtberechtigt.

c) Versorgungsberechtigte schwerbehinderte Menschen

Die Regelung in Abs. 1 Satz 5 Nr. 3 dient der Wahrung des Bestandsschutzes für bereits am 23 1. Oktober 1979 anerkannte Kriegs- und Wehrdienstbeschädigte und gleichgestellte Förderungs- oder Entschädigungsberechtigte. Hatten diese am Stichtag ohne Rücksicht auf ihr Einkommen Anspruch auf Freifahrt (dies trifft zu bei MdE infolge der anerkannten Schädigungen wenigstens 70 v. H. – oder zwar nur wenigstens 50 v. H., jedoch bei erheblicher Gehbehinderung infolge der Schädigung), bleibt der Anspruch auch nach nunmehr geltendem Recht bewahrt. Das Gleiche gilt für schwerbehinderte Menschen, die diese Voraussetzungen am 1. Oktober 1979 nur deshalb nicht erfüllt haben, weil sie ihren Wohnsitz oder ihren gewöhnlichen Aufenthalt zu diesem Zeitpunkt in dem Gebiet der ehemaligen DDR hatten.

6. Keine Freifahrtberechtigung bei Kraftfahrzeugsteuerermäßigung

24 Außergewöhnlich Gehbehinderte, Hilflose, Blinde, Versorgungs- bzw. Entschädigungsberechtigte sind nach § 3a Abs. 1 Kraftfahrzeugsteuergesetz **von der Kfz-Steuer befreit**. Dies schließt nicht ihren gleichzeitigen Anspruch auf unentgeltliche Beförderung im öffentlichen Personennahverkehr aus.

Hingegen können in ihrer Bewegungsfähigkeit im Straßenverkehr erheblich beeinträchtigte schwerbehinderte Menschen sowie Gehörlose **Kfz-Steuerermäßigung** beanspruchen (§ 3a Abs. 2 Kraftfahrzeugsteuergesetz). In diesem Fall ist ausgeschlossen, dass beide Vergünstigungen in Anspruch genommen werden (**Abs. 1 Satz 6**). Schwerbehinderte Menschen haben zu wählen, ob sie das Recht zur unentgeltlichen Beförderung oder die Kraftfahrzeugsteuerermäßigung um 50 v. H. in Anspruch nehmen wollen. An diese Entscheidung sind sie nicht auf Dauer gebunden. Sie können vielmehr später ohne weiteres von der einen Art des Nachteilsausgleichs zur anderen wechseln (hierzu Cramer Rdnr. 7c zu § 59 SchwbG).

B) zu Abs. 2
1. Beförderung einer Begleitperson

25 Schwerbehinderte Menschen selbst haben nur Anspruch auf unentgeltliche Beförderung im öffentlichen **Nahverkehr**. Hingegen können Begleitpersonen sowohl im Nah- und Fernverkehr unentgeltlich befördert werden. Hierfür muss der Ausweis des schwerbehinderten Menschen nicht mit einer gültigen Wertmarke versehen sein.

26 Voraussetzung ist lediglich, dass eine ständige Begleitung **notwendig** ist und dies im **Ausweis** des schwerbehinderten Menschen eingetragen ist. Ständige Begleitung ist bei schwerbehinderten Menschen notwendig, die bei Benutzung von öffentlichen Verkehrsmitteln infolge ihrer Behinderung zur Vermeidung von Gefahren für sich oder andere regelmäßig auf fremde Hilfe angewiesen sind (§ 146 Abs. 2 SGB IX).

27 Die Verpflichtung der Verkehrsunternehmen besteht nur gegenüber **jeweils einer Begleitperson**. Sollte etwa zur Begleitung eines Rollstuhlfahrers eine zweite Begleitperson notwendig sein, hat der schwerbehinderte Mensch für diese zu zahlen (Cramer Rdnr. 11 nach § 59 SchwbG). Begleitperson kann jedermann sein, auch ein Kind oder ein anderer schwerbehinderter Mensch. Eine Ausnahme gilt nur für solche schwerbehinderten Menschen, die selbst bewegungsbehindert und auf ständige Begleitung angewiesen sind (OVG Lüneburg ZfSH/SGB 1985, 513).

Die Beförderung der Begleitperson im Fernverkehr ist nicht auf die zweite Wagenklasse begrenzt (vgl. § 147 Abs. 2 SGB IX). Hingegen besteht der Anspruch des schwerbehinderten Menschen auf Freifahrt im Nahverkehr nur in der zweiten Wagenklasse (§ 147 Abs. 1 Nr. 3 – 6 SGB IX). Folglich kann auch die Begleitperson im Nahverkehr nur unentgeltliche Beförderung in der zweiten Wagenklasse beanspruchen.

28 Allerdings ist die Regelung in folgendem Punkt lückenhaft: Die Begleitperson ist nicht berechtigt, zur kostenlosen **Rückfahrt** ohne den schwerbehinderten Menschen, wenn sie ihn z. B. zu einem bestimmten Ort gebracht hat und ohne ihn zum Ausgangspunkt zurückkehren will (Spiolek in GK-SchwbG Rdnr. 16 zu § 60).

2. Beförderung von Handgepäck

29 Handgepäck ist im Nah- und Fernverkehr unentgeltlich zu befördern (**Abs. 2 Nr. 2**). Hierunter ist nur das mitgeführte, bei der Person unterzubringende Gepäck zu verstehen. In der Regel handelt es sich um leicht tragbare Gegenstände wie Koffer, Säcke, Taschen oder

Kisten. Eine Stückzahlbegrenzung ist zwar nicht vorgesehen; eine Vielzahl von Stücken sind aber nicht mehr tragbar und daher kein Handgepäck mehr (Neumann/Pahlen Rdnr. 12 zu § 59 SchwbG).

Das Handgepäck der Begleitperson ist dann unentgeltlich zu befördern, wenn die Begleitperson selbst unentgeltlich mitreist.

Unentgeltlich zu befördern sind ferner Krankenfahrstühle und sonstige **orthopädische Hilfsmittel** im Sinne von § 31 SGB IX sowie ein **Führhund**. Krankenfahrstühle sind aber nur dann zu befördern, wenn dies nach der Beschaffenheit des Verkehrsmittels möglich ist. Diese letztgenannte Einschränkung ist an sich überflüssig, weil § 145 nur die Verpflichtung der Unternehmer des öffentlichen Personenverkehrs zur unentgeltlichen Beförderung regelt. Die Frage, ob grundsätzlich eine Pflicht zur Beförderung der Begleitpersonen des schwerbehinderten Menschen und von Reisegepäck besteht, richtet sich nach dem allgemeinen Personenbeförderungsrecht, z. B. § 22 PBefG, § 3 EVO (Neumann/Pahlen Rdnr. 11; Cramer Rdnr. 13, jeweils zu § 59 SchwbG).   30

C) zu Abs. 3

1. Erstattung der Fahrgeldausfälle

Die Vorschrift legt den Grundsatz fest, nach dem alle aus den Abs. 1 und 2 entstehenden Fahrgeldausfälle erstattet werden. Die Einzelheiten der Erstattung regeln die §§ 148 – 151 SGB IX. Ein Unternehmer, der einen öffentlichen Personenverkehr betreibt, hat demnach einen öffentlich-rechtlichen Anspruch gegenüber staatlichen Stellen. Für das Erstattungsverfahren gelten das Verwaltungsverfahrensgesetz und die entsprechenden Gesetze der Länder. Bei Streitigkeiten über die Erstattungen und die Vorauszahlung ist der Verwaltungsrechtsweg gegeben (§ 150 Abs. 7 SGB IX).   31

§ 146
Persönliche Voraussetzungen

(1) ¹In seiner Bewegungsfähigkeit im Straßenverkehr erheblich beeinträchtigt ist, wer infolge einer Einschränkung des Gehvermögens (auch durch innere Leiden oder infolge von Anfällen oder von Störungen der Orientierungsfähigkeit) nicht ohne erhebliche Schwierigkeiten oder nicht ohne Gefahren für sich oder andere Wegstrecken im Ortsverkehr zurückzulegen vermag, die üblicherweise noch zu Fuß zurückgelegt werden. ²Der Nachweis der erheblichen Beeinträchtigung in der Bewegungsfähigkeit im Straßenverkehr kann bei schwerbehinderten Menschen mit einem Grad der Behinderung von wenigstens 80 nur mit einem Ausweis mit halbseitigem orangefarbenen Flächenaufdruck und eingetragenem Merkzeichen G geführt werden, dessen Gültigkeit frühestens mit dem 1. April 1984 beginnt, oder auf dem ein entsprechender Änderungsvermerk eingetragen ist.

(2) ¹Zur Mitnahme einer Begleitperson sind schwerbehinderte Menschen berechtigt, die bei der Benutzung von öffentlichen Verkehrsmitteln infolge ihrer Behinderung regelmäßig auf Hilfe angewiesen sind. ²Die Feststellung bedeutet nicht, dass die schwerbehinderte Person, wenn sie nicht in Begleitung ist, eine Gefahr für sich oder für andere darstellt.

ERLÄUTERUNGEN

I. Bedeutung der Vorschrift

Die Vorschrift definiert in **Abs. 1**, wann ein schwerbehinderter Mensch in seiner Bewegungsfähigkeit im Straßenverkehr erheblich beeinträchtigt ist. Dies ist ein alternatives Tatbe-   1 standsmerkmal für den Anspruch auf unentgeltliche Beförderung nach § 145 Abs. 1 Satz 1 SGB IX.

2   In **Abs. 2** wird näher umschrieben, wann eine ständige Begleitung bei schwerbehinderten Menschen notwendig ist. Das ist Voraussetzung für die unentgeltliche Beförderung einer Begleitperson im Nah- und Fernverkehr (§ 145 Abs. 2 Nr. 1 SGB IX).

II. Fassung

3   Die Vorschrift wurde unverändert aus dem Regierungsentwurf (BT-Drucks. 14/5531 i. V. m. 14/5074) übernommen. Sie entspricht dem bisherigen § 60 SchwbG.

III. Anmerkungen

A) zu Abs. 1

1. Beeinträchtigung der Bewegungsfähigkeit

4   In seiner Bewegungsfähigkeit im Straßenverkehr erheblich beeinträchtigt ist, wer infolge einer Einschränkung des Gehvermögens auch durch innere Leiden oder infolge von Anfällen oder von Störungen der Orientierungsfähigkeit nicht ohne erhebliche Schwierigkeiten oder nicht ohne Gefahren für sich oder andere **Wegstrecken im Ortsverkehr** zurückzulegen vermag, die **üblicherweise noch zu Fuß zurückgelegt werden**. Üblicherweise werden im Ortsverkehr von nicht gehbehinderten Personen noch Wege von bis zu zwei Kilometer Länge bei einer Gehdauer von einer halben Stunde zurückgelegt (BSGE 62, 273 = SozR 3870 § 60 Nr. 2 = ZfSH/SGB 1988, 363 = BehindertenR 1988, 86; Neumann/Pahlen Rdnr. 2; Cramer Rdnr. 2, jeweils zu § 60 SchwbG; Basiskommentar Rdnr. 3 zu § 59 SchwbG). Hierbei ist stets das Gehvermögen auf **ebenen Wegen** oder mit nur wenigen leichten Steigungen oder Gefällstrecken zugrunde zu legen.

5   Kann ein schwerbehinderter Mensch solche Strecken ohne erhebliche Schwierigkeiten und ohne Gefährdung für sich und andere zurücklegen, ist er nicht erheblich bewegungsbeeinträchtigt und daher für die kostenlose Beförderung nicht anspruchsberechtigt. Dies gilt namentlich bei Verlust eines Armes, einer Hand, eines Auges, bei Schwerhörigkeit unterhalb der Schwelle der Gehörlosigkeit oder bei inneren Beeinträchtigungen ohne Auswirkungen auf die Beweglichkeit, auch nach einem Herzinfarkt (Neumann/Pahlen Rdnr. 2). Anders ist dies hingegen bei Stuhlinkontinenz (BSG SozSich 1988, 381) oder bei Problemen beim Ein- und Aussteigen (BSG BehindertenR 1989, 70).

6   Für die Beurteilung des Gehvermögens wird im Regelfall die Einholung eines **ärztlichen Gutachtens** erforderlich sein. Hinweise, bei welchem Schweregrad in aller Regel die für die Feststellung maßgebenden Voraussetzungen erforderlich sind, enthalten die „Anhaltspunkte für die ärztliche Gutachtertätigkeit" in Nr. 30.

2. Nachweis durch Ausweis

7   Bis zum 31. März 1984 enthielt § 60 Abs. 1 Satz 2 SchwbG a. F. eine unwiderlegliche Vermutung dafür, dass schwerbehinderte Menschen, die in ihrer Erwerbsfähigkeit nicht nur vorübergehend um wenigstens 80 v. H. gemindert sind, als in ihrer Bewegungsfähigkeit im Straßenverkehr erheblich beeinträchtigt anzusehen sind. Damit waren in die Freifahrtberechtigung auch schwerbehinderte Menschen einbezogen, die wegen Art und Schwere ihrer Behinderung zu 80 v. H. und mehr getroffen sind, ohne dass sie dadurch in ihrer Bewegungsfähigkeit im Straßenverkehr erheblich beeinträchtigt sind. Hierzu gehörten etwa Behinderte mit angeborener Gehörlosigkeit oder mit dem Verlust eines Armes im Schultergelenk (Cramer Rdnr. 3 zu § 60 SchwbG). Diese Regelung wurde im Haushaltsbegleitgesetz 1984 mit Ablauf des 31. März 1984 gestrichen, um die Freifahrtberechtigung auf diejenigen zu beschränken, die tatsächlich bewegungsbehindert sind. Seit dem 1. April 1984 kann ein schwerbehinderter Mensch mit einer M. d. E. um 80 bis 100 v. H. – seit 1. August 1986: mit einem GdB von 80 bis 100 – den Nachweis der Bewegungsbehinderung nur mit einem

Ausweis mit Merkzeichen „G" führen, der nach dem 31. März 1984 ausgestellt worden ist oder auf dem vermerkt ist, dass das eingetragene Merkzeichen „G"auch nach dem 1. April 1984 gilt (Cramer Rdnr. 3 zu § 60 SchwbG). Allerdings sind die Auswirkungen der Gesetzesänderung dadurch teilweise wieder rückgängig gemacht worden, dass Gehörlose und Hilflose auch ohne gleichzeitiges Vorliegen einer Bewegungsbehinderung mit Wirkung vom 1. Oktober 1985 in den freifahrtberechtigten Personenkreis des nunmehrigen § 145 Abs. 1 Satz 1 SGB IX aufgenommen worden sind (Cramer a. a. O.).

B) zu Abs. 2
1. Ständige Begleitung

Die Vorschrift umschreibt die Voraussetzungen der „Notwendigkeit ständiger Begleitung" im Sinne des § 145 Abs. 2 Nr. 1 SGB IX, aus welcher der Anspruch auf unentgeltliche Beförderung einer Begleitperson im Nah- und Fernverkehr folgt. Ständige Begleitung ist danach bei schwerbehinderten Menschen notwendig, die infolge ihrer Behinderung zur **Vermeidung von Gefahren für sich oder andere** bei Benutzung von öffentlichen Verkehrsmitteln regelmäßig auf fremde Hilfe angewiesen sind. Dies ist bei Blinden, Ohnhändern und Querschnittsgelähmten stets anzunehmen (Dörner Anm. II; Spiolek in GK-SchwbG Rdnr. 13, jeweils zu § 60). Ferner sind in Anlehnung an die Anhaltspunkte (Nr. 32) stets als begleitungsbedürftig anzusehen schwer Sehbehinderte (GdB von mindestens 70 oder GdB von 50 bzw. 60 in Kombination mit erheblichen Störungen der Ausgleichsfunktion, etwa hochgradiger Schwerhörigkeit beiderseits), Hörbehinderte, geistig Behinderte und Anfallskranke, bei denen die Annahme einer erheblichen Beeinträchtigung der Bewegungsfähigkeit im Straßenverkehr gerechtfertigt ist; das ist in der Regel ab GdB 80 der Fall (Spiolek Rdnr. 15). Dasselbe kann bei schweren Herzschäden mit häufig auftretender Dekompensation zu bejahen sein (Spiolek a. a. O. unter Hinweis auf ⊞ LSG Berlin, Urteil vom 19. November 1991, Meso B 90/96). Hingegen hat ein erwachsener Taubstummer oder Gehörloser nicht schon wegen dieser Behinderung Anspruch auf Feststellung der Notwendigkeit ständiger Begleitung (BSGE 79, 223 = SozR 3 – 1300 § 48 Nr. 57; Schleswig-Holst. LSG, BehindertenR 1996, 137). 8

Enthält der Ausweis des schwerbehinderten Menschen den Vermerk: „die Notwendigkeit ständiger Begleitung ist nachgewiesen", ist er allerdings auch dann von dem Verkehrsunternehmen zu befördern, wenn er ohne Begleitung reist (OVG Lüneburg ZfSH/SGB 1985, 513). Soweit allgemeine Beförderungsbedingungen bestimmen, dass Personen von der Beförderung auszuschließen sind, die eine Gefahr für die Sicherheit oder Ordnung des Betriebes oder für die Fahrgäste darstellen, muss für diese Annahme ein konkreter Anlass bestehen. Allein die Vorlage eines entsprechenden Ausweises berechtigt nicht zur Zurückweisung des Fahrgastes (Cramer Rdnr. 4; Dörner a. a. O.). 9

§ 147
Nah- und Fernverkehr

(1) **Nahverkehr im Sinne dieses Gesetzes ist der öffentliche Personenverkehr mit**
1. **Straßenbahnen und Obussen im Sinne des Personenbeförderungsgesetzes,**
2. **Kraftfahrzeugen im Linienverkehr nach den §§ 42 und 43 des Personenbeförderungsgesetzes auf Linien, bei denen die Mehrzahl der Beförderungen eine Strecke von 50 Kilometer nicht übersteigt, es sei denn, dass bei den Verkehrsformen nach § 43 des Personenbeförderungsgesetzes die Genehmigungsbehörde auf die Einhaltung der Vorschriften über die Beförderungsentgelte gemäß § 45 Abs. 3 des Personenbeförderungsgesetzes ganz oder teilweise verzichtet hat,**
3. **S-Bahnen in der 2. Wagenklasse,**

4. Eisenbahnen in der 2. Wagenklasse in Zügen und auf Strecken und Streckenabschnitten, die in ein von mehreren Unternehmern gebildetes, mit den unter den Nummern 1, 2 oder 7 genannten Verkehrsmitteln zusammenhängendes Liniennetz mit einheitlichen oder verbundenen Beförderungsentgelten einbezogen sind,
5. Eisenbahnen des Bundes in der 2. Wagenklasse in Zügen, die überwiegend dazu bestimmt sind, die Verkehrsnachfrage im Nahverkehr zu befriedigen (Züge des Nahverkehrs), im Umkreis von 50 Kilometer um den Wohnsitz oder gewöhnlichen Aufenthalt des schwerbehinderten Menschen,
6. sonstigen Eisenbahnen des öffentlichen Verkehrs im Sinne des § 2 Abs. 1 und § 3 Abs. 1 des Allgemeinen Eisenbahngesetzes in der 2. Wagenklasse auf Strecken, bei denen die Mehrzahl der Beförderungen eine Strecke von 50 Kilometer nicht überschreiten,
7. Wasserfahrzeugen im Linien-, Fähr- und Übersetzverkehr, wenn dieser der Beförderung von Personen im Orts- und Nachbarschaftsbereich dient und Ausgangs- und Endpunkt innerhalb dieses Bereiches liegen; Nachbarschaftsbereich ist der Raum zwischen benachbarten Gemeinden, die, ohne unmittelbar aneinander grenzen zu müssen, durch einen stetigen, mehr als einmal am Tag durchgeführten Verkehr wirtschaftlich und verkehrsmäßig verbunden sind.

(2) Fernverkehr im Sinne dieses Gesetzes ist der öffentliche Personenverkehr mit
1. Kraftfahrzeugen im Linienverkehr nach § 42 des Personenbeförderungsgesetzes,
2. Eisenbahnen, ausgenommen den Sonderzugverkehr,
3. Wasserfahrzeugen im Fähr- und Übersetzverkehr, sofern keine Häfen außerhalb des Geltungsbereichs dieses Gesetzbuchs angelaufen werden, soweit der Verkehr nicht Nahverkehr im Sinne des Abs. 1 ist.

(3) Die Unternehmer, die öffentlichen Personenverkehr betreiben, weisen im öffentlichen Personenverkehr nach Abs. 1 Nr. 2, 5, 6 und 7 im Fahrplan besonders darauf hin, inwieweit eine Pflicht zur unentgeltlichen Beförderung nach § 145 Abs. 1 nicht besteht.

ERLÄUTERUNGEN

I. Bedeutung der Vorschrift

1 Sie definiert in den **Abs. 1 und 2** für den Bereich des SGB IX, was unter „Nah-" und „Fernverkehr" zu verstehen ist. Diese Abgrenzung ist in Abs. 1 bedeutsam für den Anspruch auf unentgeltliche Beförderung schwerbehinderter Menschen nach § 145 Abs. 1 SGB IX. Die Definition des Fernverkehrs in Abs. 2 ist beim Anspruch auf unentgeltliche Beförderung einer Begleitperson nach § 145 Abs. 2 Nr. 1 SGB IX zu beachten.

2 In **Abs. 3** wird klargestellt, dass Verkehrsunternehmer zu einem besonderen Hinweis im Fahrplan auch im Aushang an der jeweiligen Station oder Haltestelle im Sinne einer negativen Kennzeichnung in den Fällen verpflichtet sind, in denen eine Pflicht zur unentgeltlichen Beförderung nicht besteht. Diese Pflicht ist von Unternehmern im Nahverkehr zu beachten, wenn sie entweder einen Kfz-Linienverkehr oder eine sonstige Eisenbahn betreiben oder wenn es sich um eine Eisenbahn des Bundes oder Wasserfahrzeuge im Nahverkehr handelt.

II. Fassung

3 Die Vorschrift wurde unverändert aus dem Regierungsentwurf (BT-Drucks. 14/5531 i. V. m. 14/5074) übernommen. Sie entspricht in den Abs. 1 – 3 dem bisherigen § 61 SchwbG. Die zuvor in § 61 Abs. 4 SchwbG a. F. enthaltene Verordnungsermächtigung ist nunmehr in § 154 Abs. 2 SGB IX geregelt.

§ 148
Erstattung der Fahrgeldausfälle im Nahverkehr

(1) Die Fahrgeldausfälle im Nahverkehr werden nach einem Prozentsatz der von den Unternehmern nachgewiesenen Fahrgeldeinnahmen im Nahverkehr erstattet.

(2) Fahrgeldeinnahmen im Sinne dieses Gesetzes sind alle Erträge aus dem Fahrkartenverkauf zum genehmigten Beförderungsentgelt; sie umfassen auch Erträge aus der Beförderung von Handgepäck, Krankenfahrstühlen, sonstigen orthopädischen Hilfsmitteln, Tieren sowie aus erhöhten Beförderungsentgelten.

(3) Werden in einem von mehreren Unternehmern gebildeten zusammenhängenden Liniennetz mit einheitlichen oder verbundenen Beförderungsentgelten die Erträge aus dem Fahrkartenverkauf zusammengefasst und dem einzelnen Unternehmer anteilmäßig nach einem vereinbarten Verteilungsschlüssel zugewiesen, so ist der zugewiesene Anteil Ertrag im Sinne des Absatzes 2.

(4) ¹Der Prozentsatz im Sinne des Absatzes 1 wird für jedes Land von der Landesregierung oder der von ihr bestimmten Behörde für jeweils ein Jahr bekannt gemacht. ²Bei der Berechnung des Prozentsatzes ist von folgenden Zahlen auszugehen:
1. der Zahl der in dem Land in dem betreffenden Kalenderjahr ausgegebenen Wertmarken und der Hälfte der in dem Land am Jahresende in Umlauf befindlichen gültigen Ausweise im Sinne des § 145 Abs. 1 Satz 1 von schwerbehinderten Menschen, die das sechste Lebensjahr vollendet haben und bei denen die Berechtigung zur Mitnahme einer Begleitperson im Ausweis eingetragen ist; Wertmarken mit einer Gültigkeitsdauer von einem halben Jahr werden zur Hälfte, zurückgegebene Wertmarken für jeden vollen Kalendermonat vor Rückgabe zu einem Zwölftel gezählt,
2. der in den jährlichen Veröffentlichungen des Statistischen Bundesamtes zum Ende des Vorjahres nachgewiesenen Zahl der Wohnbevölkerung in dem Land abzüglich der Zahl der Kinder, die das sechste Lebensjahr noch nicht vollendet haben, und der Zahlen nach Nr. 1.

Der Prozentsatz ist nach folgender Formel zu berechnen:

$$\frac{\text{Nach Nummer 1 errechnete Zahl}}{\text{Nach Nummer 2 errechnete Zahl}} \times 100$$

Bei der Festsetzung des Prozentsatzes sich ergebende Bruchteile von 0,005 und mehr werden auf ganze Hundertstel aufgerundet, im Übrigen abgerundet.

(5) ¹Weist ein Unternehmen durch Verkehrszählung nach, dass das Verhältnis zwischen den nach diesem Kapitel unentgeltlich beförderten Fahrgästen und den sonstigen Fahrgästen den nach Absatz 4 festgesetzten Prozentsatz um mindestens ein Drittel übersteigt, wird neben dem sich aus der Berechnung nach Absatz 4 ergebenden Erstattungsbetrag auf Antrag der nachgewiesene, über dem Drittel liegende Anteil erstattet. ²Die Länder können durch Rechtsverordnung bestimmen, dass die Verkehrszählung durch Dritte auf Kosten des Unternehmens zu erfolgen hat.

ERLÄUTERUNGEN

I. Bedeutung der Vorschrift

Sie regelt die **Erstattung der Fahrgeldausfälle**, die Unternehmern im öffentlichen Nahverkehr dadurch entstehen, dass sie ihre gesetzlichen Verpflichtungen zur unentgeltlichen Beförderung von schwerbehinderten Menschen, Begleitpersonen sowie Handgepäck usw. nachkommen.

2 Regelmäßig findet hier ein pauschaliertes Erstattungsverfahren Verwendung, welches einen Prozentsatz der von den Unternehmern nachgewiesenen Fahrgeldeinnahmen zugrunde legt (**Abs. 1**). Hierbei sind Fahrgeldeinnahmen alle Erträge aus dem Fahrkartenverkauf zum genehmigten Beförderungsentgelt nach Maßgabe des **Abs. 2**.

3 In einem Verkehrsverbund ist der zwischen dem Unternehmen vereinbarte Verteilungsschlüssel am Ertrag maßgebend (**Abs. 3**).

4 Den Prozentsatz als Maßstab der Erstattung legt jede Landesregierung bzw. eine von ihr bestimmte Behörde für jeweils ein Jahr fest (**Abs. 4 Satz 1**). Er wird nach der in **Abs. 4 Satz 2 – 4** bestimmten Formel berechnet. Er entspricht dem Quotienten aus anspruchsberechtigten Personen zur Wohnbevölkerung.

5 Unternehmer können aber auch ein individualisiertes Erstattungsverfahren nach **Abs. 5** wählen. Dies ist vor allem dann nahe liegend, wenn sich in einem bestimmten Gebiet – z. B. in Kurorten – wesentlich mehr schwerbehinderte Menschen aufhalten und befördern lassen, als es ihrem prozentualen Anteil an der Wohnbevölkerung entspricht (Spiolek in GK-SchwbG Rdnr. 12 zu § 62). Allerdings müssen Unternehmer in diesem Fall durch eine Verkehrszählung nach anerkannten Methoden nachweisen, dass die tatsächliche Zahl schwerbehinderter Personen bzw. Begleitpersonen den nach Abs. 4 festgelegten Prozentsatz um mindestens ein Drittel übersteigt. Gelingt der Nachweis, wird der Berechnung des Erstattungsbetrags auf Antrag der nachgewiesene Prozentsatz zugrunde gelegt.

II. Fassung

6 Die Vorschrift wurde unverändert aus dem Regierungsentwurf (BT-Drucks. 14/5531 i. V. m. 14/5074) übernommen. Sie entspricht dem bisherigen § 62 SchwbG a. F.

§ 149
Erstattung der Fahrgeldausfälle im Fernverkehr

(1) Die Fahrgeldausfälle im Fernverkehr werden nach einem Prozentsatz der von den Unternehmern nachgewiesenen Fahrgeldeinnahmen im Fernverkehr erstattet.

(2) ¹Der maßgebende Prozentsatz wird vom Bundesministerium für Arbeit und Soziales im Einvernehmen mit dem Bundesministerium der Finanzen und dem Bundesministerium für Verkehr, Bau und Stadtentwicklung für jeweils zwei Jahre bekannt gemacht. ²Bei der Berechnung des Prozentsatzes ist von folgenden, für das letzte Jahr vor Beginn des Zweijahreszeitraumes vorliegenden Zahlen auszugehen:

1. der Zahl der im Geltungsbereich dieses Gesetzes am Jahresende in Umlauf befindlichen gültigen Ausweise nach § 145 Abs. 1 Satz 1, auf denen die Berechtigung zur Mitnahme einer Begleitperson eingetragen ist, abzüglich 25 Prozent,
2. der in den jährlichen Veröffentlichungen des Statistischen Bundesamtes zum Jahresende nachgewiesenen Zahl der Wohnbevölkerung im Geltungsbereich dieses Gesetzes abzüglich der Zahl der Kinder, die das vierte Lebensjahr noch nicht vollendet haben, und der nach Nr. 1 ermittelten Zahl.

³Der Prozentsatz ist nach folgender Formel zu berechnen:

$$\frac{\text{Nach Nummer 1 errechnete Zahl}}{\text{Nach Nummer 2 errechnete Zahl}} \times 100$$

⁴§ 148 Abs. 4 letzter Satz gilt entsprechend.

Erstattungsverfahren § 150

ERLÄUTERUNGEN

I. Bedeutung der Vorschrift

Sie regelt die Erstattung der Fahrgeldausfälle im Fernverkehr und entspricht grundsätzlich der Regelung für den Nahverkehr in § 148 SGB IX. Allerdings ist hier nur die pauschalierte Berechnung vorgesehen, nicht aber eine Härtefallregelung wie in § 148 Abs. 5 SGB IX. **1**

Der maßgebende Prozentsatz wird vom Bundesministerium für Arbeit und Sozialordnung im Einvernehmen mit dem Bundesfinanzministerium und Bundesverkehrsministerium jeweils für zwei Jahre bekannt gemacht. Bei der Berechnung des Prozentsatzes wird ein Quotient gebildet aus der Zahl der am Jahresende im Umlauf befindlichen gültigen Ausweise mit dem Eintrag einer Notwendigkeit ständiger Begleitung sowie der vom Statistischen Bundesamt jährlich zum Jahresende nachgewiesenen Zahl der Wohnbevölkerung. **2**

Allerdings bestehen bei dieser Formel folgende Besonderheiten: Zum einen wird fiktiv davon ausgegangen, dass über den Nahbereich hinausgehende Fahrten für schwerbehinderte und begleitungsbedürftige Menschen eine besondere Erschwernis darstellen und daher weniger in Anspruch genommen werden. Der Gesetzgeber legt zugrunde, dass sie nur zu 75% beansprucht werden und zieht deshalb pauschal 25% von der Gesamtzahl der einschlägigen Ausweise ab (Spiolek in GK-SchwbG Rdnr. 5 zu § 64). Ferner werden Kinder unter vier Jahren in der Bevölkerungsstatistik unberücksichtigt gelassen, weil diese nach den Bestimmungen der Deutschen Bahn-AG und ihrer Tochtergesellschaften kostenfrei befördert werden. **3**

Der für die Erstattung maßgebende Prozentsatz betrug **4**

2001/2002	1,53%	BAnz Nr. 126 v. 11. Juli 2002 S. 15529
2003/2004	1,52%	BAnz Nr. 94 v. 18. Mai 2004 S. 10467
2005/2006	1,63%	BAnz Nr. 115 v. 23. Juni 2006 S. 4641
2007/2008	1,68%	BAnz Nr. 102 v. 10. Juli 2008 S. 2509
2009/2010	1,77%	BAnz Nr. 110 v. 14. Juli 2010

II. Fassung

Die Vorschrift wurde unverändert aus dem Regierungsentwurf (BT-Drucks. 14/5531 i. V. m. 14/5074) übernommen. Sie entspricht dem bisherigen § 63 SchwbG a. F. **5**

§ 150
Erstattungsverfahren

(1) ¹Die Fahrgeldausfälle werden auf Antrag des Unternehmers erstattet. ²Bei einem von mehreren Unternehmern gebildeten zusammenhängenden Liniennetz mit einheitlichen oder verbundenen Beförderungsentgelten können die Anträge auch von einer Gemeinschaftseinrichtung dieser Unternehmer für ihre Mitglieder gestellt werden. ³Der Antrag ist bis zum 31. Dezember für das vorangegangene Kalenderjahr zu stellen, und zwar für den Nahverkehr nach § 151 Abs. 1 Satz 1 Nr. 1 und für den Fernverkehr an das Bundesverwaltungsamt, für den übrigen Nahverkehr bei den in Absatz 3 bestimmten Behörden.

(2) ¹Die Unternehmer erhalten auf Antrag Vorauszahlungen für das laufende Kalenderjahr in Höhe von insgesamt 80 Prozent des zuletzt für ein Jahr festgesetzten Erstattungsbetrages. ²Die Vorauszahlungen werden je zur Hälfte am 15. Juli und am 15. November gezahlt. Der Antrag auf Vorauszahlungen gilt zugleich als Antrag im Sinne des Abs. 1. ³Die Vorauszahlungen sind zurückzuzahlen, wenn Unterlagen, die für die Berech-

nung der Erstattung erforderlich sind, nicht bis zum 31. Dezember des auf die Vorauszahlung folgenden Kalenderjahres vorgelegt sind.

(3) ¹Die Landesregierung oder die von ihr bestimmte Stelle legt die Behörden fest, die über die Anträge auf Erstattung und Vorauszahlung entscheiden und die auf den Bund und das Land entfallenden Beträge auszahlen. ²§ 11 Abs. 2 bis 4 des Personenbeförderungsgesetzes gilt entsprechend.

(4) Erstreckt sich der Nahverkehr auf das Gebiet mehrerer Länder, entscheiden die nach Landesrecht zuständigen Landesbehörden dieser Länder darüber, welcher Teil der Fahrgeldeinnahmen jeweils auf den Bereich ihres Landes entfällt.

(5) Die Unternehmen im Sinne des § 151 Abs. 1 Satz 1 Nr. 1 legen ihren Anträgen an das Bundesverwaltungsamt den Anteil der nachgewiesenen Fahrgeldeinnahmen im Nahverkehr zugrunde, der auf den Bereich des jeweiligen Landes entfällt; für den Nahverkehr von Eisenbahnen des Bundes im Sinne des § 147 Abs. 1 Satz 1 Nr. 5 bestimmt sich dieser Teil nach dem Anteil der Zugkilometer, die von einer Eisenbahn des Bundes mit Zügen des Nahverkehrs im jeweiligen Land erbracht werden.

(6) ¹Hinsichtlich der Erstattungen gemäß § 148 für den Nahverkehr nach § 151 Abs. 1 Satz 1 Nr. 1 und gemäß § 149 sowie der entsprechenden Vorauszahlungen nach Abs. 2 wird dieses Gesetz in bundeseigener Verwaltung ausgeführt. ²Die Verwaltungsaufgaben des Bundes erledigt das Bundesverwaltungsamt nach fachlichen Weisungen des Bundesministeriums für Arbeit und Soziales in eigener Zuständigkeit.

(7) ¹Für das Erstattungsverfahren gelten das Verwaltungsverfahrensgesetz und die entsprechenden Gesetze der Länder. ²Bei Streitigkeiten über die Erstattungen und die Vorauszahlungen ist der Verwaltungsrechtsweg gegeben.

ERLÄUTERUNGEN

I. Bedeutung der Vorschrift

1 Sie regelt das Erstattungsverfahren für Fahrgeldausfälle infolge der Pflicht zur unentgeltlichen Beförderung nach § 145 SGB IX.

Die Erstattung setzt einen Antrag des Unternehmers voraus, der bis zum 31. Dezember für das vorangegangene Kalenderjahr zu stellen ist (**Abs. 1 Satz 1 und 3**). Dies ist eine Ausschlussfrist, die den Anspruch auf Erstattung zum Erlöschen bringt. Ein Antrag auf Vorauszahlungen gilt zugleich als Erstattungsantrag (**Abs. 2 Satz 1**). Im Fall eines Verkehrsverbundes aus mehreren Unternehmern kann auch deren Gemeinschaftseinrichtung den Antrag für ihre Mitglieder stellen (**Abs. 1 Satz 2**). Der Antrag ist für den Fernverkehr an das Bundesverwaltungsamt zu stellen. Dieses ist auch zuständig für Nahverkehr, soweit Unternehmen sich überwiegend in der Hand des Bundes oder eines mehrheitlich dem Bund gehörenden Unternehmens (auch in Verkehrsverbünden) befinden. Für den übrigen Nahverkehr ist der Antrag bei den nach Landesrecht bestimmten Behörden zu stellen (**Abs. 1 Satz 3 i. V. m. Abs. 3**). Diese Landesbehörden entscheiden bei länderübergreifendem Nahverkehr auch darüber, welcher Teil der Fahrgeldeinnahmen jeweils auf den Bereich ihres Landes entfällt (**Abs. 4**).

2 Auf Antrag erhalten die Unternehmer Vorauszahlungen für das laufende Kalenderjahr in Höhe von insgesamt 80% des zuletzt für ein Jahr festgesetzten Erstattungsbetrages, und zwar je zur Hälfte am 15. Juli und am 15. November (**Abs. 2 Satz 1 und 2**). Werden allerdings die für die Berechnung der Erstattung erforderlichen Unterlagen nicht fristgerecht eingereicht, sind die Vorauszahlungen zurückzuzahlen (**Abs. 2 Satz 4**).

3 Unternehmen, die sich überwiegend in der Hand des Bundes oder eines mehrheitlich dem Bund gehörenden Unternehmens befinden, haben die von ihnen erzielten Fahrgeldeinnahmen aus Nahverkehr im Sinne von § 148 SGB IX entsprechend dem Verkehrsanteil in den

einzelnen Ländern aufzuteilen (**Abs. 5**). Dies ist deshalb notwendig, weil der Erstattung durch das Bundesverwaltungsamt die in den beteiligten Ländern maßgebenden unterschiedlichen Prozentsätze nach § 148 SGB IX zugrunde zulegen sind. Es gilt grundsätzlich auch für die Deutsche Bahn AG im Nahverkehr nach § 147 Abs. 1 Nr. 5 SGB IX. Auch insoweit ist kein bundeseinheitlicher Prozentsatz für die Erstattung von Fahrgeldausfällen vorgesehen. Jedoch bestimmt sich der Anteil der von der Deutschen Bahn AG erzielten Fahrgeldeinnahmen im Nahverkehr, der auf den Bereich des einzelnen Landes entfällt, nach dem Anteil an Zugkilometern, die mit Zügen des Nahverkehrs auf den Strecken im jeweiligen Land erbracht werden (**Abs. 5 Halbs. 2**).

Das Bundesverwaltungsamt leistet Erstattungen und Vorauszahlungen, die den Fernverkehr sowie den Nahverkehr durch Unternehmen betreffen, die sich überwiegend in der Hand des Bundes oder eines mehrheitlich dem Bund gehörenden Unternehmens befinden, gemäß Art. 86, 87 Abs. 3 GG in bundeseigener Verwaltung. Soweit es um diese Aufgabe geht, unterliegt es den fachlichen Weisungen des Bundesministeriums für Arbeit und Sozialordnung (**Abs. 6**). 4

Für das Erstattungsverfahren sind das Verwaltungsverfahrensgesetz und die entsprechenden Landesgesetze anzuwenden. Streitigkeiten über Erstattungen und Vorauszahlungen sind im Verwaltungsrechtsweg auszutragen (**Abs. 7**). 5

II. Fassung

Die Vorschrift wurde mit einer inhaltlichen Änderung aus dem Regierungsentwurf (BT-Drucks. 14/5531 i. V. m. 14/5074) übernommen. In **Abs. 7** wurde der neue Satz 1 über die Anwendbarkeit des Verwaltungsverfahrensgesetzes und der entsprechenden Landesgesetze vorangestellt. 6

Sie entspricht im Übrigen weitgehend dem bisherigen § 64 SchwbG a. F.. Jedoch ist der bisherige Abs. 3, der eine lediglich das Jahr 1986 betreffende Übergangsregelung enthielt, entfallen. Es wurde übersehen, auch die Bezugnahme in Abs. 1 Satz 3 anzupassen. Richtig müsste es dort heißen: „bei den in Abs. 3 (statt Abs. 4) bestimmten Behörden". 7

Weiterhin sind in Abs. 7 die zuvor in der entsprechenden Vorschrift des § 64 Abs. 8 SchwbG a. F. enthalten gewesenen Sätze 2 und 3 gestrichen worden, und zwar als Folgeänderung zum Wegfall des § 131 VwGO (Zulassung der Berufung und der Beschwerde). 8

§ 151
Kostentragung

(1) ¹Der Bund trägt die Aufwendungen für die unentgeltliche Beförderung
1. im Nahverkehr, soweit Unternehmen, die sich überwiegend in der Hand des Bundes oder eines mehrheitlich dem Bund gehörenden Unternehmens befinden (auch in Verkehrsverbünden), erstattungsberechtigte Unternehmer sind,
2. im übrigen Nahverkehr für
   a) schwerbehinderte Menschen im Sinne des § 145 Abs. 1, die aufgrund eines Grades der Schädigungsfolgen von mindestens 50 Anspruch auf Versorgung nach dem Bundesversorgungsgesetz oder nach anderen Bundesgesetzen in entsprechender Anwendung der Vorschriften des Bundesversorgungsgesetzes haben oder Entschädigung nach § 28 des Bundesentschädigungsgesetzes erhalten,
   b) ihre Begleitperson im Sinne des § 145 Abs. 2 Nr. 1,
   c) die mitgeführten Gegenstände im Sinne des § 145 Abs. 2 Nr. 2 sowie
3. im Fernverkehr für die Begleitperson und die mitgeführten Gegenstände im Sinne des § 145 Abs. 2.

§ 151

²Die Länder tragen die Aufwendungen für die unentgeltliche Beförderung der übrigen Personengruppen und der mitgeführten Gegenstände im Nahverkehr.

(2) ¹Die nach Abs. 1 Satz 1 Nr. 2 auf den Bund und nach Abs. 1 Satz 2 auf die einzelnen Länder entfallenden Aufwendungen für die unentgeltliche Beförderung im Nahverkehr errechnen sich aus dem Anteil der in dem betreffenden Kalenderjahr ausgegebenen Wertmarken und der Hälfte der am Jahresende in Umlauf befindlichen gültigen Ausweise im Sinne des § 145 Abs. 1 Satz 1 von schwerbehinderten Menschen, die das sechste Lebensjahr vollendet haben und bei denen die Berechtigung zur Mitnahme einer Begleitperson im Ausweis eingetragen ist, der jeweils auf die in Abs. 1 genannten Personengruppen entfällt. ²Wertmarken mit einer Gültigkeitsdauer von einem halben Jahr werden zur Hälfte, zurückgegebene Wertmarken für jeden vollen Kalendermonat vor Rückgabe zu einem Zwölftel gezählt.

(3) ¹Die auf den Bund entfallenden Ausgaben für die unentgeltliche Beförderung im Nahverkehr werden für Rechnung des Bundes geleistet. ²Die damit zusammenhängenden Einnahmen werden an den Bund abgeführt. ³Persönliche und sächliche Verwaltungskosten werden nicht erstattet.

(4) Auf die für Rechnung des Bundes geleisteten Ausgaben und die mit ihnen zusammenhängenden Einnahmen wird § 4 Abs. 2 des Ersten Überleitungsgesetzes in der im Bundesgesetzblatt Teil III, Gliederungsnummer 603-3, veröffentlichten bereinigten Fassung, zuletzt geändert durch Artikel 2 des Gesetzes vom 20. Dezember 1991 (BGBl. I S. 2317), nicht angewendet.

ERLÄUTERUNGEN

I. Bedeutung der Vorschrift

1 Sie regelt die Kostenverteilung zwischen Bund und Ländern.
Danach trägt der Bund die Aufwendungen für die unentgeltliche Beförderung schwerbehinderter Menschen, ihre notwendigen Begleitpersonen und mitgeführten Gegenstände im Sinne des § 145 Abs. 2 Nr. 2 SGB IX im Nahverkehr durch „Bundesunternehmen" (**Abs. 1 Satz 1 Nr. 1**).

2 Soweit andere als Bundesunternehmen einen schwerbehinderten Menschen unentgeltlich befördern, trägt der Bund die Kosten, wenn der Fahrgast wegen einer MdE um mindestens 50% versorgungsberechtigt nach dem BVG oder anderen Bundesgesetzen in entsprechender Anwendung des BVG ist oder Entschädigung nach § 28 BEG erhält; die Erstattungspflicht des Bundes erstreckt sich auch auf die notwendige Begleitperson nach § 145 Abs. 2 Nr. 1 sowie auf mitgeführte Gegenstände im Sinne des § 145 Abs. 2 Nr. 2 SGB IX (**Abs. 1 Satz 1 Nr. 2a – c**).

3 Schließlich trägt der Bund im Fernverkehr die Kosten für die unentgeltliche Beförderung der notwendigen Begleitperson und der mitgeführten Gegenstände im Sinne des § 145 Abs. 2 SGB IX (**Abs. 1 Satz 1 Nr. 3**).

4 Hingegen tragen die Länder die Aufwendungen für die unentgeltliche Beförderung der übrigen Personengruppen und der mitgeführten Gegenstände im Nahverkehr (**Abs. 1 Satz 2**).

5 Nachdem sowohl der Bund als auch die Länder Kosten für die unentgeltliche Beförderung schwerbehinderter Menschen im Nahverkehr zu tragen haben, enthält **Abs. 2** eine Aufteilungsregelung. Maßstab ist der Anteil der in dem betreffenden Kalenderjahr ausgegebenen Wertmarken und der am Jahresende in Umlauf befindlichen gültigen Ausweise im Sinne des § 145 Abs. 1 Satz 1 SGB IX von schwerbehinderten Menschen über sechs Jahren mit dem Eintrag über die nachgewiesene Notwendigkeit ständiger Begleitung, der jeweils auf die in Abs. 1 genannten Personengruppen entfällt.

Einnahmen aus Wertmarken § 152

In **Abs. 3** wird festgelegt, dass die auf den Bund entfallenden Ausgaben für die unentgeltliche Beförderung im Nahverkehr, soweit sie von dem nach § 150 Abs. 3 SGB IX zuständigen Landesbehörden ausgezahlt werden, für Rechnung des Bundes zu leisten sind. Ferner wird bestimmt, dass damit zusammenhängende Einnahmen an den Bund abgeführt sowie Verwaltungskosten nicht erstattet werden. 6

Die Regelung in **Abs. 4** bewirkt, dass bei der Bewirtschaftung von Haushaltsmitteln des Bundes durch Dienststellen der Länder die jeweiligen landesrechtlichen Haushaltsvorschriften anzuwenden sind (Cramer Rdnr. 8 zu § 65 SchwbG). 7

II. Fassung

Die Vorschrift wurde unverändert aus dem Regierungsentwurf (BT-Drucks. 14/5531 i. V. m. 14/5074) übernommen. Sie entspricht dem bisherigen § 65 SchwbG a. F. 8

§ 152
Einnahmen aus Wertmarken

¹Von den durch die Ausgabe der Wertmarken erzielten jährlichen Einnahmen sind an den Bund abzuführen:
1. die Einnahmen aus der Ausgabe von Wertmarken an schwerbehinderte Menschen im Sinne des § 151 Abs. 1 Satz 1 Nr. 2,
2. ein bundeseinheitlicher Anteil der übrigen Einnahmen, der vom Bundesministerium für Arbeit und Soziales im Einvernehmen mit dem Bundesministerium der Finanzen und dem Bundesministerium für Verkehr, Bau und Stadtentwicklung für jeweils ein Jahr bekannt gemacht wird. Er errechnet sich aus dem Anteil der nach § 151 Abs. 1 Satz 1 Nr. 1 vom Bund zu tragenden Aufwendungen an den Gesamtaufwendungen von Bund und Ländern für die unentgeltliche Beförderung im Nahverkehr, abzüglich der Aufwendungen für die unentgeltliche Beförderung der in § 151 Abs. 1 Satz 1 Nr. 2 genannten Personengruppen.

²Die durch Ausgabe von Wertmarken an schwerbehinderte Menschen im Sinne des § 151 Abs. 1 Satz 1 Nr. 2 erzielten Einnahmen sind zum 15. Juli und zum 15. November an den Bund abzuführen. ³Von den eingegangenen übrigen Einnahmen sind zum 15. Juli und zum 15. November Abschlagszahlungen in Höhe des Prozentsatzes, der für das jeweilige Vorjahr nach Satz 1 Nr. 2 bekannt gemacht wird, an den Bund abzuführen. ⁴Die auf den Bund entfallenden Einnahmen sind für jedes Haushaltsjahr abzurechnen.

ERLÄUTERUNGEN

I. Bedeutung der Vorschrift

Sie regelt die Verteilung der Einnahmen aus dem Verkauf von Wertmarken im Sinne von § 145 Abs. 1 Satz 2 SGB IX. 1

Diese Einnahmen fallen bei den Ländern an und sind an den Bund abzuführen, sofern sie von schwerbehinderten Menschen stammen, für die der Bund die Fahrgelderstattungen nach § 151 Abs. 1 Satz 1 Nr. 2 SGB IX zu tragen hat. Dies sind schwerbehinderte Menschen, die versorgungs- oder entschädigungsberechtigt sind. Allerdings sind etliche dieser Personen vom Kauf einer Wertmarke nach § 145 Abs. 1 Satz 5 Nr. 2 oder 3 SGB IX befreit. Die Einnahmen der verbleibenden versorgungs- oder entschädigungsberechtigten schwerbehinderten Menschen, die die Wertmarke zu bezahlen haben, werden von den Ländern jeweils zum 15. Juli und zum 15. November an den Bund abgeführt (**Satz 1 Nr. 1 und Satz 2**).

Die übrigen Einnahen aus der Ausgabe von Wertmarken werden zwischen Bund und Ländern nach den Grundsätzen über die Kostentragung in § 151 SGB IX aufgeteilt. Nach **Satz 1** 2

Nr. 2 ist ein bundeseinheitlicher Anteil dieser Einnahmen an den Bund abzuführen. Dieser Anteil wird vom Bundesministerium für Arbeit und Sozialordnung im Einvernehmen mit dem Bundesfinanz- und Bundesverkehrsministerium für jeweils ein Jahr bekannt gemacht. Er entspricht dem Verhältnis der Aufwendungen des Bundes nach § 151 Abs. 1 Satz 1 Nr. 1 SGB IX zu den Gesamtaufwendungen von Bund und Ländern für die unentgeltliche Beförderung schwerbehinderter Menschen im Nahverkehr – ohne die Aufwendungen für die in § 151 Abs. 1 Satz 1 Nr. 2 SGB IX genannten Personengruppen.

II. Fassung

3 Die Vorschrift wurde unverändert aus dem Regierungsentwurf (BT-Drucks. 14/5531 i. V. m. 14/5074) übernommen. Sie entspricht dem bisherigen § 66 SchwbG a. F.

§ 153
Erfassung der Ausweise

¹Die für die Ausstellung der Ausweise nach § 69 Abs. 5 zuständigen Behörden erfassen
1. die am Jahresende in Umlauf befindlichen gültigen Ausweise, getrennt nach
    a) Art,
    b) besonderen Eintragungen und
    c) Zugehörigkeit zu einer der in § 151 Abs. 1 Satz 1 genannten Gruppen,
2. die im Kalenderjahr ausgegebenen Wertmarken, unterteilt nach der jeweiligen Gültigkeitsdauer, und die daraus erzielten Einnahmen, getrennt nach Zugehörigkeit zu einer der in § 151 Abs. 1 Satz 1 genannten Gruppen

als Grundlage für die nach § 148 Abs. 4 Nr. 1 und § 149 Abs. 2 Nr. 1 zu ermittelnde Zahl der Ausweise und Wertmarken, für die nach § 151 Abs. 2 zu ermittelnde Höhe der Aufwendungen sowie für die nach § 152 vorzunehmende Aufteilung der Einnahmen aus der Ausgabe von Wertmarken. ²Die zuständigen obersten Landesbehörden teilen dem Bundesministerium für Arbeit und Soziales das Ergebnis der Erfassung nach Satz 1 spätestens bis zum 31. März des Jahres mit, in dem die Prozentsätze festzusetzen sind.

ERLÄUTERUNGEN

I. Bedeutung der Vorschrift

1 Sie regelt die Erfassung der Ausweise, der ausgegebenen Wertmarken und der aus der Ausgabe entgeltlich abgegebener Wertmarken erzielten Einnahmen durch die Versorgungsämter. Diese Erfassung dient als Grundlage für die Ermittlung der Prozentsätze bei der Fahrgeldausfall-Erstattung nach § 148 Abs. 4 Nr. 1 bzw. § 149 Abs. 2 Nr. 1 SGB IX sowie für die Abgrenzung der Kostentragung zwischen Bund und Ländern nach § 151 Abs. 2 SGB IX und für die Aufteilung der Einnahmen aus der Ausgabe von Wertmarken nach § 152 SGB IX.

II. Fassung

2 Die Vorschrift wurde unverändert aus dem Regierungsentwurf (BT-Drucks. 14/5531 i. V. m. 14/5074) übernommen. Sie entspricht dem bisherigen § 67 SchwbG a. F.

§ 154
Verordnungsermächtigungen

(1) Die Bundesregierung wird ermächtigt, in der Rechtsverordnung aufgrund des § 70 nähere Vorschriften über die Gestaltung der Wertmarken, ihre Verbindung mit dem Ausweis und Vermerke über ihre Gültigkeitsdauer zu erlassen.

(2) Das Bundesministerium für Arbeit und Soziales und das Bundesministerium für Verkehr, Bau und Stadtentwicklung werden ermächtigt, durch Rechtsverordnung festzulegen, welche Zuggattungen von Eisenbahnen des Bundes zu den Zügen des Nahverkehrs im Sinne des § 147 Abs. 1 Nr. 5 und zu den zuschlagspflichtigen Zügen des Nahverkehrs im Sinne des § 145 Abs. 1 Satz 1 zweiter Halbsatz zählen.

ERLÄUTERUNGEN

I. Bedeutung der Vorschrift

Sie enthält zwei Ermächtigungen zum Erlass von Rechtsverordnungen. 1
In **Abs. 1** wird die Bundesregierung ermächtigt, in der Rechtsverordnung über die Gestaltung der Ausweise für schwerbehinderte Menschen auf der Grundlage des § 70 SGB IX zugleich nähere Vorschriften über die Gestaltung der Wertmarken, ihre Verbindung mit dem Ausweis und Vermerke über ihre Gültigkeitsdauer zu erlassen.

Diese Ermächtigung, die bisher in § 59 Abs. 1 Satz 9 SchwbG a. F. enthalten war, hat die 2
Bundesregierung durch entsprechende Änderung der Ausweisverordnung Schwerbehindertengesetz (nunmehr: „Schwerbehindertenausweisverordnung"), namentlich in § 3 SchwbAwV ausgeschöpft.

In **Abs. 2** werden die Bundesministerien für Arbeit und Sozialordnung und für Verkehr, 3
Bau- und Wohnungswesen ermächtigt, durch Rechtsverordnung festzulegen, welche Zuggattungen von Eisenbahnen des Bundes zu den Zügen des Nahverkehrs im Sinne von § 147 Abs. 1 Nr. 5 SGB IX und zu den zuschlagspflichtigen Zügen des Nahverkehrs im Sinne des § 145 Abs. 1 Satz 1, Halbs. 2 SGB IX zählen.

Diese Verordnungsermächtigung war bisher in § 61 Abs. 4 SchwbG a. F. enthalten. Von die- 4
ser Ermächtigung ist mit der 5. Verordnung zur Durchführung des SchwbG (Nahverkehrszügeverordnung – SchwbNV) vom 30. September 1994 (BGBl. I S. 2962) Gebrauch gemacht worden.

II. Fassung

Abs. 1 der Vorschrift wurde vom Ausschuss für Arbeit und Sozialordnung eingefügt, nach- 5
dem er im Regierungsentwurf (BT-Drucks. 14/5531 i. V. m. 14/5074) zunächst als Abs. 1 Satz 9 des § 145 SGB IX vorgesehen war. Der nunmehrige Abs. 2 der Vorschrift, aus dem § 154 ursprünglich allein bestand, ist inhaltlich unverändert aus dem Regierungsentwurf übernommen worden.

KAPITEL 14
Straf-, Bußgeld- und Schlussvorschriften

§ 155
Strafvorschriften

(1) Wer unbefugt ein fremdes Geheimnis, namentlich ein zum persönlichen Lebensbereich gehörendes Geheimnis oder ein Betriebs- oder Geschäftsgeheimnis, offenbart, das ihm als Vertrauensperson schwerbehinderter Menschen anvertraut worden oder sonst bekannt geworden ist, wird mit Freiheitsstrafe bis zu einem Jahr oder mit Geldstrafe bestraft.

(2) ¹Handelt der Täter gegen Entgelt oder in der Absicht, sich oder einen anderen zu bereichern oder einen anderen zu schädigen, so ist die Strafe Freiheitsstrafe bis zu zwei Jahren oder Geldstrafe. ²Ebenso wird bestraft, wer unbefugt ein fremdes Geheimnis, namentlich ein Betriebs- oder Geschäftsgeheimnis, zu dessen Geheimhaltung er nach Absatz 1 verpflichtet ist, verwertet.

(3) Die Tat wird nur auf Antrag verfolgt.

ERLÄUTERUNGEN

I. Bedeutung der Vorschrift

1 Vertrauenspersonen schwerbehinderter Menschen gemäß §§ 94 ff. SGB IX unterliegen einer ausdrücklichen **Schweigepflicht**. Sie haben über die ihnen wegen ihres Amtes bekannt gewordenen **persönlichen Verhältnisse und Angelegenheiten von Beschäftigten** im Sinne des § 73 SGB IX, die ihrer Bedeutung oder ihrem Inhalt nach einer vertraulichen Behandlung bedürfen, Stillschweigen zu bewahren (§ 96 Abs. 7 Nr. 1 SGB IX). Ferner dürfen sie ihnen wegen ihres Amtes bekannt gewordene und vom Arbeitgeber ausdrücklich als geheimhaltungsbedürftig bezeichnete **Betriebs- oder Geschäftsgeheimnisse** nicht offenbaren und nicht verwerten (§ 96 Abs. 7 Nr. 2 SGB IX). Diese Pflichten bestehen auch nach dem Ausscheiden aus dem Amt. Sie gelten auch für stellvertretende Mitglieder der Schwerbehindertenvertretung, soweit sie als solche tätig geworden sind.

2 Hingegen gelten die Pflichten zum Stillschweigen nicht gegenüber der Bundesagentur für Arbeit, den Integrationsämtern und den Rehabilitationsträgern, soweit deren Aufgaben den schwerbehinderten Menschen gegenüber es erfordern. Stillschweigen muss ferner nicht bewahrt werden gegenüber Personen und Gremien, die ihrerseits einer Schweigepflicht unterliegen, wie die Vertrauenspersonen in den Stufenvertretungen nach § 97 SGB IX sowie gegenüber den in § 79 Abs. 1 BetrVG und den in den entsprechenden Vorschriften des Personalvertretungsrechts genannten Vertretungen, Personen und Stellen (§ 96 Abs. 7 Satz 3 SGB IX).

3 Die Vorschrift des § 155 Abs. 1 bedroht die **unbefugte Verletzung dieser Geheimhaltungsvorschriften** mit **Freiheitsstrafe** bis zu einem Jahr oder mit **Geldstrafe**.

4 Straferhöhend wirkt ein Handeln des Täters gegen Entgelt oder in der Absicht, sich oder einen anderen zu bereichern oder einen anderen zu schädigen (**Abs. 2 Satz 1**). In diesem Fall droht die Vorschrift Freiheitsstrafe bis zu zwei Jahren oder Geldstrafe an. Dieselbe Strafdrohung gilt für den Täter, der unbefugt ein fremdes Geheimnis, namentlich ein Betriebs- oder Geschäftsgeheimnis, zu dessen Geheimhaltung er nach Abs. 1 verpflichtet ist, verwertet (**Abs. 2 Satz 2**).

5 Die Tat wird nach **Abs. 3** nur auf **Antrag** des Verletzten verfolgt.

6 Nach § 130 SGB IX unterliegen zwar auch zahlreiche andere Personen einer ausdrücklichen Geheimhaltungspflicht. Dass § 155 SGB IX eine Strafdrohung ausdrücklich nur für Vertrau-

Bußgeldvorschriften § 156

enspersonen nach §§ 94 ff. SGB IX enthält, bedeutet nicht, dass für die anderen möglichen Geheimnisträger keine Strafsanktionen bestehen. Für diese gilt vielmehr die allgemeine Strafvorschrift in § 203 StGB.

Die **praktische Bedeutung** des § 155 SGB IX ist **gering**. Bisher sind keine Verurteilungen bekannt geworden (vgl. auch Basiskommentar Anm. zu § 69 SchwbG). 7

II. Fassung

Die Vorschrift wurde unverändert aus dem Regierungsentwurf (BT-Drucks. 14/5531 i. V. m. 14/5074) übernommen. Sie entspricht dem bisherigen § 69 SchwbG. 8

§ 156
Bußgeldvorschriften

(1) Ordnungswidrig handelt, wer vorsätzlich oder fahrlässig
1. entgegen § 71 Abs. 1 Satz 1, auch in Verbindung mit einer Rechtsverordnung nach § 79 Nr. 1, oder § 71 Abs. 1 Satz 3 schwerbehinderte Menschen nicht beschäftigt,
2. entgegen § 80 Abs. 1 ein Verzeichnis nicht, nicht richtig, nicht vollständig oder nicht in der vorgeschriebenen Weise führt oder nicht oder nicht rechtzeitig vorlegt,
3. entgegen § 80 Abs. 2 Satz 1 oder Abs. 4 eine Anzeige nicht, nicht richtig, nicht vollständig, nicht in der vorgeschriebenen Weise oder nicht rechtzeitig erstattet,
4. entgegen § 80 Abs. 5 eine Auskunft nicht, nicht richtig, nicht vollständig oder nicht rechtzeitig erteilt,
5. entgegen § 80 Abs. 7 Einblick in den Betrieb oder die Dienststelle nicht oder nicht rechtzeitig gibt,
6. entgegen § 80 Abs. 8 eine dort bezeichnete Person nicht oder nicht rechtzeitig benennt,
7. entgegen § 81 Abs. 1 Satz 4 oder 9 eine dort bezeichnete Vertretung oder einen Beteiligten nicht, nicht richtig, nicht vollständig oder nicht rechtzeitig unterrichtet,
8. entgegen § 81 Abs. 1 Satz 7 eine Entscheidung nicht erörtert oder
9. entgegen § 95 Abs. 2 Satz 1 die Schwerbehindertenvertretung nicht, nicht richtig, nicht vollständig oder nicht rechtzeitig unterrichtet oder nicht oder nicht rechtzeitig hört.

(2) Die Ordnungswidrigkeit kann mit einer Geldbuße bis zu 10 000 Euro geahndet werden.

(3) Verwaltungsbehörde im Sinne des § 36 Abs. 1 Nr. 1 des Gesetzes über Ordnungswidrigkeiten ist die Bundesagentur für Arbeit.

(4) § 66 des Zehnten Buches gilt entsprechend.

(5) [1]Die Geldbuße ist an das Integrationsamt abzuführen. [2]Für ihre Verwendung gilt § 77 Abs. 5.

ERLÄUTERUNGEN

ÜBERSICHT

I. Bedeutung der Vorschrift (Rdnrn. 1–5)
II. Fassung (Rdnrn. 6–6b)
   A) durch das SGB IX vom 19. Juni 2001 (BGBl. I S. 1046) mit Wirkung vom 1. Juli 2001 (Rdnr. 6)

§ 156   Bußgeldvorschriften

    B) durch das Vierte Gesetz für moderne Dienstleistungen am Arbeitsmarkt vom 24. Dezember 2003 (BGBl. I S. 2954) mit Wirkung vom 1. Januar 2004 (Rdnr. 6a)
    C) durch das Gesetz zur Förderung der Ausbildung und Beschäftigung schwerbehinderter Menschen vom 23. April 2004 (BGBl. I S. 606) mit Wirkung vom 1. Mai 2004 (Rdnr. 6b)
III. Anmerkungen (Rdnrn. 7–21)
    A) zu Abs. 1
        1. Ordnungswidrige Pflichtverstöße (Rdnrn. 7–7c)
    B) zu Abs. 2
        1. Höhe der Geldbuße (Rdnrn. 8–9)
        2. Verjährung (Rdnr. 10)
    C) zu Abs. 3
        1. Zuständige Verwaltungsbehörde (Rdnrn. 11–19)
    D) zu Abs. 4
        1. Vollstreckung (Rdnr. 20)
    E) zu Abs. 5
        1. Verwendung der Geldbuße (Rdnr. 21)

I. Bedeutung der Vorschrift

1 Sie erklärt die Verletzung bestimmter Arbeitgeberpflichten aus dem SGB IX (namentlich der Beschäftigungs-, Anzeige- und Nachweispflichten des Arbeitgebers sowie der ordnungsgemäßen Beteiligung der Schwerbehindertenvertretung) zu einer Ordnungswidrigkeit (**Abs. 1**).

2 Die einzelne Ordnungswidrigkeit kann mit einer Geldbuße bis zu 10 000 Euro geahndet werden (**Abs. 2**).

3 Das Ordnungswidrigkeitenverfahren einschließlich der Festsetzung der Geldbuße wird durch die zehn Regionaldirektionen der Bundesagentur für Arbeit – früher Landesarbeitsämter – als Verwaltungsbehörde betrieben (**Abs. 3**).

4 Unanfechtbare Bußgeldbescheide sind nach dem Verwaltungsvollstreckungsgesetz zu vollstrecken (**Abs. 4**).

5 Die Geldbuße wird an das Integrationsamt abgeführt, welches die eingehenden Zahlungen für Zwecke der Arbeits- und Berufsförderung schwerbehinderter Menschen und für Leistungen der begleitenden Hilfe verwenden muss (**Abs. 5**).

II. Fassung

A) durch das SGB IX vom 19. Juni 2001 (BGBl. I S. 1046) mit Wirkung vom 1. Juli 2001

6 Die Vorschrift wurde inhaltlich unverändert aus dem Regierungsentwurf (BT-Drucks. 14/5531 i. V. m. 14/5074) übernommen. In Abs. 5 wurde die Bezeichnung der „Hauptfürsorgestelle" durch „Integrationsamt" ersetzt. Sie entspricht dem bisherigen § 68 SchwbG. Der in Abs. 1 aufgeführte Katalog der Pflichtenverstöße wurde um Ziff. 9 erweitert. Darin liegt jedoch keine inhaltliche Ausdehnung. Vielmehr wurde der zuvor im § 68 Abs. 1 Nr. 4 enthaltene Tatbestand „oder entgegen § 13 Abs. 4 den Einblick in den Betrieb nicht gewährt" als eigene Ziffer – nunmehr Abs. 1 Nr. 5 – eingefügt.

B) durch das Vierte Gesetz für moderne Dienstleistungen am Arbeitsmarkt vom 24. Dezember 2003 (BGBl. I S. 2954) mit Wirkung vom 1. Januar 2004

6a Durch Art. 9 Nr. 24 wurden in **Abs. 3** ersetzt die Wörter „das Landesarbeitsamt" durch die Wörter „die Bundesagentur für Arbeit".

(Das Inkrafttreten der Bestimmung wurde rückwirkend vorverlegt durch Art. 14 Nr. 4b des Kommunalen Optionsgesetzes vom 30. Juli 2004, BGBl. I S. 2014.)

C) durch das Gesetz zur Förderung der Ausbildung und Beschäftigung schwerbehinderter Menschen vom 23. April 2004 (BGBl. I S. 606) mit Wirkung vom 1. Mai 2004

Durch Art. 1 Nr. 34 wurden

a) **Abs. 1 Satz 1** wie folgt gefasst:

„1. entgegen § 71 Abs. 1 Satz 1, auch in Verbindung mit einer Rechtsverordnung nach § 79 Nr. 1 oder § 71 Abs. 1, schwerbehinderte Menschen nicht beschäftigt,"

Es handelt sich um die Richtigstellung einer durch das „Gesetz zur Änderung von Fristen und Bezeichnungen im Neunten Buch Sozialgesetzbuch und zur Änderung anderer Gesetze" vom 3. April 2003 (BGBl. I S. 462) eingefügten Verweisung (vgl. BT-Drucks. 15/1783 S. 19).

b) in **Abs. 2** die Zahl „2500" durch die Zahl „10 000" ersetzt.

Zu dieser vom Ausschuss für Gesundheit und Soziale Sicherung vorgeschlagenen Änderungen wird in der Beschlussempfehlung (BT-Drucks. 15/2357 S. 26) angemerkt:

„Um Verstöße von Arbeitgebern gegen ihre Verpflichtungen im Zusammenhang mit der Beschäftigung schwerbehinderter Menschen und der Beteiligung der Schwerbehindertenvertretung wirksam ahnden zu können, wird der Bußgeldrahmen auf bis zu 10 000 Euro erhöht. Dieser Betrag entspricht dem Bußgeldrahmen des § 121 Betriebsverfassungsgesetz. Der Bußgeldrahmen bietet ausreichend Möglichkeiten, im Rahmen der einzelnen Ordnungswidrigkeitentatbestände das konkret zu verhängende Bußgeld der Schwere des jeweiligen Verstoßes entsprechend festzusetzen."

III. Anmerkungen

A) zu Abs. 1

1. Ordnungswidrige Pflichtverstöße

Eine **Ordnungswidrigkeit** ist eine rechtswidrige und vorwerfbare Handlung, die den Tatbestand eines Gesetzes verwirklicht, das die Ahndung mit einer Geldbuße zulässt (§ 1 OWiG).

§ 156 Abs. 1 enthält einen **Tatbestandskatalog**, der neun unterschiedliche Verstöße gegen Arbeitgeberpflichten aus dem Zweiten Teil des SGB IX aufführt.

Hinsichtlich des Inhalts der einzelnen Pflichtverstöße, die in der Vorschrift zu Ordnungswidrigkeiten erkärt werden, wird auf die Kommentierung zu den jeweils in Bezug genommenen Bestimmungen verwiesen.

Die **Bußgeldandrohungen** richten sich an **Arbeitgeber**, weil diese die sanktionsbewehrten Pflichten zu erfüllen haben. Hierbei wird nicht zwischen privaten und öffentlichen Arbeitgebern unterschieden. Den Arbeitgebern **gleichgestellt** sind nach § 9 OWiG Geschäftsführer, Betriebsleiter und andere leitende Personen, die **Arbeitgeberfunktionen wahrnehmen** bzw. die vom Arbeitgeber mit der Erfüllung von Aufgaben und Pflichten betraut worden sind, welche das Gesetz dem Arbeitgeber auferlegt hat. Voraussetzung ist, dass diese Personen selbstständig und mit Entscheidungsfreiheit handeln können (vgl. OLG Hamm MDR 1978, 598 und ⊛ Beschluss vom 25. Juni 1992 – 3 Ss OWi 59/92, zit. nach JURIS).

Hat der **Arbeitgeber seine Pflichten auf eine andere Person übertragen**, handelt er nach § 130 OWiG ordnungswidrig, wenn er als Inhaber eines Betriebes oder Unternehmens vorsätzlich oder grob fahrlässig die **Aufsichtsmaßnahmen unterlässt**, die notwendig sind, um im Betrieb oder Unternehmen Zuwiderhandlungen gegen Pflichten zu verhindern, die den Inhaber als solchen treffen und deren Verletzung mit Strafe oder Geldbuße bedroht ist. Der Unternehmer kann sich seiner Überwachungspflicht gemäß § 130 Abs. 1 OWiG nicht dadurch vollständig entziehen, dass er in seinem Betrieb eine Aufsichtsperson mit der Überwachung der Beschäftigten beauftragt (BayObLGSt 2001, 107 = NJW 2002, 766). Kennt oder versteht der Betriebsinhaber wesentliche für seinen Geschäftsbetrieb geltende Bestimmungen nicht, so muss er sich zur Erfüllung seiner Überwachungspflicht entweder die für die Überwachungsaufgabe erforderlichen Kenntnisse verschaffen, um seiner Pflicht selbst nachkommen zu können, oder er hat ein innerbetriebliches Kontrollsystem zu organisieren, das er extern, etwa durch einen Steuerberater oder Wirtschaftsprüfer, überwachen lässt (BayObLG a. a. O.).

7c   Unter den Voraussetzungen des § 30 OWiG ist auch die Festsetzung einer Geldbuße **gegen eine juristische Person oder Personenvereinigung** zulässig. Dies betrifft namentlich die Aktiengesellschaft, die GmbH, die Genossenschaft, den eingetragenen Verein sowie die Stiftung. Die Geldbuße gegen die juristische Person oder Personenvereinigung kann festgesetzt werden, wenn das vertretungsberechtigte Organ eine Ordnungswidrigkeit begangen hat, indem es die Pflichten der juristischen Person oder Personenvereinigung als Arbeitgeber im Sinne von Abs. 1 Nr. 1 bis 9 verletzt hat. Durch diese Regelung wird eine Besserstellung von juristischen Personen bzw. Personenvereinigungen gegenüber natürlichen Personen ausgeschlossen (Hauck / Noftz / *Oppermann* Rdnr. 30).

B) zu Abs. 2

1. Höhe der Geldbuße

8   Die Geldbuße beträgt mindestens **5 Euro** und höchstens **10 000 Euro** (§ 17 Abs. 1 OWiG i. V. m. § 156 Abs. 2 SGB IX). Grundlage für die **Zumessung** der Geldbuße ist die Bedeutung der Ordnungswidrigkeit und der den Handelnden treffende Vorwurf; die wirtschaftlichen Verhältnisse sind ebenfalls zu beachten (§ 17 OWiG).

Die Regionaldirektionen haben bei der Festsetzung der Höhe des Bußgeldes einen **Ermessensspielraum**.

8a   Zwar können sich **wiederholte Zuwiderhandlungen** bußgelderhöhend auswirken, wenn dadurch eine besonders gesetzwidrige Einstellung des Täters zum Ausdruck kommt. Die tatmehrheitliche Begehung von Zuwiderhandlungen als solche stellt aber keinen Erhöhungsgrund für die einzelnen Geldbußen dar. Die nachdrückliche Ahndung wird nämlich schon durch die Kumulation der verhängten Geldbußen erreicht, weil es im Unterschied zur Gesamtstrafe keine Gesamtgeldbuße im OWiG-Verfahren gibt. Dabei ist allerdings zu beachten, dass bei Ahndung mehrerer Ordnungswidrigkeiten das Kumulationsprinzip das verfassungsrechtliche Gebot des schuldangemessenen Strafens berühren kann (KG Berlin, Beschluss vom 25. Juni 2001 – 2 Ss 87/01 – 3 Ws (B) 253/01 BSch, zit. nach JURIS).

8b   Verletzt der Betroffene über einen längeren Zeitraum eine Anzeigepflicht, weil er die Anzeige im Hinblick auf die Art des von ihm geführten Betriebes für überflüssig hält, darf dies nicht ohne weiteres als **„Hartnäckigkeit"** bußgelderhöhend berücksichtigt werden. Mangelnde Einsicht eines Täters kann sich strafverschärfend nur auswirken, wenn sie ungünstige Schlüsse auf seine Persönlichkeit zulässt (vgl. BGHSt 32, 162 [182]; BGH NStZ 1983, 453 m. w. N.; KG Berlin, Beschluss vom 9. März 1998, Az: 2 Ss 25/98 – 5 Ws (B) 80/98, zit. nach JURIS).

9   **Fahrlässiges Handeln** kann im Höchstmaß nur mit der Hälfte des angedrohten Höchstbetrages der Geldbuße geahndet werden, weil das Gesetz nicht im Höchstmaß zwischen Vorsatz und Fahrlässigkeit unterscheidet (GK-SchwbG / *Schimanski* § 68 Rdnr. 43).

2. Verjährung

10   Die Verfolgung von Ordnungswidrigkeiten verjährt in den Fällen des § 156 Abs. 1 SGB IX **nach zwei Jahren** (§ 27 Abs. 2 OWiG). Die Verjährung beginnt mit dem Tag, an dem die Handlung begangen wurde. Die Behörde kann die Verjährung durch bestimmte Maßnahmen unterbrechen (§§ 28 ff. OWiG).

C) zu Abs. 3

1. Zuständige Verwaltungsbehörde

Zur Verfolgung von Ordnungswidrigkeiten zuständig im Sinne des § 36 Abs. 1 Nr. 1 OWiG ist die **Bundesagentur für Arbeit**, d. h. deren Regionaldirektion (Abs. 3). Diese wird in der Regel aufgrund von Anzeigen Beteiligter, etwa der Schwerbehindertenvertretung, oder von Behörden tätig. Hierüber entscheidet sie **nach pflichtgemäßem Ermessen**. Im Ordnungswidrigkeitenverfahren gilt – anders als im Strafverfahren – nicht das Legalitätsprinzip, welches die Staatsanwaltschaft bei Verdacht einer strafbaren Handlung grundsätzlich zur Aufnahme von Ermittlungen verpflichtet. 11

Vielmehr entscheidet die Regionaldirektion über die Einleitung des Verfahrens und die Verhängung eines Verwarnungsgeldes bzw. einer Geldbuße nach pflichtgemäßem Ermessen (§ 47 Abs. 1 OWiG), also nach dem **Opportunitätsprinzip**. Teilweise wird beklagt, dass in der Regel die Bundesagentur für Arbeit Verstöße gegen Anzeigepflichten verfolge, hingegen selbst vorsätzliche und beharrliche Verstöße gegen die Nichterfüllung der Pflichtquote aber kaum ahnde (GK-SGB IX / *Schimanski* Rdnrn. 37 f.). Trotz „entgegengesetzter Erfahrung" unterstelle man jedem Arbeitgeber den guten Willen zur optimalen Beschäftigung schwerbehinderter Menschen. Regelmäßig fänden keine Prüfungen statt, ob der Arbeitgeber, der die Pflichtquote nicht erfülle, durch betriebliche Maßnahmen nach § 71 Abs. 1 SGB IX weitere Beschäftigungsmöglichkeiten für schwerbehinderte Arbeitnehmer schaffen könne. Auch fehlten Kontrollen, ob vom Arbeitgeber abgewiesene schwerbehinderte Bewerber nicht eingestellt werden könnten, da sie die betrieblichen und persönlichen Voraussetzungen für den Abschluss eines Arbeitsvertrages erfüllten (GK-SGB IX / *Schimanski* a. a. O.). 11a

Bei **geringfügigen Ordnungswidrigkeiten** kann die Regionaldirektion als Verwaltungsbehörde den Betroffenen **verwarnen** und ein Verwarnungsgeld von 5 bis 35 Euro erheben, wenn eine kostenlose Verwarnung unzureichend ist (§ 56 Abs. 1 OWiG). Die Verwarnung wird wirksam, wenn der Betroffene nach Belehrung mit ihr einverstanden ist und das Verwarnungsgeld sofort oder binnen einer Woche zahlt. In diesem Fall kann die Tat nicht mehr unter den tatsächlichen und rechtlichen Gesichtspunkten, unter denen die Verwarnung erteilt worden ist, verfolgt werden (§ 56 Abs. 4 OWiG). 12

Für das Ordnungswidrigkeitenverfahren selbst gelten die **allgemeinen Bestimmungen über das Strafverfahren**. Die Bundesagentur hat insoweit die gleichen Rechte und Pflichten wie die Staatsanwaltschaft (vgl. §§ 46 ff. OWiG). Sie kann, ggf. durch Einschaltung der Polizei, Zeugen und Sachverständige laden und hören (§ 59 OWiG). Der Betroffene kann sich in jeder Lage des Verfahrens durch einen Anwalt vertreten lassen. 13

Hält die Regionaldirektion der BA eine ahndungswürdige und nicht nur geringfügige Ordnungswidrigkeit für gegeben, erlässt es einen **Bußgeldbescheid** entsprechend den Mindestanforderungen des § 66 OWiG. 14

Hiergegen kann der Betroffene binnen zwei Wochen nach Zustellung schriftlich oder zur Niederschrift bei der Regionaldirektion **Einspruch** gem. § 69 Abs. 2 OWiG einlegen. Nach erneuter Überprüfung der Sach- und Rechtslage kann die Behörde dem Einspruch stattgeben und den Bußgeldbescheid aufheben oder abändern, wenn sie den Rechtsbehelf für ganz oder teilweise begründet erachtet. Andernfalls gibt die Verwaltungsbehörde den Vorgang an die **Staatsanwaltschaft** ab. Hält diese den Sachverhalt für nicht ausreichend aufgeklärt, kann sie die Akte an die BA mit der Bitte um weitere Sachaufklärung zurückgeben. 15

Beurteilt hingegen die Staatsanwaltschaft den Sachverhalt wie die Regionaldirektion, legt sie den Vorgang dem **Amtsgericht** vor. Dieses kann über den Einspruch durch Beschluss nach § 72 OWiG oder in einer Hauptverhandlung nach §§ 71 ff. OWiG entscheiden. Ordnet das Amtsgericht das persönliche Erscheinen des Betroffenen an und bleibt dieser der Verhandlung fern, kann das Gericht den Einspruch nach § 74 Abs. 2 OWiG verwerfen; dies gilt jedenfalls dann, wenn der Betroffene durch seinen Verteidiger erklären lässt, er werde zur Sache keine Angaben machen (BGH NJW 1992, 2494). 16

17 Das **Amtsgericht prüft** den dem Bußgeldbescheid zugrunde liegenden Sachverhalt in rechtlicher und tatsächlicher Hinsicht **vollständig nach**. Es ist somit nicht an die tatsächlichen Feststellungen der Bundesagentur und deren rechtliche Beurteilung gebunden.

18 Die Entscheidung des Amtsgerichts kann nur unter den in §§ 79 ff. OWiG festgelegten Voraussetzungen durch **Rechtsbeschwerde** angefochten werden. Das ist namentlich dann der Fall, wenn die festgesetzte Geldbuße mehr als 250 Euro beträgt (§ 79 Abs. 1 Satz 1 Nr. 1 OWiG) oder wenn das Rechtsbeschwerdegericht auf Antrag das Rechtsmittel zugelassen hat (§ 79 Abs. 1 Satz 2 OWiG). Das kann grundsätzlich zur Fortbildung des Rechts oder zur Sicherung einer einheitlichen Rechtsprechung geschehen, aber auch bei einer Verletzung des rechtlichen Gehörs durch das Amtsgericht (§ 80 Abs. 1 OWiG). Rechtsbeschwerdegericht ist das jeweils übergeordnete Oberlandesgericht.

19 Über die **Kosten des Bußgeldverfahrens** entscheidet die Verwaltungsbehörde, bei gerichtlicher Überprüfung das Amtsgericht (§§ 105 ff. OWiG). Endet das Verfahren vor der Verwaltungsbehörde, verbleiben die Kosten des Bußgeldverfahrens der Bundesagentur für Arbeit.

D) zu Abs. 4

1. Vollstreckung

20 Unanfechtbar gewordene Bußgeldbescheide sind vollstreckbar. Für die Vollstreckung von Bußgeldbescheiden der Bundesagentur nach § 156 SGB IX erklärt **Abs. 4** die Vorschrift des § 66 SGB X für entsprechend anwendbar. Deshalb gilt hierfür das **Verwaltungsvollstreckungsgesetz**, nachdem die Regionaldirektion der BA zu den bundesunmittelbaren Körperschaften gehört.

Da der Bußgeldbescheid ein Verwaltungsakt ist, kann auch die Zwangsvollstreckung in entsprechender Anwendung der ZPO stattfinden (§ 66 Abs. 4 Satz 1 SGB X entsprechend). Der Vollstreckungsschuldner soll vor Beginn der Vollstreckung mit einer Zahlungsfrist von einer Woche gemahnt werden (§ 66 Abs. 4 Satz 2 SGB X entsprechend).

E) zu Abs. 5

1. Verwendung der Geldbuße

21 Die Geldbuße wird **an das Integrationsamt abgeführt**. Dieses muss sie gemäß § 77 Abs. 5 SGB IX verwenden, d. h. ausschließlich für besondere Leistungen zur Förderung der Teilhabe schwerbehinderter Menschen am Arbeitsleben einschließlich begleitender Hilfen im Arbeitsleben gem. § 102 Abs. 1 Nr. 3 SGB IX einsetzen.

§ 157
Stadtstaatenklausel

(1) [1]Der Senat der Freien und Hansestadt Hamburg wird ermächtigt, die Schwerbehindertenvertretung für Angelegenheiten, die mehrere oder alle Dienststellen betreffen, in der Weise zu regeln, dass die Schwerbehindertenvertretungen aller Dienststellen eine **Gesamtschwerbehindertenvertretung** wählen. [2]Für die Wahl gilt § 94 Abs. 2, 3, 6 und 7 entsprechend.

(2) § 97 Abs. 6 Satz 1 gilt entsprechend.

ERLÄUTERUNGEN

I. Bedeutung der Vorschrift

1 Sie trifft eine Sonderregelung für die Freie und Hansestadt Hamburg. Nachdem diese keinen Unterschied zwischen gemeindlicher und staatlicher Verwaltung kennt, besteht in Hamburg

keine Stufenvertretung nach dem BPersVG mit der Folge, dass auch keine Stufenvertretung der Schwerbehindertenvertretung nach § 97 Abs. 3 SGB IX gewählt werden kann. Mit der Ermächtigung des § 157 Abs. 1 SGB IX wird erreicht, dass **dem Hamburger Senat eine Gesamt-Schwerbehindertenvertretung gegenübersteht**. Mit dieser können Angelegenheiten von schwerbehinderten Menschen, die mehrere oder alle Dienststellen oder Behörden betreffen, einheitlich geregelt weren (Schimanski in GK-SchwbG Rdnr. 8 zu § 70).

Mit der Verordnung über die Einführung eines Gesamt-Vertrauensmannes vom 10. April 1979 (Hamb. GVBl. S. 111) wurde bestimmt, dass für Angelegenheiten, die mehrere oder alle Dienststellen der Behörden der Freien und Hansestadt Hamburg betreffen, die Schwerbehinderten-Vertrauensmänner einen Gesamt-Vertrauensmann wählen.

Für die Gesamt-Schwerbehindertenvertretung gilt § 97 Abs. 6 Satz 1 SGB IX entsprechend (**Abs. 2**). Die Gesamt-Schwerbehindertenvertretung vertritt demnach die Interessen der schwerbehinderten Menschen in Angelegenheiten, die den gesamten öffentlichen Dienst oder mehrere Dienststellen in Hamburg betreffen und die von den Schwerbehindertenvertretungen der einzelnen Dienststellen nicht geregelt werden können. Sie hat auch die Interessen der schwerbehinderten Menschen zu vertreten, die in einer Dienststelle tätig sind, für die eine Schwerbehindertenvertretung nicht gewählt ist.

II. Fassung

Die Vorschrift wurde unverändert aus dem Regierungsentwurf (BT-Drucks. 14/5531 i. V. m. 14/5074) übernommen. Sie entspricht dem bisherigen § 70 SchwbG a. F.

§ 158
Sonderregelung für den Bundesnachrichtendienst

Für den Bundesnachrichtendienst gilt dieses Gesetz mit folgenden Abweichungen:

1. Der Bundesnachrichtendienst gilt vorbehaltlich der Nummer 3 als einheitliche Dienststelle.
2. Für den Bundesnachrichtendienst gelten die Pflichten zur Vorlage des nach § 80 Abs. 1 zu führenden Verzeichnisses, zur Anzeige nach § 80 Abs. 2 und zur Gewährung von Einblick nach § 80 Abs. 7 nicht. Die Anzeigepflicht nach § 90 Abs. 3 gilt nur für die Beendigung von Probearbeitsverhältnissen.
3. Als Dienststelle im Sinne des Kapitels 5 gelten auch Teile und Stellen des Bundesnachrichtendienstes, die nicht zu seiner Zentrale gehören. § 94 Abs. 1 Satz 4 und 5 sowie § 97 sind nicht anzuwenden. In den Fällen des § 97 Abs. 6 ist die Schwerbehindertenvertretung der Zentrale des Bundesnachrichtendienstes zuständig. Im Falle des § 94 Abs. 6 Satz 4 lädt der Leiter oder die Leiterin der Dienststelle ein. Die Schwerbehindertenvertretung ist in den Fällen nicht zu beteiligen, in denen die Beteiligung der Personalvertretung nach dem Bundespersonalvertretungsgesetz ausgeschlossen ist. Der Leiter oder die Leiterin des Bundesnachrichtendienstes kann anordnen, dass die Schwerbehindertenvertretung nicht zu beteiligen ist, Unterlagen nicht vorgelegt oder Auskünfte nicht erteilt werden dürfen, wenn und soweit dies aus besonderen nachrichtendienstlichen Gründen geboten ist. Die Rechte und Pflichten der Schwerbehindertenvertretung ruhen, wenn die Rechte und Pflichten der Personalvertretung ruhen. § 96 Abs. 7 Satz 3 ist nach Maßgabe der Sicherheitsbestimmungen des Bundesnachrichtendienstes anzuwenden. § 99 Abs. 2 gilt nur für die in § 99 Abs. 1 genannten Personen und Vertretungen der Zentrale des Bundesnachrichtendienstes.
4. Im Widerspruchsausschuss bei dem Integrationsamt (§ 119) und in den Widerspruchsausschüssen bei der Bundesagentur für Arbeit (§ 120) treten in Angelegenheiten schwerbehinderter Menschen, die beim Bundesnachrichtendienst beschäftigt sind, an die Stelle der Mitglieder, die Arbeitnehmer oder Arbeitnehmerinnen und Arbeitgeber sind (§ 119 Abs. 1 und § 120 Abs. 1), Angehörige des Bundesnachrichten-

dienstes, an die Stelle der Schwerbehindertenvertretung die Schwerbehindertenvertretung der Zentrale des Bundesnachrichtendienstes. Sie werden dem Integrationsamt und der Bundesagentur für Arbeit vom Leiter oder der Leiterin des Bundesnachrichtendienstes benannt. Die Mitglieder der Ausschüsse müssen nach den dafür geltenden Bestimmungen ermächtigt sein, Kenntnis von Verschlusssachen des in Betracht kommenden Geheimhaltungsgrades zu erhalten.

5. Über Rechtsstreitigkeiten, die aufgrund dieses Gesetzes im Geschäftsbereich des Bundesnachrichtendienstes entstehen, entscheidet im ersten und letzten Rechtszug der oberste Gerichtshof des zuständigen Gerichtszweiges.

ERLÄUTERUNGEN

I. Bedeutung der Vorschrift

1 Sie trifft im Hinblick auf besondere Sicherheitserfordernisse, die für den Bundesnachrichtendienst gelten, eine Sonderregelung für diese Behörde. Diese entspricht der in § 86 BPersVG enthaltenen Sonderregelung für den BND.

II. Fassung

2 Die Vorschrift wurde unverändert aus dem Regierungsentwurf (BT-Drucks. 14/5531 i. V. m. 14/5074) übernommen. In Nr. 4 wurde lediglich die Bezeichnung der Hauptfürsorgestelle in „Integrationsamt" abgeändert.

Die Bestimmung überträgt den bisherigen § 71 SchwbG a. F.

§ 159
Übergangsregelung

(1) Abweichend von § 71 Abs. 1 beträgt die Pflichtquote für die in § 71 Abs. 3 Nr. 1 und 4 genannten öffentlichen Arbeitgeber des Bundes weiterhin sechs Prozent, wenn sie am 31. Oktober 1999 auf mindestens sechs Prozent der Arbeitsplätze schwerbehinderte Menschen beschäftigt hatten.

(2) Auf Leistungen nach § 33 Abs. 2 des Schwerbehindertengesetzes in Verbindung mit dem Ersten Abschnitt der Schwerbehinderten-Ausgleichsabgabeverordnung jeweils in der bis zum 30. September 2000 geltenden Fassung sind die zu diesem Zeitpunkt geltenden Rechtsvorschriften weiter anzuwenden, wenn die Entscheidung über die beantragten Leistungen vor dem 1. Oktober 2000 getroffen worden ist.

(3) Eine aufgrund des Schwerbehindertengesetzes getroffene bindende Feststellung über das Vorliegen einer Behinderung, eines Grades der Behinderung und das Vorliegen weiterer gesundheitlicher Merkmale gelten als Feststellungen nach diesem Gesetz.

(4) Die nach § 56 Abs. 2 des Schwerbehindertengesetzes erlassenen allgemeinen Richtlinien sind bis zum Erlass von allgemeinen Verwaltungsvorschriften nach § 141 weiter anzuwenden.

(5) § 17 Abs. 2 Satz 1 ist vom 1. Januar 2008 an mit der Maßgabe anzuwenden, dass auf Antrag Leistungen durch ein Persönliches Budget ausgeführt werden.

(6) Auf Erstattungen nach Teil 2 Kapitel 13 ist § 148 für bis zum 31. Dezember 2004 entstandene Fahrgeldausfälle in der bis zu diesem Zeitpunkt geltenden Fassung anzuwenden.

Übergangsregelung § 159

ERLÄUTERUNGEN

I. Bedeutung der Vorschrift

Sie trifft Übergangsregelungen zu vier unterschiedlichen Punkten   1
- Für die **öffentlichen Arbeitgeber des Bundes** nach § 71 Abs. 3 Nr. 1 und 4 SGB IX, die bereits vor Inkrafttreten des SchwbBAG am 1. Oktober 2000 mehr als sechs Prozent schwerbehinderte Menschen beschäftigt hatten, bleibt es bei der **Pflichtquote von sechs Prozent (Abs. 1)**. Ihnen wird damit eine gewissen Vorbildfunktion zugemessen. Öffentliche Arbeitgeber des Bundes, die die bisherige Pflichtquote am Stichtag nicht erfüllt hatten, müssen hingegen wie alle anderen Arbeitgeber nur die auf fünf Prozent abgesenkte Pflichtquote erfüllen.
- Auf **Förderleistungen** der Bundesagentur für Arbeit gem. § 33 SchwbG a. F. (nunmehr   2
§ 104 SGB IX i. V. m. der SchwbAV werden weiterhin die **früheren Rechtsvorschriften** angewendet, wenn die Leistungen vor Inkrafttreten des SchwbBAG am 1. Oktober 2000 bewilligt worden sind (**Abs. 2**)).
- Eine **aufgrund des SchwbG getroffene bindende Feststellung** über das Vorliegen einer   3
Behinderung, eines Grades der Behinderung und über das Vorliegen weiterer gesundheitlicher Merkmale **gilt als Feststellung nach dem SGB IX (Abs. 3)**. Damit wird klargestellt, dass schwerbehinderte Menschen, für die vor dem 1. Juli 2001 entsprechende Feststellungen getroffen wurden, nicht entsprechende Verwaltungsentscheidungen nach § 69 SGB IX beantragen müssen.
- Die Vorschrift des § 56 Abs. 1 SchwbG schrieb vor, dass geeignete Aufträge der öffentlichen Hand bevorzugt Werkstätten für behinderte Menschen anzubieten sind. Nach § 56   4
Abs. 2 SchwbG a. F. hatte der Bundesminister für Wirtschaft im Einvernehmen mit dem Bundesminister für Arbeit und Sozialordnung allgemeine Richtlinien zu erlassen. Diese sind mit den Richtlinien für die Berücksichtigung bevorzugter Bewerber bei der Vergabe öffentlicher Aufträge vom 11. August 1975 (BAnz. Nr. 152 vom 20. August 1975) geschaffen worden. In **Abs. 4** wird klargestellt, dass diese **Richtlinien** bis zum Erlass von allgemeinen Verwaltungsvorschriften nach § 141 SGB IX **weiter anzuwenden** sind.

II. Fassung

Die Vorschrift wurde gegenüber dem Regierungsentwurf (BT-Drucks. 14/5531 i. V. m. 14/   5
5074) wesentlich verändert bzw. ergänzt. Unverändert ist lediglich die Regelung in **Abs. 2** übernommen worden. Sie entspricht den bisherigen § 72 Abs. 2 SchwbG a. F. Es handelt sich somit nicht um eine speziell das SGB IX berührende Übergangsregelung. Vielmehr liegt ihre Bedeutung in der Fortgeltung der vor dem Inkrafttreten des Gesetzes zur Bekämpfung der Arbeitslosigkeit Schwerbehinderter am 1. Oktober 2000 in Geltung gewesenen Rechtsvorschriften für vor diesem Stichtag bewilligte Leistungen der Bundesagentur für Arbeit.

In **Abs. 1** wollte der Regierungsentwurf die bisher in § 72 SchwbG enthaltene und **auf die**   6
öffentlichen Arbeitgeber im Bundesbereich beschränkte Regelung auf alle öffentlichen Arbeitgeber erstrecken. Auch für diese sollte künftig eine Pflichtquote für die Beschäftigung schwerbehinderter Menschen von sechs Prozent gelten, wenn sie am 1. Oktober 1999 diese Quote überschritten hatten.

Diese Erweiterung auf die öffentlichen Arbeitgeber auch der Länder und Kommunen hielt   7
jedoch der **Bundesrat** für nicht sachgerecht (BT-Drucks. 14/5531 S. 12). Zur Begründung führte er aus: „Sie führt zu einer ungerechtfertigten Ungleichbehandlung unter den öffentlichen Arbeitgebern, da die erhöhte Beschäftigungspflicht nur für diejenigen öffentlichen Arbeitgeber gilt, die zum Stichtag (31. Oktober 1999) die bisherige Pflichtquote von sechs Prozent erfüllt haben. Dagegen profitieren von der Absenkung der Pflichtquote weiterhin all diejenigen öffentlichen Arbeitgeber, die zum Stichtag (31. Oktober 1999) eine Erfüllungs-

quote von unter sechs Prozent hatten, insbesondere die öffentlichen Arbeitgeber, die bisher eine Erfüllungsquote zwischen fünf und sechs Prozent hatten.

Zudem lässt die Vorschrift offen, von welchem Arbeitgeberbegriff bei den Ländern auszugehen ist (Land als Arbeitgeber i. S. v. § 77 Abs. 8 SGB IX oder vom ressortbezogenen Arbeitgeberbegriff des § 71 Abs. 3 Nr. 1 und 2) und führt damit in der praktischen Anwendung im Bereich der Berechnung der Ausgleichsabgabeschuld der Länder (§ 77 Abs. 8 SGB IX) zu unüberwindbaren Anwendungs- und Berechnungsproblemen."

8 Aufgrund dieser Einwände hat der **BT-Ausschuss für Arbeit und Sozialordnung** abweichend vom Regierungsentwurf wieder den Inhalt der Regelung des § 72 Abs. 1 Satz 1 SchwbG hergestellt.

Die **Abs. 3 und 4** der Bestimmung wurden durch den BT-Ausschuss für Arbeit und Sozialordnung angefügt, um Übergangsprobleme des SGB IX zu lösen.

§ 160
Überprüfungsregelung

(1) **Die Bundesregierung berichtet den gesetzgebenden Körperschaften des Bundes bis zum 30. Juni 2005 über die Situation behinderter und schwerbehinderter Frauen und Männer auf dem Ausbildungsstellenmarkt und schlägt die danach zu treffenden Maßnahmen vor.**

(2) **Sie berichtet den gesetzgebenden Körperschaften des Bundes bis zum 30. Juni 2007 über die Wirkungen der Instrumente zur Sicherung von Beschäftigung und zur betrieblichen Prävention. Dabei wird auch die Höhe der Beschäftigungspflichtquote überprüft.**

ERLÄUTERUNGEN

ÜBERSICHT

I. Bedeutung der Vorschrift (Rdnr. 1)
II. Fassung (Rdnr. 2)
III. Begründung (Rdnr. 3)
IV. Anmerkungen (Rdnrn. 4–7)

I. Bedeutung der Vorschrift

1 Sie verpflichtet die Bundesregierung, dem Bundestag bis zum 30. Juni 2003 über die Beschäftigungssituation schwerbehinderter Menschen zu berichten und die danach zu treffenden Maßnahmen vorzuschlagen. Hierbei wird insbesondere darauf einzugehen sein, ob durch die Absenkung der Beschäftigungsquote die Änderung der Ausgleichsabgabe erforderlich ist und ob die mit den Präventions- und Integrationsbemühungen verfolgten Ziele erreicht worden sind.

II. Fassung

2 Die Vorschrift wurde unverändert aus dem Regierungsentwurf (BT-Drucks. 14/5531 i. V. m. 14/5074) übernommen. Sie entspricht dem bisherigen § 73 SchwbG in der durch das Gesetz zur Bekämpfung der Arbeitslosigkeit Schwerbehinderter zum 1. Oktober 2000 eingeführten Fassung.

III. Begründung

In der Begründung zum Regierungsentwurf (BT-Drucks. 14/5074) ist zu der Vorschrift ausgeführt:

„In dem zum 30. Juni 2003 zu erstattenden Bericht wird auch auf die Neuverteilung der Ausgleichsabgabe zwischen Bund und Ländern (§ 79 Nr. 3) einzugehen und werden Vorschläge zur Änderung zu machen sein. Im Rahmen dieses Gesetzes ist eine Neuverteilung des Aufkommens an Ausgleichsabgabe noch nicht sinnvoll, weil die finanziellen Auswirkungen der Neuordnung der Ausgleichsabgabe durch das Gesetz zur Bekämpfung der Arbeitslosigkeit Schwerbehinderter (SchwbBAG), das am 1. Oktober 2000 in Kraft getreten ist, erst Ende des Jahres 2002 abgeschätzt werden können, ebenso die Auswirkungen der Verbesserung der konjunkturellen Lage und der Arbeitsmarktsituation auf die maßgebliche Zahl der Arbeitsplätze sowie die Ausgaben für den flächendeckenden Auf- und Ausbau von Integrationsfachdiensten sowie der durch eine Erhebung noch festzustellende Bedarf an weiteren Plätzen vor allem in Werkstätten für behinderte Menschen."

IV. Anmerkungen

1. Am 14. 7. 2005 hat das Bundeskabinett den in Abs. 1 vorgeschriebenen Bericht über die Situation behinderter und schwerbehinderter Frauen und Männer auf dem Ausbildungsstellenmarkt sowie einen Bericht über die Beschäftigung schwerbehinderter Menschen im öffentlichen Dienst vorgelegt (aufzurufen unter www.good-practice.de/1669.php).

Wie aus dem Bericht zum Ausbildungsstellenmarkt hervorgeht, lag die Versorgungsquote im Ausbildungsbereich bei 97,4%. Die Bundesagentur für Arbeit (BA) konnte im Ausbildungsjahr 2003/2004 drei von vier behinderten Jugendlichen in Ausbildungsstellen (72,9%) und fast jeden vierten behinderten Bewerber in Alternativangebote (24,5%) vermitteln.

Nach dem Bericht über die Beschäftigung im öffentlichen Dienst ist diese um 0,4 Prozentpunkte gegenüber 2003 gestiegen. Der Beschäftigungsanteil in 2004 beträgt 7,1% bei einer geforderten Quote von 6%.

2. Am 27. 7. 2007 hat die Bundesregierung den Bericht gem. Abs. 2 erstattet über die Wirkungen der Instrumente zur Sicherung von Beschäftigung und zur betrieblichen Prävention (aufzurufen unter www.bmas.de/coremedia/generator/3066/property=pdf/2007_06_27_bericht_instrumente_beschaeftigungssicherung_und_betriebliche_praevention.pdf).

§ 1
Ziel des Gesetzes

Ziel des Gesetzes ist, Benachteiligungen aus Gründen der Rasse oder wegen der ethnischen Herkunft, des Geschlechts, der Religion oder Weltanschauung, einer Behinderung, des Alters oder der sexuellen Identität zu verhindern oder zu beseitigen.

ERLÄUTERUNGEN

ÜBERSICHT

- I. Bedeutung der Vorschrift (Rdnrn. 1–12)
  - a) Programmatische Zielbestimmung (Rdnr. 1)
  - b) Umsetzung von vier EG-Richtlinien (Rdnrn. 2–9)
  - c) Struktur des Gesetzes (Rdnrn. 10–12)
- II. Fassung (Rdnr. 13)
- III. Begründung (Rdnrn. 14–24)
- IV. Anmerkungen (Rdnrn. 25–51)
  1. Benachteiligung (Rdnrn. 25–27)
  2. Benachteiligungsmerkmale (Rdnrn. 28–51)
     - a) Aus Gründen der Rasse (Rdnrn. 31–32)
     - b) Ethnische Herkunft (Rdnrn. 33–36)
     - c) Geschlecht (Rdnrn. 37–41)
     - d) Religion oder Weltanschauung (Rdnrn. 42–44)
     - e) Behinderung (Rdnrn. 45–46)
     - f) Alter (Rdnrn. 47–48)
     - g) Sexuelle Identität (Rdnrn. 49–51)
- V. Literatur
  - a) Kommentare
  - b) Monografien
  - c) Aufsätze
    - aa) Überblicksdarstellungen
    - bb) Abhandlungen arbeitsrechtlicher Problemstellungen
    - cc) Abhandlungen zivilrechtlicher Problemstellungen
    - dd) Sonstige Abhandlungen

I. Bedeutung der Vorschrift

a) Programmatische Zielbestimmung

1 Sie enthält die programmatische Zielbestimmung des AGG: Das Gesetz will **Benachteiligungen wegen eines oder mehreren der in § 1 genannten Gründe verhindern oder beseitigen**, und zwar in dem in § 2 Abs. 1 AGG geregelten sachlichen Anwendungsbereich. Die Vorschrift selbst ordnet keine bestimmte Rechtsfolge an. Ihre Bedeutung liegt in der **Aufzählung der Benachteiligungsgründe**, auf die **in anderen Vorschriften verwiesen** wird, namentlich beim arbeitsrechtlichen Benachteiligungsverbot (§ 7 Abs. 1 AGG) und beim zivilrechtlichen Benachteiligungsverbot (§ 19 Abs. 1 AGG). Während der Diskriminierungsschutz im deutschen Arbeitsrecht schon auf eine längere Erfahrungszeit zurückblicken kann (vgl. hierzu *Thüsing* Arbeitsrechtlicher Diskriminierungsschutz Rdnr. 6), ist er im allgemeinen Zivilrecht für das deutsche Recht bislang noch neu.

b) Umsetzung von vier EG-Richtlinien

Mit dem am 18. August 2006 in Kraft getretenen Allgemeinen Gleichbehandlungsgesetz (AGG) werden insgesamt vier EG-Richtlinien umgesetzt. In allen vier Richtlinien geht es um die **Verhinderung von Benachteiligungen aus bestimmten Gründen** („Differenzierungsgründen") in einem näher bestimmten sachlichen Anwendungsbereich.

– Unter dem Gesichtspunkt der erfassten Differenzierungsgründe **am allgemeinsten gefasst** ist die **Richtlinie 2000/78/EG**. Sie gilt für Benachteiligungen aus Gründen der Rasse, ethnischen Herkunft, Religion oder Weltanschauung, einer Behinderung, des Alters oder der sexuellen Ausrichtung. Ihr sachlicher Anwendungsbereich ist beschränkt auf die Gebiete Beschäftigung, Beruf, Bildung, Sozialschutz und soziale Vergünstigungen (im Folgenden „**Rahmenrichtlinie Beschäftigung**").

– Die der Beschäftigungsrichtlinie zeitlich vorangehende Richtlinie **2000/43/EG** („**Antirassismusrichtlinie**") erfasst nur die Differenzierungsgründe Rasse und ethnische Herkunft, hat aber einen erweiterten sachlichen Anwendungsbereich. Dieser deckt sich einerseits mit der Beschäftigungsrichtlinie und umfasst zum anderen **zusätzlich eine Benachteiligung in Bezug auf „den Zugang zu und die Versorgung mit Gütern und Dienstleistungen**, die der Öffentlichkeit zur Verfügung stehen, einschließlich von Wohnraum".

– Eine weitere Richtlinie (**2002/73/EG**) betrifft die Gleichstellung von Mann und Frau im Bereich Beschäftigung und Berufsbildung (**Gender-Richtlinie**)

– Schließlich regelt eine vierte Richtlinie (**2004/113/EG**) die Anwendung des Grundsatzes der Gleichbehandlung von Frauen und Männern beim Zugang zu und bei der Versorgung mit Gütern und **Dienstleistungen (Gleichbehandlungs-Richtlinie wegen des Geschlechts außerhalb der Arbeitswelt**). Diese Richtlinie definiert ihren Anwendungsbereich nicht sachlich, sondern nach denjenigen, die gebunden werden sollen. Sie gilt nach ihrem Art. 3 Abs. 1 für alle Personen, die Güter und Dienstleistungen bereitstellen, welche der Öffentlichkeit ohne Ansehen der Person zur Verfügung stehen.

Das AGG will die vier Richtlinien in einem **einheitlichen Gesetz mit einem großen Teil gemeinsamer Bestimmungen** umsetzen. Es kombiniert den weiten sachlichen Anwendungsbereich der Antirassismusrichtlinie mit dem umfangreichen Katalog unzulässiger Differenzierungsgründe der Beschäftigungsrichtlinie. Auch verbietet es eine Benachteiligung bei Leistungen für die Öffentlichkeit nicht nur aus Gründen von Rasse oder ethnischer Herkunft, sondern auch aus einem der anderen von der Beschäftigungsrichtlinie erfassten Differenzierungsgründe mit Ausnahme der Weltanschauung (*Maier-Reimer* NJW 2006, 2577 [2578]).

Damit trägt das Gesetz alle **Züge eines politischen Kompromisses** (*Maier-Reimer* a. a. O.; *Willemsen / Schweibert* NJW 2006 2584 [2592]). Es sagt nicht immer das aus, was gemeint ist. Teilweise entspricht die **amtliche Begründung** nicht dem Gesetzestext und zeigt **Tendenzen einer über den Wortlaut hinausgehenden Auslegung** (vgl. *Maier-Reimer* a. a. O.). Weiterhin werden zu Recht **handwerkliche Mängel der Gesetzgebung** kritisiert (*Willemsen / Schweibert* a. a. O.; *Thüsing* Arbeitsrechtlicher Diskriminierungsschutz Rdnr. 20), aber auch **Umsetzungsdefizite** hinsichtlich europarechtlicher Vorgaben betont (vgl. Bauer / Göpfert / Krieger Rdnr. 43).

Jedenfalls erscheint absehbar, dass die Neuregelungen auf Dauer zu erheblichen Rechtsstreitigkeiten führen werden, wobei die nicht immer geglückte Harmonisierung des AGG mit den bestehenden Regelungen des deutschen Arbeitsrechts Probleme aufwerfen dürfte (*Willemsen / Schweibert* a. a. O.).

Da das AGG auf den Schutz vor Benachteiligung „wegen eines in § 1 genannten Grundes" ausgerichtet ist, stellt es sich als **Aneinanderreihung von Generalklauseln dar**. Deren Tragweite für die Rechtsanwendung ist im konkreten Fall schwer abzuschätzen (*Richardi* NZA 2006, 881 [882]).

c) Struktur des Gesetzes

10 Das AGG enthält in seinem ersten Abschnitt den **Allgemeinen Teil** mit Bestimmungen, die für alle vom Gesetz betroffenen Rechtsgebiete gleichermaßen gelten (§§ 1 bis 5). Für das **Arbeitsrecht** einschlägig ist vor allem der **zweite Abschnitt** mit der Überschrift „Schutz der Beschäftigten vor Benachteiligung" (§§ 6 bis 18). Der **dritte Abschnitt** regelt den Schutz vor Diskriminierungen im **Zivilrechtsverkehr**, soweit nicht bereits der zweite Abschnitt einschlägig ist (§§ 19 bis 21). In weiteren Abschnitten folgen noch Regelungen über den **Rechtsschutz** und für **öffentlich-rechtliche Dienstverhältnisse**. Abschnitt 6 schließlich errichtet eine **Antidiskriminierungsstelle des Bundes** beim Bundesministerium für Familie, Senioren, Frauen und Jugend.

11 **Ansprüche** nach dem AGG werden grundsätzlich **nach folgender** Systematik geprüft (vgl. Bauer / Göpfert / Krieger Rdnr. 11):
– **Anwendungsbereich**
– sachlich (§§ 2 bzw. 19),
– persönlich (§ 6),
– zeitlich (§ 33);
– **Arbeitsrechtliches bzw. zivilrechtliches Benachteiligungsverbot** (§§ 7 bzw. 19)
– Benachteiligung (§ 3),
– Benachteiligungsgrund (§§ 1 bzw. 19),
– Kausalität (§§ 7 bzw.19)
– mögliche **Rechtfertigung** (§§ 5, 8 bis 10 bzw. 20);
– **Fristen** zur Geltendmachung (§§ 15 Abs. 4 bzw. 21 Abs. 5) und Klagerhebung (§ 61b ArbGG);
– **Verjährung**.

Auf die Erläuterungen zu den einzelnen Vorschriften wird verwiesen.

12 Als **Rechtsfolgen des Verstoßes gegen ein Benachteiligungsverbot** kommen in Betracht
– Beschwerderecht (§ 13),
– Leistungsverweigerungsrecht (§ 14),
– Schadensersatz und Entschädigung (§§ 15 bzw. 21),
– Maßregelungsverbot (§ 16).

Auch insoweit wird auf die Erläuterungen zu den einzelnen Vorschriften verwiesen.

II. Fassung

13 Die Vorschrift wurde unverändert aus dem Entwurf der Bundesregierung „Entwurf eines Gesetzes zur Umsetzung europäischer Richtlinien zur Verwirklichung des Grundsatzes der Gleichbehandlung" (BT-Drucks.16/1780) übernommen.

III. Begründung

14 Im Gesetzentwurf der Bundesregierung (BT-Drucks. 16/1780 S. 30 f.) wird zu der Regelung ausgeführt:

„Das Gesetz hat die **Zielsetzung**, Benachteiligungen wegen der in § 1 genannten Gründe in seinem in § 2 Abs. 1 näher bestimmten Anwendungsbereich zu verhindern oder zu beseitigen. Es setzt damit die Richtlinien 2000/43/EG, 2000/78/EG, 2002/73/EG und 2004/113/EG um, die – in ihrem jeweiligen spezifischen Anwendungsbereich – gegen Benachteiligungen aus Gründen der Rasse oder wegen der ethnischen Herkunft, des Geschlechts, der Religion oder Weltanschauung, der Behinderung, des Alters oder der sexuellen Identität schützen. Einen Schutz gegen Benachteiligung wegen anderer Gründe regelt dieses Gesetz nicht. Soweit sich aus anderen Vorschriften oder insbesondere aus arbeitsrechtlichen Grundsätzen weitere Benachteiligungsverbote oder Gleichbehandlungsgebote ergeben, finden diese nach § 2 Abs. 3 neben den Vorschriften dieses Gesetzes weiterhin Anwendung.

Rechtlicher Schutz vor Benachteiligung zielt nicht auf den Schutz besonderer Gruppen, sondern auf den Schutz vor **Benachteiligungen**, die **an die in den Richtlinien genannten Merkmale anknüpfen**. Diese Merkmale werden von jedem Menschen in der einen oder anderen Form verwirklicht, denn alle Menschen weisen eine bestimmte ethnische Herkunft auf, haben ein bestimmtes Lebensalter und eine sexuelle Orientierung. Nicht alle Menschen aber sind in gleicher Weise von Benachteiligungen betroffen. **15**

Der Gesetzentwurf spricht im Folgenden von „**Benachteiligung**" und **nicht von „Diskriminierung"**, um deutlich zu machen, dass nicht jede unterschiedliche Behandlung, die mit der Zufügung eines Nachteils verbunden ist, diskriminierenden Charakter hat. Unter „Diskriminierung" nämlich wird schon im allgemeinen Sprachgebrauch nur die rechtswidrige, sozial verwerfliche Ungleichbehandlung verstanden. Es gibt indessen auch Fälle der zulässigen unterschiedlichen Behandlung; dies zeigen die §§ 5, 8 bis 10 und 20. **16**

Die in § 1 erwähnten Merkmale entstammen Artikel 13 des EG-Vertrags, der durch den Amsterdamer Vertrag mit Wirkung zum 1. Mai 1999 in das primäre Gemeinschaftsrecht eingefügt worden ist. Die Bedeutung der aufgezählten Merkmale erschließt sich weithin ohne besondere Erläuterung. Ergänzend ist anzumerken: **17**

Das Merkmal „Rasse" bzw. „ethnische Herkunft" ist von der Antirassismusrichtlinie 2000/43/EG vorgegeben. Diese auch in Artikel 13 des EG-Vertrags erwähnten Begriffe sind EG-rechtlich in einem umfassenden Sinne zu verstehen, denn sie sollen einen möglichst lückenlosen Schutz vor ethnisch motivierter Benachteiligung gewährleisten. **18**

Die Verwendung des **Begriffs der „Rasse"** ist nicht unproblematisch und bereits bei der Erarbeitung der Antirassismusrichtlinie 2000/43/EG intensiv diskutiert worden (zur Auslegung des Begriffs siehe Göksu, Rassendiskriminierung beim Vertragsabschluss als Persönlichkeitsverletzung, Freiburg/CH 2003, S. 8 ff.). Die Mitgliedstaaten und die Kommission der Europäischen Gemeinschaften haben letztlich hieran festgehalten, weil „Rasse" den sprachlichen Anknüpfungspunkt zu dem Begriff des „Rassismus" bildet und die hiermit verbundene Signalwirkung – nämlich die konsequente Bekämpfung rassistischer Tendenzen – genutzt werden soll. **19**

Zugleich entspricht die Wortwahl dem Wortlaut des Artikels 13 des EG-Vertrags, dessen Ausfüllung die Antirassismusrichtlinie 2000/43/EG dient, sowie dem Wortlaut des Artikels 3 Abs. 3 Satz 1 GG. In Übereinstimmung mit Erwägungsgrund 6 der Antirassismusrichtlinie 2000/43/EG sind allerdings **Theorien zurückzuweisen**, mit denen versucht wird, die **Existenz verschiedener menschlicher Rassen zu belegen**. Die Verwendung des Begriffs „Rasse" in der Antirassismusrichtlinie 2000/43/EG bedeutet keinesfalls eine Akzeptanz solcher Vorstellungen. Zur Klarstellung wurde daher – auch in Anlehnung an den Wortlaut des Artikels 13 des EG-Vertrags – die Formulierung „aus Gründen der Rasse" und nicht die in Artikel 3 Abs. 3 GG verwandte Wendung „wegen seiner Rasse" gewählt. Sie soll deutlich machen, dass nicht das Gesetz das Vorhandensein verschiedener menschlicher „Rassen" voraussetzt, sondern dass derjenige, der sich rassistisch verhält, eben dies annimmt. **20**

Auch das Merkmal der „**ethnischen Herkunft**" ist in einem weiten Sinne zu verstehen. Es ist EG-rechtlich auszulegen und umfasst auch Kriterien, wie sie das Internationale Übereinkommen zur Beseitigung jeder Form von Rassendiskriminierung (CERD) vom 7. März 1966 (BGBl. 1969 II S. 961) nennt: Benachteiligungen aufgrund der Rasse, der Hautfarbe, der Abstammung, des nationalen Ursprungs oder des Volkstums (im Sinne des ethnischen Ursprungs). Dies gilt auch dann, wenn scheinbar auf die Staatsangehörigkeit oder Religion abgestellt wird, in der Sache aber die ethnische Zugehörigkeit gemeint ist. **21**

Der Begriff der „**Behinderung**" entspricht den gesetzlichen Definitionen in § 2 Abs. 1 Satz 1 des Neunten Buches Sozialgesetzbuch – Rehabilitation und Teilhabe behinderter Menschen – (SGB IX) und in § 3 des Gesetzes zur Gleichstellung behinderter Menschen (BGG): **22**

Nach den insoweit übereinstimmenden Vorschriften sind Menschen behindert, „wenn ihre körperliche Funktion, geistige Fähigkeit oder seelische Gesundheit mit hoher Wahrscheinlichkeit länger als sechs Monate von dem für das Lebensalter typischen Zustand abweichen und daher ihre Teilhabe am Leben in der Gesellschaft beeinträchtigt ist". Mit diesem sozialrechtlich entwickelten Begriff werden sich die meisten Sachverhalte der ungerechtfertigen Benachteiligung Behinderter auch im Anwendungsbereich dieses Gesetzes erfassen lassen.

23 Der Begriff der **„sexuellen Identität"** entspricht der bereits zur Umsetzung der Richtlinie 2000/78/EG in § 75 des Betriebsverfassungsgesetzes erfolgten Wortwahl. Erfasst werden homosexuelle Männer und Frauen ebenso wie bisexuelle, transsexuelle oder zwischengeschlechtliche Menschen.

24 Der Begriff **„Alter"** meint Lebensalter, schützt also gegen ungerechtfertigte unterschiedliche Behandlungen, die an das konkrete Lebensalter anknüpfen. Es geht also nicht ausschließlich um den Schutz älterer Menschen vor Benachteiligung, wenngleich dies ein Schwerpunkt des Anwendungsbereichs sein wird."

IV. Anmerkungen
1. Benachteiligung

25 Der Begriff der Benachteiligung wird **in § 3 AGG gesetzlich definiert**. Danach liegt eine **unmittelbare Benachteiligung** vor, wenn eine Person wegen eines in § 1 genannten Grundes eine **weniger günstige Behandlung** erfährt, als eine andere Person in einer vergleichbaren Situation erfährt, erfahren hat oder erfahren würde. Eine unmittelbare Benachteiligung wegen des Geschlechts in Bezug auf Arbeitsverhältnis und Beruf liegt auch im Fall einer ungünstigeren Behandlung einer Frau wegen Schwangerschaft und Mutterschaft vor (§ 3 Abs. 1 Satz 1 und 2 AGG).

26 Eine **mittelbare Benachteiligung** ist gegeben, wenn dem **Anschein nach neutrale Vorschriften, Kriterien oder Verfahren** Personen wegen eines in § 1 genannten Grundes gegenüber anderen Personen **in besonderer Weise benachteiligen können**, es sei denn die betreffenden Vorschriften, Kriterien und Verfahren sind durch ein rechtmäßiges **Ziel sachlich gerechtfertigt** und die **Mittel** sind zur Erreichung dieses Ziels **angemessen und erforderlich**.

Zu näheren Einzelheiten wird auf die Erläuterungen zu § 3 AGG Bezug genommen.

27 Wesentlich ist, dass das Gesetz **nicht** von **„Diskriminierung"** spricht. Hierunter wird bereits im allgemeinen Sprachgebrauch nur eine rechtswidrige, sozial verwerfliche Ungleichbehandlung verstanden. Die Verwendung des Begriffes „Benachteiligung" soll vielmehr verdeutlichen: Nicht jede unterschiedliche Behandlung, die mit der Zufügung eines Nachteils verbunden ist, hat diskriminierenden Charakter. Vielmehr gibt es auch Fälle der zulässigen unterschiedlichen Behandlung, wie die §§ 5, 8 bis 10 und 20 AGG zeigen.

2. Benachteiligungsmerkmale

28 Die Vorschrift zählt **abschließend acht Benachteiligungsmerkmale** auf. Der Schutzbereich des AGG beschränkt sich auf den Katalog der hier genannten Gründe. Es gewährleistet **keinen Schutz gegen Benachteiligungen aus anderen Gründen**. Ergeben sich allerdings aus sonstigen Vorschriften, namentlich aus arbeitsrechtlichen Grundsätzen, weitere Benachteiligungsverbote oder Gleichbehandlungsgebote, sind diese nach **§ 2 Abs. 3 AGG** weiterhin anwendbar.

29 Das gilt namentlich für die Verbote
 – der Benachteiligung wegen des Geschlechts, der Abstammung, der Rasse, der Sprache, der Heimat und Herkunft, des Glaubens, der religiösen oder politischen Anschauungen (Artikel 3 Abs. 3 GG);

- der Benachteiligung schwerbehinderter Menschen wegen ihrer Behinderung (§ 81 Abs. 2 SGB IX);
- der Schlechterbehandlung teilzeitbeschäftigter Arbeitnehmer wegen der Teilzeitarbeit (§ 4 Abs. 1 TzBfG);
- der Schlechterbehandlung befristet beschäftigter Arbeitnehmer wegen der Befristung (§ 4 Abs. 2 TzBfG).

Die Benachteiligungsgründe sind **auch in Art. 13 EG genannt** und werden im AGG in der dort gewählten Reihenfolge aufgeführt. Weder die dem AGG zugrunde liegenden Richtlinien noch das Gesetz selbst enthalten Definitionen hierfür. Die Gesetzesbegründung verweist darauf, dass diese bis auf den Begriff „Rasse" selbsterklärend seien (RegE S. 30; vgl. oben Rdnr. 17). 30

a) Aus Gründen der Rasse

Dieses Merkmal ist von der **Antirassismus-Richtlinie 2000/43/EG** vorgegeben. Es überschneidet sich begrifflich – wie auch die Gesetzesbegründung hervorhebt – mit dem der „ethnischen Herkunft." 31

Hiermit ist keine Anerkennung der verfehlten Vorstellung von der Existenz unterschiedlicher „Rassen" verbunden. Anknüpfungspunkt für die Wortwahl ist vielmehr die Bewertung, dass Ideen und Annahmen „rassistisch" sind, wenn sie das Vorhandensein solcher Rassenunterschiede annehmen. Es geht also um eine Anknüpfung an den Begriff des **Rassismus** und die konsequente Bekämpfung rassistischen Verhaltens. Wird einem Afrikaner wegen seiner Herkunft und Hautfarbe ein beruflicher Aufstieg versagt, ist die Maßnahme unmittelbar rassistisch benachteiligend. Wird ein Bewerber wegen mangelhafter Beherrschung der deutschen Sprache abgelehnt, wobei aber tatsächlich rassistische Motive ausschlaggebend sind, handelt es sich um eine mittelbare Benachteiligung aus Gründen der Rasse. 32

b) Ethnische Herkunft

Auch dieser Begriff ist von der Antirassismus-Richtlinie 2000/43/EG vorgegeben und soll zur Gewährleistung eines möglichst lückenlosen Schutzes vor ethnisch motivierter Benachteiligung **in einem umfassenden Sinne zu verstehen** sein. Er überschneidet sich mit dem Begriff der Rasse. 33

Der nach EG-Recht auszulegende Begriff schließt auch Kriterien ein, die das Internationale Abkommen zur Beseitigung jeglicher Form von Rassendiskriminierung (CERD) vom 7. März 1966 (BGBl. 1969 II S. 961) nennt. Hierzu zählen Benachteiligungen aufgrund der Rasse, der Hautfarbe, der Abstammung, des nationalen Ursprungs oder des Volkstums (im Sinne des ethnischen Ursprungs). Weiter versteht man unter einer **ethnischen Gruppierung** Bevölkerungsteile, die durch gemeinsame Herkunft, Geschichte, Kultur oder Zusammengehörigkeitsgefühl verbunden sind (ErfK / *Schlachter* Rdnr. 4). 34

Die Gesetzesbegründung (vgl. oben Rdnr. 21) weist ausdrücklich darauf hin, dass eine Benachteiligung wegen der ethnischen Zugehörigkeit auch dann angenommen werden kann, wenn **scheinbar auf die Staatsangehörigkeit oder Religion abgestellt** wird, in der Sache aber die **ethnische Herkunft gemeint** ist. Das ist beispielsweise dann der Fall, wenn ein Arbeitgeber etwa einen Kenianer aufgrund dessen Staatsangehörigkeit ablehnt, tatsächlich aber hierbei dessen Hautfarbe im Blick hat. Auch wenn die Ablehnung wegen der Staatsangehörigkeit nicht im Sinne des AGG benachteiligend sein dürfte, bedeutet dies: Kann der Bewerber anhand von Indizien beweisen, dass das Motiv für die Ablehnung tatsächlich die Hautfarbe war, hat der Arbeitgeber den Nachweis zu führen, dass keine nach dem AGG verbotene Benachteiligung vorliegt. 35

Empfohlen wird deshalb, die häufig in Personalfragebogen enthaltene **Frage nach der Nationalität nicht mehr zu stellen** (*Schiefer / Ettwig / Krych* Rdnr. 221). Da die Information über die Staatsangehörigkeit für den Arbeitgeber nur vor dem Hintergrund ausländerrecht- 36

licher Vorschriften und im Hinblick auf eine gegebenenfalls notwendige Arbeitserlaubnis von Bedeutung sein kann, genügt die Frage, ob der Bewerber aus
– den EU-15 Staaten / EWR-Staaten/Schweiz
– den EU-10-Staaten (Beitrittsländer) oder
– dem sonstigen Ausland
stammt.

c) Geschlecht

37 Der Begriff des **Geschlechts** meint die **biologische Zuordnung** zu einer Geschlechtsgruppe (männlich, weiblich, zwischengeschlechtlich), nicht die sexuelle Ausrichtung der Betroffenen. Diese wird in § 1 nunmehr durch ein selbstständiges Merkmal geschützt.

38 Aufgrund des Regelungsgehalts von **§§ 611a, 612 Abs. 3 a. F. BGB** bestehen mit dem Verbot einer Benachteiligung wegen des Geschlechts die **längsten und umfangreichsten Erfahrungen**. An die hierzu ergangene Rechtsprechung kann auch unter Geltung des AGG angeknüpft werden (ErfK / *Schlachter* Rdnr. 5).

39 Das Merkmal des Geschlechts betrifft vor allem die **Gleichbehandlung von Mann und Frau**. Hierunter fällt aber auch die Benachteiligung von **Intersexuellen** (= Menschen, die nicht eindeutig einem Geschlecht zugeordnet werden können) und **Transsexuellen** (Menschen, die durch einen operativen Eingriff ihre Geschlechtsmerkmale geändert haben; hierzu ⚖ EuGH Urteil vom 30. April 1996 – C-13/94 = NJW 1996, 2421 = NZA 1996, 695 sowie ⚖ Urteil vom 27. April 2006 – C-423/04 = SozR 4-6083 Art. 4 Nr. 2 = DVBl. 2006, 963). Für eine Benachteiligung wegen des Geschlechts reicht die Annahme aus, aufgrund ihres äußeren Erscheinungsbildes sei eine Person einem bestimmten Geschlecht zuzuordnen (§ 7 Abs. 1, 2. Halbs. AGG).

40 Nach bisheriger Rechtsprechung liegt eine **unmittelbar geschlechtsbezogene Benachteiligung** vor, wenn die nachteilig wirkende **Maßnahme ausdrücklich oder inhaltlich an die Geschlechtszugehörigkeit anknüpft**; die benachteiligte und die nicht benachteiligte Gruppe müssen insoweit hinsichtlich des Geschlechts homogen zusammengesetzt sein. Das gilt etwa bei einer nur an ein Geschlecht gerichteten Stellenausschreibung (vgl. ⚖ LAG Düsseldorf Urteil vom 1. Dezember 2002 – 9 SA 1451/01 = NZA-RR 2002, 345) oder bei der Festsetzung von „Frauenlöhnen" durch prozentuale Lohnabschlagsklauseln auf die tariflichen Männerlöhne (⚖ BAG Urteil vom 1. Dezember 1961 – 1 AZR 357/60 = AP Nr. 70 zu Art. 3 GG = DB 1962, 171).

41 Eine unmittelbare Benachteiligung wegen des Geschlechts stellt nach § 3 Abs. 1 Satz 2 AGG auch die **Benachteiligung einer Frau wegen Schwangerschaft und Geburt** dar. In der Frage nach einer Schwangerschaft bei der Einstellung liegt daher eine unzulässige Benachteiligung. Es besteht keine Offenbarungspflicht der betroffenen Beschäftigten. Weder die unrichtige Beantwortung der gestellten **Frage nach der Schwangerschaft** noch ein fehlender Hinweis der Beschäftigten berechtigen den Arbeitgeber zur Anfechtung eines Beschäftigungsvertrages (vgl. ⚖ EuGH Urteil vom 8. November 1990 – C-177/88 = NJW 1991, 628 = NZA 1991, 171; ⚖ Urteil vom 27. Februar 2003 – C-320/01 = NJW 2003, 1107 = NZA 2003, 373). Allerdings dürfen **auch Männer nicht aufgrund des Geschlechts benachteiligt** werden („Umgekehrte Diskriminierung").

d) Religion oder Weltanschauung

42 Das Merkmal **Religion** zielt auf die **Zugehörigkeit zu einer religiösen Gemeinschaft**. Als größere religiöse Gemeinschaften sind in Deutschland vertreten die Katholische Kirche, die Evangelischen Kirchen, die Orthodoxen Kirchen, die Islamischen Gemeinschaften, die Buddhistischen und die Hinduistischen Gemeinschaften sowie die Jüdische Gemeinde. Hinzu treten zahlreiche kleine religiösen Gemeinschaften, über die in der Öffentlichkeit oft wenig

bekannt ist, die aber gerade deshalb besonders diskriminierunsgefährdet erscheinen (ErfK / *Schlachter* Rdnr. 7 m. w. Nachw.; vgl. auch Erl. zu § 9 Rdnr. 6 f.).

Unter „**Weltanschauung**" ist eine nichtreligiöse Sinndeutung der Welt im Ganzen zu verstehen (Sachs / *Kokot* Art. 4 GG Rdnr. 20). Sie muss für das Selbstverständnis aber von einem **vergleichbar umfassenden Geltungsanspruch** getragen sein **wie die Religion**. Lebensregeln für Teilfragen genügen nicht (ErfK / *Schlachter* Rdnr.7). Ebenso scheiden Hobbys, tagespolitische Einstellungen oder sonstige persönliche Einstellungen aus. Geschützt werden soll eine der Religion vergleichbare Form der Weltanschauung, die eine Person für sich persönlich im Sinne eines „Fundamentalkonzepts" als verbindlich empfindet (*Roesner* S. 105). Auf die Zugehörigkeit zu einer Gemeinschaft kommt es hier nicht an, die subjektiv individuellen Vorstellungen genügen. 43

Benachteiligungen wegen der Religion oder Weltanschauung können zum einen durch **Nichteinstellung** aus diesem Grund vorkommen. Denkbar sind zum anderen aber auch Anordnungen, Verbote oder Maßnahmen, die **mit konkreten Regeln einer Religion in Konflikt** stehen (z. B. Samstagsarbeit für jüdische Arbeitnehmer; Verbot von Gebetspausen für Muslime; Speiseplan mit ausschließlich Fleischspeisen am Aschermittwoch für Katholiken; Verbot des Tragens religiös vorgeschriebener Kopfbedeckungen oder sonstiger Kleidungsstücke wie Turban, Kippa, Kopftuch, Burka). 44

e) Behinderung

Für den Begriff der **Behinderung** können die übereinstimmenden Legaldefinitionen in **§ 2 Abs. 1 SGB IX** und **§ 3 BGG** herangezogen werden: Danach sind Menschen behindert, wenn ihre „körperliche Funktion, geistige Fähigkeit oder seelische Gesundheit mit hoher Wahrscheinlichkeit länger als sechs Monate von dem für ihr Alter typischen Zustand abweichen und daher ihre Teilhabe am Leben in der Gesellschaft beeinträchtigt ist". Damit werden **vom AGG nicht nur schwerbehinderte Menschen geschützt**, sondern alle Behinderten (*Thüsing* Arbeitsrechtlicher Diskriminierungsschutz Rdnr. 201 ff.) Insbesondere kommt es nicht auf einen bestimmten Grad der Behinderung an, dessen Feststellung oder sonstige Anerkennung an. Insoweit unterscheidet sich das Gesetz vom Geltungsbereich des Diskriminierungsverbots in § 81 Abs. 2 SGB IX, das neben dem AGG als Sonderbestimmung erhalten bleibt (vgl. ErfK / *Schlachter* Rdnr. 8). 45

Allerdings ist der Begriff der Behinderung in § 1 AGG autonom und einheitlich **europarechtlich auszulegen**. Der **EuGH** hat hierzu formuliert: „Der Begriff Behinderung [ist] so zu verstehen, dass er eine Einschränkung erfasst, die insbesondere auf physische, geistige oder psychische Beeinträchtigungen zurückzuführen ist und die ein Hindernis für die Teilhabe des Betreffenden am Berufsleben bietet (⚖ Urteil vom 11. Juli 2006 – C-13/05 = NZA 2006, 839 = BB 2006, 1640 „Chacon Navas"). Wesentlich an dieser Entscheidung ist die **Abgrenzung zur Krankheit**: Die Richtlinie 2000/78 enthalte „keinen Hinweis darauf, dass Arbeitnehmer aufgrund des Verbotes der Diskriminierung wegen einer Behinderung in den Schutzbereich der Richtlinie fallen, sobald sich irgendeine Krankheit manifestiert." Krankheit als solche unterliegt deshalb keinem Diskriminierungsverbot, weder nach der Richtlinie noch nach dem AGG. Allerdings kann eine Krankheit auch eine Behinderung darstellen, z. B. Neurodermitis (vgl. ⚖ ArbG Berlin Urteil vom 13. Juli 2005 – 86 Ca 24618/04 = NZA-RR 2005, 608, bestätigt durch ⚖ BAG Urteil 3. April 2007 – 9 AZR 823/06). 46

f) Alter

Der Begriff des Alters meint **jedes Lebensalter**, d. h. weder nur ein besonders hohes bzw. niedriges Alter noch ein Lebenshöchstalter (ErfK / *Schlachter* Rdnr. 8; *Schmidt / Senne* RdA 2002, 80 [89]). Auch die umzusetzende Richtlinie nennt weder Mindest- noch Höchstaltersgrenzen für die Anwendbarkeit des Diskriminierungsverbotes. Auch wenn „**ältere**" **Beschäftigte in besonderem Maße schutzwürdig** sein mögen, ist es **nicht gerechtfertigt**, entgegen 47 dem insoweit offenen Wortlaut des Gesetzes das Benachteiligungsverbot **ausschließlich auf sie zu beschränken** (Bauer / Göpfert / Krieger Rdnr. 45).

48 **Altersabhängige Entscheidungen** können sich besonders benachteiligend auswirken in den **Bereichen** der Einstellung, der Beendigung des Arbeitsverhältnisses, der Einstufung in Entgeltgruppen, des Übergangs in den Ruhestand und der Teilnahme an Weiterbildungsmaßnahmen. Ein umfassendes Benachteiligungsverbot zwingt dazu, die Verwendung des **Lebensalters als Unterscheidungskriterium** sowohl im Arbeitsverhältnis wie auch in der Sozialpolitik stets **gesondert zu rechtfertigen**. Im Arbeitsverhältnis können sich entsprechende Gründe hierfür aus § 8 Abs. 1 AGG, aber vor allem auch aus **§ 10 AGG** ergeben. Diese Vorschrift enthält umfangreiche Ausnahmetatbestände zum Benachteiligungsverbot wegen des Alters.

g) Sexuelle Identität

49 Die **Rechtsprechung** hatte den Begriff der Benachteiligung wegen der sexuellen Identität zunächst unter den Tatbestand einer **Benachteiligung „wegen des Geschlechts"** gefasst (EuGH Urteil vom 30. April 1996 – C-13/94 = NJW 1996, 2421 = NZA 1996, 695; BAG Urteil vom 15. Mai 1997 – 6 AZR 26/96 = BAGE 85, 375 = NZA 1998, 207). Die Richtlinie 2000/78/EG sieht insoweit nunmehr ein eigenständiges Merkmal vor, das allerdings als „**sexuelle Ausrichtung**" bezeichnet wird. Der deutsche Gesetzgeber hat sich aber für den Begriff der sexuellen Identität entschieden, um ihn **von bloßem sexuellen Verhalten abzugrenzen** (ErfK / *Schlachter* Rdnr. 10). Das Merkmal war zuvor bereits in § 75 Abs. 1 BetrVG verwendet worden, um den Betriebspartnern eine Ungleichbehandlung wegen dieses Merkmals zu untersagen.

50 Die sexuelle Identität meint diejenige **sexuelle Ausrichtung, die als identitätsprägend wahrgenommen wird** (ErfK / *Schlachter* Rdnr. 10). Obwohl tatsächlich überwiegend die Gruppe der **homosexuellen Männer und Frauen** betroffen ist, bezieht das Merkmal eine **heterosexuelle oder bisexuelle** Ausrichtung mit ein, da der Wortlaut von Richtlinie und Umsetzungsgesetz keine Einschränkungen erkennen lässt. Geschützt wird auch die **Transsexualität vor einer Geschlechtsumwandlung** (vgl. hierzu oben Rdnr. 39) Diese Form der Geschlechtsidentitätsstörung liegt vor, wenn ein Mensch biologisch eindeutig dem männlichen oder weiblichen Geschlecht angehört, sich auch als Angehöriger des anderen Geschlechts empfindet und danach strebt, auch körperlich diesem Geschlecht soweit als möglich angeglichen zu werden (*Roesner* S. 109).

51 Als **Praxisbeispiele** für Benachteiligungen wegen der sexuellen Identität kommen etwa in Betracht die Nichteinstellung einer Frau in Männerkleidern, verbale Belästigungen gegenüber Homosexuellen oder die Verweigerung eines beruflichen Aufstiegs für Transsexuelle (vgl. *Roesner* S. 110).

V. Literatur

a) Kommentare

Bauer, Jobst-Hubertus / **Göpfert**, Burkhard / **Krieger**, Steffen, Allgemeines Gleichbehandlungsgesetz, München 2007

Däubler, Wolfgang / **Bertzbach**, Martin, Allgemeines Gleichbehandlungsgesetz, Baden-Baden 2007

Nollert-Borasio, Christiane / **Perreng**, Martina, Allgemeines Gleichbehandlungsgesetz (AGG) – Basiskommentar zu den arbeitsrechtlichen Regelungen, Frankfurt am Main 2006

Schiefer, Bernd / **Ettwig**, Volker / **Krych**, Stefanie, Das Allgemeine Gleichbehandlungsgesetz, Leitfaden „Antidiskriminierung" mit Formularen, Mustern, Schulungsunterlagen, Empfehlungen und Kommentierung, Düsseldorf 2006

Schiek, Dagmar, (Hrsg.), Allgemeines Gleichbehandlungsgesetz (AGG) – Ein Kommentar aus europäischer Perspektive, 2007

Schleusener, Aino / **Suckow**, Jens/ **Voigt**, Burkhard, AGG, Kommentar zum Allgemeinen Gleichbehandlungsgesetz, Neuwied 2007, zit. als S / S / V / *Bearbeiter*

b) Monografien

Kolmhuber, Martin / **Schreiner**, Paul, Antidiskriminierung und Arbeitsrecht, Das neue Gleichbehandlungsgesetz in der Praxis, 2006

Roesner, Ralf, Das Allgemeine Gleichbehandlungsgesetz, 1. Aufl. 2006

Rühl, Wolfgang / **Viethen**, Hans-Peter / **Schmid**, Matthias, Allgemeines Gleichbehandlungsgesetz (AGG), München 2007

Schrader, Peter / **Schubert**, Jens M., Das neue AGG, Das Gleichbehandlungsrecht in der anwaltlichen Praxis, Baden-Baden, 2006

Thüsing, Gregor, Arbeitsrechtlicher Diskriminierungsschutz, Das neue Allgemeine Gleichbehandlungsgesetz und andere arbeitsrechtliche Benachteiligungsverbote, München 2007

c) Aufsätze

aa) Überblicksdarstellungen

Annuß, Georg, Das Allgemeine Gleichbehandlungsgesetz im Arbeitsrecht, BB 2006, 1629

Bauer, Jobst-Hubertus / **Thüsing**, Gregor / **Schunder**, Achim: Das Allgemeine Gleichbehandlungsgesetz – alter Wein in neuen Schläuchen?, NZA 2006, 775

Düwell, Franz Josef, Die Neuregelung des Verbots der Benachteiligung wegen Behinderung im AGG, BB 2006, 1741

Grobys, Marcel, Die Beweislast im Anti-Diskriminierungsprozess, NZA 2006, 898

Hoentzsch, Susanne, Europarechtskonformität und Auslegung der Beweislastregelung in § 22 AGG, DB 2006, 2631

Kock, Martin, Allgemeines Gleichbehandlungsgesetz – Überblick über die arbeitsrechtlichen Regelungen, MDR 2006, 1088

Maier-Reimer, Georg, Das Allgemeine Gleichbehandlungsgesetz im Zivilrechtsverkehr, NJW 2006, 2577

Richardi, Reinhard, Neues und Altes – ein Ariadnefaden durch das Labyrinth des allgemeinen Gleichbehandlungsgesetzes, NZA 2006, 882

Schwab, Dieter, Schranken der Vertragsfreiheit durch die Antidiskriminierungsrichtlinien und ihre Umsetzung in Deutschland, DNotZ 2006, 649

Willemsen, Heinz-Josef / **Schweibert**, Ulrike, Schutz der Beschäftigten im Allgemeinen Gleichbehandlungsgesetz, NJW 2006, 2583

bb) Abhandlungen arbeitsrechtlicher Problemstellungen

Adomeit, Klaus / **Mohr**, Jochen, Benachteiligung von Bewerbern (Beschäftigten) nach dem AGG als Anspruchsgrundlage für Entschädigung und Schadenersatz, NZA 2007, 179

Bauer, Jobst-Hubertus / **Evers**, Malte, Schadensersatz und Entschädigung bei Diskriminierung – ein Fass ohne Boden? NZA 2006, 193

Bayreuther, Frank, Kündigungsschutz im Spannungsfeld zwischen Gleichbehandlungsgesetz und europäischem Antidiskriminierungsrecht, DB 2006, 1842

Diller, Martin, BB-Forum: „AGG-Hopping" – und was man dagegen tun kann!, BB 2006, 1968

Göpfert, Burkhard / **Siegrist**, Carolin, Diskriminierungsverdacht: Über den richtigen Umgang mit arbeitsrechtichen Diskriminierungsfällen, ZIP 2006, 1710

Grobys, Marcel, Organisationsmaßnahmen des Arbeitgebers nach dem neuen allgemeinen Gleichbehandlungsgesetz, NJW 2006, 2950

Kania, Thomas / **Merten**, Sonja, Auswahl und Einstellung von Arbeitnehmern unter Geltung des AGG, ZIP 2007, 8

Klumpp, Steffen, § 23 BetrVG als Diskriminierungssanktion? NZA 2006, 904

Löwisch, Manfred, Kündigungen unter dem AGG, BB 2006, 2189

Löwisch, Manfred, Kollektivverträge und Allgemeines Gleichbehandlungsgesetz, DB 2006, 1729

Wisskirchen, Gerlind, Der Umgang mit dem Allgemeinen Gleichbehandlungsgesetz – Ein „Kochrezept" für Arbeitgeber, DB 2006, 1491

Schrader, Peter, Gestaltungsmöglichkeiten des Arbeitgebers nach Inkrafttreten des AGG, DB 2006, 2571

Seel, Henning, AGG – Schadensersatz für Diskriminierungen im Bewerbungsverfahren, MDR 2006, 1321

cc) Abhandlungen zivilrechtlicher Problemstellungen

Horst, Hans Reinold, Mietrechtliche Auswirkungen des Allgemeinen Gleichbehandlungsgesetzes, MDR 2006, 1266

Metzger, Katrin, Die Bedeutung des allgemeinen Gleichbehandlungsgesetzes (AGG) für die Vermietungspraxis der Wohnungswirtschaft WuM 2007, 47

Schmidt-Räntsch, Jürgen, Auswirkungen des allgemeinen Gleichbehandlungsgesetzes auf das Mietrecht, NZM 2007, 6

Thüsing, Gregor / **von Hoff**, Konrad, Vertragsschluss als Folgenbeseitigung: Kontrahierungszwang im zivilrechtlichen Teil des allgemeinen Gleichbehandlungsgesetzes, NJW 2007, 21

Thüsing, Gregor / **von Hoff**, Konrad, Private Versicherungen und das Allgemeine Gleichbehandlungsgesetz, VersR 2007, 1

dd) Sonstige Abhandlungen

Bauer, Jobst-Hubertus / **Preis**, Ulrich / **Schunder**, Achim, Errata des Gesetzgebers – Erste Korrektur des allgemeinen Gleichbehandlungsgesetzes, NZA 2006, 1261

Koch, Robert, Versicherung von Haftungsrisiken nach dem Allgemeinen Gleichbehandlungsgesetz, VersR 2007, 288

§ 2
Anwendungsbereich

(1) Benachteiligungen aus einem in § 1 genannten Grund sind nach Maßgabe dieses Gesetzes unzulässig in Bezug auf:
1. die Bedingungen, einschließlich Auswahlkriterien und Einstellungsbedingungen, für den Zugang zu unselbstständiger und selbstständiger Erwerbstätigkeit, unabhängig von Tätigkeitsfeld und beruflicher Position, sowie für den beruflichen Aufstieg,

2. die Beschäftigungs- und Arbeitsbedingungen einschließlich Arbeitsentgelt und Entlassungsbedingungen, insbesondere in individual- und kollektivrechtlichen Vereinbarungen und Maßnahmen bei der Durchführung und Beendigung eines Beschäftigungsverhältnisses sowie beim beruflichen Aufstieg,
3. den Zugang zu allen Formen und allen Ebenen der Berufsberatung, der Berufsbildung einschließlich der Berufsausbildung, der beruflichen Weiterbildung und der Umschulung sowie der praktischen Berufserfahrung,
4. die Mitgliedschaft und Mitwirkung in einer Beschäftigten- oder Arbeitgebervereinigung oder einer Vereinigung, deren Mitglieder einer bestimmten Berufsgruppe angehören, einschließlich der Inanspruchnahme der Leistungen solcher Vereinigungen,
5. den Sozialschutz, einschließlich der sozialen Sicherheit und der Gesundheitsdienste,
6. die sozialen Vergünstigungen,
7. die Bildung,
8. den Zugang zu und die Versorgung mit Gütern und Dienstleistungen, die der Öffentlichkeit zur Verfügung stehen, einschließlich von Wohnraum.

(2) ¹Für Leistungen nach dem Sozialgesetzbuch gelten § 33c des Ersten Buches Sozialgesetzbuch und § 19a des Vierten Buches Sozialgesetzbuch. ²Für die betriebliche Altersvorsorge gilt das Betriebsrentengesetz.

(3) ¹Die Geltung sonstiger Benachteiligungsverbote oder Gebote der Gleichbehandlung wird durch dieses Gesetz nicht berührt. ²Dies gilt auch für öffentlich-rechtliche Vorschriften, die dem Schutz bestimmter Personengruppen dienen.

(4) Für Kündigungen gelten ausschließlich die Bestimmungen zum allgemeinen und besonderen Kündigungsschutz.

ERLÄUTERUNGEN

ÜBERSICHT

I. Bedeutung der Vorschrift (Rdnrn. 1–6)
II. Fassung (Rdnrn. 7–8)
III. Begründung (Rdnrn. 9–17)
IV. Anmerkungen (Rdnrn. 18–71)
   A) zu Abs. 1
      1. Zugang zu Erwerbstätigkeit und beruflichem Aufstieg (Abs. 1 Nr. 1) (Rdnrn. 18–30)
         a) Begriff der Erwerbstätigkeit (Rdnrn. 18–19)
         b) Zugang zu unselbstständiger Tätigkeit (Rdnrn. 20–24)
         c) Zugang zu selbstständiger Erwerbstätigkeit (Rdnrn. 25–27)
         d) Beruflicher Aufstieg (Rdnrn. 28–30)
      2. Beschäftigungs-, Arbeits- und Entlassungsbedingungen (zu Abs. 1 Nr. 2) (Rdnrn. 31–33)
      3. Zugang zu Berufsberatung und Berufsbildung (Abs. 1 Nr. 3) (Rdnrn. 34–38)
      4. Mitgliedschaft und Mitwirkung in berufsbezogenen Vereinigungen (Abs. 1 Nr. 4) (Rdnrn. 39–42)
      5. Sozialschutz (Abs. 1 Nr. 5) (Rdnrn. 43–44)
      6. Soziale Vergünstigungen (Abs. 1 Nr. 6) (Rdnr. 45)
      7. Bildung (Abs. 1 Nr. 7) (Rdnr. 46)
      8. Güter und Dienstleistungen für die Öffentlichkeit (Abs. 1 Nr. 8) (Rdnrn. 47–50)

B) zu Abs. 2
  1. Bereichsausnahme für SGB-Leistungen (Rdnrn. 51–53)
  2. Bereichsausnahme für die betriebliche Altersvorsorge (Rdnrn. 54–62)
C) zu Abs. 3
  1. Verhältnis zu anderen Benachteiligungsverboten (Rdnrn. 63–64)
D) zu Abs. 4
  1. Einschränkung des Anwendungsbereichs für Kündigungen (Rdnrn. 65–71)
V. Literatur

I. Bedeutung der Vorschrift

1 Sie legt in Abs. 1 – i. V. m. den Vorschriften in §§ 6 bis 24 AGG – **den sachlichen Anwendungsbereich des Gesetzes** fest. Hierbei wird weitgehend die Regelungstechnik der einschlägigen Richtlinien übernommen (vgl. *Nickel* NJW 2001, 2668, [2669]).

2 Das Verbot von Benachteiligungen wegen eines Merkmals nach § 1 wird in Abs. 1 in **zwei Gruppen** unterteilt: **Nr. 1 bis 4** erfassen die Bereiche **„Beschäftigung und Beruf"**. Sie sichern das Benachteiligungsverbot für den Zugang und die Ausübung von Beschäftigung i. S. von **abhängiger Arbeit** (vgl. die Definition in § 6 AGG) – wobei entsprechend dem klarstellenden Hinweis in Nr. 2 sämtliche individual- und kollektivrechtlichen Vereinbarungen und Regelungen erfasst sind – und von **selbstständiger Erwerbstätigkeit**.

3 Allerdings sind die **betriebliche Altersvorsorge in Abs. 2 Satz 2** und **Kündigungen in Abs. 4** von der Anwendung des AGG auf Arbeitsbedingungen ausgenommen worden. Ausdrücklich erwähnt ist hingegen das Arbeitsentgelt. Soweit geschlechtsspezifische Benachteiligungen bezüglich der Vergütung betroffen sind, ist auf die nach wie vor geltende spezielle Richtlinie 75/117/EWG zu verweisen.

4 Einbezogen ist aber auch das gesamte **Umfeld der Erwerbstätigkeit**, namentlich der Bereich der **beruflichen Aus- und Weiterbildung (Nr. 3)**. Die Bestimmungen sind den parallelen Vorschriften der Art. 3 Abs. 1 der RL 2000/43/EG, Art. 3 Abs. 1 der RL 2000/78/EG und Art. 3 Abs. 1 der RL 76/207/EWG i. d. F. der RL 2002/73/EG nachgebildet.

5 Hingegen wird der spezielle Geltungsbereich der „Antirassismus-Richtlinie", der auch **sozialrechtliche und zivilrechtliche Tatbestände** mit umfasst, **in Abs. 1 Nr. 5 bis 8** übernommen; allerdings ohne Beschränkung auf die Diskriminierungsmerkmale dieser Richtlinie. Die in diesen Vorschriften geregelten Geltungsbereiche hätten gemeinschaftsrechtlich lediglich für die Merkmale Rasse/Herkunft bzw. Geschlecht umgesetzt werden müssen. Der Gesetzgeber hat sich aber **für eine einheitliche Regelung hinsichtlich aller Merkmale des § 1 AGG** entschieden.

6 Die **meisten Sachverhalte des Abs. 1 Nr. 5 bis 7** sind öffentlich-rechtlich zu regeln. Adressat eines Benachteiligungsverbotes ist insoweit der **Gesetz-, Verordnungs- oder sonstige Normgeber** selbst. Nur im Bereich der **Bildung** nach **Nr. 7** geht es **teilweise um Rechtsverhältnisse zwischen Privatpersonen** außerhalb der „Beschäftigung", für den Bereich der **Nr. 8** trifft dies dagegen **weit überwiegend** zu. Hier ist das **zivilrechtliche Benachteiligungsverbot des § 19 AGG** einschlägig: Es sieht in Abs. 1 ein generelles Benachteiligungsverbot für Massengeschäfte und Versicherungen vor. Hingegen werden in Abs. 2 in sämtlichen sonstigen zivilrechtlichen Schuldverhältnissen grundsätzlich Benachteiligungen wegen der Rasse bzw. Herkunft gem. § 2 Abs. 1 Nr. 5 bis 8 verboten.

II. Fassung

7 Die Vorschrift wurde in den **Absätzen 1 bis 3** aus dem **Entwurf der Bundesregierung** „Entwurf eines Gesetzes zur Umsetzung europäischer Richtlinien zur Verwirklichung des Grundsatzes der Gleichbehandlung" (BT-Drucks. 16/1780) übernommen.

Der **Abs. 4** hatte nach dem RegE ursprünglich den Wortlaut: *„Für Kündigungen gelten vorrangig die Bestimmungen des Kündigungsschutzgesetzes."* 8

Die nunmehr Gesetz gewordene Fassung „Für Kündigungen gelten **ausschließlich die Bestimmungen zum allgemeinen und besonderen Kündigungsschutz**" wurde auf Vorschlag **des BT-Rechtsausschusses** formuliert. In der Beschlussempfehlung (BT-Drucks. 16/2022 S. 12) wird das wie folgt begründet:

„Die Änderung greift ein Anliegen des Bundesrates auf. Die Formulierung des Regierungsentwurfs bestimmt, für Kündigungen gälten ‚vorrangig' die Bestimmungen des Kündigungsschutzgesetzes. Das Verhältnis beider Gesetze zueinander soll dahin präzisiert werden, dass für Kündigungen ausschließlich die Bestimmungen zum allgemeinen und besonderen Kündigungsschutz Anwendung finden. Dies erscheint sachgerechter, weil diese Regelungen speziell auf Kündigungen zugeschnitten sind. Die wesentlichen Bestimmungen des allgemeinen Kündigungsschutzes finden sich im Bürgerlichen Gesetzbuch sowie im Ersten Abschnitt des Kündigungsschutzgesetzes. Bestimmungen zum besonderen Kündigungsschutz enthalten zum Beispiel der Zweite Abschnitt des Kündigungsschutzgesetzes, Artikel 48 Abs. 2 Satz 1 des Grundgesetzes, § 9 des Mutterschutzgesetzes, §§ 18, 19 des Bundeserziehungsgeldgesetzes, § 2 des Arbeitsplatzschutzgesetzes, § 2 des Eignungsübungsgesetzes, §§ 85 ff., § 96 Abs. 3 des Neunten Buches Sozialgesetzbuch, § 47 des Bundespersonalvertretungsgesetzes, § 36 Abs. 3 Satz 3 des Bundesdatenschutzgesetzes, § 53 des Bundesimmissionsschutzgesetzes oder § 21 f. des Wasserhaushaltsgesetzes."

III. Begründung

Im Gesetzentwurf der Bundesregierung (BT-Drucks. 16/1780 S. 31 f.) wird zu der Vorschrift ausgeführt: 9

„Zu Absatz 1

Absatz 1 bestimmt – in Verbindung mit den Vorschriften der Abschnitte 2 bis 5 – den sachlichen Anwendungsbereich des Gesetzes. Dem liegt folgende Regelungstechnik zu Grunde: die Nummern 1 bis 4 entsprechen weithin Artikel 3 Abs. 1 Buchstabe a bis d der Richtlinien 2000/43/EG, 2000/78/EG und 76/207/EWG; zur Klarstellung wird in Nummer 2 ein Hinweis auf individual- und kollektivrechtliche Vereinbarungen hinzugefügt. Die Nummern 5 bis 8 entsprechen wortgleich Artikel 3 Abs. 1 Buchstabe e bis h der Antirassismusrichtlinie 2000/43/EG. Eine gesonderte Wiedergabe von Artikel 3 der Gleichbehandlungsrichtlinie wegen des Geschlechts außerhalb der Arbeitswelt 2004/113/EG war entbehrlich, weil dieser von Nummer 8 erfasst wird.

Nummer 1 nennt den Zugang zu unselbstständiger und selbstständiger Erwerbstätigkeit unabhängig von Tätigkeitsfeld und beruflicher Position sowie den beruflichen Aufstieg und betont, wegen der besonderen Bedeutung, Auswahlkriterien und Einstellungsbedingungen. 10

Nach **Nummer 2** unterfallen dem Gesetz alle Beschäftigungs- und Arbeitsbedingungen einschließlich Arbeitsentgelt und Entlassungsbedingungen, insbesondere Vereinbarungen und Maßnahmen bei der Durchführung und Beendigung eines Beschäftigungsverhältnisses sowie für den beruflichen Aufstieg. Mit erfasst werden damit auch die nachwirkenden Folgen eines beendeten Beschäftigungsverhältnisses. Die Aufzählung im zweiten Halbsatz dient der Konkretisierung, sie ist nicht abschließend und umfasst z. B. auch Weisungen oder sonstige Anordnungen wie Versetzung oder Umsetzung durch den Arbeitgeber.

Der Begriff der Vereinbarung ist weit zu verstehen. Er erfasst z. B. vertragliche Regelungen zwischen Arbeitgeber und Beschäftigten ebenso wie Vereinbarungen mit Arbeitnehmervertretungen sowie Tarifverträge und vergleichbare kollektive Regelungen.

Nummer 3 betrifft den Zugang zu allen Formen und allen Ebenen der Berufsberatung, Berufsbildung einschließlich Umschulung etc. 11

Nummer 4 betrifft die Mitgliedschaft und Mitwirkung in berufsbezogenen Vereinigungen auf Beschäftigten- und Arbeitgeberseite. Die Richtlinien wollen umfassend der Benachteiligung in Beschäftigung und Beruf entgegenwirken. Um dieses Ziel zu erreichen, kommt der Möglichkeit der ungehinderten Mitwirkung in entsprechenden Berufsverbänden und ähnlichen Vereinigungen erhebliche Bedeutung zu.

12 Die **Nummern 5 bis 7** beruhen auf der Umsetzung der Antirassismusrichtlinie Gender-Richtlinie 76/207/EWG – nicht nur für Beschäftigung und Beruf gilt, sondern auch für den Sozialschutz, die sozialen Vergünstigungen, die Bildung sowie den Zugang zu und die Versorgung mit Gütern und Dienstleistungen, die der Öffentlichkeit zur Verfügung stehen, einschließlich von Wohnraum. Die meisten dieser Sachverhalte werden öffentlich-rechtlichen Regelungen unterliegen, denn beim Sozialschutz sowie den sozialen Vergünstigungen und auch bei der Bildung wird es sich überwiegend um staatliche Leistungen handeln. Es ist aber auch denkbar, dass einschlägige Leistungen auf privatrechtlicher Grundlage erbracht werden, etwa im Rahmen eines privaten Arztvertrages oder Bildungsleistungen privater Anbieter. Einschlägig ist dann das zivilrechtliche Benachteiligungsverbot aus Gründen der Rasse oder wegen der ethnischen Herkunft nach § 19 Abs. 2.

13 Auch im Anwendungsbereich von **Nummer 8** sind öffentlich-rechtliche Sachverhalte denkbar. Meist wird es hierbei aber um privatrechtlich zu beurteilende Schuldverhältnisse gehen, denn der Zugang zu und die Versorgung mit Gütern und Dienstleistungen erfolgt in marktwirtschaftlich organisierten Gesellschaften überwiegend auf der Grundlage von privatrechtlichen Verträgen. Die Formulierung entspricht dem Sprachgebrauch des EG-Vertrags und den dort garantierten Freiheiten, insbesondere dem freien Waren- und Dienstleistungsverkehr (Artikel 23 ff., 49 ff. des EG-Vertrags). Mit Dienstleistungen sind also nicht nur Dienst- und Werkverträge (§§ 611, 631 BGB) gemeint. Erfasst sind damit auch Geschäftsbesorgungsverträge, Mietverträge und Finanzdienstleistungen, also auch Kredit- und Versicherungsverträge, Leasingverträge etc.

14 Eingeschränkt wird der Anwendungsbereich der Nummer 8 durch das Erfordernis, dass die Güter und Dienstleistungen sowie Wohnraum „der Öffentlichkeit zur Verfügung stehen" müssen. Diese Formulierung ist wörtlich aus den jeweiligen Regelungen zum Geltungsbereich der Antirassismusrichtlinie 2000/43/EG (Artikel 3 Abs. 1 Buchstabe h) und der Gleichbehandlungsrichtlinie wegen des Geschlechts außerhalb der Arbeitswelt (Artikel 3 Abs. 1) übernommen.
Güter und Dienstleistungen werden praktisch dann der Öffentlichkeit zur Verfügung gestellt, wenn ein Angebot zum Vertragsschluss durch Anzeigen in Tageszeitungen, Schaufensterauslagen, Veröffentlichungen im Internet oder auf vergleichbare Weise öffentlich gemacht wird. Es kommt nicht darauf an, wie groß die angesprochene Öffentlichkeit ist, sondern nur darauf, dass die Erklärung über die Privatsphäre des Anbietenden hinaus gelangt.

Zu Absatz 2

15 Die Regelung trägt den Anforderungen der Richtlinien 2000/43/EG, 2000/78/EG und 2002/73/EG im Bereich des Sozialschutzes Rechnung; hierfür gelten, soweit es um Leistungen nach dem Sozialgesetzbuch geht, ausschließlich die Regelungen in § 33c SGB I und § 19a SGB IV.

Es wird klargestellt, dass für die betriebliche Altersversorgung die auf der Grundlage des Betriebsrentengesetzes geregelten Benachteiligungsverbote gelten. Darüber hinaus bleibt die Richtlinie 86/378/EWG (geändert durch die Richtlinie 96/97/EG) zur Verwirklichung des Grundsatzes der Gleichbehandlung von Männern und Frauen bei den betrieblichen Systemen der sozialen Sicherheit maßgeblich.

Zu Absatz 3

16 Absatz 3 stellt klar, dass dieses Gesetz lediglich der Umsetzung der vier Richtlinien 2000/43/EG, 2000/78/EG, 2002/73/EG und 2004/113/EG dient und keine vollständige und abschließende Regelung des Schutzes vor Benachteiligung darstellt. Benachteiligungsverbote oder

Gleichbehandlungsgebote, die auf anderen Rechtsvorschriften beruhen, bleiben unberührt (z. B. § 4 TzBfG). Dies gilt auch für öffentlich-rechtliche Schutzvorschriften bestimmter Personengruppen, wie z. B. die Mutterschutzvorschriften.

Zu Absatz 4

Absatz 4 dient der Klarstellung, dass die Vorschriften des Kündigungsschutzgesetzes unberührt bleiben. Sie soll für die Praxis zugleich verdeutlichen, dass Rechtsstreitigkeiten bei Kündigungen auch in Zukunft vorwiegend nach dem Kündigungsschutzgesetz zu entscheiden sein werden." 17

IV. Anmerkungen

A) zu Abs. 1

1. Zugang zu Erwerbstätigkeit und beruflichem Aufstieg (Abs. 1 Nr. 1)

a) Begriff der Erwerbstätigkeit

Nach Abs. 1 Nr. 1 gilt das AGG für die **Aufstellung von Bedingungen für den Zugang zu einer Erwerbstätigkeit**, und zwar unabhängig von Tätigkeitsfeld und beruflicher Position Die Vorschrift erwähnt ausdrücklich die Formen der nichtselbstständigen wie der selbstständigen Erwerbstätigkeit. Dieser gesetzlich nicht näher definierte Begriff umfasst nach allgemeinem Sprachgebrauch jede Tätigkeit, die **auf gewisse Dauer** angelegt ist und der **Schaffung und Erhaltung einer Lebensgrundlage** dient (vgl. die Rspr. des BVerfG zum Begriff des Berufs in Art. 12 Abs. 1 GG, z. B. Beschluss vom 19. Juli 2000 – 1 BvR 539/96 = BVerfGE 102, 197 [212]). Maßgebend ist somit die angestrebte **Gegenleistung**. Sie entfällt bei Tätigkeiten ohne Erwerbszweck wie etwa Wehr- oder Ersatzdienst oder bei freiwilligen unbezahlten Tätigkeiten. 18

Unter den Begriff der **Erwerbstätigkeit** fallen **nicht nur Vollzeittätigkeiten**, sondern auch Teilzeit-, Zweit- und Nebentätigkeiten, Aushilfs- oder Erprobungstätigkeiten sowie geringfügige Beschäftigungen nach § 8 SGB IV, **nicht** hingegen die vom Schutzbereich des Abs. 1 Nr. 3 erfasste **Berufsausbildung** (Bauer/Göpfert/Krieger Rdnr. 13). 19

b) Zugang zu unselbstständiger Tätigkeit

Der **Hauptanwendungsfall** der Vorschrift ist insoweit der **Abschluss eines Arbeitsvertrages** bzw. eines nach § 6 Abs. 1 Nr. 3 AGG gleichstehenden Vertrages. Hierbei sind **Benachteiligungen durch „Bedingungen, einschließlich Auswahlkriterien und Einstellungsbedingungen"** untersagt. 20

In einer nicht geglückten Regelungstechnik wird der **Begriff der Bedingungen** erst in Abs. 1 Nr. 2 näher umschrieben. Dort ist festgelegt, dass Bedingungen individual- und kollektivrechtliche Vereinbarungen wie auch sonstige Maßnahmen sein können. Damit sind sowohl zweiseitige Regelungen, insbesondere in **Tarifverträgen oder Betriebsvereinbarungen** als auch **einseitige Maßnahmen des Arbeitgebers** vom Anwendungsbereich des AGG erfasst. 21

Die Vorschrift **beschränkt die Vertragsfreiheit**. Bereits die Phase der Anbahnung eines Arbeitsverhältnisses wird dem Benachteiligungsverbot unterstellt. Dies betrifft zunächst den vorvertraglichen Kontakt, namentlich die **Stellenausschreibung**, die in § 11 AGG gesondert geregelt ist. 22

Erfasst ist aber auch die konkrete Situation des Vertragsschlusses, vor allem die Gestaltung des **Einstellungsverfahrens**, und hier wiederum das **Fragerecht des Arbeitgebers**: Dessen Interesse am Erhalt von Informationen über Bewerber hat zurückzutreten, sofern die Information ungerechtfertigte Unterscheidungen nach unzulässigen Differenzierungsgründen ermöglicht. Das betrifft namentlich die schon bisher für **unzulässig** gehaltene **Frage nach der Schwangerschaft** (vgl. BAG Urteil vom 6. Februar 2003 – 2 AZR 621/01 = BAGE 104, 304 = AP Nr. 21 zu § 611a BGB m. Anm. *Kanamabrou*), und zwar unabhängig davon, ob die 23

Tätigkeit befristet bzw. die Arbeitnehmerin wegen des Mutterschutzes für einen erheblichen Zeitraum arbeitsunfähig ist (📖 EuGH Urteil vom 27. Februar 2003 – C-320/01 = NJW 2003, 1107 = NZA 2003, 373). Künftig wird das **Fragerecht aber auch hinsichtlich der anderen Merkmale des § 1 AGG einschränkend auszulegen** sein, insbesondere bei **Fragen nach der Behinderung** (vgl. hierzu näher Erl. zu § 11 Rdnrn. 23 ff.).

24 Ein Verstoß des Arbeitgebers gegen das Benachteiligungsverbot des § 7 Abs. 1 AGG beim Zugang zu einer Beschäftigung gewährt nach § 15 Abs. 6 AGG allerdings **keinen Anspruch auf Begründung eines Beschäftigungsverhältnisses**. Der Bewerber ist vielmehr beschränkt auf die Ansprüche auf **Entschädigung** nach § 15 Abs. 2 AGG und **Schadensersatz** nach § 15 Abs. 1 AGG.

c) Zugang zu selbstständiger Erwerbstätigkeit

25 **Unzulässig** sind auch **Benachteiligungen durch Bedingungen zu selbstständiger Erwerbstätigkeit.** Der Gesetzgeber hatte hierbei in erster Linie die Zugangsbedingungen **freier Mitarbeiter** im Blick (Bauer/Göpfert/Krieger Rdnr. 16). Allerdings geht der Begriff des selbstständig Erwerbstätigen schon nach dem Sprachgebrauch hierüber weit hinaus. Insoweit wirft die Vorschrift Abgrenzungsprobleme auf:

26 Für **vertretungsberechtigte Organmitglieder einer Kapitalgesellschaft**, deren Dienstverhältnis nicht dem Arbeitsrecht unterliegt, schreibt **§ 6 Abs. 3 AGG** die entsprechende Anwendung der Bestimmungen zum Schutz der Beschäftigten vor Benachteiligung vor. Bei ihnen steht daher der Abschluss eines Dienstvertrages unter dem arbeitsrechtlichen Benachteiligungsverbot des § 7 Abs. 1 AGG.

27 Hingegen unterfallen Dienst- oder Geschäftsbesorgungsverträge mit **Selbstständigen**, insbesondere **Beratern**, grundsätzlich nicht den für Beschäftigungsverhältnisse geltenden Bestimmungen der §§ 6 bis 18 AGG. Dasselbe gilt für **sonstige Auftragnehmer**, etwa den Wechsel eines Betreiberunternehmens einer Firmenkantine (vgl. Bauer / Göpfert / Krieger a. a. O., auch zu Grenzfällen, etwa einem langjährigen Beratungsverhältnis als Firmenanwalt oder einem nur für einen einzigen Auftraggeber tätigen Auftragnehmer). Der Zugang zu einem entsprechenden Dienstvertrag betrifft vorrangig ein zivilrechtliches Dienstverhältnis und unterliegt daher allenfalls dem **zivilrechtlichen Benachteiligungsschutz nach § 19 AGG.**

d) Beruflicher Aufstieg

28 Das Benachteiligungsverbot gilt weiter für den **Zugang zum beruflichen Aufstieg**. Ein solcher liegt vor bei einer **Änderung des Tätigkeitsbereichs oder der Verantwortung** des Beschäftigten **im Sinne einer „Höherwertigkeit"** und damit einer Beförderung. Wird lediglich die Gegenleistung erhöht, handelt es sich nicht um beruflichen Aufstieg, sondern eine Änderung der Arbeitsbedingung Entgelt (ebenso für den Fall des „Bewährungsaufstiegs") 📖 BAG EuGH-Vorlage vom 31. März 2002 – 6 AZR 108/01 (A) = BAGE 101, 21 = NZA 2003, 112).

29 Hierbei greift das Benachteiligungsverbot **nicht erst bei der unmittelbaren Entscheidung über die Beförderung** ein, sondern ist bereits dann zu beachten, wenn es um die **Voraussetzungen für den beruflichen Aufstieg** geht (S / S / V / *Schleusener* Rdnr. 6). Am Benachteiligungsverbot sind deshalb vor allem **dienstliche Beurteilungen** zu messen, die Grundlage für eine spätere Beförderung sein können. Der EuGH hat aus dem Benachteiligungsverbot beim beruflichen Aufstieg abgeleitet, dass ein **Anspruch auf Erteilung derjenigen regelmäßigen Beurteilungen** besteht, die einen **Aufstieg erst ermöglichen** (📖 EuGH Urteil vom 30. April 1998 – C-136/95 = EuGHE I 1998, 2011 = ZBR 1998, 415). Voraussetzung ist jedoch, dass ein solches schematisches Beförderungssystem im Unternehmen tatsächlich praktiziert wird; auf seine Einführung besteht kein Anspruch.

Ein Arbeitgeber, der auf **Auslandserfahrung vor einer Beförderung** Wert legt, darf bei der Entscheidung, welcher Arbeitnehmer die Gelegenheit dazu bekommt, nicht nach den Merkmalen des § 1 AGG differenzieren (vgl. LAG Köln Urteil vom 10. Mai 1990 – 8 Sa 462/89 = LAGE § 611a BGB Nr. 59). 30

2. Beschäftigungs-, Arbeits- und Entlassungsbedingungen (Abs. 1 Nr. 2)

Am AGG zu messen sind nach Abs. 1 Nr. 2 ferner **alle Beschäftigungs- und Arbeitsbedingungen** einschließlich Arbeitsentgelt und Entlassungsbedingungen, insbesondere Vereinbarungen und Maßnahmen bei der Durchführung und Beendigung eines Beschäftigungsverhältnisses sowie für den beruflichen Aufstieg. Die Vorschrift umfasst damit den **gesamten Inhalt des Arbeitsverhältnisses einschließlich dessen Beendigung**. 31

Ausdrücklich genannt sind Arbeitsentgelt und Entlassungsbedingungen. Unter **Arbeitsentgelt** versteht man alle gegenwärtigen oder künftigen, in bar oder in Sachleistungen gewährten Vergütungen, sofern sie der Arbeitgeber dem Arbeitnehmer wenigstens mittelbar aufgrund des Beschäftigungsverhältnisses gewährt (EuGH Urteil vom 26. Juni 2001 – C-381/99 = NZA 2001, 883 = AP Nr. 2 zu Art. 138 EG). Neben den Grundlöhnen, Zulagen, Gratifikationen, Prämien, Sondervergütungen und Sachbezügen fallen hierunter u. a. auch Leistungen der betrieblichen Altersversorgung (vgl. EuGH Urteil vom 13. Mai 1986 – C-170/84 = AP Nr. 10 zu Art. 119 EWG-Vertrag). Zum Arbeitsentgelt gehören aber auch bezahlte Freistellungen z. B. am 24. Dezember oder 31. Dezember (BAG Urteil vom 26. Mai 1993 – 5 AZR 184/92 = BAGE 73, 166 = NZA 1994, 413) sowie Entschädigungszahlungen bei betriebsbedingten Entlassungen (EuGH Urteil vom 17. 5. 1990 – C-262/88 = NJW 1991, 2204 = NZA 1990, 775). 32

Der Begriff der **Entlassungsbedingungen** umfasst nicht nur Kündigungen, sondern auch alle anderen Beendigungstatbestände wie Aufhebungsvertrag, Befristung und Anfechtung. Er bezieht sich sowohl auf das Ob als auf das Wie der Beendigung (S / S / V / *Schleusener* Rdnr. 9). Zur Anwendbarkeit des AGG auf Kündigungen vgl. aber auch die Bereichsausnahme in Abs. 4 (unten Rdnrn. 64 ff.). 33

3. Zugang zu Berufsberatung und Berufsbildung (Abs. 1 Nr. 3)

Die Vorschrift des Abs. 1 Nr. 3 schützt umfassend den **Zugang** zu allen Formen und Ebenen der **Berufsberatung und Berufsbildung, unabhängig von deren Rechtsgrundlage bzw. Träger** (Bauer/Göpfert/Krieger Rdnr. 32). Über das Arbeitsrecht hinaus werden deshalb **auch Berufsbildungsangebote öffentlicher und gegebenenfalls privater Rechtsträger** erfasst. Da aber nur der Zugang zur beruflichen Bildung gewährleistet wird, richtet sich die **Ausgestaltung von Ausbildungsverhältnissen** einschließlich ihrer Beendigung nicht nach dieser Vorschrift, sondern nach Abs. 1 Nr. 2 (vgl. auch § 6 **Abs. 1 Nr. 2** AGG). 34

Die **Beratung** – insbesondere durch die Bundesagentur für Arbeit, aber gegebenenfalls auch durch private Anbieter – umfasst **alle Elemente einer aktiven Arbeitsförderung** einschließlich Trainingsmaßnahmen, Übernahme von Bewerbungskosten und Gewährung von Mobilitätshilfen (Däubler / Bertzbach / *Däubler* Rdnr. 34 m. w. Nachw.). 35

Zur **Berufsbildung** gehören **alle im Berufsbildungsgesetz geregelten Vertragsarten** (BAG Beschluss vom 24. September 2002 – 5 AZB 12/02 = BAGE 102, 371 = AP Nr. 56 zu § 5 ArbGG 1979), nämlich 36
– das Berufsausbildungsverhältnis (§§ 10 ff. BBiG),
– die berufliche Fortbildung (§§ 53 ff. BBiG),
– die berufliche Umschulung (§§ 58 ff. BBiG),
– die Berufsausbildungsvorbereitung (§§ 68–70 BBiG).

Das Benachteiligungsverbot betrifft damit zum einen die **Begründung von privatrechtlichen Ausbildungsverhältnissen**, aber auch den **Zugang zu betrieblich angebotener Fort-** 37 bildung und Umschulung. Maßnahmen des Arbeitgebers unterliegen in diesem Bereich der Mitbestimmung des Betriebsrats nach §§ 96 ff., 92 Abs. 1 BetrVG.

38 Andererseits wird der **Diskriminierungsschutz auch auf die Angebote der öffentlichen Hand ausgedehnt** wie z. B. den Zugang zu Berufsschulen. Allerdings ist nur die Benachteiligung im arbeitsrechtlichen Bereich mit Sanktionen verbunden (Nollert-Borasio / Perreng Rdnr. 44).

4. Mitgliedschaft und Mitwirkung in berufsbezogenen Vereinigungen (Abs. 1 Nr. 4)

39 Nach der Vorschrift des Abs. 1 Nr. 4 gilt das AGG auch in Bezug auf die Mitgliedschaft und Mitwirkung in berufsbezogenen Organisationen sowohl auf Beschäftigten- wie auf Arbeitgeberseite. Da die Richtlinien umfassend der Diskriminierung in Beschäftigung und Beruf entgegenwirken wollen, kommt dem Schutz entsprechender Betätigungen eine besondere Bedeutung zu. Gewährleistet wird die **Diskriminierungsfreiheit sowohl bei der Aufnahme als Mitglied als auch bei der Wahrnehmung von Mitgliedschaftsrechten** in entsprechenden Vereinen oder Verbänden, einschließlich der Inanspruchnahme ihrer Leistungen. Die Vorschrift setzt damit **Rahmenbedingungen für die Koalitionsfreiheit** (Bauer / Göpfert / Krieger Rdnr. 34 m. w. Nachw.).

40 Das Gesetz definiert freilich die berufsbezogenen Organisationen nicht. Im Wesentlichen geht es dabei um **Gewerkschaften und Arbeitgeberverbände**. Einbezogen sind aber auch alle anderen Vereinigungen von Beschäftigten und Unternehmen mit Bezug zu einem bestimmten Tätigkeitsfeld, z. B. Anwaltsvereine, Handwerksinnungen, kassenärztliche Vereinigungen, der Bund deutscher Architekten, die Vereinigung katholischer Hausgehilfinnen, der deutsche PEN. Entscheidend ist aber, dass die **Erwerbstätigkeit Anknüpfungspunkt der Mitgliedschaft** und die damit verbundene **Interessenwahrung prägendes Ziel der Vereinigung** ist (MK-*Thüsing* Rdnr. 13). Berufsgruppenübergreifende Vereinigungen, wie z. B. die Industrie -und Handelskammern, fallen nur dann in den Anwendungsbereich des AGG, wenn sie eine überragende Machtstellung im wirtschaftlichen oder sozialen Bereich haben. Dies folgt aus § 18 Abs. 1 Nr. 2 AGG, der den durch § 2 Abs. 1 Nr. 4 eröffneten Geltungsbereich konkretisiert und inhaltlich ausfüllt (Bauer / Göpfert / Krieger Rdnr. 34).

41 Zwar erstreckt sich der **persönliche Anwendungsbereich** des Abschnitts 2 des AGG nicht unmittelbar auf die Mitglieder in Arbeitnehmer- und Arbeitgebervereinigungen (vgl. § 6 AGG). Nach **§ 18 AGG** gelten die Vorschriften des Abschnitts aber entsprechend für die **Mitgliedschaft und Mitwirkung** in einer **Tarifvertragspartei** oder in einer **Vereinigung**, deren Mitglieder einer **bestimmten Berufsgruppe** angehören oder eine **überragende Machtstellung im wirtschaftlichen oder sozialen Bereich** innehaben, wenn ein grundlegendes Interesse am Erwerb der Mitgliedschaft besteht.

42 Aus der Vorschrift des Abs. 1 Nr. 4 darf nicht der Schluss gezogen werden, dass sie ein Verbot der **Benachteiligung wegen der Zugehörigkeit** zu einer einschlägigen Vereinigung, etwa einer Gewerkschaft, bezweckt. Dieses Benachteiligungsverbot ergibt sich nicht aus dem AGG, sondern bereits **aus Art. 9 Abs. 3 GG** (*Roesner* S. 79).

5. Sozialschutz (Abs. 1 Nr. 5)

43 Die Vorschrift des Abs. 1 Nr. 5 gilt für den **Sozialschutz, einschließlich der sozialen Sicherheit und der Gesundheitsdienste**. Trotz des scheinbar weit gefassten Wortlauts ist der **Anwendungsbereich** der Norm verhältnismäßig **eingeschränkt**:
– Zum einen ist das **Sozialversicherungsrecht** nach Abs. 2 Satz 1 ausdrücklich vom Anwendungsbereich des AGG **ausgenommen**.
– Auch gilt als Sozialschutz im Sinne dieser Vorschrift **nicht die Teilhabe an sozialen Einrichtungen**, die der **Arbeitgeber** seinen Beschäftigten **zur Verfügung stellt**, wie Erholungsheime, Firmenkindergärten, Kantinen oder Sterbegeldkassen; insoweit sind die spezielleren Regelungen nach Abs. 1 Nr. 2 einschlägig.

Für den Anwendungsbereich des Abs. 1 Nr. 5 verbleiben namentlich **soziale Sicherungssysteme** staatlicher Träger **außerhalb des Sozialgesetzbuchs** wie staatliche Frauenhäuser oder Obdachlosenheime. Ferner gehören hierzu alle Arten privatrechtlicher Versicherungen wie Lebensversicherungen, private Krankenversicherungen, Unfallversicherungen (vgl. Bauer / Göpfert / Krieger Rdnr. 37). Nach der Gesetzesbegründung soll auch ein **privatrechtlicher Arzt- oder Krankenhausvertrag** in den Anwendungsbereich des Abs. 1 Nr. 5 fallen (vgl. BT-Drucks. 16/1780, S. 31.; oben Rdnr. 12). 44

6. Soziale Vergünstigungen (Abs. 1 Nr. 6)

Als soziale Vergünstigung im Sinne von Abs. 1 Nr. 6 gilt nach den Richtlinien und der Rechtsprechung des EuGH **jede öffentliche Zuwendung** in Geld, Geldeswert oder als Dienstleistung an eine Person, die **in einem Mitgliedstaat** arbeitet und/oder sich dort gewöhnlich aufhält, wenn die Leistung deren **wirtschaftliche und soziale Lage verbessern** soll (vgl. Däubler / Bertzbach / *Eichenhofer* Rdnr. 77 m. w. Nachw.). Als Beispiele sind etwa zu nennen Fahrpreisermäßigungen für Kinderreiche, Geburts- und Mutterschaftsbeihilfen, Ausbildungsbeihilfen wie das BAföG sowie auch die Sozialhilfe (vgl. hierzu Däubler / Bertzbach / *Eichenhofer* a. a. O.). 45

7. Bildung (Abs. 1 Nr. 7)

Die Vorschrift des Abs. 1 Nr. 7 bezieht die Bildung in den Anwendungsbereich des AGG ein. Gemeint ist damit jede **Form der Vermittlung von Kenntnissen und Fähigkeiten**, zum Beispiel in staatlichen oder privaten **Schulen oder Universitäten**, aber auch durch Volkshochschulen oder sonstige Bildungsträger (Bauer / Göpfert / Krieger Rdnr. 39). Hingegen gilt für **betriebliche Bildungsmaßnahmen**, die der Arbeitgeber bietet und durchführt, **Abs. 1 Nr. 2**, wodurch die Vorschriften zum Schutz der Beschäftigten vor Benachteiligung nach §§ 6 bis 18 AGG anwendbar sind. 46

8. Güter und Dienstleistungen für die Öffentlichkeit (Abs. 1 Nr. 8)

Über die Vorschrift des Abs. 1 Nr. 8 wird das AGG auch erstreckt auf den Zugang zu und die Versorgung mit **Gütern und Dienstleistungen**, die der **Öffentlichkeit zur Verfügung** stehen, einschließlich von **Wohnraum**. Hierbei geht es zum einen um **öffentlich-rechtliche Sachverhalte**, etwa den Zugang zu öffentlichen Einrichtungen wie kommunalen Schwimmbädern oder Wochenmärkten (Bauer / Göpfert / Krieger Rdnr. 40). 47

Zum anderen betrifft die Regelung vor allem auch **privatrechtliche Schuldverhältnisse**. Die Formulierung „Versorgung mit Gütern und Dienstleistungen" zielt auf den **freien Waren- und Dienstleistungsverkehr** im Sinne von Art. 23 ff. und Art. 49 ff. EGV. Nach diesem Sprachgebrauch sind über Dienst- und Werkverträge hinaus auch Geschäftsbesorgungsverträge, Mietverträge, Finanzdienstleistungen, Kredit- und Versicherungsverträge, Leasingverträge usw. einbezogen (BT-Drucks. 16/1780 S. 2; oben Rdnr. 13). 48

Allerdings müssen Güter und Dienstleistungen sowie der Wohnraum, die das Gesetz anspricht, „**der Öffentlichkeit zur Verfügung stehen**". Das ist der Fall, wenn mit dem **Ziel des Vertragsschlusses** hierfür **öffentlich geworben** wird z. B. durch Anzeigen in Tageszeitungen, Schaufensterauslagen, Veröffentlichungen im Internet usw. Unerheblich ist, wie groß die angesprochene Öffentlichkeit ist, solange nur die Erklärung aus der privaten Sphäre des Anbietenden herausgelangt. 49

Die Benachteiligungsverbote für den Bereich des allgemeinen Zivilrechts werden in §§ 19 bis 21 AGG näher ausgestaltet (vgl. die Erl. zu diesen Vorschriften). 50

B) zu Abs. 2

1. Bereichsausnahme für SGB-Leistungen

51 Für Leistungen nach dem Sozialgesetzbuch gelten nach **Abs. 2 Satz 1** ausschließlich die Regelungen in § 33c SGB I und § 19a SGB IV. Diese anlässlich des Inkrafttretens des AGG neu eingefügten Vorschriften enthalten spezielle Ausformungen des Benachteiligungsverbots nach § 7 Abs. 1 und § 19 Abs. 1 AGG.

52 § 33 SGB I regelt die Rechte und Pflichten von Sozialleistungsberechtigten. Mit der Einfügung von **§ 33c SGB I** wird das **Benachteiligungsverbot** im Hinblick auf die Merkmale **Rasse, ethnische Herkunft und Behinderung** auch für die Träger der Sozialleistungen festgeschrieben. Unter die sozialen Rechte im Sinne der Vorschrift fallen Dienst-, Sach- und Geldleistungen nach § 11 SGB I sowie Aufklärung, Auskunft und Beratung im Sinne des Sozialgesetzbuchs (§§ 13 bis 15 SGB I).

53 Mit der Einfügung von **§ 19a SGB IV** wird das **Benachteiligungsverbot** im Hinblick auf die Merkmale Rasse, ethnische Herkunft, Geschlecht, Religion, Weltanschauung, Behinderung, Alter und sexuelle Identität **auf Leistungen** der **gesetzlichen Kranken- und Rentenversicherung**, nach dem Recht der **Arbeitsförderung** sowie der sozialen **Pflegeversicherung** ausgedehnt, die den **Zugang zu Berufsberatung, Berufsbildung und beruflicher Weiterbildung** zum Gegenstand haben.

2. Bereichsausnahme für die betriebliche Altersversorgung

54 Für die betriebliche Altersversorgung gilt ausschließlich das **Betriebsrentengesetz (Abs. 2 Satz 2)**. Allerdings enthält das **BetrAVG** in seinem Gesetzeswortlaut keine Benachteiligungsverbote; § 1b Abs. 1 Satz 4 BetrAVG verweist lediglich auf dem allgemeinen Gleichbehandlungsgrundsatz. Es fehlen jedoch konkrete Regelungen über Diskriminierungsverbote, die denen des AGG entsprechen.

55 Der Gesetzgeber hat die Bereichsausnahme damit begründet, dass Auswirkungen der Gleichbehandlungsgebote auf das Gesetz zur betrieblichen Altersvorsorge noch sorgfältig geprüft werden müssten. Etwaige aufgrund der Richtlinien erforderliche Anpassungen sollten **bei der späteren Novellierung des Betriebsrentengesetzes** dort vorgenommen werden (BT-Drucks. 16/1780 S. 33; oben Rdnr. 15; krit. hierzu *Rengier* NZA 2006, 1251). Dies wird als „Rückschritt gegenüber der bisherigen Rechtslage" (vgl. Bauer / Göpfert / Krieger Rdnr. 46 f.) und Verstoß gegen die Pflicht zur Umsetzung des Gesetzgebers gegenüber den europäischen Richtlinien kritisiert (Bauer / Göpfert / Krieger a. a. O.; *Rengier* a. a. O.; *Bauer / Thüsing* NZA 2006, 774 [776 f.]). Hieraus wird teilweise der Schluss gezogen, dass die Regelung des § 2 Abs. 2 Satz 2 AGG von den Gerichten nicht anzuwenden sei (*Rengier* a. a. O. unter Hinweis auf die Rechtsprechung zur europarechtswidrigen Altersbefristung in § 14 Abs. 3 Satz 4 TzBfG (EuGH Vorabentscheidung vom 22. November 2005 – C-144/04 = NZA 2005,1345 [1348], „Mangold"; vgl. hierzu eingehend Erl. zu § 10 AGG Rdnrn. 45 ff.; BAG Urteil vom 26. April 2006 – 7 AZR 500/04 = NZA 2006, 1162 = AP Nr. 23 zu § 14 TzBfG = BB 2006, 1858).

56 Jedoch haben Rechtsprechung und Literatur insoweit einen **Benachteiligungsschutz aus allgemeinen arbeitsrechtlichen Grundsätzen** – vor allem dem arbeitsrechtlichen Gleichbehandlungsgrundsatz – entwickelt (hierzu näher Däubler / Bertzbach / *Schrader / Schubart* Rdnr. 143 ff.). Zuletzt hat z. B. das BAG klargestellt: Tarifverträge, die in laufende Betriebsrenten eingreifen, sind an die aus dem Rechtsstaatsprinzip folgenden Grundsätze des Vertrauensschutzes und der Verhältnismäßigkeit gebunden (Beschluss vom 27. Juni 2006 – 3 AZR 255/05 = NZA 2006, 1285 = AP Nr. 49 zu § 1 BetrAVG Ablösung). Es ist zugrunde zu legen, dass der Gesetzgeber insoweit durch das AGG keinesfalls die bisherigen Schutzbestimmungen zugunsten der Arbeitnehmer sowie die geltenden Benachteiligungsverbote außer Kraft treten lassen wollte.

Deshalb ist gesetzgeberischer Wille dahingehend zu verstehen, dass **die bisherige Rechtslage zur Ungleichbehandlung im Rahmen der betrieblichen Altersversorgung unverändert aufrechterhalten** werden sollte (Däubler / Bertzbach / *Schrader / Schubart* Rdnr. 130). Im Übrigen sind die Vorschriften des Betriebsrentengesetzes richtlinienkonform auszulegen, um hierdurch soweit wie möglich den gemeinschaftsrechtlichen Vorgaben zu entsprechen (Bauer / Göpfert / Krieger Rdnr. 47; *Rengier* a. a. O.).

Weitere Klärung der grundsätzlichen Fragen ist insoweit von einem **Vorlagebeschluss des BAG** vom 27. Juni 2006 – 3 AZR 352/05 (A) = NZA 2006, 1276 = AP Nr. 6 zu § 1b BetrAVG zu erwarten. Der Senat hat dem EuGH mit Bezug zum **Betriebsrentenrecht** u. a. folgende Fragen vorgelegt

„1 a) Enthält das **Primärrecht der EG** ein Verbot der Diskriminierung wegen des Alters, dessen Schutz die Gerichte der Mitgliedstaaten auch dann zu gewährleisten haben, wenn die möglicherweise diskriminierende Behandlung **keinen gemeinschaftsrechtlichen Bezug** aufweist?

b) Falls die Frage zu a) verneint wird:

Wird ein solcher **gemeinschaftsrechtlicher Bezug hergestellt durch Art. 13 EG** oder – auch vor Ablauf der Umsetzungsfrist – durch die **Richtlinie 2000/78/EG** des Rates zur Festlegung eines allgemeinen Rahmens für die Verwirklichung der Gleichbehandlung in Beschäftigung und Beruf?

2. Ist ein sich aus der Beantwortung der Frage zu 1. ergebendes gemeinschaftsrechtliches Verbot der Diskriminierung wegen des Alters **auch anwendbar zwischen privaten Arbeitgebern** einerseits und ihren **Arbeitnehmern** oder **Betriebsrentnern** und deren Hinterbliebenen andererseits?

3. Falls die Frage zu 2. bejaht wird:

a) Wird von einem solchen Verbot der Diskriminierung wegen des Alters eine Regelung der betrieblichen Altersversorgung erfasst, nach der eine Hinterbliebenenversorgung einem **hinterbliebenen Ehegatten nicht** gewährt wird, wenn er **mehr als 15 Jahre jünger ist als der verstorbene ehemalige Arbeitnehmer**?

b) Falls die Frage zu a) bejaht wird:

Kann es ein **Rechtfertigungsgrund** für eine derartige Regelung sein, dass der Arbeitgeber ein Interesse an **der Begrenzung der aus der betrieblichen Altersversorgung folgenden Risiken** hat?

c) Falls die Frage zu 3 b) verneint wird:

Kommt dem möglichen Verbot der Diskriminierung wegen des Alters im Betriebsrentenrecht unbegrenzte **Rückwirkung** zu oder ist es für die Vergangenheit begrenzt und falls ja in welcher Weise?"

Weitere Gleichbehandlungsprobleme im Fall einer **Anwendung des AGG auf die betriebliche Altersversorgung** werden künftig vor allem folgende Bereiche betreffen (vgl. im Einzelnen hierzu *Rengier* a. a. O. S. 1252 ff.)

– Gleichstellung **eingetragener Lebenspartner** in der Hinterbliebenenversorgung;
– „**Hauptenährerklauseln**" (als Verstoß gegen das Lohngleichheitsgebot und damit mittelbare Diskriminierung von Frauen);
– **Limitierungsklauseln**, die eine Steigerung der Versorgungsleistungen ab Erreichen eines höchstmöglichen Versorgungsprozentsatzes auch vor Erreichen der Altersgrenze ausschließen (als Begünstigung älterer Arbeitnehmer gegenüber den jüngeren und Verstoß gegen das Entgeltprinzip).

C) zu Abs. 3

1. Verhältnis zu anderen Benachteiligungsverboten

63 Die Vorschrift des Abs. 3 stellt klar, dass das **AGG** lediglich der Umsetzung der europäischen Antidiskriminierungsrichtlinien dient und **keine vollständige und abschließende Regelung zum Schutz vor Benachteiligungen** darstellt. Benachteiligungsverbote oder Gleichbehandlungsgebote, die auf anderen Rechtsvorschriften beruhen, bleiben unberührt. Dies gilt auch für öffentlich-rechtliche Schutzvorschriften für bestimmte Personengruppen, wie z. B. Mutterschutzvorschriften oder Regelungen zum Schutz der Jugend, etwa das Verbot von Alkoholausschank an Minderjährige (Bauer / Göpfert / Krieger Rdnr. 50).

64 Als **weitere Benachteiligungsverbote oder Gebote der Gleichbehandlung** sind beispielhaft hervorzuheben
– Art. 3 GG;
– § 4 Abs. 1 TzBfG zugunsten teilzeitbeschäftigter Arbeitnehmer;
– § 4 Abs. 2 TzBfG zugunsten befristet beschäftigter Arbeitnehmer;
– der von der Rechtsprechung entwickelte allgemeine arbeitsrechtliche Gleichbehandlungsgrundsatz;
– Gleichbehandlungsgebote über zivilrechtliche Generalklauseln in §§ 138, 242 BGB.

D) zu Abs. 4

1. Einschränkung des Anwendungsbereichs für Kündigungen

65 Für **Kündigungen** gelten nach Abs. 4 **ausschließlich die Bestimmungen zum allgemeinen und besonderen Kündigungsschutz**. Der allgemeine Kündigungsschutz ist im BGB und im ersten Abschnitt des **Kündigungsschutzgesetzes** geregelt. Bestimmungen zum **besonderen Kündigungsschutz** finden sich beispielsweise in
– dem zweiten Abschnitt des Kündigungsschutzgesetzes,
– Art. 48 Abs. 2 Satz 1 GG,
– § 9 des MuSchG,
– § 2 des Arbeitsplatzschutzgesetzes,
– §§ 85 ff. und § 96 Abs. 3 SGB IX,
– § 47 BPersVG,
– § 36 Abs. 3 Satz 3 BDSG.

66 Demnach findet das **AGG** z. B. **auf eine betriebsbedingte Kündigung keine Anwendung**. Diese Vorschrift wurde erst im Verlauf des Gesetzgebungsverfahrens eingefügt (vgl. oben Rdnr. 8). Zuvor war vorgesehen, dass „vorrangig" die Bestimmungen des Kündigungsschutzgesetzes gelten sollen.

67 Diese Teilbereichsausnahme wird verbreitet als **nicht von den EU-Richtlinien gedeckt** und daher als **europarechtswidrig** angesehen (vgl. *Sagan* NZA 2006, 1257, *Bayreuther* DB 2006, 1842).

68 Jedoch ist zu berücksichtigen, dass das **deutsche Kündigungsschutzrecht** ohnehin bereits vor Inkrafttreten des Allgemeinen Gleichbehandlungsgesetzes **Benachteiligungen** im Rahmen von Kündigungen **wegen eines in § 1 AGG genannten Grundes untersagt** hat. So ist bei einer betriebsbedingten Kündigung im Rahmen der sozialen Auswahl eine Benachteiligung etwa wegen der ethnischen Herkunft ausgeschlossen. Deshalb wird wohl in fast allen Fällen eine **Kündigung, die nach dem AGG unwirksam wäre**, auch **nicht** nach § 1 Abs. 2 KSchG **sozial gerechtfertigt** sein (*Bayreuther* BB 2006, 1842 [1843]).

69 Aber auch außerhalb des Anwendungsbereichs des KSchG – z. B. in Kleinbetrieben oder vor Ablauf von sechs Monaten – ist eine personen- oder verhaltensbedingte Kündigung wegen eines im AGG genannten Benachteiligungsmerkmals unwirksam. Das ergibt sich insbeson-

dere aus der **mittelbaren Drittwirkung der Grundrechte:** Denn nach der ständigen Rechtsprechung des BAG und des BVerfG sind Arbeitnehmer durch die **zivilrechtlichen Generalklauseln der §§ 138, 242 BGB** gegen eine sitten- und oder treuwidrige Ausübung des Kündigungsrechts geschützt (vgl. z. B. ✠ BAG Urteil vom 23. Juni 1994 – 2 AZR 617/93 = BAGE 77, 128 = NZA 1994, 1080 = AP Nr. 9 zu § 242 BGB Kündigung; ✠ BVerfG Beschluss vom 27. Januar 1998 – 1 BvL 15/87 = BVerfGE 97, 169 = NJW 1998, 1475; ausf. hierzu *Lettl* NZA-RR 2004, 57 und *Preis* NZA 1997, 1256). Deshalb hat die Rechtsprechung schon lange Kündigungen verworfen, die auf das Innehaben einer bestimmten religiösen, politischen oder weltanschaulichen Überzeugung bzw. auf die sexuelle Orientierung des Arbeitnehmers abstellen (*Bayreuther* DB 2006, 1842 [1846]).

70 Das Verhältnis von Kündigungsschutzrecht und AGG ist einzig in den Fällen problematisch, in denen die Kündigung zwar objektiv durch einen Kündigungsgrund gerechtfertigt sei, der Kündigende mit der Kündigung zugleich aber auch diskriminierende Absichten verfolgt. § 2 Abs. 4 AGG ist in diesen Fällen richtlinienkonform dahingehend auszulegen, dass die Geltendmachung eines Entschädigungsanspruchs nach § 15 Abs. 2 AGG nicht ausgeschlossen sei (vgl. *Diller / Krieger / Arnold* NZA 2006, 887 [891 f.]).

71 Gleichwohl ist damit zu rechnen, dass in absehbarer Zeit ein aufgrund einer diskriminierenden Kündigung angerufenes Arbeitsgericht gemäß Art. 234 EG dem EuGH die Frage vorlegen wird, ob § 2 Abs. 4 AGG mit den Gleichbehandlungsrichtlinien vereinbar ist.

V. Literatur

Vgl. die zu § 1 AGG angegebene Literatur sowie

Diller, Martin / **Krieger**, Steffen / **Arnold** Christian, Kündigungsschutzgesetz plus Allgemeines Gleichbehandlungsgesetz: Sind Arbeitnehmer in Zukunft doppelt vor Kündigungen geschützt?, NZA 2006, 887

Lettl, Tobias, Der arbeitsrechtliche Kündigungsschutz nach den zivilrechtlichen Generalklauseln, NZA-RR 2004, 57

Nickel, Rainer, Handlungsaufträge zur Bekämpfung von ethnischen Diskriminierungen in der neuen Gleichbehandlungsrichtlinie 2000/43/EG, NJW 2001, 2668

Preis, Ulrich, Der Kündigungsschutz außerhalb des Kündigungsschutzgesetzes, NZA 1997, 1256

Rengier, Bernhard, Betriebliche Altersversorgung und allgemeines Gleichbehandlungsgesetz, NZA 2006, 1251

Sagan, Adam, Die Sanktion diskriminierender Kündigungen nach dem Allgemeinen Gleichheitsbehandlungsgesetz, NZA 2006, 1257

§ 3
Begriffsbestimmungen

(1) ¹Eine unmittelbare Benachteiligung liegt vor, wenn eine Person wegen eines in § 1 genannten Grundes eine weniger günstige Behandlung erfährt, als eine andere Person in einer vergleichbaren Situation erfährt, erfahren hat oder erfahren würde. ²Eine unmittelbare Benachteiligung wegen des Geschlechts liegt in Bezug auf § 2 Abs. 1 Nr. 1 bis 4 auch im Falle einer ungünstigeren Behandlung einer Frau wegen Schwangerschaft oder Mutterschaft vor.

(2) Eine mittelbare Benachteiligung liegt vor, wenn dem Anschein nach neutrale Vorschriften, Kriterien oder Verfahren Personen wegen eines in § 1 genannten Grundes gegenüber anderen Personen in besonderer Weise benachteiligen können, es sei denn, die betreffenden Vorschriften, Kriterien oder Verfahren sind durch ein rechtmäßiges

Ziel sachlich gerechtfertigt und die Mittel sind zur Erreichung dieses Ziels angemessen und erforderlich.

(3) Eine Belästigung ist eine Benachteiligung, wenn unerwünschte Verhaltensweisen, die mit einem in § 1 genannten Grund in Zusammenhang stehen, bezwecken oder bewirken, dass die Würde der betreffenden Person verletzt und ein von Einschüchterungen, Anfeindungen, Erniedrigungen, Entwürdigungen oder Beleidigungen gekennzeichnetes Umfeld geschaffen wird.

(4) Eine sexuelle Belästigung ist eine Benachteiligung in Bezug auf § 2 Abs. 1 Nr. 1 bis 4, wenn ein unerwünschtes, sexuell bestimmtes Verhalten, wozu auch unerwünschte sexuelle Handlungen und Aufforderungen zu diesen, sexuell bestimmte körperliche Berührungen, Bemerkungen sexuellen Inhalts sowie unerwünschtes Zeigen und sichtbares Anbringen von pornographischen Darstellungen gehören, bezweckt oder bewirkt, dass die Würde der betreffenden Person verletzt wird, insbesondere wenn ein von Einschüchterungen, Anfeindungen, Erniedrigungen, Entwürdigungen oder Beleidigungen gekennzeichnetes Umfeld geschaffen wird.

(5) [1]Die Anweisung zur Benachteiligung einer Person aus einem in § 1 genannten Grund gilt als Benachteiligung. [2]Eine solche Anweisung liegt in Bezug auf § 2 Abs. 1 Nr. 1 bis 4 insbesondere vor, wenn jemand eine Person zu einem Verhalten bestimmt, das einen Beschäftigten oder eine Beschäftigte wegen eines in § 1 genannten Grundes benachteiligt oder benachteiligen kann.

ERLÄUTERUNGEN

ÜBERSICHT

I. Bedeutung der Vorschrift (Rdnrn. 1–3)
II. Fassung (Rdnr. 4)
III. Begründung (Rdnrn. 5–15)
IV. Anmerkungen (Rdnrn. 16–79)
   A) zu Abs. 1
      1. Unmittelbare Benachteiligung (Rdnrn. 16–28)
         a) Grundsatz (Rdnrn. 16–18)
         b) Formen der Benachteiligung (Rdnrn. 19–23)
         c) Unmittelbarkeit (Rdnrn. 24–28)
      2. Sonderfall Benachteiligung wegen Schwangerschaft oder Mutterschaft (Rdnrn. 29–30)
      3. Rechtfertigung unmittelbarer Benachteiligung (Rdnrn. 31–33)
   B) zu Abs. 2
      1. Begriff der mittelbaren Benachteiligung (Rdnr. 34)
      2. Vorschriften, Kriterien oder Verfahren (Rdnr. 35)
      3. Dem Anschein nach neutral (Rdnrn. 36–44)
      4. Rechtfertigung durch rechtmäßiges Ziel (Rdnrn. 45–49)
   C) zu Abs. 3
      1. Benachteiligung durch Belästigung (Rdnr. 50)
      2. Unerwünschte würdeverletzende Verhaltensweisen (Rdnrn. 51–54)
      3. Schaffung eines belastenden Umfelds (Rdnrn. 55–57)
      4. Adressatenkreis (Rdnrn. 58–61)
   D) zu Abs. 4
      1. Sexuelle Belästigung (Rdnrn. 62–69)
         a) Grundsatz (Rdnr. 62)
         b) Sexuell bestimmtes Verhalten (Rdnrn. 63–69)

        2. Unerwünschtheit (Rdnrn. 70–71)
        3. Keine Rechtfertigung (Rdnr. 72)
    E) zu Abs. 5
        1. Anweisung zur Benachteiligung (Rdnrn. 73–79)
V. Literatur

I. Bedeutung der Vorschrift

Die Vorschrift definiert die **möglichen Benachteiligungsformen**, die durch das AGG unterbunden werden sollen, nämlich
– unmittelbare Benachteiligung (Abs. 1),
– mittelbare Benachteiligung (Abs. 2),
– Belästigung (Abs. 3),
– sexuelle Belästigung (Abs. 4),
– Anweisung zur Benachteiligung (Abs. 5),

Die Vorschrift setzt Art. 2 Abs. 2 der Richtlinien 2000/43/EG, 2000/78/EG und 76/207/EWG um. Hierbei sind die Begriffsbestimmungen weitgehend wörtlich aus den Richtlinien übernommen und nur vereinzelt klarstellend ergänzt worden.

Das **bisherige deutsche Recht** hatte ausschließlich die unmittelbare und mittelbare Diskriminierung – allerdings ohne gesetzliche Definition hierfür – sowie die sexuelle Belästigung (umschrieben in § 4 BeschSchG) im Blick. Nunmehr werden die Begriffe der unmittelbaren Benachteiligung und der mittelbaren Benachteiligung **erstmals gesetzlich gefasst** und im Vergleich zur bisherigen Rechtsprechung entsprechend den EG-Richtlinien neu und **weitreichender definiert** (Nollert-Borasio/Perreng Rdnr. 2). Eine unmittelbare Benachteiligung liegt jetzt auch dann vor, wenn eine *hypothetische* Vergleichsperson besser behandelt würde. Für den Nachweis einer mittelbaren Benachteiligung ist kein strenger statistischer Beweis mehr erforderlich Da die neuen Antidiskriminierungsrichtlinien auch Definitionen der Belästigung sowie der **Anweisung zur Diskriminierung** enthalten, musste der deutsche Gesetzgeber in **Abs. 3 und 5** diese Begriffe ins deutsche Recht übertragen.

II. Fassung

Die Vorschrift wurde unverändert aus dem Entwurf der Bundesregierung „Entwurf eines Gesetzes zur Umsetzung europäischer Richtlinien zur Verwirklichung des Grundsatzes der Gleichbehandlung" (BT-Drucks. 16/1780) übernommen.

III. Begründung

Im Gesetzentwurf der Bundesregierung (BT-Drucks. 16/1780 S. 32 f.) wird zu der Vorschrift ausgeführt:

„Die Vorschrift setzt Artikel 2 Abs. 2 bis 4 der Richtlinien 2000/43/EG, 2000/78/EG und 76/207/EWG und Artikel 2 Buchstabe a bis d der Richtlinie 2004/113/EG um. Die Begriffsbestimmungen sind weitgehend wörtlich aus den Richtlinien übernommen. Nur vereinzelt sind zur Klarstellung Ergänzungen erfolgt.

Zu Absatz 1

Absatz 1 Satz 1 definiert die **unmittelbare Benachteiligung**. Sie liegt vor, wenn eine Person eine weniger günstige Behandlung erfährt, als eine andere Person in einer vergleichbaren Situation erfährt, erfahren hat oder erfahren würde. Dies bezieht sich gleichermaßen auf alle in § 1 genannten Gründe einer unterschiedlichen Behandlung. Eine Benachteiligung kann auch in einem Unterlassen liegen. Der Nachteil besteht in einer Zurücksetzung. Die Zurücksetzung muss wegen eines der in § 1 erwähnten Merkmale erfolgt sein. Die benachteiligende Maßnahme muss also durch eines (oder mehrere) dieser Merkmale motiviert sein bzw. der Benachteiligende muss bei seiner Handlung hieran anknüpfen.

Die unmittelbare Benachteiligung muss entweder noch andauern bzw. bereits abgeschlossen sein; oder aber es muss eine hinreichend konkrete Gefahr bestehen, dass eine solche Benachteiligung eintritt („erfährt, erfahren hat oder erfahren würde"). Eine **nur abstrakte Gefahr** löst noch **keine Ansprüche** aus. Es bedarf einer Wiederholungsgefahr – bei bereits erfolgter Benachteiligung – oder einer ernsthaften Erstbegehungsgefahr (siehe Palandt/Bassenge, BGB-Kommentar, 65. Auflage 2006, § 1004 Rdnr. 32).

7   **Satz 2** berücksichtigt die Rechtsprechung des Europäischen Gerichtshofes (EuGH Rs. C-177/88 vom 8. November 1990 – Dekker) und stellt für den in § 2 Abs. 1 Nr. 1 bis 4 geregelten Anwendungsbereich (Beschäftigung und Beruf) klar, dass eine unmittelbare Benachteiligung auch vorliegt, wenn die Unterscheidung wegen eines Merkmals erfolgt, das mit einem in § 1 genannten Grund in **untrennbarem Zusammenhang** steht. Der Europäische Gerichtshof hat in der Rechtssache Dekker klargestellt, dass dies für die Situation von Schwangerschaft und Mutterschaft einer Frau gilt. Damit setzt die Vorschrift Artikel 2 Abs. 7 der Richtlinie 76/207/EWG um.

Zu Absatz 2

8   Absatz 2 definiert die **mittelbare Benachteiligung**. Sie liegt vor, wenn dem Anschein nach neutrale Vorschriften, Maßnahmen, Kriterien oder Verfahren Personen oder Personengruppen, bei denen eines der in § 1 genannten Merkmale vorliegt, in besonderer Weise gegenüber anderen Personen oder Personengruppen benachteiligen, bei denen die in § 1 genannten Merkmale nicht vorliegen (Bildung von Vergleichsgruppen). Dieser sehr weite Anwendungsbereich bedarf einer Einschränkung, für die der Anspruchsteller darlegungs- und beweispflichtig ist: Eine mittelbare Benachteiligung liegt nicht vor, wenn ein sachlicher Grund die Ungleichbehandlung rechtfertigt und die eingesetzten Mittel erforderlich und angemessen sind.

9   Bereits bei der Feststellung, ob tatbestandlich eine mittelbare Benachteiligung vorliegt, ist das Vorliegen sachlich rechtfertigender Gründe zu prüfen. Auf die weiteren speziellen Rechtfertigungsgründe, die das Gesetz in den §§ 5, 8 bis 10 sowie § 20 vorsieht, kommt es dann regelmäßig nicht mehr an. Wie bei der unmittelbaren Benachteiligung genügt eine abstrakte Gefährdungslage nicht: Der Benachteiligte muss von der mittelbaren Benachteiligung konkret betroffen sein bzw. es muss eine hinreichend konkrete Gefahr bestehen, dass ihm im Vergleich zu Angehörigen anderer Personengruppen ein besonderer Nachteil droht.

Zu Absatz 3

10 Die Vorschrift definiert den Begriff **der Belästigung**, die eine Benachteiligung darstellt. Wesentlich ist die Verletzung der Würde der Person durch unerwünschte Verhaltensweisen; insbesondere durch das Schaffen eines von Einschüchterungen, Anfeindungen, Erniedrigungen, Entwürdigungen und Beleidigungen gekennzeichneten Umfeldes. Die unerwünschte Verhaltensweise muss geeignet sein, die **Würde der betreffenden Person** zu verletzen. Damit scheiden geringfügige Eingriffe aus. Das Verhalten muss aber andererseits auch nicht die Qualität einer Verletzung der Menschenwürde im Sinne des Artikels 1 GG erreichen. Ist eine Verletzung der Würde vom Handelnden **bezweckt**, kommt es nicht darauf an, ob diese Verletzung **tatsächlich eintritt**. Eine Belästigung ist aber auch dann gegeben, wenn ein Verhalten die Würde des Betroffenen verletzt, ohne dass dies vorsätzlich geschieht. Auch bei einmalig bleibenden Handlungen bleibt der Betroffene nicht schutzlos.

11 Die Unerwünschtheit der Verhaltensweise muss nicht bereits vorher ausdrücklich gegenüber den Belästigenden zum Ausdruck gebracht worden sein. Vielmehr ist es ausreichend, dass die Handelnden **aus der Sicht eines objektiven Beobachters** davon ausgehen können, dass ihr Verhalten unter den gegebenen Umständen von den Betroffenen nicht erwünscht ist oder auch nicht akzeptiert wird. Belästigendes Verhalten kann sowohl **verbaler als auch nonverbaler Art** sein. Hierunter können z. B. Verleumdungen, Beleidigungen und abwer-

tende Äußerungen, Anfeindungen, Drohungen und körperliche Übergriffe fallen, die im Zusammenhang mit einem der in § 1 genannten Gründe stehen.

Im Anwendungsbereich des **zivilrechtlichen Benachteiligungsverbots** (§§ 19 ff.) wird es eines Rückgriffs auf Absatz 3 selten bedürfen: Wer im Rahmen eines Vertrags eine Person wegen der in § 1 genannten Merkmale belästigt, lässt die nach § 241 Abs. 2 BGB gebotene Rücksichtnahme auf die Rechte, Rechtsgüter und Interessen der anderen Partei außer Acht und verletzt damit seine vertraglichen Pflichten. Dies gilt nach § 311 Abs. 2 BGB auch bereits in der vorvertraglichen Phase, also bei der Aufnahme von Vertragsverhandlungen, der Anbahnung eines Vertrags oder bei ähnlichen geschäftlichen Kontakten.

12

Daneben können Handlungen, die das Persönlichkeitsrecht, die Gesundheit oder die sexuelle Selbstbestimmung verletzen, **Schadensersatz- oder Schmerzensgeldansprüche** auslösen. In Betracht kommen insbesondere § 823 Abs. 1, § 253 Abs. 2 BGB. Auch können entsprechende Handlungen strafrechtliche Konsequenzen nach sich ziehen.

13

Zu Absatz 4

Die Definition der eine Benachteiligung darstellenden **sexuellen Belästigung** baut auf der Struktur der Belästigungsdefinition in Absatz 3 auf. Gegenüber der Formulierung in § 2 Abs. 2 des Beschäftigtenschutzgesetzes ist an die Stelle der Beschreibung als eines „vorsätzlichen" und „erkennbar abgelehnten" Verhaltens entsprechend der Änderung in Artikel 2 Abs. 2 der Richtlinie 76/207/EWG die Formulierung „unerwünscht" getreten. Das unerwünschte Verhalten muss zusätzlich sexuell bestimmt sein. Die **beispielhafte Aufzählung möglicher sexuell bestimmter Verhaltensweisen** erfasst typische Fälle und entspricht weitgehend den in § 2 Abs. 2 Satz 2 des Beschäftigtenschutzgesetzes aufgezählten unerwünschten Verhaltensweisen wie sexuelle Handlungen und Aufforderungen zu diesen, sexuell bestimmten körperlichen Berührungen. Darüber hinaus zählen wie bisher erst recht sexuelle Handlungen und Verhaltensweisen, die nach strafgesetzlichen Vorschriften unter Strafe gestellt sind, zu den erfassten Verhaltensweisen.

14

Zu Absatz 5

Die Regelung dient der Umsetzung von Artikel 2 Abs. 4 der Richtlinien 2000/43/EG, 2000/78/EG und 76/207/EWG sowie von Artikel 4 Abs. 4 der Richtlinie 2004/113/EG, wonach **auch eine Anweisung zu einer Benachteiligung** eine Benachteiligung darstellt. Die Weisung muss vorsätzlich erfolgen. Es ist hingegen nicht erforderlich, dass der Anweisende sich der Verbotswidrigkeit der Handlung bewusst ist, denn das gesetzliche Benachteiligungsverbot erfasst **alle Benachteiligungen, ohne dass ein Verschulden erforderlich** ist. Für das Vorliegen einer Anweisung kommt es nicht darauf an, ob die angewiesene Person die Benachteiligung tatsächlich ausführt. Im Bereich des allgemeinen Zivilrechts sind die in Absatz 5 geregelten Sachverhalte regelmäßig über die zivilrechtlichen Zurechnungsnormen zu erfassen (§§ 31, 278, 831 BGB)."

15

IV. Anmerkungen

A) zu Abs. 1

1. Unmittelbare Benachteiligung

a) Grundsatz

Eine unmittelbare Benachteiligung liegt nach der **Begriffsbestimmung in Abs. 1 Satz 1** vor, wenn eine Person wegen eines in § 1 AGG genannten Grundes „eine weniger günstige Behandlung erfährt als eine Person in einer vergleichbaren Situation erfährt, erfahren hat oder erfahren würde". **Allein** eine **ungünstige Behandlung** stellt somit **noch keine Zurücksetzung im Sinne des AGG** dar. Vielmehr liegt der Kern einer unzulässigen Benachteiligung darin, dass es **eine andere Person gibt**, die **in einem grundsätzlich vergleichbaren Sachverhalt besser behandelt wird** als der Betroffene (Bauer / Göpfert / Krieger Rdnr. 11).

16

17 Es wird also ein **Nachteil im Verhältnis zu einer Vergleichsperson** vorausgesetzt, der **in jeder Form der Zurücksetzung** bestehen kann. Durch die Formulierung „erfährt oder erfahren hat" wird deutlich, dass es unerheblich ist ob die Benachteiligung **noch andauert oder bereits abgeschlossen** ist.

18 Der **bisherige Tatbestand** des **§ 611a a. F. BGB** bezog sich nur auf geschlechtsbezogene Benachteiligungen durch den Arbeitgeber im Arbeitsverhältnis. Nunmehr erstreckt sich die Definition des Abs. 1 **auf alle Fälle von § 2 Abs. 1 Nr. 1 bis 8 AGG.** Auch ist es für die Feststellung einer Benachteiligung **unerheblich, durch wen oder was** die weniger günstige Behandlung verursacht wird.

b) Formen der Benachteiligung

19 Die Benachteiligung kann in einer **Handlung** oder einem **Unterlassen** bestehen. Gewährt ein Arbeitgeber etwa lediglich Beschäftigten westeuropäischer Herkunft ein **Weihnachtsgeld**, nicht aber Arbeitnehmern aus der Türkei, liegt deren unmittelbare Benachteiligung wegen ethnischer Herkunft darin, dass er die Gewährung einer Sonderleistung unterlässt (vgl. Kolmhuber / Schreiner Rdnr. 166). Auch in der Ausnahme schwerbehinderter Beschäftigter von einer allen anderen Arbeitnehmern gewährten **Gehaltserhöhung** läge eine Schlechterstellung wegen der Behinderung durch Unterlassen. Auch die **Nichteinstellung oder die Nichtvornahme einer Beförderung** kann eine unmittelbare Benachteiligung darstellen.

20 Unerheblich ist die **Rechtsqualität der Benachteiligung**. Sie kann sowohl durch rechtsgeschäftliches Handeln und geschäftsähnliche Handlungen des Arbeitgebers verwirklicht werden als auch durch Realakte und tatsächliche Handlungen, wie z. B. Fragen anlässlich eines Einstellungsgesprächs (S / S / V / *Schleusener* Rdnr. 9).

21 Eine **Absicht** ist **nicht notwendig**; ausschlaggebend ist allein das Ergebnis einer Benachteiligung (Nollert-Borasio/Perreng Rdnr. 3). Dies entspricht der **bisherigen Rechtsprechung des EuGH** für den Bereich des Arbeitsrechts (vgl. Urteil vom 22. April 1997 – C-180/95 = NJW 1997, 1839 = NZA 1997, 645, „Draempaehl" und Urteil vom 8. November 1990 – C-177/88 = NJW 1991, 628 = NZA 1991, 171 = AP Nr. 23 zu Art. 119 EWG-Vertrag, „Dekker"). Deshalb kann selbst dann, wenn der Handelnde den fachmännischen Rat eines Dritten befolgt und ihm deshalb kein Verschuldens im Sinne von § 276 BGB anzulasten ist, eine Benachteiligung vorliegen (Däubler / Bertzbach / *Schrader* / *Schubert* Rdnr. 38).

22 Eine schuldlos begangene Benachteiligung kann auch **bei unbewussten Handlungen oder Unterlassungen** vorliegen, etwa wenn sich ein Arbeitgeber durch das Vorurteil leiten lässt, ein behinderter Arbeitnehmer sei der mit einer Beförderungsstelle verbundenen zusätzlichen Belastung nicht gewachsen, worauf er ihn gar nicht erst für eine Beförderung in Betracht zieht (Bauer / Göpfert / Krieger Rdnr. 10).

23 Allerdings besteht in derartigen Fällen **kein Anspruch des Benachteiligten auf Schadensersatz nach § 15 Abs. 1 AGG**, weil dies ein Verschulden des Anspruchsgegners voraussetzt. Möglich sind aber Ansprüche auf Entschädigung nach § 15 Abs. 2 AGG oder auf Unterlassen nach § 1004 BGB (Bauer / Göpfert / Krieger a. a. O.).

c) Unmittelbarkeit

24 **Unmittelbar** ist die Benachteiligung, wenn die nachteilig wirkende Maßnahme ausdrücklich oder ihrem Inhalt nach an eines der Merkmale in § 1 AGG anknüpft. Für eine unmittelbare Benachteiligung **genügt** es, wenn **der Benachteiligende das Merkmal nur vermutet** (Däubler / Bertzbach / *Schrader* / *Schubert* Rdnr. 35). Ein Beispiel wäre die Kündigung eines Arbeitgebers gegenüber einem Beschäftigten, den er fälschlich für homosexuell hält, weil er „Schwule nicht leiden kann". Der Betroffene muss nicht tatsächlich der Gruppe, wegen der er diskriminiert wird, zugehören; er muss auch nicht seine fehlende Zugehörigkeit beweisen (§ 7 Abs. 1 Halbs. 2 AGG).

Der Nachweis einer Benachteiligung setzt aber grundsätzlich voraus, dass **homogene Vergleichsgruppen** gebildet werden können, bei denen das geschützte Merkmal nur in der benachteiligten Gruppe vorkommt. Das wäre z. B. der Fall, wenn ein Orchester ausschließlich männliche Musiker beschäftigt oder ein Unternehmen grundsätzlich keine über 40 Jahre alten Bewerber zum Vorstellungsgespräch einlädt (vgl. Nollert-Borasio / Perreng Rdnr. 6). 25

Bei einer **Auswahlentscheidung** sind mit dem potenziell benachteiligten Bewerber alle Personen vergleichbar, die sich auf dieselbe Stelle bzw. um dieselbe Beförderungsstelle beworben haben und hierfür objektiv geeignet sind (BAG Urteil vom 12. November 1998 – 8 AZR 365/97 = BAGE 90, 170 = NZA 1999, 371 = AP Nr. 16 zu § 611a BGB; Bauer / Göpfert / Krieger Rdnr. 15 m. w. Nachw.). Im Fall einer **betriebsbedingten Kündigung** sind diejenigen Arbeitnehmer Vergleichsmaßstab, die nach kündigungsrechtlichen Grundsätzen mit den gekündigten Arbeitnehmer vergleichbar sind und deshalb in einer sozialen Auswahl mit diesem Arbeitnehmer einzubeziehen wären (Bauer / Göpfert / Krieger a. a. O. m. w. Nachw.). 26

Die Gesetzesformulierung stellt die tatsächlich erfahrene Behandlung einer Person in den Gegensatz zu derjenigen Behandlung, die eine Vergleichsperson erfährt, erfahren hat oder „erfahren würde". Somit genügt also **auch eine hypothetische Vergleichsperson** (S / S / V / Schleusener Rdnr. 5). Es muss nicht tatsächlich Vergleichspersonen geben, die besser behandelt werden, weil sie das geschützte Merkmal nicht erfüllen. Vielmehr reicht die Feststellung, dass bei einem hypothetischen Fehlen des Merkmals die betroffene Person besser behandelt würde. Wird die Beschäftigung einer schwarzen Zeitarbeitskraft wegen ihres krausen Haares abgelehnt, handelt es sich um eine Diskriminierung aus rassistischen Gründen, auch wenn es keine weiße Vergleichspersonen mit krausen Haaren im Betrieb gibt (Nollert-Borasio / Perreng Rdnr. 7). 27

Die unmittelbare Benachteiligung **setzt nicht voraus**, dass **alle Personen einer Gruppe**, die ein geschütztes Merkmal tragen, **benachteiligt werden**. **Es genügt, dass die Benachteiligung direkt an diesem Merkmal ansetzt.** Sind männliche und weibliche Arbeitnehmer mit der gleichen Arbeit beschäftigt und entlohnt der Arbeitgeber fast die Hälfte der Männer, dagegen nur 1/10 der Frauen über Tarif, dann kann hierin eine **unmittelbare Benachteiligung allein durch die zahlenmäßig wesentlich größere nachteilige Betroffenheit der Angehörigen eines Geschlechts** liegen. Das gilt jedenfalls dann, wenn die höhere Entlohnung der männlichen Arbeitnehmer nicht durch Gründe gerechtfertigt ist, die nicht auf das Geschlecht bezogen sind, d. h. wenn die Kriterien für die Entlohnungspraxis des Arbeitgebers für die Beschäftigten nicht durchschaubar ist (vgl. BAG Urteil vom 13. September 1992 – 4 AZR 30/92 = BAGE 71, 195 = NJW 1993, 3091 = NZA 1993, 891). 28

2. Sonderfall Benachteiligung wegen Schwangerschaft oder Mutterschaft

Für die Fälle einer **Benachteiligung wegen Schwangerschaft und Mutterschaft** kann es keine (männlichen) Vergleichspersonen geben. Hierfür wird in **Abs. 1 Satz 2** für den Anwendungsbereich des § 2 Abs. 1 Nr. 1 bis 4 AGG (Berufs- und Arbeitsleben) ausdrücklich festgelegt, dass es sich um eine **unmittelbare Benachteiligung wegen des Geschlechts** handelt. Diese Vorschrift trägt der Rechtsprechung des EuGH zur unmittelbaren Diskriminierung Rechnung (vgl. z. B. EuGH Urteil vom 27. Februar 2003 – C-320/01 = NJW 2003, 1107 = NZA 2003, 373). Dieser hat für Schwangerschaft und Mutterschaft wiederholt entschieden, eine unmittelbare Benachteiligung von Frauen liege auch vor, wenn die Unterscheidung auf einem Merkmal beruht, das mit einem Benachteiligungsgrund in untrennbarem Zusammenhang steht (vgl. EuGH Urteil vom 27. Februar 2003 a. a. O.: „Berücksichtigt ein Arbeitgeber die Schwangerschaft einer Arbeitnehmerin als Grund für die Ablehnung ihrer Rückkehr an ihren Arbeitsplatz vor dem Ende des Erziehungsurlaubs, so stellt dies eine unmittelbare Diskriminierung aufgrund des Geschlechts dar. Die Arbeitnehmerin ist nicht verpflichtet, dem Arbeitgeber mitzuteilen, dass sie schwanger ist, da dieser bei der 29

Anwendung der Arbeitsbedingungen ihre Schwangerschaft nicht berücksichtigen darf."). Die Regelung entspricht auch Art. 2 Abs. 7 der Richtlinie RL 2002/73/EG.

30 Jedoch erscheint die **Sonderregelung** letztlich **überflüssig**. Es entspricht einem **allgemeinen Grundsatz** des Antidiskriminierungsrechts, dass eine Benachteiligung wegen eines Merkmals, das mit einem Benachteiligungsgrund **in untrennbarem Zusammenhang** steht, einer Benachteiligung wegen des Benachteiligungsgrundes gleichsteht (Bauer / Göpfert / Krieger Rdnr. 19). Für die Zurücksetzung einer Person ist es beispielsweise unerheblich, ob sie wegen der ethnischen Herkunft oder der Hautfarbe benachteiligt wird.

3. Rechtfertigung unmittelbarer Benachteiligungen

31 Unmittelbare Benachteiligungen können im Arbeitsrecht nach §§ 8 bis 10 AGG gerechtfertigt sein.

Nach **§ 8 AGG**, der für alle in § 1 AGG genannten Diskriminierungsgründe gilt, ist eine Ungleichbehandlung wegen eines dort genannten Merkmals erlaubt,
– wenn dieser Grund **wegen der Art der auszuübenden Tätigkeit** oder der Bedingungen ihrer Ausübung eine **wesentliche und entscheidende berufliche Anforderung** darstellt,
– sofern der **Zweck rechtmäßig** und die **Anforderungen angemessen** sind.

So werden bestimmte Theaterrollen jeweils nur mit Frauen oder mit Männern besetzt werden können; als Mannequin für Damenoberbekleidung kommt nur eine Frau in Betracht; von einem Nachrichtensprecher im Rundfunk wird man akzentfreie deutsche Sprachkenntnisse verlangen können usw.

32 Die sogenannte **Kirchenklausel** nach **§ 9 AGG** regelt, dass Kirchen und die sonstigen aufgezählten weltanschaulichen Vereinigungen in Beschäftigungsverhältnissen Differenzierungen wegen der Religion und der Weltanschauung vornehmen können, wenn dies im Hinblick auf das Selbstbestimmungsrecht oder nach der Art der Tätigkeit eine wesentliche und gerechtfertigte berufliche Anforderung darstellt.

33 Schließlich erlaubt **§ 10 AGG** unter bestimmten Voraussetzungen Differenzierungen, die auf das Alter bezogen sind.

Im **Zivilrecht** sind großzügigere Rechtfertigungsfälle in **§ 20 AGG** geregelt (vgl. im Übrigen die Erl. zu den genannten Vorschriften).

B) zu Abs. 2
1. Begriff der mittelbaren Benachteiligung

34 Eine mittelbare Benachteiligung liegt vor, wenn „**dem Anschein nach neutrale Vorschriften, Kriterien oder Verfahren** Personen wegen eines in § 1 genannten Grundes gegenüber anderen Personen in besonderer Weise benachteiligen können, es sei denn, die betreffenden Vorschriften, Kriterien oder Verfahren sind durch ein **rechtmäßiges Ziel sachlich gerechtfertigt** und die **Mittel** sind zur Erreichung dieses Ziels **angemessen und erforderlich**". Das Verbot der mittelbaren Benachteiligung ist eine notwendige Ergänzung zum Verbot der unmittelbaren Benachteiligung, um die Umgebung des Diskriminierungsschutzes zu verhindern (Bauer / Göpfert / Krieger Rdnr. 20).

2. Vorschriften, Kriterien oder Verfahren

35 „Vorschriften, Kriterien oder Verfahren" können sowohl in **kollektivrechtlichen Vereinbarungen** liegen als auch in der einseitigen Aufstellung von Maßstäben oder Voraussetzungen durch den Arbeitgeber (bzw. den Anbieter von Gütern oder Dienstleistungen).

3. Dem Anschein nach neutral

Dem Anschein nach neutral ist eine Vorschrift usw., wenn sie nicht an einen in § 1 genannten Grund anknüpft: Andernfalls liegt bereits eine unmittelbare Benachteiligung vor. Diese ist gegenüber der mittelbaren Benachteiligung vorrangig. 36

Beispiele hierfür sind etwa (vgl. Bauer / Göpfert / Krieger Rdnr. 38; *Wisskirchen* DB 2006, 1491)

— Anforderungen an die **Körpergröße**; sie können Menschen einer bestimmten ethnischen Herkunft, die statistisch besonders groß oder besonders klein (z. B. Asiaten) sind, mittelbar benachteiligen. *Mögliche Rechtfertigung für Vorgaben:* bestimmte Mindestgröße des Bordpersonals in Flugzeugen wegen der Bedienung der Sicherheitsausrüstung; dementsprechend andererseits bestimmte Höchstgröße, um in Flugzeugen aufrecht stehen zu können (Bauer / Göpfert / Krieger a. a. O.); 37

— **Sprachtests** als Einstellungskriterium; sie können eine mittelbare Benachteiligung von ausländischen Arbeitnehmern und damit eine Benachteiligung wegen der ethnischen Herkunft sein. *Mögliche Rechtfertigung:* Beherrschung der Sprache ist für den in Aussicht genommenen Arbeitsplatz erforderlich (vgl. *Wisskirchen* DB 2006,1491); 38

— **Kleidervorschriften** als Benachteiligung bestimmter religiöser Gruppen, wenn hierdurch das Tragen von Turban, Kippa, Kopftuch, Burka oder Tschador untersagt wird. *Mögliche Rechtfertigung:* Arbeitssicherheit; für das Verbot von Kopfbedeckungen genügen allerdings nicht rein unternehmerische Gründe, etwa die Furcht des Arbeitgebers, die Kopfbedeckung könnte abschreckend auf Kunden wirken (vgl. BAG Urteil vom 10. Oktober 2002 – 2 AZR 472/01 = BAGE 103, 111 = NJW 2003, 1685 = NZA 2003, 483). Hingegen kann das Tragen einer Burka oder eines Tschadors unabhängig von Kundenkontakten untersagt werden, weil eine Verhüllung des gesamten Gesichts die in jedem Arbeitsverhältnis unerlässliche Zusammenarbeit erschwert, da Reaktionen des Gegenübers nicht festgestellt werden können (Bauer / Göpfert / Krieger a. a. O.); 39

— vorausgesetzte **zeitliche Flexibilität** eines Beschäftigten; sie kann Frauen besonders stark beeinträchtigen wegen deren häufiger Doppelbelastung durch Familie und Haushalt. Mögliche Rechtfertigung: Art der Arbeitsleistung bei notwendiger zeitlicher Flexibilität, z. B. im Anwaltsberuf; 40

— die Herausrechnung von **Elternzeit** aus der **Betriebszugehörigkeit**, z. B. für Leistungen nach einem Sozialplan; sie kann Frauen mittelbar benachteiligen (Bauer / Göpfert / Krieger a. a. O.). Unabhängig davon hat es das BAG wegen der Wertentscheidung von Art. 6 Abs. 1 und 2 GG für unbillig erklärt, wenn Elternzeit bei der Ermittlung von Sozialplanleistungen von der Dauer der Betriebszugehörigkeit ausgenommen wird (Urteil vom 12. November 2002 – 1 AZR 58/02 = BAGE 103, 321 = NZA 2003, 1287). 41

Für die Bejahung einer durch die Art der Arbeitsleistung mittelbaren Benachteiligung ist die **Bildung von Vergleichsgruppen notwendig**, um feststellen zu können, dass die Gruppe der Personen mit einem nach § 1 AGG geschützten Merkmal in besonderer Weise benachteiligt wird oder benachteiligt werden kann. Diese Vergleichsgruppen müssen stets möglichst genau die von dem überprüften Merkmal berührten Personen einbeziehen (vgl. EuGH Urteil vom 30. November 1993 – C-189/91 = DB 1994, 50). 42

Eine Benachteiligung „in besonderer Weise" kann durch einen **statistischen Nachweis** belegt werden, dass ein wesentlich höherer Anteil der Gruppe mit einem geschützten Merkmal durch eine Regelung benachteiligt wird (vgl. EuGH Urteil vom 27. Oktober 1993 – C-197/92 = NZA 1994, 797 = AP Nr. 50 zu Art. 119 EWG-Vertrag „Enderby"), wobei die bisherige Rechtsprechung nur eindeutige Einzelfälle entschieden hat, in denen Frauen mit durchschnittlich mehr als 90% betroffen waren (Nollert-Borasio / Perreng Rdnr. 13). Verschiedentlich wird auch ein Wert von nur 75% für ausreichend gehalten (vgl. ErfK / *Schlachter* § 611a BGB Rdnr. 16 m. w. Nachw.). 43

44 Der Wortlaut des Gesetzes, der den neueren Richtlinien entspricht, lässt **nunmehr auch ohne statistischen Nachweis** die Feststellung einer besonderen Benachteiligung durch **wertende Betrachtung** zu. Es ist ausreichend, wenn die **indirekte Benachteiligung einer geschützten Gruppe offensichtlich** und der Nachweis tatsächlich ungleicher Betroffenheit schwer zu führen ist (Nollert-Borasio / Perreng a. a. O. m. w. Nachw.).

4. Rechtfertigung durch rechtmäßiges Ziel

45 Der **sehr weite Begriff der mittelbaren Benachteiligung** bedarf einer Einschränkung. Deshalb liegt eine mittelbare Benachteiligung nicht vor, wenn ein **rechtmäßiges Ziel** die Ungleichbehandlung rechtfertigt und die eingesetzten Mittel **angemessen** und erforderlich sind. Das **Nichtvorhandensein sachlich rechtfertigender Gründe** ist damit **Tatbestandsvoraussetzung** des Abs. 2 (Bauer / Göpfert / Krieger Rdnr. 31). Besteht die Rechtfertigung durch ein rechtmäßiges Ziel, wird die Vermutung widerlegt, dass der von der Maßnahme verursachte Nachteil die benachteiligte Gruppe **wegen eines in § 1 genannten Grundes** trifft.

46 **Rechtmäßige Ziele** sind in jedem Fall die in den §§ 8 ff. AGG genannten Rechtfertigungsgründe. Sie sind grundsätzlich geeignet, alle Formen von unterschiedlichen Behandlungen zu rechtfertigen (Nollert-Borasio / Perreng Rdnr. 19). Auch können Fälle der mittelbaren Benachteiligung als positive Maßnahmen nach § 5 AGG gerechtfertigt sein (Bauer / Göpfert / Krieger a. a. O.).

47 Gleichwohl kommen auch Rechtfertigungen in Betracht, die über diese Vorschriften hinausgehen. Allerdings **reichen sachliche Gründe allein hierfür nicht aus**. Bloßes Einsparen von Kosten genügt beispielsweise nicht (Däubler / Bertzbach / *Schrader / Schubert* Rdnr. 56). Vielmehr ist ein rechtfertigender Grund nur dann anzunehmen, wenn die unterschiedliche Behandlung einem **wirklichen Bedürfnis des Unternehmens** dient, für die **Erreichung der unternehmerischen Ziele geeignet** und nach den Grundsätzen der Verhältnismäßigkeit **erforderlich** ist (vgl. BAG Urteil vom 20. November 1990 – 3 AZR 613/89 = BAGE 66, 264 = NZA 1991, 635 unter II 4 b aa der Gründe; EuGH Urteil vom 13. Mai 1986 – C-170/84 = NJW 1987, 2183 = DB 1986, 2237).

48 Ein rechtmäßiges Ziel kann **auf unternehmerischen Erwägungen** beruhen, etwa der Steigerung der Produktivität, Verbesserung der Wirtschaftlichkeit oder Wettbewerbsfähigkeit (vgl. BAG Urteil vom 23. Januar 1990 – 3 AZR 58/88 = NZA 1990, 778 = AP Nr. 7 zu § 1 BetrAVG Gleichberechtigung). Es kann aber darüber hinaus **auch sozialpolitische, etwa beschäftigungspolitische oder arbeitsmarktpolitische Zwecke** einschließen (EuGH Urteil vom 26. September 2000 – C-322/98 = AP Nr. 51 zu § 1 KSchG 1969 Soziale Auswahl, „Kachelmann").

49 Im Hinblick auf eine mögliche Ungleichbehandlung **wegen des Geschlechts** wurden als **sachlich gerechtfertigt** anerkannt (vgl. Bauer/Göpfert/Krieger Rdnr. 35)
– die Dauer der **Betriebszugehörigkeit** (vgl. EuGH vom 17. Oktober 1989 – C-109/88 = AP Nr. 27 zu Art. 119 EWG-Vertrag);
– **Flexibilität und Berufsausbildung**, soweit sie für die vereinbarte Arbeitsleistung erforderlich sind und gegenüber den Beschäftigten fair und gleichmäßig verwendet werden (EuGH Urteil vom 17. Oktober 1989 a. a. O.);
– die bevorzugte Einstellung von **Wehr- oder Ersatzdienstleistenden** in den **juristischen Vorbereitungsdienst**, da hierdurch die mit der Dienstpflicht verursachte Verzögerung der Ausbildung ausgeglichen wird (EuGH Urteil vom 7. Dezember 2000 – C-79/99 = NJW 2001, 1045 = NZA 2001, 141 = AP Nr. 24 zu EWG-RL 76/207).

C) zu Abs. 3

1. Benachteiligung durch Belästigung

Als Benachteiligung gilt nach Abs. 3 auch eine Belästigung. Hierfür bietet die Vorschrift eine **Legaldefinition**. Als Belästigung gilt eine Benachteiligung, „wenn unerwünschte Verhaltensweisen, die mit einem in § 1 genannten Grund in Zusammenhang stehen, bezwecken oder bewirken, dass die Würde der betreffenden Person verletzt und ein von Einschüchterungen, Anfeindungen, Erniedrigungen, Entwürdigung oder Beleidigungen gekennzeichnetes Umfeld geschaffen wird". 50

2. Unerwünschte würdeverletzende Verhaltensweisen

Voraussetzung ist zunächst eine Verhaltensweise, die mit **einem in § 1 AGG genannten Grund in Zusammenhang steht**. Sie kann sowohl **verbaler als auch nonverbaler Art** sein. Hierunter können z. B. Verleumdungen, Beleidigungen und abwertende Äußerungen, Anfeindungen, Drohungen und körperliche Übergriffe fallen (S / S / V / *Schleusener* Rdnr. 77). Erforderlich und ausreichend ist der **Zusammenhang mit einem Benachteiligungsmerkmal**, hingegen muss die Belästigung nicht unmittelbar wegen eines Benachteiligungsmerkmals begangen worden sein. 51

Nicht vorausgesetzt wird aber, dass der Betroffene **gegenüber einer Vergleichsperson** oder einer Vergleichsgruppe **schlechter behandelt** wird. Die Belästigung ergibt sich vielmehr aus der Handlung selbst. Denkbar ist daher beispielsweise auch die Belästigung aller Arbeitnehmer in einem Unternehmen (*Roesner* S. 95). 52

Die Verhaltensweise muss zumindest **geeignet** sein, die **Würde der betroffenen Person zu verletzen**. Damit scheiden geringfügige Eingriffe aus (vgl. BT-Drucks. 16/1780 S. 33). Andererseits muss aber das Verhalten noch nicht die Qualität einer Verletzung der Menschenwürde im Sinne des Art. 1 GG erreichen (BT-Drucks. 16/1780 a. a. O.; vgl. oben Rdnr. 10). 53

Diese Verhaltensweisen müssen **unerwünscht** sein. Dies ist **vom objektiven Standpunkt eines durchschnittlichen Betrachters** zu beurteilen. Für diesen muss ein Verhalten als erkennbar nicht erwünscht oder nicht akzeptabel erscheinen. Nicht erforderlich ist es, dass der Betroffene ausdrücklich erklärt, er empfinde bestimmte Verhaltensweisen als Belästigung (Kolmhuber/Schreiner Rdnr. 197). Dies ist auch folgerichtig, da viele betroffene Personen aus Scham oder Angst Äußerungen und Abwehrmaßnahmen unterlassen (Däubler / Bertzbach / *Schrader* / *Schubert* Rdnr. 67). 54

3. Schaffung eines belastenden Umfelds

Das unerwünschte Verhalten muss bezwecken oder bewirken, dass durch die Belästigung ein von **Einschüchterungen, Anfeindungen, Erniedrigungen, Entwürdigungen oder Beleidigungen gekennzeichnetes Umfeld** geschaffen wird. Hierbei ist es ausreichend, dass das Umfeld nur von einem der unerwünschten Umstände gekennzeichnet ist (S / S / V / *Schleusener* Rdnr. 80). 55

Eine Belästigung kann damit vorliegen, wenn der im Gesetz genannte **Erfolg** lediglich **angestrebt** wird, **nicht aber eintritt** („bezwecken"). Der besonders hart gesottene Beschäftigte soll also nicht weniger geschützt werden als der empfindliche (Däubler / Bertzbach / *Schrader* / *Schubert* Rdnr. 70 unter Hinweis auf die Gesetzesbegründung). Ausreichend ist aber auch, dass der **Erfolg eintritt, ohne dass er angestrebt worden ist** („bewirken"). Erzählt z. B. der Arbeitgeber auf einer Betriebsfeier einen geschmacklosen diskriminierenden Witz, ohne zu wissen, dass ein Arbeitnehmer hierdurch wegen eines Merkmals nach § 1 AGG betroffen sein kann, kann dies eine Belästigung sein. 56

Strittig ist, ob bereits eine **einmalige Belästigung** die Schwelle zur Benachteiligung überschreiten kann. Hiervon geht zutreffend die Gesetzesbegründung aus. Soweit hiergegen ein- 57 gewandt wird, dass es in diesem Falle an der Schaffung eines belastenden Umfeldes fehle, überzeugt dies nicht. Das entsprechende Umfeld kann bereits vorhanden sein und aus diesem heraus die Belästigung begangen werden. Deshalb ist **weder eine Mehrzahl solcher Handlungen noch eine Wiederholungsgefahr erforderlich** (*Roesner* S. 95). Allerdings wird bei einmaligen Verletzungen aufgrund der zu beachtenden geringfügigen Geringfügigkeitsgrenze eine Belästigung in den meisten Fällen ausscheiden. Nur bei besonders schwerwiegenden Verletzungen der Würde des Menschen dafür diesen Fällen eine Benachteiligung in Form einer Belästigung anerkannt werden.

4. Adressatenkreis

58 Die Vorschrift verbietet eine **Belästigung** nicht nur durch den Arbeitgeber, sondern **auch durch andere Beschäftigte**; dies ergibt sich mittelbar aus § 12 Abs. 3 AGG. Nach jener Vorschrift hat der Arbeitgeber die im Einzelfall geeigneten, erforderlichen und angemessenen Maßnahmen zu ergreifen, soweit die Belästigung von anderen Arbeitnehmern vorgenommen werden. Hierzu können Abmahnung, Umsetzung, Versetzung oder Kündigung gehören.

59 Eine Belästigung kann **auch durch Dritte**, z. B. Kunden oder andere Vertragspartner des Arbeitgebers, begangen werden; dies folgt indirekt aus § 12 Abs. 4 AGG. In diesem Fall ist der Arbeitgeber nach jener Vorschrift verpflichtet, zum Schutz des Beschäftigten die im Einzelfall geeigneten, erforderlichen und angemessenen Maßnahmen zu ergreifen.

60 Der Begriff der Belästigung setzt nicht voraus, dass die unzulässige Verhaltensweise **unmittelbar am Arbeitsplatz** vorgekommen ist. Allerdings muss sie einen **Bezug zum Arbeitsverhältnis** aufweisen. Der beruflichen Sphäre sind unter anderem Dienstreisen, Seminare und Fortbildungen sowie Betriebsausflüge und -feiern zuzuordnen. Hingegen unterfällt eine **ausschließlich im Privatbereich vorgenommene Belästigung** ohne Auswirkungen auf das Umfeld im Arbeitsverhältnis nicht dem Benachteiligungsverbot nach § 7 Abs. 1 AGG. Jedoch wird der Bezug zum Arbeitsverhältnis hergestellt, wenn Belästigungen im Privatbereich **auch im Arbeitsverhältnis ein durch Abs. 3 verbotenes Umfeld schaffen**. Dies kann namentlich bei im Privatbereich aufgetretenen sexuellen Belästigungen der Fall sein (vgl. LAG Hamm Urteil vom 10. März 1999 – 18 SA 2328/98 = NZA-RR 1999, 623).

61 Eine Belästigung kann nicht gerechtfertigt sein. In diesem Rahmen sind **keine Rechtfertigungsgründe** vorgesehen.

D) zu Abs. 4

1. Sexuelle Belästigung

a) Grundsatz

62 Der Tatbestand der sexuellen Belästigung baut auf demjenigen der Belästigung nach Abs. 3 auf und setzt **zusätzlich ein unerwünschtes, sexuell bestimmtes Verhalten** voraus, das bezweckt oder bewirkt, dass die Würde der betreffenden Person verletzt wird. Vor Inkrafttreten des AGG war Schutz vor sexuellen Belästigungen am Arbeitsplatz im Beschäftigtenschutzgesetz (BeschSchG) geregelt. Die Definition der sexuellen Belästigung im AGG knüpft an die Definition jenes Gesetzes an. Allerdings wurde sie aufgrund europarechtlicher Vorgaben hinsichtlich der Schaffung eines belastenden Umfelds als Regelbeispiel („insbesondere") formuliert. Anders als im Falle der einfachen Belästigung ist dieses Merkmal somit nicht zwingende Voraussetzung des Zwecks oder des Ergebnisses der sexuellen Belästigung.

b) Sexuell bestimmtes Verhalten

63 Wann das Verhalten **sexuell bestimmt** ist, ist eine Frage des Einzelfalls und kann nur unter Heranziehung der Beurteilung eines **objektiven Beobachters** beantwortet werden. Durch die sexuelle Verhaltensweise muss die Würde der Frau oder des Mannes beeinträchtigt sein.

Das Gesetz nennt den als typische Fälle: **64**
- sexuelle Handlungen und Aufforderungen zu diesen,
- sexuell bestimmte körperliche Berührungen,
- Bemerkungen sexuellen Inhalts,
- unerwünschtes Zeigen und sichtbares Anbringen von pornografischen Darstellungen.

Nach einer von ErfK / *Schlachter* § 2 BeschSchG Rdnr. 5 zitierten Studie besteht **weitgehende Übereinstimmung zwischen Männern und Frauen** darüber, was **als sexuelle Belästigung zu verstehen** ist, nämlich das Erzwingen sexueller Handlungen und tätliche Bedrohung; Zurschaustellung des Genitals; aufgedrängte Küsse; Aufforderung zu sexuellem Verkehr; Versprechen beruflicher Vorteile für sexuelle Gefälligkeiten; Androhung beruflicher Nachteile bei Verweigerung derartiger Gefälligkeiten; Berührung der Brust/Genitalien; Gespräche/Briefe mit sexuellen Anspielungen; Kneifen oder Klapsen des Gesäßes; Einladungen mit eindeutiger Absicht; anzügliche Bemerkungen über die Figur oder das sexuelle Verhalten im Privatleben; pornografische Bilder am Arbeitsplatz. **65**

Die Rechtsprechung geht zum Teil noch darüber hinaus: Auch wer am Arbeitsplatz die **allgemein übliche minimale körperliche Distanz** zu einem Mitarbeiter/einer Mitarbeiterin regelmäßig nicht wahrt, sondern diese(n) gezielt unnötig und wiederholt anfasst bzw. berührt, teilweise mit dem Bemerken: „stell dich nicht so an", oder gar sich mit seinem Körper an den/die Mitarbeiter(in) herandrängelt, obwohl all diese Kontakte erkennbar nicht erwünscht sind, begeht eine sexuelle Belästigung (⌘ LAG Schleswig-Holstein Urteil vom 27. September 2006 – 3 Sa 163/06 = PersR 2007, 2 [Ls.]). **66**

Für die Bewertung einer Handlung als sexuelle Belästigung kommt es **nicht** auf eine etwaige **„Attraktivität" der betroffenen** Person an. Eine sexuelle Belästigung erhält nicht dadurch weniger Gewicht, dass ein am Verfahren Beteiligter die Betroffene nicht attraktiv und anziehend findet und deshalb deren Empfindung einer Handlung als sexuelle Anmache für abwegig hält (⌘ LAG Schleswig-Holstein Urteil vom 27. September 2006 a. a. O.). **67**

Auch ist für die Frage der Einstufung einer Handlung als sexuelle Belästigung das **Bildungsniveau der betroffenen Person unbeachtlich**. Ebenso ist nicht von Bedeutung, ob die Arbeitnehmerin Bild-Leserin ist und manchmal einen burschikosen Umgangsstil zeigt (⌘ LAG Schleswig-Holstein Urteil vom 27. September 2006 a. a. O.). **68**

Erfasst wird **heterosexuelle wie homosexuelle** Belästigung, nicht jedoch die **Belästigung wegen sexueller Orientierung**, etwa die Beschimpfung als „Schwuchtel". Hier gilt die engere Begrifflichkeit des § 3 Abs. 3; erforderlich ist die feindliche Umfeldprägung. **69**

2. Unerwünschtheit

Mit diesem Tatbestandsmerkmal wollte der Gesetzgeber klarstellen, dass die Annahme einer sexuellen Belästigung auf die Fälle beschränkt bleibt, in denen jemand **einem anderen ein nicht erwünschtes sexuelles Verhalten aufdrängt** (vgl. schon ⌘ BAG Urteil vom 25. März 2004 – 2 AZR 341/03 = NJW 2004, 3508 = NZA 2004, 1214 = AP Nr. 189 zu § 626 BGB unter Hinw. auf BT-Drucks. 12/5468 S. 47 zu § 4 BeschSchG). Intime Beziehungen zwischen Beschäftigten sind als solche nicht verboten (vgl. LAG Düsseldorf Urteil vom 14. November 2005 = NZA-RR 2006, 81). Die Unerwünschtheit des fraglichen sexuellen Verhaltens muss daher nach außen in Erscheinung getreten sein. Zwar wird man eine ausdrücklich formulierte Ablehnung nicht – schon gar nicht immer – verlangen können. Im Einzelfall kann deshalb eine **aus den Umständen erkennbare Ablehnung** genügen (⌘ BAG Urteil vom 25. März 2004 m. w. Nachw.; ⌘ BVerwG Urteil vom 8. November 2000 – 1 D 35/99, zit. nach JURIS). **70**

Eine solche Ablehnung ist erkennbar, wenn aus dem Verhalten der oder des Betroffenen **für einen neutralen Beobachter die Ablehnung hinreichend deutlich** geworden ist (vgl. *Worzalla* NZA 1994, 1018). Die Menschenwürde wird bereits verletzt, wenn eine andere Person als bloßes Objekt eigenen Verhaltens behandelt wird (⌘ BVerwG Urteil vom 8. No- **71** vember 2000 a. a. O.). Unter Umständen kann daher auch ein rein **passives Verhalten** in der Form eines zögernden, zurückhaltenden Geschehenlassens gegenüber einem drängenden, durchsetzungsfähigen Belästiger, insbesondere einem Vorgesetzten, zur Erkennbarkeit einer ablehnenden Haltung ausreichen (BAG Urteil vom 25. März 2004; BVerwG Urteil vom 8. November 2000 a. a. O.). Dies ist insbesondere bei Überrumpelungsmanövern und bei bestehender Labilität und persönlichkeitsbedingt fehlender Widerstandskraft der betroffenen Beschäftigten der Fall, zumal wenn das Drängen in einer für die Beschäftigten dienstrechtlich zugespitzten Situation stattfindet, die seitens des Vorgesetzten entsprechend empfindliche Einflüsse befürchten lässt. Es reicht deshalb aus, dass die innere Ablehnung sich dem überlegenen Vorgesetzten nach den erkennbaren Umständen aus dem Verhalten hätte aufdrängen müssen (BVerwG Urteil vom 8. November 2000 a. a. O.).

3. Keine Rechtfertigung

72 Auch für sexuelle Belästigungen sieht das Gesetz keine Rechtfertigung vor.

E) zu Abs. 5

1. Anweisung zur Benachteiligung

73 Auch eine Anweisung zu einer Benachteiligung stellt nach **Abs. 5 Satz 1** eine Benachteiligung dar. Damit soll verhindert werden, dass der eigentliche **Urheber sich der Verantwortung entziehen** kann (Däubler / Bertzbach / *Deinert* Rdnr. 79). Der Betroffene muss nicht erst den Eintritt einer (unmittelbaren) Benachteiligung abwarten, sondern kann seine Rechte aus dem AGG schon im Vorfeld der drohenden tatsächlichen Beeinträchtigung geltend machen. Auch ein Entschädigungsanspruch nach § 15 AGG entsteht bereits mit der Anweisung, ohne dass es zu einer tatsächlichen Beeinträchtigung kommen muss (S / S / V / *Voigt* Rdnr. 97).

74 Für den Bereich des Arbeitsrechts trifft **Abs. 5 Satz 2** insoweit eine Klarstellung: Eine verbotene Anweisung liegt insbesondere vor, wenn der **Arbeitgeber oder der Vorgesetzte** eine Person innerhalb oder außerhalb des Unternehmens **zu einem Verhalten bestimmt**, das einen Beschäftigten oder eine Beschäftigte wegen eines in § 1 genannten Grundes benachteiligt oder benachteiligen kann.

75 Die Anweisung im Sinne Abs. 5 Satz 2 **entspricht der Weisung im arbeitsrechtlichen Sinn**: Sie kann also nur von Personen gegeben werden, die **gegenüber dem Angewiesenen weisungsbefugt** sind (Bauer / Göpfert / Krieger Rdnr. 64; *Annuß* BB 2006, 1629 [1632]; a. A. S / S / V / *Voigt* Rdnr. 97: auch bloße Aufforderungen von Beschäftigten gegenüber anderen Beschäftigten seien erfasst).

76 Eine Anweisung zur unmittelbaren Benachteiligung liegt etwa dann vor, wenn ein Geschäftsführer den Personalleiter anweist, **keine Frauen oder keine Bewerber muslimischen Glaubens einzustellen**. Da nach Abs. 3 und 4 auch die Belästigung und die sexuelle Belästigung eine Benachteiligung sein können, wird auch die Anweisung zu diesen von Abs. 5 erfasst (S / S / V / *Voigt* Rdnr. 98).

77 Nicht erforderlich ist jedoch, dass sich die Anweisung zur Benachteiligung auf einen Beschäftigten bezieht. **Ausreichend** wäre auch die Anweisung zur **Benachteiligung eines Kunden** (Däubler / Bertzbach / *Deinert* Rdnr. 87; a. A. Schrader / Schubert Rdnr. 133).

78 Die Anweisung muss **vorsätzlich** ergehen, wie die Gesetzesbegründung unterstreicht (BT-Drucks. 16/1780 S. 32; vgl. oben Rdnr. 15). Nicht erforderlich ist das Bewusstsein des Anweisenden, dass die benachteiligende Handlung verboten ist, denn das gesetzliche Benachteiligungsverbot erfasst alle Benachteiligungen, ohne dass ein Verschulden erforderlich ist (BT-Drucks. 16/1780 a. a. O.).

79 Auch ist es **unerheblich**, ob die angewiesene Person die **Benachteiligung tatsächlich ausführt**. Dies folgt aus dem Wortlaut von Satz 2 („benachteiligen kann"). Der Unwertgehalt

liegt bereits in der Herabwürdigung der Person des in Aussicht genommenen Opfers (Däubler / Bertzbach / *Deinert* Rdnr. 90).

Untersagt wird, insoweit vergleichbar der Strafbarkeit der **versuchten Anstiftung** nach § 30 Abs. 1 StGB, bereits der **erfolglose Versuch der Benachteiligung** durch den Anweisenden. Dies ist der **praktisch wichtigste Fall der Anweisung**, weil dies der einzige Anknüpfungspunkt für ein Vorgehen gegen den Anspruchsgegner ist. Wird die Anweisung vollzogen, kommt es häufig nicht mehr auf Abs. 5 an, weil Ansprüche bereits wegen der eigentlichen Benachteiligung begründet sind (Bauer / Göpfert / *Krieger* Rdnr. 68).

V. Literatur

Vgl. die zu § 1 AGG angegebene Literatur.

§ 4
Unterschiedliche Behandlung wegen mehrerer Gründe

Erfolgt eine unterschiedliche Behandlung wegen mehrerer der in § 1 genannten Gründe, so kann diese unterschiedliche Behandlung nach den §§ 8 bis 10 und 20 nur gerechtfertigt werden, wenn sich die Rechtfertigung auf alle diese Gründe erstreckt, derentwegen die unterschiedliche Behandlung erfolgt.

ERLÄUTERUNGEN

ÜBERSICHT

I. Bedeutung der Vorschrift (Rdnrn. 1–3)
II. Fassung (Rdnr. 4)
III. Begründung (Rdnr. 5)
IV. Anmerkungen (Rdnrn. 6–11)
   1. Einzelprüfung jedes Merkmals (Rdnrn. 6–10)
   2. Darlegungslast (Rdnr. 11)
V. Literatur

I. Bedeutung der Vorschrift

Die Vorschrift enthält eine Klarstellung für den Fall einer **Mehrfachdiskriminierung**. Eine solche liegt vor, wenn ein Betroffener wegen mehrerer in § 1 genannter Merkmale benachteiligt wird (z. B. Frauen fremder ethnischer Herkunft oder ältere behinderte Menschen). Können mehrere Diskriminierungsgründe nicht voneinander getrennt werden (etwa im Fall des „Kopftuches": religiös/ethnisch/Geschlecht), wird auch von **intersektioneller** Diskriminierung gesprochen (vgl. *Schiek* NZA 2004, 873 [846]).   **1**

Im Fall einer Mehrfachdiskriminierung verlangt § 4 die **Prüfung rechtfertigender Gründe** nach den §§ 8 bis 10 und 20 **für jedes Diskriminierungsmerkmal**. Ist eine unterschiedliche Behandlung möglicherweise im Hinblick auf einen der in § 1 genannten Gründe gerechtfertigt, liegt darin nicht zugleich die Rechtfertigung einer Benachteiligung wegen eines anderen in § 1 genannten – ebenfalls vorliegenden – Grundes. Es handelt sich hierbei um eine **„gesetzestechnische Selbstverständlichkeit"** (MK-*Thüsing* Rdnr. 1), für die ein Vorbild in den Richtlinien fehlt. Die Gesetzesbegründung hebt als **Motiv für die Regelung** hervor, dass **bestimmte Personengruppen typischerweise der Gefahr der Benachteiligung aus mehreren** nach § 1 unzulässigen **Gründen ausgesetzt** sind (BT-Drucks. 16/1780 S. 33).   **2**

Ebenso sind zugunsten mehrfach betroffener Personengruppen **positive Maßnahmen nach § 5 AGG** möglich (S / S / V / *Voigt* Rdnr. 3). Bei der fehlenden Verweisung auf diese Vor-   **3** schrift als Rechtfertigungsgrund handelt es sich offenbar um ein Redaktionsversehen (Bauer / Göpfert / Krieger Rdnr. 4).

II. Fassung

4 Die Vorschrift wurde unverändert aus dem Entwurf der Bundesregierung „Entwurf eines Gesetzes zur Umsetzung europäischer Richtlinien zur Verwirklichung des Grundsatzes der Gleichbehandlung" (BT-Drucks. 16/1780) übernommen.

III. Begründung

5 Im Gesetzentwurf der Bundesregierung (BT-Drucks. 16/1780 S. 33) wird zu der Vorschrift ausgeführt:

„Die Vorschrift stellt klar, dass jede Ungleichbehandlung für sich auf ihre Rechtfertigung hin zu prüfen ist. Ist eine unterschiedliche Behandlung möglicherweise im Hinblick auf einen der in § 1 genannten Gründe gerechtfertigt, liegt darin nicht zugleich die Rechtfertigung einer Benachteiligung wegen eines anderen in § 1 genannten – ebenfalls vorliegenden – Grundes. Die Regelung berücksichtigt den Umstand, dass bestimmte Personengruppen typischerweise der Gefahr der Benachteiligung aus mehreren nach § 1 unzulässigen Gründen ausgesetzt sind."

IV. Anmerkungen

1. Einzelprüfung jedes Merkmals

6 Die Rechtfertigung einer unterschiedlichen Behandlung bedarf für jedes der in § 1 AGG genannten unzulässigen Unterscheidungsmerkmale einer **Einzelprüfung**. Liegt eine Benachteiligung aus mehreren Gründen im Sinne von § 1 AGG vor und ist diese Benachteiligung bezüglich eines dieser Gründe gerechtfertigt, bedeutet das nicht zugleich die Rechtfertigung einer Benachteiligung wegen eines anderen in § 1 AGG genannten Grundes. Ist die Benachteiligung nicht auch in Bezug auf diesen Grund gerechtfertigt, ist ein Verstoß gegen das Benachteiligungsverbot nach § 7 Abs. 1 oder § 19 Abs. 1 AGG festzustellen.

7 Häufig wird eine **einzige Ungleichbehandlung** zugleich **mehrere der einschlägigen Merkmale betreffen**. Wird etwa die Bewerbung einer 52-jährigen schwerbehinderten Frau von vornherein nicht berücksichtigt, ohne deren berufliche Eignung zu prüfen, kommt eine unmittelbare Benachteiligung wegen des Alters, des Geschlechts und der Behinderung in Betracht. Gleichwohl liegt hierin **eine einzige verbotene Benachteiligung** im Sinne von § 7 Abs. 1 **aus mehreren in § 1 genannten Gründen**. Folglich kann der Arbeitnehmer auch nur wegen *einer* verbotenen Benachteiligung Rechtsfolgen nach dem AGG geltend machen, also etwa vom Arbeitgeber Schadensersatz und Entschädigung nach § 15 Abs. 1 und 2 AGG fordern (Bauer / Göpfert / Krieger Rdnr. 6). Allerdings kann der Umstand, dass eine verbotene Benachteiligung aus mehreren Benachteiligungsgründen begangen wurde, **Einfluss auf die Höhe der vom Gericht festzusetzenden Entschädigung** nach § 15 Abs. 2 AGG haben.

8 Die Ungleichbehandlung kann aber auch **in mehreren Einzelakten** stattfinden, die sich jeweils auf ein anderes Merkmal beziehen. Auch können eine **unmittelbare und eine mittelbare Benachteiligung zusammentreffen** (S / S / V / *Voigt* Rdnr. 5).

9 Die Zulässigkeit der unterschiedlichen Behandlung bezüglich eines Merkmals rechtfertigt allein nicht auch die unterschiedliche Behandlung in Bezug auf ein anderes Merkmal. Kann sich eine Maßnahme des Arbeitgebers bei Beschäftigten auf mehrere nach § 1 AGG geschützte Merkmale auswirken, muss sie in jeder Hinsicht den gesetzlichen Anforderungen entsprechen. Deshalb sind **für jedes betroffene Merkmal die spezifischen Rechtfertigungsgründe zu prüfen**: bei einer unmittelbaren Benachteiligung nach §§ 8–10 AGG, bei der mittelbaren Benachteiligung nach § 3 Abs. 2 AGG.

Allerdings kann **aus einem einzelnen Rechtfertigungsgrund**, etwa berufliche Anforderungen, gegebenenfalls die **Zulässigkeit einer Benachteiligung wegen verschiedener Merkmale** folgen. So kann eine schwere körperliche Beanspruchung an einem industriellen Arbeitsplatz als berufliche Anforderung die Ablehnung eines Bewerbers sowohl wegen einer bestehenden Behinderung als auch wegen eines Alters von 55 Jahren rechtfertigen (S / S / V / *Voigt* Rdnr. 7).

10

2. Darlegungslast

Die Anwendung des § 4 AGG setzt voraus, dass überhaupt eine **unterschiedliche Behandlung wegen mehrerer Merkmale feststellbar** ist. Im Rechtsstreit ist die Beweislastregel des § 22 AGG insoweit anwendbar, als die Vermutung unzulässiger Benachteiligung bezüglich jedes einzelnen Merkmals bestehen muss. Wer ein Recht aus dem AGG geltend machen will, muss darlegen können, dass er wegen eines Merkmals nach § 1 AGG unzulässig benachteiligt wurde. Hieran fehlt es, wenn ein **Stellenbewerber von vornherein objektiv nicht geeignet** ist. Bewirbt sich ein schwerbehinderter 55-jähriger auf einen industriellen Arbeitsplatz mit erheblichen körperlichen Anforderungen und wird ihm ein 35-jähriger nichtbehinderter Bewerber vorgezogen, kann die Ablehnung des schwerbehinderten Bewerbers nach § 8 Abs. 1 AGG bei wesentlicher Einschränkung der körperlichen Leistungsfähigkeit durch die Behinderung gerechtfertigt sein. Er scheidet dann objektiv als geeigneter Bewerber aus. Eine weitere Benachteiligung wegen des Alters bedarf keiner Prüfung mehr.

11

V. Literatur

Vgl. die zu § 1 AGG angegebene Literatur.

§ 5
Positive Maßnahmen

Ungeachtet der in den §§ 8 bis 10 sowie in § 20 benannten Gründe ist eine unterschiedliche Behandlung auch zulässig, wenn durch geeignete und angemessene Maßnahmen bestehende Nachteile wegen eines in § 1 genannten Grundes verhindert oder ausgeglichen werden sollen.

ERLÄUTERUNGEN

ÜBERSICHT

I. Bedeutung der Vorschrift (Rdnrn. 1–5)
II. Fassung (Rdnr. 6)
III. Begründung (Rdnr. 7)
IV. Anmerkungen (Rdnrn. 8–32)
   1. Eignung und Angemessenheit der Maßnahmen (Rdnrn. 8–19)
   2. Abwägung mit anderen Rechtspositionen (Rdnrn. 20–22)
   3. Beispiele für zulässige Maßnahmen (Rdnrn. 23–28)
   4. Positive Maßnahmen zugunsten behinderter Menschen (Rdnrn. 29–32)
V. Literatur

I. Bedeutung der Vorschrift

Die Bestimmung enthält eine **Ausnahmevorschrift vom allgemeinen Diskriminierungsverbot**. Eine unterschiedliche Behandlung durch positive Maßnahmen (in den USA „affirmative actions" genannt, vgl. hierzu Empt DÖV 2004, 239) ist danach zulässig zur Verhinderung oder zum Ausgleich bestehender Nachteile. Denn der Ausgleich einer bestehenden

1

Benachteiligung ist nicht in allen Fällen ohne eine **zeitweilige Inkaufnahme einer Benachteiligung der bisher bevorzugten Gruppe** möglich. Deshalb ist es im Grundsatz zulässig, eine **bislang benachteiligte Gruppe zu fördern**, solange die Maßnahmen **zeitlich auf die Erreichung der Herstellung von Gleichbehandlung begrenzt** und inhaltlich **geeignet, erforderlich und angemessen** sind (vgl. BT-Drucks. 16/1780 S. 33).

2 Nach den Richtlinien sind die Mitgliedsstaaten ermächtigt, **zum Ausgleich bestehender Nachteile spezifische Maßnahmen beizubehalten oder zu treffen** (Art. 2 Abs. 4 der Richtlinie 76/207 EWG; Art. 5 der Richtlinie 2000/43/EG; Art. 7 der Richtlinie 2000/78/EG; Art. 6 der Richtlinie 2014 113/EG). Demnach kann der **Gesetzgeber gezielte Maßnahmen zur Förderung bisher benachteiligter Gruppen** ergreifen. Dies ist etwa im Gesetz zur Gleichstellung behinderter Menschen (BGG) und im Gesetz zur Gleichstellung von Frauen und Männern – Bundesgleichstellungsgesetz (BGleiG) – geschehen. Darüber hinaus können solche Maßnahmen aber auch durch **Arbeitgeber, Tarifvertrags- und Betriebspartner sowie seitens der Parteien eines privatrechtlichen Vertrages** wirksam getroffen werden (Nollert-Borasio / Perreng Rdnr. 1). Eine Verpflichtung hierzu besteht allerdings nicht (vgl. Kolmhuber / Schreiner Rdnr. 192 mit dem Abraten an Arbeitgeber von „proaktiven Maßnahmen" wegen der Gefahr abweichender Bewertungsmaßstäbe der Arbeitsgerichte; ähnlich *Roesner* S. 113, der „Abwägungsunsicherheiten" des Arbeitgebers und die Gefahr von Fehleinschätzungen mit der Folge einer Entschädigungspflicht gegen über benachteiligten Beschäftigten befürchtet).

3 Allerdings erscheint **zweifelhaft**, ob die **Mitgliedsstaaten berechtigt** sind, diese Ermächtigung – wie in § 5 AGG geschehen – **generalklauselartig an Privatrechtsträger** weiterzugeben (ebenso *Maier-Reimer* NJW 2006, 2577 [2580]; *Annuß* BB 2006, 1629 [1634]; krit. auch MK-*Thüsing* Rdnr. 1; a. A. S / S / V / *Voigt* Rdnr. 2; Nollert-Borasio / Perreng Rdnr. 6; Schiek / *Schiek*: diese Entscheidung sei dem einzelstaatlichen Recht überlassen).

4 Die Bestimmung ist zwar **weder systematisch noch vom Wortlaut her als Rechtfertigungsgrund ausgestaltet.** Gleichwohl bietet sie einen möglicherweise bedenklichen Ansatz für eine **sachliche Rechtfertigung von Ungleichbehandlungen.** Die Regelung wird deshalb auch teilweise im Schrifttum als „hoch problematisch" kritisiert, da sie „quasi eine Blankovollmacht nicht nur für die Tarifparteien und Betriebspartner, sondern auch den einzelnen Arbeitgeber" enthalte. Das Gesetz eröffne damit „durch die Hintertür die Möglichkeit, die intendierte Gleichbehandlung der Beschäftigten zu konterkarieren" (so *Willemsen / Schweibert* NJW 2006, 2583 [2587 f.] unter Hinweis auf die Denkschrift des DAV vom Oktober 2005 [49/2005] sowie die Stellungnahme vom März 2005 [22/2005], beides abrufbar unter www.anwaltverein.de).

5 Die Vorschrift ist auch sprachlich zum Teil nicht geglückt: Es ist schwer ersichtlich, wie „bestehende Nachteile verhindert" werden sollen (vgl. *Thüsing* Arbeitsrechtlicher Diskriminierungsschutz Rdnr. 390).

II. Fassung

6 Die Vorschrift wurde unverändert aus dem Entwurf der Bundesregierung „Entwurf eines Gesetzes zur Umsetzung europäischer Richtlinien zur Verwirklichung des Grundsatzes der Gleichbehandlung" (BT-Drucks. 16/1780) übernommen.

III. Begründung

7 Im Gesetzentwurf der Bundesregierung (BT-Drucks. 16/1780 S. 33 f.) wird zu der Vorschrift ausgeführt:

„Mit der Regelung werden Artikel 5 der Richtlinie 2000/43/EG, Artikel 7 Abs. 1 der Richtlinie 2000/78/EG, Artikel 2 Abs. 8 der Richtlinie 76/207/EWG und Artikel 6 der Richtlinie 2004/113/EG über positive Maßnahmen umgesetzt.

Die Vorschrift erklärt eine Ungleichbehandlung über die in den §§ 8 bis 10 sowie § 20 genannten Fällen hinaus für zulässig, wenn dadurch bestehende Nachteile tatsächlicher oder struktureller Art wegen eines in § 1 genannten Grundes verhindert oder ausgeglichen werden sollen. Zulässig sind gezielte Maßnahmen zur Förderung bisher benachteiligter Gruppen nicht nur durch den Gesetzgeber (wie etwa im Gesetz zur Gleichstellung behinderter Menschen und im Gesetz zur Gleichstellung von Frauen und Männern), sondern auch durch Arbeitgeber, Tarifvertrags- und Betriebspartner sowie seitens der Parteien eines privatrechtlichen Vertrags. Die Vorschrift lässt Maßnahmen zur Behebung bestehender Nachteile ebenso zu wie präventive Maßnahmen zur Vermeidung künftiger Nachteile. Die Maßnahmen müssen nach objektivem Maßstab geeignet und angemessen sein und bedürfen im konkreten Fall der Abwägung mit Rechtspositionen der von ihnen negativ Betroffenen. Das schließt nach der Rechtsprechung des Europäischen Gerichtshofes einen absoluten Vorrang der zu fördernden Gruppe aus (EuGH Rs. C-450/93 vom 17. Oktober 1995 – Kalanke).

Im Übrigen werden aus sonstigen Gründen erlaubte Bevorzugungen durch die Vorschrift nicht berührt. Die Richtlinie 2002/73/EG nennt als Beispiel etwa die Gewährung eines Vaterschaftsurlaubs."

IV. Anmerkungen

1. Eignung und Angemessenheit der Maßnahmen

Die Vorschrift lässt Maßnahmen zur Behebung bestehender Nachteile ebenso zu wie präventive Maßnahmen zur Vermeidung künftiger Nachteile. Mit dem Begriff des **„Nachteils"** sind sämtliche **Schlechterstellungen in tatsächlicher und struktureller Hinsicht** erfasst: Es geht um faktische Ungleichheiten in der sozialen Wirklichkeit. Diese können **in objektiven Eigenschaften der tendenziell benachteiligten Personengruppe** liegen, z. B. dass nur Frauen schwanger werden können oder dass behinderte Menschen körperlichen, geistigen oder psychischen Einschränkungen unterliegen (Däubler / Bertzbach / *Hinrichs* Rdnr. 21). 8

Nachteile können aber **auch durch Einstellungen, Verhaltensmuster und Strukturen in der Gesellschaft** verursacht werden (vgl. ⚖ EuGH Urteil vom 17. Oktober 1995 – C-450/93 = NJW 1995, 3109 = NZA 1995, 1095 „Kalanke"). Das betrifft etwa die traditionelle Rollenverteilung zwischen Mann und Frau, aber auch für Verallgemeinerungen, Vorurteile und Ressentiments, etwa gegenüber Frauen („keine Führungsqualitäten", „körperlich weniger leistungsfähig"), gegenüber behinderten Menschen („besonders krankheitsanfällig"), älteren Menschen („weniger kreativ und innovativ"), Menschen bestimmter ethnischer Herkunft („faul und unpünktlich"; vgl. zum Ganzen Däubler / Bertzbach / *Hinrichs* a. a. O. m. w. Nachw.). 9

Worauf die Nachteile im Einzelnen beruhen, ist unerheblich, zumal dies ohnehin auf verschiedenen, nur schwer voneinander zu trennenden **Faktoren** beruhen kann. Wesentlich ist die **objektive Feststellung des Nachteils in der Lebenswirklichkeit** zumindest durch Indizien, etwa den unterproportionalen statistischen Anteil von Frauen in bestimmten Berufsgruppen oder Hierarchiestufen (S / S / V / *Voigt* Rdnr. 15). Sind Männer in bestimmten Positionen deutlich überdurchschnittlich vertreten, ist davon auszugehen, dass Frauen bei der Besetzung dieser Positionen Nachteile haben (vgl. ⚖ BAG Urteil vom 22. Juni 1993 – 1 AZR 590/92 = BAGE 73, 269 = NZA 1994, 77 = AP Nr. 193 zu Art. 3 GG). 10

Insoweit **unterscheidet sich** der Begriff des Nachteils von demjenigen der **Benachteiligung** im Sinne von §§ 3 und 7 AGG, der sich auf ein konkretes Behandeln durch den Arbeitgeber bzw. durch Dritte bezieht. 11

Allerdings sind **positive Maßnahmen** nur **bezüglich der in § 1 AGG genannten Merkmale** zulässig. Unter die Vorschrift fallen somit nur solche positiven Maßnahmen, die einer Benachteiligung wegen der zugeschriebenen Rasse oder ethnischen Herkunft, des Geschlechts, der Religion oder Weltanschauung, einer Behinderung, des Alters oder sexuellen Identität entgegenwirken sollen. Die Vorschrift **ermöglicht nicht generell die Förderung allgemei-** 12 ner sozialpolitischer Zwecke zulasten anderer Gruppen, etwa eine Bevorzugung bestimmter Personen wegen der sozialen Herkunft. Deren Zulässigkeit ist nach sonstigen Geboten wie z. B. dem arbeitsrechtlichen Gleichbehandlungsgrundsatz zu beurteilen. Auch bleiben hierdurch die Regelungen zur Förderung bestimmter Personengruppen **in anderen Gesetzen unberührt**. Das gilt namentlich für die Bestimmungen des SGB IX zur Förderung der Beschäftigung behinderter Menschen.

13 Die Vorschrift des § 5 gilt nicht nur für das Setzen von Rahmenbedingungen durch den Gesetzgeber, sondern für **sämtliche Rechtsakte, die das Beschäftigungsverhältnis gestalten**, also Tarifverträge, Betriebs- und Dienstvereinbarungen, Arbeitsverträge sowie sonstige Maßnahmen des Arbeitgebers. Hierunter können auch Auswahlrichtlinien nach § 95 BetrVG oder spezielle Betriebsvereinbarungen über Förderprogramme fallen (S / S / V / *Voigt* Rdnr. 7). Allerdings müssen sie **gezielt zum Ausgleich oder zur Verhinderung von Nachteilen** eingesetzt werden, also z. B. spezifisch die benachteiligte Gruppe begünstigen, um deren Konkurrenzfähigkeit auf dem Arbeitsmarkt zu verbessern (vgl. EuGH Urteil vom 11. November 1997 – C-409/95 = NJW 1997, 3429 = NZA 1997, 1337 „Marschall").

14 Die Maßnahmen müssen allerdings **objektiv geeignet** und **angemessen** sein. Die Vorschrift trägt damit den gemeinschaftsrechtlichen und verfassungsrechtlichen Anforderungen an die **Verhältnismäßigkeit** positiver Maßnahmen Rechnung (vgl. EuGH Urteil vom 19. März 2002 – C-476/99 = NJW 2002, 1859 = NZA 2002, 50 „Lommers"; weitere Rspr.-Nachw. bei Däubler / Bertzbach / *Hinrichs* Rdnr. 25). Verhältnismäßig sind positive Maßnahmen, wenn sie objektiv geeignet, erforderlich und insgesamt angemessen sind, wobei die Angemessenheit regelmäßig die größte Bedeutung hat. Zwar stellt § 5 nicht ausdrücklich auf die Erforderlichkeit der Maßnahmen ab. Jedoch ist eine Maßnahme **nur dann angemessen**, wenn sie zur Erreichung des mit ihr verfolgten Ziels **auch erforderlich** ist (Däubler / Bertzbach / *Hinrichs* a. a. O.).

15 Hierzu gehört zunächst dass für eine bestimmte Maßnahme ein **Anlass** besteht: Ist keine Unterrepräsentanz gegeben, so sind auch keine positiven Maßnahmen z. B. bei Einstellungen erforderlich (Schiek Rdnr. 13 m. w. Nachw.). Weiterhin muss im Einzelfall sorgfältig geprüft werden, ob das angestrebte Ziel **nicht auf einem anderen Weg erreicht** werden kann, der für die bisher strukturell bevorzugte Gruppe oder Mehrzahl von Gruppen weniger benachteiligend wirkt (EuGH Urteil vom 19. März 2002 a. a. O., „Lommers", dort. Rdnr. 43; BVerwG Urteil vom 18. Juli 2002 – 3 C 54/01 = NVwZ 2003, 92 = DVBl. 2003, 139).

16 **Geeignet** ist eine Maßnahme dann, wenn dadurch nach objektiver Wahrscheinlichkeit die **Nachteile beseitigt werden können**. Allerdings dürfen an diese Wahrscheinlichkeit keine zu hohen Anforderungen gestellt werden, weil dies dem Ziel erhöhter Chancengleichheit zuwiderliefe (Däubler / Bertzbach / *Hinrichs* Rdnr. 26 m. w. Nachw.). Ob durch die Regelung die bezweckte positive Wirkung auch tatsächlich eintritt, ist nicht Wirksamkeitsvoraussetzung der Maßnahme.

Ungeeignet sind insbesondere

17 – Maßnahmen, die **erst nach Beendigung der Erwerbstätigkeit** greifen, weil sie sich auf die berufliche Laufbahn nicht mehr positiv auswirken können (vgl. EuGH Urteil vom 29. November 2001 – C-366/99 = NZA 2002, 143 = DVBl 2002, 394 „Griesmar" bezügl. einer französ. Pensionsregelung);

18 – **Kompensationsmaßnahmen im Entgeltbereich**, jedenfalls im Regelfall. Sie sind auch nicht hinreichend spezifisch, um die Berufstätigkeit zu erleichtern oder Benachteiligungen auszugleichen (ErfK / *Schlachter* Art. 141 EGV Rdnr. 29; Däubler / Bertzbach / *Hinrichs* Rdnr. 25 ; anders aber EuGH Urteil vom 16. September 1999 – C-218/98 = EuGHE I 1999, 5723 „Abdoulaye" zur Zahlung einer **pauschalen Beihilfe** allein an **Arbeitnehmerinnen**, die **Mutterschaftsurlaub** antreten, sofern dies dazu bestimmt ist, die **beruflichen Nachteile auszugleichen**, die den Arbeitnehmerinnen aus ihrer Abwe-

senheit vom Arbeitsplatz entstehen. Solche Nachteile können nach Ansicht des ⚖ EuGH a. a. O. darin bestehen, dass die Frau während des Mutterschaftsurlaubs keine Beförderung angeboten bekommt, dass nach ihrer Rückkehr ihre Berufserfahrung entsprechend der Dauer ihrer Abwesenheit geringer ist, dass sie weder mit der persönlichen Leistung verbundene Gehaltserhöhungen beanspruchen noch an Fortbildungsmaßnahmen teilnehmen kann und schließlich, dass ihre Wiederverwendung sich als schwierig erweist, da die neuen Technologien den Arbeitsplatz ständig fortentwickeln;

— **kontraproduktive Maßnahmen**, welche im Ergebnis eine fehlende Chancengleichheit von Frauen auf dem Arbeitsmarkt noch vertiefen, z. B. das Nachtarbeitsverbot für Arbeiterinnen (vgl. ⚖ BVerfG Urteil vom 28. Januar 1992 – 1 BvR 1025/82 = BVerfGE 85, 191= NJW 1992, 964 = NZA 1992, 270). **19**

2. Abwägung mit anderen Rechtspositionen

Angemessen sind positive Maßnahmen, wenn sie unter Berücksichtigung des Ausmaßes der Nachteile die jeweils andere Gruppe nicht übermäßig belasten. Die Maßnahmen bedürfen ferner im konkreten Fall der **Abwägung mit Rechtspositionen** der von ihnen **negativ Betroffenen** (Nollert-Borasio / Perreng Rdnr. 3). Werden Einstellungen, also der Zugang zur Beschäftigung, im Rahmen von positiven Maßnahmen verweigert, sind hier besonders strenge Maßstäbe anzulegen. In diesen Fällen muss immer die Möglichkeit bestehen, im Einzelfall von einer generellen Bevorzugungsvorgabe abzuweichen (Schiek / *Schiek* Rdnr. 13 m. w. Nachw.). **20**

So ist ein **strikter leistungsunabhängiger Vorrang** des bislang unterrepräsentierten Geschlechts unzulässig (⚖ EuGH Urteil vom 6. Juli 2000 – C-407/98 = NJW 2000, 2653 = NZA 2000, 935). Auch sind **starre Quoten und automatische Vorrangregelungen** auf der Grundlage gleicher Qualifikation ohne jede Öffnungsklausel bzw. Härtefallregelung weder mit Art. 3 Abs. 3 GG noch mit dem EG-rechtlichen Diskriminierungsverbot vereinbar (⚖ EuGH Urteil vom 17. Oktober 1995 – C-450/93 = NJW 1995, 3109 = NZA 1995, 1095 „Kalanke"; ⚖ BAG Urteil vom 5. März 1996 – 1 AZR 590/92 = BAGE 82, 211 = NJW 1996, 2529 = NZA 1996, 751). **21**

Unzulässig ist es auch, eine Frau gegenüber männlichen Bewerbern bei einer **Beförderung** vorzuziehen, obwohl sie **schlechter geeignet** ist als ihre Mitbewerber. Nur wenn die Verdienste der Bewerber gleichwertig oder „fast gleichwertig" sind, ist eine Bevorzugung des unterrepräsentierten Geschlechts zulässig (⚖ EuGH Urteil vom 6. Juli 2000 – C-407/98 = NJW 2000, 2653 = NZA 2000, 935 „Abrahamsson" zu einem schwedischen Frauenförderungsgesetz). Allerdings wird hierzu kritisch angemerkt, dass der Wortlaut der Richtlinie das nicht zur Voraussetzung einer positiven Maßnahme macht und überdies offen bleibt, was „fast gleichwertig" heißt (*Thüsing* Arbeitsrechtlicher Diskriminierungsschutz Rdnr. 405). **22**

3. Beispiele für zulässige Maßnahmen

Zulässige Maßnahmen sind demnach beispielsweise

— Regelungen, die den **Bewerberinnen** in Bereichen des **öffentlichen Dienstes**, in denen **Frauen unterrepräsentiert** sind, **bei gleicher Qualifikation** den **Vorrang** einräumen, wenn dies zur Erfüllung der Zielvorgaben des Frauenförderplans erforderlich ist und keine Gründe von größerem rechtlichen Gewicht entgegenstehen. Allerdings müssen diese Regelungen gewährleisten, dass die **Bewerbungen Gegenstand einer objektiven Beurteilung** sind, bei der die besondere persönliche Lage aller Bewerberinnen und Bewerber berücksichtigt wird (⚖ EuGH Urteil vom 28. März 2000 – C-158/97 = NJW 2000, 1549 = NZA 2000, 473 [477] „Georg Badeck", zum hessischen Gleichberechtigungsgesetz; vgl. zuvor schon ⚖ EuGH Urteil vom 11. November 1997 – C-409/95 = NJW 1997, 3429, = NZA 1997, 1337 – „Marschall" zum nordrhein-westfälischen Beamtenrecht). Jedenfalls muss durch das **Gebot einer Einzelfallprüfung** sichergestellt werden, dass **weiblichen 23**

Mitbewerberinnen kein absoluter und unbedingter Vorrang eingeräumt ist (vgl. auch 🕮 BAG Urteil vom 21. Januar 2003 – 9 AZR 307/02 = BAGE 104, 264 = NZA 2003, 1036 = AP Nr. 60 zu Art. 33 Abs. 2 GG);

24 – die Einräumung einer **längeren Frist für Frauen** gegenüber Männern zur **Aufnahme einer selbstständigen Tätigkeit**, um in den Genuss einer **Existenzgründungsbeihilfe** zu kommen (🕮 BVerwG Urteil vom 18. Juli 2002 – 3 C 54/01 = NVwZ 2003, 92 = DVBl. 2003, 139). Ähnliche Fördermaßnahmen wären auch bei anderen rechtlich zulässigen Subventionen möglich (Däubler / Bertzbach / *Hinrichs* Rdnr. 38);

25 – das **Anbieten subventionierter Kindertagesstättenplätze** zur Förderung der besseren Vereinbarkeit von Familie und Beruf **vorrangig an weibliche Arbeitnehmer**, während die männlichen Arbeitnehmer nur in Notfällen, deren Vorliegen der Arbeitgeber beurteilt, Zugang zu diesen Plätzen haben (🕮 EuGH Urteil vom 19. März 2002 – C-479/99 = NJW 2002, 1859 = NZA 2002, 501). Dies gilt jedoch nur insoweit, als die damit zugunsten der männlichen Arbeitnehmern vorgesehene Ausnahme insbesondere dahin ausgelegt wird, dass sie alleinerziehenden männlichen Arbeitnehmern den Zugang zu diesem Kinderbetreuungssystem zu den gleichen Bedingungen eröffnet wie den weiblichen Arbeitnehmern (🕮 EuGH Urteil vom 19. März 2002 a. a. O.).

26 Hierdurch werden allerdings nicht nur die männlichen Beschäftigten, sondern zugleich auch deren – **nicht im Unternehmen beschäftigte – Ehefrauen benachteiligt**. Dies hat allerdings der EuGH akzeptiert mit dem zutreffenden Argument, dass der **Arbeitgeber nur zur Gleichbehandlung in seinem Unternehmen verpflichtet** sei. Da keine Rechtspflicht des Arbeitgebers zu Fördermaßnahmen besteht und deshalb auch nicht verlangt werden kann, die finanziellen Mittel für eine Ausweitung der Kinderbetreuungsplätze zur Verfügung zu stellen, werden an diesem Beispiel die rechtspolitischen Grenzen solcher Regelungen deutlich, die sich notwendigerweise auf das Unternehmen beschränken müssen (S / S / V / *Voigt* Rdnr. 20; krit. hierzu aber *Thüsing* Arbeitsrechtlicher Diskriminierungsschutz Rdnr. 403, der die Gefahr einer „Frauenförderung auf Kosten von Frauen" sieht).

27 Da Fördermaßnahmen nach § 5 AGG nicht erzwingbar sind, besteht im Übrigen auch kein Anspruch auf Gleichbehandlung zwischen verschiedenen benachteiligten Gruppen in demselben Unternehmen. Gibt es ein betriebliches Förderprogramm für schwerbehinderte Menschen, können nicht etwa auch ältere Beschäftigte eine entsprechende Regelung für sich verlangen (S / S / V / *Voigt* Rdnr. 16). Allerdings darf sich die Förderung einer Gruppe zum Ausgleich von Nachteilen im Sinne von § 1 AGG nicht zulasten einer anderen in dieser Vorschrift genannten Gruppe auswirken, weil das Gesetz die Gleichstufigkeit aller Diskriminierungsmerkmale zugrunde legt.

28 Wenig problematisch sind im Übrigen **Förderpläne**, die sich auf **strukturelle Maßnahmen** beschränken und **keine individualrechtlichen Ansprüche** – etwa auf Einstellung oder Beförderung – begründen (S / S / V /*Voigt* Rdnr. 22).

4. Positive Maßnahmen zugunsten behinderter Menschen

29 Bestehende gesetzliche Verpflichtungen des Arbeitgebers nach § 81 Abs. 4 und 5 SGB IX zur **behindertengerechten Ausgestaltung der Arbeitsverhältnisse** fallen von vornherein nicht unter den Begriff der positiven Maßnahmen zur Förderung der Erwerbstätigkeit von behinderten Menschen (Däubler / Bertzbach / *Hinrichs* Rdnr. 44). Die hierzu erforderliche unterschiedliche Behandlung soll vor allem den körperlichen Einschränkungen behinderter Menschen Rechnung tragen und ist nicht geeignet, andere Gruppen, die diese Einschränkungen nicht haben, zu benachteiligen (Nollert-Borasio / *Perreng* Rdnr. 5).

30 Im Übrigen sind wirkliche Fördermaßnahmen im Sinne des § 5 zugunsten behinderter Menschen in weit größerem Umfang zulässig als solche bezüglich der übrigen Merkmale des § 1 AGG. Denn **behinderte Menschen** werden in aller Regel **häufiger und umfassender benachteiligt** als Angehörige der übrigen Gruppen. Auch wirken sich Maßnahmen zu ihrer

Förderung allenfalls zulasten von nicht behinderten Menschen aus, die wiederum als solche nicht in den Schutzbereich des AGG fallen.

Derartige positive Maßnahmen zugunsten von behinderten Menschen sind u. a. (vgl. Däubler / Bertzbach / *Hinrichs* Rdnr. 45) 31
- die Beschäftigungsquote (§§ 71 ff. SGB IX);
- die Verpflichtung öffentlicher Arbeitgeber zur Einladung zum Vorstellungsgespräch (§ 82 Satz 2 und 3 SGB IX);
- die Verpflichtung zum Abschluss einer Integrationsvereinbarung (§ 83 SGB IX), soweit diese nicht lediglich die Pflichten aus § 81 Abs. 4 und 5 SGB IX konkretisiert;
- die Befreiung von Mehrarbeit (§ 124 SGB IX);
- der Zusatzurlaub (§ 125 SGB IX);
- die Verpflichtung zur Prävention (§ 81 Abs. 1 SGB IX);
- der besondere Kündigungsschutz (§§ 85 ff. SGB IX);
- die Berücksichtigung einer Schwerbehinderung bei der Sozialauswahl (§ 1 Abs. 3 KSchG).

Die **Beschränkung** dieser Vorschriften **auf schwerbehinderte Menschen** und diesen gleichgestellte behinderte Menschen ist grundsätzlich **zulässig**. Denn die EU-Mitgliedstaaten sind nicht verpflichtet, positive Maßnahmen einzuführen. Auch steht dem Gesetzgeber im Rahmen der Schutzfunktion des Art. 3 Abs. 3 Satz 2 GG ein Beurteilungsspielraum zu, ab welchem Grad der Behinderung behinderte Menschen besonders schutz- oder förderungswürdig sind (BAG Urteil vom 22. Juni 1993 – 1 AZR 590/92 = BAGE 73, 269 = NZA 1994, 77 = AP Nr. 193 zu Art. 3 GG). 32

V. Literatur
Vgl. die zu § 1 AGG angegebene Literatur.

ABSCHNITT 2

Schutz der Beschäftigten vor Benachteiligung

§ 6

Persönlicher Anwendungsbereich

(1) ¹Beschäftigte im Sinne dieses Gesetzes sind
1. Arbeitnehmerinnen und Arbeitnehmer,
2. die zu ihrer Berufsbildung Beschäftigten,
3. Personen, die wegen ihrer wirtschaftlichen Unselbstständigkeit als arbeitnehmerähnliche Personen anzusehen sind; zu diesen gehören auch die in Heimarbeit Beschäftigten und die ihnen Gleichgestellten.

²Als Beschäftigte gelten auch die Bewerberinnen und Bewerber für ein Beschäftigungsverhältnis sowie die Personen, deren Beschäftigungsverhältnis beendet ist.

(2) ¹Arbeitgeber (Arbeitgeber und Arbeitgeberinnen) im Sinne dieses Abschnitts sind natürliche und juristische Personen sowie rechtsfähige Personengesellschaften, die Personen nach Absatz 1 beschäftigen. ²Werden Beschäftigte einem Dritten zur Arbeitsleistung überlassen, so gilt auch dieser als Arbeitgeber im Sinne dieses Abschnitts. ³Für die in Heimarbeit Beschäftigten und die ihnen Gleichgestellten tritt an die Stelle des Arbeitgebers der Auftraggeber oder Zwischenmeister.

(3) Soweit es die Bedingungen für den Zugang zur Erwerbstätigkeit sowie den beruflichen Aufstieg betrifft, gelten die Vorschriften dieses Abschnitts für Selbstständige und

Organmitglieder, insbesondere Geschäftsführer oder Geschäftsführerinnen und Vorstände, entsprechend.

ERLÄUTERUNGEN

ÜBERSICHT

I. Bedeutung der Vorschrift (Rdnrn. 1–3)
II. Fassung (Rdnr. 4)
III. Begründung (Rdnrn. 5–7)
IV. Anmerkungen (Rdnrn. 8–41)
   A) zu Abs. 1
      1. Begriff des Beschäftigten (Rdnrn. 8–9)
      2. Fallgruppen (Rdnrn. 10–31)
         a) Arbeitnehmer (Abs. 1 Nr. 1) (Rdnrn. 10–16)
         b) Die zu ihrer Berufsbildung Beschäftigten (Abs. 1 Nr. 2) (Rdnrn. 17–20)
         c) Arbeitnehmerähnliche Personen einschließlich Heimarbeitnehmer (Abs. 1 Nr. 3) (Rdnrn. 21–31)
      3. Einbeziehung von Bewerbern und ehemaligen Beschäftigten (Rdnr. 32)
   B) zu Abs. 2
      1. Arbeitgeber (Rdnr. 33)
      2. Arbeitgeberstellung bei Arbeitnehmerüberlassung (Rdnrn. 34–35)
      3. Arbeitgeberstellung bei Heimarbeitsverhältnissen (Rdnr. 36)
   C) zu Abs. 3
V. Literatur

I. Bedeutung der Vorschrift

1   Die Vorschrift **definiert** in **Abs. 1** für das gesamte Gesetz den Begriff des **„Beschäftigten"** in sachlicher wie in zeitlicher Hinsicht. Dieser muss im Hinblick auf den persönlichen Anwendungsbereich, der durch die Antidiskriminierungsrichtlinien festgelegt wird, weiter gefasst werden als dies im Arbeitsrecht üblich ist.

2   Hingegen wird der Begriff des **Arbeitgebers in Abs. 2** nur für den zweiten Abschnitt des Gesetzes, also §§ 6–18 AGG gesetzlich umschrieben.

3   Für **Selbstständige und Organmitglieder** wird in **Abs. 3** die entsprechende Anwendung der genannten Vorschriften für die speziellen Anwendungsbereiche „Zugang zur Erwerbstätigkeit" sowie „beruflichen Aufstieg" angeordnet.

II. Fassung

4   Die Vorschrift wurde unverändert aus dem Entwurf der Bundesregierung „Entwurf eines Gesetzes zur Umsetzung europäischer Richtlinien zur Verwirklichung des Grundsatzes der Gleichbehandlung" (BT-Drucks. 16/1780) übernommen.

III. Begründung

5   Im Gesetzentwurf der Bundesregierung (BT-Drucks. 16/1780 S. 34) wird zu der Vorschrift ausgeführt:

„Zu Absatz 1

Absatz 1 regelt den persönlichen Geltungsbereich des Gesetzes in Bezug auf den Schutz vor Benachteiligungen in Beschäftigungsverhältnissen. Der erfasste Personenkreis wird in Satz 1 im Einzelnen aufgezählt und mit dem Begriff des Beschäftigten überschrieben. Erfasst werns der Privatwirtschaft und im öffentlichen Dienst. Für Beamtinnen und Beamte, Richterinnen und Richter gelten die Sonderregelungen des § 24.

Für freie Dienstverhältnisse sowie sonstige Beschäftigungsverhältnisse gelten gesonderte Regelungen.

Für Menschen, denen aufgrund des SGB IX eine arbeitnehmerähnliche Stellung zukommt, insbesondere die in Werkstätten für behinderte Menschen Beschäftigten und Rehabilitanden, finden die Regelungen dieses Gesetzes entsprechende Anwendung.

Satz 2 stellt ausdrücklich klar, dass der Geltungsbereich des Gesetzes auch Bewerber und Bewerberinnen um ein Beschäftigungsverhältnis und solche Personen umfasst, deren Beschäftigungsverhältnis bereits beendet ist, bei denen aber noch nachwirkende Folgen wie z. B. bei der betrieblichen Altersvorsorge eintreten können.

Zu Absatz 2

Als Arbeitgeber werden in diesem Gesetz die natürlichen oder juristischen Personen bezeichnet, die Personen nach Absatz 1 beschäftigen. **Absatz 2 Satz 2** berücksichtigt die Situation von Beschäftigten, die zur Arbeitsleistung an einen anderen Arbeitgeber überlassen werden, indem der entleihende Arbeitgeber neben dem die Beschäftigten überlassenden Arbeitgeber auch als Arbeitgeber im Sinne dieses Gesetzes gilt. **Satz 3** betrifft die Besonderheiten des Heimarbeitsverhältnisses.

6

Absatz 3 stellt klar, dass sich Geschäftsführerinnen und Geschäftsführer auf den Schutz gegen Benachteiligungen berufen können, soweit es um Sachverhalte wie etwa den Zugang zur Tätigkeit als Organmitglied oder das Fortkommen in dieser Tätigkeit geht."

7

IV. Anmerkungen

A) zu Abs. 1

1. Begriff des Beschäftigten

Die Vorschrift unterstellt dem persönlichen Anwendungsbereich des AGG nicht nur Arbeitnehmer, sondern **ebenso andere Dienstverpflichtete**, die als **vergleichbar schutzwürdig** angesehen werden. Der hierfür gewählte Oberbegriff des „Beschäftigten" ist nicht identisch mit dem entsprechenden sozialversicherungsrechtlichen Begriff i. S. des § 7 SGB IV, zu dem nicht die arbeitnehmerähnlichen Personen zählen. Das AGG übernimmt hiermit die **übliche Formulierung in der neueren Gesetzgebung** zur Umsetzung von EG-Richtlinien, etwa § 2 Abs. 2 ArbSchG und zuletzt § 81 Abs. 2 SGB IX. Sie hat zugleich den Vorteil der geschlechtsneutralen Verwendung (vgl. *Richardi* NZA 2006, 881 [882]).

8

Der erfasste Personenkreis schließt **alle arbeitsrechtlich relevanten Arbeitnehmergruppen** ein, also auch arbeitnehmerähnliche Personen einschließlich der in Heimarbeit Beschäftigten und ihnen Gleichgestellten. Das gilt sowohl für die Privatwirtschaft als auch für den öffentlichen Dienst. **Beamte** und **Richter** werden nicht unmittelbar von § 6 erfasst, obwohl im Personalvertretungsrecht Beamte – und Richter im Fall ihrer Abordnung an eine Verwaltungsbehörde – als Beschäftigte betrachtet werden (vgl. § 4 Abs. 1 BPersVG). Allerdings werden sie über § 24 AGG als Beschäftigte behandelt, wobei aber die Besonderheiten ihrer Rechtsstellung jeweils zu beachten sind.

9

2. Fallgruppen

a) Arbeitnehmer (Abs. 1 Nr. 1)

Das Gesetz nennt an erster Stelle mit der größten Gruppe der Beschäftigten die „Arbeitnehmer und Arbeitnehmerinnen". Nach ständiger Rechtsprechung des BAG ist Arbeitnehmer, wer aufgrund eines privatrechtlichen Vertrags im Dienste eines anderen **zur Leistung weisungsgebundener, fremdbestimmter Arbeit in persönlicher Abhängigkeit verpflichtet** ist (⚖ BAG Urteil vom 25. Mai 2005 – 5 AZR 347/04 = BAGE 115, 1 = AP Nr. 117 zu § 611

10

BGB Abhängigkeit zu I der Gründe m. w. Nachw.). Das **Weisungsrecht** kann **Inhalt, Durchführung, Zeit, Dauer und Ort der Tätigkeit** betreffen. Arbeitnehmer ist derjenige Mitarbeiter, der **nicht im Wesentlichen frei seine Tätigkeit gestalten und seine Arbeitszeit bestimmen** kann (vgl. § 84 Abs. 1 Satz 2, Abs. 2 HGB; BAG Urteil vom 25. Mai 2005 a. a. O.).

11 Dabei sind alle Umstände des Einzelfalls in Betracht zu ziehen und in ihrer Gesamtheit zu würdigen. Der jeweilige **Vertragstyp ergibt sich aus dem wirklichen Geschäftsinhalt**. Die zwingenden gesetzlichen **Regelungen für Arbeitsverhältnisse** können **nicht** dadurch **abbedungen** werden, dass die Parteien ihrem Arbeitsverhältnis eine **andere Bezeichnung** geben (vgl. BAG Urteil vom 22. August 2001 – 5 AZR 502/99 = NZA 2003, 662 = AP Nr. 109 zu § 611 BGB Abhängigkeit zu II 2 a der Gründe m. w. Nachw.). Der objektive Geschäftsinhalt ist den ausdrücklich getroffenen **Vereinbarungen und der praktischen Durchführung des Vertrags** zu entnehmen. Widersprechen sich Vereinbarung und tatsächliche Durchführung, ist Letztere maßgebend (BAG Urteil vom 25. Mai 2005 a. a. O. m. w. Nachw.).

12 Dieses Verständnis des **Arbeitnehmerbegriffs** im deutschen Recht deckt sich im Wesentlichen auch mit demjenigen **des Europarechts**. Nach Art. 141 Abs. 1 EG-Vertrag ist Arbeitnehmer oder Arbeitnehmerin, wer während einer bestimmten Zeit für einen anderen nach dessen Weisung Leistungen erbringt, für die er als Gegenleistung eine Vergütung erhält. Selbstständige Erbringer von Dienstleistungen, die gegenüber dem Empfänger der Leistung nicht in einem Unterordnungsverhältnis stehen, fallen nicht unter den Arbeitnehmerbegriff.

13 Zwar betont der **EuGH** in seiner ersten Entscheidung zum **europarechtlichen Arbeitnehmerbegriff**, dass die formale Einstufung als Selbstständiger nach innerstaatlichem Recht europarechtlich nicht bindet und für den Fall, dass die Selbstständigkeit nur fiktiv ist und ein Arbeitsverhältnis verschleiert, die betroffene Person dennoch als Arbeitnehmer oder Arbeitnehmerin im Sinne von Art. 141 EG anzusehen ist (EuGH Urteil vom 13. Januar 2004 – C-256/01 = NZA 2004, 201 = AP Nr. 7 zu Art. 141 EG, „Allonby"). Jedenfalls im Verhältnis zum deutschen Recht dürfte dies aber im Ergebnis keine Rolle spielen, weil nach den oben dargestellten Kriterien auch die Rechtsprechung des BAG entsprechend differenziert (Nollert-Borasio / Perreng Rdnr. 4).

14 Der vorgenannte Maßstab ist insbesondere für die **Abgrenzung des Arbeitnehmers zum freien Mitarbeiter** bedeutsam: Da freie Mitarbeiter Selbstständige sind, gelten nach Abs. 3 die **Benachteiligungsverbote nur für ihren Zugang zur Erwerbstätigkeit**, nicht aber für deren Ausübungsbedingungen (Bauer / Göpfert / Krieger Rdnr. 6).

15 Auch **geringfügig beschäftigte Arbeitnehmer** werden erfasst (vgl. EuGH Urteil vom 14. Dezember 1995 – C-317/93 = NZA 1996, 129 = NJW 1996, 445, ebenso Arbeitnehmer mit lediglich einer befristeten Beschäftigung (vgl. ErfK / *Schlachter* § 611a BGB Rdnr. 6; Staudinger / *Annuß* § 611a BGB Rdnr. 24).

16 **Keine Arbeitnehmer** sind (vgl. MK-*Thüsing* Rdnr. 5 mit jeweils w. Nachw.)
   – **erwerbsfähige Hilfebedürftige**, für die im Rahmen der Grundsicherung für Arbeitsuchende eine Arbeitsgelegenheit geschaffen wurde („Ein-Euro-Job"). Sie werden aufgrund eines öffentlich-rechtlichen Sonderverhältnisses tätig und sind daher keine Arbeitnehmer (§ 16 Abs. 3 SGB II). Für sie greift auch nicht § 24 AGG ein;
   – **Zivildienstleistende** (§ 25 WPflG i. V. m. dem Gesetz über den Zivildienst der Kriegsdienstverweigerer i. d. F. vom 28. September 1994, BGBl. I S. 2811), auch wenn sie nichtstaatlichen Beschäftigungsstellen überlassen sind; für sie gilt jedoch § 24 Nr. 3 AGG;
   – Dienstleistende im Rahmen des **freiwilligen sozialen Jahres**; für sie gelten arbeitsrechtliche Bestimmungen nur insoweit, als das Gesetz zur Förderung eines freiwilligen sozialen Jahres vom 17. August 1964 (BGBl. I S. 640) ihre Anwendung anordnet;
   – **Strafgefangene** und in Sicherungsverwahrung Genommene. Gehen Strafgefangene als Freigänger jedoch einem Beschäftigungsverhältnis außerhalb der Anstalt nach, kann dies auch ein Arbeitsverhältnis sein (LAG Baden-Württemberg Urteil vom 15. September 1988 – 4b Sa 41/88 = NZA 1989, 886).

b) Die zu ihrer Berufsbildung Beschäftigten (Abs. 1 Nr. 2)

Beschäftigte im Sinne des AGG sind außerdem die zu ihrer Berufsbildung Beschäftigten. Sie sind **regelmäßig keine Arbeitnehmer** (vgl. BAG Urteil vom 25. August 2003 – 5 AZR 436/02 = BAGE 107, 172 = NZA 2004, 205). Das Ausbildungsverhältnis kann nicht generell dem Arbeitsverhältnis gleichgesetzt oder als spezieller Fall eines Arbeitsverhältnisses angesehen werden. Das ergibt sich aus der von Rechtsprechung und Schrifttum hervorgehobenen **unterschiedlichen Pflichtenbindung der Vertragspartner im Ausbildungsverhältnis** einerseits **und im Arbeitsverhältnis** andererseits (BAG Urteil vom 25. August 2003 a. a. O. m. w. Nachw.). 17

Dementsprechend **unterscheidet das Berufsbildungsgesetz zwischen Arbeitsverhältnissen und Berufsausbildungsverhältnissen** (z. B § 5 Abs. 1, §§ 17, 19 BBiG). Zur Begründung des Berufsausbildungsverhältnisses ist ein Berufsausbildungsvertrag zu schließen (§ 3 Abs. 1 BBiG). Die für den Arbeitsvertrag geltenden Rechtsvorschriften und Rechtsgrundsätze sind auf den Berufsausbildungsvertrag nicht ohne Weiteres anzuwenden, sondern nur soweit sich aus dessen Wesen und Zweck und aus dem Berufsbildungsgesetz nichts anderes ergibt (§ 3 Abs. 2 BBiG). Sowohl Wesen und Zweck als auch die speziellen Regelungen des Berufsbildungsgesetzes machen deutlich, dass es **im Berufsausbildungsverhältnis nicht entscheidend um die Erbringung abhängiger Arbeit gegen Vergütung**, sondern in erster Linie um Berufsausbildung geht (BAG Urteil vom 25. August 2003 a. a. O.). 18

Der Begriff der **Berufsbildung** ist nach der Legaldefinition in § 1 Abs. 1 BGB der **Oberbegriff für folgende Rechtsverhältnisse**: 19
– die Berufsausbildungsvorbereitung (z. B. Praktikanten, Volontäre),
– Berufsausbildung im anerkannten Ausbildungsberuf oder einer gleichwertigen Berufsausbildung,
– die berufliche Fortbildung (soweit es sich nicht um eine Fortbildung durch den Arbeitgeber im oder neben dem Arbeitsverhältnis handelt),
– die Umschulung.

Neben den Auszubildenden sind also alle diejenigen zur Berufsbildung Beschäftigte, die gemäß § 26 BBiG **außerhalb eines Arbeitsverhältnisses beschäftigt** werden, um **berufliche Kenntnisse, Fertigkeiten und Fähigkeiten** zu erwerben (Nollert-Borasio / Perreng Rdnr. 6). Berufsbildung ist jede Maßnahme, die berufliche Kenntnisse und Fertigkeiten auf betrieblicher Ebene vermittelt und auf einer privatrechtlichen Vereinbarung beruht (BAG Urteil vom 24. September 1981 – 6 ABR 7/81 = BAGE 36, 363 = DB 1982, 606). 20

c) Arbeitnehmerähnliche Personen einschließlich Heimarbeiter und Gleichgestellte (Abs. 1 Nr. 3)

Beschäftigte im Sinne des AGG sind nach Abs. 1 Nr. 3 weiterhin alle Personen, die wegen ihrer **wirtschaftlichen Unselbstständigkeit** als arbeitnehmerähnliche Personen anzusehen sind (vgl. die **Definition in § 5 Abs. 1 Satz 2, 2. Alt. ArbGG**) : Es handelt sich um Selbstständige, die anders als Arbeitnehmer **nicht oder nur in geringerem Umfang weisungsgebunden** sind; im Regelfall sind sie auch nicht oder nur in geringerem Maße **in eine betriebliche Organisation eingebunden**. Im Gegensatz zur persönlichen Abhängigkeit der Arbeitnehmer ist das maßgebende Kriterium für die arbeitnehmerähnliche Person ihre **wirtschaftliche Abhängigkeit** (Däubler / Bertzbach / *Schrader / Schubert* Rdnr. 11). 21

Hinzukommen muss außerdem eine **Schutzbedürftigkeit, die der sozialen Stellung nach dem Arbeitnehmer vergleichbar** ist (BAG Urteil vom 11. April 1997 – AZB 33/96 = NJW 1997, 2404 = NZA 1998, 499; BGH Urteil vom 31. Oktober 1998 – VIII ZB 54/97 = NJW 1999, 648 = NZA 1999, 110). Die entsprechenden Voraussetzungen wurden bejaht vom BAG im Urteil vom 11. April 1997 a. a. O. für einen Dozenten, der für ein gewerbliches Fortbildungsinstitut tätig ist, hingegen verneint vom BGH im Urteil vom 31. Oktober 1998 a. a. O. für das Rechtsverhältnis zwischen einem Frachtführer und einem Spediteur. 22

23 Folgende **Berufsgruppen** wurden darüber hinaus von der Rechtsprechung als **arbeitnehmerähnliche Personen** angesehen (vgl. *Leuchten* in Tschöpe [Hrsg.], Anwalts-Handbuch Arbeitsrecht, Teil 1 A. Rdnr. 54):
- Künstler und Schriftsteller,
- Fernsehjournalisten,
- Rechtsanwälte,
- Zeitungszusteller,
- EDV-Fachkräfte,
- Franchise-Nehmer,
- Motorrad-Rennfahrerin.

24 Zu den arbeitnehmerähnlichen Personen gehören auch die in **Heimarbeit Beschäftigten**. Das setzt voraus, dass sie in einer eigenen Wohnung oder in einer selbst gewählten Betriebsstätte allein oder mit ihren Familienangehörigen arbeiten.

Sie erhalten Aufträge von Gewerbetreibenden oder Zwischenmeistern und überlassen die Verwertung der Arbeitsergebnisse den auftraggebenden Gewerbetreibenden (§ 2 Abs. 1 HAG).

25 **Heimarbeit** ist also **reine Lohnarbeit**; der Heimarbeiter trägt kein Absatzrisiko und nimmt nicht am Unternehmensgewinn teil. Er ist zwar persönlich selbstständig in der Art und Weise der Arbeitserledigung, der Arbeitsleistung und der Nutzung der Arbeitszeit; andererseits ist er insofern in eine fremde Arbeitsorganisation eingebunden, als ihm der Auftraggeber die genauen Aufgaben und die dafür benötigte Zeit in der Regel vorgibt (Däubler / Bertzbach / Schrader / Schubert Rdnr. 16 m. w. Nachw.). Ungeachtet seiner persönlichen Selbstständigkeit setzt er seine Erzeugnisse nicht unmittelbar auf dem Markt, sondern an einen Unternehmer ab. Seine **Schutzbedürftigkeit** folgt aus der **tatsächlichen und wirtschaftlichen Abhängigkeit vom Auftraggeber** (BVerfG Beschluss vom 11. Februar 1976 – 2 BvL 2/73 = DB 1976, 727).

26 In diesen Rahmen gehört auch der **Hausgewerbetreibende** nach § 2 Abs. 2 HAG. Sein Tätigkeitsfeld wird dadurch gekennzeichnet, dass er in eigener Arbeitsstätte (eigener Wohnung oder selbst gewählter Betriebsstätte) mit nicht mehr als zwei fremden Hilfskräften oder Heimarbeitern im Auftrag von Gewerbetreibenden oder Zwischenmeistern **Waren herstellt, bearbeitet oder verpackt**, wobei er selbst wesentlich mitarbeitet. Er überlässt jedoch die **Verwertung der Arbeitsergebnisse** den unmittelbar oder mittelbar **auftraggebenden Gewerbetreibenden**. Auch der Hausgewerbetreibende ist wirtschaftlich vom beauftragenden Unternehmen abhängig, bedarf deshalb eines besonderen Schutzes (BAG Urteil vom 3. April 1990 – 3 AZR 258/88 = BAGE 65, 80 = NZA 1991, 267).

27 Den in Heimarbeit Beschäftigten können die in § 1 Abs. 2a bis d HAG genannten Personen **gleichgestellt werden**, wenn dies wegen ihrer **Schutzbedürftigkeit** gerechtfertigt erscheint. Die Gleichstellung nimmt auf Antrag der **Heimarbeitsausschuss mit Zustimmung der zuständigen Arbeitsbehörde** vor; das ist die oberste Arbeitsbehörde des Landes (§ 1 Abs. 4 Satz 2 i. V. mit § 3 Abs. 1 HAG). Es kann auch eine nur **partielle Gleichstellung** nach § 1 Abs. 3 Satz 2 HAG ausgesprochen werden; dies genügt um die Arbeitnehmereigenschaft zu begründen (Nollert-Borasio / Perreng Rdnr. 10 m. w. Nachw.). Liegt eine förmliche Gleichstellung vor, ist unerheblich, ob diese zu Recht erging.

28 Auch für die Heimarbeit Beschäftigten und die ihnen Gleichgestellten ist der **Rechtsweg zum Arbeitsgericht** nach § 2 Abs. 1 Nr. 4, Abs. 5 i. V. mit §§ 46 ff., § 5 Abs. 1 Satz 2 ArbGG eröffnet.

29 Anders als in § 2 Abs. 2 Nr. 7 ArbSchG werden die **Beschäftigten in Werkstätten für behinderte Menschen** (§ 138 Abs. 1 SGB IX) und Rehabilitanden (§ 36 SGB IX) nicht ausdrücklich als Untergruppe der Beschäftigten im Sinne des Gesetzes genannt. Die Gesetzesbegründung spricht lediglich davon, dass das Gesetz auf diese Rechtsverhältnisse entsprechend anwendbar sei (BT-Drucks. 16/1780 S. 34, oben Rdnr. 5).

Hierbei ist zu unterscheiden: **30**
- Behinderte Menschen, die aufgrund eines Berufsausbildungsvertrages, anderen Vertrages nach § 19 BBiG oder eines Arbeitsvertrages beschäftigt werden, sind ohnehin Beschäftigte nach Abs. 1 Nr. 1 oder 2.
- Auch behinderte Menschen, die in einer WfbM nach § 136 SGB IX aufgrund einer Vermittlung durch die Agentur für Arbeit beschäftigt werden, zählen zu den Arbeitnehmern nach Abs. 1 Nr. 1. Denn ihre Beschäftigung dient ausschließlich Erwerbszwecken; sie stehen grundsätzlich dem Arbeitsmarkt zur Verfügung, auch wenn sie nach Einschätzung der BA wegen ihrer Behinderung angesichts der Wirtschaftslage auf absehbare Zeit am Arbeitsmarkt nicht zu vermitteln sind.

Nach dem **Schutzzweck** der EG-Richtlinien, welche dem AGG zugrunde liegen, empfiehlt sich ein **weites Verständnis**. Deshalb sind schwerbehinderte Menschen, die in einer WfbM gegen ein relativ geringes Entgelt beschäftigt sind, grundsätzlich nach Abs. 1 Nr. 1 **zu den Arbeitnehmern zu zählen**. Dies ist auch gerechtfertigt, weil in der überwiegenden Anzahl der Fälle eine **wirtschaftliche Abhängigkeit** besteht (Nollert-Borasio / Perreng Rdnr. 11 unter Hinweis auf ArbG Berlin Beschluss vom 5. November 1977 – 10 BV 12/77 = AP Nr. 9 zu § 118 BetrVG 1972 zum betriebsverfassungsrechtlichen Arbeitnehmerbegriff; das BAG im nachgehenden Beschluss vom 7. April 1981 – 1 ARB 83/78 = BehindertenR 1982, 93 hat die Frage offen gelassen; a. A. LAG Berlin Beschluss vom 12. März 1990 – 9 TaBV 1/90 = BehindertenR 1990, 139 = NZA 1990, 788). **31**

3. Einbeziehung von Bewerbern und ehemaligen Beschäftigten

Gemäß Abs. 1 Satz 2 gelten auch **Bewerberinnen** und **Bewerber** für ein Beschäftigungsverhältnis sowie aus einem solchen ausgeschiedene Personen als Beschäftigte. Diese Erweiterung ist notwendig, weil Benachteiligungen auch im Vorfeld der Begründung von Beschäftigungsverhältnissen vorkommen können und ebenso nach dem Ausscheiden aus dem Beschäftigungsverhältnis, etwa im Zusammenhang mit der Gewährung von Versorgungsrechten. **32**

B) zu Abs. 2

1. Arbeitgeber

Als **Arbeitgeber** gilt, wer eine Person gemäß Abs. 1 beschäftigt (**Abs. 2 Satz 1**) Hierbei ist unerheblich, ob der Arbeitgeber **33**
- eine natürliche Person,
- eine juristische Person (z. B. eine AG, GmbH, ein rechtsfähiger Verein),
- eine rechtsfähige Personengesellschaft (oHG, KG, Gesellschaft des bürgerlichen Rechts) ist.

2. Arbeitgeberstellung bei Arbeitnehmerüberlassung

Leiharbeitnehmer sind im Fall der erlaubten Arbeitnehmerüberlassung nach § 1 Abs. 1 AÜG Arbeitnehmer des Verleihers. Soweit der Entleiher ihnen gegenüber Arbeitgeberfunktionen ausübt, kann der Leiharbeitnehmer nach dem Sinn und Zweck der Regelung des Zweiten Abschnitts auch ihm gegenüber Rechte aus diesem Gesetz geltend machen (**Abs. 2 Satz 2**). Insoweit ist allerdings die Bezeichnung „gilt als Arbeitgeber" systematisch unglücklich (Bauer / Göpfert / Krieger Rdnr. 21). Denn die erlaubte Arbeitnehmerüberlassung ist gerade dadurch gekennzeichnet, dass mit dem Entleiher kein Arbeitsverhältnis begründet wird; vielmehr bestehen arbeitsrechtliche Beziehungen ausschließlich zwischen dem Verleiher und den überlassenen Arbeitnehmern. Die Vorschrift ist ausschließlich rechtspolitisch **34**

motiviert: Der Gesetzgeber will dem vermuteten Risiko einer verbotenen Benachteiligung auch im Verhältnis zwischen Entleiher und bei Arbeitnehmern entgegenwirken und sicherstellen, dass insoweit keine Lücke im Schutz von Beschäftigten vor Benachteiligungen im Berufs- und Arbeitsleben entsteht (Bauer / Göpfert / Krieger a. a. O.).

35 Im Fall der **unerlaubten Arbeitnehmerüberlassung** wird nach § 9 Nr. 1, § 10 Abs. 1 AÜG ein **Arbeitsverhältnis** zwischen dem **Entleiher und dem Leiharbeitnehmer fingiert**. In diesem Fall sind hierauf die Vorschriften des Zweiten Abschnitts des AGG unmittelbar gemäß § 6 Abs. 2 S. 1 AGG anwendbar. Aber auch der Verleiher gilt daneben als Arbeitgeber und damit als weiterer möglicher Anspruchsgegner, weil es nur auf die tatsächliche Beschäftigung ankommt.

3. Arbeitgeberstellung bei Heimarbeitsverhältnissen

36 **Abs. 2 Satz 3** betrifft die Besonderheiten des **Heimarbeitsverhältnisses**: Für die darin Beschäftigten und die ihnen Gleichgestellten tritt an die Stelle des Arbeitgebers der Auftraggeber oder Zwischenmeister.

C) zu Abs. 3

37 Vom Geltungsbereich des Gesetzes an sich ausgenommen sind **Selbstständige und Organmitglieder** (= Personen, die kraft Gesetzes, Satzung oder Gesellschaftsvertrag allein oder als Mitglieder des Vertretungsorgans zur Vertretung einer juristischen Person oder einer Personengesamtheit berufen sind). Sie sind weder Beschäftigte noch gelten sie als solche (vgl. z. B. § 5 Abs. 1 Satz 3 ArbGG. § 14 Abs. 1 KSchG). Für Geschäftsführer, die Arbeitnehmer ihrer Gesellschaften sind, bleibt es jedoch bei Abs. 1 Nr. 1.

38 Lediglich für die Anwendungsfälle „Zugang zur Erwerbstätigkeit" und „beruflicher Aufstieg" legt Abs. 3 die entsprechende Geltung der §§ 6–18 AGG für Selbstständige und Organmitglieder fest. Diese punktuelle Ausdehnung des Anwendungsbereiches soll jeweils Art. 3 S. 1a RL 2000/43/EG, 2000/78/EG und 76/207/EWG umsetzen.

39 Die entsprechende Anwendung auf **Selbstständige** für den **Zugang zur Erwerbstätigkeit** betrifft insbesondere den Abschluss von Verträgen, die den Rahmen und die Grundlage für ihre Tätigkeit bilden (Nollert-Borasio / Perreng Rdnr. 17). Dies gilt zum einen etwa für einen **Dienstvertrag mit einem selbstständigen Alleinunternehmer**, der auf Dauer oder im Wesentlichen **nur für einen Auftraggeber tätig** ist (vgl. § 2 Nr. 9 SGB VI). Zum anderen können aber auch **sonstige langfristige Vertragsverhältnisse** (etwa ein Rahmenvertrag für die Vergabe von Aufträgen, ein Vertrag zwischen Franchisegeber und Franchisenehmer oder die Aufnahme in eine Anwaltskanzlei bzw. ärztliche Gemeinschaftspraxis) hierunter fallen. Hingegen haben einzelne Kauf- oder Werkverträge mit Selbstständigen regelmäßig kein derartiges Gewicht, dass sie als Grundlage für ihre Tätigkeit einen Diskriminierungsschutz rechtfertigen könnten (Nollert-Borasio / Perreng a. a. O.). Im Übrigen ist ein solcher für Selbstständige ohnehin nur beim Zugang zur Tätigkeit praktisch vorstellbar, nicht aber für den „beruflichen Aufstieg".

40 Hingegen sind die Vorschriften über den Schutz vor Benachteiligungen im zweiten Abschnitt des AGG bei ihrer entsprechenden Anwendung auf **Organmitglieder** sowohl für den Zugang zur Tätigkeit als für den beruflichen Aufstieg von Bedeutung. In Betracht kommen kann insoweit etwa die Beförderung zum Sprecher der Geschäftsführung oder als Vorsitzender des Vorstands (Bauer / Göpfert / Krieger Rdnr. 32). Nicht erfasst sind hingegen die anderen in § 2 Abs. 1 Nr. 2 AGG geregelten Sachverhalte und damit insbesondere **nicht die Beendigung** des dem Organverhältnis zugrunde liegenden Dienstvertrages (*Willemsen / Schweibert* NJW 2006, 2583 [2584]). Deshalb wäre es z. B. grundsätzlich unzulässig, die Anstellung einer Person als Vorstand abzulehnen mit der Begründung, sie sei zu alt. Hingegen wäre die Kündigung eines bestehenden Vertrages mit einem Vorstandsmitglied aus Altersgründen im Grundsatz zulässig (vgl. Bauer / Göpfert / Krieger Rdnr. 31).

Allerdings kann im Einzelfall sowohl die Kündigung eines Dienstverhältnisses als auch die Entscheidung über eine Nichtverlängerung gegen **Treu und Glauben (§ 242 BGB)** verstoßen bzw. **sittenwidrig nach § 138 BGB** sein, etwa wenn einem Geschäftsführer ausschließlich wegen seiner ethnischen Herkunft und/oder Nationalität gekündigt wird, ohne dass hierfür sachliche Gründe vorliegen (vgl. LG Frankfurt a. M. Urteil vom 7. März 2001 – 3-13 O 78/00 = NJW-RR 2001, 1113 = NZA-RR 2001, 298; Bauer/Göpfert/Krieger a. a. O.). 41

V. Literatur

Vgl. die zu § 1 AGG angegebene Literatur.

§ 7
Benachteiligungsverbot

(1) Beschäftigte dürfen nicht wegen eines in § 1 genannten Grundes benachteiligt werden; dies gilt auch, wenn die Person, die die Benachteiligung begeht, das Vorliegen eines in § 1 genannten Grundes bei der Benachteiligung nur annimmt.

(2) Bestimmungen in Vereinbarungen, die gegen das Benachteiligungsverbot des Absatzes 1 verstoßen, sind unwirksam.

(3) Eine Benachteiligung nach Absatz 1 durch Arbeitgeber oder Beschäftigte ist eine Verletzung vertraglicher Pflichten.

ERLÄUTERUNGEN

ÜBERSICHT

I. Bedeutung der Vorschrift (Rdnrn. 1–2)
II. Fassung (Rdnr. 3)
III. Begründung (Rdnrn. 4–7)
IV. Anmerkungen (Rdnrn. 8–36)
   A) zu Abs. 1
      1. Benachteiligungsverbot (Rdnrn. 8–12)
         a) Allgemeine Voraussetzungen des Tatbestands (Rdnrn. 8–12)
      2. Adressatenkreis des Benachteiligungsverbots (Rdnr. 13)
      3. Beweislast (Rdnr. 14)
   B) zu Abs. 2
      1. Unwirksamkeit von Vereinbarungen (Rdnrn. 15–19)
      2. Ausfüllung der Regelungslücke (Rdnrn. 20–21)
      3. Herstellung der Gleichbehandlung für die Zukunft (Rdnrn. 22–24)
   C) zu Abs. 3
      1. Fiktion der Verletzung vertraglicher Pflichten (Rdnr. 25)
      2. Rechtsverhältnis zwischen Benachteiligtem und Arbeitgeber (Rdnrn. 26–29)
      3. Rechtsverhältnis zwischen benachteiligendem Beschäftigten und Arbeitgeber (Rdnrn. 30–34)
      4. Benachteiligung durch Dritte (Rdnr. 35)
      5. Deliktische Ersatzansprüche des Benachteiligten gegen Arbeitskollegen und Dritte (Rdnr. 36)
V. Literatur

I. Bedeutung der Vorschrift

1   Die Vorschrift enthält in Abs. 1 das **zentrale Verbot der Benachteiligung in Beschäftigung und Beruf** und damit die Kernaussage des AGG, dass niemand wegen eines in § 1 genannten Grundes benachteiligt werden darf (Bauer / Göpfert / Krieger Rdnr. 1). Das Verbot richtet sich nicht nur an den Arbeitgeber i. S. des § 6 Abs. 2 AGG. Es gilt auch für die Tarif- und Betriebspartner sowie schließlich auch für Arbeitskollegen und Dritte, wie z. B. Kunden des Arbeitgebers.

2   **Abs. 1** verbietet als „arbeitsrechtliche Grundnorm des AGG" (*Annuß* BB 2006, 1629) allgemein die Benachteiligung von Beschäftigten wegen eines in § 1 genannten Grundes, also wegen der Rasse oder der ethnischen Herkunft, des Geschlechts, der Religion oder Weltanschauung, einer Behinderung, des Alters oder der sexuellen Identität. Klarstellend bestimmt **Abs. 2**, dass ein Verstoß gegen das Benachteiligungsverbot die Nichtigkeit der entsprechenden Regelung in Individual- oder Kollektivverträgen zur Folge hat. Schließlich verdeutlicht **Abs. 3**, dass eine verbotene Benachteiligung zugleich vertragliche Pflichten verletzt. Damit wird die Anwendbarkeit der Regelungen des vertraglichen Leistungsstörungsrechts eröffnet.

II. Fassung

3   Die Vorschrift wurde unverändert aus dem Entwurf der Bundesregierung „Entwurf eines Gesetzes zur Umsetzung europäischer Richtlinien zur Verwirklichung des Grundsatzes der Gleichbehandlung" (BT-Drucks. 16/1780) übernommen.

III. Begründung

4   Im Gesetzentwurf der Bundesregierung (BT-Drucks. 16/1780 S. 34) wird zu der Bestimmung ausgeführt:

„Die Regelung enthält das zentrale Verbot der Benachteiligung in Beschäftigung und Beruf.

Zu Absatz 1

Die Vorschrift spricht ein generelles Verbot der Benachteiligung von Beschäftigten wegen eines in § 1 genannten Grundes aus. Das Benachteiligungsverbot richtet sich neben dem Arbeitgeber auch gegen Arbeitskollegen und Dritte, wie z. B. Kunden des Arbeitgebers. Es erfasst die in § 1 genannten Gründe. Dabei ist zu beachten, dass sich die Zielsetzung benachteiligenden Verhaltens nicht immer eindeutig aus dem Verhalten – insbesondere Äußerungen – ergibt. Wer z. B. Menschen aufgrund ihrer Staatsangehörigkeit benachteiligen möchte, unterscheidet häufig in Wirklichkeit nach deren ethnischer Herkunft. Das Abstellen auf die Staatsangehörigkeit ist oft nur Vorwand, tatsächlich will der Täter oder die Täterin auf die ethnische Herkunft abstellen.

5   **Absatz 1 zweiter Halbsatz** bestimmt, dass das Benachteiligungsverbot auch dann gilt, wenn die benachteiligende Person das Vorliegen eines in § 1 genannten Grundes nur annimmt; ob der Grund tatsächlich in der Person des oder der Beschäftigten vorliegt, ist nicht entscheidend. Er berücksichtigt damit den Umstand, dass Menschen oft bestimmte Eigenschaften oder Verhaltensweisen zugeschrieben werden, z. B. allein aufgrund ihres äußeren Erscheinungsbildes.

Zu Absatz 2

6   Absatz 2 setzt Artikel 14 der Richtlinie 2000/43/EG, Artikel 16 der Richtlinie 2000/78/EG und Artikel 3 Abs. 2 der Richtlinie 76/207/EWG um, wonach ein Verstoß gegen das Benachteiligungsverbot die Nichtigkeit der entsprechenden Klausel in Individual- oder Kollektivverträgen zur Folge hat. Dies entspricht der bisherigen Rechtslage. Die Vorschrift hat deklaratorischen Charakter und soll die primäre Sanktionierung derartiger Rechtsverstöße deutlich machen. Sonstige Unwirksamkeits- oder Nichtigkeitsgründe werden durch die Vorschrift nicht berührt.

Zu Absatz 3

Absatz 3 verdeutlicht, dass eine Benachteiligung bei Begründung, Durchführung und nach Beendigung eines Beschäftigungsverhältnisses eine Verletzung vertraglicher Pflichten darstellt. Dies gilt gleichermaßen für benachteiligende Handlungen des Arbeitgebers wie auch eines Beschäftigten. Da nach § 32 dieses Gesetzes die Vorschriften des allgemeinen Schuldrechts des BGB gelten, sind damit die Regelungen des vertraglichen Leistungsstörungsrechts anwendbar. Daran knüpft auch § 12 Abs. 3 an, der mögliche Maßnahmen des Arbeitgebers beschreibt."

7

IV. Anmerkungen

A) zu Abs. 1

1. Benachteiligungsverbot

a) Allgemeine Voraussetzungen des Tatbestands

Eine unzulässige Benachteiligung im Sinne von **Abs. 1 Halbs. 1** liegt vor, wenn ein Beschäftigter im Sinne von § 6 Abs. 1 AGG **objektiv wegen eines in § 1 genannten Grundes benachteiligt wurde.** Benachteiligungen aus anderen Gründen werden von der Vorschrift nicht erfasst und lösen keine Rechtsfolgen nach dem AGG aus. Das AGG enthält insoweit **kein allgemeines Willkürverbot.** Der Arbeitgeber kann auch aus unsachlichen Motiven (etwa freundschaftliche Verbundenheit oder Aussehen) Differenzierungen vornehmen, soweit kein Bezug zu den Merkmalen des § 1 AGG vorliegt (S / S / V / *Schleusener* Rdnr. 2). Die Grenze wird allerdings z. B. bei einer Verletzung des arbeitsrechtlichen Gleichbehandlungsgrundsatzes oder bei einem Verstoß gegen die guten Sitten nach § 138 BGB bzw. gegen Treu und Glauben gemäß § 242 BGB überschritten, woraus sich dann entsprechende Rechtsfolgen ergeben können (Bauer / Göpfert / Krieger Rdnr. 9).

8

Es muss eine **unmittelbare oder mittelbare Benachteiligung** i. S. des § 3 Abs. 1 oder 2 AGG vorliegen oder aber eine Belästigung, sexuelle Belästigung bzw. eine Anweisung zu einer dieser Benachteiligungsformen (§ 3 Abs. 3 bis 5 AGG).

9

Unerheblich ist die Begehungsform der Beteiligung: Sie umfasst nicht nur einseitige rechtliche Maßnahmen, sondern auch Realakte und tatsächliche Handlungen. **Wesentlich** ist aber die **Ursächlichkeit** zwischen dem unzulässigen Benachteiligungsmerkmal des § 1 und der tatsächlich geschehenen Benachteiligung. Die Vorstellung des Täters über das Vorliegen eines Grundes nach § 1 AGG muss bestimmend für die benachteiligende Handlung sein. Dies folgt aus der Verwendung des Wortes „wegen" (Bauer / Göpfert / Krieger Rdnr. 13).

10

Nicht erforderlich ist aber, dass der betreffende Grund allein für die Benachteiligung maßgebend war. Eine verbotene Benachteiligung liegt auch dann vor, wenn sie aus einem **„Motivbündel"** heraus begangen wurde und der **Grund nach § 1 AGG** jedenfalls gegenüber anderen Motiven **nicht unbedeutend** war (BVerfG Beschluss vom 16. November 1993 – 1 BvR 258/86 = BVerfGE 89, 276 = NJW 1994, 647 = NZA 1994, 745). Für eine nicht geschlechtsneutrale Stellenausschreibung hat das BAG sogar eine verbotene Benachteiligung nur dann ausgeschlossen, wenn das Geschlecht bei der Auswahlentscheidung überhaupt keine Rolle gespielt habe (Urteil vom 5. Februar 2004 – 8 AZR 112/03 = BAGE 109, 265 = NJW 2004, 2112 = NZA 2004, 540 [544]).

11

Unerheblich ist, ob der den Täter bestimmende **Benachteiligungsgrund** in der Person des Betroffenen **objektiv vorliegt**. Deshalb stellt **Abs. 1 Halbs. 2** klar, dass eine Benachteiligung auch dann vorliegt, wenn der Benachteiligte das Vorliegen eines in § 1 genannten Grundes **nur annimmt** (etwa eine tatsächlich nicht vorliegende Schwangerschaft oder Homosexualität als Grund für eine Diskriminierung).

12

2. Adressatenkreis des Benachteiligungsverbots

13 Das Benachteiligungsverbot richtet sich **an jedermann**. Eine nach dieser Vorschrift unerlaubte Diskriminierung kann daher nicht **nur der Arbeitgeber** oder einer seiner Erfüllungsgehilfen (z. B. Personalleiter, sonstige Vorgesetzte des Betroffenen) begehen, sondern auch ein **Arbeitskollege** oder sogar ein **betriebsfremder Dritter**, etwa ein Kunde des Arbeitgebers. Auch der Betriebs- oder Personalrat kann eine verbotene Benachteiligung begehen (Bauer / Göpfert / Krieger Rdnr. 6).

3. Beweislast

14 Der **Beschäftigte** ist für das **Vorliegen einer verbotenen Benachteiligung darlegungs- und beweispflichtig**. Das betrifft grundsätzlich auch den behaupteten Benachteiligungsgrund. Allerdings gelten hierfür **Beweiserleichterungen** nach § 22 AGG. Diese Vorschrift berücksichtigt, dass der Benachteiligungsgrund als innere Tatsache nur beschränkt dem Beweis zugänglich ist. Der Beschäftigte muss deshalb nur Indizien beweisen, die eine Benachteiligung wegen eines in § 1 AGG genannten Grundes vermuten lassen. Gelingt ihm das, muss in **Umkehr der Beweislast** nunmehr der Arbeitgeber vorbringen und beweisen, dass entweder keine verbotene Benachteiligung vorliegt oder diese im Einzelfall gerechtfertigt ist (zu näheren Einzelheiten vgl. die Erl. zu § 22 AGG).

B) zu Abs. 2
1. Unwirksamkeit von Vereinbarungen

15 Nach Abs. 2 sind **Vereinbarungen**, die gegen das Benachteiligungsverbot des Abs. 1 verstoßen, **unwirksam**. Die Vorschrift hat nur deklaratorischen Charakter, weil die Nichtigkeit bereits aus § 134 BGB i. V. m. § 7 Abs. 1 AGG folgt (Bauer / Göpfert / Krieger Rdnr. 20). Jedoch war eine ausdrückliche Anordnung sinnvoll, um die europarechtlichen Nomen transparent umzusetzen (S / S / V / *Schleusener* Rdnr. 32).

16 Abs. 2 ordnet nur die Nichtigkeit für „**Bestimmungen in Vereinbarungen**" an. Dies können **Arbeitsverträge**, aber auch **Kollektivregelungen** (Gesamtzusage und betriebliche Übung, Betriebs- und Dienstvereinbarungen sowie Tarifverträge) sein. In Betracht kommen auch Richtlinien nach dem Sprecherausschussgesetz – SprAuG – (vgl. *Löwisch* DB 2006, 1729). Erfasst werden ferner **Regelungsabreden zwischen Arbeitgeber und Betriebsrat**. Zwar haben diese keine normative Wirkung und können daher Beschäftigte nicht unmittelbar benachteiligen. Jedoch kann sich der Arbeitgeber, der eine benachteiligende Maßnahme trifft, nicht auf eine vermeintliche Verpflichtung hierzu aus der Regelungsabrede berufen, wenn bereits diese unwirksam ist (S / S / V / *Schleusener* Rdnr. 33).

17 Für **benachteiligende Betriebsvereinbarungen** folgt die Unwirksamkeit regelmäßig bereits aus **§ 75 BetrVG**. Dasselbe gilt für diskriminierende Dienstvereinbarungen nach § 67 BPersVG bzw. den entsprechenden Bestimmungen in den Landespersonalvertretungsgesetzen.

18 Aber auch **einseitige Willenserklärungen und sonstige Maßnahmen** wie beispielsweise eine Kündigung, eine Umsetzung, eine Versetzung oder eine Anweisung sind im Falle eines Verstoßes gegen § 7 Abs. 1 unwirksam (§ 134 BGB i. V. m. § 2 Abs. 1 Halbs. 1 AGG).

19 Die Rechtsfolge der **Nichtigkeit** einer Vereinbarung erfasst danach **nur die verbotswidrige Bestimmung selbst**, nicht etwa den gesamten Arbeitsvertrag bzw. die Kollektivvereinbarung. Gemäß § 139 BGB hat die Teilnichtigkeit eines Rechtsgeschäfts dessen Gesamtnichtigkeit nur dann zur Folge, wenn nicht anzunehmen ist, dass es auch ohne den nichtigen Teil vorgenommen worden wäre (vgl. ErfK / *Schlachter* Rdnr. 3).

2. Ausfüllung der Regelungslücke

20 Ist die **diskriminierende Regelung unwirksam**, entsteht eine **Regelungslücke**. Diese ist bei arbeitsvertraglichen Einheitsregelungen, Gesamtzusagen und Betriebsvereinbarungen durch richterliche Entscheidung zu schließen (Nollert-Borasio / Perreng Rdnr. 38). Hierbei können betroffene Beschäftigte im Wege der sog. **Angleichung nach oben** die Gleichbehandlung mit den übrigen, nicht benachteiligten Beschäftigten verlangen (**ständ. Rspr. des EuGH**, vgl. z. B. ⌘ Urteile vom 27. Juni 1990 – C-33/89 = NZA 1990, 771 = AP Nr. 21 zu Art. 119 EWG-Vertrag und vom ⌘ 7. Februar 1991 – C-148/89 = NJW 1991, 2207 = AP Nr. 25 zu § 23a BAT). Gleichheitswidrig gewährte höhere Entgeltleistungen, kürzere Arbeitszeiten, längere Urlaubsansprüche usw. stehen dann allen Benachteiligten zu.

Auch das BAG gewährt **für die Vergangenheit** eine Angleichung nach oben, wenn auf andere Weise Gleichbehandlung nicht herstellbar ist, weil der Arbeitgeber den Begünstigten die Leistung rückwirkend praktisch nicht mehr entziehen kann (vgl. ⌘ BAG Urteil vom 13. November 1985 – 4 AZR 234/84 = BAGE 50, 137 = NZA 1986, 321 zur Gewährung einer gleichheitswidrigen „Ehefrauenzulage" auch an Arbeitnehmerinnen als „Verheiratetenzulage"; ⌘ Urteil vom 7. März 1995 – 3 AZR 282/94 = BAGE 79, 236 = NZA 1996, 48 zum Ausschluss von allen unterhälftig beschäftigten Teilzeitkräften von Leistungen der betrieblichen Altersversorgung). 21

3. Herstellung der Gleichbehandlung für die Zukunft

Hingegen bestehen **unterschiedliche Auffassungen zwischen BAG und EuGH** über die Herstellung der **Gleichbehandlung für die Zukunft**. Werden ganze Gruppen von Arbeitnehmern durch Tarifvertrag ungerechtfertigt benachteiligt, kann **nach Ansicht des BAG nicht** durch ergänzende Vertragsauslegung zugrunde gelegt werden, dass **generell die höhere Leistung gewährt** werden muss. Ein Anspruch auf die höhere Leistung besteht nur dann, wenn lediglich eine benachteiligende Teilregelung für nichtig erklärt wird (⌘ BAG Urteil vom 15. Dezember 1998 – 3 AZR 239/97 = BAGE 90, 303 = NZA 1999, 882 = AP Nr. 71 zu § 2 BeschFG 1985 zum tariflichen Ausschluss von Teilzeitkräften von Spätarbeits- und Nachtarbeitszuschlägen; ⌘ Urteil vom 24. Mai 2000 – 10 AZR 629/99 = NZA 2001, 216 = AP Nr. 79 zu § 2 BeschFG 1985 zur Benachteiligung von Teilzeitbeschäftigten bei der Berechnung eines tariflichen Weihnachtsgeldes). 22

Ist dies nicht der Fall, kommt eine **richterliche Anpassung für die Zukunft** nur in Betracht, wenn **anzunehmen** ist, dass die **Tarifvertragsparteien die Regelung selbst dann getroffen** hätten, wenn sie die **Gleichheitswidrigkeit** der von ihnen vorgenommenen Gruppenbildung **erkannt** hätten (⌘ BAG Urteil vom 28. Mai 1996 – 3 AZR 752/95 = NZA 1997, 101 = AP Nr. 143 zu § 1 TVG Tarifverträge Metallindustrie zu einem Zuschuss zum Kurzarbeitergeld an Angestellte, nicht an Arbeiter; ⌘ Urteil vom 7. März 1995 – 3 AZR 282/94 = BAGE 79, 236 = NZA 1996, 48 zum Ausschluss von allen unterhälftig beschäftigten Teilzeitkräfte von Leistungen der betrieblichen Altersversorgung). Hierbei kommt es auf den Regelungsgegenstand wie auch auf die Höhe der zusätzlichen Belastung an (Nollert-Borasio / Perreng Rdnr. 39). Scheidet eine ergänzende richterliche Vertragsanpassung durch Auslegung aus, bleibt es den **Tarifparteien überlassen, auf welchem Niveau die Gleichbehandlung hergestellt wird** (vgl. ⌘ BAG Urteil vom 13. November 1985 – 4 AZR 234/84 = BAGE 50, 137 = NZA 1986, 321 zur Gewährung einer gleichheitswidrigen „Ehefrauenzulage" auch an Arbeitnehmerinnen als „Verheiratetenzulage"). 23

Hingegen hat der **EuGH** wiederholt den **Erhöhungsanspruch** so lange zugestanden, **bis eine gemeinschaftsrechtskonforme Neuregelung getroffen** ist und damit die Gleichbehandlung über den Schutz der Tarifautonomie gestellt (vgl. ⌘ EuGH Urteil vom 27. Juni 1990 – C-33/89 = NZA 1990, 771 = AP Nr. 21 zu Art. 119 EWG-Vertrag zum – praktisch Frauen benachteiligenden – Ausschluss von Teilzeitbeschäftigten vom Übergangsgeld beim Ausscheiden aus dem Arbeitsverhältnis; ⌘ Urteil vom 15. Januar 1998 – C-15/96 = NZA 1998, 205 = AP Nr. 1 zu Art. 48 EG-Vertrag zur Nichtberücksichtigung von in einem anderen Mitgliedsstaat erworbener Berufserfahrung beim Zeitaufstieg im öffentlichen Dienst). 24

Insoweit bleibt die künftige Entwicklung der Rechtsprechung unter Geltung des AGG abzuwarten (Nollert-Borasio / Perreng Rdnr. 40 und 44).

C) zu Abs. 3

1. Fiktion der Verletzung vertraglicher Pflichten

25 Die Vorschrift des Abs. 3 legt fest, dass **alle vom Arbeitgeber oder von Beschäftigten begangenen Benachteiligungen** im Sinne von Abs. 1 **Vertragsverletzungen** darstellen. Hierbei kommt es nicht auf den tatsächlichen Vertragsinhalt an. Vielmehr wird die Vertragswidrigkeit fingiert (krit. hierzu *Thüsing* Arbeitsrechtlicher Diskriminierungsschutz Rdnr. 504, der die Vorschrift für „gut gemeint aber schlecht gemacht" hält, weil eine Vertragsverletzung sich begriffsnotwendig nach dem Vertrag und nicht nach dem Gesetz richten müsse und zudem sowohl Leiharbeitnehmer als auch Bewerber für ein Arbeitsverhältnis insoweit nicht in den Schutzbereich einbezogen seien).

2. Rechtsverhältnis zwischen Benachteiligtem und Arbeitgeber

26 Im Rechtsverhältnis zwischen dem Arbeitgeber und dem betroffenen Beschäftigten wird dadurch klargestellt: Die **Verletzung einer gesetzlichen Pflicht** bedeutet zugleich den **Verstoß gegen eine vertragliche Nebenpflicht des Arbeitgebers** (ErfK / *Schlachter* Rdnr. 7). Dies ist selbstverständlich, da es sich aus der Pflicht zur Rücksichtnahme auf die Interessen, insbesondere auf die Persönlichkeitssphäre des Arbeitnehmers, ergibt (Däubler / Bertzbach / *Däubler* Rdnr. 293). Auch ist seit Langem anerkannt, dass die Einhaltung öffentlich-rechtlicher Vorschriften des Arbeitsschutzes zugleich eine arbeitsvertraglich Nebenpflicht des Arbeitgebers darstellt, deren Verletzung die dafür vorgesehenen Sanktionen auslösen kann (vgl. BAG Urteil vom 2. Februar 1994 – 5 AZR 273/93 = BAGE 75, 332 = NZA 1994, 610 = DB 1994, 1087 zu einem asbestbelasteten Arbeitsplatz). Ist noch kein Arbeitsvertrag zustande gekommen, folgt die Pflicht zu diskriminierungsfreiem Verhalten aus § 241 Abs. 2, § 311 Abs. 2 BGB.

27 Da nach § 32 AGG die Vorschriften des allgemeinen Schuldrechts des BGB gelten, sind damit die Regelungen des vertraglichen Leistungsstörungsrechts in §§ 275 ff. BGB anwendbar. Vertragspflichtverletzungen können somit **Schadensersatzansprüche aus § 280 Abs. 1 BGB** auslösen. Findet die Benachteiligung im Vorfeld eines Vertragsverhältnisses statt, kann nach allgemeinen Grundsätzen eine Verletzung der Pflichten aus einem Schuldverhältnis gemäß § 241 Abs. 2 BGB vorliegen.

28 Für das Vorliegen einer unerlaubten Benachteiligung und damit für den objektiven Tatbestand der Vertragspflichtverletzung gilt die **Beweislastregel des § 22 AGG**, auch wenn hier ein Anspruch aus dem BGB und nicht aus dem AGG geltend gemacht wird (*Thüsing* Arbeitsrechtlicher Diskriminierungsschutz Rdnr. 506). Allerdings muss nach § 280 BGB zusätzlich ein Verschulden des Arbeitgebers vorliegen. Dieser hat nach § 280 Abs. 1 Satz 2 BGB zu beweisen, dass ein solches fehlt. Der Schadensersatzanspruch umfasst nach § 253 Abs. 2 BGB grundsätzlich auch den immateriellen Schaden aufgrund einer Verletzung des allgemeinen Persönlichkeitsrechts. Allerdings ist insoweit § 15 Abs. 2 AGG vorrangig und großzügiger (*Thüsing* a. a. O.).

29 Auch kann dem Benachteiligten ein **Leistungsverweigerungsrecht aus § 14 AGG** zustehen. Das gilt namentlich gegenüber benachteiligenden Weisungen des Arbeitgebers.

3. Rechtsverhältnis zwischen benachteiligendem Beschäftigten und Arbeitgeber

30 Handelt es sich um eine **Benachteiligung durch andere Beschäftigte**, folgt aus Abs. 3 dass der Handelnde seine **gegenüber dem Arbeitgeber bestehende vertragliche Nebenpflicht** verletzt, dessen Interesse an einem störungsfreien Betriebsablauf zu wahren. Kein Arbeitnehmer darf sich deshalb an Belästigungen im Sinne des § 3 Abs. 3 und 4 AGG beteiligen oder mit Rücksicht auf die Merkmale des § 1 AGG anderen Beschäftigten Nachteile zufügen. Der Arbeitgeber kann die üblichen arbeitsrechtlichen Folgen an ein derartiges Fehlverhalten knüpfen, die von der Abmahnung über eine Umsetzung bzw. Versetzung bis hin zur Kündigung reichen (vgl. LAG Hamm vom 22. Oktober 1996 – Sa 730/96 = NZA 1997, 769 =

AP Nr. 136 zu § 626 BGB zu einem Fall der sexuellen Belästigung). In weniger gravierenden Fällen kann allerdings auch eine Ermahnung oder ein klärendes Gespräch genügen. Die Vorschrift des § 12 Abs. 3 AGG bestimmt, wann der Arbeitgeber gegenüber dem Betroffen zu entsprechenden Reaktionen auf dessen Benachteiligung sogar verpflichtet ist.

Wurde der **Beschäftigte vom Arbeitgeber oder seinem Vorgesetzten angewiesen**, die Benachteiligung auszuführen, liegt **gleichwohl eine Pflichtverletzung** vor. Die Anweisung zur Benachteiligung ist rechtswidrig nach Abs. 1 und kann deshalb den Verstoß des Beschäftigten gegen seine vertraglichen Pflichten nicht rechtfertigen (vgl. ⚖ BGH Urteil vom 14. Dezember 1959 – II ZR 187/57 = BGHZ 31, 258 [278] = NJW 1960, 285 zu rechtswidrigen Gesellschafterweisungen an die Geschäftsführer). Hat allerdings der Arbeitgeber selbst durch seine Anweisung den Verstoß erst ermöglicht oder begünstigt, können Sanktionen gegen den benachteiligenden Beschäftigten nach Treu und Glauben gemäß § 242 BGB unzulässig sein (Bauer / Göpfert / Krieger Rdnr. 42). **31**

Die Pflichtverletzung nach Abs. 3 durch einen Beschäftigten, der einen anderen Beschäftigten benachteiligt, bildet zugleich die **Grundlage für einen Ersatzanspruch des Arbeitgebers** nach § 280 Abs. 1 BGB, falls dieser selbst deswegen in Anspruch genommen wird. Der Täter ist grundsätzlich dazu verpflichtet, dem Arbeitgeber den gesamten aus der Inanspruchnahme wegen der Benachteiligung entstandenen Schaden zu ersetzen; das umfasst neben Entschädigungszahlungen an den Betroffenen auch die Kosten für die erforderliche Rechtsverteidigung sowie gegebenenfalls auch finanzielle Einbußen, die der Arbeitgeber infolge einer Rufschädigung erleidet (Bauer / Göpfert / Krieger Rdnr. 43). **32**

Für den Rückgriffsanspruch des Arbeitgebers **gilt nicht das arbeitsvertragliche Haftungsprivileg**. Denn die Begehung benachteiligender Handlungen steht nicht in Zusammenhang mit den arbeitsvertraglich geschuldeten betrieblichen Tätigkeiten (Bauer / Göpfert / Krieger Rdnr. 44; a. A. *Thüsing* Arbeitsrechtlicher Diskriminierungsschutz Rdnr. 509). Der Arbeitnehmer haftet deshalb gegenüber dem Arbeitgeber auch für leichte oder mittlere Fahrlässigkeit grundsätzlich auf Ersatz des gesamten Schadens. Allerdings kommt ein **Mitverschulden des Arbeitgebers** nach § 254 BGB in Betracht, wenn dieser etwa seine Pflichten aus § 12 Abs. 1 AGG verletzt (vgl. *Bauer / Evers* NZA 2006, 821 [826]) oder gegen das Gebot der Schadensminderung verstoßen hat. Auch wäre es treuwidrig, den Arbeitnehmer in Haftung zu nehmen, wenn dieser auf Weisung des Arbeitgebers gehandelt hat (*Thüsing* Arbeitsrechtlicher Diskriminierungsschutz a. a. O). **33**

Die **Beweislastregel des § 22 AGG** findet **für den Regressanspruch keine Anwendung**. Der Arbeitgeber ist somit in vollem Umfang beweispflichtig dafür, dass der Beschäftigte eine verbotene Benachteiligung begangen hat (Bauer / Göpfert / Krieger Rdnr. 45). **34**

4. Benachteiligungen durch Dritte

Hingegen erfasst Abs. 3 **nicht Benachteiligungen**, die von **Dritten** ausgehen, welche **zum Arbeitgeber** nicht in arbeitsrechtlichen, sondern allenfalls **in sonstigen Vertragsbeziehungen** stehen. Zwar kann der Benachteiligte auch in diesem Fall die Verletzung von Schutzpflichten aus § 241 Abs. 2 BGB geltend machen. Das Fehlverhalten Dritter kann aber dem Arbeitgeber nicht als eigene Pflichtverletzung zugerechnet werden. Werden Beschäftigte bei der Ausübung ihrer Tätigkeit durch Dritte nach § 7 Abs. 1 AGG benachteiligt, hat der Arbeitgeber gemäß § 12 Abs. 4 AGG die im Einzelfall geeigneten, erforderlichen und angemessenen Maßnahmen zum Schutz der Beschäftigten zu ergreifen (vgl. näher die Erl. zu § 12 AGG Rdnr. 43 ff.) **35**

5. Deliktische Ersatzansprüche des Benachteiligten gegen Arbeitskollegen und Dritte

Im Übrigen können dem benachteiligten Beschäftigten sowohl gegenüber anderen Beschäftigten als auch gegenüber Dritten **deliktische Ansprüche aus §§ 823 ff. BGB** zustehen, wenn die Benachteiligung zugleich die entsprechenden Tatbestandsvoraussetzungen erfüllt. **36**

In Betracht kommt insbesondere die **Verletzung des allgemeinen Persönlichkeitsrechts** nach § 823 Abs. 1 BGB mit einem daraus folgenden Anspruch auf Ersatz des materiellen und immateriellen Schadens (vgl. Palandt / *Sprau* § 823 BGB Rdnrn. 175 ff., 199 ff.). Ferner kann ein Anspruch auf § 823 Abs. 2 BGB i. V. m. § 7 Abs. 1 AGG gestützt werden; denn das **Benachteiligungsverbot ist insoweit Schutzgesetz** im Sinne dieser BGB-Vorschrift (Nollert-Borasio / Perreng Rdnr. 48 unter Hinweis auf ⚖ LAG Hamm Urteil vom 21. November 1996 – 17 Sa 987/96, zit. nach JURIS zum früheren § 611a Abs. 1 BGB).

V. Literatur

Vgl. die zu § 1 AGG angegebene Literatur.

§ 8
Zulässige unterschiedliche Behandlung wegen beruflicher Anforderungen

(1) Eine unterschiedliche Behandlung wegen eines in § 1 genannten Grundes ist zulässig, wenn dieser Grund wegen der Art der auszuübenden Tätigkeit oder der Bedingungen ihrer Ausübung eine wesentliche und entscheidende berufliche Anforderung darstellt, sofern der Zweck rechtmäßig und die Anforderung angemessen ist.

(2) Die Vereinbarung einer geringeren Vergütung für gleiche oder gleichwertige Arbeit wegen eines in § 1 genannten Grundes wird nicht dadurch gerechtfertigt, dass wegen eines in § 1 genannten Grundes besondere Schutzvorschriften gelten.

ERLÄUTERUNGEN

ÜBERSICHT

I. Bedeutung der Vorschrift (Rdnrn. 1–3)
II. Fassung (Rdnr. 4)
III. Begründung (Rdnrn. 5–9)
IV. Anmerkungen (Rdnrn. 10–41)
   A) zu Abs. 1
      1. Geltungsbereich (Rdnr. 10)
      2. Grundsatz (Rdnr. 11)
         a) Berufliche Anforderungen (Rdnrn. 12–13)
         b) Rechtmäßiger Zweck (Rdnr. 14)
         c) Angemessen (Rdnr. 15)
         d) Wesentlich (Rdnr. 16)
         e) Entscheidend (Rdnr. 17)
      3. Beispielsfälle gerechtfertigter Benachteiligungen (Rdnrn. 18–35)
         a) Wegen des Geschlechts (Rdnrn. 18–20)
         b) Wegen der Rasse oder ethnischen Herkunft (Rdnr. 21)
         c) Wegen der Religion oder Weltanschauung (Rdnrn. 22–24)
         d) Wegen einer Behinderung (Rdnrn. 25–29)
         e) Wegen des Alters (Rdnrn. 30–33)
         f) Wegen der sexuellen Identität (Rdnrn. 34–35)
   B) zu Abs. 2
      1. Grundsatz (Rdnr. 36)
      2. Schutzvorschriften (Rdnrn. 37–38)
      3. Gleiche oder gleichwertige Arbeit (Rdnrn. 39–40)
      4. Regelungsvorbild in § 612 Abs. 3 Satz 2 a. F. BGB (Rdnr. 41)
V. Literatur

Allgemeines Gleichbehandlungsgesetz § 8

I. Bedeutung der Vorschrift

Sie bestimmt in **Abs. 1**, wann eine unmittelbare Benachteiligung von Beschäftigten wegen eines in § 1 AGG genannten Grundes zulässig ist. Damit stellt sie den **umfassendsten** – weil für alle Diskriminierungsgründe des Gesetzes geltenden – **Rechtfertigungsgrund** für entsprechende unterschiedliche Behandlungen durch Arbeitgeber bzw. Tarifvertragsparteien usw. dar. Eine solche Behandlung, die nach dieser Vorschrift zulässig ist, verstößt nicht gegen das Benachteiligungsverbot des § 7 Abs. 1 AGG und löst damit keine Rechtsfolgen nach dem AGG aus. 1

Weitere einschlägige Rechtfertigungsgründe können sich aus **§§ 5, 9 und 10 AGG** ergeben. § 9 enthält einen besonderen Rechtfertigungsgrund, der für **Religionsgemeinschaften** im Fall einer unterschiedlichen Behandlung wegen der Religion oder Weltanschauung neben § 8 Abs. 1 anwendbar ist. Bei einer unterschiedlichen Behandlung wegen des **Alters** ist neben § 8 Abs. 1 zusätzlich **§ 10 AGG** anwendbar. Wegen der genannten Sonderregelungen spielt § 8 Abs. 1 für die speziellen Benachteiligungen wegen der Religion bzw. Weltanschauung und des Alters nur eine untergeordnete Rolle (Bauer / Göpfert / Krieger Rdnr. 5). 2

In **Abs. 2** wird für **Ungleichbehandlungen wegen des Entgelts** klargestellt: Besondere arbeitsrechtliche Schutzvorschriften, namentlich für werdende Mütter, behinderte Menschen oder Jugendlichen, können – auch im Hinblick auf die hierdurch verursachten Zusatzkosten – eine **unterschiedliche Vergütung für gleiche oder gleichwertige Arbeit nicht begründen**. Der Gesetzgeber hat damit die Formulierung des mit Inkrafttreten des AGG aufgehobenen § 612 Abs. 3 Satz 2 BGB übernommen und sie neben dem Geschlecht auch auf die übrigen Merkmale des § 1 AGG erstreckt. Die Regelung konkretisiert die Bestimmung in Abs. 1: Sie stellt klar, dass eine Durchbrechung des Grundsatzes der Entgeltgleichheit nicht dadurch gerechtfertigt werden kann, dass wegen eines in § 1 AGG genannten Grundes besondere Schutzvorschriften gelten. 3

II. Fassung

Die Vorschrift wurde unverändert aus dem Entwurf der Bundesregierung „Entwurf eines Gesetzes zur Umsetzung europäischer Richtlinien zur Verwirklichung des Grundsatzes der Gleichbehandlung" (BT-Drucks. 16/1780) übernommen. 4

III. Begründung

Im Gesetzentwurf der Bundesregierung (BT-Drucks. 16/1780 S. 35) wird zu der Vorschrift ausgeführt: 5

„Zu Absatz 1

Die Regelung setzt Artikel 4 Abs. 1 der Richtlinien 2000/43/EG und 2000/78/EG und Artikel 2 Abs. 6 der Richtlinie 76/207/EWG um. Sie stellt klar, unter welchen allgemeinen Voraussetzungen berufliche Anforderungen eine Ungleichbehandlung rechtfertigen können.

Der **Hauptanwendungsbereich** wird bei Fällen der unmittelbaren Benachteiligung liegen. Bei der mittelbaren Benachteiligung zählt die Rechtfertigung durch einen sachlichen Grund bereits zu den tatbestandlichen Voraussetzungen; bei einer Belästigung oder sexuellen Belästigung kommt eine Rechtfertigung regelmäßig nicht in Betracht. 6

Absatz 1 schafft einen **einheitlichen Rechtfertigungsmaßstab** bezüglich aller in § 1 dieses Gesetzes genannten Gründe. Entsprechend den Vorgaben der Richtlinien 2000/43/EG und 2000/78/EG stellt er für die Zulässigkeit einer unterschiedlichen Behandlung auf die wesentliche und entscheidende berufliche Anforderung ab. Eine Absenkung des Schutzstandards hinsichtlich des Merkmals Geschlecht ist damit nicht verbunden. 7

Eine Ungleichbehandlung kann also **nicht durch Erwägungen der bloßen Zweckmäßigkeit zulässig** werden. Vielmehr muss die an den Beschäftigten gestellte Anforderung erforderlich sein und dem Grundsatz der Verhältnismäßigkeit zwischen beruflichem Zweck und Schutz 8 vor Benachteiligung standhalten. Eine zulässige unterschiedliche Behandlung kann beispielsweise vorliegen, wenn bei Organisationen der in Deutschland anerkannten nationalen Minderheiten und der anerkannten Regional- oder Minderheitensprachen Personen bevorzugt eingestellt werden, die der jeweiligen Gruppe angehören.

Zu Absatz 2

9 Absatz 2 greift den Grundsatz der **Entgeltgleichheit** bezüglich des Geschlechts in § 612 Abs. 3 BGB auf. Dieser Grundsatz wird nunmehr durch § 7 über das Merkmal Geschlecht hinaus auch auf alle in § 1 genannten Merkmale erstreckt und stellt künftig in Verbindung mit § 2 Abs. 1 Nr. 2 und § 8 Abs. 2 die neue Grundlage für Ansprüche auf gleiches Entgelt **für gleiche oder gleichwertige Arbeit** dar."

IV. Anmerkungen

A) zu Abs. 1

1. Geltungsbereich

10 Die Rechtfertigungsgründe des § 8 Abs. 1 für eine unterschiedliche Behandlung gelten **nur für eine unmittelbare Benachteiligung** im Sinne von § 3 Abs. 1 AGG bzw. für die Anweisung hierzu nach § 3 Abs. 5 AGG. Denn eine mittelbare Benachteiligung nach § 3 Abs. 2 AGG liegt bereits begrifflich nicht vor, wenn die entsprechenden Vorschriften, Kriterien oder Verfahren durch ein rechtmäßiges Ziel sachlich gerechtfertigt und die Mittel zur Erreichung dieses Ziels erforderlich und angemessen sind (vgl. Erl. zu § 3 AGG Rdnr. 46). Deshalb stellt sich die Frage nach einer Rechtfertigung gemäß § 8 Abs. 1 AGG in diesem Fall nicht mehr. **Liegt tatbestandsmäßig eine mittelbare Benachteiligung vor**, weil die unterschiedliche Behandlung nicht durch ein rechtmäßiges Ziel sachlich gerechtfertigt ist, kann sich angesichts der strengeren Prüfungsmaßstabs eine **Rechtfertigung auch nicht aus § 8 Abs. 1 AGG** ergeben (S / S / V / *Schleusener* Rdnr. 2).

2. Grundsatz

11 Eine **unterschiedliche Behandlung** von Beschäftigten wegen eines in § 1 AGG genannten Grundes ist **zulässig**, wenn dieser Grund wegen der Art der auszuübenden Tätigkeit oder der Bedingungen ihrer Ausübung eine **wesentliche und entscheidende berufliche Anforderung** darstellt. Hinzukommen muss aber, dass der **Zweck rechtmäßig** und die **Anforderung angemessen** ist.

a) Berufliche Anforderungen

12 **Berufliche Anforderungen** sind beispielsweise eine bestimmte Ausbildung oder Qualifikation (Schul- oder Studienabschluss, Sprachkenntnisse, Berufserfahrung, aber auch körperliche Fitness). Die **Merkmale des § 1 AGG** können jedoch auch zu **positiven Auswahlkriterien** für eine bevorzugende Ungleichbehandlung werden, etwa wenn als Stripteasetänzerinnen nur Frauen gesucht, für ein koreanisches Spezialitätenrestaurant nur koreanische Staatsangehörige eingestellt oder in einer kirchlichen Einrichtung nur Arbeitnehmer katholischer Konfession beschäftigt werden.

13 In der Regel kann der Arbeitgeber **in freier unternehmerischer Entscheidung** festlegen, welche Anforderungen oder Qualifikationen er für bestimmte Tätigkeiten bzw. Stellen fordert (vgl. BAG Beschluss vom 31. Januar 1984 – 1 ABR 63/81 = NJW 1984, 1709 = NZA 1984, 51). Allerdings kann der Arbeitnehmer oder Bewerber gegebenenfalls nachweisen, dass der **Arbeitgeber sein Organisationskonzept nicht konsequent aufrechterhält** (vgl. *Wiedemann / Thüsing* NZA 2002,1234 [1237]). Freilich darf dem Arbeitgeber nicht verwehrt werden, dieses Konzept aus triftigen Gründen (z. B. Arbeitskräftemangel, Vertretungssituation, soziale Gründe) ausnahmsweise zu durchbrechen (BAG Urteil vom 18. März 2003 – 9 AZR 126/02 = BAGE 105, 248 = AP Nr. 3 zu § 8 TzBfG zur Ablehnung einer Verringerung der individuellen Arbeitszeit). Auch ist es **nicht rechtsmissbräuchlich**,

wenn der Arbeitgeber sein **Organisationskonzept allgemein ändert und bestimmte Anforderungen festlegt**, die ab diesem Zeitpunkt gelten sollen (Bauer / Göpfert / Krieger Rdnr. 17).

b) Rechtmäßiger Zweck

Allerdings muss die Festlegung des Anforderungsprofils durch den Arbeitgeber einem rechtmäßigen Zweck dienen. Dieser Begriff entstammt den einschlägigen Bestimmungen der Antidiskriminierungsrichtlinien und bedeutet, dass rechtswidrige weil **rechtsmissbräuchliche Festlegungen nicht zur Rechtfertigung einer Ungleichbehandlung geeignet** sind (Bauer / Göpfert / Krieger Rdnr. 18). Letztlich geht es um eine schon in der bisherigen Rechtsprechung geübte **Willkürkontrolle** gegenüber unternehmerischen Entscheidungen (vgl. z. B. BAG Urteil vom 7. August 2005 – 2 AZR 399/04 = NZA 2006, 266 = AP Nr. 138 zu § 1 KSchG 1969 Betriebsbedingte Kündigung). Willkürlich wäre etwa eine Festlegung, die **keinen Bezug zur Tätigkeit des Arbeitnehmers** aufweist oder die gegen ein **Verbotsgesetz** verstößt (Bauer / Göpfert / Krieger Rdnr. 18).

14

c) Angemessen

Der Kontrollmaßstab in Abs. 1 wird dahingehend verschärft, dass das vom Arbeitgeber vorgegebene **Arbeitsplatzprofil** darüber hinaus **angemessen** zu sein hat. Dies erfordert eine **Verhältnismäßigkeitsprüfung**, welche die Eignung und Notwendigkeit (im Sinne des mildesten Mittels) der Maßnahme einschließt.

15

d) Wesentlich

Wesentlich ist eine berufliche Anforderung, wenn sie **für das Berufsbild prägend** ist. Dabei ist wertend auf objektive Kriterien unter Berücksichtigung der konkreten Tätigkeit des Unternehmens abzustellen, wobei es auf die Verkehrsanschauung derjenigen Kreise ankommt, an die sich die Tätigkeit des Beschäftigten richtet (Bauer / Göpfert / Krieger Rdnr. 22).

16

e) Entscheidend

Entscheidend ist eine berufliche Anforderung, wenn diese sich auf die **eigentlichen Aufgaben des Arbeitnehmers** bezieht. Ist die berufliche Anforderung hingegen nur ein erwünschter Nebeneffekt der Tätigkeit, liegt keine entscheidende Anforderung vor. So dürfen für die Besetzung einer Stelle als „Playboy-Bunny" ausschließlich weibliche Bewerber berücksichtigt werden, weil dies ein wesentlicher Aspekt der konkreten Tätigkeit ist. Hingegen darf eine Fluggesellschaft nicht nur weibliche Flugbegleiter einstellen, weil die einschlägigen Tätigkeiten von Männern und Frauen gleichermaßen geleistet werden können (vgl. *Thüsing* RdA 2001, 319 [321]).

17

3. Beispielsfälle gerechtfertigter Benachteiligungen

a) Wegen des Geschlechts

Eine Benachteiligung wegen des Geschlechts ist jedenfalls dann gerechtfertigt, wenn dem anderen Geschlecht die Berufsausübung
- **tatsächlich unmöglich** ist, wie etwa beim Beruf der Amme;
- **gesetzlich verboten** ist, wie für Frauen beim Dienst in Spezialeinheiten Polizei bzw. der Armee (vgl. EuGH Urteil vom 26. Oktober 1999 – C-273/97 = EuGHE I 1999, 7403 zu den britischen „Royal Marines") oder im Bergbau unter Tage nach § 64a BBergG (näher hierzu S / S / V / *Schleusener* Rdnr. 15);
- **aus Gründen der Authentizität** („Hosenrollen" im Theater; weibliche Mannequins für Damenmode) oder des Schamgefühls von Kunden (Verkauf von Damenbadebekleidung mit Anprobemöglichkeit, vgl. LAG Köln Urteil vom 19. Juli 1996 – 7 Sa 499/96, zit. nach JURIS) **verwehrt werden kann**.

18

§ 8 Allgemeines Gleichbehandlungsgesetz

19 Schreibt eine **politische Partei** die **Leitung ihres Frauenreferats** ausschließlich für weibliche Bewerber aus, ist dies **zulässig**, weil Männern regelmäßig die Fähigkeit zur Zusammenarbeit mit Frauen aus feministischen Zusammenhängen fehlt und weil es Fraueninitiativen und -gruppierungen gibt, die eine Zusammenarbeit mit einem Mann ablehnen. Verbindung zu solchen Gruppen aufzubauen erfordert daher zwangsläufig, die Stelle mit einer Frau zu besetzen (LAG Berlin Urteil vom 14. Januar 1998 – 8 Sa 118/97 = NJW 1998, 1429 = NZA 1998, 312). Dasselbe gilt für die **Geschäftsführerin eines Frauenverbandes** (ArbG München Urteil vom 14. Februar 2001 – 38 Ca 8663/00 = NZA-RR 2001, 365). Hingegen ist die Zugehörigkeit zum weiblichen Geschlecht keine entscheidende berufliche Anforderung für die Bestellung zu einer **gemeindlichen Gleichstellungsbeauftragten gemäß § 5 GemO NRW** (BAG Urteil vom 12. November 1998 – 8 AZR 365/97 = BAGE 90, 170 = NZA 1999, 3 171 = AP Nr. 16 zu § 611a BGB; anders zuvor LAG Hamm Urteil vom 10. April 1997 – 17 Sa 1870/96 = NZA 1997, 315).

20 Für eine angemessene berufliche Anforderung genügt es nicht von vornherein, dass der **angesprochene Kundenkreis bestimmte Erwartungen** an Beschäftigte stellt; daher ist es unzulässig, wenn ein **Landmaschinenhersteller** weibliche Verkäuferinnen ablehnt, weil diese nicht in der Lage seien, männliche Kunden zu gewissen Vergnügungen zu begleiten (vgl. ArbG Hamburg Urteil vom 7. März 1985 – 8 Ca 124/81 = DB 1985, 1402). Sucht hingegen ein Arbeitgeber einen leitenden Angestellten für den Aufbau einer **Niederlassung in Saudi-Arabien**, dürfte es vertretbar sein, hierfür nur männliche Bewerber zu berücksichtigen, da Frauen in bestimmten islamisch geprägten Ländern im Geschäftsleben nicht hinreichend akzeptiert werden. Verhindern solche Einstellungen aufgrund gesetzlicher Vorschriften, religiöser Überzeugungen oder kultureller Besonderheiten praktisch, dass die Arbeitsaufgaben auch von einem Angehörigen des anderen Geschlechts erfüllt werden können, muss ausnahmsweise der Diskriminierungsschutz zurückstehen, auch wenn die Ungleichbehandlung letztlich auf nach hier geltenden Maßstäben diskriminierenden Vorstellungen Dritter beruht (Bauer / Göpfert / Krieger Rdnr. 42 „Tätigkeiten außerhalb der EG"). Das entspricht auch der Auffassung der Bundesregierung (vgl. die Mitteilung der Bundesrepublik Deutschland an die Kommission der Europäischen Gemeinschaft in Umsetzung von Art. 2 Abs. 2 der RL 76/207/EWG, BArbl. 11/1987 S. 4).

b) Wegen der Rasse oder ethnischen Herkunft

21 Eine Benachteiligung wegen der Rasse oder ethnischen Herkunft ist z. B. zulässig, wenn
 – aus Gründen der **Authentizität** Bewerber aus bestimmten Ländern bevorzugt werden, etwa bei der Stellenbesetzung in einem japanischen Spezialitätenrestaurant ausschließlich mit japanischen Staatsangehörigen. Das gilt jedenfalls für Kellner und sonstige Angestellte, die in Kontakt mit Gästen kommen und nur für den Fall, dass die authentische Atmosphäre des Lokals in Übereinstimmung mit entsprechenden Erwartungen der Besucher zum unternehmerischen Konzept gehört. Allein das Betreiben eines ausländischen Spezialitätenlokals rechtfertigt hingegen noch nicht ohne Weiteres eine entsprechende Differenzierung (S / S / V / *Schleusener* Rdnr. 20). Wegen Authentizitätswahrung zulässig sein kann auch die Ablehnung eines Schauspielers einer bestimmten Hautfarbe für eine konkrete Bühnen- oder Filmrolle, etwa für die männliche Hauptrolle in „Porgy und Bess" bei einem Bewerber mit heller Hautfarbe;
 – **fließende Deutschkenntnisse** als Anforderung für eine Tätigkeit als Radiosprecher oder Sekretärin verlangt werden (nicht aber für einen Kraftfahrer, bei dem weniger perfekte Deutschkenntnisse genügen).

c) Wegen der Religion oder Weltanschauung

22 Der Rechtfertigungsgrund der beruflichen Anforderungen für Ungleichbehandlung wegen der Religion oder Weltanschauung ist wegen der Sonderregelung in § 9 für Religionsgemeinschaften nur von geringer Bedeutung. So kann eine Fluggesellschaft verlangen, dass Piloten

für Flüge nach Mekka Muslime sind, weil nur diesen nach saudiarabischem Recht der Zutritt zur heiligen Stadt erlaubt ist (vgl. *Thüsing* ZfA 2001, 397 [407]). Bietet eine Schlachterei koscheres Fleisch an, darf sie ausschließlich Schlachter jüdischen Glaubens einstellen, wenn das Fleisch von den Kunden andernfalls nicht als koscher anerkannt und gekauft würde (*Thüsing* a. a. O.).

Allerdings rechtfertigt **nicht jede abstrakte Gefährdung der Geschäftserwartung** eine entsprechende Unterscheidung. Grundsätzlich kann zwar ein Arbeitgeber von einer Beschäftigten mit Kundenkontakt erwarten, dass diese sich branchenüblich kleidet (BAG Urteil vom 10. Oktober 2002 – 2 AZR 472/01 = BAGE 103, 111 = NJW 2003, 1685 = NZA 2003, 483). Eine wesentliche und entscheidende berufliche Anforderung liegt aber nur vor, wenn der Arbeitgeber im Einzelnen darlegt, dass die **Kundschaft das Tragen religiöser Symbole** (hier: muslimisches Kopftuch) **nicht akzeptiert** und deswegen die Arbeitsleistung durch den Beschäftigten nicht erbracht werden kann. Bloße Vermutungen und Befürchtungen des Arbeitgebers ersetzen hierbei keinen konkreten Sachvortrag (BAG Urteil vom 10. Oktober 2002 a. a. O.). 23

Nach Bauer / Göpfert / Krieger Rdnr. 32 soll es zulässig sein, wenn ein Zeitungsverlag bei der Einstellung von Redakteuren nach ihrer Haltung gegenüber dem Staat Israel fragt und Bewerber nicht berücksichtigt, die Israel eine Existenzberechtigung absprechen. 24

d) Wegen einer Behinderung

Eine unterschiedliche Behandlung wegen einer Behinderung ist nach Abs. 1 gerechtfertigt, wenn eine bestimmte körperliche Funktion, geistige Fähigkeit oder seelische Gesundheit eine wesentliche und entscheidende berufliche Anforderung für die Tätigkeit ist (S / S / V / *Schleusener* Rdnr. 30). So ist es generell zulässig, körperlich behinderte Menschen von Tätigkeiten auszuschließen, die **besondere körperliche Kräfte oder besondere Konstitution** voraussetzen. 25

Eine Ungleichbehandlung wegen einer Behinderung unter dem vorgenannten Gesichtspunkt kann insbesondere durch **öffentliche Schutzinteressen** gerechtfertigt sein. Vor allem wird dies zutreffen, wenn ein **Fehler bei der Berufsausübung** erhebliche Vermögenswerte und sogar Leib und Leben Dritter gefährden könnte, wie bei der Tätigkeit von Polizeibeamten, Feuerwehrmännern, Busfahrern, Zugführern, Fluglotsen und Berufspiloten (Bauer / Göpfert / Krieger Rdnr. 33). 26

Allerdings kommt es im Einzelnen darauf an, ob die **Art und Schwere der Behinderung** aufgrund einer vom Arbeitgeber vorgegebenen beruflichen Anforderung der Ausübung der jeweiligen Tätigkeit **entgegenstehen**. Dabei können nur solche gesundheitlichen Einschränkungen eine Ungleichbehandlung rechtfertigen, die mit einer **zwingenden Voraussetzung für die ordnungsgemäße Ausübung der Tätigkeit** unvereinbar sind (vgl. auch ArbG Berlin Urteil vom 13. Juli 2005 – 86 Ca 24618/04 = NZA-RR 2005, 608, bestätigt durch BAG Urteil vom 3. April 2007 – 9 AZR 823/06). Hierzu zählen auch **berufsrechtliche oder unfallversicherungsrechtliche Hindernisse**; die Vorschriften der Berufsgenossenschaft müssen demnach eingehalten werden (Neumann u. a. / *Neumann* § 81 SGB IX Rdnr. 13). 27

Ein **erhöhtes Krankheitsrisiko** des behinderten Bewerbers vermag eine Ungleichbehandlung dann zu rechtfertigen, wenn aufgrund konkreter Tatsachen mit hinreichender Sicherheit zu erwarten ist, dass krankheitsbedingte Ausfallzeiten aufgrund ihrer Dauer und Häufigkeit zu unzumutbaren oder unverhältnismäßigen Belastungen des Arbeitgebers führen werden (S / S / V / *Schleusener* Rdnr. 33). Hingegen haben ungewisse, möglicherweise in der Zukunft eintretende Tatsachen als **reine Spekulation außer Betracht** zu bleiben. Das gilt auch für die allgemeine, unsubstantiierte Befürchtung, dass der behinderte Bewerber weniger belastbar sein und eher als andere Bewerber arbeitsunfähig krank oder gar erwerbsunfähig werden könnte (ArbG Berlin Urteil vom 13. Juli 2007 a. a. O.). 28

29 Der im Übrigen bestehende **Beurteilungsspielraum des Arbeitgebers** kann lediglich dahingehend überprüft werden, ob das Willkürverbot verletzt und die arbeitgeberseitige Vorgabe verhältnismäßig ist (Bauer / Göpfert / Krieger Rdnr. 34).

e) Wegen des Alters

Eine Benachteiligung wegen des Alters ist etwa zulässig aus Gründen

30 – der **Authentizität**, z. B. bei der Besetzung der Rolle des jugendlichen Liebhabers im Theater (vgl. *Schmidt / Senne* RdA 2002, 80 [83]) oder bei Verkäufern in einem Einzelhandelsgeschäft, das ausschließlich „Junge Mode" anbietet (S / S / V / *Schleusener* Rdnr. 41);

31 – eines **überwiegenden öffentlichen Schutzinteresses**, welches das Individualinteresse an der Berufsausübung überwiegt (*Wiedemann / Thüsing* NZA 2002, 1234 [1237]), etwa infolge allgemein altersbedingt nachlassender körperlicher und geistiger Leistungsfähigkeit in Berufen, welche mit hohen Anforderungen und erheblicher Verantwortung vor allem für Leib und Leben Dritter verbunden sind (z. B. Fluglotsen, Piloten, Polizeibeamte, Feuerwehrmänner, Busfahrer). Dies kann **starre Altersgrenzen** für die genannten Berufsgruppen rechtfertigen (vgl. BVerfG Nichtannahmebeschluss vom 25. November 2004 – 1 BvR 2459/04 = BB 2005, 1231 = AP Nr. 25 zu § 620 BGB Altersgrenze [bezüglich Berufspiloten]; vgl. auch Erl. zu § 10 AGG Rdnr. 31 ff.). Nicht durch § 8 gerechtfertigt ist hingegen eine für das Kabinenpersonal festgelegte Altersgrenze von 55 Jahren (vgl. BAG Urteil vom 31. Juli 2002 – 7 AZR 140/01 = BAGE 102, 65 = NZA 2002, 1155);

32 – **entgegenstehender gesetzlicher Verbote** (z. B. Nichtberücksichtigung von jugendlichen Arbeitnehmern als Bewerber für eine Nachtschicht wegen des für sie geltenden Verbots der Nachtarbeit in § 14 Abs. 1 JArbSchG).

33 **Unbeachtlich** wäre hingegen das **typisierende Interesse eines Arbeitgebers, bevorzugt jüngere Arbeitnehmer einzustellen**, weil er sie allein deshalb für leistungsfähiger hält als ältere Beschäftigte (vgl. *Thüsing* ZfA 2001, 397 [409]). Im Übrigen kommt dem Rechtfertigungsgrund des § 8 Abs. 1 wegen der speziellen Regelung in § 10 AGG zur zulässigen Ungleichbehandlung wegen des Alters nur eine verhältnismäßig geringe Bedeutung zu (Bauer / Göpfert / Krieger Rdnr. 37).

f) Wegen der sexuellen Identität

34 Eine Rechtfertigung unterschiedlicher Behandlung wegen der sexuellen Identität nach § 8 Abs. 1 ist **kaum vorstellbar** (ebenso S / S / V / *Schleusener* Rdnr. 42). Insbesondere dürfen **Homosexuelle nicht von beruflichen Tätigkeiten deshalb ausgeschlossen** werden, weil der Arbeitgeber **Vorbehalte von Kunden** befürchtet (BAG Urteil vom 23. Juni 1994 – 2 AZR 617/93 = BAGE 77, 128 = NJW 1995, 275 = NZA 1994, 1080 zur rechtsmissbräuchlichen Arbeitgeberkündigung gegenüber einem homosexuellen Arbeitnehmer während der Probezeit). Die Verpflichtungen des Arbeitnehmers gegenüber seinem Arbeitgeber enden grundsätzlich dort, wo sein privater Bereich beginnt. Die Gestaltung des privaten Lebensbereiches steht außerhalb der Einflusssphäre des Arbeitgebers und wird durch arbeitsvertragliche Pflichten nur insoweit eingeschränkt, als sich das private Verhalten auf den betrieblichen Bereich auswirkt und dort zu Störungen führt (BAG Urteil vom 23. Juni a. a. O.).

35 In seltenen Ausnahmefällen kann die Ablehnung eines Einsatzes homosexueller Beschäftigter durch ein **therapeutisches Konzept** gerechtfertigt sein, etwa wenn die psychotherapeutische Betreuung missbrauchter Minderjähriger durch heterosexuell orientierte Personen geboten erscheint, um jeden Verdacht eines möglichen sexuellen Interesses ausschließen zu können (Bauer / Göpfert / Krieger Rdnr. 38). Auch wäre es denkbar, für **leitende Positionen in einem Schwulen- und Lesbenverband** Personen mit einer anderen sexuellen Orientierung von vornherein auszuschließen (S / S / V / *Schleusener* Rdnr. 43). Insoweit dürften dieselben Erwägungen gelten wie für die Besetzung des Frauenreferats in einer politischen Partei (vgl. oben Rdnr. 18). Zur Problematik der Berücksichtigung der sexuellen Identität der Beschäftigten einer Religionsgemeinschaft vgl. Erl. zu § 9 AGG Rdnr. 20.

B) zu Abs. 2

1. Grundsatz

Die Vorschrift stellt klar, dass besondere Schutzvorschriften, welche nur Arbeitnehmer einer bestimmten Gruppe betreffen, keine geringere Entlohnung von gleicher oder gleichwertiger Arbeit rechtfertigen. **36**

2. Schutzvorschriften

Solche Schutzvorschriften bestehen vor allem für **37**
- **werdende Mütter** im MuSchG, insbesondere
  - § 9 (Kündigungsschutz),
  - §§ 3, 4, 6 (Beschäftigungsverbote),
  - § 8 (Verbot von Mehr-, Nacht- und Sonntagsarbeit),
  - § 11 (Entgeltfortzahlung);
- **behinderte Menschen** im SGB IX, namentlich
  - § 81 Abs. 4 Satz 4 Nr. 4 und 5 (leidensgerechte Ausgestaltung der Arbeitsstätte und des Arbeitsplatzes),
  - § 84 Abs. 1 und 2 (Eingliederungsmanagement),
  - § 85 (Zustimmung des Integrationsamts bei Kündigungen);
- **Jugendliche** im JArbSchG, z. B.
  - § 19 (verlängerter Urlaub),
  - §§ 22 bis 27 (Beschäftigungsverbote und -beschränkungen),
  - § 28 bis 31 (erhöhte Fürsorgepflichten).

Praktisch geht es hierbei nicht um die Schutzvorschriften als solche, sondern die hieraus entstehenden **Zusatzkosten** für die Beschäftigung solcher Arbeitnehmergruppen. Eine an Zusatzkosten wegen besonderer Schutzvorschriften anknüpfende berufliche Anforderung gilt nach der ausdrücklichen gesetzlichen Regelung in § 8 Abs. 2 als unangemessen und kann daher im Hinblick auf die Höhe der Vergütung keine Ungleichbehandlung rechtfertigen (Bauer / Göpfert / Krieger Rdnr. 48). **38**

3. Gleiche oder gleichwertige Arbeit

Gleiche Arbeit wird geleistet, wenn die **üblichen Tätigkeiten** der verglichenen Personen **identisch** oder unter Berücksichtigung von Ausbildung und Erfahrung, nervlicher und geistiger Beanspruchung, Verantwortung sowie Arbeitsbedingungen **jedenfalls gleichartig** sind (ErfK / *Preis* § 612 BGB Rdnr. 63), sodass die Arbeitnehmer einander bei Bedarf ersetzen könnten (Bauer / Göpfert / Krieger Rdnr. 46). **39**

Maßgebliches Indiz für einen objektiv gleichen Arbeitswert ist insbesondere der **Tariflohn**: Sind zwei Tätigkeiten derselben tariflichen Lohngruppe zugeordnet, spricht eine Vermutung für deren Gleichwertigkeit. Hingegen kann aus der unterschiedlichen Eingruppierung grundsätzlich auf fehlende Gleichwertigkeit geschlossen werden (ErfK / *Preis* a. a. O.). Allerdings ist die **Eingruppierung auf ihre Richtigkeit zu prüfen**. Auch können besondere Umstände des Einzelfalls, die bei der Tarifgruppenbildung nicht berücksichtigt worden sind gegebenenfalls eine abweichende Beurteilung rechtfertigen (vgl. zum Ganzen Bauer / Göpfert / Krieger Rdnr. 47). **40**

4. Regelungsvorbild in § 612 Abs. 3 Satz 2 a. F. BGB

Die Vorschrift entspricht inhaltlich dem früheren § 612 Abs. 3 Satz 2 BGB. Jedoch wird der Anwendungsbereich **über das Merkmal „Geschlecht" hinaus auf alle Benachteiligungsgründe ausgedehnt**. Allerdings enthält Abs. 2 – im Gegensatz zu der genannten BGB-Vor- **41** schrift – keine ausdrückliche Anordnung, dass für gleiche oder gleichwertige Arbeit keine geringere Vergütung wegen eines Benachteiligungsgrundes vereinbart werden dürfe. Dies wird nunmehr vorausgesetzt. Deshalb stellt Abs. 2, anders als der frühere § 612 Abs. 3 BGB, **keine eigenständige Anspruchsgrundlage** dar (ErfK / *Schlachter* Rdnr. 5), sondern konkretisiert nur den Rechtfertigungsgrund der beruflichen Anforderungen nach § 8 Abs. 1 AGG.

V. Literatur

Vgl. die zu § 1 AGG angegebene Literatur sowie

Schmidt, Marlene / **Senne**, Daniela, Das gemeinschaftsrechtliche Verbot der Altersdiskriminierung und seine Bedeutung für das deutsche Arbeitsrecht, RdA 2002, 80

Thüsing, Gregor, Zulässige Ungleichbehandlung weiblicher und männlicher Arbeitnehmer – Zur Unverzichtbarkeit i. S. des § 611a Abs. 1 Satz 2 BGB, RdA 2001, 319

Thüsing, Gregor, Der Fortschritt des Diskriminierungsschutzes im Europäischen Arbeitsrecht, Anmerkungen zu den Richtlinien 2000/43/EG und 2000/78/EG, ZfA 2001, 397

Wiedemann, Herbert / **Thüsing**, Gregor, Der Schutz älterer Arbeitnehmer und die Umsetzung der Richtlinie 2000/78/EG, NZA 2002, 1234

§ 9
Zulässige unterschiedliche Behandlung wegen der Religion oder Weltanschauung

(1) Ungeachtet des § 8 ist eine unterschiedliche Behandlung wegen der Religion oder der Weltanschauung bei der Beschäftigung durch Religionsgemeinschaften, die ihnen zugeordneten Einrichtungen ohne Rücksicht auf ihre Rechtsform oder durch Vereinigungen, die sich die gemeinschaftliche Pflege einer Religion oder Weltanschauung zur Aufgabe machen, auch zulässig, wenn eine bestimmte Religion oder Weltanschauung unter Beachtung des Selbstverständnisses der jeweiligen Religionsgemeinschaft oder Vereinigung im Hinblick auf ihr Selbstbestimmungsrecht oder nach der Art der Tätigkeit eine gerechtfertigte berufliche Anforderung darstellt.

(2) Das Verbot unterschiedlicher Behandlung wegen der Religion oder der Weltanschauung berührt nicht das Recht der in Absatz 1 genannten Religionsgemeinschaften, der ihnen zugeordneten Einrichtungen ohne Rücksicht auf ihre Rechtsform oder der Vereinigungen, die sich die gemeinschaftliche Pflege einer Religion oder Weltanschauung zur Aufgabe machen, von ihren Beschäftigten ein loyales und aufrichtiges Verhalten im Sinne ihres jeweiligen Selbstverständnisses verlangen zu können.

ERLÄUTERUNGEN

ÜBERSICHT

I. Bedeutung der Vorschrift (Rdnrn. 1–2)
II. Fassung (Rdnr. 3)
III. Begründung (Rdnrn. 4–5)
IV. Anmerkungen (Rdnrn. 6–21)
   A) zu Abs. 1
      1. Religionsgemeinschaften (Rdnrn. 6–7)
      2. Zugeordnete Vereinigungen (Rdnr. 8)
      3. Vereinigungen zur gemeinschaftlichen Pflege einer Religion (Rdnr. 9)

4. Vereinigung zur gemeinschaftlichen Pflege einer Weltanschauung (Rdnr. 10)
5. Unterschiedliche Behandlung wegen der Religion oder Weltanschauung (Rdnrn. 11–12)
B) zu Abs. 2
V. Literatur

I. Bedeutung der Vorschrift

Die „Kirchenklausel" des § 9 AGG stellt eine weitere, in diesem Fall „klientenbezogene" Ausnahme vom allgemeinen Diskriminierungsverbot dar: Nach **Abs. 1** können Kirchen und die sonstigen aufgezählten weltanschaulichen Vereinigungen bei Beschäftigungsverhältnissen **Differenzierungen wegen der Religion und der Weltanschauung** vornehmen, wenn dies im Hinblick auf ihr **Selbstbestimmungsrecht** oder **nach der Art der Tätigkeit eine wesentliche und gerechtfertigte berufliche Anforderung** darstellt. Die Vorschrift gewährleistet damit, dass die kirchlichen Einrichtungen im Gegensatz zu „normalen" Arbeitgebern ihre Entscheidungskriterien auch weiterhin **an der Religionszugehörigkeit der Beschäftigten ausrichten** und eine Einstellung von Andersgläubigen oder Nichtkonfessionellen verweigern dürfen. 1

Ergänzend wird durch **Abs. 2** der Bestimmung ausdrücklich weiterhin das Recht der Religionsgemeinschaften bzw. der sonstigen dort aufgeführten Vereinigungen anerkannt, **loyales und aufrichtiges Verhalten ihrer Beschäftigten** einzufordern und – was noch entscheidender ist – auch autonom festzulegen, was darunter konkret zu verstehen ist (*Willemsen / Schweibert* NJW 2006, 2583 [2585] unter Hinweis auf BT-Drucks. 16/1780, 35). 2

II. Fassung

Die Vorschrift wurde unverändert aus dem Entwurf der Bundesregierung „Entwurf eines Gesetzes zur Umsetzung europäischer Richtlinien zur Verwirklichung des Grundsatzes der Gleichbehandlung" (BT-Drucks. 16/1780) übernommen. 3

III. Begründung

Im Gesetzentwurf der Bundesregierung (BT-Drucks. 16/1780 S. 35 f.) wird zu der Vorschrift ausgeführt: 4

„Die Vorschrift setzt Artikel 4 der Richtlinie 2000/78/EG um.

Zu Absatz 1

Grundsätzlich darf wegen der Religionszugehörigkeit nach den §§ 1 und 7 Abs. 1 keine unterschiedliche Behandlung der Beschäftigten erfolgen. Die Richtlinie 2000/78/EG ermöglicht es aber den Mitgliedstaaten, bereits geltende Rechtsvorschriften und Gepflogenheiten beizubehalten, wonach eine Ungleichbehandlung wegen der Religion oder Weltanschauung keine Benachteiligung darstellt, wenn die Religion oder Weltanschauung einer Person nach der Art der Tätigkeit oder der Umstände ihrer Ausübung angesichts des Ethos der Organisation eine wesentliche und gerechtfertigte berufliche Anforderung darstellt. Von dieser Möglichkeit wird mit dieser Vorschrift Gebrauch gemacht. Nach deutschem Verfassungsrecht (Artikel 140 GG in Verbindung mit Artikel 136 ff. der Weimarer Reichsverfassung (WRV)) steht den Kirchen und sonstigen Religionsgesellschaften und Weltanschauungsgemeinschaften nicht nur hinsichtlich ihrer körperschaftlichen Organisation und ihrer Ämter, sondern auch den der Kirche in bestimmter Weise zugeordneten Einrichtungen ohne Rücksicht auf ihre Rechtsform das Recht zu, über Ordnung und Verwaltung ihrer Angelegenheiten selbstständig zu entscheiden. Nach geltender Rechtsprechung steht der Kirche die Regelungs- und Verwaltungsbefugnis nach Artikel 137 Abs. 3 WRV nicht nur hinsichtlich ihrer körperschaftlichen Organisation und ihrer Ämter zu, sondern auch hinsichtlich ihrer ‚Vereinigungen, die sich nicht die allseitige, sondern nur die partielle Pflege des religiösen oder weltanschaulichen Lebens ihrer Mitglieder zum Ziel gesetzt haben. Voraussetzung dafür ist aber, dass der Zweck der Vereinigung gerade auf die Erreichung eines solchen Zieles gerichtet ist. Das gilt ohne weiteres für organisatorisch oder institutionell mit Kirchen verbundene Vereinigungen wie kirchliche Orden, deren Daseinszweck eine Intensivierung der gesamtkirchlichen Aufgaben enthält. Es gilt aber auch für andere selbstständige oder unselbstständige Vereinigungen, wenn und soweit ihr Zweck die Pflege oder Förderung eines religiösen Bekenntnisses oder die Verkündung des Glaubens ihrer Mitglieder ist. Maßstab für das Vorliegen dieser Voraussetzungen kann das Ausmaß der institutionellen Verbindung mit einer Religionsgemeinschaft oder die Art der mit der Vereinigung verfolgten Ziele sein' (BVerfGE 24, 236 (246 f.) sowie BVerfGE 46, 73 (85 ff.) und BVerfGE 70, 138 bis 173). Dieses Recht umfasst grundsätzlich auch die Berechtigung, die Religion oder Weltanschauung als berufliche Anforderung für die bei ihnen Beschäftigten zu bestimmen. Auch der europäische Gesetzgeber hat insoweit im Erwägungsgrund 24 der Richtlinie 2000/78/EG ausdrücklich klargestellt, dass die Europäische Union ‚den Status, den Kirchen und religiöse Vereinigungen oder Gemeinschaften in den Mitgliedstaaten nach deren Rechtsvorschriften genießen, achtet und ihn nicht beeinträchtigt und dass dies in gleicher Weise für den Status von weltanschaulichen Gemeinschaften gilt'. Der Erwägungsgrund lässt es deshalb zu, dass die Mitgliedstaaten in dieser Hinsicht spezifische Bestimmungen über die wesentlichen, rechtmäßigen und gerechtfertigten beruflichen Anforderungen beibehalten oder vorsehen, die Voraussetzung für die Ausübung einer diesbezüglichen beruflichen Tätigkeit sein können. Entsprechend erlaubt § 9 Abs. 1 es Religionsgemeinschaften und den übrigen dort genannten Vereinigungen, bei der Beschäftigung wegen der Religion oder der Weltanschauung zu differenzieren, wenn eine bestimmte Religion oder Weltanschauung im Hinblick auf ihr Selbstbestimmungsrecht oder nach der Art der Tätigkeit eine gerechtfertigte berufliche Anforderung darstellt.

Zu Absatz 2

5   Die Regelung ergänzt Absatz 1 hinsichtlich der Frage, welche Verhaltensanforderungen eine Religions- oder Weltanschauungsgemeinschaft an ihre Mitarbeiter stellen darf. Danach können die Organisationen ein loyales und aufrichtiges Verhalten von den für sie arbeitenden Personen verlangen. Es obliegt den Kirchen und Weltanschauungsgemeinschaften selbst, dementsprechend verbindliche innere Regelungen zu schaffen. Die Frage, welche arbeitsrechtlichen Folgen ein Verstoß gegen derartige Verhaltenspflichten haben kann, beurteilen unter Berücksichtigung des Grundsatzes der Verhältnismäßigkeit die Arbeitsgerichte.

Im Übrigen gelten für berufliche Anforderungen auch bei Religions- und Weltanschauungsgemeinschaften die allgemeinen Regeln des § 8. Zu beachten ist in diesem Zusammenhang auch die Regelung über mehrfache Benachteiligungen in § 4."

IV. Anmerkungen

A) Zu Abs. 1

1. Religionsgemeinschaften

6   Der **Begriff der Religionsgemeinschaft** wird im Gesetz nicht definiert; er ist aber in dem gleichen Sinne zu verstehen wie der Begriff der Religionsgesellschaften in Art. 134 WRV. Seinen Ursprung hat er im deutschen Staatskirchenrecht und bezeichnet nach Auflösung der einen Kirche in die verschiedenen Bekenntnisse und ihre Umdeutung in „Gesellschaften" die christlichen und jüdischen Konfessionsgemeinschaften. Die Vorschrift des § 9 AGG gilt daher für die **Katholische Kirche** und die **Evangelischen Landeskirchen**. Sie schließt aber auch **alle anderen Weltreligionen und Glaubensgemeinschaften** (orthodoxe Kirchen, Islam, Judentum) ein sowie ältere oder neue Religionsgemeinschaften (z. B. Altkatholische Kirche, Lutheraner, Methodisten, Mennoniten, Baptisten usw.) und die sog. Sekten, etwa Mormonen, Neuapostolische, Zeugen Jehovas (Däubler / Bertzbach / *Wedde* Rdnr. 19 m. w. Nachw.).

Nicht von § 9 erfasst werden Vereinigungen oder Organisationen, die religiöse Lehren als Vorwand für wirtschaftliche Ziele benutzen. Deshalb ist die **Scientology-Kirche Hamburg e. V.** keine Religionsgemeinschaft und im Übrigen auch keine Weltanschauungsgemeinschaft (BAG Urteil vom 22. März 1995 – 5 AZB 21/94 = BAGE 79, 319 = NJW 1996, 143 = NZA 1995, 823).

2. Zugeordnete Vereinigungen

Wie Religionsgemeinschaften behandelt werden auch solche ihnen zugeordnete Vereinigungen, die nach dem kirchlichen Selbstverständnis berufen sind, einen **Teil des kirchlichen Auftrags eigenständig wahrzunehmen** (vgl. hierzu BVerfG Beschluss vom 4. Juni 1985 – 2 BvR 1718/83 = BVerfGE 70, 138 [162] = NJW 1986, 367). Diese Aufgaben aus den religiösen Bereich liegen typischerweise auf den Gebieten von **Caritas** und **Diakonie**, etwa im Bereich der Kranken- und Altenpflege, Kinderbetreuung, Jugendarbeit, Lebenshilfe, Beratung usw. Allerdings darf insoweit die religiöse Zielrichtung **nicht** hinter die **Verfolgung betriebswirtschaftlicher Ziele** zurücktreten, etwa bei einer Brauerei, einer Druckerei, einer kommerziell betriebenen Behindertentagesstätte oder einer als GmbH betriebenen Wohnungsbaugesellschaft, deren Gesellschafterin eine Religionsgemeinschaft ist (hierzu näher Däubler / Bertzbach / *Wedde* Rdnr. 25 m. w. Nachw.).

3. Vereinigungen zur gemeinschaftlichen Pflege einer Religion

Die Einbeziehung von „Vereinigungen, die sich die gemeinschaftliche Pflege einer Religion zur Aufgabe machen", erweitert den Anwendungsbereich auf konfessionsgebundene Zusammenschlüsse, die eine Religion bzw. Weltanschauung kraft selbstgesetzter Übereinkunft, etwa in einer Satzung, pflegen. Dies können z. B. **kirchliche Orden** sein (Schiefer / Ettwig / Krych Rdnr. 439). Weiterhin fallen hierunter **Stiftungen oder Trägervereine zum Betrieb kirchlicher Krankenhäuser, Schulen oder Pflegeeinrichtungen**. Erfasst sind aber auch Vereinigungen von Laien, die sich die „partielle Pflege des religiösen Lebens ihrer Mitglieder zum Ziel gesetzt haben" (BT-Drucks. 16/1780 S. 35; oben Rdnr. 4). Als Anwendungsfall kämen etwa die von der katholischen Kirche unabhängigen Schwangerschaftskonfliktberatungsstellen **„Donum Vitae"** in Betracht (ErfK / *Schlachter* Rdnr. 2).

4. Vereinigungen zur gemeinschaftlichen Pflege einer Weltanschauung

Das Gesetz privilegiert schließlich auch Vereinigungen, die sich die gemeinschaftliche Pflege einer Weltanschauung zur Aufgabe machen. Dies steht in Übereinstimmung mit Art. 137 Abs. 7 WRV, durch den die weltanschaulichen Vereinigungen den Religionsgesellschaften gleichgestellt werden. Hierunter sind zu verstehen Zusammenschlüsse, die „durch ihre Lehre wertende Stellungnahme zum Ganzen der Welt bieten und damit eine Antwort auf die Frage nach Ursprung, Sinn und Ziel der Welt und des Lebens der Menschen geben" wollen (von Mangoldt / Klein / Starck / *von Campenhausen* Art. 137 WRV Rdnr. 300). Der Zusammenschluss mehrerer Personen muss durch einen umfassenden inhaltlichen Grundkonsens oder durch ein einheitliches Bekenntnis getragen werden.

5. Unterschiedliche Behandlung wegen der Religion oder Weltanschauung

Die Bestimmung sichert im Einklang mit den europarechtlichen Vorgaben die **grundrechtliche Gewährleistung der Glaubensfreiheit** (Art. 4 GG) und die sie ergänzende **Verfassungsgarantie für das Selbstbestimmungsrecht der Religionsgesellschaften** (Art. 140 GG i. V. mit Art. 137 Abs. 3 WRV). Die begünstigten Einrichtungen dürfen Beschäftigte aufgrund ihrer Religion oder Weltanschauung unterschiedlich behandeln, wenn die Zugehörigkeit zu ihr für die handelnde Einrichtung entweder im Hinblick auf ihr Selbstbestimmungsrecht oder nach Art der ausgeübten Tätigkeit eine gerechtfertigte berufliche Anforderung darstellt. Durch Abs. 1 wird somit ermöglicht, die **Begründung eines Arbeitsverhältnisses von der Konfession abhängig** zu machen (vgl. *Richardi* NZA 2006, 881 [885]).

12 Allerdings rechtfertigt der gebotene Schutz der jeweiligen Gemeinschaft bezüglich ihrer Religion oder Weltanschauung nach ihrem eigenen subjektiven Verständnis nur eine Ungleichbehandlung im sog. **verkündungsnahen Bereich**. Deshalb ist es ohne Weiteres zulässig, dass eine Religionsgemeinschaft zur Verkündung ihrer Botschaft nur Angehörige der Gemeinschaft beschäftigt, die ihre Überzeugungen teilen (Bauer / Göpfert / Krieger Rdnr. 14). Hingegen bestehen keine schützenswerten Interessen der Religionsgemeinschaft, die eine Ungleichbehandlung rechtfertigen könnten, im sog. **verkündungsfernen Bereich**. Unzulässig wäre deshalb die Zurückweisung der Bewerbung einer muslimischen Frau um eine Stelle als Putzfrau in einer christlich-karitativen Einrichtung mit der Begründung, Vorraussetzung für die Tätigkeit sei eine Zugehörigkeit zu der betreffenden Glaubensgemeinschaft (Bauer / Göpfert / Krieger Rdnr. 15).

B) zu Abs. 2

13 Abs. 2 erweitert die Ausnahme über Abs. 1 hinaus auf spezifische **Verhaltensanforderungen an die Beschäftigten**. Religionsgemeinschaften dürfen von ihnen ein **„loyales und aufrichtiges Verhalten i. S. des jeweiligen Selbstverständnisses" der Gemeinschaften** verlangen. Dies umfasst neben der Zugehörigkeit zur Glaubens- oder Überzeugungsgemeinschaft auch eine an deren Vorgaben ausgerichtete Verhaltensweise. Hierbei können die Gemeinschaften selbst den **Inhalt derjenigen Anforderungen festlegen**, nach denen sich die Beschäftigten zu richten haben. Für die katholische Kirche gilt seit 1. 1. 1994 die „Grundordnung des kirchlichen Dienstes im Rahmen kirchlicher Arbeitsverhältnisse" (abgedruckt im Mitteilungsteil von NJW 1994, Heft 21 sowie bei *Thüsing* Kirchliches Arbeitsrecht 2006, S. 301 ff.; hierzu auch *Dütz* NJW 1993, 1369). Für den Dienst in der evangelischen Kirche maßgebend ist die „Loyalitätsrichtlinie für privatrechtliche berufliche Mitarbeit in EKD und Diakonie" (Wortlaut bei *Thüsing* Kirchliches Arbeitsrecht S. 312 ff). Ihr Aufbau entspricht dem des katholischen Vorbildes.

14 Verhaltensvorschriften kirchlicher Einrichtungen, die in der Vergangenheit von der Rechtsprechung für zulässig gehalten wurden, sind etwa das Verbot
— des **Ehebruchs** mit der Folge eines außerordentlichen Kündigungsgrundes nach kirchlichem Selbstverständnis (BAG Urteil vom 24. April 1997 – 2 AZR 268/96 = AP Nr. 27 zu § 611 BGB Kirchendienst);
— einer **zweiten Eheschließung** einer katholischen Mitarbeiterin in einer Caritas-Geschäftsstelle (BAG Urteil vom 14. Oktober 1980 – 1 AZR 1274/79 = BAGE 34, 195 = NJW 1981, 1228 = AP Nr. 7 zu § 140 GG);
— einer **Äußerung über legale Schwangerschaftsabbrüche** für einen in einem katholischen Krankenhaus beschäftigten Arzt (BVerfG Beschluss vom 4. Juni 1985 – 2 BvR 1703/83 = BVerfGE 70, 138 = NJW 1986, 367);
— des **Kirchenaustritts** für einen bei einer kirchlichen Einrichtung – hier: als Lehrer an einer Privatschule – beschäftigten Arbeitnehmer (BAG Urteil vom 4. März 1980 – 1 AZR 1151/78 = DB 1980, 2529 = AP Nr. 4 zu § 140 GG, offen gelassen von BAG Urteil vom 23. März 1984 – 7 AZR 249/81 = BAGE 45, 250 = NJW 1984, 2596 = AP Nr. 16 zu Art. 140 GG bei nicht spezifisch kirchlichen Tätigkeiten).

15 **Verstößt ein Beschäftigter** gegen solche kirchlichen Verhaltensvorschriften, kann dies **auch unter der Geltung des AGG arbeitsrechtliche Sanktionen** bis hin zur Abmahnung oder Kündigung zur Folge haben (Bauer / Göpfert / Krieger Rdnr. 17). Hat sich ein Arbeitgeber allerdings **selbst gebunden**, bei bestimmten Verhaltensverstößen vor Ausspruch einer Kündigung zunächst mit dem Arbeitnehmer ein **klärendes Gespräch** zu führen, so verstößt eine Kündigung, die der Arbeitgeber ausspricht, ohne ein solches Gespräch zu führen, regelmäßig gegen den **Verhältnismäßigkeitsgrundsatz** und ist deshalb sozialwidrig (vgl. BAG Urteil 24. April 1996 – 2 AZR 74/95 = AP Nr. 18 zu § 1 KSchG Personenbedingte Kündigung). Art. 5 Abs. 1 der Grundordnung der Katholischen Kirche für den kirchlichen Dienst, wonach bei Verstößen gegen Loyalitätsobliegenheiten vor Ausspruch einer Kündigung mit der kirchlichen Mitarbeiterin bzw. mit dem kirchlichen Mitarbeiter ein Beratungsgespräch bzw. ein „klärendes Gespräch" zu führen ist, enthält eine solche bindende Verfahrensnorm (BAG Urteil vom 16. September 1999 – 2 AZR 712/98 = AP Nr. 1 zu Art. 4 GrO kath. Kirche).

Nach dem Gesetzeswortlaut wird die **Ausnahme nur vom Verbot unterschiedlicher Behandlung** allerdings nur **wegen der Religion oder der Weltanschauung** zugelassen. Ein Konfliktfall kann allgemein bei **kirchlichen Verhaltensanforderungen betreffend das Privatleben** (Ehebruch, zweite Eheschließung) auftreten. Ganz besonders betrifft dies solche Anforderungen an **homosexuell veranlagte Mitarbeiter**. In der entsprechend motivierten Ablehnung eines Stellenbewerbers oder der Kündigung eines bereits Beschäftigten liegt eine **Benachteiligung wegen der sexuellen Identität** im Sinne von § 1 AGG. Das BAG hatte in einem Urteil vom 30. Juni 1983 – 2 AZR 524/81 = NJW 1984, 1917 = AP Nr. 15 zu Art. 140 GG) eine derartige Kündigung eines im Dienst des Diakonischen Werks einer evangelischen Landeskirche stehenden, im Bereich der Konfliktberatung eingesetzten Arbeitnehmers noch für rechtens gehalten: Auch die im außerdienstlichen Bereich ausgeübte homosexuelle Praxis stelle für diesen eine Vertragspflichtverletzung dar, die jedenfalls einen Kündigungsgrund abgeben könne, wenn der Arbeitnehmer vorher erfolglos abgemahnt worden sei. **16**

Nach einer **am Gesetzeswortlaut orientierten Auslegung** wäre nunmehr nach Inkrafttreten des AGG eine solche **Kündigung** auch dann **nicht zulässig**, wenn die ein solches Verbot formulierenden Glaubensanforderungen an die Mitglieder auch eine Verpflichtung auf entsprechend loyales Verhalten i. S des Abs. 2 begründen (hierzu näher ErfK / *Schlachter* Rdnr. 4). Jedenfalls könne von einem kirchlichen Beschäftigten nur das **Maß an Loyalität** gefordert werden, das für die **Ausübung der konkreten Tätigkeit** eine wesentliche, entscheidende und gerechtfertigte berufliche Anforderung darstelle (Däubler / Bertzbach / *Wedde* Rdnr. 63). So seien hohe Loyalitätsanforderungen im Bereich der „Verkündigung" (also für Priester, Seelsorger, Religionslehrer, Repräsentanten) gerechtfertigt, jedoch geringere für die Loyalitätspflichten sonstiger Tätigkeiten ohne direkte Leitungs- oder Vorbildfunktion. **17**

Allerdings steht dies **nicht in Übereinstimmung mit § 4 Abs. 2 Unterabs. 2 der RL 2000/78/EG**: Danach können die Kirchen und andere öffentliche oder private Organisationen, deren Ethos auf religiösen Grundsätzen oder Weltanschauungen beruht, im Einklang mit den einzelstaatlichen verfassungsrechtlichen Bestimmungen und Rechtsvorschriften von den für sie arbeitenden Personen verlangen, dass sie sich **loyal und aufrichtig i. Sinne des Ethos der Organisation** verhalten. Die Sonderstellung der Kirche bezieht sich nicht allein auf eine Benachteiligung wegen der Religion, sondern beruht auch auf der **Religion der Kirche**, die in einem **Konflikt auch zu einem nicht-religiösen Verhalten des Arbeitnehmers** stehen kann. Danach ist eine Ungleichbehandlung von kirchlichen Bediensteten wegen Homosexualität **europarechtlich weiterhin zulässig**, nicht aber nach dem Wortlaut des § 9 AGG. Dies schränkt den Freiheitsraum der Kirchen unangemessen ein und erscheint auch verfassungswidrig (MK-*Thüsing* Rdnr. 21). **18**

Denn nach der **Rechtsprechung des BVerfG** (Beschluss vom 4. Juni 1985 – 2 BvR 1703/83 = BVerfGE 70, 138 = NJW 1986, 367) ist die **Verfassungsgarantie des Selbstbestimmungsrechts** der Kirchen **auch für die Gestaltung ihrer Arbeitsverhältnisse** wesentlich: „Auch im Wege des Vertragsschlusses können daher einem kirchlichen Arbeitnehmer besondere **Obliegenheiten einer kirchlichen Lebensführung** auferlegt werden. Werden solche Loyalitätspflichten in einem Arbeitsvertrag festgelegt, nimmt der kirchliche Arbeitgeber nicht nur die allgemeine Vertragsfreiheit für sich in Anspruch; er macht zugleich von seinem verfassungskräftigen Selbstbestimmungsrecht Gebrauch ... Das schließt ein, dass die Kirchen der Gestaltung des kirchlichen Dienstes auch dann, wenn sie ihn auf der Grundlage von Arbeitsverträgen regeln, das **besondere Leitbild einer christlichen Dienstgemeinschaft** aller ihrer Mitarbeiter zugrunde legen können (vgl. BVerfGE 53, 366 (403 f.)). Dazu gehört weiter die Befugnis der Kirche, den ihr angehörenden Arbeitnehmern die **Beachtung jeden-** **19** falls der tragenden Grundsätze der kirchlichen Glaubens- und Sittenlehre** aufzuerlegen und zu verlangen, dass sie nicht gegen die fundamentalen Verpflichtungen verstoßen, die sich aus der Zugehörigkeit zur Kirche ergeben und die jedem Kirchenglied obliegen. Denn für die Kirchen kann ihre **Glaubwürdigkeit** davon abhängen, dass ihre Mitglieder, die in ein Arbeitsverhältnis zu ihnen treten, die kirchliche Ordnung – auch in ihrer Lebensführung – respektieren."

20 Deshalb muss aufgrund dieses kirchlichen Selbstbestimmungsrechts bei **verfassungskonformer und europarechtlich zulässiger Auslegung** auch eine **Ungleichbehandlung von kirchlichen Beschäftigten im Fall von praktizierter Homosexualität** möglich sein (vgl. MK-*Thüsing* Rdnr. 24). Dasselbe gilt bei der Eingehung einer eingetragenen Lebenspartnerschaft, sofern diese mit der jeweiligen kirchlichen Lehre nicht in Einklang steht.

21 Allerdings wird zum Teil auch die Auffassung vertreten, dass die **Absolutheit der bisherigen Argumentation zum kirchlichen Selbstbestimmungsrecht** künftig nicht mehr aufrechterhalten werden könne (vgl. Däubler / Bertzbach / *Wedde* Rdnr. 75 ff.). Angesichts der **offensichtlichen Wertungswidersprüche** zwischen bisherigem Verfassungsverständnis, europäischen Vorgaben und gesetzgeberischer Umsetzung im AGG wird die weitere Entwicklung der Rechtsprechung abzuwarten sein.

V. Literatur

Vgl. die zu § 1 AGG angegebene Literatur.

§ 10
Zulässige unterschiedliche Behandlung wegen des Alters

[1]Ungeachtet des § 8 ist eine unterschiedliche Behandlung wegen des Alters auch zulässig, wenn sie objektiv und angemessen und durch ein legitimes Ziel gerechtfertigt ist. [2]Die Mittel zur Erreichung dieses Ziels müssen angemessen und erforderlich sein. [3]Derartige unterschiedliche Behandlungen können insbesondere Folgendes einschließen:

1. die Festlegung besonderer Bedingungen für den Zugang zur Beschäftigung und zur beruflichen Bildung sowie besonderer Beschäftigungs- und Arbeitsbedingungen, einschließlich der Bedingungen für Entlohnung und Beendigung des Beschäftigungsverhältnisses, um die berufliche Eingliederung von Jugendlichen, älteren Beschäftigten und Personen mit Fürsorgepflichten zu fördern oder ihren Schutz sicherzustellen,
2. die Festlegung von Mindestanforderungen an das Alter, die Berufserfahrung oder das Dienstalter für den Zugang zur Beschäftigung oder für bestimmte mit der Beschäftigung verbundene Vorteile,
3. die Festsetzung eines Höchstalters für die Einstellung aufgrund der spezifischen Ausbildungsanforderungen eines bestimmten Arbeitsplatzes oder aufgrund der Notwendigkeit einer angemessenen Beschäftigungszeit vor dem Eintritt in den Ruhestand,
4. die Festsetzung von Altersgrenzen bei den betrieblichen Systemen der sozialen Sicherheit als Voraussetzung für die Mitgliedschaft oder den Bezug von Altersrente oder von Leistungen bei Invalidität einschließlich der Festsetzung unterschiedlicher Altersgrenzen im Rahmen dieser Systeme für bestimmte Beschäftigte oder Gruppen von Beschäftigten und die Verwendung von Alterskriterien im Rahmen dieser Systeme für versicherungsmathematische Berechnungen,
5. eine Vereinbarung, die die Beendigung des Beschäftigungsverhältnisses ohne Kündigung zu einem Zeitpunkt vorsieht, zu dem der oder die Beschäftigte eine Rente wegen Alters beantragen kann; § 41 des Sechsten Buches Sozialgesetzbuch bleibt unberührt,
6. Differenzierungen von Leistungen in Sozialplänen im Sinne des Betriebsverfassungsgesetzes, wenn die Parteien eine nach Alter oder Betriebszugehörigkeit gestaffelte Abfindungsregelung geschaffen haben, in der die wesentlich vom Alter abhängenden

Chancen auf dem Arbeitsmarkt durch eine verhältnismäßig starke Betonung des Lebensalters erkennbar berücksichtigt worden sind, oder Beschäftigte von den Leistungen des Sozialplans ausgeschlossen haben, die wirtschaftlich abgesichert sind, weil sie, gegebenenfalls nach Bezug von Arbeitslosengeld, rentenberechtigt sind.

ERLÄUTERUNGEN

ÜBERSICHT

I. Bedeutung der Vorschrift (Rdnrn. 1–4)
II. Fassung (Rdnrn. 5–6)
    a) durch das AGG (Rdnr. 5)
    b) durch Art 8 Nr. 1a und b des Betriebsänderungsgesetzes v. 2. Dezember 2006 (BGBl I S. 2742) mit Wirkung vom 12. Dezember 2006 (Rdnr. 6)
III. Begründung (Rdnrn. 7–14)
IV. Anmerkungen (Rdnrn. 15–65)
    A) zu Satz 1 und 2
        1. Generalklausel für zulässige Ungleichbehandlung wegen Alters (Rdnrn. 15–17)
        2. Begriff des Alters (Rdnr. 18)
        3. Unmittelbare Benachteiligung wegen Alters (Rdnr. 19)
        4. Mittelbare Benachteiligung wegen Alters (Rdnr. 20)
        5. Legitimes Ziel (Rdnrn. 21–28)
        6. Verhältnismäßigkeit der Mittelwahl (Rdnrn. 29–35)
    B) Regelbeispiel zu Satz 3
        1. Allgemeines (Rdnrn. 36–37)
        2. Förderung der beruflichen Eingliederung und des Schutzes von Jugendlichen und älteren Arbeitnehmern (Satz 3 Nr. 1) (Rdnrn. 38–47)
        3. Mindestanforderungen an das Alter, die Berufserfahrung oder das Dienstalter (Rdnrn. 48–54)
        4. Höchstalter für die Einstellung (Satz 3 Nr. 3) (Rdnrn. 55–56)
        5. Altersgrenzen bei den betrieblichen Systemen der sozialen Sicherheit (Satz 3 Nr. 4) (Rdnrn. 57–58)
        6. Befristung des Arbeitsverhältnisses auf die gesetzliche Regelaltersgrenze (Satz 3 Nr. 5) (Rdnrn. 59–61)
        7. Differenzierung von Sozialplanleistungen nach Alter oder Dauer der Betriebszugehörigkeit (Satz 3 Nr. 6) (Rdnrn. 62–65)
V. Literatur

I. Bedeutung der Vorschrift

Sie regelt eigenständig – **neben dem allgemeinen Rechtfertigungsgrund beruflicher Anforderungen in § 8 AGG** –, wann eine **unterschiedliche Behandlung von Beschäftigten wegen ihres Alters zulässig** ist, obwohl eine solche im gegebenen Fall tatbestandlich unter das generelle Benachteiligungsverbot des § 7 Abs. 1 AGG fällt. Die Vorschrift ist eine der komplexesten Bestimmungen des AGG (*Bauer / Göpfert / Krieger* Rdnr. 1). 1

Sätze 1 und 2 normieren in Form einer **Generalklausel** den **allgemeinen Rechtfertigungsgrund** für eine unterschiedliche Behandlung wegen des Alters. Hierfür reicht es aus, dass die **Ungleichbehandlung objektiv, angemessen und durch ein legitimes Ziel gerechtfertigt** ist. Die Mittel zur Erreichung dieses Ziels müssen angemessen und erforderlich sein. Im jeweiligen Einzelfall muss danach eine **umfassende Verhältnismäßigkeitsprüfung** vorgenommen werden. So ist etwa die Festsetzung einer Altersgrenze für Piloten aufgrund der hohen Anforderungen an die körperliche und geistige Leistungsfähigkeit in diesem Berufsstand und wegen der hohen Gefahrgeneigtheit der Arbeit angemessen und durch ein legiti- 2 mes Ziel gerechtfertigt (vgl. BVerfG Nichtannahmebeschluss vom 25. November 2004 – 1 BvR 2459/04 = BB 2005, 1231 = AP Nr. 25 zu § 620 BGB).

3 **Satz 3** nennt **sechs Regelbeispiele**, bei deren Vorliegen eine unterschiedliche Behandlung wegen des Alters im Grundsatz gerechtfertigt sein soll. Allerdings sind dennoch in jedem Einzelfall die gesetzlichen Voraussetzungen von Satz 1 und 2 zu prüfen.

4 Die Vorschrift gilt für **einzelvertragliche wie für kollektivvertragliche Regelungen** sowie **einseitige Maßnahmen des Arbeitgebers**. Kündigungen, Weisungen, Arbeitsverträge, Betriebsvereinbarungen und Tarifverträge, die Ausnahmen vom Verbot der Altersdiskriminierung zulassen, aber den Anforderungen des § 10 nicht gerecht werden, sind nach § 7 Abs. 2 AGG bzw. § 134 BGB **unwirksam** (Schiek / *Schmidt* Rdnr. 3).

II. Fassung
a) durch das AGG

5 Die Vorschrift wurde unverändert aus dem Entwurf der Bundesregierung „Entwurf eines Gesetzes zur Umsetzung europäischer Richtlinien zur Verwirklichung des Grundsatzes der Gleichbehandlung" (BT-Drucks. 16/1780) übernommen.

b) durch Art. 8 Nr. 1a und b des Betriebsrentenänderungsgesetzes v. 2. Dezember 2006 (BGBl. I S. 2742) mit Wirkung vom 12. Dezember 2006

6 In Satz 3 wurden die bisherigen Nrn. 6 und 7 mit folgendem Wortlaut aufgehoben:

„*6. eine Berücksichtigung des Alters bei der Sozialauswahl anlässlich einer betriebsbedingten Kündigung im Sinne des § 1 des Kündigungsschutzgesetzes, soweit dem Alter kein genereller Vorrang gegenüber anderen Auswahlkriterien zukommt, sondern die Besonderheiten des Einzelfalls und die individuellen Unterschiede zwischen den vergleichbaren Beschäftigten, insbesondere die Chancen auf dem Arbeitsmarkt entscheiden,*

7. die individual- oder kollektivrechtliche Vereinbarung der Unkündbarkeit von Beschäftigten eines bestimmten Alters und einer bestimmten Betriebszugehörigkeit, soweit dadurch nicht der Kündigungsschutz anderer Beschäftigter im Rahmen der Sozialauswahl nach § 1 Abs. 3 des Kündigungsschutzgesetzes grob fehlerhaft gemindert wird"

Die bisherige Nr. 8 wurde Nr. 6.

Dies wurde im der **Beschlussempfehlung des Ausschusses für Arbeit und Soziales** (BT-Drucks: 16/3007 S. 22) wie folgt begründet:

„Bei der Änderung des § 10 handelt es sich um eine redaktionelle Anpassung an § 2 Abs. 4. Nach dieser Norm gelten für Kündigungen ausschließlich die Bestimmungen zum allgemeinen und besonderen Kündigungsschutz. Die Nummern 6 und 7 des § 10 laufen leer und sind deshalb zu streichen."

III. Begründung

7 Im **Gesetzentwurf der Bundesregierung** (BT-Drucks. 16/1780 S. 36) wird zu der Vorschrift ausgeführt:

„Die Vorschrift regelt, unter welchen Voraussetzungen eine unterschiedliche Behandlung wegen des Alters zulässig ist.

Im Hinblick auf die ungünstige Situation älterer Beschäftigter auf dem Arbeitsmarkt und die sich abzeichnende demografische Entwicklung kommt dem Schutz Älterer im Beschäftigungsverhältnis besondere Bedeutung zu. So soll etwa bei gleicher Qualifikation nicht automatisch jüngeren der Vorzug vor älteren Bewerbern gegeben werden.

8 Das Merkmal Alter zeichnet sich gegenüber allen anderen in § 1 genannten Gründen durch eine besondere Struktur aus. Alle Beschäftigten können während ihres Berufslebens einmal

ein „kritisches" Alter durchlaufen. Dies kann z. B. sowohl der Zugang zum Beruf nach der Ausbildung für 20-jährige als auch die Verdrängung aus dem Arbeitsmarkt für 55-jährige Beschäftigte sein. In einem Berufszweig kann die höhere „Belastbarkeit" jüngerer Beschäftigter im Vordergrund stehen, in anderen Berufszweigen die höhere Lebens- und Berufserfahrung. Hier bestehen so komplexe Zusammenhänge, dass eine allgemein gültige Lösung durch den Gesetzgeber nicht möglich ist. Die Vorschrift beschränkt sich daher auf die Umsetzung der in den Richtlinien vorgegebenen allgemeinen Grundsätze und bleibt damit flexibel handhabbar.

Danach ist eine unterschiedliche Behandlung wegen des Alters über die allgemeine Regelung in § 8 hinaus auch zulässig, wenn sie objektiv und angemessen und durch ein legitimes Ziel gerechtfertigt ist; das angewandte Mittel muss angemessen und erforderlich sein. Diese Generalklausel gilt sowohl für einzelvertragliche als auch kollektivvertragliche Regelungen. Die Legitimität eines Zieles ist unter Berücksichtigung der fachlich-beruflichen Zusammenhänge aus Sicht des Arbeitgebers oder der Tarifvertragsparteien zu beurteilen. Dies können auch Ziele sein, die über die Situation eines einzelnen Unternehmens oder einer Branche hinausgehen und von allgemeinem Interesse sind, wie etwa Beschäftigungspolitik, Arbeitsmarkt oder berufliche Bildung. **9**

Zu Nummer 1

Als legitimes Ziel bezeichnet Nummer 1 die Förderung der beruflichen Eingliederung sowie den Schutz von jugendlichen und älteren Beschäftigten und von Personen mit Fürsorgepflichten. Diese Ziele erlauben die Festlegung besonderer Bedingungen für den Zugang zur Beschäftigung und besonderer Beschäftigungs- und Arbeitsbedingungen, einschließlich der Beendigung des Arbeitsverhältnisses. **10**

Zu Nummer 2

Nummer 2 nennt als mögliche zulässige Maßnahme die Festlegung von Mindestanforderungen an das Alter oder die Berufserfahrung für den Zugang zur Beschäftigung oder bestimmter mit der Beschäftigung verbundener Vorteile. Letzteres betrifft insbesondere Entgeltregelungen. Hinsichtlich des Entgelts dürfte etwa eine Anknüpfung an die Berufserfahrung eher zu rechtfertigen sein als an das bloße Lebensalter. **11**

Zu Nummer 3

Nummer 3 lässt die Festlegung eines Höchstalters für die Einstellung zu. Dem liegt die Überlegung zugrunde, dass bei älteren Beschäftigten, deren Rentenalter bereits absehbar ist, einer aufwendigen Einarbeitung am Arbeitsplatz auch eine betriebswirtschaftlich sinnvolle Mindestdauer einer produktiven Arbeitsleistung gegenüberstehen muss. **12**

Zu Nummer 4

Nummer 4 stellt klar, dass die Festsetzung von Altersgrenzen bei den betrieblichen Systemen der sozialen Sicherheit – insbesondere der betrieblichen Altersversorgung – regelmäßig keine Benachteiligung wegen des Alters darstellt. Zulässig sind auch unterschiedliche Altersgrenzen für bestimmte Beschäftigte oder Gruppen von Beschäftigten. Die Festsetzung von Altersgrenzen darf aber nicht zu einer Benachteiligung wegen des Geschlechts oder wegen eines anderen in § 1 genannten Grundes führen (vgl. die Ausführungen zu § 4). **13**

Zu den Nummern 5 bis 8

Hierzu bitte eine Fußnote mit folgendem Wortlaut:

Zu beachten ist die Aufhebung der früheren Ziffern 6 und 7, vgl. hierzu oben Rdnr. 6

Die Nummern 5 bis 8 dienen der Rechtssicherheit, indem die Regelbeispiele der Nummern 1 bis 4 ergänzt werden. Sie stellen klar, dass auch weiterhin das Alter bei der Beendigung von Arbeitsverhältnissen und der damit im Zusammenhang stehenden Leistungen des Arbeitgebers berücksichtigt werden kann." **14**

IV. Anmerkungen
A) zu Satz 1 und 2
1. Generalklausel für zulässige Ungleichbehandlung wegen Alters

15 Die Vorschrift des § 10 **ergänzt selbstständig die Regelung des § 8 AGG** über eine zulässige unterschiedliche Behandlung wegen beruflicher Anforderungen. Jene Bestimmung ermöglicht grundsätzlich auch eine Differenzierung nach dem Alter als Diskriminierungsmerkmal nach § 1 AGG, wenn es aufgrund der Art einer bestimmten beruflichen Tätigkeit oder der Bedingungen ihrer Ausübung eine wesentliche und entscheidende berufliche Voraussetzung darstellt, sofern der Zweck rechtmäßig und die Anforderung angemessen ist. Allerdings wird wohl nur in begrenzten Fällen, namentlich der gebotenen Authentizität oder Gefahrenabwehr, das Alter eine solche wesentliche und entscheidende berufliche Anforderung darstellen; ein klassisches Beispiel ist der Darsteller des jugendlichen Liebhabers im Theater (vgl. *Thüsing* Arbeitsrechtliche Diskriminierungsschutz Rdnrn. 345 und 416; näher hierzu Erl. zu § 8 AGG Rdnrn. 30 ff.).

16 Neben einer ausnahmsweise gemäß § 8 AGG gerechtfertigten Benachteiligung ist **nach der Generalklausel in Satz 1 und 2** eine unterschiedliche Behandlung wegen des Alters „auch" zulässig, wenn sie
– **objektiv, angemessen und durch ein legitimes Ziel gerechtfertigt** ist.

Darüber hinaus müssen die **Mittel** zur Erreichung dieses Ziels
– **angemessen und erforderlich** sein.

17 Die zulässige Unterscheidung nach dem Alter unterliegt damit **geringeren Anforderungen** als eine unterschiedliche Behandlung wegen **anderer Merkmale** des § 1 AGG nach dem **strengeren Maßstab des § 8 AGG**. Sie erfordert lediglich einen sachlichen Grund und steht außerdem unter dem Vorbehalt der Verhältnismäßigkeit (Nollert-Borasio / Perreng Rdnr. 2).

2. Begriff des Alters

18 Unter dem Begriff „Alter" ist das **Lebensalter** zu verstehen (RegE BT-Drucks. 16/1780 S. 31). Geschützt werden durch dieses Merkmal grundsätzlich alle Altersgruppen. Allerdings kommt dem Schutz Älterer im Beschäftigungsverhältnis besondere Bedeutung zu. Deshalb soll bei gleicher Qualifikation nicht automatisch jüngeren der Vorzug vor älteren Bewerbern gegeben werden.

3. Unmittelbare Benachteiligung wegen des Alters

19 Eine unmittelbare Benachteiligung wegen des Alters liegt vor, wenn das **Lebensalter konkret oder im Sinne einer Altersgrenze** zur Grundlage einer **Maßnahme nach § 3 Abs. 1 AGG** gemacht wird. Hierbei können auch verdeckte Benachteiligungen wegen des Alters eine Rolle spielen, etwa wenn in einer Regelung auf Mitarbeiter abgestellt wird, die ab dem 60. Lebensjahr Leistungen aus der gesetzlichen Rentenversicherung in Anspruch nehmen können (*Bauer / Göpfert / Krieger* Rdnr. 17).

4. Mittelbare Benachteiligung wegen des Alters

20 Jedoch kommen auch mittelbare Benachteiligungen in Betracht, wenn **an andere Kriterien** – wie die Dauer der **Betriebszugehörigkeit** oder die **Berufserfahrung** – angeknüpft wird, welche letztlich auf dem Lebensalter beruhen (Flohr / *Ring / Siebeck / Woitz* Rdnr. 222). Zu beachten ist aber, dass eine mittelbare Benachteiligung nach § 3 Abs. 2 AGG schon tatbestandsmäßig ausscheidet, wenn die Ungleichbehandlung durch ein legitimes Ziel gerechtfertigt und die Mittel verhältnismäßig sind (vgl. hierzu Erl. zu § 3 AGG Rdnr. 46).

5. Legitimes Ziel

Der erste Schritt der Rechtfertigungsprüfung ist die Zielbestimmung nach Satz 1. Das Ziel der mit der Ungleichbehandlung verbundenen Maßnahme muss danach „legitim" sein. Die Formulierung ist **aus dem Richtlinientext übernommen** und weicht daher von der üblichen deutschen Rechtssprache ab (S / S / V / *Voigt* Rdnr. 13). 21

Das **Ziel kann sich beziehen** 22

- auf die Situation und Interessen des einzelnen **Unternehmens**, die allerdings ein gewisses Gewicht haben müssen (vgl. die Rechtsprechung zu rechtmäßigen Zielen im Rahmen der mittelbaren Benachteiligung bei § 3 Abs. 2, dort Erl. Rdnr. 48 f.; ebenso S / S / V / *Voigt* Rdnr. 16);
- auf die Lage der betreffenden **Branche** (z. B. in Tarifverträgen);
- auf das **Allgemeininteresse**, etwa Beschäftigungspolitik, Arbeitsmarkt oder berufliche Bildung (vgl. BT-Drucks. 16/1780 S. 36, oben Rdnr. 9).

Die **Wahrnehmung allgemeiner beschäftigungspolitischer Interessen durch einzelne Arbeitgeber** entspricht damit ausdrücklich dem Willen des Gesetzgebers (vgl. Bauer / Göpfert / Krieger Rdnr. 20).

Die Legitimität eines mit einer bestimmten Regelung verfolgten Ziels **ist aus der Perspektive des Gemeinschaftsrechts zu beurteilen**. Soweit Regelungen in Einzelarbeitsverträgen oder Kollektivverträgen ein danach legitimes Ziel verfolgen, sind sie mit § 10 Satz 1 vereinbar, auch wenn der nationale Gesetzgeber dieses Ziel nicht ausdrücklich als „legitim" im Sinne des AGG gekennzeichnet hat (Schiek / *Schmidt* Rdnr. 6). 23

Legitim im Sinne von § 10 sind zum einen **alle in Gemeinschaftsrechtsakten – einschließlich der Grundrechtscharta – beschlossenen Zielsetzungen**, zum anderen **Ziele und Wertungen des nationalen Verfassungsrechts**, soweit sie nicht in Widerspruch zur Geltung des Gemeinschaftsrechts stehen. 24

Als allgemeine **Beispiele für legitime Ziele** sind zu nennen (vgl. Schiek / *Schmidt* Rdnrn. 7 ff. jeweils mit Einzelnachweisen): 25

- die Förderung der beruflichen Eingliederung sowie der Schutz von jugendlichen Beschäftigten;
- die Förderung der beruflichen Eingliederung sowie der Schutz von älteren Beschäftigten;
- die Förderung der beruflichen Eingliederung sowie der Schutz von Personen mit Fürsorgepflichten;
- die Förderung des gleitenden Übergangs vom Erwerbsleben in die Altersrente;
- die Förderung der Einstellung zuvor arbeitsloser Personen;
- die Wiedereingliederung gekündigter Arbeitnehmer;
- die Belohnung von Betriebstreue;
- die Sicherheit und Gesundheit Dritter, die mit der Arbeitsleistung in Berührung kommen;
- der Gesundheitsschutz älterer Arbeitnehmer.

Hieraus wird deutlich, dass Maßnahmen, die einzelne Beschäftigte oder Gruppen von Beschäftigten aus Gründen ihres Alters ungleich behandeln, **nicht nur dann durch einen legitimen Zweck gerechtfertigt** sein können, wenn sie sich auf **Vergleichspersonen oder Gruppen ebenfalls altersbezogen** auswirken (etwa bei Altersgrenzen für die Kassenarztzulassung, vgl. unten Rdnr. 32). Vielmehr kann der legitime Zweck z. B. auch darin bestehen, dass Personen mit Fürsorgepflichten gegenüber Dritten bevorzugt werden gegenüber älteren Beschäftigten. Auch können Zwecke der allgemeinen Sicherheit verfolgt werden (z. B. bei Altersgrenzen für Piloten, vgl. unten Rdnr. 31). 26

Steht fest, dass die Maßnahme grundsätzlich durch ein legitimes Ziel gerechtfertigt sein kann, wird in der Regel auch das **Tatbestandsmerkmal „objektiv"** erfüllt sein. Man wird 27 ihm zum einen die Bedeutung unterlegen müssen, dass die **Zielverfolgung nicht nur auf subjektiven Vorstellungen** des Rechtsanwenders beruht, sondern ein **wirklichkeitsbezogener Anlass** für die Maßnahme besteht (in diesem Sinne etwa Bauer / Göpfert / Krieger Rdnr. 21). Jedenfalls für Individualinteressen von Unternehmen, die als legitimes Ziel anerkannt werden können (vgl. oben Rdnr. 23), lässt sich das Merkmal objektiv auch dahingehend verstehen, dass sie in ihrer Wertigkeit den in der Richtlinie genannten Beispielen Beschäftigungspolitik, Arbeitsmarkt und berufliche Bildung gleichkommen müssen (S / S / V / *Voigt* Rdnr. 16 m. w. Nachw.).

28   Hingegen kommt dem Begriff **„angemessen"** („appropriate") auf dieser Prüfungsstufe **kein eigener auslegungsbedürftiger Wert** zu; es handelt sich um eine „Worthülse aus dem englischen Text der Richtlinie 2000/78/EG" (so zutreffend Bauer / Göpfert / Krieger a. a. O.).

6. Verhältnismäßigkeit der Mittelwahl

29   Die Rechtfertigung der Benachteiligung wegen des Alters setzt nach **Satz 2** weiterhin eine Prüfung der **Verhältnismäßigkeit des angewendeten Mittels** voraus. Insoweit gelten die allgemeinen Grundsätze (Bauer / Göpfert / Krieger Rdnr. 22). Das Mittel muss
 – **geeignet** sein, um das angestrebte Ziel zu erreichen;
 – **erforderlich** sein. Bei der Auswahl unter mehreren gleich geeigneten Mitteln muss **das mildeste** hiervon gewählt werden;
 – auch unter Berücksichtigung der **Interessenlage der jeweils anderen Vergleichsgruppe** (z. B. jüngere Mitarbeiter) insgesamt noch zu billigen sein (d. h. „angemessen" im engeren Sinne). Je stärker der Eingriff sich für den Betroffenen auswirkt, umso gewichtiger müssen die Gründe dafür sein. Zumindest auf kollektivrechtlicher Ebene ist aber angesichts der hohen Zahl von Beschäftigten auch eine gewisse pauschalierende Betrachtungsweise zulässig (S / S / V / *Voigt* Rdnr. 19).

30   Danach sind z. B. **Höchstaltersgrenzen für die Berufsausübung** ggf. zulässig. So ist die in § 24e Abs. 6 S. 2 LuftVZO vorgesehene **Altersgrenze für flugmedizinische Sachverständige** objektiv und angemessen und durch ein legitimes Ziel gerechtfertigt. Da die **Tauglichkeit des Luftfahrtpersonals** eine wesentliche Grundlage für die Sicherheit des Luftverkehrs darstellt, sind die Tauglichkeitsüberprüfungen in zuverlässiger und fehlerfreier Weise vorzunehmen, wobei **Gefährdungen, die nach der Lebenserfahrung von älteren, nicht mehr voll leistungsfähigen flugmedizinischen Sachverständigen** ausgehen, vermieden werden müssen; dies kann in zulässiger Weise durch die **generalisierende und typisierende Bestimmung einer Altersgrenze von 68 Jahren** sichergestellt werden (Niedersächs. OVG Beschluss vom 13. September 2006 – 12 ME 275/06, zit. nach JURIS).

31   Die **vertragliche Altersgrenze „60" für Berufsflugzeugführer** von Flugzeugen ab einer bestimmten Größe ist gerechtfertigt im Hinblick auf das **Gefahrenpotenzial des kommerziellen Einsatzes von Großflugzeugen** und die **besonderen Belastungen, denen Piloten ausgesetzt sind**, vor dem Hintergrund der **altersbedingten Abbauprozesse** im körperlichen und geistigen Bereich, denen sich niemand entziehen kann (vgl. BVerfG Nichtannahmebeschluss vom 25. November 2004 – 1 BvR 2459/04 = BB 2005, 1231 = AP Nr. 25 zu § 620 BGB Altersgrenze).

32   Auch verstößt es nicht gegen das Verbot der Altersdiskriminierung im Allgemeinen Gleichbehandlungsgesetz, wenn **Vertragsärzte mit Ablauf des 68. Lebensjahres ihre Zulassung zur vertragsärztlichen Versorgung verlieren** (LSG BW Urteil vom 23. Oktober 2006 – L 5 KA 4343/06 ER-B, zit. nach JURIS). Nach Auffassung des LSG a. a. O. dient diese Maßnahme der „Stabilisierung des bestehenden Gesundheitssystems". Es gelte zu verhindern, „dass in einzelnen Gebieten eine deutliche Überversorgung und in anderen Gebieten eine absolute Unterversorgung mit Ärzten besteht. Diesen Anforderungen an eine **flächendeckende ärztliche Versorgung** kann aber mit den hier maßgeblichen Mitteln des Bedarfsplanungsrechts auch dann nur Rechnung getragen werden, wenn **sichergestellt ist, dass ab einer bestimm-**

ten Altersgrenze die zugelassenen Vertragsärzte aus der vertragsärztlichen Versorgung ausscheiden, um so auch ein Nachrücken der jüngeren Generation und damit auch eine gleichmäßige stabile Versorgung zu gewährleisten."

Das LSG a. a. O. hat die **Altersgrenze mit weiteren drastischen Argumenten gerechtfertigt**, die sinngemäß vielfach für Altershöchstgrenzen herangezogen werden können. „Andernfalls bestünde die Gefahr, dass durch die bereits zugelassenen Vertragsärzte, sofern diese, wie etwa der Kläger, nicht nur bis 68 Jahre, sondern bis 76 Jahre oder unter Umständen noch länger praktizieren wollen, **auf unabsehbare Zeit Planstellen blockiert** sind, kein Nachwuchs mehr zugelassen werden kann, mit der Folge, dass insgesamt die **Ärzteschaft überproportional überaltert** und der weiteren Folge, dass dann ggf., sobald dann diese Generation mit 75 oder 80 Jahren (schließlich doch sei es aufgrund von Tod oder Krankheit) in größerem Umfange ausscheidet, unter Umständen in diesem Umfang **überhaupt nicht mehr jüngere Ärzte vorhanden** sind (diese vielmehr möglicherweise in der Zwischenzeit ins Ausland abgewandert sind). Gar nicht weiter problematisiert soll in diesem Zusammenhang die Frage werden, inwieweit ein dann **70, 75 oder gar 80 Jahre alter Arzt noch in der Lage** ist, im selben Umfange wie ein etwa 35-, 40- oder 45-jähriger Vertragsarzt **vertragsärztliche Leistungen zu erbringen und damit auch Patienten behandeln zu können** mit der weiteren Folge, dass sich insoweit auch ein mögliches Ungleichgewicht dahingehend entwickeln kann, dass sich die große Mehrheit der Patienten bei relativ wenigen jungen Ärzten in Behandlung begeben muss (mit all den negativen Folgen für die Betroffenen – zum Beispiel lange Wartezeiten)."

33

Einer Prüfung nach diesem Maßstab nicht standhalten dürften **Altersentgeltstufen**, z. B. im öffentlichen Dienst (vgl. *Löwisch* DB 2006,1729 [1730]) und **altersabhängige Beförderungen** (Bauer / Göpfert / Krieger Rdnr. 23).

34

Hingegen sind **Entgeltregelungen**, die auf **Betriebstreue** abstellen, unter dem Gesichtspunkt der mittelbaren Benachteiligung jedenfalls bei einer erheblichen Betriebszugehörigkeit – etwa ab fünf Jahren – im Regelfall durch einen sachlichen Grund gerechtfertigt (Bauer / Göpfert / Krieger a. a. O.).

35

B) Regelbeispiele in Satz 3

1. Allgemeines

Der Katalog zulässiger Ausnahmen vom Verbot unterschiedlicher Behandlung wegen des Alters in Satz 3 Nrn. 1 bis 6 enthält **keine abschließende Regelung**. Dies ergibt sich aus dem Wort **„insbesondere"**. Hierbei dienen die Regelbeispiele allerdings als Wegweisung (*Löwisch* DB 2006, 1729 [1730]), sodass über sie hinaus weitere Rechtfertigungen von vergleichbarem Gewicht zulässig sind.

36

Auch folgt aus der Formulierung „können ... einschließen", dass **nicht jeder der** aufgelisteten **Beispielsfälle automatisch mit Satz 1 und 2 vereinbar** ist. Vielmehr kommt es im **Einzelfall** auf die **Legitimität** des mit der betreffenden Maßnahme verfolgten **Ziels** und die **Verhältnismäßigkeit** dieser Maßnahme an (Schiek / *Schmidt* Rdnr. 11). Allerdings indiziert die Erfüllung eines Regelbeispiels auch die Verhältnismäßigkeit im Einzelfall, sofern nicht ausnahmsweise besondere Umstände vorliegen (Bauer / Göpfert / Krieger Rdnr. 25).

37

2. Förderung der beruflichen Eingliederung und des Schutzes von Jugendlichen und älteren Arbeitnehmern (Satz 3 Nr. 1)

Die Vorschrift bestimmt, dass zulässig sein kann die Festlegung

38

– besonderer Bedingungen für den **Zugang zur Beschäftigung und zur beruflichen** Bildung;
– besonderer **Beschäftigungs- und Arbeitsbedingungen**, einschließlich der Bedingungen für die Entlohnung und die Beendigung des Beschäftigungsverhältnisses;

wenn sie den **Zweck** verfolgt,
- die **berufliche Eingliederung von Jugendlichen, älteren Beschäftigten** und **Personen mit Fürsorgepflichten** zu fördern oder
- ihren Schutz sicherzustellen.

39 Unter **Jugendliche** sind – wie auch im JArbSchG – Personen **unter 18 Jahren** zu verstehen. Hingegen gibt es für „**ältere Beschäftigte**" keine feste Altersgrenze. Vom Schutzzweck der Vorschrift spricht einiges dafür, den Rahmen eher weit zu ziehen (Flor / *Ring / Siebeck / Woitz* Rdnr. 231). **Personen mit Fürsorgepflichten** sind vor allem Eltern minderjähriger Kinder; jedoch fallen darunter auch alle sonstigen Personen, die Dritten gegenüber zu besonderer Sorge verpflichtet sind, zum Beispiel zur Pflege von Angehörigen (vgl. *Waltermann* NZA 2005, 1265 [1267]).

40 Die Vorschrift dient damit der Legitimation von **Jugendschutz** sowie Bildungs-, Ausbildungs- und Eingliederungsbedingungen für **schutzbedürftige Personen**. Praktische Bedeutung hat dies vor allem für kollektivrechtliche Regelungen, etwa für **Tarifverträge** zu Berufsbildung, Fortbildung, Ausbildung oder zur Eingliederung von älteren Langzeitarbeitslosen. In Betracht kommen kann aber auch die Vereinbarung **abgestufter Arbeitszeiten nach Lebensalter** (Bauer / Göpfert / Krieger Rdnr. 26).

41 Im **Individualarbeitsrecht** ermöglicht die Vorschrift beispielsweise **besondere Arbeitsbedingungen für Auszubildende** und besondere Beendigungsbedingungen aufgrund besonderer Schutzbedürfnisse (z. B. der Ausschluss der ordentlichen Kündigung nach § 22 Abs. 2 Nr. 1 BBiG). Auch **Altersteilzeitverträge** fallen als derartige Beendigungsbedingungen unter Satz 3 Nr. 1, sofern sie nicht ohnehin als positive Maßnahme nach § 5 AGG zu rechtfertigen sind.

42 In Betracht kommen kann aber anstelle einer Begünstigung des betroffenen Personenkreises auch der **gezielte Einsatz abgesenkter Beschäftigungsbedingungen**, um auf dem Arbeitsmarkt einen Anreiz zur Beschäftigung zu schaffen (S / S / V / *Voigt* Rdnr. 21). Das kann sowohl die Entlohnung als auch die Beendigung der Beschäftigung – etwa Kündigungsfristen – betreffen. Allerdings dürfen diese Abweichungen von allgemein geltenden Regeln **nur dem Zweck dienen**, die berufliche **Eingliederung** zu fördern oder den **Schutz** dieser Personen sicherzustellen. Besondere Arbeitsbedingungen sind deshalb nur **für einen begrenzten Zeitraum zulässig**; auf Dauer sind auch diesen Beschäftigten dieselben Bedingungen wie allen anderen zu gewähren (S / S / V / *Voigt* Rdnr. 24).

43 In dem durch diese Vorschrift gezogenen Rahmen kann verdeutlicht werden, dass **auch bei Vorliegen eines legitimen Ziels** die eingesetzten Mittel unverhältnismäßig sein können. Bereits vor Umsetzung in deutsches Recht hatte der EuGH die Vorschrift des **§ 14 Abs. 3 TzBfG** in der damals geltenden Fassung auf ihre Vereinbarkeit mit der RL 2000/78/EG zu prüfen. Die deutsche Rechtsnorm erlaubte beliebig oft hintereinander die **sachgrundlose Befristung von Arbeitsverhältnissen**, wenn der Arbeitnehmer bei Beginn des Arbeitsverhältnisses das **52. Lebensjahr** vollendet hatte.

44 In der „Mangold"-Entscheidung (Urteil vom 22. November 2005 – C-144/04 = NJW 2005, 3695 = NZA 2005, 1345 = AP Nr. 1 zu Richtlinie 2000/78/EG) sah der EuGH einen Vorstoß gegen den Art. 6 Abs. 1 lit. a der Richtlinie, der mit § 10 Satz 3 Nr. 1 AGG in den entscheidenden Punkten identisch ist. Der EuGH hielt zwar das mit der Regelung verfolgte **Ziel** – die **Förderung der beruflichen Eingliederung arbeitsloser älterer Arbeitnehmer** – für **legitim**. Jedoch sah er in § 14 Abs. 3 TzBfG kein angemessenes und erforderliches **Mittel**, um dieses zu erreichen. Denn die Vorschrift schaffe die Gefahr, dass eine große Gruppe älterer Arbeitnehmer von regulären unbefristeten Arbeitsverhältnissen pauschal ausgeschlossen werde.

45 Der EuGH a. a. O. hat weiter allgemein Bedenken gegen solche Rechtsvorschriften geäußert, wenn sie das **Alter** des betroffenen Arbeitnehmers **als einziges Kriterium für die Befristung des Arbeitsvertrages** festlegen. Es muss **zumindest nachgewiesen** sein, dass die

Festlegung einer Altersgrenze als solche unabhängig von anderen Erwägungen im Zusammenhang mit der **Struktur des jeweiligen Arbeitsmarkts und der persönlichen Situation des Betroffenen** zur Erreichung des Zieles der beruflichen Eingliederung arbeitsloser, älterer Arbeitnehmer **objektiv erforderlich** sei. Andernfalls gingen entsprechende Regelungen **über das hinaus, was zur Erreichung des verfolgten Zieles angemessen und erforderlich sei**. Die Wahrung des Grundsatzes der Verhältnismäßigkeit bedeute nämlich, dass bei Ausnahmen von einem Individualrecht die Erfordernisse des Gleichbehandlungsgrundsatzes soweit wie möglich mit denen des angestrebten Ziels in Einklang gebracht werden müssten (mit Hinweis auf ⚖ EuGH Urteil vom 19. März 2002 – C-476/99 = NJW 2002, 1859 „Lommers").

Die Entscheidung beruhte auf einem Fall, in dem Arbeitgeber und Arbeitnehmer von vornherein schon mit der Begründung des Arbeitsverhältnisses und der späteren Kündigung allein die Absicht verfolgten, eine EuGH-Entscheidung herbeizuführen. Das **Mangold-Urteil** ist in der Literatur **überwiegend auf Ablehnung gestoßen** (vgl. näher z. B. *Annuß* BB 2006, 325; *Bauer / Arnold* NJW 2006, 63 *Preis* NZA 2006, 401; *Thüsing* ZIP 2005, 2149). Es wird auch als „Damoklesschwert" über der Regelung für die zulässige unterschiedliche Behandlung wegen des Alters in § 10 AGG angesehen (so ausdrücklich *Richardi* NZA 2006, 882 [884]). Da der EuGH das Verbot der Altersdiskriminierung auf der Ebene des primären Gemeinschaftsrechts angesiedelt habe, sei völlig offen, ob die im Katalog genannten Beispiele für die Zulässigkeit einer unterschiedlichen Behandlung wegen des Alters europarechtlich Bestand haben werden (*Richardi* a. a. O).

46

Weitere Klärung der grundsätzlichen Fragen ist insoweit von einem **Vorlagebeschluss des** ⚖ **BAG** vom 27. Juni 2006 – 3 AZR 352/05 (A) = NZA 2006, 1276 = AP Nr. 6 zu § 1b BetrAVG zu erwarten. Der Senat hat dem EuGH mit Bezug zum **Betriebsrentenrecht** u. a. folgende Fragen vorgelegt

47

„1 a) Enthält das **Primärrecht der EG** ein Verbot der Diskriminierung wegen des Alters, dessen Schutz die Gerichte der Mitgliedstaaten auch dann zu gewährleisten haben, wenn die möglicherweise diskriminierende Behandlung **keinen gemeinschaftsrechtlichen Bezug** aufweist?

b) Falls die Frage zu a) verneint wird:

Wird ein solcher **gemeinschaftsrechtlicher Bezug hergestellt durch Art. 13 EG** oder – auch vor Ablauf der Umsetzungsfrist – durch die **Richtlinie 2000/78/EG** des Rates zur Festlegung eines allgemeinen Rahmens für die Verwirklichung der Gleichbehandlung in Beschäftigung und Beruf?

2. Ist ein sich aus der Beantwortung der Frage zu 1. ergebendes gemeinschaftsrechtliches Verbot der Diskriminierung wegen des Alters auch anwendbar zwischen privaten Arbeitgebern einerseits und ihren Arbeitnehmern oder Betriebsrentnern und deren Hinterbliebenen andererseits?"

3. Mindestanforderungen an das Alter, die Berufserfahrung oder das Dienstalter (Satz 3 Nr. 2)

Nach Satz 3 Nr. 2 können auch festgelegte Mindestanforderungen an

48

– das **Alter**,
– die **Berufserfahrung** oder
– das **Dienstalter**

für den **Zugang zur Beschäftigung** oder für bestimmte, **mit der Beschäftigung verbundene Vorteile** zulässig sein.

Im Gegensatz zur Nr. 1 wird hier **nicht ausdrücklich ein legitimes Ziel genannt**, das solche Mindestanforderungen rechtfertigen könnte. Jedoch ergibt sich dies **aus den genannten Kriterien selbst**. So liegt es in Bezug auf die **Berufserfahrung** auf der Hand, dass manche

49

Positionen Anforderungen stellen, welche ohne ein gewisses Maß an einschlägiger beruflicher Praxis nicht erfüllt werden können.

50 Dasselbe gilt grundsätzlich auch für das **Dienstalter**, allerdings in einer formalisierten Betrachtungsweise, in dem allein auf die Dauer der Tätigkeit *für den Arbeitgeber* abgestellt wird. Die Festlegung von Mindestanforderungen an das **Lebensalter** kann etwa damit begründet werden, dass bestimmte Stellen ein besonders seriöses Erscheinungsbild erfordern, welches zu junge Beschäftigte nicht abgeben können. Auch erscheinen bestimmte Maßnahmen des Gesundheitsschutzes erst ab einem gewissen Alter notwendig (Flohr / Ring / Siebeck / Woitz Rdnr. 234). Wird hingegen ein Mitarbeiter zum **Führungskräftenachwuchs** gesucht, kann auch ein sehr **junges Höchstalter gerechtfertigt** sein (*Thüsing* Arbeitsrechtlicher Diskriminierungsschutz Rdnr. 432).

51 Allgemein gilt, dass **Altersgrenzen eher akzeptabel** sind, wenn sie als **weiche Zielvorgaben** mit der Möglichkeit der Einzelabwägung formuliert werden. Hingegen sollten **harte Ausschlusskriterien**, die auch bei geringfügiger Überschreitung einen Bewerber von der Auswahl ausschließen, vermieden werden. „Bewerber sollten Anfang 40 sein" ist demnach vorzugswürdig gegenüber „Wir suchen Bewerber bis Alter 45 Jahre" (*Thüsing* a. a. O.).

52 Bei der **Berufserfahrung** kann auch ein **Höchstrahmen zur Vermeidung von überqualifizierten Bewerbern** erlaubt sein („wir suchen Bewerber mit 3 bis 6 Jahren Berufserfahrung"). Allerdings erscheint insoweit ein strengerer Maßstab angezeigt als im Hinblick auf eine Mindestdauer von Berufsjahren, weil die Gefahr der Umgehung des Verbots der Altersdiskriminierung hier offensichtlich ist (*Thüsing* a. a. O.).

53 **Mit der Beschäftigung verbundene Vorteile** sind vor allem **Entgeltregelungen**. Hierbei wird regelmäßig eine Anknüpfung an die Berufserfahrung oder das Dienstalter eher zu rechtfertigen sein als eine Anknüpfung an das bloße **Lebensalter**, diese wird überwiegend für **unzulässig** gehalten (*Schmidt / Senne* RdA 2002, 80 [88]; *Linsenmaier* RdA 2003, 22 [29]).

54 Die Vorschrift bildet aber auch den Maßstab für **Kündigungsfristen**, die **nach Dauer der Betriebszugehörigkeit gestaffelt** sind (vgl. § 622 Abs. 2 BGB). Bedenken bestehen hierbei insbesondere gegen die **Nichtberücksichtigung von Zeiten vor dem fünfundzwanzigsten Lebensjahr** nach Abs. 2 Satz 2 der Vorschrift (vgl. *Waltermann* NZA 2005, 1265 [1268, 1260]; *Reichholf / Hahn / Heinrich* NZA 2005, 1270 [1275]; *Preis* NZA 2006, 401 [408]).

4. Höchstalter für die Einstellung (Satz 3 Nr. 3)

55 Die Vorschrift erlaubt die **Festsetzung eines Höchstalters für die Einstellung**
– aufgrund der spezifischen **Ausbildungsanforderungen eines bestimmten Arbeitsplatzes** oder
– aufgrund der Notwendigkeit einer **angemessenen Beschäftigungszeit** vor dem Eintritt in den Ruhestand.

So gibt es Tätigkeiten, die eine längere oder aufwändige Ausbildung oder Einarbeitung erfordern. Ein betriebswirtschaftlich sinnvolles Ergebnis kann dann nur erzielt werden, wenn der Beschäftigte auch eine entsprechend lange Zeit produktiv im Arbeitsverhältnis verbleibt. Das betrifft namentlich **Berufspiloten**, deren Ausbildung verhältnismäßig kostspielig ist; andererseits liegt die übliche Altersgrenze aus Gründen der Sicherheit bei 60 Jahren. In derartigen Fällen kann die Festlegung eines Höchstalters für die Einstellung zulässig sein

56 Auch ist die **Höchstaltersgrenze von 35 Jahren** für die Übernahme in das **Beamtenverhältnis auf Probe** grundsätzlich zulässig, weil sie die Dienstzeit mit dem Anspruch auf Versorgung während des Ruhestandes in ein angemessenes Verhältnis bringen und eine ausgewogene Altersstruktur in den jeweiligen Laufbahnen gewährleisten soll (OVG NRW Urteil vom 15. März 2007 – 6 A 4625/04, zit. nach JURIS).

5. Altersgrenzen bei den betrieblichen Systemen der sozialen Sicherheit (Satz 3 Nr. 4)

Die Vorschrift soll die **Festsetzung von Altersgrenzen bei der betrieblichen Altersversorgung** ermöglichen. Sie ist aber **systemfremd**, weil es nach § 2 Abs. 2 Satz 2 AGG für Betriebsrenten bei dem BetrAVG verbleibt (vgl. Erl. zu § 2 Rdnrn. 54 ff.). 57

Die Vorschrift soll im Wesentlichen die bisherigen Grundlagen der Systeme betrieblicher Altersversorgung absichern. Weiterhin zulässig sein sollen sowohl die **Festlegung differenzierter Altersgrenzen** für verschiedene Gruppen von Beschäftigten als auch **Alterskriterien im Rahmen versicherungsmathematischer Berechnungen**.

Beim Abstellen auf Alterskriterien kann aber eine **mittelbare Benachteiligung wegen des Geschlechts** infrage kommen. Für private Versicherungsverträge, die ebenfalls Gegenstand der betrieblichen Altersversorgung sein können, enthält § 20 Abs. 2 AGG eine eingehende Regelung. Danach sind **unterschiedliche Prämien oder Leistungen nur zulässig**, wenn die Berücksichtigung des Geschlechts bei einer auf relevanten und genauen versicherungsmathematischen und statistischen Daten beruhende **Risikobewertung** ein bestimmender Faktor ist (vgl. S / S / V / *Voigt* Rdnr. 34). 58

6. Befristung des Arbeitsverhältnisses auf die gesetzliche Regelaltersgrenze (Satz 3 Nr. 5)

Nach dieser Vorschrift ist regelmäßig zulässig eine Vereinbarung welche die **Beendigung des Beschäftigungsverhältnisses ohne Kündigung** vorsieht zu einem Zeitpunkt, zu dem der Beschäftigte Altersrente beantragen kann. Damit wird klargestellt, dass einvernehmliche Regelungen in Arbeitsverträgen, Tarifverträgen oder Betriebsvereinbarungen über eine **Befristung** des Beschäftigungsverhältnisses, welche auf das **Rentenalter** abstellt, **auch zukünftig zulässig** bleiben. 59

Solche Vereinbarungen von **Altersgrenzen sind in der Praxis die Regel. Arbeitsmarktpolitisch** werden sie damit gerechtfertigt, dass die Arbeitsplätze rentenberechtigter und damit finanziell abgesicherter Beschäftigter länger auf eine Erwerbstätigkeit angewiesenen Interessenten zur Verfügung gestellt werden sollen (*Schmidt / Senne* RdA 20002,80 [85]). 60

Allerdings ist die Vereinbarkeit **starrer Altersgrenzen** mit den Richtlinienvorgaben und damit auch die Rechtmäßigkeit von Satz 3 Nr. 5 heftig umstritten. Insbesondere bestehen trotz des an sich legitimen Ziels **Zweifel an der Verhältnismäßigkeit** einer pauschalen, keine Berücksichtigung individueller Umstände zulassenden Bestimmung (Flohr / *Ring* / *Siebeck* / *Woitz* Rdnr. 242). 61

7. Differenzierungen von Sozialplanleistungen nach Alter oder Dauer der Betriebszugehörigkeit (Satz 3 Nr. 6)

Die Vorschrift erlaubt grundsätzlich Differenzierungen von Leistungen in Sozialplänen im Sinne des Betriebsverfassungsgesetzes **in zwei verschiedene Richtungen**. 62

– Zum einen können die Parteien eine **nach Alter oder Betriebszugehörigkeit gestaffelte Abfindungsregelung** schaffen, in der die wesentlich vom Alter abhängigen **Chancen auf dem Arbeitsmarkt** durch eine verhältnismäßig starke **Betonung des Lebensalters** erkennbar berücksichtigt worden sind.

– Für die Verhältnismäßigkeitsprüfung ist zu beachten, dass die Bevorzugung von älteren Beschäftigten in Bezug zu einer Verschlechterung der Chancen auf dem Arbeitsmarkt stehen und **Nachteile wegen des Alters durch Ansprüche auf Sozialleistungen ausgeglichen** sein müssen. Eine nach dem Alter gestaffelte formelhafte Berechnung der Höhe der Abfindung in Sozialplänen ist künftig nur dann zulässig, wenn dem **Anspruch auf die höhere Abfindung** auch eine **höhere Schutzbedürftigkeit älterer Arbeitnehmer** bei Verlust des sozialen Besitzstandes und der Arbeitslosigkeit gegenüber steht; es muss also **mit dem Alter ein Sondernachteil** verbunden sein (Nollert-Borasio / *Perreng* Rdnr. 22). 63

§ 11   Allgemeines Gleichbehandlungsgesetz

64   Entsprechende Differenzierungen sind bei jüngeren und mittleren Altersgruppen problematisch, weil sie im Prinzip die gleichen Chancen auf dem Arbeitsmarkt haben. Zur Vermeidung schwer nachvollziehbarer Benachteiligungen (etwa eines sechsundzwanzigjährigen Mitarbeiters, der allein wegen geringeren Alters eine niedrigere Abfindung erhielte als ein Siebenundzwanzigjähriger) wird vorgeschlagen, ggf. verschiedene Altersgruppen zu bilden oder die Erhöhung des Abfindungsbetrages erst ab einem bestimmten Alter beginnen zu lassen (vgl. *Annuß* BB 2006, 325).

65   – Zum anderen dürfen aber auch Beschäftigte **von den Leistungen des Sozialplans** ggf. dann **gänzlich ausgeschlossen** werden, wenn sie **wirtschaftlich abgesichert** sind. Das ist dann der Fall, wenn sie – auch nach Bezug von Arbeitslosengeld – rentenberechtigt sind. Dies hat das BAG sogar dann für zulässig gehalten, wenn **nur eine geminderte vorzeitige Rente** in Anspruch genommen werden kann (Urteil vom 31. Juli 1996 – 10 AZR 45/96 = NZA 1997, 165 = AP Nr. 103 zu § 112 BetrVG 1972; ebenso LAG Köln Urteil vom 25. November 1998 = NZA – RR 1999, 588). Diese Rechtsprechung ist **nicht auf Fälle beschränkt**, in denen **für Sozialplanabfindungen nur eine geringe Summe** zur Verfügung steht (LAG Köln Urteil vom 25. November 1998 a. a. O.).

V. Literatur

Vgl. die zu § 1 AGG genannte Literatur sowie

Annuß, Georg, Das Verbot der Altersdiskriminierung als unmittelbar geltendes Recht – Zu den Folgen des Urteils EuGH BB 2005, 2748, BB 2006, 325

Bauer, Jobst-Hubertus / **Arnold** Christian, Auf Junk folgt Mangold – Europarecht verdrängt deutsches Arbeitsrecht, NJW 2006, 6

Preis, Ulrich, Verbot der Altersdiskriminierung als Gemeinschaftsgrundrecht – Der Fall „Mangold" und die Folgen, NZA 2006, 401

Reichold, Hermann / **Hahn**, Oliver / **Heinrich**, Martin, Neuer Anlauf zur Umsetzung der Antidiskriminierungs-Richtlinien: Plädoyer für ein Artikelgesetz, NZA 2005, 1270

Schmidt, Marlene / **Senne**, Daniela, Das gemeinschaftsrechtliche Verbot der Altersdiskriminierung und seine Bedeutung für das deutsche Arbeitsrecht, RdA 2002, 80

Thüsing, Gregor, Europarechtlicher Gleichbehandlungsgrundsatz als Bindung des Arbeitgebers?, Kritische Gedanken zu EuGH v. 22. 11. 2005 – C-144/04, ZIP 2005, 2149

Waltermann, Raimund, Das gemeinschaftsrechtliche Verbot der Altersdiskriminierung und seine Bedeutung für das deutsche Arbeitsrecht. NZA 2005, 1265

§ 11
Ausschreibung

Ein Arbeitsplatz darf nicht unter Verstoß gegen § 7 Abs. 1 ausgeschrieben werden.

ERLÄUTERUNGEN

ÜBERSICHT

    I.   Bedeutung der Vorschrift (Rdnrn. 1–4)
   II.   Fassung (Rdnr. 5)
  III. Begründung (Rdnr. 6)
  IV. Anmerkungen (Rdnrn. 7–28)
        1. Ausschreibung (Rdnrn. 7–8)
        2. Normadressat Arbeitgeber (Rdnrn. 9–10)

3. Beispiele für mögliche Verstöße (Rdnrn. 11–11a)
4. Rechtsfolgen (Rdnrn. 12–22)
   a) Nach dem AGG (Rdnrn. 12–20a)
   b) Nach dem BetrVG (Rdnrn. 21–21a)
   c) Nach dem BGB (Rdnr. 22)
5. Fragerechte bei Einstellung (Rdnrn. 23–28)
V. Literatur

I. Bedeutung der Vorschrift

Die Regelung bezweckt, dass schon im Stadium der Bewerbung auf einen Arbeitsplatz eine mögliche Benachteiligung bestimmter Gruppen von Bewerbern unterbleiben soll. Daher **verbietet** sie **jede benachteiligende Form der Stellenausschreibung**. Die Vorschrift ist an den früheren § 611b a. F. BGB angelehnt, wobei allerdings der Anwendungsbereich über den Benachteiligungsgrund des Geschlechts hinaus auf alle in § 1 genannten Gründe erweitert wurde. Gleichwohl sind die zu der genannten BGB-Vorschrift erarbeiteten Auslegungsgrundsätze im Grundsatz übertragbar. 1

Bei der Ausschreibung von Arbeitsplätzen ist ferner die Vorschrift des **§ 7 Abs. 1 TzBfG zu beachten**: Der Arbeitgeber hat einen Arbeitsplatz, den er öffentlich oder innerhalb des Betriebs ausschreibt, **als Teilzeitarbeitsplatz auszuschreiben**, wenn sich der Arbeitsplatz hierfür eignet. 2

Weiterhin haben Arbeitgeber nach § 81 Abs. 1 Satz 1 SGB IX zu prüfen, ob freie **Arbeitsplätze mit schwerbehinderten Menschen**, insbesondere mit bei der Agentur für Arbeit arbeitslos oder arbeitsuchend gemeldeten schwerbehinderten Menschen, besetzt werden können. Sie müssen nach Satz 2 der Vorschrift deswegen frühzeitig Verbindung mit der Arbeitsagentur aufnehmen. 3

Anforderungen an den Inhalt von Ausschreibungen können weiterhin aus **betrieblichen Regelungen** folgen. So kann der Betriebsrat verlangen, dass zu besetzende Arbeitsplätze allgemein oder für bestimmte Arten von Tätigkeiten zunächst innerhalb des Betriebs ausgeschrieben werden (§ 93 BetrVG). 4

II. Fassung

Die Vorschrift wurde unverändert aus dem Entwurf der Bundesregierung „Entwurf eines Gesetzes zur Umsetzung europäischer Richtlinien zur Verwirklichung des Grundsatzes der Gleichbehandlung" (BT-Drucks. 16/1780) übernommen. 5

III. Begründung

Im Gesetzentwurf der Bundesregierung (BT-Drucks. 16/1780 S. 36) wird zu der Vorschrift ausgeführt: 6

„Die Vorschrift bezweckt, dass schon bei der Ausschreibung einer Stelle eine mögliche Benachteiligung bestimmter Gruppen von Bewerbern unterbleibt und verbietet daher jede benachteiligende Form der Stellenausschreibung. Die Regelung ist gegenüber dem vergleichbaren § 611b BGB und § 7 Abs. 1 des Teilzeit- und Befristungsgesetzes (TzBfG) sprachlich gestrafft worden durch den Verzicht auf die Formulierung „weder öffentlich noch innerhalb des Betriebs". Eine inhaltliche Änderung ist damit nicht verbunden. Es wird jede Ausschreibung einer Stelle für den in § 6 Abs. 1 genannten Kreis von Beschäftigten von der Regelung erfasst, insbesondere auch für den Bereich der beruflichen Aus- und Weiterbildung. Schon bislang ist nach der ständigen Rechtsprechung ein Verstoß gegen den § 611b BGB ein Grund, der die Beweiserleichterung nach § 611a BGB auslöst".

IV. Anmerkungen

1. Ausschreibung

7 Der Begriff der Ausschreibung eines Arbeitsplatzes umfasst jede **Bekanntgabe, dass ein Arbeitsverhältnis begründet werden soll**, welches dem **Anwendungsbereich der §§ 6, 7 AGG** unterliegt. Stellenanzeigen in Zeitungen, Fachzeitschriften oder in Internet-Stellenbörsen gehören hierzu ebenso wie Mitteilungen am schwarzen Brett, auf der Internetseite des Arbeitgebers oder entsprechende Mitteilungen an die Bundesagentur für Arbeit bzw. an ein Personalberatungsunternehmen.

7a In der **Auswahl des entsprechenden Mediums** liegt für sich genommen noch keine Diskriminierung. Der Arbeitgeber ist frei, eine Stellenausschreibung beispielsweise nur in bestimmten Zeitungen bzw. Zeitschriften – etwa Frauenzeitschriften – oder **ausschließlich im Internet** zu veröffentlichen (Wendelin-Schröder / *Stein* Rdnr. 24). Wenn erfahrungsgemäß jüngere Bewerber häufiger im Internet nach Stellenausschreibungen suchen als ältere, liegt darin keine mittelbare Benachteiligung der Älteren. Das Mediennutzungsverhalten potenzieller Stellenbewerber kann nicht dem Arbeitgeber zugerechnet werden (Bauer / Göpfert / Krieger Rdnr. 7a; *Wisskirchen* DB 2006, 1493; Hey / *Beitze* Rdnr. 10 m. w. Nachw.; a. A. *Falke* in Rust / Falke Rdnr. 30; *Kania* / *Merten* 2007, 8 [10]; *Seel* MDR 2006, 1321, wohl mit der Erwägung, dass bei einer wiederholten, systematischen Benutzung nur der angeführten Medien eine mittelbare Benachteiligung aufgrund des gewählten Verfahrens vorliegen kann).

7b Gibt der Arbeitgeber auf einer **Betriebsversammlung** offene Stellen bekannt und fordert zu Bewerbungen auf, so ist dies eine Ausschreibung im Sinne der Vorschrift (Wendeling-Schröder / *Stein* Rdnr. 12; Schleusener / *Suckow* / Voigt Rdnr. 36; a. A. HK-AGG / *Buschmann* Rdnr. 21)

7c Keine Ausschreibung in diesem Sinne ist hingegen die nur gezielt an eine Person gerichtete Aufforderung zur Bewerbung, beispielsweise bei der zielgerichteten Suche nach einer Führungskraft (Hey / *Beitze* Rdnr. 8; *Falke* in Rust / Falke Rdnr. 8 m. w. Nachw.). Allerdings kann eine solche Aufforderung ihrerseits eine Benachteiligung anderer Bewerber im Sinne von § 7 Abs. 1 AGG darstellen.

8 Erfasst wird jede Ausschreibung einer Stelle für den in § 6 Abs. 1 AGG genannten Kreis von Beschäftigten, insbesondere auch für den Bereich der beruflichen Aus- und Weiterbildung sowie für die Beschäftigung von Organmitgliedern, etwa Geschäftsführung und Vorstandsmitgliedern (MK-*Thüsing* Rdnr. 1; *Falke* in Rust / Falke Rdnr. 7). Auch Stellen für Arbeitnehmerähnliche nach § 6 Abs. 1 Nr. 3 AGG fallen hierunter. Dasselbe gilt für Selbstständige im Sinne des § 6 Abs. 3 (Wendelin-Schröder / *Stein* Rdnr. 12; HK-AGG / *Buschmann* Rdnr. 11; enger in Anlehnung an den RegE – vgl. oben Rdnr. 6 –, in dem nur die Beschäftigten gemäß § 6 Abs. 1 AGG genannt werden, Schleusener / *Suckow* / Voigt Rdnr. 16).

2. Normadressat Arbeitgeber

9 Das Gebot der neutralen Stellenausschreibung richtet sich an den Arbeitgeber. Ihn trifft die Pflicht, den Ausschreibungsprozess diskriminierungsfrei zu gestalten. Schreibt der Arbeitgeber eine Stelle nicht persönlich aus, sondern durch ihm unterstellte Beschäftigte oder leitende Angestellte, etwa durch seine Personalabteilung, muss er sich deren Verhalten **gemäß § 278 BGB zurechnen** lassen. Ebenso kommt eine Zurechnung nach § 31 BGB in Betracht, wenn ein als juristische Person organisierter Arbeitgeber durch seine Organe – beispielsweise durch den Geschäftsführer einer GmbH – eine Stelle ausschreiben lässt (Hey / *Beitze* Rdnr. 6).

9a Soweit sich der Arbeitgeber hierbei eines unternehmensfremden Dritten (Personalberater oder -vermittler, Bundesagentur für Arbeit) bedient, muss er grundsätzlich die **Ordnungsmäßigkeit der Ausschreibung überwachen**. Verletzt der Dritte die Pflicht zu benachteiligungsfreier Stellenausschreibung, so soll diese **Verletzung dem Arbeitgeber zuzurechnen**

sein (vgl. BAG Urteil vom 5. Februar 2004 – 8 AZR 112/03 = BAGE 109, 265 = NJW 2004, 2112 = NZA 2004, 540; BVerfG Beschluss vom 21. September 2006 – 1 BvR 308/03 „Eurokauffrau" = NJW 2007, 137 = NZA 2007, 195, jeweils zu § 611b BGB; krit. hierzu MK-*Thüsing* Rdnr. 9). Hierbei genügt schon der objektive Verstoß des Arbeitgebers gegen das Diskriminierungsverbot. Deswegen geht es **nicht** um die **Zurechnung eines Verschuldens** des eingeschalteten Dritten, sondern allein um die Zurechnung von dessen Handlungsbeitrag im vorvertraglichen Vertrauensverhältnis (BAG Urteil vom 5. Februar 2004 a. a. O. unter II 2. b bb; *Falke* in Rust / Falke Rdnr. 24). Allerdings lässt dies wohl die Möglichkeit eines Entlastungsbeweises zu, falls der Arbeitgeber im Einzelfall beweisen kann, dass er seiner Überwachungspflicht nachgekommen ist und es dennoch zu einer diskriminierenden Stellenausschreibung kam (Hey / *Beitze* Rdnr. 7; a. A. Wendeling-Schröder / *Stein* Rdnr. 6 unter Annahme einer Haftung des Arbeitgebers für Erfüllungsgehilfen in entsprechender Anwendung des § 278 BGB).

Das BVerfG im Beschluss vom 21. September 2006 a. a. O. hat die **Überwachungspflicht** des Arbeitgebers **sogar gegenüber** einer von **der Agentur für Arbeit** auf deren Internetseite im ASIS-System veröffentlichten Stellenanzeige wie folgt gerechtfertigt: Anderenfalls würde es dem potenziellen Arbeitgeber ermöglicht, die Verantwortung für ein geschlechtsneutrales Verhalten bei Ausschreibungen, die ihm gesetzlich auferlegt sei, „durch die Behauptung, andere Personen seien für den Inhalt der Ausschreibung verantwortlich, auf Dritte abzuwälzen. Damit würde der grundsätzlich anerkannte Indizwert einer Stellenausschreibung mit geschlechtsbezogener Formulierung ausgehebelt. Der Bewerber wird in der Regel kaum in der Lage sein zu ermitteln, wie es im Einzelnen zu der Stellenausschreibung gekommen ist und ob Zeugen vorhanden sind, welche die Behauptung des Arbeitgebers, der Text der Anzeige gehe nicht auf seine Veranlassung zurück, widerlegen können. Dadurch wäre die Möglichkeit, sich auf eine **vom Arbeitgeber zu verantwortende Stellenausschreibung als Vermutungsbasis für eine** geschlechtsbezogene **Diskriminierung** zu berufen, erheblich eingeschränkt. Der Arbeitgeber kann die Gesetzmäßigkeit der Ausschreibung ohne weiteres überwachen." Ihn treffe nach der Rechtsprechung des BAG im Falle der Fremdausschreibung eine entsprechende Sorgfaltspflicht. Das LAG habe demgegenüber fälschlich angenommen, es sei nicht Aufgabe des beklagten Arbeitgebers gewesen, die Ausschreibungen in der elektronischen Stellenbörse der BA zu überprüfen. Dann ergebe sich aber kein ausreichender, wirkungsvoller Schutz vor geschlechtsbezogener Diskriminierung mehr, weil sich der Arbeitgeber seiner Verantwortung unschwer entziehen könnte.

9b

Hiergegen ist zu Recht eingewandt worden, dass dies zu einer **falschen Verteilung der Verantwortung zwischen Unternehmer und Behörde** führe (Adomeit / Mohr Rdnr. 12). Denn die Agentur für Arbeit darf nach § 36 Abs. 2 Satz 1 SGB III aus eigener Verantwortung Einschränkungen, die der Arbeitgeber für eine Vermittlung hinsichtlich Geschlecht, Alter und Gesundheitszustand oder Staatsangehörigkeit des Ausbildungs- bzw. Arbeitsuchenden macht, nur berücksichtigen, wenn diese nach der Art der auszuübenden Tätigkeit unerlässlich sind. Den Agenturen für Arbeit ist eine nicht gerechtfertigte geschlechtsspezifische Stellenausschreibung somit selbst auf Anweisung eines Unternehmers untersagt, erst recht dann, wenn sie aus eigenem Antrieb handeln. Die genannte Vorschrift verbietet in ihrem Satz 2 den Agenturen für Arbeit nunmehr auch die Übernahme von Einschränkungen, die ein Unternehmer für eine Vermittlung aus Gründen der Rasse oder wegen der ethnischen Herkunft, Religion oder Weltanschauung, einer Behinderung oder der sexuellen Identität des Ausbildungs- bzw. Arbeitsuchenden vornimmt, soweit die Ungleichbehandlung nicht ausnahmsweise nach dem AGG gerechtfertigt ist. Eine **Agentur für Arbeit** darf also **selbst auf ausdrücklichen Wunsch** eines Unternehmers **keine gegen § 11 AGG verstoßende Stellenausschreibung** schalten. Sollte im Einzelfall dennoch eine nicht gerechtfertigte merkmalsspezifische Ausschreibung vorliegen, kann deshalb nicht pauschal auf eine Verantwortung des Unternehmers geschlossen werden. Denn die Agentur für Arbeit wurde aufgrund einer **eigenen gesetzlichen Verpflichtung tätig,** die eine Zuwiderhandlung auf Weisung ausschloss. Deshalb kann dem Unternehmer auch keine unzureichende Überwachung der

9c

BA vorgeworfen werden, weil er nicht damit rechnen musste, dass diese eine Stelle unter Verletzung gesetzlicher Pflichten ausschreibt (Adomeit / Mohr Rdnr. 13).

9d Keine Zurechnung kommt in Betracht, wenn die Bundesagentur für Arbeit eine Stellenanzeige für einen Arbeitgeber im Internet – korrekt – veröffentlicht hatte und anschließend ein **privates Internetportal** die Anzeige übernimmt und dort unzulässig verkürzt. Das gilt jedenfalls dann, wenn dem Arbeitgeber weder die Veranlassung der verkürzten Stellenanzeige noch deren wissentliche Duldung nachgewiesen werden kann (LAG Hamm Urteil vom 24. April 2008 – 11 Sa 95/08 = AuR 2008, 360 = BeckRS 2008, 55306; hierzu *Rolfs / Wessel* NJW 2009, 3329).

10 Im Übrigen gilt das AGG auch für **„Kleinstarbeitgeber"**. Eine Pflicht zur neutralen Stellenausschreibung besteht deshalb auch, wenn ein Privathaushalt eine Putzhilfe einstellen möchte (Bauer / Göpfert / Krieger Rdnr. 10).

3. Beispiele für mögliche Verstöße

11 Beispiele für mögliche Verstöße gegen § 11 i. V. mit § 7 Abs. 1 AGG können sein:
- die Verwendung der **Berufsbezeichnung nur in der männlichen oder der weiblichen Form** ohne Klarstellung, dass Angehörigen beider Geschlechter gleichrangig angesprochen werden sollen („durchsetzungsfähiger Rechtsanwalt"; „flexible Anwaltsgehilfin").

  Für die Bundesverwaltung die Bundesgerichte ist die Vorgabe des § 6 Abs. 1 Satz 1 BGleiG zu beachten: Ein Arbeitsplatz darf weder öffentlich noch innerhalb der Dienststelle nur für Männer oder nur für Frauen ausgeschrieben werden)
- die direkte oder indirekte Angabe eines bestimmten **Mindest- oder Höchstalters** („junge(r) … Volljursit(in), vgl. BAG Urteil vom 19. August 2010 – 8 AZR 530/09, zit. nach JURIS; Bewerber sollen nicht älter als 32 Jahre sein" „junge dynamische Führungskraft"; „zur Mitarbeit in einem jungen, dynamischen Team"; „ein erfahrener alter Hase" vgl. *Wisskirchen* DB 2006, 1491, [1493]);
- das Versehen einer Anzeige mit der **Abbildung** junger Männer einer bestimmten **Hautfarbe oder ethnischen Herkunft**;
- das Verlangen **sehr guter Deutschkenntnisse** („akzentfrei") für Tätigkeiten, die nicht mit sprachlicher Kommunikation verbunden sind. Besonders problematisch ist die Anforderung „deutsch als Muttersprache", da dies an die ethnische Herkunft der Bewerber anknüpft und nur für besonders anspruchsvolle Tätigkeiten im Zusammenhang mit der deutschen Sprache zu rechtfertigen ist(Hey / *Beitze* Rdnr. 15);
- die Anforderung eines **Führerscheins** der Klasse III bzw. seit 1999 der Klasse B, die mittelbar insbesondere behinderte Bewerber benachteiligen kann.

11a Im Einzelfall muss allerdings stets geprüft werden, ob die unmittelbare oder mittelbare Anknüpfung an die in § 1 AGG genannten Merkmale im Hinblick auf die Anforderungen der konkret ausgeschriebenen Stelle möglicherweise nach § 3 Abs. 2 AGG nicht tatbestandsmäßig bzw. gemäß **§§ 8 bis 10 AGG gerechtfertigt** oder **als positive Maßnahme nach § 5 AGG zulässig** ist.

Nicht zu beanstanden sind deshalb weiterhin Zusätze in Stellenausschreibungen, welche die **tatsächliche Gleichstellung von Frauen oder schwerbehinderten Menschen fördern** sollen, wie etwa durch die Formulierung: „Bei gleicher Eignung werden Schwerbehinderte bevorzugt" (Rühl / Schmidt / Viethen S. 79; ebenso *Falke* in Rust / Falke Rdnr. 13; Bauschke Rdnr. 7). Weist der öffentliche Arbeitgeber in einer ansonsten geschlechtsneutral gehaltenen Ausschreibung darauf hin, dass „ein besonderes Interesse an Bewerbungen von Frauen bestehe", werden hierdurch männliche Stellenbewerber nicht i. S. d. AGG unzulässig benachteiligt, wenn in der für die Stelle maßgeblichen Vergleichsgruppe Frauen unterrepräsentiert sind (LAG Düsseldorf Urteil vom 12. November 2008 – 12 Sa 1102/08).

4. Rechtsfolgen

a) Nach dem AGG

Die Verletzung des Gebots zur neutralen Stellenausschreibung nach § 11 löst zwar keine unmittelbaren Rechtsfolgen aus. Jedoch begründet sie für einen Prozess um die Durchsetzung eines Anspruchs aus § 15 AGG die **Vermutung**, dass ein Arbeitnehmer **wegen des betreffenden Benachteiligungsgrundes tatsächlich diskriminiert wurde** – und zwar unabhängig davon, ob noch andere Gründe für die Einstellungsentscheidung maßgeblich waren (vgl. BAG Urteil vom 5. Februar 2004 – 8 AZR 112/03 unter II. 2 b bb = BAGE 109, 265 = NJW 2004, 2112 = NZA 2004, 540; *Falke* in Rust/Falke Rdnr. 23). Deshalb ist ein Verstoß gegen § 11 eine **Indiztatsache im Sinne von § 22 AGG**, deren Beweis durch den Arbeitnehmer eine Verlagerung der Beweislast auf den Arbeitgeber bewirkt. Der nach § 22 AGG mögliche Gegenbeweis, dass trotz einer gegen § 11 verstoßenden Ausschreibung die Nichtberücksichtigung eines Bewerbers *keine* verbotene Benachteiligung darstellt, dürfte häufig nicht gelingen. Deshalb ist es für Arbeitgeber empfehlenswert, **unbedingt** auf die **Einhaltung des Neutralitätsgebots** bei der Stellenausschreibung **zu achten** (Bauer / Göpfert / Krieger Rdnr. 9).

Die **diskriminierungsfreie Ausschreibung** einer Stelle besteht im Wesentlichen aus einer **reinen Funktionsbeschreibung**. Diese kann durch ein jeweils auf die Stelle zugeschnittenes **Anforderungsprofil** ergänzt werden. Aus einem solchen Anforderungsprofil dürfen sich die für die Stelle wesentlichen Qualifikationen, Kenntnisse und Fähigkeiten ergeben (Kolmhuber / Schreiner Rdnr. 115). Seine Verwendung macht das Auswahlverfahren durchschaubarer und vermeidet intuitive Entscheidungen bei der Ablehnung von Bewerbern. Zugleich wird das **Risiko einer späteren Inanspruchnahme auf Schadensersatz** deutlich **gesenkt**, wenn aufgrund des Stellenprofils bereits nachweisbar ist, dass der abgelehnte Bewerber für die Stelle **offensichtlich nicht qualifiziert** war (Kolmhuber / Schreiner Rdnr. 117).

Zu beachten ist, dass das Neutralitätsgebot des § 11 sich **auf alle Teile einer Stellenausschreibung** bezieht. Weder die Darstellung des Unternehmens, die Tätigkeitsbezeichnung, die persönlichen Anforderungen an die Fähigkeiten der Bewerber noch die einer Bewerbung beizufügenden Unterlagen dürfen darauf hindeuten, dass ein oder mehrere Diskriminierungsmerkmale zur Grundlage für die Bewerberauswahl gemacht werden (Hey / *Beitze* Rdnr. 12).

Hierzu gehört die **Beachtung folgender Grundsätze:**

- **Strikt geschlechtsneutrale Abfassung** sämtlicher Stellenausschreibungen also etwa „Ingenieur/in" bzw. „Ingenieur (m/w)", „Putzhilfe", „Reinigungskraft", „Pflegekraft", „Abteilungsleitung", um zu verdeutlichen, dass beide Geschlechter gleichermaßen zur Bewerbung aufgefordert sind (*Falke* in Rust / Falke Rdnr. 17).

  Eine geschlechtsneutrale Ausschreibung ist auch bei solchen Berufen erforderlich, die ganz überwiegend nur von Frauen oder nur von Männern ausgeübt werden, wie etwa „Arzthelferin" (ArbG Düsseldorf Urteil vom 15. November 2000 – 8 CA 1641/00 = PflR 2001, 437 m. Anm. *Roßbruch*).

  Auch wenn die Kunden für eine bestimmte Tätigkeit, etwa den Verkauf von Automobilen, die größere Kompetenz bei einem Geschlecht – etwa beim männlichen Geschlecht – erwarten, ist die Stelle geschlechtsneutral auszuschreiben (Rühl / Schmidt / Viethen S. 78). Das Gebot der benachteiligungsfreien Stellenausschreibung gilt **für die gesamte Stellenanzeige**. Unzulässig wäre unter einer geschlechtsneutralen Überschrift die spätere kleingedruckte Anforderung: „Sie verfügen über eine klassische Sekretärinnenausbildung". Auch sind im Übrigen Adjektive, die nach allgemeinem Rollenverständnis Rückschlüsse auf das gewünschte Geschlecht zulassen, zu vermeiden (Rühl / Schmidt / Viethen a. a. O.).

- **Vermeidung jeglicher sonstiger Bezugnahme auf Merkmale nach § 1 AGG** und damit in untrennbarem Zusammenhang stehende Kriterien. Daher sollte weder nach einem „jungen" noch nach einem „älteren" Arbeitnehmer gesucht werden und im Übrigen **von**

Altersgrenzen nach unten wie nach oben („nicht älter als 35 Jahre") **abgesehen** werden, soweit dies nicht nach § 10 AGG gerechtfertigt ist. Die Festsetzung eines Höchstalters für die Einstellung kann insbesondere gemäß § 10 Nr. 3 AGG ausnahmsweise zulässig sein.

Auch andeutende Formulierungen, dass ältere Bewerber von vornherein keine Chance haben, sind zu vermeiden, wie etwa „Young Professional gesucht" (Rühl / Schmidt / Viethen a. a. O.) oder „für unser junges Team suchen wir ..." Zulässig wäre es hingegen, Beschäftigte für ein „dynamisches" Büro zu suchen. Ob jemand dort arbeiten kann, hängt nicht etwa davon ab, wie alt er/sie ist oder ob er/sie behindert ist oder nicht. Vielmehr macht die Formulierung deutlich, dass motivierte und engagierte Beschäftigte gesucht werden (Hey / *Beitze* Rdnr. 13).

15a Die Ausschreibung für **„Berufsanfänger"** muss deutlich machen, dass gegebenenfalls auch berufserfahrene Bewerber eingestellt werden, die sich bereit erklären, Arbeit eines Berufsanfängers zu den hierfür üblichen Konditionen zu leisten (MK-*Thüsing* Rdnr. 6; vgl. hierzu auch *Wichert / Zange* DB 2007, 970).

Die Angabe des ersten Berufs-/Tätigkeitsjahres im Sinne einer als Höchstanforderung verstandenen Voraussetzung z. B. für die Verkaufstätigkeit in einer bestimmten Filiale kann in einer innerbetrieblichen Stellenausschreibung als mittelbare Diskriminierung wegen Alters unzulässig sein, jedenfalls wenn sie vom Arbeitgeber ausschließlich mit dem vorhandenen Personalbudget begründet wird (🏛 BAG Beschluss vom 18. August 2009 – 1 ABR 47/08 = NZA 2010, 222).

16 – Nach wie vor zulässig ist aber, von Bewerbern **bestimmte Qualifikationen oder berufliche Erfahrungen** – wie mehrmalige Auslandstätigkeit – sowie eine Mindestdauer im entsprechenden Beruf zu fordern, die **bei jüngeren Bewerbern** notwendigerweise **noch nicht gegeben** sein können (Rühl / Schmidt / Viethen a. a. O.; a. A. Bauer / Göpfert / Krieger Rdnr. 11 und § 10 AGG Rdnr. 24). Die darin liegende mittelbare Diskriminierung Jüngerer lässt sich ggf. mit den Anforderungen der Stelle rechtfertigen, wenn etwa eine Führungskraft mit hoher Verantwortung gesucht wird (Hey / *Beitze* Rdnr. 15).

Dasselbe gilt für die Anforderung einer bestimmten **körperlichen Belastbarkeit** oder besonderen gesundheitlichen Fitness, sofern die vorgesehene Tätigkeit diese voraussetzt, auch wenn mögliche ältere Bewerber – ggf. auch Bewerberinnen oder Menschen mit einer körperlichen Behinderung – diese nicht erfüllen können. Ob dies allerdings wirklich mit beruflichen Anforderungen zu rechtfertigen ist, muss im Einzelfall geprüft werden. Hingegen ist das bloße Adjektiv „leistungsstark" ohne Andeutung einer Verknüpfung mit einer möglichen Beeinträchtigung unbedenklich (*Falke* in Rust / Falke Rdnr. 20).

17 – Verzicht auf die **Suche nach Bewerbern** einer **bestimmten ethnischen Herkunft oder Religionszugehörigkeit**, soweit dies nicht ausnahmsweise nach §§ 5, 8 bis 10 AGG gerechtfertigt ist. Spezielle Anforderungen an **Sprachkenntnisse** in Stellenausschreibungen können u. U. als mittelbare Benachteiligung wegen der ethnischen Herkunft angesehen werden. Allerdings sind Forderungen nach bestimmten Sprachkenntnissen weiterhin zulässig, wenn sie für die vorgesehene Stelle erforderlich und damit sachlich gerechtfertigt sind (Rühl / Schmidt / Viethen a. a. O.). Hingegen bestehen Bedenken gegen den Hinweis „gute deutsche Sprachkenntnisse werden vorausgesetzt" für nicht herausgehobene oder keine Kundenkommunikation verlangende Tätigkeiten, weil dies als Indiz für eine Benachteiligung aufgrund der ethnischen Herkunft gewertet werden kann (Schiefer / Ettwig / Krych Rdnr. 490; zum Ganzen auch *Herbert / Oberrath* DB 2009, 2434).

18 – **Absehen** von der Bitte um **Beifügung eines Lichtbildes** zu den einzusendenden Bewerbungsunterlagen, da dieses Rückschlüsse auf die ethnische Herkunft, das Alter oder eine Behinderung des Bewerbers zulassen kann (*Schrader* BB 2006, 2571; *Falke* in Rust / Falke Rdnr. 28; Bauer / Göpfert / Krieger Rdnr. 12). Zwar stellt die Aufforderung zur Übersendung eines Lichtbildes als solche noch keinen Verstoß gegen das Gebot zur neutralen Stellenausschreibung dar. Allerdings kann hierin ein Indiz liegen, das bei Hinzutreten weiterer Umstände womöglich die Vermutung einer Benachteiligung wegen der ethni-

schen Herkunft usw. im Sinne von § 22 AGG rechtfertigt. Sogar die Aufforderung zur Einsendung der „üblichen Bewerbungsunterlagen" sollte unterbleiben, da hierzu üblicherweise ein Lichtbild gehört (*Schrader* a. a. O.). Auch das Ersuchen um Angabe des Alters, der Religionszugehörigkeit oder ähnlicher Merkmale sollte aus Stellenausschreibungen, aber auch aus Personalfragebögen gestrichen werden (Bauer / Göpfert / Krieger Rdnr. 12).

Teilt dagegen ein Bewerber seine Daten in Bezug auf einzelne Diskriminierungsmerkmale im Rahmen des Bewerbungsverfahrens **freiwillig** mit, so liegt darin kein Verstoß gegen ein Benachteiligungsverbot. Im Rahmen der allgemeinen Regeln darf der Arbeitgeber diese Daten berücksichtigen (Hey / *Beitze* Rdnr. 16). **18a**

Macht ein Bewerber **Entschädigung wegen Diskriminierung** bei der Einstellung geltend, so setzt dies voraus, dass er sich subjektiv **ernsthaft beworben** hat und objektiv **für die zu besetzende Stelle in Betracht** gekommen ist (BAG Urteil vom 12. November 1998 – 8 AZR 365/97 = BAGE 90, 170 = NZA 1999, 371 = AP Nr. 16 zu § 611a BGB; LAG Berlin Urteil vom 30. März 2006 – 10 Sa 2395/05 = NZA-RR 2006, 513). Aus **Indizien im Zusammenhang mit der Bewerbung** kann gefolgert werden, dass eine ernsthafte Bewerbung nicht gewollt war (LAG Berlin Urteil vom 30. März 2006 a. a. O.; vgl. ausführlich zu Fragen missbräuchlicher Bewerbungen als sog. „AGG-Hopping" *Diller* BB 2006, 1968 mit Hinweis auf das bundesweite Warnarchiv *www.agg-hopping*, in dem eine Anwaltskanzlei entsprechende Verdachtsfälle erfasst). **19**

Ein subjektiv ernsthafter Bewerber wird in seiner Bewerbung alles tun, um ein **positives Bild von seiner Person** und seinen – auf den Text der Stellenausschreibung bezogenen – **Fähigkeiten** zu vermitteln. Gegen eine subjektiv ernsthafte Bewerbung spricht es dann z. B., wenn der Bewerber in seiner Bewerbung – ggf. auch nur Kurzbewerbung – zu einer als wesentlich erkennbaren Einstellungsvoraussetzung keine Angaben macht, oder wenn er z. B. eine weit überzogene Vergütungsvorstellung äußert (LAG Berlin Urteil vom 30. März 2006 a. a. O.). Nimmt der Bewerber nicht alle Möglichkeiten zu Vorstellungsgesprächen wahr – auch für andere vom Arbeitgeber angebotene Stellen – so ist davon auszugehen, dass die Bewerbung nicht ernsthaft war und von vornherein die Zahlung einer Entschädigung angestrebt wurde (ArbG Kiel Urteil vom 9. Februar 2006 – ö. D. 5 Ca 1995 d/05, zit. nach JURIS; das beim LAG Kiel unter 5 Sa 152/06 anhängig gewesene Berufungsverfahren wurde durch einen Vergleich beendet). **20**

Neben den Auswirkungen auf die Beweislast für Entschädigungsansprüche regelt das AGG eine weitere Rechtsfolge benachteiligender Ausschreibungen: In § 17 **Abs. 2** AGG wird dem Betriebsrat oder einer im Betrieb vertretenen Gewerkschaft das Recht eingeräumt, ein besonderes **arbeitsgerichtliches Beschlussverfahren** einzuleiten mit dem Ziel, ein **dem AGG entsprechendes Verhalten des Arbeitgebers sicherzustellen**. Ein solcher Schritt setzt allerdings einen **groben Verstoß** des Arbeitgebers gegen die Vorschriften der §§ 6 bis 18 AGG und damit gegebenfalls auch das Verbot der benachteiligenden Stellenausschreibung voraus. Ein grober Verstoß ist regelmäßig zu bejahen, wenn der Arbeitgeber mehrfach und erkennbar gegen seine sich aus dem AGG ergebenden Pflichten verstoßen hat (BAG Beschluss vom 18. August 2009 –1 ABR 47/08 = NZA 2010, 222). Allerdings scheidet ein grober Verstoß des Arbeitgebers dann aus, wenn er seine Rechtsposition in einer schwierigen und ungeklärten Rechtsfrage verteidigt (vgl. BAG Beschluss vom 16. Juli 1991 – 1 ABR 69/90 – zu B II 2 a der Gründe = NZA 1992, 70 = AP Nr. 44 zu § 87 BetrVG 1972 Arbeitszeit; Beschluss vom 8. August 1989 – 1 ABR 63/88 – zu B III der Gründe = BAGE 62, 314 = NZA 1990, 198). **20a**

b) Nach dem BetrVG

21 Ein Verstoß gegen § 11 kann ferner betriebsverfassungsrechtliche Konsequenzen haben.

- Soll ein Bewerber nicht eingestellt werden, der das unzulässige Differenzierungsmerkmal erfüllt, kann der **Betriebsrat** der beabsichtigten Einstellung des ausgewählten Bewerbers nach § 99 Abs. 2 Nr. 1 BetrVG **widersprechen** (Wendeling-Schröder / *Stein* Rdnr. 29 unter Hinweis auf die Rechtsprechung des BAG zur Benachteiligung wegen der Gewerkschaftszugehörigkeit im Beschluss vom 14. Dezember 2004 – 1 ABR 54/03 = BAGE 113, 102 = NZA 2005, 424; Schleusener / *Suckow* / Voigt Rdnr. 49; Schiek / *Schmidt* Rdnr. 7; a. A. *Thüsing* Diskriminierungschutz Rdnr. 669).

- Verstößt eine **innerbetriebliche Ausschreibung** gegen § 11, ist der Betriebsrat unter den Voraussetzungen des § 93 BetrVG zur **Zustimmungsverweigerung** nach § 99 Abs. 2 Nr. 5 BetrVG berechtigt (vgl. LAG Hessen Beschluss vom 13. Juli 1999 – 4 TaBV 192/97 = NZA-RR 1999, 641; HK-AGG / *Buschmann* Rdnr. 24; Wendeling-Schröder / *Stein* Rdnr. 30). Denn das Mitbestimmungsrecht des Betriebsrats nach § 93 BetrVG zielt auf eine vollständige Aktivierung des geeigneten innerbetrieblichen Arbeitsmarkts. Eine nicht gerechtfertigte Benachteiligung von Personengruppen mit einem Merkmal im Sinne von § 1 AGG führt zu Unvollständigkeit des Adressatenkreises, so dass die erforderliche Ausschreibung unterblieben ist (Wendeling-Schröder / *Stein* a. a. O.; a. A. Schleusener / *Suckow* / Voigt Rdnr. 51; *Thüsing* Diskriminierungschutz Rdnr. 669). Mit § 99 Abs. 2 Nr. 5 BetrVG soll dem Betriebsrat ein Druckmittel zur Verfügung stehen, wenn der Arbeitgeber unter Verletzung des Mitbestimmungsrechts keine materiell ausreichende innerbetriebliche Bewerbungsaufforderung vorgenommen hat (vgl. auch BAG Beschluss vom 23. Februar 1988 –1 ABR 82/86 = NZA 1988, 551 = AP Nr. 2 zu § 93 BetrVG 1972; kritisch gegen die Verwertbarkeit der Entscheidung im vorliegenden Zusammenhang *Thüsing* Diskriminierungschutz Rdnr. 669).

- Über die **Beachtung des Gebots** zur neutralen Stellenausschreibung hat der Betriebsrat nach § 80 Abs. Nr. 1, 2a, 4, 6, 7 BetrVG zu **wachen**.

21a
- Die Pflicht zur Stellenausschreibung wird im **BPersVG** nicht ausdrücklich geregelt. Soweit es um die Ausschreibung von Dienstposten innerhalb der Dienststelle geht, wird eine solche Verpflichtung aber aus § 75 Abs. 3 Nr. 14 BPersVG abgeleitet (vgl. auch BVerwG Beschluss vom 29. Januar 1996 – 6 P 38.93 = NVwZ 1997, 286). Der Personalrat kann seine Zustimmung zur Einstellung eines Bewerbers mit der Begründung verweigern, die Dienststelle habe ohne seine Zustimmung von einer Ausschreibung abgesehen (BVerwG Beschluss vom 29. Januar 1996 a. a. O.). Daher ist aus denselben Gründen, die bei § 99 Abs. 2 Nr. 5 BetrVG maßgebend sind, bei einem Verstoß der Ausschreibung gegen § 7 AGG ein Zustimmungsverweigerungsrecht gegeben (Wendeling-Schröder / *Stein* Rdnr. 33).

c) Nach dem BGB

22 Die Vorschrift des § 11 ist – anders als § 7 Abs. 1 AGG – **nicht als Schutzgesetz im Sinne des § 823 Abs. 2 BGB zu werten** (Wendeling-Schröder / *Stein* Rdnr. 27; Diller NZA 2007, 649 [650]). Deshalb kann ein Verstoß gegen die Verpflichtung zu benachteiligungsfreier Ausschreibung keinen Schadensersatzanspruch nach dieser Vorschrift begründen.

5. Fragerechte bei Einstellung

23 Mit der Ausschreibung eng zusammen hängt das Fragerecht des Arbeitgebers im Bewerbungsgespräch gegenüber Bewerbern, die nach § 6 Abs. 1 vom Schutz des AGG erfasst sind. Die **Reichweite des Fragerechts** wird unmittelbar **durch die Benachteiligungsverbote begrenzt**. Wo eine Unterscheidung nicht gerechtfertigt wäre, darf der Arbeitgeber auch nicht die dafür erforderlichen Informationen erfragen (MK-*Thüsing* Rdnr. 15). Unzulässige Fra-

gen begründen das „Recht zur Lüge" des Arbeitnehmers und verwehren dem Arbeitgeber die Anfechtung des Vertrages wegen arglistiger Täuschung gemäß § 123 BGB.

— Nach allgemeiner Auffassung unzulässig ist die Frage nach der **Schwangerschaft** (BAG Urteil vom 6. Februar 2003 – 2 AZR 621/01 = BAGE 104, 304 = AP Nr. 21 zu § 611a BGB m. Anm. *Kanamabrou*). Dies gilt unabhängig davon, ob die Tätigkeit befristet bzw. die Arbeitnehmerin wegen des Mutterschutzes für einen erheblichen Zeitraum arbeitsunfähig ist (EuGH Urteil vom 27. Februar 2003 – C-320/01 = NJW 2003, 1107 = NZA 2003, 373). Im Anschluss an die europäische Rechtsprechung stellt zudem das AGG in § 3 Abs. 1 Satz 2 ausdrücklich klar, dass das Anknüpfen an die Schwangerschaft eine unmittelbare Benachteiligung darstellt. **24**

— Grundsätzlich unzulässig ist auch die Frage nach der **Schwerbehinderung**, soweit sie nicht der Förderung Schwerbehinderter dient (hierzu eingehend *Joussen* NZA 2007, 174; *Düwell* BB 2006, 1741 [1742 f.]). Diese Frage war allerdings lange Zeit heftig umstritten. Nach der bisher noch nicht aufgegebenen **Rechtsprechung des 2. Senats des BAG** wäre sie zulässig (vgl. zuletzt BAG Urteil vom 18. Oktober 2000 – 2 AZR 380/99 = AP Nr. 59 zu § 123 BGB). Als tätigkeitsneutral wird diese Frage bezeichnet, weil sie keinen Bezug zur vorgesehenen Beschäftigung hat, sondern nur darauf zielt zu erfahren, ob eine Schwerbehinderung festgestellt ist, und zwar unabhängig davon, welche Auswirkungen die Schwerbehinderteneigenschaft oder die Gleichstellung sowie die zugrunde liegende Behinderung konkret für die in Aussicht genommene Tätigkeit hat (vgl. BAG Urteil vom 1. August 1985 – 2 AZR 101/83 unter II. 3. a der Gründe = BAGE 49, 214 = BehindertenR 1986, 90 = AP Nr. 30 zu § 123 BGB und BAG Urteil vom 5. Oktober 1995 – 2 AZR 923/94 unter B. II. 2. der Gründe = BAGE 81, 120 = BehindertenR 1996, 121 = AP Nr. 40 zu § 123 BGB). **25**

Schon nach dem Inkrafttreten des **§ 81 SGB IX** zum 1. Juli 2001 ging jedoch die ganz überwiegende Meinung im Schrifttum von der **Unzulässigkeit einer tätigkeitsneutralen Frage des Arbeitgebers** nach einer anerkannten Schwerbehinderung aus. Begründet wurde dies u. a. damit, dass das BAG in seiner Entscheidung vom 5. Oktober 1995 a. a. O. seine Auffassung zur Zulässigkeit der Frage u. a. damit begründet hatte, die Aufnahme des Verbots der Benachteiligung Behinderter in das Grundgesetz (Art. 3 Abs. 2 Satz 2 GG) rechtfertige keine andere Bewertung. Ein Vergleich mit der Zulässigkeit der Frage nach der Schwangerschaft, die als diskriminierend angesehen wird, sei unstatthaft, denn während der Gesetzgeber in § 611a BGB ein ausdrückliches geschlechtsspezifisches Diskriminierungsverbot bei der Begründung von Arbeitsverhältnissen normiert habe, fehle es im Fall der behinderten Menschen. Da nunmehr aber ausdrücklich **in § 81 SGB IX ein derartiges Benachteiligungsverbot** – § 611 a. a. F. BGB nachgebildet – vorgesehen sei, könne diese Argumentation nicht mehr greifen (vgl. z. B. LAG Hamm Urteil vom 19. Oktober 2006 –15 Sa 740/06, zit. nach JURIS, dort Rdnr. 51; *Düwell* BB 2001, 1529 ff.; *Messingschlager* NZA 2003, 301 ff.; *von Koppenfels-Spies* AuR 2004, 43 ff.; *Brecht-Heinzmann* ZdR 2006, 639 ff.; offen gelassen von *Dörner* in HB FA Arbeitsrecht, 8. Aufl., Kapitel 2, Rdnr. 291). **25a**

Diese bereits zu der früheren Fassung des § 81 Abs. 2 SGB IX vertretene Auslegung gilt erst recht für die **nunmehr im Gesetz enthaltene Verweisung auf das AGG**. Danach lässt sich die Zulässigkeit einer tätigkeitsneutralen Frage des Arbeitgebers nach einer Schwerbehinderteneigenschaft im Hinblick auf das **Verbot der Ungleichbehandlung behinderter Menschen** nicht mehr aufrechterhalten (Hess. LAG Urteil vom 24. März 2010 – 6/7 Sa 1373/09, zit. nach JURIS; Revision zum BAG eingelegt unter dem Az. 2 AZR 396/10). Es ist zu erwarten, dass das BAG in dem anhängigen Revisionsverfahren nunmehr ein klärendes Wort spricht, das wohl nur in einem Abrücken von seiner bisher nicht aufgegebenen früheren Rechtsprechung vor Inkrafttreten des SGB IX bestehen kann. **25b**

— Im Übrigen verwendet das AGG lediglich den **Begriff der Behinderung**. Nach der Rechtsprechung des EuGH ist diese eine Einschränkung, die auf physische, geistige oder psychi- **26** sche Beeinträchtigungen zurückzuführen ist und ein Hindernis für die Teilhabe des Betroffenen am Berufsleben bildet (⌧ EuGH Urteil vom 11. Juli 2006 – C-13/05 = NZA 2006, 839 = DB 2006, 1617 Rdnr. 45). **Ausnahmsweise** kann der Arbeitgeber **nach der Behinderung fragen**, wenn die **Ungleichbehandlung nach § 8 Abs. 1 AGG gerechtfertigt** wäre (*Wisskirchen* DB 2006, 1491 [1494]; *Kania / Merten* ZIP 2007, 7 [11]). Der Arbeitnehmer muss daher die Frage zur Feststellung der **individuellen Eignung für den konkreten Arbeitsplatz** (z. B. die Fähigkeit zur Ausführung schwerer Hebearbeiten) wahrheitsgemäß beantworten. Andernfalls steht dem Arbeitgeber das Recht zur Anfechtung weiterhin zu (*Kania / Merten* a. a. O.).

26a Zulässig kann die Frage nach der (Schwer-)Behinderung auch dann sein, wenn der Arbeitgeber damit das **Ziel der Eingliederung von Behinderten oder der Steigerung des Ist-Satzes der Beschäftigungspflicht** nach § 71 SGB IX verfolgt. Dies gilt als zulässige Ungleichbehandlung in Form einer positiven Maßnahme nach § 5 AGG (*Kania / Merten* ZIP 2007, 7 [12], *Düwell* BB 2006, 1741 [1742 f.]). Ein Indiz für die entsprechende Zielsetzung der Frage kann insbesondere eine vorliegende Integrationsvereinbarung im Betrieb sein (*Joussen* NZA 2007, 174 [178]).

26b In diesem Fall ist aber das Verschweigen einer Schwerbehinderung und der hiermit verursachte Irrtum des Arbeitgebers über die Schwerbehinderteneigenschaft für seine Willenserklärung nicht ursächlich; eine **Anfechtung wegen arglistiger Täuschung gem. § 123 BGB** ist im Ergebnis **ausgeschlossen** (⌧ Hess. LAG Urteil vom 24. März 2010 – 6/7 Sa 1373/09, zit. nach JURIS; Revision zum BAG eingelegt unter Az. 2 AZR 396/10). Denn dann hat der Arbeitgeber den Bewerber in Unkenntnis seiner Schwerbehinderung als „besten" Kandidaten ausgewählt und eingestellt. Erklärt er in einem etwaigen arbeitsgerichtlichen Verfahren noch ausdrücklich, dass bei positiver Beantwortung der Frage nach der Schwerbehinderung der Bewerber erst recht eingestellt worden wäre, kann damit nicht festgestellt werden, dass die Einstellung auf einer arglistigen Täuschung beruhe (Hess. LAG Urteil vom 24. März 2010 a. a. O. unter Hinweis auf *Düwell* in BB 2006, 1741, 1743). Ficht der Arbeitgeber gleichwohl nach Kenntniserlangung von der Behinderung seine Vertragserklärung wegen Verschweigens der Behinderung an, so ist das **treuwidrig und deshalb nach § 242 BGB unbeachtlich**. Das gilt auch bezüglich einer außerordentlichen, hilfsweise ordentlichen Kündigung, die unter Berufung auf die Falschbeantwortung der Frage nach der Schwerbehinderteneigenschaft ausgesprochen wird.

27 – Kann der Arbeitnehmer vorhersehen, dass er nicht imstande sein wird, die Arbeit zu leisten, trifft ihn eine **Offenbarungspflicht** (⌧ BAG Urteil vom 1. August 1985 – 2 AZR 101/83 = BAGE 49, 214 = NZA 1986, 635 = BehindertenR 1986, 90). Dieser stehen weder das AGG noch die Richtlinien entgegen. Denn ihr Ziel ist es nicht, die Einstellung von Personen vorzuschreiben, welche für die wesentlichen Funktionen des Arbeitsplatzes nicht kompetent, fähig oder verfügbar sind (*Kania / Merten* ZIP 2007, 7 [12] unter Hinweis auf Erwägungsgrund 17 der RL 2000/78/EG).

28 – Die vorstehend dargelegten Grundsätze sind auch auf die übrigen Merkmale des § 1 AGG zu übertragen. So ist die Frage nach der **Religion** nur gemäß § 9 AGG und die und diejenige nach dem **Alter** allein unter den Voraussetzungen des § 10 Abs. 1 Nr. 3 AGG zulässig (*Kania / Merten* ZIP 2007, 7 [12]).

29 Die **unzulässige Frage** stellt für sich genommen **noch keine Benachteiligung** dar, weil der Arbeitgeber trotz der nicht erlaubten Fragestellung die betroffene Person einstellen kann (*Kania / Merten* a. a. O. S. 12 m. w. Nachw.). Allerdings sind unzulässige Fragen gem. § 22 AGG ein hinreichendes **Indiz für eine Benachteiligung**, wenn ein Bewerber **abgelehnt** wird.

V. Literatur

Vgl. die zu § 1 AGG angegebene Literatur sowie

Diller, Martin, AGG-Hopping – und was man dagegen tun kann!, BB 2006, 1968

Düwell, Franz Josef, Die Neuregelung des Verbots der Benachteiligung wegen Behinderung im AGG, BB 2006, 1741

Herbert, Manfred / **Oberrath**, Jörg-Dieter, Beherrschung und Verwendung der deutschen Sprache bei der Begründung des Arbeitsverhältnisses, DB 2009, 2434

Joussen, Jacob, Schwerbehinderung, Fragerecht und positive Diskriminierung nach dem AGG, NZA 2007, 174

Kania, Thomas / **Merten**, Sonja, Auswahl und Einstellung von Arbeitnehmern unter Geltung des AGG, ZIP 2007, 8

Ohlendorf, Bernd / **Schreier**, Michael, AGG-konformes Einstellungsverfahren – Handlungsanleitung und Praxistipps, BB 2008, 2458

Rolfs, Christian / **Wessel**, Sandra Aktuelle Rechtsprechung und Praxisfragen zur Benachteiligung wegen des Geschlechts, NJW 2009, 3329

Seel, Henning, AGG – Schadensersatz für Diskriminierungen im Bewerbungsverfahren, MDR 2006, 1321

Schrader, Peter, Gestaltungsmöglichkeiten des Arbeitgebers nach Inkrafttreten des AGG, BB 2006, 2671

Wichert, Joachim / **Zange**, Julia, Suche nach Berufsanfängern in Stellenanzeigen, DB 2007, 970

§ 12
Maßnahmen und Pflichten des Arbeitgebers

(1) ¹Der Arbeitgeber ist verpflichtet, die erforderlichen Maßnahmen zum Schutz vor Benachteiligungen wegen eines in § 1 genannten Grundes zu treffen. ²Dieser Schutz umfasst auch vorbeugende Maßnahmen.

(2) ¹Der Arbeitgeber soll in geeigneter Art und Weise, insbesondere im Rahmen der beruflichen Aus- und Fortbildung, auf die Unzulässigkeit solcher Benachteiligungen hinweisen und darauf hinwirken, dass diese unterbleiben. ²Hat der Arbeitgeber seine Beschäftigten in geeigneter Weise zum Zwecke der Verhinderung von Benachteiligung geschult, gilt dies als Erfüllung seiner Pflichten nach Absatz 1.

(3) Verstoßen Beschäftigte gegen das Benachteiligungsverbot des § 7 Abs. 1, so hat der Arbeitgeber die im Einzelfall geeigneten, erforderlichen und angemessenen Maßnahmen zur Unterbindung der Benachteiligung wie Abmahnung, Umsetzung, Versetzung oder Kündigung zu ergreifen.

(4) Werden Beschäftigte bei der Ausübung ihrer Tätigkeit durch Dritte nach § 7 Abs. 1 benachteiligt, so hat der Arbeitgeber die im Einzelfall geeigneten, erforderlichen und angemessenen Maßnahmen zum Schutz der Beschäftigten zu ergreifen.

(5) ¹Dieses Gesetz und § 61b des Arbeitsgerichtsgesetzes sowie Informationen über die für die Behandlung von Beschwerden nach § 13 zuständigen Stellen sind im Betrieb oder in der Dienststelle bekannt zu machen. ²Die Bekanntmachung kann durch Aushang oder Auslegung an geeigneter Stelle oder den Einsatz der im Betrieb oder der Dienststelle üblichen Informations- und Kommunikationstechnik erfolgen.

ERLÄUTERUNGEN

ÜBERSICHT

I. Bedeutung der Vorschrift (Rdnrn. 1–3)
II. Fassung (Rdnr. 4)
III. Begründung (Rdnrn. 5–9)
IV. Anmerkungen (Rdnrn. 10–75)
   A) zu Abs. 1
      1. Handlungspflicht des Arbeitgebers einschließlich Prävention (Rdnrn. 10–11)
      2. Erforderliche Maßnahmen (Rdnrn. 12–14)
   B) zu Abs. 2
      1. Hinweis- und Mitwirkungspflicht des Arbeitgebers (Rdnrn. 15–16)
      2. Enthaftung durch geeignete Schulung (Rdnrn. 17–25)
      3. Aufstellung von Ethik-Richtlinien (Rdnrn. 26–35)
   C) zu Abs. 3
      1. Handlungspflicht gegenüber Beschäftigten bei Gesetzesverstoß (Rdnrn. 36–54)
      2. Arbeitsgerichtlicher Rechtsschutz gegen Sanktion (Rdnrn. 55–64)
         a) Rechtsweg und Beweislast (Rdnr. 55)
         b) Folgen für die Schutzpflicht gegenüber dem Benachteiligten (Rdnrn. 56–64)
   D) zu Abs. 4
      1. Handlungspflicht gegenüber betriebsfremden Dritten bei Gesetzesverstoß (Rdnrn. 65–67)
      2. Pflicht zu verhältnismäßiger Reaktion (Rdnrn. 68–71)
   E) zu Abs. 5
      1. Bekanntmachung des AGG-Textes (Rdnrn. 72–75)
V. Literatur

I. Bedeutung der Vorschrift

1 Als Kernvorschrift der arbeitgeberseitigen Organisationspflichten normiert sie verschiedene Handlungspflichten des Arbeitgebers zur Verhinderung oder Beseitigung von Benachteiligungen seiner Beschäftigten, die im Ergebnis auf die **Schaffung eines möglichst diskriminierungsfreien Unternehmens** zielen.

2 In systematischer Sicht enthält die Bestimmung **drei verschiedene Kategorien** von Pflichten:

– eine **konkrete Informationspflicht** durch die Bekanntmachung des Gesetzes (einschließlich der Vorschrift des § 61b ArbGG) sowie der für die Behandlung von Beschwerden zuständigen Personen oder Stellen in geeigneter Weise im Betrieb (**Abs. 5**);

– eine **Reaktionspflicht des Arbeitgebers**, bei tatsächlich vorgekommenen Diskriminierungen, sei es durch eigene Mitarbeiter des Unternehmens oder durch Dritte, aktiv hiergegen vorzugehen (**Abs. 3 und 4**);

– eine **allgemeine Verpflichtung**, – auch präventive – Maßnahmen zum **Schutz vor Diskriminierungen** zu ergreifen (**Abs. 1 und 2**).

3 Verletzt der Arbeitgeber die ihm nach dieser Vorschrift obliegenden Pflichten, **haftet** er nach § 15 AGG **aus eigenem Organisationsverschulden**, falls es in einem seiner Betriebe zu einer verbotenen Benachteiligung kommen sollte (Bauer / Göpfert / Krieger Rdnrn. 1 und 5). Das gilt auch dann, wenn die eigentliche Benachteiligung durch einen anderen Beschäftigten oder einen Dritten begangen wird. Bei Erfüllung der Handlungspflichten nach § 12 AGG scheidet hingegen eine Haftung des Arbeitgebers für Benachteiligungen durch Dritte grundsätzlich aus, sofern nicht die Voraussetzungen für eine Zurechnung dieses Verhaltens nach § 31 oder § 278 BGB vorliegen.

II. Fassung

Die Vorschrift wurde unverändert aus dem Entwurf der Bundesregierung „Entwurf eines Gesetzes zur Umsetzung europäischer Richtlinien zur Verwirklichung des Grundsatzes der Gleichbehandlung" (BT-Drucks. 16/1780) übernommen.

4

III. Begründung

Im Gesetzentwurf der Bundesregierung (BT-Drucks. 16/1780 S. 37) wird zu der Vorschrift ausgeführt:

5

„Zu Absatz 1

Um unerwünschten Benachteiligungen im Beruf entgegenzuwirken, ist es Erfolg versprechender, deren Eintritt durch präventive Maßnahmen zu vermeiden, als erst nach deren Eintritt den Benachteiligten auf Ausgleichsansprüche zu verweisen. Die Vorschrift begründet daher im Rahmen einer Generalklausel die Verpflichtung des Arbeitgebers, konkrete geeignete Maßnahmen zum Schutz der Beschäftigten vor Benachteiligungen durch Arbeitskollegen oder Dritte, wie etwa Kunden, zu treffen. Was „erforderlich" ist, ist nach objektiven Gesichtspunkten zu beurteilen, nicht nach der subjektiven Einschätzung auf Arbeitgeber- oder Arbeitnehmerseite. Welche Maßnahmen geboten sind, kann je nach der Größe des Betriebes unterschiedlich zu beurteilen sein. Die Verpflichtung kann immer nur so weit gehen, wie der Arbeitgeber rechtlich und tatsächlich zur Pflichterfüllung in diesem Bereich in der Lage ist. Die **Sätze 1 und 2** sind an § 2 Abs. 1 des Beschäftigtenschutzgesetzes angelehnt. Zu denken ist sowohl an organisatorische Maßnahmen als auch an eine Aufklärung über die Problematik der Benachteiligung.

Zu Absatz 2

Absatz 2 Satz 1 macht deutlich, dass bei den Maßnahmen zum Schutz vor Benachteiligung insbesondere der beruflichen Aus- und Fortbildung erhebliche Bedeutung zukommt. **Satz 2** beschreibt eine konkrete Möglichkeit, wie der Arbeitgeber seiner Verpflichtung nach Absatz 1 nachkommen kann.

6

Zu Absatz 3

Absatz 3 verpflichtet in Anlehnung an § 4 Abs. 1 des Beschäftigtenschutzgesetzes den Arbeitgeber, geeignete Maßnahmen zu ergreifen, wenn ein Beschäftigter oder eine Beschäftigte Opfer einer Benachteiligung durch andere Beschäftigte geworden ist. Die gegenüber Beschäftigten möglichen arbeitsrechtlichen Maßnahmen sind dabei nicht abschließend aufgezählt.

7

Zu Absatz 4

Absatz 4 verpflichtet den Arbeitgeber, geeignete Maßnahmen zu ergreifen, wenn ein Beschäftigter oder eine Beschäftigte in Ausübung seiner oder ihrer Tätigkeit von Dritten benachteiligt wird (z. B. ein Auslieferungsfahrer wird von Kunden wegen seiner ethnischen Herkunft schikaniert). Gerade in Kundenbeziehungen ist die Form einer angemessenen Reaktion anhand der konkreten Umstände des Einzelfalls zu bestimmen.

8

Zu Absatz 5

Die Regelung setzt Artikel 10 der Richtlinie 2000/43/EG, Artikel 12 der Richtlinie 2000/78/EG und Artikel 8 der Richtlinie 76/207/EWG um. Der Arbeitgeber ist – wie schon nach dem Beschäftigtenschutzgesetz – verpflichtet, die gesetzlichen Vorschriften einschließlich der maßgeblichen Klagefrist in § 61b ArbGG bekannt zu machen. Um Betroffenen die Wahrnehmung ihrer Rechte zu erleichtern, ist weiter vorgesehen, dass zugleich auch über die vorhandenen, für die Behandlung von Beschwerden nach § 13 Abs. 1 zuständigen Stellen, zu informieren ist.

9

Die Bekanntmachung kann durch Aushang oder Auslegung an geeigneter Stelle oder entsprechend der neueren Entwicklung auch unter Einsatz der in dem Betrieb oder der Dienststelle üblichen Informations- und Kommunikationstechnik, wie z. B. das Intranet, erfolgen. Erforderlich ist, dass der Adressatenkreis von der Bekanntmachung Kenntnis erlangen kann."

IV. Anmerkungen

A) zu Abs. 1

1. Handlungspflicht des Arbeitgebers einschließlich Prävention

10 Nach der **Generalklausel** des **Abs. 1 Satz 1** ist der Arbeitgeber verpflichtet, die erforderlichen Maßnahmen zum Schutz vor Benachteiligungen wegen eines in § 1 AGG genannten Grundes (mithin der Rasse oder der ethnischen Herkunft, des Geschlechts, der Religion oder Weltanschauung, einer Behinderung, des Alters oder der sexuellen Identität) zu treffen. Nach **Abs. 1 Satz 2** umfasst der Schutz auch vorbeugende Maßnahmen.

11 Damit soll erreicht werden, dass der Arbeitgeber nicht erst auf bereits eingetretene Benachteiligungen reagiert, indem der Betroffene einen Ausgleichsanspruch erhält. Vielmehr sollen **Diskriminierungen durch geeignete Mittel von vornherein verhindert** werden, da dies einen umfassenden Schutz gewährleistet (vgl. RegE BT-Drucks. 16/1780 S. 37, oben Rdnr. 5). Primär geht es dabei vor allem um den Schutz vor solchen Benachteiligungen, die **von anderen Beschäftigten** (also Kollegen) oder **von Dritten** (etwa Kunden oder Geschäftspartnern) ausgehen, und nicht um Benachteiligungen durch den Arbeitgeber selbst. Diesem wird dadurch zugunsten des Beschäftigten eine Verantwortung für das Verhalten anderer Personen auferlegt.

Für **eigenes Verhalten** ist der **Arbeitgeber** – unabhängig von dieser Vorschrift – **ohnehin verantwortlich**, ebenso für eine Anweisung zur Benachteiligung eines Beschäftigten (vgl. § 3 Abs. 5 AGG). Allerdings werden Benachteiligungen im Sinne des § 7 AGG nur in einem verhältnismäßig geringen Teil der Fälle nachweisbar vom Arbeitgeber selbst vorgenommen oder veranlasst sein (HK-AGG / *Buschmann* Rdnr. 2).

2. Erforderlichkeit von Maßnahmen

12 Das Merkmal der „Erforderlichkeit" einer Maßnahme ist ein **unbestimmter Rechtsbegriff**; dieser ist **nach objektiven Kriterien** näher zu bestimmen. Dem Arbeitgeber steht insoweit ein Beurteilungsspielraum zu. Für den Umfang der Schutzpflichten ist jedenfalls nicht die subjektive Einschätzung etwa auf Seiten der Arbeitnehmer oder des Betriebsrats maßgebend (vgl. *Göpfert / Siegrist* ZIP 2006, 1710 [1714]).

13 Die Maßnahmen müssen **konkret und geeignet** sein, wobei es auch auf die individuellen Verhältnisse in Betrieb oder Unternehmen bzw. Dienststelle ankommen kann. Allerdings kann insoweit nicht **allein auf die Größe des Betriebs- oder Unternehmensgröße abgestellt** werden. Zum einen gilt – anders als im Kündigungsschutzrecht – im Bereich des AGG keine Ausnahme für Kleinbetriebe, so dass die Schutzpflichten des § 12 AGG grundsätzlich unabhängig von der Zahl der Beschäftigten eingreifen. Allerdings muss der erforderliche Aufwand für einen effektiven Schutz vor Benachteiligungen noch in einem angemessenen Verhältnis zur Leistungsfähigkeit des Unternehmens bzw. Betriebs stehen (Bauer / Göpfert / Krieger Rdnr. 8). Umgekehrt ist aber auch nicht allgemein zu verlangen, dass „große" Unternehmen auch einen besonders umfangreichen Aufwand zum Schutz vor Diskriminierungen treiben müssten. Vielmehr sollte als Maßstab gelten, **wie überschaubar für den jeweiligen Arbeitgeber die Organisationseinheit in ihren einzelnen Arbeitsabläufen** ist. Mit steigender Komplexität – etwa durch Untergliederung in Filialbetriebe – können sich auch die Anforderungen an die Schutzpflichten steigern (Bauer / Göpfert / Krieger a. a. O.).

14 Im Übrigen müssen bestimmte Maßnahmen **rechtlich und tatsächlich durchführbar** sein, da dem Arbeitgeber nichts für ihn Unmögliches abverlangt werden darf (RegE BT-Drucks. 16/1780 S. 37, oben Rdnr. 5). Dabei kommt es auch auf die **Vorhersehbarkeit möglicher Konfliktsituationen** an. Präventive Schutzmaßnahmen des Arbeitgebers gegen Be-

nachteiligungen, mit denen dieser angesichts der konkreten Umstände nicht zu rechnen brauchte, können nicht nachträglich für erforderlich erklärt werden, etwa zum Zweck der Haftungsbegründung. Dies gilt beispielsweise für nicht vorhersehbares, vielleicht sogar irrationales Verhalten von Vorgesetzten (Bauer / Göpfert / Krieger Rdnr. 9).

B) zu Abs. 2

1. Hinweis- und Hinwirkungspflicht des Arbeitgebers

Nach **Abs. 2 Satz 1** soll der Arbeitgeber in geeigneter Art und Weise auf die Unzulässigkeit entsprechender Benachteiligungen nach § 7 AGG hinweisen und darauf hinwirken, dass diese unterbleiben. Allerdings handelt es sich bei dieser Sollvorschrift um eine **nicht erzwingbare Obliegenheit** des Arbeitgebers **mit Appellcharakter.** Sie eröffnet ihm allerdings im Zusammenwirken mit Abs. 2 Satz 2 die Möglichkeit, durch Information und Schulung seiner Arbeitnehmer eine eigene Haftung bei Benachteiligungen durch Beschäftigte oder betriebsfremde Dritte zu vermeiden. 15

Eine geeignete Art und Weise können z. B. entsprechende **Aushänge oder Rundschreiben** im Betrieb sein, auch durch elektronische Verbreitung im jeweiligen Intranet. Daneben hebt das Gesetz insbesondere die **berufliche Aus- und Fortbildung** als Rahmen für die Hinweis- und Mitwirkungspflicht des Arbeitgebers hervor (insoweit kritisch zur Übertragung von staatlichen Erziehungsaufgaben auf Wirtschaftsunternehmen bei der Vermittlung moralischer Werte (Bauer / Göpfert / Krieger Rdnr. 11). Hierzu müssen aber keine eigenen „Antidiskriminierungskurse" abgehalten werden. Entsprechende Hinweise können auch anlässlich fachbezogener Veranstaltungen erteilt werden. Eine **Präsentation zur Mitarbeiterschulung** findet sich bei *Roesner* Das Allgemeine Gleichbehandlungsgesetz-Schnelleinstieg für die Personalarbeit, 1. Aufl. 2006. 16

2. Enthaftung durch geeignete Schulung

Hat der Arbeitgeber seine Beschäftigten in geeigneter Weise zum Zwecke der Verhinderung von Benachteiligungen **geschult**, so gilt dies nach **Abs. 2 Satz 2 als Erfüllung der Schutzpflicht** nach Abs. 1. Diese Schulungsobliegenheit richtet sich nicht lediglich an Führungskräfte, also an leitende Angestellte, sondern an alle Beschäftigten (HK-AGG / *Buschmann* Rdnr. 18). Kommt es gleichwohl zu einer verbotenen Benachteiligung, **haftet der Arbeitgeber mangels Pflichtverletzung hierfür nicht**; eine Haftung kommt dann nur in Betracht, wenn er die Pflichtverletzung selbst begangen hat bzw. sie ihm nach §§ 31 oder 278 BGB zuzurechnen ist, was z. B. auf Vorgesetzte oder die Personalabteilung zutreffen kann. Denn für eigenes Verhalten bleibt der Arbeitgeber weiterhin verantwortlich. Führt er etwa Schulungen durch, in denen auf die Unzulässigkeit von Verstößen gegen das AGG und ihre Rechtsfolgen hingewiesen wird, benachteiligt er aber Beschäftigte durch konkrete Maßnahmen, etwa die Nichtbeförderung von behinderten Arbeitnehmern, geht der Hinweis auf die Schulungen ins Leere (HK-AGG / *Buschmann* Rdnr. 20). 17

Entscheidend ist allerdings, dass nachweisbar **auch derjenige Arbeitnehmer konkret geschult** wurde, der später einen **Gesetzesverstoß begangen** hat. Es genügt nicht, dass der Arbeitgeber überhaupt Schulungen zur Prävention gegen verbotene Diskriminierungen im Unternehmen oder der Dienststelle durchgeführt hat. Nach Sinn und Zweck des Gesetzes reicht es allerdings für eine Enthaftung des Arbeitgebers aus, wenn der betreffende Beschäftigte **von einem früheren Arbeitgeber eine entsprechende Schulung erhalten** hat. Dasselbe gilt für Leiharbeitnehmer, die vom Verleiher ausreichend geschult wurden. Das sollte sich der Entleiher im Arbeitnehmerüberlassungsvertrag zusichern lassen. 18

Allerdings muss die Vorschrift einschränkend dahingehend ausgelegt werden, dass die Schulung der Beschäftigten **nur als Erfüllung der *präventiven* Schutzpflichten** des Arbeitgebers gilt (vgl. *Göpfert / Siegrist* ZIP 2006, 1710 [1715]; *Willemsen / Schweibert* NJW 2006, 2583 [2590]). Die Schulung der Beschäftigten **befreit lediglich von der Haftung des Arbeitge-** 19 bers für einen erstmaligen Verstoß in Form einer verbotenen Benachteiligung des Beschäftigten oder durch einen Dritten. Sie entbindet nicht von den hierdurch entstehenden Reaktionspflichten nach Abs. 3 und 4 der Vorschrift. Inwieweit der Arbeitgeber diesen ausreichend nachkommt, hat Auswirkungen auf seine etwaige Haftung für einen möglichen zweiten Verstoß des Beschäftigten oder Dritten (Meinel / Heyn / Herms Rdnr. 11).

20 Zwar enthält Abs. 2 Satz 2 **keine konkreten Vorgaben zur Art, Inhalt und Häufigkeit der entsprechenden Schulungen**, sodass dem Arbeitgeber grundsätzlich ein **weiter Spielraum** für deren Durchführung einzuräumen ist. In Betracht kommen vor allem auch der Einsatz eigenen Personals, insbesondere von Vorgesetzten oder anderen Beschäftigten, sowie die Einbindung in das betriebseigene Intranet, etwa durch ein Diskussionsforum. Jedoch wird man für eine Schulung zumindest eine Form der Wissensvermittlung verlangen müssen, welche die **Möglichkeit für Fragestellung und Erörterungen** eröffnet. Die bloße Aushändigung eines Merkblatts an Beschäftigte oder die Einstellung der wesentlichen Verhaltensregeln ins Intranet dürfte deshalb kaum als Schulung anzuerkennen sein (vgl. Bauer / Göpfert / Krieger Rdnr. 20; a. A. *Wisskirchen* DB 2006, 1491 [1496]). Derartige Maßnahmen können höchstens zugunsten des Arbeitgebers bei der Bemessung einer Entschädigung berücksichtigt werden.

21 Eine umfassende Schulung erfordert, dass alle **verbotenen Benachteiligungsgründe** gemäß § 1 AGG besprochen werden und dass den Mitarbeitern erläutert wird, **welche Handlungen im Sinne von § 3 AGG zu unterbleiben haben**. Hierbei ist der Begriff der Schulung nicht in einem formaljuristischen Sinne als bloßer Schnellkurs im AGG zu verstehen. Vielmehr muss dabei auch die ethische Dimension von Verstößen gegen die Diskriminierungsverbote in einem staatsbürgerlichen Sinne vermittelt werden (*Göpfert / Siegrist* ZIP 2006, 1710 [1716]).

22 Grundsätzlich kann sich der Arbeitgeber auf die Exkulpationsmöglichkeit durch geeignete Schulungen zum Zweck der Behinderung von Benachteiligung nur berufen, wenn er diese **in angemessenen Zeitabständen wiederholt**. Hierbei dürfte im Allgemeinen ein Rhythmus von **drei bis fünf Jahren** ausreichend sein (*Göpfert / Siegrist* a. a. O.). Eine derartige Schulung muss allerdings auch neu eintretenden Arbeitnehmern zeitnah in geeigneter Weise zugute kommen, sofern sie bei ihrem früheren Arbeitgeber noch nicht entsprechend geschult wurden.

Ist nach der ersten Schulung ein Bewusstsein der Arbeitnehmer für ein diskriminierungsfreies Miteinander noch nicht erreicht worden, weil es im Betrieb zu konkreten oder behaupteten Benachteiligungen im Sinne des AGG gekommen ist, kann eine zeitnahe **Wiederholungsschulung** erforderlich sein (Meinel / Heyn / Herms Rdnr. 12).

23 Für den Arbeitgeber empfiehlt sich eine genaue **Dokumentation**, welcher Beschäftigte wann eine Schulung mit welchem Inhalt erhalten hat (z. B. durch Teilnehmerlisten oder durch Bestätigungsvermerke bei Schulungen im Intranet). Der Arbeitgeber kann eine schriftliche Bestätigung der Beschäftigten darüber, dass der Inhalt zur Kenntnis genommen und verstanden wurde, verlangen. Kraft seines Direktionsrechts gemäß § 106 GewO darf er darauf bestehen, dass der Arbeitnehmer eine solche Bestätigung unterschreibt (Hey / *Beitze* Rdnr. 14; *Schneider / Sittard* NZA 2007, 654 [656 f.]). Zusätzlich zur mündlichen Wissensvermittlung sollten auch schriftliche Unterlagen ausgehändigt und zu Nachweiszwecken aufbewahrt werden.

24 Treten trotz der durchgeführten Schulungen **weiterhin Benachteiligungen** auf, war die **Schulung allein** als Präventivmaßnahme offenbar **nicht geeignet**. In diesem Fall muss der Arbeitgeber – neben konkreten Reaktionen auf festgestellte Vorfälle – weitere Schritte zur Aufklärung in Erwägung ziehen, ggf. auch durch Rundschreiben, Handbücher oder Hinweise auf Betriebsversammlungen (HK-AGG / *Buschmann* Rdnr. 21).

25 Die Entscheidung, ob eine Schulung durchgeführt wird oder nicht, obliegt allein dem Arbeitgeber und ist daher nicht mitbestimmungspflichtig (Bauer / Göpfert / Krieger § 13 AGG

Rdnr. 19; *Besgen* BB 2007, 213 [217]; a. A. *Schiek / Schmidt* Rdnr. 8). Bei tatsächlich im Betrieb durchgeführten Schulungen – was nicht allein örtlich, sondern funktional zu bestimmen ist – besteht allerdings ein **Mitbestimmungsrecht nach § 98 Abs. 6 BetrVG**, da es sich um eine sonstige Bildungsmaßnahme nach dieser Vorschrift handelt (Hey / *Beitze* Rdnr. 11; *Besgen* a. a. O.). Der Betriebsrat kann dann bei der Wahl des Referenten und der teilnehmenden Arbeitnehmer mitbestimmen. Dieses Mitbestimmungsrecht wird allerdings begrenzt durch die von § 12 Abs. 2 Satz 2 AGG aufgestellten Bedingungen, nämlich Zweck und Eignung der Schulung, da es nicht der Entlastungswirkung für den Arbeitgeber entgegenstehen darf (Wendeling-Schröder / *Stein* Rdnr. 21).

3. Aufstellung von Ethik-Richtlinien

Ein weitergehender Schritt als die bloße Schulung von Mitarbeitern kann die Aufstellung **konkreter Verhaltensrichtlinien** (sog. Ethik-Richtlinien) sein, die in US-amerikanischen Unternehmen zunehmend Verbreitung finden. Ihr Inhalt ist aber nicht allgemein vorgegeben und unterscheidet sich in den einzelnen Unternehmen erheblich (vgl. HK-AGG / *Buschmann* Rdnr. 15). Derartige Richtlinien können eine geeignete Organisationsmaßnahmen des Arbeitgebers zum Schutz vor Benachteiligungen sein (Hey / *Beitze* Rdnr. 12; Meinel / Heyne / Herms Rdnr. 7). Gleichwohl sind zum sicheren Nachweis der Erfüllung der präventiven Pflichten des Arbeitgebers zusätzliche geeignete Schulungen anzuraten (so auch *Wisskirchen* DB 2005, 2190 [2194]; *Mengel / Hagemeister* BB 2006, 2466 [2468]). 26

Allerdings können Ethikrichtlinien der **Mitbestimmung der Arbeitnehmervertretung** nach § 87 Abs. 1 Nr. 1 BetrVG unterliegen, soweit sie die Ordnung des Betriebs und das Verhalten der Arbeitnehmer berühren (vgl. auch § 75 Abs. 3 Nr. 15 BPersVG). 27

Fasst ein Arbeitgeber Verlautbarungen unterschiedlicher Inhalte in einem **Gesamtwerk**, wie etwa einem Handbuch oder Katalog zusammen, hat das nicht zur Folge, dass das Gesamtwerk mitbestimmungsrechtlich nur einheitlich behandelt werden könnte. Ein solches Gesamtwerk kann sowohl Teile enthalten, die mitbestimmungspflichtig sind, als auch solche, die nicht der Mitbestimmung unterliegen. **Entscheidend** ist nicht die mehr oder weniger zufällige Zusammenfassung arbeitgeberseitiger Verlautbarungen in einem Werk, sondern der **Inhalt der einzelnen Bestimmungen** (⊞ BAG Beschluss vom 22. Juli 2008 – 1 ABR 40/07 – „Honeywell" = BAGE 127, 146 = NJW 2008, 3731 = AP Nr. 14 zu § 87 BetrVG 1972 m. Anm. *Sittard* BB 2008, 2524; vgl. hierzu auch *Kort* NJW 2009, 129; *Dzida* NZA 2008, 1265; *Henssler / Schneider* RdA 2009, 319; *Boemke* DB 2010, 843).

Das gilt auch für **konzernweite Ethik-Richtlinien**. Diese sind weder pauschal mitbestimmungspflichtig noch pauschal mitbestimmungsfrei. Vielmehr ist nach dem Inhalt der einzelnen Regelungen zu differenzieren (BAG Beschluss vom 22. Juli 2008 unter Hinw. auf die allg. Meinung im Schrifttum, vgl. Richardi BetrVG 11. Aufl. § 87 Rdnr. 195; Fitting u. a. § 87 Rdnr. 71; *Mengel / Hagemeister* BB 2007, 1386, 1392; *Junker* BB 2005, 602, 604; im Ergebnis ebenso ⊞ LAG Düsseldorf Beschluss vom 14. November 2005 – 10 TaBV 46/05 „Wal-Mart" = DB 2006, 162 = NZA-RR 2006, 81). Ebenso wie Arbeitsordnungen können derartige Ethik-Richtlinien **mitbestimmungspflichtige und mitbestimmungsfreie Sachverhalte** betreffen. 28

Die Darstellung der „Unternehmensphilosophie", allgemeine ethisch-moralische Programmsätze oder Zielvorgaben, Selbstverpflichtungen des Unternehmens oder auch konkrete Regeln, die ausschließlich das Arbeitsverhalten betreffen, sowie Bestimmungen, die lediglich gesetzliche Vorschriften wiederholen, sind mitbestimmungsfrei, während **Regelungen über das sog. Ordnungsverhalten der Mitbestimmung des Betriebsrats** nach § 87 Abs. 1 Nr. 1 BetrVG unterfallen (BAG Beschluss vom 22. Juli 2008 a. a. O.). Hierzu gehören Maßnahmen, die das Verhalten der Arbeitnehmer steuern oder die Ordnung im Betrieb gewährleisten sollen. Das mitbestimmungspflichtige Ordnungsverhalten der Arbeitnehmer kann **auch bei einem bloßem Appell-Charakter der einzuführenden Regelung** betroffen sein. Diese Klarstellung durch das BAG bezieht sich ersichtlich darauf, dass Richtlinien häufig 29 neben sehr klaren, als verbindlich charakterisierten Verhaltensanweisungen für Arbeitnehmer auch eher allgemein gehaltene Bestimmungen enthalten (*Kort* NJW 2009, 129). Gibt die Regelung allerdings nur eine gesetzliche Verhaltenspflicht oder allgemeine Programmsätze im Sinne einer Unternehmensphilosophie wieder, scheidet eine Mitbestimmung aus (*Barthel / Unger-Hell* AuA 2009, 78).

30 Im Regelfall wird auch nicht angenommen werden können, die einzelnen Verlautbarungen und Vorgaben seien unauflösbar in einer Weise verknüpft, die dazu führe, dass die **Mitbestimmungspflicht hinsichtlich einzelner Teile** zwangsläufig die **Mitbestimmungspflicht hinsichtlich des Gesamtwerks** zur Folge habe (BAG Beschluss vom 22. Juli 2008 a. a. O.). Vielmehr lassen sich zumeist die Bestimmungen in Ethik-Richtlinien, die im Allgemeinen übersichtlich in verschiedenen Kapiteln oder Abschnitten in einzelne Rechte und Pflichten unterteilt sind, gut voneinander abgrenzen, sodass eine Teil-Mitbestimmungspflichtigkeit möglich und geboten ist (*Kort* NJW 2009, 129 [131]).

31 **Ausländische Vorschriften** sind jedenfalls dann keine die Mitbestimmungsrechte nach § 87 Abs. 1 Eingangshalbsatz BetrVG ausschließende gesetzliche Regelungen, wenn es an einer wirksamen völkerrechtlichen Transformation in das deutsche Arbeitsrecht fehlt (BAG Beschluss vom 22. Juli 2008 a. a. O.). Das entspricht dem im Betriebsverfassungsrecht geltenden Territorialitätsprinzip (Fitting u. a. BetrVG 24. Aufl. [2008] § 87 Rdnr. 29).

32 **Regelungen über private Beziehungen im Betrieb** sind nicht von vornherein der Mitbestimmung entzogen. Der Betriebsrat soll im Rahmen der Mitbestimmung gerade darauf achten, dass durch die Regelung Persönlichkeitsrechte der Arbeitnehmer nicht verletzt werden. Folglich sind Regelungen über im Betrieb stattfindende private Verhaltensweisen der Arbeitnehmer, insbesondere wenn es um das Verhältnis von Vorgesetzten und Untergebenen geht, nicht generell unzulässig (BAG Beschluss vom 22. Juli 2008 a. a. O.; kritisch hierzu *Kort* NJW 2009, 129. [131 f.] unter Hinweis auf folgende Widersprüchlichkeit: Einerseits führe das BAG aus, ein Eingriff in das Persönlichkeitsrecht der Arbeitnehmer sei unzulässig und es bestehe „daher" kein Raum für eine Mitbestimmung, andererseits soll nach Auffassung des BAG die Mitbestimmung dazu dienen, dass der Arbeitgeber Persönlichkeitsrechte der Arbeitnehmer nicht verletze. Die Mitbestimmungspflichtigkeit sei bei – drohender – Verletzung des Persönlichkeitsrechts der Arbeitnehmer durch den Arbeitgeber nicht das richtige Instrument der Durchsetzung von Arbeitnehmerinteressen [vgl. LAG Düsseldorf Beschluss vom 14. November 2005 – 10 TaBV 46/05 = DB 2006, 162 = NZA-RR 2006, 81, 87 f.]. Vielmehr stünden hierfür die allgemeinen Instrumente zur Erzwingung rechtmäßigen Arbeitgeberverhaltens durch den einzelnen betroffenen Arbeitnehmer zur Verfügung, vorrangig ein Unterlassungsanspruch. Persönlichkeitsrechtsverletzungen würden schließlich nicht dadurch rechtmäßig, dass der Betriebsrat sein Mitbestimmungsrecht durch Zustimmung zu Persönlichkeitsrechtseingriffen ausübe, etwa im Wege einer Betriebsvereinbarung).

33 Das **Mitbestimmungsrecht** steht ggf. dem **Konzernbetriebsrat** zu, wenn die beabsichtigte Einführung des Verhaltenskodexes den gesamten Konzern und nicht lediglich einzelne Konzernunternehmen oder Betriebe betrifft. Das gilt jedenfalls dann, wenn durch den Verhaltenskodex eine konzerneinheitliche „Unternehmensphilosophie" umgesetzt und für ein „ethisch-moralisch einheitliches Erscheinungsbild" und eine konzernweite Identität gesorgt werden soll, was nur einheitlich durchsetzbar ist (BAG Beschluss vom 22. Juli 2008 a. a. O).

34 Eine **Mitbestimmung** nach § 87 Abs. 1 Eingangshalbs. BetrVG ist allerdings **ausgeschlossen**, wenn es **bereits eine gesetzliche Regelung** über den durch den Verhaltenskodex betroffenen Gegenstand gibt. Das trifft inhaltlich zu für die Bestimmungen der §§ 1, 3, 7 und 12 AGG über das Verbot „unwillkommener sexueller Zudringlichkeiten oder Körperkontakte, Gesten und Aussagen sexuellen Inhalts" (BAG Beschluss vom 22. Juli 2008 a. a. O.). Das Verbot hat der Arbeitgeber durchzusetzen. Diese Pflicht können die Betriebsparteien weder abmildern noch relativieren (BAG Beschluss vom 22. Juli 2008 a. a. O; im Ergebnis ebenso *Schlachter* FS Richardi S. 1067 [1071]; *Kolle / Deinert* AuR 2006, 177 [183]). Die Bestimmungen des AGG enthalten insoweit eine abschließende gesetzliche Regelung.

Allgemeine Grundsätze für das Verhalten der Beschäftigten dürfen selbst dann, wenn sie Schutzpflichten wahren sollen, **nicht** ihrerseits **gegen Grundrechte der Beschäftigten verstoßen**. Das wäre etwa dann der Fall, wenn eine Richtlinie zum Schutz vor sexueller Belästigung – soweit für sie nach höchstrichterlicher Rechtsprechung überhaupt noch Raum bleibt – etwa jede Art von intimen Beziehungen zwischen Beschäftigten verbieten würde, selbst wenn insoweit ein Vorgesetztenverhältnis besteht. Eine derartige Regelung verstieße gegen die Menschenwürde im Sinne von Art. 1 GG und die allgemeine Handlungsfreiheit nach Art. 2 Abs. 1 GG und wäre deshalb nichtig (LAG Düsseldorf Beschluss vom 14. November 2005 – 10 TaBV 46/05 = DB 2006, 162 = NZA-RR 2006, 81).

35

C) zu Abs. 3

1. Handlungspflicht gegenüber Beschäftigten bei Gesetzesverstoß

Verstößt ein Beschäftigter nachweislich gegen das Benachteiligungsverbot des § 7 Abs. 1 AGG, ohne dass ein rechtfertigender Grund für die Ungleichbehandlung nach § 5 oder §§ 8–10 AGG vorliegt, so hat der Arbeitgeber nach Abs. 3 die **Benachteiligung zu unterbinden**. Einem etwaigen Verdacht auf eine verbotene Diskriminierung muss der Arbeitgeber durch aktive Aufklärung des Sachverhalts, insbesondere Anhörung der Beteiligten, nachgehen (vgl. zu den entsprechenden Ermittlungspflichten aufgrund einer Beschwerde Erl. zu § 13 AGG Rdnrn. 33 ff.).

36

Bei **Verdacht gravierender Benachteiligungen** aus Abs. 3 i. V. mit Abs. 1 kann sich als **Sofortmaßnahme** eine Pflicht zur vorübergehenden Umsetzung oder auch Suspendierung von der Arbeitspflicht ergeben (Wendeling-Schröder / *Stein* Rdnr. 30). Hingegen wird der Ausspruch einer Verdachtskündigung als Arbeitgeberpflicht nicht zu fordern sein (so aber Meinel / Heyn / Herms Rdnr. 19; a. A. *Göpfert* / *Sigrist* ZIP 2006, 1710 [1717]). Das Gebot einer umfassenden Aufklärung auch der Wahrung des rechtlichen Gehörs darf nicht durch übereilte und im Ergebnis womöglich verfehlte bzw. zumindest unangemessene Reaktionen unterlaufen werden (vgl. auch unten Rdnr. 55).

37

Steht der Verstoß fest, verlangt das Gesetz vom Arbeitgeber die **im Einzelfall geeigneten, erforderlichen und angemessenen Maßnahmen** gegen den Benachteiligenden und nennt beispielhaft die Abmahnung, Umsetzung, Versetzung oder Kündigung. Hierbei ist jedenfalls der Grundsatz der **Verhältnismäßigkeit** zu beachten. Es ist ein Ausgleich zwischen den Interessen des Verletzten und des Störers anzustreben (MK-*Thüsing* Rdnr. 6), wobei jeweils das mildeste Erfolg versprechende Mittel zur Unterbindung der Benachteiligung zu suchen ist. Zugleich ist aber auch darauf zu achten, dass ein **einheitliches Vorgehen** bei der Auswahl der Maßnahmen gewährleistet ist: Das verlangt, dass **auf gleichartige Verstöße vergleichbar reagiert** wird. Andernfalls besteht die Gefahr, dass die Reaktion selbst benachteiligend und daher im Sinne des § 7 Abs. 1 S. 1 AGG unzulässig ist (*Gach / Julis* BB 2007,773 [777]). Angesichts der insoweit offen gehaltenen gesetzlichen Regelung erscheint durchaus ein Spielraum für eine kollektive Regelung im Rahmen des § 87 Abs. 1 Nr. 1 BetrVG möglich (LAG München Beschluss vom 27. Februar 2007 – 8 TaBV 56/06, zit. nach JURIS; vgl. aber insoweit BAG Beschluss vom 22. Juli 2008 a. a. O., oben Rdnr. 27 ff.).

38

Dabei hängt es von den **Umständen des Einzelfalles** ab, mit welcher Maßnahme eine Wiederholung der Benachteiligung für die Zukunft ausgeschlossen werden kann. Hierbei kommt es zum einen auf die **Schwere des erstmaligen oder wiederholten Verstoßes** an. Die Erheblichkeit und die Bedeutung einer Benachteiligung kann dabei auch von der Dauer der Handlung abhängigen (vgl. LAG Hamm Urteil vom 22. Oktober 1996 – 6 Sa 730/96 = NZA 1997, 769 = AP Nr. 21 zu § 611 BGB Abmahnung). Weiterhin ist die **Wiederholungsgefahr** zu erwägen. Schließlich ist aber auch die Betriebsstruktur und die Betriebsgröße bedeutsam (*Gach / Julis* a. a. O. m. w. Nachw.). Für einen großen Betrieb problemlos umzusetzende Maßnahmen können einen kleineren Betrieb vor erhebliche Schwierigkeiten stellen.

39

40 Dem Arbeitgeber ist für seine Prognoseentscheidung über die angemessene Reaktion ein **Beurteilungsspielraum** einzuräumen (Bauer / Göpfert / Krieger Rdnr. 32). Da die Benachteiligung eines Arbeitnehmers durch einen Beschäftigten eine **Vertragspflichtverletzung** gegenüber dem Arbeitgeber darstellt (vgl. § 7 Abs. 3 AGG), kann dieser **alle arbeitsrechtlich zulässigen und im konkreten Einzelfall rechtmäßigen Maßnahmen** gegen den Verursacher ergreifen.

41 Daher kann der Verstoß eines Beschäftigten gegen das Benachteiligungsverbot mit einer **Abmahnung** oder einer **verhaltensbedingten Kündigung** geahndet werden. Die Abmahnung hat eine Rüge-, Dokumentations- und Warnfunktion (vgl. z. B. BAG Urteil vom 15. Juli 1992 – 7 AZR 466/91 = BAGE 71, 14 = NZA 1993, 220). Der Arbeitgeber weist in einer Abmahnung den Beschäftigten darauf hin, dass er gegen das Benachteiligungsverbot des § 7 AGG verstoßen hat und fordert ihn auf, sich zukünftig nicht mehr diskriminierend zu verhalten. Gleichzeitig macht der Arbeitgeber deutlich, dass dem Beschäftigten bei weiteren Verstößen arbeitsrechtliche Konsequenzen drohen. Die Abmahnung ist formfrei möglich, sollte aber zu Dokumentationszwecken stets schriftlich ausgesprochen werden (Hey / Beitze Rdnr. 22). Obwohl das Gesetz die Abmahnung als eigenständiges Sanktionsmittel nennt, ist sie nicht „geeignet", wenn sie zur Verhinderung der Benachteiligung nicht ausreicht.

41a Ob stattdessen eine Kündigung ohne vorherige Abmahnung erforderlich und angemessen ist, hängt vom **Gewicht der Pflichtverletzung** ab. Im Fall eines besonders schwerwiegenden Verstoßes ist eine Abmahnung entbehrlich (vgl. BAG Urteil vom 10. Februar 1999 – 2 ABR 31/98 = BAGE 91, 30 = NZA 1999, 708 = AP Nr. 42 zu § 15 KSchG 1969 m. w. Nachw.). Auch bei **wiederholtem Fehlverhalten** von einigem Gewicht wird eine Kündigung ohne Abmahnung zulässig (ErfK / Schlachter Rdnr. 3 m. w. Nachw.).

42 Ob eine ordentliche verhaltensbedingte oder eine **außerordentliche Kündigung** angemessen ist, hängt nach § 626 BGB von der **Zumutbarkeit für den Arbeitgeber** ab. Auf die Unzumutbarkeit weiterer Beschäftigung des Täters für den Benachteiligten allein kann eine außerordentliche Kündigung nicht gestützt werden, wenn die gesetzlichen Voraussetzungen im Übrigen nicht vorliegen (vgl. BAG Beschluss vom 8. Juni 2000 – 2 ABR 1/00 = NZA 2001, 91 = AP Nr. 3 zu § 2 BeschSchG).

43 Als Richtschnur für die Angemessenheit arbeitsrechtlicher Sanktionen kann die **bisherige Praxis zu sexuellen Belästigungen** mit folgenden Beispielen dienen (vgl. auch MK-Thüsing Rdnr. 7):

44 – bloße formlose **Ermahnung** des Belästigenden im Falle einer einmaligen Belästigung durch sexuelle Witze, die gegen den Willen des Betroffenen erzählt werden (Mästle BB 2002, 250);

45 – **Abmahnung** beim Umlegen eines Armes um die Schultern einer Auszubildenden durch den Ausbilder (LAG Hamm Urteil vom 13. Februar 1997 – 17 Sa 1544/96 = NZA-RR 1997, 50 = AiB 1998, 176);

46 – **ordentliche Kündigung** z. B. bei Berührungen der weiblichen Brust (LAG Hamm Urteil vom 22. Oktober 1996 – 6 Sa 730/96 = NZA 1997, 769) oder Gewaltandrohungen bei Ablehnung sexueller Kontakte (LAG Hamm Urteil vom 10. März 1999 – 18 Sa 2328/98 = NZA-RR 1999, 623 300 = LAGE § 1 KSchG Verhaltensbedingte Kündigung Nr. 75);

47 – **außerordentliche Kündigung** z. B. bei mehrmaligem Anfassen oder Klapsen des Gesäßes und Küssen auf den Mund, selbst wenn das Arbeitsverhältnis über zehn Jahre bestanden hat (Sächs. LAG Urteil vom 10. März 2000 – 2 Sa 635/99 = NZA-RR 2000, 468 = LAGE BGB § 626 Nr. 130), ebenso bei Aufforderungen zum Geschlechtsverkehr und sonstigen Bemerkungen mit sexuellem Inhalt bei gleichzeitigen Berührungen (ArbG Lübeck Urteil vom 2. November 2000 – 1 Ca 2479/00 = NZA-RR 2001, 140).

48 Nach dem in § 12 Abs. 3 AGG übernommenen **Verhältnismäßigkeitsgrundsatz** reichen die **Reaktionsmöglichkeiten des Arbeitgebers** bei sexuellen Belästigungen somit vom Aus-

spruch einer Abmahnung über Umsetzungen, Versetzungen bis hin zu fristgemäßen oder fristlosen Kündigungen (vgl. ⌨ LAG Schleswig-Holstein Urteil vom 4. März 2009 – 3 Sa 410/08 = BB 2009, 1816 [Ls.]). Der Arbeitgeber hat also abzuwägen. Eine begangene sexuelle Belästigung macht die Weiterbeschäftigung nicht ohne Weiteres kraft Gesetzes im Sinne des § 626 Abs. 1 BGB unzumutbar (LAG Schleswig-Holstein Urteil vom 4. März 2009 a. a. O.).

Im Rahmen dieser **Abwägung** kann negativ zu berücksichtigen sein, dass der Täter der Belästigungen in einem überwiegend weiblich besetzten Umfeld arbeitet, für seinen sexualisierten Sprachgebrauch allgemein bekannt ist und sein unerwünschter sexualisierter Umgang mit den betroffenen Mitarbeiterinnen von einiger Dauer war. Hingegen kann positiv gewürdigt werden eine außerordentlich lange Betriebszugehörigkeit von rund 18 Jahren, während der sich der Arbeitnehmer nichts zuschulden kommen lassen hat, weshalb auch keinerlei Abmahnung vorliegt. Ferner kann eine Rolle spielen, dass anders als in vielen anderen Rechtsstreitigkeiten wegen sexueller Belästigung – „nur" verbale Handlungen und keinerlei unerwünschte körperliche Berührungen zur Last gelegt werden können. Auch kann ins Gewicht fallen, dass keine Funktion als Vorgesetzter und damit kein Abhängigkeitsverhältnis ausgenutzt wurde. 49

Sind **mehrere Maßnahmen** geeignet und möglich, die Benachteiligung infolge sexueller Belästigung für eine Arbeitnehmerin abzustellen, so hat der Arbeitgeber **diejenige zu wählen, die den Täter am wenigsten belastet** (⌨ LAG Niedersachsen Urteil vom 13. Oktober 2009 – 1 Sa 832/09, zit. nach JURIS). Auch in diesen Fällen hat der Kündigung des Arbeitsverhältnisses – von Extremfällen abgesehen – regelmäßig eine **Abmahnung vorauszugehen** (LAG Niedersachsen Urteil vom 13. Oktober 2009 a. a. O.). Dies gilt umso mehr, wenn in der Dienststelle eine Dienstvereinbarung gilt, die gestufte Gegenmaßnahmen des Arbeitgebers für den Fall sexueller Belästigungen vorsieht. 50

Eine geeignete Maßnahme des Arbeitgebers kann auch die **Versetzung** bzw. **Umsetzung** sein. Unter Versetzung versteht man entsprechend § 95 Abs. 3 BetrVG die Zuweisung einer anderen Arbeit, einer Arbeit an einem anderen Ort oder in einer anderen organisatorischen Einheit. Bei einer Änderung geringeren Umfangs wird derselbe Vorgang als „Umsetzung" bezeichnet, etwa in § 6 Abs. 4 ArbZG bezüglich des Wechsels von einem Nacht- auf einen Tagesarbeitsplatz (vgl. zum Ganzen Meinel / Heyn / Herms Rdnr. 23 m. w. Nachw.). 51

Während eine Umsetzung als vergleichsweise milde Maßnahme regelmäßig allein aufgrund des **Direktionsrechts** des Arbeitgebers gem. § 106 GewO möglich ist, kann die Versetzung ggf. eine Änderungskündigung voraussetzen und nach § 99 BetrVG **mitbestimmungspflichtig** sein.

Eine **Um- bzw. Versetzung ist geboten**, wenn nach einer Interessenabwägung unter Berücksichtigung aller Einzelfallumstände eine Kündigung unverhältnismäßig wäre, eine Abmahnung aber nicht geeignet erscheint. Ob die Maßnahme zur Vermeidung von zukünftigen Diskriminierungen geeignet ist, muss freilich im Einzelfall geprüft werden (Hey / *Beitze* Rdnr. 21). Sie kann aber nach allgemeinen Grundsätzen regelmäßig **nur gegen den Beachteiligenden als Störer** getroffen werden und nicht etwa gegen den diskriminierten Arbeitnehmer (HK-AGG / *Buschmann* Rdnr. 22; Meinel / Heyn / Herms Rdnr. 20; *Kamanabrou* RdA 2006, 321 [335]). 52

Im Übrigen kommt **nicht stets allein eine arbeitsrechtliche Reaktion** auf die Diskriminierung in Betracht. Auch einfache bauliche Veränderungen, wie die Einziehung einer Trennwand, können ggf. zukünftigen Benachteiligungen eines Beschäftigten entgegenwirken. Dasselbe gilt für Änderungen im Ablauf der Arbeitsorganisation, die zu räumlichen Trennungen der Beteiligten führen können. 53

Einen Anspruch auf das **Angebot eines gleichwertigen Arbeitsplatzes**, an dem ein „gemobbter" Arbeitnehmer nicht mehr den Weisungen des bisherigen Vorgesetzten untersteht, hat er nur dann, wenn ein solcher Arbeitsplatz **im Unternehmen vorhanden** ist (⌨ BAG Urteil vom 25. Oktober 2007 – 8 AZR 593/06 = BAGE 124, 295 = NZA 2008, 223 = AP Nr. 6 54

§ 12 Allgemeines Gleichbehandlungsgesetz

zu § 611 BGB Mobbing). Das Verlangen, eine herausgehobene Stelle – wie die eines Ersten Oberarztes in einer aus diesem Anlass neu einzurichtenden Abteilung einer Fachklinik zu schaffen, darf der Arbeitgeber aufgrund des arbeitsvertraglichen Verhältnismäßigkeitsgrundsatzes ablehnen.

2. Arbeitsgerichtlicher Rechtsschutz gegen Sanktion

a) Rechtsweg und Beweislast

55 Gegen eine arbeitsrechtliche Sanktion wegen einer verbotenen Benachteiligung ist nach allgemeinen Regeln der **Rechtsweg zu den Arbeitsgerichten** eröffnet. Im Streitfall muss der **Arbeitgeber** den Verstoß gegen das Benachteiligungsverbot und damit die hierin liegende Vertragsverletzung im Sinne von § 7 Abs. 3 AGG **nachweisen**. Ihm kommt nicht die Beweiserleichterung des § 22 AGG zugute (vgl. *Göpfert / Siegrist* ZIP 2006, 1710 [1714]). Eine Kündigung etwa wegen des bloßen Verdachts einer sexuellen Belästigung kommt nur ausnahmsweise in Betracht. Dafür müssen die Tatbestandsmerkmale einer **Verdachtskündigung** erfüllt sein (BAG Beschluss vom 8. Juni 2000 – 2 ABR 1/00 unter II 3 c der Gründe = NZA 2001, 91 = AP Nr. 3 zu § 2 BeschSchG). Diese bleibt im Grundsatz weiter zulässig. Dem steht auch der Wortlaut des § 12 Abs. 3 AGG nicht entgegen, der ausdrücklich darauf abstellt, dass gegen § 7 Abs. 1 AGG verstoßen wurde. Damit ist jedoch nicht beabsichtigt, den diskriminierenden Beschäftigten über die allgemeinen Regeln hinaus zu privilegieren. Vielmehr hat der Gesetzgeber nur den Regelfall des tatsächlichen Verstoßes beschrieben, ohne den besonderen Fall der Verdachtskündigung damit ausschließen zu wollen (so auch MK-*Thüsing* Rdnr. 6).

b) Folgen für die Schutzpflicht gegenüber dem Benachteiligten

56 Wird eine **Maßnahme** – z. B. eine Kündigung – als materiell **rechtswidrig** beurteilt, etwa weil das Arbeitsgericht die Verfehlung als nicht hinreichend schwerwiegend ansieht, muss der Arbeitgeber **andere Maßnahmen ergreifen**, z. B. eine Versetzung des Täters anstreben, soweit dies als Sanktion gegen ihn und zur Vermeidung einer Wiederholung der Tat angezeigt erscheint.

57 Trifft der Arbeitgeber eine Maßnahme, mit der er seiner Schutzpflicht aus § 12 Abs. 3 AGG nicht genügt, so kann der **Benachteiligte** seinerseits **darauf klagen**, dass der **Arbeitgeber** eine **geeignete Maßnahme** i. S. dieser Vorschrift wählt.

Das BAG hat aus der gesetzlichen Reaktionspflicht des Arbeitgebers nach § 12 AGG einen **einklagbaren Anspruch des benachteiligten Arbeitnehmers** abgeleitet (Urteil vom 25. Oktober 2007 – 8 AZR 593/06 = BAGE 124, 295 = NZA 2008, 223 = AP Nr. 6 zu § 611 BGB Mobbing = AiB 2008, 436 m. zust. Anm. *Schrader*; ebenfalls zustimmend *Wolmerath* PersR 2008, 310; *Benecke* RdA 2008, 357; krit. hierzu aber *Bieder* DB 2008, 638; *Gehlhaar* NZA 2009, 825). So habe der Arbeitgeber die Pflicht, seine Arbeitnehmer vor Belästigungen durch Vorgesetzte, Mitarbeiter oder Dritte, auf die er Einfluss hat, zu schützen und ihnen einen menschengerechten Arbeitsplatz zur Verfügung zu stellen. Diese **allgemeine, aus § 242 BGB hergeleitete Verpflichtung** habe der Gesetzgeber für den Fall der sexuellen Belästigung bereits früher in § 3 Abs. 2 BeschSchG klargestellt und in § 4 Abs. 1 Nr. 1 BeschSchG näher konkretisiert. Mit Erlass des AGG sei diese Pflicht schließlich **auf Benachteiligungen aus den in § 1 AGG genannten Gründen erweitert** und in § 12 AGG noch weiter konkretisiert worden.

58 In der Sache könne der betreffende Arbeitnehmer hierzu zwar „in der Regel" nicht die **Ergreifung** *bestimmter* **Schutzmaßnahmen** – also etwa die Kündigung des Belästigers – verlangen. Vielmehr stünde dem Arbeitgeber insoweit ein Ermessensspielraum zu. Dementsprechend hätte der Arbeitnehmer aber zunächst einmal auch nur Anspruch auf rechtsfehlerfreie Ausübung dieses Ermessens durch den Arbeitgeber. Könne „nach objektiver Betrachtungsweise eine rechtsfehlerfreie Ermessensentscheidung des Arbeitgebers [jedoch] nur

das Ergebnis haben [...], eine bestimmte Maßnahme zu ergreifen" – mit anderen Worten: ist sein **Ermessen „auf Null" reduziert** –, bestehe allerdings auch **Anspruch auf Durchführung dieser *konkreten* Maßnahme**. So wäre es nach Auffassung des BAG a. a. O. also durchaus möglich, dass ein Arbeitgeber gerichtlich dazu verurteilt wird, einen bestimmten Arbeitnehmer beispielsweise abzumahnen, zu versetzen oder sogar zu entlassen (vgl. schon *Worzalla* NZA 1994, 1017 [1021]).

Eine **Kündigung** muss aber dem **Verhältnismäßigkeitsgrundsatz** entsprechen und dem Arbeitgeber zumutbar sein. In Frage käme nur eine verhaltensbedingte Kündigung. Nach allgemeiner Meinung stellt die Kündigung des Arbeitsverhältnisses eines unter § 1 KSchG fallenden Arbeitnehmers immer die sog. **ultima ratio** dar, d. h. vor Ausspruch der Kündigung muss der Arbeitgeber versuchen, ob er diese nicht mit milderen Mitteln vermeiden kann. Eine Kündigung ist nach § 1 Abs. 1 und 2 KSchG sozial nicht gerechtfertigt, wenn es andere geeignete mildere Mittel gibt, um die Vertragsstörung künftig zu beseitigen (ständ. Rspr., vgl. BAG Urteil vom 7. Dezember 2006 – 2 AZR 182/06 = BAGE 120, 293 = NJW 2007, 1995 = AP Nr. 56 zu KSchG 1969 § 1 Verhaltensbedingte Kündigung). **59**

Der Arbeitgeber wäre wie bei jeder verhaltensbedingten Kündigung regelmäßig verpflichtet, dem Arbeitnehmer als Täter der Benachteiligung **vor Ausspruch der Kündigung eine Abmahnung** auszusprechen (BAG Urteil vom 12. Januar 2006 – 2 AZR 179/05 = NZA 2006, 980 = AP KSchG 1969 § 1 Verhaltensbedingte Kündigung Nr. 54). Ist eine solche bislang unstreitig nicht erteilt worden, wäre der Ausspruch einer verhaltensbedingten Kündigung dem Arbeitgeber unzumutbar. Nur höchst ausnahmsweise kann eine Kündigung ohne vorherige Abmahnung die einzige, dem Verhältnismäßigkeitsgrundsatz entsprechende Maßnahme darstellen, die der Arbeitgeber bei pflichtgemäßer Ermessensausübung treffen muss. **60**

Im konkreten, vom BAG im Urteil vom 25. Oktober 2007 a. a. O. – oben Rdnr. 57 – entschiedenen, Fall hatte der Erste Oberarzt **Mobbingvorwürfe gegen den neuen Chefarzt** erhoben und verlangt, dass das Anstellungsverhältnis mit dem Chefarzt beendet werde sowie auf Zahlung von Schmerzengeld geklagt. ArbG und LAG hatten die Klage abgewiesen. Mit dem LAG geht zwar das BAG davon aus, dass der Arbeitnehmer hier nicht die Entlassung des Vorgesetzten verlangen könne. Abweichend vom LAG hat aber das BAG dem Arbeitnehmer einen **Anspruch auf Schmerzensgeld** zuerkannt. Der Chefarzt habe schuldhaft gegen seine ihm von der Beklagten übertragenen arbeitsvertraglichen Verpflichtungen verstoßen, Verhaltensweisen zu unterlassen, die es bezwecken oder bewirken, dass die Würde des Klägers verletzt wird und ein von Einschüchterungen, Anfeindungen, Erniedrigungen, Entwürdigungen oder Beleidigungen gekennzeichnetes Umfeld geschaffen wird. Durch dieses vom LAG festgestellte Verhalten des Chefarztes sei die psychische Erkrankung des Klägers verursacht worden. **61**

Der **Arbeitgeber hafte** dem betroffenen Arbeitnehmer gegenüber **gemäß § 278 BGB** für schuldhaft begangene Rechtsverletzungen, die von ihm **als Erfüllungsgehilfen eingesetzte Mitarbeiter oder Vorgesetzte** begehen (allgemeine Meinung; vgl. BAG Urteil vom 16. Mai 2007 – 8 AZR 709/06 = BAGE 122, 304 = NZA 2007, 1154 m. w. Nachw.). Dabei ist es jedoch erforderlich, dass die schuldhafte Handlung des als Erfüllungsgehilfe des Arbeitgebers handelnden Mitarbeiters in einem **inneren sachlichen Zusammenhang mit den Aufgaben** steht, die der Arbeitgeber ihm als Erfüllungsgehilfen zugewiesen hat. Dies ist regelmäßig dann der Fall, wenn der Erfüllungsgehilfe gegenüber dem betroffenen Arbeitnehmer die Fürsorgepflicht des Arbeitgebers konkretisiert bzw. wenn er ihm gegenüber **Weisungsbefugnis** hat (BAG Urteil vom 16. Mai 2007 a. a. O). Dass der Chefarzt gegenüber dem Kläger weisungsbefugt war, war unstreitig. Die rechtsverletzenden Handlungen und Verhaltensweisen fanden auch im Zusammenhang mit der Erfüllung der arbeitsvertraglich geschuldeten Dienstleistungen statt. **62**

Das BAG a. a. O. hat dem Arbeitgeber hier auch die **Berufung auf eine Haftungsprivilegierung** im Rahmen der betrieblich veranlassten Arbeitnehmerhaftung versagt. Der Vorgesetzte würde dann nämlich wegen des vom Arbeitgeber zu tragenden Betriebsrisikos für Schäden, **63** die er bei der Verrichtung betrieblicher Tätigkeiten verschuldet, nur in beschränktem Umfange haften. Da die Beklagte als Arbeitgeberin aber nach § 278 BGB das Verschulden des Vorgesetzten in gleichem Umfange wie ihr eigenes Verschulden zu vertreten hätte, käme ihr letztlich die im Interesse des Arbeitnehmers geltende Haftungsprivilegierung selbst zugute, was der Senat als „widersinniges Ergebnis" bezeichnet.

64 Der vom BAG bejahte **einklagbare Anspruch des benachteiligten Arbeitnehmers auf ermessensfehlerfreie Reaktion** des Arbeitgebers bis hin zur Kündigung des Täters ist allerdings nicht unproblematisch auf, weil jeweils ergehende arbeitsgerichtliche **Entscheidungen keine Drittwirkung** haben.

Spricht der Arbeitgeber eine Kündigung aus und verneint das ArbG deren Berechtigung, hat dies keine Bindungswirkung für das entsprechende Verlangen des beeinträchtigten Arbeitnehmers (hierzu eingehend *Gehlhaar* NZA 2009, 825 [826 f.])

Im Kündigungsschutzprozess des diskriminierenden Beschäftigten sollte daher überlegt werden, dem Benachteiligten gemäß §§ 68 ff. ZPO den **Streit zu verkünden**, um sich widersprechende Entscheidungen zu vermeiden (vgl. § 74 ZPO).

D) zu Abs. 4

1. Handlungspflicht gegenüber betriebsfremden Dritten bei Gesetzesverstoß

65 Der Arbeitgeber hat nach Abs. 4 auch einzugreifen, wenn Beschäftigte bei der Ausübung ihrer Tätigkeit **durch Dritte nachweislich diskriminierend benachteiligt** werden.

Dritter ist dabei jede Person, die nicht dem Unternehmen bzw. Betrieb angehört (Meinel / Heyn / Herms Rdnr. 22). Deshalb ist der Arbeitgeber beispielsweise zu einer Reaktion aufgefordert, wenn ein Arbeitnehmer auf Kundenbesuch dort wegen seiner ethnischen Herkunft belästigt wird (vgl. BT-Drucks. 16/1780, 37, oben Rdnr. 8).

66 Allerdings ist der Arbeitgeber nicht gehalten, in jedem Fall der Benachteiligung durch betriebsfremde Dritte einzuschreiten, wenn der Beschäftigte **zufällig in Ausführung seiner Tätigkeit** etwa durch Passanten belästigt wird. Die Vorschrift ist im Hinblick auf ihrem Regelungszweck und die Gesetzgebungsgeschichte einschränkend dahin auszulegen, dass konkrete Handlungspflichten des Arbeitgebers bei Benachteiligung durch betriebsfremde Dritte, die in keinerlei Verbindung mit dem Arbeitgeber stehen, nur bei einer **sexuellen Belästigung** oder ähnlich gravierenden Diskriminierungen gegeben sind. Deshalb greift Abs. 4 bei betriebsfremden Dritten nur in Ausnahmefällen ein (Meinel / Heyn / Herms Rdnr. 27; im Ergebnis auch *Kamanabrou* RdA 2006, 321 [334] sowie Wendeling-Schröder / *Stein* Rdnr. 46).

Überhaupt werden die **von Dritten** zu verantwortenden Benachteiligungen in der Regel „nur" **sexuelle und sonstige Belästigungen** darstellen, da andere Benachteiligungsformen im Sinne des § 3 AGG von ihnen kaum begangen werden können (ErfK / *Schlachter* Rdnr. 4).

67 Hingegen sind **Leiharbeitnehmer** und **freie Mitarbeiter** keine betriebsfremden Dritten im Sinne der Vorschrift, sondern **Beschäftigte gemäß § 6 AGG**. Deshalb gelten für Gesetzesverstöße durch diese die Arbeitgeberpflichten nach Abs. 3.

2. Pflicht zu verhältnismäßiger Reaktion

68 Das Gesetz verlangt vom Arbeitgeber, die **im Einzelfall geeigneten, erforderlichen und angemessenen Maßnahmen** zu treffen. Die mindestens gebotene Reaktion in einem derartigen Fall ist, den betreffenden Kunden oder Lieferanten auf den Verstoß gegen das Benachteiligungsverbot **hinzuweisen und zur Abhilfe aufzufordern**. In jedem Fall muss deutlich werden, dass der Arbeitgeber die Benachteiligung durch Dritte nicht akzeptiert und sie sich erst recht nicht zu eigen macht (MK-*Thüsing* Rdnr. 11).

Verlangt etwa ein **Kunde** als Ansprechpartner **eine weibliche Mitarbeiterin oder einen** 69
**männlichen Mitarbeiter, ohne dass hiefür ein überzeugender Grund ersichtlich ist, so
darf der Arbeitgeber** diesem Wunsch nicht nachkommen. Fordert der Kunde daraufhin
zum Beispiel die Entlassung des Mitarbeiters oder äußert rassistische Bemerkungen, muss
der Arbeitgeber in jedem Fall beschwichtigen und auf eine Akzeptanz des diskriminierten
Beschäftigten hinwirken (MK-*Thüsing* a. a. O.).

Falls dies erfolglos bleiben sollte, können ggf. **weitergehende Reaktionen des Arbeitgebers** 70
erwartet werden. Allerdings darf dieser unter Berücksichtigung der Umstände des Einzelfalls
abwägen zwischen seiner Schutzpflicht nach § 12 Abs. 1 und seinen vertraglichen Verpflichtungen sowie sonstigen Interessen gegenüber dem benachteiligenden Dritten. Stets bestimmt in diesen Fällen die **Zumutbarkeit für den Arbeitgeber die Grenze seiner Handlungspflichten**. Nur in besonders schwerwiegenden Fällen kann etwa die Erteilung eines
Hausverbots, in minder schweren Fällen dessen Androhung in Betracht kommen, z. B.
im Falle von Massengeschäften mit Laufkundschaft (ErfK / *Schlachter* Rdnr. 4; vgl. auch
MK-*Thüsing* a. a. O.).

Als mögliche Reaktion im Einzelfall kann zwar auch die **Drohung mit der Kündigung** 71
der Geschäftsbeziehungen in Erwägung gezogen werden, falls die Benachteiligung nicht
umgehend abgestellt wird (HK-SGB IX / *Buschmann* Rdnr. 30). Jedoch zählt die Auswahl
der Geschäftspartner zur unternehmerischen Freiheit; ein Abbruch von Geschäftsbeziehungen wird meist ein unverhältnismäßiger Eingriff in diese Rechte darstellen (ErfK / *Schlachter*
a. a. O.; ähnlich Meinel / Heyn / Herms Rdnr. 26; Wendeling-Schröder / *Stein* Rdnr. 47).
Maßnahmen, durch die der Arbeitgeber **erhebliche wirtschaftliche Einbußen**, beispielsweise durch Verlust eines Auftrags, erleiden würde, dürften **nur bei außergewöhnlichen Fallgestaltungen zumutbar** sein (so auch Bauer / Göpfert / Krieger Rdnr. 42).

E) zu Abs. 5

1. Bekanntmachung des AGG-Textes im Unternehmen

Der Arbeitgeber muss nach **Abs. 5 Satz 1** den Text des AGG sowie des § 61b ArbGG in 72
allgemeiner Form im Betrieb bekannt machen. Hierbei sind den Beschäftigten auch die für
die Behandlung von Beschwerden gemäß § 13 Abs. 1 AGG zuständigen Stellen im Betrieb
mitzuteilen. Das Gesetz legt in **Abs. 5 Satz 2** zugrunde, dass ein **Aushang oder eine Auslegung** der entsprechenden Informationen an „geeigneter Stelle" **genügt**; ein Nachweis des
Zugangs der Information bei jedem einzelnen Arbeitnehmer ist zumindest rechtlich nicht
erforderlich (*Grobys* NJW 2006, 2950 [2951] unter Hinw. auf BT-Drucks. 16/1780 S. 37; vgl.
oben Rdnr. 9). Es kommt daher nur auf die **zumutbare Möglichkeit der Kenntnisnahme**
an: Ein Aushang am schwarzen Brett oder die Einstellung der entsprechenden Informationen im Intranet reicht daher grundsätzlich aus. Alternativ bietet sich auch das Rundschreiben in Papierform oder elektronischer Form an alle Beschäftigten an; allerdings muss sichergestellt werden, dass neu eintretende Mitarbeiter hiervon auch Kenntnis erhalten können
(Meinel / Heyn / Herms Rdnr. 28).

Für den Fall einer unzureichenden Bekanntmachung drohen dem Arbeitgeber **keine Sank-** 73
tionen; auch stellt dies kein Indiz im Sinne von § 22 AGG für eine verbotene Benachteiligung dar (Bauer / Göpfert / Krieger Rdnr. 43).

Die Vorschrift des Abs. 5 stellt auch kein Schutzgesetz i. S. von § 823 Abs. 2 BGB dar, sodass 74
Arbeitnehmer im Fall einer unterbliebenen Bekanntmachung hieraus **keine Schadensersatzansprüche** herleiten können. Die Bekanntmachungspflicht bezweckt nur, den Beschäftigten die entsprechenden Normen des AGG zur Kenntnis zu bringen, nicht jedoch diese
vor Schädigungen zu bewahren (Meinel / Heyn / Herms Rdnr. 32; Schleusener / *Suckow* /
Voigt Rdnr. 59).

Das Unterlassen der Bekanntmachung nach Abs. 5 führt auch nicht dazu, dass die **Fristen** 75
des § 15 Abs. 4 AGG und des § 61b ArbGG nicht zu laufen beginnen; denn die Anwendung

materiellrechtlicher Ausschlussfristen setzt grundsätzlich nicht voraus, dass dem Benachteiligten die Fristenregelung bekannt ist. Folglich kann sich der Arbeitgeber im Prozess um Schadenersatzansprüche des Beschäftigten im Zusammenhang mit dem AGG auch bei Verstoß gegen Abs. 5 mit Erfolg auf die vorgenannten Fristen berufen (Meinel / Heyn / Herms Rdnr. 32).

V. Literatur

Vgl. die zu § 1 AGG angegebene Literatur sowie

Barthel, Thomas / **Unger-Hellmich**, Dagmar, Ethikrichtlinien und Mitbestimmung – Das BAG sorgt für Klarheit, AuA 2009, 78

Benecke, Martina, Mobbing: Persönlichkeitsschutz und Haftung des Arbeitgebers. Zugleich Besprechung zum Urteil des BAG v. 16. 5. 2007 – 8 AZR 709/06, RdA 2008, 357

Besgen, Nicolai, Die Auswirkungen des AGG auf das Betriebsverfassungsrecht, BB 2007, 213

Bieder, Marcus, Einschränkungen der privilegierten Arbeitnehmerhaftung für leitende Angestellte – Ablehnende und erläuternde Besprechung der Entscheidung des BAG vom 25. Oktober 2007 – 8 AZR 593/06, DB 2008, 638

Boemke, Burkhard, Ausländische Bestimmungen als Mitbestimmungssperre i. S. von § 87 BetrVG, DB 2010, 843

Dzida, Boris, Die Mitbestimmung des Konzernbetriebsrats bei Ethik-Richtlinien, NZA 2008, 1265

Gach, Bernt / **Julis**, Susanne, Beschwerdestelle und -verfahren nach § 13 Allgemeines Gleichbehandlungsgesetz, BB 2007, 773

Gehlhaar, Daniel, § 12 Absatz III AGG und der Anspruch des belästigten Arbeitnehmers auf Ergreifung (bestimmter?) Schutzmaßnahmen, NZA 2009, 825

Göpfert, Burkhard / **Siegrist**, Carolin, Diskriminierungsverdacht: Über den richtigen Umgang mit arbeitsrechtlichen Diskriminierungsfällen, ZIP 2006, 1710

Göpfert, Burkhard / **Siegrist**, Carolin, Stalking – Nach Inkrafttreten des Allgemeinen Gleichbehandlungsgesetzes auch ein Problem für Arbeitgeber?, NZA 2007, 473

Henssler, Martin / **Schneider**, David, Mitbestimmung des Betriebsrats bei Ethik-Richtlinien – Ordnungsverhalten – Mitbestimmung nach § 87 Abs. 1 Nr. 1 BetrVG – Zuständigkeit des Konzernbetriebsrats, RdA 2009, 319

Junker, Abbo, Konzernweite „Ethikregeln" und nationale Betriebsverfassungen, BB 2005, 602

Kolle, Tina / **Deinert**, Olaf, Liebe ist Privatsache – Grenzen einer arbeitsvertraglichen Regelung zwischenmenschlicher Beziehungen, AuR 2006, 177

Kort, Michael, Ethik-Richtlinien im Spannungsfeld zwischen US-amerikanischer Compliance und deutschem Konzernbetriebsverfassungsrecht, NJW 2009, 319

Mästle, Tobias, Sexuelle Belästigungen im Betrieb – angemessene Reaktionsmöglichkeiten des Arbeitgebers, BB 2002, 250

Mengel, Anja / **Hagemeister**, Volker, Compliance und arbeitsrechtliche Implementierung im Unternehmen, BB 2007, 1386

Schneider, David / **Sittard**, Ulrich, Ethikrichtlinien als Präventivmaßnahmen i. S. des § 12 AGG?, NZA 2007, 654

Schrader, Arno, Ansprüche bei Mobbing – Zustimmende Anmerkung zur Entscheidung des Bundesarbeitsgerichts vom 25. 10. 2007 – 8 AZR 593/06 = AiB 2008, 439

Sittard, Ulrich „Die Implementierung von Ethikrichtlinien unterliegt nur teilweise der Mitbestimmung durch den Betriebsrat", BB 2008, 2524

Worzalla, Michael, Das Beschäftigtenschutzgesetz in der Praxis, NZA 1994, 1016

Zielke, Hans-Jürgen / **Stauf**, Michael, Umsetzungshilfen zu § 12 AGG – Maßnahmen und Pflichten des Arbeitgebers unter Kosten- und Risikooptimierungsgesichtspunkten, AiB 2007, 104

§ 13
Beschwerderecht

(1) ¹Die Beschäftigten haben das Recht, sich bei den zuständigen Stellen des Betriebs, des Unternehmens oder der Dienststelle zu beschweren, wenn sie sich im Zusammenhang mit ihrem Beschäftigungsverhältnis vom Arbeitgeber, von Vorgesetzten, anderen Beschäftigten oder Dritten wegen eines in § 1 genannten Grundes benachteiligt fühlen. ²Die Beschwerde ist zu prüfen und das Ergebnis der oder dem beschwerdeführenden Beschäftigten mitzuteilen.

(2) Die Rechte der Arbeitnehmervertretungen bleiben unberührt.

ERLÄUTERUNGEN

ÜBERSICHT

I. Bedeutung der Vorschrift (Rdnrn. 1–10)
II. Fassung (Rdnr. 11)
III. Begründung (Rdnr. 12)
IV. Anmerkungen (Rdnrn. 13–60)
    A) zu Abs. 1
        1. Beschwerderecht (Rdnrn. 13–17)
            a) Personenkreis (Rdnrn. 13–14)
            b) Vorbringung einer subjektiven Benachteiligung (Rdnrn. 15–17)
        2. Zuständige Stellen (Rdnrn. 18–33)
        3. Beschwerdeverfahren (Rdnrn. 34–57)
            a) Form (Rdnrn. 34–41)
            b) Prüfung der Beschwerde (Rdnrn. 42–57)
    B) zu Abs. 2
        1. Rechte der Arbeitnehmervertretungen (Rdnrn. 58–60)
V. Literatur

I. Bedeutung der Vorschrift

Die Vorschrift spricht den Beschäftigten in **Abs. 1** das Recht zu, sich bei einer tatsächlich eingetretenen oder subjektiv so empfundenen Benachteiligung bei den zuständigen Stellen des Betriebs bzw. Unternehmens oder der Dienststelle zu beschweren. Die Beschwerde ist zu prüfen und das Ergebnis dem beschwerdeführenden Beschäftigten mitzuteilen.   **1**

Die Bestimmung hat vor allem **klarstellende Funktion**. Zum einen folgt das individuelle Recht zur Beschwerde beim Arbeitgeber und dessen Pflicht zur Beantwortung schon aus der arbeitsvertraglichen Fürsorgepflicht (ErfK / *Kania* § 84 BetrVG Rdnr. 1). Zum anderen bestehen bereits entsprechende formalisierte Beschwerdemöglichkeiten, etwa nach §§ 84, 85 BetrVG und bleiben nach **Abs. 2** der Vorschrift unberührt.   **2**

Die Klarstellung hat einen mehrfachen Sinn: Zum einen wurden die materiellen **Beschwerdegründe** auf alle in § 1 AGG genannten Benachteiligungstatbestände ausgeweitet. Zum   **3** anderen kommt einer Beschwerde besondere Bedeutung zu als Mittel, dem **Arbeitgeber Kenntnis** von einer Benachteiligung zu verschaffen und ihm entsprechende **Gegenmaßnahmen** zu ermöglichen; die Beschwerde ist auch als vorbereitender Schritt für weitere Ansprüche des Beschäftigten geeignet, allerdings hierfür nicht zwingend erforderlich. Das Beschwerdeverfahren ist **kein außergerichtliches Vorverfahren**. Der Beschäftigte ist nicht gezwungen, den betrieblichen Beschwerdeweg auszuschöpfen, bevor er um gerichtlichen Rechtsschutz nachsucht (S / S / V / *Suckow* Rdnr. 45).

3a Schließlich wird damit **auch für betriebsratslose Betriebe** ein Beschwerdeverfahren gewährleistet Die Vorschrift des § 13 AGG gilt unabhängig von der Zahl der Beschäftigten, also auch für sog. Kleinarbeitgeber (Rust / Falke / *Bücker* Rdnr. 4; MK / *Thüsing* Rdnr. 4), wenngleich die Bildung einer „zuständigen Stelle" und deren Bekanntmachung im Betrieb gem. § 12 Abs. 5 AGG dort eher absurd erscheinen mag (*Oetker* NZA 2008, 264 [265]). Zudem wird das Beschwerdeverfahren auf Fälle erstreckt, in denen sich etwaige Vorwürfe gegen eine dritte, nicht betriebsangehörige, Person richten.

4 Das Gesetz stellt damit dem Beschäftigten ein geregeltes Verfahren zur Verfügung, um dem Arbeitgeber Benachteiligungen in der betrieblichen Sphäre zur Kenntnis zu bringen. Dieser kann dadurch einschlägige Probleme in einem frühen Stadium erkennen und Missstände beseitigen. Die Beschwerde dient damit vor allem der **innerbetrieblichen Streitbeilegung** (S / S / V / *Suckow* Rdnr. 2).

5 Die Vorschrift hat ihr Vorbild in den vormaligen gesetzlichen Regelungen zum Schutz der Beschäftigten vor sexueller Belästigung am Arbeitsplatz (BeschSchG): Ihr Wortlaut ist **§ 3 Abs. 1 Satz 1 BeschSchG nachgebildet**, der sich wiederum an § 84 BetrVG orientierte. Das BeschSchG ist durch das AGG aufgehoben worden. Im Unterschied zu § 3 BeschSchG dehnt § 13 AGG die Beschwerdebefugnis über die Fälle des sexuellen Belästigung hinaus auf alle Formen der Benachteiligung aus.

6 Durch das **Maßregelungsverbot** in § 16 Abs. 1 AGG ist gewährleistet, dass ein Arbeitnehmer keine Nachteile erleiden darf, wenn er von seinem Beschwerderecht nach § 13 Abs. 1 Gebrauch macht. Das bedeutet zum Beispiel auch, dass Beschäftigte keinen Verdienstausfall erleiden dürfen, wenn sie infolge einer Beteiligung am Beschwerdeverfahren der Arbeit fernbleiben (Schiek / *Kocher* Rdnr. 24). Das Maßregelungsverbot schützt nicht nur die Person, die ihre Rechte wahrnimmt, sondern auch diejenigen, die sie dabei unterstützen oder in dem Beschwerdeverfahren als Zeugen aussagen (*Gach / Julis* BB 2007, 773 [778]).

7 Auch besteht in der Regel **kein Unterlassungs- oder Widerrufsanspruch** wegen Behauptungen und Anschuldigungen im Beschwerdeverfahren. Das folgt zum einen aus dem Benachteiligungsverbot, zum anderen daraus, dass mit der Beschwerde als Instrument des Rechtsschutzes berechtigte Interessen wahrgenommen werden. Das gilt nur dann nicht, wenn der Beschwerdeführer weiß, dass die Behauptung unwahr ist oder wenn sie leichtfertig aufgestellt wurde (vgl. LAG Frankfurt a. M. Urteil vom 28. Juni 2000 – 8 Sa 195/99 = NZA-RR 2001, 79 = MDR 2001, 459).

8 Der **Anspruch auf Prüfung der Beschwerde** und Erteilung eines Bescheids kann notfalls nach Ablauf einer angemessenen Frist im Wege einer **Leistungsklage** durchgesetzt werden (vgl. ErfK / *Kania* § 84 BetrVG Rdnr. 9). Deshalb fehlt einer Klage lediglich auf Entgegennahme der Beschwerde das Rechtsschutzbedürfnis (ErfK / *Kania* a. a. O.). Allerdings besteht kein Anspruch auf eine konkrete Beschwerdeentscheidung.

9 Ergibt die Prüfung des Arbeitgebers das **Vorliegen einer Benachteiligung**, hat der betroffene Beschäftigte einen Anspruch auf **Tätigwerden des Arbeitgebers nach § 12 AGG**. Weigert dieser sich, konkrete und notwendige Abhilfemaßnahmen zu ergreifen, kann der Beschäftigte solche Maßnahmen ebenfalls mit einer Klage erzwingen (vgl. Erl. zu § 12 AGG Rdnr. 56 ff.).

10 Bei Beschäftigten im Sinne von § 6 AGG handelt es sich regelmäßig um Arbeitnehmer gemäß § 5 ArbGG; daher ist jeweils der **Rechtsweg zum Arbeitsgericht** eröffnet. Die Ansprü-

che können nach § 2 Abs. 1 Nr. 3 ArbGG im Urteilsverfahren durchgesetzt werden (Nollert-Borasio / Perreng Rdnr. 14).

II. Fassung

Die Vorschrift wurde unverändert aus dem Entwurf der Bundesregierung „Entwurf eines Gesetzes zur Umsetzung europäischer Richtlinien zur Verwirklichung des Grundsatzes der Gleichbehandlung" (BT-Drucks. 16/1780) übernommen. **11**

III. Begründung

Im Gesetzentwurf der Bundesregierung (BT-Drucks. 16/1780 S. 37) wird zu der Vorschrift ausgeführt: **12**

„Zu Absatz 1

Die Regelung sieht das Recht der Beschäftigten vor, sich wegen einer eingetretenen Benachteiligung bei den zuständigen Stellen des Betriebs oder bei der Arbeitnehmervertretung zu beschweren. Die Vorschrift enthält keine Neuerung; entsprechende Beschwerdemöglichkeiten bestehen bereits nach geltendem Recht. Da die Beschwerde aber sowohl Grundlage für Maßnahmen des Arbeitgebers als auch für weitere Ansprüche des oder der Beschäftigten sein kann, ist die Vorschrift entsprechend § 3 des Beschäftigtenschutzgesetzes aufgenommen worden.

Der Begriff der zuständigen Stellen ist umfassend zu verstehen. Dies kann beispielsweise ein Vorgesetzter, eine Gleichstellungsbeauftragte oder eine betriebliche Beschwerdestelle sein.

Satz 2 stellt klar, dass die Beschwerde inhaltlich zu prüfen und dem Beschwerdeführer oder der Beschwerdeführerin das Ergebnis der Prüfung mitzuteilen ist. Insbesondere wenn infolge der Beschwerde keine konkreten Maßnahmen ergriffen werden, ist es für die Betroffenen wichtig, die Gründe dafür zu erfahren.

Die Durchführung eines Beschwerdeverfahrens ist keine Anspruchsvoraussetzung.

Zu Absatz 2

Die Vorschrift stellt klar, dass Rechte der Arbeitnehmervertretungen, wie z. B. nach § 85 BetrVG, unberührt bleiben."

IV. Anmerkungen

A) zu Abs. 1

1. Beschwerderecht

a) Personenkreis

Zur Beschwerde berechtigt sind **alle Beschäftigten im Sinne des § 6 Abs. 1 AGG**, also Arbeitnehmerinnen und Arbeitnehmer, die zur Berufsbildung Beschäftigten und Personen, die wegen ihrer wirtschaftlichen Unzuständigkeit als arbeitnehmerähnliche Personen anzusehen sind (u. a. die in Heimarbeit Beschäftigten und die ihnen Gleichgestellten). **13**

In dieser Hinsicht schreibt § 13 AGG **die zuvor durch § 3 BeschSchG geprägte Rechtslage** fort; denn § 1 Nr. 1 BeschSchG bezog diese Personengruppen ebenfalls in den Beschäftigtenbegriff ein. Hiervon **ausgenommen** sind – im Unterschied zur früheren Rechtslage nach § 1 Abs. 2 Nrn. 2 bis 4 BeschSchG – allerdings die auf öffentlich-rechtlicher Grundlage tätigen **Beamten, Richter und Soldaten**. Denn sie werden nicht über § 6 AGG vom Beschäftigtenbegriff umfasst. Für Beamte und Richter schließt jedoch § 24 Nrn. 1 und 2 AGG diese Lücke; freilich unterliegt die „entsprechende" Geltung des § 13 AGG dabei dem Vorbehalt, bei der Anwendung der Vorschrift deren besondere Rechtsstellung zu berücksichtigen. Für Soldaten gilt schließlich die Vorschrift des § 11 SoldGG, welche in Abs. 2 Satz 2 hinsichtlich der Einzelheiten jedoch auf die Wehrbeschwerdeordnung verweist.

13a Das Beschwerderecht steht – daher im Gegensatz zur Rechtslage bei §§ 84, 85 BetrVG – auch leitenden Angestellten zu (*Thüsing* Arbeitsrechtlicher Diskriminierungsschutz Rdnr. 586). Soweit es die Bedingungen für den Zugang zur Erwerbstätigkeit sowie den beruflichen Aufstieg betrifft, werden gemäß § 6 Abs. 3 AGG auch Selbstständige und Organmitglieder in den Schutz des AGG einbezogen und haben ggf. ein Beschwerderecht nach § 13 (HK-AGG / *Buschmann* Rdnr. 13; *Gach / Julis* BB 2007, 773 [774]; a. A. *Oetker* NZA 2008, 264 [265]).

13b Für **Leiharbeitnehmer** ist jedenfalls ihr Recht zur Beschwerde nach § 13 AGG im Betrieb des Verleihers unproblematisch. Anders ist dies im Hinblick auf den Betrieb des Entleihers: Leiharbeitnehmer zählen in diesem nicht zu den Beschäftigten i. S. des § 6 Abs. 1 Satz 6 AGG. Daher schreibt § 14 Abs. 2 Satz 3 AÜG ausdrücklich vor, dass § 84 BetrVG auch bezüglich der im Entleiherbetrieb tätigen Leiharbeitnehmer gilt; auf Fälle einer nicht gewerbsmäßigen Arbeitnehmerüberlassung ist dies entsprechend anwendbar (vgl. GK-BetrVG / *Wiese* Vorb. § 81 Rdnr. 24; *Hamann* in: Schüren / Hamann AÜG 3. Aufl. (2007), § 14 Rdnr. 420; *Oetker* NZA 2008, 264 [265]).

Zwar fehlt es für § 13 AGG an einer derart eindeutigen Zuordnung. Allerdings legt § 6 Abs. 2 AGG im Hinblick auf die Arbeitnehmerüberlassung fest: Dritte, denen ein Arbeitnehmer überlassen wird, gelten als Arbeitgeber „im Sinne dieses Abschnitts" und zu diesem zählt auch § 13 AGG. Folglich treffen die dort dem Arbeitgeber auferlegten Pflichten ihn auch in seiner Eigenschaft als Entleiher, sodass das **Beschwerderecht** nach § 13 AGG den **im Entleiherbetrieb tätigen Leiharbeitnehmern ebenfalls zusteht** (*Oetker* NZA 2008, 264 [265]; HK-AGG / *Buschmann* Rdnr. 13). Zum selben Ergebnis käme man über eine analoge Anwendung des § 14 Abs. 2 AÜG auf das Beschwerderecht nach § 13 AGG (*Oetker* a. a. O.).

14 Als Beschäftigte gelten auch die **Bewerberinnen und Bewerber** für ein Beschäftigungsverhältnis sowie die **Personen, deren Beschäftigungsverhältnis beendet ist** (§ 6 Abs. 1 Satz 2 AGG). Damit sind auch Personen, die sich erfolglos um eine Stelle bei dem Arbeitgeber beworben haben, ggf. zur Beschwerde befugt.

b) Vorbringen einer subjektiven Benachteiligung

15 Weitere Voraussetzung eines Beschwerderechts ist, dass sich Beschäftigte durch eine Maßnahme oder ein Verhalten **benachteiligt fühlen**.

Die Rüge muss lediglich einen Sachverhalt vorbringen, der sich auf mindestens eines der Diskriminierungsmerkmale der Rasse, der ethnischen Herkunft, des Geschlechts, der Religion oder Weltanschauung, der Behinderung, des Alters oder der sexuellen Identität bezieht. Dieser Sachverhalt muss im **Zusammenhang mit dem Beschäftigungsverhältnis** stehen, wobei eine vom Arbeitgeber bzw. von Vorgesetzten, von anderen Beschäftigten oder von Dritten (wie Kunden, Zulieferer oder Abnehmer, Unternehmensberater usw.) ausgehende Benachteiligung geltend gemacht werden muss. Damit geht das **Beschwerderecht** nach § 13 Abs. 1 Satz 1 AGG deutlich **weiter als § 84 Abs. 1 BetrVG**, der davon absieht, **Benachteiligungen durch Dritte** einzubeziehen, nachdem sich dort die Beeinträchtigung aus dem Arbeitsverhältnis ergeben muss (*Oetker* NZA 2008, 264 [266] m. w. Nachw.). Gerade in Zusammenhang mit Diskriminierungen durch Dritte erhält aber der gesetzlich geforderte „Zusammenhang mit dem Beschäftigungsverhältnis" besonderes Gewicht, da in Grenzfällen die nicht immer leicht zu treffende Abgrenzung zur privaten Sphäre das Beschwerderecht entfallen kann (*Oetker* a. a. O.).

Denn Handlungen, die nicht in Zusammenhang mit der Beschäftigung stehen, lösen kein Beschwerderecht aus. Zwar muss die Benachteiligung nicht unmittelbar am Arbeitsplatz geschehen sein; andererseits ist aber der erforderliche Zusammenhang nicht mehr gegeben, wenn etwa ein Kunde des Arbeitgebers den Beschäftigten bei einem rein privaten Kontakt belästigt oder anderweitig diskriminiert (Schiefer / Ettwich / Krych Rdnr. 521).

15a **Kein Beschwerderecht** nach dieser Vorschrift besteht gegenüber **Diskriminierungen durch den Betriebsrat oder einzelne seiner Mitglieder**. Bei der vergleichbaren Vorschrift des § 84

BetrVG folgt dieses Ergebnis schon aus dem Gesetzeswortlaut, der ausdrücklich von „Arbeitgeber oder Arbeitnehmern des Betriebes" spricht (vgl. GK-BetrVG / *Wiese* Rdnr. 14; Richardi / *Thüsing* Rdnr. 10, jeweils zu § 84 BetrVG). Ungeachtet des insoweit offenen Gesetzeswortlauts bei § 13 AGG gilt auch hier: Das Beschwerderecht beruht auf der Möglichkeit des Arbeitgebers, die Beschwerde zu überprüfen und dieser bei deren Begründetheit abzuhelfen (GK-BetrVG / *Wiese* a. a. O.; *Moll / Klunker* RdA 1973, 361). Insoweit fehlt dem Arbeitgeber jedoch die notwendige und auch von § 13 AGG vorausgesetzte Rechtsmacht, eine Benachteiligung des Beschäftigten durch den Betriebsrat bzw. eines seiner Mitglieder zu beseitigen oder zukünftig zu unterbinden. Der Arbeitgeber kann allenfalls eine derartige „Beschwerde" als Anregung für ein Verfahren nach § 23 Abs. 1 oder 2 BetrVG aufgreifen (*Oetker* NZA 2008, 264 [266]).

Unerheblich ist, ob der Vorfall auch **objektiv eine entsprechende Benachteiligung** oder (sexuelle) Belästigung darstellt (Adomeit / Mohr Rdnr. 7; Bauer / Göpfert / Krieger, Rdnr. 4; Meinel / Heyn / Herms Rdnr. 5; ErfK / *Schlachter* Rdnr. 1; ebenso zu § 84 BetrVG Richardi / *Thüsing* Rdnr. 5; GK-BetrVG / *Wiese*, Rdnr. 7 m. w. Nachw.). Das Gesetz stellt – ebenso wie bei § 84 Abs. 1 Satz 2 BetrVG – mit diesem subjektiven Maßstab allein auf die psychische Befindlichkeit des Beschäftigten ab und nimmt damit in Kauf, dass auch objektiv diskriminierungsfreie Sachverhalte im Beschwerdeweg vorgebracht werden (S / S / V / *Suckow* Rdnr. 5). **16**

Jedoch setzt die Beschwerdebefugnis voraus, dass eine eigene Rechtsbetroffenheit behauptet wird, wie aus der Gesetzesformulierung „benachteiligt fühlen" folgt. Die Vorschrift begründet deshalb **keine Befugnis zur Popularbeschwerde**, mit der Beschäftigte allgemeine Missstände im Betrieb rügen könnten (Schiek / *Kocher* Rdnr. 5; HK-AGG / *Buschmann* Rdnr. 14; *Oetker* NZA 2008, 264 [266]). **17**

Das folgt nicht nur aus der Überschrift des dritten Unterabschnitts, der die „Rechte der Beschäftigten" zusammenfasst, sondern vor allem aus dem **Vergleich mit § 84 Abs. 1 BetrVG**: Auch diese Vorschrift sieht davon ab, den begünstigten Personenkreis auf „betroffene" Arbeitnehmer einzugrenzen. Gleichwohl ist allgemein anerkannt, dass sie kein Recht zur Popularbeschwerde begründet (vgl. ⚖ LAG Schleswig-Holstein Beschluss vom 21. Dezember 1989 – 4 TaBV 42/89 = NZA 1990, 703; ⚖ LAG Hamburg Beschluss vom 18. Juli 2006 – 3 TaBV 7/06 = ArbuR 2007, 219; ErfK / *Kania* § 84 BetrVG Rdnr. 13). Sie setzt vielmehr eine **individuelle Beeinträchtigung voraus**, auch wenn diese aus einer generellen Maßnahme folgen kann, die den Arbeitnehmer als Angehörigen einer Gruppe betrifft (vgl. hierzu GK-BetrVG / *Wiese* § 84 Rdnr. 11; *Nebendahl / Lunk* NZA 1990, 678)

Zur Wahrnehmung allgemeiner Rechte im Interesse der Belegschaft sind vielmehr die Arbeitnehmervertretungen legitimiert. Unschädlich ist aber, dass eine Beschwerde ggf. gemeinsam mit anderen Betroffenen in gebündelter Form erhoben wird (HK-AGG / *Buschmann* Rdnr. 14).

2. Zuständige Stellen

Als Adressaten für die Beschwerde nennt das Gesetz – ebenso wie bei § 84 Abs. 1 Satz 1 BetrVG – nicht etwa den Arbeitgeber. Die Beschwerde ist vielmehr an eine zuständige Stelle des Betriebs des Unternehmens oder der Dienststelle zu richten. Damit eröffnet der Gesetzgeber die **Option**, sich innerhalb eines Unternehmens auf eine **„zentrale" Stelle** zu beschränken, an die die Beschwerden aus allen Betrieben des Unternehmens zu richten sind (*Oetker* NZA 2008, 264 [266]; a. A. wohl Rust / Falke / *Bücker* Rdnr. 3). Andererseits genügt es nach dem Wortlaut des § 13 Abs. 1 Satz 1 AGG **nicht**, eine **unternehmensübergreifende Einrichtung mit konzernweiter Zuständigkeit** als einzige „zuständige Stelle" i. S. des § 13 AGG zu schaffen (Bauer / Göpfert / Krieger Rdnr. 7; Meinel / Heyn / Herms Rdnr. 13; ErfK / *Schlachter* Rdnr. 2; a. A. *Müller-Bonanni /Sagan* ArbRB 2007, 50 [53]; wohl auch Adomeit / Mohr Rdnr. 10). Entsprechendes gilt für **externe Stellen** (*Gach / Julis* BB 2007, 773 [774]; *Nägele / Frahm* ArbRB 2007, 140 [142]); *Oetker* a. a. O.). Benachteiligte Beschäftigte dürfen **18** nicht ausschließlich auf die Möglichkeit einer Beschwerde bei einer Stelle außerhalb des Betriebs bzw. der Dienststelle verwiesen werden, etwa eine „Antidiskriminierungs-Hotline" bei der Muttergesellschaft des Konzernunternehmens (Bauer / Göpfert / Krieger Rdnr. 7).

19 Aus § 13 Abs. 1 Satz 1 AGG ergibt sich lediglich, dass der **Arbeitgeber zur Festlegung einer „zuständigen Stelle" verpflichtet** ist. Die Notwendigkeit einer derartigen positiven zuständigkeitsbegründenden Entscheidung des Arbeitgebers wird bestätigt durch die Pflicht nach § 12 Abs. 5 AGG zur Bekanntmachung der zuständigen Stelle „für die Behandlung von Beschwerden nach § 13 AGG". Dies setzt voraus, dass der Arbeitgeber eine entsprechende Organisationsentscheidung getroffen hat (ErfK / / *Schlachter* Rdnr. 2).

Unterlässt der Arbeitgeber diese Festlegung, so muss er sich nach dem Rechtsgedanken des § 162 BGB wie eine „zuständige Stelle" behandeln lassen (Adomeit / Mohr Rdnr. 12; Oetker NZA 2008, 264 [267]). Gegebenenfalls kann sich der Beschäftigte auch an die mit seinen Personalangelegenheiten betrauten Personen wenden (*Oetker* a. a. O.), bzw. die Beschwerde unmittelbar beim Vorgesetzten vorbringen. Richtet sich diese gegen ihn selbst, so ist „Beschwerdestelle" der nächst höhere gemeinsame Vorgesetzte (S / S / V / *Suckow* Rdnr. 15).

20 Der Begriff der „zuständigen Stelle" ist nach der Gesetzesbegründung (vgl. oben Rdnr. 12) **umfassend zu verstehen**. Es kann sich beispielsweise handeln um den Vorgesetzten, eine Gleichstellungsbeauftragte oder eine betriebliche Beschwerdestelle gemäß § 86 BetrVG.

Eine Verpflichtung des Arbeitgebers zur Einrichtung einer **organisatorisch eigenständigen Beschwerdestelle** besteht allerdings nicht (Bauer / Göpfert / Krieger Rdnr. 5). Dies entspricht auch der zutreffenden Auslegung zu § 84 Abs. 1 BetrVG (GK-BetrVG / *Wiese* § 84 Rdnr. 16). Ein überzeugender Grund zur Abweichung hiervon im Rahmen von § 13 AGG ist nicht erkennbar.

Eine solche eigenständige Beschwerdestelle kann wegen der erforderlichen sachlichen und personellen Mittel auch allenfalls **für größere Betriebe sinnvoll** sein (S / S / V / *Suckow* Rdnr. 12). Näherliegend ist häufig die Benennung einer Einzelperson oder eines Gremiums als Beschwerdebeauftragte. Hierfür kommen u. a. der jeweilige Dienst- bzw. Fachvorgesetzte oder auch die Personalabteilung in Betracht.

21 Entscheidend ist allein, dass die vom Arbeitgeber als „zuständig" festgelegte Stelle ihre vom Gesetz zugedachte **Funktion erfüllen** kann. Dem Arbeitgeber steht deshalb auch die Möglichkeit offen, eine **nach § 84 BetrVG für die Beschwerden gebildete Stelle** zugleich als „zuständige Stelle" i. S. des § 13 AGG zu bestimmen (ebenso Nollert-Borasio / Perreng Rdnr. 2; *Oetker* NZA 2008, 264 [267]) mit der weiteren Folge, dass das für Beschwerden nach § 84 BetrVG einzuhaltende Verfahren ebenfalls für Beschwerden nach § 13 AGG gilt.

22 Insoweit hat der Arbeitgeber **umfassende Gestaltungsmöglichkeiten**. Das betrifft zum einen die Frage, ob die Person oder Stelle, welche die Beschwerde entgegennimmt, zugleich über diese entscheidet. Zum anderen können aber auch die Zuständigkeiten für Beschwerden nach Sachgebieten auf verschiedene Institutionen verteilt werden (z. B. Gleichstellungsbeauftragte bei geschlechtsbezogene Benachteiligungen, betriebliche Integrationsbeauftragte bei Benachteiligungen wegen Rasse oder ethnischer Herkunft).

23 Strittig ist, ob auch der **Betriebs- oder Personalrat** in diesem Sinne vom Arbeitgeber als Beschwerdestelle bezeichnet werden kann, in behinderungsbezogenen Angelegenheiten dann folgerichtig ggf. auch die **Schwerbehindertenvertretung**.

Bereits zu **§ 84 Abs. 1 Satz 1 BetrVG** wird **kontrovers** diskutiert, ob der Arbeitgeber berechtigt ist, den Betriebsrat als für die Beschwerde „zuständige Stelle" zu bestimmen. Die Literatur lehnt dies überwiegend ab (vgl. GK-BetrVG / *Wiese* § 84 Rdnr. 16; *Moll / Klunker* RdA 1973, 361),was vor allem im Hinblick auf das gesondert in § 85 BetrVG geregelte Recht zur Beschwerde beim Betriebsrat begründbar ist (*Oetker* NZA 2008, 264 [267]).

Auch ohne den entsprechenden Regelungszusammenhang bei § 13 AGG sprechen die besseren Gründe gegen eine Befugnis des Arbeitgebers, den Betriebsrat einseitig als „zuständige Stelle" für Beschwerden nach § 13 AGG festzulegen (*Oetker* a. a. O.). Zwar ist der Betriebsrat nicht zuletzt wegen § 17 Abs. 1 AGG sowie § 75 Abs. 1 BetrVG keineswegs von vornherein ungeeignet, die Aufgaben einer „zuständigen Stelle" wahrzunehmen. Die gesetzlich festgelegten Organkompetenzen stehen aber einer Rechtsmacht des Arbeitgebers entgegen, dem Betriebsrat zusätzliche Aufgaben ohne dessen Zustimmung zu übertragen. Ein derartiges Weisungsrecht kann auch nicht aus der Hoheit im Hinblick auf die Betriebsorganisation abgeleitet werden (*Oetker* a. a. O.) Allenfalls im Einvernehmen mit diesem kann der Arbeitgeber den Betriebsrat mit den Aufgaben einer „zuständigen Stelle" i. S. des § 13 AGG betrauen (allgemein gegen die Bestimmung des Betriebsrats als „zuständige Stelle" aber *Schiek / Kocher* Rdnr. 13; S / S / V / *Suckow* Rdnr. 14; *Müller-Bonanni / Sagan* ArbRB 2007, 50 [53]; *Nägele / Frahm* ArbRB 2007, 140 [141]; a. A. jedoch *Adomeit / Mohr* Rdnr. 9; *Bauer / Göpfert / Krieger* Rdnr. 6; ErfK / *Schlachter* Rdnr. 3; *Meinel / Heyn / Herms* Rdnr. 11; *Besgen* BB 2007, 214).   **24**

Die Frage, ob und inwieweit die Einrichtung einer Beschwerdestelle der Mitbestimmung des Betriebsrats unterliegt, war lange strittig. Die wohl h. M. hat dies als Entscheidung angesehen, die in die **Organisationshoheit des Arbeitgebers** fällt. Dieser könne bestimmen, wer die Beschwerdestelle bildet und wie sie ausgestaltet wird. Die Entscheidung unterliege **nicht der Mitbestimmung des Betriebsrats** nach § 87 Abs. 1 Nr. 1 BetrVG, denn aufgrund der gesetzlichen Verpflichtung des Arbeitgebers zur Errichtung einer solchen Beschwerdestelle gem. § 13 Abs. 1 Satz 1 AGG handle es sich insoweit um reinen Gesetzesvollzug, sodass die Sperrwirkung des § 87 Abs. 1 Einleitungssatz BetrVG eingreife (so z. B. LAG Hamburg Beschluss vom 17. April 2007 – 3 TaBV 6/07 = NZA-RR 2007, 413; im Ergebnis ebenso *Ueckert* BB 2007, 780; *Bauer / Göpfert / Krieger* Rdnr. 6; *Grobys* NJW 2006, 2950 [2952]; *Besgen* BB 2007, 213 [214]; *Thüsing* Arbeitsrechtlicher Diskriminierungsschutz Rdnr. 587; *Gach / Julis* BB 2007, 773 [774 f.]; *Schiefer / Ettwich / Krych* Rdnr. 524; differenzierend *Ehrich / Frieters* BB 2007, 1026: Mitbestimmungspflicht nur hinsichtlich der Besetzung der Beschwerdestelle; **a. A.** *Nollert-Borasio / Perreng* Rdnr. 3; ErfK / *Schlachter* Rdnr. 1; *Mansholt / Cornelius* AiB 2007, 50 [51]; wohl auch *Kamanabrou* RdA 2006, 321 [325]).   **25**

Als weitere Argumente gegen eine Mitbestimmungspflicht wurden angeführt: **26**
– Rechte des Betriebsrats zur Mitwirkung und Mitbestimmung hinsichtlich der zuständigen Stellen sind im AGG nicht aufgeführt. Der Vergleich mit Regelungen in anderen Gesetzen, z. B. § 55 Abs. 1a Satz 1 BImSchG, § 9 Abs. 3 Satz 1 ASiG, belegt, dass dies kein gesetzgeberisches Versehen ist, sondern auf einer offenbar bewussten Entscheidung beruht (*Gach / Julis* BB 2007, 773 [775]).
– Auch im Rahmen des § 84 BetrVG, der ebenfalls die Formulierung „zuständige Stellen" verwendet, besteht kein Mitbestimmungsrecht des Betriebsrats, sondern ein einseitiges Festlegungsrecht des Arbeitgebers (vgl. z. B. GK-BetrVG / *Wiese* § 84 Rdnr. 16; *Richardi / Thüsing* BetrVG § 84 Rdnr. 11 f.). Es wäre daher systemwidrig, bei der vergleichbaren Norm des § 13 AGG Mitwirkungs- und / oder Mitbestimmungsrechte des Betriebsrats anzunehmen (*Gach / Julis* a. a. O.).
– Der Ausschluss einer entsprechenden Mitbestimmung ist auch nach dem Normzweck sachgerecht. Der Arbeitgeber ist allein für den ordnungsgemäßen Umgang mit Beschwerden verantwortlich. Deshalb erscheint es auch folgerichtig, ihm die Auswahl der Personen oder Stellen zuzubilligen, für deren Aufgabenwahrnehmung er gegebenenfalls vor Gericht die Verantwortung trägt (*Gach / Julis* a. a. O.).
– Das Beschwerderecht der Beschäftigten über den Betriebsrat bleibt nach § 13 Abs. 2 AGG unberührt. Deshalb werden durch die Einrichtung der Beschwerdestelle keine Arbeitnehmerrechte beschnitten, sondern lediglich zusätzliche Anlaufstellen geschaffen.

Inzwischen ist die Frage **höchstrichterlich geklärt** (BAG Beschluss vom 21. Juli 2009 – 1 ABR 42/08 = NZA 2009, 1049 = DB 2009, 1993 = AP Nr. 1 zu § 13 AGG): Der Betriebsrat   **27** hat nach § 87 Abs. 1 Nr. 1 BetrVG **mitzubestimmen bei der Einführung und Ausgestaltung des Verfahrens**, in dem Arbeitnehmer ihr Beschwerderecht nach § 13 Abs. 1 Satz 1 AGG wahrnehmen können. Er hat insoweit auch ein **Initiativrecht. Kein Mitbestimmungsrecht** besteht bei der Frage, wo der Arbeitgeber die Beschwerdestelle errichtet und wie er diese **personell besetzt**.

28 Dies hat der Senat wie folgt begründet:

Gegenstand der Mitbestimmung nach § 87 Abs. 1 Nr. 1 BetrVG sei das betriebliche Zusammenleben und Zusammenwirken der Arbeitnehmer. Es beruhe darauf, dass die Arbeitnehmer ihre vertraglich geschuldete Leistung innerhalb einer vom Arbeitgeber vorgegebenen Arbeitsorganisation erbringen und dabei dessen Weisungsrecht unterliegen. Das berechtige den Arbeitgeber dazu, Regelungen vorzugeben, die das **Verhalten der Belegschaft im Betrieb beeinflussen und koordinieren** sollen. Bei solchen Maßnahmen habe der Betriebsrat mitzubestimmen. Das solle gewährleisten, dass die Arbeitnehmer gleichberechtigt an der Gestaltung des betrieblichen Zusammenlebens teilhaben (BAG Beschluss vom 28. Mai 2002 – 1 ABR 32/01 – zu B I 2 a der Gründe m. w. Nachw. = BAGE 101, 216 = NZA 2003, 166).

29 Die Ausgestaltung des Verfahrens sei darauf angelegt, das **Ordnungsverhalten der Arbeitnehmer in standardisierter Weise zu steuern**. Dies genüge zu Bejahung des Mitbestimmungsrechts nach § 87 Abs. 1 Nr. 1 BetrVG. Dieses setze nicht voraus, dass es sich um verbindliche, verhaltensbegründende Regeln handelt (vgl. BAG Beschluss vom 22. Juli 2008 – 1 ABR 40/07 – Rn. 59 = BAGE 127, 146 = NJW 2008, 3731 = AP Nr. 14 zu § 87 BetrVG 1972). Das Mitbestimmungsrecht nach § 87 Abs. 1 Nr. 1 BetrVG sei mit einem entsprechenden **Initiativrecht des Betriebsrats** verbunden (ebenso Bauer / Göpfert / Krieger § 13 AGG Rdnr. 6a; *Ehrich / Frieters* DB 2007, 1026 [1027]; *Hayen* JbArbR Bd. 44 S. 23 [44]; a. A. *Gach/Julis* BB 2007, 773 [775 f.]). Soweit sich aus dem Gegenstand der Mitbestimmung nach § 87 Abs. 1 BetrVG keine Beschränkungen ergeben, enthalte das Mitbestimmungsrecht ein Initiativrecht des Betriebsrats (vgl. etwa GK-BetrVG/ *Wiese* § 87 BetrVG Rdnr. 233 m. w. Nachw. Richardi BetrVG 11. Aufl. § 87 Rdnr. 201). Derartige Beschränkungen seien hier nicht ersichtlich.

30 Die „Ordnung des Betriebs" i. S. von § 87 Abs. 1 Nr. 1 BetrVG sei jedoch nicht gleichbedeutend mit dessen **Organisation**. Diese unterfalle **nicht der Mitbestimmung** des Betriebsrats nach § 87 Abs. 1 Nr. 1 BetrVG (so auch GK-BetrVG / *Wiese* § 87 Rdnr. 173 m. w. Nachw.; Fitting BetrVG § 87 Rdnr. 63). Organisatorische Maßnahmen unterlägen vielmehr – in bestimmten Fällen – den schwächeren Beteiligungsrechten nach §§ 90, 91 BetrVG. Zur mitbestimmungsfreien Organisation des Arbeitgebers gehöre auch dessen Befugnis zu bestimmen, welche Personen oder Stellen für ihn im Verhältnis zu den Arbeitnehmern Rechte wahrzunehmen und Pflichten zu erfüllen haben (BAG Beschluss vom 13. Mai 1997 – 1 ABR 2/97 – zu B II 2 b der Gründe m. w. Nachw. = NZA 1997, 1062 = AP Nr. 119 zu § 37 BetrVG 1972).

31 Danach unterliege die **Entscheidung des Arbeitgebers, wo** er die Beschwerdestelle einrichtet, nicht der Mitbestimmung des Betriebsrats nach § 87 Abs. 1 Nr. 1 BetrVG. Bei der Bestimmung der Beschwerdestelle geht es nicht um das betriebliche Zusammenleben und Zusammenwirken der Arbeitnehmer, sondern darum, welche Stelle oder Person für den Arbeitgeber berechtigt und verpflichtet ist, die Beschwerden der Arbeitnehmer entgegenzunehmen. Dies betreffe **die mitbestimmungsfreie Organisation** des Arbeitgebers.

32 Gleiches gelte für die **personelle Besetzung** der Beschwerdestelle.

Auch insoweit sei die Mitbestimmung des Betriebsrats nicht bereits nach § 87 Abs. 1 Eingangshalbs. BetrVG ausgeschlossen. Vielmehr habe der Arbeitgeber einen **Gestaltungsspielraum**, mit welchen Personen er die Beschwerdestelle besetzt. So könne nach der Gesetzesbegründung zuständige Stelle i. S. v. § 13 Abs. 1 Satz 1 AGG beispielsweise ein Vorgesetzter, eine Gleichstellungsbeauftragte oder eine betriebliche Beschwerdestelle sein (BT-Drucks. 16/1780 S. 37).

Die personelle Besetzung der Beschwerdestelle betreffe – ebenso wenig wie die organisatorische Verortung – **nicht die Ordnung im Betrieb oder das Verhalten der Arbeitnehmer** im Betrieb i. S. von § 87 Abs. 1 Nr. 1 BetrVG (Bauer / Göpfert / Krieger § 13 AGG Rdnr. 6a; Fitting § 87 Rdnr. 75; *Gach / Julis* BB 2007, 773 [774]; *Oetker* NZA 2008, 264, [270]; Wendeling-Schröder / Stein § 13 AGG Rdnr. 23; a. A. DKK / *Klebe* BetrVG 11. Aufl. § 87 Rdnr. 50; *Ehrich / Frieters* DB 2007, 1026 [1027]; *Hayen* JbArbR Bd. 44 S. 23 [44]). Auch die Auswahlentscheidung des Arbeitgebers, wen er mit der Entgegennahme von Beschwerden betraut, sei **Teil seiner mitbestimmungsfreien Organisation**. Die Besorgnis, der Arbeitgeber könne die Beschwerdestelle mit dafür ungeeigneten Personen besetzen, rechtfertige nicht die Annahme eines gesetzlich nicht vorgesehenen Mitbestimmungsrechts. Falls der Arbeitgeber seine Verpflichtung, eine den Erfordernissen des AGG genügende Beschwerdestelle einzurichten, in grober Weise verletzt, könne der Betriebsrat dagegen nach § 17 Abs. 2 Satz 1 AGG vorgehen (Fitting § 87 BetrVG a. a. O.).

Die höchstrichterliche Klärung dieser Streitfragen schafft insoweit auch Rechtssicherheit für die Vereinbarungsbefugnis der Betriebspartner, die **Einzelheiten des Beschwerdeverfahrens** mittels einer **Betriebsvereinbarung** auszugestalten. Dies war bereits zuvor praktisch einhellig befürwortet worden (vgl. z. B. *Besgen* BB 2007, 213 [214] und die Mustervereinbarung bei *Ehrich / Frieters*, DB 2007, 1028 sowie die Eckpunkte von *Schneider* AiB 2007, 629). Allerdings erschien die regelungstechnische Grundlage hierfür zweifelhaft, solange die betriebsverfassungsrechtliche Einordnung nicht hinreichend geklärt war (eingehend *Oetker* NZA 2008, 264 [269 f.]). Zu inhaltlichen Einzelheiten derartiger Betriebsvereinbarungen näher unten Rdnr. 41. 33

3. Beschwerdeverfahren

a) Form

Die Beschwerde kann **mündlich oder schriftlich**, z. B. auch in Textform (§ 126b BGB) per E-Mail oder Fax, bei der zuständigen Stelle eingelegt werden. Das Einreichen bei einer unzuständigen Stelle führt nicht zur Unzulässigkeit der Beschwerde. Vielmehr folgt aus § 13 AGG die vertragliche Pflicht der Beschäftigten, bei denen eine derartige Beschwerde eingereicht wurde, zur Weiterleitung (Schiek / *Kocher* Rdnr. 15). Wird die Beschwerde mündlich vorgebracht, sollte sie von der zuständigen Stelle protokolliert werden. Dies erfordert einen sensiblen Umgang mit dem Beschwerdeführer, d. h. ausreichend Zeit zu seiner Anhörung und das Vermeiden jeglicher Druckausübung auf ihn (vgl. *Schrader* DB 2006, 2571 [2578]). 34

Grundsätzlich besteht **keine Bindung an eine Frist**. Der Beschäftigte kann sich daher seinen Entschluss zur Erhebung der Beschwerde in Ruhe überlegen, was angesichts möglicherweise widerstreitender Gefühle und Erwägungen (Wunsch nach Abhilfe und Genugtuung einerseits, Scheu vor der Konfrontation mit Vorgesetzten bzw. Kollegen andererseits) auch sachgerecht ist. Allerdings kann bei überlangem Zuwarten des Beschäftigten namentlich im Fall von Diskriminierungen, die unmittelbar vom Arbeitgeber ausgehen oder diesem zuzurechnen sind, der Gesichtspunkt der Verwirkung eine Rolle spielen. Die **Verwirkung** ist eine Ausprägung des Grundsatzes von Treu und Glauben gemäß § 242 BGB und enthält den Vorwurf einer illoyal verspäteten Rechtsausübung. Sie setzt neben dem Zeitmoment, d. h. dem Ablauf eines längeren Zeitraums, auch ein Umstandsmoment voraus: Eine Seite muss aus dem Verhalten der anderen Seite das berechtigte Vertrauen darauf ableiten können, dass diese ihre Rechte nicht mehr geltend machen werde (vgl. hierzu näher Palandt / *Grüneberg* BGB § 242 Rn. 91 ff. m. umfangreichen Nachw.). **Ausnahmsweise** kann das **Beschwerderecht verwirkt** sein, wenn ein **längeres Untätigbleiben** des Beschäftigten nach den konkreten Gegebenheiten des Einzelfalles beim Arbeitgeber den Eindruck erweckt, er werde das **Beschwerdeverfahren nicht mehr durchführen müssen** und das hierauf gerichtete Ver- 35 trauen deutlich schutzwürdiger ist als das Beschwerdeinteresse des Arbeitnehmers (S / S / V / *Suckow* Rdnr. 23).

36 Die **Beschwerde** braucht **nicht als solche bezeichnet** werden. Allerdings muss aus dem Vorbringen des Beschäftigten bei objektiver Bewertung der Umstände hervorgehen, dass und aus welchen Gründen eine **Benachteiligung behauptet** wird, verbunden mit der **Aufforderung**, diesem Zustand **abzuhelfen**. Dies setzt kein konkretes Abhilfeverlangen voraus; allerdings ist ratsam, in der Beschwerde über die Schilderung der Gründe hinaus bereits darzulegen, welche Handlungen vom Arbeitgeber erwartet werden (Schiek / *Kocher* Rdnr. 17). Bei Unklarheit darüber, ob eine Beschwerde oder lediglich ein allgemeiner Hinweis vorliegt, hat der Arbeitgeber den Beschäftigten um eine Klarstellung zu bitten (S / S / V / *Suckow* Rdnr. 6).

37 Der Beschäftigte muss die Beschwerde **nicht persönlich erheben**. Sie kann deshalb auch anonym oder im Auftrag des Beschwerdeführers von einer dritten Person eingereicht werden (Bauer / Göpfert / *Krieger* Rdnr. 8; ErfK / *Schlachter* Rdnr. 2; teilw. a. A. *Oetker* NZA 2008, 264 [268]: Wegen der notwendigen Beschwerdebefugnis sei auch der Name des sich benachteiligt fühlenden Beschäftigten zu nennen, sodass anonyme Beschwerden für die zuständige Stelle keine Pflicht zur Prüfung auslösen; allenfalls könnten diese allgemeine Schutzpflichten des Arbeitgebers nach § 12 Abs. 1 AGG aktualisieren).

Allerdings darf die Beschwerde nicht ohne oder gar gegen den Willen des betroffenen Beschäftigten vorgebracht werden (vgl. oben Rdnr. 15 zur Unzulässigkeit einer Popularbeschwerde).

38 Im Übrigen darf der Beschwerdeführer, soweit er Arbeitnehmer im Sinne von § 5 BetrVG ist, ein **Mitglied des Betriebsrats zur Unterstützung oder Vermittlung hinzuziehen** (*Oetker* NZA 2008, 264 [267] im Wege einer analogen Anwendung des § 84 Abs. 1 Satz 2 BetrVG; im Erg ebenso – bei allerdings wohl unmittelbarer Anwendung der BetrVG-Norm: HK-AGG / *Buschmann* Rdnr. 22; MK / *Thüsing* Rdnr. 5; S / S / V / *Suckow* Rdnr. 27). Bei leitenden Angestellten ist eine – analoge – Anwendung des § 84 Abs. 1 Satz 2 BetrVG wegen § 26 Abs. 1 SprAuG entbehrlich, und bei arbeitnehmerähnlichen Personen scheitert die entsprechende Anwendung an der fehlenden Zuständigkeit des Betriebsrats für diese Personengruppe (*Oetker* a. a. O.). Hierbei liegt es allein an dem beschwerdeführenden Beschäftigten, an welches Mitglied er sich wendet. Die Arbeitnehmervertretung kann nicht von sich aus durch Beschluss festlegen, welches ihrer Mitglieder diese Aufgabe übernehmen soll (HK-AGG / *Buschmann* Rdnr. 31).

Allerdings kann die **Mitwirkung des Betriebsrats** nicht erzwungen werden. Weigert sich hingegen der Arbeitgeber, ein vom Beschwerdeführer ausgewähltes Betriebsratsmitglied zu beteiligen, kann dessen Hinzuziehung **gerichtlich durchgesetzt** werden (ErfK / *Kania* § 84 BetrVG Rdnr. 9). Der Anspruch auf Hinzuziehung eines Betriebsratsmitglieds ist im Urteilsverfahren geltend zu machen (vgl. BAG Urteil vom 24. April 1979 – 6 AZR 69/77 = DB 1979, 1755 = AP Nr. 1 zu § 82 BetrVG 1972).

39 Ggf. kann sich der Beschwerdeführer im Verfahren auch durch einen **Rechtsanwalt**, seine **Gewerkschaft** oder durch einen **Antidiskriminierungsverband** im Sinne von § 23 AGG vertreten lassen (HK-AGG / *Buschmann* Rdnr. 23). Etwa entstehende **Kosten** hat der Beschäftigte selbst zu tragen. Er darf umgekehrt aber auch nicht mit sonstigen Kosten des Arbeitgebers belastet werden, etwa durch Lohnkürzung wegen des Zeitaufwandes für das Beschwerdeverfahren. Dies folgt bereits aus dem Maßregelungsverbot des § 16 AGG.

40 Die Beschwerde kann **auch ohne Begründung zurückgenommen** werden. Hierfür ist weder eine Zustimmung des Beschwerdegegners erforderlich noch das Einverständnis der für die Entgegennahme der Beschwerde zuständigen Stelle. Denn das Beschwerdeverfahren dient dem Schutz des von Benachteiligung betroffenen Beschäftigten, weshalb dieser das Verfahren in der Hand behalten muss, einschließlich der Möglichkeit, es jederzeit zu beenden (Nollert-Borasio / *Perreng* Rdnr. 10). Zur Absicherung des Arbeitgebers sollte dieser aller-

dings die **schriftliche Fixierung** eines solchen Wunsches verlangen (*Gach / Julis* BB 2007, 773 [776]), ggf. auch eine derartige Erklärung zu Protokoll nehmen.

Die **bei Einlegung einer Beschwerde zu beachtenden Formalien** können entsprechend § 86 BetrVG **kollektivrechtlich** etwa durch Tarifvertrag, Betriebs- oder Dienstvereinbarung festgelegt werden, um einen geordneten Verfahrensgang zu gewährleisten (Nollert-Borasio / Perreng Rdnr. 10; *Ehrich / Frieters* BB 2007, 1026 [1027] mit dem Muster einer Betriebsvereinbarung). Allerdings dürfen Vorgaben bezüglich Zuständigkeit, Form und Frist nicht die Substanz des Beschwerderechts unangemessen beeinträchtigen, etwa durch eine unzumutbar kurze Beschwerdefrist oder sonstige überzogene formale Anforderungen, z. B. das Verlangen nach Vorlage einer eidesstattlichen Versicherung (S / S / V / *Suckow* Rdnr. 26). 41

Eine Betriebsvereinbarung über eine Beschwerdestelle i. S. von § 13 Abs. 1 AGG hat erheblichen **betrieblichen Nutzen** für alle Beteiligten, nicht zuletzt durch den hierdurch geschaffenen Anreiz zur Vermeidung gerichtlicher Streitigkeiten (*Ehrich / Frieters* a. a. O.). Problematisch ist allerdings die **Auswirkung eines Verstoßes** der Beschwerdestelle oder des Arbeitgebers gegen eine solche Beschwerdeordnung. Wird darin keine Folge bestimmt, könnte ein gekündigter benachteiligender Arbeitnehmer ggf. die **Unwirksamkeit** seiner **Kündigung** hierauf stützen. Deshalb wird Arbeitgebern empfohlen, zur Vermeidung einer Selbstbindung ausdrücklich auszuschließen, dass Verstöße gegen die Beschwerdeordnung sich auf arbeitsrechtliche Maßnahmen auswirken (*Gach / Julis* BB 2007, 773 [776]).

b) Prüfung der Beschwerde

Der Arbeitgeber muss im Regelfall dem Beschäftigten den **Eingang der Beschwerde bestätigen**, schon um durch diesen Nachweis etwaige **Rechtsansprüche des Beschwerdeführers** zu sichern (Schiek / *Kocher* Rdnr. 17). Das gilt namentlich für die Rechte des Betroffenen im Hinblick auf Arbeitslosengeldansprüche **im Fall einer Eigenkündigung wegen Benachteiligung**. Bei Nachweis eines erfolglosen Versuches zur Beseitigung etwa einer sexuellen Belästigung entfällt nach der Durchführungsanweisung der Bundesagentur für Arbeit zu § 144 SGB III ggf. eine Sperrzeit beim Leistungsbezug wegen Eigenkündigung aufgrund der Unzumutbarkeit der Fortsetzung des Arbeitsverhältnisses (näher hierzu *Thüsing* Arbeitsrechtlicher Diskriminierungsschutz Rdnr. 591). 42

Sodann ist der Arbeitgeber **zu einer inhaltlichen Prüfung** der Beschwerde **verpflichtet** (**Abs. 1 Satz 2**), was auch die **Aufklärung des Sachverhalts** einschließt, soweit dies mit verfügbaren Mitteln möglich ist. Diese Aufgabe kann auf die zuständige Beschwerdestelle oder andere Stellen **delegiert** werden, sofern die Verantwortung beim Arbeitgeber verbleibt. Richten sich die Vorwürfe gegen den Arbeitgeber selbst oder bestehen persönliche Beziehungen zum beschuldigten Mitarbeiter, kann es notwendig sein, eine unparteiische Person zur Sachverhaltsaufklärung hinzuzuziehen oder eine Mediation zwischen Betroffenen und Beschuldigten zu ermöglichen (Nollert-Borasio / Perreng Rdnr. 6). 43

Das **Verfahren** zur Prüfung der Beschwerde sollte durch folgende **Grundsätze** geprägt sein (vgl. hierzu näher *Gach / Julis* BB 2007, 773 [776] m. w. Nachw.): 44
– **zügige und gewissenhafte Durchführung** mit dem Ziel einer schnellen und wirksamen Beseitigung von tatsächlich erwiesenen Benachteiligungen;
– **Neutralität** gegenüber den Beteiligten, unabhängig von deren innerbetrieblicher Stellung, und unter Ausblendung jeglicher persönlicher (Vor-)Urteile; **Objektivität** auch bei wiederholten, möglicherweise in der Vergangenheit nicht nachweisbaren, Beschwerden über Benachteiligungen;
– **sorgfältige Dokumentation** des gesamten Beschwerdeverfahrens, insbesondere durch Protokollierung der Gespräche mit den Betroffenen und etwaigen Zeugen;
– **Wahrung von Persönlichkeitsrechten** der Beteiligten durch Begrenzung des Kreises der eingeweihten Personen während der Ermittlungen und Einhaltung der auch im Arbeitsrecht grundsätzlich geltenden Unschuldsvermutung.

Die zuständigen Stellen haben einen **Beurteilungsspielraum**, welche **Maßnahmen sie zur Aufklärung des Sachverhalts** für dienlich halten. In Betracht kommen neben der Anhörung der unmittelbar Beteiligten vor allem die Mittel der Zeugenbefragung, des Augenscheins und der Sichtung von Dokumenten (*Gach / Julis* BB 2007, 773 [777]). Die Prüfungspflicht verlangt vom Arbeitgeber, sich zur Aufklärung des Sachverhalts **auch an Geschäftspartner** zu wenden, falls die Beschwerde sich gegen diese oder deren Beschäftigte richtet (Schiek / *Kocher* Rdnr. 19).

45 Jedenfalls muss dem **Beschwerdegegner Gelegenheit zur** mündlichen oder schriftlichen **Äußerung** gegeben werden, schon um dessen rechtliches Gehör zu wahren. Dies sollte grundsätzlich bereits in einem frühen Stadium der Ermittlungen geschehen, soweit nicht ausnahmsweise durch eine alsbaldige Anhörung des „Täters" die weitere Aufklärung gefährdet wird (Schiefer / Ettwig / Krych Rdnr. 531).

46 Allerdings ist der Beschwerdegegner zu einer Stellungnahme nicht verpflichtet. Dem Arbeitgeber stehen **kein formelles Verfahren zur Sachverhaltsaufklärung oder Zwangsmittel** gegenüber nicht aussagewilligen Beschäftigten zur Verfügung.

Gibt ein Beteiligter oder Zeuge eine Äußerung ab, ist sie wiederum dem Beschwerdeführer zur Kenntnis zu bringen, gegebenenfalls mit einer angemessenen Frist zu einer Stellungnahme hierzu. Ist eine längere Dauer des Prüfungsverfahrens absehbar, muss dem Beschwerdeführer eine **Zwischennachricht** zugehen.

47 Bereits ab der Einleitung des Beschwerdeverfahrens muss der Arbeitgeber einen **effektiven Schutz des Opfers vor Repressalien** wegen der Beschwerde sicherstellen. Bei besonders schwerwiegenden Vorwürfen kann der Arbeitgeber verpflichtet sein, für die Dauer der Sachverhaltsermittlung den **Täter vorübergehend umzusetzen oder gar zu suspendieren** (Bauer / Göpfert / Krieger § 12 AGG Rdnr. 30). Zu entsprechenden Hinweisen auf eine solche Notwendigkeit ist im gegebenen Fall die Beschwerdestelle verpflichtet.

48 Gleichwohl gebietet der Grundsatz der Verhältnismäßigkeit derartige Maßnahmen nur, wenn nicht nach sorgfältiger **Abwägung der Interessen** der Kontrahenten auf andere Weise eine Wiederholung der behaupteten Benachteiligung ausgeschlossen werden kann. Als Faustregel wird angenommen, dass bei einem **Belästigungsverdacht** eine **Suspendierung zulässig** ist, bei einem Benachteiligungsverdacht hingegen nach Lage des Einzelfalls entschieden werden muss (*Göpfert / Sigrist* ZIP 2006, 1710 [1714]). Aufgrund der allgemeinen Beschäftigungspflicht des Arbeitgebers besteht aber selbst bei einer berechtigten Suspendierung der Vergütungsanspruch des Arbeitnehmers fort (vgl. ErfK / *Preis* § 611 BGB Rdnr. 706), sodass besser von einer **Freistellung** gesprochen werden sollte (*Gach / Julis* BB 2007, 773 [777]).

49 Im Anschluss an die inhaltliche Prüfung müssen der Arbeitgeber bzw. die im Betrieb zuständige Stelle einen **Bescheid an den Beschwerdeführer** erteilen. Das Gesetz schreibt hierfür keine Form vor, sodass nach ganz überwiegender Meinung auch eine mündliche Information für ausreichend gehalten wird (Adomeit / Mohr Rdnr. 22; Bauer / Göpfert / Krieger Rdnr. 11; Rust / Falke / *Bücker* Rdnr. 12; HK-AGG / Buschmann Rdnr. 28; Meinel / Heyn / Herms Rdnr. 22; Grobys NJW 2006, 2950 [2952]; ebenso zu § 84 BetrVG DKK / *Buschmann* Rdnr. 16; Fitting Rdnr. 16; GK-BetrVG / *Wiese* Rdnr. 27).

Gleichwohl ist eine **schriftliche Mitteilung** an den Beschwerdeführer ratsam (*Gach / Julis* a. a. O. S. 778). Dieser muss hierdurch erfahren können, ob und inwieweit er Unterstützung oder Schutz erwarten darf bzw. dass auf die Beschwerde hin keine konkreten Maßnahmen ergriffen werden.

50 Eine **Ablehnung** wird vor allem dann in Betracht kommen, wenn der Beschwerdegegner die Behauptungen des Beschwerdeführers **substanziiert bestreitet** und weder Zeugen noch sonstige objektive Beweismittel zur Verfügung stehen. Zwar wird es gelegentlich möglich sein, anschließend durch organisatorische Maßnahmen wie eine Umsetzung die Situation zu entschärfen; jedoch verbieten sich von selbst Eingriffe des Arbeitgebers mit Sanktionscha-

rakter sowohl gegen den Beschwerdegegner als auch gegen den Beschwerdeführer. Die Prüfung kann auch das Ergebnis haben, dass zwar eine **Benachteiligung vorliegt**, diese aber **nicht unter die Vorschriften des AGG** fällt, weil keines der in § 1 abschließend aufgezählten Merkmale betroffen ist. Schließlich ist denkbar, dass eine festgestellte Benachteiligung **nach den §§ 5, 8, 9 oder 10 AGG gerechtfertigt** und deshalb nicht im Sinne von § 7 Abs. 1 AGG verboten ist.

Jedenfalls kann der Beschwerdeführer eine **Begründung des ablehnenden Bescheids** verlangen (Nollert-Borasio / Perreng Rdnr. 7; Rust / Falke / *Bücker* Rdnr. 12; HK-AGG / *Buschmann* Rdnr. 28; Bamberger / Roth / *Fuchs* Rdnr. 4; weitergehend S / S / V / *Suckow* Rdnr. 35: Begründungspflicht auch bei Stattgabe der Beschwerde). Im Rahmen von § 84 BetrVG wird dies entweder generell oder jedenfalls für den Fall einer Ablehnung bejaht (für eine generelle Begründungspflicht GK-BetrVG / *Wiese* § 84 Rdnr. 27; enger – nur bei Ablehnung – DKK / *Buschmann* § 84 Rdnr. 16; Fitting § 84 Rdnr. 16; ErfK / *Kania* (§ 84 Rdnr. 7; *Thüsing* § 84 Rdnr. 21; zurückhaltend jedoch HK-BetrVG / *Lakies* (§ 84 Rdnr. 18, der hervorhebt, dass das Gesetz keine Begründungspflicht vorsieht).

Unbestreitbar ist, dass eine Begründung die **Akzeptanz der Überprüfung insbesondere bei ablehnendem Ergebnis** erleichtern kann (*Oetker* NZA 2008, 264 [268]). Allerdings wird in der Literatur verbreitet auch betont, dass sich aus dem Gesetzestext des § 13 AGG eine Begründungspflicht nicht ableiten lasse (Adomeit / Mohr Rdnr. 23; Bauer / Göpfert / Krieger Rdnr. 11; Meinel / Heyn / Herms Rdnr. 22; *Müller-Bonanni / Sagan* ArbRB 2007, 50 [54]; Palandt / *Weidenkaff* Rdnr. 2).

Hält der Arbeitgeber hingegen die Beschwerde für begründet und hilft ihr ab, **ersetzt allein die Abhilfe nicht die** gesetzlich vorgeschriebene **Mitteilung** an den Beschwerdeführer nach Abs. 1 Satz 2 (so auch S / S / V / *Suckow* Rdnr. 36).

Eine Mitteilung des Bescheids an die im Verfahren **hinzugezogenen Personen** ist nicht geboten. Auch der Beschwerdegegner hat keinen Anspruch darauf, von dem Arbeitgeber das Ergebnis des Beschwerdeverfahrens zu erfahren.

Stellt der Arbeitgeber im Rahmen der Prüfung eine **tatsächlich bestehende Benachteiligung oder Belästigung** fest, ist er nach § 12 Abs. 3 AGG verpflichtet, **geeignete Maßnahmen** zur künftigen Unterbindung eines solchen Vorgangs zu treffen (vgl. hierzu näher Erl. zu § 12 Rdnrn. 27 ff.).

In jedem Fall empfiehlt sich die **Nachbereitung eines festgestellten Benachteiligungsfalls** (hierzu *Gach / Julis* BB 2007, 773 [778 f.]). Das setzt die Einschätzung voraus, ob es sich bei dem Vorfall um einen Ausreißer handelt oder ob er symptomatisch für ein betriebliches Problem ist und etwa die durchgeführten Schulungen nicht ausreichend waren. In diesem Fall muss der Arbeitgeber erneut präventive Maßnahmen nach § 12 Abs. 2 AGG treffen, um solche Verstöße in Zukunft zu verhindern. Andernfalls besteht die Gefahr, dass der Arbeitgeber sich bei einem nachfolgenden Verstoß nicht nach § 15 Abs. 1 Satz 2 AGG entlasten kann und zum Schadensersatz verpflichtet ist.

Gegen die abschließende Mitteilung des Arbeitgebers im Beschwerdeverfahren ist **kein förmliches Rechtsmittel** eröffnet. Soweit allerdings in einem Betrieb Beschwerdestellen unterschiedlicher Instanz bestehen oder mangels ausdrücklicher Regelung die zuständige Stelle nach den Grundsätzen der Betriebshierarchie zu bestimmen ist, kann sich der Beschäftigte **über die Behandlung der Beschwerde bei der nächsthöheren Stelle beschweren**. Gerügt werden kann hierbei allerdings nicht das sachliche Ergebnis der Prüfung, sondern allenfalls ein **behaupteter Verstoß gegen die Aufklärungspflicht**, z. B. das Unterlassen der Befragung in Betracht kommender Zeugen (S / S / V / *Suckow* Rdnr. 44).

Es besteht auch kein Anspruch auf erneute Befassung der Beschwerdestelle mit demselben Sachverhalt, soweit nicht neue Tatsachen vorgebracht werden. Allerdings kann der Beschäftigte mit seiner Beschwerde den Betriebsrat befassen und so ein Verfahren nach § 85 BetrVG einleiten (S / S / V / *Suckow* Rdnr. 43). Ein verbindlicher Spruch der Einigungsstelle kommt allerdings in der Regel wegen § 85 Abs. 2 Satz 3 BetrVG nicht in Betracht (*Oetker* NZA 2008, 264 [269]; a. A. wohl Rust / Falke / *Bücker* Rdnr. 18), da dem Beschäftigten nach der Prüfung durch die zuständige Stelle ein individueller Rechtsanspruch auf Unterlassung bzw. Beseitigung einer Benachteiligung zusteht (vgl. GK-BetrVG / *Wiese* § 84 Rdnr. 11).

56 Die Beschwerde hat **weder eine aufschiebende Wirkung noch hemmt sie den Ablauf von Fristen**. Sie hat namentlich keinen Einfluss auf den Ablauf einer Verjährungsfrist oder die Frist zur Einreichung einer Kündigungsschutzklage gemäß § 4 KSchG. Das gilt auch für die zweimonatige **Ausschlussfrist des § 15 AGG Abs. 4 zur Geltendmachung von Schadensersatz oder Entschädigung** bei einem Verstoß gegen das Benachteiligungsverbot (a. A. Schiek / *Kocher* Rdnr. 23). Hierbei handelt es sich um eine **Ausschlussfrist** und nicht um eine Verjährungsfrist. Daher sollte eine Beschwerde nur bei gleichzeitiger Vorbereitung eines Schadensersatzanspruchs eingelegt werden (vgl. hierzu eingehend *Schlaeger / Lenger* Rbeistand 2007, 78 mit dem Vorschlag der gesetzlichen Einführung einer Hemmungswirkung des Beschwerderechts).

57 Die Einlegung einer Beschwerde und die hierdurch erlangte **Kenntnis der Beschwerdestelle** von dem – ggf. schwerwiegenden und einen außerordentlichen Kündigungsgrund darstellenden – Vorfall hat andererseits keine unmittelbare Auswirkung auf den **Lauf der Kündigungserklärungsfrist** des § 626 Abs. 2 BGB. Denn die **Beschwerdestelle ist nicht kündigungsberechtigt**. Sie muss allerdings den Arbeitgeber unverzüglich unterrichten (*Gach / Julis* BB 2007, 773 [777]). Folgerichtig kann eine Verdachtskündigung nicht ausschließlich auf die Anhörung des Täters durch die Beschwerdestelle gestützt werden (*Gach / Julis* a. a. O.).

B) zu Abs. 2

1. Rechte der Arbeitnehmervertretungen

58 In Abs. 2 wird klargestellt, dass Rechte der Arbeitnehmervertretungen unberührt bleiben.

Das betrifft zum einen die bestehenden **kollektivrechtlichen Beschwerdeverfahren**:
- Der **Betriebsrat** hat Beschwerden von Arbeitnehmern entgegenzunehmen und, sofern er sie für berechtigt hält, auf Abhilfe hinzuwirken (§ 85 Abs. 1 Satz 1 BetrVG);
- der **Personalrat** hat Anregungen und Beschwerden von Beschäftigten entgegenzunehmen und, falls sie berechtigt erscheinen, durch Verhandlung mit dem Leiter der Dienststelle auf ihre Erledigung hinzuwirken (§ 68 Abs. 1 Nr. 3 BPersVG; in den Personalvertretungsgesetzen der Länder gelten entsprechende Regelungen);
- auch die **Jugend- und Auszubildendenvertretung** hat die Aufgabe, Beschwerden von jugendlichen Beschäftigten im Sinne von § 57 BPersVG entgegenzunehmen (§ 61 Abs. 1 Nr. 3 Halbs. 1 BPersVG). Falls die Jugend- und Auszubildendenvertretung die Beschwerde für berechtigt erachtet, hat sie diese dem Personalrat vorzulegen, auf ihre Erledigung hinzuwirken und die betroffenen Beschäftigten über den Stand und das Ergebnis der Verhandlungen zu informieren.

59 Daneben besteht das **Recht des Betriebsrats**, im Klageweg **Unterlassung** bei Verstößen des Arbeitgebers gegen §§ 6 bis 18 AGG zu verlangen (§ 17 Abs. 2 AGG i. V. m. § 23 BetrVG).

60 Werden aufgrund einer Beschwerde im Rahmen des § 12 Abs. 2 AGG vom Arbeitgeber **personelle Maßnahmen gegenüber einem Beschäftigten wegen einer verbotenen Diskriminierung** ergriffen, sind die **Mitbestimmungsrechte** des Betriebsrats vor allem gemäß §§ 99, 102 BetrVG zu beachten. Nach § 104 BetrVG kann der Betriebsrat sogar die Entlassung oder Versetzung eines betriebsstörenden Arbeitnehmers verlangen.

V. Literatur

Vgl. die zu § 1 AGG angegebene Literatur sowie

Bergmann, Magnus, Nicht ohne Betriebsrat! Zur Einrichtung der Beschwerdestelle nach § 13 AGG, dbr Nr. 4, 2007, 33

Besgen, Nicolai, Die Auswirkungen des AGG auf das Betriebsverfassungsrecht, BB 2007, 213

Ehrich, Christian / **Frieters**, Ingo, Handlungsmöglichkeiten des Betriebsrats bei Errichtung und Gestaltung der „zuständigen Stellen" i. S. v. § 13 Abs. 1 AGG, DB 2007, 1026

Grobys, Marcel, Organisationsmaßnahmen des Arbeitgebers nach dem neuen Allgemeinen Gleichbehandlungsgesetz, NJW 2006, 2950

Gach, Bernt / **Julis**, Susanne Beschwerdestelle und -verfahren nach § 13 Allgemeines Gleichbehandlungsgesetz, BB 2007, 773

Mansholt, Werner / **Cornelius**, Astrid, Mitbestimmung bei der Errichtung einer Beschwerdestelle gemäß § 13 AGG, AiB 2007, 50

Müller-Bonanni, Thomas / Sagan, Adam, Organisationspflichten des Arbeitgebers nach dem AGG, ArbRB 2007, 50

Nägele, Stefan / **Frahm**, Sebastian, Die Beschwerdestelle – Pflicht oder Kür? ArbRB 2007, 140

Oetker, Hartmut, Ausgewählte Probleme zum Beschwerderecht des Beschäftigten nach § 13 AGG, NZA 2008, 264

Schlaeger, Tobias / **Lenger**, Norman, Die Auswirkung einer Beschwerde auf den Schadensersatzanspruch nach §§ 13, 15 AGG, Rbeistand 2006, 78

Schneider, Wolfgang, Die Beschwerdestelle nach § 13 Abs. 1 AGG – Konfliktlösung ohne Betriebsrat? AiB 2007, 626

Schrader, Peter, Gestaltungsmöglichkeiten des Arbeitgebers nach Inkrafttreten des AGG, DB 2006, 2571

Ueckert, André, Kein Mitbestimmungsrecht bei der Einrichtung einer Beschwerdestelle gemäß § 13 AGG (zust. Anmerkung zum Beschluss des ArbG Hamburg vom 20. Februar 2007 = BB 2007, 779 und Besprechung des Beschlusses des ArbG Frankfurt a. M. vom 23. 10. 2006 = AiB 2007, 49), BB 2007, 780

§ 14
Leistungsverweigerungsrecht

¹Ergreift der Arbeitgeber keine oder offensichtlich ungeeignete Maßnahmen zur Unterbindung einer Belästigung oder sexuellen Belästigung am Arbeitsplatz, sind die betroffenen Beschäftigten berechtigt, ihre Tätigkeit ohne Verlust des Arbeitsentgelts einzustellen, soweit dies zu ihrem Schutz erforderlich ist. ²§ 273 des Bürgerlichen Gesetzbuchs bleibt unberührt.

ERLÄUTERUNGEN

ÜBERSICHT

I. Bedeutung der Vorschrift (Rdnrn. 1–2)
II. Fassung (Rdnr. 3)
III. Begründung (Rdnr. 4)

IV. Anmerkungen (Rdnrn. 5–49)
   1. Voraussetzungen des Leistungsverweigerungsrechts (Rdnrn. 5–31)
      a) Belästigung oder sexuelle Belästigung (Rdnrn. 5–11)
      b) Unzureichende Reaktion des Arbeitgebers (Rdnrn. 12–23)
      c) Erforderlichkeit (Rdnrn. 24–31)
   2. Geltendmachung des Leistungsverweigerungsrechts (Rdnrn. 32–35)
   3. Rechtsfolgen (Rdnrn. 36–41)
      a) Bei rechtmäßiger Leistungsverweigerung (Rdnrn. 36–39)
      b) Bei rechtswidriger Leistungsverweigerung (Rdnrn. 40–41)
   4. Beweislast (Rdnr. 42)
   5. Gerichtliche Auseinandersetzung (Rdnrn. 43–44)
   6. Verhältnis zu § 273 BGB und anderen Leistungsverweigerungsrechten (Rdnrn. 45–49)
V. Literatur

I. Bedeutung der Vorschrift

1 Kommt es zu einer **Belästigung oder sexuellen Belästigung**, steht dem Beschäftigten ein Leistungsverweigerungsrecht zu: Er darf seine **Tätigkeit ohne Verlust des Arbeitsentgelts einstellen**, sofern der Arbeitgeber keine oder offensichtlich ungeeignete Maßnahmen zur **Unterbindung der Belästigung** ergreift. Die Vorschrift soll vorrangig den betroffenen Beschäftigten schützen, dem nicht zumutbar ist, unter Bedingungen zu arbeiten, die seine Menschenwürde am Arbeitsplatz verletzen (HK-AGG / *Buschmann* Rdnr. 1). Vorbild für die Regelung ist § 4 Abs. 2 des außer Kraft getretenen BeschSchG.

2 Allerdings liegt das **Risiko einer Fehleinschätzung beim Arbeitnehmer** (*Willemsen / Schweibert* NJW 2006, 2583 [2588]; *von Steinau-Steinrück / Schneider / Wagner* NZA 2005, 28 [30]; vgl. auch unten Rdnr. 41). Deshalb wird in der Praxis eine relativ hohe **Hemmschwelle** bei den Beschäftigten liegen, dieses Recht auch auszuüben, zumal Belästigungen häufig auf der eher subtilen Ebene liegen und – wie die Erfahrungen im Mobbing-Bereich lehren – oft schwierig einzuordnen sind (*Willemsen / Schweibert* a. a. O.).

II. Fassung

3 Die Vorschrift wurde unverändert aus dem Entwurf der Bundesregierung „Entwurf eines Gesetzes zur Umsetzung europäischer Richtlinien zur Verwirklichung des Grundsatzes der Gleichbehandlung" (BT-Drucks. 16/1780) übernommen.

III. Begründung

4 Im Gesetzentwurf der Bundesregierung (BT-Drucks. 16/1780 S. 37) wird zu der Vorschrift ausgeführt:

„Die Vorschrift ist § 4 des Beschäftigtenschutzgesetzes nachgebildet und berechtigt den Beschäftigten oder die Beschäftigte, die Tätigkeit ohne Verlust des Entgeltanspruchs einzustellen, wenn der Arbeitgeber bzw. Dienstvorgesetzte keine ausreichenden Maßnahmen zur Unterbindung einer Belästigung oder sexuellen Belästigung ergreift. Das kann insbesondere der Fall sein, wenn der Arbeitgeber auf eine Beschwerde nicht ausreichend reagiert oder bei einer Belästigung oder sexuellen Belästigung durch den Arbeitgeber oder Dienstvorgesetzten selbst. Das Leistungsverweigerungsrecht besteht nur, soweit es zum Schutz des oder der betroffenen Beschäftigten erforderlich ist. Durch den Verweis auf § 273 BGB ist klargestellt, dass das allgemeine Leistungsverweigerungsrecht des § 273 BGB für weitere Fallkonstellationen unberührt bleibt. Die Vorschriften verfolgen unterschiedliche Ziele. § 273 BGB soll einen Zwang zur Erfüllung einer Verbindlichkeit ausüben, während § 14 dem Schutz der Beschäftigten vor weiteren Belästigungen oder sexuellen Belästigungen dient."

IV. Anmerkungen

1. Voraussetzungen des Leistungsverweigerungsrechts

a) Belästigung oder sexuelle Belästigung

Ein Leistungsverweigerungsrecht setzt eine Belästigung oder sexuelle Belästigung im Sinne der Begriffsbestimmung des § 3 Abs. 3 und 4 AGG voraus. 5

Belästigend kann danach eine bestimmte Verhaltensweise sein, die mit **einem in § 1 AGG genannten Grund in Zusammenhang steht**. Sie kann sowohl **verbaler als auch nonverbaler Art** sein. Hierunter können z. B. Verleumdungen, Beleidigungen und abwertende Äußerungen, Anfeindungen, Drohungen und körperliche Übergriffe fallen (S / S / V / *Schleusener* § 3 AGG Rdnr. 77). Erforderlich und ausreichend ist der **Zusammenhang mit einem Benachteiligungsmerkmal**, hingegen muss die Belästigung nicht unmittelbar **wegen eines** Benachteiligungsmerkmals begangen worden sein (z. B. bedeutet die Beleidigung einer Schwangeren wegen ihrer Schwangerschaft ihre Diskriminierung als Frau).

Die Verhaltensweise muss weiterhin **geeignet** sein, die **Würde der betroffenen Person zu verletzen**. Damit scheiden geringfügige Eingriffe aus (vgl. BT-Drucks. 16/1780 S. 33). Andererseits muss aber das Verhalten noch nicht die Qualität einer Verletzung der Menschenwürde im Sinne des Art. 1 GG erreichen (BT-Drucks. 16/1780 a. a. O.; vgl. Erl. zu § 3 AGG Rdnr. 10 und zu § 15 AGG Rdnr. 42). 6

Diese Verhaltensweise muss zudem **unerwünscht** sein. Dies ist **vom objektiven Standpunkt eines durchschnittlichen Betrachters** zu beurteilen. Für ihn muss ein Verhalten als erkennbar nicht erwünscht oder nicht akzeptabel erscheinen. **Nicht erforderlich** ist es, dass der Betroffene **ausdrücklich erklärt**, er empfinde bestimmte Verhaltensweisen als Belästigung (Kolmhuber / Schreiner Rdnr. 197). Dies ist auch folgerichtig, da viele betroffene Personen aus Scham oder Angst kritische Äußerungen und Abwehrmaßnahmen unterlassen (HK-AGG / Schrader / Schubert § 3 AGG Rdnr. 67). 7

Das unerwünschte Verhalten muss bezwecken oder bewirken, dass durch die Belästigung ein von **Einschüchterungen, Anfeindungen, Erniedrigungen, Entwürdigungen oder Beleidigungen gekennzeichnetes Umfeld** geschaffen wird. Hierbei ist es ausreichend, dass das Umfeld nur von einem der unerwünschten Umstände gekennzeichnet ist (S / S / V / *Schleusener* § 3 AGG Rdnr. 80). 8

Der Begriff der Belästigung setzt nicht voraus, dass die unzulässige Verhaltensweise **unmittelbar am Arbeitsplatz** vorgekommen ist. Allerdings muss sie einen **Bezug zum Arbeitsverhältnis** aufweisen. Der beruflichen Sphäre sind u. a. Dienstreisen, Seminare und Fortbildungen sowie Betriebsausflüge und -feiern zuzuordnen. Hingegen unterfällt eine **ausschließlich im Privatbereich vorgenommene Belästigung** ohne Auswirkungen auf das Umfeld im Arbeitsverhältnis nicht dem Benachteiligungsverbot nach § 7 Abs. 1 AGG. Jedoch wird der Bezug zum Arbeitsverhältnis hergestellt, wenn Belästigungen in Privatbereich **auch im Arbeitsverhältnis ein durch Abs. 3 verbotenes Umfeld schaffen**. Dies kann namentlich bei im Privatbereich aufgetretenen sexuellen Belästigungen der Fall sein (vgl. LAG Hamm Urteil vom 10. März 1999 – 18 SA 2328/98 = NZA-RR 1999, 623). 9

Der Tatbestand der sexuellen Belästigung im Sinne von § 3 Abs. 4 AGG baut auf demjenigen der Belästigung nach Abs. 3 auf und setzt **zusätzlich ein unerwünschtes, sexuell bestimmtes Verhalten** voraus, das bezweckt oder bewirkt, dass die Würde der betreffenden Person verletzt wird. Wann das Verhalten **sexuell bestimmt** ist, ist eine Frage des Einzelfalls und kann nur unter Heranziehung der Beurteilung eines **objektiven Beobachters** beantwortet werden. Durch die sexuelle Verhaltensweise muss schließlich die Würde der Frau oder des Mannes beeinträchtigt sein. 10

11 Das **Gesetz nennt in § 3 Abs. 4 AGG als typische Fälle**
- sexuelle Handlungen und Aufforderungen zu diesen,
- sexuell bestimmte körperliche Berührungen,
- Bemerkungen sexuellen Inhalts,
- unerwünschtes Zeigen und sichtbares Anbringen von pornografischen Darstellungen.

Zu näheren Einzelheiten vgl. Erl. zu § 3 AGG Rdnrn. 63 ff.

b) Unzureichende Reaktion des Arbeitgebers

12 Das Leistungsverweigerungsrecht besteht nur, wenn der Arbeitgeber in Kenntnis einer Belästigung oder sexuellen Belästigung **keine oder offensichtlich ungeeignete Maßnahmen** zu deren Unterbindung ergreift. Die Kenntnis wird er zumeist aufgrund einer Beschwerde erlangt haben.

13 Welche Maßregeln der Arbeitgeber zu treffen hat, folgt aus § 12 Abs. 3 und 4 AGG.

Das Gesetz verlangt die **im Einzelfall geeigneten, erforderlichen und angemessenen Maßnahmen** gegen den Benachteiligenden und nennt dort in Abs. 3 bei Belästigungen durch Beschäftigte beispielhaft die Abmahnung, Umsetzung, Versetzung oder Kündigung. Hierbei ist jedenfalls der Grundsatz der **Verhältnismäßigkeit** zu beachten. Auch ist erforderlich, dass **auf gleichartige Verstöße vergleichbar reagiert** wird (zu näheren Einzelheiten vgl. Erl. zu § 12 AGG Rdnr. 37 ff.).

14 Dabei hängt es von den **Umständen des Einzelfalles** ab, mit welcher Maßnahme eine Wiederholung der Benachteiligung für die Zukunft ausgeschlossen werden kann. Hierbei kommt es zum einen auf die **Schwere des** erstmaligen oder wiederholten **Verstoßes** an. Weiterhin ist die **Wiederholungsgefahr** zu erwägen. Schließlich ist aber auch die Betriebsstruktur und die Betriebsgröße bedeutsam (*Gach / Julis* BB 2007, 773 [777] m. w. Nachw.). Für einen großen Betrieb problemlos umzusetzende Maßnahmen können einen kleineren Betrieb vor erhebliche Schwierigkeiten stellen.

15 Dem Arbeitgeber ist für seine Prognoseentscheidung über die angemessene Reaktion ein **Beurteilungsspielraum** einzuräumen (Bauer / Göpfert / Krieger Rdnr. 32). Da die Benachteiligung eines Arbeitnehmers durch einen Beschäftigten eine **Vertragspflichtverletzung** gegenüber dem Arbeitgeber darstellt (vgl. § 7 Abs. 3 AGG), kann dieser **alle arbeitsrechtlich zulässigen und im konkreten Einzelfall rechtmäßigen Maßnahmen** gegen den Verursacher ergreifen.

16 Daher kann der Verstoß eines Beschäftigten gegen das Benachteiligungsverbot mit einer **Abmahnung** oder einer **verhaltensbedingten Kündigung** geahndet werden (näher hierzu Erl. zu § 12 Rdnr. 41 ff.). Obwohl das Gesetz die Abmahnung als eigenständiges Sanktionsmittel nennt, ist sie nicht „geeignet", wenn sie zur Verhinderung der Benachteiligung nicht ausreicht.

17 Ob eine ordentliche verhaltensbedingte oder eine **außerordentliche Kündigung** angemessen ist, hängt nach § 626 BGB von der **Zumutbarkeit für den Arbeitgeber** ab. Auf die Unzumutbarkeit weiterer Beschäftigung des Täters für den Benachteiligten allein kann eine außerordentliche Kündigung nicht gestützt werden, wenn die gesetzlichen Voraussetzungen im Übrigen nicht vorliegen (vgl. BAG Beschluss vom 8. Juni 2000 – 2 ABR 1/00 = NZA 2001, 91 = AP Nr. 3 zu § 2 BeschSchG).

18 Im Übrigen kommt **nicht stets allein eine arbeitsrechtliche Reaktion** auf die Diskriminierung in Betracht (Erl. zu § 12 AGG Rdnr. 53). Auch einfache bauliche Veränderungen, wie die Einziehung einer Trennwand, können ggf. zukünftigen Benachteiligungen eines Beschäftigten entgegenwirken. Dasselbe gilt für Änderungen im Ablauf der Arbeitsorganisation, die zu räumlichen Trennungen der Beteiligten führen können.

Der Arbeitgeber hat nach § 12 Abs. 4 AGG auch einzugreifen, wenn Beschäftigte bei der Ausübung ihrer Tätigkeit **durch Dritte nachweislich diskriminierend benachteiligt** werden (näher hierzu Erl. zu § 12 AGG Rdnr. 65 ff.). Das trifft beispielsweise zu, wenn ein Arbeitnehmer auf Kundenbesuch dort wegen seiner ethnischen Herkunft belästigt wird. **19**

Die mindestens gebotene Reaktion in einem derartigen Fall ist, den betreffenden Kunden oder Lieferanten auf den Verstoß gegen das Belästigungsverbot **hinzuweisen und zur Abhilfe aufzufordern**. In jedem Fall muss deutlich werden, dass der Arbeitgeber die Benachteiligung durch Dritte nicht akzeptiert und sie sich erst recht nicht zu eigen macht (MK-*Thüsing* § 12 AGG Rdnr. 11). **20**

Allerdings darf dieser unter Berücksichtigung der Umstände des Einzelfalls abwägen zwischen seiner Schutzpflicht nach § 12 Abs. 1 und seinen vertraglichen Verpflichtungen sowie sonstigen Interessen gegenüber dem benachteiligenden Dritten. Stets bestimmt in diesen Fällen die **Zumutbarkeit für den Arbeitgeber die Grenze seiner Handlungspflichten** (vgl. Erl. zu § 12 AGG Rdnr. 70). Nur in besonders schwerwiegenden Fällen kann etwa die Erteilung eines **Hausverbots** in Betracht kommen, z. B. im Falle von Massengeschäften mit Laufkundschaft (ErfK / *Schlachter* § 12 AGG Rdnr. 4; vgl. auch MK-*Thüsing* a. a. O.). **21**

Als mögliche Reaktion im Einzelfall kann zwar auch die **Drohung mit der Kündigung der Geschäftsbeziehungen** in Erwägung gezogen werden, falls die Benachteiligung nicht umgehend abgestellt wird (HK / *Buschmann* § 12 AGG Rdnr. 30). Jedoch zählt die Auswahl der Geschäftspartner zur unternehmerischen Freiheit; ein Abbruch von Geschäftsbeziehungen wird meist einen unverhältnismäßigen Eingriff in diese Rechte darstellen (ErfK / *Schlachter* a. a. O.). Maßnahmen, durch die der Arbeitgeber **erhebliche wirtschaftliche Einbußen**, beispielsweise durch Verlust eines Auftrags, erleiden würde, dürften **nur bei außergewöhnlichen Fallgestaltungen zumutbar** sein (so auch Bauer / Göpfert / Krieger § 12 AGG Rdnr. 42). **22**

Das Leistungsverweigerungsrecht besteht auch dann, wenn der Arbeitgeber die von ihm nicht unterbundene Belästigung nicht zu vertreten hat. § 14 AGG schützt den Beschäftigten **unabhängig von einem Verschulden des Arbeitgebers** (S / S / V / *Suckow* Rdnr. 11). **23**

c) Erforderlichkeit

Das Leistungsverweigerungsrecht steht unter dem **Vorbehalt**, dass die Einstellung der Tätigkeit zum Schutz des von der Belästigung betroffenen Beschäftigten **erforderlich** ist. Das setzt zunächst voraus, dass der Arbeitgeber durch eine Beschwerde oder auf sonstige, über ein bloßes Gerücht hinausgehende, Weise Kenntnis von einschlägigen Vorfällen erlangt hat und untätig geblieben ist. Dies kann bei Unterbleiben jeglicher Versuche um Aufklärung des Sachverhalts anzunehmen sein. **24**

Dem gleichgestellt ist es, wenn der Arbeitgeber zwar das Vorliegen einer Beeinträchtigung erkannt, aber keine oder **offensichtlich ungeeignete Maßnahmen** zur Unterbindung weiterer derartige Vorfälle getroffen hat. Hierbei ist dem Arbeitgeber eine gewisse **Reaktionszeit** nach Kenntnis von der Belästigung zuzubilligen, ehe der Arbeitnehmer seine Leistung zurückbehalten darf (Wendeling-Schröder / *Stein* Rdnr. 6). Die Länge dieses Zeitraums hängt in erster Linie vom Aufklärungsbedarf, von der Gefährdungslage und von den Möglichkeiten zum Ergreifen bestimmter Maßnahmen ab. Hierbei kommen Höchst- bzw. Mindestfristen nicht in Betracht (Wendeling-Schröder / *Stein* a. a. O.). **25**

Bei sehr schwerwiegenden Fällen von Beeinträchtigungen oder sexueller Belästigung kann das **Zurückbehaltungsrecht auch sofort ausgeübt** werden, falls die zugrunde liegende Situation fortbesteht bzw. eine Wiederholungsgefahr zu befürchten ist und der Arbeitgeber nicht zumutbare mögliche Maßnahmen gegen den Belästiger – zum Beispiel in Form einer Suspendierung – wenigstens vorläufig trifft (Rust / Falke / *Eggert-Weyand* Rdnr. 9). **26**

Ergreift der Arbeitgeber tatsächlich Maßnahmen, ist der belästigte Beschäftigte zur Leistungsverweigerung nur dann berechtigt, wenn diese **offensichtlich ungeeignet** sind. Damit **27** wird eine **doppelte Hürde** für die Ausübung des Zurückbehaltungsrechts errichtet. Zum einen kommt es auf eine **objektive Sicht** an und nicht – abweichend von § 13 AGG – auf die subjektive Einschätzung des Betroffenen (Hey / *ders.* Rdnr. 9). Zum anderen reicht die fehlende Eignung für sich genommen nicht aus: Vielmehr kommt es darauf an, ob die Maßnahmen **in ohne Weiteres ersichtlicher Weise den Schutzzweck nicht erfüllen können** (Wendeling-Schröder / *Stein* Rdnr. 4).

Eine solche „offensichtlich" ungeeignete Reaktion des Arbeitgebers läge beispielsweise in der **bloßen Anfertigung interner Vermerke** ohne gleichzeitiges Ansprechen von Täter und Opfer (so die Gesetzesbegründung zum BeschSchG in BT-Drucks. 12/5468 S. 47). Auch wenn dieselbe Maßnahme – etwa eine Abmahnung – mehrfach gegen den Belästiger ausgesprochen wurde und deren Untauglichkeit sich in erneutem Fehlverhalten erweist, ist eine offensichtliche Ungeeignetheit zu bejahen (Adomeit / Mohr Rdnr. 16).

28 Wurde der Arbeitgeber anderweitig über die Vorkommnisse informiert, ist eine zusätzliche **förmliche Beschwerde** des betroffenen Beschäftigten nach § 13 AGG nicht notwendig (Wendeling-Schröder / *Stein* Rdnr. 6; HK-AGG / *Buschmann* Rdnr. 8; Meinel / Heyn / Herms Rdnr. 16; S / S / V / *Suckow* Rdnr. 12; a. A. Rust / Falke / *Eggert-Weyand* Rdnr. 17; Adomeit / Mohr Rdnr. 17; Bauer / Göpfert / Krieger Rdnr. 9). Denn nach der Gesetzesbegründung ist eine solche Beschwerde nicht Voraussetzung für weitere Ansprüche (BT-Drucks. 16/1780 S. 37; vgl. Erl. zu § 13 AGG Rdnr. 12). Außerdem darf die Duldung benachteiligender Verhaltensweisen nicht als Grundlage für eine Entscheidung herangezogen werden (§ 16 Abs. 2 AGG). Dies hat auch für die Frage zu gelten, ob eine Arbeitseinstellung erforderlich war (Meinel / Heyn / Herms Rdnr. 16).

29 Weiterhin muss die Leistungsverweigerung das letzte Mittel sein. Das verlangt eine **Verhältnismäßigkeitsprüfung**: Dem Beschäftigten darf kein milderes Mittel als die Vorenthaltung seiner Arbeitskraft zur Verfügung stehen, um weitere (sexuelle) Belästigungen zu verhindern (HK-AGG / *Buschmann* Rdnr. 7a m. w. Nachw.). Zum Teil wird hierin eine erhebliche Einschränkung des Anwendungsbereichs der Vorschrift gesehen (so Adomeit / Mohr Rdnr. 16). Allerdings ist zu bedenken, dass der Arbeitnehmer derartige **mildere Mittel ggf. nicht ohne Zustimmung des Arbeitgebers** anwenden kann, wie etwa einen Wechsel der Arbeits- bzw. Pausenzeiten oder gar des Arbeitsorts, um ein Zusammentreffen mit dem Belästiger zu vermeiden (zutreffend Wendeling-Schröder / *Stein* Rdnr. 6). Falls umgekehrt der Arbeitgeber aufgrund seines Direktionsrechts eine entsprechende Weisung erteilen würde, läge hierin bei fehlendem Einverständnis des Betroffenen womöglich ein Verstoß gegen das Maßregelungsverbot des § 16 AGG.

30 Soweit es dem Betroffenen möglich ist, kommt als milderes Mittel aber die **Vermeidung von Vier-Augen-Situationen** mit dem Belästiger in Betracht; dasselbe gilt ggf. für eine zeitweise – statt umfassende – Leistungsverweigerung, falls die Gefahr einer Belästigung oder sexuellen Belästigung nur zu bestimmten Zeiten besteht (Bauer / Göpfert / Krieger Rdnr. 10).

31 Weiterhin kann das Leistungsverweigerungsrecht bei der **Erfüllung vordringlicher öffentlicher oder privater Aufgaben** ausgeschlossen sein. Das gilt namentlich für Beschäftigte in bestimmten Tätigkeitsfeldern (Polizei, Feuerwehr, Kliniken usw.), soweit sie konkret für die Erfüllung der betreffenden Aufgaben unverzichtbar sind (Schäfer / Ettwig / Krych Rdnr. 551 unter Hinw. auf ErfK / *Schlachter* § 4 BeschSchG Rdnr. 5). Soweit die Gesetzesbegründung zu § 24 AGG (BT-Drucks. 16/1780 S. 49; vgl. die dortigen Erl. in Rdnr. 5) den Eindruck erwecken könnte, eine entsprechende Einschränkung des Leistungsverweigerungsrechts habe nur für öffentlich-rechtliche Dienstverhältnisse Bedeutung, ist dies missverständlich. Der entsprechende Rechtsgedanke kann **auch für privatrechtlich Beschäftigte** gelten, wenn es um Maßnahmen der ärztlichen oder anderweitigen Hilfe, der Gefahrenabwehr für Menschen und erhebliche Sachwerte oder um die Beseitigung von Störungen der öffentlichen Sicherheit und Ordnung geht (Adomeit / Mohr Rdnr. 18; weitergehend Meinel / Heyn /

Herms Rdnr. 17: Der Arbeitseinstellung dürfen generell keine überwiegenden Interessen des Arbeitgebers oder Dritter entgegenstehen).

2. Geltendmachung des Leistungsverweigerungsrechts

Das Leistungsverweigerungsrecht ist ein **individuelles Recht** der durch eine (sexuelle) Belästigung betroffenen Beschäftigten. Es setzt somit eine **persönliche Betroffenheit** voraus (HK-AGG / *Buschmann* Rdnr. 7). Fehlt diese, sind Arbeitnehmer nicht etwa berechtigt, lediglich aus Solidarität mit einem anderen belästigten Beschäftigten die Leistung zu verweigern. Sind allerdings **mehrere Beschäftigte** durch gleichartiges Verhalten des Arbeitgebers **betroffen**, können sie von dem **Zurückbehaltungsrecht kollektiv** Gebrauch machen. 32

Der belästigte Beschäftigte übt das Leistungsverweigerungsrecht nach Satz 1 durch **Fernbleiben von der Arbeit** aus. Hierbei hat er allerdings ausdrücklich oder durch schlüssiges Verhalten zu erkennen zu geben, dass und wie weit er seine Arbeitsleistung wegen der Belästigung nicht erbringt (Wendeling-Schröder / *Stein* Rdnr. 9; Hey / *ders.* Rdnr. 11). Zwar besteht keine ausdrückliche gesetzliche Verpflichtung, die Leistungsverweigerung und deren Grund dem Arbeitgeber vorab mitzuteilen (Adomeit / *Mohr* Rdnr. 19). Jedoch ist der **Hinweis auf den Verweigerungsgrund** schon deshalb erforderlich, weil dem Arbeitgeber nach Treu und Glauben die Möglichkeit zur „Nachbesserung" durch geeignete **Abhilfemaßnahmen** bleiben muss, sofern er nicht selbst der Belästiger ist (Wendeling-Schröder / *Stein* a. a. O.). Zumindest folgt eine solche Obliegenheit zur Geltendmachung auch aus dem arbeitsrechtlichen Gebot der Rücksichtnahme (S / S / V / *Suckow* Rdnr. 12). 33

Das Leistungsverweigerungsrecht kann auch ausgeübt werden, indem der Beschäftigte der **Arbeit nur zeitweise fernbleibt** (vgl. auch oben Rdnr. 30). Jedoch besteht kein Recht des Arbeitnehmers, die Leistung nur teilweise zu verweigern, nämlich die Ausführung bestimmter Arbeitsanweisungen abzulehnen. 34

Das Recht auf Arbeitseinstellung betrifft **nur den konkreten Arbeitsplatz**, regelmäßig nicht den gesamten Betrieb; ersatzweise angebotene Arbeitsplätze müssen also akzeptiert werden, sofern dies nicht im Einzelfall als unzulässige Maßregelung im Sinne von § 16 AGG verstanden werden kann. Beschäftigte in kleineren Einheiten werden sich somit dem Kontakt mit dem Belästigenden nicht ohne Weiteres entziehen können (Schiefer / Ettwig / Krych Rdnr. 552). Das Leistungsverweigerungsrecht endet, sobald der Arbeitgeber **geeignete Maßnahmen** ergriffen hat (Meinel / Heyn / Herms Rdnr. 20). 35

3. Rechtsfolgen

a) Bei rechtmäßiger Leistungsverweigerung

Besteht ein Leistungsverweigerungsrecht, entbindet das den Beschäftigten zeitweise von der arbeitsvertraglichen Verpflichtung, seine Arbeitsleistung zu erbringen. Die Vorschrift gewährt damit eine **aufschiebende Einrede** gegen den Anspruch des Arbeitgebers auf Erbringung der Arbeitsleistung durch den Beschäftigten nach § 611 BGB. Nimmt ein Beschäftigter dieses Recht wahr, ist jede **Maßregelung nach § 16 AGG verboten**. 36

Der Beschäftigte hat – wie sich aus dem Wortlaut des § 14 unmittelbar ergibt – Anspruch auf **Fortzahlung des vertraglich geschuldeten Arbeitsentgelts**. Er erhält also die Geld- und Sachbezüge, die ihm bei regelmäßiger Erbringung der Arbeitsleistung zugestanden hätten. Ähnlich wie bei § 615 BGB ist die Bruttovergütung nach dem **Lohnausfallprinzip** des § 4 EFZG zu zahlen (Wendeling-Schröder / *Stein* Rdnr. 10; HK-AGG / *Buschmann* Rdnr. 10; vgl. insoweit BAG Urteil vom 23. Juni 1994 – 6 AZR 853/93 = BAGE 77, 123 = AP Nr. 56 zu § 615 BGB). Über das Grundentgelt hinaus werden alle **Zulagen, Zuschläge und Prämien** sowie sonstigen Nebenbezüge erfasst. Bei schwankenden und leistungsabhängigen Entgeltbestandteilen kann ein Durchschnittsbetrag aus vorangegangenen Zeiträumen zugrunde gelegt werden (z. B. den vergangenen vier Wochen, vgl. BAG Urteil vom 29. September 1971 – 3 AZR 164/71 = DB 1972, 442 = AP Nr. 28 zu § 1 FeiertagslohnG). 37

38 Nicht zu entgelten sind lediglich **Zulagen**, die eine bestimmte tatsächliche Mehrbelastung abgelten sollen und **keinen Entgeltcharakter** haben, wie etwa Schmutzzulagen, Essenszuschüsse, Aufwendungs- oder Spesenersatz (vgl. § 4 Abs. 1a EFZG; hierzu 🏛 BAG Urteil vom 18. September 2002 – 1 AZR 668/01 = DB 2003, 1121 = AP Nr. 99 zu § 615 BGB). Der Betrag ist ggf. nach § 287 Abs. 2 ZPO zu schätzen (zum Ganzen Schiek / *Kocher* Rdnr. 14).

39 Hingegen ist der Arbeitgeber nicht verpflichtet, den Ausfall eines von ihm nicht geschuldeten Entgelts zu ersetzen. Das betrifft namentlich **Trinkgelder**, die dem Bedienungspersonal in Gaststätten von den Gästen freiwillig gegeben werden; sie gehören jedenfalls bei Fehlen einer besonderen arbeitsvertraglichen Vereinbarung **nicht zu dem vom Arbeitgeber ggf. fortzuzahlenden Arbeitsentgelt** (vgl. 🏛 BAG Urteil vom 28. Juni 1995 – 7 AZR 1001/94 = BAGE 80, 230 = AP Nr. 112 zu § 37 BetrVG 1972). Ein Anspruch auf die Zahlung des zu erwartenden Trinkgelds kann allerdings nach § 280 Abs. 1 BGB entstehen, wenn sich der Arbeitgeber dazu verpflichtet hatte, den Beschäftigten Einnahmen aus Trinkgeld zu ermöglichen. Eine **stillschweigend vereinbarte Verpflichtung** kann anzunehmen sein, wenn das Festgehalt so gering ist, dass der Arbeitnehmer ein für derartige Arbeitsleistung übliches Entgelt nur unter Einrechnung der von den Arbeitsvertragsparteien vorausgesetzten Trinkgelder erreichen kann (BAG Urteil vom 28. Juni 1995 a. a. O.).

b) Bei rechtswidriger Leistungsverweigerung

40 Erbringt ein Beschäftigter **zu Unrecht** keine Arbeitsleistung, so verstößt er gegen arbeitsvertragliche Pflichten. Das Maßregelungsverbot des § 16 AGG kommt ihm nicht zugute (Wendeling-Schröder / *Stein* Rdnr. 11). Hierdurch entfällt der Entgeltanspruch (§ 275 Abs. 1, § 326 Abs. 5 BGB), ggf. stehen dem Arbeitgeber Schadensersatzansprüche nach §§ 280, 283 BGB zu. Ferner stellt dies eine **beharrliche Arbeitsverweigerung** dar: Sie berechtigt den Arbeitgeber zu arbeitsrechtlichen Sanktionen, namentlich zu einer Abmahnung und ggf. zu einer ordentlichen oder außerordentlichen Kündigung.

41 Der **Beschäftigte trägt** damit grundsätzlich das **Irrtumsrisiko**, wenn er unzutreffend annimmt, zur Verweigerung der Arbeitsleistung berechtigt zu sein (Bauer / Göpfert / Krieger Rdnr. 14); Hey / *ders.* Rdnr. 10). Zwar gilt das nur bei **fehlender Entschuldbarkeit** des Irrtums (🏛 BAG Urteil vom 14. Oktober 1960 – 1 AZR 254/58 = AP Nr. 24 zu § 123 GewO = DB 1961, 172). Jedoch sind die von der Rechtsprechung aufgestellten Hürden für die Entschuldbarkeit des Irrtums hoch und im Einzelfall schwierig einzuschätzen (Wendeling-Schröder / *Stein* Rdnr. 11 unter Hinweis auf 🏛 BAG Urteil vom 12. November 1992 – 8 AZR 503/91 = BAGE 71, 350 = NZA 1993, 500 sowie die Rechtsprechungsanalyse bei Kliemt / Vollstädt NZA 2003, 357; einschränkend Rust / Falke / Eggert-Weyand Rdnr. 20: „Verlust des Arbeitsplatzes [ist] nur in extremen Fällen einer völlig abwegigen Bewertung der Situation" zu befürchten). Jedenfalls sollte das Leistungsverweigerungsrecht **nur nach sorgfältiger Prüfung aller konkreten Umstände** ausgeübt werden.

4. Beweislast

42 Die Darlegungs- und Beweislast für das Vorliegen eines Leistungsverweigerungsrechts trägt nach den allgemeinen Regeln der belästigte **Beschäftigte**; das gilt auch im Rahmen eines Kündigungsschutzprozesses (Bauer / Göpfert / Krieger Rdnr. 15; Meinel / Heyn / Herms Rdnr. 21). Hinsichtlich der Frage, ob die Tatbestandsvoraussetzungen einer Diskriminierung erfüllt sind, soll allerdings die **Beweislastregel des § 22 AGG** anzuwenden sein (Schiek / *Kocher* Rdnr. 13; *Thüsing* Arbeitsrechtlicher Diskriminierungsschutz Rdnr. 568). In jedem Fall muss aber der betroffene Arbeitnehmer die **Belästigung als solche beweisen**; hieraus dürfte sich in aller Regel der Verstoß gegen § 1 AGG ergeben (zutreffend Wendeling-Schröder / *Stein* Rdnr. 8 unter Hinweis auf die Problematik fehlender Sanktionsmöglichkeiten für den Arbeitgeber gegenüber dem Belästiger, wenn er diesem die Tat nicht nachweisen kann, andererseits aber der belästigte Arbeitnehmer sein Leistungsverweigerungsrecht bereits aufgrund von Indizien unter Aufbürdung der Beweislast auf den Arbeitgeber ausüben könnte).

5. Gerichtliche Auseinandersetzung

Hält der Arbeitgeber die Leistungsverweigerung des Beschäftigten für unberechtigt, kann er die **Zahlung des Arbeitsentgelts verweigern** und arbeitsrechtliche **Sanktionen** wie etwa eine Abmahnung aussprechen. Sodann liegt es beim Arbeitnehmer, diese Maßnahmen durch eine Zahlungs- oder Feststellungsklage anzugreifen. In einem Kündigungsschutzprozess kann der Beschäftigte auch einen Zwischenfeststellungsantrag gemäß § 256 Abs. 2 ZPO dahingehend stellen, dass die Leistungsverweigerung gemäß § 14 AGG berechtigt war (vgl. Germelmann u. a. / *Germelmann* ArbGG 7. Aufl. 2009 § 46 Rdnr. 81 ff.). 43

Umgekehrt kann auch der **Arbeitgeber selbst auf Feststellung der Verpflichtung des Arbeitnehmers klagen**. Allerdings liegt in diesem Fall die Darlegungs- und Beweislast bei ihm und nicht beim Beschäftigten, weshalb dem Arbeitgeber nur in Ausnahmefällen ein solches Vorgehen angeraten werden kann, etwa wenn er auf die Arbeitsleistung angewiesen ist (zum Ganzen Adomeit / Mohr Rdnr. 25). 44

6. Verhältnis zu § 273 BGB und anderen Leistungsverweigerungsrechten

Die Vorschrift des § 273 BGB bleibt nach Satz 2 unberührt. Auch diese kann einem Beschäftigten das Recht geben, seine Leistung zu verweigern. 45

Besonders bedeutsam ist das Zurückbehaltungsrecht des Arbeitnehmers mit seiner Arbeitsleistung, wenn der Arbeitgeber seinerseits die **Hauptleistungspflicht der Vergütung nicht erfüllt** (BAG Urteil vom 9. Mai 1996 – 2 AZR 387/95 = NJW 1997, 274 = AP Nr. 5 zu § 273 BGB; ErfK / *Preis* § 611 BGB Rdnr. 458). Ein Zurückbehaltungsrecht des Arbeitnehmers mit der Arbeitsleistung besteht aber namentlich auch dann, wenn der Arbeitgeber **erheblichen Nebenpflichten nicht nachkommt**, vor allem öffentlich-rechtliche Arbeitnehmer-Schutzvorschriften missachtet (BAG Urteil vom 8. Mai 1996 – 5 AZR 315/95 = NZA 1997, 86 = AP Nr. 23 zu § 618 BGB). Eine vergleichbare Pflicht ist auch die Beachtung des Belästigungsverbots, wie nicht zuletzt durch § 7 Abs. 3 AGG klargestellt wird (Wendeling-Schröder / *Stein* Rdnr. 12).

Nach § 295 BGB gerät der **Arbeitgeber in Annahmeverzug**, wenn er die erforderlichen Maßnahmen zum Schutz des Beschäftigten nicht trifft. Der Arbeitnehmer kann dann gemäß § 615 BGB die vereinbarte Vergütung verlangen.

Ein Leistungsverweigerungsrecht nach § 273 Abs. 1 BGB setzt voraus, dass der Beschäftigte **aus dem Beschäftigungsverhältnis** einen **fälligen Leistungsanspruch gegen den Arbeitgeber** hat. Im hier vorliegenden Zusammenhang wird es dabei zumeist um Ansprüche aus § 12 Abs. 3 oder 4 AGG gehen; in Betracht kommen aber auch Ansprüche nach § 15 Abs. 1 und 2 GG, soweit sich der Arbeitgeber die betreffende Verletzungshandlung zurechnen lassen muss (Bauer / Göpfert / Krieger Rdnr. 17). 46

Das Zurückbehaltungsrecht nach § 273 BGB ist auch dann anwendbar, wenn **arbeitsvertragliche Weisungen** gegen das Benachteiligungsverbot des § 7 Abs. 1 AGG verstoßen. Der Beschäftigte muss sie **nicht befolgen** (Adomeit / Mohr Rdnr. 28). 47

Bedeutsam ist die Vorschrift im Übrigen ebenfalls dann, wenn die **Belästigung von dem Arbeitgeber selbst ausgeht**: Dieser kann dann keine Gegenmaßnahmen ergreifen, weil er persönlich die arbeitsvertraglichen Schutzpflichten verletzt hat (Falke / Rust / *Eggert-Weyand* Rdnr. 23; Schiek / *Kocher* Rdnr. 14).

Dabei geht **§ 273 BGB** in zweifacher Hinsicht **über den Anwendungsbereich des § 14 Satz 1** hinaus. Er gilt **nicht nur für (sexuelle) Belästigungen**, sondern für alle in § 3 AGG genannten Formen der Benachteiligung. Auch ist die **Erforderlichkeit** einer Geltendmachung des Leistungsverweigerungsrechts **kein Tatbestandsmerkmal** des § 273 BGB, weil der Arbeitge- 48 ber durch die Zurückbehaltung der Leistung zur ordnungsgemäßen Erfüllung seiner Pflichten angehalten werden soll. Allerdings ist auch insoweit zu verlangen, dass es sich zum einen um erhebliche Gegenansprüche handelt (Falke / Rust / *Eggert-Weyand* Rdnr. 25). Zum anderen muss auch in diesem Fall regelmäßig der Arbeitnehmer sich vor Ausübung des Leistungsverweigerungsrechts an den Arbeitgeber wenden und diesen zur Behebung des Missstandes auffordern (Adomeit / Mohr Rdnr. 30 m. w. Nachw.).

49 Bei **persönlicher Unzumutbarkeit der Arbeitsleistung** kann ein Leistungsverweigerungsrecht auch auf **§ 275 Abs. 3 BGB** gestützt werden (vgl. z. B. Sächs. LAG Urteil vom 1. Dezember 2006 – 3 Sa 229/06, zit. nach JURIS, zu sich widersprechenden ärztlichen Begutachtungen und dem dringenden Rat des behandelnden Arztes, der Arbeit zugunsten des Genesungsprozesses fernzubleiben).

Diese Vorschrift tritt gegenüber § 14 AGG zurück, soweit es um (sexuelle) Belästigung geht (Adomeit / Mohr Rdnr. 31; Wendeling-Schröder / *Stein* Rdnr. 14). Bei allen anderen Begehungsformen einer Benachteiligung gemäß § 3 AGG kann die Leistung grundsätzlich auch unter Berufung auf § 275 Abs. 3 BGB verweigert werden (Meinel / Heyn / Herms Rdnr. 24). Zwar wird § 275 Abs. 3 BGB nicht ausdrücklich in § 14 Satz 2 AGG genannt. Jedoch wollte der Gesetzgeber lediglich klarstellen, dass die allgemeinen Leistungsverweigerungsrechte und damit nicht nur speziell § 273 BGB von § 14 AGG unberührt bleiben. Diese Vorschrift hat somit keinen ausschließenden Charakter für den gesamten Bereich des Gleichbehandlungsrecht. Dies lässt sich im übrigen auch aus § 32 AGG folgern (Meinel / Heyn / Herms Rdnr. 24).

V. Literatur

Vgl. die zu § 1 AGG angegebene Literatur sowie

Kliemt, Michael / **Vollstädt**, Oliver, Unverschuldeter Rechtsirrtum – Wunderwaffe bei beharrlicher Arbeitsverweigerung?, NZA 2003, 357

§ 15
Entschädigung und Schadensersatz

(1) ¹Bei einem Verstoß gegen das Benachteiligungsverbot ist der Arbeitgeber verpflichtet, den hierdurch entstandenen Schaden zu ersetzen. ²Dies gilt nicht, wenn der Arbeitgeber die Pflichtverletzung nicht zu vertreten hat.

(2) ¹Wegen eines Schadens, der nicht Vermögensschaden ist, kann der oder die Beschäftigte eine angemessene Entschädigung in Geld verlangen. ²Die Entschädigung darf bei einer Nichteinstellung drei Monatsgehälter nicht übersteigen, wenn der oder die Beschäftigte auch bei benachteiligungsfreier Auswahl nicht eingestellt worden wäre.

(3) Der Arbeitgeber ist bei der Anwendung kollektivrechtlicher Vereinbarungen nur dann zur Entschädigung verpflichtet, wenn er vorsätzlich oder grob fahrlässig handelt.

(4) ¹Ein Anspruch nach Absatz 1 oder 2 muss innerhalb einer Frist von zwei Monaten schriftlich geltend gemacht werden, es sei denn, die Tarifvertragsparteien haben etwas anderes vereinbart. ²Die Frist beginnt im Falle einer Bewerbung oder eines beruflichen Aufstiegs mit dem Zugang der Ablehnung und in den sonstigen Fällen einer Benachteiligung zu dem Zeitpunkt, in dem der oder die Beschäftigte von der Benachteiligung Kenntnis erlangt.

(5) Im Übrigen bleiben Ansprüche gegen den Arbeitgeber, die sich aus anderen Rechtsvorschriften ergeben, unberührt.

(6) Ein Verstoß des Arbeitgebers gegen das Benachteiligungsverbot des § 7 Abs. 1 begründet keinen Anspruch auf Begründung eines Beschäftigungsverhältnisses, Berufsausbildungsverhältnisses oder einen beruflichen Aufstieg, es sei denn, ein solcher ergibt sich aus einem anderen Rechtsgrund.

ERLÄUTERUNGEN

ÜBERSICHT

I. Bedeutung der Vorschrift (Rdnrn. 1–5)
II. Fassung (Rdnrn. 6–7)
III. Begründung (Rdnrn. 8–15)
IV. Anmerkungen (Rdnrn. 16–94)
   A) zu Abs. 1
      1. Anspruchsgegner Arbeitgeber (Rdnrn. 16–17)
      2. Anspruch auf Schadensersatz (Rdnrn. 18–37)
         a) Verschuldensmaßstab (Rdnr. 29)
         b) Notwendige Kenntnis des Arbeitgebers vom Benachteiligungsgrund (Rdnrn. 30–31)
         c) Höhe des Schadensersatzes (Rdnrn. 32–37)
   B) zu Abs. 2
      1. Entschädigung nach § 15 Abs. 2 AGG (Rdnrn. 38–64)
         a) Haftungsmaßstab (Rdnrn. 38–54)
         b) Höhe der Entschädigung (Rdnrn. 55–64)
   C) zu Abs. 3
      1. Haftungserleichterung bei Kollektivvereinbarungen (Rdnrn. 65–68)
   D) zu Abs. 4
      1. Ausschlussfrist (Rdnrn. 69–89)
         a) Klagefrist (Rdnrn. 84–87)
         b) Zulässigkeit der Leistungsklage (Rdnrn. 88–89)
   E) zu Abs. 5
      1. Sonstige Ansprüche gegen den Arbeitgeber (Rdnrn. 90–91)
   F) zu Abs. 6
      1. Kein Anspruch auf Begründung eines Beschäftigungsverhältnisses oder Beförderung (Rdnrn. 92–94)
V. Literatur

I. Bedeutung der Vorschrift

Sie verpflichtet den **Arbeitgeber** zur Leistung von **Schadensersatz**, wenn dieser **schuldhaft** gegen das Benachteiligungsverbot des § 7 Abs. 1 AGG verstößt und der Bewerber dadurch einen Schaden erleidet (**Abs. 1**). Handelt es sich um einen Schaden **nicht vermögensrechtlicher** Art, so kann nach **Abs. 2** der benachteiligte Bewerber eine **angemessene Entschädigung** in Geld verlangen. 1

Durch **Abs. 3** wird dem Arbeitgeber eine **Haftungserleichterung** gewährt. Kommt es durch die **Anwendung kollektivrechtlicher Vereinbarungen** zu Benachteiligungen, ist er nur dann entschädigungspflichtig, wenn er **vorsätzlich oder grob fahrlässig** gehandelt hat. Eine Haftung wegen einfacher Fahrlässigkeit oder gar bei fehlendem Verschulden ist ausgeschlossen. 2

Ein Ersatzanspruch gegen den Arbeitgeber muss – vorbehaltlich abweichender Tarifvertragsregelungen – innerhalb einer **Ausschlussfrist von zwei Monaten** geltend gemacht werden (**Abs. 4**). Daneben kommt weiterhin eine Haftung des Arbeitgebers für die Benachteiligung 3 aus anderen Rechtsvorschriften, insbesondere allgemeinen zivilrechtlichen Haftungsnormen, in Betracht, wie **Abs. 5** klarstellt.

4 Durch **Abs. 6** wird die sog. **Naturalrestitution ausgeschlossen**, soweit die unzulässige Ungleichbehandlung den Erfolg einer Bewerbung oder einen beruflichen Aufstieg verhindert hat. Im Wege des Schadensersatzes kann **nicht** etwa **die Einstellung oder Beförderung** verlangt werden.

5 Zur **europarechtlichen Grundlage** der Vorschrift des § 15 und dem auf geschlechtsspezifische Benachteiligungen bezogenen Vorbild im bisherigen § 611a BGB a. F. vgl. unten Rdnr. 8.

II. Fassung

6 Die Vorschrift wurde **im Wesentlichen unverändert** aus dem **Entwurf der Bundesregierung** „Entwurf eines Gesetzes zur Umsetzung europäischer Richtlinien zur Verwirklichung des Grundsatzes der Gleichbehandlung" (BT-Drucks. 16/1780) übernommen. Die ursprünglich vorgeschlagene Fassung sah allerdings in **Abs. 4 Satz 1** vor, dass ein Anspruch innerhalb einer **Frist von *drei* Monaten** geltend gemacht werden müsse.

7 Die **nunmehr** Gesetz gewordene Fassung mit einer **Frist von zwei Monaten** geht auf einen Vorschlag des **BT-Rechtsausschusses** zurück. In der Beschlussempfehlung (BT-Drucks. 16/2022 S. 12) wird das wie folgt begründet:

„Die Frist zur Geltendmachung von Ansprüchen wird auf zwei Monate verkürzt. Dadurch soll der Arbeitgeber noch weitergehend als im Regierungsentwurf, der drei Monate vorsieht, vor bürokratischem Aufwand geschützt werden. Für den Arbeitnehmer ist die Verkürzung hinnehmbar. Ohnehin beginnt die Frist erst mit seiner Kenntnis von dem Verstoß. Es erscheint zumutbar, von Arbeitnehmern zu verlangen, sich innerhalb von zwei Monaten zu entscheiden, ob sie Ansprüche geltend machen wollen."

III. Begründung

8 Im **Gesetzentwurf der Bundesregierung** (BT-Drucks. 16/1780 S. 38) wird zu der Regelung ausgeführt:

„Die Vorschrift setzt Artikel 15 der Richtlinie 2000/43/EG, Artikel 17 der Richtlinie 2000/78/EG und die Artikel 6 und 8d der Richtlinie 76/207/EWG um. Die Regelung sieht als zentrale Rechtsfolge einer Verletzung des Benachteiligungsverbotes einen Anspruch auf Entschädigung des Betroffenen vor. Gegenüber § 611a BGB wird klarer zwischen dem Ersatz materieller und immaterieller Schäden unterschieden."

Zu Absatz 1

9 Absatz 1 regelt den Ersatz materieller Schäden. Er übernimmt die Formulierung von § 280 Abs. 1 Satz 1 und 2 BGB. Damit wird klargestellt, dass der materielle Schadensersatzanspruch – anders als bei der Entschädigung – nur entsteht, wenn der Arbeitgeber die Pflichtverletzung zu vertreten hat. Damit gelten insbesondere die Vorschriften der §§ 276 bis 278 BGB.

Zu Absatz 2

10 Der Anspruch auf Entschädigung erfüllt die Forderungen der Richtlinien sowie der Rechtsprechung des Europäischen Gerichtshofes nach einer wirksamen und verschuldensunabhängig ausgestalteten Sanktion bei Verletzung des Benachteiligungsverbotes durch den Arbeitgeber. Der aus § 611a BGB bekannte Grundgedanke wird hier auf alle Tatbestände einer Benachteiligung übertragen. Es wird klargestellt, dass die Entschädigung ausschließlich für immaterielle Schäden gewährt wird, die regelmäßig bei einer ungerechtfertigten Benachteiligung aus den in § 1 genannten Gründen vorliegen. § 15 Abs. 2 ist damit gegenüber § 253 BGB die speziellere Norm.

Die Höhe der Entschädigung muss angemessen sein. Dies entspricht der bewährten Regelung des Schmerzensgeldes in § 253 BGB. Damit bleibt dem Gericht der notwendige Beurteilungsspielraum erhalten, um die Besonderheiten jedes einzelnen Falles zu berücksichtigen. In diesem Zusammenhang stellt die ständige Rechtsprechung des Europäischen Gerichtshofes die Anforderung, dass zur Gewährleistung eines tatsächlichen und wirksamen Rechtsschutzes eine Entschädigung geeignet sein muss, eine wirklich abschreckende Wirkung gegenüber dem Arbeitgeber zu haben und auf jeden Fall in einem angemessenen Verhältnis zum erlittenen Schaden stehen muss (EuGH RS C-180/95 vom 22. April 1997 – Draehmpaehl, DB 1997, 983 ff.). So wird etwa eine erhöhte Entschädigung geboten sein, wenn ein Beschäftigter aus mehreren Gründen unzulässig benachteiligt oder belästigt wird.   11

Absatz 2 Satz 2 entspricht hinsichtlich der Obergrenze einer Entschädigung der bisherigen Regelung des § 611a Abs. 3 Satz 1 BGB.

Zu Absatz 3

Erfolgen Benachteiligungen im Betrieb oder in der Dienststelle durch die Anwendung kollektivrechtlicher Vereinbarungen, trifft den Arbeitgeber eine Entschädigungspflicht nur, wenn er vorsätzlich oder grob fahrlässig handelt. Wenn Arbeitgeber und Arbeitnehmer einem tarifschließenden Verband angehören, wirken die Bestimmungen eines Tarifvertrages als Rechtsnormen auf das Arbeitsverhältnis ein. Dieser Gedanke trifft ebenso für Betriebs- bzw. Dienstvereinbarungen zu, die – gegebenenfalls über den Spruch der Einigungsstelle – unmittelbare Bindungswirkung entfalten. Die Richtlinien übertragen den Sozialpartnern bei der Umsetzung der Richtlinien eigenständige Verantwortung. Die vermutete ‚höhere Richtigkeitsgewähr' rechtfertigt es, die Rechtsfolgen benachteiligender kollektiver Regelungen anders auszugestalten als bei Maßnahmen, für die der Arbeitgeber allein verantwortlich ist. Diese Grundsätze greifen auch dann, wenn – mangels Tarifbindung – die Geltung von Tarifverträgen im Arbeitsvertrag vereinbart ist, ferner wenn ein Tarifvertrag für allgemeinverbindlich erklärt ist. Eine Haftung der vertragsschließenden Tarifvertragsparteien bzw. Betriebsparteien fordert das europäische Recht nicht und wird auch durch dieses Gesetz nicht begründet. Eine Verantwortlichkeit des Arbeitgebers ist nur gegeben, wenn er bei der Anwendung des Kollektivrechts zumindest grob fahrlässig gehandelt hat. Benachteiligende kollektive Regelungen sind nach § 7 Abs. 2 unwirksam. Im Übrigen verbleibt es über § 15 Abs. 5 für die Bereiche des Kollektivvertragsrechts bei den von der Rechtsprechung aus allgemeinen Rechtsgrundsätzen abgeleiteten Folgen von Verstößen gegen höherrangiges Recht.   12

Zu Absatz 4

Die Regelung schreibt eine Frist von zwei Monaten zur Geltendmachung der Ansprüche nach Absatz 1 bis 3 fest, es sei denn tarifvertraglich sind abweichende Regelungen vereinbart worden. Angesichts der in § 22 geregelten Beweislastverteilung soll dem Arbeitgeber nicht zugemutet werden, Dokumentationen über Einstellungsverfahren etc. bis zum Ablauf der allgemeinen Verjährungsfrist von drei Jahren aufbewahren zu müssen. Die Frist beginnt mit dem Zeitpunkt, an dem der oder die Benachteiligte von der Benachteiligung Kenntnis erlangt. Im Fall einer Bewerbung oder eines beruflichen Aufstiegs ist das der Zeitpunkt des Zugangs der Ablehnung durch den Arbeitgeber.   13

Zu Absatz 5

Absatz 5 stellt klar, dass sich aus sonstigen allgemeinen Rechtsvorschriften ergebende Ansprüche gegen einen benachteiligenden Arbeitgeber unberührt bleiben. In Betracht kommen insbesondere Ansprüche auf Unterlassung nach § 1004 BGB oder auf Ersatz des materiellen Schadens nach den §§ 252, 823 BGB.   14

Zu Absatz 6

Absatz 6 greift die bestehende Regelung des § 611a Abs. 2 und 5 BGB auf. Einen Anspruch auf Begründung eines Beschäftigungsverhältnisses oder auf einen beruflichen Aufstieg ge-   15 währt diese Vorschrift nicht. Rechtsansprüche auf einen beruflichen Aufstieg, die sich aus anderen Gründen ergeben, etwa ein tariflicher Bewährungsaufstieg, bleiben unberührt."

IV. Anmerkungen

A) zu Abs. 1

1. Anspruchsgegner Arbeitgeber

16 Sämtliche Ansprüche nach § 15 AGG richten sich **gegen den Arbeitgeber**, wie durch **Abs. 1** sowie Abs. 5 der Vorschrift **ausdrücklich klargestellt** wird. Ansprüche aus dieser Vorschrift **gegen Dritte**, etwa den **Personalvermittler** bei diskriminierenden Stellenanzeigen, scheiden somit aus (hierzu *Schwab* NZA 2007, 178 [179]). Eine **anderweitige Haftung** Dritter ergibt sich allerdings ggf. aus § 823 Abs. 2 BGB i. V. mit § 7 Abs. 1 AGG (vgl. hierzu Erl. zu § 7 AGG Rdnr. 36).

17 **Wer Arbeitgeber** und damit Adressat der Ansprüche aus § 15 AGG ist, folgt aus **§ 6 Abs. 2 AGG**. Ist dieser im Fall benachteiligender Stellenangebote durch einen Personalvermittler – die dem Arbeitgeber zugerechnet werden (vgl. zuletzt BAG Urteil vom 5. Februar 2004 – 8 AZR 112/03 = BAGE 109, 265 = NZA 2004, 540) – nicht unmittelbar erkennbar, hat der betroffene Arbeitnehmer einen jedenfalls aus dem Grundsatz von Treu und Glauben nach § 242 BGB abzuleitenden **Auskunftsanspruch**, der ggf. im Wege der **einstweiligen Verfügung** durchgesetzt werden kann. Im Fall der Weigerung des Personalvermittlers zur Befolgung der Verurteilung auf Auskunft kann das Arbeitsgericht gegen ihn nach § 61 Abs. 2 ArbGG einen Entschädigungsanspruch nach freiem Ermessen festsetzen (zum Ganzen *Schwab* NZA 2007, 178).

2. Anspruch auf Schadensersatz

18 Ein Anspruch auf **materiellen Schadensersatz** nach **Abs. 1 Satz 1** setzt einen Verstoß gegen das Benachteiligungsverbot i. S. von § 7 Abs. 1 AGG voraus (BAG Urteil vom 28. Mai 2009 – 8 AZR 536/08 = NJW 2009, 3672 = NZA 2009, 1016; Urteil vom 18. März 2010 – 8 AZR 77/09 = NZA 2010, 872 = DB 2010, 1534). Diese Voraussetzung ist erfüllt, wenn dem Arbeitgeber eine unmittelbare Benachteiligung i. S. des § 3 Abs. 1 AGG zuzurechnen ist, die nicht aufgrund der §§ 8 bis 10 AGG oder nach § 5 AGG zulässig ist.

19 Eine **unmittelbare Benachteiligung** nach § 3 Abs. 1 AGG liegt vor, wenn eine Person wegen eines in § 1 AGG genannten Grundes eine weniger günstige Behandlung erfährt als eine andere Person in einer vergleichbaren Situation erfährt, erfahren hat oder erfahren würde, wobei die sich nachteilig auswirkende Maßnahme direkt an das verbotene Merkmal anknüpfen muss (BAG Urteil vom 14. August 2007 – 9 AZR 943/06 = BAGE 123, 358 = AP Nr. 1 zu § 33 AGG Nr. 1; Urteil vom 18. März 2010 a. a. O.).

20 Wird eine **Bewerbung abgelehnt, ohne** dass der Kandidat zu einem **Vorstellungsgespräch** eingeladen wurde, stellt die hierin liegende Versagung der Chance auf Einstellung eine ungünstige Behandlung dar unabhängig davon, ob eine Einstellung andernfalls vorgenommen worden wäre (BAG Urteil vom 28. Mai 2009 – 8 AZR 536/08 – NJW 2009, 3672 = NZA 2009, 1016; Urteil vom 18. März 2010 a. a. O.).

21 Weiterhin muss die ungünstigere Behandlung des Geschädigten **in einer vergleichbaren Situation i. S. des § 3 Abs. 1 Satz 1 AGG** festzustellen sein (BAG Urteil vom 18. März 2010 a. a. O.). Das Vorliegen einer vergleichbaren Situation setzt bei Bewerbungen voraus, dass der Kandidat **objektiv für die** von ihm **angestrebte Position geeignet** war, denn vergleichbar (nicht: gleich!) ist die Auswahlsituation nur für Arbeitnehmer, die gleichermaßen die objektive Eignung für die zu besetzende Stelle aufweisen.

22 Teilweise wird das als Voraussetzung der Aktivlegitimation des Bewerbers angesehen (LAG Rheinland-Pfalz Urteil vom 11. Januar 2008 – 6 Sa 522/07 = LAGE AGG § 15 Nr. 3; ErfK / *Schlachter* § 6 AGG Rdnr. 3) oder dies jedenfalls erwogen (BAG Urteil vom 28. Mai

2009 a. a. O.), teilweise im Rahmen des Begriffs der Benachteiligung bei § 3 Abs. 1 AGG geprüft (Bauer / Göpfert / Krieger § 3 AGG Rdnr. 15, 18; vgl. aber auch § 6 AGG Rdnr. 10; *Adomeit / Mohr* NZA 2007, 179 [182]; wohl auch HK-AGG / *Däubler* § 7 AGG Rdnr. 9; für einen Anspruch aus dem arbeitsrechtlichen Gleichbehandlungsgrundsatz in Verbindung mit der RL 2000/78/EG: BAG Urteil vom 11. April 2006 – 9 AZR 528/05 = NZA 2006, 1217).

Jedenfalls aber wird überwiegend zu Recht für das Vorliegen einer Benachteiligung verlangt, dass eine **Person, die an sich für die Tätigkeit geeignet wäre, nicht ausgewählt oder schon nicht in Betracht gezogen** wird (so ausdrücklich BAG Urteil vom 5. Februar 2004 – 8 AZR 112/03 = BAGE 109, 265 = AP Nr. 23 zu BGB § 611a; HK-AGG / *Däubler* a. a. O.; Adomeit / Mohr § 22 AGG Rdnr. 27; ErfK / *Schlachter* a. a. O.; a. A. Schiek / *Kocher* § 22 AGG Rdnr. 25, § 3 AGG Rdnr. 7; LAG Berlin-Brandenburg Urteil vom 26. November 2008 – 15 Sa 517/08 = LAGE § 22 AGG Nr. 1, das die mangelnde Eignung im Ergebnis als Einwendung des Anspruchsgegners begreift). 23

Könnte nämlich ein **objektiv ungeeigneter Bewerber** immaterielle Entschädigung nach § 15 Abs. 2 AGG verlangen, wenn für den Arbeitgeber auch das verbotene Merkmal ein Motiv der unterbliebenen Einstellung war, stünde dies nicht im Einklang mit dem Schutzzweck des AGG, der nicht darin besteht, eine unredliche Gesinnung des (potenziellen) Arbeitgebers zu sanktionieren, sondern vor ungerechtfertigter Benachteiligung zu schützen (BAG Urteil vom 18. März 2020 a. a. O.). Dabei ist es naheliegender, nach dem Inkrafttreten des AGG an die **Legaldefinition des § 3 Abs. 1 AGG** anzuknüpfen, der ausdrücklich von dem **Erfordernis einer vergleichbaren Situation** spricht, als die objektive Eignung als ungeschriebene Voraussetzung der Bewerbereigenschaft zu begreifen. **Maßgeblich für die objektive Eignung** ist dabei nicht das formelle Anforderungsprofil, welches der Arbeitgeber erstellt hat, sondern sind die Anforderungen, welche an die jeweilige Tätigkeit nach der im Arbeitsleben herrschenden Verkehrsanschauung gestellt werden (vgl. Bauer / Göpfert / Krieger § 3 AGG Rdnr. 15, anders aber § 6 AGG Rdnr. 10; vgl. HK-AGG / *Däubler* a. a. O.). 24

Die objektive Eignung ist zu trennen von der **individuellen fachlichen und persönlichen Qualifikation des Bewerbers** (ebenso Bauer / Göpfert / Krieger § 3 Rdnr. 15, 18; ähnlich HK-AGG / *Däubler* a. a. O.), die nur als **Kriterium der Auswahlentscheidung** auf der Ebene der Kausalität zwischen Benachteiligung und verbotenem Merkmal eine Rolle spielt (ebenso mit anderem Ausgangspunkt: Schiek / *Kocher* § 22 Rdnr. 24, 25). Damit ist gewährleistet, dass der Arbeitgeber über den der Stelle zugeordneten Aufgabenbereich frei zu entscheiden hat, wie Art. 12 Abs. 1 GG es gebietet (BAG Urteil vom 28. Mai 2009 a. a. O. m. w. Nachw.). Andererseits kann er aber nicht durch das Stellen hierfür nicht erforderlicher Anforderungen an Bewerber die Vergleichbarkeit der Situation selbst gestalten und den Schutz des AGG tatsächlich beseitigen (vgl. S / S / V / *Voigt* Rdnr. 36; HK-AGG / *Däubler* a. a. O., der deshalb ein erhebliches bzw. offenkundiges Eignungsdefizit verlangt). 25

Bewerber, welche die Tätigkeiten auf der zu besetzenden Stelle grundsätzlich verrichten können, ohne aber jede Voraussetzung des Anforderungsprofils zu erfüllen, bedürfen des Schutzes vor Diskriminierung, weil gerade **Anforderungsprofile in Stellenanzeigen** häufig Qualifikationen benennen, deren Vorhandensein der Arbeitgeber sich für den Idealfall zwar wünscht, die aber keinesfalls zwingende Voraussetzung einer erfolgreichen Bewerbung sind (BAG Urteil vom 18. März 2010 a. a. O.). Ebenfalls keinen Einfluss auf die Beurteilung der Vergleichbarkeit der Situation kann aus gesetzessystematischen Erwägungen das Vorliegen des verbotenen Merkmals selbst haben. Ob an dessen Fehlen bzw. Vorliegen ausnahmsweise angeknüpft werden darf, ist nicht für den Tatbestand der Benachteiligung, sondern allein für deren mögliche Rechtfertigung nach den §§ 8 bis 10 AGG und § 5 AGG bedeutsam (BAG Urteil vom 18. März 2010 a. a. O.). 26

Ein **Verstoß gegen § 82 Satz 2 SGB IX** kann **geheilt** werden, wenn der Arbeitgeber des öffentlichen Dienstes den Stellenbewerber auf dessen Beanstandung hin in das unverändert noch laufende Bewerbungsverfahren wieder aufnimmt und **zu einem Vorstellungstermin lädt** (LAG Köln Urteil vom 29. Januar 2009 – 7 Sa 980/08 = PersV 2010, 278 [Ls.]) Ein 27

Anspruch auf Entschädigung und / oder Schadensersatz gemäß § 15 AGG wegen Diskriminierung in einem Bewerbungsverfahren scheidet aus, wenn der Stellenbewerber an dem Vorstellungstermin, zu dem er eingeladen ist, nicht teilnimmt und seine Bewerbung vor Abschluss des Verfahrens zurückzieht (LAG Köln Urteil vom 29. Januar 2009 a. a. O.).

27a Eine Entschädigungsforderung scheidet auch aus, wenn der Beschäftigte / Bewerber **nicht ernsthaft an der Stelle interessiert** war, sondern in Wirklichkeit nur eine Entschädigung anstrebte (vgl. BAG Urteil vom 21. Juli 2009 – 9 AZR 431/08, Rdnr. 49 f. m. w. Nachw. = NJW 2009, 3319 = AP Nr. 1 zu § 82 SGB IX) und sich damit **rechtsmissbräuchlich** verhielt. Zweifel an der Ernsthaftigkeit können bereits dann bestehen, wenn der Bewerber, auch für ihn erkennbar, objektiv für die Stelle nicht in Betracht kam (BAG Urteil vom 17. Dezember 2009 – 8 AZR 670/08, Rdnr. 16 = NZA 2010, 383).

28 Liegt eine verbotene Benachteiligung vor, kommt es grundsätzlich nicht darauf an, ob der **Arbeitgeber selbst oder ein betriebsangehöriger Dritter** diese **begangen hat**, wenn dessen Verhalten dem Arbeitgeber nach § 278 BGB zugerechnet werden kann (vgl. BT-Drucks. 16/1780 S. 38). Bedient sich der Arbeitgeber bei der Anbahnung eines Arbeitsverhältnisses eigener Mitarbeiter oder Dritter, so trifft ihn eine Verantwortlichkeit für deren Verhalten (so bereits zur Regelung in § 611a BGB a. F: BAG Urteil vom 5. Februar 2004 – 8 AZR 112/03, zu II 2 b bb (2) der Gründe = BAGE 109, 265 = AP Nr. 23 zu § 611a BGB; vgl. auch BAG Urteil vom 17. Dezember 2009 – 8 AZR 670/08 = NZA 2010, 383). Dafür muss der Dritte als **Erfüllungsgehilfe des Arbeitgebers** hinsichtlich der Pflichten aus dem AGG anzusehen sein; bei Arbeitnehmern setzt das eine Weisungsbefugnis voraus (*Kock* MDR 2006, 1088 [1091]). Der Arbeitgeber haftet also z. B., wenn der Abteilungsleiter einen ihm Unterstellten bei der Beförderung benachteiligt.

a) Verschuldensmaßstab

29 Allerdings kann der Arbeitgeber nicht auf Schadensersatz in Anspruch genommen werden, wenn er **nachweisen** kann, dass er die **Pflichtverletzung nicht zu vertreten** habe (**§ 15 Abs. 1 Satz 2**). Aus der Formulierung der Vorschrift folgt, dass bei einer ausreichend dargelegten Verletzung des Benachteiligungsverbots das Verschulden des Arbeitgebers grundsätzlich vermutet wird und diesem die Darlegung obliegt, dass er die Pflichtverletzung nicht zu vertreten hat (Rust / Falke / *Bücker* Rdnr. 14). Hierfür gelten die Regeln in §§ 276 ff. BGB. Haftungsmaßstab ist § 276 Abs. 1 Satz 1 BGB, das heißt der Arbeitgeber haftet für Vorsatz und jede Form von Fahrlässigkeit (*Seel* MDR 2006, 1321 [1323]).

b) Notwendige Kenntnis des Arbeitgebers vom Benachteiligungsgrund

30 Gleichwohl ist nicht **die Benachteiligungsmaßnahme als solche entscheidend**, sondern **der Benachteiligungsgrund** (Neumann u. a. / *Majerski-Pahlen* § 81 SGB IX Rdnr. 14). Damit setzt der Entschädigungsanspruch aber zwingend die **Kenntnis des Arbeitgebers von dem Merkmal nach § 1 AGG** voraus. Das ist insbesondere im Fall einer **Behinderung** bzw. Schwerbehinderung bedeutsam; ohne Kenntnis der Schwerbehinderung kann diese kein Motiv bzw. Beweggrund für eine ablehnende Entscheidung sein.

31 Diese Frage ist **zu trennen von der Frage der Notwendigkeit eines Verschuldens**. Damit genügt es für einen Entschädigungsanspruch nicht, wenn etwa der Bewerber objektiv schwerbehindert ist und der Arbeitgeber objektiv die Pflichten der §§ 81 f. SGB IX verletzt hat (LAG Nürnberg Beschluss vom 1. April 2004 – 7 SHa 4/04 = AP Nr. 6 zu § 81 SGB IX = NZA-RR 2004, 601 [Ls.]). Folglich scheidet eine Benachteiligung wegen der Behinderung aus, wenn die Personen, die die gesetzlichen Pflichten der §§ 81 f. SGB IX in Vertretung des Arbeitgebers zu erfüllen haben, von der Behinderung keine Kenntnis erlangt haben, z. B. weil eine Bürokraft auf dem von ihr für jeden Bewerber anzulegenden Übersichtsblatt die im Bewerbungsschreiben angegebene Behinderung nicht aufgeführt hat (LAG Nürnberg Beschluss vom 1. April 2004 a. a. O.).

c) Höhe des Schadensersatzes

32 Macht ein **bestqualifizierter Bewerber** geltend, dass er **unter Verstoß gegen ein Benachteiligungsverbot nicht eingestellt** wurde, haftet der Arbeitgeber auf das **Erfüllungsinteresse** (§ 249 BGB). Das Gesetz hat zwar keine Obergrenze vorgesehen. Verbreitet wird jedoch die Ansicht vertreten, dass sich der Arbeitgeber auf eine **hypothetische Kündigung als beachtliche „Reserveursache"** berufen könne (*Seel* MDR 2006, 1321 [1323]; *Kania / Merten* ZIP 2007, 1321 (1323); teilw. krit. hierzu *Rust / Falke / Bücker* Rdnr. 23). Zur Eingrenzung des Schadensersatzanspruchs ist deshalb auf den **Zeitpunkt** abzustellen, zu dem der **Arbeitgeber** das Arbeitsverhältnis **frühestens wieder hätte kündigen können**. Das entspricht den Grundsätzen, die zu § 628 Abs. 2 BGB entwickelt wurden (vgl. ⚖ BAG Urteil vom 26. Juli 2001 – 8 AZR 739/00 = BAGE 98, 275 = NJW 2002, 1593 = AP Nr. 13 zu § 628 BGB).

33 Jedoch sind hierbei **mindestens sechs Monatsgehälter** zugrunde zu legen (so zutreffend *Kock* MDR 2006, 1088 [1091]). Im Regelfall ist der erste hypothetische Kündigungstermin zu kurz gegriffen, weil der neue Stelleninhaber zumeist einen **Bewährungsbonus** genießen dürfte: ein verständig urteilender Arbeitgeber wird auch bei anfänglichen Schwächen nicht die erste Kündigungsmöglichkeit ergreifen. Typischerweise wird eine Entscheidung nach rund fünf Monaten getroffen, weil die **Probezeit** nach § 622 Abs. 3 BGB auf maximal sechs Monate begrenzt werden kann. Derselbe Zeitraum ist im Übrigen maßgebend für die Anwendung des KSchG in größeren Betrieben (§ 1 KSchG) sowie nach § 90 Abs. 1 SGB IX für den Sonderkündigungsschutz schwerbehinderter Arbeitnehmer (*Kock* a. a. O.).

33a Ob hinsichtlich der Bemessung vom **Brutto- oder Nettolohn** ausgegangen wird, ist im Ergebnis gleichgültig. Denn durch Abzüge (Bruttolohnansatz) bzw. Zuschläge (Nettolohnansatz) kommen beide Ansätze schließlich zu identischen Ergebnissen (*Rust / Falke / Bücker* Rdnr. 25 unter Hinweis auf BGH Urteil vom 28. September 1999 – VI ZR 165/98 = NJW 1999, 3711). Vom Schadensersatz abzuziehen ist, was der Geschädigte anderweitig verdient hat.

34 Eine **Schadensersatzleistung** ist **kein Arbeitsentgelt**. Wie eine Abfindung für den Verlust des Arbeitsplatzes ist sie weder beitragspflichtig noch wird sie auf das Arbeitslosengeld angerechnet. Sie stellt aber steuerpflichtiges Einkommen dar (*Müller-Wenner* / Schorn § 81 SGB IX Rdnr. 49).

35 Der **nicht Bestqualifizierte** hingegen wäre auch bei benachteiligungsfreier Auswahl nicht eingestellt worden, so dass ihm **kein ersatzfähiger materieller Schaden entsteht** (*Kania / Merten* ZIP 2007, 8 [14]). Der Ersatz von **Vorstellungskosten** richtet sich nach allgemeinen Grundsätzen (vgl. ErfK / *Preis* § 611 BGB Rdnrn. 296 ff. BGB).

d) Schadensersatz für Diskriminierung beim beruflichen Aufstieg

36 Auch bei **rechtswidrigen Benachteiligungen im Zusammenhang mit einem beruflichen Aufstieg** ist Schadensersatz nach § 15 Abs. 1 AGG zu leisten; ein Anspruch des betroffenen Arbeitnehmers auf den Aufstieg besteht nicht (vgl. Abs. 6 und dazu unten Rdnr. 93). Beruflicher Aufstieg ist **jede Verbesserung** in der Position des Arbeitnehmers oder des Beamten bzw. Richters, die zu einer **qualifizierteren Beschäftigung** und / oder einer **höheren Bezahlung** führt (*Großmann* BehindertenR 2003, 165 [174]). Das gilt insbesondere für **Beförderungen**, bei denen regelmäßig ein anderer Arbeitsplatz übertragen und ein neuer Arbeitsvertrag abgeschlossen wird. Ob eine rechtswidrige Benachteiligung beim beruflichen Aufstieg vorliegt, ist nach denselben Voraussetzungen zu beurteilen wie bei der Begründung von Arbeits- oder sonstigen Beschäftigungsverhältnissen (vgl. auch Art. 3 Abs. 1a i. V. m. Art. 5 Satz 2 der Richtlinie 2000/78).

37 Für den Fall, dass der diskriminierte Arbeitnehmer ohne die Benachteiligung befördert worden wäre, ist die **Differenz** des dann maßgebenden **zum bisherigen Gehalt** zu zahlen, ggf. auf unbestimmte Zeit (*Neumann u. a. / Neumann* § 81 SGB IX Rdnr. 20).

B) zu Abs. 2

1. Entschädigung nach § 15 Abs. 2 AGG

a) Haftungsmaßstab

38 Auch der Entschädigungsanspruch nach Abs. 2 setzt einen **Verstoß gegen das Benachteiligungsverbot** gemäß § 7 Abs. 1 i. V. m. § 1 AGG voraus. Dies stellt Abs. 2 Satz 1 zwar nicht ausdrücklich klar; es ergibt sich aber aus dem Gesamtzusammenhang der Bestimmungen in § 15 AGG (BAG Urteil vom 17. Dezember 2009 – 8 AZR 670/08 – Rdnr. 14 m. w. Nachw. = NZA 2010, 383; BAG Urteil vom 22. Januar 2009 – 8 AZR 906/07 – Rdnr. 28 m. w. Nachw. = NZA 2009, 945). Gemäß § 7 Abs. 1 Halbs. 1 AGG dürfen Beschäftigte nicht wegen eines der in § 1 AGG genannten Merkmale benachteiligt werden.

39 Anspruchsteller nach § 15 Abs. 2 AGG kann ein Beschäftigter oder eine Beschäftigte sein, wobei als solche nach § 6 Abs. 1 Satz 2 und Abs. 3 AGG **auch Bewerber und Bewerberinnen für ein Beschäftigungsverhältnis** gelten. In Rechtsprechung und Schrifttum wird neben einer Bewerbung verlangt, dass die Person **objektiv für die zu besetzende Stelle in Betracht** kommt und sich **subjektiv ernsthaft bewirbt** (BAG Urteil vom 28. Mai 2009 – 8 AZR 536/08, Rdnr. 25 = AP Nr. 1 zu § 8 AGG; Urteil vom 17. Dezember 2009 – 8 AZR 670/08 = NZA 2010, 383; S / S / V / *Schleusener* § 2 AGG Rdnr. 7; Bauer / Göpfert / Krieger § 6 AGG Rdnr. 10 ff.; *Walker* NZA 2009, 5; ErfK / *Schlachter* § 6 AGG Rdnr. 3).

40 Ist ein Bewerber nicht eingestellt worden, muss ferner die Nichteinstellung auf einem in § 1 AGG genannten Grund beruhen. Dieser für einen Entschädigungsanspruch erforderliche **Kausalzusammenhang** ist gegeben, wenn die Benachteiligung an mindestens einen in § 1 AGG genannten Grund anknüpft oder dadurch motiviert ist. Ausreichend ist, dass ein solcher **Grund ein Bestandteil eines Motivbündels** ist, das die Entscheidung beeinflusst hat (BAG Urteil vom 22. Januar 2009 – 8 AZR 906/07 = NZA 2009, 945). Nach der **gesetzlichen Beweislastregelung in § 22 AGG** hat der Anspruchsteller Indizien vorzutragen und im Streitfall zu beweisen, die eine Benachteiligung wegen eines in § 1 AGG genannten Grundes vermuten lassen. An diese Vermutungsvoraussetzungen ist kein strenger Maßstab anzulegen. Es ist nicht erforderlich, dass die Tatsachen einen zwingenden Indizienschluss für eine Verknüpfung der Benachteiligung mit einem Benachteiligungsmerkmal zulassen. Vielmehr reicht es aus, wenn nach allgemeiner Lebenserfahrung hierfür eine überwiegende Wahrscheinlichkeit besteht. Sodann trägt die **andere Partei** die **Beweislast** dafür, dass **kein Verstoß** gegen die Bestimmungen zum Schutz vor Benachteiligung vorgelegen hat (BAG Urteil vom 17. Dezember 2009 – 8 AZR 670/08 = NZA 2010, 383).

41 Ein unter Verstoß gegen ein Benachteiligungsverbot nicht berücksichtigter Bewerber kann nach **§ 15 Abs. 2 Satz 1 AGG** eine angemessene Entschädigung verlangen für den **immateriellen Schaden**, der nicht in einer Vermögenseinbuße besteht. Ein solcher Entschädigungsanspruch setzt **nicht** etwa eine Verletzung des allgemeinen Persönlichkeitsrechts in der Weise einer „**Herabwürdigung**" **des Beschäftigten** voraus, soweit nicht das entsprechende Merkmal in § 3 Abs. 3 oder 4 AGG zur Anwendung kommen soll (BAG Urteil vom 22. Januar 2009 – 8 AZR 906/07 = NZA 2009, 945 = DB 2009, 2045; Urteil vom 18. März 2010 – 8 AZR 1044/08 = NJW 2010, 2970).

42 Bereits der **Wortlaut des § 15 AGG** steht der Annahme entgegen, zusätzliche Anspruchsvoraussetzung für den Entschädigungsanspruch sei, dass der Beschäftigte „**herabgewürdigt**" oder ihm sachwidrig die Chancen einer gleichberechtigten Teilnahme am Arbeitsleben einzig aufgrund seines „Soseins" genommen worden sei (so aber *Thüsing* Arbeitsrechtlicher Diskriminierungsschutz Rdnr. 519; a. A. Meinel / Heyn / Herms AGG Rdnr. 37; S / S / V / *Voigt* Rdnr. 29; HK-AGG / *Deinert* Rdnr. 50). Eine solche Interpretation kann **nicht dem Begriff „Schaden, der nicht Vermögensschaden ist"**, entnommen werden (BAG Urteil vom 22. Januar 2009 a. a. O.).

43 Der Eintritt eines immateriellen Schadens setzt **nicht zwingend eine erhebliche Verletzung des Persönlichkeitsrechts** voraus (vgl. Meinel / Heyn / Herms Rdnr. 37 m. w. Nachw.), je-

Allgemeines Gleichbehandlungsgesetz § 15

denfalls nicht in der Weise, dass es zu einer Herabwürdigung der Person gekommen sein muss. Eine solche Auslegung widerspräche ferner dem Sinn und Zweck des Gesetzes. Dessen Ziel ist nach § 1 AGG, die Benachteiligung aus den dort genannten Gründen zu verhindern oder zu beseitigen. In § 3 Abs. 1 und Abs. 2 AGG werden die Begriffe „unmittelbare" und „mittelbare Benachteiligung" definiert. Die dortigen Begriffsbestimmungen zeigen, dass eine **Benachteiligung nicht erst dann** vorliegt, wenn es zu einer **Herabwürdigung des Beschäftigten** oder zu einer schwerwiegenden Verletzung dessen Persönlichkeitsrechts kommt (BAG Urteil vom 22. Januar 2009 a. a. O.; Meinel / Heyn / Herms Rdnr. 37; S / S / V / *Voigt* Rdnr. 29; HK-AGG / *Deinert* Rdnr. 50).

§ 15 Abs. 2 AGG enthält eine **eigenständige Anspruchsgrundlage** für einen Entschädigungsanspruch, sodass nicht die Grundsätze, die für den Anspruch auf Schmerzensgeld bei Verletzung des allgemeinen Persönlichkeitsrechts gelten, anzuwenden sind (BAG Urteil vom 22. Januar 2009 a. a. O.). Nach diesen leitet sich aus § 823 Abs. 1 BGB i. V. m. Art. 1 Abs. 1 und Art. 2 Abs. 1 GG ein Anspruch auf Ersatz des ideellen Schadens nur aus einer schwerwiegenden Verletzung des allgemeinen Persönlichkeitsrechts bzw. schwerem Verschulden her (vgl. dazu Palandt / *Grüneberg* 69. Aufl. § 253 BGB Rdnr. 10 m. w. Nachw.).   44

Steht ein **Verstoß gegen das Benachteiligungsverbot** fest, ist vom **Vorliegen eines immateriellen Schadens** auszugehen. Dieser muss für den Entschädigungsanspruch des Arbeitnehmers nach § 15 Abs. 2 AGG nicht noch gesondert festgestellt werden (BAG Urteil vom 22. Januar 2009 – 8 AZR 906/07 = NZA 2009, 945 = DB 2009, 2045; Urteil vom 18. März 2010 – 8 AZR 1044/08 = NJW 2010, 2970).   45

Das **BAG** hat im Urteil vom 22. Januar 2009 a. a. O. **offen gelassen**, ob in bestimmten ganz **eng umrissenen Ausnahmefällen** ein immaterieller Schaden und damit ein Entschädigungsanspruch zu verneinen ist, weil die Benachteiligung **so geringe Auswirkungen** hat, dass die Zahlung einer Entschädigung nicht mehr in einem angemessenen Verhältnis zu der Benachteiligung steht.   46

Eine Erheblichkeitsschwelle für einen Anspruch aus § 15 Abs. 2 AGG ist auch dann nicht zu bejahen, wenn der **Arbeitgeber eine öffentlich-rechtliche Körperschaft** ist (BAG Urteil vom 22. Januar 2009 a. a. O.). Das wäre weder mit Art. 3 Abs. 1 GG noch mit den europarechtlichen Vorgaben vereinbar. Es ist im Übrigen auch nicht nachvollziehbar, weshalb bei einer öffentlich-rechtlichen Körperschaft, die sich nicht gesetzestreu verhalten und gegen das Benachteiligungsverbot verstoßen hat, das Erfordernis einer Sanktion geringer sein soll als bei einer Person des Privatrechts (BAG Urteil vom 22. Januar 2009 a. a. O.).   47

Der Anspruch auf angemessene Entschädigung nach Abs. 2 besteht **unabhängig davon, ob ein Verschulden des Arbeitgebers vorliegt** (BAG Urteil vom 22. Januar 2009 – 8 AZR 906/07 = NZA 2009, 945 = DB 2009, 2045; LAG Hamm Urteil vom 7. August 2008 – 11 Sa 284/08 – LAGE § 15 AGG Nr. 6; ErfK / *Schlachter* Rdnrn. 1 f. und 5; S / S / V / *Voigt* Rdnr. 39; Bauer / Göpfert / Krieger Rdnr. 32; Meinel / Heyn / Herms Rdnr. 33 f.; HK-AGG / *Deinert* Rdnr. 58 m. w. Nachw; Wendeling-Schröder / *Stein* Rdnr. 30; *Seel* MDR 2006, 1321 [1324]; kritisch dazu *Thüsing* Arbeitsrechtlicher Diskriminierungsschutz Rdnr. 516).   48

Bereits der **Wortlaut** des § 15 Abs. 2 AGG macht den Entschädigungsanspruch nicht ausdrücklich von einem Verschulden des Arbeitgebers abhängig. Auch aus der **Gesetzessystematik** ergibt sich nicht zwingend, dass ein Entschädigungsanspruch nur bei Vorliegen der in § 15 Abs. 1 Satz 1 und 2 AGG genannten Voraussetzungen gegeben ist. Nach der **Entstehungsgeschichte des Gesetzes** ist davon auszugehen, dass der deutsche Gesetzgeber mit § 15 Abs. 2 AGG eine verschuldensunabhängige Haftung begründen wollte (BAG Urteil vom 22. Januar 2009 a. a. O. mit näherer Argumentation). Da der Wortlaut, die Entstehungsgeschichte, der Gesamtzusammenhang und der Sinn und Zweck des § 15 Abs. 2 AGG mehrere Deutungen zulassen, ist die **Auslegung geboten, die mit dem Gemeinschaftsrecht in Einklang** steht. Diese gemeinschaftsrechtskonforme Auslegung führt dazu, dass ein Entschädi-   49 gungsanspruch des Arbeitnehmers nach § 15 Abs. 2 AGG kein Verschulden des Arbeitgebers voraussetzt (BAG Urteil vom 22. Januar 2009 a. a. O.).

50 Das entspricht der **ständigen Rechtsprechung des** ⚖ **EuGH** vgl. z. B. Urteil vom 8. November 1990 – C-177/88 = NJW 1991, 628 = NZA 1991, 171; ⚖ EuGH Urteil vom 22. April 1997 – C-180/95 = NJW 1997, 1839 = NZA 1997, 645; vgl. auch *Stürmer* NZA 2001, 526 [528]). Jeder objektive Verstoß gegen das Diskriminierungsverbot führt zur Rechtswidrigkeit der Entscheidung des Arbeitgebers und genügt, um seine Haftung auszulösen; kritisch zu den sehr weit reichenden Pflichten, die dem Arbeitgeber im Arbeitsverhältnis und insbesondere im Rahmen von Stellenbesetzungsverfahren auferlegt werden, *Braun* FA 2005, 36: Deren Verletzung könne schnell zu Verfahrensfehlern führen. Diese Rechtslage werde daher den Erfordernissen der Praxis nicht gerecht und, da sie sich kontraproduktiv auswirken könnte, auch nicht den Interessen der schwerbehinderten Menschen).

51 Strittig ist, ob ob im Fall einer **diskriminierenden Kündigung** ein Entschädigungsanspruch **ohne gleichzeitige Erhebung einer Kündigungsschutzklage** geltend gemacht werden kann. Dies wird zum Teil bezweifelt im Hinblick auf § 2 Abs. 4 AGG, der regelt: Für Kündigungen gelten ausschließlich die Bestimmungen zum allgemeinen und besonderen Kündigungsschutz (vgl. z. B. Bauer / Göpfert / Krieger § 2 AGG Rdnr. 59).

Überwiegend wird allerdings vertreten, dass die Ausschließlichkeitsanordnung des **§ 2 Abs. 4 AGG** unabhängig von der Erhebung einer Kündigungsschutzklage und ungeachtet der Unwirksamkeit einer diskriminierenden Kündigung auch den **Entschädigungsanspruch nach § 15 Abs. 2 AGG nicht „sperrt"** (⚖ LAG Bremen Urteil vom 29. Juni 2010 – 1 Sa 29/10 = BB 2010, 1916 [Ls.]; Wendeling-Schröder / *Stein* § 2 AGG Rdnr. 50; Meinel / Heyn / Herms § 2 AGG Rdnr. 66 und § 15 AGG Rdnr. 55; *Jacobs* RdA 2009, 193).

52 Das **BAG** hat die Frage **bisher nicht abschließend entschieden** (⚖ BAG Urteil vom 22. Oktober 2009 – 8 AZR 642/08 = NZA 2010, 280 und ⚖ Urteil vom 6. November 2008 – 2 AZR 523/07 = BAGE 128, 238 = AP Nr. 182 zu § 1 KSchG 1969 Betriebsbedingte Kündigung).

Im Urteil vom 22. Oktober 2009 a. a. O. hat das BAG zu Recht darauf hingewiesen, dass eine Anwendung des **§ 15 Abs. 2 AGG bei diskriminierenden Kündigungen nicht systemwidrig** erscheine, da auch bisher etwa auf § 823 Abs. 1 BGB gestützte Entschädigungen für erlittene immaterielle Schäden bei der Geltendmachung einer Persönlichkeitsrechtsverletzung im Zusammenhang mit dem Ausspruch einer unwirksamen Kündigung nicht ausgeschlossen gewesen seien (vgl. ⚖ BAG Urteil vom 24. April 2008 – 8 AZR 347/07 = AP Nr. 42 zu § 611 BGB Haftung des Arbeitgebers). Bei der Entschädigung nach § 15 Abs. 2 AGG geht es um die Verletzung des Persönlichkeitsrechts des Arbeitnehmers (vgl. ⚖ LAG Düsseldorf Urteil vom 12. November 2008 – 12 Sa 1102/08 = LAGE Nr. 6a zu § 15 AGG).

53 Das BAG hat auch sonst § 2 Abs. 4 AGG nicht in der Weise ausgelegt, dass Rechtsfragen im Zusammenhang mit Kündigungen ausschließlich nach den gesetzlichen Regelungen über Kündigungen zu beurteilen sind. Es ist vielmehr davon ausgegangen, dass die materiellen Diskriminierungsverbote in ihrer näheren gesetzlichen Ausgestaltung durch die §§ 1 bis 10 AGG bei der Auslegung der unbestimmten Rechtsbegriffe des KSchG in der Weise zu beachten sind, dass sie **Konkretisierungen des Begriffs der Sozialwidrigkeit** darstellen (vgl. ⚖ BAG Urteil vom 6. November 2008 – 2 AZR 523/07 = BAGE 128, 238 = AP Nr. 182 zu § 1 KSchG 1969 Betriebsbedingte Kündigung).

54 Der **Wortlaut des § 2 Abs. 4 AGG** spricht nur davon, dass für Kündigungen ausschließlich die Bestimmungen zum allgemeinen und besonderen Kündigungsschutz gelten. Das kann nur so verstanden werden, dass damit die Überprüfung der Wirksamkeit einer Kündigung gemeint ist, nicht aber auf der Verletzung von Persönlichkeitsrechten basierende Entschädigungsansprüche (⚖ LAG Bremen Urteil vom 29. Juni 2010 – 1 Sa 29/10 = BB 2010, 1916 [Ls.], zugleich mit weiteren Argumenten aus Gesetzgebungsgeschichte, Zweck und sytematischem Zusammenhang der Vorschrift).

b) Höhe der Entschädigung

Die Vorschrift des Abs. 2 entspricht § 253 BGB. Dies bedeutet, dass dem Gericht ein **Beurteilungsspielraum bezüglich der Höhe der Entschädigung** eingeräumt wird, um bei der Prüfung der Angemessenheit der Entschädigung die Besonderheiten jedes einzelnen Falles berücksichtigen zu können. (⚖ BAG Urteil vom 22. Januar 2009 – 8 AZR 906/07 = NZA 2009, 945 = DB 2009, 2045; vgl. insoweit auch BT-Drucks. 16/1780 S. 38). 55

Hängt die Höhe des Entschädigungsanspruchs von einem Beurteilungsspielraum ab, ist die Bemessung des Entschädigungsanspruch grundsätzlich **Aufgabe des Tatrichters** (⚖ BAG Urteile vom 16. Mai 2007 – 8 AZR 709/06 = BAGE 122, 304 = AP Nr. 5 zu § 611 BGB Mobbing und ⚖ vom 25. Oktober 2007 – 8 AZR 593/06 zu einem Schmerzensgeldanspruch nach § 253 Abs. 2 BGB = BAGE 124, 295 = AP Nr. 6 zu § 611 BGB Mobbing). Die Festsetzung der angemessenen Entschädigung obliegt demnach nur **einer eingeschränkten Überprüfung durch das Revisionsgericht**. Dabei ist revisionsrechtlich zu überprüfen, ob das Urteil das Bemühen um eine angemessene Berücksichtigung aller maßgeblichen Umstände erkennen lässt und ob es gegen Rechtssätze, Denkgesetze und Erfahrungssätze verstoßen hat (⚖ BGH Urteil vom 12. Mai 1998 – VI ZR 182/97 = BGHZ 138, 388 = NJW 1998, 2741). 56

Bei der Festsetzung einer angemessenen Entschädigung durch das Tatgericht sind **alle Umstände des Einzelfalles zu berücksichtigen**. Zu diesen zählen etwa die Schwere und Art der Benachteiligung, ihre Dauer und Folgen, der Anlass und der Beweggrund des Handelns, der Grad der Verantwortlichkeit des Arbeitgebers, etwa geleistete Wiedergutmachung oder erhaltene Genugtuung und das Vorliegen eines Wiederholungsfalles. Ferner ist der Sanktionszweck der Norm zu berücksichtigen, sodass die Höhe auch danach zu bemessen ist, was zur **Erzielung einer abschreckenden Wirkung** erforderlich ist. Der Arbeitgeber soll von künftigen Diskriminierungen abgehalten werden, wobei die Entschädigung in einem angemessenen Verhältnis zum erlittenen Schaden stehen muss (⚖ BAG 22. Januar 2009 – 8 AZR 906/07 – Rdnr. 82 m. w. Nachw. = NZA 2009, 945 = DB 2009, 2045; BT-Drucks. 16/1780 S. 38; Wendeling-Schröder / *Stein* Rdnr. 39 f.; Bauer / Göpfert/Krieger § 15 Rdnr. 36). 57

Angemessen ist dabei ein Betrag, der auf der einen Seite **nicht nur geringfügig-symbolisch**, auf der anderen Seite **nicht überzogen ausufernd** ist (OLG Köln Urteil vom 29. Juli 2010 a. a. O.; ErfK / *Schlachter* Rdnr. 8). Nach Meinung des OLG Köln a. a. O. sei das entgangene Gehalt kaum ein geeignetes Kriterium für die Bemessung, weil sich die Betroffenheit durch eine solche Benachteiligung nicht in der Höhe eines Gehalts niederschlägt (OLG Köln Urteil vom 29. Juli 2010 a. a. O.; ebenso ErfK / *Schlachter* a. a. O.). Selbst wenn man das Gehalt als Bezugsgröße wähle, so entbinde dies nicht von der Einzelfallbeurteilung (vgl. Prütting / Wegen / Weinreich / *Lingemann* Rdnr. 7). Wird neben der immateriellen Entschädigung auch materieller Schadenersatz in Gestalt entgangenen Gehalts geltend gemacht, so ist die materielle Entschädigung mindernd beim Anspruch auf immateriellen Schadenersatz zu berücksichtigen (OLG Köln Urteil vom 29. Juli 2010 a. a. O.; Prütting / Wegen / Weinreich / *Lingemann* Rdnr. 8). 58

Im Falle einer **diskriminierenden Kündigung** ist bei erheblicher Schwere der Diskriminierung eine Entschädigung von **drei Bruttomonatsverdiensten** des Arbeitnehmers festzusetzen, und zwar auch dann, wenn sich der Arbeitnehmer gegen eine Probezeitkündigung von einem Monat nicht hätte wehren können (⚖ LAG Bremen Urteil vom 29. Juni 2010 – 1 Sa 29/10 = BB 2010, 1916 [Ls.]). 59

Ist die Höhe des Betrages nach billigem Ermessen des Gerichts zu bestimmen, ist ein **unbezifferter Zahlungsantrag zulässig**. Die Klagepartei muss allerdings Tatsachen, die das Gericht bei der Bestimmung des Betrages heranziehen soll, benennen und die Größenordnung der geltend gemachten Forderung angeben (⚖ BAG Urteil vom 22. Januar 2009 – 8 AZR 906/07 – Rdnr. 22 = AP Nr. 1 zu § 15 AGG; ⚖ Urteil vom 16. September 2008 – 9 AZR 791/07 = BAGE 127, 367 = AP Nr. 15 zu § 81 Nr. SGB IX). 60

§ 15　　　　　　　　　　　　　　　　　　　　　　　Allgemeines Gleichbehandlungsgesetz

61　Eine **Obergrenze** für die Entschädigung sieht Abs. 2 Satz 2 nur für den Fall der Nichteinstellung eines Bewerbers vor. Sie beträgt drei Monatsgehälter, wobei die Begriffsbestimmung in § 10 Abs. 3 KSchG herangezogen werden kann. Diese Begrenzung ist mit dem europäischen Recht vereinbar (vgl. EuGH Urteil vom 22. April 1997 – C-180/95 = NJW 1997, 1839 = AP Nr. 13 zu § 611a BGB). Maßstab für den Monatsverdienst ist die Brutto-Vergütung, die der Bewerber im Arbeitsverhältnis erzielt hätte (BAG Urteil vom 17. August 2010 – 9 AZR 839/08, zit. nach JURIS; HK-AGG / *Deinert* Rdnr. 61; Meinel / Heyn / Herms Rdnr. 45; Wendeling-Schröder / *Stein* Rdnr. 45). Dabei ist der **Bruttowert aller Geld- und Sachbezüge** zu berücksichtigen, die er im ersten Monat des Arbeitsverhältnisses erhalten hätte. Anteilig einzubeziehen sind auch zusätzliche Leistungen durch Urlaubs- oder Weihnachtsgeld, sofern insoweit ein Anspruch bestanden hätte (*Müller-Wenner* / Schorn § 81 SGB IX Rdnr. 48). Bei Anspruch auf Akkordlohn oder Provisions- bzw. Prämienzahlungen ist auf den mutmaßlichen Verdienst abzustellen (Hauck / Noftz / *Schröder* § 81 SGB IX Rdnr. 27), der sich an durchschnittlich erzielten Leistungen vergleichbarer Mitarbeiter orientieren kann. Zu den Sachbezügen gehören z. B. das Zurverfügungstellen eines PKW oder die unentgeltliche Überlassung von Wohnraum; bei diesen kann der tatsächliche Marktwert der Nebenleistungen berücksichtigt werden (Hauck / Noftz / *Schröder* a. a. O.).

62　Voraussetzung hierfür ist, dass der Bewerber **auch bei benachteiligungsfreier Auswahl nicht eingestellt worden** wäre. Das ist dann der Fall, wenn er die ausgeschriebene Stelle wegen der besseren Qualifikation des eingestellten Bewerbers auch bei diskriminierungsfreier Auswahl nicht erhalten hätte (Bauer / Göpfert / Krieger 15 Rdnr. 36). Hierfür trägt der **Arbeitgeber** die **Beweislast** (vgl. EuGH Urteil vom 22. April 1997 a. a. O.; BAG Urteil vom 17. August 2010 – 9 AZR 839/08, zit. nach JURIS; Meinel / Heyn / Herms Rdnr. 51; Schiek / *Kocher* Rdnr. 48). Das ergibt sich bereits aus der Gesetzesformulierung und -systematik, weil durch § 15 Abs. 2 Satz 2 AGG von dem in § 15 Abs. 2 Satz 1 AGG aufgestellten Grundsatz der nur durch das Kriterium der Angemessenheit begrenzten Entschädigungshöhe eine Ausnahme zugunsten des Arbeitgebers geschaffen wird. Diese Verteilung der Beweislast schließt allerdings nicht aus, dass der Beschäftigte im Rahmen einer abgestuften Darlegungslast geltend machen muss, dass er bei einer benachteiligungsfreien Auswahl eingestellt worden wäre (BAG Urteil vom 17. August 2010 a. a. O.).

63　Aber auch in den übrigen Fällen wird der Anspruch auf Ersatz des immateriellen Schadens wohl **nur in Ausnahmefällen und bei besonders leistungsfähigen Arbeitgebern eine Höhe im fünfstelligen Bereich** erreichen können. Denn bei der Festsetzung der entsprechenden Entschädigung muss auch das Verhältnis zu den im deutschen Recht geltenden Maßstäben für Schmerzensgeldansprüche wegen Körperverletzungen oder Schadensersatzansprüchen bei Verletzung des allgemeinen Persönlichkeitsrechts gewahrt bleiben (vgl. Bauer / Göpfert / Krieger a. a. O.).

64　Die vorstehend dargelegten Grundsätze gelten sinngemäß für eine diskriminierende Benachteiligung beim **beruflichen Aufstieg** (vgl. auch oben Rdnr. 36). Wäre auch bei richtiger Beurteilung der diskriminierte Beschäftigte nicht beruflich aufgestiegen, bleibt es bei der Entschädigung in Höhe von höchstens drei Monatsgehältern als Ersatz für den immateriellen Schaden (BAG Urteil 17. August 2010 – 9 AZR 839/08, zit. nach JURIS, Rdnr. 61).

Dies war nach § 81 Abs. 2 Satz 2 Nr. 5 SGB IX a. F. kraft Verweisung auf § 81 Abs. 2 Satz 2 Nr. 3 SGB IX a. F. ausdrücklich so bestimmt. Eine entsprechende Regelung fehlt in § 15 AGG. Dies wird zum Teil für ein Redaktionsversehen gehalten (so *Walker* NZA 2009, 5, [7] m. w. Nachw.). Für eine Beschränkung der Entschädigungszahlung auf drei Monatsgehälter in den Fällen, in denen ein bereits beschäftigter Arbeitnehmer auch bei benachteiligungsfreier Auswahl nicht die Beförderungsstelle erhalten hätte, spricht der sog. **Erst-Recht-Schluss** (BAG Urteil vom 17. August 2010 a. a. O.; vgl. auch HK-AGG / *Deinert* Rdnr. 65; Meinel / Heyn / Herms Rdnr. 52; a. A. Schiek / *Kocher* Rdnr. 47; Wendeling-Schröder / *Stein* Rdnr. 48).

C) zu Abs. 3

1. Haftungserleichterung bei Kollektivvereinbarungen

Durch Abs. 3 ist eine **Haftungserleichterung bei der Anwendung kollektivrechtlicher Vereinbarungen** eingeführt worden. Kommt es dabei zu Benachteiligungen, ist der Arbeitgeber nur dann zur Entschädigung verpflichtet, wenn er vorsätzlich oder grob fahrlässig handelt. Schuldhaft in diesem Sinn handelt der Arbeitgeber, wenn er weiß oder grob fahrlässig nicht weiß, dass eine kollektivrechtliche Regelung benachteiligend ist und er sie dennoch anwendet (*Kania / Merten* ZIP 2007, 8 [14]). Eine **Haftung wegen einfacher Fahrlässigkeit** oder gar bei **fehlendem Verschulden ist ausgeschlossen** (kritisch dazu *Thüsing* in Bauer / Thüsing / Schunder NZA 2005,32 [35]). Der Gesetzgeber begründet das Haftungsprivileg mit der **„höheren Richtigkeitsgewähr"** solcher kollektivrechtlichen Regelungen, die es rechtfertige, die Rechtsfolgen anders auszugestalten als bei Maßnahmen in alleiniger Verantwortlichkeit des Arbeitgebers (BT-Drucks. 16/1780 S. 38; oben Rdnr. 12).

Dieser Begründungsansatz ist aber **kaum überzeugend** (ebenso *Walker* NZA 2009, 5 [6 f.]: Die Richtigkeitsgewähr von Kollektivvereinbarungen kann sich nur auf die angemessene Berücksichtigung der Interessen beider Vertragsparteien beziehen, die es etwa rechtfertigt, Tarifverträge und Betriebsvereinbarungen von der AGB-Inhaltskontrolle auszunehmen (vgl. § 310 Abs. 4 Satz 1 BGB). Dagegen gibt es **keine Vermutung einer Rechtmäßigkeit von Kollektivvereinbarungen** (*Kamanabrou* RdA 2006, 335; Wendeling-Schröder / *Stein* Rdnrn. 58 f.). Verstößt eine kollektivrechtliche Vereinbarung gegen das Benachteiligungsverbot des AGG, ist sie unwirksam (§ 7 Abs. 2 AGG) und darf nicht vollzogen werden. Glaubt der Arbeitgeber, zu einer Anwendung der unwirksamen Kollektivvereinbarung berechtigt – oder gar verpflichtet – zu sein, befindet er sich in einem Rechtsirrtum. Zweifelhaft erscheint, warum gerade dieser Rechtsirrtum beachtlich sein soll. Selbst bei der Anwendung eines diskriminierenden Gesetzes (z. B. § 14 Abs. 3 TzBfG a. F.) kann der Arbeitgeber nicht ohne Weiteres mit Vertrauensschutz rechnen (*Walker* a. a. O. unter Hinweis auf BAG Urteil vom 26. April 2006 – 7 AZR 500/04 = NZA 2006, 1162 [1169]).

Deshalb wird nicht ohne Grund bezweifelt, dass § 15 Abs. 3 AGG, wonach der Arbeitgeber bei der Anwendung kollektivrechtlicher Vereinbarungen nur dann zur Entschädigung verpflichtet ist, wenn er vorsätzlich oder grob fahrlässig gehandelt hat, **europarechtskonform** ist und ob diese Vorschrift angewandt werden darf (vgl. dazu Meinel / Heyn / Herms Rdnr. 58 ff.; HK-AGG / *Deinert* Rdnrn. 86 ff.). Das BAG hat das im Urteil vom 22. Januar 2009 (8 AZR 906/07 = NZA 2009, 945) offengelassen.

Hält man die Regelung aber für anwendbar, ist zu bedenken:

Nach ihrem Wortlaut gilt die Bestimmung nur für „Entschädigungsansprüche" i. S. von Abs. 2. Das Argument einer höheren Richtigkeitsgewähr betrifft aber nicht nur Entschädigungsansprüche, sondern gleichermaßen **auch Schadensersatzansprüche** infolge der Anwendung einer kollektivrechtlichen Vereinbarung. Deshalb ist **Abs. 3 über seinen Wortlaut hinaus** dahingehend auszulegen, dass er auch einen Schadensersatzanspruch nach Abs. 1 bei einfach fahrlässigem Verhalten des Arbeitgebers ausschließt (Bauer / Göpfert / Krieger Rdnr. 45; *Bauer / Evers* NZA 2006, 897; a. A. HK-AGG / *Deinert* Rdnr. 116).

D) zu Abs. 4

1. Ausschlussfrist

Im Interesse der Rechtssicherheit insbesondere für den Arbeitgeber sieht **Abs. 4 Satz 1** eine **Ausschlussfrist** vor: Sämtliche in Betracht kommenden Ansprüche auf Schadensersatz und Entschädigung aus Abs. 1 und 2 müssen grundsätzlich **innerhalb von zwei Monaten schriftlich** geltend gemacht werden, sofern nicht die Tarifvertragsparteien etwas anderes vereinbart haben. Die Ausschlussfrist ist somit **tarifdispositiv**, auch durch generelle tarifvertragliche Ausschlussfristen (HK-AGG / *Deinert* Rdnr. 103).

70 **Sinn und Zweck der Ausschlussfrist** nach Abs. 4 ist es, die aus der Beweislastverteilung in § 22 AGG folgende Notwendigkeit zur Dokumentation der Einhaltung der den Arbeitgeber treffenden Obliegenheiten im Rahmen zu halten (LAG München Urteil vom 21. Januar 2009 – 5 Sa 385/08, zit. nach JURIS). Dem Arbeitgeber sollte nicht zugemutet werden, Dokumentationen über Einstellungsverfahren usw. bis zum Ablauf der allgemeinen Verjährungsfrist von drei Jahren aufbewahren zu müssen (BT-Drucks. 16/1780, S. 38). Dementsprechend wurden im Gesetzgebungsverfahren, nachdem der ursprüngliche Entwurf der Bundesregierung noch eine Frist von drei Monaten vorgesehen hatte, die Frist auf Drängen des Bundesrats und des Rechtsausschusses **auf die jetzigen zwei Monate verkürzt** (vgl. oben Rdnr. 7).

71 Für die Frist gilt die **allgemeine Berechnungsvorschrift des § 187 BGB**. Sie beginnt nach **Abs. 4 Satz 2** mit dem **Zeitpunkt des Zugangs** der Bewerbungsablehnung – auch der mit Gründen versehenen Entscheidung gem. § 81 Abs. 1 Satz 9 SGB IX bei schwerbehinderten Bewerbern – bzw. der Mitteilung über einen versagten beruflichen Aufstieg.

72 Diese Frist ist **mit den europarechtlichen Vorgaben vereinbar** (EuGH Urteil vom 8. Juli 2010 – C-246/09 = NZA 2010, 869 m. Anm. *Fischinger* NZA 2010, 1048 = NJW 2010, 2713 m. Anm. *Kock*; BAG Urteil vom 24. September 2009 – 8 AZR 705/08 = NZA 2010, 387 = DB 2010, 618). Die Vorschrift des Abs. 4 ist allerdings **richtlinienkonform** dahingehend auszulegen, dass die Frist auch im Fall einer Bewerbung oder Beförderung erst zu dem Zeitpunkt beginnt, zu dem der Beschäftigte von der behaupteten Diskriminierung **Kenntnis erlangt** (EuGH Urteil vom 8. Juli 2010 a. a. O.).

73 Nach Ansicht des EuGH a. a. O. ist die Ausgestaltung von Verfahren zur Geltendmachung von Ansprüchen Sache der Mitgliedstaaten. Das Unionsrecht erfordere nur, dass diese Verfahren nicht weniger günstig gestaltet sein dürfen als bei entsprechenden Klagen, die nur innerstaatliches Recht betreffen **(Grundsatz der Äquivalenz)**, und dass sie die Ausübung der durch die Unionsrechtsordnung verliehenen Rechte nicht praktisch unmöglich machen oder übermäßig erschweren dürfen **(Grundsatz der Effektivität)**. Bezogen auf den Grundsatz der Äquivalenz verweist der EuGH a. a. O. auf die kurzen Klagefristen z. B. in § 4 KSchG und § 17 TzBfG. Allerdings sei dem nationalen Gericht die Prüfung überlassen, ob es sich bei diesen Verfahrensfristen um mit der Geltendmachungsfrist nach § 15 Abs. 4 AGG vergleichbare Fristen handelt.

74 Einen Verstoß gegen den **Grundsatz der Effektivität** hat der EuGH a. a. O. verneint. Es sei nicht ersichtlich, dass die Festlegung der Geltendmachungsfrist auf zwei Monate die Ausübung der vom Unionsrecht verliehenen Rechte unmöglich machen oder übermäßig erschweren könnte. Eine Einschränkung macht der EuGH aber insoweit, als nach dem Wortlaut von § 15 Abs. 4 Satz 2 AGG die Frist im Fall einer Bewerbung oder Beförderung unabhängig von der Kenntnis des Kandidaten von einer möglichen Benachteiligung mit dem **Zugang der Ablehnung** beginnt. Die Vorschrift sei richtlinienkonform so auszulegen, dass die Geltendmachungsfrist auch in diesen Fällen erst zu dem Zeitpunkt beginnt, zu dem der Arbeitnehmer **von der behaupteten Diskriminierung Kenntnis** erlangt.

75 Diese Einschränkung ist **nachteilig für Arbeitgeber**. Denn der genannte Zeitpunkt kann ggf. deutlich nach dem Zugang der Ablehnung liegen, wenn der Kandidat etwa erst nachträglich von der Einstellung oder Beförderung eines anderen Bewerbers erfährt. Der im Interesse der Rechtssicherheit eingeführten Sonderregelung für Einstellungs- und Beförderungsverfahren in Abs. 4 Satz 2 kommt nach der vom EuGH a. a. O. verlangten richtlinienkonformen Auslegung nur noch die Bedeutung einer **Beweislastregel** zu. Danach ist grundsätzlich davon auszugehen, dass ein Bewerber mit Erhalt der Ablehnung Kenntnis von den die mögliche Benachteiligung begründenden Umständen hat und daher die Geltendmachungsfrist zu laufen beginnt. Kann der Bewerber aber nachweisen, dass er erst nachträglich von den entsprechenden Tatsachen erfahren hat, beginnt die Frist erst mit Kenntniserlangung zu laufen (vgl. zum Ganzen *Krieger* ArbR Aktuell 2010, 393).

Angesichts der eindeutigen gesetzlichen Regelung, wonach im Fall einer Bewerbung oder eines beruflichen Aufstiegs die Frist erst mit dem Zugang der Ablehnung beginnt (vgl. auch S / S / V / *Voigt* Rdnr. 74), wird die Frist nicht dadurch in Gang gesetzt, dass der Bewerber statt oder vor einer Ablehnung **auf andere Weise erfährt**, dass er die Stelle nicht bekommen hat (so aber Bauer / Göpfert / Krieger Rdnr. 54). Da der Arbeitgeber es in der Hand hat, den Zugang für die Ablehnung zu bewirken, besteht keine Notwendigkeit für eine nicht am Wortlaut orientierte Auslegung der gesetzlichen Regelung (BAG Urteil vom 17. August 2010 – 9 AZR 839/08, zit. nach JURIS). Hat der Arbeitgeber eine Bewerbung **nicht ausdrücklich abgelehnt**, sondern den Kandidaten lediglich nicht zum Vorstellungsgespräch oder Probevorspielen eingeladen, beginnt die Ausschlussfrist nicht zu laufen (LAG Köln Urteil vom 26. November 2009 – 13 Sa 794/09, zit. nach JURIS, Rdnr. 14). 76

Bei **Dauertatbeständen** wie etwa fortlaufenden Mobbing-Handlungen beginnt die Ausschlussfrist erst mit der **zeitlich letzten Handlung** (vgl. BAG Urteil vom 16. Mai 2007 – 8 AZR 709/06 – AP Nr. 5 zu § 611 BGB Mobbing; LAG Köln Urteil vom 15. Februar 2008 – 11 Sa 923/07 = NZA-RR 2008, 622; S / S / V / *Voigt* Rdnr. 68). 77

Ist der **Beginn** der **Ausschlussfrist strittig**, trägt der Arbeitgeber die **Beweislast** für den Zugang seiner Entscheidung. Hingegen muss der Arbeitnehmer im Streitfall beweisen, dass sein Schreiben innerhalb der Frist dem Arbeitgeber zugegangen ist (Hauck / Noftz / *Schröder* § 81 SGB IX Rdnr. 29). Das setzt die Möglichkeit der rechtzeitigen Kenntnisnahme voraus (BAG Urteil vom 25. April 1996 – 2 AZR 13/95 = BAGE 83, 73 = DB 1996, 2235). Deshalb **genügt die Absendung des Schreibens am letzten Tag der Frist nicht**; wohl aber reicht eine persönliche Übergabe aus. Aus dem Schreiben des Arbeitnehmers muss allerdings erkennbar sein, dass dieser eine Entschädigung beanspruchen will, die auch abschätzbar ist. 78

Zur Wahrung der Ausschlussfrist ist die **schriftliche Geltendmachung** erforderlich. Dafür gelten §§ 125 ff. BGB. Dies spricht an sich für das Erfordernis einer Urkunde mit eigenhändiger Unterschrift (§ 126 Abs. 1 BGB). Ob **Telefax und E-Mail** als Textform nach § 126b BGB genügen, ist strittig (verneinend *Annuß* BB 2006, 1629, [1635]; *Düwell* BB 2006, 1741 [1744]). 79

Hingegen hat LAG München im Urteil vom 3. Juni 2009 (10 Sa 719/08, zit. nach JURIS) eine **Faxübermittlung** mit überzeugender Begründung für **ausreichend** gehalten. Das BAG habe zur Einhaltung tariflicher Ausschlussfristen, die die schriftliche Geltendmachung verlangen, entschieden, dass hierfür ein Telefax ausreichend sei (BAG Urteil vom 11. Oktober 2000 – 5 AZR 313/99, Rn. 17 ff., vgl. auch Urteil vom 17. September 2003 – 4 AZR 540 /02, 91; Beschluss vom 11. Juni 2002 – 1 ABR 43/01, Rn. 27 ff.). Ein Tarifvertrag begründe wegen seiner normativen Qualität zwar ein gesetzliches Schriftformerfordernis; § 126 BGB komme aber nicht zur Anwendung da dieser nur Willenserklärungen erfasse. Bei der Geltendmachung von Ansprüchen handele es sich nur um eine **rechtsgeschäftsähnliche Handlung**, auf die § 126 BGB lediglich entsprechend ihrer Eigenart analog Anwendung finde. Angesichts der im Geschäftsleben vorhandenen **Üblichkeit der Erklärungsübermittlung per Telefax** bestehe keine Notwendigkeit, bei der Geltendmachung auf einer Originalunterschrift zu bestehen. Das BAG weise weiter darauf hin, dass es einen Wertungswiderspruch darstelle, wenn für die Geltendmachung eine Originalunterschrift erforderlich sein sollte, die **Klage** aber **mit einem Telefax wirksam eingereicht** werden kann (BAG Urteil vom 11. Oktober 2000 a. a. O.). Es sei kein Grund ersichtlich, warum diese Grundsätze nicht auch für die Geltendmachung nach § 15 Abs. 4 AGG gelten sollten. Auch hierbei handle es sich um eine rechtsgeschäftsähnliche Handlung, die den gleichen Zwecken diene wie eine tarifliche Ausschlussfrist, was sich aus Abs. 4 Satz 1, 2. Halbs. auch unmittelbar ergebe. 80

Darüber hinaus würden einer **strengeren Auslegung** auch **europarechtliche Bedenken** entgegenstehen. Der EuGH habe in der Entscheidung vom 16. Mai 2000 – C-78/98 = NZA 2000, S. 889) deutlich gemacht, dass nationale Verfahrensvorschriften für die Geltendmachung von gemeinschaftsrechtlichen Ansprüchen unbedenklich sind, wenn die Verfahrensvorschrift nicht weniger günstig ist als Vorschriften für ähnliche Klagen aus innerstaatlichem 81

Recht. Eine Auslegung des § 15 Abs. 4 AGG, die für die Geltendmachung der AGG-Ansprüche höhere Anforderungen aufstellt als für Geltendmachung anderer Ansprüche, würde diesen Vorgaben nicht gerecht. Das BAG als Revisionsinstanz dieses Falles hat diese Auffassung im 🏛 Urteil vom 19. August 2010 – 8 AZR 530/09 offenbar bestätigt.

82 Zwar kann eine **schriftliche Geltendmachung** nach allgemeiner Ansicht auch **in einer Klage bestehen**, der Zugang beim Arbeitgeber liegt dann aber erst in der **Zustellung der Klageschrift** (🏛 LAG München Urteil vom 21. Januar 2009 – 5 Sa 385/08, zit. nach JURIS). Für eine Anwendung des § 167 ZPO besteht nur insoweit ein Bedürfnis, als ein Gläubiger darauf angewiesen ist, sich der Mitwirkung der Gerichte zu bedienen, um bestimmte Fristen zu wahren. Wird dagegen die Form der Klageerhebung gewählt, obwohl die Frist – wie hier – auch in anderer Form, z. B. durch einfaches Schreiben, eingehalten werden kann, bedarf es dieses Schutzes nicht (LAG München Urteil vom 21. Januar 2009 a. a. O.).

83 Hingegen wird auch durch das Gebot der „Schriftlichkeit" des Entschädigungsverlangens **weder eine konkrete Bezifferung noch eine Begründung vorgeschrieben** (🏛 BAG Urteil vom 15. Februar 2005 – 9 AZR 635/03 = AP Nr. 7 zu § 81 SGB IX = NZA 2005, 870 = BehindertenR 2005, 168 unter III der Gründe; Urteil vom 22. Januar 2009 – 8 AZR 906/07, Rdnr. 85 = NZA 2009, 945 = AP Nr. 1 zu § 15 AGG), wenngleich beide zweckmäßig sein können (*Großmann* BehindertenR 2003, 174).

a) Klagefrist

84 Der betroffene Beschäftigte kann eine erfolglos geltend gemachte Entschädigungsforderung durch eine **Leistungsklage** beim Arbeitsgericht gem. § 2 Satz 1 Nr. 3 ArbGG weiterverfolgen. Geht es um einen Verstoß gegen das Benachteiligungsverbot bei der Bewerbung um **Einstellung als Beamter oder Richter**, sind die **Verwaltungsgerichte** zuständig (vgl. 🏛 LAG Hamm Beschluss vom 6. Oktober 2005 – 2 Ta 402/05 = NZA-RR 2006, 157). Es handelt sich jedenfalls im Schwerbehindertenrecht insoweit um einen Anspruch vorbeamtenrechtlicher Art mit einer dem Beamtenrecht zugeordneten Anspruchsgrundlage, denn die gesetzliche Pflicht zur Beschäftigung schwerbehinderter Menschen gem. §§ 71 ff. SGB IX richtet sich sowohl an private wie auch an öffentliche Arbeitgeber (LAG Hamm Beschluss vom 6. Oktober 2005 a. a. O.).

85 Für eine **Klage zum Arbeitsgericht** gilt – zusätzlich zur zweimonatigen Geltendmachungsfrist nach § 15 Abs. 4 AGG – eine **dreimonatige Klagefrist** (§ 61b Abs. 1 ArbGG). Obwohl die verfahrensrechtliche Vorschrift nur von Entschädigung spricht, erfasst sie über ihren zu eng gefassten Wortlaut hinaus alle Ansprüche wegen einer verbotenen Benachteiligung, also auch Schadensersatz nach § 15 Abs. 1 AGG (Bauer / Göpfert / Krieger Rdnr. 57; *Willemsen / Schweibert* NJW 2006, 2583 [2591]). Die Klage muss **innerhalb von drei Monaten nach der schriftlichen Geltendmachung des Anspruchs** erhoben werden. Sie beginnt unabhängig davon zu laufen, ob der Arbeitgeber auf die schriftliche Geltendmachung Stellung nimmt oder nicht. Auf eine Ablehnung des Anspruchs kommt es nicht an (Hauck / *Helml* ArbGG § 61b Rdnr. 4).

86 Beide Fristen addieren sich **nur dann zu einer Gesamtfrist von fünf Monaten**, wenn der Anspruchsteller die Entschädigung **erst am letzten Tag der Zweimonatsfrist** nach Abs. 4 Satz 1 verlangt. Erklärt der Betroffene hingegen noch am Tag der Benachteiligung schriftlich, er werde den Arbeitgeber in einer bestimmten Höhe auf Schadensersatz in Anspruch nehmen, so endet die Klagefrist nach Ablauf von drei Monaten ab dem Tag der Benachteiligung (Bauer / Göpfert / Krieger Rdnr. 59).

87 Die Frist wird durch **Eingang der Klage beim Arbeitsgericht** und alsbaldige Zustellung an den Arbeitgeber gewahrt (vgl. 270 Abs. 3 ZPO). Da es sich um eine **Ausschlussfrist** handelt, kommt eine Wiedereinsetzung in den vorigen Stand oder eine Zulassung verspäteter Klagen entsprechend § 5 KSchG nicht in Betracht. Die Fristversäumnis führt zum Anspruchsunter-

gang (HK-AGG / *Deinert* Rdnr. 115 m. w. Nachw.). Eine verspätet erhobene Klage ist zwar zulässig, wegen § 61b Abs. 1 ArbGG aber unbegründet.

b) Zulässigkeit der Leistungsklage

Die Klage ist zulässig mit dem Antrag, den beklagten Arbeitgeber zu einer in **das Ermessen des Gerichts zu stellenden Entschädigungsleistung** zu verurteilen. Insbesondere ist eine solche Klage bestimmt genug im Sinne von § 253 Abs. 2 Nr. 2 ZPO. Ein derartiger Klageantrag ist zulässig, wenn die Bestimmung des Betrags von einer gerichtlichen Schätzung oder billigem Ermessen des Gerichts abhängig ist (vgl. BAG Urteil vom 22. April 2004 – 8 AZR 620/02 = AP Nr. 3 zu § 211 BGB = ZTR 2004, 496). Der Kläger muss dann jedoch die **Tatsachen**, die das Gericht für die Schätzung heranziehen soll, benennen und die **Größenordnung der geltend gemachten Forderung angeben** (BGH Urteil vom 30. April 1996 – VI ZR 55/95 = BGHZ 132, 341 = NJW 1996, 2425; BAG Urteil vom 22. Januar 2009 – 8 AZR 906/07, Rdnr. 22 = AP Nr. 1 zu § 15 AGG; Urteil vom 16. September 2008 – 9 AZR 791/07 = BAGE 127, 367 = AP Nr. 15 zu § 81 SGB IX). Hierfür genügt eine Bezugnahme auf die gesetzliche Regelung des Abs. 2 Satz 2, wonach der Entschädigungsanspruch auf drei Monatsverdienste beschränkt ist, wenn der betroffene Bewerber auch bei benachteiligungsfreier Auswahl nicht eingestellt worden wäre.

88

Ferner muss der Kläger die Umstände seiner Bewerbung und ihrer Ablehnung darlegen (LAG Hamm Urteil vom 16. Dezember 2005 – 15 Sa 1698/05, zit. nach JURIS). Sofern bei schwerbehinderten Bewerbern bereits ein Feststellungsverfahren im Rahmen von § 81 Abs. 1 Satz 9 SGB IX anhängig ist, sind die Anträge umzustellen (*Großmann* BehindertenR 2003, 165 [175]).

89

E) zu Abs. 5

1. Sonstige Ansprüche gegen den Arbeitgeber

Eine nach dem AGG unzulässige Benachteiligung eines Beschäftigten kann auch anderweitige Ansprüche gegen den Arbeitgeber begründen. Das gilt namentlich für

90

– deliktische **Schadensersatzansprüche**, wenn die Benachteiligung zugleich die entsprechenden Tatbestandsvoraussetzungen erfüllt. In Betracht kommen insbesondere die **Verletzung des allgemeinen Persönlichkeitsrechts** nach § 823 Abs. 1 BGB mit einem daraus folgenden Anspruch auf Ersatz des materiellen und immateriellen Schadens (vgl. BAG Urteil vom 14. März 1989 – 8 AZR 447/87 = BAGE 61, 209 = NJW 1990, 65 = NZA 1990, 21; Palandt / *Sprau* § 823 BGB Rdnrn. 175 ff., 199 ff). Das allgemeine Persönlichkeitsrecht umfasst das Recht des Einzelnen auf Achtung seiner Menschenwürde und Entfaltung der individuellen Persönlichkeit. Im Arbeitsleben hat jeder Arbeitnehmer ein Recht, nach sachangemessenen Maßstäben beurteilt zu werden. Geschlechtsbezogene Diskriminierung verletzt regelmäßig das allgemeine Persönlichkeitsrecht, dessen Inhalt für den Zugang zum Arbeitsverhältnis durch § 611a Abs. 1 BGB konkretisiert wird;

– den Anspruch aus § 823 Abs. 2 BGB i. V. m. § 7 Abs. 1 AGG; denn das **Benachteiligungsverbot ist insoweit Schutzgesetz** im Sinne dieser BGB-Vorschrift (Nollert-Borasio / Perreng § 7 AGG Rdnr. 48 unter Hinweis auf LAG Hamm Urteil vom 21. November 1996 – 17 Sa 987/96, zit. nach JURIS zum früheren § 611a Abs. 1 BGB; ebenso Wendeling-Schröder / *Stein* Rdnr. 91; HK-AGG / *Deinert* Rdnr. 124 jeweils m. w. Nachw. zum Streitstand);

– einen Schadensersatzanspruch wegen vorsätzlicher sittenwidriger Schädigung nach § 826 BGB, falls der Arbeitgeber selbst belästigt oder eine entsprechende Anweisung gegeben hat (Wendeling-Schröder / *Stein* Rdnr. 91).

– Ansprüche auf **Beseitigung** und ggf. **Unterlassung** aus **§ 1004 BGB**. Diese können sowohl auf Unterlassung von Verletzungen des Persönlichkeitsrechts aus § 823 Abs. 1 i. V. mit § 1004 BGB gehen, aber auch auf die Beseitigung bzw. Unterlassung von Verstößen gegen das Benachteiligungsverbot gerichtet sein (HK-AGG / *Deinert* Rdnr. 125). Voraussetzung des Unterlassungsanspruchs ist die mehr als nur abstrakte Gefahr der Wiederholung oder Erstbegehung; der Beseitigungsanspruch setzt eine fortdauernde Beeinträchtigung voraus, etwa eine rassistische Inschrift am Arbeitsplatz (Wendeling-Schröder / *Stein* Rdnr. 93).

91 Derartige Ansprüche können **neben oder anstatt Forderungen aus Abs. 1 und 2** geltend gemacht werden. Allerdings müssen insoweit auch die **Anspruchsbeschränkungen** nach **Abs. 3 und 4** sowie **§ 61b Abs. 1 ArbGG** gelten (Meinel / Heyn / Herms Rdnr. 65; S / S / V / *Voigt* Rdnr. 62; Bauer / Göpfert / Krieger Rdnr. 67; a. A. HKK-AGG / *Deinert* Rdnr. 97; Wendeling-Schröder / *Stein* Rdnr. 95). Andernfalls würden die Haftungserleichterung für den Arbeitgeber sowie die kurze Frist zur Geltendmachung bzw. Klage unterlaufen, wenn der betroffene Beschäftigte wegen der verbotenen Benachteiligung, gestützt auf andere Anspruchsgrundlagen, auch im Fall einfacher Fahrlässigkeit oder nach Ablauf der zweimonatigen Geltendmachungsfrist noch Ansprüche erheben könnte (vgl. Bauer / Göpfert / Krieger Rdnr. 67). Dasselbe gilt nach dem Sinn und Zweck des Abs. 6 auch für den Ausschluss des Rechts auf Einstellung bzw. beruflichen Aufstieg (vgl. unten Rdnr. 93; ebenso Bauer / Göpfert / Krieger Rdnr. 67).

F) zu Abs. 6

1. Kein Anspruch auf Begründung eines Beschäftigungsverhältnisses oder Beförderung

92 Mit der Vorschrift des Abs. 6 hat sich der Gesetzgeber einen **Vertragsabschlusszwang** als Rechtsfolge einer Diskriminierung bei einer Auswahlentscheidung **ausgeschlossen** (Wendeling-Schröder / *Stein* Rdnr. 96). Der betroffene Stellenbewerber hat somit keinen Anspruch auf Einstellung. Trotz einer verbotenen Benachteiligung darf im Arbeitsrecht keiner Seite ein Vertragspartner aufgedrängt werden. Das gilt sowohl für den Arbeitgeber als auch für das Diskriminierungsopfer, das nicht auf einen nunmehr angebotenen Vertragsschluss verwiesen werden darf (HK-AGG / *Deinert* Rdnr. 127, 129).

93 Ebenso kann der betroffene Beschäftigte aus einer nach dem AGG unzulässigen Benachteiligung beim beruflichen Aufstieg **keinen Anspruch auf Beförderung** ableiten (Adomeit / Mohr Rdnr. 113). Die Betroffenen sind allein auf die Ansprüche nach Abs. 1 und Abs. 2 verwiesen.

94 Unberührt bleiben allerdings **Rechtsansprüche auf die Begründung eines Arbeitsverhältnisses aus anderen Gründen** (z. B. für den öffentlichen Dienst aus Art. 33 Abs. 2 GG). Auch ein tarifvertraglicher Einstellungsanspruch z. B. für Auszubildende kommt in Betracht (Bauer / Göpfert / Krieger Rdnr. 68). Ebenso kann sich ein Anspruch auf einen **beruflichen Aufstieg** aus anderen Rechtsvorschriften ergeben, etwa im Fall eines tariflichen Bewährungsaufstiegs (vgl BT-Drucks. 16/1780 S. 38) oder aus anderweitigen kollektiv-und individualrechtlichen Anspruchsgrundlagen (Adomeit / Mohr Rdnr. 114). Aufgrund der in Abs. 6 festgelegten Subsidiarität kann der Arbeitnehmer allerdings **neben dem beruflichen Aufstieg nicht** noch zusätzlich eine **Entschädigung** nach Abs. 2 verlangen.

V. Literatur

Vgl. die zu § 1 AGG angegebene Literatur sowie

Abele, Roland, Ausschlussfrist bei Geltendmachung von Ansprüchen wegen Diskriminierung, FA 2010, 263

Adomeit, Klaus / **Mohr**, Jochen, Benachteiligung von Bewerbern (Beschäftigten) nach dem AGG als Anspruchsgrundlage für Entschädigung und Schadenersatz, NZA 2007, 179

Adomeit, Klaus / **Mohr**, Jochen, Zugangsgleichheit und Entgeltgleichheit bei Beschäftigungsverhältnissen als verschiedenartige Ziele des AGG – Über die Notwendigkeit einer getrennten dogmatischen Behandlung beider Problembereiche, JZ 2009, 183

Bissels, Alexander / **Lützeler**, Martin, Rechtsprechungsübersicht zum AGG, BB 2008, 666

Bissels, Alexander / **Lützeler**, Martin, Aktuelle Entwicklung der Rechtsprechung zum AGG (Teil 1), BB 2009, 774, (Teil 2), BB 2009, 833

Deinert, Olaf, Anwendungsprobleme der arbeitsrechtlichen Schadenersatzvorschriften im neuen AGG, DB 2007, 398

Diller, Martin, AGG-Hopping durch Schwerbehinderte, NZA 2007, 1321

Gaul, Björn / **Naumann**, Eva, Praxisrelevante Fragen im Anwendungsbereich des Allgemeinen Gleichbehandlungsgesetzes, ArbRB 2007, 47

Großmann, Rupprecht, Prüfungspflicht, Benachteiligungsverbot und Entschädigungsanspruch im Zusammenhang mit der Einstellung von schwerbehinderten Menschen nach § 81 SGB IX, BehindertenR 2003, 125 und 126

Jacobs, Matthias, Grundprobleme des Entschädigungsanspruchs nach § 15 Abs. 2 AGG, RdA 2009, 193

Mückl, Patrick, Erfolgreiche Taktik im Diskriminierungsprozess, BB 2008, 1842

Mückl, Patrick, Zur Vereinbarkeit von § 15 Abs 4 AGG mit Gemeinschaftsrecht, EwiR 2010, 589

Nebeling, Martin / **Miller**, Anemone, Die materielle Richtigkeitsgewähr des Tarifvertrages im Lichte der Haftungsfalle des § 15 Abs. 3 AGG, RdA 2007, 289

Range-Ritz, Daniela, Drei Jahre AGG: Ein aktueller Rechtsprechungsüberblick, ArbRB 2009, 269

Schwab, Rouven, Diskriminierende Stellenanzeigen durch Personalvermittler, NZA 2007, 178

Seel, Henning-Alexander, Praxisfälle zum Allgemeinen Gleichbehandlungsgesetz, JA 2007, 206

Simon, Oliver / **Greßlin**, Martin, Haftung des Arbeitgebers bei Benachteiligungen durch Beschäftigte und Dritte, BB 2007, 1782

Stoffels, Markus, Grundprobleme der Schadensersatzverpflichtung nach § 15 Abs. 1 AGG, RdA 2009, 204

Stürmer, Klaus, Bewerbung und Schwangerschaft, NZA 2001, 526

Treber, Jürgen, Arbeitsrechtliche Neuerungen durch das Gesetz zur Änderung des Bürgerlichen Gesetzbuch und des Arbeitsgerichtsgesetzes, NZA 1998, 856

Walker, Wolf-Dietrich, Der Entschädigungsanspruch nach § 15 II AGG, NZA 2009, 5

§ 16
Maßregelungsverbot

(1) ¹Der Arbeitgeber darf Beschäftigte nicht wegen der Inanspruchnahme von Rechten nach diesem Abschnitt oder wegen der Weigerung, eine gegen diesen Abschnitt verstoßende Anweisung auszuführen, benachteiligen. ²Gleiches gilt für Personen, die den Beschäftigten hierbei unterstützen oder als Zeuginnen oder Zeugen aussagen.

(2) ¹Die Zurückweisung oder Duldung benachteiligender Verhaltensweisen durch betroffene Beschäftigte darf nicht als Grundlage für eine Entscheidung herangezogen werden, die diese Beschäftigten berührt. ²Absatz 1 Satz 2 gilt entsprechend.

(3) § 22 gilt entsprechend.

ERLÄUTERUNGEN

ÜBERSICHT

I. Bedeutung der Vorschrift (Rdnrn. 1–5)
II. Fassung (Rdnr. 6)
III. Begründung (Rdnrn. 7–9)
IV. Anmerkungen (Rdnrn. 10–27)
    A) zu Abs. 1
        1. Geschützte Personen (Rdnrn. 10–13)
        2. Verbotene Benachteiligung (Rdnrn. 14–17)
        3. Rechtsfolgen (Rdnrn. 18–19)
    B) zu Abs. 2
        1. Zurückweisung oder Duldung einer Benachteiligung (Rdnrn. 20–23)
    C) zu Abs. 3
        1. Beweislast (Rdnrn. 24–27)
V. Literatur

I. Bedeutung der Vorschrift

1 Im **Arbeitsrecht** gilt ein **allgemeines Maßregelungsverbot**: Der Arbeitgeber darf einen Arbeitnehmer bei einer Vereinbarung oder einer Maßnahme nicht deshalb benachteiligen, weil dieser in zulässiger Weise seine Rechte ausübt (§ 612a BGB). Hierin kommt ein allgemeines **Verbot sittenwidriger Maßnahmen** im Sinne des § 138 BGB zum Ausdruck (vgl. BAG Urteil vom 2. April 1987 – 2 AZR 227/86 = BAGE 55, 190 = NZA 1988, 18). Das Maßregelungsverbot ist nach der Rechtsprechung des EuGH zugleich Ausdruck eines allgemeinen **Rechtsgrundsatzes des Gemeinschaftsrechts** (vgl. EuGH Urteil vom 22. September 1998 – C-185/97 = NZA 1998, 1223 = AP Nr. 18 zu EWG-Richtlinie Nr. 76/207 „Coote"; Schiek / *Kocher* Rdnr. 26).

2 Dieser Grundsatz wird in **Abs. 1 Satz 1** ausdrücklich auch auf die Wahrnehmung von **Rechten nach §§ 6 bis 18 AGG** erstreckt. Die Vorschrift ist insoweit als Spezialgesetz zu § 612a BGB zu verstehen (Däubler / Bertzbach / *Deinert* Rdnr. 1 m. w. Nachw; Schiek / *Kocher* a. a. O.).

3 Geschützt werden nach Abs. 1 Satz 1 ferner Beschäftigte, die sich weigern, eine nach diesen Vorschriften **unzulässige Anweisung** des Arbeitgebers oder von Vorgesetzten auszuführen. Ein solcher Schutz kommt nach Abs. 1 Satz 2 auch **Personen** zugute, die den benachteiligten Beschäftigten bei der Wahrnehmung seiner Rechte **unterstützen** oder durch **Zeugenaussagen** zur Aufklärung des Sachverhalts beitragen.

4 Ferner wird in **Abs. 2** klargestellt: der Arbeitgeber darf **keine** Folgen durch **personelle Maßnahmen** irgendwelcher Art daraus ableiten, dass der betroffene Beschäftigte die gegen das AGG verstoßende **Benachteiligung zurückgewiesen oder geduldet** hat. Ebenso sind solche Maßnahmen gegen Unterstützer des Betroffenen oder gegen Zeugen unzulässig; allerdings ist die Bedeutung dieser Bestimmung gegenüber Abs. 1 Satz 2 gering.

5 In **Abs. 3** wird durch die entsprechende Geltung von § 22 AGG eine **Beweiserleichterung** geschaffen. Für die Geltendmachung einer **verbotenen** Maßregelung reicht es aus, **Indizien** zu beweisen, die eine **Ursächlichkeit** der Maßregelung vermuten lassen. Der Arbeitgeber muss dann ggf. darlegen und beweisen, dass die betreffende Maßnahme in keinem ursächlichen Zusammenhang mit dem von § 16 AGG geschütztem Verhalten steht.

II. Fassung

Die Vorschrift wurde unverändert aus dem Entwurf der Bundesregierung „Entwurf eines Gesetzes zur Umsetzung europäischer Richtlinien zur Verwirklichung des Grundsatzes der Gleichbehandlung" (BT-Drucks. 16/1780) übernommen.

6

III. Begründung

Im Gesetzentwurf der Bundesregierung (BT-Drucks. 16/1780 S. 38 f.) wird zu der Bestimmung ausgeführt:

7

„Zu Absatz 1

Die Regelung setzt Artikel 9 der Richtlinie 2000/43/EG, Artikel 11 der Richtlinie 2000/78/EG und Artikel 7 der Richtlinie 76/207/EWG um. Die Vorschrift entspricht dem bereits in § 612a BGB und § 5 TzBfG enthaltenen Grundsatz, dass Beschäftigte wegen der Inanspruchnahme ihrer Rechte aus diesem Gesetz nicht benachteiligt werden dürfen. Dieser Schutz wird nach Vorgabe der Richtlinien auch auf Personen, die Beschäftigte unterstützen sowie auf Zeugen ausgedehnt. Die Ausführung einer Anweisung, die andere Beschäftigte benachteiligen würde, wäre nach § 7 Abs. 1 ebenso rechtswidrig wie die Erteilung der Anweisung selbst. Satz 1 stellt ausdrücklich klar, dass die Weigerung, eine derartige Weisung auszuführen, vom Arbeitgeber nicht mit Sanktionen belegt werden darf.

Zu Absatz 2

Die Vorschrift stellt klar, dass der Arbeitgeber keine Folgen daraus ableiten darf, ob der oder die Benachteiligte die Benachteiligung geduldet oder zurückgewiesen hat. Gleiches gilt gegenüber Personen, die Beschäftigte unterstützen oder als Zeugen aussagen.

8

Zu Absatz 3

Die Regelung der Beweislastverteilung findet auch im Fall eines Verstoßes des Arbeitgebers gegen das Maßregelungsverbot des § 16 Anwendung."

9

IV. Anmerkungen

A) zu Abs. 1

1. Geschützte Personen

Das Maßregelungsverbot nach Abs. 1 **schützt vier Gruppen von Beschäftigten**, nämlich Personen, die

10

- **Rechte** nach dem 2. Abschnitt des AGG (§§ 6–18) **wahrnehmen**, also Beschwerde einlegen, ihre Tätigkeit nach § 14 AGG einstellen oder Schadensersatz nach § 15 Abs. 1 AGG bzw. Entschädigung nach § 15 Abs. 1 Abs. 2 AGG fordern;
- sich **weigern**, eine gegen den 2. Abschnitt des AGG verstoßende **Anweisung auszuführen** (vgl. § 3 Abs. 5 AGG). Die Erteilung einer Anweisung, die andere Beschäftigte benachteiligen würde, ist selbst als rechtswidrige Benachteiligung zu werten (§ 3 Abs. 5, § 7 Abs. 1 AGG). Ihre Ausführung würde nach § 7 Abs. 3 AGG selbst eine Verletzung arbeitsrechtlicher Pflichten darstellen;

11

- einen **Beschäftigten** bei der Inanspruchnahme von Rechten nach dem zweiten Abschnitt des AGG **unterstützen**. Hierbei muss sich der Betroffene selbst auf seine Rechte aus dem AGG berufen haben; nicht ausreichend ist das Bemühen Dritter aus eigenem Antrieb um eine Offenlegung von Benachteiligungen. Andererseits ist nicht erforderlich, dass bereits formal Beschwerde erhoben worden ist (Schiek / *Kocher* Rdnr. 12).

12

Vorausgesetzt wird aber eine **für den Arbeitgeber erkennbare konkrete Hilfeleistung**, durch welche die Inanspruchnahme der Rechte des Betroffenen aktiv und objektiv in nicht unerheblicher Weise gefördert wird (Bauer / Göpfert / Krieger Rdnr. 10 f.). Geschützt sind insofern auch Mitglieder von Beschäftigtenvertretungen, z. B. Betriebsratsmitglieder, die sich in ihrer Funktion für Kollegen einsetzen (Schiek / *Kocher* Rdnr. 13);

13 – im Zusammenhang mit der Inanspruchnahme von einschlägigen Rechten nach dem AGG durch einen Beschäftigten **als Zeugen aussagen**. Hierunter fällt nach dem Sinn der Vorschrift **nicht nur** die Bekundung eigener Wahrnehmungen **in einem formalisierten Verfahren** (so aber Bauer / Göpfert / Krieger Rdnr. 14), sondern auch etwa in einer internen Untersuchung auf Veranlassung des Arbeitgebers (Schiek / *Kocher* Rdnr. 14).

2. Verbotene Benachteiligung

14 Der Arbeitgeber darf die von Abs. 1 geschützten Beschäftigten nicht benachteiligen.
Als Benachteiligung im Sinne der Vorschrift gilt damit **jedes Verhalten**, das die **Situation** für den Arbeitnehmer **verschlechtert** (Däubler / Bertzbach / *Deinert* Rdnr. 22). Unerheblich ist, ob es vom Arbeitgeber selbst ausgeht oder von Personen, die Arbeitgeberfunktionen ausüben (vgl. ErfK / *Preis* § 612a BGB Rdnr. 4).

15 **Verboten** ist damit **jede Art von Sanktionen** – etwa Abmahnung, Versetzung, Kündigung –, die **in ursächlichen Zusammenhang** mit einer der in der Vorschrift genannten Verhaltensweisen steht. Dasselbe gilt für die **Vorenthaltung von Vorteilen** – etwa Sonderzahlungen – aus einem der in Rede stehenden Gründe, die ebenfalls eine verbotene Benachteiligung sein kann (vgl. BAG Urteil vom 12. Juni 2002 – 10 AZR 340/01 = NJW 2003, 773 = NZA 2002, 1389 zu § 612a BGB).

16 Die in § 16 AGG angesprochenen Umstände müssen für die Maßregelung nicht nur in irgendeiner Weise ursächlich und nicht nur deren äußerer Anlass sein. Vielmehr muss es sich um den **tragenden Beweggrund**, d. h. das wesentliche Motiv handeln (Däubler / Bertzbach / *Deinert* Rdnr. 24; ErfK / *Preis* § 612a BGB Rdnr. 11). Dabei kommt es nicht auf ein Verschulden des Arbeitgebers an, sodass auch Rechtsirrtümer unbeachtlich sind (vgl. *Müller-Glöge* § 612a BGB Rdnr. 16).

17 Das Maßregelungsverbot schließt aber **sonstige Maßnahmen ohne entsprechende Kausalität** nicht aus: Eine **betriebsbedingte Kündigung** ist auch dann zulässig, wenn der Beschäftigte zum Beispiel einen diskriminierten Kollegen bei der Wahrnehmung seiner Rechte unterstützt oder als Zeuge ausgesagt hat. Ist allerdings eine Kündigung nicht nur wesentlich, sondern **ausschließlich durch die zulässige Rechtsausübung des Arbeitnehmers** bestimmt gewesen, ist es unerheblich, ob die Kündigung auf einen anderen Sachverhalt hätte gestützt werden können, weil sich der andere Grund nicht kausal ausgewirkt hat und deshalb kein bestimmendes Motiv für die Kündigung war (vgl. BAG Urteil vom 16. September 2004 – 2 AZR 511/03 = AP BetrVG 1972 § 102 Nr. 142; BAG Urteil vom 25. November 1993 – 2 AZR 517/93 = NZA 94, 837 = AP Nr. 3 zu § 14 KSchG 1969, jeweils zu § 612a BGB).

3. Rechtsfolgen

18 Eine **gegen das Maßregelungsverbot verstoßende Sanktion** ist nach Abs. 1 i. V. m. § 134 BGB **unwirksam** (vgl. BAG Urteil vom 2. April 1987 – 2 AZR 227/86 = BAGE 55, 190 = NZA 1988, 18 für eine Kündigung). Tatsächliche Maßnahmen des Arbeitgebers wie verbotswidrige Arbeitszuweisungen oder Anordnungen sind rechtswidrig und für den Arbeitnehmer unverbindlich. Er braucht sie nicht zu beachten, ohne sich auf ein Zurückbehaltungsrecht nach § 273 BGB berufen zu müssen (ErfK / *Preis* § 612a BGB Rdnr. 23 m. w. Nachw.). Darüber hinaus kann er **Beseitigung** der Maßnahme und bei Wiederholungsgefahr **Unterlassung** verlangen. Ist dem Arbeitnehmer ein Vermögensschaden entstanden, besteht für den Arbeitgeber eine **Schadensersatzverpflichtung** aus § 280 Abs. 1 BGB oder § 823 Abs. 2 BGB i. V. m. § 16 Abs. 1 AGG (vgl. LAG Hamm Urteil vom 18. Dezember 1987 – 17 Sa 1225/87 = DB 1988, 917). Dies wird regelmäßig z. B. bei unzulässiger Kürzung oder Vorenthaltung von **Sonderzuwendungen** in Betracht kommen.

19 Ist eine **Kündigung** wegen Verstoßes gegen § 16 Abs. 1 AGG nach § 134 **nichtig**, kann der Arbeitgeber **keinen Auflösungsantrag** nach § 9 Abs. 1 Satz 2 KSchG stellen (vgl. ErfK / *Preis* § 612a BGB Rdnr. 24).

B) zu Abs. 2

1. Zurückweisung oder Duldung einer Benachteiligung

Die Vorschrift stellt klar, dass der **Arbeitgeber keine Folgen** daraus **ableiten** darf, dass der betroffene Beschäftigte die Benachteiligung zurückgewiesen oder aber auch geduldet hat. Sie **verbietet** damit nicht nur die Benachteiligung im Sinne von Abs. 1, sondern **jegliche Maßnahmen mit Bezug auf die diskriminierenden Verhaltensweisen** gegenüber dem Beschäftigten, unabhängig davon, ob die Maßnahmen benachteiligen oder ob sie neutral sind. 20

An sich liegt auch in der **Zurückweisung** benachteiligender Verhaltensweisen **eine Inanspruchnahme von Rechten** im Sinne von Abs. 1. In **Abs. 2** geht es aber weniger um eine Stärkung der Rechtsdurchsetzung als um die **Verhinderung weiterer Benachteiligung**. Diskriminierte Beschäftigte sind nicht selten einem erheblichen psychischen Druck ausgesetzt, der es ihnen erschwert, auf die Herstellung des benachteiligungsfreien Zustands zu dringen (Schiek / *Kocher* Rdnr. 19). Durch die Klarstellung des Abs. 2 kann dies erleichtert werden. Dies ist namentlich für Fälle des benachteiligenden Mobbing – also einer Belästigung im Sinne von § 3 Abs. 3 AGG – von Bedeutung. 21

Die Spezialregelung zum Maßregelungsverbot in Abs. 2 geht aber auch insoweit **über Abs. 1 hinaus**, als sie die **Duldung benachteiligender Verhaltensweisen** erfasst: Weder Arbeitgeber noch andere Beschäftigte dürfen aus der Duldung der Diskriminierung Rechte herleiten. Das gilt insbesondere für die Belästigung oder die sexuelle Belästigung. Die Duldung benachteiligender Verhaltensweisen begründet **keinen Vertrauensschutz** oder gar eine **arbeitsvertragliche Übung**. Das Dulden kann nicht als Mittäterschaft gewertet werden (Schiek / *Kocher* Rdnr. 20). 22

Nach **Abs. 2 Satz 2** der Vorschrift gilt der Ausschluss einer präjudizierenden Wirkung **auch** entsprechend für **Zeugen** und **Personen**, die den Beschäftigten bei der Inanspruchnahme von Rechten **unterstützen**. Auch diese Tatsache darf also nicht Anlass für eine personelle Maßnahme des Arbeitgebers sein. Allerdings ist der **Anwendungsbereich** der Vorschrift **neben Abs. 1 gering**. Denn bereits danach sind Sanktionen verboten gegenüber Zeugen und Personen, die benachteiligte Beschäftigte unterstützen. 23

C) zu Abs. 3

1. Beweislast

Für die Durchsetzung des Maßregelungsverbots nach Abs. 1 und Abs. 2 gilt die **Beweislastregel des § 22 AGG** entsprechend. Hierbei geht es nicht um den Beweis der Benachteiligung, weil insoweit § 22 AGG unmittelbar Anwendung findet. Auch muss im Rahmen von § 16 Abs. 1 AGG nicht der Nachweis der objektiven Benachteiligung geführt werden. 24

Die entsprechende Anwendung des § 22 AGG bedeutet vielmehr eine **Beweiserleichterung** auch hinsichtlich des **Vorliegens einer unerlaubten Maßregelung**: Der Anspruchsteller muss zunächst beweisen, dass er Rechte nach Abschnitt 2 in Anspruch genommen oder sich geweigert hat, eine danach unzulässige Anweisung auszuführen. Weiterhin muss er nachweisen, dass der Arbeitgeber ihn benachteiligt hat. 25

Für die **Ursächlichkeit**, also ob die Benachteiligung wegen der Inanspruchnahme von Rechten oder der verweigerten Ausführung einer Anweisung geschah, **genügt** hingegen der **Beweis von Indizien**, die vermuten lassen, dass die Benachteiligung auf einem der nach § 16 Abs. 1 verbotenen Gründe beruht (Däubler / Bertzbach / *Deinert* Rdnr. 41; Schiek / *Kocher* Rdnr. 23). Gelingt dies, muss der **Arbeitgeber** seinerseits die **Vermutung entkräften**, indem er beweist, dass die Benachteiligung auf **anderen Gründen** beruht. Das entspricht im Übrigen bereits der herkömmlichen Beweislastverteilung bei § 612a BGB (vgl. BAG Urteil vom 11. August 1992 – 1 AZR 103/92 = AP Nr. 124 zu Art. 9 GG Arbeitskampf; ErfK / *Preis* § 612a BGB Rdnr. 22). 26

27 Für die **Fälle des Abs. 2** bedeutet dies, dass der **Arbeitnehmer** die ihn betreffende Entscheidung und eine eventuelle Zurückweisung oder Duldung benachteiligender Verhaltensweisen darzulegen und zu beweisen hat. Ferner muss er zumindest Indizien dafür beweisen, dass dies als Grundlage für die Entscheidung herangezogen wurde. Der **Arbeitgeber** hat dann den Beweis zu erbringen, dass das Verhalten des Arbeitnehmers nicht die Grundlage der Entscheidung war und kann damit die Vermutung entkräften (Däubler / Bertzbach / *Deinert* Rdnr. 42).

V. Literatur

Vgl. die zu § 1 AGG angegebene Literatur.

UNTERABSCHNITT 4
Ergänzende Vorschriften
§ 17
Soziale Verantwortung der Beteiligten

(1) Tarifvertragsparteien, Arbeitgeber, Beschäftigte und deren Vertretungen sind aufgefordert, im Rahmen ihrer Aufgaben und Handlungsmöglichkeiten an der Verwirklichung des in § 1 genannten Ziels mitzuwirken.

(2) ¹In Betrieben, in denen die Voraussetzungen des § 1 Abs. 1 Satz 1 des Betriebsverfassungsgesetzes vorliegen, können bei einem groben Verstoß des Arbeitgebers gegen Vorschriften aus diesem Abschnitt der Betriebsrat oder eine im Betrieb vertretene Gewerkschaft unter der Voraussetzung des § 23 Abs. 3 Satz 1 des Betriebsverfassungsgesetzes die dort genannten Rechte gerichtlich geltend machen; § 23 Abs. 3 Satz 2 bis 5 des Betriebsverfassungsgesetzes gilt entsprechend. ²Mit dem Antrag dürfen nicht Ansprüche des Benachteiligten geltend gemacht werden.

ERLÄUTERUNGEN

ÜBERSICHT

I. Bedeutung der Vorschrift (Rdnrn. 1–3)
II. Fassung (Rdnrn. 4–6)
III. Begründung (Rdnrn. 7–8)
IV. Anmerkungen (Rdnrn. 9–56)
    A) zu Abs. 1
        1. Aufforderung zur Verfolgung der AGG-Ziele (Rdnrn. 9–11)
        2. Keine unmittelbaren Verpflichtungen (Rdnr. 12)
    B) zu Abs. 2
        1. Unterlassungsanspruch (Rdnrn. 13–32)
            a) Vorbild § 23 Abs. 3 BetrVG (Rdnrn. 14–16)
            b) Erweiterung auf betriebliche Benachteiligungen im Sinne des AGG (Rdnrn. 17–22)
            c) Grober Verstoß des Arbeitgebers gegen §§ 6 bis 18 AGG (Rdnrn. 23–32)
        2. Antragsbefugnis (Rdnrn. 33–35)
        3. Antragsziel (Rdnr. 36)
        4. Verhältnis zu Individualansprüchen (Rdnrn. 37–40)

    5. Verfahrensfragen (Rdnrn. 41–56)
       a) Erkenntnisverfahren (Rdnrn. 41–50)
       b) Vollstreckungsverfahren (Rdnrn. 51–56)
          aa) Unterscheidung zwischen Unterlassungs- und Handlungspflichten (Rdnr. 53)
          bb) Festsetzung des Ordnungs- und Zwangsgeldes (Rdnrn. 54–56)
V. Literatur

I. Bedeutung der Vorschrift

Die Vorschrift appelliert in Abs. 1 an Tarifvertragsparteien, Arbeitgeber, Beschäftigte und deren Vertretungen, zur Verwirklichung der Zielsetzung des AGG beizutragen, nämlich Benachteiligungen aus Gründen der Rasse oder wegen der ethnischen Herkunft, des Geschlechts, der Religion oder Weltanschauung, einer Behinderung, des Alters oder der sexuellen Identität zu verhindern oder zu beseitigen. Insoweit handelt es sich um einen **Programmsatz**, der mit der Regelung in § 1 AGG in Zusammenhang steht (Bauer / Göpfert / Krieger Rdnr. 1).

In **Abs. 2** wird dem Betriebsrat oder einer im Betrieb vertretenen Gewerkschaft das Recht eingeräumt, ein besonderes **arbeitsgerichtliches Beschlussverfahren** einzuleiten mit dem Ziel, **ein dem AGG entsprechendes Verhalten des Arbeitgebers sicherzustellen**. Ein solcher Schritt setzt allerdings einen **groben Verstoß** des Arbeitgebers gegen die Vorschriften des Zweiten Abschnitts, also §§ 6 bis 18 AGG voraus. Damit sind die Hürden sehr hoch angesetzt; ein Klagerecht dürfte nur im Ausnahmefall gegeben sein.

Die Vorschrift hat in erster Linie **klarstellende Bedeutung**, weil sich ein Unterlassungs- oder Vornahmeanspruch des Betriebsrats oder einer im Betrieb vertretenen Gewerkschaft bei einer groben Verletzung des betriebsverfassungsrechtlichen Gleichbehandlungsgebotes durch den Arbeitgeber schon aus § 75 Abs. 1 i. V. m. § 23 Abs. 3 BetrVG ergibt (Bauer / Göpfert / Krieger Rdnr. 4 m. w. Nachw.). Durch die ausdrückliche Regelung in Abs. 2 wird aber die Bedeutung der Rechte von Betriebsrat bzw. Gewerkschaft bei Verstößen des Arbeitgebers gegen die Benachteiligungsverbote des AGG betont. Europarechtlich geboten ist ein solches Recht freilich nicht. Weder Art. 11 der Richtlinie 2000/43/EG noch Art. 13 der Richtlinie 2000/78/EG fordern es. Es handelt sich um eine „überschießende" Umsetzung (*Klumpp* NZA 2006, 904).

II. Fassung

Die Vorschrift wurde **in Abs. 1 unverändert** aus dem Entwurf der Bundesregierung „Entwurf eines Gesetzes zur Umsetzung europäischer Richtlinien zur Verwirklichung des Grundsatzes der Gleichbehandlung" (BT-Drucks. 16/1780) übernommen.

Abs. 2 in der Fassung des RegE hatte **ursprünglich** folgenden **Wortlaut**:

(2) Bei einem Verstoß des Arbeitgebers gegen Vorschriften aus diesem Abschnitt können der Betriebsrat oder eine im Betrieb vertretene Gewerkschaft unter der Voraussetzung des § 23 Abs. 3 Satz 1 des Betriebsverfassungsgesetzes die dort genannten Rechte gerichtlich geltend machen; § 23 Abs. 3 Satz 2 bis 5 des Betriebsverfassungsgesetzes gilt entsprechend.

Die **nunmehr Gesetz gewordene Fassung** geht zurück auf einen Vorschlag des **BT-Rechtsausschusses**. In der Beschlussempfehlung (BT-Drucks. 16/1780 S. 12) wird das wie folgt begründet:

„Die Änderungen in Artikel 1 § 17 Abs. 2 dienen der Klarstellung. Durch den Verweis auf § 1 Abs. 1 Satz 1 des Betriebsverfassungsgesetzes (BetrVG) wird zunächst klargestellt, dass die Regelung nur für Betriebe gilt, für die wegen der Betriebsgröße (fünf Arbeitnehmer) das Betriebsverfassungsgesetz gilt. Auch die Einfügung des Wortes „groben" in Artikel 1 § 17 Abs. 2 dient der Klarstellung. § 23 Abs. 3 BetrVG, auf den Artikel 1 § 17 Abs. 2 bisher schon

Bezug nimmt, behandelt Verstöße gegen die Betriebsverfassung. Schon durch die Verbindung mit § 23 Abs. 3 BetrVG war darum in Artikel 1 § 17 Abs. 2 eine Systematik angelegt, der zufolge Verstöße des Arbeitgebers gegen das Benachteiligungsverbot auch die ‚gute Ordnung' des Betriebs beeinträchtigen können und unter dieser Voraussetzung ein eigenes Klagerecht des Betriebsrats oder einer im Betrieb vertretenen Gewerkschaft erfordern. Die ‚gute Ordnung' des Betriebs steht aber erst dort in Frage, wo Verstöße eine gewisse Schwere erreichen. Diese Systematik wird nunmehr verdeutlicht, wenn das Klagerecht nur bei groben Verstößen des Arbeitgebers gegen die Vorschriften zum Schutz der Beschäftigten vor Benachteiligung gegeben ist. Die Klagebefugnis des § 17 Abs. 2 AGG nimmt dabei auch weiterhin auf § 23 Abs. 3 BetrVG Bezug. In diesem Rahmen wird dem Betriebsrat oder der im Betrieb vertretenen Gewerkschaft ermöglicht, dafür zu sorgen, dass sich der Arbeitgeber in Zukunft gesetzeskonform verhält. Ihm kann somit aufgegeben werden, gegen das AGG verstoßende Handlungen zu unterlassen (zum Beispiel eine Einstellungspraxis, die eine der in § 1 AGG aufgeführten Gruppen ausgrenzt), vom AGG erlaubte Handlungen zu dulden (zum Beispiel die Ausübung des Beschwerderechts nach § 13 AGG) oder dem AGG entsprechende Handlungen vorzunehmen (zum Beispiel Maßnahmen nach § 12 Abs. 1 AGG). Demgegenüber kann nicht z. B. ein Entschädigungs- oder Schadensersatzanspruch des Benachteiligten für diesen geltend gemacht werden. Es handelt sich nicht um die Regelung einer Prozessstandschaft (vgl. Thüsing in Richardi, Betriebsverfassungsgesetz mit Wahlordnung, 10. Aufl. 2006, Rz. 75 zu § 23 BetrVerfG). Dies wird durch den neuen Satz 2 nunmehr im Gesetzestext selbst ausdrücklich klargestellt."

III. Begründung

7 Im Gesetzentwurf der Bundesregierung (BT-Drucks. 16/1780 S. 39) wird zu der Vorschrift ausgeführt:

„**Zu Absatz 1**

Absatz 1 setzt Artikel 11 Abs. 2 der Richtlinie 2000/43/EG, Artikel 2 Abs. 5 und Artikel 13 Abs. 2 der Richtlinie 2000/78/EG und Artikel 8b Abs. 2 und 3 der Richtlinie 76/207/EWG um. Er enthält eine Aufforderung an die Tarifvertragsparteien, Arbeitgeber, Beschäftigten und deren Vertretungen, ihren Beitrag zur Verwirklichung des Ziels zu leisten. Das Gesetz kann etwa Anlass dafür sein, Personalprozesse in Unternehmen und Betrieben unter dem Gesichtspunkt des Benachteiligungsschutzes zu überprüfen und gegebenenfalls neu zu definieren oder Verhaltenskodizes zu vereinbaren.

Zu Absatz 2

8 Zur Betonung ihrer Verantwortlichkeit wird den Betriebsräten und den im Betrieb vertretenen Gewerkschaften die Möglichkeit eröffnet, unter der Voraussetzung des § 23 Abs. 3 Satz 1 des Betriebsverfassungsgesetzes die dort genannten Rechte gerichtlich geltend zu machen.

Liegt ein grober Verstoß des Arbeitgebers gegen Vorschriften des zweiten Abschnitts vor, können Betriebsräte oder im Betrieb vertretene Gewerkschaften eine erforderliche Handlung, Duldung oder Unterlassung des Arbeitgebers verlangen, um Benachteiligungen wirksam zu unterbinden. Ein solcher Verstoß kann beispielsweise darin liegen, dass der Arbeitgeber die zum Schutz seiner Beschäftigten objektiv gebotenen Maßnahmen unterlässt oder selbst in grober Weise gegen das Benachteiligungsverbot verstößt. Hinsichtlich der Zuwiderhandlung des Arbeitgebers gegen eine rechtskräftige gerichtliche Entscheidung verweist die Regelung auf die Vorschrift des § 23 Abs. 3 Satz 2 bis 5 des Betriebsverfassungsgesetzes. Die für die Anwendung des Betriebsverfassungsgesetzes geltende Schwelle von fünf Arbeitnehmern gilt hier nicht."

IV. Anmerkungen

A) zu Abs. 1

1. Aufforderung zur Verfolgung der AGG-Ziele

Die Vorschrift spricht eine **doppelte Aufforderung** an die näher bezeichneten Personen bzw. Gruppen aus, nämlich Tarifvertragsparteien, Arbeitgeber, Beschäftigte und deren Vertretungen (also Betriebs- oder Personalrat, Sprecherausschuss der leitenden Angestellten, Jugend- und Auszubildendenvertretung, Schwerbehindertenvertretung oder Mitarbeitervertretung in kirchlichen Einrichtungen). 9

Jede einzelne der genannten Parteien soll zunächst **für ihren Bereich Vorsorge gegen Benachteiligungen** treffen und bereits **eingetretene Benachteiligungen beseitigen**. Darüber hinaus will der Gesetzgeber aber auch an die angesprochenen Beteiligten appellieren, gemeinsam gegen Benachteiligungen vorzuziehen. Ziel ist insoweit ein **sozialer Dialog** im Sinne der einschlägigen Richtlinienbestimmungen (vgl. hierzu näher Schiek / *Kocher* Rdnrn. 1 f. und 7 f.). Dies kann in einer Überprüfung von Personalprozessen in Unternehmen und Betrieben unter dem Gesichtspunkt des Benachteiligungsschutzes bestehen mit dem Ziel, diese ggf. neu zu definieren oder Verhaltenskodizes zu vereinbaren (vgl. BT-Drucks. 16/1780 S. 39). 10

Auch wird damit das Anliegen des Gesetzgebers betont, **positive Maßnahmen** im Sinne von § 5 AGG zu vereinbaren und umzusetzen (Bauer / Göpfert / Krieger Rdnr. 9). Diese können insbesondere auch in **Antidiskriminierungsvereinbarungen** bestehen; im deutschen Recht erhalten diese erhöhte Bindungswirkung, wenn sie in Tarifverträgen sowie Betriebs- oder Dienstvereinbarungen umgesetzt werden. Von besonderer Bedeutung sind auch verbindliche **Integrationsvereinbarungen** im Sinne von **§ 83 SGB IX**, die der Arbeitgeber – in Zusammenwirken mit seinem Schwerbehindertenbeauftragten – mit der Schwerbehindertenvertretung sowie dem Betriebs- bzw. Personalrat abschließen soll; sie können namentlich Regelungen zur Personalplanung, Arbeitsplatzgestaltung, Gestaltung des Arbeitsplatzes u. Ä. enthalten. 11

2. Keine unmittelbaren Verpflichtungen

Aus der Bestimmung des § 17 Abs. 1 lassen sich aber **keine unmittelbar durchsetzbaren Verpflichtungen** der Parteien untereinander oder gegenüber Dritten ableiten. Allerdings werden ausdrücklich Handlungsrechte festgelegt und es wird klargestellt, dass die Beteiligten die gesetzlichen Ziele mit ihren jeweiligen Mitteln und Durchsetzungsverfahren verfolgen können und sollen (Däubler / Bertzbach / *Buschmann* Rdnr. 4). 12

B) zu Abs. 2

1. Unterlassungsanspruch

Die Vorschrift des Abs. 2 schafft eine **besondere gerichtliche Verfahrensmöglichkeit** mit dem Ziel, ein **dem AGG entsprechendes Verhalten des Arbeitgebers** sicherzustellen (Däubler / Bertzbach / *Buschmann* Rdnr. 10). Hierbei greift der Gesetzgeber auf positive Erfahrungen mit einem entsprechenden und eingespielten Verfahren im BetrVG zurück. 13

a) Vorbild § 23 Abs. 3 BetrVG

Nach § 23 Abs. 3 Satz 1 BetrVG können der Betriebsrat oder eine im Betrieb vertretene Gewerkschaft bei **groben Verstößen des Arbeitgebers gegen seine Verpflichtungen aus dem BetrVG** beim **Arbeitsgericht beantragen**, dem Arbeitgeber aufzugeben, eine Handlung zu unterlassen, die Vornahme einer Handlung zu dulden oder eine Handlung vorzunehmen. 14

Handelt der Arbeitgeber der ihm durch rechtskräftige gerichtliche Entscheidung auferlegten Verpflichtung zuwider, eine Handlung zu unterlassen oder die Vornahme einer Handlung 15 zu dulden, so ist er auf Antrag vom Arbeitsgericht wegen einer jeden Zuwiderhandlung nach vorheriger Androhung zu einem **Ordnungsgeld** zu verurteilen (§ 23 Abs. 3 Satz 2 BetrVG). Führt der Arbeitgeber die ihm durch eine rechtskräftige gerichtliche Entscheidung auferlegte Handlung nicht durch, so ist nach Satz 3 der Vorschrift auf Antrag vom Arbeitsgericht zu erkennen, dass er zur Vornahme der Handlung durch **Zwangsgeld** anzuhalten sei.

16 **Antragsberechtigt** sind der Betriebsrat oder eine im Betrieb vertretene Gewerkschaft. Das **Höchstmaß** des Ordnungsgeldes und Zwangsgeldes beträgt **10 000 Euro** (§ 23 Abs. 3 Satz 4 und 5 BetrVG).

b) Erweiterung auf betriebliche Benachteiligungen im Sinne des AGG

17 Die Vorschrift des § 17 Abs. 2 AGG **erweitert** den betriebsverfassungsrechtlichen Unterlassungsanspruch auf **alle Fälle der betrieblichen Benachteiligung im Sinne des AGG**. Allerdings ist die **Formulierung** dieser Vorschrift **nicht geglückt** (vgl. auch *Richardi* NZA 2006, 886), weil sie teilweise eigene Verfahrensvoraussetzungen benennt, zum Teil aber sowohl hinsichtlich der Voraussetzungen als auch der Rechtsfolgen auf § 23 Abs. 3 BetrVG verweist. Richtigerweise kann dies aber nur als **Rechtsfolgenverweisung** verstanden werden, mit der das dort geregelte arbeitsgerichtliche Beschlussverfahren für entsprechend anwendbar erklärt wird (*Däubler / Bertzbach / Buschmann* Rdnrn. 11, 13).

18 **Einzige eigenständige Verfahrensvoraussetzung** des § 17 Abs. 2 ist die **Anwendbarkeit des Betriebsverfassungsgesetzes** nach dessen § 1 Abs. 1 Satz 1. Es muss sich um ein Unternehmen der **Privatwirtschaft** handeln, in dem in der Regel mindestens **fünf Arbeitnehmer** beschäftigt sind, die bei der Betriebsratswahl **wahlberechtigt** sind und von denen **drei zum Betriebsrat wählbar** sind. Nicht erforderlich ist, dass auch ein Betriebsrat gewählt wurde.

19 **Arbeitnehmer im Sinne des BetrVG** sind **Arbeiter und Angestellte** einschließlich der zu ihrer **Berufsausbildung Beschäftigten**, unabhängig davon, ob sie im Betrieb, im Außendienst oder mit Telearbeit beschäftigt werden. Als Arbeitnehmer gelten auch die **in Heimarbeit Beschäftigten**, die in der Hauptsache für den Betrieb arbeiten. Hingegen gelten freie Mitarbeiter, Organmitglieder oder leitende Angestellte nicht als Arbeitnehmer (§ 5 Abs. 2 und 3 BetrVG). Damit weichen die Personen, die den Anwendungsbereich der Anspruchsnorm des § 17 Abs. 2 bestimmen, und die Personen, die vom Anspruch geschützt werden, erheblich voneinander ab: Nach § 6 AGG werden auch die Arbeitnehmerähnlichen, sämtliche in Heimarbeit Beschäftigten und Bewerber auf offene Stellen sowie die leitenden Angestellten, Organmitglieder und Geschäftsführer geschützt (*Besgen / Roloff* NZA 2007, 670). Es erscheint aber sachgerecht, auch für diese ein AGG-Mandat des Betriebsrats bzw. einer im Betrieb vertretenen Gewerkschaft zu bejahen (näher hierzu *Besgen / Roloff* a. a. O. S. 671).

20 **Strittig** ist, ob Abs. 2 auch **auf öffentlichen Dienststellen anwendbar** ist, in denen kein Betriebsrat, sondern ein **Personalrat** zu bilden ist. Der Wortlaut der Vorschrift scheint dagegen zu sprechen (so auch Bauer / Göpfert / Krieger Rdnr. 13). Hingegen befürworten *Besgen / Roloff* (NZA 2007, 670 [671]) mit beachtlichen Argumenten, **auch Personalräten** in Dienststellen, in denen ständig mehr als fünf Arbeitnehmer beschäftigt sind, einen **Anspruch nach § 17 Abs. 2** zu gewähren, da es sich hierbei nicht um eine Regelung des BetrVG handle. Zudem seien nach dem Willen des Gesetzgebers alle Vertretungen der Arbeitnehmer nach Abs. 1 der Vorschrift aufgefordert, an der Verwirklichung der Ziele des § 1 AGG mitzuwirken. Schließlich sei zu beachten, dass die Vorschriften des AGG nach § 24 AGG entsprechend für sämtliche öffentlich-rechtlichen Dienstverhältnisse gelten. Da der Antrag nach § 17 Abs. 2 nicht auf die Wahrung der Pflichten des BetrVG, sondern auf die des AGG gerichtet ist, werde kein kollektivrechtlicher Antrag gegen den öffentlichen Arbeitgeber eingeführt, den das Personalvertretungsrecht nicht kennt.

21 Folgerichtig sollten dann **auch Gewerkschaften** die Möglichkeit haben, nach §§ 24, 17 Abs. 2 AGG gegen den Arbeitgeber vorzugehen, weil auch die öffentliche Hand als juristische

Person des öffentlichen Rechts Arbeitgeberin im Sinne von § 6 Abs. 2 Satz 1 AGG ist (*Besgen / Roloff* a. a. O. S. 671)

Damit werden die **Voraussetzungen** des Unterlassungsanspruchs **abschließend** beschrieben. Keine selbstständige Bedeutung haben die Worte: „unter der Voraussetzung des § 23 Abs. 3 Satz 1 des Betriebsverfassungsgesetzes", da diese nun selbst in § 17 Abs. 2 aufgenommen wurde. Hierbei handelt es sich um ein offensichtliches Redaktionsversehen des Gesetzgebers (Schiek / *Kocher* Rdnr. 15).

c) Grober Verstoß des Arbeitgebers gegen §§ 6 bis 18 AGG

Anspruchsvoraussetzung ist ein grober Verstoß des Arbeitgebers gegen Vorschriften des Zweiten Abschnitts des AGG, also §§ 6 bis 18. Gemeint sind namentlich **Verstöße gegen Rechtspflichten des Arbeitgebers** auf Durchführung bestimmter Maßnahmen, auf Duldung oder auf Unterlassung, die sich aus **§§ 7, 11–16 AGG** ergeben. Hier kommen alle Verstöße gegen das AGG im Zusammenhang mit den Arbeitsbedingungen des Beschäftigten und ihrem Zugang zur Beschäftigung in Betracht. Aber auch der Verstoß des Arbeitgebers gegen die Pflichten aus den §§ 11, 12, 13, 14, 15, 16 AGG berechtigt zum Antrag nach § 17 Abs. 2 AGG (*Besgen / Roloff* NZA 2007, 670 [671] unter Hinw. auf BT-Drucks. 16/1780 S. 39).

In Betracht kommen hierbei insbesondere

– ein Verstoß gegen das **Benachteiligungsverbot des § 7 AGG,** soweit die Benachteiligung dem Arbeitgeber selbst zugerechnet werden kann, sei es über eigenes Handeln oder über seine Organisation (Däubler / Bertzbach / *Buschmann* Rdnr. 19). Nicht erforderlich ist, dass die Benachteiligungen durch den Arbeitgeber stets denselben Grund nach § 1 AGG betreffen. Vielmehr reicht auch eine **wiederholte und beharrliche ähnlich gelagerte Benachteiligung** von Arbeitnehmern wegen **verschiedener in § 1 AGG** genannter **Gründe** aus, um eine grobe Pflichtverletzung zu bejahen (Bauer / Göpfert / Krieger Rdnr. 17);
– eine Benachteiligung durch eine **Ausschreibung**, die im Sinne des § 11 AGG Beschäftigtengruppen diskriminiert;
– ein Verstoß gegen die **Schutzpflichten aus § 12 AGG**;
– die Verletzung von **Verfahrenspflichten bei einer Beschwerde**, wenn der Arbeitgeber diese nicht in der gebotenen Weise behandelt oder aus ihrem Anlass den Beschwerdeführer maßregelt (Däubler / Bertzbach / *Buschmann* Rdnr. 19);
– ein Verstoß gegen die **Duldungs- und Vergütungspflicht** des **Arbeitgebers** bei der Ausübung **des Leistungsverweigerungsrechts** nach § 14 AGG; dies kann darin bestehen, dass der Arbeitgeber dem Beschäftigten beharrliche Arbeitsverweigerung und Vertragsbruch vorwirft.

Der von Abs. 2 Satz 1 geforderte Verstoß setzt – anders als § 23 Abs. 1 BetrVG – **keinen kollektivrechtlichen Bezug** voraus (*Besgen / Roloff* NZA 2007, 670 [671]; a. A. *Klumpp*, NZA 2006, 904 (906), der eine belegschaftsbezogene schwere Benachteiligung fordert; ähnlich Bauer / Göpfert / Krieger Rdnr. 22). Nach dem Willen des Gesetzgebers genügen **auch Benachteiligungen bei Einstellungen und Verstöße gegen die Pflichten des § 12 AGG** – also individualvertragliche Pflichten – für den Antrag nach § 17 Abs. 2 Satz 1 AGG, wenn sie nur eine gewisse Schwere erreichen (BT-Drucks. 16/2022 S. 39). Damit können sämtliche Verstöße des Arbeitgebers gegen die Benachteiligungsverbote oder die Pflichten des zweiten Abschnitts des AGG ab einer gewissen Schwere die „gute Ordnung" des Betriebs beeinträchtigen (BT-Drucks. 16/2022 S. 12).

Hierbei reicht ein **objektiver** Verstoß aus; **Verschulden des Arbeitgebers ist nicht erforderlich** (vgl. ErfK / *Eisemann* § 23 BetrVG Rdnr. 27). Die Vorschrift hat **keinen Strafcharakter** und soll keine Sanktionen für individuelle Schuld bieten. Im arbeitsgerichtlichen Erkenntnisverfahren geht es allein um die Durchsetzung eines künftigen rechtmäßigen Verhaltens des Arbeitnehmers. Das **Handeln von Betriebsangehörigen** ist dem Arbeitgeber nach Maßgabe des § 278 BGB zuzurechnen.

27 Voraussetzung ist nach dem Wortlaut des Gesetzes aber, dass der **grobe Verstoß bereits eingetreten** ist. Es reicht nicht, dass er lediglich droht (BAG Beschluss vom 18. April 1985 – 6 ABR 19/84 = BAGE 48, 246 = NZA 1985, 783 = AP Nr. 5 zu § 23 BetrVG 1972; a. A. GK-BetrVG / *Oetker* Rdnr. 174; DKK / *Trittin* Rdnr. 78). Selbst die sichere Erwartung eines Verstoßes oder die Drohung damit sind also nicht ausreichend, sofern diese Drohung nicht selbst einen solchen Verstoß darstellt (Däubler / Bertzbach / *Buschmann* Rdnr. 24). Hingegen ist nicht erforderlich der Eintritt eines Schadens oder einer sonstigen Beeinträchtigung auf Seiten der Beschäftigten. Nach dem Wortlaut des Gesetzes ist das Verfahren auch bei einem folgenlosen Verstoß zulässig.

28 Es muss sich um einen *groben* **Verstoß** handeln. Das ist dann der Fall, wenn der Verstoß **objektiv erheblich** und **offensichtlich schwerwiegend** ist. Regelmäßig wird dies dann der Fall sein, wenn der Arbeitgeber wiederholt und beharrlich gegen seine Pflichten verstößt. Jedoch kann **auch eine einmalige Pflichtverletzung** einen groben Verstoß darstellen (BAG Beschluss vom 26. Juli 2005 – 1 ABR 29/04 = BAGE 115, 239 = NZA 2005, 1372; BAG Beschluss vom 29. Februar 2000 – 1 ABR 4/99 = NZA 2000, 1066 = AP BetrVG 1972 § 87 Lohngestaltung). Andererseits können gerade durch Wiederholung leichtere Verstöße zu einem groben Verstoß werden (Richardi / *Thüsing* § 23 BetrVG Rdnr. 93).

29 Ein grober Verstoß dürfte **zu verneinen** sein, wenn der Arbeitgeber die **Vornahme präventiver Maßnahmen** nach §§ 12, 13 AGG unterlässt (*Besgen / Roloff* NZA 2007, 670 [672]; a. A. wohl S / S / V / *Schleusener* Rdnr. 16). Der Betriebsrat kann dem Arbeitgeber insoweit **keine konkreten Maßnahmen** – etwa Schulungen der Mitarbeiter – **vorgeben** und diese beantragen, denn die Handlungsfreiheit des Arbeitgebers bezieht sich auch auf die Auswahl der Maßnahme. Hingegen wäre der nicht konkretisierte Antrag, Handlungen nach §§ 12, 13 AGG vorzunehmen, wohl zu pauschal und damit nicht vollstreckbar (vgl. *Besgen / Roloff* a. a. O.).

30 Bei der Bestimmung des groben Verstoßes greift das **Haftungsprivileg des § 15 Abs. 3 AGG**. Soweit der Arbeitgeber **kollektivrechtlich** zur Anwendung von Tarifverträgen **verpflichtet** ist (§ 77 Abs. 4 BetrVG, § 4 Abs. 1 TVG), kann diese Anwendung **keinen groben Verstoß** begründen (*Besgen / Roloff* NZA 2007, 670 [672]). Dies gilt auch für Bezugnahmeklauseln (Bauer / Göpfert / Krieger Rdnr. 41).

31 Eine **grobe Pflichtverletzung fehlt**, wenn der Arbeitgeber in einer **schwierigen und ungeklärten Rechtsfrage** eine Rechtsansicht vertritt, die sich später als unzutreffend herausstellt (BAG Beschluss vom 26. Juli 2005 a. a. O.; BAG Beschluss vom 8. August 1989 – 1 ABR 63/88 = BAGE 62, 314 = NZA 1990, 198 = AP Nr. 18 zu § 95 BetrVG 1972).

32 Der Unterlassungsanspruch aus Abs. 2 aufgrund eines eingetretenen groben Verstoßes setzt keine **Wiederholungsgefahr** voraus (vgl. BAG Beschluss vom 18. April 1985 – 6 ABR 19/84 = BAGE 48, 246 = NZA 1985, 783 = AP Nr. 5 zu § 23 BetrVG 1972; [DKK / *Trittin* Rdnr. 78; *Fitting* Rdnr. 65] [*Besgen / Roloff* NZA 2007, 670 [672]]; a. A. GKBetrVG / *Oetker* Rdnr. 176, je zu § 23 BetrVG). Dies ist **nicht unproblematisch**. Der Anspruch aus Abs. 3 ist auf die Zukunft ausgerichtet. Er soll nicht vergangenes Verhalten bestrafen. Vor diesem Hintergrund leuchtet nicht ein, warum der Anspruch gewährt werden soll, wenn eine Wiederholungsgefahr auszuschließen ist (vgl. BAG Beschluss vom 9. Mai 1995 = 1 ABR 58/94 n. v.). Freilich wird die **Wiederholungsgefahr bei groben Verstößen regelmäßig indiziert** sein.

2. Antragsbefugnis

33 Antragsberechtigt sind der **Betriebsrat** oder eine **im Betrieb vertretene Gewerkschaft**. Im Betrieb vertreten ist eine Gewerkschaft, wenn mindestens eines ihrer Mitglieder dort Arbeitnehmer ist. Dieses ist zum Nachweis der Antragsberechtigung ggf. zu benennen (*Thüsing*

Arbeitsrechtlicher Diskriminierungsschutz Rdnr. 618). Zwischen den **beiden Antragstellern** besteht **kein Rangverhältnis**. Selbst wenn im Betrieb ein Betriebsrat gewählt wurde, bleibt – wie bei § 23 Abs. 3 BetrVG – das Antragsrecht der im Betrieb vertretenen Gewerkschaft unberührt (*Besgen / Roloff* NZA 2007, 670 [672]).

Die **gesetzliche Regelung** ist **abschließend**; auch andere Organe des Betriebsrats (z. B. Betriebsratsausschüsse, Jugend- und Auszubildendenvertretung) oder einzelne Arbeitnehmer sind nicht antragsberechtigt. Allenfalls kommt ihre Beteiligung im Beschlussverfahren in Betracht (BAG Beschluss vom 15. August 1978 – 6 ABR 10/76 = AP Nr. 1 zu § 23 BetrVG 1972 = DB 1978, 2275). **34**

Die **Antragsberechtigung** als Verfahrensvoraussetzung muss **in jedem Stadium des Verfahrens** bestehen, also auch noch im Zeitpunkt der letzten mündlichen Verhandlung und in der Rechtsbeschwerdeinstanz. Wechselt der Betriebsrat, hat dies auf den Fortgang des Verfahrens keinen Einfluss (vgl. Richardi / *Thüsing* BetrVG § 23 Rdnr. 96). **35**

3. Antragsziel

Antragsziel kann nur sein, dem **Arbeitgeber aufzugeben**, **36**
- eine **Handlung zu unterlassen**
  (z. B. eine Einstellungspraxis, die eine der in § 1 AGG aufgeführten Gruppen ausgrenzt; *Besgen / Roloff* NZA 2007, 670 [672]);
- die **Vornahme einer Handlung zu dulden**
  (etwa die Ausübung des Beschwerderechts nach § 13 AGG);
- eine **Handlung vorzunehmen**
  (z. B. erforderliche Maßnahmen zum Schutz vor Benachteiligung gemäß § 12 Abs. 1 AGG. Möglich ist auch ein Antrag auf Durchsetzung disziplinarischer Maßnahmen gegen auffällig gewordene Vorgesetzte. Schließlich kann mittels Antrag dem Arbeitgeber aufgegeben werden, präventive, aber auch repressive Maßnahmen nach § 12 Abs. 3 AGG gegenüber bestimmten Arbeitnehmern zu ergreifen (*Besgen / Roloff* NZA 2007, 670 [672]).

4. Verhältnis zu Individualansprüchen

Nach **Abs. 2 Satz 2** dürfen mit dem Antrag **keine Ansprüche des Benachteiligten** geltend gemacht werden. Damit ist es dem Betriebsrat oder einer im Betrieb vertretenen Gewerkschaft nach dem ausdrücklichen Willen des Gesetzgebers **verwehrt**, etwa im Wege der **Prozessstandschaft** Erfüllungs-, Entschädigungs- oder Schadensersatzansprüche des Benachteiligten geltend zu machen (vgl. BT-Drucks. 16/1780 S. 12). Allerdings hätte der Gesetzgeber das offensichtlich Gewollte besser durch folgende Formulierung zum Ausdruck gebracht: „Mit dem Antrag dürfen keine Entschädigungs- oder Schadensersatzansprüche des Benachteiligten geltend gemacht werden" (*Besgen / Roloff* NZA 2007, 670 [672]). Der Anspruch des Benachteiligten kann nämlich, anders als der Gesetzgeber meint, nicht nur in Entschädigungs- oder Schadensersatzansprüchen bestehen, sondern auch in Unterlassungs-, Vornahme- oder Beseitigungsansprüchen nach § 15 Abs. 5, § 12 Abs. 1, 3 oder 4 AGG und damit identisch sein mit dem Anspruch aus § 23 Abs. 3 Satz 1 BetrVG. **37**

Die dadurch aufgeworfenen Abgrenzungsfragen lassen sich überzeugend wie folgt lösen: Könnte der einzelne Beschäftigte durch eine **Individualklage dasselbe Rechtsschutzziel** erreichen, ist die **Geltendmachung** von Ansprüchen **durch** den **Betriebsrat** oder eine im Betrieb vertretene **Gewerkschaft** grundsätzlich **ausgeschlossen**; unerheblich ist, ob der Beschäftigte tatsächlich klagt (ebenso Bauer / Göpfert / Krieger Rdnr. 22). In diesen Fällen soll es dem oder den benachteiligten Beschäftigten überlassen bleiben, Ansprüche geltend zu machen oder nicht. Betriebsrat oder Gewerkschaft sollen nicht auch gegen den Willen der Betroffenen initiativ werden können (Bauer / Göpfert / Krieger a. a. O.). Vermieden werden sollen die Gefahren der „Paternalisierung" und des „Zwangsoutings" (*Klumpp* NZA 2006, 904 [905]). Auch wäre eine aufgedrängte Rechtshilfe bedenklich, wenn etwa eine im Betrieb **38** vertretene Gewerkschaft (vermeintlich) zu Gunsten eines Arbeitnehmers arbeitsgerichtlich einschreitet, der gar nicht ihr Mitglied ist.

39 Allerdings kann sich dies **nicht** auf **individuelle Unterlassungs- oder Vornahmeansprüche** beziehen (vgl. *Besgen / Roloff* NZA 2007, 670 [672]): Denn mit jedem Unterlassungsantrag des Betriebsrats oder der antragsbefugten Gewerkschaft werden **mittelbar auch Individualansprüche auf Unterlassung** geltend gemacht (vgl. Schiek / *Kocher* Rdnr. 28).

40 Der Wortlaut der Vorschrift stünde einer **Klage** des Betriebsrats oder einer im Betrieb vertretenen Gewerkschaft **auf Einstellung eines Bewerbers oder Beförderung eines Beschäftigten** (als Vornahme einer Handlung des Arbeitgebers) nicht entgegen, wenn die Nichtberücksichtigung des Betroffenen einen groben Verstoß gegen ein Benachteiligungsverbot darstellt. Dieses Ergebnis wäre aber befremdlich, weil der betroffene **Bewerber oder Arbeitnehmer selbst** diese Möglichkeit **wegen § 15 Abs. 6 AGG nicht** hätte und deshalb die oben vertretene Sperrwirkung des gleichen individuellen Rechtsschutzzieles nicht greifen würde. Jedoch gebieten **Sinn und Zweck der Vorschrift** über ihren Wortlaut hinaus eine entsprechende Anwendung auf diesen Fall, um eine **Umgehung des § 15 Abs. 6 AGG zu verhindern**. Der durch eine abgelehnte Bewerbung oder Übergehung beim beruflichen Aufstieg benachteiligte Beschäftigte ist deshalb allein auf Schadensersatz- und Entschädigungsansprüche verwiesen. Seine Einstellung oder Beförderung können auch nicht auf dem Umweg über Abs. 2 durch den Betriebsrat oder eine Gewerkschaft erzwungen werden (Bauer / Göpfert / Krieger Rdnr. 23).

5. Verfahrensfragen

a) Erkenntnisverfahren

41 Über den Antrag entscheidet das Arbeitsgericht im **Beschlussverfahren** nach § 2a Abs. 1 Nr. 1 Abs. 2 ArbGG. Zu **beteiligen** ist neben dem Antragsteller der Arbeitgeber. Der oder die **betroffenen Arbeitnehmer** sind **nicht zu beteiligen** (S / S / V / *Schleusener* Rdnr. 10; *Besgen / Roloff* NZA 2007, 670 [672]): Die Voraussetzungen des § 83 Abs. 3 ArbGG liegen nicht vor, weil die betriebsverfassungsrechtliche Stellung des Arbeitnehmers nicht unmittelbar berührt ist. Das Beschlussverfahren hat auch **keine präjudizielle Wirkung für eine individualrechtliche Klage betroffener Arbeitnehmer** (vgl. unten Rdnr. 47) so dass auch aus diesem Grunde eine Beteiligung des Arbeitnehmers nicht geboten ist. Dies schließt nicht aus, dass der oder die betroffenen Arbeitnehmer im Beschlussverfahren angehört werden, was schon der Grundsatz der Amtermittlung nahe legen kann (*Besgen / Roloff* a. a. O.).

42 Im **Antrag** muss dem **Arbeitgeber aufgegeben** werden, künftig eine bestimmte, vertretbare oder unvertretbare **Handlung vorzunehmen**, diese **zu unterlassen** oder die **Vornahme** einer bestimmten Handlung **durch Dritte** zu dulden. **Feststellungsanträge** können nicht Gegenstand eines Verfahrens nach § 17 Abs. 2 AGG sein (vgl. Schaub / *Koch* ArbRHB § 219 Rdnr. 37). Vielmehr beschränkt sich das Erkenntnisverfahren auf Handlungen, die den §§ 887, 888, 890 ZPO zu Grunde liegen.

43 Der Antrag muss **hinreichend bestimmt** und das verlangte Verfahren muss **eindeutig bezeichnet** werden. Ein Antrag ist als unzulässig abzuweisen, wenn er zu unbestimmt ist oder aus ihm nicht vollstreckt werden kann. Zulässig und regelmäßig auch zweckmäßig ist es, den **Antrag mit der Androhung** zu verbinden, dem Arbeitgeber bei einer Zuwiderhandlung zu einem **Ordnungs- bzw. Zwangsgeld** zu verurteilen (Schaub / *Koch* a. a. O.).

44 Die **Beweiserleichterungen** nach § 22 AGG gelten insoweit **nicht** (vgl. *Besgen / Roloff* NZA 2007, 670 [673]; Bauer / Göpfert / Krieger Rdnr. 28). Diese zielen erkennbar auf das individualrechtliche Verfahren und nicht auf das kollektivrechtliche Verfahren nach § 17 Abs. 2 AGG. Die Anwendung des § 22 AGG würde zudem im Ergebnis den in § 83 Abs. 1 Satz 1 ArbGG vorgegebenen Amtsermittlungsgrundsatz im Beschlussverfahren aufheben. Gegen die Anwendung des § 22 AGG spricht auch, dass § 17 Abs. 2 insgesamt auf die Tatbestandsvoraussetzungen des § 23 Abs. 3 BetrVG verweist. Das Betriebsverfassungsrecht sieht aber

Beweiserleichterungen nicht vor (*Besgen / Roloff* a. a. O.). Betriebsrat bzw. Gewerkschaft als Anspruchsteller müssen daher im Verfahren nach Abs. 2 den **Vollbeweis** führen, dass eine grobe Verletzung der Pflichten nach dem AGG vorliegt, z. B. in Form eines groben Verstoßes gegen das Benachteiligungsverbot nach § 7 Abs. 1 AGG (Bauer / Göpfert / Krieger a. a. O.).

Fehlt ein grober Pflichtverstoß des Arbeitgebers, ist der Antrag als **unbegründet abzuweisen** (⊞ BAG Beschluss vom 29. Februar 2000 – 1 ABR 4/99 = NZA 2000, 1066 = AP Nr. 105 zu § 87 BetrVG 1972 Lohngestaltung; GK-BetrVG / *Oetker* § 23 Rdnr. 191; a. A. Richardi / *Thüsing* § 23 BetrVG Rdnr. 100: als unzulässig). 45

Das Verfahren ist stets **auf das zukünftige Verhalten des Arbeitgebers ausgerichtet** (vgl. ErfK / *Eisemann* § 23 BetrVG Rdnr. 19). Pflichtverstöße des Arbeitgebers können daher nicht selbst schon zu einer Verurteilung führen. 46

Das Beschlussverfahren nach Abs. 2 hat keine **Bindungswirkung für** die **Individualrechte im Urteilsverfahren** (*Besgen / Roloff* NZA 2007, 670[674]; a. A. *Klumpp* NZA 2006, 904). Zwar haben beide Verfahren die Verstöße des Arbeitgebers gegen das AGG zum Gegenstand, jedoch unterscheiden sich die Streitgegenstände wesentlich. Außerdem ist der Arbeitnehmer nicht am Verfahren zu beteiligen (vgl. Rdnr. 41). Schließlich spricht auch die ausdrückliche Trennung des Individualanspruchs vom Beschlussverfahren durch Abs. 2 Satz 2 gegen eine Bindungswirkung des Beschlusses (*Besgen / Roloff* a. a. O.). 47

Wird das Verfahren durch **Vergleich** beendet, dient er als **Grundlage für die Vollstreckung** in entsprechender Anwendung des § 23 Abs. 3 Satz 2 BetrVG, wenn er **erkennen lässt**, welche **konkreten Verstöße des Arbeitgebers** zur Vollstreckung berechtigen sollen. Die Fallgestaltungen, auf welche die Unterlassungsverpflichtung gerichtet ist, müssen für die Beteiligten – insbesondere für den in Anspruch genommenen Arbeitgeber – feststehen. Es darf **nicht erst im Vollstreckungsverfahren geklärt** werden, ob der vom Betriebsrat beanstandete **Vorgang überhaupt unter das Unterlassungsgebot** fällt (⊞ BAG Beschluss vom 29. Februar 2000 – 1 ABR 4/99 = NZA 2000, 1066 = AP Nr. 105 zu § 87 BetrVG 1972 Lohngestaltung; ⊞ LAG Hamburg Beschluss vom 27. Januar 1992 – 5 Ta 25/91 = NZA 1992, 568). 48

Die **Kosten eines Beschlussverfahrens** nach § 17 Abs. 2 AGG muss der **Arbeitgeber** nach § 40 BetrVG tragen, sofern sie erforderlich sind (*Besgen / Roloff* NZA 2007, 670 [673]). Jedenfalls scheidet eine Kostentragungspflicht des nicht rechts- und vermögensfähigen Betriebsrats mangels gesetzlicher Grundlage aus. 49

Der **Anspruch nach Abs. 2** kann – wie bei § 23 Abs. 3 BetrVG – nach h. M **nicht** Gegenstand einer **einstweiligen Verfügung** sein (vgl. ⊞ LAG Hamm Beschluss vom 4. Februar 1977 – 3 TaBV 75/76 = DB 1977, 1514; ⊞ LAG Köln Beschluss vom 21. Februar 1989 – 8/2 Ta BV 73/88 = NZA 1989, 863 [Ls] = LAGE BetrVG § 23 Nr. 20; ⊞ LAG Niedersachsen Beschluss vom 5. Juni 1987 – 12 TaBV 17/87 = LAGE BetrVG § 23 Nr. 11; ⊞ LAG Rheinland-Pfalz Beschluss vom 30. April 1986 – 2 TaBV 17/86 = DB 1986, 1629; Richardi / *Thüsing* Rdnr. 103; ErfK / *Eisemann* Rdnr. 30, je zu § 23 BetrVG; *Besgen / Roloff* NZA 2007, 670 [674]; a. A. ⊞ LAG Düsseldorf Beschluss vom 16. Mai 1990 – 12 TaBV 9/90 = NZA 1991, 29; ⊞ LAG Köln Beschluss vom 22. April 1985 – 6 Ta BV 5/85 = BB 1985, 1332; GK-BetrVG / *Oetker* § 23 Rdnr. 189 f.). Denn die **Verurteilung zu einem Ordnungs- oder Zwangsgeld** setzt die **Rechtskraft** der gerichtlichen Entscheidung aus dem Erkenntnisverfahren voraus. Dies ist **unvereinbar mit der gebotenen Eilbedürftigkeit** eines auf Erlass einer einstweiligen Verfügung gerichteten Verfahrens (ErfK / *Eisemann* a. a. O). 50

b) Vollstreckungsverfahren

Verstößt der Arbeitgeber nach Rechtskraft des arbeitsgerichtlichen Beschlusses oder eines Prozessvergleichs gegen die ihm aufgelegte Verpflichtung, so schließt sich ein **Zwangsverfahren** an. Dieses ist in **§ 23 Abs. 3 Satz 2 bis 5 BetrVG** geregelt und auch für den Unterlas- 51 sungsanspruch des § 17 Abs. 2 AGG anwendbar. Es verdrängt insoweit als **Sonderregelung** den § 85 Abs. 1 Satz 3 ArbGG.

52 Die **Gestaltung des Zwangsverfahrens** entspricht weitgehend §§ 888, 890 ZPO.

aa) Unterscheidung zwischen Unterlassungs- und Handlungspflichten

– Unterschieden werden muss, ob dem **Arbeitgeber aufgegeben** wurde, eine **Handlung zu unterlassen bzw. die Vornahme einer Handlung zu dulden**; in diesem Fall ist er auf Antrag vom Arbeitsgericht wegen einer **jeden Zuwiderhandlung** nach vorheriger Androhung zu einem **Ordnungsgeld** zu verurteilen (§ 23 Abs. 3 Satz 2 BetrVG). Das Zwangsverfahren entspricht insoweit der Zwangsvollstreckung nach **§ 890 ZPO**.

Voraussetzung ist, dass dem Arbeitgeber die Auferlegung des Ordnungsgeldes vorher **rechtskräftig angedroht** wird. Dies kann bereits im Beschluss des Erkenntnisverfahren geschehen, aber auch nachträglich auf Antrag durch das Arbeitsgericht der ersten Instanz ausgesprochen werden; insoweit gilt § 890 Abs. 2 ZPO entsprechend (GK-BetrVG / *Oetker* § 23 Rdnr. 203). Der Androhungsbeschluss muss das **Höchstmaß des Ordnungsgeldes** angeben, wobei der Hinweis auf das gesetzliche Höchstmaß genügt (LAG Düsseldorf, LAGE Nr. 10 zu § 23 BetrVG 1972).

Die Verurteilung zu Ordnungsgeld stellt nicht nur eine reine Zwangsmaßnahme dar, sondern hat **auch** den Charakter einer **Strafsanktion**. Deshalb muss die **Zuwiderhandlung schuldhaft** sein; allerdings muss kein grobes Verschulden vorliegen (GK-BVG / *Oetker* § 23 Rdnr. 208; *Thüsing* Arbeitsrechtlicher Diskriminierungsschutz Rdnr. 631 m. w. Nachw.);

53 – der Arbeitgeber **zur Vornahme einer Handlung verurteilt** wurde und diese nicht durchführt. In diesem Fall besteht das Zwangsmittel in der der **Verurteilung zu einem Zwangsgeld** (§ 23 Abs. 3 Satz 3 BetrVG). Das Zwangsverfahren entspricht somit der Zwangsvollstreckung nach **§ 888 ZPO**; allerdings spielt hier die Unterscheidung zwischen vertretbaren und unvertretbaren Handlungen keine Rolle (GK-BetrVG / *Oetker* § 23 Rdnr. 217; *Thüsing* Arbeitsrechtlicher Diskriminierungsschutz Rdnr. 633).

Die Festsetzung des Zwangsgeldes ist eine **reine Zwangsmaßnahme** und hat – anders als die Verurteilung zu einem Ordnungsgeld – **nicht zugleich Strafcharakter**. Deshalb ist **nicht erforderlich**, dass dem Arbeitgeber das Zwangsgeld zunächst **angedroht** wird (GK-BetrVG / *Oetker* § 23 Rdnr. 215; Fitting BetrVG § 23 Rdnr. 92). Auch erfordert seine Festsetzung **nicht ein Verschulden des Arbeitgebers** (*Thüsing* Arbeitsrechtlicher Diskriminierungsschutz Rdnr. 633 m. w. Nachw.). Sowohl die Verhängung eines Zwangsgeldes als auch dessen Vollstreckung ist **unzulässig, sobald** der **Arbeitgeber der Anordnung** des Gerichts **nachgekommen** ist (LAG Hamm Beschluss vom 30. Juli 1976 – 3 TaBV 27/76 = EzA Nr. 4 zu § 23 BetrVG 1972; Fitting BetrVG § 23 Rdnr. 93; GK-BetrVG / *Oetker* § 23 Rdnr. 220).

bb) Festsetzung des Ordnungs- und Zwangsgeldes

54 Der Beschluss, mit dem der Arbeitgeber zu Ordnungsgeld verurteilt oder zur Vornahme der Handlung durch Zwangsgeld angehalten wird, kann **ohne mündliche Verhandlung** ergehen (§ 85 Abs. 1 ArbGG i. V. m. § 891 ZPO). Er wird **vom Vorsitzenden** der nach der Geschäftsverteilung zuständigen Kammer des Arbeitsgerichts allein erlassen (§ 53 Abs. 1 ArbGG). Allerdings muss dem Arbeitgeber zuvor **rechtliches Gehör** durch Gelegenheit zur mündlichen oder schriftlichen Äußerung gegeben werden.

55 Gegen den Beschluss, der das Ordnungsgeld oder Zwangsgeld festsetzt, ist die **sofortige Beschwerde zum Landesarbeitsgericht** eröffnet (§ 85 Abs. 1 ArbGG, §§ 793, 577 ZPO). Ergeht die Entscheidung über die Beschwerde ohne mündliche Verhandlung (§ 573 Abs. 1 ZPO), so erlässt sie der Vorsitzende der nach dem Geschäftsverteilungsplan zuständigen Kammer des LAG allein. Eine **weitere Beschwerde findet nicht statt** (§ 78 Abs. 2 ArbGG).

Das **Höchstmaß des einzelnen Ordnungsgelder** beträgt **10 000 Euro** (§ 23 Abs. 3 Satz 5 BetrV). Werden bei der Festsetzung des Ordnungsgeldes im Beschluss mehrere Zuwiderhandlungen geahndet, kann das Ordnungsgeld **für jeden Verstoß gesondert** festgesetzt werden. In diesem Fall kann die Summe der einzelnen Ordnungsgelder 10 000 Euro überschreiten. Falls der Arbeitgeber auch nach Vollstreckung dem Gebot nicht nachkommt, so kann er **von neuem zum Ordnungsgeld verurteilt** werden (ebenso GK-BetrVG / *Oetker* § 23 Rdnr. 220) Ebenso kann ein **Zwangsgeld wiederholt verhängt** werden, wenn dessen Beitreibung nicht bewirkt, dass der Arbeitgeber die Handlung vornimmt (*Thüsing* Arbeitsrechtlicher Diskriminierungsschutz Rdnr. 637).

Der **Beschluss**, der das Ordnungsgeld oder Zwangsgeld verhängt, wird nach **§§ 803 ff. ZPO vollstreckt** (§ 85 Abs. 1 ArbGG). Die eingehenden Gelder verfallen der Staatskasse. **Ausgeschlossen** ist eine **Umwandlung** nicht einbringbarer Ordnungs- oder Zwangsgelder in eine Festsetzung von **Ordnungs- oder Zwangshaft** (§ 85 Abs. 1 Satz 2 ArbGG). 56

V. Literatur

Vgl. die zu § 1 AGG angegebene Literatur sowie

Besgen, Nicolai / **Roloff**, Sebastian, Grobe Verstöße des Arbeitgebers gegen das AGG – Rechte des Betriebsrats und der Gewerkschaften, NZA 2007, 670

Hayen, Ralf-Peter, Handlungsmöglichkeiten und Durchsetzungsdefizite für Interessenvertretungen nach dem Allgemeinen Gleichbehandlungsgesetz, AuR 2007, 6

Kleinebrink, Wolfgang, Das Antragsrecht von Betriebsrat und Gewerkschaft im AGG, ArbRB 2007, 24

Klumpp, Steffen, § 23 BetrVG als Diskriminierungssanktion?, NZA 2006, 904

§ 18
Mitgliedschaft in Vereinigungen

(1) Die Vorschriften dieses Abschnitts gelten entsprechend für die Mitgliedschaft oder die Mitwirkung in einer
1. Tarifvertragspartei,
2. Vereinigung, deren Mitglieder einer bestimmten Berufsgruppe angehören oder die eine überragende Machtstellung im wirtschaftlichen oder sozialen Bereich innehat, wenn ein grundlegendes Interesse am Erwerb der Mitgliedschaft besteht,

sowie deren jeweiligen Zusammenschlüssen.

(2) Wenn die Ablehnung einen Verstoß gegen das Benachteiligungsverbot des § 7 Abs. 1 darstellt, besteht ein Anspruch auf Mitgliedschaft oder Mitwirkung in den in Absatz 1 genannten Vereinigungen.

ERLÄUTERUNGEN

ÜBERSICHT

I. Bedeutung der Vorschrift (Rdnrn. 1–5)
II. Fassung (Rdnr. 6)
III. Begründung (Rdnr. 7)
IV. Anmerkungen (Rdnrn. 8–31)
    A) zu Abs. 1
        1. Tarifvertragsparteien (Abs. 1 Nr. 1) (Rdnrn. 8–12)
        2. Berufsvereinigungen (Abs. 1 Nr. 2, 1. Alt.) (Rdnrn. 13–15)

3. Mächtige Vereinigungen mit grundlegendem Interesse am Erwerb der Mitgliedschaft (Abs. 1 Nr. 2, 2. Alt.) (Rdnrn. 16–20)
4. Zusammenschlüsse (Rdnr. 21)
B) zu Abs. 2
1. Anspruch auf Mitgliedschaft (Rdnrn. 22–25)
2. Anspruch auf Mitwirkung (Rdnr. 26)
3. Anspruch auf Schadensersatz und Entschädigung (Rdnr. 27)
C) Verfahrensfragen (Rdnrn. 28–31)
V. Literatur

I. Bedeutung der Vorschrift

1 Die Bestimmung **erweitert** das **Verbot der Benachteiligung** aus den in § 1 AGG genannten Gründen auf Rechtsbeziehungen, die **außerhalb des arbeitsrechtlichen Verhältnisses** zwischen Arbeitgeber und Beschäftigten liegen.

2 Sie verpflichtet in **Abs. 1 Nr. 1** die **Tarifvertragsparteien** auf die Beachtung dieses Verbots. In **Abs. 1 Nr. 2** werden sodann zwei Arten von **Vereinigungen einbezogen**: Es handelt sich zum einen um solche, deren Mitglieder einer **bestimmten Berufsgruppe** angehören. Zum anderen geht es um Vereinigungen, die eine **überragende Machtstellung im wirtschaftlichen oder sozialen Bereich** haben. In der letztgenannten Fallgruppe muss ein grundlegendes **Interesse am Erwerb der Mitgliedschaft** bestehen.

3 Lehnt es eine dieser Institutionen ab, einem Interessenten die Mitgliedschaft oder einem Mitglied die Mitwirkung zu gewähren und stellt dies – ohne Rechtfertigung entsprechend §§ 8 bis 10 AGG – einen **Verstoß gegen das Benachteiligungsverbot** des § 7 Abs. 1 AGG dar, hat der Betroffene nach Abs. 2 einen **Anspruch auf Mitgliedschaft oder Mitwirkung**. Aber auch Regeln zu den Organisationspflichten (§§ 11, 12) sowie zu den sonstigen Rechtsfolgen, einschließlich Schadensersatz, Entschädigung und Maßregelungsverbot (§ 7 Abs. 2 und 3, §§ 13 bis 16 AGG), gelten für die Vereinigungen gegenüber den Mitgliedschaftsbewerbern entsprechend.

4 Ist die **Institution selbst Arbeitgeber**, gilt gegenüber den dort Beschäftigten nicht die Vorschrift des § 18, sondern Abschnitt zwei des AGG unmittelbar (Däubler / Bertzbach / *Herrmann* Rdnr. 3; Bauer / Göpfert / *Krieger* Rdnr. 15).

5 Die Regelung **setzt** die jeweils wortgleichen Art. 3 Abs. 1d sowie Art. 3 Abs. 2, Art. 14 bzw. Art. 16 der **Richtlinien** 2000/43/EG (Antirassismus-Richtlinie), 2000/78/EG (Rahmenrichtlinie Beschäftigung) und 76/207/EWG (Gender-Richtlinie) **um**.

II. Fassung

6 Die Vorschrift wurde unverändert aus dem Entwurf der Bundesregierung „Entwurf eines Gesetzes zur Umsetzung europäischer Richtlinien zur Verwirklichung des Grundsatzes der Gleichbehandlung" (BT-Drucks. 16/1780) übernommen.

III. Begründung

7 Im Gesetzentwurf der Bundesregierung (BT-Drucks. 16/1780 S. 39) wird zu der Regelung ausgeführt:

„Die Vorschrift setzt Artikel 3 Abs. 1 Buchstabe d der Richtlinien 2000/43/EG, 2000/78/EG und 76/207/EWG um.

Zu Absatz 1

Für die Mitgliedschaft und Mitwirkung in Berufsorganisationen gelten die Regelungen über die Benachteiligungsverbote und deren Rechtsfolgen entsprechend wie im Beschäftigungsverhältnis.

Zu Absatz 2

Da Berufsvereinigungen eine monopolartige Stellung bei der Wahrnehmung beruflicher Interessen haben, kann – in Abweichung von § 15 Abs. 6 – eine Benachteiligung regelmäßig nur in der Weise behoben werden, dass den Benachteiligten ein Anspruch auf Aufnahme bzw. auf Inanspruchnahme der satzungsmäßigen Leistungen zugebilligt wird, soweit die übrigen vereinsrechtlichen und satzungsmäßigen Voraussetzungen dafür erfüllt sind."

IV. Anmerkungen

A) zu Abs. 1

1. Tarifvertragsparteien (Abs. 1 Nr. 1)

Die Vorschrift des Abs. 1 Nr. 1 verpflichtet die **Tarifvertragsparteien** auf die Beachtung des Benachteiligungsverbots im Sinne des AGG. Der Begriff bestimmt sich nach **§ 2 Abs. 1 TVG** und der hierzu ergangenen Rechtsprechung. Nach der genannten Vorschrift sind Tarifvertragsparteien die Gewerkschaften, einzelne Arbeitgeber und Vereinigungen von Arbeitgebern. Eine sachgerechte Auslegung des § 18 Abs. 1 Nr. 1 muss aber einzelne Arbeitgeber von ihrer Anwendung ausnehmen, da der Abschnitt ohnehin schon für den Arbeitgeber unmittelbar gilt (S / S / V / *Suckow* Rdnr. 13 ff.; Däubler / Bertzbach / *Herrmann* Rdnr. 4). 8

Auf Arbeitgeberseite erfasst die Vorschrift **tariffähige Arbeitgeberverbände**, die regelmäßig als privatrechtlicher Verein organisiert sind. Die Tariffähigkeit eines Arbeitgeberverbandes setzt voraus (vgl. Däubler / Peter TVG § 2 Rdnr. 2): 9

– freiwilligen und auf Dauer angelegten überbetrieblichen Zusammenschluss auf privatrechtlicher Grundlage mit demokratischer Organisation, insbesondere mit freier Ein- und Austrittsmöglichkeit;
– Gegnerfreiheit und Unabhängigkeit von Dritten, wie Staat, Parteien, Religionsgemeinschaften;
– den Willen zum Abschluss von Tarifverträgen.

Ferner gehören hierzu kraft Gesetzes die als Körperschaften des öffentlichen Rechts zusammengeschlossenen **Handwerksinnungen** (§ 54 Abs. 3 Nr. 1, § 82 Nr. 3 HandwO). Bei ihnen handelt es sich um freiwillige bezirkliche Zusammenschlüsse selbstständiger Handwerker, die dasselbe oder ein ähnliches Handwerk ausüben (§ 52 Abs. 1 HandwO). 10

Auf Arbeitnehmerseite erfasst die Vorschrift **tariffähige Gewerkschaften**. Bei ihnen muss zu den unter Rdnr. 8 genannten Kriterien für die Tariffähigkeit noch eine ausreichende **Mächtigkeit** hinzukommen, d. h. Durchsetzungskraft gegenüber dem sozialen Gegenspieler und eine gewisse Leistungsfähigkeit der Organisation (vgl. zuletzt BAG Beschluss vom 28. März 2006 – 1 ABR 58/04 = NZA 2006, 1112 = AP Nr. 4 zu § 2 TVG m. w. Nachw.). Sofern eine Arbeitnehmervereinigung bereits in nennenswertem Umfang Tarifverträge geschlossen hat, belegt dies regelmäßig ihre Durchsetzungskraft. Das gilt sowohl für den Abschluss originärer Tarifverträge als auch für den Abschluss von Anschlusstarifverträgen (BAG Beschluss vom 28. März 2006 a. a. O.). Außerdem muss sie das geltende **Tarifrecht als verbindlich anerkennen** (BAG Beschluss vom 28. März 2006 a. a. O.). Eine Arbeitnehmervereinigung ist für den von ihr beanspruchten Zuständigkeitsbereich entweder insgesamt oder überhaupt nicht tariffähig. Es gibt **keine partielle Tariffähigkeit** (BAG Beschluss vom 28. März 2006 a. a. O.). 11

Die Vorschrift des Abs. 1 Nr. 1 hat – trotz des scheinbar umfassenden Adressatenkreises der „Tarifvertragsparteien" – allerdings größere praktische Bedeutung für Gewerkschaften. Denn im Gegensatz zu diesen bestehen Arbeitgeberverbände zu einem erheblichen Teil aus **juristischen Personen**, denen **gegenüber keine verbotene Benachteiligung** im Sinne von § 1, § 7 Abs. 1 AGG begangen werden kann (vgl. Bauer / Göpfert / Krieger Rdnr. 7). Deshalb kann nicht etwa eine juristische Person über § 18 AGG die Mitgliedschaft in einem Arbeitgeberverband erzwingen. 12

2. Berufsvereinigungen (Abs. 1 Nr. 2, 1. Alt.)

13 Das Benachteiligungsverbot gilt ferner für **Vereinigungen**, deren Mitglieder einer **bestimmten Berufsgruppe** angehören. Solche Vereinigungen sind zum einen **Arbeitnehmerorganisationen**, welche als freiwillige Zusammenschlüsse die beruflichen Interessen ihrer Mitglieder vertreten, aber mangels sozialer Mächtigkeit **nicht als Gewerkschaften anerkannt** sind, wie etwa der „Deutsche Arbeitnehmerbund"; die „Christliche Gewerkschaft Bergbau, Chemie, Energie" oder der „Arbeitnehmerverband land- und ernährungswirtschaftlicher Berufe" (S / S / V / *Suckow* Rdnr. 34; zugleich m. w. Bsp. und Rspr.-Nachw.). Zum anderen werden auch privatrechtliche Zusammenschlüsse von Selbstständigen, insbesondere Angehörigen freier Berufe und Unternehmer erfasst (z. B. Kassenärztliche Vereinigung, Anwaltsvereine). Schließlich fallen hierunter **öffentlich-rechtliche Zwangsverbände** wie z. B. Industrie- und Handelskammern, Handwerkskammern, Rechtsanwaltskammern, Architektenkammern usw.

14 Es ist schon bei wörtlicher Auslegung zweifelhaft, ob der letzte Halbs. der Nr. 2 („wenn ein **grundlegendes Interesse am Erwerb der Mitgliedschaft** besteht") auch für die in der 1. Alt. genannten Vereinigungen von Mitgliedern einer bestimmten Berufsgruppe gilt. Dies wird teilweise bejaht (S / S / V / *Suckow* Rdnr. 30; offenbar auch von Bauer / Göpfert / Krieger Rdnr. 9), allerdings auch mit der Einschränkung, dass das Tatbestandsmerkmal nur rechtlich bedeutungslose Fälle aus dem Anwendungsbereich des AGG herausnehmen solle. Im Übrigen seien hieran geringe Anforderungen zu stellen. Es genüge jeder sachliche Grund rechtlicher, wirtschaftlicher, sozialer oder ideeller Natur, der den Wunsch nach Mitgliedschaft in der Vereinigung nachvollziehbar erscheinen lasse (S / S / V / *Suckow* a. a. O.).

15 Überzeugender erscheint es, in **richtlinienkonformer Auslegung** ein grundlegendes Interesse am Erwerb der Mitgliedschaft für die in Abs. 1 Nr. 2, 1. Alt. genannten Vereinigungen für entbehrlich zu halten. In Art. 3 Abs. 1d der hier umgesetzten Richtlinien (vgl. oben Rdnr. 3) ist eine solche einschränkende Voraussetzung nicht vorgesehen (wie hier Däubler / Bertzbach / *Herrmann* Rdnr. 9).

3. Mächtige Vereinigungen mit grundlegendem Interesse am Erwerb der Mitgliedschaft (Abs. 1 Nr. 2, 2. Alt.)

16 Vereinigungen, die eine **überragende Machtstellung im wirtschaftlichen oder sozialen Bereich** innehaben und bei denen ein grundlegendes Interesse am Erwerb der Mitgliedschaft besteht, sind ebenfalls an das Benachteiligungsverbot nach § 7 Abs. 1 AGG gebunden. Die Vorschrift geht über die Richtlinien hinaus und knüpft erkennbar an die **Rechtsprechung des BVerfG und des BGH zum Vereinsrecht** an. Danach kann der Gesetzgeber ungeachtet der in Art. 9 Abs. 1 GG gewährleisteten Vereinigungsfreiheit Schutzvorkehrungen gegen übermächtige Verbände treffen, z. B. die unbegründete Ablehnung eines Antrags auf Mitgliedschaft korrigieren, wenn der Verein eine überragende Machtstellung im wirtschaftlichen oder sozialen Bereich innehat und wenn ein bedeutendes Interesse an der Mitgliedschaft besteht (vgl. BVerfG Urteil vom 1. März 1979 – 1 BvR 438/68 = BVerfGE 50, 290 [354 = NJW 1979, 699 ff.]; BGH Urteil vom 10. Dezember 1985 – KZR 2/85 = NJW-RR 1986, 583).

17 Nach den in **ständiger Rechtsprechung des Bundesgerichtshofes** entwickelten Grundsätzen kann ein Verein oder ein Verband, der eine Monopolstellung oder ganz allgemein im wirtschaftlichen oder sozialen Bereich eine überragende Machtstellung innehat, gemäß § 826 BGB, § 27 GWB zur Aufnahme eines Bewerbers verpflichtet sein, wenn ein wesentliches oder grundlegendes Interesse am Erwerb der Mitgliedschaft besteht (BGH Urteil vom 2. Dezember 1974 – II ZR 78/72 = BGHZ 63, 282 [285 f.] = NJW 1975, 771 f.; Urteil vom 10. Dezember 1985 – KZR 2/85 = NJW-RR 1986, 583). Für einen **Aufnahmezwang im Einzelfall** gelten danach folgende Grundsätze: Die Ablehnung der Aufnahme darf nicht zu einer – im Verhältnis zu bereits aufgenommenen Mitgliedern – **sachlich nicht gerechtfertigten ungleichen Behandlung** und unbilligen Benachteiligung eines Bewerbers führen. Nicht

nur die **berechtigten Interessen des Bewerbers** an der Mitgliedschaft spielen eine Rolle und die Bedeutung der damit verbundenen Rechte und Vorteile, die ihm vorenthalten würden. Es kommt vielmehr auch auf eine **Bewertung und Berücksichtigung der Interessen des Vereins oder des Verbandes** an, die im Einzelfall dahin gehen können, den Bewerber von der Mitgliedschaft fernzuhalten. Nur wenn nach einer **Abwägung der beiderseitigen Interessen** die Zurückweisung des Bewerbers unbillig erscheint, besteht in der Regel ein Anspruch auf Aufnahme (vgl. BGH Urteil vom 10. Dezember 1985 a. a. O. m. w. Nachw.).

Die **Macht** einer Vereinigung richtet sich vor allem nach der Zahl, Struktur, Disziplin und Einsatzbereitschaft ihrer Mitglieder. Wesentlich sind auch ihre Finanzkraft, ihre Medienpräsenz sowie ihre Betätigung im Bereich der sozialen Selbstverwaltung bzw. ihre Mitgliedschaft in Dachvereinigungen. **Überragend** ist die Machtstellung dann, wenn sie größer ist als die Mehrzahl der vergleichbaren Vereinigungen. Hierbei kommt es nicht auf eine Monopolstellung oder einen Spitzenplatz an, ein Platz im gehobenen Mittelfeld genügt (vgl. zum Ganzen S / S / V / *Suckow* Rdnrn. 40 f.). 18

Die überragende Machtstellung muss **Bezug zum Arbeits- und Wirtschaftsleben** haben, weil es nur dann gerechtfertigt ist, eine Vereinigung deswegen einem Arbeitgeber gleichzustellen, der unmittelbar an die Vorschriften des Abschnitts zwei gebunden ist (S / S / V / *Suckow* Rdnrn. 40 f.). Dieses Erfordernis klingt in dem Tatbestandsmerkmal „im wirtschaftlichen oder sozialen Bereich" an (vgl. BT-Drucks. 16/1780 S. 39 – oben Rdnr. 7 –, wo nur Berufsvereinigungen erwähnt sind). Ohne eine Beschränkung auf im weiteren Sinne berufsbezogene Vereinigungen würden auch **reine Geselligkeitsvereine sowie beispielsweise Bürgerinitiativen oder Versicherungen** in den Anwendungsbereich fallen, ohne dass dies der Gesetzgeber offensichtlich beabsichtigt hätte. Auch die Stellung der Vorschrift im arbeitsrechtlichen Teil des AGG lässt eine solche Einschränkung des Anwendungsbereichs zu (MK-*Thüsing* Rdnr. 18). 19

Es kommt somit darauf an, ob die Mitgliedschaft im Verein **Bezug zu einer grundrechtlich geschützten Tätigkeit** hat (so auch Bauer / Göpfert / Krieger Rdnr. 11, die allerdings zu weitgehend verlangen, dass es für den Mitgliedschaftsbewerber mangels Alternative zu der betreffenden Vereinigung ohne Aufnahme praktisch unmöglich wäre, eine solche Tätigkeit auszuüben). Vielmehr ist es nach dem Gesetzeswortlaut notwendig aber auch ausreichend, dass ein **grundlegendes Interesse des Beschäftigten am Erwerb der Mitgliedschaft** in der Vereinigung besteht. Gewichtige objektive Umstände rechtlicher oder tatsächlicher Natur müssen den Beitrittswunsch des Beschäftigten unter Berücksichtigung aller Umstände des Einzelfalls als gerechtfertigt erscheinen lassen; rein subjektive Vorlieben der Beschäftigten reichen nicht aus, um eine Vereinigung aufgrund ihrer Machtstellung an das AGG zu binden (S / S / V / *Suckow* Rdnr. 46). 20

4. Zusammenschlüsse

Auch die Zusammenschlüsse der in den Nrn. 1 und 2 bezeichneten Vereinigungen sind an das Verbot der Benachteiligung aus den im AGG geregelten Gründen gebunden. Die sog. **Spitzenorganisationen oder Dachverbände** müssen **nicht selbst** die in Nr. 1 oder 2 festgelegten **Voraussetzungen erfüllen**. So ist der Zusammenschluss mehrerer Gewerkschaften ein Normadressat des § 18, ohne dass es darauf ankommt, ob die Spitzenorganisation tariffähig ist, bestimmte Berufsgruppen umfasst oder eine überragende Machtstellung innehat (S / S / V / *Suckow* Rdnr. 49 unter Hinweis auf die fehlende Tariffähigkeit des Deutschen Gewerkschaftsbundes als Zusammenschluss von acht tariffähigen Gewerkschaften). 21

B) zu Abs. 2

1. Anspruch auf Mitgliedschaft

Lehnt eine Vereinigung, welche die Voraussetzungen des Abs. 1 erfüllt, einen auf den Erwerb der Mitgliedschaft in der Vereinigung gerichteten Antrag unter Verstoß gegen § 7 Abs. 1 22

AGG ab, gewährt Abs. 2 dem Antragsteller einen entsprechenden Erfüllungsanspruch. Der aus Gründen des § 1 AGG benachteiligte Bewerber hat das **einklagbare Recht auf Erwerb der Mitgliedschaft in der Vereinigung**. Diese unterliegt damit einem Kontrahierungszwang (anders als der Arbeitgeber bei Diskriminierung eines Beschäftigten bei Bewerbung oder beruflichen Aufstieg, vgl. § 15 Abs. 6 AGG).

23 Wegen des hierin liegenden Eingriffs in die in Art. 9 GG gewährleistete Koalitionsfreiheit kann diese Rechtsfolge aber nur dann in Betracht kommen, wenn der **Verstoß** gegen § 7 Abs. 1 AGG der **einzige Grund für die Zurückweisung** des Bewerbers war. Erfüllt dieser die übrigen **vereinsrechtlichen und satzungsmäßigen Voraussetzungen** für die Mitgliedschaft nicht, kann ein Anspruch hierauf nicht durchgesetzt werden, auch wenn die Ablehnung des Aufnahmeantrags subjektiv auf einen der in § 1 AGG genannten Gründe gestützt wird (vgl. BT-Drucks. 16/1780 S. 39, oben Rdnr. 7; Bauer / Göpfert / Krieger Rdnr. 21). In einem derartigen Fall erscheint es auch nicht gerechtfertigt dem abgelehnten Bewerber einen Entschädigungsanspruch zuzuerkennen.

24 Allerdings darf die **Satzungsregelung**, auf welche die Ablehnung der Aufnahme als Mitglied gestützt wird, **nicht ihrerseits diskriminierend** sein. Schließt ein Verein in einer Satzung Frauen von der Mitgliedschaft aus, ohne dass dies in entsprechender Anwendung der §§ 8 bis 10 AGG gerechtfertigt wäre, kann ein Anspruch auf Aufnahme durchgesetzt werden (Bauer / Göpfert / Krieger Rdnr. 22).

25 Die Aufnahmeverweigerung kann auch in der gezielten **Festlegung unzumutbarer Aufnahmebedingungen** liegen, etwa in der Entrichtung einer ungerechtfertigt hohen Aufnahmegebühr (vgl. OLG Celle Urteil vom 16. März 1994 – 13 U 187/93 = WRP 1995, 35). Dasselbe gilt, wenn ein Verband einem Bewerber nur eine befristete vorläufige Mitgliedschaft anbietet oder wenn die Aufnahme stillschweigend dadurch abgelehnt wird, dass das Gesuch über einen langen Zeitraum nicht verbeschieden wird (Bauer / Göpfert / Krieger Rdnr. 24).

2. Anspruch auf Mitwirkung

26 Ebenso gewährt **Abs. 2** in seiner **2. Alt.** den Mitgliedern einer Vereinigung einen Anspruch auf Mitwirkung, wenn die Vereinigung das Mitglied entgegen dem Verbot des § 7 Abs. 1 AGBG benachteiligt hat. **Verboten** ist eine **Differenzierung** von Mitgliedern oder Mitgliedergruppen mit **unterschiedlichen Rechten und Pflichten**, die an einen der in Abs. 1 AGG angegebenen Gründe anknüpfen. So dürfen Mitglieder einer Vereinigung nicht hinsichtlich der **Inanspruchnahme von Leistungen** (etwa auf Beratung, Rechtsschutz im Arbeits- und Sozialbereich oder andere Hilfestellungen wie Streikgeldern, Teilnahme an Veranstaltungen, Teilhabe am Vereinsvermögen oder öffentlichen Subventionen) benachteiligt werden (Däubler / Bertzbach / *Herrmann* Rdnr. 15). Dasselbe gilt für die normtypischen Mitwirkungsrechte von Mitgliedern, vor allem das aktive und passive **Wahlrecht** sowie **Rede- und Informationsrecht**. Ferner betrifft das Benachteiligungsverbot auch Sanktionen der Vereinigungen, namentlich Vereinsstrafen und den Ausschluss von Mitgliedern.

3. Anspruch auf Schadensersatz und Entschädigung

27 Daneben hat der Betroffene in entsprechender Anwendung des Abschnitts zwei des AGG Ansprüche auf Schadensersatz (§ 15 Abs. 1 AGG) und Entschädigung (auf § 15 Abs. 2 AGG). Ein Anspruch auf Schadensersatz kann insbesondere bei der Vorenthaltung von finanziellen Leistungen der Vereinigung in Betracht kommen. Diese Ansprüche müssen innerhalb der **Ausschlussfrist** von zwei Monaten schriftlich und **binnen drei weiteren Monaten gerichtlich geltend gemacht** werden (§ 15 Abs. 4 AGG, § 61b ArbGG). Die **Höhe der Entschädigung** richtet sich nach der wirtschaftlichen und persönlichen Bedeutung für den Betroffenen sowie der Schwere des Verstoßes; in Anlehnung an § 15 Abs. 2 Satz 2 AGG können regelmäßig **drei Jahresbeiträge** angesetzt werden (Däubler / Bertzbach / *Herrmann* Rdnr. 21). Der unmittelbare Anspruch nach Abs. 2 auf Mitgliedschaft bzw. Mitwirkung hat Vorrang vor der entsprechend anwendbaren Entschädigungsregelung des § 15 Abs. 2 AGG

und kann deshalb einen Anspruch auf Entschädigung ganz ausschließen, da dieser keinen Strafcharakter haben soll (Däubler / Bertzbach / *Herrmann* Rdnr. 21).

C) Verfahrensfragen

Sollen Ansprüche nach § 18 durchgesetzt werden, sind bei zivilrechtlichen Vereinigungen die **ordentlichen Gerichte** anzurufen. Das gilt auch dann, wenn es sich um Streitigkeiten mit Tarifvertragsparteien handelt (vgl. § 2, 2a ArbGG). Bei öffentlich-rechtlichen Körperschaften ist der Rechtsweg zu den **Verwaltungsgerichten** eröffnet (§ 40 Abs. 1 VwGO). 28

Ein in der Satzung vorgesehener **vereinsinterner Rechtsbehelf** ist grundsätzlich vor einer gerichtlichen Nachprüfung **auszuschöpfen** (Däubler / Bertzbach / *Herrman* Rdnr. 23). Das gilt nach dem Grundsatz von Treu und Glauben nur dann nicht, wenn etwa das Ergebnis von vornherein feststeht und der Rechtsbehelf eine bloße Formalie darstellen würde (BGH Urteil vom 22. September 1960 – II ZR 59/60 = NJW 1960, 2143 = MDR 1960, 999). 29

Der abgewiesene Bewerber kann eine **Leistungsklage** auf **Aufnahme in die Vereinigung** erheben. Mit der Rechtskraft des der Klage stattgebenden Urteils gilt die Aufnahmeerklärung der Vereinigung nach § 894 ZPO als abgegeben. Zulässig ist ein Antrag auf **vorläufige Mitgliedschaft** im Wege der **einstweiligen Verfügung** (OLG Düsseldorf Urteil vom 26. September 1997 – I-22 U 52/97 = NJW-RR 1998, 328). 30

Die **Darlegungs- und Beweislast** im Verfahren um die Aufnahme eines Bewerbers richtet sich nach § 22 AGG. Der Bewerber muss Indizien beweisen, die eine Benachteiligung wegen eines in § 1 AGG genannten Grundes vermuten lassen (Bauer / Göpfert / Krieger Rdnr. 27). Hierin liegt allerdings eine **Verschlechterung der Rechtsposition** des Bewerbers, weil die bisherige Rechtsprechung den beklagten Verein oder Verband als darlegungs- und beweispflichtig dafür ansah, dass er sachlich gerechtfertigte Gründe für die Ablehnung des klagenden Bewerbers habe (BGH Urteil vom 1. Oktober 1984 = NJW 1985, 1214 = DB 1985, 701, (Bauer / Göpfert / Krieger a. a. O.). Diese herkömmliche Beweislastverteilung gilt nach wie vor, wenn dem Bewerber aus einem nicht in § 1 AGG genannten Grund die Aufnahme verweigert wird, etwa wegen seiner politischen Anschauung. 31

V. Literatur

Vgl. die zu § 1 AGG angegebene Literatur.

ABSCHNITT 3
Schutz vor Benachteiligungen im Rechtsverkehr
§ 19
Zivilrechtliches Benachteiligungsverbot

(1) Eine Benachteiligung aus Gründen der Rasse oder wegen der ethnischen Herkunft, wegen des Geschlechts, der Religion, einer Behinderung, des Alters oder der sexuellen Identität bei der Begründung, Durchführung und Beendigung zivilrechtlicher Schuldverhältnisse, die

1. typischerweise ohne Ansehen der Person zu vergleichbaren Bedingungen in einer Vielzahl von Fällen zustande kommen (Massengeschäfte) oder bei denen das Ansehen der Person nach der Art des Schuldverhältnisses eine nachrangige Bedeutung hat und die zu vergleichbaren Bedingungen in einer Vielzahl von Fällen zustande kommen oder
2. eine privatrechtliche Versicherung zum Gegenstand haben,

ist unzulässig.

(2) Eine Benachteiligung aus Gründen der Rasse oder wegen der ethnischen Herkunft ist darüber hinaus auch bei der Begründung, Durchführung und Beendigung sonstiger zivilrechtlicher Schuldverhältnisse im Sinne des § 2 Abs. 1 Nr. 5 bis 8 unzulässig.

(3) Bei der Vermietung von Wohnraum ist eine unterschiedliche Behandlung im Hinblick auf die Schaffung und Erhaltung sozial stabiler Bewohnerstrukturen und ausgewogener Siedlungsstrukturen sowie ausgeglichener wirtschaftlicher, sozialer und kultureller Verhältnisse zulässig.

(4) Die Vorschriften dieses Abschnitts finden keine Anwendung auf familien- und erbrechtliche Schuldverhältnisse.

(5) ¹Die Vorschriften dieses Abschnitts finden keine Anwendung auf zivilrechtliche Schuldverhältnisse, bei denen ein besonderes Nähe- oder Vertrauensverhältnis der Parteien oder ihrer Angehörigen begründet wird. Bei Mietverhältnissen kann dies insbesondere der Fall sein, wenn die Parteien oder ihre Angehörigen Wohnraum auf demselben Grundstück nutzen. ²Die Vermietung von Wohnraum zum nicht nur vorübergehenden Gebrauch ist in der Regel kein Geschäft im Sinne des Absatzes 1 Nr. 1, wenn der Vermieter insgesamt nicht mehr als 50 Wohnungen vermietet.

ERLÄUTERUNGEN

ÜBERSICHT

I. Bedeutung der Vorschrift (Rdnrn. 1–6)
II. Fassung (Rdnrn. 7–10)
III. Begründung (Rdnrn. 11–37)
IV. Anmerkungen
V. Literatur

I. Bedeutung der Vorschrift

1   Sie enthält das **allgemeine Verbot der Benachteiligung im Zivilrechtsverkehr** aus den in ihr genannten Gründen. Diese unterscheiden sich von der Grundnorm des § 1 AGG insofern, als eine unterschiedliche Behandlung wegen der „Weltanschauung" zivilrechtlich nicht untersagt ist (hierzu näher unten Rdnr. 8). Allerdings soll ein zu drastischer Eingriff in dem allgemeinen Grundsatz der **Vertragsfreiheit** (dazu unten Rdnr. 11 ff.) dadurch vermieden werden, dass **nur bestimmte Verträge** in den Schutzbereich des AGG einbezogen werden. Es handelt sich zum einen um sog. **„Massengeschäfte"** (zum Begriff unten Rdnr. 23 ff.), zum anderen um privatrechtliche **Versicherungsverträge** (Abs. 1 Nr. 1 und 2).

2   Lediglich für Benachteiligungen aus Gründen der **Rasse** oder der **ethnischen Herkunft** wird durch **Abs. 2** das **Benachteiligungsverbot** auf **sämtliche zivilrechtliche Schuldverhältnisse** im Sinne von **§ 2 Abs. 1 Nr. 5 bis 8 AGG** erstreckt, also auf Verträge, die Sozialschutz, soziale Vergünstigungen, Bildung sowie die Versorgung mit öffentlich verfügbaren Gütern und Dienstleistungen einschließlich von Wohnraum zum Gegenstand haben.

3   Für **Mietverträge über Wohnraum** ermöglicht der Rechtfertigungsgrund des **Abs. 3**, den bewährten Grundsätzen und Zielen einer sozialen Stadt- und Wohnungspolitik Rechnung zu tragen (z. B. sozial stabile und ausgewogene Strukturen, ausgeglichene wirtschaftliche, soziale und kulturelle Verhältnisse; dazu unten Rdnrn. 9 und 33).

4   Mit **Abs. 4** werden familien- und erbrechtliche Schuldverhältnisse wegen der besonderen Nähe zwischen den Vertragspartnern vom Anwendungsbereich des AGG ausgenommen. Dasselbe gilt nach **Abs. 5** für sonstige Schuldverhältnisse, bei denen ein **besonderes Nähe- oder Vertrauensverhältnis** begründet wird. Als Beispiel hebt das Gesetz Mietverhältnisse

hervor, wenn die Parteien und ihre Angehörigen Wohnraum auf demselben Grundstück nutzen. Auch werden Vermieter, die insgesamt nicht mehr als 50 Wohnungen dauerhaft vermieten, vom AGG-Gleichbehandlungsgebot ausgenommen (dazu unten Rdnr. 10).

Liegt nach den vorgenannten Bestimmungen eine Benachteiligung bei der Begründung, Durchführung und Beendigung zivilrechtlicher Schuldverhältnisse vor, kann sie aus einem der in **§ 20 AGG** genannten Gründe **gerechtfertigt** sein. In **§ 21 AGG** werden die **Rechtsfolgen** von Verstößen gegen das zivilrechtliche Benachteiligungsverbot geregelt. Die Ansprüche gehen namentlich auf Beseitigung eingetretener bzw. Unterlassung künftiger Beeinträchtigungen sowie auf Schadensersatz und Entschädigung.

5

Die Vorschrift setzt Art. 3 Abs. 1 e) bis h) der **Antirassismusrichtlinie** 2000/43/EG und Art. 3b Abs. 1 der **Gleichbehandlungsrichtlinie wegen des Geschlechts außerhalb der Arbeitswelt** 2004/113/EG um. Danach war der deutsche Gesetzgeber allerdings nur verpflichtet, im allgemeinen Zivilrechtsverkehr Benachteiligungen aus Gründen der Rasse, wegen der ethnischen Herkunft und wegen des Geschlechts zu verbieten. Die Einbeziehung auch der Merkmale **Religion, Alter, Behinderung und sexuelle Identität** war durch die europäischen Richtlinienvorgaben **nicht geboten**.

6

II. Fassung

Die Vorschrift wurde **mit mehreren Änderungen** aus dem **Entwurf der Bundesregierung** „Entwurf eines Gesetzes zur Umsetzung europäischer Richtlinien zur Verwirklichung des Grundsatzes der Gleichbehandlung" (BT-Drucks. 16/1780) übernommen.

7

Der **BT-Rechtsausschuss** hat in seiner Beschlussempfehlung (BT-Drucks. 16/1780 S. 9) folgende Änderungen vorgeschlagen und a. a. O. S. 13 jeweils wie nachstehend begründet:

a) In **Absatz 1** werden nach dem Wort „Benachteiligung" die Wörter „wegen eines in § 1 genannten Grundes" durch die Wörter „aus Gründen der Rasse oder wegen der ethnischen Herkunft, wegen des Geschlechts, der Religion, einer Behinderung, des Alters oder der sexuellen Identität" ersetzt.

8

Der Rechtsausschuss hält es grundsätzlich für sachgerecht, im Bereich der Merkmale Rasse und ethnische Herkunft sowie Geschlecht weitere Merkmale des Artikels 13 des EU-Vertrags zu schützen. Dies gilt allerdings **nicht für das Merkmal Weltanschauung**. Zwar ist der Begriff „Weltanschauung" eng zu verstehen als eine mit der Person des Menschen verbundene Gewissheit über bestimmte Aussagen zum Weltganzen sowie zur Herkunft und zum Ziel menschlichen Lebens, die auf innerweltliche Bezüge beschränkt ist und die allgemeine politische Gesinnung gerade nicht erfasst. Gleichwohl besteht die Gefahr, dass **z. B. Anhänger rechtsradikalen Gedankenguts** aufgrund der Vorschrift versuchen, sich Zugang zu Geschäften zu verschaffen, die ihnen aus anerkennenswerten Gründen verweigert wurden. Aus diesem Grund soll der zivilrechtliche Schutz des AGG sich nicht auf das Merkmal Weltanschauung beziehen.

b) In **Absatz 3** werden das Wort „kann" durch das Wort „ist" ersetzt und das Wort „sein" gestrichen.

9

Die Regelung greift ein Anliegen des Bundesrates auf und stellt klar, dass im Interesse einer aktiven, auf soziale Stabilität ausgerichteten **Wohnungspolitik** eine **unterschiedliche Behandlung bei der Wohnraumvermietung** zulässig ist. Auch nach Auffassung des Ausschusses ist nicht von einer Diskriminierung auszugehen, wenn bei der Vermietung von Wohnraum mit dem Ziel der Schaffung und Erhaltung sozial stabiler Bewohnerstrukturen und ausgewogener Siedlungsstrukturen sowie ausgeglichener wirtschaftlicher, sozialer und kultureller Verhältnisse unterschieden wird."

10 c) **Dem Absatz 5 wird folgender Satz** angefügt:

„Die Vermietung von Wohnraum zum nicht nur vorübergehenden Gebrauch ist in der Regel kein Geschäft im Sinne des Absatzes 1 Nr. 1, wenn der Vermieter insgesamt **nicht mehr als 50 Wohnungen** vermietet."

Artikel 1 § 19 Abs. 5 Satz 2 gilt als Regelbeispiel für die Vermietung von Wohnraum auf demselben Grundstück grundsätzlich sowohl für Geschäfte gemäß Absatz 1 Nr. 1 als auch gemäß Absatz 2. Weitere Einschränkungen sind bezüglich der Geschäfte nach Absatz 2 aufgrund der Richtlinie 2000/43/EG des Rates vom 29. Juni 2000 zur Anwendung des Gleichbehandlungsgrundsatzes ohne Unterschied der Rasse oder der ethnischen Herkunft nicht zulässig. Die Diskussion der Vorschrift hat aber gezeigt, dass sie dahin missverstanden werden kann, dass jede nicht den Voraussetzungen des Absatzes 5 Satz 2 entsprechende Wohnraumvermietung als Massengeschäft im Sinne des Absatzes 1 Nr. 1 zu werten wäre. Hier scheint eine **gesetzliche Klarstellung** angezeigt. Mit dem neuen Satz 3 wird verdeutlicht, dass die **Wohnraumvermietung in der Regel kein Massengeschäft** ist, wenn der **Vermieter** insgesamt **nicht mehr als 50 Wohnungen** vermietet. Damit ist zum einen klargestellt, dass die Verneinung eines persönlichen Nähe- oder Vertrauensverhältnisses nicht bereits zur Annahme eines Massengeschäfts führt. Zum anderen wird die Vermutung begründet, dass jedenfalls dann, wenn der Vermieter insgesamt nicht mehr als 50 Wohnungen vermietet, das **Ansehen der Person des konkreten Mieters** für ihn **nicht ohne Bedeutung** oder nicht nur von nachrangiger Bedeutung ist. Der Nachweis, dass es im Einzelfall anders ist, bleibt ebenso möglich wie der Nachweis, dass auch größere Vermieter dem Ansehen der Person des konkreten Mieters mehr als nur nachrangige Bedeutung beimessen. Die Vermutung betrifft nur die Wohnraumvermietung zum nicht nur vorübergehenden Gebrauch. Sie betrifft damit **nicht** Vermietungen im Sinne des § 549 Abs. 2 Nr. 1 BGB, also beispielsweise die **Vermietung von Hotelzimmern oder Ferienwohnungen**."

III. Begründung

11 Im Gesetzentwurf der Bundesregierung (BT-Drucks. 16/1780 S. 39 f.) wird der Vorschrift folgende **Vorbemerkung vorangestellt**.

Zu Abschnitt 3 (Schutz vor Diskriminierungen im Zivilrechtsverkehr)

„Das allgemeine Privatrecht regelt vor allem die Rechtsbeziehungen zwischen den Bürgerinnen und Bürgern, insbesondere im Vertragsrecht. Die **Privatautonomie** genießt einen hohen von der Verfassung geschützten Rang. Ohne das Prinzip der Vertragsfreiheit sind moderne Gesellschaften nicht denkbar. Zivilgesellschaften sind also auf das vor allem durch Verträge in freier Selbstbestimmung gesetzte private Recht angewiesen. Die privatrechtliche Handlungsfreiheit gilt aber **nicht schrankenlos**. Zu dem durch Artikel 3 des Grundgesetzes dokumentierten Grundkonsens der Bundesrepublik Deutschland gehört es, dass bestimmte Unterscheidungen auch im Bereich des Privatrechts, für den Artikel 3 GG nicht unmittelbar gilt, als unerwünscht gelten können. Schon die geltende Rechtsordnung **verpflichtet** vor allem im Bereich der **Daseinsvorsorge auch Private zum Vertragsschluss** oder legt ihnen (zum Beispiel im Arbeitsrecht, im Mietrecht oder im Verbraucherrecht) **Beschränkungen zum Schutz der strukturell schwächeren Partei** auf. Zur Bekämpfung von Diskriminierungen, also von sozial unerwünschten Ungleichbehandlungen, stellt das Zivilrecht darüber hinaus vor allem die **Generalklauseln des Bürgerlichen Gesetzbuchs (BGB)** zur Verfügung: Zu nennen sind hier **§ 138 BGB** (Sittenwidriges Rechtsgeschäft) und **§ 242 BGB** (Leistung nach Treu und Glauben), aber auch das Recht der unerlaubten Handlung (§§ 823, 826 BGB). Das geltende Recht vermag aber nicht auf alle Fälle sozial nicht erwünschter Unterscheidungen angemessen zu reagieren.

12 Wenn der Gesetzgeber Privatpersonen ein **Benachteiligungsverbot im Hinblick auf die in Artikel 3 Abs. 3 GG enthaltenen Merkmale** auferlegt (Geschlecht, Abstammung, Rasse, Sprache, Heimat, Herkunft, Glauben, religiöse oder politische Anschauung und Behinderung), greift er damit zugleich in die durch Artikel 2 Abs. 1 GG gewährleistete Privatauto-

mie ein. Darüber hinaus wird das **Recht, den Vertragspartner frei zu wählen** und den **Inhalt des Vertrags frei zu gestalten**, zusätzlich durch spezielle Grundrechte geschützt. Zu nennen sind beispielsweise im Arbeitsrecht Artikel 12 GG (Berufsfreiheit), im Mietrecht Artikel 14 GG (Eigentumsgarantie) oder im Hinblick auf eigene religiöse oder weltanschauliche Überzeugungen Artikel 4 Abs. 1 GG (Glaubens- und Gewissensfreiheit).

Ein privatrechtliches Benachteiligungsverbot kann aber wegen der **Schutzpflicht des Staates gegenüber dem potenziellen Vertragspartner** gerechtfertigt sein. Die Privatautonomie kann sich nämlich nur entfalten, wenn diese Freiheit auch realisiert werden kann. Insbesondere in Fällen diskriminierender Vertragsverweigerung fehlt es bislang an einem ausdrücklich geregelten Instrumentarium. Zur Vertragsfreiheit gehört nämlich auch die Möglichkeit, Verträge tatsächlich abschließen zu können. Der **Gesetzgeber** hat daher eine **Balance herzustellen**, die einerseits die Grundlagen der Privatautonomie – freie Bestimmung des Vertragsinhalts, freie Auswahl des Vertragspartners – berücksichtigen muss. Andererseits muss er die Voraussetzungen dafür schaffen, dass sich diese Prinzipien für alle Bürgerinnen und Bürger gleichermaßen entfalten können. Dabei ist zumindest erforderlich, dass in den wesentlichen Bereichen des alltäglichen Rechtslebens (vgl. § 19) Regelungen für alle relevanten Diskriminierungsmerkmale geschaffen werden. **13**

Stellt der Gesetzgeber eine solche Gefährdungslage fest – insoweit kommt ihm ein weiter Einschätzungsspielraum zu – muss er **zwischen den gegenläufigen Grundrechtspositionen der Parteien** im Privatrecht einen **angemessenen Ausgleich** finden. Hierbei ist dem Gesetzgeber ein weiter Gestaltungsfreiraum eingeräumt (vgl. z. B. Beschluss des Bundesverfassungsgerichts vom 27. Januar 1998 – 1 BvL 15/87, BVerfGE 97, 169 = NJW 1998, 1475). Weil sowohl die Schwere des Eingriffs in die Privatautonomie als auch die Schutzbedürftigkeit der Vertragspartner vom Gegenstand des Schuldverhältnisses und der tatsächlichen gesellschaftlichen Situation abhängen, sind differenzierte Lösungen nicht nur zulässig, sondern auch geboten. **14**

Aus **Artikel 13 Abs. 1 des EG-Vertrags** ergibt sich nichts anderes. Nach dieser Bestimmung können geeignete Vorkehrungen getroffen werden, „um Diskriminierungen aus Gründen des Geschlechts, der Rasse, der ethnischen Herkunft, der Religion oder der Weltanschauung, einer Behinderung, des Alters oder der sexuellen Ausrichtung zu bekämpfen". Auch Artikel 13 Abs. 1 des EG-Vertrags entfaltet keine unmittelbare Wirkung zwischen privaten Parteien. Mit der **Antirassismusrichtlinie 2000/43/EG** wurden umfassende Diskriminierungsverbote aus Gründen der Rasse oder wegen der ethnischen Herkunft beschlossen, die unter anderem das allgemeine Privatrecht umfassen. Die **Rahmenrichtlinie Beschäftigung 2000/78/EG** bekämpft Benachteiligung wegen der Religion oder der Weltanschauung, einer Behinderung, des Alters oder der sexuellen Ausrichtung. Sie gilt aber nur für Beschäftigung und Beruf und nicht für das allgemeine Privatrecht. Die **Gleichbehandlungsrichtlinie wegen des Geschlechts außerhalb der Arbeitswelt 2004/113/EG** schließlich enthält differenzierte Vorgaben zur Gleichbehandlung von Frauen und Männern im allgemeinen Privatrecht, insbesondere auch für privatrechtliche Versicherungsverträge. **15**

Diesem sowohl nach deutschem Verfassungsrecht als auch nach dem Recht der Europäischen Gemeinschaft gebotenen differenzierten Ansatz folgen die §§ 19 ff.: **§ 19 Abs. 1 verankert ein allgemeines Diskriminierungsverbot** in der Privatrechtsordnung, das bei der Begründung, Durchführung und Beendigung von privatrechtlichen Schuldverhältnissen zur Anwendung kommt. Es gilt einerseits für Massengeschäfte, insbesondere also für diejenigen Verträge, die typischerweise ohne Ansehen der Person zustande kommen oder aber bei denen der personellen Auswahl untergeordnete Bedeutung zukommt. Es gilt des Weiteren für alle privatrechtlichen Versicherungen. **16**

Ungleichbehandlungen beispielsweise wegen des Geschlechts, einer Behinderung oder des Alters sind nicht selten höchst **erwünscht und sozial akzeptiert** (z. B. Rabatte für ältere oder jüngere Kunden) bzw. **folgen zumindest objektiven Notwendigkeiten** (z. B. Zugangsbeschränkungen bei gefährlichen Dienstleistungen aus Gründen der Verkehrssicherungs- **17**

pflicht). Sie sind also nicht per se diskriminierend. Diesen differenzierten Anforderungen trägt **§ 20 Satz 1 Rechnung**, der eine **Rechtfertigung von Ungleichbehandlungen bei einem sachlichen Grund** erlaubt und typische Fälle über Regelbeispiele in § 20 Satz 2 Nr. 1 bis 5 erfasst.

18 Für **Menschen mit Behinderungen** setzt § 19 das Prinzip der Gleichbehandlung in weiten Bereichen des Privatrechts durch. Er begründet aber **keinen Anspruch auf besondere Anpassungs- und Teilhabeleistungen**. Diese Leistungen sollen systemgerecht weiterhin dem öffentlichen Recht vorbehalten bleiben, insbesondere dem Sozialrecht, etwa durch Leistungen zur Teilhabe (§ 4 SGB IX). Das hat seinen Grund auch darin, dass die mit den Anpassungsleistungen verbundenen Kosten nicht einzelnen Privaten aufgebürdet werden können, sondern – über die Finanzierung durch Steuern und andere Abgaben – von der Allgemeinheit zu tragen sind.

19 Der **differenzierte Anwendungsbereich des § 19 Abs. 1 nebst Rechtfertigungsgründen nach § 20** dient zugleich der Umsetzung der Gleichbehandlungsrichtlinie wegen des Geschlechts außerhalb der Arbeitswelt 2004/113/EG im allgemeinen Privatrecht. Das Regelbeispiel des § 20 Satz 2 Nr. 5 erfasst die auf nationaler und europäischer Ebene intensiv diskutierte Frage der **„Unisex-Tarife" bei privatrechtlichen Versicherungsverträgen**. Ein umfassendes Diskriminierungsverbot aus Gründen der Rasse oder wegen der ethnischen Herkunft ist durch die Antirassismusrichtlinie 2000/43/EG vorgegeben. Dem trägt § 19 Abs. 2 Rechnung, indem er über den sachlichen Anwendungsbereich des § 19 Abs. 1 hinausgeht. Weil kaum eine billigenswerte Unterscheidung aus Gründen der Rasse oder wegen der ethnischen Herkunft denkbar ist, bedarf es hier auch keiner Rechtfertigungsgründe. Wegen der anderen Merkmale – Religion und Weltanschauung, Alter, Behinderung, sexuelle Identität – enthält das Gemeinschaftsrecht keine Vorgaben.

Die **Rechtsfolgen** eines Verstoßes gegen das Benachteiligungsverbot sind in **§ 21** geregelt: Der Benachteiligte kann Unterlassung, Beseitigung sowie Schadensersatz bzw. Entschädigung verlangen."

20 In der **Einzelbegründung** zu der Vorschrift (BT-Drucks. 16/1780 S. 40 ff.) wird sodann ausgeführt:

„Die Vorschrift enthält das **zivilrechtliche Benachteiligungsverbot**. **Absatz 1** enthält die Bestimmung des sachlichen Anwendungsbereiches für Benachteiligungen wegen eines in § 1 genannten Grundes, also aus Gründen der Rasse oder wegen der ethnischen Herkunft, des Geschlechts, der Religion oder Weltanschauung, einer Behinderung, des Alters oder der sexuellen Identität. **Absatz 2** konkretisiert unter Bezug auf § 2 Abs. 1 Nr. 5 bis 8 (entsprechend Artikel 3 Abs. 1 Buchstabe e bis h der Antirassismusrichtlinie 2000/43/EG) den sachlichen Anwendungsbereich bei Benachteiligungen aus Gründen der Rasse oder wegen der ethnischen Herkunft. **Absatz 3** trägt dem Anliegen insbesondere der Wohnungswirtschaft Rechnung, bei der Vermietung von Wohnraum den bewährten Grundsätzen einer sozialen Stadt- und Wohnungspolitik Rechnung tragen zu können. **Absatz 4** stellt klar, dass das Allgemeine Gleichbehandlungsgesetz für familien- und erbrechtliche Schuldverhältnisse nicht gilt. **Absatz 5** schließlich regelt die Anwendung des zivilrechtlichen Benachteiligungsverbots im engeren persönlichen Nähebereich.

Zu Absatz 1

21 Absatz 1 regelt das zivilrechtliche Benachteiligungsverbot. Erfasst sind hiernach Massengeschäfte bzw. vergleichbare Schuldverhältnisse (Nummer 1) und darüber hinaus alle privatrechtlichen Versicherungen aller Art (Nummer 2). **Absatz 1 Nr. 1** erfasst in der ersten Alternative zunächst **Massengeschäfte**, also diejenigen zivilrechtlichen Schuldverhältnisse, die typischerweise ohne Ansehen der Person in einer Vielzahl von Fällen zu gleichen Bedingungen zustande kommen. Dieser Tatbestand ermöglicht die erforderliche Balance zwischen dem Schutz vor diskriminierendem Verhalten im Privatrechtsverkehr einerseits und der gebotenen Wahrung der Vertragsfreiheit andererseits. Die Vorschrift setzt zugleich Artikel 3

Abs. 1 der Gleichbehandlungsrichtlinie wegen des Geschlechts außerhalb der Arbeitswelt 2004/113/EG um, die ebenfalls darauf abstellt, dass es sich um Güter und Dienstleistungen handeln muss, die ohne Ansehen der Person abgesetzt werden. In Artikel 3 Abs. 2 dieser Richtlinie weist die Europäische Gemeinschaft ausdrücklich auf die Bedeutung der freien Wahl des Vertragspartners hin.

Erfasst sind **zivilrechtliche Schuldverhältnisse aller Art**. Meist wird es sich – wie bei dem erweiterten Benachteiligungsverbot aus Gründen der Rasse oder wegen der ethnischen Herkunft nach Absatz 2 – um den Zugang zu und Versorgung mit Gütern und Dienstleistungen handeln (siehe auch § 2 Abs. 1 Nr. 8, der Artikel 3 Abs. 1 Buchstabe h der Antirassismusrichtlinie 2000/43/EG wörtlich übernimmt). Der Tatbestand ist allerdings insoweit enger als Absatz 2 i. V. m. § 2 Abs. 1 Nr. 8, weil nur diejenigen Schuldverhältnisse erfasst sind, die darüber hinaus bei einer typisierenden Betrachtungsweise in einer Vielzahl von Fällen ohne Ansehen der Person zustande kommen. Damit müssen **für ein Massengeschäft folgende weitere Kriterien** erfüllt sein: 22

Zum einen geht es damit nicht um einmalige Sachverhalte, sondern um Fälle, die häufig auftreten. Ob es sich **typischerweise** um eine ‚**Vielzahl von Fällen**' handelt, ist aus der Sicht der Anbieterseite zu beurteilen, denn an sie (und nicht an den nachfragenden Kunden) richtet sich das Benachteiligungsverbot. So ist etwa der Absatz von Gebrauchtwagen für den gewerblichen Kfz-Händler ein Geschäft, das er in einer Vielzahl von Fällen abwickelt. Anders ist es bei einer Privatperson, die ihren gebrauchten Pkw verkaufen will. Damit sind in der Regel also nur diejenigen Leistungen vom allgemeinen zivilrechtlichen Benachteiligungsverbot erfasst, die **von Unternehmen erbracht** werden, also von natürlichen oder juristischen Personen, die in Ausübung ihrer gewerblichen oderberuflichen Selbstständigkeit handeln (§ 14 BGB). Der mit dem Benachteiligungsverbot zwangsläufig verbundene Eingriff in die Vertragsfreiheit lässt sich bei Unternehmen eher rechtfertigen, weil sie sich mit ihrem Leistungsangebot in die öffentliche Sphäre begeben und es damit grundsätzlich an die Allgemeinheit richten (so schon Bydlinski, Archiv für die civilistische Praxis 180 [1980], 1, 39). 23

Weiterhin muss es sich um **Schuldverhältnisse** handeln, die **typischerweise ‚ohne Ansehen der Person' und ‚zu gleichen Bedingungen'** begründet, durchgeführt und beendet werden. Denn die sozial verwerfliche Diskriminierung unterscheidet sich von der durch das Prinzip der Vertragsfreiheit gedeckten erlaubten Differenzierung gerade dadurch, dass willkürlich und ohne sachlichen Grund einzelnen Personen der Zugang zu einer Leistung verwehrt oder erschwert wird, die ansonsten anderen Personen gleichermaßen zur Verfügung steht. Ein Schuldverhältnis wird ohne Ansehen der Person begründet, durchgeführt oder beendet, wenn hierbei die in § 1 genannten Merkmale typischerweise keine Rolle spielen. 24

Insbesondere im Bereich der **Konsumgüterwirtschaft** und bei **standardisierten Dienstleistungen** kommen Verträge typischerweise ohne Ansehen der Person zustande: Im Einzelhandel, in der Gastronomie oder im Transportwesen schließen die Unternehmer im Rahmen ihrer Kapazitäten Verträge ohne weiteres mit jeder zahlungswilligen und zahlungsfähigen Person, ohne dass nach den in § 1 genannten Merkmalen unterschieden würde. Natürlich hängt der Vertrag häufig auch hier von weiteren, vertragsspezifischen Bedingungen ab, die sich aus Treu und Glauben, aus der Verkehrssitte oder aus der Natur des Schuldverhältnisses ergeben: Ein Taxifahrer muss einen Fahrgast mit extrem verschmutzter Kleidung nicht befördern; ein Gastwirt kann einen randalierenden Besucher aus der Gaststätte weisen. Diese Handlungen sind schon deshalb nicht benachteiligend im Sinne dieses Gesetzes, weil sie weder unmittelbar noch mittelbar an die in § 1 genannten Merkmale anknüpfen. 25

Weil Massengeschäfte regelmäßig ‚ohne Ansehen der Person' zustande kommen, werden diese Verträge (und andere Schuldverhältnisse) typischerweise auch ‚**zu vergleichbaren Bedingungen**' begründet, durchgeführt und beendet. Die Gleichbehandlung bei Erbringung der Leistung ist letztlich Spiegelbild der Tatsache, dass der Anbieter bei der Auswahl des Vertragspartners nicht unterscheidet. 26

Differenziert der Unternehmer im Einzelfall bei der Auswahl des Vertragspartners oder bei der Erbringung der Leistung dennoch von vorne herein nach den in § 1 genannten Merkmalen, ändert sich nichts an der Anwendbarkeit der Vorschrift. Die **Einordnung als Massengeschäft** erfolgt nämlich nach einer **allgemeinen, typisierenden Betrachtungsweise**. So sind etwa Freizeiteinrichtungen (Badeanstalten, Fitnessclubs etc.) typischerweise für Angehörige jedes Geschlechts und jedes Alters zugänglich. Die Differenzierung nach diesen Merkmalen im Einzelfall (z. B. gesonderte Öffnungszeiten in einer Badeanstalt nur für Frauen, Altersbeschränkungen bei der Aufnahme in einen Fitnessclub) ist also nur zulässig, sofern sie nach § 20 wegen eines sachlichen Grundes gerechtfertigt ist.

27 Unerheblich ist bei der gebotenen typisierenden Betrachtungsweise auch, ob einzelne Vertragspartner beispielsweise wegen eines besonderen Verhandlungsgeschicks im Einzelfall **Preisnachlässe** erreichen. Differenzierungen, die zur Erfüllung gesetzlicher Pflichten dienen und Merkmale des § 1 betreffen (z. B. ein Mindestalter aus Gründen des Jugendschutzes verlangen), sind selbstverständlich ohne Weiteres zulässig.

28 Auch **Privatversicherungen** können **strukturell Massengeschäfte** i. S. d. Nummer 1 sein, wenn bei dem angebotenen Versicherungsschutz typischerweise auf die Ermittlung von Risikoindikatoren verzichtet wird, die vom Anwendungsbereich des § 1 erfasst sind. Das ist etwa bei Reisegepäckversicherungen der Fall, die aber auch – wie andere privatrechtliche Versicherungen, insbesondere die private Kranken- und Lebensversicherung – grundsätzlich über Nummer 2 erfasst werden. Bei der **Überlassung von Räumen** wird es sich meist nicht um Massengeschäfte im Sinne der ersten Alternative handeln, denn die Anbieter von Wohn- oder Geschäftsräumen wählen ihren Vertragspartner regelmäßig individuell nach vielfältigen Kriterien aus dem Bewerberkreis aus. Anders kann es sich verhalten, wenn etwa der Vertragsschluss über Hotelzimmer oder Ferienwohnungen über das Internet abgewickelt und hierbei auf eine individuelle Mieterauswahl verzichtet wird. **Kreditgeschäfte** beruhen meist auf einer individuellen Risikoprüfung. Auch hier wird es sich deshalb regelmäßig nicht um Massengeschäfte handeln.

29 Von der zweiten Alternative werden auch Rechtsgeschäfte erfasst, bei denen ‚das Ansehen der Person' zwar eine Rolle spielt; diese Voraussetzung jedoch eine nachrangige Bedeutung hat. Dies wird z. B. vielfach der Fall sein, wenn ein großer Wohnungsanbieter eine Vielzahl von Wohnungen anbietet.

30 Absatz 1 Nr. 2 bezieht als Spezialvorschrift zu Nummer 1 ausdrücklich alle **privatrechtlichen Versicherungsverhältnisse** ein, denn Absatz 1 Nr. 1 würde nur, wie soeben erläutert, Versicherungen erfassen, die typischerweise auf die Ermittlung von einschlägigen Risikoindikatoren verzichten. Im Bereich der Privatversicherung besteht nämlich auch bei individueller Risikoprüfung ein Bedürfnis, sozial nicht zu rechtfertigende Unterscheidungen zu unterbinden: Versicherungen decken häufig elementare Lebensrisiken ab; deshalb kann der verweigerte Vertragsschluss für den Benachteiligten schwerwiegende Auswirkungen haben. Was die **Festlegung von Prämien und die Gewährung von Leistungen durch Versicherungen** angeht, legt § 20 Abs. 2 gesetzlich die Voraussetzungen fest, unter denen die Versicherungen das Geschlecht (Satz 1) oder die anderen Merkmale (Satz 2) weiterhin als Differenzierungsmerkmal bei der Risikobewertung heranziehen dürfen.

Zu Absatz 2

31 Absatz 2 erstreckt den Anwendungsbereich des zivilrechtlichen Benachteiligungsverbots bei Benachteiligungen aus Gründen der Rasse oder wegen der ethnischen Herkunft auf **sämtliche zivilrechtliche Schuldverhältnisse, die von § 2 Abs. 1 Nr. 5 bis 8 erfasst** sind. Wegen der Einzelheiten wird auf die Begründung zu § 2 verwiesen. Von besonderer Bedeutung ist § 2 Abs. 1 Nr. 8, der Artikel 3 Abs. 1 Buchstabe h der Antirassismusrichtlinie 2000/43/EG entspricht und ein Benachteiligungsverbot fordert, das nicht nur für in Absatz 1 geregelte Schuldverhältnisse gilt, sondern für Schuldverhältnisse aller Art, die den Zugang zu und die Versorgung mit Gütern und Dienstleistungen zum Gegenstand haben. Erfasst sind hier

beispielsweise auch **Geschäfte Privater, sofern der Vertragsschluss öffentlich angeboten wird**, etwa der Verkauf des gebrauchten privaten PKW über eine Zeitungsannonce.

Zu Absatz 3

Absatz 3 trägt dem Anliegen insbesondere der Wohnungswirtschaft Rechnung, bei der Vermietung von Wohnraum den **bewährten Grundsätzen einer sozialen Stadt- und Wohnungspolitik Rechnung tragen** zu können. Die europäische Stadt setzt auf Integration und schafft damit die Voraussetzungen für ein Zusammenleben der Kulturen ohne wechselseitige Ausgrenzung. Je stärker der soziale Zusammenhalt, desto weniger kommt es zu Diskriminierungen wegen der ethnischen Herkunft oder aus anderen im Gesetz genannten Gründen. 32

Diese Prinzipien finden sich beispielsweise in **§ 6 des Wohnraumförderungsgesetzes**, der unter anderem die Notwendigkeit unterstreicht, sozial stabile Bewohnerstrukturen zu erhalten und ausgewogene Siedlungsstrukturen sowie ausgeglichene wirtschaftliche, soziale und kulturelle Verhältnisse zu schaffen und zu erhalten. Absatz 3 stellt deshalb klar, dass bei der Vermietung von Wohnraum eine unterschiedliche Behandlung zulässig sein kann, sofern sie den genannten Zielen dient. Selbstverständlich ist damit keine Unterrepräsentanz bestimmter Gruppen zu rechtfertigen.

Zu Absatz 4

Nach **Absatz 4** sind die **im Familien- und Erbrecht geregelten Schuldverhältnisse** ausgeschlossen, weil sie sich grundlegend von den Verträgen des sonstigen Privatrechts unterscheiden. Wegen des inneren Zusammenhangs zum Erbrecht sind Vereinbarungen, die eine Erbfolge vorweg nehmen, ebenfalls von dem Ausschluss erfasst. 33

Zu Absatz 5

Absatz 5 trägt den Maßgaben des Erwägungsgrundes 4 der Antirassismusrichtlinie 2000/43/EG sowie des Erwägungsgrundes 3 der Gleichbehandlungsrichtlinie wegen des Geschlechts außerhalb der Arbeitswelt 2004/113/EG Rechnung, wonach der **Schutz der Privatsphäre und des Familienlebens** sowie der in diesem Kontext getätigten Geschäfte **gewahrt bleiben** soll. Artikel 3 Abs. 1 der Richtlinie 2004/113/EG beschränkt außerdem den Geltungsbereich des geschlechtsspezifischen Diskriminierungsverbots auf Güter und Dienstleistungen, „die außerhalb des Bereichs des Privat- und Familienlebens und der in diesem Kontext stattfindenden Transaktionen angeboten werden". Entsprechend soll die Regelung des Absatzes 5 gewährleisten, dass nicht unverhältnismäßig in den engsten Lebensbereich der durch das Benachteiligungsverbot verpflichteten Person eingegriffen wird. Die Bestimmung kommt auch für Benachteiligungsverbote zur Anwendung, die nicht auf der Umsetzung von Richtlinien beruhen, denn der Grundgedanke gilt hier in gleicher Weise. 34

Ein **besonderes Nähe- oder Vertrauensverhältnis** im Sinne von **Satz 1** erfordert eine Beziehung, die über das hinausgeht, was ohnehin jedem Schuldverhältnis an persönlichem Kontakt zu Grunde liegt. Dies kann beispielsweise darauf beruhen, dass es sich um ein für die durch das Benachteiligungsverbot verpflichtete Person besonders bedeutendes Geschäft handelt, oder dass der Vertrag besonders engen oder lang andauernden Kontakt der Vertragspartner mit sich bringen würde. 35

Satz 2 benennt ein – nicht abschließendes – **Beispiel** für den in Satz 1 benannten Grundsatz: Mietverhältnisse, bei denen die Parteien oder ihre Angehörigen **Wohnraum auf demselben Grundstück** nutzen, sind vom Anwendungsbereich ausgenommen. Wegen des besonderen Nähverhältnisses ist es hier insbesondere nicht zumutbar, dem Vermieter eine Vertragspartei aufzuzwingen. Zugleich sind damit sämtliche Ansprüche auf Ersatz von Schäden ausgeschlossen, die auf eine Vertragsverweigerung zurückzuführen sind. 36

Bei der **Auslegung des Begriffs ‚Angehörige'** ist zu berücksichtigen, dass die Ausnahmevorschrift des Absatzes 5 dem Erwägungsgrund 4 der Antirassismusrichtlinie 2000/43/EG Rechnung zu tragen hat. Hiernach ‚ist es wichtig, dass im Zusammenhang mit dem Zugang zu und der Versorgung mit Gütern und Dienstleistungen der Schutz der Privatsphäre und 37 des Familienlebens sowie der in diesem Kontext getätigten Geschäfte gewahrt bleibt'. Der Begriff des Angehörigen erfasst damit Mitglieder des engeren Familienkreises, nämlich Eltern, Kinder, Ehe- und Lebenspartner und Geschwister. Er dürfte damit im Wesentlichen mit dem Begriff der engen Familienangehörigen im Sinne des § 573 Abs. 1 Nr. 2 BGB übereinstimmen."

IV. Anmerkungen

(Im Hinblick auf die ausführliche Dokumentation der Gesetzesbegründung und den auf das zivilrechtliche Benachteiligungsverbot beschränkten Anwendungsbereich der Vorschrift wird von einer weitergehenden Erläuterung abgesehen).

V. Literatur

Vgl. die zu § 1 AGG angegebene Literatur sowie

Armbruster, Christian, Kontrahierungszwang im allgemeinen Gleichbehandlungsgesetz, NJW 2007, 1494

Horst, Hans Reinhold, Mietrechtliche Auswirkungen des allgemeinen Gleichbehandlungsgesetzes, MDR 2006, 1266

Maier-Reimer, Georg, Das Allgemeine Gleichbehandlungsgesetz im Zivilrechtsverkehr, NJW 2006, 2577

Metzger, Kathrin, Die Bedeutung des Allgemeinen Gleichbehandlungsgesetzes (AGG) für die Vermietungspraxis der Wohnungsgesellschaft, WuM 2007, 47

Rath, Michael / **Rütz**, Eva Maria, Ende der „Ladies Night", der „Ü-30-Parties" und der Partnervermittlung im Internet? – Risiken und Nebenwirkungen des allgemeinen zivilrechtlichen Diskriminierungsverbots der §§ 19,20 AGG, NJW 2007, 1498

Rolfs, Christian, Allgemeine Gleichbehandlung im Mietrecht, NJW 2007, 1489

Schmidt-Räntsch, Jürgen, Auswirkungen des Allgemeinen Gleichbehandlungsgesetzes auf das Mietrecht, NZM 2007, 6

Schreier, Michael, Das AGG in der zivilrechtlichen Fallbearbeitung, Jus 2007, 308

Schwab, Dieter, Schranken der Vertragsfreiheit durch die Antidiskriminierungsrichtlinien und ihre Umsetzung in Deutschland, DNotZ 2006, 649

Thüsing, Gregor / **von Hoff**, Konrad, Vertragsschluss als Folgenbeseitigung: Kontrahierungszwang im zivilrechtlichen Teil des Allgemeinen Gleichbehandlungsgesetzes, NJW 2007, 21

Thüsing, Gregor / **von Hoff**, Konrad, Private Versicherungen und das allgemeine Gleichbehandlungsgesetz, VersR 2007, 1

Wackerbarth, Ulrich, Die Vermeidung einer ungerechtfertigten Inanspruchnahme aus dem AGG (zivilrechtlicher Teil), ZIP 2007, 453

§ 20
Zulässige unterschiedliche Behandlung

(1) [1]Eine Verletzung des Benachteiligungsverbots ist nicht gegeben, wenn für eine unterschiedliche Behandlung wegen der Religion, einer Behinderung, des Alters, der sexuellen Identität oder des Geschlechts ein sachlicher Grund vorliegt. [2]Das kann insbesondere der Fall sein, wenn die unterschiedliche Behandlung

1. der Vermeidung von Gefahren, der Verhütung von Schäden oder anderen Zwecken vergleichbarer Art dient,

2. dem Bedürfnis nach Schutz der Intimsphäre oder der persönlichen Sicherheit Rechnung trägt,
3. besondere Vorteile gewährt und ein Interesse an der Durchsetzung der Gleichbehandlung fehlt,
4. an die Religion eines Menschen anknüpft und im Hinblick auf die Ausübung der Religionsfreiheit oder auf das Selbstbestimmungsrecht der Religionsgemeinschaften, der ihnen zugeordneten Einrichtungen ohne Rücksicht auf ihre Rechtsform sowie der Vereinigungen, die sich die gemeinschaftliche Pflege einer Religion zur Aufgabe machen, unter Beachtung des jeweiligen Selbstverständnisses gerechtfertigt ist.

(2) ¹Eine unterschiedliche Behandlung wegen des Geschlechts ist im Falle des § 19 Abs. 1 Nr. 2 bei den Prämien oder Leistungen nur zulässig, wenn dessen Berücksichtigung bei einer auf relevanten und genauen versicherungsmathematischen und statistischen Daten beruhenden Risikobewertung ein bestimmender Faktor ist. ²Kosten im Zusammenhang mit Schwangerschaft und Mutterschaft dürfen auf keinen Fall zu unterschiedlichen Prämien oder Leistungen führen. ³Eine unterschiedliche Behandlung wegen der Religion, einer Behinderung, des Alters oder der sexuellen Identität ist im Falle des § 19 Abs. 1 Nr. 2 nur zulässig, wenn diese auf anerkannten Prinzipien risikoadäquater Kalkulation beruht, insbesondere auf einer versicherungsmathematisch ermittelten Risikobewertung unter Heranziehung statistischer Erhebungen.

ERLÄUTERUNGEN

ÜBERSICHT

I. Bedeutung der Vorschrift (Rdnrn. 1–5)
II. Fassung (Rdnrn. 6–7)
    A) durch das AGG (Rdnr. 6)
    B) durch Art. 8 Abs. 1 Nr. 2a und b des Betriebsrentenänderungsgesetzes vom 2. Dezember 2006 (BGBl. I S. 2742) mit Wirkung vom 12. Dezember 2006 (Rdnr. 7)
III. Begründung (Rdnrn. 8–31)
IV. Anmerkungen
V. Literatur

I. Bedeutung der Vorschrift

Die Bestimmung enthält **Rechtfertigungsgründe** für an sich gemäß § 19 Abs. 1 AGG unzulässige Benachteiligungen bei der Begründung, Durchführung und Beendigung eines zivilrechtlichen Schuldverhältnisses. Sie ist dabei **in umgekehrter Reihenfolge zu prüfen** (Bauer / Göpfert / Krieger Rdnr. 3).

1

Handelt es sich um ein **privatrechtliches Versicherungsverhältnis** im Sinne von § 19 Abs. 1 Nr. 2 AGG, greift der **spezielle Rechtfertigungsgrund des § 20 Abs. 2** ein. Danach darf das **Geschlecht** nur dann für eine unterschiedliche Festsetzung von Prämien bzw. Leistungen maßgebend sein, wenn es bei einer auf relevanten und genauen **versicherungsmathematischen und statistischen Daten** beruhenden Risikobewertung ein **bestimmender Faktor** ist (dazu unten Rdnrn. 25 ff). Hierbei dürfen die Kosten für **Schwangerschaft und Mutterschaft auf keinen Fall** berücksichtigt werden. **Religion, Behinderung, Alter oder sexuelle Identität** rechtfertigen eine unterschiedliche Behandlung durch Versicherungsunternehmen nur, wenn diese auf anerkannten Prinzipien risikoadäquater Kalkulation beruht. Dazu gehört namentlich eine versicherungsmathematisch ermittelte Risikobewertung unter Heranziehung statistischer Erhebungen.

2

3   Bei **sonstigen zivilrechtlichen Schuldverhältnissen im Sinne von § 19 Abs. 1 AGG** ist zunächst zu prüfen, ob ein in § 20 Abs. 1 Satz 2 genanntes **Regelbeispiel** erfüllt ist, welches die Ungleichbehandlung rechtfertigt (vgl. unten Rdnrn. 13 ff). In allen übrigen Fällen muss auf die **Generalklausel des Abs. 1 Satz 1** zurückgegriffen werden. Danach ist eine unterschiedliche Behandlung wegen der Religion, einer Behinderung, des Alters, der sexuellen Identität oder des Geschlechts **gerechtfertigt**, wenn ein **sachlicher Grund** hierfür vorliegt (dazu nachfolgend Rdnrn. 7 ff.). Für die entsprechende Prüfung können die **Regelbeispiele** des Abs. 1 Satz 2 als **Richtschnur** dienen.

4   Die Bestimmung des Abs. 1 setzt Art. 4 Abs. 5 der **Gleichbehandlungsrichtlinie wegen des Geschlechts außerhalb der Arbeitswelt** 2004/113/EG um, die durch die Erwägungsgründe Nr. 16 und 17 konkretisiert wird. Mit Abs. 2 der Vorschrift wird Art. 5 Abs. 2 und 3 derselben Richtlinie umgesetzt, die durch die Erwägungsgründe Nr. 18 und 19 konkretisiert werden. Hingegen gelten die Rechtfertigungsgründe nach § 20 **nicht für Benachteiligungen aus Gründen der Rasse oder wegen der ethnischen Herkunft**, weil die Antirassismusrichtlinie 2000/43/EG für die Benachteiligungsgründe im Anwendungsbereich von § 19 Abs. 2 AGG keine Rechtfertigung zulässt (vgl. Bauer / Göpfert / Krieger Rdnr. 2).

II. Fassung

A) durch das AGG

5   Die Vorschrift wurde ihrem wesentlichen Inhalt nach **aus dem Entwurf der Bundesregierung** „Entwurf eines Gesetzes zur Umsetzung europäischer Richtlinien zur Verwirklichung des Grundsatzes der Gleichbehandlung" (BT-Drucks. 16/1780) übernommen.

6   Die Fassung des **Abs. 1 Satz 2 Nr. 4**, der abweichend von der ursprünglichen Entwurfsfassung nicht mehr auf die **„Weltanschauung"** abstellt, ist eine **Folgeänderung** zur entsprechenden Einschränkung in **§ 19 Abs. 1 AGG** auf Vorschlag des BT-Rechtsausschusses (vgl. Erl. zu § 19 Rdnr. 8).

B) durch Art. 8 Abs. 1 Nr. 2a und b des Betriebsrentenänderungsgesetzes vom 2. Dezember 2006 (BGBl. I S. 2742) mit Wirkung vom 12. Dezember 2006

7   Hierdurch wurde das **Redaktionsversehen** des Gesetzgebers korrigiert, der in Abs. 1 Satz 1 und Abs. 2 Satz 3 nach wie vor die **„Weltanschauung"** als Diskriminierungsgrund aufgeführt hatte, obwohl dieser in der zu Grunde liegende Vorschrift des § 19 Abs. 1 AGG entfallen war (vgl. oben Rdnr. 6).

III. Begründung

8   Im **Gesetzentwurf der Bundesregierung** (BT-Drucks. 16/1780 S. 43 ff.) wird zu der Vorschrift ausgeführt:

„§ 20 regelt, in **welchen Fällen eine unterschiedliche Behandlung** wegen einer Behinderung, der Religion oder Weltanschauung, des Alters, der sexuellen Identität oder des Geschlechts, die den Tatbestand des § 19 Abs. 1 erfüllt, **gleichwohl zulässig ist**. Eine Verletzung des Benachteiligungsverbotes liegt dann nicht vor. Die Norm ist als **Rechtfertigungsgrund** ausgestaltet. Der **Anbieter muss** also nach allgemeinen zivilprozessualen Grundsätzen die **Zulässigkeit** der unterschiedlichen Behandlung **darlegen und beweisen**. Bei einer **mittelbaren Benachteiligung (§ 3 Abs. 2)** sind Fragen der zulässigen Ungleichbehandlung bereits **auf Tatbestandsebene** zu entscheiden; es werden also viele in § 20 geregelte Fragen bereits an dieser Stelle (und nicht erst auf der Ebene der Rechtfertigung) zu prüfen sein. Unberührt von alledem bleibt das **Benachteiligungsverbot des § 19 Abs. 2**, das der Umsetzung der **Antirassismusrichtlinie** 2000/43/EG dient, denn in dieser Richtlinie sind entsprechende **Rechtfertigungsgründe nicht vorgesehen**.

Zu Absatz 1

Satz 1 enthält den **Grundsatz**, wonach **Unterscheidungen zulässig** sind, für die ein **sachlicher Grund** vorliegt. Dieser Rechtfertigungsgrund ist erforderlich, weil bei den genannten Merkmalen – anders als bei Unterscheidungen aus Gründen der Rasse oder wegen der ethnischen Herkunft – **Differenzierungen im allgemeinen Zivilrecht oft akzeptiert oder sogar höchst erwünscht** sind. Beispielhaft erwähnt seien hier nur **Preisrabatte** für Schülerinnen und Schüler oder für Studierende oder **gesonderte Öffnungszeiten für Frauen in Schwimmbädern**. Andere Unterscheidungen werden von den Betroffenen zwar subjektiv als diskriminierend empfunden, dienen **objektiv** aber **notwendigen Zwecken**, etwa der Einhaltung von Verkehrssicherungspflichten und damit der Schadensverhütung. All diese Unterscheidungen können und sollen weiterhin möglich sein; denn hierbei handelt es sich nicht um Diskriminierungen, also sozial verwerfliche Unterscheidungen. Satz 1 dient damit auch der Umsetzung von Artikel 4 Abs. 5 der Gleichbehandlungsrichtlinie wegen des Geschlechts außerhalb der Arbeitswelt 2004/113/EG, wonach es **gerechtfertigt** sein kann, **Güter und Dienstleistungen** ausschließlich oder vorwiegend **für die Angehörigen eines Geschlechts bereitzustellen**. 9

Die Feststellung eines sachlichen Grundes bedarf einer **wertenden Feststellung im Einzelfall** nach den Grundsätzen von Treu und Glauben und entzieht sich wegen der Reichweite des allgemeinen zivilrechtlichen Benachteiligungsverbotes einer abschließenden näheren Konkretisierung. Die sachlichen Gründe können sich zunächst aus dem **Charakter des Schuldverhältnisses** ergeben. Es können Umstände sein, die aus der **Sphäre** desjenigen stammen, der die **Unterscheidung trifft**, oder aber aus der Sphäre desjenigen, der **von der Unterscheidung betroffen** ist. 10

Das Erfordernis einer Abwägung im Einzelfall kommt auch im bereits erwähnten Rechtfertigungsgrund des Artikels 4 Abs. 5 der Richtlinie 2004/113/EG zum Ausdruck. Der Erwägungsgrund 17 dieser Richtlinie stellt darüber hinaus klar, dass beim Zugang zu Gütern und Dienstleistungen die jeweiligen Möglichkeiten nicht in jedem Fall gleichermaßen geboten werden müssen, sofern dabei nicht Angehörige des einen Geschlechts besser gestellt sind als die des anderen. Es ist also sachlich **gerechtfertigt, Waren und Dienstleistungen geschlechtsspezifisch anzubieten** sofern dies **sachlichen Kriterien** Rechnung trägt. Ein weiteres Beispiel sind etwa **Sportveranstaltungen**, die **nur Angehörigen eines Geschlechts zugänglich** sind (siehe Erwägungsgrund 16 der Richtlinie 2004/113/EG). 11

In der Praxis werden meist die **Regelbeispiele** in **Nummer 1 bis 4** einschlägig sein, die – nicht abschließend – die wichtigsten Fallgruppen umreißen und zugleich eine **Richtschnur für die Auslegung des Grundtatbestandes** geben können. 12

Nummer 1 rechtfertigt eine unterschiedliche Behandlung, die der **Vermeidung von Gefahren, der Verhütung von Schäden** oder anderen Zwecken vergleichbarer Art dient. Zweck der Vorschrift ist vor allem die Notwendigkeit, bei Massengeschäften die Beachtung von **Verkehrssicherungspflichten** durchzusetzen. So kann es z. B. in Freizeitparks erforderlich sein, den **Zugang zu Fahrgeschäften** für Menschen mit einer **körperlichen Behinderung** zu beschränken oder aber auf einer Begleitperson zu bestehen. Ein weiteres Beispiel ist der **Schutz von Opfern sexueller Gewalt** durch Einrichtungen, die **nur Angehörigen eines Geschlechts Zuflucht** bieten (siehe Erwägungsgrund 16 der Richtlinie 2004/113/EG). 13

Der Vermeidung von Gefahren, der Verhütung von Schäden oder anderen Zwecken vergleichbarer Art kann die unterschiedliche Behandlung regelmäßig nur dienen, wenn sie zur Zweckerreichung grundsätzlich **geeignet und erforderlich** ist. Willkürliche Anforderungen sind deshalb von Nummer 1 nicht gedeckt. Dem Anbieter steht hierbei allerdings ein gewisser **Spielraum** zur Verfügung. Das ist zum einen deshalb erforderlich, weil etwa eine vorbeugende Schadensverhütung zwangsläufig auf **Prognosen** beruht, die mit Unsicherheiten behaftet ist. Zum anderen kann bei der Abwicklung von Massengeschäften auf eine **Standardisierung** nicht verzichtet werden. So kann es etwa gerechtfertigt sein, den Zugang 14 zu **risikobehafteten Leistungen** (z. B. Ausübung gefährlicher Sportarten in einer privaten Anlage) erst **Kunden ab 18 Jahren** zu erlauben.

15 **Nummer 2** trägt der Tatsache Rechnung, dass es insbesondere Unterscheidungen nach dem **Geschlecht** gibt, die auf das Bedürfnis nach Schutz der **Intimsphäre** oder der **persönlichen Sicherheit** reagieren. Strukturell ähnelt der Rechtfertigungsgrund einer positiven Maßnahme (§ 4). Maßnahmen dieser Art – wie etwa getrennte Öffnungszeiten in Schwimmbädern und Saunas, die Bereithaltung von Frauenparkplätzen – sind sozial erwünscht und gesellschaftlich weithin akzeptiert.

16 Die Vorschrift rechtfertigt Unterscheidungen nur dann, wenn sie **aus nachvollziehbaren Gründen** erfolgen. So sind **Frauen** generell einer größeren Gefahr als Männer ausgesetzt, **Opfer von Straftaten gegen die sexuelle Selbstbestimmung** zu werden. Es kann deshalb gerechtfertigt sein, in Parkhäusern **Frauenparkplätze** zur Verfügung zu stellen, auch wenn sich im Einzelfall nicht nachweisen lassen sollte, dass besondere Gefahren drohen, etwa bei einem beleuchteten Parkplatz in einem sicheren Einkaufscenter. **Nicht jedes subjektive Sicherheitsbedürfnis** reicht jedoch zur Rechtfertigung einer Unterscheidung aus. Wenngleich keine Bedrohungslage nachgewiesen werden muss, ist es doch nötig, dass einem verständlichen Sicherheitsbedürfnis Rechnung getragen werden soll. Eine beispielsweise auf Xenophobie beruhende pauschale Angst vor ‚dem Islam' oder ‚den Juden' kann daher eine Ungleichbehandlung nach dem Merkmal der Religion nicht rechtfertigen.

17 **Nummer 3** erfasst diejenigen Fälle, in denen Personen wegen einer Behinderung, der Religion ..., des Alters, der sexuellen Identität oder des Geschlechts ein **besonderer Vorteil** gewährt wird. Mit dieser Bevorzugung – meist wird es sich um **Preisnachlässe oder andere Sonderkonditionen** bei der Anbahnung, Durchführung oder Beendigung von Massengeschäften handeln – ist notwendigerweise eine Benachteiligung aller anderen verbunden.

18 Hier besteht **kein Anlass**, den Grundsatz der **Gleichbehandlung** durchzusetzen. Die gewährten Vergünstigungen reagieren nämlich entweder darauf, dass **bestimmte Gruppen typischerweise weniger leistungsfähig** sind: Rabatte für Schüler und Studenten etwa sind damit zu begründen, dass sie meist nicht über ein Erwerbseinkommen verfügen. Oder aber die Vergünstigungen bezwecken die **gezielte Ansprache von Kundenkreisen**, die der Anbieter anlocken möchte. Diese Maßnahmen sind also nicht diskriminierend, sondern im Gegenteil **sozial erwünscht** bzw. Bestandteil einer auf Wettbewerb beruhenden Wirtschaft. Ein Verbot dieser Praktiken würde auch den objektiv benachteiligten Personenkreisen nicht helfen, denn der Anbieter würde nicht mit der Erstreckung der Vorteile auf alle Kunden reagieren, sondern mit dem **Verzicht auf jegliche Vergünstigung**.

19 **Anders** ist es, wenn die Gewährung gezielter Vorteile dazu dient, eine **diskriminierende Verhaltensweise** bei Massengeschäften nur zu **tarnen**. Das wäre etwa bei einer **Preisgestaltung** denkbar, bei der das **regulär geforderte Entgelt weit über dem Marktpreis** liegt, so dass es dem Anbietenden im Ergebnis nur darum geht, den Kundenkreis auf diejenigen Personen zu beschränken, die Adressaten der „besonderen Vorteile" (tatsächlich aber des Normalpreises) sind. Die Voraussetzungen von Nummer 3 sind hier nicht gegeben, weil hier ein Interesse besteht, diese Ungleichbehandlung zu unterbinden.

20 **Nummer 4** regelt die zulässige unterschiedliche Behandlung, die an die (tatsächliche oder ihm zugeschriebene) **Religion ... des Benachteiligten** anknüpft. Es geht hierbei meist um Fälle, bei denen die unterschiedliche Behandlung **auf religiösen oder weltanschaulichen Motiven** des Benachteiligenden beruht.

21 Nimmt jemand in einer Weise am privaten Rechtsverkehr teil, die Ausdruck seiner religiösen Grundhaltung ist, so wird sein Handeln nicht nur durch die allgemeine Handlungsfreiheit nach Artikel 2 Abs. 1 GG, sondern auch durch seine **Glaubensfreiheit**, Artikel 4 Abs. 1 GG, geschützt. Übt der Gläubige einen Beruf aus, der die **Einhaltung bestimmter religiöser Vorgaben** fordert (etwa der **islamische Metzger**, der das Fleisch von Tieren verkaufen will, die nach islamischen Regeln geschlachtet worden sind), so wird sein Handeln von Artikel 12

Abs. 1 bzw. Artikel 2 Abs. 1 i. V. m. Artikel 4 Abs. 1 GG geschützt (vgl. BVerfGE 104, 337, 346 – ‚Schächten') ...

Darüber hinaus ist zu beachten, dass **Artikel 140 GG i. V. m. Artikel 137 Abs. 3 WRV** den **Religionsgemeinschaften** und den ihnen zugeordneten Einrichtungen die **Freiheit bei der Ordnung und Verwaltung ihrer Angelegenheiten** innerhalb der Schranken der für alle geltenden Gesetze zusichert ... Daher erfasst die Regelung nicht nur die Religionsgemeinschaften selbst, sondern **auch die ihnen zugeordneten Einrichtungen** ohne Rücksicht auf ihre Rechtsform, wenn die Einrichtungen der Religionsgemeinschaften nach deren Selbstverständnis ihrem Zweck und ihrer Aufgabe entsprechend berufen sind, ein Stück des Auftrags der Religionsgemeinschaft wahrzunehmen und zu erfüllen (vgl. BVerfGE 70, 138 [162]; 57, 220 [242]; 53, 366 [391]; 46, 73 [85 f.]). Dabei sind die **Begriffe der Ordnung und Verwaltung weit auszulegen**. Dazu gehören etwa karitative Tätigkeiten, das kirchliche Dienst- und Arbeitsrecht, aber auch die Verwaltung des eigenen Vermögens. Nimmt eine Kirche [*bzw.*] eine ihr zugeordnete Einrichtung ... am privaten Rechtsverkehr teil, ist zunächst zu beurteilen, ob die in Frage stehende Tätigkeit zu ihren eigenen Angelegenheiten gehört oder nicht. Dabei ist das dem Tun zu Grunde liegende **Selbstverständnis der Kirche ... entscheidend**. Ist das Rechtsgeschäft karitativer Natur, so liegt die Bejahung der eigenen Angelegenheit nahe. Ist von einer eigenen Angelegenheit auszugehen, so ist das kirchliche Selbstbestimmungsrecht zwar nur in den Schranken der für alle geltenden Gesetze gewährleistet. Darunter fallen aber nur die Gesetze, die für die jeweilige Religions- oder Weltanschauungsgemeinschaft dieselbe Bedeutung haben wie für jedermann (BVerfGE 66, 1, 20). Dabei kommt dem Selbstverständnis der Gemeinschaft wiederum besonderes Gewicht zu (BVerfGE 66, 1, 22). 22

Auch bei Nummer 4 handelt es sich um ein **Regelbeispiel**, das den Bereich des religiös ... motivierten Handelns **nicht abschließend normiert.** Von dem Wortlaut des Regelbeispiels nicht erfasste sonstige religiös ... motivierte Ungleichbehandlungen können daher im Einzelfall ebenfalls sachliche Gründe im Sinne des § 20 Abs. 1 darstellen. 23

Dies bedeutet aber **nicht**, dass **jedes religiöse** ... Motiv eine an sich nach dem Allgemeinen Gleichbehandlungsgesetz **verbotene Differenzierung rechtfertigt. Artikel 4 Abs. 1 GG** schützt das Recht des Einzelnen, sein gesamtes Verhalten an den Lehren seines Glaubens auszurichten und dieser Überzeugung gemäß zu handeln, beispielsweise **auch bei Ausübung einer gewerblichen Tätigkeit**. Der Metzger etwa, dem gesetzlich verboten wird, Fleisch von geschächteten Tieren zu verkaufen, kann seinen Beruf nicht mehr den islamischen Regeln entsprechend ausüben. Ein Verbot, Kundinnen ohne Kopftuch zu benachteiligen, würde dementsprechend nur dann den grundrechtlichen Schutzbereich betreffen, wenn sich der Metzger auf einen Glaubenssatz berufen könnte, der es ihm verbietet, Fleisch an Frauen zu verkaufen, die kein Kopftuch tragen. Den Metzger träfe insoweit die Darlegungslast (vgl. BVerwGE 94, 82 ff.). Er müsste ernsthaft darlegen können, dass das Betreiben einer islamischen Metzgerei nicht nur die Einhaltung bestimmter Regeln bei der Schlachtung der Tiere, sondern auch eine bestimmte Auswahl der Kundschaft erfordert. Dabei genügte nicht die Berufung auf behauptete Glaubensinhalte und Glaubensgebote; vielmehr müsste ein **Gewissenskonflikt** als Konsequenz aus dem Zwang, der eigenen Glaubensüberzeugung zuwider zu handeln, **konkret, substanziiert und objektiv nachvollziehbar** dargelegt werden (vgl. BVerwGE 94, 82 ff.). 24

Zu Absatz 2

Absatz 2 enthält eine besondere Bestimmung für **private Versicherungsverträge** nach § 19 Abs. 1 Nr. 2. Sie regelt, unter welchen besonderen Voraussetzungen die Ungleichbehandlung wegen der in § 20 Abs. 1 Satz 1 genannten Merkmale bei der **Festlegung von Prämien und Leistungen** durch die Versicherungen zulässig ist. Sind die Voraussetzungen von Absatz 2 erfüllt, bleibt bei der Vertragsgestaltung (insbesondere der Prämien- oder Leistungsbestimmung), aber **auch bei der Entscheidung über den Vertragsschluss** selbst, die **Berücksichtigung** der von diesem Gesetz erfassten **Risiken möglich**. Die Einbeziehung sämtlicher Privat- 25 versicherungsverträge (einschließlich ihrer Anbahnung, Durchführung und Beendigung) in den Anwendungsbereich des allgemeinen privatrechtlichen Benachteiligungsverbots soll vor Willkür schützen; sie soll aber nicht die auch im Interesse der Versicherten erforderliche **Differenzierung nach dem ex ante beurteilten individuellen Risiko** unmöglich machen. Diese Differenzierung nämlich gehört zu den **Grundprinzipien der privatrechtlichen Versicherung**.

26 Die Vorschrift unterscheidet dabei zwischen dem Merkmal **Geschlecht** als Risikofaktor bei der versicherungsmathematischen Kalkulation und den Merkmalen **Religion ..., Behinderung, Alter und sexuelle Identität**. Im Hinblick auf das Merkmal Rasse und ethnische Herkunft ist es den Versicherungen dagegen einschränkungslos verboten, dieses als Risikofaktor zu verwenden.

27 Die Anforderungen an die Berücksichtigung des **Geschlechts** als versicherungsmathematischer Faktor sind in **Satz 1** geregelt. Dieser greift die Formulierung in Artikel 5 Abs. 2 Satz 1 der Gleichbehandlungsrichtlinie wegen des Geschlechts außerhalb der Arbeitswelt 2004/113/EG auf und setzt diese Bestimmung im Bereich des Versicherungsvertragsrechts um. Die Rechtfertigung der Berücksichtigung des Merkmals Geschlecht bei der Bestimmung von Prämien und Leistungen greift danach nur ein, wenn es sich bei dem Geschlecht um einen ‚**bestimmenden Faktor**' bei der **Risikobewertung** handelt. Das Geschlecht darf also nicht nur ein Differenzierungskriterium unter vielen sein, sondern es muss sich um einen maßgeblichen Faktor bei der Beurteilung der versicherten Risiken handeln, wenn auch nicht unbedingt um den Einzigen. Dessen Heranziehung darf **nicht willkürlich** sein.

28 ‚**Relevant**' und ‚**genau**' sind hierbei nur **Daten**, die eine stichhaltige Aussage über das Merkmal Geschlecht als versicherungsmathematischen Risikofaktor erlauben. Die Daten müssen deshalb verlässlich sein, regelmäßig aktualisiert werden und auch der Öffentlichkeit zugänglich sein.

29 Hiervon macht **Satz 2** entsprechend Artikel 5 Abs. 3 der erwähnten Richtlinie eine **sozialpolitisch motivierte Ausnahme:** Kosten, die im Zusammenhang mit **Schwangerschaft und Entbindung** entstehen, dürfen nicht geschlechtsspezifisch in Ansatz gebracht werden. Die Norm folgt damit insoweit auch den Forderungen des Deutschen Bundestages, die im Entschließungsantrag vom 30. Juni 2004 niedergelegt sind (Bundestagsdrucksache 15/3477).

30 Satz 3 regelt die Voraussetzungen, unter denen Versicherungen die Merkmale **Religion ..., Behinderung, Alter oder sexuelle Identität als Risikofaktoren** bei der Festlegung der Prämien und Leistungen heranziehen können. Diese muss auf **anerkannten Prinzipien risikoadäquater Kalkulation** beruhen, insbesondere auf einer versicherungsmathematisch ermittelten Risikobewertung unter Heranziehung statistischer Erhebungen. Dem liegt der Gedanke zugrunde, dass als Risikomerkmale ohnehin nur solche Umstände geeignet sind, die **zu vertretbaren Kosten statistisch erfassbar** sind und einen deutlichen statistischen Zusammenhang mit der Schadenserwartung haben (Wandt, Geschlechtsabhängige Tarifierung in der privaten Krankenversicherung, VersR 2004, 1341, [1432]).

31 Der **Begriff ‚anerkannte Prinzipien risikoadäquater Kalkulation'** kann als eine Zusammenfassung der Grundsätze gesehen werden, die von Versicherungsmathematikern bei der Berechnung von Prämien und Deckungsrückstellungen anzuwenden sind. Diese Grundsätze haben gesetzliche Grundlagen (z. B. § 11 VAG, § 65 VAG sowie aufgrund dieser Vorschrift erlassene Rechtsverordnungen, § 341f HGB für die Lebensversicherung). Es sind bestimmte Rechnungsgrundlagen, mathematische Formeln und kalkulatorische Herleitungen zu verwenden, wobei hierbei, falls vorhanden oder bei vertretbarem Aufwand erstellbar, auch statistische Grundlagen (z. B. Sterbetafeln) heranzuziehen sind. Ferner muss auf anerkannte medizinische Erfahrungswerte und Einschätzungstabellen der Rückversicherer zurückgegriffen werden. Insgesamt trifft die Versicherungen damit eine gesteigerte Darlegungs- und Beweislast".

IV. Anmerkungen

(Im Hinblick auf die ausführliche Dokumentation der Gesetzesbegründung und den auf das zivilrechtliche Benachteiligungsverbot beschränkten Anwendungsbereich der Vorschrift wird von einer weitergehenden Erläuterung abgesehen).

V. Literatur

Vgl. die zu § 1 AGG angegebene Literatur sowie

Armbruster, Christian, Kontrahierungszwang im allgemeinen Gleichbehandlungsgesetz, NJW 2007, 1494

Horst, Hans Reinhold, Mietrechtliche Auswirkungen des allgemeinen Gleichbehandlungsgesetzes, MDR 2006, 1266

Maier-Reimer, Georg, Das Allgemeine Gleichbehandlungsgesetz im Zivilrechtsverkehr, NJW 2006, 2577

Metzger, Kathrin, Die Bedeutung des Allgemeinen Gleichbehandlungsgesetzes (AGG) für die Vermietungspraxis der Wohnungsgesellschaft, WuM 2007, 47

Rath, Michael / **Rütz**, Eva Maria, Ende der „Ladies Night", der „Ü-30-Parties" und der Partnervermittlung im Internet? – Risiken und Nebenwirkungen des allgemeinen zivilrechtlichen Diskriminierungsverbots der §§ 19, 20 AGG, NJW 2007, 1498

Rolfs, Christian, Allgemeine Gleichbehandlung im Mietrecht, NJW 2007, 1489

Schmidt-Räntsch, Jürgen, Auswirkungen des Allgemeinen Gleichbehandlungsgesetzes auf das Mietrecht, NZM 2007, 6

Schreier, Michael, Das AGG in der zivilrechtlichen Fallbearbeitung, Jus 2007, 308

Schwab, Dieter, Schranken der Vertragsfreiheit durch die Antidiskriminierungsrichtlinien und ihre Umsetzung in Deutschland, DNotZ 2006, 649

Thüsing, Gregor / **von Hoff**, Konrad, Vertragsschluss als Folgenbeseitigung: Kontrahierungszwang im zivilrechtlichen Teil des Allgemeinen Gleichbehandlungsgesetzes, NJW 2007, 21

Thüsing, Gregor / **von Hoff**, Konrad, Private Versicherungen und das allgemeine Gleichbehandlungsgesetz, VersR 2007, 1

Wackerbarth, Ulrich, Die Vermeidung einer ungerechtfertigten Inanspruchnahme aus dem AGG (zivilrechtlicher Teil), ZIP 2007, 453

§ 21
Ansprüche

(1) ¹Der Benachteiligte kann bei einem Verstoß gegen das Benachteiligungsverbot unbeschadet weiterer Ansprüche die Beseitigung der Beeinträchtigung verlangen. ²Sind weitere Beeinträchtigungen zu besorgen, so kann er auf Unterlassung klagen.

(2) ¹Bei einer Verletzung des Benachteiligungsverbots ist der Benachteiligende verpflichtet, den hierdurch entstandenen Schaden zu ersetzen. ²Dies gilt nicht, wenn der Benachteiligende die Pflichtverletzung nicht zu vertreten hat. ³Wegen eines Schadens, der nicht Vermögensschaden ist, kann der Benachteiligte eine angemessene Entschädigung in Geld verlangen.

(3) Ansprüche aus unerlaubter Handlung bleiben unberührt.

(4) Auf eine Vereinbarung, die von dem Benachteiligungsverbot abweicht, kann sich der Benachteiligende nicht berufen.

(5) ¹Ein Anspruch nach den Absätzen 1 und 2 muss innerhalb einer Frist von zwei Monaten geltend gemacht werden. ²Nach Ablauf der Frist kann der Anspruch nur geltend gemacht werden, wenn der Benachteiligte ohne Verschulden an der Einhaltung der Frist verhindert war.

ERLÄUTERUNGEN

ÜBERSICHT

I. Bedeutung der Vorschrift (Rdnrn. 1–6)
II. Fassung (Rdnr. 7)
III. Begründung (Rdnrn. 8–17)
IV. Anmerkungen
V. Literatur

I. Bedeutung der Vorschrift

1 Sie regelt die **Rechtsfolgen** eines Verstoßes gegen das zivilrechtliche Benachteiligungsverbot nach § 19 AGG. Der Betroffene hat nach **Abs. 1** vorrangig Anspruch auf **Beseitigung** bzw. **Unterlassung** einer Benachteiligung. Hieraus kann auch ein Anspruch auf Vertragsabschluss hergeleitet werden, wenn die Vertragsverweigerung gegen das Benachteiligungsverbot verstößt (näher hierzu *Thüsing / von Hoff* NJW 2007, 21).

2 Nach **Abs. 2 Satz 1** ist der Benachteiligende verpflichtet, an den Betroffenen **Schadensersatz** für materielle Beeinträchtigungen zu leisten. Dies setzt ein **Verschulden** an dem Verstoß voraus, das jedoch **vermutet** wird. Der Benachteiligende muss ggf. beweisen, dass er die Pflichtverletzung nicht zu vertreten hat (**Abs. 2 Satz 2**). Für einen immateriellen Schaden ist – verschuldensunabhängig – Entschädigung zu leisten (**Abs. 2 Satz 3**).

3 In **Abs. 3** wird klargestellt, dass **Ansprüche aus unerlaubter Handlung** gemäß §§ 823 ff. BGB **unberührt** bleiben.

4 Auf eine **abweichende Vereinbarung** kann sich der Benachteiligende nicht berufen (**Abs. 4**); das zivilrechtliche Benachteiligungsverbot nach § 19 AGG ist unabdingbar. Die **Vorschrift** ist allerdings **überflüssig**, weil sich dies bereits aus **§ 31 AGG** ergibt (Bauer / Göpfert / Krieger Rdnr. 15).

5 Ansprüche nach Abs. 1 und 2 müssen grundsätzlich **innerhalb einer Ausschlussfrist von zwei Monaten** nach Entstehung des Anspruchs geltend gemacht werden (**Abs. 5 Satz 1**). Das entspricht § 15 Abs. 4 AGG, jedoch **fehlt** für das zivilgerichtliche Benachteiligungsverbot eine **Klagefrist** entsprechend § 61b ArbGG. Ein rechtzeitig geltend gemachter Anspruch kann deshalb bis zur Grenze der Verjährung bzw. Verwirkung auch zu einem späteren Zeitpunkt eingeklagt werden. **Abs. 5 Satz 2** stellt klar, dass eine **spätere Geltendmachung** zulässig ist, wenn der Benachteiligte erst **nach Fristablauf** von den anspruchsbegründenden Tatsachen **Kenntnis erlangt**, ohne dass das von ihm zu vertreten ist. Der Benachteiligte muss in diesem Fall innerhalb von zwei Monaten ab Kenntniserlangung den Anspruch geltend machen (*Maier-Reimer* NJW 2006, 2577 [2582]; Bauer / Göpfert / Krieger Rdnr. 16).

6 Die Regelung setzt **Art. 15** der **Antirassismusrichtlinie** 2000/43/EG 2000/43/EG und **Art. 8 Abs. 2, 14** der **Gleichbehandlungsrichtlinie wegen des Geschlechts außerhalb der Arbeitswelt** 2004/113/EG um. Danach müssen die von den Mitgliedstaaten festzulegenden Sanktionen für einen Verstoß gegen das Benachteiligungsverbot **wirksam, verhältnismäßig und abschreckend** sein. Dies bedeutet aber nicht, dass der Schadensersatz zugleich Strafcharakter haben müsse (dazu unten Rdnrn. 11 ff., insbes. 13).

II. Fassung

Die Vorschrift wurde nahezu unverändert aus dem **Entwurf der Bundesregierung** „Entwurf eines Gesetzes zur Umsetzung europäischer Richtlinien zur Verwirklichung des Grundsatzes der Gleichbehandlung" (BT-Drucks. 16/1780) übernommen. Lediglich in **Abs. 5 Satz 1** wurde die **Länge der Ausschlussfrist** auf Vorschlag des BT-Rechtsauschusses **gekürzt**, indem das Wort „**drei**" durch das Wort „**zwei**" ersetzt wurde. Das hat der Ausschussbericht (BT-Drucks. 16/2022 S. 15) wie folgt begründet:

7

„Auch im Zivilrecht erscheint die Verkürzung der Frist zur Geltendmachung von Ansprüchen auf zwei Monate sachgerecht. Der bürokratische Aufwand für Anbieter wird beschränkt, ohne dass damit unzumutbare Nachteile für die Kunden verbunden wären. Auch hier beginnt die Frist erst mit seiner Kenntnis von dem Verstoß und es erscheint angemessen zu verlangen, dass sich die Betroffenen innerhalb von zwei Monaten entscheiden, ob sie Ansprüche geltend machen wollen."

III. Begründung

Im **Gesetzentwurf der Bundesregierung** (BT-Drucks. 16/1780 S. 45 ff.) wird zu der Vorschrift ausgeführt:

8

„Die Vorschrift regelt **Ansprüche bzw. Rechtsfolgen** nach einem Verstoß gegen das zivilrechtliche Benachteiligungsverbot. Soweit § 21 keine besonderen Vorschriften enthält, gelten die einschlägigen allgemeinen Bestimmungen des Bürgerlichen Rechts, insbesondere des Bürgerlichen Gesetzbuchs, denn die §§ 19 ff. sind, wenngleich sondergesetzlich geregelt, Bestandteil der einheitlichen Privatrechtsordnung.

Absatz 1 regelt die auf **Beseitigung und Unterlassung** gerichteten Primäransprüche, **Absatz 2** die Sekundäransprüche (**Ersatz materieller Schäden** sowie **Entschädigung für Nichtvermögensschäden**). Die **Absätze 3 und 4** stellen klar, dass Ansprüche aus **unerlaubter Handlung** unberührt bleiben und Vereinbarungen, die dem Benachteiligungsverbot widersprechen, unbeachtlich sind. **Absatz 5** bestimmt, dass Ansprüche nach § 21 Abs. 1 und 2 in einer Frist von *zwei* Monaten nach Entstehung des Anspruchs geltend gemacht werden müssen.

9

Damit genügt § 21 den **Anforderungen**, die Artikel 15 der Antirassismusrichtlinie 2000/43/EG und Artikel 14 der Gleichbehandlungsrichtlinie wegen des Geschlechts außerhalb der Arbeitswelt 2004/113/EG aufstellen: Hiernach entscheiden die Mitgliedstaaten der Europäischen Union über die Rechtsfolgen von Verstößen gegen das Benachteiligungsverbot aus Gründen der Rasse oder wegen der ethnischen Herkunft sowie wegen des Geschlechts. Die **Sanktionen müssen hierbei wirksam, verhältnismäßig und abschreckend** sein. Diese Anforderungen beruhen auf der Rechtsprechung des EuGH für Beschäftigung und Beruf, wonach eine **Entschädigung** im angemessenen **Verhältnis zum erlittenen Schaden** stehen und **über einen symbolischen Schadensersatz hinausgehen** muss (EuGH Rs. 14/83 vom 10. April 1984 – v. Colson u. Kamann). Mit ‚Abschreckung' ist also nicht die Forderung nach dem ‚Strafcharakter' des Schadensersatzes verbunden. Die in § 21 vorgesehenen Ansprüche leisten – im Einklang mit allgemeinen Prinzipien des Schadensersatzrechts – **volle Kompensation der entstandenen Vermögens- und Nichtvermögensschäden** und genügen damit diesen Anforderungen: Absatz 1 regelt, wie erwähnt, Primäransprüche auf Unterlassung und Beseitigung der Beeinträchtigung. Absatz 2 garantiert die Kompensation der Vermögensschäden und einen angemessenen Ausgleich für Nichtvermögensschäden.

Zu Absatz 1

Satz 1 gibt bereits beim **objektiven Verstoß** gegen das Benachteiligungsverbot einen **Beseitigungsanspruch**. Entsprechend allgemeiner Rechtsgrundsätze kann nach **Satz 2** der Benachteiligende bei Wiederholungsgefahr auch auf künftige **Unterlassung** in Anspruch genommen werden. Dies kann tatsächliches Handeln betreffen und beispielsweise darauf gerichtet sein, künftig die Verweigerung des Zugangs zu einer Einkaufspassage zu unterlassen. In

10

diesem Falle muss die bevorstehende **Benachteiligung konkret drohen**; ein Verdacht genügt nicht.

Zu Absatz 2

11   **Absatz 2** regelt die **Verpflichtung** des Benachteiligenden, bei einem Verstoß den **Vermögensschaden** zu ersetzen bzw. eine **angemessene Entschädigung** für die Beeinträchtigung zu leisten, die nicht Vermögensschaden ist. **Satz 1 und 2** entsprechen strukturell § 280 Abs. 1 Satz 1 und 2 BGB: Satz 1 legt den Grundsatz fest, wonach **jede schuldhafte Benachteiligung** die Verpflichtung zum Ersatz des hierdurch verursachten Vermögensschadens mit sich bringt. **Weigert sich** etwa ein **Taxiunternehmer**, einen **Fahrgast wegen seiner ethnischen Herkunft zu befördern**, und entgeht dem Benachteiligten hierdurch ein Geschäft, weil er einen entsprechenden Termin nicht einzuhalten vermag, so ist dieser Vermögensschaden nach § 21 Abs. 2 Satz 1 zu ersetzen. Verlangt der Benachteiligte Schadensersatz wegen Verzögerung der Leistung oder Schadensersatz statt der Leistung, so kommen die allgemeinen Vorschriften zur Anwendung (§ 280 Abs. 3 BGB i. V. m. §§ 281 ff. BGB).

12   Steht die Benachteiligung fest, ggf. unter Berufung auf die Beweiserleichterung nach § 22, so trägt nach **Satz 2** die andere Partei die **Beweislast** dafür, dass sie die **Benachteiligung nicht zu vertreten** hat. Dieser Entlastungsbeweis wird bei der ummittelbaren Benachteiligung (§ 3 Abs. 1) kaum praktisch werden, weil hier in der Regel vorsätzliches und damit schuldhaftes Handeln gegeben sein wird. Bei der **mittelbaren Benachteiligung** (§ 3 Abs. 2) kommt eine entsprechende Beweisführung allerdings dann in Betracht, wenn der Tatbestand erfüllt ist, für die andere Partei aber auch bei der gebotenen Sorgfalt **nicht erkennbar** war, dass die **scheinbar neutralen Maßnahmen** im Ergebnis zu einer nicht gerechtfertigten Benachteiligung führen. Unberührt bleiben hiervon Ansprüche nach Absatz 1, weil diese nicht von einem Verschulden abhängig sind.

13   **Satz 3** regelt im Hinblick auf § 253 Abs. 1 BGB den Ersatz des durch die Benachteiligung eingetretenen **immateriellen Schadens**: Der Benachteiligte kann hiernach i. V. m. Satz 1 von dem Benachteiligenden auch für diesen Schaden eine **angemessene Entschädigung in Geld** verlangen. Für die Geldentschädigung, die die Rechtsprechung (BGHZ 35, [363, 367 f.]; 39, 124, [130 ff].; 128, 1, [15]) bei Verletzungen des allgemeinen Persönlichkeitsrechts aus dem Schutzauftrag der Artikel 1 und 2 GG gewährt, steht der **Gesichtspunkt der Genugtuung** regelmäßig im Vordergrund (BGH NJW 1996, 984 [985]; NJW 1996, 985 [987]). Auch für den spezialgesetzlichen Geldentschädigungsanspruch nach § 21 Abs. 2 Satz 1 und 3 wegen der in der Benachteiligung liegenden Persönlichkeitsrechtsverletzung liegt hierin der **maßgebliche Entschädigungszweck**. An ihm ist daher auch vordringlich die Bemessung der Geldentschädigung nach Absatz 2 Satz 1 und 3 auszurichten.

14   **Angemessen** ist die **Entschädigung**, wenn sie dem Benachteiligten **Genugtuung für** die durch die Benachteiligung zugefügte **Herabsetzung oder Zurücksetzung** verschaffen kann. Zur weiteren Konkretisierung können die Grundsätze des Geldentschädigungsanspruchs bei Verletzungen des allgemeinen Persönlichkeitsrechts herangezogen werden. Hiernach ist zu berücksichtigen, dass der Geldentschädigungsanspruch bei Verletzungen des allgemeinen Persönlichkeitsrechts nur schwerwiegende und anderweitig nicht auszugleichende Persönlichkeitsrechtsverletzungen kompensiert und für die Bemessung der Entschädigungshöhe die **Intensität der Persönlichkeitsrechtsverletzung** erheblich ist (BGH NJW 1996, 984, 985; Palandt-*Sprau*, BGB-Kommentar, 65. Auflage 2006, § 823 Rdnr. 124). Das Verweisen auf einen **lediglich symbolischen Schadensersatz** wäre **unzulässig** und entspräche auch nicht den Anforderungen der Richtlinie, die wirksame, verhältnismäßige und abschreckende Sanktionen verlangt.

Zu Absatz 3

15   **Absatz 3** stellt klar, dass **Ansprüche aus unerlaubter Handlung unberührt** bleiben. Insoweit kann eine **Anspruchskonkurrenz** bestehen, etwa dann, wenn mit der Benachteiligung eine **Beleidigung** (§ 185 StGB) verbunden ist, was Ansprüche nach § 823 Abs. 2 BGB auslö-

sen kann. Der Benachteiligte wird sich allerdings meist auf die in diesem Abschnitt geregelten Anspruchsgrundlagen berufen, weil er sich insoweit auf die in § 22 geregelte **Beweiserleichterung** stützen kann.

Zu Absatz 4

Absatz 4 stellt im Hinblick auf einzelne diskriminierende Vertragsabreden klar, dass sich der Schuldner **auf** eine **Vereinbarung nicht berufen** kann, die **zum Nachteil des Gläubigers** von dem **Benachteiligungsverbot abweicht**. Dies entspricht der neuen gesetzlichen Regelungstechnik nach der Schuldrechtsmodernisierung (z. B. § 475 Abs. 1 BGB), schließt § 139 BGB insoweit aus und erhält das Schuldverhältnis im Übrigen, denn mit einer Rückabwicklung des Vertrags wäre dem Benachteiligten oftmals nicht geholfen. Im Übrigen verbleibt es dabei, dass insbesondere **einseitige Rechtsgeschäfte**, die gegen das gesetzliche Benachteiligungsverbot verstoßen, nach **§ 134 BGB** grundsätzlich **nichtig** sind, beispielsweise **Kündigungen**, die ausgesprochen werden, um aus den in § 1 genannten Gründen zu diskriminieren. 16

Zu Absatz 5

Die Vorschrift bestimmt, dass Ansprüche nach § 21 Abs. 1 und 2 in einer **Frist von drei Monaten** nach Entstehung des Anspruchs geltend gemacht werden müssen. Das dient der **Rechtssicherheit**: Eine Person, die einen Verstoß gegen das Benachteiligungsverbot geltend machen möchte, muss sich in zumutbarer Frist entscheiden, ob sie den Anspruch verfolgen will. Aber auch diejenige Partei, die wegen eines Verstoßes als Anspruchsgegner in Anspruch genommen wird, erlangt Rechtssicherheit in überschaubarer Frist. Der Vorschrift liegen damit vergleichbare Überlegungen **wie § 15 Abs. 4 im Arbeitsrecht** zu Grunde. 17

Es handelt sich um eine **gesetzliche Ausschlussfrist**, die drei Monate nach Entstehung des Anspruchs abläuft. **Satz 2** stellt klar, dass nach Fristablauf der Anspruch nur geltend gemacht werden kann, wenn der Benachteiligte erst nach Fristablauf von den anspruchsbegründenden Tatsachen Kenntnis erlangt, ohne dass dies von ihm zu vertreten ist".

IV. Anmerkungen

(Im Hinblick auf die ausführliche Dokumentation der Gesetzesbegründung und den auf das zivilrechtliche Benachteiligungsverbot beschränkten Anwendungsbereich der Vorschrift wird von einer weitergehenden Erläuterung abgesehen).

V. Literatur

Vgl. die zu § 1 AGG angegebene Literatur sowie

Armbruster, Christian, Kontrahierungszwang im allgemeinen Gleichbehandlungsgesetz, NJW 2007, 1494

Horst, Hans Reinhold, Mietrechtliche Auswirkungen des allgemeinen Gleichbehandlungsgesetzes, MDR 2006, 1266

Maier-Reimer, Georg, Das Allgemeine Gleichbehandlungsgesetz im Zivilrechtsverkehr, NJW 2006, 2577

Metzger, Kathrin, Die Bedeutung des Allgemeinen Gleichbehandlungsgesetzes (AGG) für die Vermietungspraxis der Wohnungsgesellschaft, WuM 2007, 47

Rath, Michael / **Rütz**, Eva Maria, Ende der „Ladies Night", der „Ü-30-Parties" und der Partnervermittlung im Internet? – Risiken und Nebenwirkungen des allgemeinen zivilrechtlichen Diskriminierungsverbots der §§ 19, 20 AGG, NJW 2007, 1498

Rolfs, Christian, Allgemeine Gleichbehandlung im Mietrecht, NJW 2007, 1489

Schmidt-Räntsch, Jürgen, Auswirkungen des Allgemeinen Gleichbehandlungsgesetzes auf das Mietrecht, NZM 2007, 6

Schreier, Michael, Das AGG in der zivilrechtlichen Fallbearbeitung, Jus 2007, 308

Schwab, Dieter, Schranken der Vertragsfreiheit durch die Antidiskriminierungsrichtlinien und ihre Umsetzung in Deutschland, DNotZ 2006, 649

Thüsing, Gregor / **von Hoff**, Konrad, Vertragsschluss als Folgenbeseitigung: Kontrahierungszwang im zivilrechtlichen Teil des Allgemeinen Gleichbehandlungsgesetzes, NJW 2007, 21

Thüsing, Gregor / **von Hoff**, Konrad, Private Versicherungen und das allgemeine Gleichbehandlungsgesetz, VersR 2007, 1

Wackerbarth, Ulrich, Die Vermeidung einer ungerechtfertigten Inanspruchnahme aus dem AGG (zivilrechtlicher Teil), ZIP 2007

ABSCHNITT 4

Rechtsschutz

§ 22

Beweislast

Wenn im Streitfall die eine Partei Indizien beweist, die eine Benachteiligung wegen eines in § 1 genannten Grundes vermuten lassen, trägt die andere Partei die Beweislast dafür, dass kein Verstoß gegen die Bestimmungen zum Schutz vor Benachteiligung vorgelegen hat.

ERLÄUTERUNGEN

ÜBERSICHT

I. Bedeutung der Vorschrift (Rdnrn. 1–3)
II. Fassung (Rdnrn. 4–7)
III. Begründung (Rdnrn. 8–11)
IV. Anmerkungen (Rdnrn. 12–43)
   1. Allgemeiner Grundsatz der Darlegungs- und Beweislast (Rdnrn. 12–13)
   2. Beweismaßabsenkung durch § 22 (Rdnrn. 14–16)
   3. Erste Stufe: Beweis der Ungleichbehandlung (Rdnrn. 17–19)
   4. Zweite Stufe: Nachweis von Indizien für ursächliche unzulässige Benachteiligungsmotive (Rdnrn. 20–30)
   5. Dritte Stufe: Beweislastumkehr (Rdnrn. 31–41)
   6. Unzulässiges Nachschieben von Gründen durch den Antragsgegner (Rdnrn. 42–43)
V. Literatur

I. Bedeutung der Vorschrift

1 Die Vorschrift regelt die **Darlegungs- und Beweislast** für Fälle eines Verstoßes gegen das arbeitsrechtliche oder zivilrechtliche Benachteiligungsverbot in §§ 7 bzw. 19 AGG. Entsprechend den europarechtlichen Vorgaben modifiziert die Bestimmung die Anforderungen an Beweismaß und Beweislast im Prozess wegen verbotener Ungleichbehandlungen.

2 Mit dieser Vorschrift werden der im Wesentlichen gleich lautende **Art. 8 der Antirassismusrichtlinie** 2000/43/EG sowie **Art. 10 Abs. 1 der Rahmenrichtlinie Beschäftigung** 2000/78/EG umgesetzt. Außerdem wird angeknüpft an die **Rechtsprechung des EuGH** zur Beweislastverteilung bei Diskriminierungen wegen des Geschlechts (vgl. z. B. 🏛 EuGH Urteil vom 16. Juni 2001 – C-381/99 = DB 2001, 1620 = NZA 2001, 883) sowie an die EG-Richtlinie

97/80 vom 15. Dezember 1997 über die Beweislast bei Diskriminierungen aufgrund des Geschlechts (ABl. Nr. L 14/6 20. 1. 1998) und an die Vorschrift des § 611a Abs. 1 Satz 3 BGB a. F.

Da es im Streitfall häufig darauf ankommen wird, welche Seite welche Tatsachen zu beweisen hat, kommt der Vorschrift eine erhebliche Bedeutung für die Verwirklichung des Benachteiligungs- und Belästigungsschutzes nach dem AGG zu (Bauer / Göpfert / Krieger Rdnr. 1). 3

II. Fassung

Der **Entwurf der Bundesregierung** „Entwurf eines Gesetzes zur Umsetzung europäischer Richtlinien zur Verwirklichung des Grundsatzes der Gleichbehandlung" (BT-Drucks. 16/1780) sah **zunächst folgende Fassung** der Vorschrift vor: 4

„Wenn im Streitfall die eine Partei Tatsachen glaubhaft macht, die eine Benachteiligung wegen eines in § 1 genannten Grundes vermuten lassen, trägt die andere Partei die Beweislast dafür, dass andere als in § 1 genannte, sachliche Gründe die unterschiedliche Behandlung rechtfertigen oder die unterschiedliche Behandlung wegen eines in § 1 genannten Grundes nach Maßgabe dieses Gesetzes zulässig ist."

Die nunmehr Gesetz gewordene Fassung: 5

„Wenn im Streitfall die eine Partei Indizien beweist, die eine Benachteiligung wegen eines in § 1 genannten Grundes vermuten lassen, trägt die andere Partei die Beweislast dafür, dass kein Verstoß gegen die Bestimmungen zum Schutz vor Benachteiligung vorgelegen hat"

wurde **vom BT-Rechtsausschuss** vorgeschlagen und in der Beschlussempfehlung (BT-Drucks. 16/1780 S. 13) wie folgt begründet:

„Die Diskussion des Allgemeinen Gleichbehandlungsgesetzes hat gezeigt, dass der – bereits in § 611a BGB – verwendete **Begriff der ‚Glaubhaftmachung'** oftmals dahingehend **missverstanden** wird, er beziehe sich auf § 294 der Zivilprozessordnung (ZPO) und lasse die **eidesstattliche Versicherung als Beweismittel** zu. Es ist insoweit eine sprachliche Neufassung zur Bestimmung des Beweismaßes erfolgt. Dies ist eine erforderliche **Klarstellung** für die Praxis; eine Rechtsänderung ist damit nicht verbunden. Die Vorgaben der einschlägigen Richtlinien werden nach wie vor erfüllt. 6

Auch nach den Grundsätzen des europäischen Rechts trägt derjenige, der sich benachteiligt fühlt, in einem Rechtsstreit die **Beweislast**. Grundsätzlich hat derjenige, der sich zur Stützung eines Anspruchs auf Tatsachen beruft, diese zu beweisen. Die Beweislast für das Vorliegen einer Diskriminierung trifft daher auch nach der Rechtsprechung des Europäischen Gerichtshofes grundsätzlich **denjenigen, der sich diskriminiert glaubt**. Bei den zu beweisenden Indizien handelt es sich dabei um Hilfstatsachen, d. h. tatbestandsfremde Umstände, die den Schluss auf das Vorliegen oder Nichtvorliegen des Tatbestandsmerkmals selbst rechtfertigen. **Bewiesen werden** muss daher zunächst, dass der Benachteiligte gegenüber einer anderen Person **ungünstig behandelt** worden ist. Damit ist ein Indiz für eine Ungleichbehandlung aber noch nicht bewiesen. Dies ist aber der Fall, wenn **ergänzend sog. Vermutungstatsachen** vorgetragen werden, aus denen sich schließen lässt, dass die unterschiedliche Behandlung auf einem nach § 1 Abs. 1 unzulässigen Grund beruht. Dann erst ist der Anscheinsbeweis erbracht und ein Indiz für die vermutete Benachteiligung bewiesen. Auch nach der Rechtsprechung des Europäischen Gerichtshofes kehrt sich die Beweislast nämlich um, wenn derjenige, der dem ersten Anschein nach diskriminiert ist, sonst kein wirksames Mittel hätte, um die Einhaltung des Gleichbehandlungsgrundsatzes durchzusetzen (so EuGH, Rs. C-127/92 vom 27. Oktober 1993 – Enderby)." 7

III. Begründung

Im **Gesetzentwurf der Bundesregierung** (BT-Drucks. 16/1780 S. 47) wird zu der Vorschrift ausgeführt: 8

„Die Vorschrift regelt die Grundsätze der Beweislast in den Fällen unterschiedlicher Behandlung. Sie ist **§ 611a Abs. 1 Satz 3 BGB** nachgebildet und erfüllt die **Vorgaben der Beweislastrichtlinie 97/80/EG** des Rates vom 15. Dezember 1997. Die Vorschrift setzt Artikel 8 der Richtlinie 2000/43/EG, Artikel 10 der Richtlinie 2000/78/EG und Artikel 10 der Gleichbehandlungsrichtlinie wegen des Geschlechts außerhalb der Arbeitswelt 2004/113/EG um.

9 Auch nach den Grundsätzen des **europäischen Rechts** trägt derjenige, der sich auf eine Benachteiligung beruft, in einem Rechtsstreit die **Beweislast** für diese anspruchsbegründende Tatsache. Wenn er aber **dem ersten Anschein nach diskriminiert ist** und aufgrund der spezifischen Situation **kein wirksames Mittel** hätte, um seine Rechte durchzusetzen, **kehrt sich die Beweislast um** (so auch schon vor Erlass der Beweislastrichtlinie EuGH Rs. C-127/92 vom 27. Oktober 1993 – Enderby). Es entspricht ebenso den Grundsätzen des deutschen Prozessrechts, die Anforderungen an die Darlegungs- und Beweislast danach zu bestimmen, im **Einflussbereich welcher Partei** sich bestimmte Vorgänge ereignet haben.

10 Der Kläger muss daher nach den allgemeinen Grundsätzen zunächst den **Vollbeweis** führen, dass er gegenüber einer anderen Person **ungünstig behandelt** worden ist. Weiter muss er sog. **Vermutungstatsachen vortragen**, aus denen sich schließen lässt, dass diese unterschiedliche Behandlung auf einem nach § 1 unzulässigen Grund beruht. Welche Anforderungen daran im Einzelfall zu stellen sind, können nur die Gerichte unter Berücksichtigung der Grundsätze des § 138 ZPO beurteilen. Danach sind einerseits Erklärungen ‚ins Blaue hinein' unzulässig, andererseits ist zu beachten, **welche Informationen einer Prozesspartei überhaupt zugänglich** sind. Ein tatsächlicher Anhaltspunkt kann sich etwa aus einer nicht geschlechtsneutralen Stellenausschreibung (§ 11) ergeben.

11 Auch die Ergebnisse von **Statistiken** oder so genannten Testing-Verfahren können im Rahmen der richterlichen Würdigung des Sachverhalts einen tatsächlichen Anhaltspunkt darstellen. Bei **Testing-Verfahren** wird z. B. eine Vergleichsperson eingesetzt, um zu überprüfen, ob ein Verhalten gegenüber einer Person, bei der eines der in § 1 genannten Merkmale vorliegt, gleichermaßen auch gegenüber der Vergleichsperson, bei der dies nicht der Fall ist, erfolgt. Der Beklagte hat dazu gemäß § 138 ZPO konkret Stellung zu nehmen. Soweit einzelne Tatsachen nicht – ausreichend – bestritten werden, kommt es auf Beweisfragen nicht an. Bleiben **Vermutungstatsachen streitig,** hat der Kläger sie mit den in der Zivilprozessordnung vorgesehenen Beweismitteln nachzuweisen. Die Anforderungen an das Beweismaß werden dabei jedoch abgesenkt. Es genügt, wenn das Gericht ihr Vorliegen für **überwiegend wahrscheinlich** hält (siehe zur Auslegung des § 611a Abs. 1 Satz 3 BGB BAG Urteil vom 5. Februar 2004 – 8 AZR 112/03, NJW 2004, 2112). Stehen dem Kläger dabei keine anderen Beweismittel, insbesondere Zeugen zur Verfügung, hat das Gericht alle zulässigen Möglichkeiten der Anhörung (§ 141 ZPO) und Vernehmung (§ 448 ZPO) des Klägers auszunutzen (BAG Urteil vom 6. Dezember 2001 – 2 AZR 396/00, AP zu § 286 ZPO Nr. 33; BGH Urteil vom 16. Juli 1998 – I ZR 32/96, NJW 1999 S. 363). Ist danach eine **unzulässige Motivation** der unterschiedlichen Behandlung **zu vermuten**, trägt der **Beklagte die volle Beweislast** dafür, dass doch kein Verstoß gegen das Benachteiligungsverbot vorliegt. Das betrifft vor allem das Vorliegen rechtfertigender Gründe. Im Falle einer Belästigung oder sexuellen Belästigung kommt regelmäßig keine Rechtfertigung in Betracht. Ein **nachträglich vorgebrachter Grund** ist nur dann geeignet, die unterschiedliche Behandlung zu rechtfertigen, wenn besondere Umstände erkennen lassen, dass dieser Grund nicht nur vorgeschoben ist (Bundesverfassungsgericht vom 16. November 1993, Az. 1 BvR 258/86)."

IV. Anmerkungen

1. Allgemeiner Grundsatz der Darlegungs- und Beweislast

12 Die Beweislastregel der Vorschrift modifiziert die **ungeschriebene Grundregel des deutschen Zivilprozesses**, die nach § 46 Abs. 2 ArbGG auch für das arbeitsgerichtliche Verfahren gilt (Däubler / Bertzbach / *Bertzbach* Rdnr. 4). Im Zivilrecht ist als Beweislastprinzip der Grundsatz anerkannt, dass jede Partei, die den Eintritt einer Rechtsfolge geltend macht, die

Voraussetzungen des ihr günstigen Rechtssatzes zu beweisen hat. Danach hat grundsätzlich stets der **Anspruchssteller** die **rechtsbegründenden Tatbestandsmerkmale** zu beweisen; hingegen trägt der **Gegner** die Beweislast für die **rechtshindernden, rechtsvernichtenden Merkmale** (BGH Urteil vom 14. Januar 1991 – II ZR 190/89 = BGHZ 113, 222 = NJW 1991, 1052 m. w. Nachw.; Zöller / *Greger* ZPO Rdnr. 17a vor § 284).

Im Allgemeinen trägt damit in einem Rechtsstreit die Beweislast für eine Benachteiligung gemäß § 7 oder § 19 AGG der bzw. die klagende Betroffene, weil es sich um eine anspruchsbegründende Tatsache handelt. Allerdings **erschwert** dies die Geltendmachung von **Ansprüchen wegen verbotener Diskriminierungen**. Der Anspruchssteller kennt häufig **Tatsachen aus der Sphäre des Benachteiligenden** nicht (etwa die Behandlung anderer vergleichbarer Beschäftigter, Mieter, Versicherungsnehmer usw.). Erst recht ist es nahezu unmöglich, eine bestimmte **Motivation** des Anspruchsgegners bei der Benachteiligung zu beweisen (Däubler / Bertzbach / *Bertzbach* Rdnr. 5). 13

2. Beweismaßabsenkung durch § 22

Deshalb erleichtert die Vorschrift des § 22 die Rechtsdurchsetzung für die von einer Benachteiligung Betroffenen durch eine **Beweismaßabsenkung** (Däubler / Bertzbach / *Bertzbach* Rdnr. 6), bei der es um die Zuweisung prozessualer Pflichten nach **Verantwortungs- und Kenntnissphären** geht (vgl. *Baumgärtel* Handbuch der Beweislast § 611a BGB Rdnr. 2). Dies entspricht den **Vorgaben des europäischen Rechts**: Ausreichend ist auf Seiten der Betroffenen der Nachweis von Tatsachen, die eine Benachteiligung vermuten lassen. Gelingt dieser Nachweis, **obliegt dem Prozessgegner der Gegenbeweis** und damit die Beweislast dafür, dass sein Verhalten in Wirklichkeit nicht diskriminierend ist (Erwägungsgrund 17 und Art. 4 Abs. 1 der Beweislastrichtlinie 97/80/EG; vgl. auch die bereits vor deren Erlass ergangene Entscheidung des EuGH vom 27. Oktober 1993 – C-127/92 = NZA 1994, 797 *Enderby*). 14

Die jetzige Regelung entspricht inhaltlich den **bisherigen Vorschriften** in **§ 611a Abs. 1 Satz 3 BGB und § 81 Abs. 2 Nr. 1 Satz 3 SGB IX**, die nach ihrem Wortlaut eine **Glaubhaftmachung** von Tatsachen erforderten, welche eine Benachteiligung vermuten lassen. Die Rechtsprechung hatte dies aber zutreffend **nicht** als Glaubhaftmachung **im Sinne von § 294 ZPO** und damit die Zulassung der eidesstattlichen Versicherung als Beweismittel verstanden, sondern lediglich als **Beweiserleichterung**: Klagende Arbeitnehmer konnten eine Beweislast des Arbeitgebers dadurch bewirken, dass sie Hilfstatsachen unter Beweis stellten, die eine Benachteiligung vermuten lassen (vgl. zuletzt BAG Urteil vom 12. September 2006 – 9 AZR 807/05 = NZA 2007, 507 = BehindertenR 2007, 134 = AP Nr. 13 zu § 81 SGB IX m. w. Nachw.). 15

Der nunmehrige Wortlaut der Vorschrift bedeutet lediglich eine **sprachliche Klarstellung**, dass die bloße Glaubhaftmachung einer Benachteiligung im Sinne von § 294 ZPO nicht genügt, um die Beweislast für das Gegenteil auf den Arbeitgeber abzuwälzen. Damit soll der bisherigen Rechtsprechung Rechnung getragen werden (vgl. oben Rdnr. 5). 16

3. Erste Stufe: Beweis der Ungleichbehandlung

In jedem Fall muss der Kläger nach allgemeinen Grundsätzen zunächst beweisen, dass überhaupt eine Ungleichbehandlung vorliegt. Er hat grundsätzlich die dazu **erheblichen Tatsachen vorzutragen**, und zwar im Zivilprozess nach dem Beibringungsgrundsatz gem. §§ 128, 282 ZPO, im verwaltungsgerichtlichen Verfahren aufgrund seiner Mitwirkungspflicht gem. § 86 VwGO. 17

Bei einer **unmittelbaren Benachteiligung** muss er darlegen, dass er im Vergleich zu anderen Arbeitnehmern **ungünstiger behandelt** worden sei (§ 3 Abs. 1 AGG). So muss er etwa bei einer vermeintlich diskriminierenden Bewerbungsablehnung nachweisen, dass seine **Bewerbung** beim Arbeitgeber eingegangen ist und trotz ausreichender Qualifikation nicht berücksichtigt wurde. Jedenfalls erfordert der Nachweis einer Benachteiligung stets die Darlegung, 18 dass **eine andere Person oder Gruppe** eine **bessere Behandlung** erfahren hat (Nollert-Borasio / Perreng Rdnr. 8).

19 Für den Beweis der Voraussetzungen einer **mittelbaren Benachteiligung** i. S. von § 3 Abs. 2 AGG bedarf es konkreter Informationen über Struktur und tatsächliche Auswirkungen der betreffenden „Vorschriften, Kriterien oder Verfahren", etwa in Form statistischer Auswertungen (S / S / V / *Voigt* Rdnr. 20). Allerdings gelten insoweit ggf. Erleichterungen. So reicht nach der Rechtsprechung des EuGH im Fall eines völlig undurchschaubaren Vergütungssystems aus, dass der Anspruchssteller einen unterdurchschnittlichen Verdienst der betroffenen Gruppe dargelegt (⚖ Urteil vom 31. Mai 1995 – C-400/93 = DB 1995, 1615 *Royal Copenhagen*).

4. Zweite Stufe: Nachweis von Indizien für ursächliche unzulässige Benachteiligungsmotive

20 Hat der Anspruchssteller die Benachteiligung als solche vorgetragen und unter Beweis gestellt, muss er weiter Indizien dafür nachweisen, dass die Benachteiligung auf gesetzlich unzulässigen Erwägungen im Sinne von § 1 AGG beruht. **Indizien** sind mittelbare Tatsachen, die geeignet sind, logische Rückschlüsse auf den unmittelbaren Beweistatbestand zu ziehen (Zöller / *Greger* ZPO § 286 Rdnr. 9a). Insofern ist ein Indiz als **Vermutungstatsache** *mehr* als eine Behauptung, aber regelmäßig *weniger* als ein Beweis für die Benachteiligung (Nollert-Borasio / Perreng Rdnr. 7). Der Beweis von derartigen Indizien ist dann erbracht, wenn ausgehend von den feststehenden Tatsachen **nach allgemeiner Lebenserfahrung** eine **überwiegende Wahrscheinlichkeit für eine Diskriminierung** besteht (vgl. z. B. ⚖ BAG Urteil vom 5. Februar 2004 – 8 AZR 112/03 = BAGE 109, 265 = NJW 2004, 2112 = NZA 2004, 540).

21 Damit hat der Anspruchssteller lediglich die **Tatsachen** zu beweisen, die eine **Benachteiligung** wegen der Behinderung **vermuten lassen**. Dazu muss er den maßgebenden Sachverhalt nach Zeit, Situation und sonstigen Umständen möglichst genau vortragen. Hingegen muss er den Grund der Benachteiligung nicht vortragen oder gar beweisen.

22 Solche Vermutungstatsachen können z. B. in **Äußerungen des Arbeitgebers** – etwa im Vorstellungsgespräch bzw. gegenüber betrieblichen Interessenvertretungen – oder in anderen **Verfahrenshandlungen** bestehen (⚖ BVerfG Beschluss vom 21. September 2006 – 1 BvR 308/03 = NJW 2007, 137 = NZA 2007, 195). Von schwerbehinderten Stellenbewerbern kann eine **unterbliebene oder fehlerhafte Prüfung nach § 81 Abs. 1 SGB IX** angeführt werden. Ein solcher Verfahrensfehler kann namentlich in einem Unterlassen der in § 81 Abs. 1 Satz 9 SGB IX vorgeschriebenen **Anhörung** liegen (⚖ ArbG Frankfurt a. M. Urteil vom 4. Juni 2003 – 17 Ca 8469 / 02, zit. nach JURIS).

23 Auch die Tatsache, dass ein Bewerber trotz formaler Erfüllung der Einstellungsvoraussetzungen erst gar **nicht zum Vorstellungsgespräch eingeladen** worden ist, kann ggf. hierfür ausreichen (vgl. ⚖ BVerfG Beschluss vom 16. November 1993 – 1 BvR 258/86 = BVerfGE 89, 276 = NJW 1994, 647 zur Diskriminierung wegen des Geschlechts).

24 Verletzt ein Arbeitgeber des Öffentlichen Dienstes seine **Pflichten nach § 81 Abs. 1 Satz 2 und § 82 SGB IX**, frei werdende **Stellen frühzeitig zu melden** und mit der **Agentur für Arbeit** wegen der Vermittlung arbeitsloser und arbeitsuchender schwerbehinderter Menschen Verbindung aufzunehmen sowie die schwerbehinderten Bewerber zu einem Vorstellungsgespräch zu laden, rechtfertigt das die Vermutung, er benachteilige schwerbehinderte Beschäftigte wegen ihrer Behinderung (⚖ BAG Urteil vom 12. September 2006 – 9 AZR 807/05 = NZA 2007, 507 = BehindertenR 2007, 134 = AP Nr. 13 zu § 81 SGB IX). Denn der objektiv gesetzwidrig handelnde Arbeitgeber **erweckt den Anschein**, nicht nur an der Beschäftigung schwerbehinderter Menschen **uninteressiert** zu sein, sondern auch möglichen **Vermittlungsvorschlägen** und Bewerbungen von arbeitsuchenden schwerbehinderten Menschen aus dem Weg gehen zu wollen (⚖ BAG Urteil vom 12. September 2006 a. a. O.).

Auf ein Verschulden kommt es insoweit nicht an (⚖ BAG Urteil vom 12. September 2006 a. a. O.).

Allerdings kann der Kläger etwa im Fall einer behaupteten Diskriminierung durch Ablehnung seiner Bewerbung **nicht lediglich mit Nichtwissen bestreiten**, dass die Schwerbehindertenvertretung bei der Beklagten nicht ordnungsgemäß beteiligt worden sei. Es stellt keinen ausreichenden Tatsachenvortrag dar, wenn der Kläger erkennbar lediglich ins Blaue hinein die Beteiligung der Schwerbehindertenvertretung bestreitet, ohne hierzu irgendwelche **Informationen eingeholt** zu haben (⚖ ArbG Münster Urteil vom 30. September 2005 – 4 Ca 1279 / 05, zit. nach JURIS). Verfehlt wäre die Ansicht, das Arbeitsgericht habe im Rahmen des Amtsermittlungsgrundsatzes zu ergründen, ob eine evtl. vorhandene Schwerbehindertenvertretung übergangen worden sei. Denn im arbeitsgerichtlichen Urteilsverfahren gilt nicht der Untersuchungsgrundsatz, sondern der **Beibringungsgrundsatz** (⚖ BAG Urteil vom 12. September 2006 a. a. O.).

25

Dies kann allgemein die Rechtsverfolgung durch den Anspruchssteller erschweren, wenn er gehalten ist, ihm nicht bekannte Tatsachen aus der Sphäre des Anspruchsgegners vorzutragen. Gleichwohl kann dem Anspruchssteller insoweit **kein Auskunftsanspruch gegen den Gegner zuerkannt** werden. Ein derartiger Anspruch ist im Vorfeld der Richtlinienumsetzung zwar diskutiert worden (ErfK / *Schlachter* § 611a BGB Rdnr. 27), hat aber letztlich keinen Eingang in das Gesetz gefunden. Er lässt sich auch nicht als „Nebenpflicht aus dem Anbahnungsverhältnis" bejahen (so aber Däubler / Bertzbach / *Bertzbach* Rdnr. 29) bzw. auf die größere Sachnähe des Gegners, insbesondere des Arbeitgebers, stützen, insoweit vergleichbar der abgestuften Darlegungs- und Beweislast bei der Sozialauswahl im Kündigungsschutzrecht (vgl. Nollert-Borasio / Perreng Rdnr. 16).

26

Da der Gesetzgeber in Kenntnis der Diskussion eine derartige Auskunftspflicht nicht vorgesehen hat, bestehen Bedenken, sie im Wege der vorgenannten Argumentation einzuführen (so auch S / S / V / *Voigt* Rdnr. 39). Es bleibt ausschließlich Sache des Klägers, die Tatsachen, die einen Vermutungstatbestand begründen sollen, zu ermitteln und darzulegen. Die Beweismaßabsenkung durch § 22 trägt seinen Interessen bereits ausreichend Rechnung.

Weitere Indizien können etwa **fehlerhafte Stellenausschreibungen** sein. Verstößt der Ausschreibungstext gegen ein Diskriminierungsverbot, lässt das typischerweise auch eine Benachteiligung von Bewerbern vermuten, bei denen dieses Merkmal vorliegt (vgl. z. B. ⚖ BAG Urteil vom 5. Februar 2004 – 8 AZR 112/03 = BAGE 109, 265 = NJW 2004, 2112 = NZA 2004, 540).

27

Auch kann mit sog. **Testing-Verfahren** verdeckt das Auswahlverfahren eines Arbeitgebers überprüft werden, indem dieselbe Bewerbung einmal unter dem Namen einer Frau und ein andermal unter dem eines Mannes eingereicht wird bzw. alternativ unter einem deutschen und einem ausländischen Namen (S / S / V / *Voigt* Rdnr. 31; vgl. auch oben Rdnr. 11).

28

Ebenso kann zum Nachweis einer **mittelbaren Benachteiligung** mit **statistischen Auswertungen** belegt werden, dass von einer Regelung deutlich mehr Arbeitnehmer des einen Geschlechts als des anderen betroffen sind (vgl. ⚖ BAG Urteil vom 23. September 1992 – 4 AZR 30/92 = BAGE 71, 195 = NJW 1993, 3091 = NZA 1993, 891 zu einem Vergütungssystem, bei dem fast die Hälfte der Männer, dagegen nur 1/10 der Frauen über Tarif entlohnt wurden).

29

Im Zweifel kann auch eine **wesentliche Unterschreitung der Pflichtquote** gem. § 71 SGB IX um rund 50% die **Vermutung einer Benachteiligung wegen der Behinderung** im Streitfall stützen. Denn sie kann ein Anhaltspunkt dafür sein, dass der Arbeitgeber auch im zu entscheidenden Einzelfall den schwerbehinderten Menschen wegen seiner Behinderung zu Unrecht benachteiligt hat (*Großmann* BehindertenR 2003, 165 [169] unter Hinweis auf ⚖ BAG Urteil vom 23. September 1992 a. a. O. zur Glaubhaftmachung einer geschlechtsbezogenen Benachteiligung durch Vortrag einer wesentlich größeren Zahl begünstigter Arbeitnehmer des anderen Geschlechts).

30

5. Dritte Stufe: Beweislastumkehr

31 Der Anspruchsteller muss durch Nachweis entsprechender Tatsachen das Gericht zur **Überzeugung** führen, es liege eine **überwiegende Wahrscheinlichkeit für die Kausalität** zwischen Diskriminierungsmerkmal und Nachteil vor (vgl. BVerfG Beschluss vom 21. September 2006 a. a. O.; BAG Urteil vom 15. Februar 2005 – 9 AZR 635/03 = AP Nr. 7 zu § 81 SGB IX = NZA 2005, 870 = BehindertenR 2005, 168; VGH Mannheim Beschluss vom 21. September 2005 – 9 S 1357/05 = NJW 2006, 538 = BB 2006, 559 [Ls.]). Insbesondere die **Häufung mehrerer Indiztatsachen** rechtfertigt eine solche Annahme (BAG Urteil vom 12. September 2006 – 9 AZR 807/05 = NZA 2007, 507 = BehindertenR 2007, 134 = AP Nr. 13 zu § 81 SGB IX bei Verletzung der Arbeitgeberpflichten aus § 81 Abs. 1 Satz 1 SGB IX und Nichteinladung zu einem Vorstellungsgespräch trotz Qualifikation).

32 Hierzu genügt aber **nicht allein der Nachweis einer ungünstigeren Behandlung**, wenn es **keine Anhaltspunkte** dafür gibt, dass diese **auf einem Merkmal nach § 1 AGG beruht**. Wird etwa ein behinderter Arbeitnehmer wiederholt nicht zu Fortbildungsveranstaltungen zugelassen, scheidet die Annahme einer Ursächlichkeit der Behinderung hierfür jedenfalls dann aus, wenn vergleichbaren nicht behinderten Kollegen ebenfalls in ähnlicher Häufung eine Fortbildung verwehrt wurde (Nollert-Borasio / Perreng Rdnr. 8).

33 **Gelingt** hingegen der **Indizienbeweis** dafür, dass ein Merkmal nach § 1 AGG ursächlich für die Benachteiligung sei, **ändert sich die Beweislast**: Nunmehr trägt der **Anspruchsgegner** die Beweislast dafür, dass unabhängig von diesem Merkmal sachliche Gründe die unterschiedliche Behandlung rechtfertigen. Zur **Widerlegung** dieser vom Betroffenen bewiesenen Indizien muss der Arbeitgeber bzw. sonstige Anspruchsgegner den **vollen Beweis** dafür erbringen, dass keine rechtswidrige Benachteiligung wegen des Diskriminierungsmerkmals stattgefunden habe. Durch einen solchen Vollbeweis kann der Anspruchsgegner (z. B. der Arbeitgeber) die Vermutungswirkung aufheben; **verbleibende Zweifel** an einer Erschütterung bzw. Widerlegung der Vermutungstatsachen, welche die Klagepartei vorgetragen hat, gehen **zulasten der anderen Partei**, also des Arbeitgebers, des Vermieters Däubler / Bertzbach / *Bertzbach* Rdnr. 58 m. w. Nachw.).

34 So muss der Arbeitgeber im Fall der **Ablehnung eines schwerbehinderten Bewerbers** bei der Besetzung von Arbeitsplätzen zunächst die **Beachtung der Pflichten aus § 81 Abs. 1 SGB IX** nachweisen, d. h. den korrekten Ablauf des vorgeschriebenen Verfahrens.

35 Ferner hat der Arbeitgeber z. B. im Fall einer **Behinderung** nachzuweisen, dass **unerfüllbare berufliche Anforderungen** gegeben sind, d. h. eine bestimmte körperliche Funktion, geistige Fähigkeit oder seelische Gesundheit wesentliche und entscheidende Voraussetzung für die Tätigkeit ist (Kossens u. a. / *Steck* § 81 SGB IX Rdnr. 13).

36 Insbesondere in **zwei Fallgruppen** kann der Arbeitgeber die Vermutung einer rechtswidrigen Benachteiligung wegen der Behinderung widerlegen (vgl. auch § 81 Abs. 2 Satz 2 SGB a. F. SGB IX): Er kann zum einen nachweisen, dass für die Entscheidung **keine behinderungsrelevanten Gründe maßgebend** waren. Hierfür kann er z. B. unter Beweis stellen, dass dem schwerbehinderten Menschen **formale Qualifikationen** im Ausbildungsbereich, aber auch anderweitig erworbene **Kenntnisse und Erfahrungen fehlen** (vgl. BAG Urteil vom 28. Mai 1975 – 5 AZR 172/74 = NJW 1975, 2265 = DB 1975, 2330; BAG Urteil vom 19. September 1979 – 4 AZR 887/77 = BAGE 32, 105 = DB 1980, 405; vgl. auch BAG Beschluss vom 31. Mai 1983 – 1 ABR 6/80 = BAGE 43, 26 = 1983, 2311 zur Bedeutung von Anforderungsprofilen).

37 **Erfüllt** der schwerbehinderte Bewerber ganz offensichtlich **nicht das Anforderungsprofil** der ausgeschriebenen Stelle, ist er also für diese von vornherein nicht geeignet, so kann in der Ablehnung der Bewerbung durch den Arbeitgeber keine Benachteiligung wegen der Schwerbehinderung gesehen werden (vgl. LAG Hamm Urteil vom 4. Juni 2004 – 15 Sa 2047/03 = BehindertenR 2005, 172 = AuA 2005, 56; zwar wurde die Entscheidung durch

das in Rdnr. 38 zit. Urteil des BAG aufgehoben, aber allein deshalb, weil das Revisionsgericht das Anforderungsprofil an Anforderungsprofil anders bewertete).

Bei der Festlegung des **Anforderungsprofils für Stellen des öffentlichen Dienstes** ist allerdings zu beachten, dass der Zugang zu einem öffentlichen Amt nur nach Maßgabe von **Art. 33 Abs. 2 GG** eingeschränkt werden darf (BAG Urteil vom 12. September 2006 – 9 AZR 807/05 = NZA 2007, 507 = BehindertenR 2007, 134 = AP Nr. 13 zu § 81 SGB IX). Die Festlegung des Anforderungsprofils muss deshalb im Hinblick auf die Anforderungen der zu besetzenden Stelle **sachlich nachvollziehbar** sein (BAG Urteil vom 12. September 2006 a. a. O.). Das verbietet es, **Inhaber von** gleichwertigen oder höherwertigen **Abschlüssen allein aus formalen Gründen** ohne Überprüfung der tatsächlich erworbenen Qualifikationen von vornherein aus dem Auswahlverfahren **auszuschließen** (BAG Urteil vom 12. September 2006 a. a. O.). 38

Zum anderen kann der Arbeitgeber aber auch **darlegen**, dass auf dem Arbeitsplatz bzw. für die Maßnahme körperliche, geistige oder seelische **Eigenschaften unerlässlich** sind, die der antragstellende **schwerbehinderte Mensch nicht** vorweisen kann. Hierfür muss der Arbeitgeber Beschaffenheit und Anforderungsprofil des Arbeitsplatzes nachweisen und im Vergleich dazu das nicht ausreichende Leistungsvermögen des schwerbehinderten Menschen. Soweit hierfür schriftliche Unterlagen, z. B. die Arbeitsplatzausschreibung, die Bewerbung und die Entscheidung nach § 81 Abs. 1 Satz 9 SGB IX, nicht ausreichen, kommt Beweis durch Zeugen oder – arbeitswissenschaftliche bzw. medizinische – Sachverständige in Betracht. Jedenfalls bleibt es dem **Arbeitgeber** überlassen, das **Anforderungsprofil einer zu besetzenden Stelle festzulegen**. 39

Möglich ist aber auch eine Entlastung durch den Nachweis einer **größeren sozialen Schutzbedürftigkeit des berücksichtigten Bewerbers**, zum Beispiel nach Alter, Familienstand, Kinderzahl und Unterhaltsverpflichtungen (BAG Urteil vom 19. September 1979 – 4 AZR 887/77 = BAGE 32, 105 = DB 1980, 405; vgl. auch BAG Urteil vom 25. März 1983 – 2 AZR 21/82 = BAGE 42, 151 = NJW 1984, 78 zur Sozialauswahl im Kündigungsschutz). 40

Allerdings sind die vom Arbeitgeber vorgetragenen Gründe, welche die unterschiedliche Behandlung rechtfertigen sollen, **kritisch zu würdigen**. Andernfalls könnte die gesetzliche Beweislastumkehr im Ergebnis weitgehend leer laufen, weil sich häufig ein Ablehnungsgrund wie Ausbildungsdefizite oder Mangel an Erfahrung finden lässt (*Müller-Wenner / Schorn* Rdnr. 52 unter Hinweis auf *Körner* NZA 2001, 1046 [1048] zu § 611a BGB; zustimmend *Däubler / Bertzbach / Bertzbach* Rdnr. 61). 41

6. Unzulässiges Nachschieben von Gründen durch den Antragsgegner

Grundsätzlich **unzulässig** ist ein **Nachschieben von Gründen**, die eine rechtswidrige Benachteiligung ausschließen sollen. Ihre Berücksichtigung ist nur ausnahmsweise dann zulässig, wenn besondere Umstände erkennen lassen, dass dieser Grund **nicht nur vorgeschoben** ist (vgl. BVerfG Beschluss vom 16. November 1993 – 1 BvR 258/86 = BVerfGE 89, 276 = NJW 1994, 647 = NZA 1994, 745). Das gilt insbesondere für ein **nachträglich vorgebrachtes Auswahlkriterium**, das nicht in der Ausschreibung genannt ist. Andernfalls könnte der Arbeitgeber zunächst Formvorschriften – insbesondere § 81 Abs. 1 SGB IX – umgehen und später kraft seiner Definitionsmacht bei der Bestimmung der Arbeitsplatzanforderungen das Benachteiligungsverbot unterlaufen. 42

Ausnahmsweise wird das nachträgliche Vorbringen von Gründen als zulässig anzusehen sein, wenn der **Arbeitgeber sie nicht vorher geltend machen konnte**. Das kann insbesondere dann anzunehmen sein, wenn sich während des Einstellungsverfahrens die Aufgabenstellung und damit die Anforderungen an die Qualifikation des einzustellenden Arbeitnehmers geändert haben oder wenn auf der Bewerberseite Veränderungen eingetreten sind, weil „ein Bewerber ausgewählt worden ist, der für die Aufgabe derart prädestiniert ist, dass mit seiner Bewerbung zum Zeitpunkt der Ausschreibung nicht habe gerechnet werden können" 43

(🏛 BVerfG Beschluss vom 16. November 1993 a. a. O.). Bei grundlegenden Änderungen kommt äußerstenfalls eine Wiederholung des Verfahrens nach § 81 Abs. 1 SGB IX in Betracht (*Großmann* BehindertenR 2003, 165 [170]).

V. Literatur

Vgl. die zu § 1 AGG angegebene Literatur sowie

Großmann, Rupprecht, Prüfungspflicht, Benachteiligungsverbot und Entschädigungsanspruch im Zusammenhang mit der Einstellung von schwerbehinderten Menschen nach § 81 SGB 9, BehindertenR 2003, 125 und 165

Körnerr, Martin, Der Dialog des EuGH mit den Deutschen Arbeitsgerichten, NZA 2001, 1046

Schiefer, Bernd / **Ettwig**, Volker / **Worzalla**, Michael, Ein Jahr Allgemeines Gleichbehandlungsgesetz, DB 2007, 1977

§ 23
Unterstützung durch Antidiskriminierungsverbände

(1) ¹Antidiskriminierungsverbände sind Personenzusammenschlüsse, die nicht gewerbsmäßig und nicht nur vorübergehend entsprechend ihrer Satzung die besonderen Interessen von benachteiligten Personen oder Personengruppen nach Maßgabe von § 1 wahrnehmen. ²Die Befugnisse nach den Absätzen 2 bis 4 stehen ihnen zu, wenn sie mindestens 75 Mitglieder haben oder einen Zusammenschluss aus mindestens sieben Verbänden bilden.

(2) ¹Antidiskriminierungsverbände sind befugt, im Rahmen ihres Satzungszwecks in gerichtlichen Verfahren, als Beistände Benachteiligter in der Verhandlung aufzutreten. ²Im Übrigen bleiben die Vorschriften der Verfahrensordnungen, insbesondere diejenigen, nach denen Beiständen weiterer Vortrag untersagt werden kann, unberührt.

(3) Antidiskriminierungsverbänden ist im Rahmen ihres Satzungszwecks die Besorgung von Rechtsangelegenheiten Benachteiligter gestattet.

(4) Besondere Klagerechte und Vertretungsbefugnisse von Verbänden zugunsten von behinderten Menschen bleiben unberührt.

ERLÄUTERUNGEN

ÜBERSICHT

I. Bedeutung der Vorschrift (Rdnrn. 1–3)
II. Fassung (Rdnr. 4)
III. Begründung (Rdnrn. 5–14)
IV. Anmerkungen (Rdnrn. 15–33)
    A) zu Abs. 1
        1. Antidiskriminierungsverbände (Rdnrn. 15–23)
           a) Personenzusammenschluss (Rdnrn. 16–17)
           b) Satzungsgemäße Aufgabe (Rdnrn. 18–19)
           c) Keine gewerbsmäßige oder nur vorübergehende Interessenwahrnehmung (Rdnr. 20)
           d) Erforderliche Verbandsgröße (Rdnrn. 21–23)
    B) zu Abs. 2
        1. Auftreten als Beistand (Rdnrn. 24–28)

C) zu Abs. 3
1. Rechtsbesorgung (Rdnrn. 29–31)
2. Geltendmachung von Ansprüchen nur in fremdem Namen (Rdnr. 32)
D) zu Abs. 4
1. Besondere Klagerechte und Vertretungsbefugnisse zu Gunsten von behinderten Menschen (Rdnr. 33)
V. Literatur

I. Bedeutung der Vorschrift

Nach § 23 AGG können Antidiskriminierungsverbände **Benachteiligte bei der Durchsetzung ihrer Ansprüche unterstützen**. Abs. 1 regelt die **Voraussetzungen** für die **Bildung solcher Verbände**. In den nachfolgenden Absätzen sind deren **besondere Befugnisse** enthalten: Sie dürfen gemäß Abs. 2 der Vorschrift grundsätzlich als Beistände für Benachteiligte auftreten und deren einschlägige Rechtsangelegenheiten besorgen (Abs. 3). Schließlich stellt Abs. 4 klar, dass besondere Klagerechte und Vertretungsbefugnisse von Verbänden zugunsten von behinderten Menschen unberührt bleiben.

1

Die Vorschrift setzt **Vorgaben mehrerer europäischer Richtlinien** um (Art. 7 Abs. 2 der Richtlinie 2000/43/EG; Art. 6 Abs. 3 der Richtlinie 2002/73/EG; Art. 9 Abs. 2 der Richtlinie 2000/78/EG und Art. 8 Abs. 3 der Richtlinie 2004/113/EG). Danach haben die **Mitgliedstaaten sicherzustellen**, dass einschlägige **Verbände** sich entweder im Namen der beschwerten Person oder zu deren Unterstützung und mit deren Einwilligung **am gerichtlichen Verfahren und / oder Verwaltungsverfahren beteiligen** können.

2

Vergleichbar der Regelung für Allgemeine Geschäftsbedingungen im Unterlassungsklagengesetz – UKlaG – soll auf diese Weise der **Rechtsverkehr von diskriminierenden Praktiken freigehalten** werden. Die kollektive Unterstützung kann verhindern, dass Rechtsunkundige Verstöße gegen das Benachteiligungsverbot hinnehmen und sich von einer Geltendmachung und Durchsetzung ihrer Rechte abhalten lassen. Allerdings hat sich der deutsche Gesetzgeber **gegen die zunächst in Erwägung gezogene Verbandsklage** entschieden. Für Antidiskriminierungsverbände wird durch § 23 AGG **keine Möglichkeit eröffnet, unabhängig von den Betroffenen gerichtlich vorzugehen**. Eine „aufgedrängte" Interessenwahrnehmung ist unzulässig. Das ergibt sich unmissverständlich aus den entsprechenden Richtlinienbestimmungen, die ausdrücklich eine Einwilligung der betreffenden Person vorschreiben (Bauer / Göpfert / Krieger Rdnr. 11).

3

II. Fassung

Die Vorschrift wurde mit Ausnahme des Abs. 2 unverändert aus dem Entwurf der Bundesregierung eines „Gesetzes zur Umsetzung europäischer Richtlinien zur Verwirklichung des Grundsatzes der Gleichbehandlung" (BT-Drucks. 16/1780) übernommen.

4

In Abs. 2 Satz 1 und 2 wurden jeweils die im RegE zunächst vorgesehenen Wörter „Bevollmächtigte und" gestrichen. Diese Streichung wurde **vom BT-Rechtsausschuss** vorgeschlagen und in der Beschlussempfehlung (BT-Drucks. 16/1780 S. 14) wie folgt begründet:

„Die Änderung des Artikels 1 § 23 Abs. 2 greift ein Anliegen des Bundesrates auf. Die Richtlinien erfordern, dass sich die Antidiskriminierungsverbände zur Unterstützung Benachteiligter und mit deren Einwilligung an den zur Durchsetzung ihrer Ansprüche vorgesehenen Gerichtsverfahren beteiligen können. Hierfür ist es nicht erforderlich, dass die Verbände die formale Stellung eines Prozessbevollmächtigten einnehmen. Bereits aufgrund ihrer in Absatz 3 geregelten Rechtsberatungsbefugnis dürfen die Verbände Benachteiligte vor und in einem Gerichtsverfahren beraten und ihnen Hilfe bei der Vorbereitung von Klagen und Schriftsätzen leisten, ohne dass es hierzu eines Auftretens als Prozessbevollmächtigte bedarf. Darüber hinaus sieht Absatz 2 zur Sicherstellung der Beteiligung in der gerichtlichen Verhandlung vor, dass die Verbände die Prozesspartei in der Gerichtsverhandlung begleiten und dort als Beistand auftreten dürfen. Die zurzeit noch in § 90 ZPO enthaltene Einschränkung der Beistandschaft auf Gerichtsverfahren ohne Anwaltszwang soll im Zuge der anstehenden Reform des Rechtsberatungsrechts entfallen. Deshalb sieht die Neufassung des Absatzes 2 eine solche Einschränkung bereits nicht mehr vor. Hierdurch wird zudem in Umsetzung der Antidiskriminierungsrichtlinien die Beteiligung der Antidiskriminierungsverbände auch im Anwaltsprozess sichergestellt."

III. Begründung

5   Im **Gesetzentwurf der Bundesregierung** (BT-Drucks. 16/1780 S. 47 ff.) wird zu der Bestimmung ausgeführt:

„Die Vorschrift regelt die Mitwirkungsbefugnisse von Verbänden, die sich die Bekämpfung von Benachteiligungen zur Aufgabe gemacht haben. Sie setzt zugleich die Maßgaben der Richtlinien um, wonach Verbände, Organisationen oder andere juristische Personen, die gemäß den in ihrem einzelstaatlichen Recht festgelegten Kriterien ein rechtmäßiges Interesse daran haben, für die Einhaltung der Bestimmungen der jeweils betroffenen Richtlinie zu sorgen, sich entweder im Namen der beschwerten Person oder zu deren Unterstützung und mit deren Einwilligung an den in dieser Richtlinie zur Durchsetzung der Ansprüche vorgesehenen Gerichts- und / oder Verwaltungsverfahren beteiligen können (Artikel 7 Abs. 2 Antirassismusrichtlinie 2000/43/EG, Artikel 9 Abs. 2 Rahmen-Richtlinie Beschäftigung 2000/78/EG, Artikel 6 Abs. 3 der revidierten Gleichbehandlungsrichtlinie wegen des Geschlechts 2002/73/EG, Artikel 8 Abs. 3 der Gleichbehandlungsrichtlinie wegen des Geschlechts außerhalb der Arbeitswelt 2004/113/EG). Damit stellt das Gesetz ein weiteres Instrument zur effektiven Durchsetzung des Gleichbehandlungsgrundsatzes zur Verfügung, das die individualrechtlichen Ansprüche (§§ 15, 21) und die Tätigkeit der Antidiskriminierungsstelle (§§ 25 ff.) ergänzt.

Zu Absatz 1

6   Absatz 1 Satz 1 enthält eine Legaldefinition der Antidiskriminierungsverbände. Es muss sich um Personenzusammenschlüsse handeln, die nicht gewerbsmäßig und nicht nur vorübergehend die besonderen Interessen benachteiligter Personen oder Personengruppen wahrnehmen. Denkbar sind etwa Vereine, die sich um die besonderen Interessen von Migrantinnen und Migranten kümmern, aber auch Verbände, die sich spezifisch für die Rechte von Frauen oder Männern, für die besonderen Interessen älterer Menschen, für Menschen mit Behinderungen oder für gleichgeschlechtliche Lebensweisen engagieren. Wegen der Auslegung der Tatbestandsmerkmale „nicht gewerbsmäßig" und „nicht nur vorübergehend" kann auf § 4 Abs. 2 des Unterlassungsklagengesetzes (UKlaG) zurückgegriffen werden.

Satz 2 regelt, unter welchen Voraussetzungen den in Satz 1 bezeichneten Verbänden die besonderen Befugnisse nach den Absätzen 2 bis 4 zustehen. Wegen der großen Heterogenität der in Betracht kommenden Verbände ist es nicht zweckmäßig, ein zentrales Anerkennungsverfahren zu regeln, wie dies beispielsweise im Verbraucherschutz mit dem Listenverfahren nach § 4 UKlaG oder mit dem Anerkennungsverfahren nach § 13 Abs. 3 des Gesetzes zur Gleichstellung behinderter Menschen geschehen ist. Das Gesetz knüpft vielmehr an die Größe des Personenzusammenschlusses an und verlangt mindestens 75 Mitglieder oder aber bei Dachverbänden die Mitgliedschaft von sieben Verbänden. Ob diese Voraussetzungen vorliegen, ist im Anwendungsbereich der Absätze 2 und 3 nach Maßgabe der jeweiligen Verfahrensordnungen von dem jeweils zuständigen Gericht zu prüfen.

Zu Absatz 2

7   Absatz 2 regelt die Befugnis, bei Verfahren ohne Anwaltszwang als Bevollmächtigte oder Beistände Benachteiligter in der Verhandlung aufzutreten. Die Bestimmung gilt nicht für das Strafverfahren und lässt die Vorschriften der Verfahrensordnungen unberührt, nach denen ungeeigneten Vertretern bzw. Beiständen der weitere Vortrag untersagt werden kann. Für den Zivilprozess bedeutet dies beispielsweise, dass ein Verband, der die Voraussetzungen des

Absatzes 1 erfüllt, in der mündlichen Verhandlung vor dem Amtsgericht als Bevollmächtigter (§ 79 ZPO) oder als Beistand (§ 90 ZPO) auftreten kann, also nicht gemäß § 157 Abs. 1 ZPO ausgeschlossen ist. Das Gericht kann aber nach § 157 Abs. 2 ZPO den weiteren Vortrag untersagen, wenn sich herausstellt, dass der Verband zu einem geeigneten Vortrag nicht in der Lage ist.

Zu Absatz 3

Nach Absatz 3 sind Antidiskriminierungsverbände vom Verbot der außergerichtlichen und gerichtlichen Rechtsberatung freigestellt. Die Bestimmung könnte nach der derzeit noch geltenden Rechtslage auch in das Rechtsberatungsgesetz eingefügt werden. Im Vorgriff auf die bevorstehende Reform (siehe Diskussionsentwurf des Bundesministeriums der Justiz für ein Rechtsdienstleistungsgesetz, abrufbar unter www.bmj.bund.de/Gesetzentwürfe/Rechtsdienstleistung) wird die Befugnis der Antidiskriminierungsverbände im Zusammenhang mit der jeweiligen Fachmaterie geregelt. 8

Zu Absatz 4

Absatz 4 stellt klar, dass besondere Klagerechte und Vertretungsbefugnisse von Verbänden zu Gunsten von Menschen mit Behinderungen unberührt bleiben, etwa die in § 63 SGB IX geregelte Prozessstandschaft. 9

Neben den in Absatz 2 und 3 geregelten Rechten haben Antidiskriminierungsverbände schon nach geltendem Recht weitere Möglichkeiten, sich aktiv für die Belange Benachteiligter einzusetzen.

So ist es allgemein üblich, dass Verbände mit spezialisierten Rechtsanwältinnen und Rechtsanwälten zusammenarbeiten. Diese verfügen dann wegen ihres ständigen Kontakts mit der Verbandsarbeit über ein besonderes Fachwissen. Diese Anwälte können Benachteiligte in gerichtlichen Verfahren mit Anwaltszwang vertreten. Der Antidiskriminierungsverband kann auch in diesen Verfahren Kontakt mit dem Benachteiligten und seinem Anwalt halten und Ratschläge für die Prozessführung geben. Das prozessuale Gebot, sich durch einen Anwalt vertreten zu lassen, hindert also nicht die faktische Mitwirkung der Antidiskriminierungsverbände auch in diesen Verfahren. 10

Darüber hinaus können Verbände Verstöße gegen zivilrechtliche Benachteiligungsverbote auch nach dem Unterlassungsklagegesetz (UKlaG) und dem Gesetz gegen den unlauteren Wettbewerb (UWG) verfolgen:

Nach § 1 UKlaG besteht ein Unterlassungsanspruch, wenn in Allgemeinen Geschäftsbedingungen Bestimmungen, die gegen die AGB-Regelung des BGB verstoßen, verwandt werden. Nach der Rechtsprechung des BGH kann die Klage aber auch auf die Unwirksamkeit wegen Verstoßes gegen ein gesetzliches Verbot oder gegen zwingendes Recht gestützt werden. Bei Geschäftsbedingungen, die gegen das Allgemeine Gleichbehandlungsgesetz verstoßen würden, wäre damit ein Unterlassungsklage- und Widerrufsanspruch gemäß § 1 UKlaG gegeben, weil ein Verstoß gegen die gesetzlichen Bestimmungen diese Klauseln unwirksam macht. 11

Dieser Anspruch kann gemäß § 3 Abs. 1 UKlaG u. a. geltend gemacht werden von qualifizierten Einrichtungen, die nachweisen, dass sie in die Liste qualifizierter Einrichtungen eingetragen sind. In die beim Bundesverwaltungsamt geführte Liste qualifizierter Einrichtungen können gemäß § 4 UKlaG u. a. eingetragen werden rechtsfähige Vereine, zu deren satzungsmäßigen Aufgaben es gehört, die Interessen der Verbraucher durch Aufklärung und Beratung nicht gewerbsmäßig und nicht nur vorübergehend wahrzunehmen, wenn sie in diesem Aufgabenbereich tätige Verbände oder mindestens 75 natürliche Personen als Mitglieder haben, seit mindestens einem Jahr bestehen und aufgrund ihrer bisherigen Tätigkeit Gewähr für eine sachgerechte Aufgabenerfüllung bieten. 12

Die Aufklärung und Beratung von Verbrauchern muss zwar satzungsgemäße Aufgabe sein, es muss aber nicht das einzige Tätigkeitsfeld des Vereins sein. Andererseits darf es sich auch 13 nicht um völlig untergeordnete Nebenaufgaben handeln. Derzeit werden z. B. Hausfrauenverbände, die neben ihren eigentlichen Aufgaben auch Verbraucherinteressen mit vertreten, nicht unter die klagebefugten Stellen gezählt, während die Klagebefugnis z. B. für den ADAC bejaht wurde. Dass die Verbände neben der Wahrnehmung von Verbraucherinteressen auch z. B. Ziele im politischen Raum verfolgen, ist unschädlich (Köhler in Baumbach / Hefermehl, Wettbewerbsrecht, 23. Auflage 2004, Rn. 3.56 zu § 8 UWG). Antidiskriminierungsverbände werden die Voraussetzung für die Eintragung in die Liste der qualifizierten Einrichtungen erfüllen, wenn sie aktiv die Aufklärung und Beratung der von ihnen vertretenen Personenkreise im Hinblick auf den Verbraucherschutz betreiben.

14 Für die Klagebefugnis nach UWG ergibt sich letztlich nichts anderes: Auch hier können qualifizierte Einrichtungen Rechtsverstöße im Verbraucherinteresse geltend machen. Im Übrigen eröffnet das UWG Mitbewerbern, Wettbewerbsverbänden sowie Industrie- und Handelskammern die Möglichkeit, gegen Rechtsverstöße vorzugehen, die das Marktverhalten regeln sollen"

IV. Anmerkungen

A) zu Abs. 1

1. Antidiskriminierungsverbände

15 Die Vorschrift enthält in Abs. 1 Satz 1 eine **Legaldefinition** der Antidiskriminierungsverbände. Es muss sich um Personenzusammenschlüsse handeln, die nicht gewerbsmäßig und nicht nur vorübergehend die besonderen Interessen benachteiligter Personen oder Personengruppen wahrnehmen.

a) Personenzusammenschluss

16 Der Begriff des **Personenzusammenschlusses** umfasst Vereinigungen jeglicher Rechtsform von mindestens zwei Personen. Antidiskriminierungsverbände werden **üblicherweise** die **Rechtsform eines Vereins** haben; dies ist aber nicht zwingend.

17 Hierbei ist die **Rechtsfähigkeit keine Voraussetzung**, so dass auch nichtrechtsfähige Vereine im Sinne von § 54 BGB in Betracht kommen (anders als nach § 4 Abs. 2 Satz 1 UKlaG). Damit geht der Gesetzgeber über die europäischen Richtlinienvorgaben hinaus, wonach er nur „Verbände, Organisationen oder andere juristische Personen" an Verfahren beteiligen musste (vgl. *Thüsing / Burg* ZTR 2007, 71 [72]).

b) Satzungsgemäße Aufgabe

18 Die **Wahrnehmung der besonderen Interessen von benachteiligten Personen oder Personengruppen** nach Maßgabe von § 1 AGG muss satzungsgemäße Aufgabe der jeweiligen Personenzusammenschlüsse sein. Die Formulierung ist allerdings unpräzise: Die betroffenen Personen oder Personengruppen müssen nicht generell oder strukturell benachteiligt sein; entscheidend ist vielmehr, dass der Verband die Interessen von Personengruppen (z. B. Migranten, Frauen, Männer, Angehörige einer bestimmten Ethnie, behinderte oder ältere Menschen bzw. Menschen mit gleichgeschlechtlicher Orientierung) wahrnimmt, von denen ein Mitglied in einem konkreten Fall benachteiligt worden ist. Dies muss nicht die einzige Aufgabe des Verbandes sein; sie darf sich aber auch **nicht als untergeordnete Nebenaufgabe** darstellen (vgl. BGH Urteil vom 20. März 1986 – VII ZR 191/85 = NJW 1986, 1613 zur Klagebefugnis qualifizierter Einrichtungen nach § 13 Abs. 2 Nr. 1 AGBG – nunmehr § 3 Abs. 1 Nr. 1 UKlaG). Deshalb stellt ein Fußballverein, der vorwiegend Mitglieder mit einer bestimmten Nationalität aufnimmt, keinen Antidiskriminierungsverband dar (vgl. Gaier / Wendland Rdnr. 263).

19 Hat der Verband seine **Tätigkeiten regional beschränkt** – z. B. auf ein bestimmtes Bundesland –, so muss die Verletzungshandlung allerdings **nicht in diesem räumlichen Bereich begangen** worden sein.

c) Keine gewerbsmäßige oder nur vorübergehende Interessenwahrnehmung

Die Auslegung der Begriffe „gewerbsmäßig" und „nicht nur vorübergehend" kann sich an der **vergleichbaren Bestimmung des § 4 Abs. 2 UKlaG** orientieren. Danach ist die Tätigkeit eines Verbands nur dann nicht gewerbsmäßig, wenn sie **nicht auf Erzielung dauernder Einnahmen gerichtet** ist, sondern der Verband sich aus eigenen Mitteln finanziert, namentlich mit Mitgliederbeiträgen, Spenden oder sonstigen Finanzmitteln (Palandt / *Bassenge* § 4 UKlaG Rdnr. 6). „Nicht nur vorübergehend" ist die Interessenwahrnehmung, wenn es sich dabei um eine **ständige satzungsmäßige Aufgabe** des Verbands handelt. Diese braucht nicht die einzige Aufgabe zu sein; andererseits darf es sich auch nicht um eine untergeordnete Nebenaufgaben handeln (Palandt / *Bassenge* a. a. O.).

20

d) Erforderliche Verbandsgröße

Der Gesetzgeber hat im Hinblick auf die große Vielfalt der in Betracht kommenden Vereinigungen **bewusst abgesehen von einem Anerkennungsverfahren** für Antidiskriminierungsverbände, das der Regelung in § 4 UKlaG entsprochen hätte. Stattdessen will er **durch die Festlegung einer Mindestgröße** eine gewisse **Ernsthaftigkeit und Bedeutung der Interessenwahrnehmung** gewährleistet sehen (Bauer / Göpfert / Krieger Rdnr. 6).

21

Deshalb kann nach **Abs. 1 Satz 2** ein Antidiskriminierungsverband nur dann die besonderen Befugnisse nach Abs. 2 und 3 wahrnehmen, wenn er

22

- **mindestens 75 Mitglieder** hat. Hierbei muss es sich um natürliche Personen handeln; allerdings müssen diese nicht notwendig der benachteiligten Gruppe angehören, für die der Verband eintritt;

oder

- aus einem **Zusammenschluss von mindestens sieben Verbänden** besteht. Als „Verband" in diesem Sinne gilt nur ein Antidiskriminierungsverband im Sinne von Abs. 1 Satz 1, der allerdings nicht zwingend für den Schutz derselben Personengruppe eintreten muss wie der Dachverband. Darüber hinaus müssen die mindestens sieben angeschlossenen Antidiskriminierungsverbände und der Dachverband zusammen wenigstens 75 verschiedene natürliche Personen als Mitglieder haben (Bauer / Göpfert / Krieger Rdnr. 9).

Tritt ein Antidiskriminierungsverband in einem Gerichtsverfahren als Beistand auf, müssen die vorgenannten **Voraussetzungen während des gesamten Verfahrens** vorliegen. Im Falle des Bestreitens durch den Anspruchsgegner muss der Anspruchsteller die entsprechenden Voraussetzungen, z. B. die erforderliche Anzahl von Mitgliedern, in jeder Lage des Verfahrens **beweisen**. Hierzu kann es auch erforderlich sein, die **Namen der Verbandsmitglieder** zu nennen sowie Nachweise für die Mitgliedschaft zu erbringen (vgl. BAG Urteil vom 19. März 2003 – 4 AZR 271/02 = BAGE 105, 275 = NZA 2003,1221 = AP Nr. 41 zu § 253 ZPO zum gewerkschaftlichen Unterlassungsanspruch). Die im Gerichtsverfahren auftretende Person muss auf gerichtliche Aufforderung nachweisen, dass sie hierzu entweder durch Satzung oder Vollmacht des Verbandsvorstands berechtigt ist (Däubler / Bertzbach / *Bertzbach* Rdnr. 14).

23

B) zu Abs. 2
1. Auftreten als Beistand

Abs. 2 gibt den Antidiskriminierungsverbänden die Befugnis, im Rahmen ihres Satzungszwecks **bei Verfahren ohne Anwaltszwang** (vgl. § 79 ZPO) als **Beistand Benachteiligter in der Verhandlung** aufzutreten: Das betrifft vor allem das Verfahren vor dem **Amtsgericht** (vgl. § 78 Abs. 1 ZPO) sowie das **arbeitsgerichtliche Verfahren erster Instanz** (§ 11 Abs. 1 Satz 1 ArbGG). Hingegen können sich in Rechtsstreitigkeiten vor dem Landgericht, dem Oberlandesgericht und dem Bundesgerichtshof die Benachteiligten nur von entsprechend zugelassenen Rechtsanwälten vertreten lassen.

24

25 **Beistand im Sinne von § 23 AGG** ist, wer **neben der Partei** zu ihrer Unterstützung **bei mündlichem Vortrag** auftritt. Die Legitimation des Beistands folgt daraus, dass die Partei ihn zum Verhandlungstermin mitbringt und für sich vortragen lässt (Zöller / *Vollkommer* ZPO § 90 Rdnr. 1). Deshalb bedarf der Beistand **keiner Vollmacht**. Seine Rechtsstellung ist aber an die **Anwesenheit der Partei** gebunden; sie endet, wenn sich die Partei aus dem Sitzungssaal entfernt (Musielak-*Weth* ZPO § 90 Rdnr. 5).

26 Der Beistand ist **nicht Prozessbevollmächtigter** der Partei; anders als dieser wird er nicht anstelle der Partei, sondern neben ihr oder ihrem gesetzlichen Vertreter bzw. Prozessbevollmächtigten tätig (Musielak-*Weth* a. a. O.). Der Beistand darf für die Partei **alle Prozesshandlungen** vornehmen, zu denen die mündliche Verhandlung Anlass bietet (Zöller / *Vollkommer* ZPO § 90 Rdnr. 4). Sein **Vortrag wird der Partei zugerechnet**, wenn diese nicht sofort widerspricht oder berichtigt. Wegen der auf die mündliche Verhandlung beschränkten Rechtsstellung des Beistands sind **Zustellungen nicht an ihn**, sondern an die Partei vorzunehmen (vgl. BGH Beschluss vom 1. Dezember 1995 – XII ZB 178/94 = FamRZ 1995, 416 = NJW 1995, 1225; Musielak / Weth a. a. O).

27 Im **ursprünglichen Gesetzentwurf** war vorgesehen, dass Antidiskriminierungsverbände auch **als Bevollmächtigte** in Verfahren zur Durchsetzung von Ansprüchen nach dem AGG auftreten können; allerdings wurde auf Einwendungen des Bundesrats hin die Vorschrift im Lauf des Gesetzgebungsverfahrens dahingehend **geändert**, dass eine **Beteiligung der Verbände nur als Beistand** möglich ist (BT-Drucks. 16/2022, S. 7; vgl. oben Rdnr. 3).

28 Nach der geltenden Fassung des § 90 Abs. 1 ZPO ist bei Anwaltszwang im konkreten Verfahren ein **Tätigwerden als Beistand neben einem Rechtsanwalt in der Berufungsinstanz ausgeschlossen**. Die Vorschrift erlaubt das Erscheinen einer Partei mit einem Beistand nur in denjenigen Verfahren, in denen eine Vertretung durch Anwälte nicht geboten ist. Allerdings wird in der Gesetzesbegründung darauf hingewiesen, dass im Zuge der **Reform des Rechtsberatungsgesetzes** zu erwarten sei, dass künftig Verbände auch in Anwaltsprozessen zusätzlich als Beistände auftreten dürfen.

C) zu Abs. 3

1. Rechtsbesorgung

29 Antidiskriminierungsverbände sind durch Abs. 3 **vom Verbot der außergerichtlichen und gerichtlichen Rechtsbesorgung freigestellt**. Rechtsbesorgung umfasst jede Tätigkeit, die das Ziel verfolgt und geeignet ist, Rechte zu verwirklichen oder Rechtsverhältnisse zu gestalten. Dazu zählen die **Rechtsberatung**, also die Unterrichtung über die Rechtslage im Einzelfall, und die **Wahrnehmung fremder Rechte gegenüber Dritten**. Diese Tätigkeit wäre an sich erlaubnispflichtig, sofern sie auf Wiederholung angelegt betrieben wird (Art. 1 § 1 Abs. 1 Satz 1 RBerG). Auch nach dem RegE eines Rechtsdienstleistungsgesetzes dürfen nur Personen mit einer bestimmten Qualifikation unentgeltliche Rechtdienstleistungen erbringen (vgl. § 6 Abs. 2 RDG-E; abrufbar unter www.bmj.de). Nach § 7 RBerG darf überdies ein Verein nur die eigenen Mitglieder rechtlich beraten.

30 Die Freistellung durch Abs. 3 bedeutet, dass Antidiskriminierungsverbände **auch für außenstehende Personen** tätig werden dürfen. Ihnen ist insbesondere gestattet, **Klagen und Schriftsätze** für Gerichte, Behörden und den Anspruchsgegner zu formulieren (*Thüsing / Burg* ZTR 2007, 71 [74]).

31 Für die Freistellung gilt wiederum die Einschränkung, dass die **Tätigkeit im Rahmen des Satzungszwecks und für Benachteiligte** erbracht wird. Deshalb darf z. B. ein Verband einen von seinem Vermieter diskriminierend belästigten Wohnungseigentümer nicht über eine damit nicht in Zusammenhang stehende Nebenkostenabrechnung beraten (vgl. Gaier / Wendtland Rdnr. 274).

2. Geltendmachung von Ansprüchen nur in fremdem Namen

Gestattet ist allerdings nur die **Geltendmachung von Ansprüchen in fremdem Namen**. Aus der Gesetzgebungsgeschichte ergibt sich, dassAntidiskriminierungsverbände sich **nicht Ansprüche benachteiligter Personen abtreten lassen** und in eigenem Namen geltend machen können. Denn eine derartige Möglichkeit, die ursprünglich vorgesehen war, wurde im Verlauf des Gesetzgebungsverfahrens ausdrücklich gestrichen (vgl. Bauer / Göpfert / Krieger Rdnr. 17; a. A. *Maier-Reimer* NJW 2006, 2577 [2582]).

32

D) zu Abs. 4

1. Besondere Klagerechte und Vertretungsbefugnisse zu Gunsten von behinderten Menschen

Die Vorschrift stellt klar, dass besondere Klagerechte und Vertretungsbefugnisse von Verbänden zu Gunsten behinderter Menschen von den in § 23 AGG geregelten Mitwirkungsbefugnissen **unberührt bleiben**. Das gilt vor allem für die in § 63 SGB IX geregelte Prozessstandschaft der Verbände zu Gunsten behinderter Menschen, die in ihren Rechten auf Rehabilitation und Teilhabe verletzt sind.

33

V. Literatur

Vgl. die zu § 1 AGG angegebene Literatur sowie

Thüsing, Gregor / **Burg**, Indra, Unterstützung durch Antidiskriminierungsverbände nach § 23 AGG – Ein Überblick für die Praxis –, ZTR 2007, 71

ABSCHNITT 5
Sonderregelung für öffentlich-rechtliche Dienstverhältnisse
§ 24
Sonderregelung für öffentlich-rechtliche Dienstverhältnisse

Die Vorschriften dieses Gesetzes gelten unter Berücksichtigung ihrer besonderen Rechtsstellung entsprechend für

1. Beamtinnen und Beamte des Bundes, der Länder, der Gemeinden, der Gemeindeverbände sowie der sonstigen der Aufsicht des Bundes oder eines Landes unterstehenden Körperschaften, Anstalten und Stiftungen des öffentlichen Rechts,
2. Richterinnen und Richter des Bundes und der Länder,
3. Zivildienstleistende sowie anerkannte Kriegsdienstverweigerer, soweit ihre Heranziehung zum Zivildienst betroffen ist.

ERLÄUTERUNGEN

ÜBERSICHT

I. Bedeutung der Vorschrift (Rdnrn. 1–3)
II. Fassung (Rdnr. 4)
III. Begründung (Rdnr. 5)

I. Bedeutung der Vorschrift

Die Vorschrift trifft eine **Sonderregelung für die genannten öffentlich-rechtlichen Dienstverhältnisse**. Für diese gilt das AGG entsprechend „unter Berücksichtigung ihrer besonderen Rechtsstellung". Von besonderer Bedeutung ist diese für das **Leistungsverweigerungs-**

1

recht nach § 14 AGG, welches wegen der Gemeinwohlverpflichtung des öffentlichen Dienstes keinen unbedingten Vorrang im Einzelfall beanspruchen kann.

2 Auch kann eine **Benachteiligung gegenüber Beamten** nicht als „Vertragspflichtverletzung" gewertet werden, sondern nur als **Pflichtverletzung im öffentlich-rechtlichen Sonderstatus nach den Grundsätzen der Staatshaftung** (MK-*Thüsing* Rdnr. 8). Ansonsten sind die Vorschriften des arbeitsrechtlichen Teils des AGG in vollem Umfang auch auf den Personenkreis des § 24 zu übertragen.

3 Für Soldatinnen und Soldaten wurde eine eigenständige Regelung im Soldatinnen- und Soldaten-Gleichbehandlungsgesetz (SoldGG) geschaffen. Auch diese ist europarechtlich gefordert: Art. 3 Abs. 4 der RL 2000/78/EG bezieht die Streitkräfte ausdrücklich in ihren Geltungsbereich mit ein. Sie ermöglicht den Mitgliedstaaten nur, diesbezüglich Ausnahmen in Bezug auf Behinderung oder Alter zu regeln.

II. Fassung

4 Die Vorschrift wurde unverändert aus dem Entwurf der Bundesregierung „Entwurf eines Gesetzes zur Umsetzung europäischer Richtlinien zur Verwirklichung des Grundsatzes der Gleichbehandlung" (BT-Drucks.16/1780) übernommen.

III. Begründung

5 Im Gesetzentwurf der Bundesregierung (BT-Drucks. 16/1780 S. 49) wird zu der Vorschrift ausgeführt:

„Zu Nummer 1

Die Regelung bezieht die Beamtinnen und Beamten des Bundes, der Länder, der Gemeinden, der Gemeindeverbände sowie der sonstigen der Aufsicht des Bundes oder eines Landes unterstehenden Körperschaften, Anstalten und Stiftungen des öffentlichen Rechts in den Anwendungsbereich des AGG ein. Dies ist erforderlich, weil die EU-Gleichbehandlungsrichtlinien auch die Beamtinnen und Beamten erfassen. Die Einbeziehung der Beschäftigtengruppe der Beamten muss aber unter Berücksichtigung ihrer besonderen Rechtsstellung erfolgen. Insbesondere gilt das Leistungsverweigerungsrecht (§ 14) für die Beschäftigten des öffentlichen Dienstes nicht, soweit im Einzelfall dienstliche Belange entgegenstehen. Eine solche Einschränkung ist wegen der sachgerechten und kontinuierlichen Erfüllung öffentlicher Aufgaben mit Blick auf die Gemeinwohlverpflichtung des öffentlichen Dienstes notwendig.

Zu Nummer 2

Nummer 2 enthält eine Nummer 1 entsprechende Sonderregelung für Richterinnen und Richter.

Zu Nummer 3

Nummer 3 bezieht auch anerkannte Kriegsdienstverweigerer und Zivildienstleistende in den Geltungsbereich des Gesetzes ein."

IV. Anmerkungen

(Im Hinblick auf die vorstehend wiedergegebene Gesetzesbegründung wird von einer weitergehenden Kommentierung der Vorschrift abgesehen.)

ABSCHNITT 6
Antidiskriminierungsstelle

§ 25
Antidiskriminierungsstelle des Bundes

(1) Beim Bundesministerium für Familie, Senioren, Frauen und Jugend wird unbeschadet der Zuständigkeit der Beauftragten des Deutschen Bundestages oder der Bundesregierung die Stelle des Bundes zum Schutz vor Benachteiligungen wegen eines in § 1 genannten Grundes (Antidiskriminierungsstelle des Bundes) errichtet.

(2) Der Antidiskriminierungsstelle des Bundes ist die für die Erfüllung ihrer Aufgaben notwendige Personal- und Sachausstattung zur Verfügung zu stellen. Sie ist im Einzelplan des Bundesministeriums für Familie, Senioren, Frauen und Jugend in einem eigenen Kapitel auszuweisen

ERLÄUTERUNGEN

ÜBERSICHT

I. Bedeutung der Vorschrift (Rdnrn. 1–5)
II. Fassung (Rdnr. 6)
III. Begründung (Rdnrn. 7–9)
IV. Literatur

I. Bedeutung der Vorschrift

Sie schafft eine **zentral angesiedelte Stelle** bei einem zugeordneten **Bundesressort.** Die Benennung einer Antidiskriminierungsstelle wird von den Richtlinien 2000/43/EG, 76/207/EWG und RL 2004/113/EG **gefordert**, also **nur für** die Diskriminierungsmerkmale **Geschlecht, Rasse und ethnische Herkunft**. Die Umsetzung geht damit über die europarechtlichen Anforderungen hinaus, nach denen eine Stelle für die Diskriminierungsmerkmale Religion, Weltanschauung, Behinderung, Alter und sexuelle Identität nicht verlangt wird. Eine **Konzentration der Kompetenzen hinsichtlich aller Diskriminierungsmerkmale** erscheint aber sachgerecht, um klare Strukturen zu schaffen, ein einheitliches Schutzniveau zu gewährleisten sowie Mehrfachdiskriminierungen effektiv zu begegnen (MK-*Thüsing* Rdnr. 8 m. w. Nachw.). 1

Die insofern weitgehend wortgleichen Richtlinien verlangen allerdings nicht die Schaffung, sondern bloß die **Benennung** einer Stelle. Den Mitgliedstaaten steht also frei, die Kompetenzen einer bereits bestehenden Behörde zu erweitern oder eine neue Stelle einzurichten. Auch Organisationsform und -strukturen werden den Mitgliedstaaten nicht vorgegeben, nach den genannten Richtlinien sind nur „eine oder mehrere" Stellen zu bezeichnen. Damit bleibt **den Mitgliedstaaten überlassen,** ob sie einen zentralen oder einen dezentralen Aufbau bevorzugen. 2

Deutschland hat nicht nur Kompetenzen einer bestehenden Behörde erweitert, sondern eine **neue Stelle geschaffen**. Hierbei bleiben aber die **bisher bestehenden Stellen** erhalten und es soll eine **Aufgabenteilung** stattfinden. Denn Abs. 1 stellt – wie auch die Regelungen in § 27 Abs. 2, 3 und 4 AGG – klar, dass die Zuständigkeiten **anderer Beauftragter des Bundestages oder der Bundesregierung** unberührt bleiben. Diese Zuständigkeiten reichen allerdings unterschiedlich weit: 3

- So ist die **Gleichstellungsbeauftragte für Frauen** des Bundes nach § 19 BGG ebenso wie die Frauenbeauftragten der Länder und Kommunen auf ihre jeweilige Dienststelle beschränkt.

- Hingegen ist der **Bundesbeauftragte für Migration, Flüchtlinge und Integration** ebenso wie Ausländerbeauftragte der Länder und Ausländerbeiräte der Kommunen nach § 92 AufenthG für alle Bereiche zuständig.
- Der **Beauftragte der Bundesregierung für Aussiedlerfragen und nationale Minderheiten** ist zum einen zentraler Ansprechpartner für Spätaussiedler und nationale Minderheiten auf Bundesebene, zum anderen Koordinator der aussiedlerbezogenen Maßnahmen und leistet schließlich Informationsarbeit zu nationalen Minderheiten.
- Die **Beauftragten für die Belange behinderter Menschen** auf Bundes- und Landesebene sind Ansprechpartner, betreiben Öffentlichkeitsarbeit und vertreten die Interessen Behinderter in der Politik. Daneben gibt es nach § 64 SGB IX einen Beirat für die Teilhabe behinderter Menschen beim Bundesministerium für Gesundheit und soziale Sicherung, der beratend tätig ist.

Damit hat der Gesetzgeber das sog. **Kombimodell** umgesetzt. Hiermit sollen bürokratischer Mehraufwand, Aufgabenüberschneidungen und Doppelzuständigkeiten vermieden werden (vgl. zum ganzen MK-*Thüsing* Rdnr. 7 m. w. Nachw.). Sehr kritisch zur rechtlichen Konstruktion der „Antidiskriminierungsstelle des Bundes" *Philipp* NwVZ 2006, 1235.

4 Die Antidiskriminierungsstelle hat nach Abs. 2 Anspruch auf die für die Erfüllung ihrer Aufgaben notwendige **Personal- und Sachausstattung,** die in einem eigenen Kapitel des Einzelplans des Bundesministeriums auszuweisen ist. Im Gesetzesentwurf werden die Kosten für die Errichtung und Aufgabenwahrnehmung der Antidiskriminierungsstelle auf **jährlich 5,6 Mio. Euro** geschätzt (BT-Drucks. 16/1780 S. 3.). Der Antidiskriminierungsstelle gehören nach eigenen Angaben (vgl. www.antidiskriminierungsstelle.de) 20 Mitarbeiterinnen und Mitarbeiter an.

5 Die angegebenen **Kontaktdaten** sind:

Antidiskriminierungsstelle des Bundes, Alexanderstr. 1, 10178 Berlin

Tel. (Zentrale): 03018 555-1855

Tel. (Beratung): 03018 555-1865 (Mo bis Fr 9–12, 13–15 Uhr)

Fax: 03018 555-41865

E-Mail: poststelle@ads.bund.de

II. Fassung

6 Die Vorschrift wurde unverändert aus dem Entwurf der Bundesregierung „Entwurf eines Gesetzes zur Umsetzung europäischer Richtlinien zur Verwirklichung des Grundsatzes der Gleichbehandlung" (BT-Drucks.16/1780) übernommen.

III. Begründung

7 Im Gesetzentwurf der Bundesregierung (BT-Drucks. 16/1780 S. 49) wird zu der Vorschrift ausgeführt:

„**Zu Absatz 1**

Nach Absatz 1 wird eine Antidiskriminierungsstelle errichtet und dem Bundesministerium für Familie, Senioren, Frauen und Jugend zugeordnet.

Die Zuständigkeit umfasst den Geltungsbereich der vier EU-Antidiskriminierungsrichtlinien 2000/43/EG, 2000/78/ EG, 76/207/EWG und 2004/113/EG und erstreckt sich auf die Diskriminierungsmerkmale Rasse oder ethnische Herkunft, Geschlecht, Religion oder Weltanschauung, Behinderung, Alter und sexuelle Identität. Hintergrund dafür ist, dass im Mittelpunkt der Beratung stehen wird, die Betroffenen hinsichtlich ihrer neuen Rechte aufzuklären und sie bei der Verfolgung dieser Rechte zu unterstützen. Neue Rechte ergeben sich hinsichtlich dieser Diskriminierungsmerkmale aus den in den Abschnitten 2, 3 und 4 dieses Gesetzes enthaltenen Regelungen zum Schutz vor Benachteiligungen in Beschäftigung und Beruf sowie im Zivilrechtsverkehr und zum Rechtsschutz.

Die Vorschrift regelt des Weiteren die ressortmäßige Zuordnung der Stelle. Darüber hinaus stellt sie – wie auch die Regelungen in § 27 Abs. 2, 3 und 4 klar, dass ihre Errichtung die Zuständigkeiten anderer Beauftragter des Deutschen Bundestages oder der Bundesregierung unberührt lässt. Damit sollen bürokratischer Mehraufwand, Aufgabenüberschneidungen und Doppelzuständigkeiten vermieden werden. 8

Zu Absatz 2

Die Vorschrift gibt der Antidiskriminierungsstelle des Bundes Anspruch auf die für die Erfüllung ihrer Aufgaben notwendige Personal- und Sachausstattung, die in einem eigenen Kapitel auszuweisen ist." 9

IV. Anmerkungen

(Im Hinblick auf die vorstehend wiedergegebene Gesetzesbegründung wird von einer weitergehenden Kommentierung der Vorschrift abgesehen.)

V. Literatur

Philipp, Wolfgang, Ein verfassungswidriges Monstrum – Die „Antidiskriminierungsstelle des Bundes", NVwZ 2006, 1235

§ 26
Rechtsstellung der Leitung der Antidiskriminierungsstelle des Bundes

(1) Die Bundesministerin oder der Bundesminister für Familie, Senioren, Frauen und Jugend ernennt auf Vorschlag der Bundesregierung eine Person zur Leitung der Antidiskriminierungsstelle des Bundes. Sie steht nach Maßgabe dieses Gesetzes in einem öffentlich-rechtlichen Amtsverhältnis zum Bund. Sie ist in Ausübung ihres Amtes unabhängig und nur dem Gesetz unterworfen.

(2) Das Amtsverhältnis beginnt mit der Aushändigung der Urkunde über die Ernennung durch die Bundesministerin oder den Bundesminister für Familie, Senioren, Frauen und Jugend.

(3) Das Amtsverhältnis endet außer durch Tod
1. mit dem Zusammentreten eines neuen Bundestages,
2. durch Ablauf der Amtszeit mit Erreichen der Altersgrenze nach § 41 Abs. 1 des Bundesbeamtengesetzes,
3. mit der Entlassung.

Die Bundesministerin oder der Bundesminister für Familie, Senioren, Frauen und Jugend entlässt die Leiterin oder den Leiter der Antidiskriminierungsstelle des Bundes auf deren Verlangen oder wenn Gründe vorliegen, die bei einer Richterin oder einem Richter auf Lebenszeit die Entlassung aus dem Dienst rechtfertigen. Im Falle der Beendigung des Amtsverhältnisses erhält die Leiterin oder der Leiter der Antidiskriminierungsstelle des Bundes eine von der Bundesministerin oder dem Bundesminister für Familie, Senioren, Frauen und Jugend vollzogene Urkunde. Die Entlassung wird mit der Aushändigung der Urkunde wirksam.

(4) Das Rechtsverhältnis der Leitung der Antidiskriminierungsstelle des Bundes gegenüber dem Bund wird durch Vertrag mit dem Bundesministerium für Familie, Senioren, Frauen und Jugend geregelt. Der Vertrag bedarf der Zustimmung der Bundesregierung.

(5) Wird eine Bundesbeamtin oder ein Bundesbeamter zur Leitung der Antidiskriminierungsstelle des Bundes bestellt, scheidet er oder sie mit Beginn des Amtsverhältnisses aus dem bisherigen Amt aus. Für die Dauer des Amtsverhältnisses ruhen die aus dem Beamtenverhältnis begründeten Rechte und Pflichten mit Ausnahme der Pflicht zur Amtsverschwiegenheit und des Verbots der Annahme von Belohnungen oder Geschenken. Bei unfallverletzten Beamtinnen oder Beamten bleiben die gesetzlichen Ansprüche auf das Heilverfahren und einen Unfallausgleich unberührt.

ERLÄUTERUNGEN

ÜBERSICHT

I. Bedeutung der Vorschrift (Rdnr. 1)
II. Fassung (Rdnr. 2)
III. Begründung (Rdnrn. 3–7)
IV. Literatur

I. Bedeutung der Vorschrift

1   Die Vorschrift regelt detailliert die Rechtsstellung der Leiterin bzw. des Leiters der Antidiskriminierungsstelle des Bundes. Bemerkenswert ist namentlich die **an der richterlichen Unabhängigkeit orientierte Stellung** der Behördenleitung (vgl. Abs. 1 Satz 3 und Abs. 3 Satz 2) sowie die **vertragliche Grundlage** der Tätigkeit, in welcher sogar Fragen der „Dienst- und Rechtsaufsicht" geregelt werden sollen (vgl. Rdnr. 8; sehr kritisch zu diesen Regelungen *Philipp* NVwZ 2006, 1235).

II. Fassung

2   Die Vorschrift wurde unverändert aus dem Entwurf der Bundesregierung „Entwurf eines Gesetzes zur Umsetzung europäischer Richtlinien zur Verwirklichung des Grundsatzes der Gleichbehandlung" (BT-Drucks.16/1780) übernommen.

III. Begründung

3   Im Gesetzentwurf der Bundesregierung (BT-Drucks. 16/1780 S. 49 f.) wird zu der Vorschrift ausgeführt:

„Zu Absatz 1

Absatz 1 Satz 1 regelt die Ernennung der Leitung der Antidiskriminierungsstelle des Bundes durch die Bundesministerin oder den Bundesminister für Familie, Senioren, Frauen und Jugend. Satz 2 sieht vor, dass die Leitung der Antidiskriminierungsstelle des Bundes in einem öffentlich-rechtlichen Amtsverhältnis zum Bund steht. Die Ausgestaltung als öffentlich-rechtliches Amt trägt der Regelung in Satz 3 zur Stellung der Leitung Rechnung, die vorsieht, dass diese unabhängig in Ausübung ihres Amtes und nur dem Gesetz unterworfen ist. Ihre Rechtsstellung entspricht damit den Vorgaben aus Artikel 13 der Richtlinie 2000/43/EG, Artikel 8a der Richtlinie 76/207/EWG und Artikel 12 der Richtlinie 2004/113/EG. Durch diese Unabhängigkeit soll eine hohe Akzeptanz der Antidiskriminierungsstelle des Bundes bei den von Diskriminierung Betroffenen ermöglicht werden. Diese werden sich mit ihren häufig persönlichen und existenziellen Problemen bevorzugt an eine Stelle wenden, die die Gewähr für eine unabhängige Unterstützung bietet.

Zu Absatz 2

4   Absatz 2 regelt den Beginn des Amtsverhältnisses und die Eidesleistung nach Artikel 56 des Grundgesetzes.

Zu Absatz 3

Absatz 3 benennt die Fälle der Beendigung des Amtsverhältnisses. Nach Nummer 1 endet das Amtsverhältnis turnusmäßig mit dem Zusammentreten eines neuen Bundestages und ist mithin jeweils an die Dauer einer Legislaturperiode gekoppelt. Nach Absatz 3 Satz 1 Nr. 2 und 3 endet das Amtsverhältnis außer durch Tod außerdem mit Erreichen der Altergrenze nach § 41 Abs. 1 des Bundesbeamtengesetzes sowie mit der Entlassung. Eine Entlassung erfolgt nach Satz 2 auf Verlangen der Leitung der Antidiskriminierungsstelle des Bundes oder in den Fällen, die bei einer Richterin oder einem Richter auf Lebenszeit eine solche rechtfertigen. Die Sätze 3 und 4 regeln die Modalitäten der Beendigung des Amtsverhältnisses.

5

Zu Absatz 4

Absatz 4 sieht die Regelung des Rechtsverhältnisses der Leitung der Antidiskriminierungsstelle des Bundes durch Vertrag mit dem Bundesministerium für Familie, Senioren, Frauen und Jugend vor, der der Zustimmung der Bundesregierung bedarf. Inhalt des Vertrags werden neben Regelungen zur Bezahlung und Versorgung insbesondere solche betreffend Nebentätigkeiten, Annahme von Belohnungen und Geschenken, Amtsverschwiegenheit, Aussagegenehmigung, Vertretungsfragen und der Dienst- und Rechtsaufsicht sein.

6

Zu Absatz 5

Die Vorschrift enthält Regelungen für den Fall, dass eine Bundesbeamtin oder ein Bundesbeamter zur Leitung der Antidiskriminierungsstelle des Bundes ernannt wird.

7

Nach Satz 1 scheidet er oder sie aus dem bisherigen Amt aus, wobei nach Satz 2 und 3 abgesehen von dort bestimmten Ausnahmen für die Dauer des Amtsverhältnisses die Rechte und Pflichten aus dem Beamtenverhältnis ruhen."

IV. Anmerkungen

(Im Hinblick auf die vorstehend wiedergegebene Gesetzesbegründung wird von einer weitergehenden Kommentierung der Vorschrift abgesehen.)

V. Literatur

Philipp, Wolfgang, Ein verfassungswidriges Monstrum – Die „Antidiskriminierungsstelle des Bundes", NVwZ 2006, 1235

§ 27
Aufgaben

(1) Wer der Ansicht ist, wegen eines in § 1 genannten Grundes benachteiligt worden zu sein, kann sich an die Antidiskriminierungsstelle des Bundes wenden.

(2) Die Antidiskriminierungsstelle des Bundes unterstützt auf unabhängige Weise Personen, die sich nach Absatz 1 an sie wenden, bei der Durchsetzung ihrer Rechte zum Schutz vor Benachteiligungen. Hierbei kann sie insbesondere
1. über Ansprüche und die Möglichkeiten des rechtlichen Vorgehens im Rahmen gesetzlicher Regelungen zum Schutz vor Benachteiligungen informieren,
2. Beratung durch andere Stellen vermitteln,
3. eine gütliche Beilegung zwischen den Beteiligten anstreben.
   Soweit Beauftragte des Deutschen Bundestages oder der Bundesregierung zuständig sind, leitet die Antidiskriminierungsstelle des Bundes die Anliegen der in Absatz 1 genannten Personen mit deren Einverständnis unverzüglich an diese weiter.

(3) Die Antidiskriminierungsstelle des Bundes nimmt auf unabhängige Weise folgende Aufgaben wahr, soweit nicht die Zuständigkeit der Beauftragten der Bundesregierung oder des Deutschen Bundestages berührt ist:
1. Öffentlichkeitsarbeit,
2. Maßnahmen zur Verhinderung von Benachteiligungen aus den in § 1 genannten Gründen,
3. Durchführung wissenschaftlicher Untersuchungen zu diesen Benachteiligungen.

(4) Die Antidiskriminierungsstelle des Bundes und die in ihrem Zuständigkeitsbereich betroffenen Beauftragten der Bundesregierung und des Deutschen Bundestages legen gemeinsam dem Deutschen Bundestag alle vier Jahre Berichte über Benachteiligungen aus den in § 1 genannten Gründen vor und geben Empfehlungen zur Beseitigung und Vermeidung dieser Benachteiligungen. Sie können gemeinsam wissenschaftliche Untersuchungen zu Benachteiligungen durchführen.

(5) Die Antidiskriminierungsstelle des Bundes und die in ihrem Zuständigkeitsbereich betroffenen Beauftragten der Bundesregierung und des Deutschen Bundestages sollen bei Benachteiligungen aus mehreren der in § 1 genannten Gründe zusammenarbeiten.

(5) Die Antidiskriminierungsstelle des Bundes und die in ihrem Zuständigkeitsbereich betroffenen Beauftragten der Bundesregierung und des Deutschen Bundestages sollen bei Benachteiligungen aus mehreren der in § 1 genannten Gründe zusammenarbeiten.

ERLÄUTERUNGEN

ÜBERSICHT

I. Bedeutung der Vorschrift (Rdnrn. 1–5)
II. Fassung (Rdnr. 6)
III. Begründung (Rdnrn. 7–18)
IV. Literatur

I. Bedeutung der Vorschrift

1   Die Vorschrift beschreibt die Aufgaben der Antidiskriminierungsstelle des Bundes. Nach **Abs. 1** kann sich jeder, der sich im Rahmen eines der in § 1 AGG aufgeführten acht Diskriminierungsmerkmale (Rasse, ethnische Herkunft, Geschlecht, Religion, Weltanschauung, Behinderung, Alter, sexuelle Identität) benachteiligt fühlt, **an diese Stelle wenden**.

2   Sie **unterstützt** ihn nach **Abs. 2 Satz 1 und 2** „auf unabhängige Weise", bei der Durchsetzung seiner Rechte zum Schutz vor Benachteiligungen, nämlich durch **Rechtsberatung, Vermittlung der Beratung anderer Stellen sowie den Versuch einer gütlichen Einigung mit dem Anspruchsgegner.** Die Antidiskriminierungsstelle ist damit aber nicht „gesetzlicher Anwalt" aller Personen, die sich nach Maßgabe des § 1 AGG im Rahmen von Privatrechtsbeziehungen verletzt fühlen (so aber *Philipp* NVwZ 2006,1235 [1236], zugleich mit deutlicher Kritik an einer solchen Aufgabenstellung). Der Gesetzgeber hat die Stelle als **ersten Ansprechpartner** eingerichtet, der Betroffenen Informationen zur Verfügung stellt und sie an andere Stellen verweist, aber nicht selbst ihr Recht erstreitet. Eine endgültige Lösung für den Einzelnen wird von der Antidiskriminierungsstelle lediglich auf dem Wege der gütlichen Einigung angestrebt. Nur so kann die Antidiskriminierungsstelle dem Vorwurf der Parteilichkeit entgehen, der sonst auch gegen ihre Berichte und Empfehlungen vorgebracht würde (vgl. MK-*Thüsing* § 28 AGG Rdnr. 3).

Bei Zuständigkeit einer der Beauftragten von Bundesregierung oder Bundestag, z. B. des Behindertenbeauftragten, ist das Anliegen des Betroffenen mit dessen Einverständnis unverzüglich dorthin **weiterzuleiten (Abs. 2 Satz 3)**.

Weiterhin obliegen der Antidiskriminierungsstelle des Bundes – ebenfalls „auf unabhängige Weise" – **Öffentlichkeitsarbeit,** Maßnahmen zur **Verhinderung von Benachteiligungen** aus den in § 1 AGG genannten Gründen sowie die Durchführung **wissenschaftlicher Untersuchungen** zu diesen Benachteiligungen **(Abs. 3)**. Hierbei ist insbesondere die **weit gefasste Generalklausel** der „Maßnahmen" auf Kritik gestoßen, da es sich um eine quasi „polizeiliche" Aufgabe handle, „unter Einsatz öffentlicher Mittel die Wahrung privater Interessen und Rechte präventiv und repressiv zu sichern (*Philipp* a. a. O.; ähnlich *Adomeit* NJW 2006, 2169, der insbesondere in Zusammenhang mit Diskriminierungen wegen der „Weltanschauung" eine „Gesinnungspolizei" befürchtet). 3

In **Abs. 4 Satz 1** wird der Antidiskriminierungsstelle des Bundes auferlegt, gemeinsam mit den zuständigen Bundesbeauftragten **alle vier Jahre dem Bundestag** über Benachteiligungen nach § 1 AGG **zu berichten** und **Empfehlungen** zu deren Vermeidung zu geben. **Abs. 4 Satz 2** ermächtigt zur gemeinsamen Durchführung einschlägiger wissenschaftlicher Untersuchungen. 4

In **Abs. 5** wird schließlich das – an sich selbstverständliche – Gebot der **Zusammenarbeit** zwischen der Antidiskriminierungsstelle sowie den zuständigen Bundesbeauftragten **bei Mehrfachdiskriminierungen** ausgesprochen. 5

II. Fassung

Die Vorschrift wurde unverändert aus dem Entwurf der Bundesregierung „Entwurf eines Gesetzes zur Umsetzung europäischer Richtlinien zur Verwirklichung des Grundsatzes der Gleichbehandlung" (BT-Drucks.16/1780) übernommen. 6

III. Begründung

Im Gesetzentwurf der Bundesregierung (BT-Drucks. 16/1780 S. 50 f) wird zu der Vorschrift ausgeführt: 7

„**Absatz 1**

Die Antidiskriminierungsstelle des Bundes soll allen, die der Ansicht sind, wegen eines der in den EU-Antidiskriminierungsrichtlinien genannten Merkmals benachteiligt worden zu sein, als **Anlaufstelle** dienen. Zur bestmöglichen Erreichung des jeweils in Artikel 1 der Richtlinien 2002/73/EG, 2000/43/EG, 76/207/EWG und 2004/113/EG verankerten Zwecks der Bekämpfung von Benachteiligungen soll den Betroffenen eine **möglichst einfach zu erreichende Unterstützung** zur Verfügung gestellt werden.

Die Inanspruchnahme der Antidiskriminierungsstelle des Bundes ist **voraussetzungsfrei** und insbesondere nicht davon abhängig, ob die (vermeintliche) Benachteiligung einen Lebenssachbereich betrifft, in dem Ungleichbehandlungen auch gesetzlich untersagt sind. **Anrufungsberechtigt** ist jede Person, die meint, aus Gründen der Rasse oder wegen der ethnischen Herkunft, des Geschlechts, der Religion oder Weltanschauung, einer Behinderung, des Alters oder der sexuellen Identität benachteiligt worden zu sein. Ausreichend ist, dass die Betroffenen einen als benachteiligend empfundenen Sachverhalt vorbringen. Die Anrufung kann **formlos**, mündlich, telefonisch, schriftlich oder auf elektronischem Weg erfolgen. Sie ist an keine Frist gebunden. 8

Zu Absatz 2

Die Vorschrift regelt die Behandlung von Anrufungen durch Personen, die sich benachteiligt fühlen. Nach **Absatz 2 Satz 1** hat die Antidiskriminierungsstelle des Bundes eine **Unterstützungsfunktion** für diese Personen hinsichtlich der Durchsetzung ihrer Rechte zum Schutz vor Benachteiligungen, die sie **auf unabhängige Weise** ausübt. Absatz 2 Satz 2 Nr. 1 bis 3 9 konkretisiert diese Unterstützungsaufgabe beispielhaft und im Einzelnen. **Absatz 2 Satz 2 Nr. 1** sieht eine Unterstützung in Form von Informationen über Ansprüche und die Möglichkeiten des rechtlichen Vorgehens im Rahmen gesetzlicher Regelungen zum Schutz vor Benachteiligungen vor. Die Antidiskriminierungsstelle kann hiernach Personen, die sie nach Absatz 1 angerufen haben, allgemein und umfassend über etwaige Ansprüche und Möglichkeiten der Rechtsdurchsetzung **informieren**.

10 **Absatz 2 Satz 2 Nr. 2** gibt der Stelle die Möglichkeit, eine **Beratung** auch durch andere Stellen **zu vermitteln**. Damit ist gewährleistet, dass die Antidiskriminierungsstelle des Bundes den Personen, die sich an sie gewandt haben, über die in Absatz 2 Satz 2 Nr. 1 vorgesehenen allgemeinen Informationen hinaus gezielte und gegebenenfalls auch einzelfallbezogene Beratung zugänglich machen kann.

11 **Absatz 2 Satz 2 Nr. 3** sieht vor, dass die Antidiskriminierungsstelle des Bundes eine **gütliche Beilegung** zwischen den Beteiligten anstreben kann, wobei der Beteiligtenbegriff nicht im Sinne bestehender Verfahrensordnungen zu verstehen ist, sondern zum einen die Person umfasst, die sich nach § 27 Abs. 1 an die Antidiskriminierungsstelle des Bundes gewandt hat, und zum anderen die Person, gegen die ein Benachteiligungsvorwurf erhoben wird. Die vorgesehene Möglichkeit einer einvernehmlichen Konfliktbereinigung liegt **im Interesse dieser Beteiligten**. Insbesondere die Opfer von Benachteiligungen empfinden die gerichtlichen Auseinandersetzungen oftmals als belastend. Eine konkrete und praktische Verbesserung ihrer Situation durch eine fortan benachteiligungsfreie Behandlung ist ihnen wichtiger als ein möglicherweise langwieriger Rechtsstreit mit unsicherem Ausgang. Dies belegen beispielsweise Untersuchungen zum Beschäftigtenschutzgesetz (Pflüger / Baer, Das Beschäftigtenschutzgesetz in der Praxis, www.bmfsfj.de). Ob und inwieweit die Antidiskriminierungsstelle des Bundes von der hier eingeräumten Möglichkeit Gebrauch macht, wird **von den Umständen des Einzelfalles abhängen**, insbesondere vom Ausmaß der **Dialog- und Kooperationsbereitschaft** der Beteiligten. Hierbei ist die in § 28 Abs. 1 vorgesehene Möglichkeit, die Beteiligten um **Stellungnahmen zu ersuchen**, für die Stelle ein wichtiges Instrument, um die Chancen der gütlichen Beilegung eines Falles abschätzen und gegebenenfalls ausschöpfen zu können.

12 Nach **Satz 3** hat die Antidiskriminierungsstelle des Bundes auch die Aufgabe, **Anliegen Betroffener** an die Beauftragten des Deutschen Bundestages oder der Bundesregierung **weiterzuleiten**, soweit diese Anliegen in deren Zuständigkeit fallen. Hinsichtlich der Merkmale Rasse oder ethnische Herkunft sowie Religion und Weltanschauung, soweit Personen mit Migrationshintergrund betroffen sind, kann der Zuständigkeitsbereich der Beauftragten der Bundesregierung für Migration, Flüchtlinge und Integration sowie der Zuständigkeitsbereich des Beauftragten der Bundesregierung für Aussiedlerfragen und nationale Minderheiten betroffen sein; hinsichtlich des Merkmals Behinderung der Zuständigkeitsbereich der Beauftragten der Bundesregierung für die Belange behinderter Menschen. Aus **datenschutzrechtlichen Gründen** wird die Weiterleitung der Anliegen an anderen Stellen von dem **Einverständnis der Personen** abhängig gemacht, die sich an die Antidiskriminierungsstelle des Bundes gewandt haben.

13 Durch die Vorschrift wird sichergestellt, dass die genannten Beauftragten ihre bewährte und erfolgreiche Arbeit im Rahmen ihrer Zuständigkeit fortsetzen können. Zugleich wird bürokratischer Aufwand, etwa durch Mehrfachbearbeitungen von Anliegen, vermieden. Im Interesse der Betroffenen an einer schnellen Beilegung hat die Weiterleitung solcher Anliegen **unverzüglich** zu erfolgen.

Zu Absatz 3

14 Absatz 3 regelt **weitere Aufgaben** der Antidiskriminierungsstelle des Bundes, soweit nicht die Zuständigkeit der Beauftragten der Bundesregierung oder des Deutschen Bundestages berührt sind. Die Antidiskriminierungsstelle des Bundes kann ihre Aufgaben nur dann effektiv erfüllen, wenn sie den von Benachteiligung Betroffenen bekannt ist und diese sich an

sie wenden können. Deshalb sieht **Satz 1 Nr. 1** vor, dass sie **Öffentlichkeitsarbeit** leistet. Diese wird besonders in der ersten Zeit nach ihrer Errichtung zunächst ihre Bekanntmachung betreffen und in der Folgezeit zunehmend der Information über ihre Aufgaben und Tätigkeit sowie über Rechte der Betroffenen und deren Durchsetzungsmöglichkeiten dienen. Dadurch wird in Umsetzung der Artikel 10 der Richtlinie 2000/43/EG, Artikel 8 der Richtlinie 76/207/EWG, Artikel 12 der Richtlinie 2000/78/EG und Artikel 15 der Richtlinie 2004/113/EG dafür Sorge getragen, dass die nach diesen Richtlinien getroffenen Maßnahmen allen Betroffenen bekannt gemacht werden.

Daneben werden Maßnahmen zur **Prävention von Benachteiligungen** eine wichtige Rolle spielen, die als Aufgabe der Antidiskriminierungsstelle in **Satz 1 Nr. 2** geregelt sind. Der jeweils in Artikel 1 der Richtlinien 76/207/EWG, 2000/43/ EG, 2000/78/EG und 2004/113/ EG verankerte Zweck der Bekämpfung von Diskriminierungen wird am nachhaltigsten durch deren Prävention gefördert. Als konkrete Präventionsmaßnahmen kommen beispielsweise das Angebot und die Durchführung einschlägiger **Fortbildungen durch die Stelle in Betrieben** in Betracht. 15

Die Durchführung **wissenschaftlicher Untersuchungen zu Benachteiligungen** ist eine weitere Aufgabe der Antidiskriminierungsstelle, die in den Richtlinien vorgegeben ist. Sie wird in **Satz 1 Nr. 3** geregelt. Die Unabhängigkeit der Untersuchungen wird durch die in § 26 Abs. 1 Satz 3 geregelte Unabhängigkeit der Antidiskriminierungsstelle des Bundes sichergestellt und dadurch gewährleistet, dass es sich um wissenschaftliche Untersuchungen handeln muss. Verbunden ist damit auch das Recht der Antidiskriminierungsstelle des Bundes, solche **Untersuchungen an Dritte**, z. B. wissenschaftliche Einrichtungen, **zu vergeben**. 16

Zu Absatz 4

Des Weiteren hat die Antidiskriminierungsstelle des Bundes nach Absatz 4 **Satz 1** die Aufgabe, **alle vier Jahre dem Deutschen Bundestag Berichte vorzulegen**, wobei sich deren Unabhängigkeit aus § 26 Abs. 1 Satz 3 ergibt. Die Berichte werden sich regelmäßig auf die Situation der von Benachteiligung Betroffenen und die Tätigkeit der Antidiskriminierungsstelle des Bundes beziehen. Durch die in dieser Vorschrift vorgesehene gemeinsame Berichtspflicht mit den in ihrem Zuständigkeitsbereich betroffenen Beauftragten der Bundesregierung und des Deutschen Bundestages wird sichergestellt, dass die **Ergebnisse anderer Berichte über Benachteiligungen einbezogen** werden. Hierzu gehört beispielsweise der Bericht der Beauftragten der Bundesregierung für Migration, Flüchtlinge und Integration nach § 94 Abs. 2 des Aufenthaltsgesetzes, soweit dieser Aussagen zu den wegen ihrer Rasse oder ethnischen Herkunft benachteiligten Ausländerinnen und Ausländern enthält. Darüber hinaus hat die Antidiskriminierungsstelle des Bundes ebenfalls gemeinsam mit den in ihrem Zuständigkeitsbereich betroffenen Beauftragten der Bundesregierung und des Deutschen Bundestages Empfehlungen zur Beseitigung und Vermeidung von Benachteiligten aus Gründen der Rasse oder wegen der ethnischen Herkunft, des Geschlechts, der Religion oder Weltanschauung, einer Behinderung, des Alters oder der sexuellen Identität zu geben. In diese Empfehlungen können Erkenntnisse aus den nach Absatz 3 Nr. 3 durchzuführenden Untersuchungen oder aus der Ombudstätigkeit nach Absatz 2 einfließen. **Satz 2** sieht vor, dass die Antidiskriminierungsstelle des Bundes und die in ihrem Zuständigkeitsbereich betroffenen Beauftragten der Bundesregierung und des Deutschen Bundestages gemeinsam wissenschaftliche Untersuchungen im Sinne des Absatzes 3 Satz 1 Nr. 3 durchführen können. Die **Durchführung eigener Untersuchungen** wie auch die **Vorlage eigener Berichte** bzw. die Abgabe eigener Empfehlungen durch die Beauftragten der Bundesregierung und des Deutschen Bundestages im Rahmen ihrer jeweiligen Zuständigkeit bleiben durch Absatz 4 **unberührt**. 17

Zu Absatz 5

Absatz 5 sieht die **Zusammenarbeit** der Antidiskriminierungsstelle des Bundes und der in ihrem Zuständigkeitsbereich betroffenen Beauftragten der Bundesregierung und des Deut- 18 schen Bundestages in den Fällen vor, in denen eine **Benachteiligung aus mehreren der in § 1 genannten Gründe** vorliegt."

IV. Anmerkungen

(Im Hinblick auf die vorstehend wiedergegebene Gesetzesbegründung wird von einer weitergehenden Kommentierung der Vorschrift abgesehen.)

V. Literatur

Adomeit, Klaus, Political correctness – jetzt Rechtspflicht!, NJW 2006, 2169

Philipp, Wolfgang, Ein verfassungswidriges Monstrum – Die „Antidiskriminierungsstelle des Bundes", NVwZ 2006, 1235

§ 28
Befugnisse

(1) Die Antidiskriminierungsstelle des Bundes kann in Fällen des § 27 Abs. 2 Satz 2 Nr. 3 Beteiligte um Stellungnahmen ersuchen, soweit die Person, die sich nach § 27 Abs. 1 an sie gewandt hat, hierzu ihr Einverständnis erklärt.

(2) Alle Bundesbehörden und sonstigen öffentlichen Stellen im Bereich des Bundes sind verpflichtet, die Antidiskriminierungsstelle des Bundes bei der Erfüllung ihrer Aufgaben zu unterstützen, insbesondere die erforderlichen Auskünfte zu erteilen. Die Bestimmungen zum Schutz personenbezogener Daten bleiben unberührt.

ERLÄUTERUNGEN

ÜBERSICHT

I. Bedeutung der Vorschrift (Rdnrn. 1–5)
II. Fassung (Rdnr. 6)
III. Begründung (Rdnrn. 7–9)

I. Bedeutung der Vorschrift

1 **Abs. 1** räumt der Antidiskriminierungsstelle des Bundes die Möglichkeit ein, im Rahmen des Versuchs einer gütlichen Einigung – mit Einverständnis der Betroffenen – die anderen **Beteiligten um Stellungnahmen zu ersuchen;** allerdings besteht insoweit für diese keine Pflicht zur Äußerung.

2 **Abs. 2 Satz 1** gewährt der Antidiskriminierungsstelle des Bundes – mit Ausnahme des eigenständigen Akteneinsichtsrechts – **gegenüber allen Bundesbehörden** und sonstigen öffentlichen Stellen des Bundes die gleichen **Auskunftsrechte,** die der Beauftragte der Bundesregierung für die Belange behinderter Menschen **nach § 15 Abs. 3 BGG** hat. Landesbehörden werden durch diese Vorschrift nicht verpflichtet.

3 **In Abs. 2 Satz 2** wird auf die Regelungen des **Bundesdatenschutzgesetzes** hingewiesen; das betrifft insbesondere **§ 15 BDSG,** der die Datenübermittlung an öffentliche Stellen regelt, die danach grundsätzlich nur mit **Einwilligung des Betroffenen** zulässig ist.

4 Eine darüber hinausgehende entsprechende Anwendung einzelner Vorschriften des BDSG ordnet das Gesetz nicht an. Soweit die Gesetzesbegründung (vgl. unten Rdnr. 9) behauptet, damit sei auch **§ 24 Abs. 4 Satz 4 BDSG entsprechend anwendbar,** trifft dies nicht zu: Nach jener Vorschrift muss dem Bundesbeauftragten für den Datenschutz und die Informations-

freiheit Auskunft und Zutritt nicht gewährt werden, wenn die oberste Bundesbehörde feststellt, dass dies die **Sicherheit des Bundes oder eines Landes gefährden** würde.

Zwar ist eine **entsprechende Anwendung dieser Vorschrift** auf die allgemeinen Auskunftsrechte der Antidiskriminierungsstelle nach Abs. 2 Satz 1 sinnvoll und **in Ausfüllung einer Regelungslücke zu rechtfertigen**; aus der Gesetzesfassung des Satzes 2 ergibt sich dies aber nicht, da „unberührt bleiben" etwas anderes bedeutet als „entsprechend anwendbar" (so auch MK-*Thüsing* Rdnr. 5). 5

II. Fassung

Die Vorschrift wurde unverändert aus dem Entwurf der Bundesregierung „Entwurf eines Gesetzes zur Umsetzung europäischer Richtlinien zur Verwirklichung des Grundsatzes der Gleichbehandlung" (BT-Drucks.16/1780) übernommen. 6

III. Begründung

Im Gesetzentwurf der Bundesregierung (BT-Drucks. 16/1780 S. 51 f.) wird zu der Vorschrift ausgeführt: 7

„Zu Absatz 1

Absatz 1 räumt der Antidiskriminierungsstelle des Bundes die Möglichkeit ein, die Beteiligten um Stellungnahmen zu ersuchen. Die Vorschrift bezweckt, die in § 27 Abs. 2 Satz 1 geregelte Ombudsfunktion der Stelle zu stärken. Um den Sachverhalt aufzuklären und eine qualitativ gute und umfassende Beratung leisten oder die Möglichkeiten einer gütlichen Beilegung ausloten zu können, wird die Antidiskriminierungsstelle des Bundes vielfach auf Informationen der Beteiligten und Kontakte zu diesen angewiesen sein. Mit der Möglichkeit, Stellungnahmen einzuholen, ist auch die Erwartung verbunden, dass die gegenseitige Bereitschaft der Beteiligten, eine gütliche Beilegung gemeinsam zu erarbeiten und anzunehmen, erhöht wird.

Eine Verpflichtung zur Abgabe einer Stellungnahme besteht nicht. Die Antidiskriminierungsstelle des Bundes kann im Rahmen ihrer nach § 27 Abs. 4 zu erstellenden Berichte die Wirksamkeit dieses Instruments thematisieren. Damit die Stelle tätig werden und Stellungnahmen einholen kann, muss die Person, die sich nach § 27 Abs. 1 an sie gewandt hat, hierzu ihr Einverständnis erklärt haben. 8

Zu Absatz 2

Absatz 2 entspricht im Wesentlichen § 15 Abs. 3 des Gesetzes zur Gleichstellung behinderter Menschen (BGG) vom 27. April 2002 (BGBl. I S. 1467) und räumt der Antidiskriminierungsstelle des Bundes mit Ausnahme des eigenständigen Akteneinsichtsrechts die gleichen Auskunftsrechte gegenüber allen Bundesbehörden und sonstigen öffentlichen Stellen des Bundes ein, die die oder der Beauftragte der Bundesregierung für die Belange behinderter Menschen hat. Die Regelung des Satzes 2, wonach die Bestimmungen zum Schutz personenbezogener Daten unberührt bleiben, umfasst auch die entsprechende Anwendung des § 24 Abs. 4 Satz 4 des Bundesdatenschutzgesetzes (BDSG) auf die Verpflichtung zur Auskunftserteilung gegenüber der Antidiskriminierungsstelle des Bundes." 9

IV. Anmerkungen

(Im Hinblick auf die vorstehend wiedergegebene Gesetzesbegründung wird von einer weitergehenden Kommentierung der Vorschrift abgesehen.)

§ 29
Zusammenarbeit mit Nichtregierungsorganisationen und anderen Einrichtungen

Die Antidiskriminierungsstelle des Bundes soll bei ihrer Tätigkeit Nichtregierungsorganisationen sowie Einrichtungen, die auf europäischer, Bundes-, Landes- oder regionaler Ebene zum Schutz vor Benachteiligungen wegen eines in § 1 genannten Grundes tätig sind, in geeigneter Form einbeziehen.

ERLÄUTERUNGEN

ÜBERSICHT

I. Bedeutung der Vorschrift (Rdnrn. 1–2)
II. Fassung (Rdnr. 3)
III. Begründung (Rdnr. 4)

I. Bedeutung der Vorschrift

1 Die Vorschrift regelt in sehr allgemeiner Form das **Gebot der Zusammenarbeit** der Antidiskriminierungsstelle des Bundes **mit Nichtregierungsorganisationen** sowie Einrichtungen zum Schutz vor Benachteiligungen im Sinne des § 1 AGG.

2 Verlangt wird nur eine **Einbeziehung „in geeigneter Form"**, ohne dass dies näher konkretisiert wird. Nach der Gesetzesbegründung (vgl. unten Rdnr. 4) geht es zum einen um einen **Erfahrungs- und Kenntnisaustausch**, zum anderen eine **Kooperation bei der Einzelfallbearbeitung**. Mangels gesetzlicher Vorgaben ist die tatsächliche Umsetzung des Dialogs mit den Nichtregierungsorganisationen von der Leitung der Antidiskriminierungsstelle abhängig. Diese hat ein weitgehendes **Ermessen** hinsichtlich der Form der Einbeziehung und der Frage, wen sie berücksichtigt. Allerdings verbietet der **allgemeine Gleichheitssatz des Art. 3 Abs. 1 GG** zweckwidrige Differenzierungen bei der Ermessensausübung. Die Antidiskriminierungsstelle darf deshalb **nicht nur die ihr genehmen Organisationen berücksichtigen** (MK-*Thüsing* Rdnr. 8 m. w. Nachw.).

II. Fassung

3 Die Vorschrift wurde unverändert aus dem Entwurf der Bundesregierung „Entwurf eines Gesetzes zur Umsetzung europäischer Richtlinien zur Verwirklichung des Grundsatzes der Gleichbehandlung" (BT-Drucks.16/1780) übernommen.

III. Begründung

4 Im Gesetzentwurf der Bundesregierung (BT-Drucks. 16/1780 S. 52) wird zu der Vorschrift ausgeführt:

„Die Vorschrift eröffnet die Möglichkeit zur Kooperation und Vernetzung der Tätigkeit der Antidiskriminierungsstelle des Bundes mit Nichtregierungsorganisationen und anderen Einrichtungen auf europäischer, landes- oder regionaler Ebene. Bezweckt wird damit ein Erfahrungs- und Kenntnisaustausch, um Diskriminierungen aus Gründen der Rasse oder wegen der ethnischen Herkunft, des Geschlechts, der Religion oder Weltanschauung, einer Behinderung, des Alters oder der sexuellen Identität wirksam bekämpfen zu können. Eine Kooperation mit Nichtregierungsorganisationen und deren Beratungsstellen auf regionaler Ebene bietet sich auch bei der Einzelfallbearbeitung an. Im Hinblick auf die Kooperation mit den Nichtregierungsorganisationen entspricht die Vorschrift damit den Vorgaben aus Artikel 12 der Richtlinie 2000/43/EG, Artikel 8c der Richtlinie 76/207/ EWG, Artikel 14 der Richtlinie 2000/78/EG und Artikel 11 der Richtlinie 2004/113/EG."

IV. Anmerkungen

(Im Hinblick auf die vorstehend wiedergegebene Gesetzesbegründung wird von einer weitergehenden Kommentierung der Vorschrift abgesehen.)

§ 30
Beirat

(1) Zur Förderung des Dialogs mit gesellschaftlichen Gruppen und Organisationen, die sich den Schutz vor Benachteiligungen wegen eines in § 1 genannten Grundes zum Ziel gesetzt haben, wird der Antidiskriminierungsstelle des Bundes ein Beirat beigeordnet. Der Beirat berät die Antidiskriminierungsstelle des Bundes bei der Vorlage von Berichten und Empfehlungen an den Deutschen Bundestag nach § 27 Abs. 4 und kann hierzu sowie zu wissenschaftlichen Untersuchungen nach § 27 Abs. 3 Nr. 3 eigene Vorschläge unterbreiten.

(2) Das Bundesministerium für Familie, Senioren, Frauen und Jugend beruft im Einvernehmen mit der Leitung der Antidiskriminierungsstelle des Bundes sowie den entsprechend zuständigen Beauftragten der Bundesregierung oder des Deutschen Bundestages die Mitglieder dieses Beirats und für jedes Mitglied eine Stellvertretung. In den Beirat sollen Vertreterinnen und Vertreter gesellschaftlicher Gruppen und Organisationen sowie Expertinnen und Experten in Benachteiligungsfragen berufen werden. Die Gesamtzahl der Mitglieder des Beirats soll 16 Personen nicht überschreiten. Der Beirat soll zu gleichen Teilen mit Frauen und Männern besetzt sein.

(3) Der Beirat gibt sich eine Geschäftsordnung, die der Zustimmung des Bundesministeriums für Familie, Senioren, Frauen und Jugend bedarf.

(4) Die Mitglieder des Beirats üben die Tätigkeit nach diesem Gesetz ehrenamtlich aus. Sie haben Anspruch auf Aufwandsentschädigung sowie Reisekostenvergütung, Tagegelder und Übernachtungsgelder. Näheres regelt die Geschäftsordnung.

ERLÄUTERUNGEN

ÜBERSICHT

I. Bedeutung der Vorschrift (Rdnrn. 1–4)
II. Fassung (Rdnr. 5)
III Begründung (Rdnrn. 6–12)
IV. Anmerkungen (Rdnr. 13)

I. Bedeutung der Vorschrift

Die Vorschrift schafft die Rechtsgrundlage für die Berufung eines **beratenden Gremiums bei der Antidiskriminierungsstelle des Bundes**. Der Beirat soll im Sinne eines „**Netzwerks**" den Dialog mit gesellschaftlichen Gruppen und Organisationen fördern, die sich den Antidiskriminierungsschutz zum Ziel gesetzt haben. Außerdem soll er die Antidiskriminierungsstelle bei der Vorlage von Berichten über den Bundestag sowie bei der Vergabe von wissenschaftlichen Untersuchungen beraten (**Abs. 1**) 1

Die Mitglieder des Beirats werden nach **Abs. 2 Satz 1** durch das Bundesministerium für Familie, Senioren, Frauen und Jugend im Einvernehmen mit der Leitung der Antidiskriminierungsstelle und den entsprechend zuständigen Bundesbeauftragten **berufen**. Die Zahl der Beiratsmitglieder ist auf **höchstens 16 Personen** begrenzt (**Abs. 2 Satz 3**). Für jedes 2

Mitglied wird nach Abs. 2 Satz 1 eine **Stellvertretung** ernannt, die das ordentliche Mitglied bei dessen Verhinderung mit allen Rechten und Pflichten vertritt.

3 Für die Zusammensetzung des Gremiums ist lediglich die **paritätische Berufung von Männern und Frauen** als Sollvorschrift vorgegeben (**Abs. 2 Satz 4**). Im Übrigen sollen in den Beirat „Vertreterinnen und Vertreter gesellschaftlicher Gruppen und Organisationen sowie Expertinnen und Experten in Benachteiligungsfragen" berufen werden. Da der Gesetzgeber insoweit keine genaueren Vorgaben gemacht hat, steht es im weitgehenden Ermessen des zuständigen Bundesministeriums, welche Gruppen berücksichtigt werden.

4 Der Beirat gibt sich mit Zustimmung des zuständigen Bundesressorts eine **Geschäftsordnung** (**Abs. 3**). In **Abs. 4** sind der Grundsatz der **Ehrenamtlichkeit** der Beiratsmitglieder sowie nähere Einzelheiten hierzu geregelt

II. Fassung

5 Die Vorschrift wurde unverändert aus dem Entwurf der Bundesregierung „Entwurf eines Gesetzes zur Umsetzung europäischer Richtlinien zur Verwirklichung des Grundsatzes der Gleichbehandlung" (BT-Drucks.16/1780) übernommen.

III. Begründung

6 Im Gesetzentwurf der Bundesregierung (BT-Drucks. 16/1780 S. 52 f) wird zu der Vorschrift ausgeführt:

„Zu Absatz 1

Zahlreiche gesellschaftliche Organisationen beschäftigen sich mit Fragen der Diskriminierung aus Gründen der Rasse oder wegen der ethnischen Herkunft, des Geschlechts, der Religion oder Weltanschauung, einer Behinderung, des Alters oder der sexuellen Identität und haben sich deren Bekämpfung zum Ziel gesetzt. **Die Einbindung dieser Gruppen in die Tätigkeit der Antidiskriminierungsstelle** des Bundes und die Nutzung ihrer Erfahrungen und Kompetenzen ist für eine erfolgreiche Arbeit mit dem Ziel der Bekämpfung von Diskriminierungen unerlässlich. **Satz 1** sieht deshalb zur **Förderung des Dialogs mit diesen Gruppen und Organisationen** die Bildung eines Beirats vor, der der Antidiskriminierungsstelle des Bundes beigeordnet wird.

7 Durch die Schaffung und Einbindung des Beirats wird auch der Vorgabe der Richtlinien zum Dialog mit Nichtregierungsorganisationen Rechnung getragen (Artikel 12 der Richtlinie 2000/43/EG, Artikel 8 c der Richtlinie 76/207/EWG, Artikel 14 der Richtlinie 2000/78/EG und Artikel 11 der Richtlinie 2004/113/EG). Diese Regelungen sehen vor, dass die Mitgliedstaaten den Dialog mit den jeweiligen Nichtregierungsorganisationen fördern, die gemäß den einzelstaatlichen Rechtsvorschriften und Gepflogenheiten ein rechtmäßiges Interesse daran haben, sich an der Bekämpfung von Diskriminierung aus Gründen der Rasse oder wegen der ethnischen Herkunft, des Geschlechts, der Religion oder Weltanschauung einer Behinderung, des Alters oder der sexuellen Identität zu beteiligen.

8 Nach **Satz 2** besteht die **Aufgabe des Beirats** darin, die Antidiskriminierungsstelle des Bundes bei der Vorlage von Berichten und Abgabe von Empfehlungen an den Deutschen Bundestag nach § 27 Abs. 4 des Gesetzes zu beraten. Der Beirat hat außerdem die Möglichkeit, hierzu **eigene Vorschläge** zu unterbreiten sowie zu **wissenschaftlichen Untersuchung** nach § 27 Abs. 3 Nr. 3. Durch Kooperation mit dem Beirat hat die Antidiskriminierungsstelle des Bundes ihrerseits die Möglichkeit, in die Zivilgesellschaft hineinzuwirken. Durch eine **mit dem Beirat abgestimmte Öffentlichkeitsarbeit** kann beispielsweise das Bewusstsein für eine Kultur der Antidiskriminierung zielgenauer gefördert und der Beirat auch als Multiplikator für Inhalte genutzt werden.

Zu Absatz 2

Absatz 2 enthält Regelungen zur **Besetzung und Berufung des Beirats**. Bei dem Beirat handelt es sich nicht um ein autonomes Organ, weshalb seine Mitglieder sowie jeweils eine Stellvertretung nach **Satz 1** vom Bundesministerium für Familie, Senioren, Frauen und Jugend **im Einvernehmen mit der Leitung** der Antidiskriminierungsstelle und den entsprechend zuständigen Beauftragten der Bundesregierung oder des Deutschen Bundestages berufen werden, da die Antidiskriminierungsstelle des Bundes bei diesem Bundesministerium angesiedelt ist. Bei den entsprechend zuständigen Beauftragten handelt es sich derzeit um die in der Begründung zur Regelung des § 27 Abs. 2 Satz 3 genannten Beauftragten. Dem Bundesministerium für Familie, Senioren, Frauen und Jugend obliegt deshalb auch die **verwaltungsmäßige Unterstützung des Beirats**. Die Stellvertretung vertritt das Mitglied bei dessen Verhinderung mit allen Rechten und Pflichten des ordentlichen Mitglieds.

9

Die Berufung erfolgt im Einvernehmen mit der Leitung der Antidiskriminierungsstelle des Bundes sowie den entsprechend zuständigen Beauftragten der Bundesregierung oder des Deutschen Bundestages nach einem festzulegenden **transparenten Auswahlverfahren**. Es sollen Vertreterinnen und Vertreter gesellschaftlicher Gruppen und Organisationen sowie Expertinnen und Experten in Benachteiligungsfragen unter Beachtung des Bundesgremienbesetzungsgesetzes berufen werden. Damit soll ein **Netzwerk** mit den in einschlägigen Interessengruppen Tätigen und Expertinnen und Experten aufgebaut werden, das sich an Modellen aus anderen EU-Mitgliedstaaten orientiert. Da mit dieser Vorschrift zugleich auch die Vorgaben aus Artikel 11 der Richtlinie 2000/43/EG und Artikel 8 b der Richtlinie 76/207/EWG sowie Artikel 13 der Richtlinie 2000/78/EG zum sozialen Dialog umgesetzt werden, ist bei entsprechenden Berufungen auf jeden Fall sicherzustellen, dass die **Tarifpartner im Beirat** vertreten sind. **Satz 3** enthält eine Vorgabe zur **Höchstzahl** der Mitglieder des Beirats, die auch die Diskussionsfähigkeit des Beirats gewährleisten soll. **Satz 4** sieht entsprechend den Vorgaben des Bundesgremienbesetzungsgesetzes vor, dass der Beirat **zu gleichen Teilen mit Frauen und Männern** besetzt sein soll.

10

Zu Absatz 3

Nach Absatz 3 gibt sich der Beirat eine **Geschäftsordnung**, die der Zustimmung des Bundesministeriums für Familie, Senioren, Frauen und Jugend bedarf. Gegenstand der Geschäftsordnung sollten u. a. Regelungen zum Vorsitz, zur Häufigkeit der Sitzungen und zum Verfahren der Beschlussfassung sein.

11

Zu Absatz 4

Absatz 4 stellt fest, dass die Mitglieder des Beirats ihre Tätigkeit nach diesem Gesetz **ehrenamtlich** ausüben. Die Berufung kann daher abgelehnt und jederzeit niedergelegt werden. Den Mitgliedern des Beirats steht als Folge ihrer ehrenamtlichen Tätigkeit eine Aufwandsentschädigung zu. Sie erhalten außerdem Reisekostenvergütung, Tagegelder und Übernachtungsgelder. Gemäß Satz 3 werden Einzelheiten in der Geschäftsordnung geregelt."

12

IV. Anmerkungen

(Im Hinblick auf die vorstehend wiedergegebene Gesetzesbegründung wird von einer weitergehenden Kommentierung der Vorschrift abgesehen.)

Dem Beirat, der sich am 25. Oktober 2007 konstituiert hat, gehören derzeit an (vgl. www.antidiskriminierungsstelle.de):

13

- Prof. Barbara John, Vorsitzende des PARITÄTISCHEN Berlin und Mitglied des Vorstandes des PARITÄTISCHEN Gesamtverbandes sowie langjährige Ausländerbeauftragte des Berliner Senats
- Stellvertretung: Sevda Zengin, Rechtsanwältin
- Prof. Dr. Wolfgang Benz, Leiter des Zentrums für Antisemitismusforschung, Stellvertretung: Sarah Singer, Vorstand der Zentralwohlfahrtsstelle der Juden in Deutschland e. V.

- Annelie Buntenbach, DGB Bundesvorstand, Stellvertretung: Claudia Menne, Leiterin Bereich Frauenpolitik DGB
- Manfred Bruns, Bundesvorstand Lesben- und Schwulenverband in Deutschland e. V., Stellvertretung: Simone Huckert, Rechtsanwältin
- Florencio Chicote, Vorstand Antidiskriminierungsverband Deutschland (ADVD), Stellvertretung: Anne Kobes, Vorstand Antidiskriminierungsverband Deutschland (ADVD)
- Frau Dr. Ezhar Cezairli, Stellvertretung: Herr Dr. Abdelmalik Hibaoui
- Rechtsanwältin Mareike Coppi, E.M.A. Human Resources Deutsche Bank AG Vice President, Stellvertretung: Maud Pagel, Dt. Telekom AG, Leiterin des Bereichs Chancengleichheit und Diversity
- Sabine Drees, Deutscher Städtetag, Stellvertretung: Ursula Krickl, Deutscher Städte- und Gemeindebund
- Prof. Dr. Hanns-Stephan Haas, Geschäftsführer Bundesakademie für Kirche und Diakonie, Stellvertretung: Prof. Dr. Georg Cremer, Generalsekretär des Deutschen Caritasverbandes
- Walter Link, Vorsitzender Bundesarbeitsgemeinschaft der Seniorenorganisationen e. V., Stellvertretung: Dr. Guido Klumpp, Geschäftsführer der Bundesarbeitsgemeinschaft der Seniorenorganisationen e. V.
- Christine Morgenstern, Ministerium für Arbeit, Soziales, Gesundheit, Familie und Frauen Rheinland-Pfalz, Stellvertretung: Claudia Zimmermann-Schwartz, Ministerium für Generation, Familie, Frauen und Integration des Landes Nordrhein-Westfalen
- Martina Puschke, Deutscher Behindertenrat, Stellvertretung: Horst Frehe, Deutscher Behindertenrat
- Prof. Dr. Sybille Raasch, Universität Hamburg, Stellvertretung: Annegret Pilartz
- Brunhilde Raiser, Erste Vorsitzende Deutscher Frauenrat, Stellvertretung: Almuth Kollmorgen, Vorstand Deutscher Frauenrat
- Romani Rose, Vorsitzender Zentralrat Deutscher Sinti und Roma, Stellvertretung: Thede Boysen, Leiter des Minderheitensekretariats der vier autochthonen Minderheiten Deutschlands
- Roland Wolf, Bundesvereinigung der Deutschen Arbeitgeberverbände e. V., Abteilung Recht, Stellvertretung: Peter Clever, Bundesvereinigung der Deutschen Arbeitgeberverbände e. V.

ABSCHNITT 7

Schlussvorschriften

§ 31

Unabdingbarkeit

Von den Vorschriften dieses Gesetzes kann nicht zu Ungunsten der geschützten Personen abgewichen werden.

ERLÄUTERUNGEN

ÜBERSICHT

I. Bedeutung der Vorschrift (Rdnrn. 1–3)
II. Fassung (Rdnr. 4)
III. Begründung (Rdnr. 5)

I. Bedeutung der Vorschrift

Sie legt fest, dass die **im AGG enthaltenen Schutzvorschriften zwingend** sind. Deshalb kann weder im Individualvertrag noch in kollektiven Vereinbarungen zu ungunsten der Beschäftigten bzw. Betroffenen davon abgewichen werden. Die Anwendbarkeit des AGG kann also nicht ausgeschlossen werden, ebenso seine Rechtsfolgen.

Allerdings gilt die **tarifvertragliche** Unabdingbarkeit nicht für **Fristen zur Geltendmachung des arbeitsrechtlichen Schadensersatz- und Entschädigungsanspruchs** in § 15 Abs. 4 AGG, da hier allgemein die Öffnung für die Tarifvertragsparteien normiert ist: „etwas anderes" kann hier auch „etwas Ungünstigeres" sein. Soweit die Gesetzesbegründung hierzu noch einen anderen Standpunkt vertritt, beruht das auf einer früheren, im Lauf des Gesetzgebungsverfahrens aufgegebenen Gesetzesfassung. Die unterlassene Berichtigung der Begründung ist ein redaktioneller Fehler (vgl. MK-*Thüsing* Rdnr. 1).

Ein **Verzicht auf einmal entstandene Ansprüche nach dem AGG** dürfte zwar nicht während des Arbeitsverhältnisses zulässig sein, aber **anlässlich oder nach seiner Beendigung** (MK-*Thüsing* Rdnr. 3 unter Hinweis auf die Rechtsprechung zu § 12 EntFG, z. B. BAG Urteil vom 28. November 1979 – 5 AZR 955/77 = NJW 1980, 2325 = AP Nr. 10 zu § 6 LohnFG). Auch ein **Vergleich** über einen solchen Anspruch ist möglich, sofern nach **§ 779 BGB** eine Ungewissheit zwischen den Parteien im Wege gegenseitigen Nachgebens beseitigt werden soll.

II. Fassung

Die Vorschrift wurde unverändert aus dem Entwurf der Bundesregierung „Entwurf eines Gesetzes zur Umsetzung europäischer Richtlinien zur Verwirklichung des Grundsatzes der Gleichbehandlung" (BT-Drucks.16/1780) übernommen.

III. Begründung

Im Gesetzentwurf der Bundesregierung (BT-Drucks. 16/1780 S. 53) wird zu der Vorschrift ausgeführt:

„Entsprechend den europarechtlichen Vorgaben sind die in diesem Gesetz enthaltenen Schutzvorschriften zwingend. So kann z. B. weder im Arbeitsvertrag noch in kollektiven Vereinbarungen zuungunsten der Beschäftigten davon abgewichen werden ... Dies gilt insbesondere auch für die Fristen zur Geltendmachung des Entschädigungsanspruchs in § 15 Abs. 4."

IV. Anmerkungen

(Im Hinblick auf die vorstehend wiedergegebene Gesetzesbegründung sowie die Erläuterungen zur Bedeutung der Vorschrift wird von einer weitergehenden Kommentierung abgesehen.)

§ 32
Schlussbestimmungen

Soweit in diesem Gesetz nicht Abweichendes bestimmt ist, gelten die allgemeinen Bestimmungen.

ERLÄUTERUNGEN

ÜBERSICHT

I. Bedeutung der Vorschrift (Rdnrn. 1–2)
II. Fassung (Rdnr. 3)
III. Begründung (Rdnr. 4)

I. Bedeutung der Vorschrift

1 Die Schlussbestimmung stellt klar, dass die allgemeinen **für das jeweilige Beschäftigungs- oder sonstige Rechtsverhältnis geltenden Gesetze unberührt** bleiben. Somit sind die Vorschriften des BGB, insbesondere des Schuldrechts und Deliktsrechts, ferner z. B. das Kündigungsschutzgesetz, das Betriebsverfassungsgesetz oder die Personalvertretungsgesetze, die Gewerbeordnung und das Handelsgesetzbuch **ergänzend anzuwenden, soweit** das **AGG keine abschließende spezielle Regelung** enthält.

2 Damit beschreibt der Gesetzgeber eine **Selbstverständlichkeit,** die keiner weiteren Erläuterung bedarf. Das allgemeinere Gesetz wird durch das speziellere nur dort verdrängt, wo es ihm widerspricht, dort aber auf jeden Fall (MK-*Thüsing* Rdnr. 1)

II. Fassung

3 Die Vorschrift wurde unverändert aus dem Entwurf der Bundesregierung „Entwurf eines Gesetzes zur Umsetzung europäischer Richtlinien zur Verwirklichung des Grundsatzes der Gleichbehandlung" (BT-Drucks.16/1780) übernommen.

III. Begründung

4 Im Gesetzentwurf der Bundesregierung (BT-Drucks. 16/1780 S. 53) wird zu der Vorschrift ausgeführt:

„Die Schlussbestimmung macht deutlich, dass die allgemeinen für das jeweilige Beschäftigungsverhältnis geltenden Gesetze unberührt bleiben. Das bedeutet vor allem, dass das BGB, insbesondere die Vorschriften des Schuldrechts und Deliktsrechts, ferner z. B. das Kündigungsschutzgesetz, die Gewerbeordnung, das Handelsgesetzbuch, das Betriebsverfassungsgesetz oder die Personalvertretungsgesetze ergänzend anzuwenden sind, soweit dieses Gesetz keine abschließende spezielle Regelung enthält."

§ 33
Übergangsbestimmungen

(1) Bei Benachteiligungen nach den §§ 611a, 611b und 612 Abs. 3 des Bürgerlichen Gesetzbuchs oder sexuellen Belästigungen nach dem Beschäftigtenschutzgesetz ist das vor dem 18. August 2006 maßgebliche Recht anzuwenden.

(2) Bei Benachteiligungen aus Gründen der Rasse oder wegen der ethnischen Herkunft sind die §§ 19 bis 21 nicht auf Schuldverhältnisse anzuwenden, die vor dem 18. August 2006 begründet worden sind. Satz 1 gilt nicht für spätere Änderungen von Dauerschuldverhältnissen.

(3) Bei Benachteiligungen wegen des Geschlechts, der Religion, einer Behinderung, des Alters oder der sexuellen Identität sind die §§ 19 bis 21 nicht auf Schuldverhältnisse anzuwenden, die vor dem 1. Dezember 2006 begründet worden sind. Satz 1 gilt nicht für spätere Änderungen von Dauerschuldverhältnissen.

(4) Auf Schuldverhältnisse, die eine privatrechtliche Versicherung zum Gegenstand haben, ist § 19 Abs. 1 nicht anzuwenden, wenn diese vor dem 22. Dezember 2007 begründet worden sind. Satz 1 gilt nicht für spätere Änderungen solcher Schuldverhältnisse.

ERLÄUTERUNGEN

ÜBERSICHT

I. Bedeutung der Vorschrift (Rdnr. 1)
II. Fassung (Rdnr. 2)
III. Begründung (Rdnrn. 3–6)
IV. Anmerkungen (Rdnrn. 7–13)
   A) zu Abs. 1
      1. Keine Rückwirkung des AGG im Arbeitsrecht (Rdnrn. 7–8)
   B) zu Abs. 2
      1. Zivilrechtliche Schuldverhältnisse und Diskriminierung wegen Rasse bzw. ethnischer Herkunft (Rdnrn. 7–8)
   C) zu Abs. 3
      1. Zivilrechtliche Schuldverhältnisse und Diskriminierung wegen Geschlecht / Religion / Behinderung / Alter oder sexueller Identität (Rdnr. 11)
   D) zu Abs. 4
      1. Zeitlicher Vorlauf für Versicherungswirtschaft (Rdnrn. 12–13)

I. Bedeutung der Vorschrift

Die Vorschrift regelt den zeitlichen Anwendungsbereich des Gesetzes. Hierbei sind für das Arbeitsrecht in **Abs. 1** keine Übergangsregelungen vorgesehen, weil sie die europäischen Vorgaben nicht verlangen.

Die **Abs. 2** und **3** enthalten die notwendigen – und zum Teil recht großzügigen – Überleitungsvorschriften für das zivilrechtliche Benachteiligungsverbot. **Abs. 4** trifft eine Sonderregelung für Versicherungsverträge.

II. Fassung

Die Vorschrift wurde im Wesentlichen unverändert aus dem Entwurf der Bundesregierung „Entwurf eines Gesetzes zur Umsetzung europäischer Richtlinien zur Verwirklichung des Grundsatzes der Gleichbehandlung" (BT-Drucks.16/1780) übernommen.

Der BT-Rechtsausschuss hat in seiner Beschlussempfehlung (BT-Drucks. 16/1780 S. 7) lediglich in Abs. 2 das konkrete Datum „1. Dezember 2006" eingefügt:

III. Begründung

Im Gesetzentwurf der Bundesregierung (BT-Drucks. 16/1780 S. 53) wird zu der Vorschrift ausgeführt:

„Zu Absatz 1

Für Benachteiligungen, die zeitlich vor dem Inkrafttreten dieses Gesetzes liegen, findet die alte Rechtslage einschließlich der nunmehr außer Kraft tretenden Regelungen der §§ 611a,

611b und 612 Abs. 3 BGB sowie § 81 Abs. 2 des Neunten Buches Sozialgesetzbuch und des Beschäftigtenschutzgesetzes weiterhin Anwendung.

Zu den Absätzen 2 und 3

4   Die Absätze 2 und 3 enthalten die notwendigen Überleitungsvorschriften für das zivilrechtliche Benachteiligungsverbot. Gemäß **Absatz 2 Satz 1** sollen die neuen Vorschriften der §§ 19 bis 21 bei Benachteiligungen aus Gründen der Rasse oder wegen der ethnischen Herkunft grundsätzlich nur für Schuldverhältnisse gelten, die nach Inkrafttreten abgeschlossen werden. **Absatz 2 Satz 2** enthält dabei eine besondere Ausnahme für Dauerschuldverhältnisse, die vor dem Inkrafttreten begründet worden sind und nach diesem Zeitpunkt fortbestehen. Hier gelten die neuen Vorschriften bei der Durchführung des Schuldverhältnisses, was Auswirkungen insbesondere im Bereich der Kündigung dieser Dauerschuldverhältnisse haben kann. **Absatz 3** trägt Bedürfnissen der Wirtschaft Rechnung, sich im nicht durch die Antirassismusrichtlinie 2000/43/EG vorgegebenen Bereich innerhalb von drei Monaten auf die neuen Regelungen einstellen zu können.

5   **Absatz 2 Satz 2** und **Absatz 3 Satz 2** sollen sicherstellen, dass Bestimmungen zum Schutz gegen Benachteiligung ausgenommen bleiben. Die Vorschriften des AGG sind deshalb ab Inkrafttreten auch auf die Änderung von bereits bestehenden Dauerschuldverhältnissen anwendbar; beispielsweise auf Anpassungen des Entgelts für die Leistung bei langfristigen Verträgen oder aber auf Kündigungen bei Bestandsverträgen. Nicht beabsichtigt ist aber ein Eingriff in das bei Vertragsschluss begründete Verhältnis von Leistung und Gegenleistung, denn dem stünde das Verbot der Rückwirkung entgegen. Das ursprünglich begründete Synallagma des Austauschverhältnisses bleibt unberührt.

Zu Absatz 4

6   Absatz 4 trägt den Bedürfnissen der Versicherungswirtschaft Rechnung, einen angemessenen zeitlichen Vorlauf zu haben, um ihre Kalkulationen, aber auch ihre Vertragsmuster und Versicherungsbedingungen an die neue Rechtslage anzupassen. Das Regelungsmodell orientiert sich an den Bestimmungen des § 33 Abs. 2 und 3. **Satz 1** stellt klar, dass das neue Recht grundsätzlich nur für Verträge gilt, die ab dem 22. Dezember 2007 abgeschlossen werden. **Satz 2** erlaubt die Anwendung des neuen Rechts auf die Änderung von Bestandsverträgen, also von privaten Versicherungsverträgen, die bis zum 21. Dezember 2007 begründet worden sind. Der gewählte Stichtag entspricht Artikel 5 der Richtlinie 2004/113/EG."

IV. Anmerkungen

A) zu Abs. 1

1. Keine Rückwirkung des AGG im Arbeitsrecht

7   Der **Wortlaut** der Bestimmung ist etwas **schwer verständlich** und erschließt sich nur aus der Gesetzesbegründung: Für Benachteiligungen von Beschäftigten, die zeitlich vor dem Inkrafttreten dieses Gesetzes liegen, findet die **alte Rechtslage** einschließlich der nunmehr außer Kraft getretenen Regelungen des § 81 Abs. 2 SGB IX, § 611a BGB und des BeschSchG **weiterhin Anwendung** (vgl. MK-*Thüsing* Rdnr. 3).

8   Bei **Dauertatbeständen,** die vor dem 18. 8. 2006 begonnen haben und noch danach fortbestehen – etwa eine fortgesetzte sexuelle Belästigung oder aber eine andauernde Benachteiligung wegen des Entgelts – gilt ebenfalls das **AGG ab dem Datum des Inkrafttretens.** Das betrifft nicht nur nicht nur nachfolgende Änderungen des Dauerschuldverhältnisses, sondern auch den bestehenden Vertrag. Mit Inkrafttreten des Gesetzes werden diese, soweit sie ungerechtfertigt benachteiligen, unwirksam nach § 7 Abs. 2 AGG. Zur Vermeidung einer unzulässigen Rückwirkung von Rechtsfolgen kann nur eine Rückwirkung ex nunc in Betracht kommen. Daher greift das **neue Gesetz nicht,** wenn ein **in der Vergangenheit erarbeitetes Entgelt nach dem Inkrafttreten des AGG ausbezahlt** wird. Dies gilt insbesondere für die betriebliche Altersversorgung (MK-*Thüsing* a. a. O.).

B) zu Abs. 2

1. Zivilrechtliche Schuldverhältnisse und Diskriminierung wegen Rasse bzw. ethnischer Herkunft

Die neuen Vorschriften der **§§ 19 bis 21 AGG** sollen **bei Benachteiligungen aus Gründen der Rasse oder wegen der ethnischen Herkunft** grundsätzlich nur für **Schuldverhältnisse** gelten, die **nach Inkrafttreten** abgeschlossen werden (**Abs. 1 Satz 1**). Eine besondere Ausnahme ist nach **Abs. 2 Satz 2** vorgesehen für **Dauerschuldverhältnisse, die vor dem Inkrafttreten** begründet worden sind und nach diesem Zeitpunkt fortbestehen. Hier gelten die neuen Vorschriften **bei der Durchführung** des Schuldverhältnisses, was Auswirkungen insbesondere im Bereich der **Kündigung** dieser Dauerschuldverhältnisse haben kann (vgl. oben Rdnr. 4). Dies soll sicherstellen, dass Dauerschuldverhältnisse **nicht auf unabsehbare Zeit** von der Anwendung der neuen Bestimmungen zum Schutz gegen Benachteiligung **ausgenommen** bleiben. 9

Die Vorschriften des AGG sind deshalb ab Inkrafttreten nur auf **die Änderung von bereits bestehenden Dauerschuldverhältnissen** anwendbar; beispielsweise auf Anpassungen des Entgelts für die Leistung bei langfristigen Verträgen oder aber auf Kündigungen bei Bestandsverträgen. **Nicht beabsichtigt** ist aber ein **Eingriff in das bei Vertragsschluss begründete Verhältnis von Leistung und Gegenleistung,** denn dem stünde das Verbot der Rückwirkung entgegen (vgl. oben Rdnr. 5). Die Differenzierung führt allerdings zu problematischen Ergebnissen: Hat ein Vermieter farbigen Mietern einen höheren Mietzins abverlangt als anderen Mietern, dann wären diese auch nach Inkrafttreten des AGG zur Zahlung der höheren Miete weiterhin verpflichtet (MK-*Thüsing* Rdnr. 7). 10

C) zu Abs. 3

1. Zivilrechtliche Schuldverhältnisse und Diskriminierung wegen Geschlecht / Religion / Behinderung / Alter oder sexueller Identität

Abs. 3 soll der Wirtschaft im **nicht** durch die Antirassismus-RL 2000/43/EG vorgegebenen Bereich eine Übergangszeit von rund drei Monaten nach Inkrafttreten des Gesetzes gewähren, um sich auf die neuen Regelungen einstellen zu können (vgl. oben Rdnr. 4). Deshalb sieht das Gesetz insoweit eine Überleitungsfrist vor: §§ 19 bis 21 AGG sind erst auf Verträge anwendbar, die **ab dem 1. 12. 2006 abgeschlossen** wurden. Hingegen gilt der Benachteiligungsschutz hinsichtlich der genannten Merkmale **nicht bei der späteren Änderung von bestehenden Dauerschuldverhältnissen**. Auch ein zwischen dem 16. 8. 2006 und dem 30. 11. 2006 abgeschlossener Vertrag ist bezüglich einer entsprechenden Änderung dann an den Vorschriften des AGG zu messen. 11

D) zu Abs. 4

1. Zeitlicher Vorlauf für Versicherungswirtschaft

Abs. 4 gewährt der **Versicherungswirtschaft** einen angemessenen **zeitlichen Vorlauf,** um Kalkulationen, Vertragsmuster und Versicherungsbedingungen an die neue Rechtslage anzupassen. **Satz 1 stellt klar, dass das neue Recht grundsätzlich nur für Verträge** gilt, die **ab dem 22. 12. 2007** abgeschlossen werden. **Satz 2 erlaubt** die Anwendung des neuen Rechts auf die **Änderung von Bestandsverträgen,** also von privaten Versicherungsverträgen, die bis zum 22. 12. 2007 begründet worden sind. Der gewählte Stichtag entspricht Art. 5 der RL 2004/113/EG. 12

Spätere Änderungen der vor dem 22. 12. 2007 abgeschlossenen Versicherungen fallen in den Anwendungsbereich des AGG. Jede Verlängerung oder Erweiterung, die eine bestehende ungerechtfertigte Benachteiligung aufrechterhält oder verschärft, ist damit unwirksam (MK-*Thüsing* Rdnr. 9). 13

Stichwort	Fundstelle	Rdnr.
A		
Ablehnungsbescheid für GdB oder Nachteilsausgleich		
– Amtsermittlungsgrundsatz und Beweiserhebungen	§ 69 SGB IX	258
– Anwaltsgebühren im Widerspruchs- und Klageverfahren	§ 69 SGB IX	330
– Art der Beweiserhebung	§ 69 SGB IX	304
– Aufhebbarkeit bei Anhörungsmangel	§ 69 SGB IX	255
– Aufhebung ohne Sachentscheidung bei weiterem Aufklärungsbedarf	§ 69 SGB IX	314
– Befundberichte und Sachverständigenbeweis	§ 69 SGB IX	270
– Klageart und Verfahrensgegenstand	§ 69 SGB IX	234
– Kostenentscheidung	§ 69 SGB IX	317
– Maßgeblicher Prüfungszeitpunkt	§ 69 SGB IX	254
– Missbräuchliche Rechtsverfolgung	§ 69 SGB IX	322
– Mitwirkungspflicht des Klägers	§ 69 SGB IX	283
– Prozessvertretung und PKH	§ 69 SGB IX	247
– Rechtliches Gehör	§ 69 SGB IX	262
– Rechtsnatur	§ 69 SGB IX	229
Abmahnung		
– vor Kündigung wegen verhaltensbedingter Schwierigkeiten	§ 84 SGB IX	13, 34
Adipositas	§ 69 SGB IX	129, 175
AGG-Hopping	§ 11 AGG	12
Allgemeines Gleichbehandlungsgesetz	§ 81 SGB IX	88
– Beauftragte für die Belange behinderter Menschen	§ 25 AGG	3
– Übergangsbestimmungen für Arbeitsrecht	§ 33 AGG	1, 7
– Übergangsbestimmungen für Versicherungsverträge	§ 33 AGG	12
– Übergangsbestimmungen für zivilrechtliche Ansprüche	§ 33 AGG	9
– Unabdingbarkeit der Schutzvorschriften	§ 31 AGG	1
– Vergleich über entstandene Ansprüche	§ 31 AGG	3
– Verzicht auf entstandene Ansprüche	§ 31 AGG	3
Allgemeines Persönlichkeitsrecht		
– Verletzung durch Diskriminierung	§ 15 AGG	90
Alter	§ 1 AGG	47
Altersgrenze „60" für Berufsflugzeugführer	§ 10 AGG	29
Altersgrenzen bei den betrieblichen Systemen der sozialen Sicherheit	§ 10 AGG	57
Altersversorgung, betriebliche	§ 2 AGG	1
Amtszeit der Schwerbehindertenvertretung	§ 94 SGB IX	174
Anerkannte Werkstätten für behinderte Menschen	§ 142 SGB IX	1, 7
– Hand, öffentliche	§ 142 SGB IX	5
– Verzeichnis	§ 142 SGB IX	2, 30
Anerkennungsverfahren für WfbM	§ 142 SGB IX	1
– Anspruch	§ 142 SGB IX	8
– Antrag	§ 142 SGB IX	1, 17

Stichwort	Fundstelle	Rdnr.
– Ausnahmen	§ 142 SGB IX	10
– Bundesagentur für Arbeit	§ 142 SGB IX	4, 15
– Rechtsfolgen	§ 142 SGB IX	6
– Träger der Sozialhilfe, überörtlicher	§ 142 SGB IX	16
– Voraussetzungen	§ 142 SGB IX	7
– Wegfall der Anerkennung	§ 142 SGB IX	24
– Werkstattverbund	§ 142 SGB IX	10
– Wirkung	§ 142 SGB IX	5
Anforderungen an Integrationsfachdienste		
– Ausstattung	§ 112 SGB IX	7
– Eigenständigkeit	§ 112 SGB IX	11
– Erfahrungen	§ 112 SGB IX	8
– Fachkräfte, qualifizierte	§ 112 SGB IX	9
– Fortbildung	§ 112 SGB IX	10
Anforderungen in beruflichen Reha-Einrichtungen	§ 35 SGB IX	9
– Art und Schwere der Behinderung	§ 35 SGB IX	9
– Sicherung des Erfolgs der Teilhabe am Arbeitsleben	§ 35 SGB IX	9
Anforderungen, fachliche der Integrationsfachdienste	§ 112 SGB IX	1
– Anforderungen, allgemeine	§ 112 SGB IX	6
– Beschäftigung schwerbehinderter Menschen	§ 112 SGB IX	15
– Besetzung, personelle	§ 112 SGB IX	12
Anforderungsprofil bei Stellenausschreibung	§ 22 AGG	37
– im öffentlichen Dienst	§ 22 AGG	38
Anhaltspunkte (AHP)		
– Feststellung von Teilhabestörungen	§ 2 SGB IX	56
– normähnliche Wirkung	§ 2 SGB IX	62
– Vorgeschichte	§ 2 SGB IX	56
Anhaltspunkte für die ärztliche Gutachtertätigkeit – AHP 2004	§ 69 SGB IX	67
– Beschlüsse des ärztlichen Sachverständigenbeirates zur Auslegung der AHP	§ 69 SGB IX	74
Anhaltspunkte für die ärztliche Gutachtertätigkeit – AHP 2008		
– Antizipierte Sachverständigengutachten	§ 69 SGB IX	69
Anhörung vor Entziehung bes. Hilfen	§ 117 SGB IX	2, 27
Anpassung der Entgeltersatzleistung	§ 50 SGB IX	1
– Anpassung, jährliche	§ 50 SGB IX	3
– Anpassungsfaktor	§ 50 SGB IX	8
– Anpassungsregel	§ 50 SGB IX	1
– Bekanntgabe des Anpassungsfaktors	§ 50 SGB IX	14
– Rentenwert	§ 50 SGB IX	9

Stichwort	Fundstelle	Rdnr.
Anrechnung Beschäftigter auf die Zahl der Pflichtarbeitsplätze für schwerbehinderte Menschen	§ 75 SGB IX	1, 6
– 65. Lebensjahr	§ 75 SGB IX	6b
– Altersteilzeit	§ 75 SGB IX	7a
– Anrechenbarkeit	§ 75 SGB IX	1, 6
– Arbeitgeber, schwerbehinderte	§ 75 SGB IX	11
– Geschäftsführer einer GmbH	§ 75 SGB IX	11a
– Inhaber von Bergmannsversorgungsschein	§ 75 SGB IX	12
– Schwerbehinderteneigenschaft	§ 75 SGB IX	6c
– Teilzeitbeschäftigte	§ 75 SGB IX	7
– Übergangsmaßnahme aus WfbM	§ 75 SGB IX	10a
Anrechnung von Aufträgen auf die Ausgleichsabgabe	§ 140 SGB IX	1
– Anrechnungsbetrag	§ 140 SGB IX	7, 13
– Ausnahmen	§ 140 SGB IX	2, 12
– Teileinrichtungen, unselbstständige	§ 140 SGB IX	16
– Voraussetzungen	§ 140 SGB IX	2, 6
– Werkstätten, anerkannte	§ 140 SGB IX	5
– Zusammenhang, zeitlicher	§ 140 SGB IX	15
– Zusammenschlüsse anerkannter Werkstätten	§ 140 SGB IX	17
Anspruch auf behinderungsgerechte Gestaltung der Arbeitszeit	§ 124 SGB IX	5
Anspruch auf Sozialleistungen	§ 4 SGB IX	2
– Kind	§ 4 SGB IX	2
– Leistungsträger	§ 4 SGB IX	2
Antidiskriminerungsstelle des Bundes		
– Anrufungsberechtigung	§ 27 AGG	8
– Aufgaben	§ 27 AGG	1
– Auskunftsrechte	§ 28 AGG	2
– Befugnisse	§ 28 AGG	1
– Beirat	§ 30 AGG	1
– Berichtspflicht gegenüber Bundestag	§ 27 AGG	4, 17
– Kombimodell	§ 25 AGG	3
– Kontaktdaten	§ 25 AGG	5
– Personal- und Sachausstattung	§ 25 AGG	4
– Rechtsgrundlage	§ 25 AGG	1
– Rechtsstellung der Leitung	§ 26 AGG	1
– Zusammenarbeit mit anderen Organisationen	§ 29 AGG	1
Antidiskriminierungsverbände	§ 23 AGG	1, 15
– Auftreten als Beistand	§ 23 AGG	24
– Geltendmachung von Ansprüchen in fremdem Namen	§ 23 AGG	32
– Interessenwahrnehmung	§ 23 AGG	20
– Personenzusammmenschluss	§ 23 AGG	16

Stichwort	Fundstelle	Rdnr.
– Rechtsbesorgung	§ 23 AGG	29
– Satzungsgemäße Aufgabe	§ 23 AGG	18
– Verbandsgröße, erforderliche	§ 23 AGG	21
Antidiskriminierungsvereinbarungen		
– als positive Maßnahme nach § 5 AGG	§ 17 AGG	11
Antirassismus-Richtlinie 2000/43/EG	§ 1 AGG	31
Antirassismusrichtlinie	§ 1 AGG	2
Antrag		
– Voraussetzung für Selbstbeschaffung	§ 15 SGB IX	7, 47, 50
– Voraussetzung für Wunsch- und Wahlrecht	§ 9 SGB IX	42
Antragsverfahren zur Kündigungszustimmung	§ 87 SGB IX	1
– Anhörung des Betroffenen	§ 87 SGB IX	13
– Einholung von Stellungnahmen	§ 87 SGB IX	9
– Rechtsfolgen unterbliebener Beteiligungen	§ 87 SGB IX	12
– Schriftform	§ 87 SGB IX	4
– Zuständigkeit	§ 87 SGB IX	6
Anwaltsverein	§ 2 AGG	39
Anwaltsvereine		
– Anspruch auf Mitgliedschaft bzw. Mitwirkung	§ 18 AGG	13
Anwendung Arbeitsrecht auf Rehabilitanden	§ 36 SGB IX	9
– Arbeitsschutz	§ 36 SGB IX	17
– Erholungsurlaub	§ 36 SGB IX	18
– Gleichberechtigung von Männern und Frauen	§ 36 SGB IX	20
– Haftungsbeschränkung	§ 36 SGB IX	13
– Persönlichkeitsschutz	§ 36 SGB IX	9
Arbeitgeber	§ 81 SGB IX	40
– Tätigwerden nach § 12 AGG	§ 13 AGG	1
Arbeitgeber, öffentlicher	§ 71 SGB IX	50
	§ 81 SGB IX	42
	§ 82 SGB IX	1
– Anstalten	§ 71 SGB IX	57
– Beschäftigungspflicht	§ 82 SGB IX	1
– Bundesbehörden, oberste	§ 71 SGB IX	52
– Dienststelle	§ 71 SGB IX	51
– Gebietskörperschaften	§ 71 SGB IX	56
– Integrationsvereinbarung	§ 82 SGB IX	2
– Körperschaften, sonstige	§ 71 SGB IX	57
– Landesbehörden, oberste	§ 71 SGB IX	53
– Pflichten, besondere der öffentlichen Arbeitgeber	§ 82 SGB IX	1
– Sonderregelungen	§ 82 SGB IX	3
– Stiftung des öffentlichen Rechts	§ 71 SGB IX	57
– Verfahrensanforderungen	§ 82 SGB IX	1

Stichwort	Fundstelle	Rdnr.
Arbeitnehmer		
– Belästigung	§ 14 AGG	1
Arbeitnehmerbegriff		
– europarechtlicher	§ 6 AGG	10
Arbeitnehmerüberlassung	§ 6 AGG	34
Arbeitsassistenz	§ 33 SGB IX	204
– als Leistung zur Teilhabe am Arbeitsleben	§ 33 SGB IX	204
– arbeitsrechtliche Stellung der Assistenten	§ 33 SGB IX	236
– Ausführung durch die Integrationsämter	§ 33 SGB IX	238
– Ausführung durch IntA	§ 33 SGB IX	238
– Begriff	§ 33 SGB IX	204, 44
– Begriff der notwendigen Assistenz	§ 33 SGB IX	204
– Empfehlungen der BIH	§ 33 SGB IX	212, 50
– Finanzierung aus Ausgleichsabgabe	§ 102 SGB IX	43
– Leistung als monatliches Budget	§ 33 SGB IX	228, 58
– Leistungsdauer	§ 33 SGB IX	239, 239
– Leistungsvoraussetzungen	§ 33 SGB IX	215, 52
– Nachrang der Leistungsverpflichtung des IntA	§ 33 SGB IX	222, 53
– Notwendigkeit	§ 33 SGB IX	213, 51
– Rechtsanspruch	§ 102 SGB IX	64
Arbeitsaufnahme, auswärtige	§ 33 SGB IX	53
Arbeitsbereich der WfbM	§ 138 SGB IX	6
– Arbeitnehmerähnliches Rechtsverhältnis	§ 138 SGB IX	12
– Arbeitsverhältnis	§ 138 SGB IX	7
– Rehabilitanden	§ 138 SGB IX	15
– Sozialversicherungspflicht der Beschäftigten	§ 138 SGB IX	16, 20, 21, 24, 25, 26
– Werkstattverträge	§ 138 SGB IX	42
Arbeitsbeschaffungsmaßnahmen		
– Zuschüsse und Darlehen	§ 104 SGB IX	31
Arbeitsentgelt	§ 123 SGB IX	1, 7
– Altersruhegeld	§ 123 SGB IX	8
– Ruhegeld- und Pensionszahlungen	§ 123 SGB IX	9
– Übergangsgeld	§ 123 SGB IX	8
Arbeitsentgelt behinderter Menschen	§ 138 SGB IX	1, 26
– Anspruch	§ 138 SGB IX	3, 26
– Grundbetrag	§ 138 SGB IX	27
– Werkstattverträge	§ 138 SGB IX	3, 42
Arbeitsentgelt und Dienstbezüge		
– Bemessung	§ 123 SGB IX	4
– Individualvereinbarungen	§ 123 SGB IX	5

Stichwort	Fundstelle	Rdnr.
– Rente	§ 123 SGB IX	4, 11
– Tarifvertrag	§ 123 SGB IX	4
Arbeitserprobung		
– vor Leistungen zur Teilhabe am Arbeitsleben	§ 33 SGB IX	124
Arbeitsförderungsgeld	§ 43 SGB IX	1
– Anrechnung	§ 43 SGB IX	11
– Arbeitsentgelt	§ 43 SGB IX	5
– Rechtscharakter	§ 43 SGB IX	7
– Teilzeitbeschäftigung und Lohnfortzahlung im Krankheitsfall	§ 43 SGB IX	12
– Vergütung, zusätzliche	§ 43 SGB IX	5
– Verrechnung mit Vergütungsanteilen	§ 43 SGB IX	15
– Zuständigkeit der Rehabilitationsträger	§ 43 SGB IX	1
Arbeitshilfen, technische	§ 33 SGB IX	258
Arbeitskleidung und Arbeitsgerät	§ 33 SGB IX	52
Arbeitsleben		
– Leistungsauswahl	§ 33 SGB IX	99
Arbeitslosigkeit		
– nach Abschluss einer Leistung zur Teilhabe am Arbeitsleben	§ 51 SGB IX	22
Arbeitsmarkt		
– Lage und Entwicklung als Kriterium für Teilhabeleistungen	§ 33 SGB IX	116
Arbeitsmarktprogramme, überregionale und regionale	§ 104 SGB IX	52
Arbeitsorganisation	§ 83 SGB IX	47
Arbeitsorganisationsablauf, Änderungen im	§ 12 AGG	36
Arbeitsplatz	§ 73 SGB IX	1, 6
– Anforderungsprofil	§ 81 SGB IX	11
– Arbeitsverhältnis, faktisches	§ 73 SGB IX	1, 6
– Ausbildung	§ 74 SGB IX	5a
– Auszubildende	§ 73 SGB IX	32
– Beamtenanwärter	§ 74 SGB IX	5c
– Berechnung der Mindestzahl von Arbeitsplätzen und Pflichtarbeitsplätzen	§ 74 SGB IX	6
– Beschäftigung, tatsächliche	§ 73 SGB IX	17
– Familienangehörige	§ 73 SGB IX	31
– Fremdgeschäftsführer	§ 73 SGB IX	26
– Gestaltung, behindertengerechte	§ 81 SGB IX	35
– Heimarbeiter	§ 73 SGB IX	24
– Leiharbeitnehmer	§ 73 SGB IX	21
– Neubesetzung	§ 81 SGB IX	11
– Pflichtarbeitsplätze	§ 74 SGB IX	4, 6
– Praktikanten	§ 74 SGB IX	5b
– Prokurist	§ 73 SGB IX	30
– Rechtsreferendar	§ 74 SGB IX	5d

Stichwort	Fundstelle	Rdnr.
– Studienreferendar	§ 74 SGB IX	5d
– Volontäre	§ 74 SGB IX	5b
– Vorstandsmitglied eines eingetragenen Vereins	§ 73 SGB IX	29
– Vorstandsmitglieder	§ 73 SGB IX	25
Arbeitsplatzausschreibung	§ 11 AGG	7
Arbeitsplatzgestaltung	§ 83 SGB IX	43
Arbeitsumfeld	§ 83 SGB IX	45
Arbeitsunfähigkeit		
– als Voraussetzung der stufenweisen WE	§ 28 SGB IX	12
Arbeitsunfähigkeit ohne Krankengeldanspruch		
– als Voraussetzung für Leistungsbezug in Wartephase	§ 51 SGB IX	12
Arbeitszeit	§ 83 SGB IX	49
Aufenthalt, gewöhnlicher	§ 2 SGB IX	97
Aufforderung zur Verfolgung der AGG-Ziele	§ 17 AGG	9
Aufgabe der Schwerbehindertenvertretung	§ 95 SGB IX	1
Aufgaben		
– Servicestellen, gemeinsame	§ 22 SGB IX	1
Aufgaben der Bundesagentur für Arbeit	§ 104 SGB IX	1
– Arbeitsbeschaffungsmaßnahmen	§ 104 SGB IX	30
– Arbeitsmarktprogramme, überregionale und regionale	§ 104 SGB IX	52
– Aufgaben	§ 104 SGB IX	1, 7
– Beratung der Arbeitgeber	§ 104 SGB IX	1
– Berichte, jährliche der BA	§ 104 SGB IX	51
– Berufsberatung und Vermittlung	§ 104 SGB IX	1
– Durchführung des Anzeigeverfahrens	§ 104 SGB IX	40
– Einrichtung besonderer Stellen	§ 104 SGB IX	53
– Erfassung und Anerkennung von Werkstätten	§ 104 SGB IX	47
– Förderung der Teilhabe am Arbeitsleben	§ 104 SGB IX	16
– Gleichstellung	§ 104 SGB IX	36
– Rehabilitationsleistung	§ 104 SGB IX	7d
– Stellenbesetzung	§ 104 SGB IX	57
– Überwachung der Erfüllung der Beschäftigungspflicht	§ 104 SGB IX	42
– Zulassung der Anrechnung und Mehrfachanrechnung	§ 104 SGB IX	44
Aufgaben der Gemeinsamen Servicestellen	§ 22 SGB IX	1
– Aufgabenkatalog	§ 22 SGB IX	11
– Beratung	§ 22 SGB IX	10
– Beteiligung des Integrationsamts	§ 22 SGB IX	16
– Dauer der Unterstützung	§ 22 SGB IX	15
– Ermittlung des zuständigen Rehabilitationsträger	§ 22 SGB IX	12
– Feststellung der Erforderlichkeit eines Sachverständigengutachtens	§ 22 SGB IX	13
– Serviceangebot	§ 22 SGB IX	1
– Verfahrensbeschleunigung	§ 22 SGB IX	14

Stichwort	Fundstelle	Rdnr.
Aufgaben der Rehabilitationsträger	§ 101 SGB IX	14
Aufgaben der Werkstatt für behinderte Menschen	§ 136 SGB IX	1a
Aufgaben des Integrationsamtes	§ 102 SGB IX	1, 11
– Ausgleichsabgabe	§ 102 SGB IX	1, 12
– Entziehung der besonderen Hilfen für schwerbehinderte Menschen	§ 102 SGB IX	1, 13
– Hilfe, begleitende	§ 102 SGB IX	1, 12
– Kündigungsschutz	§ 102 SGB IX	1, 12
– Zuständigkeiten, weitere	§ 102 SGB IX	13a
Aufgaben des Integrationsfachdienstes	§ 110 SGB IX	1
– Aufgabenkatalog	§ 110 SGB IX	7
– Begleitung der betrieblichen Berufsausbildung	§ 110 SGB IX	10
– Begleitung, nachgehende am Arbeitsplatz	§ 110 SGB IX	16
– Beratung der Arbeitgeber	§ 110 SGB IX	19
– Beteiligung	§ 110 SGB IX	4
– Erschließung geeigneter Arbeitsplätze	§ 110 SGB IX	11
– Erschließung geeigneter Ausbildungsplätze	§ 110 SGB IX	12
– Erstellung eines Profils	§ 110 SGB IX	8
– Information des betrieblichen Umfeldes über die Behinderung	§ 110 SGB IX	17
– Nachbetreuung einschließlich Krisenintervention und psychosoziale Betreuung	§ 110 SGB IX	18
– Tätigkeitsfelder	§ 110 SGB IX	6
– Unterstützung bei der Leistungsbeantragung	§ 110 SGB IX	20
– Vorbereitung, individuelle auf geeignete Arbeitsplätze	§ 110 SGB IX	13
– Zusammenarbeit mit den Schulen	§ 110 SGB IX	9
Aufnahme in die Werkstätten für behinderte Menschen	§ 137 SGB IX	1
– Anspruch	§ 137 SGB IX	1, 6
– Dauer	§ 137 SGB IX	21
– Einzugsgebiet	§ 137 SGB IX	11
– Leistungszusage	§ 137 SGB IX	17
– Voraussetzung	§ 137 SGB IX	6
– Voraussetzungen, persönliche	§ 137 SGB IX	10
Aufnahmebedingungen		
– unzumutbare als AGG-Verstoß	§ 18 AGG	25
Aufstieg, beruflicher	§ 2 AGG	28
Ausbildungspflicht	§ 72 SGB IX	16
– Auszubildende	§ 72 SGB IX	16
– Bildung, berufliche	§ 72 SGB IX	16
– Interessenvertretung	§ 72 SGB IX	19
– Schwerbehindertenvertretung	§ 72 SGB IX	19
Ausbildungsplatz	§ 74 SGB IX	1

Stichwort	Fundstelle	Rdnr.
Ausbildungszuschüsse	§ 34 SGB IX	5
– Dauer	§ 34 SGB IX	26
– Höhe	§ 34 SGB IX	27
Außerbetriebliche Berufsbildungsmaßnahme	§ 81 SGB IX	246
– Erleichterte Teilnahme an außerbetrieblichen Berufsbildungsmaßnahmen	§ 81 SGB IX	246
Ausführung der Leistung	§ 17 SGB IX	1
– Aufgaben der Beteiligten	§ 17 SGB IX	16
– Bedarfsfeststellungsverfahren	§ 17 SGB IX	1, 26
– Budget	§ 17 SGB IX	2, 37
– Budget, persönliches	§ 17 SGB IX	2, 37
– Erprobung	§ 17 SGB IX	6, 105
– Leistungserbringung	§ 17 SGB IX	1, 25
– Leistungsträger, zuständige	§ 17 SGB IX	1, 16, 35
– Modellvorhaben	§ 17 SGB IX	5, 104
– Rehabilitationsdienste/-einrichtungen	§ 17 SGB IX	29
Ausgleichsabgabe	§ 71 SGB IX	49
	§ 77 SGB IX	1
	§ 134 SGB IX	1
– Arbeitgeber	§ 77 SGB IX	23
– Arbeitgeber, öffentlicher	§ 134 SGB IX	3
– Ausgleich innerhalb des Bundes und der Länder	§ 77 SGB IX	85
– Ausgleichsabgabe, gestaffelte	§ 77 SGB IX	31
– Ausgleichsfonds	§ 77 SGB IX	79
– Ausnahmen	§ 77 SGB IX	34
– Ausschlussfrist	§ 77 SGB IX	68
– Bemessungsgrundlage	§ 77 SGB IX	24
– Beschäftigungspflicht der Arbeitgeber	§ 77 SGB IX	23
– Dienstaufsicht	§ 71 SGB IX	49
– Dynamisierung	§ 77 SGB IX	3, 38
– Ermittlung	§ 77 SGB IX	20
– Finanzausgleich	§ 77 SGB IX	81
– Höhe	§ 77 SGB IX	31
– Integrationsunternehmen	§ 134 SGB IX	3
– Kooperationsprinzip	§ 77 SGB IX	45
– Leistungen, finanzielle	§ 134 SGB IX	3
– Ordnungswidrigkeit	§ 71 SGB IX	49
– Pflichtarbeitsplätze	§ 77 SGB IX	2
– Selbstveranlagung	§ 77 SGB IX	20
– Sonderabgabe, nichtsteuerliche	§ 77 SGB IX	15
– Verteilung der Mittel	§ 77 SGB IX	79

Stichwort	Fundstelle	Rdnr.
– Verwaltung der Mittel	§ 77 SGB IX	84
– Vollstreckung	§ 77 SGB IX	60
– Zahlungsrückstand	§ 77 SGB IX	51
– Zweckbindung	§ 77 SGB IX	74
Ausgleichsfonds	§ 78 SGB IX	1
– Bundesministerium für Arbeit und Sozialordnung	§ 78 SGB IX	1
– Integrationsbetriebe- und abteilungen, private	§ 134 SGB IX	4
– Sondervermögen	§ 78 SGB IX	1, 3
– Verwendungszweck	§ 78 SGB IX	4
– Wirtschafts- und Rechnungsprüfung	§ 78 SGB IX	3
Auslandserfahrung vor einer Beförderung	§ 2 AGG	28
Auslandspraktikum behinderter Menschen	§ 18 SGB IX	9f
Ausnahmen Arbeitsplatz	§ 73 SGB IX	39
– Altersteilzeit	§ 73 SGB IX	49
– Arbeitsbeschaffungsmaßnahme	§ 73 SGB IX	45
– Kurzzeitig Beschäftigte	§ 73 SGB IX	52
– Leistungen zur Teilhabe am Arbeitsleben	§ 73 SGB IX	39
– Nicht Erwerb dienend	§ 73 SGB IX	40, 41
– Übung, ständige	§ 73 SGB IX	46
– Vorübergehend Beschäftigte	§ 73 SGB IX	50
– § 19 BSHG	§ 73 SGB IX	48
Ausschuss, beratender für behinderte Menschen bei dem Integrationsamt	§ 103 SGB IX	1
– Aufgaben	§ 103 SGB IX	1
– Berufungsverfahren	§ 103 SGB IX	1
– Stellvertreter	§ 103 SGB IX	1
– Zusammensetzung	§ 103 SGB IX	1
Ausschuss, beratender für behinderte Menschen bei der Bundesagentur für Arbeit	§ 105 SGB IX	1
– Aufgaben	§ 105 SGB IX	7
– Ausgestaltung	§ 105 SGB IX	16
– Hauptstelle	§ 105 SGB IX	6
– Mitglieder	§ 105 SGB IX	11
– Stellvertreter	§ 105 SGB IX	10
– Zusammensetzung	§ 105 SGB IX	9
Ausstattung des Arbeitsplatze	§ 81 SGB IX	253
Ausstattung des Arbeitsplatzes		
– Arbeitshilfen, technische	§ 81 SGB IX	253
Ausstrahlungsprinzip		
– bei Entsendung deutscher Arbeitnehmer ins Ausland	§ 2 SGB IX	95
Auswahlermessen	§ 81 SGB IX	43

Stichwort	Fundstelle	Rdnr.
B		
Beamte		
– Sonderregelung im AGG	§ 24 AGG	1
Beamter	§ 128 SGB IX	1
– Arbeitgeber, öffentlicher	§ 128 SGB IX	10
– Beamte, schwerbehinderte	§ 128 SGB IX	8
– Grundsatz	§ 128 SGB IX	1
Beauftragter des Arbeitgebers		
– Abberufung	§ 98 SGB IX	24, 25
– Ahndung von Pflichtverstößen	§ 98 SGB IX	22
– als Verbindungsperson zu BA und IntA	§ 99 SGB IX	17
– Amtszeit	§ 98 SGB IX	24
– Aufgaben	§ 98 SGB IX	20
– Ausschluss von Wahl zur Schwerbehindertenvertretung	§ 98 SGB IX	12
– Auswahl	§ 98 SGB IX	10, 17
– Bestellungsakt	§ 98 SGB IX	13
– fortbestehende Arbeitgeberverantwortung	§ 98 SGB IX	23
– im öffentlichen Dienst	§ 98 SGB IX	9
– Personalleiter als	§ 98 SGB IX	11
– Rechtsstellung	§ 98 SGB IX	17
– Übernahmepflicht	§ 98 SGB IX	14
– Verfahrensrecht bei Streitigkeiten	§ 98 SGB IX	27, 28
– Verfahrensreht bei Streitigkeiten	§ 98 SGB IX	26
– Zusammenarbeit mit BA und IntA	§ 99 SGB IX	15
Beauftragung und Verantwortlichkeit der Integrationsfachdienste	§ 111 SGB IX	1
– Abstimmung	§ 111 SGB IX	23
– Auftraggeber	§ 111 SGB IX	10
– Bundesagentur für Arbeit	§ 111 SGB IX	12
– Festlegung des Auftrags	§ 111 SGB IX	18
– Konzentration der Dienste	§ 111 SGB IX	31
– Kooperationspartner	§ 111 SGB IX	24
– Mindestlaufzeit	§ 111 SGB IX	30
– Strukturverantwortung	§ 111 SGB IX	33
– Verantwortlichkeit	§ 111 SGB IX	15
– Vereinbarung mit dem Träger des Integrationsfachdienstes	§ 111 SGB IX	27
– Vermittlungsgutschein	§ 111 SGB IX	13
Beeinträchtigung der Bewegungsfähigkeit	§ 146 SGB IX	1
– Ausweis	§ 146 SGB IX	7
– Begleitpersonen	§ 146 SGB IX	2, 8
– Gutachten	§ 146 SGB IX	6

Stichwort	Fundstelle	Rdnr.
– Merkzeichen G	§ 146 SGB IX	7
– Voraussetzungen, persönliche	§ 146 SGB IX	1, 4
Beendigung der Anwendung der besonderen Regelungen zur Teilhabe schwerbehinderter Menschen	§ 116 SGB IX	1
Beendigungsschutz, erweiterter	§ 92 SGB IX	1
– Aufhebungsvertrag	§ 92 SGB IX	3
– Ausscheiden ohne Kündigung	§ 92 SGB IX	1
Beförderung, unentgeltliche		
– Ausweis	§ 145 SGB IX	2, 14
– Beeinträchtigung der Bewegungsfähigkeit	§ 145 SGB IX	1, 8
– Begleitpersonen	§ 145 SGB IX	4, 25
– Fahrgeldausfälle	§ 145 SGB IX	5, 31
– Gehörlose	§ 145 SGB IX	1, 12
– Handgepäck	§ 145 SGB IX	29
– Hilflose	§ 145 SGB IX	1, 9
– Kraftfahrzeugsteuerermäßigung	§ 145 SGB IX	2, 24
– Personenverkehr, öffentlicher	§ 145 SGB IX	13
– Wertmarke, unentgeltliche	§ 145 SGB IX	2, 15
Beförderung, unentgeltliche schwerbehinderter Menschen im öffentlichen Personenverkehr	§ 145 SGB IX	1
– Anspruch auf Erstattung der Fahrgeldausfälle	§ 145 SGB IX	1
Befristung des Arbeitsverhältnisses auf die gesetzliche Regelaltersgrenze	§ 10 AGG	59
Begleitkinder		
– Kostenerstattung statt Haushaltshilfe	§ 54 SGB IX	26
Begleitpersonen	§ 145 SGB IX	4, 25
	§ 146 SGB IX	2, 8
Begriffe	§ 124 SGB IX	16
	§ 132 SGB IX	1, 8
– Achtstundentag	§ 124 SGB IX	17
– Anwesenheitsbereitschaft	§ 124 SGB IX	24
– Betreuung, arbeitsbegleitende	§ 132 SGB IX	1, 8
– Integrationsprojekte	§ 132 SGB IX	1, 8
– Meistbegünstigung	§ 124 SGB IX	22
– Überarbeit	§ 124 SGB IX	21
– Vermittlung	§ 132 SGB IX	1, 8
– Weiterbildungsqualifikation, berufliche	§ 132 SGB IX	1, 8
Behandlung, unterschiedliche		
– wegen Alters	§ 10 AGG	1
Behinderte Frauen		
– Chancengleichheit bei Teilhabe am Arbeitsleben	§ 33 SGB IX	32

Stichwort	Fundstelle	Rdnr.
Behindertes Kind		
– Nachteilsausgleich „B"	§ 69 SGB IX	190
– Nachteilsausgleich „H"	§ 69 SGB IX	143
Behindertes Kleinkind	§ 69 SGB IX	130
– Nachteilsausgleich „G"	§ 69 SGB IX	130
Behinderung		
– Abweichung vom lebensaltertypischen Zustand	§ 2 SGB IX	38
– allgemeine Begriffsmerkmale	§ 2 SGB IX	30, 11, 12, 13
– Beeinträchtigung der Teilhabe durch	§ 2 SGB IX	44
– Begriff der Behinderung	§ 1 AGG	45
– drohende	§ 2 SGB IX	48
– geistige Beeinträchtigung	§ 2 SGB IX	34
– Klassifikation nach dem ICF von 2001	§ 2 AGG	16
– Klassifikation nach ICIDH von 1980	§ 2 AGG	14
– körperliche Beeinträchtigung	§ 2 AGG	31
– krankheitsbedingte Kahlköpfigkeit als	§ 2 SGB IX	46
– seelische Gesundheit	§ 2 SGB IX	37
– Ursächlichkeit für Teilhabestörung	§ 2 SGB IX	47
– Zeitraum der Dauer	§ 2 SGB IX	41
behinderungsgerechte Beschäftigung		
– Anspruch auf	§ 84 SGB IX	31
Behinderungsgerechte Einrichtung der Arbeitsstätten	§ 81 SGB IX	248
– Profilvergleichssysteme	§ 81 SGB IX	250
– Veränderung der Arbeitszeit	§ 81 SGB IX	252
Behinderungsgerechte Wohnung		
– Abgrenzung zur Wohnungshilfe nach § 55 II Nr. 5 SGB IX	§ 33 SGB IX	269
– als Leistung zur Teilhabe am Arbeitsleben	§ 33 SGB IX	263
– angemessener Umfang der Kosten	§ 33 SGB IX	268
– Ausstattung	§ 33 SGB IX	264
– Beschaffung	§ 33 SGB IX	263
– Erhaltung	§ 33 SGB IX	267
– Kostenübernahme durch IntA	§ 33 SGB IX	272
– Treppenlifteinbau	§ 33 SGB IX	266
Beirat für die Teilhabe behinderter Menschen	§ 64 SGB IX	1
– Aufgaben	§ 64 SGB IX	4
– Ausgleichsfonds	§ 64 SGB IX	1
– Beratung	§ 64 SGB IX	1
– Berufung der Mitglieder	§ 64 SGB IX	12
– Bundesministerium für Arbeit und Sozialordnung	§ 64 SGB IX	1
– Förderung von Rehabilitationseinrichtungen	§ 64 SGB IX	1
– Koordination	§ 64 SGB IX	1

Stichwort	Fundstelle	Rdnr.
– Koordinierung der Teilhabe behinderter Menschen	§ 64 SGB IX	1
– Rechtsstellung	§ 64 SGB IX	3
– Zusammensetzung	§ 64 SGB IX	9
Benachteiligung		
– Anweisung zur Benachteiligung	§ 81 SGB IX	118
– mittelbare	§ 81 SGB IX	115, 34
– unmittelbare	§ 81 SGB IX	115, 1
Benachteiligung wegen Behinderung		
– Grund, sachlicher	§ 81 SGB IX	124
Benachteiligung wegen der Behinderung	§ 81 SGB IX	115
Benachteiligungsverbote, andere	§ 2 AGG	63
Beratung behinderter Menschen	§ 61 SGB IX	1
– Beratungspflicht Ärzte	§ 61 SGB IX	1
– Beratungsstellen Rehabilitation	§ 61 SGB IX	1
– Hinweispflicht bestimmter Personen	§ 61 SGB IX	2
– Servicestellen	§ 61 SGB IX	1
Beratung der Arbeitgeber	§ 104 SGB IX	12
– Arbeitsmarktberatung	§ 104 SGB IX	12
Beratung und Vermittlung	§ 33 SGB IX	44
Beratung, konkrete der Arbeitgeber bei der Stellenbesetzung	§ 104 SGB IX	57
Berechnung des Regelentgelts	§ 47 SGB IX	1
– Arbeitnehmer mit flexibler Arbeitszeit	§ 47 SGB IX	25
– Einmalzahlungen	§ 47 SGB IX	30
– Kurzarbeiter- oder Winterausfallgeld	§ 47 SGB IX	2, 35
– Leistungsbezieher, nicht steuerpflichtige	§ 47 SGB IX	41
– Monatsentgeltbezieher	§ 47 SGB IX	20
– Obergrenze	§ 47 SGB IX	37
– Stundenlohnbezieher	§ 47 SGB IX	5
– Teilzeitarbeitslosigkeit	§ 47 SGB IX	2, 33
Berechnung des Übergangsgelds	§ 46 SGB IX	1
– Behandlung einmalig gezahltes Arbeitsentgelt	§ 46 SGB IX	28
– Bemessungsgrundlage	§ 46 SGB IX	3
– Bezieher von Übergangsgeld der Kriegsopferfürsorge	§ 46 SGB IX	26
– Höhe des Übergangsgelds	§ 46 SGB IX	3
– Pflegebedürftigkeit des Ehegatten oder Lebenspartners	§ 46 SGB IX	25
– Pflegebedürftigkeit des Leistungsempfängers	§ 46 SGB IX	22
– Versicherte mit Kind	§ 46 SGB IX	17
Berechnung in den Sonderfällen	§ 48 SGB IX	12
Berechnungsgrundlage in Sonderfällen	§ 48 SGB IX	1
– Arbeitsentgelt oder -einkommen, kein erzieltes	§ 48 SGB IX	6
– Arbeitsentgelt, fiktives	§ 48 SGB IX	3
– Bemessungszeitraum, zurückliegender	§ 48 SGB IX	7

Stichwort	Fundstelle	Rdnr.
– Betrag, geringer	§ 48 SGB IX	5
– Eignung, berufliche und Arbeitserprobung	§ 48 SGB IX	3
– Leistungen zur Teilhabe am Arbeitsleben	§ 48 SGB IX	3
– Übergangsgeld	§ 48 SGB IX	1
Bericht über die Lage behinderter Menschen und die Entwicklung ihrer Teilhabe	§ 66 SGB IX	1
– Bewertung von Maßnahmen	§ 66 SGB IX	1
Bericht über Gemeinsame Servicestellen	§ 24 SGB IX	1
– Aufgabenerfüllung	§ 24 SGB IX	1
– Bundesarbeitsgemeinschaft für Rehabilitation	§ 24 SGB IX	1
– Einhaltung des Datenschutzes	§ 24 SGB IX	1
– Einrichtung	§ 24 SGB IX	1
– Erfahrungsberichte	§ 24 SGB IX	1
Berichte, jährliche der BA	§ 104 SGB IX	51
Berufl. Aufstieg		
– Diskriminierung beim	§ 15 AGG	36, 64
Berufliche Ausbildung		
– als Leistung zur Teilhabe am Arbeitsleben	§ 33 SGB IX	74
Berufsberatung und Vermittlung	§ 104 SGB IX	8
– Ausbildungsvermittlung, Arbeitsvermittlung	§ 104 SGB IX	10
– Pflicht	§ 104 SGB IX	9
Berufsbildungsbereich	§ 40 SGB IX	26
– Anspruch	§ 40 SGB IX	31
– Arbeitstrainingsbereich	§ 40 SGB IX	26
– Dauer	§ 40 SGB IX	45
– Gliederung	§ 40 SGB IX	35
– Leistungsziele	§ 40 SGB IX	28
– Organisation und Aufgabenstellung	§ 40 SGB IX	30
Berufsbildungswerke	§ 35 SGB IX	11
Berufsförderungswerke	§ 35 SGB IX	17
Berufskrankheit		
– als Eignungshindernis für Leistungen der Berufshilfe	§ 33 SGB IX	104
Berufsvereinigungen		
– Anspruch auf Mitgliedschaft bzw. Mitwirkung	§ 18 AGG	15
Berufsvorbereitende Leistungen	§ 33 SGB IX	61
Beschäftigung bes. Gruppen schwerbehinderter Menschen	§ 72 SGB IX	1
Beschäftigung entsprechend Fähigkeiten und Kenntnissen	§ 81 SGB IX	210
Beschäftigung schwerbehinderter Menschen in Heimarbeit	§ 127 SGB IX	1
Beschäftigungs-, Arbeits- und Entlassungsbedingungen	§ 2 AGG	31
Beschäftigungspflicht	§ 81 SGB IX	41

Stichwort	Fundstelle	Rdnr.
Beschäftigungspflicht der Arbeitgeber	§ 71 SGB IX	1, 24
	§ 72 SGB IX	15
– Arbeitgeber, öffentlicher	§ 71 SGB IX	8
– Frauen	§ 71 SGB IX	1, 39
– Kleinbetriebe	§ 71 SGB IX	7, 31
– Maßnahmen, geeignete	§ 81 SGB IX	5
– Mindestzahl Arbeitsplätze	§ 71 SGB IX	1, 21
– Pflicht, öffentlich-rechtliche	§ 71 SGB IX	44
– Pflichtquote	§ 71 SGB IX	9, 24
– Verstoß	§ 71 SGB IX	49
Besondere Gruppen schwerbehinderter Menschen	§ 72 SGB IX	1
– Interessenvertretung	§ 72 SGB IX	3
– Schwerbehindertenvertretung	§ 72 SGB IX	3
Beteiligung Bundesagentur für Arbeit	§ 38 SGB IX	1
– Anforderung eines anderen Rehabilitationsträgers	§ 38 SGB IX	5
– Gutachten	§ 38 SGB IX	6
– Leistungen zur Teilhabe am Arbeitsleben	§ 38 SGB IX	5
Betreuer, rechtlicher	§ 69 SGB IX	24
Betriebliches Eingliederungsmanagement		
– Aushilfskräfte	§ 84 SGB IX	64
– Finanzielle Förderung durch Träger und IntA	§ 84 SGB IX	130
– geschützter Personenkreis	§ 84 SGB IX	58
– Teilzeitkräfte	§ 84 SGB IX	64
– Zielsetzung	§ 84 SGB IX	57
Betriebliches Eingliederungsmanagement, Begriff	§ 84 SGB IX	66
– Ablauf der Entgeltfortzahlungspflicht	§ 84 SGB IX	76
– Ablehnung der BR/SV-Beteiligung durch Arbeitnehmer	§ 84 SGB IX	107
– Arbeitsunfähigkeitsbescheinigung (Bedeutung für Frist)	§ 84 SGB IX	79
– Berufsgenossenschaft (Hinzuziehung)	§ 84 SGB IX	74a
– Betriebsrat (Einbeziehung)	§ 84 SGB IX	70, 113
– Betriebsrat (Initiativrecht)	§ 84 SGB IX	84
– Betriebsvereinbarung	§ 84 SGB IX	86, 89
– Diagnose der Erkrankung	§ 84 SGB IX	108
– Dokumentation durch Arbeitgeber vor Kündigung	§ 84 SGB IX	127
– Einführung als System	§ 84 SGB IX	85
– Elemente	§ 84 SGB IX	109
– Gemeinsame Servicestelle (Hinzuziehung)	§ 84 SGB IX	72
– Initiativpflicht des Arbeitgebers	§ 84 SGB IX	75
– Integrationsamt (Hinzuziehung)	§ 84 SGB IX	72
– Integrationsfachdienst (Hinzuziehung)	§ 84 SGB IX	74a
– Integrationsteam	§ 84 SGB IX	70

Stichwort	Fundstelle	Rdnr.
– Integrationsvereinbarung	§ 84 SGB IX	87
– Krankenkasse (Hinzuziehung)	§ 84 SGB IX	74a
– Mitbestimmungsrechte des Betriebsrats	§ 84 SGB IX	92
– Mitwirkungspflicht des Arbeitnehmers	§ 84 SGB IX	94, 103
– Personalakte	§ 84 SGB IX	99
– Personalrat (Einbeziehung)	§ 84 SGB IX	70, 113
– Personalrat (Initiativrecht)	§ 84 SGB IX	84
– Qualitätsmessung	§ 84 SGB IX	130
– Rechtsfolgen bei Unterlassen	§ 84 SGB IX	111
– Rentenversicherer (Hinzuziehung)	§ 84 SGB IX	74a
– Schwerbehindertenvertretung (Einbeziehung)	§ 84 SGB IX	70, 113
– Schwerbehindertenvertretung (Initiativrecht)	§ 84 SGB IX	84
– Überwachung durch Betriebsrat und Schwerbehindertenvertretung	§ 84 SGB IX	105
– Unterlassen vor krankheitsbedingter Kündigung	§ 84 SGB IX	15, 115
– Vorrang vor Präventionsmaßnahmen	§ 84 SGB IX	65
– Werks-/Betriebsarzt - Hinzuziehung	§ 84 SGB IX	67
– Zeiten der Arbeitsunfähigkeit	§ 84 SGB IX	78
– Zustimmung des Arbeitnehmers	§ 84 SGB IX	94, 102
Betriebs- und Geschäftsgeheimnisse	§ 96 SGB IX	105
– Verschwiegenheitspflicht der Schwerbehindertenvertretung	§ 96 SGB IX	105
Betriebsrat	§ 81 SGB IX	41
	§ 93 SGB IX	3
– Aufgaben	§ 93 SGB IX	3, 8
Betriebsrentengesetz	§ 2 AGG	54
Betriebsvereinbarung	§ 81 SGB IX	36
– „über Betriebliches Eingliederungsmanagement"	§ 84 SGB IX	86, 89
Beurteilungsspielraum	§ 12 AGG	36
Beweislast bei AGG-Verstoß	§ 22 AGG	1
– allgemeines Grundsätze	§ 22 AGG	12
– Auskunftsanspruch gegen den Gegner	§ 22 AGG	26
– Beibringungsgrundsatz	§ 22 AGG	25
– Beweis der Ungleichbehandlung	§ 22 AGG	17
– Beweislastumkehr	§ 22 AGG	31
– Beweismaßabsenkung	§ 22 AGG	14
– Glaubhaftmachung	§ 22 AGG	6, 16
– Indizien	§ 22 AGG	20, 20, 22
– mittelbare Benachteiligung	§ 22 AGG	19
– Nachschieben von Gründen	§ 22 AGG	42
– Nachweis der Beachtung des § 81 SGB IX	§ 22 AGG	34
– Testingverfahren	§ 22 AGG	28
– unmittelbare Benachteiligung	§ 22 AGG	18

Stichwort	Fundstelle	Rdnr.
Bewerber	§ 6 AGG	32
Bewerbungen schwerbehinderter Menschen	§ 81 SGB IX	49
Bewerbungsunterlagen	§ 81 SGB IX	56
Bezirksschwerbehindertenvertretung	§ 97 SGB IX	18, 30
– Aufgaben	§ 97 SGB IX	18
– Wahl	§ 97 SGB IX	19
Bildung	§ 2 AGG	46
Blindenspezifischer Vorkurs	§ 33 SGB IX	62
Blindenwaren	§ 143 SGB IX	1
Blindenwerkstatt	§ 143 SGB IX	1
– Ausgleichsabgabe	§ 143 SGB IX	3
– Blindenwarenvertriebsgesetz	§ 143 SGB IX	1
– Gleichstellung mit den Werkstätten für behinderte Menschen	§ 143 SGB IX	1
Budget, persönliches	§ 17 SGB IX	37
	§ 102 SGB IX	4a, 79
– Geldleistung	§ 17 SGB IX	3, 73
– Höhe	§ 17 SGB IX	4, 75
– Leistungen, trägerübergreifende	§ 17 SGB IX	83
– Leistungsträger	§ 17 SGB IX	51
– Rechtsbehelf	§ 17 SGB IX	96
Bundesagentur für Arbeit	§ 6 SGB IX	21
	§ 33 SGB IX	40
	§ 101 SGB IX	1
– Anspruchsberechtigung	§ 6 SGB IX	24
– Berufsbildungsbereich	§ 6 SGB IX	36
– Durchführungsaufgaben	§ 101 SGB IX	9
– Eingangsverfahren	§ 6 SGB IX	36
– Ergänzende Leistungen zur Teilhabe am Arbeitsleben	§ 6 SGB IX	38
– Leistungen	§ 6 SGB IX	28
– Leistungen zur Teilhabe am Arbeitsleben	§ 6 SGB IX	29
– Leistungsauswahl und -dauer	§ 6 SGB IX	39
– Zusammenwirken der Integrationsämter und der BA	§ 101 SGB IX	4
Bundesnachrichtendienst	§ 158 SGB IX	1
– § 86 BPersVG	§ 158 SGB IX	1
Bußgeldvorschriften	§ 156 SGB IX	1
– Arbeitgeber	§ 156 SGB IX	7a
– Bundesagentur für Arbeit	§ 156 SGB IX	3
– Geldbuße	§ 156 SGB IX	2
– Höhe der Geldbuße	§ 156 SGB IX	8
– Integrationsamt	§ 156 SGB IX	5, 21
– Ordnungswidrigkeit	§ 156 SGB IX	1, 7
– Person, juristische oder Personenvereinigung	§ 156 SGB IX	7c

Stichwort	Fundstelle	Rdnr.
– Tatbestandskatalog	§ 156 SGB IX	7
– Verjährung	§ 156 SGB IX	10
– Verwaltungsbehörde, zuständige	§ 156 SGB IX	11
– Verwaltungsvollstreckungsgesetz	§ 156 SGB IX	4
– Vollstreckung	§ 156 SGB IX	20
D		
Darlegungs- und Beweislast	§ 81 SGB IX	127
Dauer der Leistung zur Ausbildung	§ 37 SGB IX	7
– Bundesagentur für Arbeit	§ 37 SGB IX	18
– Einrichtungen gemäß § 35 SGB IX	§ 37 SGB IX	13
– Regelfall	§ 37 SGB IX	7
– Sonderregelungen behinderter Menschen	§ 37 SGB IX	11
– Verlängerung der Förderung	§ 37 SGB IX	16
Dauer der Leistung zur beruflichen Rehabilitation		
– Rehabilitation, berufliche	§ 37 SGB IX	1
Demenz		
– Nachteilsausgleich „aG"	§ 69 SGB IX	173
Diabetes mellitus	§ 69 SGB IX	140
Dienstbezüge	§ 123 SGB IX	1, 10
Dienstliche Beurteilung		
– Unterlassen von Präventionsmaßnahmen	§ 84 SGB IX	54
Dienstvereinbarung		
– „über Betriebliches Eingliederungsmanagement"	§ 84 SGB IX	86
Diskriminierung	§ 1 AGG	25
Drei-Stufen-Theorie		
– Kündigung wegen kranheitsbedingter Arbeitsunfähigkeit	§ 84 SGB IX	19
Drittwirkung der Grundrechte, mittelbare	§ 2 AGG	65
E		
Ein-Euro-Job	§ 6 AGG	10
Eingliederungsmanagement, betriebliches	§ 84 SGB IX	2, 57, 66
– Förderung, finanzielle	§ 84 SGB IX	130
– Integrationsteam	§ 84 SGB IX	70
– Rehabilitation statt Entlassung	§ 84 SGB IX	57
– Werks- oder Betriebsarzt	§ 84 SGB IX	3, 67
Eingliederungszuschuss nach § 218 SGB III	§ 81 SGB IX	48
Eingliederungszuschüsse	§ 34 SGB IX	8
– Arbeitgeberanteil	§ 34 SGB IX	32
– Dauer	§ 34 SGB IX	36
– Entfallen einer Rückzahlungspflicht	§ 34 SGB IX	39

Stichwort	Fundstelle	Rdnr.
– Höhe	§ 34 SGB IX	29
– Rückzahlungspflicht	§ 34 SGB IX	38
Einigung, gütliche	§ 87 SGB IX	16
Einkommensanrechnung auf Übergangsgeld	§ 52 SGB IX	1
– Ausbildungsvergütungen oder -beihilfen des Arbeitgebers	§ 52 SGB IX	11
– Bezüge, anzurechnende	§ 52 SGB IX	8
– Erwerbseinkommen	§ 52 SGB IX	9
– Forderungsübergang bei sonstigen öffentlich-rechtlichen Geldleistungen	§ 52 SGB IX	41
– Geldleistungen einer öffentlich-rechtlichen Stelle	§ 52 SGB IX	26
– Heimarbeit	§ 52 SGB IX	18
– Leistungen des Arbeitgebers zum Übergangsgeld	§ 52 SGB IX	22
– Leistungen, vergleichbare ausländische	§ 52 SGB IX	39
– Mehrfachbeschäftigte	§ 52 SGB IX	17
– Rehabilitationsträger, bestimmter	§ 52 SGB IX	7
– Rente aus demselben Anlass	§ 52 SGB IX	33
– Rente wegen Alters	§ 52 SGB IX	35
– Renten mit Kinderzulage bzw. Kinderzuschuss	§ 52 SGB IX	40
– Renten wegen verminderter Erwerbsfähigkeit	§ 52 SGB IX	27
– Sachbezüge	§ 52 SGB IX	15
– Selbstständige	§ 52 SGB IX	19
– Verletztengeld	§ 52 SGB IX	37
– Verletztenrente	§ 52 SGB IX	32
Einnahmen aus Wertmarken	§ 152 SGB IX	1
– Abgabe an Bund	§ 152 SGB IX	1
– Grundsatz der Kostentragung	§ 152 SGB IX	2
– Verkauf von Wertmarken	§ 152 SGB IX	1
Einrichtung besonderer Stellen		
– Rehabilitations-Schwerbehinderten-Stelle	§ 104 SGB IX	53
Einrichtungen der beruflichen Rehabilitation	§ 35 SGB IX	1
– Anforderungen	§ 35 SGB IX	2
– Anforderungen an Einrichtungen	§ 35 SGB IX	22
– Aus- und Weiterbildung	§ 35 SGB IX	6
– Berufsausbildung	§ 35 SGB IX	6
– Berufsbildungswerke	§ 35 SGB IX	11
– Berufsförderungswerke	§ 35 SGB IX	17
– Berufsvorbereitung	§ 35 SGB IX	6
– Empfehlungen, gemeinsame	§ 35 SGB IX	26
– Leistungen zur Teilhabe am Arbeitsleben	§ 35 SGB IX	6
– Leistungsträger	§ 35 SGB IX	1
– Rehabilitation	§ 35 SGB IX	20

Stichwort	Fundstelle	Rdnr.
Einrichtungen, vergleichbare der Rehabilitation	§ 35 SGB IX	20
Einschränkung der Ermessensentscheidung bei Kündigungszustimmung	§ 89 SGB IX	1
Einstellung	§ 81 SGB IX	43
– Fragerechte	§ 11 AGG	23
– Höchstalter	§ 10 AGG	55
Einstellungsentscheidung	§ 81 SGB IX	63
Einstellungsgespräch		
– Frage nach Schwerbehinderung bzw. Gleichstellung	§ 68 SGB IX	37
Elternzeit	§ 3 AGG	36
– Herausrechnung aus der Betriebszugehörigkeit	§ 3 AGG	36
Empfehlungen, gemeinsame	§ 13 SGB IX	1
	§ 35 SGB IX	26
	§ 113 SGB IX	13
– Bericht	§ 13 SGB IX	16
– Rechtsgrundlage	§ 113 SGB IX	20
– Regelungen, abweichende	§ 13 SGB IX	2, 11
– Rehabilitationsträger	§ 13 SGB IX	1, 10
– Spitzenverbände	§ 13 SGB IX	3, 13
– Träger der Sozial- und öffentlichen Jugendhilfe, Hauptfürsorgestellen	§ 13 SGB IX	4, 14
– Verband	§ 13 SGB IX	16
– Verfahren	§ 113 SGB IX	23
– Verfahrensregeln	§ 13 SGB IX	7, 16
Entlassung eines Richters auf Probe		
– bei unterbliebenen Präventionsmaßnahmen	§ 84 SGB IX	53
Entschädigung bei Benachteiligung		
– Ausschlussfrist	§ 15 AGG	69
– Haftungserleicherung bei Kollektivvereinbarungen	§ 15 AGG	65
– Haftungsmaßstab	§ 15 AGG	38
– Höhe	§ 81 SGB IX	176, 55
– Klagefrist	§ 15 AGG	84
– Leistungsklage	§ 15 AGG	88
Entschädigungsanspruch	§ 81 SGB IX	74
Entschädigungspflicht bei Verstoß gegen das Benachteiligungsverbot	§ 81 SGB IX	154
– Haftungserleicherung bei der Anwendung kollektivrechtlicher Vereinbarungen	§ 81 SGB IX	162
– Höhe des Schadensersatzes	§ 81 SGB IX	166
– Materieller Schadensersatz nach § 15 Abs. 1 AGG	§ 81 SGB IX	157
– Verschuldensmaßstab	§ 81 SGB IX	159
Entscheidung des Integrationsamtes über Kündigungszustimmung	§ 88 SGB IX	1

Stichwort	Fundstelle	Rdnr.
Entziehung von Hilfen, zeitweilige	§ 117 SGB IX	1
– Anhörung	§ 117 SGB IX	2, 27
– Arbeitsfähigkeit	§ 117 SGB IX	7
– Befristung der Entscheidung	§ 117 SGB IX	23
– Gleichgestellte	§ 117 SGB IX	22
– Grund, ohne berechtigten	§ 117 SGB IX	9
– Gründe, allgemeine	§ 117 SGB IX	7
– Gründe, personenbezogene	§ 117 SGB IX	8
– Kündigung durch Arbeitgeber	§ 117 SGB IX	12
– Ruhen der Schutzwirkungen	§ 117 SGB IX	17
– Vereitelung, schuldhafte	§ 117 SGB IX	1, 5
– Zuständigkeit	§ 117 SGB IX	1
Erfassung der Ausweise	§ 153 SGB IX	1
– Fahrgeldausfall-Erstattung	§ 153 SGB IX	1
Erfassung der Einnahmen der Versorgungsämter	§ 153 SGB IX	1
Erfassung der Wertmarken	§ 153 SGB IX	1
Erfassung und Anerkennung von Werkstätten	§ 104 SGB IX	47
Ergebnisbeobachtung des Integrationsfachdienstes	§ 114 SGB IX	1
– Verlaufs- und Ergebnisdokumentation	§ 114 SGB IX	1
Ermahnung	§ 12 AGG	36
Ermessenseinschränkung Integrationsamt bei Kündigungszustimmung	§ 89 SGB IX	1
– Arbeitsplatz, anderer	§ 89 SGB IX	37
– Betriebseinschränkung	§ 89 SGB IX	27
– Betriebseinstellung	§ 89 SGB IX	7
– Betriebsstilllegungen, keine	§ 89 SGB IX	10
– Gehalts- und Lohnzahlung	§ 89 SGB IX	17
– Insolvenzverfahren	§ 89 SGB IX	53
– Interessenausgleich	§ 89 SGB IX	54
– Sicherung eines anderen Arbeitsplatzes	§ 89 SGB IX	46
– Teilstilllegung	§ 89 SGB IX	26
Ermessensspielraum		
– bei Leistungen zur Teilhabe am Arbeitsleben	§ 33 SGB IX	29
Erstattung der Fahrgeldausfälle im Fernverkehr	§ 149 SGB IX	1
– Erstattungsverfahren	§ 149 SGB IX	3
– Personenverkehr, öffentlicher	§ 149 SGB IX	1
Erstattung der Fahrgeldausfälle im Nahverkehr	§ 148 SGB IX	1
– Erstattungsverfahren	§ 148 SGB IX	2, 5
– Härtefall	§ 148 SGB IX	5
– Personenverkehr, öffentlicher	§ 148 SGB IX	1
– Verkehrsverbund	§ 148 SGB IX	3

Stichwort	Fundstelle	Rdnr.
Erstattung selbst beschaffter Leistungen	§ 15 SGB IX	1
– Ausnahmen	§ 15 SGB IX	52
– Erstattungsanspruch	§ 15 SGB IX	29
– Erstattungspflicht	§ 15 SGB IX	41
– Fristsetzung und Androhung	§ 15 SGB IX	1, 24
– Leistung, unaufschiebbare	§ 15 SGB IX	44
– Leistung, zu Unrecht abgelehnte	§ 15 SGB IX	48
– Schadensersatz	§ 15 SGB IX	34
Erstattungsverfahren bzgl. Fahrgeldausfällen	§ 150 SGB IX	1
– Antrag	§ 150 SGB IX	1
– Bundesverwaltungsamt	§ 150 SGB IX	1
– Fahrgeldausfälle	§ 150 SGB IX	1
– Fahrgeldeinnahmen aus Nahverkehr	§ 150 SGB IX	3
– Personenverkehr	§ 150 SGB IX	1
– Verkehrsverbund	§ 150 SGB IX	1
– Verwaltung, bundeseigene	§ 150 SGB IX	4
– Verwaltungsverfahrensgesetz	§ 150 SGB IX	5
– Vorauszahlungen	§ 150 SGB IX	2
erster Arbeitsmarkt		
– als Ziel der Teilhabeleistungen	§ 33 SGB IX	15
Erwerbsfähigkeit		
– Erhaltung als Eingliederungsziel	§ 33 SGB IX	18
– unterschiedlicher Begriffsgehalt im Sozialrecht	§ 33 SGB IX	17a
Erwerbstätigkeit, Begriff der	§ 2 AGG	18
EU-Richtlinie 2000/78 vom 27. 11. 2000	§ 81 SGB IX	93
F		
Fahrkostenbeihilfe	§ 33 SGB IX	54
Fernverkehr		
– Beförderung, unentgeltliche schwerbehinderter Menschen im öffentlichen Personenverkehr	§ 147 SGB IX	1
– Begriffe	§ 147 SGB IX	1
Festlegung des Auftrags des Integrationsfachdienstes	§ 111 SGB IX	18
– Art, Umfang und Dauer	§ 111 SGB IX	18
– Vergütung	§ 111 SGB IX	18
Förderung der Selbsthilfe	§ 29 SGB IX	1
– Bedeutung	§ 29 SGB IX	3
– Empfänger	§ 29 SGB IX	8
– Rehabilitationsträger	§ 29 SGB IX	2, 5
Förderung der Teilhabe am Arbeitsleben		
– Berufsausbildungsbeihilfe	§ 104 SGB IX	20
– Berufsbildungswerke	§ 104 SGB IX	22

Stichwort	Fundstelle	Rdnr.
– Berufsförderungswerke	§ 104 SGB IX	22
– Förderleistungen	§ 104 SGB IX	17
– Gruppen, privilegierte, schwerbehinderter Menschen	§ 104 SGB IX	25
Förderung der Verständigung Hör- und Sprachbehinderter	§ 57 SGB IX	1
– Art und Höhe der Leistung	§ 57 SGB IX	16
– Beeinträchtigung, besonders starke der Sprachfähigkeit	§ 57 SGB IX	6
– Hörbehinderung	§ 57 SGB IX	5
– Leistungen aus besonderem Anlass	§ 57 SGB IX	7
– Rechtsanspruch	§ 57 SGB IX	4
– Spezialregelungen	§ 57 SGB IX	10
Frauen	§ 1 SGB IX	1
– Frauen, behinderte	§ 1 SGB IX	1
Frauenförderung	§ 83 SGB IX	61
Freigänger	§ 6 AGG	10
Freistellung der Schwerbehindertenvertretung		
– Ab- und Rückmeldepflicht	§ 96 SGB IX	64
– Erforderlichkeit der Freistellung für Aufgabenerfüllung	§ 96 SGB IX	62
– Freistellung für Fortbildung	§ 96 SGB IX	71
– Freistellung zur Fortbildung stellvertretender Mitglieder	§ 96 SGB IX	87
– Grundsatz und Entgeltausfallprinzip	§ 96 SGB IX	57
– Plausibilitätskontrolle für Entgeltfortzahlung	§ 96 SGB IX	69
– Vollständige Freistellung in Großbetrieben	§ 96 SGB IX	70
Freizeitausgleich für Schwerbehindertenvertretung		
– Grundsatz	§ 96 SGB IX	91
Freizeitausgleich für Schwerhindertenvertretung		
– Ausnahmsweise Abgeltung des Anspruchs	§ 96 SGB IX	95
– Fortzahlung des Arbeitsentgelts	§ 96 SGB IX	94
– Geltendmachung	§ 96 SGB IX	93
– Schulungsveranstaltungen	§ 96 SGB IX	97
– Umfang	§ 96 SGB IX	92
Früherkennung	§ 30 SGB IX	15
– Kinder-Richtlinien	§ 30 SGB IX	16
– Leistungen, ärztliche	§ 30 SGB IX	16
– Leistungen, nichtärztliche	§ 30 SGB IX	20
Früherkennung/-förderung	§ 30 SGB IX	1
– Diagnose	§ 30 SGB IX	46
– Dienste und Einrichtungen, fachübergreifend arbeitend	§ 30 SGB IX	12
– Empfehlung, gemeinsame	§ 30 SGB IX	55
– Frühförderstellen	§ 30 SGB IX	51
– Kinder, behinderte und von Behinderung bedrohte	§ 30 SGB IX	2
– Komplexleistung	§ 30 SGB IX	43

Stichwort	Fundstelle	Rdnr.
– Leistungen in Frühförderstellen	§ 30 SGB IX	51
– Leistungen zur medizinischen Rehabilitation	§ 30 SGB IX	1
– Rehabilitation, soziale	§ 30 SGB IX	54
– Verfahren	§ 30 SGB IX	46
Frühförderung	§ 30 SGB IX	38, 39
– Leistungen, medizinische	§ 30 SGB IX	40
G		
Gehbehinderung	§ 69 SGB IX	110, 153
Geheimhaltungspflicht	§ 130 SGB IX	1
– Adressaten	§ 130 SGB IX	5
– Ausnahme	§ 130 SGB IX	12
– Betriebs- und Geschäftsgeheimnisse	§ 130 SGB IX	9
– Folgenbeseitigungsanspruch	§ 130 SGB IX	14
– Fortwirkung	§ 130 SGB IX	11
– Inhalt	§ 130 SGB IX	6
– Verstöße	§ 130 SGB IX	14
Geldleistungen	§ 102 SGB IX	37
– Hilfen für außergewöhnliche Belastungen des Arbeitgebers	§ 102 SGB IX	38g
– Leistungen zur behinderungsgerechten Einrichtung von Arbeits- und Ausbildungsplätzen	§ 102 SGB IX	38
– Leistungen zur Schaffung von Arbeits- und Ausbildungsplätzen	§ 102 SGB IX	37
– Prämien und Zuschüsse zu den Kosten der Berufsausbildung	§ 102 SGB IX	38c
– Prämien zur Einführung eines betrieblichen Eingliederungsmanagements	§ 102 SGB IX	38e
– Zuschüsse zu Gebühren, insbesondere Prüfungsgebühren	§ 102 SGB IX	38a
Gender-Richtlinie	§ 1 AGG	2
Gesamtschwerbehindertenvertretung	§ 97 SGB IX	9, 30
– Aufgaben	§ 97 SGB IX	12
– Wahl	§ 97 SGB IX	1, 9
– Zuständigkeit	§ 97 SGB IX	26
Geschlecht	§ 1 AGG	37
Gewerkschaften		
– Anspruch auf Mitgliedschaft bzw. Mitwirkung	§ 18 AGG	11
Gleichbehandlungs-Richtlinie	§ 1 AGG	2
Gleichstellung		
– Widerruf, Rücknahme	§ 104 SGB IX	36
Gleichstellung mit Schwerbehinderten		
– Anfechtung	§ 68 SGB IX	24
– Anhaltspunkte für behinderungsbedingte Arbeitsplatzgefährdung	§ 2 SGB IX	151
– Anspruch auf	§ 68 SGB IX	8
– Antrag als Voraussetzung	§ 68 SGB IX	9

Stichwort	Fundstelle	Rdnr.
– Arbeitsplatzerhaltung oder -verschaffung	§ 2 SGB IX	114
– Arbeitsplatzrisiko	§ 2 SGB IX	109
– Arbeitsplatzumrüstung, behindertengerechte	§ 2 SGB IX	142
– Arbeitsplatzverlust, drohender	§ 2 SGB IX	149
– Beamte	§ 2 SGB IX	166
– Befristung	§ 2 SGB IX	189, 30
– Begriff und Zweck	§ 2 SGB IX	105
– behinderungsbedingte Teilhabestörung und -gefährdung	§ 2 SGB IX	111
– Bekanntgabe an Arbeitgeber	§ 68 SGB IX	26
– Bescheid über GdB als Beweismittel	§ 68 SGB IX	12
– Eignung des Arbeitsplatzes	§ 2 SGB IX	120
– Entscheidungsinhalt	§ 68 SGB IX	21
– Frage im Einstellungsgespräch nach	§ 2 SGB IX	191, 37
– Fürsorgeverpflichtung des Dienstherrn	§ 2 SGB IX	166, 166
– GdB von 30 als „Einstiegsvoraussetzung"	§ 2 SGB IX	107
– Hauptfallgruppen	§ 2 SGB IX	128
– junger Menschen in Berufsausbildung	§ 68 SGB IX	55
– Kündigung, bereits ausgesprochene	§ 2 SGB IX	163
– Kündigungsschutz, bestehender	§ 2 SGB IX	156
– Leiharbeitnehmer	§ 2 SGB IX	184
– Mobbing	§ 2 SGB IX	147
– Mobilitätsproblem als Gleichstellungsgrund für Beamte	§ 2 SGB IX	169
– Offenbarungspflicht im Einstellungsgespräch	§ 2 SGB IX	199, 37
– Richter	§ 2 SGB IX	166
– Rücknahme	§ 2 SGB IX	190, 32
– Rückwirkung ab Antragstellung	§ 2 SGB IX	187, 28
– Soldaten	§ 2 SGB IX	183
– Umstrukturierung und Personalabbau	§ 2 SGB IX	146
– Versetzung, drohende eines Beamten	§ 2 SGB IX	172
– Verwaltungsakt, rechtbegründender	§ 68 SGB IX	6
– Widerruf	§ 2 SGB IX	190, 32
– Widerruf, Anfechtung durch Arbeitgeber	§ 68 SGB IX	27a
– Wirkungen	§ 2 SGB IX	191, 33
– Zeitliche Dauer	§ 68 SGB IX	30
– Zeitpunkt	§ 2 SGB IX	161
– Zielsetzung	§ 2 SGB IX	125
– Zusicherung	§ 2 SGB IX	129
– Zuständigkeit der BA	§ 68 SGB IX	13
Gleichstellungsbeauftragte	§ 8 AGG	18

Stichwort	Fundstelle	Rdnr.
Grad der Behinderung	§ 69 SGB IX	14
– Abstufung in Zehnergraden	§ 69 SGB IX	66
– Anderweitige Feststellung über den Grad der MdE	§ 69 SGB IX	81
– Anerkennung als Beschädigter in der DDR	§ 69 SGB IX	90
– Anhaltspunkte für die ärztliche Gutachtertätigkeit – AHP 2004	§ 69 SGB IX	67
– Antragsberechtigung für Feststellung	§ 69 SGB IX	24
– Begriff	§ 69 SGB IX	64
– Beschädigten-Ausweis der ehemaligen DDR	§ 69 SGB IX	90
– Beweismittel	§ 69 SGB IX	54
– Feststellung weiterer gesundheitlicher Merkmale zwecks Nachteilsausgleichen	§ 69 SGB IX	105
– Feststellungs- und Begründungspflicht	§ 69 SGB IX	103
– Feststellungsbescheid	§ 69 SGB IX	45
– Frist für Entscheidung nach § 14 SGB IX	§ 69 SGB IX	59
– Für Feststellung zuständige Behörden	§ 69 SGB IX	14
– Gerichtliche Anfechtung von Ablehnungsbescheiden	§ 69 SGB IX	229
– Gesamtgrad bei Mehrfachbehinderung	§ 69 SGB IX	91
– Mitwirkungspflichten	§ 69 SGB IX	54
– Rechtsschutzbedürfnis für die Feststellung eines (höheren) GdB	§ 69 SGB IX	76
– Rückwirkung der Feststellung bis Antragszeitpunkt	§ 69 SGB IX	54
– Rückwirkung der Feststellung in Form eines Verwaltungsakts bis Antragszeitpunkt	§ 69 SGB IX	45
– Sachverhaltsaufklärung	§ 69 SGB IX	54
– Territorialitätsprinzip und Feststellung	§ 69 SGB IX	32
– Verzicht der Feststellung	§ 69 SGB IX	31
Grad der Behinderung (GdB)		
– als Maßstab für Schwerbehinderung	§ 2 SGB IX	56
– anhand der Anhaltspunkte (AHP)	§ 2 SGB IX	56
– Feststellung in Zehnergraden	§ 2 SGB IX	57
Gründungszuschuss		
– als Leistung zur Teilhabe am Arbeitsleben	§ 33 SGB IX	84
Gruppierung, ethnische	§ 1 AGG	33
Güter und Dienstleistungen für die Öffentlichkeit	§ 2 AGG	47
H		
Hamburg, freie und Hansestadt	§ 157 SGB IX	1
Hand, öffentliche	§ 142 SGB IX	5
Handwerksinnung	§ 2 AGG	39
– Anspruch auf Mitgliedschaft bzw. Mitwirkung	§ 18 AGG	10
Harninkontinenz	§ 69 SGB IX	208
Haupternährerklausel	§ 2 AGG	54

Stichwort	Fundstelle	Rdnr.
Hauptschwerbehindertenvertretung	§ 97 SGB IX	20, 30
– Aufgaben	§ 97 SGB IX	20
– Rechtsstellung	§ 97 SGB IX	20
Haushalts- oder Betriebshilfe und Kinderbetreuungskosten	§ 54 SGB IX	1
– Haushaltshilfe	§ 54 SGB IX	8
– Kosten für Kinderbetreuung	§ 54 SGB IX	29
– Sonderregelungen für Landwirte	§ 54 SGB IX	33
Haushaltshilfe	§ 54 SGB IX	8
– als grundsätzliche Sachleistung	§ 54 SGB IX	17
– als nachrangige Jugendhilfeleistung	§ 54 SGB IX	8
– Begriff	§ 54 SGB IX	9
– Erstattungsausschluss bei Einsatz Angehöriger	§ 54 SGB IX	20
– Haushaltsführung in Abgrenzung zur Mithilfe	§ 54 SGB IX	10
– Höhe des Erstattungsanspruchs bei Selbstbeschaffung	§ 54 SGB IX	22
– Kosten der Mitnahme eines Kindes	§ 54 SGB IX	26
– Kostenerstattung	§ 54 SGB IX	17
– Kostenerstattung bei Selbstbeschaffung	§ 54 SGB IX	19
– Voraussetzungen der Leistungsgewährung	§ 54 SGB IX	10
– zeitliche Begrenzung des Leistungsanspruchs	§ 54 SGB IX	25
Heimarbeit	§ 127 SGB IX	1
	§ 6 AGG	21
– Anrechnung Hilfskräfte	§ 127 SGB IX	23
– Arbeitgeberverpflichtungen	§ 127 SGB IX	27
– Beschäftigte	§ 127 SGB IX	9
– Entgelt während Kündigungsfrist	§ 127 SGB IX	20
– Gleichgestellte	§ 127 SGB IX	13
– Kündigungsfrist	§ 127 SGB IX	18
– Kündigungsschutz	§ 127 SGB IX	21
– Pflichtarbeitsplätze	§ 127 SGB IX	15
– Urlaubsentgelt	§ 127 SGB IX	25
– Zusatzurlaub	§ 127 SGB IX	22
Herkunft, ethnische	§ 1 AGG	33
Hilfe, begleitende	§ 6 SGB IX	43
	§ 102 SGB IX	2, 14
– Arbeitgeber	§ 6 SGB IX	51
– Arbeitsassistenz	§ 102 SGB IX	2
– Beteiligung von Integrationsfachdiensten	§ 102 SGB IX	20
– Betreuung, psychosoziale	§ 102 SGB IX	19
– Dreiecksverhältnis, sozialrechtliches	§ 102 SGB IX	20b
– Fürsorgestelle, örtliche	§ 6 SGB IX	43
– Geldleistungen	§ 102 SGB IX	23, 30

Stichwort	Fundstelle	Rdnr.
– Integrationsamt	§ 6 SGB IX	43
– Leistungen zur begleitenden Hilfe im Arbeitsleben	§ 6 SGB IX	43
– Leistungen, finanzielle	§ 102 SGB IX	23
– Leistungen, finanzielle an schwerbehinderte Menschen	§ 102 SGB IX	27
– Leistungen, sonstige	§ 6 SGB IX	53
– Schulungs- und Bildungsmaßnahmen	§ 102 SGB IX	21
– Unterstützung der betrieblichen Eingliederung	§ 102 SGB IX	16
– Zusammenarbeit mit der Bundesagentur	§ 102 SGB IX	14
Hilfe, begleitende im Arbeitsleben		
– Leistungen an Träger von Integrationsfachdiensten	§ 102 SGB IX	40
– Leistungen der Bundesagentur für Arbeit	§ 102 SGB IX	66
– Leistungen für Bildungsmaßnahmen	§ 102 SGB IX	41
– Rehabilitationsträger, andere	§ 102 SGB IX	67
– Zuständigkeitserklärung des Integrationsamtes	§ 102 SGB IX	68
Hilfen zum Erreichen eines Arbeitsplatzes	§ 33 SGB IX	42
– Arbeitsaufnahme, auswärtige	§ 33 SGB IX	53
– Arbeitskleidung und Arbeitsgerät	§ 33 SGB IX	52
– Beratung und Vermittlung	§ 33 SGB IX	44
– Mobilitätshilfen	§ 33 SGB IX	50
– Trainingsmaßnahmen	§ 33 SGB IX	47
– Übergangsgeld	§ 33 SGB IX	52
Hilfen zur Teilhabe am gemeinschaftlichen und kulturellen Leben	§ 58 SGB IX	1
– Art und Reichweite der Hilfe	§ 58 SGB IX	4
– Förderung des Umgangs mit nicht behinderten Personen	§ 58 SGB IX	3
Hilfen, medizinische, psychologische und pädagogische	§ 26 SGB IX	54
Hilfsmittel	§ 31 SGB IX	1
– als Leistung zur Teilhabe am Arbeitsleben	§ 33 SGB IX	242
– Anspruchsgrund	§ 33 SGB IX	242
– Begriffe	§ 33 SGB IX	243
– Erforderlichkeit der Leistung	§ 31 SGB IX	14
– Leistungen zur medizinischen Rehabilitation	§ 31 SGB IX	1
– Leistungspflicht des Kjrankenversicherungsträgers	§ 33 SGB IX	247
– Leistungspflicht, begrenzte des Rehabilitationsträgers	§ 33 SGB IX	244
– Umfang	§ 31 SGB IX	15
– Wirtschaftlichkeit/Sparsamkeit	§ 31 SGB IX	2
– Zweck	§ 31 SGB IX	8
Höhe der Geldbuße	§ 156 SGB IX	8
– Handeln, fahrlässiges	§ 156 SGB IX	9
– Zuwiderhandlung, wiederholte	§ 156 SGB IX	8a

Stichwort	Fundstelle	Rdnr.
Hörbehinderte		
– Verständigungstechniken als berufsvorbereitende Maßnahme	§ 33 SGB IX	67
Hörgerät		
– Selbstbeschaffung	§ 15 SGB IX	9
I		
Identität, sexuelle	§ 1 AGG	49
Indizienbeweis für Benachteiligungsvermutung	§ 81 SGB IX	133
Initiativpflicht des Arbeitgebers	§ 84 SGB IX	75
Integrationsamt	§ 88 SGB IX	1
	§ 101 SGB IX	1
– Betriebseinstellung	§ 88 SGB IX	25
– Durchführungsaufgaben	§ 101 SGB IX	8
– Entscheidung	§ 88 SGB IX	1, 11
– Frist	§ 88 SGB IX	3, 8
– Frist zur Kündigung	§ 88 SGB IX	12
– Rechtsmittel	§ 88 SGB IX	4, 19
– Verhandlung, mündliche	§ 88 SGB IX	1, 6
– Zusammenwirken der Integrationsämter und der BA	§ 101 SGB IX	4
– Zustellung	§ 88 SGB IX	2, 9
Integrationsfachdienst	§ 81 SGB IX	44
	§ 109 SGB IX	1
Integrationsfachdienste		
– Begriffe	§ 109 SGB IX	2, 13
– Eingliederung behinderter Menschen	§ 109 SGB IX	29
– Fachpersonal zur Arbeits- und Berufsförderung	§ 109 SGB IX	21
– Zielgruppe	§ 109 SGB IX	24
Integrationsprojekte	§ 132 SGB IX	1
	§ 133 SGB IX	1
– Adressaten	§ 132 SGB IX	3, 12
– Aufbau, Erweiterung, Modernisierung, Ausstattung	§ 134 SGB IX	8
– Aufgaben	§ 133 SGB IX	1
– Aufwand, besonderer	§ 134 SGB IX	15
– Ausgleichsabgabe	§ 132 SGB IX	5, 1
– Bauinvestitionen	§ 134 SGB IX	9
– Begriffe	§ 132 SGB IX	1, 8
– Beratung, betriebswirtschaftliche	§ 134 SGB IX	11
– Förderung, individuelle	§ 134 SGB IX	21
– Hilfe, begleitende im Arbeits- und Berufsleben	§ 134 SGB IX	3
– Konzeption	§ 134 SGB IX	7
– Leistungen	§ 134 SGB IX	3
– Mindestanteil	§ 132 SGB IX	4, 13

Stichwort	Fundstelle	Rdnr.
– Modernisierungsinvestitionen	§ 134 SGB IX	10
– Projektförderung	§ 134 SGB IX	17
– Vermittlung	§ 133 SGB IX	3
– Vorbereitung	§ 133 SGB IX	4
– Weiterqualifikation	§ 133 SGB IX	2
Integrationsteam		
– Aufgaben beim Betrieblichen Eingliederungsmanagement	§ 84 SGB IX	70
– Einsetzung durch Integrationsvereinbarung	§ 83 SGB IX	53
– „für Betriebliches Eingliederungsmanagement"	§ 84 SGB IX	70, 101
Integrationsunternehmen	§ 132 SGB IX	2, 9
Integrationsvereinbarung	§ 83 SGB IX	1
– Abschlusspflicht	§ 83 SGB IX	21
– Abschlusspflicht des Arbeitgebers	§ 83 SGB IX	21
– Alternative Betriebs- oder Dienstvereinbarung	§ 83 SGB IX	18
– Antragsrecht	§ 83 SGB IX	26
– Arbeitsorganisation	§ 83 SGB IX	47
– Arbeitsplatzgestaltung	§ 83 SGB IX	43
– Arbeitsumfeld	§ 83 SGB IX	45
– Arbeitszeit	§ 83 SGB IX	49
– Aufbau	§ 83 SGB IX	33, 33
– Ausbildung behinderter Jugendlicher	§ 83 SGB IX	70
– Bedeutung	§ 83 SGB IX	13
– Berichtspflicht	§ 83 SGB IX	75
– Berichtspflicht des Arbeitgebers	§ 83 SGB IX	75
– Berücksichtigung sbM bei Stellenbesetzung	§ 83 SGB IX	67
– Beschäftigungsquote sbM und Frauenanteil	§ 83 SGB IX	68
– Beschäftigungsstrategie	§ 83 SGB IX	1, 13
– Beteiligung und Information von BA und IntA	§ 83 SGB IX	29
– Betriebsarzt (Beratung über Teilhabeleistungen)	§ 83 SGB IX	22
– einklagbarer Anspruch der SV auf Abschluss	§ 83 SGB IX	22
– Frauenförderung bei Personalplanung	§ 83 SGB IX	61
– Gestaltung	§ 83 SGB IX	1, 13
– Gesundheitsförderung, betriebliche	§ 83 SGB IX	72
– Gesundheitszirkel	§ 83 SGB IX	72
– Inhalt, verpflichtender	§ 83 SGB IX	34
– Integrationsamt	§ 83 SGB IX	29
– Integrationsamt (Hinzuziehung zu Verhandlungen)	§ 83 SGB IX	24, 29
– Integrationsberichterstattung	§ 83 SGB IX	56
– Integrationsplanung	§ 83 SGB IX	1, 13
– Integrationsteam	§ 83 SGB IX	53
– Kündigungsregelung für die Vereinbarung	§ 83 SGB IX	60

Stichwort	Fundstelle	Rdnr.
– Mitbestimmungsrechte des Betriebsrats	§ 83 SGB IX	25
– Nachwirkung bei Kündigung	§ 83 SGB IX	60
– Öffentlichkeitsarbeit zum betrieblichen Ausbildungsangebot	§ 83 SGB IX	70
– Personalplanung	§ 83 SGB IX	34
– Planungsinstrument	§ 83 SGB IX	14
– Präambel	§ 83 SGB IX	33
– Qualitätssicherungskonzept	§ 83 SGB IX	55
– Qualitätszirkel „Integration"	§ 83 SGB IX	55
– Rechtsnatur	§ 83 SGB IX	18
– Regelungsabrede ohne Normcharakter	§ 83 SGB IX	19
– Regelungsgegenstände	§ 83 SGB IX	66
– Schriftform für Änderungen	§ 83 SGB IX	58
– Steuerungsinstrument	§ 83 SGB IX	13
– Teilzeitarbeit	§ 83 SGB IX	49, 69
– Übermittlung nach Abschluss an BA und IntA	§ 83 SGB IX	29
– Umsetzungsregelungen	§ 83 SGB IX	53
– Verbindlichkeit	§ 83 SGB IX	18
– Verfahrensregelungen zur Streitbeilegung	§ 83 SGB IX	33, 58
– Vertragsparteien	§ 83 SGB IX	33
– Werksarzt (Beratung über Teilhabeleistungen)	§ 83 SGB IX	73
– Zielvereinbarung	§ 83 SGB IX	15, 33
– Zielvereinbarungen	§ 83 SGB IX	15
– „über Betriebliches Eingliederungsmanagement"	§ 84 SGB IX	87, 90
Integrationsvereinbarungen		
– als positive Maßnahme nach § 5 AGG	§ 17 AGG	11
Intersexuelle	§ 1 AGG	37
J		
Jahr, freiwilliges soziales	§ 6 AGG	10
Jugendhilfe, öffentliche	§ 6 SGB IX	126
– Leistungen	§ 6 SGB IX	132
– Leistungsziel	§ 6 SGB IX	127
K		
Kassenärztliche Vereinigungen		
– Anspruch auf Mitgliedschaft bzw. Mitwirkung	§ 18 AGG	13
Kind	§ 1 SGB IX	1
– Betreuung während Reha-Maßnahme	§ 54 SGB IX	29
– Mitnahme oder Unterbringung während Reha-Maßnahme	§ 54 SGB IX	26
Kinderbetreuungskosten während Reha-Maßnahme		
– Ausschluss von Verpflegungskosten	§ 54 SGB IX	30
– Voraussetzungen	§ 54 SGB IX	29

Stichwort	Fundstelle	Rdnr.
Kirchenklausel	§ 9 AGG	1
Klagerecht der Verbände	§ 63 SGB IX	1
– Prozessstandschaft	§ 63 SGB IX	1
Kleidervorschriften	§ 3 AGG	36
Kontinuität der Berechnungsgrundlage	§ 49 SGB IX	1
– Entgeltersatzleistung	§ 49 SGB IX	3
Konzernschwerbehindertenvertretung	§ 97 SGB IX	15
– Aufgaben	§ 97 SGB IX	15
– Wahl	§ 97 SGB IX	16a
Koordination	§ 10 SGB IX	1
Koordinierung der Leistungen	§ 10 SGB IX	1
– Anpassung	§ 10 SGB IX	27
– Aufgabe	§ 10 SGB IX	23
– Bedarf	§ 10 SGB IX	1, 12
– Beteiligte	§ 10 SGB IX	1, 14
– Datenschutz	§ 10 SGB IX	4, 41
– Entscheidungskompetenz, fortbestehende	§ 10 SGB IX	20
– Integrationsamt	§ 10 SGB IX	2, 38
– Leistungsziel	§ 10 SGB IX	32
– Managementaufgabe	§ 10 SGB IX	1, 11
– Nahtlosigkeit	§ 10 SGB IX	29
– Schriftliche Zusammenstellung der Leistungen	§ 10 SGB IX	23
– Seelisch Behinderter	§ 10 SGB IX	3
– Teilhabeplan	§ 10 SGB IX	24
– Zuständigkeit der Rehabilitationsträger	§ 10 SGB IX	1, 13
Korrektionsschutzbrille		
– als medizinisches Hilfsmittel	§ 33 SGB IX	252
Kosten der Bildungsmaßnahme	§ 33 SGB IX	153
Kosten für behinderungsgerechte Wohnung	§ 33 SGB IX	263
– Abgrenzung zur Wohnungshilfe nach § 55 II Nr. 5 SGB IX	§ 33 SGB IX	269
– Kosten zur Beschaffung, Ausstattung und Erhaltung	§ 33 SGB IX	263
– Kostenübernahme durch Integrationsamt	§ 33 SGB IX	272
– Umfang, angemessener	§ 33 SGB IX	268
Kostenerstattung	§ 14 SGB IX	3
Kostentragung für unentgeltliche Beförderung	§ 151 SGB IX	1
– Aufteilungsregelung	§ 151 SGB IX	5
– Beförderung, unentgeltliche	§ 151 SGB IX	1
– Begleitpersonen	§ 151 SGB IX	1
– Bund	§ 151 SGB IX	2, 3
– Gegenstände, mitgeführte	§ 151 SGB IX	1
– Haushaltsvorschriften	§ 151 SGB IX	6
– Länder	§ 151 SGB IX	4

Stichwort	Fundstelle	Rdnr.
Kraftfahrzeughilfe	§ 33 SGB IX	158, 158
– Beförderungsdienst, Zuschuss	§ 33 SGB IX	190
– Förderungshöhe	§ 33 SGB IX	169
– Härtefall	§ 33 SGB IX	188
– Härtefallregelung	§ 33 SGB IX	188
– Höhe der Förderung	§ 33 SGB IX	169
– Kosten der Fahrerlaubnis	§ 33 SGB IX	184
– Leistungsarten	§ 33 SGB IX	160
– persönliche Voraussetzungen	§ 33 SGB IX	166
– Regelungsgrundlage	§ 33 SGB IX	158, 158
– Voraussetzungen, persönliche	§ 33 SGB IX	166
– Zeitpunkt der Antragstellung	§ 33 SGB IX	193
– Zusatzausstattung	§ 33 SGB IX	174
– Zuschuss für Beförderungsdienst	§ 33 SGB IX	190
Krankenbehandlung	§ 27 SGB IX	1
Krankenbehandlung/Rehabilitation	§ 27 SGB IX	1
– Zielsetzung	§ 27 SGB IX	1
Krankenhäuser, kirchliche	§ 9 AGG	9
Krankenkassen, gesetzliche	§ 6 SGB IX	10
– Anspruchsberechtigung	§ 6 SGB IX	12
– Früherkennung und Frühförderung	§ 6 SGB IX	17
– Leistungen	§ 6 SGB IX	13
– Leistungen zur medizinischen Rehabilitation	§ 6 SGB IX	15
– Leistungen, präventive	§ 6 SGB IX	14
– Leistungen, unterhaltssichernde und ergänzende	§ 6 SGB IX	19
Kündigung	§ 2 AGG	65
– außerordentliche	§ 12 AGG	36
– betriebsbedingte	§ 3 AGG	24
– ordentliche	§ 12 AGG	36
– verhaltensbedingte	§ 12 AGG	36
– Zumutbarkeit für den Arbeitgeber	§ 12 AGG	36
Kündigung, außerordentliche	§ 91 SGB IX	1, 8
– Arbeitskämpfe	§ 91 SGB IX	6, 85
– Ermessensentscheidung	§ 91 SGB IX	4, 57
– Geltungsbereich	§ 91 SGB IX	1
– Zustimmung	§ 91 SGB IX	2, 19
Kündigungsfrist	§ 86 SGB IX	1
– Ausnahmen	§ 86 SGB IX	4
– Berechnung	§ 86 SGB IX	11
– Frist, nicht eingehaltene	§ 86 SGB IX	14

Stichwort	Fundstelle	Rdnr.
– Insolvenz	§ 86 SGB IX	15
– Mindestkündigungsfrist	§ 86 SGB IX	6
L		
Landesärzte		
– Aufgaben	§ 62 SGB IX	1, 2
Leistung zur Teilhabe am Arbeitsleben		
– gesundheitsbedingte Unterbrechung	§ 51 SGB IX	16
Leistungen an Arbeitgeber	§ 34 SGB IX	1
	§ 102 SGB IX	36
– Auflagen	§ 34 SGB IX	18a
– Ausbildungszuschüsse	§ 34 SGB IX	5
– Betrieb	§ 34 SGB IX	9
– Eingliederungszuschüsse	§ 34 SGB IX	8
– Kostenerstattung für eine befristete Probebeschäftigung	§ 34 SGB IX	15
– Leistungen, finanzielle	§ 102 SGB IX	36
– Leistungsträger	§ 34 SGB IX	1
– Sozialleistungen	§ 34 SGB IX	1
Leistungen an Träger von Integrationsfachdiensten	§ 102 SGB IX	40
Leistungen für Bildungsmaßnahmen	§ 102 SGB IX	41
Leistungen im Arbeitsbereich der WfbM	§ 41 SGB IX	1
	§ 42 SGB IX	11
– Arbeitsergebnis	§ 41 SGB IX	44
– Beschäftigung, keine auf dem allgemeinen Arbeitsmarkt	§ 41 SGB IX	12
– Beschäftigungsangebot	§ 41 SGB IX	21
– Dauer	§ 41 SGB IX	17
– Eingangsverfahren	§ 41 SGB IX	16
– Leistungsberechtigte	§ 41 SGB IX	11
– Maßnahmen, arbeitsplatzbegleitende	§ 41 SGB IX	23
– Vergütung	§ 41 SGB IX	31
– Verwendung Arbeitsergebnis	§ 41 SGB IX	50
– Ziel	§ 41 SGB IX	19
– Zuständigkeit der Rehabilitationsträger	§ 42 SGB IX	11
Leistungen im Eingangsverfahren der WfbM		
– Beendigung, vorzeitige	§ 40 SGB IX	43
– Dauer	§ 40 SGB IX	39
– Wiederholung	§ 40 SGB IX	44
Leistungen im Eingangsverfahren und im Berufsbildungsbereich der WfbM	§ 40 SGB IX	1
	§ 42 SGB IX	6
– Aufnahme in die Werkstätten für behinderte Menschen	§ 40 SGB IX	7
– Berufsbildungsbereich	§ 40 SGB IX	26

Stichwort	Fundstelle	Rdnr.
– Eingliederungsplan	§ 40 SGB IX	17
– Eingliederungsvorschlag	§ 40 SGB IX	22
– Zuständigkeit der Rehabilitationsträger	§ 42 SGB IX	6
– Zuständigkeit und Organisation	§ 40 SGB IX	15
– Zweck des Eingangsverfahrens	§ 40 SGB IX	11
Leistungen in Werkstätten für behinderte Menschen	§ 39 SGB IX	1
– Ermöglichung oder Sicherung der Beschäftigung	§ 39 SGB IX	20
– Leistungen zur Teilhabe am Arbeitsleben	§ 39 SGB IX	5
– Leistungs- oder Erwerbsfähigkeit	§ 39 SGB IX	12
– Weiterentwicklung der Persönlichkeit	§ 39 SGB IX	15
– Zielsetzung	§ 39 SGB IX	11
Leistungen zum Lebensunterhalt	§ 45 SGB IX	1
– Abklärung der beruflichen Eignung oder Arbeitserprobung	§ 45 SGB IX	20
– Ausbildungsgeld und Unterhaltsbeihilfe	§ 45 SGB IX	27
– Erstattung von Aufwendungen	§ 45 SGB IX	33
– Hilfe, ergänzende in der Kriegsopferfürsorge	§ 45 SGB IX	32
– Leistung, kalendertägliche	§ 45 SGB IX	37
– Leistungen zur medizinischen Rehabilitation	§ 45 SGB IX	9
– Leistungen zur Teilhabe am Arbeitsleben	§ 45 SGB IX	15
– Mutterschaftsgeld	§ 45 SGB IX	24
Leistungen zur beruflichen Anpassung und Weiterbildung	§ 33 SGB IX	68
Leistungen zur beruflichen Ausbildung	§ 33 SGB IX	74
Leistungen zur medizinischen Rehabilitation	§ 26 SGB IX	1
	§ 45 SGB IX	9
– Aktivierung von Selbsthilfepotenzialen	§ 26 SGB IX	59
– Angehörige anderer Heilberufe	§ 26 SGB IX	21
– Anleitung und Motivation zur Leistungsinanspruchnahme	§ 26 SGB IX	65
– Art der Leistungen	§ 26 SGB IX	1, 16
– Arznei- und Verbandmittel	§ 26 SGB IX	24
– Ärztliche und heilberufliche Leistungen unter ärztlicher Verantwortung und Anordnung	§ 26 SGB IX	17
– Behinderung entgegenwirken	§ 26 SGB IX	7
– Belastungserprobung und Arbeitstherapie	§ 26 SGB IX	49
– Bezug anderer Sozialleistungen vermeiden	§ 26 SGB IX	13
– Chronischen Krankheiten entgegenwirken	§ 26 SGB IX	8
– Einverständliche Information und Beratung Dritter	§ 26 SGB IX	60
– Erwerbsfähigkeit erhalten	§ 26 SGB IX	11
– Früherkennung und Frühförderung behinderter und von Behinderung bedrohter Kinder	§ 26 SGB IX	23
– Gefährdung der Teilhabe am Arbeitsleben	§ 26 SGB IX	12
– Heilmittel einschließlich physikalischer, Sprach- und Beschäftigungstherapie	§ 26 SGB IX	27

Stichwort	Fundstelle	Rdnr.
– Hilfen zur seelischen Stabilisierung und zur Förderung der sozialen Kompetenz	§ 26 SGB IX	63
– Hilfen zur Unterstützung bei der Krankheits- und Behinderungsverarbeitung	§ 26 SGB IX	57
– Hilfen, medizinische, psychologische und pädagogische	§ 26 SGB IX	54
– Hilfsmittel	§ 26 SGB IX	43
– Leistungskatalog, offener	§ 26 SGB IX	16
– Psychotherapie als ärztliche und psychotherapeutische Behandlung	§ 26 SGB IX	32
– Training lebenspraktischer Fähigkeiten	§ 26 SGB IX	64
– Übergangsgeld	§ 45 SGB IX	13
– Verletztengeld	§ 45 SGB IX	11
– Vermeidung von Pflegebedürftigkeit	§ 26 SGB IX	15
– Vermittlung von Kontakten zu örtlichen Selbsthilfe- und Beratungsmöglichkeiten	§ 26 SGB IX	62
– Versorgungskrankengeld	§ 45 SGB IX	12
– Zielsetzung	§ 26 SGB IX	1
Leistungen zur Teilhabe	§ 4 SGB IX	1
	§ 7 SGB IX	1
– Entwicklung	§ 4 SGB IX	1
– Erwerbsfähigkeit	§ 4 SGB IX	1
– Lebensführung	§ 4 SGB IX	1
– Pflegebedürftigkeit	§ 4 SGB IX	1
– Sicherung	§ 4 SGB IX	1
– Vorbehalt abweichender Regelungen	§ 7 SGB IX	1, 4
– Ziel	§ 4 SGB IX	1
Leistungen zur Teilhabe am Arbeitsleben	§ 1 SGB IX	4
	§ 33 SGB IX	1
– Abklärung von Eignung und Arbeitserprobung	§ 33 SGB IX	124
– Anspruchsumfang	§ 33 SGB IX	23
– Arbeitsassistenz	§ 33 SGB IX	204
– Arbeitsförderungsrecht des SGB III	§ 33 SGB IX	27
– Arbeitshilfen, technische	§ 33 SGB IX	258
– Arbeitskleidung, Arbeitsgerät	§ 33 SGB IX	157
– Arbeitsmarkt, erster	§ 33 SGB IX	14
– Ausbildung	§ 33 SGB IX	74
– behindertengerechte Wohnung	§ 33 SGB IX	263
– Beratung und Vermittlung	§ 33 SGB IX	44
– berufliche Ausbildung	§ 33 SGB IX	74
– berufsvorbereitende Leistungen	§ 33 SGB IX	61
– Bewerbungstraining	§ 33 SGB IX	48
– bisherige Tätigkeit als Maßstab	§ 33 SGB IX	112
– blindenspezifischer Vorkurs	§ 33 SGB IX	62

Stichwort	Fundstelle	Rdnr.
– Bundesagentur für Arbeit	§ 33 SGB IX	27, 40, 80
– Chancengleichheit für behinderte Frauen	§ 33 SGB IX	32
– Eignung des behinderten Menschen	§ 33 SGB IX	102
– Erhaltung oder Erlangung eines Arbeitsplatzes	§ 33 SGB IX	42
– Ermessen	§ 33 SGB IX	25
– Ermessensfehler	§ 33 SGB IX	30
– Ermessensspielraum	§ 33 SGB IX	29
– erster Arbeitsmarkt	§ 33 SGB IX	15
– Erwerbsfähigkeit	§ 33 SGB IX	17a
– Förderungsbedarf	§ 33 SGB IX	17, 17
– Frauen, behinderte	§ 33 SGB IX	32
– Grundausbildung wegen Behinderung	§ 33 SGB IX	67
– Gründungszuschuss	§ 33 SGB IX	84
– Hilfen, sonstige zur Förderung der Teilhabe am Arbeitsleben	§ 33 SGB IX	97
– Hilfsmittel	§ 33 SGB IX	242
– Integrationsfachdienste	§ 33 SGB IX	148
– Jugendhilfeträger	§ 33 SGB IX	25
– Kinderbetreuung für Leistungsberechtigte	§ 33 SGB IX	35
– Kosten behinderungsgerechte Wohnung	§ 33 SGB IX	263
– Kraftfahrzeughilfe	§ 33 SGB IX	158, 158
– Lage und Entwicklung auf dem Arbeitsmark	§ 33 SGB IX	116
– Lehrgangskosten	§ 33 SGB IX	154
– Leistungen zur beruflichen Anpassung und Weiterbildung	§ 33 SGB IX	68
– Leistungen, berufsvorbereitende	§ 33 SGB IX	61
– Leistungen, psychosoziale	§ 33 SGB IX	135
– Leistungsauswahl	§ 33 SGB IX	99
– Leistungskatalog	§ 33 SGB IX	38, 38
– Leistungsträger	§ 33 SGB IX	22, 22
– Leistungsumfang	§ 33 SGB IX	149, 149
– Leistungsziel	§ 33 SGB IX	13
– Lernmittel	§ 33 SGB IX	156
– Mobilitätshilfen	§ 33 SGB IX	50
– Neigung als Auswahlkriterium	§ 33 SGB IX	106
– Personenkreis	§ 33 SGB IX	16, 16
– Praktika	§ 33 SGB IX	130
– Praktika, notwendige	§ 33 SGB IX	130
– Prüfungsgebühren	§ 33 SGB IX	155
– Psychosoziale Leistungen	§ 33 SGB IX	135
– Reisekostenbeihilfe	§ 33 SGB IX	53
– Rentenversicherungsträger	§ 33 SGB IX	26
– schulische Ausbildung	§ 33 SGB IX	79

Stichwort	Fundstelle	Rdnr.
– Sozialhilfeträger	§ 33 SGB IX	25
– technische Arbeitshilfen	§ 33 SGB IX	258
– Training lebenspraktischer Fähigkeiten	§ 33 SGB IX	143
– Trainingsmaßnahmen	§ 33 SGB IX	47
– Trennungskostenbeihilfe	§ 33 SGB IX	55
– Überbrückungsgeld	§ 33 SGB IX	84
– Übergangsgeld	§ 45 SGB IX	15
– Umzugskostenbeihilfe	§ 33 SGB IX	58
– Unfallversicherungsträger	§ 33 SGB IX	25
– Unterkunfts- und Verpflegungskosten	§ 33 SGB IX	150
– Verdienstausfall	§ 33 SGB IX	197
– Verfahrensfragen	§ 33 SGB IX	273
– Verständigungstechniken für Hörbehinderte	§ 33 SGB IX	67
– Weiterbildung	§ 33 SGB IX	68
– wiederholte Leistungsgewährung	§ 33 SGB IX	14
– Wirtschaftlichkeit der Leistungsgewährung	§ 33 SGB IX	21
– Wunsch- und Wahlrecht	§ 33 SGB IX	111
– Ziel	§ 33 SGB IX	1, 13
Leistungen zur Teilhabe am Leben in der Gemeinschaft	§ 55 SGB IX	1
– Abgrenzungsfragen	§ 55 SGB IX	5
– Hilfe zu selbstbestimmtem Leben in betreuten Wohnmöglichkeiten	§ 55 SGB IX	14
– Hilfe zur Teilhabe am gemeinschaftlichen und kulturellen Leben	§ 55 SGB IX	15
– Hilfen bei der Beschaffung, Ausstattung und Erhaltung einer bedürfnisgerechten Wohnung	§ 55 SGB IX	12
– Hilfen zum Erwerb praktischer Kenntnisse und Fähigkeiten	§ 55 SGB IX	11
– Leistungen	§ 55 SGB IX	6
– Maßnahmen, heilpädagogische für noch nicht schulpflichtige Kinder	§ 55 SGB IX	9
– Versorgung mit anderen Hilfsmittel oder Hilfen	§ 55 SGB IX	7
Leistungen, berufsvorbereitende	§ 33 SGB IX	61
Leistungen, ergänzende	§ 44 SGB IX	1
– Auffangstatbestand	§ 44 SGB IX	50
– Beiträge und Beitragszuschüsse	§ 44 SGB IX	15
– Betriebs- oder Haushaltshilfe und Kinderbetreuungskosten	§ 44 SGB IX	49
– Bundesagentur für Arbeit	§ 44 SGB IX	32
– Krankenversicherung	§ 44 SGB IX	16
– Leistungen zum Lebensunterhalt	§ 44 SGB IX	12
– Leistungen zur medizinischen Rehabilitation	§ 44 SGB IX	1
– Leistungen zur Teilhabe am Arbeitsleben	§ 44 SGB IX	1
– Pflegeversicherung	§ 44 SGB IX	36
– Rehabilitationssport und Funktionstraining	§ 44 SGB IX	38

Stichwort	Fundstelle	Rdnr.
– Reisekosten	§ 44 SGB IX	48
– Rentenversicherung	§ 44 SGB IX	27
– Unfallversicherung	§ 44 SGB IX	20
– Zuständigkeit der Rehabilitationsträger	§ 44 SGB IX	7
Leistungen, finanzielle		
– Empfehlungen, vorläufige	§ 134 SGB IX	6
Leistungen, finanzielle an Arbeitgeber	§ 102 SGB IX	36
– Belastungen, außergewöhnliche, die mit Beschäftigung verbunden sind	§ 102 SGB IX	36
– Einrichtung, behindertengerechte von Arbeits- und Ausbildungsplätzen	§ 102 SGB IX	36
– Geldleistungen	§ 102 SGB IX	37
Leistungen, finanzielle an schwerbehinderte Menschen		
– Arbeitshilfen, technische	§ 102 SGB IX	30
– Hilfen in besonderen Lebenslagen	§ 102 SGB IX	35
– Hilfen zum Erreichen des Arbeitsplatzes	§ 102 SGB IX	31
– Hilfen zur Beschaffung, Ausstattung und Erhaltung einer behindertengerechten Wohnung	§ 102 SGB IX	33
– Hilfen zur Gründung und Erhaltung einer selbstständigen beruflichen Existenz	§ 102 SGB IX	32
– Hilfen zur Teilnahme an Maßnahmen zur beruflichen Förderung	§ 102 SGB IX	34
Leistungen, heilpädagogische	§ 56 SGB IX	1
– Förderplan, interdisziplinärer	§ 56 SGB IX	10
– Leistungen, heilpädagogische als Komplexleistung	§ 56 SGB IX	9
– Voraussetzungen heilpädagogischer Leistungen	§ 56 SGB IX	6
Leistungen, individuelle	§ 134 SGB IX	5
Leistungen, medizinische	§ 30 SGB IX	12
Leistungen, psychosoziale	§ 33 SGB IX	135
– Aktivierung von Selbsthilfepotenzialen	§ 33 SGB IX	138
– Anleitung und Motivation zur Leistungsinanspruchnahme	§ 33 SGB IX	144
– Beteiligung des Integrationsamts	§ 33 SGB IX	148
– Hilfe, pädagogische	§ 33 SGB IX	135
– Hilfe, psychologische	§ 33 SGB IX	135
– Hilfen zur seelischen Stabilisierung und zur Förderung der sozialen Kompetenz	§ 33 SGB IX	142
– Hilfen zur Unterstützung bei der Krankheits- und Behinderungsverarbeitung	§ 33 SGB IX	136
– Information, einverständliche und Beratung Dritter	§ 33 SGB IX	139
– Leistungen, medizinische	§ 33 SGB IX	135
– Training lebenspraktischer Fähigkeiten	§ 33 SGB IX	143
– Vermittlung von Kontakten zu örtlichen Selbsthilfe- und Beratungsmöglichkeiten	§ 33 SGB IX	141

Stichwort	Fundstelle	Rdnr.
Leistungsauswahl	§ 33 SGB IX	99
– Abklärung von Eignung und Arbeitserprobung	§ 33 SGB IX	124
– Eignung	§ 33 SGB IX	102
– Lage und Entwicklung auf dem Arbeitsmarkt	§ 33 SGB IX	116
– Neigung	§ 33 SGB IX	106
– Tätigkeit, bisherige	§ 33 SGB IX	112
Leistungsgruppe	§ 5 SGB IX	1
Leistungskatalog, offener		
– Art der Leistungen	§ 26 SGB IX	16
Leistungsort für Teilhabeleistungen		
– europäische Rechtsvorgaben	§ 18 SGB IX	14
Leistungsumfang	§ 33 SGB IX	149
– Kosten der Bildungsmaßnahme	§ 33 SGB IX	153
– Kosten für Unterkunft/Verpflegung	§ 33 SGB IX	149
Leistungsverweigerungsrecht		
– (sexuelle) Belästigung	§ 14 AGG	5
– Arbeitgeberreaktion, unzureichende	§ 14 AGG	12
– Beweislast	§ 14 AGG	42
– Erforderlichkeit	§ 14 AGG	24
– Rechtsfolgen	§ 14 AGG	30
– Verhältnis zu § 273 BGB	§ 14 AGG	45
– Voraussetzungen	§ 14 AGG	5
Leistungsverweigerungsrecht nach § 14 AGG	§ 7 AGG	26
Leistungsziele im Arbeitsbereich	§ 41 SGB IX	19
– Menschen entsprechende Beschäftigung	§ 41 SGB IX	19
– Übergang auf den allgemeinen Arbeitsmarkt	§ 41 SGB IX	19
– Verbesserung der Leistungsfähigkeit	§ 41 SGB IX	19
Limitierungsklausel	§ 2 AGG	54
M		
Maßnahmen		
– positive	§ 5 AGG	1
– zur Kompensation im Entgeltbereich	§ 5 AGG	8
Maßnahmen zur Beschäftigung	§ 81 SGB IX	203
Maßregelungsverbot	§ 13 AGG	1
	§ 16 AGG	1
– allgemeines im Arbeitsrecht	§ 16 AGG	1
– Beweislast	§ 16 AGG	24
– geschützte Gruppen	§ 16 AGG	10
– Inhalt	§ 16 AGG	14
– Rechtsfolgen	§ 16 AGG	18

Stichwort	Fundstelle	Rdnr.
Mehrarbeit	§ 124 SGB IX	1, 16
– Anordnung	§ 124 SGB IX	36
– Anspruch auf behinderungsgerechte Gestaltung der Arbeitszeit	§ 124 SGB IX	5
– Ausnahme der Freistellung	§ 124 SGB IX	2
– Beamter	§ 124 SGB IX	8
– Begriffe	§ 124 SGB IX	16
– Freistellung	§ 124 SGB IX	38
– Freistellung von Mehrarbeit	§ 124 SGB IX	1
– Gleichgestellte	§ 124 SGB IX	7
– Jugendliche	§ 124 SGB IX	15
– Mutterschutz	§ 124 SGB IX	14
– Personalrat	§ 124 SGB IX	36
– Recht, zwingendes	§ 124 SGB IX	3
– Richter	§ 124 SGB IX	12
– Schutzzweck	§ 124 SGB IX	1
– Schwerbehindertenvertretung	§ 124 SGB IX	36
– Teilzeitbeschäftigte	§ 124 SGB IX	13
– Verfahrensfragen	§ 124 SGB IX	44
Mehrfachanrechnung	§ 76 SGB IX	1, 10
	§ 104 SGB IX	44
– Ausbildung	§ 76 SGB IX	24
– Bildung, sonstige berufliche	§ 76 SGB IX	24
– Fortgeltung früherer Bescheide	§ 76 SGB IX	34
– Gleichgestellte	§ 76 SGB IX	11
– Schwierigkeiten, besondere	§ 76 SGB IX	14
– Teilzeitbeschäftigte	§ 76 SGB IX	17
– Zuständigkeit	§ 76 SGB IX	19
Mehrfachdiskriminierung	§ 4 AGG	1
Merkzeichen	§ 69 SGB IX	109
– Merkzeichen aG: außergewöhnlich gehbehindert	§ 69 SGB IX	153
– Merkzeichen B: ständige Begleitung notwendig	§ 69 SGB IX	186
– Merkzeichen Bl: blind	§ 69 SGB IX	144
– Merkzeichen G: erheblich gehbehindert	§ 69 SGB IX	110
– Merkzeichen Gl: gehörlos	§ 69 SGB IX	218
– Merkzeichen H: hilflos	§ 69 SGB IX	133
– Merkzeichen I. Kl: Benutzung der 1. Wagenklasse	§ 69 SGB IX	221
– Merkzeichen RF: Befreiung von der Rundfunkgebührenpflicht	§ 69 SGB IX	191
Mitgliedschaft in Vereinigungen	§ 18 AGG	1
– Anspruch auf Mitgliedschaft	§ 18 AGG	22
– Anspruch auf Mitwirkung	§ 18 AGG	26
– Anspruch auf Schadensersatz	§ 18 AGG	27

Stichwort	Fundstelle	Rdnr.
– Berufsvereinigungen	§ 18 AGG	13
– Mächtige Vereinigungen	§ 18 AGG	16
– Tarifvertragsparteien	§ 18 AGG	8
– Verfahrensfragen	§ 18 AGG	28
– Zusammenschlüsse	§ 18 AGG	21
Mitnahme eines Kindes zu Reha-Maßnahme	§ 54 SGB IX	26
Mitteilungspflicht des Rehabilitationsträgers	§ 15 SGB IX	1, 10
Mitwirkung in Werkstattangelegenheiten	§ 139 SGB IX	2
– Begriffe	§ 139 SGB IX	13
– Berufsbildungs- oder Eingangsbereich	§ 139 SGB IX	9
– Eltern- und Betreuerbeirat	§ 139 SGB IX	3, 21
– Eltern- und Betreuerversammlung	§ 139 SGB IX	3, 18
– Geschäftsfähigkeit	§ 139 SGB IX	11
– Wahlrecht	§ 139 SGB IX	2, 14, 16
Mitwirkungspflichten gem. §§ 63, 64 SGB I	§ 9 SGB IX	54
Mobbing		
– Gleichstellung mit Schwerbehinderten wegen	§ 2 SGB IX	147
Mobile Rampe		
– als arbeitsplatzspezifische berufsfördernde Leistung	§ 33 SGB IX	257
Mobilitätshilfen	§ 33 SGB IX	50, 50

N

Stichwort	Fundstelle	Rdnr.
Nachschieben von Gründen		
– unzulässiges durch den Arbeitgeber	§ 22 AGG	42
Nachteilsausgleich		
– Art und Schwere der Behinderung	§ 126 SGB IX	1
– Feststellung weiterer gesundheitlicher Merkmale zwecks Nachteilsausgleichen	§ 69 SGB IX	105
– Gerichtliche Anfechtung von Ablehnungsbescheiden	§ 69 SGB IX	229
Nah- und Fernverkehr	§ 147 SGB IX	1
Nahverkehr		
– Beförderung, unentgeltliche, schwerbehinderter Menschen im öffentlichen Personenverkehr	§ 147 SGB IX	1
– Begriffe	§ 147 SGB IX	1
Nichtanwendung besonderer Regelungen		
– Anrechnung Pflichtarbeitsplätze	§ 116 SGB IX	3, 15
– Arbeitsamt	§ 116 SGB IX	14
– Rücknahme oder Widerruf der Gleichstellung	§ 116 SGB IX	13
– Wegfall der Voraussetzungen des § 2 Abs. 2 SGB IX	§ 116 SGB IX	1, 2, 13

Stichwort	Fundstelle	Rdnr.
O		
Offenbarungspflicht		
– Schwerbehinderung bzw. Gleichstellung im Einstellungsgespräch	§ 68 SGB IX	37
öffentlich-rechtliche Dienstverhältnisse		
– Sonderregelung im AGG	§ 24 AGG	1
Orden, kirchliche	§ 9 AGG	9
orthopädische Arbeitssicherheitsschuhe		
– als arbeitsplatzspezifische berufsfördernde Leistung	§ 33 SGB IX	254
orthopädische Schuhe		
– als medizinisches Hilfsmittel	§ 33 SGB IX	253
orthopädischer Sitzschalenstuhl		
– als medizinisches Hilfsmittel	§ 33 SGB IX	253
P		
Parkerleichterungen außerhalb der aG-Regelung	§ 69 SGB IX	183
Personalplanung	§ 83 SGB IX	35
Personalrat	§ 93 SGB IX	4
– Aufgaben	§ 93 SGB IX	4, 8
Personenverkehr, öffentlicher	§ 147 SGB IX	3
Persönliche Rechte und Pflichten der Vertrauensperson der schwerbehinderten Menschen	§ 96 SGB IX	1
Pflicht der Arbeitgeber zur Beschäftigung schwerbehinderter Menschen	§ 71 SGB IX	1
Pflichten Personensorgeberechtigter	§ 60 SGB IX	1
– Vorstellung	§ 60 SGB IX	1
Praktika		
– notwendige als Leistung zur Teilhabe am Arbeitsleben	§ 33 SGB IX	130
Präsidialrat	§ 93 SGB IX	6
– Aufgaben	§ 93 SGB IX	6
Prävention	§ 3 SGB IX	1
	§ 84 SGB IX	1
– Erörterungspflicht des Arbeitgebers	§ 84 SGB IX	40
– Gefährdung des Beschäftigungsverhältnisses	§ 84 SGB IX	18
– Grundsatz der Verhältnismäßigkeit	§ 12 AGG	36
– Hilfe zur Beseitigung	§ 84 SGB IX	29
– Prävention vor Kündigung	§ 84 SGB IX	1, 2, 13
– Rechtsfolgen einer Pflichtverletzung	§ 84 SGB IX	44
– Schwerbehindertenrecht	§ 84 SGB IX	1
– Vermeidung Behinderung	§ 3 SGB IX	1
– vor Benachteiligungen	§ 12 AGG	10
– Zeitpunkt	§ 84 SGB IX	39

Stichwort	Fundstelle	Rdnr.
Prävention zur Kündigungsvermeidung		
– Änderungskündigung	§ 84 SGB IX	17
– außerbetriebliche Hilfen	§ 84 SGB IX	36
– außerordentliche Kündigung	§ 84 SGB IX	17
– Beendigungskündigung	§ 84 SGB IX	17
– dienstliche Beurteilung	§ 84 SGB IX	54
– Entlassung eines schwerbehinderten Proberichters	§ 84 SGB IX	53
– Erörterungspflicht des Arbeitgebers	§ 84 SGB IX	40
– innerbetriebliche Berufsbildungsmaßnahme	§ 84 SGB IX	33
– innerbetriebliche Maßnahmen	§ 84 SGB IX	30
– Kündigung innerhalb Wartezeit	§ 84 SGB IX	49
– Kündigungsgründe	§ 84 SGB IX	16
– Rechtsfolgen bei Pflichtverletzung	§ 84 SGB IX	44
– Schadensersatzpflicht bei Unterlassen	§ 84 SGB IX	55
– Schwierigkeiten (betriebsbedingt)	§ 84 SGB IX	27
– Schwierigkeiten (personenbedingt)	§ 84 SGB IX	18
– Schwierigkeiten (verhaltensbedingt)	§ 84 SGB IX	23
– Teilzeitarbeitsplatz	§ 84 SGB IX	32
– Unterlassen vor Kündigung	§ 84 SGB IX	46
– Unterlassen vor Zustimmungsentscheidung des IntA	§ 84 SGB IX	50
– Zeitpunkt des Tätigwerdens	§ 84 SGB IX	39
– Zielgruppe	§ 84 SGB IX	15
– Zielsetzung	§ 84 SGB IX	13
Projektförderung	§ 134 SGB IX	17
– Verfahren	§ 134 SGB IX	22
Psychosoziale Leistungen		
– zur Teilhabe am Arbeitsleben	§ 33 SGB IX	135
Q		
Qualitätssicherung	§ 20 SGB IX	1
– Bundesarbeitsgemeinschaft zur Rehabilitation	§ 20 SGB IX	6
– Empfehlung, gemeinsame	§ 20 SGB IX	1
– Qualitätsmanagement, internes	§ 20 SGB IX	2
R		
Rahmenrichtlinie Beschäftigung	§ 1 AGG	2
Rasse	§ 1 AGG	31
Rassismus	§ 1 AGG	31
Rechtsanwaltskammern		
– Anspruch auf Mitgliedschaft bzw. Mitwirkung	§ 18 AGG	13

Stichwort	Fundstelle	Rdnr.
Rechtsstellung behinderter Menschen in WfbM	§ 138 SGB IX	1, 6
– Arbeitsbereich	§ 138 SGB IX	1, 6
– Arbeitsverhältnis	§ 138 SGB IX	1, 7
– Berufsbildungsbereich	§ 138 SGB IX	54
– Eingangsverfahren	§ 138 SGB IX	54
– Mitwirkung	§ 139 SGB IX	1
– Rechtsverhältnis, arbeitnehmerähnliches	§ 138 SGB IX	2, 12
– Rehabilitant	§ 138 SGB IX	15
– Sozialleistungsverhältnis	§ 138 SGB IX	3, 15
Rechtstellung der Teilnehmenden in beruflichen Reha-Einrichtungen	§ 36 SGB IX	1
– Ausnahme Werkstatt für Behinderte	§ 36 SGB IX	6
– Beschäftigungsverhältnis, kein sozialrechtliches	§ 36 SGB IX	4
– Eingliederung, keine	§ 36 SGB IX	3
– Rechtsverhältnis, kein arbeitnehmerähnliches	§ 36 SGB IX	4
– Rehabilitationseinrichtung	§ 36 SGB IX	1
Rechtsverhältnis, arbeitnehmerähnliches	§ 138 SGB IX	12
– Arbeitsgericht	§ 138 SGB IX	14
– Urlaubsanspruch	§ 138 SGB IX	12
Rechtsweg zu den Arbeitsgerichten	§ 12 AGG	55
	§ 13 AGG	1
Rehabilitation		
– Krankengeld	§ 45 SGB IX	10
Rehabilitation, berufliche		
– Dauer der Leistung zur Ausbildung	§ 37 SGB IX	7
– Leistungen, sonstige berufsfördernde	§ 37 SGB IX	20
Rehabilitationsdienste/-einrichtungen	§ 19 SGB IX	1
– Arbeitsgemeinschaft	§ 19 SGB IX	6
– Aufgaben	§ 19 SGB IX	1
– Auswahl	§ 19 SGB IX	4
– Förderung	§ 19 SGB IX	5
– Leistungen	§ 19 SGB IX	2
Rehabilitationseinrichtung	§ 36 SGB IX	1
– Anwendung Arbeitsrecht	§ 36 SGB IX	8
– Rechtsstellung der Teilnehmenden	§ 36 SGB IX	1
– Wahl besonderer Vertreter	§ 36 SGB IX	7
Rehabilitationsträger	§ 6 SGB IX	1
– Gliederung	§ 6 SGB IX	5
– Pflegeversicherung	§ 6 SGB IX	9
Reisekosten	§ 53 SGB IX	1
– Begleitperson oder Kinder	§ 53 SGB IX	8
– Fahrtkosten	§ 53 SGB IX	5

Stichwort	Fundstelle	Rdnr.
– Gepäcktransport	§ 53 SGB IX	8b
– Höhe der Fahrtkosten	§ 53 SGB IX	11
– Pendelfahrten	§ 53 SGB IX	7
– Reisekosten bei Leistungen zur medizinischen Rehabilitation	§ 53 SGB IX	10
– Reisekosten bei Leistungen zur Teilhabe am Arbeitsleben	§ 53 SGB IX	9
– Übernachtungskosten	§ 53 SGB IX	7d
– Verpflegungsgeld	§ 53 SGB IX	7c
Reisekostenbeihilfe	§ 33 SGB IX	53
Religion	§ 1 AGG	42
Religionsgemeinschaften	§ 9 AGG	6
	§ 20 AGG	22
Richter	§ 128 SGB IX	2
– Grundsatz	§ 128 SGB IX	2, 16
– Sonderregelung im AGG	§ 24 AGG	1
Richterrat	§ 93 SGB IX	5
– Aufgaben	§ 93 SGB IX	5, 8
Rundfunkgebührenpflicht, Befreiung von der	§ 69 SGB IX	191
S		
Sachverständige	§ 14 SGB IX	4
– Ablehnung wegen Befangenheit	§ 14 SGB IX	163, 298
– Auftragserteilung, Zeitpunkt	§ 14 SGB IX	173
– Befragung in Gerichtsverfahren	§ 69 SGB IX	291
– Benennung mehrerer Gutachter	§ 14 SGB IX	156, 164
– Entschädigung nach dem JVEG	§ 14 SGB IX	155
– gutachtliche Feststellungen zum Reha-Bedarf als Entscheidungsgrundlage	§ 14 SGB IX	174
– Mitentscheidungsrecht des Leistungsberechtigten bei Auswahl	§ 14 SGB IX	156
– Zugangs- oder Komunikationsbarrieren	§ 14 SGB IX	155
Sachverständige		
– Beauftragung	§ 14 SGB IX	155
Schadensersatz bei Benachteiligung	§ 15 AGG	18
– Ausschlussfrist	§ 15 AGG	69
– Haftungserleichterung bei Kollektivvereinbarungen	§ 15 AGG	65
– Höhe	§ 15 AGG	36
– Kenntnis des Arbeitgebers vom Benachteiligungsgrund	§ 15 AGG	30
– Klagefrist	§ 15 AGG	84
– Leistungsklage	§ 15 AGG	88
– Verschuldensmaßstab	§ 15 AGG	29
Schulische Ausbildung		
– als Leistung zur Teilhabe am Arbeitsleben	§ 33 SGB IX	79

Stichwort	Fundstelle	Rdnr.
Schwerbehinderte Beamte und Beamtinnen, Richter und Richterinnen, Soldaten und Soldatinnen	§ 128 SGB IX	1
Schwerbehindertenausweis		
– Bindung anderer Verwaltungsbehörden	§ 69 SGB IX	224
– Einziehung bei Umzug ins Ausland	§ 69 SGB IX	228
– Inhalt und Gültigkeitsdauer	§ 69 SGB IX	225
– Nachweis der Eigenschaft als schwerbehinderter Mensch	§ 69 SGB IX	223
– Öffentliche Urkunde	§ 69 SGB IX	222
Schwerbehindertenschutz	§ 122 SGB IX	1
– Individualanspruch, kein	§ 122 SGB IX	4
– Personenkreise, bevorzugte andere	§ 122 SGB IX	6
– Pflicht der Arbeitgeber zur Beschäftigung schwerbehinderter Menschen	§ 122 SGB IX	3
– Vorzugsregelungen	§ 122 SGB IX	7
Schwerbehindertenvertretung	§ 81 SGB IX	53, 79
	§ 94 SGB IX	1
– als Verbindungsperson zu BA und IntA	§ 99 SGB IX	17
– Ausgleich für Tätigkeiten außerhalb der Arbeitszeit	§ 96 SGB IX	91
– Begünstigungsverbot	§ 96 SGB IX	21
– Behinderungsverbot	§ 96 SGB IX	15
– Benachteiligungsverbot	§ 96 SGB IX	20
– Berufsförderungsmaßnahmen	§ 96 SGB IX	88
– Ehrenamt	§ 96 SGB IX	10
– Fiktive Kündigungsfrist	§ 96 SGB IX	36
– Freistellung	§ 96 SGB IX	57
– Kündigungsschutz	§ 96 SGB IX	23
– Nichtwählbarkeit, ausdrückliche	§ 94 SGB IX	50
– Pflicht zur Rücksichtnahme auf Arbeitgeber	§ 99 SGB IX	14
– Rechtsstellung der Stellvertreter	§ 96 SGB IX	56
– Sonstige persönliche Rechtsstellung	§ 96 SGB IX	55
– Übergangsmandat bei Betriebsspaltung oder -zusammenlegung	§ 96 SGB IX	54
– Umfang der Freizeitausgleichs	§ 96 SGB IX	92
– Unentgeltlichkeit	§ 96 SGB IX	11
– Unfallversicherungsschutz	§ 96 SGB IX	14
– Unzulässigkeit ordentlicher Kündigung	§ 96 SGB IX	24
– Versetzungs- und Abordnungsschutz	§ 96 SGB IX	49
– Wahl der Schwerbehindertenvertretung	§ 94 SGB IX	3
– Wahl der Schwerbehindertenvertretung in Betrieben und Dienststellen	§ 94 SGB IX	3
– Wahl der Vertrauensperson und stellvertretendem Mitglied	§ 94 SGB IX	24
– Wahlanfechtung	§ 94 SGB IX	144
– Wählbarkeit	§ 94 SGB IX	41

Stichwort	Fundstelle	Rdnr.
– Wahlkosten	§ 94 SGB IX	135
– Wahlrecht	§ 94 SGB IX	28
– Wahlrecht von Sozialdaten	§ 94 SGB IX	55
– Wahlschutz	§ 94 SGB IX	124
– Wahlverfahren	§ 94 SGB IX	60
– Wahlverfahren, vereinfachtes	§ 94 SGB IX	106
– Weisungsfreiheit	§ 96 SGB IX	12
– Zuammenarbeit mit BA und IntA	§ 99 SGB IX	15
– Zulässigkeit außerordentlicher Kündigung	§ 96 SGB IX	34
– Zusammenarbeit zwecks Teilhabe Schwerbehinderter	§ 99 SGB IX	4, 5, 6, 7
– Zustimmung des Betriebs-/Personalrats zur außerordentlichen Kündigung	§ 96 SGB IX	42
– „Wichtiger Grund" bei arbeitsvertraglichen Pflichtverletzungen	§ 96 SGB IX	37
Schwerbehindertenvertretung bzw. Vertrauensperson	§ 93 SGB IX	9
	§ 95 SGB IX	1
	§ 96 SGB IX	1
– Aufgaben	§ 95 SGB IX	1, 19
– Aussetzungsrecht	§ 95 SGB IX	63
– Beförderungsmaßnahmen	§ 96 SGB IX	4
– Beteiligung am Prüfungsverfahren nach § 81 SGB IX	§ 95 SGB IX	50
– Einsicht der Betroffenen	§ 95 SGB IX	3, 51
– Freistellung	§ 96 SGB IX	3
– Freizeitausgleich	§ 96 SGB IX	5
– Geheimhaltungspflicht	§ 96 SGB IX	6
– Gemeinschaftliches Handeln mit der Schwerbehindertenvertretung der Richter	§ 95 SGB IX	7, 74
– Initiativrecht	§ 95 SGB IX	4, 21
– Kostentragung	§ 96 SGB IX	7
– Mitbenutzung von Räumen und Geschäftsbedarf	§ 96 SGB IX	8
– Recht	§ 96 SGB IX	2
– Teilnahme an Besprechungen mit Arbeitgeber	§ 95 SGB IX	5, 67
– Teilnahme, beratende	§ 95 SGB IX	4, 55
– Teilnahme-/Rederecht in Versammlungen	§ 95 SGB IX	8, 76
– Unterrichtungs-/Anhörungspflichten	§ 95 SGB IX	2, 35
– Unterrichtungs-/Anhörungspflichten Verstoß	§ 95 SGB IX	40
– Verbote	§ 96 SGB IX	1
– Versammlung	§ 95 SGB IX	6, 68
– Vertrauensperson	§ 95 SGB IX	25
Schwerbehinderung		
– Anspruch auf erweiterte Teilhabe	§ 2 SGB IX	51
– berechtigter Personenkreis	§ 2 SGB IX	98

Stichwort	Fundstelle	Rdnr.
– Teilhabeanspruch ohne förmliche Anerkennung	§ 2 SGB IX	52
– Territorialitätsprinzip für Berechtigung	§ 2 SGB IX	89
Schwerhindertenvertretung		
– Beauftragung eines Rechtsanwalts	§ 96 SGB IX	125
– Geheimhaltungspflicht	§ 96 SGB IX	104
– Kosten für Schulungs- und Bildungsveranstaltungen	§ 96 SGB IX	120
– Kostentragung durch den Arbeitgeber	§ 96 SGB IX	116
– Mitbenutzung von Sachmitteln der Interessenvertretung	§ 96 SGB IX	126
– Rechtsweg bei Streit über Kostentragungspflicht	§ 96 SGB IX	123
– Verschwiegenheitspflicht nach Ausscheiden aus dem Amt	§ 96 SGB IX	115
Scientologie-Kirche Hamburg e. V.	§ 9 AGG	6
Selbstbeschaffte Leistungen		
– ambulante Reha-Maßnahme	§ 15 SGB IX	8
– Androhung der Selbstbeschaffung	§ 15 SGB IX	24
– angemessene Fristsetzung	§ 15 SGB IX	24, 27
– Antrag als Voraussetzung	§ 15 SGB IX	7, 47, 50
– Arbeitsüberlastung des Reha-Trägers	§ 15 SGB IX	26
– ärztliche Verordnung als Voraussetzung	§ 15 SGB IX	13
– Entschädigung in Geld	§ 15 SGB IX	35
– ergänzende Leistungen	§ 15 SGB IX	36
– Erstattungsanspruch	§ 15 SGB IX	29
– erstattungspflichtiger Leistungsträger	§ 15 SGB IX	30
– falscher Herstellungsweg	§ 15 SGB IX	51
– Freistellung von Kosten	§ 15 SGB IX	35
– Fristen	§ 15 SGB IX	11
– Garantiehaftung des Reha-Trägers	§ 15 SGB IX	42
– gesetzliche Krankenversicherung	§ 15 SGB IX	1b
– gesetzliche Rentenversicherung	§ 15 SGB IX	1c
– Hilfsmittel, technische Arbeitshilfen	§ 15 SGB IX	32
– Hörgerät	§ 15 SGB IX	9
– Jugendhilfe	§ 15 SGB IX	52
– Kriegsopferfürsorge	§ 15 SGB IX	52
– laufende Geldleistungen	§ 15 SGB IX	39
– Leistungspflicht von Amts wegen	§ 15 SGB IX	17
– Mitteilungspflicht des Trägers bei Entscheidungsverzögerung	§ 15 SGB IX	10, 22
– Mitwirkungspflichten gem. § 60 SGB I	§ 15 SGB IX	16
– Pflicht zur Erstattung	§ 15 SGB IX	1
– rechtswidrige Leistungsablehnung	§ 15 SGB IX	48
– Sowieso-Kosten	§ 15 SGB IX	33
– Sozialhilfe	§ 15 SGB IX	52
– Statistische Erhebungen	§ 15 SGB IX	58

Stichwort	Fundstelle	Rdnr.
– Tod des Versicherten	§ 15 SGB IX	38
– unaufschiebbare Leistung	§ 15 SGB IX	41
– Ursachenzusammmenhang	§ 15 SGB IX	7
– Verfahrensfragen	§ 15 SGB IX	57
– Vertragsarzt	§ 15 SGB IX	14
– Vorfinanzierung	§ 15 SGB IX	39
– Wirtschaftlichkeit und Sparsamkeit	§ 15 SGB IX	29, 31
– Zeitpunkt der Beschaffung	§ 15 SGB IX	15
Selbstbestimmung	§ 1 SGB IX	4
Selbsthilfegruppen	§ 29 SGB IX	9
Selbsthilfekontaktstellen	§ 29 SGB IX	13
Selbsthilfeorganisationen	§ 29 SGB IX	11
Selbstständige	§ 6 AGG	37
Servicestellen	§ 23 SGB IX	1
– Ausstattung/Besetzung	§ 23 SGB IX	3
– Ort	§ 23 SGB IX	1
– Rechtsgrundlage, bereichsspezifische	§ 23 SGB IX	4
– Verantwortlichkeit	§ 23 SGB IX	2
Sicherung der Beratung behinderter Menschen	§ 61 SGB IX	1
– Beratung behinderter Menschen	§ 61 SGB IX	1
– Sicherung von Beratung und Auskunft	§ 61 SGB IX	1
Soldaten	§ 128 SGB IX	3
– Grundsatz	§ 128 SGB IX	3, 17
– Soldaten, schwerbehinderte	§ 128 SGB IX	17
Sonderregelung für den BND	§ 158 SGB IX	1
Sozialhilfe		
– Amtsermittlungsgrundsatz	§ 18 SGB IX	9d
– Leistungen an Deutsche bei Auslandspraktikum	§ 18 SGB IX	9f
– Leistungen an Deutsche im Ausland in Notlagen	§ 18 SGB IX	9a
Sozialhilfeanspruch	§ 18 SGB IX	14
Sozialleistungen	§ 1 SGB IX	1
Sozialschutz	§ 2 AGG	43
Sozialversicherungspflicht		
– Berufsbildungsbereich	§ 138 SGB IX	4
– Eingangsverfahren	§ 138 SGB IX	4
Sprachtest als Einstellungskriterium	§ 3 AGG	36
Staatsanwaltsrat	§ 93 SGB IX	7
– Aufgaben	§ 93 SGB IX	7, 8
Stadtstaatenklausel	§ 157 SGB IX	1
– Gesamt-Vertrauensmann	§ 157 SGB IX	2
– Gesamtschwerbehindertenvertretung	§ 157 SGB IX	1, 3

Stichwort	Fundstelle	Rdnr.
– Hamburg, freie und Hansestadt	§ 157 SGB IX	1
– Sonderregelung	§ 157 SGB IX	1
Statistik	§ 131 SGB IX	1
– Bundesstatistik	§ 131 SGB IX	1
– Turnus	§ 131 SGB IX	1
Stellenausschreibung	§ 81 SGB IX	36
– fehlerhafte als Indiz für Benachteiligung	§ 22 AGG	27
– Gebot zur neutralen Stellenausschreibung	§ 81 SGB IX	129
– Stellenausschreibung im öffentlichen Dienst	§ 81 SGB IX	36
– Stellenausschreibung, außerbetriebliche	§ 81 SGB IX	36
Stellenbesetzung	§ 81 SGB IX	56
– Stellenbesetzung, benachteiligungsfreie	§ 81 SGB IX	56
Stellenbewerber, schwerbehinderter	§ 81 SGB IX	56
Stellvertreter	§ 97 SGB IX	25
Strafe	§ 155 SGB IX	1
Strafgefangener	§ 6 AGG	10
Strafvorschriften		
– Betriebs- und Geschäftsgeheimnisse	§ 155 SGB IX	1
– Bundesagentur für Arbeit	§ 155 SGB IX	2
– Integrationsamt	§ 155 SGB IX	2
– Rehabilitationsträger	§ 155 SGB IX	2
– Schweigepflicht	§ 155 SGB IX	1
– Schwerbehindertenvertretung	§ 155 SGB IX	1
– Strafantrag	§ 155 SGB IX	5
– Straferhöhungsgründe	§ 155 SGB IX	4
– Vertrauenspersonen	§ 155 SGB IX	2
– § 230 StGB	§ 155 SGB IX	6
Stufenweise Wiedereingliederung		
– Arbeitslosengeld	§ 28 SGB IX	30a
– Arbeitslosenversicherung	§ 28 SGB IX	30
– arbeitsrechtlicher Status	§ 28 SGB IX	17
– Arbeitstherapie	§ 28 SGB IX	5
– Arbeitsunfähigkeit als Voraussetzung	§ 28 SGB IX	12, 28
– Arbeitsunfall während der Maßnahme	§ 28 SGB IX	60
– ärztliche Bescheinigung als Voraussetzung	§ 28 SGB IX	26j
– Belastungserprobung	§ 28 SGB IX	5, 56
– Betriebsrat (Einbeziehung)	§ 28 SGB IX	45
– Datenschutz	§ 28 SGB IX	48
– Dauer der Maßnahme	§ 28 SGB IX	34
– Dauer der täglichen Arbeitszeit	§ 28 SGB IX	35
– Einwilligung in Datenweitergabe	§ 28 SGB IX	48

Stichwort	Fundstelle	Rdnr.
– Fahrtkostenerstattung	§ 28 SGB IX	18
– Freiwilligkeitsprinzip	§ 28 SGB IX	15
– Krankengeld	§ 28 SGB IX	29, 32
– Krankenkassen als Leistungserbringer	§ 28 SGB IX	4, 42
– Leistungserbringer	§ 28 SGB IX	3
– Mitwirkungspflichten	§ 28 SGB IX	16, 59
– Personalrat (Einbeziehung)	§ 28 SGB IX	45
– Rechtsanspruch auf	§ 28 SGB IX	20
– Rechtsverhältnis	§ 28 SGB IX	17, 26h
– Rentenversicherer als Leistungsträger	§ 28 SGB IX	4, 40
– Rentenversicherung	§ 28 SGB IX	31
– Schwerbehindertenvertretung (Einbeziehung)	§ 28 SGB IX	45
– Übergangsgeld	§ 28 SGB IX	29, 27
– Unfallversicher als Leistungsträger	§ 28 SGB IX	4, 56
– Unfallversicherung	§ 28 SGB IX	31
– Urlaub im Anschluss	§ 28 SGB IX	37
– Verfahrensfragen	§ 28 SGB IX	38
– Versicherungsrechtlicher Status	§ 28 SGB IX	28
– Vertragliche Vereinbarung über	§ 28 SGB IX	27
– Wiedereingliederungsplan	§ 28 SGB IX	7, 49
– Ziel	§ 28 SGB IX	7
– Zielgruppe	§ 28 SGB IX	11
– Zusatzleistungen	§ 28 SGB IX	33
– Zustimmung des Arbeitgebers	§ 28 SGB IX	17
T		
Tarifvertrag	§ 81 SGB IX	36
Tarifvertragsparteien		
– Anspruch auf Mitgliedschaft bzw. Mitwirkung	§ 18 AGG	8
Tätigkeit, unabhängige	§ 129 SGB IX	1
– Gleichgestellte	§ 129 SGB IX	10
– Sonderregelung	§ 129 SGB IX	7
– Zulassungserfordernis	§ 129 SGB IX	8
Taubheit	§ 69 SGB IX	219
Technische Arbeitshilfen		
– als Leistung zur Teilhabe am Arbeitsleben	§ 33 SGB IX	258
Teilhabe am Arbeitsleben	§ 33 SGB IX	97
Teilhabe am Leben in der Gesellschaft	§ 1 SGB IX	1
Teilhabeleistung im Ausland		
– Wissenschaftlichkeitsgebot	§ 18 SGB IX	5a

Stichwort	Fundstelle	Rdnr.
Teilhabeleistungen im Ausland		
– Dienstleistungen	§ 18 SGB IX	17
– Ermessensentscheidung	§ 18 SGB IX	30
– Geldleistungen	§ 18 SGB IX	18
– gesetzliche Rentenversicherung	§ 18 SGB IX	4
– grenznahes Ausland	§ 18 SGB IX	25
– Grundsatz der Leistung im Inland	§ 18 SGB IX	15
– individueller Rehabilitationsbedarf als Maßstab	§ 18 SGB IX	22
– Inlandsbezug als Grundsatz	§ 18 SGB IX	9
– Qualitätsanforderungen	§ 18 SGB IX	21
– Qualitätsmängel, typische	§ 18 SGB IX	21a
– Sachleistungen	§ 18 SGB IX	16
– Voraussetzungen	§ 18 SGB IX	20
– Wirksamkeit	§ 18 SGB IX	22
– Wirtschaftlichkeit	§ 18 SGB IX	23
Teilzeitarbeitsplätze	§ 81 SGB IX	269
– Förderung der Einrichtung	§ 81 SGB IX	269
Teilzeitbeschäftigung		
– Altersteilzeitarbeitsverträge	§ 81 SGB IX	305
– Einklagbarer Anspruch auf Teilzeitbeschäftigung	§ 81 SGB IX	273
Testingverfahren	§ 22 AGG	28
Träger der gesetzlichen Rentenversicherung		
– Alterssicherung der Landwirte	§ 6 SGB IX	108
– Leistungen	§ 6 SGB IX	86, 94
– Rehabilitation, medizinische	§ 6 SGB IX	89
– Verhältnis zu Krankenkasse	§ 6 SGB IX	86b
– Voraussetzungen, persönliche	§ 6 SGB IX	93
– Voraussetzungen, versicherungsrechtliche	§ 6 SGB IX	90
Träger der gesetzlichen Unfallversicherung	§ 6 SGB IX	56
– Leistungsziel	§ 6 SGB IX	63
– Versicherungsfall	§ 6 SGB IX	57
Träger der Kriegsopferversorgung und Kriegsopferfürsorge	§ 6 SGB IX	112
– Leistungen	§ 6 SGB IX	117
– Leistungsziel	§ 6 SGB IX	113
Träger der Sozialhilfe	§ 6 SGB IX	150
– Leistungen	§ 6 SGB IX	166
– Leistungsziel	§ 6 SGB IX	154
Trainingsmaßnahmen	§ 33 SGB IX	47
Transsexuelle	§ 1 AGG	37
Trennungskostenbeihilfe	§ 33 SGB IX	55

Stichwort	Fundstelle	Rdnr.
U		
Überbrückungsgeld	§ 33 SGB IX	84
Übergang auf den allgemeinen Arbeitsmarkt	§ 41 SGB IX	28
– Förderung	§ 41 SGB IX	28
Übergangsgeld	§ 33 SGB IX	52
– Weiterzahlung in Wartephase zwischen Leistungen>	§ 51 SGB IX	6
Übergangsregelung	§ 159 SGB IX	1
– Arbeitgeber, öffentlicher, des Bundes	§ 159 SGB IX	1
– Feststellung, bindende, über das Vorliegen einer Behinderung	§ 159 SGB IX	3
– Förderleistungen der Bundesagentur für Arbeit	§ 159 SGB IX	2
– Richtlinien, allgemeine zur Auftragsvergabe	§ 159 SGB IX	4
Überprüfungsregelung	§ 160 SGB IX	1
– Bericht Beschäftigungssituation	§ 160 SGB IX	1
– Bundesregierung	§ 160 SGB IX	1
– Vorschlag von Maßnahmen	§ 160 SGB IX	1
Übertragung von Aufgaben	§ 107 SGB IX	1
– Arbeitsämter	§ 107 SGB IX	8
– Fürsorgestellen, örtliche	§ 107 SGB IX	6
– Verlängerung Schwerbehindertenausweis	§ 107 SGB IX	4
Überwachung der Erfüllung der Beschäftigungspflicht	§ 104 SGB IX	42
Umzugskostenbeihilfe	§ 33 SGB IX	58
Unterbringung eines Kindes während Rehamaßnahme	§ 54 SGB IX	26
Unterkunfts- und Verpflegungskosten		
– bei Leistungen zur Teilhabe am Arbeitsleben	§ 33 SGB IX	150
Unterlassungsanspruch bei grobem AGG-Verstoß	§ 17 AGG	13
– Anspruchsvoraussetzungen	§ 17 AGG	23
– in öffentlichen Dienststellen	§ 17 AGG	20
– Verfahrensvoraussetzungen	§ 17 AGG	17
V		
Veränderungen, bauliche	§ 12 AGG	36
Verbot der Benachteiligung schwerbehinderter Menschen	§ 81 SGB IX	88
Verdienstausfall	§ 33 SGB IX	197
– Anspruchsgrund	§ 33 SGB IX	197
– bei Leistungen zur Teilhabe am Arbeitsleben	§ 33 SGB IX	197
– Unvermeidbarkeit	§ 33 SGB IX	199
– Verdienstausfall einer Begleitperson	§ 33 SGB IX	200
Vereinbarung mit dem Träger des Integrationsfachdienstes		
– Mustervereinbarung	§ 111 SGB IX	28
– Zielvereinbarungen	§ 111 SGB IX	29

Stichwort	Fundstelle	Rdnr.
Vereinigungen, berufsbezogene	§ 2 AGG	39
– Anwaltsvereine	§ 2 AGG	39
– Handwerksinnungen	§ 2 AGG	39
– Vereinigungen, kassenärztliche	§ 2 AGG	39
Vereinigungen, kassenärztliche	§ 2 AGG	39
Verfahren der Widerspruchsausschüsse	§ 121 SGB IX	1
– Befangenheit	§ 121 SGB IX	3
– Beschlussfähigkeit	§ 121 SGB IX	1
– Entscheidungen über den Kündigungsschutz	§ 121 SGB IX	2
– Vorsitzender	§ 121 SGB IX	1
Verfahren des Beirats für die Teilhabe behinderter Menschen	§ 65 SGB IX	1
– Amtsdauer	§ 65 SGB IX	8
– Beirat für die Teilhabe behinderter Menschen	§ 65 SGB IX	1
– Beschlussfähigkeit	§ 65 SGB IX	6
– Ehrenamt	§ 65 SGB IX	7
– Stellvertreter	§ 65 SGB IX	3
– Vorsitzender	§ 65 SGB IX	3
– Wählbarkeit	§ 65 SGB IX	3
Vergabe von Aufträgen durch die öffentliche Hand	§ 141 SGB IX	1
– Angebotspflicht	§ 141 SGB IX	6
– Auftragsvergabe, bevorzugte	§ 141 SGB IX	7
– Ausführung von Leistungen	§ 141 SGB IX	5
– Werkstätten für behinderte Menschen	§ 141 SGB IX	1
Vergleichsperson	§ 3 AGG	24
– hypothetische	§ 3 AGG	24
Vergünstigungen des Blindenwarenvertriebs	§ 143 SGB IX	2
Vergünstigungen, soziale	§ 2 AGG	45
Vergütung	§ 41 SGB IX	31
– Kosten, werkstattbezogene notwendige	§ 41 SGB IX	37
– Kosten, werkstattspezifische der wirtschaftlichen Betätigung	§ 41 SGB IX	39
– Pauschalen und Beträge nach § 76 SGB XII	§ 41 SGB IX	32
– Vergütungspauschale	§ 41 SGB IX	42
Vergütung des Integrationsfachdienstes	§ 113 SGB IX	1
– Empfehlungen, gemeinsame	§ 113 SGB IX	13
– Finanzierung durch Auftraggeber	§ 113 SGB IX	11
Vergütung durch Integrationsamt	§ 113 SGB IX	18
– Ausgleichsabgabe	§ 113 SGB IX	18
Vergütung durch Rehabilitationsträger	§ 113 SGB IX	14
– Berufsbegleitung	§ 113 SGB IX	14
– Fälligkeit	§ 113 SGB IX	17
– Leistungen, besondere	§ 113 SGB IX	16
– Vermittlung	§ 113 SGB IX	15

Stichwort	Fundstelle	Rdnr.
Verjährung	§ 156 SGB IX	10
Verletztengeld		
– Weiterzahlung in Wartephase zwischen Leistungen	§ 51 SGB IX	6
Verordnungsermächtigung	§ 16 SGB IX	1
	§ 25 SGB IX	1
	§ 32 SGB IX	1
	§ 59 SGB IX	1
	§ 67 SGB IX	1
	§ 70 SGB IX	1
	§ 79 SGB IX	1
	§ 100 SGB IX	1
	§ 108 SGB IX	1
	§ 115 SGB IX	1
	§ 135 SGB IX	1
	§ 144 SGB IX	1
	§ 154 SGB IX	1
– Anforderungen, fachliche	§ 144 SGB IX	1
– Anspruch auf Arbeitsassistenz	§ 108 SGB IX	1
– Aufteilung der Ausgleichsabgabe	§ 79 SGB IX	5
– Ausgleichsabgabeverordnung	§ 79 SGB IX	4
– Beförderung, unentgeltliche, schwerbehinderter Menschen im öffentlichen Personenverkehr	§ 154 SGB IX	1
– Begriff und die Aufgabe der Werkstatt für behinderte Menschen	§ 144 SGB IX	1
– Beschäftigungspflicht der Arbeitgeber	§ 79 SGB IX	1
– Bestimmungen Schwerbehindertengesetz	§ 79 SGB IX	1
– Einzelheiten über Gestaltung, Ausweise, Gültigkeit und Verwaltungsverfahren	§ 70 SGB IX	1
– Empfehlung, gemeinsame	§ 16 SGB IX	1
– Empfehlung, gemeinsame § 13 SGB IX	§ 16 SGB IX	2
– Gestaltung des Ausweises	§ 154 SGB IX	1
– Integrationsprojekte	§ 135 SGB IX	1
– Koordinierung der Teilhabe behinderter Menschen	§ 67 SGB IX	1
– Leistungen zur Teilhabe am Leben in der Gemeinschaft	§ 59 SGB IX	1
– Nahverkehrszügeverordnung	§ 154 SGB IX	4
– Regelung statt gemeinsamer Empfehlungen	§ 115 SGB IX	7
– Regelungsgehalte der §§ 109 ff. SGB IX	§ 115 SGB IX	5
– Rehabilitation	§ 32 SGB IX	1
– Schwerbehindertenausweisverordnung	§ 154 SGB IX	2
– Schwerbehindertenrecht	§ 70 SGB IX	1
– Schwerbehindertenvertretung	§ 100 SGB IX	1
– Servicestellen, gemeinsame	§ 25 SGB IX	1
– Stufenvertretung	§ 100 SGB IX	1

Stichwort	Fundstelle	Rdnr.
– Werkstätten für behinderte Menschen	§ 144 SGB IX	1
– Zuggattungen	§ 154 SGB IX	3
Verpflegung	§ 33 SGB IX	149
Versammlungen von Vertrauenspersonen	§ 97 SGB IX	7, 36
Versorgungskrankengeld		
– Weiterzahlung in Wartephase zwischen Leistungen	§ 51 SGB IX	6
Verträge mit Leistungserbringern	§ 21 SGB IX	1
– Einheitlichkeit	§ 21 SGB IX	2
– Kündigung	§ 21 SGB IX	3
– Mitwirkung	§ 21 SGB IX	1
– Qualitätssicherung	§ 21 SGB IX	1
– Vergütung	§ 21 SGB IX	1
Verwaltungsbehörde, zuständige	§ 156 SGB IX	11
– Bestimmungen, allgemeine, über das Strafverfahren	§ 156 SGB IX	13
– Bundesagentur für Arbeit	§ 156 SGB IX	11
– Bußgeldbescheid	§ 156 SGB IX	14
– Opportunitätsprinzip	§ 156 SGB IX	11a
Voraussetzungen, persönliche		
– Beförderung, unentgeltliche, schwerbehinderter Menschen im öffentlichen Personenverkehr	§ 147 SGB IX	1
Vorrang von Leistungen zur Teilhabe	§ 8 SGB IX	1
Vorschriften, gemeinsame für beratende Ausschüsse	§ 106 SGB IX	1
– Beschlüsse	§ 106 SGB IX	4, 11
– Ehrenamtlichkeit	§ 106 SGB IX	6, 13
– Wahl	§ 106 SGB IX	3, 7
Vorstellungsgespräch		
– Nichteinladung als Indiz für Benachteiligung	§ 22 AGG	23
Vorstellungskosten	§ 15 AGG	35
Vorverfahren	§ 118 SGB IX	40
W		
Wahl der Schwerbehindertenvertretung in Betrieben und Dienststellen	§ 94 SGB IX	3
– Betrieb	§ 94 SGB IX	7
– Dienststelle	§ 94 SGB IX	14
– Gericht	§ 94 SGB IX	15
– Tarifvertrag	§ 94 SGB IX	8
Wahlrecht der Leistungsberechtigten	§ 9 SGB IX	1
Waren- und Dienstleistungsfreiheit in der EU	§ 18 SGB IX	14
Wegfall der Anerkennung der WfbM	§ 142 SGB IX	24
– Aufhebung	§ 142 SGB IX	29
– Bundesagentur für Arbeit	§ 142 SGB IX	30

Stichwort	Fundstelle	Rdnr.
– Rücknahme	§ 142 SGB IX	25
– Widerruf	§ 142 SGB IX	28
Wegfall der Voraussetzungen des § 2 Abs. 2 SGB IX	§ 116 SGB IX	5
– Feststellungsbescheid	§ 116 SGB IX	7
– GdB von wenigstens 50	§ 116 SGB IX	5
– Schonfrist	§ 116 SGB IX	11
– Wohnsitz im Ausland	§ 116 SGB IX	6
Weiterbildung		
– als Leistung zur Teilhabe am Arbeitsleben	§ 33 SGB IX	68
Weiterbildung, berufliche	§ 37 SGB IX	23
– Art und Umfang	§ 37 SGB IX	25
– Bundesagentur für Arbeit	§ 37 SGB IX	32
– Regelfall	§ 37 SGB IX	29
– Überschreitung der Dauer	§ 37 SGB IX	32
Weiterzahlung der Leistungen	§ 51 SGB IX	1
– Anspruch	§ 51 SGB IX	1
– Arbeitslosigkeit nach abgeschlossener Leistung zur Teilhabe am Arbeitsleben	§ 51 SGB IX	22
– Stufenweise Wiedereingliederung nach abgeschlossener Leistung zu Rehabilitation	§ 51 SGB IX	27
– Weiterzahlung bei gesundheitsbedingter Unterbrechung einer Leistung zur Teilhabe am Arbeitsleben	§ 51 SGB IX	16
– Weiterzahlung in einer Wartephase zwischen verschiedenen Leistungen	§ 51 SGB IX	6
Weiterzahlung in einer Wartephase zwischen verschiedenen Leistungen	§ 51 SGB IX	6
– Arbeitsunfähigkeit ohne Krankengeldanspruch	§ 51 SGB IX	12
– Regelungszweck und Leistungsverpflichteter	§ 51 SGB IX	6
– Unzumutbarkeit einer Übergangsbeschäftigung	§ 51 SGB IX	14
– Verzögerung der Anschlussleistung	§ 51 SGB IX	10
– Weitere Leistung zur Teilhabe	§ 51 SGB IX	8
Weltanschauung	§ 1 AGG	42
Werkstatt für behinderte Menschen	§ 42 SGB IX	1
– Anforderungen	§ 136 SGB IX	11
– Arbeitsbereich	§ 136 SGB IX	8
– Aufgaben	§ 136 SGB IX	2, 6b
– Ausschluss	§ 136 SGB IX	2a, 25
– Begriffe	§ 136 SGB IX	2
– Behinderte	§ 136 SGB IX	1a
– Berufsbildungsbereich	§ 136 SGB IX	7
– Eingangsverfahren	§ 136 SGB IX	6b
– Eingliederung ins Arbeitsleben	§ 136 SGB IX	5
– Eingliederungsplan	§ 136 SGB IX	6c

Stichwort	Fundstelle	Rdnr.
– Einrichtung zur Teilhabe behinderter Menschen am Arbeitsleben	§ 136 SGB IX	5
– Einrichtungen, angegliederte	§ 136 SGB IX	3, 29
– Einrichtungen, vergleichbare der beruflichen Rehabilitation	§ 136 SGB IX	5a
– Fachausschuss	§ 136 SGB IX	6d, 10
– Förder- und Betreuungsstätten	§ 136 SGB IX	30
– Förderung des Übergangs auf den allgemeinen Arbeitsmarkt	§ 136 SGB IX	9
– Leistungen im Arbeitsbereich	§ 42 SGB IX	11
– Leistungen im Eingangsverfahren und im Berufsbildungsbereich	§ 42 SGB IX	1
– Leistungen, finanzielle	§ 136 SGB IX	15
– Vergünstigungen für anerkannte Werkstätten	§ 136 SGB IX	14
– Zugang	§ 136 SGB IX	2a, 24
Werkstattrat	§ 139 SGB IX	1, 14
Werkstattverträge	§ 138 SGB IX	42
– Abschluss durch geschäftsunfähige Volljährige	§ 138 SGB IX	56
– Anspruch	§ 138 SGB IX	43
– Auflösungsschutz für behinderten Geschäftsunfähigen	§ 138 SGB IX	60
– Beanstandungsrecht der Rehabiliationsträger	§ 138 SGB IX	52
– Form- und Begründungszwang für Lösungserklärung	§ 138 SGB IX	61
– Geschäftsfähigkeit	§ 138 SGB IX	44, 47
– Geschäftsunfähig	§ 138 SGB IX	56
– Rechtsanspruch auf Vetragsschluss	§ 138 SGB IX	42
– Vertragsinhalt	§ 138 SGB IX	48
Wertmarke, unentgeltliche	§ 145 SGB IX	2, 15
– Blinde und hilflose Menschen	§ 145 SGB IX	18
– Empfänger bestimmter Sozialleistungen	§ 145 SGB IX	19
– Menschen, versorgungsberechtigte schwer behinderte	§ 145 SGB IX	23
Widerspruch eines schwerbehinderten Bewerbers	§ 81 SGB IX	79
Widerspruchsausschuss bei dem Integrationsamt	§ 118 SGB IX	1
	§ 119 SGB IX	1
– Berufungsverfahren	§ 119 SGB IX	3
– Bundesministerium der Verteidigung	§ 119 SGB IX	4
– Fürsorgestellen, örtliche	§ 118 SGB IX	8
– Mitglieder	§ 119 SGB IX	1, 5
– Stellvertreter	§ 119 SGB IX	2
– Verwaltungsgerichtsordnung	§ 118 SGB IX	7
– Vorverfahren	§ 118 SGB IX	11
Widerspruchsausschuss bei der BA	§ 120 SGB IX	1
– Amtszeit	§ 120 SGB IX	3
– Verfahren	§ 120 SGB IX	1
– Zusammensetzung	§ 120 SGB IX	2

Stichwort	Fundstelle	Rdnr.
Widerspruchsbescheid	§ 118 SGB IX	35
– Form/Frist	§ 118 SGB IX	2, 17
Widerspruchsverfahren	§ 118 SGB IX	1, 31
Wiedereingliederung, stufenweise	§ 28 SGB IX	1
– Mittel zur Rehabilitation	§ 28 SGB IX	1
– Mitwirkung	§ 28 SGB IX	15, 17
– Mitwirkung Arbeitgeber	§ 28 SGB IX	17
– Rehabilitationsträger	§ 28 SGB IX	42
– Rentenversicherung	§ 28 SGB IX	4
– Status, versicherungsrechtlicher	§ 28 SGB IX	28
– Stufenplan	§ 28 SGB IX	7, 49
– Unfallversicherung	§ 28 SGB IX	56
– Verfahren	§ 28 SGB IX	38
– Vergütung	§ 28 SGB IX	17
– Zielgruppe	§ 28 SGB IX	11
– Zielsetzung	§ 28 SGB IX	2, 7
Wiederholungsgefahr	§ 12 AGG	36
Willkürkontrolle		
– gegenüber unternehmerischen Entscheidungen	§ 8 AGG	14
Wirkung des Widerspruchs	§ 118 SGB IX	22
Wirtschaftlichkeit und Sparsamkeit		
– bei Erstattung selbstbeschaffter Leistungen	§ 15 SGB IX	29, 31
– beim Wunsch- und Wahlrecht der Leistungsberechtigten	§ 9 SGB IX	19
Wohnsitz	§ 2 SGB IX	96
Wunsch- und Wahlrecht		
– Angemessenheit von Wünschen	§ 9 SGB IX	14
– Antrag	§ 9 SGB IX	42
– Arbeitsassistenz, kostengünstigere Alternative	§ 9 SGB IX	22c
– Auslastung trägereigener Einrichtungen und Kostenvergleich	§ 9 SGB IX	22d
– Bedürfnisse behinderter Eltern	§ 9 SGB IX	28
– Bedürfnisse behinderter Kinder	§ 9 SGB IX	29
– Bedürfnisse der Betroffenen	§ 9 SGB IX	24
– Begriff der "Wünsche"	§ 9 SGB IX	11
– bei Leistungen zur Teilhabe am Arbeitsleben	§ 33 SGB IX	111
– Berechtigung von Wünschen	§ 9 SGB IX	14, 19
– Betreuer als Sprecher des Leistungsberechtigten	§ 9 SGB IX	12
– Fallpauschale in Klinik	§ 9 SGB IX	22b
– Funktionstraining	§ 9 SGB IX	25
– Geeignetheit der gewünschten Leistung	§ 9 SGB IX	18
– Haushaltshilfe bei Pflege durch den Ehegatten	§ 9 SGB IX	23c
– Hinweispflicht der Träger und Servicestellen auf	§ 9 SGB IX	13

Stichwort	Fundstelle	Rdnr.
– Kinder als Leistungsberechtigte	§ 9 SGB IX	12
– Kostenvergleich	§ 9 SGB IX	22, 40
– Lebenssituation der Betroffenen	§ 9 SGB IX	24
– Leistungsberechtigung als Voraussetzung	§ 9 SGB IX	10
– Leistungsbewilligung durch Rentenversicherungsträger	§ 9 SGB IX	53
– Leistungsrecht als Rahmen	§ 9 SGB IX	15
– Mitwirkungspflichten	§ 9 SGB IX	54
– Pauschbeträge anstelle von Sachleistungen	§ 9 SGB IX	27
– Reichweite	§ 9 SGB IX	8
– religiöse und weltanschauliche Bedürfnisse	§ 9 SGB IX	27
– stationäre Maßnahmen zur medizinischen Rehabilitation	§ 9 SGB IX	22a
– Terminwünsche bzw. -verschiebungen	§ 9 SGB IX	25
– Unverhältnismäßige Mehrkosten	§ 9 SGB IX	19
– Verfahren bei Ablehnungsentscheidung	§ 9 SGB IX	44
– Vertragsschluss mit Einrichtung gem. § 21 SGB IX als Voraussetzung	§ 9 SGB IX	16, 49
– Vorrang ambulanter Leistungen in der Sozialhilfe	§ 9 SGB IX	23
– Wirksamkeit der Leistung	§ 9 SGB IX	39, 42
– Wirtschaftlichkeit und Sparsamkeit	§ 9 SGB IX	19, 42
– wohnortnahe Einrichtung	§ 9 SGB IX	25
– Zustimmung des Leistungsberechtigten	§ 9 SGB IX	51
Wunschrecht des Leistungsberechtigten	§ 9 SGB IX	1
– Bedürfnisse behinderter Eltern	§ 9 SGB IX	28
– Bedürfnisse behinderter Kinder	§ 9 SGB IX	29
– Bedürfnisse und Gegebenheiten, persönliche und familiäre	§ 9 SGB IX	5
– Geldleistung anstelle Sachleistung	§ 9 SGB IX	2, 6, 31
– Gestaltung, eigenverantwortliche und Selbstbestimmung	§ 9 SGB IX	7, 48
– Gestaltung, eigenverantwortliche, und Selbstbestimmung	§ 9 SGB IX	3
– Mitwirkung	§ 9 SGB IX	54
– Rücksichtnahme	§ 9 SGB IX	24
– Selbstbestimmung	§ 9 SGB IX	3, 7
– Verpflichtung der Rehabilitationsträger	§ 9 SGB IX	5
– Weigerung des Leistungsberechtigten	§ 9 SGB IX	57
– Wunschrecht	§ 9 SGB IX	11
Z		
Zeitlicher Rahmen der Wiedereingliederung	§ 28 SGB IX	34
Zielbestimmung des AGG, programmatische	§ 1 AGG	1
Zivildienstleistende	§ 6 AGG	10
– Sonderregelung im AGG	§ 24 AGG	1
Zivildienstleistende, schwerbehinderte	§ 128 SGB IX	22

Stichwort	Fundstelle	Rdnr.
Zivilrechtliches Benachteiligungsverbot	§ 19 AGG	1
– Angehörige	§ 19 AGG	37
– behinderte menschen	§ 19 AGG	18
– Kreditgeschäfte	§ 19 AGG	28
– Massengeschäfte	§ 19 AGG	2, 23
– Privatversicherungen	§ 19 AGG	28, 30
– Rechtfertigungsgründe	§ 20 AGG	1
– Rechtsfolgen bei Verstoß	§ 21 AGG	1
– Vertragfreiheit	§ 19 AGG	1, 12
– Wohnraummiete	§ 19 AGG	28, 31, 36
Zugang		
– zu Berufsberatung und Berufsbildung	§ 2 AGG	34
– zur selbstständigen Tätigkeit	§ 2 AGG	25
– zur unselbstständigen Tätigkeit	§ 2 AGG	20
Zusammenarbeit	§ 101 SGB IX	1, 11
– Grundsatz der engen Zusammenarbeit	§ 101 SGB IX	12
Zusammenarbeit der Rehabilitationsträger	§ 12 SGB IX	1
– Abgrenzungsfragen	§ 12 SGB IX	1, 14
– Arbeitsgemeinschaft	§ 12 SGB IX	2, 27
– Art der Leistungen	§ 12 SGB IX	1
– Begutachtung	§ 12 SGB IX	1, 19
– Beratung	§ 12 SGB IX	1, 16
– Leistungserbringung, zügige	§ 12 SGB IX	1, 10
– Nahtlosigkeit der Leistung	§ 12 SGB IX	1, 10
– Pflicht	§ 12 SGB IX	1, 7
– Untersuchungsbefunde	§ 12 SGB IX	1, 19
– Vorrang von Prävention	§ 12 SGB IX	1, 22
Zusammenwirken der Arbeitgeber mit der BA und den Integrationsämtern	§ 80 SGB IX	1
– Anzeigepflicht	§ 80 SGB IX	3, 15
– Auskunft	§ 80 SGB IX	6, 19
– Benennung der Vertrauensperson bzw. des Arbeitgeberbeauftragten	§ 80 SGB IX	9, 22
– Beschäftigungsquote bei öffentlichen Arbeitgebern	§ 80 SGB IX	10, 23
– Feststellungsbescheid	§ 80 SGB IX	4, 17
– Keine Beschäftigungspflicht der Arbeitgeber	§ 80 SGB IX	5, 18
– Namensverzeichnis	§ 80 SGB IX	2, 12
– Vordruck	§ 80 SGB IX	13, 20
Zusammenwirken der Leistungen	§ 11 SGB IX	1
– Klärung	§ 11 SGB IX	3
– Prüfung der Notwendigkeit/Erfolgsaussicht	§ 11 SGB IX	1
– Verfahren	§ 11 SGB IX	2

Stichwort	Fundstelle	Rdnr.
Zusatzurlaub		
– Abgeltung nach 7 IV BurlG	§ 125 SGB IX	69
– Abweichungen der regelmäßigen Arbeitszeit	§ 125 SGB IX	4
– Altersteilzeit (Freistellungsphase)	§ 125 SGB IX	70
– Anknüpfung an Regelungen über Grundurlaub	§ 125 SGB IX	25
– Anrechnung auf bezahlte Freizeit	§ 125 SGB IX	77
– Anspruch unabhängig von Erholungsbedürfnis	§ 125 SGB IX	1
– Anspruch, anteiliger	§ 125 SGB IX	5
– Aufrundung	§ 125 SGB IX	47
– Aufstockung des Grundurlaubs	§ 125 SGB IX	17, 23, 49
– Ausschluss von Gleichgestellten	§ 125 SGB IX	13
– Bemessung nach Arbeitstagen	§ 125 SGB IX	31
– Berechnung, anteilige	§ 125 SGB IX	46
– Berechnung, gesonderte	§ 125 SGB IX	33
– Dauer bei abw. persönlicher Arbeitszeit	§ 125 SGB IX	32
– Dauer, gleichmäßige von einer Woche	§ 125 SGB IX	31
– Entstehung des Anspruchs	§ 125 SGB IX	45
– Erlöschen des Anspruchs	§ 125 SGB IX	50
– Ersatzurlaubsanspruch	§ 125 SGB IX	65
– Freischichten (arbeitszeitmindernde Einbeziehung)	§ 125 SGB IX	36
– Geltendmachung, Anforderungen an	§ 125 SGB IX	63
– Geltendmachung, rechtzeitige	§ 125 SGB IX	50
– keine Anrechnung von nachgewiesener AU	§ 125 SGB IX	30
– Mitbestimmung des Betriebsrats	§ 125 SGB IX	81
– Rechtfertigung der Gewährung	§ 125 SGB IX	3
– Schadensersatzanspruch bei Vereitelung durch AG	§ 125 SGB IX	65, 71
– Schwerbehinderteneigenschaft	§ 125 SGB IX	6, 61
– Strafgefangener	§ 125 SGB IX	76
– Unabdingbarkeit	§ 125 SGB IX	25
– Urlaubsentgelt	§ 125 SGB IX	73
– Urlaubsgeld	§ 125 SGB IX	75
– Verlust der Schwerbehinderteneigenschaft	§ 125 SGB IX	68
– Werkstatt für behinderte Menschen	§ 125 SGB IX	24
– Wesen	§ 125 SGB IX	16
– zeitliche Festlegung (Berücksichtigung von AN-Wünschen)	§ 125 SGB IX	28
– Zwölftelung	§ 125 SGB IX	47
Zuständigkeit für Leistungen in Werkstätten für behinderte Menschen	§ 42 SGB IX	1
Zuständigkeitsklärung	§ 14 SGB IX	1
– abschließende Regelung	§ 14 SGB IX	27
– Akutbehandlung, Unanwendbarkeit auf	§ 14 SGB IX	37

Stichwort	Fundstelle	Rdnr.
– Antragseingang bei Gemeinsamer Servicestelle	§ 14 SGB IX	47
– Antragseingang beim Reha-Träger	§ 14 SGB IX	46
– Antragstellung bei der BA, Verfahrensbeschleunigung	§ 14 SGB IX	115
– Antragstellung ohne Formvorschriften	§ 14 SGB IX	39
– Antragstellung und Fristbeginn nach Abs. 1	§ 14 SGB IX	38
– Antragstellung, erneute	§ 14 SGB IX	30
– Antragstellung, vorzulegende Unterlagen	§ 14 SGB IX	43
– Antragsweiterleitung durch erstangegangenen Träger	§ 14 SGB IX	65
– Antragsweiterleitung; Pflichten des zweiten Trägers	§ 14 SGB IX	105
– Außenverhältnis behinderter Mensch/Rehaträger	§ 14 SGB IX	110
– Ausgleichssystem	§ 14 SGB IX	112
– Ausschlussfrist nach § 111 SGB X	§ 14 SGB IX	137
– Behinderung junger Menschen	§ 14 SGB IX	62
– Beiladung im SG-Verfahren als Antragsweiterleitung?	§ 14 SGB IX	72
– Doppelleistungen (Vermeidung)	§ 14 SGB IX	136
– Eilfall, Rehabilitation als	§ 14 SGB IX	55
– erstangegangener Träger (Prüfung)	§ 14 SGB IX	53
– Erstattung an erstangegangenen Träger bei Nichtweiterleitung	§ 14 SGB IX	139
– Erstattungsanspruch bei irrtümlicher Nichtweiterleitung	§ 14 SGB IX	80, 144
– Erstattungsanspruch des zweitangegangenen Trägers	§ 14 SGB IX	112, 127
– Fristbeginn nach Abs. 1	§ 14 SGB IX	38
– Fristberechnung	§ 14 SGB IX	52
– Gemeinsame Empfehlung (GEzZ)	§ 14 SGB IX	31
– Gesamtfallgrundsatz	§ 14 SGB IX	64
– Grundzuständigkeit wegen Leistungspflicht unabhängig von Behinderungsursache	§ 14 SGB IX	82
– Höchstfrist zur Entscheidung bei Nichtweiterleitung	§ 14 SGB IX	98
– Innenverhältnis der Rehabilitationsträger	§ 14 SGB IX	112
– Integrationsämter, Sonderregelung in § 102 VI 2	§ 14 SGB IX	123
– irrtümliche Bejahung eigener Zuständigkeit	§ 14 SGB IX	144
– Jugendhilfe und Sozialhilfe, Zuständigkeitsfragen	§ 14 SGB IX	61, 113
– Kenntnis des Sachbearbeiters von Reha-Bedarf	§ 14 SGB IX	124
– Krankenkasse	§ 14 SGB IX	56, 111
– Leistungen von Amts wegen	§ 14 SGB IX	124
– Leistungsgesetz, maßgebliches	§ 14 SGB IX	92, 102, 106, 108
– medizinische Rehabilitaion	§ 14 SGB IX	56, 59, 84, 109
– Mehrfachbehinderung junger Menschen	§ 14 SGB IX	63
– Mitwirkungspflicht bei Sachverhaltsklärung	§ 14 SGB IX	44
– Nichtweiterleitung des Antrags (Rechtsfolgen)	§ 14 SGB IX	77
– örtliche Zuständigkeit	§ 14 SGB IX	55

Stichwort	Fundstelle	Rdnr.
– Prüfung des erstangegangenen Trägers	§ 14 SGB IX	53
– Rehabilitation	§ 14 SGB IX	1, 88
– Rehabilitationsbedarf, Feststellung bei Nichtweiterleitung	§ 14 SGB IX	88
– Rehabiltationsbedarf, Prüfung nach Weiterleitung	§ 14 SGB IX	106
– Rentenversicherungsträger	§ 14 SGB IX	56, 59, 84, 109
– Selbstbeschaffung von Leistungen bei Entscheidungsverzögerung	§ 14 SGB IX	104
– Spezialregelung	§ 14 SGB IX	1
– Teilhabe am Arbeitsleben, Leistungen	§ 14 SGB IX	59
– Teilhabe am Gemeinschaftsleben, Sozialhilfe	§ 14 SGB IX	86
– Unfallversicherungsträger	§ 14 SGB IX	56, 113
– Unverzüglichkeit der Antragsweiterleitung	§ 14 SGB IX	73
– Unverzüglichkeit der Entscheidung bei Nichtweiterleitung	§ 14 SGB IX	91
– Verjährung von Erstattungsanspruch	§ 14 SGB IX	138
– Verlängerungsantrag	§ 14 SGB IX	50
– Verlängerungsentscheidung	§ 14 SGB IX	30
– Verwaltungsgerichte, Anwendung des SGB XII in Jugendhilfe-Fall	§ 14 SGB IX	107
– vorläufige Zuständigkeit durch Nichtweiterleitung	§ 14 SGB IX	77
– Vorrang vor § 43 SGB I	§ 14 SGB IX	32
– Weiterleitung bei erforderlichen weiteren Leistungen	§ 14 SGB IX	176
– Weiterleitungsverbot	§ 14 SGB IX	114
– wiederholte Weiterleitung (Unzulässigkeit)	§ 14 SGB IX	116
– Zeit- und Einigungsdruck gegenüber Betroffenem	§ 14 SGB IX	121
– Ziel	§ 14 SGB IX	27
– Zuständigkeitsprüfung	§ 14 SGB IX	1
– Zuständigkeitsstreit zwischen gleichartigen Trägern	§ 14 SGB IX	36
– zweitangegangener Träger, Prüfung und Entscheidung	§ 14 SGB IX	105
– zwischen BA und Rentenversicherer nach § 11 IIa Nr. 1 SGB VI	§ 14 SGB IX	135

Knittel
SGB IX
Online-Kommentar
Online-Datenbank inkl. Lizenz für 3 User, monatlich € 49,–

Online im Shop bestellen:
www.behinderungundarbeit.de
Gebührenfreie Bestellhotline:
0800 7763665

Der Online-Kommentar
Ziele fokussieren – Probleme lösen!

Sehr geehrte Damen und Herren,

der SGB IX Online-Kommentar ist die ideale Ergänzung zu Ihrer gebundenen Ausgabe mit den aktuellen Kommentaren zum SGB IX und dem AGG.

Testen Sie Ihren Online-Kommentar noch heute und entscheiden Sie sich für das Abonnement.

www.behinderungundarbeit.de

Wolters Kluwer Deutschland GmbH ▪ Postfach 2352 ▪ 56513 Neuwied
Telefon 02631 8012222 ▪ Fax 02631 8012223 ▪ info@wolterskluwer.de ▪ www.wolterskluwer.de

Luchterhand
eine Marke von Wolters Kluwer Deutschland

behinderungundarbeit.de

Alles über die Aufgaben, Rechte und Möglichkeiten der Schwerbehindertenvertretung

Blog Hackenberger & Co.

Online-Seminare

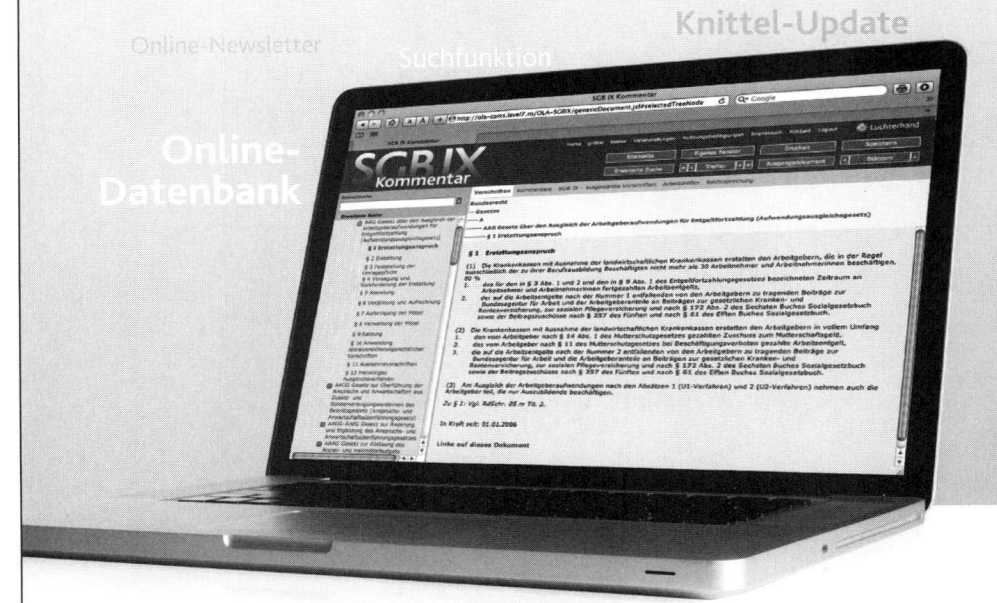

Online-Newsletter

Suchfunktion

Knittel-Update

Online-Datenbank

Weitere starke Kommentare:
- Knittel: **SGB IX Kommentar und Rechtssammlung,** Loseblattwerk
- Knittel: **SGB IX Kommentar,** gebundene Ausgabe
- Lachwitz/Schellhorn/Welti (Hrsg.): **HK-SGB IX Handkommentar zum Sozialgesetzbuch IX,** gebundene Ausgabe

- Grossmann/Schimanski (Hrsg.): **GK-SGB IX,** Loseblattwerk

Für Alle, die sich um die Integration und Teilhabe behinderter Menschen kümmern: Schwerbehindertenvertreter, Rechtsanwälte; öffentliche Verwaltung, Unternehmen und Behinderteneinrichtungen

Knittel
SGB IX Online-Datenbank
Vielseitige Fachinformationen zum Sozialgesetzbuch IX für Ihren Erfolg.

Wolters Kluwer Deutschland GmbH ▪ Postfach 2352 ▪ 56513 Neuwied
Telefon 02631 8012222 ▪ Fax 02631 8012223 ▪ info@wolterskluwer.de ▪ www.wolterskluwer.de

Luchterhand
eine Marke von Wolters Kluwer Deutschland